FRENCH-SPEAKING COUNTRIES

Créole à base lexicale française

French-based Creole

Créole à base lexicale française dans un pays de langue anglaise

French-based Creole in an English-speaking country

Abréviations des noms de pays :
Abbreviations for country names :

B.H. : BOSNIE-HERZÉGOVINE *BOSNIA-HERZEGOVINA*
C. : CROATIE *CROATIA*
H. : HONGRIE *HUNGARY*
LI. : LIECHTENSTEIN
L. : LUXEMBOURG
MA. : MACÉDOINE *MACEDONIA*
SLOV. : SLOVAQUIE *SLOVAKIA*
S. : SLOVÉNIE *SLOVENIA*

LE ROBERT & COLLINS SUPER SENIOR

FRANÇAIS-ANGLAIS

LE ROBERT & COLLINS SUPER SENIOR

GRAND DICTIONNAIRE
FRANÇAIS-ANGLAIS/ANGLAIS-FRANÇAIS

*

FRANÇAIS-ANGLAIS

DICTIONNAIRES LE ROBERT PARIS

first edition / première édition 1995
latest reprint / dernière réimpression 1998

HarperCollins Publishers
PO Box, Glasgow G4 ONB, Great Britain
1995 Markham Road, Scarborough, Canada, AM1B 5M8

Volume 1: ISBN 0 00 470246-8
Volume 2: ISBN 0 00 470896-2

A catalogue record for this book is available from the British Library.

Dictionnaires Le Robert
27, rue de la Glacière - 75013 Paris
France

ISBN 2 85036 301-4
tome 1 : 285 036 385-5
tome 2 : 285 036 386-3

Photocomposition / Typesetting MCP-Jouve Orléans
Imprimé en France par Hérissey / Printed in France by Hérissey

Direction rédactionnelle/Project management
ALAIN DUVAL - VIVIAN MARR

Coordination rédactionnelle/Editorial coordination
DOMINIQUE LE FUR - SABINE CITRON

Principaux collaborateurs/Main contributors
KATHLEEN MICHAM - DIANA FERI
KEITH FOLEY - EDWIN CARPENTER - FRANÇOISE MORCELLET

Autres collaborateurs/Other contributors
Janet Gough - Mark Tuddenham - Hélène Bernaert - Chantal Testa
Jean-Benoit Ormal-Grenon - Cécile Aubinière-Robb
Harry Campbell - Christèle Éon - Phyllis Gautier

TEXTE
établi à partir de
la quatrième édition du
ROBERT & COLLINS SENIOR

TEXT
based on
fourth edition of the
COLLINS-ROBERT FRENCH DICTIONARY

Un dictionnaire Le Robert & Collins
A Collins-Robert dictionary

Première édition/First edition

par/by
BERYL T. ATKINS
ALAIN DUVAL - ROSEMARY C. MILNE

et/and
PIERRE-HENRI COUSIN
HÉLÈNE M.A. LEWIS - LORNA A. SINCLAIR
RENÉE O. BIRKS - MARIE-NOËLLE LAMY

Administration, secrétariat/Editorial staff
Gail Norfolk - Silke Zimmermann - Sylvie Fontaine

Correction/Proofreading
Élisabeth Huault
Patricia Abbou - Elspeth Anderson - Pierre Bancel
Isobel Gordon - Michel Heron - Anne-Marie Lentaigne
Thierry Loisel - Françoise Maréchal - Brigitte Orcel
Chantal Rieu-Labourdette

Informatique éditoriale/Computing and keyboarding
Kamal Loudiyi
Monique Hébrard - Catherine Valat
Chantal Combes - Sylvette Robson - Lydia Vigné

Coordination
Dominique Lopin

Cartes/Maps
société CART Paris

Couverture
Caumon

Maquette/Design
Gonzague Raynaud

SOMMAIRE / CONTENTS

INTRODUCTION

The *COLLINS-ROBERT COMPREHENSIVE FRENCH DICTIONARY* is a considerably enlarged and expanded version of the highly acclaimed *COLLINS-ROBERT FRENCH DICTIONARY,* intended for the user who requires an exhaustive and in-depth coverage of French and English. With more than 400,000 references and 650,000 translations and including treatment of American English, it offers the most up-to-date and complete picture of French and English available today.

The Bank of English, Collins' unique language database of over 200 million words of written and spoken English, served as the major source for the expansion of the English content by over 25%. The French headword list was derived from Le Robert's huge corpus of French citations – the basis for Le Robert's extensive range of monolingual French dictionaries.

In order to ensure maximum ease of reference, the vast wealth of material contained in this dictionary is presented in two volumes. To help users find what they are looking for quickly, long entries have been paragraphed to show where grammatical and semantic subdivisions occur and contrasting typefaces are used to highlight illustrative phrases and examples, making this dictionary one of the most immediately accessible on the market.

Each of the two volumes has its own THESAURUS – one of the most innovative features in this dictionary. Over 20,000 entries in the English-French dictionary are cross-referred to more than 200,000 synonyms in the accompanying English THESAURUS while a corresponding number of entries in the French-English dictionary are cross-referred to its accompanying 200,000 word French THESAURUS. These two thesauruses offer the user a wide spread of lexical equivalences and alternative translations, thereby encouraging a deeper and broader linguistic awareness.

Another major new feature of this dictionary is the inclusion of 24 world and European maps in full colour. Both atlases are shown in French and English, and illustrate and complement the geographical place names and terms listed in the dictionary. In the French-English volume, the atlas concentrates largely on the French-speaking world while in the English-French volume, the emphasis is on the English-speaking world.

We have also included the critically acclaimed LANGUAGE IN USE supplement from the *COLLINS-ROBERT FRENCH DICTIONARY.* This indispensable reference tool gives the non-native speaker access to authentic English and French, gleaned from our corpora of *real* language, and provides an added dimension to self-expression in both languages. Cross-references within the dictionary text allow the user to navigate directly from a single-concept word to further, more diverse means of expression in context.

In each of its two volumes, therefore, the *COLLINS-ROBERT COMPREHENSIVE FRENCH DICTIONARY* combines all the translation tools the user requires to be able to communicate naturally and with confidence in the French and English of the 1990s.

The editors

INTRODUCTION

LE ROBERT & COLLINS SUPER SENIOR, version développée et considérablement enrichie du *ROBERT & COLLINS SENIOR*, s'adresse à l'usager qui désire avoir une connaissance détaillée et approfondie du français, de l'anglais et de l'américain. Avec près de 400 000 mots, expressions, variantes et formes fléchies et 650 000 traductions, il offre un panorama complet de ces langues telles qu'elles sont pratiquées aujourd'hui.

La nomenclature française a été augmentée de 25 % et la rédaction des articles a été effectuée en grande partie grâce au volumineux corpus de citations françaises qui sert à l'élaboration des dictionnaires monolingues *LE ROBERT*. Un travail parallèle a été mené pour l'anglais à partir de la banque de données informatisée, contenant plus de 200 millions d'occurrences en anglais écrit et oral, utilisée pour l'élaboration des ouvrages monolingues COLLINS.

Afin d'offrir un confort d'utilisation maximum, l'abondante matière ainsi réunie est présentée en deux volumes. Les articles longs ont été découpés en paragraphes pour mettre clairement en évidence les subdivisions grammaticales et sémantiques. Mis en relief par des caractères typographiques fortement contrastés, les exemples, expressions et locutions peuvent très rapidement être retrouvés dans le corps du texte.

La présence d'un DICTIONNAIRE DE SYNONYMES dans chacun des deux volumes constitue l'une des innovations majeures du *SUPER SENIOR*. Plus de 20 000 mots de la partie français-anglais sont ainsi explicitement reliés par une indication de renvoi à 200 000 synonymes français, provenant du *DICTIONNAIRE DES SYNONYMES LE ROBERT*. Un nombre équivalent de mots de la partie anglais-français se trouve également renvoyé vers les 200 000 synonymes du THESAURUS anglais. Ces deux dictionnaires de synonymes offrent au lecteur un large éventail de variantes qui lui permettent d'enrichir ses connaissances lexicales et de varier ses traductions.

Autre innovation capitale du *SUPER SENIOR*: vingt-quatre planches de CARTES bilingues en couleurs, axées sur le monde francophone dans la partie français-anglais et sur le monde anglophone dans la partie anglais-français, apportent à l'usager des indications toponymiques précieuses qui viennent illustrer et compléter les noms propres et les notions géographiques qui figurent dans le texte.

La GRAMMAIRE ACTIVE du *ROBERT & COLLINS SENIOR*, qui a reçu les éloges de la critique, a été reprise dans le *SUPER SENIOR*. À l'aide d'exemples authentiques tirés des corpus français et anglais, elle rassemble autour d'une trentaine de centres d'intérêt un vaste choix de correspondances entre les deux langues. Grâce aux renvois qui figurent dans la partie dictionnaire, l'usager peut ainsi immédiatement accéder, à partir d'un mot-centre, aux structures syntaxiques de la GRAMMAIRE ACTIVE qui lui présente d'autres manières naturelles de s'exprimer en fonction de situations concrètes.

Le *ROBERT & COLLINS SUPER SENIOR* présente ainsi un ensemble cohérent d'outils de traduction qui permettent au lecteur de communiquer avec confiance dans une langue authentique et moderne.

Les auteurs

USING THE DICTIONARY

WORD ORDER

cadogan [kadɔgɑ̃] nm ⇒ **catogan**
caldron [ˈkɔːldrən] n ⇒ **cauldron**

Alphabetical order is followed throughout. If two variant spellings are not alphabetically adjacent each is treated as a separate headword; where the information is not duplicated, there is a cross-reference to the form treated in depth. For the alphabetical order of compounds in French, see COMPOUNDS.

honor [ˈɒnəʳ] n (US) ⇒ **honour**
honour, (US) **honor** [ˈɒnəʳ] → SYN 1 n a honneur m ◆ **in honour of** en l'honneur de

American variations in spelling are treated in the same fashion.

ICAO [ˌaɪsiːeɪˈəʊ] n (abbr of **International Civil Aviation Organization**) OACI f
Icarus [ˈɪkərəs] n Icare m
ICBM [ˌaɪsiːbiːˈem] n (abbr of **intercontinental ballistic missile**) ICBM m
CAA [ˌsiːeɪˈeɪ] (Brit) abbr of **Civil Aviation Authority**
CAB [ˌsiːeɪˈbiː] (Brit) (abbr of **Citizens' Advice Bureau**) ≃ INC

Proper names, as well as abbreviations and acronyms, will be found in their alphabetical place in the word list.

raie[1] [ʀɛ] → SYN nf a (trait) line; (Agr: sillon) furrow; (éraflure) mark, scratch ◆ **faire une**
raie[2] [ʀɛ] → SYN nf (Zool) skate, ray ◆ **raie bouclée** thornback ray ◆ **raie électrique** electric ray → **gueule**
blow[1] [bləʊ] → SYN (vb: pret **blew,** ptp **blown**) 1 n a **to give a blow** (through mouth) souffler; (through nose) se moucher
blow[2] [bləʊ] → SYN n a (lit) coup m; (with fist) coup de poing ◆ **to come to blows** en venir aux mains ◆ **at one blow** du premier coup

Superior numbers are used to separate words of like spelling, **raie**[1], **raie**[2]; **blow**[1], **blow**[2].

COMPOUNDS

French compounds, both solid (eg: **portemanteau, portefeuille**) and hyphenated (eg: **lave-glace, garde-boue**) are treated as headwords.

sens [sɑ̃s] → SYN 1 nm
2 COMP ▷ **sens giratoire** (Aut) roundabout (Brit), traffic circle (US) ◆ **la place est en sens giratoire** the square forms a roundabout ▷ **sens interdit** (Aut) one-way street ◆ **vous êtes en sens interdit** you are in a one-way street, you are going the wrong way (up a one-way street) ▷ **sens unique** (Aut) one-way street ◆ **à sens unique** rue one-way; concession one-sided

French set collocates (eg: **sens giratoire, garçon de café**) are treated at the end of the entry, in alphabetical order. Compound sections begin with the label COMP and each compound is directly preceded by a triangle ▷ to make it easier to find.

Compounds are placed under the first element (eg: **grand ensemble** under **grand, modèle déposé** under **modèle**). Where for practical reasons an exception has been made to this rule, and the compound is treated as a separate headword, a cross-reference alerts the user.

pipe cleaner n cure-pipe m
pipe dream n projet m chimérique
pipefish [ˈpaɪpfɪʃ] n, pl **pipefishes** or **pipefish** syngnathe m, aiguille f (de mer)

On the English-French side all compounds, be they solid (eg: **blackbird**), hyphenated (eg: **snow-capped**) or written as two separate words (eg: **pipe dream, land ownership**) are treated as separate headwords.

GUIDE D'UTILISATION

ORDRE DES MOTS

Le principe général est l'ordre alphabétique. Les variantes orthographiques qui ne se suivent pas immédiatement dans l'ordre alphabétique figurent à leur place dans la nomenclature avec un renvoi à la forme qui est traitée. Pour l'ordre d'apparition des composés, voir ci-dessous LES COMPOSÉS.

cadogan [kadɔgɑ̃] nm ⇒ **catogan**

caldron [ˈkɔːldrən] n ⇒ **cauldron**

Les variantes orthographiques américaines sont traitées de la même manière.

honor [ˈɒnəʳ] n (US) ⇒ **honour**

honour, (US) **honor** [ˈɒnəʳ] → SYN 1 n a honneur m ◆ **in honour of** en l'honneur de

Les noms propres, ainsi que les sigles et acronymes, figurent à leur place dans l'ordre alphabétique général.

ICAO [ˌaɪsiːeɪˈəʊ] n (abbr of **International Civil Aviation Organization**) OACI f

Icarus [ˈɪkərəs] n Icare m

ICBM [ˌaɪsiːbiːˈem] n (abbr of **intercontinental ballistic missile**) ICBM m

CAA [ˌsiːeɪˈeɪ] (Brit) abbr of **Civil Aviation Authority**

CAB [ˌsiːeɪˈbiː] (Brit) (abbr of **Citizens' Advice Bureau**) ≃ INC

Les homographes sont suivis d'un chiffre qui permet de les distinguer.

raie[1] [ʀɛ] → SYN nf a (trait) line ; (Agr : sillon) furrow ; (éraflure) mark, scratch ◆ **faire une**

raie[2] [ʀɛ] → SYN nf (Zool) skate, ray ◆ **raie bouclée** thornback ray ◆ **raie électrique** electric ray → **gueule**

blow[1] [bləʊ] → SYN (vb : pret **blew,** ptp **blown**) 1 n a **to give a blow** (through mouth) souffler ; (through nose) se moucher

blow[2] [bləʊ] → SYN n a (lit) coup m ; (with fist) coup de poing ◆ **to come to blows** en venir aux mains ◆ **at one blow** du premier coup

LES COMPOSÉS

Les composés français formés de termes soudés (ex. : **portemanteau, portefeuille**) ou comportant un trait d'union (ex. : **lave-glace, garde-boue**) sont considérés comme des mots à part entière et traités selon l'ordre alphabétique général.

Les syntagmes français constitués de deux ou de plusieurs mots figés par la langue (ex. : **sens giratoire, garçon de café**) sont traités dans une catégorie à part suivant un ordre strictement alphabétique. Cette catégorie de composés commence par l'étiquette COMP et chaque composé est précédé d'un triangle qui permet de le repérer rapidement.

sens [sɑ̃s] → SYN 1 nm

2 COMP ▹ **sens giratoire** (Aut) roundabout (Brit), traffic circle (US) ◆ **la place est en sens giratoire** the square forms a roundabout ▹ **sens interdit** (Aut) one-way street ◆ **vous êtes en sens interdit** you are in a one-way street, you are going the wrong way (up a one-way street) ▹ **sens unique** (Aut) one-way street ◆ **à sens unique** rue one-way ; concession one-sided

Les composés sont placés sous le premier élément (ex. : **grand ensemble** sous **grand, modèle déposé** sous **modèle**). Lorsque pour des raisons pratiques ce principe n'a pas été appliqué, un renvoi prévient le lecteur.

Dans la partie anglais-français, de manière générale, les composés, qu'il s'agisse de termes soudés (ex. : **blackbird**), comportant un trait d'union (ex. : **snow-capped**) ou constitués de plusieurs mots isolés (ex. : **pipe dream, land ownership**) sont traités en tant qu'entrées à part entière et figurent dans la nomenclature à leur place alphabétique normale.

pipe cleaner n cure-pipe m

pipe dream n projet m chimérique

pipefish [ˈpaɪpfɪʃ] n, pl **pipefishes** or **pipefish** syngnathe m, aiguille f (de mer)

PLURALS

Irregular plural forms of English words are given in the English-French side, those of French words and compounds in the French-English side.

cheval, pl **-aux** [ʃ(ə)val, o] → SYN 1 nm
abat-son, pl **abat-sons** [abasɔ̃] → SYN nm louver (Brit), louver (US)

In French, all plurals which do not consist of *headword* + *s* are shown, eg: **cheval, -aux**.

Regular plurals are not shown in English.

1 Most English nouns take *-s* in the plural: **bed-s, site-s.**

2 Nouns that end in *-s, -x, -z, -sh* and some in *-ch* [tʃ] take *-es* in the plural: **boss-es, box-es, dish-es, patch-es.**

3 Nouns that end in *-y* not preceded by a vowel change the *-y* to *-ies* in the plural: **lady-ladies, berry-berries** (but **tray-s, key-s**).

œil [œj], pl **yeux** [jø] → SYN
yeux ['jø] nmpl de **œil**
child [tʃaɪld] → SYN pl **children** 1 n
children ['tʃɪldrən] npl of **child**

Plural forms of the headword which differ substantially from the singular form are listed in their alphabetical place in the word list with a cross-reference, and repeated under the singular form.

chic [ʃiːk] → SYN 1 adj chic inv, élégant

French invariable plurals are marked (inv) on the English-French side for ease of reference.

GENDERS

belle [bɛl] → SYN → **beau**
beau [bo], **bel** devant n commençant par voyelle ou *h* muet, **belle** [bɛl] f, mpl **beaux** [bo] → SYN 1 adj a (qui plaît au regard, à l'oreille) objet, paysage beautiful, lovely; femme beautiful, fine-looking, lovely; homme handsome, good-looking ◆ **les belles dames et les beaux messieurs** the smart ladies and gentlemen

Feminine forms in French which are separated alphabetically from the masculine form in the word list are shown as separate headwords with a cross-reference to the masculine form.

blanchisseur [blɑ̃ʃisœʀ] → SYN nm launderer
blanchisseuse [blɑ̃ʃisøz] nf laundress
baladeur, -euse [baladœʀ, øz] 1 adj wandering, roving ◆ **avoir la main baladeuse** ou **les mains baladeuses** to have wandering ou roving hands
2 nm (magnétophone) Walkman®, personal stereo
3 **baladeuse** nf (lampe) inspection lamp

A feminine headword requiring a different translation from its masculine form is given either a separate entry or a separate category in the case of complex entries.

In the English-French side the feminine forms of French adjectives are given only where these are not regular. The following are considered regular adjective inflections:

-, e; -ef, -ève; -eil, -eille; -er, -ère; -et, -ette; -eur, -euse; -eux, -euse; -ien, -ienne; -ier, -ière; -if, -ive; -il, -ille; -on, -onne; -ot, -otte

computer scientist n informaticien(ne) m(f)

When the translation of an English noun could be either masculine or feminine, according to sex, the feminine form of the French noun translation is always given.

PLURIEL

Les formes plurielles qui présentent des difficultés sont données dans la langue de départ.

En français, les pluriels autres que ceux qui se forment par le simple ajout du *-s* sont indiqués ; celui des composés avec trait d'union est également donné.

cheval, pl **-aux** [ʃ(ə)val, o] → SYN 1 nm
abat-son, pl **abat-sons** [abasɔ̃] → SYN nm louver (Brit), louver (US)

En anglais, les pluriels formés régulièrement ne sont pas donnés.
1 La plupart des noms prennent *-s* au pluriel : **bed-s, site-s.**
2 Les noms se terminant par *-s, -x, -z, -sh* et *-ch* [tʃ] prennent *-es* au pluriel : **boss-es, box-es, dish-es, patch-es.**
3 Les noms se terminant par *-y* non précédé d'une voyelle changent au pluriel le *-y* en *-ies* : **lady-ladies, berry-berries** (mais **tray-s, key-s**).

Quand le pluriel d'un mot est très différent du singulier, il figure à sa place dans la nomenclature générale avec un renvoi ; il est répété sous le singulier.

œil [œj], pl **yeux** [jø] → SYN
yeux ['jø] nmpl de **œil**
child [tʃaɪld] → SYN pl **children** 1 n
children ['tʃɪldrən] npl of **child**

Dans la partie anglais-français, les mots français invariables au pluriel sont suivis de l'indication (inv).

chic [ʃiːk] → SYN 1 adj chic inv, élégant

GENRE

Les formes féminines des mots français qui ne suivent pas directement le masculin dans l'ordre alphabétique sont données à leur place normale dans la nomenclature, avec un renvoi au masculin ; elles sont répétées sous celui-ci.

belle [bɛl] → SYN → **beau**
beau [bo], **bel** devant n commençant par voyelle ou *h* muet, **belle** [bɛl] f, mpl **beaux** [bo] → SYN 1 adj a (qui plaît au regard, à l'oreille) objet, paysage beautiful, lovely ; femme beautiful, fine-looking, lovely ; homme handsome, good-looking ◆ **les belles dames et les beaux messieurs** the smart ladies and gentlemen

Un mot féminin exigeant une traduction différente du masculin fait l'objet soit d'un article séparé soit d'une catégorie bien individualisée dans le cas d'articles complexes.

blanchisseur [blɑ̃ʃisœʀ] → SYN nm launderer
blanchisseuse [blɑ̃ʃisøz] nf laundress
baladeur, -euse [baladœʀ, øz] 1 adj wandering, roving ◆ **avoir la main baladeuse** ou **les mains baladeuses** to have wandering ou roving hands
2 nm (magnétophone) Walkman ®, personal stereo
3 **baladeuse** nf (lampe) inspection lamp

Dans la partie anglais-français, le féminin des adjectifs français se construisant régulièrement n'est pas indiqué. Sont considérées comme régulières les formes suivantes :
-, e ; -ef, -ève ; -eil, -eille ; -er, -ère ; -et, -ette ; -eur, -euse ; -eux, -euse ; -ien, -ienne ; -ier, -ière ; -if, -ive ; -il, -ille ; -on, -onne ; -ot, -otte.

Quand un nom anglais peut recevoir une traduction au masculin ou au féminin, selon le sexe, la forme du féminin est toujours mentionnée.

computer scientist n informaticien(ne) m(f)

SET PHRASES AND IDIOMS

break [breɪk] [→ SYN] ... **2** vt **a** ...
◆ (Sport etc) **to break a record** battre un record ◆ **to break one's back** se casser la colonne vertébrale ◆ **he almost broke his back trying to lift the stone** il s'est donné un tour de reins en essayant de soulever la pierre ◆ (Brit fig) **to break the back of a task** faire le plus dur or le plus gros d'une tâche ◆ **to break one's heart over sth** avoir le cœur brisé par qch ◆ **to break sb's heart** briser le cœur à or de qn ◆ **to break the ice** (lit, also in conversation etc) briser or rompre la glace; (broach tricky matter) entamer le sujet délicat ◆ **to break surface** [submarine] faire surface; [diver] réapparaître ◆ **to break wind** lâcher un vent → **bone, bread**

hand [hænd] [→ SYN] LANGUAGE IN USE 26.2
1 n ... ◆ **to give sb a (helping) hand (to do), to lend sb a hand (to do)** donner un coup de main à qn (pour faire) ◆ **he got his brother to give him a hand** il s'est fait aider par son frère, il a obtenu de son frère qu'il lui donne (subj) un coup de main ◆ **give me a hand, will you?** tu peux

Set phrases and idiomatic expressions are also placed under the first element or the first word in the phrase which remains constant despite minor variations in the phrase itself.
To break somebody's heart and **to break a record** are both included under **break. To lend somebody a hand** is however under **hand** because it is equally possible to say **to give somebody a hand.**

boulevard [bulvaʀ] [→ SYN] nm boulevard ◆ **les boulevards extérieurs** the outer boulevards of Paris ◆ **les grands boulevards** the grand boulevards ◆ **pièce** ou **comédie de boulevard** light comedy → **périphérique, théâtre**

cable ['keɪbl] **1** n (Elec, Telec, gen) câble m; (Naut: measure) encablure f ◆ (Telec) **by cable** par câble → **overhead**

Where this "first element" principle has been abandoned a cross-reference alerts the user.

sense [sens] [→ SYN] **1** n
h (rational meaning) [words, writing, action, event] sens m ◆ [words, speech etc] **to make sense** avoir du sens ◆ [words, speech etc] **not to make sense** ne pas avoir de sens, être dénué de sens ◆ **what she did makes sense** ce qu'elle a fait est logique or se tient ◆ **what she did just doesn't make sense** ce qu'elle a fait n'a pas le sens commun or n'est pas logique or ne tient pas debout* ◆ **why did she do it? – I don't know, it doesn't make sense** pourquoi est-ce qu'elle a fait ça? – je n'en sais rien, ça n'a pas le sens commun or ça n'est pas logique or ça ne tient pas debout* ◆ **to make sense of sth** arriver à comprendre qch, saisir la signification de qch

tête [tɛt] [→ SYN]
1 nf **a** (gén) [homme, animal] head; (chevelure) hair (NonC)
c (visage, expression) face ◆ **faire la tête** to sulk, have the sulks* (Brit) ◆ **faire une tête d'enterrement** ou **de six pieds de long** to have a face as long as a fiddle

Certain very common French and English verbs form the basis of a very large number of phrases:

faire honneur à, faire du ski, faire la tête etc.
to make sense of something, to make an appointment, to make a mistake etc.

We have considered such verbs to have a diminished meaning and in such cases the set phrases will be found under the second element, eg: **faire la tête** under **tête, to make sense of something** under **sense.**
The following is a list of verbs which we consider to have a diminished meaning:

French: **avoir, être, faire, donner, mettre, passer, porter, prendre, remettre, reprendre, tenir, tirer**
English: **be, become, come, do, get, give, go, have, lay, make, put, set, take.**

LES LOCUTIONS ET EXEMPLES

Les formules figées et les expressions idiomatiques figurent sous le premier terme qui reste inchangé, quelles que soient les modifications que l'on apporte à l'expression en question.
Chercher une aiguille dans une botte ou **meule de foin, chercher midi à quatorze heures** sont traités sous **chercher.**
Savoir quelque chose sur le bout du doigt est placé sous **bout** parce que l'on peut dire également **connaître quelque chose sur le bout du doigt.**

chercher [ʃɛʀʃe] [→ SYN] ▸ conjug 1 ◂ [1] vt
f LOC **chercher des crosses à qn*** to try and pick a fight with sb ◆ **chercher fortune** to seek one's fortune ◆ **chercher des histoires à qn** to try to make trouble for sb ◆ **chercher midi à quatorze heures** to complicate the issue, look for complications ◆ **chercher noise à qn** to pick a quarrel with sb ◆ **chercher la petite bête** to split hairs ◆ **chercher une aiguille dans une botte** ou **meule de foin** to look for a needle in a haystack ◆ **chercher des poux dans la tête de qn** to try and make trouble for sb ◆ **chercher querelle à qn** to pick a quarrel with sb ◆ **chercher son salut dans la fuite** to seek ou take refuge in flight ◆ **cherchez la femme!** cherchez la femme!

bout [bu] [→ SYN]
[1] nm a (extrémité) [ficelle, planche, perche] end; [nez, doigt, langue, oreille] tip; [table] end; [canne] end, tip ◆ **bout du sein** nipple ◆ **à bout rond / carré** round- / square-ended ◆ **à bout ferré** canne with a steel ou metal tip, steel-tipped; souliers with a steel toecap ◆ **cigarette à bout de liège** cork-tipped cigarette ◆ **il écarta les feuilles mortes du bout du pied** he pushed aside the dead leaves with his toe ◆ **à bout de bras** at arm's length ◆ (fig) **du bout des lèvres** reluctantly, half-heartedly ◆ (fig) **avoir qch sur le bout de la langue** to have sth on the tip of one's tongue ◆ **il est artiste jusqu'au bout des ongles** he is an artist to his fingertips ◆ **savoir** ou **connaître qch sur le bout du doigt** to have sth at one's fingertips ◆ **regarder** ou **voir les choses par le petit bout de la lorgnette** to take a narrow view of things ◆ **il a mis le bout du nez à** ou **passé le bout du nez par la porte et il a disparu** he popped his head round the door ou he just showed his face then disappeared ◆ (Boucherie) **bout saigneux** scrag (end) → **manger, montrer, savoir**

Lorsque ce principe a été abandonné, un renvoi prévient l'utilisateur.

boulevard [bulvaʀ] [→ SYN] nm boulevard ◆ **les boulevards extérieurs** the outer boulevards of Paris ◆ **les grands boulevards** the grand boulevards ◆ **pièce** ou **comédie de boulevard** light comedy → **périphérique, théâtre**

cable ['keɪbl] [1] n (Elec, Telec, gen) câble m; (Naut: measure) encablure f ◆ (Telec) **by cable** par câble → **overhead**

Un certain nombre de verbes français et anglais servent à former un très grand nombre de locutions verbales :

faire honneur à, faire du ski, faire la tête, etc.;
to make sense of something, to make an appointment, to make a mistake, etc.

En pareil cas l'expression figurera sous le second élément : **faire la tête** sous **tête, to make sense of something** sous **sense.**
La liste qui suit indique les verbes que nous avons considérés comme "vides" à cet égard:

en français : **avoir, être, faire, donner, mettre, passer, porter, prendre, remettre, reprendre, tenir, tirer;**
en anglais : **be, become, come, do, get, give, go, have, lay, make, put, set, take.**

sense [sens] [→ SYN] [1] n
h (rational meaning) [words, writing, action, event] sens m ◆ [words, speech etc] **to make sense** avoir du sens ◆ [words, speech etc] **not to make sense** ne pas avoir de sens, être dénué de sens ◆ **what she did makes sense** ce qu'elle a fait est logique or se tient ◆ **what she did just doesn't make sense** ce qu'elle a fait n'a pas le sens commun or n'est pas logique or ne tient pas debout* ◆ **why did she do it? – I don't know, it doesn't make sense** pourquoi est-ce qu'elle a fait ça? – je n'en sais rien, ça n'a pas le sens commun or ça n'est pas logique or ça ne tient pas debout* ◆ **to make sense of sth** arriver à comprendre qch, saisir la signification de qch

tête [tɛt] [→ SYN]
[1] nf a (gén) [homme, animal] head; (chevelure) hair (NonC)
c (visage, expression) face ◆ **faire la tête** to sulk, have the sulks* (Brit) ◆ **faire une tête d'enterrement** ou **de six pieds de long** to have a face as long as a fiddle

INDICATING MATERIAL

General indicating material takes the following forms:

In parentheses ( )

décent, e [desɑ̃, ɑ̃t] [→ SYN] adj (bienséant) decent, proper; (discret, digne) proper; (acceptable) reasonable, decent

climber ['klaɪmə^{r}] n (person) grimpeur m, -euse f; (mountaineer) alpiniste mf, ascensionniste mf; (fig pej) arriviste mf (pej); (plant) plante grimpante; (bird) grimpeur m; (also **rock-climber**) varappeur m

1 Synonyms and partial definitions.

décaper [dekape] [→ SYN] ▸ conjug 1 ◂ vt (gén) to clean, cleanse; (à l'abrasif) to scour; (à l'acide) to pickle; (à la brosse) to scrub

employment [ɪm'plɔɪmənt] [→ SYN] n ... (a job) emploi m, travail m; (modest) place f; (important) situation f

2 Other information and hints which guide the user.

différer [difeʀe] [→ SYN] ▸ conjug 6 ◂ **1** vi **a** (être dissemblable) to differ, be different (*de* from, *en, par* in)

order ['ɔːdə^{r}] [→ SYN] ... vt **a** (command) ordonner (*sb to do* à qn de faire, *that* que + subj)

3 Syntactical information to allow the non-native speaker to use the word correctly. This is given after the translation.

In square brackets [ ]

décroître [dekʀwɑtʀ] [→ SYN] ▸ conjug 55 ◂ vi [nombre, population, intensité, pouvoir] to decrease, diminish, decline; [eaux, fièvre] to subside, go down; [popularité] to decline, drop

fade [feɪd] [→ SYN] **1** vi **a** [flower] se faner, se flétrir; [light] baisser, diminuer, s'affaiblir; [colour] passer, perdre son éclat; [material] passer, se décolorer

1 Within verb entries, typical noun subjects of the headword.

bajoues [baʒu] nfpl [animal] chops; [personne] jowls, heavy cheeks

branch [brɑːntʃ] [→ SYN] **1** n **a** [tree, candelabra] branche f; [river] bras m, branche; [mountain chain] ramification f; ... [subject, science etc] branche

2 Within noun entries, typical noun complements of the headword. In such instances **[tree]** should be read as "of tree".

Unbracketed indicating material

défaire [defɛʀ] [→ SYN] ▸ conjug 60 ◂ **1** vt **a** échafaudage etc to take down, dismantle; installation électrique etc to dismantle **b** couture, tricot to undo, unpick (Brit); écheveau to undo, unravel, unwind; corde, nœud, ruban to undo, untie; courroie, fermeture, robe to undo, unfasten; valise to unpack; cheveux, nattes to undo ◆ **défaire ses bagages** to unpack (one's luggage)

impair [ɪm'pɛə^{r}] [→ SYN] vt abilities, faculties détériorer, diminuer; negotiations, relations porter atteinte à; health abîmer, détériorer; sight, hearing abîmer, affaiblir; mind, strength diminuer

1 Typical objects of verbs.

élancé, e [elɑ̃se] [→ SYN] (ptp de **élancer**^{2}) adj clocher, colonne, taille slender

distinct [dɪs'tɪŋkt] [→ SYN] adj **a** (clear) landmark, voice, memory distinct, clair, net; promise, offer précis, formel; preference, likeness marqué, net

2 Typical noun complements of adjectives.

bien [bjɛ̃] [→ SYN] **1** adv **a** (de façon satisfaisante) jouer, dormir, travailler well; conseiller, choisir well, wisely; fonctionner properly, well

briskly ['brɪsklɪ] [→ SYN] adv move vivement; walk d'un bon pas; speak brusquement; act sans tarder

3 Typical verb or adjective complements of adverbs.

INDICATIONS D'EMPLOI

Les indications guidant le lecteur prennent les formes suivantes :

Entre parenthèses ( )

1 Les synonymes et définitions partielles.

décent, e [desɑ̃, ɑ̃t] → SYN adj (bienséant) decent, proper ; (discret, digne) proper ; (acceptable) reasonable, decent

climber [ˈklaɪməʳ] n (person) grimpeur m, -euse f; (mountaineer) alpiniste mf, ascensionniste mf; (fig pej) arriviste mf (pej); (plant) plante grimpante ; (bird) grimpeur m; (also **rock-climber**) varappeur m

2 Les autres précisions et explications susceptibles de guider l'usager.

décaper [dekape] → SYN ▸ conjug 1 ◂ vt (gén) to clean, cleanse ; (à l'abrasif) to scour ; (à l'acide) to pickle ; (à la brosse) to scrub

employment [ɪmˈplɔɪmənt] → SYN n ... (a job) emploi m, travail m; (modest) place f; (important) situation f

3 Les indications d'ordre grammatical permettant au lecteur étranger d'utiliser le mot correctement. Elles sont données après la traduction.

différer [difeʀe] → SYN ▸ conjug 6 ◂ 1 vi a (être dissemblable) to differ, be different (*de* from, *en, par* in)

order [ˈɔːdəʳ] → SYN ... vt a (command) ordonner (*sb to do* à qn de faire, *that* que + subj)

Entre crochets [ ]

1 Les noms sujets précisant le sens d'une entrée verbe.

décroître [dekʀwatʀ] → SYN ▸ conjug 55 ◂ vi [nombre, population, intensité, pouvoir] to decrease, diminish, decline ; [eaux, fièvre] to subside, go down ; [popularité] to decline, drop

fade [feɪd] → SYN 1 vi a [flower] se faner, se flétrir ; [light] baisser, diminuer, s'affaiblir ; [colour] passer, perdre son éclat ; [material] passer, se décolorer

2 Les noms compléments d'une entrée nom.
Ainsi, **[animal]** doit se lire “d'un animal”.

bajoues [baʒu] nfpl [animal] chops ; [personne] jowls, heavy cheeks

branch [brɑːntʃ] → SYN 1 n a [tree, candelabra] branche f; [river] bras m, branche ; [mountain chain] ramification f; ... [subject, science etc] branche

Sans parenthèses

1 Les compléments d'objet d'une entrée verbe.

défaire [defɛʀ] → SYN ▸ conjug 60 ◂ 1 vt a échafaudage etc to take down, dismantle ; installation électrique etc to dismantle
b couture, tricot to undo, unpick (Brit) ; écheveau to undo, unravel, unwind ; corde, nœud, ruban to undo, untie ; courroie, fermeture, robe to undo, unfasten ; valise to unpack ; cheveux, nattes to undo ◆ **défaire ses bagages** to unpack (one's luggage)

impair [ɪmˈpɛəʳ] → SYN vt abilities, faculties détériorer, diminuer ; negotiations, relations porter atteinte à ; health abîmer, détériorer ; sight, hearing abîmer, affaiblir ; mind, strength diminuer

2 Les noms que peut qualifier une entrée adjectif.

élancé, e [elɑ̃se] → SYN (ptp de **élancer**[2]) adj clocher, colonne, taille slender

distinct [dɪsˈtɪŋkt] → SYN adj a (clear) landmark, voice, memory distinct, clair, net ; promise, offer précis, formel ; preference, likeness marqué, net

3 Les verbes ou adjectifs modifiés par une entrée adverbe.

bien [bjɛ̃] → SYN
1 adv a (de façon satisfaisante) jouer, dormir, travailler well ; conseiller, choisir well, wisely ; fonctionner properly, well

briskly [ˈbrɪsklɪ] → SYN adv move vivement ; walk d'un bon pas ; speak brusquement ; act sans tarder

astuce [astys] → SYN nf **a** (NonC) shrewdness, astuteness ◆ **il a beaucoup d'astuce** he is very shrewd ou astute
b (moyen, truc) (clever) way, trick
clignement [kliɲ(ə)mɑ̃] → SYN nm blinking (NonC)
aerodynamics [ˈɛərɛʊdaɪˈnæmɪks] n (NonC) aérodynamique f
implement [ˈɪmplɪmənt] → SYN ◆ **implements** équipement m (NonC), matériel m (NonC)

NonC stands for "uncountable" and serves to mark nouns which are not normally used in the plural or with the indefinite article or with numerals. NonC occurs only as a warning device in cases where a non-native speaker might otherwise use the word wrongly. There has been no attempt to give an exhaustive account of "uncountability" in English. NonC has also been used as an indicator to distinguish meanings in the source language.

tympan [tɛ̃pɑ̃] → SYN nm **a** (Anat) eardrum, tympanum (spéc)

spéc stands for "technical term".

This indicates that the common English word is "eardrum" and that "tympanum" is restricted to the vocabulary of specialists.

bêtise [betiz] → SYN nf ...
bêtise de Cambrai ≃ mint humbug (Brit), hard mint candy (US)
Health Service n (Brit) ≃ Sécurité f sociale

≃ is used when the source language headword or phrase has no equivalent in the target language and is therefore untranslatable. In such cases the nearest cultural equivalent is given.

baccalauréat [bakalɔʀea] → SYN nm (en France) ≃ A-levels (Brit), ≃ high school diploma (US), *Secondary school examination giving university entrance qualification*
Yorkshire [ˈjɔːkʃəʳ] n Yorkshire m ◆ (Brit Culin) **Yorkshire pudding** *pâte à crêpe cuite qui accompagne un rôti de bœuf*

Sometimes it is accompanied by an explanatory gloss (in italics). Such a gloss may be given alone in cases where there is no cultural equivalent in the target language.

dire [diʀ] → SYN ▸ conjug 37 ◂ GRAMMAIRE ACTIVE 1.1, 3, 26.1, 26.5
1 vt ◆ **tu n'as rien à dire, tu aurais fait la même chose** YOU can't say anything! ou YOU can talk! you would have done exactly the same thing!
her [hɜːʳ] **1** pers pron **a** ... **I know HIM but I've never seen HER** lui je le connais, mais elle je ne l'ai jamais vue

Small capitals are used to indicate the spoken stress in certain English expressions.

Field labels

cuirasse [kɥiʀas] → SYN nf (Hist) [chevalier] breastplate; (Naut) armour(-plate ou -plating); (Zool) cuirass
grade [greɪd] → SYN **1** n **a** (in hierarchy) catégorie f; (on scale) échelon m, grade m; (Mil: rank) rang m; (Comm) [steel, butter, goods etc] qualité f; (Comm: size) [eggs, apples, anthracite, nuts etc] calibre m; (US: level) niveau m; (Climbing) degré m (de difficulté)

Labels indicating subject fields occur in the following cases:
1 To differentiate various meanings of the headword.

comprimé [kɔ̃pʀime] → SYN nm (Pharm) tablet
parabola [pəˈræbələ] n parabole f (Math)

2 When the meaning in the source language is clear but may be ambiguous in the target language.

A full list of the abbreviated field labels is given on page XXVI.

NonC signifie "non comptable". Il est utilisé pour indiquer qu'un nom ne s'emploie pas normalement au pluriel et ne se construit pas, en règle générale, avec l'article indéfini ou un numéral. NonC a pour but d'avertir le lecteur étranger dans les cas où celui-ci risquerait d'employer le mot de manière incorrecte; mais notre propos n'est nullement de donner une liste exhaustive de ces mots en anglais. NonC est parfois utilisé comme indication dans la langue de départ, lorsque c'est le seul moyen de distinguer emplois "non comptables" et "comptables".

astuce [astys] → SYN nf a (NonC) shrewdness, astuteness ◆ **il a beaucoup d'astuce** he is very shrewd ou astute
b (moyen, truc) (clever) way, trick

clignement [kliɲ(ə)mɑ̃] → SYN nm blinking (NonC)

aerodynamics [ˈɛərəʊdaɪˈnæmɪks] n (NonC) aérodynamique f

implement [ˈɪmplɪmənt] → SYN ◆ **implements** équipement m (NonC), matériel m (NonC)

spéc signifie "terme de spécialiste".

Dans l'exemple ci-contre le mot anglais d'usage courant est "eardrum" et "tympanum" ne se rencontre que dans le vocabulaire des spécialistes.

tympan [tɛ̃pɑ̃] → SYN nm a (Anat) eardrum, tympanum (spéc)

≃ introduit une équivalence culturelle, lorsque ce que représente le terme de la langue de départ n'existe pas ou n'a pas d'équivalent exact dans la langue d'arrivée, et n'est donc pas à proprement parler traduisible.

bêtise [betiz] → SYN nf ...
bêtise de Cambrai ≃ mint humbug (Brit), hard mint candy (US)

Health Service n (Brit) ≃ Sécurité f sociale

Une glose explicative accompagne parfois l'équivalent culturel choisi; elle peut être donnée seule lorsqu'il n'existe pas d'équivalent culturel assez proche dans la langue d'arrivée.

baccalauréat [bakalɔʀea] → SYN nm (en France) ≃ A-levels (Brit), ≃ high school diploma (US), *Secondary school examination giving university entrance qualification*

Yorkshire [ˈjɔːkʃəʳ] n Yorkshire m ◆ (Brit Culin) **Yorkshire pudding** *pâte à crêpe cuite qui accompagne un rôti de bœuf*

On a eu recours aux petites capitales pour indiquer, dans certaines expressions anglaises, l'accent d'insistance qui rend, ou requiert, une nuance particulière du français.

dire [diʀ] → SYN ▸ conjug 37 ◂ GRAMMAIRE ACTIVE 1.1, 3, 26.1, 26.5
1 vt ◆ **tu n'as rien à dire, tu aurais fait la même chose** YOU can't say anything! ou YOU can talk! you would have done exactly the same thing!

her [hɜːʳ] 1 pers pron a ... **I know HIM but I've never seen HER** lui je le connais, mais elle je ne l'ai jamais vue

Domaines

Les indications de domaine figurent dans les cas suivants:

1 Pour indiquer les différents sens d'un mot et introduire les traductions appropriées.

cuirasse [kɥiʀas] → SYN nf (Hist) [chevalier] breastplate; (Naut) armour(-plate ou -plating); (Zool) cuirass

grade [greɪd] → SYN 1 n a (in hierarchy) catégorie f; (on scale) échelon m, grade m; (Mil: rank) rang m; (Comm) [steel, butter, goods etc] qualité f; (Comm: size) [eggs, apples, anthracite, nuts etc] calibre m; (US: level) niveau m; (Climbing) degré m (de difficulté)

2 Quand la langue de départ n'est pas ambiguë, mais que la traduction peut l'être.

comprimé [kɔ̃pʀime] → SYN nm (Pharm) tablet

parabola [pəˈræbələ] n parabole f (Math)

La liste des indications de domaine apparaissant sous forme abrégée figure page XXVI.

STYLE LABELS

A dozen or so indicators of register are used to mark non-neutral words and expressions. These indicators are given for both source and target languages and serve mainly as a warning to the reader using the foreign language. The following paragraphs explain the meaning of the most common style labels, of which a complete list is given, with explanations, on pages XXVI and XXVII.

agréer [agʀee] → SYN ▸conjug 1◂ (frm) 1 vt (accepter) demande, excuses to accept
heretofore [ˌhɪətuˈfɔːʳ] adv (frm) jusque-là, jusqu'ici, ci-devant

frm denotes formal language such as that used on official forms, in pronouncements and other formal communications.

écraseur, -euse* [ekʀɑzœʀ, øz] → SYN nm,f roadhog*
◆ **le (beau) sexe** the fair sex ◆ **discuter du sexe des anges*** to discuss futilities
kidology* [kɪˈdɒlədʒɪ] n (Brit) bluff m
◆ **he's laughing all the way to the bank*** il n'a pas de problèmes de compte en banque!

* indicates that the expression, while not forming part of standard language, is used by all educated speakers in a relaxed situation but would not be used in a formal essay or letter, or on an occasion when the speaker wishes to impress.

cambuse [kɑ̃byz] → SYN nf a (:) (pièce) pad:; (maison) shack*, place; (taudis) hovel
kisser: [ˈkɪsəʳ] n gueule: f

: indicates that the expression is used by some but not all educated speakers in a very relaxed situation. Such words should be handled with extreme care by the non-native speaker unless he is very fluent in the language and is very sure of his company.

baiser [beze] → SYN 1 nm kiss
2 ▸conjug 1◂ vt a (frm) main, visage, sol to kiss
b (**) to screw**, lay:, fuck** ◆ **c'est une mal-baisée** she could do with a good lay**
fart** [fɑːt] 1 n pet** m

** means "Danger!" Such words are liable to offend in any situation, and therefore are to be avoided by the non-native speaker.

indéfrisable† [ɛ̃defʀizabl] nf perm, permanent (US)
botheration†* [ˌbɒðəˈreɪʃən] excl zut!*

† denotes old-fashioned terms which are no longer in wide current use but which the foreign user will certainly find in reading.

gageure [gaʒyʀ] → SYN nf ... (†† : pari) wager

†† denotes obsolete words which the user will normally find only in classical literature.

ordalie [ɔʀdali] nf (Hist) ordeal

The use of † and †† should not be confused with the label Hist. Hist does not apply to the expression itself but denotes the historical context of the object so named.

ostentatoire [ɔstɑ̃tatwaʀ] adj (littér) ostentatious
beseech [bɪˈsiːtʃ] → SYN pret, ptp **besought** or **beseeched** vt (liter) a (ask for) permission demander instamment

liter, littér denote an expression which belongs to literary or poetic language.
The user should not confuse these style labels with the field labels Literat, Littérat which indicate that the expression belongs to the field of literature. Similarly the user should note that the abbreviation lit indicates the literal, as opposed to the figurative fig, meaning of a word.

camer (se) [kame] → SYN vpr (arg Drogue) to be on drugs
cooler [ˈkuːləʳ] n a (for food) glacière f ◆ **in the cooler** dans la glacière
b (Prison sl) taule: f ◆ **in the cooler** en taule:

For the purpose of this dictionary the indicators sl (slang) and arg (argot) mark specific areas of vocabulary restricted to clearly defined groups of speakers (eg schoolchildren, soldiers, etc) and for this reason a field label is added to the label sl or arg marking the departure language expression.

The labels and symbols above are used to mark either an individual word or phrase, or a whole category, or even a complete entry. Where a headword is marked with asterisks any phrases in the entry will only have asterisks if they are of a different register from the headword.

NIVEAUX DE LANGUE

Une quinzaine d'indications de registre accompagnent les mots et expressions qui présentent un écart par rapport à la langue courante. Ces indications sont données aussi bien dans la langue de départ que dans la langue d'arrivée et constituent avant tout un avertissement au lecteur utilisant la langue étrangère. Les paragraphes suivants précisent le sens des principaux niveaux de langue, dont la liste complète figure sous forme abrégée sur les pages XXVI et XXVII.

frm indique le style administratif, les formules officielles, la langue soignée.

agréer [agʀee] [→ SYN] ▸conjug 1◂ (frm) [1] vt (accepter) demande, excuses to accept

heretofore [ˌhɪətʊˈfɔːʳ] adv (frm) jusque-là, jusqu'ici, ci-devant

* marque la majeure partie des expressions familières et les incorrections de langage employées dans la langue de tous les jours. Ce signe conseille au lecteur d'être prudent.

écraseur, -euse* [ekʀɑzœʀ, øz] [→ SYN] nm,f roadhog*

◆ **le (beau) sexe** the fair sex ◆ **discuter du sexe des anges*** to discuss futilities

kidology* [kɪˈdɒlədʒɪ] n (Brit) bluff m

◆ **he's laughing all the way to the bank*** il n'a pas de problèmes de compte en banque!

⁑ marque les expressions très familières qui sont à employer avec la plus grande prudence par le lecteur étranger, qui devra posséder une grande maîtrise de la langue et savoir dans quel contexte elles peuvent être utilisées.

cambuse [kɑ̃byz] [→ SYN] nf [a] (⁑) (pièce) pad⁑; (maison) shack*, place; (taudis) hovel

kisser⁑ [ˈkɪsəʳ] n gueule⁑ f

⁂ marque le petit nombre d'expressions courantes que le lecteur étranger doit pouvoir reconnaître, mais dont l'emploi risque d'être ressenti comme fortement indécent ou injurieux.

baiser [beze] [→ SYN] [1] nm kiss [2] ▸conjug 1◂ vt [a] (frm) main, visage, sol to kiss [b] (⁂) to screw⁂, lay⁑, fuck⁂ ◆ **c'est une mal-baisée** she could do with a good lay⁂

fart⁂ [fɑːt] [1] n pet⁂ m

† marque les termes ou expressions démodés, qui ont quitté l'usage courant mais que l'étranger peut encore rencontrer au cours de ses lectures.

indéfrisable† [ɛ̃defʀizabl] nf perm, permanent (US)

botheration†* [ˌbɒðəˈreɪʃən] excl zut!*

†† marque les termes ou expressions archaïques, que le lecteur ne rencontrera en principe que dans les œuvres classiques.

gageure [gaʒyʀ] [→ SYN] nf ... (†† : pari) wager

On évitera de confondre ces signes avec l'indication Hist, qui ne marque pas le niveau de langue du mot lui-même mais souligne que l'objet désigné ne se rencontre que dans un contexte historiquement daté.

ordalie [ɔʀdali] nf (Hist) ordeal

littér, liter marquent les expressions de style poétique ou littéraire. Le lecteur veillera à ne pas confondre ces indications avec lit d'une part (sens propre, emploi littéral) et Littérat, Literat de l'autre (domaine de la littérature).

ostentatoire [ɔstɑ̃tatwaʀ] adj (littér) ostentatious

beseech [bɪˈsiːtʃ] [→ SYN] pret, ptp **besought** or **beseeched** vt (liter) [a] (ask for) permission demander instamment

Les indications arg (argot) et sl (slang) désignent les termes appartenant au vocabulaire de groupes restreints (tels que les écoliers, les militaires) et l'indication du domaine approprié leur est adjoint dans la langue de départ.

camer (se) [kame] [→ SYN] vpr (arg Drogue) to be on drugs

cooler [ˈkuːləʳ] n [a] (for food) glacière f ◆ **in the cooler** dans la glacière [b] (Prison sl) taule⁑ f ◆ **in the cooler** en taule⁑

Les indications de niveau de langue peuvent soit s'attacher à un mot ou à une expression isolés, soit marquer une catégorie entière ou même un article complet. Lorsqu'un mot est suivi d'astérisques, les locutions et exemples de l'article ne prendront à leur tour l'astérisque que si elles appartiennent à un niveau de langue différent.

PUNCTUATION

légitime [leʒitim] → SYN 1 adj a (légal) droits legitimate, lawful

alluring [əˈljʊərɪŋ] adj attrayant, séduisant

A comma is used to separate translations which have the same or very similar meanings.

direct, e [diʀɛkt] → SYN 1 adj a (sans détour) route direct; personne, reproche, regard direct; question direct, straight; allusion direct, pointed (épith)

melting [ˈmeltɪŋ] 1 adj snow fondant; (fig) voice, look attendri; words attendrissant

A semi-colon separates translations which are not interchangeable. As a general rule, indicators are given to differentiate between non-interchangeable translations.

danger [dɑ̃ʒe] → SYN nm a danger ◆ **être en danger** to be in danger ◆ **ses jours sont en danger** his life is in danger ◆ **mettre en danger** personne to put in danger

sailboarding [ˈseɪlbɔːdɪŋ] n planche f à voile ◆ **to go sailboarding** faire de la planche à voile

A black lozenge precedes every new phrase.

ravi, e [ʀavi] → SYN (ptp de **ravir**) adj (enchanté) delighted ◆ **ravi de vous connaître** delighted ou pleased to meet you

freshly [ˈfreʃlɪ] adv nouvellement, récemment ◆ **freshly-cut flowers** des fleurs fraîches cueillies or nouvellement cueillies

In the translation of phrases, an alternative translation of only part of the phrase is preceded by either or or ou.

gamme [gam] → SYN nf a (Mus) scale ◆ **faire des gammes** to practise scales ◆ **gamme chromatique** chromatic scale ◆ **gamme ascendante/descendante** rising/falling scale

eyetooth [ˈaɪtuːθ] n, pl **eyeteeth** [ˈaɪtiːθ] canine f supérieure ◆ (fig) **I'd give my eyeteeth* for a car like that/to go to China** qu'est-ce que je ne donnerais pas pour avoir une voiture comme ça/pour aller en Chine

An oblique / indicates alternatives in the source language which are reflected exactly in the target language.

bas[1], basse[1] [bɑ, bɑs] → SYN 1 adj a siège, colline, voix, (Mus) note low; maison low-roofed; terrain low(-lying)

brood mare n (jument f) poulinière f

Parentheses within illustrative phrases or their translations indicate that the material so contained is optional.

esteem [ɪsˈtiːm] → SYN 1 vt a (think highly of) person avoir de l'estime pour, estimer; quality estimer, apprécier ◆ **our (highly) esteemed colleague** notre (très) estimé collègue or confrère

Such parentheses may be given for phrases in both source and target language.

PONCTUATION

Une virgule sépare les traductions considérées comme équivalentes ou pratiquement équivalentes.

légitime [leʒitim] → SYN 1 adj ■ (légal) droits legitimate, lawful

alluring [əˈljʊərɪŋ] adj attrayant, séduisant

Un point-virgule sépare les traductions qui ne sont pas interchangeables. En règle générale, le point-virgule est accompagné d'une indication qui précise la différence de sens.

direct, e [diʀɛkt] → SYN 1 adj ■ (sans détour) route direct; personne, reproche, regard direct; question direct, straight; allusion direct, pointed (épith)

melting [ˈmeltɪŋ] 1 adj snow fondant; (fig) voice, look attendri; words attendrissant

Un losange noir précède chaque exemple.

danger [dɑ̃ʒe] → SYN nm ■ danger ◆ **être en danger** to be in danger ◆ **ses jours sont en danger** his life is in danger ◆ **mettre en danger** personne to put in danger

sailboarding [ˈseɪlbɔːdɪŋ] n planche f à voile ◆ **to go sailboarding** faire de la planche à voile

Les traductions offrant plusieurs variantes interchangeables à partir d'un tronc commun sont séparées par ou ou par or.

ravi, e [ʀavi] → SYN (ptp de **ravir**) adj (enchanté) delighted ◆ **ravi de vous connaître** delighted ou pleased to meet you

freshly [ˈfreʃlɪ] adv nouvellement, récemment ◆ **freshly-cut flowers** des fleurs fraîches cueillies or nouvellement cueillies

Le trait oblique / permet de regrouper des expressions de sens différent ayant un élément en commun, lorsque cette structure est reflétée dans la langue d'arrivée.

gamme [gam] → SYN nf ■ (Mus) scale ◆ **faire des gammes** to practise scales ◆ **gamme chromatique** chromatic scale ◆ **gamme ascendante/descendante** rising/falling scale

eyetooth [ˈaɪtuːθ] n, pl **eyeteeth** [ˈaɪtiːθ] canine f supérieure ◆ (fig) **I'd give my eyeteeth* for a car like that/to go to China** qu'est-ce que je ne donnerais pas pour avoir une voiture comme ça/pour aller en Chine

Les parenthèses figurant à l'intérieur des expressions ou de leur traduction indiquent que les mots qu'elles contiennent sont facultatifs.

bas[1], basse[1] [bɑ, bɑs] → SYN 1 adj ■ siège, colline, voix, (Mus) note low; maison low-roofed; terrain low(-lying)

brood mare n (jument f) poulinière f

Ces parenthèses peuvent figurer en corrélation.

esteem [ɪsˈtiːm] → SYN 1 vt ■ (think highly of) person avoir de l'estime pour, estimer; quality estimer, apprécier ◆ **our (highly) esteemed colleague** notre (très) estimé collègue or confrère

CROSS-REFERENCES

diffuser [difyze] → SYN ▸ conjug 1 ◂ 1 vt lumière, chaleur to diffuse; bruit, idée to spread (abroad), circulate, diffuse; livres to distribute; (Jur) document to circulate; émission to broadcast

diffusion [difyzjɔ̃] → SYN nf (→ **diffuser**) diffusion; spreading; circulation; distribution; broadcasting

To avoid repeating indicating material where one word has been treated in depth and derivatives of that word have corresponding semantic divisions, eg adverbs which are cross-referred to adjectives, nouns which are cross-referred to verbs (see also VERBS below).

To refer the user to the headword under which a certain idiom has been treated.

vendredi [vɑ̃dʀədi] nm Friday ◆ (personnage de Robinson Crusoé) **Vendredi** Man Friday ◆ **vendredi saint** Good Friday ◆ **c'était un vendredi treize** it was Friday the thirteenth; pour autres loc voir **samedi**

Friday [ˈfraɪdɪ] n vendredi m ◆ **Friday the thirteenth** vendredi treize → **Good Friday**; for other phrases see **Saturday**

To draw the user's attention to the full treatment of such words as numerals, days of the week, and months of the year under certain key words. The key words which have been treated in depth are: French - **six, sixième, soixante, samedi, septembre**. English - **six, sixth, sixty, Saturday, September**.

SYNONYMS

dictionnaire [diksjɔnɛʀ] → SYN nm dictionary ◆ **dictionnaire des synonymes** dictionary of synonyms, thesaurus ◆ **dictionnaire de langue / de rimes**

dictionary [ˈdɪkʃənrɪ] → SYN n dictionnaire m ◆ **to look up a word in a dictionary** chercher un mot dans un dictionnaire ◆ **French dictionary** dictionnaire de français

Words which are cross-referred to the thesaurus are followed by the indicator → SYN.

The indicator → SYN tells the user the word is treated in the thesaurus, with a full list of synonyms.

CROSS-REFERENCES TO LANGUAGE IN USE

refuse[1] [rɪˈfjuːz] → SYN LANGUAGE IN USE 8.3, 9.3, 12

Words which are also covered in Language in Use are shown by a cross-reference at the top of the entry.
In this example, the user is referred to topics on **Disagreement** (chapter 12), **Intentions and Desires** (chapter 8, § 3), and **Permission** (chapter 9, § 3).

VERBS

baisser [bese] → SYN ▸ conjug 1 ◂ 1 vt

arise [əˈraɪz] → SYN pret **arose** [əˈrəuz], ptp **arisen** [əˈrɪzn] vi

Tables of French and English verbs are included in the supplements at the end of each volume (vol. 1 for French verbs and vol. 2 for English verbs). At each verb headword in the French-English side of the dictionary, a number inside a box refers the user to these tables. The preterite and past participle of English strong verbs are given at the main verb entry.
In the French-English part of the dictionary verbs which are true pronominals are treated in a separate grammatical category.

3 **se baisser** vpr (pour ramasser qch) to bend down, stoop; (pour éviter qch) to duck ◆ **il n'y a qu'à se baisser pour les ramasser*** there are loads* of them, they are lying thick on the ground

grandir [gʀɑ̃diʀ] → SYN ▸ conjug 2 ◂ 1 vi
2 vt a (faire paraître grand) [microscope] to magnify ◆ **grandir les dangers / difficultés** to exaggerate the dangers / difficulties ◆ **ces chaussures te grandissent** those shoes make you (look) taller ◆ **il se grandit en se mettant sur la pointe des pieds** he made himself taller by standing on tiptoe

Pronominal uses which indicate a reciprocal, reflexive or passive sense are shown only if the translation requires it. In such cases they may be given within the transitive category of the verb as an illustrative phrase.

balbutiement [balbysimɑ̃] → SYN nm (paroles confuses) stammering, mumbling; [bébé] babbling

French nouns formed from the verb root + *-ation* or *-age* or *-ement* etc are sometimes given only token translations. These translations must be treated with care by the user, who is assumed to know that in many cases a verbal construction is more common in English.

étendu, e [etɑ̃dy] → SYN (ptp de **étendre**) 1 adj

broken [ˈbrəukən] → SYN 1 ptp of **break**
2 adj a (lit) cassé, brisé; window cassé; neck, leg fracturé, cassé; rib cassé, enfoncé

If the translation of a past participle cannot be reached directly from the verb entry or if the past participle has adjectival value then the past participle is treated as a headword.

RENVOIS

Pour éviter d'avoir à répéter un ensemble d'indications, lorsqu'un mot a été traité en profondeur et que ses dérivés ont des divisions de sens correspondantes. Ceci se produit notamment pour les adverbes dérivés d'adjectifs et les nominalisations (voir aussi VERBES ci-dessous).

diffuser [difyze] → SYN ▸ conjug 1 ◂ 1 vt lumière, chaleur to diffuse; bruit, idée to spread (abroad), circulate, diffuse; livres to distribute; (Jur) document to circulate; émission to broadcast

diffusion [difyzjɔ̃] → SYN nf (→ **diffuser**) diffusion; spreading; circulation; distribution; broadcasting

Pour renvoyer le lecteur à l'article dans lequel est traitée une certaine expression.

Pour attirer l'attention de l'usager sur certains mots-clés qui ont été traités en profondeur: pour les numéros, **six, sixième** et **soixante**; pour les jours de la semaine, **samedi**; pour les mois de l'année, **septembre**. Dans la nomenclature anglaise, ce seront les mots **six, sixth, sixty, Saturday, September**.

vendredi [vɑ̃dʀədi] nm Friday ◆ (personnage de Robinson Crusoé) **Vendredi** Man Friday ◆ **vendredi saint** Good Friday ◆ **c'était un vendredi treize** it was Friday the thirteenth; pour autres loc voir **samedi**

Friday ['fraɪdɪ] n vendredi m ◆ **Friday the thirteenth** vendredi treize → **Good Friday**; for other phrases see **Saturday**

SYNONYMES

Les mots faisant l'objet d'un développement synonymique sont suivis de l'indication → SYN.

Cette indication invite l'usager à se reporter au dictionnaire de synonymes où il trouvera une liste d'équivalents.

dictionnaire [diksjɔnɛʀ] → SYN nm dictionary ◆ **dictionnaire des synonymes** dictionary of synonyms, thesaurus ◆ **dictionnaire de langue / de rimes**

dictionary ['dɪkʃənrɪ] → SYN n dictionnaire m ◆ **to look up a word in a dictionary** chercher un mot dans un dictionnaire ◆ **French dictionary** dictionnaire de français

RENVOIS À LA GRAMMAIRE ACTIVE

Les mots qui font l'objet d'un développement dans la Grammaire active sont accompagnés de l'indication GRAMMAIRE ACTIVE suivie d'un ou de plusieurs numéros. Ces numéros renvoient à la rubrique correspondante de la section grammaticale.
Dans l'exemple ci-contre, l'usager est renvoyé aux rubriques **la Suggestion** (chapitre 1, § 1), **Propositions** (chapitre 3), **la Permission** (chapitre 9, § 1) et **l'Obligation** (chapitre 10, § 4).

permettre [pɛʀmɛtʀ] → SYN ▸ conjug 56 ◂ GRAMMAIRE ACTIVE 1.1, 3, 9.1, 10.4

VERBES

Les tables de conjugaison des verbes français et anglais sont données en annexe à la fin de chaque tome : tome 1 pour les verbes français et tome 2 pour les verbes anglais. Dans la nomenclature française, chaque verbe est suivi d'un numéro à l'intérieur d'un carré qui renvoie le lecteur à ces tables. Le prétérit et le participe passé des verbes forts anglais sont donnés après le verbe dans le corps de l'article. Une liste des principaux verbes forts figure également en annexe du tome 2.
Dans la partie français-anglais, les emplois véritablement pronominaux des verbes sont traités dans une catégorie à part.

baisser [bese] → SYN ▸ conjug 1 ◂ 1 vt

arise [ə'raɪz] → SYN pret **arose** [ə'rəuz], ptp **arisen** [ə'rɪzn] vi

3 **se baisser** vpr (pour ramasser qch) to bend down, stoop; (pour éviter qch) to duck ◆ **il n'y a qu'à se baisser pour les ramasser*** there are loads* of them, they are lying thick on the ground

Les emplois pronominaux à valeur réciproque, réfléchie ou passive, ne figurent que lorsque la traduction l'exige. En pareil cas, ils peuvent être simplement donnés dans la catégorie appropriée du verbe transitif, à titre d'exemple.

grandir [gʀɑ̃diʀ] → SYN ▸ conjug 2 ◂ 1 vi
2 vt a (faire paraître grand) [microscope] to magnify ◆ **grandir les dangers / difficultés** to exaggerate the dangers / difficulties ◆ **ces chaussures te grandissent** those shoes make you (look) taller ◆ **il se grandit en se mettant sur la pointe des pieds** he made himself taller by standing on tiptoe

Les nominalisations des verbes français (mots en *-age, -ation, -ement,* etc.) reçoivent souvent des traductions qui ne sont données qu'à titre indicatif; ces traductions doivent être utilisées avec prudence, l'usager étant supposé savoir que dans de nombreux cas une construction verbale est plus courante en anglais.

balbutiement [balbysimɑ̃] → SYN nm (paroles confuses) stammering, mumbling; [bébé] babbling

Si la traduction d'un participe passé ne peut se déduire directement à partir du verbe, ou si le participe a pris une valeur adjective, il est traité comme mot à part entière et figure à sa place alphabétique dans la nomenclature.

étendu, e [etɑ̃dy] → SYN (ptp de **étendre**) 1 adj

broken ['brəukən] → SYN 1 ptp of **break**
2 adj a (lit) cassé, brisé; window cassé; neck, leg fracturé, cassé; rib cassé, enfoncé

ABRÉVIATIONS ET SIGNES CONVENTIONNELS
ABBREVIATIONS AND SPECIAL SYMBOLS

SIGNES CONVENTIONNELS / SPECIAL SYMBOLS

marque déposée	®	registered trademark
langage familier	*	informal language
langage très familier	**	very informal language
langage vulgaire	***	offensive language
emploi vieilli	†	old-fashioned term or expression
emploi archaïque	††	archaic term or expression
renvoi au dictionnaire des synonymes	→ SYN	cross-reference to the thesaurus
voir entrée	→	see entry
voir variante	⇒	see alternative form

MARQUES DE DOMAINES / FIELD LABELS

administration	**Admin**	administration
agriculture	**Agr**	agriculture
anatomie	**Anat**	anatomy
antiquité	**Antiq**	ancient history
archéologie	**Archéol, Archeol**	archaeology
architecture	**Archit**	architecture
astrologie	**Astrol**	astrology
astronomie	**Astron**	astronomy
automobile	**Aut**	automobiles
aviation	**Aviat**	aviation
biologie	**Bio**	biology
botanique	**Bot**	botany
chimie	**Chim, Chem**	chemistry
cinéma	**Ciné, Cine**	cinema
commerce	**Comm**	commerce
informatique	**Comput**	computing
construction	**Constr**	building trade
cuisine	**Culin**	cookery
écologie	**Écol, Ecol**	ecology
économique	**Écon, Econ**	economics
enseignement	**Éduc, Educ**	education
électricité, électronique	**Élec, Elec**	electricity, electronics
finance	**Fin**	finance
football	**Ftbl**	football
géographie	**Géog, Geog**	geography
géologie	**Géol, Geol**	geology
géométrie	**Géom, Geom**	geometry
gouvernement	**Govt**	government
grammaire	**Gram**	grammar
gymnastique	**Gym**	gymnastics
héraldique	**Hér, Her**	heraldry
histoire	**Hist**	history
industrie	**Ind**	industry
droit, juridique	**Jur**	law, legal
linguistique	**Ling**	linguistics
littérature	**Littérat, Literat**	literature
mathématique	**Math**	mathematics
médecine	**Méd, Med**	medicine
météorologie	**Mét, Met**	meteorology
métallurgie	**Métal, Metal**	metallurgy
militaire	**Mil**	military
mines	**Min**	mining
minéralogie	**Minér, Miner**	mineralogy
musique	**Mus**	music
mythologie	**Myth**	mythology
nautique	**Naut**	nautical, naval
physique nucléaire	**Nucl Phys**	nuclear physics
optique	**Opt**	optics
informatique	**Ordin**	computing
ornithologie	**Orn**	ornithology
parlement	**Parl**	parliament
pharmacie	**Pharm**	pharmacy
philatélie	**Philat**	philately
philosophie	**Philos**	philosophy
phonétique	**Phon**	phonetics
photographie	**Phot**	photography
physique	**Phys**	physics
physiologie	**Physiol**	physiology
politique	**Pol**	politics
psychologie, psychiatrie	**Psych**	psychology, psychiatry
radio	**Rad**	radio
chemin de fer	**Rail**	rail(ways)
religion	**Rel**	religion
sciences	**Sci**	science
école	**Scol**	school
sculpture	**Sculp**	sculpture
ski	**Ski**	skiing
sociologie	**Sociol, Soc**	sociology
Bourse	**St Ex**	Stock Exchange
chirurgie	**Surg**	surgery
arpentage	**Surv**	surveying
technique	**Tech**	technical
télécommunications	**Téléc, Telec**	telecommunications
industrie textile	**Tex**	textiles
théâtre	**Théât, Theat**	theatre
télévision	**TV**	television
typographie	**Typ**	typography
université	**Univ**	university
médecine vétérinaire	**Vét, Vet**	veterinary medicine
zoologie	**Zool**	zoology

AUTRES ABRÉVIATIONS / OTHER ABBREVIATIONS

abréviation	**abrév, abbr**	abbreviated, abbreviation
adjectif	**adj**	adjective
adverbe	**adv**	adverb
approximativement	**approx**	approximately
argot	**arg**	slang
article	**art**	article
attribut	**attrib**	predicative
australien, Australie	**Austral**	Australian, Australia
auxiliaire	**aux**	auxiliary
belgicisme	**Belg**	Belgian idiom
britannique, Grande-Bretagne	**Brit**	British, Great Britain
canadien, Canada	**Can**	Canadian, Canada
mot composé	**comp**	compound, in compounds
comparatif	**compar**	comparative
conditionnel	**cond**	conditional
conjonction	**conj**	conjunction
conjugaison	**conjug**	conjugation
défini	**déf, def**	definite
démonstratif	**dém, dem**	demonstrative
dialectal, régional	**dial**	dialect
diminutif	**dim**	diminutive
direct	**dir**	direct
écossais, Écosse	**Écos**	Scottish, Scotland
par exemple	**eg**	for example
épithète	**épith**	before noun
surtout	**esp**	especially
et cætera, et cetera	**etc**	et cetera
euphémisme	**euph**	euphemism
par exemple	**ex**	for example
exclamation	**excl**	exclamation
féminin	**f, fem**	feminine
au figuré	**fig**	figuratively
féminin pluriel	**fpl**	feminine plural
langue soignée	**frm**	formal language
futur	**fut**	future
en général, généralement	**gén, gen**	in general, generally
helvétisme	**Helv**	Swiss idiom
humoristique	**hum**	humorous
impératif	**impér, imper**	imperative
impersonnel	**impers**	impersonal
indéfini	**indéf, indef**	indefinite
indicatif	**indic**	indicative
indirect	**indir**	indirect
infinitif	**infin**	infinitive
inséparable	**insep**	inseparable
interrogatif	**interrog**	interrogative
invariable	**inv**	invariable
irlandais, Irlande	**Ir**	Irish, Ireland
ironique	**iro**	ironic
irrégulier	**irrég, irreg**	irregular
littéral, au sens propre	**lit**	literally
littéraire	**littér, liter**	literary
locution	**loc**	locution
masculin	**m, masc**	masculine
masculin et féminin	**mf**	masculine and féminine
masculin pluriel	**mpl**	masculine plural
nom	**n**	noun
nord de l'Angleterre	**N Angl**	North of England
négatif	**nég, neg**	negative
nord de l'Angleterre	**N Engl**	North of England
nom féminim	**nf**	feminine noun
nom masculin	**nm**	masculine noun
nom masculin et féminin	**nmf**	masculine and feminine noun
nom masculin, féminin	**nm,f**	masculine, feminine noun
non comptable	**NonC**	uncountable
nom pluriel	**npl**	plural noun
numéral	**num**	numeral
néo-zélandais, Nouvelle-Zélande	**NZ**	New Zealand
objet	**obj**	object
opposé	**opp**	opposite
emploi réfléchi	**o.s.**	oneself
passif	**pass**	passive
péjoratif	**péj, pej**	pejorative
personnel	**pers**	personal
particule de verbe	**phr vb elem**	phrasal verb element
pluriel	**pl**	plural
possessif	**poss**	possessive
préfixe	**préf, pref**	prefix
préposition	**prép, prep**	preposition
prétérit	**prét, pret**	preterite
pronom	**pron**	pronoun
proverbe	**Prov**	proverb
participe présent	**prp**	present participle
participe passé	**ptp**	past participle
quelque chose	**qch**	something
quelqu'un	**qn**	somebody, someone
relatif	**rel**	relative
quelqu'un	**sb**	somebody, someone
écossais, Écosse	**Scot**	Scottish, Scotland
séparable	**sep**	separable
singulier	**sg**	singular
argot	**sl**	slang
terme de spécialiste	**spéc, spec**	specialist term
quelque chose	**sth**	something
subjonctif	**subj**	subjunctive
suffixe	**suf**	suffix
superlatif	**superl**	superlative
américain, États-Unis	**US**	American, United States
généralement	**usu**	usually
verbe	**vb**	verb
verbe intransitif	**vi**	intransitive verb
verbe pronominal	**vpr**	pronominal verb
verbe transitif	**vt**	transitive verb
verbe à particule inséparable	**vt fus**	phrasal verb with inseparable particle
verbe transitif et intransitif	**vti**	transitive and intransitive verb
verbe transitif indirect	**vt indir**	indirect transitive verb

PRONUNCIATION OF FRENCH

Transcription The symbols used to record the pronunciation of French are those of the International Phonetic Association. The variety of French transcribed is that shown in *Le Nouveau Petit Robert,* i.e. standard Parisian speech. Within this variety of French, variant pronunciations are to be observed. In particular, there is a marked tendency among speakers today to make no appreciable distinction between: [a] and [ɑ], **patte** [pat] and **pâte** [pɑt] both tending towards the pronunciation [pat]; [ɛ̃] and [œ̃], **brin** [bʀɛ̃] and **brun** [bʀœ̃] both tending towards the pronunciation [bʀɛ̃]. The distinction between these sounds is maintained in the transcription.

Headwords Each headword has its pronunciation transcribed between square brackets. In the case of words having a variant pronunciation (e.g. **tandis** [tɑ̃di], [tɑ̃dis]), the one pronunciation given is that regarded by the editorial team as preferable, often on grounds of frequency.

Morphological variations Morphological variations of headwords are shown phonetically where necessary, without repetition of the root (e.g. **journal, pl -aux** [ʒuʀnal, o]).

Compound words Compound words derived from headwords and shown within an entry are given without phonetic transcription (e.g. **passer** [pɑse], but **passe-lacet, passe-montagne**). The pronunciation of compounds is usually predictable, being that of the citation form of each element, associated with the final syllable stress characteristic of the language (see following paragraph).

Syllable stress In normal, unemphatic speech, the final syllable of a word, or the final syllable of a sense group, carries a moderate degree of stress. The syllable stressed is given extra prominence by greater length and intensity. The exception to this rule is a final syllable containing a mute *e*, which is never stressed. In view of this simple rule, it has not been considered necessary to indicate the position of a stressed syllable of a word by a stress mark in the phonetic transcription.

Closing of [ɛ] Under the influence of stressed [y], [i], or [e] vowels, an [ɛ] in an open syllable tends towards a closer [e] sound, even in careful speech. In such cases, the change has been indicated: **aimant** [ɛmɑ̃], but **aimer** [eme]; **bête** [bɛt], but **bêtise** [betiz].

Mute e [ə] Within isolated words, a mute *e* [ə] preceded by a single pronounced consonant is regularly dropped (e.g. **follement** [fɔlmɑ̃]; **samedi** [samdi]).

Opening of [e] As the result of the dropping of an [ə] within a word, an [e] occurring in a closed syllable tends towards [ɛ], as the transcription shows (e.g. **événement** [evɛnmɑ̃]; **élevage** [ɛlvaʒ]).

Aspirate h Initial *h* in the spelling of a French word does not imply strong expulsion of breath, except in the case of certain interjections. Initial *h* is called 'aspirate' when it is incompatible with liaison (**des haricots** [de'aʀiko]) or elision (**le haricot** [lə'aʀiko]). Aspirate *h* is shown in transcriptions by an apostrophe placed at the beginning of the word (e.g. **hibou** ['ibu]).

Consonants and assimilation Within a word and in normal speech, a voiceless consonant may be voiced when followed by a voiced consonant (e.g. **exemple** [ɛgzɑ̃pl]), and a voiced consonant may be devoiced when followed by a voiceless consonant (e.g. **absolument** [apsɔlymɑ̃]). When this phenomenon is regular in a word, it is shown in transcription (e.g. **abside** [apsid]). In speech, its frequency varies from speaker to speaker. Thus, while the citation form of **tasse** is [tɑs], the group **une tasse de thé** may be heard pronounced [yntɑsdəte] or [yntɑzdəte].

Sentence stress Unlike the stress pattern of English associated with meaning, sentence stress in French is associated with rhythm. The stress falls on the final syllable of the sense groups of which the sentence is formed (see **Syllable stress**). In the following example: *quand il m'a vu, il a traversé la rue en courant pour me dire un mot,* composed of three sense groups, the syllables **vu**, **-rant** and **mot** carry the stress, being slightly lengthened.

Intonation French intonation is less mobile than English and is closely associated with sentence stress. The most marked rises and falls occur normally on the final syllable of sense groups. Thus, in the sentence given above, the syllables **vu** and **-rant** are spoken with a slight rise (indicating continuity), while the syllable **mot** is accompanied by a fall in the voice (indicating finality). In the case of a question, the final syllable will normally also be spoken with rising voice.

PHONETIC TRANSCRIPTION OF FRENCH
TRANSCRIPTION PHONÉTIQUE DU FRANÇAIS

VOWELS

[i] *i*l, v*ie*, l*y*re
[e] bl*é*, jou*er*
[ɛ] l*ai*t, jou*et*, m*e*rci
[a] pl*a*t, p*a*tte
[ɑ] b*as*, p*â*te
[ɔ] m*o*rt, d*o*nner
[o] m*o*t, d*ô*me, *eau*, g*au*che
[u] gen*ou*, r*ou*e
[y] r*u*e, vêt*u*
[ø] p*eu*, d*eu*x
[œ] p*eu*r, m*eu*ble
[ə] l*e*, pr*e*mier
[ɛ̃] mat*in*, pl*ein*
[ɑ̃] s*an*s, v*en*t
[ɔ̃] b*on*, *om*bre
[œ̃] l*un*di, br*un*

SEMI-CONSONANTS

[j] *y*eux, pa*ill*e, p*i*ed
[w] *ou*i, n*ou*er
[ɥ] h*u*ile, l*u*i

CONSONANTS

[p] *p*ère, sou*p*e
[t] *t*erre, vi*t*e
[k] *c*ou, *qu*i, sa*c*, *k*épi
[b] *b*on, ro*b*e
[d] *d*ans, ai*d*e
[g] *g*are, ba*gue*
[f] *f*eu, neu*f*, *ph*oto
[s] *s*ale, *c*elui, *ç*a, de*ss*ous, ta*ss*e, na*t*ion
[ʃ] *ch*at, ta*ch*e
[v] *v*ous, rê*v*e
[z] *z*éro, mai*s*on, ro*s*e
[ʒ] *j*e, *g*ilet, *g*eôle
[l] *l*ent, so*l*
[ʀ] *r*ue, veni*r*
[m] *m*ain, fe*mm*e
[n] *n*ous, to*nn*e, a*n*imal
[ɲ] a*gn*eau, vi*gn*e

---

[h] *h*op ! (exclamative)
['] *h*aricot (no liaison)

[ŋ] words borrowed from English: campi*ng*
[x] words borrowed from Spanish or Arabic: *j*ota

DICTIONNAIRE FRANÇAIS-ANGLAIS

FRENCH-ENGLISH DICTIONARY

A[1], **a**[1] [ɑ] nm (lettre) A, a ◆ **de A (jusqu') à Z** from A to Z ◆ **feuille A3 / A4** sheet of A3 / A4 paper ◆ **c'est du format A4** it's A4 (paper) ◆ **prouver qch par a plus b** to prove sth conclusively

A[2] (abrév de **ampère**) amp

A[3] [a] nf (abrév de **autoroute**) ≃ M (Brit) ◆ **l'A10** the A10 motorway (Brit), ou highway (US)

a[2] (abrév de **are**) a

Å (abrév de **angström**) Å

A2† [adø] (abrév de **Antenne 2**) *former name for 2nd channel on French television*

à [a] prép (contraction avec *le, les:* **au, aux**)

a (copule introduisant compléments après vb, loc verbale, adj, n) **obéir / pardonner à qn** to obey / forgive sb ◆ **rêver à qch** to dream of ou about sth ◆ **se mettre à faire** to begin to do, set about ou start doing ◆ **se décider à faire** to make up one's mind to do, decide (up)on doing ◆ **s'habituer à faire** to get ou become ou grow used to doing ◆ **prendre plaisir à faire** to take pleasure in doing, derive pleasure from doing ◆ **c'est facile / difficile à faire** it's easy / difficult to do ◆ **il est lent à s'habiller** he takes a long time dressing, he's slow at dressing (himself) ◆ **son aptitude à faire / au travail** his aptitude for doing / for work ◆ **son empressement à aider** his eagerness ou willingness to help ◆ **depuis son accession au trône / admission au club** since his accession to the throne / admission to the club ◆ **je consens à ce que vous partiez** I consent ou agree to your leaving ou to your departure → vb, n, adj appropriés

b (déplacement, direction) (vers) to; (dans) into ◆ **aller** ou **se rendre à Paris / à Bornéo / au Canada / aux Açores** to go to Paris / Borneo / Canada / the Azores ◆ **le train de Paris à Reims** the train from Paris to Rheims ◆ **aller à l'école / à l'église / au marché / au théâtre** to go to school / church / (the) market / the theatre ◆ **aller à la chasse / pêche** to go hunting / fishing ◆ **aller** ou **partir à la recherche de qch** to go looking ou go and look for sth ◆ **raconte ton voyage à Londres** tell us about your trip to London ◆ **entrez donc au salon** (do) come into the lounge ◆ **mets-toi à l'ombre** get into ou in the shade ◆ **au lit / travail les enfants!** time for bed / work children!, off to bed / work children!

c (position, localisation) at; (à l'intérieur de) in; (à la surface de) on ◆ **habiter à Carpentras / à Paris / au Canada / aux Açores** to live at ou in Carpentras / in Paris / in Canada / in the Azores ◆ **elle habite au 4e (étage)** she lives on the 4th floor ◆ **être à l'école / à la maison / au bureau / au théâtre** to be at school / home / the office / the theatre ◆ **travailler à l'étranger / à domicile** to work abroad / at home ◆ **il faisait très chaud à l'église / au théâtre** it was very hot in church / the theatre ◆ **Paris est à 400 km de Londres** Paris is 400 km from London ◆ **il est seul au monde** he is (all) alone in the world ◆ **c'est à 3 km / 5 minutes (d'ici)** it's 3 km / 5 minutes away (from here) ◆ **2e rue à droite / gauche** 2nd street on the right / left ◆ **elle était assise à la fenêtre** she was sitting at ou by the window ◆ **le magasin au coin de la rue** the shop ou store (US) on ou at the corner, the corner shop (Brit) ◆ **debout le dos au feu** standing with one's back to the fire ◆ **j'ai froid aux jambes / aux mains** my legs / hands are cold, I've got cold legs / hands ◆ **prendre qn au cou / à la gorge** to take sb by the neck / throat ◆ **il a été blessé à l'épaule / au genou** he was injured in the shoulder / knee ◆ **il entra le sourire aux lèvres** he came in with a smile on his face ◆ **il a de l'eau (jusqu') aux genoux** the water comes up to his knees, he's knee-deep in water ◆ **regardez à la page 4** look at ou up page 4 ◆ **à la télévision / radio** on television / the radio → **à-côté, bord, bout** etc

d (temps) (moment précis) at; (jour, date) on; (époque) at, during; (jusqu'à) to, till, until ◆ **à quelle heure vient-il? – à 6 heures** what time is he coming? – at 6 ou (at) 6 o'clock ◆ **je n'étais pas là à leur arrivée** I wasn't there when they arrived ◆ **ils partirent au matin / le 3 au soir** they left in the morning / on the evening of the 3rd ◆ **au printemps** in spring ◆ **à l'automne** in autumn ◆ **la poésie au 19e siècle** poetry in the 19th century, 19th-century poetry ◆ **aux grandes vacances** in ou during the summer holidays ◆ **je vous verrai aux vacances / à Noël / au retour** I'll see you in the holidays / at Christmas / when we come back ◆ **à demain / l'an prochain / dans un mois / samedi** see you tomorrow / next year / in a month's time / on Saturday ◆ **le docteur reçoit de 2 à 4** the doctor has his surgery (Brit) ou sees patients from 2 to ou till 4 ◆ **remettre à huitaine** to postpone ou defer for a week ou until the next ou following week

e (condition, situation) in, on, at ◆ **être / rester au chaud / au froid / au vent / à l'humidité** to be / stay in the warm / cold / wind / damp ◆ **être à genoux / quatre pattes** to be on one's knees / on all fours ◆ **il est à ménager / plaindre** he is to be handled carefully / pitied ◆ **ils en sont à leurs derniers sous** they're down to their last few pence (Brit) ou cents (US) ◆ **elle n'est pas femme à faire cela** she is not the sort (of woman) to do that ◆ **ce n'est pas le genre de docteur à oublier** he's not the sort of doctor to forget ou who would forget ◆ **être / rester à travailler** to be / stay working ou at one's work ◆ **il est toujours (là) à se plaindre** he's forever complaining ◆ **il a été le premier à le dire, mais ils sont plusieurs à le penser** he was the first to say so, but there are quite a few who think like him ou the same ◆ **ils sont 2 à l'avoir fait** there were 2 of them that did it → **à-coup, bout, cran**

f (rapport, évaluation, distribution etc) by, per; (approximation) to ◆ **faire du 50 à l'heure** to do 50 km an ou per hour ◆ **consommer 9 litres aux 100 km** to use 9 litres to the ou per 100 km, do 100 km to 9 litres ◆ **être payé à la semaine / l'heure** to be paid by the week / the hour ◆ **vendre au détail / poids / mètre / kilo** to sell retail / by weight / by the metre / by the kilo ◆ **il leur faut 4 à 5 heures / kilos** they need 4 to 5 hours / kilos ◆ **entrer un à un / deux à deux** to come in one by one / two by two, come in one / two at a time ◆ **gagner par 2 à zéro** to win by 2 goals to nil, win 2 nil ◆ **à chaque coup** every ou each time ◆ **à chaque pas** at each ou every step ◆ **à chaque page** on each ou every page → **bout, heure**

g (appartenance) to, of ◆ **être** ou **appartenir à qn / qch** to belong to sb / sth ◆ **ce livre est à Pierre** this book belongs to Peter ou is Peter's ◆ **le sac est à moi / à elle** the bag is mine / hers ◆ **c'est une amie à lui / eux** she is a friend of his / theirs ◆ **ils n'ont pas de maison à eux** they haven't a house of their own ◆ **le couteau à Jean*** John's knife ◆ **c'est à lui de protester** (sa responsabilité) it's up to him ou it's his job to protest; (son tour) it's his turn to protest ◆ **l'ananas a un goût bien à lui** pineapple has a flavour all (of) its own ou a distinctive flavour ◆ **ce n'est pas à moi de le dire** it's not for me to say, it's not up to me to say ◆ **c'est très gentil** ou **aimable à vous** that's very kind of you

h (avec vt à double complément) (attribution etc) to (souvent omis); (provenance) from, out of; (comparaison, préférence) to ◆ **donner / prêter / enseigner qch à qn** to give / lend / teach sb sth, give / lend / teach sth to sb ◆ **prendre de l'eau au puits / à la rivière / au seau** to take water from the well / from the river / out of ou from the bucket ◆ **il préfère le vin à la bière** he prefers wine to beer → **aider, conseiller**[1]**, emprunter, offrir**

i (moyen) on, by, with ◆ **faire qch à la machine / à la main** to do sth by machine / hand ◆ **fait à la machine / main** machine- / hand-made ◆ **la cuisinière marche au gaz / au charbon / à l'électricité** the cooker runs on ou uses gas / coal / electricity ◆ **aller à bicyclette / à pied / à cheval** to cycle / walk / ride, go by bicycle / on foot / on horseback ◆ **examiner qch au**

microscope / à la loupe / à l'œil nu to examine sth under ou with a microscope / with a magnifying glass / with the naked eye ♦ **il nous a joué l'air au piano / violon** he played us the tune on the piano / violin

j (manière : souvent traduit par adv) at, in ♦ **il est parti à toute allure / au galop** he rushed / galloped off, he left at full tilt* / at a gallop ♦ **vivre à l'américaine** to live like an American ou in the American style ♦ **une histoire à la (manière de) Tolstoï** a story in the style of Tolstoy ou à la Tolstoy ♦ **elle fait la cuisine à l'huile / au beurre** she cooks with oil / butter ♦ (Culin) **canard aux petits pois / aux pruneaux** duck with peas / prunes ♦ **il l'a fait à sa manière** he did it in his own way ♦ **il l'a fait à lui tout seul** he did it (all) on his own ou (all) by himself ou single-handed ♦ **ils couchent à 3 dans la même chambre** they sleep 3 to a room ♦ **ils ont fait le travail à 3 / à eux tous** they did the work between the 3 of them / between them (all)

k (caractérisation : avec nom) with (souvent omis) ♦ **pompe à eau / essence** water / petrol (Brit) ou gasoline (US) pump ♦ **bête à plumes / à fourrure** feathered / furry creature ♦ **enfant aux yeux bleus / aux cheveux longs** blue-eyed / long-haired child, child with blue eyes / long hair ♦ **robe à manches** dress with sleeves ♦ **robe à manches courtes** short-sleeved dress ♦ **canne à bout ferré** metal-tipped stick, stick with a metal tip ♦ **bons à 10 ans** 10-year bonds ♦ **la dame au chapeau vert** the lady in ou with the green hat ♦ **le client au budget modeste** the customer on a tight ou small budget

l (destination) (avec nom) for (souvent omis) ; (avec vb) to ; (dédicace) to, for ♦ **tasse à thé** teacup ♦ **pot à lait** milk jug ♦ **à mon épouse regrettée** in memory of my dear departed wife ♦ **j'ai une maison à vendre / louer** I have a house to sell ou for sale / to let ou for letting ♦ **donner une robe à nettoyer** to take a dress to be cleaned, take a dress in for cleaning ♦ **il a un bouton à recoudre** he's got a button to sew on ou that needs sewing on ♦ **je n'ai rien à lire / faire** I have nothing to read / do ♦ **avez-vous à manger / boire ?** have you anything to eat / drink ? ♦ **je peux vous donner à déjeuner / dîner** I can give you (some) lunch / dinner

m (+ infin : au point de) **s'ennuyer à mourir** to be bored to death ♦ **laid à faire peur** as ugly as sin ♦ **ce bruit est à vous rendre fou** this noise is enough to drive you mad ♦ **c'est à se demander si** it makes you wonder if

n (+ infin : valeur de gérondif : cause, hypothèse etc) **à le voir si maigre, j'ai eu pitié** (on) seeing him ou when I saw him so thin I took pity on him ♦ **vous le buterez à le punir ainsi** you'll antagonize him if you punish him like that ♦ **je me fatigue à répéter** I'm wearing myself out repeating ♦ **il nous fait peur à conduire si vite** he frightens us (by) driving ou when he drives so fast ♦ **à bien considérer la chose, à bien réfléchir** if you think about it ♦ **s'ennuyer à ne rien faire** to get bored doing nothing → **force**

o (conséquence, résultat) to ; (cause) at ; (d'après) according to, from ♦ **à sa consternation** to his dismay ♦ **à leur grande surprise** much to their surprise, to their great surprise ♦ **à la demande de certains** at the request of certain people ♦ **à sa pâleur, on devinait son trouble** one could see ou tell by his paleness that he was distressed ♦ **à la nouvelle, il y eut des protestations** the news was greeted with protests ♦ **à ce qu'il prétend** according to what he says ♦ **à ce que j'ai compris** from what I understood ♦ **c'est aux résultats qu'on le jugera** he will be judged on his results, it'll be on his results that he's judged

p LOC **à ta** ou **votre santé !, à la tienne !** ou **la vôtre !** cheers !, your (good) health ! ♦ **aux absents !** to absent friends ! ♦ **à la porte !** (get) out ! ♦ **à la poubelle !** (it's) rubbish !, (let's) throw it out ! ♦ **au voleur !** stop thief ! ♦ **au feu !** fire ! → **abordage, boire, souhait**

q (Prov) **à bon chat bon rat** tit for tat (Prov) ♦ **à bon entendeur, salut** a word to the wise is enough ♦ **à chacun sa chacune*** every Jack has his Jill ♦ **à chacun selon son mérite** to each according to his merits ♦ **à chacun son métier** every man to his own trade ♦ **à chaque jour suffit sa peine** sufficient unto the day is the evil thereof (Prov) ♦ **à cœur vaillant rien d'impossible** nothing is impossible to a willing heart (Prov) ♦ **aux grands maux les grands remèdes** desperate ills demand desperate measures ♦ **à l'impossible nul n'est tenu** no one is bound to do the impossible ♦ **à père avare, enfant prodigue** a miser will father a spendthrift son ♦ **à quelque chose malheur est bon** every cloud has a silver lining (Prov) ♦ **au royaume des aveugles les borgnes sont rois** in the kingdom of the blind the one-eyed man is king (Prov) ♦ **à la Sainte Luce, les jours croissent du saut d'une puce** Lucy light, the shortest day and the longest night (Prov) ♦ **à tout seigneur tout honneur** honour to whom honour is due

Aaron [aʀɔ̃] nm Aaron

AB (abrév de **assez bien**) quite good, ≃ C⁺

abaca [abaka] → SYN nm abaca, Manilla hemp

abacule [abakyl] → SYN nm tessera

Abadan [abadɑ̃] n Abadan

abaissable [abɛsabl] → SYN adj siège reclining (épith)

abaissant, e [abɛsɑ̃, ɑ̃t] → SYN adj degrading

abaisse [abɛs] → SYN nf rolled-out pastry ♦ **faites une abaisse de 3 cm** roll out the pastry to a thickness of 3 cm

abaisse-langue, pl **abaisse-langue(s)** [abɛslɑ̃g] nm spatula (Brit), tongue depressor

abaissement [abɛsmɑ̃] → SYN nm **a** (action d'abaisser) pulling down ; pushing down ; lowering ; bringing down ; reduction (*de* in) ; carrying ; dropping ; humiliation ; debasing ; humbling

b (fait de s'abaisser) [température, valeur, taux] fall, drop (*de* in) ; [terrain] downward slope ♦ **l'abaissement de la moralité** the decline in morals

c (conduite obséquieuse) subservience, self-abasement ; (conduite choquante) degradation

abaisser [abese] → SYN ▸ conjug 1 ◂ **1** vt **a** levier (tirer) to pull down ; (pousser) to push down ; store to lower, pull down ; siège to recline ♦ (littér) **abaisser les yeux sur qn** to deign to look upon sb ♦ **cette vitre s'abaisse-t-elle ?** does this window go down ?

b température, valeur, taux to lower, reduce, bring down ; niveau, mur to lower

c chiffre to bring down, carry ; perpendiculaire to drop

d (rabaisser) [personne] to humiliate ; [vice] to debase ; (Rel) to humble ♦ **abaisser la puissance des nobles** to reduce the power of the nobles

e (Culin) pâte to roll out

2 s'abaisser vpr **a** (diminuer) [température, valeur, taux] to fall, drop, go down ; [terrain] to slope down ; (Théât) [rideau] to fall (*sur* on)

b (s'humilier) to humble o.s. ♦ **s'abaisser à** to stoop ou descend to

abaisseur [abɛsœʀ] adj m, nm ♦ **(muscle) abaisseur** depressor

abajoue [abaʒu] → SYN nf cheek pouch

abandon [abɑ̃dɔ̃] → SYN nm **a** (délaissement) [personne, lieu] desertion, abandonment ♦ **abandon de poste** desertion of one's post ♦ (Jur) **abandon du domicile conjugal** desertion

b [idée, privilège, fonction] giving up ; [droit] giving up, relinquishment, renunciation ; [course, championnat] withdrawal (*de* from) ♦ (Sport) **après l'abandon de notre équipe** after our team was forced to retire ou withdraw ♦ (Fin) **abandon d'actif** yielding up of assets ♦ (Jur) **abandon de poursuites** nonsuit, nolle prosequi ♦ **faire abandon de ses biens à qn** to make over one's property to sb ♦ **faire abandon de ses droits sur** to relinquish ou renounce one's right(s) to ♦ (fig) **abandon de soi-même** self-abnegation

c (manque de soin) neglected state, neglect ♦ **l'(état d') abandon où se trouvait la ferme** the neglected state (that) the farm was in ♦ **jardin à l'abandon** neglected garden, garden run wild ou in a state of neglect ♦ **laisser qch à l'abandon** to neglect sth

d (confiance) lack of constraint ♦ **parler avec abandon** to talk freely ou without constraint ♦ **dans ses moments d'abandon** in his moments of abandon, in his more expansive moments

e (nonchalance) [style] easy flow ♦ **étendu sur le sofa avec abandon** stretched out luxuriously on the sofa ♦ **l'abandon de son attitude / ses manières** his relaxed ou easy-going attitude / manners

f (Ordin) abort

abandonnataire [abɑ̃dɔnatɛʀ] → SYN nmf abandonee

abandonné, e [abɑ̃dɔne] → SYN (ptp de **abandonner**) adj **a** attitude, position relaxed ; (avec volupté) abandoned

b route, usine, jardin disused ♦ **vieille maison abandonnée** deserted old house

abandonner [abɑ̃dɔne] → SYN ▸ conjug 1 ◂ **1** vt **a** (délaisser) lieu to desert, abandon ; personne (gén) to leave, abandon ; (intentionnellement) to desert, abandon, forsake (littér) ; voiture, animal to abandon ; technique, appareil to abandon, give up ♦ **son courage l'abandonna** his courage failed ou deserted ou forsook (littér) him ♦ **ses forces l'abandonnèrent** his strength failed ou deserted him ♦ **l'ennemi a abandonné ses positions** the enemy abandoned their positions ♦ (Mil) **abandonner son poste** to desert one's post ♦ **abandonner le terrain** (lit, Mil) to take flight ; (fig) to give up ♦ (Jur) **abandonner le domicile conjugal** to desert ou abandon the family home

b (se retirer de) fonction to give up, relinquish ; études, recherches to give up, abandon ; matière d'examen to drop, give up ; droit, privilèges to give up, relinquish, renounce ; course to withdraw ou retire from ; projet, hypothèse, espoir to give up, abandon ♦ **le joueur a dû abandonner** the player had to retire ou withdraw ♦ **abandonner le pouvoir** to retire from ou give up ou leave office ♦ (lit, fig) **abandonner la lutte** ou **la partie** to give up the fight ou struggle ♦ (Jur) **abandonner les poursuites** to drop the charges ♦ **j'abandonne !** I give up !

c (donner, laisser) **abandonner à** (gén) to give ou leave to ♦ **abandonner ses biens à une bonne œuvre** to leave ou donate ou give one's wealth to a good cause ♦ **elle lui abandonna sa main** she let him take her hand ♦ **abandonner à qn le soin de faire qch** to leave it up to sb to do sth ♦ **abandonner qn à son (triste) sort** to leave ou abandon (littér) sb to his fate ♦ **abandonner au pillage / à la destruction / à la mort** to leave to be pillaged / to be destroyed / to die ♦ **abandonner son corps au bien-être** to give o.s. up ou abandon o.s. to a sense of well-being

2 s'abandonner vpr **a** (se relâcher, se confier) to let o.s. go ♦ **il s'abandonna, me confia ses problèmes** he let himself go ou opened up and told me his problems ♦ **elle s'abandonna dans mes bras** she sank into my arms

b (se laisser aller) **s'abandonner à** passion, joie, débauche to give o.s. up to ; paresse, désespoir to give way to ♦ **s'abandonner à la rêverie / au bien-être** to indulge in ou give o.s. up to daydreaming / a sense of well-being ♦ **il s'abandonna au sommeil** he let sleep overcome him, he let himself sink into sleep

c (s'en remettre à) **s'abandonner à** to commit o.s. to, put o.s. in the hands of

d (†: se donner sexuellement) to give o.s. (*à* to)

abaque [abak] → SYN nm abacus

abasie [abazi] → SYN nf abasia

abasourdi, e [abazuʀdi] → SYN (ptp de **abasourdir**) adj stunned, dumbfounded, staggered*

abasourdir [abazuʀdiʀ] → SYN ▸ conjug 2 ◂ vt **a** (étonner) to stun, bewilder, dumbfound

b (étourdir) [bruit] to stun, daze

abasourdissant, e [abazuʀdisɑ̃, ɑ̃t] adj bewildering, stupefying

abasourdissement [abazuʀdismɑ̃] → SYN nm (étonnement) bewilderment, stupefaction

abâtardir [abatarʀdiʀ] → SYN ▸ conjug 2 ◂ **1** vt race, vertu to cause to degenerate ; qualité to debase

2 s'abâtardir vpr [race, vertu] to degenerate ; [qualité] to become debased

abâtardissement [abatardismɑ̃] → SYN nm (→ **abâtardir**) degeneration; debasement

abat-jour [abaʒuʀ] → SYN nm inv [lampe] lampshade; (Archit) splay

abats [aba] → SYN nmpl [volaille] giblets; [bœuf, porc] offal

abat-son, pl **abat-sons** [abasɔ̃] nm louvre (Brit), louver (US)

abattage [abataʒ] → SYN nm **a** [animal] slaughter, slaughtering; [arbre] felling, cutting (down); (Min) extracting

b (Comm) **(vente à l') abattage** selling in bulk at knock-down prices

c (*) **avoir de l'abattage** (entrain) to be dynamic, have plenty of go* ◆ (force) **il a de l'abattage** he's a strapping fellow

d [prostituée] **faire de l'abattage**‡ to turn dozens of tricks a day (ou night)‡ (US), get through dozens of punters (Brit) ou johns (US) a day (ou night)‡

abattant [abatɑ̃] → SYN nm [table, bureau] flap, (drop) leaf; [toilettes] lid

abattement [abatmɑ̃] → SYN nm **a** (dépression) dejection, despondency ◆ **être dans un extrême abattement** to be in very low spirits

b (fatigue) exhaustion; (faiblesse) enfeeblement

c (Fin) (rabais) reduction; (fiscal) (tax) allowance ◆ **abattement sur le prélèvement** abatement of the levy ◆ **abattement forfaitaire** standard deduction ou allowance

abattis [abati] → SYN **1** nmpl [volaille] giblets; (*: bras et jambes) limbs → **numéroter**

2 nm **a** (Can: terrain déboisé) brushwood ◆ **faire un abattis** to clear fell (Brit) ou clear cut (US) land

b (Mil) abat(t)is

abattoir [abatwaʀ] → SYN nm slaughterhouse, abattoir ◆ (fig) **envoyer des hommes à l'abattoir*** to send men to be slaughtered ou massacred

abattre [abatʀ] → SYN ▸conjug 41◂ **1** vt **a** (faire tomber) maison, mur to pull ou knock down; arbre to cut down, fell; adversaire to fell, floor, knock down; roche, minerai to break away, hew; quilles to knock down; avion to bring ou shoot down ◆ **le vent a abattu la cheminée** the wind blew the chimney down ◆ **la pluie abat la poussière** the rain settles the dust ◆ **il abattit son bâton sur ma tête** he brought his stick down on my head

b (tuer) personne, oiseau to shoot down; fauve to shoot, kill; animal domestique to destroy, put down; animal de boucherie to slaughter ◆ (fig) **c'est l'homme à abattre** he's the one you've (ou we've etc) got to get rid of

c (fig: ébranler) [fièvre, maladie] to weaken, drain (of energy); [mauvaise nouvelle, échec] to demoralize, shatter*; [efforts] to tire out, wear out ◆ **la maladie l'a abattu** (the) illness left him prostrate ou very weak, (the) illness drained him of energy ◆ **être abattu par la fatigue / la chaleur** to be overcome by tiredness / the heat ◆ **se laisser abattre par des échecs** to be demoralized by failures, let failures get one down ◆ **ne te laisse pas abattre** keep your spirits up, don't let things get you down

d (fig: affaiblir) courage to weaken; forces to drain, sap; fierté to humble

e carte to lay down ◆ (lit, fig) **abattre son jeu** ou **ses cartes** to lay ou put one's cards on the table, show one's hand ou cards

f **abattre du travail** to get through a lot of work

2 vi (Naut) to tack

3 **s'abattre** vpr **a** (tomber) [personne] to fall (down), collapse; [cheminée] to fall ou crash down ◆ **le mât s'abattit** the mast came ou went crashing down

b **s'abattre sur** [pluie] to beat down on(to); [ennemi] to swoop down on, fall on; [oiseau de proie] to swoop down on; [moineaux] to sweep down on(to); (fig) [coups, injures] to rain on ◆ **le malheur s'abattit sur lui** he was struck with misfortune ◆ **le découragement s'abattit soudain sur elle** she was suddenly overwhelmed by despondency

abattu, e [abaty] (ptp de **abattre**) adj (fatigué) worn out, exhausted; (faible) malade very weak, feeble, prostrate; (déprimé) downcast, demoralized, despondent → **bride**

abat-vent, pl **abat-vent(s)** [abavɑ̃] nm [cheminée] chimney cowl; [fenêtre, ouverture] louver boarding

abbatial, e, mpl **-iaux** [abasjal, jo] **1** adj abbey (épith)

2 **abbatiale** nf abbey-church

abbaye [abei] → SYN nf abbey

abbé [abe] → SYN nm [abbaye] abbot; (prêtre) priest ◆ **abbé mitré** mitred abbot → **Monsieur**

abbesse [abɛs] → SYN nf abbess

abbevillien, -ienne [abviljɛ̃, jɛn] adj, nm Abbevillian

abc [abese] nm inv (livre) ABC ou alphabet book; (rudiments) ABC, fundamentals (pl), rudiments (pl) ◆ **c'est l'abc du métier** it's the most elementary ou the first requirement of the job

abcéder [apsede] ▸conjug 6◂ vi to abscess

abcès [apsɛ] → SYN nm (Méd) abscess; [gencive] gumboil, abscess ◆ (fig) **il faut vider** ou **crever l'abcès** we must root out the evil ◆ (fig) **abcès de fixation** focal point for grievances

Abdias [abdjas] nm Obadiah

abdicataire [abdikatɛʀ] **1** adj abdicative

2 nmf abdicator

abdication [abdikasjɔ̃] → SYN nf (lit, fig) abdication ◆ (fig) **l'abdication des parents devant leurs enfants** parents' abdication of authority over their children

abdiquer [abdike] → SYN ▸conjug 1◂ **1** vi [roi] to abdicate ◆ **la justice abdique devant le terrorisme** justice gives way in the face of ou before terrorism ◆ **dans ces conditions j'abdique*** in that case I give up

2 vt ◆ **abdiquer la couronne** to abdicate the throne ◆ **abdiquer ses croyances / son autorité** to give up ou renounce one's beliefs / one's authority

abdomen [abdɔmɛn] → SYN nm abdomen

abdominal, e, mpl **-aux** [abdɔminal, o] → SYN **1** adj abdominal

2 nmpl ◆ **abdominaux** stomach ou abdominal muscles ◆ (Sport) **faire des abdominaux** (gén) to do exercises for the stomach muscles, exercise the stomach muscles; (de la position couchée à la position assise) to do sit-ups

abdos* [abdo] nmpl (abrév de **abdominaux**) → **abdominal**

abducteur [abdyktœʀ] **1** adj m ◆ (Anat) **muscle abducteur** abductor

2 nm (Anat) abductor; (Tech) gas outlet (tube)

abduction [abdyksjɔ̃] nf (Anat) abduction

abécédaire [abesedɛʀ] → SYN nm alphabet primer

abeille [abɛj] → SYN nf bee ◆ **abeille maçonne** mason bee → **nid, reine**

Abel [abɛl] nm Abel

abélien, -ienne [abeljɛ̃, jɛn] adj Abelian

aber [abɛʀ] nm (Géog) aber

aberrance [abeʀɑ̃s] nf aberrance, aberrancy

aberrant, e [abeʀɑ̃, ɑ̃t] → SYN adj **a** (insensé) conduite aberrant; histoire absurd, nonsensical ◆ **il est aberrant qu'il parte** it is absolutely absurd ou it is sheer nonsense for him to go ou that he should go

b (Bio) aberrant, abnormal, deviant; (Ling) irregular

aberration [abeʀasjɔ̃] → SYN nf (gén) (mental) aberration; (Astron, Phys) aberration ◆ **dans un moment** ou **instant d'aberration** in a moment of aberration ◆ **par quelle aberration a-t-il accepté?** whatever possessed him to accept? ◆ **aberration chromosomique** chromosomal abnormality

abêtir vt, **s'abêtir** vpr [abetiʀ] → SYN ▸conjug 2◂ to turn into a moron ou half-wit

abêtissant, e [abetisɑ̃, ɑ̃t] adj travail mind-numbing

abêtissement [abetismɑ̃] → SYN nm (état) stupidity, mindlessness ◆ (action) **l'abêtissement des masses par la télévision** the stupefying effect of television on the masses

abhorrer [abɔʀe] → SYN ▸conjug 1◂ vt (littér) to abhor, loathe

Abidjan [abidʒɑ̃] n Abidjan

abîme [abim] → SYN nm **a** (gouffre) abyss, gulf, chasm ◆ (fig) **l'abîme qui nous sépare** the gulf ou chasm between us

b LOC **au bord de l'abîme** pays, banquier on the brink ou verge of ruin; personne on the brink ou verge of despair ◆ **être au fond de l'abîme** [personne] to be in the depths of despair ou at one's lowest ebb; [pays] to have reached rock-bottom ◆ (littér) **les abîmes de l'enfer / de la nuit / du temps** the depths of hell / night / time ◆ **être plongé dans un abîme de perplexité** to be utterly ou deeply perplexed ◆ **c'est un abîme de bêtise** he's abysmally ou incredibly stupid

c (Littérat) **mise en abîme** mise en abyme

abîmé, e [abime] (ptp de **abîmer**) adj damaged, spoiled ◆ **il était plutôt abîmé après le match*** he looked in a pretty poor state after the match

abîmer [abime] → SYN ▸conjug 1◂ **1** vt **a** (endommager) to damage, spoil ◆ **la pluie a complètement abîmé mon chapeau** the rain has ruined my hat

b (‡: frapper) **abîmer qn** to beat sb up ◆ **abîmer le portrait à qn** to smash* ou bash* sb's face in

2 **s'abîmer** vpr **a** [objet] to get spoilt ou damaged; [fruits] to go bad, spoil ◆ **s'abîmer les yeux** to ruin ou strain one's eyes, spoil one's eyesight

b (littér) [navire] to sink, founder ◆ [personne] **s'abîmer dans** réflexion to be deep ou sunk ou plunged in; douleur to lose o.s. in

ab intestat [abɛ̃tɛsta] loc adj, loc adv intestate

abiogenèse [abjoʒənɛz] nf abiogenesis

abiotique [abjɔtik] adj abiotic

abject, e [abʒɛkt] → SYN adj despicable, contemptible, abject ◆ **être abject envers qn** to treat sb in a despicable manner, behave despicably towards sb

abjectement [abʒɛktəmɑ̃] adv abjectly

abjection [abʒɛksjɔ̃] → SYN nf abjection, abjectness

abjuration [abʒyʀasjɔ̃] → SYN nf abjuration, renunciation, recantation (*de* of) ◆ **faire abjuration de** to abjure

abjurer [abʒyʀe] → SYN ▸conjug 1◂ vt to abjure, renounce, recant

Abkhazie [abkazi] nf Abkhazia

ablater [ablate] ▸conjug 1◂ vt to ablate

ablatif [ablatif] nm ablative ◆ **à l'ablatif** in the ablative ◆ **ablatif absolu** ablative absolute

ablation [ablasjɔ̃] → SYN nf (Méd) removal, ablation (spéc); (Géol) ablation

ablégat [ablega] nm ablegate

ableret [ablərɛ] nm (square) fishing net

ablette [ablɛt] → SYN nf bleak

ablutions [ablysjɔ̃] nfpl (gén) ablutions ◆ **faire ses ablutions** to perform one's ablutions

abnégation [abnegasjɔ̃] → SYN nf (self-)abnegation, self-denial, self-sacrifice ◆ **avec abnégation** selflessly

ABO [abeo] adj ◆ **système ABO** ABO system

aboiement [abwamɑ̃] nm **a** [chien] bark ◆ **aboiements** barking (NonC)

b (péj) (cri) cry ◆ (critiques, exhortations) **aboiements** rantings, snarlings

abois [abwa] nmpl baying ◆ (lit, fig) **aux abois** at bay

abolir [abɔliʀ] → SYN ▸conjug 2◂ vt coutume, loi to abolish, do away with

abolition [abɔlisjɔ̃] → SYN nf abolition ◆ **l'abolition de l'esclavage** the Abolition of Slavery

abolitionnisme [abɔlisjɔnism] nm abolitionism

abolitionniste [abɔlisjɔnist] adj, nmf abolitionist

abominable [abɔminabl] → SYN adj abominable, horrible; (sens affaibli) awful, frightful, terrible ◆ **l'abominable homme des neiges** the abominable snowman

abominablement [abɔminabləmɑ̃] adv se conduire, s'habiller abominably ◆ **abominablement cher** frightfully (Brit) ou terribly expensive ◆ **abominablement laid** frightfully (Brit) ou horribly ugly

abomination [abɔminasjɔ̃] → SYN nf **a** (horreur, crime) abomination
b LOC **avoir qn / qch en abomination** to loathe ou abominate sb / sth ◆ **c'est une abomination!** it's abominable! ◆ **l'abomination de la désolation** the abomination of desolation ◆ **dire des abominations** to say abominable things

abominer [abɔmine] → SYN ▸ conjug 1 ◂ vt (littér: exécrer) to loathe, abominate

abondamment [abɔ̃damɑ̃] → SYN adv abundantly, plentifully; écrire prolifically; manger, boire copiously; rincer thoroughly ◆ **prouver abondamment qch** to provide ample proof ou evidence of sth

abondance [abɔ̃dɑ̃s] → SYN nf **a** (profusion) abundance ◆ **des fruits en abondance** plenty of ou an abundance of fruit, fruit in abundance ou in plenty ◆ **larmes qui coulent en abondance** tears falling in profusion ou profusely ◆ **il y a (une) abondance de** there are plenty of, there is an abundance of ◆ **année d'abondance** year of plenty ◆ (Prov) **abondance de biens ne nuit pas** an abundance of goods does no harm → **corne**
b (richesses) wealth, prosperity, affluence ◆ **vivre dans l'abondance** to live in affluence ◆ **abondance d'idées** wealth of ideas
c **parler d'abondance** (improviser) to improvise, extemporize; (parler beaucoup) to speak at length

abondant, e [abɔ̃dɑ̃, ɑ̃t] → SYN adj récolte good; réserves plentiful; végétation lush, luxuriant; chevelure thick, abundant (frm); larmes profuse, copious; repas copious, hearty (épith); style rich ◆ **il me fit d'abondantes recommandations** he gave me copious advice, he lavished advice on me ◆ **illustré d'abondantes photographies** illustrated with numerous photographs, richly ou lavishly illustrated with photographs ◆ **la récolte est abondante cette année** there is a rich ou good ou fine harvest this year ◆ **les pêches sont abondantes sur le marché** peaches are in plentiful ou good ou generous supply (on the market) ◆ **il lui faut une nourriture abondante** he must have plenty to eat ou plenty of food

abondement [abɔ̃dmɑ̃] → SYN nm [salaires] additional amount

abonder [abɔ̃de] → SYN ▸ conjug 1 ◂ vi **a** to abound, be plentiful ◆ **les légumes abondent cette année** there are plenty of vegetables this year, vegetables are plentiful ou in good supply this year
b **abonder en** to be full of, abound in ◆ **les forêts / rivières abondent en gibier / poissons** the forests / rivers are full of ou teeming with game / fish ◆ **son œuvre abonde en images** his work is rich in ou is full of images
c **j'abonde dans votre sens** I am in complete ou thorough ou full agreement with you

abonné, e [abɔne] GRAMMAIRE ACTIVE 27.3 (ptp de abonner) **1** adj ◆ **être abonné à un journal** to subscribe to a paper ◆ **être abonné au téléphone** to be on the phone (Brit), have a phone ◆ **être abonné au gaz** to have gas, be a gas consumer ◆ (fig) **il y est abonné!*** he's making (quite) a habit of it! ◆ **il est abonné à la dernière place** he always comes last
2 nm,f (Presse, Téléc) subscriber; (Élec, Gaz) consumer; (Rail, Sport, Théât) season-ticket holder ◆ (hum) **c'est un abonné du bistrot** he's always propping up the bar* ◆ (Téléc) **se mettre aux abonnés absents** to put one's phone on to the holiday answering service

abonnement [abɔnmɑ̃] → SYN nm (Presse) subscription; (Téléc) rental; (Rail, Sport, Théât) season ticket ◆ **prendre** ou **souscrire un abonnement à un journal** to subscribe to ou take out a subscription to a paper

abonner [abɔne] ▸ conjug 1 ◂ **1** vt ◆ **abonner qn (à qch)** (Presse) to take out a subscription (to sth) for sb; (Sport, Théât) to buy sb a season ticket (for sth)
2 **s'abonner** vpr (Presse) to subscribe, take out a subscription (*à* to); (Sport, Théât) to buy a season ticket (*à* for)

abonnir [abɔniʀ] ▸ conjug 2 ◂ **1** vt to improve
2 **s'abonnir** vpr to become better, improve o.s.

abord [abɔʀ] → SYN GRAMMAIRE ACTIVE 26.2, 26.5 nm **a** (environs) **abords** (gén) surroundings; [ville, village] outskirts, surroundings ◆ **aux abords de** in the area around ou surrounding ◆ **dans ce quartier et aux abords** in this area and round about (Brit) ou and the area around it
b (manière d'accueillir) manner ◆ **être d'un abord** ou **avoir l'abord rude / rébarbatif** to have a rough / an off-putting manner ◆ **être d'un abord facile / difficile** to be approachable / not very approachable
c (accès) access, approach ◆ **lieu d'un abord difficile** place with difficult means of access, place that is difficult to get to ◆ **lecture d'un abord difficile** reading matter which is difficult to get into ou difficult to get to grips with
d LOC **d'abord** (en premier lieu) ◆ **allons d'abord chez le boucher** let's go to the butcher's first ◆ (au commencement) **il fut (tout) d'abord poli, puis il devint grossier** he was polite at first ou initially, and then became rude ◆ (introduisant une restriction) **d'abord, il n'a même pas 18 ans** for a start ou in the first place, he's not even 18 ◆ **dès l'abord** from the outset, from the very beginning ◆ **au premier abord** at first sight, initially ◆ (Naut) **en abord** close the side → **prime**², **tout**

abordable [abɔʀdabl] → SYN adj prix reasonable; marchandise affordable, reasonably priced; personne approachable; lieu accessible

abordage [abɔʀdaʒ] → SYN nm **a** (assaut) attacking ◆ **à l'abordage!** up lads and at 'em!, away boarders! → **sabre**
b (accident) collision

aborder [abɔʀde] → SYN ▸ conjug 1 ◂ GRAMMAIRE ACTIVE 26.2, 26.3
1 vt **a** (arriver à) rivage to reach; contrée to arrive in ou at, reach; tournant, montée to reach ◆ **les coureurs abordent la ligne droite** the runners are entering the home straight ◆ (fig) **aborder la vieillesse avec inquiétude** to approach old age with misgivings
b (approcher) personne to approach, go ou come up to, accost ◆ **il m'a abordé avec un sourire** he came up to me ou approached me with a smile
c (entreprendre) sujet to start on, take up, tackle; problème to tackle ◆ **il n'a abordé le roman que vers la quarantaine** he didn't take up writing ou move on to writing novels until he was nearly forty ◆ **c'est le genre de question qu'il ne faut jamais aborder avec lui** that's the sort of question you should never get on to ou touch on with him ◆ **j'aborde maintenant le second point** I'll now move on to the second point
d (Naut) (attaquer) to board; (heurter) to collide with
2 vi (Naut) to land, touch ou reach land ◆ **aborder dans** ou **sur une île** to land on an island

aborigène [abɔʀiʒɛn] → SYN **1** adj (gén) aboriginal; (relatif aux peuplades australiennes) Aboriginal
2 nmf aborigine ◆ **aborigène d'Australie** Aboriginal, Australian Aborigine, native Australian

abortif, -ive [abɔʀtif, iv] (Méd) **1** adj abortive ◆ **pilule abortive** morning-after pill
2 nm abortifacient (spéc)

abouchement [abuʃmɑ̃] → SYN nm (Tech) joining up end to end; (Méd) anastomosis

aboucher [abuʃe] → SYN ▸ conjug 1 ◂ **1** vt (Tech) to join up (end to end); (Méd) to join up, anastomose (spéc) ◆ (fig) **aboucher qn avec** to put sb in contact ou in touch with
2 **s'aboucher** vpr ◆ (péj) **s'aboucher avec qn** to get in touch with sb, make contact with sb

Abou Dhabi [abudabi] n Abu Dhabi

abouler* [abule] ▸ conjug 1 ◂ **1** vt (donner) to hand over ◆ **aboule!** hand it over!*, give it here!*, let's have it!*
2 **s'abouler** vpr (venir) to come ◆ **aboule-toi!** come (over) here!

aboulie [abuli] → SYN nf ab(o)ulia

aboulique [abulik] → SYN **1** adj ab(o)ulic (spéc)
2 nmf (Méd) person suffering from ab(o)ulia ◆ (fig) **son mari est un aboulique** her husband is utterly apathetic ou (totally) lacking in will power

Abou Simbel [abusimbɛl] n Abu Simbel

about [abu] → SYN nm (Tech) butt

aboutement [abutmɑ̃] nm (action) joining (end to end); (état) join

abouter [abute] → SYN ▸ conjug 1 ◂ vt to join (up) (end to end)

abouti, e [abuti] adj projet successfully completed; œuvre accomplished

aboutir [abutiʀ] → SYN ▸ conjug 2 ◂ GRAMMAIRE ACTIVE 26.4 vi **a** (réussir) [démarche] to succeed, come off*; [personne] to succeed ◆ **ses efforts / tentatives n'ont pas abouti** his efforts / attempts have had no effect ou have failed ou didn't come off* ◆ **faire aboutir des négociations / un projet** to bring negotiations / a project to a successful conclusion
b (arriver à, déboucher sur) **aboutir à** ou **dans** to end (up) in ou at ◆ **la route aboutit à un cul-de-sac** the road ends in a cul-de-sac ◆ **une telle philosophie aboutit au désespoir** such a philosophy results in ou leads to despair ◆ **aboutir en prison** to end up in prison ◆ **les négociations n'ont abouti à rien** the negotiations have come to nothing, nothing has come of the negotiations ◆ **en additionnant le tout, j'aboutis à 12 F** adding it all up I get 12 francs ou I get it to come to 12 francs ◆ **il n'aboutira jamais à rien dans la vie** he'll never get anywhere in life

aboutissants [abutisɑ̃] nmpl → **tenant**

aboutissement [abutismɑ̃] → SYN nm (résultat) [efforts, opération] outcome, result; (succès) [plan] success

aboyer [abwaje] → SYN ▸ conjug 8 ◂ vi to bark; (péj: crier) to shout, yell ◆ **aboyer après** ou **contre qn** to bark ou yell at sb → **chien**

aboyeur† [abwajœʀ] nm (Théât) barker†

abracadabra [abʀakadabʀa] excl abracadabra

abracadabrant, e [abʀakadabʀɑ̃, ɑ̃t] → SYN adj incredible, fantastic, preposterous

Abraham [abʀaam] nm Abraham

abraser [abʀɑze] → SYN ▸ conjug 1 ◂ vt to abrade

abrasif, -ive [abʀɑzif, iv] adj, nm abrasive

abrasion [abʀɑzjɔ̃] → SYN nf (gén, Géog) abrasion

abréaction [abʀeaksjɔ̃] nf abreaction

abrégé [abʀeʒe] → SYN nm [livre, discours] summary, synopsis; [texte] summary, précis; (manuel, guide) short guide ◆ **faire un abrégé de** to summarize, précis ◆ **abrégé d'Histoire** short guide to History ◆ **en abrégé** (en miniature) in miniature; (en bref) in brief, in a nutshell ◆ **répéter qch en abrégé** to repeat sth in a few words ◆ **mot / phrase en abrégé** word / sentence in a shortened ou an abbreviated form ◆ **voilà, en abrégé, de quoi il s'agissait** briefly ou to cut (Brit) ou make (US) a long story short, this is what it was all about

abrégement, abrègement [abʀɛʒmɑ̃] → SYN nm [durée] cutting short, shortening; [texte] abridgement

abréger [abʀeʒe] → SYN ▸ conjug 3 et 6 ◂ vt vie to shorten; souffrances to cut short; durée, visite to cut short, shorten; texte to shorten, abridge; mot to abbreviate, shorten ◆ **pour abréger les longues soirées d'hiver** to while away the long winter evenings, to make the long winter evenings pass more quickly ◆ **abrège!*** come ou get to the point!

abreuver [abʀœve] → SYN ▸ conjug 1 ◂ **1** vt **a** animal to water
b (fig) **abreuver qn de** to overwhelm ou shower sb with ◆ **abreuver qn d'injures** to heap ou shower insults on sb ◆ **le public est abreuvé de films d'horreur** (inondé) the public is swamped with horror films; (saturé)

the public has had its fill of ou has had enough of horror films
c (imbiber) (gén) to soak, drench (*de* with); (Tech) to prime ◆ **terre abreuvée d'eau** sodden ou waterlogged ground
2 **s'abreuver** vpr [animal] to drink; (*) [personne] to quench one's thirst, wet one's whistle*

abreuvoir [abʀœvwaʀ] [→ SYN] nm (mare) watering place; (récipient) drinking trough

abréviatif, -ive [abʀevjatif, iv] adj abbreviatory

abréviation [abʀevjasjɔ̃] [→ SYN] nf abbreviation

abri [abʀi] [→ SYN] nm a (refuge, cabane) shelter ◆ **abri à vélos** bicycle shed ◆ (Mil) **abri souterrain / antiatomique** air-raid / (atomic) fall-out shelter ◆ (hum) **tous aux abris!** take cover!, run for cover! ◆ **construire un abri pour sa voiture** to build a carport ◆ (Mét) **température sous abri** screened temperature ◆ **il fait -10 °C sous abri** the screened temperature is -10 °C
b (fig: protection) refuge (*contre* from), protection (*contre* against) ◆ **abri fiscal** tax shelter
c LOC **à l'abri: être / mettre à l'abri** (des intempéries) to be / put under cover; (du vol, de la curiosité) to be / put in a safe place ◆ **se mettre à l'abri** to shelter, take cover ◆ **être à l'abri de** (protégé de) pluie, vent, soleil to be sheltered from; danger, soupçons to be safe ou shielded from; regards to be hidden from; (protégé par) mur, fouillage to be sheltered ou shielded by ◆ **je ne suis pas à l'abri d'une erreur** I'm not beyond making a mistake ◆ **elle est à l'abri du besoin** she is free from financial worries ◆ **se mettre à l'abri de** pluie, vent, soleil to take shelter from; regards to hide from; soupçons to shield o.s. from ◆ **se mettre à l'abri du mur / du feuillage** to take cover ou shelter by the wall / under the trees ◆ **mettre qch à l'abri de** intempéries to shelter sth from; regards to hide sth from ◆ **mettre qch à l'abri d'un mur** to put sth in the shelter of a wall

Abribus ® [abʀibys] [→ SYN] nm bus shelter

abricot [abʀiko] 1 nm (Bot) apricot → **pêche¹**
2 adj inv apricot (-coloured)

abricoté, e [abʀikɔte] adj gâteau apricot (épith) → **pêche¹**

abricotier [abʀikɔtje] nm apricot tree

abrité, e [abʀite] (ptp de **abriter**) adj sheltered

abriter [abʀite] [→ SYN] ▸ conjug 1 ◂ 1 vt (de la pluie, du vent) to shelter (*de* from); (du soleil) to shelter, shade (*de* from); (de radiations) to screen (*de* from) ◆ **le bâtiment peut abriter 20 personnes** the building can accommodate 20 people ◆ **ce local abrite les services commerciaux** these premises house the sales department ◆ **abritant ses yeux de sa main** shading his eyes with his hand
2 **s'abriter** vpr to (take) shelter (*de* from), take cover ◆ (fig) **s'abriter derrière la tradition** to shield o.s. ou hide behind tradition, use tradition as a shield ◆ (fig) **s'abriter derrière son chef / le règlement** to take cover behind one's boss / the rules

abrivent [abʀivɑ̃] nm windbreak *(made from matting)*

abrogatif, -ive [abʀɔgatif, iv] adj abrogative, repealing, rescinding

abrogation [abʀɔgasjɔ̃] [→ SYN] nf repeal, abrogation

abrogatoire [abʀɔgatwaʀ] adj abrogative, repealing, rescinding

abrogeable [abʀɔʒabl] adj repealable

abroger [abʀɔʒe] [→ SYN] ▸ conjug 3 ◂ vt to repeal, abrogate

abrupt, e [abʀypt] [→ SYN] 1 adj pente abrupt, steep; falaise sheer; personne abrupt; manières abrupt, brusque
2 nm steep slope

abruptement [abʀyptəmɑ̃] adv descendre steeply, abruptly; annoncer abruptly

abruti, e [abʀyti] [→ SYN] (ptp de **abrutir**) 1 adj a (hébété) stunned, dazed (*de* with) ◆ **abruti par l'alcool** besotted ou stupefied with drink
b (*: bête) idiotic*, moronic‡
2 nm,f (‡) idiot*, moron‡

abrutir [abʀytiʀ] [→ SYN] ▸ conjug 2 ◂ vt a (fatiguer) to exhaust ◆ **la chaleur m'abrutit** the heat makes me feel quite stupid ◆ **abrutir qn de travail** to work sb silly ou stupid ◆ **ces discussions m'ont abruti** these discussions have left me quite dazed ◆ **s'abrutir à travailler** to work o.s. silly ◆ **leur professeur les abrutit de travail** their teacher drives them stupid with work ◆ **tu vas t'abrutir à force de lire** you'll overtax ou exhaust yourself reading so much
b (abêtir) **abrutir qn** to deaden sb's mind ◆ **l'alcool l'avait abruti** he was stupefied with drink ◆ **s'abrutir à regarder la télévision** to become quite moronic ou mindless through watching (too much) television

abrutissant, e [abʀytisɑ̃, ɑ̃t] adj bruit stunning, thought-destroying; travail mind-destroying ◆ **ce bruit est abrutissant** this noise drives you silly ou stupid ou wears you down

abrutissement [abʀytismɑ̃] [→ SYN] nm (fatigue extrême) (mental) exhaustion; (abêtissement) mindless ou moronic state ◆ **l'abrutissement des masses par la télévision** the stupefying effect of television on the masses

ABS [abeɛs] nm (abrév de **Anti Blockier System**) ABS

abscisse [apsis] [→ SYN] nf abscissa, x-coordinate ◆ **en abscisse** on the abscissa, on the x-axis

abscons, e [apskɔ̃, ɔ̃s] [→ SYN] adj abstruse, recondite

absence [apsɑ̃s] [→ SYN] nf a (gén, Jur) [personne] absence ◆ **son absence à la réunion** his absence ou non-attendance at the meeting ◆ (Admin, Scol) **3 absences successives** 3 absences in succession ◆ **cet élève / employé accumule les absences** this pupil / employee is persistently absent ◆ **absence illégale** ou **non motivée** ou **injustifiée** absence without leave, unjustified absence → **briller**
b (manque) absence, lack (*de* of) ◆ **absence de goût** lack of taste ◆ **l'absence de rideaux** the absence of curtains ◆ **il constata l'absence de sa valise** he noticed that his case was missing
c (défaillance) **absence (de mémoire)** mental blank ◆ **il a des absences** at times his mind goes blank
d **en l'absence de** in the absence of ◆ **en l'absence de sa mère, c'est Anne qui fait la cuisine** in her mother's absence ou while her mother's away, Anne is ou it's Anne who is doing the cooking ◆ **en l'absence de preuves** in the absence of proof

absent, e [apsɑ̃, ɑ̃t] [→ SYN] 1 adj a personne (gén) away (*de* from); (pour maladie) absent (*de* from), off* ◆ **être absent de son travail** to be absent from work, be off work* ◆ **il est absent de Paris / de son bureau en ce moment** he's out of ou away from Paris / his office at the moment ◆ **conférence internationale dont la France était absente** international conference from which France was absent
b sentiment lacking, absent; objet missing ◆ **discours d'où toute émotion était absente** speech in which there was no trace of emotion ◆ **il constata que sa valise était absente** he noticed that his case was missing
c (distrait) air vacant
d (Jur) missing
2 nm,f (Scol Admin) absentee; (littér: mort, en voyage) absent one (littér); (disparu) missing person ◆ **le ministre / le champion a été le grand absent de la réunion** the minister / the champion was the most notable absentee at the meeting ◆ (Prov) **les absents ont toujours tort** the absent are always in the wrong

absentéisme [apsɑ̃teism] nm (Agr, Écon, Ind) absenteeism; (Scol) truancy

absentéiste [apsɑ̃teist] nmf (Agr) absentee ◆ (gén) **c'est un absentéiste, il est du genre absentéiste** he is always ou regularly absent ou off* ◆ **propriétaire absentéiste** absentee landlord ◆ **élève absentéiste** truant

absenter (s') [apsɑ̃te] [→ SYN] ▸ conjug 1 ◂ vpr (gén) to go out, leave; (Mil) to go absent ◆ **s'absenter de** pièce to go out of, leave; ville to leave ◆ **s'absenter quelques instants** to go out for a few moments ◆ **je m'étais absenté de Paris** I was away from ou out of Paris ◆ **elle s'absente souvent de son travail** she is frequently off work* ou away from work ◆ **élève qui s'absente trop souvent** pupil who is too often absent ou away (from school) ou off school

absidal, e, mpl **-aux** [apsidal, o] adj ⇒ **absidial**

abside [apsid] [→ SYN] nf apse

absidial, e, mpl **-iaux** [apsidjal, jo] adj apsidal

absidiole [apsidjɔl] nf apsidiole

absinthe [apsɛ̃t] [→ SYN] nf (liqueur) absinth(e); (Bot) wormwood, absinth(e)

absolu, e [apsɔly] [→ SYN] 1 adj a (total) absolute ◆ **en cas d'absolue nécessité** if absolutely essential ◆ **être dans l'impossibilité absolue de faire qch** to find it absolutely impossible to do sth ◆ **c'est une règle absolue** it's an absolutely unbreakable rule, it's a hard-and-fast rule ◆ **j'ai la preuve absolue de sa trahison** I have absolute ou positive proof of his betrayal → **alcool**
b (entier) ton peremptory; jugement, caractère rigid, uncompromising
c (opposé à relatif) valeur, température absolute ◆ **considérer qch de manière absolue** to consider sth absolutely ou in absolute terms
d (Hist, Pol) majorité, roi, pouvoir absolute
e (Ling) construction absolute ◆ **verbe employé de manière absolue** verb used absolutely ou in the absolute ◆ **génitif / ablatif absolu** genitive / ablative absolute → **superlatif**
2 nm ◆ **l'absolu** the absolute ◆ **juger dans l'absolu** to judge out of context ou in the absolute

absolument [apsɔlymɑ̃] [→ SYN] adv a (entièrement) absolutely ◆ **avoir absolument tort** to be quite ou absolutely ou entirely wrong ◆ **s'opposer absolument à qch** to be entirely ou absolutely opposed to sth, be completely ou dead* against sth ◆ **il a tort!** – **absolument!** he's wrong! – absolutely! ◆ **vous êtes sûr?** – **absolument!** are you sure? – positive! ou absolutely! ◆ **absolument pas!** certainly not! ◆ **absolument rien!** absolutely nothing!, nothing whatever
b (à tout prix) absolutely, positively ◆ **vous devez absolument** you absolutely ou positively ou simply must ◆ **il veut absolument revenir** he (absolutely) insists upon returning
c (Ling) absolutely

absolution [apsɔlysjɔ̃] [→ SYN] nf a (Rel) absolution (*de* from) ◆ **donner l'absolution à qn** to give sb absolution
b (Jur) dismissal *(of case, when defendant is considered to have no case to answer)*

absolutisme [apsɔlytism] [→ SYN] nm absolutism

absolutiste [apsɔlytist] [→ SYN] 1 adj absolutistic
2 nmf absolutist

absolutoire [apsɔlytwaʀ] [→ SYN] adj absolutory

absorbable [apsɔʀbabl] adj absorbable

absorbance [apsɔʀbɑ̃s] nf transmission density, absorbance

absorbant, e [apsɔʀbɑ̃, ɑ̃t] 1 adj matière, papier absorbent; tâche absorbing, engrossing; (Bot, Zool) fonction, racines absorptive ◆ **pouvoir absorbant** absorbency
2 nm absorbent

absorbé, e [apsɔʀbe] [→ SYN] (ptp de **absorber**) adj ◆ **avoir un air absorbé** to look engrossed ou absorbed (in one's thoughts etc)

absorber [apsɔʀbe] [→ SYN] ▸ conjug 1 ◂ 1 vt a (avaler) médicament, aliment to take; (fig) parti to absorb; firme to take over, absorb
b (résorber) (gén) to absorb; liquide to absorb, soak up; tache to remove, lift; (Fin) dette to absorb; bruit to deaden, absorb ◆ **le noir absorbe la lumière** black absorbs light ◆ **cet achat a absorbé presque toutes mes économies** I used up ou spent nearly all my savings on that purchase
c (accaparer) attention, temps to occupy, take up ◆ **mon travail m'absorbe beaucoup, je suis**

très absorbé par mon travail my work takes up ou claims a lot of my time ◆ **absorbé par son travail il ne m'entendit pas** he was engrossed in ou absorbed in his work and he didn't hear me ◆ **cette pensée absorbait mon esprit, j'avais l'esprit absorbé par cette pensée** my mind was completely taken up with this thought

2 **s'absorber** vpr ◆ (se plonger) **s'absorber / être absorbé dans une lecture** to become / be absorbed ou engrossed in reading ◆ **s'absorber / être absorbé dans une profonde méditation** to become lost in / be plunged deep in thought

absorbeur [apsɔʀbœʀ] → SYN nm (Tech) absorber

absorption [apsɔʀpsjɔ̃] → SYN nf a (→ **absorber**) taking; absorption; takeover; removal

b (méditation) absorption

absorptivité [apsɔʀptivite] nf (Chim, Phys) absorptivity

absoudre [apsudʀ] → SYN ▸ conjug 51 ◂ vt (Rel) to absolve (*de* from); (littér) to absolve (*de* from), pardon (*de* for); (Jur) to dismiss

absoute [apsut] nf [office des morts] absolution; [jeudi saint] general absolution

abstème [apstɛm] → SYN 1 adj abstinent

2 nmf (abstinent) abstainer

abstenir (s') [apstəniʀ] → SYN ▸ conjug 22 ◂ vpr a **s'abstenir de qch** to refrain ou abstain from sth ◆ **s'abstenir de faire** to refrain from doing ◆ **s'abstenir de vin, s'abstenir de boire du vin** to abstain from wine, refrain from drinking wine ◆ **s'abstenir de tout commentaire, s'abstenir de faire des commentaires** to refrain from (making) any comment, refrain from commenting ◆ **dans ces conditions je préfère m'abstenir** in that case I'd rather not → **doute**

b (Pol) to abstain (*de voter* from voting)

abstention [apstɑ̃sjɔ̃] → SYN nf (dans un vote) abstention; (non-intervention) non-participation

abstentionnisme [apstɑ̃sjɔnism] nm abstaining, non-voting

abstentionniste [apstɑ̃sjɔnist] 1 adj non-voting, abstaining

2 nmf non-voter, abstainer

abstinence [apstinɑ̃s] → SYN nf abstinence ◆ (Rel) **faire abstinence** to refrain from eating meat

abstinent, e [apstinɑ̃, ɑ̃t] → SYN adj abstinent

abstract [abstʀakt] → SYN nm abstract

abstraction [apstʀaksjɔ̃] → SYN nf (fait d'abstraire) abstraction; (idée abstraite) abstraction, abstract idea ◆ **faire abstraction de** to set ou leave aside, disregard ◆ **en faisant abstraction** ou **abstraction faite des difficultés** setting aside ou leaving aside ou disregarding the difficulties

abstraire [apstʀɛʀ] → SYN ▸ conjug 50 ◂ 1 vt (isoler) to abstract (*de* from), isolate (*de* from); (conceptualiser) to abstract

2 **s'abstraire** vpr to cut o.s. off (*de* from)

abstrait, e [apstʀɛ, ɛt] → SYN 1 adj abstract

2 nm a (artiste) abstract painter ◆ (genre) **l'abstrait** abstract art

b (Philos) **l'abstrait** the abstract ◆ **dans l'abstrait** in the abstract

abstraitement [apstʀɛtmɑ̃] adv abstractly, in the abstract

abstrus, e [apstʀy, yz] → SYN adj abstruse, recondite

absurde [apsyʀd] → SYN 1 adj (Philos) absurd; (illogique) absurd, preposterous; (ridicule) absurd, ridiculous, ludicrous ◆ **ne sois pas absurde!** don't talk such nonsense!, don't be ridiculous! ou absurd!

2 nm ◆ (Littérat, Philos) **l'absurde** the absurd ◆ **l'absurde de la situation** the absurdity of the situation → **prouver**

absurdement [apsyʀdəmɑ̃] adv (→ **absurde**) absurdly; preposterously; ridiculously; ludicrously

absurdité [apsyʀdite] → SYN nf a (→ **absurde**) absurdity; preposterousness; ridiculousness; ludicrousness

b (parole, acte) absurdity ◆ **il vient de dire une absurdité** he has just said something (quite) absurd ou ridiculous ◆ **dire des absurdités** to talk nonsense

Abû Dhabî [abudabi] n ⇒ **Abou Dhabi**

Abuja [abuʒa] n Abuja

abus [aby] → SYN 1 nm a (excès) [médicaments, alcool] abuse; [force, autorité] abuse, misuse ◆ **faire abus de** sa force, son pouvoir to abuse ◆ **faire abus de cigarettes** to smoke excessively ◆ **l'abus (qu'il fait) d'aspirine** (his) excessive use ou (his) overuse of aspirin ◆ **abus de boisson** excessive drinking, drinking to excess ◆ **nous avons fait des** ou **quelques abus hier soir** we overdid it ou things ou we overindulged last night ◆ **il y a de l'abus!*** that's going a bit too far!*, that's a bit steep!* (Brit) ou pushing a bit!* (US)

b (injustice) abuse, social injustice

2 COMP ▷ **abus d'autorité** abuse ou misuse of authority ▷ **abus de biens sociaux** misuse of company property ▷ **abus de confiance** breach of trust; (escroquerie) confidence trick ▷ **abus de droit** abuse of process, misuse of the law ▷ **abus de langage** misuse of language ▷ **abus de pouvoir** abuse ou misuse of power

abuser [abyze] → SYN ▸ conjug 1 ◂ 1 **abuser de** vt indir a (exploiter) situation, crédulité to exploit, take advantage of; autorité, puissance to abuse, misuse; hospitalité, amabilité, confiance to abuse; ami, victime to take advantage of ◆ **abuser de sa force** to misuse one's strength ◆ **je ne veux pas abuser de votre temps** I don't want to encroach on ou take up ou waste your time ◆ **je ne voudrais pas abuser (de votre gentillesse)** I don't want to impose (upon your kindness) ◆ (euph) **abuser d'une femme** to take advantage of a woman (euph) ◆ **alors là, tu abuses!** now you're going too far! ou overstepping the mark! ◆ **je suis compréhensif, mais il ne faudrait pas abuser** I'm an understanding sort of person but don't try taking advantage ou don't push me too far ◆ **elle abuse de la situation** she's trying it on a bit*

b (user avec excès) médicaments, citations to overuse ◆ **abuser de l'alcool** to drink too much ou excessively, drink to excess ◆ **abuser de ses forces** to overexert o.s., overtax one's strength ◆ **il ne faut pas abuser des bonnes choses** one mustn't overindulge in good things, enough is as good as a feast (Prov) ◆ **il use et (il) abuse de métaphores** he's too fond ou overfond of metaphors

2 vt [escroc] to deceive; [ressemblance] to mislead ◆ **se laisser abuser par de belles paroles** to be taken in ou misled by fine ou fair words

3 **s'abuser** vpr (frm) (se tromper) to be mistaken, make a mistake; (se faire des illusions) to delude o.s. ◆ **si je ne m'abuse** if I'm not mistaken

abusif, -ive [abyzif, iv] → SYN adj pratique improper; mère, père over-possessive; prix exorbitant, excessive; punition excessive ◆ **usage abusif de son autorité** improper use ou misuse of one's authority ◆ **usage abusif d'un mot** misuse ou improper use ou wrong use of a word ◆ **c'est peut-être abusif de dire cela** it's perhaps putting it a bit strongly to say that

Abû Simbel [abusimbɛl] n ⇒ **Abou Simbel**

abusivement [abyzivmɑ̃] → SYN adv (Ling: improprement) wrongly, improperly; (excessivement) excessively, to excess ◆ **il s'est servi abusivement de lui** he took unfair advantage of him

abyme [abim] nm ◆ (Littérat) **mise en abyme** mise en abyme

abyssal, e, mpl **-aux** [abisal, o] → SYN adj (Géog) abyssal; (fig) unfathomable

abysse [abis] → SYN nm (Géog) abyssal zone

abyssin, e [abisɛ̃, in] ⇒ **abyssinien**

Abyssinie [abisini] nf Abyssinia

abyssinien, -ienne [abisinjɛ̃, jɛn] 1 adj Abyssinian

2 nm,f ◆ **Abyssinien(ne)** Abyssinian

AC [ɑse] n (abrév de **appellation contrôlée**) appellation contrôlée *(label guaranteeing district of origin of a wine)*

acabit [akabi] → SYN nm ◆ (péj) **être du même acabit** to be cast in the same mould ◆ **ils sont tous du même acabit** they're all much of a muchness ◆ **fréquenter des gens de cet acabit** to mix with people of that type ou like that

acacia [akasja] → SYN nm (gén: faux acacia) locust tree, false acacia; (Bot: mimosacée) acacia

académicien, -ienne [akademisjɛ̃, jɛn] → SYN nm,f (gén) academician; [Académie française] *member of the French Academy,* Academician; (Antiq) academic

académie [akademi] → SYN nf a (société savante) learned society; (Antiq) academy ◆ **l'Académie royale de** the Royal Academy of ◆ **l'Académie des sciences** the Academy of Science ◆ **l'Académie (française)** the (French) Academy

b (école) academy ◆ **académie de dessin / danse** art / dancing school, academy of art / dancing ◆ **académie de billard** billiard hall

c (Univ) ≃ regional (education) authority (Brit), school district (US)

d (Art: nu) nude; (*: anatomie) anatomy (hum)

académique [akademik] → SYN adj (péj, Art, littér) academic; [Académie française] of the French Academy; (Scol) of the académie ◆ (Belg, Can, Helv) **année académique** academic year → **inspection, palme**

académisme [akademism] → SYN nm (péj) academicism

Acadie [akadi] nf (Hist) Acadia ◆ (Géog) **l'Acadie** the Maritime Provinces

acadien, -ienne [akadjɛ̃, jɛn] 1 adj Acadian; (de Louisiane) Cajun

2 nm (Ling) Acadian

3 nm,f ◆ **Acadien(ne)** Acadian; (de Louisiane) Cajun

acajou [akaʒu] → SYN 1 nm (à bois rouge) mahogany; (anacardier) cashew

2 adj inv mahogany (épith)

acalèphes [akalɛf] nmpl ◆ **les acalèphes** scyphozoans, the Scyphozoa (spéc)

acalorique [akalɔʀik] adj calorie-free

acanthe [akɑ̃t] nf (Bot) acanthus ◆ (Archit) **(feuille d') acanthe** acanthus

acanthocéphales [akɑ̃tosefal] nmpl ◆ **les acanthocéphales** acanthocephalans, the Acanthocephala (spéc)

a cap(p)ella [akapela] loc adv, loc adj a capella ◆ **chanter a cap(p)ella** to sing a capella

Acapulco [akapulko] n Acapulco (de Juárez)

acariâtre [akaʀjɑtʀ] → SYN adj caractère sour, cantankerous; femme shrewish ◆ **d'humeur acariâtre** sour-tempered

acaricide [akaʀisid] nm acaricide

acarien [akaʀjɛ̃] nm acarid, acaridan

acariose [akaʀjoz] nf acariasis

acarus [akaʀys] nm acarus

accablant, e [akɑblɑ̃, ɑ̃t] → SYN adj chaleur exhausting, oppressive; témoignage overwhelming, damning; responsabilité overwhelming; douleur excruciating; travail exhausting

accablement [akɑbləmɑ̃] → SYN nm (abattement) despondency, depression; (oppression) exhaustion

accabler [akɑble] → SYN ▸ conjug 1 ◂ vt a [chaleur, fatigue] to overwhelm, overcome; (littér) [fardeau] to weigh down ◆ **accablé de chagrin** prostrate ou overwhelmed with grief ◆ **les troupes, accablées sous le nombre** the troops, overwhelmed ou overpowered by numbers

b [témoignage] to condemn, damn ◆ **sa déposition m'accable** his evidence is overwhelmingly against me

c (faire subir) **accabler qn d'injures** to heap ou shower abuse on sb ◆ **accabler qn de reproches / critiques** to heap reproaches / criticism on sb ◆ **il m'accabla de son mépris** he poured contempt upon me ◆ **accabler qn d'impôts** to overburden sb with taxes ◆ **accabler qn de travail** to overburden sb with work, pile work on sb ◆ **accabler qn de questions** to overwhelm ou shower sb with questions ◆ (iro) **il nous**

accablait de conseils he overwhelmed us with advice

accalmie [akalmi] → SYN nf (gén) lull ; [vent, tempête] lull (*de* in) ; [fièvre] respite (*dans* in), remission (*dans* of) ; (Comm) [affaires, transactions] slack period ; [combat] lull, break ; [crise politique ou morale] period of calm, lull, calm spell (*de* in) ◆ **profiter d'une accalmie pour sortir** to take advantage of a calm spell ou of a lull (in the wind) to go out ◆ **nous n'avons pas eu un seul moment d'accalmie pendant la journée** we didn't have a single quiet moment during the whole day, there was no lull (in the activity) throughout the entire day

accaparant, e [akaparɑ̃, ɑ̃t] adj métier demanding, all-absorbing, exacting ; enfant demanding

accaparement [akaparmɑ̃] → SYN nm (→ **accaparer**) [pouvoir, production] monopolizing ; [marché] cornering, capturing ; [médecin etc] involvement (*par* in)

accaparer [akapare] → SYN ▸ conjug 1 ◂ vt **a** (monopoliser) production, pouvoir, conversation, hôte to monopolize ; marché, vente to corner, capture ◆ **les enfants l'ont tout de suite accaparée** the children claimed all her attention straight away ◆ **ces élèves brillants qui accaparent les prix** those bright pupils who carry off all the prizes

b (absorber) [soucis, travail] to take up the time and energy of ◆ **accaparé par sa profession / les soucis** completely absorbed in ou wrapped up in his job / worries ◆ **les enfants l'accaparent** the children take up all her time (and energy) ◆ **il accapare la salle de bains pendant des heures** he monopolizes ou hogs* the bathroom for hours

accapareur, -euse [akaparœr, øz] → SYN **1** adj monopolistic, grabbing* (épith)

2 nm,f (péj) monopolizer, grabber*

accastillage [akastijaʒ] → SYN nm (Naut) outfitting of the superstructure

accastiller [akastije] → SYN ▸ conjug 1 ◂ vt (Naut) to outfit the superstructure of

accédant, e [aksedɑ̃, ɑ̃t] nm,f ◆ **accédant à la propriété** first-time property owner ou homeowner

accéder [aksede] → SYN ▸ conjug 6 ◂ GRAMMAIRE ACTIVE 12.3 **accéder à** vt indir **a** (atteindre) lieu, sommet to reach, get to ; honneur, indépendance to attain ; grade to rise to ; responsabilité to accede to ◆ **accéder directement à** to have direct access to ◆ **on accède au château par le jardin** you (can) get to the castle through the garden, (the) access to the castle is through the garden ◆ **accéder au trône** to accede to the throne ◆ **accéder à la propriété** to become a (first-time) property owner ou homeowner, buy a home ou property for the first time

b (Ordin) to access

c (frm : exaucer) requête, prière to grant, accede to (frm) ; vœux to meet, comply with ; demande to accommodate, comply with

accelerando [akselerɑ̃do] → SYN adv, nm accelerando

accélérateur, -trice [akseleratœr, tris] → SYN **1** adj accelerating

2 nm (Aut, Phot, Phys) accelerator ; (Astron) booster ◆ **accélérateur de particules** particle accelerator ◆ **donner un coup d'accélérateur** (lit) to accelerate, step on it* ; (se dépêcher) to step on it*, get a move on* ◆ **donner un coup d'accélérateur à l'économie** to give the economy a boost ◆ **donner un coup d'accélérateur aux réformes** to speed up the reforms

accélération [akselerasjɔ̃] → SYN nf (Aut, Tech) acceleration ; [travail] speeding up ; [pouls] quickening ◆ **l'accélération de l'histoire** the speeding-up of the historical process ◆ (Écon) **principe d'accélération** acceleration principle

accéléré, e [akselere] → SYN (ptp de **accélérer**) **1** adj rythme speeded-up, accelerated ◆ (Univ) **cours accéléré** crash course

2 nm (Ciné) speeded-up motion ◆ **film en accéléré** speeded-up film ◆ **j'ai vu la vidéo en accéléré** I saw the video in fast forward

accélérer [akselere] → SYN ▸ conjug 6 ◂ **1** vt rythme to speed up, accelerate ; travail to speed up ◆ **accélérer le pas** to quicken ou speed up one's pace ◆ (fig) **accélérer le mouvement** to get things moving, hurry ou speed things up ◆ **son pouls s'accéléra** his pulse quickened

2 vi (Aut, fig) to accelerate, speed up ◆ **accélère !*** hurry up !, get a move on !*

accélérographe [akselerɔgraf] nm accelerograph

accéléromètre [akselerɔmɛtr] nm accelerometer

accent [aksɑ̃] → SYN **1** nm **a** (prononciation) accent ◆ **avoir l'accent paysan / du Midi** to have a country / southern (French) accent ◆ **parler sans accent** to speak without an accent

b (Orthographe) accent ◆ **e accent grave / aigu** e grave / acute ◆ **accent circonflexe** circumflex (accent) ◆ **sourcils en accent circonflexe** arched eyebrows

c (Phonétique) accent, stress ; (fig) stress ◆ **mettre l'accent sur** (lit) to stress, put the stress ou accent on ; (fig) to stress, emphasize ◆ **l'accent est mis sur la production** (the) emphasis ou accent is (placed ou put) on production

d (inflexion) tone (of voice) ◆ **accent suppliant / plaintif** beseeching / plaintive tone ◆ **accent de sincérité / de détresse** note of sincerity / of distress ◆ **récit qui a l'accent de la sincérité** story which has a ring of sincerity ◆ **avec des accents de rage** in accents of rage ◆ **les accents de cette musique** the strains of this music ◆ **les accents de l'espoir / de l'amour** the accents of hope / love ◆ **les accents déchirants de ce poète** the heartrending accents of this poet ◆ **un discours aux accents nationalistes** a speech with nationalist undertones

2 COMP ▷ **accent de hauteur** pitch ▷ **accent d'intensité** tonic ou main stress ▷ **accent de mot** word stress ▷ **accent nasillard** nasal twang ▷ **accent de phrase** sentence stress ▷ **accent tonique** ⇒ **accent d'intensité** ▷ **accent traînant** drawl

accenteur [aksɑ̃tœr] → SYN nm ◆ **accenteur mouchet** dunnock, hedge sparrow

accentuable [aksɑ̃tɥabl] adj lettre that can take an accent ; syllabe that can be stressed ou accented

accentuation [aksɑ̃tɥasjɔ̃] → SYN nf (→ **accentuer**) accentuation ; stressing, emphasizing ; intensification ; marked increase ◆ (Phonétique) **les règles de l'accentuation** the rules of stress

accentué, e [aksɑ̃tɥe] (ptp de **accentuer**) adj (marqué) marked, pronounced ; (Typ) accented ; (croissant) increased

accentuel, -elle [aksɑ̃tɥɛl] adj (Ling) stressed, accented ◆ **système accentuel d'une langue** stress ou accentual system of a language

accentuer [aksɑ̃tɥe] → SYN ▸ conjug 1 ◂ **1** vt **a** lettre to accent ; syllabe to stress, accent ◆ **syllabe (non) accentuée** (un)stressed ou (un)accented syllable

b silhouette, contraste to emphasize, accentuate ; goût to bring out ; effort, poussée to increase, intensify

2 s'accentuer vpr [tendance, hausse] to become more marked ou pronounced, increase ; [contraste, traits] to become more marked ou pronounced ◆ **l'inflation s'accentue** inflation is becoming more pronounced ou acute ◆ **le froid s'accentue** it's becoming noticeably colder

acceptabilité [aksɛptabilite] nf (Ling) acceptability

acceptable [aksɛptabl] → SYN GRAMMAIRE ACTIVE 11.2 adj **a** (passable) résultats, travail satisfactory, fair ◆ **ce café / vin est acceptable** this coffee / wine is reasonable ou quite decent* ou quite acceptable

b (recevable) condition acceptable

c (Ling) acceptable

acceptant, e [aksɛptɑ̃, ɑ̃t] **1** adj accepting

2 nm,f accepter

acceptation [aksɛptasjɔ̃] → SYN nf (gén) acceptance ◆ **acceptation bancaire** bank acceptance

accepter [aksɛpte] → SYN ▸ conjug 1 ◂ GRAMMAIRE ACTIVE 12.1, 19.5, 25.1, 25.5 vt **a** (gén, Comm) to accept ; proposition, condition to agree to, accept ; pari to take on, accept ◆ **acceptez-vous les chèques ?** do you take cheques ? ◆ **acceptez-vous X pour époux ?** do you take X to be your husband ? ◆ **elle accepte tout de sa fille** she puts up with ou takes anything from her daughter ◆ (littér, hum) **j'en accepte l'augure** I'd like to believe it ◆ **accepter le combat** ou **le défi** to take up ou accept the challenge ◆ **elle a été bien acceptée dans le club** she's been well received at the club ◆ **il n'accepte pas que la vie soit une routine** he won't accept that life should be a routine ◆ **accepter la compétence des tribunaux californiens** to defer to California jurisdiction

b (être d'accord) to agree (*de faire* to do) ◆ **je n'accepterai pas que tu partes** I shall not agree to your leaving, I won't let you leave ◆ **je n'accepte pas de partir** I refuse to leave, I will not leave

accepteur [aksɛptœr] → SYN **1** adj m ◆ **corps accepteur d'oxygène / d'hydrogène** oxygen / hydrogen acceptor ◆ **atome accepteur** acceptor (impurity)

2 nm (Comm) acceptor

acception [aksɛpsjɔ̃] → SYN nf (Ling) meaning, sense, acceptation ◆ **dans toute l'acception du mot** ou **terme** in every sense ou in the full meaning of the word, using the word in its fullest sense ◆ **sans acception de** without distinction of

accès [aksɛ] → SYN nm **a** (possibilité d'approche) access (NonC) ◆ **une grande porte interdisait l'accès du jardin** a big gate barred entry ou prevented access to the garden ◆ **accès interdit à toute personne étrangère aux travaux** no entry ou no admittance to unauthorized persons ◆ **d'accès facile** lieu, port (easily) accessible ; personne approachable ; traité, manuel easily understood ; style accessible ◆ **d'accès difficile** lieu hard to get to, not very accessible ; personne not very approachable ; manuel not easily understood

b (voie) **les accès de la ville** the approaches to ou means of access to the town ◆ **les accès de l'immeuble** the entrances to the building ◆ **« accès aux quais »** "to the trains"

c LOC **avoir accès à qch** to have access to sth ◆ **avoir accès auprès de qn** to be able ou in a position to approach sb, have access to sb ◆ **donner accès à** lieu to give access to, (en montant) to lead up to ; carrière to open the door ou way to

d (crise) [colère, folie] fit ; [fièvre] attack, bout ; [enthousiasme] burst ◆ **accès de toux** fit ou bout of coughing ◆ **être pris d'un accès de mélancolie / de tristesse** to be overcome by melancholy / sadness ◆ **par accès** on and off

e (Ordin) access ◆ **port / temps d'accès** access port / time ◆ **accès protégé** restricted access ◆ **accès aux données** access to data

accessibilité [aksesibilite] → SYN nf accessibility (*à* to)

accessible [aksesibl] → SYN adj lieu accessible (*à* to), get-at-able* ; personne approachable ; but attainable ; œuvre accessible ; (Ordin) accessible (*par* by) ◆ **parc accessible au public** gardens open to the public ◆ **elle n'est accessible qu'à ses amies** only her friends are able ou allowed to see her ◆ **ces études sont accessibles à tous** (sans distinction) this course is open to everyone ; (financièrement) everyone can afford this course ; (intellectuellement) this course is within the reach of everyone ◆ **être accessible à la pitié** to be capable of pity

accession [aksesjɔ̃] → SYN nf ◆ **accession à** pouvoir, fonction accession to ; indépendance attainment of ; rang rise to ; (frm) requête, désir granting of, compliance with ◆ **pour faciliter l'accession à la propriété** to facilitate home ownership

accessit [aksesit] → SYN nm (Scol) ≃ certificate of merit

accessoire [akseswar] → SYN **1** adj idée of secondary importance ; clause secondary ◆ **l'un des avantages accessoires de ce projet** one of the added ou incidental advantages of this plan ◆ **c'est d'un intérêt tout accessoire** this is only of minor ou incidental interest ◆ **frais accessoires** (gén) incidental expenses ; (Fin, Comm) ancillary costs ◆ (Jur) **dommages-intérêts accessoires** incidental damages

2 nm **a** (Théât) prop ; (Aut, Habillement) accessory ◆ **accessoires de toilette** toilet requisites → **magasin**

b (Philos) **l'accessoire** the unessential, unessentials

accessoirement [akseswaʀmɑ̃] [→ SYN] adv (secondairement) secondarily, incidentally ; (si besoin est) if need be, if necessary

accessoiriser [aksoswaʀize] ▸ conjug 1 ◂ vt tailleur, costume to accessorize

accessoiriste [akseswaʀist] **1** nm property man ou master

2 nf property girl ou mistress

accident [aksidɑ̃] [→ SYN] **1** nm **a** (gén) accident ; (Aut, Rail) accident, crash ; (Aviat) crash ◆ (Admin) **il n'y a pas eu d'accident de personnes** there were no casualties, no one was injured ◆ **il y a eu plusieurs accidents mortels sur la route** there have been several road deaths ou several fatalities on the roads ◆ **avoir un accident** to have an accident, meet with an accident

b (mésaventure) **les accidents de sa carrière** the setbacks in his career ◆ **les accidents de la vie** life's ups and downs, life's trials ◆ **les accidents qui ont entravé la réalisation du projet** the setbacks ou hitches which held up the realization of the plan ◆ **c'est un simple accident, il ne l'a pas fait exprès** it was just an accident, he didn't do it on purpose

c (Méd) illness, trouble ◆ **elle a eu un petit accident de santé** she's had a little trouble with her health ◆ **accident cardiaque** heart attack ◆ **accident secondaire** minor complication

d (Philos) accident

e (littér) (hasard) (pure) accident ; (fait mineur) minor event ◆ **par accident** by chance, by accident ◆ **si par accident tu ...** if by chance you ..., if you happen to ...

f (Mus) accidental

2 COMP ▷ **accident d'avion** air ou plane crash ▷ **accident de la circulation** road accident ▷ **accidents domestiques** accidents in the home ▷ **accident de montagne** mountaineering ou climbing accident ▷ **accident de parcours** chance mishap ▷ **accident de la route** ⇒ **accident de la circulation** ▷ **accident de terrain** accident (spéc), undulation ◆ **les accidents de terrain** the unevenness of the ground ▷ **accident du travail** industrial injury ▷ **accident de voiture** car accident ou crash

accidenté, e [aksidɑ̃te] [→ SYN] (ptp de **accidenter**) **1** adj **a** région undulating, hilly ; terrain uneven, bumpy ; vie, carrière chequered, eventful

b véhicule damaged ; avion crippled

2 nm,f casualty, injured person ◆ **accidenté de la route** road accident victim ◆ **accidenté du travail** victim of an accident at work ou of an industrial injury

accidentel, -elle [aksidɑ̃tɛl] [→ SYN] adj (fortuit) événement accidental, fortuitous ; (par accident) mort accidental ◆ (Mus) **signe accidentel** accidental

accidentellement [aksidɑ̃tɛlmɑ̃] [→ SYN] adv **a** (par hasard) accidentally, by accident ou chance ◆ **il était là accidentellement** he just happened to be there

b mourir in an accident

accidenter [aksidɑ̃te] [→ SYN] ▸ conjug 1 ◂ vt personne to injure, hurt ; véhicule to damage

accise [aksiz] [→ SYN] nf (Belg, Can) excise ◆ **droits d'accise** excise duties

acclamation [aklamasjɔ̃] [→ SYN] nf ◆ **acclamations** cheers, cheering ◆ **il est sorti sous les acclamations du public** he left to great cheering from the audience ◆ **élire qn par acclamation** to elect sb by acclamation

acclamer [aklame] [→ SYN] ▸ conjug 1 ◂ vt to cheer, acclaim ◆ **on l'acclama roi** they acclaimed him king

acclimatable [aklimatabl] adj acclimatizable, acclimatable (US)

acclimatation [aklimatasjɔ̃] [→ SYN] nf acclimatization, acclimation (US) → **jardin**

acclimatement [aklimatmɑ̃] [→ SYN] nm acclimatization, acclimation (US)

acclimater [aklimate] [→ SYN] ▸ conjug 1 ◂ **1** vt (Bot, Zool) to acclimatize, acclimate (US) ; (fig) idée, usage to introduce

2 s'acclimater vpr [personne, animal, plante] to become acclimatized, adapt (o.s. ou itself) (*à* to) ; (fig) [usage, idée] to become established ou accepted

accointances [akwɛ̃tɑ̃s] nfpl (péj) contacts, links ◆ **avoir des accointances** to have contacts (*avec* with, *dans* in, among)

accolade [akɔlad] [→ SYN] nf **a** (embrassade) embrace *(on formal occasion)* ; (Hist : coup d'épée) accolade ◆ **donner / recevoir l'accolade** to embrace / be embraced

b (Typ) brace ◆ **mots (mis) en accolade** words bracketed together

c (Archit, Mus) accolade

accolement [akɔlmɑ̃] nm (→ **accoler**) placing side by side ; bracketing together

accoler [akɔle] [→ SYN] ▸ conjug 1 ◂ vt (gén) to place side by side ; (Typ) to bracket together ◆ **accoler une chose à une autre** to place a thing beside ou next to another ◆ **il avait accolé à son nom celui de sa mère** he had joined ou added his mother's maiden name to his surname

accommodant, e [akɔmɔdɑ̃, ɑ̃t] [→ SYN] adj accommodating

accommodat [akɔmɔda] nm ⇒ **acclimatement**

accommodation [akɔmɔdasjɔ̃] [→ SYN] nf (Opt) accommodation ; (adaptation) adaptation (*à* to)

accommodement [akɔmɔdmɑ̃] [→ SYN] nm (littér : arrangement) compromise, accommodation (littér) ◆ (hum) **trouver des accommodements avec le ciel / avec sa conscience** to come to an arrangement with the powers on high / with one's conscience

accommoder [akɔmɔde] [→ SYN] ▸ conjug 1 ◂ **1** vt **a** (Culin) plat to prepare (*à* in, with) ◆ **savoir accommoder les restes** to be good at making the most of ou using up the leftovers

b (concilier) **accommoder le travail avec le plaisir** to combine business with pleasure ◆ **accommoder ses principes aux circonstances** to adapt ou alter one's principles to suit the circumstances

c (††) (arranger) affaire to arrange ; querelle to put right ; (réconcilier) ennemis to reconcile, bring together ; (malmener) to give harsh treatment to ◆ (installer confortablement) **accommoder qn** to make sb comfortable

2 vi (Opt) to focus (*sur* on)

3 s'accommoder vpr **a** († : s'adapter à) **s'accommoder à** to adapt to

b (supporter) **s'accommoder de** to put up with ◆ **il lui a bien fallu s'en accommoder** he just had to put up with it ou accept it, he just had to make the best of a bad job ◆ **je m'accommode de peu** I'm content ou I can make do with little ◆ **elle s'accommode de tout** she can make do with anything

c (†† : s'arranger avec) **s'accommoder avec qn** to come to an agreement ou arrangement with sb (*sur* about)

accompagnateur, -trice [akɔ̃paɲatœʀ, tʀis] [→ SYN] nm,f (Mus) accompanist ; (guide) guide ; (Scol) accompanying adult ; [voyage organisé] courier

accompagnement [akɔ̃paɲmɑ̃] [→ SYN] nm **a** (Mus) accompaniment ◆ **sans accompagnement** unaccompanied

b (Culin) accompanying vegetables, trimmings

c (escorte) escort ; (fig) accompaniment ; (conséquence) result, consequence ◆ **l'accompagnement d'un malade** being with a patient → **tir**

accompagner [akɔ̃paɲe] [→ SYN] ▸ conjug 1 ◂ vt **a** (escorter) to accompany, go with, come with ; (fig) mourant to be with, stay with ◆ **accompagner un enfant à l'école** to take a child to school ◆ **accompagner qn chez lui / à la gare** to go home / to the station with sb, see sb home / to the station ◆ **il s'était fait accompagner de sa mère** he had got his mother to go with him ou to accompany him ◆ **être accompagné de** ou **par qn** to be with sb, be accompanied by sb ◆ **est-ce que vous êtes accompagné ?** is there anybody with you ? ◆ **tous nos vœux vous accompagnent** all our good wishes go with you ◆ **mes pensées t'accompagnent** I am with you in my thoughts ◆ **accompagner qn de ses huées** to catcall ou boo sb ◆ **accompagner qn du regard** to follow sb with one's eyes

b (assortir) to accompany, go (together) with ◆ **il accompagna ce mot d'une mimique expressive** he gestured expressively as he said the word ◆ **une lettre accompagnait les fleurs** a letter came with the flowers ◆ **crise de nerfs accompagnée de sanglots** hysteria accompanied by sobbing ◆ **l'agitation qui accompagna son arrivée** the stir ou fuss that accompanied his arrival ◆ **la guerre s'accompagne toujours de privations** war is always accompanied by ou always brings hardship

c (Mus) to accompany (*à* on) ◆ **il s'accompagna (lui-même) à la guitare** he accompanied himself on the guitar

d (Culin) **du chou accompagnait le rôti** cabbage was served with the roast ◆ **le poisson s'accompagne d'un vin blanc sec** fish is served with a dry white wine ◆ **le beaujolais est ce qui accompagne le mieux cette viande** a Beaujolais goes best with this meat, Beaujolais is the best wine to serve with this meat

accompli, e [akɔ̃pli] [→ SYN] (ptp de **accomplir**) adj **a** (parfait, expérimenté) accomplished

b (révolu) **avoir 60 ans accomplis** to be over 60, have turned 60 ; (Ling) accomplished → **fait**[1]

accomplir [akɔ̃pliʀ] [→ SYN] ▸ conjug 2 ◂ vt **a** (réaliser) devoir, promesse to fulfil, carry out ; mauvaise action to commit ; tâche, mission to perform, carry out, accomplish ; exploit to perform, achieve ; rite to perform ◆ **accomplir des merveilles** to work wonders, perform miracles ◆ **il a enfin pu accomplir ce qu'il avait décidé de faire** at last he managed to achieve ou accomplish what he had decided to do ◆ **la volonté de Dieu s'est accomplie** God's will was done

b apprentissage, service militaire (faire) to do ; (terminer) to complete, finish

accomplissement [akɔ̃plismɑ̃] [→ SYN] nm (→ **accomplir**) fulfilment ; accomplishment ; committing ; completion

accon [akɔ̃] nm ⇒ **acon**

acconage [akɔnaʒ] nm ⇒ **aconage**

acconier [akɔnje] nm ⇒ **aconier**

accord [akɔʀ] [→ SYN] GRAMMAIRE ACTIVE 11, 12.1, 26.6 nm **a** (entente) agreement ; (concorde) harmony ◆ **l'accord fut général sur ce point** there was general agreement on this point ◆ **le bon accord régna pendant 10 ans** harmony reigned for 10 years → **commun**

b (traité) agreement ◆ **passer un accord avec qn** to make an agreement with sb ◆ **accord à l'amiable** informal ou amicable agreement ◆ **accord de modération** restraint of trade clause ◆ **accords bilatéraux** bilateral agreement ◆ **accord général sur les tarifs douaniers et le commerce** General Agreement on Tariffs and Trade ◆ **accord-cadre** outline ou framework agreement ◆ **accord de principe** agreement in principle ◆ **les accords d'Helsinki / de Camp David** etc the Helsinki / Camp David etc agreement ◆ **accord monétaire européen** European Monetary Agreement ◆ **l'accord de libre échange nord-américain** the North American Free Trade Agreement ◆ (Jur) **accord complémentaire** additional agreement ◆ **accords de crédit** credit arrangements ◆ **accord salarial** wage settlement ◆ **accord de sûreté** security agreement

c (permission) consent, agreement

d (harmonie) [couleurs] harmony

e (Gram) [adjectif, participe] agreement ; (Ling) concord ◆ **accord en genre / nombre** agreement in gender / number

f (Mus) (notes) chord, concord ; (réglage) tuning ◆ **accord parfait** triad ◆ **accord de tierce** third ◆ **accord de quarte** fourth

g LOC **en accord avec le paysage** in harmony ou in keeping with the landscape ◆ **en accord avec vos instructions** in accordance ou in line with your instructions ◆ **en accord avec le directeur** in agreement with the director ◆ **être d'accord** to agree, be in agreement (frm) ◆ **se mettre** ou **tomber d'accord avec qn** to agree ou come to an agreement with sb ◆ **être d'accord pour faire** to agree to do ◆ **il est d'accord pour nous aider** he will help us ◆ **je ne suis pas d'accord pour le laisser en liberté** I don't agree that he should be left at large ◆ **essayer de mettre 2 personnes d'accord** to try to make 2 people come to ou reach an agreement ou agree with each other, try to make 2 people see eye to eye ◆ **je les ai mis d'accord en leur donnant tort à tous les deux** I ended their disagreement by pointing out that they were both wrong ◆ **c'est d'accord** (we're) agreed, all right ◆ **c'est d'accord pour demain** it's agreed for tomorrow, O.K. for tomorrow* ◆ **d'accord !** O.K.!*, (all) right!, right ho!* (Brit) ◆ **alors là, (je ne suis) pas d'accord !*** I don't agree!, no way!*

accordable [akɔʀdabl] adj (Mus) tunable; faveur which can be granted

accordage [akɔʀdaʒ], **accordement** [akɔʀdmɑ̃] nm tuning

accordéon [akɔʀdeɔ̃] → SYN nm accordion ◆ **accordéon à clavier** piano-accordion ◆ **en accordéon*** voiture crumpled up; pantalon, chaussette wrinkled (up) ◆ **coup d'accordéon*** sudden turnround (Brit) ou turnaround (US)

accordéoniste [akɔʀdeɔnist] nmf accordionist

accorder [akɔʀde] → SYN ▸ conjug 1 ◂ GRAMMAIRE ACTIVE 26.1

1 vt **a** (donner) faveur, permission, demande to grant; allocation, pension to give, award (*à* to) ◆ **on lui a accordé un congé exceptionnel** he's been given ou granted special leave ◆ **il ne s'accorde jamais de répit** he never gives himself a rest, he never lets up* ◆ **elle accorde à ses enfants tout ce qu'ils demandent** she lets her children have ou she gives her children anything they ask for ◆ **pouvez-vous m'accorder quelques minutes ?** can you spare me a few minutes? ◆ **je m'accorde 2 jours pour finir** I'm giving myself 2 days to finish → **main**

b (admettre) **accorder à qn que** to admit (to sb) that ◆ **vous m'accorderez que j'avais raison** you'll admit ou concede I was right ◆ **je vous l'accorde, j'avais tort** I admit ou accept ou concede that I was wrong, I was wrong I'll grant you that

c (attribuer) **accorder de l'importance à qch** to attach importance to sth ◆ **accorder de la valeur à qch** to attach value to sth, value sth

d (Mus) instrument to tune ◆ (fig) **ils devraient accorder leurs violons*** (sur un récit, un témoignage) they ought to get their story straight*; (sur un projet) they ought to come to an agreement

e (Gram) **(faire) accorder un verbe / un adjectif** to make a verb / an adjective agree (*avec* with)

f (mettre en harmonie) personnes to bring together ◆ **accorder ses actions avec ses opinions** to match one's actions to one's opinions, act in accordance with one's opinions ◆ **accorder la couleur du tapis avec celle des rideaux** to match the colour of the carpet with (that of) the curtains, make the carpet match the curtains in colour

2 **s'accorder** vpr **a** (être d'accord) to agree, be agreed; (se mettre d'accord) to agree ◆ **ils s'accordent pour** ou **à dire que le film est mauvais** they agree that it's a poor film ◆ **ils se sont accordés pour le faire élire** they agreed to get him elected

b (s'entendre) [personnes] to get on together ◆ **(bien / mal) s'accorder avec qn** to get on (well / badly) with sb

c (être en harmonie) [couleurs] to match, go together; [opinions] to agree; [sentiments, caractères] to be in harmony ◆ **s'accorder avec** [opinion] to agree with; [sentiments] to be in harmony ou in keeping with; [couleur] to match, go with ◆ **il faut que nos actions s'accordent avec nos opinions** one's actions must be in keeping with one's opinions, one must act in accordance with one's opinions

d (Ling) to agree (*avec* with) ◆ **s'accorder en nombre / genre** to agree in number / gender

accordeur [akɔʀdœʀ] → SYN nm (Mus) tuner

accordoir [akɔʀdwaʀ] nm tuning hammer ou wrench

accore [akɔʀ] → SYN 1 adj sheer

2 nm ou f shore

accorte [akɔʀt] adj f (hum) winsome, comely

accostable [akɔstabl] → SYN adj ◆ **le rivage n'est pas accostable** you can't get near the shore

accostage [akɔstaʒ] → SYN nm (Naut) coming alongside; [personne] accosting

accoster [akɔste] → SYN ▸ conjug 1 ◂ vt **a** (gén, péj) personne to accost

b (Naut) quai, navire to come ou draw alongside; (emploi absolu) to berth

accotement [akɔtmɑ̃] → SYN nm (Aut) shoulder, verge (Brit), berm (US); (Rail) shoulder ◆ **accotement non stabilisé, accotement meuble** soft verge (Brit) ou shoulder (US) ◆ **accotement stabilisé** hard shoulder

accoter [akɔte] → SYN ▸ conjug 1 ◂ 1 vt to lean, rest (*contre* against, *sur* on)

2 **s'accoter** vpr ◆ **s'accoter à** ou **contre** to lean against

accotoir [akɔtwaʀ] → SYN nm [bras] armrest; [tête] headrest

accouchée [akuʃe] nf (new) mother

accouchement [akuʃmɑ̃] → SYN nm (child) birth, delivery; (travail) labour, confinement ◆ **accouchement provoqué** induced delivery ◆ **accouchement à terme** delivery at full term, full-term delivery ◆ **accouchement avant terme** early delivery, delivery before full term ◆ **accouchement naturel** natural childbirth ◆ **accouchement dirigé** directed labour ◆ **accouchement prématuré** premature birth ◆ **accouchement sans douleur** painless childbirth ◆ **pendant l'accouchement** during the delivery

accoucher [akuʃe] → SYN ▸ conjug 1 ◂ 1 vt ◆ **accoucher qn** to deliver sb's baby, deliver sb

2 vi **a** (être en travail) to be in labour; (donner naissance) to have a baby, give birth ◆ **où avez-vous accouché ?** where did you have your baby? ◆ **elle accouchera en octobre** her baby is due in October ◆ **accoucher avant terme** to have one's baby prematurely ou early ou before it is due ◆ **accoucher d'un garçon** to give birth to a boy, have a (baby) boy

b (fig hum) **accoucher de** roman to bring forth (hum), produce (with difficulty) ◆ **accouche !** ⁑ spit it out! ⁑, out with it!* → **montagne**

accoucheur, -euse [akuʃœʀ, øz] → SYN

1 nm,f ◆ **(médecin) accoucheur** obstetrician

2 **accoucheuse** nf (sage-femme) midwife

accouder (s') [akude] ▸ conjug 1 ◂ vpr to lean (on one's elbows) ◆ **s'accouder sur** ou **à** to lean (one's elbows) on, rest one's elbows on ◆ **accoudé à la fenêtre** leaning (on one's elbows) at the window

accoudoir [akudwaʀ] → SYN nm armrest

accouple [akupl] → SYN nf leash, couple

accouplement [akupləmɑ̃] → SYN nm (→ **accoupler**) yoking; coupling (up); hitching (up); joining (up); connecting (up); bringing together; mating; coupling

accoupler [akuple] → SYN ▸ conjug 1 ◂ 1 vt **a** (ensemble) animaux de trait to yoke; roues to couple (up); wagons to couple (up), hitch (up); générateurs to connect (up); tuyaux to join (up), connect (up); moteurs to couple, connect (up); (fig) mots, images to bring together, link ◆ **ils sont bizarrement accouplés*** they make a strange couple, they're an odd match

b **accoupler une remorque / un cheval à** to hitch a trailer / horse (up) to ◆ **accoupler un moteur / un tuyau à** to connect an engine / a pipe to

c (faire copuler) to mate (*à, avec, et* with)

2 **s'accoupler** vpr [animaux] to mate, couple; (hum péj) [humains] to mate

accourir [akuʀiʀ] → SYN ▸ conjug 11 ◂ vi (lit) to rush up, run up (*à, vers* to); (fig) to hurry, hasten, rush (*à, vers* to) ◆ **à mon appel il accourut immédiatement** (du salon) at my call he ran up ou rushed up immediately; (de province) when I called on him he rushed ou hastened to see me immediately ◆ **ils sont accourus (pour) le féliciter** they rushed up ou hurried to congratulate him

accoutrement [akutʀəmɑ̃] → SYN nm (péj) getup*, rig-out* (Brit)

accoutrer [akutʀe] → SYN ▸ conjug 1 ◂ (péj) 1 vt (habiller) to get up*, rig out* (Brit) (*de* in)

2 **s'accoutrer** vpr to get o.s. up*, rig o.s. out* (Brit) (*de* in) ◆ **il était bizarrement accoutré** he was strangely rigged out* (Brit) ou got up*, he was wearing the oddest rig-out* (Brit)

accoutumance [akutymɑ̃s] → SYN nf (habitude) habituation (*à* to); (besoin) addiction (*à* to)

accoutumé, e [akutyme] → SYN (ptp de **accoutumer**) adj usual ◆ **comme à l'accoutumée** as usual

accoutumer [akutyme] → SYN ▸ conjug 1 ◂ 1 vt ◆ **accoutumer qn à qch / à faire qch** to accustom sb ou get sb used to sth / to doing sth ◆ **on l'a accoutumé à** ou **il a été accoutumé à se lever tôt** he has been used ou accustomed to getting up early

2 **s'accoutumer** vpr ◆ **s'accoutumer à qch / à faire qch** to get used ou accustomed to sth / to doing sth ◆ **il s'est lentement accoutumé** he gradually got used ou accustomed to it

accouvage [akuvaʒ] nm setting and hatching

Accra [akʀa] n Accra

accréditation [akʀeditasjɔ̃] nf accreditation

accréditer [akʀedite] → SYN ▸ conjug 1 ◂ 1 vt rumeur to substantiate, give substance to; personne to accredit (*auprès de* to) ◆ **banque accréditée** accredited bank

2 **s'accréditer** vpr [rumeur] to gain ground

accréditeur [akʀeditœʀ] → SYN nm (Fin) guarantor, surety

accréditif, -ive [akʀeditif, iv] 1 adj accreditive ◆ **carte accréditive** credit card ◆ **lettre accréditive** letter of credit

2 nm (lettre) letter of credit; (opération) credit ◆ **accréditif renouvelable** ou **rotatif** revolving credit ◆ **accréditif simple** unconfirmed credit, clean letter of credit

accrescent, e [akʀesɑ̃, ɑ̃t] adj (Bot) accrescent

accrétion [akʀesjɔ̃] → SYN nf accretion

accro [akʀo] 1 adj **a** (arg Drogue) **être accro** to have a habit (arg), be hooked (arg), have a monkey on one's back (arg US) ◆ **être accro à l'héroïne** to be hooked on heroin (arg)

b (*: fanatique) **être accro** to be hooked*

2 nmf addict ◆ **les accros du deltaplane** hang-gliding addicts

accroc [akʀo] → SYN nm **a** (déchirure) tear ◆ **faire un accroc à** to make a tear in, tear

b (fig) [réputation] blot (*à* on); [règle] breach, infringement (*à* of) ◆ **faire un accroc à** règle to twist, bend; réputation to blot

c (anicroche) hitch, snag ◆ **sans accrocs** se passer without a hitch, smoothly

accrochage [akʀɔʃaʒ] → SYN nm **a** (Aut: collision) collision, bump*, fender-bender* (US); (Mil: combat) encounter, engagement; (Boxe) clinch; (fig: dispute) clash, brush

b (action) [tableau] hanging; [wagons] coupling, hitching (up) (*à* to)

accroche [akʀɔʃ] nf (Publicité) lead-in, catcher, catch line ou phrase

accroché, e [akʀɔʃe] (ptp de **accrocher**) adj **a** (*: amoureux) **être accroché** to be hooked*

b (arg Drogue) **être accroché** to have a habit (arg), be hooked (arg), have a monkey on one's back (arg US) ◆ **être accroché à l'héroïne** to be hooked on heroin (arg)

accroche-cœur, pl **accroche-cœurs** [akʀɔʃkœʀ] → SYN nm kiss curl (Brit), spit curl (US)

accroche-plat, pl **accroche-plats** [akʀɔʃpla] nm plate-hanger

accrocher [akʀɔʃe] → SYN ▸ conjug 1 ◂ 1 vt **a** (suspendre) chapeau, tableau to hang (up) (*à* on); (attacher) wagons to couple, hitch together ◆ **accrocher un wagon / une remorque à** to hitch ou couple a carriage / a trailer (up) to ◆ **accrocher un ver à l'hameçon** to fasten ou put a worm on the hook

♦ **maison accrochée à la montagne** house perched on the mountainside → **cœur**
b (accidentellement) jupe, collant to catch (*à* on); aile de voiture to catch (*à* on), bump (*à* against); voiture to bump into; piéton to hit; pile de livres, meuble to catch (on) ♦ **rester accroché aux barbelés** to be caught on (the) barbed wire
c (attirer) **accrocher le regard** to catch the eye ♦ **vitrine qui accroche les clients** window which attracts customers ♦ **film qui accroche le public** picture that draws (in) ou pulls in the public
d (*: saisir) occasion to get; personne to get hold of; mots, fragments de conversation to catch
e (Mil) to engage; (Boxe) to clinch
2 vi **a** [fermeture éclair] to stick, jam; (fig) [pourparlers] to come up against a hitch ou snag ♦ (fig) **cette traduction accroche par endroits** this translation is a bit rough in places, there are one or two places where this translation does not run smoothly ♦ **cette planche accroche quand on l'essuie** this board catches on the cloth when you wipe it
b (plaire) disque, slogan to catch on ♦ **ça accroche entre eux** they hit it off together*
c (*: s'intéresser) **elle n'accroche pas en anglais** she's not really interested in English ♦ **l'art abstrait, j'ai du mal à accrocher** I can't get into abstract art*
3 **s'accrocher** vpr **a** (se cramponner) to hang on ♦ **s'accrocher à** (lit) branche to cling to, hang on to; (fig) espoir, personne to cling to ♦ **accroche-toi bien!** hold on tight! ♦ **les vignes s'accrochent au flanc du coteau** the vineyards cling to the hillside
b (*: être tenace) [malade] to cling on, hang on; [étudiant] to stick at it, stick in*; [importun] to cling ♦ **pour enlever la tache, tiens, accroche-toi!** you'll have (a) hell of a job getting the stain out!*
c (entrer en collision) [voitures] to bump (each other), touch ou clip each other, have a bump; (Boxe) to go ou get into a clinch; (Mil) to engage; (fig: se disputer) to have a clash ou a brush (*avec* with) ♦ **ils s'accrochent tout le temps** they are always at loggerheads ou always quarrelling ou always getting across one another
d (*: en faire son deuil) **se l'accrocher: tu peux te l'accrocher** you can kiss it goodbye*, you've got a hope* (Brit) (iro)

accrocheur, -euse [akʀɔʃœʀ, øz] → SYN adj **a** joueur, concurrent tenacious; vendeur, représentant persistent, aggressive ♦ **c'est un accrocheur** he's a sticker* ou fighter
b affiche, titre eye-catching; méthode calculated to appeal; air de musique, slogan catchy; prix very attractive; film which (really) pulls the crowds ou pulls them in*

accroire [akʀwaʀ] → SYN vt ♦ (frm, hum) (*toujours à l'inf*) **faire** ou **laisser accroire à qn qch / que** to delude sb into believing sth / that ♦ **et tu veux me faire accroire que ...** and you want me to believe that ... ♦ **il veut nous en faire accroire** he's trying to deceive us ou take us in, he's having us on* (Brit)

accroissement [akʀwasmɑ̃] → SYN nm **a** (gén) increase (*de* in); [nombre, production] growth (*de* in), increase (*de* in) ♦ **accroissement démographique nul** zero population growth
b (Math) increment

accroître [akʀwatʀ] → SYN ▸ conjug 55 ◂ **1** vt somme, plaisir, confusion to increase, add to; pouvoir, production to increase; réputation to enhance, add to; gloire to increase, heighten ♦ **accroître son avance sur qn** to widen ou increase one's lead over sb
2 **s'accroître** vpr to increase, grow ♦ **sa part s'accrut de celle de son frère** his share was increased by the addition of (what had been) his brother's

accroupi, e [akʀupi] (ptp de **s'accroupir**) adj squatting ou crouching (down) ♦ **en position accroupie** in a squatting ou crouching position

accroupir (s') [akʀupiʀ] → SYN ▸ conjug 2 ◂ vpr to squat ou crouch (down)

accroupissement [akʀupismɑ̃] → SYN nm squatting, crouching

accru, e [akʀy] → SYN (ptp de **accroître**) **1** adj attention increased, heightened; pouvoir increased ♦ **capital accru des intérêts** capital accrued by interest
2 nm (Bot) secondary root
3 **accrue** nf [terrain, forêt] accretion

accu* [aky] nm (abrév de **accumulateur**) (Aut etc) battery, accumulator ♦ (fig) **recharger ses accus** to recharge one's batteries

accueil [akœj] → SYN nm (gén: réception) welcome, reception; [sinistrés, film, idée] reception ♦ (bureau) **adressez-vous à l'accueil** ask at reception ♦ **rien n'a été prévu pour l'accueil des touristes** no plans have ou no provision has been made for accommodating the tourists ou putting up the tourists ♦ **quel accueil a-t-on fait à ses idées?** what sort of reception did his ideas get?, how were his ideas received? ♦ **faire bon accueil à** idée, proposition to welcome ♦ **faire bon accueil à qn** to welcome sb, make sb welcome ♦ **faire mauvais accueil à** idée, suggestion to receive badly ♦ **faire mauvais accueil à qn** to make sb feel unwelcome, give sb a bad reception ♦ **faire bon / mauvais accueil à un film** to give a film a good / bad reception ♦ **d'accueil** centre, organisation reception (épith); paroles, cérémonie welcoming, of welcome → **terre**[1]

accueillant, e [akœjɑ̃, ɑ̃t] → SYN adj welcoming, friendly

accueillir [akœjiʀ] → SYN ▸ conjug 12 ◂ vt **a** (aller chercher) to meet, collect; (recevoir) to welcome, greet; (donner l'hospitalité à) to welcome, take in; (pouvoir héberger) to accommodate ♦ **j'ai été l'accueillir à la gare** I went to meet ou collect him ou pick him up at the station ♦ **il m'a bien accueilli** he made me very welcome, he gave me a warm welcome ou reception ♦ **il m'a mal accueilli** he gave me a bad reception ou a poor welcome ♦ **pendant la guerre il m'a accueilli sous son toit / dans sa famille** during the war he welcomed me into his house / his family ♦ **cet hôtel peut accueillir 80 touristes** this hotel can accommodate 80 tourists ♦ **ils se sont fait accueillir par des coups de feu / des huées, des coups de feu / des huées les ont accueillis** they were greeted with shots / jeers ou cat calls
b idée, demande, film, nouvelle to receive ♦ **être bien / mal accueilli** to be well / badly received ♦ **il accueillit ma suggestion avec un sourire** he greeted ou received my suggestion with a smile

acculée [akyle] → SYN nf sternway

acculer [akyle] → SYN ▸ conjug 1 ◂ vt ♦ **acculer qn à** mur to drive sb back against; (fig) ruine, désespoir to drive sb to the brink of; (fig) choix, aveu to force sb into ♦ **acculé à la mer** driven back to the edge of the sea ♦ **acculer qn contre** to drive sb back to ou against ♦ **acculer qn dans** impasse, pièce to corner sb in ♦ (lit, fig) **nous sommes acculés, nous devons céder** we're cornered, we must give in

acculturation [akyltyʀasjɔ̃] → SYN nf acculturation

acculturer [akyltyʀe] ▸ conjug 1 ◂ vt groupe to help adapt ou adjust to a new culture

accumulateur [akymylatœʀ] → SYN nm (Élec) accumulator, (storage) battery; (Ordin) accumulator ♦ **accumulateur de chaleur** storage heater

accumulation [akymylasjɔ̃] → SYN nf **a** (action, processus: → **accumuler**) accumulation; amassing; building up; piling up; stockpiling; accruing; (tas) heap, accumulation ♦ (résultat) **une accumulation de stocks** a build-up in stock ♦ **devant cette accumulation d'erreurs** faced with this heap ou accumulation of errors
b (Élec) storage ♦ **à accumulation (nocturne)** (night-)storage (épith) → **radiateur**

accumuler [akymyle] → SYN ▸ conjug 1 ◂ **1** vt documents, richesses, preuves, erreurs to accumulate, amass; marchandises to accumulate, build up (a stock of), stockpile; énergie to store ♦ (Fin) **les intérêts accumulés pendant un an** the interest accrued over a year ♦ **j'accumule les ennuis en ce moment!** I'm never out of trouble these days! ♦ **il accumule les gaffes** he's making one blunder after another
2 **s'accumuler** vpr [objets] to accumulate, pile up; [problèmes, travail] to pile up; (Fin) to accrue

accusateur, -trice [akyzatœʀ, tʀis] → SYN **1** adj doigt, regard accusing; documents, preuves accusatory, incriminating
2 nm,f accuser ♦ (Hist) **accusateur public** public prosecutor (during the French Revolution)

accusatif [akyzatif] nm accusative case ♦ **à l'accusatif** in the accusative

accusation [akyzasjɔ̃] → SYN nf (gén) accusation; (Jur) charge, indictment ♦ (le procureur etc) **l'accusation** the prosecution ♦ **porter** ou **lancer une accusation contre** to make an accusation against ♦ **mettre en accusation** to indict ♦ **mise en accusation** indictment ♦ **une terrible accusation contre notre société** a terrible indictment of our society ♦ (Jur) **abandonner l'accusation** to drop the charge → **acte, chambre**

accusatoire [akyzatwaʀ] adj (Jur) accusatory

accusé, e [akyze] → SYN (ptp de **accuser**) **1** adj (marqué) marked, pronounced
2 nm,f accused; (procès) defendant ♦ **accusé levez-vous!** ≃ the defendant will rise → **banc**
3 COMP ▷ **accusé de réception** acknowledgement of receipt

accuser [akyze] → SYN ▸ conjug 1 ◂ GRAMMAIRE ACTIVE 20.2
1 vt **a** personne (gén) to accuse (*de* of) ♦ (Jur) **accuser de** to accuse of, charge with, indict for ♦ **accuser qn d'ingratitude** to tax sb with ou accuse sb of ingratitude ♦ **accuser qn d'avoir volé de l'argent** to accuse sb of stealing ou having stolen money ♦ **tout l'accuse** everything points to his guilt ou his being guilty
b (rendre responsable) pratique, malchance, personne to blame (*de* for) ♦ **accusant son mari de ne pas s'être réveillé à temps** blaming her husband for not waking up in time ♦ **accusant le médecin d'incompétence pour avoir causé la mort de l'enfant** blaming the doctor's incompetence for having caused the child's death, blaming the child's death on the doctor's incompetence
c (souligner) effet, contraste to emphasize, accentuate, bring out ♦ **robe qui accuse la sveltesse du corps** dress which accentuates ou emphasizes the slimness of the body
d (montrer) to show ♦ **la balance accusait 80 kg** the scales registered ou read 80 kg ♦ **accuser la quarantaine** to show (all of) one's forty years ♦ (lit, fig) **accuser le coup** to stagger under the blow, show that the blow has struck home ♦ **elle accuse la fatigue de ces derniers mois** she's showing the strain of these last few months ♦ **la Bourse accuse une baisse de 3 points / un léger mieux** the stock exchange is showing a 3-point fall / a slight improvement ♦ **accuser réception de** to acknowledge receipt of
2 **s'accuser** vpr **a** **s'accuser de qch / d'avoir fait** (se déclarer coupable) to admit to sth / to having done; (se rendre responsable de) to blame o.s. for sth / for having done ♦ (Rel) **mon père, je m'accuse (d'avoir péché)** Father, I have sinned ♦ **en protestant, il s'accuse** by objecting, he is pointing to ou admitting his guilt
b (s'accentuer) [tendance] to become more marked ou pronounced

ace [ɛs] nm (Tennis) ace ♦ **faire un ace** to serve an ace

acellulaire [aselylɛʀ] adj acellular

acéphale [asefal] adj acephalous

acerbe [asɛʀb] → SYN adj caustic, acid ♦ **d'une manière acerbe** caustically, acidly

acéré, e [aseʀe] → SYN adj griffe, pointe sharp; lame sharp, keen; raillerie, réplique scathing, biting, cutting ♦ (fig) **critique à la plume acérée** critic with a scathing pen

acescence [asesɑ̃s] → SYN nf acescence, acescency

acescent, e [asesɑ̃, ɑ̃t] → SYN adj acescent

acétamide [asetamid] nm acetamid(e)

acétate [asetat] nm acetate ♦ **acétate (de cellulose)** (cellulose) acetate

acétification [asetifikasjɔ̃] nf acetification

acétifier [asetifje] ▸conjug 7◂ vt to acetify

acétimètre [asetimɛtʀ] nm acetometer

acétique [asetik] adj acetic

acétocellulose [asetoselyloz] nf cellulose acetate

acétomètre [asetɔmɛtʀ] nm acetometer

acétone [asetɔn] nf acetone

acétonémie [asetɔnemi] nf acetonaemia (Brit), acetonemia (US)

acétonémique [asetɔnemik] adj acetonaemic (Brit), acetonemic (US)

acétonurie [asetɔnyʀi] nf acetonuria

acétylcholine [asetilkɔlin] nf acetylcholine

acétylcoenzyme [asetilkoɑ̃zim] nf ◆ **acétylcoenzyme A** acetyl CoA

acétyle [asetil] nm acetyl

acétylène [asetilɛn] nm acetylene → **lampe**

acétylénique [asetilenik] adj acetylenic

acétylsalicylique [asetilsalisilik] adj ◆ **acide acétylsalicylique** acetylsalicylic acid

achalandé, e [aʃalɑ̃de] → SYN adj ◆ **bien achalandé** (bien fourni) well-stocked; (†: très fréquenté) well-patronized

achards [aʃaʀ] → SYN nmpl *spicy relish made with finely chopped fruit and vegetables*

acharné, e [aʃaʀne] → SYN (ptp de **s'acharner**) adj combat, concurrence, adversaire fierce, bitter; travail, efforts relentless, unremitting, strenuous; poursuivant, poursuite relentless, joueur, travailleur relentless, determined ◆ **acharné à faire** set ou bent ou intent on doing, determined to do ◆ **acharné contre** set against ◆ **acharné à sa destruction** set ou bent on destroying him, set ou bent on his destruction

acharnement [aʃaʀnəmɑ̃] → SYN nm [combattant, résistant] fierceness, fury; [poursuivant] relentlessness; [travailleur] determination, unremitting effort ◆ **son acharnement au travail** the determination with which he tackles his work ◆ **avec acharnement** poursuivre relentlessly; travailler relentlessly, furiously; combattre bitterly, fiercely; résister fiercely ◆ **se battant avec acharnement** fighting tooth and nail ◆ **acharnement thérapeutique** prolongation of life by medical means *(when a patient would otherwise die)*

acharner (s') [aʃaʀne] ▸conjug 1◂ vpr ◆ **s'acharner sur** victime, proie to go at fiercely and unrelentingly ◆ **s'acharner contre qn** [malchance] to dog sb; [adversaire] to set o.s. against sb, have got one's knife into sb ◆ **elle s'acharne après cet enfant** she's always hounding this child ◆ **il s'acharne à prouver que c'est vrai** he is trying desperately to prove that it is true ◆ **il s'acharne à son tableau** he is working furiously away at ou on his painting ◆ **je m'acharne à le leur faire comprendre** I'm desperately trying to explain it to them, I'm straining every nerve to get them to understand ◆ **il s'acharne inutilement, il n'y arrivera jamais** he's wasting his efforts, he'll never make it

achat [aʃa] → SYN nm **a** (action) purchase, purchasing, buying; (chose achetée) purchase ◆ **faire l'achat de qch** to purchase ou buy sth ◆ **faire un achat** to make a purchase ◆ **achat d'impulsion** impulse buy ou purchase ◆ **achat groupé** package ◆ (Publicité) **achat d'espace** space buying ◆ **il est allé faire quelques achats** he has gone out to buy a few things ou to do some shopping ◆ **faire des achats** to shop, go shopping ◆ **faire ses achats (de Noël)** to do one's (Christmas) shopping ◆ **montre-moi tes achats** show me what you've bought ◆ **c'est cher à l'achat mais c'est de bonne qualité** it's expensive (to buy) but it's good quality ◆ **il a fait un achat judicieux** he made a wise buy ou purchase

b (Bourse, Comm) buying ◆ **la livre vaut 11 F à l'achat** the buying rate for sterling is 11 francs

acheminement [aʃ(ə)minmɑ̃] → SYN nm (→ **acheminer**) forwarding, dispatch; conveying, transporting; routing; sending ◆ (Comm) **acheminement de marchandises** carriage of goods ◆ **l'acheminement du courrier est rendu difficile par les récentes chutes de neige** the distribution ou transport of mail has been made difficult by the recent snowfalls

acheminer [aʃ(ə)mine] → SYN ▸conjug 1◂ **1** vt courrier, colis to forward, dispatch (*vers* to); troupes to convey, transport (*vers* to) ◆ **acheminer des trains sur** ou **vers** to route trains to ◆ **acheminer un train supplémentaire sur Dijon** to put on ou send an extra train to Dijon ◆ (fig) **acheminer le pays vers la ruine** to lead the country to ruin

2 s'acheminer vpr ◆ **s'acheminer vers** endroit to make one's way towards, head for; conclusion, solution to move towards; destruction, ruine to head for

achetable [aʃ(ə)tabl] adj purchasable

acheter [aʃ(ə)te] → SYN ▸conjug 5◂ vt **a** to buy, purchase ◆ **acheter qch à qn** (à un vendeur) to buy ou purchase sth from sb; (pour un ami) to buy sth for sb, buy sb sth ◆ **je lui ai acheté une robe pour son anniversaire** I bought her a dress for her birthday ◆ **acheter qch d'occasion** to buy sth secondhand ◆ **acheter en grosses quantités** to bulk-buy (Brit) ◆ (Bourse) **acheter à la hausse / à la baisse** to buy for a rise / for a fall ◆ **(s') acheter une conduite** to turn over a new leaf, mend one's ways → **comptant, crédit, détail** etc

b (péj) vote, appui to buy; électeur, juge to bribe, buy ◆ **se laisser acheter** to let o.s. be bribed ou bought

acheteur, -euse [aʃ(ə)tœʀ, øz] → SYN nm,f buyer, purchaser; (Jur) vendee; (Comm: professionnel) buyer ◆ **il est acheteur** he wants to buy it ◆ **il n'a pas encore trouvé d'acheteur pour sa voiture** he hasn't yet found anyone to buy his car ou a buyer for his car ◆ **article qui ne trouve pas d'acheteur** item which does not sell ou which finds no takers ◆ **la foule des acheteurs** the crowd of shoppers

acheuléen, -enne [aʃøleɛ̃, ɛn] **1** adj Acheulian, Acheulean

2 nm ◆ **l'acheuléen** the Acheulian

achevé, e [aʃ(ə)ve] → SYN (ptp de **achever**) **1** adj canaille downright, out-and-out, thorough; artiste accomplished; art, grâce perfect ◆ **d'un ridicule achevé** perfectly ridiculous ◆ **tableau d'un mauvais goût achevé** picture in thorough(ly) bad taste

2 nm ◆ **achevé d'imprimer** colophon

achèvement [aʃɛvmɑ̃] → SYN nm [travaux] completion; (littér: perfection) culmination → **voie**

achever [aʃ(ə)ve] → SYN ▸conjug 5◂ **1** vt **a** (terminer) discours, repas to finish, end; livre to finish, reach the end of; (parachever) tâche, tableau to complete, finish ◆ **achever ses jours à la campagne** to end one's days in the country ◆ (littér) **le soleil achève sa course** the sun completes its course ◆ **achever (de parler)** to finish (speaking) ◆ **il partit sans achever (sa phrase)** he left in mid sentence ou without finishing his sentence ◆ **achever de se raser / de se préparer** to finish shaving / getting ready ◆ **le pays achevait de se reconstruire** the country was just finishing its ou coming to the end of its rebuilding

b (porter à son comble) **achever de: cette remarque acheva de l'exaspérer** this remark really brought his irritation to a head, this last remark really did make him cross ◆ **cette révélation acheva de nous plonger dans la confusion** this revelation was all we needed to complete our confusion

c (tuer) blessé to finish off; cheval to destroy; (fatiguer, décourager) to finish (off); (*: vaincre) to finish off ◆ **cette mauvaise nouvelle acheva son père malade** this bad news finished his sick father ou dealt the final blow to his sick father ◆ **cette longue promenade m'a achevé!** that long walk was the end of me! ou finished me!

2 s'achever vpr (se terminer) to end (*par, sur* with); (littér) [jour, vie] to come to an end, draw to a close ◆ (TV) **ainsi s'achèvent nos émissions de la journée** that brings to an end our programmes for the day

achigan [aʃigɑ̃] → SYN nm (Can) (black) bass ◆ **achigan à grande bouche** large-mouth bass ◆ **achigan à petite bouche** small-mouth bass ◆ **achigan de roche** rock bass

Achille [aʃil] nm Achilles → **talon**

achillée [akile] nf achillea

Achkhabad [akabad] n Achkhabad

acholie [akɔli] nf acholia

achondroplasie [akɔ̃dʀoplazi] → SYN nf achondroplasia

achoppement [aʃɔpmɑ̃] → SYN nm → **pierre**

achopper [aʃɔpe] → SYN ▸conjug 1◂ vt ind ◆ **achopper sur** difficulté to stumble over; (littér) pierre to stumble against ou over

achromat [akʀɔma] nm achromat, achromatic lens

achromatique [akʀɔmatik] adj achromatic

achromatiser [akʀɔmatize] ▸conjug 1◂ vt to achromatize

achromatisme [akʀɔmatism] nm (Opt) achromatism

achromatopsie [akʀɔmatɔpsi] nf achromatopsy

achromie [akʀɔmi] → SYN nf achromia

achylie [aʃili] nf ◆ **achylie gastrique** achylia gastrica

aciculaire [asikylɛʀ] → SYN adj (Bot, Minér) acicular

acide [asid] → SYN **1** adj (lit, fig) acid, sharp, tart; (Chim) acid → **pluie**

2 nm acid; (arg Drogue) acid ◆ **acide aminé** amino acid ◆ **acide gras saturé / insaturé** saturated / unsaturated fatty acid

acidifiant, e [asidifjɑ̃, jɑ̃t] **1** adj acidifying

2 nm acidifier

acidificateur [asidifikatœʀ] nm acidifying agent, acidifier

acidification [asidifikasjɔ̃] nf acidification

acidifier vt, **s'acidifier** vpr [asidifje] ▸conjug 7◂ to acidify

acidimètre [asidimɛtʀ] nm acidimeter

acidimétrie [asidimetʀi] nf acidimetry

acidité [asidite] → SYN nf (lit, fig) acidity, sharpness, tartness; (Chim) acidity

acidophile [asidɔfil] adj acidophil(e), acidophilic

acidose [asidoz] nf acidosis

acidulé, e [asidyle] → SYN adj goût slightly acid → **bonbon**

aciduler [asidyle] → SYN ▸conjug 1◂ vt to acidulate

acier [asje] nm steel ◆ **acier inoxydable / trempé** stainless / tempered steel ◆ **acier rapide** high-speed steel ◆ **d'acier** poutre, colonne steel (épith), of steel; (fig) regard steely ◆ (fig) **muscles d'acier** muscles of steel ◆ **avoir un moral d'acier** to have a fighting spirit → **gris**

aciérer [asjeʀe] ▸conjug 6◂ vt to steel

aciérie [asjeʀi] nf steelworks

aciériste [asjeʀist] → SYN nm steelmaker

acinésie [asinezi] nf akinesia

acinus [asinys] nm acinus

aclinique [aklinik] adj ligne aclinic

acmé [akme] → SYN nm ou f (littér: apogée) acme, summit; (Méd) crisis

acné [akne] → SYN nf acne ◆ **acné juvénile** teenage acne

acnéique [akneik] adj prone to acne (attrib)

acolyte [akɔlit] → SYN nm (péj: associé) confederate, associate; (Rel) acolyte, server

acompte [akɔ̃t] → SYN nm (arrhes) deposit; (sur somme due) down payment; (versement régulier) instalment; (sur salaire) advance; (à entrepreneur) progress payment ◆ (sur somme due) **un acompte de 10 F** 10 francs on account, a down payment of 10 francs ◆ (sur somme due) **recevoir un acompte** to receive something on account, receive a down payment ◆ (fig) **ce week-end à la mer, c'était un petit acompte sur nos vacances** this weekend at the seaside was like snatching a bit of our holidays in advance ou was like a little foretaste of our holidays → **provisionnel**

acon [akɔ̃] → SYN nm (Naut) lighter

aconage [akɔnaʒ] → SYN nm lighterage

Aconcagua [akɔ̃kagwa] nm Aconcagua

aconier [akɔnje] nm (Naut) lighterman

aconit [akɔnit] nm aconite, aconitum

aconitine [akɔnitin] nf aconitine

a contrario [akɔ̃trarjo] loc adv, loc adj a contrario

acoquiner (s') [akɔkine] → SYN ▸ conjug 1 ◂ vpr (péj) to get together, team up (*avec* with)

Açores [asɔr] nfpl ◆ **les Açores** the Azores

à-côté, pl **à-côtés** [akote] → SYN nm [problème] side issue; [situation] side aspect; (gain, dépense secondaire) extra ◆ **avec ce boulot, il se fait des petits à-côtés*** with this job, he makes a bit extra ou on the side*

à-coup, pl **à-coups** [aku] → SYN nm [moteur] hiccough; [machine] jolt, jerk; [économie, organisation] jolt ◆ **travailler par à-coups** to work by ou in fits and starts ◆ **avancer par à-coups** to move forward in ou by fits and starts, jerk ou jolt forward ou along ◆ **sans à-coups** smoothly ◆ **le moteur eut quelques à-coups** the engine gave a few (hic)coughs ou hiccoughed a bit

acouphène [akufɛn] nm tinnitus

acousticien, -ienne [akustisjɛ̃, jɛn] nm,f acoustician

acoustique [akustik] 1 adj acoustic ◆ (Phon) **trait distinctif acoustique** acoustic feature → **cornet**

2 nf (science) acoustics (sg); (sonorité) acoustics (pl) ◆ **acoustique architecturale** architectural acoustics ◆ **il y a une mauvaise acoustique** the acoustics are bad

acquéreur [akerœr] → SYN nm buyer, purchaser ◆ **j'ai trouvé / je n'ai pas trouvé acquéreur pour mon appartement** I have / I haven't found a purchaser ou buyer for my flat, I've found someone / I haven't found anyone to buy my flat ◆ **cet objet n'a pas encore trouvé acquéreur** this object has not yet found a purchaser ou buyer ou taker ◆ **se porter acquéreur (de qch)** to announce one's intention of buying ou purchasing (sth) ◆ **se rendre acquéreur de qch** to purchase ou buy sth

acquérir [akerir] → SYN ▸ conjug 21 ◂ vt a propriété, meuble to acquire, purchase, buy ◆ **acquérir qch par succession** to come into sth, inherit sth → **bien**

b (obtenir) faveur, célébrité to win, gain; habileté, autorité, habitude to acquire; importance, valeur, expérience to acquire, gain ◆ **acquérir la certitude de** to become certain of ◆ **c'est une chose qui s'acquiert facilement** it's something that's easy to pick up ◆ **acquérir la preuve de** to gain ou obtain (the) proof of ◆ **les certitudes que nous avions acquises** the facts we had clearly established

c (valoir, procurer) to win, gain ◆ **ceci lui acquit une excellente réputation** this won ou gained him an excellent reputation ◆ **il s'est acquis l'estime / l'appui de ses chefs** he won ou gained his superiors' esteem / support

acquêt [akɛ] → SYN nm acquest → **communauté**

acquiescement [akjɛsmɑ̃] → SYN nm a (approbation) approval, agreement ◆ **il leva la main en signe d'acquiescement** he raised his hand in (a sign of) approval ou agreement

b (consentement) acquiescence, assent ◆ **donner son acquiescement à qch** to give one's assent to sth

acquiescer [akjese] → SYN ▸ conjug 3 ◂ vi a (approuver) to approve, agree ◆ **il acquiesça d'un signe de tête** he nodded his approval ou agreement

b (consentir) to acquiesce, assent ◆ **acquiescer à une demande** to acquiesce to ou in a request, assent to a request

acquis, e [aki, iz] → SYN (ptp de **acquérir**) 1 adj a fortune, qualité, droit acquired ◆ (Bio) **caractères acquis** acquired characteristics → **vitesse**

b fait established, accepted ◆ **tenir qch pour acquis** (comme allant de soi) to take sth for granted; (comme décidé) to take sth as settled ou agreed ◆ **il est maintenant acquis que** it has now been established that, it is now accepted that

c **être acquis à qn: ce droit nous est acquis** we have now established this right as ours ◆ **ses faveurs nous sont acquises** we can count on ou be sure of his favour ◆ **être acquis à un projet / qn** to be in complete support of ou completely behind a plan / sb

2 nm (savoir) experience; (droit) legal right ◆ **avoir de l'acquis** to have experience ◆ **grâce à l'acquis qu'il a obtenu en travaillant chez un patron** thanks to the experience he got ou the knowledge he acquired working for an employer ◆ **la connaissance qu'il a de l'anglais représente pour lui un acquis précieux** his knowledge of English is a valuable aquisition ◆ **acquis sociaux** entitlements *(to social welfare, maternity leave, paid holidays etc)*

acquisition [akizisjɔ̃] → SYN nf (action, processus) acquisition, acquiring; (objet) acquisition; (par achat) purchase ◆ **faire l'acquisition de qch** to acquire sth; (par achat) to purchase sth ◆ **l'acquisition du langage** language acquisition ◆ (bibliothèque) **nouvelle acquisition** accession

acquit [aki] → SYN nm a (Comm: décharge) receipt ◆ **« pour acquit »** "received"

b **par acquit de conscience** to set one's mind at rest, to be quite sure

acquit-à-caution, pl **acquits-à-caution** [aki takosjɔ̃] nm bond note

acquittement [akitmɑ̃] → SYN nm (→ **acquitter**) acquittal; payment; discharge; settlement; fulfilment ◆ (Jur) **verdict d'acquittement** verdict of not guilty

acquitter [akite] → SYN ▸ conjug 1 ◂ 1 vt a accusé to acquit

b droit, impôt to pay; dette to pay (off), settle, discharge; facture (gén) to pay, settle; (Comm) to receipt

c **acquitter qn de** dette, obligation to release sb from

2 **s'acquitter** vpr ◆ **s'acquitter de** dette to pay (off), discharge, settle; dette morale, devoir to discharge; promesse to fulfil, carry out; obligation to fulfil, discharge; fonction, tâche to fulfil, carry out, perform ◆ **comment m'acquitter (envers vous)?** how can I ever repay you? (*de* for)

acre [akr] 1 nf (Hist) ≃ acre

2 nm (Can) acre *(4 046,86 m²)*

âcre [ɑkr] → SYN adj odeur, saveur acrid, pungent; (fig littér) acrid

âcreté [ɑkrəte] → SYN nf [odeur, saveur] acridness, acridity, pungency; (fig littér) acridness, acridity

acridiens [akridjɛ̃] nmpl grasshoppers

acrimonie [akrimɔni] nf acrimony, acrimoniousness

acrimonieux, -ieuse [akrimɔnjø, jøz] adj acrimonious

acrobate [akrɔbat] → SYN nmf (lit, fig) acrobat

acrobatie [akrɔbasi] → SYN nf (tour) acrobatic feat; (art, fig) acrobatics (sg) ◆ **acrobaties aériennes** aerobatics ◆ (lit, fig) **faire des acrobaties** to perform acrobatics ◆ (fig) **mon emploi du temps tient de l'acrobatie*** I have to tie myself in knots* to cope with my timetable

acrobatique [akrɔbatik] → SYN adj (lit, fig) acrobatic

acrocéphale [akrosefal] adj acrocephalic, oxycephalic

acrocéphalie [akrosefali] nf acrocephaly, oxycephaly

acrocyanose [akrosjanoz] nf acrocyanosis

acroléine [akrɔlein] nf acrolein

acromégalie [akromegali] nf acromegaly

acromion [akrɔmjɔ̃] nm acromion

acronyme [akrɔnim] → SYN nm acronym

acrophobie [akrɔfɔbi] → SYN nf acrophobia

Acropole [akrɔpɔl] nf ◆ **l'Acropole** the Acropolis

acrosome [akrozom] nm acrosome

acrostiche [akrɔstiʃ] → SYN nm acrostic

acrotère [akrɔtɛr] → SYN nm (socle, ensemble) acroter

acrylique [akrilik] adj, nm acrylic

actant [aktɑ̃] nm (Ling) agent

acte [akt] → SYN 1 nm a (action) action, act ◆ **acte instinctif / réflexe** instinctive / reflex action ◆ **moins de paroles, des actes** (let's have) less talk and more action ◆ **plusieurs actes de terrorisme ont été commis** several acts of terrorism have been committed ◆ **acte de bravoure / de lâcheté / de cruauté** act of bravery / cowardice / cruelty, brave / cowardly / cruel act ou action ou deed ◆ **ce crime est un acte de folie / l'acte d'un fou** this crime is an act of madness / the act ou deed of a madman ◆ (Psych) **passer à l'acte** to act out one's desires ou fantasies ◆ **après avoir menacé en paroles il passa aux actes** having uttered verbal threats he proceeded to carry them out ou to put them into action ◆ (Philos) **en acte** in actuality

b (Jur) [notaire] deed; [état civil] certificate ◆ (Jur) **dont acte** duly noted ou acknowledged

c (Théât, fig) act ◆ **comédie / pièce en un acte** one-act comedy / play ◆ **le dernier acte du conflit se joua en Orient** the final act of the struggle was played out in the East

d [congrès etc] **actes** proceedings

e LOC **demander acte que / de qch** to ask for formal acknowledgement that / of sth ◆ **prendre acte de** to note ◆ **donner acte que / de qch** to acknowledge formally that / sth ◆ **faire acte de citoyen / d'honnête homme** to act ou behave as a citizen / an honest man ◆ **faire acte d'autorité / d'énergie** to make a show of authority / energy ◆ **faire acte de candidature** to apply, submit an application ◆ **faire acte de présence** to put in a token appearance ◆ **il a au moins fait acte de bonne volonté** he has at least shown ou made a gesture of goodwill ou willingness ◆ **prendre acte que** to record formally that ◆ **nous prenons acte de votre promesse / proposition** we have noted ou taken note of your promise / proposal

2 COMP ▷ **acte d'accusation** charge (Brit), bill of indictment ▷ **acte d'amnistie** amnesty (act) ▷ **les Actes des apôtres** the Acts of the Apostles ▷ **acte d'association** partnership agreement ou deed, articles of partnership ▷ **acte authentique** ⇒ **acte notarié** ▷ **acte de banditisme** criminal act ▷ **acte de baptême** baptismal certificate ▷ **acte de charité** act of charity ▷ **acte de commerce** commercial act ou deed ▷ **acte constitutif** [société] charter ▷ **acte de contrition** act of contrition ▷ **acte de décès** death certificate ▷ **acte d'espérance** act of hope ▷ **acte de l'état civil** *birth, marriage or death certificate* ▷ **acte de foi** act of faith ▷ **acte gratuit** acte gratuit, gratuitous act ▷ **acte de guerre** act of war ▷ **acte judiciaire** (Jur) judicial document ◆ **signifier** ou **notifier un acte judiciaire** to serve legal process (*à* on) ▷ **acte manqué** (Psych) Freudian slip, parapraxis (spéc) ▷ **acte de mariage** marriage certificate ▷ **acte médical** (medical) consultation, medical treatment (NonC) ▷ **acte de naissance** birth certificate ▷ **acte notarié** notarial deed, deed executed by notary ▷ **acte de notoriété** affidavit ▷ **acte officiel** (Jur) instrument ▷ **acte sexuel** sex act ▷ **acte sous seing privé** private agreement, *document not legally certified* ▷ **acte de succession** attestation of inheritance ▷ **Acte unique européen** Single European Act ▷ **acte de vente** bill of sale

actée [akte] nf baneberry

acteur [aktœr] → SYN nm (Théât, fig) actor ◆ **il fut l'acteur involontaire de cette mascarade** he was an unwilling participant in that masquerade ◆ **les acteurs sociaux** social forces → **actrice**

ACTH [aseteaʃ] nf (abrév de **Adenocorticotropic Hormone**) ACTH

actif, -ive [aktif, iv] → SYN 1 adj personne, participation active; poison, médicament active, potent; (au travail) population working; (Bourse) marché buoyant; (Phys) substance activated, active; (Élec) circuit, élément active; (Ling) active ◆ **prendre une part active à qch** to take an active part in sth ◆ **dans la vie active** in his (ou one's etc) working life ◆ **entrer dans la vie active** to begin one's working life → **armée², charbon** etc

2 nm **a** (Ling) active (voice) ◆ **à l'actif** in the active voice

b (Fin) assets; [succession] credits ◆ **actif circulant** current ou floating assets ◆ **actif net** net assets ◆ **actif réalisable et disponible** current assets ◆ **porter une somme à l'actif** to put a sum on the assets side ◆ (fig) **sa gentillesse est à mettre à son actif** his kindness is a point in his favour, on the credit ou positive ou plus* side there is his kindness (to consider) ◆ (fig) **il a plusieurs crimes à son actif** he has several crimes to his name ◆ **il a plusieurs records à son actif** he has several records to his credit ou name

c (qui travaille) person in active ou working life ◆ **les actifs** people who work, the working population

3 **active** nf ◆ (Mil) **l'active** the regular army

actine [aktin] nf actin

actinide [aktinid] nm actinide, actinon

actinie [aktini] → SYN nf actinia

actinite [aktinit] → SYN nf erythema solare

actinium [aktinjɔm] nm actinium

actinomètre [aktinɔmɛtʀ] nm actinometer

actinomycète [aktinomisɛt] nm actinomycete

actinomycose [aktinomikoz] nf actinomycosis

actinote [aktinɔt] nf actinolite

actinothérapie [aktinoteʀapi] nf actinotherapy

action [aksjɔ̃] → SYN **1** nf **a** (acte) action, act ◆ **faire une bonne action** to do a good deed ◆ **action audacieuse** act ou deed of daring, bold deed ou action ◆ **vous avez commis là une mauvaise action** you've done something (very) wrong, you've behaved badly

b (activité) action ◆ **être en action** to be at work ◆ **passer à l'action** to take action ◆ **le moment est venu de passer à l'action** the time has come for action ◆ (Mil) **passer à l'action, engager l'action** to go into battle ou action ◆ **entrer en action** [troupes, canon] to go into action ◆ **mettre un plan en action** to put a plan into action ◆ **le dispositif de sécurité se mit en action** the security device went off ou was set in action → **champ¹, feu¹, homme**

c (effet) [éléments naturels, loi, machine] action; [médicament] action, effect ◆ **ce médicament est sans action** this medicine is ineffective ou has no effect ◆ **sous l'action du gel** under the action of frost, through the agency of frost ◆ **machine à double action** double-acting machine ou engine

d (initiative) action ◆ **engager une action commune** to take concerted action ◆ **journée d'action** day of action ◆ **recourir à l'action directe** to resort to ou have recourse to direct action ◆ **politique d'action régionale** regional development policy ◆ **services d'action sanitaire et sociale** health and social services departments

e [pièce, film] (mouvement, péripéties) action; (intrigue) plot ◆ **action!** action! ◆ **l'action se passe en Grèce** the action takes place in Greece ◆ **film d'action** action film ◆ **roman d'action** action-packed novel

f (Jur) action (at law), lawsuit ◆ **action juridique / civile** legal / civil action → **intenter**

g (Fin) share ◆ **actions** shares, stock(s) ◆ **action ordinaire** ordinary share ◆ **actions nominatives / au porteur** registered / bearer shares ◆ **action cotée** listed ou quoted share ◆ **action à dividende prioritaire** preference share (Brit), preferred share (US) ◆ **action d'apport** initial share ◆ **action de jouissance** dividend share ◆ **action de chasse** hunting rights (pl) ◆ (fig) **ses actions sont en hausse / baisse** things are looking up / are not looking so good for him → **société**

h (Mus) [piano] action

i (Sport) move

2 COMP ▷ **action en diffamation** (Jur) libel action ▷ **action d'éclat** dazzling ou brilliant feat ou deed ▷ **action de grâce(s)** thanksgiving ▷ **action revendicative** [ouvriers] industrial action (NonC); [ménagères, étudiants] protest (NonC) ▷ **l'action sociale** social welfare

actionnaire [aksjɔnɛʀ] → SYN nmf shareholder

actionnariat [aksjɔnaʀja] → SYN nm (détention d'actions) shareholding; (personnes) shareholders

actionnement [aksjɔnmɑ̃] nm activating, activation

actionner [aksjɔne] → SYN ▸ conjug 1 ◂ vt **a** mécanisme to activate; machine to drive, work ◆ **moteur actionné par la vapeur** steam-powered ou -driven engine ◆ **actionner la sonnette** to ring the bell

b (Jur) to sue, bring an action against ◆ **actionner qn en dommages et intérêts** to sue sb for damages

actionneur [aksjɔnœʀ] nm (Tech) actuator

activateur, -trice [aktivatœʀ, tʀis] **1** adj activating (épith)

2 nm activator ◆ **activateur de croissance** growth stimulant

activation [aktivasjɔ̃] → SYN nf (Chim, Phys) activation; (Bio) initiation of development

activement [aktivmɑ̃] adv actively ◆ **participer activement à qch** to take an active part ou be actively involved in sth

activer [aktive] → SYN ▸ conjug 1 ◂ **1** vt **a** (accélérer) processus, travaux to speed up; (aviver) feu to stoke, pep up*

b (Chim) to activate

c (Ordin) to activate

2 vi (*: se dépêcher) to get a move on*, get moving*

3 **s'activer** vpr (s'affairer) to bustle about ◆ **s'activer à faire** to be busy doing ◆ **active-toi!*** get a move on!*

activeur [aktivœʀ] → SYN nm activator

activisme [aktivism] nm activism

activiste [aktivist] → SYN adj, nmf activist

activité [aktivite] → SYN nf (gén) activity; (emploi) occupation ◆ (Scol) **activités d'éveil** discovery ◆ (Scol) **activités dirigées** class project work ◆ **les rues sont pleines d'activité** the streets are bustling with activity ou are very busy ◆ **l'activité de la rue** the bustle of the street ◆ **le passage de l'activité à la retraite** passing from active ou working life into retirement; (Mil) transfer from the active to the retired list ◆ **pratiquer une activité sportive** to play ou practise a sport ◆ **avoir une activité salariée** to be in paid employment ◆ **ils ont étendu leurs activités à la distribution** they have branched out into distribution ◆ **activité économique** economic activity ◆ **être en activité** [usine] to function, be in operation; [volcan] to be active; [personne] to be in active life ◆ **être en pleine activité** [usine, bureau] to be operating at full strength, be in full operation, [club] to be running full-time; [personne] to be fully active; (hum) to be hard at it*

actrice [aktʀis] nf (Théât, fig) actress

actuaire [aktɥɛʀ] nmf actuary

actualisation [aktɥalizasjɔ̃] → SYN nf (→ **actualiser**) actualization; updating; updated forecast; discounting

actualiser [aktɥalize] → SYN ▸ conjug 1 ◂ vt (Ling, Philos) to actualize; (mettre à jour) ouvrage, règlement to update, bring up to date; coûts to give an updated forecast of; somme due to discount ◆ **cash-flow actualisé** discounted cash flow

actualité [aktɥalite] → SYN nf **a** [livre, sujet] topicality ◆ **livre d'actualité** topical book

b (événements) **l'actualité** current events ◆ **l'actualité sportive** the sporting ou sports news

c (Ciné, Presse) **les actualités** the news ◆ **les actualités télévisées** (the) television news ◆ **il est passé aux actualités*** he was on the news

d (Philos) actuality

actuariat [aktɥaʀja] nm (technique) actuarial methods

actuariel, -elle [aktɥaʀjɛl] adj actuarial

actuel, -elle [aktɥɛl] → SYN adj **a** (présent) present, current ◆ **à l'heure actuelle** at the present time ◆ **à l'époque actuelle** nowadays, in this day and age ◆ **le monde actuel** the world today, the presentday world

b (d'actualité) livre, problème topical

c (Philos, Rel) actual

actuellement [aktɥɛlmɑ̃] → SYN adv at the moment, at present

acuité [akɥite] → SYN nf [son] shrillness; [douleur] acuteness, intensity; [sens] sharpness, acuteness; [crise politique] acuteness ◆ **sa grande acuité d'esprit** his very sharp ou acute mind ◆ **observations d'une rare acuité** exceptionally astute ou shrewd observations

acuminé, e [akymine] adj acuminate

acuponcteur, -trice, acupuncteur, -trice [akypɔ̃ktœʀ, tʀis] nm,f acupuncturist

acuponcture, acupuncture [akypɔ̃ktyʀ] nf acupuncture

acutangle [akytɑ̃gl] adj acute-angled

acyclique [asiklik] adj (gén) non-cyclical; (Chim) acyclic

a/d (abrév de **à dater, à la date de**) as from

Ada [ada] nm Ada

ADAC [adak] nm (abrév de **avion à décollage et atterrissage courts**) STOL

adage [adaʒ] → SYN nm adage, saying

adagio [ada(d)ʒjo] adv, nm adagio

Adam [adɑ̃] nm Adam ◆ (hum) **en costume** ou **tenue d'Adam** in one's birthday suit → **pomme**

adamantin, e [adamɑ̃tɛ̃, in] → SYN adj (litter) adamantine

adaptabilité [adaptabilite] nf adaptability

adaptable [adaptabl] adj adaptable

adaptateur, -trice [adaptatœʀ, tʀis] **1** nm,f (Ciné, Théât) adapter

2 nm (Tech) adapter

adaptatif, -ive [adaptatif, iv] adj adaptive

adaptation [adaptasjɔ̃] → SYN nf (gén, Ciné, Théât) adaptation ◆ **faire un effort d'adaptation** to try to adapt ◆ **faculté d'adaptation** adaptability

adapter [adapte] → SYN ▸ conjug 1 ◂ **1** vt **a** (appliquer) **adapter une prise / un mécanisme à** to fit a plug / a mechanism to ◆ **ces mesures sont-elles bien adaptées à la situation?** are these measures really suited to the situation? ◆ **adapter la musique aux paroles** to fit the music to the words

b (modifier) conduite, méthode, organisation to adapt (*à* to); roman, pièce to adapt (*pour* for)

2 **s'adapter** vpr **a** (s'habituer) to adapt (o.s.) (*à* to)

b (s'appliquer) [objet, prise] **s'adapter à** to fit

ADAV [adav] nm (abrév de **avion à décollage et atterrissage verticaux**) VTOL

addenda [adɛ̃da] nm addenda

Addis-Abeba [adisabəba], **Addis Abeba** [adisabəba] n Addis Ababa

additif, -ive [aditif, iv] → SYN **1** adj (Math) additive

2 nm (note, clause) additional clause, rider; (substance) additive ◆ **additif budgétaire** supplemental budget ◆ **additif alimentaire** food additive

addition [adisjɔ̃] → SYN nf (gén) addition; (problème) addition, sum; (facture) bill, check (US) ◆ **par addition de** by adding, by the addition of ◆ (fig) **l'addition va être lourde** the cost will be high

additionnel, -elle [adisjɔnɛl] → SYN adj additional → **centime**

additionner [adisjɔne] → SYN ▸ conjug 1 ◂ **1** vt (lit, fig) to add up ◆ **additionner qch à** to add sth to ◆ **additionner le vin de sucre** to add sugar to the wine, mix sugar with the wine ◆ (sur étiquette) **additionné d'alcool** with alcohol added

2 **s'additionner** vpr to add up

additionneur [adisjɔnœʀ] nm (Ordin) adder

additivé, e [aditive] adj carburant high-octane (épith)

adducteur [adyktœʀ] → SYN adj m, nm ◆ **(canal) adducteur** feeder (canal) ◆ **(muscle) adducteur** adductor

adduction [adyksjɔ̃] nf (Anat) adduction ◆ (Tech) **adduction d'eau** water conveyance ◆ **travaux d'adduction d'eau** laying on water

Adelaïde [adəlaid] nf Adelaide

ADEME [adɛm] nf (abrév de **Agence de l'environnement et de la maîtrise de l'énergie**) → **agence**

Aden [adɛn] n Aden

adénine [adenin] nf adenine

adénite [adenite] → SYN nf adenitis

adénocarcinome [adenokaʀsinom] nm adenocarcinoma

adénoïde [adenɔid] adj adenoid(al)

adénome [adenom] nm adenoma

adénopathie [adenopati] nf adenopathy

adénosine [adenozin] nf adenosine

adepte [adɛpt] → SYN nmf [doctrine, mouvement] follower; [activité] enthusiast ◆ **faire des adeptes** to win over ou gain followers ◆ **les adeptes du deltaplane** hang-gliding enthusiasts

adéquat, e [adekwa(t), at] → SYN adj (gén) appropriate, suitable, fitting; (Gram) adequate ◆ **utiliser le vocabulaire adéquat** to use the appropriate vocabulary ◆ **ces installations ne sont pas adéquates** these facilities are not suitable

adéquation [adekwasjɔ̃] → SYN nf appropriateness; [grammaire] adequacy

adhérence [adeʀɑ̃s] → SYN nf (gén) adhesion (à to); [pneus, semelles] grip (à on), adhesion (à to) ◆ [voiture] **adhérence (à la route)** roadholding

adhérent, e [adeʀɑ̃, ɑ̃t] → SYN **1** adj ◆ **adhérent à** which sticks ou adheres to
2 nm,f member, adherent

adhérer [adeʀe] → SYN ▸ conjug 6 ◂ **adhérer à** vt indir **a** (coller) to stick to, adhere to ◆ **adhérer à la route** [pneu] to grip the road; [voiture] to hold ou grip the road ◆ **ça adhère bien** it sticks ou adheres well; it grips the road well
b (se rallier à) point de vue to support, adhere to (frm); idéal to adhere to
c (devenir membre de) to join; (être membre de) to be a member of, belong to

adhésif, -ive [adezif, iv] → SYN **1** adj adhesive, sticky ◆ **pansement adhésif** sticking plaster (Brit), Band-Aid ® (US) ◆ **papier adhésif** sticky(-backed) paper
2 nm adhesive

adhésion [adezjɔ̃] → SYN nf **a** (accord) support (à for), adherence (frm) (à to)
b (inscription) joining; (fait d'être membre) membership (à of) ◆ **son adhésion au club** his joining the club ◆ **ils ont demandé leur adhésion à la CE** they've applied to join the EC, they're asking for EC membership ◆ **bulletin / campagne d'adhésion** membership form / drive ◆ **il y a 3 nouvelles adhésions cette semaine** 3 new members joined this week, there have been 3 new memberships this week

adhésivité [adezivite] nf (Tech) adhesiveness

ad hoc [adɔk] loc adj appropriate, tailor-made

ad hominem [adɔminɛm] loc adj argument ad hominem

adiabatique [adjabatik] adj adiabatic

adiante [adjɑ̃t] → SYN nm maidenhair (fern)

adieu, pl **adieux** [adjø] → SYN **1** nm **a** (salut) farewell, goodbye ◆ (lit, fig) **dire adieu à** to say goodbye ou farewell to ◆ (Littérat) **"L'Adieu aux armes"** "A Farewell to Arms" ◆ **baiser d'adieu** farewell kiss
b (séparation) **adieux** farewells ◆ **faire ses adieux (à qn)** to say one's farewells (to sb)
2 excl (au revoir) goodbye, cheerio* (Brit), farewell (††), adieu (††); (dial: bonjour) hullo, hi* ◆ (fig) **adieu la tranquillité / les vacances** goodbye to (our) peace and quiet / our holidays

à-Dieu-va(t) [adjøva(t)] excl it's all in God's hands!

adipeux, -euse [adipø, øz] → SYN adj (Anat) adipose; visage fleshy

adipique [adipik] adj ◆ **acide adipique** adipic acid

adipocyte [adipɔsit] nm adipocyte

adipolyse [adipɔliz] nf lipolysis

adipopexie [adipɔpɛksi] nf lipopexia

adipose [adipoz] → SYN nf adiposis

adiposité [adipozite] nf adiposity

adipsie [adipsi] nf adipsia

adjacent, e [adʒasɑ̃, ɑ̃t] → SYN adj adjacent, adjoining ◆ **adjacent à** adjacent to, adjoining → **angle**

adjectif, -ive [adʒɛktif, iv] → SYN **1** adj adjectival, adjective (épith)
2 nm adjective ◆ **adjectif substantivé / qualificatif** nominalized / qualifying adjective ◆ **adjectif attribut / épithète** predicative / attributive adjective

adjectival, e, mpl **-aux** [adʒɛktival, o] adj adjectival

adjectivé, e [adʒɛktive] adj used as an adjective

adjectivement [adʒɛktivmɑ̃] adv adjectivally, as an adjective

adjoindre [adʒwɛ̃dʀ] → SYN ▸ conjug 49 ◂ vt **a** (associer) **adjoindre un collaborateur à qn** to appoint sb as an assistant to sb ◆ **adjoindre qn à un comité** to appoint sb to a committee ◆ **s'adjoindre un collaborateur** to take on ou appoint an assistant
b (ajouter) **adjoindre une pièce / un dispositif à qch** to attach ou affix a part / device to sth ◆ **adjoindre un chapitre à un ouvrage** to add a chapter to a book; (à la fin) to append a chapter to a book

adjoint, e [adʒwɛ̃, wɛ̃t] → SYN (ptp de **adjoindre**)
1 adj assistant (épith) → **professeur**
2 nm,f assistant ◆ **adjoint au maire** deputy mayor ◆ **adjoint d'enseignement** non-certificated teacher
3 nm (Ling) adjunct

adjonction [adʒɔ̃ksjɔ̃] → SYN nf **a** (action) [collaborateur] addition; [article, chapitre] addition, (à la fin) appending (à to); [dispositif] attaching, affixing (à to) ◆ **l'adjonction de 2 secrétaires à l'équipe** the addition of 2 secretaries to the team, the appointment of 2 extra ou additional secretaries to the team
b (chose ajoutée) addition

adjudant [adʒydɑ̃] → SYN nm (gén) warrant officer; (Aviat US) senior master sergeant ◆ **adjudant-chef** chief warrant officer (Brit), chief master sergeant (US)

adjudicataire [adʒydikatɛʀ] → SYN nmf (aux enchères) purchaser, successful bidder; (d'appel d'offres) successful tenderer ◆ **qui est l'adjudicataire du contrat?** who won ou secured the contract?

adjudicateur, -trice [adʒydikatœʀ, tʀis] → SYN nm,f [enchères] seller; [contrat] awarder

adjudication [adʒydikasjɔ̃] → SYN nf **a** (vente aux enchères) sale by auction; (marché administratif) invitation to tender, putting up for tender; (contrat) contract ◆ **par (voie d') adjudication** by auction; by tender ◆ **mettre en vente par adjudication** to put up for sale by auction ◆ **offrir par adjudication** to put up for tender ◆ **adjudication forcée** compulsory sale ◆ **adjudication judiciaire** sale by court order
b (attribution) [contrat] awarding (à to); [meuble, tableau] auctioning (à to)

adjuger [adʒyʒe] → SYN ▸ conjug 3 ◂ **1** vt **a** (aux enchères) to knock down, auction (à to) ◆ **une fois, deux fois, trois fois, adjugé(, vendu)!** going, going, gone! ◆ **ceci fut adjugé pour 30 F** this went for ou was sold for 30 francs
b (attribuer) contrat, avantage, récompense to award; (*: donner) place, objet to give
2 **s'adjuger** vpr (obtenir) contrat, récompense to win; (s'approprier) to take for o.s. ◆ **il s'est adjugé la meilleure place** he has taken the best seat for himself, he has given himself the best seat

adjuration [adʒyʀasjɔ̃] → SYN nf entreaty, plea

adjurer [adʒyʀe] → SYN ▸ conjug 1 ◂ vt ◆ **adjurer qn de faire** to implore ou beg sb to do

adjuvant [adʒyvɑ̃] nm (médicament) adjuvant; (additif) additive; (stimulant) stimulant; (Ling) adjunct

ad lib(itum) [adlib(itɔm)] loc adv ad lib(itum)

ad litem [adlitɛm] loc adj ad litem

admettre [admɛtʀ] → SYN ▸ conjug 56 ◂ vt **a** (laisser entrer) visiteur, démarcheur to admit, let in ◆ **la salle ne pouvait admettre que 50 personnes** the room could only accommodate ou seat ou admit 50 people ◆ **les chiens ne sont pas admis dans le magasin** dogs are not allowed in the shop; (sur écriteau) no dogs (allowed) ◆ **il fut admis dans une grande pièce** he was ushered ou shown ou admitted into a large room ◆ (Tech) **l'air / le liquide est admis dans le cylindre** the air / the liquid is allowed to pass into the cylinder
b (recevoir) hôte to receive; nouveau membre to admit ◆ **admettre qn à sa table** to receive sb at one's table ◆ **il a été admis chez le ministre** he was received by the minister, he was admitted to see the minister ◆ **se faire admettre dans un club** to gain admittance to ou be admitted to a club
c (Scol, Univ) (à un examen) to pass; (dans une classe) to admit, accept ◆ **ils ont admis 30 candidats** they passed 30 of the candidates ◆ **il a été admis au concours** he passed ou got through the exam ◆ **il a été admis dans un bon rang au concours** he came out well in ou got a good place in the exam ◆ **il a / il n'a pas été admis en classe supérieure** he will move up into ou he will be admitted to / he didn't get into ou won't be admitted to the next class ◆ **lire la liste des admis au concours** to read the list of successful candidates in ou of those who passed the (competitive) exam
d (convenir de) défaite, erreur to admit, acknowledge ◆ **il n'admet jamais ses torts** he never accepts ou admits he's in the wrong ◆ **je suis prêt à admettre que vous aviez raison** I'm ready to accept ou admit ou concede ou acknowledge that you were right ◆ **il est admis que, c'est chose admise que** it's an accepted ou acknowledged fact that, it's generally admitted that ◆ **admettons!** fair enough!
e (accepter) excuses, raisons to accept; (Jur) pourvoi to accept
f (supposer) to suppose, assume ◆ **en admettant que** supposing ou assuming that
g (tolérer) ton, attitude, indiscipline to allow, accept ◆ **je n'admets pas qu'il se conduise ainsi** I won't allow ou permit him to behave like that, I won't stand for ou accept such behaviour (from him) ◆ (Admin) **admettre qn à siéger** to admit sb *(as a new member)* ◆ (Admin) **admis à faire valoir ses droits à la retraite** entitled to retire
h (laisser place à) to admit of ◆ **ton qui n'admet pas de réplique** a tone which brooks no reply ◆ **règle qui n'admet aucune exception** rule which allows of ou admits of no exception ◆ **règle qui admet plusieurs exceptions** rule which allows for several exceptions

administrateur, -trice [administʀatœʀ, tʀis] → SYN nm,f (gén) administrator; [banque, entreprise] director; [fondation] trustee ◆ **administrateur de biens** property manager ◆ **administrateur judiciaire** receiver ◆ **administrateur civil** *high-ranking civil servant acting as aide to a minister*

administratif, -ive [administʀatif, iv] → SYN adj administrative

administration [administʀasjɔ̃] → SYN nf **a** (gérance: → **administrer**) management; running; administration; government ◆ **je laisse l'administration de mes affaires à mon notaire** I leave my lawyer to deal with my affairs, I leave my affairs in the hands of my lawyer, I leave the handling of my affairs to my lawyer ◆ **administration légale** guardianship *(parental)* ◆ [société] **être placé sous administration judiciaire** to go into receivership → **conseil**
b [médicament, sacrement] administering, administration
c (service public) (sector of the) public services ◆ **l'Administration** ≃ the Civil Service (Brit) ◆ **l'administration locale** local government ◆ **être** ou **travailler dans l'administration** to work in the public services ◆ **l'administration des Douanes** ≃ the Customs and Excise (Brit) ◆ **l'administration des Eaux et Forêts** ≃ the Forestry Commission (Brit) ◆ **l'administration des Impôts** the tax department, ≃ the Inland Revenue (Brit), the

Internal Revenue (US) ◆ (Police) **l'administration centrale** (the) police headquarters ◆ **l'administration pénitentiaire** the prison authorities

administrativement [administʀativmɑ̃] adv administratively ◆ **interné administrativement** formally committed (to mental hospital)

administré, e [administʀe] nm,f [maire] citizen ◆ **informer ses administrés** to notify ou inform one's town (ou city)

administrer [administʀe] → SYN ▸ conjug 1 ◂ vt
a (gérer) affaires, entreprise to manage, run; fondation to administer; pays to run, govern; commune to run
b (dispenser) justice, remède, sacrement to administer; coup, gifle to deal, administer; (Jur) preuve to produce

admirable [admiʀabl] → SYN adj admirable, wonderful ◆ **être admirable de courage** to show admirable ou wonderful courage ◆ **portrait admirable de vérité** portrait showing a wonderful likeness

admirablement [admiʀabləmɑ̃] → SYN adv admirably, wonderfully

admirateur, -trice [admiʀatœʀ, tʀis] → SYN nm,f admirer

admiratif, -ive [admiʀatif, iv] → SYN adj admiring ◆ **d'un air admiratif** admiringly

admiration [admiʀasjɔ̃] → SYN nf admiration ◆ **faire l'admiration de qn, remplir qn d'admiration** to fill sb with admiration ◆ **tomber / être en admiration devant qch / qn** to be filled with / lost in admiration for sth / sb

admirativement [admiʀativmɑ̃] adv admiringly, in admiration

admirer [admiʀe] → SYN ▸ conjug 1 ◂ GRAMMAIRE ACTIVE 13.4 vt to admire; (iro) to admire, marvel at

admissibilité [admisibilite] nf [postulant] eligibility (à for); (Scol, Univ) *eligibility to sit the oral part of an exam*

admissible [admisibl] → SYN 1 adj a procédé admissible, acceptable; excuse acceptable ◆ **ce comportement n'est pas admissible** this behaviour is quite inadmissible ou unacceptable
b postulant eligible (à for); (Scol, Univ) *having passed the written part of an exam*
2 nmf eligible candidate

admission [admisjɔ̃] → SYN nf a (dans un lieu, club) admission, admittance, entry (à to) ◆ (Univ) **admission à un concours** gaining a place in an exam, passing an exam ◆ (Scol, Univ) **admission à une école** (gaining) acceptance ou entrance to a school ◆ **son admission (au club) a été obtenue non sans mal** he had some difficulty in gaining admission ou entry (to the club) ◆ **faire une demande d'admission à un club** to apply to join ou make application to join a club, apply for membership of a club ◆ (Douane) **admission temporaire d'un véhicule** temporary importation of a vehicle ◆ (Univ) **le nombre des admissions au concours a augmenté** the number of successful candidates in this exam has gone up
b (Tech: introduction) intake; (Aut) induction → **soupape**

admittance [admitɑ̃s] nf (Phys) admittance

admonestation [admɔnɛstasjɔ̃] → SYN nf (littér) admonition, admonishment

admonester [admɔnɛste] → SYN ▸ conjug 1 ◂ vt (gén, Jur) to admonish

admonition [admɔnisjɔ̃] → SYN nf (littér, Jur) admonition, admonishment

ADN [adeɛn] nm (abrév de **acide désoxyribonucléique**) DNA

adnominal, e, mpl **-aux** [adnɔminal, o] adj (Ling) adnominal

ado* [ado] (abrév de **adolescent, e**) nmf teenager, teen* (US)

adobe [adɔb] → SYN nm (brique) adobe

adolescence [adɔlesɑ̃s] → SYN nf adolescence ◆ **ses années d'adolescence** his adolescent ou teenage years

adolescent, e [adɔlesɑ̃, ɑ̃t] → SYN 1 adj (littér) adolescent (épith)
2 nm,f adolescent, teenager; (Méd, Psych) adolescent

adonide [adɔnid] nf (Bot) pheasant's eye

Adonis [adɔnis] nm (Myth, fig) Adonis

adonner (s') [adɔne] → SYN ▸ conjug 1 ◂ vpr ◆ **s'adonner à** art, études to devote o.s. to; sport, hobby to devote o.s. to, go in for; boisson, vice to give o.s. over to, take to ◆ **adonné au jeu** addicted to gambling

adoptant, e [adɔptɑ̃, ɑ̃t] nm,f person wishing to adopt

adopter [adɔpte] → SYN ▸ conjug 1 ◂ vt a enfant to adopt; (fig: accueillir) to adopt
b attitude, religion, nom, mesure to adopt; cause to take up, adopt ◆ **l'essayer c'est l'adopter!** your satisfaction is guaranteed!
c loi to pass; motion to pass, adopt ◆ **cette proposition a été adoptée à l'unanimité** this proposal was carried unanimously

adoptif, -ive [adɔptif, iv] adj patrie adopted ◆ **enfant adoptif** (gén) adoptive child; (placé) foster child ◆ **parent adoptif** (gén) adoptive parent; (nourricier) foster parent

adoption [adɔpsjɔ̃] → SYN nf a [enfant] adoption ◆ **adoption plénière** adoption ◆ **adoption simple** ≃ fostering ◆ **pays d'adoption** country of adoption ◆ **un Londonien d'adoption** a Londoner by adoption
b [attitude, religion, nom, mesure] adoption
c [loi] passing; [motion] passing, adopting

adorable [adɔʀabl] → SYN adj personne adorable, delightful; robe, village lovely, delightful

adorablement [adɔʀabləmɑ̃] adv delightfully, adorably

adorateur, -trice [adɔʀatœʀ, tʀis] → SYN nm,f (Rel, fig) worshipper

adoration [adɔʀasjɔ̃] → SYN nf adoration, worship ◆ **être en adoration devant** to dote on, worship, idolize

adorer [adɔʀe] → SYN ▸ conjug 1 ◂ GRAMMAIRE ACTIVE 7.2 vt personne, dieu etc to adore, worship; chose to adore → **brûler**

ados [ado] → SYN nm (Agr) bank *(to protect plants)*

adosser [adose] → SYN ▸ conjug 1 ◂ 1 vt ◆ **adosser à** ou **contre qch** meuble to stand against sth; échelle to stand ou lean against sth; bâtiment to build against ou onto sth ◆ **il était adossé au pilier** he was leaning with his back against the pillar
2 **s'adosser** vpr ◆ **s'adosser à** ou **contre qch** [personne] to lean with one's back against sth; [bâtiment] to be built against ou onto sth, back onto sth

adoubement [adubmɑ̃] → SYN nm (Hist) dubbing

adouber [adube] → SYN ▸ conjug 1 ◂ vt (Hist) to dub; (Dames, Échecs) to adjust

adoucir [adusiʀ] → SYN ▸ conjug 2 ◂ 1 vt a saveur, acidité to make milder ou smoother; (avec sucre) to sweeten; rudesse, voix, peau to soften; couleur, contraste to soften, tone down; caractère, personne to mellow; chagrin to soothe, allay, ease; conditions pénibles, épreuve to ease; dureté, remarque to mitigate, soften ◆ **pour adoucir ses vieux jours** to comfort (him in) his old age ◆ **pour adoucir sa solitude** to ease his loneliness ◆ **le vent du Midi a adouci la température** the south wind has made the weather warmer ou milder ou raised the temperature ◆ **adoucir la condamnation de qn** to reduce sb's sentence → **musique**
b (Tech) eau to soften
2 **s'adoucir** vpr [saveur, acidité] to become milder ou smoother; (avec sucre) to become sweeter; [voix, couleur, peau] to soften; [caractère, personne] to mellow ◆ **la température s'est adoucie** the weather has got milder ◆ **vers le haut la pente s'adoucit** towards the top the slope became gentler ou less steep

adoucissant, e [adusisɑ̃, ɑ̃t] 1 adj crème, lotion for smoother skin; sirop soothing
2 nm fabric softener, fabric conditioner

adoucissement [adusismɑ̃] → SYN nm (→ **adoucir**) sweetening; softening; toning-down; smoothing-out; mellowing; soothing; allaying; alleviation ◆ **on espère un adoucissement de la température** we are hoping for milder weather ou a slight rise in the temperature ◆ **apporter des adoucissements aux conditions de vie des prisonniers** to make the living conditions of the prisoners easier ou less harsh

adoucisseur [adusisœʀ] → SYN nm ◆ **adoucisseur (d'eau)** water softener

ad patres* [adpatʀɛs] loc adv ◆ (hum) **expédier** ou **envoyer qn ad patres** to send sb to kingdom come*

adragante [adʀagɑ̃t] adj, nf ◆ **(gomme) adragante** tragacanth

adrénaline [adʀenalin] nf adrenalin

adrénergique [adʀenɛʀʒik] adj adrenergic

adressage [adʀesaʒ] nm mailing; (Ordin) addressing

adresse[1] [adʀɛs] → SYN GRAMMAIRE ACTIVE 24.5 nf a (domicile) address ◆ **partir sans laisser d'adresse** to leave without giving a forwarding address ◆ **à Paris je connais quelques bonnes adresses de restaurants** in Paris I know (the names ou addresses of) some good restaurants → **carnet**
b (frm: message) address ◆ **à l'adresse de** for the benefit of
c (Ordin, Ling) address ◆ (Lexicographie) **(mot) adresse** headword

adresse[2] [adʀɛs] → SYN nf (habileté) deftness, dexterity, skill; (subtilité, finesse) shrewdness, skill, cleverness; (tact) adroitness ◆ **jeu / exercice d'adresse** game / exercise of skill ◆ **il eut l'adresse de ne rien révéler** he was adroit enough ou shrewd enough not to say anything → **tour**[2]

adresser [adʀese] → SYN ▸ conjug 1 ◂ GRAMMAIRE ACTIVE 21.2, 21.3, 23.3
1 vt a **adresser une lettre / un colis à** (envoyer) to send a letter / parcel to; (écrire l'adresse) to address a letter / parcel to ◆ **la lettre m'était personnellement adressée** the letter was addressed to me personally ◆ **mon médecin m'a adressé à un spécialiste** my doctor sent ou referred me to a specialist
b **adresser une remarque / une requête à** to address a remark / a request to ◆ **adresser une accusation / un reproche à** to level an accusation / a reproach at ou against, aim an accusation / a reproach at ◆ **adresser une allusion / un coup à** to aim a remark / a blow at ◆ **adresser un compliment / ses respects à** to pay a compliment / one's respects to ◆ **adresser une prière à** to address a prayer to; (à Dieu) to offer (up) a prayer to ◆ **adresser un regard furieux à qn** to direct an angry look at sb ◆ **il m'adressa un signe de tête / un geste de la main** he nodded / waved at me ◆ **adresser un sourire à qn** to give sb a smile, smile at sb ◆ **adresser la parole à qn** to speak to ou address sb ◆ **il m'adressa une critique acerbe** he criticized me harshly ◆ (sur lettre) **je vous adresse mes meilleurs vœux** please accept my best wishes
c (Ordin) to address
2 **s'adresser** vpr a (adresser la parole à) **s'adresser à qn** to speak to sb, address sb ◆ (fig) **il s'adresse à un public féminin** [discours, magazine] it is intended for ou aimed at a female audience; [auteur] he writes for ou is addressing a female audience ◆ (fig) **ce livre s'adresse à notre générosité** this book is directed at ou appeals to our generosity ◆ **cette remarque s'adresse à tout le monde** this remark is addressed to everyone
b (aller trouver) **s'adresser à** personne to go and see; (Admin) personne, bureau to apply to ◆ **adressez-vous au concierge** go and see (*ou* ask, tell etc) the concierge ◆ **adressez-vous au secrétariat** enquire at the office, go and ask at the office ◆ (hum) **il vaut mieux s'adresser à Dieu qu'à ses saints** it's best to go straight to the (man ou woman at the) top

adret [adʀɛ] → SYN nm (Géog) sunny side *(of a slope)*, adret (spéc)

adriatique [adʀijatik] 1 adj côte etc Adriatic ◆ **la mer Adriatique** the Adriatic Sea
2 nf ◆ **l'Adriatique** the Adriatic

Adrien [adʀijɛ̃] nm Adrian

adroit, e [adʀwa, wat] → SYN adj (habile) skilful, dext(e)rous, deft; (subtil) shrewd, skilled, clever; (plein de tact) adroit ◆ **adroit de ses mains** clever with one's hands, dext(e)rous

adroitement [adʀwatmɑ̃] adv (→ **adroit**) skilfully; deftly; dext(e)rously; shrewdly; cleverly; adroitly

adsorbant, e [atsɔʀbɑ̃, ɑ̃t] adj adsorbent

adsorber [atsɔʀbe] ▸conjug 1◂ vt to adsorb

adsorption [atsɔʀpsjɔ̃] nf adsorption

adulateur, -trice [adylatœʀ, tʀis] → SYN nm,f (littér) (admirateur) adulator; (flatteur) sycophant

adulation [adylasjɔ̃] → SYN nf (littér) (admiration) adulation; (flatterie) sycophancy

aduler [adyle] → SYN ▸conjug 1◂ vt (littér) (admirer) to adulate; (flatter) to flatter

adulte [adylt] → SYN **1** adj personne adult (épith); animal, plante fully-grown, mature; (fig: mûr) attitude, comportement adult, mature → **âge**
2 nmf adult, grown-up

adultère [adyltɛʀ] → SYN **1** adj relations, désir adulterous ◆ **femme adultère** adulteress ◆ **homme adultère** adulterer
2 nm (acte) adultery → **constat**

adultérin, e [adylteʀɛ̃, in] → SYN adj (Jur) enfant born of adultery

ad valorem [advalɔʀɛm] → SYN loc adj ad valorem

advection [advɛksjɔ̃] nf advection

advenir [advəniʀ] → SYN ▸conjug 22◂ **1** vb impers **a** (survenir) **advenir que** to happen that, come to pass that (littér) ◆ **advenir à** to happen to, befall (littér) ◆ **qu'est-il advenu au prisonnier?** what has happened to the prisoner? ◆ **il m'advient de faire** I sometimes happen to do ◆ **advienne que pourra** come what may ◆ **quoi qu'il advienne** whatever happens ou may happen
b (devenir, résulter de) **advenir de** to become of ◆ **qu'est-il advenu du prisonnier / du projet?** what has become of the prisoner / the project? ◆ **on ne sait pas ce qu'il en adviendra** nobody knows what will come of it ou how it will turn out
2 vi (arriver) to happen

adventice [advɑ̃tis] → SYN adj (Bot) self-propagating; (Philos, littér: accessoire) adventitious

adventif, -ive [advɑ̃tif, iv] → SYN adj (Bot) bourgeon, racine adventitious

adventiste [advɑ̃tist] nmf Adventist

adverbe [advɛʀb] nm adverb

adverbial, e, mpl **-iaux** [advɛʀbjal, jo] adj adverbial

adverbialement [advɛʀbjalmɑ̃] adv adverbially

adversaire [advɛʀsɛʀ] → SYN nmf (gén) opponent, adversary; (Mil) adversary, enemy; [théorie] opponent

adversatif, -ive [advɛʀsatif, iv] adj adversative

adverse [advɛʀs] → SYN adj partie, forces, bloc opposing ◆ (littér) **la fortune adverse** adverse fortune ◆ (Jur) **la partie adverse** the other side

adversité [advɛʀsite] → SYN nf adversity

ad vitam æternam* [advitametɛʀnam] → SYN loc adv till kingdom come

adynamie [adinami] → SYN nf adynamia

AE [aə] **1** nm (abrév de **adjoint d'enseignement**) → **adjoint**
2 nfpl (abrév de **affaires étrangères**) → **affaire**

aède [aɛd] → SYN nm (Greek) bard

aedes, aédès [aedɛs] nm aedes

AEE [aəə] nf (abrév de **Agence pour les économies d'énergie**) → **agence**

ægagropile [egagʀopil] nm hairball

AELE [aəɛlə] nf (abrév de **Association européenne de libre-échange**) EFTA

AEN [aəɛn] nf (abrév de **Agence pour l'énergie nucléaire**) ≃ AEA

æpyornis [epjɔʀnis] nm aepyornis

aérage [aeʀaʒ] nm ventilation

aérateur [aeʀatœʀ] → SYN nm ventilator

aération [aeʀasjɔ̃] → SYN nf [pièce, literie] airing; [terre, racine] aeration; (circulation d'air) ventilation → **conduit**

aéré, e [aeʀe] (ptp de **aérer**) adj pièce airy, well-ventilated; page well spaced out → **centre**

aérer [aeʀe] → SYN ▸conjug 6◂ **1** vt pièce, literie to air; terre, racine to aerate; (fig: alléger) exposé, présentation to lighten
2 s'aérer vpr [personne] to get some fresh air ◆ **s'aérer les idées** to clear one's mind

aéricole [aeʀikɔl] adj (Bot) aerial

aérien, -ienne [aeʀjɛ̃, jɛn] → SYN **1** adj **a** (Aviat) espace, droit air (épith); navigation, photographie aerial (épith); attaque aerial (épith), air (épith) ◆ **base aérienne** air base → **compagnie, ligne**[1]
b (léger) silhouette sylphlike; démarche light, floating; musique, poésie ethereal
c (Bot) racine aerial; (Téléc) circuit, câble overhead (épith); (Géog) courant, mouvement air (épith) → **métro**
2 nm (Rad: antenne) aerial

aérifère [aeʀifɛʀ] adj (Bot) aeriferous

aérium [aeʀjɔm] → SYN nm sanatorium, sanitarium (US)

aérobic [aeʀɔbik] nf aerobics (sg)

aérobie [aeʀɔbi] adj aerobic

aérobiose [aeʀɔbjoz] nf aerobiosis

aéro-club, pl **aéro-clubs** [aeʀoklœb] nm flying club

aérocolie [aeʀɔkɔli] nf aerocolia

aérodrome [aeʀodʀom] → SYN nm aerodrome (Brit), airfield

aérodynamique [aeʀodinamik] **1** adj soufflerie, expérience aerodynamics (épith); ligne, véhicule streamlined, aerodynamic
2 nf aerodynamics (sg)

aérodynamisme [aeʀodinamism] nm aerodynamic shape

aérodyne [aeʀodin] → SYN nm aerodyne

aérofrein [aeʀofʀɛ̃] nm air brake

aérogare [aeʀogaʀ] nf (air) terminal

aérogastrie [aeʀogastʀi] nf aerogastria

aéroglisseur [aeʀoglisœʀ] → SYN nm hovercraft

aérogramme [aeʀɔgʀam] nm airmail letter

aérographe [aeʀɔgʀaf] nm airbrush

aérolit(h)e [aeʀɔlit] nm aerolite, aerolith

aérologie [aeʀɔlɔʒi] nf aerology

aéromobile [aeʀɔmɔbil] → SYN adj airborne

aéromodélisme [aeʀomɔdelism] nm model aircraft making

aéromoteur [aeʀomɔtœʀ] nm wind turbine

aéronaute [aeʀonot] → SYN nmf aeronaut

aéronautique [aeʀonotik] **1** adj aeronautical
2 nf aeronautics (sg)

aéronaval, e, mpl **aéronavals** [aeʀonaval] adj forces air and sea (épith) ◆ **l'Aéronavale** ≃ the Fleet Air Arm (Brit)

aéronef [aeʀɔnɛf] → SYN nm (Admin) aircraft

aéronomie [aeʀɔnɔmi] nf aeronomy

aéropathie [aeʀɔpati] nf air illness

aérophagie [aeʀɔfaʒi] nf ◆ **il a** ou **fait de l'aérophagie** he suffers from abdominal wind

aéroplane† [aeʀɔplan] nm aeroplane (Brit), airplane (US)

aéroport [aeʀɔpɔʀ] nm airport

aéroporté, e [aeʀopɔʀte] adj troupes airborne (Brit), airmobile (US); matériel airlifted, brought ou ferried by air (attrib)

aéroportuaire [aeʀopɔʀtɥɛʀ] adj airport (épith)

aéropostal, e, mpl **-aux** [aeʀopɔstal, o] adj airmail (épith) ◆ (Hist) **l'Aéropostale** the (French) airmail service

aérosol [aeʀɔsɔl] nm aerosol ◆ **déodorant en aérosol** deodorant spray, spray-on ou aerosol deodorant

aérospatial, e, mpl **-iaux** [aeʀospasjal, jo] **1** adj aerospace (épith)
2 aérospatiale nf aerospace science

aérostat [aeʀɔsta] nm aerostat

aérostation [aeʀostasjɔ̃] nf aerostation

aérostatique [aeʀɔstatik] **1** adj aerostatic
2 nf aerostatics (sg)

aérotechnique [aeʀotɛknik] **1** adj aerotechnical
2 nf aerotechnical engineering

aéroterrestre [aeʀotеʀɛstʀ] adj air-and-land (épith)

aérothermique [aeʀotɛʀmik] adj aerothermodynamic

aérotrain ® [aeʀotʀɛ̃] nm hovertrain

æschne [ɛskn] → SYN nf emperor dragonfly

æthuse [etyz] nf fool's-parsley

AF[1] [aɛf] nmpl (abrév de **anciens francs**) old francs

AF[2] [aɛf] nf (abrév de **allocations familiales**) → **allocation**

AFAT [afat] nf (abrév de **auxiliaire féminin de l'armée de terre**) *member of the women's army*

affabilité [afabilite] → SYN nf affability

affable [afabl] → SYN adj affable

affablement [afabləmɑ̃] adv affably

affabulateur, -trice [afabylatœʀ, tʀis] nm,f inveterate liar, storyteller, romancer

affabulation [afabylasjɔ̃] → SYN nf **a** (mensonges) **c'est de l'affabulation, ce sont des affabulations** it's all made up, it's pure fabrication
b [roman] (construction of the) plot

affabuler [afabyle] → SYN ▸conjug 1◂ vi to invent ou make up stories

affacturage [afaktyʀaʒ] nm (Jur) factoring

affactureur [afaktyʀœʀ] nm (Jur) factor

affadir [afadiʀ] → SYN ▸conjug 2◂ **1** vt aliment to make tasteless ou insipid; couleur, style to make dull ou uninteresting ou colourless
2 s'affadir vpr [couleur, style] to become dull, pall; [aliment] to lose (its) flavour, become tasteless ou insipid

affadissement [afadismɑ̃] → SYN nm [aliment] loss of flavour (*de* in, from); [saveur, style] weakening (*de* of); [couleurs, sensations] dulling (*de* of)

affaiblir [afebliʀ] → SYN ▸conjug 2◂ **1** vt (gén) to weaken
2 s'affaiblir vpr [personne, autorité, résolution, facultés] to weaken, grow ou become weaker; [vue] to grow ou get dim ou weaker; [son] to fade (away), grow fainter; [intérêt] to wane; [vent, tempête] to abate, die down ◆ **le sens de ce mot s'est affaibli** the meaning of this word has got weaker

affaiblissant, e [afeblisɑ̃, ɑ̃t] adj effet weakening

affaiblissement [afeblismɑ̃] → SYN nm (gén) weakening; [bruit] fading (away)

affaiblisseur [afeblisœʀ] nm reducer

affaire [afɛʀ] → SYN
1 nf **a** (problème) matter, business ◆ **j'ai à régler deux ou trois affaires urgentes** I've got two or three urgent matters to settle ◆ **ce n'est pas une petite** ou **une mince affaire** it's no small matter ◆ **il faut tirer cette affaire au clair** we must get to the bottom of this business, we must sort out this business ◆ **tirer** ou **sortir qn d'affaire** to help sb out, get sb out of a tight spot* ◆ **il est assez grand pour se tirer d'affaire tout seul** he's big enough to manage on his own ou to sort it out by himself ◆ **c'est une affaire d'hommes** it's men's business ◆ **c'est mon affaire, non la tienne** it's my business ou affair, not yours ◆ **ce n'est pas ton affaire** it's none of your business ◆ **j'en fais mon affaire** I'll deal with that ◆ **c'était une affaire bâclée en cinq minutes** it was a botched and hurried job ◆ **comment je fais? – c'est TON affaire!** what do I do? – that's YOUR problem!
b (ce qui convient) **j'ai là votre affaire** I've got (just) what you want ◆ **cet employé fera / ne fait pas l'affaire** this employee will do nicely / won't do (for the job) ◆ **ça fait mon affaire** that's (just) what I want ou need ◆ **cela fera bien l'affaire de quelqu'un** that will (certainly) come in handy ou do nicely for somebody
c (scandale) business, affair, matter ◆ **on a voulu étouffer l'affaire** they wanted to hush the business ou matter up ◆ **il a essayé**

d'arranger l'affaire he tried to straighten out ou settle the matter ◆ **c'est une sale affaire** it's a nasty business ◆ **l'affaire Dreyfus** the Dreyfus affair ◆ **l'affaire de Suez** the Suez crisis ◆ **une grave affaire de corruption / d'espionnage** a serious affair of corruption / espionage, a serious corruption / spy case ◆ **c'est une affaire de gros sous** there's big money involved ◆ **c'est une affaire à suivre** it's something ou a matter worth watching ou keeping an eye on

d (Jur, Police) case ◆ **l'affaire X** the X case ◆ **être sur une affaire** to be on a case ◆ **une affaire de vol** a case of theft ◆ **son affaire est claire** it's an open and shut case

e (transaction) deal, bargain, transaction ◆ **une (bonne) affaire** a good deal, a (good) bargain ◆ **une mauvaise affaire** a bad deal ou bargain ◆ **faire affaire avec qn** to make a bargain with sb, conclude ou clinch a deal with sb ◆ **ils font des affaires (d'or)** they're making money hand over fist, they're raking it in* ◆ **ils font beaucoup d'affaires** they do a lot of business ◆ **l'affaire est faite!** ou **conclue!** that's the deal settled! ◆ **l'affaire est dans le sac*** it's in the bag*

f (firme) business, concern ◆ **c'est une affaire qui marche / en or** it's a going concern / a gold mine ◆ **il a repris l'affaire de son père** he has taken on ou over his father's business

g (intérêts publics et privés) **affaires** affairs ◆ **les affaires culturelles / de la municipalité / étrangères / publiques** cultural / municipal / foreign / public affairs ◆ (Can) **Affaires extérieures** External Affairs (Can) ◆ (au Québec) **Affaires intergouvernementales** Intergovernmental Affairs (Can), Foreign Affairs ◆ **mettre de l'ordre dans ses affaires** to put one's affairs in order ◆ **occupe-toi de tes affaires** mind your own business ◆ **se mêler des affaires des autres** to interfere in other people's business ou affairs ◆ **il raconte ses affaires à tout le monde** he tells everyone about his affairs

h (activités commerciales) **les affaires** business ◆ **être dans les affaires** to be in business ◆ **parler (d') affaires** to talk ou discuss business ◆ **il est venu pour affaires** he came on business ◆ **il est dur en affaires** he's a tough businessman ◆ **les affaires sont les affaires** business is business ◆ **d'affaires** déjeuner, rendez-vous etc business (épith) → **cabinet, carré, chiffre**

i affaires (habits) clothes, things; (objets personnels) things, belongings ◆ **range tes affaires!** put away ou tidy up your things!

j LOC **avoir affaire à** cas, problème to be faced with, have to deal with; personne (s'occuper de) to be dealing with; (être servi ou examiné par) to be dealt with by ◆ (ton menaçant) **tu auras affaire à moi / lui** you'll be hearing from me / him ◆ **nous avons affaire à un dangereux criminel** we are dealing with a dangerous criminal ◆ **être à son affaire** to be in one's element ◆ **il n'est pas à son affaire** he doesn't feel at ease, he is self-conscious ◆ **faire son affaire à qn*** to give sb a beating* ◆ **cela ne fait rien à l'affaire** that's got nothing to do with it ◆ **en voilà une affaire!** what a (complicated) business! ◆ **ce n'est pas une affaire!** it's nothing to get worked up about! ◆ **quelle affaire!** what a carry-on!* ◆ **c'est toute une affaire (que d'aller à Glasgow)** it's quite a business (getting to Glasgow) ◆ **il en a fait toute une affaire** he made a dreadful fuss about it, he made a great song and dance about it ◆ **c'est une tout autre affaire** that's quite another matter ou quite another kettle of fish ◆ **c'est une affaire classée** the matter is closed ◆ **c'est une affaire entendue** it's a deal* ◆ **toutes affaires cessantes** forthwith ◆ **c'est (une) affaire de goût / de mode** it's a matter of taste / fashion ◆ **c'est l'affaire de quelques minutes / quelques clous** it's a matter of a few minutes / a few nails ◆ **être sorti d'affaire** to be over the worst → **beau, connaître**

2 COMP ▷ **affaire de cœur** love affair ▷ **affaire d'État** (Pol) affair of state ◆ **il en a fait une affaire d'État*** he made a song and dance about it ou a great issue of it ▷ **affaire d'honneur** affair of honour ▷ **affaire de mœurs** (gén) sex scandal; (Jur) sex case

affairé, e [afeʀe] → SYN (ptp de **s'affairer**) adj busy

affairement [afɛʀmɑ̃] → SYN nm bustling activity

affairer (s') [afeʀe] → SYN ▸ conjug 1 ◂ vpr to busy o.s., bustle about ◆ **s'affairer auprès** ou **autour de qn** to fuss around sb ◆ **s'affairer à faire** to busy o.s. doing, bustle about doing

affairisme [afeʀism] → SYN nm wheeling-and-dealing*

affairiste [afeʀist] → SYN nmf (péj) huckster, wheeler-dealer*

affaissement [afɛsmɑ̃] → SYN nm (→ **affaisser**) subsidence; sagging; sinking ◆ **affaissement de terrain** subsidence (NonC)

affaisser [afese] → SYN ▸ conjug 1 ◂ **1 s'affaisser** vpr **a** (fléchir) [route, sol] to subside, sink; [corps, poutre] to sag; [plancher] to cave in, give way; (fig) [forces, volonté] to sink ◆ **le sol était affaissé par endroits** the ground had subsided ou sunk in places

b (s'écrouler) [personne] to collapse ◆ **il s'était affaissé sur le sol** he had collapsed ou crumpled in a heap on the ground ◆ **il était affaissé dans un fauteuil / sur le sol** he was slumped in an armchair / on the ground

2 vt route, sol to cause to subside

affaler [afale] → SYN ▸ conjug 1 ◂ **1** vt (Naut) voile to lower

2 s'affaler vpr (tomber) to collapse, fall; (se laisser tomber) to collapse, flop, slump ◆ **affalé dans un fauteuil** slumped in an armchair ◆ (Naut) **s'affaler le long d'un cordage** to slide down a rope

affamé, e [afame] → SYN (ptp de **affamer**) adj starving, famished, ravenous ◆ **les affamés** starvelings, starving people ◆ (fig) **affamé de gloire** hungry ou greedy for fame → **ventre**

affamer [afame] → SYN ▸ conjug 1 ◂ vt personne, ville to starve

affameur, -euse [afamœʀ, øz] → SYN nm,f (péj) tight-fisted employer *(who pays starvation wages)*

affect [afɛkt] → SYN nm affect

affectation [afɛktasjɔ̃] → SYN nf **a** [immeuble, somme] allocation, allotment, assignment (*à* to, for) ◆ **l'affectation du signe + à un nombre** the addition of the plus sign to a number, the modification of a number by the plus sign

b (nomination) (à un poste) appointment; (à une région, un pays) posting ◆ **rejoindre son affectation** to take up one's appointment; to take up one's posting

c (manque de naturel) affectation, affectedness ◆ **avec affectation** affectedly, with affectation ou affectedness

d (simulation) affectation, show ◆ **avec une affectation de** with an affectation ou show of

affecté, e [afɛkte] → SYN (ptp de **affecter**) adj (feint) affected, feigned, assumed; (maniéré) affected

affecter [afɛkte] → SYN ▸ conjug 1 ◂ vt **a** (feindre) to affect, feign ◆ **affecter de faire qch** to pretend to do sth ◆ **affecter le bonheur / un grand chagrin** to affect ou feign happiness / great sorrow, put on a show of happiness / great sorrow ◆ (littér) **affecter un langage poétique** to affect ou favour a poetic style of language ◆ **il affecta de ne pas s'y intéresser** he affected ou pretended not to be interested in it ◆ **affecter une forme** to take on ou assume a shape

b (destiner) to allocate, allot, assign (*à* to, for) ◆ **affecter des crédits à la recherche** to earmark funds for research, allocate ou allot ou assign funds to ou for research

c (nommer) (à une fonction, un bureau) to appoint; (à une région, un pays) to post (*à* to)

d (émouvoir) to affect, move, touch; (concerner) to affect ◆ **il a été très affecté par leur mort** he was deeply affected ou moved by their deaths

e (Math) to modify ◆ **nombre affecté du coefficient 2 / du signe +** number modified by ou bearing the coefficient 2 / a plus sign

f (Méd) to affect ◆ **les oreillons affectent surtout les jeunes enfants** mumps mostly affects young children

affectif, -ive [afɛktif, iv] → SYN adj (gén) vie emotional; terme, nuance affective, emotional; (Psych) affective

affection [afɛksjɔ̃] → SYN nf **a** (tendresse) affection ◆ **avoir de l'affection pour** to feel affection for, be fond of ◆ **prendre en affection, se prendre d'affection pour** to become fond of ou attached to

b (Méd) ailment, affection

c (Psych) affection

affectionné, e [afɛksjɔne] → SYN (ptp de **affectionner**) adj ◆ (frm) **votre fils affectionné / fille affectionnée** your loving ou devoted son / daughter ◆ **votre affectionné** yours affectionately

affectionner [afɛksjɔne] → SYN ▸ conjug 1 ◂ vt chose to have a liking for, be fond of; personne to have affection ou an attachment for

affectivité [afɛktivite] → SYN nf affectivity

affectueusement [afɛktɥøzmɑ̃] adv affectionately, fondly ◆ **affectueusement vôtre** (yours) affectionately

affectueux, -euse [afɛktɥø, øz] → SYN adj personne affectionate; pensée, regard affectionate, fond

afférent, e [afeʀɑ̃, ɑ̃t] → SYN adj **a** (Admin) **afférent à** fonction pertaining to, relating to ◆ **questions afférentes** related questions ◆ (Jur) **part afférente à** portion accruing to

b (Méd) afferent

affermage [afɛʀmaʒ] nm (→ **affermer**) leasing; renting

affermer [afɛʀme] → SYN ▸ conjug 1 ◂ vt [propriétaire] to lease, let out on lease; [fermier] to rent, take on lease

affermir [afɛʀmiʀ] → SYN ▸ conjug 2 ◂ vt pouvoir, position to consolidate, strengthen; muscles, chairs to tone up; prise, charge, coiffure to make firm ou firmer; arrimage to tighten, make firm ou firmer ◆ **affermir sa voix** to steady one's voice ◆ **cela l'affermit dans sa résolution** that strengthened him in his resolution ◆ **après cet événement son autorité s'est affermie** his authority was strengthened after that event

affermissement [afɛʀmismɑ̃] → SYN nm strengthening

affété, e [afete] → SYN adj (littér) precious, affected, mannered

afféterie, affèterie [afɛtʀi] → SYN nf (littér) preciosity, affectation (NonC)

affichage [afiʃaʒ] → SYN nm **a** (→ **afficher**) putting ou posting ou sticking up; billing ◆ **l'affichage** billsticking, billposting ◆ **« affichage interdit »** "stick no bills", "post no bills" ◆ **interdit à l'affichage** magazine not for public display → **panneau, tableau**

b (Ordin) display ◆ **affichage à cristaux liquides** liquid-crystal display ◆ **montre à affichage numérique** digital watch

affiche [afiʃ] → SYN nf **a** (officielle) public notice; (Admin, Théât) bill; (publicité, Art) poster; (électorale etc) poster ◆ **la vente a été annoncée par voie d'affiche** the sale was advertised on the public noticeboards ◆ **affiche de théâtre** (play)bill ◆ **par voie d'affiche** by (means of) public notices

b (Théât) **mettre à l'affiche** to bill ◆ **quitter l'affiche** to come off, close ◆ **tenir longtemps l'affiche** to have a long run ◆ **la pièce a tenu l'affiche pendant 6 mois** the play ran for 6 months ou had a 6-month run ◆ **il y a une belle affiche pour cette pièce** this play has an excellent cast → **tête**

afficher [afiʃe] → SYN ▸ conjug 1 ◂ **1** vt **a** affiche, résultat to put ou post ou stick up; (Théât) to bill; (Ordin) to display ◆ **« défense d'afficher »** "stick no bills", "post no bills"

b (péj) émotion, mépris to exhibit, display; qualité, vice to flaunt, parade, display

2 s'afficher vpr [personne] to flaunt o.s. ◆ **s'afficher avec sa secrétaire** to carry on openly in public with one's secretary ◆ **l'hypocrisie qui s'affiche sur tous les visages** the hypocrisy which is plain to see ou flaunted ou displayed on everybody's face

affichette [afiʃɛt] nf (→ **affiche**) small public notice; small bill; small poster

afficheur, -euse [afiʃœʀ, øz] → SYN 1 nm,f billsticker, billposter
2 nm (Tech) display

affichiste [afiʃist] → SYN nmf poster designer ou artist

affidavit [afidavit] nm affidavit

affidé, e [afide] → SYN nm,f (péj) confederate, accomplice, henchman

affilage [afilaʒ] → SYN nm (→ **affiler**) sharpening; whetting; honing

affilé, e[1] [afile] → SYN (ptp de **affiler**) adj outil, couteau sharp; intelligence keen → **langue**

affilée[2] [afile] → SYN nf • **d'affilée** at a stretch, running • **huit heures d'affilée** 8 hours at a stretch ou on end ou solid ou running • **boire plusieurs verres d'affilée** to drink several glasses in a row ou in succession ou one after the other

affiler [afile] → SYN ▸ conjug 1 ◂ vt couteau, outil to sharpen, whet; rasoir to sharpen, hone

affiliation [afiljasjɔ̃] → SYN nf affiliation

affilié, e [afilje] → SYN (ptp de **affilier**) nm,f affiliated member

affilier [afilje] → SYN ▸ conjug 7 ◂ 1 vt to affiliate (*à* to)
2 **s'affilier** vpr to become affiliated, affiliate o.s. (ou itself) (*à* to)

affiloir [afilwaʀ] → SYN nm (outil) sharpener; (pierre) whetstone; (pour couteau) steel

affinage [afinaʒ] → SYN nm [métal] refining; [verre] fining; [fromage] maturing

affine [afin] adj (Math) affine

affinement [afinmɑ̃] → SYN nm [goût, manières, style] refinement

affiner [afine] → SYN ▸ conjug 1 ◂ vt a métal to refine; verre to fine; fromage to complete the maturing (process) of
b esprit, mœurs to refine; style to polish, refine; sens to make keener, sharpen • **son goût s'est affiné** his taste has become more refined
c taille, hanches to slim (down); [robe] to slim (fig) • **ce maquillage vous affinera le visage** this make-up will make your face look slimmer

affinerie [afinʀi] nf [métaux] refinery

affineur, -euse [afinœʀ, øz] nm,f [métal] refiner; [verre] finer; [fromage] *person in charge of the last stages of the maturing process*

affinité [afinite] → SYN nf (gén) affinity • **avoir des affinités avec qn** to have an affinity with sb

affiquet [afikɛ] → SYN nm (bijou) trinket

affirmatif, -ive [afiʀmatif, iv] → SYN 1 adj réponse, proposition affirmative; personne, ton assertive, affirmative; (Ling) affirmative, positive • **il a été affirmatif à ce sujet** he was quite positive on that score ou about that → **signe**
2 adv • (Mil, hum) **affirmatif!** affirmative!
3 nm (Ling) affirmative, positive • **à l'affirmatif** in the affirmative, in the positive
4 **affirmative** nf affirmative • **répondre par l'affirmative** to answer yes ou in the affirmative • **dans l'affirmative** in the event of the answer being yes ou of an affirmative reply (frm) • **nous espérons que vous viendrez: dans l'affirmative, faites-le-nous savoir** we hope you'll come and if you can (come) please let us know

affirmation [afiʀmasjɔ̃] → SYN nf a (allégation) assertion
b (Gram) assertion
c (manifestation) [talent, autorité] assertion, affirmation

affirmativement [afiʀmativmɑ̃] adv in the affirmative, affirmatively

affirmer [afiʀme] → SYN ▸ conjug 1 ◂ GRAMMAIRE ACTIVE 26.3, 26.5 vt a (soutenir) to maintain, assert • **tu affirmes toujours tout sans savoir** you always assert everything ou you are always positive about everything without really knowing • **il affirme l'avoir vu s'enfuir** he maintains ou asserts that ou claims that he saw him run off • **il affirme que c'est de votre faute** he contends ou maintains ou asserts that it is your fault • **pouvez-vous affirmer?** can you swear to it?, can you be positive about it? • **on ne peut rien affirmer encore** we can't say anything positive ou for sure yet, we can't affirm anything yet • **c'est lui, affirma-t-elle** it's him, she affirmed • **affirmer qch sur l'honneur** to maintain ou affirm sth on one's word of honour • **affirmer sur l'honneur que** to give one's word of honour that, maintain ou affirm on one's word of honour that
b (manifester) originalité, autorité, position to assert • **talent / personnalité qui s'affirme** talent / personality which is asserting itself • **il s'affirme comme l'un de nos meilleurs romanciers** he is asserting himself ou establishing himself as one of our best novelists
c (frm: proclamer) to affirm, assert • **le président a affirmé sa volonté de régler cette affaire** the president affirmed ou asserted his wish to settle this matter

affixal, e, mpl **-aux** [afiksal, o] adj groupe affixal

affixe[1] [afiks] nm (Ling) affix

affixe[2] [afiks] nf (Math) affix

affleurement [aflœʀmɑ̃] → SYN nm (Géol) outcrop; (fig) emergence; (Tech) flushing

affleurer [aflœʀe] → SYN ▸ conjug 1 ◂ 1 vi [rocs, récifs] to show on the surface; [filon, couche] to show on ou through the surface, outcrop (spéc); (fig) [sentiment, sensualité] to show through the surface, come ou rise to the surface • **quelques récifs affleuraient (à la surface de l'eau)** a few reefs showed on the surface (of the water)
2 vt (Tech) to make flush, flush

afflictif, -ive [afliktif, iv] → SYN adj (Jur) corporal

affliction [afliksjɔ̃] → SYN nf (littér) affliction • **être dans l'affliction** to be in (a state of) affliction

affligé, e [afliʒe] → SYN (ptp de **affliger**) adj • **être affligé de** maladie to be afflicted with • (fig) **il était affligé d'une femme acariâtre** he was afflicted ou cursed with a cantankerous wife • (littér) **les affligés** the afflicted

affligeant, e [afliʒɑ̃, ɑ̃t] → SYN adj distressing; (hum) pathetic (hum) • **il est d'une nullité affligeante** he's hopelessly pathetic

affliger [afliʒe] → SYN ▸ conjug 3 ◂ vt (attrister) to distress, grieve; (littér: accabler) to smite (littér) (*de* with) • **s'affliger de qch** to be grieved ou distressed about sth • (hum) **la nature l'avait affligé d'un nez crochu** nature had afflicted ou cursed him with a hooked nose

affluence [aflyɑ̃s] → SYN nf [gens] crowds (pl), throng (littér) → **heure**

affluent [aflyɑ̃] → SYN nm tributary, affluent (spéc)

affluer [aflye] → SYN ▸ conjug 1 ◂ vi [fluide, sang] to rush, flow (*à, vers* to); [foule] to flock • **les dons affluaient de partout** the donations were flooding in ou rolling in from all parts • **les télégrammes affluaient sur sa table** telegrams were pouring onto his table • **l'argent afflue dans les caisses de la banque** money is flowing ou flooding into the coffers of the bank

afflux [afly] → SYN nm [fluide] inrush, inflow; [argent, foule] inrush, influx, flood; (Élec) flow • **afflux de capitaux** capital inflow • **afflux de main-d'œuvre** labour influx

affolant, e [afɔlɑ̃, ɑ̃t] → SYN adj (effrayant) frightening; (littér: troublant) situation, nouvelle distressing, disturbing • **c'est affolant!*** it's alarming!* • **à une vitesse affolante** at an alarming speed

affolé, e [afɔle] → SYN (ptp de **affoler**) adj a (effrayé) panic- ou terror-stricken; (littér: troublé) driven wild ou crazy • **je suis affolé de voir ça*** I'm appalled ou horrified at that • **air affolé** look of panic, panic-stricken look
b boussole wildly fluctuating

affolement [afɔlmɑ̃] → SYN nm a (effroi) panic; (littér: trouble) (wild) turmoil • **pas d'affolement!*** no panic!, don't panic!
b [boussole] wild fluctuations

affoler [afɔle] → SYN ▸ conjug 1 ◂ 1 vt (effrayer) to throw into a panic, terrify; (littér: troubler) to drive wild, throw into a turmoil
2 **s'affoler** vpr to lose one's head • **ne nous affolons pas*** don't let's panic ou get in a panic*, let's keep our heads

affouillement [afujmɑ̃] → SYN nm undermining *(by water)*

affouiller [afuje] → SYN ▸ conjug 1 ◂ vt to undermine (spéc)

affouragement [afuʀaʒmɑ̃] nm fodder supply

affourager [afuʀaʒe] → SYN ▸ conjug 3 ◂ vt to fodder

affranchi, e [afʀɑ̃ʃi] → SYN (ptp de **affranchir**) nm,f (esclave) emancipated ou freed slave; (libertin) emancipated man (*ou* woman)

affranchir [afʀɑ̃ʃiʀ] → SYN ▸ conjug 2 ◂ vt a (avec des timbres) to put a stamp ou stamps on, stamp; (à la machine) to frank • **lettre affranchie / non affranchie** stamped / unstamped letter; franked / unfranked letter • **j'ai reçu une lettre insuffisamment affranchie** I received a letter with insufficient postage on it
b esclave to enfranchise, emancipate, (set) free; peuple, pays to free; (fig) esprit, personne to free, emancipate • (fig) **affranchir qn de** contrainte to free sb from, set sb free from • **s'affranchir d'une domination étrangère / des convenances** to free o.s. from foreign domination / from convention
c (arg Crime: mettre au courant) **affranchir qn** to give sb the low-down*, put sb in the picture*
d (Cartes) to clear

affranchissement [afʀɑ̃ʃismɑ̃] → SYN nm a (NonC: → **affranchir**) stamping; franking; emancipation; enfranchisement; freeing
b (Poste: prix payé) postage

affres [ɑfʀ] → SYN nfpl • (littér) **les affres de** the pangs ou the torments of • **être dans les affres de la mort** to be in the throes of death

affrètement [afʀɛtmɑ̃] → SYN nm (→ **affréter**) chartering; hiring

affréter [afʀete] → SYN ▸ conjug 6 ◂ vt (Aviat, Naut) to charter; (Aut) to hire, charter

affréteur [afʀetœʀ] → SYN nm (Aviat, Naut) charterer; (Aut) hirer

affreusement [afʀøzmɑ̃] adv souffrir, blesser horribly • **affreusement laid** hideously ugly • **pâlir affreusement** to turn ghastly pale • **ce plat est affreusement mauvais** this dish is really horrible ou horrid • **on est affreusement mal assis / en retard** we're dreadfully ou awfully badly seated / late

affreux, -euse [afʀø, øz] → SYN 1 adj (très laid) hideous, horrible, horrid, ghastly; (effroyable, abominable) dreadful, awful, horrible • **quel temps affreux!** what ghastly ou dreadful ou horrible weather! • **j'ai un mal de tête affreux** I've got a splitting ou a dreadful ou an awful ou a horrible headache • **c'est un affreux Jojo*** (drôle d'individu) he's a strange character ou a bit of an oddball* ou oddbod* (Brit); (enfant insupportable) he's a little horror*
2 nm (arg Mil) (white) mercenary *(gen serving in Africa)*

affriander [afʀijɑ̃de] → SYN ▸ conjug 1 ◂ vt (littér) to attract, allure, entice

affriolant, e [afʀijɔlɑ̃, ɑ̃t] → SYN adj perspective, programme enticing, appealing, tempting, exciting; femme enticing, inviting; habit féminin titillating, alluring

affrioler [afʀijɔle] → SYN ▸ conjug 1 ◂ vt to tempt, excite, arouse

affriquée [afʀike] 1 adj f affricative
2 nf affricate

affront [afʀɔ̃] → SYN nm (frm: insulte) affront • **faire (un) affront à** to affront

affrontement [afʀɔ̃tmɑ̃] → SYN nm (Mil, Pol) confrontation

affronter [afʀɔ̃te] → SYN ▸ conjug 1 ◂ 1 vt a adversaire, danger to confront, face, meet • **affronter la mort** to face ou brave death • **affronter le mauvais temps** to brave the bad weather
b (Tech, Méd) to join up
2 **s'affronter** vpr [adversaires] to confront each other, be in confrontation • **ces deux**

théories s'affrontent these two theories clash ou are in direct opposition

affublement [afybləmɑ̃] → SYN nm (péj) attire, rig-out* (Brit)

affubler [afyble] → SYN ▸ conjug 1 ◂ vt ◆ **affubler qn de** vêtement to rig* (Brit) ou deck sb out in ◆ **affubler qn d'un sobriquet** to attach a nickname to sb ◆ **il s'affubla d'un vieux manteau** he rigged* himself out (Brit) ou got* himself up in an old coat ◆ **affublé d'un vieux chapeau** wearing an old hat

affusion [afyzjɔ̃] → SYN nf affusion

affût [afy] → SYN nm **a** **affût (de canon)** (gun) carriage

b (Chasse) hide ◆ **chasser à l'affût** to lie in wait for game, hunt game from a hide ◆ **être à l'affût** to be (lying) in wait ◆ **se mettre à l'affût** to be in wait, hide out ◆ (fig) **être à l'affût de qch** to be on the look-out for sth

affûtage [afytaʒ] → SYN nm sharpening, grinding

affûter [afyte] → SYN ▸ conjug 1 ◂ vt to sharpen, grind

affûteur [afytœʀ] → SYN nm (personne) grinder

affûteuse [afytøz] nf (machine) grinder, sharpener

afghan, e [afgɑ̃, an] **1** adj Afghan → **lévrier**

2 nm (Ling) Afghan

3 nm,f ◆ **Afghan(e)** Afghan

Afghanistan [afganistɑ̃] nm Afghanistan

aficionado [afisjɔnado] → SYN nm aficionado

afin [afɛ̃] → SYN GRAMMAIRE ACTIVE 8.2 prép ◆ **afin de** to, in order to, so as to ◆ **afin que** + subj so that, in order that

aflatoxine [aflatɔksin] nf aflatoxin

AFME† [afmə] nf (abrév de **Agence française pour la maîtrise de l'énergie**) → **agence**

AFNOR [afnɔʀ] nf (abrév de **Association française de normalisation**) *French Industrial Standards Authority*, ≃ BSI (Brit), ≃ ANSI (US)

afocal, e, mpl **-aux** [afɔkal, o] adj afocal

a fortiori [afɔʀsjɔʀi] → SYN loc adv a fortiori, all the more

AFP [aɛfpe] nf (abrév de **Agence France-Presse**) French Press Agency

AFPA [afpa] nf (abrév de **Association pour la formation professionnelle des adultes**) *adult professional education association*

africain, e [afʀikɛ̃, ɛn] **1** adj African

2 nm,f ◆ **Africain(e)** African

africanisation [afʀikanizasjɔ̃] nf Africanization

africaniser ▸ conjug 1 ◂ vt [afʀikanize] to Africanize

africanisme [afʀikanism] nm Africanism

africaniste [afʀikanist] nmf Africanist

afrikaans [afʀikɑ̃s] nm, adj inv Afrikaans

afrikander [afʀikɑ̃dɛʀ], **afrikaner** [afʀikanɛʀ] nmf Afrikaner

Afrique [afʀik] nf Africa ◆ **l'Afrique australe / du Nord / du Sud-Ouest** Southern / North / South-West Africa ◆ **la République d'Afrique du Sud** the Republic of South Africa ◆ **l'Afrique-Équatoriale / -Occidentale** French Equatorial / West Africa ◆ **l'Afrique noire** ou **subsaharienne** sub-Saharan Africa

afro* [afʀo] adj inv afro ◆ **coiffure afro** afro hairstyle ou hairdo*

afro- [afʀo] préf afro

afro-américain, e, mpl **afro-américains** [afʀoameʀikɛ̃, ɛn] **1** adj Afro-American, African-American

2 nm,f ◆ **Afro-Américain(e)** Afro-American, African-American

afro-asiatique, pl **afro-asiatiques** [afʀoazjatik] **1** adj Afro-Asian

2 nmf ◆ **Afro-Asiatique** Afro-Asian

afro-brésilien, ienne, pl **afro-brésiliens** [af ʀobʀeziljɛ̃, jɛn] **1** adj Afro-Brazilian

2 nm,f ◆ **Afro-Brésilien(ne)** Afro-Brazilian

AG* [aʒe] nf (abrév de **assemblée générale**) (Écon) AGM ; [étudiants] EGM

agaçant, e [agasɑ̃, ɑ̃t] → SYN adj irritating, aggravating*, annoying

agacement [agasmɑ̃] → SYN nm irritation, annoyance

agacer [agase] → SYN ▸ conjug 3 ◂ vt **a** **agacer qn** (énerver) to get on sb's nerves, irritate ou aggravate* sb ; (taquiner) to pester ou tease sb ◆ **agacer les dents de qn** to set sb's teeth on edge ◆ **agacer les nerfs de qn** to get on sb's nerves ◆ **ça m'agace !** it's getting on my nerves ! ◆ **agacé par le bruit** irritated ou annoyed by the noise ◆ **agacé de l'entendre** irritated at hearing him

b (littér : aguicher) to excite, lead on

agaceries [agasʀi] nfpl coquetries, provocative gestures

agalactie [agalakti] nf agalactia

agame [agam] → SYN adj agamic

Agamemnon [agamɛmnɔ̃] nm Agamemnon

agami [agami] → SYN nm (Zool) trumpeter

agamie [agami] → SYN nf agamogenesis

agammaglobulinémie [agamaglɔbylinemi] nf agammaglobulinaemia (Brit), agammaglobulinemia (US)

Agana [agana] n Agana

agapes [agap] nfpl (hum) banquet, feast

agar-agar [agaʀagaʀ] nm agar(-agar)

agaric [agaʀik] → SYN nm agaric

agaricacées [agaʀikase] nfpl ◆ **les agaricacées** agarics, the Agaricaceae (spéc)

agate [agat] → SYN nf agate

agatisé, e [agatize] → SYN adj agate (épith)

agave [agav] nm agave

AGE [aʒeə] nf (abrév de **assemblée générale extraordinaire**) EGM

âge [ɑʒ] → SYN **1** nm **a** (gén) age ◆ **quel âge avez-vous ?** how old are you ?, what age are you ? ◆ **à l'âge de 8 ans** at the age of 8 ◆ **j'ai votre âge** I'm your age, I'm the same age as you ◆ **ils sont du même âge** they're the same age ◆ (hum) **il est d'un âge canonique** he's a venerable age (hum) ◆ **elle est d'un âge avancé** she is getting on in age ou years, she is quite elderly ◆ **d'âge moyen** middle-aged ◆ **il ne paraît pas son âge** he doesn't look his age ◆ **elle porte bien son âge** she looks well for her age, she carries her years well ◆ **il fait plus vieux que son âge** he looks older than he is ou than his years ◆ **sans âge, qui n'a pas d'âge** ageless ◆ **on a l'âge de ses artères** you're as old as you feel ◆ **il a vieilli avant l'âge** he has got ou is old before his time ◆ **il a pris de l'âge** he has aged ◆ **une personne entre deux âges** a middle-aged person ◆ **amusez-vous, c'est de votre âge** enjoy yourself – you should (do) at your age ◆ **j'ai passé l'âge de le faire** I've passed the age for doing it, I'm too old to do it ◆ **avec l'âge il se calmera** as he grows ou gets older he'll settle down ◆ **des gens de tout âge** people of all ages ◆ **être en âge de se marier** to be of marriageable age, be old enough to get married ◆ **être en âge de combattre** to be old enough to fight → **bas¹**

b (ère) age ◆ **l'âge de (la) pierre / du bronze / du fer** the Stone / Bronze / Iron Age ◆ (hum) **ça existait déjà à l'âge des cavernes !** that dates back to the Stone Age ! → **moyen**

2 COMP ▹ **l'âge adulte** (gén) adulthood ; (pour un homme) manhood ; (pour une femme) womanhood ◆ **à l'âge adulte** when one becomes an adult, on reaching adulthood (frm) ▹ **l'âge critique** the change of life ▹ **l'âge d'homme** manhood ▹ **l'âge ingrat** the awkward ou difficult age ▹ **l'âge légal** the legal age ◆ **avoir l'âge légal** to be of age ◆ **il n'a pas encore l'âge légal** he's under age ▹ **âge mental** mental age ▹ **l'âge mûr** maturity, middle age ▹ **l'âge d'or** the golden age ▹ **l'âge de la pierre polie** the neolithic age ▹ **l'âge de la pierre taillée** the palaeolithic age ▹ **l'âge de raison** the age of reason ▹ **l'âge de la retraite** retiring age ▹ **l'âge tendre** the tender years ou age ▹ **l'âge viril** ⇒ **l'âge d'homme**

âgé, e [ɑʒe] → SYN adj ◆ **être âgé** to be old, be elderly (euph) ◆ **être âgé de 9 ans** to be 9 (years old), be 9 years of age ◆ **enfant âgé de 4 ans** 4-year-old child ◆ **dame âgée** elderly lady ◆ **les personnes âgées** the elderly, old people

agence [aʒɑ̃s] → SYN nf (succursale) branch (office) ; (bureaux) offices (pl) ; (organisme) agency, bureau, office ◆ **agence commerciale** sales office ou agency ◆ **Agence pour les économies d'énergie, Agence française pour la maîtrise de l'énergie†** *French energy conservation agency*, ≃ Energy Efficiency Office (Brit) ◆ **Agence pour l'énergie nucléaire** Atomic Energy Authority ◆ **Agence de l'environnement et de la maîtrise de l'énergie** *French agency for the environment and energy management* ◆ **Agence internationale de l'énergie atomique** International Atomic Energy Agency ◆ **agence immobilière** estate agency (Brit), estate agent's (office) (Brit), real estate agency (US) ◆ **agence d'intérim** temping agency ◆ **agence matrimoniale** marriage bureau ◆ **Agence nationale pour l'emploi** *French national employment office*, ≃ job centre (Brit) ◆ **agence de placement** employment agency ou bureau ◆ **agence de presse** news ou press agency, news service (US) ◆ **agence de publicité** advertising ou publicity agency ◆ **agence de renseignements** information bureau ou office ◆ **Agence spatiale européenne** European Space Agency ◆ **agence de voyages** travel agency

agencé, e [aʒɑ̃se] (ptp de **agencer**) adj ◆ **local bien / mal agencé** (conçu) well- / badly-laid-out ou -arranged premises ; (meublé) well- / badly-equipped premises ◆ **phrase bien agencée** well-put-together ou well constructed sentence ◆ **éléments bien agencés** well-organized elements

agencement [aʒɑ̃smɑ̃] → SYN nm [éléments] organization, ordering ; [phrase, roman] construction, organization ; [couleurs] harmonization ; [local] (disposition) arrangement, layout ; (équipement) equipment ◆ **muni d'agencements modernes** provided with modern fittings, fitted with modern equipment

agencer [aʒɑ̃se] → SYN ▸ conjug 3 ◂ vt éléments to put together, organize, order ; couleurs to harmonize ; phrase, roman to put together, construct ; local (disposer) to lay out, arrange ; (équiper) to equip

agencier [aʒɑ̃sje] → SYN nm press-agency journalist

agenda [aʒɛ̃da] → SYN nm diary (Brit), datebook (US) ◆ **agenda de bureau** desk diary ◆ **agenda électronique** electronic calendar

agénésie [aʒenezi] → SYN nf (Phys) agenesis

agenouillement [aʒ(ə)nujmɑ̃] → SYN nm (littér) kneeling

agenouiller (s') [aʒ(ə)nuje] → SYN ▸ conjug 1 ◂ vpr to kneel (down) ◆ **être agenouillé** to be kneeling ◆ (fig) **s'agenouiller devant l'autorité** to bow before authority

agenouilloir [aʒ(ə)nujwaʀ] → SYN nm (escabeau) hassock, kneeling stool ; (planche) kneeling plank

agent [aʒɑ̃] → SYN **1** nm **a** **agent (de police)** policeman, (police) constable (Brit), patrolman (US) ◆ **agent de la circulation** ≃ policeman on traffic duty, traffic policeman ◆ **pardon monsieur l'agent** excuse me, officer ou constable (Brit)

b (Chim, Gram, Sci) agent ◆ **agent de sapidité** (flavour) enhancer → **complément**

c (Comm, Pol : représentant) agent ; (Admin) officer, official ◆ **les agents du lycée / de l'hôpital** the ancillary staff of the school / hospital ◆ **arrêter un agent ennemi** to arrest an enemy agent ◆ **agent consulaire / de publicité** etc consular / publicity ou advertising etc agent ◆ **agent en franchise** franchised dealer

2 COMP ▹ **agent artistique** (artistic) agent ▹ **agent d'assurances** insurance agent ▹ **agent de change** stockbroker ▹ **agent commercial** (sales) representative ▹ **agent comptable** accountant ▹ **agent double** double agent ▹ **agent électoral** campaign organizer ou aide ▹ **agent d'entretien** cleaning operative ▹ **agent du fisc** tax official ▹ **agent de la force publique** member of the police force ▹ **agent du gouvernement** government official ▷ **agent immobilier** estate agent (Brit), real estate agent (US) ▷ **agent de liaison** (Mil) liaison officer ▷ **agent de maîtrise** supervisor ▷ **agent maritime** shipping agent ▷ **agent provocateur** agent provocateur ▷ **agent de publicité** advertising agent ▷ **agent de renseignements** intelligence agent ▷ **agent secret** secret agent ▷ **agent technique** technician ▷ **agent de transmission** (Mil) despatch rider, messenger ▷ **agent voyer** ≃ borough surveyor

agentif [aʒɑ̃tif] nm (Ling) agentive

ageratum [aʒeʀatɔm] nm ageratum

Agétac [aʒetak] nm (abrév de **Accord général sur les tarifs douaniers et le commerce**) GATT

aggiornamento [a(d)ʒjɔʀnamɛnto] → SYN nm aggiornamento

agglo* [aglo] nm abrév de **aggloméré**

agglomérat [aglɔmeʀa] → SYN nm (Géol: volcanique) agglomerate; (Ling) cluster

agglomération [aglɔmeʀasjɔ̃] → SYN nf **a** (Admin) (ville) town; (Aut) built-up area ◆ **l'agglomération parisienne** Paris and its suburbs, the urban area of Paris
b [nations, idées] conglomeration; [matériaux] conglomeration, agglomeration

aggloméré, e [aglɔmeʀe] → SYN (ptp de **agglomérer**) **1** adj agglomerate
2 nm (charbon) briquette; (bois) chipboard, Masonite ® (US); (pierre) conglomerate

agglomérer [aglɔmeʀe] → SYN ▸ conjug 6 ◂
1 vt (amonceler) to pile up; (Tech) charbon to briquette; bois, pierre to compress
2 s'agglomérer vpr (Tech) to agglomerate; (s'amonceler) to pile up; (se rassembler) to conglomerate, gather ◆ (Admin) **population agglomérée** dense population

agglutinant, e [aglytinɑ̃, ɑ̃t] **1** adj (gén) agglutinating; (Ling) agglutinative
2 nm agglutinant

agglutination [aglytinasjɔ̃] → SYN nf (Bio, Ling) agglutination

agglutiner [aglytine] ▸ conjug 1 ◂ vt to stick together; (Bio) to agglutinate ◆ (fig) **les passants s'agglutinent devant la vitrine** the passers-by congregate in front of the window

agglutinine [aglytinin] nf agglutinin

agglutinogène [aglytinɔʒɛn] nm agglutinogen

aggravant, e [agʀavɑ̃, ɑ̃t] → SYN adj facteur aggravating → **circonstance**

aggravation [agʀavasjɔ̃] → SYN nf [mal, situation] worsening, aggravation; [impôt, chômage] increase

aggraver [agʀave] → SYN ▸ conjug 1 ◂ **1** vt (faire empirer) to make worse, worsen, aggravate; (renforcer) to increase ◆ **tu aggraves ton cas** you're making things worse for yourself ◆ (Sport) **aggraver la marque** ou **le score** to increase one's lead
2 s'aggraver vpr (empirer) to get worse; (se renforcer) to increase

agha [aga] nm ag(h)a

agile [aʒil] → SYN adj (physiquement, mentalement) agile, nimble ◆ **être agile de ses mains** to be nimble with one's hands ◆ **d'un geste agile** with an agile ou a nimble ou quick gesture ◆ **agile comme un singe** as nimble as a goat

agilement [aʒilmɑ̃] adv nimbly, agilely

agilité [aʒilite] → SYN nf agility, nimbleness

agio [aʒjo] → SYN nm **a** (différence de cours) Exchange premium
b (frais) **agios** (bank) charges

agiotage [aʒjɔtaʒ] → SYN nm (Hist) speculation on exchange business

agioter [aʒjɔte] → SYN ▸ conjug 1 ◂ vi (gén) to speculate; (Bourse) to gamble on the stock exchange

agioteur, -euse [aʒjɔtœʀ, øz] → SYN nm (Hist) speculator on exchange business; (Bourse) speculator, gambler

agir [aʒiʀ] → SYN ▸ conjug 2 ◂ GRAMMAIRE ACTIVE 26.2
1 vi **a** (gén) to act; (se comporter) to behave, act ◆ **il faut agir tout de suite** we must act ou do something at once, we must take action at once ◆ **il a agi de son plein gré / en toute liberté** he acted quite willingly / freely ◆ **il agit comme un enfant** he acts ou behaves like a child ◆ **il a bien / mal agi envers sa mère** he behaved well / badly towards his mother ◆ **il a sagement agi** he did the right thing, he acted wisely ◆ **le syndicat a décidé d'agir** the union has decided to take action ou to act ◆ **agir en ami** to behave ou act like a friend ◆ **agir au nom de** to act on behalf of → **façon, manière**
b (exercer une influence) **agir sur qch** to act on sth ◆ **agir sur qn** to bring pressure to bear on sb ◆ (Bourse) **agir sur le marché** to influence the market ◆ **agir auprès de qn** to use one's influence with sb
c faire agir: faire agir la loi to put ou set the law in motion ◆ **il a fait agir son syndicat / ses amis** he got his union / friends to act ou take action ◆ **je ne sais pas ce qui le fait agir ainsi** I don't know what prompts him to ou makes him act like that
d (opérer) [médicament] to act, work; [influence] to have an effect (*sur* on) ◆ **le remède agit lentement** the medicine is slow to take effect, the medicine acts ou works slowly ◆ **laisser agir la nature** to let nature take its course ◆ **la lumière agit sur les plantes** light acts on ou has an effect on plants
2 s'agir vb impers **a** (il est question de) **il s'agit de** it is a matter ou question of ◆ **dans ce film il s'agit de 3 bandits** this film is about 3 gangsters ◆ **décide-toi, il s'agit de ton avenir** make up your mind, it's your future that's at stake ◆ **les livres dont il s'agit** the books in question ◆ **quand il s'agit de manger, il est toujours là** when it's a matter of eating, he's always there ◆ **quand il s'agit de travailler, il n'est jamais là** when there's any work to be done, he's never there ou around ◆ **on a trouvé des colonnes: il s'agirait / il s'agit d'un temple grec** some columns have been found: it would appear to be / it is a Greek temple ◆ **de quoi s'agit-il?** what is it?, what's it (all) about?, what's the matter? ◆ **voilà ce dont il s'agit** that's what it's (all) about ◆ **il ne s'agit pas d'argent** it's not a question ou matter of money ◆ **il ne s'agit pas de ça!** that's not it! ou the point! ◆ (iro) **il s'agit bien de ça!** that's hardly the problem! ◆ **il s'agissait bien de son frère** it WAS (about) his brother after all
b (il est nécessaire de faire) **il s'agit de faire: il s'agit de faire vite** we must act quickly, the thing (to do) is to act quickly ◆ **il s'agit pour lui de réussir** what he has to do is succeed ◆ **maintenant, il ne s'agit pas de plaisanter** this is no time for joking ◆ **avec ça, il ne s'agit pas de plaisanter** that's no joking matter ◆ **maintenant il s'agit de garder notre avance** now it's a matter ou question of maintaining our lead, now what we have to do ou must do is maintain our lead ◆ **il s'agit ou s'agirait de s'entendre: tu viens ou tu ne viens pas?** let's get one thing clear ou straight – are you coming or aren't you? ◆ **il s'agit de savoir ce qu'il va faire** it's a question of knowing what he's going to do, what we have to establish is what he's going to do
c († loc) **s'agissant de qn / qch** as regards sb / sth ◆ **s'agissant de sommes aussi importantes, il faut être prudent** when such large amounts are involved, one must be careful

AGIRC [aʒiʀk] nf (abrév de **Association générale des institutions de retraite des cadres**) *confederation of executive pension funds*

âgisme [ɑʒism] nm ageism

agissant, e [aʒisɑ̃, ɑ̃t] → SYN adj (actif) active; (efficace) efficacious, effective ◆ **minorité agissante** active ou influential minority

agissements [aʒismɑ̃] → SYN nmpl (péj) schemes, intrigues ◆ **surveiller les agissements de qn** to keep an eye on what sb is up to*

agitateur, -trice [aʒitatœʀ, tʀis] → SYN
1 nm,f (Pol) agitator
2 nm (Chim) stirring rod

agitation [aʒitasjɔ̃] → SYN nf **a** [mer] roughness, choppiness; [air] turbulence; [personne] (ayant la bougeotte) restlessness, fidgetiness; (affairé) bustle; (troublé) agitation, nervousness; [lieu, rue etc] bustle, stir
b (Pol) unrest, agitation

agitato [aʒitato] adv agitato

agité, e [aʒite] → SYN (ptp de **agiter**) adj **a** personne (ayant la bougeotte) restless, fidgety; (affairé) bustling (épith); (troublé) agitated, troubled, perturbed ◆ (Psych) **les agités** manic persons
b mer rough, choppy; vie hectic; époque troubled; nuit restless ◆ **avoir le sommeil agité** to toss about in one's sleep, have broken sleep

agiter [aʒite] → SYN ▸ conjug 1 ◂ **1** vt **a** (secouer) bras, mouchoir to wave; ailes to flap, flutter; queue to wag; bouteille, liquide to shake; (fig) menace to brandish ◆ **agiter avant l'emploi** shake (well) before use ou using ◆ **agiter l'air de ses bras** to fan the air with one's arms ◆ **le vent agite doucement les branches** the wind stirs ou sways the branches (gently) ◆ **le vent agite violemment les branches** the wind shakes the branches ◆ **les feuilles, agitées par le vent** the leaves, quivering ou fluttering in the wind ◆ **bateau agité par les vagues** boat tossed ou rocked by the waves ◆ **agiter le spectre** ou **l'épouvantail de** to raise the spectre of
b (inquiéter) to trouble, perturb, agitate
c (débattre) question, problème to discuss, debate, air
2 s'agiter vpr **a** [employé, serveur] to bustle about; [malade] to move about ou toss restlessly; [enfant, élève] to fidget; [foule, mer] to stir ◆ **s'agiter dans son sommeil** to toss and turn in one's sleep ◆ **les pensées qui s'agitent dans ma tête** the thoughts that are stirring ou dancing about in my head ◆ **le peuple s'agite** the masses are stirring ou getting restless ◆ **s'agiter sur sa chaise** to wriggle about on one's chair
b (*: se dépêcher) to get a move on*

agit-prop [aʒitpʀɔp] nf inv agitprop

agnathe [agnat] **1** adj agnathous
2 nmpl ◆ **les agnathes** agnathans, the Agnatha (spéc)

agneau, pl **agneaux** [aɲo] → SYN nm lamb; (fourrure) lambskin ◆ (fig) **son mari est un véritable agneau** her husband is as meek as a lamb ◆ (iro) **mes agneaux** my dears (iro) ◆ (Rel) **l'Agneau de Dieu** the Lamb of God ◆ (Rel) **Agneau pascal** Paschal Lamb ◆ (Rel) **l'agneau sans tache** the lamb without stain ◆ **l'agneau du sacrifice** the sacrificial lamb → **doux, innocent**

agnelage [aɲ(ə)laʒ] → SYN nm (mise bas) lambing; (époque) lambing season

agneler [aɲ(ə)le] ▸ conjug 5 ◂ vi to lamb

agnelet [aɲ(ə)lɛ] nm small lamb, lambkin†

agnelin [aɲ(ə)lɛ̃] nm lambskin

agneline [aɲ(ə)lin] → SYN nf lamb's wool

agnelle [aɲɛl] nf (she) lamb

Agnès [aɲɛs] nf Agnes

agnosie [agnozi] nf agnosia

agnosticisme [agnɔstisism] → SYN nm agnosticism

agnostique [agnɔstik] → SYN adj, nmf agnostic

agnus-castus [aɲyskastys] nm chaste tree

agnus dei [aɲysdei, agnysdei] → SYN nm inv Agnus Dei

agonie [agɔni] → SYN nf (Méd) death pangs (pl) ◆ **entrer en agonie** to begin to suffer the agony ou pangs of death, begin one's mortal agony (frm) ◆ **être à l'agonie** to be at death's door ou at the point of death ◆ **longue agonie** slow death ◆ **son agonie fut longue** he died a slow death, he suffered the long agony of death (frm) ◆ (fig) **l'agonie d'un régime** the death throes of a régime

agonir [agɔniʀ] → SYN ▸ conjug 2 ◂ vt to revile ◆ **agonir qn d'injures** to hurl insults ou abuse at sb, heap insults ou abuse on sb

agonisant, e [agɔnizɑ̃, ɑ̃t] → SYN adj (littér, fig) dying ◆ **la prière des agonisants** prayers for the dying, last rites (pl)

agoniser [agɔnize] → SYN ▸ conjug 1 ◂ vi (littér, fig) to be dying ◆ **un blessé agonisait dans un fossé** a wounded man lay dying in a ditch

agoniste [agɔnist] → SYN adj ◆ **muscle agoniste** agonist

agora [agɔʀa] → SYN nf (Antiq) agora; (espace piétonnier) concourse

agoraphobe [agɔʀafɔb] adj, nmf agoraphobic

agoraphobie [agɔʀafɔbi] → SYN nf agoraphobia

agouti [aguti] nm (Zool) agouti

agrafage [agʀafaʒ] nm [vêtement] hooking (up), fastening (up); [papiers] stapling; (Méd) putting in of clips

agrafe [agʀaf] → SYN nf [vêtement] hook (and eye), fastener; [papiers] staple; (Méd) clip

agrafer [agʀafe] → SYN ▸ conjug 1 ◂ vt vêtement to hook (up), fasten (up); papiers to staple; (‡ : arrêter) to nab‡, grab*, bust‡ (US)

agrafeuse [agʀaføz] nf stapler

agraire [agʀɛʀ] → SYN adj politique, lois agrarian; mesure, surface land (épith) → **réforme**

agrammatical, e, mpl **-aux** [agʀamatikal, o] adj agrammatical

agrammatisme [agʀamatism] nm agrammatism

agrandir [agʀɑ̃diʀ] → SYN ▸ conjug 2 ◂ **1** vt **a** (rendre plus grand) passage to widen; trou to make bigger, enlarge; usine, domaine to enlarge, extend; écart to increase; photographie, dessin to enlarge, blow up*; (à la loupe) to magnify ◆ **ce miroir agrandit la pièce** this mirror makes the room look bigger or larger ◆ **(faire) agrandir sa maison** to extend one's house
b (développer) to extend, expand ◆ **pour agrandir le cercle de ses activités** to widen or extend or expand the scope of one's activities
c (ennoblir) âme to uplift, elevate, ennoble
2 **s'agrandir** vpr [ville, famille] to grow, expand; [écart] to widen, grow, get bigger; [passage] to get wider; [trou] to get bigger ◆ **il nous a fallu nous agrandir** we had to expand, we had to find a bigger place ◆ **ses yeux s'agrandirent sous le coup de la surprise** his eyes widened or grew wide with surprise

agrandissement [agʀɑ̃dismɑ̃] → SYN nm [local] extension; [puissance, ville] expansion; (Phot) (action) enlargement; (photo) enlargement, blow-up*

agrandisseur [agʀɑ̃disœʀ] nm enlarger

agranulocytose [agʀanylositoz] nf agranulocytosis

agraphie [agʀafi] nf agraphia

agrarien, -ienne [agʀaʀjɛ̃, jɛn] → SYN adj, nm (Hist, Pol) agrarian

agréable [agʀeabl] → SYN adj pleasant, agreeable ◆ **agréable à voir** nice to see ◆ **agréable à l'œil** pleasing to the eye ◆ **agréable à vivre** personne easy or pleasant to live with; lieu pleasant to live in ◆ **il est toujours agréable de** it is always pleasant or nice or agreeable to ◆ **ce que j'ai à dire n'est pas agréable** what I have to say isn't (very) pleasant ◆ **si ça peut lui être agréable** if that will please him ◆ **il me serait agréable de** it would be a pleasure for me to, I should be pleased to ◆ **être agréable de sa personne†** to be pleasant-looking or personable† ◆ **l'agréable de la chose** the pleasant or nice thing about it → **joindre**

agréablement [agʀeabləmɑ̃] adv pleasantly, agreeably ◆ **nous avons agréablement passé la soirée** we spent a pleasant or an agreeable or a nice evening, we spent the evening pleasantly or agreeably ◆ **agréablement surpris** pleasantly surprised

agréé, e [agʀee] → SYN (ptp de **agréer**) **1** adj bureau, infirmière registered ◆ **fournisseur agréé** authorized or registered dealer ◆ (Can) **comptable agréé** certified accountant (Brit), certified public accountant (US)
2 nm attorney, solicitor *(appearing for parties before a "tribunal de commerce")*

agréer [agʀee] → SYN ▸ conjug 1 ◂ (frm) **1** vt (accepter) demande, excuses to accept ◆ **veuillez agréer, Monsieur (ou Madame), l'expression de mes sentiments distingués** yours faithfully (Brit) or sincerely (US) ◆ **veuillez agréer mes meilleures** or **sincères salutations** yours sincerely
2 **agréer à** vt indir personne to please, suit ◆ **si cela vous agrée** if it suits or pleases you, if you are agreeable

agrég [agʀɛg] nf (arg Univ) abrév de **agrégation**

agrégat [agʀega] → SYN nm (Constr, Écon, Géol) aggregate; (péj) [idées] medley

agrégatif, -ive [agʀegatif, iv] nm,f *candidate for the agrégation*

agrégation [agʀegasjɔ̃] → SYN nf **a** (Univ) agrégation, *highest competitive examination for teachers in France*
b [particules] aggregation

agrégé, e [agʀeʒe] (ptp de **agréger**) nm,f agrégé, *qualified secondary* or *high school teacher (holder of the agrégation)* → **professeur**

agréger [agʀeʒe] → SYN ▸ conjug 3 et 6 ◂ vt particules to aggregate ◆ (fig) **agréger qn à un groupe** to incorporate sb into a group ◆ **s'agréger à un groupe** to incorporate o.s. into a group

agrément [agʀemɑ̃] → SYN nm **a** (littér : charme) [personne] charm; [visage] attractiveness, charm; [conversation] charm, pleasantness, agreeableness; [lieu, climat] pleasantness, agreeableness, amenity (littér) ◆ **sa compagnie est pleine d'agrément** his company is very enjoyable or pleasant or agreeable ◆ **ville / maison sans agrément** unattractive town / house, town / house with no agreeable or attractive features ◆ **les agréments de la vie** the pleasures of life, the pleasant things in life ◆ **faire un voyage d'agrément** to go on or make a pleasure trip → **art, jardin, plante[1]**
b (frm : consentement) consent, approval; (Jur) assent
c (Mus) **(note d') agrément** grace note

agrémenter [agʀemɑ̃te] → SYN ▸ conjug 1 ◂ vt ◆ **agrémenter qch de** (décorer) to embellish or adorn sth with; (varier, relever) to accompany sth with ◆ **agrémenté de broderies** trimmed or embellished or adorned with embroidery ◆ **conférence agrémentée de projections** lecture supplemented with or accompanied by slides ◆ **il agrémentait son récit d'anecdotes** he peppered or accompanied or enlivened his story with anecdotes ◆ (iro) **dispute agrémentée de coups** argument enlivened with blows

agrès [agʀɛ] → SYN nmpl (Aviat, Naut) tackle; (Sport) (gymnastics) apparatus ◆ **exercices aux agrès** exercises on the apparatus, apparatus work

agresser [agʀese] → SYN ▸ conjug 1 ◂ vt to attack ◆ **il s'est senti agressé** (physiquement) he felt they (or you etc) were being aggressive towards him; (psychologiquement) he felt they (or you etc) were hostile towards him ◆ **agressé par la vie moderne** feeling the strains or stresses of modern life

agresseur [agʀesœʀ] → SYN nm attacker, assailant, aggressor ◆ **(pays) agresseur** aggressor

agressif, -ive [agʀesif, iv] → SYN adj (gén) aggressive ◆ **« jamais » dit-il d'un ton agressif** "never" he said aggressively ◆ **il est très agressif envers sa sœur** he's very aggressive towards or with his sister ◆ **leur campagne publicitaire est très agressive** their publicity drive is very aggressive, they come on strong with their publicity*

agression [agʀesjɔ̃] → SYN nf (contre une personne) attack; (contre un pays) aggression; (dans la rue) mugging; (Psych) aggression ◆ **agression nocturne** attack or assault at night ◆ **être victime d'une agression** to be mugged ◆ **les agressions de la vie moderne** the brutal stresses or strains of modern living or life

agressivement [agʀesivmɑ̃] adv aggressively

agressivité [agʀesivite] → SYN nf aggressiveness

agreste [agʀɛst] → SYN adj (littér) rustic

agricole [agʀikɔl] → SYN adj ressources, enseignement agricultural; produits, travaux farm (épith), agricultural; population, peuple farming (épith), agricultural ◆ **ouvrier agricole** farm or field hand ◆ **lycée agricole** *secondary school which trains farmers* → **comice, exploitation**

agriculteur, -trice [agʀikyltœʀ, tʀis] → SYN nm,f farmer

agriculture [agʀikyltyʀ] → SYN nf agriculture, farming

agrion [agʀijɔ̃] → SYN nm agrion, demoiselle

agripaume [agʀipom] nf motherwort

agrippement [agʀipmɑ̃] → SYN nm (Physiol) graspingreflex

agripper [agʀipe] → SYN ▸ conjug 1 ◂ **1** vt (se retenir à) to grab or clutch (hold of), grasp; (arracher) to snatch, grab
2 **s'agripper** vpr ◆ **s'agripper à qch** to cling on to sth, clutch or grip sth ◆ **ne t'agrippe pas à moi** don't cling on to or hang on to me

agroalimentaire [agʀoalimɑ̃tɛʀ] **1** adj industrie food-processing ◆ **produits agroalimentaires** processed foodstuffs
2 nm ◆ **l'agroalimentaire** the food-processing industry

agrobiologie [agʀobjɔlɔʒi] nf agrobiology

agrochimie [agʀoʃimi] nf agrochemistry

agro-industrie, pl **agro-industries** [agʀoɛ̃dystʀi] nf agribusiness

agrologie [agʀɔlɔʒi] nf agrology

agronome [agʀɔnɔm] nmf agronomist ◆ **ingénieur agronome** agricultural engineer

agronomie [agʀɔnɔmi] nf agronomy, agronomics (sg)

agronomique [agʀɔnɔmik] adj agronomic(al)

agropastoral, e, mpl **-aux** [agʀopastɔʀal, o] adj agricultural

agrostis [agʀɔstis] nf bent (grass)

agrotis [agʀɔtis] nm agrotis

agrume [agʀym] → SYN nm citrus fruit

agrumiculture [agʀymikyltyʀ] nf citrus growing

aguerrir [ageʀiʀ] → SYN ▸ conjug 2 ◂ vt to harden ◆ **aguerrir qn contre** to harden sb to or against, inure sb to ◆ **des troupes aguerries** (au combat) seasoned troops; (à l'effort) trained troops ◆ **s'aguerrir** to become hardened ◆ **s'aguerrir contre** to become hardened to or against, inure o.s. to

aguets [agɛ] → SYN nmpl ◆ **aux aguets** on the look-out, on the watch

aguichant, e [agiʃɑ̃, ɑ̃t] → SYN adj enticing, tantalizing

aguiche [agiʃ] nf teaser

aguicher [agiʃe] → SYN ▸ conjug 1 ◂ vt to entice, lead on, tantalize

aguicheur, -euse [agiʃœʀ, øz] → SYN **1** adj enticing, tantalizing
2 nm (rare : enjôleur) seducer
3 **aguicheuse** nf (allumeuse) teaser, vamp

ah [ˈɑ] **1** excl **a** (réponse, réaction exclamative) ah!, oh!, ooh ◆ (question) **ah?, ah bon?, ah oui?** really?, is that so? ◆ (résignation) **ah bon** oh or ah well ◆ (insistance) **ah oui** oh yes, yes indeed ◆ (insistance) **ah non** oh no, certainly or definitely not
b (intensif) **ah! j'allais oublier** oh! or ah! I nearly forgot ◆ **ah, ah! je t'y prends** aha! or oho! I've caught you at it ◆ **ah, qu'il est lent!** oh how slow he is!
2 nm ◆ **pousser un ah de soulagement** to sigh with relief, give a sigh of relief ◆ **des ahs d'allégresse** oohs and ahs of joy

ahan†† [aɑ̃] nm → **grand**

ahaner [aane] → SYN ▸ conjug 1 ◂ vi (††, littér) (peiner) to labour, make great efforts; (respirer) to breathe heavily ◆ **ahanant sous le fardeau** labouring under the burden

ahuri, e [ayʀi] → SYN (ptp de **ahurir**) **1** adj (stupéfait) stunned, flabbergasted; (hébété, stupide) stupefied, vacant ◆ **avoir l'air ahuri** to have a stupefied look ◆ **ne prends pas cet air ahuri** don't look so flabbergasted
2 nm,f (péj) blockhead*, nitwit*

ahurir [ayʀiʀ] → SYN ▸ conjug 2 ◂ vt to dumbfound, astound, stun

ahurissant, e [ayʀisɑ̃, ɑ̃t] → SYN adj stupefying, astounding; (sens affaibli) staggering

ahurissement [ayʀismɑ̃] → SYN nm stupefaction

aï [ai] nm (Zool) ai

aiche [ɛʃ] → SYN nf ⇒ **èche**

aide [ɛd] → SYN **1** nf **a** (assistance) help, assistance ◆ **apporter son aide à qn** to bring help ou assistance to sb ◆ **son aide nous a été précieuse** he was a great help ou of great help ou assistance to us, his help was invaluable to us ◆ **appeler / crier à l'aide** to call / shout for help ◆ **appeler qn à son aide** to call for help from sb, call to sb for help ◆ **venir / aller à l'aide de qn** to come / go to sb's aid ou assistance, come / go to help sb ◆ **venir en aide à qn** to help sb, come to sb's assistance ou aid ◆ **à l'aide !** help! ◆ **sans l'aide de personne** without (any) help ou assistance, (completely) unassisted ou unaided, single-handed ◆ **l'aide humanitaire** humanitarian relief

b (secours financier) aid

c **à l'aide de** with the help ou aid of

d (Équitation) **aides** aids

2 nmf assistant ◆ **aide-chimiste / -chirurgien** assistant chemist / surgeon

3 COMP ▷ **aide de camp** nm aide-de-camp ▷ **aide de cuisine** nmf kitchen hand ▷ **aide au développement** nf development aid ▷ **aide à domicile** nf home help ▷ **aide électricien** nm electrician's mate (Brit) ou helper (US) ▷ **aide familiale** nf home help ▷ **aide jardinier** nm gardener's help ou mate (Brit), under-gardener ▷ **aide judiciaire** nf legal aid ▷ **aide de laboratoire** nmf laboratory assistant ▷ **aide libérale** nf (Écon) concessionary aid ▷ **aide maçon** nm builder's mate (Brit) ou labourer ▷ **aide maternelle** nf mother's help ▷ **aide médicale (gratuite)** nf (free) medical aid▷ **aide opérateur** nm (Ciné) assistant cameraman ▷ **aide personnalisée au logement** nf ≃ housing benefit (Brit) ou subsidy (US) ▷ **aide au retour** nf repatriation grant *(for immigrants returning to their country of origin)* ▷ **aide sociale** nf ≃ social security, welfare ◆ **recevoir l'aide sociale** ≃ to be on state aid ou social security (Brit)

aide-comptable, pl **aides-comptables** [ɛdkɔ̃tabl] nmf accountant's assistant

aide-mémoire [ɛdmemwaʀ] → SYN nm inv (gén) aide-mémoire ; (Scol) crib

aide-ménagère, pl **aides-ménagères** [ɛdmenaʒɛʀ] nf home help

aider [ede] → SYN ▸ conjug 1 ◂ **1** vt to help ◆ **aider qn (à faire qch)** to help sb (to do sth) ◆ **aider qn à monter / à descendre / à traverser** to help sb up / down / across ou over ◆ **il l'a aidé à sortir de la voiture** he helped him out of the car ◆ **aider qn de ses conseils** to help ou assist sb with one's advice ◆ **aider qn financièrement** to help sb (out) ou assist sb financially, give sb financial help ou aid ◆ **il m'aide beaucoup** he helps me a lot, he's a great help to me ◆ **je me suis fait aider par ou de mon frère** I got my brother to help ou assist me ou to give me a hand* ◆ **elle ne se déplace qu'aidée de sa canne** she can only get about with the help ou aid of her walking stick ◆ (hum) **il n'est pas aidé !** nature hasn't been kind to him!

2 vi to help ◆ **elle est venue pour aider** she came to help (out) ou to give ou lend a hand ◆ **aider à la cuisine** to help (out) in ou give a hand in the kitchen ◆ **le débat aiderait à la compréhension du problème** discussion would help (towards) ou contribute towards an understanding of the problem, discussion would help (one) to understand the problem ◆ **ça aide à passer le temps** it helps to pass (the) time ◆ **l'alcool aidant, il se mit à parler** helped on by the alcohol ou with the help of alcohol, he began to speak → **dieu**

3 **s'aider** vpr **a** **s'aider de** to use, make use of ◆ **atteindre le placard en s'aidant d'un escabeau** to reach the cupboard by using a stool ou with the aid of a stool ◆ **en s'aidant de ses bras** using his arms to help him

b LOC **entre voisins il faut s'aider** we neighbours should help each other (out) ◆ (Prov) **aide-toi, le Ciel t'aidera** God helps those who elp themselves (Prov)

…ignant, e, mpl **aides-soignants** …ɑ̃, ɑ̃t] nm,f nursing auxiliary (Brit), …ide (US)

aïe [aj] excl (douleur) ouch!, ow ◆ **aïe aïe aïe !, ça se présente mal** dear oh dear, things don't look too good!

AIEA [aiəa] nf (abrév de **Agence internationale de l'énergie atomique**) IAEA

aïeul [ajœl] → SYN nm (littér) grandfather ◆ **les aïeuls** the grandparents

aïeule [ajœl] nf (littér) grandmother

aïeux [ajø] nmpl (littér) forefathers, forebears, ancestors ◆ **mes aïeux !*** my godfathers!* (†, hum), by jingo!*

aigle [ɛgl] → SYN **1** nm (Zool, lutrin) eagle ◆ **aigle royal** golden eagle ◆ **aigle d'Amérique** American eagle ◆ **aigle de mer** (oiseau) sea eagle; (poisson) eagle ray ◆ (fig) **regard d'aigle** eagle look ◆ **ce n'est pas un aigle*** he's no genius

2 nf (Mil, Zool) eagle

aiglefin [ɛgləfɛ̃] nm haddock

aiglon, -onne [ɛglɔ̃, ɔn] nm,f eaglet ◆ (Hist) **l'Aiglon** Napoleon II

aigre [ɛgʀ] → SYN adj **a** fruit sour, sharp; vin vinegary, sour, acid; goût, odeur, lait sour

b son shrill, piercing, sharp; voix sharp, cutting (épith)

c froid, vent bitter, keen, cutting (épith)

d propos, critique cutting (épith), harsh, acrid → **tourner**

aigre-doux, aigre-douce, mpl **aigres-doux** [ɛgʀədu, dus] adj sauce sweet and sour; fruit bitter-sweet; (fig) propos bitter-sweet

aigrefin [ɛgʀəfɛ̃] → SYN nm swindler, crook

aigrelet, -ette [ɛgʀəlɛ, ɛt] → SYN adj petit-lait, pomme sourish; vin vinegarish; voix, son shrillish

aigrement [ɛgʀəmɑ̃] → SYN adv répondre, dire sourly

aigrette [ɛgʀɛt] → SYN nf (plume) feather; (oiseau) egret; (bijou) aigret(te); (Bot) pappus

aigreur [ɛgʀœʀ] → SYN nf **a** (acidité) [petit-lait] sourness; [vin] sourness, acidity; [pomme] sourness, sharpness

b **aigreurs : avoir des aigreurs (d'estomac)** to have heartburn

c (acrimonie) sharpness, harshness

aigri, e [egʀi] → SYN (ptp de **aigrir**) adj embittered, bitter

aigrir [egʀiʀ] → SYN ▸ conjug 2 ◂ **1** vt personne to embitter; caractère to sour

2 **s'aigrir** vpr [aliment] to turn sour; [caractère] to sour ◆ **il s'est aigri** he has become embittered

aigu, -uë [egy] → SYN **1** adj **a** son, voix high-pitched, shrill; note high-pitched, high

b crise, phase acute; douleur acute, sharp; intelligence keen, acute, sharp

c (pointu) sharp, pointed → **accent, angle**

2 nm (Mus) (sur bouton de réglage) treble ◆ **les aigus** the high notes ◆ **passer du grave à l'aigu** to go from low to high pitch

aigue-marine, pl **aigues-marines** [ɛgmaʀin] nf aquamarine

aiguière [ɛgjɛʀ] → SYN nf ewer

aiguillage [egɥijaʒ] → SYN nm (Rail) (action) shunting (Brit), switching (US); (instrument) points (Brit), switch (US) ◆ **le déraillement est dû à une erreur d'aiguillage** the derailment was due to faulty shunting (Brit) ou switching (US) ◆ (fig) **il y a eu une erreur d'aiguillage** there was a mix-up (in communication etc) → **cabine, poste**[2]

aiguillat [egɥija] nm spiny dogfish

aiguille [egɥij] → SYN **1** nf **a** (Bot, Couture, Méd) needle ◆ **aiguille à coudre / à tricoter / à repriser** sewing / knitting / darning needle ◆ **aiguille hypodermique** hypodermic needle ◆ **travail à l'aiguille** needlework → **chercher, fil, tirer**

b [compteur, boussole, gramophone] needle; [horloge] hand; [balance] pointer, needle; [cadran solaire] pointer, index; [clocher] spire; (Rail) point (Brit), switch (US); (Géog) (pointe) needle; (cime) peak ◆ **en forme d'aiguille** needle-shaped ◆ [horloge] **la petite / grande aiguille** the hour / minute hand, the little / big hand

2 COMP ▷ **aiguille de glace** icicle ▷ **aiguille de pin** pine needle

aiguillée [egɥije] nf length of thread *(for use with needle at any one time)*

aiguiller [egɥije] → SYN ▸ conjug 1 ◂ vt **a** (orienter) to direct ◆ **aiguiller un enfant vers le technique** to direct ou orientate ou steer a child towards technical studies ◆ (Scol) **on l'a mal aiguillé** he was orientated ou steered in the wrong direction, he was misdirected ◆ **aiguiller la conversation sur un autre sujet** to direct ou steer the conversation onto another subject ◆ **aiguiller la police sur une mauvaise piste** to direct ou put the police onto the wrong track

b (Rail) to shunt (Brit), switch (US)

aiguilleté, e [egɥij(ə)te] (ptp de **aiguilleter**) adj tufted

aiguilleter [egɥij(ə)te] ▸ conjug 4 ◂ vt (Tex) to tuft

aiguillette [egɥijɛt] → SYN nf [pourpoint] aglet; (Culin, Mil) aiguillette

aiguilleur [egɥijœʀ] nm (Rail) pointsman (Brit), switchman (US) ◆ (Aviat) **aiguilleur du ciel** air-traffic controller

aiguillon [egɥijɔ̃] → SYN nm [insecte] sting; [bouvier] goad; (Bot) thorn; (fig) spur, stimulus

aiguillonner [egɥijɔne] → SYN ▸ conjug 1 ◂ vt bœuf to goad; (fig) to spur ou goad on

aiguisage [egizaʒ], **aiguisement** [egizmɑ̃] → SYN nm (→ **aiguiser**) sharpening; grinding

aiguiser [egize] → SYN ▸ conjug 1 ◂ vt **a** couteau, outil to sharpen, grind; rasoir to sharpen

b (fig) appétit to whet, stimulate; sens to excite, stimulate; esprit to sharpen; style to polish

aiguiseur, euse [egizœʀ, øz] → SYN nm,f sharpener, grinder

aiguisoir [egizwaʀ] → SYN nm sharpener, sharpening tool

aïkido [aikido] → SYN nm aikido

ail, pl **ails, aulx** [aj, o] nm garlic → **gousse, saucisson, tête**

ailante [ɛlɑ̃t] → SYN nm tree of heaven, ailanthus (spéc)

aile [ɛl] → SYN nf **a** [oiseau, château] wing; [moulin] sail; [hélice, ventilateur] blade, vane; [nez] wing; [voiture] wing (Brit), fender (US); [pont] abutment; (Sport) wing ◆ **aile marchante** (Mil) wheeling flank; (fig) [groupe] active elements ◆ **aile delta** ou **libre** ou **volante** hang-glider ◆ (couleur) **aile de corbeau** inky black, jet-black

b LOC **l'oiseau disparut d'un coup d'aile** the bird disappeared with a flap of its wings ◆ **d'un coup d'aile nous avons gagné Orly** we reached Orly in the twinkling of an eye ou in a trice ◆ (fig) **avoir des ailes** to be quick as a flash ◆ **l'espoir lui donnait des ailes** hope lent ou gave him wings ◆ **prendre sous son aile (protectrice)** to take under one's wing ◆ **sous l'aile maternelle** under one's mother's ou the maternal wing ◆ **avoir un coup dans l'aile*** (être ivre) to have had one too many*; (être en mauvaise posture) to be in a very bad way* ou in a shaky state* ◆ **le rêve n'a pas complètement disparu mais il a pris un sérieux coup dans l'aile** the dream has not completely faded but it has taken a serious knock → **peur, plomb, tire-d'aile** etc

ailé, e [ele] → SYN adj (fig littér) winged

aileron [ɛlʀɔ̃] → SYN nm [poisson] fin; [oiseau] pinion; (avion) aileron; (Aut: de stabilisation) aerofoil; (Archit) console

ailette [ɛlɛt] nf [missile, radiateur] fin; [turbine, ventilateur] blade ◆ (Aut) **ailette de refroidissement** cooling fan

ailier [elje] nm (gén) winger; (Rugby) flanker, wing-forward

aillade [ajad] nf (sauce) garlic dressing ou sauce; (croûton) garlic crouton

ailler [aje] ▸ conjug 1 ◂ vt to flavour with garlic

ailleurs [ajœʀ] → SYN GRAMMAIRE ACTIVE 26.5 adv **a** somewhere else, elsewhere ◆ **nulle part ailleurs** nowhere else ◆ **partout ailleurs** everywhere else ◆ **il est ailleurs, il a l'esprit ailleurs** his thoughts are ou his mind is elsewhere, he's miles away (fig) ◆ **ils viennent d'ailleurs** they come from somewhere else ◆ **j'ai gagné là ce que j'ai perdu (par) ailleurs** I gained on this what I lost elsewhere ◆ **nous**

sommes passés (par) ailleurs we went another way ◆ **je l'ai su par ailleurs** I heard of it from another source

b **par ailleurs** (autrement) otherwise, in other respects; (en outre) moreover, furthermore ◆ **d'ailleurs** besides, moreover ◆ **d'ailleurs il faut avouer que ...** anyway ou besides ou moreover we have to confess that ... ◆ **ce vin, d'ailleurs très bon, n'est ...** this wine, which I may add is very good ou which is very good by the way, is not ... ◆ **lui non plus d'ailleurs** neither does (ou is, has etc) he, for that matter

ailloli [ajɔli] nm garlic mayonnaise

aimable [ɛmabl] → SYN adj **a** (gentil) parole kind, nice; personne kind, nice, amiable (frm) ◆ **c'est un homme aimable** he's a (very) nice man ◆ **tu es bien aimable de m'avoir attendu** it was very nice ou kind of you to wait for me ◆ **c'est très aimable à vous** ou **de votre part** it's most kind of you ◆ (frm) **soyez assez aimable pour** be so kind ou good as to (frm) ◆ **aimable comme une porte de prison** like a bear with a sore head

b (†: agréable) endroit, moment pleasant

c (††: digne d'amour) lovable, amiable††

aimablement [ɛmabləmɑ̃] adv agir kindly, nicely; répondre, recevoir amiably, nicely; refuser politely ◆ **il m'a offert aimablement à boire** he kindly offered me a drink

aimant[1] [ɛmɑ̃] → SYN nm magnet ◆ **aimant (naturel)** magnetite (NonC), lodestone

aimant[2], e [ɛmɑ̃, ɑ̃t] → SYN adj loving, affectionate

aimantation [ɛmɑ̃tasjɔ̃] → SYN nf magnetization

aimanté, e [ɛmɑ̃te] (ptp de **aimanter**) adj aiguille, champ magnetic

aimanter [ɛmɑ̃te] ▸ conjug 1 ◂ vt to magnetize

aimer [eme] → SYN ▸ conjug 1 ◂ GRAMMAIRE ACTIVE 1.1, 7.1, 7.2, 7.4, 8.4, 8.5, 12.2

1 vt **a** (d'amour) to love, be in love with; (d'amitié, attachement, goût) to like, be fond of ◆ **aimer beaucoup** personne to like very much ou a lot, be very fond of; animaux, choses to like very much ou a lot, be very keen on ou fond of, love ◆ **aimer bien** to like, be fond of ◆ **il l'aime d'amour** he loves her ◆ **il l'aime à la folie** he adores her, he's crazy about her* ◆ **j'aime une bonne tasse de café après déjeuner** I like ou enjoy ou love a good cup of coffee after lunch ◆ **les hortensias aiment l'ombre** hydrangeas like shade ◆ **tous ces trucs-là, tu aimes, toi?*** do you go in for all that kind of stuff?* ◆ **je n'aime pas beaucoup cet acteur** I don't care for ou I don't like that actor very much, I'm not very keen on (Brit) that actor, I don't go much for that actor* ◆ **elle n'aime pas le tennis** she doesn't like tennis ou care for tennis, she's not keen on (Brit) tennis ◆ **les enfants aiment qu'on s'occupe d'eux** children like ou love attention ◆ **elle n'aime pas qu'il sorte le soir** she doesn't like him going out ou him to go out at night ◆ **aimer faire,** (littér) **aimer à faire** to like doing ou to do ◆ (frm, hum) **j'aime à penser** ou **à croire que ...** I like to think that ... → **qui**

b (avec assez, autant, mieux) **aimer autant: j'aime autant vous dire que je n'irai pas!** I may as well tell you that I won't go! ◆ **il aime** ou **aimerait autant ne pas sortir aujourd'hui** he'd just as soon not go out today, he'd be just as happy not going out today ◆ **j'aimerais autant que ce soit elle qui m'écrive** I'd rather it was she who wrote to me ◆ **j'aime autant qu'elle ne soit pas venue** I'm just as happy ou it's (probably) just as well she didn't come ◆ **j'aime autant ça!*** (menace) I'm pleased to hear it!; that sounds more like it!*; (soulagement) what a relief! ◆ **aimer mieux: on lui apporte des fleurs, elle aimerait mieux des livres** they bring her flowers and she would rather ou sooner have ou she would prefer books ◆ **il aurait mieux aimé se reposer que d'aller au cinéma** he would rather have rested ou he would have preferred to rest than go to the cinema ◆ **j'aime mieux te dire qu'il va m'entendre!*** I'm going to give him a piece of my mind, and that's for sure ◆ **aimer assez: elle aime assez** ou **bien bavarder avec les commerçants** she quite ou rather likes chatting with the tradesmen

c (au conditionnel = vouloir) **aimeriez-vous une tasse de thé?** would you like a cup of tea?, would you care for a cup of tea? ◆ **elle aimerait bien aller se promener** she would like to go for a walk ◆ **j'aimerais vraiment venir** I'd really like to come, I'd love to come ◆ **je n'aimerais pas être dehors par ce temps** I wouldn't want ou like to be out in this (sort of) weather ◆ **j'aimerais assez/je n'aimerais pas ce genre de manteau** I would rather like/wouldn't like a coat like that

2 **s'aimer** vpr **a** **ils s'aiment** they are in love, they love each other ◆ **aimez-vous les uns les autres** love one another ◆ **ces deux collègues ne s'aiment guère** there's no love lost between those two colleagues ◆ **se faire aimer de quelqu'un de riche** etc to get somebody rich etc to fall in love with one ◆ **essayer de se faire aimer de qn** to try to win the love ou affection of sb ◆ **je ne m'aime pas avec ce chapeau** I don't like myself in that hat

b (faire l'amour) to make love

aine [ɛn] → SYN nf (Anat) groin

aîné, e [ene] → SYN **1** adj (plus âgé) older (*que* than), elder; (le plus âgé) eldest, oldest

2 nm **a** [famille] **l'aîné (des garçons)** the eldest boy ◆ **mon (frère) aîné** (plus âgé) my older ou elder brother; (le plus âgé) my oldest ou eldest brother ◆ **le père était fier de son aîné** the father was proud of his oldest ou eldest boy ou son

b (relation d'âges) **il est mon aîné** he's older than me ◆ **il est mon aîné de 2 ans** he's 2 years older than me, he's 2 years my senior ◆ (littér) **respectez vos aînés** respect your elders

3 **aînée** nf **a** **l'aînée (des filles)** the oldest ou eldest girl ou daughter ◆ **ma sœur aînée, mon aînée** (plus âgée) my older ou elder sister; (la plus âgée) my oldest ou eldest sister

b **elle est mon aînée** she's older than me ◆ **elle est mon aînée de 2 ans** she's 2 years older than me, she's 2 years my senior

aînesse [ɛnɛs] → SYN nf → **droit[3]**

ainsi [ɛ̃si] → SYN GRAMMAIRE ACTIVE 26.5 adv **a** (de cette façon) in this way ou manner ◆ **je préfère agir ainsi** I prefer to act in this way ou manner ou to act thus ◆ **il faut procéder ainsi** you have to proceed as follows ou thus ou in this manner ◆ **c'est ainsi que ça s'est passé** that's the way ou how it happened ◆ **est-ce ainsi que tu me traites?** is this the way ou is this how you treat me? ◆ **pourquoi me traites-tu ainsi?** why do you treat me thus?†, why do you treat me like this? ou in this way? ◆ **ainsi finit son grand amour** thus ended his great love ◆ **il n'en est pas ainsi pour tout le monde** it's not so ou the case for everyone ◆ **s'il en est ainsi** ou **puisque c'est ainsi, je m'en vais** if ou since this is the way things are ou how things are, I am leaving, if ou since this is the case, I am leaving ◆ **s'il en était ainsi** if this were the case ◆ **il en sera ainsi et pas autrement** this is how ou the way it ou things will be and no other way

b (littér: en conséquence) thus; (donc) so ◆ **ils ont perdu le procès, ainsi ils sont ruinés** they lost the case and so they are ruined ◆ **ainsi tu vas partir!** so, you're going to leave!

c (littér: de même) so, in the same way ◆ **comme le berger mène ses moutons, ainsi le pasteur guide ses ouailles** just as the shepherd leads his sheep, so ou in the same way does the minister guide his flock (littér)

d **ainsi que** (just) as ◆ (littér) **ainsi qu'il vous plaira** (just) as it pleases you ◆ **ainsi que nous avons dit hier** just as we said yesterday ◆ **la jalousie, ainsi qu'un poison subtil, s'insinuait en lui** jealousy, (just) like a subtle poison, was slowly worming its way into him ◆ **sa beauté ainsi que sa candeur me frappèrent** I was struck by her beauty as well as her innocence

e LOC **pour ainsi dire** so to speak, as it were ◆ **ils sont pour ainsi dire ruinés** they are ruined, so to speak ou as it were, you might say they are ruined ◆ **ainsi soit-il** (gén) so be it; (Rel) amen ◆ **et ainsi de suite** and so on (and so forth) ◆ **ainsi va le monde** that's the way of the world

aïoli [ajɔli] nm ⇒ **ailloli**

air[1] [ɛʀ] → SYN **1** nm **a** (gaz) air; (brise) air, (light) breeze; (courant d'air) draught (Brit), draft (US) ◆ **l'air de la campagne/de la mer** the country/sea air ◆ **l'air de la ville ne lui convient pas** town air ou the air of the town doesn't suit him ◆ **une pièce sans air** a stuffy room ◆ **on manque d'air ici** there's no air (in) here, it's stuffy (in) here ◆ **donnez-nous un peu d'air** give us some (fresh) air ◆ **sortir à l'air libre** to come out into the open air ◆ **mettre la literie à l'air** to put the bedclothes (out) to air ou out for an airing, air the bedclothes ◆ **se promener les fesses à l'air** to walk around bare-bottomed ◆ **sortir prendre l'air** to go out for some ou a breath of (fresh) air ◆ (Naut) **il y a des airs** there is a wind (up) ◆ **il y a un peu d'air aujourd'hui** there's a light ou slight breeze today ◆ **on sent de l'air qui vient de la porte** you can feel a draught (Brit) ou draft (US) from the door ◆ **en plein air** piscine outdoor (épith); jouer outdoors ◆ **de plein air** activité, jeux outdoor (épith) → **bol, chambre, courant** etc

b (espace) air ◆ **s'élever dans l'air** ou **dans les airs** to rise (up) into the skies ou the air ◆ **regarder en l'air** to look up ◆ **avoir le nez en l'air** to gaze vacantly about one ◆ **jeter qch en l'air** to throw sth (up) into the air ◆ **transports par air** air transport, transport by air ◆ **l'avion a pris l'air** the plane has taken off ◆ **de l'air** hôtesse, ministère air (épith) → **armée[2], école, mal**

c (fig: atmosphère, ambiance) atmosphere ◆ **dans l'air: ces idées étaient dans l'air à cette époque** those ideas were in the air at that time ◆ **c'est dans l'air du temps** that's part of the current climate ◆ **il y a de la bagarre dans l'air** there's a quarrel in the wind ou brewing ◆ **il y a de l'orage dans l'air** there's a storm brewing ◆ **la grippe est dans l'air** there's flu about (Brit) ou going around ◆ **il est allé prendre l'air du bureau** he has gone to see how things look ou what things look like at the office ◆ **tout le monde se dispute, l'air de la maison est irrespirable** everyone's quarrelling and the atmosphere in the house is unbearable ◆ **il a besoin de l'air de la ville** he needs the atmosphere of the town

d LOC **en l'air** paroles, promesses idle, empty; agir rashly ◆ **ce ne sont encore que des projets en l'air** these plans are still very much in the air ◆ (désordre) **tout était en l'air dans la pièce** the room was in a total mess ◆ **flanquer*** ou **ficher*** ou **foutre⁑ tout en l'air** (jeter) to chuck⁑ ou sling* (Brit) it all away ou out; (abandonner) to chuck it all up⁑ (Brit) ou in⁑ ◆ **ce contretemps a fichu en l'air mes vacances*** this hitch has (completely) messed up my holidays* ◆ **en courant, il a flanqué le vase en l'air*** as he was running he knocked over the vase ◆ **se ficher*** ou **se foutre⁑ en l'air** to smash o.s. up* ◆ **vivre** ou **se nourrir de l'air du temps** to live on air ou on nothing at all → **parler**

2 COMP ▷ **air comprimé** compressed air ▷ **air conditionné** air conditioning ▷ **air liquide** liquid air

air[2] [ɛʀ] → SYN nm **a** (apparence, manière) air ◆ **d'un air décidé** in a resolute manner ◆ **sous son air calme c'est un homme énergique** beneath his calm appearance he is a forceful man ◆ **un garçon à l'air éveillé** a lively-looking boy ◆ **ils ont un air de famille** there's a family likeness between them ◆ **ça lui donne l'air d'un clochard** it makes him look like a tramp → **faux[2], grand**

b (expression) look, air ◆ **d'un air perplexe** with a look ou an air of perplexity, with a perplexed air ou look ◆ **je lui trouve un drôle d'air** I think he looks funny ou very odd ◆ **prendre un air éploré** to put on ou adopt a tearful expression ◆ **elle a pris son petit air futé pour me dire** she told me in her sly little manner, she put on that rather sly look she has ou of hers to tell me ◆ **prendre un air entendu** to put on a knowing air ◆ **prendre un air pincé** to put on a prim expression

c LOC **avoir l'air: elle a l'air d'une enfant** she looks like a child ◆ **ça m'a l'air d'un mensonge** it looks to me ou sounds to me like a lie ◆ **ça m'a l'air d'être assez facile** it strikes me as being fairly easy, it looks fairly easy to me ◆ **elle a l'air intelligent(e)** she looks ou seems intelligent, she has an intelligent look ◆ **il a l'air stupide – il en a l'air et la chanson*** he looks idiotic – he doesn't just look it either!* ◆ **il a eu l'air de ne pas comprendre** he looked as if ou as though he didn't understand, he didn't seem to understand; (faire semblant) he pretended not to understand ◆ **elle n'avait pas l'air de vouloir travailler** she didn't look as if ou as though she wanted to work ◆ **il est très ambitieux sans en avoir l'air** he might not look it but he's very ambitious, he's very ambitious although he might not ou doesn't really look it ◆ **ça (m') a tout l'air d'être une fausse alerte** it looks (to me) as if it's a false alarm ◆ **il a l'air de vouloir neiger** it looks like snow ◆ **de quoi j'ai l'air maintenant!*, j'ai l'air fin maintenant!*** I really look like (a bit of) a fool (Brit) ou like a fine one (Brit) ou like an idiot now* ◆ **il n'a l'air de rien, mais il sait ce qu'il fait** you wouldn't think it to look at him but he knows what he's doing ◆ **cette plante n'a l'air de rien, pourtant elle donne de très jolies fleurs** this plant doesn't look much but it has very pretty flowers ◆ **sans avoir l'air de rien, filons discrètement** let's just behave naturally and slip away unnoticed ◆ **ça m'a tout de même coûté 5 000 F, l'air de rien** even so, it still cost me 5,000 francs ◆ **il a dit ça avec son air de ne pas y toucher** he said it with the most innocent expression on his face

air³ [ɛʀ] → SYN nm [opéra] aria; (mélodie) tune, air ◆ **l'air d'une chanson** the tune of a song ◆ **air d'opéra** operatic aria ◆ **air de danse** dance tune ◆ (lit, fig) **air connu** familiar tune ◆ **chanter des slogans sur l'air des lampions** to chant slogans

airain [ɛʀɛ̃] → SYN nm (littér) bronze

air-air [ɛʀɛʀ] adj inv (Mil) air-to-air

Airbus ® [ɛʀbys] → SYN nm Airbus ®

aire [ɛʀ] → SYN nf (zone) area, zone; (Math) area; [aigle] eyrie ◆ **aire d'atterrissage** landing strip; (pour hélicoptère) landing pad ◆ (Agr) **aire de battage** threshing floor ◆ (Géol) **aires continentales** continental shields ◆ **aire d'embarquement** boarding area ◆ (Bio) **aire embryonnaire** germinal area ◆ (Anat) **aire striée** striate area ◆ **aire de jeux** adventure playground ◆ **aire de lancement** launching site ◆ (sur autoroute) **aire de repos** rest area *(on motorway etc)* ◆ **aire de service** motorway services, service station ◆ **aire de stationnement** parking area ◆ (Naut) **aire de vent** rhumb ◆ **suivant l'aire de vent** following the rhumb-line route, taking a rhumb-line course

airedale [ɛʀdɛl] → SYN nm Airedale (terrier)

airelle [ɛʀɛl] → SYN nf (myrtille) bilberry, whortleberry, blueberry ◆ **airelle (rouge)** cranberry

airer [eʀe] → SYN ▸ conjug 1 ◂ vi [oiseau de proie] to nest

air-sol [ɛʀsɔl] adj inv (Mil) air-to-ground

air-terre [ɛʀtɛʀ] adj inv (Mil) air-to-ground

aisance [ɛzɑ̃s] → SYN nf **a** (facilité) ease ◆ **s'exprimer avec une rare** ou **parfaite aisance** to have great facility ou ease of expression, express o.s. with great ease ou facility ◆ **il patinait avec une rare** ou **parfaite aisance** he skated with the greatest of ease ou with great ease ◆ **il y a beaucoup d'aisance dans son style** he has an easy ou a flowing style ou a very fluent style
b (richesse) affluence ◆ **vivre dans l'aisance** to be comfortably off ou well-off, live comfortably
c (Couture) **redonner de l'aisance sous les bras** to give more freedom of movement ou more fullness under the arms → **pli**
d → **fosse, lieu¹**

aise [ɛz] → SYN **1** nf **a** (littér) joy, pleasure, satisfaction ◆ **j'ai tant d'aise à vous voir** I'm overjoyed to see you, it gives me such joy ou pleasure ou satisfaction to see you ◆ **sourire d'aise** to smile with pleasure ◆ **tous ces compliments la comblaient d'aise** all these compliments made her overjoyed ou filled her with great joy ou satisfaction
LOC **être à l'aise, être à son aise** (dans une situation) to be ou feel at ease; (dans un vêtement, fauteuil) to feel ou be comfortable; (être riche) to be comfortably off ou comfortable ◆ **être mal à l'aise, être mal à son aise** (dans une situation) to be ou feel ill at ease; (dans un vêtement, fauteuil) to feel ou be uncomfortable ◆ **mettez-vous à l'aise** ou **à votre aise** make yourself comfortable, make yourself at home ◆ **leur hôtesse les mit tout de suite à l'aise** their hostess immediately put them at (their) ease ou made them feel immediately at home ◆ **faire qch à l'aise*** to do sth easily ◆ **tu comptes faire ça en deux heures? – à l'aise (, Blaise)!*** do you think you can do that in 2 hours? – easily! ou no problem!* ◆ **en prendre à son aise avec qch** to make free with sth, do exactly as one likes with sth ◆ **vous en prenez à votre aise!** you're taking things nice and easy! ◆ **tu en parles à ton aise!** it's easy (enough) ou it's all right for you to talk! ◆ **à votre aise!** please yourself!, just as you like! ◆ **on tient à 4 à l'aise dans cette voiture** this car holds 4 (quite) comfortably, 4 can get in this car (quite) comfortably
c **aises: aimer ses aises** to like ou be fond of one's creature comforts ou one's comforts ◆ (iro) **tu prends tes aises!** you're making yourself comfortable all right! (iro)
2 adj ◆ (littér) **être bien aise d'avoir fini son travail** to be delighted ou most pleased to have finished one's work ◆ **j'ai terminé – j'en suis fort aise** I've finished – I'm so glad

aisé, e [eze] → SYN adj **a** (facile) easy ◆ **aisé à découvrir / faire** easy to find out / to do
b (dégagé) démarche easy, graceful; style flowing, fluent
c (riche) well-to-do, comfortably off (attrib), well-off

aisément [ezemɑ̃] → SYN adv (sans peine) easily; (sans réserves) readily; (dans la richesse) comfortably

aisselle [ɛsɛl] → SYN nf (Anat) armpit, axilla (spéc); (Bot) axil

AIT [aite] nf (abrév de **Association internationale du tourisme**) → **association**

Aix-la-Chapelle [ɛkslaʃapɛl] n Aachen

Ajax [aʒaks] nm Ajax

ajointer [aʒwɛ̃te] → SYN ▸ conjug 1 ◂ vt to adjoin, join up

ajonc [aʒɔ̃] → SYN nm gorse bush ◆ **des ajoncs** gorse (NonC), furze (NonC)

ajour [aʒuʀ] → SYN nm (gén pl) [broderie, sculpture] openwork (NonC)

ajouré, e [aʒuʀe] → SYN (ptp de **ajourer**) adj mouchoir openwork (épith), hemstitched; bijou, sculpture which has an openwork design

ajourer [aʒuʀe] ▸ conjug 1 ◂ vt sculpture to ornament with openwork; mouchoir to hemstitch

ajournement [aʒuʀnəmɑ̃] → SYN nm (→ **ajourner**) adjournment; deferment; postponement; referring; summons

ajourner [aʒuʀne] → SYN ▸ conjug 1 ◂ **1** vt assemblée to adjourn; réunion, élection, décision to defer, postpone, adjourn; rendez-vous to postpone, put off; candidat to refer; conscrit to defer; (Jur: convoquer) to summon ◆ **réunion ajournée d'une semaine / au lundi suivant** meeting adjourned ou delayed for a week / until the following Monday
2 **s'ajourner** vpr (Pol) to adjourn

ajout [aʒu] → SYN nm [texte] addition

ajouter [aʒute] → SYN ▸ conjug 1 ◂ GRAMMAIRE ACTIVE 26.5
1 vt **a** to add ◆ **ajoute un peu de sel** put in ou add a bit more salt ◆ **je dois ajouter que** I should add that ◆ **sans ajouter un mot** without (saying ou adding) another word ◆ **ajoutez à cela qu'il pleuvait** on top of that ou in addition to that ou what's more, it was raining ◆ **ajoutez à cela sa maladresse naturelle** add to that his natural clumsiness
b **ajouter foi aux dires de qn** to lend ou give credence to sb's statements, believe sb's statements
2 **ajouter à** vt indir (littér) to add to, increase ◆ **ton arrivée ajoute à mon bonheur** your arrival adds to ou increases my happiness
3 **s'ajouter** vpr ◆ **s'ajouter à** to add to ◆ **ces malheurs venant s'ajouter à leur pauvreté** these misfortunes adding further to their poverty ◆ **ceci, venant s'ajouter à ses difficultés** this coming on top of ou to add further to his difficulties ◆ **à ces dépenses viennent s'ajouter les impôts** on top of ou in addition to these expenses there are taxes

ajustage [aʒystaʒ] → SYN nm (Tech) fitting; [monnaie] gauging

ajusté, e [aʒyste] (ptp de **ajuster**) adj vêtement close-fitting ◆ **la robe est très ajustée à la taille** the dress is quite fitted at the waist

ajustement [aʒystəmɑ̃] → SYN nm [statistique, prix] adjustment; (Tech) fit ◆ **ajustement monétaire** currency adjustment ou realignment ◆ **le projet est finalisé, à quelques ajustements près** the project is completed, give or take a few final touches ◆ **il a eu quelques difficultés d'ajustement à l'école** he had trouble adjusting to school

ajuster [aʒyste] → SYN ▸ conjug 1 ◂ **1** vt **a** (régler) ceinture, salaires to adjust; vêtement to alter; pièce réglable to adjust, regulate ◆ **il leur est difficile d'ajuster leurs vues** it is difficult for them to make their views agree ou to reconcile their views
b (adapter) **ajuster qch à** to fit sth to ◆ **ajuster un tuyau à qch** to fit a hose onto sth ◆ **ajuster son style à un sujet** to fit ou adapt one's style to a subject
c tir to aim ◆ **ajuster son coup** to aim one's shot ◆ **ajuster qn** to aim at sb
d (†) coiffure to tidy, arrange; tenue to arrange; cravate to straighten
2 **s'ajuster** vpr **a** (Tech) (s'emboîter) to fit (together); (s'adapter) to be adjustable ◆ **s'ajuster à** to fit
b (†: se rajuster) to adjust ou tidy one's dress†

ajusteur [aʒystœʀ] nm metal worker

ajut [aʒyt] nm ◆ **nœud d'ajut** carrick bend

ajutage [aʒytaʒ] → SYN nm [tuyau] nozzle

akène [akɛn] → SYN nm achene, akene

akinésie [akinezi] nf akinesia

akkadien, -ienne [akadjɛ̃, jɛn] adj, nm Akkadian, Accadian

Alabama [alabama] nm Alabama

alabandite [alabɑ̃dit] nf alabandite

alabastrite [alabastʀit] nf alabastrites (sg)

alacrité [alakʀite] → SYN nf (littér) alacrity

Aladin [aladɛ̃] nm Aladdin ◆ (Littérat) **"Aladin ou la Lampe merveilleuse"** "Aladdin and the Magic Lamp"

Alain [alɛ̃] nm Alan

alaire [alɛʀ] adj membrane, plumes alar; (Aviat) charge, surface wing (épith)

alaise [alɛz] nf undersheet, drawsheet

alambic [alɑ̃bik] → SYN nm (Chim) still

alambiqué, e [alɑ̃bike] → SYN adj (péj) style, discours convoluted (péj), involved; personne, esprit over-subtle (péj)

alangui, e [alɑ̃gi] → SYN (ptp de **alanguir**) adj attitude, geste languid; rythme, style languid, lifeless

alanguir [alɑ̃giʀ] → SYN ▸ conjug 2 ◂ **1** vt **a** [fièvre] to make feeble ou languid, enfeeble; [chaleur] to make listless ou languid; [plaisirs, vie paresseuse] to make indolent ou languid ◆ **être tout alangui par la chaleur** to feel listless ou languid with the heat
b récit to make nerveless ou lifeless
2 **s'alanguir** vpr to grow languid ou weak, languish

alanguissement [alɑ̃gismɑ̃] → SYN nm languidness, languor

alanine [alanin] nf alanine

alarmant, e [alaʀmɑ̃, ɑ̃t] → SYN adj alarming

alarme [alaʀm] → SYN nf **a** (signal de danger) alarm, alert ◆ **donner** ou **sonner l'alarme** to give ou sound ou raise the alarm, give the alert ◆ **(système d') alarme** alarm system → **signal, sirène, sonnette**
b (inquiétude) alarm ◆ **jeter l'alarme** to cause alarm ◆ **à la première alarme** at the first sign of danger

alarmer [alaʀme] → SYN ▸conjug 1◂ 1 vt to alarm
2 **s'alarmer** vpr to become alarmed (*de, pour* about, at) ◆ **il n'a aucune raison de s'alarmer** he has ou there is no cause for alarm

alarmisme [alaʀmism] nm alarmism

alarmiste [alaʀmist] → SYN adj, nmf alarmist

Alaska [alaska] nm Alaska ◆ **la route de l'Alaska** the Alaska Highway ◆ **la chaîne de l'Alaska** the Alaska Range

alastrim [alastʀim] nm alastrim

alaterne [alatɛʀn] nm alaternus

albanais, e [albanɛ, ɛz] 1 adj Albanian
2 nm (Ling) Albanian
3 nm,f ◆ **Albanais(e)** Albanian

Albanie [albani] nf Albania

albâtre [albɑtʀ] → SYN nm alabaster ◆ **d'albâtre, en albâtre** alabaster (épith)

albatros [albatʀos] → SYN nm (oiseau) albatross; (Golf) albatross (Brit), double eagle (US)

albédo [albedo] nm albedo

Albert [albɛʀ] nm Albert

Alberta [albɛʀta] nm Alberta

albigeois, e [albiʒwa, waz] → SYN 1 adj a (Géog) of ou from Albi
b (Hist) Albigensian
2 nm,f ◆ **Albigeois(e)** inhabitant ou native of Albi
3 nmpl ◆ (Hist) **les albigeois** the Albigenses, the Albigensians → **croisade**

albinisme [albinism] nm albinism

albinos [albinos] nmf, adj inv albino

Albion [albjɔ̃] nf ◆ **(la perfide) Albion** (perfidious) Albion

albite [albit] nf albite

albuginé, e [albyʒine] 1 adj albugineous
2 **albuginée** nf albuginean coat

albugo [albygo] nm [cornée] albugo

album [albɔm] → SYN nm album ◆ **album (de) photos / de timbres** photo / stamp album ◆ **album à colorier** ou **de coloriages** colouring book ◆ **album de presse** press book

albumen [albymɛn] nm albumen

albumine [albymin] nf albumin

albumineux, -euse [albyminø, øz] adj albuminous

albuminurie [albyminyʀi] nf albuminuria

albuminurique [albyminyʀik] adj albuminuric

albumose [albymoz] nf proteose, albumose (US)

alcade [alkad] nm alcalde

alcaïque [alkaik] adj Alcaic ◆ **vers alcaïques** Alcaics

alcalescence [alkalesɑ̃s] nf alkalescence, alkalescency

alcalescent, e [alkalesɑ̃, ɑ̃t] adj alkalescent

alcali [alkali] → SYN nm alkali ◆ **alcali volatil** ammonia

alcalimètre [alkalimɛtʀ] nm alkalimeter

alcalimétrie [alkalimetʀi] nf alkalimetry

alcalin, e [alkalɛ̃, in] → SYN adj alkaline

alcaliniser [alkalinize] ▸conjug 1◂ vt to alkalize

alcalinité [alkalinite] nf alkalinity

alcalinoterreux, -euse [alkalinoteʀø, øz] adj ◆ **métaux alcalinoterreux** alkaline earth metals ou elements

alcaloïde [alkalɔid] nm alkaloid

alcalose [alkaloz] nf alkalosis

alcane [alkan] nm alkane

alcarazas [alkaʀazas] → SYN nm alcarraza

alcène [alsɛn] nm alkene

Alceste [alsɛst] nm Alcestis

alchémille [alkemij] nf (Bot) lady's mantle

alchimie [alʃimi] → SYN nf alchemy

alchimique [alʃimik] adj alchemical, of alchemy

alchimiste [alʃimist] → SYN nmf alchemist

alcool [alkɔl] → SYN nm a (Chim) alcohol ◆ **alcool absolu** pure alcohol ◆ **alcool à brûler** methylated spirit(s) ◆ **alcool camphré** camphorated alcohol ◆ **alcool rectifié** rectified spirit ◆ **alcool à 90º** surgical spirit ◆ **lampe à alcool** spirit lamp
b (boisson) alcohol (NonC) ◆ **l'alcool au volant** drink-driving, drinking and driving ◆ **boire de l'alcool** (gén) to drink alcohol; (eau-de-vie) to drink spirits ◆ **il ne prend jamais d'alcool** he never drinks ou he never touches alcohol ◆ **le cognac est un alcool** cognac is a brandy ou spirit ◆ **vous prendrez bien un petit alcool** you won't say no to a little brandy ou liqueur ◆ **alcool de prune / poire** plum / pear brandy ◆ **alcool de menthe** medicinal mint spirit ◆ **alcool blanc** colourless spirit ◆ **alcool de grain** grain alcohol ◆ **bière / boisson sans alcool** non-alcoholic ou alcohol-free beer / drink

alcoolat [alkɔla] nm alcoholate

alcoolature [alkɔlatyʀ] nf alcoholature

alcoolé [alkɔle] nm tincture

alcoolémie [alkɔlemi] nf ◆ **taux d'alcoolémie** alcohol level (in the blood)

alcoolique [alkɔlik] → SYN adj, nmf alcoholic ◆ **Les Alcooliques anonymes** Alcoholics Anonymous

alcoolisation [alkɔlizasjɔ̃] nf alcoholization

alcooliser [alkɔlize] → SYN ▸conjug 1◂ 1 vt to alcoholize ◆ **boissons alcoolisées / non alcoolisées** alcoholic / soft drinks ◆ **boisson légèrement alcoolisée** low-alcohol drink
2 **s'alcooliser** vpr to become an alcoholic; (hum : s'enivrer) to get drunk

alcoolisme [alkɔlism] → SYN nm alcoholism ◆ **alcoolisme aigu / chronique / mondain** acute / chronic / social alcoholism

alcoolo✱ [alkɔlo] 1 adj alcoholic
2 nmf wino✱

alcoologie [alkɔlɔʒi] nf *part of medical science which studies alcoholism*

alcoomètre [alkɔmɛtʀ] nm alcoholometer

alcoométrie [alkɔmetʀi] nf alcoholometry

alcootest ® [alkɔtɛst] nm (objet) Breathalyser ® (Brit), Breathalyzer ® (US); (épreuve) breath-test ◆ **faire subir un alcootest à qn** to breathalyse (Brit) ou breathalyze (US) sb, give sb a breath test, breath test sb

alcôve [alkov] → SYN nf alcove, recess (*in a bedroom*) ◆ (fig) **d'alcôve** bedroom (épith), intimate → **secret**

alcoyle [alkɔil] nm alkyl

alcyne [alsin] nm alkyne

alcyon [alsjɔ̃] → SYN nm (Myth) Halcyon

alcyonaires [alsjɔnɛʀ] nmpl ◆ **les alcyonaires** alcyonarians, the Alcyonaria (spéc)

al dente [aldɛnte] loc adv, loc adj al dente

aldin, e [aldɛ̃, in] adj Aldine

aldol [aldɔl] nm aldol

aldose [aldoz] nm aldose

aldostérone [aldosteʀɔn] nf aldosterone

ALE [aɛlə] nf (abrév de **Association de libre-échange**) FTA

aléa [alea] → SYN nm hazard ◆ **en comptant avec tous les aléas** taking all the risks ou the unknown factors into account ◆ **les aléas de l'examen** the hazards of the exam ◆ **après bien des aléas** after many ups and downs ou many hazards

aléatoire [aleatwaʀ] → SYN adj a (risqué) gains, succès uncertain; marché chancy, risky, uncertain
b (Math) grandeur random; (Ordin) nombre, accès random; (Mus) aleatoric, aleatory → **contrat**

aléatoirement [aleatwaʀmɑ̃] adv randomly, haphazardly

alémanique [alemanik] adj, nm (Ling) Alemannic → **suisse**

Alena [alena] nm (abrév de **Accord de libre-échange nord-américain**) NAFTA

alène, alêne [alɛn] → SYN nf awl

alentour [alɑ̃tuʀ] → SYN adv around, round about ◆ **tout alentour** ou **à l'entour**†† all around ◆ **alentour de qch** (a)round sth ◆ **les villages d'alentour** the villages around ou round about, the neighbouring ou surrounding villages

alentours [alɑ̃tuʀ] nmpl a (environs) [ville] surroundings, neighbourhood ◆ **les alentours sont très pittoresques** the surroundings ou environs are very picturesque ◆ **dans les alentours** in the vicinity ou neighbourhood ◆ **aux alentours de Dijon** in the vicinity ou neighbourhood of Dijon ◆ (fig) **étudier les alentours d'un problème** to study the side issues of a problem ◆ **il gagne aux alentours de 1 000 F** he earns (something) in the region ou neighbourhood of 1,000 francs, he earns round about (Brit) 1,000 francs ◆ **aux alentours de 8 heures** round about 8 (o'clock), some time around 8 (o'clock)
b (Art) [tapisserie] border

aléoute [aleut] 1 adj Aleutian
2 nm,f ◆ **Aléoute** Aleut

aléoutien, -ienne [aleusjɛ̃, jɛn] adj Aleutian ◆ **les (îles) Aléoutiennes** the Aleutian Islands, the Aleutians

Alep [alɛp] nm Aleppo

aleph [alɛf] nm (Ling) aleph; (Math) transfinite number

alérion [aleʀjɔ̃] nm alerion

alerte [alɛʀt] → SYN 1 adj personne, geste agile, nimble; esprit alert, agile, nimble; vieillard spry, agile; style brisk, lively
2 nf a (signal de danger, durée du danger) alert, alarm ◆ **donner l'alerte** to give the alert ou alarm ◆ **donner l'alerte à qn** to alert sb ◆ **alerte aérienne** air raid warning ◆ **alerte à la bombe** bomb scare ◆ **système d'alerte** alarm system; (guerre atomique) early warning system ◆ **les nuits d'alerte** nights on alert ou with an alert → **état, faux**[2]
b (fig) (avertissement) warning sign; (inquiétude) alarm ◆ **à la première alerte** at the first warning sign ◆ **l'alerte a été chaude** ou **vive** there was intense ou considerable alarm
3 excl ◆ **alerte !** watch out !

alertement [alɛʀt(ə)mɑ̃] adv (→ **alerte**) agilely; nimbly; alertly; spryly; briskly

alerter [alɛʀte] → SYN ▸conjug 1◂ vt (donner l'alarme) to alert; (informer) to inform, notify; (prévenir) to warn ◆ **alerter l'opinion publique** to alert public opinion ◆ **les pouvoirs publics ont été alertés** the authorities have been informed ou notified, it has been brought to the attention of the authorities

alésage [alezaʒ] → SYN nm (action) reaming; (diamètre) bore

alèse [alɛz] nf ⇒ **alaise**

aléser [aleze] → SYN ▸conjug 6◂ vt to ream

aléseuse [alezøz] → SYN nf reamer

Alésia [alezja] n Alesia

aléthique [aletik] adj alethic

aleurode [aløʀɔd] nm whitefly

aleurone [aløʀɔn] nf aleuron(e)

alevin [alvɛ̃] → SYN nm alevin, young fish *(bred artificially)*

alevinage [alvinaʒ] → SYN nm (action) stocking with alevins ou young fish; (pisciculture) fish farming

aleviner [alvine] ▸conjug 1◂ 1 vt (empoissonner) to stock with alevins ou young fish
2 vi (pondre) to spawn

alevinier [alvinje] → SYN nm, **alevinière** [alvinjɛʀ] nf (alevin) fishery

Alexandre [alɛksɑ̃dʀ] nm Alexander ◆ **Alexandre le Grand** Alexander the Great

Alexandrie [alɛksɑ̃dʀi] n Alexandria

alexandrin, e [alɛksɑ̃dʀɛ̃, in] → SYN 1 adj art, poésie, (Hist) Alexandrian; prosodie alexandrine
2 nm alexandrine

alexie [alɛksi] nf word-blindness, alexia (spéc)

alezan, e [alzɑ̃, an] adj, nm,f (cheval) chestnut ◆ **alezan clair** sorrel

alfa [alfa] → SYN nm (herbe) Esparto (grass); (papier) Esparto paper

Alfred [alfʀɛd] nm Alfred

algarade [algaʀad] SYN nf (gronderie) angry outburst; (dispute) row (Brit), spat*, run-in; (Hist: attaque) incursion

algazelle [algazɛl] SYN nf algazel

algèbre [alʒɛbʀ] nf (Math) algebra ◆ **par l'algèbre** algebraically ◆ **c'est de l'algèbre pour moi*** it's (all) Greek to me*

algébrique [alʒebʀik] adj algebraic

algébriquement [alʒebʀikmɑ̃] adv algebraically

algébriste [alʒebʀist] nmf algebraist

Alger [alʒe] n Algiers

Algérie [alʒeʀi] nf Algeria

algérien, -ienne [alʒeʀjɛ̃, jɛn] SYN 1 adj Algerian
2 nm,f ◆ **Algérien(ne)** Algerian

algérois, e [alʒeʀwa, waz] 1 adj of ou from Algiers
2 nm,f ◆ **Algérois(e)** inhabitant ou native of Algiers
3 nm ◆ (région) **l'Algérois** the Algiers region

algidité [alʒidite] nf algidity

algie [alʒi] SYN nf algia

algine [alʒin] nf algin

algique [alʒik] adj algetic, algesic

ALGOL [algɔl] nm ALGOL

Algol [algɔl] n (Astron) Algol

algologie [algɔlɔʒi] nf algology

algonkin, algonquin [algɔ̃kɛ̃] 1 nm, adj m (Ling) Algonquian
2 nmpl ◆ **Algonkins** Algonquians

algorithme [algɔʀitm] SYN nm algorithm

algorithmique [algɔʀitmik] 1 adj algorithmic
2 nf study of algorithms

algothérapie [algoteʀapi] nf seaweed bath(s)

algue [alg] SYN nf (gén) seaweed (NonC); (Bot) alga ◆ **algues** (gén) seaweed; (Bot) algae

Alhambra [alɑ̃bʀa] nm ◆ **l'Alhambra** the Alhambra

alias [aljas] SYN adv alias, also known as, a.k.a.

Ali Baba [alibaba] nm ◆ (Littérat) **"Ali Baba et les quarante voleurs"** "Ali Baba and the Forty Thieves"

alibi [alibi] SYN nm alibi

Alice [alis] nf Alice ◆ (Littérat) **"Alice au pays des merveilles"** "Alice in Wonderland"

alidade [alidad] SYN nf alidad(e)

aliénabilité [aljenabilite] nf alienability

aliénable [aljenabl] SYN adj alienable

aliénant, e [aljenɑ̃, ɑ̃t] adj alienating

aliénataire [aljenatɛʀ] SYN nmf alienee

aliénateur, -trice [aljenatœʀ, tʀis] SYN nm,f (Jur) alienator

aliénation [aljenasjɔ̃] SYN nf (gén) alienation ◆ (Méd) **aliénation (mentale)** (mental) derangement, insanity

aliéné, e [aljene] SYN (ptp de **aliéner**) nm,f insane person, lunatic (péj) → **asile**

aliéner [aljene] SYN ▸ conjug 6 ◂ vt a (Jur: céder) to alienate; droits, liberté to give up ◆ (Jur) **aliéner un bien** to dispose of property ◆ **aliéner sa liberté entre les mains de qn** to give (up) one's freedom into the hands of sb ◆ **un traité qui aliène leur liberté** a treaty which alienates their freedom
b (rendre hostile) partisans, opinion publique to alienate (*à qn* from sb) ◆ **cette mesure (lui) a aliéné les esprits** this measure alienated people (from him) ◆ **s'aliéner ses partisans / l'opinion publique** to alienate one's supporters / public opinion ◆ **s'aliéner un ami** to alienate ou estrange a friend ◆ **s'aliéner l'affection de qn** to alienate sb's affections, estrange sb
c (Philos, Sociol) **aliéner qn** to alienate sb

aliéniste† [aljenist] nmf psychiatrist

Aliénor [aljenɔʀ] nf Eleanor ◆ **Aliénor d'Aquitaine** Eleanor of Aquitaine

alignement [aliɲ(ə)mɑ̃] SYN nm a (action) aligning, lining up, bringing into alignment; (rangée) alignment, line ◆ **les alignements de Carnac** the Carnac menhirs ou alignments (spéc)
b (Mil) **être à l'alignement** to be in line ◆ **se mettre à l'alignement** to fall into line, line up ◆ **sortir de l'alignement** to step out of line (lit) ◆ **à droite / gauche, alignement!** right / left, dress!
c [rue] building line; (Pol, Fin) alignment ◆ **alignement monétaire** monetary alignment ou adjustment ◆ **maison frappée d'alignement** house hit by the road widening scheme

aligner [aliɲe] SYN ▸ conjug 1 ◂ 1 vt a objets to align, line up, bring into alignment (*sur* with); (fig) chiffres to string together, string up a line of; (fig) arguments to reel off; (Mil) to form into lines, draw up in lines ◆ **il alignait des cubes / allumettes sur la table** he was lining up ou making lines of building blocks / matches on the table ◆ **il n'arrivait pas à aligner deux mots de suite** he couldn't string a sentence ou two words together ◆ **ils ne font qu'aligner des phrases creuses** they simply string together meaningless sentences ◆ **des peupliers étaient alignés le long de la route** poplars stood in a straight line along the roadside ◆ (payer) **pour acheter cette voiture, il va falloir les aligner*** you'll have to lay out* ou cough up* a lot to buy this car
b rue to modify the (statutory) building line of; (Fin, Pol) to bring into alignment (*sur* with) ◆ (fig) **aligner sa conduite sur** to bring one's behaviour into line with, modify one's behaviour to conform with
c (*: punir) **aligner qn** to do sb* ◆ **il s'est fait aligner** he got done* (*pour* for)
2 **s'aligner** vpr [soldats] to fall into line, line up ◆ (Pol) **s'aligner sur** politique to conform to the line of; pays, parti to align o.s. with ◆ **tu peux toujours t'aligner!*** just try and match ou beat that!*

aligoté [aligɔte] adj m, nm aligoté

aliment [alimɑ̃] SYN nm a (nourriture) food ◆ **c'est un aliment riche** it's a rich food ◆ **un aliment pauvre** a food with low nutritional value ◆ **bien mâcher les aliments** to chew one's food well ◆ **le pain est un aliment** bread is (a) food ou a type of food ◆ **le pain et le lait sont des aliments** bread and milk are foods ou (kinds of) food ◆ **comment conserver vos aliments** how to keep (your) food ou foodstuffs fresh ◆ **aliment complet / liquide** whole / liquid food ◆ (Agr) **aliments industriels** factory feedstuffs ◆ **aliments organiques** wholefoods (Brit) ◆ (fig) **fournir un aliment à la curiosité de qn** to feed sb's curiosity, give sb's curiosity something to feed on ◆ **ça a fourni un aliment à la conversation** it gave us something to talk about
b (Jur) **aliments** maintenance

alimentaire [alimɑ̃tɛʀ] SYN adj a besoins food (épith) ◆ **produits** ou **denrées alimentaires** foodstuffs → **bol, pâte, pension**
b (péj) besogne, littérature done to earn a living ou some cash ◆ **c'est de la littérature alimentaire** this sort of book is written as a potboiler ou as a money-spinner ou is written to earn a living

alimentation [alimɑ̃tasjɔ̃] SYN nf a (action) [personne, chaudière] feeding; [moteur, circuit] supplying, feeding ◆ **l'alimentation en eau du moteur / des grandes villes** supplying water to ou the supply of water to the engine / large towns → **tuyau**
b (régime) diet ◆ **alimentation de base** staple diet ◆ **avoir une alimentation équilibrée / mal équilibrée** to eat ou have a balanced / an unbalanced diet ◆ **il lui faut une alimentation lactée** he must have milky food(s) ou a milk diet
c (Comm) food trade; (enseigne) [magasin] grocery (store), groceries; [rayon] groceries

alimenter [alimɑ̃te] SYN ▸ conjug 1 ◂ vt personne, animal, chaudière to feed; conversation to sustain, keep going, nourish; curiosité to feed, sustain; moteur, circuit to supply, feed ◆ **le réservoir alimente le moteur en essence** the tank supplies the engine with petrol (Brit) ou gasoline (US) ou feeds ou supplies petrol etc to the engine ◆ **alimenter une ville en gaz / électricité** to supply a town with gas / electricity ◆ **le malade recommence à s'alimenter** the patient is starting to eat again ou to take food again ◆ **alimenter un compte** to provision an account

alinéa [alinea] SYN nm (passage) paragraph; (ligne) indented line *(at the beginning of a paragraph)* ◆ **nouvel alinéa** new line

aliphatique [alifatik] adj aliphatic

alise [aliz] nf sorb (apple)

alisier [alizje] SYN nm sorb, service tree

alisma [alisma] nm water plantain

alitement [alitmɑ̃] nm confinement to (one's) bed

aliter [alite] SYN ▸ conjug 1 ◂ 1 vt to confine to (one's) bed ◆ **rester alité** to remain confined to (one's) bed, remain bedridden ◆ **infirme alité** bedridden invalid
2 **s'aliter** vpr to take to one's bed

alizé [alize] SYN adj m, nm ◆ **(vent) alizé** trade wind

alkékenge [alkekɑ̃ʒ] nm Chinese lantern, winter ou ground cherry

Allah [ala] nm Allah

allaitement [alɛtmɑ̃] SYN nm a (action: → **allaiter**) feeding; suckling; nursing ◆ **allaitement maternel** breast-feeding ◆ **allaitement mixte** mixed feeding ◆ **allaitement au biberon** bottle-feeding
b (période) breast-feeding

allaiter [alete] SYN ▸ conjug 1 ◂ vt [femme] to (breast-)feed, give the breast to, suckle, nurse; [animal] to suckle ◆ **allaiter au biberon** to bottle-feed ◆ **elle allaite encore** she's still (breast-)feeding (the baby)

allant, e [alɑ̃, ɑ̃t] SYN 1 adj (littér: alerte) sprightly, active ◆ **musique allante** lively music
2 nm (dynamisme) drive, energy ◆ **avoir de l'allant** to have plenty of drive ou energy ◆ **avec allant** energetically

allantoïde [alɑ̃tɔid] nf allantoid, allantois

alléchant, e [aleʃɑ̃, ɑ̃t] SYN adj (→ **allécher**) mouth-watering; enticing; tempting; alluring

allécher [aleʃe] SYN ▸ conjug 6 ◂ vt [odeur] to make one's mouth water, tempt; (fig) [proposition] to entice, tempt, lure ◆ **alléché par l'odeur** his (ou its) mouth watering at the smell, tempted by the smell

allée [ale] SYN nf a [forêt] lane, path; [ville] avenue; [jardin] path; [parc] path, walk, (plus large) avenue; (menant à une maison) drive, driveway; [cinéma, autobus] aisle ◆ **allée cavalière** bridle path ◆ (fig) **les allées du pouvoir** the corridors of power
b **allées et venues** comings and goings ◆ **que signifient ces allées et venues dans le couloir?** what is the meaning of these comings and goings in the corridor? ◆ **ceci l'oblige à de constantes allées et venues (entre Paris et la province)** this forces him to go constantly back and forth ou backwards and forwards ou he is forced to be constantly coming and going (between Paris and the provinces) ◆ **j'ai perdu mon temps en allées et venues pour avoir ce renseignement** I've wasted my time going back and forth ou to-ing and fro-ing to get this information ◆ **le malade l'obligeait à de constantes allées et venues** the patient kept her constantly on the run ou running about (for him)

allégation [a(l)legasjɔ̃] SYN nf (affirmation) allegation; (citation) citation

allégé, e [aleʒe] (ptp de **alléger**) adj low-fat ◆ **(produits) allégés** low-fat products

allège [alɛʒ] SYN nf (Naut) lighter; (Constr) basement *(of a window)*

allégeance [aleʒɑ̃s] SYN nf allegiance ◆ **faire allégeance à qn** to swear allegiance to sb

allégement, allègement [alɛʒmɑ̃] SYN nm (→ **alléger**) lightening; unweighting; alleviation; reduction; mitigation; trimming ◆ **allégement fiscal** tax relief

alléger [aleʒe] SYN ▸ conjug 6 ◂ vt poids, impôts to lighten; bagages, véhicule to make lighter; skis to unweight; douleur to alleviate, relieve, soothe ◆ **alléger les programmes**

scolaires to lighten ou trim the school syllabus ◆ (hum) **alléger qn de son portefeuille** to relieve sb of his wallet

allégorie [a(l)legɔʀi] → SYN nf allegory

allégorique [a(l)legɔʀik] → SYN adj allegorical

allégoriquement [a(l)legɔʀikmɑ̃] adv allegorically

allègre [a(l)lɛgʀ] → SYN adj personne, humeur cheerful, light-hearted; démarche lively, jaunty; musique lively, merry ◆ **il descendait la rue d'un pas allègre** he was walking gaily ou cheerfully ou briskly down the street

allégrement, allègrement [a(l)lɛgʀəmɑ̃] adv (→ **allègre**) gaily, cheerfully; light-heartedly; jauntily; merrily; (*: hum) blithely, cheerfully

allégresse [a(l)legʀɛs] → SYN nf elation, exhilaration ◆ **ce fut l'allégresse générale** there was general rejoicing ou jubilation

allegretto [a(l)legʀeto] → SYN adv, nm allegretto

allegro [a(l)legʀo] adv, nm allegro

alléguer [a(l)lege] → SYN ▸ conjug 6 ◂ vt **a** fait to put forward (as proof ou as an excuse ou as a pretext); excuse, prétexte, raison, preuve to put forward ◆ **il allégua comme prétexte que ...** he put forward as a pretext that ... ◆ **ils refusèrent de m'écouter, alléguant (comme raison) que ...** they refused to listen to me, arguing that ... ou alleging that ...
b (littér: citer) to cite, quote

allèle [alɛl] nm allele

alléluia [a(l)leluja] nm, excl (Rel) alleluia, hallelujah

Allemagne [almaɲ] nf Germany ◆ **l'Allemagne fédérale** the Federal German Republic ◆ **Allemagne de l'Ouest / de l'Est**† West / East Germany† → **république**

allemand, e [almɑ̃, ɑ̃d] → SYN **1** adj German → **république**
2 nm (Ling) German → **bas**[1], **haut**
3 nm,f ◆ **Allemand(e)** German
4 **allemande** nf (Danse, Mus) allemande

allène [alɛn] nm allylene, propine

aller [ale] → SYN ▸ conjug 9 ◂
1 vi **a** (se déplacer) to go ◆ **aller à grands pas** to stride along ◆ **aller deux par deux** to go ou walk in twos ou pairs ◆ **il va sans but par les rues** he wanders (aimlessly) through the streets ◆ **il allait trop vite quand il a eu son accident (d'auto)** he was driving ou going too fast when he had his (car) accident ◆ **en ville, on va plus vite à pied qu'en voiture** in town it is quicker to walk than to go by car, in town it is quicker to get around on foot than in a car ◆ **aller et venir** to come and go
b (se rendre à) **aller à / vers** to go to / towards ◆ **aller loin** to go a long way, go far (afield) ◆ **aller à Paris / en Allemagne / à la campagne / chez le boucher** to go to Paris / to Germany / to the country / to the butcher's ◆ **penses-tu y aller?** do you think you'll be going (there)? ◆ **aller au lit / à l'église / à l'école** to go to bed / to church / to school ◆ **aller à la chasse / à la pêche** to go hunting / fishing ◆ **aller aux champignons** to go mushroom-picking, go collecting mushrooms ◆ **aller à Paris en voiture / à** ou **en bicyclette / en avion** to drive / cycle / fly to Paris ◆ **j'irai, à pied, à cheval ou en bateau mais j'irai!** I'll go by boat, plane or train but I'll go! ◆ **vas-tu à pied?** will you walk? ou go on foot? ◆ **aller sur Paris** to go in the direction of Paris, go towards Paris ◆ **aller aux renseignements / aux nouvelles** to go and inquire / and find out the news ◆ (fig) **j'irai jusqu'au ministre** I'll take it to the minister ◆ **il ira loin** he'll go far ◆ **il est allé trop loin** he went too far ◆ **on va à la catastrophe** we're heading for disaster ◆ **il est allé jusqu'à dire** he went so ou so far as to say ◆ **aller sur ses 30 ans** to be getting on for (Brit) ou going on (US) 30 ◆ **où allons-nous?** what are things coming to? ◆ **on ne va pas loin avec 100 francs** you won't get far on 100 francs ◆ **ce travail lui déplaît mais il ira jusqu'au bout** he doesn't like this job but he'll see it through
c (mener, s'étendre) to go (à to) ◆ **cette route doit aller quelque part** this road must go somewhere ◆ **son champ va jusqu'à la forêt** his field goes ou stretches as far as the forest ◆ **l'affaire pourrait aller loin** this matter could turn out to be very serious ◆ **l'abonnement va jusqu'à décembre** the subscription lasts ou runs till December
d (état de santé) **comment allez-vous?** how are you? ◆ **(comment) ça va?*** ou **comment va la santé?*** – **ça va*** how's things?* ou how are you keeping?* – fine ou not so bad* ◆ **ça va mieux maintenant** I'm feeling better now ◆ **comment va ton frère?** – **il va bien / mal** how's your brother? – he's well ou fine* / he isn't well ou he's unwell ou he's ill ◆ **ça va?*** – **faudra bien que ça aille*** you all right?* – I'll have to be* ◆ **ça va?** – **on fait aller*** you all right?* – so-so*
e (situation) **(comment) ça va?*** – **ça va*** how's life?* ou how are you getting on?* – fine* ou not so bad* ◆ **ça va à l'école?** – **ça va, ça vient*** how are you getting on at school? – it varies ◆ **ça va, la réparation?*** – **faudra bien que ça aille*** is the repair all right? – it'll have to be* ◆ **comment vont les affaires?** – **elles vont bien / mal** how's business? – (it's) fine / not too good ◆ **ça va mal en Asie / à la maison** things aren't going too well ou things aren't looking so good in Asia / at home ◆ **ça va mieux pour lui maintenant** things are looking better for him now, things are looking more hopeful for him now ◆ **ça ne va pas mieux! il refuse d'obéir** whatever next! he's refusing to obey ◆ **ça va mal aller si tu continues** if you carry on, there's going to be trouble ◆ **est-ce que ta pendule va bien?** ou **juste?** is your clock right? ◆ **ça ne va pas sans difficulté** it's no easy job, there are problems ◆ **non mais ça va pas (la tête)!*** you're crazy!*, you must be crazy!* ◆ (facile) **ça va tout seul*** it's a cinch‡, it's a doddle‡ (Brit) ◆ **ça ne va pas tout seul*** it's no cinch‡, it's no doddle‡ (Brit) ◆ **laisser aller une corde** to let go of a rope ◆ **il laisse aller ses affaires** he neglects his business → **chemin, cœur, main**
f (convenir) **aller à qn** [forme, mesure] to fit sb; [style, genre] to suit sb ◆ **la clef ne va pas dans la serrure** the key won't go in ou doesn't fit the lock ◆ **cette robe lui va bien** (couleur, style) this dress suits her; (pour la taille) this dress fits her ◆ **vos projets me vont parfaitement** your plans suit me fine ◆ **rendez-vous demain 4 heures?** – **ça me va*** see you tomorrow at 4? – (it) suits me* ou it's all right by me ◆ **ce climat ne leur va pas** this climate doesn't suit them ou agree with them ◆ **les ciseaux ne vont pas pour couper du carton** scissors won't do ou are no good for cutting cardboard ◆ **votre plan ne va pas** your plan won't do ou work ◆ **ça lui va mal** ou (hum) **bien de critiquer les autres*** he's got a nerve* criticizing other people, he's a fine one* to criticize other people ◆ **il a fait ce travail à la va-comme-je-te-pousse*** he did the work any old how*
g (être assorti) **aller (bien) avec** to go (well) with ◆ **la nappe et les serviettes vont ensemble** the tablecloth and the napkins go together ◆ **ils vont bien ensemble** [objets] they go well together; [couple] they make a good match
h (être destiné à) **aller à** [héritage, affection] to go to ◆ **le point va à leur équipe** the point goes to their team
i **aller aux cabinets** to go to the toilet ◆ **aller (à la selle)** to have a bowel movement ◆ **le malade est-il allé à la selle?** have the patient's bowels moved? ◆ **cela fait aller*** it keeps the bowels open, it clears you out* (hum)
j (avec participe présent: pour exprimer la progression) **aller en augmentant** to keep increasing, increase more and more ◆ **aller en empirant** to get worse and worse ◆ **le bruit va croissant** the noise is getting louder and louder
k (excl) (stimulation) **allons!, allez!** go on!, come on! ◆ (incrédulité) **allons donc!** really?, come on now!, come off it!* ◆ (agacement) **allons bon! qu'est-ce qui t'est encore arrivé?** NOW what's happened! ◆ (impatience) **allons, cesse de m'ennuyer!** will you just stop bothering me! ◆ (encouragement) **allons, allons, il ne faut pas pleurer** come on now ou come, come, you mustn't cry ◆ **ça va, ça va!*** all right, that's enough!, OK, OK*, don't go on!* ◆ **allez, au revoir!** cheerio then! (Brit), 'bye then!, so long!* ◆ **aller de soi** to be self-evident, be obvious ◆ **cela va de soi** it's obvious ou self-evident, it stands to reason, it goes without saying ◆ **cela va sans dire** it goes without saying ◆ **il va sans dire qu'il accepta** needless to say ou it goes without saying, he accepted ◆ **il répète à tout va ce que tu lui as raconté** he's going round telling everyone what you told him ◆ **va pour une nouvelle voiture!*** all right we'll HAVE a new car! ◆ (dans un marchandage) **va pour 30 francs!** OK, 30 francs then! ◆ **va donc, eh imbécile!**‡ get lost, you twit‡ ◆ **allez, allez, circulez** come on now, move along ◆ **tu t'en remettras, va** don't worry, you'll get over it
l (avec en) **il en va de: il en va de même pour tous les autres** the same applies to all the others ◆ **il en va de cette affaire comme de la précédente** the same goes for this matter as for the previous one
m (avec y) **on y va?*** shall we go?, are we off then?* ◆ **allons-y!** let's go! ◆ **allez-y, c'est votre tour** go on ou on you go, it's your turn ◆ **allez-y, vous ne risquez rien** go ahead ou go on ou on you go, you've nothing to lose ◆ **comme vous y allez!** you're going a bit far!* ◆ **tu y vas mal!*** ou **un peu fort!*** you're going a bit far* ◆ **vas-y doucement*** ou **mollo**‡ gently does it, go gently ◆ (impers) **il y va de: il y va de votre vie / de votre santé** your life / your health is at stake ou depends on it ◆ **il y est allé de sa petite chanson*** he gave us his little song ◆ **elle y va toujours de son porte-monnaie** she's always the one who forks out‡ ◆ **il y est allé de sa petite larme*** he had a little cry
2 vb aux (+ infin) **a** (futur immédiat) to be going to ◆ **tu vas être en retard** you are going to be late, you'll be late ◆ **il va descendre dans une minute** he'll be (coming) down in a minute ◆ **ils allaient commencer** they were going to start, they were on the point of starting, they were about to start ◆ **ça va prendre un quart d'heure** that'll take ou it's going to take a quarter of an hour
b (lit) **aller faire qch** to go and do sth ◆ **il est allé me chercher mes lunettes** he went ou has gone to fetch (Brit) ou get my glasses ◆ **aller voir qn à l'hôpital** to go and visit sb in hospital ◆ **je suis allé en courant chercher le docteur** I ran to fetch (Brit) ou get the doctor ◆ **aller faire le** ou **son marché** to go to the market
c (intensif) **aller se faire du souci inutilement** to go and worry for no reason at all ◆ **allez donc voir si c'est vrai!** (well) you can believe it if you like!, you'll never know if it's true! ◆ **n'allez pas vous imaginer que** don't you go imagining that ◆ **pourvu qu'il n'aille pas penser que** as long as he doesn't go and think that ◆ (qui sait?) **va savoir*!** who knows?, you never know ◆ **qu'es-tu encore allé raconter?** what have you gone and said now?
3 **s'en aller** vpr **a** (partir) to go (away); (déménager) to move, leave ◆ **s'en aller subrepticement** to steal ou sneak away ◆ **elle s'en va en vacances demain** she goes ou is going away on holiday tomorrow ◆ **ils s'en vont à Paris** they are going ou off to Paris ◆ **il s'en est allé furieux, il s'est en allé furieux*** he went away ou off in a huff, he left in a huff ◆ **bon, je m'en vais** right, I'm off ou I'll be going ◆ **ils s'en vont du quartier** they are leaving the district, they are moving away from the district ◆ **va-t'en!** go away!
b (mourir) to die ◆ **il s'en va** he's sinking ou going ◆ **il s'en est allé paisiblement** he passed away peacefully
c (prendre sa retraite) to retire ◆ **il s'en va cette année** he's retiring ou leaving this year
d (disparaître) [tache] to come off; [temps, années] to pass, go by ◆ **ça s'en ira au lavage** it'll wash off, it'll come off in the wash ◆ **tous nos projets s'en vont en fumée** all our plans are going up in smoke ◆ **tout son argent s'en va en disques** all his money goes on records
e LOC **je m'en vais leur montrer de quoi je suis capable** I'll show them what I'm made of! ◆ **va-t'en voir si c'est vrai!*** you can believe it if you like!, you'll never know if it's true!

4 nm (trajet) outward journey; (billet) single (ticket) (Brit), one-way ticket (US) ◆ **l'aller s'est bien passé** the (outward) journey ou the journey there went off well ◆ **j'irai vous voir à l'aller** I'll come and see you on the ou my way there ◆ **je ne fais que l'aller-retour** I'm just going there and back ◆ **3 allers (simples) pour Tours** 3 singles (Brit) ou one-way tickets (US) to Tours ◆ **prendre un aller-retour** to buy a return (ticket) (Brit) ou round-trip ticket (US) ◆ (fig) **donner / recevoir un aller-retour*** to give / get a box round the ears

allergène [alɛʀʒɛn] **1** adj allergenic
2 nm allergen

allergénique [alɛʀʒenik] adj allergenic

allergie [alɛʀʒi] → SYN nf allergy ◆ (lit, fig) **faire une allergie** to be allergic (*à* to)

allergique [alɛʀʒik] → SYN adj (lit, fig) allergic (*à* to)

allergisant, e [alɛʀʒizɑ̃, ɑ̃t] **1** adj substance allergenic
2 nm allergen

allergologie [alɛʀgɔlɔʒi] nf study of allergies

allergologiste [alɛʀgɔlɔʒist], **allergologue** [alɛʀgɔlɔg] nmf allergist

alliacé, e [aljase] adj alliaceous

alliage [aljaʒ] → SYN nm alloy ◆ (fig péj) **un alliage disparate de doctrines** a hotchpotch of doctrines ◆ **roues en alliage léger** alloy wheels

alliance [aljɑ̃s] → SYN **1** nf **a** (pacte) (Pol) alliance; (entente) union; (Bible) covenant ◆ **faire** ou **conclure une alliance avec un pays** to enter into an alliance with a country ◆ **il a fait alliance avec nos ennemis** he has allied himself with our enemies ◆ **une étroite alliance s'était établie entre le vieillard et les enfants** a close bond had established itself between the old man and the children → **saint, triple**
b (frm: mariage) union, marriage ◆ **neveu / oncle par alliance** nephew / uncle by marriage ◆ **entrer par alliance dans une famille, faire alliance avec une famille** to marry into a family, become united by marriage with a family
c (bague) (wedding) ring
d (fig: mélange) combination ◆ **l'alliance de la musique et de la poésie dans cet opéra** the union of music and poetry in this opera
2 COMP ▷ **alliance de mots** (Littérat) bold juxtaposition (of words), oxymoron

allié, e [alje] → SYN (ptp de **allier**) **1** adj pays, forces allied ◆ **famille alliée** family ou relations by marriage
2 nm,f (pays) ally; (fig: ami, soutien) ally; (parent) relative by marriage ◆ (Pol) **les Alliés** the Allies

allier [alje] → SYN ▸conjug 7◂ **1** vt efforts to combine, unite; couleurs to match; familles to ally, unite by marriage; (Pol) to ally; (Tech) to alloy ◆ **elle allie l'élégance à la simplicité** she combines elegance with simplicity ◆ **ils sont alliés à une puissante famille** they are allied to ou related by marriage to a powerful family
2 **s'allier** vpr [efforts] to combine, unite; [couleurs] to match; [familles] to become united by marriage, become allied; (Pol) to become allies ou allied; (Tech) to alloy ◆ **s'allier à une famille riche** to become allied to ou with a wealthy family, marry into a wealthy family ◆ **la France s'allia à l'Angleterre** France became allied to ou with England ou allied itself to ou with England

alligator [aligatɔʀ] → SYN nm alligator

allitération [a(l)liteʀasjɔ̃] → SYN nf alliteration

allô [alo] excl (Téléc) hello!, hullo! (Brit)

allocataire [alɔkatɛʀ] → SYN nmf beneficiary

allocation [alɔkasjɔ̃] → SYN **1** nf **a** (→ **allouer**) allocation; granting; allotment
b (somme) allowance ◆ **toucher les allocations*** to draw ou get family allowance(s)
2 COMP ▷ **allocation de chômage** unemployment benefit (NonC) ◆ **toucher l'allocation (de) chômage** to receive unemployment benefit (Brit) ou unemployment insurance (US) ▷ **allocations familiales** (argent) *state allowance paid to families with dependent children*, ≃ family allowance (Brit), ≃ child benefit (Brit), ≃ welfare (US); (bureau) ≃ family allowance department (Brit), child benefit office (Brit), ≃ welfare center (US), ≃ DSS (Brit) ▷ **allocation (de) logement** rent allowance ou subsidy ▷ **allocation de maternité** maternity allowance ou benefit ▷ **allocation (de) vieillesse** old-age pension

allochtone [alɔktɔn] → SYN adj allochthonous

allocs* [alɔk] nfpl (abrév de **allocations familiales**) → **allocation**

allocutaire [a(l)lɔkytɛʀ] nmf addressee

allocution [a(l)lɔkysjɔ̃] → SYN nf (short) speech ◆ **allocution télévisée** (short) televised speech

allogamie [alɔgami] nf allogamy

allogène [alɔʒɛn] → SYN adj population non-native; (fig) éléments foreign ◆ **ces gens forment un groupe allogène en Grande-Bretagne** these people form a non-native racial group in Britain

allogreffe [alɔgʀɛf] nf allograft

allonge [alɔ̃ʒ] → SYN nf (Tech) extension; [table] leaf; [boucherie] hook; (Boxe) reach ◆ **avoir une bonne allonge** to have a long reach

allongé, e [alɔ̃ʒe] → SYN (ptp de **allonger**) adj **a** (étendu) **être allongé** to be stretched out, be lying ◆ **rester allongé** [blessé, malade] to stay lying down, be lying down ou flat; (se reposer) to be lying down, have one's feet up, be resting ◆ **allongé sur son lit** lying on one's bed ◆ **allongé sur le dos** stretched out on ou lying on one's back, supine (littér) ◆ **les (malades) allongés** the recumbent patients ◆ (Art) **figure allongée** recumbent figure
b (long) long; (étiré) elongated; (oblong) oblong ◆ **faire une mine allongée** to pull ou make a long face

allongement [alɔ̃ʒmɑ̃] → SYN nm **a** (Métal) elongation; (Ling) lengthening; (Aviat) aspect ratio
b (→ **allonger**) [distance, vêtement] lengthening; [route, voie ferrée, congés, vie] lengthening, extension ◆ **l'allongement des jours** the lengthening of the days, the longer days

allonger [alɔ̃ʒe] → SYN ▸conjug 3◂ **1** vt **a** (rendre plus long) to lengthen, make longer, extend (*de* by) ◆ **allonger le pas** to hasten one's step(s) ◆ (fig) **cette coiffure lui allonge le visage** this hair style makes her face look longer ou long
b (étendre) bras, jambe to stretch (out); malade to lay ou stretch out ◆ **allonger le cou (pour apercevoir qch)** to crane ou stretch one's neck (to see sth) ◆ **la jambe allongée sur une chaise** with one leg up on ou stretched out on a chair
c (‡: donner) somme to dish out*, hand out; coup, gifle to deal, land* ◆ **allonger qn** to knock sb flat ◆ **il va falloir les allonger** we'll (ou you'll etc) have to lay out a lot
d sauce to thin (down) ◆ (fig) **allonger la sauce*** to spin it out
2 vi ◆ **les jours allongent** the days are growing longer ou drawing out
3 **s'allonger** vpr **a** (devenir ou paraître plus long) [ombres, jours] to get longer, lengthen; [enfant] to grow taller; [discours, visite] to drag on ◆ (fig) **son visage s'allongea à ces mots** at these words he pulled ou made a long face ou his face fell ◆ **la route s'allongeait devant eux** the road stretched away before them
b (s'étendre) to lie down *(full length)*, stretch (o.s.) out ◆ **s'allonger dans l'herbe** to lie down on the grass, stretch (o.s.) out on the grass ◆ (pour dormir) **je vais m'allonger quelques minutes** I'm going to lie down for a few minutes ◆ (péj) **elle s'allonge facilement‡** she's an easy lay‡

allopathe [alɔpat] **1** adj allopathic
2 nmf allopath, allopathist

allopathie [alɔpati] nf allopathy

allopathique [alɔpatik] adj allopathic

allophone [alɔfɔn] → SYN nm allophone

allostérie [alɔsteʀi] nf allosteric function

allostérique [alɔsteʀik] adj allosteric

allotissement [alɔtismɑ̃] → SYN nm (Jur) allotment, apportionment

allotropie [alɔtʀɔpi] nf allotropy

allotropique [alɔtʀɔpik] adj allotropic

allouer [alwe] → SYN ▸conjug 1◂ vt argent to allocate; indemnité to grant; (Fin) actions to allot; temps to allot, allow, allocate ◆ **pendant le temps alloué** during the allotted ou allowed time, during the time allowed ou allotted ou allocated

allumage [alymaʒ] → SYN nm **a** (action) [feu] lighting, kindling; [poêle] lighting; [électricité] putting ou switching ou turning on; [gaz] lighting, putting ou turning on
b (Aut) ignition ◆ **avance / retard à l'allumage** ignition advance / retard ◆ **régler l'allumage** to adjust the timing → **autoallumage**

allumé, e‡ [alyme] → SYN adj (fou) crazy*, nuts*; (ivre) smashed‡, pissed‡ (Brit), lit up* (US)

allume-cigare, pl **allume-cigares** [alymsigaʀ] nm cigar lighter

allume-feu, pl **allume-feux** [alymfø] nm fire-lighter

allume-gaz [alymgɑz] nm inv gas lighter *(for cooker)*

allumer [alyme] → SYN ▸conjug 1◂ **1** vt **a** feu to light, kindle; bougie, poêle to light; cigare, pipe to light (up); incendie to start, light ◆ **il alluma sa cigarette à celle de son voisin** he lit (up) his cigarette from his neighbour's, he got a light from his neighbour's cigarette ◆ **le feu était allumé** the fire was lit ou alight, the fire was going ◆ **laisse le poêle allumé** leave the stove on ou lit
b électricité, lampe, radio to put ou switch ou turn on; gaz to light, put ou turn on ◆ **laisse la lumière allumée** leave the light on ◆ **allume dans la cuisine** put ou switch ou turn the kitchen light(s) on, put ou switch ou turn the lights on in the kitchen ◆ **le bouton n'allume pas, ça n'allume pas** the light doesn't come on ou work ◆ **où est-ce qu'on allume?** where is the switch?
c **allumer une pièce** to put ou switch ou turn the light(s) on in a room ◆ **sa fenêtre était allumée** there was a light (on) at his window, his window was lit (up) ◆ **laisse le salon allumé** leave the light(s) on in the sitting room, leave the sitting room light(s) on
d colère, envie, haine to arouse, stir up, kindle; amour to kindle
e (*: aguicher) to turn on, tease
f (‡: tuer avec une arme à feu) to burn‡
2 **s'allumer** vpr [incendie] to blaze, flare up; [lumière] to come ou go on; [radiateur] to switch (itself) on; [sentiment] to be aroused ◆ **ça s'allume comment?** how do you switch it on? ◆ **le désir s'alluma dans ses yeux** his eyes lit up with desire ◆ **ses yeux s'allumèrent / son regard s'alluma** his eyes / face lit up ◆ **ce bois s'allume bien** this wood catches fire ou burns easily ◆ **la pièce s'alluma** the light(s) came ou went on in the room ◆ **sa fenêtre s'alluma** a light came ou went on at his window

allumette [alymɛt] → SYN nf **a** match; (morceau de bois) match(stick) ◆ **allumette de sûreté** ou **suédoise** safety match ◆ **allumette tison** fuse ◆ **il a les jambes comme des allumettes** he's got legs like matchsticks
b (Culin) flaky pastry finger ◆ **allumette au fromage** cheese straw → **pomme**

allumettier, -ière [alym(ə)tje, jɛʀ] nm,f (fabricant) match manufacturer

allumeur [alymœʀ] nm (Aut) distributor; (Tech) igniter ◆ (Hist) **allumeur de réverbères** lamplighter

allumeuse [alymøz] → SYN nf (péj) teaser, tease, vamp

allure [alyʀ] → SYN nf **a** (vitesse) [véhicule] speed; [piéton] pace ◆ **rouler** ou **aller à grande / faible allure** to drive ou go at (a) great / slow speed ◆ **à toute allure** rouler at top ou full speed, at full tilt; réciter, dîner as fast as one can ◆ **manger à toute allure** to gobble one's food ◆ **à cette allure, nous n'aurons jamais fini à temps** at this rate we'll never be finished in time
b (démarche) walk, gait (littér); (prestance) bearing; (attitude) air, look; (*: aspect) [objet, individu] look, appearance ◆ **avoir de l'allure, ne pas manquer d'allure** to have style, have a

certain elegance ◆ **avoir fière** ou **grande / piètre allure** to cut a fine / shabby figure ◆ **avoir une drôle d'allure / bonne allure** to look odd ou funny / fine ◆ **d'allure louche / bizarre** fishy- / odd-looking ◆ **les choses prennent une drôle d'allure** things are taking a funny ou an odd turn
c (comportement) **allures** ways ◆ **choquer par sa liberté d'allures** to shock people with ou by one's free ou unconventional behaviour ◆ **il a des allures de voyou** he behaves ou carries on* like a hooligan
d (Équitation) gait ; (Naut) trim

alluré, e [alyʀe] ⇒ SYN adj stylish

allusif, -ive [a(l)lyzif, iv] ⇒ SYN adj allusive

allusion [a(l)lyzjɔ̃] ⇒ SYN nf (référence) allusion (*à* to) ; (avec sous-entendu) hint (*à* at) ◆ **allusion malveillante** innuendo ◆ **faire allusion à** to allude ou refer to, hint at, make allusions to ◆ **par allusion** allusively

alluvial, e, mpl **-iaux** [a(l)lyvjal, jo] ⇒ SYN adj alluvial

alluvionnaire [a(l)lyvjɔnɛʀ] adj alluvial

alluvionnement [a(l)lyvjɔnmɑ̃] nm alluviation

alluvionner [a(l)lyvjɔne] ⇒ SYN ▸ conjug 1 ◂ vi to deposit alluvium

alluvions [a(l)lyvjɔ̃] nfpl alluvial deposits, alluvium (sg)

allyle [alil] nm allyl

allylique [alilik] adj ◆ **alcool allylique** allyl alcohol

Alma-Ata [almaata] n Alma Ata

almanach [almana] ⇒ SYN nm almanac

almandin [almɑ̃dɛ̃] nm, **almandine** [almɑ̃din] nf almandine

almée [alme] ⇒ SYN nf Egyptian dancing girl, almah

almicantarat [almikɑ̃taʀa] nm almacantar

aloès [alɔɛs] ⇒ SYN nm aloe

alogique [alɔʒik] adj alogical

aloi [alwa] ⇒ SYN nm ◆ **de bon aloi** plaisanterie, gaieté honest, respectable ; individu worthy, of sterling ou genuine worth ; produit sound, worthy, of sterling ou genuine quality ou worth ◆ **de mauvais aloi** plaisanterie, gaieté unsavoury, unwholesome ; individu of little worth, of doubtful reputation ; produit of doubtful quality

alopécie [alɔpesi] ⇒ SYN nf alopecia

alors [alɔʀ] ⇒ SYN adv **a** (à cette époque) then, in those days, at that time ◆ **il était alors étudiant** he was a student then ou at that time ou in those days ◆ **les femmes d'alors portaient la crinoline** the women in ou of those days ou at ou of that time wore crinolines ◆ **le ministre d'alors M. Dupont** the then minister Mr Dupont, the minister at that time, Mr Dupont → **jusque**
b (en conséquence) then, in that case, so ◆ **vous ne voulez pas de mon aide ? alors je vous laisse** you don't want my help ? then ou in that case ou so I'll leave you ou I'll leave you then ◆ **il ne connaissait pas l'affaire, alors on l'a mis au courant** he wasn't familiar with the matter so they put him in the picture ◆ **alors qu'est-ce qu'on va faire ?** what are we going to do then ?, so what are we going to do ?
c **alors que** (simultanéité) while, when ; (opposition) whereas ◆ **alors même que** (même si) even if, even though ; (au moment où) while, just when ◆ **on a sonné alors que j'étais dans mon bain** the bell rang while ou when I was in my bath ◆ **elle est sortie alors que le médecin le lui avait interdit** she went out although ou even though the doctor had told her not to ◆ **il est parti travailler à Paris alors que son frère est resté au village** he went to work in Paris whereas ou while his brother stayed behind in the village ◆ **alors même qu'il me supplierait** even if he begged me, even if ou though he were to beg me
d (*) **alors tu viens (oui ou non) ?** well (then), are you coming (or not) ?, are you coming then (or not) ? ◆ **alors ça, ça m'étonne** now that really does surprise me ◆ **alors là je ne peux pas vous répondre** well that I really can't tell you ◆ **alors là je vous arrête** well I must stop you there ◆ **et (puis) alors ?** and then what (happened) ? ◆ **il pleut – et alors ?** it's raining – so (what) ? ◆ **alors alors !, alors quoi !** come on ! → **non**

alose [aloz] ⇒ SYN nf shad

alouate [alwat] ⇒ SYN nm howler (monkey)

alouette [alwɛt] ⇒ SYN nf lark ◆ **alouette (des champs)** skylark ◆ **attendre que les alouettes vous tombent toutes rôties dans la bouche** to wait for things to fall into one's lap → **miroir**

alourdir [aluʀdiʀ] ⇒ SYN ▸ conjug 2 ◂ **1** vt véhicule to weigh ou load down, make heavy ; phrase to make heavy ou cumbersome ; démarche, traits to make heavy ; impôts to increase ; esprit to dull ◆ **avoir la tête alourdie par le sommeil** to be heavy with sleep ou heavy-eyed ◆ **vêtements alourdis par la pluie** clothes heavy with rain ◆ **les odeurs d'essence alourdissaient l'air** petrol fumes hung heavy on the air, the air was heavy with petrol fumes
2 **s'alourdir** vpr to become ou grow heavy ◆ **sa taille / elle s'est alourdie** her waist / she has thickened out ◆ **ses paupières s'alourdissaient** his eyes were growing ou becoming heavy

alourdissement [aluʀdismɑ̃] ⇒ SYN nm [véhicule, objet] increased weight, heaviness ; [phrase, style, pas] heaviness ; [impôts] increase (*de* in) ; [esprit] dullness, dulling ; [taille] thickening

aloyau [alwajo] nm sirloin

alpaga [alpaga] nm (Tex, Zool) alpaca

alpage [alpaʒ] ⇒ SYN nm (pré) high mountain pasture ; (époque) *season spent by sheep etc in mountain pasture*

alpaguer* [alpage] ▸ conjug 1 ◂ vt to nab* ◆ **se faire alpaguer** to get nabbed*

alpe [alp] nf **a** **les Alpes** the Alps
b (pré) alpine pasture

alpestre [alpɛstʀ] ⇒ SYN adj alpine

alpha [alfa] nm alpha ◆ (Rel, fig) **l'alpha et l'oméga** the alpha and omega ◆ (Phys) **particule alpha** alpha particule

alphabet [alfabɛ] ⇒ SYN nm (système) alphabet ; (livre) alphabet ou ABC book ◆ **alphabet morse** Morse code ◆ **alphabet de l'association phonétique internationale** International Phonetic Alphabet

alphabétique [alfabetik] adj alphabetic(al) ◆ **par ordre alphabétique** in alphabetical order, alphabetically

alphabétiquement [alfabetikmɑ̃] adv alphabetically

alphabétisation [alfabetizasjɔ̃] ⇒ SYN nf elimination of illiteracy (*de* in) ◆ **l'alphabétisation d'une population** teaching a population to read and write ◆ **campagne d'alphabétisation** literacy campaign

alphabétiser [alfabetize] ⇒ SYN ▸ conjug 1 ◂ vt pays to eliminate illiteracy in ; population to teach how to read and write

alphabétisme [alfabetism] nm alphabetism

alphanumérique [alfanymeʀik] adj alphanumeric

alphapage ® [alfapaʒ] nm radiopager *(which displays messages)*

Alphonse [alfɔ̃s] nm Alphonse, Alphonso

alpin, e [alpɛ̃, in] ⇒ SYN adj alpine → **chasseur, ski**

alpinisme [alpinism] ⇒ SYN nm mountaineering, climbing

alpiniste [alpinist] ⇒ SYN nmf mountaineer, climber

alpiste [alpist] nm alpist (grass) ◆ **alpiste des Canaries** canary grass

alquifoux [alkifu] nm alquifou

Alsace [alzas] nf Alsace

alsacien, -ienne [alzasjɛ̃, jɛn] **1** adj Alsatian
2 nm (Ling) Alsatian
3 nm,f ◆ **Alsacien(ne)** Alsatian

Altaïr [altaiʀ] nf Altair

altérabilité [alteʀabilite] ⇒ SYN nf alterability

altérable [alteʀabl] ⇒ SYN adj alterable ◆ **altérable à l'air** liable to oxidization

altéragène [alteʀaʒɛn] adj alterant

altérant, e [alteʀɑ̃, ɑ̃t] adj thirst-making

altération [alteʀasjɔ̃] ⇒ SYN nf **a** (action : → **altérer**) distortion, falsification ; alteration ; adulteration ; debasement ; change ; modification
b (→ **s'altérer**) debasement ; alteration ; distortion ; impairment ◆ **l'altération de sa santé** the change for the worse in ou the deterioration of ou in his health ◆ **l'altération de son visage / de sa voix** his distorted features / broken voice
c (Mus) accidental ; (Géol) weathering

altercation [altɛʀkasjɔ̃] ⇒ SYN nf altercation, dispute

alter ego [altɛʀego] ⇒ SYN nm inv alter ego ◆ **il est mon alter ego** he is my alter ego

altérer [alteʀe] ⇒ SYN ▸ conjug 6 ◂ **1** vt **a** (assoiffer) to make thirsty ◆ (littér) **altéré d'honneurs** thirsty ou thirsting for honours ◆ **fauve altéré de sang** wild animal thirsting for blood ◆ **il était altéré** his thirst was great, his throat was parched
b (fausser) texte, faits, vérité to distort, falsify, alter, tamper with ; monnaie to falsify ; (Comm) vin, aliments, qualité to adulterate
c (abîmer) vin, aliments, qualité to spoil, debase ; matière to alter, debase ; sentiments to alter, spoil ; couleur to alter ; visage, voix to distort ; santé, relations to impair, affect ◆ **la chaleur altère la viande** heat makes meat go off (Brit) ou spoils meat
d (modifier) to alter, change, modify ◆ **ceci n'a pas altéré mon amour pour elle** this has not altered my love for her
2 **s'altérer** vpr [vin] to become spoiled ; [viande] to go off (Brit), spoil (US) ; [matière] to become altered ou debased ; [couleur] to become altered ; [visage] to change, become distorted ; [sentiments] to alter, be spoilt ; [santé, relations] to deteriorate ◆ **sa santé s'altère de plus en plus** his health is deteriorating further ou is getting progressively worse ◆ **sa voix s'altéra sous le coup de la douleur** grief made his voice break, grief distorted his voice

altérité [alteʀite] ⇒ SYN nf otherness

alternance [altɛʀnɑ̃s] ⇒ SYN nf (gén) alternation ; (Pol) changeover of political power between parties ◆ **il n'y avait pas eu d'alternance (politique) en France depuis 23 ans** (political) power had not changed hands ou there had been no change in the (political) party in power in France for 23 years ◆ **en alternance : cette émission reprendra en alternance avec d'autres programmes** this broadcast will alternate with other programmes ◆ **ils présentèrent le spectacle en alternance** they took turns to present the show, they presented the show alternately ◆ (Éduc) **formation en alternance, stage en alternance** ≃ sandwich course

alternant, e [altɛʀnɑ̃, ɑ̃t] ⇒ SYN adj alternating

alternateur [altɛʀnatœʀ] ⇒ SYN nm alternator

alternatif, -ive[1] [altɛʀnatif, iv] ⇒ SYN adj (périodique) alternate ; (Philos) alternative ; (Élec) alternating ; médecine alternative ; (Pol) parti alternative

alternative[2] [altɛʀnativ] ⇒ SYN nf (dilemme) alternative ; (* : possibilité) alternative, option ; (Philos) alternative ◆ **être dans une alternative** to have to choose between two alternatives ◆ **passer par des alternatives de douleur et de joie** to alternate between pleasure and pain

alternativement [altɛʀnativmɑ̃] ⇒ SYN adv alternately, in turn

alterne [altɛʀn] ⇒ SYN adj (Bot, Math) alternate

alterné, e [altɛʀne] (ptp de **alterner**) adj rimes alternate ; (Math) série alternating → **stationnement**

alterner [altɛʀne] ⇒ SYN ▸ conjug 1 ◂ **1** vt choses to alternate ; cultures to rotate, alternate
2 vi to alternate (*avec* with) ◆ **ils alternèrent à la présidence** they took (it in) turns to be chairman ou to chair

altesse [altɛs] ⇒ SYN nf (prince) prince ; (princesse) princess ◆ (titre) **votre Altesse** your

Highness ◆ **Son Altesse sérénissime** (prince) His Serene Highness; (princesse) Her Serene Highness ◆ **son Altesse royale** His (ou Her) Royal Highness ◆ **j'en ai vu entrer des altesses!** I saw lots of princes and princesses go in

althæa [altea] → SYN nm althaea (Brit), althea (US)

altier, -ière [altje, jɛʀ] → SYN adj caractère haughty ◆ (littér) **cimes altières** lofty peaks (littér)

altimètre [altimɛtʀ] nm altimeter

altimétrie [altimetʀi] nf altimetry

altiport [altipɔʀ] → SYN nm altiport (spéc), mountain airfield

altise [altiz] nf turnip flea

altiste [altist] → SYN nmf viola player, violist

altitude [altityd] → SYN nf **a** (par rapport à la mer) altitude, height above sea level; (par rapport au sol) height ◆ (fig) **altitudes** heights ◆ **être à 500 mètres d'altitude** to be at a height ou an altitude of 500 metres, be 500 metres above sea level ◆ **en altitude** at high altitude, high up ◆ **l'air des altitudes** the mountain air ◆ **mal d'altitude** altitude ou mountain sickness

b (Aviat) **perdre de l'altitude** to lose altitude ou height ◆ **prendre de l'altitude** to gain altitude ◆ **il volait à basse/haute altitude** he was flying at low/high altitude

alto [alto] → SYN **1** nm (instrument) viola

2 nf ⇒ **contralto**

3 adj ◆ **saxo(phone)/flûte alto** alto sax(ophone)/flute

altocumulus [altokymylys] nm altocumulus

altostratus [altostʀatys] nm altostratus

altruisme [altʀɥism] → SYN nm altruism

altruiste [altʀɥist] → SYN **1** adj altruistic

2 nmf altruist

altuglas ® [altyglas] nm *thick form of Perspex®*

alu [aly] nm abrév de **aluminium**

alucite [alysit] → SYN nf many-plumed moth

aluminate [alyminat] nm aluminate

alumine [alymin] nf alumina

aluminer [alymine] ▸ conjug 1 ◂ vt to cover with aluminium (Brit) ou aluminum (US)

alumineux, -euse [alyminø, øz] adj aluminiferous

aluminium [alyminjɔm] nm aluminium (Brit), aluminum (US)

aluminothermie [alyminotɛʀmi] nf aluminothermy, thermite process

alun [alœ̃] nm alum

aluner [alyne] ▸ conjug 1 ◂ vt to alun

alunir [alyniʀ] → SYN ▸ conjug 2 ◂ vi to land on the moon

alunissage [alynisaʒ] → SYN nm (moon) landing

alunite [alynit] nf alunite

alvéolaire [alveɔlɛʀ] adj alveolar

alvéole [alveɔl] → SYN nf (ou rare) nm [ruche] alveolus, cell; (Géol) cavity ◆ (Méd) **alvéole dentaire** tooth socket, alveolus (spéc) ◆ **alvéoles dentaires** alveolar ridge, teeth ridge, alveoli (spéc) ◆ **alvéole pulmonaire** air cell, alveolus (spéc)

alvéolé, e [alveɔle] adj honeycombed, alveolate (spéc)

alvéolite [alveɔlit] nf alveolitis

alysse [alis] nf alyssum

alyte [alit] → SYN nm midwife toad, Alytes (spéc)

AM [aɛm] (abrév de **assurance maladie**) *health insurance*

amabilité [amabilite] → SYN nf kindness ◆ **ayez l'amabilité de** be so kind ou good as to ◆ **plein d'amabilité envers moi** extremely kind ou polite to me ◆ **faire des amabilités à qn** to show politeness ou courtesy to sb

amadou [amadu] nm touchwood, tinder

amadouer [amadwe] → SYN ▸ conjug 1 ◂ vt (enjôler) to coax, cajole; (adoucir) to mollify, soothe ◆ **amadouer qn pour qu'il fasse qch** to coax ou wheedle ou cajole sb into doing sth

amaigrir [amegʀiʀ] → SYN ▸ conjug 2 ◂ **1** vt **a** to make thin ou thinner ◆ **joues amaigries par l'âge** cheeks wasted with age ◆ **je l'ai trouvé très amaigri** I found him much thinner, I thought he looked much thinner ◆ **10 années de prison l'ont beaucoup amaigri** 10 years in prison have left him very much thinner

b (Tech) to thin down, reduce

2 **s'amaigrir** vpr to get ou become thin ou thinner

amaigrissant, e [amegʀisɑ̃, ɑ̃t] adj régime slimming (Brit), reducing (US)

amaigrissement [amegʀismɑ̃] → SYN nm **a** (pathologique) [corps] loss of weight; [visage, membres] thinness

b (volontaire) slimming ◆ **un amaigrissement de 3 kg** a loss (in weight) of 3 kg → **cure**[1]

amalgamation [amalgamasjɔ̃] nf (Métal) amalgamation

amalgame [amalgam] → SYN nm (péj : mélange) (strange) mixture ou blend; (Métal, Dentisterie) amalgam ◆ **un amalgame d'idées** a hotchpotch ou (strange) mixture of ideas ◆ **faire l'amalgame entre deux idées** to confuse two ideas ◆ (fig Pol) **il ne faut pas faire l'amalgame** you shouldn't make generalizations

amalgamer [amalgame] → SYN ▸ conjug 1 ◂ **1** vt (fig : mélanger) to combine (*à, avec* with); (Métal) to amalgamate; (fig : confondre) to confuse

2 **s'amalgamer** vpr (fig : s'unir) to combine; (Métal) to be amalgamated

amandaie [amɑ̃dɛ] nf almond-tree plantation

amande [amɑ̃d] nf **a** (fruit) almond ◆ **amandes amères/douces** bitter/sweet almonds ◆ **amandes pilées** ground almonds ◆ **en amande** almond-shaped, almond (épith) → **pâte**

b [noyau] kernel

c **amande de mer** queen scallop

amandier [amɑ̃dje] nm almond (tree)

amandine [amɑ̃din] → SYN nf (gâteau) almond tart

amanite [amanit] → SYN nf *any mushroom of the genus Amanita* ◆ **amanite phalloïde** death cap ◆ **amanite tue-mouches** fly agaric

amant [amɑ̃] → SYN nm lover ◆ **amant de passage** casual lover ◆ **les deux amants** the two lovers ◆ **prendre un amant** to take a lover ◆ (Littérat) **"L'Amant de Lady Chatterley"** "Lady Chatterley's Lover"

amante†† [amɑ̃t] nf (fiancée) betrothed††, mistress††

amarante [amaʀɑ̃t] → SYN **1** nf amaranth

2 adj inv amaranthine

amareyeur, -euse [amaʀɛjœʀ, øz] nm,f oyster worker

amaril, e [amaʀil] adj yellow-fever (épith)

amariner [amaʀine] ▸ conjug 1 ◂ vt **a** navire ennemi to take over and man

b matelot to accustom to life at sea ◆ **elle n'est pas** ou **ne s'est pas encore amarinée** she has not got used to the sea ou not found her sea legs yet

amarrage [amaʀaʒ] nm (Naut) mooring ◆ **être à l'amarrage** to be moored

amarre [amaʀ] → SYN nf (Naut : cordage) rope ou line ou cable (for mooring) ◆ **les amarres** the moorings → **larguer, rompre**

amarrer [amaʀe] → SYN ▸ conjug 1 ◂ vt navire to moor, make fast; cordage to make fast, belay; (fig) paquet, valise to tie down, make fast

amaryllis [amaʀilis] → SYN nf amaryllis

amas [amɑ] → SYN nm **a** (lit : tas) heap, pile, mass; (fig) [souvenirs, idées] mass ◆ **tout un amas de** a whole heap ou pile ou mass of

b (Astron) star cluster

c (Min) mass

amasser [amɑse] → SYN ▸ conjug 1 ◂ **1** vt **a** (amonceler) choses to pile ou store up, amass, accumulate; fortune to amass, accumulate ◆ **il ne pense qu'à amasser (de l'argent)** all he thinks of is amassing ou accumulating wealth

b (rassembler) preuves, données to amass, gather (together) → **pierre**

2 **s'amasser** vpr [choses, preuves] to pile up, accumulate; [foule] to gather, mass, muster ◆ **les preuves s'amassent contre lui** the evidence is building up ou piling up against him

amateur [amatœʀ] → SYN nm **a** (non-professionnel) amateur ◆ **équipe amateur** amateur team ◆ **talent d'amateur** amateur talent ◆ **c'est un peintre/musicien amateur** he's an amateur painter/musician ◆ **faire de la peinture en amateur** to do a bit of painting (as a hobby) ◆ **photographe amateur** amateur photographer, photo hobbyist (US)

b (connaisseur) **amateur de** lover of ◆ **amateur d'art/de musique** art/music lover ◆ **être amateur de films/de concerts** to be a keen (Brit) ou avid film-/concert-goer, be keen on (Brit) films/concerts ◆ **elle est très amateur de framboises** she is very fond of ou she loves raspberries ◆ **le jazz, je ne suis pas amateur** I'm not a jazz fan, I'm not all that keen on jazz (Brit)

c (*: acheteur) taker; (volontaire) volunteer ◆ **il reste des carottes, il y a des amateurs?** there are some carrots left – any takers?* → **trouver**

d (péj) dilettante, mere amateur ◆ **travail/talent d'amateur** amateurish work/talent ◆ **faire qch en amateur** to do sth amateurishly ou as a mere amateur

amateurisme [amatœʀism] → SYN nm (Sport) amateurism; (péj) amateurishness ◆ **c'est de l'amateurisme!** it's amateurish!

amatir [amatiʀ] → SYN ▸ conjug 2 ◂ vt to mat(t)

amaurose [amɔʀoz] → SYN nf amaurosis

Amazone [amazon] nf (Géog) Amazon; (Myth) Amazon; (fig) amazon

amazone [amazon] → SYN nf **a** (écuyère) horsewoman ◆ **tenue d'amazone** woman's riding habit ◆ **monter en amazone** to ride sidesaddle

b (jupe) long riding skirt

c (*: prostituée) prostitute *(who picks up her clients in a car)*

Amazonie [amazɔni] nf Amazonia

amazonien, -ienne [amazɔnjɛ̃, jɛn] adj Amazonian

ambages [ɑ̃baʒ] → SYN nfpl ◆ **sans ambages** without beating about the bush, in plain language

ambassade [ɑ̃basad] → SYN nf **a** (institution, bâtiment) embassy; (charge) ambassadorship, embassy; (personnel) embassy staff (pl) ou officials (pl), embassy ◆ **l'ambassade de France** the French Embassy

b (fig : mission) mission ◆ **être envoyé en ambassade auprès de qn** to be sent on a mission to sb

ambassadeur [ɑ̃basadœʀ] → SYN nm (Pol, fig) ambassador ◆ **ambassadeur extraordinaire** ambassador extraordinary (*auprès de* to) ◆ **l'ambassadeur de la pensée française** the representative ou ambassador of French thought

ambassadrice [ɑ̃basadʀis] nf (diplomate) ambassador (*auprès de* to); (femme de diplomate) ambassador's wife, ambassadress; (fig) ambassador, ambassadress

ambiance [ɑ̃bjɑ̃s] → SYN nf (climat, atmosphère) atmosphere; (environnement) surroundings (pl); [famille, équipe] atmosphere ◆ **l'ambiance de la salle** the atmosphere in the house, the mood of the audience ◆ **il vit dans une ambiance calme** he lives in calm ou peaceful surroundings ◆ **il y a de l'ambiance!*** there's a great atmosphere here!* ◆ **il va y avoir de l'ambiance quand tu vas lui dire ça!*** it's not going to be pretty* when you tell him that! ◆ **mettre de l'ambiance** to liven things up* ◆ **mettre qn dans l'ambiance** to put sb in the mood → **éclairage, musique**

ambiant, e [ɑ̃bjɑ̃, jɑ̃t] → SYN adj air surrounding, ambient; température ambient ◆ (fig) **déprimé par l'atmosphère ambiante** depressed by the atmosphere around him ou the pervading atmosphere

ambidextre [ɑ̃bidɛkstʀ] adj ambidextrous

ambigu, -uë [ɑ̃bigy] → SYN adj ambiguous

ambiguïté [ɑ̃bigɥite] → SYN nf **a** (NonC) ambiguousness, ambiguity ◆ **une réponse sans ambiguïté** an unequivocal ou unambiguous reply ◆ **parler / répondre sans ambiguïté** to speak / reply unambiguously ou without ambiguity
b (Ling) ambiguity
c (terme) ambiguity

ambiophonie [ɑ̃bjofɔni] nf ambiophony

ambisexué, e [ɑ̃bisɛksɥe] adj ambisexual, ambosexual

ambitieusement [ɑ̃bisjøzmɑ̃] adv ambitiously

ambitieux, -ieuse [ɑ̃bisjø, jøz] → SYN adj ambitious ◆ **c'est un ambitieux** he's an ambitious man ◆ (littér) **ambitieux de plaire** anxious to please, desirous of pleasing (littér)

ambition [ɑ̃bisjɔ̃] → SYN GRAMMAIRE ACTIVE 8.2, 8.4 nf ambition ◆ **il met toute son ambition à faire** he makes it his sole aim to do ◆ **il a l'ambition de réussir** his ambition is to succeed

ambitionner [ɑ̃bisjɔne] → SYN ▸ conjug 1 ◂ vt to seek ou strive after ◆ **il ambitionne d'escalader l'Everest** it's his ambition to ou his ambition is to climb Everest

ambitus [ɑ̃bitys] → SYN nm (Mus) range

ambivalence [ɑ̃bivalɑ̃s] → SYN nf ambivalence

ambivalent, e [ɑ̃bivalɑ̃, ɑ̃t] → SYN adj ambivalent

amble [ɑ̃bl] → SYN nm [cheval] amble ◆ **aller l'amble** to amble

ambler [ɑ̃ble] ▸ conjug 1 ◂ vi [cheval] to amble

amblyope [ɑ̃blijɔp] **1** adj ◆ **il est amblyope** he has a lazy eye, he is amblyopic (spéc)
2 nmf person with a lazy eye ou amblyopia (spéc)

amblyopie [ɑ̃blijɔpi] nf lazy eye, amblyopia (spéc)

amblyoscope [ɑ̃blijɔskɔp] nm amblyoscope

amblystome [ɑ̃blistom] → SYN nm mole salamander

ambre [ɑ̃bʀ] → SYN nm ◆ **ambre (jaune)** amber ◆ **ambre gris** ambergris ◆ **couleur d'ambre** amber(-coloured)

ambré, e [ɑ̃bʀe] → SYN adj couleur amber; parfum perfumed with ambergris

Ambroise [ɑ̃bʀwaz] nm Ambrose

ambroisie [ɑ̃bʀwazi] nf (Myth) ambrosia; (Bot) ambrosia, ragweed ◆ (fig) **c'est de l'ambroisie!** this is food fit for the gods!

ambrosiaque [ɑ̃bʀozjak] adj ambrosial

ambulacre [ɑ̃bylakʀ] nm ambulacrum

ambulance [ɑ̃bylɑ̃s] → SYN nf ambulance ◆ (fig) **on ne tire pas sur une ambulance** you don't hit somebody when they're down

ambulancier, -ière [ɑ̃bylɑ̃sje, jɛʀ] → SYN nm,f (conducteur) ambulance driver; (infirmier) ambulance man (ou woman)

ambulant, e [ɑ̃bylɑ̃, ɑ̃t] → SYN adj comédien, musicien itinerant, strolling, travelling ◆ (fig) **c'est un squelette / dictionnaire ambulant*** he's a walking skeleton / dictionary → **marchand**

ambulatoire [ɑ̃bylatwaʀ] → SYN adj (Méd) ambulatory

AME [aɛmə] nm (abrév de **accord monétaire européen**) EMA

âme [ɑm] → SYN nf **a** (gén, Philos, Rel) soul ◆ **(que) Dieu ait son âme** (may) God rest his soul ◆ (fig) **avoir l'âme chevillée au corps** to hang on to life, have nine lives (fig) ◆ **sur mon âme††** upon my soul† → **recommander, rendre**
b (centre de qualités intellectuelles et morales) heart, soul, mind ◆ **avoir** ou **être une âme généreuse** to have great generosity of spirit ◆ **avoir** ou **être une âme basse** ou **vile** to have an evil heart ou mind, be evil-hearted ou evil-minded ◆ **avoir** ou **être une âme sensible** to be a sensitive soul, be very sensitive ◆ **grandeur** ou (frm) **noblesse d'âme** high- ou noble-mindedness ◆ **en mon âme et conscience** in all conscience ou honesty ◆ (littér) **de toute mon âme** with all my soul ◆ **il y a mis toute son âme** he put his heart and soul into it
c (centre psychique et émotif) soul ◆ **faire qch avec âme** to do sth with feeling ◆ **ému jusqu'au fond de l'âme** profoundly moved ◆ **c'est un corps sans âme** he has no soul ◆ **il est musicien dans l'âme** he's a musician to the core ◆ **il a la technique mais son jeu est sans âme** his technique is good but he plays without feeling ou his playing is soulless
d (personne) soul ◆ (frm) **un village de 600 âmes** a village of 600 souls ◆ **on ne voyait âme qui vive** you couldn't see a (living ou mortal) soul, there wasn't a (living ou mortal) soul to be seen ◆ **bonne âme*** kind soul ◆ **est-ce qu'il n'y aura pas une bonne âme pour m'aider?** won't some kind soul give me a hand? ◆ (iro) **il y a toujours de bonnes âmes pour critiquer** there's always some kind soul ready to criticize (iro) ◆ (gén péj) **âme charitable** kind(ly) ou well-meaning soul (iro) ◆ **il est là / il erre comme une âme en peine** he looks like / he is wandering about like a lost soul ◆ **être l'âme damnée de qn** to be sb's henchman ou tool ◆ **il a trouvé l'âme sœur** he has found a soul mate
e (principe qui anime) soul, spirit ◆ **l'âme d'un peuple** the soul ou spirit of a nation ◆ **l'âme d'un complot** the moving spirit in a plot ◆ **être l'âme d'un parti** to be the soul ou leading light of a party ◆ **elle a une âme de sœur de charité** she is the very soul ou spirit of charity ◆ **elle a une âme de chef** she has the soul of a leader
f (Tech) [canon] bore; [aimant] core; [violon] soundpost → **charge, état, fendre** etc

amélanchier [amelɑ̃ʃje] nm shadberry, serviceberry, Juneberry

Amélie [ameli] nf Amelia

améliorable [ameljɔʀabl] → SYN adj improvable

améliorant, e [ameljɔʀɑ̃, ɑ̃t] adj (Agr) soil-improving

amélioration [ameljɔʀasjɔ̃] → SYN nf **a** (NonC: → **améliorer**) improvement; betterment; amelioration ◆ **l'amélioration de son état de santé** the improvement of ou in ou the change for the better in his health
b improvement ◆ **faire des améliorations dans, apporter des améliorations à** to make ou carry out improvements in ou to ◆ (Écon) **une amélioration de la conjoncture** an economic upturn, an improvement in the state of the economy

améliorer [ameljɔʀe] → SYN ▸ conjug 1 ◂ **1** vt (gén) to improve; situation, sort, statut to improve, better, ameliorate (frm); domaine, immeuble, record to improve ◆ **améliorer sa situation** to better ou improve o.s. ou one's situation ◆ **pour améliorer l'ordinaire** (argent) to top up one's basic income; (repas) to make things a bit more interesting
2 **s'améliorer** vpr to improve ◆ **tu ne t'améliores pas avec l'âge!** you're not getting any better with age!, you don't improve with age, do you?

amen [amɛn] → SYN nm inv (Rel) amen ◆ **dire amen à qch / à tout** to say amen to sth / everything, agree religiously to sth / everything

aménageable [amenaʒabl] adj horaire flexible; grenier which can be converted (*en* into)

aménagement [amenaʒmɑ̃] → SYN nm (→ **aménager**) fitting-out; laying-out; converting, conversion; fixing-up; developing; planning; working out; adjusting; making, building; fitting up (Brit), putting in ◆ **l'aménagement du territoire** national and regional development, ≃ town and country planning (Brit) ◆ **les nouveaux aménagements d'un quartier / d'un centre hospitalier** the new developments in ou improvements to ou in a neighbourhood / hospital ◆ **aménagement du temps de travail** (réforme) reform of working hours; (gestion) flexible time management ◆ **demander des aménagements financiers / d'horaire** to request certain financial adjustments / adjustments to one's timetable

aménager [amenaʒe] → SYN ▸ conjug 3 ◂ vt **a** (équiper) local to fit out; parc to lay out; mansarde to convert; territoire to develop; horaire (gén) to plan, work out; (modifier) to adjust ◆ **aménager une chambre en bureau** to convert a bedroom into a study, fit out a bedroom as a study
b (créer) route to make, build; gradins, placard to fit up (Brit), put in ◆ **aménager un bureau dans une chambre** to fit up (Brit) ou fix up a study in a bedroom

aménageur, -euse [amenaʒœʀ, øz] → SYN nm,f *specialist in national and regional development,* ≃ town and country planner (Brit), ≃ city planner (US)

aménagiste [amenaʒist] nmf forester

amendable [amɑ̃dabl] → SYN adj (Pol) amendable; (Agr) which can be enriched

amende [amɑ̃d] → SYN nf fine ◆ **mettre à l'amende** to penalize ◆ **il a eu 500 F d'amende** he got a 500-franc fine, he was fined 500 francs ◆ **défense d'entrer sous peine d'amende** trespassers will be prosecuted ou fined ◆ **faire amende honorable** to make amends

amendement [amɑ̃dmɑ̃] → SYN nm (Pol) amendment; (Agr) (opération) enrichment; (substance) enriching agent

amender [amɑ̃de] → SYN ▸ conjug 1 ◂ **1** vt (Pol) to amend; (Agr) to enrich; conduite to improve, amend
2 **s'amender** vpr to mend one's ways, amend

amène [amɛn] → SYN adj (littér: aimable) propos, visage affable; personne, caractère amiable, affable ◆ **des propos peu amènes** unkind words

amener [am(ə)ne] → SYN ▸ conjug 5 ◂ **1** vt **a** (faire venir) personne, objet to bring (along); (acheminer) cargaison to bring, convey ◆ **on nous amène les enfants tous les matins** they bring the children (along) to us every morning, the children are brought (along) to us every morning ◆ **amène-la à la maison** bring her round (Brit) ou around (US) ou along (to the house), bring her home ◆ **ce tuyau amène l'eau à la maison** this pipe brings water to the house ◆ **le sable est amené à Paris par péniche** sand is brought ou conveyed to Paris by barges ◆ **qu'est-ce qui vous amène ici?** what brings you here? ◆ **vous nous avez amené le beau temps!** you brought the nice weather with you! → **bon**[1], **mandat**
b (provoquer) to bring about, cause ◆ **amener la disette** to bring about ou cause a shortage ◆ **amener le typhus** to cause typhus
c (inciter) **amener qn à faire qch** [circonstances] to induce ou lead ou bring sb to do sth; [personne] to bring sb round to doing sth, get sb to do sth; (par un discours persuasif) to talk sb into doing sth ◆ **la crise pourrait amener le gouvernement à agir** the crisis might induce ou lead ou bring the government to take action ◆ **elle a été finalement amenée à renoncer à son voyage** she was finally induced ou driven to give up her trip ◆ **je suis amené à croire que** I am led to believe ou think that ◆ **c'est ce qui m'a amené à cette conclusion** that is what led ou brought me to that conclusion
d (diriger) to bring ◆ **amener qn à ses propres idées / à une autre opinion** to bring sb round to one's own ideas / another way of thinking ◆ **amener la conversation sur un sujet** to bring the conversation round to a subject, lead the conversation on to a subject ◆ **système amené à un haut degré de complexité** system brought to a high degree of complexity
e transition, conclusion, dénouement to present, introduce ◆ **exemple bien amené** well-introduced example
f (Pêche) poisson to draw in; (Naut) voile, pavillon to strike ◆ (Mil) **amener les couleurs** to strike colours
g (Dés) paire, brelan to throw
2 **s'amener*** vpr (venir) to come along ◆ **amène-toi ici!** get over here!* ◆ **tu t'amènes?** are you going to get a move on?*, come on!* ◆ **il s'est amené avec toute sa bande** he came along ou turned up ou showed up* with the whole gang

aménité [amenite] → SYN nf (amabilité) [propos] affability; [personne, caractère] amiability, affability ◆ **sans aménité** unkindly ◆ (iro) **se dire des aménités** to exchange uncomplimentary remarks

Aménophis [amenɔfis] nm Amenophis

aménorrhée [amenɔʀe] → SYN nf amenorrhoea

amentifère [amɑ̃tifɛʀ] adj amentiferous

amenuisement [amənɥizmɑ̃] → SYN nm [valeur, avance, espoir] dwindling; [chances] lessening; [ressources] diminishing, dwindling

amenuiser [amənɥize] → SYN ▸ conjug 1 ◂
1 **s'amenuiser** vpr [valeur, avance, espoir] to dwindle; [chances] to grow slimmer, lessen; [provisions, ressources] to run low, diminish, dwindle; [temps] to run out
2 vt objet to thin down; (fig) to reduce

amer[1] [amɛʀ] nm (Naut) seamark

amer[2], **-ère** [amɛʀ] → SYN adj (lit, fig) bitter ◆ **amer comme chicotin*** as bitter as wormwood ◆ **avoir la bouche amère** to have a bitter taste in one's mouth

amérasien, -ienne [ameʀazjɛ̃, jɛn] 1 adj Amerasian
2 nm,f ◆ **Amérasien(ne)** Amerasian

amèrement [amɛʀmɑ̃] → SYN adv bitterly

américain, e [ameʀikɛ̃, ɛn] → SYN 1 adj American ◆ **à l'américaine** (gén) in the American style; (Culin) à l'Américaine ◆ **course à l'américaine** (bicycle) relay race → **œil**
2 nm (Ling) American (English)
3 nm,f ◆ **Américain(e)** American ◆ (Mus) **"Un Américain à Paris"** "An American in Paris"
4 **américaine** nf (automobile) American car

américanisation [ameʀikanizasjɔ̃] nf americanization

américaniser [ameʀikanize] ▸ conjug 1 ◂ 1 vt to americanize
2 **s'américaniser** vpr to become americanized

américanisme [ameʀikanism] nm americanism

américaniste [ameʀikanist] nmf Americanist, American specialist

américium [ameʀisjɔm] nm americium

amérindien, -ienne [ameʀɛ̃djɛ̃, jɛn] adj, nm,f Amerindian, American Indian

Amérique [ameʀik] nf America ◆ **Amérique centrale / latine / du Nord / du Sud** Central / Latin / North / South America

Amerloque* [amɛʀlɔk] nmf, **Amerlo(t)** [amɛʀlo] nm Yankee*, Yank*

amerrir [ameʀiʀ] ▸ conjug 2 ◂ vi (Aviat) to land (on the sea), make a sea-landing; (Espace) to splash down

amerrissage [ameʀisaʒ] nm (Aviat) (sea) landing; (Espace) splashdown

amertume [amɛʀtym] → SYN nf (lit, fig) bitterness ◆ **plein d'amertume** full of bitterness, very bitter

améthyste [ametist] nf, adj inv amethyst

amétrope [ametʀɔp] adj ametropic

amétropie [ametʀɔpi] nf ametropia

ameublement [amœbləmɑ̃] → SYN nm (meubles) furniture; (action) furnishing ◆ **articles d'ameublement** furnishings ◆ **commerce d'ameublement** furniture trade

ameublir [amœbliʀ] → SYN ▸ conjug 2 ◂ vt (Agr) to loosen, break down

ameuter [amøte] → SYN ▸ conjug 1 ◂ 1 vt a (attrouper) curieux, passants to bring ou draw a crowd of; voisins to bring out; (soulever) foule to rouse, stir up, incite (*contre* against) ◆ **ses cris ameutèrent les passants** his shouts brought ou drew a crowd of passers-by ◆ **tais-toi, tu vas ameuter toute la rue!*** be quiet, you'll have the whole street out!* ◆ **tu n'as pas besoin d'ameuter tout le quartier!*** you don't have to tell the whole neighbourhood!, you don't have to shout it from the rooftops!
b chiens to form into a pack
2 **s'ameuter** vpr (s'attrouper) [passants] to gather, mass; [voisins] to come out; (se soulever) to band together, gather into a mob ◆ **des passants s'ameutèrent** a crowd of passers-by gathered (angrily)

amharique [amaʀik] nm Amharic

ami, e [ami] → SYN 1 nm,f a friend ◆ **c'est un vieil ami de la famille** ou **de la maison** he's an old friend of the family ◆ **c'est un / mon ami d'enfance** he's a / my childhood friend ◆ **ami intime** (very) close ou intimate friend, bosom friend ◆ **il m'a présenté son amie** he introduced his girlfriend to me ◆ **elle est sortie avec ses amies** she's out with her (girl)friends ◆ **c'était signé « un ami qui vous veut du bien »** it was signed "a well-wisher ou a friend" ◆ **se faire un ami de qn** to make ou become friends with sb, become a friend of sb ◆ **faire ami-ami avec qn*** to be buddy-buddy with sb* ◆ **nous sommes entre amis** (deux personnes) we're friends; (plus de deux) we're all friends ◆ **je vous dis ça en ami** I'm telling you this as a friend ◆ **amis des bêtes / de la nature** animal / nature lovers ◆ **société** ou **club des amis de Balzac** Balzac club ou society ◆ **un célibataire / professeur de mes amis** a bachelor / teacher friend of mine ◆ **être sans amis** to be friendless, have no friends ◆ **parents et amis** friends and relations ou relatives ◆ **ami des arts** patron of the arts ◆ **l'ami de l'homme** man's best friend ◆ **nos amis à quatre pattes** our four-legged friends
b (euph) (amant) boyfriend (euph); (maîtresse) girlfriend (euph) ◆ **l'amie de l'assassin** the murderer's lady-friend (euph) → **bon**[1], **petit**
c (interpellation) **mes chers amis** gentlemen; (auditoire mixte) ladies and gentlemen ◆ **mon cher ami** my dear fellow ou chap (Brit) ◆ **ça, mon (petit) ami** now look here ◆ **ben mon ami!* si j'avais su** gosh!* ou blimey!* (Brit) ou crikey!* (Brit) if I had known that ◆ (entre époux) **oui mon ami!** yes my dear
2 adj visage, pays friendly; regard kindly, friendly ◆ **tendre à qn une main amie** to lend ou give sb a friendly ou helping hand ◆ **être très ami avec qn** to be very friendly ou (very) great ou good friends with sb ◆ **nous sommes très amis** we're very close ou good friends, we're very friendly ◆ **être ami de l'ordre** to be a lover of order

amiable [amjabl] → SYN adj (Jur) amicable ◆ **amiable compositeur** conciliator ◆ **à l'amiable: vente à l'amiable** private sale, sale by private agreement ◆ **partage à l'amiable** private ou amicable partition ◆ **accord** ou **règlement à l'amiable** friendly ou amicable agreement ou arrangement ◆ **régler** ou **liquider une affaire à l'amiable** to settle a difference out of court

amiante [amjɑ̃t] nm asbestos ◆ **plaque / fils d'amiante** asbestos sheet ou plate / thread

amiante-ciment, pl **amiantes-ciments** [amjɑ̃tsimɑ̃] nm asbestos cement

amibe [amib] → SYN nf amoeba

amibiase [amibjɑz] nf amoebiasis

amibien, -ienne [amibjɛ̃, jɛn] 1 adj maladie amoebic
2 nmpl ◆ **amibiens** Amoebae

amical, e, mpl **-aux** [amikal, o] → SYN 1 adj friendly ◆ **match amical, rencontre amicale** friendly (match) ◆ **peu amical** unfriendly
2 **amicale** nf association, club *(of people having the same interest)* ◆ **amicale des anciens élèves** old boys' association (Brit), alumni association (US)

amicalement [amikalmɑ̃] → SYN adv in a friendly way ◆ **il m'a salué amicalement** he gave me a friendly wave ◆ (formule épistolaire) **(bien) amicalement** kind regards, best wishes, yours (ever)

amict [ami] nm amice

amide [amid] nm amide

amidon [amidɔ̃] → SYN nm starch

amidonner [amidɔne] → SYN ▸ conjug 1 ◂ vt to starch

amidopyrine [amidopiʀin] nf amidopyrine

amincir [amɛ̃siʀ] → SYN ▸ conjug 2 ◂ 1 vt to thin (down) ◆ **cette robe l'amincit** this dress makes her look slim(mer) ou thin(ner) ◆ **visage aminci par la tension** face drawn with tension ou hollow with anxiety
2 **s'amincir** vpr [couche de glace, épaisseur de tissu] to get thinner

amincissant, e [amɛ̃sisɑ̃, ɑ̃t] adj ◆ **régime amincissant** slimming diet ◆ **crème amincissante** slimming cream

amincissement [amɛ̃sismɑ̃] → SYN nm thinning (down) ◆ **l'amincissement de la couche de glace a causé l'accident** the ice had got thinner and it was this which caused the accident → **cure**[1]

amine [amin] nf amine

aminé, e [amine] adj → **acide**

a minima [aminima] loc adj ◆ (Jur) **appel a minima** *appeal by the prosecution for heavier sentence*

aminoplaste [aminoplast] nm amino plastic ou resin

amiral, e, mpl **-aux** [amiʀal, o] 1 adj ◆ **vaisseau** ou **bateau amiral** flagship
2 nm admiral
3 **amirale** nf admiral's wife

amirauté [amiʀote] nf (gen) admiralty; (fonction) admiralty, admiralship

amitié [amitje] → SYN GRAMMAIRE ACTIVE 21.2 nf a (sentiment) friendship ◆ **prendre qn en amitié, se prendre d'amitié pour qn** to take a liking to sb, befriend sb ◆ **se lier d'amitié avec qn** to make friends with sb ◆ (littér) **nouer une amitié avec qn** to strike up a friendship with sb ◆ **avoir de l'amitié pour qn** to be fond of sb, have a liking for sb ◆ **faites-moi l'amitié de venir** do me the kindness ou favour of coming ◆ **l'amitié franco-britannique** Anglo-French ou Franco-British friendship ◆ (euph) **amitié particulière** (entre hommes) homosexual relationship; (entre femmes) lesbian relationship
b (formule épistolaire) **amitiés** all the very best, very best wishes ou regards ◆ **amitiés, Paul** kind regards, Paul, yours, Paul ◆ **elle vous fait** ou **transmet toutes ses amitiés** she sends her best wishes ou regards
c († : civilités) **faire mille amitiés à qn** to give sb a warm and friendly welcome

amitose [amitoz] nf amitosis

Amman [aman] n Amman

ammonal [amɔnal] nm ammonal

ammoniac, -aque [amɔnjak] → SYN 1 adj ammoniac ◆ **sel ammoniac** sal ammoniac → **gomme**
2 nm (gaz) ammonia
3 **ammoniaque** nf ammonia (water)

ammoniacal, e, mpl **-aux** [amɔnjakal, o] adj ammoniacal

ammoniaqué, e [amɔnjake] adj ammoniated

ammonite [amɔnit] nf (Zool) ammonite

ammonium [amɔnjɔm] nm ammonium

ammophile [amɔfil] adj ammophilous

amnésie [amnezi] → SYN nf amnesia

amnésique [amnezik] 1 adj amnesic
2 nmf amnesiac, amnesic

amniocentèse [amnjosɛ̃tɛz] nf amniocentesis

amnios [amnjos] nm amnion

amnioscopie [amnjɔskɔpi] nf fetoscopy

amniotique [amnjɔtik] adj amniotic ◆ **cavité / liquide amniotique** amniotic cavity / liquid

amnistiable [amnistjabl] → SYN adj who may be amnestied

amnistiant, e [amnistjɑ̃, jɑ̃t] adj ◆ **grâce amnistiante** amnesty

amnistie [amnisti] → SYN nf amnesty ◆ **loi d'amnistie** law of amnesty

amnistier [amnistje] → SYN ▸ conjug 7 ◂ vt to amnesty, grant an amnesty to ◆ **les amnistiés** the amnestied prisoners

amocher* [amɔʃe] ▸ conjug 1 ◂ vt objet, personne to mess up*, make a mess of*; véhicule to bash up* ◆ **tu l'as drôlement amoché** you've made a terrible mess of him*, you've messed him up something terrible* ◆ **se faire amocher dans un accident / une bagarre** to get messed up* in an accident / a fight ◆ **il / la voiture était drôlement amoché(e)** he / the car was a terrible mess* ◆ **il s'est drôlement amoché en tombant** he gave himself a terrible bash* (Brit) ou he pretty well smashed himself up (US) when he fell

amodier [amɔdje] ▸conjug 7◂ vt terre to lease

amoindrir [amwɛ̃dʀiʀ] [→ SYN] ▸conjug 2◂ 1 vt autorité to lessen, weaken, diminish; forces to weaken; fortune, quantité to diminish, reduce; personne (physiquement) to make weaker, weaken; (moralement, mentalement) to diminish ◆ **amoindrir qn (aux yeux des autres)** to diminish ou belittle sb (in the eyes of others)
2 **s'amoindrir** vpr [autorité, facultés] to grow weaker, weaken, diminish; [forces] to weaken, grow weaker; [quantité, fortune] to diminish, grow less

amoindrissement [amwɛ̃dʀismɑ̃] [→ SYN] nm (→ **amoindrir**) lessening; weakening; diminishing; reduction

amok [amɔk] [→ SYN] nm amok, amuck

amollir [amɔliʀ] [→ SYN] ▸conjug 2◂ 1 vt chose to soften, make soft; personne (moralement) to soften; (physiquement) to weaken, make weak; volonté, forces, résolution to weaken ◆ **cette chaleur vous amollit** this heat makes one feel (quite) limp ou weak
2 **s'amollir** vpr [chose] to go soft; (s'affaiblir) [courage, énergie] to weaken; [jambes] to go weak; [personne] (perdre courage, énergie) to grow soft, weaken; (s'attendrir) to soften, relent

amollissant, e [amɔlisɑ̃, ɑ̃t] adj climat, plaisirs enervating

amollissement [amɔlismɑ̃] [→ SYN] nm (→ **amollir**) softening; weakening ◆ **l'amollissement général est dû à ...** the general weakening of purpose is due to ...

amonceler [amɔ̃s(ə)le] [→ SYN] ▸conjug 4◂ 1 vt choses to pile ou heap up; richesses to amass, accumulate; difficultés to accumulate; documents, preuves to pile up, accumulate, amass
2 **s'amonceler** vpr [choses] to pile ou heap up; [courrier, demandes] to pile up, accumulate; [nuages] to bank up; [neige] to drift into banks, bank up ◆ **les preuves s'amoncellent contre lui** the evidence is building up ou piling up against him

amoncellement [amɔ̃sɛlmɑ̃] [→ SYN] nm a (→ **amonceler**) piling up; heaping up; banking up; amassing; accumulating
b [choses] pile, heap, mass; [idées] accumulation

Amon-Rê [amɔ̃ʀɛ] nm Amen-Ra

amont [amɔ̃] [→ SYN] 1 adj inv ski, skieur uphill (épith)
2 nm [cours d'eau] upstream water; [pente] uphill slope ◆ **en amont** (rivière) upstream, upriver; (pente) uphill; (Écon) upstream ◆ **en amont de** upstream ou upriver from; uphill from, above; (fig) before ◆ **en amont de cette opération** upstream of this operation ◆ **les tâches en amont de la saisie des données** the tasks before data capture ◆ **les rapides / l'écluse d'amont** the upstream rapids / lock ◆ **l'amont était coupé de rapides** the river upstream was a succession of rapids

amoral, e, mpl **-aux** [amɔʀal, o] [→ SYN] adj amoral

amoralisme [amɔʀalism] [→ SYN] nm amorality

amoralité [amɔʀalite] [→ SYN] nf amorality

amorçage [amɔʀsaʒ] nm a (action: → **amorcer**) baiting; ground baiting; priming; energizing
b (dispositif) priming cap, primer

amorce [amɔʀs] [→ SYN] nf a (Pêche) [hameçon] bait; [emplacement] ground bait
b (explosif) [cartouche] cap, primer, priming; [obus] percussion cap; [mine] priming; [pistolet d'enfant] cap
c (début) [route] initial section; [trou] start; [pellicule, film] trailer; [conversations, négociations] beginning; [idée, projet] beginning, germ ◆ **l'amorce d'une réforme / d'un changement** the beginnings (pl) of a reform / change
d (Ordin) **(programme) amorce** bootstrap

amorcer [amɔʀse] [→ SYN] ▸conjug 3◂ vt a hameçon, ligne to bait ◆ **il amorce au ver de vase** (ligne) he baits his line with worms; (emplacement) he uses worms as ground bait
b dynamo to energize; siphon, obus, pompe to prime
c route, tunnel to start ou begin building, make a start on; travaux to begin, make a start on; trou to begin ou start to bore ◆ **la construction est amorcée depuis 2 mois** work has been in progress ou been under way for 2 months
d (commencer) réformes, évolution to initiate, begin; virage to begin ◆ **il amorça un geste pour prendre la tasse** he made as if to take the cup ◆ **amorcer la rentrée dans l'atmosphère** to initiate re-entry into the earth's atmosphere ◆ **une descente s'amorce après le virage** after the bend the road starts to go down
e (Pol: entamer) conversations to start (up); négociations to start, begin ◆ **une détente est amorcée** ou **s'amorce** there are signs of (the beginnings of) a détente
f (†: attirer) client to allure, entice

amoroso [amɔʀozo] [→ SYN] adv amoroso

amorphe [amɔʀf] [→ SYN] adj a (apathique) personne passive, lifeless, spiritless; esprit, caractère, attitude passive; marché dull
b (Minér) amorphous

amorti [amɔʀti] [→ SYN] (ptp de **amortir**) nm (Tennis) drop shot ◆ (Ftbl) **faire un amorti** to trap the ball ◆ **faire un amorti de la poitrine** to chest the ball down

amortir [amɔʀtiʀ] [→ SYN] ▸conjug 2◂ vt a (diminuer) choc to absorb, cushion; coup, chute to cushion, soften; bruit to deaden, muffle; passions, douleur to deaden, dull
b (Fin) dette to pay off, amortize (spéc); titre to redeem; matériel to write off, depreciate (spéc) ◆ (gén) **il utilise sa voiture le plus souvent possible pour l'amortir** he uses his car as often as possible to make it pay ou to recoup the cost to himself ◆ **maintenant, notre équipement est amorti** now we have written off the (capital) cost of the equipment
c (Archit) to put an amortizement ou amortization on

amortissable [amɔʀtisabl] adj (Fin) redeemable

amortissement [amɔʀtismɑ̃] [→ SYN] nm a (Fin) [dette] paying off; [titre] redemption; (provision comptable) reserve ou provision for depreciation ◆ **l'amortissement de ce matériel se fait en 3 ans** it takes 3 years to recoup ou to write off the cost of this equipment ◆ (Fin) **amortissements admis par le fisc** capital allowances
b (diminution: → **amortir**) absorption; cushioning; softening; deadening; muffling; dulling; (Phys) damping
c (Archit) amortizement, amortization

amortisseur [amɔʀtisœʀ] nm shock absorber

Amou Daria [amudaʀja] nm Amu Darya

amour [amuʀ] [→ SYN] 1 nm a (sentiment) love ◆ **parler d'amour** to speak of love ◆ **se nourrir** ou **vivre d'amour et d'eau fraîche*** to live on love alone ◆ **amour platonique** platonic love ◆ **lettre / roman / chanson d'amour** love letter / match / story ◆ **fou d'amour** madly ou wildly in love ◆ **amour fou** wild love ou passion, mad love ◆ **ce n'est plus de l'amour, c'est de la rage*** it's not love, it's raving madness!* ◆ (Mus) **"L'Amour sorcier"** "Love the Magician" → **filer, saison**
b (acte) love-making (NonC) ◆ **pendant l'amour, elle murmurait des mots tendres** while they were making love ou during their love-making, she murmured tender words ◆ **l'amour libre** free love ◆ **l'amour physique** physical love ◆ **faire l'amour** to make love (avec to, with)
c (personne) love; (aventure) love affair ◆ **premier amour** (personne) first love; (aventure) first love (affair) ◆ **ses amours de jeunesse** (aventures) the love affairs ou loves of his youth; (personnes) the loves ou lovers of his youth ◆ **c'est un amour de jeunesse** she's one of his old loves ou flames*† ◆ **des amours de rencontre** casual love affairs ◆ (hum) **à tes amours !*** (quand on trinque) here's to you!; (quand on éternue) bless you! ◆ (hum) **comment vont tes amours ?*** how's your love life?* (hum)
d (terme d'affection) **mon amour** my love, my sweet ◆ **cet enfant est un amour** that child's a real darling ◆ **passe-moi l'eau, tu seras un amour** be a darling ou dear (Brit) and pass me the water, pass me the water, there's a darling ou a dear (Brit) ◆ **un amour de bébé / de petite robe** a lovely ou sweet little baby / dress
e (Art) cupid ◆ (Myth) **(le dieu) Amour** Eros, Cupid
f (Bot) **amour en cage** Chinese lantern, winter ou ground cherry
g LOC **pour l'amour de Dieu** for God's sake, for the love of God ◆ **pour l'amour de votre mère** for your mother's sake ◆ **faire qch pour l'amour de l'art*** to do sth for the love of it ou for love* ◆ **avoir l'amour du travail bien fait** to have a great love for work well done, love to see work well done ◆ **faire qch avec amour** to do sth with loving care
2 nfpl ◆ (littér) **amours** (personnes) loves; (aventures) love affairs ◆ (hum) **amours ancillaires** amorous adventures with the servants

amouracher (s') [amuʀaʃe] [→ SYN] ▸conjug 1◂ vpr ◆ (péj) **s'amouracher de** to become infatuated with (péj)

amourette¹ [amuʀɛt] [→ SYN] nf (relation) passing fancy, passing love affair

amourette² [amuʀɛt] nf ◆ **bois d'amourette** blackwood, Sally Wattle

amourettes [amuʀɛt] [→ SYN] nfpl (Culin) marrow *(served as trimming)*

amoureusement [amuʀøzmɑ̃] adv lovingly, amorously

amoureux, -euse [amuʀø, øz] [→ SYN] 1 adj a (épris) personne in love (de with) ◆ **être amoureux de la musique / la nature** to be a music- / nature-lover, be passionately fond of music / nature ◆ (fig hum) **il est amoureux de sa voiture** he's in love with his car (hum) → **tomber**
b (d'amour) aventures amorous, love (épith) ◆ **déboires amoureux** disappointments in love ◆ **vie amoureuse** love life
c (ardent) tempérament, personne amorous; regard (tendre) loving; (voluptueux) amorous
2 nm,f (gén) lover; (†: soupirant) love, sweetheart ◆ (fig) **amoureux de** lover of ◆ **un amoureux de la nature** a nature lover, a lover of nature ◆ **amoureux transi** bashful lover ◆ **partir en vacances en amoureux** to go off on holiday like a pair of lovers

amour-propre, pl **amours-propres** [amuʀpʀɔpʀ] [→ SYN] nm self-esteem, pride ◆ **blessure d'amour propre** wound to one's self-esteem ou pride

amovibilité [amɔvibilite] [→ SYN] nf (Jur) removability

amovible [amɔvibl] [→ SYN] adj doublure, housse, panneau removable, detachable; (Jur) removable

ampélologie [ɑ̃pelɔlɔʒi] nf study of the vine

ampélopsis [ɑ̃pelɔpsis] nm ampelopsis

ampérage [ɑ̃peʀaʒ] nm amperage

ampère [ɑ̃pɛʀ] nm ampere, amp

ampère-heure, pl **ampères-heures** [ɑ̃pɛʀœʀ] nm ampere-hour

ampèremètre [ɑ̃pɛʀmɛtʀ] nm ammeter

amphétamine [ɑ̃fetamin] nf amphetamine

amphi [ɑ̃fi] nm (arg Univ) abrév de **amphithéâtre**

amphiarthrose [ɑ̃fiaʀtʀoz] nf amphiarthrosis

amphibie [ɑ̃fibi] [→ SYN] 1 adj amphibious, amphibian
2 nm amphibian

amphibiens [ɑ̃fibjɛ̃] nmpl amphibia, amphibians

amphibole¹ [ɑ̃fibɔl] adj (Méd) amphibolic

amphibole² [ɑ̃fibɔl] nf (Minér) amphibole

amphibologie [ɑ̃fibɔlɔʒi] [→ SYN] nf amphibol(og)y

amphigouri [ɑ̃figuʀi] [→ SYN] nm amphigory

amphigourique [ɑ̃figuʀik] [→ SYN] adj amphigoric

amphimixie [ɑ̃fimiksi] nf amphimixis

amphineures [ɑ̃finœʀ] nmpl ◆ **les amphineures** amphineurans, the Amphineura (spéc)

amphioxus [ɑ̃fjɔksys] nm amphioxus, lancelet

amphisbène [ɑ̃fisbɛn] [→ SYN] nm amphisbaena

amphithéâtre [ɑ̃fiteɑtʀ] → SYN nm (Archit) amphitheatre ; (Univ) lecture hall ou theatre ; (Théât) (upper) gallery ◆ (Géol) **amphithéâtre morainique** morainic cirque ou amphitheatre

amphitryon [ɑ̃fitʀijɔ̃] → SYN nm (hum, littér : hôte) host

ampholyte [ɑ̃fɔlit] nm ampholyte

amphore [ɑ̃fɔʀ] → SYN nf amphora

amphotère [ɑ̃fɔtɛʀ] adj amphoteric, amphiprotic

ample [ɑ̃pl] → SYN adj manteau roomy ; jupe, manche full ; geste wide, sweeping ; voix sonorous ; style rich, grand ; projet vast ; vues, sujet wide-ranging, extensive ◆ **faire ample(s) provision(s) de** to gather a bountiful ou liberal ou plentiful supply of ◆ **donner ample matériel à discussion** to give ample material for discussion ◆ (frm) **jusqu'à plus ample informé** until fuller ou further information is available ◆ **pour plus ample informé je tenais à vous dire ...** for your further information I should tell you ... ◆ **veuillez m'envoyer de plus amples renseignements sur ...** please send me further details of ... ou further information about ...

amplectif, ive [ɑ̃plɛktif, iv] adj (Bot) amplexicaul

amplement [ɑ̃pləmɑ̃] → SYN adv expliquer, mériter fully, amply ◆ **il a fait amplement ce qu'on lui demandait** he has more than done what was asked of him ◆ **gagner amplement sa vie** to earn a very good ou ample living ◆ **ça suffit amplement, c'est amplement suffisant** that's more than enough, that's ample

ampleur [ɑ̃plœʀ] → SYN nf **a** [vêtement] fullness, roominess ; [voix] sonorousness ; [geste] liberalness ; [style, récit] opulence ; [vues, sujet, problème] extent, scope, range ; [projet] vastness, scope ◆ **donner de l'ampleur à une robe** to give fullness to a dress

b (importance) [crise] scale, extent ; [dégâts] extent ◆ **devant l'ampleur de la catastrophe** in the face of the sheer scale ou extent of the catastrophe ◆ **vu l'ampleur des dégâts ...** in view of the scale ou the extent of the damage ... ◆ **l'ampleur des moyens mis en œuvre** the sheer size ou the massive scale of the measures implemented ◆ **sans grande ampleur** of limited scope, small-scale (épith) ◆ **ces manifestations prennent de l'ampleur** these demonstrations are growing ou increasing in scale ou extent ou are becoming more extensive

ampli* [ɑ̃pli] nm (abrév de **amplificateur**) amp* ◆ **ampli-tuner** tuner amplifier

ampliatif, ive [ɑ̃plijatif, iv] → SYN adj ◆ **acte ampliatif** certified copy

ampliation [ɑ̃plijasjɔ̃] → SYN nf (duplicata) certified copy ; (développement) amplification ◆ **ampliation des offres de preuves** amplification of previous evidence

amplificateur [ɑ̃plifikatœʀ] → SYN nm (Phys, Rad) amplifier ; (Phot) enlarger *(permitting only fixed enlarging)*

amplification [ɑ̃plifikasjɔ̃] → SYN nf (→ **amplifier**) development ; accentuation ; expansion ; increase ; amplification ; magnification ; exaggeration ; (Phot) enlarging ; (Opt) magnifying

amplifier [ɑ̃plifje] → SYN ▸ conjug 7 ◂ **1** vt **a** (accentuer, développer) tendance to develop, accentuate ; mouvement, échanges, coopération to expand, increase, develop ; pensée to expand, develop, amplify ; (péj) incident to magnify, exaggerate

b (Tech) son, courant to amplify ; image to magnify

2 **s'amplifier** vpr [mouvement, tendance, échange] to grow, increase ; [pensée] to expand, develop

amplitude [ɑ̃plityd] → SYN nf **a** (Astron, Phys) amplitude ◆ (Géom) **l'amplitude d'un arc** the length of the chord subtending an arc

b [températures] range

c (fig : importance) **l'amplitude de la catastrophe** the magnitude of the catastrophe

ampoule [ɑ̃pul] → SYN nf (Élec) bulb ; (Pharm) phial, vial ; (pour seringue) ampoule, ampule ; (Méd) [main, pied] blister, ampulla (spéc) ◆ **ampoule autocassable** phial *(with a snap-off top)*

ampoulé, e [ɑ̃pule] → SYN adj style turgid, pompous, bombastic

amputation [ɑ̃pytasjɔ̃] → SYN nf (Anat) amputation ; (fig) [texte, roman, fortune] drastic cut ou reduction (*de* in) ; [budget] drastic cutback ou reduction (*de* in)

amputé, e [ɑ̃pyte] → SYN (ptp de **amputer**) **1** adj personne who has had a limb amputated

2 nm,f amputee

amputer [ɑ̃pyte] → SYN ▸ conjug 1 ◂ vt **a** (Anat) to amputate

b (fig) texte, roman, fortune to cut ou reduce drastically ; budget to cut back ou reduce drastically (*de* by) ◆ **amputer un pays d'une partie de son territoire** to sever a country of a part of its territory

Amsterdam [amstɛʀdam] n Amsterdam

amuïr (s') [amɥiʀ] ▸ conjug 2 ◂ vpr (Phonétique) to become mute, be dropped *(in pronunciation)*

amuïssement [amɥismɑ̃] nm (Phonétique) *dropping of a phoneme in pronunciation*

amulette [amylɛt] → SYN nf amulet

amure [amyʀ] → SYN nf (Naut) tack ◆ **aller bâbord / tribord amures** to go on the port / starboard tack

amurer [amyʀe] → SYN ▸ conjug 1 ◂ vt voile to haul aboard the tack of, tack

amusant, e [amyzɑ̃, ɑ̃t] → SYN adj (distrayant) jeu amusing, entertaining ; (drôle) film, remarque, convive amusing, funny ◆ **c'est (très) amusant** (distrayant) it's (great) fun ou (very) entertaining ; (surprenant) it's (very) amusing ou funny ◆ **c'était amusant à voir** it was amusing ou funny to see ◆ **l'amusant de l'histoire c'est que** the funny part of the story is that, the amusing part about it all is that

amuse-bouche, pl **amuse-bouche(s)** [amyzbuʃ] nm appetizer, snack

amuse-gueule, pl **amuse-gueule(s)** [amyzgœl] → SYN nm appetizer, snack

amusement [amyzmɑ̃] → SYN nm **a** (divertissement) amusement (NonC) ◆ **pour l'amusement des enfants** for the children's amusement ou entertainment, to amuse ou entertain the children

b (jeu) game ; (activité) diversion, pastime

c (hilarité) amusement (NonC)

amuser [amyze] → SYN ▸ conjug 1 ◂ **1** vt **a** (divertir) to amuse, entertain ; (non intentionnellement) to amuse

b (faire rire) histoire drôle to amuse ◆ **ces remarques ne m'amusent pas du tout** I don't find these remarks in the least bit funny ou amusing, I'm not in the least amused by such remarks ◆ **tu m'amuses avec tes grandes théories** you make me laugh ou you amuse me with your great theories ◆ **faire le pitre pour amuser la galerie** to clown about and play to the crowd, clown about to amuse the crowd

c (plaire) **ça ne m'amuse pas de devoir aller leur rendre visite** I don't enjoy having to go and visit them ◆ **si vous croyez que ces réunions m'amusent** if you think I enjoy these meetings

d (détourner l'attention de) ennemi, caissier to distract (the attention of), divert the attention of ◆ **pendant que tu l'amuses, je prends l'argent** while you keep him busy ou distract his attention, I'll take the money

e (tromper : par promesses etc) to delude, beguile

2 **s'amuser** vpr **a** (jouer) [enfants] to play ◆ **s'amuser avec** jouet, personne, chien to play with ; stylo, ficelle to play ou fiddle ou toy with ◆ **s'amuser à un jeu** to play a game ◆ **s'amuser à faire** to amuse o.s. doing, play at doing ◆ **pour s'amuser ils allumèrent un grand feu de joie** they lit a big bonfire for a lark* ◆ (fig) **ne t'amuse pas à recommencer, sinon !** don't you do ou start that again, or else !

b (se divertir) to have fun ou a good time, enjoy o.s. ; (rire) to have a good laugh ◆ **s'amuser à faire** to have fun doing, enjoy o.s. doing ◆ **nous nous sommes amusés comme des fous à écouter ses histoires** we laughed ourselves silly listening to his jokes ◆ **nous nous sommes bien amusés** we had great fun ou a great time* ◆ **qu'est-ce qu'on s'amuse !** this is great fun ! ◆ **j'aime autant te dire qu'on ne s'est pas amusés** it wasn't much fun, I can tell you ◆ **on ne va pas s'amuser à cette réunion** we're not going to have much fun ou enjoy it much at this meeting ◆ **on ne faisait rien de mal, c'était juste pour s'amuser** we weren't doing any harm, it was just for fun ou for a laugh

c (batifoler) to mess about* ou around* ◆ **il ne faut pas que l'on s'amuse** (il faut se dépêcher) we mustn't dawdle ; (il faut travailler dur) we mustn't idle

d (littér : se jouer de) **s'amuser de qn** to make a fool of sb

amusette [amyzɛt] → SYN nf diversion ◆ **elle n'a été pour lui qu'une amusette** she was mere sport to him, she was just a passing fancy for him ◆ **au lieu de perdre ton temps à des amusettes tu ferais mieux de travailler** instead of frittering your time away on idle pleasures you'd do better to work

amuseur, -euse [amyzœʀ, øz] → SYN nm,f entertainer ◆ (péj) **ce n'est qu'un amuseur** he's just a clown

amusie [amyzi] → SYN nf amusia

amygdale [amidal] nf tonsil ◆ **se faire opérer des amygdales** to have one's tonsils removed ou out

amygdalectomie [amidalɛktɔmi] nf tonsillectomy

amygdaline [amidalin] nf amygdalin

amygdalite [amidalit] nf tonsillitis

amylacé, e [amilase] adj starchy

amylase [amilɑz] nf amylase

amyle [amil] nm amyl ◆ **nitrite d'amyle** amyl nitrite

amylène [amilɛn] nm pentene, amylene

amylique [amilik] adj ◆ **alcool amylique** amyl alcohol

amyotrophie [amjɔtʀɔfi] nf amyotrophy

AN [aɛn] nf (abrév de **Assemblée nationale**) → **assemblée**

an [ɑ̃] → SYN nm **a** (durée) year ◆ **après 5 ans de prison** after 5 years in prison ◆ **dans 3 ans** in 3 years, in 3 years' time ◆ **une amitié de 20 ans** a friendship of 20 years' standing

b (âge) year ◆ **un enfant de six ans** a six-year-old child, a six-year-old ◆ **il a 22 ans** he is 22 (years old) ◆ **il n'a pas encore 10 ans** he's not yet 10

c (point dans le temps) year ◆ **4 fois par an** 4 times a year ◆ **il reçoit tant par an** he gets so much a year ou annually ou per annum ◆ **le jour** ou **le premier de l'an, le nouvel an** New Year's Day ◆ **en l'an 300 de Rome** in the Roman year 300 ◆ **en l'an 300 de notre ère / avant Jésus-Christ** in (the year) 300 A.D. / B.C. ◆ (frm, hum) **en l'an de grâce ...** in the year of grace ... ◆ **je m'en moque** ou **je m'en soucie comme de l'an quarante** I couldn't care less (about it) → **bon¹**

d (littér) **ans : les ans l'ont courbé** he has become bowed ou hunched with age ◆ **l'outrage des ans** the ravages of time ◆ **courbé sous le poids des ans** bent under the weight of years ou age

ana [ana] nm ana

anabaptisme [anabatism] nm anabaptism

anabaptiste [anabatist] → SYN adj, nmf anabaptist

anabiose [anabjoz] → SYN nf (Bot) anabiosis

anabolisant, e [anabɔlizɑ̃, ɑ̃t] **1** adj anabolic

2 nm anabolic steroid

anabolisme [anabɔlism] → SYN nm anabolism

anabolite [anabɔlit] nm anabolite

anacarde [anakaʀd] → SYN nm cashew (nut)

anacardier [anakaʀdje] nm cashew (tree)

anachorète [anakɔʀɛt] → SYN nm anchorite

anachronique [anakʀɔnik] → SYN adj anachronistic, anachronous

anachronisme [anakʀɔnism] → SYN nm anachronism

anaclitique [anaklitik] adj ◆ **dépression anaclitique** anaclitic depression

anacoluthe [anakɔlyt] nf anacoluthon

anaconda [anakɔ̃da] → SYN nm anaconda

Anacréon [anakʀeɔ̃] nm Anacreon

anacréontique [anakʀeɔ̃tik] → SYN adj anacreontic

anacrouse [anakʀuz] nf (Mus, Poésie) anacrusis

anadrome [anadʀɔm] adj anadromous

anaérobie [anaeʀɔbi] 1 adj anaerobic
2 nm anaerobe

anaérobiose [anaeʀɔbjoz] nf anaerobiosis

anaglyphe [anaglif] nm anaglyph

anaglyptique [anagliptik] adj anaglyptic(al)

anagogie [anagɔʒi] → SYN nf (interprétation) anagoge, anagogy

anagogique [anagɔʒik] → SYN adj anagogic(al)

anagrammatique [anagʀamatik] adj anagrammatical

anagramme [anagʀam] nf anagram

anal, e, mpl **-aux** [anal, o] adj anal

analeptique [analɛptik] → SYN adj analeptic

analgésie [analʒezi] → SYN nf analgesia

analgésique [analʒezik] → SYN adj, nm analgesic

analité [analite] nf anality

anallergique [analɛʀʒik] adj hypoallergenic

analogie [analɔʒi] → SYN nf analogy ◆ **par analogie avec** by analogy with

analogique [analɔʒik] → SYN adj analogical

analogiquement [analɔʒikmɑ̃] adv analogically

analogue [analɔg] → SYN 1 adj analogous, similar (*à* to)
2 nm analogue

analphabète [analfabɛt] → SYN adj, nmf illiterate

analphabétisme [analfabetism] → SYN nm illiteracy

analysable [analizabl] adj analysable (Brit), analyzable (US)

analysant, e [analizɑ̃, ɑ̃t] nm,f analysand

analyse [analiz] → SYN 1 nf a (gén: examen) analysis ◆ **faire l'analyse de** to analyze ◆ **ce qu'il soutient ne résiste pas à l'analyse** what he maintains doesn't stand up to analysis ◆ **avoir l'esprit d'analyse** to have an analytic(al) mind
b (Méd) test ◆ **analyse de sang / d'urine** blood / urine test ◆ **se faire faire des analyses** to have some tests (done) → **laboratoire**
c (Psych) psychoanalysis, analysis ◆ **il est en analyse, il poursuit une analyse** he's undergoing ou having psychoanalysis ou analysis
d (Math) (discipline) calculus; (exercice) analysis
2 COMP ▷ **analyse combinatoire** combinatorial analysis ▷ **analyse en constituants immédiats** constituent analysis ▷ **analyse factorielle** factor ou factorial analysis ▷ **analyse financière** financial analysis ▷ **analyse fonctionnelle** functional job analysis ▷ **analyse grammaticale** parsing ◆ **faire l'analyse grammaticale de** to parse ▷ **analyse logique** sentence analysis (Brit), diagramming (US) ▷ **analyse de marché** market analysis ou survey ▷ **analyse sectorielle** cross-section analysis ▷ **analyse spectrale** spectrum analysis ▷ **analyse de système** systems analysis ▷ **analyse transactionnelle** transactional analysis ▷ **analyse du travail** job analysis

analysé, e [analize] nm,f (Psych) person having undergone an analysis

analyser [analize] → SYN ▸ conjug 1 ◂ vt (gén) to analyze; (Psych) to (psycho)analyze; (Méd) sang, urine to test; (analyse grammaticale) to parse

analyseur [analizœʀ] nm (Phys) analyzer ◆ (Ordin) **analyseur syntaxique** parser

analyste [analist] nmf (gén, Math) analyst; (psychanalyste) psychoanalyst, analyst ◆ **analyste-programmeur** programme analyst ◆ **analyste financier / de marché** financial / market analyst ◆ **analyste de systèmes** systems analyst

analytique [analitik] 1 adj analytic(al)
2 nf analytics (sg)

analytiquement [analitikmɑ̃] adv analytically

anamnèse [anamnɛz] → SYN nf anamnesis

anamnestique [anamnɛstik] adj anamnestic

anamorphose [anamɔʀfoz] → SYN nf anamorphosis

ananas [anana(s)] nm (fruit, plante) pineapple

anapeste [anapɛst] → SYN nm anapaest

anaphase [anafɑz] nf anaphase

anaphore [anafɔʀ] → SYN nf anaphora

anaphorique [anafɔʀik] adj anaphoric

anaphrodisiaque [anafʀɔdizjak] adj, nm anaphrodisiac

anaphrodisie [anafʀɔdizi] → SYN nf anaphrodisia

anaphylactique [anafilaktik] adj anaphylactic

anaphylaxie [anafilaksi] → SYN nf anaphylaxis

anaplastie [anaplasti] → SYN nf anaplasty

anar* [anaʀ] nmf abrév de **anarchiste**

anarchie [anaʀʃi] → SYN nf (Pol, fig) anarchy

anarchique [anaʀʃik] → SYN adj anarchic(al)

anarchiquement [anaʀʃikmɑ̃] adv anarchically

anarchisant, e [anaʀʃizɑ̃, ɑ̃t] adj anarchistic

anarchisme [anaʀʃism] nm anarchism

anarchiste [anaʀʃist] → SYN 1 adj anarchistic
2 nmf anarchist

anarchosyndicalisme [anaʀkosɛ̃dikalism] nm anarcho-syndicalism

anarchosyndicaliste [anaʀkosɛ̃dikalist] nmf anarcho-syndicalist

anarthrie [anaʀtʀi] nf anarthria

anasarque [anazaʀk] nf anasarca

anastatique [anastatik] adj anastatic

anastigmat [anastigmat] adj m, nm ◆ **(objectif) anastigmat** anastigmat, anastigmatic lens

anastigmatique [anastigmatik] adj anastigmatic

anastomose [anastɔmoz] nf (Anat, Bot) anastomosis

anastrophe [anastʀɔf] nf anastrophe

anathématiser [anatematize] → SYN ▸ conjug 1 ◂ vt (lit, fig) to anathematize

anathème [anatɛm] → SYN nm (excommunication, excommunié) anathema ◆ (fig) **jeter l'anathème sur** to anathematize, curse ◆ (Rel) **prononcer un anathème contre qn, frapper qn d'un anathème** to excommunicate sb, anathematize sb

anathémiser [anatemize] ▸ conjug 1 ◂ vt to anathematize

anatife [anatif] → SYN nm barnacle

Anatolie [anatɔli] nf Anatolia

anatolien, -ienne [anatɔljɛ̃, jɛn] adj Anatolian

anatomie [anatɔmi] → SYN nf a (science) anatomy
b (corps) anatomy ◆ **elle a une belle anatomie*** she has a smashing figure*
c (††: dissection) (Méd) anatomy; (fig) analysis ◆ **faire l'anatomie de** to dissect (fig), analyse ◆ **pièce d'anatomie** anatomical subject

anatomique [anatɔmik] adj anatomical, anatomic

anatomiquement [anatɔmikmɑ̃] adv anatomically

anatomiste [anatɔmist] nmf anatomist

anatomopathologie [anatɔmopatɔlɔʒi] nf anatomopathology

anavenin [anavənɛ̃] → SYN nm antivenin, antivenene

ANC [aɛnse] nm (abrév de **African National Congress**) ANC

ancestral, e, mpl **-aux** [ɑ̃sɛstʀal, o] → SYN adj ancestral

ancêtre [ɑ̃sɛtʀ] → SYN nmf a (aïeul) ancestor; (*: vieillard) old man (ou woman) ◆ **nos ancêtres du moyen âge** our ancestors ou forefathers ou forebears of the Middle Ages
b (fig: précurseur) [personne, objet] ancestor, forerunner, precursor ◆ **c'est l'ancêtre de la littérature moderne** he's the father of modern literature

anche [ɑ̃ʃ] → SYN nf (Mus) reed

anchoïade [ɑ̃ʃɔjad] → SYN nf anchovy sauce

anchois [ɑ̃ʃwa] → SYN nm anchovy

anchoyade [ɑ̃ʃɔjad] nf ⇒ **anchoïade**

ancien, -ienne [ɑ̃sjɛ̃, jɛn] → SYN 1 adj a (vieux) (gén) old; coutume, château, loi ancient; objet d'art antique ◆ **dans l'ancien temps** in olden days, in times gone by ◆ **il est plus ancien que moi dans la maison** he has been with ou in the firm longer than me ◆ **une ancienne amitié** an old friendship, a friendship of long standing ◆ **compter en anciens francs** to count in old francs ◆ **cela lui a coûté 10 millions anciens** it cost him 10 million old francs → **testament**
b (avant nom: précédent) former, old ◆ **son ancienne femme** his ex-wife, his former ou previous wife ◆ **c'est mon ancien quartier / ancienne école** it's my old neighbourhood / school, that's where I used to live / go to school
c (antique) langue, civilisation ancient ◆ **dans les temps anciens** in ancient times ◆ **la Grèce / l'Égypte ancienne** ancient Greece / Egypt
2 nm ◆ (mobilier ancien) **l'ancien** antiques (pl)
3 nm,f (personne) a (*, †: par l'âge) elder, old man (ou woman) ◆ (hum) **et le respect pour les anciens?** and where's your respect for your elders? ◆ **les anciens du village** the village elders
b (par l'expérience) senior ou experienced person; (Mil) old soldier ◆ **c'est un ancien dans la maison** he has been with ou in the firm a long time
c (Hist) **les anciens** the Ancients ◆ (Littérat) **les anciens et les modernes** the Ancients and the Moderns
4 **à l'ancienne** loc adj old-style, traditional (-style)
5 COMP ▷ **ancien combattant** war veteran, ex-serviceman ▷ **ancien (élève)** old boy (Brit), alumnus (US), former pupil ▷ **ancienne (élève)** old girl (Brit), alumna (US), former pupil ▷ **l'Ancien Régime** the Ancien Régime ▷ **l'Ancien Testament** the Old Testament

anciennement [ɑ̃sjɛnmɑ̃] → SYN adv (autrefois) formerly

ancienneté [ɑ̃sjɛnte] → SYN nf a (durée de service) (length of) service; (privilèges obtenus) seniority ◆ **à l'ancienneté** by seniority ◆ **il a 10 ans d'ancienneté dans la maison** he has been with ou in the firm (for) 10 years
b [maison] oldness, (great) age, ancientness; [statue, famille, objet d'art] age, antiquity; [loi, tradition] ancientness ◆ **de toute ancienneté** from time immemorial

ancillaire [ɑ̃silɛʀ] adj → **amour**

ancolie [ɑ̃kɔli] → SYN nf columbine

ancrage [ɑ̃kʀaʒ] → SYN nm a (Naut) [grand bateau] anchorage; [petit bateau] moorage, moorings (pl)
b (attache) [poteau, câble] anchoring; [mur] cramping

ancre [ɑ̃kʀ] nf a (Naut) **ancre (de marine)** anchor ◆ **ancre de miséricorde** ou **de salut** sheet anchor ◆ **être à l'ancre** to be ou lie ou ride at anchor ◆ **jeter l'ancre** to cast ou drop anchor ◆ **lever l'ancre** (lit) to weigh anchor; (*: fig) to get going*, be on one's way*
b (Constr) cramp(-iron), anchor; (Horlogerie) anchor escapement, recoil escapement

ancrer [ɑ̃kʀe] → SYN ▸ conjug 1 ◂ 1 vt a (Naut) to anchor
b (Tech) poteau, câble to anchor; mur to cramp
c (fig) to root ◆ **ancrer qch dans la tête de qn** to fix sth firmly in sb's mind, get sth (to sink) into sb's head ◆ **il a cette idée ancrée dans la tête** he's got this idea firmly fixed ou rooted in his head

2 **s'ancrer** vpr a (Naut) to anchor, cast ou drop anchor
b (fig: s'incruster) **il a l'habitude de s'ancrer chez les gens** when he visits people he usually stays for ages ou settles in for a good long while ◆ **quand une idée s'ancre dans l'esprit des gens** when an idea takes root ou becomes fixed in people's minds ◆ **il s'est ancré dans la tête que ...** he got it into ou fixed in his head that ...

andain [ɑ̃dɛ̃] → SYN nm swath

andalou, -ouse [ɑ̃dalu, uz] 1 adj Andalusian
2 nm,f ◆ **Andalou(se)** Andalusian

Andalousie [ɑ̃daluzi] nf Andalusia, Andalucia

andante [ɑ̃dɑ̃t] → SYN adv, nm andante

Andes [ɑ̃d] nfpl ◆ **les Andes** the Andes

andésite [ɑ̃dezit] nf andesite

andin, e [ɑ̃dɛ̃, in] adj Andean

andorran, e [ɑ̃dɔʀɑ̃, an] 1 adj Andorran
2 nm,f ◆ **Andorran(e)** Andorran

Andorre [ɑ̃dɔʀ] nf Andorra ◆ **Andorre-la-Vieille** Andorra la Vella

andouille [ɑ̃duj] → SYN nf a (Culin) andouille *(sausage made of chitterlings)*
b (‡: imbécile) prat‡ (Brit), clot* (Brit), dummy*, fool ◆ **faire l'andouille** to act the fool ◆ **espèce d'andouille!**, **triple andouille!** you (stupid) prat!‡ (Brit), you (stupid) clot!* (Brit), you dummy!*

andouiller [ɑ̃duje] → SYN nm tine, (branch of) antler

andouillette [ɑ̃dujɛt] nf andouillette *(small sausage made of chitterlings)*

André [ɑ̃dʀe] nm Andrew

andrène [ɑ̃dʀɛn] nm mining bee

androcée [ɑ̃dʀɔse] nm androecium

androcéphale [ɑ̃dʀosefal] adj with a human head

androgène [ɑ̃dʀɔʒɛn] nm androgen

androgenèse [ɑ̃dʀoʒənɛz] nf androgenesis

androgyne [ɑ̃dʀɔʒin] → SYN 1 adj androgynous
2 nm androgyne

androïde [ɑ̃dʀɔid] nm android

andrologie [ɑ̃dʀɔlɔʒi] nf andrology

andrologue [ɑ̃dʀɔlɔg] nmf andrologist

Andromaque [ɑ̃dʀɔmak] nf Andromache

Andromède [ɑ̃dʀɔmɛd] nf Andromeda

andropause [ɑ̃dʀopoz] nf male menopause

androstérone [ɑ̃dʀosteʀɔn] nf androsterone

âne [ɑn] → SYN nm a (Zool) donkey, ass ◆ **être comme l'âne de Buridan** to be unable to decide between two alternatives ◆ (hum) **il y a plus d'un âne qui s'appelle Martin** a lot of people are called that, that's a very common name → **bonnet, dos, pont**
b (fig) ass, fool ◆ **faire l'âne pour avoir du son** to act ou play dumb to find out what one wants to know, act the daft laddie (ou lassie)* ◆ **âne bâté†** stupid ass

anéantir [aneɑ̃tiʀ] → SYN ▸conjug 2◂ 1 vt a (détruire) ville, armée to annihilate, wipe out; efforts to wreck, ruin, destroy; espoirs to dash, ruin, destroy; sentiment to obliterate, destroy
b (déprimer, gén pass) [chaleur] to overwhelm, overcome; [fatigue] to exhaust, wear out; [chagrin] to crush, prostrate; [mauvaise nouvelle] to overwhelm, crush
2 **s'anéantir** vpr to vanish utterly; [espoir] to be dashed

anéantissement [aneɑ̃tismɑ̃] → SYN nm a (destruction: → **anéantir**) annihilation, wiping out; wrecking; ruin; destruction; dashing; obliteration ◆ **c'est l'anéantissement de tous mes espoirs** that's the end of ou that has wrecked all my hopes ◆ **ce régime vise à l'anéantissement de l'individu** this régime aims at the complete suppression ou annihilation of the individual('s rights)
b (fatigue) state of exhaustion, exhaustion; (abattement) state of dejection, dejection

anecdote [anɛkdɔt] → SYN nf (gén, littér) anecdote ◆ **l'anecdote** trivial detail ou details ◆ (péj) **cet historien ne s'élève pas au-dessus de l'anecdote** this historian doesn't rise above the anecdotal

anecdotique [anɛkdɔtik] → SYN adj histoire, description anecdotal; peinture exclusively concerned with detail (attrib)

anéchoïque [anekɔik] adj anechoic

anémiant, e [anemjɑ̃, jɑ̃t] → SYN adj (Méd) causing anemia; (fig) debilitating

anémie [anemi] → SYN nf (Méd) anaemia (Brit), anemia (US); (fig) deficiency ◆ **anémie pernicieuse** pernicious anaemia

anémié, e [anemje] → SYN (ptp de **anémier**) adj (Méd) anaemic (Brit) anemic (US); (fig) weakened, enfeebled

anémier [anemje] → SYN ▸conjug 7◂ 1 vt (Méd) to make anaemic (Brit) ou anemic (US); (fig) to weaken
2 **s'anémier** vpr (Méd) to become anaemic (Brit) ou anemic (US)

anémique [anemik] → SYN adj (Méd, fig) anaemic (Brit), anemic (US)

anémographe [anemɔgʀaf] nm anemograph

anémomètre [anemɔmɛtʀ] → SYN nm [fluide] anemometer; [vent] anemometer, wind gauge

anémone [anemɔn] → SYN nf anemone ◆ **anémone sylvie** wood anemone ◆ **anémone de mer** sea anemone

anémophile [anemɔfil] adj anemophilous

anencéphale [anɑ̃sefal] adj anencephalic

anencéphalie [anɑ̃sefali] nf anencephaly

ânerie [ɑnʀi] → SYN nf a (NonC) stupidity ◆ **il est d'une ânerie!** he's a real ass!*
b (parole) stupid ou idiotic remark; (action) stupid mistake, blunder ◆ **arrête de dire des âneries!** stop talking rubbish! (Brit) ou nonsense! ◆ **faire une ânerie** to make a blunder, do something silly

anéroïde [aneʀɔid] adj → **baromètre**

ânesse [ɑnɛs] → SYN nf she-ass

anesthésiant, e [anɛstezjɑ̃, jɑ̃t] → SYN adj, nm anaesthetic (Brit), anesthetic (US) ◆ **anesthésiant local** local anaesthetic

anesthésie [anɛstezi] → SYN nf (état d'insensibilité, technique) anaesthesia (Brit), anesthesia (US); (opération) anaesthetic (Brit), anesthetic (US) ◆ **sous anesthésie** under anaesthetic, under anaesthesia ◆ **anesthésie générale / locale** general / local anaesthetic ◆ **je vais vous faire une anesthésie** I'm going to give you an anaesthetic

anesthésier [anɛstezje] → SYN ▸conjug 7◂ vt (Méd) organe to anaesthetize (Brit), anesthetize (US); personne to give an anaesthetic (Brit) ou anesthetic (US) to, anaesthetize; (fig) to deaden, benumb, anaesthetize

anesthésiologie [anɛstezjɔlɔʒi] nf anaesthetics (Brit) (sg), anesthesiology (US)

anesthésique [anɛstezik] → SYN adj, nm anaesthetic (Brit), anesthetic (US)

anesthésiste [anɛstezist] nmf anaesthetist (Brit), anesthesiologist (US)

aneth [anɛt] → SYN nm dill

anévrisme [anevʀism] nm aneurism → **rupture**

anfractuosité [ɑ̃fʀaktɥozite] → SYN nf [falaise, mur, sol] crevice

angarie [ɑ̃gaʀi] → SYN nf angary

ange [ɑ̃ʒ] → SYN 1 nm a (Rel) angel ◆ **bon / mauvais ange** good / bad angel ◆ (fig) **être le bon ange de qn** to be sb's good ou guardian angel ◆ (fig) **être le mauvais ange de qn** to be an evil influence over ou on sb
b (personne) angel ◆ **oui mon ange** yes, darling ◆ **va me chercher mes lunettes tu seras un ange** be an angel ou a darling and get me my glasses, go and look for my glasses, there's an angel ou a dear (Brit) ◆ **il est sage comme un ange** he's an absolute angel, he's as good as gold ◆ **il est beau comme un ange** he's as pretty as a picture ou an angel, he looks quite angelic ◆ **avoir une patience d'ange** to have the patience of a saint ◆ **c'est un ange de douceur / de bonté** he's the soul of meekness / goodness
c (Zool) angel fish
d LOC **un ange passa** there was an awkward pause ou silence (in the conversation) ◆ **être aux anges** to be in (the) seventh heaven ◆ (Ciné) **"L'Ange bleu"** "The Blue Angel"
2 COMP ▷ **ange déchu** (Rel) fallen angel ▷ **l'ange exterminateur** (Rel) the exterminating angel ▷ **ange gardien** (Rel, fig) guardian angel; (fig: garde du corps) bodyguard → **cheveu, faiseur, rire**

angéiologie [ɑ̃ʒejɔlɔʒi] nf angiology

angéite [ɑ̃ʒeit] → SYN nf angeitis, angiitis

angélique¹ [ɑ̃ʒelik] adj (Rel, fig) angelic(al)

angélique² [ɑ̃ʒelik] nf (Bot, Culin) angelica

angéliquement [ɑ̃ʒelikmɑ̃] adv angelically, like an angel

angélisme [ɑ̃ʒelism] → SYN nm (Rel) angelism; (fig péj) otherworldliness

angelot [ɑ̃ʒ(ə)lo] nm (Art) cherub

angélus [ɑ̃ʒelys] nm angelus

angevin, e [ɑ̃ʒ(ə)vɛ̃, in] 1 adj (d'Anjou) Angevin (épith), of ou from Anjou; (d'Angers) of ou from Angers
2 nm,f ◆ **Angevin(e)** [Anjou] inhabitant ou native of Anjou; [Angers] inhabitant ou native of Angers

angiectasie [ɑ̃ʒjɛktazi] nf angiectasis

angine [ɑ̃ʒin] → SYN nf (amygdalite) tonsillitis; (pharyngite) pharyngitis ◆ **avoir une angine** to have a sore throat ◆ **angine de poitrine** angina (pectoris) ◆ **angine couenneuse, angine diphtérique** diphtheria

angineux, -euse [ɑ̃ʒinø, øz] adj anginal

angiocardiographie [ɑ̃ʒjokaʀdjɔgʀafi] nf angiocardiography

angiographie [ɑ̃ʒjɔgʀafi] nf angiography

angiologie [ɑ̃ʒjɔlɔʒi] nf angiology

angiome [ɑ̃ʒjom] → SYN nm angioma

angioneurotique [ɑ̃ʒjonøʀɔtik] adj angioneurotic

angioplastie [ɑ̃ʒjoplasti] nf angioplasty

angiosperme [ɑ̃ʒjospɛʀm] 1 adj angiospermous
2 nfpl ◆ **les angiospermes** angiosperms, the Angiospermae (spéc)

angiotensine [ɑ̃ʒjotɑ̃sin] nf angiotensin

anglais, e [ɑ̃glɛ, ɛz] → SYN 1 adj English → **assiette, broderie, crème**
2 nm a **Anglais** Englishman ◆ **les Anglais** (en général) English people, the English; (Britanniques) British people, the British; (hommes) Englishmen ◆ (*: euph) **les Anglais ont débarqué** I've got the curse*, I've got my period
b (Ling) English ◆ **anglais canadien** Canadian English
3 **anglaise** nf a **Anglaise** Englishwoman
b (Coiffure) **anglaises** ringlets
c (Écriture) ≃ modern English handwriting
d **à l'anglaise** légumes boiled; parc, jardin landscaped ◆ **cuit à l'anglaise** boiled → **filer**
4 adv ◆ **parler anglais** to speak English

angle [ɑ̃gl] → SYN GRAMMAIRE ACTIVE 26.3
1 nm a [meuble, rue] corner ◆ **à l'angle de ces deux rues** at ou on the corner of these two streets ◆ **le magasin qui fait l'angle** the shop on the corner ◆ **la maison est en angle** the house forms the corner ou stands directly on the corner ◆ **meuble d'angle** corner unit
b (Math) angle ◆ **angle saillant / rentrant** salient / re-entrant angle ◆ **angle aigu / obtus** acute / obtuse angle ◆ **angles alternes externes / internes** exterior / interior alternate angles ◆ **angle solide** solid angle
c (aspect) angle, point of view ◆ **vu sous cet angle** seen from ou looked at from that angle ou point of view
d (fig) [caractère, personne] rough edge → **arrondir**
2 COMP ▷ **angles adjacents** adjacent angles ▷ **angle de braquage** lock ▷ **angle de chasse** (Aut) castor angle ▷ **angle de couverture** (Phot) lens field ▷ **angle dièdre** dihedral angle ▷ **angle droit** right angle ◆ **faire un angle droit** to be at right angles (avec to) ▷ **angle facial** facial angle ▷ **angle d'incidence** angle of incidence ▷ **angle d'inclinaison** angle of inclination

▷ **angle inscrit (à un cercle)** inscribed angle (of a circle) ▷ **angle de marche** ⇒ **angle de route** ▷ **angle mort** dead angle, blind spot ▷ **angle optique** optic angle ▷ **angle de réfraction** angle of refraction ▷ **angle de route** (Mil) bearing, direction of march ▷ **angle de tir** firing angle ▷ **angle visuel** visual angle → **grand**

Angleterre [ɑ̃glətɛʀ] nf England; (Grande-Bretagne) Britain

anglican, e [ɑ̃glikɑ̃, an] → SYN adj, nm,f Anglican

anglicanisme [ɑ̃glikanism] nm Anglicanism

anglicisant, e [ɑ̃glisizɑ̃, ɑ̃t] nm,f (étudiant) student of English *(language and civilization)*; (spécialiste) anglicist, English specialist

angliciser [ɑ̃glisize] ▸conjug 1◂ 1 vt to anglicize
2 **s'angliciser** vpr to become anglicized

anglicisme [ɑ̃glisism] nm anglicism

angliciste [ɑ̃glisist] nmf (étudiant) student of English *(language and civilization)*; (spécialiste) anglicist, English specialist

anglo- [ɑ̃glɔ] préf anglo-

anglo-américain, e, mpl **anglo-américains** [ɑ̃gloameʀikɛ̃, ɛn] 1 nm (Ling) American English
2 adj Anglo-American

anglo-arabe, pl **anglo-arabes** [ɑ̃gloaʀab] adj, nm (cheval) Anglo-Arab

anglo-canadien, -ienne, mpl **anglo-canadiens** [ɑ̃glokanadjɛ̃, jɛn] 1 adj Anglo-Canadian
2 nm (Ling) Canadian English
3 nm,f ◆ **Anglo-Canadien(ne)** English Canadian

anglomane [ɑ̃glɔman] nmf anglomaniac

anglomanie [ɑ̃glɔmani] → SYN nf anglomania

anglo-normand, e, mpl **anglo-normands** [ɑ̃glonɔʀmɑ̃, ɑ̃d] 1 adj Anglo-Norman → **île**
2 nm a (Ling) Anglo-Norman, Norman French
b (cheval) Anglo-Norman (horse)

anglophile [ɑ̃glɔfil] 1 adj anglophilic
2 nmf anglophile

anglophilie [ɑ̃glɔfili] nf anglophilia

anglophobe [ɑ̃glɔfɔb] 1 adj anglophobic
2 nmf anglophobe

anglophobie [ɑ̃glɔfɔbi] nf anglophobia

anglophone [ɑ̃glɔfɔn] 1 adj personne English-speaking, Anglophone (Can); littérature etc English-Language (épith), in English (attrib)
2 nmf English-speaker, Anglophone (Can)

anglo-saxon, -onne, mpl **anglo-saxons** [ɑ̃glo saksɔ̃, ɔn] 1 adj Anglo-Saxon ◆ **les pays anglo-saxons** Anglo-Saxon countries
2 nm (Ling) Anglo-Saxon
3 nm,f ◆ **Anglo-Saxon(ne)** Anglo-Saxon

angoissant, e [ɑ̃gwasɑ̃, ɑ̃t] → SYN adj situation, silence harrowing, agonizing ◆ **nous avons vécu des jours angoissants** we went through ou suffered days of anguish ou agony

angoisse [ɑ̃gwas] → SYN nf a (NonC) (gén, Psych) anguish, distress ◆ (Philos) **l'angoisse métaphysique** metaphysical anguish, Angst ◆ **une étrange angoisse le saisit** a strange feeling of anguish gripped him ◆ **l'angoisse de la mort** the anguish of death ◆ **il vivait dans l'angoisse / dans l'angoisse d'un accident** he lived in anguish / in fear and dread of an accident ◆ **ils ont vécu des jours d'angoisse** they went through ou suffered days of anguish ou agony ◆ **c'est l'angoisse*** it's panic stations* ◆ **c'est vraiment l'angoisse ce film / cette architecture*** this film / architecture gives me the creeps*
b (peur) dread (NonC), fear ◆ (rare: sensation d'étouffement) **avoir des angoisses** to have feelings of suffocation

angoissé, e [ɑ̃gwase] → SYN (ptp de **angoisser**) 1 adj geste, visage, voix anguished; question, silence agonized; personne anxious, distressed ◆ **regard / cri angoissé** look / cry of anguish ◆ **être angoissé** (inquiet) to be distressed ou in anguish; (oppressé) to feel suffocated
2 nm,f anxious person

angoisser [ɑ̃gwase] → SYN ▸conjug 1◂ 1 vt (inquiéter) to harrow, cause anguish ou distress to; (oppresser) to choke
2 vi (*: être angoissé) to be worried sick*

Angola [ɑ̃gɔla] nm Angola

angolais, e [ɑ̃gɔlɛ, ɛz] 1 adj Angolan
2 nm,f ◆ **Angolais(e)** Angolan

angor [ɑ̃gɔʀ] → SYN nm angor

angora [ɑ̃gɔʀa] → SYN adj, nm angora

angstrœm, angström [aŋstʀœm] nm angstrom (unit)

anguiforme [ɑ̃gifɔʀm] → SYN adj anguine

Anguilla [ɑ̃gija] n Anguilla

anguille [ɑ̃gij] → SYN nf (Culin, Zool) eel ◆ **anguille de mer** sea eel ◆ **anguille de sable** sand eel ◆ **anguille de roche** conger eel ◆ **il m'a filé entre les doigts comme une anguille** he slipped right through my fingers, he wriggled out of my clutches ◆ (fig) **il y a anguille sous roche** there's something in the wind

anguillère [ɑ̃gijɛʀ] nf (vivier) eel-bed; (pêcherie) eelery

anguilliforme [ɑ̃gijifɔʀm] adj anguilliform

anguillule [ɑ̃gijyl] nf eelworm

angulaire [ɑ̃gylɛʀ] adj angular → **pierre**

anguleux, -euse [ɑ̃gylø, øz] → SYN adj menton, visage angular, bony; coude bony

angustura [ɑ̃gystyʀa] nf angustura, angostura

anharmonique [anaʀmɔnik] adj anharmonic

anhélation [anelasjɔ̃] → SYN nf shortness of breath

anhéler [anele] ▸conjug 6◂ vi to gasp

anhidrose [anidʀoz] nf an(h)idrosis

anhydre [anidʀ] adj anhydrous

anhydride [anidʀid] nm anhydride

anhydrite [anidʀit] nf anhydrite

anhydrobiose [anidʀobjoz] nf cryptobiosis

anicroche* [anikʀɔʃ] nf hitch, snag ◆ **sans anicroches** se passer smoothly, without a hitch

ânier, -ière [ɑnje, jɛʀ] nm,f donkey-driver

anilide [anilid] nm anilide

aniline [anilin] nf aniline

animadversion [animadvɛʀsjɔ̃] → SYN nf animadversion

animal, e, mpl **-aux** [animal, o] → SYN 1 adj (Zool, fig) animal (épith) ◆ (péj: bestial) **ses instincts animaux** his animal instincts ◆ **sa confiance était aveugle, animale** his confidence was blind, instinctive → **esprit**
2 nm a (Zool) animal ◆ **animal familier ou de compagnie** pet ◆ **animal de laboratoire** laboratory animal ◆ **animaux de boucherie** animals for slaughter
b (*: personne) **où est-il parti cet animal?** where did that devil go? ◆ **quel animal!*** (personne grossière) what a lout!; (imbécile) what a moron!*

animalcule [animalkyl] nm animalcule

animalerie [animalʀi] → SYN nf [laboratoire] animal house; (magasin) pet shop

animalier, ière [animalje, jɛʀ] → SYN 1 adj peintre, sculpteur animal (épith) ◆ **cinéaste animalier** maker of wildlife films → **parc**
2 nm a (Art) painter (ou sculptor) of animals, animal painter (ou sculptor)
b [laboratoire] animal keeper

animalité [animalite] → SYN nf animality

animateur, -trice [animatœʀ, tʀis] → SYN nm,f
a (personne dynamique) **c'est un animateur né** he's a born organizer ◆ **l'animateur de cette entreprise** the driving force behind ou the prime mover in this undertaking
b (professionnel) [spectacle, émission de jeux] host, compere (Brit), emcee (US); [émission culturelle, informations] presenter; (Music-Hall) compère; [club] leader, sponsor (US); [camp de vacances] activity leader, camp counselor (US); [discothèque] disc jockey, D.J.*
c (Ciné: technicien) animator

animation [animasjɔ̃] → SYN nf a (vie) [quartier, regard, personne] life, liveliness; [discussion] animation, liveliness; (affairement) [rue, quartier, bureau] (hustle and) bustle ◆ **son arrivée provoqua une grande animation** his arrival caused a great deal of excitement ou a great commotion ◆ **parler avec animation** to speak with great animation ◆ **mettre de l'animation dans** ou **donner de l'animation à une réunion** to put some life into a meeting, liven a meeting up ◆ **chargé de l'animation culturelle** in charge of cultural activities
b (Ciné) animation → **cinéma**

animé, e [anime] → SYN (ptp de **animer**) adj a rue, quartier (affairé) busy; (plein de vie) lively; regard, visage lively; discussion animated, lively, spirited; (Comm) enchères, marché brisk
b (Ling, Philos) animate
c → **dessin**

animer [anime] → SYN ▸conjug 1◂ 1 vt a (être l'élément dynamique de, mener) débat, discussion, groupe to lead; réunion to conduct; entreprise to lead, be prime mover in, mastermind; (Rad, TV) spectacle, émission de jeux to host, compere (Brit), emcee (US); émission culturelle, informations to present ◆ **animer une course** to set the pace in a race
b (pousser) [haine] to drive, impel; [foi] to impel; [espoir] to nourish, sustain ◆ **animé seulement par le** ou **du désir de vous être utile** prompted only by the desire to be of service to you
c (stimuler) soldat to rouse; coureur to urge on, drive on; courage to arouse ◆ **la foi qui animait son regard** the faith which shone in his eyes
d (mouvoir) to drive ◆ **la fusée animée d'un mouvement ascendant** the rocket propelled ou driven by an upward thrust ◆ **le balancier était animé d'un mouvement régulier** the pendulum was moving in a steady rhythm ou swinging steadily
e (donner de la vie à) ville, soirée, conversation to liven up; yeux to put a sparkle into; regard, visage to put life into, light up; (Art) peinture, statue to bring to life; (Philos) nature, matière to animate
2 **s'animer** vpr [personne, rue] to come to life, liven up; [conversation] to become animated, liven up; [foule, objet inanimé] to come to life; [yeux, traits] to light up

animisme [animism] → SYN nm animism

animiste [animist] 1 adj théorie animist(ic); philosophe animist
2 nmf animist

animosité [animozite] → SYN nf (hostilité) animosity (*contre* towards, against)

anion [anjɔ̃] nm anion

anis [ani(s)] → SYN nm (plante) anise; (Culin) aniseed; (bonbon) aniseed ball ◆ **anis étoilé** star anise ◆ **à l'anis** aniseed (épith)

aniser [anize] ▸conjug 1◂ vt to flavour with aniseed ◆ **goût anisé** taste of aniseed

anisette [anizɛt] nf anisette

anisotrope [anizɔtʀɔp] adj anisotropic

anisotropie [anizɔtʀɔpi] nf anisotropy

Ankara [ɑ̃kaʀa] n Ankara

ankylose [ɑ̃kiloz] → SYN nf ankylosis

ankyloser [ɑ̃kiloze] → SYN ▸conjug 1◂ 1 vt to stiffen, ankylose (spéc); (fig) to benumb ◆ **être tout ankylosé** to be stiff all over ◆ **mon bras ankylosé** my stiff arm
2 **s'ankyloser** vpr to stiffen up, ankylose (spéc); (fig) to become numb

ankylostome [ɑ̃kilostom] nm hookworm

ankylostomiase [ɑ̃kilɔstɔmjɑz] nf ancylostomiasis, ankylostomiasis, hookworm disease

annales [anal] → SYN nfpl annals ◆ **ça restera dans les annales*** that'll go down in history (hum) ◆ **cela restera dans les annales du crime** it will go down in the annals of crime

annaliste [analist] → SYN nmf annalist

annamite† [anamit] 1 adj Annamese, Annamite
2 nmf ◆ **Annamite** Annamese, Annamite

Annapurna [anapœʀna] nm (Géog) Annapurna

Anne [an] nf Ann, Anne ◆ **Anne d'Autriche** Anne of Austria ◆ **Anne Boleyn** Anne Boleyn ◆ **Anne de Bretagne** Anne of Brittany

anneau, pl **anneaux** [ano] → SYN **1** nm **a** (gén: cercle) ring; (bague) ring; (serpent) coil; (chaîne) link ◆ **anneau de rideau** curtain ring ◆ (Mus) **"l'Anneau du Nibelung"** "The Ring (of the Nibelungen)"
b (Algèbre) ring; (Géom) ring, annulus; (colonne) annulet; (champignon) annulus; (ver) segment, metamere
c (Sport) **les anneaux** the rings ◆ **exercices aux anneaux** ring exercises
2 COMP ▷ **anneaux colorés** (Opt) Newton's rings ▷ **anneau de croissance** (arbre) annual ou growth ring ▷ **anneau épiscopal** bishop's ring ▷ **anneau nuptial** wedding ring ▷ **anneau oculaire** (Opt) eye ring ▷ **anneau de Saturne** Saturn's ring ▷ **anneau sphérique** (Géom) (spherical) annulus ou ring ▷ **anneau de vitesse** (Aut) race track

année [ane] → SYN GRAMMAIRE ACTIVE 23.2
1 nf **a** (durée) year ◆ **il y a bien des années qu'il est parti** he has been gone for many years, it's many years since he left ◆ **la récolte d'une année** a ou one year's harvest ◆ **tout au long de l'année** the whole year (round), throughout the whole year ◆ **payé à l'année** paid annually ◆ **l'année universitaire/scolaire** the academic/school year ◆ **année sabbatique** sabbatical year
b (âge, grade) year ◆ **il est dans sa vingtième année** he is in his twentieth year ◆ (Scol) **de première/deuxième année** first-/second-year (épith)
c (point dans le temps) year ◆ **les années de guerre** the war years ◆ **année de naissance** year of birth ◆ (Fin) **année budgétaire** financial year ◆ (Fin, Jur) **année de référence** relevant year ◆ (Statistiques) **l'année de référence 1984** the 1984 benchmark ◆ **les années 20/30** the 20s/30s ◆ **les années folles** the Roaring Twenties ◆ **d'une année à l'autre** from one year to the next ◆ **d'année en année** from year to year ◆ (littér) **en l'année 700 de notre ère/avant Jésus-Christ** in (the year) 700 A.D./B.C. → **bon[1], souhaiter**
2 COMP ▷ **année bissextile** leap year ▷ **année civile** calendar year ▷ **année sainte** Holy Year ▷ **année (de stage) de CPR** (Scol) induction year

année-lumière, pl **années-lumière** [anelymjɛʀ] nf light year ◆ **c'est à des années-lumière de mes préoccupations** it's the last thing on my mind ◆ **ma sœur et moi sommes à des années-lumière** there's a world of difference between my sister and me

annelé, e [an(ə)le] adj ringed; (Bot, Zool) annulate; (Archit) annulated

annélides [anelid] nmpl ◆ **les annélides** annelids, the Annelida (spéc)

annexe [anɛks] → SYN GRAMMAIRE ACTIVE 26.2
1 adj **a** (secondaire) dépenses, tâches subsidiary; faits, considérations related ◆ **effets annexes** side effects ◆ **revenus annexes** supplementary income
b (attaché) document annexed, appended ◆ **les bâtiments annexes** the annexes
2 nf (Constr) annex(e); (document) annex; (contrat) schedule (*de, à* to)

annexer [anɛkse] → SYN ▸ conjug 1 ◂ **1** vt territoire to annex; document to append, annex (*à* to)
2 **s'annexer*** vpr personne, privilège to hog*, monopolize

annexion [anɛksjɔ̃] → SYN nf (Pol) annexation

annexionnisme [anɛksjɔnism] nm annexationism

annexionniste [anɛksjɔnist] adj, nmf annexationist

Annibal [anibal] nm Hannibal

annihilation [aniilasjɔ̃] → SYN nf **a** (→ **annihiler**) annihilation; wrecking; ruin; destruction; dashing; crushing
b (Phys) annihilation

annihiler [aniile] → SYN ▸ conjug 1 ◂ vt efforts to wreck, ruin, destroy; espoirs to dash, ruin, destroy, wreck; résistance to wipe out, destroy, annihilate; personne, esprit to crush ◆ **le chef, par sa forte personnalité, annihile complètement ses collaborateurs** because of his strong personality, the boss completely overwhelms ou overshadows his colleagues

anniversaire [anivɛʀsɛʀ] → SYN GRAMMAIRE ACTIVE 23.3
1 adj anniversary (épith) ◆ **le jour anniversaire de leur mariage** (on) the anniversary of their marriage
2 nm (naissance) birthday; (événement, mariage, mort) anniversary ◆ **cadeau/carte d'anniversaire** birthday present/card

annonce [anɔ̃s] → SYN GRAMMAIRE ACTIVE 19.1 nf **a** announcement; (publicité) (newspaper) advertisement; (Cartes) declaration ◆ **à l'annonce de cet événement** when that event was announced ◆ **l'effet d'annonce** the impact of the announcement ◆ **petites annonces, annonces classées** classified advertisements ou ads*, small ads* (Brit), want ads* (US) ◆ **annonce personnelle** personal message ◆ **annonce judiciaire** ou **légale** legal notice ◆ (Littérat) **"L'Annonce faite à Marie"** "Tidings Brought to Mary"
b (fig: indice) sign, indication ◆ **ce chômage grandissant est l'annonce d'une crise économique** this growing unemployment heralds ou foreshadows an economic crisis

annoncer [anɔ̃se] → SYN ▸ conjug 3 ◂ GRAMMAIRE ACTIVE 24.1
1 vt **a** (informer de) fait, décision, nouvelle to announce (*à* to) ◆ **annoncer à qn que** to announce to sb that, tell sb that ◆ **on m'a annoncé par lettre que** I was informed ou advised by letter that ◆ **je lui ai annoncé la nouvelle** (gén) I announced the news to her, I told her the news; (mauvaise nouvelle) I broke the news to her ◆ **on annonce l'ouverture d'un nouveau magasin** they're advertising the opening of a new shop ◆ **on annonce la sortie prochaine de ce film** the forthcoming release of this film has been announced ◆ **les journaux ont annoncé leur mariage** their marriage has been announced in the papers ◆ **on annonce un grave incendie** a serious fire is reported to have broken out
b (prédire) pluie, détérioration to forecast ◆ **on annonce un ralentissement économique dans les mois à venir** a slowing-down in the economy is forecast ou predicted for the coming months
c (signaler) (présage) to foreshadow, foretell; (signe avant-coureur) to herald; (sonnerie, pas) to announce, herald ◆ **les nuages qui annoncent une tempête** the clouds that herald a storm ◆ **ça n'annonce rien de bon** it bodes no good ◆ **ce radoucissement annonce la pluie/le printemps** this warmer weather means that ou is a sign that rain/spring is on the way, this warmer weather is a sign of rain/spring ◆ **la cloche qui annonce la fin des cours** the bell announcing ou signalling the end of classes ◆ **il s'annonçait toujours en frappant 3 fois** he always announced himself by knocking 3 times
d (dénoter) to bespeak, indicate, point to
e (introduire) personne to announce ◆ **il entra sans se faire annoncer** he went in without being announced ou without announcing himself ◆ **annoncez-vous au concierge en arrivant** make yourself known ou say who you are to the concierge when you arrive ◆ **qui dois-je annoncer?** what name shall I say?, whom shall I announce?
f (Cartes) to declare ◆ (fig) **annoncer la couleur** to lay one's cards on the table, say where one stands
2 **s'annoncer** vpr **a** (se présenter) (situation) to shape up ◆ **comment est-ce que ça s'annonce?** how is it shaping up? ou looking? ◆ **le temps s'annonce orageux** the weather looks (like being) stormy ◆ **le retour s'annonce difficile** getting back promises to be difficult ◆ **ça s'annonce bien** that looks promising, that looks like a promising ou good start
b (arriver) to approach ◆ **la révolution qui s'annonçait** the signs of the coming revolution ◆ **l'hiver s'annonçait** winter was on its way

annonceur [anɔ̃sœʀ] → SYN nm (publicité) advertiser; (Rad, TV: speaker) announcer

annonciateur, -trice [anɔ̃sjatœʀ, tʀis] → SYN
1 adj ◆ **annonciateur de** événement favorable heralding; événement défavorable foreboding, forewarning ◆ **signe annonciateur de** portent of
2 nm,f herald, harbinger (littér)

Annonciation [anɔ̃sjasjɔ̃] nf ◆ **l'Annonciation** (événement) the Annunciation; (jour) Annunciation Day, Lady Day

annoncier, -ière [anɔ̃sje, jɛʀ] → SYN nm,f classified ads editor

annotateur, -trice [anɔtatœʀ, tʀis] → SYN nm,f annotator

annotation [anɔtasjɔ̃] → SYN nf annotation

annoter [anɔte] → SYN ▸ conjug 1 ◂ vt to annotate

annuaire [anɥɛʀ] → SYN GRAMMAIRE ACTIVE 27.1 nm yearbook, annual; (téléphone) (telephone) directory, phone book* ◆ **annuaire électronique** electronic (telephone) directory

annualisation [anɥalizasjɔ̃] nf (Écon) annualization ◆ **l'annualisation de l'exposition** making the exhibition an annual event

annualiser [anɥalize] ▸ conjug 1 ◂ vt (gén) to make annual; (Écon) to annualize

annualité [anɥalite] nf (gén) yearly recurrence ◆ **l'annualité du budget/de l'impôt** yearly budgeting/taxation

annuel, -elle [anɥɛl] adj annual, yearly → **plante[1]**

annuellement [anɥɛlmɑ̃] adv annually, once a year, yearly

annuité [anɥite] → SYN nf (gén) annual instalment (Brit) ou installment (US), annual payment; (dette) annual repayment ◆ (pension) **avoir toutes ses annuités** to have (made) all one's years' contributions

annulable [anylabl] → SYN adj annullable, liable to annulment (attrib)

annulaire [anylɛʀ] **1** adj annular, ring-shaped
2 nm ring finger, third finger

annulation [anylasjɔ̃] → SYN nf (→ **annuler**) invalidation; nullification; quashing; cancellation; annulment

annuler [anyle] → SYN ▸ conjug 1 ◂ GRAMMAIRE ACTIVE 20.4, 21.3
1 vt contrat to invalidate, void, nullify; jugement, décision to quash; engagement to cancel, call off; élection, acte, examen to nullify, declare void; mariage to annul; réservation to cancel; commande to cancel, withdraw
2 **s'annuler** vpr (poussées, efforts) to cancel each other out, nullify each other

anoblir [anɔbliʀ] → SYN ▸ conjug 2 ◂ vt to ennoble, confer a title of nobility on

anoblissement [anɔblismɑ̃] → SYN nm ennoblement

anode [anɔd] nf anode

anodin, e [anɔdɛ̃, in] → SYN adj personne insignificant; détail trivial, trifling, insignificant; critique unimportant; blessure harmless; propos harmless, innocuous

anodique [anɔdik] adj anodic

anodiser [anɔdize] → SYN ▸ conjug 1 ◂ vt to anodize

anodonte [anɔdɔ̃t] → SYN **1** adj edentulous, edentulate
2 nm anodon

anomal, e, mpl **-aux** [anɔmal, o] → SYN adj (Gram) anomalous

anomalie [anɔmali] → SYN nf (gén, Astron, Gram) anomaly; (Bio) abnormality; (Tech) (technical) fault

anomie [anɔmi] → SYN nf anomie

ânon [ɑnɔ̃] nm (petit de l'âne) ass's foal; (petit âne) little ass ou donkey

anone [anɔn] nf annona

ânonnement [ɑnɔnmɑ̃] → SYN nm (→ **ânonner**) drone; faltering ou mumbling (speech)

ânonner [ɑnɔne] → SYN ▸ conjug 1 ◂ vt (de manière inexpressive) to read ou recite in a drone; (en hésitant) to read ou recite in a fumbling manner ◆ **ânonner sa leçon** to mumble (one's way) through one's lesson

anonymat [anɔnima] → SYN nm anonymity ◆ **sous le couvert de l'anonymat** anonymously

◆ **garder l'anonymat** to remain anonymous, preserve one's anonymity

anonyme [anɔnim] → SYN adj (sans nom) anonymous; (impersonnel) décor, meubles impersonal

anonymement [anɔnimmɑ̃] adv anonymously

anophèle [anɔfɛl] nm anopheles

anorak [anɔʀak] → SYN nm anorak

anordir [anɔʀdiʀ] → SYN ▸ conjug 2 ◂ vi to veer to the north

anorexie [anɔʀɛksi] → SYN nf anorexia ◆ **anorexie mentale** anorexia nervosa

anorexigène [anɔʀɛksiʒɛn] nm appetite depressant

anorexique [anɔʀɛksik] adj, nmf anorexic

anormal, e, mpl **-aux** [anɔʀmal, o] → SYN
1 adj (gén, Sci) abnormal; (insolite) unusual, abnormal; (injuste) abnormal ◆ **il est anormal qu'il n'ait pas les mêmes droits** it isn't normal ou it's abnormal for him not to have the same rights
2 nm,f (Méd) abnormal person

anormalement [anɔʀmalmɑ̃] → SYN adv se développer abnormally; se conduire, agir unusually, abnormally ◆ **anormalement chaud / grand** unusually ou abnormally hot / tall

anormalité [anɔʀmalite] → SYN nf abnormality

anosmie [anɔsmi] nf anosmia

anovulation [anɔvylasjɔ̃] → SYN nf anovulation

anovulatoire [anɔvylatwaʀ] adj anovular, anovulatory

anoxémie [anɔksemi] nf anoxaemia (Brit), anoxemia (US)

anoxie [anɔksi] nf anoxia

anoxique [anɔksik] adj anoxic

ANPE [aɛnpe] nf (abrév de **Agence nationale pour l'emploi**) → **agence**

anse [ɑ̃s] → SYN nf [panier, tasse] handle; (Géog) cove; (Anat) loop, flexura (spéc) ◆ (Archit) **anse (de panier)** basket-handle arch ◆ (hum) **faire danser** ou **valser l'anse du panier** to make a bit out of the shopping money*

ansé, e [ɑ̃se] adj croix ansate

antagonique [ɑ̃tagɔnik] adj antagonistic

antagonisme [ɑ̃tagɔnism] → SYN nm antagonism

antagoniste [ɑ̃tagɔnist] → SYN **1** adj forces, propositions antagonistic; (Anat) muscles antagonist
2 nmf antagonist

antalgique [ɑ̃talʒik] → SYN adj, nm analgesic

antan [ɑ̃tɑ̃] → SYN nm ◆ (littér) **d'antan** of yesteryear, of long ago ◆ **ma jeunesse d'antan** my long-lost youth, my youth of long ago ◆ **ma force d'antan** my strength of former days ou of days gone by ou of yesteryear ◆ **mes plaisirs d'antan** my erstwhile pleasures

Antananarivo [ɑ̃tananaʀivo] n Antananarivo

Antarctide [ɑ̃taʀktid] nf ◆ **l'Antarctide** Antarctica

antarctique [ɑ̃taʀktik] → SYN **1** adj régions, faune etc antarctic ◆ **l'océan Antarctique** the Antartic Ocean
2 nm ◆ **l'Antarctique** (océan) the Antarctic; (continent) Antarctica

Antarès [ɑ̃taʀɛs] nf Antares

ante [ɑ̃t] → SYN nf (Archit) anta

antécédence [ɑ̃tesedɑ̃s] → SYN nf antecedence

antécédent, e [ɑ̃tesedɑ̃, ɑ̃t] → SYN **1** adj antecedent
2 nm **a** (Gram, Math, Philos) antecedent; (Méd) past ou previous history
b **antécédents** [personne] past ou previous history, antecedents; [affaire] past ou previous history ◆ **avoir de bons / mauvais antécédents** to have a good / bad previous history ◆ (Méd) **antécédents médicaux** case history ◆ **y a-t-il des antécédents de maladies cardiaques dans votre famille?** is there any history of cardiac disorders in your family?

antéchrist [ɑ̃tekʀist] nm Antichrist

antécime [ɑ̃tesim] → SYN nf [montagne] fore-summit, subsidiary summit

antédiluvien, -ienne [ɑ̃tedilyvjɛ̃, jɛn] → SYN adj (lit, fig) antediluvian

antéfixe [ɑ̃tefiks] → SYN nf antefix

antenne [ɑ̃tɛn] → SYN nf **a** (Zool) antenna, feeler ◆ (fig) **avoir des antennes** to have a sixth sense ◆ (fig) **avoir des antennes dans un ministère** to have contacts in a ministry
b (pour capter) (Rad) aerial, antenna; (TV) aerial; [radar] antenna ◆ **antenne parabolique** satellite dish, dish aerial, dish antenna (US)
c (Rad, TV: écoute) **être sur l'antenne** to be on the air ◆ **passer à l'antenne** to go ou be on the air ◆ **garder l'antenne** to stay on the air ◆ **je donne l'antenne à Paris** we'll go over to Paris now ◆ **nous devons bientôt rendre l'antenne** we have to hand back to the studio soon ◆ **je rends l'antenne au studio** and now back to the studio ◆ **quitter l'antenne** to go off the air ◆ **temps d'antenne** airtime ◆ **vous avez droit à 2 heures d'antenne** you are entitled to 2 hours' broadcasting time ou airtime ou to 2 hours on the air ◆ **hors antenne, le ministre a déclaré que** off the air, the minister declared that ◆ **sur notre antenne** on our station ◆ **Antenne 2**† voir **A2**
d (Naut: vergue) lateen yard
e (petite succursale) sub-branch, agency; (de renseignements) information service; (Mil: poste avancé) outpost ◆ **antenne chirurgicale** (Mil) advanced surgical unit; (Aut) emergency unit

antenniste [ɑ̃tenist] nmf aerial ou antenna technician

antépénultième [ɑ̃tepenyltjɛm] **1** adj antepenultimate
2 nf antepenultimate syllable, antepenult

antéposer [ɑ̃tepoze] → SYN ▸ conjug 1 ◂ vt to place ou put in front of the word ◆ **sujet antéposé** subject placed ou put in front of the verb

antérieur, e [ɑ̃teʀjœʀ] → SYN adj **a** (dans le temps) époque, situation previous, earlier ◆ **c'est antérieur à la guerre** it was prior to the war ◆ **cette décision était antérieure à son départ** that decision was prior ou previous to his departure, that decision preceded his departure ◆ **nous ne voulons pas revenir à la situation antérieure** we don't want to return to the former ou previous situation ◆ **dans une vie antérieure** in a former life
b (dans l'espace) partie front (épith) ◆ **membre antérieur** forelimb ◆ **patte antérieure** forefoot
c (Ling) voyelle front (épith) → **futur, passé**

antérieurement [ɑ̃teʀjœʀmɑ̃] → SYN adv earlier ◆ **antérieurement à** prior ou previous to

antériorité [ɑ̃teʀjɔʀite] → SYN nf [événement, phénomène] precedence; (Gram) anteriority

antérograde [ɑ̃teʀɔgʀad] adj ◆ **amnésie antérograde** anterograde amnesia

antéversion [ɑ̃tevɛʀsjɔ̃] nf anteversion

anthère [ɑ̃tɛʀ] nf anther

anthéridie [ɑ̃teʀidi] nf antheridium

anthérozoïde [ɑ̃teʀɔzɔid] nm antherozoid

anthèse [ɑ̃tɛz] → SYN nf anthesis

anthologie [ɑ̃tɔlɔʒi] → SYN nf anthology → **morceau**

anthonome [ɑ̃tɔnɔm] nm apple blossom weevil

anthozoaires [ɑ̃tozɔɛʀ] nmpl ◆ **les anthozoaires** the Anthozoa

anthracène [ɑ̃tʀasɛn] nm anthracene

anthracite [ɑ̃tʀasit] **1** nm anthracite
2 adj inv dark grey (Brit) ou gray (US), charcoal grey

anthracnose [ɑ̃tʀaknoz] → SYN nf anthracnose

anthracose [ɑ̃tʀakoz] → SYN nf coal miner's lung, anthracosis (spéc)

anthraquinone [ɑ̃tʀakinɔn] nf anthraquinone

anthrax [ɑ̃tʀaks] → SYN nm (tumeur) carbuncle

anthrène [ɑ̃tʀɛn] nm varied carpet beetle

anthropique [ɑ̃tʀɔpik] adj anthropic

anthropocentrique [ɑ̃tʀɔposɑ̃tʀik] adj anthropocentric

anthropocentrisme [ɑ̃tʀɔposɑ̃tʀism] → SYN nm anthropocentrism

anthropogenèse [ɑ̃tʀɔpɔʒənɛz] nf anthropogenesis

anthropogénie [ɑ̃tʀɔpɔʒeni] nf anthropogeny

anthropoïde [ɑ̃tʀɔpɔid] → SYN **1** adj anthropoid
2 nm anthropoid (ape)

anthropologie [ɑ̃tʀɔpɔlɔʒi] → SYN nf anthropology

anthropologique [ɑ̃tʀɔpɔlɔʒik] adj anthropological

anthropologiste [ɑ̃tʀɔpɔlɔʒist] nmf, **anthropologue** [ɑ̃tʀɔpɔlɔg] nmf anthropologist

anthropométrie [ɑ̃tʀɔpɔmetʀi] nf anthropometry

anthropométrique [ɑ̃tʀɔpɔmetʀik] → SYN adj anthropometric(al)

anthropomorphe [ɑ̃tʀɔpɔmɔʀf] → SYN adj anthropomorphous

anthropomorphique [ɑ̃tʀɔpɔmɔʀfik] adj anthropomorphic

anthropomorphisme [ɑ̃tʀɔpɔmɔʀfism] nm anthropomorphism

anthropomorphiste [ɑ̃tʀɔpɔmɔʀfist] **1** adj anthropomorphist, anthropomorphic
2 nmf anthropomorphist

anthroponymie [ɑ̃tʀɔpɔnimi] nf (Ling) anthroponomy

anthropophage [ɑ̃tʀɔpɔfaʒ] → SYN **1** adj cannibalistic, cannibal (épith), anthropophagous (spéc)
2 nmf cannibal, anthropophagite (spéc)

anthropophagie [ɑ̃tʀɔpɔfaʒi] nf cannibalism, anthropophagy (spéc)

anthropopithèque [ɑ̃tʀɔpɔpitɛk] nm anthropopithecus

anthyllis [ɑ̃tilis] nf kidney vetch, ladies' fingers

anti [ɑ̃ti] **1** préf **anti(-)** (dans les mots composés à trait d'union, le préfixe reste invariable) anti-, counter-, un- ◆ **campagne anti-voitures** anti-car campaign ◆ **l'anti-art / -théâtre** anti-art / -theatre ◆ **anti-érotique** unerotic
2 nm ◆ (hum) **le parti des antis** those who are anti ou against, the anti crowd*

antiadhésif, -ive [ɑ̃tiadezif, iv] adj non-stick

antiaérien, -ienne [ɑ̃tiaeʀjɛ̃, jɛn] adj batterie, canon, missile anti-aircraft; abri air-raid (épith)

anti-âge [ɑ̃tiɑʒ] adj inv anti-ageing

antialcoolique [ɑ̃tialkɔlik] adj ◆ **campagne antialcoolique** campaign against alcohol ◆ **ligue antialcoolique** temperance league

antiallergique [ɑ̃tialɛʀʒik] adj anti-allergic

antiamaril, e [ɑ̃tiamaʀil] adj ◆ **vaccination antiamarile** yellow fever vaccination

antiaméricanisme [ɑ̃tiameʀikanism] nm anti-Americanism

antiatomique [ɑ̃tiatɔmik] adj anti-radiation ◆ **abri antiatomique** fallout shelter

anti-aveuglant, e [ɑ̃tiavœglɑ̃, ɑ̃t] adj (Aut) anti-dazzle

antibalistique [ɑ̃tibalistik] adj missile antiballistic

antibiogramme [ɑ̃tibjɔgʀam] nm antibiogram

antibiothérapie [ɑ̃tibjoteʀapi] nf antibiotic therapy

antibiotique [ɑ̃tibjɔtik] adj, nm antibiotic ◆ **être / mettre sous antibiotiques** to be / put on antibiotics

antiblocage [ɑ̃tiblɔkaʒ] adj inv freins antilock

antibois [ɑ̃tibwa] → SYN nm chair-rail

antibourgeois, e [ɑ̃tibuʀʒwa, waz] adj anti-bourgeois

antibrouillage [ɑ̃tibʀujaʒ] nm (dispositif) anti-jamming device

antibrouillard [ɑ̃tibʀujaʀ] adj, nm ◆ (Aut) **(phare) antibrouillard** fog lamp (Brit), fog light (US)

antibruit [ɑ̃tibʀɥi] adj inv ◆ **mur antibruit** (qui empêche le bruit) soundproof wall; (qui diminue le bruit) noise-reducing wall ◆ **campagne antibruit** campaign against noise pollution

antibuée [ɑ̃tibɥe] adj inv ◆ **dispositif antibuée** demister ◆ **bombe / liquide antibuée** anti-mist spray / liquid

anticalcaire [ɑ̃tikalkɛʀ] 1 adj ◆ **poudre anticalcaire** water softener
2 nm water softener

anticancéreux, -euse [ɑ̃tikɑ̃seʀø, øz] adj cancer (épith) ◆ **centre anticancéreux** (laboratoire) cancer research centre; (hôpital) cancer hospital

anticasseur [ɑ̃tikasœʀ] adj ◆ **loi anticasseur(s)** law against looting

anticathode [ɑ̃tikatɔd] nf anticathode

anticellulite [ɑ̃tiselylit] adj inv fat-reducing (épith)

anticerne [ɑ̃tisɛʀn] nm concealer *(to cover shadows under the eyes)*

antichambre [ɑ̃tiʃɑ̃bʀ] → SYN nf antechamber, anteroom ◆ **faire antichambre†** to wait humbly ou patiently (for an audience with sb)

antichar [ɑ̃tiʃaʀ] adj anti-tank

antichoc [ɑ̃tiʃɔk] adj montre etc shockproof

antichrèse [ɑ̃tikʀɛz] → SYN nf living pledge *(of real estate)*

antichute [ɑ̃tiʃyt] adj inv ◆ **lotion antichute** lotion preventing hair-loss

anticipation [ɑ̃tisipasjɔ̃] → SYN nf a (Fin) **anticipation de paiement, paiement par anticipation** payment in advance ou anticipation, advance payment
b (Littérat) **littérature d'anticipation** science fiction ◆ **roman / film d'anticipation** science fiction novel / film
c (Sport) anticipation

anticipé, e [ɑ̃tisipe] → SYN (ptp de **anticiper**) adj retour early (épith) ◆ **remboursement anticipé** repayment before due date ◆ **retraite anticipée** early retirement ◆ **recevez mes remerciements anticipés** thanking you in advance ou anticipation

anticiper [ɑ̃tisipe] → SYN ▸conjug 1◂ 1 vi a (prévoir, calculer) to anticipate; (en imaginant) to look ou think ahead, anticipate what will happen; (en racontant) to jump ahead ◆ **n'anticipons pas!** don't let's look ou think too far ahead, don't let's anticipate ◆ **mais j'anticipe** but I'm getting ahead of myself
b **anticiper sur** récit, rapport to anticipate ◆ **anticiper sur l'avenir** to anticipate the ou look into the future ◆ **sans vouloir anticiper sur ce que je dirai tout à l'heure** without wishing to go into ou launch into what I shall say later ◆ (Sport) **il anticipe bien (sur les balles)** he's got good anticipation
2 vt (Comm) paiement to anticipate, pay before due; (Sport) to anticipate; (littér) avenir, événement to anticipate, foresee

anticlérical, e, mpl **-aux** [ɑ̃tikleʀikal, o] 1 adj anticlerical
2 nm,f anticleric(al)

anticléricalisme [ɑ̃tikleʀikalism] nm anticlericalism

anticlinal, e, mpl **-aux** [ɑ̃tiklinal, o] adj, nm anticlinal

anticoagulant, e [ɑ̃tikɔagylɑ̃, ɑ̃t] adj, nm anticoagulant

anticodon [ɑ̃tikɔdɔ̃] nm anticodon

anticolonialisme [ɑ̃tikɔlɔnjalism] nm anticolonialism

anticolonialiste [ɑ̃tikɔlɔnjalist] adj, nmf anticolonialist

anticommunisme [ɑ̃tikɔmynism] nm anticommunism

anticommuniste [ɑ̃tikɔmynist] adj, nmf anticommunist

anticonceptionnel, -elle [ɑ̃tikɔ̃sɛpsjɔnɛl] → SYN adj contraceptive ◆ **propagande anticonceptionnelle** birth-control propaganda ◆ **moyens anticonceptionnels** contraceptive methods, methods of birth control

anticonformisme [ɑ̃tikɔ̃fɔʀmism] nm nonconformism

anticonformiste [ɑ̃tikɔ̃fɔʀmist] adj, nmf nonconformist

anticonjoncturel, -elle [ɑ̃tikɔ̃ʒɔ̃ktyʀɛl] adj mesures counter-cyclical

anticonstitutionnel, -elle [ɑ̃tikɔ̃stitysjɔnɛl] → SYN adj unconstitutional

anticonstitutionnellement [ɑ̃tikɔ̃stitysjɔnɛlmɑ̃] adv unconstitutionally

anticorps [ɑ̃tikɔʀ] nm antibody

anticorrosion [ɑ̃tikɔʀozjɔ̃] adj inv anticorrosive

anti-crevaison [ɑ̃tikʀəvɛzɔ̃] adj inv ◆ **bombe anti-crevaison** (instant) puncture sealant

anticyclone [ɑ̃tisiklon] nm anticyclone

anticyclonique [ɑ̃tisiklonik] adj anticyclonic

antidate [ɑ̃tidat] nf antedate

antidater [ɑ̃tidate] ▸conjug 1◂ vt to backdate, predate, antedate

antidéflagrant, e [ɑ̃tideflagʀɑ̃, ɑ̃t] adj explosion-proof

antidémocratique [ɑ̃tidemɔkʀatik] adj (opposé à la démocratie) antidemocratic; (peu démocratique) undemocratic

antidépresseur [ɑ̃tidepʀesœʀ] adj m, nm antidepressant

antidérapant, e [ɑ̃tideʀapɑ̃, ɑ̃t] adj (Aut) non-skid; (Ski) non-slip

antidétonant, e [ɑ̃tidetɔnɑ̃, ɑ̃t] adj, nm antiknock

antidiphtérique [ɑ̃tidifteʀik] adj sérum diphtheria (épith)

antidiurétique [ɑ̃tidjyʀetik] adj, nm antidiuretic

antidopage [ɑ̃tidɔpaʒ], **antidoping** [ɑ̃tidɔpiŋ] adj loi, test anti-doping (épith); contrôle dope (épith)

antidote [ɑ̃tidɔt] → SYN nm (lit, fig) antidote (*contre, de* for, against)

antidouleur [ɑ̃tidulœʀ] adj inv ◆ **centre antidouleur** pain control unit

antidrogue [ɑ̃tidʀɔg] adj inv lutte, campagne against drug abuse ◆ **brigade antidrogue** drug squad

antiéconomique [ɑ̃tiekɔnɔmik] adj uneconomical

antieffraction [ɑ̃tiefʀaksjɔ̃] adj vitres burglarproof

antiémétique [ɑ̃tiemetik] adj, nm antiemetic

anti-émeute [ɑ̃tiemøt] adj antiriot

antiengin [ɑ̃tiɑ̃ʒɛ̃] adj antimissile

antienne [ɑ̃tjɛn] → SYN nf (Rel) antiphony; (fig littér) chant, refrain

antienzyme [ɑ̃tiɑ̃zim] nm ou f anti-enzyme

antiesclavagisme [ɑ̃tiɛsklavaʒism] nm abolition (of slavery); (US Hist) abolitionism

antiesclavagiste [ɑ̃tiɛsklavaʒist] 1 adj antislavery, opposed to slavery (attrib); (US Hist) abolitionist
2 nmf opponent of slavery; abolitionist

antifading [ɑ̃tifadiŋ] nm automatic gain control

antifasciste [ɑ̃tifaʃist] adj, nmf antifascist

antiféministe [ɑ̃tifeminist] → SYN adj, nmf antifeminist

antifongique [ɑ̃tifɔ̃ʒik] adj, nm antifungal

antifriction [ɑ̃tifʀiksjɔ̃] adj inv, nm ◆ **(métal) antifriction** antifriction ou white metal

anti-g [ɑ̃tiʒe] adj inv ◆ **combinaison anti-g** G-suit

antigang [ɑ̃tigɑ̃g] adj inv ◆ **brigade antigang** (police) commando squad

antigel [ɑ̃tiʒɛl] adj inv, nm antifreeze

antigène [ɑ̃tiʒɛn] nm antigen

antigivrant, e [ɑ̃tiʒivʀɑ̃, ɑ̃t] 1 adj anti-icing (épith)
2 nm anti-icer

antiglisse [ɑ̃tiglis] adj inv nonslip

Antigone [ɑ̃tigɔn] nf Antigone

antigouvernemental, e, mpl **-aux** [ɑ̃tiguvɛʀnəmɑ̃tal, o] adj antigovernment(al)

antigravitation [ɑ̃tigʀavitasjɔ̃] nf antigravity

antigravitationnel, elle [ɑ̃tigʀavitasjɔnɛl] adj antigravity (épith)

antigrève [ɑ̃tigʀɛv] adj inv mesures anti-strike

antigrippe [ɑ̃tigʀip] adj inv ◆ **vaccin antigrippe** flu vaccine ◆ **vaccination antigrippe** flu vaccination

Antigua-et-Barbuda [ɑ̃tigwaebaʀbyda] npl Antigua and Barbuda

antiguais, e [ɑ̃tigwɛ, ɛz] 1 adj Antiguan
2 nm,f ◆ **Antiguais(e)** Antiguan

antihalo [ɑ̃tialo] adj inv anti-halo

antihausse [ɑ̃tios] adj inv mesures aimed at curbing price rises, anti-inflation (épith)

antihéros [ɑ̃tieʀo] nm anti-hero

antihistaminique [ɑ̃tiistaminik] adj, nm antihistamine

antihygiénique [ɑ̃tiiʒjenik] adj unhygienic

anti-inflammatoire [ɑ̃tiɛ̃flamatwaʀ] adj, nm anti-inflammatory

anti-inflationniste [ɑ̃tiɛ̃flasjɔnist] adj mesures anti-inflationary, counter-inflationary

antijeu [ɑ̃tiʒø] nm ◆ **faire de l'antijeu** to be unsporting ou unsportsmanlike

antillais, e [ɑ̃tijɛ, ɛz] → SYN 1 adj West Indian
2 nm,f ◆ **Antillais(e)** West Indian

Antilles [ɑ̃tij] nfpl ◆ **les Antilles** the West Indies ◆ **les Grandes / Petites Antilles** the Greater / Lesser Antilles ◆ **la mer des Antilles** the Caribbean Sea

antilogie [ɑ̃tilɔʒi] nf antilogy

antilope [ɑ̃tilɔp] → SYN nf antelope

antimatière [ɑ̃timatjɛʀ] nf antimatter

antimilitarisme [ɑ̃timilitaʀism] nm antimilitarism

antimilitariste [ɑ̃timilitaʀist] adj, nmf antimilitarist

antimissile [ɑ̃timisil] adj antimissile

antimite [ɑ̃timit] 1 adj (anti-)moth (épith)
2 nm mothproofing agent, moth repellent; (boules de naphtaline) mothballs

antimitotique [ɑ̃timitɔtik] adj, nm antimitotic

antimoine [ɑ̃timwan] nm antimony

antimonarchique [ɑ̃timɔnaʀʃik] adj antimonarchist, antimonarchic(al)

antimonarchiste [ɑ̃timɔnaʀʃist] nmf antimonarchist

antimoniate [ɑ̃timɔnjat] nm antimoniate

antimoniure [ɑ̃timɔnjyʀ] nm antimonide

antimycosique [ɑ̃timikozik] adj, nm antimycotic

antinataliste [ɑ̃tinatalist] adj ◆ **mesures antinatalistes** birth-rate reduction measures

antinational, e, mpl **-aux** [ɑ̃tinasjɔnal, o] adj antinational

antinazi, e [ɑ̃tinazi] adj, nm,f anti-Nazi

antineutrino [ɑ̃tinøtʀino] nm antineutrino

antineutron [ɑ̃tinøtʀɔ̃] nm antineutron

antinévralgique [ɑ̃tinevʀalʒik] adj, nm antineuralgic

antinomie [ɑ̃tinɔmi] → SYN nf antinomy

antinomique [ɑ̃tinɔmik] adj antinomic(al)

antinucléaire [ɑ̃tinykleɛʀ] adj antinuclear

Antioche [ɑ̃tjɔʃ] n Antioch

Antiope [ɑ̃tjɔp] nf (abrév de **acquisition numérique et télévisualisation d'images organisées en pages d'écriture**) *television sub-titles for the deaf,* ≃ Viewdata®, ≃ Teletext®, ≃ Videotex®

antioxydant, e [ɑ̃tiɔksidɑ̃, ɑ̃t] adj, nm antioxidant

antipaludéen, enne [ɑ̃tipalydeɛ̃, ɛn] adj, nm antimalarial

antipape [ɑ̃tipap] nm antipope

antiparallèle [ɑ̃tipaʀalɛl] adj antiparallel

antiparasitage [ɑ̃tipaʀazitaʒ] nm suppression

antiparasite [ɑ̃tipaʀazit] adj anti-interference ◆ **dispositif antiparasite** suppressor

antiparasiter [ɑ̃tipaʀazite] ▸ conjug 1 ◂ vt to fit a suppressor to

antiparlementaire [ɑ̃tipaʀləmɑ̃tɛʀ] adj antiparliamentary

antiparlementarisme [ɑ̃tipaʀləmɑ̃taʀism] nm antiparliamentarianism

antiparticule [ɑ̃tipaʀtikyl] nf antiparticle

antipathie [ɑ̃tipati] → SYN nf antipathy ◆ **l'antipathie entre ces deux communautés** the hostility ou antipathy between these two communities ◆ **avoir de l'antipathie pour qn** to dislike sb

antipathique [ɑ̃tipatik] → SYN adj personne disagreeable, unpleasant; endroit unpleasant ◆ **il m'est antipathique** I don't like him, I find him disagreeable

antipatriotique [ɑ̃tipatʀijɔtik] adj antipatriotic; (peu patriote) unpatriotic

antipatriotisme [ɑ̃tipatʀijɔtism] nm antipatriotism

antipelliculaire [ɑ̃tipelikylɛʀ] adj anti-dandruff

antipéristaltique [ɑ̃tipeʀistaltik] adj antiperistaltic

antipersonnel [ɑ̃tipɛʀsɔnɛl] adj inv antipersonnel

antiphonaire [ɑ̃tifɔnɛʀ] nm antiphonary

antiphrase [ɑ̃tifʀɑz] → SYN nf antiphrasis ◆ **par antiphrase** ironically

antipode [ɑ̃tipɔd] → SYN nm ◆ (Géog) **les antipodes** the antipodes ◆ (Géog) **être à l'antipode** ou **aux antipodes** to be on the other side of the world (*de* from, to) ◆ (fig) **votre théorie est aux antipodes de la mienne** our theories are poles apart, your theory is the opposite extreme of mine

antipodisme [ɑ̃tipɔdism] nm juggling with the feet

antipoétique [ɑ̃tipɔetik] adj unpoetic

antipoison [ɑ̃tipwazɔ̃] adj inv ◆ **centre antipoison** treatment centre for poisoning cases

antipoliomyélitique [ɑ̃tipɔljɔmjelitik] adj polio (épith)

antipollution [ɑ̃tipɔlysjɔ̃] adj inv antipollution (épith)

antiprotectionniste [ɑ̃tipʀɔtɛksjɔnist] **1** adj free-trade (épith)
2 nmf free trader

antiproton [ɑ̃tipʀɔtɔ̃] nm antiproton

antiprurigineux, -euse [ɑ̃tipʀyʀiʒinø, øz] adj, nm antipruritic

antipsychiatre [ɑ̃tipsikjatʀ] nmf *psychiatrist practising antipsychiatry*

antipsychiatrie [ɑ̃tipsikjatʀi] nf antipsychiatry

antipsychotique [ɑ̃tipsikɔtik] **1** adj antipsychotic
2 nm antipsychotic drug

antiputride [ɑ̃tipytʀid] adj antiputrid

antipyrétique [ɑ̃tipiʀetik] adj antipyretic

antipyrine [ɑ̃tipiʀin] nf antipyrine

antiquaille [ɑ̃tikaj] nf (péj) piece of old junk

antiquaire [ɑ̃tikɛʀ] nmf antique dealer

antique [ɑ̃tik] → SYN adj (de l'Antiquité) vase, objet antique, ancient; style ancient; (littér: très ancien) coutume, objet ancient; (péj) véhicule, chapeau antiquated, ancient ◆ **objets d'art antique** antiquities ◆ **style imitant l'antique** mock-antique style ◆ **il aime l'antique** he is a lover of the art and style of antiquity

antiquité [ɑ̃tikite] → SYN nf **a** (période) **l'Antiquité** antiquity
b (ancienneté) antiquity, (great) age ◆ **de toute antiquité** from the beginning of time, from time immemorial
c (œuvre de l'Antiquité) antiquity; (meuble ancien etc) antique ◆ **marchand / magasin d'antiquités** antique dealer / shop ◆ **c'est une vraie antiquité ce chapeau / cette tondeuse!** that hat / lawnmower is as old as the hills*

antirabique [ɑ̃tiʀabik] adj ◆ **vaccin antirabique** rabies vaccine ◆ **vaccination antirabique** rabies vaccination

antirachitique [ɑ̃tiʀaʃitik] adj antirachitic

antiracisme [ɑ̃tiʀasism] nm antiracism

antiraciste [ɑ̃tiʀasist] adj, nmf antiracist, antiracialist

antiradar [ɑ̃tiʀadaʀ] adj antiradar (épith)

antiradiation [ɑ̃tiʀadjasjɔ̃] adj dispositif radiation-protection (épith)

anti-rationnel, -elle [ɑ̃tiʀasjɔnɛl] adj counter-rational

antireflet [ɑ̃tiʀəflɛ] adj inv surface non-reflecting; (Phot) antiflare

antireligieux, -ieuse [ɑ̃tiʀ(ə)liʒjø, jøz] → SYN adj antireligious

antirépublicain, e [ɑ̃tiʀepyblikɛ̃, ɛn] adj antirepublican

antirévolutionnaire [ɑ̃tiʀevɔlysjɔnɛʀ] adj antirevolutionary

antirides [ɑ̃tiʀid] adj anti-wrinkle

antiripage [ɑ̃tiʀipaʒ] nm antiskating

antiroman [ɑ̃tiʀɔmɑ̃] nm ◆ **l'antiroman** the antinovel, the anti-roman

antirouille [ɑ̃tiʀuj] adj inv anti-rust

antiroulis [ɑ̃tiʀuli] adj anti-roll (épith)

antisatellite [ɑ̃tisatelit] adj antisatellite

antiscientifique [ɑ̃tisjɑ̃tifik] adj antiscientific

antiscorbutique [ɑ̃tiskɔʀbytik] adj antiscorbutic

antisèche [ɑ̃tisɛʃ] nf (arg Scol) crib, cheat sheet* (US)

antiségrégationniste [ɑ̃tisegʀegasjɔnist] adj antisegregationist

antisémite [ɑ̃tisemit] **1** adj anti-semitic
2 nmf anti-semite

antisémitisme [ɑ̃tisemitism] nm antisemitism

antisepsie [ɑ̃tisɛpsi] → SYN nf antisepsis

antiseptique [ɑ̃tisɛptik] → SYN adj, nm antiseptic

antisérum [ɑ̃tiseʀɔm] nm antiserum

antisida [ɑ̃tisida] adj inv campagne, vaccin against AIDS, AIDS (épith); traitement for AIDS, AIDS (épith)

antisismique [ɑ̃tisismik] adj earthquake resistant

antiskating [ɑ̃tiskɛtiŋ] nm antiskating

antisocial, e, mpl **-iaux** [ɑ̃tisɔsjal, jo] adj (Pol) antisocial

anti-sous-marin, e [ɑ̃tisumaʀɛ̃, in] adj antisubmarine

antispasmodique [ɑ̃tispasmɔdik] → SYN adj, nm antispasmodic

antisportif, -ive [ɑ̃tispɔʀtif, iv] adj (opposé au sport) anti-sport; (peu élégant) unsporting, unsportsmanlike

antistatique [ɑ̃tistatik] adj, nm antistatic

antistrophe [ɑ̃tistʀɔf] nf antistrophe

antisubversif, -ive [ɑ̃tisybvɛʀsif, iv] adj counter-subversive

antisudoral, e, mpl **-aux** [ɑ̃tisydɔʀal, o] adj, nm antisudoral, antisudoritic, anhidrotic

antisymétrique [ɑ̃tisimetʀik] adj antisymmetric

antitabac [ɑ̃titaba] adj inv ◆ **campagne antitabac** anti-smoking campaign

antiterroriste [ɑ̃titeʀɔʀist] adj antiterrorist

antitétanique [ɑ̃titetanik] adj sérum etc (anti-)tetanus (épith)

antithèse [ɑ̃titɛz] → SYN nf (gén) antithesis ◆ (fig: le contraire) **c'est l'antithèse de** it is the opposite of

antithétique [ɑ̃titetik] adj antithetic(al)

antithyroïdien, -ienne [ɑ̃titiʀɔidjɛ̃, jɛn] **1** adj antithyroid
2 nm antithyroid drug

antitoxine [ɑ̃titɔksin] nf antitoxin

antitoxique [ɑ̃titɔksik] adj antitoxic

antitrust [ɑ̃titʀœst] adj inv loi, mesures anti-monopoly (Brit), anti-trust (US)

antitrypsine [ɑ̃titʀipsin] nf antitrypsin

antituberculeux, -euse [ɑ̃titybɛʀkylø, øz] adj sérum tuberculosis (épith)

antitussif [ɑ̃titysif] **1** adj comprimé cough (épith), antitussive (spéc) ◆ **sirop antitussif** cough mixture
2 nm antitussive, cough mixture

antivariolique [ɑ̃tivaʀjɔlik] adj ◆ **vaccin antivariolique** smallpox vaccine

antivénéneux, -euse [ɑ̃tivenenø, øz] adj antidotal

antivenimeux, -euse [ɑ̃tivənimø, øz] adj ◆ **sérum antivenimeux, substance antivenimeuse** antivenom, antivenin

antiviral, e, mpl **-aux** [ɑ̃tiviʀal, o] adj antiviral

antivol [ɑ̃tivɔl] nm, adj inv ◆ **(dispositif) antivol** anti-theft device; [cycle] (pad)lock; [voiture] (steering) lock ◆ **mettre un antivol sur son vélo** to put a (pad)lock on ou to padlock one's bike

Antoine [ɑ̃twan] nm Ant(h)ony, Tony

antonomase [ɑ̃tɔnɔmɑz] nf antonomasia

antonyme [ɑ̃tɔnim] → SYN nm antonym

antonymie [ɑ̃tɔnimi] nf antonymy

antre [ɑ̃tʀ] → SYN nm (littér: caverne) cave; [animal] den, lair; (fig) den; (Anat) antrum

Anubis [anybis] nm Anubis

anurie [anyʀi] nf anuria

anus [anys] nm anus ◆ **anus artificiel** colostomy (spéc)

Anvers [ɑ̃vɛʀ] n Antwerp

anxiété [ɑ̃ksjete] → SYN nf (inquiétude, Méd) anxiety ◆ **avec anxiété** with anxiety ou great concern ◆ **être dans l'anxiété** to be very anxious ou worried

anxieusement [ɑ̃ksjøzmɑ̃] adv anxiously

anxieux, -ieuse [ɑ̃ksjø, jøz] → SYN **1** adj personne, regard anxious, worried; attente anxious ◆ (Méd) **crises anxieuses** crises of anxiety ◆ **anxieux de** anxious to
2 nm,f worrier

anxiogène [ɑ̃ksjɔʒɛn] adj which causes anxiety ou distress

anxiolytique [ɑ̃ksjɔlitik] **1** adj tranquillizing
2 nm tranquillizer

AOC [aose] nf (abrév de **appellation d'origine contrôlée**) → **appellation**

aoriste [aɔʀist] nm aorist

aorte [aɔʀt] nf aorta

aortique [aɔʀtik] adj aortic

aortite [aɔʀtit] nf aortitis

Aoste [aɔst] n Aosta

août [u(t)] nm August; pour loc voir **septembre** et **quinze**

aoûtat [auta] → SYN nm harvest tick ou mite

aoûtien, -ienne* [ausjɛ̃, jɛn] nm,f August holiday-maker (Brit) ou vacationer (US)

AP [ape] nf (abrév de **Assistance publique**) → **assistance**

apache [apaʃ] → SYN nm **a** (Indien) **Apache** Apache
b (†: voyou) ruffian, tough ◆ **il a une allure apache** he has a tough ou vicious look about him

apaisant, e [apɛzɑ̃, ɑ̃t] → SYN adj (chassant la tristesse, les soucis) soothing; (calmant les esprits) mollifying, pacifying

apaisement [apɛzmɑ̃] → SYN nm (→ **s'apaiser**) calming ou quietening down; cooling ou calming down; subsiding; abating; going ou dying down; appeasement; allaying ◆ **donner des apaisements à qn** to give assurances to sb, reassure sb ◆ **cela lui procura un certain apaisement** this brought him some relief

apaiser [apeze] → SYN ▸ conjug 1 ◂ **1** vt **a** personne, foule to calm (down), pacify, placate
b (adoucir) (gén) to assuage; désir, faim to appease; soif to slake; passion, excitation to calm, quell, soothe; conscience to salve, soothe; scruples to allay; douleur to soothe

2 **s'apaiser** vpr a [personne, malade] to calm ou quieten down; [coléreux] to cool ou calm down
b [vacarme, excitation, tempête] to die down, subside; [vagues, douleur] to die down; [passion, désir, soif, faim] to be assuaged ou appeased; [scrupules] to be allayed

apalachien, -ienne [apalaʃjɛ̃, jɛn] adj Appalachian

apanage [apanaʒ] → SYN nm ◆ (privilège) **être l'apanage de qn / qch** to be the privilege ou prerogative of sb / sth ◆ **le pessimisme est le triste apanage des savants** it's the scholar's sorry privilege to be pessimistic ◆ **avoir l'apanage de qch** to have the sole ou exclusive right to sth, possess sth exclusively ◆ **il croit avoir l'apanage du bon sens** he thinks he's the only one with any common sense

aparté [apaʀte] → SYN nm (entretien) private conversation *(in a group)*; (Théât, gén: remarque) aside ◆ **en aparté** in an aside, in a stage whisper; (Théât) in an aside

apartheid [apaʀtɛd] → SYN nm apartheid

apathie [apati] → SYN nf apathy

apathique [apatik] → SYN adj apathetic

apathiquement [apatikmɑ̃] adv apathetically

apatite [apatit] nf apatite

apatride [apatʀid] → SYN nmf stateless person

apax [apaks] nm ⇒ **hapax**

APE [apəe] nf (abrév de **Assemblée parlementaire européenne**) EP

APEC [apɛk] nf (abrév de **Association pour l'emploi des cadres**) executive employment agency

Apennin(s) [apɛnɛ̃] nm(pl) ◆ **l'Apennin, les Apennins** the Apennines

aperception [apɛʀsɛpsjɔ̃] → SYN nf apperception

apercevoir [apɛʀsəvwaʀ] → SYN ▸ conjug 28 ◂
1 vt a (voir) to see; (brièvement) to catch sight of ou a glimpse of; (remarquer) to notice, see ◆ **on apercevait au loin un clocher** a church tower could be seen in the distance ◆ **ça s'aperçoit à peine, c'est très bien réparé** it's hardly noticeable ou you can hardly see it, it's very well repaired
b (se rendre compte de) danger, contradictions to see, perceive; difficultés to see, foresee ◆ **si on fait cela, j'aperçois des problèmes** if we do that, I (can) see problems ahead ou I (can) foresee problems
2 **s'apercevoir** vpr [personnes] to see ou notice each other ◆ **elle s'aperçut dans le miroir** she caught a glimpse ou caught sight of herself in the mirror ◆ **s'apercevoir de** erreur, omission to notice; présence, méfiance to notice, become aware of; dessein, manège to notice, see through, become aware of ◆ **s'apercevoir que** to notice ou realize that ◆ **sans s'en apercevoir** without realizing, inadvertently

aperçu [apɛʀsy] → SYN nm a (idée générale) general survey ◆ **aperçu sommaire** brief survey ◆ **cela vous donnera un bon aperçu de ce que vous allez visiter** that will give you a good idea ou a general idea ou picture of what you are about to visit
b (point de vue personnel) insight (*sur* into)

apériodique [apeʀjɔdik] adj aperiodic

apériteur, -trice [apeʀitœʀ, tʀis] → SYN 1 adj ◆ **société apéritrice** leading office
2 nm,f (gén) leading insurer ou office; (Assurance maritime) leading underwriter

apéritif, -ive [apeʀitif, iv] → SYN 1 adj (littér) boisson that stimulates the appetite ◆ **ils firent une promenade apéritive** they took a walk to get up an appetite
2 nm aperitif, aperitive, (pre-dinner etc) drink ◆ **prendre l'apéritif** to have an aperitif ou aperitive ◆ **venez prendre l'apéritif** come for drinks ◆ **ils sont arrivés à l'apéritif** they arrived at cocktail hour

apéro* [apeʀo] nm (abrév de **apéritif**) aperitif, aperitive

aperture [apɛʀtyʀ] → SYN nf (Ling) aperture

apesanteur [apəzɑ̃tœʀ] nf weightlessness ◆ **être en apesanteur** to be weightless

apétale [apetal] adj apetalous

à-peu-près [apøpʀɛ] → SYN nm inv vague approximation → **près**

apeuré, e [apœʀe] → SYN adj frightened, scared

apex [apɛks] → SYN nm (Astron, Bot, Sci) apex; (Ling) [langue] apex, tip; (accent latin) macron

aphasie [afazi] nf aphasia

aphasique [afazik] adj, nmf aphasic

aphélie [afeli] → SYN nm aphelion

aphérèse [afeʀɛz] → SYN nf aphaeresis

aphidés [afide] mpl ◆ **les aphidés** plant lice, aphids

aphone [afɔn] adj voiceless, aphonic (spéc) ◆ **je suis presque aphone d'avoir trop crié** I've nearly lost my voice ou I'm hoarse from so much shouting

aphonie [afɔni] nf aphonia

aphorisme [afɔʀism] → SYN nm aphorism

aphrodisiaque [afʀɔdizjak] → SYN adj, nm aphrodisiac

Aphrodite [afʀɔdit] nf Aphrodite

aphte [aft] → SYN nm ulcer, aphtha (spéc) ◆ **aphte buccal** mouth ulcer

aphteux, -euse [aftø, øz] adj aphthous → **fièvre**

aphylle [afil] adj aphyllous

A.P.I. [apei] nm (abrév de **alphabet de l'Association phonétique internationale**) IPA

api [api] → **pomme**

Apia [apja] n Apia

à-pic [apik] → SYN nm cliff

apical, e, mpl **-aux** [apikal, o] 1 adj apical ◆ **r apical** trilled r
2 **apicale** nf apical consonant

apico-alvéolaire [apikoalveɔlɛʀ] adj, nf apico-alveolar

apico-dental, e, mpl **-aux** [apikodɑ̃tal, o]
1 adj apico-dental
2 **apico-dentale** nf apico-dental

apicole [apikɔl] adj beekeeping (épith), apiarian (spéc)

apiculteur, -trice [apikyltœʀ, tʀis] → SYN nm,f beekeeper, apiarist (spéc)

apiculture [apikyltyʀ] nf beekeeping, apiculture (spéc)

apiol [apjɔl] nm apiol

apiquer [apike] ▸ conjug 1 ◂ vt (Naut) to peak

Apis [apis] nm Apis

apitoiement [apitwamɑ̃] → SYN nm (pitié) pity, compassion

apitoyer [apitwaje] → SYN ▸ conjug 8 ◂ 1 vt to move to pity ◆ **apitoyer qn sur le sort de qn** to move sb to pity for ou make sb feel sorry for sb's lot ◆ **n'essaie pas de m'apitoyer** don't try and make me feel sorry for you, don't try to get round me (Brit)
2 **s'apitoyer** vpr ◆ **s'apitoyer sur (qn / le sort de qn)** to feel pity ou compassion for (sb / sb's lot) ◆ **s'apitoyer sur son propre sort** to feel sorry for o.s.

apr. J.-C. (abrév de **après Jésus-Christ**) AD

A.P.L. [apeɛl] nf (abrév de **aide personnalisée au logement**) → **aide**

aplanétique [aplanetik] adj aplanatic

aplanir [aplaniʀ] → SYN ▸ conjug 2 ◂ 1 vt terrain to level; difficultés to smooth away ou out, iron out; obstacles to smooth away ◆ **aplanir le chemin devant qn** to smooth sb's path ou way
2 **s'aplanir** vpr [terrain] to become level ◆ **les difficultés se sont aplanies** the difficulties smoothed themselves out ou were ironed out

aplanissement [aplanismɑ̃] → SYN nm (→ **aplanir**) levelling; smoothing away; ironing out

aplasie [aplazi] nf aplasia

aplasique [aplazik] adj aplastic

aplat [apla] nm (teinte) flat tint; (surface) flat, solide (plate)

aplati, e [aplati] → SYN (ptp de **aplatir**) adj forme, objet, nez flat ◆ **c'est aplati sur le dessus / à son extrémité** it's flat on top / at one end

aplatir [aplatiʀ] → SYN ▸ conjug 2 ◂ 1 vt objet to flatten; couture to press flat; cheveux to smooth down, flatten; pli to smooth (out); surface to flatten (out) ◆ **aplatir qch à coups de marteau** to hammer sth flat ◆ **aplatir qn*** to flatten sb* ◆ (Rugby) **aplatir le ballon** ou **un essai** to score a try
2 **s'aplatir** vpr a [personne] **s'aplatir contre un mur** to flatten o.s. against a wall ◆ **s'aplatir par terre** (s'étendre) to lie flat on the ground; (*: tomber) to fall flat on one's face ◆ (fig: s'humilier) **s'aplatir devant qn** to crawl to sb, grovel before sb
b [choses] (devenir plus plat) to become flatter; (être écrasé) to be flattened ou squashed ◆ (s'écraser) **s'aplatir contre*** to smash against

aplatissement [aplatismɑ̃] → SYN nm (gén) flattening; (fig: humiliation) grovelling ◆ **l'aplatissement de la terre aux pôles** the flattening-out ou -off of the earth at the poles

aplatisseur [aplatisœʀ] nm grain crusher

aplomb [aplɔ̃] → SYN nm a (assurance) composure, (self-)assurance; (péj: insolence) nerve, audacity, cheek* ◆ **garder son aplomb** to keep one's composure, remain composed ◆ **perdre son aplomb** to lose one's composure, get flustered
b (équilibre) balance, equilibrium; (verticalité) perpendicular, plumb ◆ [personne] **perdre l'aplomb** ou **son aplomb** to lose one's balance ◆ **à l'aplomb du mur** at the base of the wall
c (Équitation) **aplombs** stand
d **d'aplomb** corps steady, balanced; bâtiment, mur plumb ◆ **se tenir d'aplomb (sur ses jambes)** to be steady on one's feet ◆ **être (posé) d'aplomb** to be balanced ou level ◆ **tu n'as pas l'air d'aplomb*** you look off-colour* (Brit) ou out of sorts ◆ **se remettre d'aplomb après une maladie*** to pick up ou get back on one's feet again after an illness ◆ **ça va te remettre d'aplomb*** that'll put you right ou on your feet again ◆ **le soleil tombait d'aplomb** the sun was beating straight down

apnée [apne] nf apnoea (Brit), apnea (US) ◆ **plonger en apnée** to dive without an aqualung ou while holding one's breath

apoastre [apoastʀ] → SYN nm apastron

apocalypse [apɔkalips] nf (Rel) apocalypse ◆ (livre) **l'Apocalypse** (the Book of) Revelation, the Apocalypse ◆ **atmosphère d'apocalypse** doom-laden ou end-of-the-world atmosphere ◆ **paysage / vision d'apocalypse** landscape / vision of doom

apocalyptique [apɔkaliptik] → SYN adj (Rel) apocalyptic; (fig) paysage of doom; vision apocalyptic, of doom

apocope [apɔkɔp] → SYN nf apocope

apocopé, e [apɔkɔpe] adj apocopate(d)

apocryphe [apɔkʀif] → SYN 1 adj apocryphal, of doubtful authenticity; (Rel) Apocryphal
2 nm apocryphal book ◆ **les apocryphes** the Apocrypha

apode [apɔd] 1 adj apodal, apodous
2 nmpl ◆ **les apodes** apodal ou apodous amphibians, the Apoda (spéc)

apodictique [apɔdiktik] → SYN adj apodictic

apoenzyme [apoɑ̃zim] nm ou f apoenzyme

apogamie [apɔgami] nf apogamy

apogée [apɔʒe] → SYN nm (Astron) apogee; (fig) peak, apogee ◆ **artiste à son apogée** artist at her (ou his) peak ◆ **elle était à l'apogée de sa gloire** she was at the height of her fame ◆ **à l'apogée de sa carrière** at the height of his career ◆ **atteindre son apogée** [gloire, carrière] to reach its peak ou height

apolitique [apɔlitik] → SYN adj (indifférent) apolitical, unpolitical; (indépendant) non-political

apolitisme [apɔlitism] → SYN nm (→ **apolitique**) [personne] apolitical ou unpolitical attitude; non-political stand; [organisme] non-political character

Apollon [apɔlɔ̃] nm (Myth) Apollo; (fig) Apollo, Greek god

apologétique [apɔlɔʒetik] → SYN 1 adj (Philos, Rel) apologetic
2 nf apologetics (sg)

apologie [apɔlɔʒi] → SYN nf a (défense) apology, apologia • **faire l'apologie de** (gén) to try and justify; (Jur) to vindicate
b (éloge) praise • **faire l'apologie de** to praise, speak (very) highly of

apologiste [apɔlɔʒist] nmf apologist

apologue [apɔlɔg] → SYN nm apologue

apomorphine [apɔmɔʀfin] nf apomorphine

aponévrose [aponevʀoz] nf aponeurosis

aponévrotique [aponevʀɔtik] adj aponeurotic

apophonie [apɔfɔni] nf ablaut, gradation

apophtegme [apɔftɛgm] → SYN nm apo(ph)thegm

apophysaire [apɔfizɛʀ] adj apophysial

apophyse [apɔfiz] → SYN nf apophysis

Apopis [apɔpis] nm Apophis

apoplectique [apɔplɛktik] adj apoplectic

apoplexie [apɔplɛksi] → SYN nf apoplexy • **attaque d'apoplexie** stroke, apoplectic fit

apoprotéine [apopʀɔtein] nf apoprotein

aporétique [apɔʀetik] → SYN adj aporetic

aporie [apɔʀi] → SYN nf aporia

aposiopèse [apozjɔpɛz] nf aposiopesis

apostasie [apɔstazi] → SYN nf apostasy

apostasier [apɔstazje] → SYN ▸conjug 7◂ vi to apostatize, renounce the faith

apostat, e [apɔsta, at] → SYN adj, nm,f apostate, renegade

a posteriori [apɔsteʀjɔʀi] → SYN loc adv, loc adj (Philos) a posteriori; (gén) after the event • **il est facile, a posteriori, de dire que ...** it is easy enough, after the event ou with hindsight, to say that ...

apostille [apɔstij] → SYN nf apostil

apostiller [apɔstije] → SYN ▸conjug 1◂ vt to add an apostil to

apostolat [apɔstɔla] → SYN nm (Bible) apostolate, discipleship; (prosélytisme) proselytism, preaching, evangelism • (fig) **ce métier est un apostolat** this job requires total devotion ou has to be a vocation

apostolique [apɔstɔlik] adj apostolic → **nonce**

apostrophe [apɔstʀɔf] → SYN nf (Gram, Rhétorique) apostrophe; (interpellation) rude remark *(shouted at sb)* • **mot mis en apostrophe** word used in apostrophe • **lancer des apostrophes à qn** to shout rude remarks at sb

apostropher [apɔstʀɔfe] → SYN ▸conjug 1◂
1 vt (interpeller) to shout at, address sharply
2 **s'apostropher** vpr to shout at each other • **les deux automobilistes s'apostrophèrent violemment** the two motorists hurled violent abuse at each other

apothécie [apɔtesi] nf apothecium

apothème [apɔtɛm] nm apothem

apothéose [apɔteoz] → SYN nf a (consécration) apotheosis • **cette nomination est pour lui une apothéose** this appointment is a supreme honour for him • **les tragédies de Racine sont l'apothéose de l'art classique** Racine's tragedies are the apotheosis ou pinnacle of classical art
b (Théât, gén: bouquet) grand finale • **finir dans une apothéose** to end in a blaze of glory
c (Antiq: déification) apotheosis

apothicaire†† [apɔtikɛʀ] nm apothecary†† → **compte**

apôtre [apotʀ] → SYN nm (Hist, Rel, fig) apostle, disciple • **faire le bon apôtre** to play the saint • **se faire l'apôtre de** to make o.s. the spokesman ou advocate for

Appalaches [apalaʃ] nmpl • **les (monts) Appalaches** the Appalachian Mountains, the Appalachians

appalachien, -ienne [apalaʃjɛ̃, jɛn] adj Appalachian

apparaître [apaʀɛtʀ] → SYN ▸conjug 57◂ vi a (se montrer) [jour, personne, fantôme] to appear (*à* to); [difficulté, vérité] to appear, come to light; [signes, obstacles] to appear; [fièvre, boutons] to break out • **la vérité lui apparut soudain** the truth suddenly dawned on him • **la silhouette qui apparaît / les problèmes qui apparaissent à l'horizon** the figure / the problems looming up on the horizon
b (sembler) to seem, appear (*à* to) • **ces remarques m'apparaissent fort judicieuses** these seem ou sound very judicious remarks to me • **je dois t'apparaître comme un monstre** I must seem like ou appear a monster to you • **ça m'apparaît comme suspect** it seems slightly suspicious ou odd to me • **il apparaît que** it appears ou turns out that

apparat [apaʀa] → SYN nm a (pompe) pomp • **d'apparat** dîner, habit, discours ceremonial → **grand**
b (Littérat) **apparat critique** critical apparatus

apparatchik [apaʀatʃik] nm apparatchik

appareil [apaʀɛj] → SYN GRAMMAIRE ACTIVE 27.4, 27.5, 27.6
1 nm a (machine, instrument) (gén) piece of apparatus, device; (électrique, ménager) appliance; (Rad, TV: poste) set; (Phot) camera; (téléphone) (tele)phone • **qui est à l'appareil?** who's speaking? • **Paul à l'appareil** Paul speaking
b (Aviat) (aero)plane, aircraft (inv), craft (inv) (US)
c (Méd) appliance; (contention dentaire) brace; (pour fracture) splint; (auditif) hearing aid; (*: dentier) dentures, plate
d (Anat) apparatus, system • **appareil digestif / urogénital** digestive / urogenital system ou apparatus • **appareil phonateur** vocal apparatus ou organs (pl)
e (structure administrative) machinery • **l'appareil policier** the police machinery • **l'appareil du parti** the party apparatus ou machinery • **l'appareil des lois** the machinery of the law
f (littér) (dehors fastueux) air of pomp; (cérémonie fastueuse) ceremony • **l'appareil magnifique de la royauté** the trappings ou splendour of royalty → **simple**
g (Archit: agencement des pierres) bond
2 COMP ▷ **appareil critique** critical apparatus ▷ **appareil de levage** lifting appliance, hoist ▷ **appareil de mesure** measuring device ▷ **appareil orthopédique** orthopaedic appliance ▷ **appareil photo, appareil photographique** camera ▷ **appareil à sous** (distributeur) slot machine; (jeu) fruit machine, one-armed bandit

appareillable [apaʀɛjabl] adj handicapé who can wear a prosthesis

appareillage [apaʀɛjaʒ] → SYN nm a (Naut) (départ) casting off, getting under way; (manœuvres) preparations for casting off ou getting under way
b (équipement) equipment
c (Méd) [handicapé] fitting with a prosthesis
d (Archit) dressing

appareiller [apaʀeje] → SYN ▸conjug 1◂ 1 vi (Naut) to cast off, get under way
2 vt a (Naut) navire to rig, fit out
b (Archit: tailler) pierre to dress
c (Méd) to fit with a prosthesis (spéc) ou an artificial limb (ou hand ou arm etc)
d (coupler) to pair; (assortir) to match up; (accoupler) to mate (*avec* with)

apparemment [apaʀamɑ̃] → SYN adv apparently

apparence [apaʀɑ̃s] → SYN nf a (aspect) [maison, personne] appearance, aspect • **ce bâtiment a (une) belle apparence** it's a fine-looking building • **il a une apparence négligée** he is shabby-looking, he has a shabby ou uncared-for look about him
b (fig: extérieur) appearance • **sous cette apparence souriante** under that smiling exterior • **sous l'apparence de la générosité** under this (outward) show ou apparent display of generosity • **ce n'est qu'une (fausse) apparence** it's a mere façade • **les apparences sont contre lui** everything seems to point to his guilt, all signs are that he's guilty • **il ne faut pas prendre les apparences pour la réalité** one mustn't mistake appearance(s) for reality • **se fier aux / sauver les apparences** to trust / keep up appearances • **comme cela, les apparences sont sauves** that way, nobody loses face
c (semblant, vestige) semblance
d (Philos) appearance
e LOC **malgré l'apparence** ou **les apparences** in spite of appearances • **contre toute apparence** against all expectations • **selon toute apparence** in all probability • **en apparence** apparently, seemingly, on the face of it • **des propos en apparence si contradictoires / si anodins** words apparently so contradictory / harmless • **ce n'est qu'en apparence qu'il est heureux** it's only on the surface ou outwardly that he's happy

apparent, e [apaʀɑ̃, ɑ̃t] → SYN adj a (visible) appréhension, gêne obvious, noticeable; ruse obvious • **de façon apparente** visibly, conspicuously • **sans raison / cause apparente** without apparent ou obvious reason / cause • **plafond avec poutres apparentes** ceiling with visible ou exposed beams ou with beams showing • **coutures apparentes** topstitched seams
b (superficiel) solidité, causes apparent (épith) • **ces contradictions ne sont qu'apparentes** these are only outward ou surface discrepancies

apparenté, e [apaʀɑ̃te] (ptp de **apparenter**) adj (de la même famille) related; (qui ressemble à) similar (*à* to) • (Pol) **apparenté (au parti) socialiste** in alliance with the Socialists • **les libéraux et apparentés** the Liberals and their electoral allies

apparentement [apaʀɑ̃tmɑ̃] → SYN nm (Pol) grouping of electoral lists *(in proportional representation system)*

apparenter (s') [apaʀɑ̃te] ▸conjug 1◂ vpr • **s'apparenter à** (Pol) to ally o.s. with *(in elections)*; (par mariage) to marry into; (ressembler à) to be similar to, have certain similarities to

appariement [apaʀimɑ̃] → SYN nm (→ **apparier**) matching; pairing; mating

apparier [apaʀje] → SYN ▸conjug 7◂ vt (littér) (assortir) to match; (coupler) to pair; (accoupler) to mate

appariteur [apaʀitœʀ] → SYN nm (Univ) ≃ porter (Brit), ≃ campus policeman (US) • (hum) **appariteur musclé** strong-arm attendant *(hired at times of student unrest)*

apparition [apaʀisjɔ̃] → SYN nf a (manifestation) [étoile, symptôme, signe] appearance; [personne] appearance, arrival; [boutons, fièvre] outbreak • **faire son apparition** [personne] to make one's appearance, turn up, appear; [symptômes] to appear; [fièvre] to break out • **il n'a fait qu'une (courte** ou **brève) apparition** (à une réunion) he only put in a brief appearance; (dans un film) he only made a brief appearance, he only appeared briefly
b (vision) apparition; (fantôme) apparition, spectre • **avoir des apparitions** to see ou have visions

apparoir [apaʀwaʀ] vb impers • (frm, hum) **il appert (de ces résultats) que** it appears ou is evident (from these results) that

appart* [apaʀt] nm (abrév de **appartement**) flat (Brit), apartment (US), place*

appartement [apaʀtəmɑ̃] → SYN nm a flat (Brit), apartment (US); [hôtel] suite • **vivre dans un** ou **en appartement** to live in a flat (Brit) ou apartment (US) • **appartement de fonction** (gén) company flat (Brit) ou apartment (US); [concierge, professeur] rent-free flat (Brit) ou apartment (US) on site → **chien, plante**[1]
b (Can) room

appartenance [apaʀtənɑ̃s] → SYN nf [race, famille] belonging (*à* to), membership (*à* of); [parti] adherence (*à* to), membership (*à* of) • (Math) **appartenance à un ensemble** membership of a set

appartenir [apaʀtəniʀ] → SYN ▸conjug 22◂
1 **appartenir à** vt indir a (être la possession de) to belong to • **ceci m'appartient** this is mine, this belongs to me • **la maison m'appartient en propre** I'm the sole owner of the house • (fig) **pour des raisons qui m'appar-**

tiennent for reasons of my own ou which concern me (alone) ◆ **un médecin ne s'appartient pas** a doctor's time ou life is not his own
b (faire partie de) famille, race, parti to belong to, be a member of
2 vb impers ◆ **il appartient / n'appartient pas au comité de décider si ...** it is for ou up to / not for ou not up to the committee to decide if ..., it is / is not the committee's business to decide if ...

appas [apɑ] → SYN nmpl (littér) charms

appassionato [apasjɔnato] → SYN adv, adj appassionato

appât [apɑ] → SYN nm (Pêche) bait; (fig) lure, bait ◆ **mettre un appât à l'hameçon** to bait one's hook ◆ **l'appât du gain / d'une récompense** the lure of gain / a reward → **mordre**

appâter [apɑte] → SYN ▸conjug 1◂ vt **a** (pour attraper) poissons, gibier to lure, entice; piège, hameçon to bait; (fig) personne to lure, entice
b (engraisser) petits oiseaux to feed (up); volailles to fatten (up)

appauvrir [apovʀiʀ] → SYN ▸conjug 2◂ **1** vt personne, sol, langue to impoverish; sang to make thin, weaken
2 s'appauvrir vpr [personne, sol, langue] to grow poorer, become (more) impoverished; [sang] to become thin ou weak; [race] to degenerate

appauvrissement [apovʀismɑ̃] → SYN nm (→ **appauvrir, s'appauvrir**) impoverishment; thinning; degeneration

appeau, pl **appeaux** [apo] → SYN nm (instrument) bird call; (oiseau, fig) decoy ◆ **servir d'appeau à qn** to act as a decoy ou a stool pigeon for sb

appel [apɛl] → SYN **1** nm **a** (cri) call; (demande pressante) appeal ◆ **accourir à l'appel de qn** to run in answer to sb's call ◆ **appel à l'aide** ou **au secours** call for help ◆ **elle a entendu des appels** ou **des cris d'appel** she heard someone calling out, she heard cries ◆ **à son appel, elle se retourna** she turned round when he called ◆ **appel à l'insurrection / aux armes / aux urnes** call to insurrection / to arms / to vote ◆ **appel au calme** appeal ou call for calm ◆ **à l'appel des syndicats ...** in response to the call of the trade unions ... ◆ **manifestation à l'appel d'une organisation** demonstration called by an organization ◆ **il me fit un appel du regard** he gave me a meaningful glance ◆ **il a fait un appel du pied au chef de l'autre parti** he made covert advances to the leader of the other party ◆ **faire l'appel nominal des candidats** to call out the candidates' names ◆ **faire un appel de phares** to flash one's headlights (Brit), flash the high beams (US) ◆ **offre / prix d'appel** introductory offer / price ◆ **produit d'appel** loss leader ◆ (Hist) **l'Appel du 18 juin** *General de Gaulle's radio appeal to the French people to resist the Nazi occupation*
b faire appel à (invoquer) to appeal to; (avoir recours à) to call on, resort to; (fig: nécessiter) to require ◆ **faire appel au bon sens / à la générosité de qn** to appeal to sb's common sense / generosity ◆ **faire appel à ses souvenirs** to call up one's memories ◆ **il a dû faire appel à tout son courage** he had to summon up ou muster all his courage ◆ **faire appel à l'armée** to call out the army ◆ **on a dû faire appel aux pompiers** they had to call on (the help of) the firemen ◆ **ils ont fait appel au président pour que ...** they appealed to ou called on the president to ... ◆ **ce problème fait appel à des connaissances qu'il n'a pas** this problem calls for ou requires knowledge he hasn't got
c (fig: voix) call ◆ **l'appel du devoir / de la religion** the call of duty / of religion ◆ **l'appel de la raison / de sa conscience** the voice of reason / of one's conscience ◆ **l'appel du large** the call of the sea
d (vérification de présence) (Scol) register, registration; (Mil) roll call ◆ **faire l'appel** (Scol) to call the register; (Mil) to call the roll ◆ **absent / présent à l'appel** (Scol) absent / present (for the register ou at registration); (Mil) absent / present at roll call ◆ (Jur) **l'appel des causes** reading of the roll of cases *(to be heard)* → **manquer, numéro**
e (Jur: recours) appeal (*contre* against, from) ◆ **faire appel d'un jugement** to appeal against a judgment ◆ **faire appel** to appeal, lodge an appeal ◆ **juger en appel / sans appel** to judge on appeal / without appeal ◆ (fig) **sans appel** (adj) final; (adv) irrevocably → **cour**
f (Mil: mobilisation) call-up ◆ **appel de la classe 1985** 1985 call-up, call-up of the class of 1985 → **devancer**
g (Téléc) **appel (téléphonique)** (phone) call ◆ **fonction « signal d'appel »** "call waiting" → **numéro**
h (Cartes) signal (*à* for) ◆ **faire un appel à pique** to signal for a spade
i (Athlétisme: élan) take-off ◆ **pied d'appel** take-off foot
j (Ordin) call
2 COMP ▷ **appel d'air** in-draught (Brit), in-draft (US), intake of air ▷ **appel en couverture** (Bourse) request for cover ▷ **appel de fonds** call for capital ◆ **faire un appel de fonds** to call up capital ▷ **appel à maxima** *appeal by prosecution against the harshness of a sentence* ▷ **appel à minima** *appeal by prosecution against the leniency of a sentence* ▷ **appel de note** (Typ) footnote reference, reference mark ▷ **appel d'offres** (Comm) invitation to tender ou bid (US) ▷ **appel au peuple** appeal ou call to the people

appelant, e [ap(ə)lɑ̃, ɑ̃t] → SYN (Jur) **1** adj ◆ **partie appelante** appellant
2 nm,f appellant

appelé [ap(ə)le] → SYN nm (Mil) conscript, draftee (US), selectee (US) ◆ (Rel, fig) **il y a beaucoup d'appelés et peu d'élus** many are called but few are chosen

appeler [ap(ə)le] → SYN ▸conjug 4◂ GRAMMAIRE ACTIVE 27
1 vt **a** (interpeller) personne, chien to call; (téléphoner à) personne to ring (up), phone (up), call (up); numéro to dial, call, phone ◆ **appeler le nom de qn** to call out sb's name ◆ (Jur) **appeler une cause** to call (out) a case ◆ **en attendant que notre cause soit appelée** waiting for our case to come up ou be called ◆ **appeler qn à l'aide** ou **au secours** to call to sb for help ◆ **appeler qn (d'un geste) de la main** to beckon (to) sb
b (faire venir: gén) to summon; médecin, taxi, police to call, send for; ascenseur to call ◆ **appeler les fidèles à la prière** to summon ou call the faithful to prayer ◆ **appeler le peuple aux armes** to call ou summon the people to arms ◆ (Jur) **appeler qn en justice** to summon sb before the court ◆ (Jur) **appeler qn à comparaître comme témoin** to summon sb as a witness ◆ (Mil) **appeler une classe (sous les drapeaux)** to call up a class (of recruits) ◆ (frm, hum) **Dieu / la République vous appelle** God / the Republic is calling you ◆ (hum) **le devoir m'appelle** duty calls ◆ **les pompiers ont été appelés plusieurs fois dans la nuit** the firemen were called out several times during the night ◆ **le patron l'a fait appeler** the boss sent for him ◆ **il a été appelé auprès de sa mère malade** he was called ou summoned to his sick mother's side ◆ **appeler la colère du ciel sur qn** to call down the wrath of heaven upon sb ◆ **appeler la bénédiction de Dieu sur qn** to confer God's blessing upon sb
c (nommer) to call ◆ **appeler qn un imbécile** to call sb an imbecile ◆ **j'appelle ceci une table / du bon travail** I call this a table / good work ◆ **appeler qn par son prénom** to call ou address sb by his first name ◆ **nous nous appelons par nos prénoms** we are on first-name terms, we call each other by our first names ◆ **appeler qn Monsieur / Madame** to call sb Sir / Madam ◆ **appeler les choses par leur nom** to call things by their rightful name ◆ **appeler un chat un chat** to call a spade a spade ◆ **voilà ce que j'appelle écrire!** that's what I call writing! ◆ **il va se faire appeler Arthur!*** he's going to be in trouble!
d (désigner) **appeler qn à** poste to appoint ou assign sb to ◆ **être appelé à de hautes / nouvelles fonctions** to be assigned important / new duties ◆ **sa nouvelle fonction l'appelle à jouer un rôle important** his new function will require him to play an important part ◆ **être appelé à un brillant avenir** to be destined for a brilliant future ◆ **la méthode est appelée à se généraliser** the method looks likely ou set to become general
e (réclamer) [situation, conduite] to call for, demand ◆ **j'appelle votre attention sur ce problème** I call your attention to this problem ◆ **les affaires l'appellent à Lyon** business calls him to Lyons
f (entraîner) **une lâcheté en appelle une autre** one act of cowardice leads to ou begets another ◆ **ceci appelle une réflexion** ou **une remarque** this calls for comment
g (Cartes) **appeler le roi de cœur** to call for the king of hearts
h (Ordin) fichier to call (up)
2 vi **a** (crier) **appeler à l'aide** ou **au secours** to call for help ◆ **elle appelait, personne ne venait** she called (out) but nobody came
b en appeler à to appeal to ◆ **en appeler de** to appeal against ◆ **j'en appelle à votre bon sens** I appeal to your common sense
3 s'appeler vpr (être nommé) to be called ◆ **il s'appelle Paul** his name is Paul, he is called Paul ◆ **comment s'appelle cet oiseau?** what's the name of this bird?, what's this bird called? ◆ **comment cela s'appelle-t-il en français?** what's that (called) in French?, what do you call that in French? ◆ **voilà ce qui s'appelle une gaffe / être à l'heure!** that's what's called a blunder / being on time! ◆ **je te prête ce livre, mais il s'appelle Reviens!*** I'll lend you this book but you'd better give it back!*

appellatif [apelatif] adj m, nm ◆ (Ling) **(nom) appellatif** appellative

appellation [apelasjɔ̃] → SYN nf designation, appellation; (littér: mot) term, name ◆ (Jur) **appellation d'origine** label of origin ◆ **appellation (d'origine) contrôlée** appellation contrôlée *(label guaranteeing the quality of wine and cheese)*

appendice [apɛ̃dis] → SYN nm [livre] appendix; (Anat) (gén) appendage, appendix ◆ [intestin] **l'appendice** the appendix ◆ (hum: nez) **appendice nasal** proboscis (hum)

appendicectomie [apɛ̃disɛktɔmi] nf appendectomy

appendicite [apɛ̃disit] nf appendicitis ◆ **faire de l'appendicite chronique** to have a grumbling appendix ◆ **avoir une crise d'appendicite** to have appendicitis ◆ **se faire opérer de l'appendicite** to have one's appendix removed

appendiculaire [apɛ̃dikylɛʀ] **1** adj appendicular
2 nmpl ◆ **les appendiculaires** appendicularians, the Appendicularia (spéc)

appentis [apɑ̃ti] → SYN nm (petit bâtiment) lean-to; (toit en auvent) penthouse (roof), sloping roof

appert [apɛʀ] → **apparoir**

appertiser [apɛʀtize] → SYN ▸conjug 1◂ vt to sterilize *(in a hermetic container)*

appesantir [apəzɑ̃tiʀ] → SYN ▸conjug 2◂ **1** vt tête, paupières to weigh down; objet to make heavier; gestes, pas to slow (down); esprit to dull ◆ (littér) **appesantir son bras** ou **autorité sur** to strengthen one's authority over
2 s'appesantir vpr [tête] to grow heavier; [gestes, pas] to become slower; [esprit] to grow duller; [autorité] to grow stronger ◆ **s'appesantir sur un sujet / des détails** to dwell at length on a subject / on details ◆ **inutile de s'appesantir** no need to dwell on that ◆ **leur autorité s'est appesantie sur le peuple opprimé** their control over the oppressed nation has been strengthened

appesantissement [apəzɑ̃tismɑ̃] → SYN nm [démarche] heaviness; [esprit] dullness; [autorité] strengthening

appétence [apetɑ̃s] → SYN nf appetence ◆ **avoir de l'appétence pour** to have a partiality for, be partial to

appétissant, e [apetisɑ̃, ɑ̃t] → SYN adj nourriture appetizing, mouth-watering; femme delectable ◆ **peu appétissant** unappetizing

appétit [apeti] nm **a** (pour la nourriture) appetite ◆ **avoir de l'appétit, avoir bon appétit, avoir un solide appétit** to have a good ou hearty appetite ◆ **perdre l'appétit** to lose one's appetite, go off one's food* (Brit) ◆ **il n'a pas d'appétit** he's got no appetite ◆ **ouvrir**

l'appétit de qn, donner de l'appétit à qn to give sb an appetite ◆ (lit) **mettre qn en appétit** to give sb an appetite ◆ (fig) **ce premier essai m'a mis en appétit** this first attempt gave me an appetite ou a taste for it ◆ **avoir un appétit d'oiseau** to eat like a bird ◆ **manger avec appétit** to eat heartily ou with appetite ◆ **manger sans appétit** to eat without appetite ◆ **avoir un appétit de loup** ou **d'ogre** to eat like a horse ◆ **l'appétit vient en mangeant** (lit) eating whets the appetite; (fig) the more you have the more you want → **bon**[1]

b (désir naturel) appetite; [bonheur, connaissances] appetite, thirst (*de* for) ◆ **appétit sexuel** sexual appetite

applaudimètre [aplodimɛtʀ] nm clapometer (Brit), applause meter ◆ **elle a gagné à l'applaudimètre** she got the warmest applause

applaudir [aplodiʀ] → SYN ▸conjug 2◂ **1** vt to applaud, clap; (fig littér: approuver) to applaud, commend ◆ **applaudissons notre sympathique gagnant** let's give the winner a big hand

2 vi to applaud, clap ◆ **applaudir à tout rompre** to bring the house down

3 **applaudir à** vt indir (littér: approuver) initiative to applaud, commend ◆ **applaudir des deux mains à qch** to approve heartily of sth, commend sth warmly

4 **s'applaudir** vpr ◆ (se réjouir de) **je m'applaudis de n'y être pas allé!** I'm congratulating myself ou patting myself on the back for not having gone!

applaudissement [aplodismɑ̃] → SYN nm **a** (acclamations) **applaudissements** applause (NonC), clapping (NonC) ◆ **des applaudissements nourris éclatèrent** loud applause ou clapping broke out ◆ **sortir sous les applaudissements** to go off to great applause ◆ **un tonnerre d'applaudissements** thunderous applause

b (littér: approbation) approbation, commendation

applicabilité [aplikabilite] nf applicability

applicable [aplikabl] → SYN adj applicable ◆ [loi etc] **être applicable à** to apply to, be applicable to

applicateur [aplikatœʀ] **1** adj m applicator (épith)

2 nm (dispositif) applicator

application [aplikasjɔ̃] → SYN nf **a** (→ **appliquer**) application; use; enforcement; implementation; administration ◆ **mettre en application** décision to put into practice, implement; loi to enforce, apply; théorie to put into practice, apply ◆ **mise en application** [décision] implementation; [loi] enforcement, application; [théorie] application ◆ **mesures prises en application de la loi** measures taken to enforce ou apply the law

b **applications** [théorie, méthode] applications ◆ **les applications de cette théorie sont très nombreuses** the (possible) applications of this theory are numerous

c (attention) application, industry ◆ **application à qch** application to sth ◆ **travailler avec application** to work diligently, apply o.s. well ◆ **son application à faire qch** the application ou zeal with which he does sth

d (Couture) appliqué (work) ◆ **application de dentelles** appliqué lace ◆ **application de velours** velvet appliqué

e (Math) map(ping)

f (Ordin) application program

applique [aplik] → SYN nf (lampe) wall lamp; (Couture) appliqué

appliqué, e [aplike] → SYN (ptp de **appliquer**) adj personne industrious, assiduous; écriture careful ◆ **bien appliqué** baiser firm; coup well-aimed ◆ **linguistique** etc **appliquée** applied linguistics etc

appliquer [aplike] → SYN ▸conjug 1◂ **1** vt **a** (poser) peinture, revêtement, cataplasme to apply (*sur* to) ◆ (Géom) **appliquer une figure sur une autre** to apply one figure on another ◆ **appliquer une échelle sur** ou **contre un mur** to put ou lean a ladder against a wall ◆ **appliquer son oreille sur** ou **à une porte** to put one's ear to a door

b (mettre en pratique) (gén) to apply; peine to enforce; règlement, décision to implement, put into practice; loi to enforce, apply; remède to administer; recette to use ◆ **appliquer un traitement à une maladie** to apply a treatment to an illness

c (consacrer) **appliquer son esprit à l'étude** to apply one's mind to study ◆ **appliquer toutes ses forces à faire qch** to put all one's strength into doing sth

d (donner) gifle, châtiment to give; épithète, qualificatif to apply ◆ **appliquer un baiser / sobriquet à qn** to give sb a kiss / nickname ◆ **je lui ai appliqué ma main sur la figure** I struck ou slapped him across the face, I struck ou slapped his face ◆ **il s'est toujours appliqué cette maxime** he has always applied this maxim to himself

2 **s'appliquer** vpr **a** (coïncider avec) **s'appliquer sur** to fit over ◆ **le calque s'applique exactement sur son modèle** the tracing fits exactly on top of ou over its model

b (correspondre à) **s'appliquer à** to apply to ◆ **cette remarque ne s'applique pas à vous** this remark doesn't apply to you

c (se consacrer à) **s'appliquer à** to apply o.s. to ◆ **s'appliquer à cultiver son esprit** to apply o.s. to improving one's mind ◆ **s'appliquer à l'étude de** to apply o.s. to the study of ◆ **s'appliquer à paraître à la mode** to take pains to appear fashionable ◆ **élève qui s'applique** pupil who applies himself

appog(g)iature [apɔ(d)ʒjatyʀ] nf appoggiatura

appoint [apwɛ̃] → SYN nm **a** (monnaie) **l'appoint** the right ou exact money ou change ◆ **faire l'appoint** to give the right ou exact money ou change

b (ressource, aide complémentaire) (extra) contribution, (extra) help ◆ **salaire d'appoint** secondary ou extra income ◆ **travail d'appoint** second job ◆ **radiateur d'appoint** back-up ou extra heater

appointements [apwɛ̃tmɑ̃] → SYN nmpl salary

appointer[1] [apwɛ̃te] → SYN ▸conjug 1◂ vt (payer) to pay a salary to ◆ **être appointé à l'année / au mois** to be paid yearly / monthly

appointer[2] [apwɛ̃te] → SYN ▸conjug 1◂ vt (Tech) to point

Appomattox [apomatɔks] n Appomattox

appontage [apɔ̃taʒ] nm landing (*on an aircraft carrier*)

appontement [apɔ̃tmɑ̃] → SYN nm landing stage, wharf

apponter [apɔ̃te] ▸conjug 1◂ vi to land (*on an aircraft carrier*)

apponteur [apɔ̃tœʀ] nm officer in charge of landing

apport [apɔʀ] → SYN nm **a** (approvisionnement) [capitaux] contribution, supply; (Tech) [chaleur, air frais, eau potable] supply ◆ **le tourisme, grâce à son apport de devises** tourism, thanks to the currency it brings in ◆ **leur apport financier / intellectuel** their financial / intellectual contribution ◆ (Fin) **apport personnel** personal capital contribution, ≃ deposit (*when buying a house*) ◆ **terrain rendu plus fertile par l'apport d'alluvions d'une rivière** land made more fertile by the alluvia brought ou carried down by a river ◆ **l'apport de** ou **en vitamines d'un aliment** the vitamins provided by ou the vitamin content of a food

b (contribution) contribution ◆ **l'apport de notre civilisation à l'humanité** our civilization's contribution to humanity

c (Jur) **apports** property ◆ **apports en communauté** *goods contributed by man and wife to the joint estate* ◆ (Fin) **apports en société** capital invested

apporter [apɔʀte] → SYN ▸conjug 1◂ vt **a** objet to bring ◆ **apporte-le-moi** bring it to me, bring me it ◆ **apporte-le-lui** take it to him ◆ **apporte-le en montant** bring it up with you, bring it up when you come ◆ **apporte-le en venant** bring it with you (when you come), bring it along ◆ **qui a apporté toute cette boue?** who brought in all this mud? ◆ **le vent d'ouest nous apporte toutes les fumées d'usine** the west wind blows ou sends ou carries all the factory fumes our way ◆ **vent qui apporte la pluie** wind that brings rain

b satisfaction, repos, soulagement to bring, give; ennuis, argent, nouvelles to bring; modification to bring about; preuve, solution to supply, provide, give ◆ **apporter sa contribution à qch** to make one's contribution to sth ◆ **apporter des modifications à qch** [ingénieur] to make ou introduce changes in sth, bring changes to sth; [progrès] to bring about changes in sth ◆ **apporter du soin à qch / à faire qch** to exercise care in sth / in doing sth ◆ **apporter de l'attention à qch / à faire qch** to bring one's attention to bear on sth / on doing sth ◆ **elle y a apporté toute son énergie** she put all her energy into it ◆ **son livre n'apporte rien de nouveau** his book contributes ou says nothing new, his book has nothing new to contribute ou say ◆ **leur enseignement m'a beaucoup apporté** I got a lot out of their teaching

apporteur [apɔʀtœʀ] nm (Jur) contributor

apposer [apoze] → SYN ▸conjug 1◂ vt (frm) sceau, timbre, plaque to affix; signature to append (frm); (Jur) clause to insert ◆ (Jur) **apposer les scellés** to affix the seals (*to prevent unlawful entry*)

apposition [apozisjɔ̃] nf **a** (Gram) apposition ◆ **en apposition** in apposition

b (→ **apposer**) affixing; appending; insertion

appréciable [apʀesjabl] → SYN adj (évaluable) appreciable, noticeable; (assez important) appreciable ◆ **un nombre appréciable de gens** a good many ou a good few people, an appreciable number of people

appréciateur, -trice [apʀesjatœʀ, tʀis] → SYN nm,f judge, appreciator

appréciatif, -ive [apʀesjatif, iv] → SYN adj (estimatif) appraising, evaluative; (admiratif) appreciative → **état**

appréciation [apʀesjasjɔ̃] → SYN nf (→ **apprécier**) estimation; assessment; appraisal; valuation ◆ **je le laisse à votre appréciation** I leave you to judge for yourself, I leave it to your judgment ou assessment ◆ **les appréciations du professeur sur un élève** the teacher's assessment of a pupil ◆ (sur livret) **« appréciation du professeur »** "teacher's comments ou remarks" ◆ (Assurances) **appréciation des risques** estimation of risks, risk assessment

apprécier [apʀesje] → SYN ▸conjug 7◂ GRAMMAIRE ACTIVE 7.2, 7.3

1 vt **a** (évaluer) distance, importance to estimate, assess, appraise; (expertiser) objet to value, assess the value of

b (discerner) nuance to perceive, appreciate

c (goûter) qualité, repas to appreciate ◆ **apprécier qn** (le trouver sympathique) to have a liking for sb; (reconnaître ses qualités) to appreciate sb ◆ **un mets très apprécié** a much appreciated dish, a highly-rated dish ◆ **son discours n'a pas été apprécié par la droite** his speech was not appreciated by the right wing ◆ **il n'a pas apprécié!*** he didn't appreciate that!, he didn't much care for that!

2 **s'apprécier** vpr (Fin) to appreciate, rise ◆ **le franc s'est nettement apprécié par rapport au mark** the franc has strongly appreciated ou risen against the mark

appréhender [apʀeɑ̃de] → SYN ▸conjug 1◂ vt **a** (arrêter) to apprehend

b (redouter) to dread ◆ **appréhender (de faire) qch** to dread (doing) sth ◆ **appréhender que** to fear that

c (comprendre) situation to apprehend, grasp

appréhensif, -ive [apʀeɑ̃sif, iv] → SYN adj apprehensive, fearful (*de* of)

appréhension [apʀeɑ̃sjɔ̃] → SYN nf **a** (crainte) apprehension, anxiety ◆ **envisager qch avec appréhension** to be apprehensive ou anxious about sth, dread sth ◆ **avoir de l'appréhension / un peu d'appréhension** to be apprehensive / a little apprehensive ◆ **son appréhension de l'examen / d'un malheur** his apprehension about the exam / of a disaster

b (littér, Philos) apprehension

apprenant, e [apʀənɑ̃, ɑ̃t] nm,f learner

apprendre [apʀɑ̃dʀ] → SYN ▸conjug 58◂ vt **a** leçon, métier to learn ◆ **apprendre que / à lire / à nager** to learn that / to read / to swim ou how to swim ◆ **apprendre à se**

servir de to learn (how) to use ◆ **apprendre à connaître** to get to know ◆ **l'espagnol s'apprend facilement** Spanish is easy to learn ◆ **ce jeu s'apprend vite** this game is quickly learnt ◆ **il apprend vite** he's a fast learner, he learns quickly → **cœur**

b nouvelle to hear, learn; événement, fait to hear of, learn of; secret to learn (of) (*de qn* from sb) ◆ **j'ai appris hier que ...** I heard ou learnt ou it came to my knowledge (frm) yesterday that ... ◆ **j'ai appris son arrivée par des amis / par la radio** I heard of ou learnt of his arrival through friends / on the radio ◆ **apprenez que je ne me laisserai pas faire!** be warned that ou let me make it quite clear that I won't be trifled with!

c (annoncer) **apprendre qch à qn** to tell sb (of) sth ◆ **il m'a appris la nouvelle** he told me the news ◆ **il m'apprend à l'instant son départ / qu'il va partir** he has just told me of his departure / that he's going to leave ◆ **vous ne m'apprenez rien!** you're not telling me anything new! ou anything I don't know already!, that's no news to me!

d (enseigner) **apprendre qch à qn** to teach sb sth, teach sth to sb ◆ **apprendre à qn à faire** to teach sb (how) to do ◆ **il a appris à son chien à obéir / qu'il doit obéir** he taught his dog to obey / that he must obey ◆ (iro) **je vais lui apprendre à répondre de cette façon** I'll teach him to answer back like that ◆ (iro) **je vais lui apprendre à vivre** I'll teach him a thing or two, I'll sort (Brit) ou straighten him out ◆ (iro) **ça lui apprendra (à vivre)!** that'll teach him (a lesson)! ◆ **on n'apprend pas à un vieux singe à faire des grimaces** don't teach your grandmother to suck eggs*

apprenti, e [apʀɑ̃ti] [→ SYN] nm,f [métier] apprentice; (débutant) novice, beginner ◆ **apprenti mécanicien** apprentice ou trainee mechanic, mechanic's apprentice ◆ (péj) **apprenti philosophe** novice philosopher ◆ **apprenti sorcier** sorcerer's apprentice

apprentissage [apʀɑ̃tisaʒ] [→ SYN] nm (lit) apprenticeship ◆ **l'apprentissage de la langue** language learning ◆ **l'apprentissage de l'anglais** learning English ◆ **l'apprentissage de l'amour** learning about love ◆ **l'apprentissage de la patience** learning to be patient, learning patience ◆ **mettre qn en apprentissage** to apprentice sb (*chez* to) ◆ **être en apprentissage** to be apprenticed ou an apprentice (*chez* to) ◆ **faire son apprentissage** to serve one's apprenticeship, do one's training (*chez* with) ◆ **faire son apprentissage de mécanicien** to train as a mechanic ◆ **école** ou **centre d'apprentissage** training school ◆ **faire l'apprentissage de** (lit) métier to serve one's apprenticeship to; (fig) douleur, vie active to have one's first experience of, be initiated into → **contrat, taxe**

apprêt [apʀɛ] [→ SYN] nm **a** (Tech: opération) [cuir, tissu] dressing; [papier] finishing; (Peinture) sizing, priming ◆ (fig) **sans apprêt** unaffectedly

b (Tech: substance) [cuir, tissu] dressing; (Peinture) size, primer ◆ **couche d'apprêt** coat of primer

c (préparatifs) **apprêts** [voyage etc] preparations (*de* for)

apprêtage [apʀɛtaʒ] nm (→ **apprêt**) dressing; finishing; sizing, priming

apprêté, e [apʀete] [→ SYN] (ptp de **apprêter**) adj (affecté) manière, style affected

apprêter [apʀete] [→ SYN] ▸ conjug 1 ◂ **1** vt **a** nourriture to prepare, get ready ◆ (habiller) **apprêter un enfant / une mariée** to get a child / bride ready, dress a child / bride

b (Tech) peau, papier, tissu to dress, finish; (Peinture) to size, prime

2 **s'apprêter** vpr **a** **s'apprêter à qch / à faire qch** to get ready for sth / to do sth, prepare (o.s.) for sth / to do sth ◆ **nous nous apprêtions à partir** we were getting ready ou preparing to leave

b (faire sa toilette) to dress o.s., prepare o.s.

apprêteur, euse [apʀɛtœʀ, øz] nm,f [peau, tissu, papier] dresser, finisher; [peinture] sizer, primer

apprivoisable [apʀivwazabl] adj tameable

apprivoisé, e [apʀivwaze] [→ SYN] (ptp de **apprivoiser**) adj tame, tamed

apprivoisement [apʀivwazmɑ̃] [→ SYN] nm (action) taming; (état) tameness

apprivoiser [apʀivwaze] [→ SYN] ▸ conjug 1 ◂ **1** vt animal to tame, domesticate; personne to make more sociable

2 **s'apprivoiser** vpr [animal] to become tame; [personne] to become more sociable ◆ **le renard finit par s'apprivoiser** the fox was finally tamed ou finally became tame

approbateur, -trice [apʀɔbatœʀ, tʀis] [→ SYN] **1** adj approving ◆ **signe de tête approbateur** nod of approval, approving nod

2 nm,f (littér) approver

approbatif, -ive [apʀɔbatif, iv] adj ⇒ **approbateur**

approbation [apʀɔbasjɔ̃] [→ SYN] GRAMMAIRE ACTIVE 13.2 nf (jugement favorable) approval, approbation; (acceptation) approval ◆ **donner son approbation à un projet** to give one's approval to a project ◆ **ce livre a rencontré l'approbation du grand public** this book has been well received by the public ◆ **conduite / travail digne d'approbation** commendable behaviour / work ◆ (Fin) **approbation des comptes** approval of the accounts

approchable [apʀɔʃabl] [→ SYN] adj chose accessible; personne approachable ◆ **il n'est pas approchable aujourd'hui, il est de mauvaise humeur** don't go near him today, he's in a bad mood ◆ **le ministre est difficilement approchable** the minister is rather inaccessible ou is not very accessible

approchant, e [apʀɔʃɑ̃, ɑ̃t] [→ SYN] adj style, genre similar (*de* to); résultat close (*de* to) ◆ **quelque chose d'approchant** something like that, something similar ◆ **rien d'approchant** nothing like that

approche [apʀɔʃ] [→ SYN] nf **a** (arrivée) [personne, véhicule, événement] approach ◆ **à mon approche il sourit** he smiled as I drew nearer ou approached ◆ **à l'approche de l'hiver / de la date prévue** at the approach of winter / the arranged date, as winter / the arranged date drew near ou approached ◆ **pour empêcher l'approche de l'ennemi** to prevent the enemy's approaching ou the enemy from approaching ◆ **s'enfuir à l'approche du danger** to flee at the approach of danger ◆ **à l'approche** ou **aux approches de la cinquantaine** as he neared ou approached fifty, as fifty drew nearer → **lunette**

b (abord) **être d'approche difficile / aisée** [personne] to be unapproachable / approachable, be difficult / easy to approach; [lieu] to be inaccessible / (easily) accessible, be difficult / easy of access; [musique, auteur] to be difficult / easy to understand ◆ **manœuvres** ou **travaux d'approche** (Mil) approaches, saps; (fig) manoeuvres, manoeuvrings

c (parages) **les approches de** ville, côte, région the surrounding area of, the area (immediately) surrounding ◆ **aux approches de la ville elle pensa ...** as she neared ou approached the town she thought ...

d (façon d'aborder) approach ◆ **l'approche de ce problème** the approach to this problem ◆ **ce n'est qu'une approche sommaire de la question** this is only a brief introduction to ou a cursory glance at the question

e (Typ) (espace) spacing; (faute) spacing error; (signe) close-up mark

f (Aviat) **nous sommes maintenant en approche finale et nous allons atterrir dans quelques minutes** we are now on our final approach and shall be landing in a few minutes

approché, e [apʀɔʃe] (ptp de **approcher**) adj résultat, idée approximate

approcher [apʀɔʃe] [→ SYN] ▸ conjug 1 ◂ **1** vt **a** objet to put near, move near ◆ **approcher un fauteuil / une table de la fenêtre** to move an armchair / a table near to the window ◆ **approche ta chaise** draw ou bring up your chair, bring your chair nearer ou closer ◆ **il approcha les deux chaises l'une de l'autre** he moved the two chairs close together ◆ **il approcha le verre de ses lèvres** he lifted ou raised the glass to his lips ◆ **elle approcha son visage du sien** she moved her face near to his

b personne (lit) to go near, come near, approach; (fig) to approach ◆ **ne l'approchez pas!** don't go near him!, keep away from him!, give him a wide berth! ◆ (fig) **il approche tous les jours les plus hautes personnalités** he is in contact ou he has dealings every day with the top people

2 vi **a** [date, saison] to approach, draw near; [personne, orage] to approach, come nearer; [nuit, jour] to approach, draw on ◆ **le jour approche où** the day is near when ◆ **approche que je t'examine** come here and let me look at you

b **approcher de qch**: **approcher d'un lieu** to near a place, get ou draw near to a place ◆ **approcher du but / du résultat** to draw near to ou to near the goal / result ◆ **approcher de la perfection** to come close to perfection, approach perfection ◆ **il approche de la cinquantaine** he's getting on for (Brit) ou going on (US) ou approaching fifty ◆ **devoir qui approche de la moyenne** exercise that is just below a pass mark ◆ **l'aiguille du compteur approchait du 80** the needle on the speedometer was approaching ou nearing 80

3 **s'approcher** vpr (venir) to come near, approach; (aller) to go near, approach ◆ **un homme s'est approché pour me parler** a man came up to speak to me ◆ **l'enfant s'approcha de moi** the child came up to me ou came close to ou near me ◆ **ne t'approche pas de moi** don't come near me ◆ **s'approcher du micro** (venir) to come up to the mike; (se rapprocher) to get closer ou nearer to the mike ◆ **approche-toi!** come here! ◆ **approchez-vous du feu** come near (to) the fire ◆ **à aucun moment ce roman ne s'approche de la réalité** at no time does this novel come anywhere near to ou approach reality ◆ **il s'approcha du lit à pas de loup** he crept up to the bed

approfondi, e [apʀɔfɔ̃di] (ptp de **approfondir**) adj connaissances, étude thorough, detailed; débat in-depth

approfondir [apʀɔfɔ̃diʀ] [→ SYN] ▸ conjug 2 ◂ vt canal, puits to deepen, make deeper; (fig) question, étude to go (deeper) into; connaissances to deepen, increase ◆ **la rivière s'est approfondie** the river has become deeper ou has deepened ◆ **il vaut mieux ne pas approfondir le sujet** it's better not to go into the matter too closely ◆ **sans approfondir** superficially

approfondissement [apʀɔfɔ̃dismɑ̃] [→ SYN] nm [canal, puits] deepening (NonC); [connaissances] deepening (NonC), increasing (NonC) ◆ **l'approfondissement de la question / de cette étude serait souhaitable** it would be a good idea to go deeper into the question / this study

appropriation [apʀɔpʀijasjɔ̃] [→ SYN] nf **a** (Jur) appropriation ◆ **l'appropriation des terres par les conquérants** the appropriation of territory by the conquerors

b (adaptation) suitability, appropriateness

approprié, e [apʀɔpʀije] [→ SYN] (ptp de **approprier**) adj réponse, méthode, remède appropriate, suitable; place proper, right, appropriate ◆ **il faut des remèdes appropriés au mal** we need remedies that are suited ou appropriate to the evil ◆ **fournir une réponse appropriée à la question** to provide an apt ou a suitable ou an appropriate reply to the question

approprier [apʀɔpʀije] [→ SYN] ▸ conjug 7 ◂ **1** vt (adapter) to suit, fit, adapt (*à* to) ◆ **approprier son style à l'auditoire** to suit one's style to the audience, adapt one's style to (suit) the audience

2 **s'approprier** vpr **a** (s'adjuger) bien to appropriate; pouvoir, droit, propriété to take over, appropriate ◆ **s'approprier l'idée / la découverte de quelqu'un d'autre** to appropriate ou take over somebody else's idea / discovery

b (s'adapter à) **s'approprier à** to be appropriate to, fit, suit

approuver [apʀuve] [→ SYN] ▸ conjug 1 ◂ GRAMMAIRE ACTIVE 11.1, 11.2, 13.3, 13.4 vt **a** (être d'accord avec) to approve of ◆ **il a démissionné et je l'approuve** he resigned, and I agree with him ou approve (of his doing so) ◆ **on a besoin de se sentir approuvé** one needs to feel the approval of others ◆ **nous n'approuvons pas ce genre d'attitude** we do not approve of that kind of behaviour ◆ **je**

n'approuve pas qu'il parte maintenant I don't approve of his leaving now

b (formellement) (en votant) projet de loi to approve, pass ; (par décret) méthode, médicament to approve ; (en signant) contrat to ratify ; procès-verbal, nomination to approve → **lire**[1]

approvisionnement [apʀɔvizjɔnmɑ̃] → SYN nm (action) supplying (*en, de* of) ◆ (réserves) **approvisionnements** supplies, provisions, stock ◆ **l'approvisionnement en légumes de la ville** supplying the town with vegetables, (the) supplying (of) vegetables to the town ◆ **il avait tout un approvisionnement d'alcool** he was well stocked with spirits, he had a large stock of spirits ◆ (Écon) **approvisionnements sauvages** panic buying

approvisionner [apʀɔvizjɔne] → SYN ▸ conjug 1 ◂ **1** vt magasin, commerçant to supply (*en, de* with) ; (Fin) compte to pay money ou funds into ; fusil to load ◆ **commerçant bien approvisionné en fruits** tradesman well supplied ou stocked with fruit ◆ **leur compte n'est pas approvisionné** their account is insufficiently funded

2 **s'approvisionner** vpr to stock up (*en* with), lay in supplies (*en* of) ◆ **s'approvisionner en bois chez le grossiste** to stock up with wood ou get supplies of wood at the wholesaler's ◆ **s'approvisionner au supermarché le plus proche** to shop at the nearest supermarket

approvisionneur, -euse [apʀɔvizjɔnœʀ, øz] → SYN nm,f supplier

approximatif, -ive [apʀɔksimatif, iv] → SYN adj calcul, évaluation rough ; nombre approximate ; termes vague

approximation [apʀɔksimasjɔ̃] → SYN nf (gén) approximation, (rough) estimate ; (Math) approximation ◆ **par approximations successives** by trial and error

approximativement [apʀɔksimativmɑ̃] → SYN adv (→ **approximatif**) roughly ; approximately ; vaguely

appt (abrév de **appartement**) apt

appui [apɥi] → SYN **1** nm **a** (lit, fig) support ; (Alpinisme) press hold ◆ **prendre appui sur** [personne] to lean on ; (du pied) to stand on ; [objet] to rest on ◆ **son pied trouva un appui** he found a foothold ◆ **avoir besoin d'appui** to need (some) support ◆ **trouver un appui** to find (some) support ◆ **trouver un appui chez qn** to receive support from sb ◆ **j'ai cherché un appui auprès de lui** I turned to him for support ◆ **avoir l'appui de qn** to have sb's support ou backing ◆ **donner son appui à qn / à un projet** to give sb / a project one's support ◆ **il a des appuis au ministère** he has connections in the ministry ◆ **appui financier** financial support ou backing ◆ **appui logistique** logistic backup ou support → **barre, point**[1]

b (Mus) [voix] placing ◆ (Poésie) **consonne d'appui** supporting consonant ◆ **voyelle d'appui** support vowel

c **à l'appui** in support of this, to back this up ◆ **il me dit comment tapisser une pièce avec démonstration à l'appui** he told me how to wallpaper a room and backed this up with a demonstration ◆ **à l'appui de son témoignage il présenta cet écrit** he presented this document in support of his evidence ou to back up his evidence

2 COMP ▹ **appui aérien** (Mil) air support ▹ **appui de fenêtre** windowsill, window ledge ▹ **appui tactique** (Mil) tactical support

appuie- [apɥi] préf → **appui**

appuie-bras [apɥibʀɑ] nm inv armrest

appuie-main, pl **appuie-main(s)** [apɥimɛ̃] nm maulstick

appuie-tête, pl **appuie-tête(s)** [apɥitɛt] nm [voiture, fauteuil de dentiste] headrest, head restraint ; [fauteuil] antimacassar

appuyé, e [apɥije] (ptp de **appuyer**) adj (insistant) regard fixed, intent ; geste emphatic ; (excessif) politesse overdone ; compliment laboured, overdone ◆ **il a rendu un hommage appuyé à son collègue** he paid a glowing hommage to his colleague

appuyer [apɥije] → SYN ▸ conjug 8 ◂ GRAMMAIRE ACTIVE 26.2, 26.6

1 vt **a** (poser) **appuyer qch contre qch** to lean ou rest sth against sth ◆ **appuyer une échelle contre un mur** to lean ou rest ou stand a ladder against a wall, prop a ladder up against a wall ◆ **appuyer les coudes sur la table / son front contre la vitre** to rest ou lean one's elbows on the table / one's forehead against the window ◆ **appuyer sa main sur l'épaule / la tête de qn** to rest one's hand on sb's shoulder / head

b (presser) to press ◆ **appuyer le pied sur l'accélérateur** to press ou put one's foot down on the accelerator ◆ **il dut appuyer son genou sur la valise pour la fermer** he had to press ou push the case down with his knee ou he had to kneel hard on the case to close it ◆ **appuie ton doigt sur le pansement** put ou press your finger on the dressing ◆ (fig) **appuyer son regard sur qn** to stare intently at sb

c (étayer) **appuyer un mur par qch** to support ou prop up a wall with sth

d (fig : soutenir) personne, candidature, politique to support, back (up) ◆ **il a appuyé sa thèse de documents convaincants** he backed up ou supported his thesis with convincing documents ◆ **appuyer la demande de qn** to support sb's request

e (Mil) attaque to back up ◆ **l'offensive sera appuyée par l'aviation** the offensive will be backed up from the air ou given air support

2 vi **a** (presser sur) **appuyer sur** sonnette, bouton to press, push ; frein to press on, press down ; levier to press (down etc) ◆ **appuyer sur la détente** to press ou pull ou squeeze the trigger ◆ (Aut) **appuyer sur le champignon*** to step on it*, put one's foot down (Brit)

b (reposer sur) **appuyer sur** to rest on ◆ **la voûte appuie sur des colonnes** the vault rests on columns ou is supported by columns

c **appuyer sur** (insister sur) mot, argument to stress, emphasize ; (accentuer) syllabe to stress, emphasize, accentuate ; (Mus) note to accentuate, accent ◆ **n'appuyez pas trop** don't press the point ◆ **appuyer sur la chanterelle** to harp on

d (se diriger) **appuyer sur la droite** ou **à droite** to bear (to the) right

3 **s'appuyer** vpr **a** (s'accoter sur) **s'appuyer sur / contre** to lean on / against ◆ **appuie-toi sur mon épaule / à mon bras** lean on my shoulder / arm

b (fig : compter sur) **s'appuyer sur qn / l'amitié de qn** to lean on sb / on sb's friendship ◆ (Pol) **il s'appuie sur les groupements de gauche** he relies on the support of the groups of the left ◆ **s'appuyer sur l'autorité de qn** to lean on sb's authority ◆ **s'appuyer sur des découvertes récentes pour démontrer ...** to use recent discoveries to demonstrate ..., rely on recent discoveries in order to demonstrate ... ◆ **sur quoi vous appuyez-vous pour avancer cela?** what evidence have you got to support what you're saying?

c (‡ : faire, subir) importun, discours ennuyeux to put up with* ; corvée to take on ◆ **qui va s'appuyer le ménage?** who'll take on the housework? ◆ **chaque fois c'est nous qui nous appuyons toutes les corvées** it's always us who get stuck* ou landed* with all the chores ◆ **il s'est appuyé le voyage de nuit** he had to put up with travelling at night, he jolly well (Brit) had to travel by night*

apragmatisme [apʀagmatism] → SYN nm apragmatism

apraxie [apʀaksi] nf apraxia

âpre [ɑpʀ] → SYN adj **a** goût, vin pungent, acrid ; hiver, vent bitter, harsh ; temps raw ; son, voix, ton harsh

b (dur) vie harsh ; combat, discussion bitter, grim ; détermination, résolution grim ; concurrence, critique fierce

c **âpre au gain** grasping, greedy

âprement [ɑpʀəmɑ̃] → SYN adv lutter bitterly, grimly ; critiquer fiercely

après [apʀɛ] → SYN GRAMMAIRE ACTIVE 6.2

1 prép **a** (temps) after ◆ **il est entré après le début / après elle** he came in after it started ou after the start / after her ◆ **ne venez pas après 8 heures** don't come after 8 ◆ **cela s'est passé bien / peu après la guerre** this took place long ou a good while / shortly ou soon ou a short time after the war ◆ **après beaucoup d'hésitations il a accepté** after much hesitation he accepted ◆ **on l'a servie après moi** she was served after me ◆ **l'un après l'autre** one after the other ◆ **après cela il ne peut plus refuser** after that he can no longer refuse ◆ **après tout ce que j'ai fait pour lui** after everything I did for him ◆ (hum) **après nous le déluge!** ou **la fin du monde!** after us the heavens can fall! ◆ **après coup** after the event, afterwards ◆ **il n'a compris qu'après coup** he did not understand until after the event ou afterwards ◆ **elle l'a grondé, après quoi il a été sage** she gave him a scolding after which ou and afterwards he behaved himself ◆ **nuit après nuit les bombes tombaient** bombs fell night after night ◆ **page après page** page after page, page upon page ◆ **après tout** after all ◆ **après tout, il peut bien attendre** after all, he can wait ◆ **après tout, ce n'est qu'un enfant** after all ou when all is said and done he is only a child ◆ **après la pluie le beau temps** (lit) the sun is shining after the rain ; (fig) everything's fine again → **Jésus**

b (espace) (plus loin que) after, past ; (derrière) behind, after ◆ **j'étais après elle dans la queue** I was behind ou after her in the queue ◆ **sa maison est (juste) après la mairie** his house is (just) past ou beyond the town hall ◆ **elle traîne toujours après elle 2 petits chiens** she always trails 2 little dogs along behind her

c (espace : sur) on ◆ **c'est resté collé après le mur** it has stayed stuck on the wall ◆ **grimper après un arbre** to climb (up) a tree ◆ **sa jupe s'accrochait après les ronces** her skirt kept catching on ou in the brambles ◆ **son chapeau est après le portemanteau** his hat is on the peg

d (ordre d'importance) after ◆ **sa famille passe après ses malades** he puts his family after his patients ◆ **après le capitaine vient le lieutenant** after captain comes lieutenant ◆ **après vous, je vous prie** after you

e (poursuite) after ; (aggressivité) at ◆ **courir après un ballon** to run after a ball ◆ **aboyer / crier après qn** to bark / shout at sb ◆ **il est furieux après ses enfants** he is furious with ou at* his children ◆ **après qui en a-t-il?** who is he after?, who has he got it in for?* ◆ **elle est toujours après lui** she's always (going) on at* (Brit) ou nagging (at) him, she keeps on at him all the time* → **courir, demander**

f **après** + infin after ◆ **après que** + indic after ◆ **après manger** after meals ou food ◆ **ce sont des propos d'après boire** it's the drink talking ◆ **après s'être reposé il reprit la route** after resting ou after he had rested ou (after) having rested he went on his way ◆ **une heure après que je l'eus quittée elle me téléphona** an hour after I had left her she phoned me ◆ **venez me voir après que vous lui aurez parlé** come and see me after ou when you have spoken to him

g **d'après lui / elle** according to him / her, in his / her opinion ◆ **d'après moi** in my opinion ◆ **(à en juger) d'après son regard / ce qu'il a dit** (to judge) from the look he gave / what he said ◆ **ne jugez pas d'après les apparences / ce qu'il dit** don't go by ou on appearances / what he says, don't judge by appearances / what he says ◆ **d'après le baromètre / les journaux** according to the barometer / the papers ◆ **d'après ma montre** by my watch, according to my watch ◆ **portrait peint d'après nature** portrait painted from life ◆ **dessin d'après Ingres** drawing after Ingres, drawing in the style ou manner of Ingres ◆ **d'après Balzac** adapted from Balzac

2 adv **a** (temps) (ensuite) afterwards, after, next ; (plus tard) later ◆ **venez me voir après** come and see me afterwards ◆ **aussitôt / longtemps après** immediately ou straight / long ou a long time after(wards) ◆ **2 jours / semaines après** 2 days / weeks later

b (ordre d'importance, poursuite, espace) **il pense surtout à ses malades, sa famille passe après** he thinks of his patients first, his family comes second ou afterwards ◆ **après nous avons des articles moins chers** otherwise we have cheaper things ◆ **l'autobus démarra et**

il courut après as the bus started he ran after it ◆ **va chercher le cintre, ton manteau est après** fetch the coat hanger, your coat is on it ◆ **laisse ta sœur tranquille, tu cries tout le temps après** leave your sister alone, you're always (going) on at her* (Brit) ou nagging (at) her ◆ **qu'est-ce qui vient après?** what comes next?, what's to follow? ◆ **et (puis) après?** (lit) and then what?; (fig) so what?*, what of it? ◆ **après tu iras dire que ...** next you'll be saying that ... ◆ **la semaine/le mois d'après** the following ou next week/month, the week/month after ◆ **qu'allons-nous faire après?** what are we going to do next? ou afterwards? ◆ **la page d'après** the next ou following page ◆ **le train d'après est plus rapide** the next train is faster

après-demain [apʀɛd(ə)mɛ̃] adv the day after tomorrow

après-dîner, pl **après-dîners** [apʀɛdine] → SYN nm after dinner

après-gaullisme [apʀɛgolism] nm inv post-Gaullism

après-guerre, pl **après-guerres** [apʀɛgɛʀ] nm post-war years ◆ **d'après-guerre** post-war

après-midi [apʀɛmidi] → SYN nm ou nf inv afternoon

après-rasage, pl **après-rasages** [apʀɛʀɑzaʒ] 1 adj inv ◆ **lotion après-rasage** after-shave lotion
2 nm after-shave

après-shampo(o)ing, pl **après-shampo(o)ings** [apʀɛʃɑ̃pwɛ̃] nm (hair) conditioner

après-ski, pl **après-ski(s)** [apʀɛski] nm (chaussure) snow boot ◆ (loisirs) **l'après-ski** the après-ski

après-soleil, pl **après-soleils** [apʀɛsɔlɛj] 1 adj inv after-sun
2 nm after-sun cream ou milk

après-vente [apʀɛvɑ̃t] adj inv ◆ **service après-vente** after-sales service

âpreté [ɑpʀəte] → SYN nf (→ **âpre**) pungency; bitterness; rawness; harshness, grimness; fierceness

a priori [apʀijɔʀi] → SYN 1 loc adv, loc adj a priori
2 nm inv apriorism ◆ **avoir des a priori** to have prejudices (*sur* against, about)

apriorisme [apʀiɔʀism] → SYN nm apriorism

aprioriste [apʀijɔʀist] 1 adj aprioristic, apriorist (épith)
2 nmf a priori reasoner, apriorist

à-propos [apʀɔpo] → SYN nm [remarque, acte] aptness ◆ **avec beaucoup d'à-propos le gouvernement a annoncé ...** with consummate timing the government has announced ... ◆ **répondre avec à-propos** to make an apt ou a suitable reply ◆ **avoir beaucoup d'à-propos** (dans ses réponses) to have the knack of saying the right thing ou of making an apt reply; (dans ses actes) to have the knack of doing the right thing ◆ **en cette circonstance imprévue, il a fait preuve d'à-propos** in this unforeseen situation he showed great presence of mind ◆ **il a manqué d'à-propos devant cette question** he seemed at (a bit of) a loss when faced with this question ◆ **il n'a pas su répondre avec à-propos à cette question** he was unable to make an apt ou a suitable reply to this question ◆ **son manque d'à-propos lui nuit** his inability to say ou do the right thing is doing him harm → **esprit**

apside [apsid] → SYN nf apsis, apse ◆ **ligne des apsides** line of apsides

apte [apt] → SYN adj a **apte à qch** capable of sth ◆ **apte à faire** capable of doing, able to do ◆ **apte à exercer une profession** (intellectuellement) (suitably) qualified for a job; (physiquement) capable of doing a job ◆ **je ne suis pas apte à juger** I'm not able to judge ou capable of judging, I'm no fit judge ◆ (Mil) **apte (au service)** fit for service
b (Jur) **apte à** fit to ou for

aptère [aptɛʀ] → SYN adj (Bot, Zool) apterous; (Art) temple apteral ◆ **la Victoire aptère** the apteral Victory

aptéryx [apteʀiks] → SYN nm apteryx, kiwi *(bird)*

aptitude [aptityd] → SYN nf a (disposition, faculté) aptitude, ability ◆ **test d'aptitude** aptitude test ◆ **son aptitude à étudier** ou **à** ou **pour l'étude** his aptitude for study ou studying, his ability to study ◆ **avoir des aptitudes variées** to have varied gifts ou talents ◆ **avoir de grandes aptitudes** to be very gifted ou talented
b (Jur) fitness

apurement [apyʀmɑ̃] → SYN nm [comptes] auditing, agreeing; [dette] discharging, wiping off

apurer [apyʀe] → SYN ▸ conjug 1 ◂ vt comptes to audit, agree; dette to discharge, wipe off

apyre [apiʀ] → SYN adj apyrous

apyrétique [apiʀetik] adj apyretic

apyrexie [apiʀɛksi] nf apyrexia

aquacole [akwakɔl] adj élevage aquicultural

aquaculteur, -trice [akwakyltœʀ, tʀis] nm,f (gén) aquiculturalist; [poissons] fish farmer

aquaculture [akwakyltyʀ] nf (gén) aquiculture, aquaculture; [poissons] fish farming

aquafortiste [akwafɔʀtist] → SYN nmf aquafortist

aquamanile [akwamanil] → SYN nm basin and ewer

aquanaute [akwanot] → SYN nmf aquanaut

aquaplanage [akwaplanaʒ] nm aquaplaning

aquaplane [akwaplan] nm aquaplane

aquaplaning [akwaplaniŋ] → SYN nm ⇒ **aquaplanage**

aquarelle [akwaʀɛl] → SYN nf (technique) watercolours; (tableau) watercolour

aquarelliste [akwaʀelist] → SYN nmf painter in watercolours

aquariophile [akwaʀjɔfil] nmf aquarist

aquariophilie [akwaʀjɔfili] nf *keeping fish in an aquarium*

aquarium [akwaʀjɔm] nm aquarium, fish tank

aquatinte [akwatɛ̃t] → SYN nf aquatint

aquatintiste [akwatɛ̃tist] → SYN nmf aquatinter

aquatique [akwatik] → SYN adj plante, animal, parc aquatic ◆ **oiseau aquatique** water bird, aquatic bird ◆ **paysage aquatique** (sous l'eau) underwater landscape; (marécageux) watery landscape

aquavit [akwavit] → SYN nm aquavit

aqueduc [ak(ə)dyk] → SYN nm aqueduct; (Anat) duct

aqueux, -euse [akø, øz] → SYN adj aqueous → **humeur**

à quia [akɥija] loc adv ◆ (littér) **mettre qn à quia** to nonplus sb ◆ **être à quia** to be at a loss for a reply

aquicole [akɥikɔl] adj ⇒ **aquacole**

aquiculteur, -trice [akɥikyltœʀ, tʀis] nm,f ⇒ **aquaculteur, -trice**

aquiculture [akɥikyltyʀ] → SYN nf ⇒ **aquaculture**

aquifère [akɥifɛʀ] adj aquiferous

aquilin, e [akilɛ̃, in] → SYN adj aquiline

aquilon [akilɔ̃] → SYN nm (Poésie) north wind

aquitain, e [akitɛ̃, ɛn] 1 adj Aquitaine (épith)
2 nmpl ◆ **les Aquitains** the inhabitants ou natives of (the) Aquitaine
3 nf ◆ **l'Aquitaine** the Aquitaine

aquitanien [akitanjɛ̃] nm ◆ **l'aquitanien** the Aquitainian

aquosité [akozite] nf aqueous state

AR [aɛʀ] nm (abrév de **accusé** ou **avis de réception**) → **accusé, avis**

A.R. a (abrév de **Altesse royale**) → **altesse**
b abrév de **aller (et) retour**

ara [aʀa] nm macaw

arabe [aʀab] → SYN 1 adj désert Arabian; nation, peuple Arab; art, langue, littérature Arabic, Arab ◆ **(cheval) arabe** Arab (horse) → **république**
2 nm (Ling) Arabic ◆ **l'arabe littéral** written Arabic
3 nm ◆ **Arabe** Arab ◆ **un jeune Arabe** an Arab boy
4 nf ◆ **Arabe** Arab woman (ou girl)

arabesque [aʀabɛsk] → SYN nf arabesque ◆ **arabesque de style** stylistic ornament, ornament of style

arabica [aʀabika] nm arabica

Arabie [aʀabi] nf Arabia ◆ **Arabie Saoudite, Arabie Séoudite** Saudi Arabia ◆ **le désert d'Arabie** the Arabian desert

arabique [aʀabik] adj → **gomme**

arabisant, e [aʀabizɑ̃, ɑ̃t] nm,f Arabist, Arabic scholar

arabisation [aʀabizasjɔ̃] nf arabization

arabiser [aʀabize] ▸ conjug 1 ◂ vt to arabize

arabisme [aʀabism] nm Arabism

arabité [aʀabite] nf Arabian identity

arable [aʀabl] → SYN adj arable

arabophone [aʀabɔfɔn] 1 adj Arabic-speaking
2 nmf Arabic speaker

arac [aʀak] nm ⇒ **arack**

arachide [aʀaʃid] nf (plante) groundnut (plant); (graine) peanut, monkey nut (Brit), groundnut ◆ **huile d'arachide** groundnut ou peanut oil

arachnéen, -enne [aʀakneɛ̃, ɛn] → SYN adj (littér: léger) gossamer (épith), of gossamer, gossamery; (Zool) arachnidan

arachnides [aʀaknid] nmpl ◆ **les arachnides** arachnids, the Arachnida (spéc)

arachnoïde [aʀaknɔid] nf arachnoid (membrane)

arachnoïdien, -ienne [aʀaknɔidjɛ̃, jɛn] adj arachnoid

arack [aʀak] → SYN nm arrack

aragonite [aʀagɔnit] nf aragonite

araignée [aʀeɲe] → SYN nf a (animal) spider ◆ **araignée de mer** spider crab ◆ **il a une araignée dans le plafond*** ou **au plafond*** he's got a screw loose*, he's got bats in the belfry* (Brit) → **toile**
b (crochet) grapnel
c (Boucherie) ≃ fillet

araire [aʀɛʀ] → SYN nm swing plough (Brit) ou plow (US)

araméen, -enne [aʀameɛ̃, ɛn] 1 adj Aram(a)ean, Aramaic
2 nm (Ling) Aramaic, Aram(a)ean
3 nm,f ◆ **Araméen(ne)** Aram(a)ean

Ararat [aʀaʀa(t)] n ◆ **le mont Ararat** (Mount) Ararat

arasement [aʀɑzmɑ̃] nm (→ **araser**) levelling; planing(-down); sawing; erosion

araser [aʀɑze] → SYN ▸ conjug 1 ◂ vt mur to level; (en rabotant) to plane (down); (en sciant) to saw; (Géol) relief to erode (away)

aratoire [aʀatwaʀ] adj ploughing (Brit) (épith), plowing (US) épith ◆ **travaux aratoires** ploughing ◆ **instrument aratoire** ploughing implement

araucaria [aʀokaʀja] nm monkey puzzle (tree), araucaria

arbalète [aʀbalɛt] nf crossbow

arbalétrier [aʀbaletʀije] nm (personne) crossbowman; (poutre) rafter

arbalétrière [aʀbaletʀijɛʀ] nf loophole

arbitrage [aʀbitʀaʒ] → SYN nm a (Comm, Pol: action) arbitration; (Bourse) arbitrage; (sentence) arbitrament ◆ **arbitrage obligatoire** compulsory arbitration ◆ **recourir à l'arbitrage** to go to arbitration
b (Sport: → **arbitre**) refereeing; umpiring ◆ **erreur d'arbitrage** refereeing ou referee's error; umpiring ou umpire's error

arbitragiste [aʀbitʀaʒist] nmf (Bourse) arbitrager, arbitragist

arbitraire [aʀbitʀɛʀ] → SYN 1 adj (despotique, contingent) arbitrary
2 nm ◆ **l'arbitraire: le règne de l'arbitraire** the reign of the arbitrary ◆ **l'arbitraire du signe linguistique/d'une décision** the arbitrary nature ou the arbitrariness of the linguistic sign/of a decision

arbitrairement [aʀbitʀɛʀmɑ̃] adv arbitrarily

arbitral, e, mpl **-aux** [aʀbitʀal, o] adj **a** (Jur) arbitral
b (Sport : → **arbitre**) referee's (épith) ; umpire's (épith) ◆ **décision arbitrale** referee's ou umpire's decision ou ruling

arbitralement [aʀbitʀalmɑ̃] adv (Jur) by arbitrators ; (Sport : → **arbitre**) by the referee ; by the umpire

arbitre [aʀbitʀ] → SYN nm **a** (Boxe, Ftbl, Rugby) referee, ref* ; (Cricket, Hockey, Tennis) umpire ◆ **faire l'arbitre** to (be the) referee ou umpire ◆ (Tennis) **arbitre de chaise** umpire → **libre**
b (conciliateur) arbiter ; (Jur) arbitrator ◆ **servir d'arbitre dans un conflit social** to act as an arbiter in an industrial dispute ◆ (fig) **arbitre du bon goût** arbiter of good taste

arbitrer [aʀbitʀe] → SYN ▸ conjug 1 ◂ vt **a** conflit, litige to arbitrate ; personnes to arbitrate between ; (Fin) valeurs, marchandises to carry out an arbitrage operation on
b (Boxe, Ftbl, Rugby) to referee, ref* ; (Cricket, Hockey, Tennis) to umpire

arboré, e [aʀbɔʀe] adj région wooded ; jardin planted with trees

arborer [aʀbɔʀe] → SYN ▸ conjug 1 ◂ vt vêtement to sport ; sourire to wear ; air to display ; décoration, médaille to sport, display ; drapeau to bear, display ; bannière to bear ◆ **le journal arbore un gros titre** the paper is carrying a big headline ◆ (fig) **arborer l'étendard de la révolte** to bear the standard of revolt

arborescence [aʀbɔʀesɑ̃s] nf (Agr) arborescence ; (Ling) branching ; (fig) arborization

arborescent, e [aʀbɔʀesɑ̃, ɑ̃t] adj arborescent, tree-like ◆ **fougère arborescente** tree fern ◆ (Ordin) **menu arborescent** tree-like ou tree-structured menu

arboretum [aʀbɔʀetɔm] nm arboretum

arboricole [aʀbɔʀikɔl] adj technique etc arboricultural ; animal arboreal

arboriculteur, -trice [aʀbɔʀikyltœʀ, tʀis] → SYN nm,f tree grower, arboriculturist (spéc)

arboriculture [aʀbɔʀikyltyʀ] nf tree cultivation, arboriculture (spéc)

arborisation [aʀbɔʀizasjɔ̃] nf arborization

arborisé, e [aʀbɔʀize] adj arborized

arbouse [aʀbuz] nf arbutus berry

arbousier [aʀbuzje] nm arbutus, strawberry tree

arbovirose [aʀboviʀoz] nf arbovirosis

arbovirus [aʀboviʀys] nm arbovirus

arbre [aʀbʀ] → SYN [1] nm **a** (Bot, Ling) tree ◆ **arbre fruitier / d'agrément** ou **d'ornement** fruit / ornamental tree ◆ **faire l'arbre fourchu / droit** to do a handstand (with one's legs apart / together) ◆ (Ordin) **arbre orienté** oriented ou directed tree ◆ (fig) **les arbres vous cachent la forêt** you can't see the wood (Brit) ou forest (US) for the trees ◆ (Prov) **il ne faut pas juger de l'arbre par l'écorce** don't judge a book by its cover ◆ (Prov) **entre l'arbre et l'écorce il ne faut pas mettre le doigt** do not meddle in other people's family affairs ◆ **abattre** ou **couper l'arbre pour avoir le fruit** to use a sledgehammer to crack a nut ◆ **faire grimper** ou **faire monter qn à l'arbre*** to have sb on*, pull sb's leg*
b (Tech) shaft
[2] COMP ▷ **arbre à cames** camshaft ◆ **avec arbre à cames en tête** with overhead camshaft ▷ **arbre de couche** driving shaft ▷ **arbre d'entraînement** drive shaft ▷ **arbre généalogique** family tree ▷ **arbre d'hélice** propeller shaft ▷ **arbre de Judée** Judas tree ▷ **arbre de mai** may tree ▷ **arbre manivelle** crankshaft ▷ **arbre moteur** driving shaft ▷ **arbre de Noël** (décoration, aussi Tech) Christmas tree ▷ **arbre à pain** breadfruit tree ▷ **arbre des philosophes** azoth, mercury, quicksilver ▷ **arbre de transmission** propeller shaft ▷ **arbre de vie** (Anat) arbor vitae, tree of life ; (Bible) tree of life

arbrisseau, pl **arbrisseaux** [aʀbʀiso] nm shrub

arbuste [aʀbyst] → SYN nm small shrub, bush

arbustif, ive [aʀbystif, iv] adj végétation shrub-like (épith), bush-like (épith) ◆ **culture arbustive** cultivation of shrubs ou bushes

ARC [aʀk] nm (abrév de **AIDS-related complex**) ARC

arc [aʀk] → SYN [1] nm (arme) bow ; (Géom) arc ; (Anat, Archit) arch ◆ **l'arc de ses sourcils** the arch ou curve of her eyebrows ◆ **la côte formait un arc** the coastline formed an arc → **corde, lampe, soudure, tir**
[2] COMP ▷ **arc brisé** gothic arch ▷ **arc de cercle** (Géom) arc of a circle ◆ (gén) **ça forme un arc de cercle** it forms an arc ◆ **en arc de cercle** in a circular arc ▷ **arc électrique** electric arc ▷ **arc outrepassé** Moorish arch ▷ **arc en plein cintre** Roman arch ▷ **arc réflexe** reflex arc ▷ **arc de triomphe** triumphal arch ▷ **arc voltaïque** ⇒ **arc électrique**

arcade [aʀkad] → SYN nf (Archit) arch, archway ◆ **arcades** arcade, arches ◆ **les arcades d'un cloître / d'un pont** the arches ou arcade of a cloister / of a bridge ◆ **se promener sous les arcades** to walk through the arcade ou underneath the arches ◆ **arcade dentaire** dental arch ◆ **arcade sourcilière** (gén) arch of the eyebrows ◆ (Boxe) **touché à l'arcade sourcilière** cut above the eye → **jeu**

Arcadie [aʀkadi] nf Arcadia

arcadien, -ienne [aʀkadjɛ̃, jɛn] [1] adj Arcadian
[2] nm,f ◆ **Arcadien(ne)** Arcadian

arcane [aʀkan] → SYN nm **a** (fig gén pl : mystère) mystery
b (Alchimie) arcanum

arcanson [aʀkɑ̃sɔ̃] → SYN nm rosin, colophony

arcature [aʀkatyʀ] nf arcature

arc-boutant, pl **arcs-boutants** [aʀkbutɑ̃] → SYN nm (Archit) flying buttress

arc-bouter [aʀkbute] → SYN ▸ conjug 1 ◂ [1] vt (Archit) to buttress
[2] **s'arc-bouter** vpr to lean, press (*à, contre* (up) against, *sur* on) ◆ **arc-bouté contre le mur, il essayait de pousser la table** pressing (up) ou bracing himself against the wall, he tried to push the table

arceau, pl **arceaux** [aʀso] → SYN nm (Archit) arch ; (Croquet) hoop ; (Méd) cradle ◆ (Aut) **arceau de sécurité** roll-over bar ◆ **arceau de protection** roll bar

arc-en-ciel, pl **arcs-en-ciel** [aʀkɑ̃sjɛl] → SYN nm rainbow

archaïque [aʀkaik] → SYN adj archaic

archaïsant, e [aʀkaizɑ̃, ɑ̃t] [1] adj archaistic
[2] nm,f archaist

archaïsme [aʀkaism] nm archaism

archange [aʀkɑ̃ʒ] → SYN nm archangel

arche [aʀʃ] → SYN nf **a** (Archit) arch
b (Rel) ark ◆ **l'arche de Noé** Noah's Ark ◆ **l'arche d'alliance** the Ark of the Covenant

archéen, -enne [aʀkeɛ̃, ɛn] [1] adj Archaean (Brit), Archean (US)
[2] nm ◆ **l'archéen** the Archaean era

archéologie [aʀkeɔlɔʒi] nf archaeology (Brit), archeology (US)

archéologique [aʀkeɔlɔʒik] adj archaeological (Brit), archeological (US)

archéologue [aʀkeɔlɔg] nmf archaeologist (Brit), archeologist (US)

archéoptéryx [aʀkeɔpteʀiks] nm archaeopteryx

archéozoïque [aʀkeɔzɔik] adj Archaeozoic (Brit), Archeozoic (US)

archer [aʀʃe] → SYN nm archer, bowman

archère [aʀʃɛʀ] → SYN nf (muraille) loophole

archerie [aʀʃəʀi] → SYN nf archery

archet [aʀʃɛ] nm (Mus, gén) bow

archétypal, e, mpl **-aux** [aʀketipal, o] adj archetypal

archétype [aʀketip] → SYN [1] nm (gén) archetype ; (Bio) prototype
[2] adj (gén) archetypal ; (Bio) prototypal, prototypic

archétypique [aʀketipik] adj archetypical

archevêché [aʀʃəveʃe] nm (territoire) archdiocese, archbishopric ; (charge) archbishopric ; (palais) archbishop's palace

archevêque [aʀʃəvɛk] nm archbishop

archi... [aʀʃi] préf **a** (* : extrêmement) tremendously, enormously ◆ **archibondé, archicomble, archiplein** chock-a-block*, full to the gunwales ◆ **archiconnu** tremendously ou enormously well-known ◆ **archidifficile** tremendously ou enormously difficult ◆ **archimillionnaire** millionaire several times over
b (dans un titre) arch... ◆ **archidiacre** archdeacon ◆ **archiduc** archduke

archicube [aʀʃikyb] → SYN nm (arg Scol) *former student of the École normale supérieure*

archidiaconat [aʀʃidjakɔna] nm archdeaconry

archidiaconé [aʀʃidjakɔne] nm archdeaconry

archidiacre [aʀʃidjakʀ] nm archdeacon

archidiocésain, e [aʀʃidjɔsezɛ̃, ɛn] adj archidiaconal

archidiocèse [aʀʃidjɔsɛz] nm archdiocese

archiduc [aʀʃidyk] nm archduke

archiduchesse [aʀʃidyʃɛs] nf archduchess

archiépiscopal, e, mpl **-aux** [aʀʃiepiskɔpal, o] adj archiepiscopal

archiépiscopat [aʀʃiepiskɔpa] nm archbishopric (office), archiepiscopate

archière [aʀʃjɛʀ] nf ⇒ **archère**

archimandrite [aʀʃimɑ̃dʀit] nm archimandrite

Archimède [aʀʃimɛd] nm Archimedes ◆ **le principe / théorème d'Archimède** Archimedes' principle / theorem → **vis**[1]

archipel [aʀʃipɛl] nm archipelago ◆ **l'archipel malais** the Malay Archipelago ◆ **l'archipel des Kouriles** the Kuril Islands

archiphonème [aʀʃifɔnɛm] nm archiphoneme

archiprêtre [aʀʃipʀɛtʀ] nm archpriest

architecte [aʀʃitɛkt] → SYN nmf (lit, fig) architect ◆ **architecte d'intérieur** interior designer ◆ (Ordin) **architecte de réseaux** network architect

architectonie [aʀʃitɛktɔni] nf architectonics (sg)

architectonique [aʀʃitɛktɔnik] [1] adj architectonic
[2] nf architectonics (sg)

architectural, e, mpl **-aux** [aʀʃitɛktyʀal, o] → SYN adj architectural

architecturalement [aʀʃitɛktyʀalmɑ̃] adv architecturally

architecture [aʀʃitɛktyʀ] → SYN nf (lit, Ordin) architecture ; (fig) structure

architecturer [aʀʃitɛktyʀe] → SYN ▸ conjug 1 ◂ vt to structure ◆ **roman bien architecturé** well-structured novel

architrave [aʀʃitʀav] → SYN nf architrave

archivage [aʀʃivaʒ] → SYN nm (gén) filing ; (Ordin) filing, archival storage ◆ **archivage électronique** electronic filing ou storage

archiver [aʀʃive] → SYN ▸ conjug 1 ◂ vt to archive, file

archives [aʀʃiv] → SYN nfpl archives, records ◆ **les Archives nationales** the National Archives, ≃ the Public Record Office (Brit) ◆ **ça restera dans les archives !*** that will go down in history ! ◆ **je vais chercher dans mes archives** I'll look through my files ou records ◆ **boîte d'archives** filing box

archiviste [aʀʃivist] nmf archivist

archiviste-paléographe, pl **archivistes-paléographes** [aʀʃivistpaleɔgʀaf] nmf archivist *(who has graduated from the École des Chartes)*

archivolte [aʀʃivɔlt] nf archivolt

arçon [aʀsɔ̃] → SYN nm (Équitation) tree → **cheval, pistolet, vider**

arc-rampant, pl **arcs-rampants** [aʀkʀɑ̃pɑ̃] nm rampant arch

arctique [aʀktik] → SYN [1] adj (Géog) arctic
[2] nm ◆ **l'Arctique** the Arctic

ardemment [aʀdamɑ̃] → SYN adv ardently, fervently

Ardennes [aʀdɛn] nfpl ◆ **les Ardennes** the Ardennes

ardent, e [aʀdɑ̃, ɑ̃t] → SYN adj **a** (brûlant) (gén) burning; tison glowing; flambeau, feu blazing; yeux fiery (*de* with); couleur flaming, fiery; chaleur, soleil scorching, blazing; fièvre soif raging → **buisson, chapelle, charbon**
b (vif) conviction, foi burning, fervent, passionate; colère burning, raging; passion, désir burning, ardent; piété, haine, prière fervent, ardent; lutte ardent, passionate; discours impassioned, inflamed
c (bouillant) amant ardent, hot-blooded; jeunesse, caractère fiery, passionate; joueur keen; partisan ardent, keen; cheval mettlesome, fiery ◆ **être ardent au travail / au combat** to be a zealous worker / an ardent fighter

ardeur [aʀdœʀ] → SYN nf (→ **ardent**) (gén) ardour; [partisan, joueur] keenness; [caractère] fieriness; [foi, prière] fervour ◆ (littér) **les ardeurs de l'amour / de la haine** the ardour of love / hatred ◆ (littér, hum) **modérez vos ardeurs!** control yourself! ◆ **défendre une cause avec ardeur** to defend a cause ardently ou fervently ◆ **son ardeur au travail** ou **à travailler** his zeal ou enthusiasm for work ◆ **l'ardeur du soleil** the heat of the sun ◆ (littér) **les ardeurs de l'été** the heat of summer

ardillon [aʀdijɔ̃] → SYN nm [boucle] tongue

ardoise [aʀdwaz] **1** nf (roche, plaque, tablette) slate; (*: dette) unpaid bill ◆ **toit d'ardoises** slate roof ◆ **couvrir un toit d'ardoise(s)** to slate a roof ◆ (fig) **avoir une ardoise de 300 F chez l'épicier** to owe a bill of 300 francs at the grocer's
2 adj inv (couleur) slate-grey

ardoisé, e [aʀdwaze] adj slate-grey

ardoisier, -ière[1] [aʀdwazje, jɛʀ] **1** adj gisement slaty; industrie slate (épith)
2 nm (ouvrier) slate-quarry worker; (propriétaire) slate-quarry owner

ardoisière[2] [aʀdwazjɛʀ] nf slate quarry

ardu, e [aʀdy] → SYN adj travail arduous, laborious; problème difficult; pente steep

are [aʀ] nm are, one hundred square metres

arec [aʀɛk] nm areca

aréflexie [aʀeflɛksi] nf areflexia

areligieux, -ieuse [aʀ(ə)liʒjø, jøz] adj areligious

aréna [aʀena] nf (Can Sport) arena, (skating) rink

arénacé, e [aʀenase] adj arenaceous

arène [aʀɛn] → SYN nf (piste) arena; (Géol) sand, arenite (spéc) ◆ (Archit) **arènes** amphitheatre ◆ (fig) **l'arène politique** the political arena ◆ (Géol) **arène granitique** granitic sand → **descendre**

arénicole [aʀenikɔl] → SYN nmf sandworm

aréolaire [aʀeɔlɛʀ] → SYN adj (Anat) areolar; (Géol) érosion areal

aréole [aʀeɔl] → SYN nf areola

aréomètre [aʀeɔmɛtʀ] → SYN nm hydrometer

aréométrie [aʀeɔmetʀi] nf hydrometry

aréopage [aʀeɔpaʒ] → SYN nm (fig) learned assembly ◆ (Hist) **l'Aréopage** the Areopagus

aréostyle [aʀeɔstil] → SYN nm (Antiq) araeostyle

aréquier [aʀekje] nm areca

arête [aʀɛt] → SYN nf **a** (Zool) (fish)bone ◆ **arête centrale** backbone, spine ◆ **c'est plein d'arêtes** it's full of bones, it's very bony ◆ **enlever les arêtes d'un poisson** to bone a fish
b (bord) [cube, pierre, ski etc] edge; [toit] arris; [voûte] groin; [montagne] ridge, crest; [nez] bridge
c (Bot) [seigle, orge] beard ◆ **arêtes** beard

arêtier [aʀetje] nm hip-rafter

arêtière [aʀɛtjɛʀ] → SYN nf hip-tile

areu [aʀø] excl ◆ (langage de bébé) **areu areu** goo-goo

argent [aʀʒɑ̃] → SYN nm **a** (métal) silver ◆ **en argent, d'argent** silver → **noce, parole**
b (couleur) silver ◆ **cheveux / reflets (d') argent** silvery hair / glints ◆ **des souliers argent** silver ou silvery shoes
c (Fin) money (NonC) ◆ **il a de l'argent** he's got money, he's well off ◆ **argent liquide** ready money, (ready) cash, spot cash ◆ **argent bon marché** cheap money ◆ **argent de poche** pocket money ◆ **argent sale** dirty money ◆ **blanchir de l'argent sale** to launder money ◆ **il l'a fait pour de l'argent** he did it for money ◆ **il se fait un argent fou*** he makes lots ou loads* of money ◆ **les puissances d'argent** the controllers of wealth ou capital ◆ **payer argent comptant** to pay cash → **couleur, manger**
d LOC **l'argent leur fond dans les mains** they spend money like water ◆ **j'en ai / j'en veux pour mon argent** I've got / I want (to get) my money's worth ◆ **on en a pour son argent** we get good value (for money), it's worth every penny ◆ **faire argent de tout** to turn everything into cash, make money out of anything ◆ **jeter** ou **flanquer* l'argent par la fenêtre** to throw ou chuck* money away, throw money down the drain ◆ **prendre qch / les paroles de qn pour argent comptant** to take sth / what sb says at (its) face value ◆ (Prov) **l'argent n'a pas d'odeur** money has no smell ◆ **on ne peut pas avoir le beurre et l'argent du beurre** you can't have your cake and eat it too ◆ (Prov) **l'argent ne fait pas le bonheur** money can't buy happiness ◆ (Prov) **l'argent va à l'argent** money attracts money ◆ (Prov) **point** ou **pas d'argent, point** ou **pas de Suisse** nothing for nothing
e (Hér) argent

argentan [aʀʒɑ̃tɑ̃] nm argentan

argenté, e [aʀʒɑ̃te] (ptp de **argenter**) adj couleur, reflets, cheveux silver, silvery ◆ couverts **en métal argenté** silver-plated ◆ **je ne suis pas très argenté en ce moment*** I'm (rather) broke at the moment*, I'm not too well-off just now ◆ **ils ne sont pas très argentés*** they're not very well-off → **renard**

argenter [aʀʒɑ̃te] ▸ conjug 1 ◂ vt miroir to silver; couverts to silver(-plate); (fig littér) to give a silvery sheen to, silver (littér)

argenterie [aʀʒɑ̃tʀi] → SYN nf silverware; (de métal argenté) silver plate

argenteur [aʀʒɑ̃tœʀ] nm silverer

argentier [aʀʒɑ̃tje] → SYN nm (hum: ministre) Minister of Finance; (Hist) Superintendent of Finance; (meuble) silver cabinet

argentifère [aʀʒɑ̃tifɛʀ] adj silver-bearing, argentiferous (spéc)

argentin, e[1] [aʀʒɑ̃tɛ̃, in] → SYN adj silvery

argentin, e[2] [aʀʒɑ̃tɛ̃, in] **1** adj Argentinian (Brit), Argentinean (US), Argentine (épith)
2 nm,f ◆ **Argentin(e)** Argentinian (Brit), Argentinean (US), Argentine

Argentine [aʀʒɑ̃tin] nf ◆ **l'Argentine** Argentina, the Argentine

argentique [aʀʒɑ̃tik] adj argentic

argentite [aʀʒɑ̃tit] nf argentite

argenton [aʀʒɑ̃tɔ̃] nm ⇒ **argentan**

argenture [aʀʒɑ̃tyʀ] nf [miroir] silvering; [couverts] silver-plating, silvering

argien, -ienne [aʀʒjɛ̃, jɛn] **1** adj Argos (épith), of Argos
2 nm,f ◆ **Argien(ne)** inhabitant ou native of Argos

argile [aʀʒil] → SYN nf clay ◆ **argile à silex** clay-with-flints → **colosse**

argileux, -euse [aʀʒilø, øz] → SYN adj clayey

arginine [aʀʒinin] nf arginine

argon [aʀgɔ̃] nm argon

argonaute [aʀgonot] → SYN nm (Myth) Argonaut; (Zool) argonaut, paper nautilus

Argos [aʀgɔs] nm Argos

argot [aʀgo] → SYN nm slang ◆ **argot de métier** trade slang

argotique [aʀgɔtik] adj (de l'argot) slang; (très familier) slangy

argotisme [aʀgɔtism] nm slang term

argotiste [aʀgɔtist] nmf *linguist specializing in slang*

argousier [aʀguzje] nm sea buckthorn

argousin†† [aʀguzɛ̃] nm (péj hum: agent de police) rozzer† (péj), bluebottle† (péj)

arguer [aʀgɥe] → SYN ▸ conjug 1 ◂ (littér) **1** vt **a** (déduire) to deduce ◆ **il ne peut rien arguer de ces faits** he can draw no conclusion from these facts
b (prétexter) **arguer que** to put forward the reason that ◆ **il argua qu'il n'avait rien entendu** he protested that he had heard nothing
2 **arguer de** vt indir ◆ **il refusa, arguant de leur manque de ressources** he refused, putting forward their lack of resources as an excuse ou as a reason

argument [aʀgymɑ̃] → SYN GRAMMAIRE ACTIVE 26.2, 26.3 nm (raison, preuve, Littérat, Math, Ordin) argument ◆ **tirer argument de** to use as an argument ou excuse ◆ **argument frappant** strong ou convincing argument; (hum: coup) blow ◆ **argument massue** sledgehammer argument ◆ **argument publicitaire** advertising claim ◆ **argument de vente** selling proposition ou point

argumentaire [aʀgymɑ̃tɛʀ] nm (gén) argument; (Comm) sales leaflet ou blurb

argumentateur, -trice [aʀgymɑ̃tatœʀ, tʀis] → SYN adj argumentative

argumentation [aʀgymɑ̃tasjɔ̃] nf argumentation

argumenter [aʀgymɑ̃te] → SYN ▸ conjug 1 ◂ vi to argue (*sur* about) ◆ **argumenter de qch** to use sth as an argument ◆ **discours bien argumenté** well-argued speech

argus [aʀgys] → SYN nm **a** **l'argus de l'automobile** ≃ Glass's directory (Brit), *guide to secondhand car prices* ◆ **argus de la photo** *guide to secondhand photographic equipment prices* → **coté**
b (oiseau) argus

argutie [aʀgysi] → SYN nf (littér: gén péj) quibble ◆ **arguties** pettifoggery, quibbles, quibbling

argyrisme [aʀʒiʀism] nm argyrism

argyronète [aʀʒiʀɔnɛt] → SYN nf water spider

argyrose [aʀʒiʀoz] nf (Métal) argyrose

aria[1] [aʀja] → SYN nm (†, dial) bother (NonC), nuisance (NonC)

aria[2] [aʀja] → SYN nf (Mus) aria

Ariane [aʀjan] nf Ariadne → **fil**

arianisme [aʀjanism] → SYN nm Arianism

aride [aʀid] → SYN adj (lit, fig) arid; vent dry ◆ **un travail aride** a thankless task ◆ **cœur aride** heart of stone

aridité [aʀidite] → SYN nf (→ **aride**) aridity; dryness; thanklessness ◆ **aridité du cœur** stony-heartedness

arien, -ienne [aʀjɛ̃, jɛn] → SYN adj, nm,f Arian

ariette [aʀjɛt] → SYN nf arietta, ariette

arioso [aʀjozo] → SYN nm arioso

Arioste [aʀjɔst] nm ◆ **l'Arioste** Ariosto

aristo [aʀisto] nmf (péj) (abrév de **aristocrate**) toff*† (Brit), nob*†

aristocrate [aʀistɔkʀat] → SYN nmf aristocrat

aristocratie [aʀistɔkʀasi] → SYN nf aristocracy

aristocratique [aʀistɔkʀatik] → SYN adj aristocratic

aristocratiquement [aʀistɔkʀatikmɑ̃] adv aristocratically

aristoloche [aʀistɔlɔʃ] → SYN nf birthwort

Aristophane [aʀistɔfan] nm Aristophanes

Aristote [aʀistɔt] nm Aristotle

aristotélicien, -ienne [aʀistɔtelisjɛ̃, jɛn] adj, nm,f Aristotelian

aristotélisme [aʀistɔtelism] nm Aristotelianism

arithméticien, -ienne [aʀitmetisjɛ̃, jɛn] nm,f arithmetician

arithmétique [aʀitmetik] → SYN **1** nf (science) arithmetic; (livre) arithmetic book ◆ **arithmétique formelle** number theory
2 adj arithmetical

arithmétiquement [aʀitmetikmɑ̃] adv arithmetically

arithmomètre [aʀitmɔmɛtʀ] nm arithmometer

Arizona [aʀizɔna] nm ◆ **l'Arizona** Arizona

Arkansas [aʀkɑ̃sas] nm ◆ **l'Arkansas** Arkansas

arlequin [aʀləkɛ̃] [→ SYN] nm (Théât) Harlequin ◆ **bas (d') arlequin** harlequin stockings → **habit**

arlequinade [aʀləkinad] [→ SYN] nf (fig) buffoonery; (Théât) harlequinade

arlésien, -ienne [aʀlezjɛ̃, jɛn] **1** adj of ou from Arles
2 arlésienne nf ◆ (fig) **jouer l'arlésienne** ou **les arlésiennes** [personne] to make o.s. scarce ◆ **les commandes jouent les arlésiennes** orders are just not materializing ou not turning up

armada [aʀmada] [→ SYN] nf ◆ **l'Invincible Armada** the Invincible (Spanish) Armada ◆ (fig) **toute une armada de photographes** a whole army ou mob of photographers

armagnac [aʀmaɲak] [→ SYN] nm armagnac

armateur [aʀmatœʀ] [→ SYN] nm (propriétaire) shipowner; (exploitant) ship's manager ◆ **armateur-affréteur** owner-charterer

armature [aʀmatyʀ] [→ SYN] nf **a** (gén: carcasse) [tente, montage, parapluie] frame; (Constr) framework, armature (spéc); (fig: infrastructure) framework ◆ **armature de corset** corset bones ou stays ◆ **soutien-gorge à / sans armature** underwired / unwired bra
b (Mus) key signature
c (Phys) [condensateur] electrode; [aimant] armature

arme [aʀm] [→ SYN] nf **a** (instrument) (gén) weapon, arm; (fusil, revolver) gun ◆ **fabrique d'armes** arms factory ◆ **on a retrouvé l'arme du crime** the weapon used in the crime has been found ◆ **il braqua** ou **dirigea son arme vers** ou **contre moi** he aimed ou pointed his gun at me ◆ **des policiers sans arme(s)** unarmed police ◆ **se battre à l'arme blanche** to fight with knives ◆ **arme atomique / biologique / chimique** atomic / biological / chemical weapon ◆ **arme de poing** (revolver) handgun; (couteau) knife ◆ **arme à feu** firearm ◆ **armes de jet** projectiles ◆ **l'arme absolue** the ultimate weapon ◆ **être en armes** to be armed → **bretelle, maniement, port**[2]
b (élément d'une armée) arm ◆ **l'arme de l'infanterie** the infantry arm ◆ **dans quelle arme sert-il?** which section is he in? ◆ **les 3 armes** the 3 services
c (Mil) **la carrière** ou **le métier des armes** soldiering ◆ (littér) **le succès de nos armes** the success of our armies ◆ **être sous les armes** to be a soldier ◆ **appeler un régiment sous les armes** to call up a regiment ◆ **soldats en armes** soldiers at arms ◆ **un peuple en armes** a nation at arms ◆ **aux armes!** to arms! ◆ **compagnon** ou **frère d'armes** comrade-in-arms → **homme, place, pris**
d (fig: moyen d'action) weapon ◆ **donner** ou **fournir des armes à qn** to give sb weapons (*contre* against) ◆ **le silence peut être une arme puissante** silence can be a powerful weapon ◆ **une arme à double tranchant** a double-edged blade ou weapon ◆ **il est sans arme contre ce genre d'accusation** he's defenceless (Brit) ou defenseless (US) against that sort of accusation
e (Escrime) **les armes** fencing ◆ **faire des armes** to fence, do fencing → **maître, passe**[1], **salle**
f (Hér) **armes** arms, coat of arms ◆ **aux armes de** bearing the arms of → **héraut**
g LOC **à armes égales** on equal terms ◆ **déposer** ou **mettre bas les armes** to lay down (one's) arms ◆ **rendre les armes** to lay down one's arms, surrender ◆ **faire ses premières armes** to make one's début (*dans* in) ◆ **passer qn par les armes** to shoot sb by firing squad ◆ **partir avec armes et bagages** to pack up and go ◆ **passer l'arme à gauche**‡ to kick the bucket‡ ◆ **prendre le pouvoir / régler un différend par les armes** to take power / settle a dispute by force ◆ **porter les armes** to be a soldier ◆ **prendre les armes** (se soulever) to rise up in arms; (pour défendre son pays etc) to take up arms ◆ **avoir l'arme au bras** to be in arms ◆ **arme à la bretelle!** ≃ slope arms! ◆ **arme sur l'épaule!** shoulder arms! ◆ **arme au pied!** attention! *(with rifle on ground)* ◆ **portez arme!** shoulder arms! ◆ **présentez arme!** present arms! ◆ **reposez arme!** order arms! ◆ **tu leur donnes des armes contre toi-même** you're giving them a stick to beat you with → **appel, fait**[1], **gens**[1], **pris, suspension**

armé, e[1] [aʀme] [→ SYN] (ptp de **armer**) **1** adj personne, forces, conflit armed ◆ **armé jusqu'aux dents, armé de pied en cap** armed to the teeth ◆ **bien armé contre le froid** well-armed ou -equipped against the cold ◆ **attention, il est armé!** careful, he's armed! ◆ **armé d'un bâton / d'un dictionnaire** armed with a stick / a dictionary ◆ **être bien armé pour passer un examen** to be well-equipped to take an examination ◆ (fig) **il est bien armé pour se défendre** he is well-equipped for life ◆ **il est bien armé contre leurs arguments** he's well-armed against their arguments ◆ **cactus armé de piquants** cactus armed with spikes ◆ **canne armée d'un bout ferré** stick fitted with an iron tip, stick tipped with iron → **béton, ciment, force, main**
2 nm (position) cock

armée[2] [aʀme] [→ SYN] **1** nf army ◆ **armée de mercenaires / régulière** mercenary / regular army ◆ **l'armée d'occupation / de libération** the occupying / liberating army ou forces ◆ **être dans** ou **à l'armée** to be in the army ◆ **les armées alliées** the allied armies ◆ (fig) **une armée de domestiques / rats** an army of servants / rats ◆ (péj) **regardez-moi cette armée (d'incapables)** just look at this (hopeless) bunch* ou crew* → **corps, grand, zone**
2 COMP ▷ **armée active** regular army ▷ **l'armée de l'air** the Air Force ▷ **l'armée de mer** the Navy ▷ **l'Armée républicaine irlandaise** the Irish Republican Army ▷ **armée de réserve** reserve ▷ **l'Armée rouge** the Red Army ▷ **l'Armée du Salut** the Salvation Army ▷ **l'armée de terre** the Army

armement [aʀməmɑ̃] [→ SYN] nm **a** (action) [pays, armée] armament; [personne] arming; [fusil] cocking; [appareil-photo] winding-on; [navire] fitting-out, equipping
b (armes) [soldat] arms, weapons; [pays, troupe, avion, navire] arms, armament(s) ◆ **usine d'armement** arms factory ◆ **la limitation des armements** arms limitation ◆ **dépenses d'armements de la France** France's expenditure on arms ou weapons, France's arms ou weapons expenditure ◆ **vendre des armements aux rebelles** to sell weapons ou arms to the rebels → **course**

Arménie [aʀmeni] nf Armenia → **papier**

arménien, -ienne [aʀmenjɛ̃, jɛn] **1** adj Armenian
2 nm (Ling) Armenian
3 nm,f ◆ **Arménien(ne)** Armenian

armer [aʀme] [→ SYN] ▸ conjug 1 ◂ **1** vt **a** pays, forteresse, personne to arm (*de* with) ◆ **armer des rebelles contre un gouvernement** to arm rebels against a government ◆ (fig) **armer le gouvernement de pouvoirs exceptionnels** to arm ou equip the government with exceptional powers ◆ (fig) **armer qn contre les difficultés de la vie** to arm sb against life's difficulties, arm ou equip sb to deal with the difficulties of life
b (Hist) **armer qn chevalier** to dub sb knight
c (Naut) navire to fit out, equip
d fusil to cock; appareil-photo to wind on
e (renforcer) béton, poutre to reinforce (*de* with) ◆ **armer qch de** to fit sth with ◆ **armer un bâton d'une pointe d'acier** to fit a stick with a steel tip, fit a steel tip on(to) a stick
2 s'armer vpr (s'équiper) to arm o.s. (*de* with, *contre* against) ◆ **s'armer d'un fusil / d'un dictionnaire** to arm o.s. with a gun / a dictionary ◆ (fig) **s'armer de courage / de patience** to arm o.s. with courage / patience

armilles [aʀmij] [→ SYN] nfpl annulets

armistice [aʀmistis] [→ SYN] nm armistice ◆ (jour) **l'Armistice** Armistice Day

armoire [aʀmwaʀ] [→ SYN] nf (gén) (tall) cupboard; (penderie) wardrobe ◆ **armoire à pharmacie** medicine chest ou cabinet ◆ **armoire de toilette** bathroom cabinet (with a mirror) ◆ **armoire frigorifique** cold room ou store ◆ **armoire à linge** linen cupboard (Brit) ou closet (US) ◆ **armoire normande** large wardrobe ◆ **armoire à glace** (lit) wardrobe with a mirror; (* fig: costaud) great hulking brute*

armoiries [aʀmwaʀi] [→ SYN] nfpl coat of arms, armorial bearings

armoise [aʀmwaz] [→ SYN] nf artemisia

armorial, e, mpl **-iaux** [aʀmɔʀjal, jo] [→ SYN] adj, nm armorial

armoricain, e [aʀmɔʀikɛ̃, ɛn] **1** adj Armorican
2 nm,f ◆ (Hist) **Armoricain(e)** Armorican

armorier [aʀmɔʀje] [→ SYN] ▸ conjug 7 ◂ vt to emblazon

Armorique [aʀmɔʀik] nf ◆ **l'Armorique** Armorica

armure [aʀmyʀ] [→ SYN] nf (Mil, Zool) armour; (fig) defence; (Phys) armature; (Tex) weave; [câble] (metal) sheath

armurerie [aʀmyʀʀi] nf (→ **armurier**) (fabrique) arms factory; (magasin) gunsmith's; armourer's; (profession) arms trade

armurier [aʀmyʀje] nm (fabricant, marchand) [armes à feu] gunsmith; [armes blanches] armourer; (Mil) armourer

ARN [aɛʀɛn] nm (abrév de **acide ribonucléique**) RNA ◆ **ARN messager** messenger RNA ◆ **ARN de transfert** transfer RNA

arnaque* [aʀnak] nf swindling ◆ **c'est de l'arnaque** it's a rip-off*, it's daylight robbery

arnaquer* [aʀnake] ▸ conjug 1 ◂ vt (escroquer) to do‡ (Brit), diddle* (Brit), swindle; (arrêter) to nab* ◆ **on s'est fait arnaquer dans ce restaurant** we were done‡ ou diddled* in that restaurant ◆ **il leur a arnaqué des millions** he swindled ou did‡ them out of millions

arnaqueur, -euse* [aʀnakœʀ, øz] [→ SYN] nm,f swindler, cheat, con artist*

arnica [aʀnika] [→ SYN] nf arnica

Arno [aʀno] nm ◆ **l'Arno** the Arno

aromate [aʀɔmat] [→ SYN] nm (thym etc) herb; (poivre etc) spice ◆ **aromates** seasoning (NonC) ◆ **ajoutez quelques aromates** add (some) seasoning ou a few herbs (ou spices)

aromathérapie [aʀɔmateʀapi] nf aromatherapy

aromatique [aʀɔmatik] [→ SYN] adj (gén, Chim) aromatic

aromatisant [aʀɔmatizɑ̃] nm flavouring (agent)

aromatisation [aʀɔmatizasjɔ̃] nf (Chim, Pharm) aromatization

aromatiser [aʀɔmatize] [→ SYN] ▸ conjug 1 ◂ vt to flavour

arôme, arome [aʀom] [→ SYN] nm [plat] aroma; [café, vin] aroma, fragrance; [fleur] fragrance; (goût) flavour; (ajouté à un aliment) flavouring ◆ **crème arôme chocolat** chocolate-flavoured cream dessert

aronde†† [aʀɔ̃d] nf swallow → **queue**

arpège [aʀpɛʒ] nm arpeggio ◆ **faire des arpèges** to play arpeggios

arpéger [aʀpeʒe] ▸ conjug 6 et 3 ◂ vt passage to play in arpeggios; accord to play as an arpeggio, spread

arpent [aʀpɑ̃] nm (Hist) arpent *(about an acre)* ◆ (fig) **il a quelques arpents de terre en province** he's got a few acres in the country

arpentage [aʀpɑ̃taʒ] [→ SYN] nm (technique) (land) surveying; (mesure) measuring, surveying

arpenter [aʀpɑ̃te] [→ SYN] ▸ conjug 1 ◂ vt pièce, couloir to pace (up and down); (Tech) terrain to measure, survey

arpenteur [aʀpɑ̃tœʀ] [→ SYN] nm (land) surveyor → **chaîne**

arpenteuse [aʀpɑ̃tøz] [→ SYN] nf measuring worm, looper, inchworm

arpète*, arpette* [aʀpɛt] nmf apprentice

arpion‡ [aʀpjɔ̃] nm hoof‡, foot

arqué, e [aʀke] [→ SYN] (ptp de **arquer**) adj forme, objet curved, arched; sourcils arched, curved; jambes bow (épith), bandy ◆ **avoir le dos arqué** to be humpbacked ou hunchbacked ◆ **le dos arqué sous l'effort** his back arched under the strain ◆ **il a les jambes**

arquées he's bandy(-legged) ou bow-legged ◆ **nez arqué** hooknose, hooked nose

arquebuse [aʀkəbyz] → SYN nf (h)arquebus

arquebusier [aʀkəbyzje] nm (soldat) (h)arquebusier

arquer [aʀke] → SYN ▸conjug 1◂ **1** vt objet, tige to curve; dos to arch
2 vi [objet] to bend, curve; [poutre] to sag ◆ **il ne peut plus arquer*** he can't walk any more
3 **s'arquer** vpr to curve

arr. abrév de **arrondissement**

arrachage [aʀaʃaʒ] → SYN nm (→ **arracher**) lifting, uprooting, pulling up; extracting, pulling (US)

arraché [aʀaʃe] nm (Sport) snatch ◆ **il soulève 130 kg à l'arraché** he can do a snatch using 130 kg ◆ (fig) **obtenir la victoire à l'arraché** to snatch victory ◆ **ils ont eu le contrat à l'arraché** they just managed to snatch the contract

arrache-clou, pl **arrache-clous** [aʀaʃklu] nm nail wrench

arrachement [aʀaʃmɑ̃] nm **a** (chagrin) wrench ◆ **quel arrachement de le voir partir!** it was a terrible wrench to see him leave!
b (→ **arracher**) pulling out; tearing off

arrache-pied [aʀaʃpje] → SYN adv ◆ **d'arrache-pied** relentlessly

arracher [aʀaʃe] → SYN ▸conjug 1◂ **1** vt **a** (extraire) légume to lift; souche, plante to pull up, uproot; mauvaises herbes to pull up; dent to take out, extract, pull (US); poil, clou to pull out ◆ **il est parti arracher les mauvaises herbes** he's out weeding ◆ **je vais me faire arracher une dent** I'm going to have a tooth out ou extracted ou pulled (US)
b (déchirer) chemise, affiche, membre to tear off; cheveux to tear ou pull out; feuille, page to tear ou pull out (*de* of) ◆ (fig) **je vais lui arracher les yeux** I'll scratch ou claw his eyes out ◆ (fig) **j'ai arraché son voile** ou **masque** I have torn down his mask, I've unmasked him ◆ (fig) **ce spectacle lui arracha le cœur** the sight of it broke his heart, it was a heart-rending sight for him ◆ [boisson, plat] **ça arrache (la gorge)*** it will blow your head off*
c (enlever) **arracher à qn** portefeuille, arme to snatch ou grab from sb; (fig) argent to extract from sb, get out of sb; applaudissements, larmes to wring from sb; victoire to wrest from sb ◆ **il lui arracha son sac à main** he snatched ou grabbed her handbag from her ◆ **je lui ai arraché cette promesse / ces aveux / la vérité** I dragged this promise / confession / the truth out of him, I wrung ou wrested this promise / this confession / the truth out of ou from him
d (soustraire) **arracher qn à** famille, pays to tear ou drag sb away from; passion, vice, soucis to rescue sb from; sommeil, rêve to drag ou snatch sb out of ou from; sort, mort to snatch sb from; habitudes, méditation to force sb out of ◆ **arracher qn des mains d'un ennemi** to snatch sb from (out of) the hands of an enemy ◆ **la mort nous l'a arraché** death has snatched ou torn him from us ◆ **il m'a arraché du lit à 6 heures** he got ou dragged me out of bed at 6 o'clock
2 **s'arracher** vpr **a** (se déchirer) **tu t'es encore arraché (les vêtements) après le grillage** you've torn your clothes on the fence again ◆ **s'arracher les cheveux** (lit) to tear ou pull out one's hair; (fig) to tear one's hair ◆ (fig) **s'arracher les yeux** to scratch each other's eyes out
b **s'arracher qn / qch** to fight over sb / sth ◆ (hum) **on se m'arrache*** they're all fighting over me* (hum)
c **s'arracher de** ou **à** pays, famille to tear o.s. away from; habitude, méditation, passion to force o.s. out of; lit to drag o.s. from, force o.s. out of ◆ **on s'arrache?*** let's split!*

arracheur [aʀaʃœʀ] nm → **mentir**

arracheuse [aʀaʃøz] nf (Agr) lifter, grubber

arrachis [aʀaʃi] → SYN nm (action) uprooting; (plant) uprooted plant

arraisonnement [aʀɛzɔnmɑ̃] → SYN nm (Naut) inspection

arraisonner [aʀɛzɔne] → SYN ▸conjug 1◂ vt (Naut) to inspect

arrangeable [aʀɑ̃ʒabl] → SYN adj arrangeable ◆ **la rencontre est facilement arrangeable** the meeting can easily be arranged ou fixed (up) ◆ **cette montre n'est pas arrangeable** this watch can't be fixed

arrangeant, e [aʀɑ̃ʒɑ̃, ɑ̃t] → SYN adj accommodating, obliging

arrangement [aʀɑ̃ʒmɑ̃] → SYN nm **a** (action) [fleurs, coiffure, voyage] arrangement
b (agencement) [mobilier, maison] layout, arrangement; [fiches] order, arrangement; [mots] order ◆ **l'arrangement de sa coiffure** the way her hair is done ou arranged ◆ **l'arrangement de sa toilette** the way she is dressed
c (accord) agreement, settlement, arrangement ◆ **arriver** ou **parvenir à un arrangement** to reach an agreement ou a settlement, come to an arrangement ◆ **sauf arrangement contraire** unless otherwise stated ◆ (Jur) **arrangement de famille** family settlement *(in financial matters)*
d (Mus) arrangement ◆ **arrangement pour guitare** arrangement for guitar
e (Math) arrangement
f (préparatifs) **arrangements** arrangements

arranger [aʀɑ̃ʒe] → SYN ▸conjug 3◂ **1** vt **a** (disposer) (gén) to arrange; coiffure to tidy up ◆ **arranger sa cravate / sa jupe** to straighten (up) one's tie / skirt, set one's tie / skirt straight
b (organiser) voyage, réunion to arrange, organize; rencontre, entrevue to arrange, fix (up) ◆ **arranger sa vie / ses affaires** to organize one's life / one's affairs ◆ **il a tout arrangé pour ce soir** he has seen to ou he has arranged everything for tonight ◆ **ce combat de catch était arrangé à l'avance** this wrestling match was fixed (in advance) ou was a put-up job*
c (régler) différend to settle ◆ **je vais essayer d'arranger les choses** I'll try to sort things out ◆ **tout est arrangé, le malentendu est dissipé** everything is settled ou sorted out, the disagreement is over ◆ **et ce qui n'arrange rien, il est en retard!** and he's late, which doesn't help matters! ◆ **ce contretemps n'arrange pas nos affaires** this setback doesn't help our affairs
d (contenter) to suit, be convenient for ◆ **ça ne m'arrange pas tellement** that doesn't really suit me ◆ **cela m'arrange bien** that suits me nicely ou fine ◆ **à 6 heures si ça vous arrange** at 6 o'clock if that suits you ou if that's convenient (for you) ◆ **tu le crois parce que ça t'arrange** you believe him because it suits you (to do so)
e (réparer) voiture, montre to fix, put right; robe (recoudre) to fix, mend; (modifier) to alter ◆ **il faudrait arranger votre devoir, il est confus** you'll have to sort out your exercise as it's rather muddled
f (*: malmener) to sort out* (Brit) ◆ **il s'est drôlement fait arranger** he got a real working over*, they really sorted him out* (Brit) ◆ **te voilà bien arrangé!** what a state ou mess you've got yourself in!* ◆ **il s'est fait arranger le portrait** he got his face bashed in* ou smashed*
g (Littérat, Mus) to arrange
2 **s'arranger** vpr **a** (se mettre d'accord) to come to an agreement ou arrangement ◆ **arrangez-vous avec le patron** you'll have to come to an agreement ou arrangement with the boss ou sort it out with the boss ◆ **s'arranger à l'amiable** to come to a friendly ou an amicable agreement
b (s'améliorer) [querelle] to be settled; [situation] to work out, sort itself out (Brit); [santé] to get better ◆ **le temps n'a pas l'air de s'arranger** it doesn't look as though the weather is improving ou getting any better ◆ **tout va s'arranger** everything will work out (all right) ou sort itself out (Brit), it'll all work out (all right) ou sort itself out (Brit) ◆ **les choses s'arrangèrent d'elles-mêmes** things sorted (Brit) ou worked themselves out unaided ◆ **ça ne s'arrange pas***, **il est plus brouillon que jamais** things are no better, he's more muddled than ever ◆ **il ne fait rien pour s'arranger** he doesn't do himself any favours ◆ **alors, ça s'arrange entre eux?** are things getting (any) better between them?
c (se débrouiller) **arrangez-vous comme vous voudrez mais je les veux demain** I don't mind how you do it but I want them for tomorrow ◆ (iro) **tu t'arranges toujours pour avoir des taches!** you always manage to get grubby! (iro) ◆ **je ne sais pas comment tu t'arranges, mais tu as toujours des taches** I don't know how you manage (it), but you're always grubby ◆ **il va s'arranger pour finir le travail avant demain** he'll see to it that ou he'll make sure (that) he finishes the job before tomorrow ◆ **il s'est arrangé pour avoir des places gratuites** he has seen to it that he has got ou he has managed to get some free seats ◆ **arrangez-vous pour venir me chercher à la gare** arrange it so that you can come and meet me at the station ◆ **c'est ton problème, arrange-toi!** you work it out, it's your problem!
d **s'arranger de** to make do with, put up with ◆ **il s'est arrangé du fauteuil pour dormir** he made do with the armchair to sleep in ◆ **il faudra bien s'en arranger** we'll just have to put up with it
e (se classer) to be arranged ◆ **ses arguments s'arrangent logiquement** his arguments are logically arranged
f (se rajuster) to tidy o.s. up ◆ **elle s'arrange les cheveux** she's tidying her hair
g (*: se faire mal) **tu t'es bien arrangé!** you've got yourself in a fine state!, you DO look a mess!*

arrangeur, -euse [aʀɑ̃ʒœʀ, øz] → SYN nm,f (Mus) arranger

arrérages [aʀeʀaʒ] → SYN nmpl arrears

arrestation [aʀɛstasjɔ̃] → SYN **1** nf arrest ◆ **procéder à l'arrestation de qn** to arrest sb, take sb into custody ◆ **être en état d'arrestation** to be under arrest ◆ **mettre en état d'arrestation** to place ou put under arrest, take into custody ◆ **mise en arrestation** arrest ◆ **ils ont procédé à une douzaine d'arrestations** they made a dozen arrests
2 COMP ▷ **arrestation préventive** ≃ arrest ▷ **arrestation provisoire** taking into preventive custody

arrêt [aʀɛ] → SYN **1** nm **a** [machine, véhicule] stopping; [développement, croissance] stopping, checking, arrest; [hémorragie] stopping, arrest ◆ **attendez l'arrêt complet (du train / de l'avion)** wait until the train / aircraft has come to a complete stop ou standstill ◆ **cinq minutes d'arrêt** [trajet] a 5-minute stop; [cours] a 5-minute break ◆ (sur véhicule) **« arrêts fréquents »** "frequent stops" ◆ **véhicule à l'arrêt** stationary vehicle ◆ [véhicule] **être à l'arrêt** to be stationary ◆ **faire un arrêt** [train] to stop, make a stop; [gardien de but] to make a save ◆ **le train fit un arrêt brusque** the train came to a sudden stop ou standstill ◆ **nous avons fait plusieurs arrêts** we made several stops ou halts ◆ **arrêt buffet*** snack break ◆ **arrêt pipi*** loo stop (Brit), bathroom break (US) ◆ **donner un coup d'arrêt à** to check, put a brake on → **chien**
b (lieu) stop ◆ **arrêt d'autobus** bus stop ◆ **arrêt fixe / facultatif** compulsory / request stop
c (Mil) **arrêts** arrest ◆ **arrêts simples / de rigueur** open / close arrest ◆ **arrêts de forteresse** confinement *(in military prison)* ◆ **mettre qn aux arrêts** to put sb under arrest → **maison, mandat**
d (Jur: décision, jugement) judgment, decision, ruling ◆ (†, littér) **les arrêts du destin** the decrees of destiny (littér)
e (Couture) **faire un arrêt** to fasten off the thread → **point²**
f (Tech) [machine] stop mechanism; [serrure] ward; [fusil] safety catch ◆ **appuyez sur l'arrêt** press the stop button ◆ (Audiovisuel) **arrêt sur image** freeze frame ◆ **faire un arrêt sur image** to freeze on a frame
g (Ski) stop
h (loc) (Jur) **faire arrêt sur les appointements** to issue a writ of attachment (on debtor's salary) ◆ **rester** ou **tomber en arrêt** (Chasse) to point; (fig) to stop short ◆ **être en arrêt** (Chasse) to be pointing (*devant* at); (fig) to stand transfixed (*devant* before) ◆ **marquer un arrêt avant de continuer à parler** to pause ou make a pause before speaking again ◆ **sans arrêt** (sans interruption) travailler, pleuvoir

without stopping, non-stop ; (très fréquemment) se produire, se détraquer continually, constantly ◆ (Rail) **« sans arrêt jusqu'à Perpignan »** "non-stop to Perpignan" ◆ **ce train est sans arrêt jusqu'à Lyon** this train is non-stop to Lyons

2 COMP ▹ **arrêt du cœur** cardiac arrest, heart failure ▹ **l'arrêt des hostilités** the cessation of hostilities ▹ **arrêt de jeu** (Sport) stoppage ◆ **jouer les arrêts de jeu** to play injury time ou stoppage time ▹ **arrêt (de) maladie** sick leave ◆ **être en arrêt (de) maladie** to be on sick leave ▹ **arrêt de mort** sentence of death, death sentence ▹ **arrêt de travail** (grève) stoppage (of work) ; (congé de maladie) sick leave ; (certificat) doctor's ou medical certificate ▹ **arrêt de volée** ◆ **faire un arrêt de volée** (Rugby) to make a mark

arrêté, e [aʀete] → SYN (ptp de **arrêter**) **1** adj décision, volonté firm, immutable ; idée, opinion fixed, firm ◆ **c'est une chose arrêtée** the matter ou it is settled

2 nm (décision administrative) order, decree (frm) ◆ **arrêté ministériel** departmental ou ministerial order ◆ **arrêté municipal** ≃ by(e)-law ◆ **arrêté préfectoral** order of the prefect ◆ **arrêté de compte** (fermeture) settlement of account ; (relevé) statement of account *(to date)*

arrêter [aʀete] → SYN ▸ conjug 1 ◂

1 vt **a** (immobiliser) personne, machine, montre to stop ; cheval to stop, pull up ; moteur to switch off, stop ◆ **arrêtez-moi près de la poste** drop me by the post office ◆ **il m'a arrêté dans le couloir pour me parler** he stopped me in the corridor to speak to me ◆ (dans la conversation) **ici, je vous arrête !** I must stop ou interrupt you there ! ◆ **arrête ton char**‡ (parler) shut up !*, belt up !‡ (Brit) ; (se vanter) stop swanking !* (Brit) ou showing off !

b (entraver) développement, croissance to stop, check, arrest ; foule, ennemi to stop, halt ; hémorragie to stop, arrest ◆ **le trafic ferroviaire est arrêté à cause de la grève** rail traffic is at a standstill ou all the trains have been cancelled ou halted because of the strike ◆ **rien n'arrête la marche de l'histoire** nothing can stop ou check ou halt the march of history ◆ (hum) **on n'arrête pas le progrès** there's no stopping progress ◆ **nous avons été arrêtés par un embouteillage** we were held up ou stopped by a traffic jam ◆ **seul le prix l'arrête** it's only the price that stops him ◆ **rien ne l'arrête** there's nothing to stop him ◆ **arrête les frais !*** drop it !*

c (abandonner) études to give up ; (Sport) compétition to give up ; (Théât) représentations to cancel ◆ **arrêter ses études / le tennis** to give up one's studies / tennis, stop studying / playing tennis ◆ **arrêter la fabrication d'un produit** to discontinue (the manufacture of) a product ◆ **on a dû arrêter les travaux à cause de la neige** we had to stop work ou call a halt to the work because of the snow

d (faire prisonnier) to arrest ◆ **il s'est fait arrêter hier** he got himself arrested yesterday ◆ **je vous arrête !** you're under arrest !

e (Fin) compte (fermer) to settle ; (relever) to make up ◆ **les comptes sont arrêtés chaque fin de mois** statements (of account) are made up at the end of every month

f (Couture) point to fasten off

g (fixer) jour, lieu to appoint, decide on ; plan to decide on ; derniers détails to finalize ◆ **arrêter son attention / ses regards sur** to fix one's attention / gaze on ◆ **arrêter un marché** to make a deal ◆ **il a arrêté son choix** he has made his choice ◆ **ma décision est arrêtée** my mind is made up ◆ (Admin) **arrêter que** to rule that ◆ (Jur) **arrêter les dispositions d'application** to adopt provisions to implement

h (Méd) **arrêter qn** to give sb sick leave ◆ **elle est arrêtée depuis 3 semaines** she's been on sick leave for 3 weeks

2 vi to stop ◆ **il n'arrête pas** he's never still, he's always on the go ◆ **il n'arrête pas de critiquer tout le monde** he never stops criticizing everyone, he's always criticizing everyone ◆ **arrête de parler !** stop talking ! ◆ **il a arrêté de fumer après sa maladie** he gave up ou stopped smoking after his illness ◆ **arrête !** stop it !, stop that ! ◆ **ça n'arrête pas !*** it never stops !

3 s'arrêter vpr **a** (s'immobiliser) [personne, machine, montre] to stop ; [train, voiture] to stop, come to a stop ou a halt ou a standstill ◆ **nous nous arrêtâmes sur le bas-côté / dans un village** we pulled up ou stopped by the roadside / at a village ◆ **s'arrêter court** ou **net** [personne] to stop dead ou short ; [cheval] to pull up ; [bruit] to stop suddenly ◆ **nous nous sommes arrêtés 10 jours à Lyon** we stayed ou stopped* 10 days in Lyons

b (s'interrompre) to stop, break off ◆ **la route s'arrête ici** the road ends ou stops here ◆ **s'arrêter de travailler / de parler** to stop working / speaking ◆ **s'arrêter pour se reposer / pour manger** to break off ou stop for a rest / to eat ◆ **arrête-toi un peu, tu vas t'épuiser** stop for a while ou take a break or you'll wear yourself out ◆ **les ouvriers se sont arrêtés à 17 heures** (grève) the workmen downed tools (Brit) ou stopped work at 5 o'clock ; (heure de fermeture) the workmen finished (work) ou stopped work at 5 o'clock ◆ **sans s'arrêter** without stopping, without a break ◆ **ce serait dommage de s'arrêter en si bon chemin** it would be a shame to stop ou give up while one is doing so well

c (cesser) [développement, croissance] to stop, come to a halt, come to a standstill ; [hémorragie] to stop ◆ **le travail s'est arrêté dans l'usine en grève** work has stopped in the striking factory, the striking factory is at a standstill ◆ **s'arrêter de manger / marcher** to stop eating / walking ◆ **s'arrêter de fumer / boire** to give up ou stop smoking / drinking ◆ **l'affaire ne s'arrêtera pas là !** you (ou they etc) haven't heard the last of this !

d s'arrêter sur [choix, regard] to fall on ◆ **il ne faut pas s'arrêter aux apparences** one must always look beneath appearances ◆ **s'arrêter à des détails** to pay too much attention to details ◆ **s'arrêter à un projet** to settle on ou fix on a plan ◆ **arrêtons-nous un instant sur ce tableau** let us turn our attention to this picture for a moment

arrêtoir [aʀɛtwaʀ] → SYN nm (Tech) stop

arrhes [aʀ] → SYN nfpl deposit

arriération [aʀjeʀasjɔ̃] → SYN nf (Psych) retardation

arrière [aʀjɛʀ] → SYN **1** nm **a** [voiture] back ; [bateau] stern ; [train] rear ◆ (Naut) **à l'arrière** aft, at the stern ◆ **à l'arrière de** at the stern of, abaft ◆ **se balancer d'avant en arrière** to rock backwards and forwards ◆ **avec le moteur à l'arrière** with the engine at the back ◆ (en temps de guerre) **l'arrière (du pays)** the home front, the civilian zone ◆ **l'arrière tient bon** morale on the home front ou behind the lines is high

b (Sport : joueur) (gén) fullback, (Volley-ball) back-line player ◆ **arrière gauche / droit** (Ftbl) left / right back ; (Basket-ball) left / right guard ◆ (Ftbl) **arrière central** centre back ◆ **arrière volant** sweeper

c (Mil) **les arrières** the rear ◆ **attaquer les arrières de l'ennemi** to attack the enemy in the rear ◆ **assurer** ou **protéger ses arrières** (lit) to protect the rear ; (fig) to leave o.s. a way out

d en arrière (derrière) behind ; (vers l'arrière) backwards ◆ **être / rester en arrière** to be / lag ou drop behind ◆ **regarder en arrière** to look back ou behind ◆ **faire un pas en arrière** to step back(wards), take a step back ◆ **aller / marcher en arrière** to go / walk backwards ◆ **se pencher en arrière** to lean back(wards) ◆ (Naut) **en arrière toute !** full astern ! ◆ **100 ans en arrière** 100 years ago ou back ◆ **il faut remonter loin en arrière pour trouver une telle sécheresse** we have to go a long way back (in time) to find a similar drought ◆ **revenir en arrière** [marcheur] to go back, retrace one's steps ; [orateur] to go back over what has been said ; [civilisation] to regress ; (avec magnétophone) to rewind ; (avec ses souvenirs, dans ses pensées) to go back in time (fig), look back ◆ **renverser la tête en arrière** to tilt one's head back(wards) ◆ **le chapeau en arrière** his hat tilted back(wards) ◆ **être peigné** ou **avoir les cheveux en arrière** to have ou wear one's hair brushed ou combed back(wards)

e (lit, fig) **en arrière de** behind ◆ **rester** ou **se tenir en arrière de qch** to stay behind sth ◆ **il est très en arrière des autres élèves** he's a long way behind the other pupils

2 adj inv ◆ **roue / feu arrière** rear wheel / light ◆ **siège arrière** back seat ; [moto] pillion → **machine, marche**[1], **vent**

3 excl ◆ **en arrière ! vous gênez** stand ou get back ! you're in the way ◆ **arrière, misérable !**† behind me, wretch !†

arriéré, e [aʀjeʀe] → SYN **1** adj **a** (Comm) paiement overdue, in arrears (attrib) ; dette outstanding

b (Psych) enfant, personne backward, retarded ; (Scol) educationally subnormal ; région, pays backward, behind the times (attrib) ; croyances, méthodes, personne out-of-date, behind the times (attrib)

2 nm (choses à faire, travail) backlog ; (paiement) arrears (pl) ◆ **il voulait régler l'arriéré de sa dette** he wanted to settle the arrears on his debt

arrière-ban, pl **arrière-bans** [aʀjɛʀbɑ̃] nm → **ban**

arrière-bouche, pl **arrière-bouches** [aʀjɛʀbuʃ] nf back of the mouth

arrière-boutique, pl **arrière-boutiques** [aʀjɛʀbutik] nf back shop

arrière-chœur, pl **arrière-chœurs** [aʀjɛʀkœʀ] nm retrochoir

arrière-cour, pl **arrière-cours** [aʀjɛʀkuʀ] nf backyard

arrière-cuisine, pl **arrière-cuisines** [aʀjɛʀkɥizin] nf scullery

arrière-fond, pl **arrière-fonds** [aʀjɛʀfɔ̃] nm (littér) [personne] inner self ; [tableau] background

arrière-garde, pl **arrière-gardes** [aʀjɛʀgaʀd] → SYN nf rearguard

arrière-gorge, pl **arrière-gorges** [aʀjɛʀgɔʀʒ] nf back of the throat

arrière-goût, pl **arrière-goûts** [aʀjɛʀgu] → SYN nm (lit, fig) aftertaste ◆ **ses propos ont un arrière-goût de racisme** his comments smack of racism

arrière-grand-mère, pl **arrière-grands-mères** [aʀjɛʀgʀɑ̃mɛʀ] nf great-grandmother

arrière-grand-oncle, pl **arrière-grands-oncles** [aʀjɛʀgʀɑ̃tɔ̃kl] nm great-great-uncle

arrière-grand-père, pl **arrière-grands-pères** [aʀjɛʀgʀɑ̃pɛʀ] nm great-grandfather

arrière-grands-parents [aʀjɛʀgʀɑ̃paʀɑ̃] nmpl great-grandparents

arrière-grand-tante, pl **arrière-grands-tantes** [aʀjɛʀgʀɑ̃tɑ̃t] nf great-great-aunt

arrière-main, pl **arrière-mains** [aʀjɛʀmɛ̃] nf hindquarters

arrière-neveu, pl **arrière-neveux** [aʀjɛʀnəvø] nm grandnephew, great-nephew

arrière-nièce, pl **arrière-nièces** [aʀjɛʀnjɛs] nf grandniece, great-niece

arrière-pays [aʀjɛʀpei] nm inv hinterland

arrière-pensée, pl **arrière-pensées** [aʀjɛʀpɑ̃se] → SYN nf (raison intéressée) ulterior motive ; (réserves, doute) mental reservation

arrière-petit-cousin, pl **arrière-petits-cousins** [aʀjɛʀpətikuzɛ̃] nm cousin three times removed, distant cousin

arrière-petite-cousine, pl **arrière-petites-cousines** [aʀjɛʀpətitkuzin] nf cousin three times removed, distant cousin

arrière-petite-fille, pl **arrière-petites-filles** [aʀjɛʀpətitfij] nf great-granddaughter

arrière-petite-nièce, pl **arrière-petites-nièces** [aʀjɛʀpətitnjɛs] nf great-grandniece, great-great-niece

arrière-petit-fils, pl **arrière-petits-fils** [aʀjɛʀpətifis] nm great-grandson

arrière-petit-neveu, pl **arrière-petits-neveux** [aʀjɛʀpətin(ə)vø] nm great-grand-nephew, great-great-nephew

arrière-petits-enfants [aʀjɛʀpətizɑ̃fɑ̃] nmpl great-grandchildren

arrière-plan, pl **arrière-plans** [aʀjɛʀplɑ̃] → SYN nm background ◆ (lit, fig) **à l'arrière-plan** in the background

arrière-port, pl **arrière-ports** [aʀjɛʀpɔʀ] nm inner harbour

arriérer [aʀjeʀe] → SYN ▸conjug 6◂ (Fin) 1 vt paiement to defer
2 **s'arriérer** vpr to fall into arrears, fall behind with payments

arrière-saison, pl **arrière-saisons** [aʀjɛʀsɛzɔ̃] → SYN nf late summer

arrière-salle, pl **arrière-salles** [aʀjɛʀsal] nf back room, inner room *(esp of restaurant)*

arrière-train, pl **arrière-trains** [aʀjɛʀtʀɛ̃] → SYN nm [animal], (hum) [personne] hindquarters

arrimage [aʀimaʒ] → SYN nm (Naut) stowage, stowing

arrimer [aʀime] → SYN ▸conjug 1◂ vt (Naut) cargaison to stow; (gén) colis to lash down, secure

arrimeur [aʀimœʀ] nm stevedore

arriser [aʀize] → SYN ▸conjug 1◂ vt voile to reef

arrivage [aʀivaʒ] → SYN nm [marchandises] consignment, delivery, load; (fig hum) [touristes] fresh load (hum) ou influx

arrivant, e [aʀivɑ̃, ɑ̃t] nm,f newcomer ◆ **nouvel arrivant** newcomer, new arrival ◆ **combien d'arrivants y avait-il hier?** how many new arrivals were there yesterday?, how many newcomers ou people arrived yesterday? ◆ **les premiers arrivants de la saison** the first arrivals of the season

arrivée [aʀive] nf a [personne, train, courrier] arrival; [printemps, neige, hirondelles] arrival, coming; [course, skieur] finish ◆ **à mon arrivée, je ...** when I arrived ou upon my arrival, I ... ◆ **à son arrivée chez lui** on (his) arrival ou arriving home, when he arrived home ◆ **attendant l'arrivée du courrier** waiting for the post ou mail to come ou arrive, waiting for the arrival of the post ou mail ◆ **c'est l'arrivée des abricots sur le marché** apricots are beginning to arrive in ou are coming into the shops → **gare¹**, **juge**, **ligne¹**
b (Tech) **arrivée d'air / d'eau / de gaz** (robinet) air / water / gas inlet; (processus) inflow of air / water / gas

arriver [aʀive] → SYN ▸conjug 1◂
1 vi a (au terme d'un voyage) [train, personne] to arrive ◆ **arriver à** ville to arrive at, get to, reach ◆ **arriver de** ville, pays to arrive from ◆ **arriver en France** to arrive in ou reach France ◆ **arriver chez des amis** to arrive at friends' ◆ **arriver chez soi** to arrive ou get ou reach home ◆ **arriver à destination** to arrive at one's ou its destination ◆ **arriver à bon port** to arrive safe and sound ◆ **nous sommes arrivés** we've arrived ◆ **le train doit arriver à 6 heures** the train is due (to arrive) ou scheduled to arrive ou is due in at 6 o'clock ◆ **il est arrivé par le train / en voiture** he arrived by train / by car ou in a car ◆ **nous sommes presque arrivés, nous arrivons** we're almost there, we've almost arrived ◆ **cette lettre m'est arrivée hier** this letter reached me yesterday ◆ **arriver le premier** (course) to come in first; (soirée, réception) to be the first to arrive, arrive first ◆ **les premiers arrivés** the first to arrive, the first arrivals ◆ (fig) **arriver comme mars en carême** to come as sure as night follows day
b (approcher) [saison, nuit, personne, véhicule] to come ◆ **arriver à grands pas / en courant** to stride up / run up ◆ **j'arrive!** (I'm) coming!, just coming! ◆ **le train arrive en gare** the train is pulling ou coming into the station ◆ **la voici qui arrive** here she comes (now) ◆ **allez, arrive, je suis pressé!** hurry up ou come on, I'm in a hurry! ◆ **ton tour arrivera bientôt** it'll soon be your turn, your turn won't be long (in) coming ◆ **on va commencer à manger, ça va peut-être faire arriver ton père** we'll start eating, perhaps that will make your father come ◆ **pour faire arriver l'eau jusqu'à la maison ...** to lay the water on for (Brit) ou to bring the water (up) to the house ... ◆ **l'air / l'eau arrive par ce trou** the air / water comes in through this hole ◆ **pour qu'arrive plus vite le moment où il la reverrait** to hasten ou to bring nearer the moment when ou to bring the moment closer when he would see her again → **chien**
c (atteindre) **arriver à** niveau, lieu to reach, get to, arrive at; personne, âge to reach, get to; poste, rang to attain, reach; résultat, but, conclusion to reach, arrive at ◆ **la nouvelle est arrivée jusqu'à nous** the news has reached us ou got to us ◆ **le bruit arrivait jusqu'à nous** the noise reached us ◆ **je n'ai pas pu arriver jusqu'au chef** I wasn't able to get right to the boss ◆ **comment arrive-t-on chez eux?** how do you get to their house? ◆ **le lierre arrive jusqu'au 1er étage** the ivy goes up to ou goes up as far as the 1st floor ◆ **l'eau lui arrivait (jusqu') aux genoux** the water came up to his knees, he was knee-deep in water ◆ **et le problème des salaires? – j'y arrive** and what about the wages problem? – I'm just coming to that ◆ (fig) **il ne t'arrive pas à la cheville** he's not a patch on you (Brit), he can't hold a candle to you ◆ **arriver au pouvoir** to come to power
d (réussir à) **arriver à faire qch** to succeed in doing sth, manage to do sth ◆ **pour arriver à lui faire comprendre qu'il a tort** to get him to ou to succeed in making him understand he's wrong ◆ **il n'arrive pas à le comprendre** he just doesn't understand it ◆ **je n'arrive pas à comprendre son attitude** I just don't ou can't understand ou I fail to understand his attitude ◆ **je n'arrive pas à faire ce devoir** I (just) can't manage (to do) this exercise ◆ **tu y arrives? – je n'y arrive pas** can you do it? ou can you manage (to do) it? – I can't (manage it) ◆ **arriver à ses fins** to get one's way, achieve one's ends ◆ **il n'arrivera jamais à rien** he'll never get anywhere, he'll never achieve anything ◆ **on n'arrivera jamais à rien avec lui** it's impossible to get anywhere with him
e (réussir socialement) to succeed (in life), get on (in life) ◆ **il veut arriver** he wants to get on ou succeed (in life) ◆ **il se croit arrivé** he thinks he has made it* ou he has arrived
f (se produire) to happen ◆ **c'est arrivé hier** it happened ou occurred yesterday ◆ **ce genre d'accident n'arrive qu'à lui!** that sort of accident only (ever) happens to him! ◆ **ce sont des choses qui arrivent** these things (will) happen ◆ **cela peut arriver à n'importe qui** it could ou can happen to anyone ◆ **on croit toujours que ça n'arrive qu'aux autres** one always thinks that it happens only to other people ◆ (euph) **s'il m'arrive quelque chose** if anything happens to me ◆ **cela ne m'arrivera plus!** I won't let it happen again! ◆ **il croit que c'est arrivé*** he thinks he has made it* ◆ **cela devait lui arriver** he had it coming to him* ◆ **tu vas nous faire arriver des ennuis*** you'll get us into trouble ou bring trouble upon our heads ◆ **tout arrive!** everything happens in its own time!
g (finir par) **en arriver à** to come to ◆ **on n'en est pas encore arrivé là!** (résultat négatif) we've not come to ou reached that (stage) yet!; (résultat positif) we've not got that far yet! ◆ **on en arrive à se demander si ...** we're beginning to wonder whether ... ◆ **il faudra bien en arriver là!** it'll have to come to that (eventually) ◆ **c'est triste d'en arriver là** it's sad to be reduced to that
2 vb impers a **il est arrivé un accident** there has been an accident ◆ **il (lui) est arrivé un malheur** something dreadful has happened (to him) ◆ **il lui est arrivé un accident / un malheur** he has had an accident / a misfortune, he has met with an accident / a misfortune ◆ **il est arrivé un télégramme** a telegram has come ou arrived ◆ **il lui arrivera des ennuis** he'll get (himself) into trouble ◆ **il m'arrive toujours des aventures incroyables** incredible things are always happening to me, I'm always getting involved in incredible adventures ◆ **quoi qu'il arrive** whatever happens ◆ **elle est parfois arrogante comme il arrive souvent aux timides** she is sometimes arrogant as often happens ou as is often the case with shy people
b **il arrive que** + subj, **il arrive de**: **il m'arrive d'oublier, il arrive que j'oublie** I sometimes forget ◆ **il peut arriver qu'elle se trompe, il peut lui arriver de se tromper** she does occasionally make a mistake, it occasionally happens that she makes a mistake ◆ **il peut arriver qu'elle se trompe mais ce n'est pas une raison pour la critiquer** she may (indeed) make mistakes but that's not a reason for criticizing her ◆ **il pourrait arriver qu'ils soient sortis** it could be that they've gone out, they might have gone out ◆ **s'il lui arrive ou arrivait de faire une erreur, prévenez-moi** if she should happen ou if she happens to make a mistake, let me know ◆ **il m'est arrivé plusieurs fois de le voir / faire** I have seen him / done it several times ◆ **il ne lui arrive pas souvent de mentir** it is not often that he lies, he does not often lie

arrivisme [aʀivism] → SYN nm (péj) (ruthless) ambition, pushiness; (social) social climbing

arriviste [aʀivist] → SYN nmf (péj) (ruthless) go-getter*, careerist; (social) social climber

arroche [aʀɔʃ] → SYN nf orache, orach (US)

arrogamment [aʀɔgamɑ̃] adv arrogantly

arrogance [aʀɔgɑ̃s] → SYN nf arrogance

arrogant, e [aʀɔgɑ̃, ɑ̃t] → SYN adj arrogant

arroger (s') [aʀɔʒe] → SYN ▸conjug 3◂ vpr pouvoirs, privilèges to assume (without right); titre to claim (falsely), claim (without right), assume ◆ **s'arroger le droit de ...** to assume the right to ..., take it upon o.s. to ...

arroi [aʀwa] → SYN nm (littér) array ◆ (fig) **être en mauvais arroi** to be in a sorry state

arrondi, e [aʀɔ̃di] → SYN (ptp de **arrondir**)
1 adj objet, forme, relief round, rounded; visage round; voyelle rounded
2 nm (gén: contour) roundness; (Aviat) flare-out, flared landing; (Couture) hemline *(of skirt)*

arrondir [aʀɔ̃diʀ] → SYN ▸conjug 2◂ 1 vt a objet, contour to round, make round; rebord, angle to round off; phrases to polish, round out; gestes to make smoother; caractère to make more agreeable, smooth the rough edges off; voyelle to round, make rounded; jupe to level; visage, taille, ventre to fill out, round out ◆ (fig) **essayer d'arrondir les angles** to try to smooth things over
b (accroître) fortune to swell; domaine to increase, enlarge ◆ **arrondir ses fins de mois** to supplement one's income
c (simplifier) somme, nombre to round off ◆ **arrondir au franc supérieur** to round up to the nearest franc ◆ **arrondir au franc inférieur** to round down to the nearest franc
2 **s'arrondir** vpr [relief] to become round(ed); [taille, joues, ventre, personne] to fill out; [fortune] to swell

arrondissement [aʀɔ̃dismɑ̃] → SYN nm a (Admin) district
b [voyelle] rounding; [fortune] swelling; [taille, ventre] rounding, filling out

arrosage [aʀozaʒ] → SYN nm [pelouse] watering; [voie publique] spraying → **lance**, **tuyau**

arroser [aʀoze] → SYN ▸conjug 1◂ vt a [personne] plante, terre (gén) to water; (avec un tuyau) to hose, water, spray; (légèrement) to sprinkle; rôti to baste ◆ **arroser qch d'essence** to pour petrol over sth
b [pluie] terre to water; personne (légèrement) to make wet; (fortement) to drench, soak ◆ **Rouen est la ville la plus arrosée de France** Rouen is the wettest city ou the city with the highest rainfall in France ◆ **se faire arroser** to get drenched ou soaked
c (Géog) [fleuve] to water
d (Mil) (avec fusil, balles) to spray (*de* with); (avec canon) to bombard (*de* with) ◆ **leurs mitrailleuses / projectiles arrosèrent notre patrouille** they sprayed ou peppered our patrol with machine-gun fire / bullets
e (*) événement, succès to drink to; repas to wash down (with wine)*; café to lace (with a spirit) ◆ **après un repas bien arrosé** after a meal washed down with plenty of wine ◆ **tu as gagné, ça s'arrose!** you've won – that deserves a drink! ou we must drink to that!
f (*: soudoyer) to grease ou oil the palm of
g (littér) [sang] to soak ◆ **visage arrosé de larmes** face bathed in ou awash with (littér) tears ◆ **arroser de ses larmes une photographie** to bathe a photograph in tears, let one's tears fall upon a photograph ◆ **terre arrosée de sang** blood-soaked earth

arroseur [aʀozœʀ] nm a [jardin] waterer; [rue] water cartman ◆ **c'est l'arroseur arrosé** his trick has backfired on him
b (tourniquet) sprinkler

arroseuse [aʀozøz] nf [rue] water cart

arrosoir [aʀozwaʀ] → SYN nm watering can

arroyo [aʀɔjo] → SYN nm arroyo

arsenal, pl **-aux** [aʀsənal, o] → SYN nm (stock, manufacture d'armes) arsenal; [mesures, lois] arsenal; (*: attirail) gear* (NonC), paraphernalia (NonC) ◆ **l'arsenal du pêcheur / du photographe** the gear ou paraphernalia of the fisherman / photographer ◆ **tout un arsenal de vieux outils** a huge collection ou assortment of old tools ◆ (Naut) **arsenal (de la marine** ou **maritime)** naval dockyard

arsenic [aʀsənik] → SYN nm arsenic ◆ **empoisonnement à l'arsenic** arsenic poisoning ◆ (Ciné) **"Arsenic et vieilles dentelles"** "Arsenic and Old Lace"

arsenical, e, mpl **-aux** [aʀsənikal, o] adj substance arsenical

arsénieux [aʀsenjø] adj m arsenic (épith) ◆ **oxyde** ou **anhydride arsénieux** arsenic trioxide, arsenic

arsénique [aʀsenik] adj ◆ **acide arsénique** arsenic acid

arsénite [aʀsenit] nm arsenite

arséniure [aʀsenjyʀ] nm arsenide

arsine [aʀsin] nf arsine

arsouille† [aʀsuj] nmf (voyou) ruffian ◆ **il a un air arsouille** (voyou) he looks like a ruffian; (malin) he looks crafty

art [aʀ] → SYN **1** nm **a** (esthétique) art ◆ **l'art espagnol / populaire / nègre** Spanish / popular / black art ◆ **les arts plastiques** the visual arts, the fine arts ◆ **l'art pour l'art** art for art's sake ◆ **livre / critique d'art** art book / critic ◆ **aimer / protéger les arts** to love / protect the arts ◆ **c'est du grand art!** (activité) it's poetry in motion!; (tableau exécrable) it's a work of art! (iro); (travail excellent) it's an excellent piece of work! ◆ **le septième art** cinema ◆ **le huitième art** television ◆ **le neuvième art** comic strips, strip cartoons (Brit), comics (US) → **amateur**

b (technique) art ◆ **art culinaire / militaire / oratoire** the art of cooking / of warfare / of public speaking ◆ **il est passé maître dans l'art de faire rire** he's a past master in the art of making people laugh ◆ **un homme / les gens de l'art** a man / the people in the profession ◆ **demandons à un homme de l'art!** let's ask a professional! → **règle**

c (adresse) [artisan] skill, artistry; [poète] skill, art, artistry ◆ **faire qch avec un art consommé** to do sth with consummate skill ◆ **il faut tout un art pour faire cela** doing that is quite an art, there's quite an art (involved) in doing that ◆ **il a l'art et la manière** he's got the know-how and he does it in style, he has both (great) skill and (great) style in what he does

d **l'art de faire qch** the art of doing sth, a talent ou flair for doing sth, the knack of doing sth* ◆ **il a l'art de me mettre en colère** he has a flair ou a talent for ou a knack of making me angry ◆ **ce style a l'art de me plaire** this style appeals to me ◆ (iro) **ça a l'art de m'endormir** it has the knack of sending me to sleep ◆ **il y a un art de faire ceci** there's quite an art in doing this ◆ **réapprendre l'art de marcher** to re-learn the art of walking

2 COMP ▹ **arts d'agrément** accomplishments ▹ **arts appliqués** ⇒ **arts décoratifs** ▹ **art déco** art deco ▹ **arts décoratifs** decorative arts ▹ **l'art dramatique** dramatic art, drama ▹ **les arts du feu** ceramics (sg) ▹ **arts graphiques** graphic arts ▹ **les arts libéraux** the (seven) liberal arts ▹ **arts martiaux** martial arts ▹ **arts mécaniques** mechanical arts ▹ **arts ménagers** (technique) home economics, homecraft (NonC), domestic science ◆ **les Arts ménagers** (salon) ≃ the Ideal Home Exhibition ▹ **arts et métiers** applied ou industrial arts and crafts ▹ **art nouveau** Art Nouveau ▹ **art poétique** (technique) poetic art; (doctrine) ars poetica, poetics (sg) ▹ **les arts de la rue** street arts ▹ **les arts de la scène** the performing arts ▹ **art de vivre** art of living

art. (abrév de **article**) art

artefact [aʀtefakt] → SYN nm artefact

artel [aʀtɛl] nm artel

Artémis [aʀtemis] nf Artemis

artère [aʀtɛʀ] → SYN nf (Anat) artery ◆ (Aut) **(grande) artère** (en ville) main road, thoroughfare; (entre villes) main (trunk) road

artériectomie [aʀteʀjɛktɔmi] nf arteriectomy

artériel, -ielle [aʀteʀjɛl] adj (Anat) arterial → **tension**

artériographie [aʀteʀjɔgʀafi] nf arteriography

artériole [aʀteʀjɔl] nf arteriole

artérioscléreux, -euse [aʀteʀjoskleʀø, øz] adj arteriosclerotic

artériosclérose [aʀteʀjoskleʀoz] nf arteriosclerosis

artériotomie [aʀteʀjɔtɔmi] nf arteriotomy

artérite [aʀteʀit] nf arteritis

artéritique [aʀteʀitik] adj, nmf arthritic

artésien, -ienne [aʀtezjɛ̃, jɛn] adj Artois (épith), of ou from Artois → **puits**

arthralgie [aʀtʀalʒi] nf arthralgia

arthrite [aʀtʀit] nf arthritis ◆ **avoir de l'arthrite** to have arthritis

arthritique [aʀtʀitik] adj, nmf arthritic

arthritisme [aʀtʀitism] nm arthritism

arthrodie [aʀtʀɔdi] nf gliding joint

arthrographie [aʀtʀɔgʀafi] nf arthrography

arthropathie [aʀtʀɔpati] nf arthropathy

arthropode [aʀtʀɔpɔd] nm arthropod

arthrose [aʀtʀoz] nf (degenerative) osteoarthritis

arthrosique [aʀtʀozik] **1** adj osteoarthritic **2** nmf osteoarthritis sufferer

Arthur [aʀtyʀ] nm Arthur ◆ **le roi Arthur** King Arthur → **appeler**

artichaut [aʀtiʃo] nm artichoke → **cœur**

artichautière [aʀtiʃotjɛʀ] nf artichoke field

article [aʀtikl] → SYN **1** nm **a** (Comm) item, article ◆ **baisse sur tous nos articles** all (our) stock ou all items reduced, reduction on all items ◆ **article d'importation** imported product ◆ **nous ne faisons plus cet article** we don't stock that item ou product any more ◆ **faire l'article** (pour vendre qch) to give the sales pitch; (fig) to sing sth's ou sb's praises

b (Presse) [revue, journal] article; [dictionnaire] entry

c (chapitre) point; [loi, traité] article ◆ **les 2 derniers articles de cette lettre** the last 2 points in this letter ◆ **pour** ou **sur cet article** on this point ◆ **sur l'article de** in the matter of, in matters of

d (Gram) article ◆ **article contracté / défini / élidé / indéfini / partitif** contracted / definite / elided / indefinite / partitive article

e (Ordin) record, item

f **à l'article de la mort** at the point of death

2 COMP ▹ **article d'appel** loss leader ▹ **articles de bureau** office accessories ▹ **articles de consommation courante** convenience goods ▹ **article de foi** article of faith ◆ **il prend ces recommandations pour articles de foi** for him these recommendations are articles of faith ▹ **article de fond** (Presse) feature article ▹ **articles de luxe** luxury goods ▹ **articles de mode** fashion accessories ▹ **articles de Paris** fancy goods ▹ **article réclame** special offer ▹ **articles de sport** (vêtements) sportswear; (objets) sports equipment ▹ **articles de toilette** toiletries, toilet requisites ou articles ▹ **articles de voyage** travel goods ou requisites → **pilote**

articulaire [aʀtikylɛʀ] adj articular → **rhumatisme**

articulation [aʀtikylasjɔ̃] → SYN nf **a** (Anat) joint; (Tech) articulation ◆ **articulations des doigts** knuckles, joints of the fingers ◆ **articulation du genou / de la hanche / de l'épaule** etc knee / hip / shoulder etc joint ◆ **articulation en selle** saddle joint

b (fig) [discours, raisonnement] linking sentence ◆ **la bonne articulation des parties de son discours** the sound structuring of his speech

c (Ling) articulation ◆ **point d'articulation** point of articulation

d (Jur) enumeration, setting forth

articulatoire [aʀtikylatwaʀ] adj articulatory

articulé, e [aʀtikyle] (ptp de **articuler**) **1** adj langage articulate(d); membre jointed, articulated; objet jointed; poupée with movable joints (épith) ◆ **autobus articulé** articulated bus

2 nm ◆ **articulé dentaire** bite

3 nmpl ◆ (Zool) **les articulés** arthropods, the Arthropoda (spéc)

articuler [aʀtikyle] → SYN ▸ conjug 1 ◂ vt **a** mot (prononcer clairement) to articulate, pronounce clearly; (dire) to pronounce, utter ◆ **il articule bien / mal ses phrases** he articulates ou speaks / doesn't articulate ou speak clearly ◆ **il articule mal** he doesn't articulate (his words) ou speak clearly ◆ **articule!** speak clearly!

b (joindre) mécanismes, os to articulate, joint; idées to link (up ou together) ◆ **élément / os qui s'articule sur un autre** element / bone that is articulated with ou is jointed to another ◆ **articuler un discours sur deux thèmes principaux** to structure a speech round ou on two main themes ◆ **toute sa défense s'articule autour de cet élément** his entire defence hinges ou turns on this factor ◆ **les parties de son discours s'articulent bien** the different sections of his speech are well linked ou hang together well ◆ **une grande salle autour de laquelle s'articulent une multitude de locaux** a large room surrounded by a multitude of offices

c (Jur) faits, griefs to enumerate, set out

artifice [aʀtifis] → SYN nm (artful ou clever ou ingenious) device, trick; (péj) trick, artifice ◆ **artifice de calcul** (clever) trick of arithmetic ◆ **artifice de style** stylistic device ou trick ◆ **les femmes usent d'artifices pour paraître belles** women use artful ou ingenious devices ou tricks to make themselves look beautiful ◆ **l'artifice est une nécessité de l'art** art cannot exist without (some) artifice → **feu[1]**

artificiel, -ielle [aʀtifisjɛl] → SYN adj (gén) artificial; fibre man-made; soie artificial; colorant artificial, synthetic; dent false; bijou, fleur artificial, imitation; raisonnement, style artificial, contrived; vie, besoins artificial; gaieté forced, unnatural

artificiellement [aʀtifisjɛlmɑ̃] → SYN adv artificially ◆ **fabriqué artificiellement** man-made, synthetically made

artificier [aʀtifisje] nm (fabricant) pyrotechnist; (désamorçage) bomb disposal expert

artificieusement [aʀtifisjøzmɑ̃] adv (littér) guilefully, deceitfully

artificieux, -ieuse [aʀtifisjø, jøz] → SYN adj (littér) guileful, deceitful

artillerie [aʀtijʀi] nf artillery, ordnance ◆ **artillerie de campagne** field artillery ◆ **artillerie de marine** naval guns ◆ (lit, fig) **grosse artillerie, artillerie lourde** heavy artillery ◆ **pièce d'artillerie** piece of artillery, ordnance (NonC) ◆ **tir d'artillerie** artillery fire ◆ (fig) **faire donner l'artillerie** to hit ou strike hard

artilleur [aʀtijœʀ] → SYN nm artilleryman, gunner

artimon [aʀtimɔ̃] nm (voile) mizzen; (mât) mizzen(mast) → **mât**

artiodactyles [aʀtjɔdaktil] nmpl ◆ **les artiodactyles** artiodactyls, the Artiodactyla (spéc)

artisan [aʀtizɑ̃] → SYN nm (self-employed) craftsman, artisan ◆ **artisan de la paix** peacemaker ◆ **être l'artisan de la victoire** to be the architect of victory ◆ **il est l'artisan de sa propre ruine** he has brought about ou he is the author of his own ruin

artisanal, e, mpl **-aux** [aʀtizanal, o] → SYN adj ◆ **activité artisanale** craft work ◆ **profession artisanale** craft, craft industry ◆ **retraite artisanale** pension for self-employed craftsmen ◆ **la fabrication se fait encore de manière très artisanale** the style of production is still very much that of a cottage industry ◆ **bombe de fabrication artisanale** home-made bomb ◆ **produits artisanaux** crafts, handicrafts

artisanalement [aʀtizanalmɑ̃] adv by craftsmen

artisanat [aʀtizana] → SYN nm (métier) craft industry; (classe sociale) artisans, artisan class ◆ **l'artisanat local** (industrie) local crafts ou handicrafts

artiste [aʀtist] → SYN 1 nmf **a** (gén: musicien, cantatrice, sculpteur etc) artist ◆ **artiste peintre** artist, painter ◆ (hum) **artiste capillaire** hair artiste ◆ **les artistes quittèrent la salle de concert** the performers ou artists left the concert hall → **travail**[1]
b (Ciné, Théât) (acteur) actor (ou actress); (chanteur) singer; (fantaisiste) entertainer; [music-hall, cirque] artiste, entertainer ◆ **artiste dramatique / de cinéma** stage / film actor ◆ **artiste-interprète** [musique] composer and performer; [chanson, pièce] writer and performer ◆ **artiste invité** ou **en représentation** guest soloist ◆ **les artistes saluèrent** the performers took a bow → **entrée**
c (péj) (bohème) bohemian; (fantaisiste) eccentric
2 adj personne, style artistic ◆ (péj) **il est du genre artiste** he's the artistic ou bohemian type

artistement [aʀtistəmɑ̃] adv artistically

artistique [aʀtistik] → SYN adj artistic

artistiquement [aʀtistikmɑ̃] adv artistically

artocarpe [aʀtɔkaʀp] nm breadfruit

arum [aʀɔm] → SYN nm arum lily

aruspice [aʀyspis] → SYN nm (Antiq) haruspex

aryen, -yenne [aʀjɛ̃, jɛn] 1 adj Aryan
2 nm,f ◆ **Aryen(ne)** Aryan

aryle [aʀil] nm aryl

aryténoïde [aʀitenɔid] adj, nm (Anat) arytenoid(al)

arythmie [aʀitmi] nf arrhythmia

arythmique [aʀitmik] adj arrhythmic(al)

AS [aɛs] 1 nfpl (abrév de **assurances sociales**) → **assurance**
2 nf (abrév de **association sportive**) → **association**

as [ɑs] → SYN nm **a** (carte, dé) ace ◆ (Hippisme, loto) **l'as** number one
b (fig: champion) ace* ◆ **un as de la route / du ciel** a crack driver / pilot ◆ **l'as de l'école** the school's star pupil ◆ **il fut l'as des as de sa génération** he was the number one ace of his generation
c (Tennis) ace ◆ **réussir** ou **servir un as** to serve an ace
d LOC **être ficelé** ou **fagoté comme l'as de pique*** to be dressed (all) anyhow* ◆ **être (plein) aux as**‡ to be loaded*, be rolling in it* ◆ **passer à l'as**‡: (au restaurant) **les apéritifs sont passés à l'as** we got away without paying for the drinks, we got the drinks for free* ◆ **avec toutes les dépenses que l'on a faites, les vacances sont passées à l'as** with all the expense we'd had the holidays had to go by the board ou the holidays were completely written off* ◆ **cet appareil ne marche pas, voilà 2 000 F passés à l'as** this camera doesn't work so that's 2,000 francs written off* ou 2,000 francs down the drain*

ASA [aza] nm (Phot) ASA

asbeste [asbɛst] nm asbestos

asbestose [asbɛstoz] nf asbestosis

ASBL [aɛsbeɛl] nf (abrév de **association sans but lucratif**) → **association**

ascaride [askaʀid] → SYN nm ascarid

ascaridiase [askaʀidjɑz], **ascaridiose** [askaʀidjoz] nf ascariasis

ascaris [askaʀis] nm ⇒ **ascaride**

ascendance [asɑ̃dɑ̃s] → SYN nf **a** (généalogique) ancestry ◆ **son ascendance paternelle** his paternal ancestry ◆ **être d'ascendance bourgeoise** to be of middle-class descent
b (Astron) rising, ascent ◆ (Phys) **ascendance thermique** thermal

ascendant, e [asɑ̃dɑ̃, ɑ̃t] → SYN 1 adj astre rising, ascending; mouvement, direction upward; progression ascending; trait rising, mounting; (Généalogie) ligne ancestral ◆ **mouvement ascendant du piston** upstroke of the piston
2 nm **a** (influence) (powerful) influence, ascendancy (*sur* over) ◆ **subir l'ascendant de qn** to be under sb's influence
b (Admin) **ascendants** ascendants
c (Astron) rising star; (Astrol) ascendant

ascenseur [asɑ̃sœʀ] → SYN nm lift (Brit), elevator (US) → **renvoyer**

ascension [asɑ̃sjɔ̃] → SYN nf **a** [ballon] ascent, rising; [fusée] ascent; [homme politique] rise; (sociale) rise ◆ (Rel) **l'Ascension** the Ascension; (jour férié) Ascension (Day) ◆ **l'île de l'Ascension** Ascension Island ◆ (Astron) **ascension droite** right ascension ◆ **ascension professionnelle** professional advancement
b [montagne] ascent ◆ **faire l'ascension d'une montagne** to climb a mountain, make the ascent of a mountain ◆ **la première ascension de l'Everest** the first ascent of Everest ◆ **c'est une ascension difficile** it's a difficult climb ◆ **faire des ascensions** to go (mountain) climbing

ascensionnel, -elle [asɑ̃sjɔnɛl] → SYN adj mouvement upward; force upward, elevatory ◆ **vitesse ascensionnelle** climbing speed

ascensionniste [asɑ̃sjɔnist] → SYN nmf ascensionist

ascèse [asɛz] → SYN nf asceticism

ascète [asɛt] → SYN nmf ascetic

ascétique [asetik] → SYN adj ascetic

ascétisme [asetism] → SYN nm asceticism

ASCII [aski] nm ASCII ◆ **code ASCII** ASCII code

ascite [asit] → SYN nf ascites

ascitique [asitik] 1 adj ascitic
2 nmf ascites sufferer

asclépiade[1] [asklepjad] → SYN nf (Bot) asclepias, milkweed

asclépiade[2] [asklepjad] → SYN nm (Poésie) Asclepiad

ascomycètes [askɔmisɛt] nmpl ◆ **les ascomycètes** ascomycetes

ascorbique [askɔʀbik] adj acide ascorbic

asdic [asdik] → SYN nm asdic

ASE [aɛsə] nf (abrév de **Agence spatiale européenne**) ESA

asémantique [asemɑ̃tik] adj asemantic

asepsie [asɛpsi] → SYN nf asepsis

aseptique [asɛptik] → SYN adj aseptic

aseptisation [asɛptizasjɔ̃] → SYN nf (→ **aseptiser**) fumigation; sterilization; disinfection

aseptiser [asɛptize] → SYN ▸ conjug 1 ◂ vt pièce to fumigate; pansement, ustensile to sterilize; plaie to disinfect ◆ **aseptisé** roman lifeless, sterile; décor cold

asexualité [asɛksɥalite] nf asexuality

asexué, e [asɛksɥe] adj (Bio) asexual; personne sexless, asexual

asexuel, -elle [asɛksɥɛl] adj asexual

ashkénaze [aʃkenɑz] → SYN adj, nmf Ashkenazi

ashram [aʃʀam] → SYN nm ashram

asialie [asjali] nf asialia

Asiate [azjat] nmf Asian

asiatique [azjatik] → SYN 1 adj Asian ◆ **la grippe asiatique** Asian flu
2 nmf ◆ **Asiatique** Asian

Asie [azi] nf Asia ◆ **Asie Mineure** Asia Minor ◆ **Asie centrale** Central Asia ◆ **Asie du Sud-Est** Southeast Asia

asilaire [azilɛʀ] adj (de maison de retraite) old people's home (épith), retirement home (épith); (Psych) asylum (épith)

asile [azil] → SYN nm **a** (institution) **asile (de vieillards)** old people's home, retirement home ◆ **asile (d'aliénés)**† (lunatic) asylum ◆ **asile de nuit** night shelter, hostel, doss house* (Brit)
b (lit, fig: refuge) refuge, sanctuary; (Pol) asylum ◆ **sans asile** homeless ◆ **droit d'asile** (Hist) right of sanctuary; (Pol) right of asylum ◆ **asile de paix** haven of peace, peaceful retreat ◆ **demander / donner asile** to seek / provide sanctuary (Hist) ou asylum (Pol) ou refuge (gén)

asociabilité [asɔsjabilite] → SYN nf [personne] asocial behaviour

asocial, e, mpl **-iaux** [asɔsjal, jo] → SYN 1 adj comportement antisocial
2 nm,f social misfit, socially maladjusted person

asparagine [aspaʀaʒin] nf asparagine

asparagus [aspaʀagys] nm asparagus fern

aspartam(e) [aspaʀtam] nm aspartame

aspartique [aspaʀtik] adj ◆ **acide aspartique** aspartic acid

aspect [aspɛ] → SYN GRAMMAIRE ACTIVE 26.1, 26.2 nm **a** (allure) [personne] look, appearance; [objet, paysage] appearance, look ◆ **homme d'aspect sinistre** sinister-looking man, man of sinister appearance ◆ **l'intérieur de cette grotte a l'aspect d'une église** the inside of this cave resembles ou looks like a church ◆ **les nuages prenaient l'aspect de montagnes** the clouds took on the appearance of mountains ◆ **ce château a un aspect mystérieux** this castle has a look ou an air of mystery (about it)
b (angle) [question] aspect, side ◆ **vu sous cet aspect** seen from that angle ou side, seen in that light ◆ **sous tous ses aspects** in all its aspects, from all its sides
c (Astrol, Ling) aspect
d (littér: vue) sight ◆ **à l'aspect de** at the sight of

asperge [aspɛʀʒ] → SYN nf **a** (Bot) asparagus → **pointe**
b (*: personne) **(grande) asperge** beanpole*, string bean* (US)

asperger [aspɛʀʒe] → SYN ▸ conjug 3 ◂ vt surface to spray, (légèrement) to sprinkle; personne to splash (*de* with) ◆ **s'asperger le visage** to splash one's face with water ◆ **le bus nous a aspergés au passage*** the bus splashed us ou sprayed water over us as it went past ◆ **se faire asperger*** (par une voiture) to get splashed

aspergès [aspɛʀʒɛs] nm (goupillon) aspersorium, aspergill(um); (moment) Asperges

aspergille [aspɛʀʒil] → SYN nf aspergillus

aspergillose [aspɛʀʒiloz] nf aspergillosis

aspérité [aspeʀite] → SYN nf **a** (partie saillante) bump ◆ **les aspérités de la table** the bumps on the table, the rough patches on the surface of the table
b (littér) [caractère, remarques, voix] harshness

asperme [aspɛʀm] adj seedless

aspermie [aspɛʀmi] nf aspermia

aspersion [aspɛʀsjɔ̃] nf spraying, sprinkling; (Rel) sprinkling of holy water, aspersion

aspersoir [aspɛʀswaʀ] → SYN nm (goupillon) aspersorium, aspergill(um); [arrosoir] rose

asphaltage [asfaltaʒ] nm (action) asphalting; (revêtement) asphalt surface

asphalte [asfalt] → SYN nm asphalt

asphalter [asfalte] → SYN ▸ conjug 1 ◂ vt to asphalt

asphodèle [asfɔdɛl] nm asphodel

asphyxiant, e [asfiksjɑ̃, jɑ̃t] adj fumée suffocating, asphyxiating; atmosphère stifling, suffocating → **gaz**

asphyxie [asfiksi] → SYN nf (gén) suffocation, asphyxiation; (Méd) asphyxia; [plante] asphyxiation; (fig) [personne] suffocation; [industrie] stifling

asphyxier [asfiksje] → SYN ▸ conjug 7 ◂ 1 vt (lit) to suffocate, asphyxiate; (fig) industrie, esprit to stifle ◆ **mourir asphyxié** to die of suffocation ou asphyxiation
2 **s'asphyxier** vpr (accident) to suffocate, asphyxiate, be asphyxiated; (suicide) to suffocate o.s.; (fig) to suffocate ◆ **il s'est asphyxié au gaz** he gassed himself

aspi* [aspi] nm (Mil) officer cadet; (Naut) midshipman, middie* (US)

aspic [aspik] → SYN nm (Zool) asp; (Bot) aspic; (Culin) meat (ou fish etc) in aspic ◆ **aspic de volaille** chicken in aspic

aspidistra [aspidistʀa] nm aspidistra

aspirant, e [aspiʀɑ̃, ɑ̃t] → SYN 1 adj suction (épith), vacuum (épith) → **pompe**[1]
2 nm,f (candidat) candidate (*à* for)
3 nm (Mil) officer cadet; (Naut) midshipman, middie* (US)

aspirateur, -trice [aspiʀatœʀ, tʀis] 1 adj aspiratory
2 nm (domestique) vacuum cleaner, Hoover ® (Brit); (Constr, Méd etc) aspirator

◆ **passer les tapis à l'aspirateur** to vacuum ou hoover the carpets, run the vacuum cleaner ou Hoover over the carpets ◆ **passer l'aspirateur** to vacuum, hoover ◆ **passer un coup d'aspirateur dans la voiture** to give the car a quick going-over with the vacuum cleaner ou Hoover

aspirateur-balai, pl **aspirateurs-balais** [aspiʀatœʀbalɛ] nm upright vacuum cleaner, upright Hoover ® (Brit)

aspirateur-traîneau, pl **aspirateurs-traîneaux** [aspiʀatœʀtʀɛno] nm cylinder vacuum cleaner, cylinder Hoover ® (Brit)

aspiration [aspiʀasjɔ̃] → SYN nf **a** (en inspirant) inhaling (NonC), inhalation, breathing in (NonC); (Ling) aspiration ◆ **de longues aspirations** long deep breaths

b [liquide] (avec une paille) sucking (up); (gén, Tech: avec une pompe etc) sucking up, drawing up, suction; (technique d'avortement) vacuum extraction

c (ambition) aspiration (*vers, à* for, after); (souhait) desire, longing (*vers, à* for)

aspiré, e [aspiʀe] (ptp de **aspirer**) **1** adj (Ling) aspirated ◆ **h aspiré** aspirate h

2 aspirée nf aspirate

aspirer [aspiʀe] → SYN ▸ conjug 1 ◂ **1** vt **a** air, odeur to inhale, breathe in; liquide (avec une paille) to suck (up); (Tech: avec une pompe etc) to suck ou draw up ◆ **aspirer et refouler** to pump in and out

b (Ling) to aspirate

2 aspirer à vt indir honneur, titre to aspire to; genre de vie, tranquillité to desire, long for ◆ **aspirant à quitter cette vie surexcitée** longing to leave this hectic life ◆ **aspirer à la main de qn**† to be sb's suitor†, aspire to sb's hand†

aspirine [aspiʀin] nf aspirin ◆ **(comprimé** ou **cachet d') aspirine** aspirin ◆ **prenez 2 aspirines** take 2 aspirins → **blanc**

aspiro-batteur, pl **aspiro-batteurs** [aspiʀobatœʀ] nm vacuum cleaner (*which beats as it sucks*)

assa-fœtida [asafetida] nf asaf(o)etida

assagir [asaʒiʀ] → SYN ▸ conjug 2 ◂ **1** vt **a** (calmer) personne to quieten (Brit) ou quiet (US) down, settle down; passion to subdue, temper, quieten (Brit), quiet (US) ◆ **n'arrivant pas à assagir ses cheveux rebelles** not managing to tame her rebellious hair

b (littér: rendre plus sage) to make wiser

2 s'assagir vpr [personne] to quieten (Brit) ou quiet (US) down, settle down; [style, passions] to become subdued

assagissement [asaʒismɑ̃] → SYN nm [personne] quietening (Brit) ou quieting (US) down, settling down; [passions] subduing

assai [asaj] adv assai

assaillant, e [asajɑ̃, ɑ̃t] → SYN nm,f assailant, attacker

assaillir [asajiʀ] → SYN ▸ conjug 13 ◂ vt (lit) to assail, attack; (fig) to assail (*de* with) ◆ **il fut assailli de questions** he was assailed ou bombarded with questions

assainir [aseniʀ] → SYN ▸ conjug 2 ◂ vt quartier, logement to clean up, improve the living conditions in; marécage to drain; air, eau to purify, decontaminate; finances, marché to stabilize; monnaie to rehabilitate, re-establish ◆ **la situation s'est assainie** the situation has become healthier ◆ (fig) **assainir l'atmosphère** to clear the air

assainissement [asenismɑ̃] → SYN nm (→ **assainir**) cleaning up; draining; purification; decontamination; stabilization ◆ **assainissement monétaire** rehabilitation ou re-establishment of the currency ◆ **assainissement budgétaire** stabilization of the budget

assaisonnement [asɛzɔnmɑ̃] → SYN nm (méthode) [salade] dressing, seasoning; [plat] seasoning; (ingrédient) seasoning

assaisonner [asɛzɔne] → SYN ▸ conjug 1 ◂ vt (Culin) to season, add seasoning to; salade to dress, season; (fig) conversation etc to spice, give zest to ◆ **le citron assaisonne bien la salade** lemon is a good dressing for ou on a salad ◆ **assaisonner qn**⁑ (physiquement) to knock sb about*, give sb a thumping⁑; (verbalement) to give sb a telling off*, tell sb off*, bawl sb out*; (financièrement) to clobber sb⁑, sting sb⁑

assassin, e [asasɛ̃, in] → SYN **1** adj œillade provocative

2 nm (gén) murderer; (Pol) assassin; (Presse etc) killer*, murderer ◆ **l'assassin court toujours** the killer* ou murderer is still at large ◆ **à l'assassin !** murder!

assassinat [asasina] → SYN nm murder; (Pol) assassination

assassiner [asasine] → SYN ▸ conjug 1 ◂ vt to murder; (Pol) to assassinate ◆ **mes créanciers m'assassinent !*** my creditors are bleeding me white!*

assaut [aso] → SYN nm (Mil) assault, attack (*de* on); (Boxe, Escrime) bout; (Alpinisme) assault ◆ **donner l'assaut à** to storm, attack, launch an attack on ◆ **ils donnent l'assaut** they're attacking ◆ **résister aux assauts de l'ennemi** to resist the enemy's attacks ou onslaughts ◆ **monter à l'assaut** to go into attack ◆ **ils sont montés à l'assaut de la forteresse** they launched an attack on the fortress ◆ **partir à l'assaut de** (lit) to attack, charge ◆ (fig) **de petites firmes qui sont parties à l'assaut d'un marché international** small firms who have set out to take the international market by storm ou to capture the international market ◆ **prendre d'assaut** to take by storm, assault ◆ (fig) **prendre une place d'assaut** to grab a seat ◆ **les librairies étaient prises d'assaut** the bookshops were stormed by the public ◆ **ils faisaient assaut de politesse** they were vying with each other ou rivalling each other in politeness → **char**

asseau [aso] → SYN nm hammer-axe

assèchement [asɛʃmɑ̃] → SYN nm (→ **assécher**) draining; drainage, emptying; drying (out); drying (up); drying

assécher [aseʃe] → SYN ▸ conjug 6 ◂ **1** vt terrain to drain; réservoir to drain, empty; [vent, évaporation] terrain to dry (out); réservoir to dry (up); peau to dry

2 s'assécher vpr [cours d'eau, réservoir] to dry up; [peau] to dry out

ASSEDIC [asedik] nfpl (abrév de **Associations pour l'emploi dans l'industrie et le commerce**) *organization managing unemployment insurance payments*

assemblage [asɑ̃blaʒ] → SYN nm **a** (action) [éléments, parties] assembling, putting together; (Menuiserie) assembling, jointing; [meuble, maquette, machine] assembling, assembly; (Ordin) assembly; (Typ) [feuilles] gathering; (Couture) [pièces] sewing together; [robe, pull-over] sewing together ou up, making up ◆ **assemblage de pièces par soudure / collage** soldering / glueing together of parts

b (Menuiserie: jointure) joint ◆ **assemblage à vis / par rivets / à onglet** screwed / rivet(ed) / mitre joint

c (structure) **une charpente est un assemblage de poutres** the framework of a roof is an assembly of beams ◆ **toit fait d'assemblages métalliques** roof made of metal structures

d (réunion) [couleurs, choses, personnes] collection

e (Art: tableau etc) assemblage

assemblé [asɑ̃ble] nm (Danse) assemblé

assemblée [asɑ̃ble] → SYN nf (gén: réunion, foule) gathering; (réunion convoquée) meeting; (Pol) assembly ◆ (Rel) **l'assemblée des fidèles** the congregation ◆ **assemblée mensuelle / extraordinaire / plénière** monthly / extraordinary / plenary meeting ◆ **assemblée générale** (Écon) annual general meeting; [étudiants] (extraordinary) general meeting ◆ **assemblée générale extraordinaire** extraordinary general meeting ◆ **réunis en assemblée** gathered ou assembled for a meeting ◆ **à la grande joie de l'assemblée** to the great joy of the assembled company ou of those present ◆ **l'Assemblée (nationale)** the French National Assembly ◆ **Assemblée parlementaire européenne** European Parliament ◆ (Pol) **assemblée délibérante** deliberating assembly

assembler [asɑ̃ble] → SYN ▸ conjug 1 ◂ **1** vt **a** (réunir) données, matériaux to gather (together), collect (together); (Pol) comité to convene, assemble; (†) personnes to assemble, gather (together); (Typ) feuilles to gather ◆ (Pol) **les chambres assemblées ont voté la loi** the assembled chambers passed the law ◆ (Danse) **assembler les pieds** to take up third position ◆ **l'amour les assemble**† love unites them (together) ou binds them together

b (joindre) idées, meuble, machine, puzzle to assemble, put together; pull, robe to sew together ou up, make up; (Menuiserie) to assemble, joint; couleurs, sons to put together ◆ **assembler par soudure / collage** to solder / glue together

2 s'assembler vpr [foule] to gather, collect; [participants, conseil, groupe] to assemble, gather; (fig) [nuages] to gather → **qui**

assembleur, -euse [asɑ̃blœʀ, øz] **1** nm,f (ouvrier) (gén) assembler, fitter; (Typ) gatherer

2 nm (Ordin) assembler

3 assembleuse nf (Typ: machine) gathering machine

assener, asséner [asene] → SYN ▸ conjug 5 ◂ vt coup to strike; (fig) argument to thrust forward; propagande to deal out; réplique to thrust ou fling back ◆ **assener un coup à qn** to deal sb a blow

assentiment [asɑ̃timɑ̃] → SYN GRAMMAIRE ACTIVE 11.3 nm (consentement) assent, consent; (approbation) approval ◆ **donner son assentiment à** to give one's assent ou consent ou approval to

asseoir [aswaʀ] → SYN ▸ conjug 26 ◂ **1** vt **a** **asseoir qn** (personne debout) to sit sb down; (personne couchée) to sit sb up ◆ **asseoir qn sur une chaise / dans un fauteuil** to sit ou put sb on a chair / in an armchair, seat sb on a chair / in an armchair ◆ **asseoir un enfant sur ses genoux** to sit ou take a child on one's knee ◆ (fig) **asseoir un prince sur le trône** to put ou set a prince on the throne

b faire asseoir qn to ask sb to sit down ◆ **faire asseoir ses invités** to ask one's guests to sit down ou to take a seat ◆ **je leur ai parlé après les avoir fait asseoir** I talked to them after asking them to sit down ◆ **fais-la asseoir, elle est fatiguée** get her to sit down, she is tired

c être assis to be sitting ou seated ◆ **reste assis !** (ne bouge pas) sit still!; (ne te lève pas) don't get up! ◆ **nous sommes restés assis pendant des heures** we sat ou remained seated for hours ◆ **ils restèrent assis pendant l'hymne national** they remained seated during the national anthem ◆ **nous étions très bien / mal assis** (sur des chaises) we had very comfortable / uncomfortable seats; (par terre) we were very comfortably / uncomfortably seated, we were sitting very comfortably / uncomfortably ◆ **assis en tailleur** sitting cross-legged ◆ **assis à califourchon sur** sitting astride, straddling → **entre**

d (frm) (affermir) réputation to establish, assure; autorité, théorie to establish ◆ **asseoir une maison sur du granit** to build a house on granite ◆ **asseoir les fondations sur** to lay ou build the foundations on ◆ **asseoir sa réputation sur qch** to build one's reputation on sth ◆ **asseoir une théorie sur des faits** to base a theory on facts ◆ **asseoir son jugement sur des témoignages dignes de foi** to base one's judgment on reliable evidence

e (*: stupéfier) to stagger, stun ◆ **son inconscience m'assoit** his foolishness staggers me, I'm stunned by his foolishness ◆ **j'en suis** ou **reste assis de voir que** I'm staggered ou stunned ou flabbergasted* to see that

f (Fin) **asseoir un impôt** to base a tax, fix a tax

2 s'asseoir vpr to sit (o.s.) down; [personne couchée] to sit up ◆ **asseyez-vous donc** do sit down, do have ou take a seat ◆ **asseyez-vous par terre** sit (down) on the floor ◆ **il n'y a rien pour s'asseoir** there is nothing to sit on ◆ **le règlement, je m'assieds dessus !*** you know what you can do with the rule!⁑ ◆ **s'asseoir à califourchon (sur qch)** to sit (down) astride (sth) ◆ **s'asseoir en tailleur** to sit (down) cross-legged

assermenté, e [asɛʀmɑ̃te] adj témoin, expert on oath (attrib)

assertif, -ive [asɛʀtif, iv] → SYN adj phrase etc declarative

assertion [asɛʀsjɔ̃] → SYN nf assertion

asservi, e [asɛʀvi] (ptp de **asservir**) adj peuple enslaved; presse subservient ◆ **moteur asservi** servomotor

asservir [asɛʀviʀ] → SYN ▸ conjug 2 ◂ vt (assujettir) personne to enslave; pays to reduce to slavery, subjugate; (littér: maîtriser) passions, nature to overcome, master ◆ **être asservi à** to be a slave to

asservissant, e [asɛʀvisɑ̃, ɑ̃t] → SYN adj règles, travail enslaving (attrib)

asservissement [asɛʀvismɑ̃] → SYN nm (action) enslavement; (lit, fig: état) slavery, subservience (*à* to); (Élec) servo-control (NonC) (*à* by)

asservisseur [asɛʀvisœʀ] → SYN nm servo-control mechanism

assesseur [asesœʀ] → SYN nm assessor

assez [ase] → SYN GRAMMAIRE ACTIVE 14 adv **a** (suffisamment, avec vb) enough; (devant adj, adv) enough, sufficiently ◆ **bien assez** quite enough, plenty ◆ **tu as (bien) assez mangé** you've had ou eaten (quite) enough, you've had (quite) enough ou plenty to eat ◆ **c'est bien assez grand** it's quite big enough ◆ **plus qu'assez** more than enough ◆ **je n'ai pas assez travaillé** I haven't worked (hard) enough, I haven't worked sufficiently (hard) ◆ **la maison est grande mais elle ne l'est pas assez pour nous** the house is big but it is not big enough for us ◆ **il ne vérifie pas assez souvent** he does not check often enough ◆ **tu travailles depuis assez longtemps** you've been working (for) long enough ◆ **ça a assez duré!** it has gone on long enough! ◆ **combien voulez-vous? est-ce que 5 F c'est assez? – c'est bien assez** how much do you want? is 5 francs enough? ou will 5 francs do? – that will be plenty ou ample ou that will be quite ou easily enough ◆ **il a juste assez pour s'acheter ce livre** he has just enough to buy himself that book → **peu**

b **assez de** (quantité, nombre) enough ◆ **avez-vous acheté assez de pain / d'oranges?** have you bought enough ou sufficient bread / enough oranges? ◆ **il n'y a pas assez de viande pour tout le monde** there is not enough meat to go round ou for everyone ◆ **c'est assez de lui à me critiquer sans que tu t'en mêles** it's quite enough his criticizing me without your joining in (too) ◆ **ils sont assez de deux pour ce travail** the two of them are enough ou will do* for this job ◆ **j'en ai assez de 3** 3 will be enough for me ou will do (for) me* ◆ **n'apportez pas de pain / verres, il y en a assez** don't bring any bread / glasses, there is / are enough ou we have enough

c (en corrélation avec pour) enough ◆ **as-tu trouvé une boîte assez grande pour tout mettre?** have you found a big enough box ou a box big enough to put it all in? ◆ **le village est assez près pour qu'elle puisse y aller à pied** the village is near enough for her to walk there ◆ **je n'ai pas assez d'argent pour m'offrir cette voiture** I can't afford (to buy myself) this car, I haven't enough money to buy myself this car ◆ **il est assez idiot pour refuser!** he's stupid enough to refuse! ◆ **il n'est pas assez sot pour le croire** he is not so stupid as to believe him

d (intensif) rather, quite, fairly, pretty* ◆ **la situation est assez inquiétante** the situation is rather ou somewhat ou pretty* disturbing ◆ **ce serait assez agréable d'avoir un jour de congé** it would be rather ou quite nice to have a day off ◆ **il était assez tard quand ils sont partis** it was quite ou fairly ou pretty* late when they left ◆ **j'ai oublié son adresse, est-ce assez bête!** how stupid (of me), I've forgotten his address! ◆ **je l'ai assez vu!** I have seen (more than) enough of him! ◆ **elle était déjà assez malade il y a 2 ans** she was already quite ill 2 years ago ◆ **je suis assez de ton avis** I think I agree with you

e LOC **en voilà assez!, c'est assez!, c'en est assez!** I've had enough!, enough is enough! ◆ **assez!** that will do!, that's (quite) enough! ◆ **assez parlé** ou **de discours, des actes!** enough talk ou enough said, let's have some action! ◆ **(en) avoir assez de qch / qn** to have (had) enough ou be sick* of sth / sb, be fed up with sth / sb* ◆ **j'en ai assez de toi et de tes jérémiades*** I've had enough of ou I'm sick (and tired) of* ou I'm fed up with* you and your moaning

assibilation [asibilasjɔ̃] nf assibilation

assidu, e [asidy] → SYN adj **a** (ponctuel) présence regular ◆ **c'est un élève assidu** he's a regular (and attentive) pupil ◆ **ouvrier assidu** workman who is regular in his work

b (appliqué) soin, effort assiduous, unremitting; travail assiduous, constant, painstaking; personne assiduous, painstaking

c (empressé) personne assiduous ou unremitting in one's attention (*auprès de* to) ◆ **faire une cour assidue à qn** to be assiduous in one's attentions to sb, woo sb assiduously

assiduité [asidɥite] → SYN nf (ponctualité) regularity; (empressement) attentiveness, assiduity (*à* to) ◆ **son assiduité aux cours** his regular attendance at classes ◆ **fréquenter le bistrot avec assiduité** to be a regular at the pub (Brit) ou bar (US) ◆ (frm, hum) **poursuivre une femme de ses assiduités** to pester a woman with one's assiduous attentions (hum)

assidûment [asidymɑ̃] → SYN adv fréquenter faithfully, assiduously; travailler, s'entraîner assiduously

assiégeant, e [asjeʒɑ̃, ɑ̃t] → SYN **1** nm,f besieger

2 adj ◆ **les troupes assiégeantes** the besieging troops

assiégé, e [asjeʒe] (ptp de **assiéger**) **1** nm,f ◆ **les assiégés** the besieged

2 adj garnison, ville besieged, under siege (attrib)

assiéger [asjeʒe] → SYN ▸ conjug 3 et 6 ◂ vt (Mil) ville to besiege, lay siege to; armée to besiege; (fig) (entourer) guichet, porte, personne to mob, besiege; (harceler) to beset ◆ **assiégé par l'eau / les flammes** hemmed in by water / flames ◆ **à Noël les magasins étaient assiégés** the shops (Brit) ou stores (US) were mobbed at Christmas ◆ **ces pensées / tentations qui m'assiègent** these thoughts / temptations that beset ou assail me

assiette [asjɛt] → SYN **1** nf **a** (vaisselle, quantité) plate ◆ **le nez dans son assiette** with his head bowed over his plate

b (équilibre) [cavalier] seat; [navire] trim; [colonne] seating ◆ (Équitation) **perdre son assiette** to lose one's seat, be unseated ◆ (Équitation) **avoir une bonne assiette** to have a good seat, sit one's horse well ◆ (fig) **il n'est pas dans son assiette aujourd'hui** he's not feeling (quite) himself today, he's (feeling) a bit off-colour (Brit) today

c [hypothèque] property ou estate on which a mortgage is secured ◆ **assiette de l'impôt** tax base ◆ **assiette de la TVA** basis upon which VAT is assessed

2 COMP ▷ **assiette anglaise** assorted cold meats ▷ **assiette au beurre** (manège) rotor ◆ (fig) **c'est l'assiette au beurre** it's a cushy job* ▷ **assiette de charcuterie** assorted cold meats ▷ **assiette composée** mixed salad *(of cold meats and vegetables)* ▷ **assiette creuse** (soup) dish, soup plate ▷ **assiette à dessert** side plate ▷ **assiette garnie** assorted cold meats ▷ **assiette nordique** plate of assorted smoked fish ▷ **assiette plate** (dinner) plate ▷ **assiette à soupe** ⇒ **assiette creuse**

assiettée [asjete] → SYN nf (gén) plate(ful); [soupe] plate(ful), dish

assignable [asiɲabl] adj (attribuable) cause, origine ascribable, attributable (*à* to)

assignat [asiɲa] → SYN nm *banknote used during the French Revolution*

assignation [asiɲasjɔ̃] → SYN nf (Jur) [parts] assignation, allocation ◆ **assignation (à comparaître)** [prévenu] summons; [témoin] subpoena ◆ **assignation en justice** ≃ writ of summons; subpoena ◆ **assignation à résidence** house arrest

assigner [asiɲe] → SYN ▸ conjug 1 ◂ vt **a** (attribuer) part, place, rôle to assign, allocate, allot; valeur, importance to attach, ascribe, allot; cause, origine to ascribe, attribute (*à* to)

b (affecter) somme, crédit to allot, allocate (*à* to), earmark (*à* for)

c (fixer) limite, terme to set, fix (*à* to) ◆ **assigner un objectif à qn** to set sb a goal

d (Jur) **assigner (à comparaître)** prévenu to summons; témoin to subpoena, summon ◆ **assigner qn en justice** to issue a writ against sb, serve a writ on sb ◆ **assigner qn à résidence** to put sb under house arrest

assimilable [asimilabl] → SYN adj **a** immigrant easily assimilated; connaissances easily assimilated ou absorbed; nourriture assimilable, easily assimilated ◆ **ces connaissances ne sont pas assimilables par un enfant** this knowledge could not be assimilated by a child, a child could not assimilate ou take in this knowledge

b (comparable à) **assimilable à** comparable to ◆ **ce poste est assimilable à celui de contremaître** this job is comparable to ou may be considered like that of a foreman

assimilateur, -trice [asimilatœʀ, tʀis] adj assimilative, assimilating ◆ **c'est un admirable assimilateur** he has fine powers of assimilation

assimilation [asimilasjɔ̃] → SYN nf **a** (absorption: gén, fig) assimilation ◆ **assimilation chlorophyllienne** photosynthesis

b (comparaison) **l'assimilation de ce bandit à un héros / à Napoléon est un scandale** it's a scandal making this criminal out to be a hero / to liken ou compare this criminal to Napoleon ◆ **assimilation culturelle** cultural assimilation ◆ **l'assimilation des techniciens supérieurs aux ingénieurs** the classification of top-ranking technicians as engineers, the inclusion of top-ranking technicians in the same category as engineers

assimilé, e [asimile] → SYN (ptp de **assimiler**) **1** adj (similaire) comparable, similar ◆ **ce procédé et les autres méthodes assimilées** this process and the other comparable methods ◆ (Écon) **produits assimilés** allied products

2 nm (Mil) *non-combatant ranking with the combatants* ◆ **les fonctionnaires et assimilés** civil servants and comparable categories

assimiler [asimile] → SYN ▸ conjug 1 ◂ **1** vt **a** (absorber) (gén) to assimilate; connaissances to take in ◆ **un élève qui assimile bien** a pupil who assimilates ou takes things in easily ◆ **ses idées sont du Nietzsche mal assimilé** his ideas are just a few ill-digested notions (taken) from Nietzsche

b **assimiler qn / qch à** (comparer à) to liken ou compare sb / sth to; (classer comme) to class sb / sth as, put sb / sth into the category of; (faire ressembler à) to make sb / sth similar to ◆ **il s'assimila, dans son discours, aux plus grands savants** in his speech, he likened himself to ou classed himself alongside the greatest scientists ◆ **les jardinières d'enfants demandent à être assimilées à des institutrices** kindergarten teachers are asking to be classed as ou given the same status as primary school teachers

2 **s'assimiler** vpr (être absorbé, s'intégrer) to assimilate, be assimilated (*à* into, by) ◆ **il s'assimile à un grand homme** he considers himself a great man

assis, e[1] [asi, iz] (ptp de **asseoir**) adj **a** personne sitting (down), seated ◆ **position** ou **station assise** sitting position ◆ **demeurer** ou **rester assis** to remain seated ◆ **restez assis** (please) don't get up ◆ **assis!** (à un chien) sit!; (à une personne) sit down! ◆ **être assis** → **asseoir**; → **magistrature, place**

b (fig) situation stable, firm; personne stable; autorité (well-)established

Assise [asiz] n Assisi

assise[2] [asiz] → SYN nf (Constr) course; (Bio, Géol) stratum; (fig) basis, foundation

assises [asiz] → SYN nfpl (Jur) assizes; (fig) meeting; [parti politique] conference ◆ **tenir ses assises** to hold one's meeting ◆ **ce parti tient ses assises à Nancy** this party holds its annual meeting ou conference at Nancy → **cour**

assistanat [asistana] nm (Scol) assistantship; (Sociol) (aide financière) aid; (prestations sociales) benefit (Brit), welfare (US), (péj) handouts, charity

assistance [asistɑ̃s] → SYN **1** nf **a** (assemblée) [conférence] audience; [débat] audience, house; [meeting] house; [cérémonie] gathering, audience; [messe] congregation

b (aide) assistance ◆ **donner / prêter assistance à qn** to give / lend sb assistance ◆ **assistance aux anciens détenus** prisoner after-care
c (présence) attendance
2 COMP ▷ **assistance judiciaire** legal aid ▷ **assistance médicale (gratuite)** (free) medical care ▷ **Assistance publique** ◆ **les services de l'Assistance publique** ≃ the health and social security services ◆ **être à l'Assistance publique** to be in (state ou public) care ◆ **enfant de l'Assistance (publique)** child in care ◆ **les hôpitaux de l'Assistance publique** state- ou publicly-owned hospitals ▷ **assistance respiratoire** artificial respiration ▷ **assistance sociale** (aide) social aid; (métier) social work ▷ **assistance technique** technical aid

assistant, e [asistɑ̃, ɑ̃t] → SYN **1** nm,f (gén, Scol) assistant; (Univ) ≃ assistant lecturer (Brit), teaching assistant (US) ◆ **assistante sociale** social worker; (Scol) school counsellor, school social worker ◆ **assistante maternelle** child minder ◆ **l'assistant du professeur** the teacher's aide ◆ **assistante de direction** management secretary ◆ **le directeur et son assistante** the manager and his personal assistant ou his PA → **maître**
2 nmpl ◆ **les assistants** those present

assisté, e [asiste] (ptp de **assister**) **1** adj (Jur, Méd, Sociol) receiving (State) aid; freins servo-assisted ◆ **enfant assisté** child in care ◆ fabrication, traduction etc **assisté par ordinateur** computer-aided, computer-assisted → **direction**
2 nm,f ◆ **les assistés** (recevant une aide financière) people receiving aid; (recevant des prestations sociales) people receiving benefit (Brit) ou welfare (US); (péj) people receiving handouts ou charity

assister [asiste] → SYN ▸ conjug 1 ◂ **1 assister à** vt indir (être présent à) cérémonie, conférence, messe to be (present) at, attend; match, spectacle to be at; événement to be present at, witness ◆ **on assiste à une montée du chômage** we are witnessing a rise in unemployment
2 vt (aider) to assist; (financièrement) démunis to give aid to ◆ (frm) **assister qn dans ses derniers moments** to succour (frm) ou comfort sb in his last hour ◆ **assister les pauvres**† to minister to† ou assist the poor

associatif, -ive [asɔsjatif, iv] adj associative ◆ (Math) **opération associative** associative operation ◆ **la vie associative** community life

association [asɔsjasjɔ̃] → SYN nf **a** (gén: société) association, society; (Comm, Écon) partnership ◆ (Jur) **association de malfaiteurs** criminal conspiracy ◆ **association de consommateurs** consumer association ◆ **association sportive** sports association ◆ **association syndicale** property owners' syndicate ◆ **Association internationale du tourisme** International Tourism Association ◆ **association à but lucratif** profit-making association ◆ **association sans but lucratif** ou **à but non lucratif** non-profit-making (Brit) ou not-for-profit (US) association ◆ **Association (européenne) de libre-échange** (European) Free Trade Association
b [idées, images] association; [couleurs, intérêts] combination
c (participation) association, partnership ◆ **l'association de ces deux écrivains a été fructueuse** these two writers have had a very fruitful partnership ◆ **son association à nos travaux dépendra de ...** his joining us in our undertaking will depend on ... ◆ **travailler en association** to work in partnership (*avec* with)

associationnisme [asɔsjasjɔnism] nm (Philos) associationism

associationniste [asɔsjasjɔnist] adj, nmf associationist

associativité [asɔsjativite] nf (Math) associativity

associé, e [asɔsje] → SYN (ptp de **associer**) nm,f (gén) associate; (Comm, Fin) partner, associate ◆ **associé principal** senior partner → **membre**

associer [asɔsje] → SYN ▸ conjug 7 ◂ **1** vt **a** (faire participer à) **associer qn à** profits to give sb a share of; affaire to make sb a partner in ◆ **associer qn à son triomphe** to let sb share in one's triumph
b associer qch à (rendre solidaire de) to associate ou link sth with; (allier à) to combine sth with ◆ **il associe la paresse à la malhonnêteté** he combines laziness with dishonesty
c (grouper) idées, images, mots to associate; couleurs, intérêts to combine (*à* with)
2 s'associer vpr **a** (s'unir) [firmes] to join together, form an association; [personnes] (gén) to join forces, join together; (Comm) to form a partnership; [pays] to form an alliance ◆ **s'associer à** ou **avec** firme to join with, form an association with; personne (gén) to join (forces) with; (Comm) to go into partnership with; pays to form an alliance with; bandits to fall in with
b (participer à) **il s'est associé à nos projets** he joined us in our projects ◆ **il finit par s'associer à notre point de vue** he finally came round to ou came to share our point of view ◆ **s'associer à la douleur / aux difficultés de qn** to share in sb's grief / difficulties, feel for sb in his grief / difficulties ◆ **je m'associe aux compliments que l'on vous fait** I should like to join with those who have complimented you
c (s'allier) [couleurs, qualités] to be combined (*à* with) ◆ **ces 2 couleurs s'associent à merveille** these 2 colours go together beautifully
d (s'adjoindre) **s'associer qn** to take sb on as a partner

assoiffant, e [aswafɑ̃, ɑ̃t] adj chaleur, travail thirsty (épith), thirst-giving

assoiffé, e [aswafe] adj (lit) thirsty ◆ (fig) **assoiffé de** thirsting for ou after (littér) ◆ (littér, hum) **monstre assoiffé de sang** bloodthirsty monster

assoiffer [aswafe] → SYN ▸ conjug 1 ◂ vt [temps, course] to make thirsty

assolement [asɔlmɑ̃] → SYN nm (systematic) rotation (of crops)

assoler [asɔle] → SYN ▸ conjug 1 ◂ vt champ to rotate crops on

assombri, e [asɔ̃bʀi] (ptp de **assombrir**) adj ciel darkened, sombre; visage, regard gloomy, sombre ◆ **les couleurs assombries du crépuscule** the sombre shades of dusk

assombrir [asɔ̃bʀiʀ] → SYN ▸ conjug 2 ◂ **1** vt **a** (obscurcir) (gén) to darken; pièce to make dark ou dull ou gloomy; couleur to make dark ou sombre
b (attrister) personne to fill with gloom; assistance to cast a gloom over; visage, vie, voyage to cast a shadow over ◆ **les malheurs ont assombri son caractère** misfortune has given him a gloomy ou sombre outlook on life ou has made him a gloomier person ◆ **de graves menaces assombrissent l'avenir** serious threats cast a shadow over the future
2 s'assombrir vpr **a** [ciel, pièce] to darken, grow dark; [couleur] to grow sombre, darken
b [personne, caractère] to become gloomy ou morose; [visage, regard] to cloud over ◆ **la situation politique s'est assombrie** the political situation has become gloomier

assombrissement [asɔ̃bʀismɑ̃] nm [ciel, pièce] darkening ◆ **ses amis s'inquiètent de l'assombrissement progressif de son caractère** his friends are worried at the increasing gloominess of his attitude to life

assommant, e* [asɔmɑ̃, ɑ̃t] → SYN adj (ennuyeux) deadly (boring)*, deadly (dull)* ◆ **il est assommant** he's a deadly* ou an excruciating bore, he's deadly (dull ou boring)*

assommer [asɔme] → SYN ▸ conjug 1 ◂ vt (lit) (tuer) to batter to death; (étourdir) animal to knock out, stun; personne to knock out, knock senseless, stun; (fig: moralement) to crush; (* fig: ennuyer) to bore stiff*, bore to tears* ou to death* ◆ **être assommé par le bruit / la chaleur** to be overwhelmed by the noise / overcome by the heat ◆ **si je lui mets la main dessus je l'assomme*** if I can lay my hands on him I'll beat his brains out

assommoir†† [asɔmwaʀ] nm (massue) club; (café) grogshop† (Brit), bar ◆ (fig) **coup d'assommoir** (événement) crushing blow ◆ (prix) **c'est le coup d'assommoir !** the prices come as a blow, you pay through the nose*

Assomption [asɔ̃psjɔ̃] nf ◆ (Rel) **(la fête de) l'Assomption** (the feast of) the Assumption

assonance [asɔnɑ̃s] → SYN nf assonance

assonant, e [asɔnɑ̃, ɑ̃t] adj assonant, assonantal

assorti, e [asɔʀti] (ptp de **assortir**) adj **a** (en harmonie) **des époux bien / mal assortis** a well / badly-matched ou suited couple, a good / bad match ◆ **nos amis sont mal assortis** our friends are a mixed bunch ◆ **être assorti à** couleur to match
b bonbons assorted ◆ **« hors-d'œuvre / fromages assortis »** "assortment of hors d'œuvres / cheeses" ◆ **magasin bien / mal assorti** well / poorly-stocked shop
c être assorti de conditions, conseils to be accompanied with

assortiment [asɔʀtimɑ̃] → SYN nm **a** (gamme, série) [bonbons, hors-d'œuvre] assortment; [livres] collection; [vaisselle] set ◆ **je vous fais un assortiment ?** shall I give you an assortment? ◆ **il y avait tout un assortiment d'outils** there was a whole set ou collection of tools
b (association, harmonie) [couleurs, formes] arrangement, ensemble
c (Comm: lot, stock) stock, selection

assortir [asɔʀtiʀ] → SYN ▸ conjug 2 ◂ **1** vt **a** (accorder) couleurs, motifs to match (*à, avec* to, with) ◆ **elle assortit la couleur de son écharpe à celle de ses yeux** she chose the colour of her scarf to match her eyes, she matched the colour of her scarf to her eyes ◆ **elle avait su assortir ses invités** she had mixed ou matched her guests cleverly
b (accompagner de) **assortir qch de** conseils, commentaires to accompany sth with ◆ **ce livre s'assortit de notes** this book has accompanying notes ou has notes with it
c (Comm: approvisionner) commerçant to supply; magasin to stock (*de* with)
2 s'assortir vpr [couleurs, motifs] to match, go (well) together; [caractères] to go together, be well matched ◆ **le papier s'assortit aux rideaux** the wallpaper matches ou goes (well) with the curtains

assoupi, e [asupi] (ptp de **assoupir**) adj personne dozing; sens, intérêt, douleur dulled; haine lulled

assoupir [asupiʀ] → SYN ▸ conjug 2 ◂ **1** vt personne to make drowsy; sens, intérêt, douleur to dull; passion to lull
2 s'assoupir vpr [personne] to doze off; (fig) to be dulled; to be lulled ◆ **il est assoupi** he is dozing

assoupissement [asupismɑ̃] → SYN nm **a** (sommeil) doze; (fig: somnolence) drowsiness ◆ **être au bord de l'assoupissement** to be about to doze off
b (action) [sens] numbing; [facultés, intérêt] dulling; [douleur] deadening; [chagrin] lulling

assouplir [asupliʀ] → SYN ▸ conjug 2 ◂ **1** vt cuir to soften, make supple, make pliable; membres, corps to make supple; règlements, mesures to relax; principes to make more flexible, relax ◆ **assouplir le caractère de qn** to make sb more manageable
2 s'assouplir vpr to soften; to become supple; to become pliable; to relax; to become more flexible ◆ **son caractère s'est assoupli** he has become more manageable

assouplissant, e [asuplisɑ̃, ɑ̃t] **1** adj produit, formule softening
2 nm ◆ **assouplissant (textile)** (fabric) softener

assouplissement [asuplismɑ̃] → SYN nm (→ **assouplir**) softening; suppling up; relaxing ◆ **faire des exercices d'assouplissement** to limber up, do (some) limbering up exercises ◆ (Écon) **mesures d'assouplissement du crédit** easing of credit restrictions ◆ **mesures d'assouplissement des formalités administratives** measures to relax administrative regulations

assouplisseur [asuplisœʀ] nm (fabric) softener

assourdir [asuʀdiʀ] → SYN ▸ conjug 2 ◂ **1** vt **a** (rendre sourd) personne to deafen
b (amortir) bruit to deaden, muffle

2 **s'assourdir** vpr (Ling) to become voiceless, become unvoiced

assourdissant, e [asuʀdisɑ̃, ɑ̃t] → SYN adj deafening

assourdissement [asuʀdismɑ̃] nm **a** [personne] (état) (temporary) deafness; (action) deafening
b [bruit] deadening, muffling
c (Ling) devoicing

assouvir [asuviʀ] → SYN ▸conjug 2◂ vt faim, passion to assuage, satisfy, appease

assouvissement [asuvismɑ̃] → SYN nm assuaging, satisfaction, satisfying, appeasement

ASSU [asy] nf (abrév de **Association du sport scolaire et universitaire**) *university and school sports association*

assuétude [asɥetyd] → SYN nf (Méd) addiction

assujetti, e [asyʒeti] → SYN (ptp de **assujettir**) adj peuple subject, subjugated ◆ **assujetti à** règle subject to; taxe liable ou subject to ◆ (Admin) **les personnes assujetties à l'impôt** persons liable to tax ou affected by tax

assujettir [asyʒetiʀ] → SYN ▸conjug 2◂ **1** vt (contraindre) peuple to subjugate, bring into subjection; (fixer) planches, tableau to secure, make fast ◆ **assujettir qn à une règle** to subject sb to a rule
2 **s'assujettir** vpr (à une règle) to submit (à to)

assujettissant, e [asyʒetisɑ̃, ɑ̃t] adj travail, emploi demanding, exacting

assujettissement [asyʒetismɑ̃] → SYN nm (contrainte) constraint; (dépendance) subjection ◆ **assujettissement à l'impôt** tax liability

assumer [asyme] → SYN ▸conjug 1◂ **1** vt **a** (prendre) (gén) to assume; responsabilité, tâche, rôle to take on; commandement to take over; poste to take up ◆ **j'assume la responsabilité de faire ...** I'll take it upon myself to do ... ◆ **assumer les frais de qch** to meet the cost ou expense of sth ◆ **tu as voulu te marier, alors assume!** you wanted to get married, so you'll just have to take the consequences!
b (remplir) poste to hold; rôle to fulfil ◆ **après avoir assumé ce poste pendant 2 ans** having held this post for 2 years
c (accepter) conséquence, situation, (Philos) condition to accept; douleur to accept
2 **s'assumer** vpr to come to terms with o.s.

assurable [asyʀabl] adj insurable

assurage [asyʀaʒ] → SYN nm (Alpinisme) belaying

assurance [asyʀɑ̃s] → SYN **1** nf **a** (confiance en soi) self-confidence, (self-)assurance ◆ **avoir de l'assurance** to be self-confident ou (self-)assured ◆ **prendre de l'assurance** to gain (self-)confidence ou (self-)assurance ◆ **parler avec assurance** to speak with assurance ou confidence
b (garantie) assurance, undertaking (Brit) ◆ **donner à qn l'assurance formelle que** to give sb a formal assurance ou undertaking that ◆ (formule épistolaire) **veuillez agréer l'assurance de ma considération distinguée** ou **de mes sentiments dévoués** ≃ yours faithfully ou truly
c (contrat) insurance (policy); (firme) insurance company ◆ **contracter** ou **prendre une assurance contre** to take out insurance ou an insurance policy against ◆ **il est dans les assurances** he's in insurance, he's in the insurance business → **police²**, **prime¹**
d (Alpinisme) belaying ◆ **longueur bénéficiant d'une bonne assurance** well-protected pitch
2 COMP ▷ **assurance automobile** car ou motor (Brit) ou automobile (US) insurance ▷ **assurance bagages** luggage insurance ▷ **assurance chômage** (Can) unemployment insurance ▷ **assurance crédit** credit insurance ▷ **assurance décès** whole-life insurance ▷ **assurance incendie** fire insurance ▷ **assurance invalidité-vieillesse** disablement insurance ▷ **assurance maladie** health insurance ▷ **assurance maritime** marine insurance ▷ **assurance multirisques** comprehensive insurance ▷ **assurance personnelle** personal insurance ▷ **assurance responsabilité civile** ⇒ **assurance au tiers** ▷ **assurances sociales** ≃ social security, ≃ welfare (US) ◆ **il est (inscrit) aux assurances sociales** he's in the state health scheme, he pays National Insurance (Brit) ▷ **assurance au tiers** third-party insurance ▷ **assurance tous risques** (Aut) comprehensive insurance ▷ **assurance vie, assurance sur la vie** life assurance ou insurance ▷ **assurance vieillesse** state pension scheme ▷ **assurance contre le vol** insurance against theft ▷ **assurance voyage** travel insurance

assuré, e [asyʀe] → SYN (ptp de **assurer**) **1** adj **a** réussite, échec certain, sure; situation, fortune assured ◆ **son avenir est assuré maintenant** his future is certain ou assured now ◆ **entreprise assurée du succès** undertaking which is sure ou assured of success
b air, démarche assured, (self-)confident; voix assured, steady; main, pas steady ◆ **mal assuré** voix, pas uncertain, unsteady ◆ **il est mal assuré sur ses jambes** he's unsteady on his legs
c LOC **tenir pour assuré que** to be confident that, take it as certain that ◆ **il se dit assuré de** he says he is confident of ◆ **tenez pour assuré que** rest assured that
2 nm,f (Assurance) [assurance-vie] assured person; [autres assurances] insured person, policyholder ◆ **l'assuré** the assured, the policyholder ◆ **assuré social** ≃ contributor to the National Insurance scheme (Brit) ou Social Security (US), person on Welfare (US)

assurément [asyʀemɑ̃] → SYN adv (frm) assuredly, most certainly ◆ **assurément, ceci présente des difficultés** this does indeed present difficulties ◆ **(oui) assurément** yes indeed, (yes) most certainly ◆ **assurément il viendra** assuredly he'll come, he will most certainly come

assurer [asyʀe] → SYN ▸conjug 1◂ GRAMMAIRE ACTIVE 15.1
1 vt **a** (certifier) **assurer à qn que** to assure sb that ◆ **assurer que** to affirm ou contend ou assert that ◆ **cela vaut la peine, je vous assure** it's worth it, I assure you
b (confirmer) **assurer qn de** amitié, bonne foi to assure sb of ◆ **sa participation nous est assurée** we have been assured of his participation, we're guaranteed that he'll take part
c (Fin: par contrat) maison, bijoux, véhicule to insure (*contre* against); personne to assure ◆ **assurer qn sur la vie** to give sb (a) life assurance ou insurance, assure sb's life ◆ **faire assurer qch** to insure sth, have ou get sth insured ◆ **être assuré** to be insured
d (fournir) fonctionnement, permanence etc to maintain; surveillance to ensure, provide, maintain; service to operate, provide ◆ **pendant la grève, les mineurs n'assureront que les travaux d'entretien** during the strike the miners will carry out ou undertake maintenance work only ◆ **on utilise des appareils électroniques pour assurer la surveillance des locaux** electronic apparatus is used to guard the premises ou to ensure that the premises are guarded ◆ **l'avion qui assure la liaison entre Genève et Aberdeen** the plane that operates between Geneva and Aberdeen ◆ **l'armée a dû assurer le ravitaillement des sinistrés** the army has had (to be moved in) to ensure ou provide supplies for the victims ◆ (Jur) **assurer sa propre défense** to conduct one's own defence ◆ **assurer la direction d'un service** to head up a department, be in charge of a department ◆ **assurer le remplacement de pièces défectueuses** to guarantee the replacement of faulty parts ou to replace faulty parts ◆ **assurer le suivi d'une commande** to follow up an order
e (procurer, garantir) **assurer une situation à son fils** to secure a position for one's son ◆ **cela devrait leur assurer une vie aisée** that should ensure that they lead a comfortable life ou ensure a comfortable life for them ◆ **ça lui a assuré la victoire** that ensured his victory ou made his victory certain
f (rendre sûr) bonheur, succès, paix to ensure; fortune to secure; avenir to make certain ◆ (Mil) **assurer les frontières contre** to make the frontiers secure from ◆ (fig) **assurer ses arrières** to ensure one has something to fall back on ◆ **cela m'assure un toit pour les vacances** that makes sure I'll have a roof over my head ou that ensures me a roof over my head for the holidays
g (affermir) pas, prise, échelle to steady; (fixer) échelle, volet to secure; (Alpinisme) to belay ◆ **il assura ses lunettes sur son nez** he fixed his glasses firmly on his nose
2 vi (*: être à la hauteur) to be very good ◆ **il assure avec les femmes** he's very good with women ◆ **ne pas assurer** to be useless* ou no good* ◆ **je n'assure pas du tout en allemand** I'm useless* at German ou no good* at German at all
3 **s'assurer** vpr **a** (vérifier) **s'assurer que / de qch** to make sure that/of sth, check that/sth, ascertain that/sth ◆ **assure-toi qu'on n'a rien volé** make sure ou check ou ascertain that nothing has been stolen ◆ **assure-toi si le robinet est fermé** check if ou make sure the tap (Brit) ou faucet (US) is off ◆ **je vais m'en assurer** I'll make sure ou check
b (contracter une assurance) to insure o.s. (*contre* against) ◆ (se prémunir) **s'assurer contre** attaque, éventualité to insure (o.s.) against ◆ **s'assurer sur la vie** to insure one's life, take out (a) life assurance ou insurance
c (se procurer) **assurer l'aide de qn / la victoire** to secure ou ensure sb's help/victory ◆ **il s'est ainsi assuré un revenu** in this way he made sure of an income for himself, he thus ensured ou secured himself an income ◆ **s'assurer l'accès de** to secure access to
d (s'affermir) to steady o.s. (*sur* on); (Alpinisme) to belay o.s. ◆ **s'assurer sur sa selle / ses jambes** to steady o.s. in one's saddle/on one's legs
e (littér: arrêter) **s'assurer d'un voleur** to apprehend a thief

assureur [asyʀœʀ] → SYN nm (agent) insurance agent; (société) insurance company; (Jur: partie) insurers (pl); [entreprise] underwriters ◆ **assureur-conseil** insurance consultant

Assyrie [asiʀi] nf Assyria

assyrien, -ienne [asiʀjɛ̃, jɛn] **1** adj Assyrian
2 nm,f ◆ **Assyrien(ne)** Assyrian

assyriologie [asiʀjɔlɔʒi] nf Assyriology

assyriologue [asiʀjɔlɔg] nmf Assyriologist

astate [astat] nm astatine

astatique [astatik] adj (Phys) astatic

aster [astɛʀ] → SYN nm aster

astéréognosie [asteʀeognozi] nf astereognosis

astérie [asteʀi] → SYN nf starfish

astérisque [asteʀisk] nm asterisk ◆ **marqué d'un astérisque** asterisked

astéroïde [asteʀɔid] → SYN nm asteroid

asthénie [asteni] → SYN nf asthenia

asthénique [astenik] → SYN adj, nmf asthenic

asthénosphère [astenɔsfɛʀ] nf asthenosphere

asthmatique [asmatik] adj, nmf asthmatic

asthme [asm] → SYN nm asthma

asti [asti] nm Asti spumante

asticot [astiko] → SYN nm (gén) maggot; (pour la pêche) gentle; (*: type) bloke* (Brit), guy (US)

asticoter* [astikote] ▸conjug 1◂ vt to needle, get at* ◆ **cesse donc d'asticoter ta sœur!** stop getting at* (Brit) ou plaguing (Brit) ou needling your sister!

astigmate [astigmat] **1** adj astigmatic
2 nmf astigmat(ic)

astigmatisme [astigmatism] nm astigmatism

astiquer [astike] → SYN ▸conjug 1◂ vt arme, meuble, parquet to polish; bottes, métal to polish, shine, rub up (Brit)

astragale [astʀagal] → SYN nm (Anat) talus, astragalus; (Bot) astragalus; (Archit) astragal

astrakan [astʀakɑ̃] → SYN nm astrakhan

astral, e, mpl **-aux** [astʀal, o] → SYN adj astral ◆ **corps astral** astral body

astre [astʀ] → SYN nm star ◆ (littér) **l'astre du jour / de la nuit** the day/night star (littér)

astreignant, e [astʀeɲɑ̃, ɑ̃t] → SYN adj travail exacting, demanding

astreindre [astʀɛ̃dʀ] → SYN ▸conjug 49◂ **1** vt ◆ **astreindre qn à faire** to compel ou oblige ou force sb to do ◆ **astreindre qn à un travail pénible / une discipline sévère** to force a trying task / a strict code of discipline upon sb
2 **s'astreindre** vpr ◆ **s'astreindre à faire** to force ou compel o.s. to do ◆ **elle s'astreignait à un régime sévère** she forced herself to keep to a strict diet ◆ **astreignez-vous à une vérification rigoureuse** apply yourself to a thorough check (frm), make yourself carry out a thorough check

astreinte [astʀɛ̃t] → SYN nf (littér : obligation) constraint, obligation ; (Jur) penalty *(imposed on daily basis for non-completion of contract)* ◆ [médecin, technicien] **être d'astreinte** to be on call

astringence [astʀɛ̃ʒɑ̃s] nf astringency

astringent, e [astʀɛ̃ʒɑ̃, ɑ̃t] → SYN adj, nm astringent

astrolabe [astʀɔlab] nm astrolabe

astrologie [astʀɔlɔʒi] → SYN nf astrology

astrologique [astʀɔlɔʒik] adj astrologic(al)

astrologue [astʀɔlɔg] → SYN nmf astrologer

astronaute [astʀonot] → SYN nmf astronaut

astronautique [astʀonotik] nf astronautics (sg)

astronef† [astʀɔnɛf] nm spaceship, spacecraft

astronome [astʀɔnɔm] nmf astronomer

astronomie [astʀɔnɔmi] → SYN nf astronomy

astronomique [astʀɔnɔmik] → SYN adj (lit, fig) astronomical, astronomic

astronomiquement [astʀɔnɔmikmɑ̃] adv astronomically

astrophotographie [astʀofɔtɔgʀafi] nf astrophotography

astrophysicien, -ienne [astʀofizisjɛ̃, jɛn] nm,f astrophysicist

astrophysique [astʀofızık] **1** adj astrophysical
2 nf astrophysics (sg)

astuce [astys] → SYN nf **a** (NonC) shrewdness, astuteness ◆ **il a beaucoup d'astuce** he is very shrewd ou astute
b (moyen, truc) (clever) way, trick ◆ **là, l'astuce c'est d'utiliser de l'eau au lieu de pétrole** now the trick ou the clever bit (Brit) here is to use water instead of oil ◆ **les astuces du métier** the tricks of the trade ◆ **c'est ça l'astuce !** that's the trick ! ou the clever bit ! (Brit)
c (*) (jeu de mots) pun ; (plaisanterie) wisecrack* ◆ **faire des astuces** to make wisecracks* ◆ **astuce vaseuse** lousy* pun

astucieusement [astysjøzmɑ̃] adv shrewdly, cleverly, astutely

astucieux, -ieuse [astysjø, jøz] → SYN adj personne, réponse, raisonnement shrewd, astute ; visage shrewd, astute-looking ; moyen, solution shrewd, clever

Asturies [astyʀi] nfpl ◆ **les Asturies** the Asturias

Asunción [asunsjɔn] n Asunción

asymbolie [asɛ̃bɔli] nf asymbolia

asymétrie [asimetʀi] → SYN nf asymmetry

asymétrique [asimetʀik] → SYN adj asymmetric(al)

asymptomatique [asɛ̃ptɔmatik] adj asymptomatic

asymptote [asɛ̃ptɔt] **1** adj asymptotic
2 nf asymptote

asymptotique [asɛ̃ptɔtik] adj asymptotic

asynchrone [asɛ̃kʀon] adj asynchronous

asyndète [asɛ̃dɛt] → SYN nf asyndeton

asynergie [asinɛʀʒi] nf asynergia, asynergy

asyntaxique [asɛ̃taksik] adj asyntactic(al)

Atalante [atalɑ̃t] nf Atalanta

ataraxie [ataʀaksi] → SYN nf ataraxia, ataraxy

ataraxique [ataʀaksik] adj ataractic, ataraxic

atavique [atavik] adj atavistic

atavisme [atavism] → SYN nm atavism ◆ **c'est de l'atavisme !** it's heredity coming out !, it's an atavistic trait !

ataxie [ataksi] nf ataxia, ataxy

ataxique [ataksik] adj ataxic, atactic

atchoum [atʃum] excl atishoo

atèle [atɛl] → SYN nm spider monkey

atelier [atəlje] → SYN nm **a** (local) [artisan] workshop ; [artiste] studio ; [couturières] workroom ; [haute couture] atelier ◆ **atelier de fabrication** workshop
b (groupe) (Art) studio ; (Scol) work-group ; (dans un colloque) discussion group, workshop ◆ (Scol) **les enfants travaillent en ateliers** the children work in small groups ◆ (TV) **atelier de production** production unit
c (Ind) [usine] shop, workshop → **chef¹**

atellanes [atelan] nfpl atellans

atemporel, -elle [atɑ̃pɔʀɛl] adj vérité timeless

atermoiement [atɛʀmwamɑ̃] → SYN nm prevarication, procrastination (NonC)

atermoyer [atɛʀmwaje] → SYN ▸conjug 8◂ vi (tergiverser) to procrastinate, temporize

Athalie [atali] nf Athalia

athanor [atanɔʀ] → SYN nm athanor

athée [ate] → SYN **1** adj atheistic
2 nmf atheist

athéisme [ateism] → SYN nm atheism

athématique [atematik] adj (Ling) athematic

Athéna [atena] nf Athena, (Pallas) Athene

athénée [atene] → SYN nm ◆ (Belg : lycée) ≃ secondary school (Brit), high school (US)

Athènes [atɛn] n Athens

athénien, -ienne [atenjɛ̃, jɛn] **1** adj Athenian
2 nm,f ◆ **Athénien(ne)** Athenian ◆ (hum) **c'est là que les Athéniens s'atteignirent** that's when all hell was let loose*

athermane [atɛʀman] adj athermanous

athermique [atɛʀmik] adj athermic

athérome [ateʀom] nm atheroma

athérosclérose [ateʀoskleʀoz] nf atherosclerosis

athétose [atetoz] nf athetosis

athlète [atlɛt] → SYN nmf athlete ◆ **corps d'athlète** athletic body ◆ (hum) **regarde l'athlète !, quel athlète !** just look at muscleman ! (hum)

athlétique [atletik] → SYN adj athletic

athlétisme [atletism] → SYN nm athletics (NonC) ◆ **athlétisme sur piste** track athletics

athrepsie [atʀɛpsi] nf athrepsia

athymie [atimi] nf athymia, athymism

atlante [atlɑ̃t] → SYN nm atlas

Atlantide [atlɑ̃tid] nf ◆ **l'Atlantide** Atlantis

atlantique [atlɑ̃tik] **1** adj Atlantic ◆ (Can) **les Provinces atlantiques** the Atlantic Provinces → **heure**
2 nm ◆ **l'Atlantique** the Atlantic (Ocean)

atlantisme [atlɑ̃tism] nm Atlanticism

atlantiste [atlɑ̃tist] **1** adj politique etc Atlanticist, which promotes the Atlantic Alliance
2 nmf Atlanticist

atlas [atlɑs] nm (livre, Anat) atlas ◆ (Myth) **Atlas** Atlas ◆ (Géog) **l'Atlas** the Atlas Mountains

atmosphère [atmɔsfɛʀ] → SYN nf (lit, fig) atmosphere

atmosphérique [atmɔsfeʀik] adj atmospheric → **courant, perturbation**

atoca [atɔka] → SYN nm (Can : canneberge) cranberry

atoll [atɔl] nm atoll

atome [atom] → SYN nm atom ◆ **atome-gramme** gram atom ◆ **il n'a pas un atome de bon sens** he hasn't an iota ou atom of common sense ◆ **avoir des atomes crochus avec qn** to have a lot in common with sb, hit it off with sb*

atomicité [atɔmisite] nf (Chim) atomicity

atomique [atɔmik] adj (Chim, Phys) atomic ; (Mil, Pol) atomic, nuclear → **bombe**

atomisation [atɔmizasjɔ̃] → SYN nf atomization

atomiser [atɔmize] → SYN ▸conjug 1◂ vt (gén) to atomize ; (Mil) to destroy by atomic ou nuclear weapons ; (fig) to atomize, break up ◆ **les atomisés d'Hiroshima** the victims of the Hiroshima atom bomb ◆ (fig) **parti politique atomisé** atomized ou fragmented political party

atomiseur [atɔmizœʀ] → SYN nm (gén) spray ; [parfum] atomizer

atomisme [atɔmism] nm atomism

atomiste [atɔmist] nmf (aussi **savant, ingénieur** etc **atomiste**) atomic scientist

atomistique [atɔmistik] adj, nf ◆ **(théorie) atomistique** atomic theory

atonal, e, mpl **atonals** [atɔnal] adj atonal

atonalité [atɔnalite] nf atonality

atone [atɔn] → SYN adj **a** (sans vitalité) être lifeless ; (sans expression) regard expressionless ; (Méd) atonic
b (Ling) unstressed, unaccented, atonic

atonie [atɔni] → SYN nf (Ling, Méd) atony ; (manque de vitalité) lifelessness

atonique [atɔnik] adj (Méd) atonic

atours [atuʀ] nmpl (†, hum) attire, finery ◆ **dans ses plus beaux atours** in her loveliest attire (†, hum), in all her finery (hum)

atout [atu] → SYN nm **a** (Cartes) trump ◆ **jouer atout** to play a trump ; (en commençant) to lead trumps ◆ **on jouait atout cœur** hearts were trumps ◆ **atout maître** master trump ◆ **3 sans atout** 3 no trumps
b (fig) (avantage) asset ; (carte maîtresse) trump card ◆ **l'avoir dans l'équipe est un atout** it's a great advantage having him in the team, he is an asset to our team ◆ **avoir tous les atouts (dans son jeu)** to hold all the trumps ou winning cards ◆ **avoir plus d'un atout dans sa manche** to have more than one ace up one's sleeve

atoxique [atɔksik] adj non-poisonous

ATP¹ [atepe] nf (abrév de **Association des tennismen professionnels**) ATP

ATP² [atepe] nf (abrév de **adénosine triphosphate**) ATP

atrabilaire [atʀabilɛʀ] → SYN adj (††, hum) bilious, atrabilious

âtre [ɑtʀ] → SYN nm (littér) hearth

Atrée [atʀe] nm Atreus

Atrides [atʀid] nmpl ◆ **les Atrides** the Atridae

atrium [atʀijɔm] → SYN nm (Antiq) atrium

atroce [atʀɔs] → SYN adj **a** crime atrocious, heinous, foul ; douleur excruciating ; spectacle atrocious, ghastly, horrifying ; mort, sort, vengeance dreadful, terrible
b (sens affaibli) goût, odeur, temps ghastly, atrocious, foul ; livre, acteur atrocious, dreadful ; laideur, bêtise dreadful

atrocement [atʀɔsmɑ̃] adv **a** souffrir atrociously, horribly ; défigurer horribly ◆ **il s'est vengé atrocement** he wreaked a terrible ou dreadful revenge ◆ **elle avait atrocement peur** she was terror-stricken
b (sens affaibli) laid atrociously, dreadfully ; bête dreadfully ; mauvais, ennuyeux excruciatingly, dreadfully ◆ **loucher atrocement** to have a dreadful squint

atrocité [atʀɔsite] → SYN nf **a** (qualité) [crime, action] atrocity, atrociousness ; [spectacle] ghastliness
b (acte) atrocity, outrage ◆ **dire des atrocités sur qn** to say wicked ou atrocious things about sb ◆ **cette nouvelle tour est une atrocité** this new tower is an atrocity ou an eyesore

atrophie [atʀɔfi] → SYN nf (Méd) atrophy ; (fig) degeneration, atrophy

atrophié, e [atʀɔfje] (ptp de **atrophier**) adj atrophied

atrophier [atʀɔfje] → SYN ▸conjug 7◂ **1** vt (Méd) to atrophy ; (fig) to atrophy, cause the degeneration of
2 **s'atrophier** vpr [membres, muscle] to waste away, atrophy ; (fig) to atrophy, degenerate

atropine [atʀɔpin] nf atropine, atropin

attabler (s') [atable] ▸conjug 1◂ vpr (pour manger) to sit down at (the) table ◆ **s'attabler autour d'une bonne bouteille (avec des amis)**

to sit (down) at the table ou settle down round (Brit) ou around (US) the table for a drink (with friends) ◆ **il retourna s'attabler à la terrasse du café** he went back to sit at a table outside the café ◆ **il traversa la salle et vint s'attabler avec eux** he crossed the room and came to sit at their table ◆ **les clients attablés** the seated customers

attachant, e [ataʃɑ̃, ɑ̃t] [→ SYN] adj film, roman captivating; enfant endearing

attache [ataʃ] [→ SYN] nf **a** (en ficelle) (piece of) string; (en métal) clip, fastener; (courroie) strap
b (Anat) **attaches** (épaules) shoulders; (aines) groins; (poignets et chevilles) wrists and ankles
c (fig) (lien) tie ◆ (connaissances) **attaches** ties, connections ◆ **avoir des attaches dans une région** to have family ties ou connections in a region
d (Bot) tendril
e LOC **être à l'attache** [animal] to be tied up; [bateau] to be moored; (fig) [personne] to be tied → **point**[1], **port**[1]

attaché, e [ataʃe] [→ SYN] (ptp de **attacher**) **1** adj
a (tenir à) **être attaché à** (gén) to be attached to; habitude to be tied to ◆ **attaché à la vie** attached to life
b (frm: être affecté à) **être attaché au service de qn** to be in sb's personal service ◆ **les avantages attachés à ce poste** the benefits connected with ou attached to this position ◆ **son nom restera attaché à cette découverte** his name will always be linked ou connected with this discovery
2 nm attaché ◆ **attaché d'ambassade / de presse / militaire** embassy / press / military attaché ◆ **attaché d'administration** administrative assistant ◆ **attaché commercial / culturel** commercial / cultural attaché ◆ (Banque) **attaché de clientèle** account supervisor

attaché-case, pl **attachés-cases** [ataʃekɛz] nm attaché case

attachement [ataʃmɑ̃] [→ SYN] nm **a** (à une personne) affection (*à* for), attachment (*à* to); (à un lieu, à une doctrine, à la vie) attachment (*à* to)
b (Constr) daily statement *(of work done and expenses incurred)*

attacher [ataʃe] [→ SYN] ▸conjug 1◂ **1** vt **a** animal, plante to tie up; (avec une chaîne) to chain up; volets to fasten, secure ◆ **attacher une étiquette à un arbre / à une valise** to tie a label to a tree / on(to) a case ◆ **attachez donc votre chien** please tie up your dog ou get your dog tied up ◆ **il attacha sa victime sur une chaise** he tied his victim to a chair ◆ **il a attaché son nom à cette découverte** he has linked ou put his name to this discovery ◆ **s'attacher à une corde** to tie o.s. with a rope ◆ **s'attacher à son siège** to fasten o.s. to one's seat
b paquet, colis to tie up; prisonnier to tie up, bind; plusieurs choses ensemble to tie together, bind together ◆ **attacher les mains d'un prisonnier** to tie a prisoner's hands together, bind a prisoner's hands (together) ◆ **la ficelle qui attachait le paquet** the string that was round the parcel ◆ **est-ce bien attaché?** is it well ou securely tied (up)? ◆ **il ne les attache pas avec des saucisses*** he's a bit tight-fisted
c ceinture to do up, fasten; robe (à boutons) to do up, button up, fasten; (à fermeture éclair) to do up, zip up; lacets to do up, tie up; fermeture, bouton to do up ◆ **attache tes chaussures** do up ou tie up your shoes ◆ (Aviat) **veuillez attacher votre ceinture** (please) fasten your seatbelts ◆ (hum) **attachez vos ceintures!*** hold on to your hats!*
d papiers (épingler) to pin together, attach; (agrafer) to staple together, attach ◆ **attacher à** to pin to; to staple onto ◆ **attacher une affiche au mur avec du scotch** to stick a notice up on the wall with sellotape (Brit) ou Scotch tape, sellotape (Brit) ou Scotch-tape a notice to the wall
e (fig: lier à) **des souvenirs l'attachent à ce village** (qu'il a quitté) he still feels attached to the village because of his memories; (qu'il habite) his memories keep him here in this village ◆ **il a su s'attacher ses étudiants** he has won the loyalty of his students ◆ **plus rien ne l'attachait à la vie** nothing held her to life any more
f (attribuer) **attacher de l'importance à qch** to attach importance to sth ◆ **attacher de la valeur** ou **du prix à qch** to attach great value to sth, set great store by sth ◆ **attacher un certain sens à** to attach ou attribute a certain meaning to
g (frm: adjoindre) **attacher des gardes à qn** to give sb a personal guard ◆ **attacher qn à son service** to engage sb, take sb into one's service
h (fixer) **attacher son regard** ou **ses yeux sur** to fix one's eyes upon
2 vi (Culin) to stick ◆ **les pommes de terre ont attaché** the potatoes have stuck ◆ **une poêle qui n'attache pas** a non-stick frying pan
3 **s'attacher** vpr **a** (gén) to do up, fasten (up) (*avec, par* with); [robe] (à boutons) to button up, do up; (à fermeture éclair) to zip up, do up; [fermeture, bouton] to do up ◆ **ça s'attache derrière** it does up (at) the back, it fastens (up) at the back
b (se prendre d'affection pour) **s'attacher à** to become attached to ◆ **cet enfant s'attache vite** this child soon becomes attached to people
c (accompagner) **s'attacher aux pas de qn** to follow sb closely, dog sb's footsteps ◆ **les souvenirs qui s'attachent à cette maison** the memories attached to ou associated with that house
d (prendre à cœur) **s'attacher à faire qch** to endeavour (Brit frm) ou endeavor (US frm) ou attempt to do sth

attagène [ataʒɛn] nm fur beetle

attaquable [atakabl] [→ SYN] adj (Mil) open to attack; testament contestable

attaquant, e [atakɑ̃, ɑ̃t] [→ SYN] nm,f (Mil, Sport) attacker; (Ftbl) striker, forward; (Fin) raider ◆ **l'avantage est à l'attaquant** the advantage is on the attacking side

attaque [atak] [→ SYN] **1** nf **a** (Mil, Police, Sport, fig) attack; (Alpinisme) start ◆ **aller à l'attaque** to go into the attack ◆ **commettre des attaques nocturnes** to carry out night-time attacks ou assaults ◆ **à l'attaque!** attack! ◆ **passer à l'attaque** to move into the attack ◆ **monter à l'attaque** to launch an attack ◆ **une attaque virulente contre le gouvernement** a virulent attack ou onslaught on the Government ◆ **attaque d'artillerie** etc artillery etc attack ◆ **attaque à la bombe** bomb attack, bombing ◆ **attaque nucléaire** nuclear attack
b (Méd) (gén) attack; [épilepsie] fit, attack (*de* of) ◆ **avoir une attaque** (cardiaque) to have a heart attack; (apoplexie) to have a stroke, have a seizure
c (Mus) striking up
d (* loc) **d'attaque** on form, in top form ◆ **il est particulièrement d'attaque ce soir** he is in particularly fine form tonight ◆ **il n'est pas d'attaque ce matin** he's a bit off form this morning ◆ **se sentir** ou **être assez d'attaque pour faire** to feel up to doing
2 COMP ▷ **attaque aérienne** air raid, air attack ▷ **attaque d'apoplexie** apoplectic attack ou seizure ▷ **attaque cardiaque** heart attack ▷ **attaque à main armée** hold-up, armed attack ▷ **attaque de nerfs** fit of hysterics, attack of nerves

attaquer [atake] [→ SYN] ▸conjug 1◂ **1** vt **a** (assaillir) pays to attack, make ou launch an attack upon; passant, jeune fille to attack, assault, set upon; (fig) abus, réputation, personne to attack ◆ **l'armée prussienne / l'équipe adverse attaqua** the Prussian army / the opposing team attacked ou went into the attack ◆ **attaquer de front / par derrière** to attack from the front / from behind ou from the rear ◆ **attaquer (qn) par surprise** to make a surprise attack ((up)on sb) ◆ **attaquer violemment qn pour avoir dit ...** to attack sb violently ou give sb a blasting* for saying ... ◆ (à un chien) **allez, Rex attaque!** kill, Rex, kill!
b (endommager) [rouille, acide] to attack; (Méd) [infection] to affect, attack ◆ **l'humidité a attaqué les peintures** damp has attacked ou damaged the paintings ◆ **la pollution attaque notre environnement** pollution is having a damaging effect on ou is damaging our environment ◆ **l'acide attaque le fer** acid attacks ou eats into iron
c (aborder) difficulté, obstacle to tackle, attack; chapitre to tackle; discours to launch upon; travail to set about, buckle down to, get down to; (Mus) morceau to strike up, launch into; note to attack; (Alpinisme) to start ◆ **il attaqua les hors-d'œuvre*** he tucked into* ou got going on* the hors d'œuvres
d (Jur) jugement, testament to contest; mesure to challenge ◆ **attaquer qn en justice** to bring an action against sb
e (Cartes) **attaquer trèfle / de la reine** to lead with a club / the queen
2 **s'attaquer** vpr ◆ **s'attaquer à** personne, abus, mal to attack; problème to tackle, attack, take on ◆ **s'attaquer à plus fort que soi** to take on more than one's match

attardé, e [ataʀde] **1** adj **a** (Psych) enfant backward
b (en retard) promeneur late, belated (littér)
c (démodé) personne, goût old-fashioned, behind the times (attrib)
2 nm,f ◆ **attardé (mental)** backward ou mentally retarded child, *(mentally handicapped)* exceptional child (US Scol)

attarder [ataʀde] [→ SYN] ▸conjug 1◂ **1** vt to make late
2 **s'attarder** vpr **a** (se mettre en retard) to linger (behind) ◆ **s'attarder chez des amis** to stay on at friends' ◆ **s'attarder à boire** to linger over drinks ou a drink ◆ **il s'est attardé au bureau pour finir un rapport** he has stayed late ou on at the office to finish a report ◆ **s'attarder au café** to linger at the café ◆ **s'attarder pour cueillir des fleurs** to stay behind to pick flowers ◆ **elle s'est attardée en route** she dawdled ou lingered ou tarried (littér) on the way ◆ **s'attarder derrière les autres** to lag behind the others ◆ **ne nous attardons pas ici** let's not linger ou hang about* here
b (fig) **s'attarder sur une description** to linger over a description ◆ **s'attarder à des détails** to linger over ou dwell (up)on details

atteindre [atɛ̃dʀ] [→ SYN] ▸conjug 49◂ **1** vt **a** (parvenir à) lieu, limite to reach; objet haut placé to reach, get at; objectif to reach, arrive at, attain; prix, valeur to reach ◆ **atteindre son but** [personne] to reach one's goal, achieve one's aim; [mesure] to be effective; [missile] to hit its target, reach its objective ◆ **il ne m'atteint pas l'épaule** he doesn't come up to ou reach my shoulder ◆ **il a atteint la cible** he hit the target ◆ **la Seine a atteint la cote d'alerte** the Seine has risen to ou reached danger level ◆ **il a atteint (l'âge de) 90 ans** he has reached his 90th birthday ◆ **cette tour atteint 30 mètres** this tower is 30 metres high ◆ **les peupliers peuvent atteindre une très grande hauteur** poplars can grow to ou reach a very great height ◆ **la corruption y atteint des proportions incroyables** corruption there has reached incredible proportions → **bave**
b (contacter) personne to get in touch with, contact, reach
c (toucher) [pierre, balle, tireur] to hit (*à* in); [événement, maladie, reproches] to affect ◆ **il a eu l'œil atteint par un éclat d'obus** he was hit in the eye by a bit of shrapnel ◆ **la maladie a atteint ses facultés mentales** the illness has affected ou impaired his mental faculties ◆ **les reproches ne l'atteignent pas** reproaches don't affect him, he is unaffected by reproaches ◆ **le malheur qui vient de l'atteindre** the misfortune which has just struck him ◆ **il a été atteint dans son amour-propre / ses sentiments** his pride has / his feelings have been hurt ou wounded ◆ **ça ne m'atteint pas** it doesn't affect me
2 **atteindre à** vt indir (littér: parvenir à) but to reach, achieve ◆ **atteindre à la perfection** to attain (to) ou achieve perfection

atteint, e[1] [atɛ̃, ɛ̃t] adj **a** (malade) **être atteint de** (maladie) to be suffering from ◆ **il a été atteint de surdité** he became ou went deaf ◆ **le poumon** etc **est gravement / légèrement atteint** the lung etc is badly / slightly affected ◆ **il est gravement / légèrement atteint** he is seriously / only slightly ill, he is a serious / mild case ◆ **les malades les plus atteints** the worst cases, the worst affected
b (*: fou) touched*, cracked*
c (Admin) **être atteint par la limite d'âge** to have to retire *(because one has reached the official retirement age)*

atteinte[2] [atɛ̃t] [→ SYN] nf **a** (préjudice) attack (*à* on) ◆ (Jur) **atteinte à l'ordre public** breach of the peace ◆ **atteinte à la sûreté de l'État** betrayal of national security ◆ **atteinte à la vie privée** invasion of privacy ◆ **porter atteinte à** to strike a blow at, undermine
b (Méd : crise) attack (*de* of) ◆ **les premières atteintes du mal** the first effects of the illness → **hors**

attelage [at(ə)laʒ] [→ SYN] nm **a** (→ **atteler**) harnessing; hitching up; yoking; coupling
b (harnachement, chaînes) [chevaux] harness; [bœuf] yoke; [remorque] coupling, attachment; (Rail) coupling
c (équipage) [chevaux] team; [bœufs] team, [deux bœufs] yoke

atteler [at(ə)le] [→ SYN] ▸ conjug 4 ◂ **1** vt cheval to harness, hitch up; bœuf to yoke, hitch up; charrette, remorque to hitch up; (Rail) wagon to couple on; wagons to couple ◆ **le cocher était en train d'atteler** the coachman was in the process of getting the horses harnessed ou of harnessing up ◆ (fig) **atteler qn à un travail** to put sb on a job
2 s'atteler vpr ◆ **s'atteler à** travail, tâche to get ou buckle down to; problème to get down to ◆ **il est attelé à ce travail depuis ce matin** he has been working away at this job since this morning

attelle [atɛl] [→ SYN] nf [cheval] hame; (Méd) splint

attenant, e [at(ə)nɑ̃, ɑ̃t] [→ SYN] adj (contigu) adjoining ◆ **jardin attenant à la maison** garden adjoining the house ◆ **la maison attenante à la mienne** (ou **la sienne** etc) the house next door

attendre [atɑ̃dʀ] [→ SYN] ▸ conjug 41 ◂
1 vt **a** [personne] personne, événement to wait for, await (littér) ◆ **maintenant, nous attendons qu'il vienne/de savoir** we are now waiting for him to come/waiting to find out ◆ **attendez qu'il vienne/de savoir pour partir** wait until he comes/you know before you leave, wait for him to come/wait and find out before you leave ◆ **attendre la fin du film** to wait until the film is over ou until the end of the film ◆ **(aller/venir) attendre un train/qn au train** to meet a train/sb off the train ◆ **j'attends le** ou **mon train** I'm waiting for the ou my train ◆ **attendre le moment favorable** to bide one's time, wait for the right moment ◆ **attendre les vacances avec impatience** to look forward eagerly to the holidays, long for the holidays ◆ **attendre qn comme le Messie** to wait eagerly for sb ◆ **nous n'attendons plus que lui pour commencer** we're only waiting for him to start, there's only him to come and then we can start ◆ **il faut attendre un autre jour/moment pour lui parler** we'll have to wait till another day/time to speak to him ◆ **je n'attends qu'une chose, c'est qu'elle s'en aille** I (just) can't wait for her to go ◆ **il n'attendait que ça!** that's just what he was waiting for! ◆ **qu'attendez-vous pour réclamer?** what are you waiting for? why don't you (go ahead and) complain? ◆ **en attendant l'heure de partir, il jouait aux cartes** he played cards (while he waited) until it was time to go ◆ **êtes-vous attendu?** are you expected? ◆ **on ne vous attendait plus** we had given up on you ou waiting for you ◆ **on ne peut rien faire en attendant de recevoir sa lettre** we can't do anything until we get his letter ◆ **en attendant qu'il vienne, je vais vite faire une course** while I'm waiting for him to come I'm going to pop down* to the shop ◆ (Littérat) **"En attendant Godot"** "Waiting for Godot"
b [voiture] to be waiting for; [maison] to be ready for; [mauvaise surprise] to be in store for, await, wait for; [gloire] to be in store for, await ◆ **il ne sait pas encore le sort qui l'attend!** he doesn't know yet what's in store for him! ou awaiting him!, he does not yet know what fate awaits him! ◆ **une brillante carrière l'attend** he has a brilliant career in store (for him) ou ahead of him ◆ **le dîner vous attend** dinner's ready (when you are)
c (sans objet) [personne, chose] to wait; [chose] (se conserver) to keep ◆ **attendez un instant** wait a moment, hang on a minute* ◆ **j'ai attendu 2 heures** I waited (for) 2 hours ◆ **attendez voir*** let me ou let's see ou think* ◆ **attendez un peu** let's see, wait a second; (menace) just (you) wait! ◆ **attends, je vais t'expliquer** wait, let me explain ◆ **le train n'attendra pas** the train won't wait ◆ (Téléc) **vous attendez ou vous voulez rappeler plus tard?** will you hold on or do you want to call back later? ◆ (iro) **tu peux toujours attendre!** you've got a hope! (Brit), you haven't a prayer! (US), you'll be lucky! ◆ **ce travail attendra/peut attendre** this work will wait/can wait ◆ **ces fruits ne peuvent pas attendre (à demain)** this fruit won't keep (until tomorrow)
d faire attendre qn to keep sb waiting ◆ **se faire attendre** to keep people waiting, be a long time coming ◆ **le conférencier se fait attendre** the speaker is late ou is a long time coming ◆ **il aime se faire attendre** he likes to keep you ou people waiting ◆ **excusez-moi de m'être fait attendre** sorry to have kept you (waiting) ◆ **la paix se fait attendre** peace is a long time coming ◆ **la riposte ne se fit pas attendre** the retort was not long in coming ou was quick to follow
e (escompter, prévoir) personne, chose to expect ◆ **attendre qch de qn/qch** to expect sth from sb/sth ◆ **il n'attendait pas un tel accueil** he wasn't expecting such a welcome ◆ **elle est arrivée alors qu'on ne l'attendait plus** she came when she was no longer expected ou when they had given her up ◆ **on attendait beaucoup de ces pourparlers** they had great hopes ou they expected great things* of these negotiations ◆ **j'attendais mieux de cet élève** I expected better of this child, I expected this child to do better
f LOC **attendre de pied ferme** to wait resolutely ◆ **attendre son tour** to wait one's turn ◆ **attendre un enfant** to be expecting a baby, be expecting* ◆ **il attend son heure!** he's biding his time ◆ **il m'attendait au tournant*** he waited for the chance to catch me out ◆ **attendez-moi sous l'orme!**† you can wait for me till the cows come home! ◆ **en attendant** (pendant ce temps) meanwhile, in the meantime; (en dépit de cela) all the same, be that as it may ◆ **en attendant, j'ai le temps de finir le ménage** meanwhile ou in the meantime I've time to finish the housework ◆ **en attendant, il est (quand même) très courageux** all the same ou be that as it may, he's (nonetheless) very brave ◆ **faites-le sans attendre** do it without delay
2 attendre après* vt indir chose to be in a hurry for, be anxious for; personne to be waiting for, hang about waiting for* ◆ **ne vous pressez pas de me rendre cet argent, je n'attends pas après** there's no rush to pay me back the money, I'm in no hurry for it ◆ **je n'attends pas après lui/son aide!** I can get along without him/his help!
3 s'attendre vpr ◆ (escompter, prévoir) **s'attendre à qch** to expect sth (*de* from) ◆ **il ne s'attendait pas à gagner** he wasn't expecting to win ◆ **est-ce que tu t'attends vraiment à ce qu'il écrive?** do you really expect him to write? ◆ **on ne s'attendait pas à cela de lui** we didn't expect that of him ◆ **avec lui on peut s'attendre à tout** you never know what to expect with him ◆ **Marcel! si je m'attendais (à vous voir ici)!*** Marcel, fancy meeting you here! ◆ **comme il fallait s'y attendre ...** as one would expect ..., predictably enough ...

attendri, e [atɑ̃dʀi] (ptp de **attendrir**) adj air, regard melting (épith), tender

attendrir [atɑ̃dʀiʀ] [→ SYN] ▸ conjug 2 ◂ **1** vt viande to tenderize; (fig) personne to move (to pity); cœur to soften, melt ◆ **il se laissa attendrir par ses prières** her pleadings made him relent ou yield
2 s'attendrir vpr to be moved ou touched (*sur* by), get emotional (*sur* over) ◆ **s'attendrir sur (le sort de) qn** to feel (sorry ou pity ou sympathy) for sb ◆ **s'attendrir sur soi-même** to feel sorry for o.s.

attendrissant, e [atɑ̃dʀisɑ̃, ɑ̃t] [→ SYN] adj moving, touching

attendrissement [atɑ̃dʀismɑ̃] [→ SYN] nm (tendre) emotion, tender feelings; (apitoyé) pity ◆ **ce fut l'attendrissement général** everybody got emotional ◆ **pas d'attendrissement!** no soft-heartedness!, no displays of emotion!

attendrisseur [atɑ̃dʀisœʀ] nm (Boucherie) tenderizer ◆ **viande passée à l'attendrisseur** tenderized meat

attendu, e [atɑ̃dy] [→ SYN] (ptp de **attendre**)
1 adj personne, événement, jour long-awaited; (prévu) expected
2 prép (étant donné) given, considering ◆ **attendu que** seeing that, since, given ou considering that; (Jur) whereas
3 nmpl ◆ (Jur) **attendus d'un jugement** reasons adduced for a judgment

attentat [atɑ̃ta] [→ SYN] nm (gén : contre une personne) murder attempt; (Pol) assassination attempt; (contre un bâtiment) attack (*contre* on) ◆ **attentat à la bombe** bomb attack, (terrorist) bombing ◆ **attentat à la voiture piégée** car-bombing ◆ **un attentat a été perpétré contre M. Dupont** an attempt has been made on the life of Mr Dupont, there has been an assassination attempt on Mr Dupont ◆ **attentat aux droits/à la liberté** violation of rights/of liberty ◆ **attentat contre la sûreté de l'État** conspiracy against the security of the State ◆ (Jur) **attentat aux mœurs** offence against public decency ◆ (Jur) **attentat à la pudeur** indecent assault

attentatoire [atɑ̃tatwaʀ] [→ SYN] adj prejudicial (*à* to), detrimental (*à* to)

attente [atɑ̃t] [→ SYN] nf **a** wait, waiting (NonC) ◆ **cette attente fut très pénible** it was a trying wait ◆ **l'attente est ce qu'il y a de plus pénible** it's the waiting which is hardest to bear ◆ **l'attente des résultats devenait insupportable** waiting for the results was becoming unbearable ◆ **il y a 10 minutes d'attente entre les deux trains** there is a 10-minute wait between the two trains ◆ **l'attente se prolongeait** the wait was growing longer and longer ◆ **vivre dans l'attente d'une nouvelle** to spend one's time waiting for (a piece of) news ◆ **dans l'attente de vos nouvelles** looking forward to hearing ou hoping to hear from you ◆ **le projet est en attente** the plan is in abeyance ou is hanging fire ◆ **laisser un dossier en attente** to leave a file pending ◆ (Téléc) **mettre qn en attente** to put sb on hold → **salle**
b (espoir) expectation ◆ **répondre à l'attente de qn** to come up to sb's expectations ◆ **contre toute attente** contrary to (all) expectation(s)

attenter [atɑ̃te] [→ SYN] ▸ conjug 1 ◂ vt ind **a attenter à la vie de qn** to make an attempt on sb's life ◆ **attenter à ses jours** to attempt suicide, make an attempt on one's life ◆ **attenter à la sûreté de l'État** to conspire against the security of the State
b (fig : violer) **attenter à** liberté, droits to violate

attentif, -ive [atɑ̃tif, iv] [→ SYN] adj **a** (vigilant) personne, air attentive ◆ **regarder qn d'un œil attentif** to look at sb attentively ◆ **écouter d'une oreille attentive** to listen attentively ◆ **être attentif à tout ce qui se passe** to pay attention to all that goes on, heed all that goes on ◆ **sois donc attentif** pay attention!
b (scrupuleux) examen careful, close, searching; travail careful; soin scrupulous ◆ **attentif à son travail** careful ou painstaking in one's work ◆ **attentif à ses devoirs** heedful ou mindful of one's duties ◆ **attentif à ne blesser personne** careful ou cautious not to hurt anyone
c (prévenant) soins thoughtful; prévenance watchful ◆ **attentif à plaire** anxious to please ◆ **attentif à ce que tout se passe bien** keeping a close watch to see that all goes (off) well

attention [atɑ̃sjɔ̃] [→ SYN] GRAMMAIRE ACTIVE 2.2, 2.3, 26.6 nf **a** (concentration) attention; (soin) care ◆ **avec attention** écouter carefully, attentively; examiner carefully, closely ◆ **attirer/détourner l'attention de qn** to attract/divert ou distract sb's attention ◆ **fixer son attention sur** to focus one's attention on ◆ **faire un effort d'attention** to make an effort to concentrate ◆ **demander un effort d'attention** to require careful attention ◆ **ce cas/projet mérite toute notre attention** this case/project deserves our undivided attention ◆ **«à l'attention de M. Dupont»** "for the attention of Mr Dupont" ◆ **votre candidature a retenu notre attention** we considered your application carefully ◆ **je demande toute votre attention** can I have your full attention? → **signaler**

b **faire** ou **prêter attention à** to pay attention ou heed to ◆ **faire bien** ou **très attention** to pay careful attention ◆ **as-tu fait attention à ce qu'il a dit?** did you pay attention to ou attend ou listen carefully to what he said? ◆ **il n'a même pas fait attention à moi / à ce changement** he didn't (even) take any notice of me / the change ◆ **tu vas faire attention quand il entrera et tu verras** look carefully ou have a good look when he comes in and you'll see what I mean ◆ **ne faites pas attention à lui** pay no attention to him, take no notice of him, never mind him

c **faire attention** (prendre garde) to be careful, take care ◆ **(fais) attention à ta ligne** watch ou mind (Brit) your waistline ◆ **fais attention à ne pas trop manger** mind ou be careful you don't eat too much ◆ **fais attention (à ce) que la porte soit fermée** be ou make sure ou mind the door's shut ◆ **fais bien attention à toi** (prends soin de toi) take good care of yourself; (sois vigilant) be careful

d LOC **attention! tu vas tomber** watch! ou mind (out)! ou careful! ou watch your step! you're going to fall! ou you'll fall! ◆ **attention chien méchant** beware of the dog ◆ **attention travaux** caution, work in progress ◆ **attention à la marche** mind the step ◆ **attention! je n'ai pas dit cela** careful! ou watch it!*, I didn't say that ◆ **attention au départ!** the train is now leaving!, all aboard! ◆ **attention à la peinture** (caution) wet paint ◆ (sur colis) **« attention, fragile »** "attention, handle with care", ou "caution, handle with care" ◆ **attention les yeux!*** watch out!*

e (prévenance) attention, thoughtfulness (NonC) ◆ **être plein d'attentions pour qn** to be very thoughtful ou attentive towards sb ◆ **ses attentions me touchaient** I was touched by his attentions ou thoughtfulness ◆ **quelle charmante attention!** how very thoughtful!, what a lovely thought!

attentionné, e [atɑ̃sjɔne] → SYN adj (prévenant) thoughtful, considerate (*pour, auprès de* towards)

attentisme [atɑ̃tism] → SYN nm wait-and-see policy, waiting-game

attentiste [atɑ̃tist] → SYN **1** nmf partisan of a wait-and-see policy

2 adj politique wait-and-see (épith)

attentivement [atɑ̃tivmɑ̃] → SYN adv lire, écouter attentively, carefully; examiner carefully, closely

atténuantes [atenɥɑ̃t] adj fpl → **circonstance**

atténuateur [atenɥatœʀ] nm attenuator

atténuation [atenɥasjɔ̃] → SYN nf **a** (→ **atténuer**) alleviation, easing; mollifying, appeasement; toning down; lightening; watering down; subduing; dimming; softening; toning down; (Jur) [peine] mitigation

b (→ **s'atténuer**) dying down; easing; subsiding, abatement; softening

atténuer [atenɥe] → SYN ▸ conjug 1 ◂ **1** vt **a** douleur to alleviate, ease; rancœur to mollify, appease; propos, reproches to tone down; faute to mitigate; responsabilité to lighten; punition to lighten, mitigate; coup, effets to soften; faits to water down; (Fin) pertes to cushion

b lumière to subdue, dim; couleur, son to soften, tone down

2 **s'atténuer** vpr **a** [douleur] to ease, die down; [sensation] to die down; [violence, crise] to subside, abate

b [bruit] to die down; [couleur] to soften ◆ **leurs cris s'atténuèrent** their cries grew quieter ou died down

atterrant, e [ateʀɑ̃, ɑ̃t] → SYN adj appalling

atterrer [ateʀe] → SYN ▸ conjug 1 ◂ vt to dismay, appal (Brit), appall (US), shatter ◆ **il était atterré par cette nouvelle** he was aghast ou shattered at this piece of news ◆ **sa bêtise m'atterre** his stupidity appals me, I am appalled by ou aghast at his stupidity ◆ **on devinait à son air atterré que ...** we could tell by his look of utter dismay that ...

atterrir [ateʀiʀ] ▸ conjug 2 ◂ vi (Aviat) to land, touch down; (Naut) to land ◆ **atterrir sur le ventre** [personne] to land (up) flat on one's face; [avion] to make a belly landing ◆ (fig) **atterrir en prison / dans un village perdu*** to land up* (Brit) ou land* (US) in prison / in a village in the middle of nowhere ◆ **le travail a finalement atterri sur mon bureau*** the job finally landed on my desk ◆ **atterris!*** come back down to earth!

atterrissage [ateʀisaʒ] nm (Aviat, Naut) landing ◆ **au moment de l'atterrissage** at the moment of landing, at touchdown ◆ **atterrissage en catastrophe / sur le ventre / sans visibilité** crash / belly / blind landing ◆ **atterrissage forcé** emergency ou forced landing → **piste, terrain, train**

attestation [atɛstasjɔ̃] → SYN nf **a** [fait] attestation

b (document) certificate; [diplôme] certificate of accreditation ou of attestation ◆ **attestation médicale** doctor's certificate ◆ **attestation sur l'honneur** affidavit

attester [atɛste] → SYN ▸ conjug 1 ◂ vt **a** (certifier) fait to testify to, vouch for ◆ **attester que** to testify that, vouch for the fact that, attest that; [témoin] to attest that ◆ **attester (de) l'innocence de qn** to testify to ou vouch for sb's innocence ◆ **ce fait est attesté par tous les témoins** this fact is borne out ou is attested by all the witnesses

b (démontrer) [preuve, chose] to attest, testify to ◆ **cette attitude atteste son intelligence** ou **atteste qu'il est intelligent** his intelligence is evidenced by this attitude, this attitude testifies to his intelligence ◆ (Ling) **forme attestée** attested form ◆ **mot non attesté dans** ou **par les dictionnaires** word not attested by the dictionaries

c (littér: prendre à témoin) **j'atteste les dieux que ...** I call the gods to witness that ...

atticisme [atisism] → SYN nm Atticism

attiédir [atjediʀ] → SYN ▸ conjug 2 ◂ **1** vt (littér) eau to make lukewarm; climat to make more temperate, temper; désir, ardeur to temper, cool

2 **s'attiédir** vpr [eau] to become lukewarm; [climat] to become more temperate; (littér) [désir, ardeur] to cool down, wane ◆ **l'eau s'est attiédie** (plus chaude) the water has got warmer ou has warmed up; (moins chaude) the water has got cooler ou has cooled down

attiédissement [atjedismɑ̃] → SYN nm [climat] tempering; (littér) [désir] cooling, waning

attifer* [atife] ▸ conjug 1 ◂ **1** vt (habiller) femme to get up*, doll up*; homme to get up* (*de* in) ◆ **regardez comme elle est attifée!** look at her get-up!* ◆ **attifée d'une robe à volants** dolled up in a flounced dress

2 **s'attifer** vpr [femme] to get ou doll o.s. up*; [homme] to get o.s. up* (*de* in)

attiger: [atiʒe] ▸ conjug 3 ◂ vi to go a bit far*, overstep the mark

Attila [atila] nm Attila

attique[1] [atik] **1** adj (Antiq) Attic ◆ **finesse / sel attique** Attic wit / salt

2 nf ◆ **l'Attique** Attica

attique[2] [atik] → SYN nm (Constr) attic (storey)

attirail* [atiʀaj] nm gear*, paraphernalia ◆ **attirail de pêche** fishing tackle ◆ **attirail de bricoleur / cambrioleur** handyman's / burglar's tools ou tool kit

attirance [atiʀɑ̃s] → SYN nf attraction (*pour, envers* for) ◆ **éprouver de l'attirance pour qch / qn** to be ou feel drawn towards sth / sb, be attracted to sth / sb ◆ **l'attirance du vide** the lure ou tug of the abyss

attirant, e [atiʀɑ̃, ɑ̃t] → SYN adj attractive, appealing ◆ **une femme très attirante** an alluring ou a very attractive woman

attirer [atiʀe] → SYN ▸ conjug 1 ◂ GRAMMAIRE ACTIVE 26.6 vt **a** (gén, Phys) to attract; (en appâtant) to lure, entice ◆ **il m'attrapa et m'attira dans un coin** he caught hold of me and drew me into a corner ◆ **attirer qn dans un piège / par des promesses** to lure ou entice sb into a trap / with promises ◆ **spectacle fait pour attirer la foule** show guaranteed to bring in ou draw ou attract the crowds ◆ **ce pays / projet ne m'attire pas** this country / project doesn't appeal to me ◆ **être attiré par une doctrine / qn** to be attracted ou drawn to a doctrine / sb ◆ **attirer l'attention de qn sur qch** to draw sb's attention to sth ◆ **il essaya d'attirer son attention** he tried to attract ou catch his attention ◆ **affiche / robe qui attire les regards** eye-catching poster / dress ◆ **elle / son charme attire les hommes** she / her charm appeals to ou attracts men ◆ **il est très attiré par elle** he finds her very attractive, he's drawn to her

b (causer) **attirer des ennuis à qn** to cause ou bring sb difficulties ◆ **cela va lui attirer des ennuis** that's going to cause ou give him problems ◆ **tu vas t'attirer des ennuis** you're going to cause trouble for yourself ou bring trouble upon yourself ◆ **cela a attiré sur lui toute la colère de la ville** this brought the anger of the entire town down on him ◆ **ses discours lui ont attiré des sympathies** his speeches won ou gained ou earned him sympathy ◆ **s'attirer des critiques / la colère de qn** to incur criticism / sb's anger, bring criticism on / sb's anger down on o.s. ◆ **s'attirer des ennemis** to make enemies for o.s. ◆ **je me suis attiré sa gratitude** I won ou earned his gratitude

attisement [atizmɑ̃] → SYN nm [feu] poking (up), stirring up; [désir, querelle] stirring up

attiser [atize] → SYN ▸ conjug 1 ◂ vt feu to poke (up), stir up; désir, querelle to stir up, fan the flame of ◆ **pour attiser la flamme** to make the fire burn up

attitré, e [atitʀe] → SYN adj (habituel) marchand, place regular, usual; (agréé) marchand accredited, appointed, registered; journaliste accredited ◆ **fournisseur attitré d'un chef d'état** purveyors by appointment to a head of state

attitude [atityd] → SYN GRAMMAIRE ACTIVE 6.1 nf (maintien) bearing; (comportement) attitude; (point de vue) standpoint; (affectation) attitude, façade ◆ **prendre des attitudes gracieuses** to adopt graceful poses ◆ **avoir une attitude décidée** to have an air of firmness ◆ **prendre une attitude ferme** to adopt a firm standpoint ou attitude ◆ **le socialisme chez lui ce n'est qu'une attitude** his socialism is only a façade

attouchement [atuʃmɑ̃] → SYN nm touch, touching (NonC); (Méd) palpation ◆ **se livrer à des attouchements sur qn** (gén) to fondle ou stroke sb; (Jur) to interfere with sb

attractif, -ive [atʀaktif, iv] → SYN adj (Phys) phénomène attractive; (attrayant) offre, prix attractive

attraction [atʀaksjɔ̃] → SYN nf **a** (gén: attirance, Ling, Phys) attraction ◆ **attraction universelle** gravitation ◆ **attraction moléculaire** molecular attraction

b (centre d'intérêt) attraction; (partie d'un spectacle) attraction; (numéro d'un artiste) number ◆ **il est l'attraction numéro un au programme** he is the star attraction on the programme ◆ (boîte de nuit) **quand passent les attractions?** when is the cabaret (Brit) ou floorshow on? ◆ (cirque etc) **ils ont renouvelé leurs attractions** they have changed their programme (of attractions ou entertainments), they have taken on some new acts → **parc**

attrait [atʀɛ] → SYN nm **a** (séduction) [femme, paysage, doctrine, plaisirs] appeal, attraction; [danger, aventure] appeal ◆ **ses romans ont pour moi beaucoup d'attrait** I find his novels very appealing ou attractive, his novels appeal to me very much ◆ **éprouver un attrait** ou **de l'attrait pour qch** to be attracted to sth, find sth attractive ou appealing

b (charmes) **attraits** attractions

attrapade* [atʀapad] nf row*, telling off*

attrape [atʀap] → SYN nf (farce) trick → **farce**[1]

attrape-couillon:, pl **attrape-couillons** [atʀapkujɔ̃] nm con*, con game* (US)

attrape-mouche, pl **attrape-mouches** [atʀapmuʃ] nm (Bot) fly trap; (Orn) flycatcher; (piège) flypaper

attrape-nigaud*, pl **attrape-nigauds** [atʀapnigo] nm con*, con game* (US)

attraper [atʀape] → SYN ▸ conjug 1 ◂ vt **a** ballon to catch; (*: fig) train to catch, get, hop* (US); contravention, gifle to get; journal, crayon to pick up

b personne, voleur, animal to catch ◆ **si je t'attrape !** if I catch you ! ◆ **attraper qn à faire qch** to catch sb doing sth ◆ **que je t'y attrape !*** don't let me catch you doing that !, if I catch you doing that !

c maladie to catch, get ◆ **tu vas attraper froid** ou **du mal** you'll catch cold ◆ **j'ai attrapé un rhume / son rhume** I've caught a cold / a cold from him ou his cold ◆ **j'ai attrapé mal à la gorge** I've got a sore throat ◆ **tu vas attraper la mort** you'll catch your death (of cold) ◆ **il a attrapé un coup de soleil** he got sunburnt ◆ **la grippe s'attrape facilement** flu is very catching

d (intercepter) mots to pick up

e (acquérir) style, accent to pick up ◆ **il faut attraper le coup** ou **le tour de main** you have to get ou learn the knack

f (gronder) to tell off* ◆ **se faire attraper (par qn)** to be told off (by sb)*, get a telling off (from sb)* ◆ **mes parents vont m'attraper** I'll get it: from my parents, my parents will give me a telling off* ◆ **ils se sont attrapés pendant une heure** they went at each other for a whole hour*

g (tromper) to take in ◆ **se laisser attraper** to be had* ou taken in ◆ **tu as été bien attrapé** (trompé) you were had all right*; (surpris) you were caught out there all right !

attrape-touristes [atʀaptuʀist] nm inv tourist trap

attrape-tout [atʀaptu] adj inv catch-all (épith)

attrayant, e [atʀɛjɑ̃, ɑ̃t] → SYN adj (agréable, beau) attractive; (séduisant) idée appealing, attractive ◆ **c'est une lecture attrayante** it makes ou it is pleasant reading ◆ **peu attrayant** travail unappealing; paysage unattractive; proposition unattractive, unappealing

attribuable [atʀibɥabl] → SYN adj attributable (*à* to)

attribuer [atʀibɥe] → SYN ▸ conjug 1 ◂ GRAMMAIRE ACTIVE 17.2 vt **a** (allouer) prix to award; avantages, privilèges to grant, accord; place, rôle to allocate, assign; biens, part to allocate (*à* to) ◆ **s'attribuer le meilleur rôle / la meilleure part** to give o.s. the best role / the biggest share, claim the best role / the biggest share for o.s.

b (imputer) faute to attribute, impute; pensée, intention to attribute, ascribe (*à* to) ◆ **à quoi attribuez-vous cet échec / accident ?** what do you put this failure / accident down to?, what do you attribute ou ascribe this failure / accident to?

c (accorder) invention, mérite to attribute (*à* to) ◆ **on lui attribue l'invention de l'imprimerie** the invention of printing has been attributed to him, he has been credited with the invention of printing ◆ **la critique n'attribue que peu d'intérêt à son livre** the critics find little of interest in his book ou consider his book of little interest ◆ **attribuer de l'importance à qch** to attach importance to sth ◆ **s'attribuer tout le mérite** to claim all the merit for o.s.

attribut [atʀiby] → SYN nm (caractéristique, symbole) attribute; (Gram) complement ◆ **adjectif attribut** predicative adjective ◆ **nom attribut** noun complement

attributaire [atʀibytɛʀ] → SYN nmf (Jur) beneficiary; [actions] allottee; [prix] prizewinner

attributif, -ive [atʀibytif, iv] adj **a** (Jur) of assignment

b (Ling) **fonction attributive** complement function ◆ **syntagme attributif** complement ◆ **verbe attributif** link verb, copule

attribution [atʀibysjɔ̃] → SYN nf **a** [prix] awarding; [place, rôle, part] allocation; [œuvre, invention] attribution

b (prérogatives, pouvoirs) **attributions** attributions ◆ **cela n'entre pas dans mes attributions** I'm not empowered to do that, that's not part of my job

attristant, e [atʀistɑ̃, ɑ̃t] → SYN adj nouvelle, spectacle saddening

attrister [atʀiste] → SYN ▸ conjug 1 ◂ **1** vt to sadden ◆ **cette nouvelle nous a profondément attristés** we were greatly saddened by ou grieved at this news

2 **s'attrister** vpr to be saddened (*de* by), become sad (*de qch* at sth, *de voir que* at seeing that)

attrition [atʀisjɔ̃] → SYN nf (Rel) attrition

attroupement [atʀupmɑ̃] → SYN nm [foule] gathering; (groupe) crowd, mob (péj)

attrouper (s') [atʀupe] ▸ conjug 1 ◂ vpr to gather (together), flock together, form a crowd

atypique [atipik] adj atypical

au [o] → **à**

aubade [obad] → SYN nf dawn serenade ◆ **donner une aubade à qn** to serenade sb at dawn

aubaine [obɛn] → SYN nf godsend; (financière) windfall ◆ **profiter de l'aubaine** to make the most of one's good fortune ou of the opportunity ◆ **quelle (bonne) aubaine !** what a godsend ! ou stroke of luck !

aube[1] [ob] → SYN nf **a** dawn, daybreak, first light ◆ **à l'aube** at dawn ou daybreak ou first light ◆ **avant l'aube** before dawn ou daybreak

b (fig) dawn, beginning ◆ **à l'aube de** at the dawn of

aube[2] [ob] nf (Rel) alb

aube[3] [ob] → SYN nf (Tech) [bateau] paddle, blade; [moulin] vane; [ventilateur] blade, vane ◆ **roue à aubes** paddle wheel

aubépine [obepin] → SYN nf hawthorn ◆ **fleurs d'aubépine** may (blossom), hawthorn blossom

aubère [obɛʀ] adj red roan ◆ **cheval aubère** red roan (horse)

auberge [obɛʀʒ] → SYN nf inn ◆ **il prend la maison pour une auberge !*, il se croit à l'auberge !*** he uses this place as a hotel ! ◆ **auberge de (la) jeunesse** youth hostel ◆ **c'est l'auberge espagnole** (repas) everyone's bringing some food along, it's a potluck party (US); (situation chaotique) it's a madhouse* ◆ (Littérat) **"L'Auberge de la Jamaïque"** "Jamaica Inn" → **sortir**[1]

aubergine [obɛʀʒin] → SYN **1** nf **a** (légume) aubergine (Brit), eggplant ◆ **caviar d'aubergine** ≃ aubergine (Brit) ou eggplant dip

b (†*: contractuelle) traffic warden (Brit), meter maid* (US)

2 adj inv aubergine(-coloured)

aubergiste [obɛʀʒist] → SYN nmf [hôtel] hotel keeper; [auberge] innkeeper, landlord ◆ [auberge de jeunesse] **père aubergiste, mère aubergiste** (youth-hostel) warden

aubette [obɛt] → SYN nf (Belg) bus shelter

aubier [obje] → SYN nm sapwood

aubin [obɛ̃] → SYN nm aubin

auburn [obœʀn] adj inv auburn

aucuba [okyba] nm aucuba

aucun, e [okœ̃, yn] → SYN **1** adj **a** (nég) no, not any ◆ **aucun commerçant ne le connaît** no tradesman (Brit) ou merchant knows him ◆ **il n'a aucune preuve** he has no proof, he hasn't any proof ◆ **sans faire aucun bruit** without making a noise ou any noise ◆ **sans aucun doute** without (any) doubt, undoubtedly ◆ **en aucune façon** in no way ◆ **ils ne prennent aucun soin de leurs vêtements** they don't take care of their clothes (at all) ◆ **ils n'ont eu aucun mal à trouver le chemin** they had no trouble finding the way, they found the way without any trouble

b (positif) any ◆ **il lit plus qu'aucun autre enfant** he reads more than any other child ◆ **croyez-vous qu'aucun auditeur aurait osé le contredire ?** do you think that any listener would have dared to contradict him?

2 pron **a** (nég) **il n'aime aucun de ces films** he doesn't like any of these films ◆ **aucun de ses enfants ne lui ressemble** none of his children are like him ◆ **je ne pense pas qu'aucun d'entre nous puisse y aller** I don't think any of us can go ◆ **combien de réponses avez-vous eues ?** – **aucune** how many answers did you get? – not one ou none

b (positif) any, any one ◆ **il aime ses chiens plus qu'aucun de ses enfants** he is fonder of his dogs than of any (one) of his children ◆ **pensez-vous qu'aucun ait compris ?** do you think anyone ou anybody understood?

c (littér) **d'aucuns** some ◆ **d'aucuns aiment raconter que ...** there are some who like to say that ...

aucunement [okynmɑ̃] → SYN adv in no way, not in the least, not in the slightest ◆ **il n'est aucunement à blâmer** he's not in the slightest ou least to blame, he's in no way ou not in any way to blame ◆ **accepterez-vous ?** – **aucunement** are you going to accept? – indeed no ou (most) certainly not

audace [odas] → SYN nf **a** (NonC) (témérité) daring, boldness, audacity; (Art: originalité) daring; (effronterie) audacity, effrontery ◆ **avoir l'audace de** to have the audacity to, dare to

b (geste osé) daring gesture; (innovation) daring idea ou touch ◆ **elle lui en voulait de ses audaces** she held his boldness ou his bold behaviour against him ◆ **une audace de génie** a daring touch of genius ◆ **audaces de style** daring innovations of style ◆ **les audaces de la mode** the daring inventions ou creations of high fashion

audacieusement [odasjøzmɑ̃] adv (→ **audacieux**) daringly; boldly; audaciously

audacieux, -ieuse [odasjø, jøz] → SYN adj soldat, action daring, bold; artiste, projet daring; geste audacious, bold → **fortune**

au-deçà, au-dedans, au-dehors → **deçà, dedans, dehors**

au-delà [od(ə)la] **1** loc adv → **delà**

2 nm ◆ **l'au-delà** the beyond

au-dessous, au-dessus → **dessous, dessus**

au-devant [od(ə)vɑ̃] **1** loc prép ◆ **au-devant de** ahead of ◆ **aller au-devant de qn** to go and meet sb ◆ **aller au-devant des désirs de qn** to anticipate sb's wishes

2 loc adv ahead

audibilité [odibilite] nf audibility

audible [odibl] → SYN adj audible

audience [odjɑ̃s] → SYN nf **a** (frm: entretien) interview, audience ◆ **donner audience à qn** to give audience to sb

b (Jur: séance) hearing

c (attention) (interested) attention ◆ **ce projet eut beaucoup d'audience** this project aroused much interest ◆ **cet écrivain a trouvé audience auprès des étudiants** this author has had a favourable reception from students

d (spectateurs, auditeurs) audience ◆ (Rad, TV) **faire de l'audience** to attract a large audience ◆ **gagner des points d'audience** to go up in the ratings

audimat ® [odimat] nm inv (appareil) audiometer; (taux d'écoute) ratings ◆ **avoir un bon audimat** to have good ratings

audimètre [odimɛtʀ] nm audiometer

audimétrie [odimetʀi] nf audience monitoring

audio- [odjo] préf audio

audio [odjo] adj inv audio

audioconférence [odjokɔ̃feʀɑ̃s] nf audioconference

audio-électronique, pl **audio-électroniques** [odjoelɛktʀɔnik] adj audiotronic

audiofréquence [odjofʀekɑ̃s] nf audio frequency

audiogramme [odjogʀam] nm audiogram

audiologie [odjɔlɔʒi] nf audiology

audiomètre [odjomɛtʀ] nm audiometer

audiométrie [odjometʀi] nf audiometry

audionumérique [odjonymeʀik] adj digital

audio-oral, e, mpl **audio-oraux** [odjooʀal, o] adj exercices, méthode audio (épith)

audiophone [odjofɔn] nm hearing aid

audioprothésiste [odjopʀɔtezist] nmf hearing aid specialist

audiotypie [odjotipi] nf audiotyping

audiotypiste [odjotipist] nmf audiotypist

audiovisuel, -elle [odjovizɥɛl] **1** adj audiovisual

2 nm (équipement) audiovisual aids; (méthodes) audiovisual techniques ou methods; (radio et télévision) radio and television

audit [odit] → SYN nm **a** (contrôle) audit ◆ **faire l'audit de** to audit

b (personne) auditor

auditer [odite] ▸ conjug 1 ◂ vt to audit

auditeur, -trice [oditœʀ, tʀis] → SYN nm,f (gén, Rad) listener; (Ling) hearer; (Fin) auditor ◆ **le conférencier avait charmé ses auditeurs** the lecturer had captivated his audience ◆ (Univ) **auditeur libre** *person who registers to sit in on lectures*, auditor (US) ◆ (Admin) **auditeur à la Cour des comptes** junior official *(at the Cour des Comptes)*

auditif, -ive [oditif, iv] adj auditory ◆ **troubles auditifs** hearing problems ou difficulties ◆ **aide** ou **prothèse auditive** hearing aid

audition [odisjɔ̃] → SYN nf **a** (Mus, Théât) (essai) audition; (récital) recital; (concert d'élèves) concert (*de* by) ◆ (Mus, Théât) **passer une audition** to audition, have an audition
b (Jur) **procéder à l'audition d'un témoin** to examine a witness
c (écoute) [musique, disque] hearing ◆ **salle conçue pour l'audition de la musique** room designed for listening to music ◆ **avec l'orage l'audition est très mauvaise** with the storm the sound is very bad
d (ouïe) hearing

auditionner [odisjɔne] → SYN ▸ conjug 1 ◂ **1** vt to audition, give an audition to
2 vi to be auditioned, audition

auditoire [oditwaʀ] → SYN **1** nm audience
2 adj (Ling) auditory

auditorium [oditɔʀjɔm] → SYN nm (Rad) auditorium

auge [oʒ] → SYN nf (Agr, Constr) trough ◆ (Géog) **vallée en auge, auge glaciaire** U-shaped valley, trough ◆ (hum) **passe ton auge!*** give us your plate!*

Augias [oʒjas] nm ◆ **nettoyer les écuries d'Augias** to clean the Augean stables

augment [ɔgmɑ̃] nm augment

augmentatif, -ive [ɔgmɑ̃tatif, iv] adj (Gram) augmentative

augmentation [ɔgmɑ̃tasjɔ̃] → SYN nf (accroissement) (gén) increase; [prix, population, production] increase, rise, growth (*de* in) ◆ **augmentation de salaire / prix** pay / price rise, salary / price increase, increase in salary / price ◆ (Fin) **augmentation de capital** increase in capital ◆ **l'augmentation des salaires par la direction** the management's raising of salaries ◆ **réclamer une augmentation (de salaire)** (collectivement) to make a wage claim; (individuellement) to put in for a rise (Brit) ou raise (US) ◆ **l'augmentation des prix par les commerçants** the raising ou putting up of prices by shopkeepers (Brit) ou storekeepers (US)

augmenter [ɔgmɑ̃te] → SYN ▸ conjug 1 ◂ **1** vt **a** salaire, prix, impôts to increase, raise, put up; nombre to increase, raise, augment; production, quantité, dose to increase, step up, raise; durée to increase; difficulté, inquiétude to add to, increase; intérêt to heighten ◆ **augmenter les prix de 10 %** to increase ou raise ou put up prices by 10% ◆ **il augmente ses revenus en faisant des heures supplémentaires** he augments ou supplements his income by working overtime ◆ **sa collection s'est augmentée d'un nouveau tableau** he has extended ou enlarged his collection with a new painting, he has added a new painting to his collection ◆ (Tricot) **augmenter (de 5 mailles)** to increase (5 stitches) ◆ (Mus) **tierce augmentée** augmented third ◆ **ceci ne fit qu'augmenter sa colère** this only added to his anger → **édition**
b augmenter qn (de 500 F) to increase sb's salary (by 500 francs), give sb a (500-franc) rise (Brit) ou raise (US) ◆ **il n'a pas été augmenté depuis 2 ans** he has not had ou has not been given a rise (Brit) ou raise (US) ou a salary increase for 2 years
2 vi (grandir) [salaire, prix, impôts] to increase, rise, go up; [marchandises] to go up; [poids, quantité] to increase; [population, production] to grow, increase, rise; [douleur] to grow ou get worse, increase; [difficulté, inquiétude] to grow, increase ◆ **augmenter de poids / volume** to increase in weight / volume → **vie**

augure [ogyʀ] → SYN nm **a** (devin) (Hist) augur; (fig hum) soothsayer, oracle ◆ **consulter les augures** to consult the oracle
b (présage) omen; (Hist) augury ◆ **être de bon augure** to be of good omen, augur well ◆ **résultat de bon augure** promising ou encouraging result ◆ **être de mauvais augure** to be ominous ou of ill omen, augur ill ◆ **cela me paraît de bon / mauvais augure** that's a good / bad sign, that augurs well / badly → **accepter, oiseau**

augurer [ogyʀe] → SYN ▸ conjug 1 ◂ vt ◆ **que faut-il augurer de son silence?** what must we gather ou understand from his silence? ◆ **je n'augure rien de bon de cela** I don't foresee ou see any good coming from ou out of it ◆ **cela augure bien / mal de la suite** that augurs well / ill (for what is to follow)

Auguste [ogyst] nm Augustus ◆ (Antiq) **le siècle d'Auguste** the Augustan age

auguste [ogyst] → SYN **1** adj personnage, assemblée august; geste noble, majestic
2 nm ◆ **Auguste** ≃ Coco the clown

augustin, e [ogystɛ̃, in] → SYN **1** nm ◆ **Augustin** Augustine
2 nm,f (Rel) Augustinian

augustinien, -ienne [ogystinjɛ̃, jɛn] → SYN adj Augustinian

aujourd'hui [oʒuʀdɥi] → SYN adv **a** (ce jour-ci) today ◆ **aujourd'hui en huit** a week today (Brit), today week (Brit), a week from today ◆ **il y a aujourd'hui 10 jours que** it's 10 days ago today that ◆ **c'est tout pour aujourd'hui** that's all ou that's it for today ◆ **à dater** ou **à partir d'aujourd'hui** (as) from today, from today onwards ◆ **aujourd'hui après-midi** this afternoon ◆ **je le ferai dès aujourd'hui** I'll do it this very day ◆ (hum) **alors cette bière, c'est pour aujourd'hui ou pour demain?** any chance of getting that beer sometime today? → **jour**
b (de nos jours) today, nowadays, these days ◆ **ça ne date pas d'aujourd'hui** [objet] it's not exactly new; [situation, attitude] it's nothing new ◆ **ce n'est pas d'aujourd'hui que je le connais** I've known him for a long time ou for years* ◆ **les jeunes d'aujourd'hui** young people nowadays, (the) young people of today

aula [ola] → SYN nf (Helv) (amphithéâtre) lecture hall; (salle) (large) room

aulnaie [o(l)nɛ] nf alder grove

aulne [o(l)n] → SYN nm alder

aulof(f)ée [olɔfe] nf luffing

aulx [o] nmpl → **ail**

aumône [omon] → SYN nf (don) charity (NonC), alms; (action de donner) almsgiving ◆ **vivre d'aumône(s)** to live on charity ◆ **demander l'aumône** (lit) to ask ou beg for charity ou alms; (fig) to beg (for money etc) ◆ **faire l'aumône** to give alms (*à* to) ◆ **cinquante francs! c'est une aumône** fifty francs, that's a beggarly sum (from him)! ◆ **je ne vous demande pas l'aumône** I'm not asking for charity ◆ (fig) **faire** ou **accorder l'aumône d'un sourire à qn** to favour sb with a smile, spare sb a smile

aumônerie [omonʀi] nf chaplaincy

aumônier [omonje] → SYN nm chaplain

aumônière [omonjɛʀ] → SYN nf (Hist, Rel) purse

aune[1] [on] nm ⇒ **aulne**

aune[2] [on] nf ≃ ell ◆ (fig) **il fit un nez long d'une aune, son visage s'allongea d'une aune** he pulled a long face ou a face as long as a fiddle (Brit)

auparavant [opaʀavɑ̃] → SYN adv (d'abord) before(hand), first; (avant) before(hand), previously

auprès [opʀɛ] → SYN **1** prép ◆ **auprès de a** (près de, à côté de) next to, close to, by; (au chevet de, aux côtés de) with ◆ **rester auprès d'un malade** to stay with an invalid ◆ **s'asseoir auprès de la fenêtre / de qn** to sit down by ou close to the window / by ou next to ou close to sb
b (comparé à) compared with, in comparison with, next to ◆ **notre revenu est élevé auprès du leur** our income is high compared with ou in comparison with ou next to theirs
c (s'adressant à) with, to ◆ **faire une demande auprès des autorités** to apply to the authorities, lodge a request with the authorities ◆ **faire une démarche auprès du ministre** to approach the minister, apply to the minister ◆ **déposer une plainte auprès des tribunaux** to instigate legal proceedings ◆ **avoir accès auprès de qn** to have access to sb ◆ **ambassadeur auprès du Vatican** ambassador to the Vatican
d (dans l'opinion de) in the view of, in the opinion of ◆ **il passe pour un incompétent auprès de ses collègues** he is incompetent in the view ou opinion of his colleagues ◆ **jouir auprès de qn de beaucoup d'influence** to have ou carry a lot of influence with sb
2 adv (littér) nearby

auquel [okɛl] → **lequel**

aura [ɔʀa] → SYN nf aura

auréole [ɔʀeɔl] → SYN nf **a** (Art, Astron) halo, aureole ◆ (fig) **auréole de cheveux blonds** halo of blond hair ◆ (fig) **entouré de l'auréole du succès** surrounded by a glow of success ◆ (fig) **paré de l'auréole du martyre** wearing a martyr's crown ou the crown of martyrdom ◆ **parer qn d'une auréole** to glorify sb
b (tache) ring

auréoler [ɔʀeɔle] → SYN ▸ conjug 1 ◂ **1** vt (gén ptp) (glorifier) to glorify; (Art) to encircle with a halo ◆ **tête auréolée de cheveux blancs** head with a halo of white hair ◆ **auréolé de gloire** wreathed in ou crowned with glory ◆ **être auréolé de prestige** to have an aura of prestige
2 s'auréoler vpr ◆ **s'auréoler de** to take on an aura of

auréomycine [ɔʀeomisin] nf aureomycin (Brit), Aureomycin ® (US)

auriculaire [ɔʀikylɛʀ] **1** nm little finger
2 adj auricular → **témoin**

auricule [ɔʀikyl] → SYN nf auricle

auriculothérapie [ɔʀikyloteʀapi] nf aural acupuncture

aurifère [ɔʀifɛʀ] adj gold-bearing

aurification [ɔʀifikasjɔ̃] nf [dent] filling with gold

aurifier [ɔʀifje] ▸ conjug 7 ◂ vt dent to fill with gold

aurige [ɔʀiʒ] → SYN nm charioteer ◆ (Art) **l'aurige de Delphes** the Charioteer of Delphi

aurignacien, -ienne [ɔʀiɲasjɛ̃, jɛn] **1** adj Aurignacian
2 nm ◆ **l'aurignacien** the Aurignacian period

Aurigny [ɔʀiɲi] nf Alderney

aurique[1] [ɔʀik] adj ◆ (Naut) **voile aurique** fore-and-aft sail

aurique[2] [ɔʀik] adj (Chim) auric

aurochs [ɔʀɔk] nm aurochs

auroral, e, mpl **-aux** [ɔʀɔʀal, o] adj auroral

aurore [ɔʀɔʀ] → SYN nf **a** dawn, daybreak, first light ◆ **à l'aurore** at dawn ou first light ou daybreak ◆ **avant l'aurore** before dawn ou daybreak ◆ **se lever / partir aux aurores** to get up / leave at the crack of dawn ◆ **aurore australe** aurora australis ◆ **aurore boréale** northern lights, aurora borealis ◆ **aurore polaire** polar lights
b (fig) dawn, beginning ◆ **à l'aurore de** at the dawn of

auscultation [ɔskyltasjɔ̃] → SYN nf auscultation

ausculter [ɔskylte] → SYN ▸ conjug 1 ◂ vt to sound (the chest of), auscultate (spéc)

auspices [ɔspis] nmpl **a** (Antiq) auspices
b sous de bons / mauvais auspices under favourable / unfavourable auspices ◆ **sous les auspices de qn** under the patronage ou auspices of sb

aussi [osi] → SYN GRAMMAIRE ACTIVE 5.3, 26.5
1 adv **a** (également) too, also ◆ **je suis fatigué et lui / eux aussi** I'm tired and so is he / are they, I'm tired and he is / they are too ◆ **il travaille bien et moi aussi** he works well and so do I ◆ **il parle aussi l'anglais** he also speaks ENGLISH, he speaks ENGLISH as well, he speaks ENGLISH too ◆ **lui aussi parle l'anglais** HE speaks English too ou as well,

he too speaks English ◆ **il parle l'italien et aussi l'anglais** he speaks Italian and English too ou as well, he speaks Italian and also English ◆ **il a la grippe – lui aussi ?** he's got flu – him too ?* ou him as well ?, he has flu – he too ? (frm) ◆ **c'est aussi mon avis** I think so too ou as well, that's my view too ou as well ◆ **faites bon voyage – vous aussi** have a good journey – you too ou (the) same to you ◆ **il ne suffit pas d'être doué, il faut aussi travailler** it's not enough to be talented, you also have to work ◆ **toi aussi, tu as peur ?** so you too are afraid ?, so you are afraid too ? ou as well ?

b (comparaison) **aussi grand** etc **que** as tall etc as ◆ **il est aussi bête que méchant** ou **qu'il est méchant** he's as stupid as he is ill-natured ◆ **viens aussi souvent que tu voudras** come as often as you like ◆ **s'il pleut aussi peu que l'an dernier** if it rains as little as last year ◆ **il devint aussi riche qu'il l'avait rêvé** he became as rich as he had dreamt he would ◆ **pas aussi riche qu'on le dit** not as rich as he is said to be ◆ **la piqûre m'a fait tout aussi mal que la blessure** the injection hurt me just as much as the injury (did) ◆ **aussi vite que possible** as quickly as possible ◆ **d'aussi loin qu'il nous vit il cria** far away though he was he shouted as soon as he saw us

c (si, tellement) so ◆ **je ne te savais pas aussi bête** I didn't think you were so ou that* stupid ◆ **comment peut-on laisser passer une aussi bonne occasion ?** how can one let slip such a good opportunity ? ou so good an opportunity ? ◆ **je ne savais pas que cela se faisait aussi facilement (que ça)** I didn't know that could be done as easily (as that) ou so easily ou that easily* ◆ **aussi léger qu'il fût** light though he was ◆ **aussi idiot que ça puisse paraître** silly though ou as it may seem

d (tout autant) **aussi bien** just as well, just as easily ◆ **tu peux aussi bien dire non** you can just as easily ou well say no ◆ (littér) **puisqu'aussi bien tout est fini** since, moreover, everything is finished ◆ **mon tableau peut aussi bien représenter une montagne qu'un animal** my picture could just as well ou easily represent a mountain as an animal ◆ **aussi sec*** on the spot*, quick as a flash

2 conj (en conséquence) therefore, consequently ; (d'ailleurs) well, moreover ◆ **je suis faible, aussi ai-je besoin d'aide** I'm weak, therefore ou consequently I need help ◆ **tu n'as pas compris, aussi c'est ta faute : tu n'écoutais pas** you haven't understood, well, it's your own fault – you weren't listening

aussitôt [osito] [→ SYN] **1** adv straight away, immediately ◆ **aussitôt arrivé / descendu il s'attabla** as soon as he arrived / came down he sat down at table ◆ **aussitôt le train arrêté, elle descendit** as soon as ou immediately (Brit) the train stopped she got out ◆ **aussitôt dit, aussitôt fait** no sooner said than done ◆ **aussitôt après son retour** straight ou directly ou immediately after his return ◆ **il est parti aussitôt après** he left straight ou directly ou immediately after ◆ **aussitôt que** as soon as ◆ **aussitôt que je le vis** as soon as ou the moment I saw him

2 prép ◆ **aussitôt arrivée, je lui ai téléphoné** immediately (up)on my arrival I phoned him, immediately (Brit) I arrived I phoned him

austénite [ɔstenit] nf austenite

austère [ɔstɛʀ] [→ SYN] adj personne, vie, style, monument austere ; livre, lecture dry ◆ **coupe austère d'un manteau** severe cut of a coat

austèrement [ɔstɛʀmɑ̃] [→ SYN] adv austerely

austérité [ɔsteʀite] [→ SYN] nf (→ **austère**) austerity ; dryness ◆ (Rel) **austérités** austerities ◆ (Pol) **mesures / politiques d'austérité** austerity measures / policies

austral¹, e, mpl **australs** [ɔstʀal] [→ SYN] adj southern, austral (spéc) ◆ **pôle austral** south pole → **aurore**

austral², pl **australs** [ɔstʀal] nm (ancienne monnaie) austral

Australasie [ɔstʀalazi] nf Australasia ◆ produit, habitant **d'Australasie** Australasian

Australie [ɔstʀali] nf Australia ◆ (Pol) **l'Australie** the commonwealth of Australia ◆ **Australie-Méridionale / -Occidentale** South / Western Australia

australien, -ienne [ɔstʀaljɛ̃, jɛn] [→ SYN] **1** adj Australian

2 nm,f ◆ **Australien(ne)** Australian

australopithèque [ɔstʀalɔpitɛk] nm Australopithecus

autan [otɑ̃] [→ SYN] nm (strong and hot) southerly wind

autant [otɑ̃] [→ SYN] adv **a** **autant de** (quantité) as much (*que* as) ; (nombre) as many (*que* as) ◆ **il y a (tout) autant de place ici (que là-bas)** there's (just) as much room here (as over there) ◆ **il n'y a pas autant de neige que l'année dernière** there isn't as much ou there's not so much snow as last year ◆ **nous employons autant d'hommes qu'eux** we employ as many men as they do ou as them ◆ **nous sommes autant qu'eux** we are as many as they are ou as them, there are as many of us as of them ◆ **il nous prêtera autant de livres qu'il pourra** he'll lend us as many books as he can ◆ **ils sont autant à plaindre l'un que l'autre** you have to feel just as sorry for both of them ◆ **ils ont autant de mérite l'un que l'autre** they have equal merit ◆ **ils ont autant de talents l'un que l'autre** they are both equally talented ◆ **elle mange deux fois autant que lui** she eats twice as much as him ou as he does ◆ **j'en voudrais encore autant** I'd like as much again ◆ **tous ces enfants sont autant de petits menteurs** all these children are so many little liars ◆ **tous autant que vous êtes** the whole lot of you

b (intensité) as much (*que* as) ◆ **il travaille toujours autant** he works as hard as ever, he's still working as hard ◆ **pourquoi travaille-t-il autant ?** why does he work so much ? ou so hard ? ◆ **rien ne lui plaît autant que de regarder les autres travailler** there is nothing he likes so much as ou likes better than watching others work ◆ **intelligent, il l'est autant que vous** he's quite as clever as you are ◆ **il peut crier autant qu'il veut** he can scream as much as he likes ◆ **cet avertissement vaut pour vous autant que pour lui** this warning applies to you as much as to him ◆ **courageux autant que compétent** courageous as well as competent, as courageous as he is competent ◆ **autant prévenir la police** it would be as well to tell the police → **aimer**

c (tant) (quantité) so much, such ; (nombre) so many, such a lot of ◆ **elle ne pensait pas qu'il aurait autant de succès / qu'il mangerait autant** she never thought that he would have so much ou such success / that he would eat so much ou such a lot ◆ **vous invitez toujours autant de gens ?** do you always invite so many people ? ou such a lot of people ? ◆ **j'ai rarement vu autant de monde** I've seldom seen such a crowd ou so many people

d (avec en : la même chose) the same ◆ **je ne peux pas en dire autant** I can't say the same (for myself) ◆ **je ne peux pas en faire autant** I can't do as much ou the same

e (avec de : exprimant une proportion) **d'autant : ce sera augmenté d'autant** it will be increased accordingly ou in proportion ◆ **d'autant que, d'autant plus que** all the more so since ou because ◆ **c'est d'autant plus dangereux qu'il n'y a pas de parapet** it's all the more dangerous since ou because there is no parapet ◆ **écrivez-lui, d'autant que** ou **d'autant plus que je ne suis pas sûr qu'il vienne demain** you'd better write to him especially since I'm not sure if he's coming tomorrow ◆ **d'autant plus !** all the more reason ! ◆ **cela se gardera d'autant mieux (que ...)** it will keep even better ou all the better (since ...) ◆ **nous le voyons d'autant moins qu'il habite très loin maintenant** we see him even less ou all the less now that he lives a long way away

f LOC **autant il est généreux, autant elle est avare** he is as generous as she is miserly ◆ **autant il aime les chiens, autant il déteste les chats** he likes dogs as much as he hates cats ◆ **autant que possible** as much ou as far as possible ◆ **il voudrait, autant que possible, éviter les grandes routes** he would like to avoid the major roads as much ou as far as possible ◆ (Prov) **autant d'hommes, autant d'avis** every man to his own opinion ◆ (Littérat) **"Autant en emporte le vent"** "Gone with the Wind" ◆ **(pour) autant que je** (ou **qu'il** etc) **sache** as far as I know (ou he etc knows), to the best of my (ou his etc) knowledge ◆ **c'est autant de gagné** ou **de pris** at least that's something ◆ **c'est autant de fait** that's that done at least ◆ **autant dire qu'il ne sait rien / qu'il est fou** you ou one might as well say that he doesn't know anything / that he's mad ◆ **autant pour moi !** my mistake ! ◆ **pour autant** for all that ◆ **vous l'avez aidé mais il ne vous remerciera pas pour autant** you helped him but for all that you won't get any thanks from him ◆ **il a gagné, cela ne signifie pas pour autant qu'il est le meilleur** he won, it doesn't mean however that he's the best ◆ **il ne le fera qu'autant qu'il saura que vous êtes d'accord** he'll only do it in so far as he knows you agree

autarcie [otaʀsi] [→ SYN] nf autarky

autarcique [otaʀsik] adj autarkical

autel [otɛl] [→ SYN] nm **a** (Rel) altar ◆ **autel portatif** portable altar ◆ (fig : épouser) **conduire qn à l'autel** to lead sb to the altar ◆ **conduire** ou **mener sa fille à l'autel** to give one's daughter away (in marriage) → **trône**

b (fig littér) altar ◆ **dresser un autel** ou **des autels à qn** to worship sb, put sb on a pedestal ◆ **sacrifier qch sur l'autel de** to sacrifice sth on the altar of

auteur [otœʀ] [→ SYN] nm **a** [invention, plan, crime] author ; [texte, roman] author, writer ; [opéra, concerto] composer ; [procédé] originator, author ◆ **il / elle en est l'auteur** (invention) he / she invented it ; (texte) he / she wrote it, he's / she's the author (of it) ◆ **l'auteur de cette plaisanterie** the author of this prank, the person who played this prank ◆ **l'auteur de l'accident s'est enfui** the person who caused the accident ran off ◆ **l'auteur de ce tableau** the painter of this picture, the artist who painted this picture ◆ **qui est l'auteur de cette affiche ?** who designed this poster ? ◆ (musée) **« auteur inconnu »** "anonymous", "artist unknown" ◆ **il fut l'auteur de sa propre ruine** he was the author of his own ruin ◆ **Prévert est l'auteur des paroles, Kosma de la musique** Prévert wrote the words ou lyrics and Kosma composed the music ◆ (†, hum) **l'auteur de mes jours** my noble progenitor (†, hum) ◆ (Mus) **auteur-compositeur(-interprète)** singer songwriter → **droit³**

b (écrivain) author ◆ **lire tout un auteur** to read all of an author's works ◆ (femme) **c'est un auteur connu** she is a well-known author ou authoress → **femme**

authenticité [otɑ̃tisite] [→ SYN] nf (→ **authentique**) authenticity ; genuineness

authentification [otɑ̃tifikasjɔ̃] nf authentication

authentifier [otɑ̃tifje] [→ SYN] ▸ conjug 7 ◂ vt to authenticate

authentique [otɑ̃tik] [→ SYN] adj œuvre d'art, récit authentic, genuine ; signature, document authentic ; sentiment genuine → **acte**

authentiquement [otɑ̃tikmɑ̃] adv genuinely, authentically ; rapporter faithfully

autisme [otism] nm autism

autiste [otist] adj, nmf autistic

autistique [otistik] adj autistic

auto [oto] **1** nf (voiture) car, automobile (US) ◆ **autos tamponneuses** dodgems (Brit), bumper cars → **salon, train**

2 adj inv ◆ **assurance auto** car ou motor (Brit) ou automobile (US) insurance ◆ **frais auto** running costs (*of a car*)

auto... [oto] préf **a** (fait sur soi) self- ◆ (Alpinisme) **auto-assurance** self-belay, self-belaying system ◆ **autodiscipline** self-discipline ◆ **s'autogérer / financer** to be self-managing ou -running / self-financing ◆ **organisme autogéré** self-managed ou -run body ◆ **tendances autodestructrices** self-destructive tendencies

b (qui se fait tout seul) self- ◆ **auto(-)contrôle** automatic control ◆ **auto(-)régulation** self-regulating system ◆ **auto(-)adhésif** self-adhesive

c (se rapportant à l'automobile) **train autos-couchettes** car sleeper train

autoaccusation [otoakyzasjɔ̃] nf self-accusation

autoallumage [otoalymaʒ] nm pre-ignition

autoamorçage [otoamɔʀsaʒ] nm automatic priming

autoberge [otobɛʀʒ] → SYN nm riverside ou embankment expressway

autobiographie [otobjɔgʀafi] → SYN nf autobiography

autobiographique [otobjɔgʀafik] adj autobiographic(al)

autobronzant, e [otobʀɔ̃zɑ̃, ɑ̃t] adj instant tanning (épith)

autobus [ɔtɔbys] → SYN nm bus ◆ (Hist) **autobus à impériale** double decker (bus) ◆ (Can) **autobus scolaire** school bus

autocar [ɔtɔkaʀ] nm coach (Brit), bus (US); (de campagne) country bus

autocaravane [otokaʀavan] nf motor caravan (Brit), motorhome (US), camper (US)

autocassable [otokasabl] adj → **ampoule autocassable** phial *(with a snap-off top)*

autocastration [otokastʀasjɔ̃] nf self-castration

autocensure [otosɑ̃syʀ] nf self-censorship

autocensurer (s') [otosɑ̃syʀe] ▸ conjug 1 ◂ vpr to practise self-censorship, censor o.s.

autochenille [otoʃ(ə)nij] nf half-track

autochtone [ɔtɔktɔn] → SYN 1 adj native, autochthonous (spéc); (Géol) autochthonous
2 nmf native, autochton (spéc)

autoclave [otoklav] → SYN adj, nm ◆ (Méd, Tech) **(appareil** m ou **marmite** f) autoclave autoclave

autocoat [otokot] nm car coat

autocollant, e [otokɔlɑ̃, ɑ̃t] → SYN 1 adj étiquette self-adhesive, self-sticking; papier self-adhesive; enveloppe self-seal, self-adhesive
2 nm sticker

autoconsommation [otokɔ̃sɔmasjɔ̃] → SYN nf ◆ **économie d'autoconsommation** subsistence economy

autocopiant, e [otokɔpjɑ̃, ɑ̃t] adj ◆ **papier autocopiant** self-copy paper

autocopie [otokɔpi] nf (procédé) use of self-copy paper; (épreuve) copy *(from self-copy paper)*

autocorrection [otokɔʀɛksjɔ̃] nf autocorrection

autocrate [otokʀat] → SYN nm autocrat

autocratie [otokʀasi] → SYN nf autocracy

autocratique [otokʀatik] → SYN adj autocratic

autocratiquement [otokʀatikmɑ̃] adv autocratically

autocritique [otokʀitik] → SYN nf self-criticism ◆ **faire son autocritique** to criticize o.s.

autocuiseur [otokɥizœʀ] → SYN nm pressure cooker

autodafé [otodafe] nm auto-da-fé

autodéfense [otodefɑ̃s] nf self-defence ◆ **groupe d'autodéfense** vigilante group ou committee

autodérision [otodeʀizjɔ̃] nf self-derision

autodestructeur, -trice [otodɛstʀyktœʀ, tʀis] adj self-destructive

autodestruction [otodɛstʀyksjɔ̃] → SYN nf self-destruction

autodétermination [otodetɛʀminasjɔ̃] nf self-determination

autodétruire (s') [otodetʀɥiʀ] ▸ conjug 38 ◂ vpr to self-destruct

autodictée [otodikte] nf dictation (written from memory)

autodidacte [otodidakt] adj self-taught ◆ **c'est un autodidacte** he is self-taught, he is a self-taught man ou an autodidact (frm)

autodirecteur, -trice [otodiʀɛktœʀ, tris] adj self-guiding

autodrome [otodʀom] → SYN nm motor-racing track, autodrome

auto-école, pl **auto-écoles** [otoekɔl] nf driving school ◆ **moniteur d'auto-école** driving instructor

autoérotique [otoeʀɔtik] adj auto-erotic

autoérotisme [otoeʀɔtism] nm auto-eroticism, auto-erotism

autoexcitateur, -trice [otoɛksitatœʀ, tʀis] adj self-excited

autofécondation [otofekɔ̃dasjɔ̃] nf (Bio) self-fertilization

autofinancement [otofinɑ̃smɑ̃] nm self-financing

autofinancer (s') [otofinɑ̃se] ▸ conjug 1 ◂ vpr [entreprise] to be ou become self-financing ◆ **programme de recherches autofinancé** self-supporting ou self-financed research programme

autofocus [otofɔkys] adj, nm autofocus

autogame adj autogamous, autogamic

autogamie [otogami] nf autogamy

autogène [otoʒɛn] adj → **soudure**

autogérer (s') [otoʒeʀe] ▸ conjug 6 ◂ vpr to be self-managing

autogestion [otoʒɛstjɔ̃] → SYN nf (gén) self-management; (avec les ouvriers) joint worker-management control

autogestionnaire [otoʒɛstjɔnɛʀ] adj self-managing (épith)

autogire [otoʒiʀ] → SYN nm autogiro, autogyro

autographe [ɔtɔgʀaf] adj, nm autograph

autographie [ɔtɔgʀafi; otogʀafi] nf autography

autographier [ɔtɔgʀafje; otogʀafje] ▸ conjug 7 ◂ vt to reproduce by autography

autographique [otogʀafik] adj autographic(al)

autogreffe [otogʀɛf] nf autograft

autoguidage [otogidaʒ] nm self-steering

autoguidé, e [otogide] adj self-guided

auto-immun, e [otoi(m)mœ̃, yn] adj autoimmune

auto-immunisation [otoimynizasjɔ̃] nf autoimmunization

auto-induction [otoɛ̃dyksjɔ̃] nf (Phys) self-induction

auto-infection [otoɛ̃fɛksjɔ̃] nf autoinfection

auto-intoxication [otoɛ̃tɔksikasjɔ̃] nf auto-intoxication

autolubrifiant, e [otolybʀifjɑ̃, jɑ̃t] adj self-lubricating

autolyse [otoliz] nf autolysis

automate [ɔtɔmat] → SYN nm (lit, fig) automaton ◆ **marcher comme un automate** to walk like a robot

automaticien, -ienne [ɔtɔmatisjɛ̃, jɛn] nm,f automation specialist

automaticité [ɔtɔmatisite] nf automaticity

automation [ɔtɔmasjɔ̃] → SYN nf automation

automatique [ɔtɔmatik] → SYN GRAMMAIRE ACTIVE 27.1, 27.3
1 adj automatic
2 nm (Téléc) ≃ subscriber trunk dialling (Brit), STD (Brit), direct distance dialing (US); (revolver) automatic → **distributeur**

automatiquement [ɔtɔmatikmɑ̃] → SYN adv automatically

automatisation [ɔtɔmatizasjɔ̃] nf automation

automatiser [ɔtɔmatize] → SYN ▸ conjug 1 ◂ vt to automate

automatisme [ɔtɔmatism] → SYN nm automatism; [machine] automatic functioning, automatism

automédication [otomedikasjɔ̃] nf self-medication ◆ **faire de l'automédication** to medicate o.s.

automédon [ɔtɔmedɔ̃] → SYN nm (†, hum) coachman

automitrailleuse [otomitʀajøz] nf armoured car

automnal, e, mpl **-aux** [ɔtɔnal, o] adj autumnal

automne [ɔtɔn] → SYN nm autumn, fall (US) ◆ **en automne** in (the) autumn, in the fall ◆ (fig) **c'est l'automne de ses jours** he's in the autumn (Brit) ou fall (US) of his life

automobile [ɔtɔmɔbil] → SYN 1 adj véhicule self-propelled, motor (épith), automotive; course, sport motor (épith); assurance, industrie motor, car, automobile (US) → **canot**
2 nf (voiture) motor car (Brit), automobile (US) ◆ (industrie) **l'automobile** the car ou motor industry, the automobile industry (US) ◆ (Sport, conduite) **l'automobile** motoring ◆ **termes d'automobile** motoring terms ◆ **être passionné d'automobile** to be a car fanatic ◆ **aimer les courses d'automobiles** to like motor racing

automobilisme [ɔtɔmɔbilism] nm motoring

automobiliste [ɔtɔmɔbilist] nmf motorist

automorphisme [otomɔʀfism] nm automorphism

automoteur, -trice [otomɔtœʀ, tʀis] 1 adj self-propelled, motorized, motor (épith), automotive
2 **automotrice** nf electric railcar

automutilation [otomytilasjɔ̃] nf self-mutilation

autoneige [otonɛʒ] nf (Can) snowmobile (US, Can), snowcat

autonettoyant, e [otonetwajɑ̃, ɑ̃t] adj self-cleaning (épith)

autonome [ɔtɔnɔm] → SYN adj a port independent, autonomous; territoire autonomous, self-governing ◆ **groupuscule autonome** group of political extremists
b personne self-sufficient; (Philos) volonté autonomous; (Ordin) off-line → **scaphandre**

autonomie [ɔtɔnɔmi] → SYN nf (Admin, Fin, Philos, Pol) autonomy; (Aut, Aviat) range ◆ **certains Corses / Bretons veulent l'autonomie** some Corsicans / Bretons want home rule ou autonomy ou self-government ◆ **cette voiture a une autonomie de 100 kilomètres** this car has a range of 100 kilometres ◆ **ce baladeur a une autonomie de 3 heures** this personal stereo has a 3-hour charge

autonomiste [ɔtɔnɔmist] → SYN nmf, adj (Pol) separatist

autonyme [otonim] adj autonymous

autoplastie [otoplasti] nf autoplasty

autopompe [otopɔ̃p] nf fire-engine

autopont [otopɔ̃] nm flyover (Brit), overpass (US)

autoportant, e [otopɔʀtɑ̃, ɑ̃t] adj, **autoporteur, -euse** [otopɔʀtœʀ, øz] adj self-supporting

autoportrait [otopɔʀtʀɛ] nm self-portrait

autopropulsé, e [otopʀɔpylse] adj self-propelled

autopropulsion [otopʀɔpylsjɔ̃] nf self-propulsion

autopsie [ɔtɔpsi] → SYN nf autopsy, post-mortem (examination); (fig) dissection

autopsier [ɔtɔpsje] ▸ conjug 7 ◂ vt to carry out an autopsy ou a post-mortem (examination) on

autopunitif, -ive [otopynitif, iv] adj self-punishing

autopunition [otopynisjɔ̃] nf self-punishment

autoradio [otoʀadjo] nm car radio

autoradiographie [otoʀadjɔgʀafi] nf autoradiograph

autorail [otoʀaj] → SYN nm railcar

autoréglage [otoʀeglaʒ] nm [mécanisme] automatic regulation ou adjustment; [moteur] automatic tuning; [allumage, thermostat] automatic setting ou adjustment

autorégulateur, -trice [otoʀegylatœʀ, tʀis] adj self-regulating

autoreverse [otoʀəvɛʀs; otoʀivœʀs] adj inv auto reverse

autorisation [ɔtɔʀizasjɔ̃] → SYN nf (permission) permission, authorization (*de qch* for sth, *de faire* to do); (permis) permit ◆ **nous avions l'autorisation du professeur** we had the teacher's permission ◆ **avoir l'autorisation de faire qch** to have permission ou be allowed to do sth; (Admin) to be authorized to do sth ◆ **le projet doit recevoir l'autorisation du comité** the project must be authorized ou passed by the committee ◆ **autorisation d'absence** leave of absence ◆ (Ordin) **autorisation d'accès** access permission ◆ (Fin) **autorisation de crédit** credit line, line of credit ◆ (Écon) **autorisation de mise sur le marché** *permit to market a product* ◆ (Aviat) **autorisation de vol** flight clearance ◆ **autorisation parentale** parental consent

autorisé, e [ɔtɔrize] → SYN (ptp de **autoriser**) adj agent, version authorized; opinion authoritative ◆ **dans les milieux autorisés** in official circles ◆ **nous apprenons de source autorisée que ...** we have learnt from official sources that ...

autoriser [ɔtɔrize] → SYN ▸ conjug 1 ◂ GRAMMAIRE ACTIVE 9.2

1 vt **a** **autoriser qn à faire** (donner la permission de) to give ou grant sb permission to do, authorize sb to do; (habiliter à) [personne, décret] to give sb authority to do, authorize sb to do ◆ **il nous a autorisés à sortir** he has given ou granted us permission to go out, we have his permission to go out ◆ **sa faute ne t'autorise pas à le condamner** his mistake does not entitle you ou give you the right to pass judgment on him ◆ **tout nous autorise à croire que ...** everything leads us to believe that ... ◆ **se croire autorisé à dire que ...** to feel one is entitled ou think one has the right to say that ...

b (permettre) [personne] manifestation, sortie to authorize, give permission for; projet to pass, authorize ◆ **le sel ne m'est pas autorisé** I'm not allowed to eat salt

c (rendre possible) [chose] to admit of, allow (of) ◆ **l'imprécision de cette loi autorise les abus** the imprecisions in this law admit of ou allow (of) abuses ◆ **expression autorisée par l'usage** expression sanctioned ou made acceptable by use

d (littér: justifier) to justify

2 **s'autoriser** vpr ◆ **s'autoriser de qch pour faire** (idée de prétexte) to use sth as an excuse to do ◆ (invoquer) **je m'autorise de notre amitié pour** in view of our friendship I permit myself to ◆ **on s'autorise à penser que ...** one is justified in thinking that ...

autoritaire [ɔtɔritɛr] → SYN adj, nmf authoritarian

autoritairement [ɔtɔritɛrmɑ̃] adv in an authoritarian way

autoritarisme [ɔtɔritarism] → SYN nm authoritarianism

autorité [ɔtɔrite] → SYN nf **a** (pouvoir) authority (*sur* over) ◆ **l'autorité que lui confère son expérience / âge** the authority conferred upon him by experience / age ◆ **avoir de l'autorité sur qn** to have authority over sb ◆ **être sous l'autorité de qn** to be under sb's authority ◆ **avoir autorité pour faire** to have authority to do ◆ **ton / air d'autorité** authoritative tone / air, tone / air of authority

b (expert, ouvrage) authority ◆ **c'est l'une des grandes autorités en la matière** it ou he is one of the great authorities on the subject

c (Admin) **l'autorité** those in authority, the powers that be (gén iro) ◆ **les autorités** the authorities ◆ **l'autorité militaire / législative** etc the military / legislative etc authorities ◆ **les autorités civiles et religieuses / locales** the civil and religious / local authorities ◆ **agent** ou **représentant de l'autorité** representative of authority ◆ **adressez-vous à l'autorité** ou **aux autorités compétente(s)** apply to the proper authorities

d (Jur) **l'autorité de la loi** the authority ou power of the law ◆ **l'autorité de la chose jugée** res judicata ◆ **être déchu de son autorité parentale** to lose one's parental rights ◆ **fermé / vendu par autorité de justice** closed / sold by order of the court

e LOC **d'autorité** (de façon impérative) on one's own authority; (sans réflexion) out of hand, straight off, unhesitatingly ◆ **de sa propre autorité** on one's own authority ◆ **faire autorité** [livre, expert] to be accepted as an authority, be authoritative

autoroute [otorut] → SYN nf motorway (Brit), highway (US), freeway (US) ◆ **autoroute de dégagement** *toll-free stretch of motorway leading out of a big city* ◆ **autoroute de liaison** intercity motorway (Brit), highway (US), freeway (US) ◆ **autoroute urbaine** urban ou inner-city motorway (Brit), throughway (US), expressway (US) ◆ **autoroute à péage** toll motorway (Brit), turnpike (US) ◆ **autoroutes électroniques** electronic highways ◆ **autoroutes de l'information** information highways

autoroutier, -ière [otorutje, jɛr] adj motorway (Brit) (épith), freeway (US) (épith)

autosatisfaction [otosatisfaksjɔ̃] nf self-satisfaction

autosome [otozom] nm autosome

auto-stop [otostɔp] nm hitch-hiking, hitching* ◆ **pour rentrer, il a fait de l'auto-stop** (long voyage) he hitched* ou hitch-hiked home; (courte distance) he thumbed ou hitched* a lift home ◆ **il a fait le tour du monde en auto-stop** he hitch-hiked round the world, he hitched* his way round the world ◆ **j'ai pris quelqu'un en auto-stop** I picked up a ou gave a lift to a hitch-hiker ou hitcher* ◆ **il nous a pris en auto-stop** he picked us up, he gave us a lift

auto-stoppeur, -euse, mpl **auto-stoppeurs** [otostɔpœr, øz] nm,f hitch-hiker, hitcher* ◆ **prendre un auto-stoppeur** to pick up a hitch-hiker ou hitcher*

autostrade† [otostrad] nf motorway (Brit), freeway (US), highway (US)

autosuffisance [otosyfizɑ̃s] → SYN nf self-sufficiency

autosuffisant, e [otosyfizɑ̃, ɑ̃t] adj self-sufficient

autosuggestion [otosygʒɛstjɔ̃] nf autosuggestion

autotomie [ototɔmi] → SYN nf autotomy

autotracté, e [ototrakte] adj self-propelled

autotransfusion [ototrɑ̃sfyzjɔ̃] nf autologous transfusion

autotrophe [ototrɔf] adj autotrophic

autour[1] [otur] → SYN 1 adv around ◆ **tout autour** all around ◆ **une maison avec un jardin autour** a house surrounded by a garden, a house with a garden around ou round (Brit) it

2 prép ◆ **autour de** lieu around, round (Brit); temps, somme about, around, round about (Brit) ◆ **il regarda autour de lui** he looked around him ou about him, he looked around ◆ **discussion autour d'un projet** discussion on ou about a project ◆ **autour d'un bon café** over a nice cup of coffee → **tourner**

autour[2] [otur] nm (Orn) goshawk

autovaccin [otovaksɛ̃] nm autogenous vaccine, autovaccine

autre [otr] → SYN GRAMMAIRE ACTIVE 26.5

1 adj indéf **a** (différent) other, different ◆ **ils ont un (tout) autre mode de vie / point de vue** they have a (completely) different way of life / point of view ◆ **chercher un autre mode de vie** to try to find an alternative lifestyle ou a different way of living ◆ **c'est une autre question / un autre problème** that's another ou a different question / problem ◆ **c'est (tout) autre chose** that's a different ou another matter (altogether) ◆ **parlons d'autre chose** let's talk about something else ou different ◆ **revenez une autre fois / un autre jour** come back some other ou another time / another ou some other day ◆ **je fais cela d'une autre façon** I do it a different way ou another way ou differently ◆ **il n'y a pas d'autre moyen d'entrer que de forcer la porte** there's no other way ou there isn't any other way of getting in but to force open the door ◆ **vous ne le reconnaîtrez pas, il est (devenu) tout autre** you won't know him, he's completely different ou he is a changed man ◆ **après ce bain je me sens un autre homme** after that swim, I feel a new man ◆ (Prov) **autres temps autres mœurs** customs change with the times, autres temps autres mœurs → **part**

b (supplémentaire) other ◆ **elle a 2 autres enfants** she has 2 other ou 2 more children ◆ **donnez-moi un autre kilo / une autre tasse de thé** give me another kilo / cup of tea ◆ **il y a beaucoup d'autres solutions** there are many other ou many more solutions ◆ **bien** ou **beaucoup d'autres choses encore** plenty more besides ◆ **c'est un autre Versailles** it's another Versailles ◆ **c'est un autre moi-même** he's my alter ego ◆ **des couteaux, des verres et autres objets indispensables** knives, glasses and other necessary items ◆ **il m'a dit cela sans autre précision** he told me no more than that, he didn't go into any more detail than that ◆ (hum) **des poissons, des serpents et autres oiseaux** fish, snakes and other birds (hum)

c (de deux: marque une opposition) other ◆ **il habite de l'autre côté de la rue / dans l'autre sens** he lives on the other ou opposite side of the street / in the other ou opposite direction ◆ **mets l'autre manteau** put on the other coat ◆ **mets ton autre manteau** put on your other coat ◆ (Rel) **l'autre monde** the next world ◆ **expédier** ou **envoyer qn dans l'autre monde** to send sb to meet his (ou her) maker

d LOC **l'autre jour, l'autre fois** the other day ◆ **l'autre lundi** one Monday recently ◆ **l'autre semaine** the other week ◆ **nous / vous autres*: faut pas nous raconter des histoires, à nous autres!*** there's no point telling fibs to US! ◆ **nous autres*, on est prudents** WE are ou WE'RE cautious ◆ **taisez-vous, vous autres*** be quiet, you lot* (Brit) ou you people ou the rest of you ◆ **et vous autres qu'en pensez-vous?** what do you people ou you lot* (Brit) think? ◆ **nous autres Français, nous aimons la bonne cuisine** we Frenchmen like good cooking ◆ **j'aimerais bien entendre un autre son de cloche** I'd like to have a second opinion ◆ **c'est un autre son de cloche** that's quite another story ◆ **j'ai d'autres chats à fouetter** I've other fish to fry ◆ **vous êtes de l'autre côté de la barrière** you see it from the other side ◆ **voilà autre chose!*** (incident) that's all I (ou we) need!; (impertinence) what a cheek!, the cheek of it! ◆ **c'est quand même autre chose!** it's altogether something else! ◆ **c'est cela et pas autre chose** it's that or nothing ◆ **autre chose, Madame?** anything ou something else, madam? ◆ **ce n'est pas autre chose que de la jalousie** that's just jealousy, that's nothing but jealousy ◆ **ah autre chose! j'ai oublié de vous dire que** oh, one more thing! I forgot to tell you that ◆ **une chose est de rédiger un rapport, autre chose est d'écrire un livre** it's one thing to draw up a report, but quite another thing ou but another thing altogether to write a book ◆ **autre part** somewhere else ◆ **d'autre part** on the other hand; (de plus) moreover ◆ **d'un autre côté** on the other hand ◆ **c'est une autre paire de manches*** that's another kettle of fish, that's another story

2 pron indéf **a** (qui est différent) another (one) ◆ **il en aime une autre** he's in love with another woman ◆ **d'autres** others ◆ **aucun autre, nul autre, personne d'autre** no one else, nobody else ◆ **prendre qn pour un autre / une chose pour une autre** to take sb for sb else / sth for sth else ◆ **envoyez-moi bien ce livre je n'en veux pas d'autre** make sure you send me this book, I don't want any other (one) ou I want no other ◆ **à d'autres!*** (go and) tell that to the marines!*, (that's) a likely story! ◆ **il n'en fait jamais d'autres!** that's just typical of him!, that's just what he always does! ◆ **un autre que moi / lui aurait refusé** anyone else (but me / him) would have refused ◆ **elle n'est pas plus bête qu'une autre** she's no more stupid than anyone else ◆ **il en a vu d'autres!** he's seen worse! ◆ **les deux autres** the other two, the two others ◆ **et l'autre (là)*, il vient avec nous?** what about him, is he coming with us? ◆ **vous en êtes un autre!*†** you're a fool! ◆ **X, Y, Z, et autres** X, Y, Z and others ou etc ◆ **d'autres diraient que ...** others would say that ... → **entre, rien**

b (qui vient en plus) **deux enfants, c'est assez, je n'en veux pas d'autre / d'autres** two children are enough, I don't want another (one) / (any) more ◆ **donnez-m'en un autre** give me another (one) ou one more ◆ **qui / quoi d'autre?** who / what else? ◆ **rien / personne d'autre** nothing / nobody else

c (marque une opposition) **l'autre** the other (one) ◆ **les autres** (choses) the others, the other ones; (personnes) the others ◆ **les autres ne veulent pas venir** the others don't want to come ◆ **penser du mal des autres** to think ill of others ou of other people ◆ **avec toi, c'est toujours les autres qui ont tort** with you, it's always the others who are ou the other person who is in the wrong ◆ **d'une minute / semaine à l'autre** (bientôt) any minute / week (now) ◆ **d'une minute à l'autre** (n'importe quand) any moment ou minute ou time; (soudain) from one minute ou moment to the next → **côté, nl**

3 nm ◆ (Philos) **l'autre** the other

autrefois [otʀəfwa] → SYN adv in the past, in bygone days (littér) ◆ **d'autrefois** of the past, of old, past ◆ **autrefois ils s'éclairaient à la bougie** in the past ou in bygone days they used candles for lighting ◆ **autrefois je préférais le vin** (in the past) I used to prefer wine

autrement [otʀəmɑ̃] → SYN adv **a** (d'une manière différente) differently ◆ **il faut s'y prendre (tout) autrement** we'll have to go about it in (quite) another way ou (quite) differently ◆ **avec ce climat il ne peut en être autrement** with this climate it can't be any other way ou how else could it be! ◆ **cela ne peut s'être passé autrement** it can't have happened any other way ◆ **agir autrement que d'habitude** ou **qu'on ne fait d'habitude** to act differently from usual ◆ **comment aller à Londres autrement que par le train?** how can we get to London other than by train? ◆ **autrement appelé** otherwise known as ◆ **tu pourrais me parler autrement!** don't you talk to me like that!

b **faire autrement: il n'y a pas moyen de faire autrement, on ne peut pas faire autrement** it's impossible to do otherwise ou to do anything else ◆ **il n'a pas pu faire autrement que de me voir** he couldn't help seeing me ou help but see me ◆ **quand il voit une pâtisserie il ne peut pas faire autrement que d'y entrer** whenever he sees a cake shop he can't help going in ou he just HAS to go in ◆ **elle a fait autrement que je lui avais dit** she did something different from ou other than what I told her

c (sinon) otherwise; (idée de menace) otherwise, or else ◆ **travaille bien, autrement tu auras de mes nouvelles!** work hard, otherwise ou or else you'll be hearing a few things from me!

d (*: à part cela) otherwise, apart ou aside from that ◆ **la viande était bonne, autrement le repas était quelconque** the meat was good but apart ou aside from that ou but otherwise the meal was pretty nondescript

e (*: comparatif) far (more) ◆ **il est autrement intelligent** he is far more intelligent, he is more intelligent by far ◆ **c'est autrement meilleur** it's far better, it's better by far (*que* than)

f **pas autrement** (*: pas spécialement) not particularly ou especially ◆ **cela ne m'a pas autrement surpris** that didn't particularly surprise me

g **autrement dit** (en d'autres mots) in other words; (c'est-à-dire) that is

Autriche [otʀiʃ] nf Austria

autrichien, -ienne [otʀiʃjɛ̃, jɛn] **1** adj Austrian

2 nm,f ◆ **Autrichien(ne)** Austrian

autruche [otʀyʃ] → SYN nf ostrich ◆ (fig) **faire l'autruche** to bury one's head in the sand → **estomac, politique**

autrui [otʀɥi] → SYN pron (littér) others ◆ **respecter le bien d'autrui** to respect the property of others ou other people's property ◆ **ne fais pas à autrui ce que tu ne voudrais pas qu'on te fît** do unto others as you would have them do unto you

autunite [otynit] nf autunite

auvent [ovɑ̃] → SYN nm [maison] canopy; [tente] awning, canopy

auvergnat, e [ovɛʀɲa, at] → SYN **1** adj of ou from (the) Auvergne

2 nm (Ling) Auvergne dialect

3 nm,f ◆ **Auvergnat(e)** inhabitant ou native of (the) Auvergne

Auvergne [ovɛʀɲ] nf ◆ **l'Auvergne** (the) Auvergne

aux [o] → **à**

auxiliaire [ɔksiljɛʀ] → SYN **1** adj (Ling, Mil, gén) auxiliary (épith); cause, raison secondary, subsidiary; (Scol) assistant (épith) ◆ **bureau auxiliaire** sub-office ◆ (Ordin) **mémoire auxiliaire** additional ou extra memory ◆ (Ordin) **programme auxiliaire** auxiliary routine

2 nmf (assistant) assistant, helper ◆ (Jur) **auxiliaire de (la) justice** representative of the law ◆ **auxiliaire médical** medical auxiliary

3 nm (Gram, Mil) auxiliary

auxiliairement [ɔksiljɛʀmɑ̃] adv (Ling) as an auxiliary; (fig: secondairement) secondarily, less importantly

auxiliariat [ɔksiljaʀja] nm ◆ (Scol) **pendant mon auxiliariat** during my time as a supply teacher (Brit) ou substitute teacher (US)

auxine [ɔksin] nf auxin

AV [ave] (abrév de **avis de virement**) → **avis**

av. abrév de **avenue**

avachi, e [avaʃi] → SYN (ptp de **avachir**) adj **a** cuir, feutre limp; chaussure, vêtement misshapen, out of shape ◆ **pantalon avachi** baggy trousers

b personne (par la chaleur) limp; (moralement) flabby, sloppy ◆ **avachi sur son pupitre** slumped on his desk

avachir [avaʃiʀ] → SYN ▸ conjug 2 ◂ **1** vt **a** cuir, feutre to make limp; chaussure, vêtement to make shapeless, put out of shape

b (état) personne (physiquement) to make limp; (moralement) to make sloppy

2 **s'avachir** vpr **a** [cuir] to become limp; [vêtement] to go out of shape, become shapeless

b [personne] (physiquement) to become limp; (moralement) to become sloppy

avachissement [avaʃismɑ̃] → SYN nm **a** [vêtement, cuir] loss of shape

b (état) [personne] (physiquement) limpness; (moralement) sloppiness, flabbiness ◆ **leur avachissement faisait peine à voir** it was a shame to see them becoming so sloppy ou to see them letting themselves go like this

aval[1] [aval] nm [cours d'eau] downstream water; [pente] downhill slope ◆ **en aval** (lit) below, downstream, down-river; downhill; (Écon) downstream; (dans une hiérarchie) lower down ◆ **en aval de** (lit) below, downstream ou down-river from; downhill from; (fig: après) after ◆ **les rapides / l'écluse d'aval** the downstream rapids / lock ◆ **l'aval était coupé de rapides** the river downstream was a succession of rapids ◆ **skieur / ski aval** downhill skier / ski

aval[2], pl **avals** [aval] → SYN nm (fig: soutien) backing, support; (Comm, Jur) guarantee (*de* for) ◆ **donner son aval à qn** to give sb one's support, back sb ◆ **donner son aval à une traite** to guarantee ou endorse a draft

avalanche [avalɑ̃ʃ] → SYN nf (Géog) avalanche; [coups] hail, shower; [compliments] flood, torrent; [réclamations, prospectus] avalanche ◆ **avalanche poudreuse / de fond** dry / wet avalanche ◆ **cône d'avalanche** avalanche cone → **couloir**

avalancheux, -euse [avalɑ̃ʃø, øz] adj zone, pente avalanche-prone

avalant, e [avalɑ̃, ɑ̃t] adj bateau going downstream

avaler [avale] → SYN ▸ conjug 1 ◂ vt **a** nourriture to swallow (down); repas to swallow; boisson to swallow (down), drink (down); (fig) roman to devour; (Alpinisme) mou, corde to take in ◆ [fumeur] **avaler la fumée** to inhale (the smoke) ◆ **avaler qch d'un trait** ou **d'un seul coup** to swallow sth in one gulp, down sth in one* ◆ **avaler son café à petites gorgées** to sip one's coffee ◆ **avaler sa salive** to swallow ◆ (fig) **j'ai eu du mal à avaler ma salive** I gulped ◆ **il a avalé de travers** it went down the wrong way ◆ **il n'a rien avalé depuis 2 jours** he hasn't eaten a thing ou had a thing to eat for 2 days ◆ **la machine a avalé ma carte de crédit** the machine ate ou swallowed my credit card

b (*) mensonge, histoire to swallow; affront to swallow, take; mauvaise nouvelle to accept ◆ **on lui ferait avaler n'importe quoi** he would swallow anything ◆ (fig) **avaler la pilule** ou **le morceau** to take one's medicine, bite the bullet ◆ **c'est dur** ou **difficile à avaler** it's hard ou difficult to swallow ◆ **avaler des couleuvres** (affront) to swallow an affront; (mensonge) to swallow a lie, be taken in ◆ **c'est un ambitieux qui veut tout avaler** he's an ambitious man who thinks he can take on anything ◆ **avaler ses mots** to mumble ◆ **avaler les kilomètres** ≃ to eat up the miles ◆ (Sport) **avaler l'obstacle** to make short work of the obstacle, take the obstacle in one's stride

c (loc fig) **tu as avalé ta langue?** have you lost your tongue? ◆ **on dirait qu'il a avalé son parapluie** ou **sa canne** he's so (stiff and) starchy ◆ (hum) **avaler son bulletin de naissance** to kick the bucket*, snuff it‡ ◆ **j'avalerais la mer et les poissons!** I could drink gallons (and gallons)!

avaleur, -euse [avalœʀ, øz] → SYN nm,f ◆ **avaleur de sabres** sword swallower

avaliser [avalize] → SYN ▸ conjug 1 ◂ vt plan, entreprise to back, support; (Comm, Jur) to endorse, guarantee

avaliseur, -euse [avalizœʀ, øz] → SYN nm,f [plan, entreprise] backer, supporter; (Comm, Jur) endorser, guarantor

à-valoir [avalwaʀ] → SYN nm inv advance

avance [avɑ̃s] → SYN nf **a** (marche, progression) advance ◆ **accélérer / ralentir son avance** to speed up / slow down one's advance

b (sur un concurrent etc) lead ◆ **avoir / prendre de l'avance sur qn** to have / take the lead over sb ◆ **dix minutes / kilomètres d'avance** a 10-minute / kilometre lead ◆ **avoir une longueur d'avance** to be a length ahead ◆ (Scol) **il a un an d'avance** he's a year ahead ◆ **l'avance des Russes dans le domaine scientifique** the Russians' lead in the world of science ◆ **perdre son avance** to lose one's ou the lead ◆ **cet élève est tombé malade et a perdu son avance** this pupil fell ill and lost the lead he had (on the rest of the class) ◆ **je t'accompagnerai** – (iro) **la belle avance!** I'll go with you – that'll really help! (iro)

c (sur un horaire) **avoir / prendre de l'avance** to be / get ahead of schedule ◆ **avoir beaucoup d'avance / une avance de 2 ans** to be well / 2 years ahead of schedule ◆ **avoir / prendre de l'avance dans son travail** to be / get ahead in ou with one's work ◆ **le train a dix minutes d'avance** the train is 10 minutes early ◆ **le train a pris de l'avance / dix minutes d'avance** the train has got ahead / has got 10 minutes ahead of schedule ◆ **arriver avec cinq minutes d'avance** to arrive 5 minutes early ou 5 minutes ahead of time ◆ **avec cinq minutes d'avance sur les autres** 5 minutes earlier than the others ◆ **le train a perdu son avance** the train has lost the time it had gained ◆ (Aut, Tech) **avance à l'allumage** ignition advance ◆ **ma montre a dix minutes d'avance** my watch is 10 minutes fast ◆ **ma montre prend de l'avance** my watch is gaining ou gains ◆ **ma montre prend beaucoup d'avance** my watch gains a lot

d (Comm, Fin: acompte) advance ◆ **avance de fonds** advance ◆ **faire une avance de 100 F à qn** to advance sb 100 francs, make sb an advance of 100 francs ◆ **donner à qn une avance sur son salaire** to give sb an advance on his salary ◆ **avance sur marché** advance on contract ◆ (Ciné) **avance sur recettes** advance against takings *(grant given to film makers by the Government)*

e (ouvertures) **avances** overtures, (galantes) advances ◆ **faire des avances à qn** to make overtures ou advances to sb

f **en avance** (sur l'heure fixée) early; (sur l'horaire etc) ahead of schedule ◆ **être en avance sur qn** to be ahead of sb ◆ **être en avance d'une heure** (sur l'heure fixée) to be an hour early; (sur l'horaire) to be an hour ahead of schedule ◆ **dépêche-toi, tu n'es pas en avance!** hurry up, you've not got much time! ou you're running out of time! ◆ **tous ces problèmes ne m'ont pas mis en avance** all these problems haven't helped ◆ **les crocus sont en avance cette année** the crocuses are early this year ◆ **leur fils est très en avance dans ses études / sur les autres enfants** their son is well ahead in his studies / of the other children ◆ **il est en avance pour son âge** he is advanced for his age, he is ahead of his age group ◆ **leur pays est en avance dans le domaine scientifique** their country leads ou is ahead in the field of science ◆ **ses idées étaient/il était très en avance sur son temps** ou **son époque** his ideas were/he was well ahead of ou in advance of his time ◆ **nous sommes en avance sur le programme** we're ahead of schedule

g LOC **à l'avance** in advance, beforehand ◆ **réserver une place un mois à l'avance** to book a seat one month ahead ou in advance ◆ **prévenir qn deux heures à l'avance** to give sb 2 hours' notice, notify ou warn sb 2 hours beforehand ou in advance ◆ **payable à l'avance** payable in advance ◆ **je vous remercie à l'avance** ou **d'avance** thanking you in advance ou in anticipation ◆ **merci d'avance** thanks (in advance) ◆ **d'avance** in advance ◆ **d'avance je peux vous dire que ...** I can tell you in advance ou right now that ... ◆ **d'avance il pouvait deviner** already ou even then he could guess ◆ **je m'en réjouis d'avance** I look forward to it with pleasure ◆ **il faut payer d'avance** one must pay in advance ◆ **ça a été arrangé d'avance** it was prearranged, it was arranged beforehand ou in advance ◆ **par avance** in advance

avancé, e[1] [avɑ̃se] → SYN (ptp de **avancer**) adj **a** élève, civilisation, technique advanced ◆ **la saison/journée était avancée** it was late in the season/day ◆ **la nuit était avancée** it was well into the night ◆ **il est très avancé dans son travail** he is well on with his work ◆ **à une heure avancée de la nuit** well on into the night ◆ **son roman est déjà assez avancé** he's already quite a long way on ou quite far ahead with his novel ◆ **je suis peu/très avancé dans la lecture de mon roman** I haven't got very far into/I'm well into my novel ◆ **les pays les moins avancés** the least developed countries ◆ **cet enfant n'est vraiment pas avancé pour son âge** this child is rather backward ou is not at all advanced for his age ◆ **être d'un âge avancé** to be advanced in years ou well on in years ◆ **dans un état avancé de ...** in an advanced state of ... ◆ **sa maladie est à un stade très avancé** his (ou her) illness is at a very advanced stage ◆ **après toutes ses démarches, il n'en est pas plus avancé** after all the steps he has taken, he's no further on than he was ◆ (iro) **nous voilà bien avancés!*** a long way that's got us! (iro), a (fat) lot of good that's done us!* (iro) → **heure**

b (d'avant-garde) opinion, idée progressive, advanced

c (qui se gâte) fruit, fromage overripe ◆ **ce poisson est avancé** this fish is going off (Brit) ou is bad

d (Mil) poste advanced

e (Sport) match early

avancée[2] [avɑ̃se] → SYN nf overhang

avancement [avɑ̃smɑ̃] → SYN nm **a** (promotion) promotion ◆ **avoir** ou **prendre de l'avancement** to be promoted, get promotion ◆ **avancement à l'ancienneté** promotion according to length of service ◆ **possibilités d'avancement** career prospects, prospects ou chances of promotion

b (progrès) [travaux] progress; [sciences, techniques] advancement

c (mouvement) forward movement

d (Jur) **avancement d'hoirie** advancement

avancer [avɑ̃se] → SYN ▸ conjug 3 ◂ **1** vt **a** (porter en avant) objet to move ou bring forward; tête to move forward; main to hold out, put out (*vers* to); pion to move forward ◆ **avancer le cou** to crane one's neck ◆ **avancer un siège à qn** to draw up ou bring forward a seat for sb ◆ **le blessé avança les lèvres pour boire** the injured man put his lips forward to drink ◆ (†, hum) **la voiture de Madame est avancée** Madam's carriage awaits (†, hum) ◆ **avancer (les aiguilles d') une pendule** to put (the hands of) a clock forward ou on (Brit)

b (fig) opinion, hypothèse to put forward, advance ◆ **ce qu'il avance paraît vraisemblable** what he is putting forward ou suggesting seems quite plausible

c date, départ to bring forward ◆ **il a dû avancer son retour** he had to bring forward the date of his return

d (faire progresser) travail to speed up ◆ **est-ce que cela vous avancera si je vous aide?** will it speed things up (for you) ou will you get on more quickly if I lend you a hand? ◆ **ça n'avance pas nos affaires** that doesn't improve matters for us ◆ **cela t'avancera à quoi de courir?** what good will it do you to run? ◆ **cela ne t'avancera à rien de crier*** shouting won't get you anywhere, you won't get anywhere by shouting

e somme d'argent, fonds to advance; (*: prêter) to lend

2 vi **a** (progresser) to advance, move forward; [bateau] to make headway ◆ **l'armée avance sur Paris** the army is advancing on Paris ◆ **il avança d'un pas** he took ou moved a step forward ◆ **il avança d'un mètre** he moved three feet forward, he came three feet nearer ◆ **mais avance donc!** move on ou forward ou up, will you! ◆ **le paysan essayait de faire avancer son âne** the peasant tried to get his donkey to move (on) ou to make his donkey move (on) ◆ **ça n'avançait pas sur l'autoroute** traffic on the motorway was almost at a standstill ou was crawling along

b (fig) to make progress ◆ **la nuit avance** night is wearing on ◆ **faire avancer** travail to speed up; élève to bring on, help to make progress; science to further ◆ **avancer vite/lentement dans son travail** to make good/slow progress in one's work ◆ **avancer péniblement dans son travail** to plod on slowly with ou make halting progress in one's work ◆ **faire avancer la recherche** to further research ◆ **avancer en âge** to be getting on (in years) ◆ **avancer en grade** to be promoted, get promotion ◆ **et les travaux, ça avance?*** how's the work coming on?* ◆ **son livre n'avance guère** he's not making much headway ou progress with his book ◆ **tout cela n'avance à rien** that doesn't get us any further ou anywhere ◆ **je travaille mais il me semble que je n'avance pas** I'm working but I don't seem to be getting anywhere

c [montre, horloge] to gain ◆ **avancer de dix minutes par jour** to gain 10 minutes a day ◆ **ma montre avance** ou **j'avance (de dix minutes)** my watch is ou I'm (10 minutes) fast

d [cap, promontoire] to project, jut out (*dans* into); [lèvre, menton] to protrude ◆ **un balcon qui avance (de 3 mètres) sur la rue** a balcony that juts out ou projects (3 metres) over the street

3 s'avancer vpr **a** (aller en avant) to move forward; (progresser) to advance ◆ **il s'avança vers nous** he came towards us ◆ **la procession s'avançait lentement** the procession advanced slowly ou moved slowly forward ◆ **il s'est avancé dans son travail** he made some progress with his work

b (fig: s'engager) to commit o.s. ◆ **Il n'aime pas beaucoup s'avancer** he does not like to commit himself ou stick his neck out* ◆ **je ne peux pas m'avancer sans connaître la question** I don't know enough about it to venture ou hazard an opinion, I can't commit myself without knowing more about it ◆ **ne t'avance pas trop si tu ne veux pas le regretter** don't do (ou say) anything you might regret

avanie [avani] → SYN nf ◆ **subir une avanie** to be snubbed ◆ **faire** ou **infliger des avanies à qn** to snub sb ◆ **les avanies qu'il avait subies** the snubs he had received

avant [avɑ̃] → SYN GRAMMAIRE ACTIVE 26.1

1 prép **a** (temps, lieu) before; (avec limite de temps) by, before ◆ **il est parti avant la pluie/la fin** he left before the rain started/the end ◆ **il est parti avant nous** he left before us ◆ **cela s'est passé bien/peu avant son mariage** this took place long ou a good while/shortly ou a short time before he was ou got married ou before his marriage ◆ **ne venez pas avant 10 heures** don't come until ou before 10 ◆ **il n'arrivera pas avant une demi-heure** he won't be here for another half hour (yet) ou for half an hour (yet) ◆ **avant cela il était très gai** before that ou (up) until then he had been very cheerful ◆ **j'étais avant lui dans la queue mais on l'a servi avant moi** I was in front of him ou before him in the queue (Brit) ou line (US) but he was served before me ou before I was ◆ **il me le faut avant demain/minuit** I must have it by ou before tomorrow/midnight ◆ **il me le faut avant une semaine/un mois** I must have it within a week/a month ◆ **avant peu** shortly ◆ **sa maison est (juste) avant la mairie** his house is (just) before ou this side of the town hall ◆ **X, ce féministe (bien) avant la lettre** X, a feminist (long) before the term existed ou had been coined → **Jésus**

b (priorité) before, in front of, above ◆ **avant tout, avant toute chose** above all, first and foremost ◆ **le travail passe avant tout** work comes before everything ◆ **avant tout, il faut éviter la guerre** above all (things) war must be avoided ◆ **il faut avant tout vérifier l'état du toit** first and foremost ou above all else we must see what state the roof is in ◆ **en classe, elle est avant sa sœur** at school she is ahead of her sister ◆ **il met sa santé avant sa carrière** he puts his health before ou above his career, he values his health above his career ◆ **le capitaine est avant le lieutenant** captain comes before lieutenant

c **avant de** + infin before ◆ **avant que** + subj before ◆ **à prendre avant (de) manger** to be taken before food ou meals ◆ **dînez donc avant de partir** do have a meal before you go ◆ **consultez-moi avant de prendre une décision** consult me before making your decision ou before you decide ◆ **je veux lire sa lettre avant qu'elle (ne) l'envoie** I want to read her letter before she sends it (off) ◆ **n'envoyez pas cette lettre avant que je (ne) l'aie lue** don't send this letter before ou until I have read it ◆ **la poste est juste avant d'arriver à la gare** the post office is just before you come to the station

2 adv **a** (temps) before, beforehand ◆ **le voyage sera long, mangez avant** it's going to be a long journey so have something to eat beforehand ou before you go ◆ **quelques semaines/mois avant** a few ou some weeks/months before(hand) ou previously ou earlier ◆ **peu de temps/longtemps avant** shortly/well ou long before(hand) ◆ **la semaine/le mois d'avant** the week/month before, the previous week/month ◆ **fort avant dans la nuit** far ou well into the night ◆ **les gens d'avant étaient plus aimables** the previous people were nicer, the people (who were there) before were nicer ◆ **réfléchis avant, tu parleras après** think before you speak, think first then (you can) speak ◆ **le train d'avant était plein** the earlier ou previous train was full ◆ **avant je préférais le bateau au train** (before) I used to prefer the boat to the train ◆ **venez me parler avant** come and talk to me first ou beforehand

b (lieu: fig) before; (avec mouvement) forward, ahead ◆ **tu vois la gare? il habite juste avant** (you) see the station? he lives just this side (of it) ou before it ◆ **n'avancez pas trop** ou **plus avant, c'est dangereux** don't go any further (forward), it's dangerous ◆ **il s'était engagé trop avant dans le bois** he had gone too far ou too deep into the wood ◆ (fig) **il s'est engagé trop avant** he has got* ou become too involved, he has committed himself too deeply ◆ **n'hésitez pas à aller plus avant** don't hesitate to go further ou on ◆ **ils sont assez avant dans leurs recherches** they are well into ou well advanced in ou far ahead in their research

c **en avant** (mouvement) forward; (temps, position) in front, ahead (*de* of) ◆ **en avant, marche!** forward march! ◆ (Naut) **en avant toute!** full steam ahead! ◆ **la voiture fit un bond en avant** the car lurched forward ◆ **être en avant** (d'un groupe de personnes) to be (out) in front ◆ **marcher en avant de la procession** to walk in front of the procession ◆ **les enfants sont partis en avant** the children have gone on ahead ou in front ◆ **partez en avant, on vous rejoindra** you go on (ahead ou in front), we'll catch up with you ◆ (fig) **regarder en avant** to look ahead ◆ (fig) **mettre qch en avant** to put sth forward, advance sth ◆ (fig) **mettre qn en avant** (pour se couvrir) to use sb as a front; (pour aider qn) to push sb forward ou to the front ◆ (fig) **il aime se mettre en avant** he likes to push himself forward, he likes to be in the forefront

3 nm **a** [voiture, train] front; [navire] bow(s), stem ◆ **voyager à l'avant du train** to travel in the front of the train ◆ **dans cette voiture on est mieux à l'avant** it's more comfortable in the front of this car ◆ (fig) **aller de l'avant** to forge ahead
b (Sport: joueur) (gén) forward; (Volley-ball) frontline player ◆ **la ligne des avants** the forward line
c (Mil) front
4 adj inv roue, siège front; marche forward ◆ **traction avant** front-wheel drive ◆ **la partie avant** the front part

avantage [avɑ̃taʒ] → SYN GRAMMAIRE ACTIVE 1.1, 26.4 nm **a** (intérêt) advantage ◆ **cette solution a l'avantage de ne léser personne** this solution has the advantage of not hurting anyone ◆ **il a avantage à y aller** it will be to his advantage to go, it will be worth his while to go ◆ **j'ai avantage à acheter en gros** it's worth my while to ou it's worth it for me to buy in bulk ◆ **tirer avantage de la situation** to take advantage of the situation, turn the situation to one's advantage ◆ **tu aurais avantage à te tenir tranquille*** you'd be ou do better to keep quiet*, you'd do well to keep quiet
b (supériorité) advantage ◆ **avoir un avantage sur qn** to have an advantage over sb ◆ **j'ai sur vous l'avantage de l'expérience** I have the advantage of experience over you ◆ **ils ont l'avantage du nombre sur leurs adversaires** they have the advantage of numbers over their enemies
c (Fin: gain) benefit ◆ **avantages accessoires** additional benefits ◆ **avantages en nature** fringe benefits, payment in kind ◆ **gros avantages matériels d'un métier** overall material benefits of a job ◆ **avantage pécuniaire** financial benefit ◆ **avantages sociaux** welfare benefits
d (Mil, Sport, fig) advantage; (Tennis) vantage (Brit), advantage ◆ **avoir l'avantage** to have the advantage, have the upper hand, be one up* ◆ (Tennis) **avantage service / dehors** van(tage) in / out (Brit), ad in / out* (US), advantage in / out
e (frm: plaisir) **j'ai (l'honneur et) l'avantage de vous présenter M. X** I have the (honour and) privilege of introducing Mr X to you (frm) ◆ **que me vaut l'avantage de votre visite?** to what do I owe the pleasure ou honour of your visit? (frm)
f LOC **être à son avantage** (sur une photo) to look one's best; (dans une conversation) to be at one's best ◆ **elle est à son avantage avec cette coiffure** she looks her best with that hair style, that hair style flatters her ◆ **il s'est montré à son avantage** he was seen in a favourable light ou to advantage ◆ **c'est (tout) à ton avantage** it's (entirely) to your advantage ◆ **changer à son avantage** to change for the better ◆ **tourner qch à son avantage** to turn sth to one's advantage

avantager [avɑ̃taʒe] → SYN ▸conjug 3◂ vt **a** (donner un avantage à) to favour, give an advantage to ◆ **elle a été avantagée par la nature** she was favoured by nature ◆ **il a été avantagé par rapport à ses frères** he has been given an advantage over his brothers ◆ (dans la vie) **être avantagé dès le départ** to have a head start (*par rapport à* on)
b (mettre en valeur) to flatter ◆ **ce chapeau l'avantage** that hat flatters her, she looks good in that hat

avantageusement [avɑ̃taʒøzmɑ̃] → SYN adv vendre at a good price; décrire favourably, flatteringly ◆ **la situation se présente avantageusement** the situation looks favourable ◆ **une robe qui découvrait avantageusement ses épaules magnifiques** a dress which showed off her lovely shoulders to great advantage

avantageux, -euse [avɑ̃taʒø, øz] → SYN adj **a** (profitable) affaire worthwhile, profitable; prix attractive ◆ **ce serait plus avantageux de faire comme cela** it would be more profitable ou worthwhile to do it this way ◆ **c'est une occasion avantageuse** it's an attractive ou a good bargain
b (présomptueux) air, personne conceited ◆ **il a une idée assez avantageuse de lui-même** he has a fairly flattering idea of himself
c (qui flatte) portrait, chapeau flattering ◆ **prendre des poses avantageuses** to pose in a flattering way

avant-bras [avɑ̃bʀa] nm inv forearm

avant-centre, pl **avants-centres** [avɑ̃sɑ̃tʀ] nm centre-forward

avant-coureur, pl **avant-coureurs** [avɑ̃kuʀœʀ] → SYN adj m precursory, premonitory ◆ **signe avant-coureur** forerunner, harbinger (littér)

avant-dernier, -ière, mpl **avant-derniers** [avɑ̃dɛʀnje, jɛʀ] → SYN adj, nm,f next to last, last but one (Brit); (sg seulement) penultimate

avant-garde, pl **avant-gardes** [avɑ̃gaʀd] → SYN nf (Mil) vanguard; (Art, Pol) avant-garde ◆ **art / poésie / idées d'avant-garde** avant-garde art / poetry / ideas ◆ **être à l'avant-garde de** to be in the vanguard of

avant-gardisme [avɑ̃gaʀdism] → SYN nm avant-gardism

avant-gardiste, pl **avant-gardistes** [avɑ̃gaʀdist] → SYN adj, nmf avant-gardist

avant-goût, pl **avant-goûts** [avɑ̃gu] → SYN nm foretaste

avant-guerre, pl **avant-guerres** [avɑ̃gɛʀ] nm ou f pre-war years ◆ **d'avant-guerre** pre-war (épith)

avant-hier [avɑ̃tjɛʀ] adv the day before yesterday

avant-main, pl **avant-mains** [avɑ̃mɛ̃] nf forequarters

avant-midi* [avɑ̃midi] nm ou nf inv (Belg, Can) morning

avant-mont, pl **avant-monts** [avɑ̃mɔ̃] nm foothills

avant-port, pl **avant-ports** [avɑ̃pɔʀ] nm outer harbour

avant-poste, pl **avant-postes** [avɑ̃pɔst] nm outpost

avant-première, pl **avant-premières** [avɑ̃pʀəmjɛʀ] → SYN nf preview ◆ **j'ai vu le film en avant-première** I saw a preview of the film

avant-projet, pl **avant-projets** [avɑ̃pʀɔʒɛ] → SYN nm pilot study

avant-propos [avɑ̃pʀɔpo] → SYN nm inv foreword

avant-scène, pl **avant-scènes** [avɑ̃sɛn] → SYN nf (Théât) (scène) apron, proscenium; (loge) box *(at the front of the house)*

avant-toit, pl **avant-toits** [avɑ̃twa] → SYN nm eaves

avant-train, pl **avant-trains** [avɑ̃tʀɛ̃] nm [animal] foreparts, forequarters; [véhicule] front axle assembly ou unit

avant-veille, pl **avant-veilles** [avɑ̃vɛj] nf ◆ **l'avant-veille** two days before ou previously ◆ **c'était l'avant-veille de Noël** it was the day before Christmas Eve ou two days before Christmas

avare [avaʀ] → SYN **1** adj **a** personne miserly, avaricious, tight-fisted* ◆ **il est avare de paroles** he's sparing of words ◆ **il est avare de compliments** he's sparing with his compliments ou sparing of compliments → **à**
b (littér: peu abondant) terre meagre ◆ **une lumière avare pénétrait dans la pièce** a dim ou weak light filtered into the room
2 nmf miser

avarice [avaʀis] → SYN nf miserliness, avarice

avaricieux, -ieuse [avaʀisjø, jøz] (littér) **1** adj miserly, niggardly, stingy
2 nm miser, niggard, skinflint

avarie [avaʀi] → SYN nf [navire, véhicule] damage (NonC); (Tech) [cargaison, chargement] damage (NonC) (in transit), average (spéc)

avarié, e [avaʀje] (ptp de **avarier**) adj aliment rotting; navire damaged ◆ **une cargaison de viande avariée** a cargo of rotting meat ◆ **cette viande est avariée** this meat has gone off (Brit) ou gone bad

avarier [avaʀje] → SYN ▸conjug 7◂ **1** vt to spoil, damage
2 **s'avarier** vpr [fruits, viande] to go bad, rot

avatar [avataʀ] → SYN nm (Rel) avatar; (fig) metamorphosis ◆ (péripéties) **avatars*** misadventures

à vau-l'eau [avolo] adv → **vau-l'eau**

Ave [ave], **Avé** [ave] nm inv (prière: aussi **Ave Maria**) Hail Mary, Ave Maria

avec [avɛk] → SYN **1** prép **a** (accompagnement, accord) with ◆ **elle est sortie avec les enfants** she is out ou has gone out with the children ◆ **son mariage avec X a duré 8 ans** her marriage to X lasted (for) 8 years ◆ **ils ont les syndicats avec eux** they've got the unions on their side ou behind them ◆ **je pense avec cet auteur que ...** I agree with this writer that ... ◆ **elle est avec Robert** (elle le fréquente) she's going out with Robert; (ils vivent ensemble) she's living with Robert
b (comportement: envers) to, towards, with ◆ **comment se comportent-ils avec vous?** how do they behave towards ou with you? ◆ **il est très doux avec les animaux** he is very gentle with animals ◆ **il a été très gentil avec nous** he was very kind to us
c (moyen, manière) with; (ingrédient) with, from, out of ◆ **vous prenez votre thé avec du lait ou du citron?** do you have ou take your tea with milk or (with) lemon?, do you have ou take milk or lemon in your tea? ◆ **boire avec une paille** to drink with a straw ◆ **une maison avec jardin** a house with a garden ◆ **faire qch avec (grande) facilité** to do sth with (great) ease ou (very) easily ◆ **(il) faudra bien faire avec** he (ou we etc) will have to make do ◆ **parler avec colère / bonté / lenteur** to speak angrily ou with anger / kindly / slowly ◆ **chambre avec salle de bain** room with a bathroom ou its own bathroom ◆ **couteau avec (un) manche en bois** knife with a wooden handle, wooden-handled knife ◆ **gâteau fait avec du beurre** cake made with butter ◆ **ragoût fait avec des restes** stew made out of ou from (the) left-overs ◆ **c'est fait (entièrement) avec du plomb** it's made (entirely) of lead ◆ **voyageant avec un passeport qui ...** travelling on a passport which ...
d (cause, simultanéité, contraste etc) with ◆ **on oublie tout avec le temps** one forgets everything in time ou in the course of time ou with the passing of time ◆ **avec les élections, on ne parle plus que politique** with the elections (on) no one talks anything but politics ◆ **avec l'inflation et le prix de l'essence, les voitures se vendent mal** what with inflation and the price of petrol, cars aren't selling very well ◆ **il est difficile de marcher avec ce vent** it is difficult to walk in ou with this wind ◆ **avec un peu de travail, il aurait gagné le prix** with a little work ou if (only) he had done a little work he would have won the prize ◆ **avec toute ma bonne volonté, je ne suis pas parvenu à l'aider** with the best will in the world ou for all my goodwill I did not manage to help him ◆ **se lever avec le jour** to get up ou rise with the sun ou dawn, get up at daybreak ◆ **ils sont partis avec la pluie** they left in the rain
e (opposition) with ◆ **rivaliser / combattre avec qn** to vie / fight with sb ◆ **elle s'est fâchée avec tous leurs amis** she has fallen out with all their friends
f **d'avec: séparer / distinguer qch d'avec qch d'autre** to separate / distinguish sth from sth else ◆ **divorcer d'avec qn** to divorce sb ◆ **se séparer d'avec qn** to leave sb, part from sb (littér) ◆ **elle s'est séparée d'avec X** she has separated from X
g **avec cela*:** (dans un magasin) **et avec ça, madame?** anything else? ◆ **il conduit mal et avec ça il conduit trop vite** he drives badly and what's more ou on top of that he drives too fast ◆ **avec cela que tu ne le savais pas!** what do you mean you didn't know!, as if you didn't know! ◆ (iro) **et avec ça qu'il est complaisant!** and it's not as if he were helpful (either ou at that)!, and he's not exactly ou even helpful either! ou at that! ◆ **avec tout ça j'ai oublié le pain** in the midst of all this I forgot about the bread
2 adv ◆ (*) **tiens mes gants, je ne peux pas conduire avec** hold my gloves, I can't drive with them on ◆ **rends-moi mon stylo, tu allais partir avec!** give me back my pen, you were going to walk off with it!

aveline [av(ə)lin] → SYN nf (noix) filbert

avelinier [av(ə)linje] → SYN nm (arbre) filbert

aven [avɛn] → SYN nm swallow hole (Brit), sinkhole, pothole

avenant, e [av(ə)nɑ̃, ɑ̃t] → SYN 1 adj personne pleasant, welcoming; manières pleasant, pleasing; maison of pleasing appearance

2 nm a **à l'avenant** in keeping (*de* with) ◆ **la maison était luxueuse, et le mobilier était à l'avenant** the house was luxurious, and the furniture was in keeping (with it) ◆ **la table coûtait 8 000 F, et tout était à l'avenant** the table cost 8,000 francs and everything else was just as expensive

b (Jur) [police d'assurance] endorsement; [contrat] amendment (*à* to) ◆ **faire un avenant à** to endorse; to amend

avènement [avɛnmɑ̃] → SYN nm [roi] accession, succession (*à* to); [régime, politique, idée] advent; [Messie] Advent, Coming

avenir[1] [av(ə)niʀ] → SYN nm a (futur) future; (postérité) future generations ◆ **avoir des projets d'avenir** to have plans for the future, have future plans ◆ **dans un proche avenir** in the near future ◆ **elle m'a prédit mon avenir** she told my fortune ◆ **l'avenir le dira** only time will tell

b (bien-être) future (well-being) ◆ **assurer l'avenir de ses enfants** to take care of ou ensure one's children's future

c (carrière) future, prospects ◆ **il a de l'avenir, c'est un homme d'avenir** ou **plein d'avenir** he's a man with a future ou with good prospects, he's an up-and-coming man ◆ **son avenir est derrière lui** his future is behind him, he's got no future ◆ **métier d'avenir** job with a future ou with prospects ◆ **il n'y a aucun avenir dans ce métier** there's no future in this job, this is a dead-end job ◆ **projet sans avenir** project without prospects of success ou without a future

d (dorénavant) **à l'avenir** from now on, in future

avenir[2] [av(ə)niʀ] nm (Jur) writ of summons *(from one counsel to another)*

Avent [avɑ̃] nm ◆ **l'Avent** Advent

aventure [avɑ̃tyʀ] → SYN nf a (péripétie, incident) adventure; (entreprise) venture; (liaison amoureuse) affair ◆ **fâcheuse aventure** unfortunate experience ◆ **une aventure effrayante** a terrifying experience ◆ **film / roman d'aventures** adventure film / story ◆ (Littérat) **"Les Aventures de M. Pickwick"** "The Pickwick Papers" ◆ **une aventure sentimentale** a love affair ◆ **avoir une aventure (galante) avec qn** to have an affair with sb

b **l'aventure** adventure ◆ **esprit d'aventure** spirit of adventure → **dire, diseur**

c LOC **marcher à l'aventure** to walk aimlessly ◆ (littér) **si, par aventure** ou **d'aventure** if by any chance ◆ **quand, par aventure** ou **d'aventure** when by chance

aventuré, e [avɑ̃tyʀe] (ptp de **aventurer**) adj entreprise risky, chancy; hypothèse risky, venturesome

aventurer [avɑ̃tyʀe] → SYN ▸ conjug 1 ◂ 1 vt somme, réputation, vie to risk, put at stake, chance; remarque, opinion to venture

2 **s'aventurer** vpr to venture (*dans* into, *sur* onto) ◆ **s'aventurer à faire qch** to venture to do sth ◆ **je ne pense pas m'aventurer beaucoup en affirmant que …** I don't think I'm venturing too far by asserting that … ◆ (fig) **s'aventurer en terrain** ou **sur un chemin glissant** to tread on dangerous ground, skate on thin ice

aventureusement [avɑ̃tyʀøzmɑ̃] adv (gén) adventurously; (dangereusement) riskily

aventureux, -euse [avɑ̃tyʀø, øz] → SYN adj personne, esprit adventurous, enterprising, venturesome; imagination bold; projet, entreprise risky, rash, chancy; vie adventurous

aventurier [avɑ̃tyʀje] → SYN nm adventurer

aventurière [avɑ̃tyʀjɛʀ] nf adventuress

aventurine [avɑ̃tyʀin] nf aventurin(e), avanturine

aventurisme [avɑ̃tyʀism] nm (Pol) adventurism

aventuriste [avɑ̃tyʀist] adj, nmf (Pol) adventurist

avenu, e[1] [av(ə)ny] adj → **nul**

avenue[2] [av(ə)ny] → SYN nf [ville] (boulevard) avenue; [parc] (allée) drive, avenue ◆ (littér) **les avenues du pouvoir** the avenues of ou to power

avéré, e [aveʀe] → SYN (ptp de **s'avérer**) adj fait known, recognized ◆ **il est avéré que** it is a known ou recognized fact that

avérer (s') [aveʀe] ▸ conjug 6 ◂ vpr ◆ **il s'avère que** it turns out that ◆ **ce remède s'avéra inefficace** this remedy proved (to be) ou turned out to be ineffective ◆ **il s'est avéré un employé consciencieux** he proved (to be) ou turned out to be ou showed himself to be a conscientious employee

avers [avɛʀ] → SYN nm obverse *(of coin, medal)*

averse [avɛʀs] → SYN nf (pluie) shower (of rain); (fig) [insultes, pierres] shower ◆ **forte averse** heavy shower, downpour ◆ **averse orageuse** thundery shower ◆ **être pris par** ou **recevoir une averse** to be caught in a shower

aversion [avɛʀsjɔ̃] → SYN GRAMMAIRE ACTIVE 7.3 nf aversion (*pour* to), loathing (*pour* for) ◆ **avoir en aversion, avoir de l'aversion pour** to have an aversion to, have a loathing for ou a strong dislike of, loathe ◆ **prendre en aversion** to take a (violent) dislike to

averti, e [avɛʀti] → SYN (ptp de **avertir**) adj public informed, mature; connaisseur, expert well-informed ◆ **c'est un film réservé à des spectateurs avertis** it's a film suitable for a mature ou an informed audience ◆ **averti de** problèmes etc aware of ◆ **être très averti des travaux cinématographiques contemporains** to be very well up on ou well informed about the contemporary film scene → **homme**

avertir [avɛʀtiʀ] → SYN ▸ conjug 2 ◂ vt (mettre en garde) to warn (*de qch* of sth); (renseigner) to inform (*de qch* of sth) ◆ **avertissez-le de ne pas recommencer** warn him not to do it again ◆ **tenez-vous pour averti** be warned, don't say you haven't been warned ◆ **avertissez-moi dès que possible** let me know as soon as possible

avertissement [avɛʀtismɑ̃] → SYN nm (avis) warning; (présage) warning, warning sign; (réprimande) (Sport) warning, caution; (Scol) warning ◆ **recevoir un avertissement** to receive a warning, be admonished ◆ (préface) **avertissement (au lecteur)** foreword ◆ **avertissement sans frais** (Jur) notice of assessment; (fig) clear warning (*à* to)

avertisseur, -euse [avɛʀtisœʀ, øz] → SYN

1 adj warning

2 nm (Aut) horn, hooter (Brit) ◆ **avertisseur (d'incendie)** (fire) alarm

aveu, pl **aveux** [avø] → SYN nm a [crime, amour] confession, avowal (littér); [fait, faiblesse] acknowledgement, admission, confession ◆ **c'est l'aveu (déguisé) d'un échec de la part du gouvernement** it's a (tacit) admission of defeat on the part of the government ◆ **c'est un aveu d'impuissance** it's a confession ou an admission of helplessness ou powerlessness ◆ **faire l'aveu d'un crime** to confess to a crime ◆ **faire des aveux complets** to make a full confession ◆ **passer aux aveux** to make a confession, sign a statement ◆ **revenir sur ses aveux** to retract one's confession ◆ **je dois vous faire un aveu, je ne les aime pas non plus** I have a confession to make, I don't like them either

b (frm: selon) **de l'aveu de qn** according to sb ◆ **de l'aveu même du témoin** on the witness's own testimony

c (frm) **sans aveu** homme, politicien disreputable

d (littér: assentiment) consent ◆ **sans l'aveu de qn** without sb's authorization ou consent

aveuglant, e [avœglɑ̃, ɑ̃t] → SYN adj lumière blinding, dazzling; vérité blinding (épith), glaring (épith), overwhelming

aveugle [avœgl] → SYN 1 adj personne blind, sightless (épith); (fig) passion, dévouement, obéissance blind; attentat indiscriminate, random; fenêtre, façade, mur, couloir blind ◆ **devenir aveugle** to go blind ◆ **aveugle d'un œil** blind in one eye ◆ **il est aveugle de naissance** he was born blind, he has been blind from birth ◆ **son amour le rend aveugle** love is blinding him, he is blinded by love ◆ **je ne suis pas aveugle!** I'm not blind! ◆ **l'amour est aveugle** love is blind ◆ **avoir une confiance aveugle en qn** to trust sb blindly ou implicitly ◆ **une confiance aveugle dans la parole de qn** (an) implicit trust ou faith in sb's word ◆ **être aveugle aux défauts de qn** to be blind to sb's faults ◆ **l'aveugle instrument du destin** the blind ou unwitting instrument of fate

2 nmf blind man (ou woman) ◆ **les aveugles** the blind ◆ **faire qch en aveugle** to do sth blindly ◆ **aveugle-né** person blind from birth ◆ **c'est un aveugle-né** he was born blind → **à, double**

aveuglement [avœgləmɑ̃] → SYN nm (littér: égarement) blindness

aveuglément [avœglemɑ̃] → SYN adv (fidèlement) blindly; (inconsidérément) blindly, blindfold

aveugler [avœgle] → SYN ▸ conjug 1 ◂ 1 vt a (lit, fig) (rendre aveugle) to blind; (éblouir) to dazzle, blind

b fenêtre to block ou brick up; voie d'eau to stop up

2 **s'aveugler** vpr ◆ **s'aveugler sur qn** to be blind to ou shut one's eyes to sb's defects

aveuglette [avœglɛt] → SYN nf ◆ **avancer à l'aveuglette** to grope (one's way) along, feel one's way along ◆ **descendre à l'aveuglette** to grope one's way down ◆ **prendre des décisions à l'aveuglette** to take decisions in the dark ou blindly

aveulir [avøliʀ] → SYN ▸ conjug 2 ◂ 1 vt to enfeeble, enervate

2 **s'aveulir** vpr to lose one's will (power), degenerate

aveulissement [avølismɑ̃] → SYN nm enfeeblement, enervation; loss of will (power)

aviaire [avjɛʀ] adj avian

aviateur [avjatœʀ] → SYN nm airman, aviator, pilot

aviation [avjasjɔ̃] → SYN 1 nf (Mil) (corps d'armée) air force; (avions) aircraft, air force ◆ **l'aviation** (sport, métier de pilote) flying; (secteur commercial) aviation; (moyen de tranport) air travel ◆ **coupe / meeting d'aviation** flying cup / meeting ◆ **usine d'aviation** aircraft factory ◆ **services / base d'aviation** air services / base → **champ**[1], **ligne**[1], **terrain**

2 COMP ▷ **aviation de chasse** fighter force ▷ **aviation navale** fleet air arm (Brit), naval air force (US)

aviatrice [avjatʀis] nf woman pilot, aviator

avicole [avikɔl] adj (→ **aviculture**) élevage poultry (épith); bird (épith); établissement bird-breeding; poultry farming ou breeding; ferme poultry

aviculteur, -trice [avikyltœʀ, tʀis] → SYN nm,f (→ **aviculture**) poultry farmer ou breeder; aviculturist (spéc), bird breeder, bird fancier

aviculture [avikyltyʀ] nf (volailles) poultry farming ou breeding; (oiseaux) aviculture (spéc), bird breeding, bird fancying

avide [avid] → SYN adj (par intensité) eager; (par cupidité) greedy, grasping; regard, yeux greedy; lecteur avid, eager ◆ **avide de** plaisir, sensation eager ou avid for; argent, nourriture greedy for; pouvoir, honneurs greedy ou avid for ◆ **avide de faire qch** eager to do sth ◆ **avide de sang** ou **de carnage** bloodthirsty (épith), thirsting for blood (attrib)

avidement [avidmɑ̃] adv (→ **avide**) eagerly; greedily; avidly

avidité [avidite] → SYN nf (→ **avide**) eagerness; greed; avidity (*de* for) ◆ **manger avec avidité** to eat greedily

avifaune [avifon] nf avifauna

avilir [aviliʀ] → SYN ▸ conjug 2 ◂ 1 vt personne to degrade, debase, demean; monnaie to debase; marchandise to depreciate

2 **s'avilir** vpr [personne] to degrade o.s., debase o.s., demean o.s.; [monnaie, marchandise] to depreciate

avilissant, e [avilisɑ̃, ɑ̃t] → SYN adj spectacle degrading, shameful, shaming (épith); conduite, situation, travail degrading, demeaning

avilissement [avilismɑ̃] SYN nm (→ avilir) degradation; debasement; depreciation

aviné, e [avine] SYN adj (littér) personne inebriated, intoxicated; voix drunken ◆ **il a l'haleine avinée** his breath smells of alcohol

avion [avjɔ̃] SYN **1** nm (appareil) aeroplane (Brit), plane, airplane (US), aircraft (pl inv) ◆ (sport) **l'avion** flying ◆ **défense/batterie contre avions** anti-aircraft defence/battery ◆ **il est allé à Paris en avion** he went to Paris by air ou by plane, he flew to Paris ◆ **par avion** by air(mail)
2 COMP ▷ **avion de bombardement** bomber ▷ **avion de chasse** interceptor, fighter ▷ **avion commercial** commercial aircraft ▷ **avion à décollage et atterrissage courts** short takeoff and landing aeroplane ▷ **avion à décollage et atterrissage verticaux** vertical takeoff and landing aeroplane ▷ **avion furtif** stealth bomber ou plane ▷ **avion de ligne** airliner ▷ **avion en papier** paper aeroplane ▷ **avion postal** mail plane ▷ **avion à réaction** jet (plane) ▷ **avion de reconnaissance** reconnaissance aircraft ▷ **avion sanitaire** air ambulance ▷ **avion de tourisme** private aeroplane ▷ **avion de transport** transport aircraft

avion-cargo, pl **avions-cargos** [avjɔ̃kaʀgo] nm (air) freighter, cargo aircraft

avion-cible, pl **avions-cibles** [avjɔ̃sibl] nm target aircraft

avion-citerne, pl **avions-citernes** [avjɔ̃sitɛʀn] nm air tanker

avion-école, pl **avions-écoles** [avjɔ̃ekɔl] nm training plane

avionique [avjɔnik] nf avionics (sg)

avionnerie [avjɔnʀi] nf aeroplane (Brit) ou airplane (US) factory

avionneur [avjɔnœʀ] nm aircraft manufacturer

avion-suicide, pl **avions-suicide** [avjɔ̃sɥisid] nm suicide plane

avion-taxi, pl **avions-taxis** [avjɔ̃taksi] nm taxiplane (US)

aviron [aviʀɔ̃] SYN nm **a** (rame) oar; (sport) rowing ◆ **faire de l'aviron** to row
b (Can) paddle

avironner [aviʀɔne] ▸ conjug 1 ◂ vt (Can) to paddle

avis [avi] SYN GRAMMAIRE ACTIVE 1.1, 2, 6, 11.1, 13.1, 26.5
1 nm **a** (opinion) opinion ◆ **donner son avis** to give one's opinion ou views (*sur* on, about) ◆ **les avis sont partagés** opinion is divided ◆ **être du même avis que qn, être de l'avis de qn** to be of the same opinion ou of the same mind as sb, share the view of sb ◆ **on ne te demande pas ton avis!** who asked you? ◆ **je ne suis pas de votre avis** I'm not of your opinion ou view ◆ **à mon avis c'est ...** in my opinion ou to my mind it is ... ◆ **si tu veux mon avis, il est ...** if you ask me ou if you want my opinion he is ... ◆ **c'est bien mon avis** I quite agree ◆ (iro) **à mon humble avis** in my humble opinion ◆ **de l'avis de tous, il ne sera pas élu** the unanimous view ou the general opinion is that he won't be elected → **changer, deux**
b (conseil) advice (NonC) ◆ **un avis amical** a friendly piece of advice, a piece of friendly advice, some friendly advice ◆ **suivre l'avis ou les avis de qn** to take ou follow sb's advice ◆ **sur l'avis de qn** on sb's advice ◆ **suivant l'avis donné** following the advice given
c (notification) notice; (Fin) advice ◆ **lettre d'avis** letter of advice ◆ **avis de crédit/de débit** credit/debit advice ◆ **(avis d') appel d'offres** invitation to tender ou to bid ◆ **sans avis préalable** without prior notice ◆ **jusqu'à nouvel avis** until further notice ◆ **sauf avis contraire** unless otherwise informed, unless one hears to the contrary; (sur étiquette, dans préface etc) unless otherwise indicated ◆ (Naut) **avis de coup de vent** gale warning ◆ **avis de tempête** storm warning ◆ **avis aux amateurs!*** any takers?* ◆ **donner avis de/que†** to give notice of/that
d (Admin: consultation officielle) opinion ◆ **les membres ont émis un avis** the members put forward an opinion ◆ **on a pris l'avis du conseil** they took the opinion of the council ◆ **avis favorable/défavorable** (Scol) passed/failed; (Admin) accepted/rejected
e LOC **être d'avis que/de: il était d'avis de partir** ou **qu'on parte immédiatement** he thought we should leave immediately, he was of the opinion that we should leave at once, he was for leaving at once* ◆ **je suis d'avis qu'il vaut mieux attendre** I think ou I am of the opinion that it is better to wait ◆ (†, hum) **m'est avis que** methinks (†, hum)
2 COMP ▷ **avis de décès** announcement of death, death notice* ▷ **avis d'expédition** (Comm) advice of dispatch ▷ **avis d'imposition** tax notice ▷ **avis au lecteur** foreword ▷ **avis de mise en recouvrement** (Fin) notice of assessment ▷ **avis de mobilisation** mobilization notice ▷ **avis au public** public notice; (en-tête) notice to the public ▷ **avis de réception** acknowledgement of receipt ▷ **avis de recherche** [criminel] wanted notice; [disparu] missing person notice ◆ **lancer un avis de recherche** (pour criminel) to issue a wanted notice, declare sb wanted; (pour disparu) to issue a missing person notice, declare sb a missing person ▷ **avis de virement** advice of bank transfer

avisé, e [avize] SYN (ptp de **aviser**) adj sensible, wise ◆ **bien avisé** well-advised ◆ **mal avisé** rash, ill-advised

aviser [avize] SYN ▸ conjug 1 ◂ **1** vt **a** (frm, littér: avertir) to advise, inform (*de* of), notify (*de* of, about) ◆ **il ne m'en a pas avisé** he didn't notify me of ou about it
b (littér: apercevoir) to catch sight of, notice
2 vi ◆ **cela fait, nous aviserons** once that's done, we'll see where we stand ou we'll take stock ou we'll review the situation ◆ **sur place, nous aviserons** once (we're) there, we'll try and sort (Brit) ou work something out ou we'll assess the situation ◆ **il va falloir aviser** well, we'll have to think about it ou give it some thought ◆ **aviser à qch** to see to sth ◆ **nous aviserons au nécessaire** we shall see to the necessary ou do what is necessary
3 **s'aviser** vpr **a** (remarquer) **s'aviser de qch** to become suddenly aware of sth, realize sth suddenly ◆ **il s'avisa que ...** he suddenly realized that ...
b (s'aventurer à) **s'aviser de faire qch** to dare to do sth, take it into one's head to do sth ◆ **et ne t'avise pas d'aller lui dire** and don't you dare go and tell him, and don't you take it into your head to go and tell him

aviso [avizo] SYN nm aviso, advice-boat

avitailler [avitaje] SYN ▸ conjug 1 ◂ vt to (re)fuel

avitailleur [avitajœʀ] nm [avion] bowser, fuelling vehicle

avitaminose [avitaminoz] SYN nf vitamin deficiency, avitaminosis (spéc)

avivement [avivmɑ̃] nm freshening

aviver [avive] SYN ▸ conjug 1 ◂ **1** vt **a** douleur physique, appétit to sharpen; regrets, chagrin to deepen; intérêt, désir to kindle, arouse; colère to stir up; souvenirs to stir up, revive; querelle to stir up, add fuel to; passion to arouse, excite, stir up; regard to brighten; couleur to revive, brighten (up); feu to revive, stir up ◆ **l'air frais leur avait avivé le teint** the fresh air had given them some colour ou put colour into their cheeks
b (Méd) plaie to open up; (Tech) bronze to burnish; poutre to square off
2 **s'aviver** vpr (→ **aviver**) to sharpen; to deepen; to be kindled; to be aroused; to be stirred up; to be excited; to brighten; to revive, be revived; to brighten up

av. J.-C. (abrév de **avant Jésus-Christ**) BC

avocaillon [avɔkajɔ̃] nm (péj) pettifogging lawyer, small-town lawyer

avocasserie [avɔkasʀi] SYN nf (péj) pettifoggery, chicanery

avocassier, -ière [avɔkasje, jɛʀ] adj (péj) pettifogging, chicaning

avocat¹, e [avɔka, at] SYN **1** nm,f **a** (Jur: personne inscrite au barreau) barrister, advocate (Écos), attorney(-at-law) (US) ◆ **consulter son avocat** to consult one's lawyer ◆ **l'accusé et son avocat** the accused and his counsel
b (fig: défenseur) advocate, champion ◆ **se faire l'avocat d'une cause** to advocate ou champion ou plead a cause ◆ **fais-toi mon avocat auprès de lui** plead with him on my behalf
2 COMP ▷ **avocat d'affaires** business lawyer ▷ **l'avocat de la défense** the counsel for the defence ou defendant, the defending counsel (Brit), the defense counsel (US) ▷ **l'avocat du diable** (Rel, fig) the devil's advocate ◆ (fig) **se faire l'avocat du diable** to be ou play devil's advocate ▷ **avocat d'entreprise** company lawyer (Brit), corporation lawyer (US) ▷ **avocat général** counsel for the prosecution, assistant procurator fiscal (Écos), prosecuting attorney (US) ▷ **l'avocat de la partie civile** the counsel for the plaintiff ▷ **avocat plaidant** court lawyer (Brit), trial attorney (US) ▷ **avocat sans cause** briefless barrister (Brit) ou attorney (US)

avocat² [avɔka] nm avocado (pear)

avocat-conseil, pl **avocats-conseils** [avɔkakɔ̃sɛj] nm ≃ consulting barrister (Brit), ≃ counsel-in-chambers (Brit), ≃ attorney (US)

avocatier [avɔkatje] nm avocado (tree), avocado pear tree

avocette [avɔsɛt] SYN nf avocet

avoine [avwan] SYN nf oats → **farine, flocon, fou**

avoir [avwaʀ] SYN ▸ conjug 34 ◂
1 vt **a** (posséder, disposer de) maison, patron, frère to have ◆ **il n'a pas d'argent** he has no money, he hasn't got any money ◆ **on ne peut pas tout avoir** you can't have everything ◆ **avez-vous du feu?** have you got a light? ◆ **j'ai (tout) le temps de le faire** I have ou have got (plenty of) time to do it ◆ **avoir qn pour ami** to have sb as a friend ◆ **pour tout mobilier ils ont deux chaises et une table** the only furniture they have is two chairs and a table
b (obtenir, attraper) renseignement, prix, train to get ◆ **j'ai eu un coup de téléphone de Richard** I had ou got a phone call from Richard ◆ **il a eu sa licence en 1939** he graduated in 1939, he got his degree in 1939 ◆ **nous avons très bien la BBC** we (can) get the BBC very clearly ◆ **pouvez-vous nous avoir ce livre?** can you get this book for us?, can you get us this book? ◆ **elle a eu 3 pommes pour un franc** she got 3 apples for one franc ◆ **j'avais Jean au téléphone quand on nous a coupés** I was on the phone to John when we were cut off ◆ **essayez de m'avoir Paris (au téléphone)** could you put me through to Paris ou get me Paris ◆ **je n'arrive pas à avoir Paris** I can't get through to Paris ◆ (Sport) **j'ai!** mine!
c (souffrir de) rhume, maladie to have ◆ **avoir de la fièvre** to have ou run a high temperature ◆ **il a la rougeole** he's got measles ◆ **il a eu la rougeole à 10 ans** he had ou got measles at the age of 10
d (porter) vêtements to have on, wear ◆ **la femme qui a le chapeau bleu et une canne** the woman with the blue hat and a stick
e caractéristiques physiques ou morales to have ◆ **il a les yeux bleus** he has ou has got blue eyes ◆ **il a du courage/de l'ambition/du toupet** he has (got) courage/ambition/cheek, he is courageous/ambitious/cheeky ◆ **son regard a quelque chose de méchant, il a quelque chose de méchant dans le regard** he's got a nasty look in his eye ◆ **avoir la tête qui tourne** to feel giddy ◆ **j'ai le cœur qui bat** my heart is thumping ◆ **regardez, il a les mains qui tremblent** look, his hands are shaking ◆ **en avoir**‡ to have guts* ou balls*‡
f âge to be ◆ **quel âge avez-vous?** how old are you? ◆ **il a dix ans** he is ten (years old) ◆ **ils ont le même âge** they are the same age
g formes, dimensions, couleur to be ◆ **avoir 3 mètres de haut/4 mètres de long** to be 3 metres high/4 metres long ◆ **cette armoire a une jolie ligne** this cupboard is a nice shape ◆ **qu'est-ce qu'elle a comme tour de taille?** what's her waist measurement?, what waist is she? (Brit) ◆ **la maison a 5 étages** the house has 5 floors ◆ **la voiture**

qui a cette couleur the car which is that colour

h (éprouver) joie, chagrin to feel; intérêt to show ◆ **avoir faim / froid / honte** to be ou feel hungry / cold / ashamed ◆ **avoir le sentiment / l'impression que** to have the feeling / the impression that ◆ **qu'est-ce qu'il a ?** what's the matter with him?, what's wrong with him? ◆ **il a sûrement quelque chose** there's certainly something the matter with him, there's certainly something wrong with him ◆ **il a qu'il est furieux** he's furious, that's what's wrong ou the matter with him ◆ **qu'est-ce qu'il a à pleurer ?** what's he crying for? → **besoin, envie, mal** etc

i idées, raisons to have; opinion to hold, have ◆ **cela n'a aucun intérêt pour eux** it is of no interest to them ◆ **la danse n'a aucun charme pour moi** dancing doesn't appeal to me at all → **raison, tort**

j geste to make; rire to give; cri to utter ◆ **elle eut un sourire malin** she gave a knowing smile, she smiled knowingly ◆ **il eut une grimace de douleur** he winced ◆ **ils ont eu des remarques malheureuses** they made ou passed (Brit) some unfortunate remarks → **mot**

k (recevoir) visites, amis to have ◆ **il aime avoir des amis** he likes to have friends round (Brit) ou over (US), he likes to entertain friends ◆ **avoir des amis à dîner** to have friends to dinner

l obligation, activité, conversation to have ◆ **ils ont des soirées 2 ou 3 fois par semaine** they have parties 2 or 3 times a week ◆ **je n'ai rien ce soir** I've nothing on this evening, I'm not doing anything this evening ◆ (Scol) **j'ai français à 10 heures** I've got French at 10

m (*: vaincre) **on les aura !** we'll have ou get them!* ◆ **ils ont fini par avoir le coupable** they got the culprit in the end ◆ **je t'aurai !** I'll get you!* ◆ **dans la fusillade, ils ont eu le chef de la bande** in the shoot-out they got the gang leader* ◆ **elle m'a eu au sentiment** she took advantage of my better nature

n (*: duper) personne to take in, con‡ ◆ **je les ai eus** I took them in, I conned them‡ ◆ **ils m'ont eu** I've been had* ◆ **se faire avoir** to be had*, be taken in ◆ **je me suis fait avoir de 30 F** I was conned out of 30 francs‡

o LOC **en avoir après*** **qn** to be mad at sb* ◆ **elle en a toujours après moi** she's always on at me ◆ **après qui en as-tu ?*** who have you got a grudge against? ◆ **qu'est-ce que tu as contre lui ?** what have you got against him? ◆ **en avoir pour son argent** to have ou get one's money's worth ◆ **j'en ai pour 100 F** it will cost me ou set me back* 100 francs ◆ **il en a pour deux heures** it will take him 2 hours ◆ **il en a pour deux secondes** it'll take him 2 seconds ◆ **tu en as pour combien de temps ?** how long are you going to be?, how long will it take you? ◆ **en avoir assez*** ou **par-dessus la tête*** ou **plein le dos*** to be fed up*, be cheesed off* ou browned off* (Brit) (*de qch* with sth) ◆ **on en a encore pour 20 km de cette mauvaise route** there's another 20 km of this awful road ◆ **quand il se met à pleuvoir, on en a pour 3 jours** once it starts raining, it goes on ou sets in for 3 days → **estime, horreur**

2 vb aux **a** (avec ptp) **j'étais pressé, j'ai couru** I was in a hurry so I ran ◆ **j'ai déjà couru 10 km** I've already run 10 km ◆ **quand il eut** ou **a eu parlé** when he had spoken ◆ **il n'est pas bien, il a dû trop manger** he is not well, he must have eaten too much ◆ **nous aurons terminé demain** we shall have finished tomorrow ◆ **si je l'avais vu** if I had seen him ◆ **il a été tué hier** he was killed yesterday ◆ **il a été renvoyé deux fois** he has been dismissed twice ◆ **il aura été retardé par la pluie** he must ou will have been held up by the rain → **vouloir**

b (+ infin: devoir) **avoir qch à faire** to have sth to do ◆ **j'ai des lettres à écrire** I've (got) some letters to write ◆ **j'ai à travailler** I have to work, I must work ◆ **il n'a pas à se plaindre** he can't complain ◆ **vous aurez à parler** you will have to speak ◆ **vous n'avez pas à vous en soucier** you mustn't ou needn't worry about it → **maille, rien, voir**

c **n'avoir qu'à : tu n'as qu'à me téléphoner demain** just give me a ring tomorrow, why don't you ring me up tomorrow? ◆ **tu n'as qu'à appuyer sur le bouton, et ça se met en marche** (you) just press the knob, and it starts working ◆ **il n'a qu'un mot à dire pour nous sauver** he need only say the word, and we're saved ◆ **c'est simple, vous n'avez qu'à lui écrire** it's simple, just write to him ou you need only write to him ou you've only (got) to write to him ◆ **tu n'avais qu'à ne pas y aller** you shouldn't have gone (in the first place) ◆ **tu n'as qu'à faire attention / te débrouiller** you'll just have to take care / sort (Brit) ou work it out for yourself ◆ **s'il n'est pas content, il n'a qu'à partir** if he doesn't like it, he can just go

d **ils ont eu leurs carreaux cassés par la grêle** they had their windows broken by the hail ◆ **vous aurez votre robe nettoyée gratuitement** your dress will be cleaned free of charge

3 vb impers **a** **il y a** (avec sg) there is; (avec pl) there are ◆ **il y a eu 3 blessés** 3 people were injured, there were 3 injured ◆ **il n'y avait que moi** I was the only one ◆ **il y avait une fois ...** once upon a time, there was ... ◆ **il y en a pour dire** ou **qui disent** there are some ou those who say, some say ◆ **il y a enfant et enfant** there are children and children! ◆ **il y en a, je vous jure*** some people, honestly!*, really, some people!* ◆ **il n'y a pas de quoi** don't mention it ◆ **qu'y a-t-il ?, qu'est-ce qu'il y a ?** what is it?, what's the matter?, what's up?* ◆ **il y a que nous sommes mécontents*** we're annoyed, that's what* ◆ **il n'y a que lui pour faire cela !** only he would do that!, trust him to do that!, it takes him to do that! ◆ **il n'y a pas que nous à le dire** we're not the only ones who say ou to say that ◆ **il n'y a pas à dire*, il est très intelligent** there's no denying he's very intelligent ◆ **(il n') y a pas, (il) faut que je parte*** there's nothing else for it, I've got to go ◆ **il doit / peut y avoir une raison** there must / may be a reason ◆ **il n'y a qu'à les laisser partir** just let them go ◆ **il n'y a qu'à protester** we shall just have to protest, why don't we protest ◆ **quand il n'y en a plus, il y en a encore !** there's plenty more where that came from!* ◆ **quand (il) y en a pour deux, (il) y en a pour trois** nourriture there's plenty for everyone; place there's plenty of room for everyone ◆ **il n'y a pas que toi** you're not the only one! ◆ **il n'y en a que pour mon petit frère, à la maison** my little brother gets all the attention at home

b (pour exprimer le temps écoulé) **il y a 10 ans que je le connais** I have known him (for) 10 years ◆ **il y aura 10 ans demain que je ne l'ai vu** it will be 10 years tomorrow since I last saw him ◆ **il y avait longtemps qu'elle désirait ce livre** she had wanted this book for a long time ◆ **il y a 10 ans, nous étions à Paris** 10 years ago we were in Paris ◆ **il y a 10 jours que nous sommes rentrés, nous sommes rentrés il y a 10 jours** we got back 10 days ago, we have been back 10 days

c (pour exprimer la distance) **il y a 10 km d'ici à Paris** it is 10 km from here to Paris ◆ **combien y a-t-il d'ici à Paris ?** how far is it from here to Paris?

4 nm **a** (bien) assets, resources ◆ **son avoir était bien peu de chose** what he had wasn't much

b (Comm) (actif) credit (side); (billet de crédit) credit note ◆ (Fin) **avoir fiscal** tax credit → **doit**

c **avoirs** holdings, assets ◆ **avoirs à l'étranger** foreign assets ou holdings ◆ **avoirs en caisse** ou **en numéraire** cash holdings

avoirdupoids [avwaʀdypwa] nm avoirdupois

avoisinant, e [avwazinɑ̃, ɑ̃t] → SYN adj région, pays neighbouring; rue, ferme nearby, neighbouring ◆ **dans les rues avoisinantes** in the nearby streets, in the streets close by ou nearby

avoisiner [avwazine] → SYN ▸ conjug 1 ◂ vt lieu to be near ou close to, border on; (fig) to border ou verge on ou upon

avortement [avɔʀtəmɑ̃] → SYN nm (Méd) abortion ◆ (fig) **avortement de** failure of ◆ **campagne contre l'avortement** anti-abortion campaign ◆ **avortement thérapeutique** termination (of pregnancy) *(for medical reasons)*

avorter [avɔʀte] → SYN ▸ conjug 1 ◂ **1** vi **a** (Méd) to have an abortion, abort ◆ **faire avorter qn** [personne] to give sb an abortion, abort sb; [remède etc] to make sb abort ◆ **se faire avorter** to have an abortion

b (fig) to fail, come to nothing ◆ **faire avorter un projet** to frustrate ou wreck a plan ◆ **projet avorté** abortive plan

2 vt (Méd) to abort, perform an abortion on

avorteur, -euse [avɔʀtœʀ, øz] nm,f abortionist

avorton [avɔʀtɔ̃] → SYN nm (péj: personne) little runt (péj); (arbre, plante) puny ou stunted specimen; (animal) puny specimen

avouable [avwabl] → SYN adj blameless, worthy (épith), respectable ◆ **il a utilisé des procédés peu avouables** he used fairly disreputable methods ou methods which don't bear mentioning

avoué, e [avwe] → SYN (ptp de **avouer**) **1** adj ennemi, revenu, but avowed

2 nm ≃ solicitor, attorney-at-law (US)

avouer [avwe] → SYN ▸ conjug 1 ◂ **1** vt amour to confess, avow (littér); crime to confess (to), own up to; fait to acknowledge, admit; faiblesse, vice to admit to, confess to ◆ **avouer avoir menti** to admit ou confess that one has lied, admit ou own up to lying ◆ **avouer que** to admit ou confess that ◆ **elle est douée, je l'avoue** she is gifted, I must admit → **faute**

2 vi **a** (se confesser) [coupable] to confess, own up

b (admettre) to admit, confess ◆ **tu avoueras, c'est un peu fort !** you must admit ou confess, it is a bit much!

3 **s'avouer** vpr ◆ **s'avouer coupable** to admit ou confess one's guilt ◆ **s'avouer vaincu** to admit ou acknowledge defeat ◆ **s'avouer déçu** to admit to being disappointed, confess o.s. disappointed

avril [avʀil] nm April ◆ (Prov) **en avril ne te découvre pas d'un fil** ≃ never cast a clout till May is out (Prov); pour autres loc voir **septembre** et **poisson, premier**

avulsion [avylsjɔ̃] → SYN nf (Méd) avulsion

avunculaire [avɔ̃kylɛʀ] adj avuncular

axe [aks] → SYN nm **a** (Tech) axle; (Anat, Astron, Bot, Math) axis

b (route) trunk road (Brit), main highway (US) ◆ **les grands axes (routiers)** the major trunk roads (Brit), the main roads ◆ **l'axe Paris-Marseille** the main Paris-Marseilles road, the main road between Paris and Marseilles ◆ (à Paris) **axe rouge** clearway (Brit), no stopping zone

c (fig) [débat, théorie, politique] main line

d (Hist) **l'Axe** the Axis

e (dans le prolongement) **dans l'axe : cette rue est dans l'axe de l'église** this street is directly in line with the church ◆ **mets-toi bien dans l'axe (de la cible)** line up on the target, get directly in line with the target

axel [aksɛl] nm axel

axénique [aksenik] adj axenic

axer [akse] → SYN ▸ conjug 1 ◂ vt ◆ **axer qch sur / autour de** to centre sth on / round ◆ **il est très axé sur la politique** he's heavily into politics ◆ **leur rapport est très axé sur l'environnement** their report focuses on the environment

axial, e, mpl **-iaux** [aksjal, jo] adj axial ◆ **éclairage axial** central overhead lighting

axile [aksil] adj (gén) axial; (Bot) axile

axillaire [aksilɛʀ] adj axillary

axiologie [aksjɔlɔʒi] nf axiology

axiologique [aksjɔlɔʒik] adj axiological

axiomatique [aksjɔmatik] → SYN **1** adj axiomatic

2 nf axiomatics (sg)

axiomatiser [aksjɔmatize] ▸ conjug 1 ◂ vt to axiomatize

axiome [aksjom] → SYN nm axiom

axis [aksis] → SYN nm axis (vertebra)

axisymétrique [aksisimetʀik] adj axisymmetric(al)

axolotl [aksɔlɔtl] nm axolotl

axone [akson] nm axon(e)

axonométrie [aksɔnɔmetʀi] nf axonometric projection

axonométrique [aksɔnɔmetʀil] adj axonometric

ayant cause, pl **ayants cause** [ɛjɑ̃koz] → SYN nm (Jur) legal successor, successor in title ◆ **les ayants cause du défunt** the beneficiaries of the deceased

ayant droit, pl **ayants droit** [ɛjɑ̃dʀwa] nm **a** (Jur) ⇒ **ayant cause**
b [prestation, pension] eligible party ◆ **ayant droit à** party entitled to ou eligible for

ayatollah [ajatɔla] nm ayatollah

aye-aye [ajaj] nm (Zool) aye-aye

azalée [azale] nf azalea

azéotrope [azeɔtʀɔp] adj azeotropic

Azerbaïdjan [azɛʀbaidʒɑ̃] nm Azerbaijan

azerbaïdjanais, e [azɛʀbaidʒanɛ, ɛz] **1** adj Azerbaijani
2 nm (Ling) Azerbaijani
3 nm,f ◆ **Azerbaïdjanais(e)** Azerbaijani

azerole [azʀɔl] nf azerole

azerolier [azʀɔlje] nm Neopolitan medlar

AZERTY [azɛʀti] adj inv ◆ **clavier AZERTY** AZERTY keyboard

azimut [azimyt] → SYN nm azimuth ◆ **téléphoner tous azimuts*** (partout) everywhere, all over the place*; (frénétiquement) frantically ◆ **chercher qn dans tous les azimuts*** to look all over the place for sb* ◆ (fig) **offensive tous azimuts contre les fraudeurs du fisc** all-out attack on tax-evaders

azimutal, e, mpl **-aux** [azimytal, o] adj azimuthal

azimuté, e* [azimyte] adj crazy*, nuts*, mad

Azincourt [azɛ̃kuʀ] n Agincourt

azoïque[1] [azɔik] adj (Géol) azoic

azoïque[2] [azɔik] adj (Chim) azo

azoospermie [azoospɛʀmi] → SYN nf azoospermia

azote [azɔt] nm nitrogen

azoté, e [azɔte] adj nitrogenous → **engrais**

azotémie [azɔtemi] nf azotaemia (Brit), azotemia (US)

azotémique [azɔtemik] adj azotaemic (Brit), azotemic (US)

azothydrique [azɔtidʀik] adj ◆ **acide azothydrique** hydrazoic acid

AZT [azɛdte] nm (abrév de **azidothymidine**) AZT

aztèque [astɛk] **1** adj Aztec
2 nmf ◆ **Aztèque** Aztec

azur [azyʀ] → SYN nm (littér) (couleur) azure, sky blue; (ciel) skies, sky → **côte**

azuré, e [azyʀe] → SYN (ptp de **azurer**) adj azure

azurer [azyʀe] ▸ **conjug 1** ◂ vt tinge to blue; (littér) to azure, tinge with blue

azyme [azim] adj unleavened ◆ **fête des Azymes** Passover → **pain**

B

B, b [be] nm (lettre) B, b ◆ **B comme Berthe** ≃ B for Baker

b (abrév de **bien**) g, good

B.A. [bea] nf (abrév de **bonne action**) good deed ◆ **faire sa B.A. (quotidienne)** to do one's good deed for the day

Baal [bɑl] n Baal

baba¹ [baba] [→ SYN] nm (Culin) baba ◆ **baba au rhum** rum baba

baba² [baba] [→ SYN] 1 nm ◆ **il l'a eu dans le baba**: it was one in the eye for him*
2 adj inv ◆ (*) **en être** ou **en rester baba** to be flabbergasted* ou dumbfounded ◆ **j'en suis resté baba** you could have knocked me down with a feather*

baba³ [baba] nmf (personne) ≃ hippy

B.A.-BA [beaba] nm sg A.B.C.-stage

baba cool, pl **baba cools** [babakul] nmf → **baba³**

Babel [babɛl] n Babel ◆ **la tour de Babel** the Tower of Babel

babélisme [babelism] nm babelism

Babette [babɛt] nf Betty, Bess

babeurre [babœʀ] nm buttermilk

babil [babil] [→ SYN] nm (littér) (→ **babillard**) babble; prattle; twitter; chatter

babillage [babijaʒ] nm (→ **babillard**) babble, babbling; prattling; twitter(ing); chatter(ing)

babillard, e [babijaʀ, aʀd] [→ SYN] 1 adj (littér) personne prattling, chattering; bébé babbling; oiseau twittering; ruisseau babbling, chattering
2 nm,f chatterbox
3 **babillarde*** nf (lettre) letter, note

babiller [babije] [→ SYN] ▸ conjug 1 ◂ vi (→ **babillard**) to prattle; to chatter; to babble; to twitter

babines [babin] [→ SYN] nfpl (lit, fig) chops → **lécher**

babiole [babjɔl] [→ SYN] nf (bibelot) trinket, knick-knack; (fig: vétille) trifle, triviality ◆ (cadeau sans importance) **offrir une babiole** to give a small token ou a little something

babiroussa [babiʀusa] [→ SYN] nm babirusa

bâbord [bɑbɔʀ] [→ SYN] nm (Naut) port (side) ◆ **par** ou **à bâbord** on the port side, to port

babouche [babuʃ] [→ SYN] nf babouche, Turkish ou oriental slipper

babouin [babwɛ̃] [→ SYN] nm baboon

baby [babi, bebi] 1 nm (whisky) shot of scotch
2 adj inv ◆ **taille baby** baby size

baby-boom, pl **baby-booms** [babibum] nm baby boom

baby-foot, pl **baby-foots** [babifut] nm table football

Babylone [babilɔn] n Babylon

babylonien, -ienne [babilɔnjɛ̃, jɛn] 1 adj Babylonian
2 nm,f ◆ **Babylonien(ne)** inhabitant ou native of Babylon

baby-sitter, pl **baby-sitters** [babisitœʀ] nmf baby-sitter

baby-sitting, pl **baby-sittings** [babisitiŋ] nm baby-sitting ◆ **faire du baby-sitting** to baby-sit

bac¹* [bak] [→ SYN] nm (abrév de **baccalauréat**) ◆ **un bac + 2/+ 5** someone with 2/5 years' higher education ◆ **(une formation) bac + 2** 2 years' higher education

bac² [bak] [→ SYN] nm a (Transport) ferry, ferry-boat ◆ **bac à voitures** car-ferry ◆ **bac aérien** air ferry
b (récipient) tub; (abreuvoir) trough; (Ind) tank, vat; (Peinture, Phot) tray; [évier] sink ◆ **évier avec deux bacs** double sink unit ◆ **bac à glace** ice-tray ◆ **bac à laver** washtub, (deep) sink ◆ **bac à légumes** vegetable compartment ou tray ◆ **bac à sable** sandpit
c (jardinière) **bac (à fleurs)** planter, tub

bacantes* [bakɑ̃t] nfpl ⇒ **bacchantes**; → **bacchante** b

baccalauréat [bakalɔʀea] [→ SYN] nm (en France) ≃ A-levels (Brit), ≃ high school diploma (US), *Secondary school examination giving university entrance qualification*; (Can: licence) ≃ degree ◆ (Jur) **baccalauréat en droit** diploma in law

baccara [bakaʀa] [→ SYN] nm baccara(t)

baccarat [bakaʀa] [→ SYN] nm ◆ **(cristal de) baccarat** Baccarat crystal

bacchanale [bakanal] [→ SYN] nf a (danse) bacchanalian ou drunken dance; (†: orgie) orgy, drunken revel
b (Antiq) **bacchanales** Bacchanalia

bacchante [bakɑ̃t] [→ SYN] nf a (Antiq) bacchante
b **bacchantes*** moustache, whiskers (hum)

Bacchus [bakys] nm Bacchus

baccifère [baksifɛʀ] adj bacciferous

bacciforme [baksifɔʀm] adj bacciform

Bach [bak] nm Bach

bâchage [bɑʃaʒ] nm covering, sheeting over

bâche [bɑʃ] [→ SYN] nf a (toile) canvas cover ou sheet ◆ **bâche goudronnée** tarpaulin
b (Tech) (réservoir) tank, cistern; (carter) housing; (serre) forcing bed

bachelier, -ière [baʃəlje, jɛʀ] nm,f *person who has passed the baccalauréat* ◆ (Jur) **bachelier en droit** holder of a diploma in law

bâcher [bɑʃe] [→ SYN] ▸ conjug 1 ◂ vt to cover (with a canvas sheet ou a tarpaulin), put a canvas sheet ou a tarpaulin over ◆ **camion bâché** covered lorry (Brit) ou truck

bachi-bouzouk, pl **bachi-bouzouks** [baʃibuzuk] nm bashibazouk

bachique [baʃik] adj (Antiq, fig) Bacchic ◆ **chanson bachique** drinking song

bachot¹* [baʃo] [→ SYN] nm (Scol) ⇒ **baccalauréat**; → **boîte**

bachot² [baʃo] [→ SYN] nm (small) boat, skiff

bachotage [baʃɔtaʒ] nm (Scol) cramming ◆ **faire du bachotage** to cram (for an exam)

bachoter [baʃɔte] ▸ conjug 1 ◂ vi (Scol) to cram (for an exam)

bacillaire [basilɛʀ] [→ SYN] adj maladie bacillary; malade tubercular ◆ **les bacillaires** tubercular cases ou patients

bacille [basil] [→ SYN] nm (gén) germ, bacillus (spéc) ◆ **le bacille virgule** the comma bacillus ◆ **le bacille de Koch** Koch's bacillus

bacilliforme [basilifɔʀm] adj bacilliform

bacillose [basiloz] nf (gén) bacillus infection; (tuberculose) tuberculosis

bacillurie [basilyʀi] nf bacilluria

backgammon [bakgamɔn] nm backgammon

bâclage [bɑklaʒ] [→ SYN] nm botching, scamping

bâcle [bɑkl] [→ SYN] nf [porte, fenêtre] bar

bâcler [bɑkle] [→ SYN] ▸ conjug 1 ◂ vt travail, devoir to botch (up), scamp (Brit); ouvrage to throw together; cérémonie to skip through, hurry over ◆ **bâcler sa toilette** to have a quick wash, give o.s. a lick and a promise ◆ **c'est du travail bâclé** it's slapdash work

bacon [bekɔn] [→ SYN] nm (lard) bacon; (jambon fumé) smoked loin of pork

baconien, -ienne [bakɔnjɛ̃, jɛn] adj Baconian

bactéricide [bakteʀisid] 1 adj bactericidal
2 nm bactericide

bactérie [bakteʀi] [→ SYN] nf bacterium

bactérien, -ienne [bakteʀjɛ̃, jɛn] [→ SYN] adj bacterial

bactériologie [bakteʀjɔlɔʒi] [→ SYN] nf bacteriology

bactériologique [bakteʀjɔlɔʒik] adj bacteriological

bactériologiste [bakteʀjɔlɔʒist] nmf bacteriologist

bactériophage [bakteʀjɔfaʒ] nm bacteriophage

bactériostatique [bakteʀjostatik] adj bacteriostatic

badaboum [badabum] excl crash, bang, wallop!

badaud, e [bado, od] → SYN 1 adj ◆ **les Parisiens sont très badauds** Parisians love to stop and stare ou are full of idle curiosity
2 nm,f (qui regarde) curious ou gaping (péj) ou gawking (péj) onlooker; (qui se promène) stroller

badauder [badode] ▸ conjug 1 ◂ vi (se promener) to stroll (*dans* about); (regarder) to gawk (*devant* at)

badauderie [badodʀi] → SYN nf (idle) curiosity

baderne [badɛʀn] → SYN nf ◆ (péj) **(vieille) baderne** old fogey*

badge [badʒ] → SYN nm badge

badgé, e [badʒe] adj personne with a badge ◆ **être badgé** to have ou be wearing a badge

badiane [badjan] → SYN nf badian

badigeon [badiʒɔ̃] → SYN nm (→ **badigeonner**) distemper; whitewash; colourwash (Brit) ◆ **donner un coup de badigeon** to give a coat of distemper ou whitewash

badigeonnage [badiʒɔnaʒ] → SYN nm (→ **badigeonner**) distempering; whitewashing; colourwashing; painting

badigeonner [badiʒɔne] → SYN ▸ conjug 1 ◂ vt
a mur intérieur to distemper; mur extérieur to whitewash; (en couleur) to colourwash (Brit), give a colourwash (Brit) to; (barbouiller) visage, surface to smear, daub, cover (*de* with)
b (Méd) plaie to paint (*à, avec* with) ◆ **se badigeonner la gorge** to paint one's throat (*à* with)
c (Culin) to brush (*de* with)

badigeonneur [badiʒɔnœʀ] → SYN nm (péj) dauber (péj); (Tech) painter

badigoinces: [badigwɛ̃s] nfpl lips ◆ **se lécher les badigoinces** to lick one's lips ou chops*

badin[1], e[1]† [badɛ̃, in] → SYN adj (gai) lighthearted, jocular; (taquin) playful ◆ **sur un ou d'un ton badin** light-heartedly, jocularly; playfully

badin[2] [badɛ̃] nm (Aviat) airspeed indicator

badinage [badinaʒ] → SYN nm (propos légers) banter (NonC), jesting talk (NonC) ◆ **sur un ton de badinage** in a jesting ou bantering ou light-hearted tone

badine[2] [badin] → SYN nf switch, rod

badiner [badine] → SYN ▸ conjug 1 ◂ vi a († : plaisanter) to (exchange) banter, jest† ◆ **pour badiner** for a jest†, in jest
b **c'est quelqu'un qui ne badine pas** he's a man who really means what he says ◆ **il ne badine pas sur la discipline** he's a stickler for discipline, he has strict ideas about discipline ◆ **il ne faut pas badiner avec ce genre de maladie** this sort of illness is not to be treated lightly, an illness of this sort should be taken seriously ◆ **et je ne badine pas!** I'm in no mood for joking!, I'm not joking!

badinerie† [badinʀi] nf jest†

badminton [badmintɔn] nm badminton

baffe* [baf] nf slap, clout* ◆ **tu veux une baffe?** do you want your face slapped?, do you want a clip on the ear?*

Baffin [bafin] nm ◆ **mer** ou **baie de Baffin** Baffin Bay ◆ **terre de Baffin** Baffin Island

baffle [bafl] → SYN nm baffle

bafouer [bafwe] → SYN ▸ conjug 1 ◂ vt autorité to flout, scorn ◆ **mari bafoué** cuckold†

bafouillage [bafujaʒ] → SYN nm (bredouillage) spluttering, stammering; (propos stupides) gibberish (NonC), babble (NonC)

bafouille* [bafuj] nf (lettre) letter, note

bafouiller [bafuje] → SYN ▸ conjug 1 ◂ 1 vi [personne] (bredouiller) to splutter, stammer; (tenir des propos stupides) to talk gibberish, babble; [moteur] to splutter, misfire
2 vt to splutter (out), stammer (out) ◆ **qu'est-ce qu'il bafouille?** what's he babbling ou jabbering on about?*

bafouilleur, -euse [bafujœʀ, øz] → SYN nm,f splutterer, stammerer

bâfrer: [bɑfʀe] ▸ conjug 1 ◂ 1 vi to guzzle*, gobble, wolf*
2 vt to guzzle (down)*, gobble (down), bolt (down), wolf (down)*

bâfreur, -euse: [bɑfʀœʀ, øz] → SYN nm,f greedy guts* (Brit), guzzler*

bagage [bagaʒ] → SYN nm a (gén pl : valises) luggage (NonC), baggage (NonC) ◆ **faire/défaire ses bagages** to pack/unpack (one's luggage), do one's packing/unpacking ◆ **envoyer qch en bagages accompagnés** to send sth as registered luggage ◆ **bagages à main** hand luggage, carry-on bags
b (valise) bag, piece of luggage; (Mil) kit ◆ **il avait pour tout bagage une serviette** his only luggage was a briefcase
c (fig) (connaissances) stock of knowledge; (diplômes) qualifications ◆ **son bagage intellectuel/littéraire** his stock ou store of general/literary knowledge

bagagerie [bagagʀi] nf bag shop

bagagiste [bagaʒist] → SYN nm porter, luggage ou baggage handler

bagarre [bagaʀ] → SYN nf a **la bagarre** fighting ◆ **il veut** ou **cherche la bagarre** he wants ou is looking for a fight ◆ **il aime la bagarre** he loves fighting ou a fight
b (rixe) fight, scuffle, brawl; (fig : entre deux orateurs) set-to, clash, barney* (Brit) ◆ **bagarre générale** free-for-all ◆ **violentes bagarres** rioting

bagarrer* [bagaʀe] ▸ conjug 1 ◂ 1 vi (se disputer) to argue, wrangle; (lutter) to fight
2 **se bagarrer** vpr (se battre) to fight, scuffle, scrap*; (se disputer) to have a set-to ou a barney* (Brit) ◆ **ça s'est bagarré (dur) dans les rues** there was (heavy ou violent) rioting in the streets

bagarreur, -euse* [bagaʀœʀ, øz] → SYN
1 adj caractère aggressive, fighting (épith) ◆ **il est bagarreur** he loves a fight
2 nm,f (pour arriver dans la vie) fighter; (Sport) battler

bagasse [bagas] → SYN nf bagasse

bagatelle [bagatɛl] → SYN nf a (chose de peu de prix) small thing, trinket; († : bibelot) knick-knack, trinket
b (petite somme) small ou paltry sum, trifle ◆ **je l'ai eu pour une bagatelle** I got it for next to nothing ◆ (iro) **un accident qui m'a coûté la bagatelle de 3 000 F** an accident which cost me the paltry sum of 3,000 francs ou a mere 3,000 francs (iro)
c (fig : vétille) trifle ◆ **s'amuser à** ou **perdre son temps à des bagatelles** to fritter away one's time
d († ou hum : amour) **être porté sur la bagatelle** [homme] to be fond of the women; [femme] to be fond of the men
e (††) **bagatelles!** fiddlesticks!†

Bagdad [bagdad] n Baghdad

bagnard [baɲaʀ] → SYN nm convict

bagne [baɲ] → SYN nm (Hist) (prison) penal colony; (peine) penal servitude, hard labour ◆ **être condamné au bagne** to be sentenced to hard labour ◆ (fig) **quel bagne!***, **c'est un vrai bagne!*** it's a hard grind!, it's sheer slavery!

bagnole* [baɲɔl] nf motorcar (Brit), automobile (US), buggy: ◆ **vieille bagnole** old banger* (Brit), jalopy*

bagou* [bagu] nm ⇒ **bagout**

bagouse: [baguz] nf ring

bagout* [bagu] nm volubility, glibness (péj) ◆ **avoir du bagout** to have the gift of the gab, have a glib tongue (péj)

baguage [bagaʒ] nm [oiseau, arbre] ringing

bague [bag] → SYN nf (bijou) ring; [cigare] band; [oiseau] ring; [boîte de bière] pull-tab, ring-pull; (Tech) collar ◆ **elle lui a mis la bague au doigt*** she has hooked him* ◆ **bague de fiançailles** engagement ring ◆ **bague de serrage** jubilee clip ◆ (Phot) **bague intermédiaire/de réglage** adapter/setting ring ◆ **bague allonge** extension tube

baguenaude* [bagnod] nf ◆ **être en baguenaude** to be gallivanting about

baguenauder (se)* [bagnode] → SYN ▸ conjug 1 ◂ vpr (faire un tour) to go for a stroll, go for a jaunt; (traîner) to mooch about* (Brit), trail around

baguenaudier [bagnodje] nm bladder senna

baguer [bage] → SYN ▸ conjug 1 ◂ vt a oiseau, arbre to ring; (Tech) to collar ◆ **elle avait les mains baguées** she had rings on her fingers ◆ **cigare bagué** cigar with a band round it
b (Couture) to baste, tack

baguette [bagɛt] → SYN 1 nf a (bâton) switch, stick ◆ (pour manger) **baguettes** chopsticks ◆ **baguette de chef d'orchestre** (conductor's) baton ◆ **sous la baguette de X** conducted by X, with X conducting ◆ (fig) **mener** ou **faire marcher qn à la baguette** to rule sb with an iron hand, keep a strong hand on sb
b (pain) loaf ou stick of French bread
c (Constr) beading, strip of wood; (Élec : cache-fils) wood casing ou strip
d (dessin de chaussette) clock
2 COMP ▹ **baguette de coudrier** hazel stick ou switch, divining rod ▹ **baguette de fée** ⇒ **baguette magique** ▹ **baguette de fusil** ramrod ▹ **baguette magique** magic wand ◆ **il ne va pas résoudre tous les problèmes d'un coup de baguette magique** he can't wave a magic wand and solve all the problems ▹ **baguette de protection** (Aut) side trim ▹ **baguette de sourcier** divining rod ▹ **baguette de tambour** drumstick ◆ **cheveux en baguettes de tambour** dead (Brit) ou perfectly straight hair ▹ **baguette viennoise** Vienna stick

baguier [bagje] → SYN nm ring box

bah [bɑ] excl (indifférence) pooh!; (doute) well ...!, really!

Bahamas [baamas] nfpl ◆ **les (îles) Bahamas** the Bahamas

bahamien, ienne [baamjɛ̃, ɛn] 1 adj Bahamian
2 nm,f ◆ **Bahamien(ne)** Bahamian

Bahreïn [baʀɛn] nm Bahrain ◆ **à Bahreïn** in Bahrain

bahreinite [baʀɛnit] 1 adj Bahraini
2 nmf ◆ **Bahreinite** Bahraini

bahut [bay] → SYN nm a (coffre) chest; (buffet) sideboard
b (arg Scol) school
c (* : véhicule) (camion) lorry (Brit), truck (US), rig (US); (voiture) car; (taxi) cab

bai, e[1] [bɛ] → SYN adj cheval bay

baie[2] [bɛ] → SYN nf a (Géog) bay ◆ **la baie d'Hudson/de la Table** Hudson/Table Bay
b (Archit) opening ◆ (fenêtre) **baie (vitrée)** picture window

baie[3] [bɛ] → SYN nf (Bot) berry

baignade [bɛɲad] → SYN nf (action) bathing (Brit), swimming; (bain) bathe, swim; (lieu) bathing (Brit) ou swimming place ◆ **baignade interdite** no bathing ou swimming ◆ **c'est l'heure de la baignade** it's time for a bathe ou a swim

baigner [beɲe] → SYN ▸ conjug 1 ◂ 1 vt a bébé, chien to bath; pieds, visage, yeux to bathe ◆ **des larmes baignaient ses joues** his face was bathed in tears
b **baigné de** bathed in; (trempé de) soaked with ◆ **visage baigné de larmes/sueur** face bathed in tears/sweat ◆ **chemise baignée de sang/sueur** shirt soaked with blood/sweat, blood-/sweat-soaked shirt ◆ **forêt baignée de lumière** forest bathed in ou flooded with light
c [mer, rivière] to wash, bathe; [lumière] to bathe, flood
2 vi a (tremper dans l'eau) [linge] to soak, lie soaking (*dans* in); (tremper dans l'alcool) [fruits] to steep, soak (*dans* in) ◆ **la viande baignait dans la graisse** the meat was swimming in fat ou lay in a pool of fat ◆ **la victime baignant dans son sang** the victim lying in a pool of blood ◆ (fig) **la ville baigne dans la brume** the town is shrouded ou wrapped in mist ◆ (fig) **tout baigne dans l'huile*** everything's hunky-dory*, everything's looking great* ◆ **ça baigne!*** great!*, couldn't be better!*

b (fig : être plongé dans) **il baigne dans la joie** his joy knows no bounds, he is bursting with joy ◆ **baigner dans le mystère** [affaire] to be shrouded ou wrapped ou steeped in mystery ; [personne] to be completely mystified ou baffled ◆ **elle baigne dans la culture depuis son enfance** she's been immersed in culture ou she's always been surrounded by culture since she was young

3 **se baigner** vpr (dans la mer, une rivière) to go bathing (Brit) ou swimming, have a bathe ou a swim ; (dans une piscine) to go swimming, have a swim ; (dans une baignoire) to have a bath ◆ **se baigner les yeux / le visage** to bathe one's eyes / face

baigneur, -euse [bɛɲœʀ, øz] → SYN 1 nm,f bather (Brit), swimmer

2 nm (jouet) dolly, baby doll

baignoire [bɛɲwaʀ] → SYN nf a bath (tub) ◆ **baignoire sabot** ≃ hip-bath ◆ **faire subir à qn le supplice de la baignoire** to torture sb by ducking

b (Théât) ground floor box, baignoire

c [sous-marin] conning tower

Baïkal [bajkal] nm ◆ **le (lac) Baïkal** Lake Baikal

bail, pl **baux** [baj, bo] → SYN 1 nm a (Jur) lease ◆ **prendre à bail** to lease, take out a lease on ◆ **donner à bail** to lease (out) ◆ **faire / passer un bail** to draw up / enter into a lease

b (fig) **ça fait un bail que je ne l'ai pas vu !*** it's ages* since I (last) saw him !

2 COMP ▷ **bail commercial** commercial lease ▷ **bail à ferme** farming lease ▷ **bail à loyer** (house-)letting lease (Brit), rental lease (US)

baille [baj] → SYN nf (Naut) (wooden) bucket ◆ **à la baille !*** into the drink (with him) !*

bâillement [bɑjmɑ̃] → SYN nm a [personne] yawn

b [col] gaping ou loose fit

bailler [baje] → SYN ▸ conjug 1 ◂ vt (†† ou hum) to give (fig) ◆ **vous me la baillez belle !** ou **bonne !** that's a tall tale !

bâiller [bɑje] → SYN ▸ conjug 1 ◂ vi a [personne] to yawn ◆ **bâiller de sommeil** ou **de fatigue** to yawn with tiredness ◆ **bâiller d'ennui** to yawn with ou from boredom ◆ **bâiller à s'en décrocher la mâchoire** ou **comme une carpe** to yawn one's head off

b (être trop large) [col, décolleté] to hang ou sit loose, gape ; [soulier] to gape

c (être entrouvert) [couture, boutonnage] to gape ; [porte] to be ajar ou half-open ; [soulier] to gape, be split open

bailleur, bailleresse [bajœʀ, bajʀɛs] → SYN nm,f lessor ◆ **bailleur de fonds** backer, sponsor ◆ **bailleur de licence** licensor, licenser

bailli [baji] → SYN nm bailiff

bailliage [bajaʒ] nm bailiwick

bâillon [bɑjɔ̃] → SYN nm (lit, fig) gag ◆ **mettre un bâillon à qn** to gag sb

bâillonnement [bɑjɔnmɑ̃] nm (→ **bâillonner**) gagging ; stifling

bâillonner [bɑjɔne] → SYN ▸ conjug 1 ◂ vt personne to gag ; (fig) presse, opposition, opinion to gag, stifle

bain [bɛ̃] → SYN 1 nm a (dans une baignoire) bath ; (dans une piscine) swim ; (dans la mer) bathe (Brit), swim ◆ **bain de boue / sang** mud / blood bath ◆ **bain à remous** whirlpool bath, Jacuzzi ® ◆ (fig) **ce séjour à la campagne fut pour elle un bain de fraîcheur** that stay in the country put new life into her ou revitalized her ◆ **prendre un bain** (dans une baignoire) to have a bath ; (dans la mer, une rivière) to have a swim ou bathe ; (dans une piscine) to have a swim

b (liquide) bath(water) ; (Chim, Phot) bath ; [papier peint] dye bath ◆ **fais chauffer mon bain** heat my bath ou bathwater ◆ **fais couler mon bain** run my bath (for me) ◆ (Phot) **bain de fixateur / de révélateur** fixing / developing bath

c (récipient) (baignoire) bath(tub) ; [teinturier] vat

d (piscine) **petit / grand bain** shallow / deep end ◆ (lieu) **bains** baths ◆ **bains romains** Roman baths

e (* loc) **mettre qn dans le bain** (informer) to put sb in the picture ; (compromettre) to incriminate sb, implicate sb ◆ **en avouant, il nous a tous mis dans le bain** by owning up, he has involved us all (in it) ◆ **nous sommes tous dans le même bain** we're all in the same boat, we're in this together ◆ **tu seras vite dans le bain** you'll soon pick it up ou get the hang of it* ou find your feet (Brit)

2 COMP ▷ **bain de bouche** (liquide) mouthwash, oral rinse (spéc) ◆ **faire des bains de bouche** to use a mouthwash ou an oral rinse (spéc) ▷ **bains douches municipaux** public baths (with showers) ▷ **bain de foule** walkabout ◆ **prendre un bain de foule** to mingle with the crowd, go on a walkabout ▷ **bain de jouvence** ◆ **j'ai pris un bain de jouvence** it was a rejuvenating experience, it made me feel years younger ▷ **bain linguistique** ou **de langue** ◆ **il n'y a rien de tel que le bain linguistique** ou **de langue pour apprendre l'anglais** there is nothing like being steeped in the language to learn English ▷ **bains de mer** sea bathing (Brit) ou swimming ▷ **bain moussant** ou **de mousse** bubble ou foam bath ▷ **bain de pieds** (récipient) foot-bath ; (baignade) paddle ▷ **bains publics** public baths, bathhouse ▷ **bain de siège** sitz-bath ◆ **prendre un bain de siège** to have a sitzbath ; (hum) to sit at the edge of the water ▷ **bain de soleil** (chemisier) halter ◆ **robe bain de soleil** backless dress ◆ **prendre un bain de soleil** to sunbathe ◆ **les bains de soleil lui sont déconseillés** he has been advised against sunbathing ▷ **bain turc** Turkish bath ▷ **bain de vapeur** steam bath

bain-marie, pl **bains-marie** [bɛ̃maʀi] nm (hot water in) double boiler, bain-marie ◆ **faire chauffer au bain-marie** sauce to heat in a bain-marie ou a double boiler ; boîte de conserve to immerse in boiling water

baïonnette [bajɔnɛt] → SYN nf (Élec, Mil) bayonet ◆ **charge à la baïonnette** bayonet charge ◆ **charger baïonnette au canon** to charge with fixed bayonets

baisable** [bɛzabl] adj ◆ **il / elle est tout à fait baisable** he / she is definitely worth laying** ou screwing**, he / she is beddable*

baise** [bɛz] nf screwing** ◆ **il ne pense qu'à la baise** he only ever thinks about getting his end away** ◆ **une bonne baise** a good screw** ou fuck**

baise-en-ville* [bɛzɑ̃vil] nm inv overnight bag

baisemain [bɛzmɛ̃] nm ◆ **il lui fit le baisemain** he kissed her hand ◆ **le baisemain ne se pratique plus** it is no longer the custom to kiss a woman's hand

baisement [bɛzmɑ̃] nm kissing ◆ **baisement de main** kissing of hands

baiser [beze] → SYN 1 nm kiss ◆ **gros baiser** smacking kiss*, smacker* ◆ **baiser rapide** quick kiss, peck ◆ **baiser d'adieu** parting kiss ◆ (fin de lettre) **bons baisers** love (and kisses) ◆ **baiser de paix** kiss of peace ◆ **le baiser de Judas** the kiss of Judas ◆ **faire / envoyer un baiser à qn** to give / blow a kiss to sb

2 ▸ conjug 1 ◂ vt a (frm) main, visage, sol to kiss

b (**) to screw**, lay*, fuck** ◆ **c'est une mal-baisée** she could do with a good lay**

c (*: avoir, l'emporter sur) to outdo, have* ◆ **il a été baisé, il s'est fait baiser** he was really had*

3 vi (**) to screw**, fuck** ◆ **elle baise bien** she's a good fuck** ou lay*

baiseur, -euse** [bɛzœʀ, øz] → SYN nm,f ◆ **c'est un sacré baiseur** he's always at it*

baisodrome* [bɛzodʀom] nm love shack* (US)

baisse [bɛs] → SYN nf [température, prix, provisions] fall, drop ; [baromètre] fall ; (Bourse) fall ; [pression, régime d'un moteur] drop ; [niveau] fall, drop, lowering ; [eaux] drop, fall ; [popularité] decline, drop, lessening (*de* in) ◆ **être en baisse** to be falling ; to be dropping ; to be sinking ; to be declining ou lessening ◆ **la baisse du pouvoir d'achat** the fall ou drop in purchasing power ◆ **baisse de l'activité économique** downturn ou downswing in the economy ◆ **baisse sur les légumes** (par surproduction) vegetables down in price ; (en réclame) special offer on vegetables ◆ (Bourse) **être à la baisse** to be falling ◆ (Bourse) **jouer à la baisse** play for a fall, go a bear ◆ **réviser** ou **revoir des chiffres à la baisse** to revise figures downwards

baisser [bese] → SYN ▸ conjug 1 ◂ 1 vt a objet to lower ; store to lower, pull down ; vitre to lower, let down ; (à l'aide d'une manivelle) to wind down ; col to turn down ; (Théât) rideau to lower, ring down ◆ **baisse la branche pour que je puisse l'attraper** pull the branch down so (that) I can reach it ◆ **baisser pavillon** (Naut) to lower ou strike the flag ; (fig) to show the white flag, give in ◆ (Théât) **une fois le rideau baissé** once the curtain was down

b main, bras to lower ◆ **baisser la tête** to lower ou bend one's head ; (de chagrin, honte) to hang ou bow one's head (*de* in) ; (*) [plantes] to wilt, droop ◆ **baisse la tête, il y a une poutre** watch out for your head, there's a beam in the way ◆ **baisser les yeux** to look down, lower one's eyes ◆ **elle entra, les yeux baissés** she came in with downcast eyes ◆ **faire baisser les yeux à qn** to outstare sb, stare sb out of countenance ◆ **baisser le nez*** (de honte) to hang one's head ◆ **baisser le nez dans son livre*** to bury one's nose in one's book ◆ **baisser le nez dans son assiette*** to bend over one's plate ◆ (fig) **baisser les bras** to give up, throw in the sponge*

c chauffage, lampe, radio to turn down, turn low ; voix, ton to lower ◆ (Aut) **baisser ses phares** to dip (Brit) ou dim one's headlights ◆ **baisser le ton** (lit) to modify one's tone ; (fig) to climb down ◆ **baisse un peu le ton !*** pipe down !*

d prix to lower, bring down, reduce

e mur to lower

2 vi a [température] to fall, drop, go down ; [baromètre] to fall ; [pression] to drop, fall ; [marée] to go out, ebb ; [eaux] to subside, go down, sink ; [réserves, provisions] to run ou get low ; [prix] to come down, go down, drop, fall ; (Bourse) to fall, drop ; [popularité] to decline, lessen, drop ; [soleil] to go down, sink ◆ **il a baissé dans mon estime** he has sunk ou gone down ou dropped in my estimation

b [vue, mémoire, forces, santé] to fail, dwindle ; [talent] to decline, drop, fall off ◆ **la qualité a beaucoup baissé** there's a large drop in quality ◆ **le jour baisse** the light is failing ou dwindling, it is getting dark ◆ **il a beaucoup baissé ces derniers temps** (physiquement) he has got a lot weaker recently ; (mentalement) his mind has got a lot weaker recently

3 **se baisser** vpr (pour ramasser qch) to bend down, stoop ; (pour éviter qch) to duck ◆ **il n'y a qu'à se baisser pour les ramasser*** there are loads* of them, they are lying thick on the ground

baissier, -ière [besje, jɛʀ] 1 adj (Bourse) marché, tendance bear (épith), bearish (épith)

2 nm (Bourse) bear

bajoues [baʒu] nfpl [animal] chops ; [personne] jowls, heavy cheeks

bakchich [bakʃiʃ] → SYN nm baksheesh

bakélite ® [bakelit] nf Bakelite ®

baklava [baklava] nm baklava, baclava

Bakou [baku] n Baku

bal, pl **bals** [bal] → SYN 1 nm (réunion) dance ; (habillé) ball ; (lieu) dance hall ◆ **aller au bal** to go dancing ◆ **ouvrir le bal** to have the first dance ◆ (fig) **mener** ou **conduire le bal** to call the tune ou the shots*, say what goes* ◆ (Ciné) **"Le Bal des vampires"** "The Fearless Vampire Killers"

2 COMP ▷ **bal champêtre** open-air dance ▷ **bal costumé** fancy dress ball ▷ **bal des débutantes** coming-out ball ▷ **bal masqué** ⇒ **bal costumé** ▷ **bal musette** popular dance *(to the accordion)* ▷ **bal populaire** ≃ local hop* (US), ≃ barn dance, ≃ village dance (Brit) ▷ **bal public** ⇒ **bal populaire** ▷ **bal du 14 juillet** Bastille Day dance *(free and open to all)* ▷ **bal travesti** costume ball

balade* [balad] nf (à pied) walk, stroll ; (en auto) drive, run ; (à vélo) ride, run ◆ **être en balade** to be out for a walk (*ou* a drive) ◆ **faire une balade, aller en balade** to go for a walk (*ou* a drive)

balader* [balade] ▸ conjug 1 ◂ 1 vt a (traîner) chose to trail round, carry about ; personne to trail round

b (promener) personne, animal to take for a walk ◆ **elle a voulu que je la balade dans ma décapotable** she wanted me to take her for a ride in my convertible ◆ (fig) **leur équipe a baladé la nôtre** their team was all over ours*
2 **se balader** vpr (à pied) to go for a walk ou a stroll ou a saunter; (en auto) to go for a drive ou run; (à vélo) to go for a ride ou run; (traîner) to traipse round ◆ **pendant qu'ils se baladaient** while they were out on a walk (*ou* drive etc) ◆ **aller se balader en Afrique** to go touring ou gallivanting round Africa ◆ **la lettre s'est baladée de bureau en bureau** the letter has been pushed round ou sent around from one office to another

baladeur, -euse [baladœʀ, øz] **1** adj wandering, roving ◆ **avoir la main baladeuse** ou **les mains baladeuses** to have wandering ou roving hands
2 nm (magnétophone) Walkman ®, personal stereo
3 **baladeuse** nf (lampe) inspection lamp

baladin† [baladɛ̃] nm wandering entertainer ou actor, strolling player

balafon [balafɔ̃] → SYN nm African xylophone

balafre [balafʀ] → SYN nf (blessure) gash; (intentionnelle) slash; (cicatrice) scar

balafrer [balafʀe] → SYN ▸ conjug 1 ◂ vt (→ **balafre**) to gash; to slash; to scar ◆ **il s'est balafré** he gashed his face

balai [balɛ] → SYN **1** nm **a** (gén) broom, brush; [bruyère, genêt] besom, broom; (Élec) brush; (Aut) [essuie-glace] blade ◆ **passer le balai** to sweep the floor, give the floor a sweep ◆ **donner un coup de balai** (lit) to give the floor a (quick) sweep; (fig) to make a clean sweep ◆ **du balai!*** (get) out of here!, clear off!*
b (‡: an) **il a 80 balais** he's 80
c (Mus) (wire) brush
2 COMP ▷ **balai de crin** horsehair brush ▷ **balai éponge** squeezy (Brit) ou sponge (US) mop ▷ **balai mécanique** carpet sweeper

balai-brosse, pl **balais-brosses** [balɛbʀɔs] nm (long-handled) scrubbing brush

balaise‡ [balɛz] adj ⇒ **balèze‡**

balalaïka [balalaika] → SYN nf balalaika

balance¹ [balɑ̃s] → SYN **1** nf **a** (instrument) pair of scales; (à bascule) weighing machine; (pour salle de bains) (bathroom) scales; (de commerçant) scales; (pour cuisine) (kitchen) scales; (Chim, Phys) balance
b LOC **(main)tenir la balance égale entre 2 rivaux** to hold the scales even between 2 rivals ◆ **être en balance** [proposition] to hang in the balance; [candidat] to be under consideration ◆ **être en balance entre 2 idées** to be wavering between 2 ideas ◆ **mettre dans la** ou **en balance le pour et le contre** to weigh up the pros and cons ◆ **mettre tout son poids dans la balance** to use one's power to tip the scales ◆ **il a mis** ou **jeté toute son autorité dans la balance** he used his authority to tip the scales ◆ **si on met dans la balance son ancienneté** if you take his seniority into account, if you include his seniority in his favour
c (Comm, Écon, Élec, Pol) balance ◆ **balance de l'actif et du passif** balance of assets and liabilities
d (Astron) **la Balance** Libra, the Balance ◆ **être (de la) Balance** to be (a) Libra ou a Libran
e (Pêche) drop-net
2 COMP ▷ **balance automatique** shop scales (pl) ▷ **balance à bascule** (à marchandises) weighbridge; (à personnes) weighing machine ▷ **balance commerciale** ou **du commerce** balance of trade ▷ **balance des comptes** balance of payments ▷ **balance électronique** electronic scales ▷ **balance des forces** balance of power ▷ **balance de ménage** kitchen scales (pl) ▷ **balance des paiements** ⇒ **balance des comptes** ▷ **balance des pouvoirs** balance of power ▷ **balance de précision** precision balance ▷ **balance de Roberval** (Roberval's) balance ▷ **balance romaine** steelyard

balance² [balɑ̃s] → SYN nf (arg Crime) stool pigeon, grass (Brit), fink (US), rat (US)

balancé, e [balɑ̃se] → SYN (ptp de **balancer**) adj ◆ **phrase bien / harmonieusement balancée** well-turned / nicely balanced phrase ◆ [personne] **être bien balancé*** to be well-built ◆ **elle est bien balancée*** she's got a smashing (Brit) ou stunning figure*, she's got what it takes*

balancelle [balɑ̃sɛl] → SYN nf (dans un jardin) couch hammock (Brit), glider (US)

balancement [balɑ̃smɑ̃] → SYN nm **a** (mouvement) [corps] sway; [bras] swing(ing); [bateau] rocking, motion; [hanches, branches] swaying
b (Littérat, Mus) balance

balancer [balɑ̃se] → SYN ▸ conjug 3 ◂ **1** vt **a** chose, bras, jambe to swing; bateau, bébé to rock; (sur une balançoire) to swing, push, give a push to ◆ **veux-tu que je te balance?** do you want me to push you? ou give you a push? ◆ **le vent balance les branches** the wind rocks the branches ou sets the branches swaying
b (‡: lancer) to fling, chuck* ◆ **balance-moi mon crayon** fling ou chuck* me over my pencil (Brit), toss me my pencil ◆ **balancer qch à la tête de qn** to fling ou chuck* sth at sb's head
c (‡: dire) méchanceté, insanités to hurl ◆ **il m'a balancé ça en pleine figure** he just came out with it ◆ (fig) **qu'est-ce qu'il leur a balancé!** he didn't half give them a telling-off!*, he didn't half bawl them out!‡
d (‡: se débarrasser de) vieux meubles to chuck out* ou away*, toss out ◆ **balancer qn** to give sb the push‡ (Brit), give sb the boot‡, chuck sb out* ◆ **balance ça à la poubelle** chuck it in the dustbin* ◆ **il s'est fait balancer du lycée** he got kicked out* ou chucked out* of school ◆ **j'ai envie de tout balancer** (métier, travail) I feel like chucking it all up‡; (vieux objets) I feel like chucking the whole lot out* ou away*
e (équilibrer) compte, phrases, paquets to balance ◆ **balancer le pour et le contre†** to weigh (up) the pros and cons ◆ **tout bien balancé** everything considered
f (arg Crime: dénoncer) to finger (arg)
2 vi **a** (†: hésiter) to waver, hesitate, dither ◆ (hum) **entre les deux mon cœur balance** I can't bring myself to choose (between them)
b (osciller) [objet] to swing
c (*: être rythmé) **ça balance!** it's rocking! ou swinging!
3 **se balancer** vpr **a** (osciller) [bras, jambes] to swing; [bateau] to rock; [branches] to sway; [personne] (sur une balançoire) to swing, have a swing; (sur une bascule) to seesaw, play on a seesaw ◆ **se balancer sur ses jambes** ou **sur un pied** to sway about, sway from side to side ◆ **ne te balance pas sur ta chaise!** don't tip back on your chair! ◆ (Naut) **se balancer sur ses ancres** to ride at anchor
b (*: se ficher de) **se balancer de** not to give a darn about* ◆ **je m'en balance** I don't give a darn* (about it), I couldn't care a hoot* ou less (about it)

balancier [balɑ̃sje] → SYN nm [pendule] pendulum; [montre] balance wheel; [équilibriste] (balancing) pole; [bateau] outrigger ◆ **pirogue à balancier** outrigger

balancine [balɑ̃sin] → SYN nf (Naut) lift

balançoire [balɑ̃swaʀ] → SYN nf (suspendue) swing; (sur pivot) seesaw ◆ **faire de la balançoire** to have (a go on) a swing ou a seesaw

balane [balan] nf acorn barnacle ou shell

balanite [balanit] → SYN nf balanitis

balata [balata] nf balata

balayage [balɛjaʒ] → SYN nm (nettoyage) sweeping; (Élec, Rad) scanning; (décoloration) highlighting ◆ **se faire faire un balayage** to have highlights put in one's hair, have one's hair highlighted

balayer [baleje] → SYN ▸ conjug 8 ◂ vt **a** (ramasser) poussière, feuilles mortes to sweep up, brush up
b (nettoyer) pièce to sweep (out); trottoir to sweep ◆ (fig) **ils devraient balayer devant leur porte** ou **devant chez eux** they should take care of their own problems before getting involved in other people's ◆ (fig) **le vent balaie la plaine** the wind sweeps across ou scours the plain
c (chasser) feuilles to sweep away; soucis, obstacles to brush aside, sweep away, get rid of; personnel to sack* (Brit), fire*; objections to brush aside ◆ **l'armée balayant tout sur son passage** the army sweeping aside all that lies (ou lay) in its path ◆ **le gouvernement a été balayé par ce nouveau scandale** the government was swept out of office by this new scandal
d (Tech) [phares] to sweep (across); [vague] to sweep over; (Élec, Rad) [radar] to scan; [tir] to sweep (across) ◆ **son regard balaya le paysage** his eyes swept over the countryside

balayette [balɛjɛt] → SYN nf small (hand)-brush

balayeur, -euse [balɛjœʀ, øz] → SYN **1** nm,f roadsweeper (Brit), streetsweeper (US)
2 **balayeuse** nf roadsweeping (Brit) ou streetsweeping (US) machine, roadsweeper (Brit), streetsweeper (US)

balayures [balejyʀ] nfpl sweepings

balbutiant, e [balbysjɑ̃, ɑ̃t] adj science in its infancy (attrib)

balbutiement [balbysimɑ̃] → SYN nm (paroles confuses) stammering, mumbling; [bébé] babbling ◆ **les premiers balbutiements de l'enfant** the child's first faltering attempts at speech ◆ (fig: débuts) **balbutiements** beginnings ◆ **cette science en est à ses premiers balbutiements** this science is still in its infancy

balbutier [balbysje] → SYN ▸ conjug 7 ◂ **1** vi (bredouiller) [bègue, personne ivre] to stammer, mumble; [bébé] to babble
2 vt to stammer (out), falter out, mumble

balbuzard [balbyzaʀ] → SYN nm ◆ **balbuzard (pêcheur)** osprey

balcon [balkɔ̃] → SYN nm (Constr) balcony ◆ (Théât) **(premier) balcon** dress circle ◆ **deuxième balcon** upper circle ◆ **loge / fauteuil de balcon** box / seat in the dress circle

balconnet [balkɔnɛ] → SYN nm half-cup bra

baldaquin [baldakɛ̃] → SYN nm (dais) baldaquin, canopy; [lit] tester, canopy

bale [bal] nf ⇒ **balle²**

Bâle [bɑl] n Basle, Basel

Baléares [baleaʀ] nfpl ◆ **les (îles) Baléares** the Balearic Islands, the Baleares ◆ **en vacances aux Baléares** ≃ on holiday in Majorca

baleine [balɛn] → SYN nf **a** whale ◆ **baleine blanche / bleue / franche** white / blue / right whale ◆ **baleine à bosse** humpback whale ◆ **rire** ou **se marrer comme une baleine*** to laugh like a drain*
b (fanon) (piece of) whalebone, baleen; (pour renforcer) stiffener ◆ **baleine de corset** (corset-)stay ◆ **baleine de parapluie** umbrella rib

baleiné, e [balene] adj col stiffened; gaine, soutien-gorge boned

baleineau, pl **baleineaux** [balɛno] nm whale calf

baleinier, -ière [balenje, jɛʀ] → SYN **1** adj whaling
2 nm (pêcheur, bateau) whaler
3 **baleinière** nf whale ou whaling boat

baleinoptère [balɛnɔptɛʀ] nm rorqual, finback

balèze‡ [balɛz] adj (musclé) brawny, hefty*; (doué) terrific*, great* (*en* at)

balisage [balizaʒ] → SYN nm (→ **balise¹**) **a** (action) marking (out); marking with beacons, beaconing; marking with buoys; equipping with radio beacons; (Ordin) tagging
b (signaux) markers; beacons; runway lights, buoys; waymarks; radio beacons; (Ordin) tags

balise¹ [baliz] → SYN nf **a** (matérialisant une voie) marker; (lumineuse, signalant un danger) beacon; [piste d'atterrissage] runway light; (bouée) buoy; [chemin de randonnée] waymark
b (radioémetteur) radio beacon ◆ **balise de télédétection** radar beacon
c (Ordin) tag

balise² [baliz] nf (Bot) canna fruit

baliser [balize] → SYN ▸ conjug 1 ◂ **1** vt **a** voie (matérialiser) to mark (out); (y signaler un dan-

ger) to mark with beacons, beacon ; (avec des bouées) to mark with buoys
b (avec radioémetteurs) to equip with radio beacons
c (Ordin) to tag
2 vi (*: avoir peur) to freak out‡ ◆ **il balise pour son examen** he's freaking out about his exam

baliseur [balizœʀ] nm (personne) ≃ (Trinity House) buoy-keeper ; (bateau) ≃ Trinity House boat

balisier [balizje] → SYN nm canna

baliste [balist] → SYN 1 nm (Zool) triggerfish
2 nf (Antiq) ballista

balistique [balistik] → SYN 1 adj ballistic
2 nf ballistics (sg)

baliveau, pl **baliveaux** [balivo] → SYN nm (arbre non ébranché) sapling ; (Constr) scaffold(ing) pole

baliverne [balivɛʀn] → SYN nf ◆ **balivernes** twaddle, nonsense ◆ **dire des balivernes** to talk nonsense ou twaddle ◆ **s'amuser à des balivernes** to fool around ◆ **balivernes !**† nonsense !, balderdash !†, fiddlesticks !†

balkanique [balkanik] adj Balkan ◆ **les États balkaniques** the Balkan States

balkanisation [balkanizasjɔ̃] → SYN nf Balkanization

balkaniser [balkanize] ▸conjug 1◂ vt to Balkanize

Balkans [balkɑ̃] nmpl ◆ **les Balkans** the Balkans

ballade [balad] → SYN nf (poème court, Mus) ballade ; (poème long) ballad ◆ (Littérat) **"La Ballade du vieux marin"** "The Rime of the Ancient Mariner"

ballant, e [balɑ̃, ɑ̃t] → SYN 1 adj ◆ **les bras ballants** with arms dangling, with swinging arms ◆ **les jambes ballantes** with dangling legs ◆ **ne reste pas là, les bras ballants*** don't stand there looking helpless ou with your arms dangling at your sides
2 nm (mou) [câble] slack, play ; [chargement] sway, roll ◆ **avoir du ballant** [câble] to be slack ; [chargement] to be slack ou loose ◆ **donner du ballant (à une corde)** to give some slack ou play (to a rope)

ballast [balast] → SYN nm (Rail) ballast, roadbed (US) ; (Naut) ballast tank

ballaster [balaste] ▸conjug 1◂ vt to ballast

balle[1] [bal] → SYN nf a (projectile) bullet ◆ **balle dum-dum / explosive / traçante** dum-dum / explosive / tracer bullet ◆ **balle en caoutchouc / de plastique** rubber / plastic bullet ◆ **balle à blanc** blank ◆ **balle perdue** stray bullet ◆ **percé** ou **criblé de balles** chose full of ou riddled with bullet holes ; personne riddled with bullet holes ou bullets ◆ **tué par balles** shot dead ◆ **prendre une balle dans la peau*** to get shot ou plugged‡ ◆ **finir avec douze balles dans la peau*** to end up in front of a firing squad
b (Sport) ball ◆ **balle de golf / de ping-pong** golf / table tennis ball ◆ **jouer à la balle** to play (with a) ball ◆ **à toi la balle !** catch ! ◆ (fig) **saisir la balle au bond** to jump at the opportunity ◆ (fig) **la balle est dans leur camp** the ball is in their court
c (Sport : coup) shot, ball ◆ **c'est une balle bien placée** ou **une belle balle** that's a nice ball, that's a well placed ou good shot ◆ **faire des** ou **quelques balles** to have a knock-up (Brit), knock the ball around a bit ◆ (Tennis) **balle de jeu / match / set** game / match / set point ◆ **balle let** let ball ◆ **jouer une balle let** to play a let
d (*: franc) **10 / 30** etc **balles** 10 / 30 etc francs

balle[2] [bal] → SYN nf (Agr, Bot) husk, chaff

balle[3] [bal] nf [coton, laine] bale

balle[4]* [bal] → SYN nf chubby face ◆ **il a une bonne balle** he has a jolly face

baller [bale] → SYN ▸conjug 1◂ vi [bras, jambes] to dangle, hang loosely ; [tête] to hang ; [chargement] to be slack ou loose

ballerine [bal(ə)ʀin] → SYN nf (danseuse) ballerina, ballet dancer ; (soulier) ballet shoe

ballet [balɛ] → SYN nm a (danse, spectacle) ballet ; (musique) ballet music ◆ (compagnie) **les Ballets russes** the Russian Ballet ◆ **ballet blanc** ou **romantique** classical ballet ◆ **ballet aquatique** water ballet
b (fig) **ballet diplomatique** flurry of diplomatic activity

ballet(t)omane [balɛtɔman] nmf balletomane

ballon[1] [balɔ̃] → SYN 1 nm a (Sport) ball ◆ **ballon de football** football (Brit), soccer ball (US) ◆ **ballon de rugby** rugby ball ◆ **ballon de basket** basketball ◆ **ballon de volley** volleyball ◆ (fig) **le ballon rond** soccer ◆ **le ballon ovale** rugger (Brit), football (US) ◆ **jouer au ballon** to play ball
b **ballon (en** ou **de baudruche)** (child's toy) balloon
c (Aviat) balloon ◆ **monter en ballon** to go up in a balloon ◆ **voyager en ballon** to travel by balloon
d (verre) wineglass, brandy glass ; (contenu) glass (of wine)
e (*: Alcootest) **souffler dans le ballon** to take a breath test ou Breathalyzer test® ◆ **soufflez dans le ballon, s'il vous plaît** blow in(to) the bag, please
f (Chim) balloon
g [femme] **avoir le ballon**‡ to be expecting*, be in the family way*
2 COMP ▷ **ballon de barrage** barrage balloon ▷ **ballon captif** captive balloon ▷ **ballon dirigeable** airship ▷ **ballon d'eau chaude** hot-water tank ▷ **ballon d'essai** (Mét) pilot balloon ; (fig) test of public opinion, feeler, trial balloon (US) ◆ (fig) **lancer un ballon d'essai** to fly a kite ▷ **ballon d'oxygène** (lit) oxygen bottle ; (fig) lifesaver

ballon[2] [balɔ̃] nm (Géog) *rounded mountain in the Vosges*

ballonnement [balɔnmɑ̃] → SYN nm feeling of distension, flatulence ; (Vét) bloat

ballonner [balɔne] → SYN ▸conjug 1◂ vt ventre to distend ; personne to blow out ; (Vét) animal to cause bloat in ◆ **j'ai le ventre ballonné, je me sens ballonné** I feel bloated, my stomach feels distended

ballonnet [balɔnɛ] nm (gén, Aviat, Mét) (small) balloon

ballon-sonde, pl **ballons-sondes** [balɔ̃sɔ̃d] nm meteorological ou weather ou pilot balloon

ballot [balo] → SYN nm a (paquet) bundle, package
b (*: nigaud) nitwit‡, silly ass‡ ◆ **tu es / c'est ballot de l'avoir oublié** you're / it's a bit daft (Brit) ou crazy (US) to have forgotten it*

ballote [balɔt] → SYN nf black horehound

ballotin [balɔtɛ̃] nm ◆ **ballotin de chocolats** box of chocolates *(small, punnet-shaped)*

ballottage [balɔtaʒ] nm ◆ (Pol) **il y a ballottage** there will have to be a second ballot, people will have to vote again ◆ **M. Dupont est en ballottage** Mr Dupont has to stand again at (Brit) ou run again on (US) the second ballot

ballottement [balɔtmɑ̃] → SYN nm (→ **ballotter**) banging about ; rolling ; lolling ; bouncing ; tossing, bobbing ; shaking

ballotter [balɔte] → SYN ▸conjug 1◂ 1 vi [objet] to roll around, bang about ; [tête, membres] to loll ; [poitrine] to bounce ; [bateau] to toss, bob about
2 vt (gén pass) personne to shake about, jolt ; bateau to toss (about) ◆ **on est ballotté dans ce train** you get shaken about ou thrown about in this train ◆ (fig) **être ballotté entre 2 sentiments contraires** to be torn between 2 conflicting feelings ◆ **cet enfant a été ballotté entre plusieurs écoles** this child has been shifted around ou shunted around* from school to school

ballottine [balɔtin] → SYN nf (Culin) ≃ meat loaf *(made with poultry)*

ball-trap, pl **ball-traps** [baltʀap] nm (lieu) shooting ground ; (Sport) clay-pigeon shooting, trap-shooting, skeet-shooting ; (machine) trap

balluchon [balyʃɔ̃] → SYN nm (†) bundle *(of clothes)* ; (*) belongings ◆ **faire son balluchon*** to pack up one's traps

balnéaire [balneɛʀ] → SYN adj bathing (Brit), swimming → **station**

balnéothérapie [balneoteʀapi] → SYN nf balneotherapy

balourd, e [baluʀ, uʀd] → SYN 1 adj (maladroit) clumsy, oafish
2 nm,f (lourdaud) dolt, oaf
3 nm (Tech) unbalance

balourdise [baluʀdiz] → SYN nf a (maladresse manuelle) clumsiness ; (manque de finesse) fatheadedness*, doltishness
b (gaffe) blunder, boob*

balsa [balza] nm balsa (wood)

balsamier [balzamje] nm balsam tree

balsamine [balzamin] → SYN nf balsam

balsamique [balzamik] adj balsamic

balte [balt] adj pays, peuple Baltic ◆ **les pays baltes** the Baltic States

Balthazar [baltazaʀ] n Belshazzar

balthazar [baltazaʀ] → SYN nm a (†: banquet) feast, banquet
b (bouteille) balthazar

baltique [baltik] 1 adj mer, région Baltic
2 nf ◆ **la (mer) Baltique** the Baltic (Sea)

baluchon [balyʃɔ̃] nm ⇒ **balluchon**

balustrade [balystʀad] → SYN nf (Archit) balustrade ; (garde-fou) railing, handrail

balustre [balystʀ] → SYN nm a (Archit) baluster ; [siège] spoke
b **(compas à) balustre** bow(-spring) compass

balzacien, -ienne [balzasjɛ̃, jɛn] adj of Balzac, typical of Balzac

balzan, e [balzɑ̃, an] → SYN 1 adj cheval with white stockings
2 **balzane** nf (tache) white stocking

Bamako [bamako] n Bamako

bambin [bɑ̃bɛ̃] → SYN nm small child, little lad* (Brit) ou guy* (US)

bambochard, e [bɑ̃bɔʃaʀ, aʀd] ⇒ **bambocheur, -euse**

bambocher* [bɑ̃bɔʃe] ▸conjug 1◂ vi (faire la noce) to live it up*, have a wild time

bambocheur, -euse* [bɑ̃bɔʃœʀ, øz] → SYN
1 adj tempérament revelling
2 nm,f (noceur) reveller, fast liver

bambou [bɑ̃bu] → SYN nm a (plante) bamboo ; (canne) bamboo (walking) stick → **pousse**
b **coup de bambou*** (insolation) **attraper un coup de bambou**† to get a touch of the sun* ou a touch of sunstroke ◆ **avoir le coup de bambou** (folie) to be round the bend* (Brit) ou a bit touched* ; (fatigue) to be shattered* ou bushed* ◆ (prix exorbitant) **c'est le coup de bambou** the prices are sky-high

bamboula^ [bɑ̃bula] nf ◆ **faire la bamboula** to live it up*, have a wild time

bambouseraie [bɑ̃buzʀɛ] nf bamboo plantation

ban [bɑ̃] → SYN nm a [mariage] **bans** banns
b [applaudissements] round of applause, cheer ; [tambour] drum roll ; [clairon] bugle call, fanfare ◆ **faire un ban à qn** to applaud ou cheer sb ◆ **un ban pour X !, ouvrez le ban !** (let's have) a big hand for* ou a round of applause for X !, ≃ three cheers for X !
c (Hist) proclamation
d (loc) (Hist) **être / mettre au ban de l'Empire** to be banished / banish from the Empire ◆ (fig) **être / mettre au ban de la société** to be outlawed / outlaw from society ◆ (Hist) **le ban et l'arrière-ban** the barons and vassals ◆ **le ban et l'arrière-ban de sa famille / de ses amis** every last one of ou the entire collection of his relatives / his friends

banal[1], **e**[1], mpl **banals** [banal] → SYN adj (ordinaire) roman, conversation banal, trite ; idée banal, trite, well-worn ; vie humdrum, banal ; personne run-of-the-mill, ordinary ; nouvelle, incident (courant) commonplace, everyday (épith) ; (insignifiant) trivial ; (Ordin) general-purpose ◆ **il n'y a rien là que de très banal** there is nothing at all unusual ou out of the ordinary about that ◆ **une grippe banale** a common or garden case of flu ◆ **un personnage peu banal** an unusual character ◆ **haïr le banal** to hate what is banal ou what is trite

banal[2], **e**[2], mpl **-aux** [banal, o] → SYN adj ◆ (Hist) **four / moulin banal** communal ou village oven / mill

banalement [banalmɑ̃] → SYN adv (→ **banal**[1]) tritely; in a humdrum way ◆ **tout banalement** quite simply ◆ **c'est arrivé très banalement** it happened in the most ordinary way

banalisation [banalizasjɔ̃] → SYN nf (→ **banaliser**) making commonplace; trivialization; opening to the police ◆ **la banalisation de la violence** the way in which violence has become an everyday fact ou feature of life

banaliser [banalize] → SYN ▸ conjug 1 ◂ vt **a** expression to make commonplace ou trite; vie to rob of its originality; pratique (la rendre courante) to make commonplace; (en minimiser l'importance) to trivialize ◆ **l'avortement a été banalisé** abortion has become quite commonplace ◆ **ce qui banalise la vie quotidienne** what makes life humdrum ou robs life of its excitement
b campus to open to the police ◆ (Police) **voiture banalisée** unmarked police car
c (Rail) locomotive to man with several crews; voie to make two-way

banalité [banalite] → SYN nf (→ **banal**[1]) **a** (caractère) banality; triteness; ordinariness; triviality
b (propos) truism, platitude, trite remark

banane [banan] → SYN nf **a** (fruit) banana ◆ **banane plantain** plantain
b (Aut) overrider
c (Coiffure) quiff (Brit), pompadour (US)
d (arg Mil) medal, decoration, gong*
e (arg Aviat) twin-rotor helicopter, chopper*
f (sac) hip bag, waist-bag (Brit), bum bag (Brit), fanny pack* (US)
g (Élec) **(fiche-)banane** banana plug
h (*: idiot) **banane!** you silly twit!*

bananeraie [bananʀɛ] nf banana plantation

bananier, -ière [bananje, jɛʀ] **1** adj banana (épith) ◆ (péj) **république bananière** banana republic
2 nm (arbre) banana tree; (bateau) banana boat

banc [bɑ̃] → SYN **1** nm **a** (siège) seat, bench ◆ **banc (d'école)** (desk) seat ◆ **nous nous sommes connus sur les bancs de l'école** we've known each other since we were at school together ◆ **banc public** park bench
b (Géol) (couche) layer, bed; [coraux] reef ◆ **banc de sable** sandbank, sandbar ◆ **banc de boue** mudbank ◆ **banc de brouillard** foggy patch ◆ **banc de glace** ice floe ◆ (Can) **banc de neige** snowdrift, snowbank
c [poissons] shoal (Brit), school (US)
d (Tech) (work) bench
e (Mét) bank, patch
2 COMP ▷ **banc des accusés** (Jur) dock, bar ◆ **être au banc des accusés** (Jur) to be in the dock ou at the bar; (fig) to be held responsible ▷ **banc des avocats** (Jur) bar ▷ **banc d'église** pew ▷ **banc d'essai** (Tech) test bed; (fig) testing ground, testing bench ◆ **émission qui sert de banc d'essai pour jeunes chanteurs** programme that gives young singers a chance to show their talents ◆ **mettre qch au banc d'essai** to try sth out, give sth a tryout ▷ **banc des ministres** (Parl) ≃ government front bench (Brit) ▷ **banc de musculation** weight ou exercise bench ▷ **banc de nage** thwart ▷ **banc d'œuvre** (Rel) ≃ churchwardens' pew ▷ **banc des témoins** (Jur) witness box (Brit), witness stand (US)

bancable [bɑ̃kabl] adj bankable

bancaire [bɑ̃kɛʀ] adj système etc banking ◆ **chèque bancaire** (bank) cheque (Brit) ou check (US)

bancal, e, mpl **bancals** [bɑ̃kal] → SYN adj **a** personne (boiteux) lame; (aux jambes arquées) bandy-legged
b table, chaise wobbly, rickety
c idée, raisonnement shaky, unsound

bancarisation [bɑ̃kaʀizasjɔ̃] nf extension of banking services

bancarisé, e [bɑ̃kaʀize] adj benefiting from banking services

banco [bɑ̃ko] nm banco ◆ **faire banco** to go banco

bancoulier [bɑ̃kulje] nm candlenut

banc-titre, pl **bancs-titres** [bɑ̃titʀ] nm (Audiovisuel) caption stand

bandage [bɑ̃daʒ] → SYN nm **a** (objet) [blessé] bandage; [roue] (en métal) band, hoop; (en caoutchouc) tyre ◆ **bandage herniaire** surgical appliance, truss
b (action) [blessé] bandaging; [ressort] stretching; [arc] bending

bandana [bɑ̃dana] nm banda(n)na

bandant, e* [bɑ̃dɑ̃, ɑ̃t] adj (excitant) film, livre sexy* ◆ **elle est vachement bandante** she's a real turn-on* ◆ (passionnant) **ce n'est pas très bandant** it's not exactly thrilling

Bandar Seri Begawan [bɑ̃daʀseʀibegawan] n Bandar Seri Begawan

bande[1] [bɑ̃d] → SYN **1** nf **a** (ruban) (en tissu, métal) band, strip; (en papier) strip; (de sable) strip, tongue; (Ciné) film; [magnétophone] tape; (Presse) wrapper; (Méd) bandage ◆ (Mil) **bande (de mitrailleuse)** (ammunition) belt ◆ **journal sous bande** mailed newspaper
b (dessin, motif) stripe; [chaussée] line; [assiette] band; (Hér) bend
c (Billard) cushion ◆ **jouer la bande** to play (the ball) off the cushion ◆ (fig) **faire / obtenir qch par la bande** to do / get sth by devious means ou in a roundabout way ◆ **apprendre qch par la bande** to hear of sth indirectly ou through the grapevine*
d (Naut) list ◆ **donner de la bande** to list
e (Rad) **bande (de fréquence)** waveband, frequency band ◆ **sur la bande AM / FM** on AM / FM
2 COMP ▷ **bande d'absorption** (Phys) absorption band ▷ **bande amorce** [pellicule, cassette] leader ▷ **bande d'arrêt d'urgence** hard shoulder, berm (US) ▷ **bande chromosomique** chromosome band ▷ **bande dessinée** comic strip, strip cartoon (Brit) ▷ **bande d'essai** (Phot) test strip ▷ **bande étalon** (Phot) reference strip, test gauge ▷ **la bande de Gaza** the Gaza Strip ▷ **bande gaufrée** (Phot) apron ▷ **bande illustrée** ⇒ **bande dessinée** ▷ **bande magnétique** magnetic tape ▷ **bande de manœuvre** (Ordin) scratch tape ▷ **bande molletière** puttee ▷ **bande originale** (original) soundtrack ▷ **bande perforée** punched ou perforated ou paper tape ▷ **bande protectrice** (Phot) duplex paper ▷ **bande de roulement** [pneu] tread ▷ **bande sonore** (Ciné) soundtrack ▷ **bande de terre** strip ou tongue of land ▷ **bande Velpeau** ® (Méd) crêpe bandage (Brit), Ace ® bandage (US)

bande[2] [bɑ̃d] → SYN nf **a** (groupe) [gens] band, group, gang*; [oiseaux] flock ◆ **bande de loups / chiens** pack of wolves / dogs ◆ **bande de lions** troop ou pride (littér) of lions ◆ **bande de singes** troop of monkeys ◆ **ils sont partis en bande** they set off in a group, they all went off together
b (groupe constitué) set, gang; [pirates] band; [voleurs] gang, band ◆ **bande armée** armed band ou gang ◆ **il ne fait pas partie de leur bande** he's not in their crowd ou set ou gang ◆ **ils sont toute une bande d'amis** they make up a whole crowd ou group of friends ◆ (Pol) **la bande des Quatre** the Gang of Four ◆ **faire bande à part** [groupe] to make a separate group; [personne] to keep to o.s.; (fig: faire exception) to be an exception ◆ **venez avec nous, ne faites pas bande à part** come with us, don't stay on your own
c (*: groupe de) **bande de** bunch of*, pack of* ◆ **bande d'imbéciles!** pack of idiots!*, bunch of fools!* ◆ **c'est une bande de paresseux** they're a lazy lot (Brit) ou bunch* ou crowd*

bandé, e [bɑ̃de] adj (Hér) bendy ◆ **bandé d'or** bendy with gold

bande-annonce, pl **bandes-annonces** [bɑ̃danɔ̃s] nf (Ciné) trailer

bandeau, pl **bandeaux** [bɑ̃do] → SYN nm **a** (ruban) headband, bandeau; (pansement) head bandage; (pour les yeux) blindfold ◆ **mettre un bandeau à qn** to blindfold sb ◆ **avoir un bandeau sur l'œil** to wear an eye patch ◆ (fig) **avoir un bandeau sur les yeux** to be blind
b (Coiffure) **porter les cheveux en bandeau** to wear one's hair coiled round one's head
c (Archit) string course
d [livre] publicity strip

bandelette [bɑ̃dlɛt] nf strip of cloth, (narrow) bandage; [momie] wrapping, bandage

bander [bɑ̃de] → SYN ▸ conjug 1 ◂ **1** vt **a** (entourer) genou, plaie to bandage ◆ **bander les yeux à qn** to blindfold sb ◆ **les yeux bandés** blindfold(ed)
b (tendre) corde to strain, tauten; arc to bend; ressort to stretch, tauten; muscles to tense
2 vi (**) to have an erection, have a hard-on**

banderille [bɑ̃dʀij] nf banderilla

banderillero [bɑ̃deʀijeʀo] nm banderillero

banderole [bɑ̃dʀɔl] → SYN nf (drapeau) banderole ◆ **banderole publicitaire** advertizing streamer

bande-son, pl **bandes-son** [bɑ̃dsɔ̃] nf (Ciné) soundtrack

bandit [bɑ̃di] → SYN nm (voleur) gangster, thief; (assassin) gangster; (brigand) bandit; (fig: escroc) crook, shark*; (*: enfant) rascal ◆ **bandit armé** gunman, armed gangster ◆ **bandit de grand chemin** highwayman

banditisme [bɑ̃ditism] → SYN nm (actions criminelles) crime ◆ **le grand banditisme** organized crime ◆ (fig) **300 F pour cette réparation, c'est du banditisme!** 300 francs for this repair job – it's daylight robbery!

bandonéon [bɑ̃dɔneɔ̃] nm bandoneon

bandoulière [bɑ̃duljɛʀ] → SYN nf (gén) shoulder strap; (Mil) bandoleer, bandolier ◆ **en bandoulière** slung across the shoulder

bang [bɑ̃g] **1** nm inv ◆ **bang (supersonique)** supersonic bang, sonic boom
2 excl bang!, crash!

Bangkok [bɑ̃ŋkɔk] n Bangkok

bangladais, e [bɑ̃gladɛ, ɛz] **1** adj Bangladeshi
2 nm,f ◆ **Bangladais(e)** Bangladeshi

Bangladesh [bɑ̃gladɛʃ] nm Bangladesh ◆ économie, population **du Bangladesh** Bangladeshi ◆ **un habitant du Bangladesh** a Bangladeshi

Bangui [bɑ̃gi] n Bangui

banian [banjɑ̃] adj banyan, banian ◆ **(figuier) banian** banyan tree

banjo [bɑ̃(d)ʒo] nm banjo

Banjul [bɑ̃ʒul] n Banjul

banlieue [bɑ̃ljø] → SYN nf suburbs, outskirts ◆ **proche / moyenne / grande banlieue** inner ou immediate / inner ou near / outer suburbs ◆ **Paris et sa (grande) banlieue** greater Paris ◆ **la grande banlieue de Paris** the outer suburbs of Paris, the commuter belt of Paris ◆ **la banlieue rouge** the Communist-controlled suburbs of Paris ◆ **habiter en banlieue** to live in the suburbs ◆ **de banlieue** maison, ligne de chemin de fer suburban (épith); train commuter (épith)

banlieusard, e [bɑ̃ljøzaʀ, aʀd] nm,f suburbanite, (suburban) commuter

banne [ban] → SYN nf **a** (toile) canopy
b (panier) wicker basket

banneton [bantɔ̃] → SYN nm [pain] breadbasket

banni, e [bani] → SYN (ptp de **bannir**) nm,f exile

bannière [banjɛʀ] → SYN nf **a** banner ◆ **la bannière étoilée** the Star-Spangled Banner ◆ (fig) **se battre** ou **se ranger sous la bannière de qn** to fight on sb's side ou under sb's banner
b (*: pan de chemise) shirttail ◆ **il se promène toujours en bannière** he's always walking round with his shirt-tail hanging out

bannir [baniʀ] → SYN ▸ conjug 2 ◂ vt citoyen to banish; pensée to banish, dismiss; mot, sujet, aliment to banish, exclude (*de* from); usage to prohibit, put a ban on ◆ (frm) **je l'ai banni de ma maison** I forbade him to darken my door (frm), I told him never to set foot in my house again

bannissement [banismɑ̃] → SYN nm banishment

banquable [bɑ̃kabl] adj bankable

banque [bɑ̃k] → SYN **1** nf **a** (établissement) bank; (ensemble) banks ◆ **il a 3 millions en** ou

à la banque he's got 3 million in the bank ◆ **mettre** ou **porter des chèques à la banque** to bank cheques ◆ **la grande banque appuie sa candidature** the big banks are backing his candidature ◆ **la Banque de France / d'Angleterre** the Bank of France / of England
b (activité, métier) banking
c (Jeux) bank ◆ **tenir la banque** to be (the) banker
d (Méd) **banque des yeux / du sang / du sperme** eye / blood / sperm bank ◆ **banque d'organes** organ bank
2 COMP ▷ **banque d'affaires** commercial ou mercantile bank ▷ **banque alimentaire** food bank ▷ **banque centrale** central bank ▷ **Banque centrale européenne** European Central Bank ▷ **banque de dépôt** deposit bank ▷ **banque de données** data bank ▷ **banque d'émission** bank of issue ▷ **banque d'escompte** discount bank ▷ **Banque européenne d'investissement** European Investment Bank ▷ **banque d'images** picture library ▷ **Banque internationale pour la reconstruction et le développement** International Bank for Reconstruction and Development ▷ **Banque mondiale** World Bank ▷ **Banque des règlements internationaux** Bank for International Settlements

banquer* [bɑ̃ke] ▸ conjug 1 ◂ vi to cough up*, stump up* (Brit)

banqueroute [bɑ̃kʀut] → SYN nf (Fin) (fraudulent) bankruptcy; (Pol) bankruptcy; (fig littér) failure ◆ **faire banqueroute** to go bankrupt

banqueroutier, -ière [bɑ̃kʀutje, jɛʀ] → SYN nm,f (fraudulent) bankrupt

banquet [bɑ̃kɛ] → SYN nm dinner; (d'apparat) banquet ◆ (Littérat) **"Le Banquet"** "Symposium"

banqueter [bɑ̃k(ə)te] → SYN ▸ conjug 4 ◂ vi (lit) to banquet; (festoyer) to feast

banqueteur, -euse [bɑ̃k(ə)tœʀ, øz] → SYN nm,f (→ **banqueter**) banqueter; feaster

banquette [bɑ̃kɛt] → SYN nf **a** [train] seat; [auto] (bench) seat; [restaurant] (wall) seat; [piano] (duet) stool ◆ (Théât) **jouer devant** ou **pour les banquettes** to play to an empty house ◆ (dans un bal) **faire banquette** to be a wallflower
b (Archit) window seat
c (Mil) **banquette de tir** banquette, fire-step
d [voie, canal] berm(e) ◆ **banquette de halage** towing path

banquier [bɑ̃kje] → SYN nm (Fin, Jeux) banker

banquise [bɑ̃kiz] → SYN nf ice field; (flottante) ice floe

banquiste [bɑ̃kist] → SYN nm barker

bantou, e [bɑ̃tu] **1** adj Bantu
2 nm (Ling) Bantu
3 nm,f ◆ **Bantou(e)** Bantu

bantoustan [bɑ̃tustɑ̃] nm Bantustan

baobab [baɔbab] → SYN nm baobab

baptême [batɛm] → SYN **1** nm **a** (sacrement) baptism; (cérémonie) christening, baptism ◆ **donner le baptême à** to baptize, christen ◆ **recevoir le baptême** to be baptized ou christened
b [cloche] blessing, dedication; [navire] naming, christening
2 COMP ▷ **baptême de l'air** first flight ▷ **baptême du feu** baptism of fire ▷ **baptême de la ligne** (Naut) (first) crossing of the line ▷ **baptême du sang** baptism by blood

baptiser [batize] → SYN ▸ conjug 1 ◂ vt **a** (Rel) to baptize, christen ◆ **faire baptiser un enfant** to have child baptized ou christened
b cloche to bless, dedicate; navire to name, christen
c (appeler) to call, christen, name ◆ **on le baptisa Paul** he was christened Paul ◆ **on baptisa la rue du nom du maire** the street was named ou called after the mayor
d (*: surnommer) to christen, dub ◆ (hum) **la pièce qu'il baptisait pompeusement salon** the room which he pompously dubbed the drawing room, the room to which he gave the pompous title of drawing room
e (* fig) vin, lait to water down

baptismal, e, mpl **-aux** [batismal, o] adj baptismal

baptisme [batism] nm baptism

baptistaire [batistɛʀ] adj, nm ◆ **(extrait) baptistaire** certificate of baptism

baptiste [batist] → SYN adj, nmf Baptist

baptistère [batistɛʀ] nm baptistry

baquet [bakɛ] → SYN nm tub → **siège**[1]

bar[1] [baʀ] → SYN nm (établissement, comptoir) bar ◆ **bar américain** bar ◆ **bar-tabac** bar *(which sells tobacco and stamps)* ◆ **bar à vin(s)** wine bar

bar[2] [baʀ] → SYN nm (poisson) bass

bar[3] [baʀ] nm (Phys) bar

Barabbas [baʀabas] nm Barabbas

barachois [baʀaʃwa] nm (Can) lagoon

baragouin* [baʀagwɛ̃] nm gibberish, double Dutch

baragouinage* [baʀagwinaʒ] nm (façon de parler) gibbering; (propos) gibberish, double Dutch

baragouiner* [baʀagwine] ▸ conjug 1 ◂ **1** vi to gibber, talk gibberish ou double Dutch
2 vt langue to speak badly; discours, paroles to jabber out, gabble ◆ **il baragouine un peu l'espagnol** he can speak a bit of Spanish ou say a few words of Spanish ◆ (péj) **qu'est-ce qu'il baragouine?** what's he jabbering on about?*

baragouineur, -euse* [baʀagwinœʀ, øz] → SYN nm,f jabberer

baraka* [baʀaka] nf luck ◆ **avoir la baraka** to be lucky

baraque [baʀak] → SYN nf **a** (abri en planches) shed, hut; (servant de boutique) stand, stall ◆ **baraque foraine** fairground stall
b (*: maison) place*, shack*; (appartement) pad*; place*; (péj: maison, entreprise etc) dump*, hole* ◆ **une belle baraque** a smart place* ◆ **quand je suis rentré à la baraque** when I got back to my place* ou shack* ou pad* ◆ **quelle (sale) baraque!** what a lousy dump!*, what a hole!* → **casser**

baraqué, e* [baʀake] → SYN adj ◆ **bien baraqué** homme hefty, well-built; femme well-built

baraquement [baʀakmɑ̃] → SYN nm ◆ **baraquement(s)** group of huts; (Mil) camp

baraterie [baʀatʀi] → SYN nf barratry, barretry

baratin* [baʀatɛ̃] nm (boniment) sweet talk*, smooth talk*; (verbiage) chatter, hot air*; (Comm) patter*, sales talk, pitch (US) ◆ **assez de baratin!** cut the chat!* (Brit) ou the chatter ou the cackle!* (Brit) ◆ (gén) **faire son** ou **du baratin à qn** to sweet-talk sb*, chat sb up* (Brit), hand sb a line* (US) ◆ (Comm) **faire son** ou **le baratin à un client** to give a customer the sales talk ou patter* ◆ **avoir du baratin** to have all the patter*, be a smooth talker

baratiner* [baʀatine] ▸ conjug 1 ◂ **1** vt ◆ **baratiner qn** (amadouer par un boniment) to chat sb up* (Brit), sweet-talk* sb; (draguer) to chat sb up* (Brit), hand sb a line* (US) ◆ (Comm) **baratiner (le client)** to give a customer the sales talk ou spiel* ou patter*
2 vi (bavarder) to natter* (Brit), chatter

baratineur, -euse* [baʀatinœʀ, øz] → SYN **1** nm,f (beau parleur, menteur) smooth talker; (bavard) gasbag*, windbag*
2 nm (dragueur) smooth talker

barattage [baʀataʒ] nm churning

baratte [baʀat] nf [beurre] churn

baratter [baʀate] ▸ conjug 1 ◂ vt to churn

barbacane [baʀbakan] → SYN nf (bastion) barbican; (meurtrière) loophole; (drain) weeper

Barbade [baʀbad] nf ◆ **la Barbade** Barbados

barbadien, -ienne [baʀbadjɛ̃, ɛn] **1** adj Barbadian
2 nm,f ◆ **Barbadien(ne)** Barbadian

barbant, e* [baʀbɑ̃, ɑ̃t] → SYN adj (ennuyeux) boring, deadly dull ◆ **qu'il est / que c'est barbant!** what a bore he / it is!, he's / it's deadly boring!*

barbaque* [baʀbak] nf (péj) meat

barbare [baʀbaʀ] → SYN **1** adj invasion, peuple barbarian, barbaric; mœurs, musique, crime barbarous, barbaric
2 nm (Hist, fig) barbarian

barbarement [baʀbaʀmɑ̃] adv barbarously, barbarically

barbaresque [baʀbaʀɛsk] adj (Hist: d'Afrique du Nord) régions, peuples, pirate Barbary Coast (épith) ◆ **les États barbaresques** the Barbary Coast

Barbarie [baʀbaʀi] nf ◆ **la Barbarie** the Barbary Coast

barbarie [baʀbaʀi] → SYN nf (manque de civilisation) barbarism; (cruauté) barbarity, barbarousness

barbarisme [baʀbaʀism] → SYN nm (Gram) barbarism

barbe[1] [baʀb] → SYN **1** nf **a** (Anat) beard ◆ **une barbe de 3 mois** 3 months' (growth of) beard ◆ **il a une barbe de 3 jours** he has got 3 days' stubble on his chin ◆ **sans barbe** adulte clean-shaven, beardless; adolescent (imberbe) beardless ◆ **il a de la barbe (au menton)** [adulte] he needs a shave; [adolescent] he has already a few hairs on his chin ◆ **avoir une barbe, porter la** ou **une barbe** to have a beard, be bearded ◆ **faire la barbe à qn** to trim sb's beard ◆ (fig hum) **il n'a pas encore de barbe au menton et il croit tout savoir** he's still in short pants ou he's still wet behind the ears* and he thinks he knows it all
b [chèvre, singe, oiseau] beard
c [plume] barb; [poisson] barbel, wattle; [orge] beard (NonC) ◆ **barbes** whiskers
d (aspérités) **barbes** [papier] ragged edge; [métal] jagged edge
e LOC **à la barbe de qn** under sb's nose ◆ **dérober qch à la barbe de qn** to swipe* sth from under sb's nose ◆ **vieille barbe*** old stick-in-the-mud*, old fogey* ◆ **marmonner dans sa barbe** to mumble ou mutter into one's beard ◆ **rire dans sa barbe** to laugh up one's sleeve ◆ **la barbe!*** damn (it)!*, blast!* ◆ **il faut que j'y retourne, quelle barbe!*** I've got to go back – what a drag!* ◆ **oh toi, la barbe!*** oh shut up, you!*, shut your mouth, you!*
2 COMP ▷ **barbe de capucin** wild chicory ▷ **barbe à papa** candy-floss (Brit), cotton candy (US)

barbe[2] [baʀb] nm ◆ (Zool) **(cheval) barbe** barb

barbeau, pl **barbeaux** [baʀbo] → SYN nm (Zool) barbel; (Bot) cornflower; (*: souteneur) pimp, ponce

Barbe-Bleue [baʀbəblø] nm Bluebeard ◆ (Mus) **"Le Château de Barbe-Bleue"** "Bluebeard's Castle"

barbecue [baʀbəkju] → SYN nm (repas, cuisine) barbecue; (matériel) barbecue set

barbelé, e [baʀbəle] → SYN adj, nm ◆ **(fil de fer) barbelé** barbed wire (NonC) ◆ **les barbelés** the barbed wire fence ou fencing ◆ **s'égratigner après les barbelés** to get scratched on the barbed wire ◆ (fig: prisonnier) **derrière les barbelés** in a P.O.W. camp

barbelure [baʀbəlyʀ] nf barb

barber* [baʀbe] ▸ conjug 1 ◂ **1** vt to bore stiff*, bore to tears*
2 **se barber** vpr to be bored stiff*, be bored to tears* (*à faire qch* doing sth)

Barberousse [baʀbəʀus] nm Barbarossa

barbet [baʀbɛ] nm ◆ **(chien) barbet** water spaniel

barbiche [baʀbiʃ] nf goatee (beard)

barbichette* [baʀbiʃɛt] nf (small) goatee (beard)

barbier [baʀbje] → SYN nm (††) barber; (Can) (men's) hairdresser ◆ (Mus) **"Le Barbier de Séville"** "The Barber of Seville"

barbillon [baʀbijɔ̃] nm **a** [plume, hameçon] barb; [poisson] barbel ◆ [bœuf, cheval] **barbillons** barbs
b (Zool: petit barbeau) (small) barbel

barbital, pl **barbitals** [baʀbital] nm barbitone, barbital (US)

barbiturique [baʀbityʀik] → SYN **1** adj barbituric
2 nm barbiturate

barbiturisme [baʀbityʀism] nm barbiturate addiction ou dependence

barbon [baʀbɔ̃] [→ SYN] nm ◆ (†† ou péj) **(vieux) barbon** greybeard, old fogey*

barbotage [baʀbɔtaʒ] nm (→ **barboter**) pinching* (Brit); filching*; paddling, splashing about, squelching around (Brit); bubbling

barbote [baʀbɔt] [→ SYN] nf (de rivière) loach; (de mer) rockling

barboter [baʀbɔte] [→ SYN] ▸ conjug 1 ◂ **1** vt (*: voler) to pinch* (Brit), filch* (à from, off*) ◆ **elle lui a barboté son briquet** she has filched* his lighter
2 vi **a** (patauger) [canard] to dabble; [enfant] to paddle; (en éclaboussant) to splash about ◆ **barboter dans la boue** to squelch around in (Brit) ou paddle through the mud
b [gaz] to bubble

barboteur, -euse¹ [baʀbɔtœʀ, øz] [→ SYN] **1** adj ◆ (*) **il est (du genre) barboteur, c'est un barboteur** he's a bit light-fingered (Brit) ou sticky-fingered (US)
2 nm (Chim) bubble chamber

barboteuse² [baʀbɔtøz] nf (vêtement) rompers

barbotin [baʀbɔtɛ̃] [→ SYN] nm (Naut) sprocket (wheel); (Tech) chain wheel

barbotine [baʀbɔtin] [→ SYN] nf (pour céramique) barbotine, slip; (Constr) grout

barbouillage [baʀbujaʒ] [→ SYN] nm **a** (peinture) daub; (écriture) scribble, scrawl
b (action) daubing; scribbling, scrawling

barbouille* [baʀbuj] nf (péj) painting ◆ (hum) **il fait de la barbouille** he does a bit of painting

barbouiller [baʀbuje] [→ SYN] ▸ conjug 1 ◂ vt **a** (couvrir, salir) to smear, daub (*de* with), cover (*de* with, in) ◆ **il a le visage tout barbouillé de chocolat** he's got chocolate (smeared) all over his face, he's got his face covered in chocolate
b (péj: peindre) mur to daub ou slap paint on ◆ **il barbouille (des toiles) de temps en temps** he does an odd bit of painting from time to time ◆ **il barbouille des toiles en amateur** he messes about with paints and canvas, he does a bit of painting on the side
c (péj: écrire, dessiner) to scribble (*sur* on) ◆ **barbouiller une feuille de dessins** to scribble ou scrawl drawings on a piece of paper ◆ **barbouiller du papier** to cover a piece of paper with scrawls, scrawl all over a piece of paper ◆ **barbouiller un slogan sur un mur** to daub a slogan on a wall
d (*) **barbouiller l'estomac** to upset the stomach ◆ **être barbouillé, avoir l'estomac** ou **le cœur barbouillé** to feel queasy ou sick

barbouilleur, -euse [baʀbujœʀ, øz] [→ SYN] nm,f **a** (péj: artiste) dauber; (péj: peintre en bâtiment) bad ou slapdash painter
b **barbouilleur de papier** hack (writer)

barbouillis [baʀbuji] nm (écriture) scribble, scrawl; (peinture) daub

barbouze* [baʀbuz] nf **a** beard
b (policier) secret (government) police agent; (garde du corps) bodyguard

barbu, e [baʀby] [→ SYN] **1** adj personne bearded; (Bio) barbate ◆ **un barbu** a bearded man, a man with a beard
2 **barbue** nf (Zool) brill

barbule [baʀbyl] nf barbule

barcarolle [baʀkaʀɔl] nf barcarolle

barcasse [baʀkas] nf boat

Barcelone [baʀsəlɔn] n Barcelona

bard [baʀ] [→ SYN] nm handbarrow

barda* [baʀda] nm gear*; (Mil) kit ◆ **il a tout un barda dans la voiture** he's got a whole load* of stuff in the car

bardage [baʀdaʒ] [→ SYN] nm (protection) curtain wall

bardane [baʀdan] nf burdock

barde¹ [baʀd] [→ SYN] nm (poète) bard

barde² [baʀd] [→ SYN] nf (Culin, Mil) bard

bardeau¹, pl **bardeaux** [baʀdo] nm [toit] shingle

bardeau², pl **bardeaux** [baʀdo] nm ⇒ **bardot**

barder [baʀde] [→ SYN] ▸ conjug 1 ◂ **1** vt **a** (Culin) to bard
b (Mil) cheval to bard ◆ **bardé de fer** cheval barded; soldat armour-clad; porte with iron bars ◆ **discours bardé de citations** speech packed ou larded with quotations ◆ **poitrine bardée de décorations** chest covered with medals ◆ **elle est bardée de diplômes** she has a whole collection of diplomas
c (fig) **être bardé (contre)** to be immune (to)
2 vb impers ◆ (*) **ça va barder** things are going to get hot, all hell is going to break loose ◆ **ça a bardé!** (dans une réunion) the sparks really flew!; (dans les rues) things got hot!

bardis [baʀdi] nm (Naut) shifting boards

bardot [baʀdo] nm hinny

barème [baʀɛm] [→ SYN] nm (table de référence) table, list; (tarif) (Comm) scale of charges, price list; (Rail) fare schedule ◆ **barème des salaires** salary scale ◆ **barème des impôts** tax scale ◆ (Scol) **barème de correction** scale of marking (Brit) ou grading (US)

baresthésie [baʀɛstezi] nf baresthesia

barge¹ [baʀʒ] [→ SYN] nf (oiseau) godwit ◆ **barge-rousse** bar-tailed godwit ◆ **barge à queue noire** black-tailed godwit

barge² [baʀʒ] [→ SYN] nf (bateau) barge; (meule) (rectangular) haystack

barge³⁑ [baʀʒ] adj ⇒ **barjo(t)**

barguigner [baʀgiɲe] [→ SYN] ▸ conjug 1 ◂ vi ◆ (littér, hum) **sans barguigner** without humming and hawing (Brit) ou hemming and hawing (US), without shilly-shallying

baril [baʀi(l)] [→ SYN] nm [pétrole] barrel; [vin] barrel, cask; [poudre] keg, cask; [harengs] barrel ◆ **baril de lessive** drum of detergent

barillet [baʀijɛ] nm **a** (petit baril) small barrel ou cask
b (Tech) [serrure, revolver] cylinder; [pendule] barrel ◆ **serrure à barillet** Yale ® lock

bariolage [baʀjɔlaʒ] [→ SYN] nm (résultat) riot ou medley of colours; (action) daubing

bariolé, e [baʀjɔle] [→ SYN] (ptp de **barioler**) adj vêtement many-coloured, rainbow-coloured, gaudy (péj); groupe colourfully dressed, gaily-coloured

barioler [baʀjɔle] [→ SYN] ▸ conjug 1 ◂ vt to splash ou daub bright colours on, streak with bright colours

bariolure [baʀjɔlyʀ] nf gay ou gaudy (péj) colours

barjo(t)⁑ [baʀʒo] adj nuts*, crazy*, barmy*

barlotière [baʀlɔtjɛʀ] nf saddle-bar

barmaid [baʀmɛd] nf barmaid

barman [baʀman], pl **barmans** ou **barmen** [baʀmɛn] [→ SYN] nm barman, bartender, barperson

Bar-Mitzva [baʀmitsva] nf inv Bar Mitzvah

barn [baʀn] nm (Phys) barn

barnabite [baʀnabit] nm Barnabite

barnache [baʀnaʃ], **barnacle** [baʀnakl] nf ⇒ **bernache**

barographe [baʀɔgʀaf] [→ SYN] nm barograph

baromètre [baʀɔmɛtʀ] nm (lit, fig) barometer; (lit) glass ◆ **le baromètre baisse** the glass ou barometer is falling ◆ **le baromètre est au beau fixe / à la pluie** the barometer is set at fair / is pointing to rain ◆ (fig) **le baromètre est au beau (fixe)*** things are looking good* ◆ **baromètre enregistreur / anéroïde** recording / aneroid barometer

barométrique [baʀɔmetʀik] adj barometric(al)

baron¹ [baʀɔ̃] [→ SYN] nm **a** (titre) baron → **Monsieur**
b (fig: magnat) baron, lord ◆ **les barons de la presse** the press lords ou barons

baron² [baʀɔ̃] nm ◆ **baron d'agneau** baron of lamb

baronnage [baʀɔnaʒ] nm (titre) barony; (corps des barons) baronage

baronne [baʀɔn] nf baroness → **Madame**

baronnet [baʀɔnɛ] nm baronet

baronnie [baʀɔni] nf barony

baroque [baʀɔk] [→ SYN] **1** adj idée weird, strange, wild; (Archit, Art) baroque
2 nm baroque

baroquisme [baʀɔkism] nm baroque character

baroscope [baʀɔskɔp] nm baroscope

baroud [baʀud] [→ SYN] nm (arg Mil) fighting ◆ **baroud d'honneur** last-ditch struggle, gallant last stand

baroudeur [baʀudœʀ] [→ SYN] nm (arg Mil) firebrand, fighter

barouf(le)⁑ [baʀuf(lə)] nm (vacarme) row*, din*, racket* ◆ **faire du barouf(le)** to kick up a din*, make a row*; (protester) to kick up a fuss* ou stink⁑

barque [baʀk] [→ SYN] nf small boat, small craft ◆ **barque à moteur** (small) motorboat ◆ **barque de pêche** small fishing boat ◆ (fig) **mener la barque** to call the tune ou shots, say what goes* ◆ **il mène bien sa barque** he's doing all right for himself

barquette [baʀkɛt] nf **a** (tarte) pastry boat, small tart
b (récipient) container; (pour fruits) punnet, chip basket

barracuda [baʀakyda] [→ SYN] nm barracuda

barrage [baʀaʒ] [→ SYN] nm **a** [rivière, lac] dam, barrage; (à fleur d'eau) weir ◆ **barrage de retenue** flood barrier
b (barrière) barrier; (d'artillerie, de questions) barrage ◆ **barrage de police** (gén) (police) roadblock; (cordon d'agents) police cordon; (chevaux de frise) (police) barricade ◆ **faire barrage à** to hinder, stand in the way of ◆ **il y a eu un barrage de la direction** the management has put up a barrier ◆ **le barrage de la rue** the blocking of the street; (avec barricades) the barricading of the street
c (Cartes) pre-emptive bid, pre-empt
d (Sport) **match de barrage** play-off *(the winner of which moves up one division)*

barre [baʀ] [→ SYN] **1** nf **a** (gén, Hér: tige, morceau) bar; (de fer) rod, bar; (de bois) piece, rod ◆ (Ftbl, Rugby) **barre (transversale)** crossbar ◆ **barre de chocolat** bar of chocolate ◆ **barre de céréales** muesli (Brit) ou granola (US) bar ◆ **barre de savon** cake ou bar of soap ◆ (fig: c'est cher) **c'est le coup de barre*** you pay through the nose*, it's daylight robbery ◆ **j'ai toujours un coup de barre* vers 11 heures** I always feel shattered* around 11 o'clock ◆ **pas maintenant, j'ai un coup de barre*** not now, all of a sudden I feel shattered*
b (Danse) barre ◆ **exercices à la barre** exercises at the barre, barre exercises
c (Naut) helm; [petit bateau] tiller ◆ (lit, fig) **être à la** ou **tenir la barre** to be at the helm ◆ (lit, fig) **prendre la barre** to take the helm
d (Jur) **barre du tribunal** bar ◆ **barre (des témoins)** witness box (Brit), witness stand (US) ◆ **être appelé à la barre** to be called as a witness ◆ **comparaître à la barre** to appear as a witness
e (Géog: houle) (gén) race; (à l'estuaire) bore; (banc de sable) (sand) bar; (crête de montagne) ridge
f (trait) line, dash, stroke; (du t, f) stroke ◆ **faire** ou **tirer des barres** to draw lines (on a page) ◆ **mets une barre à ton t** cross your t ◆ (Math) **barre de fraction / d'addition** etc fraction / addition etc line ◆ (Typ) **barre oblique** slash, stroke, oblique (stroke), solidus
g (niveau) mark ◆ **dépasser la barre des 10%** to pass the 10% mark ◆ (Scol) **placer la barre à 10** to set the pass mark at 10 ◆ **vous placez la barre trop haut / trop bas** you set your standards too high / too low
h (†: jeu) **barres** ≃ prisoners' base ◆ (frm) **avoir barre(s) sur qn** (avantage) to have an advantage over sb; (pouvoir) to have power over ou a hold on sb
i (Zool) [cheval] bar
j (*: douleur) pain
2 COMP ▹ **barre d'accouplement** (Aut) tie-rod ▹ **barre anti-roulis** (Aut) anti-roll bar ▹ **barre d'appui** (window) rail ▹ **barre de contrôle** (Nucl Phys) control rod ▹ **barre à disques** (Sport) barbell ▹ **barre d'espacement** space bar ▹ **barre fixe** (Sport) horizontal ou chinning bar ▹ **barre de mesure** (Mus) bar line ▹ **barre à mine** (Tech) crowbar ▹ **barre omnibus** (Élec) busbar ▹ **barre de remorquage** (Aut) tow bar

▷ **barre de reprise** (Mus) repeat mark(s) ou sign ▷ **barres asymétriques** (Sport) asymmetric bars ▷ **barres parallèles** (Sport) parallel bars ▷ **barre de torsion** (Aut) torsion bar

barré, e [baʀe] (ptp de **barrer**) **1** adj **a** (Hér) écu barré
b dent impacted
c (*: loc) **il / c'est mal barré** he's / it's off to a bad start ◆ **il est mal barré pour avoir son examen*** his chances of passing his exam are pretty slim* ◆ (iro) **on est bien barré avec un chef comme lui !*** we're going to go far with a boss like him! (iro)
2 nm (Mus) barré

barreau, pl **barreaux** [baʀo] → SYN nm **a** [échelle] rung; [cage, fenêtre] bar ◆ **être derrière les barreaux** [prisonnier] to be behind bars ◆ **barreau de chaise** (lit) (chair) rung ou crossbar; (*: cigare) fat cigar
b (Jur) bar ◆ **entrer** ou **être admis** ou **reçu au barreau** to be called to the bar

barrement [baʀmɑ̃] nm [chèque] crossing

barrer [baʀe] → SYN ▸conjug 1◂ **1** vt **a** (obstruer) porte to bar; fenêtre to bar up; chemin, route (par accident) to block; (pour travaux, par la police) to close (off), shut off; (par barricades) to barricade ◆ **barrer le passage** ou **la route à qn** (lit) to stand in sb's way, block ou bar sb's way, stop sb getting past; (fig) to stand in sb's way ◆ **des rochers nous barraient la route** rocks blocked ou barred our way ◆ **« rue barrée »** "road closed"
b (rayer) mot, phrase to cross out, score out; surface, feuille to cross ◆ **barrer un chèque** to cross a cheque ◆ **chèque barré / non barré** crossed / open ou uncrossed cheque ◆ **barre ton t** cross your t ◆ **les rides qui barraient son front** the wrinkles which lined his forehead
c (Naut) to steer ◆ (Sport) **quatre barré** coxed four
2 vi (Naut) to steer, take the helm
3 se barrer: vpr [personne] to clear off*, clear out* ◆ **barre-toi !** clear off!*, beat it!*, scram!‡, hop it!* (Brit) ◆ **ta boucle d'oreille se barre** you're loosing your earing ◆ **le tuyau se barre** the pipe is falling off

barrette [baʀɛt] → SYN nf **a** (pour cheveux) (hair) slide (Brit), barrette (US); (bijou) brooch; [médaille] bar
b (Rel) biretta ◆ **recevoir la barrette** to receive the red hat, become a cardinal

barreur, -euse [baʀœʀ, øz] → SYN nm,f (gén) helmsman, coxswain; (Aviron) cox(swain) ◆ **quatre avec / sans barreur** coxed / coxless four

barricade [baʀikad] → SYN nf barricade → **côté**

barricader [baʀikade] → SYN ▸conjug 1◂ **1** vt porte, fenêtre, rue to barricade
2 se barricader vpr ◆ **se barricader dans / derrière** to barricade o.s. in / behind ◆ (fig) **se barricader chez soi** to lock ou shut o.s. in

barrière [baʀjɛʀ] → SYN **1** nf (clôture) fence; (porte) gate; (lit, fig: obstacle) barrier; (Hist: octroi) tollgate ◆ (Géog) **la Grande Barrière (d'Australie)** the Great Barrier Reef ◆ (fig) **dresser une barrière (entre)** to put a barrier (between) ◆ (fig) **faire tomber les barrières** to break down barriers
2 COMP ▷ **barrière de corail** coral reef ▷ **barrière de dégel** *roadsign warning of dangerous road conditions for heavy vehicles during a thaw* ▷ **barrière douanière** trade ou tariff barrier ▷ **barrière hémato-encéphalique** blood-brain barrier ▷ **barrière naturelle** natural barrier ▷ **barrière (de passage à niveau)** level (Brit) ou grade (US) crossing gate

barrique [baʀik] → SYN nf barrel, cask → **plein**

barrir [baʀiʀ] → SYN ▸conjug 2◂ vi to trumpet

barrissement [baʀismɑ̃] → SYN nm trumpeting

barrot [baʀo] → SYN nm (Naut) deckbeam

bartavelle [baʀtavɛl] → SYN nf rock partridge

Barthélemy [baʀtelemi] nm Bartholomew

barycentre [baʀisɑ̃tʀ] → SYN nm barycentre

baryon [baʀjɔ̃] nm baryon

barysphère [baʀisfɛʀ] nf barysphere

baryte [baʀit] nf baryta

baryton [baʀitɔ̃] adj, nm baritone ◆ **baryton-basse** base-baritone

baryum [baʀjɔm] nm barium

bas¹, basse¹ [bɑ, bɑs] → SYN
1 adj **a** siège, colline, voix, (Mus) note low; maison low-roofed; terrain low(-lying) ◆ **le soleil est bas sur l'horizon** the sun is low on the horizon ◆ **pièce basse de plafond** room with a low ceiling ◆ **le feu est bas** the fire is low ◆ **les basses branches** ou **les branches basses d'un arbre** the lower ou bottom branches of a tree ◆ **les branches de cet arbre sont basses** the branches of this tree hang low ◆ **bas sur pattes** short-legged, stumpy-legged ◆ **il parle sur un ton trop bas** he speaks too softly → **main, messe, oreille** etc
b prix, baromètre, altitude, chiffre low; (Élec) fréquence low ◆ **je l'ai eu à bas prix** I got it cheap ou for a small sum
c marée, fleuve low ◆ **c'est la basse mer, c'est (la) marée basse** the tide is low ou out, it's low tide ◆ **à marée basse** at low tide ou water ◆ **pendant les basses eaux** when the waters are low, when the water level is low
d (humble) condition, naissance low, lowly; (subalterne) menial; (mesquin) jalousie, vengeance base, petty; (abject) action base, mean, low ◆ **basses besognes** (humbles) menial tasks; (désagréables) dirty work
e (Hist, Ling) **le Bas-Empire** the late Empire ◆ **le bas latin** low Latin ◆ **le bas allemand** Low German, plattdeutsch (spéc)
f (Géog) **la Basse Seine** the Lower Seine ◆ **le Bas Languedoc** Lower Languedoc ◆ **les Bas Bretons** the inhabitants of Lower Britanny ◆ **le bas Rhin** the lower Rhine ◆ (Hist Can) **le Bas Canada** Lower Canada
g LOC **être au plus bas** [personne] to be very low, be at a very low ebb; [prix] to have reached rock bottom, be at their lowest ◆ **au bas mot** at the very least, at the lowest estimate ◆ **en ce bas monde** here below ◆ **de bas étage** (humble) lowborn; (médiocre) poor, second-rate ◆ **un enfant en bas âge** a young ou small child
2 adv **a très / trop** etc **bas** very / too etc low ◆ **mettez vos livres plus bas** put your books lower down ◆ **comme l'auteur le dit plus bas** as the author says further on ou says below ◆ **voir plus bas** see below
b parler, dire softly, in a low voice ◆ **mettez la radio / le chauffage plus bas** turn the radio / heating down ◆ **mets la radio tout bas** put the radio on very low ◆ **parler tout bas** to speak in a whisper ou in a very low voice
c (fig) **mettre** ou **traiter qn plus bas que terre** to treat sb like dirt ◆ **son moral est (tombé) très bas** his morale is very low ou is at a low ebb, he's in very low spirits ◆ (dans l'abjection) **tomber bien bas** to sink really low ◆ **le malade est bien bas** the patient is very weak ou low ◆ **les prix n'ont jamais été** ou **ne sont jamais tombés aussi bas** prices have reached a new low ou an all-time low, prices have never fallen so low
d (loc) (Vét) **mettre bas** to give birth, drop ◆ **mettre bas les armes** (Mil) to lay down one's arms; (fig) to throw in the sponge ◆ **mettre bas qch†** to lay sth down ◆ **bas les mains*** ou **les pattes !‡** (keep your) hands off!*, (keep your) paws off!‡ ◆ (à un chien) **bas les pattes !** down! ◆ **à bas le fascisme !** down with fascism! → **chapeau, jeter**
3 nm **a** [page, escalier, colline] foot, bottom; [visage] lower part; [mur] foot; [pantalon] bottom; [jupe] hem, bottom ◆ **dans le bas** at the bottom ◆ **au bas de la page** at the foot ou bottom of the page ◆ **l'étagère / le tiroir du bas** the bottom shelf / drawer ◆ **les appartements du bas** the downstairs flats, the flats downstairs ou down below ◆ **au bas de l'échelle sociale** at the bottom of the social ladder ◆ **regarder qn de bas en haut** to look sb up and down ◆ **compter / lire de bas en haut** to count / read starting at the bottom ou from the bottom up
b en bas: il habite en bas he lives downstairs ou down below ◆ **marcher la tête en bas** to walk on one's hands ◆ **le bruit vient d'en bas** the noise is coming from downstairs ou from down below ◆ **les voleurs sont passés par en bas** the thieves got in downstairs ◆ **en bas de la côte** at the bottom ou foot of the hill → **haut**
4 COMP ▷ **bas de casse** (Typ) lower case ▷ **le bas clergé** (Rel) the lower clergy ▷ **les bas morceaux** (Boucherie) the cheap cuts ▷ **le bas peuple** the lower classes ▷ **les bas quartiers de la ville** the seedy ou poor parts of the town ▷ **basse saison** (Tourisme) low season, off season

bas² [bɑ] → SYN nm stocking; (de footballeur) sock; (de bandit masqué) stocking mask ◆ **bas fins** sheer stockings ◆ **bas (de) nylon** nylon stockings, nylons ◆ **bas sans couture** seamless stockings ◆ **bas résille** fishnet stockings ◆ **bas de soie** silk stockings ◆ **bas à varices** support stockings ou hose ◆ **bas de laine** (lit) woollen stockings; (fig) savings, nest egg (fig)

basal, e, mpl **-aux** [bazal, o] adj basal

basalte [bazalt] nm basalt

basaltique [bazaltik] adj basalt(ic)

basane [bazan] → SYN nf basan, bazan

basané, e [bazane] → SYN adj teint, visage [vacancier] (sun) tanned, sunburnt (Brit); [marin] tanned, weather-beaten; [indigène] swarthy ◆ **un individu au teint basané** a dark-skinned individual

bas-bleu, pl **bas-bleus** [bablø] nm (péj) bluestocking

bas-côté, pl **bas-côtés** [bakote] → SYN nm [route] verge; [église] (side) aisle; (Can) penthouse, lean-to extension

basculant, e [baskylɑ̃, ɑ̃t] adj → **benne**

bascule [baskyl] → SYN nf **a** (balance) [marchandises] weighing machine ◆ [personne] **bascule (automatique)** scales → **pont**
b (balançoire) **(jeu de) bascule** seesaw ◆ **cheval / fauteuil à bascule** rocking horse / chair ◆ **faire tomber qn / qch par un mouvement de bascule** to topple sb / sth over ◆ **pratiquer une politique de bascule** to have a policy of maintaining the balance of power
c (mécanisme) bascule ◆ (Ordin) **bascule (bistable)** flip-flop
d (Lutte) lift-over

basculer [baskyle] → SYN ▸conjug 1◂ **1** vi **a** [personne] to topple ou fall over, overbalance; [objet] to fall ou tip over; [benne, planche, wagon] to tip up; [tas] to topple (over) ◆ **il bascula dans le vide** he toppled over the edge
b (fig) **basculer dans l'opposition** to swing ou go over to the opposition ◆ **ma vie a basculé** my whole life changed ◆ **son roman bascule dans le sordide** his novel suddenly becomes sordid
2 vt (plus gén **faire basculer**) benne to tip up; contenu to tip out; personne to knock off balance, topple over

basculeur [baskylœʀ] nm **a** (Élec) rocker switch
b (benne) tipper

base [bɑz] → SYN **1** nf **a** [bâtiment, colonne, triangle] base; [montagne] base, foot; (Anat, Chim, Math) base; (Ling: racine) root ◆ (Ordin) **base 2 / 10** base 2 / 10
b (Mil etc: lieu) base ◆ **base navale / aérienne** naval / air base ◆ **rentrer à sa** ou **la base** to return to base
c (Pol) **la base** the rank and file, the grass roots
d (principe fondamental) basis ◆ **bases** basis, foundations ◆ **bases d'un traité / accord** basis of a treaty / an agreement ◆ **raisonnement fondé sur des bases solides** solidly-based argument ◆ **il a des bases solides en anglais** he has a good grounding in English ou a sound basic knowledge of English ◆ **saper / renverser les bases de …** to undermine / destroy the foundations of … ◆ **établir** ou **jeter** ou **poser les bases de …** to lay the foundations of …
e LOC **à base de: un produit à base de soude** a soda-based product ◆ **un cocktail à base de gin** a cocktail made with gin ◆ **être à la base de** to be at the root of ◆ **sur la base de ces renseignements** on the basis of this information ◆ **de base** prix, modèle, règles basic ◆ **le français de base** basic French ◆ (Ling) **forme**

de base base form ◆ **camp de base** base camp
2 COMP ▷ **base de départ** (fig) starting point (fig) ▷ **base de données** database ▷ **base d'imposition** taxable amount ▷ **base de lancement** launching site ▷ **base de loisirs** sports and recreation park ▷ **base de maquillage** make-up base ▷ **base d'opération** base of operations, operations base ▷ **base de ravitaillement** supply base ▷ **base de temps** (Ordin) clock

base(-)ball, pl **base(-)balls** [bɛzbol] nm baseball

baselle [bazɛl] nf Malabar nightshade, basella

baser [baze] → SYN ▸conjug 1◂ **1** vt opinion, théorie to base (*sur* on) ◆ (Mil) **être basé à / dans / sur** to be based at / in / on ◆ **l'association est basée à Paris** the organization is based in Paris ◆ **économie basée sur le pétrole** oil-based economy
2 se baser vpr ◆ **se baser sur** to base one's judgement on ◆ **sur quoi vous basez-vous pour le dire ?** (preuves) what basis ou grounds have you for saying that? ; (données) what are you basing your argument on?, what is the basis of your argument?

bas-fond, pl **bas-fonds** [bafɔ̃] → SYN nm (Naut) (haut-fond) shallow, shoal ; (dépression) depression ◆ **les bas-fonds de la société** the lowest depths ou the dregs of society ◆ **les bas-fonds de la ville** the seediest ou slummiest parts of the town

BASIC [bazik] nm BASIC

basicité [bazisite] nf basicity

baside [bazid] nf basidium

basidiomycètes [bazidjomisɛt] nmpl ◆ **les basidiomycètes** basidiomycetes

basilaire [bazilɛʀ] adj basilar

basilic [bazilik] → SYN nm (Bot) basil ; (Zool) basilisk

basilical, e, mpl **-aux** [bazilikal, o] adj basilic(an)

basilique[1] [bazilik] → SYN nf (Rel) basilica

basilique[2] [bazilik] adj ◆ **veine basilique** basilic vein

basique [bazik] adj (gén, Chim) basic ◆ **une robe noire est un (vêtement) basique** a black dress is a basic (part of your wardrobe)

bas-jointé, e [baʒwɛ̃te] → SYN adj having low pasterns

basket [baskɛt] nm basketball ◆ **baskets** (gén) trainers (Brit), sneakers, tennis shoes (US) ; (pour joueur) basketball boots (Brit), high-tops (US)

basket-ball, pl **basket-balls** [baskɛtbol] → SYN nm basketball

basketteur, -euse [basketœʀ, øz] nm,f basketball player

bas-mât, pl **bas-mâts** [bama] nm lower mast

basophile [bazɔfil] adj (Bio) basophil(e), basophilic

basquaise [baskɛz] **1** adj f ◆ (Culin) **poulet / sauce basquaise** basquaise chicken / sauce
2 nf ◆ **Basquaise** Basque (woman)

basque[1] [bask] **1** adj Basque ◆ **le Pays basque** the Basque Country
2 nm (Ling) Basque
3 nmf ◆ **Basque** Basque

basque[2] [bask] → SYN nf [habit] skirt(s) ; [robe] basque → **pendu**

bas-relief, pl **bas-reliefs** [baʀəljɛf] → SYN nm bas relief, low relief

basse[2] [bas] nf (Mus) (chanteur) bass ; (voix) bass (voice) ; (contrebasse) double bass ; (guitare) bass ◆ **basse continue** (basso) continuo, thorough bass ◆ **basse contrainte** ground bass ◆ **flûte / trombone basse** bass flute / trombone

basse[3] [bas] nf (Géog) sunken reef

basse-cour, pl **basses-cours** [baskuʀ] → SYN nf (lieu) farmyard ; (animaux) farmyard animals

basse-fosse, pl **basses-fosses** [basfos] → SYN nf → **cul**

bassement [basmã] → SYN adv basely, meanly, despicably

bassesse [basɛs] → SYN nf **a** (NonC) (servilité) servility ; (mesquinerie) meanness, baseness, lowness ; (vulgarité) vulgarity, vileness
b (acte servile) servile act ; (acte mesquin) low ou mean ou base ou despicable act ◆ **faire des bassesses à qn pour obtenir** to kowtow ou grovel to sb in order to get ◆ **faire des bassesses à un ennemi** to play underhand tricks on an enemy

basset [basɛ] → SYN nm (Zool) basset (hound)

basse-taille, pl **basses-tailles** [bastaj] → SYN nf (Mus) bass baritone

Basse-Terre [bastɛʀ] nf Basse-Terre

bassin [basɛ̃] → SYN nm **a** (pièce d'eau) ornamental lake, pond ; [piscine] pool ; [fontaine] basin
b (cuvette) bowl ; (Méd) bedpan
c (Géog) basin ◆ **bassin houiller / minier** coal / mineral field ou basin ◆ **bassin hydrographique** catchment basin ou area ◆ **le Bassin parisien** the Paris Basin
d (Anat) pelvis
e (Naut) dock ◆ **bassin de radoub / de marée** dry ou graving tidal dock

bassine [basin] → SYN nf **a** (cuvette) bowl, basin ◆ **bassine à confiture** preserving pan
b (contenu) bowl(ful)

bassiner [basine] → SYN ▸conjug 1◂ vt **a** plaie to bathe ; (Agr) to sprinkle ou spray (water on)
b lit to warm (with a warming pan)
c (*: ennuyer) to bore ◆ **elle nous bassine** she's a pain in the neck*

bassinet [basinɛ] nm → **cracher**

bassinoire [basinwaʀ] → SYN nf (Hist) warming pan ; (*) bore, pain in the neck*

bassiste [basist] nmf (contrebassiste) double bass player ; (guitariste) bass guitarist

basson [basɔ̃] → SYN nm (instrument) bassoon ; (musicien) bassoonist

bassoniste [basɔnist] nmf bassoonist

basta* [basta] excl that's enough!

bastaque [bastak] nf backstay

baste†† [bast] excl (indifférence) never mind!, who cares? ; (dédain) pooh!

bastide [bastid] → SYN nf **a** (country) house (*in Provence*)
b (Hist) walled town (*in S.W. France*)

bastille [bastij] → SYN nf fortress, castle ◆ (Hist) **la Bastille** the Bastille

bastillé, e [bastije] adj embattled

bastingage [bastɛ̃gaʒ] → SYN nm (Naut) (ship's) rail ; (Hist) bulwark

bastion [bastjɔ̃] → SYN nm bastion ; (fig) bastion, stronghold

baston⁑ [bastɔ̃] nm ou f punch-up* (Brit), fight ◆ **il va y avoir du baston** there's going to be a bit of a punch-up* (Brit) ou fight

bastonnade†† [bastɔnad] nf drubbing, beating

bastonner (se)⁑ [bastɔne] ▸conjug 1◂ vpr to fight

bastos [bastos] → SYN nf (arg Crime : balle) slug*

bastringue* [bastʀɛ̃g] nm **a** (objets) junk*, clobber⁑ (Brit) ◆ **et tout le bastringue** the whole caboodle (Brit) ou kit and caboodle (US)
b (bruit) racket*, din*
c (bal) (local) dance hall ; (orchestre) band

Basutoland [basytɔlɑ̃d] nm Basutoland

bas-ventre, pl **bas-ventres** [bavɑ̃tʀ] → SYN nm stomach, guts

bat abrév de **bâtiment** → SYN

bât [ba] → SYN nm packsaddle ◆ (fig) **c'est là où le bât blesse** that's where the shoe pinches

bataclan* [bataklɑ̃] nm junk*, clobber⁑ (Brit) ◆ **... et tout le bataclan** ... and everything else, ... the whole kit and caboodle, ... and what have you*

bataille [bataj] → SYN **1** nf **a** (Mil) battle ; (rixe) fight ; (fig) fight, struggle ; (controverse) fight, dispute ◆ **bataille de rue** street fight ou battle ◆ **la vie est une dure bataille** life is a hard fight ou struggle ◆ (fig) **il arrive toujours après la bataille** he's always arriving when it's too late
b (Cartes) beggar-my-neighbour
c LOC **en bataille** (Mil, Naut) in battle order ou formation ◆ **il a les cheveux en bataille** his hair's all dishevelled ou tousled ◆ **le chapeau en bataille** with his hat on askew ◆ **être garé en bataille** to be parked at an angle to the kerb
2 COMP ▷ **bataille aérienne** air battle ▷ **bataille aéronavale** sea and air battle ▷ **bataille de boules de neige** snowball fight ▷ **bataille électorale** election ▷ **bataille navale** (Mil) naval battle ; (jeu) battleships ◆ **faire une bataille navale** to play battleships ▷ **bataille rangée** pitched battle ▷ **bataille terrestre** land battle

batailler [bataje] → SYN ▸conjug 1◂ vi (fig : lutter) to fight, battle

batailleur, -euse [batajœʀ, øz] → SYN **1** adj pugnacious, aggressive ◆ **il est batailleur** he loves a fight
2 nm,f fighter (fig)

bataillon [batajɔ̃] → SYN nm (Mil) battalion ; (fig) crowd, herd

bâtard, e [bataʀ, aʀd] → SYN **1** adj enfant illegitimate, bastard† (péj, épith) ; (fig) œuvre, solution hybrid (épith) ◆ **chien bâtard** mongrel
2 nm,f (péj : personne) illegitimate child, bastard† (péj) ; (chien) mongrel
3 nm (Boulangerie) (short) loaf of bread
4 bâtarde nf (Typ : aussi **écriture bâtarde**) slanting round-hand

batardeau, pl **batardeaux** [bataʀdo] → SYN nm cofferdam

bâtardise [bataʀdiz] nf bastardy† (péj), illegitimacy

batave [batav] **1** adj Batavian
2 nmf ◆ **Batave** Batavian

batavia [batavja] nf Webb lettuce

batayole [batajɔl] nf stanchion

bateau, pl **bateaux** [bato] → SYN **1** nm **a** (gén) boat ; (grand) ship ◆ **bateau à moteur / à rames / à voiles** motor / rowing / sailing boat ◆ **prendre le bateau** (embarquer) to embark, take the boat (*à* at) ; (voyager) to go by boat, sail ◆ **aller en bateau** to go by boat, sail ◆ **faire du bateau** (à voiles) to go sailing ; (à rames etc) to go boating ◆ (fig) **mener qn en bateau** to take sb for a ride*, lead sb up the garden path*, have sb on*
b [trottoir] driveway entrance (*depression in kerb*)
c encolure ou **décolleté bateau** boat neck
d (*: traquenard) **monter un bateau (à qn)** to play a practical joke (on sb)
2 adj inv (⁑ : banal) hackneyed ◆ **c'est (un sujet** ou **thème) bateau** it's the same old theme* ou the favourite topic (that crops up every time)
3 COMP ▷ **bateau amiral** flagship ▷ **bateau de commerce** merchant ship ou vessel ▷ **bateau de guerre** warship, battleship ▷ **bateau de pêche** fishing boat ▷ **bateau de plaisance** yacht ▷ **bateau pneumatique** inflatable boat ▷ **bateau de sauvetage** lifeboat ▷ **bateau à vapeur** steamer, steamship

bateau-citerne, pl **bateaux-citernes** [batositɛʀn] nm tanker

bateau-école, pl **bateaux-écoles** [batoekɔl] nm training ship

bateau-feu, pl **bateaux-feux** [batofø] nm lightship

bateau-lavoir, pl **bateaux-lavoirs** [batolavwaʀ] nm wash-shed (on river) ◆ (péj) **capitaine** ou **amiral de bateau-lavoir** freshwater sailor

bateau-mouche, pl **bateaux-mouches** [batomuʃ] nm river boat (*for sightseeing, especially in Paris*)

bateau-phare, pl **bateaux-phares** [batofaʀ] nm lightship

bateau-pilote, pl **bateaux-pilotes** [batopilɔt] nm pilot boat

bateau-pompe, pl **bateaux-pompes** [batopɔ̃p] nm fireboat

batée [bate] → SYN nf buddle

batelage [batlaʒ] nm lighterage

bateleur, -euse [batlœʀ, øz] → SYN nm,f (†) tumbler ; (péj) buffoon

batelier [batəlje] → SYN nm (gén) boatman, waterman; [bac] ferryman

batelière [batəljɛʀ] nf (gén) boatwoman; [bac] ferrywoman

batellerie [batɛlʀi] → SYN nf a (transport) inland water transport ou navigation, canal transport
b (bateaux) river and canal craft

bâter [bɑte] → SYN ▸conjug 1◂ vt to put a packsaddle on

bat-flanc [baflɑ̃] → SYN nm inv (lit de cellule etc) boards

bath* [bat] adj inv personne, chose super*, great*, smashing*

bathyal, e, mpl **-yaux** [batjal, jo] adj bathyal

bathymètre [batimɛtʀ] nm bathometer, bathymeter

bathymétrie [batimetʀi] nf bathometry, bathymetry

bathymétrique [batimetʀik] adj bathymetric

bathyscaphe [batiskaf] nm bathyscaphe

bathysphère [batisfɛʀ] nf bathysphere

bâti, e [bɑti] → SYN (ptp de **bâtir**) 1 adj a **être bien / mal bâti** [personne] to be well-built / of clumsy build; [dissertation] to be well / badly constructed
b **terrain bâti / non bâti** developed / undeveloped site
2 nm a (Couture) tacking (NonC) ◆ **point de bâti** tacking stitch
b (Constr) [porte] frame; [machine] stand, support, frame

batifolage [batifɔlaʒ] → SYN nm (→ **batifoler**) frolicking about, larking about (Brit); dallying; flirting

batifoler [batifɔle] → SYN ▸conjug 1◂ vi (†, hum)
a (folâtrer) to lark (Brit) ou frolic about; (péj: perdre son temps) to dally†, lark about
b (flirter) to dally, flirt (*avec* with)

batik [batik] nm batik

bâtiment [bɑtimɑ̃] → SYN nm a (édifice) building ◆ (Agr) **bâtiments d'élevage** livestock buildings ◆ **bâtiments d'habitation** living quarters ◆ **bâtiments d'exploitation** farm buildings ou sheds
b (industrie) **le bâtiment** the building industry ou trade ◆ **être dans le bâtiment** to be in the building trade, be a builder
c (Naut) ship, vessel ◆ **bâtiment de charge** freighter ◆ **bâtiment de guerre** warship ◆ **bâtiment de haute mer** sea ship

bâtir [bɑtiʀ] → SYN ▸conjug 2◂ vt a (Constr) to build ◆ **(se) faire bâtir une maison** to have a house built ◆ **se bâtir une maison** to build o.s. a house ◆ **la maison s'est bâtie en 3 jours** the house was built ou put up in 3 days ◆ (lit, fig) **bâtir sur le roc / sable** to build on rock / sand ◆ **terrain / pierre à bâtir** building land / stone
b (fig) hypothèse to build (up); phrase to construct, build; fortune to amass, build up; réputation to build (up), make (*sur* on); plan to draw up
c (Couture) to tack (Brit), baste ◆ **fil / coton à bâtir** tacking ou basting thread / cotton

bâtisse [bɑtis] → SYN nf a (maison) building; (péj) great pile ou edifice
b (Tech) masonry

bâtisseur, -euse [bɑtisœʀ, øz] → SYN nm,f builder ◆ **bâtisseur d'empire** empire builder

batiste [batist] → SYN nf batiste, cambric, lawn

bâton [bɑtɔ̃] → SYN 1 nm a (canne) stick, staff (littér); (Rel: insigne) staff; (trique) club, cudgel; (à deux mains) staff; [agent de police] baton
b [craie, encens, réglisse] stick ◆ **bâton de rouge (à lèvres)** lipstick
c (trait) vertical line ou stroke ◆ (Scol) **faire des bâtons** to draw vertical lines *(when learning to write)*
d (*: million de centimes) ten thousand francs
e LOC **il m'a mis des bâtons dans les roues** he put a spoke in my wheel, he put a spanner (Brit) ou wrench (US) in the works (for me) ◆ **parler à bâtons rompus** to talk about this and that ◆ (fig hum) **il est mon bâton de vieillesse** he is the prop ou staff of my old age (hum)
2 COMP ▷ **bâton de berger** shepherd's crook ▷ **bâton blanc**† (d'agent de police) policeman's baton ▷ **bâton de chaise** chair rung ▷ **bâton de chef d'orchestre** conductor's baton ▷ **bâton de maréchal** (lit) marshal's baton ◆ (fig) **ce poste, c'est son bâton de maréchal** that's the highest post he'll ever hold ▷ **bâton merdeux*̣*** (péj) (personne) shit*̣*; (situation) fucking pain in the arse*̣* (Brit) ou the ass*̣* (US) ▷ **bâton de pèlerin** (Rel) pilgrim's staff ◆ (fig) **il a pris son bâton de pèlerin et est allé convaincre les chefs d'entreprise** he set out on a mission to convince business managers ▷ **bâton de ski** ski stick ou pole

bâtonnat [bɑtɔna] nm presidency of the Bar

bâtonner†† [bɑtɔne] ▸conjug 1◂ vt to beat with a stick, cudgel

bâtonnet [bɑtɔnɛ] → SYN nm short stick ou rod; (Opt) rod

bâtonnier [bɑtɔnje] nm ≃ president of the Bar

batoude [batud] → SYN nf (long) trampoline

batracien [batʀasjɛ̃] → SYN nm batrachian

battage [bataʒ] → SYN nm a [tapis, or] beating; [céréales] threshing
b (*: publicité) publicity campaign ◆ **faire du battage autour de qch / qn** to give sth / sb a plug*, sell sth / sb hard*, give sth / sb the hype*

battant, e [batɑ̃, ɑ̃t] → SYN 1 adj → **battre, pluie, tambour**
2 nm a [cloche] clapper, tongue ◆ **battant (de porte)** left-hand ou right-hand flap ou door *(of a double door)* ◆ **battant (de fenêtre)** (left-hand ou right-hand) window, [volet] shutter, flap ◆ **porte à double battant** double door ◆ **ouvrir une porte à deux battants** to open both sides ou doors *(of a double door)*
b (personne) fighter (fig), go-getter*

batte [bat] → SYN nf a (outil) (à beurre) dasher; [blanchisseuse] washboard; (Sport) bat; (sabre de bois) wooden sword
b (battage) beating

battée [bate] nf (Constr) rabbet

battellement [batɛlmɑ̃] nm eaves boards

battement [batmɑ̃] → SYN nm a (claquement) [porte, volet] banging (NonC); [marteau] banging (NonC), thud; [pluie] beating (NonC), (pitter-)patter (NonC); [tambour] beating (NonC), rattle (NonC); [voile, toile] flapping (NonC)
b (mouvement) [ailes] flapping (NonC), flutter (NonC), beating (NonC); [cils] fluttering (NonC); [rames] plash (NonC), splash (NonC) ◆ **battement de paupières** blinking of eyelids (NonC) ◆ **battements de jambes** leg movement ◆ **accueillir qn avec des battements de mains** to greet sb with clapping ou applause
c (Méd) [cœur] beat, beating (NonC); [pouls] beat, throbbing (NonC), beating (NonC); (irrégulier) fluttering (NonC); [tempes] throbbing (NonC) ◆ **avoir des battements de cœur** to get ou have palpitations ◆ **cela m'a donné des battements de cœur** it set my heart beating, it gave me palpitations, it set me all of a flutter*
d (intervalle) interval ◆ **2 minutes de battement** (pause) a 2-minute break; (attente) 2 minutes' wait; (temps libre) 2 minutes to spare ◆ **j'ai une heure de battement de 10 à 11** I'm free for an hour ou I've got an hour to spare between 10 and 11
e (Rad) beat; (Phon) flap

batterie [batʀi] → SYN nf a (Mil) battery ◆ **mettre des canons en batterie** to unlimber guns ◆ **batterie de canons** battery of artillery ◆ **batterie antichars / de D.C.A** antitank / anti-aircraft battery ◆ **batterie côtière** coastal battery ◆ (fig) **changer / dresser ses batteries** to change / lay ou make one's plans ◆ (fig) **démasquer** ou **dévoiler ses batteries** to unmask one's guns
b (Mus: percussion) percussion (instruments); (Jazz: instruments) drum kit ◆ **X à la batterie** X on drums ou percussion ◆ **on entend mal la batterie** you can hardly hear the drums
c (Aut, Élec) battery ◆ **batterie de cellules solaires** solar battery → **recharger**
d (groupe) [tests, chaudières, mesures] battery ◆ **batterie de projecteurs** bank of spotlights ◆ **batterie de satellites** array of satellites
e **batterie de cuisine** (Culin) pots and pans, kitchen utensils; (*: décorations) gongs*, ironmongery* ◆ **toute la batterie de cuisine*** everything but the kitchen sink, the whole caboodle*
f (Agr) battery ◆ **élevage en batterie** battery farming ou rearing ◆ **poulets de batterie** battery chickens
g (Danse) batterie

batteur [batœʀ] → SYN nm a (Culin) whisk, beater
b (Mus) drummer, percussionist
c (métier) (Agr) thresher; (Métal) beater; (Cricket) batsman; (Base-ball) batter

batteuse [batøz] → SYN nf a (Agr) threshing machine
b (Métal) beater

battitures [batityʀ] → SYN nfpl [métal] scales

battle-dress [batœldʀɛs] → SYN nm inv battledress

battoir [batwaʀ] → SYN nm a [laveuse] beetle, battledore; (à tapis) (carpet) beater
b (grandes mains) **battoirs*** (great) mitts‡ ou paws‡

battre [batʀ] → SYN ▸conjug 41◂
1 vt a personne to beat, strike, hit ◆ **elle ne bat jamais ses enfants** she never hits ou smacks her children ◆ **battre qn comme plâtre*** to beat the living daylights out of sb*, thrash ou beat sb soundly ◆ **battre qn à mort** to batter ou beat sb to death ◆ **regard de chien battu** cowering look
b (vaincre) adversaire, équipe to beat, defeat; record to beat ◆ **se faire battre** to be beaten ou defeated ◆ **il ne se tient pas pour battu** he doesn't consider himself beaten ou defeated ◆ (Sport) **battre qn (par) 6 à 3** to beat sb 6-3 ◆ **battre qn à plate(s) couture(s)** to beat sb hollow (Brit), beat the pants off sb*, beat sb hands down ◆ **ça bat tous les records!*** that beats everything!
c (frapper) tapis, linge, fer, or to beat; blé to thresh ◆ (Prov) **battre le fer pendant qu'il est chaud** to strike while the iron is hot (Prov) ◆ **il battit l'air / l'eau des bras** his arms thrashed the air / water ◆ **battre le fer à froid** to cold hammer iron ◆ **son manteau lui bat les talons** his coat is flapping round his ankles ◆ **battre le briquet**† to strike a light
d (agiter) beurre to churn; blanc d'œuf to beat (up), whip, whisk; crème to whip; cartes to shuffle ◆ **blancs battus en neige** stiff egg whites, stiffly-beaten egg whites
e (parcourir) région to scour, comb ◆ **battre le pays** to scour the countryside ◆ (Chasse) **battre les buissons / les taillis** to beat the bushes / undergrowth (for game) ◆ **hors des sentiers battus** off the beaten track ◆ (fig) **battre la campagne** to wander in one's mind ◆ **battre le pavé** to wander aimlessly about ou around
f (heurter) [pluie] to beat ou lash against; [mer] to beat ou dash against; (Mil) positions, ennemis to batter ◆ **littoral battu par les tempêtes** storm-lashed coast
g (Mus) **battre la mesure** to beat time ◆ (Mil) **battre le tambour** (lit) to beat the drum; (fig) to shout from the housetops ◆ **battre le rappel** to call to arms ◆ (fig) **battre le rappel de ses souvenirs** to summon up one's old memories ◆ **battre le rappel de ses amis** to rally one's friends ◆ (Mil) **battre la retraite** to sound the retreat
h LOC **battre la breloque**† [appareil] to be on the blink*, be erratic; [cœur] to be giving out ◆ **son cœur battait la chamade** his heart was pounding ou beating wildly ◆ **battre en brèche une théorie** to demolish a theory ◆ **battre froid à qn** to cold-shoulder sb, give sb the cold shoulder ◆ **battre son plein** [saison touristique] to be at its height; [fête] to be going full swing ◆ **battre la semelle** to stamp one's feet (to keep warm) ◆ (Naut) **battre pavillon britannique** to fly the British flag, sail under the British flag ◆ (Fin) **battre monnaie** to strike ou mint coins ◆ (Rel) **battre sa coulpe** to beat one's breast (fig)
2 vi a [cœur, pouls] to beat; [montre, métronome] to tick; [pluie] to beat, lash (*contre*

against); [porte, volets] to bang, rattle; [voile, drapeau] to flap; [tambour] to beat ◆ (fig hum) **son cœur bat pour lui** he is her heart-throb ◆ **son cœur battait d'émotion** his heart was beating wildly ou pounding ou thudding with emotion ◆ **le cœur battant** with beating heart

b **battre en retraite** to beat a retreat, fall back

3 **battre de** vt indir ◆ **battre des mains** to clap one's hands; (fig) to dance for joy, exult ◆ **battre du tambour** to beat the drum ◆ **l'oiseau bat des ailes** the bird is beating ou flapping its wings ◆ (fig) **battre de l'aile** to be in a bad ou in a dicky* (Brit) ou shaky state

4 **se battre** vpr a (dans une guerre, un combat) to fight (*avec* with, *contre* against); (se disputer) to fall out; (fig) to fight, battle, struggle (*contre* against) ◆ **se battre comme des chiffonniers** to fight like cat and dog ◆ **se battre au couteau / à la baïonnette** to fight with knives / bayonets ◆ **nos troupes se sont bien battues** our troops fought well ou put up a good fight ◆ **se battre en duel** to fight a duel ◆ (fig) **se battre contre les préjugés** to battle ou fight ou struggle against prejudice ◆ **se battre contre des moulins à vent** to tilt at windmills ◆ **il faut se battre pour arriver à obtenir quelque chose** you have to fight to get what you want ◆ **voilà une heure qu'il se bat avec ce problème** he's been struggling ou battling with that problem for an hour now

b **se battre la poitrine** to beat one's breast ◆ (fig) **se battre les flancs** to rack one's brains

c **je m'en bats l'œil**‡ I don't care a fig* ou a damn‡

battu, e[1] [baty] (ptp de **battre**) adj → **battre, jeté, œil, pas**[1], **terre**[1]

battue[2] [baty] → SYN nf (Chasse) battue, beat

batture [batyʀ] → SYN nf (Can) sand bar, strand

bau, pl **baux** [bo] → SYN nm (Naut) beam

baud [bo] nm (Ordin) baud

baudelairien, -ienne [bodlɛʀjɛ̃, jɛn] adj of Baudelaire, Baudelairean

baudet [bodɛ] → SYN nm a (Zool) donkey, ass

b (Menuiserie) trestle, sawhorse

baudrier [bodʀije] → SYN nm [épée] baldric; [drapeau] shoulder-belt; (Alpinisme) harness; (pour matériel) gear sling

baudroie [bodʀwa] → SYN nf angler (fish)

baudruche [bodʀyʃ] → SYN nf (caoutchouc) rubber; (péj) (personne) spineless character* ou wonder*; (théorie) empty theory, humbug* → **ballon**[1]

bauge [boʒ] → SYN nf [sanglier, porc] wallow

bauhinie [boini] nf bauhinia

baume [bom] → SYN nm (lit) balm, balsam; (fig) balm ◆ **ça lui a mis du baume au cœur** ou **dans le cœur** it heartened him

Baumé [bome] nm → **degré**

baumier [bomje] nm balsam tree

baux [bo] pl de **bail, bau**

bauxite [boksit] nf bauxite

bavard, e [bavaʀ, aʀd] → SYN **1** adj personne talkative, garrulous; discours, récit long-winded, wordy ◆ **tu n'es pas très bavard aujourd'hui** you're not very talkative today ◆ **il est bavard comme une pie** he's a real chatterbox

2 nm,f chatterbox, talkative person, prattler; (péj) gossip, blabbermouth*

bavardage [bavaʀdaʒ] → SYN nm (→ **bavarder**) chatting, talking; chattering, prattling; gossiping ◆ **j'entendais leur bavardage** ou **leurs bavardages** I could hear their talking ou chattering

bavarder [bavaʀde] → SYN ▸conjug 1◂ vi (gen: parler) to chat, talk; (jacasser) to chatter, prattle; (commérer) to gossip; (divulguer un secret) to blab*, give the game away, talk ◆ (Scol) **arrêtez de bavarder** stop talking ou chattering

bavarois, e [bavaʀwa, waz] **1** adj Bavarian

2 nm,f a (personne) **Bavarois(e)** Bavarian

b (Culin) bavarois ◆ **bavaroise aux fraises** strawberry bavarois

bavasser* [bavase] ▸conjug 1◂ vi (bavarder) to natter* (Brit), gas‡

bave [bav] → SYN nf [personne] dribble; [animal] slaver, slobber; [chien enragé] foam, froth; [escargot] slime; [crapaud] spittle; (fig) venom, malicious words ◆ **la bave du crapaud n'atteint pas la blanche colombe!** your spiteful words can't touch me!, sticks and stones might break my bones but names will never hurt me (Prov)

baver [bave] → SYN ▸conjug 1◂ **1** vi a [personne] to dribble; (beaucoup) to slobber, drool; [animal] to slaver, slobber; [chien enragé] to foam ou froth at the mouth; [stylo] to leak; [pinceau] to drip; [liquide] to run

b (*: loc) **en baver d'admiration** to gasp in admiration ◆ **en baver d'envie** to be dying of envy ◆ **en baver** to have a rough ou hard time of it* ◆ **il m'en a fait baver** he really made me sweat*, he really gave me a rough ou hard time* ◆ **elle n'a pas fini d'en baver avec son fils** she hasn't seen the end of it with her son

c (littér) **baver sur la réputation de qn** to besmear ou besmirch sb's reputation

2 vt ◆ **il en a bavé des ronds de chapeau**‡ his eyes nearly popped out of his head*

bavette [bavɛt] nf a [tablier, enfant] bib; (Aut: garde-boue) mudguard, mud flap

b (Culin) undercut → **tailler**

baveux, -euse [bavø, øz] → SYN adj bouche dribbling, slobbery; enfant dribbling ◆ **omelette baveuse** runny omelette ◆ (Typ) **lettre baveuse** blurred ou smeared letter

Bavière [bavjɛʀ] nf Bavaria

bavoir [bavwaʀ] → SYN nm bib

bavolet [bavɔlɛ] → SYN nm [manteau] (gun) flap

bavure [bavyʀ] → SYN nf (tache) smudge, smear; (Tech) burr; (fig) hitch, flaw; (Admin euph) unfortunate mistake (euph), blunder ◆ (fig) **sans bavure(s)** opération, travail flawless, faultless; agir flawlessly, faultlessly

bayadère [bajadɛʀ] → SYN **1** nf bayadère

2 adj tissu colourfully striped

bayer [baje] → SYN ▸conjug 1◂ vi ◆ **bayer aux corneilles** to stand gaping, stand and gape

bayou [baju] → SYN nm bayou

bay-window, pl **bay-windows** [bɛwindo] nf bay window

bazar [bazaʀ] → SYN nm a (magasin) general store; (oriental) bazaar

b (*: effets personnels) junk* (NonC), gear‡ (NonC), things*

c (*: désordre) clutter, jumble, shambles (NonC) ◆ **quel bazar!** what a shambles!* ◆ **et tout le bazar** and all the rest, and what have you*, the whole caboodle*, the whole kit and caboodle (US)

bazarder* [bazaʀde] ▸conjug 1◂ vt (jeter) to get rid of, chuck out*, ditch*; (vendre) to flog‡, get rid of, sell off

bazooka [bazuka] nm bazooka

BCBG [besebeʒe] adj (abrév de **bon chic bon genre**) → **bon**[1]

BCE [beseə] nf (abrév de **Banque centrale européenne**) ECB

BCG [beseʒe] nm (abrév de **bacille Bilié Calmette et Guérin**) BCG

bd abrév de **boulevard**

BD [bede] nf a (abrév de **bande dessinée**) ◆ **la BD** comic strips, strip cartoons, comics (US) ◆ **une BD** [journal] a comic strip, a strip cartoon; (livre) a comic book ◆ **auteur de BD** strip cartoonist

b (abrév de **base de données**) DB

bê [bɛ] excl baa!

beagle [bigl] → SYN nm beagle

béance [beɑ̃s] → SYN nf a (littér) [blessure, bouche] gaping openness

b (Méd) [bouche] open bite ◆ **béance du col** ou **cervico-isthmique** incompetence of the cervix

béant, e [beɑ̃, ɑ̃t] → SYN adj blessure gaping, open; bouche gaping, wide open; yeux wide open; gouffre gaping, yawning; personne (ouvrant grand les yeux) wide-eyed; (ouvrant grand la bouche) open-mouthed (*de* with, in), gaping (*de* in) ◆ **il était béant d'étonnement** he was wide-eyed with astonishment; he was gaping in astonishment

béarnais, e [beaʀnɛ, ɛz] **1** adj personne from the Béarn ◆ (Culin) **(sauce) béarnaise** Béarnaise sauce

2 nm,f ◆ **Béarnais(e)** inhabitant ou native of the Béarn

béat, e [bea, at] → SYN adj (hum) personne blissfully happy; (content de soi) smug, self-satisfied, complacent; sourire, air (niaisement heureux) beatific, blissful ◆ **optimisme béat** smug optimism ◆ **admiration béate** blind ou dumb admiration ◆ **être béat d'admiration** to be struck dumb with admiration ◆ **regarder qn d'un air béat** to look at sb in open-eyed wonder ou with dumb admiration

béatement [beatmɑ̃] adv (→ **béat**) smugly; complacently; beatifically, blissfully

béatification [beatifikasjɔ̃] → SYN nf beatification

béatifier [beatifje] → SYN ▸conjug 7◂ vt to beatify

béatifique [beatifik] adj beatific

béatitude [beatityd] → SYN nf (Rel) beatitude; (bonheur) bliss ◆ **les Béatitudes** the Beatitudes

beatnik [bitnik] → SYN nmf beatnik ◆ **la génération beatnik** ou **des beatniks** the beat generation

Béatrice [beatʀis] nf Beatrice

beau [bo], **bel** devant n commençant par voyelle ou *h* muet, **belle** [bɛl] f, mpl **beaux** [bo] → SYN

1 adj a (qui plaît au regard, à l'oreille) objet, paysage beautiful, lovely; femme beautiful, fine-looking, lovely; homme handsome, good-looking ◆ **les belles dames et les beaux messieurs** the smart ladies and gentlemen ◆ **les beaux quartiers** the smart ou posh* districts ◆ **il est beau comme le jour** ou **comme un dieu** he's like a Greek god ◆ (hum) **tu es beau comme un camion (tout neuf)!** don't you look smart! ◆ **mettre ses beaux habits** to put on one's best clothes ◆ **il est beau garçon** he's good-looking, he's a good-looking lad* (Brit) ou guy* (US) ◆ **il est beau gosse*** he's a good looker*

b (qui plaît à l'esprit, digne d'admiration) discours, match fine; poème, roman fine, beautiful ◆ **il a un beau talent** he has a fine gift, he's very talented ou gifted ◆ **une belle mort** a fine death ◆ **une belle âme** a fine ou noble nature ◆ **un beau geste** a noble act, a fine gesture ◆ **toutes ces belles paroles / tous ces beaux discours n'ont convaincu personne** all these fine(-sounding) words / all these grand speeches failed to convince anybody

c (agréable) temps fine, beautiful; voyage lovely ◆ **aux beaux jours, à la belle saison** in (the) summertime ◆ (fig) **il y a encore de beaux jours pour les escrocs** there are good times ahead ou there's a bright future for crooks ◆ **par une belle soirée d'été** on a beautiful ou fine summer's evening ◆ **il fait (très) beau (temps)** the weather's very good, it's beautiful weather, it's very fine ◆ **la mer était belle** the sea was calm ◆ **c'est le bel âge** those are the best years of life ◆ **c'est la belle vie!** this is the (good) life! ◆ (Hist) **la Belle Époque** the Belle Époque, the Edwardian era

d (*: intensif) revenu, profit handsome, tidy*; résultat, occasion excellent, fine ◆ **il a une belle situation** he has an excellent position ◆ **cela fait une belle somme!** that's a tidy* sum of money! ◆ **il en reste un beau morceau** there's still a good bit (of it) left ◆ **95 ans, c'est un bel âge** it's a good age, 95 ◆ **un beau jour** (passé) one (fine) day; (futur) one of these (fine) days, one (fine) day ◆ **il est arrivé un beau matin / jour** he came one morning / day

e (iro: déplaisant) **il a attrapé une belle bronchite** he's got a nasty attack ou a bad bout of bronchitis ◆ **une belle gifle** a good slap ◆ **une belle brûlure / peur** a nasty burn / fright ◆ **ton frère est un beau menteur** your brother is a terrible ou the most awful liar ◆ **c'est un beau salaud**‡ he's a real bastard*‡ ◆ **un beau désordre** ou **gâchis** a fine mess ◆ **un beau vacarme** a terrible din ◆ **la belle affaire!** big deal!*, so what?* ◆ **en faire de belles** to get up to mischief ◆ **embar-**

quez tout ce beau monde! cart this fine crew* ou bunch* away! ◆ (iro) **en apprendre / dire de belles sur qn*** to hear / say some nice things about sb (iro) ◆ **être dans un beau pétrin** ou **dans de beaux draps** to be in a fine old mess*

f LOC **ce n'est pas beau de mentir** it isn't nice to tell lies ◆ **ça me fait une belle jambe!*** a fat lot of good it does me!* ◆ (iro) **c'est du beau travail!** well done! (iro) ◆ **de plus belle** all the more, more than ever, even more ◆ **crier de plus belle** to shout louder than ever ou all the louder ou even louder ◆ **recommencer de plus belle** to start off ou up again, start up even worse than before ou ever ◆ **dormir** ou **coucher à la belle étoile** to sleep out in the open ◆ **il y a belle lurette de cela** that was ages ago ou donkey's years* (Brit) ago ◆ **il y a belle lurette que** it is ages ou donkey's years* (Brit) since ◆ **il l'a eu(e) belle de s'échapper** they made it easy ou child's play for him to escape ◆ **faire qch pour les beaux yeux de qn** to do sth just for sb ou just to please sb ◆ **tout beau, tout beau!**† steady on!, easy does it! ◆ **le plus beau de l'histoire, c'est que ...** the best bit of it ou part about it is that ... ◆ **c'est trop beau pour être vrai** it's too good to be true ◆ **ce serait trop beau!** that would be too much to hope for! ◆ **avoir beau jeu de** to have every opportunity to ◆ **avoir le beau rôle** to show o.s. in a good light, come off best (in a situation) ◆ **se faire beau** to get spruced up ou dressed up ◆ **se faire** ou **se mettre beau** to beautify o.s. ◆ **avec lui, c'est sois belle et tais-toi** he expects you just to sit and look pretty ◆ (littér) **porter beau** to look dapper ◆ **avoir beau: on a beau faire / dire ils n'apprennent rien** whatever you do / say they don't learn anything, try as you may they don't learn anything ◆ **on a beau protester, personne n'écoute** however much you protest no one listens ◆ **on a beau dire, il n'est pas bête** say what you like, he is not stupid ◆ **il eut beau essayer** however much ou whatever he tried, try as he might ◆ **il ferait beau voir qu'il mente!** he'd better not be lying! ◆ **bel et bien** well and truly ◆ **ils sont bel et bien entrés par la fenêtre** they really did get in through the window, they got in through the window all right ou no doubt about it ou no doubt about that ◆ **il s'est bel et bien trompé** he got it well and truly wrong → **bailler, échapper**

2 nm **a** **le beau** the beautiful ◆ **le culte du beau** the cult of beauty ◆ **elle n'aime que le beau** she only likes what is beautiful ◆ **elle n'achète que le beau** she only buys the best quality

b LOC **faire le beau** [chien] to sit up and beg; (péj) [personne] to curry favour (*devant* with) ◆ [temps] **être au beau** to be fine, be set fair ◆ [baromètre] **être au beau (fixe)** to be set fair, be settled; (fig) [relations, atmosphère] to be looking rosy ◆ **c'est du beau!** (reproche) that was a fine thing to do! (iro); (consternation) this is a fine business! (iro) ou a fine mess! (iro)

3 **belle** nf **a** beauty, belle; (compagne) lady friend ◆ **ma belle!*** my girl! ◆ (Littérat) **"La Belle au bois dormant"** "Sleeping Beauty" ◆ (Littérat) **"La Belle et la Bête"** "Beauty and the Beast" ◆ [prisonnier] **se faire la belle** to escape, break out

b (Sport) decider, deciding match; (Jeux) decider, deciding game

4 COMP ▷ **bel esprit** wit ◆ **faire le bel esprit** to show off one's wit ▷ **le beau monde** high society ◆ **fréquenter du beau monde** to move in high society ▷ **beau parleur** smooth ou glib talker ▷ **le beau sexe** the fair sex ▷ **beau ténébreux** (hum) dashing young man with a sombre air

beauceron, -onne [bosʀɔ̃, ɔn] **1** adj of ou from the Beauce

2 nm,f ◆ **Beauceron(ne)** inhabitant ou native of the Beauce

beaucoup [boku] → SYN adv **a** a lot, (very) much, a great deal ◆ **il mange beaucoup** he eats a lot ◆ **elle lit beaucoup** she reads a great deal ou a lot ◆ **elle ne lit pas beaucoup** she doesn't read much ou a great deal ou a lot ◆ **la pièce ne m'a pas beaucoup plu** I didn't like the play very much, I didn't greatly like the play ◆ **il s'intéresse beaucoup à la peinture** he is very ou greatly interested in painting, he takes a lot ou a great deal of interest in painting ◆ **il y a beaucoup à faire / voir** there's a lot to do / see ◆ **il a beaucoup voyagé / lu** he has travelled / read a lot ou extensively ou a great deal

b **beaucoup de** (quantité) a great deal of, a lot of, much; (nombre) many, a lot of, a good many ◆ **beaucoup de monde** a lot of people, a great ou good many people ◆ **avec beaucoup de soin / plaisir** with great care / pleasure ◆ **il ne reste pas beaucoup de pain** there isn't a lot of ou isn't (very) much bread left ◆ **j'ai beaucoup (de choses) à faire** I have a lot (of things) to do ◆ **pour ce qui est de l'argent / du lait, il en reste beaucoup / il n'en reste pas beaucoup** as for money / milk, there is a lot left / there isn't a lot ou much left ◆ **vous attendiez des touristes, y en a-t-il eu beaucoup? – oui (il y en a eu) beaucoup** you were expecting tourists and were there many ou a lot (of them)? – yes there were (a good many ou a lot of them) ◆ **j'en connais beaucoup qui pensent que** I know a great many (people) ou a lot of people who think that ◆ **il a beaucoup d'influence** he has a great deal ou a lot of influence, he is very influential ◆ **il a eu beaucoup de chance** he's been very lucky

c (employé seul: personnes) many ◆ **ils sont beaucoup à croire que ..., beaucoup croient que ...** many ou a lot of people think that ... ◆ **beaucoup d'entre eux sont partis** a lot ou many of them have left

d (modifiant adv trop, plus, moins, mieux et adj) much, far, a good deal; (nombre) a lot ◆ **beaucoup plus rapide** much ou a good deal ou a lot quicker ◆ **elle travaille beaucoup trop** she works far too much ◆ **elle travaille beaucoup trop lentement** she works much ou far too slowly ◆ **se sentir beaucoup mieux** to feel much ou miles* better ◆ **beaucoup plus d'eau** much ou a lot ou far more water ◆ **beaucoup moins de gens** many ou a lot ou far fewer people ◆ **il est susceptible, il l'est même beaucoup** he's touchy, in fact very much so

e **de beaucoup** by far, by a long way, by a long chalk* (Brit) ◆ **elle est de beaucoup la meilleure élève** she is by far ou is far and away the best pupil, she's the best pupil by far ou by a long chalk* (Brit) ◆ **il l'a battu de beaucoup** he beat him by miles* ou by a long way ◆ **il est de beaucoup ton aîné** he is very much ou is a great deal older than you ◆ **il est de beaucoup supérieur** he is greatly ou far superior ◆ **il préférerait de beaucoup s'en aller** he'd much ou far rather go ◆ **il s'en faut de beaucoup qu'il soit au niveau** he is far from being up to standard, he's nowhere near the standard, he isn't anything like up to standard

f LOC **c'est déjà beaucoup de l'avoir fait** ou **qu'il l'ait fait** it was quite something ou quite an achievement to have done it at all ◆ **à beaucoup près** far from it ◆ **c'est beaucoup dire** that's an exaggeration ou an overstatement, that's saying a lot ◆ **être pour beaucoup dans une décision / une nomination** to be largely responsible for a decision / an appointment, have a big hand in making a decision / an appointment ◆ **il y est pour beaucoup** he's largely responsible for it, he's had a lot to do with it, he had a big hand in it

beauf* [bof] **1** adj goûts, tenue tacky*

2 nm **a** (beau-frère) brother-in-law

b (péj) tacky twerp*

beau-fils, pl **beaux-fils** [bofis] → SYN nm (gendre) son-in-law; (remariage) stepson

beau-frère, pl **beaux-frères** [bofʀɛʀ] nm brother-in-law

beaujolais [boʒɔlɛ] nm **a** (région) **le Beaujolais** the Beaujolais region

b (vin) beaujolais, Beaujolais ◆ **le beaujolais nouveau** (the) beaujolais ou Beaujolais nouveau, (the) new beaujolais ou Beaujolais

beau-papa*, pl **beaux-papas** [bopapa] nm father-in-law, dad-in-law* (Brit)

beau-père, pl **beaux-pères** [bopɛʀ] → SYN nm father-in-law; (nouveau mari de la mère) stepfather

beaupré [bopʀe] nm bowsprit

beauté [bote] → SYN nf **a** (gén) beauty; [femme] beauty, loveliness; [homme] handsomeness ◆ **de toute beauté** very beautiful, magnificent ◆ **se (re)faire une beauté** to powder one's nose, do one's face* ◆ **vous êtes en beauté ce soir** you look radiant this evening ◆ **finir** ou **terminer qch en beauté** to complete sth brilliantly, finish sth with a flourish ◆ **finir en beauté** to end with a flourish, finish brilliantly ◆ **faire qch pour la beauté du geste** to do sth for the sake of it ◆ **la beauté du diable** youthful beauty ou bloom → **concours, reine**

b (belle femme) beauty

c **beautés** beauties ◆ **les beautés de Rome** the beauties of Rome

beaux-arts [bozaʀ] → SYN nmpl ◆ **les beaux-arts** (Art) fine art; (école) the Art School

beaux-enfants [bozɑ̃fɑ̃] nmpl stepchildren

beaux-parents [bopaʀɑ̃] nmpl [homme] wife's parents, in-laws*; [femme] husband's parents, in-laws*

bébé [bebe] → SYN nm (enfant, animal) baby; (poupée) dolly ◆ **faire le bébé** to behave ou act like a baby ◆ **c'est un vrai bébé** he's a real baby ◆ **il est resté très bébé** he has stayed very babyish ◆ **bébé éléphant / girafe** baby elephant / giraffe ◆ **bébé-éprouvette** test-tube baby ◆ **elle attend un bébé** she's expecting a baby ◆ (fig) **jeter le bébé avec l'eau du bain** to throw out the baby with the bathwater ◆ (fig) **on lui a repassé** ou **refilé le bébé** he was left holding the baby

bébête* [bebɛt] **1** adj silly

2 nf ◆ **une petite bébête** a little insect, a creepy crawly*

be-bop, pl **be-bops** [bibɔp] nm (be)bop

bec [bɛk] → SYN **1** nm **a** (Orn) beak, bill ◆ **oiseau qui se fait le bec (contre)** bird that sharpens its beak (on) ◆ **(nez en) bec d'aigle** aquiline ou hook nose ◆ **coup de bec** (lit) peck; (fig) dig, cutting remark

b (pointe) [plume] nib; [carafe, casserole] lip; [théière] spout; [flûte, trompette] mouthpiece; (Géog) bill, headland; (sur vêtement) pucker ◆ **ça fait un bec dans le dos** it puckers in the back

c (*: bouche) mouth ◆ **ouvre ton bec!** open your mouth!, mouth open!* ◆ **ferme ton bec!** just shut up!* ◆ **il n'a pas ouvert le bec** he never opened his mouth, he didn't say a word ◆ **la pipe au bec** with his pipe stuck* in his mouth ◆ **clore** ou **clouer le bec à qn** to reduce sb to silence, shut sb up* → **pris**

d LOC **tomber sur un bec*** to be stymied*, come unstuck* ◆ **être** ou **rester le bec dans l'eau*** to be left in the lurch, be left high and dry ◆ **défendre qch bec et ongles** to fight tooth and nail for sth

e (*: Can, Belg, Helv; baiser) kiss, peck

2 COMP ▷ **bec Auer** Welsbach burner ▷ **bec Bunsen** Bunsen burner ▷ **bec fin*** gourmet ▷ **bec de gaz** lamppost, gaslamp ▷ **bec verseur** pourer, pouring lip

bécane* [bekan] nf (vélo) bike*; (machine) machine

bécarre [bekaʀ] nm (Mus) natural ◆ **sol bécarre** G natural

bécasse [bekas] → SYN nf (Zool) woodcock; (*: sotte) (silly) goose*

bécasseau, pl **bécasseaux** [bekaso] nm sandpiper; (petit de la bécasse) young woodcock

bécassine [bekasin] nf (Zool) snipe; (*: sotte) (silly) goose*

bec-croisé, pl **becs-croisés** [bɛkkʀwaze] nm crossbill

bec-de-cane, pl **becs-de-cane** [bɛkdəkan] nm (poignée) doorhandle; (serrure) catch

bec-de-corbeau, pl **becs-de-corbeau** [bɛkdəkɔʀbo] nm (pince coupante) wire cutters

bec-de-lièvre, pl **becs-de-lièvre** [bɛkdəljɛvʀ] nm (Méd) harelip

bec-de-perroquet*, pl **becs-de-perroquet** [bɛkdəpeʀɔkɛ] nm (Méd) osteophyte

bêchage [bɛʃaʒ] → SYN nm digging, turning over

béchamel [beʃamɛl] nf ◆ **(sauce) béchamel** béchamel (sauce), white sauce

bêche [bɛʃ] → SYN nf spade

bêcher [beʃe] → SYN ▸conjug 1◂ 1 vt (Agr) to dig, turn over
2 vi (*: crâner) to be stuck-up ou toffee-nosed* (Brit)

bêcheur, -euse* [beʃœʀ, øz] → SYN 1 adj stuck-up*, toffee-nosed* (Brit)
2 nm,f stuck-up person*, toffee-nosed person* (Brit)

bécot* [beko] nm kiss, peck ◆ **gros bécot** smacker*

bécoter* [bekɔte] ▸conjug 1◂ 1 vt to kiss
2 **se bécoter** vpr to smooch

becquée [beke] → SYN nf beakful ◆ **donner la becquée à** to feed

becquerel [bɛkʀɛl] nm becquerel

becquet [bekɛ] → SYN nm (Alpinisme) (rocky) spike; (note adhésive) (removable) self-stick note, Post-it (note) ®; (Théât) *author's modification during rehearsals* ◆ (Aut) **becquet (arrière)** spoiler

becquetance‡ [bɛktɑ̃s] nf grub‡

becqueter [bɛkte] → SYN ▸conjug 4◂ vt (Orn) to peck (at); (‡) to eat ◆ **qu'y a-t-il à becqueter ce soir?** what's for grub tonight?‡, what's tonight's nosh?‡ (Brit) ou grub?‡

bectance‡ [bɛktɑ̃s] nf ⇒ **becquetance**

becter [bɛkte] ▸conjug 1◂ vt ⇒ **becqueter**

bedaine* [bədɛn] nf paunch, potbelly‡

bédé* [bede] nf ◆ **la bédé** comic strips, strip cartoons, comics (US) ◆ **une bédé** [journal] a comic strip, strip cartoon; (livre) a comic book ◆ **auteur de bédé(s)** strip cartoonist

bedeau, pl **bedeaux** [bədo] → SYN nm verger, beadle†

bédéphile [bedefil] nmf comic strip ou strip cartoon fan* ou enthusiast

bedon* [bədɔ̃] nm paunch, corporation (Brit), potbelly‡

bedonnant, e* [bədɔnɑ̃, ɑ̃t] → SYN adj potbellied‡, paunchy, portly

bedonner* [bədɔne] ▸conjug 1◂ vi to get a paunch, get potbellied‡

bédouin, -ouine [bedwɛ̃, win] 1 adj Bedouin
2 nm,f ◆ **Bédouin(e)** Bedouin

BEE [beøø] nm (abrév de **Bureau européen de l'environnement**) → **bureau**

bée [be] adj f ◆ **être** ou **rester bouche bée** (lit) to stand open-mouthed ou gaping; (d'admiration) to be lost in wonder; (de surprise) to be flabbergasted* (*devant* at) ◆ **il en est resté bouche bée** his jaw dropped, he was flabbergasted*

béer [bee] → SYN ▸conjug 1◂ vi a to be (wide) open
b **béer d'admiration / d'étonnement** to gape in admiration / amazement, stand gaping in admiration / amazement

beethovénien, -ienne [betɔvenjɛ̃, jɛn] adj Beethovenian, of Beethoven

beffroi [befʀwa] → SYN nm belfry

bégaiement, bégayement [begɛmɑ̃] → SYN nm (lit) stammering, stuttering ◆ (fig: débuts) **bégaiements** faltering ou hesitant beginnings

bégayant, e [begɛjɑ̃, ɑ̃t] adj stammering, stuttering

bégayer [begeje] → SYN ▸conjug 8◂ 1 vi to stammer, stutter, have a stammer
2 vt to stammer (out), falter (out)

bégonia [begɔnja] nm begonia

bègue [bɛg] → SYN 1 nmf stammerer, stutterer
2 adj ◆ **être bègue** to stammer, have a stammer

bégueule [begœl] → SYN 1 nf prude
2 adj prudish

bégueulerie [begœlʀi] → SYN nf prudishness, prudery

béguin [begɛ̃] → SYN nm a (*: toquade) **avoir le béguin pour qn** to have a crush on sb*, be sweet on sb* ◆ **elle a eu le béguin pour cette petite ferme** she took a great fancy to that little farmhouse
b (bonnet) bonnet

béguinage [beginaʒ] → SYN nm (Rel) Beguine convent

béguine [begin] → SYN nf (Rel) Beguine

bégum [begɔm] nf begum

behaviorisme [bievjɔʀism] → SYN nm behaviourism

behavioriste [bievjɔʀist] adj, nmf behaviourist

Behring [beʀiŋ] nm ⇒ **Béring**

BEI [beəi] nf (abrév de **Banque européenne d'investissement**) EIB

beige [bɛʒ] → SYN adj, nm beige

beigeasse [bɛʒas], **beigeâtre** [bɛʒɑtʀ] adj (péj) dirty beige (péj), oatmeal (épith)

beigne[1]‡ [bɛɲ] → SYN nf slap, clout* ◆ **donner une beigne à qn** to clout sb*, give sb a clout*

beigne[2] [bɛɲ] → SYN nm (Can) doughnut

beignet [bɛɲɛ] → SYN nm [fruits, légumes] fritter; (pâte frite) doughnut ◆ **beignet aux pommes** apple doughnut ou fritter

Beijing [beidʒin] n Beijing

béké [beke] nmf white Creole

bel[1] [bɛl] adj → **beau**

bel[2] [bɛl] nm (Phys) bel

bêlant, e [bɛlɑ̃, ɑ̃t] → SYN adj bleating

Bélarus [belaʀys] n ◆ **la (république de) Bélarus** (the Republic of) Belarus

bel cantiste [bɛlkɑ̃tist] nmf bel canto singer

bel canto [bɛlkɑ̃to] → SYN nm bel canto

bêlement [bɛlmɑ̃] → SYN nm (Zool, fig) bleat(ing)

bélemnite [belɛmnit] nf belemnite

bêler [bele] → SYN ▸conjug 1◂ vi (Zool, fig) to bleat

belette [bəlɛt] nf weasel

Belfast [bɛlfast] n Belfast

belge [bɛlʒ] → SYN 1 adj Belgian
2 nmf ◆ **Belge** Belgian

belgicisme [bɛlʒisism] nm Belgian-French word (ou phrase)

Belgique [bɛlʒik] nf Belgium

Belgrade [bɛlgʀad] n Belgrade

bélier [belje] → SYN nm (Zool) ram; (Tech) ram, pile driver; (Mil) (battering) ram ◆ **coup de bélier** waterhammer ◆ **bélier hydraulique** hydraulic ram ◆ (Astron) **le Bélier** Aries, the Ram ◆ **être (du) Bélier** to be (an) Aries ou an Arian

bélître†† [belitʀ] nm rascal, knave†

Belize [beliz] nm Belize

bélizien, -ienne [belizjɛ̃, jɛn] 1 adj Belizean
2 nm,f ◆ **Bélizien(ne)** Belizean

belladone [beladɔn] nf (Bot) deadly nightshade, belladonna; (Méd) belladonna

bellâtre [bɛlɑtʀ] → SYN nm buck, swell*

belle [bɛl] → SYN → **beau**

belle-dame, pl **belles-dames** [bɛldam] → SYN nf (Bot) deadly nightshade; (Zool) painted lady

belle-de-jour, pl **belles-de-jour** [bɛldəʒuʀ] → SYN nf (Bot) convolvulus, morning glory; (*: prostituée) prostitute

belle-de-nuit, pl **belles-de-nuit** [bɛldənɥi] → SYN nf (Bot) marvel of Peru; (*: prostituée) prostitute

belle-doche‡, pl **belles-doches** [bɛldɔʃ] nf (péj) mother-in-law

belle-famille, pl **belles-familles** [bɛlfamij] nf [homme] wife's family, in-laws*; [femme] husband's family, in-laws*

belle-fille, pl **belles-filles** [bɛlfij] → SYN nf (bru) daughter-in-law; (remariage) stepdaughter

belle-maman*, pl **belles-mamans** [bɛlmamɑ̃] nf mother-in-law, mum-in-law* (Brit)

bellement [bɛlmɑ̃] adv (bel et bien) well and truly; (†: avec art) nicely, gently

belle-mère, pl **belles-mères** [bɛlmɛʀ] → SYN nf mother-in-law; (nouvelle épouse du père) stepmother

belles-lettres [bɛllɛtʀ] nfpl ◆ **les belles-lettres** great literature

belle-sœur, pl **belles-sœurs** [bɛlsœʀ] nf sister-in-law

bellicisme [belisism] → SYN nm bellicosity, warmongering

belliciste [belisist] → SYN 1 adj warmongering, bellicose
2 nmf warmonger

belligérance [beliʒeʀɑ̃s] → SYN nf belligerence, belligerency

belligérant, e [beliʒeʀɑ̃, ɑ̃t] → SYN adj, nm,f belligerent

belliqueux, -euse [belikø, øz] → SYN adj humeur, personne quarrelsome, aggressive; politique, peuple warlike, bellicose, aggressive

bellot, -otte*† [bɛlo, ɔt] adj enfant pretty, bonny (Brit)

Belmopan [bɛlmɔpan] n Belmopan

belon [bəlɔ̃] → SYN nm ou f Belon oyster

belote [bəlɔt] nf belote *(card game)*

bélouga, béluga [beluga] → SYN nm beluga

belvédère [bɛlvedɛʀ] → SYN nm (terrasse) panoramic viewpoint, belvedere; (édifice) belvedere

bémol [bemɔl] nm (Mus) flat ◆ **en si bémol** in B flat ◆ (*: fig) **mettre un bémol** to tone it ou things down a bit* ◆ (*: fig) **mettre un bémol à qch** to tone sth down a bit*

bémoliser [bemɔlize] → SYN ▸conjug 1◂ vt (Mus) note to add a flat to; (fig) déclaration to tone down a bit*

ben[1]‡ [bɛn] nm abrév de **bénard**‡

ben[2]* [bɛ̃] adv well, er* ◆ **ben, je n'en sais rien du tout** well, I really don't know ◆ **ben oui / non** well yes / no ◆ **ben quoi?** so (what)? ◆ **eh ben** well, er* ◆ **c'est ben vrai** it's true enough, it's true you know

bénard‡ [benaʀ] nm bags* (Brit), breeches*

bénédicité [benedisite] nm grace, blessing ◆ **dire le bénédicité** to say grace ou the blessing

bénédictin, e [benediktɛ̃, in] → SYN 1 adj Benedictine
2 nm,f Benedictine → **travail**[1]
3 nf ◆ (liqueur) **Bénédictine** Benedictine

bénédiction [benediksjɔ̃] → SYN nf a (Rel: consécration) benediction, blessing; [église] consecration; [drapeau, bateau] blessing ◆ **recevoir la bénédiction** to be given a blessing ◆ **donner la bénédiction à** to bless ◆ **bénédiction nuptiale** marriage blessing ◆ **la bénédiction nuptiale leur sera donnée ...** the marriage ceremony will take place ...
b (assentiment, faveur) blessing ◆ **donner sa bénédiction à** to give one's blessing to
c (*: aubaine) blessing, godsend ◆ **c'est une bénédiction (du ciel)!** it's a blessing! ou a godsend!

bénef* [benɛf] nm (abrév de **bénéfice**) profit

bénéfice [benefis] → SYN 1 nm a (Comm) profit ◆ **vendre à bénéfice** to sell at a profit ◆ **réaliser de gros bénéfices** to make a big profit ou big profits ◆ **faire du bénéfice** to make ou turn a profit ◆ **c'est tout bénéfice** it's to your advantage
b (avantage) advantage, benefit ◆ (Jur) **il a obtenu un divorce à son bénéfice** he obtained a divorce in his favour ◆ **il perd tout le bénéfice de sa bonne conduite** he loses all the benefits he has gained from his good behaviour ◆ **concert donné au bénéfice des aveugles** concert given to raise funds for ou in aid of the blind ◆ **conclure une affaire à son bénéfice** to complete a deal to one's advantage ◆ **il a tiré un bénéfice certain de ses efforts** his efforts certainly paid off ◆ **quel bénéfice as-tu à le nier?** what's the point of (your) denying it?, what good is there in (your) denying it? ◆ **laissons-lui le bénéfice du doute** let us give him the benefit of the doubt ◆ (Jur) **au bénéfice de l'âge** by prerogative of age
c (Rel) benefice, living
2 COMP ▷ **bénéfice des circonstances atténuantes** (Jur) benefit of mitigating circumstances ▷ **bénéfice d'exploitation** (Fin) operating profit ▷ **bénéfice d'inventaire: sous bénéfice d'inventaire** (Fin) without liability to debts beyond assets descended

▷ **bénéfice net par action** (Fin) price earning ratio ; (fig : jusqu'à preuve du contraire) until there is evidence to the contrary ▷ **bénéfices non distribués** (Fin) (accumulated) retained earnings

bénéficiaire [benefisjɛʀ] → SYN **1** adj opération profit-making, profitable → **marge**
2 nmf (gén) beneficiary ; [testament] beneficiary ; [chèque] payee ◆ **être le bénéficiaire d'une nouvelle mesure** to benefit by a new measure

bénéficier [benefisje] → SYN ▸ conjug 7 ◂ **bénéficier de** vt indir (jouir de) to have, enjoy ; (obtenir) to get, have ; (tirer profit de) to benefit by ou from, gain by ◆ **bénéficier de certains avantages** to have ou enjoy certain advantages ◆ **bénéficier d'une remise** to get a reduction ou discount ◆ **bénéficier d'un préjugé favorable** to be favourably considered ◆ **bénéficier d'une mesure / d'une situation** to benefit by ou gain by a measure / situation ◆ (Jur) **bénéficier d'un non-lieu** to be (unconditionally) discharged ◆ (Jur) **bénéficier de circonstances atténuantes** to be granted mitigating circumstances ◆ **faire bénéficier qn de certains avantages** to enable sb to enjoy certain advantages ◆ **faire bénéficier qn d'une remise** to give ou allow sb a discount

bénéfique [benefik] → SYN adj beneficial

Bénélux [benelyks] nm ◆ **le Bénélux** the Benelux countries

benêt [bənɛ] → SYN **1** nm simpleton, silly ◆ **grand benêt** big ninny*, stupid lump‡ ◆ **faire le benêt** to act stupid ou daft‡ (Brit)
2 adj m simple, simple(-minded), silly

bénévolat [benevɔla] → SYN nm voluntary help

bénévole [benevɔl] → SYN **1** adj aide, travail, personne voluntary, unpaid
2 nmf volunteer, voluntary helper ou worker

bénévolement [benevɔlmɑ̃] → SYN adv travailler voluntarily, for nothing

Bengale [bɛ̃gal] nm Bengal → **feu¹**

bengali [bɛ̃gali] → SYN **1** adj Bengali, Bengalese
2 nm (Ling) Bengali ; (oiseau) waxbill
3 nmf ◆ **Bengali** Bengali, Bengalese

bénigne [beniɲ] adj f → **bénin**

bénignement [beniɲmɑ̃] adv (littér) benignly, in a kindly way

bénignité [beniɲite] → SYN nf [maladie] mildness ; (littér) [personne] benignancy, kindness

Bénin [benɛ̃] nm Benin ◆ **République populaire du Bénin** People's Republic of Benin

bénin, -igne [benɛ̃, iɲ] → SYN adj **a** accident slight, minor ; punition mild ; maladie, remède mild, harmless ; tumeur benign
b (littér) humeur, critique benign, kindly

béninois, e [beninwa,waz] **1** adj Beninese
2 nm,f ◆ **Béninois(e)** Beninese

béni-oui-oui* [beniwiwi] nmf inv (péj) yes man* (péj)

bénir [beniʀ] → SYN ▸ conjug 2 ◂ vt **a** (Rel) fidèle, objet to bless ; mariage to bless, solemnize → **dieu**
b (remercier) to be eternally grateful to, thank God for ◆ **il bénissait l'arrivée providentielle de ses amis** he thanked God for ou was eternally grateful for the providential arrival of his friends ◆ **soyez béni !** bless you ! ◆ (iro) **ah, toi, je te bénis !** oh curse you ! ou damn you !‡ ◆ **bénir le ciel de qch** to thank God for sth ◆ **béni soit le jour où ...** thank God for the day (when) ... ◆ **je bénis cette coïncidence** (I) thank God for this coincidence

bénit, e [beni, it] → SYN adj pain, cierge consecrated ; eau holy

bénitier [benitje] nm (Rel) stoup, font → **diable, grenouille**

Benjamin [bɛ̃ʒamɛ̃] nm Benjamin

benjamin [bɛ̃ʒamɛ̃] → SYN nm [famille] youngest son, youngest child ; (Sport) ≃ junior *(12-13 years old)*

benjamine [bɛ̃ʒamin] nf youngest daughter, youngest child

benji [bɛnʒi] nm bungee jumping

benjoin [bɛ̃ʒwɛ̃] nm benzoin

benne [bɛn] → SYN nf **a** (Min) skip (Brit), truck, tub
b [camion] (basculante) tipper (lorry) (Brit), dump truck ; (amovible) skip ; [grue] scoop, bucket ; [téléphérique] (cable-)car ◆ **benne à ordures** dustcart (Brit), garbage truck (US)

Benoist, Benoît [bənwa] nm Benedict

benoît, e [bənwa, wat] → SYN adj (littér) bland, ingratiating

benoîte [bənwat] nf (herbe) bennet, wood avens

benoîtement [bənwatmɑ̃] → SYN adv (littér) blandly, ingratiatingly

benthique [bɛ̃tik] adj benthic, benthal

benthos [bɛ̃tos] nm benthos

bentonite [bɛ̃tɔnit] → SYN nf bentonite

benzédrine ® [bɛ̃zedʀin] nf Benzedrine ®

benzène [bɛ̃zɛn] → SYN nm benzene

benzénique [bɛ̃zenik] adj benzene (épith)

benzine [bɛ̃zin] → SYN nf benzine

benzoate [bɛ̃zɔat] nm benzoate

benzodiazépine [bɛ̃zodjazepin] nf benzodiazepine

benzoïque [bɛ̃zɔik] adj ◆ **acide benzoïque** benzoic acid

benzol [bɛ̃zɔl] nm benzol

benzolisme [bɛ̃zɔlism] nm benzol intoxication

Béotie [beɔsi] nf Boeotia

béotien, -ienne [beɔsjɛ̃, jɛn] → SYN **1** adj Boeotian
2 nm (péj) philistine
3 nm,f ◆ **Béotien(ne)** Boeotian

BEP [beøpe] nm (abrév de **brevet d'études professionnelles**) → **brevet**

BEPA [beøpea] nm (abrév de **brevet d'études professionnelles agricoles**) → **brevet**

BEPC [beəpese] nm (abrév de **brevet d'études du premier cycle**) → **brevet**

béquée [beke] nf ⇒ **becquée**

béquet [bekɛ] nm ⇒ **becquet**

béqueter [bekte] vt ⇒ **becqueter**

béquillard, e [bekijaʀ, aʀd] adj walking on crutches

béquille [bekij] → SYN nf **a** [infirme] crutch ◆ **marcher avec des béquilles** to walk ou be on crutches
b [motocyclette, mitrailleuse] stand ; (Aviat) tail skid ; (Naut) shore, prop ◆ **mettre une béquille sous qch** to prop ou shore sth up
c [serrure] handle

béquiller [bekije] ▸ conjug 1 ◂ **1** vt (Naut) to shore up
2 vi (*) to walk with ou on crutches

ber [bɛʀ] → SYN nm (Can : berceau) cradle

berbère [bɛʀbɛʀ] → SYN **1** adj Berber
2 nm (Ling) Berber
3 nmf ◆ **Berbère** Berber

bercail [bɛʀkaj] → SYN nm (Rel, fig) fold ◆ **rentrer au bercail*** to return to the fold

berçante [bɛʀsɑ̃t] nf ◆ (* : Can) **(chaise) berçante** rocking chair

berce¹ [bɛʀs] nf (Bot) hogweed

berce² [bɛʀs] nf (Belg : berceau) cradle, crib

berceau, pl **berceaux** [bɛʀso] → SYN nm **a** (lit) cradle, crib ; (lieu d'origine) birthplace ◆ **dès le berceau** from birth, from the cradle ◆ **il les prend au berceau !*** he snatches them straight from the cradle !, he's a baby ou cradle snatcher ! ◆ (fig) **le berceau de la civilisation occidentale** the cradle of Western civilization
b (Archit) barrel vault ; (charmille) bower, arbour ; (Naut) cradle

bercelonnette [bɛʀsəlɔnɛt] nf rocking cradle, cradle on rockers

bercement [bɛʀsəmɑ̃] → SYN nm rocking (movement)

bercer [bɛʀse] → SYN ▸ conjug 3 ◂ **1** vt **a** bébé to rock ; (dans ses bras) to rock, cradle ; navire to rock ◆ **il a été bercé au son du canon** he was reared with the sound of battle in his ears ◆ **les airs / chansons qui ont bercé notre enfance** the tunes / songs that we grew up with
b (apaiser) douleur to lull, soothe
c (tromper) **bercer de** to delude with
2 **se bercer** vpr ◆ **se bercer de** to delude o.s. with ◆ **se bercer d'illusions** to harbour illusions, delude o.s.

berceur, -euse [bɛʀsœʀ, øz] → SYN **1** adj rythme lulling, soothing
2 **berceuse** nf **a** (chanson) lullaby, cradlesong ; (Mus) berceuse
b (fauteuil) rocking chair

BERD [bɛʀd] nf (abrév de **Banque européenne pour la reconstruction et le développement**) EBRD

Bérénice [beʀenis] nf Ber(e)nice

béret [beʀɛ] → SYN nm beret ◆ **béret basque** Basque beret ◆ (Mil) **les bérets bleus / verts** the Blue / Green Berets

Bérézina [beʀezina] nf ◆ (Géog) **la Bérézina** the Berezina river ◆ (fig) **c'est la Bérézina !** it's a complete disaster !

bergamasque [bɛʀgamask] → SYN nf bergamask

bergamote [bɛʀgamɔt] → SYN nf bergamot orange

bergamotier [bɛʀgamɔtje] nm bergamot

berge [bɛʀʒ] → SYN nf **a** [rivière] bank ◆ **route** ou **voie sur berge** riverside ou embankment expressway
b (‡ : année) **il a 50 berges** he's 50 (years old)

berger [bɛʀʒe] → SYN nm (lit, Rel) shepherd ◆ **(chien de) berger** sheepdog ◆ **berger allemand** alsatian (Brit), German sheepdog ou shepherd ◆ **berger des Pyrénées** Pyrenean mountain dog ◆ (Art) **"Les Bergers d'Arcadie"** "The Arcadian Shepherds" → **étoile**

bergère [bɛʀʒɛʀ] → SYN nf **a** (personne) shepherdess
b (fauteuil) wing chair

bergerie [bɛʀʒəʀi] → SYN nf **a** sheepfold → **loup**
b (Littérat) **bergeries** pastorals

bergeronnette [bɛʀʒəʀɔnɛt] → SYN nf wagtail ◆ **bergeronnette flavéole / des ruisseaux** yellow / grey wagtail

béribéri [beʀibeʀi] → SYN nm beriberi

Béring [beʀiŋ] nm ◆ **le détroit de Béring** the Bering Strait ◆ **mer de Béring** Bering Sea

berk* [bɛʀk] excl yuk‡

berkélium [bɛʀkeljɔm] nm berkelium

berlander* [bɛʀlɑ̃de] ▸ conjug 1 ◂ vi (Can) to prevaricate, equivocate

Berlin [bɛʀlɛ̃] n Berlin ◆ (Hist) **Berlin-Est / -Ouest** East / West Berlin

berline [bɛʀlin] → SYN nf **a** (Aut) saloon (car) (Brit), sedan (US) ; (†† : à chevaux) berlin
b (Min) truck

berlingot [bɛʀlɛ̃go] → SYN nm **a** (bonbon) ≃ boiled sweet, ≃ humbug (Brit), hard candy (US)
b (emballage) (pyramid-shaped) carton ; (pour shampooing) sachet

berlinois, e [bɛʀlinwa, waz] **1** adj of ou from Berlin
2 nm,f ◆ **Berlinois(e)** Berliner

berlot [bɛʀlo] nm (Can) sleigh

berlue [bɛʀly] → SYN nf ◆ **j'ai la berlue** I must be seeing things

berme [bɛʀm] → SYN nf [canal] path ; [fossé] verge

bermuda(s) [bɛʀmyda] nm bermuda shorts, bermudas

Bermudes [bɛʀmyd] nfpl Bermuda ◆ **le triangle des Bermudes** the Bermuda Triangle

bermudien, -ienne [bɛʀmydjɛ̃, jɛn] **1** adj Bermudan, Bermudian
2 nm,f ◆ **Bermudien(ne)** Bermudan, Bermudian

bernache [bɛʀnaʃ] → SYN nf (crustacé) barnacle ◆ (oie) **bernache (nonnette)** barnacle goose ◆ **bernache cravant** brent goose

bernacle [bɛʀnakl] nf barnacle goose

Bernard [bɛʀnaʀ] nm Bernard

bernardin, e [bɛʀnaʀdɛ̃, in] → SYN nm,f Bernardine, Cistercian

bernard-l'(h)ermite [bɛʀnaʀlɛʀmit] → SYN nm inv hermit crab

Berne [bɛʀn] n Bern

berne [bɛʀn] → SYN nf ◆ **en berne** ≃ at half-mast ◆ **mettre en berne** ≃ to half-mast

berner [bɛʀne] → SYN ▸ conjug 1 ◂ vt (tromper) to fool, hoax; (Hist) personne to toss in a blanket ◆ **il s'est laissé berner par leurs promesses** he was taken in by their promises

bernicle [bɛʀnikl] nf ⇒ **bernique**[1]

Bernin [bɛʀnɛ̃] nm ◆ **le Bernin** Bernini

bernique[1] [bɛʀnik] nf (Zool) limpet

bernique[2]* [bɛʀnik] → SYN excl (rien à faire) nothing doing!*, not a chance! ou hope!

bernois, e [bɛʀnwa, waz] 1 adj Bernese
2 nm,f ◆ **Bernois(e)** Bernese

berrichon, -onne [bɛʀiʃɔ̃, ɔn] 1 adj of ou from the Berry
2 nm,f ◆ **Berrichon(ne)** inhabitant ou native of the Berry

bersaglier [bɛʀsaglije, bɛʀsaljɛʀ] → SYN nm bersagliere

Berthe [bɛʀt] nf Bertha

bertillonnage [bɛʀtijɔnaʒ] nm Bertillon system

Bertrand [bɛʀtʀɑ̃] nm Bertrand, Bertram

béryl [beʀil] nm beryl

béryllium [beʀiljɔm] nm beryllium

berzingue: [bɛʀzɛ̃g] → SYN loc adv ◆ **à tout(e) berzingue** flat out*

besace [bəzas] → SYN nf beggar's bag ou pouch

besant [bəzɑ̃] → SYN nm (gén) bez(z)ant, byzant

bésef: [bezɛf] adv ◆ **il n'y en a pas bésef** (quantité) there's not much (of it) ou a lot (of it); (nombre) there aren't many (of them) ou a lot (of them)

besicles [bezikl] → SYN nfpl (Hist) spectacles; (hum) glasses, specs*

bésigue [bezig] → SYN nm bezique

besogne [bəzɔɲ] → SYN nf (travail) work (NonC), job ◆ **se mettre à la besogne** to set to work ◆ **c'est de la belle besogne** (lit) it's nice work; (iro) it's a nice mess ◆ **une sale besogne** a nasty job ◆ **il est allé vite en besogne** he didn't hang about*

besogner [bəzɔɲe] → SYN ▸ conjug 1 ◂ vi to toil (away), drudge

besogneux, -euse [bəzɔɲø, øz] → SYN adj (†: miséreux) needy, poor; (travailleur) industrious, hard-working

besoin [bəzwɛ̃] → SYN nm a (exigence) need (*de* for) ◆ **besoins essentiels** basic needs ◆ **nos besoins en énergie** our energy needs ◆ **subvenir** ou **pourvoir aux besoins de qn** to provide for sb's needs ◆ **il a de grands / petits besoins** his needs are great / small ◆ **éprouver le besoin de faire qch** to feel the need to do sth ◆ **mentir est devenu un besoin chez lui** lying has become compulsive ou a need with him
b (pauvreté) **le besoin** need, want ◆ **être dans le besoin** to be in need ou want ◆ **cela les met à l'abri du besoin** that will keep the wolf from their door ◆ **une famille dans le besoin** a needy family ◆ **pour ceux qui sont dans le besoin** for the needy, for those in straitened circumstances ◆ **c'est dans le besoin qu'on reconnaît ses vrais amis** it's during times of need that you find out who your reals friends are
c (euph) **besoins naturels** nature's needs ◆ **faire ses besoins** [personne] to relieve o.s., spend a penny* (Brit), go to the john* (US); [animal domestique] to do its business ◆ **satisfaire un besoin pressant** to relieve o.s.
d (avec avoir) **avoir besoin de qn** to need sb ◆ **avoir besoin de qch** to need sth, be in need of sth, want sth ◆ **avoir besoin de faire qch** to need to do sth ◆ **il n'a pas besoin de venir** he doesn't need ou have to come, there's no need for him to come ◆ **il a besoin que vous l'aidiez** he needs your help ou you to help him ◆ **pas besoin de dire qu'il ne m'a pas cru** it goes without saying ou needless to say he didn't believe me ◆ **je n'ai pas besoin de vous rappeler que ...** there's no need (for me) to remind you that ... ◆ **ce tapis a besoin d'être nettoyé** this carpet needs ou wants (Brit) cleaning ◆ **vous pouvez jouer mais il n'y a pas besoin de faire autant de bruit** you can play but you don't have ou need to be so noisy ◆ **il a grand besoin d'aide** he needs help badly, he's badly in need of help ◆ (iro) **il avait bien besoin de ça!** that's just what he needed! (iro) ◆ **est-ce que tu avais besoin d'y aller?*** why on earth did you go?, did you really have to go?, what did you want to go for anyway!*
e (avec être: littér) **si besoin est, s'il en est besoin** if need(s) be, if necessary ◆ **il n'est pas besoin de mentionner que ...** there is no need to mention that ...
f LOC **au besoin** if necessary, if need(s) be ◆ **si le besoin s'en fait sentir** if the need arises, if it's felt to be necessary ◆ **en cas de besoin** if the need arises, in case of necessity ◆ **pour les besoins de la cause** for the purpose in hand

Bessarabie [besaʀabi] nf Bessarabia

bessemer [bɛsmɛʀ] nm Bessemer converter

bestiaire [bɛstjɛʀ] → SYN nm a (livre) bestiary
b (gladiateur) gladiator

bestial, e, mpl **-iaux** [bɛstjal, jo] → SYN adj bestial, brutish

bestialement [bɛstjalmɑ̃] adv bestially, brutishly

bestialité [bɛstjalite] → SYN nf (sauvagerie) bestiality, brutishness; (perversion) bestiality

bestiaux [bɛstjo] → SYN nmpl (gén) livestock; (bovins) cattle

bestiole [bɛstjɔl] → SYN nf (tiny) creature, creepy crawly* (Brit)

best-seller, pl **best-sellers** [bɛstsɛlœʀ] → SYN nm best seller

bêta[1], **-asse*** [beta, ɑs] → SYN 1 adj silly, stupid
2 nm,f goose*, silly billy* ◆ **gros bêta!** big ninny!*, silly goose!*

bêta[2] [bɛta] nm (Ling, Phys) beta

bêtabloquant, e [bɛtablɔkɑ̃] 1 adj beta-blocking
2 nm beta-blocker

bétail [betaj] → SYN nm (gén) livestock; (bovins, fig) cattle ◆ **gros bétail** cattle ◆ **petit bétail** small livestock ◆ **le bétail humain qu'on entasse dans les camps** the people who are crammed like cattle into the camps

bétaillère [betajɛʀ] → SYN nf livestock truck

bêtathérapie [bɛtateʀapi] nf betatherapy

bêtatron [bɛtatʀɔ̃] nm betatron

bête [bɛt] → SYN 1 nf a (animal) animal; (insecte) insect, bug*, creature ◆ **bête (sauvage)** (wild) beast ◆ **nos amies les bêtes** our friends the animals, our four-legged friends ◆ **aller soigner les bêtes** to go and see to the animals ◆ **gladiateur livré aux bêtes** gladiator flung to the beasts ◆ **pauvre petite bête** poor little thing* ou creature ◆ **ce chien est une belle bête** this dog is a fine animal ou beast ◆ (hum: homme) **c'est une belle bête!*** what a hunk!* ◆ **tu as une petite bête sur ta manche** there's an insect ou a creepy crawly* (Brit) on your sleeve ◆ **ces sales bêtes ont mangé mes salades** those wretched creatures have been eating my lettuces
b (personne) (bestial) beast; (†: stupide) fool ◆ **c'est une méchante bête** he is a wicked creature ◆ **quelle sale bête!** (enfant) what a wretched pest!; (adulte) what a horrible creature!, what a beast! ◆ (hum) **c'est une brave** ou **une bonne bête!** he is a good-natured sort ou soul ◆ (terme d'affection) **grande** ou **grosse bête!*** you big silly!* ◆ **faire la bête** to act stupid ou daft*, play the fool ◆ (Littérat) **"La Bête humaine"** "the Beast in Man"
c (*: loc) **travailler comme une bête** to work like a dog ◆ **je suis malade comme une bête** I'm as sick as a dog ◆ **on s'est amusé comme des bêtes** we has a terrific time
2 adj a (stupide) personne, idée, sourire stupid, silly, foolish, idiotic ◆ **ce qu'il peut être bête!** what a fool he is! ◆ **il est plus bête que méchant** he may be stupid but he's not malicious, he's stupid rather than really nasty ◆ **il est loin d'être bête, il a oublié d'être bête** he's far from stupid, he's no fool, he's quite the reverse of stupid ◆ **et moi, bête et discipliné, j'ai obéi** and I did exactly what I was told, without asking myself any questions ◆ **être bête comme ses pieds*** ou **à manger du foin*** to be too stupid for words, be as thick as a brick* ◆ **lui, pas si bête, est parti à temps** knowing better ou being no fool, he left in time ◆ **ce film est bête à pleurer** this film is too stupid for words ◆ **c'est bête, on n'a pas ce qu'il faut pour faire des crêpes** it's a shame ou it's stupid we haven't got what we need for making pancakes ◆ **que je suis bête!** how silly ou stupid of me!, what a fool I am! ◆ **ce n'est pas bête** that's not a bad idea
b (*: très simple) **c'est tout bête** it's quite ou dead* (Brit) simple ◆ **bête comme chou** simplicity itself, as easy as pie* ou as winking*
3 COMP ▷ **bête à bon dieu** ladybird ▷ **bête à concours** swot* (Brit), grind* (US) ▷ **bête à cornes** horned animal; (hum) snail ▷ **bête curieuse** (iro) queer ou strange animal ◆ **regarder qn comme une bête curieuse** to stand and stare at sb ▷ **bête fauve** big cat, wild beast ▷ **bête féroce** wild animal ou beast ▷ **bête noire** ◆ **c'est ma bête noire** [chose] that's my pet hate ou my bête noire ou my pet peeve* (US); [personne] I just can't stand him ▷ **bête de race** pedigree animal ▷ **bête sauvage** ⇒ **bête féroce** ▷ **bête de scène** ◆ **c'est une bête de scène** he's (ou she's) a great performer, he (ou she) performs well on stage ▷ **bête de somme** beast of burden ▷ **bête de trait** draught animal

bétel [betɛl] nm betel

Bételgeuse [betɛlʒøz] nf Betelgeuse

bêtement [bɛtmɑ̃] → SYN adv stupidly, foolishly, idiotically ◆ **tout bêtement** quite simply

Béthanie [betani] n Bethany

Bethléem [betleɛm] n Bethlehem

Bethsabée [betsabe] nf Bathsheba

bêtifiant, e [betifjɑ̃, jɑ̃t] adj livre, film idiotic

bêtifier [betifje] → SYN ▸ conjug 7 ◂ vi to prattle stupidly, talk twaddle

bêtise [betiz] → SYN nf a (NonC: stupidité) stupidity, foolishness, folly ◆ **être d'une bêtise crasse** to be incredibly stupid ◆ **j'ai eu la bêtise d'accepter** I was foolish enough to accept ◆ **c'était de la bêtise d'accepter** it was folly to accept
b (action stupide) silly ou stupid thing; (erreur) blunder; (frasque) stupid prank ◆ **ne dis pas de bêtises** don't talk nonsense ou rubbish (Brit) ◆ **ne faites pas de bêtises, les enfants** don't do anything silly children, don't get into ou up to mischief children ◆ **faire une bêtise** (action stupide, frasque) to do something stupid; (erreur) to make a blunder, boob*
c (bagatelle) trifle, triviality ◆ **dépenser son argent en bêtises** to spend ou squander one's money on rubbish (Brit) ou trash (US)
d **bêtise de Cambrai** ≃ mint humbug (Brit), hard mint candy (US)
e (Can) **bêtises*** insults, rude remarks

bêtisier [betizje] → SYN nm collection of foolish quotations

bétoine [betwan] nf betony

béton [betɔ̃] → SYN nm concrete ◆ **béton armé** reinforced concrete ◆ **béton cellulaire** air-entrained concrete ◆ (fig) **en béton** accord castiron, ironclad; alibi castiron ◆ (Ftbl) **faire** ou **jouer le béton** to play defensively ◆ **laisse béton!**: forget it!*

bétonnage [betɔnaʒ] nm (→ **bétonner**) concreting; defensive play

bétonner [betɔne] → SYN ▸ conjug 1 ◂ 1 vt (Constr) to concrete ◆ (péj) **ils bétonnent nos côtes** they're turning our coastlines into a concrete jungle
2 vi (Ftbl) to play defensively

bétonneuse [betɔnøz], **bétonnière** [betɔnjɛʀ] nf cement mixer

bette [bɛt] [→ SYN] nf ◆ **bettes** (Swiss) chard ◆ **une bette** a piece of chard

betterave [bɛtʀav] nf ◆ **betterave fourragère** mangel-wurzel, beet ◆ **betterave (rouge)** beetroot (Brit), beet (US) ◆ **betterave sucrière** sugar beet

betteravier, -ière [bɛtʀavje, jɛʀ] 1 adj beetroot (épith), of beetroots (Brit) ou beets (US)
2 nm beet grower

bétyle [betil] nm baetyl

beuglant* [bøglɑ̃] nm honky-tonk*

beuglante* [bøglɑ̃t] nf (cri) yell, holler*; (chanson) song ◆ **pousser une beuglante** to yell, give a yell ou holler*

beuglement [bøgləmɑ̃] [→ SYN] nm (→ **beugler**) lowing (NonC), mooing (NonC); bellowing (NonC); bawling (NonC), hollering* (NonC); blaring (NonC) ◆ **pousser des beuglements** to bawl, bellow

beugler [bøgle] [→ SYN] ▸ conjug 1 ◂ 1 vi a [vache] to low, moo; [taureau] to bellow
b (*) [personne] to bawl, bellow, holler*; [radio] to blare ◆ **faire beugler sa télé** to have one's TV on (at) full blast*
2 vt (péj) chanson to bellow out, belt out*

beur [bœʀ] [→ SYN] 1 nmf *second-generation North African living in France*
2 adj culture, musique, etc *of second-generation North Africans living in France*

beurette [bœʀɛt] nf *young second-generation North African woman*

beurk* [bœʀk] excl ⇒ **berk***

beurre [bœʀ] [→ SYN] 1 nm a (laitier) butter ◆ **beurre salé / demi-sel** salted / slightly salted butter ◆ **beurre doux** unsalted butter ◆ **au beurre** plat (cooked) in butter; pâtisserie made with butter ◆ **faire la cuisine au beurre** to cook with butter ◆ **beurre fondu** melted butter (Brit), drawn butter (US) → **inventer, motte, œil**
b (Culin) paste ◆ **beurre d'anchois / d'écrevisses** anchovy / shrimp paste ◆ (substance végétale) **beurre de cacao / de cacahuètes** cocoa / peanut butter
c (* loc) **entrer comme dans du beurre** to go ou get in with the greatest (of) ease ◆ **le couteau entre dans cette viande comme dans du beurre** this meat is like butter to cut ◆ **cette viande, c'est du beurre!** this is very tender meat ◆ **ça va mettre du beurre dans les épinards** that will add a little to the kitty ◆ **faire son beurre (sur le dos de qn)** to make a packet* ou one's pile* (off sb) ◆ **il n'y en a pas plus que de beurre en broche** there is (ou are) none at all ◆ **on ne peut pas avoir le beurre et l'argent du beurre** you can't have your cake and eat it → **compter**
2 COMP ▷ **beurre d'escargot** → **beurre persillé** ▷ **beurre laitier** dairy butter ▷ **beurre noir** (Culin) brown (butter) sauce ▷ **beurre persillé** ou **d'escargots** garlic and parsley butter ▷ **beurre roux** roux

beurré, e [bœʀe] (ptp de **beurrer**) 1 adj (*: ivre) canned*, plastered*
2 nm butter-pear, beurré
3 **beurrée** nf (Can †) slice of bread and butter

beurre-frais [bœʀfʀɛ] adj inv (couleur) buttercup yellow

beurrer [bœʀe] [→ SYN] ▸ conjug 1 ◂ 1 vt a to butter ◆ **tartine beurrée** slice of bread and butter
b (†: Can) to smear
2 **se beurrer*** vpr. to get canned* ou plastered*

beurrerie [bœʀʀi] nf (fabrique) butter factory; (industrie) butter industry

beurrier, -ière [bœʀje, jɛʀ] [→ SYN] 1 adj industrie, production butter (épith) ◆ **région beurrière** butter-producing region
2 nm butter dish

beuverie [bøvʀi] [→ SYN] nf drinking bout ou session, binge*

bévatron [bevatʀɔ̃] nm bevatron

bévue [bevy] [→ SYN] nf blunder

bey [bɛ] [→ SYN] nm bey

Beyrouth [beʀut] n Beirut

bézef* [bezɛf] adv ⇒ **bésef***

bézoard [bezɔaʀ] [→ SYN] nm bezoar

bhotia [bɔtja] 1 adj Bhutanese
2 nmf ◆ **Bhotia** Bhutanese

Bhoutan, Bhutân [butɑ̃] nm Bhutan

bi ... [bi] préf bi ...

bi* [bi] adj, nmf (abrév de **bisexuel, elle**) bi*

biacide [biasid] adj, nm diacid

Biafra [bjafʀa] nm Biafra

biafrais, e [bjafʀɛ, ɛz] 1 adj Biafran
2 nm,f ◆ **Biafrais(e)** Biafran

biais, e [bjɛ, jɛz] [→ SYN] 1 adj arc skew
2 nm a (détour, artifice) device, expedient, dodge* ◆ **chercher un biais pour obtenir qch** to find some means of getting sth ou expedient for getting sth ◆ **il a trouvé le** ou **un biais (pour se faire exempter)** he found a dodge* (to get himself exempted) ◆ **par quel biais vais-je m'en tirer?** what means can I use to get out of it?, how on earth am I going to get out of it? ◆ **par le biais de** by means of, using the expedient of
b (aspect) angle, way ◆ **c'est par ce biais qu'il faut aborder le problème** the problem should be approached from this angle ou in this way
c (Tex) (sens) bias; (bande) bias binding ◆ **coupé** ou **taillé dans le biais** cut on the bias ou the cross
d (ligne oblique) slant
e (Sociol) bias
f LOC **en biais, de biais** slantwise, at an angle ◆ **une allée traverse le jardin en biais** a path cuts diagonally across the garden ◆ **regarder qn de biais** to give sb a sidelong glance ◆ **prendre une question de biais** to tackle a question indirectly ou in a roundabout way

biaiser [bjeze] [→ SYN] ▸ conjug 1 ◂ 1 vi a (louvoyer) to sidestep the issue, prevaricate
b (obliquer) to change direction
2 vt (Sociol) résultat to bias

biathlon [biatlɔ̃] [→ SYN] nm biathlon

biaural, e, mpl **-aux** [biɔʀal, o] adj binaural

biauriculaire [biɔʀikylɛʀ] adj binaural

biaxe [biaks] adj biaxial

bibelot [biblo] [→ SYN] nm (objet sans valeur) trinket, knick-knack; (de valeur) bibelot, curio

bibendum [bibɛ̃dɔm] nm ◆ **c'est un vrai bibendum** he's really podgy*, he's a real butterball* (US)

biberon [bibʀɔ̃] [→ SYN] nm feeding bottle, baby's bottle ◆ **élevé au biberon** bottle-fed ◆ **l'heure du biberon** (baby's) feeding time ◆ **élever** ou **nourrir au biberon** to bottle-feed

biberonner* [bibʀɔne] ▸ conjug 1 ◂ vi to tipple*, booze*

bibi[1]* [bibi] [→ SYN] nm woman's hat

bibi[2]* [bibi] [→ SYN] pron me, yours truly (hum)

bibine* [bibin] nf (weak) beer, dishwater (hum) ◆ **une infâme bibine** a loathsome brew

bibi(t)te [bibit] nf (Can) insect, bug*

bible [bibl] [→ SYN] nf (livre, fig) bible ◆ **la Bible** the Bible

bibli* [bibli] nf (abrév de **bibliothèque**) library

bibliobus [biblijobys] nm mobile library (Brit), bookmobile (US)

bibliographe [biblijɔgʀaf] nmf bibliographer

bibliographie [biblijɔgʀafi] [→ SYN] nf bibliography

bibliographique [biblijɔgʀafik] adj bibliographic(al)

bibliomane [biblijɔman] nmf booklover

bibliomanie [biblijɔmani] nf bibliomania

bibliophile [biblijɔfil] [→ SYN] nmf bibliophile, booklover

bibliophilie [biblijɔfili] [→ SYN] nf bibliophilism, love of books

bibliothécaire [biblijɔtekɛʀ] [→ SYN] nmf librarian

bibliothéconomie [biblijɔtekɔnɔmi] nf library science

bibliothèque [biblijɔtɛk] [→ SYN] nf (édifice, pièce) library; (meuble) bookcase; (collection) library, collection (of books) ◆ **bibliothèque de gare** station bookstall (Brit) ou newsstand (US) ◆ **bibliothèque municipale** public library ◆ **la Bibliothèque nationale** *the French national library* ◆ **bibliothèque de prêt** lending library ◆ **bibliothèque universitaire** university library

biblique [biblik] [→ SYN] adj biblical

bibliquement [biblikmɑ̃] adv biblically

bic ® [bik] [→ SYN] nm ◆ **(pointe)** ≃ Biro ®, ball-point pen

bicaméral, e, mpl **-aux** [bikameʀal, o] adj bicameral, two-chamber (épith)

bicaméralisme [bikameʀalism], **bicamérisme** [bikameʀism] nm bicameral ou two-chamber system

bicarbonate [bikaʀbɔnat] nm bicarbonate ◆ **bicarbonate de soude** bicarbonate of soda, sodium bicarbonate, baking soda

bicarbonaté, e [bikaʀbɔnate] adj bicarbonate (épith)

bicarré, e [bikɑʀe] adj (Math) biquadratic

bicentenaire [bisɑ̃t(ə)nɛʀ] nm bicentenary, bicentennial

bicéphale [bisefal] adj two-headed, bicephalous (spéc)

biceps [bisɛps] [→ SYN] nm biceps ◆ **avoir des** ou **du biceps*** to have a strong ou good pair of arms

biche [biʃ] [→ SYN] nf hind, doe ◆ **un regard** ou **des yeux de biche aux abois** frightened doe-like eyes ◆ (fig) **ma biche** darling, pet

bicher* [biʃe] ▸ conjug 1 ◂ vi a [personne] to be pleased with o.s.
b **ça biche?** how's things?*, things O.K. with you?*

bichette [biʃɛt] [→ SYN] nf ◆ (terme d'affection) **(ma) bichette** darling, pet

bichlamar [biʃlamaʀ] nm Beach- ou Biche-la-Marr

bichlorure [biklɔʀyʀ] nm bichloride

bichon, -onne [biʃɔ̃, ɔn] [→ SYN] nm,f ◆ (chien) **bichon (à poil frisé)** bichon frise ◆ **mon bichon*** pet, love

bichonnage [biʃɔnaʒ] [→ SYN] nm titivation

bichonner [biʃɔne] [→ SYN] ▸ conjug 1 ◂ vt a (pomponner) to dress up, doll up* ◆ (péj) **elle est en train de se bichonner dans sa chambre** she's sprucing herself up ou she's titivating (herself) ou getting dolled up* in her room
b (prendre soin de) **bichonner qn** to wait on sb hand and foot, cosset sb

bichromate [bikʀɔmat] nm bichromate

bichromie [bikʀɔmi] nf two-colour process

bicipital, e, mpl **-aux** [bisipital, o] adj biceps (épith)

bicolore [bikɔlɔʀ] [→ SYN] adj bicolour(ed), two-colour(ed), two-tone; (Cartes) two-suited

biconcave [bikɔ̃kav] adj biconcave

biconvexe [bikɔ̃vɛks] adj biconvex

bicoque [bikɔk] [→ SYN] nf (péj) shack*, dump*; (*: maison) shack*, place*

bicorne [bikɔʀn] [→ SYN] 1 nm cocked hat
2 adj two-horned

bicot** [biko] nm (péj: Arabe) wog**

bicross [bikʀɔs] nm (vélo) ≃ mountain bike; (sport) ≃ mountain biking

biculturalisme [bikyltyʀalism] m biculturalism

biculturel, -elle [bikyltyʀɛl] adj bicultural

bicuspide [bikyspid] adj bicuspid(ate)

bicycle [bisikl] nm (Hist: à grande et petite roues) penny farthing (bicycle) (Brit), ordinary (US); (Can) bicycle

bicyclette [bisiklɛt] [→ SYN] nf a bicycle, bike* ◆ **aller à la ville à** ou **en bicyclette** to go to town by bicycle, cycle to town ◆ **faire de la bicyclette** to go cycling, cycle ◆ **sais-tu faire de la bicyclette?** can you cycle?, can you ride a bike?*
b (Sport) cycling

bidasse* [bidas] nm (conscrit) soldier, swaddy (arg Mil)

bide [bid] → SYN nm a (‡: ventre) belly‡ ◆ **avoir du bide** to have a potbelly
b (*: échec) (gén) **ça a été le bide** it was a total flop* ◆ **il a essayé de la draguer, mais ça a été le bide** he tried to chat her up but she wasn't having any of it* ◆ (Théât, Ciné) **être** ou **faire un bide** to be a flop* ou a washout, bomb* (US)

bidet [bidɛ] → SYN nm a (cuvette) bidet
b (cheval) (old) nag

bidimensionnel, -elle [bidimɑ̃sjɔnɛl] adj two-dimensional

bidirectionnel, -elle [bidiʀɛksjɔnɛl] adj bi-directional

bidoche‡ [bidɔʃ] nf meat

bidon [bidɔ̃] → SYN 1 nm a (gén) can, tin; (à huile, à essence) can; (à peinture) tin; [campeur, soldat] water bottle, flask ◆ **bidon à lait** milk-churn ◆ **huile en bidon** oil in a can
b (*: ventre) belly‡
c (‡: bluff) **c'est du bidon** that's a load of bull‡ ou codswallop‡ (Brit) ou hot air ◆ **ce n'est pas du bidon** I'm (ou he's etc) not kidding!‡
2 adj inv (‡: simulé) attentat, attaque mock (épith); déclaration, prétexte phoney*, phony* (US); élection rigged; maladie, émotion sham (épith) ◆ **société bidon** ghost company ◆ **il est bidon** he's phoney* ou phony* (US)

bidonnant, e‡ [bidɔnɑ̃, ɑ̃t] → SYN adj hilarious ◆ **c'était bidonnant** it was a hell‡ of a laugh, it had us (ou them etc) doubled up (with laughter)

bidonner (se)‡ [bidɔne] → SYN ▸conjug 1◂ vpr to split one's sides laughing*, be doubled up (with laughter), crease up‡

bidonville [bidɔ̃vil] → SYN nm shantytown

bidouillage* [bidujaʒ] nm ◆ **c'est du bidouillage** (gén) it's a bit of a rush job; (Ordin) it's just something I've (ou we've etc) hacked up

bidouiller* [biduje] ▸conjug 1◂ vt (gén) to (have a) tinker with; (Ordin) programme to hack up ◆ **j'ai réussi à le bidouiller** I've managed to fix it for the time being

bidouilleur, -euse* [bidujœʀ, øz] nm,f ◆ **c'est un bidouilleur** (habile) he's quite good with his hands; (péj) he's a bit of a botcher*

bidous* [bidu] nmpl (Can) money, dough‡

bidule* [bidyl] nm (machin) thingummy* (Brit), thingumabob*, contraption, whatsit; (personne) what's-his-name* (ou what's-her-name*), whatsit* ◆ **eh bidule!** hey (you) what's-your-name!*

bief [bjɛf] → SYN nm a [canal] reach
b [moulin] **bief d'amont** headrace ◆ **bief d'aval** tail race ou water

bielle [bjɛl] → SYN nf (locomotive) connecting rod; (voiture) track rod

biellette [bjelɛt] nf (Aut) stub axle

biélorusse [bjelɔʀys] 1 adj Byelorussian
2 nmf ◆ **Biélorusse** Byelorussian

Biélorussie [bjelɔʀysi] nf Byelorussia

bien [bjɛ̃] → SYN
1 adv a (de façon satisfaisante) jouer, dormir, travailler well; conseiller, choisir well, wisely; fonctionner properly, well ◆ **aller** ou **se porter bien, être bien portant** to be well, be in good health ◆ **comment vas-tu? – bien / très bien merci** how are you? – fine / very well, thanks ◆ **il a bien réussi** he's done well (for himself) ◆ **cette porte ferme bien** this door shuts properly ou well ◆ **la télé* ne marche pas bien** the TV isn't working properly ou right ◆ **il s'habille bien** he dresses well ou smartly ◆ **il parle bien l'anglais** he speaks good English, he speaks English well ◆ **elle est bien coiffée aujourd'hui** her hair looks nice today ◆ **nous sommes bien nourris à l'hôtel** we get good food ou we are well fed at the hotel ◆ **il a bien pris ce que je lui ai dit** he took what I had to say in good part ou quite well ◆ **il s'y est bien pris (pour le faire)** he went about it the right way ◆ **si je me rappelle bien** if I remember right(ly) ou correctly ◆ **ils vivent très bien avec son salaire** they live very comfortably ou get along very well on his salary
b (selon les convenances, la morale, la raison) se conduire, agir well, decently ◆ **il pensait bien faire** he thought he was doing the right thing ◆ **vous avez bien fait** you did the right thing, you did right ◆ **se tenir bien à table** to behave properly ou well at table ◆ **il faut te tenir particulièrement bien aujourd'hui** you must behave especially well ou be especially good today, you must be on your best behaviour today ◆ **pour bien faire, il faudrait ...** (in order) to do it ou to do things properly one should ... ◆ **faire bien les choses** to do things properly ou in style ◆ **vous faites bien de me le dire!** you've done well to tell me!, it's a good thing you've told me! ◆ **vous feriez bien de partir tôt** you'd do well ou you'd be well advised to leave early
c (sans difficulté) supporter well; se rappeler well, clearly ◆ **on comprend bien / très bien pourquoi** one can quite / very easily understand ou see why ◆ **il peut très bien le faire** he can quite easily do it
d (exprimant le degré) (très) very, really, awfully*; (beaucoup) very much, thoroughly; (trop) rather, jolly* (Brit), pretty* ◆ **bien mieux** much better ◆ **bien souvent** quite often ◆ **nous sommes bien contents de vous voir** we're very glad ou awfully* pleased to see you ◆ **bien plus heureux / cher** far ou much happier / more expensive ◆ **c'est un bien beau pays** it's a really ou truly beautiful country ◆ **nous avons bien ri** we had a good laugh ◆ **les enfants se sont bien amusés** the children thoroughly enjoyed themselves ou had great fun ◆ **vos œufs sont bien frais?** are your eggs really fresh? ◆ **question bien délicate** highly sensitive question ◆ **bien trop bête** far too stupid ◆ **tout cela est bien joli mais** that's all very well but ◆ **elle est bien jeune (pour se marier)** she is very ou rather young (to be getting married) ◆ **nous avons bien travaillé aujourd'hui** we've done some good work today ◆ **c'est bien moderne pour mes goûts** it's rather too modern for my taste ◆ **il me paraît bien sûr de lui** he seems to me to be rather ou jolly* (Brit) ou pretty* sure of himself
e (effectivement) indeed, definitely; (interrog: réellement) really ◆ **nous savons bien où il se cache** we know perfectly well ou quite well where he's hiding ◆ **j'avais bien dit que je ne viendrais pas** I DID say ou I certainly did say that I wouldn't come ◆ **je trouve bien que c'est un peu cher mais tant pis** I DO think it's rather expensive ou I agree it's rather expensive but too bad ◆ **je sais bien mais ...** I know (full well) but ..., I agree but ... ◆ **c'est bien une erreur** it's definitely ou certainly a mistake ◆ **c'est bien à ton frère que je pensais** it was indeed your brother I was thinking of ◆ **ce n'est pas lui mais bien son frère qui est docteur** it's not he but his brother who is a doctor, it's his brother not he who is a doctor ◆ **dis-lui bien que** be sure to ou and tell him that, make sure you tell him that ◆ **je vous avais bien averti** I gave you due ou ample warning ◆ **est-ce bien mon manteau?** is it really my coat? ◆ **était-ce bien une erreur?** was it really ou in fact a mistake? ◆ **c'est bien de lui de dire ça** it's just like him to say that
f (exclamatif: vraiment, justement) **il s'agit bien de cela!** as if that's the point! ◆ **voilà bien les femmes!** how like women!, that's just like women!, that's women all over! ◆ **c'est bien ma veine!*** (it's) just my luck! ◆ **c'était bien la peine!** after all that trouble!, it wasn't worth the trouble! ◆ **c'est bien cela, on t'invite et tu te décommandes!** that's right ou that's just like it! – you're invited and you call off!
g (intensif) **ferme bien la porte** shut the door properly, make sure you shut the door ◆ **tourne bien ton volant à droite** turn your wheel hard to the right ◆ **écoute-moi bien** listen to me carefully ◆ **regardez bien ce qu'il va faire** watch what he does carefully ◆ **mets-toi bien en face** stand right ou straight opposite ◆ **percer un trou bien au milieu** to knock a hole right ou bang* (Brit) in the centre ◆ **tiens-toi bien droit** stand quite straight ◆ **ça m'est bien égal** it's all one ou the same to me ◆ **il est mort et bien mort** he is dead and buried ou gone ◆ **c'est bien compris?** is that clearly ou quite understood? ◆ **c'est bien promis?** is that a firm promise? ◆ **il arrivera bien à se débrouiller** he'll manage to cope all right ◆ **ça finira bien par s'arranger** it's bound to work out all right in the end ◆ **j'espère bien!** I should hope so (too)! ◆ **on verra bien** we'll see, time will tell ◆ **où peut-il bien être?** where on earth can he be?, where CAN he be? ◆ **il se pourrait bien qu'il pleuve** it could well rain ◆ **il le fait bien, pourquoi pas moi?** he does it, doesn't he, so why shouldn't I?
h (malgré tout) **il fallait bien que ça se fasse** it had to be done ◆ **il fallait bien que ça arrive** it was bound to happen ◆ **j'étais bien obligé d'accepter** I was more or less ou pretty well* obliged ou bound to accept ◆ **il faut bien le supporter** one just has to put up with it ◆ **il pourrait bien venir nous voir de temps en temps!** he could at least come and see us now and then!
i (volontiers) **je mangerais bien un morceau** I could do with a bite to eat, I wouldn't mind something to eat ◆ **il partirait bien en vacances mais il a trop de travail** he would gladly go ou he'd be only too glad to go on holiday but he has too much work to do ◆ **j'irais bien mais ...** I'd willingly ou happily ou gladly go but ... ◆ **je voudrais bien t'y voir!** I wouldn't half‡ like (Brit) ou I'd sure* like (US) to see you do it! ◆ **je verrais très bien un vase sur la cheminée** I think a vase on the mantelpiece might look very nice
j (au moins) at least ◆ **il y a bien 3 jours que je ne l'ai vu** I haven't seen him for at least 3 days ◆ **cela vaut bien ce prix-là** it's well worth the price ou that much, it's worth at least that price
k **bien des ...** a good many ..., many a ... ◆ **bien du, bien de la** a great deal of ◆ **je connais bien des gens qui auraient protesté** I know a good many ou quite a few who would have protested ◆ **ils ont eu bien de la chance** they were really very lucky ◆ **elle a eu bien du mal** ou **de la peine à le trouver** she had a good ou great deal of difficulty in ou no end of trouble* in finding it ◆ **ça fait bien du monde** that makes an awful lot of people
l **bien que** although, though ◆ **bien que je ne puisse pas venir** although ou though I can't come
m LOC **ah bien (ça) alors!** (surprise) well, well!, just fancy!; (indignation) well really! ◆ **ah bien oui** well of course ◆ **bien entendu, bien sûr, bien évidemment** of course ◆ (dans une lettre) **bien à vous** yours ◆ **ni bien ni mal** so-so* ◆ **bien lui en a pris** it was just as well he did it ◆ **c'est bien fait (pour lui)** it serves him right
2 adj inv a (satisfaisant) personne good; film, tableau, livre good, fine ◆ **elle est très bien comme secrétaire** she's a very good ou competent secretary ◆ **donnez-lui quelque chose de bien** give him something really good ◆ **ce serait bien s'il venait** it would be good if he were to come ◆ **bien!** (approbation) good!, fine!; (pour changer de sujet) O.K., all right ◆ (exaspération) **bien! bien!, c'est bien!** all right! all right!, O.K.! O.K.!*
b (Scol: sur copie) good ◆ **assez bien** quite good ◆ **très bien** very good
c (en bonne forme) well, in good form ou health ou shape ◆ **il n'était pas très bien ce matin** he was out of sorts ou off colour* (Brit) ou he wasn't in very good form this morning ◆ **t'es pas bien!*** are you crazy ou nuts*?
d (beau) personne good-looking, nice-looking; chose nice ◆ **elle était très bien quand elle était jeune** she was very attractive ou good-looking when she was young ◆ **il est bien de sa personne** he's a good-looking man ou a fine figure of a man ◆ **ils ont une maison tout ce qu'il y a de bien*** they've got a smashing* (Brit) ou really lovely ou nice house ◆ **ce bouquet fait bien sur la cheminée** the flowers look nice on the mantelpiece
e (à l'aise) **il est bien partout** he is ou feels at home anywhere ◆ **on est bien à l'ombre** it's pleasant ou nice in the shade ◆ **on est bien ici** it's nice here, we like it here ◆ **je suis bien dans ce fauteuil** I'm very comfortable in this chair ◆ **elle se trouve bien dans son nouveau poste** she's very happy in her new job ◆ **laisse-le, il est bien où il est!** leave him alone – he's quite all right where he is ou

he's fine where he is ◆ (iro) **vous voilà bien!** now you've done it!, you're in a fine mess now!

f (moralement, socialement acceptable) nice ◆ **c'est pas bien de dire ça** it's not nice to say that ◆ **ce n'est pas bien de faire ça** it's not nice to do that, it's wrong to do that ◆ **c'est bien ce qu'il a fait là** it was very good ou decent ou nice of him to do that ◆ **c'est bien à vous de les aider** it's good ou nice of you to help them ◆ **c'est un type bien*** he's a decent ou nice fellow ◆ **trouves-tu bien qu'il ait fait cela?** do you think it was very nice of him to do that? ◆ **c'est une femme bien** she's a very nice woman ◆ **des gens bien** very nice ou decent people

g (en bons termes) **être bien avec qn** to be on good terms ou get on well with sb ◆ **ils sont bien ensemble** they're on the best of terms ◆ **se mettre bien avec qn** to get on the good ou right side of sb, get into sb's good books*

3 nm **a** (ce qui est avantageux, agréable) good ◆ **le bien public** the public good ◆ **pour le bien de l'humanité** for the good of humanity ◆ **c'est pour ton bien!** it's for your own good! ◆ **pour son (plus grand) bien** for his (greater) benefit ◆ **finalement cet échec temporaire a été un bien** in the end this setback was a good thing ◆ **je trouve qu'il a changé en bien** I find he has changed for the better ou he has improved ◆ **faire du bien à qch/qn** to do sth/sb good ◆ **ses paroles m'ont fait du bien** his words did me good, I took comfort from his words ◆ **dire du bien de** to speak well of ◆ **parler en bien de qn** to speak favourably ou well of sb ◆ **vouloir du bien à qn** to wish sb well ◆ (iro) **un ami qui vous veut du bien** a well-wisher (iro) ◆ **on a dit le plus grand bien de ce livre/de cet acteur** this book/this actor has been highly praised, people spoke very highly ou favourably of this book/this actor ◆ **on dit beaucoup de bien de ce restaurant** this restaurant has got a very good name, people speak very highly of this restaurant ◆ **grand bien vous fasse!** much good may it do you!, you're welcome to it! ◆ (littér) **être du dernier bien avec qn** to be on the closest terms possible ou on intimate terms with sb

b (ce qui a une valeur morale) **savoir discerner le bien du mal** to be able to tell good from evil ou right from wrong ◆ **faire le bien** to do good ◆ **rendre le bien pour le mal** to return good for evil

c (gén: possession) possession, property (NonC); (argent) fortune; (terres) estate ◆ **biens** goods, possessions, property ◆ **cette bibliothèque est son bien le plus cher** this bookcase is his most treasured possession ◆ **la tranquillité est le seul bien qu'il désire** peace of mind is all he asks for ◆ **il considère tout comme son bien** he regards everything as being his property ou his own ◆ **il est très attaché aux biens de ce monde** he lays great store by worldly goods ou possessions ◆ (Prov) **bien mal acquis ne profite jamais** ill gotten, ill spent, ill-gotten goods ou gains seldom prosper ◆ **il a dépensé tout son bien** he has gone through all his fortune ◆ **avoir du bien (au soleil)** to have property ◆ **laisser tous ses biens à ...** to leave all one's (worldly) goods ou possessions to ...

4 COMP ▷ **biens de communauté** (Jur) communal estate, joint estate of husband and wife, community property (US) ▷ **biens de consommation** consumer goods ▷ **biens consomptibles** wastable assets ▷ **biens durables** consumer durables ▷ **biens d'équipement** capital equipment ou goods; (Ind) plant ▷ **biens d'équipement ménager** household goods ▷ **bien de famille** family estate ▷ **biens fonciers** ⇒ **biens immeubles** ▷ **biens immédiatement disponibles** off-the-shelf goods ▷ **biens immeubles, biens immobiliers** real estate ou property (Brit), landed property ▷ **biens indirects** capital goods ▷ **biens intermédiaires** (Admin) intermediate goods ▷ **bien marchand** commodity ▷ **biens meubles, biens mobiliers** personal property ou estate, movables ▷ **biens privés** private property ▷ **biens publics** public property ▷ **biens successoraux** hereditaments ▷ **biens en viager** life estate

bien-aimé, e, mpl **bien-aimés** [bjɛ̃neme] → SYN adj, nm,f beloved

bien-dire [bjɛ̃diʀ] → SYN nm inv eloquence

bien-être [bjɛ̃nɛtʀ] → SYN nm inv (physique) well-being; (matériel) comfort, material well-being

bienfaisance [bjɛ̃fəzɑ̃s] → SYN nf charity ◆ **association** ou **œuvre de bienfaisance** charitable organization, charity ◆ **l'argent sera donné à des œuvres de bienfaisance** the money will be given to charity

bienfaisant, e [bjɛ̃fəzɑ̃, ɑ̃t] → SYN adj **a** climat, cure, influence salutary, beneficial; pluie refreshing, beneficial

b personne beneficent, kind, kindly

bienfait [bjɛ̃fɛ] → SYN nm (faveur) kindness; (avantage) benefit ◆ **c'est un bienfait du ciel!** it's a godsend! ou a blessing! ◆ (Prov) **un bienfait n'est jamais perdu** a favour is never wasted ◆ **les bienfaits de la science** the benefits of science ◆ **les bienfaits d'un traitement** the beneficial action ou effects of a treatment ◆ **il commence à ressentir les bienfaits de son séjour à la campagne** he is beginning to feel the beneficial effects ou the benefit of his stay in the country ou the good his stay in the country has done him

bienfaiteur [bjɛ̃fɛtœʀ] → SYN nm benefactor

bienfaitrice [bjɛ̃fɛtʀis] nf benefactress

bien-fondé, pl **bien-fondés** [bjɛ̃fɔ̃de] → SYN nm [opinion, assertion] validity; (Jur) [plainte] cogency

bien-fonds, pl **biens-fonds** [bjɛ̃fɔ̃] → SYN nm real estate, landed property

bienheureux, -euse [bjɛnœʀø, øz] → SYN adj **a** (Rel) blessed, blest ◆ **les bienheureux** the blessed, the blest

b (littér) happy ◆ **bienheureux ceux qui ...** lucky are those who ...

biennal, e, mpl **-aux** [bjenal, o] → SYN **1** adj biennial

2 **biennale** nf biennial event

bien-pensant, e, mpl **bien-pensants** [bjɛ̃pɑ̃sɑ̃, ɑ̃t] → SYN adj (Rel) God-fearing; (Pol, gén) right-thinking ◆ (péj) **les bien-pensants** right-thinking people

bienséance [bjɛ̃seɑ̃s] → SYN nf propriety, decorum ◆ **les bienséances** the proprieties, the rules of etiquette

bienséant, e [bjɛ̃seɑ̃, ɑ̃t] → SYN adj action, conduite proper, seemly, becoming ◆ **il n'est pas bienséant de bâiller** it is unbecoming ou unseemly to yawn, it isn't the done thing to yawn

bientôt [bjɛ̃to] → SYN adv soon ◆ **à bientôt!** see you soon!, bye for now!* ◆ **c'est bientôt dit** it's easier said than done, it's easy to say ◆ **on est bientôt arrivé** we'll soon be there, we'll be there shortly ◆ **on ne pourra bientôt plus circuler dans Paris** before long it will be impossible to drive in Paris ◆ **c'est pour bientôt?** is it due soon?, any chance of its being ready soon?; (naissance) is the baby expected ou due soon? ◆ **il est bientôt minuit** it's nearly midnight ◆ **il aura bientôt 30 ans** he'll soon be 30, it will soon be his 30th birthday ◆ **il eut bientôt fait de finir son travail†** he finished his work in no time, he lost no time in finishing his work

bienveillance [bjɛ̃vɛjɑ̃s] → SYN nf benevolence, kindness (*envers* to) ◆ **avec bienveillance** dire, regarder benevolently, kindly; parler kindly ◆ **examiner un cas avec bienveillance** to give favourable consideration to a case ◆ (Admin) **je sollicite de votre haute bienveillance ...** I beg (leave) to request ...

bienveillant, e [bjɛ̃vɛjɑ̃, ɑ̃t] → SYN adj benevolent, kindly

bienvenu, e [bjɛ̃v(ə)ny] → SYN **1** adj ◆ **remarque bienvenue** apposite ou well-chosen remark

2 nm,f ◆ **vous êtes le bienvenu, soyez le bienvenu** you are very welcome, pleased to see you* ◆ **une tasse de café serait la bienvenue** a cup of coffee would be (most) welcome

3 **bienvenue** nf welcome ◆ **souhaiter la bienvenue à qn** to welcome sb ◆ **bienvenue à vous!** welcome (to you)!, you are most welcome! ◆ **allocution de bienvenue** welcoming speech ◆ **bienvenue à Paris/en Italie!** welcome to Paris/to Italy! ◆ **bienvenue parmi nous!** welcome (to the department ou company ou neighbourhood etc)! ◆ (Can: je vous en prie) **bienvenue!** you're welcome!

bière[1] [bjɛʀ] → SYN nf beer ◆ **garçon, 2 bières!** waiter, 2 beers! ◆ **bière blonde** ≃ lager, ≃ light ale (Brit), ≃ light beer (US) ◆ **bière brune** ≃ brown ale, ≃ stout (Brit) ◆ **bière (à la) pression** draught (Brit) ou draft (US) beer, beer on draught (Brit) ou draft (US) → **petit**

bière[2] [bjɛʀ] → SYN nf coffin (Brit), casket (US) ◆ **mettre qn en bière** to put ou place sb in his coffin ◆ **la mise en bière a eu lieu ce matin** the body was placed in the coffin this morning

biergol [biɛʀgɔl] nm ⇒ **diergol**

biface [bifas] nm bifacial flint, biface

biffage [bifaʒ] → SYN nm crossing out

biffe [bif] → SYN nf ◆ (arg Mil) **la biffe** the infantry

biffer [bife] → SYN ▸conjug 1◂ vt to cross out, strike out ◆ **biffer à l'encre/au crayon** to ink/pencil out

biffeton⁑ [biftɔ̃] nm (bank)note, bill (US)

biffin [bifɛ̃] → SYN nm (arg Mil) foot soldier; (⁑: chiffonnier) rag-and-bone man

biffure [bifyʀ] → SYN nf crossing out

bifide [bifid] adj bifid

bifidus [bifidys] nm bifidus

bifilaire [bifilɛʀ] adj bifilar

bifocal, e, mpl **-aux** [bifɔkal, o] adj bifocal ◆ **lunettes bifocales** bifocals

bifteck [biftɛk] → SYN nm steak ◆ **bifteck de cheval** horsemeat steak ◆ **deux biftecks** two steaks, two pieces of steak → **défendre, gagner, haché**

bifurcation [bifyʀkasjɔ̃] → SYN nf [route] fork, junction; (Rail) fork; [artère, tige] branching; (fig: changement) change

bifurquer [bifyʀke] → SYN ▸conjug 1◂ vi **a** [route, voie ferrée] to fork, branch off

b [véhicule] to turn off (*vers, sur* for, towards); (fig) [personne] to branch off (*vers* into) ◆ **bifurquer sur la droite** to bear ou turn right

bigame [bigam] **1** adj bigamous

2 nmf bigamist

bigamie [bigami] nf bigamy

bigarade [bigaʀad] → SYN nf Seville ou bitter orange

bigaradier [bigaʀadje] nm Seville ou bitter orange tree

bigarré, e [bigaʀe] → SYN (ptp de **bigarrer**) adj **a** (bariolé) vêtement many-coloured ou -hued, rainbow-coloured; groupe colourfully dressed, gaily coloured

b (fig) foule motley (épith); société, peuple heterogeneous, mixed

bigarreau, pl **bigarreaux** [bigaʀo] → SYN nm bigarreau, bigaroon (cherry)

bigarrer [bigaʀe] ▸conjug 1◂ vt to colour in many hues

bigarrure [bigaʀyʀ] → SYN nf coloured pattern ◆ **la bigarrure** ou **les bigarrures d'un tissu** the medley of colours in a piece of cloth, the gaily-coloured pattern of a piece of cloth

big-bang [bigbɑ̃g] nm inv big bang

biglе† [bigl] adj (hum) squint(-eyed), cross-eyed

bigler⁑ [bigle] ▸conjug 1◂ **1** vt femme to eye up* (Brit), eye (US); objet to take a squint at*

2 vi (loucher) to squint, have a squint ◆ **arrête de bigler sur** ou **dans mon jeu** stop squinting at my cards*, take your beady eyes off my cards*

bigleux, -euse* [biglø, øz] → SYN adj (myope) short-sighted ◆ **quel bigleux tu fais!** you need glasses!

bignonia [biɲɔnja] nm, **bignone** [biɲɔn] nf bignonia

bigophone* [bigɔfɔn] nm phone, blower⁑ (Brit), horn* (US) ◆ **passer un coup de bigophone à qn** to get sb on the blower⁑ (Brit) ou horn* (US), give sb a buzz* ou ring

bigophoner* [bigɔfɔne] ▸ conjug 1 ◂ vi to be on the blower⁑ (Brit) ou horn* (US) ◆ **bigophoner à qn** to give sb a buzz* ou a ring

bigorneau, pl **bigorneaux** [bigɔʀno] → SYN nm winkle

bigorner⁑ [bigɔʀne] ▸ conjug 1 ◂ 1 vt voiture to smash up
2 **se bigorner** vpr (se battre) to come to blows, scrap* (*avec* with); (se disputer) to have a brush ou an argument ou a barney⁑ (Brit) (*avec* with)

bigot, e [bigo, ɔt] → SYN (péj) 1 adj over-pious, sanctimonious, holier-than-thou
2 nm,f (religious) bigot

bigoterie [bigɔtʀi] → SYN nf (péj) (religious) bigotry, pietism

bigouden, -ène [bigudɛ̃, ɛn] 1 adj of ou from the Pont-l'Abbé region *(in Brittany)*
2 nm,f ◆ **Bigouden, -ène** native ou inhabitant of the Pont-l'Abbé region
3 **bigoudène** nf *woman's headdress worn in the region of Pont-l'Abbé*

bigoudi [bigudi] nm (hair-)curler ou roller ◆ **une femme en bigoudis** a woman (with her hair) in curlers ou rollers

bigre [bigʀ] excl (hum) gosh!*, holy smoke!*

bigrement [bigʀəmɑ̃] → SYN adv chaud, bon dashed*, jolly* (Brit); changer a heck of a lot* ◆ **on a bigrement bien mangé** we had a jolly good meal*

bigue [big] → SYN nf heavy-load derrick

biguine [bigin] → SYN nf beguine

Bihâr [biaʀ] nm ◆ **le Bihâr** Bihar

bihebdomadaire [biɛbdɔmadɛʀ] adj twice-weekly

bihoreau [biɔʀo] → SYN nm night heron

bijectif, -ive [biʒɛktif, iv] adj bijective

bijection [biʒɛksjɔ̃] nf bijection

bijou, pl **bijoux** [biʒu] → SYN nm jewel; (chef-d'œuvre) gem ◆ **les bijoux d'une femme** a woman's jewels ou jewellery ◆ **un bijou de précision** a marvel of precision ◆ **bijoux (de) fantaisie** costume jewellery ◆ (terme d'affection) **mon bijou** my love, pet ◆ **bijoux de famille** (lit) family jewels; (⁑: hum) wedding tackle⁑ (Brit), family jewels⁑ (US)

bijouterie [biʒutʀi] → SYN nf (boutique) jeweller's (shop); (commerce) jewellery business ou trade; (art) jewellery-making; (bijoux) jewellery

bijoutier, -ière [biʒutje, jɛʀ] → SYN nm,f jeweller

bikini ® [bikini] → SYN nm bikini

bilabial, e, mpl **-iaux** [bilabjal, jo] 1 adj bilabial
2 **bilabiale** nf bilabial

bilabié, e [bilabje] adj bilabiate

bilame [bilam] nm (Phys) bimetallic strip

bilan [bilɑ̃] → SYN nm a (évaluation) appraisal, assessment; (résultats) results; (conséquences) consequences ◆ **le bilan d'une catastrophe** the final toll of a disaster ◆ **faire le bilan d'une situation** to take stock of ou assess a situation ◆ **quand on arrive à 50 ans on fait le bilan** when you reach 50 you take stock (of your life) ◆ **« camion fou sur l'autoroute, bilan : 3 morts »** "runaway lorry on motorway: 3 dead" ◆ (Méd) **bilan de santé** (medical) checkup ◆ **se faire faire un bilan de santé** to go for ou have a checkup ◆ (fig) **faire le bilan de santé de l'économie / d'une entreprise** to assess the current state of the economy / a company
b (Fin) balance sheet, statement of accounts ◆ **dresser** ou **établir son bilan** to draw up the balance sheet ◆ **bilan de liquidation** statement of affairs *(in a bankruptcy petition)*

bilatéral, e, mpl **-aux** [bilateʀal, o] → SYN adj bilateral ◆ **stationnement bilatéral** parking on both sides (of the road)

Bilbao [bilbao] n Bilbao

bilboquet [bilbɔkɛ] nm ≃ cup-and-ball game

bile [bil] → SYN nf (Anat, fig : amertume) bile ◆ (fig) **se faire de la bile (pour)** to get worried (about), worry o.s. sick (about)* → **échauffer**

biler (se)* [bile] → SYN ▸ conjug 1 ◂ vpr (gén nég) to worry o.s. sick* (*pour* about) ◆ **ne vous bilez pas!** don't get all worked up!* ou het up!*, don't get yourself all worried! ◆ **il ne se bile pas** he takes it nice and easy*

bileux, -euse* [bilø, øz] → SYN adj easily upset ou worried ◆ **il n'est pas bileux!, ce n'est pas un bileux!** he's not one to worry ou to let things bother him, he doesn't let things bother him ◆ **quel bileux tu fais!** what a fretter* ou worrier you are!

bilharzie [bilaʀzi] nf bilharzia, schistosome

bilharziose [bilaʀzjoz] nf bilharziasis, schistosomasis

biliaire [biljɛʀ] adj biliary → **calcul, vésicule**

bilieux, -euse [biljø, øz] adj teint bilious, yellowish; personne, tempérament irritable, testy, irascible

bilingue [bilɛ̃g] → SYN adj bilingual

bilinguisme [bilɛ̃gɥism] → SYN nm bilingualism

bilirubine [biliʀybin] nf bilirubin

biliverdine [bilivɛʀdin] nf biliverdin

billard [bijaʀ] → SYN 1 nm a (jeu) billiards (sg); (table) billiard table; (salle) billiard room ◆ **boule de billard** billiard ball ◆ **faire un billard** ou **une partie de billard** to play (a game of) billiards
b (* loc) **passer sur le billard** to be operated on, have an operation ◆ **c'est du billard** it's quite ou dead* (Brit) easy, it's a piece of cake* (Brit) ou a cinch* ◆ **cette route est un vrai billard** this road is like a billiard table
2 COMP ▷ **billard américain** pool ▷ **billard électrique** pinball machine ▷ **billard français** French billiards ▷ **billard japonais** (partie) (game of) pinball; (table) pinball machine ▷ **billard russe** bar billiards

bille [bij] → SYN nf a (boule) [enfant] marble; [billard] (billiard) ball ◆ **jouer aux billes** to play marbles, have a game of marbles ◆ **déodorant à bille** roll-on deodorant ◆ (fig) **il a attaqué** ou **foncé bille en tête*** he didn't beat about the bush* ◆ (fig) **reprendre** ou **récupérer** ou **retirer ses billes** to pull out ◆ (fig) **il a su placer ses billes*** he made all the right moves ◆ **toucher sa bille au tennis / en maths*** to know a thing or two about tennis / maths → **roulement, stylo**
b **bille de bois** billet, block of wood
c (*: visage) mug⁑, face ◆ **il a fait une drôle de bille!** you should have seen his face! ◆ **bille de clown** funny face ◆ **il a une bonne bille** he's got a jolly face
d (*: yeux) **billes** round eyes

billet [bijɛ] → SYN 1 nm a ticket ◆ **billet de quai / train / loterie** platform / train / lottery ticket ◆ **billet circulaire / collectif** round-trip / group ticket ◆ **est-ce que tu as ton billet de retour?** have you got your return (Brit) ou round-trip (US) ticket? ◆ **prendre un billet aller / aller-retour** to take a single (Brit) ou one-way (US) / return (Brit) ou round-trip (US) ticket
b (argent) note, bill (US) ◆ **billet de 10 francs** 10-franc note ◆ **ça coûte 500 billets*** it costs 500 francs → **faux²**
c (littér ou †: lettre) note, short letter ◆ (Presse) **billet d'humeur** column
d LOC **je te fiche** ou **flanque mon billet qu'il ne viendra pas!⁑** I bet you my bottom dollar* ou a pound to a penny* (Brit) ou a dollar to a doughnut* (US) he won't come
2 COMP ▷ **billet de banque** banknote ▷ **billet de commerce** promissory note ▷ **billet doux** billet doux, love letter ▷ **billet de faveur** complimentary ticket ▷ **billet de logement** (Mil) billet ▷ **billet à ordre** promissory note, bill of exchange ▷ **billet de parterre*†** ◆ **prendre** ou **ramasser un billet de parterre** to come a cropper*, fall flat on one's face ▷ **billet au porteur** bearer order ▷ **billet de retard** (Scol) late slip (Brit), tardy slip (US); (Admin) *note from public transport authorities attesting late running of train etc* ▷ **billet de trésorerie** commercial paper ▷ **le billet vert** the dollar

billeté, e [bij(ə)te] adj (Hér) billeté

billette [bijɛt] → SYN nf (Archit, Hér, lingot) billet

billetterie [bijɛtʀi] nf (Banque) cash dispenser, automatic teller machine (US); [tickets] (automatic) ticket machine

billettiste [bijetist] nmf (Presse) columnist; [agence] ticket agent

billevesées [bijvəze] → SYN nfpl (littér : sornettes) nonsense (NonC)

billion [biljɔ̃] → SYN nm (million de millions) billion (Brit), trillion (US); (†: milliard) thousand million, milliard (Brit), billion (US)

billot [bijo] → SYN nm [boucher, bourreau, cordonnier] block; (Can) log (of wood) ◆ (fig) **j'en mettrais ma tête sur le billot** I'd stake my life on it

bilobé, e [bilɔbe] adj bilobate, bilobed

bimane [biman] adj bimanous

bimbeloterie [bɛ̃blɔtʀi] → SYN nf (objets) knick-knacks, fancy goods (Brit); (commerce) knick-knack ou fancy goods (Brit) business

bimbelotier, -ière [bɛ̃blɔtje, jɛʀ] nm,f (fabricant) fancy goods manufacturer (Brit), gifts manufacturer (US); (marchand) fancy goods dealer (Brit), gift store owner (US)

bimensuel, -elle [bimɑ̃sɥɛl] 1 adj fortnightly (Brit), twice monthly, bimonthly
2 nm (revue) fortnightly review (Brit), semimonthly (US)

bimensuellement [bimɑ̃sɥɛlmɑ̃] adv fortnightly (Brit), twice a month

bimestre [bimɛstʀ] nm bimestrial period

bimestriel, -elle [bimɛstʀijɛl] adj ◆ **revue bimestrielle** bimonthly review, review which appears six times a year

bimétallique [bimetalik] adj bimetallic

bimétallisme [bimetalism] nm bimetallism

bimétalliste [bimetalist] 1 adj bimetallic, bimetallistic
2 nmf bimetallist

bimillénaire [bimi(l)lenɛʀ] adj, nm bimillenary

bimoteur [bimɔtœʀ] → SYN 1 adj twin-engined
2 nm twin-engined plane

binage [binaʒ] → SYN nm hoeing, harrowing

binaire [binɛʀ] → SYN adj binary

binational, e, mpl **-aux** [binasjɔnal, o] adj personne having dual nationality

binaural, e, mpl **-aux** [binɔʀal, o] adj ⇒ **biaural**

biner [bine] → SYN ▸ conjug 1 ◂ vt to hoe, harrow

binette [binɛt] → SYN nf a (Agr) hoe
b (*: visage) face, dial⁑

bineuse [binøz] nf harrow

bing [biŋ] excl smack!, thwack!

bingo [bingo] → SYN nm (Can) (jeu) ≃ bingo *(using letters as well as numbers)*; (partie) ≃ game of bingo

biniou [binju] → SYN nm (Mus) (Breton) bagpipes ◆ (*: téléphone) **donner un coup de biniou à qn** to give sb a buzz* ou a ring

binoclard, e* [binɔklaʀ, aʀd] → SYN adj, nm,f ◆ **il est binoclard, c'est un binoclard** he wears specs*

binocle [binɔkl] → SYN nm pince-nez

binoculaire [binɔkylɛʀ] adj binocular

binôme [binom] nm binomial

binomial, e, mpl **-iaux** [binɔmjal, jo] adj binomial

bin's*, binz* [bins] nm (désordre) shambles* (NonC) ◆ **quel bin's dans ta chambre!** your room is a shambles! ◆ (ennui) **c'est tout un bin's pour aller chez lui** what a palaver ou hassle to go to his house!

bio* [bjo] nf a (abrév de **biographie**) bio*
b abrév de **biologie**
c abrév de **biologique**

biobibliographie [bjobibliјɔgʀafi] nf biobibliography

biocarburant [bjokaʀbyʀɑ̃] nm biofuel

biocatalyseur [bjokatalizœʀ] nm biocatalyst

biocénose [bjosenoz] nf bioc(o)enosis

biochimie [bjoʃimi] nf biochemistry

biochimique [bjoʃimik] adj biochemical

biochimiste [bjoʃimist] nmf biochemist

biocide [bjɔsid] nm biocide

bioclimatique [bjoklimatik] adj bioclimatic

bioclimatologie [bjoklimatɔlɔʒi] nf bioclimatology

biodégradabilité [bjodegʀadabilite] nf biodegradability

biodégradable [bjodegʀadabl] → SYN adj biodegradable

biodégradation [bjodegʀadasjɔ̃] nf biodegradation

bioénergétique [bjoenɛʀʒetik] 1 adj bioenergetic
2 nf bioenergetics (sg)

bioénergie [bjoenɛʀʒi] nf bioenergy

bioéthique [bjoetik] nf bioethics (sg)

biogène [bjɔʒɛn] adj biogenic

biogenèse [bjɔʒənɛz] nf biogenesis

biogéographie [bjoʒeɔgʀafi] nf biogeography

biographe [bjɔgʀaf] nmf biographer

biographie [bjɔgʀafi] → SYN nf biography ◆ **biographie romancée** biographical novel

biographique [bjɔgʀafik] adj biographical

biologie [bjɔlɔʒi] → SYN nf biology

biologique [bjɔlɔʒik] → SYN adj biological; produits, aliments natural, organic

biologiste [bjɔlɔʒist] nmf biologist

bioluminescence [bjolyminesɑ̃s] nf bioluminescence

bioluminescent, e [bjolyminesɑ̃, ɑ̃t] adj bioluminescent

biomagnétisme [bjomaɲetism] nm biomagnetism

biomasse [bjomas] nf biomass

biomatériau, pl **biomatériaux** [bjomateʀjo] nm biomaterial

biomathématiques [bjɔmatematik] nfpl biomathematics (sg)

biomécanique [bjomekanik] nf biomechanics (sg)

biomédical, e, mpl **-aux** [bjomedikal, o] adj biomedical

biométrie [bjɔmetʀi] nf biometry, biometrics (sg)

bionique [bjɔnik] → SYN 1 nf bionics (sg)
2 adj bionic

biophysicien, -ienne [bjofizisjɛ̃, jɛn] nm,f biophysicist

biophysique [bjofizik] nf biophysics (sg)

biopsie [bjɔpsi] nf biopsy

biorythme [bjoʀitm] nm biorhythm

biosphère [bjɔsfɛʀ] nf biosphere

biosynthèse [bjosɛ̃tɛz] nf biosynthesis

biote [bjɔt] nm biota

biotechnique [bjotɛknik], **biotechnologie** [bjotɛknɔlɔʒi] nf biotechnology

biothérapie [bjoteʀapi] nf biotherapy

biotine [bjɔtin] nf biotin

biotique [bjɔtik] adj biotic

biotite [bjɔtit] nf biotite

biotope [bjɔtɔp] nm biotope

biotype [bjɔtip] nm biotype

biotypologie [bjotipɔlɔʒi] nf biotypology

bioxyde [bijɔksid] nm dioxide

bip [bip] GRAMMAIRE ACTIVE 27.6 nm a (son) (court) b(l)eep; (continu) b(l)eeping ◆ **faire bip** to b(l)eep ◆ **parlez après le bip sonore** speak after the tone ou beep
b (appareil) bleep(er), beeper

bipale [bipal] adj twin-bladed

biparti, e [bipaʀti] adj, **bipartite** [bipaʀtit] adj (Bot) bipartite; (Pol) two-party, bipartite, bipartisan

bipartisme [bipaʀtism] nm (Pol) bipartisanship

bipartition [bipaʀtisjɔ̃] nf bipartition

bipasse [bipas] nm ⇒ **by-pass**

bip-bip, pl **bips-bips** [bipbip] nm ⇒ **bip** b

bipède [bipɛd] adj, nm biped

bipenne [bipɛn] → SYN nf double-edged axe

bipenné, e [bipene] adj bipinnate

biper [bipe] ▸ conjug 1 ◂ vt to page

biphasé, e [bifɑze] adj diphase, two-phase

bipied [bipje] nm bipod

biplace [biplas] adj, nm two-seater

biplan [biplɑ̃] 1 adj ◆ **avion biplan** biplane
2 nm biplane

bipolaire [bipɔlɛʀ] adj bipolar

bipolarité [bipɔlaʀite] nf bipolarity

biquadratique [bikwadʀatik] adj biquadratic

bique [bik] → SYN nf nanny-goat ◆ (péj) **vieille bique*** old hag, old trout* (Brit), old witch* ◆ **grande bique*** beanpole

biquet, -ette [bikɛ, ɛt] → SYN nm,f (Zool) kid ◆ (terme d'affection) **mon biquet** love, ducky* (Brit)

biquotidien, -ienne [bikɔtidjɛ̃, jɛn] adj twice-daily

birapport [biʀapɔʀ] nm anharmonic ratio

birbe [biʀb] → SYN nm ◆ (péj) **vieux birbe** old fuddy-duddy*, old fogey*

BIRD [biʀd] nf (abrév de **Banque internationale pour la reconstruction et le développement**) IBRD

biréacteur [biʀeaktœʀ] → SYN nm twin-engined jet

biréfringence [biʀefʀɛ̃ʒɑ̃s] nf birefringence

biréfringent, e [biʀefʀɛ̃ʒɑ̃, ɑ̃t] adj birefringent

birème [biʀɛm] → SYN nf (Antiq) bireme

birman, e [biʀmɑ̃, an] 1 adj Burmese
2 nm (Ling) Burmese
3 nm,f ◆ **Birman(e)** Burmese

Birmanie [biʀmani] nf Burma

biroute [biʀut] nf a (*: pénis) dick**
b (arg Aviat) wind sock

bis¹ [bis] → SYN 1 adv (Mus: sur partition) repeat, twice ◆ **bis!** (Théât) encore! ◆ (numéro) **12 bis** 12a → **itinéraire**
2 nm (Théât) encore

bis², e¹ [bi, biz] → SYN adj greyish-brown, brownish-grey → **pain**

bisaïeul [bizajœl] → SYN nm great-grandfather

bisaïeule [bizajœl] nf great-grandmother

bisannuel, -elle [bizanɥɛl] adj biennial

bisbille* [bizbij] nf squabble, tiff ◆ **être en bisbille avec qn** to be at loggerheads ou at odds with sb

biscornu, e [biskɔʀny] → SYN adj forme irregular, crooked; maison crooked, oddly shaped; idée, esprit cranky, peculiar; raisonnement tortuous, cranky ◆ **un chapeau biscornu** a shapeless hat

biscoteaux* [biskɔto] nmpl biceps ◆ **avoir des biscoteaux** to have a good pair of biceps

biscotte [biskɔt] nf rusk (Brit), melba toast (US)

biscotterie [biskɔtʀi] nf (entreprise) rusk (Brit) ou melba toast (US) factory

biscuit [biskɥi] → SYN 1 nm a (Culin) sponge cake ◆ **biscuit (sec)** biscuit (Brit), cookie (US) ◆ **biscuit salé** cheese biscuit (Brit), cracker
b (céramique) biscuit, bisque
2 COMP ▹ **biscuit (à) apéritif** cracker, cocktail snack ▹ **biscuit pour chien** dog biscuit ▹ **biscuit à la cuiller** sponge finger (Brit), lady finger (US) ▹ **biscuit de Savoie** sponge cake

biscuiter [biskɥite] ▸ conjug 1 ◂ vt to make into biscuit ou bisque

biscuiterie [biskɥitʀi] nf (usine) biscuit (Brit) ou cookie (US) factory; (commerce) biscuit (Brit) ou cookie (US) trade

bise² [biz] → SYN nf (vent) North wind

bise³ [biz] → SYN nf (baiser) kiss ◆ **faire une** ou **la bise à qn** to kiss sb, give sb a kiss ◆ **il lui a fait une petite bise** he gave her a quick peck* ou kiss ◆ (sur lettre) **grosses bises** love and kisses (*de* from)

biseau, pl **biseaux** [bizo] → SYN nm (bord) [glace, vitre] bevel, bevelled edge; (Menuiserie) chamfer, chamfered edge; (outil) bevel ◆ **en biseau** bevelled, with a bevelled edge; chamfered, with a chamfered edge

biseautage [bizotaʒ] nm (→ **biseau**) bevelling; chamfering

biseauter [bizote] ▸ conjug 1 ◂ vt glace, vitre to bevel; (Menuiserie) to chamfer; cartes to mark

biser [bize] → SYN ▸ conjug 1 ◂ vt (embrasser) to kiss, give a kiss to

biset [bizɛ] → SYN nm rock dove, feral pigeon

bisexualité [bisɛksɥalite] nf bisexuality, bisexualism

bisexué, e [bisɛksɥe] → SYN adj bisexual

bisexuel, elle [bisɛksɥɛl] 1 adj bisexual
2 nm,f bisexual

Bismarck [bismaʀk] n Bismarck

bismuth [bismyt] nm bismuth

bison [bizɔ̃] → SYN nm (d'Amérique) (American) bison, buffalo; (d'Europe) (European) bison, wisent

bisou* [bizu] nm kiss ◆ **faire un bisou à qn** to give sb a kiss ◆ **faire un petit bisou à qn** to give sb a peck* ou kiss ◆ (sur lettre) **gros bisous** love and kisses (*de* from)

bisque [bisk] → SYN nf (Culin) bisk, bisque ◆ **bisque de homard** lobster soup, bisque of lobster

bisquer* [biske] → SYN ▸ conjug 1 ◂ vi to be riled* ou nettled ◆ **faire bisquer qn** to rile* ou nettle sb

Bissau [bisao] n Bissau

bissecteur, -trice [bisɛktœʀ, tʀis] 1 adj bisecting
2 **bissectrice** nf bisector, bisecting line

bissection [bisɛksjɔ̃] nf bisection

bisser [bise] → SYN ▸ conjug 1 ◂ vt (faire rejouer) acteur, chanson to encore; (rejouer) morceau to play again, sing again

bissextile [bisɛkstil] adj f → **année**

bissexué, e [bisɛksɥe] adj ⇒ **bisexué**

bissexuel, elle [bisɛksɥɛl] adj, nm,f ⇒ **bisexuel, elle**

bistable [bistabl] adj (Ordin) bistable

bistorte [bistɔʀt] nf bistort, snakeroot

bistouille* [bistuj] nf rotgut*

bistouri [bistuʀi] → SYN nm bistoury (spéc), scalpel

bistre [bistʀ] → SYN 1 adj couleur blackish-brown, bistre; objet bistre-coloured, blackish-brown; peau, teint swarthy
2 nm bistre

bistré, e [bistʀe] (ptp de **bistrer**) adj teint tanned, swarthy

bistrer [bistʀe] ▸ conjug 1 ◂ vt objet to colour with bistre, peau to tan

bistro(t) [bistʀo] nm a (*: café) ≃ pub (Brit), bar (US), café
b (†: cafetier) ≃ publican (Brit), bartender (US), café owner

bistrotier, -ière [bistʀɔtje, jɛʀ] nm,f ≃ publican (Brit), bar manager (US)

bisulfate [bisylfat] nm bisulphate

bit [bit] nm (Ordin) bit

BIT [beite] nm (abrév de **Bureau international du travail**) ILO

bite** [bit] nf ⇒ **bitte** b

biter** [bite] ▸ conjug 1 ◂ vt ⇒ **bitter²****

bitoniau* [bitɔnjo] nm whatsit*

bitos* [bitos] nm hat, headgear* (NonC)

bitte [bit] nf a [navire] bitt ◆ [quai] **bitte (d'amarrage)** mooring post, bollard
b (**: pénis) prick**, cock**, dick**

bitter¹ [bitɛʀ] nm (boisson) bitters

bitter²** [bitɛʀ] ▸ conjug 1 ◂ vt ◆ **j'y bitte rien** I can't understand a fucking thing**

bitterois, e [bitɛʀwa, waz] 1 adj of ou from Béziers
2 nm,f ◆ **Bitterois(e)** inhabitant ou native of Béziers

bitture‡ [bityʀ] nf ⇒ **biture‡**

bitumage [bitymaʒ] ➞SYN nm asphalting

bitume [bitym] ➞SYN nm (Chim, Min) bitumen ; (revêtement) asphalt, Tarmac ®

bitumé, e [bityme] (ptp de **bitumer**) adj route asphalted, asphalt (épith), tarmac (épith) ; carton bitumized

bitum(in)er [bitym(in)e] ▸conjug 1◂ vt route to asphalt, tarmac ; carton to bituminize

bitum(in)eux, -euse [bitym(in)ø, øz] adj bituminous

biture‡ [bityʀ] nf ◆ **prendre une biture** to get drunk ou canned‡ ou plastered‡ ◆ **il tient une de ces bitures** he's plastered‡, he's blind drunk*

biturer (se)‡ [bityʀe] ▸conjug 1◂ vpr to get drunk ou canned‡ ou plastered‡

biunivoque [biynivɔk] adj (fig) one-to-one ; (Math) → **correspondance**

bivalence [bivalɑ̃s] nf (Sci) bivalency

bivalent, e [bivalɑ̃, ɑ̃t] adj (Sci) bivalent ; professeur teaching two subjects

bivalve [bivalv] adj, nm bivalve

biveau [bivo] ➞SYN nm [maçon] bevel square

bivitellin, e [bivitelɛ̃, in] adj ◆ **jumeaux bivitellins** fraternal ou dizygotic (spéc) twins

bivouac [bivwak] ➞SYN nm bivouac, bivvy‡

bivouaquer [bivwake] ➞SYN ▸conjug 1◂ vi to bivouac

bizarre [bizaʀ] ➞SYN **1** adj personne, conduite strange, odd, peculiar, freaky* ; idée, raisonnement, temps odd, queer, strange, funny* ; vêtement strange ou funny(-looking) ◆ **tiens, c'est bizarre** that's odd ou queer ou funny*

2 nm ◆ **le bizarre** the bizarre ◆ **le bizarre dans tout cela ...** what is strange ou odd ou queer ou peculiar about all that ..., the strange ou odd part about it all ...

bizarrement [bizaʀmɑ̃] adv strangely, oddly, peculiarly, queerly

bizarrerie [bizaʀʀi] ➞SYN nf [personne] odd ou strange ou peculiar ways ; [idée] strangeness, oddness, queerness ; [situation, humeur] queer ou strange ou odd nature ◆ **bizarreries** [langue, règlement] peculiarities, oddities, vagaries

bizarroïde [bizaʀɔid] adj odd

bizut [bizy] ➞SYN nm (arg Scol) fresher (Brit), freshman, first-year student ou scholar

bizutage [bizytaʒ] ➞SYN nm (arg Scol) ragging (Brit), hazing (US) *(of new student etc)*

bizuter [bizyte] ➞SYN ▸conjug 1◂ vt (arg Scol) to rag (Brit), haze (US) *(new student etc)*

bizuth [bizy] nm ⇒ **bizut**

BK [beka] nm (abrév de **bacille de Koch**) Koch's bacillus

blablabla* [blablabla] nm blah*, claptrap*, waffle* (Brit)

blablater* [blablate] ▸conjug 1◂ vi to blabber on*, waffle on* (Brit)

black [blak] **1** adj black

2 nmf black person

black-bass [blakbas] ➞SYN nm inv black bass

blackboulage [blakbulaʒ] ➞SYN nm blackballing

blackbouler [blakbule] ➞SYN ▸conjug 1◂ vt (à une élection) to blackball ; (*: à un examen) to fail

black-jack [blak(d)ʒak] nm blackjack

black-out [blakaut] ➞SYN nm (Élec, Mil, fig) blackout ◆ (fig) **faire le black-out sur qch** to impose a (news) blackout on sth

black-rot, pl **black-rots** [blakʀɔt] nm black rot

blafard, e [blafaʀ, aʀd] ➞SYN adj teint pale, pallid, wan ; couleur, lumière, soleil wan, pale ◆ **l'aube blafarde** the pale light of dawn

blaff [blaf] nm (Culin) blaff

blague [blag] ➞SYN nf **a** (*) (histoire, plaisanterie) joke ; (farce) practical joke, trick ◆ **faire une blague à qn** to play a trick ou a joke on sb ◆ **sans blague?** really?, you're kidding!‡, you don't say!* ◆ **sans blague, blague à part, blague dans le coin*** seriously, joking apart, kidding aside* (US) ◆ **non mais sans blague, tu me prends pour qui?** no really, what do you take me for? ◆ **il prend tout à la blague** he can never take anything seriously ◆ **ne me raconte pas de blagues!** stop having (Brit) ou putting (US) me on!* ou kidding me!‡, pull the other one!‡ ◆ **c'est de la blague tout ça!** it's all talk, it's all bull‡

b (*: erreur) silly thing, blunder, stupid mistake ◆ **faire une blague** to make a blunder ou a stupid mistake ◆ **faire des blagues** to do silly ou stupid things ◆ **attention, pas de blagues!** be careful, no messing about!*

c **blague (à tabac)** (tobacco) pouch

blaguer* [blage] ▸conjug 1◂ **1** vi to be joking ou kidding‡ (*sur* about) ◆ **j'ai dit cela pour blaguer** I said it for a lark* (Brit) ou joke (US) ◆ **on ne blague pas avec ça** you shouldn't joke about that, that's not something to joke about

2 vt to tease, make fun of, kid‡, take the mickey out of‡ (Brit)

blagueur, -euse [blagœʀ, øz] ➞SYN **1** adj sourire, air ironical, teasing ; ton, manière jokey* ◆ **il est (très) blagueur** he is (really) good fun

2 nm,f (gén) joker ; (farceur) practical joker

blair‡ [blɛʀ] nm nose, hooter‡ (Brit), beak‡

blaireau, pl **blaireaux** [blɛʀo] ➞SYN nm **a** (Zool) badger

b (pour barbe) shaving brush

c (‡: péj) tacky jerk‡

blairer‡ [bleʀe] ▸conjug 1◂ vt ◆ **je ne peux pas le blairer** he gives me the creeps‡, I can't stand ou bear him

blâmable [blɑmabl] ➞SYN adj blameful

blâme [blɑm] ➞SYN nm **a** (désapprobation) blame ; (réprimande) reprimand, rebuke

b (punition : Admin, Sport) reprimand ◆ **donner un blâme à qn** to reprimand sb ◆ **recevoir un blâme** to be reprimanded, incur a reprimand

blâmer [blɑme] ➞SYN ▸conjug 1◂ vt (désavouer) to blame ; (réprimander) to reprimand, rebuke ◆ **je ne te blâme pas de** ou **pour l'avoir fait** I don't blame you for having done it

blanc, blanche [blɑ̃, blɑ̃ʃ] ➞SYN **1** adj **a** (de couleur blanche) white ◆ **il était blanc à 30 ans** he had white hair at 30 ◆ **ils sont rentrés de vacances blancs comme ils sont partis** they came back from holiday as pale as when they left ◆ **elle avait honte de ses jambes blanches** she was ashamed of her lily-white (hum) ou pale legs ◆ **blanc de colère / de peur** white with anger / fear ◆ **blanc comme neige** (as) white as snow, snow-white ◆ **blanc comme un cachet d'aspirine** white as a sheet ◆ **il devint blanc comme un linge** he went ou turned as white as a sheet ◆ (Comm) **produits blancs** white goods → **arme, bois, bonnet**

b page, bulletin de vote blank ; papier non quadrillé unlined, plain ◆ (Scol) **il a rendu copie blanche** ou **sa feuille blanche** he handed in a blank paper ◆ **prenez une feuille blanche** take a clean ou blank piece of paper ◆ **voter blanc** to return a blank vote → **carte, examen**

c (innocent) pure, innocent ◆ **blanc comme neige** ou **comme la blanche hermine** as pure as the driven snow

d (de la race blanche) domination, justice white ◆ **l'Afrique blanche** white Africa

e (Sci) bruit white

2 nm **a** (couleur) white ◆ **peindre qch en blanc** to paint sth white ◆ **le blanc de sa robe tranchait sur sa peau brune** her white dress ou the white of her dress contrasted sharply with her dark skin ◆ [hôpital] **les hommes en blanc** hospital doctors → **but**

b (linge) **laver séparément le blanc et la couleur** to wash whites and coloureds separately ◆ **vente de blanc** white sale, sale of household linen ◆ **magasin de blanc** linen shop ◆ **la quinzaine du blanc** (annual) sale of household linen, (annual) white sale

c (cosmétique) **elle se met du blanc** she wears white powder

d (espace non écrit) blank, space ; [bande magnétique] blank ; [domino] blank ◆ **laisser un blanc** to leave a blank ou space ◆ **il faut laisser le nom en blanc** the name must be left blank ou must not be filled in → **chèque, signer**

e (vin) white wine

f (Culin) **blanc (d'œuf)** (egg) white ◆ **blanc (de poulet)** white (meat), breast of chicken ◆ **elle n'aime pas le blanc** she doesn't like the white (meat) ou the breast

g **le blanc (de l'œil)** the white (of the eye) → **regarder, rougir**

h (homme blanc) **un Blanc** a White, a white man ◆ **les Blancs** the Whites, white men

i LOC **à blanc** charger with blanks ◆ **tirer à blanc** to fire blanks ◆ **balle à blanc** blank ◆ **cartouche à blanc** blank (cartridge) → **chauffer, saigner**

3 **blanche** nf **a** (femme) **une Blanche** a white woman

b (Mus) minim (Brit), half-note (US)

c (Billard) white (ball)

d (arg Drogue) horse (arg), smack (arg)

4 COMP ▷ **blanc de baleine** spermaceti ▷ **blanc de blanc(s)** blanc de blanc(s) ▷ **blanc cassé** off-white ▷ **blanc de céruse** white lead ▷ **blanc de chaux** whitewash ▷ **blanc d'Espagne** whiting, whitening ▷ **blanc de zinc** zinc oxide

blanc-bec, pl **blancs-becs** [blɑ̃bɛk] ➞SYN nm greenhorn*, tenderfoot*

blanc-cassis, pl **blancs-cassis** [blɑ̃kasi(s)] nm *(apéritif of) white wine and blackcurrant liqueur,* kir

blanchaille [blɑ̃ʃaj] ➞SYN nf whitebait

blanchâtre [blɑ̃ʃɑtʀ] ➞SYN adj whitish, off-white

blanche [blɑ̃ʃ] → **blanc**

Blanche-Neige [blɑ̃ʃnɛʒ] nf Snow White ◆ (Littérat) **"Blanche-Neige et les Sept Nains"** "Snow White and the Seven Dwarfs"

blancheur [blɑ̃ʃœʀ] ➞SYN nf whiteness

blanchiment [blɑ̃ʃimɑ̃] ➞SYN nm (décoloration) bleaching ; (badigeonnage) whitewashing ; [argent] laundering

blanchir [blɑ̃ʃiʀ] ➞SYN ▸conjug 2◂ **1** vt **a** (gén) to whiten, lighten ; mur to whitewash ; cheveux to turn grey ou white ; toile to bleach ◆ **le soleil blanchit l'horizon** the sun is lighting up the horizon ◆ **la neige blanchit les collines** the snow is turning the hills white ◆ **blanchir à la chaux** to whitewash

b (nettoyer) linge, (fig) argent to launder ◆ **il est logé, nourri et blanchi** he gets bed and board and his washing ou his laundry is done for him

c (disculper) personne to exonerate, absolve, clear ; réputation to clear ◆ **il en est sorti blanchi** he cleared his name

d **(faire) blanchir** (Culin) légume to blanch ; (Agr) to blanch

e (Typ) page to white out, blank

2 vi [personne, cheveux] to turn ou go grey ou white ; [couleur, horizon] to become lighter ◆ **son teint a blanchi** he is looking ou has got paler, he has lost colour ◆ **blanchir de peur** to blanch ou blench ou go white with fear ◆ (littér) **blanchi sous le harnais** worn down by hard work

3 **se blanchir** vpr to exonerate o.s. (*de* from), clear one's name

blanchissage [blɑ̃ʃisaʒ] nm [linge] laundering ; [sucre] refining ◆ **donner du linge au blanchissage** to send linen to the laundry ◆ **note de blanchissage** laundry bill

blanchissant, e [blɑ̃ʃisɑ̃, ɑ̃t] adj produit whitening

blanchissement [blɑ̃ʃismɑ̃] nm whitening ◆ **ce shampooing retarde le blanchissement des cheveux** this shampoo stops your hair going grey ou white

blanchisserie [blɑ̃ʃisʀi] ➞SYN nf laundry

blanchisseur [blɑ̃ʃisœʀ] ➞SYN nm launderer

blanchisseuse [blɑ̃ʃisøz] nf laundress

blanc-manger, pl **blancs-mangers** [blɑ̃mɑ̃ʒe] ➞SYN nm (Culin) blancmange

blanc-seing, pl **blancs-seings** [blɑ̃sɛ̃] ➞SYN nm (lit) signature to a blank document ◆ (fig) **donner un blanc-seing à qn** to give sb a free rein ou free hand

blanquette [blɑ̃kɛt] ➞SYN nf **a** (Culin) **blanquette de veau / d'agneau** blanquette of veal / of lamb, veal / lamb in white sauce

b (vin) sparkling white wine

blaps [blaps] nm churchyard beetle

blase‡ [blaʒ] nm ⇒ **blaze**

blasé, e [blɑze] → SYN (ptp de **blaser**) [1] adj blasé
[2] nm,f blasé person ◆ **faire le blasé** to affect a blasé indifference to everything

blaser [blɑze] → SYN ▸conjug 1◂ [1] vt to make blasé ou indifferent ◆ **être blasé de** to be bored with ou tired of
[2] **se blaser** vpr to become bored (*de* with), become tired (*de* of), become blasé (*de* about)

blason [blɑzɔ̃] → SYN nm a (armoiries) coat of arms, blazon → **redorer**
b (science) heraldry
c (Littérat: poème) blazon

blasonner [blɑzɔne] → SYN ▸conjug 1◂ vt to blazon

blasphémateur, -trice [blasfematœʀ, tʀis] → SYN [1] adj personne blaspheming, blasphemous
[2] nm,f blasphemer

blasphématoire [blasfematwaʀ] → SYN adj parole blasphemous

blasphème [blasfɛm] → SYN nm blasphemy

blasphémer [blasfeme] → SYN ▸conjug 6◂ vti to blaspheme

blastoderme [blastɔdɛʀm] nm blastoderm

blastogenèse [blastoʒənɛz] nf (Bio) blastogenesis

blastomère [blastɔmɛʀ] nm blastomere

blastomycose [blastomikoz] nf blastomycosis

blastopore [blastɔpɔʀ] nm blastopore

blastula [blastyla] nf blastula, blastosphere

blatérer [blateʀe] → SYN ▸conjug 6◂ vi [chameau] to bray

blatte [blat] → SYN nf cockroach

blaze‡ [blaʒ] nm (nez) beak‡, hooter‡ (Brit), conk‡ (Brit); (nom) name

blazer [blazɛʀ, blazœʀ] → SYN nm blazer

blé [ble] → SYN nm wheat, corn (Brit); (‡: argent) dough‡, lolly‡ ◆ **le blé en herbe** (Agr) corn on the blade; (fig) young shoots, young bloods ◆ **blé dur** hard wheat, durum wheat ◆ **blé noir** buckwheat ◆ (Can) **blé d'Inde*** maize, (Indian) corn (US, Can) → **blond, fauché**

bled [blɛd] → SYN nm a (*) village; (péj) hole*, godforsaken place*, dump‡ ◆ **c'est un bled perdu** ou **paumé** it's a godforsaken place* ou hole* (in the middle of nowhere)
b (Afrique du Nord) **le bled** the interior (of North Africa) ◆ (fig) **habiter dans le bled*** to live in the middle of nowhere ou at the back of beyond

blédard [bledaʀ] nm (Hist) *soldier who served in the interior of North Africa*

blême [blɛm] → SYN adj teint pallid, deathly pale, wan; lumière pale, wan ◆ **blême de rage/de colère** livid ou white with rage/anger

blêmir [blemiʀ] → SYN ▸conjug 2◂ vi [personne] to turn ou go pale, pale; [lumière] to grow pale ◆ **blêmir de colère** to go livid ou white with anger

blêmissement [blemismɑ̃] → SYN nm [teint, lumière] paling

blende [blɛ̃d] nf blende

blennie [bleni] → SYN nf (Zool) blenny

blennorragie [blenɔʀaʒi] → SYN nf gonorrhoea

blennorragique [blenɔʀaʒik] adj gonorrhoeal (Brit), gonorrheal (US), gonorrhoeic (Brit), gonorrheic (US)

blennorrhée [blenɔʀe] nf blennorrhoea (Brit), blennorrhea (US)

blépharite [blefaʀit] → SYN nf blepharitis

blèsement [blɛzmɑ̃] → SYN nm lisping

bléser [bleze] → SYN ▸conjug 6◂ vi to lisp

blésité [blezite] nf lisp

blessant, e [blesɑ̃, ɑ̃t] → SYN adj (offensant) cutting, biting, hurtful

blessé, e [blese] → SYN (ptp de **blesser**) [1] adj (→ **blesser**) hurt, injured; wounded; (offensé) hurt, upset ◆ **être blessé à la tête/au bras** to have a head/an arm injury ou wound
[2] nm wounded ou injured man, casualty; (Mil) wounded soldier, casualty ◆ **grand blessé** seriously wounded person ◆ **les blessés** (gén) the injured; (Mil) the wounded ◆ **l'accident a fait 10 blessés** 10 people were injured ou hurt in the accident
[3] **blessée** nf wounded ou injured woman, casualty
[4] COMP ▷ **blessé grave** seriously ou severely injured ou wounded person ▷ **blessé de guerre** person who was wounded in the war ◆ **les blessés de guerre** the war wounded ▷ **blessé léger** slightly injured person ▷ **blessés de la route** road casualties, people ou persons injured in road accidents

blesser [blese] → SYN ▸conjug 1◂ vt a (gén, accidentellement) to hurt, injure; (Mil, dans une agression) to wound ◆ **il a été blessé d'un coup de couteau** he received a knife wound, he was stabbed (with a knife) ◆ **elle a été blessée par balle** she has a bullet-wound, she was wounded by a bullet ◆ **j'ai été blessé à la guerre** I was wounded in the war, I have a war-wound ◆ **être blessé dans un accident de voiture** to be injured in a car accident ◆ **il s'est blessé en tombant** he fell and injured himself ◆ **il s'est blessé (à) la jambe** he has injured ou hurt his leg
b [ceinture, soulier] to hurt; (fig) to offend ◆ **ses souliers lui blessent le talon** his shoes hurt his heel ou make his heel sore ◆ **sons qui blessent l'oreille** sounds which offend the ear ou grate on the ear ◆ **couleurs qui blessent la vue** colours which offend ou shock the eye
c (offenser) to hurt (the feelings of), upset, wound ◆ **blesser qn au vif** to cut sb to the quick ◆ **il s'est senti blessé dans son orgueil** his pride was hurt, he felt wounded in his pride ◆ **des paroles qui blessent** cutting words, wounding ou cutting remarks ◆ **il se blesse pour un rien** he's easily hurt ou offended, he's quick to take offence
d (littér: porter préjudice à) règles, convenances to offend against; intérêts to go against, harm ◆ **cela blesse son sens de la justice** that offends his sense of justice

blessure [blesyʀ] → SYN nf (accidentelle) injury; (intentionnelle, morale) wound ◆ **quelle blessure d'amour-propre pour lui!** what a blow to his pride! → **coup**

blet, blette[1] [blɛ, blɛt] → SYN adj fruit overripe, soft

blette[2] [blɛt] nf ⇒ **bette**

blettir [bletiʀ] → SYN ▸conjug 2◂ vi to become overripe ou soft

blettissement [bletismɑ̃] → SYN nm overripeness

bleu, e [blø] → SYN [1] adj a couleur etc blue ◆ **bleu de froid** blue with cold ◆ **être bleu de colère** to be livid ou purple with rage ◆ (fig) **il avait le menton bleu** he had a five-o'-clock shadow → **enfant, fleur, peur**
b (meurtri) bruised
c (Culin) steak very rare, underdone
[2] nm a (couleur) blue ◆ (fig) **il n'y a vu que du bleu** he didn't twig* (Brit), he didn't smell a rat* ◆ **regarde le bleu de ce ciel** look at the blueness of that sky, look how blue the sky is ◆ **le bleu des mers du Sud** the blue of the South Seas
b **bleu (de lessive)** (dolly) blue ◆ **passer le linge au bleu** to blue the laundry
c (marque sur la peau) bruise ◆ **être couvert de bleus** to be covered in bruises, be black and blue* ◆ **se faire un bleu au genou/bras** to bruise one's knee/arm
d (vêtement) **bleu(s) (de travail)** dungarees, overalls ◆ **bleu (de chauffe)** boiler suit (Brit), overalls
e (arg Mil: recrue) rookie (arg), new ou raw recruit; (gén: débutant) beginner, greenhorn* ◆ **tu me prends pour un bleu?** do you think I was born yesterday?*
f (fromage) blue(-veined) cheese
g (Culin) **truite au bleu** trout au bleu
h (Can) **les Bleus** the Conservatives
[3] COMP ▷ **bleu acier** steel blue ▷ **bleu ardoise** slaty ou slate blue ▷ **bleu canard** peacock blue ▷ **bleu ciel** sky blue ▷ **bleu de cobalt** cobalt blue ▷ **bleu horizon** sky-blue ▷ **bleu indigo** indigo blue ▷ **bleu lavande** lavender blue ▷ **bleu marine** navy blue ▷ **bleu de méthylène** (Méd) methylene blue ▷ **bleu noir** blue-black ▷ **bleu nuit** midnight blue ▷ **bleu outremer** ultramarine ▷ **bleu pervenche** periwinkle blue ▷ **bleu pétrole** dark greenish-blue ▷ **bleu de Prusse** Prussian blue ▷ **bleu roi** royal blue ▷ **bleu turquoise** turquoise blue ▷ **bleu vert** blue-green

bleuâtre [bløɑtʀ] adj bluish

bleuet [bløɛ] → SYN nm cornflower; (Can) blueberry

bleuetière [bløetjɛʀ], **bleuetterie** [bløɛtʀi] nf (Can) blueberry grove

bleuir [bløiʀ] ▸conjug 2◂ vti to turn blue

bleuissement [bløismɑ̃] nm turning blue

bleusaille [bløzɑj] → SYN nf (arg Mil) (recrue) rookie (arg), new ou raw recruit ◆ (collectivement) **la bleusaille** the rookies (arg)

bleuté, e [bløte] adj reflet bluish; verre blue-tinted

blindage [blɛ̃daʒ] → SYN nm (→ **blinder**) armour plating; screening; timbering, shoring up

blinde [blɛ̃d] → SYN loc adv ◆ **à toute blinde*** flat out*, like a shot*

blindé, e [blɛ̃de] → SYN (ptp de **blinder**) [1] adj a (Mil) division armoured; engin, train armoured, armour-plated; abri bombproof; porte reinforced
b (*: endurci) immune, hardened (*contre* to) ◆ **il a essayé de me faire peur mais je suis blindé** he tried to frighten me but I'm too thick-skinned*
c (‡: ivre) stewed‡, canned‡, plastered‡
[2] nm (Mil) tank ◆ **blindé léger de campagne** combat car ◆ **blindé de transport de troupes** armoured personnel carrier ◆ **les blindés** the armour

blinder [blɛ̃de] → SYN ▸conjug 1◂ vt a (Mil) to armour, put armour plating on; (Élec) to screen; (Constr) to shore up, timber
b (*: endurcir) to harden, make immune (*contre* to)
c (‡: soûler) to make ou get drunk ou plastered‡ ou canned‡

blinis [blinis] → SYN nm blin

blister [blistɛʀ] nm blister pack

blizzard [blizaʀ] → SYN nm blizzard

bloc [blɔk] → SYN [1] nm a [pierre, marbre, bois] block ◆ **table faite d'un seul bloc** table made in one piece ◆ **être tout d'un bloc** [objet] to be made in one piece; [personne] to be straightforward ◆ (Géol) **bloc erratique** erratic block
b (papeterie) pad ◆ **bloc de bureau** office notepad, desk pad ◆ **bloc de papier à lettres** writing pad
c (système d'éléments) unit; (Ordin) block ◆ **ces éléments forment (un) bloc** these elements make up a unit
d (groupe, union) group; (Pol) bloc ◆ **ces entreprises forment un bloc** these companies make up a group ◆ (Pol) **le bloc communiste/des pays capitalistes** the communist/capitalist bloc ◆ (Pol) **pays divisé en deux blocs adverses** country split into two opposing blocks ou factions ◆ (Fin) **bloc monétaire** monetary bloc
e (Bourse) [actions] block ◆ **achat/vente en bloc** block purchase/sale → aussi 1h
f (Ordin) **bloc de calcul** arithmetic unit ◆ **bloc de mémoire** storage ou memory block
g (‡: prison) **mettre qn au bloc** to clap sb in clink‡ ou jug‡ ◆ **j'ai eu 10 jours de bloc** I got 10 days in clink‡ ou jug‡
h LOC **faire bloc** to join forces, unite (*avec* with; *contre* against) ◆ **à bloc: serrer** ou **visser qch à bloc** to screw sth up as tight as possible ou as far as it will go ◆ **fermer un robinet à bloc** to turn a tap right ou hard off ◆ **en bloc: acheter/vendre qch en bloc** to buy/sell sth as a whole ◆ **il refuse en bloc tous mes arguments** he rejects all my arguments out of hand ou outright ◆ **les pays du Marché commun ont condamné en bloc l'attitude des USA** the Common Market countries were united ou unanimous in their

condemnation of the US attitude ◆ **se retourner tout d'un bloc** to swivel round → **freiner, gonflé**

2 COMP ▷ **bloc de culasse** breech-block ▷ **bloc de départ** (Sport) starting-block ▷ **bloc opératoire** (Méd) operating theatre suite ▷ **bloc optique** (Aut) head-lamp assembly ▷ **bloc sonore** (Ciné) sound unit

blocage [blɔkaʒ] ⊡ SYN nm **a** [prix, salaires] freeze, freezing; [compte bancaire] freezing

b (Constr) rubble

c (Psych) block ◆ **avoir** ou **faire un blocage** to have a mental block

d [frein, roues] locking; [écrou] overtightening ◆ (Ordin) **blocage de mémoire** memory block

blocaille [blɔkaj] nf (Constr) rubble

bloc-calendrier, pl **blocs-calendriers** [blɔk kalɑ̃dʀije] nm tear-off calendar

bloc-cuisine, pl **blocs-cuisines** [blɔkkɥizin] nm kitchen unit

bloc-cylindres, pl **blocs-cylindres** [blɔk silɛ̃dʀ] nm (Aut) cylinder block

bloc-diagramme, pl **blocs-diagrammes** [blɔkdjagʀam] nm (Géog) block diagram

bloc-évier, pl **blocs-éviers** [blɔkevje] nm sink unit

blockhaus [blɔkos] ⊡ SYN nm (Mil) blockhouse, pillbox

bloc-moteur, pl **blocs-moteurs** [blɔkmɔtœʀ] nm (Aut) engine block

bloc-notes, pl **blocs-notes** [blɔknɔt] ⊡ SYN nm (cahier) desk pad, scratch pad; (avec pince) clipboard

bloc-système, pl **blocs-systèmes** [blɔksistɛm] nm (Rail) block system

blocus [blɔkys] ⊡ SYN nm blockade ◆ (Hist) **le blocus continental** the Continental System ◆ **blocus économique** economic blockade ◆ **lever / forcer le blocus** to raise / run the blockade ◆ **faire le blocus de** to blockade

blond, blonde[1] [blɔ̃, blɔ̃d] ⊡ SYN **1** adj cheveux fair, blond(e); personne fair, fair-haired, blond(e); blé, sable golden ◆ **blond cendré** ash-blond ◆ **blond roux** sandy, light auburn ◆ **blond vénitien** strawberry blonde ◆ **tabac blond** mild ou light ou Virginia tobacco ◆ **bière blonde** ≃ lager, ≃ light ale (Brit), ≃ light beer (US) ◆ **il est blond comme les blés** his hair is golden blond(e), he has golden blond(e) hair

2 nm (couleur) blond, light gold; (homme) fair-haired man

3 **blonde** nf (bière) ≃ lager, ≃ light ale (Brit), ≃ light beer (US); (cigarette) Virginia cigarette; (femme) blonde; (*: Can) girl friend, sweetheart ◆ **blonde incendiaire** blonde bombshell (hum) ◆ **une vraie / fausse blonde** a natural / false blonde ◆ **blonde oxygénée / platinée** peroxide / platinum blonde

blondasse [blɔ̃das] adj (péj) dull blond(e)

blonde[2] [blɔ̃d] ⊡ SYN nf (dentelle) blonde lace

blondeur [blɔ̃dœʀ] nf (littér) [cheveux] fairness; [blés] gold

blondin[1] [blɔ̃dɛ̃] ⊡ SYN nm fair-haired child ou young man; (††: élégant) dandy

blondin[2] [blɔ̃dɛ̃] nm (Tech) cableway

blondine [blɔ̃din] nf fair-haired child ou young girl

blondinet [blɔ̃dinɛ] nm light-haired boy

blondinette [blɔ̃dinɛt] nf light-haired girl

blondir [blɔ̃diʀ] ▸ conjug 2 ◂ **1** vi [cheveux] to go fairer; (littér) [blés] to turn golden; [oignons] to become transparent ◆ **faire blondir des oignons** to fry onions lightly (until they are transparent)

2 vt cheveux, poils to bleach

bloom [blum] nm (Métal) bloom

bloomer [blumœʀ] nm (culotte) bloomers

bloquer [blɔke] ⊡ SYN ▸ conjug 1 ◂ **1** vt **a** (grouper) to lump together, put ou group together, combine ◆ **bloquer ses jours de congé** to lump one's days off together ◆ **bloquer les notes en fin de volume** to put ou group all the notes together at the end of the book ◆ (Scol) **des cours bloqués sur six semaines** a six-week modular course

b (immobiliser) machine to jam; écrou to overtighten; roue (accidentellement) to lock; (exprès) to put a block under, chock; porte to jam, wedge ◆ **bloquer les freins** to jam on the brakes ◆ **bloquer qn contre un mur** to pin sb against a wall ◆ **être bloqué par les glaces** to be stuck in the ice, be icebound ◆ **être bloqué par un accident / la foule** to be held up by an accident / the crowd ◆ **je suis bloqué chez moi** I'm stuck at home ◆ **les négociations sont bloquées** the talks are blocked ou are at a standstill

c (obstruer) to block (up); (Mil) to blockade ◆ **route bloquée par la glace / la neige** icebound / snowbound road ◆ **un camion bloque la route** a truck is blocking the road, the road is blocked by a truck ◆ **des travaux bloquent la route** there are road works in ou blocking the way ◆ **les enfants bloquent le passage** the children are standing in ou blocking the way, the children are stopping me (ou us etc) getting past

d (Sport) ballon to block; (Billard) bille to jam, wedge

e marchandises to stop, hold up; crédit, salaires to freeze; compte en banque to stop, freeze

f (Psych) **ça me bloque d'être devant un auditoire** I freeze if I have to speak in public ◆ **quand on le critique, ça le bloque** when you criticize him, he just clams up*

g (*: Belg) examen to swot for* (Brit), cram for

2 **se bloquer** vpr [porte] to jam, get stuck, stick; [machine] to jam; [roue] to lock; [frein] to jam, lock on; [clé] to get stuck; [articulation] to lock; (Psych) to have a mental block ◆ **devant un auditoire, il se bloque** in front of an audience he just freezes

bloqueur [blɔkœʀ] nm (Can Ftbl) lineman

blottir (se) [blɔtiʀ] ⊡ SYN ▸ conjug 2 ◂ vpr to curl up, snuggle up, huddle up ◆ **se blottir contre qn** to snuggle up to sb ◆ **se blottir dans les bras de qn** to snuggle up in sb's arms ◆ **blottis les uns contre les autres** curled up ou huddled up (close) against one another ◆ **blotti parmi les arbres** nestling ou huddling among the trees

blousant, e [bluzɑ̃, ɑ̃t] ⊡ SYN adj robe, chemisier loose-fitting *(and gathered at the waist)*

blouse [bluz] ⊡ SYN nf (tablier) overall; (chemisier) blouse, smock; [médecin] (white) coat; [paysan] smock; (Billard) pocket ◆ (médecins) **les blouses blanches** hospital doctors

blouser[1] [bluze] ⊡ SYN ▸ conjug 1 ◂ vi [robe, chemisier] to be loose-fitting *(and gathered at the waist)*

blouser[2]⁑ [bluze] ⊡ SYN ▸ conjug 1 ◂ **1** vt to con⁑, trick, pull a fast one on⁑ ◆ **se faire blouser** to be had* ou conned⁑

2 **se blouser** vpr to make a mistake ou a blunder

blouser[3] [bluze] vt (Billard) to pot, pocket

blouson [bluzɔ̃] ⊡ SYN nm windjammer, blouson-style jacket ◆ **blouson de laine** lumber jacket ◆ **blouson d'aviateur** bomber ou pilot jacket ◆ **les blousons dorés**† rich delinquents ◆ **blouson noir**† ≃ teddy-boy, hell's angel (US)

blue-jean, pl **blue-jeans** [bludʒin] ⊡ SYN nm (pair of) jeans

blues [bluz] nm inv **a** (Mus) blues ◆ **aimer le blues** to like (the) blues

b (*: mélancolie) **le blues** the blues* ◆ **avoir le blues, avoir un coup de blues** to have the blues*, feel blue*

bluff* [blœf] nm bluff ◆ **c'est du bluff!** he's (ou they're etc) just bluffing!, he's (ou they're etc) just trying it on!⁑ (Brit)

bluffer* [blœfe] ▸ conjug 1 ◂ **1** vi to bluff, try it on⁑ (Brit); (Cartes) to bluff

2 vt to fool, have (Brit) ou put on⁑; (Cartes) to bluff

bluffeur, -euse* [blœfœʀ, øz] ⊡ SYN nm,f bluffer

blush [blœʃ] nm blusher

blutage [blytaʒ] nm [farine] bo(u)lting

bluter [blyte] ⊡ SYN ▸ conjug 1 ◂ vt to bo(u)lt

blutoir [blytwaʀ] ⊡ SYN nm bo(u)lter

BN [beɛn] nf (abrév de **Bibliothèque nationale**) → **bibliothèque**

BO [beo] **1** nm (abrév de **Bulletin officiel**) → **bulletin**

2 nf (abrév de **bande originale**) → **bande**[1]

boa [bɔa] ⊡ SYN nm (Habillement, Zool) boa ◆ **boa constricteur** boa constrictor

Boadicée [bɔadise] nf Boadicea

boat people [botpipœl] nmpl boat people

bob[1] [bɔb] nm (Sport) bob(sleigh)

bob[2] [bɔb] nm (chapeau) cotton sunhat

bobard* [bɔbaʀ] nm (mensonge) lie, fib*; (histoire) tall story, yarn

bobèche [bɔbɛʃ] ⊡ SYN nf candle-ring

bobeur [bɔbœʀ] nm bobsleigh racer

bobinage [bɔbinaʒ] nm (gén: action) winding; (Élec) coil(s)

bobine [bɔbin] ⊡ SYN nf **a** [fil] reel, bobbin; [métier à tisser] bobbin, spool; [machine à écrire, à coudre] spool; (Phot) spool, reel; (Élec) coil ◆ (Élec, Phys) **bobine d'induction** induction coil ◆ (Aut) **bobine (d'allumage)** coil ◆ (Phot) **bobine de pellicule** roll of film

b (*: visage) face, dial⁑ ◆ **il a fait une drôle de bobine!** what a face he pulled! ◆ **tu en fais une drôle de bobine!** you look a bit put out!*

bobineau [bɔbino] nm ⇒ **bobinot**

bobiner [bɔbine] ⊡ SYN ▸ conjug 1 ◂ vt to wind

bobinette†† [bɔbinɛt] nf (wooden) latch

bobineur, -euse [bɔbinœʀ, øz] **1** nm,f (personne) winder

2 nm (appareil) coiler

3 **bobineuse** nf winding machine

bobinoir [bɔbinwaʀ] nm winding machine

bobinot [bɔbino] nm (Tex) reel, bobbin

bobo [bobo] nm (langage enfantin) (plaie) sore; (coupure) cut ◆ **avoir bobo** to be hurt, have a pain ◆ **avoir bobo à la gorge** to have a sore throat ◆ **ça (te) fait bobo?** does it hurt?, is it sore? ◆ **il n'y a pas eu de bobo** there was no harm done

bobonne*† [bɔbɔn] nf ◆ **il est sorti avec (sa) bobonne** he's gone out with his old woman⁑ ou his missus* (Brit) ou his old lady⁑ (US) ◆ (hum) **oui bobonne** yes love* ou dearie*

bobsleigh [bɔbslɛg] nm bobsleigh

bobtail [bɔbtɛl] nm bobtail(ed) sheepdog, bobtail

bocage [bɔkaʒ] ⊡ SYN nm **a** (Géog) bocage, *farmland criss-crossed by hedges and trees*

b (littér: bois) grove, copse

bocager, -ère [bɔkaʒe, ɛʀ] ⊡ SYN adj (littér: boisé) wooded ◆ (Géog) **paysage bocager** bocage landscape

bocal, pl **-aux** [bɔkal, o] ⊡ SYN nm jar ◆ **bocal à poissons rouges** goldfish bowl ◆ **mettre en bocaux** fruits, légumes to preserve, bottle

bocard [bɔkaʀ] ⊡ SYN nm stamp, ore-crusher

Boccace [bɔkas] nm Boccaccio

boche⁂ [bɔʃ] (péj) **1** adj Boche

2 nm ◆ **Boche** Jerry, Boche, Hun, Kraut⁑

Bochimans [bɔʃiman] nmpl (Afrique) Bushmen

bock [bɔk] ⊡ SYN nm (verre) beer glass; (bière) glass of beer

bodhisattva [bɔdisatva] nm Bodhisattva

body [bɔdi] nm (gén) body(suit); (Sport) leotard

bodybuilding [bɔdibildiŋ] nm body building

Boers [buʀ] nmpl ◆ **les Boers** the Boers ◆ **la guerre des Boers** the Boer war

boëtte [bwɛt] nf (Pêche) bait

bœuf, pl **bœufs** [bœf, bø] ⊡ SYN **1** nm **a** (bête) ox; (de boucherie) bullock, steer; (viande) beef ◆ **bœufs de boucherie** beef cattle ◆ **bœuf-mode** stewed beef with carrots ◆ **bœuf en daube** bœuf en daube, beef stew ◆ **il a un bœuf sur la langue*** he has been paid to keep his mouth shut* ◆ **on n'est pas des bœufs!*** we're not galley slaves!* → **charrue, fort, qui** etc

b (arg Mus) jam session ◆ **faire un bœuf** to jam

2 adj inv ◆ **effet / succès bœuf*** tremendous* ou fantastic* effect / success

bof! [bɔf] excl ◆ **il est beau!** – **bof** he's handsome! – do you really think so? ou d'you reckon?* ◆ **qu'en penses-tu?** – **bof** what do you think of it? – not a lot ◆ **ça t'a plu?** – **bof** did you like it? – not really ◆ **la bof génération, la génération bof** the couldn't-care-less generation

bogee, bogey [bɔgi] nm (Golf) bogy, bogey, bogie

boghead [bɔgɛd] nm boghead coal, turbanite

boghei [bɔgɛ] → SYN nm (English) buggy

bogie [bɔʒi], **boggie** [bɔgi] nm (Rail) bogie, bogy

bogomile [bɔgɔmil] adj, nmf Bogomil

Bogota [bɔgɔta] n Bogota

bogue[1] [bɔg] → SYN nf (Bot) husk

bogue[2] [bɔg] nm (Ordin) bug

boguet [bɔgɛ] nm a (*: Helv: cyclomoteur) moped*

b ⇒ **boghei**

Bohême [bɔɛm] nf Bohemia

bohème [bɔɛm] → SYN 1 adj bohemian

2 nmf bohemian ◆ **mener une vie de bohème** to lead a bohemian life

3 nf ◆ (milieu) **la Bohème** Bohemia

4 nm (verre) Bohemian glass

bohémien, -ienne [bɔemjɛ̃, jɛn] → SYN 1 adj Bohemian

2 nm (Ling) Bohemian

3 nm,f (gitan) gipsy ◆ (de Bohême) **Bohémien(ne)** Bohemian

boire [bwaʀ] → SYN ▸ conjug 53 ◂ 1 vt a to drink ◆ **boire un verre, boire un coup*** to have a drink ◆ **aller boire un coup*** to go for a drink ◆ **un coup à boire*** a drink ◆ **boire qch à longs traits** to take great gulps of sth, gulp sth down ◆ **offrir / donner à boire à qn** to get sb / give sb something to drink ou a drink ◆ **boire à la santé / au succès de qn** to drink sb's health / to sb's success ◆ **on a bu une bouteille à nous deux** we drank a (whole) bottle between the two of us ◆ **boire jusqu'à plus soif** to drink one's fill, drink till one's thirst is quenched ◆ **il boit l'argent du ménage** he drinks away the household money ◆ **ce vin se boit bien** ou **se laisse boire** this wine goes down nicely*, this wine is very drinkable

b **faire boire un enfant** to give a child something to drink ◆ **faire boire un cheval** to water a horse

c (gén emploi absolu: boire trop) to drink ◆ **boire comme un trou*** to drink like a fish ◆ **boire sans soif** to drink heavily ◆ **c'est un homme qui boit (sec)** he's a (heavy) drinker ◆ **il s'est mis à boire** he has taken to drink, he has started drinking ◆ **il a bu, c'est évident** he has obviously been drinking

d (absorber) to soak up, absorb ◆ **ce papier boit l'encre** the ink soaks into this paper ◆ **ce buvard boit bien l'encre** this blotter soaks up the ink well ◆ **la plante a déjà tout bu** the plant has already soaked up all the water

e LOC **boire les paroles de qn** to drink in sb's words, lap up what sb says* ◆ **boire le calice jusqu'à la lie** to drain one's cup to the (last) dregs ou last drop ◆ **boire un bouillon*** (revers de fortune) to make a big loss, be ruined; (en se baignant) to swallow ou get a mouthful ◆ **boire la tasse*** to swallow ou get a mouthful ◆ **boire du petit lait** to lap it up* ◆ **il y a à boire et à manger là-dedans** (dans une boisson) there are bits floating about in it; (fig) (qualités et défauts) it's got its good points and its bad; (vérités et mensonges) you have to pick and choose what to believe

2 nm ◆ **le boire et le manger** food and drink ◆ (fig) **il en perd le boire et le manger** he's losing sleep over it (ou her etc), he can't eat or sleep because of it (ou her etc)

bois [bwa] → SYN 1 nm a (forêt, matériau) wood ◆ **c'est en bois** it's made of wood ◆ **chaise de** ou **en bois** wooden chair ◆ **ramasser du petit bois** to collect sticks ou kindling ◆ (fig) **son visage était de bois** his face was impassive, he was poker-faced ◆ (fig) **je ne suis pas de bois** I'm only human ◆ (fig) **chèque en bois** dud cheque* (Brit), rubber check* (US)

b (objet en bois) (gravure) woodcut; (manche) shaft, handle

c (Zool) antler

d (Mus) woodwind instrument ◆ **les bois** the woodwind (instruments ou section)

e (Golf) wood

f (loc) (Tennis) **faire un bois** to hit the ball off the wood ◆ **je ne suis pas du bois dont on fait les flûtes** I'm not going to let myself be pushed around, I'm not just anyone's fool ◆ **il va voir de quel bois je me chauffe!** just let me get my hands on him! ◆ **il fait feu** ou **flèche de tout bois** all is grist that comes to his mill, he'll use any means available to him

2 COMP ▷ **bois blanc** whitewood, deal ▷ **bois à brûler** firewood ▷ **bois de charpente** timber, lumber (US) ▷ **bois de chauffage** firewood ▷ **bois de construction** timber, lumber (US) ▷ **bois debout** (Can) standing timber ▷ **bois d'ébène** (Hist péj: esclaves) black gold ▷ **bois exotique, bois des îles** exotic wood ▷ **les bois de justice** the guillotine ▷ **bois de lit** bedstead ▷ **bois de menuiserie** timber, lumber (US) ▷ **bois mort** deadwood ▷ **bois d'œuvre** timber, lumber (US) ▷ **bois rond** (Can) unhewn timber ▷ **bois de rose** rosewood ▷ **bois vert** green wood; (Menuiserie) unseasoned ou green timber

boisage [bwazaʒ] → SYN nm (action) timbering; (matière) timber work

bois-brûlé, e, mpl **bois-brûlés** [bwabʀyle] nm,f (†: Can) half-breed Indian, bois-brûlé (Can)

boisé, e [bwaze] (ptp de **boiser**) adj région, parc wooded, woody; vin woody ◆ **pays boisé** woodland(s), wooded ou woody countryside

boisement [bwazmɑ̃] → SYN nm afforestation

boiser [bwaze] → SYN ▸ conjug 1 ◂ vt région to afforest, plant with trees; galerie to timber

boiserie [bwazʀi] → SYN nf ◆ **boiserie(s)** panelling, wainscot(t)ing, wood trim (US)

boiseur [bwazœʀ] nm timber worker

boisseau, pl **boisseaux** [bwaso] nm (††) ≃ bushel; (Can) bushel *(36,36 litres)* ◆ **c'est un vrai boisseau de puces!*** he's a menace!* ou a pest!* ◆ **garder** ou **laisser** ou **mettre qch sous le boisseau** to keep sth dark ou in the dark

boisson [bwasɔ̃] → SYN nf drink; (*: Can) hard liquor, spirits ◆ **ils apportent la boisson** they are bringing the drinks ◆ **usé par la boisson** worn out with drinking ◆ (littér) **être pris de boisson** to be drunk, be under the influence ◆ **il est porté sur la boisson** he likes his drink ◆ **boisson alcoolisée** alcoholic beverage (frm) ou drink ◆ **boisson non alcoolisée** soft drink ◆ **boisson fraîche / chaude** cold / hot drink

boîte [bwat] → SYN 1 nf a (récipient) (en carton, bois) box; (en métal) box, tin; [conserves] tin (Brit), can (US) ◆ **mettre des haricots en boîte** to can beans ◆ **des tomates en boîte** tinned (Brit) ou canned (US) tomatoes ◆ (fig) **mettre qn en boîte*** to pull sb's leg*, take the mickey out of sb⁑ (Brit) ◆ **il a mangé toute la boîte de caramels** he ate the whole box of toffees ◆ (Ciné) **c'est dans la boîte*** it's in the can*

b (*: cabaret) nightclub; (*: lieu de travail) (firme) firm, company; (bureau) office; (école) school ◆ **aller** ou **sortir en boîte** to go (out) to a nightclub, to go (out) nightclubbing* ◆ **quelle (sale) boîte!** what a joint!⁑ ou dump!⁑, what a crummy hole!⁑ ◆ **je veux changer de boîte** (entreprise) I want to work for another company; (lycée) I want to change schools ◆ **il s'est fait renvoyer de la boîte** he got chucked out⁑

2 COMP ▷ **boîte d'allumettes** box of matches ▷ **boîte à bachot** (péj) cramming school ▷ **boîte à bijoux** jewel box ▷ **boîte de camembert** camembert box ◆ **ferme ta boîte à camembert!*** shut up!* ▷ **boîte de conserve** tin (Brit) ou can (US) of food ▷ **boîte de couleurs** box of paints, paintbox ▷ **boîte à couture** ⇒ **boîte à ouvrage** ▷ **boîte crânienne** (Anat) cranium, brainpan ▷ **boîte d'essieu** axle box ▷ **boîte expressive** (Orgue) swell (box) ▷ **boîte à gants** (Aut) glove locker (Brit) ou compartment ▷ **boîte à idées** suggestion box ▷ **boîte à** ou **aux lettres** (publique) pillar box (Brit), mailbox (US), letterbox; (privée) letterbox ◆ **je leur sers de boîte à lettres** I'm their go-between ◆ **n'oublie pas de le mettre à la boîte (aux lettres)** don't forget to post ou mail it ▷ **boîte à lettres électronique** electronic mailbox ▷ **boîte à malice** bag of tricks ▷ **boîte à musique** musical box ▷ **boîte noire** (Aviat) flight recorder, black box ▷ **boîte de nuit** nightclub ▷ **boîte à ordures** dustbin (Brit), garbage ou trash can (US) ▷ **boîte à outils** toolbox ▷ **boîte à ouvrage** sewing box, workbox ▷ **boîte de Pandore** Pandora's box ▷ **boîte de Pétri** Petri dish ▷ **boîte postale 150** P.O. Box 150 ▷ **boîte à rythmes** beatbox ▷ **boîte à thé** tea caddy ▷ **boîte de vitesses** (Aut) gearbox

boitement [bwatmɑ̃] → SYN nm limping

boiter [bwate] → SYN ▸ conjug 1 ◂ vi [personne] to limp, walk with a limp ou gimp; [meuble] to wobble; [raisonnement] to be unsound ou shaky ◆ **boiter bas** to limp badly ◆ **boiter de la jambe gauche** to limp with one's left leg

boiterie [bwatʀi] nf limping

boiteux, -euse [bwatø, øz] → SYN 1 adj personne lame, who limps (attrib); meuble wobbly, rickety; paix, projet shaky; union ill-assorted; raisonnement unsound, shaky; explication lame, clumsy, weak; vers faulty; phrase (incorrecte) grammatically wrong, (mal équilibrée) unbalanced, clumsy

2 nm,f lame person, gimp⁑

boîtier [bwatje] → SYN nm (gén) case; (pour appareil-photo) body ◆ (Aut) **boîtier de différentiel** differential housing ◆ **boîtier électrique** electric torch (Brit), flashlight (US) ◆ **boîtier de montre** watchcase

boitillant, e [bwatijɑ̃, ɑ̃t] → SYN adj démarche, personne hobbling

boitillement [bwatijmɑ̃] nm slight limp, hobble

boitiller [bwatije] ▸ conjug 1 ◂ vi to limp slightly, have a slight limp, hobble

boiton [bwatɔ̃] nm (Helv: porcherie) pigsty, pigpen (US)

boit-sans-soif* [bwasɑ̃swaf] nmf inv drunkard, lush⁑, piss artist⁑ (Brit)

bol [bɔl] → SYN nm a (récipient) bowl; (contenu) bowl, bowlful ◆ (fig) **prendre un (bon) bol d'air** to get a good breath of fresh air ◆ **cheveux coupés au bol** pudding-basin haircut (Brit), bowl cut (US)

b (Pharm) bolus ◆ (Méd) **bol alimentaire** bolus

c (* loc) **avoir du bol** to be lucky ou jammy⁑ (Brit) ◆ **ne pas avoir de bol** to be unlucky ◆ **pas de bol!** hard luck! ◆ **pas de bol, il est déjà parti** you're (ou we're etc) out of luck, he has already left

d (*: Can) ⇒ **bolle***

bolchevik, bolchevique† [bɔlʃevik] adj, nmf Bolshevik, Bolshevist

bolchevisme [bɔlʃəvism] → SYN nm Bolchevism

bolcheviste [bɔlʃəvist] ⇒ **bolchevique**

boldo [bɔldo] nm boldo tree

bolduc [bɔldyk] → SYN nm curling ribbon, gift-wrap ribbon, bolduc (spéc)

bolée [bɔle] → SYN nf bowl(ful)

boléro [bɔleʀo] → SYN nm (Habillement, Mus) bolero

bolet [bɔlɛ] → SYN nm ≃ wild mushroom, boletus (spéc)

bolide [bɔlid] → SYN nm (Astron) meteor, bolide (spéc); (voiture) (high-powered) racing car ◆ **comme un bolide** arriver, passer at top speed; s'éloigner like a rocket

bolier [bɔlje] → SYN nm (Pêche) trawl

Bolivar [bɔlivaʀ] nm Bolivar

bolivar [bɔlivaʀ] → SYN nm bolivar

boliviano [bɔlivjano] nm boliviano

Bolivie [bɔlivi] nf Bolivia

bolivien, -ienne [bɔlivjɛ̃, jɛn] 1 adj Bolivian

2 nm,f ◆ **Bolivien(ne)** Bolivian

bollard [bɔlaʀ] → SYN nm (Naut) bollard

bolle* [bɔl] nf (Can) head ◆ **j'ai mal à la bolle** I have a headache

bolognais, e [bɔlɔɲɛ, ɛz] 1 adj Bolognese; (Culin) bolognese
2 nm,f ◆ **Bolognais(e)** Bolognese

Bologne [bɔlɔɲ] n Bologna

bolomètre [bɔlɔmɛtʀ] nm bolometer

bombage [bɔ̃baʒ] nm [slogan etc] spray-painting

bombance*† [bɔ̃bɑ̃s] nf feast, revel, beanfeast* (Brit) ◆ **faire bombance** to revel, have a beanfeast* (Brit)

bombarde [bɔ̃baʀd] → SYN nf (Mil, Mus) bombard

bombardement [bɔ̃baʀdəmɑ̃] → SYN nm (→ **bombarder**) (Mil) bombardment; bombing; shelling; (fig) pelting; showering; bombarding; (Phys) bombardment ◆ **bombardement aérien** air raid, aerial bombing (NonC) ◆ **bombardement atomique** (Mil) atom-bomb attack, atomic attack; (Phys) atomic bombardment

bombarder [bɔ̃baʀde] → SYN ▸ conjug 1 ◂ vt (Mil) to bombard; (avec bombes) to bomb; (par obus) to shell; (Phys) to bombard ◆ (fig) **bombarder de** cailloux, tomates to pelt with; questions to bombard with ◆ **on l'a bombardé directeur*** he was suddenly thrust into ou pitchforked into the position of manager

bombardier [bɔ̃baʀdje] → SYN nm (avion) bomber; (aviateur) bomb-aimer, bombardier ◆ **bombardier d'eau** fire-fighting aircraft, tanker plane (US)

bombardon [bɔ̃baʀdɔ̃] → SYN nm bombardon

Bombay [bɔ̃bɛ] n Bombay

bombe [bɔ̃b] → SYN 1 nf **a** (Mil) bomb ◆ **attentat à la bombe** bombing, bomb ou bombing attack ◆ (fig) **comme une bombe** unexpectedly, (like a bolt) out of the blue ◆ **la nouvelle a éclaté comme une bombe** ou **a fait l'effet d'une bombe** the news came as a bombshell ou was like a bolt out of the blue
b (atomiseur) spray ◆ (gén) **en bombe** in an aerosol (attrib) ◆ **peinture / Chantilly en bombe** aerosol paint/cream ◆ **déodorant / insecticide en bombe** deodorant/insect spray
c (Équitation) riding cap ou hat
d LOC **faire la bombe*** to have a wild time
2 COMP ▷ **bombe anti-crevaison** instant puncture sealant ▷ **bombe antigel** (Aut) de-icing spray ▷ **bombe atomique** atom(ic) bomb ◆ **lancer** ou **lâcher une bombe atomique sur** to make an atomic ou nuclear attack on ◆ **la bombe atomique** the Bomb ▷ **bombe à billes** ⇒ **bombe à fragmentation** ▷ **bombe au cobalt** (Méd) cobalt therapy unit, telecobalt machine ▷ **bombe déodorante** deodorant spray ▷ **bombe à eau** water bomb ▷ **bombe à fragmentation** cluster bomb ▷ **bombe glacée** (Culin) bombe glacée, iced ou ice-cream pudding ▷ **bombe H** H-bomb ▷ **bombe à hydrogène** hydrogen bomb ▷ **bombe incendiaire** incendiary ou fire bomb ▷ **bombe insecticide** insect spray, fly spray ▷ **bombe lacrymogène** teargas grenade ▷ **bombe de laque** hair spray ▷ **bombe logique** (Ordin) logic bomb ▷ **bombe au napalm** napalm bomb ▷ **bombe à neutrons** neutron bomb ▷ **bombe de peinture** paint spray, can of aerosol paint ▷ **bombe à retardement** time bomb ▷ **bombe sexuelle*** sex bomb ▷ **bombe volcanique** (Géol) volcanic bomb

bombé, e [bɔ̃be] → SYN (ptp de **bomber**) adj forme rounded, convex; cuiller rounded; poitrine thrown out; front domed; mur bulging; dos humped, hunched; route steeply cambered ◆ **verre bombé** balloon-shaped glass

bombement [bɔ̃bmɑ̃] → SYN nm [forme] convexity; [route] camber; [front] bulge

bomber [bɔ̃be] → SYN ▸ conjug 1 ◂ 1 vt **a bomber le torse** ou **la poitrine** (lit) to stick out ou throw out one's chest; (fig) to puff out one's chest, swagger about
b (Peinture) to spray(-paint)
2 vi [route] to camber; [mur] to bulge; (Menuiserie) to warp; (*: rouler vite) to belt along*

bombeur, -euse [bɔ̃bœʀ, øz] nm,f tagger

bombonne [bɔ̃bɔn] nf ⇒ **bonbonne**

bombyx [bɔ̃biks] → SYN nm bombyx

bôme [bom] nf (Naut) boom

bômé, e [bome] adj (Naut) boomed

bon¹, bonne¹ [bɔ̃, bɔn] → SYN GRAMMAIRE ACTIVE 23.2
1 adj **a** (de qualité) (gén) good; fauteuil, lit good, comfortable ◆ **il a une bonne vue** ou **de bons yeux** he has good eyesight, his eyesight is good ◆ **il a de bonnes jambes** he has a good ou strong pair of legs ◆ **il a fait du bon travail** he has done a good job of work ◆ **marchandises / outils de bonne qualité** good quality goods/tools
b (compétent) docteur, élève, employé good; (efficace) instrument, système, remède good, reliable; (sage) conseil good, sound; (valable) excuse, raison good, valid, sound; (sain, sûr) placement, monnaie, entreprise sound ◆ **être bon en anglais** to be good at English ◆ **une personne de bon conseil** a man of sound judgment ◆ **pour le bon fonctionnement du moteur** for the efficient working of the motor, for the motor to work efficiently ou properly ◆ **quand on veut réussir tous les moyens sont bons** anything goes when one wants to succeed ◆ **tout lui est bon pour me discréditer** he'll stop at nothing to discredit me
c (agréable) odeur, vacances, surprise, repas good, pleasant, nice ◆ **un bon petit vin** a nice (little) wine ◆ **elle aime les bonnes choses** she likes the good things in life ◆ **nous avons passé une bonne soirée** we had a pleasant ou nice evening ◆ **c'était vraiment bon** (à manger, à boire) it was ou tasted really good ou nice ◆ **l'eau est bonne** the water is warm ou fine ou nice ◆ **il a la bonne vie** he's got it easy*, life is a bed of roses for him ◆ **être en bonne compagnie** to be in good company ou with pleasant companions ◆ (littér) **être de bonne compagnie** to be pleasant ou good company
d (moralement ou socialement irréprochable) lectures, fréquentations, pensées, famille good ◆ **il est bon père et bon fils** he's a good father and a good son ◆ **libéré pour bonne conduite** released for good conduct ◆ **de bonne renommée** of good repute ◆ **d'un bon milieu social** from a good social background ◆ **dans la bonne société** in polite society
e (charitable) personne good, kind(-hearted), kindly; action good, kind, kindly; parole kind, comforting, kindly ◆ **il a eu un bon mouvement** he made a nice gesture ◆ **être bon pour les animaux** to be kind to animals ◆ **avoir bon cœur** to have a good ou kind heart, be kind- ou good-hearted ◆ **vous êtes bien** ou **trop bon** you are really too kind, it's really too kind ou good of you ◆ **il est bon comme du bon pain** he has a heart of gold ◆ **il est bon comme la romaine*** he's too nice for his own good ◆ **elle est bonne fille** she's a nice ou good-hearted girl, she's a good sort* ◆ **une bonne âme** a good soul ◆ (iro) **vous êtes bon vous (avec vos idées impossibles)!*** you're a great help (with your wild ideas)! ◆ (péj) **c'est un bon pigeon** ou **une bonne poire** he is a bit of a sucker‡ ou mug‡ (Brit) ou dope*
f (valable, utilisable) billet, passeport, timbre valid ◆ **médicament / yaourt bon jusqu'au 5 mai** medicine/yoghurt to be consumed ou used before 5th May ◆ **est-ce que la soupe va être encore bonne avec cette chaleur?** will the soup have kept ou will the soup still be all right in this heat? ◆ **ce joint de caoutchouc n'est plus bon** this rubber washer has perished (Brit) ou is no longer any good ◆ **est-ce que ce pneu / ce vernis est encore bon?** is this tyre/varnish still fit to be used? ou still usable? ◆ (Tennis) **la balle est bonne / n'est pas bonne** the ball was in/was out
g (favorable) opinion, rapport good, favourable; (Scol) bulletin, note good ◆ **dans le bon sens du terme** in the favourable sense of the word
h (recommandé) alimentation good ◆ **bon pour la santé / pour le mal de tête** good for one's health/for headaches ◆ **ces champignons ne sont pas bons (à manger)** these mushrooms aren't safe (to eat) ◆ **est-ce que cette eau est bonne?** is this water fit ou all right to drink?, is this water drinkable? ◆ **est-ce bien bon de fumer tant?** is it a good thing ou very wise to smoke so much? ◆ **ce serait une bonne chose s'il restait là-bas** it would be a good thing if he stayed there ◆ **il serait bon que vous les préveniez** you would do well ou it would be a good idea ou thing to let them know ◆ **il est bon de louer de bonne heure** it's as well ou it's advisable to book early ◆ **croire** ou **juger** ou **trouver bon de faire** to think ou see fit to do ◆ **il semblerait bon de** it would seem sensible ou a good idea to ◆ **trouvez-vous bon qu'il y aille?** do you think it's a good thing for him to go? ◆ **quand / comme vous le jugerez bon** when/as you see fit ◆ **quand / comme bon vous semble** when/as you think best ◆ **allez-y si bon vous semble** go ahead if you think it best
i (*: attrapé) **je suis bon!*** I've had it!* ◆ **le voilà bon pour une contravention** he's in for a fine (now)*
j bon pour: (Mil) **bon pour le service** fit for service ◆ **le voilà bon pour recommencer** now he'll have to start all over again ◆ **la télévision, c'est bon pour ceux qui n'ont rien à faire** television is all right ou fine for people who have nothing to do ◆ **cette solution, c'est bon pour toi, mais pas pour moi** that may be a solution for you but it won't do for me ◆ (sur imprimé) **bon pour pouvoir** procuration given by ◆ (sur chèque) **bon pour franco** pay bearer to the amount of ◆ (Comm: sur coupon) **bon pour un lot de 6 bouteilles** this voucher ou coupon may be exchanged for a pack of 6 bottles ◆ **bon pour une réduction de 2 F** 2 francs off next purchase
k bon à: cet enfant n'est bon à rien this child is no good ou use at anything ◆ **cet appareil n'est bon à rien / n'est pas bon à grand-chose** this instrument is useless/isn't much good ou use for anything ◆ **c'est bon à jeter** it's fit for the dustbin, it might as well be thrown out ◆ **c'est (tout juste) bon à nous créer des ennuis** it will only create problems for us, all it will do is (to) create problems for us ◆ **ce drap est (tout juste) bon à faire des torchons** this sheet is (just) about good enough for ou is only fit for dusters (Brit) ou dustcloths (US) ◆ **c'est bon à savoir** it's useful ou just as well to know that, that's worth knowing ◆ **c'est toujours bon à prendre** there's no reason to turn it down, it's better than nothing ◆ **tout n'est pas bon à dire** some things are better left unsaid ◆ **puis-je vous être bon à quelque chose?** can I be of any use ou help to you?, can I do anything for you?
l (correct) solution, méthode, réponse, calcul right, correct ◆ **au bon moment** at the right ou proper time ◆ **le bon numéro / cheval** the right number/horse ◆ **sur le bon côté de la route** on the right ou proper side of the road ◆ **le bon côté du couteau** the cutting ou sharp edge of the knife ◆ **le bon usage** correct usage (of language) ◆ **tu as tout bon** (à l'exercice) you've got everything right; (*: tu as tout compris) you've got it*; (*: tu as raison) you've got the right idea ◆ (en positionnant qch) **je suis bon là?*** is this O.K.?, how's that? ◆ (fig) **ils sont sur la bonne route** they're on the right track ◆ (Prov) **les bons comptes font les bons amis** bad debts make bad friends
m (intensif de quantité) good ◆ **un bon kilomètre** a good kilometre ◆ **une bonne livre / semaine / heure** a good pound/week/hour ◆ **une bonne raclée*** a thorough ou sound hiding ◆ **un bon savon*** a thorough ou sound telling-off* ◆ **il a reçu une bonne paire de claques** he got a smart clip on the ear* (Brit) ou a good slap in the face ◆ **la voiture en a pris un bon coup*** the car has got ou had a real bash* ◆ **ça fait un bon bout de chemin!** that's quite a good way! ou a step!, that's quite some way! ◆ **il est tombé une bonne averse / couche de neige** there has been a heavy shower/fall of snow ◆ **après un bon moment** after quite some time ou a good while ◆ **laissez une bonne marge** leave a good ou wide margin ◆ **il faudrait une bonne gelée pour tuer la vermine** what is needed is a hard frost to kill off the vermin ◆ **ça aurait besoin d'une bonne couche de peinture / d'un bon coup de balai** it needs ou would need a good coat of paint/a good sweep-out ◆ **ça fait un bon**

poids à traîner! that's quite a ou some load to drag round! ◆ **d'un bon pas** at a good pace ou speed ◆ **faire bon poids / bonne mesure** to give good weight / measure ◆ **il faudrait qu'il pleuve une bonne fois** what's needed is a good downpour ◆ **je te le dis une bonne fois (pour toutes)** I'm telling you once and for all, I'll tell you one last time ◆ **(un) bon nombre de** a good many ◆ **une bonne moitié** at least half

n (intensif de qualité) **une bonne paire de souliers** a good (strong) pair of shoes ◆ **une bonne robe de laine** a nice warm woollen dress ◆ **une bonne tasse de thé** a nice (hot) cup of tea ◆ **un bon bain chaud** a nice hot bath ◆ **le bon vieux temps** the good old days ◆ **c'était le bon temps!** those were the days!

o **mon bon monsieur** my good man ◆ **ma bonne dame** my good woman ◆ **les bonnes gens** good ou honest people ◆ **mon bon ami** my dear ou good friend ◆ **une bonne dame m'a fait entrer** some good woman let me in

p (souhaits) **bonne (et heureuse) année!** happy New Year! ◆ **bon anniversaire!** happy birthday! ◆ **bon appétit!** have a nice meal!, enjoy your meal! ◆ **bonne chance!** good luck!, all the best! ◆ **bon courage!** good luck! ◆ **bon dimanche!** have a good time on Sunday!, have a nice Sunday! ◆ **bonne fin de semaine!** enjoy the rest of the week!, have a good weekend! ◆ **bonne nuit!** good night! ◆ **bonne rentrée!** I hope you get back all right! ou safely!, safe return!; (Scol) I hope the new term starts well! ◆ **bon retour!** safe journey back!, safe return! ◆ **bonne route!** safe journey! ◆ **bonne santé!** (I) hope you keep well! ◆ **bonnes vacances!** have a good holiday! (Brit) ou vacation! (US) ◆ **bon voyage!** safe journey!, have a good journey! ◆ **au revoir et bonne continuation** goodbye and I hope all goes well (for you) ou and all the best!

q (amical) ambiance good, pleasant, nice; regard, sourire warm, pleasant ◆ **relations de bon voisinage** good neighbourly relations ◆ **un bon (gros) rire** a hearty ou cheery laugh ◆ **c'est un bon camarade** he's a good friend

r LOC **bon!** right!, O.K.!* ◆ **bon! bon!** all right! all right! ◆ **c'est bon! je le ferai moi-même** (all) right then I'll do it myself ◆ **bon Dieu!*, bon sang (de bonsoir)!** damn and blast it!‡, hells bells!‡ ◆ **à bon droit** with good reason, legitimately ◆ **bons baisers** much love, love and kisses ◆ **bon débarras!** good riddance! ◆ **bon vent!** good riddance!, go to blazes!* ◆ **bon an mal an** taking one year with another, on average ◆ **bon gré mal gré** whether you (ou they etc) like it or not, willy-nilly ◆ **à bonne fin** to a successful conclusion ◆ **être en bonnes mains** to be in good hands ◆ **(à) bon marché** acheter cheap ◆ **de bon cœur** manger, rire heartily; faire, accepter willingly, readily ◆ **être de bonne composition** to be biddable, be easy to deal with ◆ **à bon compte** obtenir (on the) cheap, for very little, for a song ◆ **s'en tirer à bon compte** to get off lightly ◆ **à la bonne franquette*** recevoir, agir informally ◆ **on a dîné à la bonne franquette*** we took pot luck together ◆ **de bonne heure** early ◆ **à la bonne heure!** that's fine!; (iro) that's a fine idea! (iro) ◆ **manger de bon appétit** to eat heartily ◆ **de bon matin** early ◆ **une bonne pâte** an easy-going fellow, a good sort ◆ **avoir bon pied bon œil** to be as fit as a fiddle, be hale and hearty ◆ **c'est de bonne guerre** that's fair enough ◆ (iro) **elle est bien bonne celle-là** that's a good one! ◆ (littér) **faire bonne chère** to eat well, have a good meal ◆ (littér) **faire bon visage à qn** to put on a pleasant face for sb ◆ **faire le bon apôtre** to have a holier-than-thou attitude ◆ **tenir le bon bout*** to be getting near the end of one's work, be past the worst ◆ (hum) **pour la bonne cause†** with honourable motives ou intentions ◆ **voilà une bonne chose de faite** that's one good job got out of the way ou done ◆ (Prov) **bon chien chasse de race** like father like son (Prov) ◆ (Prov) **bonne renommée vaut mieux que ceinture dorée** a good name is better than riches ◆ (Prov) **bon sang ne saurait mentir** what's bred in the bone will (come) out in the flesh (Prov) ◆ **avoir** ou **se donner** ou **prendre du bon temps** to enjoy o.s., have a good time → **allure, garder, vent**

2 adv ◆ **il fait bon ici** it's nice ou pleasant here ◆ **il fait bon au soleil** it's nice and warm in the sun ◆ **il fait bon vivre à la campagne** it is a nice life in the country ◆ **il fait bon vivre** it's good to be alive ◆ **il ne ferait pas bon le contredire** we (ou you etc) would be ill-advised to contradict him

3 nm **a** (personne) good ou upright person, welldoer ◆ **les bons et les méchants** good people and wicked people, welldoers and evildoers; (westerns) the goodies and the baddies (Brit), the good guys and the bad guys (US)

b (morceau, partie) **mange le bon et laisse le mauvais** eat what's good ou the good part and leave what's bad ou the bad part

c LOC **avoir du bon: cette solution a du bon** this solution has its merits ou advantages ou its (good) points ◆ **il y a du bon: il y a du bon dans ce qu'il dit** there is some merit ou there are some good points in what he says ◆ **il y a du bon et du mauvais** it has its good and its bad points ◆ **il y a du bon et du moins bon** parts of it are good and parts of it are not so good, some bits are better than others

4 **bonne** nf ◆ **en voilà une bonne!** that's a good one! ◆ (iro) **tu en as de bonnes, toi!*** you're kidding!‡, you must be joking!* ◆ **avoir qn à la bonne*** to like sb, be in (solid) with sb (US) ◆ **il m'a à la bonne*** I'm in his good books*

5 COMP ▷ **bonne action** good deed ◆ **faire sa bonne action quotidienne** to do one's good deed for the day ▷ **bonne amie†** (hum) girlfriend, sweetheart ▷ **bon chic bon genre*** personne smart but fogeyish*, preppy (US); bar, soirée smart but fogeyish*, Sloany (Brit) ▷ **le Bon Dieu** God, the good ou dear Lord ▷ **bon enfant** adj inv personne, sourire good-natured; atmosphère friendly ▷ **bonne étoile** lucky star ▷ **bonne femme** (péj: femme) woman ◆ (péj: épouse) **sa bonne femme** his old woman‡, his missus* ▷ **bon marché** adj inv cheap, inexpensive ◆ **faire bon marché de qch** to attach little importance to sth, set little store by sth ◆ **il fait bon marché de mes conseils** he never pays any attention to ou never takes any notice of my advice ▷ **bon mot** witty remark, witticism ▷ **bonnes œuvres** charity ▷ **la bonne parole** (Rel) (lit) the word of God; (fig) the gospel (fig) ▷ **bon point** (Scol) star ◆ (fig) **un bon point pour vous!** that's a point in your favour! ▷ **bon à rien, bonne à rien** nm,f good-for-nothing, ne'er-do-well ▷ **bon Samaritain** (Bible, fig) good Samaritan ▷ **bon sens** common sense ▷ **bonne sœur** ᴬ nun ▷ **bon teint** couleur fast; (fig) syndicaliste staunch, dyed-in-the-wool (fig) ▷ **le bon ton** good form, good manners ◆ **il est de bon ton de** it is good form ou good manners to ▷ **bon vivant** adj jovial; nm jovial fellow

bon² [bɔ̃] → SYN **1** nm (formulaire) slip, form; (coupon d'échange) coupon, voucher; (Fin: titre) bond

2 COMP ▷ **bon de caisse** cash voucher ▷ **bon de commande** order form ▷ **bon d'épargne** savings certificate ▷ **bon d'essence** petrol (Brit) ou gas (US) coupon ▷ **bon de garantie** guarantee (slip) ▷ **bon de livraison** delivery slip ▷ **bon de réduction** reduction coupon ou voucher ▷ **bon à tirer** (Typ) adj passed for press; nm final corrected proof ◆ **donner le bon à tirer** to pass for press ▷ **bon du Trésor** (Government) Treasury bill ▷ **bon à vue** demand note

Bonaparte [bɔnapaʀt] nm Bonaparte

bonapartisme [bɔnapaʀtism] nm Bonapartism

bonapartiste [bɔnapaʀtist] adj, nmf Bonapartist

bonard, e* [bɔnaʀ, aʀd] adj **a** (dupe) gullible ◆ **il est vachement bonard** he'll swallow anything*, he's so gullible

b (facile) **c'est bonard** it is no sweat‡, we (ou you etc) can take it easy

bonasse [bɔnas] → SYN adj (gén) easy-going; (péj) meek ◆ **accepter qch d'un air bonasse** (gén) to accept sth good-naturedly; (péj) to accept sth meekly

bonbon [bɔ̃bɔ̃] → SYN **1** nm sweet (Brit), sweetie* (Brit), candy (US) ◆ **j'en ai ras le bonbon*** I'm fed up to the back teeth* → **casser**

2 COMP ▷ **bonbon acidulé** acid drop ▷ **bonbon anglais** fruit drop ▷ **un bonbon au chocolat** a chocolate ▷ **bonbon fourré** sweet (Brit) ou candy (US) with soft centre ▷ **bonbon à la menthe** mint, humbug (Brit) ▷ **bonbon au miel** honey drop

bonbonne [bɔ̃bɔn] → SYN nf (recouverte d'osier) demijohn; (à usage industriel) carboy

bonbonnière [bɔ̃bɔnjɛʀ] → SYN nf (boîte) sweet (Brit) ou candy (US) box, bonbonnière; (fig: appartement) bijou flat (Brit), exquisite apartment (US), bijou residence (hum)

bond [bɔ̃] → SYN nm [personne, animal] leap, bound, jump, spring; [balle] bounce ◆ **faire des bonds** (sauter) to leap ou spring up ou into the air; (gambader) to leap ou jump about ◆ **faire un bond d'indignation** to leap ou jump up in indignation ou indignantly ◆ **faire un bond de surprise** to start with surprise ◆ **franchir qch d'un bond** to clear sth at one jump ou bound ◆ **se lever d'un bond** to leap ou jump ou spring up ◆ **d'un bond il fut près d'elle** in a single leap ou bound he was at her side ◆ **il ne fit qu'un bond jusqu'à l'hôpital** he rushed ou dashed off to the hospital, he was at the hospital in a trice ◆ **progresser par bonds** to progress by leaps and bounds; (Mil) to advance by successive dashes ◆ **l'économie nationale a fait un bond (en avant)** the country's economy has leapt forward, there has been a boom ou surge in the country's economy ◆ **un grand bond en avant pour la science** a great leap forward for science ◆ **les prix ont fait un bond** prices have shot up ou soared ◆ **j'ai pris** ou **saisi l'occasion au bond** I seized the opportunity ◆ **saisir une remarque au bond** to jump on a remark → **balle¹, faux²**

bonde [bɔ̃d] → SYN nf **a** (bouchon) [tonneau] bung, stopper; [évier, baignoire] plug; [étang] sluice gate

b (trou) [tonneau] bunghole; [évier, baignoire] plughole

bondé, e [bɔ̃de] → SYN adj packed(-full), cram-full, jam-packed*

bondelle [bɔ̃dɛl] nf whitefish

bondérisation [bɔ̃deʀizasjɔ̃] → SYN nf bonderization

bondérisé, e [bɔ̃deʀize] adj bonderized

bondieusard, e* [bɔ̃djøzaʀ, aʀd] → SYN (péj)

1 adj sanctimonious, churchy*

2 nm,f sanctimonious ou churchy* person, Holy Joe* (péj Brit)

bondieuserie [bɔ̃djøzʀi] → SYN nf (péj) (piété) religiosity, devoutness; (bibelot) religious trinket ou bric-à-brac (NonC)

bondir [bɔ̃diʀ] → SYN ▸ conjug 2 ◂ vi **a** (sauter) [homme, animal] to jump ou leap ou spring up; [balle] to bounce (up) ◆ **bondir de joie** to jump ou leap for joy ◆ **bondir de colère** to fume with anger ◆ **il bondit d'indignation** he leapt up indignantly ◆ (fig) **cela me fait bondir*** it makes me hopping mad*, it makes my blood boil*

b (gambader) to jump ou leap about

c (sursauter) to start ◆ **bondir de surprise / de frayeur** to start with surprise / fright

d (se précipiter) **bondir vers** ou **jusqu'à** to dash ou rush to ◆ **bondir sur sa proie** to pounce on one's prey

bondissant, e [bɔ̃disɑ̃, ɑ̃t] → SYN adj (→ **bondir**) leaping, jumping

bondissement [bɔ̃dismɑ̃] → SYN nm bound, leap ◆ **regarder les bondissements d'une chèvre** to watch a goat bounding ou leaping ou skipping about

bondon [bɔ̃dɔ̃] nm bung

bondrée [bɔ̃dʀe] → SYN nf honey buzzard

bongo [bɔ̃go] nm (Mus) bongo (drum)

bonheur [bɔnœʀ] → SYN GRAMMAIRE ACTIVE 23.3 nm **a** (NonC: félicité) happiness, bliss

b (joie) joy (NonC), source of happiness ou joy ◆ **le bonheur de vivre / d'aimer** the joy of living / of loving ◆ **avoir le bonheur de voir son fils réussir** to have the joy of seeing one's son succeed ◆ **faire le bonheur de qn** to make sb happy, bring happiness to sb ◆ **si ce ruban peut faire ton bonheur,**

prends-le* if this ribbon is what you're looking for ou can be any use to you take it ◆ **des vacances ! quel bonheur !** holidays ! what bliss ! ou what a delight ! ◆ **quel bonheur de vous revoir !** what a pleasure it is to see you again !

c (chance) (good) luck, good fortune ◆ **il ne connaît pas son bonheur !** he doesn't know ou realize (just) how lucky he is !, he doesn't know ou realize his luck !* ◆ **avoir le bonheur de faire** to be lucky enough ou have the good fortune to do ◆ **il eut le rare bonheur de gagner 3 fois** he had the unusual good fortune ou luck of winning ou to win 3 times ◆ **porter bonheur à qn** to bring sb luck ◆ **ça porte bonheur de ...** it's lucky to ... ◆ **par bonheur** fortunately, luckily ◆ **par un bonheur inespéré** by an unhoped-for stroke of luck ou good fortune

d (loc) (littér) **avec bonheur** felicitously ◆ **mêler avec bonheur le tragique et le comique** to make a happy ou skilful blend of the tragic and the comic ◆ **au petit bonheur (la chance)*** répondre off the top of one's head* ; faire haphazardly, any old how* ◆ **il n'y a pas de véritable sélection, c'est au petit bonheur la chance** there is no real selection (process), it is just pot luck ou the luck of the draw ◆ (Prov) **le bonheur des uns fait le malheur des autres** one man's meat is another man's poison (Prov)

bonheur-du-jour, pl **bonheurs-du-jour** [bɔnœʀdyʒuʀ] [→ SYN] nm escritoire, writing desk

bonhomie [bɔnɔmi] [→ SYN] nf good-naturedness, good-heartedness, bonhomie

bonhomme [bɔnɔm] [→ SYN] **1** nm (pl **bonshommes**) [bɔ̃zɔm] (*) (homme) chap* (Brit), fellow*, bloke* (Brit), guy* ; (mari) old man‡ ; (‡ Can : père) old man‡, father ◆ **dessiner des bonshommes** to draw little men ◆ **un petit bonhomme de 4 ans** a little chap* ou lad* ou fellow* of 4 ◆ **dis-moi, mon bonhomme** tell me, sonny* ou little fellow* ◆ (ton admiratif) **c'était un grand bonhomme** he was a great man* ◆ (fig) **aller** ou **suivre son petit bonhomme de chemin** to carry on ou go on in one's own sweet way

2 adj (pl **bonhommes**) ◆ **air / regard bonhomme** good-natured expression / look

3 COMP ▷ **bonhomme de neige** snowman ▷ **bonhomme de pain d'épice** gingerbread man

boni† [bɔni] nm (bénéfice) profit ◆ **100 F de boni** a 100-franc profit

boniche [bɔniʃ] [→ SYN] nf (péj) servant (maid), skivvy* (Brit) ◆ **faire la boniche (pour qn)** to skivvy for sb*

bonification¹ [bɔnifikasjɔ̃] [→ SYN] nf **a** (amélioration) [terre, vins] improvement

b (en compétition) bonus (points) ; (avantage) advantage, start

bonification² [bɔnifikasjɔ̃] [→ SYN] nf (Fin) (remise) discount, rebate ◆ **bonifications d'intérêt** interest rate subsidies, preferential interest rates

bonifier¹ vt, **se bonifier** vpr [bɔnifje] [→ SYN] ▸ conjug 7 ◂ to improve

bonifier² [bɔnifje] [→ SYN] ▸ conjug 7 ◂ vt (Fin) to give as a bonus ◆ **prêt à taux bonifié** government-subsidized ou low-interest loan

boniment [bɔnimɑ̃] [→ SYN] nm (baratin) sales talk (NonC), patter* (NonC) ; (* : mensonge) tall story, humbug (NonC) ◆ **faire le** ou **du boniment à qn** to give sb the sales talk ou patter* ◆ **faire du boniment à une femme** to chat a woman up* (Brit), try and pick up a woman* ◆ **raconter des boniments*** to spin yarns ou tall stories

bonimenter [bɔnimɑ̃te] [→ SYN] ▸ conjug 1 ◂ vi to give the sales talk ou patter*

bonimenteur, -euse [bɔnimɑ̃tœʀ, øz] [→ SYN] nm,f smooth talker ; [foire] barker

bonite [bɔnit] [→ SYN] nf bonito

bonjour [bɔ̃ʒuʀ] [→ SYN] GRAMMAIRE ACTIVE 21.2 nm **a** (gén) hello, how d'you do ? ; (matin) (good) morning ; (après-midi) (good) afternoon ; (Can : au revoir) good day (frm), good morning, good afternoon ◆ **bonjour chez vous !** say hello to everybody at home ! ◆ (hum) **t'as le bonjour d'Alfred !*** get lost !* ◆ **avec lui, c'est bonjour bonsoir** I only exchange basic civilities with him ◆ **donnez-lui le bonjour de ma part** give him my regards, remember me to him ◆ **dire bonjour à qn** to say hello to sb

b (* loc) **le bus aux heures de pointe, bonjour (les dégâts) !** the bus in the rush hour is hell !* ◆ **tu aurais vu sa moto après l'accident ! bonjour (les dégâts) !** you should've seen his bike after the accident ! what a mess ! ◆ **si son père l'apprend, bonjour (les dégâts) !** if his father finds out about it, sparks will fly ou all hell will be let loose !* ◆ **si tu l'invites, bonjour l'ambiance !** if you invite him, it'll ruin the atmosphere !

Bonn [bɔn] n Bonn

bonnard, e* [bɔnaʀ, aʀd] adj ⇒ **bonard, e**

bonne² [bɔn] [→ SYN] nf maid, domestic ◆ **bonne d'enfants** nanny (Brit), child's nurse (US) ◆ **bonne à tout faire** general help, skivvy (Brit) ; (hum) maid of all work → aussi **bon¹**

bonne-maman, pl **bonnes-mamans** [bɔnmamɑ̃] [→ SYN] nf granny*, grandma

bonnement [bɔnmɑ̃] [→ SYN] adv ◆ **tout bonnement** just, (quite) simply ◆ **dire tout bonnement que** to say (quite) frankly ou openly ou plainly that

bonnet [bɔnɛ] [→ SYN] **1** nm **a** (coiffure) bonnet, hat ; [bébé] bonnet

b [soutien-gorge] cup

c (Zool) reticulum

d LOC **prendre qch sous son bonnet** to make sth one's concern ou responsibility, take it upon o.s. to do sth ◆ **c'est bonnet blanc et blanc bonnet** it's six of one and half a dozen of the other (Brit), it amounts to the same thing → **gros, jeter, tête**

2 COMP ▷ **bonnet d'âne** dunce's cap ▷ **bonnet de bain** bathing cap ▷ **bonnet d'évêque** [volaille] parson's nose ▷ **bonnet de nuit** (Habillement) nightcap ; (* fig) wet blanket*, killjoy, spoilsport ▷ **bonnet phrygien** Phrygian cap ▷ **bonnet à poils** bearskin ▷ **bonnet de police** forage cap, garrison ou overseas cap (US)

bonneteau [bɔnto] [→ SYN] nm three card trick

bonneterie [bɔn(ə)tʀi, bɔnɛtʀi] [→ SYN] nf (objets) hosiery ; (magasin) hosier's shop, hosiery ; (commerce) hosiery trade

bonnetier, -ière [bɔntje, jɛʀ] nm,f hosier

bonnette [bɔnɛt] [→ SYN] nf (Phot) supplementary lens ; (Naut) studding sail, stuns'l ; (Mil) [fortification] bonnet

bonniche [bɔniʃ] nf ⇒ **boniche**

bon-papa, pl **bons-papas** [bɔ̃papa] [→ SYN] nm grandad*, grandpa

bonsaï [bɔ̃(d)zaj] nm bonsai

bonsoir [bɔ̃swaʀ] [→ SYN] nm (en arrivant) hello, good evening ; (en partant) good evening, good night ; (en se couchant) good night ◆ **souhaiter le bonsoir à qn** to say good night to sb ◆ **bonsoir !*** (that's just) too bad !* (Brit), tough (luck) !* ; (rien à faire) nothing doing !*, not a chance !*, not on your life !* ◆ **pour s'en débarrasser / le convaincre, bonsoir !** it's going to be sheer ou absolute hell* getting rid of it / convincing him !

bonté [bɔ̃te] [→ SYN] nf **a** (NonC) kindness, goodness ◆ **ayez la bonté de faire** would you be so kind ou good as to do ? ◆ **faire qch par pure bonté d'âme** to do sth out of the goodness of one's heart ◆ **avec bonté** kindly ◆ **bonté divine !** ou **du ciel !** good heavens !*

b (act of) kindness ◆ **merci de toutes vos bontés** thank you for all your kindnesses to me ou for all the kindness you've shown me ◆ **avoir des bontés pour qn** to show sb many kindnesses

bonus [bɔnys] [→ SYN] nm (Assurances) no-claims bonus

bonze [bɔ̃z] [→ SYN] nm (Rel) bonze ; (* : personnage important) bigwig* ◆ **vieux bonze‡** old fossil‡

bonzerie [bɔ̃zʀi] [→ SYN] nf Buddhist monastery

bonzesse [bɔ̃zɛs] nf bonze

boogie-woogie, pl **boogie-woogies** [bugiwugi] [→ SYN] nm boogie-woogie

book* [buk] nm (abrév de **bookmaker**) bookie*

bookmaker [bukmɛkœʀ] nm bookmaker

booléen, -enne [buleɛ̃, ɛn] adj (Math, Ordin) boolean

boom [bum] [→ SYN] nm (expansion) boom ◆ **être en plein boom** [secteur] to be booming ; (* : en plein travail) to be really busy

boomerang [bumʀɑ̃g] nm (lit, fig) boomerang ◆ (fig) **faire boomerang, avoir un effet boomerang** to backfire

booster [bustœʀ] [→ SYN] nm [fusée] booster, launching vehicle ; [auto-radio] booster

boots [buts] [→ SYN] nmpl boots

boqueteau, pl **boqueteaux** [bɔkto] [→ SYN] nm copse

bora [bɔʀa] [→ SYN] nf bora

borasse [bɔʀas] nm borassus, palmyra

borate [bɔʀat] nm borate

borax [bɔʀaks] nm borax

borazon [bɔʀazɔ̃] nm borazon

borborygme [bɔʀbɔʀigm] [→ SYN] nm rumble, rumbling noise (in one's stomach), borborygmus (spéc)

bord [bɔʀ] [→ SYN] nm **a** [route] side, edge ; [rivière] side, bank ; [lac] edge, side, shore ; [cratère] edge, rim, lip ; [forêt, table] edge ; [précipice] edge, brink ; [verre, tasse] brim, rim ; [assiette] edge, rim ; [plaie] edge ◆ **le bord de la mer** the seashore ◆ **bord du trottoir** edge of the pavement, kerb (Brit), curb (US) ◆ **une maison au bord du lac** a house by the lake ou at the lakeside, a lakeside house ◆ **se promener au bord de la rivière** to go for a walk along the riverside ou the river bank ou by the river ◆ **passer ses vacances au bord de la mer** to spend one's holidays at the seaside ou by the sea, go to the seaside for one's holidays ◆ **pique-niquer au bord** ou **sur le bord de la route** to (have a) picnic at ou by the roadside ◆ **au bord de l'eau** at the water's edge ◆ **se promener au bord de l'eau** to go for a walk by the lake ou river ou sea ◆ **en été les bords du lac sont envahis de touristes** in summer the shores of the lake are overrun by tourists ◆ **il a regagné le bord à la nage** (dans la mer) he swam ashore ou to the shore ; (dans une rivière) he swam to the bank ◆ **verre rempli jusqu'au bord** ou **à ras bord** glass full ou filled to the brim

b [vêtement, mouchoir] edge, border ; [chapeau] brim ◆ **chapeau à large(s) bord(s)** wide- ou broad-brimmed hat ◆ **le bord ourlé** ou **roulotté d'un mouchoir** the rolled hem of a handkerchief ◆ **veste bord à bord** edge-to-edge jacket ◆ **coller du papier bord à bord** to hang wallpaper edge to edge

c (Naut) side ◆ **les hommes du bord** the crew ◆ (Aviat, Naut) **à bord** on board, aboard ◆ **monter à bord** to go on board ou aboard ◆ **prendre qn à son bord** to take sb aboard ou on board ◆ **monter à bord d'un navire** to board a ship, go on board ou aboard ship ◆ **la marchandise a été expédiée à bord du SS Wallisdown** the goods were shipped on SS Wallisdown ◆ (Naut) **passer / jeter par-dessus bord** to hand / throw overboard ◆ **M. X, à bord d'une voiture bleue** Mr X, driving ou in a blue car ◆ **journal** ou **livre de bord** log(book), ship's log

d (Naut : bordée) tack ◆ **tirer des bords** to tack, make tacks ◆ **tirer un bord** to tack, make a tack

e (Can*) side ◆ **de mon bord** on my side ◆ **prendre le bord** to make off

f LOC **être au bord de la ruine / du désespoir** to be on the verge ou brink of ruin / despair ◆ **au bord de la tombe** on the brink of death, at death's door ◆ **au bord des larmes** on the verge of tears, almost in tears ◆ **nous sommes du même bord** we are on the same side, we are of the same opinion ; (socialement) we are all of a kind ◆ **à pleins bords** abundantly, freely ◆ **il est un peu fantaisiste / sadique sur les bords*** he is a bit of an eccentric / sadist

bordage [bɔʀdaʒ] [→ SYN] nm **a** (Couture), edging, bordering

b (Naut) **bordages** (en bois) planks, planking ; (en fer) plates, plating

c (Can) **bordages** inshore ice

bordé [bɔʀde] → SYN nm a (Couture) braid, trimming
b (Naut) (en bois) planking ; (en fer) plating

Bordeaux [bɔʀdo] n (ville) Bordeaux

bordeaux [bɔʀdo] 1 nm (vin) Bordeaux (wine) ◆ **bordeaux rouge** claret
2 adj inv maroon, burgundy

bordée [bɔʀde] → SYN nf a (salve) broadside ◆ (fig) **bordée d'injures** torrent ou volley of abuse
b (Naut : quart) watch
c (parcours) tack ◆ **tirer des bordées** to tack, make tacks ◆ (fig) **tirer une bordée** to go on a spree* ou binge*
d (Can*) **une bordée de neige** a heavy snowfall

bordel‡ [bɔʀdɛl] nm (hôtel) brothel, whorehouse* ; (chaos) mess, shambles (sg) ◆ **quel bordel !** what a bloody*‡ (Brit) ou goddamned‡ shambles ! ◆ **si tout le monde a accès aux dossiers, ça va être le bordel** if everyone has access to the files it'll be bloody*‡ (Brit) ou goddamned‡ chaos ◆ **mettre** ou **foutre**‡ **le bordel** to create havoc, cause bloody*‡ (Brit) ou goddamned‡ chaos ◆ **mettre** ou **foutre**‡ **le bordel dans qch** to screw‡ ou bugger*‡ (Brit) sth up ◆ **bordel !** bloody hell !‡ (Brit), hell !‡, shit !*‡ ◆ **arrête de gueuler, bordel (de merde) !** stop shouting for Christ's sake !*‡ ◆ **... et tout le bordel** ... and God knows what else*

bordelais, e [bɔʀdəlɛ, ɛz] 1 adj of ou from Bordeaux, Bordeaux (épith)
2 nm,f ◆ **Bordelais(e)** inhabitant ou native of Bordeaux
3 nm ◆ (région) **le Bordelais** the Bordeaux region
4 **bordelaise** nf ◆ (Culin) **entrecôte (à la) bordelaise** Bordelaise entrecôte steak

bordélique‡ [bɔʀdelik] adj shambolic*

border [bɔʀde] → SYN ▸ conjug 1 ◂ vt a (Couture) (entourer) to edge, trim (*de* with) ; (ourler) to hem, put a hem on
b rue, rivière [arbres, immeubles, maisons] to line ; [sentier] to run alongside ◆ **allée bordée de fleurs** path edged ou bordered with flowers ◆ **rue bordée de maisons** road lined with houses ◆ **rue bordée d'arbres** tree-lined road
c personne, couverture to tuck in ◆ **border un lit** to tuck the blankets in
d (Naut) (en bois) to plank ; (en fer) to plate
e (Naut) voile to haul on, pull on ; avirons to ship

bordereau, pl **bordereaux** [bɔʀdəʀo] → SYN 1 nm (formulaire) note, slip ; (relevé) statement, summary ; (facture) invoice
2 COMP ▷ **bordereau d'achat** purchase note ▷ **bordereau d'envoi** dispatch note ▷ **bordereau de livraison** delivery slip ou note ▷ **bordereau de salaire** salary advice ▷ **bordereau de versement** pay(ing)-in slip

bordier, -ière [bɔʀdje, jɛʀ] → SYN 1 adj mer epicontinental ; bateau lopsided
2 nm (Helv : riverain) resident

bordigue [bɔʀdig] → SYN nf (Pêche) crawl

bordure [bɔʀdyʀ] → SYN nf (bord) edge ; (cadre) surround, frame ; (de gazon, fleurs) border ; (d'arbres) line ; (Couture) border, edging, edge ; [voile] foot ◆ **bordure de trottoir** kerb (Brit), curb (US), kerbstones (Brit), curbstones (US) ◆ **en bordure de** (le long de) running along, alongside, along the edge of ; (à côté de) next to, by ; (près de) near (to) ◆ **en bordure de route** maison, champ by the roadside (attrib) ; restaurant, arbre roadside (épith) ◆ **papier à bordure noire** black-edged paper, paper with a black edge

bore [bɔʀ] nm boron

boréal, e, mpl **-aux** [bɔʀeal, o] → SYN adj boreal → **aurore**

Borée [bɔʀe] nm Boreas

Borgia [bɔʀʒja] n Borgia

borgne [bɔʀɲ] → SYN adj a personne one-eyed, blind in one eye ◆ **fenêtre borgne** obstructed window ◆ (Tech) **trou borgne** recessed hole
b (fig : louche) hôtel, rue shady

borique [bɔʀik] adj boric

boriqué, e [bɔʀike] adj containing boric acid

Boris [bɔʀis] nm Boris ◆ (Littérat) **"Boris Godounov"** "Boris Godunov"

bornage [bɔʀnaʒ] → SYN nm [champ] boundary marking, demarcation

borne [bɔʀn] → SYN nf a (kilométrique) kilometre-marker, ≃ milestone ; [terrain] boundary stone ou marker ; (autour d'un monument etc) bollard (Brit), post ◆ **borne d'incendie** fire hydrant ◆ **ne reste pas là planté comme une borne !*** don't just stand there like a statue !
b (fig) **bornes** limit(s), bounds ◆ **il n'y a pas de bornes à la bêtise humaine** human folly knows no bounds ◆ **franchir** ou **dépasser les bornes** to go too far ◆ **sans bornes** limitless, unlimited, boundless ◆ **mettre des bornes à** to limit
c (* : kilomètre) kilometre
d (Élec) terminal
e (Math) bound ◆ **borne inférieure / supérieure** lower / upper bound

borné, e [bɔʀne] → SYN (ptp de **borner**) adj a personne narrow-minded, short-sighted ; esprit, vie narrow ; intelligence limited
b (Math) bounded

borne-fontaine, pl **bornes-fontaines** [bɔʀn (ə) fɔ̃tɛn] nf (Can) fire hydrant

Bornéo [bɔʀneo] n Borneo

borner [bɔʀne] → SYN ▸ conjug 1 ◂ 1 vt a ambitions, besoins, enquête to limit, restrict (*à faire* to doing, *à qch* to sth)
b terrain to mark out ou off, mark the boundary of ◆ **arbres qui bornent un champ** trees which border a field ◆ **immeubles qui bornent la vue** buildings which limit ou restrict one's view
2 **se borner** vpr ◆ (se contenter de) **se borner à faire** to content o.s. with doing, be content to do ◆ **se borner à qch** to content o.s. with sth ◆ (se limiter à) **se borner à faire / à qch** [personne] to restrict ou confine ou limit o.s. to doing / to sth ; [visite, exposé] to be limited ou restricted ou confined to doing / to sth ◆ **je me borne à vous faire remarquer que ...** I would just ou merely like to point out to you that ... ◆ **il s'est borné à resserrer les vis** he merely tightened up the screws, he contented himself with tightening up the screws

bort [bɔʀ] → SYN nm bort(z), boart

bort(s)ch [bɔʀtʃ] nm bors(c)h

bosco [bɔsko] nm (Naut) quartermaster

boskoop [bɔskɔp] nf Boskoop apple

bosniaque [bɔsnjak] 1 adj Bosnian
2 nmf ◆ **Bosniaque** Bosnian

Bosnie [bɔsni] nf Bosnia

Bosnie-Herzégovine [bɔsniɛʀzegɔvin] nf Bosnia-Herzegovina

bosnien, -ienne [bɔsnjɛ̃, jɛn] 1 adj Bosnian
2 nm,f ◆ **Bosnien(ne)** Bosnian

boson [bozɔ̃] nm boson

Bosphore [bɔsfɔʀ] nm ◆ **le Bosphore** the Bosphorus ◆ **le détroit du Bosphore** the Strait of the Bosphorus

bosquet [bɔskɛ] → SYN nm copse, grove

bossage [bɔsaʒ] → SYN nm (Archit) boss ◆ **bossages** bosses, bossage

bossa-nova, pl **bossas-novas** [bɔsanɔva] → SYN nf bossa nova

bosse [bɔs] → SYN nf a [chameau, bossu] hump ; (en se cognant) bump, lump ; (éminence) bump ; (Ski) mogul, bump ◆ **se faire une bosse au front** to get a bump on one's forehead ◆ **route pleine de bosses** (very) bumpy road ◆ **ski sur bosses** mogul skiing → **rouler**
b (Naut) **bosse d'amarrage** painter
c (* loc) **avoir la bosse des maths** to have a good head for maths, be good at maths ◆ **avoir la bosse du commerce** to be a born businessman (ou businesswoman)

bosselage [bɔslaʒ] nm embossment

bosseler [bɔsle] → SYN ▸ conjug 4 ◂ vt (déformer) to dent, bash about ; (marteler) to emboss ◆ **tout bosselé** théière battered, badly dented, all bashed* about ou in (attrib) ; front bruised, covered in bumps (attrib) ; sol bumpy

bossellement [bɔsɛlmɑ̃] nm embossing

bosselure [bɔslyʀ] → SYN nf (défaut) dent ; (relief) embossment

bosser[1]* [bɔse] → SYN ▸ conjug 1 ◂ 1 vi (travailler) to work ; (travailler dur) (intellectuellement) to swot (Brit), work hard, slog away* ; (physiquement) to slave away, work one's guts out‡
2 vt examen to swot for (Brit), slog away for* ◆ **bosser son anglais** to swot up ou slog away at* one's English

bosser[2] [bɔse] ▸ conjug 1 ◂ vt (Naut) to attach with painters

bossette [bɔsɛt] nf [mors, œillère] boss

bosseur, -euse* [bɔsœʀ, øz] → SYN 1 adj hard-working
2 nm,f slogger*, hard worker

bossoir [bɔswaʀ] nm [bateau] davit ; [ancre] cathead

bossu, e [bɔsy] → SYN 1 adj personne hunchbacked ◆ **dos bossu** hunch(ed) back ◆ **redresse-toi, tu es tout bossu** sit up, you're getting round-shouldered
2 nm,f hunchback → **rire**

bossuer [bɔsɥe] ▸ conjug 1 ◂ vt ⇒ **bosseler**

Boston [bɔstɔn] n Boston

boston [bɔstɔ̃] nm (danse, jeu) boston

Bostonien, -ienne [bɔstɔnjɛ̃, jɛn] nm,f Bostonian

bostonnais, e [bɔstɔnɛ, ɛz] nm,f (Can Hist) Bostonian, American

bostryche [bɔstʀiʃ] nm elm bark beetle

bot, bote [bo, bɔt] → SYN adj ◆ **main bote** club-hand ◆ **pied bot** club-foot

botanique [bɔtanik] → SYN 1 adj botanical
2 nf botany

botaniste [bɔtanist] → SYN nmf botanist

bothriocéphale [bɔtʀijɔsefal] nm bothriocephalus

Botnie [bɔtni] nf ◆ **le golfe de Botnie** the Gulf of Bothnia

Botswana [bɔtswana] nm Botswana

botswanais, e [bɔtswanɛ, ɛz] 1 adj of ou from Botswana
2 nm,f ◆ **Botswanais(e)** inhabitant ou native of Botswana

botte[1] [bɔt] → SYN nf (high) boot ◆ **botte de caoutchouc** wellington (boot), gumboot, welly* ◆ **botte de cheval, botte de cavalier** riding boot ◆ **botte d'égoutier** wader ◆ **les bottes de sept lieues** the seven-league boots ◆ **la botte (de l'Italie)** the boot ◆ (fig) **être à la botte de qn** to be under sb's heel ou thumb, be sb's puppet ◆ (fig) **avoir qn à sa botte** to have sb under one's heel ou thumb ◆ (fig) **cirer** ou **lécher les bottes de qn*** to lick sb's boots ◆ **être sous la botte de l'ennemi** to be under the enemy's heel

botte[2] [bɔt] → SYN nf [fleurs, légumes] bunch ; [foin] (en gerbe) bundle, sheaf ; (au carré) bale

botte[3] [bɔt] → SYN nf (Escrime) thrust ◆ **porter une botte à** (lit) to make a thrust at ; (fig) to hit out at ◆ (fig) **botte secrète** secret weapon

botte[4] [bɔt] nf ◆ (arg Scol : École polytechnique) **sortir dans la botte** to be among the top students in one's year

botteler [bɔtle] → SYN ▸ conjug 4 ◂ vt paille (en gerbe) to bundle, truss (Brit) ; (au carré) to bale ; fleurs, légumes to bunch

botteleur, -euse [bɔtlœʀ, øz] nm,f bundler, baler, trusser (Brit)

botter [bɔte] → SYN ▸ conjug 1 ◂ 1 vt a (mettre des bottes à) to put boots on ; (vendre des bottes à) to sell boots to ◆ **se botter** to put one's boots on ◆ **il se botte chez X** he buys his boots at X's ◆ **botté de cuir** with leather boots on, wearing leather boots
b **botter les fesses** ou **le derrière de qn**‡ to kick ou boot‡ sb in the behind*, give sb a kick up the backside‡ ou in the pants‡
c (* : plaire) **ça me botte** I fancy* (Brit) ou like ou dig‡ that ◆ **ce film m'a botté** I really liked ou went for* that film
d (Ftbl) to kick ◆ **botter la balle en touche** to kick the ball into touch
2 vi (Ftbl) to kick the ball ; (Ski) to ball up

bottier [bɔtje] → SYN nm [bottes] bootmaker; [chaussures] shoemaker

bottillon [bɔtijɔ̃] nm ankle boot; [bébé] bootee

bottin ® [bɔtɛ̃] nm directory, phonebook ◆ **Bottin mondain** ≃ Who's Who

bottine [bɔtin] → SYN nf (ankle) boot, bootee ◆ **bottine à boutons** button-boot

botulique [bɔtylik] adj ◆ **bacille botulique** botulinus

botulisme [bɔtylism] → SYN nm botulism

boubou [bubu] nm boubou, bubu

bouboulep [bubule] → SYN ▸conjug 1◂ vi to hoot

bouc [buk] nm (Zool) (billy) goat; (barbe) goatee (beard) ◆ **sentir** ou **puer le bouc‡** to stink*, pong‡ (Brit) ◆ (fig) **bouc émissaire** scapegoat, fall guy

boucan* [bukɑ̃] nm din*, racket* ◆ **faire du boucan** (bruit) to kick up* a din* ou a racket*; (protestation) to kick up* a fuss ou a shindy*

boucane‡ [bukan] nf (Can) smoke

boucaner [bukane] → SYN ▸conjug 1◂ vt viande to smoke, cure; peau to tan

boucanier [bukanje] → SYN nm (pirate) buccaneer

bouchage [buʃaʒ] → SYN nm (→ **boucher**[1]) corking; filling up ou in; plugging, stopping; blocking (up); choking up

boucharde [buʃaʀd] → SYN nf (marteau) bush-hammer

bouche [buʃ] → SYN **1** nf **a** (Anat) mouth; [volcan, fleuve, four] mouth; [canon] muzzle ◆ **embrasser à pleine bouche** to kiss full on the lips ◆ **parler la bouche pleine** to talk with one's mouth full ◆ **avoir la bouche amère** to have a bitter taste in one's mouth ◆ **j'ai la bouche sèche** my mouth feels ou is dry ◆ **j'ai la bouche pâteuse** my tongue feels thick ou coated ◆ (fig) **il a 5 bouches à nourrir** he has 5 mouths to feed ◆ (dans une population) **les bouches inutiles** the non-active ou unproductive population ◆ **dans leur tribu, une fille est une bouche inutile** in their tribe a girl is just another mouth to feed ◆ **provisions de bouche** provisions ◆ **dépenses de bouche** food bills ◆ **vin court / long en bouche** wine with no finish / a long ou lingering finish → **garder**

b (organe de la communication) mouth ◆ **fermer la bouche à qn** to shut sb up ◆ **garder la bouche close** to keep one's mouth shut ◆ **il n'a pas ouvert la bouche de la soirée** he didn't open his mouth ou he didn't say a word all evening ◆ **dans sa bouche, ce mot choque** when he says ou uses it, that word sounds offensive ◆ **il a toujours l'injure à la bouche** he's always ready with an insult ◆ **il n'a que ce mot-là à la bouche** that is all he ever talks about ◆ **de bouche à oreille** by word of mouth, confidentially ◆ **ta bouche (bébé) !‡** shut your mouth!‡ ou trap!‡ ◆ **bouche cousue !*** don't breathe a word!, mum's the word!* ◆ **l'histoire est dans toutes les bouches** the story is on everyone's lips, everyone's talking about it ◆ **son nom est dans toutes les bouches** his name is a household word ou is on everyone's lips ◆ **aller** ou **passer de bouche en bouche** to be rumoured about ◆ **il a la bouche pleine de cet acteur** he can talk of nothing but this actor ◆ **il en a plein la bouche** he can talk of nothing else ◆ **nos sentiments s'expriment par sa bouche** our feelings are expressed by him ou by what he says

c LOC **s'embrasser à bouche que veux-tu** to kiss eagerly ◆ **faire la fine** ou **petite bouche** to turn one's nose up (fig) ◆ **avoir la bouche en cœur** to simper ◆ **avoir la bouche en cul-de-poule** to purse one's lips → **bée**

2 COMP ▷ **bouche d'aération** air vent ou inlet ▷ **bouche de chaleur** hot-air vent ou inlet ▷ **bouche d'égout** manhole ▷ **bouche à feu** (Hist) piece (of ordnance), gun ▷ **bouche d'incendie** fire hydrant ▷ **bouche de métro** metro entrance

bouché, e[1] [buʃe] → SYN (ptp de **boucher**[1]) adj **a** temps, ciel cloudy, overcast

b (obstrué) passage etc blocked ◆ **j'ai les oreilles bouchées** my ears are blocked (up) ◆ **j'ai le nez bouché** my nose is blocked (up) ou stuffed up ou bunged up*

c (*: stupide) personne stupid, thick‡ (Brit) ◆ **bouché à l'émeri** wood from the neck up*, thick as a brick‡ (Brit)

d (sans avenir) filière, secteur oversubscribed ◆ **les mathématiques sont bouchées** there is no future in maths

bouche-à-bouche [buʃabuʃ] nm inv kiss of life (Brit), mouth-to-mouth resuscitation (Brit) ou respiration (US) ◆ **faire du bouche-à-bouche à qn** to give sb the kiss of life ou mouth-to-mouth resuscitation

bouchée[2] [buʃe] → SYN nf **a** mouthful ◆ (fig) **pour une bouchée de pain** for a song, for next to nothing ◆ (fig) **mettre les bouchées doubles** to get stuck in* (Brit), put on a spurt ◆ **ne faire qu'une bouchée d'un plat** to gobble up ou polish off a dish in next to no time ◆ (fig) **ne faire qu'une bouchée d'un adversaire** to make short work of an opponent

b (Culin) **bouchée (au chocolat)** chocolate ◆ **bouchée à la reine** chicken vol-au-vent

boucher[1] [buʃe] → SYN ▸conjug 1◂ **1** vt **a** bouteille to cork, put the ou a cork in; trou, fente to fill up ou in; fuite to plug, stop; fenêtre to block (up); lavabo to block (up), choke (up) ◆ **sécrétions qui bouchent les pores** secretions which block up ou clog up the pores ◆ **boucher le passage** to be ou stand in the way ◆ **boucher le passage à qn** to be ou stand in sb's way, block sb's way ◆ **boucher la vue** to block the view ◆ **tu me bouches le jour** you're in my ou the light ◆ **prends une pomme, ça te bouchera un trou*** have an apple, that will keep you going (for now) ◆ **on l'a employé pour boucher les trous** we used him as a stopgap

b **ça / elle lui en a bouché un coin‡** he was staggered* ou flabbergasted* ou gobsmacked‡ (Brit)

2 **se boucher** vpr [évier] to get blocked ou choked ou clogged up; [temps] to get cloudy, become overcast ◆ **se boucher le nez** to hold one's nose ◆ **se boucher les oreilles** (lit) (avec ses doigts) to stop one's ears, put one's fingers in one's ears; (avec du coton etc) to plug one's ears; (fig) to refuse to hear ◆ **se boucher les yeux** (lit) to put one's hands over one's eyes, hide one's eyes; (fig) to refuse to see, turn a blind eye

boucher[2] [buʃe] → SYN nm (lit, fig) butcher

bouchère [buʃɛʀ] nf (woman) butcher; (épouse) butcher's wife

boucherie [buʃʀi] → SYN nf (magasin) butcher's (shop); (métier) butchery (trade); (fig) slaughter ◆ **animaux de boucherie** animals for slaughter ◆ **boucherie chevaline** ou **hippophagique** horse(meat) butcher's ◆ **boucherie charcuterie** butcher's (shop) with delicatessen

bouche-trou, pl **bouche-trous** [buʃtʀu] → SYN nm (personne) fill-in, stopgap, stand-in; (chose) stopgap, pinch-hitter* (NonC)

bouchon [buʃɔ̃] → SYN nm **a** (en liège) cork; (en verre) stopper; (en plastique) stopper, top; (en chiffon, papier) plug, bung; [bidon, réservoir] cap; [tube] top; [évier] plug ◆ (Phot) **bouchon d'objectif** lens cap ◆ **bouchon anti-vol** locking petrol cap (Brit), locking fuel filler cap ◆ **bouchon de vidange** drain plug ◆ **vin qui sent le bouchon** corked ou corky wine ◆ **bouchon de cérumen** earwax ou cerumen plug → **pousser**

b (Pêche) float

c **bouchon (de paille)** wisp

d (Aut: embouteillage) holdup, traffic jam ◆ **un bouchon de 12 km** a 12-km tailback

bouchonnage [buʃɔnaʒ] → SYN nm [cheval] rubbing-down, wisping-down (Brit)

bouchonné, e [buʃɔne] adj corked, corky

bouchonner [buʃɔne] → SYN ▸conjug 1◂ **1** vt cheval to rub down, wisp down (Brit)

2 vi ◆ (Aut) **ça bouchonne en ville** there's heavy congestion in town

bouchonnier [buʃɔnje] nm (fabricant) cork maker; (vendeur) cork seller

bouchot [buʃo] → SYN nm mussel bed

bouclage [buklaʒ] → SYN nm (*: mise sous clefs) locking up ou away, imprisonment; (encerclement) surrounding, sealing off; (Presse) [journal] closing

boucle [bukl] → SYN nf [ceinture, soulier] buckle; [cheveux] curl, lock; [ruban, voie ferrée, rivière] loop; (Sport) lap; (Aviat) loop; (Ordin) loop ◆ **fais une boucle à ton j** put a loop on your j ◆ **fais une boucle à ton lacet** tie your shoelace in a bow ◆ (Littérat) **"Boucles d'or et les Trois Ours"** "Goldilocks and the Three Bears" ◆ **boucle d'oreille** earring ◆ **boucle d'oreille à vis** (ou **à crochets**) pierced earring, earring for pierced ear ◆ **boucle d'oreille à clip** clip-on earring

bouclé, e [bukle] (ptp de **boucler**) adj cheveux, fourrure curly; personne curly-haired ◆ **il avait la tête bouclée** his hair was curly ou all curls

boucler [bukle] → SYN ▸conjug 1◂ **1** vt **a** (fermer) ceinture to buckle, fasten (up); (*) porte to lock ◆ **boucler sa valise** (lit) to fasten one's suitcase; (fig) to pack one's bags ◆ **tu vas la boucler !‡** will you belt up!‡ (Brit), will you shut your trap!‡

b (fig: terminer) affaire to finish off, got through with, settle; circuit to complete, go round; budget to balance; article to finish ◆ **arriver à boucler ses fins de mois** to manage to stay in the black at the end of the month ◆ (Aviat) **boucler la boucle** to loop the loop ◆ (fig) **on est revenu par l'Espagne pour boucler la boucle** we came back through Spain to make (it) a round trip ◆ (fig) **nous revoilà dans ce village, on a bouclé la boucle** we're back in the village, so we've come full circle ◆ **dans le cycle de production la boucle est bouclée** the cycle of production is now completed ◆ (Presse) **il faut boucler** we've got to close

c (*: enfermer) to shut up ou away, lock up, put inside* ◆ **ils ont bouclé le coupable** they've locked up the criminal ou put the criminal under lock and key ◆ **être bouclé chez soi** to be cooped up ou stuck* at home

d (Mil, Police: encercler) to surround, seal off, cordon off ◆ **la police a bouclé le quartier** the police surrounded the area ou sealed off the area

2 vi **a** [cheveux] to curl, be curly ◆ **elle commence à boucler** her hair is getting curly

b (Ordin) to get stuck in a loop

bouclette [buklɛt] nf small curl, ringlet

bouclier [buklije] → SYN nm (Mil, fig) shield; (Police) riot shield ◆ **faire un bouclier de son corps à qn** to shield sb with one's body ◆ (Espace) **bouclier thermique** heat shield ◆ **bouclier atomique** ou **nucléaire** nuclear defences (pl) ◆ **bouclier humain** human shield

Bouddha [buda] nm Buddha ◆ (statuette) **bouddha** Buddha

bouddhique [budik] adj Buddhist

bouddhisme [budism] nm Buddhism ◆ **bouddhisme zen** zen Buddhism

bouddhiste [budist] adj, nmf Buddhist ◆ **bouddhiste zen** zen Buddhist

bouder [bude] → SYN ▸conjug 1◂ **1** vi to sulk, have a sulk ou the sulks*

2 vt personne to refuse to talk to ou have anything to do with; chose to refuse to have anything to do with, keep away from; (Comm) produit to be reluctant to buy, stay away from ◆ **bouder la nourriture** to have no appetite ◆ **bouder son plaisir** to deny o.s. ◆ **spectacle boudé par le public** show that is ignored by the public ◆ **les électeurs ont boudé ce scrutin** a lot of voters stayed at home ◆ **le soleil va bouder le nord du pays** the north of the country won't see much of the sun ◆ **ils se boudent** they're not on speaking terms, they're not speaking

bouderie [budʀi] → SYN nf (état) sulkiness (NonC); (action) sulk

boudeur, -euse [budœʀ, øz] → SYN **1** adj sulky, sullen

2 **boudeuse** nf (siège) dos-à-dos

boudin [budɛ̃] → SYN nm **a** (Culin) **boudin (noir)** ≃ black pudding (Brit), blood sausage (US) ◆ **boudin blanc** ≃ white pudding (Brit) ou sausage (US) ◆ **boudin antillais** *small, spicy black pudding* ◆ (*: bouder) **faire du boudin** to sulk → **eau**

b (gonflable) ring, tube
c (*: doigt) podgy ou fat finger
d (*: fille) fat lump (of a girl)‡; (péj), fatty‡; (péj), fatso‡ (péj)

boudiné, e [budine] → SYN (ptp de **boudiner**) adj **a** doigt podgy
b (serré) **boudiné dans** squeezed into, bursting out of ◆ **boudiné dans un corset** strapped into ou bulging out of a tight-fitting corset

boudiner [budine] ▸ conjug 1 ◂ **1** vt (Tex) to rove; fil to coil ◆ **sa robe la boudine** her dress makes her look all bulges
2 se boudiner vpr ◆ **se boudiner dans ses vêtements** to squeeze o.s. into one's clothes, wear too tight-fitting clothes

boudineuse [budinøz] nf (Tech) rover

boudoir [budwaʀ] → SYN nm (salon) boudoir; (biscuit) sponge (Brit) ou lady (US) finger

boue [bu] → SYN nf (gén) mud; [mer, canal] sludge, silt; (dépôt) sediment ◆ (Méd) **boues activées** activated sludge (NonC) ◆ **boues thermales** heated mud ◆ **boues d'épuration** sewage sludge (NonC) ◆ (fig) **traîner qn dans la boue** to drag sb in the mud ◆ (fig) **couvrir qn de boue** to throw ou sling mud at sb

bouée [bwe] → SYN nf (de signalisation) buoy; (d'enfant) rubber ring ◆ **bouée de corps-mort** mooring buoy ◆ **bouée de sauvetage** (lit) lifebelt; (fig) lifeline ◆ **bouée sonore** radio buoy

boueux, -euse [bwø, øz] → SYN **1** adj muddy; (Typ) blurred, smudged
2 nm (*: éboueur) dustman (Brit), bin man* (Brit), garbage collector (US)

bouffant, e [bufɑ̃, ɑ̃t] → SYN **1** adj manche puff(ed) (épith), full; cheveux full; pantalon baggy
2 nm [jupe, manche] fullness; [cheveux] fullness, volume; [pantalon] bagginess

bouffarde* [bufaʀd] nf pipe

bouffe¹ [buf] → SYN adj → **opéra**

bouffe²‡ [buf] → SYN nf grub‡ ◆ **il ne pense qu'à la bouffe** he only thinks of his stomach ou of his grub‡ ou nosh‡ (Brit) ◆ **faire la bouffe** to cook, do the cooking, make the grub‡ ◆ **on se fera une bouffe** we'll have a nice little meal ◆ **j'ai acheté la bouffe** I bought the food

bouffée [bufe] → SYN nf [parfum] whiff; [pipe, cigarette] puff, drag*; [colère] outburst; [orgueil] fit ◆ **bouffée d'air** ou **de vent** puff ou breath ou gust of wind ◆ (lit, fig) **une bouffée d'air pur** a breath of fresh air ◆ **bouffée de chaleur** (Méd) hot flush (Brit) ou flash (US); (gén) gust ou blast of hot air ◆ (Psych) **bouffée délirante** delirious episode ◆ **par bouffées** in gusts

bouffer¹ [bufe] ▸ conjug 1 ◂ vi [cheveux] to be full, have volume ◆ **faire bouffer une jupe / une manche** to make a skirt fuller / a sleeve puff out ◆ **faire bouffer ses cheveux** to add volume ou fullness to one's hair

bouffer²‡ [bufe] → SYN ▸ conjug 1 ◂ vt **a** (gén) to eat; (engloutir) to gobble up*, wolf down ◆ **cette voiture bouffe de l'essence** this car drinks petrol (Brit) ou guzzles gas (US) ◆ **se bouffer le nez** (constamment) to be always at each other's throat(s); (ponctuellement) to have a go at one another*, scratch each other's eyes out* ◆ **bouffer du curé** to be violently anti-church ou anticlerical ◆ **je l'aurais bouffé!** I could have murdered him! ◆ **j'ai cru qu'elle allait le bouffer** I thought she was going to eat him alive
b (emploi absolu) to eat ◆ **on bouffe mal ici** the grub‡ here isn't up to much ◆ **on a bien bouffé ici** the grub was great here‡
c (*: accaparer) **il ne faut pas se laisser bouffer par ses enfants / son travail** you shouldn't let your children / work eat up ou take up all your time (and energy) ◆ **ça me bouffe tout mon temps** it eats up all my time

bouffetance‡ [buftɑ̃s] nf ⇒ **bouffe²**

bouffeur, -euse‡ [bufœʀ, øz] → SYN nm,f greedy guts‡, (greedy) pig*

bouffi, e [bufi] → SYN (ptp de **bouffir**) adj visage puffed up, bloated; yeux swollen, puffy; (fig) swollen, puffed up (*de* with) ◆ **(hareng) bouffi** bloater ◆ (hum) **tu l'as dit bouffi!*** you said it!

bouffir [bufiʀ] → SYN ▸ conjug 2 ◂ **1** vt to puff up
2 vi to become bloated, puff up

bouffissure [bufisyʀ] → SYN nf puffiness (NonC), bloatedness (NonC); puffy swelling

bouffon, -onne [bufɔ̃, ɔn] → SYN **1** adj farcical, comical
2 nm (pitre) buffoon, clown; (Hist) jester ◆ **le bouffon du roi** the king's jester ou fool

bouffonnerie [bufɔnʀi] → SYN nf **a** (NonC) [personne] clownishness; [situation] drollery
b bouffonneries (comportement) antics, foolery, buffoonery; (paroles) jesting ◆ **faire des bouffonneries** to clown about, play the fool

bougainvillée [bugɛ̃vile] nf, **bougainvillier** [bugɛ̃vilje] nm bougainvillea

bouge [buʒ] → SYN nm **a** (taudis) hovel, dump*; (bar louche) low dive*
b [tonneau] bilge

bougeoir [buʒwaʀ] → SYN nm (bas) candleholder; (haut) candlestick

bougeotte* [buʒɔt] nf ◆ **avoir la bougeotte** (voyager) to be always on the move; (remuer) to fidget (about), have the fidgets*, have ants in one's pants‡

bouger [buʒe] → SYN ▸ conjug 3 ◂ **1** vi **a** (remuer) to move; (se révolter) to be restless ◆ **ne bouge pas** keep still, don't move ou budge ◆ **il n'a pas bougé (de chez lui)** he stayed in ou at home, he didn't stir out ◆ (tremblement de terre) **la terre a bougé** the ground shook ◆ **un métier où l'on bouge** an active job, a job where you are always on the move ◆ (fig) **quand la police l'a arrêté, personne n'a bougé** when the police arrested him no one lifted a finger (to help)
b (changer) **ça bouge toujours dans cette industrie / ce service** this is a fast-moving industry / lively department ◆ **ça ne bouge pas beaucoup dans ce service** nothing much ever changes in this department ◆ **ce tissu ne bouge pas** (gén) this cloth wears ou will wear well; (dimension) this cloth is shrink-resistant; (couleur) this cloth will not fade ◆ **ses idées n'ont pas bougé** his ideas haven't altered, he hasn't changed his ideas ◆ **les prix n'ont pas bougé** prices have stayed put* ou the same
c (*: être actif) to go out and do things
2 vt (*) objet to move, shift* ◆ **il n'a pas bougé le petit doigt** he didn't lift a finger (to help)
3 se bouger* vpr to move ◆ **bouge-toi de là!** shift over!‡, shift out of the way!‡, scoot over!* (US) ◆ **je m'ennuie – alors bouge-toi un peu!** I'm bored – then get up off your backside*! (Brit) ou butt‡! (US) ◆ **il faut se bouger pour obtenir satisfaction** you have to put yourself out to get satisfaction

bougie [buʒi] → SYN nf **a** (chandelle) candle; (Aut) spark(ing) plug, plug ◆ **ampoule de 40 bougies†** 40 candle-power bulb
b (‡: visage) face, dial‡ ◆ **faire une drôle de bougie** to pull (Brit) ou make a (wry) face

bougna(t)†* [buɲa] nm (charbonnier) coalman; (marchand de charbon) coal merchant *(who also runs a small café)*

bougnoul(e)‡‡ [buɲul] nmf (péj) (Noir) nigger‡‡; (Arabe) wog‡‡, fucking‡‡ ou bloody‡‡ (Brit) Arab

bougon, -onne [bugɔ̃, ɔn] → SYN **1** adj grumpy, grouchy*
2 nm,f grumbler, grouch*

bougonnement [bugɔnmɑ̃] → SYN nm grumbling, grouching*

bougonner [bugɔne] → SYN ▸ conjug 1 ◂ vi to grouch* (away) (to o.s.), grumble

bougre* [bugʀ] **1** nm (type) guy*, chap* (Brit), fellow*, blighter* (Brit); (enfant) (little) rascal ◆ **bon bougre** good sort* ou chap* ◆ **pauvre bougre** poor devil* ou blighter* ◆ **ce bougre d'homme** that confounded man ◆ **bougre d'idiot!** ou **d'animal!** stupid ou confounded idiot!*, silly blighter!* (Brit) ◆ **il le savait, le bougre!** the so-and-so knew it!
2 excl good Lord!*, strewth!* (Brit), I'll be darned!* (US)

bougrement* [bugʀəmɑ̃] adv (hum) damn*, damned*

bougresse‡ [bugʀɛs] nf woman; (péj) hussy, bitch‡

bouiboui, boui-boui, pl **bouis-bouis*** [bwibwi] nm (gén) unpretentious (little) restaurant; (péj) greasy spoon*

bouif*† [bwif] nm cobbler

bouillabaisse [bujabɛs] → SYN nf bouillabaisse, fish soup

bouillant, e [bujɑ̃, ɑ̃t] → SYN adj (brûlant) boisson boiling (hot), scalding; (qui bout) eau, huile boiling; tempérament fiery; personne (emporté) fiery-natured, hotheaded; (fiévreux) boiling (hot)* ◆ **bouillant de colère** seething ou boiling with anger

bouillasse* [bujas] nf (gadoue) muck

bouille* [buj] nf (visage) face, mug‡ (péj) ◆ **avoir une bonne bouille** to have a cheerful friendly face

bouilleur [bujœʀ] → SYN nm (distillateur) distiller ◆ **bouilleur de cru** home distiller ◆ **bouilleur de cru clandestin** moonshiner

bouilli, e¹ [buji] → SYN **1** adj boiled
2 nm boiled meat ◆ **bouilli de bœuf** *beef stew*

bouillie² [buji] → SYN nf [bébé] baby's cereal; [vieillard] gruel, porridge ◆ **mettre en bouillie** légumes, fruits to pulp, mash ou reduce to a pulp; (fig) adversaire to beat to a pulp ◆ (Agr) **bouillie bordelaise** Bordeaux mixture ◆ (fig) **c'est de la bouillie pour les chats** it's a (proper) dog's dinner* ◆ **réduit en bouillie** (lit) légumes cooked to a pulp ou mush; (fig) adversaire beaten to a pulp; voiture crushed to pieces, flattened*

bouillir [bujiʀ] → SYN ▸ conjug 15 ◂ **1** vi **a** (lit) to boil, be boiling ◆ **commencer à bouillir** to reach boiling point, be nearly boiling ◆ **l'eau bout** the water is boiling ◆ **l'eau ne bout plus** the water has stopped boiling, the water has gone ou is off the boil (Brit) ◆ **faire bouillir de l'eau** to boil water, bring water to the boil ◆ **faire bouillir du linge / des poireaux** to boil clothes / leeks ◆ **faire bouillir un biberon** to sterilize a (baby's) bottle by boiling ◆ **bouillir à gros bouillons** to boil fast ◆ (fig) **avoir de quoi faire bouillir la marmite** to have enough to keep the pot boiling ◆ **c'est elle qui fait bouillir la marmite** she's the breadwinner
b (fig) to boil ◆ **à voir ça, je bous!** seeing that makes my blood boil!, I boil at seeing that! ◆ **faire bouillir qn** to make sb's blood boil, make sb mad* ◆ **bouillir d'impatience** to seethe with impatience ◆ **bouillir de rage / de haine** to seethe ou boil with anger / hatred
2 vt eau, linge to boil

bouilloire [bujwaʀ] → SYN nf kettle ◆ **bouilloire électrique** (gén) electric kettle; (haute) jug kettle

bouillon [bujɔ̃] → SYN **1** nm **a** (soupe) broth, stock, bouillon ◆ **bouillon de légumes / poulet** vegetable / chicken stock ◆ **prendre** ou **boire un bouillon*** (en nageant) to swallow ou get a mouthful; (Fin) to take a tumble*, come a cropper* (Brit)
b (bouillonnement) bubble (in boiling liquid) ◆ **au premier bouillon** as soon as it boils ou comes to the boil ◆ **couler à gros bouillons** to gush out, come gushing out
c (arg Presse) **bouillons** unsold copies, returns
d (Couture) puff ◆ **rideau à bouillons** Austrian blind
2 COMP ▷ **bouillon cube** stock ou bouillon cube ▷ **bouillon de culture** (Bio) culture fluid ▷ **bouillon gras** meat stock ▷ **bouillon maigre** clear stock ▷ **bouillon d'onze heures*** poisoned drink, lethal potion

bouillon-blanc, pl **bouillons-blancs** [bujɔ̃blɑ̃] nm mullein

bouillonnant, e [bujɔnɑ̃, ɑ̃t] → SYN adj (→ **bouillonner**) bubbling; seething; foaming, frothing

bouillonné [bujɔne] nm ruffle

bouillonnement [bujɔnmɑ̃] → SYN nm (→ **bouillonner**) bubbling; seething; foaming, frothing

bouillonner [bujɔne] → SYN ▸ conjug 1 ◂ vi **a** [liquide chaud] to bubble, seethe; [torrent] to foam, froth; [idées] to bubble up; [esprit] to seethe ◆ (fig) **bouillonner de colère** to seethe ou boil with anger ◆ **il bouillonne d'idées** his mind is teeming with ideas, he's bubbling with ideas

b (arg Presse) [journal] to have a lot of unsold copies ou returns

bouillotte [bujɔt] → SYN nf hot-water bottle

bouillotter [bujɔte] → SYN ▸conjug 1◂ vi to boil gently, simmer

boulaie [bulɛ] nf birch grove

boulange* [bulɑ̃ʒ] nf bakery trade ◆ **être dans la boulange** to be a baker (by trade)

boulanger[1] [bulɑ̃ʒe] → SYN nm baker

boulanger[2] [bulɑ̃ʒe] ▸conjug 3◂ vt pain to make, bake

boulangère [bulɑ̃ʒɛʀ] nf (woman) baker; (épouse) baker's wife → **pomme**

boulangerie [bulɑ̃ʒʀi] nf (magasin) baker's (shop), bakery; (commerce) bakery trade ◆ **boulangerie-pâtisserie** baker's and confectioner's (shop)

boule [bul] → SYN 1 nf a (Billard, Croquet) ball; (Boules) bowl; (Géol) tor ◆ **jouer aux boules** to play bowls ◆ (Casino) **jouer à la boule** to play (at) boule ◆ **roulé en boule** animal curled up in a ball; paquet rolled up in a ball ◆ (animal) **petite boule de poils** little ball of fluff ◆ (fig) **être en boule*** to be in a temper ou paddy* (Brit) ◆ **se mettre en boule** [hérisson] to roll up into a ball; (*) [personne] to fly off the handle* ◆ **cela me met en boule*** that makes me mad* ou gets my goat‡ ou gets me‡

b (*: grosseur) lump ◆ (fig) **avoir une boule dans la gorge** to have a lump in one's throat ◆ **j'ai les boules‡** (anxieux) I've got butterflies*; (furieux) I'm hopping mad* ◆ **ça fout les boules‡** (ça angoisse) it's really scary*; (ça énerve) it's damn annoying‡

c (*: tête) head, nut* ◆ **perdre la boule** to go bonkers‡ ou nuts*, go off one's rocker‡ ◆ **coup de boule** head-butt ◆ **avoir la boule à zéro** to have a shaven head

2 COMP ▷ **boule de billard** billiard ball ◆ (fig) **avoir une boule de billard** to be as bald as a coot* ou an egg* ▷ **boule de cristal** crystal ball ◆ (fig) **je ne lis pas dans les boules de cristal!** I haven't got a crystal ball!, I'm not a clairvoyant! ▷ **boule de feu** fireball ▷ **boule de gomme** (Pharm) throat pastille; (bonbon) fruit pastille ou gum, gumdrop ▷ **boule de loto** lotto ou lottery ball ◆ **yeux en boules de loto** big round eyes ▷ **boule de neige** snowball ◆ (fig) **faire boule de neige** to snowball ▷ **boule puante** stink bomb ▷ **boule de pain** round loaf, cob (loaf) (Brit) ▷ **boule Quiès®** (wax)earplug, (wax)ear stopper

bouleau, pl **bouleaux** [bulo] → SYN nm (silver) birch

boule-de-neige, pl **boules-de-neige** [bul dənɛʒ] → SYN nf (fleur) guelder-rose; (arbre) snowball tree

bouledogue [buldɔg] → SYN nm bulldog

bouler [bule] → SYN ▸conjug 1◂ vi to roll along ◆ **elle a boulé dans l'escalier** she fell head over heels down the stairs ◆ **envoyer bouler qn*** to send sb packing*, send sb away with a flea in his ear*

boulet [bulɛ] → SYN nm a [forçat] ball and chain ◆ **boulet (de canon)** cannonball ◆ (fig) **traîner un boulet** to have a millstone round one's neck ◆ **c'est un (véritable) boulet pour ses parents** he is a millstone round his parents' neck ◆ **arriver comme un boulet de canon** to come bursting in ou crashing in ◆ **tirer à boulets rouges sur qn** to lay into sb tooth and nail

b [charbon] (coal) nut

c (Vét) fetlock

boulette [bulɛt] → SYN nf a [papier] pellet; (Culin) meat croquette, meatball; (empoisonnée) poison ball

b (* fig) blunder, bloomer* ◆ **faire une boulette** to make a blunder ou bloomer*, drop a brick* ou clanger* (Brit)

boulevard [bulvaʀ] → SYN nm boulevard ◆ **les boulevards extérieurs** the outer boulevards of Paris ◆ **les grands boulevards** the grand boulevards ◆ **pièce** ou **comédie de boulevard** light comedy → **périphérique, théâtre**

boulevardier, -ière [bulvaʀdje, jɛʀ] → SYN adj comique light

bouleversant, e [bulvɛʀsɑ̃, ɑ̃t] → SYN adj spectacle, récit deeply moving; nouvelle shattering, overwhelming

bouleversement [bulvɛʀsəmɑ̃] → SYN nm [habitudes, vie politique etc] upheaval, disruption ◆ **le bouleversement de son visage** the utter distress on his face, his distraught face

bouleverser [bulvɛʀse] → SYN ▸conjug 1◂ vt a (émouvoir) to move deeply; (causer un choc) to overwhelm, bowl over, shatter ◆ **bouleversé par l'angoisse / la peur** distraught with anxiety / fear ◆ **la nouvelle les a bouleversés** they were shattered ou deeply distressed by the news

b (modifier) plan, habitude to disrupt, change completely ou drastically

c (déranger) to turn upside down

boulier[1] [bulje] → SYN nm (calcul) abacus; (Billard) scoring board

boulier[2] [bulje] nm ⇒ **bolier**

boulimie [bulimi] → SYN nf bulimia (spéc), compulsive eating, binge-eating syndrome (US) ◆ **il fait de la boulimie*** he is a compulsive eater ◆ (fig) **être saisi d'une boulimie de lecture / de cinéma** to be seized by a compulsive desire to read / to go the cinema

boulimique [bulimik] → SYN 1 adj bulimic (spéc)

2 nmf bulimiac (spéc), compulsive eater

boulin [bulɛ̃] → SYN nm [pigeonnier] pigeonhole; (Tech) putlog ou putlock hole

bouline [bulin] → SYN nf bowline

boulingrin [bulɛ̃gʀɛ̃] → SYN nm lawn

boulisme [bulism] nm (pratique) bowl playing

bouliste [bulist] nmf bowls player

boulle [bul] nm inv ◆ **le style boulle** the boul(l)e ou buhl style ◆ **commode boulle** boul(l)e ou buhl chest of drawers

boulocher [bulɔʃe] ▸conjug 1◂ vi to pill

boulodrome [bulodʀom] nm bowling pitch

bouloir [bulwaʀ] → SYN nm [mortier] larry

boulomane [bulɔman] nmf bowls enthusiast

boulon [bulɔ̃] → SYN nm bolt; (avec son écrou) nut and bolt ◆ (fig) **(res)serrer les boulons** to tighten a few screws

boulonnage [bulɔnaʒ] nm (→ **boulonner**) bolting (on); bolting (down)

boulonner [bulɔne] → SYN ▸conjug 1◂ 1 vt (serrer à force) to bolt (down); (assembler) to bolt (on)

2 vi (*) to work ◆ **boulonner (dur)** to slog* ou slave* away

boulonnerie [bulɔnʀi] nf (usine) nuts and bolts factory; (produits) nuts and bolts

boulot[1], **-otte** [bulo, ɔt] → SYN adj plump, tubby*

boulot[2]* [bulo] → SYN nm (travail) work (NonC); (dur labeur) grind* (NonC); (emploi) job, work (NonC); (lieu de travail) work (NonC), place of work ◆ **elle a 4 enfants à élever, quel boulot!** she has 4 children to bring up, what a job! ◆ **il a fait de la cuisine, t'aurais vu le boulot!** he did some cooking, it was quite a sight! ◆ **être sans boulot** to be out of work ou unemployed ◆ **j'ai un boulot fou en ce moment** I'm up to my eyes in work ou I'm snowed under with work at the moment* ◆ **ce n'est pas du boulot** that's not work!, (do you) call that work! ◆ **on a du boulot** (gén) we've got work to do; (tâche difficile) that will take some doing* ◆ **il a trouvé du boulot** ou **un boulot** he's found work ou a job ◆ **allons, au boulot!** let's get cracking!*, let's get the show on the road!* ◆ **il est boulot boulot** with him it is just work, work, work*, he's a workaholic → **métro**

boulotter* [bulɔte] ▸conjug 1◂ 1 vi to eat, nosh‡ (Brit) ◆ **on a bien boulotté** we had a good meal‡

2 vt to eat

boum [bum] → SYN 1 excl (chute) bang!, wallop!; (explosion) boom!, bang ◆ (langage enfantin) **faire boum** to go bang* ◆ **boum par terre!** whoops a daisy!

2 nm (explosion) bang ◆ **on entendit un grand boum** there was an enormous bang ◆ LOC **être en plein boum‡** to be in full swing, be going full blast*

3 nf (*: fête) party, rave-up‡

boumer‡ [bume] ▸conjug 1◂ vi ◆ **ça boume** everything's going fine ou swell* (US) ◆ **ça boume?** how's things?* ou tricks?*

boumerang [bumʀɑ̃g] nm ⇒ **boomerang**

bounioul [bunjul] nm ⇒ **bougnoul(e)**

bouquet[1] [bukɛ] → SYN nm a (Bot) **bouquet (de fleurs)** bunch (of flowers); (soigneusement composé) (grand) bouquet; (petit) posy; (*: Can: plante d'ornement) (house) plant ◆ **bouquet d'arbres** clump of trees ◆ **faire un bouquet** to make up a bouquet ◆ **le bouquet de la mariée** the bride's bouquet ◆ **bouquet de persil / thym** bunch of parsley / thyme ◆ (Culin) **bouquet garni** bouquet garni, *bunch of mixed herbs*

b [feu d'artifice] finishing ou crowning piece *(in a firework display)* ◆ (fig) **c'est le bouquet!*** that takes the cake!* ou the biscuit!* (Brit), that's the last straw!

c [vin] bouquet ◆ **vin qui a du bouquet** wine which has a good bouquet ou nose

d (Jur) [viager] initial payment

e (TV) multichannels package

bouquet[2] [bukɛ] nm (Zool: crevette) prawn

bouqueté, e [buk(ə)te] adj vin which has a good bouquet ou nose

bouquetière [buk(ə)tjɛʀ] nf flower seller, flower girl

bouquetin [buk(ə)tɛ̃] nm ibex

bouquin* [bukɛ̃] nm book

bouquiner* [bukine] ▸conjug 1◂ vti to read ◆ **il passe son temps à bouquiner** he always has his nose in a book

bouquiniste [bukinist] → SYN nmf second-hand bookseller *(esp along the Seine in Paris)*

bourbe [buʀb] nf mire, mud

bourbeux, -euse [buʀbø, øz] → SYN adj miry, muddy

bourbier [buʀbje] → SYN nm (quag)mire; (fig) (situation) mess; (entreprise) unsavoury ou nasty business, quagmire

bourbillon [buʀbijɔ̃] → SYN nm (Méd) core

Bourbon [buʀbɔ̃] 1 n Bourbon

2 nm ◆ (whisky) **bourbon** bourbon

bourbonien, -ienne [buʀbɔnjɛ̃, jɛn] → SYN adj Bourbon (épith)

bourdaine [buʀdɛn] nf alder buckthorn

bourde* [buʀd] nf (gaffe) blunder, bloomer*, boob*; (faute) slip, mistake, bloomer*; howler* (surtout Scol) ◆ **faire une bourde** (gaffe) to boob* (Brit), blunder, drop a clanger* (Brit); (faute) to make a (silly) mistake, goof up* (US)

bourdon[1] [buʀdɔ̃] → SYN nm a (Zool) bumblebee, humble-bee ◆ **avoir le bourdon*** to have the blues* → **faux**[2]

b (Mus) (cloche) great bell; [cornemuse] bourdon, drone; [orgue] bourdon → **faux**[2]

bourdon[2] [buʀdɔ̃] nm (Typ) omission, out

bourdon[3] [buʀdɔ̃] → SYN nm pilgrim's staff

bourdonnant, e [buʀdɔnɑ̃, ɑ̃t] → SYN adj insecte buzzing, humming, droning

bourdonnement [buʀdɔnmɑ̃] → SYN nm [insecte] buzzing (NonC); [abeille] drone (NonC), buzzing (NonC); [voix] buzz (NonC), hum (NonC); [moteur] hum (NonC), humming (NonC), drone (NonC); [avion] drone (NonC) ◆ **j'ai un bourdonnement dans les oreilles** ou **des bourdonnements d'oreilles** my ears are buzzing ou ringing

bourdonner [buʀdɔne] → SYN ▸conjug 1◂ vi [insecte] to buzz; [abeille] to drone, buzz; [moteur] to hum, drone ◆ **ça bourdonne dans mes oreilles** my ears are buzzing ou ringing

bourg [buʀ] → SYN nm (gén) market town; (petit) village ◆ **au bourg, dans le bourg** in town; in the village

bourgade [buʀgad] → SYN nf village, (small) town

bourge* [buʀʒ] adj, nmf (abrév de **bourgeois**) (péj) bourgeois

bourgeois, e [buʀʒwa, waz] → SYN 1 adj a (Sociol) middle-class b (gén péj : conventionnel) culture, préjugé bourgeois, middle-class ; valeurs, goûts bourgeois, middle-class, conventional ◆ **avoir l'esprit bourgeois** to have a conventional ou narrow outlook ◆ **mener une petite vie bourgeoise** to live a boring middle-class existence → **petit**

2 nm,f a bourgeois, middle-class person ◆ **grand bourgeois** upper middle-class person ◆ (péj) **les bourgeois** the wealthy (classes) ◆ **sortir en bourgeois***† to go out in mufti*† ou in civvies* → **épater**

b (Hist) (citoyen) burgess ; (riche roturier) bourgeois ◆ (Art) **"Les Bourgeois de Calais"** "The Burghers of Calais" ◆ (Littérat) **"Le Bourgeois gentilhomme"** "Le Bourgeois Gentilhomme", "The Prodigious Snob"

3 nm (Can) head of household, master

4 **bourgeoise*** nf ◆ (hum : épouse) **la** ou **ma bourgeoise** the wife*, the missus*

bourgeoisement [buʀʒwazmɑ̃] adv penser, réagir conventionally ; vivre comfortably

bourgeoisie [buʀʒwazi] → SYN nf a (Sociol) middle class(es), bourgeoisie ◆ **petite/moyenne/grande bourgeoisie** lower middle/middle/upper middle class

b (Hist : citoyenneté) bourgeoisie, burgesses

bourgeon [buʀʒɔ̃] → SYN nm (Bot) bud ; († fig) spot, pimple ◆ (Anat) **bourgeon gustatif** taste bud

bourgeonnement [buʀʒɔnmɑ̃] → SYN nm (Bot) budding ; (Méd) granulation (spéc)

bourgeonner [buʀʒɔne] → SYN ▸ conjug 1 ◂ vi (Bot) to (come into) bud ; (Méd) [plaie] to granulate (spéc) ◆ (fig) **son visage bourgeonne** he's getting spots ou pimples on his face

bourgmestre [buʀgmɛstʀ] → SYN nm burgomaster

bourgogne [buʀgɔɲ] 1 nm (vin) burgundy

2 nf ◆ (région) **la Bourgogne** Burgundy

bourguignon, -onne [buʀgiɲɔ̃, ɔn] 1 adj Burgundian ◆ (Culin) **un (bœuf) bourguignon** bœuf bourguignon, beef stewed in red wine

2 nm,f ◆ **Bourguignon(ne)** Burgundian

bourlinguer [buʀlɛ̃ge] → SYN ▸ conjug 1 ◂ vi a (naviguer) to sail ; (* : voyager) to travel around a lot*, knock about a lot* ◆ **il a bourlingué dans tout l'hémisphère sud** he travelled all over the southern hemisphere

b (Naut) to labour

bourlingueur, -euse* [buʀlɛ̃gœʀ, øz] nm,f ◆ **c'est un bourlingueur** he travels around a lot*, he knocks about a lot*

bourrache [buʀaʃ] → SYN nf borage

bourrade [buʀad] → SYN nf (du poing) thump ; (du coude) dig, poke, prod

bourrage [buʀaʒ] → SYN nm [coussin] stuffing ; [poêle, pipe] filling ; [fusil] wadding ; [imprimante, photocopieuse] jam ◆ **bourrage de crâne*** (propagande) brainwashing ; (récits exagérés) eyewash*, hot air* ; (Scol) cramming

bourrasque [buʀask] → SYN nf gust of wind, squall ◆ **bourrasque de neige** flurry of snow ◆ **le vent souffle en bourrasque** the wind is blowing in gusts

bourrasser* [buʀase] ▸ conjug 1 ◂ vt (Can) to browbeat, bully

bourratif, -ive [buʀatif, iv] → SYN adj (gén) filling ; (péj) stodgy

bourre[1] [buʀ] → SYN nf [coussin] stuffing ; (en poils) hair ; (en laine, coton) wadding, flock ; [bourgeon] down ; [fusil] wad ◆ **de première bourre*** great*, brilliant* (Brit) ◆ **à la bourre**‡ (en retard) late ; (pressé) pushed for time* ◆ **être à la bourre dans son travail**‡ to be behind with one's work

bourre[2]‡ [buʀ] → SYN nm (policier) cop* ◆ **les bourres** the fuzz‡, the cops*

bourré, e[1] [buʀe] → SYN (ptp de **bourrer**) adj a (plein à craquer) salle, sac, compartiment packed, jam-packed*, crammed (de with) ◆ **portefeuille bourré de billets** wallet cram-full of ou stuffed with notes ◆ **devoir bourré de fautes** exercise packed ou crammed with mistakes ◆ **il est bourré de tics** he is always twitching ◆ **il est bourré de complexes** he has got loads of hang-ups*, he is really hung-up* ◆ **bourré de vitamines** aliment crammed ou packed with vitamins

b (‡ : ivre) tight*, canned‡, plastered‡

bourreau, pl **bourreaux** [buʀo] → SYN 1 nm a (tortionnaire) torturer

b (Hist) [guillotine] executioner, headsman ; [pendaison] executioner, hangman

2 COMP ▷ **bourreau des cœurs** ladykiller ▷ **bourreau d'enfants** child-batterer, baby-batterer ▷ **bourreau de travail** glutton for work*, workaholic*

bourrée[2] [buʀe] → SYN nf (Mus) bourrée

bourrèlement [buʀɛlmɑ̃] → SYN nm (littér) torment

bourreler [buʀle] → SYN ▸ conjug 4 ◂ vt ◆ **bourrelé de remords** racked by remorse

bourrelet [buʀlɛ] → SYN nm a (gén) roll ; [porte, fenêtre] draught excluder (Brit), weather strip (US)

b **bourrelet (de chair)** fold ou roll of flesh ◆ **bourrelet (de graisse)** roll of fat, spare tyre*

bourrelier [buʀəlje] → SYN nm saddler

bourrellerie [buʀɛlʀi] → SYN nf saddlery

bourrer [buʀe] → SYN ▸ conjug 1 ◂ 1 vt a (remplir) coussin to stuff ; pipe, poêle to fill ; valise to stuff ou cram full ; (Mil, Min) to ram home ◆ **bourrer une dissertation de citations** to cram an essay with quotations ◆ **bourrer un sac de papiers** to stuff ou cram papers into a bag ◆ (Pol) **bourrer les urnes** to stuff the ballot box

b **bourrer qn de nourriture** to stuff sb with food ◆ **ne te bourre pas de gâteaux** don't stuff* yourself ou fill yourself up* with cakes ◆ **les frites, ça bourre !** chips are very filling !

c LOC **bourrer le crâne à qn*** (endoctriner) to stuff* sb's head full of ideas, brainwash sb ; (en faire accroire) to feed sb a lot of eyewash* ; (Scol) to cram sb ◆ **bourrer qn de coups** to pummel sb, beat sb up, hammer blows on sb ◆ **se faire bourrer la gueule**‡ to get one's head bashed in‡ ◆ **se bourrer la gueule**‡ (se battre) to bash one another up‡ ; (se soûler) to get sloshed‡ ou pissed‡ (Brit) ou plastered‡ ◆ **bourrer le mou à qn**‡ to have sb on* (Brit), kid sb (on)*

2 vi a (‡ : se dépêcher) (en voiture, en moto) to go flat out*, tear along*, belt along‡ (Brit) ; (au travail) to go ou work flat out*

b [papier] to jam

bourrette [buʀɛt] nf waste silk

bourriche [buʀiʃ] → SYN nf [huîtres] hamper, basket ; (Pêche) keep-net

bourrichon* [buʀiʃɔ̃] nm ◆ **se monter le bourrichon** to get a notion in one's head ◆ **monter le bourrichon à qn** to put ideas into sb's head, stir sb up (*contre* against)

bourricot [buʀiko] → SYN nm (small) donkey

bourrin* [buʀɛ̃] nm horse, nag*

bourrique [buʀik] → SYN nf a (Zool) (âne) donkey, ass ; (ânesse) she-ass

b (* fig) (imbécile) ass, blockhead* ; (têtu) pigheaded* person ◆ **faire tourner qn en bourrique** to drive sb to distraction ou up the wall* → **soûl, têtu**

bourriquet [buʀikɛ] nm ⇒ **bourricot**

bourru, e [buʀy] → SYN adj a personne, air surly ; voix gruff

b vin unfermented ; lait straight from the cow (attrib)

bourrure [buʀyʀ] nf (Can) stuffing *(in saddle etc)*

bourse [buʀs] → SYN 1 nf a (porte-monnaie) purse ◆ **la bourse ou la vie !** your money or your life !, stand and deliver ! ◆ **sans bourse délier** without spending a penny ◆ **avoir la bourse dégarnie / bien garnie** to have an empty / a well-lined purse ◆ **ils font bourse commune** they share expenses, they pool their resources ◆ **ils font bourse à part** they keep separate accounts, they keep their finances separate ◆ **il nous a ouvert sa bourse** he lent us some money, he helped us out with a loan ◆ **devoir faire appel à la bourse de qn** to have to ask sb for a loan ◆ **c'est trop cher pour ma bourse** I can't afford it, it's more than I can afford → **cordon, portée**[2]

b (Bourse) **la Bourse** (activité) the Stock Exchange (Brit) ou Market ; (bâtiment) [Paris] the Bourse ; [Londres] the (London) Stock Exchange ; [New York] Wall Street ◆ **la Bourse monte / descend** share (Brit) ou stock (US) prices are going up / down, the market is going up / down ◆ **valoir tant en Bourse** to be worth so much on the Stock Exchange ou Market ◆ **jouer à la Bourse** to speculate ou gamble on the Stock Exchange ou Market → **coté**

c **bourse (d'études)** (Scol) school maintenance allowance (NonC) ; (Univ) grant ; (obtenue par concours) scholarship

d (Anat) **bourse séreuse** bursa ◆ **bourses** scrotum

2 COMP ▷ **Bourse du** ou **de commerce** produce exchange, commodity market ▷ **Bourse de l'emploi** ≃ job centre ▷ **Bourse des marchandises** ⇒ **Bourse du commerce** ▷ **Bourse du travail** (Ind) (lieu de réunion des syndicats) ≃ trades union centre ▷ **Bourse des valeurs** Stock Market, Stock ou Securities Exchange

bourse-à-pasteur, pl **bourses-à-pasteur** [buʀsapastœʀ] nf shepherd's-purse

boursicotage [buʀsikɔtaʒ] → SYN nm (Bourse) speculation (on a small scale), dabbling on the Stock Exchange

boursicoter [buʀsikɔte] → SYN ▸ conjug 1 ◂ vi (Bourse) to speculate in a small way, dabble on the Stock Exchange

boursicoteur, -euse [buʀsikɔtœʀ, øz] → SYN nm,f, **boursicotier, -ière** [buʀsikɔtje, jɛʀ] nm,f (Bourse) small-time speculator, small investor

boursier, -ière [buʀsje, jɛʀ] 1 adj a (Scol, Univ) **étudiant boursier** grant holder ; (par concours) scholarship holder

b (Bourse) marché, valeurs stock-exchange (épith)

2 nm,f a (étudiant) grant holder ; (par concours) scholarship holder

b (agent de change) stockbroker ; (opérateur) stock exchange operator

boursouflage [buʀsuflaʒ] nm [visage] swelling, puffing-up ; [style] turgidity

boursouflé, e [buʀsufle] → SYN (ptp de **boursoufler**) adj visage puffy, swollen, bloated ; main swollen ; surface peinte blistered ; (fig) style, discours bombastic, turgid

boursouflement [buʀsufləmɑ̃] nm ⇒ **boursouflage**

boursoufler [buʀsufle] → SYN ▸ conjug 1 ◂ 1 vt to puff up, bloat

2 **se boursoufler** vpr [peinture] to blister ; [visage, main] to swell (up)

boursouflure [buʀsuflyʀ] → SYN nf [visage] puffiness ; [style] turgidity, pomposity ; (cloque) blister ; (enflure) swelling

bouscaud, e [busko, od] adj (Can) thickset

bouscueil [buskœj] → SYN nm (Can) break-up of ice (in rivers and lakes)

bousculade [buskylad] → SYN nf (remous) hustle, jostle, crush ; (hâte) rush, scramble ◆ **ça été la bousculade ce week-end** it was a real rush ou scramble this week-end

bousculer [buskyle] → SYN ▸ conjug 1 ◂ 1 vt a personne (pousser) to jostle, shove ; (heurter) to bump into ou against, knock into ou against ; (presser) to rush, hurry (up) ; (Mil) to drive from the field ◆ (fig) **je n'aime pas qu'on me bouscule** I don't like to be pressured ou rushed ◆ (fig) **être (très) bousculé** to be rushed off one's feet

b objet (heurter) to knock ou bump into ; (faire tomber) to knock over ; (déranger) to knock about

c (fig) idées to shake up, liven up ; traditions to shake up ; habitudes to upset ; emploi du temps to upset, disrupt

2 **se bousculer** vpr (se heurter) to jostle each other ; (* : se dépêcher) to get a move on* ◆ **les souvenirs / idées se bousculaient dans sa tête** his head was buzzing with memories / ideas ◆ **on se bouscule pour aller voir ce film** the people are piling up* to go and see the film ◆ (bégayer) **ça se bouscule au portillon*** he can't get his words out fast enough ◆ (s'enthousiasmer) **les gens ne se bousculent pas (au portillon)*** people aren't exactly queuing up*

bouse [buz] → SYN nf (cow ou cattle) dung (NonC), cow pat

bouseux‡ [buzø] nm (péj) bumpkin, yokel

bousier [buzje] nm dung-beetle

bousillage*¹ [buzijaʒ] → SYN nm (→ **bousiller**) botching; bungling; wrecking; busting-up‡; smashing-up*; pranging* (Brit)

bousillage² [buzijaʒ] → SYN nm (Constr) cob

bousiller* [buzije] ▸ conjug 1 ◂ vt travail to botch, bungle, louse up‡; appareil, moteur to bust up‡, wreck; voiture, avion to smash up*, prang* (Brit), total* (US); personne to bump off‡, do in‡ ◆ **ça a bousillé sa vie / carrière** it wrecked his life / career ◆ **se bousiller la santé** to ruin one's health ◆ **se faire bousiller** to get done in‡ ou bumped off‡

bousilleur, -euse* [buzijœʀ, øz] → SYN nm,f bungler, botcher

boussole [busɔl] → SYN nf compass ◆ (fig) **perdre la boussole*** to go off one's head

boustifaille‡ [bustifɑj] nf grub‡, nosh‡ (Brit), chow‡

boustrophédon [bustʀɔfedɔ̃] nm boustrophedon writing

bout [bu] → SYN

1 nm **a** (extrémité) [ficelle, planche, perche] end; [nez, doigt, langue, oreille] tip; [table] end; [canne] end, tip ◆ **bout du sein** nipple ◆ **à bout rond / carré** round- / square-ended ◆ **à bout ferré** canne with a steel ou metal tip, steel-tipped; souliers with a steel toecap ◆ **cigarette à bout de liège** cork-tipped cigarette ◆ **il écarta les feuilles mortes du bout du pied** he pushed aside the dead leaves with his toe ◆ **à bout de bras** at arm's length ◆ (fig) **du bout des lèvres** reluctantly, half-heartedly ◆ (fig) **avoir qch sur le bout de la langue** to have sth on the tip of one's tongue ◆ **il est artiste jusqu'au bout des ongles** he is an artist to his fingertips ◆ **savoir** ou **connaître qch sur le bout du doigt** to have sth at one's fingertips ◆ **regarder** ou **voir les choses par le petit bout de la lorgnette** to take a narrow view of things ◆ **il a mis le bout du nez à** ou **passé le bout du nez par la porte et il a disparu** he popped his head round the door ou he just showed his face then disappeared ◆ (Boucherie) **bout saigneux** scrag (end) → **manger, montrer, savoir**

b [espace, durée] end ◆ **au bout de la rue** at the end of the street ◆ **au bout du jardin** at the bottom ou end of the garden ◆ **la poste est tout au bout du village** the post office is at the far end of the village ◆ **au bout d'un mois** at the end of a month, after a month, a month later ◆ **au bout d'un moment** after a while ◆ **à l'autre bout de** at the other ou far end of ◆ **on n'en voit pas le bout** there doesn't seem to be any end to it ◆ **d'un bout à l'autre de la ville** from one end of the town to the other ◆ **d'un bout à l'autre de ses œuvres** throughout ou all through his works ◆ **d'un bout de l'année à l'autre** all the year round, from one year's end to the next ◆ **d'un bout à l'autre du voyage** from the beginning of the journey to the end, throughout ou right through the journey ◆ **ce village, c'est le bout du monde** that village is in the middle of nowhere ou at the back of beyond* ◆ **il irait au bout du monde pour elle** he would go to the ends of the earth for her ◆ (fig) **ce n'est pas le bout du monde!** it's not impossible! ◆ **si tu as 5 F à payer c'est le bout du monde*** 5 francs is the very most it might cost you, at the (very) worst it might cost you 5 francs ◆ **commençons par un bout et nous verrons** let's get started ou make a start and then we'll see

c (morceau) [ficelle] piece, bit; [pain, papier] piece, bit, scrap; (Naut) (length of) rope ◆ **on a fait un bout de chemin ensemble** (lit) we walked part of the way ou some of the way ou a bit of the way together; (fig) (en couple) we were together for a while; (au travail) we worked together for a while ◆ **il m'a fait un bout de conduite** he went part of the way with me ◆ **jusqu'à Paris, cela fait un bout*** it's some distance ou quite a long way to Paris ◆ **il est resté un (bon) bout de temps** he stayed a while ou quite some time ◆ **avoir un bout de rôle dans une pièce** to have a small ou bit part in a play ◆ **un bout de terrain** a patch ou plot of land ◆ **un bout de pelouse** a patch of lawn ◆ **un bout de ciel bleu** a patch of blue sky ◆ **un petit bout d'homme*** a (mere) scrap of a man ◆ **un petit bout de femme** a slip of a woman ◆ **un petit bout de chou*** ou **de zan*** a little kid* ou nipper* (Brit) ◆ **bonjour, bout de chou** hello, poppet* (Brit) ou my little love → **connaître**

d à bout: être à bout (fatigué) to be all in*, be at the end of one's tether; (en colère) to have had enough, be at the end of one's patience ◆ **ma patience est à bout** my patience is exhausted ◆ **être à bout de force(s) / ressources** to have no strength / money left ◆ **être à bout d'arguments** to have run out of arguments ◆ **être à bout de nerfs** to be at the end of one's tether, be just about at breaking ou screaming* point ◆ **à tout bout de champ** all the time ◆ **mettre** ou **pousser qn à bout** to push sb to the limit (of his patience) → **souffle**

e LOC **au bout du compte** in the last analysis, all things considered ◆ **être au bout de son** ou **du rouleau*** (n'avoir plus rien à dire) to have run out of ideas; (être sans ressources) to be running short (of money); (être épuisé) to be at the end of one's tether; (être près de la mort) to have come to the end of the road ◆ **il n'est pas au bout de ses peines** he's not out of the wood (Brit) ou woods (US) yet, his troubles still aren't over ◆ **je suis** ou **j'arrive au bout de mes peines** I am out of the wood (Brit) ou woods (US), the worst of my troubles are over ◆ **jusqu'au bout: nous sommes restés jusqu'au bout** we stayed right to the end ◆ **ils ont combattu jusqu'au bout** they fought to the bitter end ◆ **rebelle jusqu'au bout** rebellious to the end ou the last ◆ **il faut aller jusqu'au bout de ce qu'on entreprend** if you take something on you must see it through (to the end) ◆ **aller jusqu'au bout de ses idées** to follow one's ideas through to their logical conclusion ◆ **bout à bout** end to end ◆ **mettre des planches / cordes bout à bout** to put planks / ropes end to end ◆ **de bout en bout: lire un livre de bout en bout** to read a book from cover to cover ou right through ou from start to finish ◆ **parcourir une rue de bout en bout** to go from one end of a street to the other ◆ **à bout portant** point-blank, at point-blank range ◆ **mettre les bouts‡** to hop it‡ (Brit), skedaddle*, scarper‡ (Brit) → **bon¹, brûler, joindre, porter**

2 COMP ▹ **bout de l'an** (Rel) memorial service *(held on the first anniversary of a person's death)* ▹ **bout d'essai** (Ciné) screen test, test film ◆ **tourner un bout d'essai** to do a screen test ▹ **bout filtre** filter tip ◆ **cigarettes (à) bout filtre** filter tip cigarettes, tipped cigarettes

boutade [butad] → SYN nf **a** (plaisanterie) jest, sally

b (†: caprice) whim ◆ **par boutade** as the whim takes him (ou her etc), by fits and starts

bout-dehors, pl **bouts-dehors** [budəɔʀ] nm (Naut) boom

boute-en-train [butɑ̃tʀɛ̃] → SYN nm inv live wire* ◆ **c'était le boute-en-train de la soirée** he was the life and soul of the party

boutefeu [butfø] → SYN nm (Hist) linstock; (†: personne) firebrand

bouteille [butɛj] → SYN nf **a** (récipient) bottle; (contenu) bottle(ful) ◆ **boire à la bouteille** to drink straight from the bottle ◆ **bouteille d'air comprimé / de butane** cylinder of compressed air / of butane gas ◆ **bouteille Thermos®** Thermos® flask (Brit) ou bottle (US) ◆ **bouteille de Leyde** Leyden jar ◆ **bouteille d'un litre / de 2 litres** litre / 2-litre bottle ◆ **bouteille de vin** (récipient) wine bottle; (contenu) bottle of wine ◆ **bière en bouteille** bottled beer ◆ **mettre du vin en bouteilles** to bottle wine ◆ **vin qui a 10 ans de bouteille** wine that has been in (the) bottle for 10 years

b LOC **prendre de la bouteille*** to be getting on in years, be getting long in the tooth* (hum) ◆ (dans son métier) **il a de la bouteille*** he's been around a long time ◆ **boire une (bonne) bouteille** to drink ou have a bottle of (good) wine ◆ (gén hum) **aimer la bouteille** to be fond of drink ou the bottle, like one's tipple* ◆ **c'est la bouteille à l'encre** the whole business is about as clear as mud, you can't make head nor tail of it ◆ **lancer** ou **jeter une bouteille à la mer** (lit) to throw a bottle (with a message) in the sea; (fig) to send out an SOS

c (Naut) **bouteilles** (officers') toilets

bouteiller [buteje] → SYN nm (Hist: échanson) (King's) cupbearer

bouter [bute] → SYN ▸ conjug 1 ◂ vt (littér ou †) to drive, push (*hors de* out of)

bouteur [butœʀ] → SYN nm bulldozer ◆ **bouteur biais** angledozer

boutique [butik] → SYN nf **a** (magasin) shop, store (surtout US); [grand couturier] boutique ◆ **boutique en plein vent** open-air stall ◆ **boutique de produits diététiques** health food shop ◆ **boutique de droit** law centre ◆ **robe / tailleur boutique** designer dress / suit → **fermer, parler**

b (*: lieu de travail) place*, hole* ◆ **quelle sale boutique!** what a crummy‡ place! ou a dump‡!

boutiquier, -ière [butikje, jɛʀ] → SYN nm,f shopkeeper (Brit), storekeeper (US)

boutisse [butis] → SYN nf (Constr) header

boutoir [butwaʀ] → SYN nm [sanglier] snout ◆ **coup de boutoir** (Mil, Sport, gén) thrust; [vent, vagues] battering (NonC)

bouton [butɔ̃] → SYN **1** nm **a** (Couture) button ◆ **bouton de chemise** shirt button ◆ **bouton de culotte** trouser (Brit) ou pants (US) button ◆ **boutons de guêtre** gaiter buttons ◆ (fig) **il ne manque pas un bouton de guêtre** everything is in apple-pie order

b (mécanisme) (Élec) switch; [porte, radio] knob; [sonnette] (push-)button

c (Bot) bud ◆ **en bouton** in bud ◆ **bouton de rose** rosebud

d (Méd) spot, pimple, zit* (US) ◆ **bouton d'acné** spot *(caused by acne)* ◆ **avoir des boutons** to have spots ou pimples, have a pimply face ◆ (*: fig) **ça lui donne des boutons** that brings him out in a rash*

2 COMP ▹ **bouton de col** collar stud ▹ **bouton de fièvre** cold sore, fever blister ou sore ▹ **bouton de manchette** cufflink

bouton-d'argent, pl **boutons-d'argent** [butɔ̃daʀʒɑ̃] → SYN nm (matricaire) mayweed; (renoncule) yarrow

bouton-d'or, pl **boutons-d'or** [butɔ̃dɔʀ] → SYN nm buttercup

boutonnage [butɔnaʒ] nm buttoning(-up) ◆ **avec boutonnage à droite / à gauche** right / left buttoning (épith), which buttons on the right / left ◆ **manteau à double boutonnage** double-buttoning coat

boutonner [butɔne] → SYN ▸ conjug 1 ◂ **1** vt **a** vêtement to button ou fasten (up)

b (Escrime) to button

2 **se boutonner** vpr [vêtement] to button (up); [personne] to button (up) one's coat ou trousers etc

boutonneux, -euse [butɔnø, øz] → SYN adj pimply, spotty

boutonnier, -ière [butɔnje, jɛʀ] nm,f button maker

boutonnière [butɔnjɛʀ] → SYN nf (Couture) buttonhole; (bouquet) buttonhole (Brit), boutonniere (US) ◆ **avoir une fleur à la boutonnière** to wear a flower in one's buttonhole, wear a buttonhole (Brit) ou boutonniere (US) ◆ **porter une décoration à la boutonnière** to wear a decoration on one's lapel ◆ (Chirurgie) **faire une boutonnière (à qn)** to make a small incision (in sb's abdomen)

bouton-poussoir, pl **boutons-poussoirs** [butɔ̃puswaʀ] nm push button

bouton-pression, pl **boutons-pression** [butɔ̃pʀesjɔ̃] nm press stud (Brit), snap fastener

boutre [butʀ] → SYN nm dhow

bout-rimé, pl **bouts-rimés** [buʀime] nm (Littérat) bouts rimés, poem in set rhymes

bouturage [butyʀaʒ] nm taking (of) cuttings, propagation (by cuttings)

bouture [butyʀ] → SYN nf cutting ◆ **faire des boutures** to take cuttings

bouturer [butyʀe] [→ SYN] ▸ conjug 1 ◂ 1 vt to take a cutting from, propagate (by cuttings)
2 vi to put out suckers

bouverie [buvʀi] [→ SYN] nf byre (Brit), cowshed

bouvet [buvɛ] [→ SYN] nm (Menuiserie) rabbet plane

bouveteuse [buv(ə)tøz] nf grooving tool

bouvier [buvje] [→ SYN] nm (personne) herdsman, cattleman, herder (US); (chien) sheep dog

bouvière [buvjɛʀ] [→ SYN] nf bitterling

bouvillon [buvijɔ̃] [→ SYN] nm bullock, steer (US)

bouvreuil [buvʀœj] [→ SYN] nm bullfinch

bouzouki [buzuki] nm bouzouki

bovarysme [bɔvaʀism] [→ SYN] nm bovarism, bovarysm

bovidé [bɔvide] 1 adj m bovid
2 nm bovid ◆ **bovidés** bovids, bovidae (spéc)

bovin, e [bɔvɛ̃, in] [→ SYN] 1 adj (lit, fig) bovine
2 nm bovine ◆ **bovins** cattle, bovini (spéc)

bowling [buliŋ] nm (jeu) (tenpin) bowling; (salle) bowling alley

bow-window, pl **bow-windows** [bowindo] [→ SYN] nm bow window

box [bɔks] [→ SYN] nm [hôpital, dortoir] cubicle; [écurie] loose box; [porcherie] stall, pen; (garage) lock-up (garage) ◆ (Jur) **box des accusés** dock ◆ (lit, fig) **au box des accusés** in the dock

box(-calf) [bɔks(kalf)] nm box calf ◆ **sac en box(-calf) noir** black calfskin bag

boxe [bɔks] [→ SYN] nf boxing ◆ **match de boxe** boxing match ◆ **boxe anglaise** boxing ◆ **boxe américaine** full contact ◆ **boxe française** kick boxing

boxer[1] [bɔkse] [→ SYN] ▸ conjug 1 ◂ 1 vi to box, be a boxer ◆ **boxer contre** to box against, fight
2 vt (Sport) to box against, fight; (*: frapper) to thump*, punch

boxer[2] [bɔksɛʀ] [→ SYN] nm boxer (dog)

boxer[3] [bɔksœʀ] nm abrév de **boxer-short**

boxer-short, pl **boxer-shorts** [bɔksœʀʃɔʀt] nm boxer shorts, boxers

boxeur [bɔksœʀ] [→ SYN] nm boxer

box-office, pl **box-offices** [bɔksɔfis] nm box office ◆ **film en tête du box-office** box-office success ou hit

boxon⁑ [bɔksɔ̃] nm brothel, whorehouse*† ◆ **c'est le boxon!** it's a shambolic mess!⁑ (Brit), it's a shambles!

boy [bɔj] [→ SYN] nm (serviteur) (native) servant boy, boy; (Music hall) ≃ male dancer

boyard [bɔjaʀ] [→ SYN] nm (Hist) boyar(d)

boyau, pl **boyaux** [bwajo] [→ SYN] nm a (intestins) **boyaux** [animal] guts, entrails; (*) [homme] insides*, guts* ◆ **elle a le boyau de la rigolade*** she giggles constantly ◆ **il a toujours un boyau de vide*** he's always hungry → **tripe**
b (corde) **boyau (de chat)** (cat)gut
c (passage) (narrow) passageway; (tuyau) narrow pipe; (Mil) communication trench, sap; (Min) (narrow) gallery
d [bicyclette] (racing) tyre, tubeless tyre
e (pour saucisse) casing

boyauter* (se) [bwajote] [→ SYN] ▸ conjug 1 ◂ vpr to laugh one's head off, split one's sides*

boycott [bɔjkɔt] [→ SYN] nm, **boycottage** [bɔjkɔtaʒ] nm boycotting (NonC), boycott

boycotter [bɔjkɔte] [→ SYN] ▸ conjug 1 ◂ vt to boycott

boy-scout, pl **boy(s)-scouts** [bɔjskut] [→ SYN] nm (boy) scout ◆ **avoir une mentalité de boy-scout*** to have a (rather) naïve ou ingenuous outlook

BP [bepe] (abrév de **boîte postale**) → **boîte**

BPF (abrév de **bon pour francs**) *amount payable on a cheque*

brabançon, -onne [bʀabɑ̃sɔ̃, ɔn] 1 adj of ou from Brabant
2 nm,f ◆ **Brabançon(ne)** inhabitant ou native of Brabant
3 nf ◆ **la Brabançonne** the Belgian national anthem

brabant [bʀabɑ̃] [→ SYN] nm a (Agr: aussi **double brabant**) swivel plough, turnwrest plow (US)
b (Géog) **le Brabant** Brabant

bracelet [bʀaslɛ] [→ SYN] 1 nm [poignet] bracelet; [bras] bangle; [cheville] ankle bracelet, bangle; [montre] strap, bracelet
2 COMP ▷ **bracelet de force** (leather) wristband

bracelet-montre, pl **bracelets-montres** [bʀaslɛmɔ̃tʀ] nm wristwatch

brachial, e, mpl **-iaux** [bʀakjal, jo] adj brachial

brachiation [bʀakjasjɔ̃] nf brachiation

brachiopode [bʀakjɔpɔd] nm brachiopod

brachycéphale [bʀakisefal] 1 adj brachycephalic
2 nmf brachycephalic person

brachycéphalie [bʀakisefali] nf brachycephaly

brachydactyle [bʀakidaktil] adj brachydactylic, brachydactylous

brachyoure [bʀakjuʀ] nm brachyuran

braconnage [bʀakɔnaʒ] [→ SYN] nm poaching

braconner [bʀakɔne] [→ SYN] ▸ conjug 1 ◂ vi to poach

braconnier, -ière [bʀakɔnje, jɛʀ] [→ SYN] nm,f poacher

bractéal, e, mpl **-aux** [bʀakteal, o] adj bracteal

bractée [bʀakte] nf bract

bradage [bʀadaʒ] nm selling off

bradel [bʀadɛl] loc adj ◆ **reliure à la bradel** Bradel binding

brader [bʀade] [→ SYN] ▸ conjug 1 ◂ vt (vendre à prix réduit) to sell cut-price (Brit) ou cut-rate (US); (vendre en solde) to have a clearance sale of; (lit, fig: se débarrasser de) to sell off

braderie [bʀadʀi] [→ SYN] nf (magasin) discount centre; (sur un marché) stall selling cut-price (Brit) ou cut-rate (US) goods

bradeur, -euse [bʀadœʀ, øz] nm,f discounter

bradycardie [bʀadikaʀdi] nf abnormally low rate of heartbeat, bradycardia (spéc)

bradykinine [bʀadikinin] nf bradykinin

bradype [bʀadip] [→ SYN] nm three-toed sloth

braguette [bʀagɛt] [→ SYN] nf [pantalon] fly, flies; (Hist) codpiece

Brahma [bʀama] nm Brahma

brahmane [bʀaman] [→ SYN] nm Brahmin, Brahman

brahmanique [bʀamanik] adj Brahminical

brahmanisme [bʀamanism] [→ SYN] nm Brahminism, Brahmanism

Brahmapoutre [bʀamaputʀ], **Brahmaputra** [bʀamaputʀa] nm Brahmaputra

brahmine [bʀamin] nf Brahmani, Brahmanee

brai [bʀɛ] [→ SYN] nm pitch, tar

braies [bʀɛ] nfpl (Hist) breeches *(worn by Gauls)*

braillard, e [bʀɑjaʀ, aʀd] [→ SYN] (→ **brailler**) 1 adj bawling (épith); yelling (épith); howling (épith); squalling (épith)
2 nm,f bawler

braille [bʀɑj] nm Braille

braillement [bʀɑjmɑ̃] [→ SYN] nm (→ **brailler**) bawling (NonC); yelling (NonC); howling (NonC); squalling (NonC) ◆ **les braillements de l'enfant** the bawling ou bawls of the child

brailler [bʀɑje] [→ SYN] ▸ conjug 1 ◂ 1 vi (crier) to bawl, yell; (pleurer) to bawl, howl, squall ◆ **il faisait brailler sa radio** his radio was blaring, he had his radio blaring
2 vt chanson, slogan to bawl out

brailleur, -euse [bʀɑjœʀ, øz] ⇒ **braillard**

braiment [bʀɛmɑ̃] [→ SYN] nm bray(ing)

brain-trust, pl **brain-trusts** [bʀɛntʀœst] [→ SYN] nm brain trust, brains trust

braire [bʀɛʀ] [→ SYN] ▸ conjug 50 ◂ vi (lit, fig) to bray ◆ **faire braire qn**⁑ to get on sb's wick⁑

braise [bʀɛz] [→ SYN] nf a [feu] **la braise, les braises** the (glowing) embers; (charbon de bois) live charcoal ◆ (fig) **être sur la braise** to be on tenterhooks ◆ **yeux de braise** fiery eyes, eyes like coals
b (⁑: argent) cash*, dough⁑, bread⁑

braiser [bʀeze] ▸ conjug 1 ◂ vt to braise ◆ **bœuf / chou braisé** braised beef / cabbage

braisière [bʀezjɛʀ] [→ SYN] nf (daubière) braising pan

bramement [bʀammɑ̃] [→ SYN] nm (→ **bramer**) bell, troat; wailing

bramer [bʀɑme] [→ SYN] ▸ conjug 1 ◂ vi [cerf] to bell, troat; (* fig) to wail

bran [bʀɑ̃] [→ SYN] nm bran ◆ **bran de scie** sawdust

brancard [bʀɑ̃kaʀ] [→ SYN] nm a (bras) [charrette] shaft; [civière] shaft, pole → **ruer**
b (civière) stretcher

brancardier, -ière [bʀɑ̃kaʀdje, jɛʀ] [→ SYN] nm,f stretcher-bearer

branchage [bʀɑ̃ʃaʒ] [→ SYN] nm branches, boughs ◆ **branchages** fallen ou lopped-off branches, lops

branche [bʀɑ̃ʃ] [→ SYN] nf a (Bot) branch, bough ◆ **branche mère** main branch ◆ **sauter de branche en branche** to leap from branch to branch ◆ **asperges en branches** whole asparagus, asparagus spears ◆ **céleri en branches** (sticks of) celery ◆ (fig) **n'essaie pas de te raccrocher** ou **de te rattraper aux branches*** don't try to make up for what you've said → **vieux**
b (ramification) [nerfs, veines] branch, ramification; [rivière, canalisation, bois de cerf] branch; [lunettes] side-piece; [compas] leg; [ciseaux] blade; [fer à cheval] half; [famille] branch ◆ **la branche aînée** the elder ou eldest branch of the family ◆ **la branche maternelle** the maternal branch of the family, the mother's side of the family ◆ **avoir de la branche*** to be of good stock → **chandelier**
c (secteur) branch ◆ **les branches de la science moderne** the different branches of modern science ◆ **notre fils s'orientera vers une branche technique** our son will go in for the technical side

branché, e* [bʀɑ̃ʃe] (ptp de **brancher**) adj (dans le vent) switched-on* ◆ **il est branché** he's a swinger*, he is switched-on* ◆ **elle est très branchée jazz / informatique** she's heavily into jazz / computers

branchement [bʀɑ̃ʃmɑ̃] [→ SYN] nm (action: → **brancher**) plugging-in; connecting(-up); linking-up; (objet) connection, installation; (Rail) branch line; (Ordin) branch; (Gram) branching

brancher [bʀɑ̃ʃe] [→ SYN] ▸ conjug 1 ◂ vt a appareil électrique to plug in; (installer) to connect up; appareil à gaz, tuyau to connect up; téléphone to connect (up); réseau to link up (*sur* with) ◆ **brancher qch sur qch** to plug sth into sth; to connect sth up with sth ◆ **où est-ce que ça se branche?** where does that plug in? ◆ **où est-ce que je peux me brancher?** where can I plug it in?
b (fig) **brancher qn sur un sujet** (le faire parler) to start sb off on a subject; (*: le mettre au courant) to update sb on a subject ◆ **brancher la conversation sur un sujet** to start the conversation off on a subject ◆ **quand on l'a branché** ou **quand il est branché là-dessus il est intarissable** when he's launched on that ou when somebody gets him started on that he can go on forever ◆ **brancher qn avec qn*** to put sb in contact with sb
c (*: plaire) **ce qui me branche** what grabs* me, what gives me a buzz* ◆ **il ne me branche pas trop, son frère** his brother doesn't do much for me*

branchette [bʀɑ̃ʃɛt] nf small branch, twig

branchial, e, mpl **-iaux** [bʀɑ̃ʃjal, jo] adj branchial

branchies [bʀɑ̃ʃi] [→ SYN] nfpl (Zool) gills, branchiae (spéc)

branchiopode [bʀɑ̃ʃjɔpɔd] nm branchiopod

branchu, e [bʀɑ̃ʃy] adj branchy

brandade [bʀɑ̃dad] nf ◆ **brandade (de morue)** brandade *(dish made with cod)*

brande [bʀɑ̃d] [→ SYN] nf (lande) heath(land); (plantes) heath, heather, brush

Brandebourg [bʀɑ̃d(ə)buʀ] n Brandenburg ◆ **la porte de Brandebourg** the Brandenburg Gate

brandebourg [bʀɑ̃d(ə)buʀ] → SYN nm (Habillement) frog ◆ **à brandebourg(s)** frogged

brandebourgeois, e [bʀɑ̃d(ə)buʀʒwa, waz]
1 adj Brandenburg (épith)
2 nm,f ◆ **Brandebourgeois(e)** inhabitant ou native of Brandenburg

brandir [bʀɑ̃diʀ] → SYN ▸ conjug 2 ◂ vt arme, document to brandish, flourish, wave

brandon [bʀɑ̃dɔ̃] → SYN nm firebrand (lit) ◆ **brandon de discorde** bone of contention

brandy [bʀɑ̃di] → SYN nm brandy

branlant, e [bʀɑ̃lɑ̃, ɑ̃t] → SYN adj dent loose; mur shaky; escalier, meuble rickety, shaky; pas unsteady, tottering, shaky; (fig) régime tottering, shaky; raison shaky

branle [bʀɑ̃l] → SYN nm [cloche] swing ◆ **mettre en branle** cloche to swing, set swinging; (fig) forces to set in motion, set off, get moving ◆ **donner le branle à** to set in motion, set rolling ◆ **se mettre en branle** to get going ou moving

branle-bas [bʀɑ̃lbɑ] → SYN nm inv bustle, commotion, pandemonium ◆ **dans le branle-bas du départ** in the confusion ou bustle of departure ◆ **être en branle-bas** to be in a state of commotion ◆ **mettre qch en branle-bas** to turn sth upside down, cause commotion in sth ◆ (Naut) **branle-bas de combat** (manœuvre) preparations for action; (ordre) "action stations!" ◆ **sonner le branle-bas de combat** to sound action stations ◆ **mettre en branle-bas de combat** to clear the decks (for action)

branlée [bʀɑ̃le] nf **a** (‡: coups) hammering* ◆ **recevoir une branlée** to get hammered*, get a hammering*
b (‡‡: masturbation) wanking‡‡ (Brit), jerking off‡‡ (US)

branlement [bʀɑ̃lmɑ̃] → SYN nm [tête] wagging, shaking

branler [bʀɑ̃le] → SYN ▸ conjug 1 ◂ 1 vt **a** **branler la tête** ou (hum) **du chef** to shake ou wag one's head
b (‡‡: faire) **qu'est-ce qu'ils branlent?** what the hell are they up to?‡ ◆ **il n'en branle pas une** he does bugger‡‡ ou fuck‡‡ all ◆ **j'en ai rien à branler** I don't give a fuck‡‡
2 vi [échafaudage] to be shaky ou unsteady; [meuble] to be shaky ou rickety; [dent] to be loose ◆ (fig) **branler dans le manche** to be shaky ou precarious
3 **se branler**‡‡ vpr to (have a) wank‡‡ (Brit), jerk off‡‡ (US) ◆ (fig) **je m'en branle** I don't give a fuck‡‡

branlette‡‡ [bʀɑ̃lɛt] nf ◆ **la branlette** wanking‡‡ (Brit), jerking off‡‡ (US) ◆ **se faire une branlette** to (have a) wank‡‡ (Brit), jerk (o.s.) off‡‡ (US)

branleur, -euse‡ [bʀɑ̃lœʀ, øz] nm,f **a** (‡: paresseux) lazy bugger‡‡
b (‡‡: personne se masturbant) wanker‡‡ (Brit), tosser‡‡ (Brit)

branleux, -euse‡ [bʀɑ̃lø, øz] adj (Can) equivocating, slow, shilly-shallying*

branque* [bʀɑ̃k], **branquignol*** [bʀɑ̃kiɲɔl]
1 adj barmy* (Brit), crazy*
2 nm nutter‡ (Brit), crackpot*

brante [bʀɑ̃t] nf (Helv: vendangeoir) grape-picker's basket

braquage [bʀakaʒ] nm (Aut) (steering) lock; (arg Crime) stickup (arg) → **angle, rayon**

braque [bʀak] → SYN 1 adj (*) barmy* (Brit), crazy*
2 nm (Zool) pointer

braquemart [bʀakmaʀ] nm (Hist: épée) brackmard; (‡‡: pénis) dick‡‡, cock‡‡

braquer [bʀake] → SYN ▸ conjug 1 ◂ 1 vt **a** **braquer une arme** etc **sur** to point ou aim ou level a weapon etc at ◆ **braquer un télescope** etc **sur** to train a telescope etc on ◆ **braquer son regard/attention** etc **sur** to turn one's gaze/attention etc towards, fix one's gaze/attention etc on ◆ **braquer les yeux sur qch** to fix one's eyes on sth, stare hard at sth ◆ **braquer (son arme sur) qn** to pull one's gun on sb*
b (Aut) roue to swing
c (‡: attaquer) banque to hold up, stick up‡; caissier, commerçant to hold up
d (fig: buter) **braquer qn** to put sb's back up*, make sb dig in his heels ◆ **braquer qn contre qch** to turn sb against sth ◆ **il est braqué** he is not to be budged, he has dug his heels in
2 vi (Aut) to turn the (steering) wheel ◆ [voiture] **braquer bien/mal** to have a good/bad lock ◆ **braquer à fond** to put on the full lock ◆ **braquez vers la gauche/la droite!** left hand/right hand hard down! (Brit), turn hard left/right
3 **se braquer** vpr to dig one's heels in ◆ **se braquer contre** to set one's face against

braquet [bʀakɛ] → SYN nm [bicyclette] gear ratio ◆ **changer de braquet** to change gear ◆ **mettre le petit braquet** to change into lower gear ◆ **mettre le grand braquet** (lit) to change into higher gear; (fig) to get a move-on*, shift into high gear* (US)

braqueur‡ [bʀakœʀ] nm (gangster) hold-up man*

bras [bʀɑ] → SYN 1 nm **a** (Anat) arm ◆ **une serviette sous le bras** with a briefcase under one's arm ◆ **un panier au bras** with a basket on one's arm ◆ **donner le bras à qn** to give sb one's arm ◆ **prendre le bras de qn** to take sb's arm ◆ **être au bras de qn** to be on sb's arm ◆ **se donner le bras** to link arms ◆ **bras dessus, bras dessous** arm in arm ◆ **on a dû transporter tout cela à bras** we had to carry all that ◆ **les bras en croix** with one's arms spread ◆ (lit) **les bras croisés** with one's arms folded ◆ (fig) **rester les bras croisés** to sit idly by ◆ **tendre** ou **allonger le bras vers qch** to reach out for sth, stretch out one's hand ou arm for sth → **arme, force, plein** etc
b (travailleur) hand, worker ◆ **manquer de bras** to be short-handed, be short of manpower ou labour ◆ **c'est lui la tête, moi je suis le bras** he does the thinking and I do the (actual) work, he supplies the brain and I supply the brawn
c (pouvoir) **le bras de la justice** the arm of the law ◆ (Rel) **le bras séculier** the secular arm ◆ **le bras armé du parti** the military wing of the party
d [manivelle, outil, pompe] handle; [fauteuil] arm(rest); [grue] jib; [sémaphore, ancre, électrophone, moulin] arm; [croix] limb; [aviron, brancard] shaft; (Naut) [vergue] brace
e [fleuve] branch
f [cheval] shoulder; [mollusque] tentacle
g (Ordin) **bras d'accès** ou **de lecture-écriture** access ou positioning arm
h LOC **en bras de chemise** in (one's) shirt sleeves ◆ **saisir qn à bras-le-corps** to seize sb round the waist, seize sb bodily ◆ (fig) **avoir le bras long** to have a long arm ◆ (lit, fig) **à bras ouverts, les bras ouverts** with open arms (lit, fig) ◆ **à bras tendus** with outstretched arms ◆ **tomber sur qn à bras raccourcis** to set (up)on sb, pitch into sb* ◆ **lever les bras au ciel** to throw up one's arms ◆ **les bras m'en tombent** I'm flabbergasted* ou stunned ◆ **avoir qch/qn** ou **se retrouver avec qch/qn sur les bras*** to have sth/sb on one's hands, be stuck* ou landed* with sth/sb ◆ **il a une nombreuse famille sur les bras*** he's got a large family to look after ◆ **avoir une sale histoire sur les bras*** to have a nasty business on one's hands ◆ (hum) **(être) dans les bras de Morphée** (to be) in the arms of Morpheus ◆ **faire un bras d'honneur à qn** ≃ put two fingers up at sb*, give sb the V-sign (Brit) ou the finger‡‡ (US) → **bout, couper, gros** etc
2 COMP ▷ **bras droit** (fig) right-hand man ▷ **bras d'essuie-glace** (Aut) wiper arm ▷ **bras de fer** (Sport) Indian wrestling (NonC), arm-wrestling (NonC) ◆ **faire une partie de bras de fer avec qn** to arm-wrestle with sb ◆ (fig) **la partie de bras de fer entre patronat et syndicats** the wrestling match between the bosses and the unions ▷ **bras de levier** lever arm ◆ **faire bras de levier** to act as a lever ▷ **bras de mer** arm of the sea, sound ▷ **bras mort** oxbow lake, cutoff

brasage [bʀɑzaʒ] → SYN nm brazing

braser [bʀɑze] → SYN ▸ conjug 1 ◂ vt to braze

brasero [bʀɑzeʀo] → SYN nm brazier

brasier [bʀɑzje] → SYN nm (incendie) (blazing) inferno, furnace; (fig: foyer de guerre) inferno ◆ **son cœur/esprit était un brasier** his heart/mind was on fire ou ablaze

Brasilia [bʀazilja] n Brasilia

brasiller [bʀɑzije] → SYN ▸ conjug 1 ◂ vi [mer] to glimmer; [bougie] to glow red

brasque [bʀask] nf brasque

brassage [bʀasaʒ] → SYN nm **a** [bière] brewing
b (mélange) mixing ◆ **brassage de races** intermixing of races ◆ (Aut) **brassage des gaz** mixing
c (Naut) bracing

brassard [bʀasaʀ] → SYN nm armband ◆ **brassard de deuil** black armband

brasse [bʀas] → SYN nf **a** (sport) breast-stroke; (mouvement) stroke ◆ **brasse coulée** breast-stroke ◆ **brasse papillon** butterfly(-stroke) ◆ **nager la brasse** to swim breast-stroke ◆ **faire quelques brasses** to do a few strokes
b (††: mesure) ≃ 6 feet; (Naut) fathom

brassée [bʀase] → SYN nf armful; (Can *) [machine à laver etc] load ◆ **par brassées** in armfuls

brasser [bʀase] → SYN ▸ conjug 1 ◂ vt **a** (remuer) to stir (up); (mélanger) to mix; pâte to knead; fromage blanc to whip; salade to toss; cartes to shuffle; argent to handle a lot of ◆ **brasser des affaires** to be in big business ◆ (fig) **brasser du vent** to blow hot air*
b bière to brew
c (Naut) to brace

brasserie [bʀasʀi] → SYN nf **a** (café) ≃ pub, bar (US), brasserie
b (fabrique de bière) brewery; (industrie) brewing industry

brasseur, -euse [bʀasœʀ, øz] nm,f **a** [bière] brewer
b (Comm) **brasseur d'affaires** big businessman
c (Sport) breast-stroke swimmer

brassière [bʀasjɛʀ] → SYN nf **a** [bébé] (baby's) vest (Brit) ou undershirt (US) ◆ **brassière (de sauvetage)** life jacket
b (soutien-gorge) cropped bra; (Can) bra

brassin [bʀasɛ̃] → SYN nm (cuve) mash tub

brasure [bʀɑzyʀ] → SYN nf (procédé) brazing; (résultat) brazed joint, braze; (métal) brazing metal

bravache [bʀavaʃ] → SYN 1 nm braggart, blusterer ◆ **faire le bravache** to swagger about
2 adj swaggering, blustering

bravade [bʀavad] → SYN nf act of bravado ◆ **par bravade** out of bravado

brave [bʀav] → SYN 1 adj **a** (courageux) personne, action brave, courageous, gallant (littér) ◆ **faire le brave** to act brave, put on a bold front
b (avant n: bon) good, nice, fine; (honnête) decent, honest ◆ **c'est une brave fille** she's a nice girl ◆ **c'est un brave garçon** he's a good ou nice lad (Brit) ou fellow ◆ **ce sont de braves gens** they're good ou decent people ou souls ◆ **il est bien brave** he's not a bad chap* (Brit) ou guy* (US), he's a nice enough fellow ◆ **mon brave (homme)** my good man ou fellow ◆ **ma brave dame** my good woman
2 nm (gén) brave man; (indien) brave

bravement [bʀavmɑ̃] adv (courageusement) bravely, courageously, gallantly (littér); (résolument) boldly, unhesitatingly

braver [bʀave] → SYN ▸ conjug 1 ◂ vt (défier) autorité, parents to stand up to, hold out against, defy; règle to defy, disobey; danger, mort to brave ◆ **braver l'opinion** to fly in the face of (public) opinion

bravissimo [bʀavisimo] excl bravissimo

bravo [bʀavo] → SYN GRAMMAIRE ACTIVE 13.1, 23.6
1 excl (félicitation) well done!, bravo!, right on!*; (approbation) hear! hear!
2 nm cheer ◆ **un grand bravo pour ...!** a big cheer for ...!, let's hear it for ...! (US)

bravoure [bʀavuʀ] → SYN nf bravery, braveness, gallantry → **morceau**

Brazzaville [bʀazavil] n Brazzaville

break [bʀɛk] → SYN nm **a** (Aut) estate (car) (Brit), shooting brake† (Brit), station wagon (US)
b (pause) break ◆ **faire un break** to take a break
c (Boxe, Tennis) break ◆ **balle de break** break point ◆ **faire le break** to break

brebis [bʀəbi] → SYN nf (Zool) ewe; (Rel: pl) flock ◆ **brebis égarée** stray ou lost sheep ◆ **brebis galeuse** black sheep ◆ **à brebis tondue Dieu mesure le vent** the Lord tempers the wind to the shorn lamb

brèche[1] [bʀɛʃ] → SYN nf [mur] breach, opening, gap; (Mil) breach; [lame] notch, nick ◆ (Mil) **faire** ou **ouvrir une brèche dans le front ennemi** to make a breach in ou breach the enemy line ◆ (fig) **faire une brèche à sa fortune** to make a hole in one's fortune ◆ (fig) **il est toujours sur la brèche** he's still beavering away ou hard at it* → **battre**

brèche[2] [bʀɛʃ] → SYN nf (Géol) breccia

bréchet [bʀeʃɛ] → SYN nm wishbone

brechtien, -ienne [bʀɛʃtjɛ̃, jɛn] adj Brechtian

bredouillage [bʀədujaʒ] → SYN nm spluttering, mumbling

bredouillant, e [bʀədujɑ̃, ɑ̃t] adj stammering, mumbling

bredouille [bʀəduj] → SYN adj (gén) empty-handed ◆ (Chasse, Pêche) **rentrer bredouille** to go ou come home empty-handed ou with an empty bag

bredouillement [bʀədujmɑ̃] nm ⇒ **bredouillage**

bredouiller [bʀəduje] → SYN ▸ conjug 1 ◂ **1** vi to stammer, mumble
2 vt to mumble, stammer (out), falter out ◆ **bredouiller une excuse** to splutter out ou falter out ou stammer an excuse

bredouilleur, -euse [bʀədujœʀ, øz] → SYN
1 adj mumbling, stammering
2 nm,f mumbler, stammerer

bref[1] [bʀɛf] → SYN nm (Rel) brief; (information) briefing

bref[2], **brève** [bʀɛf, ɛv] → SYN GRAMMAIRE ACTIVE 26.4 **1** adj rencontre, discours, lettre brief, short; voyelle, syllabe short ◆ **d'un ton bref** sharply, curtly ◆ **soyez bref et précis** be brief and to the point ◆ **à bref délai** shortly
2 adv ◆ **(enfin) bref** (pour résumer) to cut a long story short, in short, in brief; (passons) let's not waste any more time; (donc) anyway ◆ **en bref** in short, in brief
3 nm (Rel) (papal) brief
4 **brève** nf (syllabe) short syllable; (voyelle) short vowel; (Journalisme) news (sg) in brief ◆ **brève de comptoir** ≃ pub joke, ≃ barroom joke (US)

breffage [bʀɛfaʒ] nm briefing

bréhaigne [bʀeɛɲ] → SYN adj (Zool †) barren, sterile

brelan [bʀəlɑ̃] → SYN nm (Cartes) three of a kind ◆ **brelan d'as** three aces

brêler [bʀele] → SYN ▸ conjug 1 ◂ vt to lash, bind

breloque [bʀəlɔk] → SYN nf (bracelet) charm → **battre**

Brême [bʀɛm] n Bremen

brème [bʀɛm] nf **a** (Zool) bream
b (arg Cartes) card

Brésil [bʀezil] nm Brazil

brésil [bʀezil] nm brazil (wood)

brésilien, -ienne [bʀeziljɛ̃, jɛn] **1** adj Brazilian ◆ **slip brésilien** tanga
2 nm,f ◆ **Brésilien(ne)** Brazilian
3 nm (Ling) Brazilian Portuguese

bressan, e [bʀesɑ̃, an] **1** adj of ou from Bresse
2 nm,f ◆ **Bressan(e)** inhabitant ou native of Bresse

Bretagne [bʀətaɲ] nf Brittany

bretèche [bʀətɛʃ] → SYN nf gatehouse, bartizan

bretelle [bʀətɛl] → SYN nf **a** [sac] (shoulder) strap; [lingerie] strap; [fusil] sling ◆ [pantalon] **bretelles** braces (Brit), suspenders (US) ◆ **porter l'arme** ou **le fusil à la bretelle** to carry one's weapon slung over one's shoulder → **remonter**
b (Rail) crossover; (Aut) slip road (Brit), entrance (ou exit) ramp (US) ◆ **bretelle de raccordement** access road ◆ **bretelle de contournement** bypass

breton, -onne [bʀətɔ̃, ɔn] **1** adj Breton
2 nm (Ling) Breton
3 nm,f ◆ **Breton(ne)** Breton

bretonnant, e [bʀətɔnɑ̃, ɑ̃t] adj (Ling) Breton-speaking; (attaché aux traditions) preserving Breton culture

bretteler [bʀɛtle] → SYN ▸ conjug 4 ◂, **bretter** [bʀete] ▸ conjug 1 ◂ vt (Tech) to tooth

bretteur [bʀetœʀ] → SYN nm (††) swashbuckler; (duelliste) duellist

bretteux, -euse [bʀɛtø, øz] adj (Can) idling, dawdling ◆ **un bretteux** an idler, a slow-coach (Brit), a slowpoke (US)

bretzel [bʀɛtzɛl] → SYN nm pretzel

breuvage [bʀœvaʒ] → SYN nm drink, beverage; (magique) potion

brève [bʀɛv] → **bref**[2]

brevet [bʀəvɛ] → SYN **1** nm **a** (diplôme) diploma, certificate; (Hist: note royale) royal warrant; (Scol) ≃ G.C.S.E. (Brit), *exam taken at the age of 16* ◆ (Scol) **avoir son brevet** ≃ to have (passed) one's G.C.S.E.s (Brit)
b (Naut) certificate, ticket ◆ **brevet de capitaine** master's certificate ou ticket ◆ (Mil) **brevet de commandant** major's brevet
c (Jur) **brevet (d'invention)** letters patent, patent ◆ **brevet en cours d'homologation** patent pending
d (fig: garantie) guarantee ◆ **donner à qn un brevet d'honnêteté** to testify to ou guarantee sb's honesty ◆ **on peut lui décerner un brevet de persévérance** you could give him a medal for perseverance
2 COMP ▷ **brevet d'apprentissage** ≃ certificate of apprenticeship ▷ **brevet des collèges, brevet d'études du premier cycle**† (Scol) *exam taken at the age of 16,* ≃ G.C.S.E. (Brit) ▷ **brevet d'études professionnelles** *technical school certificate* ▷ **brevet d'études professionnelles agricoles** *agricultural school certificate* ▷ **brevet de pilote** pilot's licence ▷ **brevet de technicien** *vocational training certificate taken at age 16* ▷ **brevet de technicien agricole** *vocational training certificate in agriculture* ▷ **brevet de technicien supérieur** *vocational training certificate taken after the age of 18*

brevetable [bʀəv(ə)tabl] adj patentable

breveté, e [bʀəv(ə)te] → SYN (ptp de **breveter**)
1 adj **a** invention patented ◆ **breveté sans garantie du gouvernement** patented *(without official government approval)*
b (diplômé) technicien qualified, certificated; (Mil) officier commissioned
2 nm,f (Jur etc) patentee

breveter [bʀəv(ə)te] → SYN ▸ conjug 4 ◂ vt invention to patent ◆ **faire breveter qch** to take out a patent for sth

bréviaire [bʀevjɛʀ] → SYN nm (Rel) breviary; (fig) bible

bréviligne [bʀeviliɲ] → SYN adj squat

brévité [bʀevite] nf (Phon) shortness

BRI [beɛʀi] nf (abrév de **Banque des règlements internationaux**) BIS

briard, e [bʀijaʀ, aʀd] → SYN **1** adj of ou from Brie
2 nm,f ◆ **Briard(e)** inhabitant ou native of Brie
3 nm (chien) Brie shepherd

bribe [bʀib] → SYN nf (fragment) bit, scrap ◆ **bribes de conversation** snatches of conversation ◆ **bribes de nourriture** scraps of food ◆ **les bribes de sa fortune** the remnants of his fortune ◆ **par bribes** in snatches, piecemeal

bric-à-brac [bʀikabʀak] → SYN nm inv **a** (objets) bric-a-brac, odds and ends; (fig) bric-a-brac, trimmings
b (magasin) junk shop

bric et de broc [bʀikedbʀɔk] loc adv ◆ **de bric et de broc** (de manière disparate) in any old way*, any old how* ◆ **meublé de bric et de broc** furnished with bits and pieces ou with odds and ends

brick [bʀik] → SYN nm **a** (Naut) brig
b (Culin) ≃ fritter *(with a filling)* ◆ **brick à l'œuf / au thon** egg / tuna fritter

bricolage [bʀikɔlaʒ] → SYN nm **a** (passe-temps) tinkering about, do-it-yourself, D.I.Y.* (Brit); (travaux) odd jobs ◆ **j'ai du bricolage à faire** I've got a few (odd) jobs to do ◆ **rayon bricolage** do-it-yourself department
b (réparation) makeshift repair ou job ◆ (péj) **c'est du bricolage!** it's a rush job!*

bricole [bʀikɔl] → SYN nf **a** (*) (babiole) trifle; (cadeau) something small, token; (menu travail) easy job, small matter ◆ **il ne reste que des bricoles** there are only a few bits and pieces ou a few odds and ends left ◆ **il ne me reste que quelques bricoles à faire** I only have a few odd things left to do ◆ **ça coûte 10 F et des bricoles** it costs 10 francs odd* ◆ **il va lui arriver des bricoles*** he's going to run into trouble
b [cheval] breast harness
c (Can: bretelles) **bricoles*** braces (Brit), suspenders (US)

bricoler [bʀikɔle] → SYN ▸ conjug 1 ◂ **1** vi (menus travaux) to do odd jobs, potter about (Brit); (réparations) to do odd repairs, do odd jobs; (passe-temps) to tinker about ou around
2 vt (réparer) to fix (up), mend; (mal réparer) to tinker ou mess (about) with; (fabriquer) to knock up* (Brit), cobble up ou together

bricoleur [bʀikɔlœʀ] → SYN nm handyman, D.I.Y. man* (Brit), do-it-yourselfer* ◆ **il est bricoleur** he is good with his hands, he's very handy* ◆ **je ne suis pas très bricoleur** I'm not much of a handyman

bricoleuse [bʀikɔløz] nf handywoman, D.I.Y. woman* (Brit), do-it-yourselfer*

bride [bʀid] → SYN nf **a** (Équitation) bridle ◆ **tenir un cheval en bride** to curb a horse ◆ (fig) **tenir ses passions / une personne en bride** to keep one's passions / a person in check, keep a tight hand ou rein on one's passions / a person ◆ **jeter** ou **laisser** ou **mettre la bride sur le cou** ou **col à un cheval** to give a horse the reins, give a horse his head ◆ (fig) **laisser la bride sur le cou à qn** to give ou leave sb a free hand ◆ **les jeunes ont maintenant la bride sur le cou** young people have free rein to do as they like nowadays ◆ **tenir la bride haute à un cheval** to rein in a horse ◆ (fig) **tenir la bride haute à qn** to keep a tight rein on sb ◆ **aller à bride abattue** ou **à toute bride** to ride flat out*, ride hell for leather* → **lâcher, tourner**
b [bonnet] string; (en cuir) strap
c (Couture) [boutonnière] bar; [bouton] loop; [dentelle] bride
d (Tech) [bielle] strap; [tuyau] flange
e (Méd) adhesion

bridé, e [bʀide] (ptp de **brider**) adj ◆ **avoir les yeux bridés** to have slanting ou slit eyes

brider [bʀide] → SYN ▸ conjug 1 ◂ vt **a** cheval to bridle; moteur to restrain; (fig) impulsion, colère to bridle, restrain, keep in check, quell; personne to keep in check, hold back ◆ **logiciel bridé** restricted-access software, crippleware* ◆ (fig) **il est bridé dans son costume, son costume le bride** his suit is too tight for him
b (Culin) to truss
c boutonnière to bind; tuyau to clamp, flange; (Naut) to lash together

bridge [bʀidʒ] → SYN nm (Cartes) bridge; (prothèse dentaire) bridge ◆ **bridge contrat** contract bridge ◆ **bridge aux enchères** auction bridge ◆ **faire un bridge** to play ou have a game of bridge

bridger [bʀidʒe] ▸ conjug 3 ◂ vi to play bridge

Bridgetown [bʀidʒtaun] n Bridgetown

bridgeur, -euse [bʀidʒœʀ, øz] nm,f bridge player

bridon [bʀidɔ̃] → SYN nm snaffle

brie [bʀi] → SYN nm Brie (cheese)

briefer [bʀife] ▸ conjug 1 ◂ vt to brief

briefing [bʀifiŋ] → SYN nm briefing ◆ **faire un briefing à l'intention de l'équipe de vente** to brief the sales force

brièvement [bʀijɛvmɑ̃] → SYN adv briefly, concisely

brièveté [bʀijɛvte] → SYN nf brevity, briefness

brigade [bʀigad] → SYN nf (Mil) brigade; (Police) squad; (gén: équipe) gang, team ◆ **brigade criminelle** crime ou murder squad ◆ **Brigades internationales** International Brigades ◆ **brigade des mineurs** juvenile liaison police, juvenile bureau ◆ **brigade des mœurs, brigade mondaine** vice squad ◆ **brigade de recherche dans l'intérêt des familles** ≃ missing persons bureau ◆ **brigade des stupéfiants** ou **des stups*** drug(s) squad ◆ **brigade volante** flying squad ◆ **brigade anti-gang, brigade de répression et d'intervention** anti-terrorist squad ◆ **brigade anti-émeute** riot police (NonC) ou squad ◆ **brigade de gendarmerie** gendarmerie squad ◆ **les Brigades rouges** the Red Brigades

brigadier [bʀigadje] → SYN nm (Police) ≃ sergeant; (Mil) [artillerie] bombardier; [blindés, cavalerie, train] corporal ◆ **brigadier-chef** ≃ lance sergeant

brigand [bʀigɑ̃] → SYN nm (†: bandit) brigand, bandit; (péj: filou) twister (Brit), sharpie* (US), crook; (hum: enfant) rascal, imp

brigandage [bʀigɑ̃daʒ] → SYN nm (armed) robbery, banditry; (†) brigandage ◆ **commettre des actes de brigandage** to engage in robbery with violence ◆ (fig) **c'est du brigandage!** it's daylight robbery!

brigantin [bʀigɑ̃tɛ̃] → SYN nm (Naut) brig

brigantine [bʀigɑ̃tin] → SYN nf (Naut) spanker

Brigitte [bʀiʒit] nf Bridget

brigue [bʀig] → SYN nf (littér) intrigue ◆ **obtenir qch par brigue** to get sth by intrigue

briguer [bʀige] → SYN ▸ conjug 1 ◂ vt emploi to covet, aspire to, bid for; honneur, faveur to aspire after, crave; amitié to court, solicit; suffrages to solicit, canvass (for)

brillamment [bʀijamɑ̃] adv brilliantly ◆ **réussir brillamment un examen** to pass an exam with flying colours

brillance [bʀijɑ̃s] → SYN nf (Astron) brilliance

brillant, e [bʀijɑ̃, ɑ̃t] → SYN 1 adj a (luisant) shiny, glossy; (étincelant) sparkling, bright; chaussures well-polished, shiny; couleur bright, brilliant ◆ **elle avait les yeux brillants de fièvre / d'impatience** her eyes were bright with fever / impatience ◆ **il avait les yeux brillants de convoitise / colère** his eyes glittered with envy / anger → **peinture, sou**

b (remarquable) brilliant, outstanding; situation excellent, brilliant; succès brilliant, dazzling, outstanding; avenir brilliant, bright; conversation brilliant, sparkling ◆ **avoir une intelligence brillante** to be outstandingly intelligent, be brilliant ◆ **elle a été brillante à l'examen** she did brilliantly on her exam ◆ **sa santé n'est pas brillante** his health isn't too good ◆ **ce n'est pas brillant** it's not up to much, it's not too good, it's not brilliant*

2 nm a (NonC: éclat) (étincelant) sparkle, brightness; (luisant) shine, glossiness; [couleur] brightness, brilliance; [étoffe] sheen; (par usure) shine ◆ (fig) **le brillant de son esprit / style** the brilliance of his mind / style ◆ **il a du brillant mais peu de connaissances réelles** he has a certain brilliance but not much serious knowledge ◆ **donner du brillant à un cuir** to polish up a piece of leather

b (diamant) brilliant ◆ **taillé / monté en brillant** cut / mounted as a brilliant

c (cosmétique) **brillant à lèvres** lip gloss

brillanter [bʀijɑ̃te] ▸ conjug 1 ◂ vt a diamant to cut into a brilliant

b métal to brighten

brillantine [bʀijɑ̃tin] nf brilliantine

brillantiner [bʀijɑ̃tine] → SYN ▸ conjug 1 ◂ vt cheveux to slick (with brilliantine)

briller [bʀije] → SYN ▸ conjug 1 ◂ vi a (gén) [lumière, soleil] to shine; [diamant, eau] to sparkle, glitter; [étoile] to twinkle, shine (brightly); [métal] to glint, shine; [feu, braises] to glow (brightly); [flammes] to blaze; [éclair] to flash; [chaussures] to shine; [surface polie, humide] to shine, glisten ◆ **faire briller les meubles / l'argenterie** to polish the furniture / the silver ◆ **faire briller ses chaussures** to shine ou polish one's shoes ◆ **tout brille dans sa salle de bains** everything is spick and span in her bathroom → **tout**

b [yeux] to shine, sparkle; [nez] to be shiny; [larmes] to glisten ◆ **ses yeux brillaient de joie** his eyes sparkled with joy ◆ **ses yeux brillaient de convoitise** his eyes glinted greedily

c [personne] to shine, stand out ◆ **briller en société** to be a success in society ◆ **briller à un examen** to come out (on) top in ou do brilliantly ou shine in an exam ◆ **briller par son talent / éloquence** to be outstandingly talented / eloquent ◆ **il ne brille pas par le courage / la modestie** courage / modesty is not his strong point ◆ **briller par son absence** to be conspicuous by one's absence ◆ **le désir de briller** the longing to stand out (from the crowd), the desire to be the centre of attention ◆ **faire briller les avantages de qch à qn** to paint a glowing picture of sth to sb

brimade [bʀimad] → SYN nf (vexation) vexation; (Mil, Scol: d'initiation) ragging (NonC) (Brit), hazing (NonC) (US) ◆ **faire subir des brimades à qn** to harry sb, harass sb; (Mil, Scol) to rag sb (Brit), haze sb (US)

brimbalement* [bʀɛ̃balmɑ̃] nm ⇒ **bringuebalement***

brimbaler* [bʀɛ̃bale] ▸ conjug 1 ◂ vi ⇒ **bringuebaler***

brimborion [bʀɛ̃bɔʀjɔ̃] → SYN nm (colifichet) bauble, trinket

brimer [bʀime] → SYN ▸ conjug 1 ◂ vt (soumettre à des vexations) to aggravate, bully; (Mil, Scol) nouveaux to rag (Brit), haze (US) ◆ **se sentir brimé** to feel one's being got at* ou being done down* (Brit) ◆ **je suis brimé*** I'm being got at* ou done down* (Brit)

brin [bʀɛ̃] → SYN nm a [blé, herbe] blade; [bruyère, mimosa, muguet] sprig; [osier] twig; [paille] wisp ◆ (fig) **un beau brin de fille** a fine-looking girl

b [chanvre, lin] yarn, fibre; [corde, fil, laine] strand

c (un peu) **un brin de** a touch ou grain ou bit of ◆ **il n'a pas un brin de bon sens** he hasn't got an ounce ou a grain of common sense ◆ **avec un brin de nostalgie** with a touch ou hint of nostalgia ◆ **il y a en lui un brin de folie / méchanceté** there's a touch of madness / malice in him ◆ **faire un brin de causette** to have a bit of a chat* (Brit), have a little chat ◆ **faire un brin de cour à une femme** to flirt a little with a woman ◆ **faire un brin de toilette** to have a lick and a promise, have a quick wash ◆ **il n'y a pas un brin de vent** there isn't a breath of wind ◆ **s'amuser un brin** to have a bit of fun ◆ **un brin** + adj a shade ou bit ou little + adj ◆ **un brin plus grand / haut** a bit ou a little ou a fraction ou a shade bigger / higher ◆ **je suis un brin embêté*** I'm a trifle ou a shade worried

d (Rad) [antenne] wire

brindezingue* [bʀɛ̃dzɛ̃g] adj nutty*, crazy*

brindille [bʀɛ̃dij] → SYN nf twig

bringue[1]* [bʀɛ̃g] → SYN nf ◆ **grande bringue** beanpole*

bringue[2]* [bʀɛ̃g] → SYN nf ◆ **faire la bringue** to have a wild time ◆ **bringue à tout casser** rave-up* (Brit)

bringuebalement* [bʀɛ̃g(ə)balmɑ̃], **brinquebalement*** [bʀɛ̃kbalmɑ̃] nm (mouvement) shaking (about); (bruit) rattle

bringuebaler* [bʀɛ̃g(ə)bale] ▸ conjug 1, ◂ **brinquebaler*** [bʀɛ̃kbale] ▸ conjug 1 ◂ 1 vi [tête] to shake about, joggle; [voiture] to shake ou rock about, joggle; (avec bruit) to rattle ◆ **une vieille auto toute bringuebalante** a ramshackle ou broken-down old car ◆ **il y a quelque chose qui bringuebale dans ce paquet** something is rattling in this packet

2 vt to cart (about)

brio [bʀijo] → SYN nm (virtuosité) brilliance; (Mus) brio ◆ **faire qch avec brio** to do sth brilliantly, carry sth off with great panache

brioche [bʀijɔʃ] → SYN nf brioche *(sort of bun)* ◆ **jambon en brioche** *ham in a pastry case* ◆ (fig) **prendre de la brioche*** to develop a paunch ou a corporation (Brit), get a bit of a tummy*

brioché, e [bʀijɔʃe] adj (baked) like a brioche → **pain**

brique [bʀik] → SYN 1 nf a (Constr) brick; [savon] bar, cake; [tourbe] block, slab; [lait] carton ◆ **mur de** ou **en brique(s)** brick wall ◆ **brique pleine / creuse** solid / hollow brick ◆ (fig) **bouffer des briques*** to have nothing to eat

b (*: 10 000 F) **une brique** a million (old) francs

c (Naut) **brique à pont** holystone

2 adj inv brick red

briquer [bʀike] → SYN ▸ conjug 1 ◂ vt (*) to polish up; (Naut) to holystone, scrub down

briquet[1] [bʀikɛ] → SYN nm (cigarette) lighter ◆ **briquet-tempête** windproof lighter → **battre**

briquet[2] [bʀikɛ] nm (Zool) beagle

briquetage [bʀik(ə)taʒ] nm (mur) brickwork; (enduit) imitation brickwork

briqueter [bʀik(ə)te] ▸ conjug 4 ◂ vt a (bâtir) to brick, build with bricks

b (peindre) to face with imitation brickwork

briqueterie [bʀik(ə)tʀi] nf brickyard, brickfield

briqueteur [bʀik(ə)tœʀ] nm bricklayer

briquetier [bʀik(ə)tje] nm (ouvrier) brickyard worker, brickmaker; (entrepreneur) brick merchant

briquette [bʀikɛt] nf briquette ◆ **c'est de la briquette*** it's not up to much

bris [bʀi] → SYN nm breaking ◆ (Jur) **bris de clôture** trespass, breaking-in ◆ (Aut) **bris de glaces** broken windows ◆ (Jur) **bris de scellés** breaking of seals

brisant, e [bʀizɑ̃, ɑ̃t] 1 adj high-explosive (épith) ◆ **obus brisant** high-explosive shell

2 nm a (vague) breaker

b (écueil) shoal, reef

c (brise-lames) groyne, breakwater

Brisbane [bʀizban] n Brisbane

briscard [bʀiskaʀ] → SYN nm (Hist Mil) veteran, old soldier ◆ **c'est un vieux briscard* de la politique** he's a veteran of ou an old hand in politics

brise [bʀiz] → SYN nf breeze ◆ **brise de mer / de terre** sea / land breeze

brisé, e [bʀize] (ptp de **briser**) adj ◆ **brisé (de fatigue)** worn out, exhausted ◆ **brisé (de chagrin)** overcome by sorrow, brokenhearted → **arc, ligne**[1], **pâte**

brise-bise [bʀizbiz] → SYN nm inv half-curtain *(on window)*

brisées [bʀize] → SYN nfpl ◆ **marcher sur les brisées de qn** to poach ou intrude on sb's preserves ou territory ◆ **suivre les brisées de qn** to follow in sb's footsteps

brise-fer [bʀizfɛʀ] → SYN nmf inv (enfant) wrecker

brise-glace, pl **brise-glaces** [bʀizglas] nm (navire) icebreaker; [pont] icebreaker, ice apron

brise-jet, pl **brise-jets** [bʀizʒe] nm tap swirl (Brit), anti-splash faucet nozzle (US)

brise-lame(s), pl **brise-lames** [bʀizlam] nm breakwater, mole

brise-motte(s), pl **brise-mottes** [bʀizmɔt] nm harrow

briser [bʀize] → SYN ▸ conjug 1 ◂ 1 vt a (casser) objet to break, smash; mottes de terre to break up; chaîne, fers to break ◆ **briser qch en mille morceaux** to smash sth to smithereens, break sth into little pieces ou bits, shatter sth (into little pieces) ◆ (lit, fig) **briser la glace** to break the ice

b (saper, détruire) carrière, vie to ruin, wreck; personne (épuiser) to tire out, exhaust; (abattre la volonté de) to break, crush; espérance to smash, shatter, crush; cœur, courage to break; traité, accord to break; amitié to break up, bring to an end ◆ **briser l'élan de qn** to kill sb's enthousiasm ◆ **d'une voix brisée par l'émotion** in a voice choked with emotion ◆ **ces épreuves l'ont brisé** these trials and tribulations have left him a broken man ◆ **il en a eu le cœur brisé** it broke his heart, he was heartbroken

about it ◆ **tu me les brises !**** you're getting on my tits !**
c (avoir raison de) volonté to break, crush; rebelle to crush, subdue; opposition, résistance to crush, break down; grève to break (up); révolte to crush, quell ◆ **il était décidé à briser les menées de ces conspirateurs** he was determined to put paid to (Brit) ou put a stop to the schemings of these conspirators
d (frm: mettre fin à) entretien to break off; silence, rythme to break
2 vi (littér) a (rompre) **briser avec qn** to break with sb ◆ **brisons là !**† enough said!
b (déferler) [vagues] to break
3 **se briser** vpr a [vitre, verre] to break, shatter, smash; [bâton, canne] to break, snap
b [vagues] to break (*contre* against)
c [résistance] to break down, snap; [assaut] to break up (*sur* on, *contre* against); [espoir] to be dashed ◆ **nos efforts se sont brisés sur cette difficulté** our efforts were frustrated ou thwarted by this difficulty
d [cœur] to break, be broken; [voix] to falter, break

brise-soleil [brizsɔlɛj] [→ SYN] nm inv (slatted) canopy ou awning

brise-tout [briztu] [→ SYN] nmf inv ⇒ **brise-fer**

briseur, -euse [brizœr, øz] [→ SYN] nm,f breaker, wrecker ◆ **briseur de grève** strikebreaker

brise-vent, pl **brise-vent(s)** [brizvɑ̃] [→ SYN] nm windbreak

brisis [brizi] [→ SYN] nm (Archit) lower slope

brisquard [briskar] nm ⇒ **briscard**

bristol [bristɔl] nm (papier) Bristol board; (carte de visite) visiting card

brisure [brizyr] [→ SYN] nf (cassure) break, crack; [charnière] joint, break; (Hér) mark of cadency, brisure ◆ (Culin) **brisures de riz** *rice which has not been sorted and is of inconsistent quality*

britannique [britanik] [→ SYN] 1 adj British
2 nmf ◆ **Britannique** Briton, British person, Britisher (US) ◆ **c'est un Britannique** he's British ou a Britisher (US), he's a Brit* ◆ **les Britanniques** the British (people), the Brits*

brize [briz] [→ SYN] nf quaking grass

broc [bro] [→ SYN] nm pitcher, ewer

brocante [brɔkɑ̃t] [→ SYN] nf (commerce) secondhand trade, secondhand market; (objets) secondhand goods ◆ **il est dans la brocante** he deals in secondhand goods ◆ **acheter qch à la brocante** to buy sth at the flea market

brocanter [brɔkɑ̃te] [→ SYN] ▸conjug 1◂ vi to deal in secondhand goods

brocanteur, -euse [brɔkɑ̃tœr, øz] [→ SYN] nm,f secondhand goods dealer

brocard¹ [brɔkar] [→ SYN] nm (Zool) brocket

brocard² [brɔkar] [→ SYN] nm (littér, †) gibe, taunt

brocarder [brɔkarde] [→ SYN] ▸conjug 1◂ vt (littér, †) to gibe at, taunt

brocart [brɔkar] [→ SYN] nm brocade

brocatelle [brɔkatɛl] [→ SYN] nf brocatelle, brocatel (US)

brochage [brɔʃaʒ] [→ SYN] nm (→ **brocher**) binding *(with paper)*; brocading; broaching

broche [brɔʃ] [→ SYN] nf a (bijou) brooch
b (Culin) spit; (Tex) spindle; (Tech) drift, pin, broach; (Élec) pin; (Méd) pin ◆ (Alpinisme) **broche (à glace)** ice piton ◆ (Culin) **faire cuire à la broche** to spit-roast

broché [brɔʃe] 1 nm (Tex) (procédé) brocading; (tissu) brocade
2 adj m ◆ **livre broché** soft-cover book, book with paper binding

brocher [brɔʃe] [→ SYN] ▸conjug 1◂ vt a livre to bind *(with paper)*, put a paper binding on
b (Tex) to brocade ◆ **tissu broché d'or** gold brocade ◆ (littér) **et brochant sur le tout** and on top of everything else
c (Tech) to broach

brochet [brɔʃɛ] [→ SYN] nm (Zool) pike

brochette [brɔʃɛt] nf (Culin: ustensile) skewer; (plat) kebab, brochette ◆ (fig) **brochette de décorations** row of medals ◆ (fig) **brochette de personnalités** bevy ou band of VIPs

brocheur, -euse [brɔʃœr, øz] 1 nm,f (→ **brocher**) book binder; brocade weaver
2 nm brocade loom
3 **brocheuse** nf binder, binding machine

brochure [brɔʃyr] [→ SYN] nf a (magazine) brochure, booklet, pamphlet ◆ **brochure touristique** tourist brochure
b [livre] (paper) binding
c (Tex) brocaded pattern ou figures

brocoli [brɔkɔli] nm broccoli

brodequin [brɔd(ə)kɛ̃] [→ SYN] nm (laced) boot; (Hist Théât) buskin, sock ◆ (Hist: supplice) **les brodequins** the boot

broder [brɔde] [→ SYN] ▸conjug 1◂ 1 vt tissu to embroider (*de* with); (fig) récit to embroider
2 vi (exagérer) to embroider, embellish; (trop développer) to elaborate ◆ **broder sur un sujet** to elaborate on a subject

broderie [brɔdri] [→ SYN] nf (art) embroidery; (objet) piece of embroidery, embroidery (NonC); (industrie) embroidery trade ◆ **faire de la broderie** to embroider, do embroidery ◆ **broderie anglaise** broderie anglaise

brodeur [brɔdœr] nm embroiderer

brodeuse [brɔdøz] nf (ouvrière) embroideress; (machine) embroidery machine

broiement [brwamɑ̃] nm ⇒ **broyage**

bromate [brɔmat] nm bromate

brome¹ [brom] nm (Bot) brome (grass)

brome² [brom] nm (Chim) bromine

bromhydrique [brɔmidrik] adj ◆ **acide bromhydrique** hydrobromic acid

bromique [brɔmik] adj bromic

bromisme [brɔmism] nm bromism

bromure [brɔmyr] nm a (Chim) bromide ◆ **bromure d'argent / de potassium** silver / potassium bromide
b (papier) bromide paper; (épreuve) bromide (proof)

bronche [brɔ̃ʃ] [→ SYN] nf bronchus (spéc) ◆ **les bronches** the bronchial tubes ◆ **il est faible des bronches** he has a weak chest

bronchectasie [brɔ̃ʃɛktazi] nf bronchiectasis

broncher [brɔ̃ʃe] [→ SYN] ▸conjug 1◂ vi [cheval] to stumble ◆ **personne n'osait broncher*** no one dared move a muscle ou say a word ◆ **le premier qui bronche ... !*** the first person to budge ... !* ou make a move ... ! ◆ **sans broncher** (sans peur) without turning a hair, without flinching; (*: sans protester) uncomplainingly, meekly; (sans se tromper) faultlessly, without faltering

bronchiole [brɔ̃ʃjɔl] nf (Anat) bronchiole

bronchique [brɔ̃ʃik] adj bronchial

bronchite [brɔ̃ʃit] [→ SYN] nf bronchitis (NonC) ◆ **avoir une bonne bronchite** to have (got) a bad bout ou attack of bronchitis

bronchitique [brɔ̃ʃitik] adj bronchitic (spéc) ◆ **il est bronchitique** he suffers from bronchitis

bronchodilatateur [brɔ̃kodilatatœr] nm bronchodilator

bronchopneumonie, pl **bronchopneumonies** [brɔ̃kopnømɔni] nf bronchopneumonia (NonC)

bronchorrhée [brɔ̃kɔre] nf bronchorrhoea (Brit), bronchorrhea (US)

bronchoscope [brɔ̃kɔskɔp] nm bronchoscope

bronchoscopie [brɔ̃kɔskɔpi] nf bronchoscopy

brontosaure [brɔ̃tozɔr] nm brontosaurus

bronzage [brɔ̃zaʒ] nm (→ **bronzer**) (sun) tan; bronzing ◆ **bronzage intégral** allover tan

bronzant, e [brɔ̃zɑ̃, ɑ̃t] adj lait, lotion tanning (épith), suntan (épith)

bronze [brɔ̃z] [→ SYN] nm (métal, objet) bronze

bronzé, e [brɔ̃ze] [→ SYN] (ptp de **bronzer**) adj (sun)tanned, sunburnt (Brit)

bronzer [brɔ̃ze] [→ SYN] ▸conjug 1◂ 1 vt peau to tan; métal to bronze
2 vi [peau, personne] to get a tan ◆ **les gens qui (se) bronzent sur la plage** people who sunbathe on the beach

bronzette* [brɔ̃zɛt] nf ◆ **faire de la bronzette** to do a bit of sunbathing

bronzeur [brɔ̃zœr] nm (fondeur) bronze-smelter; (fabricant) bronze-smith

broquette [brɔkɛt] [→ SYN] nf (tin)tack

brossage [brɔsaʒ] [→ SYN] nm brushing

brosse [brɔs] [→ SYN] 1 nf a brush; [peintre] (paint)brush ◆ **donne un coup de brosse à ta veste** give your jacket a brush ◆ **passer le tapis à la brosse** to give the carpet a brush ◆ **passer le carrelage à la brosse** to give the (stone) floor a scrub ◆ (fig hum) **l'art de manier la brosse à reluire** the art of sucking up to people* ou buttering people up ◆ **passer la brosse à reluire à qn** to suck up to sb*
b (Coiffure) crew cut ◆ **avoir les cheveux en brosse** to have a crew cut
c [insecte] scopa
d (Can) **prendre une brosse**** to get drunk ou smashed**
2 COMP ▷ **brosse à chaussures** shoebrush ▷ **brosse à cheveux** hairbrush ▷ **brosse en chiendent** scrubbing brush ▷ **brosse à dents** toothbrush ▷ **brosse à habits** clothesbrush ▷ **brosse métallique** wire brush ▷ **brosse à ongles** nailbrush

brosser [brɔse] [→ SYN] ▸conjug 1◂ 1 vt a (nettoyer) to brush; cheval to brush down; plancher, carrelage to scrub ◆ **brosser qn** to brush sb's clothes ◆ **brosser des miettes sur une table** to brush crumbs off a table
b (Art, fig) to paint ◆ **brosser un vaste tableau de la situation** to paint a broad picture of the situation
c (Sport) to put spin on
d (* Belg) cours to skip
2 **se brosser** vpr a to brush one's clothes, give one's clothes a brush ◆ **se brosser les dents** to brush ou clean one's teeth ◆ **se brosser les cheveux** to brush one's hair
b (**) **se brosser le ventre** to go without food ◆ **tu peux (toujours) te brosser !** you'll have to do without!, nothing doing!**, you can whistle for it!**

brosserie [brɔsri] nf (usine) brush factory; (commerce) brush trade

brossier, ière [brɔsje, jɛr] nm,f (ouvrier) brush maker; (commerçant) brush dealer

brou [bru] [→ SYN] nm (écorce) husk, shuck (US) ◆ **brou de noix** (Menuiserie) walnut stain; (liqueur) walnut liqueur

broue** [bru] nf (Can) [bière] froth; [mer] foam

brouet [bruɛ] [→ SYN] nm (††; potage) gruel; (péj, hum) brew

brouette [bruɛt] [→ SYN] nf wheelbarrow

brouettée [bruete] [→ SYN] nf (wheel)barrowful

brouetter [bruete] [→ SYN] ▸conjug 1◂ vt to (carry in a) wheelbarrow

brouhaha [bruaa] [→ SYN] nm (tintamarre) hubbub

brouillage [brujaʒ] [→ SYN] nm (Rad) (intentionnel) jamming; (accidentel) interference

brouillamini* [brujamini] nm muddle, jumble

brouillard [brujar] [→ SYN] nm a (dense) fog; (léger) mist; (mêlé de fumée) smog ◆ **brouillard de chaleur** heat haze ◆ **brouillard givrant** freezing fog ◆ **brouillard à couper au couteau** thick ou dense fog, peasouper* ◆ **il fait** ou **il y a du brouillard** it's foggy ◆ (fig) **être dans le brouillard** to be lost, be all at sea* → **foncer¹**
b (Comm) daybook
c (Bot) baby's breath

brouillasser [brujase] [→ SYN] ▸conjug 1◂ vi to drizzle

brouille [bruj] [→ SYN] nf disagreement, breach, quarrel ◆ **brouille légère** tiff ◆ **être en brouille avec qn** to have fallen out with sb, be on bad terms with sb

brouillé, e [bruje] [→ SYN] (ptp de **brouiller**) adj a (fâché) **être brouillé avec qn** to have fallen out with sb, be on bad terms with sb ◆ **être brouillé avec les dates / l'orthographe / les maths*** to be hopeless ou useless* at dates / spelling / maths b **avoir le teint brouillé** to have a muddy complexion → **œuf**

brouiller [bʀuje] → SYN ▸ conjug 1 ◂ 1 vt a (troubler) contour, vue, yeux to blur; papiers, idées to mix ou muddle up; message, combinaison de coffre to scramble ◆ **la buée brouille les verres de mes lunettes** my glasses are misting up ◆ **la pluie a brouillé l'adresse** the rain has smudged ou blurred the address ◆ **son accident lui a brouillé la cervelle*** since he had that accident his mind has been a bit muddled ou confused ◆ (fig) **brouiller les pistes** ou **cartes** to confuse ou cloud the issue, draw a red herring across the trail
b (fâcher) to set at odds, put on bad terms ◆ **cet incident l'a brouillé avec sa famille** this incident set him at odds with ou put him on bad terms with his family ◆ **elle m'a brouillé avec l'informatique** she really put me off computers
c (Rad) émission (avec intention) to jam; (par accident) to cause interference to
2 **se brouiller** vpr a (se troubler) [vue] to become blurred; [souvenirs, idées] to get mixed ou muddled up, become confused ◆ **tout se brouilla dans sa tête** everything became confused ou muddled in his mind
b (se fâcher) **se brouiller avec qn** to fall out ou quarrel with sb ◆ **depuis qu'ils se sont brouillés** since they fell out (with each other)
c (Mét) [ciel] to cloud over ◆ **le temps se brouille** it's going ou turning cloudy, the weather is breaking

brouillerie [bʀujʀi] nf ⇒ **brouille**

brouilleur [bʀujœʀ] nm jammer

brouillon, -onne [bʀujɔ̃, ɔn] → SYN 1 adj (qui manque de soin) untidy; (qui manque d'organisation) unmethodical, unsystematic, muddle-headed ◆ **élève brouillon** careless pupil ◆ **avoir l'esprit brouillon** to be muddle-headed
2 nm,f muddler, muddlehead
3 nm [lettre, devoir] rough copy; (ébauche) (rough) draft; (calculs, notes etc) rough work ◆ **(papier) brouillon** rough paper ◆ **prendre qch au brouillon** to make a rough copy of sth → **cahier**

broum [bʀum] excl brum, brum!

broussaille [bʀusaj] → SYN nf ◆ **broussailles** undergrowth, brushwood, scrub ◆ **avoir les cheveux en broussaille** to have unkempt ou untidy ou tousled hair ◆ **sourcils en broussaille** bushy eyebrows

broussailleux, -euse [bʀusajø, øz] → SYN adj terrain, sous-bois bushy, scrubby; ronces brambly; jardin overgrown; sourcils, barbe bushy; cheveux bushy, tousled

broussard* [bʀusaʀ] nm bushman

brousse [bʀus] → SYN nf ◆ **la brousse** the bush ◆ (fig) **c'est en pleine brousse*** it's at the back of beyond*, it's in the middle of nowhere

broutage [bʀutaʒ] nm ⇒ **broutement**

broutard [bʀutaʀ] → SYN nm grass-fed calf

broutement [bʀutmɑ̃] nm (→ **brouter**) grazing; nibbling; browsing; chattering; grabbing; juddering

brouter [bʀute] → SYN ▸ conjug 1 ◂ 1 vt herbe to graze (on); [lapin] to nibble ◆ (fig) **il nous les broute!**‡ he's a pain in the neck!‡, he's a bloody‡ (Brit) ou damned‡ nuisance
2 vi a [mouton] to graze; [vache, cerf] to browse; [lapin] to nibble
b (Tech) [rabot] to chatter; (Aut) [freins] to grab; [embrayage] to judder

broutille [bʀutij] → SYN nf (bagatelle) trifle ◆ **c'est de la broutille*** (de mauvaise qualité) it's cheap rubbish; (sans importance) it's not worth mentioning, it's nothing of any consequence ◆ **perdre son temps à des broutilles** to lose one's time over trifles ou trivial matters

brownien, -ienne [bʀonjɛ̃, jɛn] adj Brownian ◆ **mouvement brownien** Brownian movement ◆ **particules browniennes** Brownian particles ◆ (fig) **agité de mouvements browniens** rushing about in all directions

broyage [bʀwajaʒ] → SYN nm (→ **broyer**) grinding; crushing; braking

broyer [bʀwaje] → SYN ▸ conjug 8 ◂ vt pierre, sucre, os to grind (to powder), crush; chanvre, lin to brake; poivre, blé to grind; aliments to grind, break up; couleurs to grind; doigt, main to crush ◆ (fig) **broyer du noir** to be in the doldrums ou down in the dumps*

broyeur, -euse [bʀwajœʀ, øz] → SYN 1 adj crushing, grinding
2 nm (ouvrier) grinder, crusher; (machine) grinder, crusher; [chanvre, lin] brake ◆ **broyeur (de cailloux)** pebble grinder

brrr [bʀʀ] excl brr!

bru [bʀy] → SYN nf daughter-in-law

bruant [bʀyɑ̃] → SYN nm bunting *(bird)* ◆ **bruant jaune** yellowhammer ◆ **bruant des roseaux** reed bunting

brucella [bʀysela] nf Brucella

brucelles [bʀysɛl] → SYN nfpl tweezers

brucellose [bʀyseloz] nf brucellosis

brucine [bʀysin] nf brucine

Bruges [bʀyʒ] n Bruges

brugnon [bʀyɲɔ̃] → SYN nm nectarine

brugnonier [bʀyɲɔnje] nm nectarine tree

bruine [bʀɥin] → SYN nf (fine) drizzle, Scotch mist

bruiner [bʀɥine] → SYN ▸ conjug 1 ◂ vi to drizzle

bruineux, -euse [bʀɥinø, øz] → SYN adj drizzly

bruire [bʀɥiʀ] → SYN ▸ conjug 2 ◂ vi [feuilles, tissu, vent] to rustle; [ruisseau] to murmur; [insecte] to buzz, hum

bruissement [bʀɥismɑ̃] → SYN nm (→ **bruire**) rustle, rustling; murmur; buzz(ing), humming

bruit [bʀɥi] → SYN nm a (gén) sound, noise; (avec idée d'intensité désagréable) noise ◆ **j'entendis un bruit** I heard a noise ◆ **j'ai entendu des bruits de voix** I heard the sound of some voices ◆ **un bruit de vaisselle** the clatter of dishes ◆ **un bruit de moteur/voix** the sound of an engine/of voices ◆ **un bruit de verre brisé** the tinkle ou sound of broken glass ◆ **un bruit de pas** (the sound of) footsteps ◆ **le bruit d'un plongeon** (the sound of) a splash ◆ **le bruit de la pluie contre les vitres** the sound ou patter of the rain against the windows ◆ **le bruit des radios** the noise ou blare of radios ◆ **les bruits de la rue** street noises ◆ **un bruit** ou **des bruits de marteau** (the sound of) hammering ◆ **bruit de fond** background noise ◆ **le bruit familier des camions** the familiar rumble of the lorries ◆ **un bruit parasite** interference (NonC) ◆ **bruit blanc/de fond** white/background noise ◆ **bruit sourd** thud ◆ **bruit strident** screech, shriek ◆ **on n'entend aucun bruit d'ici** you can't hear a sound from here ◆ **dans un bruit de tonnerre** with a thunderous roar ◆ (Littérat) **"Le Bruit et la Fureur"** "The Sound and the Fury"
b (opposé à silence) **le bruit** noise ◆ **on ne peut pas travailler dans le bruit** one cannot work against noise ◆ **le bruit est insupportable ici** the noise is unbearable here ◆ **cette machine fait un bruit infernal** this machine makes a dreadful noise ou racket* ◆ **sans bruit** noiselessly, without a sound, silently
c **il y a trop de bruit** there's too much noise, it's too noisy ◆ **s'il y a du bruit je ne peux pas travailler** if there's (a) noise I can't work ◆ **les enfants font du bruit, c'est normal** it's natural that children are noisy ◆ **arrêtez de faire du bruit** stop making a noise ou being (so) noisy ◆ **faites du bruit pour chasser les pigeons** make a ou some noise to scare the pigeons away ◆ **j'entendis du bruit** I heard a noise
d (fig) **beaucoup de bruit pour rien** much ado about nothing, a lot of fuss about nothing ◆ **faire grand bruit** ou **beaucoup de bruit autour de qch** to make a great fuss ou to-do about sth ◆ **cette nouvelle a été annoncée à grand bruit** they made a big splash with the news ◆ **il fait plus de bruit que de mal** his bark is worse than his bite
e (nouvelle) rumour ◆ **le bruit de son départ ...** the rumour of his leaving ... ◆ **le bruit court qu'il doit partir** there is a rumour going about ou rumour has it that he is to go ◆ **c'est un bruit qui court** it's a rumour that's going round ◆ **se faire l'écho d'un bruit** to repeat a rumour ◆ **répandre de faux bruits (sur)** to spread false rumours ou tales (about) ◆ **les bruits de couloir à l'Assemblée nationale** parliamentary rumours ◆ **bruits de guerre** rumours of war ◆ **bruit de bottes** sabre-rattling ◆ (††) **il n'est bruit dans la ville que de son arrivée** his arrival is the talk of the town, his arrival has set the town agog
f (Téléc) noise ◆ (Méd) **bruit de souffle** murmur ◆ (Méd) **bruit de galop** galop rhythm

bruitage [bʀɥitaʒ] → SYN nm sound effects

bruiter [bʀɥite] → SYN ▸ conjug 1 ◂ vt to add the sound effects to

bruiteur, -euse [bʀɥitœʀ, øz] nm,f sound-effects engineer

brûlage [bʀylaʒ] → SYN nm [cheveux] singeing; [café] roasting; [herbes] burning ◆ **faire un brûlage à qn** to singe sb's hair

brûlant, e [bʀylɑ̃, ɑ̃t] → SYN adj a (chaud) objet burning (hot), red-hot; plat piping hot; liquide boiling (hot), scalding; soleil scorching, blazing; air burning ◆ **il a le front brûlant (de fièvre)** his forehead is burning (with fever)
b (passionné) regard, pages fiery, impassioned
c (controversé) sujet ticklish ◆ **être sur un terrain brûlant** to touch on a hotly debated issue ◆ **c'est d'une actualité brûlante** it's the burning question of the hour

brûlé, e [bʀyle] (ptp de **brûler**) 1 adj ◆ (*) **il est brûlé** (gén) he's had* ou blown* it; [espion] his cover is blown* → **crème, terre**[1], **tête**
2 nm,f (personne) burnt person ◆ **grand brûlé** victim of third-degree burns, badly burnt person
3 nm ◆ **ça sent le brûlé** (lit) there's a smell of burning; (fig) trouble's brewing ◆ **cela a un goût de brûlé** it tastes burnt ou has a burnt taste

brûle-gueule, pl **brûle-gueules** [bʀylgœl] → SYN nm short (clay) pipe

brûle-parfum, pl **brûle-parfums** [bʀylpaʀfœ̃] → SYN nm perfume burner

brûle-pourpoint [bʀylpuʀpwɛ̃] → SYN adv ◆ **à brûle-pourpoint** point-blank; († : à bout portant) at point-blank range

brûler [bʀyle] → SYN ▸ conjug 1 ◂ 1 vt a (détruire) objet, ordures, corps to burn; maison to burn down ◆ **être brûlé vif** (accident) to be burnt alive ou burnt to death; (supplice) to be burnt at the stake ◆ (fig) **il a brûlé ses dernières cartouches** he has shot his bolt ◆ (fig) **brûler ses vaisseaux** to burn one's boats ◆ **brûler le pavé**† to ride ou run etc hell for leather* ◆ (Théât) **brûler les planches** to give a spirited performance ◆ **brûler ce que l'on a adoré** to burn one's old idols
b (endommager) [flamme] (gén) to burn; cheveux to singe; [eau bouillante] to scald; [fer à repasser] to singe, scorch; [soleil] herbe to scorch; peau to burn; [gel] bourgeon to nip, damage; [acide] peau to burn, sear; métal to burn, attack, corrode ◆ **il a la peau brûlée par le soleil** (bronzage) his skin is sunburnt (Brit) ou tanned; (lésion) his skin ou he has been burnt by the sun ◆ **le soleil nous brûle** the sun is scorching ou burning
c (traiter) café to roast; (Méd) to cauterize
d (consommer) électricité, charbon to burn, use; cierge, chandelle, calories to burn ◆ **ils ont brûlé tout leur bois** they've burnt up ou used up all their wood ◆ (fig) **brûler la chandelle par les deux bouts** to burn the candle at both ends ◆ (hum) **j'irai brûler un cierge pour toi** I'll go and light ou burn a candle for you, I'll cross my fingers for you ◆ **brûler de l'encens** to burn incense
e (dépasser) (Aut) **brûler un stop** to ignore a stop sign ◆ **brûler un feu rouge** to go through a red light (without stopping), run a red light (US) ◆ (Rail) **brûler un signal/une station** to go through ou past a signal/a station (without stopping) ◆ **brûler une étape** to cut out a stop ◆ (fig) **brûler les étapes** (réussir rapidement) to shoot ahead; (trop se précipiter) to cut corners, take short cuts ◆ **brûler la politesse à qn** to leave sb abruptly (without saying goodbye)
f (donner une sensation de brûlure) to burn ◆ **le radiateur me brûlait le dos** the radiator was

burning my back ◆ **j'ai les yeux qui me brûlent, les yeux me brûlent** my eyes are smarting ou stinging ◆ **j'ai la figure qui (me) brûle** my face is burning ◆ **la gorge lui brûle** he's got a burning sensation in his throat ◆ (fig) **l'argent lui brûle les doigts** money burns a hole in his pocket ◆ (fig) **cette question me brûlait les lèvres** I was dying to ask that question
g (fig : consumer) **le désir de l'aventure le brûlait, il était brûlé du désir de l'aventure** he was burning ou longing for adventure
2 vi a [charbon, feu] to burn ; [maison, forêt] to be on fire ; (Culin) to burn ◆ **on a laissé brûler l'électricité** ou **l'électricité a brûlé toute la journée** the lights have been left on ou have been burning away all day ◆ **ce bois brûle très vite** this wood burns (up) very quickly → **torchon**
b (être brûlant) to be burning (hot) ou scalding ◆ **son front brûle de fièvre** his forehead is burning ◆ **ne touche pas, ça brûle** don't touch that, you'll burn yourself ou you'll get burnt ◆ (jeu, devinette) **tu brûles !** you're getting hot !
c (fig) **brûler de faire qch** to be burning ou be dying to do sth ◆ **brûler d'impatience** to seethe with impatience ◆ († ou hum) **brûler (d'amour) pour qn** to be infatuated ou madly in love with sb ◆ **brûler d'envie** ou **du désir de faire qch** to be dying ou longing to do sth
3 **se brûler** vpr a to burn o.s. ; (se tuer) to set o.s. on fire ; (s'ébouillanter) to scald o.s. ◆ **se brûler les doigts** (lit) to burn one's fingers ; (fig) to get one's fingers burnt (fig) ◆ **le papillon s'est brûlé les ailes à la flamme** the butterfly burnt its wings in the flame ◆ (se compromettre) **se brûler les ailes**† to burn one's fingers ◆ **se brûler la cervelle** to blow one's brains out
b (* Can) to exhaust o.s., wear o.s. out

brûlerie [bʀylʀi] → SYN nf [café] coffee-roasting plant ou shop ; [alcool] (brandy) distillery

brûleur [bʀylœʀ] → SYN nm (dispositif) burner

brûlis [bʀyli] → SYN nm (technique) slash-and-burn technique ; (terrain) field *(where vegetation has been slashed and burnt)* ◆ **culture sur brûlis** slash-and-burn agriculture ou farming

brûloir [bʀylwaʀ] → SYN nm coffee roaster *(machine)*

brûlot [bʀylo] → SYN nm a (Hist Naut) fire ship ; (personne) firebrand ◆ (fig) **lancer un brûlot contre** to launch a scathing attack on
b (Can) midge, gnat

brûlure [bʀylyʀ] → SYN nf (lésion) burn ; (sensation) burning sensation ◆ **brûlure (d'eau bouillante)** scald ◆ **brûlure de cigarette** cigarette burn ◆ **brûlure du premier degré** first-degree burn ◆ **brûlures d'estomac** heartburn (NonC)

brumaire [bʀymɛʀ] nm Brumaire *(second month of French Republican calendar)*

brumasser [bʀymase] ▸ conjug 1 ◂ vb impers ◆ **il brumasse** it's a bit misty, there's a slight mist

brume [bʀym] → SYN nf (gén) mist ; (dense) fog ; (Mét) mist ; (Naut) fog ◆ **brume légère** haze ◆ **brume de chaleur** ou **de beau temps** heat haze → **corne**

brumeux, -euse [bʀymø, øz] → SYN adj misty ; foggy ; (fig) obscure, hazy

brumisateur [bʀymizatœʀ] nm spray, atomiser

brun, brune [bʀœ̃, bʀyn] → SYN 1 adj yeux, couleur brown ; cheveux brown, dark ; peau dusky, swarthy, dark ; (bronzé) tanned, brown ; tabac dark ; bière brown ◆ **il est brun** (cheveux) he's dark-haired ; (bronzé) he's tanned ◆ **il est brun (de peau)** he's dark-skinned ◆ **brun roux** (dark) auburn ◆ (Comm) **produits bruns** brown goods
2 nm (couleur) brown ; (homme) dark-haired man
3 **brune** nf a (bière) brown ale, stout
b (cigarette) *cigarette made of dark tobacco*
c (femme) brunette
d (littér) **à la brune** at twilight, at dusk

brunante [bʀynɑ̃t] nf ◆ (Can) **à la brunante** at twilight, at dusk

brunâtre [bʀynɑtʀ] adj brownish

Brunéi [bʀynei] nm Brunei

brunéien, -ienne [bʀyneјɛ̃, jɛn] 1 adj of ou from Brunei
2 nm,f ◆ **Brunéien(ne)** inhabitant ou native of Brunei

brunette [bʀynɛt] nf brunette

bruni [bʀyni] nm (métal) burnished ou polished part

brunir [bʀyniʀ] ▸ conjug 2 ◂ 1 vi [personne, peau] to get sunburnt (Brit), get a tan ; [cheveux] to go darker ; [caramel] to brown
2 vt a peau to tan ; cheveux to darken
b métal to burnish, polish

brunissage [bʀynisaʒ] nm (Tech) burnishing ; (Culin) browning

brunissement [bʀynismɑ̃] nm [peau] tanning

brunisseur, -euse [bʀynisœʀ, øz] 1 adj plat browning
2 nm,f (Tech) burnisher

brunissoir [bʀyniswaʀ] nm burnisher

brunissure [bʀynisyʀ] nf [métal] burnish ; (Agr) potato rot ; [vigne] brown rust

brushing [bʀœʃiŋ] → SYN nm blow-dry ◆ **faire un brushing à qn** to blow-dry sb's hair

brusque [bʀysk] → SYN adj a (rude, sec) personne, manières brusque, abrupt, blunt ; geste brusque, abrupt, rough ; ton curt, abrupt, blunt ◆ **être brusque avec qn** to be curt ou abrupt with sb
b (soudain) départ, changement abrupt, sudden ; virage sharp ; envie sudden

brusquement [bʀyskəmɑ̃] → SYN adj (→ **brusque**) brusquely ; abruptly ; bluntly ; roughly ; curtly ; suddenly ; sharply

brusquer [bʀyske] → SYN ▸ conjug 1 ◂ vt a (précipiter) to rush, hasten ◆ **attaque brusquée** surprise attack ◆ **il ne faut rien brusquer** we mustn't rush things
b personne to rush, chivvy*

brusquerie [bʀyskəʀi] → SYN nf brusqueness, abruptness

brut, e[1] [bʀyt] → SYN 1 adj a diamant uncut, rough ; pétrole crude ; minerai crude, raw ; sucre unrefined ; soie, métal raw ; toile unbleached ; laine untreated ; champagne brut, extra dry ; (fig) fait crude ; idée crude, raw ; art primitive ◆ **à l'état brut** (lit) matière untreated, in the rough ; (fig) idées in the rough ◆ **brut de béton** ou **de décoffrage** mur concrete ◆ **brut de fonderie** pièce unpolished ◆ (fig) **brut de béton** ou **de fonderie** rough and ready → **poids**
b (Comm) bénéfice, poids, traitement gross ◆ **produire brut un million** to gross a million ◆ **ça fait 100 F / 100 kg brut, ça fait brut 100 F / 100 kg** that makes 100 francs / 100 kg gross → **produit**
2 nm a (pétrole) crude (oil) ◆ **brut lourd** heavy crude ◆ **brut léger** light crude
b (salaire) gross salary

brutal, e, mpl **-aux** [bʀytal, o] → SYN adj a (violent) personne, caractère rough, brutal, violent ; instinct savage ; jeu rough ◆ **être brutal avec qn** to be rough with sb ◆ **force brutale** brute force
b (choquant) langage, franchise blunt ; vérité plain, unvarnished ; réalité stark ◆ **il a été très brutal dans sa réponse** he was very outspoken in his answer, he gave a very blunt answer
c (soudain) mort sudden ; choc, coup brutal

brutalement [bʀytalmɑ̃] adv (→ **brutal**) roughly ; brutally ; violently ; bluntly ; plainly ; suddenly

brutaliser [bʀytalize] → SYN ▸ conjug 1 ◂ vt personne to bully, knock about, handle roughly, manhandle ; machine to ill-treat

brutalité [bʀytalite] → SYN nf (NonC : violence) brutality, violence, roughness ; (acte brutal) brutality ; (Sport) rough play (NonC) ; (soudaineté) suddenness ◆ **brutalités policières** police brutality

brute[2] [bʀyt] → SYN nf (homme brutal) brute, animal ; (homme grossier) boor, lout ; (littér : animal) brute, beast ◆ **taper sur qch comme une brute*** to bash* away at sth (savagely) ◆ **frapper qn comme une brute** to hit out at sb brutishly ◆ **brute épaisse*** brutish lout ◆ **c'est une sale brute !*** he's a real brute !* ◆ **tu es une grosse brute !*** you're a big bully !

Brutus [bʀytys] n Brutus

Bruxelles [bʀysɛl] n Brussels → **chou**[1]

bruyamment [bʀɥijamɑ̃] → SYN adv rire, parler noisily, loudly ; protester loudly

bruyant, e [bʀɥijɑ̃, ɑ̃t] → SYN adj personne, réunion noisy, boisterous ; rue noisy ; rire loud ; succès resounding (épith) ◆ **ils ont accueilli la nouvelle avec une joie bruyante** they greeted the news with whoops* ou with loud cries of joy

bruyère [bʀyjɛʀ] → SYN nf (plante) heather ; (terrain) heath(land) ◆ **pipe en (racine de) bruyère** briar pipe → **coq**[1], **terre**[1]

bryone [bʀijɔn] nf bryony, briony

bryophytes [bʀijɔfit] nfpl bryophytes

bryozoaire [bʀijɔzɔɛʀ] nm bryozoan, sea mat

BT [bete] nm (abrév de **brevet de technicien**) → **brevet**

BTA [betea] nm (abrév de **brevet de technicien agricole**) → **brevet**

BTP [betepe] nmpl (abrév de **bâtiments et travaux publics**) *public buildings and works sector*

BTS [beteɛs] nm (abrév de **brevet de technicien supérieur**) → **brevet**

BU [bey] nf (abrév de **bibliothèque universitaire**) → **bibliothèque**

bu, e [by] ptp de **boire**

buanderette [bɥɑ̃dʀɛt] nf (Can) launderette (Brit), Laundromat ® (US)

buanderie [bɥɑ̃dʀi] → SYN nf wash house, laundry ; (Can : blanchisserie) laundry

buandier, -ière [bɥɑ̃dje, jɛʀ] → SYN nm,f (Can) launderer

bubale [bybal] → SYN nm bubal

bubon [bybɔ̃] → SYN nm bubo

bubonique [bybɔnik] adj bubonic → **peste**

Bucarest [bykaʀɛst] n Bucharest

buccal, e, mpl **-aux** [bykal, o] adj oral → **cavité, voie**

buccin [byksɛ̃] → SYN nm whelk

buccinateur [byksinatœʀ] adj ◆ **muscle buccinateur** buccinator

buccodentaire, pl **buccodentaires** [bykodɑ̃tɛʀ] adj hygiène oral

bûche [byʃ] → SYN nf a [bois] log ◆ (Culin) **bûche de Noël** Yule log ◆ **bûche glacée** ice-cream Yule log
b (* : lourdaud) blockhead*, clot* (Brit), clod* (US), lump* ◆ **rester (là) comme une bûche** to sit there like a (great) lump*
c (* : chute) fall, spill ◆ **ramasser une bûche** to come a cropper* (Brit), take a (headlong) spill (US)

bûcher[1] [byʃe] → SYN nm a (remise) woodshed
b (funéraire) (funeral) pyre ; (supplice) stake ◆ **être condamné au bûcher** to be condemned to (be burnt at) the stake

bûcher[2]* [byʃe] → SYN ▸ conjug 1 ◂ 1 vt to swot up* (Brit), slog away at*, bone up on*
2 vi to swot* (Brit), slog away*

bûcher[3] [byʃe] ▸ conjug 1 ◂ (Can) 1 vt arbres to fell, cut down, chop down
2 vi to fell trees

bûcheron, -onne [byʃʀɔ̃, ɔn] nm,f woodcutter, lumberjack

bûchette [byʃɛt] nf (dry) twig, stick (of wood) ; (pour compter) rod, stick

bûcheur, -euse* [byʃœʀ, øz] → SYN 1 adj hard-working
2 nm,f slogger*, grind* (US)

bucolique [bykɔlik] → SYN 1 adj bucolic, pastoral
2 nf bucolic, pastoral (poem) ◆ (Littérat) **"Les Bucoliques"** "Bucolica"

bucrane [bykʀan] → SYN nm bucrane, bucranium

Budapest [bydapɛst] n Budapest

buddleia [bydleja] nm buddleia, butterfly bush

budget [bydʒɛ] → SYN nm budget ◆ **budget annexe** supplementary budget ◆ **budget conjoncturel** cyclical budget ◆ **budget d'exploitation** working ou operating ou trading budget ◆ **budget de fonctionnement** operating budget ◆ **budget d'investissement** capital budget ◆ **budget publicitaire** [annonceur] advertising budget; [agence de publicité] advertising account ◆ **budget prévisionnel** provisional budget ◆ **budget social** welfare budget ◆ **le client au budget modeste** the customer on a tight budget ◆ **vacances pour petits budgets** ou **budgets modestes** low-cost ou budget holidays → **boucler**

budgétaire [bydʒetɛʀ] adj dépenses, crise budgetary ◆ **prévisions budgétaires** budget forecasts ◆ **collectif budgétaire** minibudget, interim budget ◆ **année budgétaire** financial year

budgéter [bydʒete] ▸ conjug 6 ◂ vt ⇒ **budgétiser**

budgétisation [bydʒetizasjɔ̃] nf inclusion in the budget

budgétiser [bydʒetize] ▸ conjug 1 ◂ vt (Fin) to include in the budget, budget for

budgétivore [bydʒetivɔʀ] → SYN adj high-spending (épith)

buée [bɥe] → SYN nf [haleine] condensation, steam; [eau chaude] steam; (sur vitre) mist, steam, condensation; (sur miroir) mist, blur ◆ **couvert de buée** misted up, steamed up ◆ **faire de la buée** to make steam

Buenos Aires [bwenɔzɛʀ] n Buenos Aires

buffet [byfɛ] → SYN nm a (meuble) [salle à manger] sideboard ◆ **buffet de cuisine** kitchen dresser ou cabinet → **danser**
b [réception] (table) buffet; (repas) buffet (meal) ◆ **buffet campagnard** ≃ cold table ◆ **buffet froid** cold buffet ◆ **buffet (de gare)** station buffet, refreshment room ou bar ◆ **buffet roulant** refreshment trolley (Brit) ou cart (US)
c (‡: ventre) stomach, belly‡ ◆ **il n'a rien dans le buffet** (à jeûn) he hasn't had anything to eat; (manque de courage) he has no guts*
d **buffet (d'orgue)** (organ) case

buffle [byfl] → SYN nm buffalo

buggy [bygi] nm (Aut) buggy

bugle¹ [bygl] → SYN nm (Mus) bugle

bugle² [bygl] nf (Bot) bugle

bugrane [bygʀan] → SYN nf restharrow

buire [bɥiʀ] → SYN nf ewer

buis [bɥi] → SYN nm (arbre) box(wood) (NonC), box tree; (bois) box(wood)

buisson [bɥisɔ̃] → SYN nm (Bot) bush ◆ (Culin) **buisson de langoustines** scampi en buisson ou in a bush ◆ (Bible) **buisson ardent** burning bush

buissonnant, e [bɥisɔnɑ̃, ɑ̃t] adj bush-like

buissonneux, -euse [bɥisɔnø, øz] → SYN adj terrain bushy, full of bushes; végétation scrubby

buissonnière [bɥisɔnjɛʀ] adj f → **école**

Bujumbura [buʒumbuʀa] n Bujumbura

bulbe¹ [bylb] → SYN nm (Bot) bulb, corm; (Archit) onion-shaped dome ◆ (Anat) **bulbe pileux** hair bulb ◆ **bulbe rachidien** medulla (oblongata)

bulbe² [bylb] nm (Naut) bulb, bulbous bow

bulbeux, -euse [bylbø, øz] → SYN adj (Bot) bulbous; forme bulbous, onion-shaped

bulbille [bylbij] nf bulbil, bulbel

bulgare [bylgaʀ] 1 adj Bulgarian
2 nm (Ling) Bulgarian
3 nmf ◆ **Bulgare** Bulgarian, Bulgar

Bulgarie [bylgaʀi] nf Bulgaria

bulgomme ® [bylgɔm] nm [table] pad

bullaire [bylɛʀ] → SYN nm bullary

bulldozer [byldɔzɛʀ, buldozœʀ] → SYN nm bulldozer ◆ (fig) **c'est un vrai bulldozer** he steamrollers (his way) through everything

bulle [byl] → SYN 1 nf a [air, savon, verre] bubble; (Méd: cloque) blister, bulla (spéc); (Méd: enceinte stérile) bubble; [bande dessinée] balloon ◆ **faire des bulles** to blow bubbles ◆ **bébé- / enfant-bulle** baby / child who has to live in a sterile environment *(because he or she lacks immunity to disease)*
b (Rel) bull → **coincer**
c (arg Scol: zéro) nought, zero
2 nm ◆ **(papier) bulle** Manilla paper

bullé, e [byle] adj bubble (épith) ◆ **verre bullé** bubble glass

buller* [byle] ▸ conjug 1 ◂ vi (paresser) to laze around

bulletin [byltɛ̃] → SYN 1 nm a (reportage, communiqué) bulletin, report; (magazine) bulletin; (formulaire) form; (certificat) certificate; (billet) ticket; (Scol) report
b (Pol) ballot paper ◆ **bulletin secret** secret ballot ◆ **voter à bulletin secret** to ballot
2 COMP ▷ **bulletin de bagage** luggage ticket, baggage check (surtout US) ▷ **bulletin blanc** (Pol) blank vote ▷ **bulletin de commande** order form ▷ **bulletin de consigne** left-luggage (Brit) ou checkroom (US) ticket ▷ **bulletin des cours** (Bourse) official list, stock-exchange list ▷ **bulletin d'état civil** identity document *(issued by local authorities)* ▷ **bulletin d'information** news bulletin ▷ **bulletin météorologique** weather forecast ou report ou check ▷ **bulletin de naissance** birth certificate ▷ **bulletin de notes** ⇒ **bulletin scolaire** ▷ **bulletin nul** (Pol) spoilt ballot paper ▷ **Bulletin officiel** official bulletin ▷ **bulletin de paie** ⇒ **bulletin de salaire** ▷ **bulletin de participation** (dans un concours) entry form ▷ **bulletin de salaire** salary advice, pay-slip ▷ **bulletin de santé** medical bulletin ▷ **bulletin scolaire** (Scol) (school) report ▷ **bulletin trimestriel** end-of-term report ▷ **bulletin de vote** (Pol) ballot paper ◆ **bulletin de vote par correspondance** postal vote (Brit), absentee ballot (US)

bulletin-réponse, pl **bulletins-réponses** [byltɛ̃ʀepɔ̃s] nm (dans un concours) entry form

bulleux, -euse [bylø, øz] adj blistered, bullate

bullpack ® [bylpak] nm bubble wrap

bull-terrier, pl **bull-terriers** [bultɛʀje] → SYN nm bull terrier

bulot [bylo] nm whelk

buna ® [byna] nm Buna ®

bungalow [bœ̃galo] → SYN nm (en Inde) bungalow; [motel] chalet

bunker¹ [bunkœʀ] nm (Golf) bunker (Brit), sand trap (US)

bunker² [bunkœʀ, bunkɛʀ] → SYN nm bunker

bupreste [bypʀɛst] nm buprestid

buraliste [byʀalist] → SYN nmf [bureau de tabac] tobacconist (Brit), tobacco dealer (US); [poste] clerk

bure [byʀ] → SYN nf (étoffe) frieze, homespun; (vêtement) [moine] frock, cowl ◆ **porter la bure** to be a monk

bureau, pl **bureaux** [byʀo] → SYN 1 nm a (meuble) desk
b (cabinet de travail) study
c (lieu de travail: pièce, édifice) office ◆ **le bureau du directeur** the manager's office ◆ **pendant les heures de bureau** during office hours ◆ **nos bureaux seront fermés** our premises ou the office will be closed ◆ (hum) **le bureau des pleurs est fermé** moaning (about it) will get you nowhere → **chef¹, deuxième, employé**
d (section) department; (Mil) branch, department
e (comité) committee; (exécutif) board ◆ **aller à une réunion du bureau** to go to a committee meeting ◆ [syndicats] **élire le bureau** to elect the officers (of the committee)
2 COMP ▷ **bureau d'accueil** reception ▷ **bureau d'aide sociale** welfare office ▷ **bureau de bienfaisance** welfare office ▷ **bureau de change** bureau de change, foreign exchange office (US) ▷ **bureau des contributions** tax office ▷ **bureau à cylindre** roll-top desk ▷ **bureau de douane** customs house ▷ **bureau d'études** [entreprise] research department; [cabinet] research consultancy ▷ **Bureau européen de l'environnement** European Environment Office ▷ **Bureau international du travail** International Labour Office ▷ **bureau de location** booking ou box office ▷ **bureau ministre** pedestal desk ▷ **bureau des objets trouvés** lost property (Brit) ou lost and found (US) office ▷ **bureau de placement** employment agency ▷ **bureau politique** [parti] headquarters ▷ **bureau postal d'origine** dispatching (post) office ▷ **bureau de poste** post office ▷ **bureau de renseignements** information service ▷ **bureau de tabac** tobacconist's (shop) (Brit), tobacco ou smoke shop (US) ▷ **bureau de tri** sorting office ▷ **Bureau de vérification de la publicité** ≃ Advertising Standards Authority (Brit), *independent body which regulates the advertising industry* ▷ **bureau de vote** polling station

bureaucrate [byʀokʀat] → SYN nmf bureaucrat

bureaucratie [byʀokʀasi] → SYN nf (péj) (gén) bureaucracy; (employés) officials, officialdom (NonC) ◆ **toute cette bureaucratie m'agace** all this red tape gets on my nerves

bureaucratique [byʀokʀatik] adj bureaucratic

bureaucratisation [byʀokʀatizasjɔ̃] nf bureaucratization

bureaucratiser [byʀokʀatize] ▸ conjug 1 ◂ vt to bureaucratize

bureautique [byʀotik] → SYN nf office automation

burelé, e [byʀle] adj (Hér) barruly, barrulé

burèle [byʀɛl] nf ⇒ **burelle**

burelle [byʀɛl] nf (Hér) barrulet

burette [byʀɛt] → SYN nf (Chim) burette; (Culin, Rel) cruet; [mécanicien] oilcan ◆ (‡: testicules) **burettes** balls*‡

burgau [byʀgo] nm burgau

burgrave [byʀgʀav] → SYN nm burgrave

burin [byʀɛ̃] → SYN nm (Art) (outil) burin, graver; (gravure) engraving, print; (Tech) (cold) chisel

buriné, e [byʀine] (ptp de **buriner**) adj (fig) visage seamed, craggy

buriner [byʀine] → SYN ▸ conjug 1 ◂ vt (Art) to engrave; (Tech) to chisel, chip

burineur [byʀinœʀ] nm chiseller, chipper

Burkina(-Faso) [byʀkina(faso)] nm Burkina-Faso

burkinabé [byʀkinabe] 1 adj of ou from Burkina-Faso
2 nmf ◆ **Burkinabé** inhabitant ou native of Burkina-Faso

burlat [byʀla] nf *type of cherry*

burlesque [byʀlɛsk] → SYN adj (Théât) burlesque; (comique) comical, funny; (ridicule) ludicrous, ridiculous, absurd ◆ **le burlesque** the burlesque

burlingue‡ [byʀlɛ̃g] nm (lieu de travail) office

burnous [byʀnu(s)] → SYN nm [Arabe] burnous(e); [bébé] baby's cape → **suer**

bursite [byʀsit] nf bursitis

burundais, e [burundɛ, ɛz] 1 adj Burundian
2 nm,f ◆ **Burundais(e)** Burundian

Burundi [buʀundi] nm Burundi

bus [bys] → SYN nm (Aut, Ordin) bus

busard [byzaʀ] nm (Orn) harrier ◆ **busard Saint-Martin** hen harrier

buse¹ [byz] → SYN nf (Orn) buzzard; (*: imbécile) dolt*

buse² [byz] → SYN nf (tuyau) (gén) pipe; (Tech) duct ◆ **buse d'aération** ventilation duct ◆ **buse de carburateur** carburettor choke tube ◆ **buse de haut fourneau** blast nozzle ◆ **buse d'injection** injector (nozzle)

bush [buʃ] nm (Géog) bush

business‡ [biznɛs] nm (truc, machin) thingummy* (Brit), thingumajig, whatnot*; (affaire louche) piece of funny business* ◆ **qu'est-ce que c'est que ce business?** what's all this business about?

busqué, e [byske] → SYN adj ◆ **avoir le nez busqué** to have a hooked ou a hook nose

busserole [bysʀɔl] nf bearberry

buste [byst] → SYN nm (torse) chest; (seins) bust; (sculpture) bust ◆ **photographier qn en**

buste to take a head-and-shoulder shot of sb

bustier [bystje] [→ SYN] nm (sous-vêtement) long-line (strapless) bra; (corsage) off-the-shoulder top ◆ **robe-bustier** off-the-shoulder dress

but [by(t)] [→ SYN] GRAMMAIRE ACTIVE 8.2 nm **a** (destination) goal ◆ **prenons comme but (de promenade) le château** let's go (for a walk) as far as the castle, let's aim to walk as far as the castle ◆ **leur but de promenade favori** their favourite walk ◆ **aller** ou **errer sans but** to wander aimlessly about
b (objectif) aim, goal, objective ◆ **il n'a aucun but dans la vie** he has no aim in life ◆ **il a pour but** ou **il s'est donné pour but de faire** his aim is to do, he is aiming to do ◆ **aller droit au but** to come ou go straight to the point ◆ **nous touchons au but** the end ou our goal is in sight ◆ **être encore loin du but** to have a long way to go ◆ **à but lucratif** profit-making, profit-seeking
c (intention) aim, purpose, object; (raison) reason; (Gram) purpose ◆ **dans le but de faire** with the intention ou aim of doing, in order to do ◆ **je lui écris dans le but de ...** my aim in writing to him is to ... ◆ **je fais ceci dans le seul but de ...** my sole aim in doing this is to ... ◆ **c'est dans ce but que nous partons** it's with this aim in view that we're leaving ◆ **faire qch dans un but déterminé** to do sth for a definite reason ou aim, do sth with one aim ou object in view ◆ **c'était le but de l'opération** that was the object ou point of the operation ◆ **qui va à l'encontre du but recherché** self-defeating ◆ (Gram) **complément de but** purpose clause
d (Sport) (Ftbl etc) goal; (Tir) target, mark; (Pétanque: cochonnet) jack ◆ **gagner/perdre (par) 3 buts à 2** to win/lose by 3 goals to 2 ◆ **marquer ou rentrer* un but** to score a goal
e LOC **de but en blanc** suddenly, point-blank, just like that* ◆ **comment puis-je te répondre de but en blanc?** how can I possibly give you an answer on the spur of the moment? ou just like that?* ◆ **il me demanda de but en blanc si ...** he asked me point-blank if ...

butadiène [bytadjɛn] nm butadiene

butane [bytan] nm ◆ **(gaz) butane** (Camping, Ind) butane; (usage domestique) calor gas®

butanier [bytanje] nm butane tanker

buté, e[1] [byte] [→ SYN] (ptp de **buter**) adj personne, air stubborn, obstinate, mulish

butée[2] [byte] [→ SYN] nf **a** (Archit) abutment
b (Tech) stop; [piscine] end wall; (Ski) toe-piece

buter [byte] [→ SYN] ▸ conjug 1 ◂ **1** vi **a** to stumble, trip ◆ **buter contre qch** (trébucher) to stumble over sth, catch one's foot on sth; (cogner) to bump ou bang into ou against sth; (s'appuyer) to be supported by sth, rest against sth ◆ (fig) **buter contre une difficulté** to come up against a difficulty, hit a snag* ◆ **nous butons sur ce problème depuis le début** it is a problem which has balked ou stymied* us from the start ◆ **buter sur un mot** to stumble over ou trip on a word
b (Ftbl) to score a goal
2 vt **a** personne to antagonize ◆ **cela l'a buté** it made him dig his heels in
b (renforcer) mur, colonne to prop up
c (‡: tuer) to bump off‡, do in‡
3 se buter vpr **a** (s'entêter) to dig one's heels in, get obstinate ou mulish
b (se heurter) **se buter à une personne** to bump into a person ◆ **se buter à une difficulté** to come up against a difficulty, hit a snag*

buteur [bytœʀ] nm (Ftbl) striker

butin [bytɛ̃] [→ SYN] nm **a** [armée] spoils, booty, plunder; [voleur] loot; (fig) booty ◆ **butin de guerre** spoils of war
b (* Can) linen, calico; (tissu) material; (vêtements) clothes

butiner [bytine] [→ SYN] ▸ conjug 1 ◂ **1** vi [abeilles] to gather pollen (and nectar)
2 vt [abeilles] fleurs to gather pollen (and nectar) from; nectar, pollen to gather; (fig) to gather, glean, pick up

butineur, -euse [bytinœʀ, øz] adj (Zool) gathering

butoir [bytwaʀ] [→ SYN] nm (Rail) buffer; (Tech) stop ◆ **butoir de porte** doorstop, door stopper → **date**

butome [bytɔm] [→ SYN] nm flowering rush

butor [bytɔʀ] [→ SYN] nm (péj: malotru) boor, lout, yob‡ (Brit); (Orn) bittern

buttage [bytaʒ] nm earthing-up

butte [byt] [→ SYN] nf (tertre) mound, hillock ◆ **butte de tir** butts ◆ **butte-témoin** outlier ◆ (fig) **être en butte à** to be exposed to

butter [byte] [→ SYN] ▸ conjug 1 ◂ vt **a** (Agr) plante to earth up; terre to ridge
b (‡: tuer) to bump off‡, do in‡

butteur [bytœʀ] nm ridging hoe

buttoir [bytwaʀ] [→ SYN] nm ridging plough

butyle [bytil] nm butyl

butylique [bytilik] adj butyl (épith)

butyreux, -euse [bytiʀø, øz] [→ SYN] adj butyraceous

butyrine [bytiʀin] nf butyrin

butyrique [bytiʀik] adj butyric

buvable [byvabl] [→ SYN] adj drinkable, fit to drink ◆ (Méd) **ampoule buvable** phial to be taken orally ◆ (fig) **c'est buvable!*** it's not too bad! ◆ **ce type n'est pas buvable*** this guy is unbearable ou insufferable

buvard [byvaʀ] [→ SYN] nm (papier) blotting paper (Brit), fleece paper; (sous-main) blotter

buvette [byvɛt] [→ SYN] nf **a** (café) refreshment room; (en plein air) refreshment stall
b [ville d'eaux] pump room

buveur, -euse [byvœʀ, øz] [→ SYN] nm,f **a** (ivrogne) drinker
b (consommateur) drinker; [café] customer ◆ **buveur de bière** beer drinker

BVP [bevepe] nm (abrév de **Bureau de vérification de la publicité**) ≃ ASA (Brit)

Byblos [biblos] n Byblos

by-pass [bajpas] [→ SYN] nm (Élec, Tech) by-pass; (Méd) by-pass operation

byronien, -ienne [biʀɔnjɛ̃, jɛn] adj Byronic

byssinose [bisinoz] nf byssinosis

byssus [bisys] [→ SYN] nm byssus

byte [bajt] [→ SYN] nm byte

Byzance [bizɑ̃s] n Byzantium ◆ (fig) **c'est Byzance!*** what luxury!

byzantin, e [bizɑ̃tɛ̃, in] [→ SYN] adj (Hist) Byzantine; (fig) protracted and trivial, wrangling

byzantinisme [bizɑ̃tinism] [→ SYN] nm argumentativeness, logic-chopping, (love of) hair-splitting

byzantiniste [bizɑ̃tinist], **byzantinologue** [bizɑ̃tinɔlɔg] nmf Byzantinist, specialist in Byzantine art

BZD [bezɛdde] nf abrév de **benzodiazépine**

BZH (abrév de **Breizh**) Brittany

C

C[1], c[1] [se] nm (lettre) C, c ◆ (Ordin) **(langage) C** C ◆ **c cédille** c cedilla

C[2] (abrév de **Celsius, centigrade**) C

c[2] abrév de **centime**

c' [s] abrév de **ce**

CA [sea] nm **a** (abrév de **chiffre d'affaires**) → **chiffre**

b (abrév de **conseil d'administration**) → **conseil**

ça[1] [sa] nm (Psych : inconscient) id

ça[2] [sa] pron dém (⇒ **cela** mais plus courant et plus familier) **a** (gén) that, it ; (* : pour désigner) (près) this ; (plus loin) that ◆ **je veux ça, non pas ça, ça là dans le coin** I want that, no, not this, that over there in the corner ◆ **qu'est-ce que ça veut dire ?** what does that ou it ou this mean ? ◆ **on ne s'attendait pas à ça** that was (quite) unexpected, we weren't expecting that ◆ **ça n'est pas très facile** that's not very easy ◆ **ça m'agace de l'entendre se plaindre** it gets on my nerves hearing him complain ◆ **ça vaut la peine qu'il essaie** it's worth his having a go ◆ **ça donne bien du souci, les enfants** children are a lot of worry ◆ **faire des études, ça ne le tentait guère** studying didn't really appeal to him

b (péj : désignant qn) he, she, they ◆ **et ça va à l'église !** and to think he (*ou* she etc) goes to church !

c (renforçant qui, pourquoi, comment etc) **il ne veut pas venir – pourquoi ça ?** he won't come – why not ? ou why's that ? ou why won't he ? ◆ **j'ai vu X – qui ça ? / quand ça ? / où ça ?** I've seen X – who (do you mean)? ou who's that ? / when was that ? / where was that ?

d ça fait 10 jours / longtemps qu'il est parti it's 10 days / a long time since he left, he has been gone 10 days / a long time ◆ **voilà, Madame, ça (vous) fait 10 F** here you are, Madam, that will be 10 francs

e LOC **tu crois ça ! ou cela !, on croit ça !** ou **cela !** that's what YOU think ! ◆ **ça ne fait rien** it doesn't matter ◆ **on dit ça !** ou **cela !** that's what they (ou you etc) SAY ! ◆ **voyez-vous ça !** how do you like that !, did you ever hear of such a thing ! ◆ **ça va ?** ou **marche ?** etc how are things ?*, how goes it ?* ◆ **oui ça va, continuez comme ça** yes that's fine ou O.K.*, carry on like that ◆ **(ah) ça non !** most certainly not ! ◆ **(ah) ça oui !** absolutely !, (yes) definitely ! ◆ (iro) **c'est ça, continue !** that's right, just you carry on !* (iro) ◆ **ça par exemple !** (indignation) well !, well really ! ; (surprise) well I never ! ◆ **ça alors !** (my) goodness !* ◆ **me faire ça à moi !** fancy doing that to me (of all people) ! ◆ **on dirait un Picasso / du champagne – il y a de ça*** it looks like a Picasso / tastes like champagne – yes (I suppose) it does a bit ◆ **tu pars à cause du salaire ? – il y a de ça*** are you leaving because of the salary ? – it is partly that ◆ **j'ai 5 jours de vacances, c'est déjà** ou **toujours ça (de pris)** I've got 5 days holiday, that is something → **pas[2]**

çà [sa] adv **a çà et là** here and there

b (†† : ici) hither (†† ou hum)

cabale [kabal] → SYN nf **a** (complot, comploteurs) cabal, conspiracy ◆ **monter** ou **organiser une cabale contre qn** to mount a conspiracy against sb

b (Hist) cab(b)ala, kab(b)ala

cabaliste [kabalist] → SYN nmf cab(b)alist

cabalistique [kabalistik] → SYN adj (mystérieux) signe cabalistic, arcane ; (Hist) cabalistic

caban [kabɑ̃] → SYN nm (veste longue) car coat, three-quarter (length) coat ; [marin] reefer ou pea jacket

cabane [kaban] → SYN **1** nf **a** (en bois) hut, cabin ; (en terre) hut ; (pour rangements, animaux) shed

b (* : péj) (bicoque) shack ◆ (domicile) **qui commande dans cette cabane ?** who's the boss in this damn place ?

c (* : prison) **en cabane** in (the) clink*, in the nick* (Brit), in jug* ◆ **3 ans de cabane** 3 years in (the) clink* ou in the nick* (Brit) ou inside*

2 COMP ▷ **cabane à lapins** (lit) rabbit hutch ; (fig) box ▷ **cabane à outils** toolshed ▷ **cabane de rondins** log cabin ▷ **cabane à sucre*** (Can) sap house (Can)

cabanon [kabanɔ̃] → SYN nm **a** (en Provence : maisonnette) [campagne] (country) cottage ; [littoral] cabin, chalet

b (remise) shed, hut

c (cellule) [aliénés] padded cell ◆ **il est bon pour le cabanon*†** he should be locked up, he's practically certifiable*

cabaret [kabaʀɛ] → SYN nm (boîte de nuit) night club, cabaret ; († : café) tavern, inn → **danseuse**

cabaretier, -ière† [kabaʀ(ə)tje, jɛʀ] → SYN nm,f innkeeper

cabas [kabɑ] → SYN nm (sac) shopping bag

cabestan [kabɛstɑ̃] → SYN nm capstan → **virer**

cabiai [kabjɛ] nm capybara

cabillaud [kabijo] nm (fresh) cod (pl inv)

cabillot [kabijo] nm (Naut) toggle

cabine [kabin] → SYN GRAMMAIRE ACTIVE 27.4

1 nf [navire, véhicule spatial] cabin ; [avion] cockpit ; [train, grue] cab ; [piscine] cubicle ; [laboratoire de langues] booth ; (Can) motel room, cabin (US, Can) ◆ (Scol, Univ) **entraînement en cabines** language lab training ou practice

2 COMP ▷ **cabine d'aiguillage** signal box ▷ **cabine (d'ascenseur)** lift (cage) (Brit), (elevator) car (US) ▷ **cabine de bain** (gén) bathing ou beach hut ; (sur roulettes) bathing machine ▷ **cabine de douche** shower cubicle ou stall (US) ▷ **cabine d'essayage** fitting room ▷ **cabine de pilotage** (gén) cockpit ; (dans avion de ligne) flight deck ▷ **cabine de plage** bathing ou beach hut ▷ **cabine de projection** projection room ▷ **cabine spatiale** cabin *(of a spaceship)* ▷ **cabine de téléphérique** cablecar ▷ **cabine téléphonique** call ou (tele)phone box, telephone booth ou kiosk, pay-phone

cabinet [kabinɛ] → SYN **1** nm **a** (toilettes) **cabinets** toilet, lavatory, loo* (Brit), bathroom (US) ◆ **il est aux cabinets** he's in the toilet ou loo* (Brit) ou bathroom (US) ◆ **cabinets extérieurs** outdoor lavatory (Brit), outhouse (US)

b (local professionnel) [dentiste] surgery (Brit), office (US) ; [médecin] surgery (Brit), office (US), consulting-room ; [notaire] office ; [avocat] chambers (pl) ; [agent immobilier] agency

c (clientèle) [avocat, médecin] practice

d (Pol) (gouvernement) cabinet ; [ministre] advisers → **chef[1]**

e [exposition] exhibition room

f (meuble) cabinet

g (†) (bureau) study ; (réduit) closet†

2 COMP ▷ **cabinet d'affaires** business consultancy ▷ **cabinet d'aisances†** water closet† (Brit), lavatory ▷ **cabinet d'architectes** firm of architects ▷ **cabinet d'assurances** insurance firm ou agency ▷ **cabinet-conseil** consulting firm ▷ **cabinet de consultation** surgery (Brit), doctor's office (US), consulting-room ▷ **cabinet dentaire** dental surgery (Brit), dentist's office (US) ▷ **cabinet d'étude†** study ▷ **cabinet de lecture†** reading room ▷ **cabinet médical** ⇒ **cabinet de consultation** ▷ **cabinet particulier** private dining room ▷ **cabinet de recrutement** recruitment consultancy ▷ **cabinet de toilette** ≃ bathroom ▷ **cabinet de travail** study

câblage [kɑblaʒ] nm **a** (→ **câbler**) cabling ; twisting together

b (Élec : ensemble de fils) wiring

c (TV) **le câblage du pays a commencé** cable television is being introduced into the country

câble [kɑbl] → SYN **1** nm **a** (filin) cable ◆ **câble métallique** wire cable

b (TV) cable ◆ **le câble** cable television, cablevision (US) ◆ **être abonné au câble** to subscribe to cable television ou cablevision (US) ◆ **transmettre par câble** to distribute by cable, cablecast (US) → **télévision**

2 COMP ▷ **câble d'accélérateur** accelerator cable ▷ **câble d'amarrage** mooring line ▷ **câble coaxial** coaxial cable ▷ **câble**

de démarreur ou **de démarrage** (Aut) jump lead (Brit), jumper cable (US) ▷ **câble électrique** (electric) cable ▷ **câble à** ou **en fibres optiques** fibreoptic cable ▷ **câble de frein** brake cable ▷ **câble de halage** towrope, towing-rope, towline, towing-line ▷ **câble hertzien** (Élec) radio link *(by hertzian waves)* ▷ **câble de remorquage** towrope, towing-rope, towline, towing-line ▷ **câble de transmission** transmission cable

câblé, e [kɑble] (ptp de **câbler**) adj **a** (TV) chaîne, réseau cable (épith) ◆ **la ville est câblée** the town has cable television
b (Ordin) wired
c (*: dans le vent) personne trendy*, hip* ◆ **être câblé informatique / jazz** to be really into computers / jazz

câbler [kɑble] → SYN ▸ conjug 1 ◂ vt **a** dépêche, message to cable
b (Tech) torons to twist together (into a cable)
c (TV) **câbler un pays / un quartier** to put cable television into a country / an area

câblerie [kɑbləʀi] nf cable-manufacturing plant

câblier [kɑblije] nm (navire) cable ship

cablodistributeur [kablodistʀibytœʀ] nm cable company

câblodistribution [kablodistʀibysjɔ̃] nf cable television, cablevision (US)

cabochard, e* [kabɔʃaʀ, aʀd] → SYN adj (têtu) pigheaded*, mulish ◆ **c'est un cabochard** he's pigheaded*

caboche [kabɔʃ] → SYN nf **a** (*: tête) noddle*, nut*, head ◆ **mets-toi ça dans la caboche** get that into your head ou noddle* ou thick skull* ◆ **quand il a quelque chose dans la caboche** when he has something in his head ◆ **il a la caboche solide** he must have a thick skull ◆ **quelle caboche il a!** he's so pig-headed!*
b (clou) hobnail

cabochon [kabɔʃɔ̃] nm **a** (bouchon) [carafe] stopper; (brillant) cabochon
b (clou) stud

cabosse [kabɔs] nf (Bot) cocoa pod

cabosser [kabɔse] → SYN ▸ conjug 1 ◂ vt (bosseler) to dent ◆ **une casserole toute cabossée** a battered ou badly dented saucepan

cabot [kabo] → SYN **1** nm **a** (péj: chien) dog, cur (péj), mutt
b (arg Mil: caporal) ≃ corp (arg Mil Brit)
2 adj, nm ⇒ **cabotin**

cabotage [kabɔtaʒ] → SYN nm (Naut) coastal navigation ◆ **petit / grand cabotage** inshore / seagoing navigation

caboter [kabɔte] ▸ conjug 1 ◂ vi (Naut) to coast, ply (along the coast) ◆ **caboter le long des côtes d'Afrique** to ply along the African coast

caboteur [kabɔtœʀ] → SYN nm (bateau) tramp, coaster

cabotin, e [kabɔtɛ̃, in] → SYN **1** adj (péj) theatrical ◆ **il est très cabotin** he likes to show off ou hold the centre of the stage
2 nm,f (péj) (personne maniérée) show-off, poseur; (acteur) ham (actor)

cabotinage [kabɔtinaʒ] → SYN nm [personne, enfant] showing off, playacting; [acteur] ham ou third-rate acting

cabotiner [kabɔtine] ▸ conjug 1 ◂ vi [élève, m'as-tu-vu] to playact

caboulot [kabulo] → SYN nm (péj: bistro) sleazy* ou seedy* dive* (péj) ou pub

cabrer [kabʀe] → SYN ▸ conjug 1 ◂ **1** vt cheval to rear up; avion to nose up ◆ **faire cabrer son cheval** to make one's horse rear up ◆ (fig) **cabrer qn** to put sb's back up ◆ (fig) **cabrer qn contre qn** to turn ou set sb against sb
2 **se cabrer** vpr [cheval] to rear up; [avion] to nose up; (fig) [personne, orgueil] to revolt, rebel ◆ **se cabrer contre qn** to turn ou rebel against sb ◆ **se cabrer à** ou **devant** to jib at

cabri [kabʀi] → SYN nm (Zool) kid

cabriole [kabʀijɔl] → SYN nf (bond) [enfant, chevreau] caper; (culbute) [clown, gymnaste] somersault; (Danse) cabriole; (Équitation) capriole, spring; (fig) [politicien] skilful manoeuvre, clever caper ◆ **faire des cabrioles** [chevreau, enfant] to caper ou cavort (about); [cheval] to cavort

cabrioler [kabʀijɔle] → SYN ▸ conjug 1 ◂ vi (gambader) to caper ou cavort about

cabriolet [kabʀijɔlɛ] → SYN nm (Hist) cabriolet; (voiture décapotable) convertible

cabus [kaby] nm → **chou**[1]

CAC [kak] nf (abrév de **compagnie des agents de change**) *institute of stockbrokers* ◆ **l'indice CAC 40** the CAC index

caca* [kaka] nm (langage enfantin) pooh* (langage enfantin Brit) ◆ **faire caca** to do a pooh* (langage enfantin Brit) ou a number two* (langage enfantin US) ou a big job* (langage enfantin) ◆ **il a marché dans du caca de chien** he stepped in some dog dirt ◆ (fig) **son travail, c'est (du) caca** his work is (a load of) rubbish* ◆ **on est dans le caca** we're in a (bit of a) mess* ou fix*, we're in a tight spot* ◆ (couleur) **caca d'oie** greenish-yellow ◆ **c'est caca boudin** it's yucky ou yukky*

cacah(o)uète, cacahouette [kakawɛt] nf peanut, monkey nut (Brit) ◆ **ça valait son pesant de cacah(o)uètes*** it was worth seeing → **beurre**

cacao [kakao] nm (Culin) (poudre) cocoa (powder); (boisson) cocoa; (Bot) cocoa bean

cacaoté, e [kakaɔte] adj farine cocoa- ou chocolate-flavoured

cacaotier [kakaɔtje] nm cacao (tree)

cacaotière [kakaɔtjɛʀ] nf cacao plantation

cacaoui [kakawi] nm (Can) old squaw (duck), cockawee (Can)

cacaoyer [kakaɔje] nm ⇒ **cacaotier**

cacaoyère [kakaɔjɛʀ] nf ⇒ **cacaotière**

cacarder [kakaʀde] ▸ conjug 1 ◂ vi [oie] to gaggle, honk

cacatoès [kakatɔɛs] nm (oiseau) cockatoo

cacatois [kakatwa] nm (Naut) (voile) royal; (aussi **mât de cacatois**) royal mast ◆ **grand / petit cacatois** main / fore royal

cachalot [kaʃalo] → SYN nm sperm whale

cache[1] [kaʃ] → SYN nm (Ciné, Phot) mask; (gén) card *(for covering one eye, masking out a section of text)*

cache[2] [kaʃ] → SYN nf (†: cachette) hiding place; (pour butin) cache

caché, e [kaʃe] → SYN (ptp de **cacher**) adj trésor hidden; asile secluded, hidden; sentiments inner(most), secret; sens hidden, secret; charmes, vertus hidden ◆ **je n'ai rien de caché pour eux** I have no secrets from them ◆ **mener une vie cachée** (secrète) to have a secret ou hidden life; (retirée) to lead a secluded life

cache-cache [kaʃkaʃ] → SYN nm inv (lit, fig) hide-and-seek, hide-and-go-seek ◆ **jouer à cache-cache, faire une partie de cache-cache** to play hide-and-seek (*avec* with)

cache-cœur, pl **cache-cœurs** [kaʃkœʀ] nm crossover top (ou sweater etc)

cache-col, pl **cache-col(s)** [kaʃkɔl] nm scarf, muffler

cachectique [kaʃɛktik] adj cachectic

cache-flamme, pl **cache-flamme(s)** [kaʃflam] nm flash eliminator ou suppressor

Cachemire [kaʃmiʀ] nm Kashmir

cachemire [kaʃmiʀ] nm (laine) cashmere ◆ **motif** ou **impression** ou **dessin cachemire** paisley pattern ◆ **écharpe en cachemire** cashmere scarf ◆ **écharpe cachemire** paisley(-pattern) scarf

Cachemirien, -ienne [kaʃmiʀjɛ̃, ɛn] nm,f Kashmiri

cache-misère* [kaʃmizɛʀ] nm inv (vêtement) *wrap* ou *coat worn to hide old or dirty clothes* ◆ **le rideau servait de cache-misère** the curtain was there to hide unsightly things

cache-nez [kaʃne] nm inv ⇒ **cache-col**

cache-plaque, pl **cache-plaque(s)** [kaʃplak] nm hob cover

cache-pot, pl **cache-pot(s)** [kaʃpo] nm flowerpot holder

cache-prise, pl **cache-prise(s)** [kaʃpʀiz] nm socket cover

cacher [kaʃe] → SYN ▸ conjug 1 ◂ **1** vt **a** (dissimuler volontairement) objet to hide, conceal; malfaiteur to hide ◆ **le chien est allé cacher son os** the dog has gone (away) to bury its bone ◆ **cacher ses cartes** ou **son jeu** (lit) to keep one's cards up, play a close game; (fig) to keep one's cards close to one's chest, hide one's game, hold out on sb
b (masquer) accident de terrain, trait de caractère to hide, conceal ◆ **les arbres nous cachent le fleuve** the trees hide ou conceal the river from our view ou from us ◆ **tu me caches la lumière** you're in my light ◆ **son silence cache quelque chose** he's hiding something by his silence ◆ **les mauvaises herbes cachent les fleurs** you can't see the flowers for the weeds ◆ **ces terrains cachent des trésors minéraux** mineral treasures lie hidden in this ground → **arbre**
c (garder secret) fait, sentiment to hide, conceal (*à qn* from sb) ◆ **cacher son âge** to keep one's age a secret ◆ **on ne peut plus lui cacher la nouvelle** you can't keep ou hide ou conceal the news from her any longer ◆ **pour ne rien vous cacher** to be perfectly honest ◆ **il ne m'a pas caché qu'il désire partir** he hasn't hidden ou concealed it from me that he wants to leave, he hasn't kept it (a secret) from me that he wants to leave ◆ **il n'a pas caché que** he made no secret (of the fact) that
2 **se cacher** vpr **a** (volontairement) [personne, soleil] to hide ◆ **va te cacher!** get out of my sight!, be gone!* ◆ **se cacher de qn** to hide from sb ◆ **il se cache pour fumer** he goes and hides to have a smoke ◆ **il se cache d'elle pour boire** he drinks behind her back ◆ (littér) **se cacher de ses sentiments** to hide ou conceal one's feelings ◆ **je ne m'en cache pas** I am quite open about it, I make no secret of it, I do not hide ou conceal it
b (être caché) [personne] to be hiding; [malfaiteur, évadé] to be in hiding; [chose] to be hiding ou hidden ◆ **il se cache de peur d'être puni** he is keeping out of sight ou he's hiding for fear of being punished
c (être masqué) [accident de terrain, trait de caractère] to be concealed ◆ **la maison se cache derrière le rideau d'arbres** the house is concealed ou hidden behind the line of trees
d **sans se cacher: faire qch sans se cacher** ou **s'en cacher** to do sth openly, do sth without hiding ou concealing the fact, do sth and make no secret of it ◆ **il l'a fait sans se cacher de nous** he did it without hiding ou concealing it from us

cache-radiateur, pl **cache-radiateur(s)** [kaʃʀadjatœʀ] nm radiator cover

cachère [kaʃɛʀ] adj inv ⇒ **kascher**

cache-sexe, pl **cache-sexe(s)** [kaʃsɛks] → SYN nm G-string

cachet [kaʃɛ] → SYN nm **a** (Pharm) (gén: comprimé) tablet; (††: enveloppe) cachet ◆ **un cachet d'aspirine** an aspirin (tablet) → **blanc**
b (timbre) stamp; (sceau) seal ◆ **cachet (de la poste)** postmark ◆ **sa lettre porte le cachet de Paris** his letter is postmarked from Paris ou has a Paris postmark ◆ **le dossier doit être envoyé le 15 septembre au plus tard, le cachet de la poste faisant foi** the file must be postmarked by the 15th of September → **lettre**
c (fig: style, caractère) style, character ◆ **cette petite église avait du cachet** there was something very characterful about that little church, that little church had (great) character ou style ◆ **c'est le toit qui donne son cachet à** ou **fait le cachet de la maison** it's the roof that gives style ou character to the house ◆ **une robe qui a du cachet** a stylish ou chic dress, a dress with some style about it ◆ **ça porte le cachet de l'originalité / du génie** it bears the stamp of originality / genius, it has the mark of originality / genius on it
d (rétribution) fee → **courir**

cachetage [kaʃtaʒ] nm sealing

cache-tampon [kaʃtɑ̃pɔ̃] → SYN nm inv hunt the thimble, hide the thimble, hunt the slipper

cacheter [kaʃte] → SYN ▸ conjug 4 ◂ vt to seal ◆ **envoyer qch sous pli cacheté** to send sth in a sealed envelope → **cire**

cache-théière, pl **cache-théière(s)** [kaʃtejɛʀ] nm tea cosy (Brit) ou cozy (US)

cachette [kaʃɛt] → SYN nf [objet] hiding-place ; [personne] hideout, hiding-place ◆ **en cachette** agir, fumer on the sly ou quiet ; rire to oneself, up one's sleeve ; économiser secretly ◆ **en cachette de qn** (action répréhensible) behind sb's back ; (action non répréhensible) unknown to sb

cachexie [kaʃɛksi] → SYN nf cachexia, cachexy

cachot [kaʃo] → SYN nm (cellule) dungeon ; (punition) solitary confinement

cachotterie [kaʃɔtʀi] → SYN nf (secret) mystery ◆ **c'est une nouvelle cachotterie de sa part** it's another of his (little) mysteries ◆ **faire des cachotteries** to be secretive, act secretively, make mysteries about things ◆ **faire des cachotteries à qn** to make a mystery of sth to sb, be secretive about sth to sb

cachottier, -ière [kaʃɔtje, jɛʀ] → SYN adj secretive ◆ **cet enfant est (un) cachottier** he's a secretive child

cachou [kaʃu] nm (bonbon) cachou

caciférol [kalsifeʀɔl] nm calciferol

cacique [kasik] nm (Ethnologie) cacique ◆ (arg Scol) **c'était le cacique** he came first, he got first place

cacochyme [kakɔʃim] → SYN adj ◆ († ou hum) **un vieillard cacochyme** a doddery old man

cacodyle [kakɔdil] nm cacodyl

cacographie [kakɔgʀafi] nf cacography

cacophonie [kakɔfɔni] → SYN nf cacophony

cacophonique [kakɔfɔnik] adj cacophonous

cactée [kakte] nf, **cactacée** [kaktase] nf cactacea

cactus [kaktys] nm inv cactus

c.-à-d. (abrév de **c'est-à-dire**) [sɛtadiʀ] i.e.

cadastral, e, mpl **-aux** [kadastʀal, o] adj cadastral ◆ **plan cadastral** cadastral map

cadastre [kadastʀ] nm (registre) cadastre ; (service) cadastral survey

cadastrer [kadastʀe] ▸ conjug 1 ◂ vt to survey and register *(in the cadastre)*

cadavéreux, -euse [kadaveʀø, øz] adj teint deathly (pale), deadly pale ; pâleur deathly ◆ **les blessés au teint cadavéreux** the deathly-looking ou deathly pale injured

cadavérique [kadaveʀik] → SYN adj teint deathly (pale), deadly pale ; pâleur deathly → **rigidité**

cadavre [kadavʀ] → SYN nm **a** (humain) corpse, (dead) body ; (animal) carcass, body ◆ (fig) **c'est un cadavre ambulant** he's a living corpse ◆ (fig) **il y a un cadavre entre eux** they committed a crime together ◆ (fig) **il y a un cadavre dans le placard** there's a skeleton in the cupboard (Brit) ou closet (US) ◆ **jouer au cadavre exquis** to play consequences

b (*: bouteille vide, de vin etc) empty (bottle), dead man* (Brit), dead soldier*

caddie [kadi] nm **a** (Golf) caddie ◆ **être le caddie de qn** to be sb's caddie, caddie for sb

b (chariot) **Caddie** ® (supermarket ou shopping) trolley (Brit), caddy (US)

cade [kad] nm (Bot) cade

cadeau, pl **cadeaux** [kado] → SYN nm **a** present, gift (*de qn* from sb) ◆ **faire un cadeau à qn** to give sb a present ou gift ◆ **cadeau de mariage / de Noël** wedding / Christmas present ◆ **cadeau publicitaire** free gift, giveaway* (US)

b LOC **faire cadeau de qch à qn** (offrir) to make sb a present of sth, give sb sth as a present ; (laisser) to let sb keep sth, give sb sth ◆ **il a décidé d'en faire cadeau (à quelqu'un)** he decided to give it away (to somebody) ◆ **je vous fais cadeau des détails** I'll spare you the details ◆ **ils ne font pas de cadeaux** [examinateurs etc] they don't let you off lightly ◆ **en cadeau** as a present ◆ **garde la monnaie, je t'en fais cadeau** keep the change, I'm giving it to you ◆ (hum, iro) **les petits cadeaux entretiennent l'amitié** there's nothing like a little present between friends (iro) ◆ (hum) **c'est pas un cadeau !*** [personne] he's (ou she's etc) a real pain!* ; [objet] it's a real pain!*, it's more trouble than it's worth! ; [tâche] it's a real pain!* ◆ **c'était un cadeau empoisonné** it was more of a curse than a blessing

cadenas [kadna] → SYN nm padlock ◆ **fermer au cadenas** to padlock

cadenasser [kadnase] → SYN ▸ conjug 1 ◂ **1** vt to padlock

2 se cadenasser vpr to lock o.s. in

cadence [kadɑ̃s] → SYN nf **a** (rythme) [vers, chant, danse] rhythm ◆ **marquer la cadence** to accentuate the rhythm

b (vitesse, taux) rate, pace ◆ **cadence de tir / de production** rate of fire / of production ◆ **à la cadence de 10 par jour** at the rate of 10 a day ◆ **à une bonne cadence** at a good pace ou rate ◆ **ils nous font travailler à une cadence infernale** we have to work at a furious pace ◆ (fig) **forcer la cadence** to force the pace

c (Mus) [succession d'accords] cadence ; [concerto] cadenza

d LOC **en cadence** (régulièrement) rhythmically ; (ensemble, en mesure) in time

cadencé, e [kadɑ̃se] (ptp de **cadencer**) adj (rythmé) rhythmic(al) → **pas**[1]

cadencer [kadɑ̃se] → SYN ▸ conjug 3 ◂ vt débit, phrases, allure, marche to put rhythm into, give rhythm to

cadet, -ette [kadɛ, ɛt] → SYN **1** adj (de deux) younger ; (de plusieurs) youngest

2 nm **a** [famille] **le cadet** the youngest child ou one ◆ **le cadet des garçons** the youngest boy ou son ◆ **mon (frère) cadet** my younger brother ◆ **le cadet de mes frères** my youngest brother ◆ **le père avait un faible pour son cadet** the father had a soft spot for his youngest boy

b (relation d'âges) **il est mon cadet** he's younger than me ◆ **il est mon cadet de 2 ans** he's 2 years younger than me, he's 2 years my junior, he's my junior by 2 years ◆ **c'est le cadet de mes soucis** it's the least of my worries

c (Sport) *15-17 year-old player* ; (Hist) cadet *(gentleman who entered the army to acquire military skill and eventually a commission)*

3 cadette nf **a** **la cadette** the youngest child ou girl ou one ◆ **la cadette des filles** the youngest girl ou daughter ◆ **ma (sœur) cadette** my younger sister

b **elle est ma cadette** she's younger than me

c (Sport) *15-17 year-old player*

cadmie [kadmi] nf (Métal) tutty

cadmium [kadmjɔm] nm cadmium ◆ **jaune de cadmium** cadmium yellow

cadogan [kadɔgɑ̃] nm ⇒ **catogan**

cador* [kadɔʀ] nm (chien) dog, pooch*, mutt* (péj) ; (personne importante) heavyweight* ◆ (péj) **c'est pas un cador** he's no bright spark*

cadrage [kadʀaʒ] nm (Phot) [image] centring

cadran [kadʀɑ̃] → SYN **1** nm [téléphone, boussole, compteur] dial ; [montre, horloge] dial, face ; [baromètre] face → **tour**[2]

2 COMP ▷ **cadran solaire** sundial

cadrat [kadʀa] nm (Typ) quad

cadratin [kadʀatɛ̃] nm (Typ) em quad

cadre [kadʀ] → SYN nm **a** [tableau, porte, bicyclette] frame ◆ **mettre un cadre à un tableau** to put a picture in a frame, frame a picture ◆ **il roulait à bicyclette avec son copain sur le cadre** he was riding along with his pal on the crossbar

b (caisse) **cadre (d'emballage** ou **de déménagement)** crate, packing case ◆ **cadre-conteneur** ou **-container** container

c (sur formulaire) space, box ◆ **ne rien écrire dans ce cadre** do not write in this space, leave this space blank

d (décor) setting ; (entourage) surroundings ◆ **vivre dans un cadre luxueux** to live in luxurious surroundings ◆ **son enfance s'écoula dans un cadre austère** he spent his childhood in austere surroundings ◆ **une maison située dans un cadre de verdure** a house in a leafy setting ◆ **sortir du cadre étroit de la vie quotidienne** to get out of the straitjacket ou the narrow confines of everyday life ◆ **quel cadre magnifique !** what a magnificent setting! ◆ **cadre de vie** (living) environment

e (limites) scope ◆ **rester / être dans le cadre de** to remain / be ou fall within the scope of ◆ **cette décision sort du cadre de notre accord** this decision is outside ou beyond the scope of our agreement ◆ **il est sorti du cadre de ses fonctions** he went beyond the scope of ou overstepped the limits of his responsibilities ◆ **respecter le cadre de la légalité** to remain within (the bounds of) the law → **loi**

f (contexte) **dans le cadre des réformes / des recherches** within the context of ou the framework of the reforms / research ◆ **une manifestation qui aura lieu dans le cadre du festival** an event which will take place within the context ou framework of the festival ou as part of the festival

g (structure) scope ◆ **le cadre** ou **les cadres de la mémoire / de l'inconscient** the structures of the memory / the unconscious

h (chef, responsable) executive, manager ; (Mil) officer ◆ **les cadres** the managerial staff ◆ **elle est passée cadre** she has been upgraded to a managerial position ou to the rank of manager, she's been made an executive ◆ **cadre subalterne** junior manager ou executive ◆ **cadre supérieur** executive, senior manager ◆ **cadre moyen** middle executive, middle manager ◆ **les cadres moyens** middle management, middle-grade managers (US) ◆ (hum) **jeune cadre dynamique** upwardly mobile young executive

i (Admin : liste du personnel) **entrer dans / figurer sur les cadres (d'une compagnie)** to be (placed) on / be on the books (of a company) ◆ **être rayé des cadres** (licencié) to be dismissed ; (libéré) to be discharged → **hors**

j [radio] frame antenna

k (Phot) **cadre de développement** processing rack ◆ **viseur à cadre lumineux** collimator viewfinder

cadrer [kadʀe] → SYN ▸ conjug 1 ◂ **1** vi (coïncider) to tally (*avec* with), conform (*avec* to, with)

2 vt **a** (Ciné, Phot) to centre

b (définir) projet to define the parameters of

cadreur [kadʀœʀ] nm (Ciné) cameraman

caduc, caduque [kadyk] → SYN adj **a** (Bot) deciduous

b (Jur) (gén) null and void ; (périmé) lapsed ◆ **devenir caduc** (gén) to become null and void ; (être périmé) to lapse ◆ **rendre caduc** to render null and void, invalidate

c (périmé) théorie outmoded, obsolete

d (Ling) **e caduc** mute e

e **âge caduc** declining years

caducée [kadyse] nm caduceus

cæcum [sekɔm] nm caecum

cæsium [sezjɔm] nm caesium

CAF[1] [kaf] (abrév de **coût, assurance, fret**) CIF

CAF[2] (abrév de **caisse d'allocations familiales**) → **caisse**

cafard[1] [kafaʀ] → SYN nm **a** (insecte) cockroach

b (*: mélancolie) **un accès** ou **coup de cafard** a fit of depression ou of the blues* ◆ **avoir le cafard** to be down in the dumps*, be feeling gloomy ou low* ◆ **ça lui donne le cafard** that depresses him, that gets him down*

cafard[2]**, e** [kafaʀ, aʀd] → SYN nm,f (péj) (rapporteur) sneak, telltale, tattletale (US) ; (rare : tartufe) hypocrite

cafardage* [kafaʀdaʒ] nm (rapportage) sneaking, taletelling

cafarder* [kafaʀde] ▸ conjug 1 ◂ **1** vt (dénoncer) to tell tales on, sneak on* (Brit)

2 vi **a** (rapporter) to tell tales, sneak* (Brit)

b (être déprimé) to be down in the dumps*, be feeling gloomy ou low*

cafardeur, -euse[1] [kafaʀdœʀ, øz] nm,f (péj) sneak, telltale, tattletale (US)

cafardeux, -euse[2] [kafaʀdø, øz] → SYN adj (déprimé) personne down in the dumps* (attrib), gloomy, feeling gloomy ou low* (attrib); tempérament gloomy, melancholy; (déprimant) depressing

caf'conc'* [kafkɔ̃s] nm abrév de **café-concert**

café [kafe] → SYN 1 nm a (plante, boisson, produit) coffee → **cuiller, service** etc
b (moment du repas) coffee ◆ **au café, on parlait politique** we talked politics over coffee ◆ **il est arrivé au café** he came in when we were having coffee
c (lieu) café, ≃ pub (Brit) ◆ **ce n'est qu'une discussion de** ou **ce ne sont que des propos de café du Commerce** (gén) it's just barroom philosophizing; (politique) it's just barroom politics
2 COMP ▷ **café complet** ≃ continental breakfast ▷ **café crème** white coffee (Brit), coffee with cream ▷ **café décaféiné** decaffeinated coffee ▷ **café express** espresso coffee ▷ **café filtre** filter(ed) coffee ▷ **café en grains** coffee beans ▷ **café instantané** instant coffee ▷ **café au lait** white coffee (Brit), coffee with milk; (adj inv) coffee-coloured ▷ **café liégeois** coffee ice cream *(with whipped cream)* ▷ **café lyophilisé** (freeze-dried) instant coffee ▷ **café moulu** ground coffee ▷ **café noir** ou **nature** black coffee ▷ **café en poudre** ⇒ **café instantané** ▷ **café soluble** ⇒ **café instantané** ▷ **café turc** Turkish coffee ▷ **café vert** unroasted coffee

café-bar, pl **cafés-bars** [kafebaʀ] nm café *(serving spirits, coffee, snacks)*

café-concert, pl **cafés-concerts** [kafekɔ̃sɛʀ] nm *café where singers entertain customers*

caféier [kafeje] nm coffee tree

caféière [kafejɛʀ] nf coffee plantation

caféine [kafein] nf caffeine

caféisme [kafeism] nm caffeine addiction

café-restaurant, pl **cafés-restaurants** [kafeʀɛstɔʀɑ̃] nm restaurant, *café serving meals*

cafet* [kafɛt] nf abrév de **cafétéria**

café-tabac, pl **cafés-tabacs** [kafetaba] nm *tobacconist's* (Brit) *or tobacco shop* (US) *also serving coffee and spirits*

cafetan [kaftɑ̃] nm caftan

cafeter* [kafte] ▸ conjug 5 ◂ vti ⇒ **cafter**

cafétéria [kafeteʀja] nf cafeteria

cafeteur, -euse* [kaftœʀ, øz] nm,f ⇒ **cafteur***

café-théâtre, pl **cafés-théâtres** [kafeteɑtʀ] nm theatre workshop

cafetier, -ière [kaftje, jɛʀ] → SYN 1 nm,f café-owner
2 **cafetière** nf a (pot) coffeepot; (machine) coffee-maker ◆ **cafetière électrique** (electric) coffee-maker ◆ **cafetière à pression** percolator
b (✱: tête) nut*, noddle* (Brit), noodle* (US)

cafouillage* [kafujaʒ] nm muddle, shambles (sg)

cafouiller* [kafuje] ▸ conjug 1 ◂ vi [organisation, administration, gouvernement] to be in ou get into a (state of) shambles ou a mess; [discussion] to turn into a shambles, fall apart; [équipe] to get into a shambles, go to pieces; [candidat] to flounder; [moteur, appareil] to work in fits and starts ◆ **dans cette affaire le gouvernement cafouille** the government's in a real shambles over this business ◆ (Sport) **cafouiller (avec) le ballon** to fumble the ball

cafouilleur, -euse* [kafujœʀ, øz], **cafouilleux, -euse*** [kafujø, øz] 1 adj organisation, discussion shambolic* (Brit), chaotic ◆ **il est cafouilleur** he always gets (things) into a muddle, he's a bungler ou muddler
2 nm,f muddler, bungler

cafouillis [kafuji] nm ⇒ **cafouillage**

cafre [kafʀ] 1 adj kaf(f)ir
2 nmf ◆ **Cafre** Kaf(f)ir

caftan [kaftɑ̃] nm ⇒ **cafetan**

cafter* [kafte] ▸ conjug 1 ◂ 1 vt (dénoncer) to tell tales on, sneak on* (Brit)
2 vi to tell tales, sneak* (Brit)

cafteur, -euse* [kaftœʀ, øz] nm,f sneak, telltale, tattletale (US)

CAG [kaʒ] nm (abrév de **contrôle automatique de gain**) AGC

cage [kaʒ] → SYN 1 nf a [animaux] cage ◆ **mettre en cage** (lit) to put in a cage; (fig) voleur to lock up ◆ **dans ce bureau, je me sens comme un animal en cage** in this office I feel caged up ou in
b (Tech) [roulement à billes, pendule] casing; [maison] shell; (Sport*: buts) goal
2 COMP ▷ **cage d'ascenseur** lift (Brit) ou elevator (US) shaft ▷ **cage d'escalier** (stair)-well ▷ **cage d'extraction** (Min) cage ▷ **cage de Faraday** (Élec) Faraday cage ▷ **cage à lapins** (lit) (rabbit) hutch; (fig péj: maison) poky little hole*, box ▷ **cage à oiseaux** birdcage ▷ **cage à poules** (lit) hen-coop; (fig: pour enfants) jungle-gym, climbing frame; (fig péj: maison) shack, poky little hole*, box ▷ **cage thoracique** rib cage

cageot [kaʒo] → SYN nm a [légumes, fruits] crate
b (✱: femme laide) dog✱

cagette [kaʒɛt] nf [légumes, fruits] crate

cagibi* [kaʒibi] nm (débarras) boxroom (Brit), storage room (US), glory hole* (Brit); (remise) shed

cagna [kaɲa] → SYN nm (arg Mil) dugout

cagnard* [kaɲaʀ] nm ◆ **sous le cagnard** in the blazing sun ◆ **quel cagnard!** what a scorcher!*

cagne [kaɲ] nf (arg Scol) Arts *class preparing entrance exam for the École normale supérieure*

cagneux, -euse¹ [kaɲø, øz] → SYN adj cheval, personne knock-kneed; jambes crooked ◆ **genoux cagneux** knock knees

cagneux, -euse² [kaɲø, øz] nm,f (arg Scol) *pupil in the cagne* → **cagne**

cagnotte [kaɲɔt] → SYN nf (caisse commune) kitty; [jeu] pool, kitty; (*: économies) nest egg

cagot, e [kago, ɔt] → SYN (†† ou péj) 1 adj allure, air sanctimonious
2 nm,f sanctimonious ou canting hypocrite

cagoule [kagul] → SYN nf [moine] cowl; [pénitent] hood, cowl; [bandit] hood, mask; (passe-montagne) balaclava

cahier [kaje] → SYN 1 nm (Scol) notebook, exercise book; (Typ) gathering; (revue littéraire) journal
2 COMP ▷ **cahier de brouillon** roughbook (Brit), notebook (for rough drafts) (US) ▷ **cahier des charges** [production] specifications, requirements (US); [contrat] terms of reference, terms and conditions ▷ **cahier de cours** notebook, exercise book ▷ **cahier de devoirs** (home) exercise book, homework book ▷ **cahier de doléances** (Hist) register of grievances ▷ **cahier d'exercices** exercise book ▷ **cahier à spirales** spiral notebook ▷ **cahier de textes** homework notebook ou diary ▷ **cahier de travaux pratiques** lab book

cahin-caha* [kaɛ̃kaa] adv ◆ **aller cahin-caha** [troupe, marcheur] to jog along; [vie, affaires] to struggle along ◆ [santé] **alors ça va? – cahin-caha** how are you? – (I'm) so-so ou middling*, I'm struggling along

cahot [kao] → SYN nm (secousse) jolt, bump ◆ (fig) **cahots** ups and downs

cahotant, e [kaɔtɑ̃, ɑ̃t] → SYN adj route bumpy, rough; véhicule bumpy, jolting

cahotement [kaɔtmɑ̃] nm bumping, jolting

cahoter [kaɔte] → SYN ▸ conjug 1 ◂ 1 vt voyageurs to jolt, bump about; véhicule to jolt; (fig) [vicissitudes] to buffet about ◆ **une famille cahotée par la guerre** a family buffeted ou tossed about by the war
2 vi [véhicule] to jog ou trundle along ◆ **le petit train cahotait le long du canal** the little train jogged ou trundled along by the canal

cahoteux, -euse [kaɔtø, øz] → SYN adj route bumpy, rough

cahute [kayt] → SYN nf (cabane) shack, hut; (péj) shack

caïd [kaid] → SYN nm a (meneur) [pègre] boss, big chief*, top man; (*) [classe, bureau] big shot* ◆ (as, crack) **le caïd de l'équipe*** the star of the team, the team's top man ◆ **en maths / en mécanique, c'est un caïd*** he's an ace* at maths / at mechanics
b (en Afrique du Nord: fonctionnaire) kaid

caïeu, pl **caïeux** [kajø] → SYN nm [tulipe] offset bulbil; [ail] offset clove

caillasse [kajas] → SYN nf (pierraille) loose stones ◆ **pente couverte de caillasse** scree-covered slope, slope covered with loose stones ◆ (péj) **ce n'est pas du sable ni de la terre, ce n'est que de la caillasse** it's neither sand nor soil, it's just like gravel ou it's just loose stones

caille [kaj] → SYN nf (oiseau) quail ◆ **chaud comme une caille** snug as a bug in a rug ◆ **rond comme une caille** plump as a partridge ◆ (affectueusement) **oui ma caille*** yes poppet* (Brit) ou honey* (US)

caillé [kaje] → SYN nm curds

caillebotis [kajbɔti] → SYN nm (treillis) grating; (plancher) duckboard

caillebotte [kajbɔt] → SYN nf (lait caillé) curds

caille-lait [kajlɛ] nm inv (Bot) bedstraw

caillement [kɑjmɑ̃] → SYN nm (→ **cailler**) curdling; coagulating, clotting

cailler [kaje] ▸ conjug 1 ◂ 1 vt (plus courant **faire** ou **laisser cailler**) lait to curdle
2 vi, **se cailler** vpr a [lait] to curdle; [sang] to coagulate, clot → **lait**
b (✱) (avoir froid) to be cold ◆ (faire froid) **ça caille** it's freezing ◆ **qu'est-ce qu'on (se) caille*** it's freezing cold ou perishing* (cold) (Brit)

caillette [kajɛt] nf (Zool) rennet stomach, abomasum (spéc)

caillot [kajo] → SYN nm (blood) clot

caillou, pl **cailloux** [kaju] → SYN nm (gén) stone; (petit galet) pebble; (grosse pierre) boulder; (*: tête, crâne) head, nut*; (*: diamant etc) stone ◆ **des tas de cailloux d'empierrement** heaps of road metal, heaps of chips for the road ◆ **on ne peut rien faire pousser ici, c'est du caillou** you can't get anything to grow here, it's nothing but stones ◆ (fig) **il a un caillou à la place du cœur** he has a heart of stone ◆ **il n'a pas un poil** ou **cheveu sur le caillou*** he's as bald as a coot ou an egg ◆ (Géog) **le Caillou*** New Caledonia

cailloutage [kajutaʒ] → SYN nm (action) metalling; (cailloux) (road) metal, ballast

caillouter [kajute] → SYN ▸ conjug 1 ◂ vt (empierrer) to metal

caillouteux, -euse [kajutø, øz] → SYN adj route, terrain stony; plage pebbly, shingly

cailloutis [kajuti] → SYN nm (gén) gravel; [route] (road) metal, ballast

caïman [kaimɑ̃] → SYN nm cayman, caiman

Caïmans [kaimɑ̃] nfpl ◆ **les (îles) Caïmans** the Cayman Islands

Caïn [kaɛ̃] nm Cain

Caire [kɛʀ] n ◆ **le Caire** Cairo

cairn [kɛʀn] nm a (Alpinisme) cairn
b (chien) cairn (terrier)

caisse [kɛs] → SYN 1 nf a (container) box; [fruits, légumes] crate; [plantes] box ◆ **mettre des arbres en caisse** to plant trees in boxes ou tubs
b (Tech: boîte, carcasse) [horloge] casing; [orgue] case; [véhicule] bodywork (→ aussi 1h); [tambour] cylinder
c (contenant de l'argent) (tiroir) till; (machine) cash register, till; (portable) cashbox ◆ (somme d'argent) **petite caisse** petty cash, float* (US) ◆ **avoir de l'argent en caisse** to have ready cash ◆ **ils n'ont plus un sou en caisse** they haven't a penny ou a cent (US) left in the bank ◆ **faire la caisse** to count up the money in the till, do the till ◆ **être à la caisse** (temporairement) to be at ou on the cashdesk; (être caissier) to be the cashier ◆ **tenir la caisse** to be the cashier; (fig hum) to hold the purse strings ◆ **les caisses (de l'État) sont vides** the coffers (of the state) are empty ◆ **voler la caisse, partir avec la caisse** to steal ou make off with the contents of the till ou the takings → **bon², livre¹**
d (guichet) [boutique] cashdesk; [banque] cashier's desk; [supermarché] check-out ◆ **passer à la caisse** (lit) to go to the cashdesk ou cashier; (être payé) to collect one's money; (être licencié) to get paid off, get one's books (Brit) ou cards* (Brit) ◆ **on l'a prié de passer à la caisse** he was asked to take

his cards (Brit) and go ou collect his (last) wages and go
e (établissement, bureau) office; (organisme) fund ◆ **caisse d'entraide** mutual aid fund ◆ **caisse d'allocations familiales** family allowance office (Brit), ≃ welfare center (US) ◆ **caisse primaire d'assurance maladie** *state health insurance office*, ≃ Department of Health office (Brit), ≃ Medicaid office (US)
f (Mus: tambour) drum → **gros**
g (*: poitrine) chest ◆ **il s'en va** ou **part de la caisse** his lungs are giving out
h (*: voiture) motor* (Brit), auto* (US) ◆ **vieille caisse** old heap*, old banger* (Brit)
2 COMP ▷ **caisse claire** (Mus) side ou snare drum ▷ **caisse comptable** ⇒ **caisse enregistreuse** ▷ **caisse des dépôts et consignations** deposit and consignment office ▷ **caisse à eau** (Naut, Rail) water tank ▷ **caisse d'emballage** packing case ▷ **caisse enregistreuse** cash register ▷ **caisse d'épargne** savings bank ▷ **Caisse nationale d'épargne** *national savings bank*, ≃ Trustee Savings Bank (Brit) ▷ **caisse noire** secret funds ▷ **caisse à outils** toolbox ▷ **caisse de prévoyance** contingency ou reserve fund ▷ **caisse de résonance** resonance chamber ▷ **caisse de retraite** superannuation ou pension fund ▷ **caisse à savon** (lit) soapbox; (péj: meuble) old box ▷ **caisse de secours** relief ou emergency fund ▷ **caisse de solidarité** (Scol) school fund ▷ **caisse du tympan** middle ear, tympanic cavity (spéc)

caisserie [kɛsʀi] nf box (ou crate) factory

caissette [kɛsɛt] nf (small) box

caissier, -ière [kesje, jɛʀ] → SYN nm,f [banque] cashier; [magasin] cashier, assistant at the cashdesk; [supermarché] check-out assistant (Brit) ou clerk (US); [cinéma] cashier, box-office assistant (Brit)

caisson [kɛsɔ̃] nm **a** (caisse) box, case; [bouteilles] crate; (coffrage) casing; (Mil: chariot) caisson
b (Tech: immergé) caisson ◆ **caisson hyperbare** hyperbaric chamber ◆ **le mal** ou **la maladie des caissons** caisson disease, decompression sickness ou illness, the bends*
c [plafond] caisson, coffer → **plafond, sauter**

cajeput [kaʒpyt] nm (Bot) cajuput, cajeput

cajoler [kaʒɔle] → SYN ▸ conjug 1 ◂ vt (câliner) to pet, cuddle, make a fuss of; († : amadouer) to wheedle, coax, cajole ◆ **cajoler qn pour qu'il donne qch** to try to wheedle sb into giving sth ◆ **cajoler qn pour obtenir qch** to try to wheedle sth out of sb, cajole sb to try and get sth from him

cajolerie [kaʒɔlʀi] → SYN nf **a** (caresses) cuddle ◆ **faire des cajoleries à qn** to make a fuss of sb, give sb a cuddle
b († : flatterie) flattery, cajoling (NonC), cajolery ◆ **arracher une promesse à qn à force de cajoleries** to coax ou cajole a promise out of sb

cajoleur, -euse [kaʒɔlœʀ, øz] → SYN **1** adj (câlin) mère loving, affectionate; (flatteur) voix, personne wheedling, coaxing
2 nm,f (flatteur) wheedler, coaxer

cajou [kaʒu] nm ◆ **(noix de) cajou** cashew nut

cajun [kaʒœ̃] **1** adj inv Cajun
2 nm (Ling) Cajun
3 nmf ◆ **Cajun** Cajun

cake [kɛk] nm fruit cake

cal¹ [kal] → SYN nm (Bot, Méd) callus

cal² (abrév de **calorie**) [kal] cal

calabrais, e [kalabʀɛ, ɛz] **1** adj Calabrian
2 nm,f ◆ **Calabrais(e)** Calabrian

Calabre [kalabʀ] nf Calabria

caladium [kaladjɔm] nm caladium

calage [kalaʒ] nm (→ **caler**) wedging; chocking; keying; locking

calaison [kalɛzɔ̃] → SYN nf (Naut) draught

calamar [kalamaʀ] nm ⇒ **calmar**

calambac [kalɑ̃bak], **calambour** [kalɑ̃buʀ] nm agalloch, eaglewood

calamine [kalamin] nf **a** (Minér) calamine
b (Aut: résidu) carbon deposits

calaminer (se) [kalamine] ▸ conjug 1 ◂ vpr cylindre etc to be caked with soot, coke up (Brit), get coked up (Brit)

calamistré, e [kalamistʀe] adj cheveux waved and brilliantined

calamite [kalamit] nf (fossile) calamite

calamité [kalamite] → SYN nf (malheur) calamity ◆ (hum) **ce type est une calamité*** this bloke* (Brit) ou guy* is a (walking) disaster ◆ **quelle calamité!*** what a disaster!

calamiteux, -euse [kalamitø, øz] → SYN adj calamitous

calancher* [kalɑ̃ʃe] ▸ conjug 1 ◂ vi to croak*, kick the bucket*, snuff it* (Brit)

calandre¹ [kalɑ̃dʀ] nf [automobile] radiator grill; (machine) calender

calandre² [kalɑ̃dʀ] nf (alouette) calandra lark; (charançon) weevil

calandrer [kalɑ̃dʀe] ▸ conjug 1 ◂ vt to calender

calanque [kalɑ̃k] → SYN nf (crique: en Méditerranée) rocky inlet

calao [kalao] nm hornbill

calcaire [kalkɛʀ] **1** adj **a** (qui contient de la chaux) sol, terrain chalky, calcareous (spéc); eau hard
b (Géol) roche, plateau, relief limestone (épith)
c (Méd) dégénérescence calcareous; (Chim) sels calcium (épith)
2 nm (Géol) limestone; [bouilloire] fur (Brit), sediment (US) ◆ **coup de calcaire*** touch of the blues*

calcanéum [kalkaneɔm] nm calcaneum

calcédoine [kalsedwan] nf chalcedony

calcémie [kalsemi] nf plasma calcium level

calcéolaire [kalseɔlɛʀ] nf calceolaria

calcicole [kalsikɔl] adj calcicolous

calcification [kalsifikasjɔ̃] nf (Méd) calcification

calcifié, e [kalsifje] (ptp de **calcifier**) adj calcified

calcifier [kalsifje] ▸ conjug 7 ◂ vt to calcify

calcifuge [kalsifyʒ] adj calcifugal, calcifugous

calcin [kalsɛ̃] nm [verre] cullet

calcination [kalsinasjɔ̃] nf calcination

calciné, e [kalsine] (ptp de **calciner**) adj débris, os charred, burned to ashes (attrib); rôti charred, burned to a cinder (attrib)

calciner [kalsine] → SYN ▸ conjug 1 ◂ **1** vt (Tech: brûler) pierre, bois, métal to calcine (spéc); rôti to burn to a cinder ◆ (littér) **la plaine calcinée par le soleil** the plain scorched by the sun, the sun-scorched ou sun-baked plain
2 **se calciner** vpr [rôti] to burn to a cinder; [débris] to burn to ashes

calcique [kalsik] adj calcic

calcite [kalsit] nf calcite

calcitonine [kalsitɔnin] nf (thyro)calcitonin

calcium [kalsjɔm] nm calcium

calciurie [kalsjyʀi] nf calcium level in the urine

calcul [kalkyl] → SYN **1** nm **a** (opération) calculation; (exercice scolaire) sum ◆ **se tromper dans ses calculs, faire une erreur de calcul** to miscalculate, make a miscalculation, make a mistake in one's calculations → **règle**
b (discipline) **le calcul** arithmetic ◆ **fort en calcul** good at arithmetic ou sums ◆ **le calcul différentiel / intégral / des prédicats** differential / integral / predicate calculus
c (estimation) **calculs** reckoning(s), calculations, computations ◆ **tous calculs faits** with all factors reckoned up, having done all the reckonings ou calculations ◆ **d'après mes calculs** by my reckoning, according to my calculations ou computations
d (plan) calculation (NonC) ◆ **par calcul** with an ulterior motive, out of (calculated) self-interest ◆ **sans (aucun) calcul** without any ulterior motive ou (any) self-interest ◆ **faire un bon calcul** to calculate correctly ou right ◆ **faire un mauvais calcul** to miscalculate, make a miscalculation ◆ **c'est le calcul d'un arriviste** it's the calculated move of an ambitious man ◆ **calculs intéressés** self-interested motives
e (Méd) stone, calculus (spéc)
2 COMP ▷ **calcul algébrique** calculus ▷ **calcul biliaire** (Méd) gallstone ▷ **calcul mental** (discipline) mental arithmetic; (opération) mental calculation ▷ **calcul des probabilités** probability theory ▷ **calcul rénal** (Méd) kidney stone, renal calculus (spéc)

calculabilité [kalkylabilite] nf calculability

calculable [kalkylabl] → SYN adj calculable, which can be calculated ou worked out

calculateur, -trice [kalkylatœʀ, tʀis] → SYN
1 adj (intéressé) calculating
2 nm (machine) computer ◆ **calculateur numérique / analogique** digital / analog computer
3 **calculatrice** nf (machine) calculator ◆ **calculatrice de poche** hand-held ou pocket calculator, minicalculator
4 nm,f (personne) calculator ◆ **c'est un bon calculateur** he's good at counting ou at figures ou at calculations

calculer [kalkyle] → SYN ▸ conjug 1 ◂ **1** vt **a** prix, quantité to work out, calculate, reckon; surface to work out, calculate ◆ **apprendre à calculer** to learn to calculate ◆ **il calcule vite** he calculates quickly, he's quick at figures ou at calculating ◆ **calculer (un prix) de tête** ou **mentalement** to work out ou reckon ou calculate (a price) in one's head → **machine, règle**
b (évaluer, estimer) chances, conséquences to calculate, work out, weigh up ◆ (Sport) **calculer son élan** to judge one's run-up ◆ **calculer que** to work out ou calculate that ◆ **tout bien calculé** everything ou all things considered → **risque**
c (combiner) geste, attitude, effets to plan, calculate; plan, action to plan ◆ **elle calcule continuellement** she's always calculating ◆ **calculer son coup** to plan one's move (carefully) ◆ **ils avaient calculé leur coup** they had it all figured out* ◆ **avec une gentillesse calculée** with calculated kindness
2 vi (économiser, compter) to budget carefully, count the pennies ◆ (péj) **ces gens qui calculent** those (people) who are always counting their pennies ou who work out every penny (péj)

calculette [kalkylɛt] nf hand-held ou pocket calculator, minicalculator

Calcutta [kalkyta] n Calcutta

calde(i)ra [kaldeʀa] nf caldera

caldoche [kaldɔʃ] **1** adj white New Caledonian (épith)
2 nmf ◆ **Caldoche** white New Caledonian

cale¹ [kal] → SYN nf **a** (Naut: soute) hold → **fond**
b (chantier, plan incliné) slipway ◆ **cale de chargement** slipway ◆ **cale de radoub** ou **sèche** dry ou graving dock

cale² [kal] → SYN nf (coin) [meuble, caisse] wedge; (Golf) wedge; [roue] chock, wedge ◆ **mettre une voiture sur cales** to put a car on blocks

calé, e* [kale] → SYN (ptp de **caler**) adj **a** (savant) personne bright ◆ **être calé en maths** to be a wizard* at maths ◆ **c'est drôlement calé ce qu'il a fait** what he did was terribly clever
b (ardu) problème tough

calebasse [kalbas] nf (récipient) calabash, gourde

calebassier [kalbasje] nm calabash tree

calèche [kalɛʃ] nf barouche

calecif* [kalsif] nm pants (Brit), shorts (US)

caleçon [kalsɔ̃] → SYN nm **a** [homme] (à jambes) boxer shorts (Brit), shorts (US); († : slip) slip ◆ **3 caleçons** 3 pairs of boxer shorts (Brit) ou shorts (US) ◆ **où est mon caleçon, où sont mes caleçons?** where are my boxer shorts (Brit) ou shorts (US)? ◆ **caleçon(s) de bain** swimming ou bathing trunks ◆ **caleçon(s) long(s)** long johns*
b [femme] leggings

Calédonie [kaledɔni] nf Caledonia

calédonien, -ienne [kaledɔnjɛ̃, jɛn] **1** adj Caledonian
2 nm,f **Calédonien(ne)** Caledonian

calembour [kalɑ̃buʀ] → SYN nm pun, play on words (NonC)

calembredaine [kalɑ̃bʀədɛn] → SYN nf (plaisanterie) silly joke ◆ (balivernes) **calembredaines** balderdash (NonC), nonsense

calencher‡ [kalɑ̃ʃe] ▸ conjug 1 ◂ vi to snuff it‡, croak‡ (US)

calendes [kalɑ̃d] nfpl (Antiq) calends → **renvoyer**

calendos‡ [kalɑ̃dos] nm Camembert (cheese)

calendrier [kalɑ̃dʀije] → SYN nm (jours et mois) calendar; (programme) timetable ◆ **calendrier d'amortissement** repayment schedule ◆ **calendrier à effeuiller / perpétuel** tear-off / everlasting calendar ◆ **le calendrier républicain** the French Revolutionary Calendar ◆ **calendrier des examens** exam timetable ◆ (Ftbl) **calendrier des rencontres** fixture(s) timetable ou list ◆ **calendrier de travail** work schedule ou programme

cale-pied [kalpje] nm inv [vélo] toe clip

calepin [kalpɛ̃] → SYN nm notebook

caler [kale] → SYN ▸ conjug 1 ◂ 1 vt a (avec une cale, un coin) meuble to put a wedge under, wedge; fenêtre, porte to wedge; roue to chock, wedge
b (avec une vis, une goupille) poulie to key; cheville, objet pivotant to wedge, lock
c (avec des coussins etc) malade to prop up ◆ **caler sa tête sur l'oreiller** to prop ou rest one's head on the pillow ◆ **des coussins lui calaient la tête, il avait la tête (bien) calée par des coussins** his head was (well) propped up on ou supported by cushions
d (appuyer) pile de livres, de linge to prop up ◆ **caler dans un coin / contre** to prop up in a corner / against
e moteur, véhicule to stall
f (Naut : baisser) mât to house
g (* : bourrer) **ça vous cale l'estomac** it fills you up ◆ **je suis calé pour un bon moment** that's me full up for a while*
2 vi a [véhicule, moteur, conducteur] to stall
b (*) (céder) to give in; (abandonner) to give up ◆ **il a calé avant le dessert** he gave up before the dessert ◆ **il a calé sur le dessert** he couldn't finish his dessert
c (Naut) **caler trop** to have too great a draught ◆ **caler 8 mètres** to draw 8 metres of water
3 **se caler** vpr ◆ **se caler dans un fauteuil** to plant o.s. firmly ou settle o.s. comfortably in an armchair ◆ **se caler les joues*** to have a good feed* ou tuck-in* (Brit)

caleter‡ vi, **se caleter** vpr [kalte] ▸ conjug 1 ◂ ⇒ **calter**‡

calfatage [kalfataʒ] nm ca(u)lking

calfater [kalfate] → SYN ▸ conjug 1 ◂ vt (Naut) to ca(u)lk

calfeutrage [kalføtʀaʒ], **calfeutrement** [kalføtʀəmɑ̃] nm (→ **calfeutrer**) draughtproofing; filling, stopping-up

calfeutrer [kalføtʀe] → SYN ▸ conjug 1 ◂ 1 vt pièce, porte to (make) draughtproof; fissure to fill, stop up **calfeutré** pièce, porte draughtproof (épith)
2 **se calfeutrer** vpr (s'enfermer) to shut o.s. up ou away; (pour être au chaud) to hole (o.s.) up, make o.s. snug

calibrage [kalibʀaʒ] nm (→ **calibrer**) grading; calibration; gauging

calibre [kalibʀ] → SYN nm a (diamètre) [fusil, canon] calibre, bore; [conduite, tuyau] bore, diameter; [obus, balle] calibre; [cylindre, instrument de musique] bore; [câble] diameter; [œufs, fruits] grade; [boule] size ◆ **de gros calibre** pistolet large-bore (épith); obus large-calibre (épith) ◆ **pistolet de calibre 7,35** 7.35 mm pistol
b (arg Crime : pistolet) rod (arg), gat (arg)
c (instrument) (gradué et ajustable) gauge; (réplique) template
d (fig : envergure) calibre ◆ **son frère est d'un autre calibre** his brother is of another calibre altogether ◆ **c'est rare un égoïsme de ce calibre** you don't often see selfishness on such a scale

calibrer [kalibʀe] → SYN ▸ conjug 1 ◂ vt a (mesurer) œufs, fruits, charbon to grade; conduit, cylindre, fusil to calibrate
b (finir) pièce travaillée to gauge

calice [kalis] → SYN nm (Rel) chalice; (Bot, Physiol) calyx → **boire**

caliche [kaliʃ] nm caliche

calicot [kaliko] → SYN nm a (tissu) calico; (banderole) banner
b († : vendeur) draper's assistant (Brit), fabric clerk (US)

calicule [kalikyl] nm calycle, epicalyx (spéc)

califat [kalifa] nm caliphate

calife [kalif] nm caliph ◆ **il veut être calife à la place du calife** he likes to play God

Californie [kalifɔʀni] nf California

californien, -ienne [kalifɔʀnjɛ̃, jɛn] 1 adj Californian
2 nm,f ◆ **Californien(ne)** Californian

californium [kalifɔʀnjɔm] nm californium

califourchon [kalifuʀʃɔ̃] → SYN nm ◆ **à califourchon** astride ◆ **s'asseoir à califourchon sur qch** to straddle sth, sit astride sth ◆ **être à califourchon sur qch** to bestride sth, be astride sth ◆ (Équitation) **monter à califourchon** to ride astride

Caligula [kaligyla] nm Caligula

câlin, e [kalɛ̃, in] → SYN 1 adj (qui aime les caresses) enfant, chat cuddly, cuddlesome; (qui câline) mère, ton, regard tender, loving
2 nm cuddle ◆ **faire un (petit) câlin à qn** to give sb a cuddle

câliner [kɑline] → SYN ▸ conjug 1 ◂ vt (cajoler) to fondle, cuddle

câlinerie [kɑlinʀi] → SYN nf (tendresse) tenderness ◆ (caresses, cajoleries) **câlineries** caresses ◆ **faire des câlineries à qn** to fondle ou cuddle sb

caliorne [kaljɔʀn] nf (Naut) (big) tackle

calisson [kalisɔ̃] nm calisson *(lozenge-shaped sweet made of ground almonds)*

calleux, -euse [kalø, øz] → SYN adj peau horny, callous ◆ (Anat) **corps calleux** corpus callosum

calligramme [kaligʀam] nm (poème) calligramme

calligraphe [ka(l)ligʀaf] nmf calligrapher, calligraphist

calligraphie [ka(l)ligʀafi] → SYN nf (technique) calligraphy, art of handwriting ◆ **c'est de la calligraphie** it's lovely handwriting, the handwriting is beautiful

calligraphier [ka(l)ligʀafje] ▸ conjug 7 ◂ vt titre, phrase to write artistically, calligraph (spéc)

calligraphique [ka(l)ligʀafik] adj calligraphic

callipyge [ka(l)lipiʒ] adj callipygian, callipygous

callosité [kalozite] → SYN nf callosity

calmant, e [kalmɑ̃, ɑ̃t] → SYN 1 adj a (Pharm) (tranquillisant) tranquillizing (épith); (contre la douleur) painkilling (épith)
b (apaisant) paroles soothing
2 nm (Pharm) tranquillizer, sedative; painkiller

calmar [kalmaʀ] → SYN nm squid

calme [kalm] → SYN 1 adj (gén) quiet, calm; (paisible) peaceful; nuit, air still ◆ **malgré leurs provocations il restait très calme** he remained quite calm ou cool ou unruffled in spite of their taunts ◆ **le malade a eu une nuit calme** the invalid has had a quiet ou peaceful night
2 nm a (sang-froid) coolness ◆ **garder son calme** to keep cool ou calm, keep one's cool* ou head ◆ **perdre son calme** to lose one's composure ou cool* ◆ **avec un calme incroyable** with incredible sangfroid ou coolness ◆ **recouvrant son calme** recovering his equanimity
b (tranquillité) (gén) quietness, peace (and quiet); [nuit] stillness; [endroit] peacefulness, quietness ◆ **chercher le calme** to look for (some) peace and quiet ◆ **le calme de la campagne** the peace (and quiet) of the countryside ◆ **il me faut du calme pour travailler** I need quietness ou peace to work ◆ **du calme!** (restez tranquille) let's have some quiet!, quieten down! (Brit), quiet down! (US); (pas de panique) keep cool! ou calm! ◆ [malade] **rester au calme** to avoid excitement, take things quietly ◆ **ramener le calme** (arranger les choses) to calm things down; (rétablir l'ordre) to restore order ◆ **le calme avant la tempête** the lull before the storm
c (Naut) **calme plat** dead calm ◆ (fig) **en août c'est le calme plat dans les affaires** in August business is dead quiet ou at a standstill ◆ (fig) **depuis que je lui ai envoyé cette lettre c'est le calme plat** since I sent him that letter I haven't heard a thing ou a squeak ◆ **(zone des) calmes équatoriaux** doldrums (lit)

calmement [kalməmɑ̃] adv agir calmly ◆ **la journée s'est passée calmement** the day passed quietly

calmer [kalme] → SYN ▸ conjug 1 ◂ 1 vt a (apaiser) personne to calm (down), pacify; querelle, discussion to quieten down (Brit), quiet down (US); sédition, révolte to calm; (littér) tempête, flots to calm ◆ **calmer les esprits** to calm people down, pacify people ◆ **attends un peu, je vais te calmer!*** just you wait, I'll (soon) quieten (Brit) ou quiet (US) you down! ◆ (lit, fig) **calmer le jeu** to calm things down
b (réduire) douleur, inquiétude to soothe, ease; nerfs, agitation, crainte, colère to calm, soothe; fièvre to bring down, reduce, soothe; impatience to curb; faim to appease; soif to quench; désir, ardeur to cool, subdue
2 **se calmer** vpr a [personne] (s'apaiser) to calm down, cool down; (faire moins de bruit) to quieten down (Brit), quiet down (US); (se tranquilliser) to calm down; [discussion, querelle] to quieten down (Brit), quiet down (US); [tempête] to die down; [mer] to become calm ◆ **on se calme!*** (taisez-vous) be quiet!; (pas de panique) don't panic!, calm down!
b (diminuer) [douleur] to ease, subside; [faim, soif, inquiétude] to ease; [crainte, impatience, fièvre] to subside; [colère, désir, ardeur] to cool, subside

calmir [kalmiʀ] ▸ conjug 2 ◂ vi [mer] to calm down; [vent] to die down

calmoduline [kalmɔdylin] nf calmodulin

calomel [kalɔmɛl] nm calomel

calomniateur, -trice [kalɔmnjatœʀ, tʀis] → SYN (→ **calomnier**) 1 adj slanderous; libellous
2 nm,f slanderer, libeller

calomnie [kalɔmni] → SYN nf slander, calumny; (écrite) libel; (sens affaibli) maligning (NonC) ◆ **cette calomnie l'avait profondément blessé** he'd been deeply hurt by this slander ou calumny ◆ **écrire une calomnie / des calomnies** to write something libellous / libellous things ◆ **dire une calomnie / des calomnies** to say something slanderous / slanderous things

calomnier [kalɔmnje] → SYN ▸ conjug 7 ◂ vt (diffamer) to slander; (par écrit) to libel; (sens affaibli : vilipender) to malign

calomnieusement [kalɔmnjøzmɑ̃] adv slanderously; (par écrit) libellously

calomnieux, -ieuse [kalɔmnjø, jøz] → SYN adj (→ **calomnier**) slanderous; libellous

caloporteur [kalopɔʀtœʀ] adj, nm ⇒ **caloriporteur**

calorie [kalɔʀi] nf calorie ◆ **aliment riche / pauvre en calories** food with a high / low calorie content, high- / low-calorie food ◆ **ça donne des calories*** it warms you up ◆ **tu aurais besoin de calories!*** you need building up!

calorifère [kalɔʀifɛʀ] 1 adj heat-giving
2 nm (†) stove

calorification [kalɔʀifikasjɔ̃] nf calorification

calorifique [kalɔʀifik] adj calorific

calorifuge [kalɔʀifyʒ] 1 adj (heat-)insulating, heat-retaining
2 nm insulating material

calorifugeage [kalɔʀifyʒaʒ] nm lagging, insulation

calorifuger [kalɔʀifyʒe] ▸ conjug 3 ◂ vt to lag, insulate (against loss of heat)

calorimètre [kalɔʀimɛtʀ] nm calorimeter

calorimétrie [kalɔʀimetʀi] nf calorimetry

calorimétrique [kalɔʀimetʀik] adj calorimetric(al)

caloriporteur [kalɔʀipɔʀtœʀ] 1 adj (gén) heat-conducting; (rafraîchissant) coolant

2 nm (gén) heat conductor; (qui rafraîchit) coolant

calorique [kalɔʀik] adj (diététique) calorie (épith); (chaleur) calorific ◆ **ration calorique** calorie requirements ◆ **valeur calorique** calorific value

calot [kalo] → SYN nm a (coiffure) forage cap, overseas cap (US)
b (bille) (large) marble, alley

calotin, e [kalɔtɛ̃, in] → SYN (péj) 1 adj sanctimonious, churchy*
2 nm,f (bigot) sanctimonious churchgoer

calotte [kalɔt] → SYN 1 nf a (bonnet) skullcap
b (péj) **la calotte** (le clergé) the priests, the cloth; (le parti dévot) the church party
c (partie supérieure) [chapeau] crown; (Archit) [voûte] calotte
d (*: gifle) slap ◆ **il m'a donné une calotte** he gave me a slap in the face ou a box on the ears* (Brit)
2 COMP ▷ **la calotte des cieux** the dome ou vault of heaven ▷ **calotte crânienne** (Anat) top of the skull ▷ **calotte glaciaire** (Géog) icecap ▷ **calotte sphérique** segment of a sphere

calotter* [kalɔte] ▸ conjug 1 ◂ vt (gifler) to cuff, box the ears of (Brit), clout*

caloyer, -yère [kalɔje, jɛʀ] nm,f caloyer

calquage [kalkaʒ] → SYN nm tracing

calque [kalk] → SYN nm a (dessin) tracing ◆ **prendre un calque d'un plan** to trace a plan
b **(papier-)calque** tracing paper
c (fig: reproduction) [œuvre d'art] exact copy; [incident, événement] carbon copy; [personne] spitting image
d (Ling) calque, loan translation

calquer [kalke] → SYN ▸ conjug 1 ◂ vt (copier) plan, dessin to trace; (fig) to copy exactly ◆ (Ling) **calqué de l'anglais** translated literally from English ◆ **calquer son comportement sur celui de son voisin** to model one's behaviour on that of one's neighbour, copy one's neighbour's behaviour exactly

calter‡ vi, **se calter**‡ ▸ conjug 1 ◂ vpr [kalte] ▸ conjug 1 ◂ (décamper) to scarper‡ (Brit), make o.s. scarce‡, buzz off‡ (Brit)

calumet [kalymɛ] → SYN nm peace pipe ◆ **fumer le calumet de la paix** (lit) to smoke the pipe of peace; (fig) to bury the hatchet

calva* [kalva] nm abrév de **calvados**

calvados [kalvados] nm (eau-de-vie) calvados

calvaire [kalvɛʀ] → SYN nm a (croix) (au bord de la route) roadside cross ou crucifix, calvary; (peinture) Calvary, road ou way to the Cross
b (épreuve) suffering, martyrdom ◆ **le calvaire du Christ** Christ's martyrdom ou suffering on the cross ◆ **sa vie fut un long calvaire** his life was one long martyrdom ou agony ou tale of suffering ◆ **un enfant comme ça, c'est un calvaire pour la mère** a child like that must be a sore ou bitter trial ou sore burden to his mother
c (Rel) **Le Calvaire** Calvary

Calvin [kalvɛ̃] nm Calvin

calvinisme [kalvinism] nm Calvinism

calviniste [kalvinist] → SYN 1 adj Calvinist, Calvinistic
2 nmf Calvinist

calvitie [kalvisi] → SYN nf baldness (NonC) ◆ **calvitie précoce** premature baldness (NonC)

calypso [kalipso] nm calypso

camaïeu [kamajø] → SYN nm (peinture) monochrome ◆ **en camaïeu** paysage, motif monochrome (épith) ◆ **en camaïeu bleu** in blue monochrome ◆ **peint en camaïeu** painted in monochrome

camail [kamaj] nm (Rel) cappa magna

camarade [kamaʀad] → SYN 1 nmf companion, friend, mate*, pal* ◆ (Pol) **le camarade X** comrade X ◆ **elle voyait en lui un bon camarade** she saw him as a good friend
2 COMP ▷ **camarade d'atelier** workmate (Brit), shop buddy* (US) ▷ **camarade de chambre** roommate ▷ **camarade de classe** classmate ▷ **camarade d'école** schoolmate, school friend ▷ **camarade d'étude** fellow student ▷ **camarade de jeu** playmate ▷ **camarade de régiment** friend ou mate (Brit) from one's army days, old army mate (Brit) ou buddy*

camaraderie [kamaʀadʀi] → SYN nf good-companionship, good-fellowship, camaraderie ◆ **la camaraderie mène à l'amitié** good-companionship ou a sense of companionship leads to friendship

camard, e [kamaʀ, aʀd] → SYN 1 (littér) adj nez flat; personne flat-nosed
2 **Camarde** nf ◆ (littér) **la Camarde** the (Grim) Reaper

camarguais, e [kamaʀgɛ, ɛz] 1 adj of ou from the Camargue
2 nm,f ◆ **Camarguais(e)** inhabitant ou native of the Camargue
3 nfpl ◆ **(bottes) camarguaises** suede Western-style boots

Camargue [kamaʀg] nf ◆ **la Camargue** the Camargue

cambiste [kɑ̃bist] nm foreign exchange broker ou dealer; [devises des touristes] money-changer

cambium [kɑ̃bjɔm] nm cambium

Cambodge [kɑ̃bɔdʒ] nm Cambodia

cambodgien, -ienne [kɑ̃bɔdʒjɛ̃, jɛn] 1 adj Cambodian
2 nm,f ◆ **Cambodgien(ne)** Cambodian

cambouis [kɑ̃bwi] nm dirty oil ou grease

cambré, e [kɑ̃bʀe] (ptp de **cambrer**) adj ◆ **avoir les reins cambrés** ou **le dos cambré** to have an arched back ◆ **être un peu/très cambré** to have a slightly/very arched back ◆ **avoir le pied très cambré** to have very high insteps ou arches ◆ **chaussures cambrées** shoes with a high instep

cambrer [kɑ̃bʀe] → SYN ▸ conjug 1 ◂ 1 vt a pied to arch ◆ **cambrer la taille** ou **le corps** ou **les reins** to throw back one's shoulders, arch one's back
b (Tech) pièce de bois to bend; métal to curve; tige, semelle to arch
2 **se cambrer** vpr (se redresser) to throw back one's shoulders, arch one's back

cambrien, -ienne [kɑ̃bʀijɛ̃, ijɛn] adj, nm Cambrian

cambriolage [kɑ̃bʀijɔlaʒ] → SYN nm (activité, méthode) burglary, housebreaking, breaking and entering (Jur); (coup) break-in, burglary

cambrioler [kɑ̃bʀijɔle] → SYN ▸ conjug 1 ◂ vt to break into, burgle (Brit), burglarize (US)

cambrioleur, -euse [kɑ̃bʀijɔlœʀ, øz] → SYN nm,f burglar, housebreaker

cambrousse‡ [kɑ̃bʀus] nf (campagne) country ◆ **en pleine cambrousse** in the middle of nowhere, at the back of beyond (Brit) ◆ (péj) **frais arrivé de sa cambrousse** fresh from the backwoods ou the sticks

cambrure [kɑ̃bʀyʀ] → SYN nf a (courbe, forme) [poutre, taille, reins] curve; [semelle, pied] arch; [route] camber ◆ **sa cambrure de militaire** his military bearing
b (partie) **cambrure du pied** instep ◆ **cambrure des reins** small ou hollow of the back ◆ **pieds qui ont une forte cambrure** feet with high insteps ◆ **reins qui ont une forte cambrure** back which is very hollow ou arched

cambuse [kɑ̃byz] → SYN nf a (‡) (pièce) pad‡; (maison) shack*, place; (taudis) hovel
b (Naut) storeroom

cambusier [kɑ̃byzje] → SYN nm storekeeper

came[1] [kam] nf (Tech) cam → **arbre**

came[2] [kam] → SYN nf (arg Drogue) (gén) junk (arg), stuff (arg); (cocaïne) snow (arg); (‡: marchandise) stuff*; (péj: pacotille) junk*, trash*

camé, e[1] [kame] 1 adj (arg Drogue) stoned‡ ◆ **complètement camé** stoned out of one's mind‡
2 nm,f (arg Drogue) junkie (arg), druggy‡

camée[2] [kame] nm cameo

caméléon [kameleɔ̃] → SYN nm (Zool) chameleon; (fig) chameleon; (péj) turncoat

camélia [kamelja] nm camellia

cameline [kam(ə)lin], **caméline** [kamelin] nf cameline, gold-of-pleasure

camelle [kamɛl] nf [marais salant] salt pile

camelot [kamlo] → SYN nm street pedlar ou vendor ◆ (Hist) **les Camelots du roi** *militant royalist group in 1930s*

camelote* [kamlɔt] nf a (pacotille) **c'est de la camelote** it's junk* ou trash* ou rubbish* (Brit) ou schlock‡ (US)
b (marchandise) stuff* ◆ **il vend de la belle camelote** he sells nice stuff

camembert [kamɑ̃bɛʀ] → SYN nm (fromage) Camembert (cheese); (*: Ordin) pie chart

camer (se) [kame] → SYN vpr (arg Drogue) to be on drugs

caméra [kameʀa] nf (Ciné, TV) camera; [amateur] cine-camera, movie camera (US) ◆ **caméra sonore** sound camera ◆ **caméra vidéo** video camera, camcorder ◆ **caméra électronique** electron camera ◆ **caméra de télévision** telecamera ◆ **devant les caméras de la télévision** in front of the television cameras, on TV ◆ [réalisateur] **être derrière la caméra** to be behind the camera ◆ (émission) **la caméra invisible** ou **cachée** candid camera

cameraman [kameʀaman], pl **cameramen** [kameʀamɛn] → SYN nm cameraman

camériste [kameʀist] → SYN nf (femme de chambre) chambermaid; (Hist) lady-in-waiting

camerlingue [kamɛʀlɛ̃g] → SYN nm camerlengo, camerlingo

Cameroun [kamʀun] nm Cameroon; (Hist) Cameroons ◆ **République unie du Cameroun** United Republic of Cameroon

camerounais, e [kamʀunɛ, ɛz] 1 adj Cameroonian
2 nm,f ◆ **Camerounais(e)** Cameroonian

caméscope [kameskɔp] nm camcorder, video camera ◆ **caméscope de poing** compact camcorder ou video camera

camion [kamjɔ̃] → SYN 1 nm a (véhicule) (ouvert) lorry (Brit), truck (US); (fermé) van, truck (US)
b (chariot) wag(g)on, dray
c [peintre] (seau) (paint-)pail
2 COMP ▷ **camion (à) benne** tipper ▷ **camion de déménagement** removal (Brit) ou moving (US) van, pantechnicon (Brit) ▷ **camion (à) remorque** lorry (Brit) ou truck (US) with a trailer, tractor-trailer (US) ▷ **camion (à) semi-remorque** articulated lorry (Brit), trailer truck (US)

camion-citerne, pl **camions-citernes** [kamjɔ̃sitɛʀn] nm tanker (lorry) (Brit), tank truck (US)

camionnage [kamjɔnaʒ] nm haulage, transport

camionnette [kamjɔnɛt] nf (small) van; (ouverte) pick-up (truck) ◆ **camionnette de livraison** delivery van

camionneur [kamjɔnœʀ] → SYN nm (chauffeur) lorry (Brit) ou truck (US) driver, trucker (US); van driver; (entrepreneur) haulage contractor (Brit), road haulier (Brit), trucking contractor (US)

Camisard [kamizaʀ] nm Camisard, *French Protestant insurgent after the revocation of the Edict of Nantes*

camisole [kamizɔl] → SYN 1 nf (††) (blouse) camisole†; (chemise de nuit) nightshirt
2 COMP ▷ **camisole chimique** suppressants (pl) ▷ **camisole de force** straitjacket

camomille [kamɔmij] nf (Bot) camomile; (tisane) camomile tea

camouflage [kamuflaʒ] → SYN nm a (Mil) (action) camouflaging; (résultat) camouflage
b (gén) [argent] concealing, hiding; [erreur] camouflaging, covering-up ◆ **le camouflage d'un crime en accident** disguising a crime as an accident

camoufler [kamufle] → SYN ▸ conjug 1 ◂ vt (Mil) to camouflage; (fig) (cacher) argent to conceal, hide; erreur, embarras to conceal, cover up; (déguiser) défaite, intentions to disguise ◆ **camoufler un crime en accident** to disguise a crime as an accident, make a crime look like an accident

camouflet [kamuflɛ] → SYN nm (littér) snub ◆ **donner un camouflet à qn** to snub sb

camp [kɑ̃] [→ SYN] 1 nm a (Alpinisme, Mil, Sport, emplacement) camp ◆ **camp de prisonniers / de réfugiés** prison / refugee camp ◆ **rentrer au camp** to come ou go back to camp → **aide, feu**[1] etc

b (séjour) **faire un camp d'une semaine dans les Pyrénées** to go camping for a week ou go for a week's camping holiday (Brit) ou vacation (US) in the Pyrenees ◆ **le camp vous fait découvrir beaucoup de choses** camping lets you discover lots of things

c (parti, faction) (Jeux, Sport) side ; (Pol) camp ◆ **changer de camp** [joueur] to change sides ; [soldat] to go over to the other side ◆ (fig) **à cette nouvelle la consternation / l'espoir changea de camp** on hearing this, it was the other side which began to feel dismay / hopeful ◆ **dans le camp opposé / victorieux** in the opposite / winning camp ◆ **passer au camp adverse** to go over to the opposite ou enemy camp → **balle**[1]

2 COMP ▷ **camp de base** base camp ▷ **camp de concentration** concentration camp ▷ **camp d'entraînement** training camp ▷ **camp d'extermination** death camp ▷ **camp fortifié** fortified camp ▷ **camp de la mort** ⇒ **camp d'extermination** ▷ **camp de nudistes** nudist camp ▷ **camp retranché** ⇒ **camp fortifié** ▷ **camp de travail** labour camp ▷ **camp de vacances** ≃ children's holiday camp (Brit), ≃ summer camp (US) ▷ **camp volant** camping tour ou trip ; (Mil) temporary camp ◆ (fig) **vivre ou être en camp volant** to live out of a suitcase

campagnard, e [kɑ̃paɲaʀ, aʀd] [→ SYN] 1 adj vie, allure, manières country (épith) ; (péj) rustic (péj) → **gentilhomme**

2 nm countryman, country fellow ; (péj) rustic (péj), hick (péj) ◆ **campagnards** countryfolk, country people ; (péj) rustics (péj)

3 **campagnarde** nf countrywoman, country lass (Brit) ou girl

campagne [kɑ̃paɲ] [→ SYN] nf a (gén : habitat) country ; (paysage) countryside ; (Agr : champs ouverts) open country ◆ **la ville et la campagne** town and country ◆ **la campagne anglaise** the English countryside ◆ **dans la campagne environnante** in the surrounding countryside ◆ **nous sommes tombés en panne en pleine campagne** we broke down right in the middle of the country(side), we broke down away out in the country ◆ **à la campagne** in the country ◆ **auberge / chemin de campagne** country inn / lane ◆ **les travaux de la campagne** farm ou agricultural work → **battre, maison** etc

b (Mil) campaign ◆ **faire campagne** to fight (a campaign) ◆ **les troupes en campagne** the troops on campaign ou in the field ◆ **entrer en campagne** to embark on a campaign ◆ **la campagne d'Italie / de Russie** the Italian / Russian campaign ◆ **artillerie / canon de campagne** field artillery / gun ◆ **tenue de campagne** combat dress

c (Pol, Presse etc) campaign (*pour* for, *contre* against) ◆ **campagne électorale** election campaign ◆ **campagne commerciale** marketing campaign ◆ **campagne publicitaire, campagne de publicité** advertising ou publicity drive ou campaign ◆ **campagne de vente** sales campaign ou drive ◆ **campagne de diffamation** smear campaign ◆ (Archéol) **campagne de fouilles** series of excavations ◆ (Pol) **faire campagne pour un candidat** to campaign ou canvass for ou on behalf of a candidate ◆ **partir en campagne** to launch a campaign (*contre* against) ◆ **mener une campagne pour / contre** to campaign for / against, lead a campaign for / against ◆ **tout le monde se mit en campagne pour lui trouver une maison** everybody set to work ou got busy to find him a house

d (récolte) harvest ◆ **campagne sucrière** sugar cane harvest

campagnol [kɑ̃paɲɔl] nm vole

Campanie [kɑ̃pani] n Campagna (di Roma)

campanile [kɑ̃panil] [→ SYN] nm [église] campanile ; (clocheton) bell-tower

campanule [kɑ̃panyl] nf bellflower, campanula

campêche [kɑ̃pɛʃ] nm campeachy ou campeche tree

campement [kɑ̃pmɑ̃] [→ SYN] nm (camp) camp, encampment ◆ **matériel de campement** camping equipment ◆ **chercher un campement pour la nuit** to look for somewhere to set up camp ou for a camping place for the night ◆ **établir son campement sur les bords d'un fleuve** to set up one's camp on the bank of a river ◆ **campement de nomades / d'Indiens** camp ou encampment of nomads / of Indians ◆ (Mil) **revenir à son campement** to return to camp

camper [kɑ̃pe] [→ SYN] ▸ conjug 1 ◂ 1 vi (lit) to camp ◆ (fig hum) **on campait à l'hôtel / dans le salon** we were camping out at ou in a hotel / in the lounge → **position**

2 vt a troupes to camp out ◆ **campés pour 2 semaines près du village** camped (out) for 2 weeks by the village

b (fig : esquisser) caractère, personnage to portray ; récit to construct ; portrait to fashion, shape ◆ **personnage bien campé** vividly sketched ou portrayed character

c (fig : poser) **camper sa casquette sur l'oreille** to pull ou clap one's cap on firmly over one ear ◆ **se camper des lunettes sur le nez** to plant* a pair of glasses on one's nose

3 **se camper** vpr ◆ **se camper devant** to plant o.s. in front of ◆ **se camper sur ses jambes** to plant o.s. stand firmly on one's feet

campeur, -euse [kɑ̃pœʀ, øz] nm,f camper

camphre [kɑ̃fʀ] nm camphor

camphré, e [kɑ̃fʀe] adj camphorated → **alcool**

camphrier [kɑ̃fʀije] nm camphor tree

camping [kɑ̃piŋ] nm a (activité) **le camping** camping ◆ **faire du camping** to go camping → **sauvage**

b (lieu) campsite, camping site

camping-car, pl **camping-cars** [kɑ̃piŋkaʀ] nm camper, Dormobile ® (Brit), motorhome (US), RV (US)

camping-gaz ® [kɑ̃piŋgaz] nm inv camp(ing) stove

campos *† [kɑ̃po] nm ◆ **demain on a campos** tomorrow is a day off, we've got tomorrow off ou free ◆ **on a eu ou on nous a donné campos à 4 heures** we were free ou told to go at 4 o'clock, we were free from 4 o'clock

campus [kɑ̃pys] [→ SYN] nm campus

camus, e [kamy, yz] [→ SYN] adj nez pug (épith) ; personne pug-nosed

Canaan [kanaɑ̃] nm Canaan

Canada [kanada] nm Canada

canada [kanada] nf *apple of the pippin variety*

Canadair ® [kanadɛʀ] nm fire-fighting aircraft, tanker plane (US)

canadianisme [kanadjanism] nm Canadianism

canadien, -ienne [kanadjɛ̃, jɛn] 1 adj Canadian

2 nm,f ◆ **Canadien(ne)** Canadian ◆ **Canadien(ne) français(e)** French Canadian

3 **canadienne** nf (veste) fur-lined jacket ; (canoë) (Canadian) canoe ; (tente) (ridge) tent

canaille [kanɑj] [→ SYN] 1 adj air, manières low, cheap, coarse ◆ **sous ses airs canailles, il est sérieux** he might look a bit rough and ready, but he is reliable

2 nf (péj) (salaud) bastard‡ (péj) ; (escroc) crook, shyster (US), chiseler (US) ; (hum : enfant) rascal, rogue, (little) devil ◆ (péj : la populace) **la canaille**† the rabble (péj), the riffraff (péj)

canaillerie [kanɑjʀi] [→ SYN] nf a [allure, ton, manières] vulgarity, coarseness

b (malhonnêteté) [procédés, personne] crookedness

c (action malhonnête) dirty ou low trick

canal, pl **-aux** [kanal, o] [→ SYN] 1 nm a (artificiel) canal ; (détroit) channel ; (tuyau, fossé) conduit, duct ; (Anat) canal, duct ; (TV, Ordin) channel ◆ **le Canal de Panama / Mozambique / Suez** the Panama / Mozambique / Suez Canal ◆ (Anat) **canal lacrymal** tear ou lacrimal (spéc) duct ◆ **Canal Plus, Canal +** *French pay TV channel*

b (intermédiaire) **par le canal d'un collègue** through ou via a colleague ◆ **par le canal de la presse** through the medium of the press ◆ (littér) **par un canal amical** through a friendly channel

2 COMP ▷ **canal d'amenée** feeder canal ▷ **canal biliaire** (Anat) biliary canal, bile duct ▷ **canal déférent** vas deferens ▷ **canal de dérivation** diversion canal ▷ **canal de distribution** distribution channel ▷ **canal de fuite** tail-race ▷ **canal d'irrigation** irrigation canal ▷ **canal maritime** ship canal ▷ **canal médullaire** (Anat, Bot) medullary cavity ou canal ▷ **canal de navigation** ship canal

canalisation [kanalizasjɔ̃] [→ SYN] nf a (tuyau) (main) pipe ◆ **canalisations** (réseau) pipes, piping, pipework ; (Élec) cables

b (aménagement) [cours d'eau] canalization

c [demandes, foule] channelling, funnelling

canaliser [kanalize] [→ SYN] ▸ conjug 1 ◂ vt a foule, demandes, pensées, énergie to channel, funnel

b fleuve to canalize ; région, plaine to provide with a network of canals

cananéen, -enne [kananeɛ̃, ɛn] 1 adj Canaanite

2 nm (Ling) Canaanite

3 nm,f ◆ **Cananéen(ne)** Canaanite

canapé [kanape] [→ SYN] nm a (meuble) sofa, settee, couch ◆ **canapé transformable ou convertible, canapé-lit** bed settee (Brit), sofa bed

b (Culin) open sandwich ; (pour apéritif) canapé ◆ **crevettes sur canapé** shrimp canapé, canapé of shrimps

canaque [kanak] 1 adj Kanak

2 nmf ◆ **Canaque** Kanak

canard [kanaʀ] [→ SYN] 1 nm a (oiseau, Culin) duck ; (mâle) drake → **froid, mare**

b (*) (journal) rag* ; (fausse nouvelle) false report, rumour, canard

c (Mus : couac) false note ◆ **faire un canard** to hit a false note

d (terme d'affection) **mon (petit) canard** pet, poppet* (Brit)

e (* : sucre arrosé) *sugar lump dipped in brandy or coffee* ◆ **tu veux (prendre) un canard ?** would you like a sugar lump dipped in brandy ?

2 COMP ▷ **canard de Barbarie** Muscovy ou musk duck ▷ **canard boiteux*** (fig) lame duck ▷ **canard laqué** Peking duck ▷ **canard mandarin** mandarin duck ▷ **canard à l'orange** (Culin) duck in orange sauce ▷ **canard sauvage** wild duck ▷ **canard siffleur** wigeon ▷ **canard souchet** shoveler

canardeau, pl **canardeaux** [kanaʀdo] nm duckling

canarder* [kanaʀde] ▸ conjug 1 ◂ 1 vt (au fusil) to snipe at, take potshots at ; (avec des pierres etc) to pelt (*avec* with) ◆ **canarder qn avec des boules de neige** to pelt sb with snowballs ◆ **ça canardait de tous les côtés** there was firing ou firing was going on on all sides

2 vi (Mus) to hit a false note

canardière [kanaʀdjɛʀ] nf (mare) duck-pond ; (fusil) punt gun

canari [kanaʀi] nm canary ◆ **(jaune) canari** canary (yellow)

Canaries [kanaʀi] nfpl ◆ **les (îles) Canaries** the Canary Islands, the Canaries

canasson [kanasɔ̃] [→ SYN] nm (péj : cheval) nag (péj)

canasta [kanasta] nf canasta

Canberra [kɑ̃bɛʀa] n Canberra

cancan [kɑ̃kɑ̃] [→ SYN] nm a (racontar) piece of gossip ◆ **cancans** gossip, tittle-tattle ◆ **faire courir des cancans (sur qn)** to spread gossip ou stories (about sb), tittle-tattle (about sb)

b (danse) cancan

cancaner [kɑ̃kane] [→ SYN] ▸ conjug 1 ◂ vi a (bavarder) to gossip ; (médire) to spread scandal ou gossip, tittle-tattle

b [canard] to quack

cancanier, -ière [kɑ̃kanje, jɛʀ] [→ SYN] 1 adj gossipy, scandalmongering (épith), tittle-tattling (épith)

2 nm,f gossip, scandalmonger, tittle-tattle

cancer [kɑ̃sɛʀ] [→ SYN] nm **a** (Méd, fig) cancer • **avoir un cancer du sein / du poumon** to have breast/lung cancer, have cancer of the breast/lung • **cancer du sang** leukaemia • **cancer généralisé** systemic cancer
b (Astron) **le Cancer** Cancer • **être (du) Cancer** to be (a) Cancer ou a Cancerian → **tropique**

cancéreux, -euse [kɑ̃seʀø, øz] **1** adj tumeur cancerous; personne with cancer
2 nm,f person with cancer; (à l'hôpital) cancer patient

cancériforme [kɑ̃seʀifɔʀm] adj cancer-like

cancérigène [kɑ̃seʀiʒɛn] adj carcinogenic, cancer-producing

cancérisation [kɑ̃seʀizasjɔ̃] nf • **on peut craindre la cancérisation de l'organe** there is a risk of the organ becoming cancerous

cancériser (se) [kɑ̃seʀize] ▸ conjug 1 ◂ vpr to become cancerous • **cellules cancérisées** cancerous cells

cancérogène [kɑ̃seʀɔʒɛn] adj ⇒ **cancérigène**

cancérogenèse [kɑ̃seʀɔʒənɛz] nf carcinogenesis

cancérologie [kɑ̃seʀɔlɔʒi] nf ≃ oncology, cancerology

cancérologique [kɑ̃seʀɔlɔʒik] adj ≃ oncological, cancerological

cancérologue [kɑ̃seʀɔlɔg] nmf ≃ oncologist, cancer specialist, cancerologist

cancérophobie [kɑ̃seʀɔfɔbi] nf cancerophobia

canche [kɑ̃ʃ] nf hair grass

cancre [kɑ̃kʀ] [→ SYN] nm (péj: élève) dunce

cancrelat [kɑ̃kʀəla] nm cockroach

candela [kɑ̃dela] nf candela, (standard) candle

candélabre [kɑ̃delabʀ] [→ SYN] nm (chandelier) candelabra, candelabrum

candeur [kɑ̃dœʀ] [→ SYN] nf ingenuousness, guilelessness, naïvety

candi [kɑ̃di] adj m → **sucre**

candida [kɑ̃dida] nm inv candida

candidat, e [kɑ̃dida, at] [→ SYN] nm,f [examen, élection] candidate (*à* at); [poste] applicant, candidate (*à* for) • **candidat sortant** present ou outgoing incumbent • **les candidats à l'examen** the examination candidates • **être candidat à la députation** ≃ to stand for Parliament (Brit), ≃ run for congress (US) • **être candidat à un poste** to be an applicant ou a candidate for a job, have applied for a job • **se porter candidat à un poste** to apply for a job, put o.s. forward for a job • (Pol) **être candidat à la présidence** to stand (Brit) ou run for president, run for the presidency • (fig) **les candidats à la retraite / au suicide** candidates for retirement / for suicide • (fig) **je ne suis pas candidat** I'm not interested

candidature [kɑ̃didatyʀ] GRAMMAIRE ACTIVE 19.1 nf (Pol) candidature, candidacy (US); [poste] application (*à* for) • **candidature officielle** [poste] formal application; (Pol) official candidature ou candidacy (US) • **candidature spontanée** [poste] (action) unsolicited application; (lettre) unsolicited letter of application • **poser sa candidature à un poste** to apply for a job, submit one's application for a job • **poser sa candidature à une élection** to stand in ou at (Brit) an election, put o.s. forward as a candidate in an election, run for election (US)

candide [kɑ̃did] [→ SYN] adj ingenuous, guileless, naïve

candidement [kɑ̃didmɑ̃] adv ingenuously, guilelessly, naïvely

candidose [kɑ̃didoz] nf thrush, candidiasis (spéc)

candir [kɑ̃diʀ] ▸ conjug 2 ◂ vi • **faire candir** to candy

cane [kan] [→ SYN] nf (female) duck

canebière [kanbjɛʀ] nf hemp field

caner‡ [kane] ▸ conjug 1 ◂ vi (mourir) to kick the bucket‡, snuff it‡; (flancher) to chicken out‡, funk it‡ (*devant* in the face of)

caneton [kantɔ̃] [→ SYN] nm duckling

canette[1] [kanɛt] nf duckling

canette[2] [kanɛt] [→ SYN] nf [machine à coudre] spool • **canette (de bière)** small bottle of beer

canevas [kanva] [→ SYN] nm **a** [livre, discours] framework, basic structure
b (Couture) (toile) canvas; (ouvrage) tapestry (work)
c (Cartographie) network

cange [kɑ̃ʒ] nf cangia

cangue [kɑ̃g] nf cang(ue)

caniche [kaniʃ] nm poodle • **caniche nain** toy poodle

caniculaire [kanikylɛʀ] adj chaleur, jour scorching • **une journée caniculaire** a scorcher*, a scorching (hot) day

canicule [kanikyl] [→ SYN] nf (forte chaleur) scorching heat • **une canicule qui dure depuis 3 jours** a heatwave which has been going on for 3 days • (spécialement juillet-août) **la canicule** the midsummer heat, the dog days • **cette canicule précoce** this early (summer) heatwave • **aujourd'hui c'est la canicule** today is ou today it is a scorcher*

canidés [kanide] nmpl • **les canidés** canines, canids, the Canidae (spéc)

canif [kanif] [→ SYN] nm penknife, pocket knife • (fig) **donner un coup de canif dans le contrat de mariage*** to have a bit on the side*

canin, e [kanɛ̃, in] **1** adj espèce canine; exposition dog (épith)
2 **canine** nf (dent) canine (tooth); (supérieure) eyetooth; [chien, vampire] fang

caninette [kaninɛt] nf pooper-scooper motor bike* (*motor bike used to clean streets of dogs' dirt*)

canisses [kanis] nfpl (type of) wattle fence

canitie [kanisi] nf • **il a eu une canitie précoce** his hair turned white ou grey at an early age

caniveau, pl **caniveaux** [kanivo] [→ SYN] nm gutter (*in roadway etc*)

canna [kana] nm (fleur) canna

cannabique [kanabik] adj cannabic

cannabis [kanabis] nm cannabis

cannabisme [kanabism] nm cannabis addiction

cannage [kanaʒ] nm (partie cannée) canework; (opération) caning

cannaie [kanɛ] nf [cannes à sucre] sugar cane plantation; [roseaux] reed plantation

canne [kan] [→ SYN] **1** nf **a** (bâton) (walking) stick, cane; [souffleur de verre] rod • **on dirait qu'il a avalé sa canne** he's so stiff and starchy → **sucre**
b (*: jambe) leg • **cannes** pins‡ • **il ne tient pas sur ses cannes** he's not very steady on his pins‡ • **il a des cannes de serin*** he has spindly legs
2 COMP ▷ **canne blanche** [aveugle] white stick ▷ **canne à mouche** (Pêche) fly rod ▷ **canne à pêche** fishing rod ▷ **canne à sucre** sugar cane

canné, e [kane] (ptp de **canner**) adj siège cane (épith)

canneberge [kanbɛʀʒ] nf cranberry

cannebière [kan(ə)bjɛʀ] nf hemp field

canne-épée, pl **cannes-épées** [kanepe] nf swordstick

cannelé, e [kanle] [→ SYN] (ptp de **canneler**) adj colonne fluted

canneler [kanle] ▸ conjug 4 ◂ vt to flute

cannelier [kanəlje] nm cinnamon tree

cannelle [kanɛl] [→ SYN] nf (Culin) cinnamon; (robinet) tap, spigot

cannelure [kan(ə)lyʀ] [→ SYN] nf [meuble, colonne] flute; [plante] striation • **cannelures** [colonne] fluting; [neige] corrugation • (Géol) **cannelures glaciaires** striae, striations

canner [kane] [→ SYN] ▸ conjug 1 ◂ vt chaise to cane

canne-siège, pl **cannes-sièges** [kansjɛʒ] nf shooting stick

cannetille [kan(ə)tij] nf purl

cannette [kanɛt] nf ⇒ **canette**[2]

canneur, -euse [kanœʀ, øz] nm,f cane worker, caner

cannibale [kanibal] [→ SYN] **1** adj tribu, animal cannibal (épith), cannibalistic
2 nmf cannibal, man-eater

cannibalisation [kanibalizasjɔ̃] nf [machine] cannibalization; (Comm) [produit] cannibalization (US)

cannibaliser [kanibalize] [→ SYN] ▸ conjug 1 ◂ vt machine to cannibalize; (Comm) produit to eat into the market share of, cannibalize (US) • **ce produit a été cannibalisé par ...** this product has lost (some of its) market share to ...

cannibalisme [kanibalism] nm cannibalism

cannier, -ière [kanje, jɛʀ] nm,f cane worker, caner

cannisses [kanis] nfpl ⇒ **canisses**

canoë [kanɔe] [→ SYN] nm (bateau) canoe; (sport) canoeing • **faire du canoë(-kayak)** to go canoeing, canoe

canoéisme [kanɔeism] nm canoeing

canoéiste [kanɔeist] nmf canoeist

canon[1] [kanɔ̃] [→ SYN] **1** nm **a** (arme) gun; (Hist) cannon • **canon de 75 / 125** 75/125-mm gun • **coup de canon** (moderne) artillery shot; (Hist) cannon shot • **des coups de canon** (moderne) artillery fire; (Hist) cannon fire • (Sport) **service / tir canon*** bullet-like serve/shot → **chair**
b (tube) [fusil, revolver] barrel • **fusil à canon scié** sawn-off (Brit) ou sawed-off (US) shotgun • **à deux canons** double-barrelled → **baïonnette**
c (Tech) [clef, seringue] barrel; [arrosoir] spout
d (Vét) [bœuf, cheval] cannonbone
e (Hist Habillement) canion
f (*: verre) glass (of wine)
2 COMP ▷ **canon anti-aérien** (Mil) anti-aircraft ou A.A. gun ▷ **canon anti-char** (Mil) anti-tank gun ▷ **canon anti-grêle** anti-hail gun ▷ **canon à eau** water cannon ▷ **canon à électrons** (Phys) electron gun ▷ **canon lisse** smooth ou unrifled bore ▷ **canon de marine** naval gun ▷ **canon à neige** snow cannon ▷ **canon paragrêle** anti-hail gun ▷ **canon à particules** particle beam weapon ▷ **canon rayé** rifled bore

canon[2] [kanɔ̃] [→ SYN] nm **a** (norme, modèle) model, perfect example • (normes, code) **canons** canons • **les canons de la beauté** aesthetic values • **elle est canon*, c'est un canon*** ou **une fille canon*** she is a (real) peach (of a girl)‡
b (Rel) (loi) canon; [messe, Nouveau Testament] canon → **droit**[3]

canon[3] [kanɔ̃] nm • (Mus) **canon à 2 voix** canon for 2 voices • **chanter en canon** to sing in a round ou in canon

cañon [kaɲɔn] [→ SYN] nm canyon, cañon

canonial, e, mpl **-iaux** [kanɔnjal, jo] adj canonic(al)

canonicat [kanɔnika] nm canonicate, canonry

canonique [kanɔnik] [→ SYN] adj canonical • (Ling) **forme canonique** citation form → **âge**

canonisation [kanɔnizasjɔ̃] [→ SYN] nf canonization

canoniser [kanɔnize] [→ SYN] ▸ conjug 1 ◂ vt to canonize

canonnade [kanɔnad] nf cannonade • **le bruit d'une canonnade** the noise of a cannonade ou of (heavy) gunfire

canonner [kanɔne] [→ SYN] ▸ conjug 1 ◂ vt to bombard, shell

canonnier [kanɔnje] nm gunner

canonnière [kanɔnjɛʀ] nf gunboat

canope [kanɔp] nm Canopic jar (ou urn ou vase)

canot [kano] [→ SYN] nm (barque) (small ou open) boat, dinghy; (Can) Canadian canoe • **canot automobile** motorboat • **canot de pêche** (open) fishing boat • **canot pneumatique** rubber ou inflatable ding(h)y • **canot de sauvetage** lifeboat

canotage [kanɔtaʒ] nm boating, rowing; (Can) canoeing ◆ **faire du canotage** to go boating ou rowing; (Can) to go canoeing

canoter [kanɔte] ▸ conjug 1 ◂ vi to go boating ou rowing ou (Can) canoeing

canoteur, -euse [kanɔtœʀ, øz] nm,f rower

canotier [kanɔtje] nm (chapeau) boater

cantabile [kɑ̃tabile] nm, adv cantabile

cantabrique [kɑ̃tabʀik] adj ◆ **les monts cantabriques** the Cantabrian Mountains, the Cantabrians

Cantal [kɑ̃tal] nm (région, fromage) Cantal

cantaloup [kɑ̃talu] nm cantaloup, muskmelon

cantate [kɑ̃tat] ⇒ SYN nf cantata

cantatrice [kɑ̃tatʀis] ⇒ SYN nf [opéra] (opera) singer, prima donna; [chants classiques] (professional) singer

canter [kɑ̃tɛʀ] nm canter

cantharide [kɑ̃taʀid] nf (Zool) cantharid; (poudre) cantharis, cantharides (pl), Spanish fly

cantilène [kɑ̃tilɛn] nf song, cantilena

cantilever [kɑ̃tilәvɛʀ] ⇒ SYN adj inv, nm cantilever

cantine [kɑ̃tin] ⇒ SYN nf **a** (réfectoire) [usine] canteen; [école] dining hall (Brit), cafeteria; (service) school meals ou dinners ◆ **manger à la cantine** to eat in the canteen; to have school meals
b (malle) tin trunk

cantinière [kɑ̃tinjɛʀ] ⇒ SYN nf (Hist Mil) canteen woman

cantique [kɑ̃tik] ⇒ SYN nm (chant) hymn; [Bible] canticle ◆ **le cantique des cantiques** the Song of Songs, the Song of Solomon

canton [kɑ̃tɔ̃] ⇒ SYN nm **a** (Pol) (en France) canton, ≃ district; (en Suisse) canton
b (section) [voie ferrée, route] section
c (†: région) district; (Can) township

cantonade [kɑ̃tɔnad] nf ◆ **parler à la cantonade** (gén) to speak to no one in particular ou to everyone in general; (Théât) to speak (an aside) to the audience ◆ **c'est à qui? dit-elle à la cantonade** whose is this? she asked the assembled company

cantonais, e [kɑ̃tɔnɛ, ɛz] **1** adj Cantonese
2 nm (Ling) Cantonese
3 nm,f ◆ **Cantonais(e)** Cantonese

cantonal, e, mpl **-aux** [kɑ̃tɔnal, o] adj (en France) cantonal, ≃ district (épith); (en Suisse) cantonal ◆ **sur le plan cantonal** (en France) at (the) local level; (en Suisse) at the level of the cantons ◆ **les (élections) cantonales** cantonal elections

cantonnement [kɑ̃tɔnmɑ̃] ⇒ SYN nm (→ **cantonner**) (Mil) (action) stationing; billeting, quartering; (lieu) quarters (pl), billet; (camp) camp ◆ **établir un cantonnement en pleine nature** to set up (a) camp in the wilds

cantonner [kɑ̃tɔne] ⇒ SYN ▸ conjug 1 ◂ **1** vt (Mil) to station; (chez l'habitant etc) to quarter, billet (*chez, dans* on) ◆ (fig) **cantonner qn dans un travail** to confine sb to a job
2 vi (Mil) [troupe] to be quartered ou billetted; be stationed (*à, dans* at)
3 **se cantonner** vpr ◆ (se limiter) **se cantonner à** ou **dans** to confine o.s. to

cantonnier [kɑ̃tɔnje] ⇒ SYN nm (ouvrier) roadmender, roadman

cantonnière [kɑ̃tɔnjɛʀ] ⇒ SYN nf (tenture) pelmet

cantor [kɑ̃tɔʀ] nm cantor

canular [kanylaʀ] ⇒ SYN nm (farce, mystification) hoax ◆ **monter un canular** to think up ou plan a hoax ◆ **faire un canular à qn** to hoax sb, play a hoax on sb

canule [kanyl] ⇒ SYN nf cannula

canuler‡ [kanyle] ▸ conjug 1 ◂ vt (ennuyer) to bore; (agacer) to pester

Canut [kanyt] nm Canute, Knut

canut, -use [kany, yz] nm,f (f rare) silk worker *(at Lyons)*

canyon [kanjɔ̃, kanjɔn] nm canyon, cañon

CAO [seao] nf (abrév de **conception assistée par ordinateur**) CAD

caoua* [kawa] nm ⇒ **kawa***

caouane [kawan] nf loggerhead (turtle)

caoutchouc [kautʃu] nm **a** (matière) rubber ◆ **en caoutchouc** rubber (épith) ◆ **caoutchouc mousse**® foam ou sponge rubber ◆ **une balle en caoutchouc mousse** a rubber ou sponge ball ◆ **caoutchouc minéral** elaterite ◆ **caoutchouc synthétique** composition rubber → **botte**[1]
b (élastique) rubber ou elastic band
c (†) (imperméable) waterproof ◆ (chaussures) **caoutchoucs** overshoes, galoshes
d (plante verte) rubber plant

caoutchouter [kautʃute] ▸ conjug 1 ◂ vt to rubberize, coat with rubber

caoutchouteux, -euse [kautʃutø, øz] adj rubbery

CAP [seape] nm (abrév de **certificat d'aptitude professionnelle**) vocational training certificate, ≃ City and Guilds examination (Brit) ◆ **il a un CAP de menuisier/soudeur** he's a qualified joiner/welder, ≃ he's got a City and Guilds in joinery/welding (Brit)

cap[1] [kap] ⇒ SYN nm **a** (Géog) cape; (promontoire) point, headland ◆ **le cap Canaveral** Cape Canaveral ◆ **le cap Horn** Cape Horn ◆ **le cap de Bonne Espérance** the Cape of Good Hope ◆ (Naut) **passer** ou **doubler un cap** to round a cape ◆ [malade etc] **il a passé le cap** he's over the hump ou the worst, he's turned the corner ◆ **il a passé le cap de l'examen** he has got over the hurdle of the exam ◆ **dépasser** ou **franchir** ou **passer le cap des 40 ans** to turn 40 ◆ **dépasser** ou **franchir le cap des 50 millions** to pass the 50-million mark
b (direction) (lit, fig) **changer de cap** to change course ◆ (Naut) **mettre le cap au vent** to head into the wind ◆ **mettre le cap au large** to stand out to sea ◆ (Aut, Naut) **mettre le cap sur** to head for, steer for ◆ **cap magnétique** magnetic course ou heading → **pied**
c (ville) **Le Cap** Cape Town ◆ **la province du Cap** the Cape Province

cap[2]* [kap] adj (abrév de **capable**) ◆ (langage enfantin) **t'es pas cap de le faire!** you couldn't do it if you tried!

capable [kapabl] ⇒ SYN GRAMMAIRE ACTIVE 15.4, 16.4 adj **a** (compétent) able, capable
b (apte à) **capable de faire** capable of doing ◆ **te sens-tu capable de tout manger?** do you feel you can eat it all?, do you feel up to eating it all? ◆ **tu n'en es pas capable** you're not up to it, you're not capable of it ◆ **viens te battre si tu en es capable** come and fight if you've got it in you ou if you dare ◆ **cette conférence est capable d'intéresser beaucoup de gens** this lecture is liable to interest ou likely to interest a lot of people
c (qui peut faire preuve de) **capable de** dévouement, courage, éclat, incartade capable of ◆ **il est capable du pire comme du meilleur** he's capable of (doing) the worst as well as the best ◆ **il est capable de tout** he'll stop at nothing, he's capable of anything
d (*) **il est capable de l'avoir perdu/de réussir** he's quite likely to have lost it/to succeed, he's quite capable of having lost it/of succeeding ◆ **il est bien capable d'en réchapper** he may well get over it
e (Jur) competent

capacitaire [kapasitɛʀ] nmf *holder of basic qualifications in law,* ≃ lawyer

capacitance [kapasitɑ̃s] nf (Élec) capacitance

capacité [kapasite] ⇒ SYN **1** nf **a** (contenance, potentiel) capacity; (Élec) [accumulateur] capacitance, capacity ◆ (Tourisme) **la capacité d'accueil d'une ville** the total amount of tourist accommodation in a town ◆ (Ordin) **capacité de mémoire/du disque** memory/disk capacity
b (aptitude) ability (*à* to) ◆ **d'une très grande capacité** of very great ability ◆ **capacités intellectuelles** intellectual abilities ou capacities ◆ **en-dehors de mes capacités** beyond my capabilities ou capacities ◆ **sa capacité d'analyse/d'analyser les faits** his capacity for analysis/analysing facts
c (Jur) capacity ◆ **avoir capacité pour** to be (legally) entitled to
2 COMP ▷ **capacité civile** (Jur) civil capacity ▷ **capacité contributive** ability to pay tax ▷ **capacité en droit** *basic legal qualification* ▷ **capacité électrostatique** capacitance ▷ **capacité légale** legal capacity ▷ **capacité thoracique** (Méd) vital capacity

caparaçon [kapaʀasɔ̃] ⇒ SYN nm (Hist) caparison

caparaçonner [kapaʀasɔne] ▸ conjug 1 ◂ vt (Hist) cheval to caparison ◆ (fig hum) **caparaçonné de cuir** all clad in leather

cape [kap] ⇒ SYN nf (Habillement) (courte) cape; (longue) cloak ◆ **roman/film de cape et d'épée** cloak and dagger novel/film → **rire**

capelan [kaplɑ̃] ⇒ SYN nm cap(e)lin

capeler [kaple] ⇒ SYN ▸ conjug 4 ◂ vt cordage to reeve

capeline [kaplin] nf wide-brimmed hat

CAPES [kapɛs] nm (abrév de **certificat d'aptitude au professorat de l'enseignement secondaire**) → **certificat**

capésien, -ienne [kapesjɛ̃, jɛn] nm,f student preparing the CAPES; holder of the CAPES, ≃ qualified graduate teacher

capésitif, -ive [kapesitif, iv] nm,f *candidate for the CAPES*

CAPET [kapɛt] nm (abrév de **certificat d'aptitude au professorat de l'enseignement technique**) → **certificat**

Capet [kapɛ] n ◆ **Hugues Capet** Hugh ou Hugues Capet

capétien, -ienne [kapesjɛ̃, jɛn] adj, nm,f Capetian

Capharnaüm [kafaʀnaɔm] n Capernaum

capharnaüm* [kafaʀnaɔm] nm (bric-à-brac, désordre) shambles* (NonC), pigsty ◆ **quel capharnaüm dans le grenier** what a pigsty the attic is, what a shambles in the attic

cap-hornier, pl **cap-horniers** [kapɔʀnje] nm Cape Horner

capillaire [kapilɛʀ] **1** adj (Anat, Bot, Phys) capillary; soins, lotion hair (épith) → **artiste, vaisseau**
2 nm (Anat) capillary; (Bot: fougère) maidenhair fern

capillarité [kapilaʀite] nf capillarity

capilliculteur, -trice [kapilikyltœʀ, tʀis] nm,f specialist in hair care

capilliculture [kapilikyltyʀ] nf hair care

capilotade [kapilɔtad] ⇒ SYN nf ◆ **en capilotade** gâteau in crumbs; fruits, visage in a pulp; objet cassable in smithereens ◆ **mettre en capilotade** (écraser) gâteau to squash to bits; fruits to squash to a pulp; adversaire to beat to a pulp; (casser) to smash to smithereens ◆ **il avait les reins/les jambes en capilotade** his back was/his legs were aching like hell‡ ou giving him hell‡

capitaine [kapitɛn] ⇒ SYN **1** nm **a** (Mil) (armée de terre) captain; (armée de l'air) flight lieutenant (Brit), captain (US); (Naut) [grand bateau] captain, master; [bateau de pêche etc] captain, skipper; (Sport) captain, skipper*; (littér: chef militaire) (military) leader → **instructeur, mon**
b (Zool) treadfin
2 COMP ▷ **capitaine de corvette** lieutenant commander ▷ **capitaine de frégate** commander ▷ **capitaine de gendarmerie** captain of the gendarmerie ▷ **capitaine d'industrie** captain of industry ▷ **capitaine au long cours** master mariner ▷ **capitaine de la marine marchande** captain in the merchant navy (Brit) ou in the marine (US) ▷ **capitaine des pompiers** fire chief, firemaster (Brit), marshall (US) ▷ **capitaine de port** harbour master ▷ **capitaine de vaisseau** captain

capitainerie [kapitɛnʀi] nf harbour master's office

capital, e, mpl **-aux** [kapital, o] ⇒ SYN **1** adj **a** (fondamental) œuvre major (épith), main (épith); point, erreur, question major (épith), chief (épith), fundamental; rôle cardinal, major (épith), fundamental; importance cardinal (épith), capital (épith) ◆ **d'une importance capitale** of cardinal ou capital importance ◆ **lettre capitale** → 3; → **péché, sept**
b (principal) major, main ◆ **c'est l'œuvre capitale de X** it is X's major work ◆ **son erreur**

capitale est d'avoir ... his major ou chief mistake was to have ...
c (essentiel) c'est capital it's essential ◆ il est capital d'y aller ou que nous y allions it is of paramount ou the utmost importance ou it is absolutely essential that we go there
d (Jur) capital → peine
2 nm a (Fin: avoirs) capital ◆ 50 millions de francs de capital a 50-million-franc capital, a capital of 50 million francs ◆ au capital de with a capital of → augmentation
b (placements) capitaux money, capital ◆ investir des capitaux dans une affaire to invest money ou capital in a business ◆ la circulation / fuite des capitaux the circulation / flight of money ou capital
c (possédants) le capital capital ◆ le capital et le travail capital and labour → grand
d (fig: fonds, richesse) stock, fund ◆ le capital de connaissances acquis à l'école the stock ou fund of knowledge acquired at school ◆ la connaissance d'une langue constitue un capital appréciable knowing a language is a significant ou major asset ◆ le capital artistique du pays the artistic wealth ou resources of the country ◆ accroître son capital-santé to build up one's reserves of health
3 capitale nf a (Typ) (lettre) capitale capital (letter) ◆ en grandes / petites capitales in large / small capitals ◆ en capitales d'imprimerie in block letters ou block capitals
b (métropole) capital (city) ◆ Paris est la capitale de la France Paris is the capital (city) of France ◆ le dimanche, les Parisiens quittent la capitale on Sundays Parisians leave the capital ◆ grande / petite capitale régionale large / small regional capital ◆ (fig) la capitale du vin / de la soie the capital of wine-growing / of the silk industry
4 COMP ▷ capital circulant working capital, circulating capital ▷ capital constant constant capital ▷ capital décès death benefit ▷ capital d'exploitation working capital ▷ capitaux fébriles hot money ▷ capital fixe fixed (capital) assets ▷ capitaux flottants ⇒ capitaux fébriles ▷ capital initial ou de lancement seed ou start-up money ▷ capital obligations debenture capital ▷ capitaux propres equity capital ▷ capital social authorized capital, share capital ▷ capitaux spéculatifs ⇒ capitaux fébriles ▷ capital variable variable capital

capitalisable [kapitalizabl] adj capitalizable

capitalisation [kapitalizasjɔ̃] nf capitalization ◆ capitalisation boursière market capitalization ou valuation

capitaliser [kapitalize] ▸ conjug 1 ◂ 1 vt a (amasser) somme to amass; (fig) expériences, connaissances to build up, accumulate ◆ l'intérêt capitalisé pendant un an interest accrued ou accumulated in a year
b (Fin: ajouter au capital) intérêts to capitalize
c (calculer le capital de) rente to capitalize
2 vi to save, put money by

capitalisme [kapitalism] → SYN nm capitalism

capitaliste [kapitalist] → SYN adj, nmf capitalist

capitalistique [kapitalistik] adj capital (épith) ◆ intensité capitalistique capital intensity

capital-risque [kapitalʀisk] nm sing venture capital

capitanat [kapitana] nm captaincy, captainship

capitation [kapitasjɔ̃] nf (Hist) poll tax, capitation

capité e [kapite] adj (Bot) capitate

capiteux, -euse [kapitø, øz] → SYN adj vin, parfum heady; femme, beauté intoxicating, alluring

Capitole [kapitɔl] nm ◆ le Capitole the Capitol

capitolin, e [kapitɔlɛ̃, in] adj Capitoline ◆ le (mont) Capitolin the Capitoline (Hill)

capiton [kapitɔ̃] nm (bourre) padding; [cellulite] node of fat (spéc) ◆ les capitons the orange peel effect

capitonnage [kapitɔnaʒ] nm padding

capitonner [kapitɔne] → SYN ▸ conjug 1 ◂ vt siège, porte to pad (de with) ◆ (fig) capitonné de lined with ◆ nid capitonné de plumes feather-lined nest

capitulaire [kapitylɛʀ] adj (Rel) capitular ◆ salle capitulaire chapter house

capitulard, e [kapitylaʀ, aʀd] → SYN (péj)
1 adj (Mil) partisan of surrender; (fig) defeatist
2 nm,f (Mil) advocate of surrender; (fig) defeatist

capitulation [kapitylasjɔ̃] → SYN nf (Mil) (reddition) capitulation, surrender; (traité) capitulation (treaty); (fig: défaite, abandon) capitulation, surrender ◆ capitulation sans conditions unconditional surrender

capitule [kapityl] nm capitulum

capituler [kapityle] → SYN ▸ conjug 1 ◂ vi (Mil: se rendre) to capitulate, surrender; (fig: céder) to surrender, give in, capitulate

capo [kapo] nm Kapo, capo

capon, -onne†† [kapɔ̃, ɔn] → SYN 1 adj cowardly
2 nm,f coward

caporal, pl -aux [kapɔʀal, o] → SYN nm a (Mil) corporal ◆ caporal d'ordinaire ou de cuisine mess corporal ◆ caporal-chef corporal
b (tabac) caporal

caporalisme [kapɔʀalism] → SYN nm [personne, régime] petty officiousness

capot [kapo] → SYN 1 nm a [véhicule, moteur] bonnet (Brit), hood (US)
b (Naut) (bâche de protection) cover; (trou d'homme) companion hatch
2 adj inv ◆ (Cartes) être capot to have lost all the tricks ◆ il nous a mis capot he took all the tricks

capotage [kapɔtaʒ] nm [avion, véhicule] overturning

capote [kapɔt] → SYN nf a [voiture] hood (Brit), top
b (gén Mil: manteau) greatcoat
c (*) capote (anglaise) French letter* (Brit), rubber*, safe* (US)
d (†: chapeau) bonnet

capoter [kapɔte] → SYN ▸ conjug 1 ◂ 1 vi [véhicule] to overturn; [négociations] to founder ◆ faire capoter véhicule to overturn; negociations, projet to scupper* (Brit), put paid to (Brit), ruin
2 vt (Aut) (garnir d'une capote) to fit with a hood (Brit) ou top

cappa [kapa] nf cope

cappuccino [kaputʃino] nm cappuccino

câpre [kɑpʀ] → SYN nf (Culin) caper

Capri [kapʀi] nf Capri

capriccio [kapʀitʃo, kapʀisjo] nm (Mus) capriccio, caprice

caprice [kapʀis] → SYN nm a (lubie) whim, caprice; (toquade amoureuse) (passing) fancy ◆ agir par caprice to act out of capriciousness ◆ ne lui cède pas, c'est seulement un caprice don't give in to him, it's only a whim ◆ faire un caprice to throw a tantrum ◆ cet enfant fait des caprices this child is being awkward ou temperamental ◆ cet arbre est un vrai caprice de la nature this tree is a real freak of nature ◆ une récolte exceptionnelle due à quelque caprice de la nature an exceptional crop due to some quirk ou trick of nature
b (variations) caprices (littér) [nuages, vent] caprices, fickle play; [chemin] wanderings, windings ◆ les caprices de la mode the vagaries ou whims of fashion ◆ les caprices du sort ou du hasard the quirks of fate
c (Mus) capriccio, caprice

capricieusement [kapʀisjøzmɑ̃] adv capriciously, whimsically

capricieux, -ieuse [kapʀisjø, jøz] → SYN adj a (fantasque) (gén) capricious, whimsical; appareil temperamental; (littér) brise capricious; chemin winding
b (coléreux) wayward ◆ cet enfant est (un) capricieux this child is awkward ou temperamental, this child throws tantrums

capricorne [kapʀikɔʀn] nm a (Astron) le Capricorne Capricorn ◆ être (du) Capricorne to be (a) Capricorn → tropique[1]
b (Zool) capricorn beetle

câprier [kɑpʀije] nm caper bush ou shrub

caprin, e [kapʀɛ̃, in] adj (Zool) espèce goat (épith), caprine (spéc); allure goat-like

caprique [kapʀik] adj ◆ acide caprique capric acid

caproïque [kapʀɔik] adj ◆ acide caproïque caproic acid

caprylique [kapʀilik] adj ◆ acide caprylique caprylic acid

capselle [kapsɛl] → SYN nf (Bot) shepherd's purse

capside [kapsid] nf capsid

capsulage [kapsylaʒ] nm capsuling

capsulaire [kapsylɛʀ] adj (Bot, Anat) capsulate(d)

capsule [kapsyl] → SYN nf a (Anat, Bot, Pharm) capsule ◆ capsule spatiale space capsule
b [bouteille] capsule, cap
c [arme à feu] (percussion) cap, primer; [pistolet d'enfant] cap → pistolet

capsuler [kapsyle] → SYN ▸ conjug 1 ◂ vt to put a capsule ou cap on

capsuleuse [kapsyløz] nf bottle-capping machine

captage [kaptaʒ] nm [cours d'eau] harnessing; [message,émission] picking up

capteur, -trice [kaptatœʀ, tʀis] nm,f ◆ (Jur) captateur de testament ou de succession legacy hunter

captation [kaptasjɔ̃] → SYN nf (Jur) improper sollicitation of a legacy; [cours d'eau, source] harnessing

capter [kapte] → SYN ▸ conjug 1 ◂ vt a suffrages, attention to win, capture; confiance, faveur, bienveillance to win, gain
b (Téléc) message, émission to pick up
c source, cours d'eau to harness
d (Élec) courant to tap

capteur [kaptœʀ] nm sensor ◆ capteur solaire solar panel

captieusement [kapsjøzmɑ̃] adv (littér) speciously

captieux, -ieuse [kapsjø, jøz] → SYN adj specious

captif, -ive [kaptif, iv] → SYN 1 adj soldat, personne, marché, clientèle captive; (Géol) nappe d'eau confined → ballon[1]
2 nm,f (lit, fig) captive, prisoner

captivant, e [kaptivɑ̃, ɑ̃t] → SYN adj film, lecture gripping, enthralling, captivating; personne fascinating, captivating

captiver [kaptive] → SYN ▸ conjug 1 ◂ vt personne to fascinate, enthrall, captivate; attention, esprit to captivate

captivité [kaptivite] → SYN nf captivity ◆ en captivité in captivity

capture [kaptyʀ] → SYN nf a (action) [malfaiteur, animal] catching, capture; [navire] capture
b (animal) catch; (personne) capture
c (Phys) capture ◆ capture électronique electron capture

capturer [kaptyʀe] → SYN ▸ conjug 1 ◂ vt malfaiteur, animal to catch, capture; navire to capture

capuce [kapys] nm capuche, capouch

capuche [kapyʃ] nf hood

capuchette [kapyʃɛt] nf rainhood

capuchon [kapyʃɔ̃] → SYN nm a (Couture) hood; (Rel) cowl; (pèlerine) hooded raincoat
b [stylo] top, cap
c [cheminée] cowl

capucin [kapysɛ̃] → SYN nm (Rel) Capuchin; (Zool: singe) capuchin → barbe[1]

capucine [kapysin] nf (Bot) nasturtium; (Rel) Capuchin nun

cap(-)verdien, -ienne [kapvɛʀdjɛ̃, jɛn] 1 adj Cape Verdean
2 nm,f ◆ Cap(-)Verdien(ne) Cape Verdean

Cap-Vert [kapvɛʀ] nm ◆ le Cap-Vert Cape Verde ◆ les îles du Cap-Vert the Cape Verde Islands

caque [kak] → SYN nf herring barrel ◆ (Prov) la caque sent toujours le hareng what's bred in the bone will (come) out in the flesh (Prov)

caquelon [kaklɔ̃] nm earthenware ou cast-iron fondue-dish

caquet [kakɛ] ⇒ SYN nm (*) [personne] blether* (Brit), gossip, prattle ; [poule] cackle, cackling ◆ **rabattre** ou **rabaisser le caquet de** ou **à qn*** to bring ou pull sb down a peg or two

caquetage [kaktaʒ], **caquètement** [kakɛtmɑ̃] nm (→ **caqueter**) cackle, cackling, blether* (Brit)

caqueter [kakte] ⇒ SYN ▸ conjug 4 ◂ vi [personne] to gossip, prattle, blether* (Brit) ; [poule] to cackle

car[1] [kaʀ] ⇒ SYN nm coach (Brit), bus (US) ◆ **car de police** police van ◆ **car de (radio)reportage** outside-broadcasting van ◆ **car (de ramassage) scolaire** school bus

car[2] [kaʀ] ⇒ SYN conj because, for

carabe [kaʀab] nm carabid

carabin [kaʀabɛ̃] ⇒ SYN nm (arg Méd) medical student, medic*

carabine [kaʀabin] ⇒ SYN nf rifle, gun, carbine (spéc) ; [stand de tir] rifle ◆ **carabine à air comprimé** air rifle ou gun

carabiné, e* [kaʀabine] ⇒ SYN adj fièvre, vent, orage raging, violent ; cocktail, facture, punition stiff ◆ **amende carabinée** heavy ou stiff fine ◆ **rhume carabiné** stinking‡ ou shocking* cold ◆ **mal de tête carabiné** splitting ou blinding headache ◆ **mal de dents carabiné** raging ou screaming* (Brit) toothache

carabinier [kaʀabinje] nm (en Espagne) carabinero, customs officer ; (en Italie) carabinieri, police officer ; (Hist Mil) carabineer

carabosse [kaʀabɔs] nf → **fée**

caracal [kaʀakal] nm caracal, desert lynx

Caracas [kaʀakas] n Caracas

caraco [kaʀako] nm (†: chemisier) (woman's) loose blouse ; (sous-vêtement) camisole

caracoler [kaʀakɔle] ▸ conjug 1 ◂ vi [cheval] to caracole, prance ; [cavalier] to caracole ; (fig : gambader) to gambol ou caper about

caractère [kaʀaktɛʀ] ⇒ SYN nm **a** (tempérament) character, nature ◆ **être d'un** ou **avoir un caractère ouvert / fermé** to have an outgoing / withdrawn nature ◆ **être d'un** ou **avoir un caractère froid / passionné** to be a cold(-natured) / passionate(-natured) person ◆ **avoir bon / mauvais caractère** to be good- / ill-natured, be good- / bad-tempered ◆ **il est très jeune de caractère** [adolescent] he's very immature ; [adulte] he has a very youthful outlook ◆ **son caractère a changé** his character has changed ◆ **les chats ont un caractère sournois** cats have a sly nature ◆ **il a** ou **c'est un heureux caractère** he has a happy nature ◆ **ce n'est pas dans son caractère de faire, il n'a pas un caractère à faire** it is not in his nature to do, it is not like him to do ◆ **le caractère méditerranéen / latin** the Mediterranean / Latin character ◆ **il a un sale caractère*** he is a difficult ou pig-headed* customer ◆ **il a un caractère de cochon*** he is an awkward ou a cussed* so-and-so* ◆ **il a un caractère en or** he's very good-natured, he has a delightful nature
b (nature, aspect) nature ◆ **sa présence confère à la réception un caractère officiel** his being here gives an official character ou flavour to the reception ◆ **la situation n'a aucun caractère de gravité** the situation shows no sign ou evidence of seriousness ◆ **le caractère difficile de cette mission est évident** the difficult nature of this mission is quite clear ◆ **le récit a le caractère d'un plaidoyer** the story is (in the nature of) a passionate plea
c (fermeté) character ◆ **il a du caractère** he has ou he's got* character ◆ **il n'a pas de caractère** he has no character ou spirit ou backbone ◆ **un style sans caractère** a characterless style
d (cachet, individualité) character ◆ **la maison / cette vieille rue a du caractère** the house / this old street has (got) character
e (littér : personne) character ◆ **ces caractères ne sont pas faciles à vivre** these characters are not easy to live with → **comique**
f (gén pl : caractéristique) characteristic, feature ; [personne] trait ◆ **caractères nationaux / d'une race** national / racial characteristics ou features ou traits ◆ **caractère héréditaire / acquis** hereditary / acquired characteristic ou feature
g (Écriture, Typ) character ◆ **caractère gras / maigre** heavy- / light-faced letter ◆ (Typ) **caractères gras** bold type (NonC) ◆ **écrire en gros / petits caractères** to write in large / small characters ◆ **écrivez en caractères d'imprimerie** write in block capitals ◆ **les caractères de ce livre sont agréables à l'œil** the print of this book is easy on the eye
h (Ordin) character ◆ **caractère de commande** control character ◆ **caractère générique** ou **de remplacement** wildcard

caractériel, -elle [kaʀakteʀjɛl] ⇒ SYN **1** adj **a** enfant emotionally disturbed, maladjusted
b traits caractériels traits of character ◆ **troubles caractériels** emotional disturbance ou problems
2 nm,f problem ou maladjusted child

caractérisation [kaʀakteʀizasjɔ̃] nf characterization

caractérisé, e [kaʀakteʀize] (ptp de **caractériser**) adj erreur blatant ◆ **une rubéole caractérisée** a clear ou straightforward case of German measles ◆ **c'est de l'insubordination caractérisée** it's sheer ou downright insubordination

caractériser [kaʀakteʀize] ⇒ SYN ▸ conjug 1 ◂ vt (être typique de) to characterize, be characteristic of ; (décrire) to characterize ◆ **avec l'enthousiasme qui le caractérise** with his characteristic enthusiasm ◆ **ça se caractérise par** it is characterized ou distinguished by ◆ **l'art de caractériser un paysage** the knack of picking out the main features of a landscape ◆ **ce qui caractérise ce paysage** the main ou characteristic features of this landscape

caractéristique [kaʀakteʀistik] ⇒ SYN GRAMMAIRE ACTIVE 26.1, 26.6
1 adj characteristic (*de* of)
2 nf characteristic, (typical) feature ◆ (Admin) **caractéristiques signalétiques** particulars, personal details ◆ **caractéristiques techniques** design features

caractérologie [kaʀakteʀɔlɔʒi] nf characterology

caractérologique [kaʀakteʀɔlɔʒik] adj characterological

carafe [kaʀaf] nf decanter ; [eau, vin ordinaire] carafe ; (* : tête) head, nut* ◆ **tomber en carafe*** to break down ◆ **rester en carafe*** to be left stranded, be left high and dry

carafon [kaʀafɔ̃] nm (→ **carafe**) small decanter ; small carafe ; (* : tête) head, nut*

caraïbe [kaʀaib] adj Caribbean ◆ **les Caraïbes** the Caribbean ◆ **la mer des Caraïbes** the Caribbean (Sea)

carambolage [kaʀɑ̃bɔlaʒ] ⇒ SYN nm [autos] multiple crash, pile-up ; (Billard) cannon

carambole [kaʀɑ̃bɔl] nf **a** (Billard) red (ball)
b (fruit) star fruit, carambola

caramboler [kaʀɑ̃bɔle] ⇒ SYN ▸ conjug 1 ◂ **1** vt to collide with, go ou cannon into ◆ **5 voitures se sont carambolées** there was a pile-up of 5 cars, 5 cars ran into each other ou collided
2 vi (Billard) to cannon, get ou make a cannon

carambouillage [kaʀɑ̃bujaʒ] nm, **carambouille** [kaʀɑ̃buj] nf (Jur) reselling of unlawfully owned goods

caramel [kaʀamɛl] **1** nm (sucre fondu) caramel ; (bonbon) (mou) caramel, fudge, chewy toffee ; (dur) toffee
2 adj inv caramel(-coloured)

caramélisation [kaʀamelizasjɔ̃] nf caramelization

caraméliser [kaʀamelize] ▸ conjug 1 ◂ **1** vt sucre to caramelize ; moule, pâtisserie to coat with caramel ; boisson, aliment to flavour with caramel
2 vi, **se caraméliser** vpr [sucre] to caramelize

carapace [kaʀapas] ⇒ SYN nf [crabe, tortue] shell, carapace ◆ **carapace de boue** crust of mud ◆ **sommet recouvert d'une carapace de glace** summit encased in a sheath of ice ◆ **il est difficile de percer sa carapace d'égoïsme** it's difficult to penetrate the armour of his egoism ou his thickskinned self-centredness

carapater (se)* [kaʀapate] ▸ conjug 1 ◂ vpr to skedaddle*, hop it*, run off

carat [kaʀa] nm carat ◆ **or à 18 carats** 18-carat gold → **dernier**

Caravage [kaʀavaʒ] nm ◆ **le Caravage** Caravaggio

caravane [kaʀavan] ⇒ SYN nf (convoi) caravan ; (véhicule) caravan, trailer (US) ◆ **une caravane de voitures** a procession ou stream of cars ◆ **une caravane de touristes** a stream of tourists ◆ **la caravane du Tour de France** the whole retinue of the Tour de France → **chien**

caravanier, -ière [kaʀavanje, jɛʀ] **1** adj itinéraire, chemin caravan (épith) ◆ **tourisme caravanier** caravanning
2 nm **a** (conducteur de caravane) caravaneer
b (vacancier) caravanner

caravaning [kaʀavaniŋ] ⇒ SYN nm (mode de déplacement) caravanning ◆ **camp de caravaning** caravan site, trailer camp (US) ou court (US) ou park (US)

caravansérail [kaʀavɑ̃seʀaj] ⇒ SYN nm (lit, fig) caravanserai

caravelle [kaʀavɛl] nf (Hist Naut) caravel ◆ (Aviat) **Caravelle** ® Caravelle

carbamate [kaʀbamat] nm carbamate

carbochimie [kaʀbɔʃimi] nf organic chemistry

carboglace ® [kaʀboglas] nf carbon dioxide snow

carbohémoglobine [kaʀboemɔglɔbin] nf carbohaemoglobin (Brit), carbohemoglobin (US)

carbonade [kaʀbɔnad] ⇒ SYN nf (viande grillée) carbonado ; (bœuf) carbonade

carbonado [kaʀbɔnado] nm (diamant) carbonado, black diamond

carbonatation [kaʀbɔnatasjɔ̃] nf carbonation

carbonate [kaʀbɔnat] nm carbonate ◆ **carbonate de soude** sodium carbonate, washing soda

carbonater [kaʀbɔnate] ▸ conjug 1 ◂ vt to carbonate

carbone [kaʀbɔn] nm (matière, feuille) carbon ◆ **le carbone 14** carbon-14 ◆ **(papier) carbone** carbon (paper) → **datation**

carboné, e [kaʀbɔne] adj carbonaceous

carbonifère [kaʀbɔnifɛʀ] **1** adj (Minér) carboniferous ; (Géol) Carboniferous
2 nm Carboniferous

carbonique [kaʀbɔnik] adj carbonic → **gaz, neige** etc

carbonisation [kaʀbɔnizasjɔ̃] nf carbonization

carbonisé, e [kaʀbɔnize] (ptp de **carboniser**) adj arbre, restes charred ◆ **il est mort carbonisé** he was burned to death

carboniser [kaʀbɔnize] ⇒ SYN ▸ conjug 1 ◂ vt bois, substance to carbonize ; forêt, maison to burn to the ground, reduce to ashes ; rôti to burn to a cinder

carbonnade [kaʀbɔnad] nf ⇒ **carbonade**

carbonyle [kaʀbɔnil] nm carbonyl

Carborundum ® [kaʀbɔʀɔ̃dɔm] nm Carborundum ®

carboxylase [kaʀbɔksilaz] nf carboxylase

carboxyle [kaʀbɔksil] nm carboxyl group ou radical

carburant [kaʀbyʀɑ̃] ⇒ SYN **1** adj m ◆ **mélange carburant** mixture (of petrol (Brit) ou gas (US) and air) *(in internal combustion engine)*
2 nm fuel ◆ **les carburants** fuel oils

carburateur [kaʀbyʀatœʀ] nm carburettor

carburation [kaʀbyʀasjɔ̃] nf [essence] carburation ; [fer] carburization

carbure [kaʀbyʀ] nm carbide → **lampe**

carburé, e [kaʀbyʀe] (ptp de **carburer**) adj air, mélange carburetted ; métal carburized

carburéacteur [karbyreaktœr] nm jet ou aviation fuel

carburer [karbyre] ▸ conjug 1 ◂ **1** vi **a** [moteur] **ça carbure bien / mal** it is well / badly tuned **b** (*) [santé, travail] **carburer bien / mal** to be doing fine / badly ◆ **alors, ça carbure ?** well, are things going O.K. ? ◆ **il carbure au rouge** red wine is his tipple ◆ **ça carbure sec ici !** (boisson) they're really knocking it back in here ! ; (travail) they're working flat out* ! **2** vt air to carburet ; métal to carburize

carburol [karbyrɔl] nm gasohol

carcajou [karkaʒu] nm wolverine

carcan [karkɑ̃] → SYN nm (Hist) iron collar ; (fig : contrainte) yoke, shackles (pl) ◆ **ce col est un vrai carcan** this collar is like a vice

carcasse [karkas] → SYN nf **a** [animal], (*) [personne] carcass ◆ **je vais réchauffer ma carcasse au soleil*** I'm going to toast myself in the sun* **b** (armature) [abat-jour] frame ; [bateau] skeleton ; [immeuble] shell, skeleton ◆ **pneu à carcasse radiale / diagonale** radial / cross-ply tyre

carcéral, e, mpl **-aux** [karseral, o] adj prison (épith) ◆ **régime carcéral** prison regime

carcinogène [karsinɔʒɛn] adj carcinogenic

carcinogenèse [karsinɔʒənɛz] nf carcinogenesis

carcinologie [karsinɔlɔʒi] nf (Méd) carcinology

carcinomateux, -euse [karsinomatø, øz] adj carcinomatous

carcinome [karsinom] nm carcinoma

cardage [kardaʒ] nm carding

cardamine [kardamin] nf cuckooflower, lady's-smock

cardamome [kardamɔm] nf cardamom

cardan [kardɑ̃] nm universal joint → **joint**

carde [kard] → SYN nf (Tex) card

carder [karde] → SYN ▸ conjug 1 ◂ vt to card ◆ **laine cardée** carded wool

cardère [kardɛr] nf (Bot) teasel

cardeur, -euse [kardœr, øz] **1** nm,f carder **2 cardeuse** nf (machine) carding machine, carder

cardia [kardja] nm (Anat) cardia

cardial, e, mpl **-iaux** [kardjal, jo] adj (du cardia) cardiac

cardialgie [kardjalʒi] nf cardialgia

cardiaque [kardjak] **1** adj (Anat) cardiac, heart (épith) ◆ **malade cardiaque** heart case ou patient ◆ **être cardiaque** to suffer from ou have a heart condition ◆ **chirurgie cardiaque** heart surgery → **crise** **2** nmf heart case ou patient

cardiatomie [kardjatɔmi] nf incision of the cardia

Cardiff [kardif] n Cardiff

cardigan [kardigɑ̃] nm cardigan

cardinal, e, mpl **-aux** [kardinal, o] → SYN **1** adj nombre cardinal ; (littér : capital) cardinal → **point¹** **2** nm **a** (Rel) cardinal ◆ **cardinal-évêque** cardinal bishop ◆ **cardinal-prêtre** cardinal priest **b** (nombre) cardinal number **c** (Orn) cardinal (bird)

cardinalat [kardinala] nm cardinalate, cardinalship

cardinalice [kardinalis] adj of a cardinal ◆ **conférer à qn la dignité cardinalice** to make sb a cardinal, raise sb to the purple → **pourpre**

cardiogramme [kardjɔgram] nm cardiogram

cardiographe [kardjɔgraf] nm cardiograph

cardiographie [kardjɔgrafi] nf cardiography

cardiologie [kardjɔlɔʒi] nf cardiology

cardiologique [kardjɔlɔʒik] adj cardiological

cardiologue [kardjɔlɔg] nmf cardiologist, heart specialist

cardiopathie [kardjɔpati] nf cardiopathy

cardio-pulmonaire, pl **cardio-pulmonaires** [kardjopylmɔnɛr] adj cardiopulmonary

cardiotomie [kardjɔtɔmi] nf incision of the heart

cardiotonique [kardjɔtɔnik] nm heart tonic

cardiovasculaire [kardjovaskylɛr] adj cardiovascular

cardite [kardit] nf (Méd) carditis

cardon [kardɔ̃] → SYN nm (Culin) cardoon

carême [karɛm] → SYN nm (jeûne) fast ◆ (Rel : période) **le Carême** Lent ◆ **sermon de carême** Lent sermon ◆ **faire carême** to observe ou keep Lent, fast during Lent ◆ **rompre le carême** to break the Lent fast ou the fast of Lent ◆ (fig) **le carême qu'il s'est imposé** the fast he has undertaken ◆ **face** ou **figure** ou **mine de carême*** long face (fig)

carême-prenant††, pl **carêmes-prenants** [karɛmprənɑ̃] nm Shrovetide††

carénage [karenaʒ] nm **a** (Naut) (action) careening ; (lieu) careenage **b** [véhicule] (action) streamlining ; (partie) fairing

carence [karɑ̃s] → SYN nf **a** (Méd : manque) deficiency ◆ **maladie de** ou **par carence** deficiency disease ◆ **carence vitaminique** ou **en vitamines** vitamin deficiency ◆ **carence affective** emotional deprivation ◆ **carence alimentaire** nutritional deficiency ◆ (fig) **une grave carence en personnel qualifié** a grave deficiency ou shortage of qualified staff **b** (NonC : incompétence) [gouvernement] shortcomings, incompetence ; [parents] inadequacy **c** (défauts) **les carences de** the inadequacies ou shortcomings of **d** (Jur) insolvency

carencé, e [karɑ̃se] adj (physiquement) deficient ; (affectivement) deprived

carène [karɛn] nf **a** (Naut) (lower part of the) hull ◆ **mettre en carène** to careen **b** (Bot) carina, keel

caréner [karene] ▸ conjug 6 ◂ vt **a** (Naut) to careen **b** (Tech) véhicule to streamline

carentiel, -ielle [karɑ̃sjɛl] adj deficiency (épith), deficiency-related (épith)

caressant, e [karesɑ̃, ɑ̃t] → SYN adj enfant, animal affectionate ; regard, voix caressing, tender ; brise caressing

caresse [karɛs] → SYN nf **a** caress ; (à un animal) stroke, pet ◆ **faire des caresses à** personne to caress ; animal to stroke, pet ◆ (littér) **la caresse de la brise / des vagues** the caress of the breeze / of the waves **b** (†† : flatterie) cajolery (NonC), flattery (NonC) ◆ **endormir la méfiance de qn par des caresses** to use cajolery to allay ou quieten sb's suspicions

caresser [karese] → SYN ▸ conjug 1 ◂ vt **a** personne to caress ; animal to stroke, pet ; objet to stroke ◆ **il lui caressait les jambes / les seins** he was stroking ou caressing her legs / fondling her breasts ◆ **il caressait les touches du piano** he stroked ou caressed the keys of the piano ◆ **caresser qn du regard** to give sb a fond ou caressing look, look lovingly ou fondly at sb ◆ (fig) **caresser qn dans le sens du poil** to rub sb the right way ◆ **il vaut mieux le caresser dans le sens du poil** you'd better not rub him up the wrong way ◆ (hum) **je vais lui caresser les côtes*** ou **l'échine*** I'm going to give him a drubbing **b** projet, espoir to entertain, toy with ◆ **caresser le projet de faire qch** to toy with the idea of doing sth **c** (†† : flatter) to flatter, fawn on

caret [karɛ] nm (Zool) hawksbill (turtle), hawkbill ; (Tex) rope yarn

carex [karɛks] nm (Bot) sedge

car-ferry, pl **car-ferrys, car-ferries** [karferi] → SYN nm ferry(boat)

cargaison [kargɛzɔ̃] → SYN nf **a** (Aviat, Naut) cargo, freight ◆ **une cargaison de bananes** a cargo of bananas **b** (*) load, stock ◆ **des cargaisons de** lettres, demandes heaps ou piles of ◆ **des cargaisons de touristes** busloads (ou shiploads ou planeloads) of tourists

cargo [kargo] → SYN nm cargo boat, freighter ◆ **cargo mixte** cargo and passenger vessel

cargue [karg] nf (Naut) brail

carguer [karge] → SYN ▸ conjug 1 ◂ vt voiles to brail, furl

cari [kari] nm ⇒ **curry**

cariacou [karjaku] nm Virginia deer, white-tailed deer

cariant, e [karjɑ̃, ɑ̃t] adj causing caries

cariatide [karjatid] nf caryatid

caribou [karibu] nm caribou

caricatural, e, mpl **-aux** [karikatyral, o] → SYN adj (ridicule) aspect, traits ridiculous, grotesque ; (exagéré) description, interprétation caricatured

caricature [karikatyr] → SYN nf **a** (dessin, description, représentation) caricature ; (dessin à intention politique) (satirical) cartoon ◆ **faire la caricature de** to make a caricature of, caricature ◆ **ce n'est qu'une caricature de procès** it's a mere mockery of a trial ◆ **ce n'est qu'une caricature de la vérité** it's a caricature ou gross distortion of the truth ◆ **c'est une caricature de l'Anglais en vacances** he is a caricature of the Englishman on holiday **b** (* : personne laide) fright*

caricaturer [karikatyre] → SYN ▸ conjug 1 ◂ vt to caricature

caricaturiste [karikatyrist] nmf caricaturist ; (à intention politique) (satirical) cartoonist

carie [kari] → SYN nf **a** (Méd) [dents, os] caries (NonC), cavity ◆ **la carie dentaire** tooth decay, (dental) caries ◆ **j'ai une carie** I've got a bad tooth, I've got a hole ou a cavity in my tooth **b** (Bot) [arbre] blight ; [blé] smut, bunt

carier [karje] → SYN ▸ conjug 7 ◂ **1** vt to decay, cause to decay ◆ **dent cariée** bad ou decayed ou carious (spéc) tooth **2 se carier** vpr to decay

carillon [karijɔ̃] → SYN nm **a** [église] (cloches) (peal ou set of) bells ; (air) chimes ◆ **on entendait le carillon de St Pierre / des carillons joyeux** we could hear the chimes of St Pierre / hear joyful chimes **b** [horloge] (système de sonnerie) chime ; (air) chimes ◆ **une horloge à carillon, un carillon** a chiming clock **c** [vestibule, entrée] (door) chime

carillonner [karijɔne] → SYN ▸ conjug 1 ◂ **1** vi **a** [cloches] to ring, chime ; (à toute volée) to peal out **b** (à la porte) to ring very loudly ◆ **ça ne sert à rien de carillonner, il n'y a personne** it's no use jangling ou ringing the doorbell like that – there's no one in **2** vt fête to announce with a peal of bells ; heure to chime, ring ; (fig) nouvelle to broadcast

carillonneur [karijɔnœr] → SYN nm bell ringer

carinates [karinat] nmpl ◆ **les carinates** carinate birds

carioca [karjɔka] **1** adj of ou from Rio de Janeiro **2** nmf ◆ **Carioca** Carioca(n)

cariogène [karjɔʒɛn] adj causing caries

cariste [karist] → SYN nm fork-lift truck operator

caritatif, -ive [karitatif, iv] adj charitable ◆ **association** ou **organisation caritative** charity, charitable organization

carlin [karlɛ̃] → SYN nm pug(dog)

carline [karlin] → SYN nf carline (thistle)

carlingue [karlɛ̃g] → SYN nf (Aviat) cabin ; (Naut) keelson

carliste [karlist] adj, nmf Carlist

carmagnole [karmaɲɔl] → SYN nf (chanson, danse) carmagnole ; (Hist : veste) short jacket *(worn during the French revolution)*

carme [karm] → SYN nm Carmelite, White Friar

carmel [kaʀmɛl] nm (monastère) [carmes] Carmelite monastery; [carmélites] Carmelite convent ◆ (ordre) **le Carmel** the Carmelite order ◆ **le mont Carmel** Mount Carmel

carmélite [kaʀmelit] → SYN nf Carmelite nun

carmin [kaʀmɛ̃] → SYN **1** nm (colorant) cochineal; (couleur) carmine, crimson
2 adj inv carmine, crimson

carminatif, -ive [kaʀminatif, iv] adj carminative

carminé, e [kaʀmine] adj carmine, crimson

carnage [kaʀnaʒ] → SYN nm (lit, fig) carnage, slaughter ◆ **quel carnage!** what a slaughter! ou massacre! ◆ (fig) **je vais faire un carnage** I'm going to massacre someone

carnassier, -ière [kaʀnasje, jɛʀ] → SYN **1** adj animal carnivorous, flesh-eating; dent carnassial
2 nm carnivore ◆ **carnassiers** carnivores, carnivora (spéc)
3 **carnassière** nf (dent) carnassial; (gibecière) gamebag

carnation [kaʀnasjɔ̃] → SYN nf (teint) complexion ◆ (Peinture) **carnations** flesh tints

carnaval, pl **carnavals** [kaʀnaval] → SYN nm (fête) carnival; (période) carnival (time) ◆ (mannequin) **(Sa Majesté) Carnaval** King Carnival ◆ (fig: excentrique) **une espèce de carnaval** a sort of gaudily-dressed person ou clown ◆ **de carnaval** tenue, ambiance carnival (épith) ◆ (Mus) **"Le Carnaval des animaux"** "The Carnival of Animals"

carnavalesque [kaʀnavalɛsk] adj (grotesque) carnivalesque; (relatif au carnaval) of the carnival

carne [kaʀn] → SYN nf (péj) (*: viande) tough ou leathery meat; (†: cheval) nag, hack ◆ (fig) **quelle carne!**⁑ (homme) what a swine!⁑ ou bastard!⁑; (femme) what a bitch!⁑

carné, e [kaʀne] → SYN adj **a** alimentation meat (épith)
b fleur flesh-coloured

carneau, pl **carneaux** [kaʀno] → SYN nm (Tech) flue

carnet [kaʀnɛ] → SYN **1** nm (calepin) notebook; (liasse) book
2 COMP ▷ **carnet d'adresses** address book ▷ **carnet de bal** dance card ▷ **carnet de billets** book of tickets ▷ **carnet de bord** (Naut, Aviat) log(book) ▷ **carnet de chèques** cheque book ▷ **carnet de commandes** order book ◆ **nos carnets de commandes sont pleins** we have a full order book ▷ **carnet à croquis** ou **à dessins** sketchbook ▷ **carnet de maternité** *medical record of pregnancy* ▷ **carnet mondain** (Presse) society column ▷ **carnet de notes** (Scol) school report (Brit), report card ◆ **avoir un bon carnet (de notes)** to have a good report ▷ **carnet rose** births column ▷ **carnet de route** travel diary ▷ **carnet de santé** health record ▷ **carnet à souches** counterfoil book ▷ **carnet de timbres** book of stamps ▷ **carnet de vol** (Aviat) log(book)

carnier [kaʀnje] → SYN nm gamebag

carnification [kaʀnifikasjɔ̃] nf carnification

carnivore [kaʀnivɔʀ] → SYN **1** adj animal carnivorous, flesh-eating; insecte, plante carnivorous ◆ [personne] **il est carnivore** he's a meat-lover
2 nm carnivore ◆ **carnivores** carnivores, carnivora (spéc)

Caroline [kaʀɔlin] nf ◆ **Caroline du Nord** North Carolina ◆ **Caroline du Sud** South Carolina

carolingien, -ienne [kaʀɔlɛ̃ʒjɛ̃, jɛn] **1** adj Carolingian
2 nm,f ◆ **Carolingien(ne)** Carolingian

caroncule [kaʀɔ̃kyl] nf (Zool) caruncle, wattle

carotène [kaʀɔtɛn] nm carotene, carotin

carotide [kaʀɔtid] adj, nf carotid

carotidien, -ienne [kaʀɔtidjɛ̃, jɛn] adj carotid

carottage [kaʀɔtaʒ] → SYN nm **a** (⁑: vol) swiping⁑, nicking⁑ (Brit), pinching*
b (Tech) core boring

carotte [kaʀɔt] → SYN **1** nf **a** (Bot, Culin) carrot ◆ (fig) **les carottes sont cuites!*** they've (ou we've etc) had it!*, it's all up with* (Brit) ou over for them (ou us etc) → **poil**
b (*: promesse) carrot ◆ **on ne peut le faire travailler qu'à la carotte et au bâton** to get him to work you have to use the carrot and stick approach
c (Tech) core
d [tabac] plug; (enseigne) tobacconist's (Brit) ou tobacco shop (US) sign
2 adj inv cheveux red, carroty* (péj); couleur carroty ◆ **objet (couleur) carotte** carrot-coloured object ◆ **rouge carotte** carrot red

carotter [kaʀɔte] → SYN ▸ conjug 1 ◂ **1** vt **a** (⁑: voler) objet to swipe⁑, nick⁑ (Brit), pinch*; client to cheat, do* (Brit) ◆ **carotter qch à qn** to nick⁑ sth from sb ◆ **il m'a carotté (de) 5 F, je me suis fait carotter (de) 5 F** he did* ou diddled* me out of 5 francs
b (Tech) to bore
2 vi ◆ **il essaie toujours de carotter** he's always trying to fiddle a bit for himself ◆ **carotter sur: elle carotte sur l'argent des commissions** she fiddles the housekeeping money

carotteur, -euse⁑ [kaʀɔtœʀ, øz], **carottier, -ière**⁑ [kaʀɔtje, jɛʀ] → SYN nm,f pincher*, diddler*

caroube [kaʀub] nf (fruit) carob

caroubier [kaʀubje] nm carob (tree)

carpaccio [kaʀpatʃ(j)o] nm carpaccio

Carpates [kaʀpat] nfpl ◆ **les Carpates** the Carpathians

carpe¹ [kaʀp] nf (Zool) carp → **muet, saut**

carpe² [kaʀp] nm (Anat) carpus

carpeau, pl **carpeaux** [kaʀpo] nm young carp

carpelle [kaʀpɛl] nf carpel

carpette [kaʀpɛt] → SYN nf (tapis) rug; (péj: personne servile) fawning ou servile person, doormat (fig) ◆ **s'aplatir comme une carpette devant qn** to fawn on sb

carpettier [kaʀpetje] nm carpet weaver

carpiculteur, -trice [kaʀpikyltœʀ, tʀis] nm,f carp breeder

carpiculture [kaʀpikyltyʀ] nf carp breeding

carpien, -ienne [kaʀpjɛ̃, jɛn] adj carpal

carpillon [kaʀpijɔ̃] nm young carp

carpocapse [kaʀpɔkaps] nm ou f codlin(g) moth

carquois [kaʀkwa] nm quiver

carrare [kaʀaʀ] nm (marbre) Carrara (marble)

carre [kaʀ] → SYN nf [ski] edge ◆ (Ski) **faire mordre les carres** to dig in the edges of one's skis

Carré [kaʀe] n ◆ (Vét) **maladie de Carré** canine distemper

carré, e [kaʀe] → SYN (ptp de carrer) **1** adj **a** table, jardin, menton square ◆ **aux épaules carrées** square-shouldered → **partie²**
b (Math) square ◆ **mètre / kilomètre carré** square metre / kilometre ◆ **il n'y avait pas un centimètre carré de place** there wasn't a square inch of room, there wasn't room ou there was no room to swing a cat (Brit) → **racine**
c (fig: franc) personne forthright, straightforward; réponse straight, straightforward ◆ **être carré en affaires** to be aboveboard ou forthright in one's (business) dealings
2 nm **a** (gén) square; (foulard) scarf ◆ **découper qch en petits carrés** to cut sth up into little squares ◆ **un carré de soie** a silk scarf ◆ **un carré de terre** a patch ou plot (of land) ◆ **un carré de choux / de salades** a cabbage / lettuce patch ◆ **avoir les cheveux coupés au carré, avoir une coupe au carré** to wear ou have one's hair in a bob ◆ (TV) **carré blanc** *warning sign indicating that a film is unsuitable for children or sensitive viewers* ◆ (Tennis) **carré de service** service court
b (Mil: disposition) square → **former**
c (Naut: mess, salon) wardroom ◆ **le carré des officiers** the (officers') wardroom
d (Math) square ◆ **le carré de 4** 4 squared, the square of 4 ◆ **3 au carré** 3 squared ◆ **élever** ou **mettre** ou **porter un nombre au carré** to square a number
e (Cartes) **un carré d'as** four aces
f (Culin) **carré de l'Est** soft, mild, fermented cheese ◆ (Boucherie) **carré d'agneau** loin of lamb
g (groupe) **le dernier carré** the last handful
h (arg Scol) *student repeating the preparation for the grandes écoles*
3 **carrée** nf (⁑: chambre) pad⁑; (Hist Mus) breve

carreau, pl **carreaux** [kaʀo] → SYN nm **a** (par terre) (floor) tile; (au mur) (wall) tile ◆ **carreau de plâtre** plaster block
b (carrelage, sol) tiled floor ◆ **le carreau des Halles** les Halles market
c (vitre) (window) pane ◆ **remplacer un carreau** to replace a pane ◆ **regarder au carreau** to look out of the window ◆ **des vandales ont cassé les carreaux** vandals have smashed the windows ◆ (*: lunettes) **enlève tes carreaux** take off your specs*
d (sur un tissu) check; (sur du papier) square ◆ **à carreaux** papier squared; mouchoir check (épith), checked ◆ **veste à grands / petits carreaux** jacket with a large / small check ◆ (Scol) **laisser 3 carreaux de marge** leave 3 squares' margin, leave a margin of 3 squares ◆ (Tech) **mettre un plan au carreau** to square a plan
e (Cartes) diamond
f [mine] bank
g (Hist: flèche) bolt
h (* loc) (bagarre) **laisser qn sur le carreau** to lay sb out* ◆ **il est resté sur le carreau** (bagarre) he was laid out*; (examen) he didn't make the grade ◆ **se tenir à carreau** to keep one's nose clean⁑, watch one's step

carré-éponge, pl **carrés-éponges** [kaʀeepɔ̃ʒ] nm face cloth, (face) flannel (Brit), washcloth (US)

carrefour [kaʀfuʀ] → SYN nm **a** [routes, rues] crossroads ◆ (fig) **la Belgique, carrefour de l'Europe** Belgium, the crossroads of Europe ◆ (fig) **Marseille, carrefour de la drogue** Marseilles, the crossroads of the drug traffic ◆ (fig) **discipline au carrefour de plusieurs sciences** subject at the junction ou meeting point of many different sciences ◆ (fig) **cette manifestation est un carrefour d'idées** this event is a forum for ideas
b (fig: tournant) crossroads ◆ **se trouver à un carrefour (de sa vie / carrière)** to be at a crossroads (in one's life / career)
c (rencontre, forum) forum, symposium ◆ **carrefour des métiers** careers convention

carrelage [kaʀlaʒ] → SYN nm (action) tiling; (carreaux) tiles, tiling ◆ **poser un carrelage** to lay a tiled floor ◆ **laver le carrelage** to wash the floor

carreler [kaʀle] → SYN ▸ conjug 4 ◂ vt mur, sol to tile; papier to draw squares on

carrelet [kaʀlɛ] → SYN nm **a** (poisson) plaice
b (filet) *square fishing net*
c (Tech) [bourrelier] half-moon needle; [dessinateur] square ruler

carreleur, -euse [kaʀlœʀ, øz] nm,f tiler

carrément [kaʀemɑ̃] → SYN adv **a** (franchement) bluntly, straight out ◆ **je lui ai dit carrément ce que je pensais** I told him bluntly ou straight out what I thought
b (sans hésiter) straight ◆ **il a carrément écrit au proviseur** he wrote straight to the headmaster ◆ **vas-y carrément** go right ahead ◆ **j'ai pris carrément à travers champs** I struck straight across the fields
c (intensif) **il est carrément timbré*** he's definitely cracked* ◆ **cela nous fait gagner carrément 10 km / 2 heures** it saves us 10 whole km ou a full 10 km / a whole 2 hours ou 2 full hours
d (rare: d'aplomb) squarely, firmly

carrer [kaʀe] → SYN ▸ conjug 1 ◂ **1** vt (Math, Tech) to square
2 **se carrer** vpr ◆ **se carrer dans** to settle (o.s.) comfortably ou ensconce o.s. in ◆ **bien carré dans son fauteuil** comfortably settled ou ensconced in his armchair

carrier [kaʀje] → SYN nm (ouvrier) quarryman, quarrier; (propriétaire) quarry owner ◆ **maître carrier** quarry master

carrière¹ [kaʀjɛʀ] → SYN nf [sable] (sand)pit; [roches etc] quarry

carrière² [kaʀjɛʀ] → SYN nf **a** (profession) career ◆ **en début / fin de carrière** at the beginning/end of one's career ◆ (Pol) **la carrière** the diplomatic service ◆ **embrasser la carrière des armes**† to embark on a career of arms† ◆ **faire carrière dans l'enseignement** to make one's career in teaching ◆ **il est entré dans l'industrie et y a fait (rapidement) carrière** he went into industry and (quickly) made a career for himself (in it) → **militaire**

b (littér: cours) **le jour achève sa carrière** the day is drawing to a close ou has run its course ◆ **donner (libre) carrière à** to give free rein to

carriérisme [kaʀjeʀism] nm (péj) careerism

carriériste [kaʀjeʀist] nmf (péj) careerist

carriole [kaʀjɔl] [→ SYN] nf **a** (péj) (ramshackle) cart

b (Can) sleigh, ca(r)riole (US, Can), carryall (US, Can)

carrossable [kaʀɔsabl] [→ SYN] adj route etc suitable for (motor) vehicles

carrossage [kaʀɔsaʒ] nm (action) fitting a body to; (angle) camber

carrosse [kaʀɔs] [→ SYN] nm coach *(horse-drawn)* ◆ **carrosse d'apparat** state coach → **cinquième, rouler**

carrosser [kaʀɔse] ▸ conjug 1 ◂ vt (Aut) (mettre une carrosserie à) to fit a body to; (dessiner la carrosserie de) to design a body for ou the body of ◆ **voiture bien carrossée** car with a well-designed body ◆ [personne] **elle est bien carrossée*** she's got curves in all the right places

carrosserie [kaʀɔsʀi] [→ SYN] nf (Aut) (coque) body(work), coachwork; (métier) coachbuilding (Brit) ◆ **atelier de carrosserie** body shop, coachbuilder's workshop (Brit)

carrossier [kaʀɔsje] [→ SYN] nm (constructeur) coachbuilder (Brit); (dessinateur) car designer ◆ **ma voiture est chez le carrossier** my car is at the coachbuilder's (Brit) ou in the body shop (US)

carrousel [kaʀuzɛl] [→ SYN] nm **a** (Équitation) carousel; (fig: tourbillon) merry-go-round ◆ **un carrousel d'avions dans le ciel** planes weaving patterns ou circling in the sky

b [diapositives] Carousel®

carroyer [kaʀwaje] ▸ conjug 13 ◂ vt plan, carte to square (off)

carrure [kaʀyʀ] [→ SYN] nf **a** (largeur d'épaules) [personne] build; [vêtement] breadth across the shoulders ◆ **manteau un peu trop étroit de carrure** coat which is a little tight across the shoulders ◆ **une carrure d'athlète** an athlete's build ◆ **homme de belle/forte carrure** well-built/burly man

b [mâchoire] squareness; [bâtiment] square shape

c (fig: envergure) calibre, stature

carry [kaʀi] nm ⇒ **curry**

cartable [kaʀtabl] [→ SYN] nm [écolier] (à poignée) (school)bag; (à bretelles) satchel

carte [kaʀt] [→ SYN] **1** nf **a** (gén) card ◆ **carte (postale)** (post)card ◆ **carte de visite** (lit) visiting card, calling card (US) ◆ (fig: expérience professionnelle) **il présente une impressionnante carte de visite** he has an impressive CV ◆ **ce poste au Japon, c'est une très bonne carte de visite** this job in Japan looks good on a CV ◆ **carte de visite professionnelle** business card

b (Jeux) **carte (à jouer)** (playing) card ◆ **battre** ou **brasser** ou **mêler les cartes** to shuffle the cards ◆ **donner les cartes** to deal (the cards) ◆ **faire** ou **tirer les cartes à qn** to read sb's cards ◆ **avoir toutes les cartes en main** (lit) to have all the cards; (fig) to hold all the cards ◆ **jouer la carte du charme** to turn on the charm ◆ **jouer la carte de la solidarité/de la concurrence** to play the solidarity/competition card ◆ **carte maîtresse** (lit) master (card); (fig) trump card ◆ (lit) **carte forcée** forced card ◆ (fig) **c'est la carte forcée!** we've no choice!, it's Hobson's choice! ◆ (lit, fig) **cartes sur table** cards on the table → **brouiller, château**

c (Géog) map; (Astron, Mét, Naut) chart ◆ **carte du relief/géologique** relief/geological map ◆ **carte routière** roadmap ◆ **carte du ciel** sky chart ◆ **carte de la lune** chart ou map of the moon ◆ **carte météorologique** ou **du temps** weather chart → **rayer**

d (au restaurant) menu ◆ **on prend le menu ou la carte?** shall we have the set menu or shall we eat à la carte? ◆ **repas à la carte** à la carte meal ◆ **une très bonne/très petite carte** a very good/very small menu ou choice of dishes ◆ (fig) **à la carte** retraite, plan d'investissement, voyage tailor-made ◆ **faire du tourisme à la carte** to go on a tour *(which one has organized oneself)* ◆ (Scol) **programme à la carte** free-choice curriculum, curriculum allowing pupils a choice of subjects ◆ **avoir un horaire à la carte** to have flexible working hours

e (Fin) credit card ◆ **payer par carte** to pay by credit card

f (Ordin) board

g LOC **en carte: fille** ou **femme** ou **prostituée en carte** registered prostitute

2 COMP ▷ **carte d'abonnement** (train) season ticket, pass; (Théâtre) season ticket ▷ **carte d'alimentation** ⇒ **carte de rationnement** ▷ **carte d'anniversaire** birthday card ▷ **carte d'assuré social** ou **de Sécurité sociale** ≃ National insurance Card (Brit), social security card (US) ▷ **carte bancaire** banker's card ▷ **carte blanche** ◆ **avoir carte blanche** to have carte blanche ou a free hand ◆ **donner carte blanche à qn** to give sb carte blanche ou a free hand ▷ **Carte Bleue**® (Banque) ≃ Visa Card® ▷ **carte de chemin de fer** railway (Brit) ou train (US) season ticket ▷ **carte de correspondance** (plain) postcard ▷ **carte de crédit** credit card ▷ **carte d'électeur** elector's card, voter registration card (US) ▷ **carte d'état-major** Ordnance Survey map (Brit), Geological Survey map (US) ▷ **carte d'étudiant** student card ▷ **carte d'extension de mémoire** memory expansion board ▷ **carte de famille nombreuse** *card issued to members of large families, allowing reduced fares etc* ▷ **carte de fidélité** (regular customer's) discount card ▷ **carte graphique** graphics board ▷ **carte grise** ≃ (car) registration book (Brit) ou papers (US), logbook (Brit) ▷ **carte d'identité** identity ou I.D. card ▷ **carte d'identité scolaire** pupil's identity card, student I.D. (card) ▷ **carte d'interface** interface board ▷ **carte d'invalidité** disability card ▷ **carte d'invitation** invitation card ▷ **carte jeune** young persons' discount card ▷ **carte journalière** (Ski) day-pass, day-ticket ▷ **carte de lecteur** reader's ticket (Brit), library ticket (Brit), library card ▷ **carte mécanographique** ⇒ **carte perforée** ▷ **carte à mémoire** smart card, intelligent card; (pour téléphone) phone card ▷ **carte de Noël** Christmas card ▷ **carte orange** monthly (ou weekly ou yearly) season ticket *(for all types of transport in Paris)* ▷ **carte de paiement** credit card ▷ **carte perforée** punch card ▷ **carte de presse** press card ▷ **carte privative** charge ou store card ▷ **carte à puce** smart card, intelligent card ▷ **carte de rationnement** ration card ▷ **carte scolaire** list of schools *(showing forecasts for regional requirements)* ▷ **carte de séjour** residence permit ▷ **carte syndicale** union card ▷ **carte téléphonique** phonecard ▷ **carte de travail** work permit ▷ **carte vermeille** ≃ senior citizen's rail pass ▷ **carte verte** (Aut) green card (Brit), certificate of insurance (US) ▷ **carte des vins** wine list ▷ **carte de vœux** greetings card

cartel [kaʀtɛl] [→ SYN] nm **a** (Pol) cartel, coalition; (Écon) cartel, combine ◆ **cartel de la drogue** drug cartel

b (pendule) wall clock

c (Hist: défi) cartel

carte-lettre, pl **cartes-lettres** [kaʀtəlɛtʀ] nf letter-card

cartellisation [kaʀtelizasjɔ̃] nf (Écon) formation of combines

carter [kaʀtɛʀ] nm [bicyclette] chain guard; (Aut) [huile] sump, oilpan (US); [boîte de vitesses] (gearbox) casing; [différentiel] cage; [moteur] crankcase

carte-réponse, pl **cartes-réponses** [kaʀt(ə)ʀepɔ̃s] nf (gén) reply card; [concours] entry form

carterie [kaʀt(ə)ʀi] nf postcard shop

cartésianisme [kaʀtezjanism] nm Cartesianism

cartésien, -ienne [kaʀtezjɛ̃, jɛn] [→ SYN] adj, nm,f Cartesian

Carthage [kaʀtaʒ] n Carthage

carthaginois, e [kaʀtaʒinwa, waz] **1** adj Carthaginian

2 nm,f ◆ **Carthaginois(e)** Carthaginian

cartilage [kaʀtilaʒ] nm (Anat) cartilage; [viande] gristle

cartilagineux, -euse [kaʀtilaʒinø, øz] adj (Anat) cartilaginous; viande gristly

cartogramme [kaʀtɔgʀam] nm cartogram

cartographe [kaʀtɔgʀaf] nmf cartographer

cartographie [kaʀtɔgʀafi] nf cartography, map-making ◆ **cartographie génique** ou **génétique** ou **des gènes** gene ou genetic mapping

cartographique [kaʀtɔgʀafik] adj cartographic(al)

cartomancie [kaʀtɔmɑ̃si] [→ SYN] nf fortune-telling *(with cards)*, cartomancy

cartomancien, -ienne [kaʀtɔmɑ̃sjɛ̃, jɛn] [→ SYN] nm,f fortune-teller *(who uses cards)*

carton [kaʀtɔ̃] [→ SYN] **1** nm **a** (matière) cardboard ◆ **écrit/collé sur un carton** written/pasted on (a piece of) cardboard ◆ **masque de** ou **en carton** cardboard mask ◆ **carton à cannelures** corrugated cardboard

b (boîte) (cardboard) box, carton (US); (contenu) boxful; (†: cartable) (school)bag, satchel ◆ **carton de lait** (boîte) carton of milk; (plusieurs boîtes) pack of milk ◆ **carton-repas** pre-packaged meal ◆ (fig) **c'est quelque part dans mes cartons** it's somewhere in my files ◆ **le projet a dormi** ou **est resté dans les cartons plusieurs années** the project was shelved ou put on the back burner ou mothballed for several years → **taper**[1]

c (cible) target ◆ **faire un carton** (à la fête) to have a go at the rifle range; (*: sur l'ennemi) to take a potshot* (*sur* at) ◆ **faire un bon carton** to make a good score, do a good shoot (Brit) ◆ (fig) **j'ai fait un carton* en anglais** I did brilliantly at English* ◆ (fig) **carton plein pour* ...** full marks for ...

d (Peinture) sketch; (Géog) inset map; [tapisserie, mosaïque] cartoon

e (carte) card ◆ **carton d'invitation** invitation card

f (*: accident) **il y a eu un carton* en ville** there was a smash-up* in town

2 COMP ▷ **carton à chapeau** hatbox ▷ **carton à chaussures** shoebox ▷ **carton à dessin** portfolio ▷ **carton gris** newsboard ▷ **carton jaune** (Ftbl) yellow card ◆ **il a reçu un carton jaune** he got a yellow card, he was booked ▷ **carton pâte** pasteboard ◆ **de carton pâte** décor, (fig) personnages cardboard (épith) ▷ **carton rouge** (Ftbl) red card ◆ **il a reçu un carton rouge** he got the red card, he was sent off

cartonnage [kaʀtɔnaʒ] nm **a** (industrie) cardboard industry

b (emballage) cardboard (packing)

c (Reliure) (action) boarding ◆ (couverture) **cartonnage pleine toile** cloth binding ◆ **cartonnage souple** limp cover

cartonner [kaʀtɔne] ▸ conjug 1 ◂ **1** vt **a** (relier) to bind in boards ◆ **livre cartonné** hardback (book)

b (*: heurter) to smash into*

2 vi* **a** (réussir) to do brilliantly* (*en* in)

b (échouer) to do terribly ou really badly (*en* in)

c (en voiture) to have a smash(-up)* ◆ **ça cartonne souvent à ce carrefour** you get quite a few crashes at this crossroads*

cartonnerie [kaʀtɔnʀi] nf (industrie) cardboard industry; (usine) cardboard factory

cartonneux, -euse [kaʀtɔnø, øz] adj (gén) cardboard-like (épith); viande leathery

cartonnier, -ière [kaʀtɔnje, jɛʀ] **1** nm,f (artiste) tapestry ou mosaic designer

2 nm (meuble) filing cabinet

cartophile [kaʀtɔfil] nmf postcard collector

cartophilie [kaʀtɔfili] nf postcard collecting

cartothèque [kaʀtɔtɛk] nf (collection) map collection; (salle) map room

cartouche[1] [kaʀtuʃ] [→ SYN] nf [fusil, stylo, magnétophone, ordinateur] cartridge; [cigarettes] carton → **brûler**

cartouche² [kaʀtuʃ] → SYN nm (Archéol, Archit) cartouche

cartoucherie [kaʀtuʃʀi] nf (fabrique) cartridge factory; (dépôt) cartridge depot

cartouchière [kaʀtuʃjɛʀ] → SYN nf (ceinture) cartridge belt; (sac) cartridge pouch

cartulaire [kaʀtylɛʀ] → SYN nm c(h)artulary

carvi [kaʀvi] nm (Bot) caraway

caryatide [kaʀjatid] nf ⇒ **cariatide**

caryocinèse [kaʀjosinɛz] nf karyokinesis

caryophyllé, e [kaʀjofile] 1 adj caryophyllaceous
2 nfpl ◆ **les caryophyllées** caryophyllaceous plants, the Caryophyllaceae (spéc)

caryopse [kaʀjɔps] nm (Bot) caryopsis

caryotype [kaʀjotip] nm karyotype

cas [kɑ] → SYN GRAMMAIRE ACTIVE 26.5
1 nm a (situation) case, situation; (événement) occurrence ◆ **cas tragique / spécial** tragic / special case ◆ **un cas imprévu** an unforeseen case ou situation ◆ **cas urgent** urgent case, emergency ◆ (Écon) **étude de cas** case study ◆ **comme c'est son cas** as is the case with him ◆ **il neige à Nice, et c'est un cas très rare** it's snowing in Nice and that's a very rare occurrence ou which is very rare ◆ **exposez-lui votre cas** state your case, explain your position; (à un médecin) describe your symptoms ◆ **il s'est mis dans un mauvais cas** he's got himself into a tricky situation ou position ◆ **dans le premier cas** in the first case ou instance
b (Jur) case ◆ **cas d'homicide / de divorce** murder / divorce case ◆ **l'adultère est un cas de divorce** adultery is grounds for divorce ◆ **soumettre un cas au juge** to submit a case to the judge ◆ (hum) **c'est un cas pendable** he deserves to be shot (hum)
c (Méd, Sociol) case ◆ **il y a plusieurs cas de variole dans le pays** there are several cases of smallpox in the country ◆ **cas social** person with social problems, social misfit ◆ (fig) **c'est vraiment un cas!** he's (ou she's) a real case!*
d (Ling) case
e LOC **faire (grand) cas de / peu de cas de** to attach great / little importance to, set great / little store by ◆ **il ne fait jamais aucun cas de nos observations** he never pays any attention to ou takes any notice of our comments ◆ **c'est le cas ou jamais** it's now or never ◆ **c'est le cas ou jamais de réclamer** if ever there was a case for complaint this is it ◆ **... c'est (bien) le cas de le dire!** ... you've said it!, ... and no mistake about that! ◆ **au cas** ou **dans le cas** ou **pour le cas où il pleuvrait, en cas qu'il pleuve**† in case it rains, in case it should rain ◆ **je prends un parapluie au cas où*** ou **en cas*** I am taking an umbrella (just) in case ◆ **dans ce cas-là** ou **en ce cas** ou **auquel cas téléphonez-nous** in that case give us a ring ◆ **dans le cas présent** in this particular case ◆ **le cas échéant** if the case arises, if need be ◆ **en cas de réclamation / d'absence** in case of ou in the event of complaint / absence ◆ **en cas de besoin nous pouvons vous loger** if need be we can put you up ◆ **en cas d'urgence** in an emergency, in emergencies ◆ **en aucun cas vous ne devez vous arrêter** on no account ou under no circumstances are you to stop ◆ **en tout cas, en** ou **dans tous les cas** anyway, in any case, at any rate ◆ **mettre qn dans le cas d'avoir à faire** to put sb in the situation ou position of having to do ◆ **il accepte ou il refuse selon les cas** he accepts or refuses as the case may be
2 COMP ▷ **cas de conscience** matter ou case of conscience ◆ **il a un cas de conscience** he's in a moral dilemma, he has a moral problem ▷ **cas d'école** textbook case, classic example ▷ **cas d'égalité des triangles** congruence of triangles ▷ **cas d'espèce** individual case ▷ **cas de figure** scenario ◆ **dans ce cas de figure** in this case ▷ **cas de force majeure** case of absolute necessity ▷ **cas de légitime défense** case of legitimate self-defence ◆ **c'était un cas de légitime défense** he acted in self-defence ▷ **cas limite** borderline case

Casablanca [kazablɑ̃ka] n Casablanca

casanier, -ière [kazanje, jɛʀ] → SYN 1 adj personne, habitudes, vie stay-at-home (épith)
2 nm,f stay-at-home, homebody (US)

casaque [kazak] → SYN nf [jockey] blouse; (†) [femme] overblouse; (Hist) [mousquetaire] tabard → **tourner**

casbah [kazba] nf (en Afrique) kasbah; (*: maison) house, place* ◆ **rentrer à la casbah** to go home

cascade [kaskad] → SYN nf a [eau] waterfall, cascade; (fig) [mots, événements, chiffres] stream, torrent, spate; [rires] peal ◆ (fig) **des démissions en cascade** a chain ou spate of resignations → **montage**
b (acrobatie) stunt ◆ **faire des cascades en voiture / moto** to do stunt driving / riding

cascader [kaskade] → SYN ▸conjug 1◂ vi (littér) to cascade

cascadeur [kaskadœʀ] → SYN nm [film] stuntman; [cirque] acrobat

cascadeuse [kaskadøz] nf [film] stuntgirl; [cirque] acrobat

cascara [kaskaʀa] nf cascara (buckthorn), bearwood

cascatelle [kaskatɛl] nf (littér) small waterfall

cascher [kaʃɛʀ] adj inv ⇒ **casher**

case [kɑz] → SYN nf a (sur papier) square, space; (sur formulaire) box; [échiquier] square ◆ (Jeux) **la case départ** the start ◆ (fig) **nous voilà revenus à la case départ** we're back to square one
b [pupitre] compartment, shelf; [courrier] pigeonhole; [boîte, tiroir] compartment ◆ **case postale** post-office box ◆ (Ordin) **case de réception** card stacker ◆ **il a une case vide*** ou **en moins*, il lui manque une case*** he has a screw loose*
c (hutte) hut ◆ (Littérat) **"La Case de l'oncle Tom"** "Uncle Tom's Cabin"

caséation [kazeasjɔ̃] nf caseation

caséeux, -euse [kazeø, øz] adj caseous

caséification [kazeifikasjɔ̃] nf caseation

caséine [kazein] nf casein

casemate [kazmat] → SYN nf blockhouse, pillbox

caser* [kɑze] ▸conjug 1◂ 1 vt a (placer) objets to shove*, stuff; (loger) amis to put up ◆ **il a casé les chaussures dans une poche** he tucked ou stuffed the shoes into a pocket
b (marier) fille to find a husband for; (pourvoir d'une situation) to find a job for ◆ **il a casé son fils dans une grosse maison d'édition** he got his son a job ou got his son set up in a big publishing house ◆ **ses enfants sont casés maintenant** (emploi) his children have got jobs now ou are fixed up now; (mariage) his children are (married and) off his hands now
2 **se caser** vpr (se marier, se mettre en couple) to settle down; (trouver un emploi) to find a (steady) job; (se loger) to find a place (to live) ◆ (personne seule) **il va avoir du mal à se caser** he's going to have a job finding someone to settle down with

caserne [kazɛʀn] → SYN nf (Mil, fig) barracks ◆ **caserne de pompiers** fire station (Brit), fire ou station house (US) ◆ **cet immeuble est une vraie caserne** this building looks like a barracks

casernement [kazɛʀnəmɑ̃] nm (Mil) (action) quartering in barracks; (bâtiments) barrack buildings

caserner [kazɛʀne] ▸conjug 1◂ vt (Mil) to barrack, quarter in barracks

casernier [kazɛʀnje] nm barrack quartermaster

cash* [kaʃ] 1 adv ◆ (comptant) **payer cash** to pay cash down ◆ **il m'a donné 40 000 F cash** he gave me 40,000 francs cash down ou on the nail* (Brit) ou on the barrel* (US)
2 nm cash (NonC)

casher [kaʃɛʀ] adj inv kosher

cash-flow [kaʃflo] nm cash flow

cashmere [kaʃmiʀ] nm (laine) cashmere ◆ **motif** ou **impression** ou **dessin cashmere** paisley pattern ◆ **écharpe en cashmere** cashmere scarf ◆ **écharpe cashmere** paisley(-pattern) scarf

casier [kɑzje] → SYN 1 nm a (compartiment) compartment; (tiroir) drawer; (fermant à clef) locker; [courrier] pigeonhole (Brit), box (US) ◆ **casier de consigne automatique** luggage locker
b (meuble) set of compartments ou pigeonholes; (à tiroirs) filing cabinet
c (Pêche) (lobster etc) pot ◆ **poser des casiers** to put out lobster pots
2 COMP ▷ **casier à bouteilles** bottle rack ▷ **casier fiscal** tax record ▷ **casier à homards** lobster pot ▷ **casier judiciaire** police ou criminal record ◆ **avoir un casier judiciaire vierge** to have a clean (police) record ◆ **avoir un casier judiciaire chargé** to have a long record ▷ **casier à musique** music cabinet

casino [kazino] nm casino

casoar [kazɔaʀ] nm (Orn) cassowary; (plumet) plume

Caspienne [kaspjɛn] nf ◆ **la mer Caspienne** the Caspian Sea

casque [kask] → SYN 1 nm a (qui protège) [soldat, alpiniste] helmet; [motocycliste] crash helmet; [ouvrier] hard hat ◆ **« le port du casque est obligatoire »** "this is a hard hat area", "hard hats must be worn at all times" ◆ **j'ai le casque depuis ce matin*** I've had a thick head* since this morning, I've a bit of a head* since this morning
b (pour sécher les cheveux) (hair-) drier
c **casque (à écouteurs)** (gén) headphones, headset, earphones; [hi-fi] headphones
d (Zool) casque
e (Bot) helmet, galea
2 COMP ▷ **Casque bleu** blue helmet ou beret ◆ **les Casques bleus** the U.N. peacekeeping force, the blue helmets ou berets ▷ **casque colonial** pith helmet, topee ▷ **casque intégral** full-face helmet ▷ **casque à pointe** spiked helmet

casqué, e [kaske] adj motocycliste, soldat wearing a helmet, helmeted ◆ **casqué de cuir** wearing a leather helmet

casquer* [kaske] ▸conjug 1◂ vti (payer) to cough up*, fork out*

casquette [kaskɛt] → SYN nf cap ◆ **casquette d'officier** officer's (peaked) cap ◆ (fig) **avoir plusieurs casquettes / une double casquette** to wear several hats / two hats ◆ **il en a sous la casquette*** he's brainy*

cassable [kɑsabl] adj breakable

cassandre [kasɑ̃dʀ] nf ◆ (Myth) **Cassandre** Cassandra ◆ (fig) **jouer les cassandre** to be a prophet of doom

cassant, e [kɑsɑ̃, ɑ̃t] → SYN adj a glace, substance brittle; métal short; bois easily broken ou snapped
b (fig) ton curt, abrupt, brusque; attitude, manières brusque, abrupt
c (*: difficile) **ce n'est pas cassant** it's not exactly back-breaking ou tiring work

cassate [kasat] nf cassata

cassation¹ [kɑsasjɔ̃] → SYN nf a (Jur) cassation → **cour, pourvoir**
b (Mil) reduction to the ranks

cassation² [kɑsasjɔ̃] → SYN nf (Mus) cassation

cassave [kasav] nf cassava pancake

casse [kɑs] → SYN 1 nf a (action) breaking, breakage; (objets cassés) damage, breakages ◆ **il y a eu beaucoup de casse pendant le déménagement** there were a lot of things broken ou a lot of breakages during the move ◆ **payer la casse** to pay for the damage ou breakages ◆ (fig) **il va y avoir de la casse*** there's going to be (some) rough stuff* ◆ **pas de casse!** (lit) don't break anything!; (* fig) no rough stuff!*
b (*: endroit) scrap yard ◆ (récupération) **mettre à la casse** to scrap ◆ **vendre à la casse** to sell for scrap ◆ **bon pour la casse** fit for scrap, ready for the scrap heap ◆ **envoyer une voiture à la casse** to send a car to the breakers
c (Typ) **lettres du haut de / du bas de casse** upper-case / lower-case letters
d (Bot) cassia
2 nm (arg Crime: cambriolage) break-in ◆ **faire un casse dans une bijouterie** to break into a jeweller's shop, do a break-in at a jeweller's shop

cassé, e [kɑse] [→ SYN] (ptp de **casser**) adj **a** voix broken, cracked; vieillard bent → **blanc, col**
b (*: éreinté) knackered‡ (Brit), done (in)*, (dead-)beat*

casseau, pl **casseaux** [kaso] nm (Typ) (casse) sort case; (signe) dingbat

casse-cou [kasku] [→ SYN] **1** adj inv (*: personne) reckless
2 nmf inv (*) (personne) daredevil, reckless person; (en affaires) reckless person
3 nm inv ◆ **crier casse-cou à qn** to warn sb

casse-couilles** [kaskuj] nmf inv pain in the arse** (Brit) ou ass** (US) ou butt**

casse-croûte [kaskʀut] [→ SYN] nm inv snack, lunch (US); (Can) snack bar ◆ **prendre / emporter un petit casse-croûte** to have / take along a bite to eat ou a snack

casse-cul** [kasky] adj inv bloody (Brit) ou damn annoying!‡ ◆ **il est casse-cul** he's a pain in the arse** (Brit) ou ass** (US)

casse-dalle‡, pl **casse-dalle(s)** [kasdal] nm ⇒ **casse-croûte**

casse-graine* [kasgʀɛn] nm inv ⇒ **casse-croûte**

casse-gueule‡ [kasgœl] **1** adj inv sentier dangerous, treacherous; opération, entreprise dicey* (Brit), dangerous
2 nm inv (opération, entreprise) dicey* (Brit) business; (endroit) dangerous ou nasty spot ◆ **aller au casse-gueule**† to go to war (to be killed)

cassement [kasmɑ̃] [→ SYN] nm **a** **cassement de tête*** headache (fig), worry
b ⇒ **casse** 2

casse-noisette(s), pl **casse-noisettes** [kasnwazɛt] nm nutcrackers (Brit), nutcracker (US) ◆ **as-tu un casse-noisettes?** have you got a pair of nutcrackers? (Brit) ou a nutcracker? (US) ◆ **le casse-noisettes est sur la table** the nutcrackers (Brit) are ou the nutcracker (US) is on the table ◆ (Mus) **"Casse-Noisette"** "The Nutcracker"

casse-noix [kasnwa] nm inv ⇒ **casse-noisette**

casse-pattes* [kaspat] nm inv ◆ [escalier, côte] **c'est un vrai casse-pattes*** it's a real slog*

casse-pieds* [kaspje] nmf inv (importun) nuisance, pain in the neck‡; (ennuyeux) bore ◆ **ce qu'elle est casse-pieds*!** (importune) she's a pain in the neck!‡; (ennuyeuse) what a bore ou drag* she is!

casse-pierre(s), pl **casse-pierres** [kaspjɛʀ] nm **a** (Tech) stone crusher
b (Bot) pellitory

casse-pipe* [kaspip] nm inv ◆ **aller au casse-pipe** to go to the front

casser [kɑse] [→ SYN] ▸ conjug 1 ◂
1 vt **a** (briser) objet, volonté, moral, rythme to break; noix to crack; latte, branche to snap, break; vin to spoil the flavour of; (*) appareil to bust* ◆ **casser une dent / un bras à qn** to break sb's tooth / arm ◆ **casser qch en deux / en morceaux** to break sth in two / into pieces ◆ **casser un morceau de chocolat** to break off ou snap off a piece of chocolate ◆ **casser un carreau** (volontairement) to smash a pane; (accidentellement) to break a pane ◆ **il s'est mis à tout casser autour de lui** he started smashing ou breaking everything about him ◆ **cette bonne casse tout** ou **beaucoup** this maid is always breaking things ◆ **cette maladie lui a cassé la voix** this illness has ruined his voice
b (dégrader) personne (Mil) to reduce to the ranks, break; (Admin) to demote
c (Admin, Jur: annuler) jugement to quash; arrêt to nullify, annul ◆ **faire casser un jugement pour vice de forme** to have a sentence quashed on a technicality
d (Comm) **casser les prix** to slash prices
e (‡: tuer) **casser du Viet / du Boche** to go Viet- / Jerry-smashing
f (loc) (Aviat) **casser du bois** to smash up one's plane ◆ (fig: avoir du succès) **casser la baraque*** to bring the house down ◆ (fig: tout gâcher) **casser la baraque à qn*** to mess ou foul‡ everything up (for sb) ◆ **casser la croûte*** ou **la graine*** to have a bite ou something to eat ◆ **casser la figure*** ou **la gueule‡ à qn** to smash sb's face in‡, knock sb's block off‡ ◆ **casser le morceau‡** (avouer) to spill the beans, come clean; (trahir) to blow the gaff* (Brit), give the game away* ◆ **casser les pieds à qn*** (fatiguer) to bore sb stiff; (irriter) to get on sb's nerves ◆ **il nous les casse!‡** he's a pain (in the neck)!‡ ◆ **tu me casses les bonbons!‡** you're a pain in the neck!‡, you're getting on my nerves ou wick (Brit)!‡ ◆ **casser sa pipe*** to kick the bucket‡, snuff it* (Brit) ◆ **ça / il ne casse pas des briques*, ça / il ne casse rien, ça / il ne casse pas trois pattes à un canard** it's / he's nothing special, it's / he's nothing to shout about ou to get excited about ◆ **casser du sucre sur le dos de qn** to gossip ou talk about sb behind his back ◆ **il nous casse la tête** ou **les oreilles* avec sa trompette** he deafens us with his trumpet ◆ **il nous casse la tête avec ses histoires*** he bores us stiff with his stories ◆ **à tout casser*** (extraordinaire) film, repas stupendous, fantastic; succès runaway (épith) ◆ (tout au plus) **tu en auras pour 100 F à tout casser** that'll cost you at the outside ou at the most 100 francs → **omelette, rein**
2 vi (se briser) [objet] to break; [baguette, corde, plaque] to break, snap ◆ **ça casse facilement** it breaks easily ◆ **ça casse comme du verre** it breaks like glass ◆ **le pantalon doit casser sur la chaussure** the trouser (leg) should rest on the shoe
3 **se casser** vpr **a** (se briser) [objet] to break ◆ **la tasse s'est cassée en tombant** the cup fell and broke ◆ **l'anse s'est cassée** the handle came off ou broke (off) ◆ **se casser net** to break clean off ou through
b [personne] **se casser la jambe / une jambe / une dent** to break one's leg / a leg / a tooth ◆ (fig) **se casser le cou** ou **la figure*** ou **la gueule‡** (tomber) to come a cropper*, fall flat on one's face; (d'une certaine hauteur) to crash down; (faire faillite) to come a cropper*, go bankrupt; (se tuer) to smash o.s. up* ◆ **se casser la figure contre** to crash into ◆ (fig) **se casser le nez** (trouver porte close) to find no one in; (échouer) to come a cropper*, fail ◆ (fig) **il ne s'est pas cassé la tête*** ou **la nénette‡** ou **le tronc‡** ou **le cul**** he didn't overtax himself ou overdo it ◆ (fig) **cela fait 2 jours que je me casse la tête sur ce problème** I've been racking my brains for 2 days over this problem ◆ (fig) **se casser les dents** to come a cropper*
c (*: se fatiguer) **il ne s'est rien cassé** ou **il ne s'est pas cassé pour écrire cet article** he didn't strain himself writing this article
d (‡: partir) to split‡ ◆ **casse-toi!** get the hell out of here!‡

casserole [kasʀɔl] [→ SYN] nf **a** (Culin) (ustensile) saucepan; (contenu) saucepan(ful) ◆ **du veau à la** ou **en casserole** braised veal
b (péj) **c'est une vraie casserole*** [piano] it's a tinny piano; [voiture] it's a tinny car; [chanteur] he's a lousy singer*, he can't sing for toffee* ◆ **chanter comme une casserole*** to be a lousy singer*, squawk like a parrot* ◆ **faire un bruit de casserole** to clank
c (arg Ciné) projector
d (*: scandale) scandal ◆ **traîner une casserole** to be haunted by a scandal ◆ **je suis un homme d'honneur, sans casserole** I am an honourable man, without a blemish on my reputation
e LOC **passer à la casserole‡** fille to screw**, lay**; (tuer) prisonnier to bump off‡ ◆ **elle est passée à la casserole‡** she got screwed** ou laid**

casse-tête, pl **casse-tête(s)** [kastɛt] [→ SYN] nm (Hist: massue) club ◆ **casse-tête (chinois)** (problème difficile) headache (fig); (jeu) puzzle, brain-teaser

cassette [kasɛt] [→ SYN] nf **a** (coffret) casket; (trésor) [roi] privy purse ◆ (hum) **il a pris l'argent sur sa cassette personnelle** he took the money ou paid out of his own pocket
b [magnétophone, ordinateur] cassette → **magnétophone**

cassettothèque [kasɛtɔtɛk] nf cassette library

casseur [kɑsœʀ] [→ SYN] nm (*: bravache) tough ou big guy*; (Aut: ferrailleur) scrap merchant (Brit) ou dealer; (Pol: manifestant) rioter, rioting demonstrator; (‡: cambrioleur) burglar ◆ **jouer les casseurs*** to come the rough stuff* ◆ **casseur de pierres** stone breaker

cassier [kasje] [→ SYN] nm cassia

Cassiopée [kasjɔpe] nf Cassiopeia

cassis [kasis] [→ SYN] nm **a** (fruit) blackcurrant; (arbuste) blackcurrant bush; (liqueur) blackcurrant liqueur, cassis
b (‡: tête) nut*, block*
c [route] bump, ridge

cassitérite [kasiteʀit] nf cassiterite

cassolette [kasɔlɛt] [→ SYN] nf (ustensile) *earthenware dish*; (mets) cassolette

casson [kasɔ̃] [→ SYN] nm [sucre] (rough) lump

cassonade [kasɔnad] nf brown sugar

cassoulet [kasulɛ] nm cassoulet *(casserole dish of S.W. France)*

cassure [kasyʀ] [→ SYN] nf **a** (lit, fig) break; [col] fold ◆ **à la cassure du pantalon** where the trousers rest on the shoe
b (Géol) (gén) break; (fissure) crack; (faille) fault

castagne‡ [kastaɲ] nf **a** (action) fighting ◆ **il aime la castagne** he loves a good punch-up* (Brit) ou fight
b (rixe) fight, punch-up* (Brit)

castagner (se)‡ [kastaɲe] ▸ conjug 1 ◂ vpr to fight, have a punch-up* (Brit) ◆ **ils se sont castagnés** they beat (the) hell out of each other‡, they had a punch-up* (Brit) ou fight

castagnettes [kastaɲɛt] nfpl castanets ◆ **il avait les dents / les genoux qui jouaient des castagnettes*** he could feel his teeth chattering ou rattling / knees knocking, his teeth were chattering ou rattling / his knees were knocking

caste [kast] [→ SYN] nf (lit, péj) caste → **esprit**

castel [kastɛl] [→ SYN] nm mansion, small castle

castillan, e [kastijɑ̃, an] **1** adj Castilian
2 nm (Ling) Castilian
3 nm,f ◆ **Castillan(e)** Castilian

Castille [kastij] nf Castile

Castor [kastɔʀ] nm Castor

castor [kastɔʀ] [→ SYN] nm (Zool, fourrure) beaver

castorette [kastɔʀɛt] nf fake beaver (fur ou skin)

castoréum [kastɔʀeɔm] nm castor

castrat [kastʀa] [→ SYN] nm (chanteur) castrato

castrateur, -trice [kastʀatœʀ, tʀis] adj (Psych) castrating

castration [kastʀasjɔ̃] [→ SYN] nf (→ **castrer**) castration; spaying; gelding; doctoring ◆ **complexe de castration** castration complex

castrer [kastʀe] [→ SYN] ▸ conjug 1 ◂ vt (gén) homme, animal mâle to castrate; animal femelle to spay; cheval to geld

Castries [kastʀi] n Castries

castrisme [kastʀism] nm Castroism

castriste [kastʀist] **1** adj Castro (épith), Castroist
2 nmf supporter ou follower of Castro

casuarina [kazɥaʀina] nm casuarina

casuel, -elle [kazɥɛl] [→ SYN] **1** adj **a** (Ling) **désinences casuelles** case endings ◆ **système casuel** case system
b (littér) fortuitous
2 nm (†) (gain variable) commission money; [curé] casual offerings (pl)

casuiste [kazɥist] [→ SYN] nm (Rel, péj) casuist

casuistique [kazɥistik] [→ SYN] nf (Rel, péj) casuistry

casus belli [kazysbɛlli] nm inv casus belli

catabolique [katabɔlik] adj catabolic, katabolic

catabolisme [katabɔlism] nm catabolism, katabolism

catabolite [katabɔlit] nm catabolite

catachrèse [katakʀɛz] nf catachresis

cataclysme [kataklism] [→ SYN] nm cataclysm

cataclysmique [kataklismik] adj cataclysmic, cataclysmal

catacombes [katakɔ̃b] nfpl catacombs

catadioptre [katadjɔptʀ] [→ SYN] nm (sur voiture) reflector; (sur chaussée) Catseye ® (Brit), cat's eye

catadioptrique [katadjɔptʀik] adj catadioptric

catafalque [katafalk] [→ SYN] nm catafalque

cataire [katɛʀ] nf catnip, catmint

catalan, e [katalɑ̃, an] [1] adj Catalan, Catalonian
[2] nm (Ling) Catalan
[3] nm,f ◆ **Catalan(e)** Catalan

catalectique [katalɛktik] adj catalectic

catalepsie [katalɛpsi] [→ SYN] nf catalepsy ◆ **tomber en catalepsie** to have a cataleptic fit

cataleptique [katalɛptik] adj, nmf cataleptic

catalogage [katalɔgaʒ] nm (→ **cataloguer**) cataloguing, cataloging (US); categorizing, labelling, pigeonholing (péj)

Catalogne [katalɔɲ] nf Catalonia

catalogne [katalɔɲ] nf (Can Artisanat) *piece of cloth woven into drapes, covers and rugs*

catalogue [katalɔg] [→ SYN] nm (gén) catalogue, catalog (US); (Ordin) directory ◆ **prix de catalogue** list price ◆ **faire le catalogue de** to catalogue, catalog (US), list ◆ **acheter qch sur catalogue** to buy sth from a catalogue

cataloguer [katalɔge] [→ SYN] ▸conjug 1◂ vt articles, objets to catalogue, catalog (US), list; bibliothèque, musée to catalogue; (*) personne to categorize, label, pigeonhole (péj) (*comme* as)

catalpa [katalpa] nm catalpa

catalyse [kataliz] nf catalysis

catalyser [katalize] ▸conjug 1◂ vt (Chim, fig) to catalyse

catalyseur [katalizœʀ] nm (Chim, fig) catalyst

catalytique [katalitik] adj catalytic → **pot**

catamaran [katamaʀɑ̃] nm (voilier) catamaran; (hydravion) floats

cataphote ® [katafɔt] nm ⇒ **catadioptre**

cataplasme [kataplasm] [→ SYN] nm (Méd) poultice, cataplasm ◆ **cataplasme sinapisé** mustard poultice ou plaster ◆ (fig) **cet entremets est un véritable cataplasme sur l'estomac** the dessert lies like a lead weight ou lies heavily on the stomach

cataplexie [katalplɛksi] nf (Méd) cataplexy; (Psych) catatonia

catapultage [katapyltaʒ] nm (lit, fig) catapulting; (Aviat) catapult launch

catapulte [katapylt] [→ SYN] nf (Aviat, Hist) catapult

catapulter [katapylte] [→ SYN] ▸conjug 1◂ vt (lit) to catapult ◆ **il a été catapulté à ce poste** he was pitchforked ou catapulted into this job

cataracte [kataʀakt] [→ SYN] nf [a] (chute d'eau) cataract ◆ (fig) **des cataractes de pluie** torrents of rain
[b] (Méd: NonC) cataract ◆ **il a été opéré de la cataracte** he's had a cataract operation, he's been operated on for (a) cataract

catarhiniens [kataʀinjɛ̃] nmpl ◆ **les catarhiniens** catarrhines

catarrhal, e, mpl **-aux** [kataʀal, o] adj catarrhal

catarrhe [kataʀ] [→ SYN] nm catarrh

catarrheux, -euse [kataʀø, øz] adj voix catarrhal, thick ◆ **vieillard catarrheux** wheezing old man

catastase [katastaz] nf (Phon) on-glide

catastrophe [katastʀɔf] [→ SYN] nf disaster, catastrophe ◆ **catastrophe aérienne** air crash ou disaster ◆ **catastrophe naturelle** natural disaster (gén); (Assurances) act of God ◆ (Phys) **théorie des catastrophes** catastrophe theory ◆ **catastrophe! le prof est arrivé!*** panic stations! the teacher's here!* ◆ **catastrophe! je l'ai perdu!** Hell's bells!* I've lost it! ◆ **en catastrophe: atterrir en catastrophe** to make a forced ou an emergency landing ◆ **ils sont partis en catastrophe** they left in a terrible ou mad rush ◆ **c'est la catastrophe cette voiture/ces chaussures!*** this car is/these shoes are a disaster! ◆ **film catastrophe** disaster movie ou film ◆ (fig) **scénario catastrophe** nightmare scenario

catastrophé, e* [katastʀɔfe] adj personne, air stunned ◆ **être catastrophé** to be shattered* ou stunned

catastropher* [katastʀɔfe] ▸conjug 1◂ vt to shatter*, stun

catastrophique [katastʀɔfik] adj disastrous, catastrophic

catastrophisme [katastʀɔfism] nm [a] (Géol) catastrophism
[b] (pessimisme) gloom-mongering ◆ **faire du catastrophisme** to preach doom and gloom

catastrophiste [katastʀɔfist] [1] adj vision gloomy, (utterly) pessimistic
[2] nmf [a] (Géol) catastrophist
[b] (pessimiste) gloom-monger, (utter) pessimist

catatonie [katatɔni] nf catatonia

catatonique [katatɔnik] adj catatonic

catch [katʃ] [→ SYN] nm wrestling ◆ **il fait du catch** he's an all-in wrestler, he's a wrestler

catcher [katʃe] ▸conjug 1◂ vi to wrestle

catcheur, -euse [katʃœʀ, øz] nm,f wrestler

catéchèse [kateʃɛz] nf catechetics (pl), catechesis

catéchisation [kateʃizasjɔ̃] nf catechization

catéchiser [kateʃize] [→ SYN] ▸conjug 1◂ vt (Rel) to catechize; (endoctriner) to indoctrinate, catechize; (sermonner) to lecture

catéchisme [kateʃism] [→ SYN] nm (enseignement, livre, fig) catechism ◆ **aller au catéchisme** to go to catechism (class), ≃ go to Sunday school, ≃ go to CCD* (US)

catéchiste [kateʃist] nmf catechist → **dame**

catéchistique [kateʃistik] adj catechistic(al)

catéchuménat [katekymena] nm catechumenate

catéchumène [katekymɛn] nmf (Rel) catechumen; (fig) novice

catégorie [kategɔʀi] [→ SYN] nf (gén, Philos) category; (Boxe, Hôtellerie) class; (Admin) [personnel] grade ◆ (Boucherie) **morceaux de première/deuxième catégorie** prime/second cuts ◆ **ranger par catégorie** to categorize ◆ **il est de la catégorie de ceux qui ...** he comes in ou he belongs to the category of those who ... ◆ (Sociol) **catégorie socio(-)professionnelle** socio-professional group

catégoriel, -elle [kategɔʀjɛl] adj [a] (Pol, Syndicats) **revendications catégorielles** sectional claims
[b] (Gram) **indice catégoriel** category index

catégorique [kategɔʀik] [→ SYN] adj [a] (net) ton, personne categorical, dogmatic; démenti, refus flat (épith), categorical
[b] (Philos) categorical

catégoriquement [kategɔʀikmɑ̃] adv (→ **catégorique**) categorically; dogmatically; flatly

catégorisation [kategɔʀizasjɔ̃] nf categorization

catégoriser [kategɔʀize] ▸conjug 1◂ vt to categorize ◆ **le risque de catégoriser à outrance** the risk of over-categorizing

caténaire [katenɛʀ] adj, nf (Rail) catenary

caténane [katenan] nf catenane

catergol [katɛʀgɔl] nm catergol

catgut [katgyt] nm (Méd) catgut

cathare [kataʀ] [→ SYN] [1] adj Cathar
[2] nmf ◆ **Cathare** Cathar

catharsis [kataʀsis] [→ SYN] nf (Littérat, Psych) catharsis

cathartique [kataʀtik] adj cathartic

Cathay [katɛ] nm Cathay

cathédrale [katedʀal] [→ SYN] nf cathedral → **verre**

cathèdre [katɛdʀ] nf cathedra

Catherine [katʀin] nf Catherine, Katherine ◆ **Catherine la Grande** Catherine the Great

catherinette [katʀinɛt] nf *girl of 25 still unmarried by the Feast of St Catherine*

cathéter [katetɛʀ] nm catheter

cathétérisme [kateteʀism] nm catheterization

cathétomètre [katetɔmɛtʀ] nm cathetometre

catho* [kato] adj, nmf abrév de **catholique**

cathode [katɔd] nf cathode

cathodique [katɔdik] adj (Phys) cathodic ◆ **tube cathodique** cathode-ray tube ◆ (fig: télévisuel) **nous sommes saturés par sa présence cathodique** we can't take any more of his small screen appearances → **rayon**

catholicisme [katɔlisism] [→ SYN] nm (Roman) Catholicism

catholicité [katɔlisite] [→ SYN] nf [a] (fidèles) **la catholicité** the (Roman) Catholic Church
[b] (orthodoxie) catholicity

catholique [katɔlik] [→ SYN] [1] adj [a] (Rel) foi, dogme (Roman) Catholic
[b] (*) **pas (très) catholique** fishy*, shady, a bit doubtful, not very kosher* (US)
[2] nmf (Roman) Catholic

cati [kati] nm [tissu] gloss

Catilina [katilina] nm Catiline

catimini [katimini] [→ SYN] adv ◆ **en catimini** on the sly ou quiet ◆ **sortir en catimini** to steal ou sneak out ◆ **il me l'a dit en catimini** he whispered it in my ear

catin† [katɛ̃] nf (prostituée) trollop†, harlot††

cation [katjɔ̃] nm cation

catir [katiʀ] ▸conjug 2◂ vt tissu to gloss

catogan [katɔgɑ̃] nm *bow tying hair on the neck*

Caton [katɔ̃] nm Cato

catoptrique [katɔptʀik] [1] adj catoptric
[2] nf catoptrics (sg)

cattleya [katlɛja] nm cattleya

Catulle [katyl] nm Catullus

Caucase [kokɑz] nm ◆ **le Caucase** the Caucasus

caucasien, -ienne [kokɑzjɛ̃, jɛn] [1] adj Caucasian
[2] nm,f ◆ **Caucasien(ne)** Caucasian

cauchemar [koʃmaʀ] [→ SYN] nm nightmare ◆ **faire des cauchemars** to have nightmares ◆ (fig) **l'analyse grammaticale était son cauchemar** parsing was a nightmare to him ◆ **vision de cauchemar** nightmarish sight

cauchemarder [koʃmaʀde] ▸conjug 1◂ vi to have a nightmare, have nightmares ◆ **faire cauchemarder qn** to give sb nightmares

cauchemardesque [koʃmaʀdɛsk] [→ SYN] adj impression, expérience nightmarish

cauchemardeux, -euse [koʃmaʀdø, øz] adj [a] ⇒ **cauchemardesque**
[b] **sommeil cauchemardeux** sleep full of nightmares

caudal, e, mpl **-aux** [kodal, o] adj caudal

caulescent, e [kolesɑ̃, ɑ̃t] adj (Bot) caulescent

cauri [koʀi] nm cowrie ou cowry (shell)

causal, e, mpl **-aux** [kozal, o] adj causal ◆ **proposition causale** reason clause

causalgie [kozalʒi] nf causalgia

causalisme [kozalism] nm theory of causality

causalité [kozalite] nf causality

causant, e* [kozɑ̃, ɑ̃t] [→ SYN] adj talkative, chatty ◆ **il n'est pas très causant** he doesn't say very much, he's not very forthcoming ou talkative

causatif, -ive [kozatif, iv] adj (Gram) conjonction causal; construction, verbe causative

cause [koz] [→ SYN] nf [a] (motif, raison) cause ◆ **quelle est la cause de l'accident?** what caused the accident?, what was the cause of the accident? ◆ **on ne connaît pas la cause de son absence** the reason for ou the cause of his absence is not known ◆ **être (la) cause de qch** to be the cause of sth ◆ **la chaleur en est la cause** it is caused by the heat ◆ **la cause en demeure inconnue** the cause remains unknown, the reason for it remains unknown ◆ **les causes qui l'ont poussé à agir** the reasons that caused him to act ◆ **être cause que†: cet accident est cause que nous sommes en retard** this accident is the cause of our being late ◆ **elle est cause que nous sommes en retard** she is responsible for our being late → **relation**
[b] (Jur) lawsuit, case; (à plaider) brief ◆ **cause civile** civil action ◆ **cause criminelle** crimi-

nal proceedings ◆ **la cause est entendue** (lit) the sides have been heard; (fig) there's no doubt in our minds ◆ **cause célèbre** cause célèbre, famous trial ou case ◆ **plaider sa cause** to plead one's case ◆ **un avocat sans cause(s)** a briefless barrister → **connaissance**

c (ensemble d'intérêts) cause ◆ **une juste / grande / noble / bonne cause** a just / great / noble / good cause ◆ **une cause perdue** a lost cause ◆ **faire cause commune avec qn** to make common cause with sb, side ou take sides with sb → **fait**[1]

d (Philos) cause ◆ **cause première / seconde / finale** primary / secondary / final cause

e LOC **à cause de** (en raison de) because of, owing to; (par égard pour) because of, for the sake of ◆ **à cause de cet incident technique** owing to ou because of this technical failure ◆ **c'est à cause de lui que nous nous sommes perdus** it's because of him we got lost, he is responsible for our getting lost ◆ **à cause de son âge** on account of ou because of his age ◆ **il est venu à cause de vous** he came for your sake ou because of you ◆ (iro) **ce n'est pas à cause de lui que j'y suis arrivé!** it's no thanks to him I managed to do it! ◆ **être en cause** [personne] to be involved ou concerned; [intérêts etc] to be at stake, be involved ◆ **son honnêteté n'est pas en cause** there is no question about his honesty, his honesty is not in question ◆ **mettre en cause** innocence, nécessité, capacité to (call into) question; personne to implicate ◆ **remettre en cause** principe, tradition to question, challenge ◆ **sa démission remet tout en cause** his resignation re-opens the whole question, we're back to square one* (Brit) ou where we started from because of his resignation ◆ **mettre qn hors de cause** to clear ou exonerate sb ◆ **c'est hors de cause** it is out of the question ◆ **pour cause de** on account of ◆ **fermé pour cause d'inventaire / de maladie** closed for stocktaking / on account of illness ◆ **et pour cause!** and for (a very) good reason! ◆ **non sans cause!** not without (good) cause ou reason! ◆ **ils le regrettent – non sans cause!** they are sorry – as well they might be! ou not without reason!

causer[1] [koze] ⇒ SYN ▸ conjug 1 ◂ vt (provoquer) to cause; (entraîner) to bring about ◆ **causer des ennuis à qn** to get sb into trouble, bring trouble to sb ◆ **causer de la peine à qn** to hurt sb ◆ **causer du plaisir à qn** to give pleasure to sb

causer[2] [koze] ⇒ SYN ▸ conjug 1 ◂ vti a (s'entretenir) to chat, talk; (*: discourir) to speak, talk ◆ **causer de qch** to talk about sth; (propos futiles) to chat about sth ◆ **causer politique / travail** to talk politics / shop ◆ **elles causaient chiffons** they were chatting about ou discussing clothes ◆ **causer à qn*** to talk ou speak to sb ◆ **assez causé!** that's enough talk! ◆ (iro) **cause toujours, tu m'intéresses!** keep going ou talking, I'm all ears ou I'm hanging on your every word (iro)

b (jaser) to talk, gossip (*sur qn* about sb) ◆ **on en cause** people are talking ◆ **on cause dans le village / le bureau** people are talking in the village / the office

c (*: avouer) to talk ◆ **pour le faire causer** to loosen his tongue, to make him talk

causerie [kozʀi] ⇒ SYN nf (conférence) talk; (conversation) chat

causette [kozɛt] nf ◆ **faire la causette, faire un brin de causette** to have a chat* ou natter* (Brit) (*avec* with)

causeur, -euse [kozœʀ, øz] ⇒ SYN 1 adj (rare) talkative, chatty

2 nm,f talker, conversationalist

3 **causeuse** nf (siège) causeuse, love seat

causse [kos] nm causse, *limestone plateau (in south-central France)*

causticité [kostisite] ⇒ SYN nf (lit, fig) causticity

caustique [kostik] ⇒ SYN adj, nmf (Sci, fig) caustic ◆ **surface caustique** caustic (surface)

caustiquement [kostikmɑ̃] adv caustically

cautèle [kotɛl] ⇒ SYN nf (littér) cunning, guile

cauteleusement [kotløzmɑ̃] adv (littér) in a cunning way

cauteleux, -euse [kotlø, øz] ⇒ SYN adj (littér) cunning

cautère [kɔtɛʀ] ⇒ SYN nm cautery ◆ **c'est un cautère sur une jambe de bois** it's as much use as a poultice on a wooden leg

cautérisation [kɔteʀizasjɔ̃] ⇒ SYN nf cauterization

cautériser [kɔteʀize] ⇒ SYN ▸ conjug 1 ◂ vt to cauterize

caution [kosjɔ̃] ⇒ SYN nf a (somme d'argent) (Fin) guarantee, security; (Jur) bail (bond) ◆ **caution de soumission** bid bond ◆ **caution solidaire** joint and several guarantee ◆ **verser une caution (de 1 000 F)** to put ou lay down a security ou a guarantee (of 1,000 francs) ◆ **mettre qn en liberté sous caution** to release ou free sb on bail ◆ **libéré sous caution** freed ou released ou out on bail ◆ **payer la caution de qn** to stand (Brit) ou go (US) bail for sb, bail sb out

b (fig: garantie morale) guarantee ◆ **sa parole est ma caution** his word is my guarantee

c (appui) backing, support ◆ **avoir la caution d'un parti / de son chef** to have the backing ou support of a party / one's boss

d (personne, garant) **se porter caution pour qn** to stand security (Brit) ou surety for sb → **sujet**

cautionnement [kosjɔnmɑ̃] nm (somme) guaranty, guarantee, security (Brit), surety; (contrat) security ou surety bond; (soutien) support, backing ◆ **cautionnement électoral** deposit *(required of candidates in an election)*

cautionner [kosjɔne] ⇒ SYN ▸ conjug 1 ◂ vt

a (répondre de) (moralement) to answer for, guarantee; (financièrement) to guarantee, stand surety ou guarantor for

b politique, gouvernement to support, give one's support ou backing to

cavaillon [kavajɔ̃] nm cavaillon melon

cavalcade [kavalkad] ⇒ SYN nf a (course tumultueuse) stampede; (*: troupe désordonnée) stampede, stream

b [cavaliers] cavalcade

c (défilé, procession) cavalcade, procession

cavalcader [kavalkade] ⇒ SYN ▸ conjug 1 ◂ vi (gambader, courir) to stream, swarm, stampede; (†: chevaucher) to cavalcade, ride in a cavalcade

cavale [kaval] ⇒ SYN nf a (littér) mare

b (arg Prison: évasion) **être en cavale** to be on the run

cavaler ✱ [kavale] ▸ conjug 1 ◂ 1 vi a (courir) to run ◆ **j'ai dû cavaler dans tout Londres pour le trouver** I had to rush all round London to find it

b (draguer) [homme] to chase anything in a skirt*; [femme] to chase anything in trousers* ◆ **cavaler après qn** to run ou chase after sb

2 vt (ennuyer) to bore, annoy ◆ **il commence à nous cavaler** we're beginning to get cheesed off* (Brit) ou browned off* (Brit) ou teed off* (US) with him, he's beginning to get on our wick✱ (Brit)

3 **se cavaler** vpr (se sauver) to clear off✱, get the hell out of it✱, scarper✱ (Brit), skedaddle* ◆ **les animaux se sont cavalés** the animals legged it* ou scarpered✱ (Brit) ou skedaddled*

cavalerie [kavalʀi] ⇒ SYN nf (Mil) cavalry; [cirque] horses ◆ (Mil) **cavalerie légère** light cavalry ou horse ◆ **c'est de la grosse cavalerie** (nourriture) it is heavy stuff; (objets) it is uninspiring stuff

cavaleur ✱ [kavalœʀ] nm wolf, womanizer ◆ **il est cavaleur** he is a womanizer, he chases anything in a skirt*

cavaleuse ✱ [kavaløz] nf hot piece✱ ◆ **elle est cavaleuse** she chases anything in trousers*

cavalier, -ière [kavalje, jɛʀ] ⇒ SYN 1 adj a (impertinent) casual, cavalier, offhand ◆ **je trouve que c'est un peu cavalier de sa part (de faire cela)** I think he's being a bit offhand (doing that)

b **allée / piste cavalière** riding / bridle path

2 nm,f a (Équitation) rider ◆ **les Quatre Cavaliers de l'Apocalypse** the Four Horsemen of the Apocalypse ◆ (fig) **faire cavalier seul** to go it alone, be a loner*

b (partenaire: au bal etc) partner

3 nm a (Mil) trooper, cavalryman ◆ **une troupe de 20 cavaliers** a troop of 20 horses

b (accompagnateur) escort; (Can*) boyfriend beau (US) ◆ **être le cavalier d'une dame** to escort a lady

c (Échecs) knight

d (clou) staple; [balance] rider; [dossier] tab

e (Hist Brit) cavalier

f (††: gentilhomme) gentleman

cavalièrement [kavaljɛʀmɑ̃] adv casually, in cavalier fashion, off-handedly

cavatine [kavatin] ⇒ SYN nf (Mus) cavatina

cave[1] [kav] ⇒ SYN nf a (pièce) cellar; (voûtée) vault; (cabaret) cellar nightclub ◆ **chercher ou fouiller de la cave au grenier** to search the house from top to bottom

b (Vin) cellar ◆ **avoir une bonne cave** to have ou keep a fine cellar ◆ (armoire) **cave à vin** refrigerated wine cabinet

c (coffret à liqueurs) liqueur cabinet; (coffret à cigares) cigar box

d (Can) [maison] basement

cave[2] [kav] ⇒ SYN adj (creux) yeux, joues hollow sunken → **veine**

cave[3] ✱ [kav] ⇒ SYN nm a (arg Crime) straight (arg) *(someone who does not belong to the underworld)*

b (imbécile) sucker✱ ◆ **il est cave** he's a sucker✱

cave[4] [kav] ⇒ SYN nf (Poker) bet

caveau, pl **caveaux** [kavo] ⇒ SYN nm (sépulture) vault, tomb; (cabaret) nightclub; (cave) (small) cellar ◆ **caveau de famille** family vault

caver [kave] ⇒ SYN ▸ conjug 1 ◂ vt,vi (Poker) to bet

caverne [kavɛʀn] ⇒ SYN nf a (grotte) cave, cavern ◆ **c'est la caverne d'Ali Baba!** it's an Aladdin's cave! → **homme**

b (Anat) cavity

caverneux, -euse [kavɛʀnø, øz] ⇒ SYN adj a voix hollow, cavernous

b (Anat, Méd) respiration cavernous; poumon with cavitations, with a cavernous lesion → **corps**

c (littér) montagne, tronc cavernous

cavernicole [kavɛʀnikɔl] adj (Zool) cave-dwelling (épith)

cavet [kavɛ] nm (Archit) cavetto

caviar [kavjaʀ] ⇒ SYN nm a (Culin) caviar(e) ◆ **caviar rouge** salmon roe ◆ **caviar d'aubergines** aubergine (Brit) ou eggplant (US) dip *cooked aubergine with fromage blanc and olive oil* ◆ **la gauche caviar, les socialistes caviar** champagne socialists

b (Presse) **passer au caviar** to blue-pencil, censor

caviarder [kavjaʀde] ⇒ SYN ▸ conjug 1 ◂ vt (Presse) to blue-pencil, censor

cavicorne [kavikɔʀn] adj (Zool) cavicorn

caviste [kavist] ⇒ SYN nm cellarman

cavitation [kavitasjɔ̃] nf (Phys) cavitation

cavité [kavite] ⇒ SYN nf cavity ◆ **cavité articulaire** socket (of bone) ◆ **cavité pulpaire** (tooth) pulp cavity ◆ **cavité buccale** oral cavity

cawcher [kaʃɛʀ] adj inv ⇒ **casher**

Cayenne [kajɛn] n Cayenne → **poivre**

cayeu, pl **cayeux** [kajø] nm [tulipe] offset bulb; [ail] offset clove

CB (abrév de **Carte Bleue**) → **carte**

C.B. [sibi] nf (abrév de **Citizens' Band**) ◆ **la C.B.** CB radio

C.C. [sese] a nm (abrév de **compte courant**) C/A

b (abrév de **corps consulaire**) → **corps**

CCI [sesei] nf (abrév de **Chambre de commerce et d'industrie**) → **chambre**

CCP [sesepe] nm a (abrév de **centre de chèques postaux**) → **centre**

b (abrév de **compte chèque postal**) → **compte**

CD[1] [sede] nm (abrév de **compact disc**) CD

CD[2] [sede] (abrév de **corps diplomatique**) CD

CDD [sedede] nm (abrév de **contrat à durée déterminée**) → **contrat**

CDDP [sedədepe] nm (abrév de **centre départemental de documentation pédagogique**) → **centre**

CDI [sedei] nm **a** (abrév de **centre de documentation et d'information**) → **centre**
b (abrév de **centre des impôts**) → **centre**
c (abrév de **contrat à durée indéterminée**) → **contrat**
d (abrév de **compact disc interactif**) CDI

CD-ROM [sedeʀɔm] nm (abrév de **compact disc read only memory**) CD-ROM

CDS [sedeɛs] nm (abrév de **Centre des démocrates sociaux**) *French political party*

CDV [sedeve] nm (abrév de **compact disc video**) CDV

CE [seə] **1** nm **a** (abrév de **comité d'entreprise**) → **comité**
b (abrév de **Conseil de l'Europe**) → **conseil**
c (abrév de **cours élémentaire**) → **cours**
2 nf (abrév de **Communauté européenne**) EC

ce [sə], **cet** [sɛt] devant voyelle ou *h* muet au masculin, **cette** [sɛt] f, **ces** [se] pl
1 adj dém **a** (proximité) this; (pl) these; (non-proximité) that; (pl) those ◆ **ce chapeau(-ci) / (-là)** this / that hat ◆ **si seulement ce mal de tête s'en allait** if only this headache would go away ◆ **un de ces films sans queue ni tête** one of those films without beginning or end ◆ **ah ces promenades dans la campagne anglaise!** (en se promenant) ah these walks in the English countryside!; (évocation) ah those walks in the English countryside! ◆ **je ne peux pas voir cet homme** I can't stand (the sight of) that man ◆ **cet imbécile d'enfant a perdu ses lunettes** this ou that stupid child has lost his (ou her) glasses ◆ **et ce rhume / cette jambe, comment ça va?*** and how's the cold / leg (doing)?*
b (loc de temps) **venez ce soir / cet après-midi** come tonight ou this evening / this afternoon ◆ **cette nuit** (qui vient) tonight; (passée) last night ◆ **ce mois(-ci)** this month ◆ **ce mois-là** that month ◆ **il faudra mieux travailler ce trimestre(-ci)** you'll have to work harder this term ◆ **il a fait très beau ces jours(-ci)** the weather's been very fine lately ou these last few days ◆ **en ces temps troublés** (de nos jours) in these troubled days; (dans le passé) in those troubled days ◆ **j'irai la voir un de ces jours** I'll call on her one of these days
c (intensif) **comment peut-il raconter ces mensonges!** how can he tell such lies! ◆ **aurait-il vraiment ce courage?** would he really have that sort of ou that much courage? ◆ **cette idée!** what an idea! ◆ **ce toupet!*** what (a) nerve!*, such cheek!* ◆ **cette générosité me semble suspecte** such ou this generosity looks suspicious to me ◆ **elle a de ces initiatives!** she gets hold of ou has some ou these wild ideas! → **un**
d (frm) **si ces dames veulent bien me suivre** if the ladies will be so kind as to follow me ◆ **ces messieurs sont en réunion** the gentlemen are in a meeting
e (avec qui, que) **cette amie chez qui elle habite est docteur** the friend she's living with is a doctor ◆ **elle n'est pas de ces femmes qui se plaignent toujours** she's not one of those ou these women who are always complaining ◆ **c'est un de ces livres que l'on lit en vacances** it's one of those books ou the sort of book you read on holiday ◆ **il a cette manie qu'ont les jeunes de ...** he has this ou that habit common to young people of ... ou that young people have of ...
2 pron dém **a** **c'est, ce sont: qui est-ce?** ou **c'est?*** – **c'est un médecin / l'instituteur** (en désignant) who's he? ou who's that? – he is a doctor / the schoolteacher; (au téléphone, à la porte) who is it? – it's a doctor / the schoolteacher ◆ **c'est la camionnette du boucher** it's ou that's the butcher's van ◆ **ce sont des hôtesses de l'air / de bons souvenirs** they are air hostesses / happy memories ◆ **c'est la plus intelligente de la classe** she is the most intelligent in the class ◆ **c'est une voiture rapide** it's a fast car ◆ **c'était le bon temps!** those were the days! ◆ **je vais acheter des pêches, ce n'est pas cher en ce moment** I am going to buy some peaches – they're quite cheap just now ◆ **qui est-ce qui a crié?** – **c'est lui** who shouted? – HE did ou it was him ◆ **à qui est ce livre?** – **c'est à elle / à ma sœur** whose book is this? – it's hers / my sister's ◆ **c'est impossible à faire** it's impossible to do ◆ **c'est impossible de le faire*** it's impossible to do it
b (tournure emphatique) **c'est le vent qui a emporté la toiture** it was the wind that blew the roof off ◆ **c'est eux*** ou **ce sont eux** ou **c'étaient eux qui mentaient** they are the ones who ou it's they who were lying ◆ **c'est vous qui devez décider, c'est à vous de décider** it's up to you to decide, it's you who must decide ◆ **c'est toi qui le dis!** that's what YOU say! ◆ **c'est avec plaisir que nous acceptons** we accept with pleasure ◆ **c'est une bonne voiture que vous avez là** that's a good car you've got there ◆ **un hôtel pas cher, c'est difficile à trouver** a cheap hotel isn't easy to find ◆ **c'est à se demander s'il n'est pas fou** you really wonder ou it makes you wonder if he isn't mad
c **ce qui, ce que** what; (reprenant une proposition) which ◆ **tout ce que je sais** all (that) I know ◆ **ce qui est important c'est ...** what really matters is ... ◆ **elle fait ce qu'on lui dit** she does what she is told ou as she is told ◆ **il ne sait pas ce que sont devenus ses amis** he doesn't know what has become of his friends ◆ **il ne comprenait pas ce à quoi on faisait allusion / ce dont on l'accusait** he didn't understand what they were hinting at / what he was being accused of ◆ **nous n'avons pas de jardin, ce qui est dommage** we haven't got a garden, which is a pity ◆ **il faut être diplômé, ce qu'il n'est pas** you have to have qualifications, which he hasn't ◆ **il a été reçu à son examen, ce à quoi il s'attendait fort peu** he passed his exam, which he wasn't expecting (to do) ◆ **voilà tout ce que je sais** that's all I know
d **à ce que, de ce que: on ne s'attendait pas à ce qu'il parle** they were not expecting him ou he was not expected to speak ◆ **il se plaint de ce qu'on ne l'ait pas prévenu** he is complaining that no one warned him
e (*: intensif) **ce que** ou **qu'est-ce que ce film est lent!** how slow this film is!, what a slow film this is! ◆ **ce qu'on peut s'amuser!** what fun (we are having)! ◆ **ce qu'il parle bien!** what a good speaker he is!, how well he speaks! ◆ **ce que c'est que le destin!** that's fate for you! ◆ **voilà ce que c'est que de conduire trop vite** that's what comes of driving too fast
f (explication) **c'est que: quand il écrit, c'est qu'il a besoin d'argent** when he writes, it means (that) ou it's because he needs money ◆ **c'est qu'elle n'entend rien, la pauvre!** but the poor woman can't hear a thing!, but she can't hear, poor woman! ◆ **ce n'est pas qu'elle soit bête, mais elle ne travaille pas** it's not that she's stupid, but she just doesn't work
g LOC **c'est (vous) dire s'il a eu peur** that shows you how frightened he was ◆ **c'est tout dire** that (just) shows ◆ **à ce qu'on dit / que j'ai appris** from what they say / what I've heard ◆ **qu'est-ce à dire?†** what does that mean? ◆ **ce faisant** in so doing, in the process ◆ **ce disant** so saying, saying this ◆ **pour ce faire** to this end, with this end in view ◆ (frm) **et ce: il a refusé, et ce, après toutes nos prières** he refused, (and this) after all our entreaties

CEA [seəa] **a** nm (abrév de **compte d'épargne en actions**) → **compte**
b nf (abrév de **Commissariat à l'énergie atomique**) AEC

céans†† [seɑ̃] adv here, in this house → **maître**

cébiste [sebist] nmf CB user, CBer (US)

CECA [seka] nf (abrév de **Communauté européenne du charbon et de l'acier**) ECSC

ceci [səsi] pron dém this ◆ **ce cas a ceci de surprenant que ...** this case is surprising in that ..., there is one surprising thing about this case which is that ... ◆ **à ceci près que** except that, with the ou this exception that ◆ **ceci compense cela** one thing makes up for another

Cécile [sesil] nf Cecilia

cécité [sesite] [→ SYN] nf blindness ◆ (Ski) **cécité des neiges** snow-blindness ◆ **cécité verbale** word blindness ◆ **il a été frappé de cécité à l'âge de 5 ans** he was struck blind ou he went blind at the age of 5

cédant, e [sedɑ̃, ɑ̃t] (Jur) **1** adj assigning
2 nm,f assignor

céder [sede] [→ SYN] ▸ conjug 6 ◂ **1** vt **a** (donner) part, place, tour to give up ◆ **céder qch à qn** to let sb have sth, give sth up to sb ◆ **céder la place (à qn)** to let sb take one's place ◆ **je m'en vais, je vous cède ma place** ou **je cède la place** I'm going so you can have my place ou I'll let you have my place ◆ (Rad) **et maintenant je cède l'antenne à notre correspondant à Paris** now (I'll hand you) over to our Paris correspondent ◆ (Jur) **céder ses biens** to make over ou transfer one's property → **parole**
b (vendre) commerce to sell, dispose of ◆ **céder qch à qn** to let sb have sth, sell sth to sb ◆ **le fermier m'a cédé un litre de lait** the farmer let me have a litre of milk ◆ **céder à bail** to lease ◆ **« bail à céder »** "lease for sale" ◆ **il a bien voulu céder un bout de terrain** he agreed to part with a plot of ground
c LOC **céder le pas à qn / qch** to give precedence to sb / sth ◆ **son courage ne le cède en rien à son intelligence** he's as brave as he is intelligent ◆ **il ne le cède à personne en égoïsme** as far as selfishness is concerned he's second to none ◆ **il ne lui cède en rien** he is every bit his equal → **terrain**
2 vi **a** (capituler) to give in ◆ **céder par faiblesse / lassitude** to give in out of weakness / tiredness ◆ **aucun ne veut céder** no one wants to give in ou give way ◆ **sa mère lui cède en tout** his mother always gives in to him
b **céder à** (succomber à) to give way to, yield to; (consentir) to give in to ◆ **céder à la force / tentation** to give way ou yield to force / temptation ◆ **céder à qn** (à ses raisons, ses avances) to give in ou yield to sb ◆ **céder aux caprices / prières de qn** to give in to sb's whims / entreaties ◆ **il cède facilement à la colère** he gives way easily to anger
c (se rompre) [digue, chaise, branche] to give way; (fléchir, tomber) [fièvre, colère] to subside ◆ **la glace a cédé sous le poids** the ice gave (way) under the weight

cédétiste [sedetist] **1** adj CFDT (épith)
2 nmf member of the CFDT

CEDEX [sedɛks] nm (abrév de **courrier d'entreprise à distribution exceptionnelle**) express postal service *(for bulk users)*

cédille [sedij] nf cedilla

cédraie [sedʀɛ] nf cedar forest

cédrat [sedʀa] nm (fruit) citron; (arbre) citron (tree)

cédratier [sedʀatje] nm citron (tree)

cèdre [sɛdʀ] nm (arbre) cedar (tree); (Can: thuya) cedar, arbor vitae; (bois) cedar (wood)

cédrière [sedʀijɛʀ] nf (Can) cedar grove

cédulaire [sedylɛʀ] adj ◆ (Jur) **impôts cédulaires** scheduled taxes

cédule [sedyl] [→ SYN] nf (Impôts) schedule

CEE [seəə] nf (abrév de **Communauté économique européenne**) EEC

CEEA [seəəa] nf (abrév de **Communauté européenne de l'énergie atomique**) EAEC

CEGEP, Cegep [seʒɛp] nm (abrév de **Collège d'enseignement général et professionnel**) (Can) ≃ sixth-form college (Brit), junior college (US)

cégépien, -ienne [seʒepjɛ̃, jɛn] nm,f (Can) ≃ *student at a sixth-form* (Brit) ou *junior college* (US)

cégétiste [seʒetist] **1** adj CGT (épith)
2 nmf member of the CGT

CEI [seəi] nf (abrév de **Communauté des États indépendants**) CIS

ceindre [sɛ̃dʀ] [→ SYN] ▸ conjug 52 ◂ vt (littér) **a** (entourer) **ceindre sa tête d'un bandeau** to put a band round one's head ◆ **la tête ceinte d'un diadème** wearing a diadem ◆ **ceindre une ville de murailles** to encircle a town with walls ◆ (Bible) **se ceindre les reins** to gird one's loins
b (mettre) armure, insigne d'autorité to don, put on ◆ **ceindre son épée** to buckle ou gird on one's sword ◆ (lit, fig) **ceindre l'écharpe municipale** ≃ to put on ou don the mayoral chain ◆ (lit, fig) **ceindre la couronne** to assume the crown

ceint, e [sɛ̃, ɛ̃t] ptp de **ceindre**

ceinture [sɛ̃tyʀ] → SYN **1** nf **a** [manteau, pantalon] belt; [pyjama, robe de chambre] cord; (écharpe) sash; (gaine, corset) girdle ◆ **se mettre** ou **se serrer la ceinture*** to tighten ou pull in one's belt (fig) ◆ **elle a tout, et nous ceinture !*** she's got everything and we've got zilch‡ ou nix‡ (US) ou sweet FA!‡ ◆ **faire ceinture*** to have to go without ◆ **personne ne lui arrive à la ceinture** he's head and shoulders above everyone, no one can hold a candle to him, no one can touch him*
b (Couture: taille) [pantalon, jupe] waistband
c (Anat) waist ◆ **nu jusqu'à la ceinture** stripped to the waist ◆ **l'eau lui arrivait (jusqu') à la ceinture** the water came up to his waist, he was waist-deep in ou up to his waist in water
d (Sport) (prise) waistlock ◆ (Judo) **ceinture noire** etc black etc belt ◆ (Boxe, fig) **coup au-dessous de la ceinture** blow below the belt
e [fortifications, murailles] ring; [arbres, montagnes] belt
f (métro, bus) circle line ◆ **petite / grande ceinture** inner / outer circle
2 COMP ▷ **ceinture de chasteté** chastity belt ▷ **ceinture de flanelle** flannel binder ▷ **ceinture fléchée** (Can) arrow sash ▷ **ceinture de grossesse** maternity girdle ou support ▷ **ceinture herniaire** truss ▷ **ceinture médicale** ⇒ **ceinture orthopédique** ▷ **ceinture de natation** swimmer's float belt ▷ **ceinture orthopédique** surgical corset ▷ **ceinture pelvienne** (Anat) pelvic girdle ▷ **ceinture de sauvetage** lifebelt (Brit), life preserver (US) ▷ **ceinture scapulaire** (Anat) pectoral girdle ▷ **ceinture de sécurité (à enrouleur)** (inertia reel) seat ou safety belt ▷ **ceinture verte** green belt

ceinturer [sɛ̃tyʀe] → SYN ▸ conjug 1 ◂ vt personne (gén) to grasp ou seize round the waist; (Sport) to tackle (round the waist); ville to surround, encircle

ceinturon [sɛ̃tyʀɔ̃] → SYN nm [uniforme] belt

CEL [seəɛl] nm (abrév de **compte d'épargne logement**) → **compte**

cela [s(ə)la] pron dém **a** (gén, en opposition à ceci) that; (en sujet apparent) it ◆ **qu'est-ce que cela veut dire?** what does that ou this mean? ◆ **on ne s'attendait pas à cela** that was (quite) unexpected, we weren't expecting that ◆ **cela n'est pas très facile** that's not very easy ◆ **cela m'agace de l'entendre se plaindre** it annoys me to hear him complain ◆ **cela vaut la peine qu'il essaie** it's worth his trying ◆ **cela me donne du souci** it ou that gives me a lot of worry ◆ **faire des études, cela ne le tentait guère** studying did not really appeal to him
b (renforce comment, où, pourquoi etc) **il ne veut pas venir – pourquoi cela?** he won't come – why not? ou why won't he? ◆ **comment cela?** what do you mean? ◆ **j'ai vu X – qui cela? / quand cela? / où cela?** I've seen X – who (do you mean)? ou who is that? / when was that? / where was that?
c **cela fait 10 jours / longtemps qu'il est parti** it is 10 days / a long time since he left, he has been gone 10 days / a long time, he left 10 days / a long time ago
d LOC **voyez-vous cela!** did you ever hear of such a thing! ◆ **cela ne fait rien** it ou that does not matter ◆ **et en dehors de** ou **à part cela?** apart from that? ◆ **à cela près que** except that, with the exception that ◆ **il y a 2 jours de cela, il y a de cela 2 jours** 2 days ago ◆ **avec eux, il y a cela de bien qu'ils ...** there's one thing to their credit and that's that they ..., I'll say this ou that for them, they ...

céladon [seladɔ̃] → SYN nm, adj inv ◆ **(vert) céladon** celadon

Célèbes [selɛb] nfpl Celebes, Sulawesi

célébrant [selebʀɑ̃] (Rel) **1** adj m officiating
2 nm celebrant

célébration [selebʀasjɔ̃] → SYN nf celebration

célèbre [selɛbʀ] → SYN adj famous, celebrated (*par* for) ◆ **cet escroc, tristement célèbre par ses vols** this crook, notorious for his robberies ou whose robberies have won him notoriety ◆ **se rendre célèbre par** to achieve celebrity for ou on account of

célébrer [selebʀe] → SYN ▸ conjug 6 ◂ GRAMMAIRE ACTIVE 24.3 vt **a** anniversaire, fête to celebrate; cérémonie to hold; mariage to celebrate, solemnize ◆ **célébrer la messe** to celebrate mass
b (glorifier) to celebrate, extol ◆ **célébrer les louanges de qn** to sing sb's praises

célébrité [selebʀite] → SYN nf (renommée) fame, celebrity; (personne) celebrity ◆ **parvenir à la célébrité** to rise to fame

celer [s(ə)le] → SYN ▸ conjug 5 ◂ vt († ou littér) to conceal (*à qn* from sb)

céleri [sɛlʀi] → SYN nm ◆ **céleri en branche(s)** celery ◆ **céleri(-rave)** celeriac ◆ **céleri rémoulade** celeriac in remoulade (dressing) → **pied**

célérité [seleʀite] → SYN nf promptness, speed, swiftness ◆ **avec célérité** promptly, swiftly

célesta [selɛsta] nm celeste, celesta

céleste [selɛst] → SYN adj **a** (du ciel, divin) celestial, heavenly ◆ **colère / puissance céleste** celestial anger / power, anger / power of heaven ◆ **le Céleste Empire** the Celestial Empire ◆ [orgue] **voix céleste** voix céleste
b (fig: merveilleux) heavenly

célibat [seliba] → SYN nm [homme] bachelorhood, celibacy; [femme] spinsterhood; (par abstinence) (period of) celibacy; [prêtre] celibacy ◆ **vivre dans le célibat** (gén) to live a single life, be unmarried; [prêtre] to be celibate

célibataire [selibatɛʀ] → SYN **1** adj (gén) single, unmarried; prêtre celibate; (Admin) single ◆ **mère célibataire** unmarried mother ◆ **père** (ou **mère**) **célibataire** single parent
2 nm (homme) bachelor; (Admin) single man ◆ **la vie de célibataire** the life of a single man, the bachelor's life, (the) single life ◆ **club pour célibataires** singles club
3 nf (femme jeune) single girl, unmarried woman; (moins jeune) spinster; (Admin) single woman ◆ **la vie de célibataire** (the) single life, the life of a single woman

célioscopie [seljɔskɔpi] nf ⇒ **cœlioscopie**

cella [sela] nf (Archit) cella

celle [sɛl] pron dém → **celui**

cellier [selje] → SYN nm storeroom *(for wine and food)*

cellophane ® [selɔfan] nf Cellophane ® ◆ aliment **sous cellophane** wrapped in Cellophane

cellulaire [selylɛʀ] adj **a** (Bio) cellular ◆ **béton cellulaire** air-entrained concrete → **téléphone**
b (pénitentiaire) **régime cellulaire** confinement ◆ **voiture** ou **fourgon cellulaire** prison van

cellular [selylaʀ] nm cellular fabric

cellulase [selylɑz] nf cellulase

cellule [selyl] → SYN nf (Bio, Bot, Jur, Mil, Phot, Pol) cell; [avion] airframe; [électrophone] cartridge ◆ (Sociol) **cellule familiale** family unit ◆ **réunir une cellule de crise** to convene an emergency committee ◆ (Mil) **6 jours de cellule** 6 days in the cells, 6 days' cells ◆ **cellule photo-électrique** electric eye ◆ **cellule de lecture** cartridge

cellulite [selylit] nf (graisse) cellulite; (inflammation) cellulitis ◆ **avoir de la cellulite** to have cellulite (spéc)

celluloïd [selylɔid] nm celluloid

cellulose [selyloz] → SYN nf cellulose ◆ **cellulose végétale** dietary fibre

cellulosique [selylozik] adj cellulose (épith)

celte [sɛlt] → SYN **1** adj Celtic
2 nmf ◆ **Celte** Celt

celtique [sɛltik] → SYN adj, nm Celtic

celui [səlɥi], **celle** [sɛl], mpl **ceux** [sø], fpl **celles** [sɛl] pron dém **a** (fonction démonstrative) **celui-ci, celle-ci** this one ◆ **ceux-ci, celles-ci** these (ones) ◆ **celui-là, celle-là** that one ◆ **ceux-là, celles-là** those (ones) ◆ **j'hésite entre les deux chaises, celle-ci est plus élégante, mais on est mieux sur celle-là** I hesitate between the two chairs – this one's more elegant, but that one's more comfortable ◆ **une autre citation, plus littéraire celle-là** another quotation, this time a more literary one ou this next one is more literary
b (référence à un antécédent) **j'ai rendu visite à mon frère et à mon oncle, celui-ci était malade** I visited my brother and my uncle and the latter was ill ◆ **elle écrivit à son frère: celui-ci ne répondit pas** she wrote to her brother, who did not answer ou but he did not answer ◆ **ceux-là, ils auront de mes nouvelles** that lot* ou as for them, I'll give them a piece of my mind ◆ **il a vraiment de la chance, celui-là!** that chap* (Brit) ou guy* certainly has a lot of luck! ◆ **elle est forte** ou **bien bonne, celle-là!** that's a bit much! ou steep!* ou stiff!*
c (+ de) **celui de: je n'aime pas cette pièce, celle de X est meilleure** I don't like this play, X's is better ◆ **c'est celui des 3 frères que je connais le mieux** of the 3 brothers he's the one I know (the) best, he's the one I know (the) best of the 3 brothers ◆ **il n'a qu'un désir, celui de devenir ministre** he only wants one thing – (that's) to become a minister ◆ **s'il cherche un local, celui d'en-dessous est libre** if he's looking for a place, the one below is free ◆ **ce livre est pour celui d'entre vous que la peinture intéresse** this book is for whichever one of you who is interested in painting ◆ **pour ceux d'entre vous qui ...** for those of ou among you who ...
d **celui qui / que / dont: ses romans sont ceux qui se vendent le mieux** his novels are the ones ou those that sell best ◆ **c'est celle que l'on accuse** she is the one who is being accused ◆ **donnez-lui le ballon jaune, c'est celui qu'il préfère** give him the yellow ball – it's ou that's the one he likes best ◆ **celui dont je t'ai parlé** the one I told you about ◆ **il a fait celui qui ne voyait pas** he acted as if he didn't see
e (*: avec adj, participe) **cette marque est celle recommandée par X** this brand is the one recommended by X, this is the brand recommended by X ◆ **celui proche de la fontaine** the one near the fountain ◆ **tous ceux ayant le même âge** all those of the same age

cément [semɑ̃] nm (Métal) cement; [dents] cementum, cement

cémentation [semɑ̃tasjɔ̃] nf cementation

cémenter [semɑ̃te] ▸ conjug 1 ◂ vt métal to cement

cénacle [senakl] → SYN nm (réunion, cercle) (literary) coterie ou set; (Rel) cenacle

cendre [sɑ̃dʀ] → SYN nf (gén: substance) ash, ashes ◆ [charbon] **cendre, cendres** ash, ashes, cinders ◆ [mort] **cendres** ashes ◆ **cendre de bois** wood ash ◆ **des cendres** ou **de la cendre (de cigarette)** (cigarette) ash ◆ **réduire en cendres** to reduce to ashes ◆ **couleur de cendre** ashen, ash-coloured ◆ **le jour des Cendres, les Cendres** Ash Wednesday ◆ **cuire qch sous la cendre** to cook sth in (the) embers ◆ (Géol) **cendres volcaniques** volcanic ash → **couver, renaître**

cendré, e [sɑ̃dʀe] **1** adj (couleur) ashen ◆ **gris / blond cendré** ash grey / blond
2 **cendrée** nf (piste) cinder track ◆ (Chasse) **de la cendrée** dust shot

cendrer [sɑ̃dʀe] ▸ conjug 1 ◂ vt (couvrir de cendres) to cover with ashes; (couvrir de cendrée) to cover with cinders; (rendre grisâtre) to make ashen

cendreux, -euse [sɑ̃dʀø, øz] adj terrain, substance ashy; couleur ash (épith), ashy; teint ashen

cendrier [sɑ̃dʀije] nm [fumeur] ashtray; [poêle] ash pan ◆ [locomotive] **cendrier de foyer** ash box

cendrillon [sɑ̃dʀijɔ̃] → SYN nf († : humble servante) Cinderella ◆ (Littérat) **"Cendrillon"** "Cinderella"

cène [sɛn] → SYN nf **a** (Peinture, Bible) **la Cène** the Last Supper
b (communion protestante) (Holy) Communion, Lord's Supper, Lord's Table

cenelle [sənɛl] nf haw

cenellier [sənelje] nm hawthorn, may (tree)

cénesthésie [senɛstezi] nf coen(a)esthesia

cénesthésique [senɛstezik] adj cenesthesic, cenesthetic

cénobite [senɔbit] → SYN nm coenobite

cénotaphe [senɔtaf] → SYN nm cenotaph

cénozoïque [senɔzɔik] 1 adj Cenozoic

2 nm ◆ **le cénozoïque** the Cenozoic

cens [sɑ̃s] → SYN nm (Hist) (quotité imposable) taxable quota ou rating *(as an electoral qualification)*; (redevance féodale) rent *(paid by tenant of a piece of land to feudal superior)*; (recensement) census ◆ **cens électoral** ≃ poll tax

censé, e [sɑ̃se] → SYN GRAMMAIRE ACTIVE 10.2, 10.4 adj ◆ **être censé faire qch** to be supposed to do sth ◆ **je suis censé travailler** I'm supposed to be ou I should be working ◆ **nul n'est censé ignorer la loi** ignorance of the law is no excuse

censément [sɑ̃semɑ̃] adv (en principe) supposedly; (pratiquement) virtually; (pour ainsi dire) to all intents and purposes

censeur [sɑ̃sœʀ] → SYN nm a (Ciné, Presse) censor

b (fig: critique) critic

c (Scol) ≃ deputy ou assistant head (Brit), ≃ assistant ou vice-principal (US) ◆ **Madame le censeur** the deputy headmistress (Brit), the assistant principal (US)

d (Hist) censor

censitaire [sɑ̃sitɛʀ] (Hist) 1 adj ◆ **suffrage** ou **système censitaire** voting system based on the poll tax

2 nm ◆ **(électeur) censitaire** eligible voter *(through payment of the poll tax)*

censorial, e, mpl **-iaux** [sɑ̃sɔʀjal, jo] adj censorial

censurable [sɑ̃syʀabl] adj censurable

censure [sɑ̃syʀ] → SYN nf a (Ciné, Presse) (examen) censorship; (censeurs) (board of) censors; (Psych) censor

b (†: critique) censure (NonC); (Jur, Pol: réprimande) censure ◆ **les censures de l'Église** the censure of the Church → **motion**

censurer [sɑ̃syʀe] → SYN ▸ conjug 1 ◂ vt a (Ciné, Presse) spectacle, journal to censor

b (critiquer: Jur, Pol, Rel) to censure

cent[1] [sɑ̃] 1 adj a (cardinal · gén) a hundred; (100 exactement) one hundred, a hundred ◆ (multiplié par un nombre) **quatre cents** four hundred ◆ **quatre cent un/treize** four hundred and one/thirteen ◆ **cent/deux cents chaises** a hundred/two hundred chairs ◆ **courir un cent mètres** to run a one-hundred-metre race ou sprint ou dash (US) ◆ **piquer un cent mètres*** to sprint

b (ordinal: inv) **en l'an treize cent** in the year thirteen hundred

c (beaucoup de) **il a eu cent occasions de le faire** he has had hundreds of opportunities to do it ◆ **je te l'ai dit cent fois** I've told you a hundred times, if I've told you once I've told you a hundred times ◆ **il a cent fois raison** he's absolutely right ◆ **cent fois mieux/pire** a hundred times better/worse ◆ **je préférerais cent fois faire votre travail** I'd far rather do your job, I'd rather do your job any day* ◆ **c'est cent fois trop grand** it's far too big → **mot**

d LOC **il est aux cent coups** he is frantic, he doesn't know which way to turn ◆ **faire les cent pas** to pace up and down ◆ (Sport) **(course de) quatre cents mètres haies** 400 metres hurdles ◆ **tu ne vas pas attendre cent sept ans*** you can't wait for ever ◆ (Hist) **les Cent-Jours** the Hundred Days ◆ **la guerre de Cent Ans** the Hundred Years' War ◆ **s'ennuyer** ou **s'emmerder**‡ **à cent sous (de) l'heure*** to be bored to tears*, be bored out of one's mind‡ ◆ **il vit à cent à l'heure*** he has a very hectic life → **donner, quatre**

2 nm a (nombre) a hundred ◆ **il y a cent contre un à parier que ...** it's a hundred to one that ... → **gagner**

b **pour cent** per cent ◆ **argent placé à 5 pour cent** money invested at 5 per cent ◆ (fig) **être cent pour cent français, être français (à) cent pour cent** to be a hundred per cent French, be French through and through ◆ **je suis cent pour cent sûr** I'm a hundred per cent certain ◆ **j'en suis à 90 pour cent sûr** I'm ninety per cent certain of it

c (Comm: centaine) **un cent** a ou one hundred ◆ **un cent de billes/d'œufs** a ou one hundred marbles/eggs ◆ **c'est 12 F le cent** they're 12 francs a hundred; pour autres loc voir **six**

cent[2] [sɛnt], (Can) [sɛn] nm (US, Can: monnaie) cent ◆ (Can †) **quinze-cent** cheap store, dime store (US, Can), five-and-ten (US, Can)

centaine [sɑ̃tɛn] nf a (environ cent) **une centaine de** about a hundred, a hundred or so ◆ **la centaine de spectateurs qui ...** the hundred or so spectators who ... ◆ **plusieurs centaines (de)** several hundred ◆ **des centaines de personnes** hundreds of people ◆ **ils vinrent par centaines** they came in (their) hundreds

b (cent unités) hundred ◆ **10 F la centaine** 10 francs a hundred ◆ **atteindre la centaine** (âge) to live to be a hundred; (collection etc) to reach the (one) hundred mark ◆ **il les vend à la centaine** he sells them by the hundred ◆ (Math) **la colonne des centaines** the hundreds column

Centaure [sɑ̃tɔʀ] nf (Astron) Centaurus

centaure [sɑ̃tɔʀ] nm (Myth) centaur

centaurée [sɑ̃tɔʀe] → SYN nf centaury

centenaire [sɑ̃t(ə)nɛʀ] → SYN 1 adj hundred-year-old (épith) ◆ **cet arbre est centenaire** this tree is a hundred years old, this is a hundred-year-old tree

2 nmf (personne) centenarian

3 nm (anniversaire) centenary

centenier [sɑ̃tənje] nm (Hist) centurion

centésimal, e, mpl **-aux** [sɑ̃tezimal, o] adj centesimal

centiare [sɑ̃tjaʀ] nm centiare

centième [sɑ̃tjɛm] 1 adj, nmf hundredth ◆ **je n'ai pas retenu le centième de ce qu'il a dit** I can only remember a fraction of what he said ◆ **je ne répéterai pas le centième de ce qu'il a dit** almost everything he said was unrepeatable; pour autres loc voir **sixième**

2 nf (Théât) hundredth performance

centigrade [sɑ̃tigʀad] adj centigrade

centigramme [sɑ̃tigʀam] nm centigramme

centile [sɑ̃til] nm (per)centile

centilitre [sɑ̃tilitʀ] nm centilitre

centime [sɑ̃tim] nm centime ◆ (fig) **je n'ai pas un centime** I haven't got a penny (Brit) ou a cent (US) ◆ **centime additionnel** ≃ additional tax

centimètre [sɑ̃timɛtʀ] nm (mesure) centimetre; (ruban) tape measure, measuring tape

centon [sɑ̃tɔ̃] → SYN nm cento

centrafricain, e [sɑ̃tʀafʀikɛ̃, ɛn] 1 adj of ou from the Central African Republic ◆ **République centrafricaine** Central African Republic

2 nm,f ◆ **Centrafricain(e)** Central African

centrage [sɑ̃tʀaʒ] nm centring

central, e, mpl **-aux** [sɑ̃tʀal, o] 1 adj a (du centre) quartier central; partie, point centre (épith), central ◆ **mon bureau occupe une position très centrale** my office is very central ◆ **Amérique/Asie centrale** Central America/Asia → **chauffage**

b (le plus important) problème, idée central; bureau central (épith), head (épith), main (épith)

c (Jur) pouvoir, administration central

d voyelle centre

2 nm a (Téléc) **central (téléphonique)** (telephone) exchange, central (US †)

b (Tennis: court) centre court

3 **centrale** nf a (Phys, Élec) **centrale (électrique** ou **thermique)** power station ou plant (US) ◆ **centrale nucléaire** nuclear power station ou plant (US)

b (groupement) **centrale syndicale** ou **ouvrière** *group of affiliated trade unions*

c (Comm) **centrale d'achat(s)** central buying office

d (prison) prison, ≃ county jail (US), ≃ (state) penitentiary (US)

e **Centrale** ⇒ **École centrale des arts et manufactures**

centralien, -ienne [sɑ̃tʀaljɛ̃, jɛn] nm,f student (ou former student) of the École centrale

centralisateur, -trice [sɑ̃tʀalizatœʀ, tʀis] adj centralizing (épith)

centralisation [sɑ̃tʀalizasjɔ̃] → SYN nf centralization

centraliser [sɑ̃tʀalize] → SYN ▸ conjug 1 ◂ vt to centralize ◆ **économie centralisée** centralized economy

centralisme [sɑ̃tʀalism] nm centralism

centraliste [sɑ̃tʀalist] 1 adj centralist(ic)

2 nmf centralist

centre [sɑ̃tʀ] → SYN 1 nm a (gén, Géom) centre; (fig) [problème] centre, heart ◆ **le Centre (de la France)** central France, the central region ou area of France ◆ **il habite en plein centre (de la ville)** he lives right in the centre (of town) ◆ **il se croit le centre du monde** he thinks the universe revolves around him ◆ **au centre du débat** at the centre of the debate ◆ **mot centre** key word ◆ **une idée centre** a central idea ◆ (Mét) **centre de haute pression** high pressure area ◆ **centre de dépression** depression, low pressure area

b (lieu d'activités) centre; (bureau) office, centre; (bâtiment, services) centre ◆ **les grands centres urbains/industriels/universitaires** the great urban/industrial/academic centres

c (Pol) centre ◆ **centre gauche/droit** centre left/right ◆ **député du centre** deputy of the centre

d (Ftbl) (†: joueur) centre (half ou forward)†; (passe) centre pass → **avant**

2 COMP ▹ **centre d'accueil** reception centre ▹ **centre aéré** (school's) outdoor centre ▹ **centre anti-douleur** pain clinic ▹ **centre d'attraction** centre of attraction ▹ **centre de chèques postaux** ≃ National Girobank (Brit) ▹ **centre commercial** shopping centre ou arcade, shopping mall (US) ▹ **centre de contrôle** (Espace) mission control ▹ **centre culturel** arts centre ▹ **centre départemental de documentation pédagogique** *local teachers' resource centre* ▹ **centre de détention préventive** remand prison ▹ **centre de documentation** resource centre, reference library ▹ **centre de documentation et d'information** school library ▹ **centre d'éducation surveillée** community home with education (Brit), reformatory (US) ▹ **centre de formation professionnelle** professional training centre ▹ **centre de gravité** (Phys) centre of gravity ▹ **centre d'hébergement** lodging house, reception centre ▹ **centre hospitalier** hospital (complex) ▹ **centre hospitalier régional** regional hospital ▹ **centre hospitalier spécialisé** psychiatric hospital ▹ **centre hospitalier universitaire** teaching ou university hospital ▹ **centre des impôts** tax collection office (Brit), Internal Revenue Service center (US) ▹ **centre d'influence** centre of influence ▹ **centre d'information et de documentation de la jeunesse** careers advisory centre ▹ **centre d'information et d'orientation** careers advisory centre ▹ **centre d'intérêt** centre of interest ▹ **centre médical** medical ou health centre ▹ **Centre national de cinématographie** *French national film institute*, ≃ British Film Institute (Brit), ≃ Academy of Motion Picture Arts and Sciences (US) ▹ **Centre national de documentation pédagogique** national teachers' resource centre ▹ **Centre national d'enseignement à distance** national centre for distance learning, ≃ Open University (Brit) ▹ **Centre national des industries et des techniques** *exhibition centre in Paris* ▹ **Centre national du patronat français** *French national employers' federation*, ≃ Confederation of British Industry (Brit) ▹ **Centre national de la recherche scientifique** ≃ Science and Engineering Research council (Brit), ≃ National Science Foundation (US) ▹ **centres nerveux** (Physiol, fig) nerve centres ▹ **Centre régional de documentation pédagogique** *regional teachers' resource centre* ▹ **Centre régional des œuvres universitaires et scolaires** students' representative body ▹ **centre de tri** (Poste) sorting office ▹ **centre de villégiature** (holiday) resort ▹ **centres vitaux** (Physiol) vital organs, vitals; (fig) [entreprise] vital organs (fig) → **serveur**

centrer [sɑ̃tʀe] → SYN ▸ conjug 1 ◂ vt (Sport, Tech) to centre ◆ (fig) **centrer une pièce/une discussion sur** to focus a play/a discussion (up)on

centreur [sɑ̃tʀœʀ] nm centring apparatus

centre-ville, pl **centres-villes** [sɑ̃tʀəvil] nm town ou city centre, downtown (US)

centrifugation [sɑ̃tʀifygasjɔ̃] nf centrifugation

centrifuge [sɑ̃tʀifyʒ] adj centrifugal

centrifuger [sɑ̃tʀifyʒe] ▸conjug 3◂ vt to centrifuge

centrifugeur [sɑ̃tʀifyʒœʀ] nm, **centrifugeuse** [sɑ̃tʀifyʒøz] nf (Tech) centrifuge; (Culin) juice extractor

centriole [sɑ̃tʀijɔl] nm centriole

centripète [sɑ̃tʀipɛt] adj centripetal

centrisme [sɑ̃tʀism] nm (Pol) centrism, centrist policies

centriste [sɑ̃tʀist] adj, nmf centrist

centromère [sɑ̃tʀɔmɛʀ] nm centromere

centrosome [sɑ̃tʀozom] nm centrosome

centrosphère [sɑ̃tʀɔsfɛʀ] nf centrosphere

centuple [sɑ̃typl] 1 adj a hundred times as large (*de* as) ◆ **mille est un nombre centuple de dix** a thousand is a hundred times ten
2 nm ◆ **le centuple de 10** a hundred times 10 ◆ **au centuple** a hundredfold ◆ **on lui a donné le centuple de ce qu'il mérite** he was given a hundred times more than he deserves

centupler [sɑ̃typle] → SYN ▸conjug 1◂ vti to increase a hundred times ou a hundredfold ◆ **centupler un nombre** to multiply a number by a hundred

centurie [sɑ̃tyʀi] → SYN nf (Hist Mil) century

centurion [sɑ̃tyʀjɔ̃] → SYN nm centurion

cénure [senyʀ] → SYN nm coenurus

CEP [seəpe] nm (abrév de **certificat d'études primaires**) → **certificat**

cep [sɛp] → SYN nm a **cep (de vigne)** (vine) stock
b [charrue] stock

cépage [sepaʒ] → SYN nm (type of) vine

cèpe [sɛp] → SYN nm (Culin) cep; (Bot) (edible) boletus

cependant [s(ə)pɑ̃dɑ̃] → SYN GRAMMAIRE ACTIVE 26.3 conj a (pourtant) nevertheless, however, yet ◆ **ce travail est dangereux, nous allons cependant essayer de le faire** this job is dangerous – however ou nevertheless ou still we shall try to do it ◆ **c'est incroyable et cependant c'est vrai** it's incredible, yet ou but nevertheless it is true ou but it's true nevertheless
b (littér) (pendant ce temps) meanwhile, in the meantime ◆ (tandis que) **cependant que** while

céphalée [sefale] nf cephalalgia (spéc), headache

céphalique [sefalik] → SYN adj cephalic

céphalocordés [sefalokɔʀde] nmpl ◆ **les céphalocordés** cephalochordates

céphalopode [sefalɔpɔd] → SYN nm cephalopod ◆ **céphalopodes** cephalopods, Cephalopoda (spéc)

céphalo-rachidien, -ienne [sefaloʀaʃidjɛ̃, jɛn] adj cephalo-rachidian (spéc), cerebrospinal

céphalosporine [sefalospɔʀin] nf cephalosporin

céphalothorax [sefalotɔʀaks] nm cephalothorax

céphéide [sefeid] → SYN nf (Astron) Cepheid variable

cérambyx [seʀɑ̃biks] → SYN nm longhorned beetle, longicorn beetle, cerambyx cerda (spéc)

cérame [seʀam] → SYN 1 adj ◆ **grès cérame** glazed stoneware
2 nm (vase) Grecian urn

céramique [seʀamik] → SYN 1 adj ceramic
2 nf (matière) ceramic; (objet) ceramic (ornement etc) ◆ (art) **la céramique** ceramics, pottery ◆ **vase en céramique** ceramic ou pottery vase ◆ **céramique dentaire** dental ceramics

céramiste [seʀamist] nmf ceramist

céraste [seʀast] → SYN nm cerastes

cérat [seʀa] → SYN nm cerate

cerbère [sɛʀbɛʀ] → SYN nm (fig péj) fierce doorkeeper ou doorman; (hum: concierge) janitor ◆ (Myth) **Cerbère** Cerberus

cercaire [sɛʀkɛʀ] → SYN nf cercaria(n)

cerceau, pl **cerceaux** [sɛʀso] → SYN nm [enfant, tonneau, crinoline] hoop; [capote, tonnelle] half-hoop ◆ **jouer au cerceau** to play with ou bowl a hoop ◆ **avoir les jambes en cerceau** to be bandy-legged ou bow-legged, have bandy ou bow legs

cerclage [sɛʀklaʒ] nm hooping ◆ (Méd) **cerclage du col de l'utérus** cervical cerclage

cercle [sɛʀkl] → SYN 1 nm a (forme, figure) circle, ring; (Géog, Géom) circle ◆ **l'avion décrivait des cercles** the plane was circling (overhead) ◆ **itinéraire décrivant un cercle** circular itinerary ◆ **entourer d'un cercle le chiffre correct** to circle ou ring ou put a circle ou a ring round the correct number ◆ **faire cercle (autour de qn / qch)** to gather round (sb / sth) in a circle ou ring, make a circle ou ring (round sb / sth) ◆ **cercles imprimés sur la table par les (fonds de) verres** rings left on the table by the glasses ◆ **un cercle de badauds / de chaises** a circle ou ring of onlookers / chairs → **arc, quadrature**
b (fig: étendue) scope, circle, range ◆ **le cercle des connaissances humaines** the scope ou range of human knowledge ◆ **étendre le cercle de ses relations / de ses amis** to widen the circle of one's acquaintances / one's circle of friends
c (groupe) circle ◆ **le cercle de famille** the family circle ◆ **un cercle d'amis** a circle of friends ◆ **cercle de qualité** quality circle
d (cerceau) hoop, band ◆ **cercle de tonneau** barrel hoop ou band ◆ **cercle de roue** tyre (*made of metal*)
e (club) society, club ◆ **cercle littéraire** literary circle ou society ◆ **cercle d'études philologiques** philological society ou circle ◆ **aller dîner au cercle** to go and dine at the club
f (instrument) protractor
2 COMP ▹ **cercle horaire** horary circle ▹ **cercle polaire** polar circle ◆ **cercle polaire arctique** Arctic Circle ◆ **cercle polaire austral** Antarctic Circle ▹ **cercle vicieux** (fig) vicious circle

cercler [sɛʀkle] → SYN ▸conjug 1◂ vt (gén) to ring; tonneau to hoop; roue to tyre (*de* with) ◆ **lunettes cerclées d'écaille** horn-rimmed spectacles

cercueil [sɛʀkœj] → SYN nm coffin, casket (US)

céréale [seʀeal] → SYN nf (Bot) cereal ◆ **céréales vivrières** ou **alimentaires** food grains ◆ (pour petit déjeuner) **céréales** breakfast cereal ◆ **barre de céréales** muesli bar (Brit), granola bar (US)

céréaliculture [seʀealikyltyʀ] → SYN nf cereal growing

céréalier, -ière [seʀealje, jɛʀ] → SYN 1 adj cereal (épith)
2 nm (producteur) cereal grower ◆ **(navire) céréalier** grain carrier ou ship

cérébelleux, -euse [seʀebelø, øz] adj cerebellar

cérébral, e, mpl **-aux** [seʀebʀal, o] → SYN adj (Méd) cerebral; (intellectuel) travail mental ◆ **hémisphère / lobe cérébral** cerebral hemisphere / lobe ◆ **c'est un cérébral** he's a cerebral type

cérébro-spinal, e, mpl **-aux** [seʀebʀospinal, o] adj cerebrospinal

cérémonial, pl **cérémonials** [seʀemɔnjal] → SYN nm ceremonial

cérémonie [seʀemɔni] → SYN nf ceremony ◆ **sans cérémonie** manger informally; proposer without ceremony, unceremoniously; réception informal ◆ **avec cérémonie** ceremoniously ◆ **faire des cérémonies** to stand on ceremony, make a to-do* ou fuss ◆ **tenue** ou **habit de cérémonie** formal dress (NonC), ceremonial dress (NonC) ◆ (Mil) **tenue de cérémonie** dress uniform → **maître**

cérémoniel, -ielle [seʀemɔnjɛl] adj ceremonial

cérémonieusement [seʀemɔnjøzmɑ̃] adv ceremoniously, formally

cérémonieux, -ieuse [seʀemɔnjø, jøz] → SYN adj ton, accueil, personne ceremonious, formal ◆ **il est très cérémonieux** he's very formal ou ceremonious

cerf [sɛʀ] → SYN nm stag, hart (littér)

cerfeuil [sɛʀfœj] nm chervil

cerf-volant, pl **cerfs-volants** [sɛʀvɔlɑ̃] nm a (jouet) kite ◆ **jouer au cerf-volant** to fly a kite
b (Zool) stag beetle

cerisaie [s(ə)ʀizɛ] nf cherry orchard

cerise [s(ə)ʀiz] → SYN 1 nf cherry ◆ (fig) **la cerise sur le gâteau** the icing on the cake
2 adj inv cherry(-red), cerise → **rouge**

cerisier [s(ə)ʀizje] → SYN nm (arbre) cherry (tree); (bois) cherry (wood)

cérite [seʀit] nf (Minér) cerite

cérithe [seʀit] nm (Zool) cerite

cérium [seʀjɔm] nm cerium

CERN [sɛʀn] nm (abrév de **Conseil européen pour la recherche nucléaire**) CERN

cerne [sɛʀn] → SYN nm [yeux, lune] ring; (tache) ring, mark; [arbre] annual ring ◆ **les cernes de** ou **sous ses yeux** the (dark) rings ou shadows under his eyes

cerné, e [sɛʀne] → SYN adj ◆ **avoir les yeux cernés** to have (dark) shadows ou rings under one's eyes ◆ **ses yeux cernés trahissaient sa fatigue** the dark shadows ou rings under his eyes revealed his tiredness

cerneau, pl **cerneaux** [sɛʀno] nm unripe walnut; (Culin) half-shelled walnut

cerner [sɛʀne] → SYN ▸conjug 1◂ vt a (entourer) to encircle, surround; (Peinture) visage, silhouette to outline (*de* with, in) ◆ **ils étaient cernés de toute(s) part(s)** they were surrounded on all sides, they were completely surrounded ou encircled
b (comprendre) problème to delimit, define, zero in on; personne to work out, figure out
c noix to shell (while unripe); arbre to ring

CERS [seəɛʀɛs] nm (abrév de **Centre européen de recherche spatiale**) ESRO

certain, e [sɛʀtɛ̃, ɛn] → SYN GRAMMAIRE ACTIVE 15.1, 16.1, 26.6
1 adj a (après n: incontestable) fait, succès, événement certain; indice sure; preuve positive, sure; cause undoubted, sure ◆ **c'est la raison certaine de son départ** it's undoubtedly the reason for his going ◆ **ils vont à une mort certaine** they're heading for certain death ◆ **il a fait des progrès certains** he has made definite ou undoubted progress ◆ **la victoire est certaine** victory is assured ou certain ◆ **c'est une chose certaine** it's absolutely certain ◆ **c'est certain** there's no doubt about it ou that, that's quite certain, that's for sure* ◆ **il est maintenant certain qu'elle ne reviendra plus** it's now (quite) certain that she won't come back, she's sure ou certain not to come back now ◆ **il est aujourd'hui certain que la terre tourne autour du soleil** there is nowadays no doubt that ou these days we are certain that the earth revolves around the sun ◆ **je le tiens pour certain!** I'm certain ou sure of it! ◆ **il est certain que ce film ne convient guère à des enfants** this film is undoubtedly not suitable ou is certainly unsuitable for children
b (convaincu, sûr) personne sure, certain (*de qch* of sth, *de faire* of doing), convinced (*de qch* of sth, *que* that) ◆ **es-tu certain de rentrer ce soir?** are you sure ou certain you'll be back this evening? ou of being back this evening? ◆ **il est certain de leur honnêteté** he's certain ou convinced ou sure of their honesty ◆ **on n'est jamais certain du lendemain** you can never be sure ou tell what tomorrow will bring ◆ **elle est certaine qu'ils viendront** she's sure ou certain ou convinced (that) they'll come → **sûr**
c (Comm: déterminé) date, prix definite
2 adj indéf (avant nom) a (plus ou moins défini) **un certain** a certain, some ◆ **elle a un certain charme** she's got a certain charm ◆ **dans une certaine mesure** to some extent ◆ **il y a un certain village où** there is a certain or some village where ◆ **dans un certain sens, je le comprends** in a way ou in a certain sense ou in some senses I can see his point ◆ **jusqu'à un certain point** up to a (certain) point ◆ **il a manifesté un certain intérêt** he showed a certain (amount of) ou some interest ◆ **un certain nombre d'éléments** for

penser que ... a (certain) number of things lead one to think that ...

b (parfois péj : personne) **un certain** a (certain), one ◆ **un certain M. X vous a demandé** a ou one Mr X asked for you ◆ **il y a un certain Robert dans la classe** there is a certain Robert in the class ◆ **un certain ministre disait même que** a certain minister even said that

c (intensif) some ◆ **il a un certain âge** he is getting on ◆ **une personne d'un certain âge** an oldish person ◆ **c'est à une certaine distance d'ici** it's quite a ou some distance from here ◆ **cela demande une certaine patience** it takes a fair amount of patience ◆ **ça demande un certain courage!** it takes some courage!* ◆ **au bout d'un certain temps** after a while ou some time

d (pl : quelques) **certains** some, certain ◆ **dans certains cas** in some ou certain cases ◆ **certaines personnes ne l'aiment pas** some people don't like him ◆ **certaines fois, à certains moments** at (certain) times ◆ **sans certaines notions de base** without some ou certain (of the) basic notions

3 pron indéf pl ◆ **certains** (personnes) some (people) ; (choses) some ◆ **dans certains de ces cas** in certain ou some of these cases ◆ **parmi ses récits certains sont amusants** some of his stories are amusing ◆ **pour certains** for some (people) ◆ **certains disent que** some say that ◆ **certains d'entre vous** some of you ◆ **il y en a certains qui** there are some (people) ou there are those who

4 nm (Fin) fixed ou direct rate of exchange

certainement [sɛʀtɛnmɑ̃] → SYN adv (très probablement) most probably, most likely, surely ; (sans conteste) certainly ; (bien sûr) certainly, of course ◆ **il va certainement venir ce soir** he'll certainly ou most probably ou most likely come tonight ◆ **il est certainement le plus intelligent** he's certainly ou without doubt the most intelligent ◆ **il y a certainement un moyen de s'en tirer** there must certainly ou surely be some way out ◆ **puis-je emprunter votre stylo?** – **certainement** can I borrow your pen? – certainly ou of course

certes [sɛʀt] → SYN adv **a** (de concession) (sans doute) certainly, admittedly ; (bien sûr) of course ◆ **il est certes le plus fort, mais ...** he is admittedly ou certainly the strongest, but ... ◆ **certes je n'irai pas jusqu'à le renvoyer mais ...** of course I shan't ou I certainly shan't go as far as dismissing him but ...

b (d'affirmation) indeed, most certainly ◆ **l'avez-vous apprécié?** – **certes** did you like it? – I did indeed ou I most certainly did

certif* [sɛʀtif] nm (abrév de **certificat**) (diplôme) certificate, diploma

certificat [sɛʀtifika] → SYN **1** nm (attestation) certificate, attestation, (diplôme) certificate, diploma ; (recommandation) [domestique] testimonial ; (fig) guarantee

2 COMP ▷ **certificat d'aptitude pédagogique** teaching diploma ▷ **certificat d'aptitude pédagogique à l'enseignement secondaire** *secondary school* (Brit) *or high school* (Brit) *teacher's diploma* ▷ **certificat d'aptitude professionnelle** vocational training certificate, ≃ City and Guilds examination (Brit) ▷ **certificat d'aptitude au professorat de l'enseignement secondaire** *secondary school* (Brit) ou *high school* (US) *teacher's diploma* ▷ **certificat d'aptitude au professorat de l'enseignement technique** *technical teaching diploma* ▷ **certificat de bonne vie et mœurs** character reference ▷ **certificat de concubinage** *document certifying that an unmarried couple are living together as man and wife* ▷ **certificat de dépôt** (Fin) certificate of deposit ▷ **certificat d'études primaires** † *primary leaving certificate* ▷ **certificat d'investissement** non-voting preference share ▷ **certificat de licence** (Univ †) *part of first degree* ▷ **certificat médical** medical ou doctor's certificate ▷ **certificat de navigabilité** (Naut) certificate of seaworthiness ; (Aviat) certificate of airworthiness ▷ **certificat d'origine** (Comm) certificate of origin ▷ **certificat prénuptial** prenuptial medical certificate ▷ **certificat de résidence** (Admin) certificate of residence ou domicile ▷ **certificat de scolarité** attestation of attendance at school ou university ▷ **certificat de travail** attestation of employment

certificateur [sɛʀtifikatœʀ] nm (Jur) guarantor, certifier ◆ **certificateur de caution** countersurety, countersecurity

certification [sɛʀtifikasjɔ̃] → SYN nf (Jur : assurance) attestation, witnessing ◆ **certification de signature** attestation of signature

certifié, e [sɛʀtifje] (ptp de **certifier**) nm,f (qualified) secondary school ou high-school (US) teacher, *holder of the CAPES*

certifier [sɛʀtifje] → SYN ▸ conjug 7 ◂ vt **a** (assurer) **certifier qch à qn** to assure sb of sth, guarantee sb sth ou sth to sb ◆ **je te certifie qu'ils vont avoir affaire à moi!** I can assure you ou I'm telling you* they'll have ME to reckon with!

b (Jur : authentifier) document to certify, guarantee ; signature to attest, witness ; caution to counter-secure ◆ **copie certifiée conforme à l'original** certified copy of the original

certitude [sɛʀtityd] → SYN GRAMMAIRE ACTIVE 15.1 nf certainty, certitude (rare) ◆ **c'est une certitude / une certitude absolue** it's certain ou a certainty / absolutely certain ou an absolute certainty ◆ **avoir la certitude de qch / de faire** to be certain ou (quite) sure ou confident of sth / of doing ◆ **j'ai la certitude d'être le plus fort** I am certain of being ou that I am the stronger, I am convinced that I am the stronger

céruléen, -enne [seʀyleɛ̃, ɛn] adj (littér) cerulean

cérumen [seʀymɛn] nm (ear) wax, cerumen (spéc)

cérumineux, -euse [seʀyminø, øz] adj ceruminous

céruse [seʀyz] nf ceruse ◆ **blanc de céruse** white lead

cérusé, e [seʀyze] adj white-leaded

Cervantes [sɛʀvɑ̃tɛs] nm Cervantes

cerveau, pl **cerveaux** [sɛʀvo] → SYN **1** nm **a** (Anat) brain ; (fig : intelligence) brain(s), mind ; (fig : centre de direction) brain(s) ◆ **avoir un cerveau étroit / puissant** to have limited mental powers / a powerful mind ◆ **ce bureau est le cerveau de l'entreprise** this department is the brain(s) of the company ◆ **avoir le cerveau dérangé** ou (hum) **fêlé** to be deranged ou (a bit) touched* ou cracked* ◆ **fais travailler ton cerveau** use your brain → **rhume, transport**

b (fig : personne) brain, mind ◆ **c'est un (grand) cerveau** he has a great brain ou mind, he is a mastermind ◆ **c'était le cerveau de l'affaire** he masterminded the job, he was the brain(s) ou mind behind the job ◆ **c'est le cerveau de la bande** he's the brain(s) of the gang ◆ **la fuite** ou **l'exode des cerveaux** the brain drain

2 COMP ▷ **cerveau antérieur** forebrain ▷ **cerveau électronique** electronic brain ▷ **cerveau moyen** midbrain ▷ **cerveau postérieur** hindbrain

cervelas [sɛʀvəla] nm saveloy

cervelet [sɛʀvəlɛ] nm cerebellum

cervelle [sɛʀvɛl] → SYN nf (Anat) brain ; (Culin) brains ◆ (Culin) **cervelle d'agneau** lamb's brains ◆ **se brûler** ou **se faire sauter la cervelle** to blow one's brains out ◆ **quand il a quelque chose dans la cervelle** when he gets something into his head ◆ **sans cervelle** brainless ◆ **il n'a rien dans la cervelle*** he's completely brainless, he's as thick as two short planks* ◆ **avoir une cervelle d'oiseau** ou **de moineau** to be feather-brained ou bird-brained ◆ **toutes ces cervelles folles** (all) these scatterbrains → **creuser, trotter**

cervical, e, mpl **-aux** [sɛʀvikal, o] adj cervical ◆ **vertèbres cervicales** cervical vertebrae

cervicalgie [sɛʀvikalʒi] nf neck pain

cervidé [sɛʀvide] → SYN nm ◆ **cervidés** cervidae (spéc) ◆ **le daim est un cervidé** the deer is a member of ou is one of the cervidae family ou species

Cervin [sɛʀvɛ̃] nm ◆ **le Cervin** the Matterhorn

cervoise [sɛʀvwaz] nf barley beer

CES [seəɛs] nm **a** (abrév de **collège d'enseignement secondaire**) → **collège**

b (abrév de **contrat emploi-solidarité**) → **contrat**

ces [se] pron dém → **ce**

César [sezaʀ] nm **a** (Hist) Caesar

b (Ciné) ≃ Oscar, ≃ BAFTA award (Brit)

Césarée [sezaʀe] nf Caesarea

césarien, -ienne [sezaʀjɛ̃, jɛn] **1** adj (Hist) Caesarean

2 **césarienne** nf (Méd) Caesarean (section) ◆ **elle a eu** ou **on lui a fait une césarienne** she had a Caesarean

césariser [sezaʀize] ▸ conjug 1 ◂ vt to perform a Caesarean (section) on

césium [sezjɔm] nm ⇒ **cæsium**

cespiteux, -euse [sɛspitø, øz] adj caespitose (Brit), cespitose (US)

cessant, e [sesɑ̃, ɑ̃t] adj → **affaire**

cessation [sesasjɔ̃] → SYN nf (frm) [activité, pourparlers] cessation ; [hostilités] cessation, suspension ; [paiements] suspension ◆ (Ind) **cessation de travail** stoppage *(of work)* ◆ **être en cessation de paiement** to be insolvent, be in a state of insolvency, be bankrupt

cesse [sɛs] → SYN nf **a** **sans cesse** (tout le temps) continually, constantly, incessantly ; (sans interruption) continuously, without ceasing, incessantly ◆ **elle est sans cesse après lui** she's continually ou constantly nagging (at) him, she keeps ou is forever nagging (at) him ◆ **la pluie tombe sans cesse depuis hier** it has been raining continuously ou non-stop since yesterday

b **il n'a de cesse que ...** he will not rest until ... ◆ **il n'a eu de cesse qu'elle ne lui cède** he gave her no peace ou rest until she gave in to him

cesser [sese] → SYN ▸ conjug 1 ◂ **1** vt **a** bavardage, bruit, activité to stop, cease (frm ou †) ; relations to (bring to an) end, break off ◆ **nous avons cessé la fabrication de cet article** we have stopped making this item, this line has been discontinued ◆ (Admin) **cesser ses fonctions** to relinquish ou give up (one's) office ◆ (Comm) **cesser tout commerce** to cease trading ◆ (Fin) **cesser ses paiements** to stop ou discontinue payment ◆ (Mil) **cesser le combat** to stop (the) fighting ◆ **cesser le travail** to stop work ou working

b **cesser de faire qch** to stop doing sth, cease doing sth ◆ **il a cessé de fumer** he's given up ou stopped smoking ◆ **il a cessé de venir il y a un an** he ceased ou gave up ou left off* coming a year ago ◆ **il n'a pas cessé de pleuvoir de toute la journée** it hasn't stopped raining all day ◆ **la compagnie a cessé d'exister en 1943** the company ceased to exist ou ceased trading in 1943 ◆ **quand cesseras-tu** ou **tu vas bientôt cesser de faire le clown?** when are you going to give up ou leave off* ou stop acting the fool? ◆ **son effet n'a pas cessé de se faire sentir** its effect is still making itself felt

c (frm : répétition fastidieuse) **ne cesser de : il ne cesse de m'importuner** he's continually ou incessantly worrying me ◆ **il ne cesse de dire que ...** he is constantly ou continually saying that ..., he keeps repeating (endlessly) that ...

2 vi **a** [bavardage, bruit, activités, combat] to stop, cease ; [relations, fonctions] to come to an end ; [douleur] to stop ; [fièvre] to pass, die down ◆ **le vent a cessé** the wind has stopped (blowing) ◆ **tout travail a cessé** all work has stopped ou come to a halt ou a standstill

b **faire cesser** bruit to put a stop to, stop ; scandale to put an end ou a stop to ◆ (Jur) **pour faire cesser les poursuites** in order to have the action ou proceedings dropped

cessez-le-feu [sesel(ə)fø] nm inv ceasefire

cessibilité [sesibilite] nf transferability

cessible [sesibl] → SYN adj (Jur) transferable, assignable

cession [sesjɔ̃] → SYN nf [bail, biens, droit] transfer ◆ **faire cession de** to transfer, assign ◆ **cession-bail** lease-back

cessionnaire [sesjɔnɛʀ] → SYN nm (Jur) [bien, droit] transferee, assignee

c'est-à-dire [sɛtadiʀ] → SYN conj **a** (à savoir) that is (to say), i.e. **un lexicographe, c'est-à-**

dire quelqu'un qui fait un dictionnaire a lexicographer, that is (to say), someone who compiles a dictionary
b **c'est-à-dire que** (en conséquence): **l'usine a fermé, c'est-à-dire que son frère est maintenant en chômage** the factory has shut down which means that his brother is unemployed now ◆ (manière d'excuse) **viendras-tu dimanche? – c'est-à-dire que j'ai arrangé un pique-nique avec mes amis** will you come on Sunday? – well actually ou well the thing is ou I'm afraid I've arranged a picnic with my friends ◆ (rectification) **je suis fatigué – c'est-à-dire que tu as trop bu hier** I'm tired – you mean ou what you mean is you had too much to drink yesterday

cestodes [sɛstɔd] nmpl ◆ **les cestodes** cestodes, the Cestoda (spéc)

césure [sezyʀ] → SYN nf caesura

CET [seəte] nm (abrév de **collège d'enseignement technique**) → **collège**

cet [sɛt] adj dém → **ce**

cétacé [setase] → SYN nm cetacean

cétane [setan] nm cetane

cétérac(h) [seteʀak] nm ceterach

cétoine [setwan] nf rose chafer ou beetle

cétone [setɔn] nf ketone

cétonémie [setɔnemi] nf ketonaemia (Brit), ketonemia (US)

cétonique [setɔnik] adj ketonic

cétonurie [setɔnyʀi] nf presence of ketone bodies in the urine, ketonuria (spéc)

ceux [sø] pron dém → **celui**

Cévennes [sevɛn] nfpl ◆ **les Cévennes** the Cévennes

cévenol, e [sevnɔl] **1** adj of ou from the Cévennes (region)
2 nm,f ◆ **Cévenol(e)** inhabitant ou native of the Cévennes (region)

Ceylan [selɑ̃] nm Ceylon

cf. [seɛf] (abrév de **confer**) cf

CFA [seɛfa] (abrév de **Communauté financière africaine**) → **franc**[2]

CFAO [seɛfao] nf (abrév de **conception et fabrication assistées par ordinateur**) CADCAM

CFC [seɛfse] nmpl (abrév de **chlorofluorocarbones** ou de **chlorofluorocarbures**) CFCs

CFDT [seɛfdete] nf (abrév de **Confédération française démocratique du travail**) *French trade union*

CFP [seɛfpe] nm (abrév de **centre de formation professionnelle**) → **centre**

CFTC [seɛftese] nf (abrév de **Confédération française des travailleurs chrétiens**) *French trade union*

cg (abrév de **centigramme**) cg

CGC [segese] nf (abrév de **Confédération générale des cadres**) *French management union*

CGT [seʒete] nf (abrév de **Confédération générale du travail**) *French trade union*

ch (abrév de **cheval-vapeur**) HP, h.p.

chablis [ʃabli] nm (bois) windfall

chabot [ʃabo] nm bullhead

chacal, pl **chacals** [ʃakal] nm (Zool) jackal; (*: péj) vulture

cha-cha(-cha) [tʃatʃa(tʃa)] nm cha-cha(-cha)

chaconne [ʃakɔn] nf chaconne

chacun, e [ʃakœ̃, yn] pron indéf **a** (d'un ensemble bien défini) each (one) ◆ **chacun de** each (one) ou every one of ◆ **chacun d'entre eux** each (one) of them, every one of them ◆ **chacun des deux** each ou both of them, each of the two ◆ **ils me donnèrent chacun 10 F / leur chapeau** they each (of them) gave me 10 francs / their hat, each (one) of them gave me 10 francs / their hat ◆ **il leur donna (à) chacun 10 F, il leur donna 10 F (à) chacun** he gave them 10 francs each, he gave them each 10 francs, he gave each (one) of them 10 francs ◆ **il remit les livres chacun à sa** ou **leur place** he put back each of the books in its (own) place ◆ **nous sommes entrés chacun à notre tour** we each went in in turn, we went in each in turn
b (d'un ensemble indéfini: tout le monde) everyone, everybody ◆ **comme chacun le sait** as everyone ou everybody ou each person knows ◆ **chacun son tour!** wait your turn!, everyone's got to have a turn! ◆ **chacun son goût** ou **ses goûts** each to his own ◆ **chacun ses idées** everyone has a right to their opinion ◆ **chacun pour soi (et Dieu pour tous!)** every man for himself (and God for us all!) ◆ **chacun voit midi à sa porte** people always act in their own interests → **à, tout**

chafouin, e [ʃafwɛ̃, in] → SYN adj visage sly(-looking), foxy(-looking) ◆ **à la mine chafouine** sly- ou foxy-looking, with a sly expression

chagrin[1]**, e** [ʃagʀɛ̃, in] → SYN **1** adj (littér) (triste) air, humeur, personne despondent, woeful, dejected; (bougon) personne ill-humoured, morose ◆ **les esprits chagrins disent que ...** disgruntled people say that ...
2 nm **a** (affliction) grief, sorrow ◆ **un chagrin d'enfant** a child's disappointment ou distress ou sorrow ◆ (à un enfant) **alors, on a un gros chagrin!** well, we do look sorry for ourselves! ou unhappy! ou woeful! ◆ **avoir un chagrin d'amour** to have an unhappy love affair, be disappointed in love ◆ **plonger qn dans un profond chagrin** to plunge sb deep in grief ◆ **faire du chagrin à qn** to grieve ou distress sb, cause sb grief ou distress ou sorrow ◆ **avoir du chagrin** to be grieved ou distressed → **noyer**[2]
b (††: mélancolie) ill-humour

chagrin[2] [ʃagʀɛ̃] nm (cuir) shagreen → **peau**

chagrinant, e [ʃagʀinɑ̃, ɑ̃t] adj distressing, grievous

chagriner[1] [ʃagʀine] → SYN ▸ conjug 1 ◂ vt (désoler) to grieve, distress, upset; (tracasser) to worry, bother

chagriner[2] [ʃagʀine] ▸ conjug 1 ◂ vt peau to grain

chah [ʃa] nm ⇒ **shah**

chahut [ʃay] → SYN nm (tapage) uproar, rumpus*, hullabaloo*; (Scol) uproar ◆ **faire du chahut** to kick up* ou make ou create a rumpus* ou a hullabaloo*; (Scol) to make ou create an uproar

chahuter [ʃayte] → SYN ▸ conjug 1 ◂ **1** vi (Scol: faire du bruit) to make ou create an uproar; (faire les fous) to kick up* ou create a rumpus*, make a commotion
2 vt **a** professeur to play up, rag, bait; (†) fille to tease ◆ **un professeur chahuté** a teacher who is baited ou ragged (by his pupils); (Bourse) valeur unstable
b (*: cahoter) objet to knock about

chahuteur, -euse [ʃaytœʀ, øz] → SYN **1** adj rowdy, unruly
2 nm,f rowdy

chai [ʃɛ] → SYN nm wine and spirit store(house)

chaînage [ʃɛnaʒ] nm (Ordin) chaining; (Constr) clamp

chaîne [ʃɛn] → SYN **1** nf **a** (de métal, ornementale) chain ◆ **chaîne de bicyclette / de montre** bicycle / watch chain ◆ **attacher un chien à une chaîne** to chain up a dog, put a dog on a chain ◆ (Aut) **chaînes** (snow) chains
b (fig: esclavage) **chaînes** chains, bonds, fetters, shackles ◆ **les travailleurs ont brisé leurs chaînes** the workers have cast off their chains ou bonds ou shackles
c (suite, succession) (gén, Anat, Chim, Méd) chain; (Géog) [montagnes] chain, range ◆ **la chaîne des Alpes** the alpine range ◆ (fig) **faire la chaîne** to form a (human) chain → **réaction**
d (Ind) **chaîne (de fabrication)** production line ◆ **produire qch à la chaîne** to mass-produce sth, make sth on an assembly line ou a production line ◆ **travailler à la chaîne** to work on an assembly line ou a production line ◆ (fig) **il produit des romans à la chaîne** he churns out one novel after another → **travail**[1]
e (TV: longueur d'onde) channel ◆ **première / deuxième chaîne** first / second channel
f (Rad: appareil) **chaîne (hi-fi / stéréophonique)** hi-fi / stereophonic system ◆ **chaîne compacte** music centre
g (Comm) [journaux] string; [magasins] chain, string
h (Tex) warp
i (lettre) chain letter
2 COMP ▹ **chaîne alimentaire** (Écologie) food chain ▹ **chaîne d'arpenteur** (Tech) (surveyor's) chain, chain measure ▹ **chaîne câblée** cable channel ▹ **chaîne de caractères** (Ordin) character string ▹ **chaîne de fabrication** (Ind) production line ▹ **chaîne du froid** (Ind) refrigeration procedure ▹ **chaîne de montage** (Ind) assembly line ▹ **chaîne à neige** (Aut) snow chain ▹ **la chaîne parlée** (Ling) connected speech ▹ **chaîne payante** ou **à péage** (TV) pay TV channel ▹ **chaîne publique** (TV) publicly-owned channel, public service channel (US), ≃ PBS channel (US) ▹ **chaîne sans fin** (Tech) endless chain ▹ **chaîne de solidarité** ◆ **former une chaîne de solidarité pour aider les réfugiés** to form a human chain to help the refugees ▹ **chaîne de sûreté** (gén) safety chain; [porte] door ou safety chain

chaîner [ʃene] → SYN ▸ conjug 1 ◂ vt (Ordin) to chain; (Constr) to clamp

chaînette [ʃɛnɛt] nf (small) chain ◆ (Math) **courbe** ou **arc en chaînette** catenary curve → **point**[2]

chaînon [ʃɛnɔ̃] → SYN nm (lit, fig) [chaîne] link; [filet] loop; (Géog) secondary range (of mountains) ◆ **le chaînon manquant** the missing link ◆ (Ordin) **chaînon de données** data link

chaintre [ʃɛ̃tʀ] nf ou m (Agr) headland

chair [ʃɛʀ] → SYN **1** nf **a** [homme, animal, fruit] flesh ◆ **entrer dans les chairs** to penetrate the flesh ◆ **en chair et en os** in the flesh, as large as life (hum) ◆ **ce n'est qu'un être de chair et de sang** he's only human, he's only flesh and blood ◆ **être ni chair ni poisson** (indécis) to have an indecisive character; (de caractère flou) to be neither fish, fowl nor good red herring ◆ **l'ogre aime la chair fraîche** the ogre likes a diet of warm young flesh ◆ (hum) **il aime la chair fraîche** (des jeunes femmes) he likes firm young flesh ou bodies ◆ **avoir / donner la chair de poule** (froid) to have / give goosepimples ou gooseflesh ◆ [chose effrayante] **ça vous donne** ou **on en a la chair de poule** it makes your flesh creep, it gives you gooseflesh ◆ (fig) **chair à canon** cannon fodder ◆ (Culin) **chair (à saucisse)** sausage meat ◆ (fig) **je vais en faire de la chair à pâté** ou **à saucisse** ou **le transformer en chair à pâté** ou **à saucisse** I'm going to make mince meat of him ◆ **bien en chair** well-padded (hum), plump
b (littér, Rel: opposé à l'esprit) flesh ◆ **souffrir dans / mortifier sa chair** to suffer in / mortify the flesh ◆ **fils / parents selon la chair** natural son / parents ◆ **sa propre chair, la chair de sa chair** his own flesh and blood ◆ **la chair est faible** the flesh is weak → **péché**
c (Peinture) **chairs** flesh tones ou tints
2 adj inv ◆ **(couleur) chair** flesh(-coloured)

chaire [ʃɛʀ] → SYN nf **a** (estrade) [prédicateur] pulpit; [professeur] rostrum ◆ **monter en chaire** to go up into ou ascend the pulpit
b (Univ: poste) chair ◆ **créer une chaire de français** to create a chair of French
c **la chaire pontificale** the papal throne

chaise [ʃɛz] → SYN **1** nf chair ◆ **faire la chaise** (pour porter un blessé) to link arms to make a seat ou chair → **politique**
2 COMP ▹ **chaise de bébé** highchair ▹ **chaise de cuisine** kitchen chair ▹ **chaise électrique** electric chair ▹ **chaise haute** highchair ▹ **chaise de jardin** garden chair ▹ **chaise longue** (siège pliant) deckchair; (canapé) chaise longue ◆ **faire de la chaise longue** to lie back ou relax in a deckchair; (se reposer) to put one's feet up ▹ **chaises musicales** (jeu, fig) musical chairs ▹ **chaise percée** commode ▹ **chaise (à porteurs)** sedan(-chair) ▹ **chaise de poste** poste chaise ▹ **chaise roulante** wheelchair, bathchair† (Brit)

chaisier, ière [ʃezje, jɛʀ] nm,f chair attendant

chaland[1] [ʃalɑ̃] → SYN nm (Naut) barge

chaland[2]**, e†** [ʃalɑ̃, ɑ̃d] → SYN nm,f (client) customer

chalandage [ʃalɑ̃daʒ] nm shopping

chalandise [ʃalɑ̃diz] nf (zone) market radius

chalaze [ʃalaz, kalaz] nf chalaza

chalazion [ʃalazjɔ̃] nm (Méd) sty

chalcographie [kalkɔgʀafi] nf (gravure) chalcography; (salle) chalcography room

chalcolithique [kalkolitik] adj chalcolithic

chalcopyrite [kalkopiʀit] nf chalcopyrite, copper pyrites

chalcosine [kalkozin] nf chalcocite

Chaldée [kalde] nf Chaldea

chaldéen, -enne [kaldeɛ̃, ɛn] 1 adj Chaldean, Chaldee
2 nm (Ling) Chaldean
3 nm,f • **Chaldéen(ne)** Chaldean, Chaldee

châle [ʃɑl] → SYN nm shawl → **col**

chalet [ʃalɛ] → SYN nm chalet; (Can) summer cottage • **chalet de nécessité**†† public convenience

chaleur [ʃalœʀ] → SYN nf a (gén, Phys) heat; (modérée, agréable) warmth • **quelle chaleur!** it's hot!, it's boiling!* • **il fait une chaleur accablante** the heat is oppressive, it is oppressively hot • **il faisait une chaleur lourde** the air was sultry, it was very close • **les grandes chaleurs (de l'été)** the hot (summer) days ou weather • (sur étiquette) « **craint la chaleur** » "keep ou to be kept in a cool place" • **chaleur massique** ou **spécifique / latente** specific / latent heat • **chaleur animale** body heat • **four à chaleur tournante** convection oven
b (fig) [discussion, passion] heat; [accueil, voix, couleur] warmth; [convictions] fervour • **manquer de chaleur humaine** to lack the human touch • **je vais dans ce club pour trouver un peu de chaleur humaine** I go to that club for a bit of company • **prêcher avec chaleur** to preach with fire ou fervour • **défendre une cause / un ami avec chaleur** to defend a cause / a friend hotly ou heatedly ou fervently
c (Zool: excitation sexuelle) **la période des chaleurs** the heat • **en chaleur** on ou in heat
d (†: malaise) flush • **éprouver des chaleurs** to have hot flushes (Brit) ou flashes (US) → **bouffée**

chaleureusement [ʃalœʀøzmɑ̃] adv warmly

chaleureux, -euse [ʃalœʀø, øz] → SYN adj accueil, applaudissements, remerciements warm; félicitations hearty, warm • **il parla de lui en termes chaleureux** he spoke of him most warmly

châlit [ʃali] nm bedstead

challenge [ʃalɑ̃ʒ] → SYN nm (épreuve) contest, tournament (in which a trophy is at stake); (trophée) trophy; (gageure, défi) challenge

challengeur [ʃalɑ̃ʒœʀ], **challenger** [ʃalɑ̃ʒɛʀ] nm challenger

chaloir [ʃalwaʀ] vi → **chaut**

chaloupe [ʃalup] → SYN nf launch; (Can*) rowing boat (Brit), rowboat (US, Can) • **chaloupe de sauvetage** lifeboat

chaloupé, e [ʃalupe] adj danse swaying • **démarche chaloupée** rolling gait

chalumeau, pl **chalumeaux** [ʃalymo] → SYN nm a (Tech) blowlamp (Brit), blowtorch (US) • **chalumeau oxyacétylénique** oxyacetylene torch • **ils ont découpé le coffre-fort au chalumeau** they used a blowlamp (Brit) ou blowtorch (US) to cut through the safe
b (Mus) pipe
c (†: paille) (drinking) straw
d (Can) spout (fixed on the sugar maple tree) for collecting maple sap

chalut [ʃaly] nm trawl (net) • **pêcher au chalut** to trawl

chalutage [ʃalytaʒ] nm trawling

chalutier [ʃalytje] → SYN nm (bateau) trawler; (pêcheur) trawlerman

chamade [ʃamad] nf → **battre**

chamaille [ʃamɑj] nf squabble, (petty) quarrel

chamailler (se) [ʃamɑje] → SYN ▸ conjug 1 ◂ vpr to squabble, bicker

chamaillerie [ʃamɑjʀi] → SYN nf (gén pl) squabble, (petty) quarrel • **chamailleries** squabbling (NonC), bickering (NonC)

chamailleur, -euse [ʃamɑjœʀ, øz] → SYN adj quarrelsome • **c'est un chamailleur** he's a quarrelsome one, he's a squabbler

chaman [ʃaman] nm shaman

chamanisme [ʃamanism] nm shamanism

chamarré, e [ʃamaʀe] → SYN (ptp de **chamarrer**) adj étoffe, rideaux richly coloured ou brocaded • **chamarré d'or / de pourpre** bedecked with gold / purple

chamarrer [ʃamaʀe] → SYN ▸ conjug 1 ◂ vt (littér: orner) to bedeck, adorn

chamarrure [ʃamaʀyʀ] nf (gén pl) [étoffe] vivid ou loud (péj) combination of colours; [habit, uniforme] rich trimming

chambard* [ʃɑ̃baʀ] nm (vacarme) racket*, row*, rumpus*; (protestation) rumpus*, row*, shindy*; (bagarre) scuffle, brawl; (désordre) shambles* (sg), mess; (bouleversement) upheaval • **faire du chambard** (protester) to kick up a rumpus* ou a row* ou a shindy* • **ça va faire du chambard!** there'll be a row* ou a rumpus* over that!

chambardement* [ʃɑ̃baʀdəmɑ̃] nm (bouleversement) upheaval; (nettoyage) clear-out

chambarder* [ʃɑ̃baʀde] ▸ conjug 1 ◂ vt (bouleverser) objets, pièce to turn upside down; projets, habitudes to turn upside down, upset; (se débarrasser de) to chuck out‡, throw out, get rid of • **il a tout chambardé** (bouleversé) he turned everything upside down; (liquidé) he chucked‡ ou threw the whole lot out, he got rid of the whole lot

chambellan [ʃɑ̃belɑ̃] → SYN nm chamberlain

chamboulement* [ʃɑ̃bulmɑ̃] nm (désordre) chaos, confusion; (bouleversement) upheaval

chambouler* [ʃɑ̃bule] ▸ conjug 1 ◂ vt (bouleverser) objets, pièce to turn upside down (fig); projets to mess up*, make a mess of*, cause chaos in • **cela a chamboulé nos projets** that caused chaos in ou messed up* our plans ou threw our plans right out* • **il a tout chamboulé dans la maison** he has turned the (whole) house upside down • **pour bien faire, il faudrait tout chambouler** to do things properly we should have to turn the whole thing ou everything upside down

chambranle [ʃɑ̃bʀɑ̃l] nm [porte] (door) frame, casing; [fenêtre] (window) frame, casing; [cheminée] mantelpiece • **il s'appuya au chambranle** he leant against the doorpost

chambray [ʃɑ̃bʀɛ] nm (Tex) chambray

chambre [ʃɑ̃bʀ] → SYN 1 nf a (pour dormir) bedroom; (††: pièce) chamber††, room • **chambre à un lit / à deux lits** single- / twin-bedded room • **chambre pour deux personnes** double room • **va dans ta chambre!** go to your (bed)room! • **faire chambre à part** to sleep apart ou in separate rooms → **femme, robe, valet**
b (Pol) House, Chamber • **à la Chambre** in the House • **système à deux chambres** two-house ou -chamber system • **Chambre haute / basse** Upper / Lower House ou Chamber • **ce n'est plus qu'une simple chambre d'enregistrement** it simply rubber-stamps the government's decisions
c (Jur: section judiciaire) division; (Admin: assemblée, groupement) chamber • **première / deuxième chambre** upper / lower chamber
d (Tech) [fusil, mine, canon] chamber
e LOC **en chambre: travailler en chambre** to work at home, do outwork • **couturière en chambre** dressmaker working at home • (iro) **stratège / alpiniste en chambre** armchair strategist / mountaineer → **musique, orchestre**
2 COMP ▹ **chambre d'accusation** (Jur) court of criminal appeal ▹ **chambre à air** (Aut) (inner) tube • **sans chambre à air** tubeless ▹ **chambre d'amis** spare ou guest room ▹ **chambre de bonne** (lit) maid's room; (sous les toits) garret ▹ **chambre à bulles** bubble chamber ▹ **chambre des cartes** (Naut) chart-house ▹ **chambre à cartouches** (cartridge) chamber ▹ **chambre claire** (Opt) camera lucida ▹ **chambre de combustion** (Aut) combustion chamber ▹ **chambre de commerce (et d'industrie)** (Comm) Chamber of Commerce ▹ **la Chambre des communes** (Brit Pol) the House of Commons ▹ **chambre de compensation** (Comm) clearing house ▹ **chambre correctionnelle** (Jur) ≃ magistrates' ou district court ▹ **chambre à coucher** (pièce) bedroom; (mobilier) bedroom furniture ▹ **chambre criminelle** (Jur) court of criminal appeal *(in the Cour de Cassation)* ▹ **la Chambre des députés** (Pol) the Chamber of Deputies ▹ **chambre d'enfant** child's (bed)room, nursery ▹ **chambre d'étudiant** student room ▹ **chambre d'explosion** ⇒ **chambre de combustion** ▹ **chambre forte** strongroom ▹ **chambre frigorifique, chambre froide** cold room • **mettre qch en chambre froide** ou **frigorifique** to put sth into cold storage ou in the cold room ▹ **chambre à gaz** gas chamber ▹ **chambre d'hôte** *room in a guesthouse* ▹ **chambre d'hôtel** hotel room ▹ **la Chambre des lords** (Brit Pol) the House of Lords ▹ **chambre des machines** (Naut) engine room ▹ **chambre des métiers** guild chamber, chamber of trade ▹ **chambre meublée** furnished room, bed-sitter (Brit) ▹ **chambre noire** (Phot) darkroom ▹ **les chambres de l'œil** (Anat) the aqueous chambers of the eye ▹ **la Chambre des représentants** (US Pol) the House of Representatives ▹ **chambre des requêtes** (Jur) (preliminary) civil appeal court ▹ **chambre sourde** anechoic chamber ▹ **chambre de sûreté** (prison) lockup ▹ **chambre syndicale** employers' federation

chambrée [ʃɑ̃bʀe] → SYN nf (pièce, occupants) room; [soldats] barrack-room

chambrer [ʃɑ̃bʀe] → SYN ▸ conjug 1 ◂ vt a vin to bring to room temperature, chambré; personne (prendre à l'écart) to corner, collar*; (tenir enfermé) to keep in, confine, keep cloistered • **les organisateurs ont chambré l'invité d'honneur** the organisers kept the V.I.P. guest out of circulation ou to themselves
b (*: taquiner) to tease • (canular) **tu me chambres?** are you having me on?*, are you pulling my leg?*

chambrette [ʃɑ̃bʀɛt] nf small bedroom

chambrière [ʃɑ̃bʀijɛʀ] → SYN nf (béquille de charrette) cart-prop; (†: servante) chambermaid

chambriste [ʃɑ̃bʀist] nmf chamber-music player

chameau, pl **chameaux** [ʃamo] → SYN nm a (Zool) camel → **poil**
b (* péj) beast* • **elle devient chameau avec l'âge** the older she gets the more beastly she becomes

chamelier [ʃaməlje] nm camel driver

chamelle [ʃamɛl] nf (Zool) she-camel

chamelon [ʃam(ə)lɔ̃] nm young camel

chamérops [kameʀɔps] nm palmetto

chamito-sémitique, pl **chamito-sémitiques** [kamitosemitik] 1 adj Afro-Asiatic, Semito-Hamitic
2 nm (Ling) Afro-Asiatic ou Semito-Hamitic languages

chamois [ʃamwa] → SYN 1 nm (Zool) chamois; (Ski) skiing badge *(marking degree of ability)* → **peau**
2 adj inv fawn, buff(-coloured)

chamoiser [ʃamwaze] ▸ conjug 1 ◂ vt to chamois

chamoiserie [ʃamwazʀi] nf (industrie) chamois-leather industry

chamoisine [ʃamwazin] nf shammy leather

champ[1] [ʃɑ̃] → SYN 1 nm a (Agr) field • **champ de blé** wheatfield, field of corn (Brit) ou wheat • **champ d'avoine / de trèfle** field of oats / clover • **travailler aux champs** to work in the fields • **on s'est retrouvé en plein(s) champ(s)** we found ourselves in the middle of ou surrounded by fields
b (campagne) **champs** country(side) • **la vie aux champs** life in the country, country life • **fleurs des champs** wild flowers, flowers of the countryside → **clef, travers**[2]

c (fig : domaine) field, area ◆ **il a dû élargir le champ de ses recherches / de ses investigations** he had to widen ou extend the field ou area of his research / his investigations
d (Élec, Ling, Ordin, Phys) field
e (Ciné, Phot) **dans le champ** in (the) shot ou the picture ◆ **être dans le champ** to be in shot ◆ **sortir du champ** to go out of shot ◆ **pas assez de champ** not enough depth of focus → **profondeur**
f (Hér) [écu, médaille] field
g LOC **avoir du champ** to have elbowroom ou room to move ◆ **laisser du champ à qn** to leave sb room to manoeuvre ◆ **laisser le champ libre** to leave the field open ou clear ◆ **vous avez le champ libre** I'll (ou we'll etc) leave you to it, it's all clear for you ◆ **laisser le champ libre à qn** to leave sb a clear field ◆ **prendre du champ** (lit) to step back, draw back ; (fig) to draw back ◆ (Mil) **sonner aux champs** to sound the general salute → **tout**
2 COMP ▷ **champ d'action, champ d'activité** sphere of activity ▷ **champ d'aviation** (Aviat) airfield ▷ **champ de bataille** (Mil, fig) battlefield ▷ **champ clos** combat area ◆ (fig) **en champ clos** behind closed doors ▷ **champ de courses** racecourse ▷ **les Champs Élysées** (Myth) the Elysian Fields ; (à Paris) the Champs Élysées ▷ **champ de foire** fairground ▷ **champ d'honneur** (Mil) field of honour ◆ **mourir** ou **tomber au champ d'honneur** to be killed in action ▷ **champ magnétique** (Phys) magnetic field ▷ **champ de manœuvre** (Mil) parade ground ▷ **champ de Mars** ≃ military esplanade ▷ **champ de mines** minefield ▷ **champ de neige** snowfield ▷ **champ opératoire** (Méd) operative field ▷ **champ optique** (Phys) optical field ▷ **champ ouvert** (Agr) open field ▷ **champ sémantique** (Ling) semantic field ▷ **champ de tir** (terrain) rifle ou shooting range, practice ground ; (angle de vue) field of fire ▷ **champ visuel** ou **de vision** field of vision ou view, visual field

champ²* [ʃɑ̃p] nm (abrév de **champagne**) bubbly*, champers⁑ (Brit)

champagne [ʃɑ̃paɲ] **1** nm, adj inv champagne **2** nf ◆ **la Champagne** Champagne, the Champagne region → **fine²**

champagnisation [ʃɑ̃paɲizasjɔ̃] nf [vin] champagnization

champagniser [ʃɑ̃paɲize] ▸ conjug 1 ◂ vt vin to champagnize

champenois, e [ʃɑ̃pənwa, waz] **1** adj of ou from Champagne ◆ (Vin) **méthode champenoise** champagne method ◆ **vin (mousseux) méthode champenoise** champagne-type ou sparkling wine
2 nm,f ◆ **Champenois(e)** inhabitant ou native of Champagne

champêtre [ʃɑ̃pɛtʀ] → SYN adj (rural) (gén) rural ; vie country (épith), rural ; odeur country (épith) ; bal, fête village (épith) → **garde²**

champignon [ʃɑ̃piɲɔ̃] → SYN nm **a** (gén) mushroom ; (terme générique) fungus ; (vénéneux) toadstool, poisonous mushroom ou fungus ; (Méd) fungus ◆ **champignon comestible** (edible) mushroom, edible fungus ◆ **certains champignons sont comestibles** some fungi are edible ◆ **champignon de Paris** ou **de couche** cultivated mushroom ◆ **champignon hallucinogène** hallucinogenic mushroom, magic mushroom* → **pousser, ville**
b (aussi **champignon atomique**) mushroom cloud
c (* : Aut) accelerator → **appuyer**

champignonnière [ʃɑ̃piɲɔnjɛʀ] nf mushroom bed

champignonniste [ʃɑ̃piɲɔnist] nmf mushroom grower

champion, -ionne [ʃɑ̃pjɔ̃, jɔn] → SYN **1** adj (*) A1, first-rate ◆ **c'est champion !** that's great ! ou first-rate ! ou top-class ! (Brit)
2 nm,f (Sport, défenseur) champion ◆ **champion du monde de boxe** world boxing champion ◆ **se faire le champion d'une cause** to champion a cause ◆ (hum) **c'est le champion de la gaffe** there's no one to beat him for tactlessness

championnat [ʃɑ̃pjɔna] → SYN nm championship ◆ **championnat du monde / d'Europe** world / European championship

champlever [ʃɑ̃l(ə)ve] ▸ conjug 5 ◂ vt to chase, chamfer ◆ **émaux champlevés** champlevé (enamels)

chamsin [xamsin] nm ⇒ **khamsin**

chançard, e* [ʃɑ̃saʀ, aʀd] **1** adj lucky **2** nm,f lucky devil*, lucky dog*

chance [ʃɑ̃s] → SYN GRAMMAIRE ACTIVE 15.2, 15.3, 16.3, 23.5 nf **a** (bonne fortune) (good) luck ◆ **tu as de la chance d'y aller** you're lucky ou fortunate to be going ◆ **il a la chance d'y aller** he's lucky ou fortunate enough to be going, he has the good luck ou good fortune to be going ◆ **avec un peu de chance** with a bit of luck ◆ **quelle chance !** what a bit ou stroke of (good) luck !, how lucky ! ◆ **c'est une chance que ...** it's lucky ou fortunate that ..., it's a bit of ou a stroke of luck that ... ◆ **coup de chance** stroke of luck ◆ **il était là, une chance !** ou **un coup de chance !** he was there, luckily ◆ **c'est mon jour de chance !** it's my lucky day ! ◆ **ce n'est pas mon jour de chance !** it's not my day ! ◆ **la chance a voulu qu'il y eût un médecin sur place** by a stroke of luck ou luckily there was a doctor on the spot ◆ **par chance** luckily, fortunately ◆ **pas de chance !** hard ou bad ou tough* luck !, hard lines !* (Brit) ◆ **c'est la faute à pas de chance !*** it's just hard luck ! ◆ (iro) **c'est bien ma chance** (that's) just my luck ! → **porter**
b (hasard, fortune) luck, chance ◆ **courir** ou **tenter sa chance** to try one's luck ◆ **la chance a tourné** his (ou her etc) luck has changed ◆ **la chance lui sourit** luck favours him, (good) fortune smiles on him ◆ **mettre la chance** ou **toutes les chances de son côté** to take no chances ◆ **sa mauvaise chance le poursuit** he is dogged by ill-luck, bad luck dogs his footsteps (littér) → **bon¹**
c (possibilité de succès) chance ◆ **donner sa chance** ou **ses chances à qn** to give sb his chance ◆ **quelles sont ses chances (de réussir** ou **de succès) ?** what are his chances ou what chance has he got (of succeeding ou of success) ? ◆ **il a ses** ou **des chances (de gagner)** he's got ou stands a ou some chance (of winning) ◆ **il / son tir n'a laissé aucune chance au gardien de but** he / his shot didn't give the goalkeeper a chance ◆ **les chances d'un accord ...** the chances of a settlement ... ◆ **il n'a aucune chance** he hasn't got ou doesn't stand a (dog's) chance ◆ **il y a une chance sur cent (pour) que ...** there's one chance in a hundred ou a one-in-a-hundred chance that ... ◆ **il y a peu de chances (pour) qu'il la voie** there's little chance (that) he'll see her, there's little chance of his seeing her, the chances of his seeing her are slim ◆ **il y a toutes les chances** ou **de grandes chances que ...** there's every chance that ..., the chances ou odds are that ... ◆ **il y a des chances*** it's very likely, I wouldn't be surprised ◆ **ils ont des chances égales** they have equal chances ou an equal chance ◆ **elle a une chance sur deux de s'en sortir** she's got a fifty-fifty chance of pulling through

chancelant, e [ʃɑ̃s(ə)lɑ̃, ɑ̃t] → SYN adj démarche, pas unsteady, faltering, tottering ; meuble, objet wobbly, unsteady ; mémoire, santé uncertain, shaky ; conviction, courage, résolution wavering, faltering, shaky ; autorité tottering, wavering, shaky ◆ **dynasties chancelantes** tottering dynasties

chanceler [ʃɑ̃s(ə)le] → SYN ▸ conjug 4 ◂ vi [personne] to totter, stagger ; [ivrogne] to reel ; [objet] to wobble, totter ; [autorité] to totter, falter ; [conviction, résolution, courage] to waver, falter ◆ **il s'avança en chancelant** he tottered ou staggered ou reeled forward ◆ **une société qui chancelle sur ses bases** a society which is tottering upon its foundations ◆ **il chancela dans sa résolution** he wavered in his resolve

chancelier [ʃɑ̃səlje] → SYN nm [Allemagne, Autriche] chancellor ; [ambassade] secretary ; (Hist) chancellor ◆ (Brit) **le chancelier de l'Échiquier** the Chancellor of the Exchequer

chancelière [ʃɑ̃səljɛʀ] nf foot-muff (Brit)

chancellerie [ʃɑ̃sɛlʀi] → SYN nf [ambassade, consulat] chancellery, chancery ; (Hist) chancellery

chanceux, -euse [ʃɑ̃sø, øz] → SYN adj lucky, fortunate ; (†† : hasardeux) hazardous

chancre [ʃɑ̃kʀ] → SYN nm (Bot, Méd, fig : abcès) canker ◆ **chancre syphilitique** chancre ◆ **chancre mou** chancroid, soft chancre ◆ **manger** ou **bouffer comme un chancre⁑** to pig oneself⁑ (Brit), stuff oneself like a pig*

chancrelle [ʃɑ̃kʀɛl] nf (Méd) chancroid

chandail [ʃɑ̃daj] → SYN nm (thick) jumper (Brit), (thick) sweater

Chandeleur [ʃɑ̃dlœʀ] nf ◆ **la Chandeleur** Candlemas

chandelier [ʃɑ̃dəlje] → SYN nm (à une branche) candlestick, candleholder ; (à plusieurs branches) candelabra

chandelle [ʃɑ̃dɛl] → SYN nf **a** (bougie) (tallow) candle ◆ **dîner / souper aux chandelles** dinner / supper by candlelight, candlelit dinner / supper
b (fig) (Aviat) chandelle ; (Rugby, Ftbl) up-and-under ; (Tennis) lob ; (Gym) shoulder stand ; (⁑ : au nez) trickle of snot* ◆ (fusée d'artifice) **chandelle romaine** roman candle
c (loc) (hum) **tenir la chandelle** to play gooseberry (Brit), be a third wheel (US) ◆ (Aviat) **monter en chandelle** to climb vertically ◆ (Golf) **lancer en chandelle** to loft → **brûler, économie, jeu**

chanfrein [ʃɑ̃fʀɛ̃] nm **a** (Tech) (gen) bevelled edge ; (à 45°) chamfer
b [cheval] nose

chanfreiner [ʃɑ̃fʀene] ▸ conjug 1 ◂ vt (gén) to bevel ; (à 45 °C) to chamfer

change [ʃɑ̃ʒ] → SYN nm **a** (Fin) [devises] exchange ◆ (Banque) **faire le change** to exchange money ◆ **opération de change** (foreign) exchange transaction → **agent, bureau** etc
b (Fin : taux d'échange) exchange rate ◆ **le change est avantageux** the exchange rate is favourable ◆ **la cote des changes** the (list of) exchange rates ◆ **au cours actuel du change** at the current rate of exchange
c (Can : petite monnaie) change
d **change (complet)** (disposable) nappy (Brit) ou diaper (US)
e LOC **gagner / perdre au change** to gain / lose on the exchange ou deal ◆ **donner le change** to allay suspicion ◆ **donner le change à qn** to put sb off the scent ou off the track

changeable [ʃɑ̃ʒabl] adj (transformable) changeable, alterable

changeant, e [ʃɑ̃ʒɑ̃, ɑ̃t] → SYN adj personne, fortune, humeur changeable, fickle, changing (épith) ; couleur, paysage changing (épith) ; temps changeable, unsettled ◆ **son humeur est changeante** he's a man of many moods or of uneven temper

changement [ʃɑ̃ʒmɑ̃] → SYN nm **a** (remplacement) changing ◆ **le changement de la roue nous a coûté 100 F** the wheel change cost us 100 francs ◆ **le changement de la roue nous a pris une heure** changing the wheel ou the wheel change took us an hour, it took us an hour to change the wheel
b (fait de se transformer) change (*de* in) ◆ **le changement soudain de la température / de la direction du vent** the sudden change in temperature / (the) direction of the wind
c (transformation) change, alteration ◆ **il n'aime pas le(s) changement(s)** he doesn't like change(s) ◆ **elle a trouvé de grands changements dans le village** she found great changes in the village, she found the village greatly changed ou altered ◆ **il y a eu du changement** (situation) things have changed ; (objets) things have been changed ◆ **la situation reste sans changement** there has been no change in the situation, the situation remains unchanged ou unaltered ◆ **changement en bien** ou **en mieux** change for the better
d (→ **changer 2**) ◆ **changement de** change of ◆ **changement d'adresse / d'air / de ministère** change of address / air / government ◆ **changement de programme** (projet) change of plan ou in the plan(s) ; (spectacle etc) change of programme ou in the programme ◆ **changement de direction** (sens) change of course ou direction ; (dirigeants) change of management ; (sur un écriteau) under new management ◆ **il y a eu un changement de propriétaire** it has changed

hands, it has come under new ownership ◆ (Mus) **changement de ton** change of key ◆ **changement de décor** (paysage) change of scenery; (Théât) scene-change ◆ (Théât) **changement à vue** transformation (scene)

e (Admin: mutation) transfer ◆ **demander son changement** to apply for a transfer

f (Aut) **changement de vitesse** (dispositif) gears, gear stick ou lever (Brit), gear change; (action) change of gears, gear changing (NonC) (Brit), gear change (Brit), gear shifting (NonC) (US), gearshift (US); [bicyclette] gear(s)

g (Transport) change ◆ **il y a 2 changements pour aller de X à Y** you have to change twice ou make 2 changes to get from X to Y

changer [ʃɑ̃ʒe] → SYN ▸conjug 3◂

1 vt **a** (modifier) projets, personne to change, alter ◆ **on ne le changera pas** nothing will change him ou make him change, you'll never change him ◆ **ce chapeau la change** this hat makes her look different ◆ **cela change tout!** that makes all the difference!, that changes everything! ◆ **une promenade lui changera les idées** a walk will take his mind off things ◆ **il n'a pas changé une virgule au rapport** he hasn't changed ou altered a comma in the report ◆ **il ne veut rien changer à ses habitudes** he doesn't want to change ou alter his habits in any way ◆ **cela ne change rien à l'affaire** it doesn't make the slightest difference, it doesn't alter things a bit ◆ **cela ne change rien au fait que** it doesn't change ou alter the fact that ◆ **vous n'y changerez rien!** there's nothing you can do (about it)!

b (remplacer, échanger) to change; (Théât) décor to change, shift; (Fin) argent, billet to change; (Can) chèque to cash ◆ **changer 100 F contre des livres** to change 100 francs into pounds, exchange 100 francs for pounds ◆ **changer les draps/une ampoule** to change the sheets/a bulb ◆ **il a changé sa voiture contre** ou **pour une nouvelle** he changed his car for a new one ◆ **ce manteau était trop petit, j'ai dû le changer** that coat was too small – I had to change ou exchange it ◆ **j'ai changé ma place contre la sienne** I changed ou swapped* places with him, I exchanged my place for his ◆ **il a changé sa montre contre celle de son ami** he exchanged his watch for his friend's, he swapped* watches with his friend

c (déplacer) **changer qn de poste** to move sb to a different job ◆ **changer qn/qch de place** to move sb/sth to a different place, shift sb/sth ◆ **ils ont changé tous les meubles de place** they've changed ou moved all the furniture round, they've shifted all the furniture (about) ◆ (fig) **changer son fusil d'épaule** to have a change of heart

d (transformer) **changer qch/qn en** to change ou turn sth/sb into ◆ **la citrouille fut changée en carrosse** the pumpkin was changed ou turned into a carriage

e **changer un enfant/malade** to change a child/patient ◆ **changer ses couches à un enfant** to change a child's nappies (Brit) ou diapers (US)

f (procurer un changement à) **cela nous a changés agréablement de ne plus entendre de bruit** it was a pleasant ou nice change for us not to hear any noise ◆ **ils vont en Italie, cela les changera de leur pays pluvieux** they are going to Italy – it will be ou make a change for them from their rainy country

2 **changer de** vt indir **a** (remplacer) to change; (modifier) to change, alter ◆ **changer d'adresse/de nom/de voiture** to change one's address/name/car ◆ **changer de domicile** ou **d'appartement** to move (house) ◆ **changer de peau** (lit) to shed one's skin; (fig) to become a different person ◆ **changer de vêtements** ou **de toilette** to change (one's clothes) ◆ **elle a changé de coiffure** she has changed ou altered her hairstyle ◆ **changer d'avis** ou **d'idée/de ton** to change one's mind/tune ◆ **il change d'avis comme de chemise*** he's as changeable as the weather ◆ **elle a changé de couleur quand elle m'a vu** she changed colour when she saw me ◆ **la rivière a changé de cours** the river has altered ou shifted its course ◆ **elle a changé de visage** her face has changed ou altered; (d'émotion) her expression changed ou altered ◆ **change de disque!**‡ put another record on!‡, don't keep (harping) on ou don't go on about it!*

b (passer dans une autre situation) to change ◆ **changer de train/compartiment/pays** to change trains/compartments/countries ◆ **changer de camp** [victoire, soldat] to change camps ou sides ◆ (Aut) **changer de vitesse** to change gear ◆ **changeons de crémerie**‡ ou **d'auberge**‡ let's take our custom (Brit) ou business elsewhere ◆ **changer de position** to alter ou shift ou change one's position ◆ **j'ai besoin de changer d'air** I need a change of air ◆ **pour changer d'air** for a change of air, to get a change of air ◆ **changer de côté** (gén) to go over ou across to the other side, change sides; (dans la rue) to cross over (to the other side) ◆ **changer de propriétaire** ou **de mains** to change hands ◆ **changeons de sujet** let's change the subject ◆ **il a changé de route pour m'éviter** he went a different way ou changed his route to avoid me ◆ (Naut) **changer de cap** to change ou alter course

c (échanger) to exchange, change, swap* (*avec qn* with sb) ◆ **changer de place avec qn** to change ou exchange ou swap* places with sb ◆ **j'aime bien ton sac, tu changes avec moi?*** I like your bag – will you swap* (with me)? ou will you exchange ou do a swap* (with me)?

3 vi **a** (se transformer) to change, alter ◆ **changer en bien** ou **en mieux/en mal** ou **en pire** to change for the better/the worse ◆ **il n'a pas du tout changé** he hasn't changed ou altered at all ou a bit ◆ **les temps ont bien changé!** ou **sont bien changés!** (how) times have changed! ◆ **il a changé du tout au tout** he is transformed ◆ **le vent a changé** the wind has changed (direction) ou has veered round

b (Aviat, Rail etc) to change ◆ **j'ai dû changer à Rome** I had to change at Rome

c (lit, iro) **pour changer!** (just) for a change!, by way of a change! ◆ **et pour (pas) changer c'est nous qui faisons le travail*** and as per usual* ou and just by way of a change (iro) we'll be doing the work

d (procurer un changement) **ça change des films à l'eau de rose** it makes a change from these sentimental films

4 **se changer** vpr **a** (mettre d'autres vêtements) to change (one's clothes) ◆ **va te changer avant de sortir** go and change (your clothes) before you go out

b **se changer en** to change ou turn into

changeur, -euse [ʃɑ̃ʒœʀ, øz] **1** nm,f (personne) moneychanger

2 nm ◆ (machine) **changeur (de disques)** record changer ◆ **changeur de monnaie** change machine

chanoine [ʃanwan] → SYN nm (Rel) canon (person) → **gras**

chanoinesse [ʃanwanɛs] nf (Rel) canoness

chanson [ʃɑ̃sɔ̃] → SYN **1** nf song ◆ **chanson d'amour/à boire/de marche/populaire** love/drinking/marching/popular song ◆ **chanson enfantine/d'étudiant** children's/student song ◆ (fig) **c'est toujours la même chanson** it's always the same old story ◆ **l'air ne fait pas la chanson** do not judge by appearances, appearances are deceptive ◆ **chansons que tout cela!**†† fiddle-de-dee!††, poppycock!†† ◆ **ça, c'est une autre chanson** that's quite a different matter ou quite another story; → **connaître** ◆ (Littérat) **"La Chanson de Roland"** "the Chanson de Roland, the Song of Roland"

2 COMP ▷ **chanson folklorique** folksong ▷ **chanson de geste** (Littérat) chanson de geste ▷ **chanson de marins** (sea) shanty ▷ **chanson de Noël** (Christmas) carol ▷ **chanson de toile** (Littérat) chanson de toile, weaving song

chansonnette [ʃɑ̃sɔnɛt] nf ditty, light-hearted song

chansonnier [ʃɑ̃sɔnje] → SYN nm (artiste) chansonnier, cabaret singer *(specializing in political satire)*; (livre) song-book

chant[1] [ʃɑ̃] → SYN nm **a** (sons) [personne] singing; [oiseau] singing, warbling; (mélodie habituelle) song; [insecte] chirp(ing); [coq] crow(ing); [mer, vent, instrument] song ◆ **entendre des chants mélodieux** to hear melodious singing ◆ **au chant du coq** at cockcrow ◆ (fig) **le chant du cygne d'un artiste** an artist's swan song ◆ (fig) **écouter le chant des sirènes** to let o.s. be led astray

b (chanson) song ◆ **chant patriotique/populaire** patriotic/popular song ◆ **chant de Noël** (Christmas) carol ◆ **chant religieux** ou **sacré** ou **d'Église** hymn ◆ **chant de guerre** battle song

c (action de chanter, art) singing ◆ **nous allons continuer par le chant d'un cantique** we shall continue by singing a hymn ◆ **cours/professeur de chant** singing lessons/teacher ◆ **apprendre le chant** to learn singing ◆ **j'aime le chant choral** I like choral ou choir singing ◆ **chant grégorien** Gregorian chant ◆ **chant à une/à plusieurs voix** song for one voice/several voices

d (mélodie) melody

e (Poésie) (genre) ode; (division) canto ◆ **chant funèbre** funeral lament ◆ **chant nuptial** nuptial song ou poem ◆ **épopée en douze chants** epic in twelve cantos ◆ (fig) **le chant désespéré de ce poète** the despairing song of this poet

chant[2] [ʃɑ̃] nm edge ◆ **de** ou **sur chant** on edge, edgewise

chantage [ʃɑ̃taʒ] → SYN nm blackmail ◆ **se livrer à un** ou **exercer un chantage sur qn** to blackmail sb ◆ **faire du chantage** to use ou apply blackmail ◆ **on lui a extorqué des millions à coup de chantage** they blackmailed him into parting with millions ◆ **chantage affectif** emotional blackmail ◆ **il (nous) a fait le chantage au suicide** he threatened suicide to blackmail us, he blackmailed us with the threat of ou by threatening suicide

chantant, e [ʃɑ̃tɑ̃, ɑ̃t] adj **a** (mélodieux) accent, voix singsong, lilting

b (qui se chante aisément) air, musique tuneful, catchy

chantefable [ʃɑ̃t(ə)fɑbl] nf chantefable

chantepleure [ʃɑ̃t(ə)plœʀ] → SYN nf [tonneau] tap; [mur] weeper

chanter [ʃɑ̃te] → SYN ▸conjug 1◂ **1** vt **a** chanson, opéra, messe to sing ◆ **l'oiseau chante ses trilles** the bird sings ou warbles ou chirrups its song ◆ **chante-nous quelque chose!** sing us a song!, sing something for us!

b (célébrer) to sing of, sing ◆ **chanter les exploits de qn** to sing (of) sb's exploits ◆ **chanter l'amour** to sing of love ◆ (fig) **chanter les louanges de qn** to sing sb's praises → **victoire**

c (*: raconter) **qu'est-ce qu'il nous chante là?** what's this he's telling us?, what's he on about now?* ◆ **chanter qch sur tous les tons** to harp on about sth, go on about sth*

2 vi **a** [personne] to sing; (*fig: de douleur) to yell (out), sing out*; [oiseau] to sing, warble; [coq] to crow; [poule] to cackle; [insecte] to chirp; [ruisseau] to babble; [bouilloire] to sing; [eau qui bout] to hiss, sing ◆ **chanter juste/faux** to sing in tune/out of tune ou flat ◆ **chanter pour endormir un enfant** to sing a child to sleep ◆ **chantez donc plus fort!** sing up! (Brit) ou out! (US) ◆ **c'est comme si on chantait*** it's like talking to a deaf man, it's a waste of breath ◆ **il chante en parlant** he's got a lilting ou singsong voice ou accent, he speaks with a lilt ◆ (Mus) **"Chantons sous la pluie"** "Singing in the Rain"

b (par chantage) **faire chanter qn** to blackmail sb

c (*: plaire) **vas-y si le programme te chante** (you) go if the programme appeals to you ou if you fancy (Brit) the programme ◆ **cela ne me chante guère de sortir ce soir** I don't really feel like ou fancy (Brit) going out ou I am not very keen (Brit) on going out tonight ◆ **il vient quand** ou **si** ou **comme ça lui chante** he comes when ou if ou as the fancy takes him

chanterelle [ʃɑ̃tʀɛl] → SYN nf **a** (Bot) chanterelle

b (Mus) E-string → **appuyer**

c (oiseau) decoy (bird)

chanteur, -euse [ʃɑ̃tœʀ, øz] → SYN nm,f singer ◆ **chanteur de charme** crooner ◆ **chanteur de(s) rues** street singer, busker (Brit) → **maître, oiseau**

chantier [ʃɑ̃tje] → SYN **1** nm **a** (Constr) building site; (lieu de travail d'un plombier, d'un peintre

etc) job; (Can*†: exploitation forestière) logging ou lumbering industry (US, Can); (Can: pour bûcherons) lumber camp (US, Can), shanty (Can) ◆ **le matin il est au chantier** he's on the (building etc) site in the mornings ◆ **j'ai laissé mes pinceaux sur le chantier** I left my brushes at the job ◆ (sur une route) **il y a un chantier** there are roadworks ◆ (écriteau) **« chantier interdit au public »** "no entry ou admittance (to the public)" ◆ (écriteau) **« fin de chantier »** "road clear", "end of roadworks"
b (entrepôt) depot, yard
c (* fig: désordre) shambles* ◆ **quel chantier dans ta chambre!** what a shambles* ou mess in your room!
d LOC **en chantier, sur le chantier: il a 2 livres en chantier** ou **sur le chantier** he has 2 books in hand ou on the go, he's working on 2 books ◆ **mettre un ouvrage en chantier** ou **sur le chantier** to put a piece of work in hand ◆ **mettre un projet en chantier** to get a project started ou going ◆ **dans l'appartement, nous sommes en chantier depuis 2 mois** we've had work ou alterations going on in the flat for 2 months now
2 COMP ▷ **chantier de construction** building site ▷ **chantier de démolition** demolition site ▷ **chantier d'exploitation** (Min) opencast working ▷ **chantier d'exploitation forestière** tree-felling ou lumber (US, Can) site ▷ **chantier naval** shipyard, shipbuilding yard ▷ **chantier de réarmement** refit yard

chantilly [ʃɑ̃tiji] nf ⇒ **crème Chantilly**; → **crème** 4

chantonnement [ʃɑ̃tɔnmɑ̃] nm (soft) singing, humming, crooning

chantonner [ʃɑ̃tɔne] → SYN ▸ conjug 1 ◂ **1** vi [personne] to sing to oneself, hum, croon; [eau qui bout] to hiss, sing ◆ **chantonner pour endormir un bébé** to croon ou sing a baby to sleep
2 vt to sing, hum ◆ **chantonner une mélodie** to sing ou hum a tune (to oneself) ◆ **chantonner une berceuse à** ou **pour un bébé** to croon ou sing a lullaby to a baby

chantoung [ʃɑ̃tuŋ] nm Shantung (silk)

chantourner [ʃɑ̃tuʀne] ▸ conjug 1 ◂ vt to jigsaw → **scie**

chantre [ʃɑ̃tʀ] → SYN nm (Rel) cantor; (fig littér) (poète) bard, minstrel; (laudateur) exalter, eulogist ◆ (littér) **les chantres des bois** the songsters → **grand**

chanvre [ʃɑ̃vʀ] nm (Bot, Tex) hemp ◆ **de chanvre** hemp (épith), hempen (épith) ◆ **chanvre du Bengale** jute ◆ **chanvre indien** Indian hemp ◆ **chanvre de Manille** Manila hemp, abaca → **cravate**

chanvrier, -ière [ʃɑ̃vʀije, ijɛʀ] **1** adj hemp (épith)
2 nm,f (cultivateur) hemp grower; (ouvrier) hemp dresser

chaos [kao] → SYN nm (lit, fig) chaos ◆ **dans le chaos** in (a state of) chaos

chaotique [kaɔtik] → SYN adj chaotic

chap. (abrév de **chapitre**) chap

chapardage* [ʃapaʀdaʒ] nm petty theft, pilfering (NonC)

chaparder* [ʃapaʀde] ▸ conjug 1 ◂ vti to pinch, pilfer (*à* from)

chapardeur, -euse* [ʃapaʀdœʀ, øz] **1** adj light-fingered
2 nm,f pilferer, petty thief

chape [ʃap] → SYN nf **a** (Rel) cope
b (Tech) [pneu] tread; [bielle] strap; [poulie] shell; [voûte] coating; (sur béton) screed ◆ (fig) **toute cette bureaucratie est une chape de plomb** all this bureaucracy is like a millstone around our necks
c (Hér) chape

chapeau, pl **chapeaux** [ʃapo] → SYN **1** nm **a** (coiffure) hat ◆ **saluer qn chapeau bas** (lit) to doff one's hat to sb; (fig) to take one's hat off to sb ◆ **saluer qn d'un coup de chapeau** to raise one's hat to sb ◆ **ça mérite un coup de chapeau** you've got to take your hat off to it (ou him etc) ◆ **coup de chapeau à Paul pour sa nouvelle chanson** hats off to Paul for his new song ◆ **tirer son chapeau à qn*** to take one's hat off to sb ◆ **il a réussi? eh bien chapeau!*** he managed it? hats off to him! ou you've got to hand it to him! ◆ **chapeau, mon vieux!*** well done ou jolly good, old man!* (Brit) ◆ (fig) **il a dû manger son chapeau en public** he had to eat his words in public → **porter, travailler**
b (Tech) [palier] cap ◆ (Aut) **chapeau de roue** hub cap ◆ **démarrer sur les chapeaux de roues*** [véhicule, personne] to shoot off at top speed, take off like a shot; [affaire, soirée] to get off to a good start ◆ **prendre un virage sur les chapeaux de roues** to screech round a corner
c (Presse) [article] introductory paragraph
d (Bot) [champignon] cap; (Culin) [vol-au-vent] lid, top
2 COMP ▷ **chapeau de brousse** safari hat ▷ **chapeau chinois** (Mus) crescent, jingling Johnny; (Zool) limpet ▷ **chapeau cloche** cloche hat ▷ **chapeau de gendarme** (en papier) (folded) paper hat ▷ **chapeau haut-de-forme** top hat, topper* ▷ **chapeau melon** bowler (hat) ▷ **chapeau mou** trilby (hat) (Brit), fedora (US) ▷ **chapeau de paille** straw hat ▷ **chapeau de plage** ou **de soleil** sun hat ▷ **chapeau tyrolien** Tyrolean hat

chapeauté, e [ʃapote] (ptp de **chapeauter**) adj with a hat on, wearing a hat

chapeauter [ʃapote] ▸ conjug 1 ◂ vt (superviser) to head (up), oversee

chapelain [ʃaplɛ̃] → SYN nm chaplain

chapelet [ʃaplɛ] → SYN nm **a** (objet) rosary, beads; (prières) rosary ◆ **réciter** ou **dire son chapelet** to say the rosary, tell ou say one's beads† ◆ **le chapelet a lieu à 5 heures** the rosary is at 5 o'clock ◆ (fig) **dévider** ou **défiler son chapelet*** to recite one's grievances
b (fig: succession, chaîne) **chapelet d'oignons / d'injures / d'îles** string of onions / of insults / of islands ◆ **chapelet de bombes** stick of bombs ◆ **chapelet hydraulique** bucket drain

chapelier, -ière [ʃapəlje, jɛʀ] **1** adj hat (épith)
2 nm,f hatter

chapelle [ʃapɛl] → SYN nf **a** (Rel) (lieu) chapel; (Mus: chœur) chapel ◆ **chapelle absidiale / latérale** absidial / side chapel ◆ **chapelle de la Sainte Vierge** Lady Chapel ◆ **chapelle ardente** (dans une église) chapel of rest ◆ **l'école a été transformé en chapelle ardente** the school was turned into a temporary morgue → **maître**
b (coterie) coterie, clique

chapellenie [ʃapɛlni] nf chaplaincy, chaplainship

chapellerie [ʃapɛlʀi] nf (magasin) hat shop, hatter('s); (commerce) hat trade, hat industry

chapelure [ʃaplyʀ] → SYN nf (Culin) (dried) bread-crumbs

chaperon [ʃapʀɔ̃] → SYN nm **a** (personne) chaperon
b (Constr) [mur] coping
c (†: capuchon) hood → **petit** 1c

chaperonner [ʃapʀɔne] → SYN ▸ conjug 1 ◂ vt
a personne to chaperon
b (Constr) mur to cope

chapiteau, pl **chapiteaux** [ʃapito] → SYN nm
a [colonne] capital; [niche] canopy
b [cirque] big top, marquee ◆ **sous le chapiteau** under the big top
c [alambic] head

chapitre [ʃapitʀ] → SYN nm **a** [livre, traité] chapter; [budget, statuts] section, item ◆ **inscrire un nouveau chapitre au budget** to make out a new budget head ◆ (fig) **c'était un nouveau chapitre de sa vie qui commençait** a new chapter of ou in his life was beginning
b (fig: sujet, rubrique) subject, matter ◆ **il est imbattable sur ce chapitre** he's unbeatable on that subject ou score ◆ **il est très strict sur le chapitre de la discipline** he's very strict in the matter of discipline ou about discipline ◆ **au chapitre des faits divers** under the heading of news in brief ◆ **on pourrait dire sur ce chapitre que ...** one might say on that score ou subject that ...
c (Rel: assemblée) chapter → **salle, voix**

chapitrer [ʃapitʀe] → SYN ▸ conjug 1 ◂ vt
a (réprimande) to admonish, reprimand; (recommandation) to lecture (*sur* on, about)
b texte to divide into chapters; budget to divide into headings, itemize

chapka [ʃapka] nf Russian fur hat

chapon [ʃapɔ̃] nm capon

chaptalisation [ʃaptalizasjɔ̃] → SYN nf [vin] chaptalization

chaptaliser [ʃaptalize] → SYN ▸ conjug 1 ◂ vt vin to chaptalize

chaque [ʃak] → SYN adj **a** (d'un ensemble bien défini) every, each ◆ **chaque élève (de la classe)** every ou each pupil (in the class) ◆ **ils coûtent 10 F chaque*** they're 10 francs each ou apiece
b (d'un ensemble indéfini) every ◆ **chaque homme naît libre** every man is born free ◆ **il m'interrompt à chaque instant** he interrupts me every other second, he keeps interrupting me ◆ **chaque 10 minutes, il éternuait*** he sneezed every 10 minutes ◆ **chaque chose à sa place** everything in its place ◆ **chaque chose en son temps** everything in its own time → **à**

char [ʃaʀ] → SYN **1** nm **a** (Mil) tank ◆ **régiment de chars** tank regiment
b [carnaval] (carnival) float ◆ **le défilé des chars fleuris** the procession of flower decked floats
c (†: charrette) waggon, cart ◆ **les chars de foin rentraient** the hay waggons ou carts were returning
d (Can ✱) car, automobile (US)
e (Antiq) chariot ◆ (littér) **le char de l'Aurore** the chariot of the dawn ◆ (fig) **le char de l'État** the ship of state → **arrêter**
f (✱: bluff) **c'est du char tout ça!** he's (or they're etc) just bluffing, he's (ou they're etc) just trying it on* (Brit) ◆ **sans char** no kidding!*
2 COMP ▷ **char d'assaut** (Mil) tank ▷ **char à banc** charabanc, char-à-banc ▷ **char à bœufs** oxcart ▷ **char de combat** (Mil) = **char d'assaut** ▷ **char funèbre** hearse ▷ **char à voile** sand yacht, land yacht ◆ **faire du char à voile** to go sand-yachting

charabia* [ʃaʀabja] nm gibberish, gobbledygook*

charade [ʃaʀad] → SYN nf (parlée) riddle, word puzzle; (mimée) charade

charançon [ʃaʀɑ̃sɔ̃] nm weevil

charançonné, e [ʃaʀɑ̃sɔne] adj weevilly, weevilled

charbon [ʃaʀbɔ̃] → SYN **1** nm **a** (combustible) coal (NonC); (escarbille) speck of coal dust, piece of grit ◆ **faire cuire qch sur des charbons** to cook sth over a coal fire ◆ (fig) **être sur des charbons ardents** to be like a cat on hot bricks (Brit) ou on a hot tin roof (US) ◆ (fig) **aller au charbon*** to go to work ◆ **c'est toujours moi qui vais au charbon!** ✱ it's always me that gets lumbered!*
b (maladie) [blé] smut, black rust; [bête, homme] anthrax
c (Art) (instrument) piece of charcoal; (dessin) charcoal drawing
d (Pharm) charcoal ◆ **pastilles au charbon** charcoal tablets
e (Élec) [arc électrique] carbon
2 COMP ▷ **charbon actif** ou **activé** active ou activated carbon ▷ **charbon animal** animal black ▷ **charbon de bois** charcoal ◆ **cuit au charbon de bois** charcoal-grilled, barbecued ▷ **charbon de terre**†† coal

charbonnage [ʃaʀbɔnaʒ] nm (gén pl: houillère) colliery, coalmine ◆ **les Charbonnages (de France)** the French Coal Board

charbonner [ʃaʀbɔne] → SYN ▸ conjug 1 ◂ **1** vt (noircir) inscription to scrawl in charcoal ◆ **charbonner un mur de dessins** to scrawl (charcoal) drawings on a wall ◆ **avoir les yeux charbonnés** to have eyes heavily rimmed with black ◆ **se charbonner le visage** to blacken ou black one's face
2 vi [lampe, poêle, rôti] to char, go black; (Naut) to take on coal

charbonneux, -euse [ʃaʀbɔnø, øz] adj apparence, texture coal-like; (littér: noirci, souillé) sooty

b (Méd) **tumeur charbonneuse** anthracoid ou anthrasic tumour ◆ **mouche charbonneuse** anthrax-carrying fly

charbonnier, -ière [ʃaʀbɔnje, jɛʀ] → SYN
1 adj coal (épith) ◆ **navire charbonnier** collier, coaler → **mésange**
2 nm (personne) coalman; (††: fabriquant de charbon de bois) charcoal burner ◆ (Prov) **charbonnier est maître dans sa maison** ou **chez soi** a man is master in his own home, an Englishman's home is his castle (Brit), a man's home is his castle (US) → **foi**
3 **charbonnière** nf charcoal kiln ou oven

charcutage [ʃaʀkytaʒ] nm ◆ (péj) **charcutage électoral** gerrymandering

charcuter* [ʃaʀkyte] ▸ conjug 1 ◂ 1 vt personne (dans une rixe) to hack about*; (opérer) to butcher*; rôti, volaille to mangle, hack to bits; texte to hack
2 **se charcuter** vpr (hum: en se rasant) to cut o.s. to ribbons ◆ (bagarre) **ils se sont charcutés** they cut each other to ribbons, they hacked each other about*

charcuterie [ʃaʀkytʀi] → SYN nf (magasin) pork butcher's shop and delicatessen; (produits) cooked pork meats; (commerce) pork meat trade; delicatessen trade

charcutier, -ière [ʃaʀkytje, jɛʀ] → SYN nm,f pork butcher; (traiteur) delicatessen dealer; (* fig: chirurgien) butcher* (fig)

chardon [ʃaʀdɔ̃] → SYN nm (Bot) thistle ◆ [grille, mur] **chardons** spikes

chardonneret [ʃaʀdɔnʀɛ] nm goldfinch

charentais, e [ʃaʀɑ̃tɛ, ɛz] 1 adj of ou from Charente
2 nm,f ◆ **Charentais(e)** inhabitant ou native of Charente
3 **charentaise** nf carpet slipper

charge [ʃaʀʒ] → SYN 1 nf **a** (lit, fig: fardeau) burden; [véhicule] load; [navire] freight, cargo; (Archit: poussée) load ◆ **charge maximale** maximum load ◆ **fléchir** ou **plier sous la charge** to bend under the load ou burden ◆ (fig) **l'éducation des enfants est une lourde charge pour eux** educating the children is a heavy burden for them ◆ (fig) **leur mère infirme est une charge pour eux** their invalid mother is a burden to ou upon them
b (rôle, fonction) responsibility; (Admin) office; (Jur) practice ◆ **charge publique / élective** public / elective office ◆ **les hautes charges qu'il occupe** the high office that he holds ◆ **les devoirs de la charge** the duties of (the) office ◆ **on lui a confié la charge de (faire) l'enquête** he was given the responsibility of (carrying out) the inquiry ◆ **être en charge de** (Jur) to be in charge of, handle; (gén) to deal with, handle → **femme**
c (obligations financières) **charges** [commerçant] expenses, costs, outgoings; [locataire] maintenance ou service charges ◆ **il a de grosses charges familiales** his family expenses ou outgoings are high ◆ **dans ce commerce, nous avons de lourdes charges** we have heavy expenses ou costs ou our overheads are high in this trade ◆ **avoir des charges excessives** to be overcommitted ◆ **les charges de l'État** government expenditure → **cahier**
d (Jur) charge ◆ **les charges qui pèsent contre lui** the charges against him → **témoin**
e (Mil: attaque) charge ◆ (Sport) **charge irrégulière** illegal tackle → **pas¹, revenir, sonner**
f (Tech) [fusil] (action) loading, charging; (explosifs) charge; (Élec) (action) charging; (quantité) charge ◆ (Élec) **conducteur en charge** live conductor ◆ (Élec) **mettre une batterie en charge** to charge a battery, put a battery on charge (Brit) ◆ **la batterie est en charge** the battery is being charged ou is on charge (Brit)
g (caricature, satire) caricature → **portrait**
h (Naut: chargement) loading
i LOC **être à la charge de qn** [frais, réparations] to be chargeable to sb, be payable by sb; [personne, enfant] to be dependent upon sb, be a charge on sb, be supported by sb ◆ **les frais sont à la charge de l'entreprise** the costs will be borne by the firm, the firm will pay the expenses ◆ **il a sa mère à (sa) charge** he has a dependent mother, he has his mother to support ◆ **enfants à charge** dependent children ◆ **personnes à charge** dependents ◆ **les enfants confiés à sa charge** the children in his care ◆ (littér) **être à charge à qn** to be a burden to ou upon sb ◆ **avoir la charge de qn** to be responsible for sb, have charge of sb ◆ **à charge pour lui de payer** on condition that he meets the costs ◆ **il a la charge de faire, il a pour charge de faire** the onus is upon him to do, he is responsible for doing ◆ **j'accepte ton aide, à charge de revanche** I accept your help on condition ou provided that you'll let me do the same for you one day ou for you in return ◆ **prendre en charge** frais, remboursement to take care of; passager to take on ◆ **prendre un enfant en charge** (gén) to take charge of a child; [Assistance publique] to take a child into care ◆ (fig) **l'adolescent doit se prendre en charge** the adolescent must take responsibility for himself ◆ **prise en charge** [taxi etc] minimum (standard) charge; [Sécurité sociale] acceptance (of financial liability) ◆ **avoir charge d'âmes** [prêtre] to be responsible for people's spiritual welfare, have the cure of souls; [père] to be responsible for the welfare of children, have lives in one's care; [conducteur] to be responsible for the welfare of passengers, have lives in one's care → **pris**
2 COMP ▷ **charge affective** (Psych) emotive power ▷ **charge d'appoint** (Chauffage) booster ▷ **charge creuse** (Mil) hollow-charge ▷ **charge d'explosifs** explosive charge ▷ **charges de famille** dependents ▷ **charge(s) fiscale(s)** tax burden ▷ **charges locatives** maintenance ou service charges ▷ **charges sociales** social security contributions ▷ **charge utile** live load ▷ **charge à vide** weight (when) empty, empty weight

chargé, e [ʃaʀʒe] → SYN (ptp de **charger**) 1 adj **a** (lit) personne, véhicule loaded, laden (*de* with) ◆ **être chargé comme un mulet*** ou **une mule*** ou **une bourrique*** ou **un baudet*** to be loaded ou laden (down) like a mule
b (responsable de) **être chargé de** travail, enfants to be in charge of
c (fig: rempli de) **un homme chargé d'honneurs** a man laden with honours ◆ (littér) **chargé d'ans** ou **d'années** weighed down by (the) years (littér), ancient in years (littér) ◆ **passage / mot chargé de sens** passage / word full of ou pregnant with meaning ◆ **un regard chargé de menaces** a look full of threats ◆ **nuage chargé de neige** snow-laden cloud, cloud laden ou heavy with snow ◆ **air chargé de parfums** air heavy with fragrance (littér), air heavy with sweet smells
d (occupé) emploi du temps, journée full, heavy ◆ **notre programme est très chargé en ce moment** we have a very busy schedule ou a very full programme ou we are very busy at the moment
e (fig: lourd) conscience troubled; ciel overcast, heavy; style overelaborate, intricate ◆ **j'ai la conscience chargée de** my conscience is burdened ou troubled with ◆ **c'est un homme qui a un passé chargé** he is a man with a past → **hérédité**
f (Méd) estomac overloaded ◆ **avoir la langue chargée** to have a coated ou furred tongue ◆ **il a l'haleine chargée** his breath smells
g (Tech) arme, appareil loaded
h (‡: ivre) plastered‡ (attrib), slashed‡ (surtout Brit) (attrib); (‡: drogué) stoned‡ (attrib), spaced (out)‡ (attrib)
2 COMP ▷ **chargé d'affaires** nm chargé d'affaires ▷ **chargé de cours** nm junior lecturer ou fellow ▷ **chargé de famille** adj with family responsibilities ▷ **chargé de mission** nm (official) representative ▷ **chargé de recherches** researcher

chargement [ʃaʀʒəmɑ̃] → SYN nm **a** (action) loading ◆ **le chargement d'un camion** the loading(-up) of a lorry ◆ **le chargement des bagages** the loading of the luggage
b (gén: marchandises) load; [navire] freight, cargo ◆ **le chargement a basculé** the load toppled over
c (Comm) (remise) registering; (paquet) registered parcel
d [arme, caméra, logiciel] loading; [chaudière] stoking

charger [ʃaʀʒe] → SYN ▸ conjug 3 ◂ 1 vt **a** (lit, fig) animal, personne, véhicule to load; table, étagère to load ◆ **charger qn de paquets** to load sb up ou weigh sb down with parcels ◆ **je vais charger la voiture** I'll go and load the car (up) ◆ **on a trop chargé cette voiture** this car has been overloaded ◆ **table chargée de mets appétissants** table laden ou loaded with mouth-watering dishes ◆ **charger le peuple d'impôts** to burden the people with ou weigh the people down with taxes ◆ **charger sa mémoire (de faits) / un texte de citations** to overload one's memory (with facts) / a text with quotations ◆ **un plat qui charge l'estomac** a dish that lies heavy on ou overloads the stomach ◆ **ne lui chargez pas l'estomac** don't overload his stomach
b (placer, prendre) objet, bagages to load (*dans* into) ◆ **il a chargé le sac / le cageot sur son épaule** he loaded the sack / the crate onto his shoulder, he heaved the sack over / the crate onto his shoulder ◆ [taxi] **charger un client** to pick up a passenger ou a fare
c fusil, caméra, logiciel to load; (Élec) batterie to charge; chaudière to stoke, fire; (Couture) bobine, canette to load ou fill with thread
d (donner une responsabilité) **charger qn de qch** to put sb in charge of sth ◆ **charger qn de faire** to give sb the responsibility ou job of doing, ask sb to do ◆ **être chargé de faire** to be put in charge of doing, be made responsible for doing ◆ **il m'a chargé d'un petit travail** he gave me a little job to do ◆ **on l'a chargé d'une mission importante** he was assigned an important mission ◆ **on l'a chargé de la surveillance des enfants** ou **de surveiller les enfants** he was put in charge of the children, he was given the job of looking after the children ◆ **il m'a chargé de mettre une lettre à la poste** he asked me to post a letter ◆ **on m'a chargé d'appliquer le règlement** I've been instructed to apply the rule ◆ **il m'a chargé de m'occuper de la correspondance** he gave me the responsibility ou job of seeing to the correspondence ◆ **il m'a chargé de ses amitiés pour vous** ou **de vous transmettre ses amitiés** he sends you his regards, he asked me to give you his regards ou to convey his regards
e (accuser) personne to bring all possible evidence against ◆ (littér) **charger qn de** crime to charge sb with
f (attaquer) (Mil) to charge (at); (Sport) to charge, tackle ◆ **chargez! chargez!** ◆ **il a chargé dans le tas*** he charged into them
g (caricaturer) portrait to make a caricature of; description to overdo, exaggerate; (Théât) rôle to overact, ham (up)* ◆ **il a tendance à charger** he has a tendency to overdo it ou to exaggerate
2 **se charger** vpr **a se charger de** tâche to see to, take care ou charge of, take on; enfant, prisonnier, élève, (iro) ennemi to see to, attend to, take care of ◆ **se charger de faire** to undertake to do, take it upon o.s. to do ◆ **il s'est chargé des enfants** he is seeing to ou taking care ou charge of the children ◆ **d'accord je m'en charge** O.K., I'll see to it ou I'll take care of that ◆ **je me charge de le faire venir** I'll make sure ou I'll see to it that he comes, I'll make it my business to see that he comes
b ‡ (se soûler) to get plastered‡; (se droguer) to get stoned‡

chargeur [ʃaʀʒœʀ] → SYN nm **a** (personne) (gén, Mil) loader; (Naut: négociant) shipper; (affréteur) charterer
b (dispositif) [arme à feu] magazine, cartridge clip; (Phot) cartridge ◆ **il vida son chargeur sur les gendarmes** he emptied his magazine at the police ◆ (Élec) **chargeur de batterie** (battery) charger

chargeuse [ʃaʀʒøz] nf (Tech) loader

Chari [ʃaʀi] nm Shari, Chari

charia [ʃaʀja] nf sharia, sheria

chariot [ʃaʀjo] → SYN nm (charrette) waggon (Brit), wagon; (plus petit) truck, cart; (table, panier à roulettes) trolley (Brit), cart (US); (appareil de manutention) truck, float (Brit); (Tech) [machine à écrire, machine-outil] carriage; [hôpital] trolley ◆ [gare, aéroport] **chariot (à bagages)** (baggage ou luggage) trolley ◆ (Ciné) **chariot (de caméra)** dolly ◆ **chariot élévateur (à fourche)** fork-lift truck ◆ (Astron) **le Petit / Grand Chariot** the Little / Great

charismatique [karismatik] adj charismatic

charisme [karism] → SYN nm charisma

charitable [ʃaritabl] → SYN adj (qui fait preuve de charité) charitable (*envers* towards); (gentil) kind (*envers* to, towards) ◆ (iro) **... et c'est un conseil charitable** ... that's just a friendly ou kindly bit of advice (iro) → **âme**

charitablement [ʃaritabləmɑ̃] → SYN adv (→ **charitable**) charitably; kindly ◆ (iro) **je vous avertis charitablement que la prochaine fois ...** let me give you a friendly ou kindly warning that the next time ...

charité [ʃarite] → SYN nf **a** (gén: bonté, amour) charity; (gentillesse) kindness; (Rel) charity, love ◆ **il a eu la charité de faire** he was kind enough to do ◆ **faites-moi la charité de, ayez la charité de** have the kindness to, be so kind as to, be kind enough to ◆ **ce serait une charité à lui faire que de** it would be doing him a kindness ou a good turn to → **dame, sœur**
b (aumône) charity ◆ **demander la charité** (lit) to ask ou beg for charity; (fig) to come begging ◆ **faire la charité** to give to charity ◆ **faire la charité à** mendiant, déshérités to give (something) to ◆ **je ne veux pas qu'on me fasse la charité** I don't want charity ou a handout ◆ **la charité, ma bonne dame!** have you got a penny, kind lady? ◆ **vivre de la charité publique** to live on (public) charity ◆ **vivre des charités de ses voisins** to live on the charity of one's neighbours ◆ (Prov) **charité bien ordonnée commence par soi-même** charity begins at home (Prov) ◆ **fête de charité** fête in aid of charity → **vente**

Charites [ʃarit] nfpl ◆ (Myth) **les Charites** the Charities

charivari [ʃarivari] → SYN nm hullabaloo

charlatan [ʃarlatɑ̃] → SYN nm (péj) (médecin) quack, charlatan; (pharmacien, vendeur) mountebank; (politicien) charlatan, trickster → **remède**

charlatanerie [ʃarlatanri] nf ⇒ **charlatanisme**

charlatanesque [ʃarlatanɛsk] adj (de guérisseur) remède, méthodes quack (épith); (de démagogue, d'escroc) méthodes phoney, bogus

charlatanisme [ʃarlatanism] nm [guérisseur] quackery, charlatanism; [politicien etc] charlatanism, trickery

Charlemagne [ʃarləmaɲ] nm Charlemagne

Charles [ʃarl] nm Charles ◆ **Charles le Téméraire** Charles the Bold ◆ **Charles-Quint** Charles the Fifth (of Spain) ◆ **Charles Martel** Charles Martel

charleston [ʃarlɛstɔn] nm (danse) charleston

charlot [ʃarlo] nm **a** (Ciné) **Charlot** (personnage) the Tramp; (acteur) Charlie Chaplin
b (péj) (peu sérieux) phoney*; (paresseux) shirker, skiver‡

charlotte [ʃarlɔt] nf (Culin) charlotte; (coiffure) mobcap

charmant, e [ʃarmɑ̃, ɑ̃t] → SYN adj **a** (aimable) hôte, jeune fille, employé charming; enfant sweet, delightful; sourire, manières charming, engaging ◆ **il s'est montré charmant et nous a aidé du mieux qu'il a pu** he was charming and helped us as much as he could ◆ **c'est un collaborateur charmant** he is a charming ou delightful man to work with → **prince**
b (très agréable) séjour, soirée delightful, lovely ◆ (iro) **eh bien c'est charmant** charming! (iro) ◆ (iro) **charmante soirée** delightful time! (iro)
c (ravissant) robe, village, jeune fille, film, sourire lovely, charming

charme[1] [ʃarm] nm (Bot) hornbeam

charme[2] [ʃarm] → SYN nm **a** (attrait) [personne, musique, paysage] charm ◆ **le charme de la nouveauté** the attraction(s) of novelty ◆ **elle a beaucoup de charme** she has great charm ◆ **ça lui donne un certain charme** that gives him a certain charm ou appeal ◆ **cette vieille maison a son charme** this old house has its charm ◆ **c'est ce qui en fait (tout) le charme** that's where its attraction lies, that's what is so delightful about it ◆ **ça ne manque pas de charme** it's not without (a certain) charm ◆ **ça a peut-être du charme pour vous, mais ...** it may appeal to you but ... ◆ (hum, iro) **je suis assez peu sensible aux charmes d'une promenade sous la pluie** a walk in the rain holds few attractions for me ◆ (euph) **magazine de charme** girlie magazine*
b (hum: attraits d'une femme) **charmes** charms (hum) → **commerce**
c (envoûtement) spell ◆ **subir le charme de qn** to be under sb's spell, be captivated by sb ◆ **exercer un charme sur qn** to have sb under one's spell ◆ **il est tombé sous son charme** he has fallen beneath her spell ◆ **être sous le charme de** to be held spellbound by, be under the spell of ◆ **tenir qn sous le charme (de)** to captivate sb (with), hold sb spellbound (with) ◆ **le charme est rompu** the spell is broken → **chanteur**
d LOC **faire du charme** to turn on the charm ◆ **faire du charme à qn** to make eyes at sb ◆ **aller** ou **se porter comme un charme** to be ou feel as fit as a fiddle

charmé, e [ʃarme] → SYN (ptp de **charmer**) adj ◆ **être charmé de faire** to be delighted to do

charmer [ʃarme] → SYN ▸conjug 1◂ vt public to charm, enchant; serpents to charm; (†, littér) peine, douleur to charm away ◆ **elle a des manières qui charment** she has charming ou delightful ways ◆ **spectacle qui charme l'oreille et le regard** performance that charms ou enchants both the ear and the eye

charmeur, -euse [ʃarmœr, øz] → SYN **1** adj sourire, manières winning, engaging
2 nm,f (séducteur) charmer ◆ **charmeur de serpent** snake charmer

charmille [ʃarmij] → SYN nf arbour; (allée d'arbres) tree-covered walk

charnel, -elle [ʃarnɛl] → SYN adj (frm) passions, instincts carnal; désirs carnal, fleshly ◆ **l'acte charnel, l'union charnelle** the carnal act (frm) ◆ **un être charnel** an earthly creature, a creature of blood ou flesh ◆ **liens charnels** blood ties

charnellement [ʃarnɛlmɑ̃] adv ◆ (frm, littér) **convoiter** ou **désirer qn charnellement** to desire sb sexually ◆ **connaître charnellement** to have carnal knowledge of (littér) ◆ **pécher charnellement** to commit the sin of the flesh (littér)

charnier [ʃarnje] → SYN nm [victimes] mass grave; (††: ossuaire) charnel house

charnière [ʃarnjɛr] → SYN nf **a** [porte, fenêtre, coquille] hinge; [timbre de collection] (stamp) hinge → **nom**
b (fig) turning point; (Mil) pivot ◆ **à la charnière de deux époques** at the turning point between two eras ◆ **une discipline-charnière** an interlinking field of study ◆ **un roman-charnière** a novel marking a turning point ou a transition ◆ **une époque-charnière** a transition period

charnu, e [ʃarny] → SYN adj lèvres fleshy, thick; fruit, bras plump, fleshy ◆ **les parties charnues du corps** the fleshy parts of the body ◆ (hum) **sur la partie charnue de son individu** on the fleshy part of his person (hum)

charognard [ʃarɔɲar] nm (lit) vulture, carrion crow; (fig) vulture

charogne [ʃarɔɲ] → SYN nf (cadavre) carrion, decaying carcass; (‡: salaud) (femme) bitch‡; (homme) bastard‡, sod‡ (Brit)

charolais, e [ʃarɔlɛ, ɛz] **1** adj of ou from the Charolais
2 nm ◆ **le Charolais** the Charolais
3 nm,f (bétail) Charolais

charpentage [ʃarpɑ̃taʒ] nm carpentry

charpente [ʃarpɑ̃t] → SYN nf **a** [maison, bâtiment] frame(work), skeleton → **bois**
b (fig: structure) [feuille] skeleton; [roman, pièce de théâtre] structure, framework ◆ **le squelette est la charpente du corps** the skeleton is the framework of the body
c (carrure) build, frame ◆ **quelle solide charpente!** what a solid build (he is)!, what a strong frame he has! ◆ **charpente fragile / forte / épaisse** fragile / strong / stocky build

charpenté, e [ʃarpɑ̃te] → SYN adj ◆ **bien / solidement / puissamment charpenté** personne well / solidly / powerfully built; texte well / solidly / powerfully structured ou constructed

charpenterie [ʃarpɑ̃tri] nf (technique) carpentry

charpentier [ʃarpɑ̃tje] → SYN nm (Constr) carpenter; (Naut) shipwright

charpie [ʃarpi] → SYN nf **a** (Hist: pansement) shredded linen (used to dress wounds)
b LOC **cette viande est trop cuite, c'est de la charpie** this meat has been cooked to shreds ◆ **ces vêtements sont tombés en charpie** these clothes are (all) in shreds ou ribbons, these clothes are falling to bits ◆ **mettre** ou **réduire en charpie** papier, vêtements (déchirer) to tear to shreds; viande (hacher menu) to mince ◆ **je vais le mettre en charpie!** I'll tear him to shreds!, I'll make mincemeat of him! ◆ **il s'est fait mettre en charpie par le train** he was mashed up* ou hacked to pieces by the train

charretée [ʃarte] nf (lit) cartload (*de* of) ◆ (*fig: grande quantité de) **une charretée de, des charretées de** loads* ou stacks* of

charretier, -ière [ʃartje, jɛr] → SYN nm,f carter ◆ (péj) **de charretier** langage, manières coarse → **chemin, jurer**

charrette [ʃarɛt] → SYN nf cart ◆ **charrette à bras** handcart, barrow ◆ **charrette anglaise** dogcart ◆ **charrette des condamnés** tumbrel ◆ (Art) **"La Charrette de foin"** "The Haywain" ◆ (fig) **il a fait partie de la dernière charrette** he went in the last round of redundancies ◆ (Comm) **faire une charrette*** to work flat out* ◆ (Comm) **être en (pleine) charrette*** to be working against the clock

charriage [ʃarjaʒ] nm **a** (transport) carriage, cartage
b (Géol: déplacement) overthrusting → **nappe**

charrier [ʃarje] → SYN ▸conjug 7◂ **1** vt **a** (transporter) [personne] (avec brouette etc) to cart (along), trundle along, wheel (along); (sur le dos) to hump (Brit) ou lug along, heave (along), cart (along); [camion etc] to carry, cart ◆ **on a passé des heures à charrier du charbon** we spent hours heaving ou carting coal
b (entraîner) [fleuve] to carry (along), wash along, sweep (along); [coulée, avalanche] to carry (along), sweep (along) ◆ (littér) **le ciel** ou **le vent charriait de lourds nuages** the sky or the wind carried past ou along heavy clouds
c (*: se moquer de) **charrier qn** to take sb for a ride, kid sb on* (Brit), have sb on* (Brit), put sb on* (US) ◆ **se faire charrier par ses amis** to be kidded on* ou had on* ou put on* by one's friends
2 vi (‡) (abuser) to go too far, overstep the mark; (plaisanter) to be kidding* (Brit), be joking* ◆ **vraiment il charrie** he's really going too far, he's really overstepping the mark ◆ **tu charries, elle n'est pas si vieille** come off it* (Brit) – she's not that old! come on* – she's not that old! ◆ **je ne suis pas ta bonne, faut pas charrier** ou **faudrait pas charrier!** come off it* (Brit) I'm not your servant!, come on* – I'm not your servant! ◆ **je ne suis pas sa / leur bonne – faut pas charrier** ou **faudrait pas charrier!** he / they must be joking ou kidding* – I'm not their servant!

charrieur, -euse‡ [ʃarjœr, øz] nm,f ◆ **c'est un charrieur** (il abuse) he's always going too far ou overstepping the mark; (il plaisante) he's always having (Brit) ou kidding (Brit) or putting (US) people on‡ ◆ **il est un peu charrieur** he's a bit of a joker*

charroi†† [ʃarwa] nm (transport) cartage

charron [ʃarɔ̃] nm cartwright, wheelwright

charroyer [ʃarwaje] → SYN ▸conjug 8◂ vt (littér) (transporter par charrette) to cart; (transporter laborieusement) to cart (along), heave (along)

charrue [ʃary] → SYN nf plough (Brit), plow (US) ◆ (fig) **mettre la charrue devant** ou **avant les bœufs** to put the cart before the horse

charte [ʃart] → SYN nf (Hist, Pol: convention) charter; (Hist: titre, contrat) title, deed ◆ (Hist) **accorder une charte à** to grant a charter to, charter ◆ (Pol) **la Charte des Nations Unies** the Charter of the United Nations ◆ **Éco**

nationale des chartes, les Chartes the École des Chartes

charter [ʃaʀtɛʀ] → SYN **1** nm (vol) charter flight; (avion) chartered plane
2 adj inv vol, billet, prix charter (épith) ◆ **avion charter** chartered plane

chartériser [ʃaʀteʀize] ▸ conjug 1 ◂ vt to charter

chartisme [ʃaʀtism] nm (Pol Brit) Chartism

chartiste [ʃaʀtist] **1** adj (Hist) Chartist
2 nmf (élève) student of the École des Chartes *(in Paris)*; (Hist) Chartist; (analyste) chartist

chartreuse [ʃaʀtʀøz] → SYN nf (liqueur) chartreuse; (couvent) Charterhouse, Carthusian monastery; (religieuse) Carthusian nun ◆ (Littérat) **"La Chartreuse de Parme"** "the Charterhouse of Parma"

chartreux [ʃaʀtʀø] nm (religieux) Carthusian monk; (chat) Chartreux

chartrier [ʃaʀtʀije] nm (recueil, salle) c(h)artulary

Charybde [kaʀibd] nm Charybdis → **tomber**

chas [ʃɑ] → SYN nm eye (of needle)

chasse[1] [ʃas] → SYN **1** nf **a** (gén) hunting; (au fusil) shooting, hunting ◆ **aller à la chasse** to go hunting ◆ **aller à la chasse aux papillons** to go butterfly hunting ◆ **chasse au faisan** pheasant shooting ◆ **chasse au lapin** rabbit shooting, rabbiting ◆ **chasse au renard / au chamois / au gros gibier** fox / chamois / big game hunting ◆ **air / habits de chasse** hunting tune / clothes → **chien, cor**[1], **fusil** etc
b (période) hunting season, shooting season ◆ **la chasse est ouverte / fermée** it is the open / close season (Brit), it is open / closed season (US)
c (gibier tué) **manger / partager la chasse** to eat / share the game ◆ **faire (une) bonne chasse** to get a good bag
d (terrain, domaine) shoot, hunting ground ◆ **louer une chasse** to rent a shoot ou land to shoot ou hunt on ◆ **une chasse giboyeuse** well-stocked shoot ◆ **chasse gardée** (lit) private hunting (ground), private shoot(ing); (fig) private ground ◆ **c'est chasse gardée!** no poaching on ou keep off our (ou their etc) preserve!, out of bounds! → **action**
e (chasseurs) **la chasse** the hunt
f (Aviat) **la chasse** the fighters (pl) → **avion, pilote**
g (poursuite) chase ◆ **une chasse effrénée dans les rues de la ville** a frantic chase through the streets of the town
h LOC **faire la chasse aux souris / aux moustiques** to hunt down ou chase mice / mosquitoes ◆ **faire la chasse aux abus / erreurs** to hunt down ou track down abuses / errors ◆ **faire la chasse aux appartements / occasions** to be ou go flat- (Brit) ou apartment- (US) / bargain-hunting ◆ **faire la chasse au mari** to be hunting for a husband, be on the hunt for a husband* ◆ **prendre en chasse, donner la chasse à** fuyard, voiture to give chase to, chase after; avion, navire, ennemi to give chase to ◆ (Aviat, Mil, Naut) **donner la chasse** to give chase ◆ **se mettre en chasse pour trouver qch** to go hunting for sth ◆ **être en chasse** [chienne] to be in ou on heat; [chien] to be on the trail
2 COMP ▷ **chasse à l'affût** hunting (from a hide) ▷ **chasse au chevreuil** deer hunting, deer-stalking ▷ **chasse à courre** hunting ▷ **chasse au furet** ferreting ▷ **chasse au fusil** shooting, hunting ▷ **chasse à l'homme** manhunt ▷ **chasse aux sorcières** (Pol) witch hunt ▷ **chasse sous-marine** harpooning, harpoon fishing ▷ **chasse au trésor** treasure hunt

chasse[2] [ʃas] nf **a** chasse (d'eau ou des cabinets) (toilet) flush ◆ **actionner** ou **tirer la chasse** to pull the chain (Brit), flush the toilet ou lavatory (Brit)
b (Typ) body (width), set (width)

châsse [ʃɑs] → SYN nf (reliquaire) reliquary, shrine; (*: œil) peeper*; (monture) [bague, bijou] setting; [lancette] handle

chassé [ʃase] nm (danse) chassé

chasse-clou, pl **chasse-clous** [ʃasklu] nm nail punch

chassé-croisé, pl **chassés-croisés** [ʃasekʀwaze] nm **a** (Danse) chassé-croisé, set to partners
b (fig) **avec tous ces chassés-croisés nous ne nous sommes pas vus depuis 6 mois** amid ou with all these to-ings and fro-ings we haven't seen each other for 6 months ◆ **par suite d'un chassé-croisé nous nous sommes manqués** we missed each other because of a mix-up ou confusion about where to meet ◆ **une période de chassés-croisés sur les routes** a period of heavy (two-way) traffic ◆ **c'est un chassé-croisé à la sortie des bureaux** there's a mad scramble when the offices close

chasselas [ʃasla] nm chasselas grape

chasse-mouche, pl **chasse-mouches** [ʃasmuʃ] nm flyswatter, fly whisk (Brit)

chasse-neige, pl **chasse-neige(s)** [ʃasnɛʒ] nm (instrument) snowplough; (position du skieur) snowplough, wedge ◆ **chasse-neige à soufflerie** snow-blower ◆ **descendre une pente en chasse-neige** to snowplough down a slope

chasse-pierres [ʃaspjɛʀ] nm inv cowcatcher

chassepot [ʃaspo] nm (Hist) chassepot (rifle)

chasser [ʃase] → SYN ▸ conjug 1 ◂ **1** vt **a** (gén) to hunt; (au fusil) to shoot, hunt ◆ **chasser à l'affût / au filet** to hunt from a hide / with a net ◆ **chasser le faisan / le cerf** to go pheasant-shooting / deer hunting ◆ **chasser le lapin au furet** to go ferreting ◆ **il chasse le lion en Afrique** he is shooting lions ou lion-shooting in Africa ◆ (fig) **il est ministre, comme son père et son grand-père: il chasse de race** he's a minister like his father and grandfather before him – it runs in the family ou he is carrying on the family tradition → **bon**[1]
b (faire partir) importun, animal, ennemi to drive ou chase out ou away; domestique, fils indigne, manifestant to send packing, turn out; immigrant to drive out, expel; touristes, clients to drive away, chase away ◆ **chassant de la main les insectes** brushing away ou driving off (the) insects with his hand ◆ **il a chassé les gamins du jardin** he chased ou drove the lads out of the garden ◆ **mon père m'a chassé de la maison** my father has turned me out of the house ou has sent me packing ◆ **le brouillard nous a chassés de la plage** we were driven away from ou off the beach by the fog ◆ **ces touristes, ils vont finir par nous chasser de chez nous** those tourists will end up driving us away from ou out of ou hounding us from our own homes ◆ **il a été chassé de son pays par le nazisme** he was forced by Nazism to flee his country, Nazism drove him from his country ◆ (Prov) **chassez le naturel, il revient au galop** what's bred in the bone comes out in the flesh (Prov) → **faim**
c (dissiper) odeur to dispel, drive away; idée to dismiss, chase away; souci, doute to dispel, drive away, chase away ◆ **essayant de chasser ces images obsédantes** trying to chase away ou dismiss these haunting images ◆ **il faut chasser cette idée de ta tête** you must get that idea out of your head ou dismiss that idea from your mind ◆ **le vent a chassé le brouillard** the wind dispelled ou blew away the fog
d (pousser) troupeau, nuages, pluie to drive; (Tech) clou to drive in
e (éjecter) douille, eau d'un tuyau to drive out → **clou**
2 vi **a** (aller à la chasse) (gén) to go hunting; (au fusil) to go shooting ◆ (fig) **chasser sur les terres de qn** to poach on sb's territory
b (déraper) [véhicule, roues] to skid; [ancre] to drag ◆ (Naut) **chasser sur ses ancres** to drag its anchors

chasseresse [ʃasʀɛs] nf (littér) huntress (littér) → **Diane**

chasseur [ʃasœʀ] → SYN **1** nm **a** (gén) hunter; (à courre) hunter, huntsman ◆ **c'est un très bon chasseur** (gibier à poil) he's a very good hunter; (gibier à plume) he's an excellent shot ◆ **c'est un grand chasseur de perdrix** he's a great one for partridge-shooting ◆ **c'est un grand chasseur de renards** he's a great one for foxhunting, he's a great foxhunter
b (Mil) (soldat) chasseur ◆ (régiment) **le 3**[e] **chasseur** the 3rd (regiment of) chasseurs
c (Mil) (avion) fighter
d (garçon d'hôtel) page (boy), messenger (boy), bellboy (US)
2 COMP ▷ **chasseur alpin** (Mil) mountain infantryman ◆ (troupe) **les chasseurs alpins** the mountain infantry, the alpine chasseurs ▷ **chasseur d'autographes** autograph hunter ▷ **chasseur à cheval** (Hist Mil) cavalryman ◆ (troupe) **les chasseurs à cheval** the cavalry ▷ **chasseur d'images** roving photography enthusiast ▷ **chasseur à pied** (Hist Mil) infantryman ◆ (troupe) **les chasseurs à pied** the infantry ▷ **chasseur de prime** bounty hunter ▷ **chasseur à réaction** (Aviat) jet fighter ▷ **chasseur de sous-marins** submarine chaser ▷ **chasseur de têtes** (lit, fig) headhunter

chasseur-bombardier, pl **chasseurs-bombardiers** [ʃasœʀbɔ̃baʀdje] nm (Aviat, Mil) fighter-bomber

chasseuse [ʃasøz] nf (rare) huntswoman, hunter, huntress (littér)

chassie [ʃasi] → SYN nf [yeux] sticky matter *(in eye)*

chassieux, -ieuse [ʃasjø, jøz] adj yeux sticky, gummy; personne, animal gummy- ou sticky-eyed

châssis [ʃɑsi] → SYN nm **a** [véhicule] chassis; [machine] sub- ou under-frame
b (encadrement) [fenêtre] frame; [toile, tableau] stretcher; (Typ) chase; (Phot) (printing) frame ◆ **châssis mobile / dormant** opening / fixed frame
c (*: corps féminin) body, figure, chassis* (US) ◆ **elle a un beau châssis!** what a smashing figure she's got!*, she's a knockout!*
d (Agr) cold frame

chaste [ʃast] → SYN adj personne, pensées, amour, baiser chaste; yeux, oreilles innocent ◆ **de chastes jeunes filles** chaste ou innocent young girls ◆ **mener une vie chaste** to lead a celibate life, live the life of a nun (ou a monk)

chastement [ʃastəmɑ̃] adv chastely, innocently

chasteté [ʃastəte] → SYN nf chastity → **ceinture**

chasuble [ʃazybl] → SYN nf chasuble → **robe**

chat [ʃa] → SYN **1** nm **a** (animal) (gén) cat; (mâle) tomcat ◆ **chat persan / siamois** Persian / Siamese cat ◆ **petit chat** kitten ◆ (terme d'affection) **mon petit chat** (à un enfant) pet*, poppet* (Brit); (à une femme) sweetie*, lovie* ◆ (Littérat) **"Le Chat Botté"** "Puss in Boots"
b (jeu) tig (Brit), tag ◆ **jouer à chat** to play tig (Brit) ou tag, have a game of tig (Brit) ou tag ◆ **(c'est toi le) chat!** you're it!
c LOC **il n'y avait pas un chat dehors** there wasn't a soul outside ◆ **avoir un chat dans la gorge** to have a frog in one's throat ◆ **il a acheté cette voiture chat en poche** he bought a pig in a poke when he got that car, he hardly even looked at the car before buying it ◆ **jouer au chat et à la souris** to play cat and mouse ◆ (Prov) **chat échaudé craint l'eau froide** once bitten, twice shy (Prov) ◆ (Prov) **quand le chat n'est pas là les souris dansent** when the cat's away the mice will play (Prov) → **appeler, chien, fouetter** etc
2 COMP ▷ **chat de gouttière** ordinary cat, alley cat (péj) ▷ **chat à neuf queues** (Hist Naut) cat-o'-nine-tails ▷ **chat perché** (jeu) "off-ground" tag ou tig (Brit) ▷ **chat sauvage** wildcat

châtaigne [ʃɑtɛɲ] → SYN nf **a** (fruit) (sweet) chestnut ◆ **châtaigne d'eau** water chestnut
b (*: coup de poing) clout*, biff* ◆ **flanquer une châtaigne à qn** to clout* ou biff* sb, give sb a clout* ou biff*
c (*: décharge électrique) (electric) shock

châtaigner* [ʃɑteɲe] ▸ conjug 1 ◂ vt to bash around*, clout*, biff*

châtaigneraie [ʃɑtɛɲʀɛ] nf chestnut grove

châtaignier [ʃɑteɲe] nm (arbre) (sweet) chestnut tree; (bois) chestnut

châtain [ʃɑtɛ̃] **1** nm chestnut brown
2 adj cheveux chestnut (brown); personne brown-haired ◆ **elle est châtain clair / roux** she has light brown hair / auburn hair

chataire [ʃatɛʀ

château, pl **châteaux** [ʃɑto] ⇒ SYN **1** nm (forteresse) castle; (résidence royale) palace, castle; (manoir, gentilhommière) mansion, stately home; (en France) château ◆ **les châteaux de la Loire** the Loire châteaux ◆ (vignobles) **les châteaux du Bordelais** the châteaux of the Bordeaux region ◆ (fig) **bâtir** ou **faire des châteaux en Espagne** to build castles in the air ou in Spain ◆ **il est un peu château branlant** he's a bit wobbly on his pins* → **vie**

2 COMP ▷ **château d'arrière** (Naut) aftercastle ▷ **château d'avant** (Naut) forecastle, fo'c'sle ▷ **château de cartes** (Cartes, fig) house of cards ▷ **château d'eau** water tower ▷ **château fort** stronghold, fortified castle ▷ **château de poupe** (Naut) ⇒ **château d'arrière** ▷ **château de proue** (Naut) ⇒ **château d'avant** ▷ **château de sable** sand castle

chateaubriand, châteaubriant [ʃatobʀijɑ̃] nm (Culin) chateaubriand, chateaubriant

Château-la-Pompe [ʃatolapɔ̃p] nm inv (hum) Adam's ale (hum)

châtelain [ʃɑt(ə)lɛ̃] nm **a** (Hist: seigneur) (feudal) lord ◆ **le châtelain** the lord of the manor

b (propriétaire d'un manoir) (d'ancienne date) squire; (nouveau riche) owner of a manor ◆ **le châtelain vint nous ouvrir** the owner of the manor ou the squire came to the door

châtelaine [ʃɑt(ə)lɛn] nf **a** (propriétaire d'un manoir) owner of a manor ◆ **la châtelaine vint nous recevoir** the lady of the manor came to greet us

b (épouse du châtelain) lady (of the manor), chatelaine

c (ceinture) chatelaine, châtelaine

chat-huant, pl **chats-huants** [ʃayɑ̃] ⇒ SYN nm screech owl, barn owl

châtié, e [ʃɑtje] ⇒ SYN (ptp de **châtier**) adj style polished, refined; langage refined

châtier [ʃɑtje] ⇒ SYN ▸ conjug 7 ◂ vt **a** (littér: punir) coupable to chastise (littér), castigate (littér), punish; faute to punish; (Rel) corps to chasten, mortify ◆ **châtier l'insolence de qn** to chastise ou punish sb for his insolence → **qui**

b (soigner, corriger) style to polish, refine, perfect; langage to refine

chatière [ʃatjɛʀ] nf (porte) cat-flap; (trou d'aération) (air-)vent, ventilation hole; (piège) cat-trap

châtiment [ʃɑtimɑ̃] ⇒ SYN nm (littér) chastisement (littér), castigation (littér), punishment ◆ **châtiment corporel** corporal punishment ◆ **subir un châtiment** to receive ou undergo punishment

chatoiement [ʃatwamɑ̃] ⇒ SYN nm (→ **chatoyant**) glistening; shimmer(ing); sparkle

chaton[1] [ʃatɔ̃] nm **a** (Zool) kitten

b (Bot) catkin ◆ **chatons de saule** pussy willows ◆ (fig) **chatons de poussière** balls of fluff

chaton[2] [ʃatɔ̃] nm (monture) bezel, setting; (pierre) stone

chatouille* [ʃatuj] nf tickle ◆ **faire des chatouilles à qn** to tickle sb ◆ **craindre les chatouilles** ou **la chatouille** to be ticklish

chatouillement [ʃatujmɑ̃] ⇒ SYN nm (gén) tickling; (dans le nez, la gorge) tickle ◆ **des chatouillements la faisaient se trémousser** a tickling sensation made her fidget

chatouiller [ʃatuje] ⇒ SYN ▸ conjug 1 ◂ vt **a** (lit) to tickle ◆ **arrête, ça chatouille!** don't, that tickles! ou you're tickling!

b (fig) amour-propre, curiosité to tickle, titillate; palais, odorat to titillate

c († hum) **chatouiller les côtes à qn** to tan sb's hide

chatouilleux, -euse [ʃatujø, øz] ⇒ SYN adj **a** (lit) ticklish

b (fig: susceptible) personne, caractère touchy, (over)sensitive ◆ **individu à l'amour-propre chatouilleux** person who easily takes offence ou whose pride is sensitive ◆ **être chatouilleux sur l'honneur/l'étiquette** to be touchy ou sensitive on points of honour/etiquette

chatouillis* [ʃatuji] nm (sensation) light tickling, gentle tickling ◆ **faire des chatouillis à** [illegible] ...tly

chatoyant, e [ʃatwajɑ̃, ɑ̃t] ⇒ SYN adj vitraux glistening; reflet, étoffe shimmering; bijoux, plumage glistening, shimmering; couleurs, style sparkling ◆ **l'éclat chatoyant des pierreries** the glistening ou shimmering of the gems

chatoyer [ʃatwaje] ⇒ SYN ▸ conjug 8 ◂ vi (→ **chatoyant**) to glisten; to shimmer; to sparkle

châtré: [ʃɑtʀe] nm (lit, fig) eunuch ◆ **voix de châtré** squeaky little voice

châtrer [ʃɑtʀe] ⇒ SYN ▸ conjug 1 ◂ vt taureau, cheval to castrate, geld; chat to neuter, castrate, fix (US); homme to castrate, emasculate; (littér) texte to mutilate, bowdlerize

chatte [ʃat] nf (Zool) (she-)cat; (**: vagin) pussy** ◆ **elle est très chatte** she's very kittenish ◆ (terme d'affection) **ma (petite) chatte** (my) pet*, sweetie(-pie)* ◆ (Littérat) **"La Chatte sur un toit brûlant"** "Cat on a Hot Tin Roof"

chattemite [ʃatmit] ⇒ SYN nf ◆ **faire la chattemite** to be a bit of a coaxer

chatterie [ʃatʀi] ⇒ SYN nf **a** (caresses) **chatteries** playful attentions ou caresses; (minauderies) kittenish ways ◆ **faire des chatteries à qn** to pet sb

b (friandise) titbit, dainty morsel ◆ **aimer les chatteries** to love a little delicacy ou a dainty morsel

chatterton [ʃatɛʀtɔn] nm (Élec) (adhesive) insulating tape

chat-tigre, pl **chats-tigres** [ʃatigʀ] nm tiger cat

chaud, chaude [ʃo, ʃod] ⇒ SYN **1** adj **a** warm; (très chaud) hot ◆ **les climats chauds** warm climates; (très chaud) hot climates ◆ **l'eau du lac n'est pas assez chaude pour se baigner** the water in the lake is not warm enough for bathing ◆ **bois ton thé pendant qu'il est chaud** drink your tea while it's hot ◆ **tous les plats étaient servis très chauds** all the dishes were served up piping hot ◆ **cela sort tout chaud du four** it's (piping) hot from the oven ◆ (fig) **il a des nouvelles toutes chaudes** he's got some news hot from the press (fig) ou some hot news → **battre, main** etc

b couverture, vêtement warm, cosy

c (vif, passionné) félicitations warm, hearty; (littér) amitié warm; partisan keen, ardent; admirateur warm, ardent; recommandation wholehearted, enthusiastic; discussion heated ◆ **la bataille a été chaude** it was a fierce battle, the battle was fast and furious ◆ **être chaud (pour faire/pour qch)*** to be enthusiastic (about doing/about sth), be keen (on doing/on sth) (Brit) ◆ **il n'est pas très chaud pour conduire de nuit*** he doesn't much like driving at night, he is not very ou too keen (Brit) on driving at night

d (dangereux) **l'alerte a été chaude** it was a near ou close thing ◆ **les points chauds du globe** the world's hot spots ◆ **les journaux prévoient un été « chaud »** newspapers forecast a long hot summer (of unrest)

e voix, couleur warm

f (*: sensuel) personne, tempérament hot ◆ **quartier chaud** red-light district

g (Nucl Phys) produits, zone hot

2 nm **a** (chaleur) **le chaud** (the) heat, the warmth ◆ **elle souffre autant du chaud que du froid** she suffers as much from the heat as from the cold ◆ **restez donc au chaud** stay in the warmth, stay where it's warm ◆ **garder qch au chaud** to keep sth warm ou hot ◆ **garder un enfant enrhumé au chaud** to keep a child with a cold (indoors) in the warmth ◆ **être bien au chaud** to be nice and warm

b à chaud opération emergency; (Tech) travailler under heat ◆ **reportage à chaud** on-the-spot report ◆ **il a été opéré à chaud** he had an emergency operation → **souder**

3 adv ◆ **avoir chaud** to be warm, feel warm; (très chaud) to be hot, feel hot ◆ **avez-vous assez chaud?** are you warm enough? ◆ **on a trop chaud ici** it's too hot ou too warm in here ◆ (fig) **ma voiture a dérapé, j'ai eu chaud!*** my car skidded, I got a real fright ou it gave me a nasty fright ◆ **il fait chaud** it is hot ou warm ◆ (iro) **il fera chaud le jour où il voudra bien travailler*** that will be the day when he decides to work (iro) ◆ **ça ne me fait ni chaud ni froid** it makes no odds to me, I couldn't care less either way, it cuts no ice with me ◆ **ça fait chaud au cœur** it's heartwarming ◆ **manger chaud** to have a hot meal, eat something hot ◆ **boire chaud** to have ou take hot drinks ◆ **il a fallu tellement attendre qu'on n'a pas pu manger chaud** we had to wait so long the food was no longer hot ◆ **« servir chaud »** "serve hot" ◆ **chaud devant!** mind your back (ou backs)! ◆ **tenir chaud à qn** to keep sb warm; (tenir trop chaud) to make sb too hot ◆ **donner chaud à qn** to warm sb up → **souffler**

4 **chaude** nf (†: flambée) blaze

5 COMP ▷ **chaud et froid** (Méd) nm inv chill ▷ **chaud lapin:** randy (Brit) ou horny devil:

chaudement [ʃodmɑ̃] adv (contre le froid) s'habiller warmly; (chaleureusement) féliciter, recommander warmly, heartily; (avec passion, acharnement) heatedly, hotly ◆ **chaudement disputé** hotly disputed ◆ (hum) **comment ça va? – chaudement!** how are you? – (I'm) hot! (hum)

chaude-pisse, pl **chaudes-pisses** [ʃodpis] nf clap:

chaud-froid, pl **chauds-froids** [ʃofʀwa] nm (Culin) chaudfroid

chaudière [ʃodjɛʀ] nf [locomotive, chauffage central] boiler

chaudron [ʃodʀɔ̃] ⇒ SYN nm cauldron

chaudronnerie [ʃodʀɔnʀi] ⇒ SYN nf **a** (métier) boilermaking, boilerwork; (industrie) boilermaking industry

b (boutique) coppersmith's workshop; (usine) boilerworks

c (produits) **grosse chaudronnerie** industrial boilers ◆ **petite chaudronnerie** pots and pans, hollowware (Brit)

chaudronnier, -ière [ʃodʀɔnje, jɛʀ] nm,f (artisan) coppersmith; (ouvrier) boilermaker

chauffage [ʃofaʒ] ⇒ SYN nm (action) heating; (appareils) heating (system) ◆ **il y a le chauffage?** is there any heating?, is it heated? ◆ **avoir un bon chauffage** to have a good heating system ◆ **chauffage au charbon/au gaz/à l'électricité** solid fuel/gas/electric heating ◆ **chauffage central** central heating ◆ **chauffage par le sol** underfloor heating ◆ **chauffage urbain** urban ou district heating system ◆ **mets le chauffage** (maison) put on the heating; (voiture) put on the heater → **bois**

chauffagiste [ʃofaʒist] nm heating engineer ou specialist

chauffant, e [ʃofɑ̃, ɑ̃t] adj surface, élément heating (épith) → **couverture, plaque**

chauffard* [ʃofaʀ] nm (péj) reckless driver ◆ **(espèce de) chauffard!** roadhog! ◆ **c'est un vrai chauffard** he's a real menace ou maniac on the roads ◆ **il a été renversé/tué par un chauffard** he was run over/killed by a reckless driver ◆ **on n'a pas retrouvé le chauffard responsable de l'accident** the driver responsible for the accident has not yet been found ◆ **il pourrait s'agir d'un chauffard** the police are looking for a hit-and-run driver

chauffe [ʃof] nf (lieu) fire-chamber; (processus) stoking ◆ **surface de chauffe** heating surface, fire surface ◆ (Naut) **chambre de chauffe** stokehold → **bleu**

chauffe-assiette(s) [ʃofasjɛt] nm plate warmer

chauffe-bain, pl **chauffe-bains** [ʃofbɛ̃] nm water-heater

chauffe-biberon, pl **chauffe-biberons** [ʃofbibʀɔ̃] nm bottle-warmer

chauffe-eau [ʃofo] nm inv water-heater; (élément chauffant) immersion heater, immerser

chauffe-pieds [ʃofpje] nm inv foot-warmer

chauffe-plat, pl **chauffe-plats** [ʃofpla] nm dish warmer, chafing dish

chauffer [ʃofe] ⇒ SYN ▸ conjug 1 ◂ **1** vt **a** (plus gén **faire chauffer, mettre à chauffer**) soupe to warm up, heat up; assiette to warm, heat; eau du bain to heat (up); eau du thé to boil, heat up ◆ **chauffer qch au four** to heat sth u in the oven, put sth in the oven to heat up ◆ **mets l'eau / les assiettes à chauffer** put the water on / the plates in to heat up ◆ (hum : quand on casse qch) **faites chauffer la colle !** bring out the glue ! ◆ **je vais te chauffer les oreilles !** I'll box your ears !, you'll get a clip round the ear !*

b appartement to heat ◆ **on va chauffer un peu la pièce** we'll heat (up) the room a bit

c [soleil] to warm, make warm ; [soleil brûlant] to heat, make hot

d (Tech) métal, verre, liquide to heat ; chaudière, locomotive to stoke (up), fire ◆ (lit, fig) **chauffer qch à blanc** to make sth white-hot ◆ (fig) **chauffer qn à blanc** to galvanize sb into action

e (* : préparer) candidat to cram ; commando to train up ; salle, public to warm up

f muscle to warm up

g (†* : voler) to pinch*, whip* (Brit), swipe*

2 vi a (être sur le feu) [aliment, eau du bain] to be heating up, be warming up ; [assiette] to be heating (up), be warming (up) ; [eau du thé] to be heating up

b (devenir chaud) [moteur, télévision] to warm up ; [four] to heat up ; [chaudière, locomotive] to get up steam

c (devenir trop chaud) [freins, appareil, moteur] to overheat

d (donner de la chaleur) [soleil] to be hot ; [poêle] to give out a good heat ◆ **ils chauffent au charbon** they use coal for heating, their house is heated by coal ◆ **le mazout chauffe bien** oil gives out a good heat

e (*loc) **ça chauffe dans le coin !** things are getting heated over there !, sparks are about to fly over there ! ◆ **ça va chauffer !** sparks will fly ! ◆ (Sport) **le but / l'essai chauffe** there must be a goal / try now !, they're on the brink of a goal / try ◆ (cache-tampon) **tu chauffes !** you're getting warm(er) ! ◆ **l'orchestre chauffe !*** the band is hotting up ! (Brit) ou is heating up ! (US)

3 **se chauffer** vpr a (près du feu) to warm o.s. ; (* : en faisant des exercices) to warm o.s. up ◆ **se chauffer au soleil** to warm o.s. in the sun

b **se chauffer au bois / charbon** to burn wood / coal, use wood / coal for heating ◆ **se chauffer à l'électricité** to have electric heating, use electricity for heating → **bois**

chaufferette [ʃofʀɛt] → SYN nf (chauffe-pieds) foot-warmer ; (réchaud) plate warmer

chaufferie [ʃofʀi] nf [maison, usine] boiler room ; [navire] stokehold

chauffeur [ʃofœʀ] → SYN 1 nm a (conducteur) (gén) driver ; (privé) chauffeur ◆ **chauffeur d'autobus** bus driver ◆ **voiture avec / sans chauffeur** chauffeur-driven / self-drive car

b [chaudière] fireman, stoker

2 COMP ▷ **chauffeur de camion** lorry (Brit) ou truck (US) driver ▷ **chauffeur du dimanche** (hum) Sunday driver, weekend motorist ▷ **chauffeur de maître** chauffeur ▷ **chauffeur de taxi** taxi driver, cab driver

chauffeuse [ʃoføz] nf low armless chair, unit chair

chaulage [ʃolaʒ] nm (→ **chauler**) liming ; whitewashing

chauler [ʃole] ▸ conjug 1 ◂ vt sol, arbre, raisins to lime ; mur to whitewash

chaume [ʃom] → SYN nm a (reste des tiges) stubble ◆ (littér : champs) **les chaumes** the stubble fields

b (couverture de toit) thatch ◆ **couvrir de chaume** to thatch → **toit**

c (rare : tige) [graminée, céréale] culm

chaumer [ʃome] → SYN ▸ conjug 1 ◂ 1 vt to clear stubble from

2 vi to clear the stubble

chaumière [ʃomjɛʀ] → SYN nf (littér, hum : maison) (little) cottage ; (maison à toit de chaume) thatched cottage ◆ **on en parlera encore longtemps dans les chaumières** it will be talked of in the countryside ou in the villages for a long time to come ◆ **un feuilleton qui fait pleurer dans les chaumières** a serial which will bring tears to the eyes of all simple folk ◆ **il ne rêve que d'une chaumière et d'un cœur** he only dreams of the simple life

chaumine [ʃomin] nf (littér ou †) little cottage *(often thatched)*, cot (Poésie)

chaussant, e [ʃosɑ̃, ɑ̃t] adj (confortable) well-fitting, snug-fitting ◆ **articles chaussants** footwear (NonC) ◆ **ces souliers sont très chaussants** these shoes are a very good fit ou fit very well

chausse [ʃos] → SYN nf (Tech) linen funnel ◆ (Hist Habillement) **chausses** chausses → **haut**

chaussée [ʃose] → SYN nf a (route, rue) road, roadway ◆ **s'élancer sur la chaussée** to rush out into the road ou onto the roadway ◆ **traverser la chaussée** to cross the road ◆ **ne reste pas sur la chaussée** don't stay in ou on the road ou on the roadway ◆ **l'entretien de la chaussée** the maintenance of the roadway, road maintenance ◆ **chaussée pavée** cobbled street ; (route) cobbled ou flagged road ◆ **chaussée bombée** cambered road ◆ **« chaussée glissante »** "slippery road" ◆ **« chaussée déformée »** "uneven road surface" → **pont**

b (chemin surélevé) causeway ; (digue) embankment ◆ **la chaussée des Géants** the Giants' Causeway

chausse-pied, pl **chausse-pieds** [ʃospje] nm shoehorn

chausser [ʃose] → SYN ▸ conjug 1 ◂ vt a (mettre des chaussures à) enfant to put shoes on ◆ **chausse les enfants pour sortir** put the children's shoes on (for them) ou help the children on with their shoes and we'll go out ◆ **se chausser** to put one's shoes on ◆ **se faire chausser par** to have one's shoes put on by ◆ **chausser qn de bottes** to put boots on sb ◆ **chaussé de bottes / sandales** wearing boots / sandals, with boots / sandals on → **cordonnier**

b (mettre) souliers, lunettes to put on ◆ **chausser du 40** to take size 40 in shoes, take a (size) 40 shoe ◆ **chausser des bottes à un client** to put boots on a customer ◆ (Équitation) **chausser les étriers** to put one's feet into the stirrups

c (fournir en chaussures) **ce marchand nous chausse depuis 10 ans** this shoemaker has been supplying us with shoes for 10 years ◆ **se (faire) chausser chez ...** to buy ou get one's shoes at ... ◆ **se (faire) chausser sur mesure** to have one's shoes made to measure

d [chaussure] to fit ◆ **ces chaussures chaussent large** these shoes come in a wide fitting (Brit) ou size (US), these are wide-fitting shoes ◆ **ces chaussures vous chaussent bien** those shoes fit you well ou are a good fit ◆ **ces souliers chaussent bien (le pied)** these are well-fitting shoes

e (Agr) arbre to earth up

f (Aut) voiture to fit tyres on ◆ **voiture bien chaussée** car with good tyres

chausses [ʃos] nfpl (Hist Habillement) chausses → **haut**

chausse-trap(p)e, pl **chausse-trap(p)es** [ʃostʀap] nf (lit, fig) trap ◆ **tomber dans / éviter une chausse-trappe** to fall into / avoid a trap

chaussette [ʃosɛt] nf sock ◆ **j'étais en chaussettes** I was in my socks ◆ **chaussettes à clous†*** [agent de police] (policeman's) hobnailed boots ◆ **chaussettes russes** foot-bindings ◆ **chaussettes tombantes** slouch socks ◆ **pull chaussette** skinny-rib (sweater) ◆ **elle m'a laissé tomber comme une vieille chaussette*** she ditched* ou jilted me

chausseur [ʃosœʀ] → SYN nm (fabricant) shoemaker ; (fournisseur) footwear specialist, shoemaker ◆ **mon chausseur m'a déconseillé cette marque** my shoemaker has advised me against that make

chausson [ʃosɔ̃] → SYN nm a (pantoufle) slipper ; [bébé] bootee ; [danseur] ballet shoe ou pump ◆ **chausson à pointe** blocked shoe ◆ **chaussons d'escalade** climbing shoes → **point²**

b (Culin) turnover

chaussure [ʃosyʀ] → SYN 1 nf a (soulier) shoe ◆ **la chaussure est une partie importante de l'habillement** footwear ou shoes are an important part of one's dress ◆ **ils ont de la belle chaussure** they do a beautiful line in footwear ◆ **rayon (des) chaussures** shoe ou footwear department → **trouver**

b **la chaussure** (industrie) shoe industry ; (commerce) shoe trade (Brit) ou business

2 COMP ▷ **chaussures basses** flat shoes ▷ **chaussures cloutées** ou **à clous** hobnailed boots ▷ **chaussures montantes** ankle boots ▷ **chaussures de ski** ski boots ▷ **chaussures à talon** high-heeled shoes, (high) heels*

chaut [ʃo] → SYN vi ◆ (†† ou hum) **peu me chaut** it matters little to me, it is of no import († ou hum) ou matter† to me

chauve [ʃov] → SYN adj personne bald(-headed) ; crâne bald ; (fig littér) colline, sommet bare ◆ **chauve comme un œuf*** ou **une bille*** ou **mon genou*** as bald as a coot

chauve-souris, pl **chauves-souris** [ʃovsuʀi] → SYN nf bat

chauvin, e [ʃovɛ̃, in] → SYN 1 adj chauvinistic, jingoistic

2 nm,f chauvinist, jingoist

chauvinisme [ʃovinism] → SYN nm chauvinism, jingoism

chauviniste [ʃovinist] 1 adj chauvinistic, jingoistic

2 nmf chauvinist, jingoist

chaux [ʃo] → SYN nf lime ◆ **chaux éteinte** slaked lime ◆ **chaux vive** quicklime ◆ **blanchi** ou **passé à la chaux** whitewashed ◆ **bâti à chaux et à sable** maison as solid as a rock ; personne as strong as an ox

chavirement [ʃaviʀmɑ̃] nm [navire] capsizing, keeling over, overturning

chavirer [ʃaviʀe] → SYN ▸ conjug 1 ◂ 1 vi a [bateau] to capsize, keel over, overturn ; (fig) [gouvernement] to founder, crumble, sink ◆ **faire chavirer un bateau** to keel a boat over, capsize ou overturn a boat

b [pile d'objets] to keel over, overturn ; [charrette] to overturn, tip over ; (fig) [yeux] to roll ; [paysage, chambre] to reel, spin ; [esprit] to reel ; [cœur] to turn over (fig)

2 vt a (renverser) bateau [vagues] to capsize, overturn ; (Tech : en cale sèche) to keel over ; meubles to overturn

b (bouleverser) personne to bowl over ◆ **j'en suis toute chavirée*** I'm completely shattered by it, it gave me a nasty fright ou turn* ◆ **musique qui chavire l'âme** music that tugs at the heartstrings

chebec [ʃebɛk] nm xebec, zebec(k)

chéchia [ʃeʃja] nf tarboosh, fez

check-list, pl **check-lists** [(t)ʃɛklist] → SYN nf check list

check-up [(t)ʃɛkœp] → SYN nm inv check-up

cheddite [ʃedit] nf cheddite

chef¹ [ʃɛf] → SYN 1 nmf a (patron, dirigeant) head, boss*, top man* ; [tribu] chief(tain), headman ◆ **chef indien** Indian chief ◆ **il a l'estime de ses chefs** he is highly thought of by his superiors ou bosses* ◆ **la chef*** the boss ◆ (péj) **faire le** ou **jouer au petit chef** to throw one's weight around

b [expédition, révolte, syndicat] leader ◆ (* : as) **tu es un chef** you're the greatest*, you're the tops* ◆ **chef spirituel** spiritual leader ◆ **avoir une âme** ou **un tempérament de chef** to be a born leader ◆ **elle / il se débrouille comme un chef** she / he is doing a first-class job

c (Mil : au sergent) **oui, chef !** yes, Sarge !

d chef ◆ (Culin) **spécialité du chef** chef's speciality ◆ **pâté du chef** chef's special pâté ◆ **chef de cuisine** head chef

e (Hér) chief

f **en chef : commandant en chef** commander-in-chief ◆ **général en chef** general-in-chief ◆ **ingénieur / rédacteur en chef** chief engineer / editor ◆ **le général commandait en chef les troupes alliées** the general was the commander-in-chief of the allied troops

2 adj inv ◆ **gardien / médecin chef** chief warden / consultant

3 COMP ▷ **chef d'atelier** (shop) foreman ▷ **chef de bande** gang leader ▷ **chef de bataillon** major ▷ **chef de bureau** head clerk ▷ **chef de cabinet** (Admin) principal private secretary ▷ **chef de chantier** (works (Brit) ou site) foreman ▷ **chef des chœurs** (Mus) choirmaster ... **classe** class pref...

dent (US) ▷ **chef de clinique** ≃ senior registrar ▷ **chef comptable** chief accountant ▷ **chef de dépôt** shed ou yard master ▷ **chef d'école** (Art, Littérat) leader of a school ▷ **chef d'entreprise** company manager ou head ▷ **chef d'équipe** foreman ▷ **chef d'escadron** major ▷ **chef d'État** head of state ▷ **le chef de l'État** the Head of State ▷ **chef d'état-major** (Mil) chief of staff ▷ **chefs d'État-Major** Joint Chiefs of Staff ▷ **chef de famille** head of the family ou household; (Admin) householder ▷ **chef de file** leader; (Pol) party leader; (Naut) leading ship ▷ **chef de gare** (Rail) station master ▷ **chef de gouvernement** head of government ▷ **chef des jurés** (Jur) foreman of the jury ▷ **chef mécanicien** chief mechanic; (Rail) head driver (Brit), chief engineer (US) ▷ **chef de musique** bandmaster ▷ **chef de nage** stroke (oar) ▷ **chef d'orchestre** (gén) conductor, director (US); [jazz etc] (band) leader ▷ **chef de patrouille** patrol leader ▷ **chef de pièce** (Mil) captain of a gun ▷ **chef de produit** product manager, brand manager ▷ **chef de projet** (Admin) project manager ▷ **chef de rayon** (Comm) department(al) supervisor, departmental manager ▷ **chef de service** (Admin) section ou departmental head; (Méd) ≃ consultant ▷ **chef de train** (Rail) guard (Brit), conductor (US)

chef² [ʃɛf] nm **a** (†† ou hum: tête) head ◆ (Jur) **chef d'accusation** charge, count (of indictment)
b (loc) (Jur) **du chef de sa femme** in one's wife's right ◆ (frm) **de son propre chef** on his own initiative, on his own authority ◆ (littér) **au premier chef** greatly, exceedingly ◆ (littér) **de ce chef** accordingly, hence

chef-d'œuvre, pl **chefs-d'œuvre** [ʃɛdœvʀ] nm masterpiece, chef-d'œuvre ◆ (fig) **c'est un chef-d'œuvre d'hypocrisie / d'ironie** it is the ultimate hypocrisy / irony

chef-lieu, pl **chefs-lieux** [ʃɛfljø] nm ≃ county town

cheftaine [ʃɛftɛn] nf [louveteaux] cubmistress (Brit), den mother (US); [jeunes éclaireuses] Brown Owl (Brit), den mother (US); [éclaireuses] (guide) captain, guider

cheik [ʃɛk] → SYN nm sheik

chéiroptères [keiʀɔptɛʀ] nmpl ◆ **les chéiroptères** chiropters, the Chiroptera (spéc)

chélate [kelat] nm chelate

chélateur [kelatœʀ] adj m, nm chelating ◆ **(agent) chélateur** chelating agent

chelem [ʃlɛm] nm (Cartes) slam ◆ **petit / grand chelem** small / grand slam ◆ (Sport) **faire le grand chelem** to do the grand slam

chélicère [kelisɛʀ] nf chelicera

chélidoine [kelidwan] → SYN nf greater celandine, swallowwort

chéloïde [kelɔid] nf keloid, cheloid

chéloniens [kelɔnjɛ̃] nmpl ◆ **les chéloniens** chelonians

chemin [ʃ(ə)mɛ̃] → SYN **1** nm **a** (gén) path; (route) lane; (piste) track → **croisée², voleur**
b (parcours, trajet, direction) way (*de, pour* to) ◆ **demander / trouver le** ou **son chemin** to ask / find the ou one's way ◆ **montrer le chemin à qn** to show sb the way ◆ **il y a bien une heure de chemin** it takes a good hour to get there ◆ **quel chemin a-t-elle pris?** which way did she go? ◆ **de bon matin, ils prirent le chemin de X** they set out ou off for X early in the morning ◆ **le chemin le plus court entre deux points** the shortest distance between two points ◆ **ils ont fait tout le chemin à pied / en bicyclette** they walked / cycled all the way ou the whole way ◆ **on a fait du chemin depuis une heure** we've come quite a (good) way in an hour ◆ **se mettre en chemin** to set out ou off ◆ **poursuivre son chemin** to carry on ou keep on one's way ◆ (littér) **passez votre chemin** go your way (littér), be on your way ◆ **chemin faisant, en chemin** on the way ◆ **pour venir, nous avons pris le chemin des écoliers** we came the long way round ◆ (fig) **aller son chemin** to go one's own sweet way ◆ **être toujours sur les chemins** to be always on the
c (fig) path, way, road ◆ **le chemin de l'honneur / de la gloire** the path ou way of honour / to glory ◆ **le chemin de la ruine** the road to ruin ◆ **nos chemins se sont croisés** our paths crossed → **droit², tout**
d LOC **il a encore du chemin à faire** he's still got a long way to go, he's not there yet; (iro) there's still room for improvement ◆ **faire son chemin dans la vie** to make one's way in life ◆ **se mettre dans** ou **sur le chemin de qn** to stand ou get in sb's way, stand in sb's path ◆ (fig) **il est toujours sur mon chemin** (présent) he turns up wherever I go; (comme obstacle) he always stands in my way ◆ **il a fait du chemin!** (arriviste, jeune cadre) he has come up in the world; (savant, chercheur) he has come a long way ◆ **cette idée a fait du chemin** this idea has gained ground ◆ (concession) **faire la moitié du chemin** to go halfway (to meet sb) ◆ **montrer le chemin** to lead the way ◆ **cela n'en prend pas le chemin** it doesn't look likely ◆ **il n'y arrivera pas par ce chemin** he won't achieve anything this way, he won't get far if he goes about it this way ◆ (fig) **être sur le** ou **en bon chemin** to be on the right track ◆ **elle est en bon chemin pour avoir son diplôme** she's going the right way about it if she wants to get her diploma ◆ **ne t'arrête pas en si bon chemin!** don't stop now when you're doing so well ou after such a good start ◆ **trouver des difficultés sur son chemin** to meet difficulties on one's path ◆ **est-ce qu'il va réussir? – il n'en prend pas le chemin** will he succeed? – he's not going the right way about it ◆ (Rel) **le chemin de Damas** the road to Damascus ◆ (fig) **trouver son chemin de Damas** to see the light (fig)
2 COMP ▷ **chemin d'accès** (Ordin) access path ▷ **chemin charretier** cart track ▷ **chemin creux** sunken lane ▷ **chemin critique** (Ordin) critical path ▷ **le chemin de (la) croix** (Rel) the Way of the Cross ▷ **chemin de fer** (Rail) railway (Brit), railroad (US); (moyen de transport) rail ◆ **par chemin de fer** by rail ◆ **employé des chemins de fer** railway (Brit) ou railroad (US) worker ▷ **chemin de halage** towpath ▷ **chemin optique** optical path ▷ **chemin de ronde** (Archit) covered way ▷ **chemin de table** table runner ▷ **chemin de terre** dirt track ▷ **chemin de traverse** path across ou through the fields ▷ **chemin vicinal** country road ou lane, minor road

chemineau, pl **chemineaux** [ʃ(ə)mino] → SYN nm (littér ou ††: vagabond) vagabond, tramp

cheminée [ʃ(ə)mine] → SYN **1** nf **a** (extérieure) [maison, usine] chimney (stack); [paquebot, locomotive] funnel, smokestack
b (intérieure) fireplace; (foyer) fireplace, hearth; (encadrement) mantelpiece, chimney piece ◆ **un feu crépitait dans la cheminée** a fire was crackling in the hearth ou fireplace ou grate → **feu¹**
c [volcan] vent; (Alpinisme) chimney; [lampe] chimney
2 COMP ▷ **cheminée d'aération** ventilation shaft ▷ **cheminée des fées** earth pillar ▷ **cheminée prussienne** (closed) stove ▷ **cheminée d'usine** factory chimney

cheminement [ʃ(ə)minmɑ̃] → SYN nm (progression) [caravane, marcheurs] progress, advance; (Mil) [troupes] advance (under cover); [sentier, itinéraire, eau] course, way; (fig) [idées, pensée] development, progression ◆ **il est difficile de suivre son cheminement intellectuel** it is difficult to follow his reasoning ou line of thought

cheminer [ʃ(ə)mine] → SYN ▸ conjug 1 ◂ vi (littér) **a** (marcher, Mil: avancer à couvert) to walk (along) ◆ **cheminer péniblement** to trudge (wearily) along ◆ **après avoir longtemps cheminé** having plodded along for ages ◆ **nous cheminions vers la ville** we wended (littér) ou made our way towards the town
b (progresser) [sentier] to make its way (*dans* along); [eau] to make its way, follow its course (*dans* along); [idées] to follow their course ◆ **l'idée cheminait lentement dans sa tête** the idea was slowly taking root in his mind, he was slowly coming round to the idea ◆ **sa pensée cheminait de façon tortueuse** his thoughts followed a tortuous course ◆ **les eaux de la Durance cheminent pendant des kilomètres entre des falaises** the waters of the Durance flow for miles between cliffs ou make their way between cliffs for miles (and miles)

cheminot [ʃ(ə)mino] → SYN nm railwayman (Brit), railroad man (US)

chemisage [ʃ(ə)mizaʒ] nm (intérieur) lining; (extérieur) jacketing

chemise [ʃ(ə)miz] → SYN **1** nf **a** (Habillement) [homme] shirt; (††) [femme] chemise††, shift††; [bébé] vest ◆ **chemise de soirée / de sport** dress / sports shirt ◆ **être en manches** ou **bras de chemise** to be in one's shirt sleeves ◆ **col / manchette de chemise** shirt collar / cuff → **premier**
b [dossier] folder; (Tech) (revêtement intérieur) lining; (revêtement extérieur) jacket ◆ (Aut) **chemise de cylindre** cylinder liner
2 COMP ▷ **chemise (américaine)** (woman's) vest (Brit) ou undershirt (US) ▷ **chemises brunes** (Hist) Brown Shirts ▷ **chemise d'homme** man's shirt ▷ **chemise de maçonnerie** facing ▷ **chemises noires** (Hist) Blackshirts ▷ **chemise de nuit** [femme] nightdress, nightgown, nightie*; [homme] nightshirt ▷ **chemises rouges** (Hist) Redshirts

chemiser [ʃ(ə)mize] → SYN ▸ conjug 1 ◂ vt intérieur to line; extérieur to jacket

chemiserie [ʃ(ə)mizʀi] nf (magasin) (gentlemen's) outfitters' (Brit), man's shop; (rayon) shirt department; (commerce) shirt(-making) trade (Brit) ou business

chemisette [ʃ(ə)mizɛt] → SYN nf [homme] short-sleeved shirt; [femme] short-sleeved blouse

chemisier, -ière [ʃ(ə)mizje, jɛʀ] → SYN **1** nm,f (marchand) (gentlemen's) shirtmaker; (fabricant) shirtmaker
2 nm (vêtement) blouse → **col, robe**

chémorécepteur [ʃemoʀesɛptœʀ] nm ⇒ **chimiorécepteur**

chênaie [ʃɛnɛ] → SYN nf oak grove

chenal, pl **-aux** [ʃənal, o] → SYN **1** nm (canal) channel, fairway; (rigole) channel; [moulin] millrace; [forge, usine] flume
2 COMP ▷ **chenal de coulée** (Ind) gate, runner ▷ **chenal pro-glaciaire** (Géol) glaciated valley

chenapan [ʃ(ə)napɑ̃] → SYN nm (hum: garnement) scallywag (hum), rascal (hum); (péj: vaurien) scoundrel, rogue

chêne [ʃɛn] → SYN **1** nm (arbre) oak (tree); (bois) oak
2 COMP ▷ **chêne pubescent** pubescent oak ▷ **chêne rouvre** ou **sessile** durmast ou sessile oaktree ▷ **chêne vert** holm oak, ilex

chéneau, pl **chéneaux** [ʃeno] → SYN nm [toit] gutter

chêne-liège, pl **chênes-lièges** [ʃɛnljɛʒ] nm cork oak

chenet [ʃ(ə)nɛ] → SYN nm firedog, andiron

chènevière [ʃɛnvjɛʀ] nf hemp field

chènevis [ʃɛnvi] nm hempseed

chenil [ʃ(ə)nil] nm kennels ◆ **mettre son chien dans un chenil** to put one's dog in kennels

chenille [ʃ(ə)nij] → SYN **1** nf **a** (Aut, Zool) caterpillar ◆ **véhicule à chenilles** tracked vehicle
b (Tex) chenille
2 COMP ▷ **chenille du mûrier** silkworm ▷ **chenille processionnaire** processionary caterpillar

chenillé, e [ʃ(ə)nije] adj véhicule with caterpillar tracks, tracked

chenillette [ʃ(ə)nijɛt] nf (véhicule) tracked vehicle

chénopode [kenɔpɔd] nm (Bot) goosefoot

chenu, e [ʃəny] adj (littér) vieillard, tête hoary arbre leafless with age

Chéops [keɔps] nm Cheops

Chephren [kefʀɛn] nm Khafre, Chephren

cheptel [ʃɛptɛl] → SYN **1** nm (bétail) livestock (Jur) livestock *(leased)* ◆ **cheptel ovin / porcin d'une région** sheep / pig ou swine population of an area → **bail**
2 COMP ▷ **cheptel mort** (Jur) farm implements ▷ **cheptel vif** (Jur) livestock

chèque [ʃɛk] 1 nm a (Banque) cheque (Brit), check (US) ◆ **faire / toucher un chèque** to write / cash a cheque ◆ **chèque de 100 F** cheque for 100 francs (Brit) ou in the amount of 100 francs (US)
b (bon) voucher ◆ **chèque-déjeuner** ® ou **-repas** ou **-restaurant** ® luncheon voucher (Brit), meal ticket (US) ◆ **chèque-cadeau** gift token ◆ **chèque-essence** petrol (Brit) ou gasoline (US) coupon ou voucher
2 COMP ▷ **chèque bancaire** cheque ▷ **chèque barré** crossed cheque (Brit), check for deposit only (US) ▷ **chèque en blanc** (lit, fig) blank cheque ▷ **chèque en bois*** dud cheque* (Brit), rubber* cheque (Brit) ou check (US) ▷ **chèque certifié** certified cheque ▷ **chèque de dépannage** loose cheque *(supplied by bank when customer does not have his own chequebook)* ▷ **chèque emploi service** *automatic welfare deduction system for pay cheques for domestic help* ▷ **chèque non barré** uncrossed ou open cheque (Brit), check payable to bearer (US) ▷ **chèque à ordre** cheque to order, order cheque ▷ **chèque au porteur** bearer cheque ▷ **chèque postal** ≃ (Post Office) Girocheque (Brit) ▷ **chèque sans provision** bad cheque (Brit) ou check (US) ▷ **chèque de voyage** traveller's cheque

chéquier [ʃekje] nm cheque (Brit) ou check (US) book

cher, chère¹ [ʃɛʀ] → SYN 1 adj a (gén après nom : aimé) personne, souvenir, vœu dear (à to) ◆ **ceux qui nous sont chers** our nearest and dearest, our dear ones ◆ **des souvenirs chers** fond memories ◆ **des souvenirs chers à mon cœur** memories dear to my heart ◆ **les êtres chers** the loved ones ◆ **c'est mon vœu le plus cher** it's my fondest ou dearest wish ◆ **mon désir le plus cher** ou **mon plus cher désir est de** my greatest ou most cherished desire is to ◆ **l'honneur est le bien le plus cher** honour is one's most precious possession, one's honour is to be treasured above all else
b (avant nom) dear ◆ **(mes) chers auditeurs** dear listeners ◆ (Rel) **mes bien chers frères** my dear(est) brethren ◆ **Monsieur et cher collègue** dear colleague ◆ **ce cher (vieux) Louis !*** dear old Louis !* ◆ (hum) **le cher homme n'y entendait pas malice** the dear man didn't mean any harm by it ◆ **retrouver ses chers parents / chères pantoufles** to find one's beloved parents / slippers again ◆ **retrouver ses chères habitudes** to slip back into one's dear old habits ◆ (sur lettre) **chers tous** dear all
c (coûteux : après nom) marchandise expensive, dear (Brit), costly ; boutique, commerçant expensive, dear (Brit) ◆ **un petit restaurant pas cher** an inexpensive ou reasonably priced little restaurant ◆ **la vie est chère à Paris** the cost of living is high in Paris, Paris is an expensive place to live ◆ **c'est moins cher qu'en face** it's cheaper than ou less expensive than in the shop opposite ◆ **cet épicier est trop cher** this grocer is too expensive ou too dear (Brit) ou charges too much ◆ **c'est trop cher pour ce que c'est** it's overpriced → **vie**
2 nm,f ◆ (frm, hum) **mon cher, ma chère** my dear ◆ **oui, très cher** yes, dearest
3 adv valoir, coûter, payer a lot (of money), a great deal (of money) ◆ **article qui vaut** ou **coûte cher** expensive item, item that costs a lot ou a great deal ◆ **as-tu payé cher ton costume ?** did you pay much ou a lot for your suit ?, was your suit (very) expensive ? ou (very) dear (Brit) ? ◆ **il se fait payer cher, il prend cher** he charges high rates, his rates are high, he's expensive ◆ **il vend cher** his prices are high, he charges high prices ◆ **ça s'est vendu cher** it went for ou fetched a high price ou a lot (of money), it cost a mint* ◆ **je ne l'ai pas acheté cher, je l'ai eu pour pas cher*** I bought it very cheaply ou bought it cheap*, I got it dirt cheap*, I didn't pay much for it ◆ **je donnerais cher pour savoir ce qu'il fait*** I'd give anything to know what he's doing ◆ **je ne donne pas cher de sa vie / de sa réussite** I wouldn't like to bet on his chances of surviving / succeeding ◆ (fig) **garnement qui ne vaut pas cher** ne'er-do-well, good-for-nothing ◆ (fig) **tu ne vaux pas plus cher que lui** you're no better than him, you're just as bad as he is ◆ (fig) **son imprudence lui a coûté cher** his rashness cost him dear (Brit) ou a great deal (US) ◆ (fig) **il a payé cher son imprudence** he paid dearly (Brit) ou heavily for his rashness

chercher [ʃɛʀʃe] → SYN ▸ conjug 1 ◂ 1 vt a (essayer de trouver) personne, chose égarée, emploi to look for, search for, try to find ; solution, moyen to look for, seek, try to find ; ombre, lumière, tranquillité to seek ; citation, heure de train to look up ; nom, mot to try to find, try to think of ; raison, excuse to cast about for, try to find, look for ◆ **chercher qn du regard** ou **des yeux** to look (around) for sb ◆ **chercher qch à tâtons** to grope ou fumble for sth ◆ **attends, je cherche** wait a minute, I'm trying to think ◆ **il n'a pas bien cherché** he didn't look ou search very hard ◆ **chercher partout qch / qn** to search ou hunt everywhere for sth / sb ◆ **chercher sa voie** to look for ou seek a path in life ◆ **chercher ses mots** to search for words ◆ (à un chien) **cherche ! cherche !** find it, boy !
b (viser à) gloire, succès to seek (after) ; (rechercher) alliance, faveur to seek ◆ **il ne cherche que son intérêt** he is concerned only with his own interest
c (provoquer) danger, mort to court ◆ **chercher la difficulté** to look for difficulties ◆ **chercher la bagarre** to be looking ou spoiling for a fight ◆ **tu l'auras cherché !** you've been asking for it ! ◆ **si on me cherche, on me trouve*** if anyone asks for it, they'll get it* ◆ **chercher le contact avec l'ennemi** to try to engage the enemy in combat
d (prendre, acheter) **aller chercher qch / qn** to go for sth / sb, go and fetch (Brit) ou get sth / sb ◆ **il est venu chercher Paul** he called ou came for Paul, he came to fetch (Brit) ou to get Paul ◆ **il est allé me chercher de la monnaie** he has gone to get some change for me ◆ **va me chercher mon sac** go and fetch (Brit) ou get me my bag ◆ **qu'est-ce que tu vas chercher ? je n'ai rien dit !** whatever do you mean ? ou whatever are you trying to read into it ? I didn't say a thing ! ◆ **où est-ce qu'il va chercher toutes ces idées idiotes !** where does he get all those stupid ideas from ! ◆ **monter / descendre chercher qch** to go up / down for sth ou to get sth ◆ **aller chercher qch dans un tiroir** to go and get sth out of a drawer ◆ **il est allé / venu le chercher à la gare** he went / came to meet ou collect him at the station ◆ **aller chercher les enfants à l'école** to go to fetch (Brit) ou get ou collect the children from school ◆ **envoyer (qn) chercher le médecin** to send (sb) for the doctor ◆ **ça va chercher dans les 300 F** it'll add up to ou come to something like 300 francs ◆ **ça va chercher dans les 5 ans de prison** it will mean something like 5 years in prison ◆ (amende) **ça peut aller chercher loin** it could mean a heavy fine
e **chercher à faire** to try to do, attempt to do ◆ **chercher à comprendre** to try to understand ◆ **faut pas chercher à comprendre*** don't (even) try and understand ◆ **chercher à faire plaisir à qn** to try ou endeavour to please sb ◆ **chercher à obtenir qch** to try to obtain sth ◆ **chercher à savoir qch** to try ou attempt to find out sth
f LOC **chercher des crosses à qn*** to try and pick a fight with sb ◆ **chercher fortune** to seek one's fortune ◆ **chercher des histoires à qn** to try to make trouble for sb ◆ **chercher midi à quatorze heures** to complicate the issue, look for complications ◆ **chercher noise à qn** to pick a quarrel with sb ◆ **chercher la petite bête** to split hairs ◆ **chercher une aiguille dans une botte** ou **meule de foin** to look for a needle in a haystack ◆ **chercher des poux dans la tête de qn** to try and make trouble for sb ◆ **chercher querelle à qn** to pick a quarrel with sb ◆ **chercher son salut dans la fuite** to seek ou take refuge in flight ◆ **cherchez la femme !** cherchez la femme !
2 **se chercher** vpr (chercher sa voie) to search for an identity

chercheur, -euse [ʃɛʀʃœʀ, øz] → SYN 1 adj esprit inquiring → **tête**
2 nm (Tech) [télescope] finder ; [détecteur à galène] cat's whisker ◆ **chercheur de fuites** gas-leak detector
3 nm,f (personne qui étudie, cherche) researcher ; (Univ : chargé de recherches) researcher, research worker ◆ (personne qui cherche qch) **chercheur de** seeker of ◆ **chercheur d'aventure(s)** adventure seeker, seeker after adventure ◆ **chercheur d'or** gold digger ◆ **chercheur de trésors** treasure hunter

chère² [ʃɛʀ] → SYN nf (†† ou hum) food, fare, cheer† ◆ **faire bonne chère** to eat well ◆ **aimer la bonne chère** to love one's food

chèrement [ʃɛʀmɑ̃] → SYN adv a (avec affection) aimer dearly, fondly ◆ **conserver chèrement des lettres** to keep letters lovingly, treasure letters ◆ **conserver chèrement le souvenir de qn / qch** to treasure ou cherish the memory of sb / sth
b (non sans pertes, difficultés) **chèrement acquis** ou **payé** avantage, victoire, succès dearly bought ou won ◆ **vendre** ou **faire payer chèrement sa vie** to sell one's life dearly
c († : au prix fort) vendre at a high price, dearly†

chergui [ʃɛʀgi] nm ≃ sirocco *(in Morocco)*

chéri, e [ʃeʀi] → SYN (ptp de **chérir**) 1 adj (bien-aimé) beloved, darling, dear(est) ◆ **quand il a revu son fils chéri** when he saw his beloved son again ◆ **dis-moi, maman chérie** tell me, mother dear ou mother darling ◆ (sur tombe) **à notre père chéri** to our dearly loved ou beloved father
2 nm,f a (terme d'affection) darling ◆ **mon (grand) chéri** (my) darling, my (little) darling ◆ (hum) **bonjour mes chéris** hullo (my) darlings (hum)
b (péj : chouchou) **c'est le chéri à sa maman** he's mummy's little darling ou mummy's blue-eyed boy, his mother dotes on him ◆ **c'est le chéri de ses parents** his parents dote on him, he's the apple of his parents' eye

chérif [ʃeʀif] nm sherif

chérir [ʃeʀiʀ] → SYN ▸ conjug 2 ◂ vt (littér) personne to cherish, love dearly ; liberté, idée to cherish, hold dear ; souvenir to cherish, treasure

chérot* [ʃeʀo] adj m (coûteux) pricey* (Brit), dear

cherry [ʃeʀi] nm, **cherry brandy** [ʃeʀibʀɑ̃di] nm cherry brandy

cherté [ʃɛʀte] → SYN nf [article] high price, dearness (Brit) ; [époque, région] high prices (*de* in) ◆ **la cherté de la vie** the high cost of living, the cost of things*

chérubin [ʃeʀybɛ̃] → SYN nm (lit, fig) cherub ◆ **chérubins** (Art) cherubs ; (Rel) cherubim

chétif, -ive [ʃetif, iv] → SYN adj a (malingre) personne puny, sickly ; arbuste, plante puny, weedy, stunted ◆ **enfant / végétaux à l'aspect chétif** weedy-looking ou puny-looking child / plants
b (minable) récolte meagre, poor ; existence meagre, mean ; repas skimpy, scanty ; raisonnement paltry, feeble

chétivement [ʃetivmɑ̃] adv pousser punily

chétivité [ʃetivite] nf [personne] sickliness, puniness ; [plante] puniness, stuntedness

chevaine [ʃ(ə)vɛn] nm ⇒ **chevesne**

cheval, pl **-aux** [ʃ(ə)val, o] → SYN 1 nm a (animal) horse ; (viande) horsemeat ◆ **carrosse à deux / à six chevaux** coach and pair / and six ◆ **faire du cheval** to go horse-riding ◆ **tu sais faire du cheval ?** can you ride (a horse) ? ◆ (péj) **c'est un grand cheval, cette fille** she's built like a carthorse (Brit péj), she's a great horse of a girl (péj) ◆ **au travail, c'est un vrai cheval** he works like a carthorse (Brit), he works like a Trojan ◆ (fig) **ce n'est pas le mauvais cheval** he's not a bad sort ou soul ◆ **tu as mangé** ou **bouffé du cheval !*** you're lively ! ◆ **c'est changer un cheval borgne contre un cheval aveugle** you're (ou he's etc) losing on the exchange ou the deal → **miser, monter¹, petit** 5
b (Aut) horsepower (NonC) ◆ **elle fait combien de chevaux ?** how many cc's is the engine ?, what horsepower is it ? ◆ **c'est une 6 chevaux** it's a 6 horsepower car
c (arg Drogue) horse, (big) H
d LOC **à cheval** on horseback ◆ **se tenir bien à cheval** to have a good seat, sit well on horseback ◆ **être à cheval sur une chaise** to be (sitting) astr[…]hair, be straddling a

chair ◆ **village à cheval sur deux départements** village straddling two departments ◆ **à cheval sur deux mois** overlapping two (different) months, running from one month into the next ◆ **être à cheval sur deux cultures** [ville, pays] to be at the crossroads of two cultures; [personne] to have roots in two cultures; [œuvre] to be rooted in ou to span two cultures ◆ **être (très) à cheval sur le règlement / les principes** to be a (real) stickler for the rules / for principles ◆ **monter sur ses grands chevaux** to get on one's high horse ◆ **de cheval*** remède drastic; fièvre raging

2 COMP ▷ **cheval d'arçons** pommel horse ▷ **cheval d'attelage** plough horse ▷ **cheval à bascule** rocking horse ▷ **cheval de bataille** (Mil) battle horse, charger ◆ (fig) **il a ressorti son cheval de bataille** he's back on his hobby-horse ou his favourite theme again ▷ **cheval de bois** wooden horse ◆ **monter** ou **aller sur les chevaux de bois** to go on the roundabout (Brit) ou merry-go-round ◆ († ou hum) **déjeuner** ou **dîner** ou **manger avec les chevaux de bois** to miss a meal, go dinnerless ▷ **cheval de chasse** hunter ▷ **cheval de cirque** circus horse ▷ **cheval de course** racehorse ▷ **cheval de fiacre** carriage horse ▷ **cheval fiscal** horsepower (for tax purposes) ▷ **chevaux de frise** chevaux-de-frise ▷ **cheval de labour** carthorse, plough horse ▷ **cheval de manège** school horse ▷ **cheval marin** ou **de mer** sea horse ▷ **cheval de poste** ou **de relais** post horse ▷ **cheval de renfort** remount ▷ **(vieux) cheval de retour** recidivist, old lag* (Brit) ▷ **cheval de saut** vaulting horse ▷ **cheval de selle** saddle horse ▷ **cheval de trait** draught horse (Brit), draft horse (US) ▷ **le cheval de Troie** (lit, fig) the Trojan horse, the Wooden Horse of Troy

chevalement [ʃ(ə)valmɑ̃] nm [mur] shoring; [galerie] (pit)head frame

chevaler [ʃ(ə)vale] → SYN ▸conjug 1◂ vt mur to shore up

chevaleresque [ʃ(ə)valʀɛsk] → SYN adj caractère, conduite chivalrous, gentlemanly ◆ **règles chevaleresques** rules of chivalry ◆ **l'honneur chevaleresque** the honour of a knight, knightly honour → **littérature**

chevalerie [ʃ(ə)valʀi] → SYN nf (Hist: institution) chivalry; (dignité, chevaliers) knighthood → **roman**[1]

chevalet [ʃ(ə)valɛ] → SYN nm [peintre] easel; (Menuiserie) trestle, sawhorse (Brit), sawbuck (US); [violon etc] bridge; (Hist: torture) rack

chevalier [ʃ(ə)valje] → SYN 1 nm a (Hist) knight ◆ **faire qn chevalier** to knight sb, dub sb knight ◆ **« je te fais chevalier »** "I dub you knight"

b (oiseau) sandpiper

2 COMP ▷ **chevalier aboyeur** (Orn) greenshank ▷ **chevalier blanc** (Fin) white knight ▷ **chevalier errant** knight-errant ▷ **chevalier gambette** (Orn) redshank ▷ **chevalier gris** (Fin) grey knight ▷ **chevalier d'industrie** crook, swindler ▷ **chevalier de la Légion d'honneur** chevalier of the Legion of Honour ▷ **chevalier noir** (Fin) black knight ▷ **chevalier servant** (attentive) escort ▷ **chevalier de la Table ronde** Knight of the Round Table ▷ **chevaliers teutoniques** Teutonic Knights ▷ **le chevalier à la Triste Figure** the Knight of the Sorrowful Countenance

chevalière [ʃ(ə)valjɛʀ] → SYN nf signet ring

chevalin, e [ʃ(ə)valɛ̃, in] adj race of horses, equine; visage, œil horsy → **boucherie**

cheval-vapeur, pl **chevaux-vapeur** [ʃ(ə)valvapœʀ] nm horsepower

chevauchant, e [ʃ(ə)voʃɑ̃, ɑ̃t] adj pans, tuiles, dents overlapping

chevauchée [ʃ(ə)voʃe] → SYN nf (course) ride; (cavaliers, cavalcade) cavalcade ◆ (Ciné) **"La Chevauchée fantastique"** "Stagecoach"

chevauchement [ʃ(ə)voʃmɑ̃] nm (gén) overlapping; (Géol) thrust fault

chevaucher [ʃ(ə)voʃe] → SYN ▸conjug 1◂ 1 vt a (être à cheval sur) cheval, âne to be astride; chaise to sit astride, straddle, bestride ◆ (fig) **de grosses lunettes lui chevauchaient le nez** a large pair of glasses sat on his nose ◆ (fig) **le pont chevauche l'abîme** the bridge spans the abyss

b (recouvrir partiellement) ardoise, pan to overlap, lap over

2 **se chevaucher** vpr (se recouvrir partiellement) [dents, tuiles, lettres] to overlap (each other); (Géol) [couches] to overthrust, override

3 vi a († ou littér: aller à cheval) to ride (on horseback)

b ⇒ **se chevaucher**

chevau-léger, pl **chevau-légers** [ʃ(ə)voleʒe] nm (Hist) (soldat) member of the Household Cavalry ◆ (troupe) **chevau-légers** Household Cavalry

chevêche [ʃ(ə)vɛʃ] → SYN nf little owl

chevelu, e [ʃəv(ə)ly] → SYN adj personne (gén) with a good crop of ou long mane of hair, long-haired; (péj) hairy (péj), long-haired; tête hairy; (fig) épi tufted; racine bearded → **cuir**

chevelure [ʃəv(ə)lyʀ] → SYN nf a (cheveux) hair (NonC) ◆ **une chevelure malade / terne** unhealthy / dull hair ◆ **elle avait une chevelure abondante / une flamboyante chevelure rousse** she had thick hair ou a thick head of hair / a shock of flaming red hair ◆ **sa chevelure était magnifique** her hair was magnificent

b [comète] tail

chevesne [ʃ(ə)vɛn] → SYN nm chub

chevet [ʃ(ə)vɛ] → SYN nm a [lit] bed(head) ◆ **au chevet de qn** at sb's bedside → **lampe, livre**[1], **table**

b (Archit) [église] chevet

cheveu, pl **cheveux** [ʃ(ə)vø] → SYN 1 nm a (gén pl) hair ◆ (chevelure) **cheveux** hair (NonC) ◆ (collectif) **il a le cheveu rare** he is balding, his hair is going thin ◆ **une femme aux cheveux blonds / frisés** a fair-haired / curly-haired woman, a woman with fair / curly hair ◆ **avoir les cheveux en désordre** ou **en bataille** ou **hirsutes** to have untidy ou tousled hair, be dishevelled ◆ **(les) cheveux au vent** hair hanging loose ◆ **elle s'est trouvé 2 cheveux blancs** she has found 2 white hairs ◆ **épingle / brosse / filet à cheveux** hairpin / brush / net ◆ **en cheveux**† hatless†, bareheaded ◆ **il n'a pas un cheveu sur la tête** ou **le caillou*** he hasn't a (single) hair on his head → **coupe**[2]

b LOC **tenir à un cheveu : leur survie n'a tenu qu'à un cheveu** their survival hung by a thread, they survived but it was a very close thing ◆ **son accord n'a tenu qu'à un cheveu** it was touch and go whether he would agree ◆ **il s'en faut d'un cheveu qu'il ne change d'avis** it's touch and go whether he'll change his mind ◆ **il s'en est fallu d'un cheveu qu'ils ne se tuent** they escaped death by the skin of their teeth ou by a hair's breadth, they were within an ace of being killed ◆ **si vous osez toucher à un cheveu de cet enfant** if you dare touch a hair of this child's head ◆ **avoir mal aux cheveux*** to have a morning-after headache ◆ **avoir un cheveu* (sur la langue)** to have a lisp ◆ **se faire des cheveux* (blancs)** to worry o.s. grey ou stiff*, worry o.s. to death ◆ **comme un cheveu sur la soupe*** arriver at the most awkward moment, just at the right time (iro) ◆ **ça arrive** ou **ça vient comme un cheveu sur la soupe, ce que tu dis** that remark is completely irrelevant ou quite out of place ◆ **tiré par les cheveux** histoire far-fetched ◆ **il y a un cheveu*** there's a hitch* ou snag* ◆ **il va y trouver un cheveu*** he's not going to like it one bit ◆ **se prendre aux cheveux** to come to blows → **arracher, couper, saisir**

2 COMP ▷ **cheveux d'ange** (vermicelle) fine vermicelli; (décoration) silver floss (Brit), icicles (US) *(for Christmas tree)* ▷ **cheveux de Vénus** maidenhair (fern)

chevillard [ʃ(ə)vijaʀ] → SYN nm wholesale butcher

cheville [ʃ(ə)vij] → SYN nf a (Anat) ankle ◆ **l'eau lui venait** ou **arrivait à la cheville** ou **aux chevilles** he was ankle-deep in water, the water came up to his ankles ◆ (fig) **aucun ne lui arrive à la cheville** he is head and shoulders above the others, there's no one to touch him, no one else can hold a candle to him ◆ (péj) **avoir les chevilles qui enflent*** to be full of oneself, have a swollen ou swelled head* (US) ◆ (péj) **t'as pas les chevilles qui enflent ?*** you're very full of yourself, aren't you? ◆ (péj) **ça va les chevilles ?*** bighead!*

b (fiche) (pour joindre) dowel, peg, pin; (pour y enfoncer un clou) plug; (Mus) [instrument à cordes] peg; (Boucherie: crochet) hook ◆ **vendre qch à la cheville** to sell sth wholesale ◆ **vente à la cheville** wholesaling ◆ **cheville ouvrière** (Aut) kingpin; (fig) kingpin, mainspring

c (Littérat) [poème] cheville; (péj: remplissage) padding (NonC)

d LOC **être en cheville avec qn pour faire qch** to be in cahoots* with sb to do sth, to collude with sb in doing sth

cheviller [ʃ(ə)vije] → SYN ▸conjug 1◂ vt (Menuiserie) to peg → **âme**

cheviotte [ʃəvjɔt] nf Cheviot wool

chèvre [ʃɛvʀ] → SYN 1 nf a (Zool) (gén) goat; (femelle) she-goat, nanny-goat ◆ (fig) **devenir chèvre*** to go crazy ◆ (fig) **je deviens chèvre moi avec tous ces formulaires / enfants !*** all these forms / these children are driving me up the wall!* ◆ (fig) **rendre** ou **faire devenir qn chèvre*** to drive sb up the wall* → **fromage**

b (Tech) (treuil) hoist, gin; (chevalet) sawhorse (Brit), sawbuck (US), trestle

2 nm (fromage) goat cheese, goat's-milk cheese

chevreau, pl **chevreaux** [ʃəvʀo] nm (animal, peau) kid ◆ **bondir comme un chevreau** to frisk like a lamb

chèvrefeuille [ʃɛvʀəfœj] nm honeysuckle

chevrette [ʃəvʀɛt] nf a (jeune chèvre) kid, young she-goat

b (chevreuil femelle) roe, doe; (fourrure) goatskin

c (trépied) (metal) tripod

chevreuil [ʃəvʀœj] → SYN nm (Zool) roe deer; (mâle) roebuck; (Can: cerf de Virginie) deer; (Culin) venison

chevrier [ʃəvʀije] nm (berger) goatherd; (haricot) (type of) kidney bean

chevrière [ʃəvʀijɛʀ] nf (rare) goat-girl

chevron [ʃəvʀɔ̃] → SYN nm (poutre) rafter; (galon) stripe, chevron; (motif) chevron, V(-shape) ◆ **chevrons** herringbone (pattern), chevron pattern ◆ **à chevrons** (petits) herringbone; (grands) chevron-patterned

chevronné, e [ʃəvʀɔne] → SYN adj alpiniste practised, seasoned, experienced; (soldat) seasoned, veteran; (conducteur) experienced, practised ◆ **un parlementaire chevronné** a seasoned parliamentarian, an old parliamentary hand

chevrotant, e [ʃəvʀɔtɑ̃, ɑ̃t] adj voix quavering, shaking; vieillard with a quavering voice

chevrotement [ʃəvʀɔtmɑ̃] nm [voix] quavering, shaking; [vieillard] quavering (voice)

chevroter [ʃəvʀɔte] → SYN ▸conjug 1◂ vi [personne] to quaver; [voix] to quaver, shake

chevrotine [ʃəvʀɔtin] nf buckshot (NonC)

chewing-gum, pl **chewing-gums** [ʃwiŋgɔm] nm chewing gum (NonC)

Cheyenne [ʃejɛn] nmf Cheyenne ◆ **les Cheyennes** the Cheyenne

chez [ʃe] prép a (à la maison) **chez soi** at home ◆ **être / rester chez soi** to be / stay at home, be / stay in ◆ **est-ce qu'elle sera chez elle aujourd'hui ?** will she be at home ou in today? ◆ **nous rentrons chez nous** we are going home ◆ **j'ai des nouvelles de chez moi** I have news from home ◆ **faites comme chez vous** make yourself at home ◆ **on n'est plus chez soi avec tous ces étrangers !** it doesn't feel like home any more with all these foreigners about! ◆ **je l'ai accompagné chez lui** I saw ou walked him home ◆ **nous l'avons trouvée chez elle** we found her at home ◆ **avoir un chez soi** to have a home to call one's own ou a home of one's own

b **chez qn** (maison) at sb's house ou place; (appartement) at sb's place ou flat (Brit) ou apartment (US); (famille) in sb's family ou home; (sur une adresse) c/o sb ◆ **chez moi nous sommes 6** there are 6 of us in my ou our family ◆ **près de / devant / de chez** qn near / in front of / from sb's place ou house ◆ de / près de chez nous from / near (our) home ou our place ou our house ◆ chez Robert / le voisin at Robert's (house) / the neighbour's (house) ◆ chez moi / son frère, c'est tout petit my / his brother's place is tiny ◆ je vais chez lui / Robert I'm going to his place / to Robert's (place) ◆ il séjourne chez moi he is staying at my place ou with me ◆ la personne chez qui je suis allé the person to whose house I went ◆ passons par chez eux / mon frère let's drop in on them / my brother, let's drop by their place / my brother's place ◆ (enseigne de café) chez Rosalie Rosalie's, chez Rosalie ◆ chez nous (pays) in our country, at home, back home*; (région) at home, back home*; (maison) in our house, at home ◆ chez nous au Canada / en Bretagne (là-bas) back (home)* in Canada / Brittany; (ici) here in Canada / Brittany ◆ c'est une paysanne / coutume (bien) de chez nous she / it is one of our typical local country girls / customs ◆ chez eux / vous, il n'y a pas de parlement in their / your country there's no parliament ◆ il a été élevé chez les Jésuites he was brought up in a Jesuit school ou by the Jesuits

c chez l'épicier / le coiffeur / le docteur at the grocer's / the hairdresser's / the doctor's ◆ je vais chez le boucher I'm going to the butcher's ◆ il va chez le dentiste / le docteur he's going to the dentist('s) / the doctor('s)

d (avec peuple, groupe humain ou animal) among ◆ chez les Français / les Sioux / les Romains among the French / the Sioux / the Romans ◆ chez l'ennemi, les pertes ont été élevées the enemy's losses were heavy ◆ chez les fourmis / le singe among (the) ants / (the) monkeys ◆ on trouve cet instinct chez les animaux you find this instinct in animals ◆ chez les politiciens among politicians ◆ (Sport) chez les hommes / les femmes for men / women

e (avec personne, œuvre) chez Balzac / Picasso on trouve de tout in Balzac / Picasso you find a bit of everything ◆ c'est rare chez un enfant de cet âge it's rare in a child of that age ◆ chez lui, c'est une habitude it's a habit with him ◆ chez lui c'est le foie qui ne va pas it's his liver that gives him trouble

chiadé, e [ʃjade] (ptp de chiader) adj (arg Scol) (difficile) problème tough*, stiff*; (approfondi) exposé, leçon brainy*, powerful*; (perfectionné) appareil clever, nifty*

chiader [ʃjade] ▸ conjug 1 ◂ 1 vt (arg Scol) leçon to swot up* (Brit); examen to swot for* (Brit), cram for*; exposé to swot up* for (Brit), work on

2 vi (travailler) to swot* (Brit), slog away*

chiadeur, -euse* [ʃjadœʀ, øz] nm,f swot* (Brit), slogger*

chialer** [ʃjale] ▸ conjug 1 ◂ vi (pleurer) to blubber*

chialeur, -euse** [ʃjalœʀ, øz] nm,f crybaby*, blubberer*

chiant, chiante*** [ʃjɑ̃, ʃjɑ̃t] adj (ennuyeux) personne, problème, difficulté bloody*** (Brit) ou damn*** annoying ◆ ce roman est chiant this novel's a bloody (Brit) ou damn** pain ◆ c'est chiant, je vais être en retard it's a bloody*** (Brit) ou damn** nuisance ou it's bloody (Brit) ou damn annoying ou sickening**, I'm going to be late ◆ chiant comme la pluie as boring as hell** ◆ tu es chiant avec tes questions! you're a pain in the arse*** (Brit) ou ass*** (US) with all your questions!, your questions are a real pain in the arse!*** (Brit) ou ass!*** (US)

chianti [kjɑ̃ti] nm chianti

chiard** [ʃjaʀ] nm brat

chiasma [kjasma] nm (Anat) chiasm(a)

chiasme [kjasm] nm (Littérat) chiasmus

chiasse [ʃjas] → SYN 1 nf (***) a (colique) runs*, trots*, skitters** (Brit) ◆ avoir / attraper la chiasse (lit) to have / get the runs* ou the trots*; (peur) to have / get the willies*, be / get scared shitless***, be / get in a funk** ◆ ça lui donne la chiasse (lit) it gives him the runs*; (peur) it gets him scared witless**

b (poisse) c'est la chiasse, quelle chiasse what a bloody*** (Brit) ou damn** pain, what a bloody*** (Brit) ou damn** drag

2 COMP ▷ chiasse(s) de mouche(s) fly speck(s)

chiatique*** [ʃjatik] adj personne, problème, difficulté bloody*** (Brit) ou damn** annoying, a pain in the arse*** (Brit) ou ass*** (US) (attrib)

chic [ʃik] → SYN 1 nm a (élégance) [toilette, chapeau] stylishness; [personne] style ◆ avoir du chic [toilette, chapeau] to have style, be stylish; [personne] to have (great) style ◆ être habillé avec chic to be stylishly dressed → bon[1]

b LOC avoir le chic pour faire qch to have the knack of doing sth ◆ de chic peindre, dessiner without a model, from memory ◆ traduire / écrire qch de chic to translate / write sth off the cuff

2 adj inv a (élégant) chapeau, toilette, personne stylish, smart

b (de la bonne société) dîner smart, posh* ◆ 2 messieurs chic 2 well-to-do ou smart(-looking) gentlemen ◆ les gens chic vont à l'opéra le vendredi the smart set ou posh people go to the opera on Fridays ◆ elle travaille chez des gens chic she's working for some posh* ou well-to-do people

c (*: gentil, généreux) decent*, nice ◆ c'est une chic fille she's a decent sort* ou a nice girl ◆ c'est un chic type he's a decent sort* ou a nice bloke* (Brit) ou a nice guy* ◆ elle a été très chic avec moi she's been very nice ou decent to me ◆ c'est très chic de sa part that's very decent ou nice of him

3 excl ◆ chic (alors)!* great!*

chicane [ʃikan] → SYN nf a (zigzag) [barrage routier] ins and outs, twists and turns; [circuit automobile] chicane; [gymkhana] in and out, zigzag ◆ des camions stationnés en chicane gênaient la circulation lorries parked at intervals on both sides of the street held up the traffic

b († Jur) (objection) quibble; (querelle) squabble, petty quarrel ◆ aimer la chicane, avoir l'esprit de chicane (disputes) to enjoy picking quarrels with people, enjoy bickering; (procès) to enjoy pettifogging ou bickering over points of procedure ◆ chercher chicane à qn, faire des chicanes à qn to pick petty quarrels with sb ◆ gens de chicane pettifoggers

chicaner [ʃikane] → SYN ▸ conjug 1 ◂ 1 vt a († ou littér) (mesurer) chicaner qch à qn to quibble ou haggle with sb over sth ◆ (contester) nul ne lui chicane son courage no one disputes ou denies his courage ou calls his courage into question

b (†, littér: chercher querelle à) chicaner qn (sur ou au sujet de qch) to quibble ou squabble with sb (over sth) ◆ ils se chicanent continuellement they wrangle constantly (with each other), they are constantly bickering

2 vi a (ergoter sur) chicaner sur to quibble about, haggle over

b († Jur) to pettifog†

chicanerie [ʃikanʀi] nf (†) (disputes) wrangling, petty quarrelling (NonC); (tendance à ergoter) (constant) quibbling ◆ toutes ces chicaneries all this quibbling ou haggling

chicaneur, -euse [ʃikanœʀ, øz] → SYN 1 adj argumentative, pettifogging

2 nm,f quibbler

chicanier, -ière [ʃikanje, jɛʀ] 1 adj quibbling

2 nm,f quibbler

chicano [tʃikano] 1 adj Chicano

2 nmf ◆ Chicano Chicano

chiche[1] [ʃiʃ] adj → pois

chiche[2] [ʃiʃ] → SYN adj a (mesquin) personne niggardly, mean; rétribution niggardly, paltry, mean; repas scanty, meagre ◆ comme cadeau, c'est un peu chiche it's a rather mean ou paltry gift ◆ être chiche de paroles / compliments to be sparing with one's words / compliments

b (*: capable de) être chiche de faire qch to be able to do sth ou capable of doing sth ◆ tu n'es pas chiche (de le faire) you couldn't (do that) ◆ chiche que je le fais! I bet you I do it!*, (I) bet you I will!* ◆ chiche? – chiche! am I on?* ou are you game?* – you're on!*

chiche-kebab, pl **chiche(s)-kebab(s)** [ʃiʃkebab] nm shish kebab

chichement [ʃiʃmɑ̃] adv récompenser, nourrir meanly, meagrely; vivre, se nourrir (pauvrement) poorly; (mesquinement) meanly

chichi* [ʃiʃi] nm a chichi(s) (embarras) fuss (NonC), carry-on* (NonC); (manières) fuss (NonC) ◆ faire des chichis ou du chichi (embarras) to fuss, make a fuss; (manières) to make a fuss ◆ ce sont des gens à chichi(s) they're the sort of people who make a fuss ◆ on vous invite sans chichi(s) we're inviting you informally ◆ ce sera sans chichi it'll be quite informal

b (beignet) ≃ doughnut

chichiteux, -euse* [ʃiʃitø, øz] adj (péj) (faiseur d'embarras) troublesome; (maniéré) affected, fussy

chicon [ʃikɔ̃] nm (romaine) cos (lettuce) (Brit), romaine (US); (Belg: endive) chicory (NonC) (Brit), endive (US)

chicorée [ʃikɔʀe] → SYN nf (salade) endive (Brit), chicory (US); (à café) chicory ◆ chicorée frisée curly endive (lettuce)

chicos* [ʃikos] adj quartier, restaurant posh*

chicot [ʃiko] → SYN nm (dent) stump; (rare: souche) (tree) stump ◆ elle souriait, découvrant des chicots jaunis par le tabac she smiled, revealing the stumps of her nicotine-stained teeth

chicotin [ʃikɔtɛ̃] nm → amer[2]

chié, e[1]** [ʃje] adj a (réussi, calé) bloody (Brit) ou damned good** ◆ elle est chiée leur maison their house is something else!* ◆ (iro) c'est chié comme bled! it's a bloody dump!*** (Brit) ou damned hole** (US) ◆ il est chié ce problème it's a hell of a problem**

b (qui exagère) t'es (pas) chié d'arriver toujours en retard! it's a bit much you always turning up late!*

chiée[2]*** [ʃje] nf ◆ une chiée de, des chiées de a hell of a lot of**

chien [ʃjɛ̃] → SYN 1 nm a (animal) dog ◆ petit chien (jeune) pup, puppy; (de petite taille) small dog ◆ le chien est le meilleur ami de l'homme dog is man's best friend ◆ « (attention) chien méchant » "beware of the dog" ◆ faire le chien fou to fool about ◆ (Littérat) "Le Chien des Baskerville" "The Hound of the Baskervilles"

b [fusil] hammer, cock

c (††: injure) chien! (you) cur!††

d (*: frange) chiens fringe (Brit), bangs (US)

e LOC coiffée à la chien wearing a fringe (Brit), wearing bangs (US) ◆ en chien de fusil curled up ◆ quel chien de temps! ou temps de chien! what filthy ou foul weather! ◆ vie de chien dog's life ◆ ce métier de chien this rotten job ◆ comme un chien mourir, traiter like a dog ◆ elle a du chien* she has a certain something*, she's very attractive ◆ entre chien et loup in the twilight ou dusk ◆ c'est pas fait pour les chiens!* it's there to be used ◆ être ou vivre ou s'entendre comme chien et chat to fight like cat and dog, always be at one another's throats ◆ ils se sont regardés en chiens de faïence they just stood staring at each other ◆ arriver comme un chien dans un jeu de quilles to turn up when least needed ou wanted ◆ recevoir qn comme un chien dans un jeu de quilles to give sb a cold reception ◆ (dans journal) chiens écrasés* news (sg) in brief ◆ faire les ou tenir la rubrique des chiens écrasés* to write nothing but fillers ◆ je ne suis pas ton chien! I'm not your slave ou servant! ◆ je lui garde ou réserve un chien de ma chienne* I'll get even with him* ◆ (Prov) un chien regarde bien un évêque a cat may look at a king (Prov) ◆ (Prov) les chiens aboient, la caravane passe let the world say what it will → regarder

f (Naut) coup de chien squall

2 adj inv a (avare) mean, stingy*

b (méchant) rotten ◆ elle n'a pas été chien avec toi she was quite decent to you

3 COMP ▷ chien d'appartement house dog ▷ chien d'arrêt pointer ▷ chien d'aveugle guide dog ▷ chien de berger sheepdog ▷ chien de chasse retriever, gun dog ▷ chien couchant setter ◆ faire le chien couchant to kowtow, toady (auprès de to) ▷ chien coura[illegible]und ▷ chien de garde

guard dog, watchdog ▷ **chien de manchon** lapdog ▷ **chien de mer** dogfish ▷ **chien de meute** hound ▷ **chien polaire** ⇒ **chien de traîneau** ▷ **chien policier** police dog, tracker dog ▷ **chien des Pyrénées** Pyrenean mountain dog, Great Pyrenees (US) ▷ **chien de race** pedigree dog ▷ **chien de salon** ⇒ **chien de manchon** ▷ **chien savant** (lit) performing dog; (fig) know-all ▷ **chien de traîneau** husky

chien-assis, pl **chiens-assis** [ʃjɛ̃asi] nm ≃ dormer window (Brit), ≃ dormer (US)

chien-chien, pl **chiens-chiens** [ʃjɛ̃ʃjɛ̃] nm (langage enfantin) doggy (langage enfantin) ◆ **oh le beau chien-chien** nice doggy!, good doggy!

chiendent [ʃjɛ̃dɑ̃] nm **a** (Bot) (couch) grass, quitch (grass); (mauvaise herbe) couch (grass) → **brosse**
b (†*: l'ennui) **le chiendent** the trouble ou rub (†, hum)

chien-guide, pl **chiens-guides** [ʃjɛ̃gid] nm guide dog

chienlit [ʃjɑ̃li] nf **a** (pagaille) havoc
b (†: mascarade) fancy-dress parade

chien-loup, pl **chiens-loups** [ʃjɛ̃lu] nm wolfhound

chienne [ʃjɛn] nf bitch ◆ (injure) **chienne!** (you) bitch!‡ ◆ **quelle chienne de vie!*** what a dog's life!

chier⁂ [ʃje] ▸ conjug 7 ◂ vi **a** to shit⁂, crap⁂ ◆ **chier un coup** to have a crap⁂ ou shit⁂
b LOC **faire chier qn** [personne] (ennuyer) to bore the pants off sb‡; (tracasser, harceler) to get up sb's nose‡ (Brit), bug sb* ◆ **ça me fait chier** it's a pain in the arse⁂ ou butt‡ ◆ **envoyer chier qn** to tell sb to piss off⁂ ou bugger off⁂ (Brit) ou fuck off⁂ ◆ **se faire chier: je me suis fait chier pendant 3 heures à réparer la voiture** I sweated my guts out‡ for 3 hours repairing the car ◆ **qu'est-ce qu'on se fait chier à ses conférences!** what a bloody‡ (Brit) ou fucking bore his lectures are!⁂, his lectures bore the pants off you!‡ ◆ **ça va chier (des bulles)!** there'll be one hell of a (bloody⁂) (Brit) row!‡ ◆ **y a pas à chier, c'est lui le meilleur** say what you bloody (Brit) ou damn well like⁂, he's the best! ◆ **il faut quand même pas chier dans la colle!** you've got a bloody (Brit) ou fucking cheek!⁂ ◆ **(nul) à chier** (mauvais) film, livre, service crappy⁂, crap⁂ (attrib); personne incompétente, voiture inutilisable bloody (Brit) ou fucking useless⁂; (laid) bloody (Brit) ou fucking hideous⁂

chierie‡ [ʃiʀi] nf (real) pain in the butt‡ ou arse⁂ (Brit) ou ass⁂ (US)

chiffe [ʃif] nf **a** (personne sans volonté) spineless individual, wet*, drip* ◆ **être une chiffe (molle)** to be spineless ou wet* ◆ **je suis comme une chiffe (molle)** (fatigué) I feel like a wet rag → **mou**[1]
b (chiffon) rag

chiffon [ʃifɔ̃] ⇒ SYN **1** nm **a** (tissu usagé) (piece of) rag ◆ **jeter de vieux chiffons** to throw out old rags ◆ (fig) **ce devoir est un vrai chiffon** this exercise is extremely messy ou a dreadful mess ◆ **mettre ses vêtements en chiffon** to throw down one's clothes in a crumpled heap ◆ **parler chiffons*** to talk (about) clothes* ◆ (fig) **agiter le** ou **un chiffon rouge** to wave the ou a red rag
b (Papeterie) **le chiffon** rag ◆ **fait avec du chiffon** made from rags (linen, cotton) → **papier**
2 COMP ▷ **chiffon à chaussures** shoe cloth ou duster (Brit) ou rag ▷ **chiffon à meubles** ⇒ **chiffon à poussière** ▷ **chiffon de papier** ◆ **écrire qch sur un chiffon de papier** to write sth (down) on a (crumpled) scrap of paper ◆ **ce traité n'est qu'un chiffon de papier** this treaty isn't worth the paper it's written on ou is no more than a useless scrap of paper ▷ **chiffon à poussière** duster (Brit), dustcloth (US)

chiffonnade [ʃifɔnad] nf chiffonnade

chiffonnage [ʃifɔnaʒ] nm (→ **chiffonner** a) crumpling; creasing, rumpling

chiffonné, e [ʃifɔne] (ptp de **chiffonner**) adj
a (fatigué) visage worn-looking
b (sympathique) **un petit nez chiffonné** a funny litt–

chiffonner [ʃifɔne] ⇒ SYN ▸ conjug 1 ◂ vt **a** (lit) papier to crumple; habits to crease, rumple, crumple; étoffe to crease, crumple ◆ **ce tissu se chiffonne facilement** this material creases ou crumples easily ou is easily creased
b (*: contrarier) **ça me chiffonne** it bothers ou worries me ◆ **qu'est-ce qui te chiffonne?** what's the matter (with you)?, what's bothering ou worrying you?

chiffonnier [ʃifɔnje] ⇒ SYN nm **a** (personne) ragman, rag-and-bone man (Brit) ◆ **se battre / se disputer comme des chiffonniers** to fight / quarrel like fishwives
b (meuble) chiffonier

chiffrable [ʃifʀabl] adj ◆ **ce n'est pas chiffrable** one can't put a figure to it

chiffrage [ʃifʀaʒ] nm (→ **chiffrer**) (en)coding, ciphering; assessing; numbering; marking; figuring

chiffre [ʃifʀ] ⇒ SYN nm **a** (caractère) figure, numeral, digit (Math) ◆ **chiffre arabe / romain** Arab / Roman numeral ◆ **nombre** ou **numéro de 7 chiffres** 7-figure ou 7-digit number ◆ **inflation à deux / trois chiffres** two / three figure ou double / triple digit inflation ◆ **écrire un nombre en chiffres** to write out a number in figures ◆ **science des chiffres** science of numbers ◆ **employé qui aligne des chiffres toute la journée** clerk who spends all day adding up columns of figures ◆ **il aime les chiffres** he likes working with figures
b (montant) [dépenses] total, sum ◆ **en chiffres ronds** in round figures ◆ **ça atteint des chiffres astronomiques** it reaches an astronomical figure ou sum ◆ **le chiffre des naissances** the total ou number of births ou the birth total ◆ **le chiffre des chômeurs** the unemployment figures ou total, the total ou figure of those unemployed, the number of unemployed ou of those out of work
c (Comm) **chiffre (d'affaires)** turnover ◆ **il fait un chiffre (d'affaires) de 3 millions** he has a turnover of 3 million francs ◆ **chiffre net / brut** net / gross figure ou sum ◆ **faire du chiffre*** to rake it in* → **impôt**
d (code) [message] code, cipher; [coffre-fort] combination ◆ **écrire une lettre en chiffres** to write a letter in code ou cipher ◆ **on a trouvé leur chiffre** their code has been broken ◆ **le (service du) chiffre** the cipher office
e (initiales) (set of) initials, monogram ◆ **mouchoir brodé à son chiffre** handkerchief embroidered with one's initials ou monogram
f (Mus: indice) figure

chiffrement [ʃifʀəmɑ̃] nm [texte] (en)coding, ciphering

chiffrer [ʃifʀe] ⇒ SYN ▸ conjug 1 ◂ **1** vt **a** (coder) message to (en)code, cipher; (Informatique) données, télégramme to encode → **message**
b (évaluer) dépenses, dommages to put a figure to, assess (the amount of)
c (numéroter) pages to number
d (marquer) effets personnels, linge to mark (with one's ou sb's initials)
e (Mus) accord to figure ◆ **basse chiffrée** figured bass
2 vi, **se chiffrer** vpr ◆ **(se) chiffrer** à to add up to, amount to, come to ◆ **ça (se) chiffre à combien?** what ou how much does that add up to? ou amount to? ou come to? ◆ **ça (se) chiffre par millions** that adds up to ou amounts to ou comes to millions ◆ **ça commence à chiffrer!** it's starting to mount up! ◆ **ça finit par chiffrer*** it adds up to ou amounts to ou comes to quite a lot in the end

chiffreur, -euse [ʃifʀœʀ, øz] nm,f coder

chignole [ʃiɲɔl] ⇒ SYN nf (outil) (à main) (hand) drill; (électrique) (electric) drill; (*: voiture) jalopy* (hum)

chignon [ʃiɲɔ̃] ⇒ SYN nm bun, chignon ◆ **se faire un chignon, relever ses cheveux en chignon** to put one's hair into a bun → **crêper**

chihuahua [ʃiwawa] nm Chihuahua

chiisme [ʃiism] nm Shiism

chi'ite [ʃiit] adj, nmf Shiite

Chili [ʃili] nm Chile

chilien, -ienne [ʃiljɛ̃, jɛn] **1** adj Chilean
2 nm,f ◆ **Chilien(ne)** Chilean

chimère [ʃimɛʀ] ⇒ SYN nf **a** (utopie) (wild) dream, chimera; (illusion, rêve) pipe dream, (idle) fancy ◆ **le bonheur est une chimère** happiness is a figment of the imagination ou is just a (wild) dream ou is a chimera ◆ **c'est une chimère que de croire ...** it is fanciful ou unrealistic to believe ... ◆ **ce projet de voyage est une chimère de plus** these travel plans are just another pipe dream ou (idle) fancy ◆ **se repaître de chimères** to live on dreams ou in a fool's paradise ◆ **se forger des chimères** to fabricate wild ou impossible dreams ◆ **tes grands projets, chimères (que tout cela)!** your grand plans are nothing but pipe dreams ou (idle) fancies ◆ **un monde peuplé de vagues chimères** a world filled with vague imaginings
b (Myth) chim(a)era, Chim(a)era

chimérique [ʃimeʀik] ⇒ SYN adj **a** (utopique) esprit, projet, idée fanciful; rêve wild (épith), idle (épith) ◆ **c'est un esprit chimérique** he's very fanciful, he's a great dreamer
b (imaginaire) personnage imaginary, chimerical

chimie [ʃimi] nf chemistry ◆ **chimie organique / minérale** organic / inorganic chemistry ◆ **cours / expérience de chimie** chemistry class / experiment ◆ **la merveilleuse chimie de l'amour** love's marvellous chemistry

chimioluminescence [ʃimjolyminesɑ̃s] nf chemoluminescence

chimiorécepteur [ʃimjoʀesɛptœʀ] nm chemo(re)ceptor

chimiosynthèse [ʃimjosɛ̃tɛz] nf chemosynthesis

chimiotactisme [ʃimjotaktism] nm chemotaxis

chimiothérapie [ʃimjoteʀapi] nf chemotherapy

chimiothérapique [ʃimjoteʀapik] adj chemotherapeutic

chimique [ʃimik] adj chemical → **produit**

chimiquement [ʃimikmɑ̃] adv chemically

chimisme [ʃimism] nm chemical action

chimiste [ʃimist] nmf chemist (scientist) → **ingénieur**

chimpanzé [ʃɛ̃pɑ̃ze] nm chimpanzee, chimp*

chinchilla [ʃɛ̃ʃila] nm (Zool, fourrure) chinchilla

Chine [ʃin] nf China ◆ **Chine populaire / nationaliste** Red ou Communist / nationalist China ◆ **la République populaire de Chine** the Chinese People's Republic, the People's Republic of China ◆ **la mer de Chine** the China Sea → **crêpe**[2], **encre**

chine[1] [ʃin] nm **a** (papier) Chinese ou rice paper
b (vase) china vase; (NonC: porcelaine) china

chine[2]* [ʃin] ⇒ SYN nf ◆ **j'aime bien (faire de) la chine** I love hunting (around) for antiques ◆ **il est dans le milieu de la chine** he's in ou he deals in antiques ◆ **vente à la chine** door to-door selling

chiné, e [ʃine] ⇒ SYN adj (Tex) chiné, mottled

chiner [ʃine] ⇒ SYN ▸ conjug 1 ◂ **1** vt **a** (Tex) étoffe to dye the warp of
b (*: taquiner) to kid, have on* (Brit), rag* ◆ **tu ne vois pas qu'il te chine** don't you see he's kidding you ou ragging* you ou having you on* (Brit) ◆ **je n'aime pas qu'on me chine** I don't like being ragged*
2 vi (*) to hunt (around) for antiques

Chinetoque⁂ [ʃintɔk] nmf (péj: Chinois) Chink* (péj)

chineur, -euse* [ʃinœʀ, øz] nm,f (brocanteur) antique dealer; (amateur) antique-hunter

chinois, e [ʃinwa, waz] ⇒ SYN **1** adj **a** (de Chine) Chinese → **ombre**[1]
b (péj: pointilleux) personne pernickety (péj) fussy (péj); règlement hair-splitting (péj)
2 nm **a** (Ling) Chinese ◆ (péj) **c'est du chinois*** it's double Dutch* (Brit), it's all Greek to me*
b **Chinois** Chinese, Chinese man, Chinaman (hum) ◆ **les Chinois** the Chinese
c (* péj: maniaque) hair-splitter (péj)
d (Culin) (passoire) (small conical) strainer
3 nf ◆ **Chinoise** Chinese, Chinese woman

hinoiser [ʃinwaze] ▸conjug 1◂ vi to split hairs ◆ **chinoiser sur** to quibble over

hinoiserie [ʃinwazʀi] ⇒ SYN nf **a** (subtilité excessive) hair-splitting (NonC) **b** (complications) **chinoiseries** unnecessary complications ou fuss ◆ **les chinoiseries de l'administration** red tape ◆ **tout ça, ce sont des chinoiseries** that is all nothing but unnecessary complications **c** (Art) (décoration) chinoiserie; (objet) Chinese ornament, Chinese curio

hintz [ʃints] nm (Tex) chintz

hiot [ʃjo] ⇒ SYN nm pup(py)

hiotte [ʃjɔt] nf ou m **a** (W.-C.) **chiottes**** bog* (Brit), john* (US), can* ◆ **aux chiottes l'arbitre!**** what a shitty referee!** → **corvée** **b** (*: voiture) jalopy*† (hum)

hiper* [ʃipe] ▸conjug 1◂ vt (voler) portefeuille, idée to pinch*, filch*, make off with; rhume to catch

hipeur, -euse* [ʃipœʀ, øz] adj gamin thieving

hipie* [ʃipi] nf vixen (péj) ◆ **petite chipie!** you little devil!*

hipolata [ʃipɔlata] nf chipolata

hipotage* [ʃipɔtaʒ] nm (marchandage, ergotage) quibbling; (pour manger) picking ou nibbling (at one's food)

hipoter* [ʃipɔte] ▸conjug 1◂ vi (manger) to be a fussy eater; (ergoter) to quibble (*sur* about, over); (marchander) to quibble (*sur* over) ◆ **chipoter sur la nourriture** to nibble ou pick at one's food ◆ **tu chipotes là!** now you're quibbling! ◆ **vous n'allez pas chipoter pour 2 minutes de retard / pour 2 F!** you're not going to quibble about (my) being 2 minutes late / about 2 francs!

hipoteur, -euse* [ʃipɔtœʀ, øz] **1** adj (marchandeur) haggling; (ergoteur) quibbling; (en mangeant) fussy **2** nm,f (marchandeur) haggler; (ergoteur) quibbler; (en mangeant) fussy eater

hips [ʃips] nmpl (Culin) crisps (Brit), chips (US) → **pomme**

ique [ʃik] nf (tabac) quid, chew; (*: enflure) (facial) swelling, lump (on the cheek); (puce) chigoe, chigger → **couper**

iqué* [ʃike] nm **a** (bluff) pretence (NonC), bluffing (NonC) ◆ **il a fait ça au chiqué** he bluffed it out ◆ **il prétend que cela le laisse froid mais c'est du chiqué** he pretends it leaves him cold but it's all put on* ou a great pretence **b** (factice) sham (NonC) ◆ **ces combats de catch c'est du chiqué** these wrestling matches are all sham ou all put on* ou are faked ◆ **combat sans chiqué** fight that's for real* ◆ **chiqué!, remboursez!** what a sham!, give us our money back! **c** (manières) putting on airs (NonC), airs and graces (pl) ◆ **faire du chiqué** to put on airs (and graces)

iquement* [ʃikmɑ̃] adv s'habiller smartly, stylishly; traiter, accueillir kindly, decently

iquenaude [ʃiknod] ⇒ SYN nf (pichenette) flick, flip ◆ **il l'écarta d'une chiquenaude** he flicked ou flipped it off ◆ (fig) **une chiquenaude suffirait à renverser le gouvernement** the government could be overturned by a flick ou snap of the fingers

iquer [ʃike] ▸conjug 1◂ **1** vt tabac to chew → **tabac** **2** vi to chew tobacco

iqueur, -euse [ʃikœʀ, øz] nm,f tobacco-chewer

irographaire [kiʀɔgʀafɛʀ] adj unsecured

irographie [kiʀɔgʀafi] nf ⇒ **chiromancie**

iromancie [kiʀɔmɑ̃si] nf palmistry, chiromancy (spéc)

iromancien, -ienne [kiʀɔmɑ̃sjɛ̃, jɛn] ⇒ SYN nm,f palmist, chiromancer (spéc)

iropracteur [kiʀɔpʀaktœʀ] nm chiropractor

iropracticien, -ienne [kiʀɔpʀaktisjɛ̃, jɛn] nm,f chiropractor

iropractie [kiʀɔpʀakti] nf, **chiropraxie** [kiʀɔpʀaksi] nf chiropractic

chiroptères [kiʀɔptɛʀ] nmpl ◆ **les chiroptères** chiropters, the Chiroptera (spéc)

chirurgical, e, mpl **-aux** [ʃiʀyʀʒikal, o] adj surgical

chirurgie [ʃiʀyʀʒi] nf surgery (science) ◆ **chirurgie esthétique / plastique** cosmetic / plastic surgery ◆ **chirurgie dentaire / réparatrice** dental / reconstructive surgery

chirurgien, -ienne [ʃiʀyʀʒjɛ̃, jɛn] ⇒ SYN nm,f surgeon ◆ **chirurgien-dentiste** dental surgeon ◆ (Mil) **chirurgien-major** army surgeon

chisel [ʃizɛl] nm (Agr) chisel

chistera [(t)ʃisteʀa] nf ou m wicker basket (*in game of pelota*)

chitine [kitin] nf chitin

chiton [kitɔ̃] nm (tunique) chiton; (Zool) chiton, coat-of-mail shell

chiure [ʃjyʀ] ⇒ SYN nf ◆ **chiure(s) de mouche(s)** fly speck(s)

chlamydia [klamidja] nf chlamydia

chlâsse* [ʃlas] adj zonked*

chleuh** [ʃlø] (péj) **1** adj Boche** **2** nmf ◆ **Chleuh** Boche**, Jerry**†

chlinguer [ʃlɛ̃ge] ⇒ **schlinguer**

chloasma [klɔasma] nm chloasma

chloral [klɔʀal] nm chloral ◆ **chloral hydraté, hydrate de chloral** chloral (hydrate)

chlorate [klɔʀat] nm chlorate

chlore [klɔʀ] nm chlorine

chloré, e [klɔʀe] (ptp de **chlorer**) adj chlorinated

chlorelle [klɔʀɛl] nf chlorella

chlorer [klɔʀe] ▸conjug 1◂ vt to chlorinate

chloreux [klɔʀø] adj m ◆ **acide chloreux** chlorous acid

chlorhydrate [klɔʀidʀat] nm hydrochloride

chlorhydrique [klɔʀidʀik] adj hydrochloric

chlorique [klɔʀik] adj chloric

chlorite [klɔʀit] nm chlorite

chlorofluorocarbone [klɔʀoflyɔʀokaʀbɔn] nm chlorofluorocarbon

chloroforme [klɔʀɔfɔʀm] nm chloroform

chloroformer [klɔʀɔfɔʀme] ▸conjug 1◂ vt to chloroform

chlorométrie [klɔʀɔmetʀi] nf chlorometry

chlorophylle [klɔʀɔfil] nf chlorophyll

chlorophyllien, -ienne [klɔʀɔfiljɛ̃, jɛn] adj chlorophyllous

chloropicrine [klɔʀɔpikʀin] nf chloropicrin

chloroplaste [klɔʀɔplast] nm chloroplast

chloroquine [klɔʀɔkin] nf chloroquine

chlorose [klɔʀoz] nf **a** (Méd) chlorosis, greensickness (NonC) **b** (Bot) chlorosis

chlorotique [klɔʀɔtik] adj chlorotic

chlorpromazine [klɔʀpʀɔmazin] nf chlorpromazine

chlorure [klɔʀyʀ] nm chloride ◆ **chlorure de sodium** sodium chloride ◆ **chlorure de chaux** chloride of lime

chlorurer [klɔʀyʀe] ▸conjug 1◂ vt ⇒ **chlorer**

chnoque* [ʃnɔk] nm ◆ (péj) **quel vieux chnoque!** what an old fart!** ◆ **eh! du chnoque!** eh! you!

chnouf [ʃnuf] nf (arg Drogue) dope*

choc [ʃɔk] ⇒ SYN **1** nm **a** (heurt) [objets] impact, shock; [vagues] crash, shock ◆ **le choc de billes d'acier qui se heurtent** the impact of steel balls as they collide ◆ **cela se brise au moindre choc** it breaks at the slightest bump ou knock ◆ **« résiste au(x) choc(s) »** "shock-resistant" ◆ **la résistance au choc d'un matériau** a material's resistance to shock ◆ **la carrosserie se déforma sous le choc** the coachwork twisted with ou under the impact ◆ **la corde se rompit sous le choc** the sudden wrench made the rope snap ou snapped the rope **b** (collision) [véhicules] crash, smash; [personnes] blow; (plus léger) bump ◆ **le choc entre les véhicules fut très violent** the vehicles crashed together with a tremendous impact ◆ **encore un choc meurtrier sur la RN7** another fatal crash ou smash on the RN7 ◆ **il tituba sous le choc** the blow ou bump put ou sent him off balance **c** (bruit d'impact) (violent) crash, smash; (sourd) thud, thump; (métallique) clang, clash; (cristallin) clink, chink; [gouttes, grêlons] drumming (NonC) ◆ **le choc sourd des obus** the thud of shellfire ◆ **j'entendais au loin le choc des pesants marteaux d'acier** in the distance I could hear the clang ou clash of the heavy steel hammers **d** (affrontement) [troupes, émeutiers] clash; (fig) [intérêts, cultures, passions] clash, collision ◆ **il y a eu un choc sanglant entre la police et les émeutiers** there has been a violent clash between police and rioters ◆ **la petite armée ne put résister au choc** the little army could not stand up to the onslaught **e** (émotion brutale) shock ◆ **il ne s'est pas remis du choc** he hasn't got over the shock ou recovered from the shock ◆ **ça m'a fait un drôle de choc de le voir dans cet état** it gave me a nasty shock ou quite a turn* to see him in that state ◆ **il est encore sous le choc** (à l'annonce d'une nouvelle) he's still in a state of shock; (après un accident) he's still in shock ◆ **tenir le choc*** [machine] to hold out; [personne] to cope ◆ **après la mort de sa femme il n'a pas tenu le choc** after the death of his wife he couldn't cope → **état** **f** **de choc** troupe, unité shock; traitement, thérapeutique, tactique shock; enseignement avant-garde, futuristic; évêque, patron high-powered, supercharged* **2** adj inv ◆ (à sensation) **argument / discours / formule(-)choc** shock argument / speech / formula ◆ **film / photo(-)choc** shock film / photo ◆ **mesures(-)choc** shock measures ◆ **« prix(-)choc »** "amazing ou drastic reductions" ◆ **« notre prix-choc: 99 F »** "our special price: 99 francs" **3** COMP ▷ **choc culturel** culture shock ▷ **choc électrique** electric shock ▷ **choc nerveux** (nervous) shock ▷ **choc opératoire** post-operative shock ▷ **choc pétrolier** (Écon) oil crisis ▷ **choc en retour** (Élec) return shock; (fig) backlash ▷ **choc thermique** thermal shock

chochotte* [ʃɔʃɔt] **1** nf (femme chichiteuse) fusspot*; (homme: mauviette) sissy*; (homme efféminé) namby-pamby* ◆ **arrête de faire la** ou **ta chochotte!** stop making such a fuss (about nothing)!* **2** adj inv ◆ **elle est très chochotte** she fusses too much ◆ **il est très chochotte** (mauviette) he's a real sissy*; (efféminé) he's a real namby-pamby*

chocolat [ʃɔkɔla] ⇒ SYN **1** nm **a** (substance) chocolate; (bonbon) chocolate, choc* (Brit); (boisson) chocolate ◆ **« un chocolat s'il vous plaît »** "a (cup of) chocolate please" ◆ **mousse / crème au chocolat** chocolate mousse / cream ◆ **chocolat au lait / aux noisettes** milk / hazelnut chocolate → **barre, plaque** **b** (couleur) chocolate (brown), dark brown **c** **être chocolat***† to be thwarted ou foiled **2** adj inv chocolate(-coloured) **3** COMP ▷ **chocolat blanc** white chocolate ▷ **chocolat chaud** hot chocolate ▷ **chocolat à croquer** plain dark chocolate ▷ **chocolat à cuire** cooking chocolate ▷ **chocolat fondant** fondant chocolate ▷ **chocolat liégeois** chocolate ice cream (*with whipped cream*) ▷ **chocolat de ménage** ⇒ **chocolat à cuire** ▷ **chocolat noir** dark chocolate ▷ **chocolat à pâtisser** cooking chocolate ▷ **chocolat en poudre** drinking chocolate

chocolaté, e [ʃɔkɔlate] adj (additionné de chocolat) chocolate-flavoured, chocolate (épith); (au goût de chocolat) chocolate-flavoured, chocolat(e)y*

chocolaterie [ʃɔkɔlatʀi] nf (fabrique) chocolate factory; (magasin) (quality) chocolate shop

chocolatier, -ière [ʃɔkɔlatje, jɛʀ] **1** adj ◆ **l'industrie chocolatière** the chocolate industry **2** nm,f (fabricant) chocolate maker; (commerçant) chocolate seller

chocottes* [ʃɔkɔt] nfpl ◆ **avoir les chocottes** to have the jitters* ou the heebie-jeebies* ou the willies* ◆ **ça m'a filé les chocottes** it gave me the jitters* ou the heebie-jeebies* ou the willies*

chœur [kœʀ] → SYN nm a (chanteurs) (gén, Rel) choir; [opéra, oratorio] chorus
b (Théât: récitants) chorus
c (fig) (concert) **un chœur de récriminations** a chorus of recriminations ◆ (groupe) **le chœur des mécontents** the band of malcontents
d (Archit) choir, chancel → **enfant**
e (Mus: composition) chorus; (hymne) chorale; (Théât: texte) chorus ◆ **chœur à 4 parties** (opéra) 4-part chorus; (Rel) 4-part chorale
f LOC **en chœur** (Mus) in chorus; (fig: ensemble) chanter in chorus; répondre, crier in chorus ou unison ◆ (fig hum) **on s'ennuyait en chœur** we were all getting bored (together) ◆ **tous en chœur!** all together now!

choir [ʃwaʀ] → SYN vi (littér ou † ou hum) to fall ◆ **faire choir** to cause to fall ◆ **laisser choir un objet** to drop an object ◆ (fig) **laisser choir ses amis** to let one's friends down ◆ **se laisser choir dans un fauteuil** to sink into an armchair

choisi, e [ʃwazi] → SYN (ptp de **choisir**) adj a (sélectionné) morceaux, passages selected
b (raffiné) langage, termes carefully chosen; clientèle, société select

choisir [ʃwaziʀ] → SYN ▸ conjug 2 ◂ vt a (gén) to choose (entre between) ◆ **nous avons choisi ces articles pour nos clients** we have selected these items for our customers ◆ **des 2 solutions, j'ai choisi la première** I chose ou picked the first of the 2 solutions, I opted ou plumped (Brit) for the first of the 2 solutions ◆ **choisissez une carte / un chiffre** pick a card / a number ◆ **il faut savoir choisir ses amis** you must know how to pick ou choose your friends ◆ **dans les soldes, il faut savoir choisir** in the sales, you've got to know what to choose ou you've got to know how to be selective ◆ **se choisir un mari** to choose a husband ◆ **on l'a choisi parmi des douzaines de candidats** he was picked (out) ou selected ou chosen from among dozens of applicants ◆ (iro) **tu as (bien) choisi ton moment!** what a time to choose! ◆ **tu as mal choisi ton moment si tu veux une augmentation!** you picked the wrong time to ask for a rise!
b **choisir de faire qch** to choose to do sth ◆ **à toi de choisir si et quand tu veux partir** it's up to you to choose if and when you want to leave

choix [ʃwa] → SYN GRAMMAIRE ACTIVE 10.1 nm a (décision) choice ◆ **il a fait un bon / mauvais choix** he has made a good / bad choice, he has chosen well / badly ◆ **je n'avais pas d'autre choix** I had no choice, I had no other option ◆ **un aménagement de son choix** alterations of one's (own) choosing ◆ **ce choix de poèmes plaira aux plus exigeants** this selection of poems will appeal to the most demanding reader ◆ **le choix d'un cadeau est souvent difficile** choosing a gift ou the choice of a gift is often difficult ◆ **faire un choix de société** to choose the kind of society one wants to live in → **embarras**
b (variété) choice, selection, variety ◆ **ce magasin offre un grand choix** this shop has a wide ou large selection (of goods) ◆ **il y a du choix** there is a choice ◆ **il y a tout le choix qu'on veut** there is plenty of choice, there are plenty to choose from ◆ **il n'y a pas beaucoup de choix** there isn't a great deal of ou much choice, there isn't a great selection (to choose from)
c (échantillonnage de) **choix de** selection of ◆ **il avait apporté un choix de livres** he had brought a selection ou collection of books
d (qualité) **de choix** choice, selected ◆ **morceau de choix** (viande) prime cut ◆ **de premier choix** fruits class ou grade one; viande top grade, highest quality ◆ **de choix courant** standard quality ◆ **de second choix** fruits, viande class ou grade two (Brit), market grade (US) ◆ **articles de second choix** seconds
e LOC **au choix: vous pouvez prendre, au choix, fruits ou fromages** you may have fruit or cheese, as you wish ou prefer, you have a choice between ou of fruit or cheese ◆ **« dessert au choix »** "choice of desserts" ◆ **avancement au choix** promotion on merit ou by selection ◆ **au choix du client** as the customer chooses, according to (the customer's) preference ◆ **faire son choix** to take ou make one's choice, take one's pick ◆ **mon choix est fait** my choice is made ◆ **c'est un choix à faire** it's a choice you have (ou he has etc) to make ◆ **avoir le choix** to have a ou the choice ◆ **je n'avais pas le choix** I had no option ou choice ◆ (frm) **faire choix de qch** to select sth ◆ **laisser le choix à qn (de faire)** to leave sb (free) to choose (to do) ◆ **donner le choix à qn (de faire)** to give sb the choice (of doing) ◆ **arrêter** ou **fixer** ou **porter son choix sur qch** to fix one's choice (up)on sth, settle on sth ◆ **il lit sans (faire de) choix** he's an indiscriminate reader, he reads indiscriminately

choke [(t)ʃɔk] nm (Helv: aut) choke

cholagogue [kɔlagɔg] 1 adj cholagogic
2 nm cholagogue

cholécystectomie [kɔlesistɛktɔmi] nf cholecystectomy

cholécystite [kɔlesistit] nf cholecystitis

cholédoque [kɔledɔk] adj m ◆ (Anat) **canal cholédoque** common bile duct

choléra [kɔleʀa] → SYN nm cholera

cholériforme [kɔleʀifɔʀm] adj choleriform

cholérine [kɔleʀin] nf cholerine

cholérique [kɔleʀik] 1 adj (gén) choleroid; patient cholera (épith)
2 nmf cholera patient ou case

cholestérol [kɔlɛsteʀɔl] nm cholesterol

cholestérolémie [kɔlɛsteʀɔlemi] nf cholestorolaemia (Brit), cholestorolemia (US)

choliambe [kɔljɑ̃b] nm choliamb

choline [kɔlin] nf choline

cholinestérase [kɔlinɛsteʀaz] nf cholinesterase

cholique [kɔlik] adj cholic ◆ **acide cholique** cholic acid

cholurie [kɔlyʀi] nf choluria

chômage [ʃomaʒ] → SYN 1 nm [travailleurs] unemployment; [usine, industrie] inactivity ◆ **les chiffres / le taux de chômage** the unemployment ou jobless figures / rate ◆ **chômage saisonnier / chronique** seasonal / chronic unemployment ◆ **de chômage** allocation, indemnité unemployment (épith) ◆ **(être) en** ou **au chômage** (to be) unemployed ou out of work ◆ **être / s'inscrire au chômage** to be / sign on the dole* (Brit), receive / apply for unemployment benefit ◆ **mettre qn au** ou **en chômage** to make sb redundant (Brit), put sb out of work ou a job, lay sb off ◆ **beaucoup ont été mis en chômage** many have been made redundant ou have been put out of work ou a job, there have been many redundancies (Brit) ◆ **toucher le chômage*** to get dole* (Brit) ou unemployment money
2 COMP ▷ **chômage frictionnel** frictional unemployment ▷ **chômage partiel** short-time working ◆ **mettre qn en** ou **au chômage partiel** to put sb on short-time (working) ▷ **chômage structurel** structural unemployment ▷ **chômage technique** ◆ **mettre en chômage technique** to lay off ◆ **le nombre de travailleurs en chômage technique** the number of workers laid off, the number of lay-offs

chômé, e [ʃome] → SYN (ptp de **chômer**) adj ◆ **jour chômé, fête chômée** public holiday, ≃ bank holiday (Brit)

chômedu: [ʃomdy] nm (inactivité) unemployment; (indemnités) dole* (Brit), welfare* (US) ◆ **être au chômedu** to be on the dole* (Brit) ou on welfare* (US)

chômer [ʃome] → SYN ▸ conjug 1 ◂ 1 vi a (fig: être inactif) [capital, équipements] to be unemployed, be idle, lie idle; [esprit, imagination] to be idle, be inactive ◆ **son imagination ne chômait pas** his imagination was not idle ou inactive ◆ **ses mains ne chômaient pas** his hands were not idle ou inactive ◆ **j'aime autant te dire qu'on n'a pas chômé** I don't need to tell you that we didn't just sit around idly ou we weren't idle
b (être sans travail) [travailleur] to be unemployed, be out of work ou a job; [usine, installation] to be ou stand idle, be at a standstill; [industrie] to be at a standstill
c (††: être en congé) to have a holiday, be on holiday
2 vt (††) jour férié to keep

chômeur, -euse [ʃomœʀ, øz] → SYN nm,f (gén) unemployed person ou worker; (mis au chômage) redundant worker (Brit) ◆ **les chômeurs (de longue durée)** the (long-term) unemployed ◆ **le nombre des chômeurs** the number of unemployed, the number of people out of work ◆ **un million de / 3 000 chômeurs** a million / 3,000 unemployed ou out of work ◆ **un chômeur n'a pas droit à ces prestations** an unemployed person is not entitled to these benefits

chondroblaste [kɔ̃dʀoblast] nm chondral cell

chope [ʃɔp] nf (récipient) tankard, mug; (contenu) pint

choper: [ʃɔpe] ▸ conjug 1 ◂ vt a (voler) to pinch*, nick* (Brit)
b (attraper) balle, personne, maladie to catch ◆ **se faire choper par la police** to get nabbed* by the police
c (Tennis) to chop ◆ **balle chopée** chop

chopine [ʃɔpin] nf (*: bouteille) bottle (of wine); (††: mesure) half-litre, pint; (Can: 1/2 pinte, 0,568 l) pint ◆ **on a été boire une chopine*** we went for a drink

choquant, e [ʃɔkɑ̃, ɑ̃t] → SYN adj (qui heurte le goût) shocking, appalling; (qui heurte le sens de la justice) outrageous, scandalous; (qu[i] heurte la pudeur) shocking, offensive ◆ **le spectacle choquant de ces blessés** the harrow[-]ing ou horrifying sight of those injure[d] people ◆ **c'est un film choquant, même pou[r] les adultes** it's a film that shocks eve[n] adults

choquer [ʃɔke] → SYN ▸ conjug 1 ◂ 1 vt a (scan[-]daliser) to shock, (plus fort) appal; (heurter blesser) to offend, shock ◆ **ça m'a choqué d[e] le voir dans cet état** I was shocked o[r] appalled to see him in that state ◆ **de tel[s] films me choquent** I find such films shock[-]ing, I am shocked by films like that ◆ **c[e] roman risque de choquer** this novel may wel[l] be offensive ou shocking (to some people) people may find this novel offensive o[u] shocking ◆ **j'ai été vraiment choqué par so[n] indifférence** I was really shocked o[r] appalled by his indifference ◆ **ne vous cho[-]quez pas de ma question** don't be shocked a[t] ou by my question ◆ **il a été très choqué de n[e] pas être invité** he was most offended o[r] very put out at not being invited ou not t[o] be invited ◆ **ce film / cette scène m'a beau[-]coup choqué** I was deeply shocked by tha[t] film / scene
b (aller à l'encontre de) délicatesse, pudeur, goû[t] to offend (against); bon sens, raison t[o] offend against, go against; vue to offend oreilles [son, musique] to jar on, offend [propos] to shock, offend ◆ **cette question choqué sa susceptibilité** that questio[n] offended his sensibilities ou made hi[m] take umbrage
c (commotionner) [chute] to shake (up) [accident] to shake (up), shock; [deuil, maladie] to shake ◆ (Méd) **être choqué** to be in shoc[k] ◆ **il sortit du véhicule, durement choqué** h[e] climbed out of the vehicle badly shaken o[r] shocked ◆ **la mort de sa mère l'a beaucou[p] choqué** the death of his mother has shak[-]en him badly, he has been badly shake[n] by his mother's death
d (taper, heurter) (gén) to knock (against) verres to clink ◆ **il entendait les ancres s[e] choquer dans le petit port** he could hea[r] the anchors clanking against each othe[r] in the little harbour ◆ **choquant son ver[re] contre le mien** clinking his glass again[st] mine
e (Naut) cordage, écoute to slacken
2 **se choquer** vpr (s'offusquer) to be shocke[d] ◆ **il se choque facilement** he's easily shocke[d]

choral, e, mpl **chorals** [kɔʀal] → SYN 1 a[dj] choral
2 nm choral(e)
3 **chorale** nf choral society, choir

chorégraphe [kɔʀegʀaf] nmf choreographe[r]

chorégraphie [kɔʀegʀafi] → SYN nf choreog[-]raphy

chorégraphier [kɔʀegʀafje] ▸ conjug 7 ◂ vt [to] choreograph

chorégraphique [kɔʀegʀafik] adj chore[o-]graphic

choréique [kɔʀeik] adj choreal, choreic

choreute [kɔʀøt] → SYN nm chorist

chorion [kɔʀjɔ̃] nm (Bio) chorion

choriste [kɔʀist] nmf [église] choir member, chorister; [opéra, théâtre antique] member of the chorus ◆ **les choristes** the choir; the chorus

chorizo [ʃɔʀizo] nm chorizo

choroïde [kɔʀɔid] adj, nf choroid

choroïdien, -ienne [kɔʀɔidjɛ̃, jɛn] adj chor(i)oid

chorus [kɔʀys] → SYN nm ◆ **faire chorus** to chorus ou voice one's agreement ou approval ◆ **faire chorus avec qn** to voice one's agreement with sb ◆ **ils ont fait chorus avec lui pour condamner ces mesures** they joined with him in voicing their condemnation of the measures

chose [ʃoz] → SYN 1 nf a thing ◆ **on m'a raconté une chose extraordinaire** I was told an extraordinary thing ◆ **j'ai pensé (à) une chose** I thought of one thing ◆ **il a un tas de choses à faire à Paris** he has a lot of things ou lots to do in Paris ◆ **il n'y a pas une seule chose de vraie là-dedans** there isn't a (single) word of truth in it ◆ **critiquer est une chose, faire le travail en est une autre** criticizing is one thing, doing the work is another (matter) ◆ **ce n'est pas chose facile ou aisée de ...** it's not an easy thing ou easy to ... ◆ **chose étrange ou curieuse, il a accepté** strangely ou curiously enough, he accepted, the strange ou curious thing is (that) he accepted ◆ **c'est une chose admise que ...** it's an accepted fact that ...

b (événements, activités) **les choses** things ◆ **les choses se sont passées ainsi** it (all) happened like this ◆ **les choses vont mal** things are going badly ou are in a bad way ◆ **dans l'état actuel des choses, au point où en sont les choses** as things ou matters stand at present, the way things stand at present ◆ **ce sont des choses qui arrivent** it's one of those things, these things (just) happen ◆ **regarder les choses en face** to face up to things ◆ **prendre les choses à cœur / comme elles sont** to take things to heart / as they come ◆ **mettons les choses au point** let's get things clear ou straight ◆ **en mettant les choses au mieux / au pire** at best / worst ◆ **parler / discuter de chose(s) et d'autre(s)** to talk about / discuss this and that ou one thing and another ◆ **elle a fait de grandes choses** she has done great things → **force, leçon, ordre**[1]

c (ce dont il s'agit) **la chose: la chose est d'importance** it's no trivial matter, it's a matter of some importance ◆ **la chose dont j'ai peur, c'est que** what ou the thing I'm afraid of is that ◆ **il va vous expliquer la chose** he'll tell you all about it ou what it's all about ◆ **la chose en question** the matter in hand, the case in point, what we are discussing ◆ **la chose dont je parle** the thing I'm talking about ◆ **il a très bien pris la chose** he took it all very well ◆ **c'est la chose à ne pas faire** that's the one thing ou the very thing not to do

d (réalités matérielles) **les choses** things ◆ **les bonnes / belles choses** good / beautiful things ◆ **les choses de ce monde** the things of this world ◆ **chez eux, quand ils reçoivent, ils font bien les choses** when they have guests they really go to town* ou do things in style ◆ **elle ne fait pas les choses à demi ou à moitié** she doesn't do things by halves

e (mot) thing ◆ **j'ai plusieurs choses à vous dire** I've got several things to tell you ◆ **vous lui direz bien des choses de ma part** give him my regards

f (objet) thing ◆ **ils vendent / fabriquent de jolies choses** they sell / make some nice things

g (personne, animal) thing ◆ **pauvre chose!** poor thing! ◆ **c'est une petite chose si fragile encore** he (ou she) is still such a delicate little thing ◆ **être la chose de qn** to be sb's plaything

h (Jur) **la chose jugée** the res judicata, the final decision ◆ (Pol) **la chose publique** the state ou nation ◆ († ou hum) **la chose imprimée** the printed word

i LOC **c'est chose faite** it's done ◆ **voilà une bonne chose de faite** that's one thing out of the way ◆ **c'est bien peu de chose** it's nothing really ◆ **(très) peu de chose** nothing much, very little ◆ **avant toute chose** above all (else) ◆ **toutes choses égales** all (other) things being equal; all things considered ◆ **de deux choses l'une** it's got to be one thing or the other ◆ (Prov) **chose promise, chose due** promises are made to be kept → **porté**

2 nm (*) a (truc, machin) thing, contraption, thingumajig* ◆ **qu'est-ce que c'est que ce chose?** what's this thing here?, what's this thingumajig?*

b (personne) what's-his-name*, thingumajig* ◆ **j'ai vu le petit chose** I saw young what's-his-name* ou what do you call him ◆ **Monsieur Chose** Mr what's-his-name* ou thingumajig* ◆ **eh! Chose** hey, you

3 adj inv ◆ (*) **être / se sentir tout chose** (bizarre) to be / feel not quite oneself, feel a bit peculiar; (malade) to be / feel out of sorts ou under the weather ◆ **ça l'a rendu tout chose d'apprendre cette nouvelle** hearing that piece of news made him go all funny

chosifier [ʃozifje] → SYN ▸ conjug 7 ◂ vt to reify

Chostakovitch [ʃɔstakɔvitʃ] n Shostakovich

chou[1], pl **choux** [ʃu] 1 nm a (Bot) cabbage

b (ruban) rosette

c (gâteau) puff → **pâte**

d (*loc) **être dans les choux** [projet] to be up the spout* (Brit), be a write-off; (Sport) to be right out of the running; [candidat] to have had it ◆ **faire chou blanc** to draw a blank ◆ **le gouvernement va faire ses choux gras de la situation** the government will capitalize ou cash in on the situation ◆ **ils vont faire leurs choux gras de ces vieux vêtements** they'll be only too glad to make use of these old clothes, they'll be as pleased as Punch with these old clothes → **bout**

2 COMP ▷ **chou de Bruxelles** Brussels sprout ▷ **chou cabus** white cabbage ▷ **chou chou** chayote ▷ **chou à la crème** (Culin) cream puff ▷ **chou frisé** kale ▷ **chou palmiste** heart of palm ▷ **chou rouge** red cabbage

chou[2], **-te***, mpl **choux** [ʃu, ʃut, ʃu] 1 nm,f (amour, trésor) darling ◆ **c'est un chou** he's a darling ou a dear ◆ **oui ma choute** yes darling ou honey (US) ou poppet* (Brit)

2 adj inv (ravissant) delightful, cute* (surtout US) ◆ **ce que c'est chou, cet appartement** what a delightful ou lovely little flat, what an absolute darling of a flat ◆ **ce qu'elle est chou dans ce manteau** doesn't she look just delightful ou adorable in this coat?

chouan [ʃwɑ̃] nm *18th century French counter-revolutionary*

Chouannerie [ʃwan(ə)ʀi] nf *18th century French counter-revolutionary movement*

choucas [ʃuka] nm jackdaw

chouchou, -te [ʃuʃu, ut] → SYN 1 nm,f (*: favori) pet, darling, blue-eyed boy (ou girl) ◆ **le chouchou du prof** the teacher's pet

2 nm (élastique) scrunchy

chouchouter* [ʃuʃute] ▸ conjug 1 ◂ vt to pamper, coddle, pet

choucroute [ʃukʀut] nf (Culin) sauerkraut; (*: coiffure) beehive hairstyle ◆ **choucroute garnie** *sauerkraut with meat*

chouette[1]* [ʃwɛt] → SYN 1 adj a (beau) objet, personne smashing* (Brit), great*, cute* (surtout US)

b (gentil) nice; (sympathique) smashing* (Brit), great* ◆ **sois chouette, prête-moi 100 F** be a dear ou sport* and lend me 100 francs

2 excl ◆ **chouette (alors)!** smashing!* (Brit), great!*

chouette[2] [ʃwɛt] → SYN nf (Zool) owl ◆ **chouette effraie** barn owl, screech owl ◆ **chouette hulotte** tawny owl ◆ (fig péj) **quelle vieille chouette!** what an old harpy!

chouettement* [ʃwɛtmɑ̃] adv nicely

chou-fleur, pl **choux-fleurs** [ʃuflœʀ] nm cauliflower

chouïa* [ʃuja] nm [sucre, bonne volonté, impatience, place etc] smidgin ◆ **c'est pas chouïa** that's not much ◆ **un chouïa trop grand / petit / étroit** (just) a shade too big / small / narrow ◆ **il manque un chouïa pour que tu puisses te garer** there's not quite enough room for you to park

chouleur [ʃulœʀ] nm power shovel

chou-navet, pl **choux-navets** [ʃunavɛ] nm swede (Brit), rutabaga (US)

choupette [ʃupɛt] nf [cheveux] top-knot

chouquette [ʃukɛt] nf *ball of choux pastry sprinkled with sugar*

chou-rave, pl **choux-raves** [ʃuʀav] nm kohlrabi

chouraver⁑ [ʃuʀave], **chourer**⁑ [ʃuʀe] ▸ conjug 1 ◂ vt to pinch*, nick⁑ (Brit), swipe⁑

chow-chow, pl **chows-chows** [ʃoʃo] nm chow (dog)

choyer [ʃwaje] ▸ conjug 8 ◂ vt (frm: dorloter) to cherish; (avec excès) to pamper; (fig) idée to cherish

CHR [seaʃɛʀ] nm (abrév de **centre hospitalier régional**) → **centre**

chrême [kʀɛm] → SYN nm chrism, holy oil

chrestomathie [kʀɛstɔmati] → SYN nf chrestomathy

chrétien, -ienne [kʀetjɛ̃, jɛn] → SYN adj, nm,f Christian

chrétiennement [kʀetjɛnmɑ̃] adv agir in a Christian way ◆ **mourir chrétiennement** to die as a Christian, die like a good Christian ◆ **être enseveli chrétiennement** to have a Christian burial

chrétienté [kʀetjɛ̃te] nf Christendom

chrisme [kʀism] nm (Rol) chi rho, chrismon

christ [kʀist] nm a **le Christ** Christ

b (Art) crucifix, Christ (on the cross) ◆ **un grand christ en ou de bois** a large wooden crucifix ou figure of Christ on the cross ◆ **peindre un christ** to paint a figure of Christ

christiania [kʀistjanja] nm (Ski) (parallel) christie, christiania

christianisation [kʀistjanizasjɔ̃] nf conversion to Christianity

christianiser [kʀistjanize] ▸ conjug 1 ◂ vt to convert to Christianity

christianisme [kʀistjanism] nm Christianity

christique [kʀistik] adj Christlike ◆ **la parole christique** the words of Christ

Christmas [kʀistmas] n ◆ **île Christmas** Christmas Island

Christologie [kʀistɔlɔʒi] nf Christology

Christophe [kʀistɔf] nm Christopher

chromage [kʀomaʒ] nm chromium-plating

chromate [kʀɔmat] nm chromate

chromatide [kʀɔmatid] nf chromatid

chromatine [kʀɔmatin] nf chromatin

chromatique [kʀɔmatik] adj a (Mus, Peinture) chromatic

b (Bio) chromosomal

chromatisme [kʀɔmatism] nm (Mus) chromaticism; (Peinture: aberration chromatique) chromatum, chromatic aberration; (coloration) colourings

chromatogramme [kʀɔmatɔgʀam] nm chromatogram

chromatographie [kʀɔmatɔgʀafi] nf chromatography

chromatopsie [kʀɔmatɔpsi] nf (Physiol) colour vision; (Méd) chromatopsy

chrome [kʀom] nm (Chim) chromium ◆ (Peinture) **jaune / vert de chrome** chrome yellow / green ◆ (Aut) **faire les chromes*** to polish the chrome

chromé, e [kʀome] (ptp de **chromer**) adj métal, objet chrome (épith), chromium-plated

chromer [kʀome] ▸ conjug 1 ◂ vt to chromium-plate

chrominance [kʀɔminɑ̃s] nf (TV) chrominance

chromique [kʀɔmik] adj chromic

chromiste [kʀɔmist] nmf colourist

chromite [kʀɔmit] nf chromite

chromo [kʀomo] nm chromo

chromogène [kʀɔmɔʒɛn] adj chromogenic

chromolithographie [kʀomolitɔgʀafi] nf (procédé) chromolithography; (image) chromolithograph

chromoprotéine [kʀomopʀotein] nf chromoprotein

chromosome [kʀomozom] nm chromosome

chromosomique [kʀomozomik] adj chromosomal

chromosphère [kʀomosfɛʀ] nf chromosphere

chronaxie [kʀɔnaksi] nf chronaxy, chronaxie

chronicité [kʀɔnisite] nf chronicity

chronique [kʀɔnik] → SYN 1 adj chronic
2 nf (Littérat) chronicle; (Presse) column, page • **chronique financière** financial column ou page ou news • **chronique locale** local news and gossip • (Bible) **le livre des Chroniques** the Book of Chronicles → **défrayer**

chroniquement [kʀɔnikmɑ̃] adv chronically

chroniqueur, -euse [kʀɔnikœʀ, øz] → SYN nm,f (Littérat) chronicler; (Presse, gén) columnist • **chroniqueur parlementaire / sportif** parliamentary / sports editor • **chroniqueur dramatique** drama critic

chrono* [kʀono] nm (abrév de **chronomètre**) stopwatch • (Aut) **faire du 80 (km / h) chrono** ou **au chrono** to be timed ou clocked at 80 • (temps chronométré) **faire un bon chrono** to do a good time

chronobiologie [kʀonobjɔlɔʒi] nf chronobiology

chronographe [kʀɔnɔgʀaf] nm chronograph

chronologie [kʀɔnɔlɔʒi] → SYN nf chronology

chronologique [kʀɔnɔlɔʒik] adj chronological

chronologiquement [kʀɔnɔlɔʒikmɑ̃] adv chronologically

chronométrage [kʀɔnɔmetʀaʒ] nm (Sport) timing

chronomètre [kʀɔnɔmɛtʀ] nm (montre de précision) chronometer; (Sport) stopwatch • **chronomètre de marine** marine ou box chronometer

chronométrer [kʀɔnɔmetʀe] ▸ conjug 6 ◂ vt to time

chronométreur, -euse [kʀɔnɔmetʀœʀ, øz] nm,f (Sport) timekeeper

chronométrie [kʀɔnɔmetʀi] nf (science) chronometry; (fabrication) chronometer manufacturing

chronométrique [kʀɔnɔmetʀik] adj chronometric

chronophotographie [kʀonofɔtɔgʀafi] nf time-lapse photography

chrysalide [kʀizalid] nf chrysalis • (fig) **sortir de sa chrysalide** to blossom out, come out of one's shell

chrysanthème [kʀizɑ̃tɛm] nm chrysanthemum

chryséléphantin, e [kʀizelefɑ̃tɛ̃, in] adj chryselephantine

chrysobéryl [kʀizobeʀil] nm chrysoberyl

chrysocale [kʀizɔkal] nm pinchbeck

chrysolithe [kʀizɔlit] nf chrysolite, olivine

chrysomèle [kʀizɔmɛl] nf leaf beetle

chrysope [kʀizɔp] nf green lacewing

chrysoprase [kʀizɔpʀɑz] nf chrysoprase

CHS [seaʃɛs] nm (abrév de **centre hospitalier spécialisé**) → **centre**

ch(')timi [ʃtimi] 1 adj of ou from northern France
2 nmf native ou inhabitant of northern France
3 nm *dialect spoken in northern France*

chtonien, -ienne [ktɔnjɛ̃, jɛn] adj chtonian, chthonic

chtouille** [ʃtuj] nf (blennorragie) clap**; (syphilis) pox*

C.H.U. [seaʃy], **CHU** [ʃy] nm (abrév de **centre hospitalier universitaire**) → **centre**

chu [ʃy] ptp de **choir**

chuchotement [ʃyʃɔtmɑ̃] → SYN nm (→ **chuchoter**) whisper, whispering (NonC); murmur

chuchoter [ʃyʃɔte] → SYN ▸ conjug 1 ◂ vti [personne, vent, feuilles] to whisper; [ruisseau] to murmur • **chuchoter qch à l'oreille de qn** to whisper ou murmur sth in sb's ear

chuchoterie [ʃyʃɔtʀi] → SYN nfpl • **chuchoteries** whispers • **faire des chuchoteries** to whisper

chuchoteur, -euse [ʃyʃɔtœʀ, øz] 1 adj whispering
2 nm,f whisperer

chuchotis [ʃyʃɔti] nm ⇒ **chuchotement**

chuintant, e [ʃɥɛ̃tɑ̃, ɑ̃t] adj, nf • (Ling) **(consonne) chuintante** palato-alveolar fricative, hushing sound

chuintement [ʃɥɛ̃tmɑ̃] nm (Ling) pronunciation of s sound as sh; (bruit) soft ou gentle hiss

chuinter [ʃɥɛ̃te] → SYN ▸ conjug 1 ◂ vi a (Ling) to pronounce s as sh
b [chouette] to hoot, screech
c (siffler) to hiss softly ou gently

chut [ʃyt] → SYN excl sh!

chute [ʃyt] → SYN nf a [pierre etc] fall; (Théât) [rideau] fall • **faire une chute** [personne] to (have a) fall; [chose] to fall • **faire une chute de 3 mètres** to fall 3 metres • **faire une chute de cheval / de vélo** to fall off ou tumble off ou come off a horse / bicycle • **faire une mauvaise chute** to have a bad fall • **faire une chute mortelle** to fall to one's death • **loi de la chute des corps** law of gravity • **chute libre** free fall • **faire du parachutisme en chute libre** to skydive, do skydiving • **économie en chute libre** plummeting economy • (ventes) **être en chute libre** to take a nose dive • **attention, chute de pierres** danger, falling rocks → **point¹**
b [cheveux] loss; [feuilles] fall(ing) • **lotion contre la chute des cheveux** lotion which prevents hair loss ou prevents hair from falling out
c (fig: ruine) [empire] fall, collapse; [commerce] collapse; [roi, ministère] (down)fall; [femme séduite] downfall; (Mil) [ville] fall; (Fin) [monnaie, cours] fall, drop (*de* in); (Théât) [pièce, auteur] failure • (Rel) **la chute** the Fall • **il a entraîné le régime dans sa chute** he dragged the régime down with him (in his fall) • **plus dure sera la chute** the harder the fall • (Littérat) **"La Chute de la Maison Usher"** "The Fall of the House of Usher"
d (Géog) fall • **chute d'eau** waterfall • **les chutes du Niagara / Zambèze** the Niagara / Victoria Falls • (Élec) **barrage de basse / moyenne / haute chute** dam with a low / medium / high head • **de fortes chutes de pluie / neige** heavy falls of rain / snow, heavy rainfalls / snowfalls
e (baisse) [température, pression] drop, fall (*de* in) • (Élec) **chute de tension** voltage drop, drop in voltage
f (déchet) [papier, tissu] offcut, scrap; [bois] offcut
g [toit] pitch, slope; [vers] cadence • **la chute des reins** the small of the back • **chute du jour** nightfall
h (Cartes) **faire 3 (plis) de chute** to be 3 (tricks) down
i [histoire drôle] punch line

chuter [ʃyte] → SYN ▸ conjug 1 ◂ vi a (tomber) to fall; (fig: échouer) to come a cropper* (Brit), fall on one's face • (lit, fig) **faire chuter qn** to bring sb down
b (Théât) to flop
c (Cartes) **chuter de deux (levées)** to go down two

chva [ʃva] nm schwa

chyle [ʃil] nm (Physiol) chyle

chylifère [ʃilifɛʀ] 1 adj chyliferous
2 nm chyliferous vessel

chyme [ʃim] nm (Physiol) chyme

Chypre [ʃipʀ] n Cyprus • **à Chypre** in Cyprus

chypriote [ʃipʀiɔt] ⇒ **cypriote**

ci [si] GRAMMAIRE ACTIVE 19.3, 20.1 adv a (dans l'espace) **celui-ci, celle-ci** this one • **ceux-ci** these (ones) • **ce livre-ci** this book • **cette table-ci** this table • **cet enfant-ci** this child • **ces livres- / tables-ci** these books / tables
b (dans le temps) **à cette heure-ci** (à une heure déterminée) at this time; (à une heure indue) at this hour of the day, at this time of night; (à l'heure actuelle) by now, at this moment • **ces jours-ci** (avenir) one of these days, in the next few days; (passé) these past few days, in the last few days; (présent) these days • **ce dimanche-ci / cet après-midi-ci je ne suis pas libre** I'm not free this Sunday / this afternoon • **non, je pars cette nuit-ci** no, it's tonight I'm leaving
c **de ci de là** here and there → **comme, par-ci par-là**

CIA [seia] nf (abrév de **Central Intelligence Agency**) CIA

ci-après [siapʀɛ] adv (gén) below; (Jur) hereinafter

cibiche* [sibiʃ] nf (cigarette) fag* (Brit), ciggy*

cibiste [sibist] nmf CB user, CBer (US)

ciblage [siblaʒ] nm targeting

cible [sibl] → SYN nf (Mil, Écon) target • **cible mouvante** moving target • (lit, fig) **être la cible de, servir de cible à** to be a target for, be the target of • (lit, fig) **prendre pour cible** to take as one's target → **langue**

cibler [sible] ▸ conjug 1 ◂ vt to target (*sur* at)

ciboire [sibwaʀ] nm (Rel) ciborium (vessel)

ciboule [sibul] → SYN nf (Bot) (larger) chive; (Culin) chives (pl)

ciboulette [sibulɛt] nf (Bot) (smaller) chive; (Culin) chives (pl)

ciboulot** [sibulo] nm (tête, cerveau) head, nut* • **il s'est mis dans le ciboulot de ...** he got it into his head ou nut* to ... • **en avoir dans le ciboulot** to have brains • **il n'a rien dans le ciboulot** he's soft in the head*, he's empty-headed • **fais marcher ton ciboulot!** use your loaf** (Brit) ou your brain!

cicatrice [sikatʀis] → SYN nf (lit, fig) scar

cicatriciel, -ielle [sikatʀisjɛl] adj cicatricial (spéc), scar (épith) → **tissu¹**

cicatricule [sikatʀikyl] nf (Bio) cicatricle

cicatrisant, e [sikatʀizɑ̃, ɑ̃t] 1 adj healing
2 nm healing substance

cicatrisation [sikatʀizasjɔ̃] → SYN nf [égratignure] healing; [plaie profonde] closing up, healing

cicatriser [sikatʀize] → SYN ▸ conjug 1 ◂ 1 vt (lit, fig) to heal (over) • **sa jambe est cicatrisée** his leg has healed
2 vi [plaie] to heal (up), form a scar, cicatrize (spéc); [personne] to heal (up) • **Marc cicatrise mal** Marc doesn't heal very easily
3 **se cicatriser** vpr to heal (up), form a scar, cicatrize (spéc)

cicéro [siseʀo] nm (Typ) cicero

Cicéron [siseʀɔ̃] nm Cicero

cicérone [siseʀɔn] → SYN nm (hum) guide, cicerone • **faire le cicérone** to act as a guide ou cicerone

cicéronien, -ienne [siseʀɔnjɛ̃, jɛn] adj éloquence, discours Ciceronian

ciclosporine [siklospɔʀin] nf cyclosporin-A

ci-contre [sikɔ̃tʀ] adv opposite

ci-dessous [sidəsu] adv below

ci-dessus [sidəsy] adv above

ci-devant [sidəvɑ̃] → SYN 1 adv formerly
2 nmf (Hist) ci-devant, *aristocrat who lost his title in the French Revolution*

CIDEX [sidɛks] nm (abrév de **courrier individuel à distribution exceptionnelle**) *special post office sorting service for individual clients*

CIDJ [seideʒi] nm (abrév de **centre d'information et de documentation de la jeunesse**) → **centre**

cidre [sidʀ] nm cider • **cidre bouché** *fine bottled cider* • **cidre doux / sec** sweet / dry cider

cidrerie [sidʀəʀi] nf (industrie) cider-making; (usine) cider factory

Cie (abrév de **compagnie**) Co

ciel [sjɛl] → SYN 1 nm a (espace: pl littér **cieux**) sky, heavens (pl, littér) • **il resta là, les bras tendus / les yeux tournés vers le ciel** he remained there, (with) his arms stretched out / gazing towards the sky ou heavenwards (littér) • **haut dans le ciel** ou (littér) **dans les cieux** high (up) in the sky, high in the heavens • **suspendu entre ciel et terre** personne, objet suspended in mid-air; village suspended between sky and earth ◆ **sous un ciel plus clément, sous des cieux plus cléments** (littér: climat) beneath more clement skies ou a more clement sky; (fig hum: endroit moins dangereux) in ou into healthier climes ◆ **sous d'autres cieux** (littér) beneath other skies; (hum) in other climes ◆ **sous le ciel de Paris / de Provence** beneath the Parisian / Provençal sky → **remuer, septième, tomber**

b (paysage, Peinture: pl **ciels**) sky ◆ **les ciels de Grèce** the skies of Greece ◆ **les ciels de Turner** Turner's skies

c (séjour de puissances surnaturelles: pl **cieux**) heaven ◆ **il est au ciel** he is in heaven ◆ **le royaume des cieux** the kingdom of heaven ◆ **notre Père qui es aux cieux** our Father which art in heaven

d (divinité, providence) heaven ◆ **le ciel a écouté leurs prières** heaven heard their prayers ◆ **ciel!, juste ciel!** good heavens! ◆ **le ciel m'est témoin que ...** heaven knows that ... ◆ **le ciel soit loué!** thank heavens! ◆ **c'est le ciel qui vous envoie!** you're heaven-sent!

e **à ciel ouvert** égout open; piscine open-air; mine opencast (Brit), open cut (US)

2 COMP ▷ **ciel de carrière** quarry ceiling ▷ **ciel de lit** canopy, tester

cierge [sjɛʀʒ] → SYN nm (Rel) candle; (Bot) cereus → **brûler**

cieux [sjø] nmpl de **ciel**

CIF [seiɛf] (abrév de **cost, insurance, freight**) CIF

cigale [sigal] nf cicada

cigare [sigaʀ] → SYN nm (lit) cigar; (*: tête) head, nut* ◆ (*: bateau) **cigare (des mers)** powerboat

cigarette [sigaʀɛt] → SYN nf a (à fumer) cigarette ◆ **cigarette (à) bout filtre** filter tip, (filter-)tipped cigarette ◆ **la cigarette du condamné** the condemned man's last smoke ou cigarette ◆ (biscuit) **cigarette russe** *rolled sugary biscuit often served with ice cream*

b (*: bateau) Cigarette ®, cigarette boat

cigarière [sigaʀjɛʀ] nf cigar-maker

cigarillo [sigaʀijo] nm cigarillo

ci-gît [siʒi] loc here lies

cigogne [sigɔɲ] nf (Orn) stork; (Tech) crank brace

cigogneau, pl **cigogneaux** [sigɔɲo] nm young stork

ciguë [sigy] → SYN nf (Bot, poison) hemlock ◆ **grande ciguë** giant hemlock

ci-inclus, e [siɛ̃kly, yz] 1 adj enclosed ◆ **l'enveloppe ci-incluse** the enclosed envelope

2 adv enclosed ◆ **ci-inclus une enveloppe** envelope enclosed

ci-joint, e [siʒwɛ̃] → SYN 1 adj enclosed ◆ **les papiers ci-joints** the enclosed papers

2 adv enclosed ◆ **vous trouverez ci-joint ...** you will find enclosed ...

cil [sil] nm (Anat) eyelash ◆ (Bio) **cils vibratiles** cilia

ciliaire [siljɛʀ] adj (Anat) ciliary

cilice [silis] → SYN nm hair shirt

cilié, e [silje] 1 adj ciliate(d)

2 nmpl ◆ **les ciliés** ciliates, the Ciliata (spéc)

cillement [sijmɑ̃] nm blinking

ciller [sije] → SYN ▸ conjug 1 ◂ vi ◆ **ciller (des yeux)** to blink (one's eyes) ◆ (fig) **il n'a pas cillé** he didn't bat an eyelid ◆ (fig) **personne n'ose ciller devant lui** nobody dares move a muscle in his presence

cimaise [simɛz] nf (Peinture) picture rail, picture moulding; (Archit) cyma → **honneur**

cime [sim] → SYN nf [montagne] summit; (pic) peak; [arbre] top; (fig) [gloire] peak, height

ciment [simɑ̃] → SYN nm cement ◆ **ciment armé** reinforced concrete ◆ **ciment (à prise) rapide** ou **prompt** quick-setting cement ◆ **ciment colle** glue cement

cimentation [simɑ̃tasjɔ̃] nf cementing

cimenter [simɑ̃te] → SYN ▸ conjug 1 ◂ vt a (Constr) sol to cement, cover with concrete; bassin to cement, line with cement; piton, anneau, pierres to cement

b (fig) amitié, accord, paix to cement ◆ **l'amour qui cimente leur union** the love which binds them together

cimenterie [simɑ̃tʀi] nf cement works

cimentier, -ière [simɑ̃tje, jɛʀ] 1 adj cement (épith)

2 nm cement manufacturer

cimeterre [simtɛʀ] → SYN nm scimitar

cimetière [simtjɛʀ] → SYN nm [ville] cemetery; [église] graveyard, churchyard ◆ **cimetière de voitures** scrapyard ◆ **cimetière des éléphants** (lit) elephants' graveyard; (fig) scrap heap

cimier [simje] nm [casque] crest; [arbre de Noël] *decorative Christmas ball for the top of the Christmas tree*

cinabre [sinabʀ] nm (Minér, couleur) cinnabar

cinchonine [sɛ̃kɔnin] nf cinchonine

cincle [sɛ̃kl] nm ◆ (Orn) **cincle (plongeur)** dipper

ciné [sine] nm (*) (abrév de **cinéma**) (art, procédé) flicks* (Brit), pictures (Brit), movies (US); (salle) cinema, movie theater (US) ◆ **aller au ciné** to go to the flicks* (Brit) ou pictures (Brit) ou movies (US)

cinéaste [sineast] → SYN nmf (gén) film-maker, moviemaker (US); (réalisateur connu) (film) director

ciné(-)club, pl **ciné(-)clubs** [sineklœb] nm film society ou club

cinéma [sinema] → SYN 1 nm a (procédé, art, industrie) cinema; (salle) cinema, movie theater (US) ◆ **roman adapté pour le cinéma** novel adapted for the cinema ou the screen ◆ **faire du cinéma** to be a film ou movie (US) actor (ou actress) ◆ **de cinéma** technicien, producteur, studio, plateau film (épith); projecteur, écran cinema (épith) ◆ **acteur / vedette de cinéma** film ou movie (US) actor / star ◆ **être dans le cinéma** to be in the film ou movie (US) business ou in films ou movies (US) ◆ **le cinéma français / italien** French / Italian cinema ◆ **le cinéma de Carné** Carné films ◆ **aller au cinéma** to go to the cinema ou pictures (Brit) ou movies (US)

b (* fig: frime) **c'est du cinéma** it's all put on*, it's all an act ◆ **arrête ton cinéma** cut out the acting* ◆ **faire tout un cinéma** to put on a great act*

c (*: embarras, complication) fuss ◆ **c'est toujours le même cinéma** it's always the same old to-do ou business ◆ **tu ne vas pas nous faire ton cinéma!** you're not going to make a fuss ou a great scene ou a song and dance* about it!

2 COMP ▷ **cinéma d'animation** (technique) animatronics (sg); (films) cartoon films ▷ **cinéma d'art et d'essai** avant-garde ou experimental films ou cinema; (salle) arts cinema ▷ **cinéma muet** silent films ou movies (US) ▷ **cinéma parlant** talking films ou pictures, talkies* ▷ **cinéma permanent** continuous performance ▷ **cinéma de plein air** open-air cinema, drive-in (cinema) (US) ▷ **cinéma à salles multiples** multiplex cinema

Cinémascope ® [sinemaskɔp] nm Cinemascope ®

cinémathèque [sinematɛk] nf film archives ou library; (salle) film theatre, movie theater (US)

cinématique [sinematik] nf kinematics (sg)

cinématographe [sinematɔgʀaf] nm cinematograph

cinématographie [sinematɔgʀafi] nf film-making, movie-making (US), cinematography

cinématographier [sinematɔgʀafje] → SYN ▸ conjug 7 ◂ vt to film

cinématographique [sinematɔgʀafik] adj film (épith), cinema (épith)

cinéma-vérité [sinemaveʀite] nm inv cinéma-vérité, ciné vérité

ciné(-)parc, pl **ciné(-)parcs** [sinepaʀk] nm (Can) drive-in (cinema)

cinéphile [sinefil] 1 adj ◆ **public cinéphile** cinema-going public ◆ **il est (très) cinéphile** he's a (real) film ou cinema enthusiast, he's a (real) film buff* ou movie buff* (US)

2 nmf film ou cinema enthusiast, film buff*, movie buff* (US)

cinéraire [sineʀɛʀ] 1 adj vase cinerary

2 nf (Bot) cineraria

Cinérama ® [sineʀama] nm Cinerama ®

cinérite [sineʀit] nf tuff deposit

ciné-roman, pl **ciné-romans** [sineʀɔmɑ̃] nm film story

cinéthéodolite [sineteɔdɔlit] nm kinetheodolite

cinétique [sinetik] 1 adj kinetic

2 nf kinetics (sg)

cing(h)alais, e [sɛ̃galɛ, ɛz] 1 adj Sin(g)halese

2 nm (Ling) Sin(g)halese

3 nm,f ◆ **Cing(h)alais(e)** Sin(g)halese

cinglant, e [sɛ̃glɑ̃, ɑ̃t] → SYN adj vent biting, bitter; pluie lashing, driving; propos, ironie biting, scathing, cutting

cinglé, e* [sɛ̃gle] → SYN (ptp de **cingler**) adj nutty*, screwy*, cracked* ◆ **c'est un cinglé** he's a crackpot* ou a nut*

cingler [sɛ̃gle] → SYN ▸ conjug 1 ◂ 1 vt [personne] corps, cheval to lash; [vent, pluie, branche] visage, jambe to sting, whip (against); [pluie] vitre to lash (against); (fig) to lash, sting ◆ **il cingla l'air de son fouet** he lashed the air with his whip

2 vi ◆ (Naut) **cingler vers** to make for

cinnamome [sinamɔm] nm cinnamon

cinoche* [sinɔʃ] nm (art) flicks* (Brit), pictures* (Brit), movies* (US); (salle) cinema, movie theater (US) ◆ **aller au cinoche** to go to the pictures* (Brit) ou movies* (US)

cinoque‡ [sinɔk] adj ⇒ **sinoque‡**

cinq [sɛ̃k] adj, nm five ◆ **dire les cinq lettres** to use bad language ◆ (euph) **je lui ai dit les cinq lettres** I told him where to go (euph) ◆ **en cinq sec*** in a flash, in two ticks* (Brit), before you could say Jack Robinson* ◆ (rendez-vous amoureux) **cinq à sept** afternoon rendez-vous; pour autres loc voir **recevoir, six**

cinq-dix-quinze†‡ [sɛ̃diskɛ̃z] nm (Can) cheap store, dime store (US, Can), five-and-ten (US, Can)

cinquantaine [sɛ̃kɑ̃tɛn] nf (âge, nombre) about fifty

cinquante [sɛ̃kɑ̃t] adj inv, nm inv fifty ◆ **je ne te le répèterai pas cinquante fois** I'm not going to tell you a hundred times; pour loc voir **six**

cinquantenaire [sɛ̃kɑ̃tnɛʀ] 1 adj arbre etc fifty-year-old (épith), fifty years old (attrib) ◆ **il est cinquantenaire** it ou he is fifty years old

2 nm (anniversaire) fiftieth anniversary, golden jubilee

cinquantième [sɛ̃kɑ̃tjɛm] adj, nmf fiftieth; pour loc voir **sixième**

cinquantièmement [sɛ̃kɑ̃tjɛmmɑ̃] adv in the fiftieth place

cinquième [sɛ̃kjɛm] 1 adj, nmf fifth ◆ **je suis la cinquième roue du carrosse*** I'm treated like a nonentity ◆ **cinquième colonne** fifth column; pour autres loc voir **sixième**

2 nf (Scol) second form (Brit), seventh grade (US)

cinquièmement [sɛ̃kjɛmmɑ̃] adv in the fifth place

cintrage [sɛ̃tʀaʒ] nm [tôle, bois] bending

cintre [sɛ̃tʀ] → SYN nm a (Archit) arch → **voûte**

b (porte-manteau) coat hanger

c (Théât) **les cintres** the flies

cintré, e [sɛ̃tʀe] (ptp de **cintrer**) adj porte, fenêtre arched; galerie vaulted, arched; veste waisted; (‡ fig: fou) nuts*, crackers* ◆ **chemise cintrée** close- ou slim-fitting shirt

cintrer [sɛ̃tʀe] → SYN ▸ conjug 1 ◂ vt (Archit) porte to arch, make into an arch; galerie to vault, give a vaulted ou arched roof to; (Tech) to bend, curve; (Habillement) to take in at the waist

CIO [seio] nm a (abrév de **centre d'information et d'orientation**) → **centre**

b (abrév de **Comité international olympique**) IOC

cipolin [sipɔlɛ̃] nm cipolin

cippe [sip] nm (small) stele, cippus

cirage [siʀaʒ] nm a (produit) (shoe) polish
b (action) [souliers] polishing; [parquets] polishing, waxing
c (fig) **être dans le cirage*** (après anesthésie) to be a bit groggy* ou woozy*; (mal réveillé) to be a bit woozy*, be half-asleep; (ne rien comprendre) to be in a fog* ou all at sea*; (arg Aviat) to be flying blind ◆ **quand il est sorti du cirage*** when he came to ou round → **noir**

circa [siʀka] adv circa

circadien, -ienne [siʀkadjɛ̃, jɛn] adj circadian

circaète [siʀkaɛt] nm short-toed eagle

circoncire [siʀkɔ̃siʀ] ▸conjug 37◂ vt to circumcize

circoncis [siʀkɔ̃si] (ptp de **circoncire**) adj circumcized

circoncision [siʀkɔ̃sizjɔ̃] nf circumcision

circonférence [siʀkɔ̃feʀɑ̃s] → SYN nf circumference

circonflexe [siʀkɔ̃flɛks] → SYN adj ◆ **accent circonflexe** circumflex

circonlocution [siʀkɔ̃lɔkysjɔ̃] → SYN nf circumlocution ◆ **employer des circonlocutions pour annoncer qch** to announce sth in a roundabout way

circonscription [siʀkɔ̃skʀipsjɔ̃] → SYN nf (Admin, Mil) district, area ◆ **circonscription (électorale)** [député] constituency (Brit), district (US); [conseiller municipal] district, ward

circonscrire [siʀkɔ̃skʀiʀ] → SYN ▸conjug 39◂ vt feu, épidémie to contain, confine; territoire to mark out; sujet to define, delimit ◆ (Math) **circonscrire un cercle / carré à** to draw a circle / square round ◆ **le débat s'est circonscrit à** ou **autour de cette seule question** the debate limited ou restricted itself to ou was centred round that one question ◆ **les recherches sont circonscrites au village** the search is being limited ou confined to the village

circonspect, e [siʀkɔ̃spɛ(kt), ɛkt] → SYN adj personne circumspect, cautious, wary; silence, remarque prudent, cautious

circonspection [siʀkɔ̃spɛksjɔ̃] → SYN nf caution, wariness, circumspection

circonstance [siʀkɔ̃stɑ̃s] → SYN nf a (occasion) occasion ◆ **en la circonstance** in this case, on this occasion, given the present circumstances ◆ **en pareille circonstance** in such a case, in such circumstances ◆ **il a profité de la circonstance pour me rencontrer** he took advantage of the occasion to meet me → **concours**
b (situation) **circonstances** circumstances ◆ (Écon) **circonstances économiques** economic circumstances ◆ **être à la hauteur des circonstances** to be equal to the occasion ◆ **du fait** ou **en raison des circonstances, étant donné les circonstances** in view of ou given the circumstances ◆ **dans ces circonstances** under ou in these circumstances ◆ **dans les circonstances présentes** ou **actuelles** in the present circumstances ◆ **il a honteusement profité des circonstances** he took shameful advantage of the situation
c [crime, accident] circumstance ◆ (Jur) **circonstances atténuantes** mitigating ou extenuating circumstances ◆ **circonstance aggravante** aggravating circumstance, aggravation ◆ **il y a une circonstance troublante** there's one disturbing circumstance ou point ◆ **dans des circonstances encore mal définies** in circumstances which are still unclear
d **de circonstance** parole, mine, conseil appropriate, apt, fitting; œuvre, poésie occasional (épith); habit appropriate, suitable

circonstancié, e [siʀkɔ̃stɑ̃sje] → SYN adj rapport detailed

circonstanciel, -ielle [siʀkɔ̃stɑ̃sjɛl] adj (Gram) adverbial ◆ **complément circonstanciel de lieu / temps** adverbial phrase of place / time

circonvenir [siʀkɔ̃v(ə)niʀ] → SYN ▸conjug 22◂ vt (frm) personne to circumvent (frm), get round

circonvoisin, e [siʀkɔ̃vwazɛ̃, in] adj (littér) surrounding, neighbouring

circonvolution [siʀkɔ̃vɔlysjɔ̃] → SYN nf (Anat) convolution; [rivière, itinéraire] twist ◆ **décrire des circonvolutions** [rivière] to meander, twist and turn; [route] to twist and turn ◆ **circonvolution cérébrale** cerebral convolution

circuit [siʀkɥi] → SYN 1 nm a (itinéraire touristique) tour, (round) trip ◆ **circuit d'autocar** coach (Brit) tour ou trip, bus trip ◆ **on a fait un grand circuit à travers la Bourgogne** we did a grand tour of ou a great (Brit) ou long trip through Burgundy ◆ **il y a un très joli circuit (à faire) à travers bois** there's a very nice trip ou run (one can go) through the woods ◆ **faire le circuit (touristique) des volcans d'Auvergne** to tour ou go on a tour of the volcanoes in Auvergne
b (parcours compliqué) roundabout ou circuitous route ◆ **il faut emprunter un circuit assez compliqué pour y arriver** you have to take a rather circuitous ou roundabout route ou you have to go a rather complicated way to get there ◆ **l'autre grille du parc était fermée et j'ai dû refaire tout le circuit en sens inverse** the other park gate was shut and I had to go right back round the way I'd come ou make the whole journey back the way I'd come
c (Sport: piste, série de compétitions) circuit ◆ **circuit automobile** (motor-)racing circuit ◆ **course sur circuit** circuit racing ◆ **sur le circuit international** on the international circuit
d (Élec) circuit ◆ **couper / rétablir le circuit** to break / restore the circuit ◆ **mettre qch en circuit** to connect sth up ◆ [machine] **tous les circuits ont grillé** all the fuses have blown, there's been a burnout
e (Écon) circulation
f (enceinte) [ville] circumference
g (Ciné) circuit
h (*loc) **être dans le circuit** to be around ◆ **est-ce qu'il est toujours dans le circuit?** is he still around?, is he still on the go?* (Brit) ◆ **se remettre dans le circuit** to get back into circulation ◆ **mettre qch dans le circuit** to put sth into circulation, feed sth into the system
2 COMP ▷ **circuit de distribution** (Comm) distribution network ou channels ▷ **circuit électrique** (Élec) electric(al) circuit; [train ou voiture miniature] (electric) track ▷ **circuit fermé** (Élec, fig) closed circuit ◆ **vivre en circuit fermé** to live in a closed world ◆ **ces publications circulent en circuit fermé** this literature has a limited ou restricted circulation ▷ **circuit hydraulique** (Aut) hydraulic circuit ▷ **circuit imprimé** printed circuit ▷ **circuit intégré** integrated circuit ▷ **circuit de refroidissement** cooling system

circulaire [siʀkylɛʀ] → SYN adj, nf (gén) circular ◆ **définition circulaire** circular definition → **billet**

circulairement [siʀkylɛʀmɑ̃] adv in a circle

circulant, e [siʀkylɑ̃, ɑ̃t] adj circulating ◆ (Fin) **actif circulant** circulating ou current assets ◆ **capitaux circulants** circulating ou floating capital

circularité [siʀkylaʀite] nf circularity

circulation [siʀkylasjɔ̃] → SYN nf [air, sang, argent] circulation; [marchandises] movement; [nouvelle] spread; [trains] running; (Aut) traffic ◆ **la circulation (du sang)** the circulation ◆ (Méd) **avoir une bonne / mauvaise circulation** to have good / bad circulation ◆ **la libre circulation des travailleurs** the free movement of labour ◆ (Aut) **pour rendre la circulation plus fluide** to improve traffic flow ◆ **route à grande circulation** major road, main highway (US) ◆ (Fin) **en circulation** in circulation ◆ **mettre en circulation** argent to put into circulation; livre, journal, produit to bring ou put out, put on the market; voiture to put on the market, bring ou put out; fausse nouvelle to circulate, spread (about) ◆ **mise en circulation** [argent] circulation; [livre, produit, voiture] marketing; [fausse nouvelle] spreading, circulation ◆ **retirer de la circulation** argent to take out of ou withdraw from circulation; médicament, produit, livre to take off the market, withdraw; publicité, film, document to withdraw; (euph) personne to get rid of ◆ **circulation aérienne** air traffic ◆ (Anat) **circulation générale** systemic circulation ◆ (Fin) **circulation monétaire** money ou currency circulation ◆ (Aut) **« circulation interdite »** "no vehicular traffic" ◆ (fig) **disparaître de la circulation** to drop out of sight, disappear from the scene → **accident, agent**

circulatoire [siʀkylatwaʀ] adj circulation (épith), circulatory ◆ **avoir des troubles circulatoires** to have trouble with one's circulation, have circulatory trouble

circuler [siʀkyle] → SYN ▸conjug 1◂ vi a [sang, air, marchandise, argent] to circulate; [rumeur] to circulate, go round ou about, make ou go the rounds ◆ **l'information circule mal entre les services** communication between departments is bad ◆ **il circule bien des bruits à son propos** there's a lot of gossip going round about him, there's a lot being said about him ◆ **faire circuler** air, sang to circulate; marchandises to put into circulation; argent, document to circulate ◆ **faire circuler des bruits au sujet de** to put rumours about concerning, spread rumours concerning
b [voiture] to go, move; [train] to go, run; [passant] to walk; [foule] to move (along); [plat, bonbons, lettre] to be passed ou handed round ◆ **un bus sur 3 circule** one bus in 3 is running ◆ **circuler à droite / à gauche** to drive on the right / on the left ◆ **circulez!** move along! ◆ **faire circuler** voitures, piétons to move on; plat, bonbons, document, pétition to hand ou pass round

circumduction [siʀkɔmdyksjɔ̃] nf circumduction

circumnavigation [siʀkɔmnavigasjɔ̃] nf circumnavigation

circumpolaire [siʀkɔmpɔlɛʀ] adj circumpolar

cire [siʀ] → SYN nf a (gén) wax; (pour meubles, parquets) polish; (Méd) [oreille] (ear)wax ◆ **cire d'abeille** beeswax ◆ **cire à cacheter** sealing wax ◆ **cire liquide** liquid wax ◆ **cire à épiler** depilatory wax ◆ **cire perdue** cire perdue ◆ **s'épiler les jambes à la cire** to wax one's legs ◆ **personnage en cire** waxwork dummy → **musée**
b (Zool) cirrus

ciré [siʀe] → SYN nm (Habillement) oilskin

cirer [siʀe] → SYN ▸conjug 1◂ vt to polish ◆ **j'en ai rien à cirer**⁑ I don't give a damn⁑ → **toile**

cireur, -euse [siʀœʀ, øz] 1 nm,f (personne) [souliers] shoe-shiner, bootblack†; [planchers] (floor) polisher
2 **cireuse** nf (appareil) floor polisher

cireux, -euse [siʀø, øz] adj matière waxy; teint waxen

cirier, -ière [siʀje, jɛʀ] → SYN 1 nm,f (artisan) wax worker; (commerçant) candle seller
2 nm (Bot) wax tree
3 **cirière** nf ◆ **(abeille) cirière** wax bee

ciron [siʀɔ̃] → SYN nm (littér, Zool) mite

cirque [siʀk] → SYN nm a (chapiteau) circus, big top; (spectacle) circus
b (Antiq: arène) amphitheatre → **jeu**
c (Géog) cirque
d (⁑: complication, embarras) **quel cirque il a fait quand il a appris la nouvelle!** what a scene ou to-do he made when he heard the news! ◆ **quel cirque pour garer sa voiture ici!** what a carry-on* (Brit) ou performance* to get the car parked here! ◆ **arrête ton cirque!** cut it out!*
e (*: désordre) chaos ◆ **c'est un vrai cirque ici aujourd'hui** it's absolute chaos here today, this place is like a bear garden today (Brit) ou is a real circus today (US)

cirrhose [siʀoz] nf cirrhosis ◆ **cirrhose du foie** cirrhosis of the liver

cirrocumulus [siʀokymylys] nm cirrocumulus

cirrostratus [siʀostʀatys] nm cirrostratus

cirrus [siʀys] nm cirrus

cisaille nf, **cisailles** nfpl [sizɑj] → SYN [métal] shears; [fil métallique] wire cutters; [jardinier] (gardening) shears

cisaillement [sizɑjmɑ̃] nm (→ **cisailler**) cutting; clipping, pruning; shearing off

cisailler [sizɑje] → SYN ▸conjug 1◂ vt a (couper) métal to cut; arbuste to clip, prune
b (user) rivet to shear off
c (*: tailler maladroitement) tissu, planche, cheveux to hack

d (*: empêcher la promotion) personne to cripple the career of; carrière to cripple

cisalpin, e [sizalpɛ̃, in] adj cisalpine

ciseau, pl **ciseaux** [sizo] → SYN nm a **(paire de) ciseaux** (gén) [tissu, papier] (pair of) scissors; [métal, laine] shears; [fil métallique] wire cutters ◆ **ciseaux de brodeuse** embroidery scissors ◆ **ciseaux de couturière** dressmaking shears ou scissors ◆ **ciseaux à ongles** nail scissors ◆ **en un coup de ciseaux** with a snip of the scissors ◆ **donner des coups de ciseaux dans un tissu** to cut out a piece of cloth ◆ (fig) **donner des coups de ciseaux dans un texte*** to make cuts in a text
b (Sculp, Tech) chisel ◆ **ciseau à froid** cold chisel
c (Sport: prise) scissors (hold ou grip) ◆ (Ski) **montée en ciseaux** herringbone climb ◆ (Catch) **ciseau de jambes** leg scissors ◆ **faire des ciseaux** to do the scissors → **sauter**

ciselage [siz(ə)laʒ] nm chiselling

ciseler [siz(ə)le] → SYN ▸ conjug 5 ◂ vt (lit) pierre to chisel, carve; métal to chase, chisel; (fig) style to polish ◆ (fig) **les traits finement ciselés de son visage** his finely chiselled features

ciselet [siz(ə)lɛ] nm (small) graver

ciseleur [siz(ə)lœʀ] nm (→ **ciselure**) carver; engraver

ciselure [siz(ə)lyʀ] nf a [bois, marbre] carving, chiselling; [orfèvrerie] engraving, chasing
b (dessin) [bois] carving; [orfèvrerie] engraved ou chased pattern ou design, engraving

Cisjordanie [sisʒɔʀdani] nf ◆ **la Cisjordanie** the West Bank (of Jordan)

ciste[1] [sist] nm (Bot) cyst, rockrose

ciste[2] [sist] nf (Antiq) cist; (coffre) cist, kist

cistercien, -ienne [sistɛʀsjɛ̃, jɛn] 1 adj, nm Cistercian
2 nm Cistercian monk

cis-trans [sistʀɑ̃s] adj ◆ (Bio) **test cis-trans** cis-trans test

cistre [sistʀ] nm (Mus) cittern, cither(n)

cistron [sistʀɔ̃] nm cistron

cistude [sistyd] nf ◆ **cistude d'Europe** European pond turtle

citadelle [sitadɛl] → SYN nf (lit, fig) citadel

citadin, e [sitadɛ̃, in] → SYN 1 adj (gén) town (épith), urban; [grande ville] city (épith), urban
2 nm,f city dweller, urbanite (US)

citateur, -trice [sitatœʀ, tʀis] nm,f citer

citation [sitasjɔ̃] → SYN nf [auteur] quotation; (Jur) summons ◆ **« fin de citation »** "end quotation" ◆ (Jur) **citation à comparaître** (à accusé) summons to appear; (à témoin) subpoena ◆ (Mil) **citation à l'ordre du jour** ou **de l'armée** mention in dispatches

cité [site] → SYN 1 nf (littér) (Antiq, grande ville) city; (petite ville) town; (immeubles) estate (esp Brit), project (US) ◆ **la Cité du Vatican** the Vatican City ◆ (à Québec) **cité parlementaire** Parliament buildings → **droit**[3]
2 COMP ▷ **cité ouvrière** ≃ (workers') housing estate (Brit) ou development (US) ▷ **cité de transit** ≃ halfway house ou hostel, (temporary) hostel for homeless families ▷ **cité universitaire** (student) hall(s) of residence

cité-dortoir, pl **cités-dortoirs** [sitedɔʀtwaʀ] nf dormitory town

cité-jardin, pl **cités-jardins** [siteʒaʀdɛ̃] garden city

citer [site] → SYN ▸ conjug 1 ◂ vt a (rapporter) texte, exemples, faits to quote, cite ◆ **citer (du) Shakespeare** to quote from Shakespeare ◆ **il n'a pas pu citer 3 pièces de Sartre** he couldn't name ou quote 3 plays by Sartre
b **citer (en exemple)** personne to hold up as an example ◆ **il a été cité (en exemple) pour son courage** he has been held up as an example for his courage ◆ (Mil) **citer un soldat (à l'ordre du jour** ou **de l'armée)** to mention a soldier in dispatches
c (Jur) to summon ◆ **citer (à comparaître)** accusé to summon to appear; témoin to subpoena

citerne [sitɛʀn] → SYN nf tank; (à eau) water tank;

cithare [sitaʀ] nf zither; (Antiq) cithara

cithariste [sitaʀist] nmf (gén) zitherist; (Antiq) cithara player

citoyen, -yenne [sitwajɛ̃, jɛn] → SYN 1 nm,f citizen ◆ **citoyen / citoyenne d'honneur d'une ville** freeman / freewoman of a city ou town ◆ **citoyen du monde** citizen of the world
2 nm (*: type) bloke* (Brit), guy* ◆ **drôle de citoyen** oddbod*, oddball* (US)

citoyenneté [sitwajɛnte] nf citizenship

citrate [sitʀat] nm citrate

citrin, e [sitʀɛ̃, in] 1 adj citrine-coloured
2 nf ◆ **citrine** (pierre) citrine

citrique [sitʀik] adj citric

citron [sitʀɔ̃] → SYN 1 nm (fruit) lemon; (*: tête) nut* ◆ **un** ou **du citron pressé** a (fresh) lemon juice ◆ **citron vert** lime → **thé**
2 adj inv lemon(-coloured)

citronnade [sitʀɔnad] nf lemon squash (Brit), still lemonade (Brit), lemonade (US)

citronné, e [sitʀɔne] adj goût, odeur lemony; gâteau lemon(-flavoured); liquide with lemon juice added, lemon-flavoured; eau de toilette lemon-scented

citronnelle [sitʀɔnɛl] nf (Bot, huile) citronella; (liqueur) lemon liqueur

citronnier [sitʀɔnje] nm lemon tree

citrouille [sitʀuj] → SYN nf pumpkin; (*: hum: tête) nut* ◆ **j'ai la tête comme une citrouille*** I think my head is going to explode

citrus [sitʀys] nm citrus

cive [siv] nf (Bot) chive; (Culin) chives (pl)

civet [sivɛ] nm stew ◆ **un lièvre en civet, un civet de lièvre** ≃ jugged hare

civette[1] [sivɛt] → SYN nf (Zool) civet (cat); (parfum) civet

civette[2] [sivɛt] → SYN nf (Bot) chive; (Culin) chives (pl)

civière [sivjɛʀ] → SYN nf stretcher

civil, e [sivil] → SYN 1 adj a (entre citoyens, Jur) guerre, mariage civil ◆ (Pol) **personne de la société civile** lay person → **code, partie**[2]
b (non militaire) civilian
c (littér: poli) civil, courteous
2 nm a (non militaire) civilian ◆ **se mettre en civil** [soldat] to dress in civilian clothes, wear civvies*; [policier] to dress in plain clothes ◆ **policier en civil** plain-clothes policeman, policeman in plain clothes ◆ **soldat en civil** soldier in civvies* ou mufti ou in civilian clothes ◆ **dans le civil** in civilian life, in civvy street*
b (Jur) **poursuivre qn au civil** to take civil action against sb, sue sb in the (civil) courts

civilement [sivilmɑ̃] adv a (Jur) **poursuivre qn civilement** to take civil action against sb, sue sb in the (civil) courts ◆ **être civilement responsable** to be legally responsible ◆ **se marier civilement** to have a civil wedding, ≃ get married in a registry office (Brit) ou be married by a judge (US)
b (littér) civilly

civilisable [sivilizabl] adj civilizable

civilisateur, -trice [sivilizatœʀ, tʀis] 1 adj civilizing
2 nm,f civilizer

civilisation [sivilizasjɔ̃] → SYN nf civilization

civilisé, e [sivilize] → SYN (ptp de **civiliser**) adj civilized

civiliser [sivilize] → SYN ▸ conjug 1 ◂ 1 vt peuple, (*) personne to civilize
2 **se civiliser** vpr [peuple] to become civilized; (*) [personne] to become more civilized

civiliste [sivilist] nmf specialist in civil law

civilité [sivilite] → SYN nf (politesse) civility ◆ (frm: compliments) **civilités** civilities ◆ **faire** ou **présenter ses civilités à** to pay one's compliments to

civique [sivik] adj civic ◆ **avoir le sens civique** to have a sense of civic responsibility → **éducation, instruction**

civisme [sivism] → SYN nm public-spiritedness ◆ **cours de civisme** civics (sg)

cl (abrév de **centilitre**) cl

clabaudage [klabodaʒ] nm gossip; [chien] yapping

clabauder [klabode] → SYN ▸ conjug 1 ◂ vi (médire) to gossip; [chien] to yap ◆ **clabauder contre qn** to make denigrating remarks about sb

clabauderie [klabodʀi] nf ⇒ **clabaudage**

clabaudeur, -euse [klabodœʀ, øz] 1 adj (médisant) gossiping; (aboyant) yapping
2 nm,f (cancanier) gossip

clac [klak] excl [porte] slam!; [élastique, stylo etc] snap!; [fouet] crack! → **clic**

clade [klad] nm (Bio) clade

cladisme [kladism] nm cladism

cladistique [kladistik] 1 adj cladistic
2 nf cladistics (sg)

cladogramme [kladɔgʀam] nm cladogram

clafoutis [klafuti] nm clafoutis *(type of fruit cake, often cherry cake)*

claie [klɛ] → SYN nf [fruit, fromage] rack; (crible) riddle; (clôture) hurdle

clair, e[1] [klɛʀ] → SYN GRAMMAIRE ACTIVE 15.1, 26.6
1 adj a (lumineux) pièce bright, light; ciel clear; couleur, flamme bright ◆ **par temps clair** on a clear day, in clear weather
b (pâle) teint, couleur light; tissu, robe light-coloured ◆ **bleu / vert clair** light blue / green
c (lit, fig: limpide) eau, son, conscience, voyelle clear ◆ **d'une voix claire** in a clear voice ◆ **des vitres propres et claires** clean and sparkling ou clean bright windows
d (peu consistant) sauce, soupe thin; tissu usé thin; tissu peu serré light, thin; blés sparse
e (sans ambiguïté) exposé, pensée, position, attitude clear ◆ **voilà qui est clair!** well, that's clear anyway! ◆ **cette affaire n'est pas claire** there's something slightly suspicious ou not quite clear about this affair ◆ **avoir un esprit clair** to be a clear thinker ◆ **je serai clair avec vous** I'll be frank with you
f (évident) clear, obvious, plain ◆ **le plus clair de l'histoire** the most obvious thing in the story ◆ **il est clair qu'il se trompe** it is clear ou obvious ou plain that he's mistaken ◆ **son affaire est claire, il est coupable** it's quite clear ou obvious that he's guilty ◆ **c'est clair comme le jour** ou **comme de l'eau de roche** it's as clear as daylight, it's crystal-clear ◆ **il passe le plus clair de son temps à rêver** he spends most of his time daydreaming ◆ **il dépense le plus clair de son argent en cigarettes** he spends the better part of his money on cigarettes
2 adv parler, voir clearly ◆ **il fait clair** it is daylight ◆ **il ne fait guère clair dans cette pièce** it's not very light in this room ◆ **il fait aussi clair** ou **on voit aussi clair qu'en plein jour** it's as bright as daylight ◆ **elle ne voit plus très clair** she can't see very well any more
3 nm a LOC **tirer qch au clair** to clear sth up, clarify sth ◆ **en clair** (c'est-à-dire) to put it plainly; (non codé) message in clear ◆ **le journal de 13 heures est en clair** you don't need a decoder to see the 1 o'clock news ◆ **être au clair sur qch** to be clear about ou on sth ◆ **mettre ses idées au clair** to organize one's thoughts ◆ **mettre un brouillon au clair** to copy out a rough draft ◆ **mettre les choses au clair** to make things clear ◆ **mettre les choses au clair avec qn** to get things straight with sb → **sabre**
b (partie usée d'une chaussette) **clairs** worn parts, thin patches
c (Art) **clairs** light (NonC), light areas ◆ **les clairs et les ombres** the light and shade
4 COMP ▷ **clair de lune** moonlight ◆ **au clair de lune** in the moonlight ◆ **promenade au clair de lune** moonlight saunter, stroll in the moonlight ▷ **clair de terre** earthshine, earthlight

clairance [klɛʀɑ̃s] nf (Aviat, Méd) clearance

claire[2] [klɛʀ] → SYN nf (parc) oyster bed ◆ **(huître de) claire** fattened oyster → **fine**[2]

Claire [klɛʀ] nf Cla(i)re

clairement [klɛʀmɑ̃] adv clearly

clairet, -ette [klɛʀɛ, ɛt] 1 adj soupe thin; voix high-pitched ◆ **(vin) clairet** light red wine
2 **clairette** nf light sparkling wine

claire-voie, pl **claires-voies** [klɛʀvwa] nf (clôture) openwork fence; [église] clerestory ◆ **à claire-voie** openwork (épith)

clairière [klɛʀjɛʀ] [→ SYN] nf clearing, glade

clair-obscur, pl **clairs-obscurs** [klɛʀɔpskyʀ] nm (Art) chiaroscuro; (gén) twilight

clairon [klɛʀɔ̃] [→ SYN] nm (instrument) bugle; (joueur) bugler; [orgue] clarion (stop)

claironnant, e [klɛʀɔnɑ̃, ɑ̃t] adj voix strident, resonant, like a foghorn

claironner [klɛʀɔne] [→ SYN] ▸conjug 1◂ **1** vt succès, nouvelle to trumpet, shout from the rooftops

2 vi (parler fort) to speak at the top of one's voice

clairsemé, e [klɛʀsəme] [→ SYN] adj arbres, maisons, applaudissements, auditoire scattered; blés, gazon, cheveux thin, sparse; population sparse, scattered

clairvoyance [klɛʀvwajɑ̃s] [→ SYN] nf (discernement) [personne] clear-sightedness, perceptiveness; [esprit] perceptiveness

clairvoyant, e [klɛʀvwajɑ̃, ɑ̃t] [→ SYN] **1** adj **a** (perspicace) personne clear-sighted, perceptive; œil, esprit perceptive

b (doué de vision) sighted

2 nm,f (Méd) sighted person; (médium) clairvoyant

clam [klam] nm (Zool) clam

clamecer‡ [klamse] ▸conjug 5◂ vi (mourir) to kick the bucket‡, snuff it‡ (Brit)

clamer [klame] [→ SYN] ▸conjug 1◂ vt to shout out, proclaim ◆ **clamer son innocence / son indignation** to proclaim one's innocence / one's indignation

clameur [klamœʀ] [→ SYN] nf clamour ◆ **les clameurs de la foule** the clamour of the crowd ◆ (fig) **les clameurs des mécontents** the protests of the discontented

clamp [klɑ̃p] [→ SYN] nm (pince) clamp

clamper [klɑ̃pe] ▸conjug 1◂ vt to clamp

clamser‡ [klamse] ▸conjug 1◂ vi ⇒ **clamecer**‡

clan [klɑ̃] [→ SYN] nm (lit, fig) clan ◆ **esprit de clan** clannishness ◆ **avoir l'esprit de clan** to be clannish

clandé [klɑ̃de] nm (arg Crime) (maison close) knocking-shop‡ (Brit), brothel; (maison de jeu) gambling joint

clandestin, e [klɑ̃dɛstɛ̃, in] [→ SYN] **1** adj réunion secret, clandestine; revue, mouvement underground (épith); commerce clandestine, illicit; travailleur illegal

2 nm (ouvrier) illegal worker ◆ **(passager) clandestin** stowaway

clandestinement [klɑ̃dɛstinmɑ̃] adv (→ **clandestin**) secretly; clandestinely; illicitly; illegally

clandestinité [klɑ̃dɛstinite] nf **a** [activité] secret nature ◆ **dans la clandestinité** (en secret) travailler, imprimer in secret, clandestinely; (en se cachant) vivre underground ◆ **entrer dans la clandestinité** to go underground ◆ **le journal interdit a continué de paraître dans la clandestinité** the banned newspaper went on being published underground ou clandestinely

b (Hist: la Résistance) **la clandestinité** the Resistance

clap [klap] nm (Ciné) clapperboard

clapet [klapɛ] [→ SYN] nm **a** (Tech) valve; (Élec) rectifier ◆ (Aut) **clapet d'admission / d'échappement** induction / exhaust valve

b (‡: bouche) **ferme ton clapet** hold your tongue*, shut up* ◆ **quel clapet!** what a chatterbox! ou gasbag!*

clapier [klapje] nm **a** (cabane à lapins) hutch; (péj: logement surpeuplé) dump‡, hole*

b (éboulis) scree

clapman [klapman] nm clapper boy

clapotement [klapɔtmɑ̃] nm lap, lapping (NonC)

clapoter [klapɔte] ▸conjug 1◂ vi [eau] to lap

clapotis [klapɔti] nm lap(ping) (NonC)

clappement [klapmɑ̃] nm click(ing) (NonC)

clapper [klape] ▸conjug 1◂ vi ◆ **clapper de la langue** to click one's tongue

claquage [klakaʒ] nm (action) pulling ou straining (of a muscle); (blessure) pulled ou strained muscle ◆ **se faire un claquage** to pull ou strain a muscle

claquant, e* [klakɑ̃, ɑ̃t] adj (fatigant) killing*, exhausting

claque[1] [klak] [→ SYN] nf **a** (gifle) slap ◆ **donner** ou **flanquer*** ou **filer* une claque à qn** to slap sb, give sb a slap ou clout* ◆ (fig: humiliation) **il a pris une claque aux dernières élections** the last election was a slap in the face for him ◆ (fig: choc) **elle a pris une claque quand son mari est parti*** it was a real blow to her when her husband left ◆ **mes économies ont pris une claque pendant les vacances** the holidays made a hole in my savings → **tête**

b LOC **il en a sa claque*** (excédé) he's fed up to the back teeth* (Brit) ou to the teeth* (US); (épuisé) he's dead beat* ou all in*

c (Théât) claque ◆ **faire la claque** to cheer (on), cheerlead (US)

d (Can: protection) galosh, overshoe

claque[2] [klak] adj, nm ◆ **(chapeau) claque** opera hat

claque[3]‡ [klak] [→ SYN] nm knocking-shop‡ (Brit), brothel, whorehouse†*

claqué, e* [klake] (ptp de **claquer**) adj (fatigué) all in*, dead beat*, bushed*

claquement [klakmɑ̃] [→ SYN] nm (bruit répété) [porte] banging (NonC), slamming (NonC); [fouet] cracking (NonC); [langue] clicking (NonC); [doigts] snap(ping) (NonC); [talons] click(ing) (NonC); [dents] chattering (NonC); [drapeau] flapping (NonC); (bruit isolé) [porte] bang, slam; [fouet] crack; [langue] click ◆ **la corde cassa avec un claquement sec** the rope broke with a sharp snap

claquemurer [klakmyʀe] [→ SYN] ▸conjug 1◂ **1** vt to coop up ◆ **il reste claquemuré dans son bureau toute la journée** he stays shut up ou shut away in his office all day

2 **se claquemurer** vpr to shut o.s. away ou up

claquer [klake] [→ SYN] ▸conjug 1◂ **1** vi **a** [porte, volet] to bang; [drapeau] to flap; [fouet] to crack; [coup de feu] to ring out ◆ **faire claquer une porte** to bang ou slam a door ◆ **faire claquer son fouet** to crack one's whip

b **claquer des doigts, faire claquer ses doigts** to click ou snap one's fingers ◆ (Mil) **claquer des talons** to click one's heels ◆ (fig) **claquer du bec**‡ to be famished ◆ **il claquait des dents** his teeth were chattering ◆ **faire claquer sa langue** to click one's tongue

c (‡: mourir) to snuff it‡ (Brit), kick the bucket‡; (*: tomber hors d'usage) [télévision, moteur, lampe électrique] to conk out‡, go phut* (Brit), pack in*; [ficelle, élastique] to snap ◆ **claquer dans les mains** ou **les doigts de qn** [malade] to die on sb; [élastique] to snap in sb's hands; [appareil] to bust* ou go phut* (Brit) in sb's hands; [entreprise, affaire] to go bust on sb* ◆ **il a claqué d'une crise cardiaque** a heart attack finished him off

2 vt **a** (gifler) enfant to slap

b (refermer avec bruit) livre to snap shut ◆ **claquer la porte** (lit) to slam the door (*de* on); (fig) to storm out ◆ (fig) **il a claqué la porte du gouvernement** he left the government in a huff* ◆ **il m'a claqué la porte au nez** (lit) he slammed the door in my face; (fig) he refused to listen to me

c (*: fatiguer) [travail] to exhaust, tire out ◆ **le voyage m'a claqué** I felt whacked* (Brit) ou dead tired after the journey ◆ **claquer son cheval** to wear out ou exhaust one's horse ◆ **ne travaille pas tant, tu vas te claquer** don't work so hard or you'll knock ou wear yourself out ou kill yourself

d (*: casser) to bust* ◆ (Sport) **se claquer un muscle** to pull ou strain a muscle

e (‡: dépenser) argent to blow*, blue* (Brit)

claquette [klakɛt] nf **a** (Danse) **claquettes** tap-dancing ◆ **faire des claquettes** to tap-dance → **danseur**

b (claquoir) clapper; (Ciné) clapperboard

c (tong) flip-flop, thong (US)

claquoir [klakwaʀ] nm clapper

clarification [klaʀifikasjɔ̃] nf (lit, fig) clarification

clarifier vt, **se clarifier** vpr [klaʀifje] [→ SYN] ▸conjug 7◂ (lit, fig) to clarify ◆ **la situation se clarifie** the situation is clarifying itself ou is becoming clear(er)

clarine [klaʀin] nf cowbell

clarinette [klaʀinɛt] nf clarinet

clarinettiste [klaʀinetist] nmf clarinettist

clarisse [klaʀis] nf (Poor) Clare

clarté [klaʀte] [→ SYN] nf **a** (gén: lumière) light; [lampe, crépuscule, astre] light ◆ **clarté douce / vive / faible** soft / bright / weak light ◆ **clarté de la lune** light of the moon, moonlight ◆ **à la clarté de la lampe** in the lamplight, in ou by the light of the lamp

b (transparence, luminosité) [flamme, pièce, jour, ciel] brightness; [eau, son, verre] clearness; [teint] (pureté) clearness; (pâleur) lightness

c (fig: netteté) [explication, pensée, attitude, conférencier] clarity ◆ **clarté d'esprit** clear thinking ◆ **pour plus de clarté** (just) to make myself perfectly clear

d (fig: précisions) **clartés: avoir des clartés sur une question** to have some (further ou bright) ideas on a subject ◆ **cela projette quelques clartés sur la question** this throws some light on the subject

clash [klaʃ] nm clash

classable [klɑsabl] adj documents, plantes classifiable ◆ **elle est difficilement classable** it's hard to size her up ou to categorize her

classe [klɑs] [→ SYN] **1** nf **a** (catégorie sociale) class ◆ (Démographie) **classes creuses** *age groups depleted by war deaths or low natality* ◆ **les classes moyennes** the middle classes ◆ **les basses / hautes classes (sociales)** the lower / upper (social) classes ◆ **la classe laborieuse** ou **ouvrière** the working class ◆ **la classe politique** the political community ◆ **selon sa classe sociale** according to one's social status ou social class ◆ **(société) sans classe** classless (society)

b (gén, Sci: espèce) class; (Admin: rang) grade ◆ **cela s'adresse à toutes les classes d'utilisateurs** it is aimed at every category of user ◆ (fig) **il est vraiment à mettre dans une classe à part** he's really in a class of his own ou a class apart ◆ (Admin) **cadre de première / deuxième classe** first / second grade manager ◆ (Comm) **hôtel de première classe** first class hotel ◆ (Gram) **classe grammaticale** ou **de mots** grammatical category, part of speech ◆ **classe d'âge** age group ◆ **établissement de classe** high-class establishment ◆ **de classe internationale** of international standing

c (Aviat, Rail) class ◆ **compartiment / billet de 1re / 2e classe** 1st / 2nd class compartment / ticket ◆ **voyager en 1re classe** to travel 1st class ◆ (Aviat) **classe affaires / club / touriste** business / club / economy class

d (gén, Sport: valeur) class ◆ **liqueur / artiste de (grande) classe** liqueur / artist of great distinction ◆ **de classe internationale** of international class ◆ **elle a de la classe** she's got class ◆ **ils ne sont pas de la même classe, ils n'ont pas la même classe** they're not in the same class ◆ **la classe!*** classy!* ◆ **ils sont descendus au Ritz – la classe quoi!*** they stayed at the Ritz – classy, eh?*

e (Scol: ensemble d'élèves) form (Brit), class; (division administrative) form; (année d'études secondaires) year ◆ **les grandes classes, les classes supérieures** the senior school (Brit), the high school (US), the upper forms (Brit) ou classes (US) ◆ **les petites classes** the junior school (Brit), grade school (US), the lower forms (Brit) ou classes (US) ◆ **classe préparatoire aux grandes écoles** *class preparing for entrance to the grandes écoles* ◆ **il est en classe de 6e** he is in the 1st year (Brit) ou 5th grade (US) ◆ **toutes les classes de première** all the 6th forms (Brit), all the 6th year ◆ **monter de classe** to go up a class ◆ **il est (le) premier / (le) dernier de la classe** he is top / bottom of the form (Brit) ou class ◆ **classe enfantine** playschool ◆ **classe de solfège / de danse** musical theory / dancing lesson ◆ **partir en classe verte** ou **de nature** ≃ to go to the country with the school ◆ **partir en classe de neige / de mer** ≃ to go skiing / to the seaside with the school → **redoubler**

f (Scol) (cours, leçon) class ◆ (l'école) **la classe** school ◆ **la classe d'histoire / de français** the history / French class ◆ **aller en classe** to go to school ◆ **pendant / après la classe** ou **les heures de classe** during / after school ou school hours ◆ **à l'école primaire la classe se termine** ou **les élèves sortent de classe à 16 heures** school finishes ou classes finish at 4 o'clock in primary school ◆ **il est en classe** (en cours) [professeur] he is in class, he is teaching; [élève] he is in class ou at lessons; (à l'école) [élève] he is at school ◆ **faire la classe : c'est M. X qui leur fait la classe** (habituellement) Mr X is their (primary school) teacher, Mr X takes them at (primary) school; (en remplacement) Mr X is their replacement (primary school) teacher

g (Scol : salle) classroom; (d'une classe particulière) form room (Brit), homeroom (US) ◆ **il est turbulent en classe** he's disruptive in class ou in the classroom ◆ **les élèves viennent d'entrer en classe** the pupils have just gone into class

h (Mil) (rang) **militaire** ou **soldat de 1re classe** (armée de terre) ≃ private (Brit), private first class (US); (armée de l'air) ≃ leading aircraftman (Brit), airman first class (US) ◆ **militaire** ou **soldat de 2e classe** (terre) private (soldier); (air) aircraftman (Brit), airman basic (US) ◆ (contingent) **la classe de 1987** the 1987 class, the class of '87 ◆ **ils sont de la même classe** they were called up at the same time ◆ **faire ses classes** (lit) to do one's recruit training; (fig) to learn the ropes*, serve one's apprenticeship (fig)

2 adj inv* fille, vêtements, voiture classy* ◆ **ça fait classe** it adds a touch of class*

classé, e [klase] adj bâtiment, monument listed, with a preservation order on it; vins classified ◆ **joueur classé** ≃ (Tennis) officially graded player; (Bridge) graded ou master player

classement [klasmɑ̃] → SYN nm **a** (rangement) [papiers] filing; [livres] classification; [fruits] grading ◆ **faire un classement par ordre de taille** to grade by size ◆ **faire un classement par sujet** to classify by subject matter ◆ **j'ai fait du classement toute la journée** I've spent all day filing ou classifying ◆ **classement alphabétique** alphabetical classification ◆ **j'ai fait un peu de classement dans mes factures** I've put my bills into some kind of order

b (classification) [fonctionnaire, élève] grading; [joueur] grading, ranking; [hôtel] grading, classification ◆ **on devrait supprimer le classement des élèves** they ought to stop grading pupils

c (rang) [élève] place (Brit) ou rank (US) (in class), position in class; [coureur] placing ◆ **avoir un bon / mauvais classement** [élève] to get a high / low place in class (Brit), be ranked high / low in class (US); [coureur] to be well / poorly placed ◆ **le classement des coureurs à l'arrivée** the placing of the runners at the finishing line

d (liste) [élèves] class list (in order of merit) ◆ **classer un édifice monument historique** to list a building (Brit), put a building on the historical register (US) ◆ **classer un édifice monument historique** to list a building (Brit), put a building on the historical register (US); [coureurs] finishing list; [équipes] league table ◆ **je vais vous lire le classement** I'm going to read you your (final) placings (in class) ◆ (Cyclisme) **classement général** overall placings ◆ **premier au classement général / au classement de l'étape** first overall / for the stage

e (clôture) [affaire] closing

classer [klase] → SYN ▸conjug 1◂ **1** vt **a** (ranger) papiers to file; livres to classify; documents to file, classify ◆ **classer des livres par sujet** to classify books by ou according to subject (matter) ◆ **classer des factures par année / client** to file invoices according to the year / the customer's name

b (Sci : classifier) animaux, plantes to classify

c (hiérarchiser) employé, fruits to grade; élève, joueur, copie to grade; hôtel to grade, classify ◆ **classer des copies de composition (par ordre de mérite)** to arrange ou grade exam papers in order of merit ◆ **classer un édifice monument historique** to list a building (Brit), put a building on the historical register (US) ◆ **X, que l'on classe parmi les meilleurs violonistes** X, who ranks among the top violinists

d (clore) affaire, dossier to close ◆ **c'est une affaire classée maintenant** that matter is closed now

e (péj : cataloguer) personne to size up*, categorize

2 **se classer** vpr ◆ **se classer premier / parmi les premiers** to be ou come (Brit) ou come in (US) first / among the first ◆ (Courses) **le favori s'est classé 3e** the favourite finished ou came (in) 3rd ◆ **ce livre se classe au nombre des grands chefs-d'œuvre littéraires** this book ranks among the great works of literature

classeur [klasœʀ] nm (meuble) filing cabinet; (dossier) (loose-leaf) file; (à tirette) binder ◆ **classeur à anneaux** ring binder ◆ **classeur à rideau** roll-top cabinet

classicisme [klasisism] nm (Art) classicism; (gén : conformisme) conventionality

classieux, -ieuse* [klasjø, jøz] adj classy*

classificateur, -trice [klasifikatœʀ, tʀis] **1** adj procédé, méthode classifying; (fig : méthodique) esprit methodical, orderly ◆ **obsession classificatrice** mania for categorizing ou classifying things

2 nm,f classifier

classification [klasifikasjɔ̃] → SYN nf classification

classificatoire [klasifikatwaʀ] adj classificatory

classifier [klasifje] → SYN ▸conjug 7◂ vt to classify

classique [klasik] → SYN **1** adj **a** (Art) auteur, genre, musique classical; (Ling) langue classical ◆ **il préfère le classique** he prefers classical music (ou literature ou painting)

b (sobre) coupe, vêtement, ameublement, décoration classic, classical ◆ **j'aime mieux le classique que tous ces meubles modernes** I prefer a classic ou classical style of furniture to any of these modern styles

c (habituel) argument, réponse, méthode standard, classic; conséquence usual; symptôme usual, classic; détergent ordinary, regular (US) ◆ **c'est classique !** it's the usual ou classic situation! ◆ **c'est le coup classique !*** it's the usual thing ◆ **c'est la question / la plaisanterie classique dans ces cas-là** it's the classic question / joke on those occasions ◆ **son mari buvait, alors elle l'a quitté, c'est classique** her husband drank, so she left him – it's the usual ou classic situation ◆ **le cambriolage s'est déroulé suivant le plan classique** the burglary followed the standard ou recognized pattern

d (banal) situation, maladie classic, standard ◆ **grâce à une opération maintenant classique, on peut guérir cette infirmité** thanks to an operation which is now quite usual ou standard, this disability can be cured

e (Scol : littéraire) **faire des études classiques** to do classical studies, study classics ◆ **il est en section classique** he's in the classics stream → **lettre**

2 nm **a** (auteur) (Antiq) classical author; (classicisme français) classic, classicist ◆ (grand écrivain) **(auteur) classique** classic (author)

b (ouvrage) classic ◆ **un classique du cinéma** a classic of the cinema ◆ **c'est un classique du genre** it's a classic of its kind ◆ (hum) **je connais mes classiques !*** I know my classics!

3 nf (Sport) classic; (Cyclisme) one-day road race

classiquement [klasikmɑ̃] adv classically

claudication [klodikasjɔ̃] nf (littér) limp

claudiquer [klodike] ▸conjug 1◂ vi (littér) to limp

clause [kloz] → SYN nf (Gram, Jur) clause ◆ **clause dérogatoire** escape clause ◆ **clause pénale** penalty clause ◆ **clause de style** standard ou set clause ◆ **clause résolutoire** resolutive clause

claustral, e, mpl **-aux** [klostʀal, o] → SYN adj monastic, cloistral, claustral

claustration [klostʀasjɔ̃] → SYN nf confinement

claustrer [klostʀe] → SYN ▸conjug 1◂ **1** vt (enfermer) to confine

2 **se claustrer** vpr to shut o.s. up ou away ◆ (fig) **se claustrer dans** to wrap ou enclose o.s. in

claustrophobe [klostʀɔfɔb] adj, nmf claustrophobic

claustrophobie [klostʀɔfɔbi] nf claustrophobia

clausule [klozyl] → SYN nf clausula

claveau, pl **claveaux** [klavo] nm (Archit) voussoir

clavecin [klav(ə)sɛ̃] → SYN nm harpsichord ◆ (Mus) **"Le Clavecin bien tempéré"** "The Well-tempered Klavier"

claveciniste [klav(ə)sinist] nmf harpsichordist

clavelée [klav(ə)le] nf sheep pox

clavette [klavɛt] nf (Tech) [boulon] key, cotter pin

clavicorde [klavikɔʀd] nm clavichord

claviculaire [klavikylɛʀ] adj clavicular, claviculate

clavicule [klavikyl] nf collarbone, clavicle (spéc)

clavier [klavje] nm (lit) keyboard; (fig : registre) range ◆ orgue, clavecin **à un / deux clavier(s)** single- / double-manual (épith) ◆ **clavier AZERTY / QWERTY** AZERTY / QWERTY keyboard ◆ (Mus) **"Le Clavier bien tempéré"** "The Well-tempered Klavier"

claviste [klavist] nmf keyboard operator

clayère [klɛjɛʀ] nf oyster bed ou bank ou park

clayette [klɛjɛt] nf (étagère) wicker ou wire rack; (cageot à fruits) tray; [réfrigérateur] shelf

clayon [klɛjɔ̃] nm (étagère) rack; (plateau) tray

clé [kle] ⇒ **clef**

clean* [klin] adj inv **a** homme clean-cut; femme squeaky-clean*; vêtements smart; décor stark ◆ **c'est vraiment clean chez eux** their place is really starkly decorated (ou furnished)

b (arg Drogue) clean

clearing [kliʀiŋ] nm (Comm, Fin) clearing ◆ **accord de clearing** clearing agreement ◆ **clearing des changes** foreign currency clearing

clébard* [klebaʀ] nm, **clebs*** [klɛps] nm (péj : chien) dog, hound (hum), mutt‡

clef [kle] → SYN **1** nf **a** [serrure, pendule, boîte de conserve] key; [poêle] damper; (fig) [mystère, réussite, code, rêve] key (*de* to); (position stratégique) key ◆ **la clef de la porte d'entrée** the (front) door key ◆ **la clef est sur la porte** the key is in the door ◆ **Avignon, clef de la Provence** Avignon, the key to Provence ◆ **la clef des songes** the interpretation of dreams ◆ **la préface nous fournit quelques clefs** the preface offers a few clues → **fermer, tour**[2]

b (Tech) spanner (Brit), wrench ◆ **un jeu de clefs** a set of spanners ou wrenches

c (Mus) [guitare, violon] peg; [clarinette] key; [gamme] clef; [accordeur] key ◆ **clef de fa / de sol / d'ut** bass ou F / treble ou G / alto ou C clef ◆ **il y a trois dièses à la clef** the key signature has 3 sharps ◆ **avec une altération à la clef** with a change in the key signature

d LOC **personnage à clefs** real-life character disguised under a fictitious name ◆ **roman** ou **livre à clefs** roman à clef, *novel in which actual persons appear as fictitious characters* ◆ (Comm) **acheter un appartement clefs en main** to buy a flat ready for immediate occupation ou with immediate entry ◆ **prix clefs en main** [voiture] price on the road, on-the-road price (Brit), sticker price (US); [appartement] price with immediate entry ou possession ou occupation ◆ (fig) **à la clef* : il y a une récompense à la clef** there's a reward at the end of it all ou at the end of the day ◆ **je vais les mettre en retenue, avec un devoir à la clef** I'll keep them behind, and give them an exercise into the bargain ◆ **mettre sous clef** (à l'abri, en prison) to put under lock and key ◆ **mettre la clef sous la porte** ou **le paillasson** (faire faillite) to shut up shop; (s'enfuir) to do a bunk‡ (Brit), clear out ◆ **prendre la clef des champs** [criminel] to take to the country, clear out; (gén) to run away ou off ◆ **donner la clef des champs à qn / un animal** to let sb / an animal go, give sb / an animal

his/its freedom ◆ **les clefs du Paradis** the keys to the Kingdom ◆ **les clefs de saint Pierre** St Peter's keys
2 adj inv key (épith) ◆ **position-/industrie-clef** key position/industry → **mot**
3 COMP ▷ **clef Allen** Allen spanner (Brit) ou wrench ▷ **clef anglaise** ⇒ **clef à molette** ▷ **clef à bougie** spark plug swivel ▷ **clef de bras** (Lutte) hammerlock ▷ **clef de contact** (Aut) ignition key ▷ **clef à crémaillère** shifting spanner (Brit) ou wrench ▷ **clef crocodile** aligator spanner (Brit) ou wrench ▷ **clef en croix** wheel brace ▷ **clef dynamométrique** torque wrench ▷ **clef à ergot** spanner wrench ▷ **clef forée** pipe key ▷ **clef à fourche** ⇒ **clef plate** ▷ **clef à molette** adjustable wrench ou spanner (Brit), monkey wrench ▷ **clef à pipe** hex key (wrench) ▷ **clef plate** open-end ou fork spanner (Brit) ou wrench ▷ **clef polygonale** box spanner (Brit) ou wrench ▷ **clef en tube** hex key (wrench) ▷ **clef universelle** adjustable spanner (Brit) ou wrench ▷ **clef de voûte** (Archit, fig) keystone

clématite [klematit] nf clematis

clémence [klemɑ̃s] → SYN nf (douceur) [temps] mildness, clemency (frm); (indulgence) [juge] clemency, leniency

clément, e [klemɑ̃, ɑ̃t] → SYN adj (doux) temps mild, clement (frm); (indulgent) juge etc lenient ◆ **se montrer clément** to show clemency → **ciel**

clémentine [klemɑ̃tin] nf clementine

clémentinier [klemɑ̃tinje] nm clementine tree

clenche [klɑ̃ʃ] nf latch

Cléopâtre [kleɔpɑtʀ] nf Cleopatra

cleptomane [klɛptɔman] nmf ⇒ **kleptomane**

cleptomanie [klɛptɔmani] nf ⇒ **kleptomanie**

clerc [klɛʀ] → SYN nm **a** [notaire] clerk → **pas**[1]
b (Rel) cleric
c (††: lettré) (learned) scholar ◆ **être (grand) clerc en la matière** to be an expert on the subject ◆ **on n'a pas besoin d'être grand clerc pour deviner ce qui s'est passé!** you don't need to be a genius to guess what happened!

clergé [klɛʀʒe] → SYN nm clergy

clérical, e, mpl **-aux** [kleʀikal, o] **1** adj (Rel) clerical
2 nm,f clerical, supporter of the clergy

cléricalisme [kleʀikalism] nm clericalism

clic [klik] nm **a** (bruit) click ◆ **le clic-clac des sabots de cheval** the clip(pety)-clop of the horses' hooves ◆ **le clic-clac de talons sur le parquet** the tap ou the clickety-clack of heels on the wooden floor
b (TV) **clics** sparkles, sparklies*

clichage [kliʃaʒ] nm stereotype, stereotypy

cliché [kliʃe] → SYN nm (lieu commun) cliché; (Phot) negative; (Typ) plate

clicher [kliʃe] ▸ conjug 1 ◂ vt to stereotype

clicheur, -euse [kliʃœʀ, øz] nm,f stereotyper, stereotypist

client, cliente [klijɑ̃, klijɑ̃t] → SYN nm,f **a** [magasin, restaurant] customer; [coiffeur] client, customer; [avocat] client; [hôtel] guest, patron; [médecin] patient; [taxi] fare ◆ **être client d'un magasin** to patronize a shop, be a regular customer at a shop ◆ **le boucher me sert bien parce que je suis (une) cliente** the butcher gives me good service as I'm a regular customer (of his) ou as I'm one of his regulars ◆ **le client a toujours raison** the customer is always right ◆ (Écon) **la France est un gros client de l'Allemagne** France is a large trading customer of Germany ◆ (fig) **je ne suis pas client*** it's not my thing* ou my cup of tea*
b (* péj : individu) bloke* (Brit), guy* ◆ **c'est un drôle de client** he's an odd customer ou bloke* ◆ **pour le titre de champion du monde, X est un client sérieux** X is a hot contender for ou X is making a strong bid for the world championship
c (Antiq : protégé) client

[illegible]èle [klijɑ̃tɛl] nf **a** (ensemble des clients) [res-[illegible]hôtel, coiffeur] clientèle; [magasin] cus-[illegible]ientèle; [avocat, médecin] practice; [illegible]s ◆ **le boucher a une nombreuse clientèle** the butcher has a large clientèle ou has many customers ◆ (Pol, fig) **le candidat a conservé sa clientèle électorale au 2e tour** the candidate held on to his voters at the second round ◆ **la clientèle d'un parti politique** the supporters of a political party
b (fait d'être client) custom, business ◆ **accorder sa clientèle à qn** to give sb one's custom ou business, patronize sb ◆ **retirer sa clientèle à qn** to withdraw one's custom from sb, take one's business away from sb
c (Antiq : protégés) clients

clientélisme [klijɑ̃telism] nm (péj) vote-catching ◆ **c'est du clientélisme** it's just a vote-catching gimmick

clientéliste [klijɑ̃telist] adj mesures vote-catching (épith)

clignement [kliɲ(ə)mɑ̃] → SYN nm blinking (NonC) ◆ **cela l'obligeait à des clignements d'yeux continuels** it made him blink continually ◆ **un clignement d'œil** a wink

cligner [kliɲe] → SYN ▸ conjug 1 ◂ vt, vt indir ◆ **cligner les** ou **des yeux** (clignoter) to blink; (fermer à moitié) to screw up one's eyes ◆ **cligner de l'œil** to wink (*en direction de* at)

clignotant, e [kliɲɔtɑ̃, ɑ̃t] → SYN **1** adj lumière (vacillant) flickering; (intermittent, pour signal) flashing, winking
2 nm (Aut) indicator; (Écon fig : indice de danger) warning light (fig) ◆ (Aut) **mettre son clignotant (pour tourner)** to indicate (that one is about to turn) ◆ (fig) **tous les clignotants sont allumés** all the warning signs ou danger signals are flashing

clignotement [kliɲɔtmɑ̃] nm (→ **clignoter**) blinking; twinkling; flickering; flashing, winking ◆ **les clignotements de la lampe** the flickering of the lamplight

clignoter [kliɲɔte] ▸ conjug 1 ◂ vi [yeux] to blink; [étoile] to twinkle; [lumière] (vaciller) to flicker; (vu de loin) to twinkle; (pour signal) to flash, wink ◆ **clignoter des yeux** to blink

climat [klima] → SYN nm (lit, fig) climate; (littér : contrée) clime (littér) ◆ **dans** ou **sous nos climats** in our climate ◆ **le climat social/politique** the social/political climate

climatère [klimatɛʀ] → SYN nm (Physiol) climacteric

climatique [klimatik] adj climatic → **station**

climatisation [klimatizasjɔ̃] nf air conditioning

climatiser [klimatize] ▸ conjug 1 ◂ vt pièce, atmosphère to air-condition; (Tech) appareil to adapt for use in severe conditions ◆ **air climatisé** air conditioning

climatiseur [klimatizœʀ] nm air conditioner

climatologie [klimatɔlɔʒi] nf climatology

climatologique [klimatɔlɔʒik] adj climatological

climatologiste [klimatɔlɔʒist], **climatologue** [klimatɔlɔg] nmf climatologist

climax [klimaks] nm (Écol) climax

clin [klɛ̃] → SYN nm ◆ **clin d'œil** (pl clins d'œil ou **d'yeux**) (lit) wink; (fig : dans un roman/film) allusion, veiled reference ◆ (fig) **c'est un clin d'œil aux Marx Brothers** it's a nod in the direction of the Marx Brothers ◆ **c'est un clin d'œil au lecteur** it is a veiled message to the reader ◆ **faire un clin d'œil** (lit) to wink (*à* at); (fig) to make a veiled reference (*à* to) ◆ **en un clin d'œil** in a flash, in the twinkling of an eye

clinfoc [klɛ̃fɔk] nm flying jib

clinicat [klinika] nm ≃ registrarship

clinicien, -ienne [klinisjɛ̃, jɛn] → SYN nm,f clinician

clinique [klinik] → SYN **1** adj clinical → **mort**[1]
2 nf **a** (établissement) nursing home, private hospital, private clinic; (section d'hôpital) clinic ◆ **clinique d'accouchement** maternity home → **chef**[1]
b (enseignement) clinic

cliniquement [klinikmɑ̃] adv clinically

clinomètre [klinɔmɛtʀ] nm clinometer

clinquant, e [klɛ̃kɑ̃, ɑ̃t] → SYN **1** adj bijoux, décor, langage flashy
2 nm (lamelles brillantes) tinsel; (faux bijoux) imitation ou tawdry jewellery; (fig) [opéra, style] flashiness

Clio [klijo] nf (muse) Clio

clip [klip] → SYN nm **a** (broche) brooch
b (boucle d'oreilles) clip-on
c (vidéo) **clip** (promo) video
d (Chirurgie) clamp

clique [klik] → SYN nf **a** (péj : bande) clique, set
b (Mil : orchestre) band (of bugles and drums)
c **prendre ses cliques et ses claques (et s'en aller)** to pack up (and go), pack one's bags (and leave)

cliquer [klike] ▸ conjug 1 ◂ vi to click

cliquet [klikɛ] nm pawl

cliquètement [klikɛtmɑ̃] nm ⇒ **cliquetis**

cliqueter [klik(ə)te] ▸ conjug 4 ◂ vi [monnaie] to jingle, clink, chink; [dés] to rattle; [vaisselle] to clatter; [verres] to clink, chink; [chaînes] to clank; [ferraille] to jangle; [mécanisme] to go clickety-clack; [armes] to clash; (Aut) [moteur] to pink, knock ◆ **j'entends quelque chose qui cliquette** I (can) hear something clinking

cliquetis [klik(ə)ti] → SYN nm [clefs] jingle (NonC), clink (NonC), jingling (NonC), clinking (NonC); [vaisselle] clatter (NonC); [verres] clink (NonC), clinking (NonC); [chaînes] clank (NonC), clanking (NonC); [ferraille] jangle (NonC), jangling (NonC); [mécanisme] clickety-clack (NonC); [armes] clash (NonC); (Aut) [moteur] pinking ou knocking sound, pinking (NonC); [machine à écrire] rattle (NonC), clicking (NonC) ◆ **on entendait un cliquetis** ou **des cliquetis de vaisselle** we could hear the clatter of dishes ◆ **des cliquetis se firent entendre** clinking noises could be heard ◆ **un cliquetis de mots** a jingle of words

cliquettement [klikɛtmɑ̃] nm ⇒ **cliquetis**

clisse [klis] nf **a** [fromage] wicker tray
b [bouteille] wicker covering

clisser [klise] ▸ conjug 1 ◂ vt bouteille to cover with wicker(work)

clitocybe [klitosib] nm agaric

clitoridectomie [klitɔʀidɛktomi] nf clitoridectomy

clitoridien, -ienne [klitɔʀidjɛ̃, jɛn] adj clitoral

clitoris [klitɔʀis] nm clitoris

clivage [klivaʒ] → SYN nm (Géol : fissure) cleavage; (Minér) (action) cleaving; (résultat) cleavage; (fig) [groupes] cleavage, split, division; [idées] distinction, split (*de* in)

cliver vt, **se cliver** vpr [klive] → SYN ▸ conjug 1 ◂ (Minér) to cleave

cloaque [klɔak] → SYN nm (lit, fig : lieu de corruption) cesspool, cesspit; (Zool) cloaca; (fig : endroit sale) pigsty, dump*, tip* (Brit)

clochard, e [klɔʃaʀ, aʀd] → SYN nm,f down-and-out, tramp

clochardisation [klɔʃaʀdizasjɔ̃] → SYN nf [personne] turning into a down-and-out ou a tramp

clochardiser [klɔʃaʀdize] ▸ conjug 1 ◂ **1** vt personne to turn into a down-and-out ou a tramp
2 **se clochardiser** vpr [personne] to turn into a down-and-out ou a tramp ◆ **la ville se clochardise** more and more down-and-outs ou tramps are appearing in the town

cloche [klɔʃ] → SYN **1** nf **a** [église] bell ◆ **en forme de cloche** bell-shaped ◆ **courbe en cloche** bell-shaped curve → **son**[2]
b (couvercle) [plat] dishcover, lid; [plantes, légumes] cloche
c (*) (imbécile) clot* (Brit), idiot; (clochard) tramp, down-and-out ◆ **la cloche** (les clochards) (the) down-and-outs; (l'existence de clochard) a tramp's life
d (Chim) bell jar
2 adj **a** (évasé) jupe bell-shaped ◆ **chapeau cloche** cloche hat
b (*: idiot) idiotic, silly ◆ **qu'il est cloche ce type!** what a (silly) clot* (Brit) ou idiot he is!
3 COMP ▷ **cloche à fromage** cheese cover ▷ **cloche à plongeur** diving bell

cloche-pied [klɔʃpje] adv ◆ **à cloche-pied** hopping ◆ **il partit (en sautant) à cloche-pied** he hopped away ou off

clocher[1] [klɔʃe] → SYN nm **a** (Archit) (en pointe) steeple; (quadrangulaire) church tower
b (fig: paroisse) **revoir son clocher** to see one's home town ou native heath (Brit) again ◆ **de clocher** mentalité parochial, small-town (épith); rivalités local, parochial → **esprit**

clocher[2] [klɔʃe] → SYN ▸ conjug 1 ◂ vi **a** (*: être défectueux) [raisonnement] to be cockeyed* ◆ **qu'est-ce qui cloche donc?** what's up (with you)?* ◆ **pourvu que rien ne cloche** provided nothing goes wrong ou there are no hitches ◆ **il y a quelque chose qui cloche (dans ce qu'il dit)** there's something which doesn't quite fit ou something not quite right in what he says ◆ **il y a quelque chose qui cloche dans le moteur** there's something not quite right ou there's something up* with the engine
b (rare: boiter) to limp

clocheton [klɔʃtɔ̃] nm (Archit) pinnacle

clochette [klɔʃɛt] → SYN nf (small) bell; (Bot) (partie de fleur) bell; (fleur) bellflower

clodo* [klodo] nm tramp, bum* (US)

cloison [klwazɔ̃] → SYN nf **a** (Constr) partition (wall)
b (Anat, Bot) septum, partition
c (Naut) bulkhead ◆ **cloison étanche** (lit) watertight compartment; (fig) impenetrable barrier
d (fig) barrier ◆ **les cloisons entre les différentes classes sociales** the barriers between the different social classes

cloisonnage [klwazɔnaʒ] nm partitioning

cloisonné, e [klwazɔne] (ptp de **cloisonner**) adj ◆ **être cloisonné** [sciences, services administratifs] to be (highly) compartmentalized, be cut off from one another ◆ **se sentir cloisonné** to feel shut ou cut off ◆ **nous vivons dans un monde cloisonné** we live in a compartmentalized world

cloisonnement [klwazɔnmɑ̃] nm (→ **cloisonner**: action, résultat) dividing up; partitioning (off); compartmentalization

cloisonner [klwazɔne] → SYN ▸ conjug 1 ◂ vt maison to divide up, partition; tiroir to divide up; (fig: compartimenter) activités, secteurs to compartmentalize

cloisonnisme [klwazɔnism] nm (Art) synthetism

cloître [klwatʀ] → SYN nm cloister

cloîtrer [klwatʀe] → SYN ▸ conjug 1 ◂ **1** vt (enfermer) to shut away (*dans* in); (Rel) to cloister ◆ **cloîtrer une jeune fille** (lit) to put a girl in a convent; (fig) to keep a girl shut away (from the rest of society) ◆ **couvent / religieux cloîtré** enclosed order / monk
2 **se cloîtrer** vpr (s'enfermer) to shut o.s. up ou away, cloister o.s. (*dans* in); (Rel) to enter a convent ou monastery ◆ **il est resté cloîtré dans sa chambre pendant 2 jours** he stayed shut up ou away in his room for 2 days ◆ **ils vivent cloîtrés chez eux sans jamais voir personne** they cut themselves off from the world ou they live cloistered lives and never see anyone

clonage [klonaʒ] nm cloning

clone [klon] nm (Bio, Ordin) clone

cloner [klone] ▸ conjug 1 ◂ vt to clone

clonique [klɔnik] adj clonic

clonus [klɔnys] nm clonus

clope* [klɔp] nm ou f fag* (Brit), cig*, smoke*

clopin-clopant [klɔpɛ̃klɔpɑ̃] adv **a** (en boitillant) **marcher clopin-clopant** to hobble along ◆ **il vint vers nous clopin-clopant** he hobbled towards us ◆ **sortir / entrer clopin-clopant** to hobble out / in
b (fig) **les affaires allaient clopin-clopant** business was struggling along ou was just ticking over (Brit) ◆ **comment ça va? – clopin-clopant** how are things? – so-so*

clopiner [klɔpine] → SYN ▸ conjug 1 ◂ vi (boitiller) to hobble ou limp along ◆ **clopiner vers** to hobble ou limp to(wards)

clopinettes* [klɔpinɛt] nfpl ◆ **des clopinettes** peanuts* ◆ **travailler pour des clopinettes** to work for peanuts*

cloporte [klɔpɔʀt] nm (Zool) woodlouse; (fig péj) creep*

cloque [klɔk] → SYN nf [peau, peinture] blister; (Bot) peach leaf curl ou blister ◆ **être en cloque**⁑ to be in the club⁑ (Brit) ou knocked up⁑ (US) ◆ **il l'a mise en cloque**⁑ he got her in the club⁑ (Brit), he knocked her up⁑

cloqué, e [klɔke] (ptp de **cloquer**) **1** adj feuilles, peinture blistered ◆ **étoffe cloquée** seersucker (NonC)
2 nm (Tex) seersucker

cloquer [klɔke] → SYN ▸ conjug 1 ◂ **1** vi [peau, peinture] to blister
2 vt étoffe to crinkle

clore [klɔʀ] → SYN ▸ conjug 45 ◂ GRAMMAIRE ACTIVE 26.4 vt **a** (clôturer) liste, débat to close; livre, discours to end, conclude; (Fin) compte to close ◆ **la séance est close** the meeting is closed ou finished ◆ **l'incident est clos** the matter is closed ◆ **le débat s'est clos sur cette remarque** the discussion ended ou closed with that remark
b (être la fin de) spectacle, discours to end, conclude; livre to end ◆ **une description clôt le chapitre** the chapter closes ou ends ou concludes with a description
c († ou littér: conclure) accord, marché to conclude
d (littér: entourer) terrain, ville to enclose (*de* with)
e (littér: fermer) porte, volets to close, shut; lettre to seal; chemin, passage to close off, seal off ◆ (fig) **clore le bec*** ou **la bouche à qn** to shut sb up*, make sb be quiet

clos, close [klo, kloz] → SYN (ptp de **clore**) **1** adj système, ensemble closed; espace enclosed ◆ **les yeux clos** ou **les paupières closes, il ...** with his eyes closed ou shut, he ... → **huis, maison**
2 nm (pré) (enclosed) field; (vignoble) vineyard ◆ **un clos de pommiers** an apple orchard ◆ (Jur) **donner** ou **fournir le clos et le couvert** to provide food and shelter

closeau, pl **closeaux** [klozo] nm, **closerie** [klozʀi] nf small (enclosed) field

clostridies [klɔstʀidi] nfpl ◆ **les clostridies** the Clostridia (spéc)

Clotilde [klɔtild] nf Clotilda

clôture [klotyʀ] → SYN nf **a** (enceinte) (en planches) fence, paling; (en fil de fer) (wire) fence; (haies, arbustes etc) hedge; (en ciment) wall ◆ **mur / grille de clôture** outer ou surrounding wall / railing → **bris**
b (fermeture) [débat, liste, compte] closing, closure; [bureaux, magasins] closing ◆ (Ciné, Théât) **clôture annuelle** annual closure ◆ **il faut y aller avant la clôture** (du festival) we must go before it ends ou is over; (d'une pièce) we must go before it closes ou ends; (du magasin) we must go before it closes ou shuts ◆ **séance / date de clôture** closing session / date ◆ (Bourse) **cours de clôture** closing price ◆ **combien valait le dollar en clôture?** what did the dollar close at? ◆ **débat de clôture** adjournment debate
c [monastère] enclosure

clôturer [klotyʀe] → SYN ▸ conjug 1 ◂ **1** vt **a** jardin, champ to enclose, fence
b débats, liste, compte to close; inscriptions to close (the list of)
2 vi (Bourse) to close ◆ **la séance a clôturé en baisse** prices were down at the close of dealing ◆ **le dollar a clôturé à 5,95F** the dollar closed at 5.95 francs

clou [klu] → SYN **1** nm **a** (gén) nail; (décoratif) stud ◆ **fixe-le avec un clou** nail it up (ou down ou on) ◆ **pendre son chapeau à un clou** to hang one's hat on a nail
b [chaussée] stud ◆ **traverser aux** ou **dans les clous, prendre les clous (pour traverser)** to cross at the pedestrian ou zebra (Brit) crossing ou at the crosswalk (US)
c (Méd) boil
d (attraction principale) [spectacle] star attraction ou turn ◆ **le clou de la soirée** the highlight ou the star turn of the evening
e (*: mont-de-piété) pawnshop ◆ **mettre sa montre au clou** to pawn one's watch, put one's watch in hock*
f (*: vieil instrument) ancient machine ou implement ◆ **(vieux) clou** (voiture) old banger⁑ (Brit) ou crock* (Brit) ou jalopy*; (vélo) old boneshaker* (Brit)
g (arg Mil: prison) clink (arg), cooler (arg) ◆ **mettre qn au clou** to put sb in (the) clink ou in the cooler
h LOC **des clous!**⁑ no way!*, nothing doing!* ◆ **il lui a tout expliqué mais des clous!*** he explained everything to him but he was just wasting his breath! ◆ **je l'ai fait pour des clous*** I did it all for nothing, I was just wasting my time ◆ **j'y suis allé pour des clous*** it was a wild-goose chase ◆ (Prov) **un clou chasse l'autre** one man goes and another steps in ou another takes his place → **valoir**
2 COMP ▷ **clou à crochet** hook ▷ **clou de girofle** (Culin) clove ▷ **clou à souliers** tack ▷ **clou de tapissier** (upholstery) tack ▷ **clou sans tête** brad ▷ **clou en U** staple

clouer [klue] → SYN ▸ conjug 1 ◂ vt **a** planches, couvercle, caisse to nail down; tapis to tack ou nail down; tapisserie to nail up ◆ **il l'a cloué au sol d'un coup d'épée** he pinned him to the ground with a thrust of his sword
b (fig: immobiliser) ennemi, armée to pin down ◆ [étonnement, peur] **clouer qn sur place** to nail ou root ou glue sb to the spot ◆ [maladie] **clouer qn au lit** to keep sb stuck in bed* ou confined to bed ◆ **clouer au sol** personne to pin down *(to the ground)*; avion to ground ◆ **je le maintenais cloué au sol** I kept him pinned to the ground ◆ (Échecs) **clouer une pièce** to pin a piece ◆ **être** ou **rester cloué de stupeur** to be glued ou rooted to the spot with amazement ◆ **clouer le bec à qn*** to shut sb up*

clouté, e [klute] (ptp de **clouter**) adj ceinture, porte etc studded; souliers hobnailed → **passage**

clouter [klute] ▸ conjug 1 ◂ vt ceinture, porte to stud; souliers to put hobnails on

clouterie [klutʀi] nf nail factory

cloutier, -ière [klutje, jɛʀ] nm,f (fabricant) nail (ou stud) maker; (commerçant) nail (ou stud) seller

Clovis [klɔvis] nm Clovis

clovisse [klɔvis] nf clam

clown [klun] → SYN nm clown ◆ **faire le clown** to clown (about), play the fool ◆ **c'est un vrai clown** he's a real comic ◆ **clown blanc** whiteface clown

clownerie [klunʀi] nf clowning (NonC), silly trick ◆ **faire des clowneries** to clown (about), play the fool ◆ **arrête tes clowneries** stop your (silly) antics

clownesque [klunɛsk] adj comportement clownish; situation farcical

cloyère [klwajɛʀ] nf hamper, basket

club [klœb] → SYN **1** nm (société, crosse de golf) club ◆ **club d'investissement** investment club ◆ **club de vacances** holiday village
2 adj ◆ **sandwich club** ham salad sandwich, ≃ club sandwich ◆ **cravate club** (diagonally) striped tie → **fauteuil**

clubiste [klybist] nmf [association] club member

clupéiformes [klypeifɔʀm] nmpl ◆ **les clupéiformes** clupeoids, the Clupeoidea (spéc)

cluse [klyz] → SYN nf (Géog) transverse valley (in the Jura), cluse (spéc)

cluster [klœstœʀ] → SYN nm cluster ◆ **cluster d'un A.D.N.** DNA cluster

Clytemnestre [klitɛmnɛstʀ] nf Clytemnestra

CM [seɛm] nm (abrév de **cours moyen**) → **cours**

cm (abrév de **centimètre**) cm ◆ **cm²** sq. cm, cm² ◆ **cm³** cu. cm, cm³

CNAM [knam] nm (abrév de **Conservatoire national des arts et métiers**) → **conservatoire**

CNC [seɛnse] nm **a** (abrév de **Centre national de cinématographie**) ≃ *BFI* (Brit) → **centre**
b (abrév de **Comité national de la consommation**) ≃ National Consumer Council (Brit), ≃ CA (Brit), ≃ CPSC (US)

CNDP [seɛndepe] nm (abrév de **Centre national de documentation pédagogique**) → **centre**

CNE [seɛnə] nf (abrév de **Caisse nationale d'épargne**) → **caisse**

CNED [knɛd] nm (abrév de **Centre national d'enseignement à distance**) → **centre**

cnidaires [knidɛʀ] nmpl ◆ **les cnidaires** cnidarians

CNIL [knil] nm (abrév de **Commission nationale de l'informatique et des libertés**) → **commission**

CNIT [knit] nm (abrév de **Centre national des industries et des techniques**) → **centre**

Cnossos [knɔsɔs] n Knossos, Cnossos

CNPF [seɛnpeɛf] nm (abrév de **Conseil national du patronat français**) ≃ CBI (Brit) → **conseil**

CNRS [seɛnɛʀɛs] nm (abrév de **Centre national de la recherche scientifique**) ≃ SERC (Brit), ≃ NSF (US)

CO (abrév de **conseiller d'orientation**) → **conseiller**[2]

coaccusé, e [koakyze] ⇒ SYN nm,f codefendant, co-accused

coacervat [koasɛʀva] nm coacervate

coacquéreur [koakeʀœʀ] nm joint purchaser

coadaptateur, -trice [koadaptatœʀ, tʀis] nm,f coadapter, coadaptor

coadaptation [koadaptasjɔ̃] nf coadaptation

coadjuteur [koadʒytœʀ] ⇒ SYN nm coadjutor

coadjutrice [koadʒytʀis] nf coadjutress

coadministrateur, -trice [koadministʀatœʀ, tʀis] nm,f (Comm) co-director; (Jur) co-trustee

coagulable [kɔagylabl] adj which can coagulate

coagulant, e [kɔagylɑ̃, ɑ̃t] 1 adj coagulative
2 nm coagulant

coagulateur, -trice [kɔagylatœʀ, tʀis] adj coagulative

coagulation [kɔagylasjɔ̃] nf coagulation

coaguler vti, **se coaguler** vpr [kɔagyle] ⇒ SYN ▸conjug 1◂ to coagulate; [sang] to coagulate (spéc), clot, congeal; [lait] to curdle

coagulum [kɔagylɔm] nm coagulum

coalescence [kɔalesɑ̃s] nf coalescence

coalescent, e [kɔalesɑ̃, ɑ̃t] adj coalescent

coalisé, e [kɔalize] (ptp de **coaliser**) adj (allié) pays allied; (conjoint) efforts, sentiments united ◆ **les coalisés** the members of the coalition

coaliser [kɔalize] ⇒ SYN ▸conjug 1◂ 1 vt to unite (in a coalition)
2 **se coaliser** vpr (se liguer) (gén) to unite; [pays] to form a coalition, unite (in a coalition) ◆ **deux des commerçants se sont coalisés contre un troisième** two of the shopkeepers joined forces ou united against a third ◆ (fig) **tout se coalise contre moi!** everything seems to be stacked against me!, everything is conspiring against me!

coalition [kɔalisjɔ̃] ⇒ SYN nf coalition ◆ (Pol) **ministère de coalition** coalition government

coaltar [koltaʀ] ⇒ SYN nm (lit) coal tar ◆ (fig) **être dans le coaltar**⁑ to be in a daze ou stupor

coaptation [koaptasjɔ̃] nf (Chirurgie) coaptation

coarctation [koaʀktasjɔ̃] nf coarctation

coassement [kɔasmɑ̃] nm croaking (NonC)

coasser [kɔase] ⇒ SYN ▸conjug 1◂ vi to croak

coassocié, e [koasɔsje] nm,f copartner

coassurance [koasyʀɑ̃s] nf mutual assurance

coati [kɔati] nm coati (mundi ou mondi)

coauteur [kootœʀ] nm a (Littérat) co-author, joint author
b (Jur) accomplice

coaxial, e, mpl **-aux** [koaksjal, jo] adj coaxial

COB [kɔb] nf (abrév de **Commission des opérations de Bourse**) *(French stock exchange regulatory body)* ≃ SIB (Brit), ≃ SEC (US)

cob [kɔb] nm (cheval) cob

cobalt [kɔbalt] nm cobalt

cobaltine [kɔbaltin], **cobaltite** [kɔbaltit] nf cobaltine, cobaltite

cobaye [kɔbaj] ⇒ SYN nm (lit, fig) guinea-pig ◆ **servir de cobaye à** to act as ou be used as a …inea-pig for

…**érant, e** [kobeliʒeʀɑ̃, ɑ̃t] adj cobellig… **les cobelligérants** the cobelligerent … ou states etc

Cobol [kɔbɔl] nm (Ordin) COBOL

cobra [kɔbʀa] nm cobra

coca [kɔka] 1 nm a (*) (abrév de **Coca-Cola**®) Coke®
b (aussi nf) (Bot: arbrisseau) coca
2 nf (substance) coca extract

cocagne [kɔkaɲ] ⇒ SYN nf → **mât, pays**[1]

cocaïne [kɔkain] nf cocaine

cocaïnisation [kɔkainizasjɔ̃] nf cocainization

cocaïnomane [kɔkainɔman] nmf cocaine addict

cocaïnomanie [kɔkainɔmani] nf cocaine addiction, cocainism

cocard* [kɔkaʀ] nm shiner* (Brit), black eye

cocarde [kɔkaʀd] ⇒ SYN nf (en tissu) rosette; (Hist: sur la coiffure) cockade; [avion] roundel ◆ (sur voiture officielle etc) **cocarde (tricolore)** ≃ official sticker ◆ (fig) **changer de cocarde** to change sides

cocardier, -ière [kɔkaʀdje, jɛʀ] ⇒ SYN 1 adj jingoist(ic), chauvinistic
2 nm,f jingo(ist), chauvinist

cocasse [kɔkas] ⇒ SYN adj comical, funny

cocasserie [kɔkasʀi] nf comicalness, funniness; (histoire) comical ou funny story ◆ **c'était d'une cocasserie!** it was so funny! ou comical!

coccidie [kɔksidi] nf coccid

coccinelle [kɔksinɛl] nf ladybird

coccus [kɔkys] nm coccus

coccygien, -ienne [kɔksiʒjɛ̃, jɛn] adj coccygeal

coccyx [kɔksis] nm coccyx

coche [kɔʃ] ⇒ SYN nm (diligence) (stage)coach ◆ (Hist) **coche d'eau** horse-drawn barge ◆ (fig) **louper** ou **manquer** ou **rater le coche** to miss the boat* (fig) ou one's chance → **mouche**

cochenille [kɔʃnij] nf cochineal

cocher[1] [kɔʃe] ⇒ SYN ▸conjug 1◂ vt (au crayon) to tick (off) (Brit), check off; (d'une entaille) to notch

cocher[2] [kɔʃe] ⇒ SYN nm coachman, coach driver; [fiacre] cabman, cabby*

côcher [koʃe] ▸conjug 1◂ vt (Zool) to tread

cochère [kɔʃɛʀ] adj f → **porte**

Cochinchine [kɔʃɛ̃ʃin] nf Cochin China

cochléaire [kɔkleɛʀ] adj (Anat) cochlear

cochlée [kɔkle] nf cochlea

cochon[1] [kɔʃɔ̃] ⇒ SYN nm a (animal) pig; (*: viande) pork (NonC) ◆ **cochon d'Inde** guinea-pig ◆ **cochon de lait** (gén) piglet; (Culin) sucking-pig → **manger**
b (loc) (hum) **(et) cochon qui s'en dédit*** let's shake (hands) on it, cross my heart (and hope to die)* ◆ **un cochon n'y retrouverait pas ses petits** it's like a pigsty in there, it's a real mess in there ◆ **tout homme a dans son cœur un cochon qui sommeille** there's a bit of the animal in every man → **confiture, copain**

cochon[2]**, -onne** [kɔʃɔ̃, ɔn] ⇒ SYN 1 adj a (⁑: obscène) chanson, histoire dirty, blue, smutty; personne dirty-minded
b **c'est pas cochon!**⁑ (c'est bon) it's not at all bad; (il n'y en a pas beaucoup) there's precious little there
2 nm,f ◆ (⁑ péj: personne) **c'est un cochon!** (sale, vicieux) he's a dirty pig⁑ ou beast⁑; (salaud) he's a bastard⁂ ou swine⁑ ◆ **tu es une vraie petite cochonne, va te laver!** you're a dirty little pig⁑, go and get washed! ◆ **ce cochon de voisin / de commerçant** that swine⁑ of a neighbour / shopkeeper ◆ **quel cochon de temps!** ou **temps de cochon!** what lousy ou filthy weather!* ◆ (*: terme amical) **eh bien, mon cochon, tu l'as échappé belle!** you had a narrow escape, you old devil!*

cochonceté* [kɔʃɔ̃ste] nf ◆ **cochoncetés** (obscénités) filth (NonC), smut (NonC); (plaisanteries) smutty ou dirty jokes ◆ (saletés) **faire des cochoncetés** to make a mess ◆ **arrête de dire des cochoncetés** stop talking dirty*

cochonnaille* [kɔʃɔnaj] nf (charcuterie) pork ◆ **assiette de cochonnaille** selection of cold pork ou ham

cochonner* [kɔʃɔne] ▸conjug 1◂ vt (mal faire) travail to botch (up), bungle; (salir) vêtements to mess up*, make filthy

cochonnerie* [kɔʃɔnʀi] nf (nourriture) disgusting ou foul food, pigswill* (NonC); (marchandise) rubbish (NonC), trash (NonC); (plaisanterie) smutty ou dirty joke; (tour) dirty ou low trick; (saleté) filth (NonC), filthiness (NonC) ◆ **faire une cochonnerie à qn** to play a dirty trick on sb ◆ **ne fais pas de cochonneries dans la cuisine, elle est toute propre** don't make a mess in the kitchen, it's clean

cochonnet [kɔʃɔnɛ] ⇒ SYN nm (Zool) piglet; (Boules) jack

cocker [kɔkɛʀ] nm cocker spaniel

cockpit [kɔkpit] ⇒ SYN nm cockpit

cocktail [kɔktɛl] nm (réunion) cocktail party; (boisson) cocktail; (fig) mixture, potpourri ◆ **cocktail Molotov** Molotov cocktail, petrol bomb ◆ **cocktail lytique** lethal cocktail

coco[1] [koko] nm a (langage enfantin: œuf) eggie (langage enfantin)
b (terme d'affection) pet, darling, poppet* (Brit) ◆ **oui, mon coco** yes, darling
c (⁑ péj: type) bloke* (Brit), guy* ◆ **un drôle de coco** an odd bloke* (Brit) ou guy*, an oddbod* (Brit) ou oddball* (US)
d (péj*: communiste) commie*
e (⁑: estomac) **n'avoir rien dans le coco** to have an empty belly⁑
f (poudre de réglisse) liquorice powder; (boisson) liquorice water
g (†: noix) coconut ◆ **beurre / lait de coco** coconut butter / milk → **noix**
h (haricot) *small white haricot bean*

coco[2] [koko] nf (arg Drogue: cocaïne) snow (arg), coke (arg)

cocon [kɔkɔ̃] nm (lit, fig) cocoon

cocontractant, e [kokɔ̃tʀaktɑ̃, ɑ̃t] nm,f joint contracting party

cocorico [kɔkɔʀiko] 1 nm [coq] cock-a-doodle-do; (fig) cheer of victory ◆ **pousser un cocorico, faire cocorico** [coq] to crow; (fig) to crow (over one's victory) ◆ **ils ont fait cocorico un peu trop tôt** their victory celebrations were premature ou came too soon, they started celebrating a bit too soon
2 excl [coq] cock-a-doodle-do; (fig) three cheers (for France), hooray (for France)

cocoter⁑ [kɔkɔte] ▸conjug 4◂ vi (sentir mauvais) to pong⁑ (Brit), stink

cocotier [kɔkɔtje] nm coconut palm ou tree → **secouer**

cocotte [kɔkɔt] ⇒ SYN 1 nf a (langage enfantin: poule) hen, cluck-cluck (langage enfantin)
b (* péj: femme) tart*
c (à un cheval) **allez cocotte!, hue cocotte!** gee up!
d (terme d'affection) **ma cocotte*** pet, sweetie*
e (marmite) casserole ◆ **faire un poulet à la cocotte** to casserole a chicken ◆ **poulet / veau (à la) cocotte** casserole of chicken / veal → **œuf**
f (⁑: parfum) cheap scent ◆ **ça sent** ou **pue la cocotte** it smells like a scent factory
2 COMP ▷ **Cocotte Minute**® pressure cooker ▷ **cocotte en papier** paper shape

cocotter* [kɔkɔte] ⇒ **cocoter**

cocu, e⁑ [kɔky] ⇒ SYN 1 adj cuckold† ◆ **elle l'a fait cocu** she was unfaithful to him, she cuckolded him†
2 nm,f cuckold† → **veine**

cocuage⁑ [kɔkɥaʒ] nm cuckoldry

cocufier⁑ [kɔkyfje] ▸conjug 7◂ vt to cuckold†, be unfaithful to

cocyclique [kosiklik] adj concyclic

coda [kɔda] nf (Mus) coda

codage [kɔdaʒ] nm coding, encoding

code [kɔd] ⇒ SYN 1 nm a (Jur) code ◆ **le code civil** the civil code, ≃ common law ◆ **code pénal** penal code ◆ **le code maritime / de commerce** maritime / commercial law ◆ (de procédure) **code du travail** labour regulations ou laws ◆ (Aut) **code de la route** highway code ◆ (Aut) **il a eu le code, mais pas la conduite** he passed on the highway code but not on the driving

b (fig : règles) code ◆ **code de la politesse / de l'honneur** code of politeness / honour
c [message] (gén, Sci) code ◆ **code (secret)** (secret) code ◆ **écrire qch en code** to write sth in code ◆ **mettre qch en code** to code ou encode sth, put sth in code
d (Aut) **(phares) code** dipped (head)lights (Brit), low beams (US) ◆ **mettre ses codes, se mettre en code** to dip one's (head)lights (Brit), put on the low beams (US) ◆ **rouler en code** to drive on dipped (head)lights (Brit) ou low beams (US)
2 COMP ▷ **code ASCII** ASCII code ▷ **code-barres** ou **code à barres** bar code ▷ **code correcteur d'erreurs** error-correcting code ▷ **code génétique** genetic code ▷ **code postal** postcode (Brit), zip code (US)

codébiteur, -trice [kodebitœʀ, tʀis] nm,f joint debtor

codécision [kodesizjɔ̃] nf joint decision

codéine [kɔdein] nf codeine

codemandeur, -eresse [kod(ə)mɑ̃dœʀ, dʀɛs] nm,f joint plaintiff

CODER [seodeəeʀ] nf (abrév de **Commission de développement économique régional**) → **commission**

coder [kɔde] → SYN ▸ conjug 1 ◂ vt to code

codétenteur, -trice [kodetɑ̃tœʀ, tʀis] nm,f (Jur, Sport) joint holder

codétenu, e [kodet(ə)ny] nm,f prisoner, inmate ◆ **avec ses codétenus** with his fellow prisoners ou inmates

codeur [kɔdœʀ] nm encoder

CODEVI [kodevi] nm (abrév de **compte pour le développement industriel**) → **compte**

codex [kɔdɛks] nm ◆ **Codex** (officially approved) pharmacopoeia

codicillaire [kɔdisilɛʀ] → SYN adj (Jur) codicillary

codicille [kɔdisil] → SYN nm (Jur) codicil

codificateur, -trice [kɔdifikatœʀ, tʀis] **1** adj tendance, esprit codifying
2 nm,f codifier

codification [kɔdifikasjɔ̃] nf codification

codifier [kɔdifje] → SYN ▸ conjug 7 ◂ vt (Jur, systématiser) to codify

codirecteur, -trice [kodiʀɛktœʀ, tʀis] nm,f co-director, joint manager (ou manageress)

codominance [kodɔminɑ̃s] nf codominance

codon [kɔdɔ̃] nm codon

cœcal, e, mpl **-aux** [sekal, o] adj caecal (Brit), cecal (US)

coéditer [koedite] ▸ conjug 1 ◂ vt to co-publish

coéditeur, -trice [koeditœʀ, tʀis] nm,f co-publisher

coédition [koedisjɔ̃] nf co-edition

coefficient [kɔefisjɑ̃] → SYN nm (Math, Phys) coefficient ◆ **coefficient d'erreur** margin of error ◆ **coefficient de sécurité** safety margin ◆ **coefficient d'élasticité** modulus of elasticity ◆ **coefficient de dilatation** coefficient of expansion ◆ **coefficient d'occupation des sols** planning density ◆ **coefficient de marée** tidal range ◆ (Aut) **coefficient de pénétration dans l'air** drag coefficient ou factor ◆ (Scol) **cette matière est affectée d'un coefficient trois** marks in this subject are weighted by a factor of three

cœlacanthe [selakɑ̃t] nm cœlacanth

cœlentérés [selɑ̃teʀe] nmpl ◆ **les cœlentérés** coelenterates, the Coelenterata (spéc)

cœlialgie [seljalʒi] nf coeliac disease

cœliaque [seljak] adj coeliac (Brit), celiac (US)

cœlioscopie [seljɔskɔpi] nf coelioscopy

cœlostat [selɔsta] nm coelostat

cœnesthésie [senɛstezi] nf ⇒ **cénesthésie**

coentreprise [koɑ̃tʀəpʀiz] nf joint venture

cœnure [senyʀ] nm coenurus

coenzyme [koɑ̃zim] nm coenzyme

coéquipier, -ière [koekipje, jɛʀ] → SYN nm,f team mate

coercibilité [kɔɛʀsibilite] nf coercibility

coercible [kɔɛʀsibl] adj coercible

coercitif, -ive [kɔɛʀsitif, iv] adj coercive

coercition [kɔɛʀsisjɔ̃] → SYN nf coercion

cœur [kœʀ] → SYN nm
a (Anat) heart ◆ (lit, hum) **c'est une chance que j'ai le cœur solide** it's a good thing I haven't got a weak heart ◆ **il faut avoir le cœur bien accroché pour risquer ainsi sa vie** you need guts* ou a strong stomach to risk your life like that ◆ **serrer** ou **presser qn contre** ou **sur son cœur** to hold ou clasp ou press sb to one's heart ou breast ◆ **opération à cœur ouvert** open-heart operation ◆ **on l'a opéré à cœur ouvert** he had an open-heart operation ◆ **maladie de cœur** heart complaint ou trouble ◆ **avoir le cœur malade** to have a weak heart ou a heart condition → **battement, greffe**[1]
b (fig : estomac) **avoir mal au cœur** to feel sick ◆ **cela me soulève le cœur** it nauseates me, it makes me (feel) sick ◆ **ça vous fait mal au cœur de penser que** it is sickening to think that ◆ **une odeur / un spectacle qui soulève le cœur** a nauseating ou sickening smell / sight ◆ **j'avais le cœur sur les lèvres** I thought I was going to be sick (any minute) → **haut**
c (siège des sentiments, de l'amour) heart ◆ (forme d'adresse) **mon cœur** sweetheart ◆ **avoir un** ou **le cœur sensible** to be sensitive ou tender-hearted ◆ **un dur au cœur tendre** someone whose bark is worse than his bite ◆ **elle lui a donné son cœur** she has lost her heart to him ou given him her heart ◆ **mon cœur se serre / se brise** ou **se fend à cette pensée** my heart sinks / breaks at the thought ◆ **chagrin qui brise le cœur** heartbreaking grief ou sorrow ◆ **un spectacle à vous fendre le cœur** a heartrending ou heartbreaking sight ◆ **avoir le cœur gros** ou **serré** to have a heavy heart ◆ **il avait la rage au cœur** he was inwardly seething with anger ◆ **cela m'a réchauffé le cœur de les voir** it did my heart good ou it was heartwarming to see them ◆ **ce geste lui est allé (droit) au cœur** he was (deeply) moved ou touched by this gesture, this gesture went straight to his heart ◆ **avoir un coup de cœur pour qch** to fall in love with sth ◆ **nos coups de cœur parmi les livres du mois** our favourites among this month's new books → **affaire, courrier**
d (bonté, générosité) **avoir bon cœur** to be kind-hearted ◆ **à votre bon cœur !** thank you kindly ! ◆ **avoir le cœur sur la main** to be open-handed ◆ **manquer de cœur** to be unfeeling ou heartless ◆ **il a du cœur** he is a good-hearted man, his heart is in the right place ◆ **c'est un (homme) sans cœur, il n'a pas de cœur** he is a heartless man ◆ **il a** ou **c'est un cœur de pierre / d'or** he has a heart of stone / gold ◆ **un homme / une femme de cœur** a noble-hearted man / woman
e (humeur) **avoir le cœur gai** ou **joyeux / léger / triste** to feel happy / light-hearted / sad ou sad at heart ◆ **je n'ai pas le cœur à rire / à sortir** I don't feel like laughing / going out, I'm not in the mood for laughing / going out ◆ **il n'a plus le cœur à rien** his heart isn't in anything any more ◆ **si le cœur vous en dit** if you feel like it, if you're in the mood
f (âme, pensées intimes) **c'est un cœur pur** ou **candide** he is a candid soul ◆ **la noirceur de son cœur** his blackness of heart ◆ **la noblesse de son cœur** his noble-heartedness ◆ **connaître le fond du cœur de qn** to know sb's innermost feelings ◆ **des paroles venues (du fond) du cœur** words (coming) from the heart, heartfelt words ◆ **dévoiler son cœur à qn** to open one's heart to sb ◆ **elle a vidé son cœur** she poured out her heart ◆ **au fond de son cœur** in his heart of hearts ◆ **nous nous sommes parlé cœur à cœur** we had a heart-to-heart ◆ **il m'a parlé à cœur ouvert** he had a heart-to-heart talk with me → **cri**
g (courage, ardeur) heart, courage ◆ **le cœur lui manqua (pour faire)** his heart ou courage failed him (when it came to doing) ◆ **mettre tout son cœur dans qch / à faire qch** to put all one's heart into sth / into doing sth ◆ **comment peut-on avoir le cœur de refuser ?** how can one have ou find the heart to refuse ? ◆ **donner du cœur au ventre à qn*** to buck sb up* ◆ **avoir du cœur au ventre*** to have guts* ◆ **avoir du cœur à l'ouvrage** to put one's heart into one's work ◆ **il travaille mais le cœur n'y est pas** he does the work but his heart isn't in it ◆ **cela m'a redonné du cœur** that gave me new heart
h (partie centrale) [chou] heart ; [arbre, bois] heart, core ; [fruit, pile atomique] core ; [problème, ville] heart ◆ **au cœur de** région, ville, forêt in the heart of ◆ **aller au cœur du sujet** to get to the heart of the matter ◆ **au cœur de l'été** in the height of summer ◆ **au cœur de l'hiver** in the depth ou heart of winter ◆ **fromage fait à cœur** fully ripe cheese ◆ **cœur de palmier** heart of palm ◆ (lit) **cœur d'artichaut** artichoke heart ◆ (fig) **c'est** ou **il a un cœur d'artichaut** he falls in love with every girl he meets
i (objet) heart ◆ **en (forme de) cœur** heart-shaped ◆ **volets percés de cœurs** shutters with heart-shaped holes → **bouche**
j (Cartes) heart ◆ **valet / as de cœur** knave / ace of hearts ◆ **avez-vous du cœur ?** have you any hearts ? → **atout, joli**
k LOC **par cœur** réciter, apprendre by heart ◆ **je la connais par cœur** I know her inside out, I know her like the back of my hand ◆ **dîner / déjeuner par cœur†** to have to do without dinner / lunch ◆ **sur le cœur : ce qu'il m'a dit, je l'ai sur le cœur** ou **ça m'est resté sur le cœur** what he told me still rankles with me, I still feel sore about what he told me ◆ **je vais lui dire ce que j'ai sur le cœur** I'm going to tell him what's on my mind ◆ **à cœur joie** to one's heart's content ◆ **de tout mon cœur** with all my heart ◆ **je vous souhaite de tout mon cœur de réussir** I wish you success with all my heart ou from the bottom of my heart ◆ **être de tout cœur avec qn dans la joie / une épreuve** to share (in) sb's happiness / sorrow ◆ **je suis de tout cœur avec vous** I DO sympathize with you ◆ **ne pas porter qn dans son cœur** to have no great liking for sb ◆ **je veux en avoir le cœur net** I want to be clear in my own mind (about it) ◆ **avoir à cœur de faire** to want ou be keen to do ◆ **prendre les choses à cœur** to take things to heart ◆ **prendre à cœur de faire** to set one's heart on doing ◆ **ce voyage me tient à cœur** I have set my heart on this journey ◆ **ce sujet me tient à cœur** this subject is close to my heart ◆ **trouver un ami selon son cœur** to find a friend after one's own heart ◆ (Prov) **cœur qui soupire n'a pas ce qu'il désire** I can see you're pining for someone → **bon**[1], **donner**

cœur-de-pigeon, pl **cœurs-de-pigeon** [kœʀdəpiʒɔ̃] nm *type of cherry*

coexistence [kɔɛgzistɑ̃s] → SYN nf coexistence ◆ **coexistence pacifique** peaceful coexistence

coexister [kɔɛgziste] → SYN ▸ conjug 1 ◂ vi to coexist

coextensif, -ive [koɛkstɑ̃sif, iv] adj coextensive

cofacteur [kofaktœʀ] nm (Math) cofactor, signed minor ; (Chim) cofactor

coffrage [kɔfʀaʒ] nm (pour protéger, cacher) boxing (NonC) ; [galerie, tranchée] (dispositif, action) coffering (NonC) ; [béton] (dispositif) form, formwork (NonC), shuttering ; (action) framing

coffre [kɔfʀ] → SYN **1** nm **a** (meuble) chest ◆ **coffre à linge / à outils** linen / tool chest
b (Aut) boot (Brit), trunk (US) ◆ **coffre avant / arrière** front / rear boot ou trunk
c (coffrage) (gén) case ; [piano] case ; [radio] cabinet
d (Banque, hôtel) safe ; (Hist, fig : cassette) coffer ◆ **les coffres de l'État** the coffers of the state ◆ (Banque) **la salle des coffres** the strongroom
e (* : poitrine) **le coffre** the chest ◆ **il a du coffre** he's got a lot of puff* (Brit) ou blow*
2 COMP ▷ **coffre à jouets** toybox ▷ **coffre de nuit** night safe ▷ **coffre de voyage†** trunk

coffre-fort, pl **coffres-forts** [kɔfʀəfɔʀ] nm safe

coffrer [kɔfʀe] → SYN ▸ conjug 1 ◂ vt **a** (* : emprisonner) to throw ou put inside* ◆ **se faire coffrer** to get put inside* b (Tech) béton to place a frame ou form for; tranchée, galerie to coffer

coffret [kɔfʀɛ] → SYN nm (gén) casket; [disques, livres] (contenant) box; (contenu) boxed set ◆ **coffret à bijoux** jewel box, jewellery case ◆ **coffret de luxe, coffret-cadeau** presentation box

cofinancement [kofinɑ̃smɑ̃] nm co-financing

cofondateur, -trice [kɔfɔ̃datœʀ, tʀis] nm,f cofounder

cogérant [koʒeʀɑ̃] nm joint manager

cogérante [koʒeʀɑ̃t] nf joint manageress

cogestion [koʒɛstjɔ̃] nf co-management, joint management

cogitation [koʒitasjɔ̃] nf (hum) cogitation

cogiter [koʒite] → SYN ▸ conjug 1 ◂ 1 vi (hum: réfléchir) to cogitate

2 vt ◆ **qu'est-ce qu'il cogite?** what's he thinking up?

cognac [kɔɲak] 1 nm cognac, (French) brandy

2 adj inv brandy-coloured (épith)

cognassier [kɔɲasje] nm quince (tree), japonica

cognat [kɔgna] → SYN nm (Jur) cognate

cognation [kɔgnasjɔ̃] nf cognation

cogne‡ [kɔɲ] nm (policier) cop* ◆ **les cognes** the cops*, the fuzz‡

cognée [kɔɲe] → SYN nf felling axe → **jeter**

cognement [kɔɲmɑ̃] nm (→ **cogner**) banging; knocking; rapping; (Aut) knocking

cogner [kɔɲe] → SYN ▸ conjug 1 ◂ 1 vt a (heurter) to knock ◆ **fais attention à ne pas cogner les verres** mind you don't knock the glasses against anything ◆ **quelqu'un m'a cogné en passant** somebody knocked (into) me as he went by

b (‡: battre) to beat up ◆ **ils se sont cognés** they had a punch-up* (Brit) ou fist fight

2 vi a [personne] (taper) **cogner sur** clou, piquet to hammer; mur to bang ou knock on; (fort) to hammer ou rap on ◆ **cogner du poing sur la table** to bang ou thump one's fist on the table ◆ **cogner à la porte / au plafond** to knock at the door / on the ceiling; (fort) to bang ou rap at the door / on the ceiling

b [volet, battant] to bang (*contre* against) ◆ [objet lancé, caillou] **cogner contre** to hit, strike ◆ **un caillou est venu cogner contre le pare-brise** a stone hit the windscreen ◆ **il y a un volet qui cogne (contre le mur)** there's a shutter banging (against the wall) ◆ (Aut) **le moteur cogne** the engine's knocking

c (*) [boxeur, bagarreur] to hit out; (fig) [soleil] to beat down ◆ **ça va cogner à la manif*** there's going to be some rough stuff at the demo* ◆ **ce boxeur-là, il cogne dur** that boxer's a hard hitter, that boxer hits hard ◆ [soleil] **ça cogne!** it's scorching!*

d (‡: sentir mauvais) to pong‡ (Brit), to stink to high heaven*

3 **se cogner** vpr ◆ **se cogner contre un mur** to bang o.s. on ou against a wall ◆ **se cogner la tête / le genou contre un poteau** to bang one's head / knee on ou against a post ◆ (fig) **c'est à se cogner la tête contre les murs** it's enough to drive you up the wall

cogneur* [kɔɲœʀ] nm (bagarreur, boxeur) bruiser*

cogniticien, -ienne [kɔgnitisjɛ̃, jɛn] nm,f cognitive scientist

cognitif, -ive [kɔgnitif, iv] adj cognitive

cognition [kɔgnisjɔ̃] → SYN nf cognition

cohabitation [koabitasjɔ̃] → SYN nf [couple] cohabitation (frm), living together; [plusieurs personnes] living under the same roof; (Pol) cohabitation ◆ **le caractère de son mari rendait la cohabitation impossible** her husband's character made living together ou living under the same roof impossible

cohabiter [koabite] → SYN ▸ conjug 1 ◂ vi [couple] to cohabit (frm), live together; [plusieurs personnes] to live under the same roof; (Pol) to cohabit ◆ **la crise du logement les oblige à cohabiter avec leurs grands-parents** the shortage of accommodation forces them to live with their grandparents

cohérence [koeʀɑ̃s] → SYN nf (→ **cohérent**) coherence; consistency ◆ **la cohérence de l'équipe laisse à désirer** the team is not as well-knit as one would like

cohérent, e [koeʀɑ̃, ɑ̃t] → SYN adj ensemble, arguments coherent, consistent; conduite, roman consistent; équipe well-knit ◆ **sois cohérent (avec toi-même)** act coherently

cohéritier [koeʀitje] nm joint heir, coheir

cohéritière [koeʀitjɛʀ] nf joint heiress, coheiress

cohésif, -ive [kɔezif, iv] adj cohesive

cohésion [kɔezjɔ̃] nf cohesion

cohorte [kɔɔʀt] → SYN nf (groupe) troop; (Hist Mil) cohort

cohue [kɔy] → SYN nf (foule) crowd; (bousculade) crush ◆ **c'était la cohue à l'entrée du cinéma** there was such a crush at the entrance to the cinema

coi, coite [kwa, kwat] → SYN adj ◆ **se tenir coi, rester coi** to remain silent ◆ **en rester coi** to be rendered speechless

coiffant, e [kwafɑ̃, ɑ̃t] adj → **gel, mousse**[1]

coiffe [kwaf] → SYN nf a [costume régional, religieuse] headdress

b [chapeau] lining; (Tech) [fusée] cap; (Anat) [nouveau-né] caul

coiffé, e [kwafe] (ptp de **coiffer**) adj a (peigné) **est-ce que tu es coiffé?** have you done your hair? ◆ **comment était-elle coiffée?** what was her hair like?, how did she have her hair? ◆ **il est toujours mal / bien coiffé** his hair always looks untidy / nice ◆ **être coiffé en brosse** to have a crew-cut ◆ **être coiffé en chien fou** to have dishevelled hair ◆ **il était coiffé en arrière** he had his hair brushed ou combed back → **né**

b (couvert) **(il était) coiffé d'un béret** (he was) wearing a beret ◆ **le clown entra coiffé d'une casserole** the clown came in with a saucepan on his head

c (†: entiché) **être coiffé de** to be infatuated with

coiffer [kwafe] → SYN ▸ conjug 1 ◂ 1 vt a (arranger les cheveux de) **coiffer qn** to do sb's hair ◆ **X coiffe bien** X is a good hairdresser ◆ **cheveux difficiles à coiffer** unmanageable hair ◆ **(aller) se faire coiffer** to (go and) have one's hair done

b (couvrir la tête de) **coiffer (la tête d') un bébé d'un bonnet** to put a bonnet on a baby's head ◆ **sa mère la coiffe de chapeaux ridicules** her mother makes her wear ridiculous hats ◆ **ce chapeau la coiffe bien** that hat suits her ◆ **le béret qui la coiffait** the beret she had on ou was wearing ◆ **elle allait bientôt coiffer Sainte-Catherine** she would soon be 25 and still unmarried

c (fournir en chapeaux) **c'est Mme X qui la coiffe** Mrs X makes her hats, her hats come from Mrs X

d (mettre) chapeau to put on ◆ **coiffer la mitre / la tiare** to be mitred / made Pope ◆ **coiffer la couronne** to be crowned (king ou queen)

e (surmonter) **de lourds nuages coiffaient le sommet** heavy clouds covered the summit, the summit was topped with heavy clouds ◆ **pic coiffé de neige** snow-capped peak

f (être à la tête de) organismes, services to head up, have overall responsibility for

g (*: dépasser) **coiffer qn à l'arrivée** ou **au poteau** to pip sb at the post* (Brit), nose sb out* (US)

2 **se coiffer** vpr a (arranger ses cheveux) to do one's hair ◆ **elle se coiffe toujours mal** she never manages to do anything nice with her hair ◆ (hum) **tu t'es coiffé avec un râteau** ou **un clou** you must have slept on your hair wrong ◆ (hum) **tu t'es coiffé avec un pétard** you must have stuck your finger in a socket

b (mettre comme coiffure) **se coiffer d'une casquette** to put on a cap ◆ **d'habitude, elle se coiffe d'un chapeau de paille** she usually wears a straw hat

c (se fournir en chapeaux) **se coiffer chez X** to buy one's hats from X

d († péj: s'enticher de) **se coiffer de qn** to become infatuated with sb

coiffeur [kwafœʀ] → SYN nm [dames] hairdresser; [hommes] hairdresser, barber

coiffeuse [kwaføz] nf (personne) hairdresser; (meuble) dressing table

coiffure [kwafyʀ] → SYN nf (façon d'être peigné) hairstyle, hairdo*; (chapeau) hat, headgear* (NonC) ◆ (métier) **la coiffure** hairdressing → **salon**

coin [kwɛ̃] → SYN nm a (angle) [objet, chambre] corner ◆ **armoire / place de coin** corner cupboard / seat ◆ (Scol) **va au coin!** go and stand in the corner! ◆ (Scol) **envoyer** ou **mettre un enfant au coin** to send a child to stand in the corner, put a child in the corner ◆ (Rail) **coin(-)fenêtre / (-)couloir** seat by the window / by the door, window / corridor seat

b [rue] corner ◆ **au coin (de la rue)** at ou on the corner (of the street) ◆ **la blanchisserie fait le coin** the laundry is right on the corner ◆ **le magasin du coin** the corner shop ◆ **le boucher du coin** the butcher('s) at ou round the corner ◆ **à tous les coins de rue** on every street corner

c [yeux, bouche] corner ◆ **sourire en coin** half smile ◆ **regard en coin** side glance ◆ **regarder / surveiller qn du coin de l'œil** to look at / watch sb out of the corner of one's eye

d (espace restreint) [plage, village, maison] corner ◆ (dans un journal, magasin) **le coin du bricoleur** the handyman's corner ◆ **un coin de terre / ciel bleu** a patch of land / blue sky ◆ **rester dans son coin** to keep to oneself ◆ **laisser qn dans son coin** to leave sb alone ◆ **dans un coin de sa mémoire** in a corner of her memory ◆ **dans quel coin l'as-tu mis?** where on earth did you put it? ◆ **je l'ai mis dans un coin, je ne sais plus où** I put it somewhere but I can't remember where ◆ **cette maison est pleine de coins et de recoins** this house is full of nooks and crannies ◆ **j'ai cherché dans tous les coins (et recoins)** I looked in every nook and cranny ◆ **coin-bureau / -cuisine / -repas** work / kitchen / dining area → **petit**

e (lieu de résidence) area ◆ **dans quel coin habitez-vous?** whereabouts do you live? ◆ **vous êtes du coin?** do you live locally? ou round here? ou in the area? ◆ **je ne suis pas du coin** I'm not from around here, I'm a stranger here ◆ **l'épicier du coin** the local grocer ◆ **un coin perdu** ou **paumé*** a place miles from anywhere ◆ **un coin de Paris / de la France que je connais bien** an area of Paris / of France that I know well ◆ **il y a beaucoup de pêche dans ce coin-là** there's a lot of fishing in that area ◆ **on a trouvé un petit coin pas cher / tranquille pour les vacances** we found somewhere nice and cheap / nice and quiet for the holidays, we found a nice inexpensive / quiet little spot for the holidays ◆ **de tous les coins du monde** from every corner of the world ◆ **de tous les coins du pays** from all over the country

f (objet triangulaire) [reliure, cartable, sous-main] corner (piece); (pour coincer, écarter) wedge; (pour graver) die; (poinçon) hallmark ◆ (Typ) **coin (de serrage)** quoin ◆ (fig) **frappé** ou **marqué au coin du bon sens** bearing the stamp of commonsense ◆ (fig) **il essaie d'enfoncer un coin entre les deux hommes / dans leur amitié** he's trying to cause a rift between these two men / in their friendship

g LOC **je n'aimerais pas le rencontrer au coin d'un bois** I wouldn't like to meet him on a dark night ◆ **au coin du feu** by the fireside, in the chimney corner ◆ **causerie / rêverie au coin du feu** fireside chat / daydream → **boucher**[1], **quatre**

coinçage [kwɛ̃saʒ] nm wedging

coincé, e* [kwɛ̃se] adj personne hung up*

coincement [kwɛ̃smɑ̃] nm jamming (NonC)

coincer [kwɛ̃se] → SYN ▸ conjug 3 ◂ 1 vt a (bloquer) (intentionnellement) to wedge; (accidentellement) tiroir, fermeture éclair to jam ◆ **le tiroir est coincé** the drawer is stuck ou jammed ◆ **(le corps de) l'enfant était coincé sous le camion** the child('s body) was pinned under the lorry ◆ **il se trouva coincé contre un mur par la foule** he was pinned against a wall by the crowd ◆ **il m'a coincé entre deux portes pour me dire ...** he cornered me to tell me ... ◆ **nous étions coincés dans le couloir / dans l'ascenseur** we were stuck ou jammed in the corridor / in the lift ◆ (fig) **je**

suis coincé à la maison/au bureau I'm stuck at home/at the office ◆ **ils ont coincé l'armoire en voulant la faire passer par la porte** they got the wardrobe jammed ou stuck trying to get it through the door

b (* fig : attraper) voleur to pinch*, nab*; faussaire, fraudeur to catch up with ◆ **je me suis fait coincer** ou **ils m'ont coincé sur cette question** they got me on ou caught me out on that question, I was caught out on that question ◆ **coincé entre son désir et la peur** caught between his desire and fear ◆ **nous sommes coincés, nous ne pouvons rien faire** we are stuck ou cornered ou in a corner and we can't do anything ◆ **coincer la bulle**⁑ to bum around*

2 vi [porte] to stick ◆ (fig) **ça coince au niveau de la direction*** there are problems at management level

3 **se coincer** vpr [fermeture, tiroir] to jam, stick, get jammed ou stuck ◆ **se coincer le doigt dans une porte** to catch one's finger in a door ◆ **se coincer un nerf*** to trap ou pinch a nerve ◆ **se coincer une vertèbre*** to trap a nerve in one's spine

coinceur [kwɛ̃sœʀ] nm (Alpinisme) nut

coïncidence [kɔɛ̃sidɑ̃s] → SYN nf (gén, Géom) coincidence

coïncident, e [kɔɛ̃sidɑ̃, ɑ̃t] adj surfaces, faits coincident

coïncider [kɔɛ̃side] → SYN ▸ conjug 1 ◂ vi [surfaces, opinions, dates] to coincide (*avec* with); [témoignages] to tally ◆ **faire coïncider l'extrémité de deux conduits** to make the ends of two pipes meet exactly ◆ **nous sommes arrivés à faire coïncider nos dates de vacances** we've managed to get the dates of our holidays to coincide

coin-coin [kwɛ̃kwɛ̃] nm inv [canard] quack ◆ **coin-coin !** quack ! quack !

coïnculpé, e [koɛ̃kylpe] nm,f co-defendant, co-accused

coing [kwɛ̃] nm quince (fruit)

coït [kɔit] → SYN nm coitus, coition ◆ **coït interrompu** coitus interruptus

coite [kwat] adj f → **coi**

coke¹ [kɔk] → SYN nm (combustible) coke

coke² [kɔk] nf (arg Drogue : cocaïne) coke (arg)

cokéfaction [kɔkefaksjɔ̃] nf coking

cokéfier [kɔkefje] ▸ conjug 7 ◂ vt to coke

cokerie [kɔkʀi] nf cokeworks, coking works

col [kɔl] → SYN **1** nm **a** [chemise, manteau] collar ◆ **ça bâille du col** it gapes at the neck ◆ **pull à col roulé/rond** polo-/round-neck pullover ou jumper (Brit) → **faux²**

b (Géog) pass ◆ **le col du Simplon** the Simplon pass

c (partie étroite) [carafe, vase] neck ◆ **col du fémur/de la vessie** neck of the thighbone/of the bladder ◆ **elle s'est cassé le col du fémur** she has broken her hip ◆ **col de l'utérus** neck of the womb, cervix

d († ou littér : encolure, cou) neck ◆ **un homme au col de taureau** a man with a neck like a bull, a bull-necked man

2 COMP ▹ **col blanc** (personne) white-collar worker ▹ **col bleu** (ouvrier) blue-collar worker; (marin) bluejacket ▹ **col cassé** wing collar ▹ **col châle** shawl collar ▹ **col cheminée** turtleneck (Brit), high round neck ▹ **col chemisier** shirt collar ▹ **col Claudine** Peter Pan collar ▹ **col dur** stiff collar ▹ **col Mao** Mao collar ▹ **col marin** sailor's collar ▹ **col mou** soft collar ▹ **col officier** mandarin collar ▹ **col polo** polo shirt collar ▹ **col roulé** roll neck (Brit), polo neck (Brit), turtleneck (US) ▹ **col (en) V** V-neck

cola [kɔla] nm (arbre) cola ou kola (tree) ◆ **(noix de) cola** cola ou kola nut

colatier [kɔlatje] nm cola ou kola (tree)

colature [kɔlatyʀ] nf colature

colback⁑ [kɔlbak] nm ◆ **attraper** ou **prendre qn par le colback** to grab sb by the collar

colchicine [kɔlʃisin] nf colchicine

colchique [kɔlʃik] nm autumn crocus, meadow saffron, colchicum (spéc)

colcotar [kɔlkɔtaʀ] nm colcothar, crocus

col-de-cygne, pl **cols-de-cygne** [kɔldəsiɲ] nm [plomberie] swan neck; [mobilier] swan('s) neck

colégataire [kolegatɛʀ] nmf joint legatee

coléoptère [kɔleɔptɛʀ] nm coleopteron (spéc), coleopterous insect (spéc), beetle ◆ **coléoptères** coleoptera (spéc)

colère [kɔlɛʀ] → SYN **1** nf **a** (irritation) anger ◆ **la colère est mauvaise conseillère** anger is a bad counsellor ◆ **être en colère** to be angry ◆ **se mettre en colère** to get angry ◆ **mettre qn en colère** to make sb angry ◆ **passer sa colère sur qn** to work off ou take out one's anger on sb ◆ **en colère contre moi-même** angry with myself, mad at myself* ◆ **dit-il avec colère** he said angrily

b (accès d'irritation) (fit of) rage ◆ **il fait des colères terribles** he has terrible fits of anger ou rage ◆ **il est entré dans une colère noire** he flew into a white rage ◆ **faire** ou **piquer une colère** to throw a tantrum

c (littér) wrath ◆ **la colère divine** divine wrath ◆ **la colère des flots/du vent** the rage ou wrath of the sea/of the wind

2 adj inv (†) (coléreux) irascible; (en colère) irate

coléreux, -euse [kɔleʀø, øz] adj, **colérique** [kɔleʀik] adj caractère quick-tempered, irascible; enfant quick-tempered, easily angered; vieillard quick-tempered, peppery, irascible

colibacille [kɔlibasil] nm colon bacillus

colibacillose [kɔlibasiloz] nf colibacillosis

colibri [kɔlibʀi] nm hummingbird

colifichet [kɔlifiʃɛ] → SYN nm (bijou fantaisie) trinket, bauble; (babiole) knickknack

coliforme [kɔlifɔʀm] adj coliform

colimaçon [kɔlimasɔ̃] → SYN nm (†) snail ◆ (fig) **escalier en colimaçon** spiral staircase

colin¹ [kɔlɛ̃] → SYN nm (merlu) hake; (lieu noir) saithe, coalfish, coley

colin² [kɔlɛ̃] nm (oiseau) bobwhite

colineau, pl **colineaux** [kɔlino] nm ⇒ **colinot**

colin-maillard [kɔlɛ̃majaʀ] nm blind man's buff

colinot [kɔlino] nm codling

colique [kɔlik] → SYN **1** nf **a** (diarrhée) diarrhoea ◆ **avoir la colique** (lit) to have diarrhoea; (fig : avoir peur) to be scared stiff

b (gén pl : douleur intestinale) stomach pain, colic pain, colic (NonC) ◆ **être pris de violentes coliques** to have violent stomach pains ◆ **colique hépatique/néphrétique** biliary/renal colic ◆ **quelle colique !**⁑ (personne) what a pain in the neck !⁑; (chose) what a drag !⁑

2 adj (Anat) colonic

colis [kɔli] → SYN nm parcel ◆ **envoyer/recevoir un colis postal** to send/receive a parcel through the post (Brit) ou mail ◆ **par colis postal** by parcel post ◆ **colis piégé** parcel bomb (Brit), mail bomb

Colisée [kɔlize] nm ◆ **le Colisée** the Coliseum ou Colosseum

colistier, -ière [kolistje, jɛʀ] nm,f (Pol) fellow candidate

colite [kɔlit] nf colitis

collabo* [kɔ(l)labo] nmf (abrév de **collaborateur, -trice**) (péj Pol) collaborator, collaborationist, quisling

collaborateur, -trice [kɔ(l)labɔʀatœʀ, tʀis] → SYN nm,f [personne] colleague; [journal, revue] contributor; [livre, publication] collaborator; (Pol) [ennemi] collaborationist, quisling

collaboration [kɔ(l)labɔʀasjɔ̃] → SYN nf (Pol, à un travail, un livre) collaboration (*à* on); (à un journal) contribution (*à* to) ◆ **s'assurer la collaboration de qn** to enlist the services of sb ◆ **en collaboration avec** in collaboration with

collaborationniste [kɔ(l)labɔʀasjɔnist] nmf (Pol) collaborator, collaborationist, quisling

collaborer [kɔ(l)labɔʀe] → SYN ▸ conjug 1 ◂ vi **a** **collaborer avec qn** to collaborate ou work with sb ◆ **collaborer à** travail, livre to collaborate on; journal to contribute to

b (Pol) to collaborate

collage [kɔlaʒ] nm **a** (à la colle forte) sticking, gluing; (à la colle blanche) pasting; [étiquettes etc] sticking ◆ **collage de papiers peints** paperhanging ◆ **collage d'affiches** billposting

b (Art) collage

c (apprêt) [vin] fining; [papier] sizing

d (péj : concubinage) affair ◆ **c'est un collage** they're having an affair

collagène [kɔlaʒɛn] nm collagen

collant, e [kɔlɑ̃, ɑ̃t] → SYN **1** adj (ajusté) vêtement skintight, tight-fitting, clinging; (poisseux) sticky ◆ (importun) **être collant*** to cling, stick like a leech → **papier**

2 nm **a** (maillot) [femme] body stocking; [danseur, acrobate] leotard

b (bas) (gén) tights pl (Brit), pantyhose (US); [danseuse] tights pl

3 **collante** nf (arg Scol) (convocation) notification; (feuille de résultats) results slip

collapsus [kɔlapsys] nm [malade, organe] collapse

collatéral, e, mpl **-aux** [kɔ(l)lateʀal, o] → SYN adj parent, artère collateral ◆ **(nef) collatérale** (side) aisle ◆ **les collatéraux** (parents) collaterals; (Archit) (side) aisles

collation [kɔlasjɔ̃] → SYN nf **a** (repas) light meal, light refreshment, collation; (goûter) snack

b (→ **collationner**) collation; checking

c (frm) [titre, grade] conferment

collationnement [kɔlasjɔnmɑ̃] nm (→ **collationner**) collation; checking

collationner [kɔlasjɔne] → SYN ▸ conjug 1 ◂ vt (comparer) manuscrits etc to collate (*avec* with); (vérifier) liste to check; (Typ) to collate

colle [kɔl] → SYN nf **a** (gén) glue; [papiers peints] wallpaper paste; (apprêt) size ◆ **colle (blanche** ou **d'écolier** ou **de pâte)** paste ◆ **colle (forte)** (strong) glue, adhesive ◆ **colle (gomme)** gum (Brit), rubber cement (US) ◆ **colle à bois** wood glue ◆ **colle de bureau** glue ◆ **colle de poisson** fish glue ◆ (fig) **ce riz, c'est de la vraie colle (de pâte)** this rice is like paste ou is a gluey ou sticky mass → **chauffer, pot**

b (* : question) poser*, teaser ◆ **poser une colle à qn** to set sb a poser* ◆ **là, vous me posez une colle** you've stumped me there*

c (arg Scol) (examen blanc) mock oral exam; (retenue) detention ◆ **mettre une colle à qn** to give sb detention ◆ **j'ai eu 3 heures de colle** I was kept in for 3 hours

d (⁑) **vivre** ou **être à la colle** to live together, shack up together⁑

collecte [kɔlɛkt] → SYN nf (quête) collection; (Rel : prière) collect

collecter [kɔlɛkte] → SYN ▸ conjug 1 ◂ vt to collect

collecteur, -trice [kɔlɛktœʀ, tʀis] → SYN **1** nm,f (personne) collector ◆ **collecteur d'impôts** tax collector ◆ **collecteur de fonds** fund raiser

2 nm (Aut) manifold; (Élec) commutator ◆ (Rad) **collecteur d'ondes** aerial ◆ **(égout) collecteur, (grand) collecteur** main sewer

collectif, -ive [kɔlɛktif, iv] → SYN **1** adj travail, responsabilité, punition collective; billet, réservation group (épith); hystérie, licenciements mass (épith); installations public; (Ling) terme, sens collective ◆ **faire une démarche collective auprès de qn** to approach sb collectively ou as a group ◆ **immeuble collectif** (large) block (of flats) (Brit), apartment building (US) → **convention, ferme²**

2 nm (Gram : mot) collective noun; (groupe de travail) collective ◆ (Fin) **collectif budgétaire** minibudget

collection [kɔlɛksjɔ̃] → SYN nf **a** [timbres, papillons] collection; (Comm) [échantillons] line; (hum : groupe) collection ◆ **objet/timbre de collection** collector's item/stamp ◆ **faire (la) collection de** to collect ◆ **voiture de collection** classic car

b (Mode) collection

c (Presse : série) series, collection ◆ **notre collection « jeunes auteurs »** our "young authors" series ou collection ◆ **il a toute la collection des œuvres de X** he's got the complete collection ou set of X's works

d (Méd) **collection de pus** gathering of pus

collectionner [kɔlɛksjɔne] → SYN ▸ conjug 1 ◂ vt (gén, hum) to collect

collectionneur, -euse [kɔlɛksjɔnœʀ, øz] → SYN nm,f collector

collectionnite [kɔlɛksjɔnit] nf collecting mania, collectionitis

collectivement [kɔlɛktivmɑ̃] adv (gén) collectively; démissionner, protester in a body, collectively

collectivisation [kɔlɛktivizasjɔ̃] → SYN nf collectivization

collectiviser [kɔlɛktivize] → SYN ▸ conjug 1 ◂ vt to collectivize

collectivisme [kɔlɛktivism] → SYN nm collectivism ◆ **collectivisme d'État** state collectivism

collectiviste [kɔlɛktivist] adj, nmf collectivist

collectivité [kɔlɛktivite] → SYN nf **a** (groupement) group ◆ (le public, l'ensemble des citoyens) **la collectivité** the community ◆ **la collectivité nationale** the Nation (as a community) ◆ (Admin) **les collectivités locales** ≃ the local communities ◆ **collectivités professionnelles** professional bodies ou organizations ◆ **la collectivité des habitants / des citoyens** the inhabitants / the citizens as a whole ou a body
b (vie en communauté) **la collectivité** community life ou living ◆ **vivre en collectivité** to live in a community
c (possession commune) collective ownership

collège [kɔlɛʒ] → SYN nm **a** (école) school; (privé) private school ◆ **collège (d'enseignement secondaire)** middle school, secondary school (Brit), junior high school (US) ◆ **collège expérimental / technique** experimental / technical school ◆ **Collège de France** *prestigious state-run institution of higher education which does not grant diplomas* ◆ (Can) **Collège d'enseignement général et professionnel** general and vocational college (Can)
b (Pol, Rel : assemblée) college ◆ **collège électoral** electoral college → **sacré¹**

collégial, e, mpl **-iaux** [kɔleʒjal, jo] adj (Rel) collegiate; (Pol) collegial, collegiate ◆ (église) **collégiale** collegiate church

collégialité [kɔleʒjalite] → SYN nf (Pol) collegial administration; (Rel) collegiality

collégien [kɔleʒjɛ̃] → SYN nm schoolboy ◆ (fig : novice) **c'est un collégien** he's an innocent

collégienne [kɔleʒjɛn] nf schoolgirl

collègue [kɔ(l)lɛg] → SYN nmf colleague → **Monsieur**

collenchyme [kɔlɑ̃ʃim] nm collenchyma

coller [kɔle] → SYN ▸ conjug 1 ◂
1 vt **a** (à la colle forte) to stick, glue; (à la colle blanche) to paste; étiquette, timbre to stick; affiche to stick up (*à, sur* on); enveloppe to stick down; papier peint to hang; film to splice ◆ **colle-la** (étiquette) stick it on; (affiche) stick it up; (enveloppe) stick it down ◆ **coller 2 morceaux (ensemble)** to stick ou glue ou paste 2 pieces together ◆ **coller qch à** ou **sur qch** to stick sth on(to) sth ◆ **les cheveux collés de sang** his hair stuck together ou matted with blood ◆ **les yeux encore collés de sommeil** his eyes still half-shut with sleep
b (appliquer) **coller son oreille à la porte / son nez contre la vitre** to press one's ear to ou against the door / one's nose against the window ◆ **il colla l'armoire contre le mur** he stood the wardrobe right against the wall ◆ **il se colla contre le mur pour les laisser passer** he pressed himself against the wall to let them pass ◆ (Mil) **ils l'ont collé au mur** they stuck him up against the wall
c (*: mettre) to stick, shove* ◆ **colle tes valises dans un coin** stick ou plonk* ou shove* ou dump* your bags in a corner ◆ **il en colle des pages** he writes reams ◆ **dans ses devoirs il colle n'importe quoi** he puts ou sticks ou shoves* any old thing (down) in his homework ◆ **il se colla devant moi** he plonked* ou planted himself in front of me ◆ **ils se collent devant la télé dès qu'ils rentrent** they're glued to the TV as soon as they come in, they plonk themselves* in front of the TV as soon as they come in ◆ **se coller un chapeau sur la tête** to stick ou shove a hat on one's head* ◆ **ils l'ont collé ministre** they've gone and made him a minister* → **poing**
d (*: donner) **on m'a collé une fausse pièce** I've been palmed off with a dud coin ◆ **il m'a collé une contravention / une punition / une gifle** he gave me a fine / a punishment / a clout ◆ **on lui a collé 3 ans de prison** they've stuck him in prison ou sent him down* for 3 years, they've given him 3 years ◆ **on lui a collé la responsabilité / la belle-mère** he's got (himself) stuck* ou landed* ou lumbered⁑ (Brit) with the responsibility / his mother-in-law
e (arg Scol) (consigner) to put in detention, keep in; (recaler, ajourner) to fail, flunk* (US) ◆ **se faire coller** (en retenue) to be put in detention, be given a detention; (à l'examen) to be failed, be flunked* (US)
f (*: embarrasser par une question) to catch out
g (*: suivre) personne to cling to ◆ **la voiture qui nous suit nous colle de trop près** the car behind is sticking too close ou is sitting right on our tail* ◆ **il m'a collé (après) toute la journée** he clung to me all day
h (apprêter) vin to fine; papier to size
2 vi **a** (être poisseux) to be sticky; (adhérer) to stick (*à* to)
b (fig) to cling to ◆ **le cycliste collait au peloton de tête** the cyclist clung ou stuck close to the leaders ◆ **robe qui colle au corps** tight-fitting ou clinging dress ◆ **ils nous collent au derrière*** they're right on our tail* ◆ **voiture qui colle à la route** car that grips the road ◆ **un rôle qui lui colle à la peau** a part tailor-made for him, a part which fits him like a glove ◆ **coller au sujet** to stick to the subject ◆ **ce roman colle à la réalité** this novel sticks ou is faithful to reality ◆ **mot qui colle à une idée** word which fits an idea closely
c (*: bien marcher) **ça colle?** OK?* ◆ **ça ne colle pas entre eux / nous** they / we aren't hitting it off* ou getting on together ◆ **il y a quelque chose qui ne colle pas** there's something wrong ou not right here ◆ **ça ne colle pas, je ne suis pas libre** that's no good ou that won't do, I am not free ◆ **son histoire ne colle pas** his story doesn't hold together ou doesn't gibe (US)
d (jeux d'enfants) **c'est à toi de coller** it's your turn to be it, you're it now
3 se coller vpr **a** (⁑: subir) tâche, personne to be ou get stuck with*, be ou get landed with*, be ou get lumbered with⁑ (Brit) ◆ **il va falloir se coller la belle-mère pendant 3 jours!** we'll have to put up with the mother-in-law for 3 days!
b (⁑: se mettre à) **se coller à (faire) qch** to get stuck into (doing) sth*, get down to (doing) sth, set about (doing) sth
c (s'accrocher à) **se coller à qn** [danseur] to press o.s. against sb, cling to sb; [importun] to stick to sb like glue ou like a leech ◆ **elle dansait collée à lui** she was dancing tightly pressed against him ou clinging tight to him ◆ **ces deux-là sont toujours collés ensemble⁑** those two ou that pair always go around together ou are never apart
d (⁑: se mettre en concubinage) **se coller ensemble** to live together, shack up together⁑ ◆ **ils sont collés ensemble depuis 2 mois** they've been living together ou shacking up⁑ together ou shacked up⁑ together for 2 months

collerette [kɔlʀɛt] nf (col) collaret; (Hist: fraise) ruff; (Bot) [champignon] ring, annulus; (Tech) [tuyau] flange

collet [kɔlɛ] → SYN nm (piège) snare, noose; (petite cape) short cape; [dent] neck; (Boucherie) neck; (Tech) collar, flange; (Bot) neck ◆ **prendre** ou **saisir qn au collet** to seize sb by the collar ◆ (fig) **mettre la main au collet de qn** to get hold of sb, collar sb ◆ **elle est très collet monté** she's very strait-laced ou stuffy

colleter [kɔlte] → SYN ▸ conjug 4 ◂ **1** vt adversaire to seize by the collar, grab by the throat ◆ **il s'est fait colleter (par la police) en sortant du bar*** he was collared (by the police) as he came out of the bar
2 se colleter* vpr (se battre) to have a tussle, tussle ◆ (lit, fig) **se colleter avec** to wrestle ou grapple ou tussle with

colleteur [kɔltœʀ] nm snarer

colleur, -euse [kɔlœʀ, øz] **1** nm,f **a colleur d'affiches** billsticker, billposter ◆ **colleur de papiers peints** wallpaperer
b (arg Scol) *mock oral examiner*
2 colleuse nf (Ciné) splicer; (Phot) mounting press

colley [kɔlɛ] → SYN nm collie

collier [kɔlje] → SYN nm **a** [femme] necklace; [chevalier, maire] chain; [chien, cheval, chat] (courroie, pelage) collar; (Boucherie) collar ◆ **collier de perles** pearl necklace ◆ **collier de fleurs** garland, chain of flowers ◆ (bijou) **collier de chien** ou **ras du cou** choker ◆ **collier antipuces** flea collar ◆ **collier de misère** yoke of misery ◆ **reprendre le collier*** to get back into harness ◆ **donner un coup de collier** to put backs into it* ◆ **le supplice du collier** necklacing, necklace killing → **franc¹**
b (barbe) **collier (de barbe)** beard *(along the line of the jaw)*
c (Tech) **collier de serrage** clamp collar

colliger [kɔliʒe] → SYN ▸ conjug 3 ◂ vt (littér) textes to collect, compile; observations to colligate

collimateur [kɔlimatœʀ] nm (lunette) collimator ◆ (lit, fig) **avoir qn / qch dans son** ou **le collimateur** to have sb / sth in one's sights

collimation [kɔlimasjɔ̃] nf collimation

colline [kɔlin] → SYN nf hill

collision [kɔlizjɔ̃] → SYN nf [véhicules, bateaux] collision; (Phys, Géog) collision; (fig) [intérêts, manifestants] clash ◆ **entrer en collision** to collide (*avec* with) ◆ (Aut) **collision en chaîne** pile-up

collisionneur [kɔlizjɔnœʀ] nm collider

collocation [kɔlɔkasjɔ̃] nf (Jur) *classification of creditors in order of priority*; (Ling) collocation

collodion [kɔlɔdjɔ̃] nm collodion

colloïdal, e, mpl **-aux** [kɔlɔidal, o] adj (Chim) colloidal ◆ **solution colloïdale** colloidal solution ou suspension

colloïde [kɔlɔid] nm (Chim) colloid

colloque [kɔ(l)lɔk] → SYN nm colloquium, symposium; (hum) confab*

colloquer [kɔ(l)lɔke] ▸ conjug 1 ◂ **1** vt (Jur) to classify
2 vi (*) to participate in a conference

collusion [kɔlyzjɔ̃] → SYN nf (complicité) collusion

collusoire [kɔlyzwaʀ] adj (Jur) collusive

collutoire [kɔlytwaʀ] nm (Méd) oral medication (NonC); (en bombe) throat spray

collyre [kɔliʀ] nm eye lotion, collyrium (spéc)

colmatage [kɔlmataʒ] nm (→ **colmater**) sealing(-off); plugging; filling-in; closing; warping

colmater [kɔlmate] → SYN ▸ conjug 1 ◂ vt **a** fuite to seal (off), plug; fissure, trou to fill in, plug; (fig) déficit to make good, make up ◆ (fig, Mil) **colmater une brèche** to seal ou close a gap ◆ **la fissure s'est colmatée toute seule** the crack has filled itself in ou sealed itself
b (Agr) terrain to warp

colo* [kɔlo] nf abrév de **colonie de vacances**

colocase [kɔlɔkaz] nf (Bot) elephant's-ear, taro

colocataire [kɔlɔkatɛʀ] nmf [locataire] fellow tenant, co-tenant; [logement] tenant, co-tenant, joint tenant

colocation [kɔlɔkasjɔ̃] nf cotenancy ◆ **ils sont en colocation** they're cotenants

colog [kɔlɔg] nm (abrév de **cologarithme**) colog

cologarithme [kɔlɔgaʀitm] nm cologarithm

Cologne [kɔlɔɲ] n Cologne → **eau**

Colomb [kɔlɔ̃] nm ◆ **Christophe Colomb** Christopher Columbus

colombage [kɔlɔ̃baʒ] nm half-timbering ◆ **maison à colombage** half-timbered house

colombe [kɔlɔ̃b] → SYN nf (Orn, fig Pol) dove

Colombie [kɔlɔ̃bi] nf Colombia ◆ **Colombie britannique** British Columbia

colombien, -ienne [kɔlɔ̃bjɛ̃, jɛn] **1** adj Colombian
2 nm,f ◆ **Colombien(ne)** Colombian

colombier [kɔlɔ̃bje] → SYN nm dovecote

colombin¹ [kɔlɔ̃bɛ̃] nm [argile] *cylinder of clay used in making china*; (⁑: étron) turd⁑

colombin² [kɔlɔ̃bɛ̃] → SYN nm ◆ **(pigeon) colombin** stockdove

Colombine [kɔlɔ̃bin] nf (Théât) Columbine

Colombo [kɔlɔ̃bo] n Colombo

colombophile [kɔlɔ̃bɔfil] 1 adj pigeon-fancying, pigeon-fanciers'
2 nmf pigeon fancier

colombophilie [kɔlɔ̃bɔfili] nf pigeon fancying

colon [kɔlɔ̃] → SYN nm a (pionnier) settler, colonist
b (enfant) [colonie] child, boarder; [pénitencier] child, inmate
c (arg Mil) colonel ◆ **eh bien, mon colon!*** heck!*, blimey!* (Brit)

côlon [kolɔ̃] nm (Anat) colon

colonel [kɔlɔnɛl] nm (armée de terre) colonel; (armée de l'air) group captain (Brit), colonel (US)

colonelle [kɔlɔnɛl] nf (→ **colonel**) colonel's wife; group captain's wife

colonial, e, mpl **-iaux** [kɔlɔnjal, jo] 1 adj colonial → **casque**
2 nm (soldat) soldier of the colonial troops; (habitant) colonial
3 nf ◆ **la coloniale** the (French) Colonial Army

colonialisme [kɔlɔnjalism] → SYN nm colonialism ◆ **colonialisme culturel** cultural imperialism

colonialiste [kɔlɔnjalist] adj, nmf colonialist

colonie [kɔlɔni] → SYN nf a (Pol) colony ◆ **vivre aux colonies** to live in the colonies
b (groupe, Zool, Bio) colony; (communauté ethnique) community ◆ **colonie de vacances** ≃ (children's) holiday camp (Brit); ≃ summer camp (US) ◆ **partir en colonie (de vacances)** to go to (a) holiday camp (Brit) ou (a) summer camp (US) ◆ **colonie pénitentiaire** penal settlement ou colony

colonisateur, -trice [kɔlɔnizatœʀ, tʀis] 1 adj colonizing (épith)
2 nm,f colonizer

colonisation [kɔlɔnizasjɔ̃] → SYN nf colonization, settlement

colonisé, e [kɔlɔnize] (ptp de **coloniser**) adj colonized

coloniser [kɔlɔnize] → SYN ▸conjug 1◂ vt to colonize, settle

colonnade [kɔlɔnad] nf colonnade

colonne [kɔlɔn] → SYN 1 nf (gén) column; (Archit) column, pillar ◆ **en colonne par deux** [enfants] in twos, in a crocodile* (Brit); [soldats] in twos ◆ **mettez-vous en colonne par huit** get into eights ◆ (Presse) [nouvelle] **faire cinq colonnes à la une** to be ou make front-page ou headline news ◆ [nombre] **colonne des unités / des dizaines** unit / tens column → **cinquième, titre, titrer**
2 COMP ▹ **colonne d'air** airstream ▹ **colonne barométrique** barometric column ▹ **colonne blindée** armoured column ▹ **colonne de direction** (Aut) steering column ▹ **les Colonnes d'Hercule** the Pillars of Hercules ▹ **colonne montante** rising main ▹ **colonne Morris** (pillar-shaped) billboard ▹ **colonne sèche** dry riser ▹ **colonne de secours** rescue party ▹ **colonne vertébrale** spine, spinal ou vertebral column (spéc)

colonnette [kɔlɔnɛt] nf small column

colopathie [kolopati] nf colitis, colonitis

colophane [kɔlɔfan] → SYN nf rosin

coloquinte [kɔlɔkɛ̃t] nf (Bot) colocynth (spéc), bitter apple; (*†: tête) nut*, bonce* (Brit)

Colorado [kɔlɔʀado] nm Colorado

colorant, e [kɔlɔʀɑ̃, ɑ̃t] 1 adj colouring → **shampooing**
2 nm colouring ◆ (sur étiquette) **« sans colorants artificiels »** "(contains) no artificial colouring" ◆ (Bio) **colorants vitaux** vital stains

coloration [kɔlɔʀasjɔ̃] → SYN nf a (→ **colorer**) colouring; dyeing; staining ◆ **se faire faire une coloration** to have one's hair coloured
b (couleur, nuance) colouring, colour, shade; [peau] colouring; (fig) [voix, ton] coloration; (fig) [discours] complexion ◆ **coloration politique** [journal, mouvement] political complexion

colorature [kɔlɔʀatyʀ] nf coloratura

coloré, e [kɔlɔʀe] → SYN (ptp de **colorer**) adj teint florid, ruddy; objet coloured; foule colourful; style, description, récit vivid, colourful

colorectal, e, mpl **-aux** [koloʀɛktal, o] adj colorectal

colorer [kɔlɔʀe] → SYN ▸conjug 1◂ 1 vt a (teindre) substance to colour; tissu to dye; bois to stain ◆ **colorer qch en bleu** to colour (ou dye ou stain) sth blue ◆ (littér) **le soleil colore les cimes neigeuses** the sun tinges the snowy peaks with colour
b (littér: enjoliver) récit, sentiments to colour (*de* with)
2 **se colorer** vpr a (prendre de la couleur) [tomate] to turn red; [raisin] to turn red (ou green) ◆ **le ciel se colore de rose** the sky takes on a rosy tinge ou colour ◆ **son teint se colora** her face became flushed, her colour rose
b (être empreint de) **se colorer de** to be coloured ou tinged with

coloriage [kɔlɔʀjaʒ] nm (action) colouring (NonC); (dessin) coloured drawing ◆ **album de coloriages** colouring book

colorier [kɔlɔʀje] → SYN ▸conjug 7◂ vt carte, dessin to colour (in) ◆ **images à colorier** pictures to colour (in) → **album**

colorimètre [kɔlɔʀimɛtʀ] nm colorimeter, tintometer

colorimétrie [kɔlɔʀimetʀi] nf colorimetry

colorimétrique [kɔlɔʀimetʀik] adj colorimetric

coloris [kɔlɔʀi] → SYN nm (gén) colour, shade; [visage, peau] colouring ◆ (Comm) **carte de coloris** shade card

colorisation [kɔlɔʀizasjɔ̃] nf colourization (Brit), colorization (US)

coloriser [kɔlɔʀize] ▸conjug 1◂ vt to colourize (Brit), colorize (US)

coloriste [kɔlɔʀist] 1 nmf (peintre) colourist; (enlumineur) colourer
2 nf (coiffeuse) hairdresser (specializing in tinting and rinsing)

coloscope [kɔlɔskɔp] nm colonoscope

coloscopie [kɔlɔskɔpi] nf colonoscopy

colossal, e, mpl **-aux** [kɔlɔsal, o] → SYN adj colossal, huge

colossalement [kɔlɔsalmɑ̃] adv colossally, hugely

colosse [kɔlɔs] → SYN nm (personne) giant (fig); (institution, état) colossus, giant ◆ **le colosse de Rhodes** the Colossus of Rhodes ◆ **colosse aux pieds d'argile** idol with feet of clay

colostrum [kɔlɔstʀɔm] nm colostrum

colportage [kɔlpɔʀtaʒ] nm [marchandises, ragots] hawking, peddling → **littérature**

colporter [kɔlpɔʀte] → SYN ▸conjug 1◂ vt marchandises, ragots to hawk, peddle

colporteur, -euse [kɔlpɔʀtœʀ, øz] nm,f (vendeur) hawker, pedlar ◆ **colporteur de fausses nouvelles** newsmonger ◆ **colporteur de rumeurs** ou **ragots*** gossipmonger

colposcope [kɔlpɔskɔp] nm colposcope

colposcopie [kɔlpɔskɔpi] nf colposcopy

colt [kɔlt] nm (revolver) gun, Colt® ◆ **colt 45** (Colt) 45

coltiner [kɔltine] → SYN ▸conjug 1◂ 1 vt fardeau, colis to carry, hump* (Brit) ou lug* around
2 **se coltiner*** vpr colis to hump* (Brit) ou lug* around, carry; (*) travail, personne to be ou get stuck* ou landed* with ◆ **il va falloir se coltiner ta sœur pendant toutes les vacances*** we'll have to put up with your sister for the whole of the holidays*

columbarium [kɔlɔ̃baʀjɔm] nm (cimetière) columbarium

columelle [kɔlymɛl] nf (Zool) columella

colvert [kɔlvɛʀ] nm mallard

colza [kɔlza] nm rape(seed), colza

colzatier [kɔlzatje] nm rape ou colza farmer

coma [kɔma] → SYN nm (Méd) coma ◆ **être / entrer dans le coma** to be in / go into a coma ◆ **dans un coma dépassé** brain-dead ◆ **coma diabétique** diabetic coma

comateux, -euse [kɔmatø, øz] adj comatose ◆ **état comateux** state of coma ◆ **un comateux** a patient in a coma

combat [kɔ̃ba] → SYN 1 nm a (bataille) battle, fight, fighting (NonC) ◆ **combats aériens** air-battles ◆ **combats d'arrière-garde** rearguard fighting ◆ **aller au combat** to go into battle, enter the fray (littér) ◆ **mort au combat** died in action ◆ **les combats continuent** the fighting goes on ◆ **le combat cessa faute de combattants** the fight stopped for lack of fighters → **branle-bas, char, hors**
b (genre de bataille) combat ◆ **combat défensif / offensif** defensive / offensive action ◆ **combat aérien** aerial combat (NonC), dog-fight ◆ **combat naval** naval action ◆ (lit, fig) **combat d'arrière-garde / de retardement** rearguard / delaying action
c (fig: lutte) fight (*contre* against, *pour* for) ◆ **des combats continuels entre parents et enfants** endless fighting between parents and children ◆ **engager le combat contre la vie chère** to take up the fight against the high cost of living ◆ **la vie est un combat de tous les jours** life is a daily struggle ◆ **« étudiants, professeurs même combat! »** "students and teachers fighting together", "students and teachers united" ◆ **« fascisme, racisme même combat! »** "fight fascism! fight racism!" ◆ **élever 5 enfants, quel combat!** bringing up 5 children is such a struggle! ◆ **quel combat pour le faire manger!** it's such a struggle getting him to eat!
d (Sport) match, fight ◆ **combat de boxe / de catch** boxing / wrestling match
e (littér: concours) **ce fut entre eux un combat de générosité / d'esprit** they vied with each other in generosity / wit
2 COMP ▹ **combat de coqs** cockfight, cockfighting (NonC) ▹ **combat de gladiateurs** gladiatorial combat ou contest ▹ **combat rapproché** close combat ▹ **combat de rues** street fighting (NonC), street battle ▹ **combat singulier** single combat

combatif, -ive [kɔ̃batif, iv] → SYN adj troupes, soldat ready to fight; personne of a fighting spirit; esprit, humeur fighting (épith) ◆ **les troupes fraîches sont plus combatives** fresh troops show greater readiness to fight ◆ **c'est un combatif** he's a battler ou fighter

combativité [kɔ̃bativite] → SYN nf [troupe] readiness to fight; [personne] fighting spirit

combattant, e [kɔ̃batɑ̃, ɑ̃t] → SYN 1 adj troupe fighting (épith), combatant (épith)
2 nm,f [guerre] combatant; [bagarre] brawler → **ancien**
3 nm (oiseau) (mâle) ruff; (femelle) reeve; (poisson) fighting fish

combattre [kɔ̃batʀ] → SYN ▸conjug 41◂ 1 vt incendie, adversaire to fight; théorie, politique, inflation, vice to combat, fight (against); maladie [malade] to fight against; [médecin] to fight, combat
2 vi to fight (*contre* against, *pour* for)

combe [kɔ̃b] → SYN nf (Géog) coomb, comb(e)

combien [kɔ̃bjɛ̃] 1 adv a **combien de** (quantité) how much; (nombre) how many ◆ **combien de lait / de bouteilles as-tu acheté / achetées?** how much milk / many bottles have you bought? ◆ **combien y en a-t-il (en moins)?** (quantité) how much (less) is there (of it)?; (nombre) how many (fewer) are there (of them)? ◆ **combien de temps?** how long? ◆ **tu en as pour combien de temps?** how long will you be? ◆ **depuis combien de temps travaillez-vous ici?** how long have you been working here? ◆ **combien de fois?** (nombre) how many times?; (fréquence) how often?
b **combien (d'entre eux)** how many (of them) ◆ **combien n'ouvrent jamais un livre!** how many (people) never open a book! ◆ **combien sont-ils?** how many (of them) are there?, how many are they?
c (frm: à quel point, comme) **si tu savais combien / combien plus je travaille maintenant!** if you (only) knew how much / how much more I work now! ◆ **combien peu d'argent** how little money ◆ **combien peu de gens** how few people ◆ **tu vois combien il est paresseux / inefficace** you can see how lazy / inefficient he is ◆ **c'est étonnant de voir combien**

il a changé it is surprising to see how changed he is ou how (much) he has changed ◆ **combien précieux m'est ce souvenir** how dear to me this memory is ◆ **combien vous avez raison!** how right you are! ◆ († ou hum) **il est bête, ô combien!** he is stupid, (oh) so stupid! ◆ **combien d'ennui je vous cause** what a lot of trouble I'm causing you

d (tellement) **combien peu de gens** how few people ◆ **combien moins de gens / d'argent** how many fewer people / how much less money ◆ **combien plus de gens / d'argent** how many more people / how much more money ◆ **c'est plus long à faire mais combien meilleur!** it takes (a lot) longer to do but how much better it is!

e (quelle somme, distance) **combien est-ce?, combien ça coûte?, ça fait combien?*** how much is it? ◆ **combien pèses-tu?** ou **fais-tu?** how heavy are you?, how much do you weigh? ◆ **combien pèse ce colis?** how much does this parcel weigh?, how heavy is this parcel? ◆ **combien mesure-t-il?** [personne] how tall is he?; [colis] how big is it? ◆ **combien cela mesure-t-il?** (gén) how big is it?; (longueur) how long is it?, what length is it? ◆ **vous le voulez en combien de large?** what width do you want (it)?, how wide do you want it? ◆ **ça va augmenter de combien?** how much more will it go up? ou be? ◆ **ça va faire une différence de combien?** what will the difference be? ◆ **combien y a-t-il d'ici à la ville?** how far is it from here to the town? ◆ **combien cela mesure-t-il en hauteur / largeur?, ça a** ou **fait combien de hauteur / largeur?** how high / wide is it?, what height / width is it? ◆ (Sport) **il a fait combien aux essais?** what was his time at the trial run?

2 nm (*) (rang) **le combien êtes-vous?** where did you come?*, where were you placed? ◆ (date) **le combien sommes-nous?** what's the date?, what date is it? ◆ (fréquence) [trains] **il y en a tous les combien?** how often do they come? ou go? ou run?

combientième* [kɔ̃bjɛ̃tjɛm] **1** adj ◆ **Lincoln était le combientième président des USA?** what number president of the USA was Lincoln?* ◆ **c'est le combientième accident qu'il a eu en 2 ans?** that's how many accidents he's had in 2 years? ◆ **c'est la combientième fois que ça arrive!** how many times has that happened now!

2 nmf **a** (rang) **il est le combientième?** where was he placed? ◆ **ce coureur est arrivé le combientième?** where did this runner come (in)?

b (énumération) **encore un attentat, c'est le combientième depuis le début du mois?** another attack, how many does that make ou is that since the beginning of the month? ◆ **donne-moi le troisième – le combientième?** give me the third one – which one did you say?

c (date) **on est le combientième aujourd'hui?** what's the date today?, what date is it today?

combinaison [kɔ̃binɛzɔ̃] → SYN nf **a** (action) combining; (Math) [éléments, sons, chiffres] combination ◆ (Pol) **combinaison (ministérielle)** government ◆ (Chim) **combinaison (chimique)** (entre plusieurs corps) combination; (corps composé) compound

b [coffre-fort, loto] combination

c (vêtement) [femme] slip; [aviateur] flying suit; [mécanicien] boiler suit (Brit), (one-piece) overalls (US); (Ski) ski-suit ◆ **combinaison de plongée (sous-marine)** (underwater) diving suit

d (astuce) device; (manigance) scheme ◆ **des combinaisons louches** shady schemes ou scheming (NonC)

combinard, e* [kɔ̃binaʀ, aʀd] → SYN adj, nm,f ◆ (péj) **il est combinard, c'est un combinard** (astuces, trucs) he knows all the tricks; (manigances) he's a schemer, he's on to all the fiddles*

combinat [kɔ̃bina] nm (industrial) complex

combinateur [kɔ̃binatœʀ] nm control switch

combinatoire [kɔ̃binatwaʀ] **1** adj (Ling) combinative; (Math) combinatorial, combinatory

2 nf (analyse) combinatorial analysis, combinatorics (sg)

combine* [kɔ̃bin] nf (astuce, truc) trick (*pour faire* to do) ◆ (péj: manigance) **la combine** scheming ◆ **il est dans la combine** he knows (all) about it, he's in on it* ◆ **entrer dans la combine** to play the game ◆ **ça sent la combine** I smell a rat ◆ **toutes leurs combines** all their little schemes, all their fiddles*

combiné [kɔ̃bine] nm (Chim) compound; [téléphone] receiver, handset ◆ (vêtement) **combiné (gaine-soutien-gorge)** corselette ◆ (Rad) **combiné (radio-tourne-disque)** radiogram ◆ (Tech) **combiné (batteur-mixeur)** mixer and liquidizer ou blender ◆ (Aviat) **combiné (avion-hélicoptère)** convertible helicopter, convertiplane ◆ (Ski) **combiné alpin / nordique** alpine / nordic combination ◆ **il est 3e au combiné** he's 3rd overall

combiner [kɔ̃bine] → SYN ▸ conjug 1 ◂ **1** vt **a** (grouper) éléments, sons, chiffres to combine ◆ **opération combinée** joint ou combined operation ◆ **l'oxygène combiné à l'hydrogène** oxygen combined with hydrogen ◆ **l'oxygène et l'hydrogène combinés** oxygen and hydrogen combined ◆ **l'inquiétude et la fatigue combinées** a combination of anxiety and tiredness

b (méditer, élaborer) affaire, mauvais coup, plan to devise, work out, think up; horaire, emploi du temps to devise, plan ◆ **bien combiné** well devised

2 se combiner vpr [éléments] to combine (*avec* with)

comblanchien [kɔ̃blɑ̃ʃjɛ̃] nm limestone *(used for paving and construction)*

comble [kɔ̃bl] → SYN **1** adj salle, autobus packed (full), jam-packed* → **mesure, salle**

2 nm **a** (degré extrême) height ◆ **c'est le comble du ridicule!** that's the height of absurdity! ◆ **être au comble de la joie** to be overjoyed ◆ **elle était au comble du désespoir** she was in the depths of despair ◆ [joie, colère] **être (porté) à son comble** to be at its peak ou height ◆ **ceci mit le comble à sa fureur / son désespoir** this brought his anger / his despair to its climax ou a peak ◆ **cela mit le comble à sa joie** at that his joy knew no bounds

b LOC **c'est le comble!, c'est un comble!** that's the last straw!, that beats all!*, that takes the cake!* ou biscuit!* (Brit) ◆ **le comble, c'est qu'il est parti sans payer** what beats all* was that he left without paying ◆ **pour comble de malheur il ...** to cap ou crown it all he ... ◆ **et pour comble, il est parti sans payer** and to cap ou crown it all, he left without paying

c (charpente) roof trussing (spéc), roof timbers ◆ **comble brisé** ou **à la Mansart** mansard ou gambrel (US) roof ◆ **les combles** the attic, the loft ◆ **loger (dans une chambre) sous les combles** to live in a garret ou an attic ◆ **comble perdu, faux comble** inconvertible (part of the) attic → **fond**

combler [kɔ̃ble] → SYN ▸ conjug 1 ◂ vt **a** (boucher) trou, fente to fill in ◆ (fig) **ça comblera un trou dans nos finances** that'll fill a gap in our finances

b (résorber) déficit to make good, make up; lacune, vide to fill ◆ **combler son retard** to make up lost time

c (satisfaire) désir, espoir to fulfil; besoin to fulfil, fill; personne to gratify ◆ **parents comblés par la naissance d'un fils** parents overjoyed at the birth of a son ◆ **c'est une femme comblée** she has all that she could wish for

d (couvrir qn de) **combler qn de** cadeaux, honneurs to shower sb with ◆ **il mourut comblé d'honneurs** he died laden with honours ◆ **vous me comblez d'aise** ou **de joie** you fill me with joy ◆ **vraiment, vous nous comblez!** really you're too good to us!

comburant, e [kɔ̃byʀɑ̃, ɑ̃t] **1** adj combustive

2 nm oxidizer, oxidant

combustibilité [kɔ̃bystibilite] nf combustibility

combustible [kɔ̃bystibl] → SYN **1** adj combustible

2 nm fuel ◆ **les combustibles** fuels, kinds of fuel ◆ **combustible fossile** fossil fuel ◆ **combustible irradié** spent fuel ◆ **combustible nucléaire** nuclear fuel ◆ **combustible organique** biofuel, organic fuel

combustion [kɔ̃bystjɔ̃] → SYN nf combustion ◆ **poêle à combustion lente** slow-burning stove

come-back [kɔmbak] nm inv comeback ◆ **faire son come-back** to make a comeback

COMECON [kɔmekɔn] nm (abrév de **Conseil pour l'aide mutuelle économique**) COMECON

comédie [kɔmedi] → SYN **1** nf **a** (Théât) comedy ◆ **comédie de mœurs / d'intrigue** comedy of manners / of intrigue ◆ **comédie de caractères** character comedy ◆ **comédie de situation** situation comedy, sitcom* (Brit) ◆ **de comédie** personnage, situation (Théât) comedy (épith); (fig) comic ◆ (Littérat) **"La Comédie humaine"** "The Comédie Humaine", "The Human Comedy"

b (fig: simulation) playacting ◆ **c'est de la comédie** it's all an act, it's all sham ◆ **jouer la comédie** to put on an act

c (*) palaver, fuss ◆ **c'est toujours la même comédie** it's always the same palaver ◆ **allons, pas de comédie** come on, no nonsense ou fuss ◆ **faire la comédie** to make a fuss ou a scene

2 COMP ▷ **comédie musicale** musical

Comédie-Française [kɔmedifʀɑ̃sɛz] nf sing ◆ (Théât) **la Comédie-Française** the Comédie-Française

comédien, -ienne [kɔmedjɛ̃, jɛn] → SYN **1** nm,f **a** (fig: hypocrite) sham ◆ **être comédien** to be a sham

b (fig: pitre) show-off

2 nm (acteur) actor; (acteur comique) comedy actor, comedian

3 comédienne nf (actrice) actress; (actrice comique) comedy actress, comedienne

comédogène [kɔmedɔʒɛn] adj comedogenic ◆ **« non comédogène »** "not acne-causing"

comédon [kɔmedɔ̃] nm blackhead, comedo (spéc)

comestibilité [kɔmɛstibilite] nf edibility, edibleness

comestible [kɔmɛstibl] → SYN **1** adj edible

2 nmpl ◆ **comestibles** (fine) foods, delicatessen ◆ **magasin de comestibles** ≃ delicatessen (shop)

cométaire [kɔmetɛʀ] adj cometary, cometic

comète [kɔmɛt] nf (Astron) comet → **plan¹**

cométique [kɔmetik] nm (Can) Eskimo sledge, komatik (US, Can)

comice [kɔmis] → SYN **1** nm ◆ **comice(s) agricole(s)†** agricultural show ou meeting

2 nf Comice pear

comique [kɔmik] → SYN **1** adj (Théât) acteur, film, genre comic; (fig) incident, personnage comical → **opéra**

2 nm **a** (NonC) [situation] comic aspect; [habillement] comic look ou appearance ◆ **c'est d'un comique irrésistible** it's hilariously ou irresistibly funny ◆ **le comique de la chose, c'est que ...** the funny ou amusing thing about it is that ...

b (Littérat) **le comique** comedy ◆ **comique de caractère / de situation** character / situation comedy ◆ **comique de répétition** comedy of repetition ◆ **le comique de boulevard** light comedy ◆ **comique troupier** coarse comedy ◆ **avoir le sens du comique** to have a sense of the comic

c (artiste, amuseur) comic, comedian; (dramaturge) comedy writer

3 nf (artiste, amuseuse) comedienne, comic; (dramaturge) comedy writer

comiquement [kɔmikmɑ̃] adv comically

comité [kɔmite] → SYN **1** nm (groupement, ligue) committee; (permanent, élu) board, committee ◆ **comité central / consultatif / exécutif / restreint** central / advisory / executive / select committee ◆ **se grouper en comité pour faire** to form a committee to do ◆ (fig) **se réunir en petit comité** (gén) to meet in a select group; (petite réception) to have a small get-together

2 COMP ▷ **comité central** central committee ▷ **comité directeur** management committee ▷ **Comité économique et social** *French regional commission on economic and social affairs* ▷ **comité d'entreprise** workers' ou works council ▷ **comité des**

fêtes gala ou festival committee ▷ **comité de gestion** board of management ▷ **comité de lecture** reading panel ou committee ▷ **Comité national de la consommation** ≃ National Consumer Council (Brit), ≃ Consumers' Association (Brit), ≃ Consumer Product Safety Council (US) ▷ **comité de pilotage** steering committee

comma [kɔ(m)ma] → SYN nm (Mus) comma

commandant [kɔmɑ̃dɑ̃] → SYN **1** nm **a** (armée de terre) major ; (armée de l'air) squadron leader (Brit), major (US) ; (gén : dans toute fonction de commandement) commander, commandant ◆ **« oui mon commandant »** "yes Sir"
b (Aviat, Naut) captain
2 COMP ▷ **commandant de bord** (Aviat) captain ▷ **commandant en chef** commander-in-chief ▷ **commandant en second** second in command

commandante [kɔmɑ̃dɑ̃t] nf (→ **commandant**) major's wife ; squadron leader's wife ; commander's wife ; captain's wife

commande [kɔmɑ̃d] → SYN GRAMMAIRE ACTIVE 20
nf **a** (Comm) order ◆ **passer (une) commande** to put in an order (*de* for) ◆ **prendre la commande** to take the order ◆ **on vous livrera vos commandes jeudi** your order will be delivered to you on Thursday ◆ **payable à la commande** cash with order ◆ **cet article est en commande** the article is on order ◆ **fait sur commande** made to order ◆ **carnet/bulletin de commandes** order book/form
b [artiste] commission ◆ **passer une commande à qn** to commission sb ◆ **travailler sur commande** to work to order ◆ **ouvrage écrit/composé sur commande** commissioned work/composition
c (Aviat, Tech : gén pl) (action) control (NonC), controlling (NonC) ; (dispositif) controls ◆ **les organes** ou **leviers de commande, les commandes** the controls ◆ **commande à distance** remote control ◆ **commande numérique** numerical control ◆ **à commande vocale** voice-activated ◆ **à commande par effleurement** touch-controlled ◆ (Aut) **commandes à main** hand controls ◆ **câble de commande** control cable ◆ **véhicule à double commande** dual control vehicle, vehicle with dual controls ◆ **se mettre aux commandes, prendre les commandes** (lit) to take control, take (over) the controls ; (fig) to take control ◆ (lit, fig) **passer les commandes à qn** to hand over control to sb, hand over the controls to sb ◆ **être aux commandes, tenir les commandes** (lit) to be in control, be at the controls ; (fig) to be in control → **levier, tableau**
d LOC **de commande** sourire forced, affected ; zèle affected ◆ **agir sur commande** to act on orders ◆ **je ne peux pas jouer ce rôle/m'amuser sur commande** I can't act the role/enjoy myself to order

commandement [kɔmɑ̃dmɑ̃] → SYN nm **a** (direction) [armée, navire] command ◆ **avoir/prendre le commandement de** to be in ou have/take command of ◆ **sur un ton de commandement** in a commanding tone ◆ **avoir l'habitude du commandement** to be used to being in command → **poste**[2]
b (état-major) command ◆ **le commandement a décidé que ...** it has been decided at higher command that ... → **haut**
c (Rel) commandment
d (ordre) command ◆ (Mil) **à mon commandement, marche!** on my command, march! ◆ **avoir commandement de faire qch**† to have orders to do sth
e (Jur) [huissier] summons

commander [kɔmɑ̃de] → SYN ▸ conjug 1 ◂ GRAMMAIRE ACTIVE 20.2
1 vt **a** (ordonner) obéissance, attaque to order, command ◆ **commander à qn de faire** to order ou command sb to do ◆ **il me commanda le silence** he ordered ou commanded me to keep quiet ◆ **sans vous commander, pourriez-vous taper cette lettre?** if it's no trouble, could you type this letter? ◆ **l'amitié ne se commande pas** you can't make friends to order ◆ **l'amour ne se commande pas** you don't choose who you love ◆ **je ne peux pas le sentir, ça ne se commande pas** I can't stand him – you can't help these things ◆ **le devoir commande** duty calls
b (imposer) **commander le respect/l'admiration** to command ou compel respect/admiration
c (requérir) [événements, circonstances] to demand ◆ **la prudence commande que ...** prudence demands that ...
d (Comm) marchandise, repas to order ; (Art) tableau, œuvre to commission ◆ (au café) **avez-vous déjà commandé?** has your order been taken?, have you ordered? ◆ **qu'as-tu commandé pour Noël?** what have you asked for for Christmas? ◆ (hum) **nous avons commandé le soleil** we've ordered the sun to shine (hum)
e (diriger) armée, navire, expédition, attaque to command ; (emploi absolu) to be in command, be in charge ◆ (Mil) **commander le feu** to give the order to shoot ou to (open) fire ◆ **c'est lui qui commande ici** he's in charge here ◆ **je n'aime pas qu'on me commande** I don't like to be ordered about ou to be given orders ◆ **à la maison, c'est elle qui commande** she's the boss at home, she is the one who gives the orders at home
f (contrôler) to control ◆ **ce bouton commande la sirène** this switch controls the siren ◆ **forteresse qui commande l'entrée du détroit** fortress which commands the entrance to the straits
2 **commander à** vt indir passions, instincts to have command ou control over ◆ **il ne commande plus à sa jambe gauche** he no longer has any control over his left leg ◆ **il ne sait pas se commander** he cannot control himself
3 **se commander** vpr (communiquer) [pièces, chambres] to connect, lead into one another

commanderie [kɔmɑ̃dʀi] nf (Hist) (bénéfice) commandership ; (maison) commander's residence

commandeur [kɔmɑ̃dœʀ] nm commander *(of an Order)* ◆ (Littérat) **la statue du commandeur** the statue of the Commendatore

commanditaire [kɔmɑ̃ditɛʀ] → SYN nm (Comm) limited ou sleeping (Brit) ou silent (US) partner ; [exposition] sponsor ◆ **les commanditaires d'un meurtre** the people behind a murder

commandite [kɔmɑ̃dit] nf (Comm) (fonds) share *(of limited partner)* ◆ **(société en) commandite** limited partnership

commandité, e [kɔmɑ̃dite] nm,f active ou acting ou ordinary partner

commanditer [kɔmɑ̃dite] → SYN ▸ conjug 1 ◂ vt (Comm : financer) to finance ; exposition etc to sponsor

commando [kɔmɑ̃do] → SYN nm commando (group) ◆ **les membres du commando** the commando members, the commandos

comme [kɔm] → SYN GRAMMAIRE ACTIVE 17.1
1 conj **a** (temps) as ◆ **elle entra (juste) comme le rideau se levait** she came in (just) as the curtain was rising
b (cause) as, since, seeing that ◆ **comme il pleut, je prends la voiture** I'll take the car seeing that it's raining ou as ou since it's raining ◆ **comme il est lâche, il n'a pas osé parler** being a coward ou coward that he is ou as he is a coward, he did not dare speak out
c (comparaison) as, like (devant n et pron) ; (avec idée de manière) as, the way* ◆ **elle a soigné son chien comme elle aurait soigné un enfant** she nursed her dog as she would have done a child ◆ **il pense comme nous** he thinks as we do ou like us ◆ **c'est un homme comme lui qu'il nous faut** we need a man like him ou such as him ◆ **ce pantalon est pratique pour le travail comme pour les loisirs** these trousers are practical for work as well as leisure ◆ **il s'ennuie en ville comme à la campagne** he gets bored both in town and in the country, he gets bored in town as he does in the country ◆ (Rel) **sur la terre comme au ciel** on earth as it is in heaven ◆ **il écrit comme il parle** he writes as ou the way he speaks ◆ **c'est une excuse comme une autre** it's as good an excuse as any ◆ **c'est un client comme un autre** he's just another customer ◆ **tu n'es jamais comme les autres** ou **tout le monde** you always have to be different ◆ **il voudrait une moto comme son frère*** ou **celle de son frère/la mienne** he would like a motorbike like his brother's/mine ◆ **il voudrait une moto, comme son frère** he would like a motorbike (just) like his brother ◆ **le héros du film n'agit pas comme dans la pièce** the hero in the film does not act as he does ou the way he does in the play ◆ **si, comme nous pensons, il a oublié** if, as we think (he did), he forgot ◆ **faites comme vous voulez** do as you like ◆ **choisissez comme pour vous** choose as you would for yourself, choose as if it were for yourself ◆ **dur comme du fer** (as) hard as iron ◆ **il y eut comme une hésitation/lueur** there was a sort ou kind of hesitation/light
d (en tant que) as ◆ **nous l'avons eu comme président** we had him as (our) president ◆ **comme étudiant, il est assez médiocre** as a student, he is rather poor
e (tel que) like, such as ◆ **les fleurs comme la rose et l'œillet sont fragiles** flowers such as ou like roses and carnations ou such flowers as roses and carnations are fragile ◆ **bête comme il est ...** stupid as he is ... ◆ **elle n'a jamais vu de maison comme la nôtre** she's never seen a house like ours ou such as ours
f (devant adj, ptp) as though, as if ◆ **il était comme fasciné par ces oiseaux** it was as though ou as if he were fascinated by these birds, he was as though ou as if fascinated by these birds ◆ **il était comme fou** he was like a madman ◆ **il était comme perdu dans cette foule** it was as though ou as if he were lost in this crowd ◆ **comme se parlant à lui-même** as if ou as though talking to himself
g **comme si** as if, as though ◆ **comme pour faire** as if to do ◆ **comme quoi** (disant que) to the effect that ; (d'où il s'ensuit que) which goes to show that, which shows that ◆ **il se conduit comme si de rien n'était** he behaves as if ou as though nothing had happened ◆ **comme si nous ne savions pas!** as if we didn't know! ◆ **ce n'est pas comme si on ne l'avait pas prévenu!** it's not as if ou as though he hadn't been warned! ◆ **tu n'es pas gai mais tu peux faire comme si*** you're not happy but you can pretend (to be) ◆ **il fit un geste comme pour la frapper** he made (a gesture) as if to strike her ◆ **il écrit une lettre comme quoi il retire sa candidature** he is writing a letter to the effect that he is withdrawing his candidature ◆ **comme quoi il ne fallait pas l'écouter** which shows ou goes to show that you shouldn't have listened to him
h **comme cela, comme ça** like that ◆ **comme ci comme ça** so-so, (fair to) middling ◆ **vous aimeriez une robe comme ça?** would you like a dress like that?, would you like that sort of dress? ◆ **alors, comme ça, vous nous quittez?** so you're leaving us just like that? ◆ **je l'ai enfermé, comme ça il ne peut pas nous suivre** I locked him in, so he can't follow us, I locked him in – like that ou that way he can't follow us ◆ **il a pêché un saumon comme ça!** he caught a salmon that ou this size! ou a salmon like that! ou this! ◆ **comment l'as-tu trouvé? – comme ça** ou **comme ci comme ça** how did you find him? – so-so ou (fair to) middling ◆ **c'est comme ça, un point c'est tout** that's the way it is, and that's all there is to it ◆ **il m'a dit comme ça qu'il n'était pas d'accord*** he told me just like that that he didn't agree ◆ (admiratif) **comme ça!*** fantastic!*, terrific!*
i LOC **comme il vous plaira** as you wish ◆ **comme de juste** naturally, needless to say ◆ (iro) **comme par hasard, il était absent** he just HAPPENED to be away (iro) ◆ (Prov) **comme on fait son lit, on se couche** you have made your bed, now you must lie on it ◆ **comme il faut** properly ◆ **mange/tiens-toi comme il faut** eat/sit up properly ◆ († ou hum) **une personne très comme il faut** a decent well-bred person ◆ **elle est mignonne comme tout** she's as sweet as can be ◆ **c'est facile comme tout** it's as easy as can be ou as easy as winking ◆ **c'était amusant comme tout** it was terribly funny ou as funny as can be ◆ **il est menteur comme tout** he's a terrible ou dreadful liar ◆ **comme dit l'autre*** as they say ◆ **comme qui dirait*** as you might say → **tout**
2 adv how ◆ **comme ces enfants sont bruyants!** how noisy these children are!, these chil-

dren are so noisy! ◆ **comme il fait beau!** what a lovely day!, what lovely weather! ◆ **tu sais comme elle est** you know how she is ou what she is like ◆ **écoute comme elle chante bien** listen (to) how beautifully she sings ◆ **comme vous y allez, vous!*** (now) hold on a minute!*, don't get carried away! → **voir**

commémoraison [kɔmemɔʀɛzɔ̃] nf (Rel) commemoration

commémoratif, -ive [kɔmemɔʀatif, iv] adj cérémonie, plaque commemorative (épith), memorial (épith); service memorial (épith) ◆ **monument commémoratif** memorial

commémoration [kɔmemɔʀasjɔ̃] → SYN nf commemoration ◆ **en commémoration de** in commemoration of

commémorer [kɔmemɔʀe] → SYN ▸ conjug 1 ◂ vt to commemorate

commençant, e [kɔmɑ̃sɑ̃, ɑ̃t] **1** adj beginning (épith)

2 nm,f (débutant) beginner ◆ **grand commençant** late beginner

commencement [kɔmɑ̃smɑ̃] → SYN nm **a** (début) beginning, commencement (frm); (départ) start ◆ **il y a eu un commencement d'incendie** there has been the beginning(s) of a fire ◆ **un bon / mauvais commencement** a good / bad start ou beginning ◆ (Jur) **commencement d'exécution** *initial steps in the commission of a crime* ◆ (Jur) **commencement de preuve** prima facie evidence ◆ **au / dès le commencement** in / from the beginning, at / from the outset ou start ◆ **du commencement à la fin** from beginning to end, from start to finish ◆ **c'est le commencement de la fin** it's the beginning of the end ◆ **il y a un commencement à tout** you've (always) got to start somewhere, there's always a beginning

b **commencements** [science, métier] (premiers temps) beginnings; (rudiments) basic knowledge ◆ **les commencements ont été durs** the beginning was hard

commencer [kɔmɑ̃se] → SYN ▸ conjug 3 ◂ GRAMMAIRE ACTIVE 26.1, 26.2

1 vt **a** (entreprendre) travail, opération, repas to begin, start, commence (frm) ◆ **ils ont commencé les travaux de l'autoroute** they've started ou begun work on the motorway ◆ **j'ai commencé un nouveau chapitre** I have started ou begun (on) a new chapter ◆ **quelle façon de commencer l'année!** what a way to begin ou start the (new) year! ◆ **commençons par le commencement** let's begin at the beginning

b (Scol) **commencer un élève (en maths)** to start a pupil (off) (in maths), ground a pupil (in maths)

c [chose] to begin ◆ **mot / phrase qui commence un chapitre** word / sentence which begins a chapter, opening word / sentence of a chapter ◆ **une heure de prières commence la journée** the day begins ou starts with an hour of prayers

2 vi **a** (débuter) to begin, start, commence (frm) ◆ **le concert va commencer** the concert is about to begin ou start ou commence (frm) ◆ **tu ne vas pas commencer!*, ne commence pas!*** don't start!* ◆ (lit, iro) **ça commence bien!** that's a good start!, we're off to a good start! ◆ **pour commencer** (lit) to begin ou start with; (fig) to begin ou start with, for a start ◆ **elle commence demain chez X** she starts (work) tomorrow at X's ◆ **c'est lui qui a commencé!*** he started it!* ◆ **leurs jupes commencent à 80 F*** they've got skirts from 80 F up

b **commencer à** (ou **de**) **faire** to begin ou start to do, begin ou start doing ◆ **il commençait à neiger** it was beginning ou starting to snow, snow was setting in ◆ **il commençait à s'inquiéter / à s'impatienter** he was getting ou beginning to get nervous / impatient ◆ **je commence à en avoir assez*** I've had just about enough (of it) ◆ **ça commence à bien faire*** it's getting a bit much*

c **commencer par qch** to start ou begin with sth ◆ **commencer par faire qch** to start ou begin by doing sth ◆ **par quoi voulez-vous commencer?** what would you like to begin ou start with? ◆ **commence par faire tes devoirs, on verra après** do your homework for a start, and then we'll see ◆ **à commencer par qch / qn** starting with sth / sb ◆ **à commencer par faire ...** by doing ... for a start ◆ **ils m'ont tous déçu, à commencer par Jean** they all let me down, especially Jean ◆ **il faut apporter du changement, à commencer par trouver de nouveaux locaux** we have to make some changes, and the first thing to do is to find new premises

commende [kɔmɑ̃d] → SYN nf (Rel) commendam

commensal, e, mpl **-aux** [kɔmɑ̃sal, o] → SYN nm,f (littér: personne) companion at table, table companion; (Zool) commensal

commensalisme [kɔmɑ̃salism] nm (Zool) commensalism

commensurable [kɔmɑ̃syʀabl] → SYN adj commensurable

comment [kɔmɑ̃] → SYN **1** adv **a** (de quelle façon) how; (rare: pourquoi) how is that?, how come?* ◆ **comment a-t-il fait?** how did he do it?, how did he manage that? ◆ **je ne sais pas comment il a fait cela** I don't know how he did it ◆ **comment a-t-il osé!** how did he dare! ◆ **comment s'appelle-t-il?** what's his name? ◆ **comment appelles-tu cela?** what do you call that? ◆ **comment allez-vous?** ou **vas-tu?** how are you? ◆ **comment est-il, ce type?*** what sort of fellow* is he?, what's that fellow* like? ◆ **comment va-t-il?** how is he? ◆ **comment faire?** how shall we do it? ou go about it? ◆ **comment se fait-il que ...?** how is it that ...?, how come that ...?* ◆ **comment se peut-il que ...?** how can it be that ...?

b (excl) **comment?** (I beg your) pardon?, pardon me? (US), sorry?, what?* ◆ **comment cela?** what do you mean? ◆ **comment, il est mort?** what! is he dead? ◆ **vous avez assez mangé? – et comment!** have you had enough to eat? – we (most) certainly have! ou I should say so! ou and how!* ◆ **avez-vous bien travaillé? – et comment!** did you work well? – I should say so! ou not half!* ou and how!* ◆ **comment donc!** by all means!, of course! ◆ **Dieu sait comment!** goodness* ou God* knows how!

2 nm ◆ **le comment** the how ◆ **les comment(s)** the hows → **pourquoi**

commentaire [kɔmɑ̃tɛʀ] → SYN nm **a** (remarque) comment (*sur* on) ◆ **quel a été son commentaire** ou **quels ont été ses commentaires sur ce qui s'est passé?** what was his comment ou what were his comments on what happened? ◆ **commentaires de presse** press comments ◆ **as-tu des commentaires (à faire)?** have you got any comments to make? ◆ **je vous dispense de vos commentaires** I can do without your comments ou remarks, I don't want (to hear) any comments ou remarks from you ◆ **tu feras comme je te l'ordonne, et pas de commentaires!** you will do as I say and no arguments! ou and that's final! ou and that's all there is to it! ◆ **son attitude / une telle action se passe de commentaires** ou **est sans commentaire** his attitude / such an action speaks for itself ◆ **vous avez entendu ce qu'il a dit! – sans commentaire!** did you hear him! – enough said! ou no comment!

b (péj) **commentaires** comments ◆ **sa conduite donne lieu à bien des commentaires!** his behaviour gives rise to a lot of comment! ◆ **ils vont faire des commentaires sur ce qui se passe chez nous** they'll have a lot to say ou a lot of comments to make about what's going on at home

c (exposé) commentary (*de* on); (Rad, TV) commentary ◆ **un bref commentaire de la séance** a brief commentary ou some brief comments on the meeting

d (Littérat: explication) commentary ◆ **faire le commentaire d'un texte** to do ou give a commentary on ou comment (on) a text ◆ **édition avec commentaire(s)** annotated edition

e (Ordin, Ling) comment

commentateur, -trice [kɔmɑ̃tatœʀ, tʀis] → SYN nm,f (glossateur, Rad, TV) commentator

commenter [kɔmɑ̃te] → SYN ▸ conjug 1 ◂ vt poème to comment (on), do ou give a commentary on; conduite to make comments on, comment upon; (donner ses opinions) événement, actualité to comment on ou upon; (Rad, TV) match to commentate on; cérémonie officielle to provide the commentary for ◆ **le match sera commenté par X** the commentary on the match will be given by X, X will be commentating on the match

commérage [kɔmeʀaʒ] → SYN nm piece of gossip ◆ **commérages** gossip (NonC), gossiping (NonC)

commerçant, e [kɔmɛʀsɑ̃, ɑ̃t] → SYN **1** adj **a** nation trading (épith), commercial; ville commercial; rue, quartier shopping (épith) ◆ **rue très commerçante** busy shopping street, street with many shops

b (habile) personne, procédé commercially shrewd ◆ **il est très commerçant** he's got good business sense ◆ **ce n'est pas très commerçant** it's not a very good way to do business

2 nm shopkeeper, tradesman, merchant (US), storekeeper (US) ◆ **commerçant en détail** shopkeeper, retail merchant ◆ **commerçant en gros** wholesale dealer ◆ **les commerçants du quartier** (the) local tradesmen ou shopkeepers ou merchants

3 **commerçante** nf shopkeeper, storekeeper (US)

commerce [kɔmɛʀs] → SYN nm **a** (activités commerciales) **le commerce** trade, commerce ◆ (affaires) **le commerce** business, trade ◆ **le commerce n'y est pas encore très développé** commerce ou trade isn't very highly developed there yet ◆ **depuis quelques mois le commerce ne marche pas très bien** business ou trade has been bad for a few months ◆ **opération / maison / traité de commerce** commercial operation / firm / treaty ◆ **commerce en** ou **de gros / détail** wholesale / retail trade ◆ **commerce intérieur / extérieur** domestic ou home / foreign trade ou commerce ◆ **commerce intégré** corporate chain, combined trade ◆ **faire du commerce (avec)** to trade (with) ◆ **être dans le commerce** to be in trade ◆ **faire commerce de†** to trade in ◆ (fig péj) **faire commerce de ses charmes / son nom** to trade on one's charms / name → **effet**

b (circuit commercial) objet **dans le commerce** in the shops (Brit) ou stores (US) ◆ **vendu hors commerce** sold direct to the public

c (commerçants) **le commerce** tradespeople (Brit), traders, shopkeepers, merchants (US) ◆ **le petit commerce** small shopkeepers ou traders ◆ **le monde du commerce** the commercial world, trading ou commercial circles

d (boutique) business ◆ **tenir** ou **avoir un commerce d'épicerie** to have a grocery business ◆ **un gros / petit commerce** a big / small business ◆ **commerce de proximité** local shop (Brit) ou store (US), neighborhood store (US)

e († ou littér) (fréquentation) (social) intercourse; (compagnie) company; (rapport) dealings ◆ **être d'un commerce agréable** to be pleasant company ◆ **avoir commerce avec qn** to have dealings with sb

commercer [kɔmɛʀse] → SYN ▸ conjug 3 ◂ vi to trade (*avec* with)

commercial, e, mpl **-iaux** [kɔmɛʀsjal, jo] **1** adj (gén) commercial; activité, société, port commercial, trading (épith) ◆ **accord commercial** trade ou trading agreement ◆ [entreprise] **service commercial** sales department ◆ **anglais commercial** business English ◆ (péj) **sourire commercial** phoney professional smile

2 nm marketing man ◆ **l'un de nos commerciaux** one of our marketing people

3 **commerciale** nf (véhicule) estate car (Brit), station wagon (US)

commercialement [kɔmɛʀsjalmɑ̃] adv commercially

commercialisable [kɔmɛʀsjalizabl] adj marketable, tradable

commercialisation [kɔmɛʀsjalizasjɔ̃] nf [produit] marketing

commercialiser [kɔmɛʀsjalize] ▸ conjug 1 ◂ vt brevet, produit, idée to market

commère [kɔmɛʀ] → SYN nf (péj: bavarde) gossip

commérer† [kɔmeʀe] ▸ conjug 6 ◂ vi to gossip

commettant [kɔmetɑ̃] → SYN nm ◆ (Jur, Fin) **commettant et agent** principal and agent

commettre [kɔmɛtʀ] → SYN ▸ conjug 56 ◂ 1 vt
a (perpétrer) crime, faute, injustice to commit; erreur to make ◆ (hum) **il a commis 2 ou 3 romans** he's perpetrated 2 or 3 novels (hum)
b (littér: confier) **commettre qch à qn** to commit sth to sb, entrust sth to sb
c (frm: nommer) **commettre qn à une charge** to appoint ou nominate sb to an office ◆ (Jur) **commettre un arbitre** to nominate ou appoint an arbitrator ◆ **avocat commis d'office** barrister (Brit) ou counselor (US) appointed by the court
d (†: compromettre) réputation to endanger, compromise
2 **se commettre** vpr (péj, frm) to endanger one's reputation, lower o.s. ◆ **se commettre avec des gens peu recommandables** to associate with rather undesirable people

comminatoire [kɔminatwaʀ] → SYN adj ton, lettre threatening; (Jur) *appointing a penalty for non-compliance*

comminutif, -ive [kɔminytif, iv] adj fracture comminuted

commis [kɔmi] → SYN nm (gén: vendeur) (shop ou store (US)) assistant ◆ **commis de bureau** office clerk ◆ **commis aux écritures** bookkeeper ◆ **commis-greffier** assistant to the clerk of the court ◆ **commis de magasin** shop assistant (Brit), store clerk (US) ◆ **commis de cuisine** apprentice chef, commis (frm) ◆ **commis de salle** apprentice waiter, commis (frm) ◆ (Naut) **commis aux vivres** ship's steward ◆ **commis voyageur** commercial traveller → **grand**

commisération [kɔmizeʀasjɔ̃] → SYN nf commiseration

commissaire [kɔmisɛʀ] → SYN 1 nm a **commissaire (de police)** ≃ (police) superintendent (Brit), (police) captain (US) ◆ **commissaire principal, commissaire divisionnaire** ≃ chief superintendent (Brit), police chief (US) ◆ **commissaire de police judiciaire** detective superintendent (Brit), (police) captain (US)
b (surveillant) [rencontre sportive, fête] steward ◆ (Aut) **commissaire de courses** marshal
c (envoyé) representative
d [commission] commission member, commissioner
2 COMP ▷ **commissaire de l'Air** chief administrator *(in Air Force)* ▷ **commissaire du bord** (Naut) purser ▷ **commissaire aux comptes** (Fin) auditor ▷ **commissaire du gouvernement** government commissioner ▷ **Commissaire aux langues officielles** (Can) Commissioner of Official Languages (Can) ▷ **commissaire de la Marine** chief administrator ▷ **commissaire de la République** ≃ prefect

commissaire-priseur, pl **commissaires-priseurs** [kɔmisɛʀpʀizœʀ] → SYN nm auctioneer

commissariat [kɔmisaʀja] nm a (poste) **commissariat (de police)** police station
b (Admin: fonction) commissionership ◆ **commissariat du bord** pursership ◆ **commissariat aux comptes** auditorship
c (corps) **commissariat de la Marine** ≃ Admiralty Board (Brit) ◆ **Commissariat à l'énergie atomique** Atomic Energy Commission ◆ **commissariat hôtelier** catering service *(for rail companies and airlines)*

commission [kɔmisjɔ̃] → SYN 1 nf a (bureau nommé) commission; (comité restreint) committee ◆ (Pol) **la commission du budget** the Budget committee ◆ **les membres sont en commission** the members are in committee ◆ **travail en commission** work in committee ◆ (Pol) **renvoi d'un texte en commission** committal of a bill
b (message) message ◆ **est-ce qu'on vous a fait la commission?** did you get ou were you given the message?
c (course) errand ◆ **faire des commissions (pour)** to run errands (for) ◆ **on l'a chargé d'une commission** he was sent on an errand ◆ (fig: langage enfantin) **la petite/grosse commission** number one/two (langage enfantin)
d (emplettes) **commissions** shopping ◆ **faire les/des commissions** to do the/some shopping ◆ **partir en commissions** to go shopping ◆ **l'argent des commissions** the shopping money
e (pourcentage) commission ◆ **toucher 10% de commission** to get 10% commission (*sur* on) ◆ **travailler à la commission** to work on commission
f (Comm, Jur: mandat) commission ◆ **avoir la commission de faire** to be empowered ou commissioned to do ◆ **commission d'office** court appointment of a barrister (Brit) ou counselor (US)
2 COMP ▷ **commission d'arbitrage** arbitration committee ▷ **commission d'armistice** armistice council ▷ **commission bancaire** *French banking regulation commission* ▷ **Commission des Communautés européennes** Commission of the European Communities ▷ **Commission de développement économique régional** *French commission for regional economic development* ▷ **commission d'enquête** committee ou commission of inquiry ▷ **commission d'examen** board of examiners ▷ **commission interparlementaire** ≃ joint (parliamentary) committee ▷ **commission militaire** army exemption tribunal ▷ **Commission nationale de l'informatique et des libertés** *French commission protecting the public's privacy* ▷ **Commission des opérations de Bourse** *French stock exchange regulatory body,* Securities and Investment Board (Brit), Securities and Exchange Commission (US) ▷ **commission paritaire** joint commission (with equal representation of both sides) ▷ **commission parlementaire** parliamentary commission, parliamentary committee ▷ **commission permanente** standing committee, permanent commission ▷ **commission rogatoire** (Jur) letters rogatory ▷ **commission temporaire** ad hoc committee

commissionnaire [kɔmisjɔnɛʀ] → SYN nm a (livreur) delivery boy, (adulte) delivery man; (messager) messenger boy, (adulte) messenger; (chasseur) page (boy), (adulte) commissionaire
b (intermédiaire) agent, broker ◆ **commissionnaire en douane** customs agent ou broker ◆ **commissionnaire de transport** forwarding agent ◆ **commissionnaire de roulage** carrier, haulage contractor (Brit), haulier (Brit)

commissionner [kɔmisjɔne] → SYN ▸ conjug 1 ◂ vt (Comm, Jur: mandater) to commission

commissoire [kɔmiswaʀ] adj ◆ **clause commissoire** cancellation clause

commissure [kɔmisyʀ] → SYN nf [bouche] corner; (Anat, Bot) commissure

commissurotomie [kɔmisyʀɔtɔmi] nf commissurotomy

commodat [kɔmɔda] nm commodate

commode [kɔmɔd] → SYN 1 adj a (pratique) appartement, meuble convenient; outil handy (*pour* for, *pour faire* for doing); itinéraire handy, convenient ◆ **ce pinceau n'est pas très commode pour les coins** this brush isn't very practical to get in corners
b (facile) easy ◆ **ce n'est pas commode** it's not easy (*à faire* to do) ◆ **ce serait trop commode!** that would be too easy!
c morale easy-going; (†) caractère easy-going ◆ **commode à vivre** easy to get on with (Brit) ou get along with ◆ **il n'est pas commode** he is an awkward customer
2 nf (meuble) chest of drawers

commodément [kɔmɔdemɑ̃] adv porter conveniently; s'asseoir comfortably

commodité [kɔmɔdite] → SYN nf a (agrément, confort) convenience ◆ **pour plus de commodité** for greater convenience ◆ **les commodités de la vie moderne** the conveniences ou comforts of modern life
b (††: toilettes) **commodités** toilets

commotion [kɔmosjɔ̃] → SYN nf (secousse) shock ◆ (Méd) **commotion cérébrale** concussion ◆ (fig) **les grandes commotions sociales** the great social upheavals

commotionner [kɔmosjɔne] → SYN ▸ conjug 1 ◂ vt ◆ [secousse, nouvelle] **commotionner qn** to give sb a shock, shake sb ◆ **être fortement commotionné par qch** to be badly ou severely shocked ou shaken by sth

commuable [kɔmɥabl] adj peine commutable

commuer [kɔmɥe] → SYN ▸ conjug 1 ◂ vt peine to commute (*en* to)

commun, e[1] [kɔmœ̃, yn] → SYN GRAMMAIRE ACTIVE 5.5
1 adj a (collectif, de tous) common; (fait ensemble) décision, effort, réunion joint (épith) ◆ **pour le bien commun** for the common good ◆ **dans l'intérêt commun** in the common interest ◆ **ils ont une langue commune qui est l'anglais** they have English as a common language ◆ **d'un commun accord** of a common accord, of one accord → **sens**
b (partagé) élément common; pièce, cuisine communal, shared; (Math) dénominateur, facteur, angle common (*à* to) ◆ **ces deux maisons ont un jardin commun** these two houses have a shared garden ◆ [chose] **être commun à** to be shared by ◆ **le jardin est commun aux deux maisons** the garden is common to ou shared by the two houses ◆ **les parties communes de l'immeuble** the communal parts of the building ◆ **tout est commun entre eux** they share everything ◆ **un ami commun** a mutual friend ◆ **la vie commune** [couple] conjugal life, life together; [communauté] communal life → **point**[1]
c (comparable) goût, intérêt, caractère common (épith) ◆ **ils n'ont rien de commun** they have nothing in common ◆ **ce métal n'a rien de commun avec l'argent** this metal has nothing in common with ou is nothing like silver ◆ **il n'y a pas de commune mesure entre eux** there's no possible comparison between them → **nom**
d **en commun** in common ◆ **faire la cuisine/les achats en commun** to share (in) the cooking/the shopping ◆ **vivre en commun** to live communally ◆ **faire une démarche en commun** to take joint steps ◆ **mettre ses ressources en commun** to share ou pool one's resources ◆ **tout mettre en commun** to share everything ◆ **ces plantes ont en commun de pousser sur les hauteurs** these plants have in common the fact that they grow at high altitudes
e (habituel, ordinaire) accident, erreur common; opinion commonly held, widespread; métal common ◆ **peu commun** out of the ordinary, uncommon ◆ **il est d'une force peu commune pour son âge** he is unusually ou uncommonly strong for his age ◆ **il est commun de voir des daims traverser la route** it is quite common ou quite a common thing to see deer crossing the road → **lieu**
f (péj: vulgaire) manière, voix, personne common
2 nm a **le commun des mortels** the common run of people ◆ **cet hôtel n'est pas pour le commun des mortels** this hotel is not for ordinary mortals like myself (ou ourselves) ou is not for the common run of people ◆ († péj) **le commun, les gens du commun** the common people ou herd ◆ **hors du commun** (non ordinaire) out of the ordinary; (remarquable) exceptional
b (bâtiments) **les communs** the outbuildings, the outhouses
3 **commune** nf → **commune**[2]

communal, e, mpl **-aux** [kɔmynal, o] → SYN adj dépenses council (épith) (Brit), community (épith) (US); fête, aménagements [ville] local (épith); [campagne] village (épith) ◆ **l'école communale, la communale*** the local (primary) school, the local grade ou elementary school (US)

communard, e [kɔmynaʀ, aʀd] → SYN 1 adj (Hist) of the Commune
2 nm,f (Hist) communard; (péj: communiste) red (péj), commie* (péj)
3 nm (*: boisson) *apéritif made of red wine and blackcurrant liqueur*

communautaire [kɔmynotɛʀ] → SYN adj community (épith); (Pol) droit, politique Community (épith)

communauté [kɔmynote] → SYN nf a (identité) [idées, sentiments] identity; [intérêts, culture] community ◆ (Ling) **communauté linguistique** speech community
b (Pol, Rel etc: groupe) community ◆ **servir la communauté** to serve the community ◆ **communauté urbaine** urban community

◆ **vivre en communauté** to live communally ◆ **mettre qch en communauté** to pool sth
c (Jur : entre époux) **biens qui appartiennent à la communauté** joint estate *(of husband and wife)* ◆ **mariés sous le régime de la communauté (des biens)** married with a communal estate settlement ◆ **communauté légale** communal estate ◆ **communauté réduite aux acquêts** communal estate comprising only property acquired after marriage
d (Pol) **la Communauté économique européenne** the European Economic Community ◆ **la Communauté européenne du charbon et de l'acier** the European Coal and Steel Community ◆ **la Communauté européenne de l'énergie atomique** the European Atomic Energy Community ◆ **les pays de la Communauté** the members of the Community ◆ **la Communauté des États indépendants** the Commonwealth of Independent States

commune[2] [kɔmyn] → SYN nf **a** (ville) town ; (village) village ; (administration) town (ou village) council, municipality (Admin) ◆ (territoire) **sur toute l'étendue de la commune** throughout the entire town (ou village)
b (Hist) **la Commune** the Commune
c (Pol Brit) **la Chambre des communes, les Communes** the (House of) Commons

communément [kɔmynemɑ̃] adv commonly

communiant, e [kɔmynjɑ̃, jɑ̃t] nm,f (Rel) communicant ◆ **(premier) communiant** child making his first communion ◆ **me voici en première communiante** this is me in my communion dress

communicabilité [kɔmynikabilite] nf [expérience, sentiment] communicability ; [personne] communicativeness

communicable [kɔmynikabl] adj expérience, sentiment which can be communicated ; (Jur) droit transferable ; dossier which may be made available ◆ **ces renseignements ne sont pas communicables par téléphone** this information cannot be given over the telephone

communicant, e [kɔmynikɑ̃, ɑ̃t] **1** adj **a** pièces, salles communicating (épith) → **vase**[1]
b entreprise that communicates effectively
2 nm,f communicator

communicateur, -trice [kɔmynikatœʀ, tʀis] **1** adj (Tech) fil, pièce connecting (épith)
2 nmf communicator

communicatif, -ive [kɔmynikatif, iv] → SYN adj rire, ennui infectious ; personne communicative

communication [kɔmynikasjɔ̃] → SYN GRAMMAIRE ACTIVE 27 nf **a** (gén, Philos : relation) communication ◆ **la communication est très difficile avec lui, il est si timide** communication (with him) is very difficult because he's so shy ◆ **être en communication avec** ami, société savante to be in communication ou contact with ; esprit to communicate ou be in communication with ◆ **mettre qn en communication avec qn** to put sb in touch ou in contact with sb ◆ **théorie des communications** communications theory
b (fait de transmettre) [fait, nouvelle] communication ; [dossier] transmission ◆ **avoir communication d'un fait** to be informed of a fact ◆ **demander communication d'un dossier / d'un livre** to ask for a file / a book ◆ **donner communication d'une pièce (à qn)** to communicate a document (to sb) ◆ [entreprise] **communication interne** interdepartmental ou internal communication
c (message) message, communication ; (à une conférence) paper ◆ [conférencier] **faire une communication** to read ou give a paper ◆ **j'ai une communication importante à vous faire** I've something very important to tell you
d **communication (téléphonique)** (telephone) call, (phone) call ◆ **être en communication** to be on the (tele)phone ◆ **être en communication avec qn** to be on the (tele)phone to sb, to be talking to sb on the (tele)phone ◆ **entrer en communication avec qn** to get through to sb on the (tele)phone ◆ **mettre qn en communication (avec)** to put sb through (to), connect sb (with) ◆ **communication interurbaine** trunk call (Brit), intercity call ◆ **communication à longue distance** long-distance call ◆ **communication en PCV** reverse charge call (Brit), collect call (US) ◆ **communication avec préavis** personal call (Brit), person(-to-person) call (US) ◆ **vous avez la communication** you are through, I am connecting you now ◆ **je n'ai pas pu avoir la communication** I couldn't get through
e (moyen de liaison) communication ◆ **porte de communication** communicating door ◆ **les (voies de) communications ont été coupées par les chutes de neige** communications ou the lines of communication were cut off by the snow(fall) ◆ **moyens de communication** means of communication
f (relations publiques) **la communication** public relations ◆ **conseil(ler) en communication** media ou communications consultant

communicationnel, -elle [kɔmynikasjɔnɛl] adj communication (épith)

communier [kɔmynje] ▸ conjug 7 ◂ vi (Rel) to receive communion ◆ **communier sous les deux espèces** to receive communion under both kinds ◆ (fig) **communier dans** sentiment to be united in ◆ (fig) **communier avec** sentiment to share

communion [kɔmynjɔ̃] → SYN nf (Rel, fig) communion ◆ **faire sa (première) communion** ou **sa communion privée** to make one's first communion ◆ **faire sa communion solennelle** to make one's solemn communion ◆ **pour la (première) communion de ma fille, il pleuvait** it rained on the day of my daughter's first communion ◆ (fig) **être en communion avec** personne to be in communion with ; sentiments to be in sympathy with ◆ **être en communion d'idées avec qn** to be in sympathy with sb's ideas ◆ **être en communion d'esprit avec qn** to be of the same intellectual outlook as sb ◆ **nous sommes en communion d'esprit** we are of the same (intellectual) outlook, we are kindred spirits ◆ **la communion des saints** the communion of the saints

communiqué [kɔmynike] → SYN nm communiqué ◆ **communiqué de presse** press release

communiquer [kɔmynike] → SYN ▸ conjug 1 ◂ **1** vt **a** nouvelle, renseignement, demande to pass on, communicate, convey (*à* to) ; dossier, document (donner) to give (*à* to) ; (envoyer) to send, transmit (*à* to) ◆ **communiquer un fait à qn** to inform sb of a fact ◆ **se communiquer des renseignements** to pass on information to one another
b enthousiasme, peur to communicate, pass on (*à* to) ; (Méd) maladie to pass on, give (*à qn* to sb)
c [chose] mouvement to communicate, transmit, impart (*à* to) ; [soleil] lumière, chaleur to transmit (*à* to)
2 vi **a** (correspondre) to communicate (*avec* with) ◆ **les sourds-muets communiquent par signes** deaf-mutes communicate by signs ◆ **communiquer avec qn par lettre / téléphone** to communicate with sb by letter / phone ◆ **il communique bien** he communicates effectively, he's a good communicator
b [pièces, salles] to communicate (*avec* with) ◆ **des pièces qui communiquent** communicating rooms, rooms which communicate with one another ◆ **couloir qui fait communiquer les chambres** corridor that links ou connects the rooms
3 **se communiquer** vpr ◆ (se propager) [feu, maladie] **se communiquer à** to spread to

communisant, e [kɔmynizɑ̃, ɑ̃t] **1** adj communistic
2 nm,f communist sympathizer, fellow traveller (fig)

communisme [kɔmynism] → SYN nm communism

communiste [kɔmynist] → SYN adj, nmf communist

commutable [kɔmytabl] adj ⇒ **commuable**

commutateur [kɔmytatœʀ] → SYN nm (Élec) (changeover) switch, commutator ; (Téléc) commutation switch ; (bouton) (light) switch

commutatif, -ive [kɔmytatif, iv] adj (Jur, Ling, Math) commutative

commutation [kɔmytasjɔ̃] → SYN nf (Jur, Math) commutation ; (Ling) substitution, commutation ◆ **commutation de peine** commutation of sentence ou penalty ◆ (Ordin) **commutation des messages** message switching ; (Élec) commutation, switching

commutativité [kɔmytativite] nf [élément] commutative property, commutability ; [addition] commutative nature

commuter [kɔmyte] → SYN ▸ conjug 1 ◂ vt (Math) éléments to commute ; (Ling) termes to substitute, commute

Comores [kɔmɔʀ] nfpl ◆ **les (îles) Comores** the Comoro Islands, the Comoros

comorien, -ienne [kɔmɔʀjɛ̃, jɛn] **1** adj of ou from the Comoros
2 **Comorien(ne)** nm,f inhabitant ou native of the Comoros

compacité [kɔ̃pasite] nf (→ **compact**) density ; compactness

compact, e [kɔ̃pakt] → SYN **1** adj (dense) foule, substance dense ; quartier closely ou densely built-up ; (de faible encombrement) véhicule, appareil compact ; poudre pressed ◆ **disque compact, Compact Disc®** compact disc ◆ (Pol) **une majorité compacte** a solid majority → **chaîne**
2 nm **a** (Audiovisuel) (chaîne hi-fi) music centre ; (disque) compact disc
b [poudre] powder compact

compactage [kɔ̃paktaʒ] → SYN nm (compression) compaction ; (Ordin) compression, squeezing

compacter [kɔ̃pakte] ▸ conjug 1 ◂ vt to compact

compacteur [kɔ̃paktœʀ] nm (de voirie) roadroller ◆ **compacteur d'ordures ménagères** rubbish (Brit) ou trash (US) compactor

compagne [kɔ̃paɲ] → SYN nf (camarade, concubine, littér : épouse) companion ; (maîtresse) (lady) friend ; [animal] mate ◆ **compagne de classe** classmate ◆ **compagne de jeu** playmate

compagnie [kɔ̃paɲi] → SYN **1** nf **a** (présence, société) company ◆ **il n'a pour toute compagnie que sa vieille maman** he has only his old mother for company ◆ **ce n'est pas une compagnie pour lui** he (ou she) is no company for him ◆ **en compagnie de** personne in the company of, in company with ; chose alongside, along with ◆ **il n'est heureux qu'en compagnie de ses livres** he's only happy when (he's) surrounded by his books ◆ **en bonne / mauvaise / joyeuse compagnie** in good / bad / cheerful company ◆ **tenir compagnie à qn** to keep sb company ◆ **être d'une compagnie agréable** to be pleasant company ◆ **être de bonne compagnie** to be good company ◆ **nous voyageâmes de compagnie** we travelled together ou in company ◆ **ça va de compagnie avec** it goes hand in hand with → **fausser**
b (réunion) gathering, party, company ◆ **bonsoir la compagnie !** goodnight all !
c (Comm) company ; (groupe de savants, écrivains) body ◆ **compagnie d'assurances / théâtrale** insurance / theatrical company ◆ **compagnie aérienne / maritime** airline / shipping company ◆ **la banque X et compagnie** the X and company bank, the bank of X and company ◆ **tout ça, c'est voleurs et compagnie*** they're all a bunch* ou a lot of thieves ◆ **la compagnie, l'illustre compagnie** the French Academy
d (Mil) company
2 COMP ▷ **compagnie de discipline** (Mil) punishment company *(made up of convicted soldiers)* ▷ **la Compagnie des Indes** (Hist) the East India Company ▷ **la Compagnie de Jésus** (Rel) the Society of Jesus ▷ **compagnie de perdreaux** (Chasse) covey of partridges ▷ **compagnies républicaines de sécurité** (Police) *state security police force in France*

compagnon [kɔ̃paɲɔ̃] → SYN **1** nm **a** (camarade, concubin, littér : époux) companion ; (écuyer) companion ◆ **compagnon d'études / de travail** fellow student / worker ◆ **compagnon d'exil / de misère / d'infortune** companion in exile / in suffering / in misfortune
b (ouvrier) journeyman
c (franc-maçon) companion
2 COMP ▷ **compagnon d'armes** companion- ou comrade-in-arms ▷ **compagnon de bord** shipmate ▷ **compagnon de jeu**

playmate ▹ **Compagnon de la Libération** French Resistance fighter ▹ **compagnon de route** fellow traveller (lit) ▹ **compagnon de table** companion at table, table companion ▹ **compagnon de voyage** travelling companion, fellow traveller (lit) ▹ **compagnon du Tour de France, compagnon du voyage** (Hist) journeyman *(touring France after his apprenticeship)*

compagnonnage [kɔ̃paɲɔnaʒ] nm (Hist: association d'ouvriers) ≃ (trade) guild

comparabilité [kɔ̃paʀabilite] nf comparability, comparableness

comparable [kɔ̃paʀabl] → SYN GRAMMAIRE ACTIVE 5.3 adj grandeur, élément comparable (*à* to, *avec* with) ◆ **je n'avais jamais rien vu de comparable** I'd never seen anything like it ◆ **ce n'est pas comparable** there's (just) no comparison

comparaison [kɔ̃paʀɛzɔ̃] → SYN GRAMMAIRE ACTIVE 26.5 nf **a** (gén) comparison (*à* to, *avec* with) ◆ **mettre qch en comparaison avec** to compare sth with ◆ **faire une comparaison entre X et Y** to make a comparison between X and Y ◆ **vous n'avez qu'à faire la comparaison** you only need to compare them ◆ **il n'y a pas de comparaison (possible)** there is no (possible) comparison ◆ **et c'est mieux? – aucune comparaison!** is it better? – no comparison! ◆ **ça ne soutient pas la comparaison** that doesn't bear ou stand comparison

b (Gram) comparison ◆ **adjectif/adverbe de comparaison** comparative adjective/adverb

c (Littérat) simile, comparison

d LOC **en comparaison (de)** in comparison (with) ◆ **par comparaison** by comparison (*avec, à* with) ◆ **il est sans comparaison le meilleur** he is far and away the best ◆ **c'est sans comparaison avec** it cannot be compared with ◆ (Prov) **comparaison n'est pas raison** comparisons are misleading

comparaître [kɔ̃paʀɛtʀ] → SYN ▸ conjug 57 ◂ vi (Jur) to appear in court ◆ **comparaître devant un juge** to appear before a judge ◆ **refus de comparaître** refusal to appear (in court) ◆ (fig littér) **il fait comparaître dans ses nouvelles toutes sortes de personnages** he brings all sorts of characters into his short stories → **citation, citer**

comparant, e [kɔ̃paʀɑ̃, ɑ̃t] nm,f (Jur) party *(appearing in court)*

comparatif, -ive [kɔ̃paʀatif, iv] **1** adj comparative ◆ **essai comparatif** comparison test ◆ **la publicité comparative** comparative advertising

2 nm comparative ◆ (Gram) **au comparatif** in the comparative ◆ **comparatif d'infériorité/de supériorité** comparative of lesser/greater degree ◆ **comparatif d'égalité** comparative of similar degree

comparatisme [kɔ̃paʀatism] nm comparative studies

comparatiste [kɔ̃paʀatist] nmf comparatist

comparativement [kɔ̃paʀativmɑ̃] adv comparatively, by comparison ◆ **comparativement à** by comparison with, compared to ou with

comparé, e [kɔ̃paʀe] GRAMMAIRE ACTIVE 5.1, 26.5 (ptp de **comparer**) adj étude, littérature comparative

comparer [kɔ̃paʀe] → SYN ▸ conjug 1 ◂ GRAMMAIRE ACTIVE 5.4, 5.5 vt **a** (confronter) to compare (*à, avec* with) ◆ **comparer deux choses (entre elles)** to compare two things ◆ **vous n'avez qu'à comparer** you've only to compare ◆ **compare des choses comparables!** that's not a valid comparison! ◆ **comparé à** compared to

b (identifier) to compare, liken (*à* to) ◆ **Molière peut se comparer** ou **être comparé à Shakespeare** Molière can be compared ou likened to Shakespeare ◆ **c'est un bon écrivain mais il ne peut quand même pas se comparer à X** he's a good writer but he still can't compare with X ◆ **il ose se comparer à Picasso** he dares to compare himself with Picasso ◆ **ça ne se compare pas** there's no comparison, they can't be compared

comparse [kɔ̃paʀs] → SYN nmf (Théât) supernumerary, walk-on; (péj) associate, stooge* ◆ **rôle de comparse** (Théât) walk-on part; (péj, fig) minor part ◆ **nous n'avons là que les comparses, il nous faut le vrai chef** we've only the small fry here, we want the real leader

compartiment [kɔ̃paʀtimɑ̃] → SYN nm (casier, Rail) compartment; [damier] square; [parterre] bed; [connaissances] compartment ◆ [réfrigérateur] **compartiment à glace** freezer ◆ (Sport) **dans tous les compartiments du jeu** in every area of the game

compartimentage [kɔ̃paʀtimɑ̃taʒ] nm, **compartimentation** [kɔ̃paʀtimɑ̃tasjɔ̃] nf [armoire] partitioning, compartmentation; [administration, problème] compartmentalization

compartimenter [kɔ̃paʀtimɑ̃te] → SYN ▸ conjug 1 ◂ vt armoire to partition, divide into compartments, put compartments in; problème, administration to compartmentalize

comparution [kɔ̃paʀysjɔ̃] nf (Jur) appearance in court

compas [kɔ̃pɑ] → SYN **1** nm (Géom) (pair of) compasses; (Naut) compass ◆ **tracer qch au compas** to draw sth with (a pair of) compasses ◆ (fig) **avoir le compas dans l'œil** to have an accurate eye → **naviguer**

2 COMP ▹ **compas d'épaisseur** spring-adjusting callipers ▹ **compas à pointes sèches** dividers ▹ **compas quart de cercle** wing compass ▹ **compas de réduction** proportional dividers ▹ **compas à verge** beam compass (Brit), trammel

compassé, e [kɔ̃pɑse] → SYN (ptp de **compasser**) adj (guindé) formal, stuffy, starchy

compasser [kɔ̃pɑse] ▸ conjug 1 ◂ vt **a** (Tech) distance to measure with (a pair of) compasses

b (littér) attitude, démarche to control rigidly, make (seem) stiff and unnatural

compassion [kɔ̃pɑsjɔ̃] → SYN nf compassion ◆ **avec compassion** compassionately

compatibilité [kɔ̃patibilite] → SYN nf compatibility

compatible [kɔ̃patibl] → SYN adj, nm compatible

compatir [kɔ̃patiʀ] → SYN ▸ conjug 2 ◂ vi to sympathize ◆ **compatir à la douleur de qn** to sympathize ou share ou commiserate with sb in his grief

compatissant, e [kɔ̃patisɑ̃, ɑ̃t] → SYN adj compassionate, sympathetic

compatriote [kɔ̃patʀijɔt] → SYN **1** nm compatriot, fellow countryman

2 nf compatriot, fellow countrywoman

compendium [kɔ̃pɛ̃djɔm] → SYN nm compendium

compensable [kɔ̃pɑ̃sabl] adj **a** perte that can be compensated for (*par* by)

b chèque **compensable à Paris** to be cleared in Paris

compensateur, -trice [kɔ̃pɑ̃satœʀ, tʀis] **1** adj indemnité, élément, mouvement compensatory, compensating (épith)

2 nm compensator ◆ **(pendule) compensateur** compensation pendulum

compensation [kɔ̃pɑ̃sasjɔ̃] → SYN nf **a** (dédommagement) compensation ◆ **donner qch en compensation d'autre chose** to give sth in compensation for sth else, make up for sth with sth else ◆ **en compensation (des dégâts), à titre de compensation (pour les dégâts)** in compensation ou by way of compensation (for the damage) ◆ **c'est une piètre compensation de le savoir** it's not much (of a) compensation to know that ◆ **il y en a peu mais en compensation c'est bon** there's not much of it but what there is is good ou but on the other hand ou but to make up for that it's good

b (équilibre) balance; (neutralisation) balancing; (Phys) [forces] compensation; (Méd) [maladie, infirmité] compensation; (Naut) [compas] correction; (Psych) compensation; (Fin) [dette] set-off (Brit), offsetting; [chèques] clearing ◆ **il y a compensation entre gains et pertes** the gains and losses cancel each other out ◆ (Math) **loi de compensation** law of large numbers ◆ (Jur) **compensation des dépens** division ou sharing of the costs → **chambre**

compensatoire [kɔ̃pɑ̃satwaʀ] adj compensatory, compensating ◆ (Fin) **droits compensatoire** countervailing duties → **montant**

compensé, e [kɔ̃pɑ̃se] (ptp de **compenser**) adj gouvernail balanced; horloge compensated ◆ **chaussures à semelles compensées** platform shoes, shoes with platform soles

compenser [kɔ̃pɑ̃se] → SYN ▸ conjug 1 ◂ vt to make good, compensate for, offset; perte, dégâts to compensate for, make up for; (Méd) infirmité to compensate (for); (Naut) compas to correct; (Fin) dette to set off ◆ **compenser une peine par une joie** to make up for a painful experience with a happy one ◆ **ses qualités et ses défauts se compensent** his qualities compensate for ou make up for his faults ◆ **pour compenser** to compensate, to make up for it, as a compensation ◆ (Jur) **compenser les dépens** to divide ou share the costs, tax each party for its own costs ◆ (Phys) **forces qui se compensent** compensating forces → **ceci**

compère [kɔ̃pɛʀ] → SYN nm **a** (gén: complice) accomplice; (aux enchères) puffer

b (†) (ami) crony*, comrade; (personne, type) fellow

compère-loriot, pl **compères-loriots** [kɔ̃pɛʀlɔʀjo] → SYN nm (Méd: orgelet) sty(e); (Orn) golden oriole

compétence [kɔ̃petɑ̃s] → SYN nf **a** (expérience, habileté, Ling) competence; (personne) specialist, expert ◆ **avoir de la compétence** to be competent ◆ **manquer de compétence** to lack competence ◆ **faire qch avec compétence** to do sth competently ◆ **faire appel à la compétence** ou **aux compétences d'un spécialiste** to call (up)on the skills ou the skilled advice of a specialist ◆ **savoir utiliser les compétences** to know how to put people's skills ou abilities to the best use

b (rayon d'activité) scope of activities, domain; (Jur) competence ◆ (Jur) **compétence territoriale** jurisdiction ◆ **c'est de la compétence de ce tribunal** it's within the competence of this court ◆ **ce n'est pas de ma compétence, cela n'entre pas dans mes compétences** that's not (in) my sphere ou domain, that falls outside the scope of my activities

compétent, e [kɔ̃petɑ̃, ɑ̃t] → SYN adj **a** (capable, qualifié) competent, capable ◆ **compétent en** competent in ◆ **compétent en la matière** competent in the subject ◆ **il est très compétent en législation du travail** he is very well-versed in ou conversant with labour legislation

b (concerné) service relevant, concerned (attrib); (Jur) competent ◆ **adressez-vous à l'autorité compétente** apply to the authority concerned ◆ [tribunal] **être compétent pour faire qch** to have the jurisdiction to do sth

compétiteur, -trice [kɔ̃petitœʀ, tʀis] → SYN nm,f competitor

compétitif, -ive [kɔ̃petitif, iv] → SYN adj competitive

compétition [kɔ̃petisjɔ̃] → SYN nf **a** (Sport: activité) **la compétition** competitive sport ◆ **faire de la compétition** to go in for competitive sport ◆ **la compétition automobile** motor racing ◆ **abandonner la compétition** to retire from competitive sport, stop going in for competitions ◆ **sport de compétition** competitive sport

b (Sport: épreuve) event ◆ **compétition sportive** sporting event ◆ **une compétition automobile** a motor racing event

c (gén, Scol, Sport: rivalité, concurrence) competition (NonC); (Comm, Pol) rivalry, competition ◆ **entrer en compétition avec** to compete with ◆ **être en compétition** to be competing, be in competition (*avec* with)

compétitivité [kɔ̃petitivite] nf competitiveness

compilateur, -trice [kɔ̃pilatœʀ, tʀis] **1** nm,f (souvent péj) compiler

2 nm (Ordin) compiler ◆ **compilateur croisé** cross compiler

compilation [kɔ̃pilasjɔ̃] → SYN nf (action) compiling, compilation; (souvent péj: ouvrage) compilation ◆ **une compilation des meilleures chansons de Brel** the best of Brel

compiler [kɔ̃pile] → SYN ▸ conjug 1 ◂ vt to compile

complainte [kɔ̃plɛ̃t] → SYN nf (Littérat, Mus) lament; (Jur) complaint

complaire [kɔ̃plɛʀ] → SYN ▸ conjug 54 ◂ **1** **complaire à** vt indir to (try to) please

2 **se complaire** vpr ◆ **se complaire dans qch / à faire qch** to take pleasure in sth / in doing sth, delight ou revel in sth / in doing sth

complaisamment [kɔ̃plɛzamɑ̃] adv (→ **complaisant**) obligingly, kindly; accommodatingly; smugly, complacently

complaisance [kɔ̃plɛzɑ̃s] → SYN nf **a** (obligeance) kindness (*envers* to, towards); (esprit accommodant) accommodating attitude ◆ (frm) **il a eu la complaisance de m'accompagner** he was kind ou good enough to ou he was so kind as to accompany me ◆ **par complaisance** out of kindness

b (indulgence coupable) indulgence, leniency; (connivence malhonnête) connivance; (servilité) servility, subservience; [conjoint trompé] tacit consent ◆ **avoir des complaisances pour qn** to treat sb indulgently ◆ **sourire de complaisance** polite smile ◆ **certificat** ou **attestation de complaisance** medical ou doctor's certificate *(issued for non-genuine illness to oblige a patient)* ◆ (Comm) **billet de complaisance** accommodation bill → **pavillon**

c (fatuité) self-satisfaction, complacency ◆ **il parlait avec complaisance de ses succès** he spoke smugly about his successes

complaisant, e [kɔ̃plɛzɑ̃, ɑ̃t] → SYN adj **a** (obligeant) kind, obliging, complaisant; (arrangeant) accommodating

b (trop indulgent) indulgent, lenient; (trop arrangeant) over-obliging; (servile) servile, subservient ◆ **c'est un mari complaisant** he turns a blind eye to his wife's goings-on ◆ **prêter une oreille complaisante à qn / qch** to listen to sb / sth readily, lend a willing ear to sb / sth

c (fat) self-satisfied, smug, complacent

complément [kɔ̃plemɑ̃] → SYN nm **a** (gén, Bio, Math, Ordin) complement; (reste) rest, remainder ◆ **complément d'information** supplementary ou further ou additional information (NonC)

b (Gram) (gén) complement; (complément d'objet) object ◆ **complément circonstanciel de lieu / de temps** etc adverbial phrase of place / time etc ◆ **complément (d'objet) direct / indirect** ou **second** direct / indirect object ◆ **complément d'agent** agent ◆ **complément de nom** possessive phrase

complémentaire [kɔ̃plemɑ̃tɛʀ] → SYN adj (gén, Math) complementary; (additionnel) supplementary ◆ (Phys) **couleurs complémentaires** complementary colours ◆ **pour tout renseignement complémentaire** for any supplementary ou further ou additional information (NonC) → **cours**

complémentarité [kɔ̃plemɑ̃taʀite] nf complementarity, complementary nature

complet, -ète [kɔ̃plɛ, ɛt] → SYN **1** adj **a** (exhaustif, entier) (gén) complete, full; rapport, analyse comprehensive, full ◆ **procéder à un examen complet de qch** to make a full ou thorough examination of sth ◆ **il reste encore 3 tours / jours complets** there are still 3 complete ou full laps / days to go ◆ **il a fait des études complètes de pharmacien** he has done a complete ou full course in pharmacy ◆ **pour vous donner une idée complète de la situation** to give you a complete ou full idea of the situation ◆ **les œuvres complètes de Voltaire** the complete works of Voltaire ◆ **le dossier est-il complet?** is the file complete? ◆ **il en possède une collection très complète** he has a very full collection (of it ou them) ◆ **la lecture complète de ce livre prend 2 heures** it takes 2 hours to read this book right through ou from cover to cover ◆ **pain complet** ≃ granary ou wholemeal bread → **aliment, pension, riz**

b (total) échec, obscurité complete, total, utter; découragement complete, total ◆ **dans la misère la plus complète** in the most abject poverty ◆ **l'aviron est un sport très complet** rowing works all parts of your body

c (consommé, achevé: après n) homme, acteur complete ◆ **c'est un athlète complet** he's an all-round athlete, he's the complete athlete

d (plein) autobus, train full, full up (attrib) ◆ (écriteau) « **complet** » [hôtel] "no vacancies"; [parking] "full (up)"; [cinéma] "full house"; [match] "ground full" ◆ **le théâtre affiche complet tous les soirs** the theatre has a full house every evening

e (*) **eh bien! c'est complet!** well, that's the end! ou the limit!, that's all we needed!

2 nm **a** **au (grand) complet: maintenant que nous sommes au complet** now that we are all here ◆ **la famille au grand complet s'était rassemblée** the whole ou entire family had got together

b (costume) suit ◆ **complet-veston** suit

complètement [kɔ̃plɛtmɑ̃] → SYN adv **a** (en entier) démonter, nettoyer, repeindre completely; lire un article etc right through; lire un livre from cover to cover; citer in full ◆ **complètement nu** completely ou stark naked ◆ **complètement trempé / terminé** completely soaked / finished ◆ **écouter complètement un disque** to listen to a record right through, listen to the whole of a record

b (absolument) **complètement fou** completely mad, absolutely crazy ◆ **complètement faux** completely ou absolutely ou utterly false ◆ **complètement découragé** completely ou totally discouraged

c (à fond) étudier qch, faire une enquête fully, thoroughly

compléter [kɔ̃plete] → SYN ▸ conjug 6 ◂ **1** vt **a** (terminer, porter au total voulu) somme, effectifs to make up; mobilier, collection, dossier to complete ◆ **pour compléter votre travail / l'ensemble ...** to complete your work / the whole ... ◆ **il compléta ses études en suivant un cours de dactylographie** he completed ou rounded off ou finished off his studies by taking a course in typing ◆ **un délicieux café compléta le repas** a delightful cup of coffee rounded off the meal ◆ (fig) **sa dernière gaffe complète le tableau: il est vraiment incorrigible** his latest blunder crowns it – he never learns ◆ (fig) **et pour compléter le tableau, il arriva en retard!** and to crown it all ou as a finishing touch he arrived late!

b (augmenter, agrémenter) études, formation to complement, supplement; connaissances, documentation, collection to supplement, add to; mobilier, garde-robe to add to ◆ **sa collection se complète lentement** his collection is slowly building up

2 **se compléter** vpr [caractères, partenaires, fonctions] to complement one another

complétif, -ive [kɔ̃pletif, iv] **1** adj substantival

2 **complétive** nf ◆ **(proposition) complétive** noun ou substantival clause

complétude [kɔ̃pletyd] nf completeness

complexe [kɔ̃plɛks] → SYN **1** adj (gén: compliqué) complex, complicated; (Ling, Math) nombre, quantité, phrase complex ◆ **sujet complexe** compound subject

2 nm **a** (Psych) complex ◆ **complexe d'Œdipe / d'infériorité / de supériorité** Oedipus / inferiority / superiority complex ◆ **être bourré de complexes*** to have loads of hang-ups*, be full of complexes ◆ (hum) **il est vraiment sans complexe** he's got no hang-ups*, he's got no shame (péj) ◆ **c'est une équipe de France sans complexe qui va jouer ce soir** the French team are in a very relaxed frame of mind for tonight's match

b (Écon) (industriel, universitaire) complex ◆ **complexe routier** road network

c (Chim, Math) complex

complexer [kɔ̃plɛkse] → SYN ▸ conjug 1 ◂ vt ◆ **ça le complexe terriblement** it gives him a terrible complex ◆ **être très complexé** to have awful complexes, be very hung-up* ou mixed up* (*par* about)

complexification [kɔ̃plɛksifikasjɔ̃] nf [situation] complication

complexifier [kɔ̃plɛksifje] ▸ conjug 7 ◂ **1** vt to make more complex, complicate

2 **se complexifier** vpr [situation] to become more complex ou complicated

complexion†† [kɔ̃plɛksjɔ̃] nf (constitution) constitution; (teint) complexion; (humeur) disposition, temperament

complexité [kɔ̃plɛksite] nf complexity, intricacy; [calcul] complexity

complication [kɔ̃plikasjɔ̃] → SYN nf (complexité) complexity, intricacy; (ennui) complication ◆ (Méd) **complications** complications ◆ **faire des complications** to make life difficult ou complicated

complice [kɔ̃plis] → SYN **1** adj **a** **être complice de qch** to be (a) party to sth

b regard, sourire knowing (épith); attitude conniving ◆ (littér) **la nuit complice protégeait leur fuite** the friendly night conspired to shelter their flight (littér)

2 nmf **a** (criminel) accomplice ◆ **être (le) complice de qn** to be sb's accomplice, be in collusion with sb ◆ **complice par instigation / par assistance** accessory before / after the fact

b (adultère) (Jur) co-respondent; (amant) lover; (maîtresse) mistress

complicité [kɔ̃plisite] → SYN nf (Jur, fig) complicity ◆ **agir en complicité avec** to act in complicity ou collusion with ◆ **accusé de complicité de vol** accused of aiding and abetting a theft ou of being an accessary to theft

complies [kɔ̃pli] nfpl compline

compliment [kɔ̃plimɑ̃] → SYN nm **a** (félicitations) **compliments** congratulations ◆ **recevoir les compliments de qn** to receive sb's congratulations, be congratulated by sb ◆ **faire des compliments à qn (pour)** to compliment ou congratulate sb (on) ◆ (lit, iro) **(je vous fais) mes compliments!** congratulations!, let me congratulate you!

b (louange) compliment ◆ **elle rougit sous le compliment** she blushed at the compliment ◆ **faire des compliments à qn sur sa bonne mine, faire compliment à qn de sa bonne mine** to compliment sb on how well they look ◆ **il lui fait sans cesse des compliments** he's always paying her compliments

c (formule de politesse) **compliments** compliments ◆ **faites-lui mes compliments** give him my compliments ou regards ◆ **avec les compliments de la direction** with the compliments of the management

d (petit discours) congratulatory speech

complimenter [kɔ̃plimɑ̃te] → SYN ▸ conjug 1 ◂ vt to congratulate, compliment (*pour, sur, de* on)

complimenteur, -euse [kɔ̃plimɑ̃tœʀ, øz] **1** adj obsequious

2 nm,f complimenter; (péj) flatterer

compliqué, e [kɔ̃plike] → SYN (ptp de **compliquer**) adj mécanisme complicated, intricate; affaire, explication, phrase complicated, involved; histoire, esprit tortuous; personne complicated; (Méd) fracture compound (épith) ◆ **ne sois pas si compliqué!** don't be so complicated! ◆ **puisque tu refuses, ce n'est pas compliqué, moi je pars** since you refuse, there's no problem ou that makes it easy ou that simplifies the problem – I'm leaving ◆ **il ne m'écoute jamais, c'est pas compliqué!*** it's quite simple, he never listens to a word I say! ◆ **c'est trop compliqué à faire** it's too hard ou difficult ou complicated to make ◆ **cette histoire est d'un compliqué!** what a complicated story!

compliquer [kɔ̃plike] → SYN ▸ conjug 1 ◂ **1** vt to complicate ◆ **il nous complique l'existence** he DOES make life difficult ou complicated for us

2 **se compliquer** vpr **a** [situation, problème] to become ou get complicated ◆ **ça se complique** things are getting more and more complicated ◆ **la maladie se complique** complications have set in

b [personne] **se compliquer l'existence** ou **la vie** to make life difficult ou complicated for o.s.

complot [kɔ̃plo] → SYN nm (conspiration) plot ◆ **complot contre la sûreté de l'État** plot to destabilize national security ◆ **mettre qn dans le complot*** to let sb in on the plot*

comploter [kɔ̃plɔte] → SYN ▸ conjug 1 ◂ vti to plot (*de faire* to do, *contre* against)

◆ **qu'est-ce que vous complotez ?*** what are you hatching?

comploteur, -euse [kɔ̃plɔtœʀ, øz] [→ SYN] nm,f plotter

componction [kɔ̃pɔ̃ksjɔ̃] [→ SYN] nf (péj) (affected) gravity; (Rel) contrition ◆ **avec componction** solemnly, with a great show of dignity

componé, e [kɔ̃pɔne] adj (Hér) compony

componentiel, -ielle [kɔ̃pɔnɑ̃sjɛl] adj (Ling) componential

comportement [kɔ̃pɔʀtəmɑ̃] [→ SYN] nm (gén) behaviour (*envers, avec* towards); [matériel, pneus, monnaie] performance

comportemental, e, mpl **-aux** [kɔ̃pɔʀtəmɑ̃tal, o] adj behavioural

comportementalisme [kɔ̃pɔʀtəmɑ̃talism] nm behaviourism

comportementaliste [kɔ̃pɔʀtəmɑ̃talist] adj, nmf behaviourist

comporter [kɔ̃pɔʀte] [→ SYN] ▸ conjug 1 ◂ 1 vt a (consister en) to be composed of, be made up of, consist of, comprise ◆ **ce roman comporte 2 parties** this novel is made up of ou is composed of ou comprises 2 parts ◆ **la maison comporte 5 pièces et une cuisine** the house comprises 5 rooms and a kitchen

b (être muni de) to have, include ◆ **son livre comporte une préface** his book has ou includes a preface ◆ **cette machine ne comporte aucun dispositif de sécurité** this machine is equipped with ou has no safety mechanism, there is no safety mechanism built into this machine ◆ **cette règle comporte des exceptions** this rule has ou includes certain exceptions

c (impliquer) risques to entail, involve ◆ **je dois accepter cette solution, avec tout ce que cela comporte (de désavantages / d'imprévu)** I must accept this solution with all (the disadvantages / unexpected consequences) that it entails ou involves

2 **se comporter** vpr a (se conduire) to behave ◆ **se comporter en** ou **comme un enfant gâté** to behave like a spoilt child ◆ **il s'est comporté d'une façon odieuse (avec sa mère)** he behaved in a horrible way (towards his mother)

b (réagir) [personne] to behave; [machine, voiture] to perform ◆ **comment s'est-il comporté après l'accident ?** how did he behave after the accident? ◆ **notre équipe s'est très bien comportée hier** our team played ou acquitted itself very well yesterday, our team put up a good performance yesterday ◆ **comment le matériel s'est-il comporté en altitude ?** how did the equipment stand up to the high altitude? ou perform at high altitude? ◆ **ces pneus se comportent très bien sur chaussée glissante** these tyres behave ou perform very well on slippery roads ◆ (Bourse) **le franc se comporte bien aujourd'hui** the franc is performing ou doing ou faring well today

composant, e [kɔ̃pozɑ̃, ɑ̃t] [→ SYN] 1 adj, nm component, constituent ◆ **composants électroniques** electronic components

2 **composante** nf (gén, Phys) component ◆ (Pol) **les diverses composantes du parti** the various elements in the party

composé, e [kɔ̃poze] [→ SYN] (ptp de **composer**) 1 adj a (Chim, Gram, Math, Mus) compound (épith); (Bot) fleur composite (épith); feuille compound (épith); bouquet, salade mixed → **passé**

b (guindé, affecté) maintien, attitude studied

2 nm (Chim, Gram) compound ◆ (fig) **c'est un composé étrange de douceur et de violence** he's a strange combination ou mixture of gentleness and violence

3 **composée** nf (Bot) plant of the family Compositae (spéc), composite ◆ **composées** Compositae (spéc), composites

composer [kɔ̃poze] [→ SYN] ▸ conjug 1 ◂ 1 vt a (confectionner) plat, médicament to make (up); équipe de football etc to select; assemblée, équipe scientifique to form, set up

b (élaborer) poème, lettre, roman to write, compose; musique to compose; tableau to paint; projet, programme to work out, draw up

c numéro de téléphone to dial; code to enter

d (disposer) bouquet to arrange, make up; vitrine to arrange, lay out

e (constituer) ensemble, produit, groupe to make up; assemblée to form, make up ◆ **pièces qui composent une machine** parts which (go to) make up a machine ◆ **composé à 50% de papier recyclé** made of 50% recycled paper ◆ **ces objets composent un ensemble harmonieux** these objects form ou make a harmonious group → aussi 3

f (Typ) to set

g (frm: étudier artificiellement) **composer son visage** to compose one's features ◆ **composer ses gestes** to use affected gestures ◆ **attitudes / allures composées** studied behaviour / manners ◆ **il s'était composé un personnage de dandy** he had established his image as that of a dandy ◆ **se composer un visage de circonstance** to assume a suitable expression

2 vi a (Scol) **composer en anglais** to sit (surtout Brit) ou take an English test ◆ **les élèves sont en train de composer** the pupils are (in the middle of) doing a test ou an exam

b (traiter) to compromise ◆ **composer avec** adversaire etc to come to terms with, compromise with

3 **se composer** vpr ◆ (consister en) **se composer de** ou **être composé de** to be composed of, be made up of, consist of, comprise ◆ **la vitrine se compose** ou **est composée de robes** the window display is made up of ou composed of dresses ◆ **notre équipe est composée à 70% de femmes** our team is 70% women, 70% of our team are women

composeuse [kɔ̃pozøz] nf typesetter

composite [kɔ̃pozit] [→ SYN] 1 adj a (hétérogène) éléments, mobilier, matériau, groupe composite, heterogeneous; public mixed; foule motley (épith)

b (Archit) composite

2 nm (Archit) composite order; (matériau) composite

compositeur, -trice [kɔ̃pozitœʀ, tʀis] [→ SYN] nm,f (Mus) composer; (Typ) compositor, typesetter → **amiable**

composition [kɔ̃pozisjɔ̃] [→ SYN] nf a (confection) [plat, médicament] making(-up); [assemblée] formation, setting-up; [équipe sportive] selection; [équipe de chercheurs] setting-up; [bouquet, vitrine] arranging ◆ **les boissons qui entrent dans la composition du cocktail** the drinks that go into the cocktail → **rôle**

b (élaboration) [roman, lettre, poème] writing, composition; [symphonie] composition; (Ling) composition, compounding; [tableau] painting ◆ **une œuvre de ma composition** a work of my own composition, one of my own compositions

c (œuvre) (musicale, picturale) composition; (architecturale) structure ◆ **composition florale** flower arrangement

d (structure) [plan, ensemble] structure ◆ **quelle est la composition du passage ?** what is the structure of the passage? ◆ **la répartition des masses dans le tableau forme une composition harmonieuse** the distribution of the masses in the picture forms ou makes a harmonious composition

e (constituants) [mélange] composition; [équipe, assemblée] composition, line-up ◆ **quelle est la composition du gâteau ?** what is the cake made of?, what ingredients go into the cake? ◆ **la nouvelle composition du Parlement européen** the new line-up in the European Parliament

f (Scol: examen) **compositions trimestrielles** end-of-term tests, term exams (Brit), final exams (US) ◆ **composition de français** (en classe) French test ou exam; (à l'examen) French paper ◆ (rédaction) **composition française** French essay ou composition

g (Typ) typesetting, composition

h LOC **venir à composition** to come to terms ◆ **amener qn à composition** to get sb to come to terms ◆ **être de bonne composition** to have a nice nature → **bon¹**

compost [kɔ̃pɔst] [→ SYN] nm compost

compostage¹ [kɔ̃pɔstaʒ] nm (→ **composter¹**) (date) stamping; punching

compostage² [kɔ̃pɔstaʒ] nm (Agr) composting

composter¹ [kɔ̃pɔste] ▸ conjug 1 ◂ vt (dater) to (date) stamp; (poinçonner) to punch

composter² [kɔ̃pɔste] ▸ conjug 1 ◂ vt (Agr) to compost

composteur [kɔ̃pɔstœʀ] nm (timbre dateur) date stamp; (poinçon) ticket machine; (Typ) composing stick

compote [kɔ̃pɔt] [→ SYN] nf (Culin) stewed fruit, compote ◆ **compote de pommes / de poires** stewed apples / pears, compote of apples / pears ◆ (fig) **j'ai les jambes en compote*** (de fatigue) my legs are aching (all over); (par l'émotion, la maladie) my legs are like jelly ou cotton wool ◆ **il a le visage en compote*** his face is black and blue ou is a mass of bruises

compotier [kɔ̃pɔtje] nm fruit dish ou bowl

compréhensibilité [kɔ̃pʀeɑ̃sibilite] nf [texte] comprehensibility

compréhensible [kɔ̃pʀeɑ̃sibl] [→ SYN] adj (clair) comprehensible, easily understood; (concevable) understandable

compréhensif, -ive [kɔ̃pʀeɑ̃sif, iv] [→ SYN] adj (tolérant) understanding; (logique) comprehensive

compréhension [kɔ̃pʀeɑ̃sjɔ̃] [→ SYN] nf (indulgence) understanding; (fait ou faculté de comprendre) understanding, comprehension; (clarté) understanding, intelligibility; (Logique, Ling, Math) comprehension; (Scol) aural comprehension ◆ **exercice de compréhension** aural comprehension exercise

comprendre [kɔ̃pʀɑ̃dʀ] [→ SYN] ▸ conjug 58 ◂ GRAMMAIRE ACTIVE 26.1 vt a (être composé de) to be composed of, be made up of, consist of, comprise; (être muni de, inclure) to include ◆ **ce manuel comprend 3 parties** this textbook is composed of ou is made up of ou comprises 3 parts ◆ **cet appareil comprend en outre un flash** this camera also has ou comes with* a flash, (also) included with this camera is a flash ◆ **le loyer ne comprend pas le chauffage** the rent doesn't include ou cover (the) heating, the rent is not inclusive of heating ◆ **je n'ai pas compris là-dedans les frais de déménagement** I haven't included the removal expenses in that

b problème, langue to understand; plaisanterie to understand, get*; personne (ce qu'elle dit ou écrit) to understand, comprehend ◆ **je ne le comprends pas / je ne comprends pas ce qu'il dit, il parle trop vite** I can't understand him / I can't make out what he says, he speaks too quickly ◆ **vous m'avez mal compris** you've misunderstood me ◆ **il ne comprend pas l'allemand** he doesn't understand German ◆ **comprendre la vie / les choses** to understand life / things ◆ **il ne comprend pas la plaisanterie** he can't take a joke ◆ **il ne comprend rien à rien** he hasn't a clue about anything, he doesn't understand a thing (about anything) ◆ (fig) **tu n'as rien compris au film !*** you haven't got a clue!* ◆ **c'est à n'y rien comprendre** it's completely baffling ou puzzling, it (just) baffles me, it's beyond me, I (just) can't understand it ◆ **se faire comprendre** to make o.s. understood ◆ **il est difficile de bien se faire comprendre** it's difficult to get one's ideas across (*de qn* to sb) ◆ **j'espère que je me suis bien fait comprendre** ou **que c'est compris** I hope I've made myself quite clear ◆ **il comprend vite** he's quick, he catches on quickly* ◆ **tu comprends, ce que je veux c'est ...** you see, what I want is ... ◆ **il a bien su me faire comprendre que je le gênais** he made it quite clear ou plain to me that I was annoying him ◆ **dois-je comprendre que ... ?** am I to take it ou understand that ... ? ◆ **oui, enfin, je me comprends** well, yes, that's what I meant

c (être compréhensif envers) personne to understand ◆ **j'espère qu'il comprendra** I hope he'll understand ◆ **comprendre les jeunes / les enfants** to understand young people / children ◆ **je le comprends, il en avait assez** I (can) understand him ou I know (just) how he feels ou felt – he'd had enough

d (concevoir) attitude, point de vue to understand ◆ **il ne veut pas comprendre mon point de vue** he refuses to ou he won't understand ou see my point of view ◆ **je comprends mal son attitude** I find it hard to understand his attitude ◆ **c'est comme ça que je comprends les vacances** that's what I understand by ou think of as holidays ◆ **c'est comme ça que je comprends le rôle de Hamlet** that's how I see ou understand the role of Hamlet ◆ **ça se comprend, il voulait partir** it's quite understandable ou it's perfectly natural, he wanted to go ◆ **nous comprenons vos difficultés mais nous ne pouvons rien faire** we understand ou appreciate your difficulties but there's nothing we can do

e (se rendre compte de, saisir) to realize, understand (*pourquoi* why, *comment* how) ◆ **il n'a pas encore compris la gravité de son acte** he hasn't yet realized ou understood ou grasped the seriousness of his action ◆ **j'ai compris ma douleur*** I realized what I had let myself in for* ◆ **il m'a fait comprendre que je devais faire attention** he made me realize that I should be careful ◆ **il a enfin compris qu'elle ne voulait pas revenir** he realized ou understood at last that she didn't want to come back

comprenette* [kɔ̃pʀənɛt] nf ◆ **il est dur** ou **lent à la comprenette, il a la comprenette difficile** ou **dure** he's slow on the uptake*, he's slow to catch on*

compresse [kɔ̃pʀɛs] → SYN nf compress

compresser [kɔ̃pʀese] → SYN ▸conjug 1◂ vt (gén) to squash; (Tech) to compress ◆ **des vêtements compressés dans une valise** clothes squashed ou crammed into a suitcase

compresseur [kɔ̃pʀesœʀ] nm compressor → **rouleau**

compressibilité [kɔ̃pʀesibilite] nf (Phys) compressibility ◆ (Fin) **la compressibilité des dépenses** the extent to which expenses can be reduced ou cut

compressible [kɔ̃pʀesibl] → SYN adj (Phys) compressible; dépenses reducible ◆ (Fin) **ces dépenses ne sont pas compressibles à l'infini** these costs cannot be reduced ou cut down indefinitely

compressif, -ive [kɔ̃pʀesif, iv] adj (Méd) compressive; († fig) repressive

compression [kɔ̃pʀesjɔ̃] → SYN nf **a** (action de comprimer) [gaz, substance] compression; [dépenses, personnel] reduction, cutback, cutting-down (*de* in); (Ordin) compression ◆ **procéder à des compressions de crédits** to set up credit restrictions ou a credit squeeze ◆ **des compressions budgétaires** cutbacks in spending, budget restrictions ou cuts ◆ **compression des profits** squeeze on profits, reduction in profits ◆ **compression des coûts** cost-cutting (NonC) ◆ **des mesures de compression sont nécessaires** restrictions ou cutbacks are needed

b (Aut, Phys: pression) compression ◆ **pompe de compression** compression pump ◆ **meurtri par compression** bruised by crushing

comprimé [kɔ̃pʀime] → SYN nm (Pharm) tablet ◆ **médicament en comprimés** medicine in tablet form

comprimer [kɔ̃pʀime] → SYN ▸conjug 1◂ vt **a** (presser) air, gaz to compress; artère to compress; substance à emballer etc to press ou pack tightly together ou into blocks etc ◆ **sa ceinture lui comprimait l'estomac** his belt was pressing ou digging into his stomach ◆ **ces chaussures me compriment les pieds** these shoes pinch my feet ◆ **nous étions tous comprimés dans la voiture** we were all jammed together* ou packed tightly together in the car → **air¹**

b (réduire) dépenses, personnel to cut down ou back, reduce; (Ordin) to compress

c (contenir) larmes to hold back; colère, sentiments to hold back, repress, restrain, suppress

compris, e [kɔ̃pʀi, iz] → SYN (ptp de **comprendre**) adj **a** (inclus) **10 F emballage compris** 10 francs inclusive of ou including packaging, 10 francs packaging included ◆ **10 F emballage non compris** 10 francs exclusive of ou excluding ou not including packaging ◆ (sur menu etc) **service compris** service included ◆ **service non compris** service not included, service extra ◆ **tout compris** all inclusive, everything included ◆ **c'est 10 F tout compris** it's 10 francs all inclusive ou all in* ◆ **il va vendre ses terres, la ferme comprise / non comprise** he's selling his land including / excluding the farm

b **y compris: 100 F y compris l'électricité** ou **l'électricité y comprise** 100 francs including electricity ou counting (the) electricity ou electricity included ◆ **y compris moi** myself included, including me ou myself ◆ **y compris Jean** including Jean, Jean included

c (situé) **être compris entre** to be contained between ou by, be bounded by ◆ **la zone comprise entre les falaises et la mer** the area (lying) between the cliffs and the sea, the area contained between ou bounded by the cliffs and the sea ◆ **il possède la portion de terrain comprise entre ces deux rues** he owns the piece of ground between these two streets ou contained between ou bounded by these two streets ◆ **lisez tous les chapitres qui sont compris entre les pages 12 et 145** read all the chapters (which are) contained ou included in pages 12 to 145

d (d'accord) **(c'est) compris!** (it's) agreed! ◆ **alors c'est compris, on se voit demain** so it's agreed then, we'll see each other tomorrow ◆ **tu vas aller te coucher tout de suite, compris!** you're going to go to bed immediately, understand? ou is that understood ou clear?

compromettant, e [kɔ̃pʀɔmetɑ̃, ɑ̃t] adj compromising ◆ **signer cette pétition, ce n'est pas très compromettant** you won't commit yourself to very much by signing this petition, there's no great commitment involved in signing this petition ◆ (péj) **un homme compromettant** an undesirable associate

compromettre [kɔ̃pʀɔmɛtʀ] → SYN ▸conjug 56◂ **1** vt personne, réputation to compromise; avenir, chances, santé to compromise, jeopardize

2 **se compromettre** vpr (s'avancer) to commit o.s.; (se discréditer) to compromise o.s.

compromis, e [kɔ̃pʀɔmi, iz] → SYN (ptp de **compromettre**) **1** adj ◆ **être compromis** [personne, réputation] to be compromised; [avenir, projet, chances] to be jeopardized ou in jeopardy ◆ **notre sortie / collaboration me semble bien** ou **très compromise** our trip / continuing collaboration looks very doubtful (to me) ◆ **un ministre serait compromis dans cette affaire** a minister might be involved ou implicated ou mixed up in this affair

2 nm compromise ◆ **solution de compromis** compromise solution ◆ **compromis de vente** (provisional) sales agreement ◆ **trouver un compromis (entre)** to find ou reach a compromise (between)

compromission [kɔ̃pʀɔmisjɔ̃] → SYN nf dishonest compromise, shady deal ◆ **c'est là une compromission avec votre conscience** now you're compromising with your conscience

compromissoire [kɔ̃pʀɔmiswaʀ] adj ◆ (Jur) **clause compromissoire** arbitration clause

comptabilisation [kɔ̃tabilizasjɔ̃] nf (Fin) posting

comptabiliser [kɔ̃tabilize] ▸conjug 1◂ vt (Fin) to post; (compter) to count

comptabilité [kɔ̃tabilite] nf (science) accountancy, accounting; (d'une petite entreprise) book-keeping; (comptes) accounts, books; (bureau, service) accounts office ou department; (profession) accountancy ◆ **il s'occupe de la comptabilité de notre entreprise** he does the accounting ou keeps the books for our firm ◆ **comptabilité analytique** cost accounting ◆ **comptabilité nationale** national accounting ◆ **comptabilité publique** public finance ◆ **comptabilité à partie simple / double** single- / double-entry book-keeping ◆ **comptabilité industrielle** industrial book-keeping

comptable [kɔ̃tabl] → SYN **1** adj **a** (Fin) règles etc accounting, book-keeping ◆ **il manque une pièce comptable** one of the accounts is missing ◆ (Ling) **nom comptable** countable ou count noun → **machine**

b (responsable) accountable (*de* for)

2 nmf accountant ◆ **comptable agréé** chartered accountant ◆ **comptable du Trésor** *local official of the Treasury* ◆ **chèque adressé au comptable du Trésor** cheque addressed to the Treasury → **chef¹**

comptage [kɔ̃taʒ] nm (action) counting ◆ **faire un comptage rapide** to do a quick count (*de* of)

comptant [kɔ̃tɑ̃] → SYN **1** adv payer cash, in cash; acheter, vendre for cash ◆ **verser 100 F comptant** to pay 100 francs down, put down 100 francs

2 nm (argent) cash ◆ **au comptant** payer cash; acheter, vendre for cash ◆ **achat / vente au comptant** cash purchase / sale → **argent**

compte [kɔ̃t] → SYN

1 nm **a** (calcul) count ◆ **faire le compte des prisonniers** to count (up) the prisoners, make a count of the prisoners, keep a tally of the prisoners ◆ **l'as-tu inclus dans le compte?** have you counted ou included him?, did you include him in the count? ◆ **faire le compte des dépenses / de sa fortune** to calculate ou work out the expenditure / one's wealth

b (nombre exact) (right) number ◆ **le compte y est** (paiement) that's the right amount; (inventaire) that's the right number, they're all there ◆ **ça ne fait pas le compte** (paiement) that's not the right amount; (inventaire) there's (still) something missing, they're not all there ◆ **j'ai ajouté 3 cuillerées / 15 F pour faire le compte** I've added 3 spoonfuls / 15 francs to make up the full amount ◆ **ça devrait faire (largement) le compte** that should be (more than) enough ◆ **avez-vous le bon** ou **votre compte de chaises?** have you got the right number of chairs? ou the number of chairs you want? ◆ **cela fait un compte rond** it makes a round number ou figure ◆ **je n'arrive jamais au même compte** I never get the same figure ou number ou total twice ◆ **nous sommes loin du compte** we are a long way short of the target ◆ (Comm) **faire bon compte** to make up the amount

c (Comptabilité) account ◆ **faire ses comptes** to do one's accounts ou books ◆ **tenir les comptes du ménage** to keep the household accounts ◆ **tenir les comptes d'une firme** to keep the books ou accounts of a firm ◆ **publier à compte d'auteur** to publish at the author's expense ◆ (hum) **comptes d'apothicaire** complicated accounting ◆ **nous sommes en compte** we have business to settle ◆ **approuver / liquider un compte** to approve / clear ou settle an account ◆ **passer en compte** to place ou pass to account → **laissé-pour-compte, ligne¹**

d (Banque) **compte (en banque** ou **bancaire)** (bank) account ◆ **avoir de l'argent en compte** to have money in an account ◆ **compte courant** ou **de chèques** ou **de dépôt** current ou checking (US) account ◆ **compte sur livret** deposit account ◆ **porter une somme au compte débiteur / créditeur de qn** to debit / credit a sum to sb's account ◆ **avoir un compte dans une banque / à la Banque de France** to have an ou be in account with a bank / with the Banque de France

e (dû) **donner** ou **régler son compte à un employé** (lit) to settle up with an employee; (fig: renvoyer) to give an employee his cards* (Brit) ou books* (Brit) ou pink slip* (US) ◆ [employé] **demander son compte** to hand in one's notice ◆ (fig) **il avait son compte*** (fatigué) he'd had as much as he could take; (mort) he'd had it*, he was done for; (soûl) he'd had more than he could hold ◆ (fig) **son compte est bon** his number's up*, he's had it*, he's for it* (Brit) → **régler**

f (Comm: facture, addition) (gén) account, invoice, bill; [hôtel, restaurant] bill (Brit), check (US) ◆ **pourriez-vous me faire mon compte?** would you make me out my bill? ◆ **mettez-le sur mon compte** (au restaurant, à l'hôtel) put it on my bill; (dans un magasin) charge it to ou put it on my account

g (explications, justifications) **comptes** explanation ◆ **devoir des comptes à qn** to owe sb an explanation ◆ **demander** ou **réclamer des comptes à qn** to ask sb for an explanation ◆ **il me doit des comptes à propos de cette perte** he owes me an explanation for this loss, he will have to account to me for this loss → **rendre**

h (avantage, bien) **cela fait mon compte** that suits me ◆ **il y a trouvé son compte** he's got something out of it, he did well out of it ◆ **chacun y trouve son compte** it has got ou there is something in it for everybody

i (loc) (Boxe) **envoyer qn / aller au tapis** ou **à terre pour le compte** to floor sb / go down for the count ◆ **tenir compte de qch / qn** to take sth / sb into account ◆ **il n'a pas tenu compte de nos avertissements** he didn't take any notice of our warnings, he disregarded ou ignored our warnings ◆ **compte tenu de** considering, in view of ◆ **tenir compte à qn de son dévouement** to take sb's devotion into account ◆ **on lui a tenu compte de son passé** they took his past into account ou consideration ◆ **en prendre pour son compte*** to take a hiding (Brit) ou beating ◆ **prendre qch à son compte** (payer) to pay for sth; (en assumer la responsabilité) to take responsibility for sth ◆ **je reprends cette maxime à mon compte** I shall make that saying my motto ◆ **il a repris la boutique à son compte** he's taken over the shop on his own account ou in his own name ◆ **être / s'établir** ou **se mettre** ou **s'installer à son compte** to be / set up in business for o.s., have / set up one's own business ◆ **travailler à son compte** to be self-employed ◆ **à ce compte-là** (dans ce cas) in this case; (à ce train-là) at this rate ◆ **tout compte fait** all things considered, when all is said and done ◆ **mettre qch sur le compte de** to put sth down to, attribute ou ascribe sth to ◆ **dire / apprendre qch sur le compte de qn** to say / learn sth about sb ◆ **pour le compte de** (au nom de) on behalf of ◆ **pour mon compte (personnel)** (en ce qui me concerne) personally; (pour mon propre usage) for my own use ◆ **comment fais-tu ton compte pour dépenser tant? / te perdre?** how do you manage to spend so much? / get lost? → **bon¹**

2 COMP ▷ **compte bloqué** (Fin) escrow account ▷ **compte chèque postal** *post office bank account,* ≃ National Girobank account (Brit) ▷ **compte d'épargne en actions** stock market investment savings account ▷ **compte d'épargne logement** *house purchase savings account giving the saver a reduced mortgage rate,* ≃ building society account (Brit) ▷ **compte joint** (Fin) joint account ▷ **compte numéroté** ou **à numéro** (Fin) numbered account ▷ **compte pour le développement industriel** (Fin) industrial development savings account ▷ **compte des profits et pertes** (Fin) profit and loss account ▷ **compte à rebours** (Espace, fig) countdown ▷ **compte rendu** (rapport) (gén) account, report; [livre, film] review; (sur travaux en cours) progress report ◆ **compte rendu d'audience** court record ◆ **faire le compte rendu d'un match / d'une réunion** to give an account ou a report of a match / meeting, give a rundown of a match / meeting

compte-fils [kɔ̃tfil] nm inv (Tech) linen tester

compte-gouttes [kɔ̃tgut] → SYN nm inv (pipette) dropper ◆ **au compte-gouttes** (fig) distribuer, dépenser sparingly, in dribs and drabs; rembourser in dribs and drabs, in driblets; entrer, sortir in dribs and drabs

compter [kɔ̃te] → SYN ▸conjug 1◂ GRAMMAIRE ACTIVE 8.2

1 vt **a** (calculer) choses, personnes, argent, jours to count ◆ **combien en avez-vous compté?** how many did you count?, how many did you make it? ◆ **40 cm? j'avais compté 30** 40 cm? I made it 30 ◆ **il a 50 ans bien comptés** he's a good 50 (years old) ◆ **compter qch de tête** to work sth out ou calculate sth in one's head ◆ **on peut compter (sur les doigts de la main) les auditeurs qui comprennent vraiment** you can count (on the fingers of one hand) the members of the audience who really understand ◆ **on ne compte plus ses gaffes, ses gaffes ne se comptent plus** we've lost (all) count of ou we can't keep count of his blunders ◆ **compter les jours / les minutes** to count the days / the minutes ◆ **compter les points** (lit) to count (up) the points ◆ (fig) **pendant qu'ils se disputaient moi je comptais les points** I just sat back and watched while they argued ◆ **pendant qu'ils se battaient je comptais les coups** I just sat back and watched while they fought ◆ (fig) **compter les moutons** to count sheep ◆ (Boxe) **il a été compté 7** he took a count of 7

b (escompter, prévoir) to allow, reckon ◆ **combien as-tu compté qu'il nous fallait de chaises?** how many chairs did you reckon we'd need? ◆ **j'ai compté qu'il nous en fallait 10** I reckoned we'd need 10 ◆ **combien de temps / d'argent comptez-vous pour finir les travaux?** how much time / money do you reckon it'll take to finish the work?, how much time / money are you allowing to finish the work? ◆ **il faut (bien) compter 10 jours / 10 F** you must allow (a good) 10 days / 10 francs, you must reckon on it taking (a good) 10 days / 10 francs ◆ **j'ai compté 90 cm pour le frigo, j'espère que ça suffira** I've allowed 90 cm for the fridge, I hope that'll do

c (tenir compte de) to take into account; (inclure) to include ◆ **on te comptera ta bonne volonté** your goodwill ou helpfulness will be taken into account ◆ **cela fait un mètre en comptant l'ourlet** that makes one metre counting ou including ou if you include the hem ◆ **t'es-tu compté?** did you count ou include yourself? ◆ **ne me comptez pas** don't include me ◆ **nous étions 10, sans compter l'instituteur** we were 10, not counting the teacher ◆ **ils nous apportèrent leurs connaissances, sans compter leur bonne volonté** they gave us their knowledge, not to mention ou to say nothing of their goodwill ou helpfulness ◆ **sans compter que** (et de plus ...) not to mention that ◆ (d'autant plus que) **il aurait dû venir, sans compter qu'il n'avait rien à faire** he ought to have come especially since he had nothing to do

d (facturer) to charge for ◆ **compter qch à qn** to charge sb for sth, charge sth to sb ◆ **ils n'ont pas compté le café** they didn't charge for the coffee ◆ **combien vous ont-ils compté le café?** how much did they charge you for the coffee? ◆ **ils nous l'ont compté trop cher / 10 F / au prix de gros** they charged us too much / 10 francs / the wholesale price for it

e (avoir) to have ◆ **la ville compte quelques très beaux monuments** the town has some very beautiful monuments ◆ **il compte 2 ans de règne / de service** he has been reigning / in the firm for 2 years ◆ **il ne compte pas d'ennemis** he has no enemies ◆ **cette famille compte trois musiciens parmi ses membres** this family has ou boasts three musicians among its members

f (classer, ranger) to consider ◆ **on compte ce livre parmi les meilleurs de l'année** this book is considered (to be) ou ranks among the best of the year ◆ **il le compte au nombre de ses amis** he considers him one of his friends, he numbers him among his friends

g (verser) to pay ◆ **le caissier va vous compter 600 F** the cashier will pay you 600 francs ◆ **vous lui compterez 1 000 F pour les heures supplémentaires** you will pay him 1,000 francs' overtime

h (donner avec parcimonie) **il compte chaque sou qu'il nous donne** he counts every penny he gives us ◆ **les permissions leur sont comptées** their leave is rationed ◆ **il ne compte pas sa peine** he spares no trouble ◆ **ses jours sont comptés** his days are numbered ◆ **mon temps (m') est compté** my time is precious ◆ (fig) **compter ses pas** to plod along

i (avoir l'intention de) to intend, plan, mean (*faire* to do); (s'attendre à) to reckon, expect ◆ **ils comptent partir demain** they plan ou mean to go tomorrow, they reckon on going tomorrow ◆ **je compte recevoir la convocation demain** I'm expecting to receive the summons tomorrow ◆ **compter que: je ne compte pas qu'il vienne aujourd'hui** I am not expecting him to come today

2 vi **a** (calculer) to count ◆ **il sait compter (jusqu'à 10)** he can count (up to 10) ◆ **comment est-ce que tu as compté?** how did you work it out? ◆ **compter sur ses doigts** to count on one's fingers ◆ **compter de tête** to count in one's head ◆ **tu as mal compté** you counted wrong, you miscounted ◆ **à compter de** (starting ou as) from

b (être économe) to economize ◆ **avec la montée des prix, il faut compter sans cesse** with the rise in prices you have to watch every penny (you spend) ◆ **dépenser sans compter** (être dépensier) to spend extravagantly; (donner généreusement) to give without counting the cost ◆ **il s'est dépensé sans compter pour cette cause** he spared no effort in supporting that cause, he gave himself wholeheartedly to that cause

c (avoir de l'importance) to count, matter ◆ **c'est le résultat / le geste qui compte** it's the result / the gesture that counts ou matters ◆ **35 ans de mariage, ça compte!** 35 years of marriage, that's quite something! ◆ **c'est un succès qui compte** it's an important success ◆ **ce qui compte c'est de savoir dès maintenant** the main thing is to find out right away ◆ **sa mère compte beaucoup pour lui** his mother is very important to him ◆ **ça ne compte pas** that doesn't count → aussi 2e

d (tenir compte de) **compter avec qch** to reckon with sth, take account of sth, allow for sth ◆ **il faut compter avec l'opinion** you've got to reckon with ou take account of public opinion ◆ **il faut compter avec le temps incertain** you have to allow for changeable weather ◆ **un nouveau parti avec lequel il faut compter** a new party to be reckoned with ◆ **on avait compté sans la grève** we hadn't reckoned on there being a strike, we hadn't allowed for the strike

e (figurer) **compter parmi** to be ou rank among ◆ **compter au nombre de** to be one of ◆ **compter pour: il compte pour 2** he's worth 2 men ◆ **il compte pour 4 quand il s'agit de bagages / manger** he takes enough luggage / eats enough for four ◆ **cela compte pour beaucoup dans sa réussite / dans sa décision** that has a lot to do with his success / his decision, that is a big factor in his success / his decision ◆ **cela ne compte pour rien dans sa réussite / dans sa décision** that has nothing to do with his success / his decision, that has no bearing on his success / his decision ◆ **cela compte pour (du) beurre*** that counts for nothing, that doesn't count

f (valoir) to count ◆ **pour la retraite, les années de guerre comptent double** for the purposes of retirement, war service counts double ◆ **après 60 ans les années comptent double** after 60 every year counts double

g (se fier à) **compter sur** to count on, rely on ◆ **compter sur la discrétion / la bonne volonté de qn** to count on ou rely on sb's discretion / goodwill ◆ **nous comptons sur vous (pour) demain** we're expecting you (to come) tomorrow, we're relying on your coming tomorrow ◆ **j'y compte bien!** I should hope so!, so I should hope! ◆ **n'y comptez pas trop, ne comptez pas trop là-dessus** don't bank on it, don't count too much on it ◆ **je compte sur vous** I'm counting ou relying on you ◆ **vous pouvez compter là-dessus** you can depend upon it ◆ **ne comptez pas sur moi** (you can) count me out ◆ **tu peux compter sur lui pour le répéter partout!** you can bet (your life) he'll go and tell everyone!, you can count on him to go and tell everyone! ◆ **compte (là-)dessus et bois de l'eau (fraîche)!** you've got a hope! (Brit), you haven't a prayer! (US), you'll be lucky!, you've got a fat chance!*

compte-tours [kɔ̃ttuʀ] nm inv (Aut) rev ou revolution counter, tachometer; (Tech) rev ou revolution counter

compteur [kɔ̃tœʀ] → SYN nm meter ◆ **compteur d'eau / électrique / à gaz** water / electricity / gas meter ◆ **compteur Geiger** Geiger counter ◆ **compteur (kilométrique)** milometer (Brit), odometer (US) ◆ **compteur (de vitesse)** speedometer ◆ (fig) **remettre les compteurs à zéro** to wipe the slate clean → **relever**

comptine [kɔ̃tin] nf (gén: chanson) nursery rhyme; (pour compter) counting rhyme ou song

comptoir [kɔ̃twaʀ] → SYN nm **a** [magasin] counter; [bar] bar

b (colonial) trading post

c (Comm: cartel) syndicate (for marketing)

d (Fin: agence) branch

compulsation [kɔ̃pylsasjɔ̃] nf consultation

compulser [kɔ̃pylse] → SYN ▸conjug 1◂ vt to consult

compulsif, -ive [kɔ̃pylsif, iv] adj (Psych) compulsive

compulsion [kɔ̃pylsjɔ̃] nf (Psych) compulsion

compulsionnel, -elle [kɔ̃pylsjɔnɛl] adj compulsive

comput [kɔ̃pyt] → SYN nm (Rel) reckoning

computation [kɔ̃pytasjɔ̃] nf computation

comte [kɔ̃t] nm count; (britannique) earl ◆ (Littérat) **"Le Comte de Monte Cristo"** "The Count of Monte Cristo"

comté [kɔ̃te] → SYN nm a (Hist) earldom; (Admin Brit, Can) county
b (fromage) comté *(kind of gruyère cheese)*

comtesse [kɔ̃tɛs] nf countess

comtois, e [kɔ̃twa, waz] 1 adj of ou from Franche-Comté
2 nm,f • **Comtois(e)** inhabitant ou native of Franche-Comté
3 **comtoise** nf ≈ grandfather clock

con, conne [kɔ̃, kɔn] → SYN 1 adj (f aussi inv) (*: stupide) bloody** (Brit) ou damned* stupid • **qu'il est con !** what a stupid bastard** ou bloody fool (he is) ! • **il est con comme la lune** ou **comme un balai** he's a bloody** (Brit) ou damned* fool ou idiot • **c'est pas con comme idée** (it's) not a bad idea*
2 nm,f (*: crétin) damn fool*, bloody (Brit) idiot*, wally*, schmuck* (US) • **quel con ce mec** what a wally* ou damn fool* ou bloody idiot* this guy* is • **bande de cons** load of cretins* ou bloody idiots* • **faire le con** to mess around*, muck about* (Brit), piss about** • **dispositif / gouvernement à la con** lousy* ou crummy* device / government
3 nm (**: vagin) cunt**

Conakry [kɔnakʀi] n Conakry

conard* [kɔnaʀ] nm ⇒ **connard***

conarde* [kɔnaʀd] nf ⇒ **connarde***

conasse* [kɔnas] nf ⇒ **connarde***

conatif, -ive [kɔnatif, iv] adj (Ling) conative

conation [kɔnasjɔ̃] nf (Philos, Psych) conation

concassage [kɔ̃kɑsaʒ] nm (→ **concasser**) crushing; grinding

concasser [kɔ̃kɑse] → SYN ▸ conjug 1 ◂ vt pierre, sucre, céréales to crush; poivre to grind

concasseur [kɔ̃kɑsœʀ] → SYN 1 adj m crushing
2 nm crusher

concaténation [kɔ̃katenasjɔ̃] nf concatenation

concave [kɔ̃kav] → SYN adj concave

concavité [kɔ̃kavite] → SYN nf (Opt) concavity; (gen: cavité) hollow, cavity • **les concavités d'un rocher** the hollows ou cavities in a rock

concédant [kɔ̃sedɑ̃] nm (Écon) licensor

concéder [kɔ̃sede] → SYN ▸ conjug 6 ◂ vt privilège, droit, exploitation to grant; point to concede; (Sport) but, corner to concede, give away • **je vous concède que** I'll grant you that

concélébrant [kɔ̃selebʀɑ̃] nm concelebrant

concélébrer [kɔ̃selebʀe] ▸ conjug 1 ◂ vt to concelebrate

concentration [kɔ̃sɑ̃tʀasjɔ̃] → SYN nf a (gén, Chim) concentration • **les grandes concentrations urbaines des Midlands** the great conurbations of the Midlands → **camp**
b (fusion) **la concentration des entreprises** the merging of businesses • **concentration horizontale / verticale** horizontal / vertical integration
c **concentration (d'esprit)** concentration

concentrationnaire [kɔ̃sɑ̃tʀasjɔnɛʀ] adj of ou in concentration camps, concentration camp (épith)

concentré, e [kɔ̃sɑ̃tʀe] → SYN (ptp de **concentrer**) 1 adj a acide concentrated; lait condensed
b candidat, athlète in a state of concentration, concentrating hard (attrib)
2 nm (chimique) concentrated solution; (bouillon) concentrate, extract • **concentré de tomates** tomato purée • (fig) **ce livre est un concentré d'absurdités / d'obscénités** this book is full of nonsense / obscenities

concentrer [kɔ̃sɑ̃tʀe] → SYN ▸ conjug 1 ◂ 1 vt (gén) to concentrate • **concentrer son attention sur** to concentrate ou focus one's attention on
2 **se concentrer** vpr [foule, troupes] to concentrate • **le candidat se concentra avant de répondre** the candidate gathered his thoughts ou thought hard before replying • **je me concentre !** I'm concentrating! • **se concentrer sur un problème** to concentrate on a problem • **les regards se concentrèrent sur moi** everybody's gaze was fixed ou focused on me, all eyes turned on me

concentrique [kɔ̃sɑ̃tʀik] adj cercle concentric

concentriquement [kɔ̃sɑ̃tʀikmɑ̃] adv concentrically

concept [kɔ̃sɛpt] → SYN nm concept

conceptacle [kɔ̃sɛptakl] nm conceptacle

concepteur, -trice [kɔ̃sɛptœʀ, tʀis] → SYN nm,f (Ind, Comm) designer • **concepteur de réseaux** network designer • **concepteur publicitaire** advertising designer • **concepteur-projeteur** project manager

conception [kɔ̃sɛpsjɔ̃] → SYN nf a (Bio) conception → **immaculé**
b (action) [idée] conception, conceiving; (Ind, Comm) design • **la conception d'un tel plan est géniale** it is a brilliantly conceived plan • **voilà quelle est ma conception de la chose** this is how I see it • **machine d'une conception révolutionnaire** machine conceived on revolutionary lines, machine of revolutionary design • **conception assistée par ordinateur** computer-aided ou computer-assisted design
c (idée) notion, idea; (réalisation) creation

conceptisme [kɔ̃sɛptism] nm conceptism

conceptualisation [kɔ̃sɛptɥalizasjɔ̃] nf conceptualization

conceptualiser [kɔ̃sɛptɥalize] ▸ conjug 1 ◂ vt to conceptualize

conceptualisme [kɔ̃sɛptɥalism] nm conceptualism

conceptuel, -elle [kɔ̃sɛptɥɛl] → SYN adj conceptual • **art conceptuel** conceptual art

concernant [kɔ̃sɛʀnɑ̃] → SYN prép a (se rapportant à) concerning, relating to, regarding • **des mesures concernant ce problème seront bientôt prises** steps will soon be taken concerning ou relating to ou regarding this problem
b (en ce qui concerne) with regard to, as regards • **concernant ce problème, des mesures seront bientôt prises** with regard to this problem ou as regards this problem ou as far as this problem is concerned, steps will soon be taken to resolve it

concerner [kɔ̃sɛʀne] → SYN ▸ conjug 1 ◂ GRAMMAIRE ACTIVE 6.2 vt to affect, concern • **cela ne vous concerne pas** it's no concern of yours, it doesn't concern ou affect you • **en ce qui concerne cette question** with regard to this question, concerning this question, as far as this question is concerned • **en ce qui me concerne** as far as I'm concerned • (Admin) **pour affaire vous concernant** to discuss a matter which concerns you ou a matter concerning you • **il ne se sent pas concerné** (directement impliqué) he's not affected (*par* by); (moralement intéressé) he's not concerned (*par* about) • **je ne me sens pas concerné par sa remarque / son rapport** his remark / report doesn't apply to ou concern me

concert [kɔ̃sɛʀ] → SYN nm a (Mus) concert • **concert spirituel** concert of sacred music • (fig) **concert de louanges / de lamentations / d'invectives** chorus of praise / lamentation(s) / invective • **on entendit un concert d'avertisseurs** a chorus of horns started up → **salle**
b (littér) (harmonie) chorus; (accord) entente, accord • **un concert de voix** a chorus of voices • **le concert des grandes puissances** the entente ou accord between the great powers
c **de concert** (ensemble) partir together; rire in unison; agir together, in unison; (d'un commun accord) décider unanimously; agir in concert • **ils ont agi de concert pour éviter ...** they took concerted action to avoid ... • **de concert avec** (en accord avec) in cooperation ou conjunction with; (ensemble) together with

concertant, e [kɔ̃sɛʀtɑ̃, ɑ̃t] adj • **symphonie concertante** symphonia concertante

concertation [kɔ̃sɛʀtasjɔ̃] → SYN nf (échange de vues, dialogue) dialogue; (rencontre) meeting • (principe) **la concertation** dialogue • **suggérer une concertation des pays industriels** to suggest setting up ou creating a dialogue between industrial nations • **sans concertation préalable** without prior consultation(s)

concerté, e [kɔ̃sɛʀte] → SYN (ptp de **concerter**) adj concerted

concerter [kɔ̃sɛʀte] → SYN ▸ conjug 1 ◂ 1 vt (organiser) plan, entreprise, projet to devise
2 **se concerter** vpr (délibérer) to consult (each other), take counsel together

concertina [kɔ̃sɛʀtina] nm concertina

concertino [kɔ̃sɛʀtino] nm concertino

concertiste [kɔ̃sɛʀtist] nmf concert artiste ou performer

concerto [kɔ̃sɛʀto] nm concerto • **concerto pour piano (et orchestre)** piano concerto, concerto for piano and orchestra • **concerto grosso** concerto grosso • (Mus) **"Concertos brandebourgeois"** "Brandenburg Concertos"

concessif, -ive [kɔ̃sesif, iv] (Gram) 1 adj concessive
2 **concessive** nf concessive clause

concession [kɔ̃sesjɔ̃] → SYN nf a (faveur) concession (*à* to) • **faire des concessions** to make concessions • **sans concession** morale uncompromising; débat ruthless
b (cession) [terrain, exploitation] concession • **faire la concession d'un terrain** to grant a piece of land
c (exploitation, terrain, territoire) concession; [cimetière] plot • **concession minière** mining concession • **concession à perpétuité** plot held in perpetuity

concessionnaire [kɔ̃sesjɔnɛʀ] 1 adj • **la société concessionnaire** the concessionary company
2 nmf (marchand agréé) agent, dealer, franchise holder; (bénéficiaire d'une concession) concessionaire, concessionary • **disponible chez votre concessionnaire** available from your dealer

concetti [kɔnʃɛtti] → SYN nmpl [style] conceits

concevable [kɔ̃s(ə)vabl] → SYN adj (compréhensible) conceivable • **il est très concevable que** it's quite conceivable that

concevoir [kɔ̃s(ə)vwaʀ] → SYN ▸ conjug 28 ◂ 1 vt
a (penser) to imagine; fait, concept, idée to conceive of • **je n'arrive pas à concevoir que c'est fini** I can't conceive ou believe that it's finished
b (élaborer, étudier) solution, projet, moyen to conceive, devise, think up • **leur maison est bien / mal conçue** their house is well / badly designed ou planned
c (envisager) question to see, view • **voilà comment je conçois la chose** that's how I see it ou view it ou look at it • **ils concevaient la question différemment** they viewed the question differently
d (comprendre) to understand • **je conçois sa déception** ou **qu'il soit déçu** I can understand his disappointment ou his being disappointed • **cela se conçoit facilement** it's quite understandable, it's easy to understand • **il ne conçoit pas qu'on puisse souffrir de la faim** he cannot imagine ou conceive that people can suffer from starvation • **on concevrait mal qu'il puisse refuser** they would find it difficult to understand his refusal • **ce qui se conçoit bien s'énonce clairement** what is clearly understood can be clearly expressed
e (rédiger) lettre, réponse to compose • **ainsi conçu, conçu en ces termes** expressed ou couched in these terms
f (littér: éprouver) **je conçois des doutes quant à son intégrité** I have ou feel some doubts as to his integrity • **il en conçut une terrible jalousie** he conceived a terrible feeling of jealousy (littér) • **il conçut de l'amitié pour moi** he took a liking to me
g (engendrer) to conceive
2 vi (engendrer) to conceive

conchoïdal, e, mpl **-aux** [kɔ̃kɔidal, o] adj forme conchoidal

conchoïde [kɔ̃kɔid] adj, nf • **(courbe) conchoïde** conchoid

conchyliculteur, -trice [kɔ̃kilikyltœʀ, tʀis] nm,f shellfish farmer

conchyliculture [kɔ̃kilikyltyʀ] nf shellfish farming

conchylien, -ienne [kɔ̃kiljɛ̃, jɛn] adj conchiferous

conchyliologie [kɔ̃kiljɔlɔʒi] nf conchology

concierge [kɔ̃sjɛʀʒ] → SYN nmf [immeuble] caretaker, manager (of an apartment building) (US); [hôtel] porter; (en France) concierge ◆ (fig) **c'est un(e) vrai(e) concierge** he (ou she) is a real gossip

conciergerie [kɔ̃sjɛʀʒəʀi] → SYN nf [lycée, château] caretaker's lodge; (Can) apartment house ◆ (Hist) **la Conciergerie** the Conciergerie

concile [kɔ̃sil] → SYN nm (Rel) council ◆ **concile œcuménique** ecumenical council ◆ **le concile de Trente** the Council of Trent

conciliable [kɔ̃siljabl] → SYN adj (compatible) reconcilable

conciliabule [kɔ̃siljabyl] → SYN nm a (entretien) consultation, confab* ◆ (iro) **tenir de grands conciliabules** to have great consultations ou confabs*
b (†: réunion) secret meeting

conciliaire [kɔ̃siljɛʀ] adj conciliar ◆ **les pères conciliaires** the fathers of the council

conciliant, e [kɔ̃siljɑ̃, jɑ̃t] → SYN adj conciliatory, conciliating

conciliateur, -trice [kɔ̃siljatœʀ, tʀis] → SYN
1 adj conciliatory, conciliating
2 nm,f (médiateur) conciliator

conciliation [kɔ̃siljasjɔ̃] → SYN nf (gén) conciliation, reconciliation; (entre époux) reconciliation ◆ **esprit de conciliation** spirit of conciliation ◆ **comité de conciliation** arbitration committee ◆ **la conciliation d'intérêts opposés** the reconciliation ou reconciling of conflicting interests ◆ **tentative de conciliation** (gén, Pol) attempt at (re)conciliation; (entre époux) attempt at reconciliation → **procédure**

conciliatoire [kɔ̃siljatwaʀ] adj (Jur) conciliatory

concilier [kɔ̃silje] → SYN ▸conjug 7◂ 1 vt a (rendre compatible) exigences, opinions, sentiments to reconcile (*avec* with)
b (ménager, attirer) to win, gain ◆ **sa bonté lui a concilié les électeurs** his kindness won ou gained him the support of the voters ou won over the voters
c (littér, Jur: réconcilier) ennemis to reconcile, conciliate
2 **se concilier** vpr (se ménager, s'attirer) to win, gain ◆ **se concilier les bonnes grâces de qn** to win ou gain sb's favour

concis, e [kɔ̃si, iz] → SYN adj concise ◆ **en termes concis** concisely

concision [kɔ̃sizjɔ̃] → SYN nf concision, conciseness, succinctness

concitoyen, -yenne [kɔ̃sitwajɛ̃, jɛn] → SYN nm,f fellow citizen

conclave [kɔ̃klav] nm (Rel) conclave

conclaviste [kɔ̃klavist] nm conclavist

concluant, e [kɔ̃klyɑ̃, ɑ̃t] → SYN adj conclusive

conclure [kɔ̃klyʀ] → SYN ▸conjug 35◂ GRAMMAIRE ACTIVE 26.4
1 vt a (signer) affaire, accord to conclude ◆ **conclure un marché** to conclude ou clinch a deal ◆ **marché conclu!** it's a deal!
b (terminer) débat, discours, texte to conclude, end ◆ **et pour conclure** and to conclude ◆ **on vous demande de conclure** will you please bring ou draw your discussion etc to a close, will you please wind up your discussion etc ◆ **il conclut par ces mots / en disant ...** he concluded with these words / by saying ... ◆ (Jur) **conclure sa plaidoirie** to rest one's case
c (déduire) to conclude (*qch de qch* sth from sth) ◆ **j'en conclus que** I therefore conclude that
2 vi a **conclure à: ils ont conclu à son innocence / au suicide** they concluded that he was innocent / that it was suicide, they pronounced him to be innocent / that it was suicide ◆ **les juges ont conclu à l'acquittement** the judges decided on an acquittal
b (Jur) **conclure contre qn** [témoignage] to convict sb

conclusif, -ive [kɔ̃klyzif, iv] adj concluding (épith)

conclusion [kɔ̃klyzjɔ̃] → SYN GRAMMAIRE ACTIVE 26.4 nf (gén) conclusion; [discours] close ◆ **conclusions** (Jur) [demandeur] pleadings, submissions; [avocat] summing-up; [jury] findings, conclusions ◆ **déposer des conclusions auprès d'un tribunal** to file submissions with a court ◆ **en conclusion** in conclusion ◆ **conclusion*, il n'est pas venu** the net result was that he didn't come ◆ **conclusion*, on s'était trompé** in other words, we had made a mistake

concocter* [kɔ̃kɔkte] ▸conjug 1◂ vt (élaborer) breuvage, mélange, discours, loi to concoct

concoction* [kɔ̃kɔksjɔ̃] nf concoction

concombre [kɔ̃kɔ̃bʀ] → SYN nm cucumber

concomitamment [kɔ̃kɔmitamɑ̃] adv concomitantly

concomitance [kɔ̃kɔmitɑ̃s] → SYN nf concomitance

concomitant, e [kɔ̃kɔmitɑ̃, ɑ̃t] → SYN adj concomitant

concordance [kɔ̃kɔʀdɑ̃s] → SYN nf a (gén) agreement ◆ **la concordance de 2 témoignages** the agreement of 2 testimonies, the fact that 2 testimonies tally ou agree ◆ **la concordance de 2 résultats / situations** the similarity of ou between 2 results / situations ◆ **mettre ses actes en concordance avec ses principes** to act in accordance with one's principles
b (index) [Bible] concordance; (Géol) conformability ◆ (Gram) **concordance des temps** sequence of tenses ◆ (Phys) **concordance de phases** synchronization of phases

concordant, e [kɔ̃kɔʀdɑ̃, ɑ̃t] → SYN adj faits corroborating; (Géol) conformable ◆ **2 témoignages concordants** 2 testimonies which agree ou which are in agreement ou which tally

concordat [kɔ̃kɔʀda] → SYN nm (Rel) concordat; (Comm) composition; [faillite] winding-up arrangement

concorde [kɔ̃kɔʀd] → SYN nf (littér: harmonie) concord

concorder [kɔ̃kɔʀde] → SYN ▸conjug 1◂ vi [faits, dates, témoignages] to agree, tally; [idées] to coincide, match; [caractères] to match ◆ **faire concorder des chiffres** to make figures agree ou tally ◆ **ses actes concordent-ils avec ses idées?** is his behaviour in accordance with his ideas?

concourant, e [kɔ̃kuʀɑ̃, ɑ̃t] → SYN adj (convergent) droites convergent; efforts concerted (épith), united, cooperative

concourir [kɔ̃kuʀiʀ] → SYN ▸conjug 11◂ 1 vi a [concurrent] to compete (*pour* for) ◆ **les films qui concourent au festival** the films competing (for a prize) at the festival
b (Math: converger) to converge (*vers* towards, on)
2 **concourir à** vt indir ◆ (coopérer pour) **concourir à qch / à faire qch** to work towards sth / towards doing sth ◆ **tout concourt à notre réussite** everything is working in our favour ◆ **son manque de flexibilité a concouru à sa baisse de popularité** his inflexibility contributed to ou was a factor in the decline in his popularity

concouriste [kɔ̃kuʀist] nmf contestant

concours [kɔ̃kuʀ] → SYN nm a (gén: jeu, compétition) competition; (Scol: examen) competitive examination ◆ **concours agricole** agricultural show ◆ **concours hippique** (Sport) showjumping (NonC) ◆ (épreuve) **un concours hippique** a horse show ◆ (Admin) **promotion par (voie de) concours** promotion by (competitive) examination ◆ **concours de beauté** beauty contest ◆ (Scol) **concours d'entrée (à)** (competitive) entrance examination (for) ◆ **concours de recrutement** competitive entry examination ◆ (Scol) **concours général** *competitive examination with prizes, open to secondary school children* ◆ **hors concours** out of competition
b (participation) aid, help ◆ **prêter son concours à qch** to lend one's support to sth ◆ **avec le concours de** (participation) with the participation of; (aide) with the support ou help ou assistance of ◆ **il a fallu le concours des pompiers** the firemen's help was needed
c (rencontre) **concours de circonstances** combination of circumstances ◆ **un grand concours de peuple**† a large concourse† ou throng of people

concrescence [kɔ̃kʀesɑ̃s] → SYN nf (Bot, Méd) concrescence

concrescent, e [kɔ̃kʀesɑ̃, ɑ̃t] adj (Bot, Méd) concrescent

concret, -ète [kɔ̃kʀɛ, ɛt] → SYN 1 adj (tous sens: réel) concrete ◆ **esprit concret** down-to-earth mind ◆ **il en a tiré des avantages concrets** he got ou it gave him certain real ou positive advantages → **musique**
2 nm ◆ **le concret et l'abstrait** the concrete and the abstract ◆ **ce que je veux, c'est du concret** I want something concrete

concrètement [kɔ̃kʀɛtmɑ̃] → SYN adv in concrete terms ◆ **je me représente très concrètement la situation** I can visualize the situation very clearly ◆ **concrètement, à quoi ça va servir?** what practical use will it have?, in concrete terms, what use will it be?

concrétion [kɔ̃kʀesjɔ̃] nf (Géol, Méd) concretion

concrétisation [kɔ̃kʀetizasjɔ̃] → SYN nf [promesse etc] realization

concrétiser [kɔ̃kʀetize] → SYN ▸conjug 1◂ 1 vt to give concrete expression to
2 vi (Sport: marquer) to score
3 **se concrétiser** vpr [espoir, projet, rêve] to materialize ◆ **ses promesses / menaces ne se sont pas concrétisées** his promises / threats didn't come to anything ou didn't materialize ◆ **le projet commence à se concrétiser** the project is beginning to take shape

concubin, e [kɔ̃kybɛ̃, in] 1 nm,f (Jur) cohabitant, co-habitee
2 **concubine** nf (†: maîtresse) concubine†

concubinage [kɔ̃kybinaʒ] → SYN nm cohabitation; concubinage† ◆ **ils vivent en concubinage** they're living together ou as husband and wife ◆ (Jur) **concubinage notoire** common-law marriage

concupiscence [kɔ̃kypisɑ̃s] → SYN nf concupiscence

concupiscent, e [kɔ̃kypisɑ̃, ɑ̃t] → SYN adj concupiscent

concurremment [kɔ̃kyʀamɑ̃] adv a (conjointement) conjointly ◆ **il agit concurremment avec le président** he acts conjointly with ou in conjunction with the president
b (en même temps) concurrently

concurrence [kɔ̃kyʀɑ̃s] → SYN nf a (gén, Comm: compétition) competition ◆ **un prix défiant toute concurrence** an absolutely unbeatable price, a rock-bottom price ◆ **concurrence déloyale** unfair trading ou competition ◆ **faire concurrence à qn, être en concurrence avec qn** to be in competition with sb, compete with sb
b (limite) **jusqu'à concurrence de ...** up to ..., to a limit of ...

concurrencer [kɔ̃kyʀɑ̃se] → SYN ▸conjug 3◂ vt to compete with ◆ **il nous concurrence dangereusement** he is a serious threat ou challenge to us ◆ **leurs produits risquent de concurrencer les nôtres** their products could well pose a serious threat ou challenge to ours ou could well seriously challenge ours

concurrent, e [kɔ̃kyʀɑ̃, ɑ̃t] → SYN 1 adj a (rival) rival, competing
b (†: concourant) forces, actions concurrent, cooperative
2 nm,f (Comm, Sport) competitor; (Scol) [concours] candidate

concurrentiel, -elle [kɔ̃kyʀɑ̃sjɛl] adj (Écon) competitive

concussion [kɔ̃kysjɔ̃] → SYN nf misappropriation of public funds

concussionnaire [kɔ̃kysjɔnɛʀ] 1 adj embezzling (épith)
2 nmf embezzler of public funds

condamnable [kɔ̃danabl] → SYN adj action, opinion reprehensible, blameworthy ◆ **il n'est pas condamnable d'avoir pensé à ses intérêts** he cannot be blamed for having thought of his own interests

condamnation [kɔ̃danasjɔ̃] → SYN nf a (Jur) [coupable] (action) sentencing (*à* to, *pour* for);

(peine) sentence ◆ **il a 3 condamnations à son actif** he (already) has 3 convictions ◆ **condamnation à mort** death sentence, sentence of death, capital sentence ◆ **condamnation à une amende** imposition of a fine ◆ **condamnation à 5 ans de prison** 5-year (prison) sentence ◆ **condamnation (aux travaux forcés) à perpétuité** life sentence (of hard labour) ◆ **condamnation aux dépens** order to pay the costs ◆ **condamnation par défaut / par contumace** decree by default / in one's absence ◆ **condamnation pour meurtre** sentence for murder

b (interdiction, punition) [livre, délit] condemnation, condemning

c (blâme) [conduite, idée] condemnation

d (faillite) [espoir, théorie, projet] end ◆ **c'est la condamnation du petit commerce** it means the end of ou it spells the end for the small trader

e (Aut) (action) locking; (système) locking device ◆ **condamnation électromagnétique des serrures** central locking device

condamnatoire [kɔ̃danatwaʀ] adj (Jur) condemnatory

condamné, e [kɔ̃dane] → SYN (ptp de **condamner**) nm,f sentenced person, convict; (à mort) condemned person ◆ **un condamné à mort s'est échappé** a man under sentence of death ou a condemned man has escaped ◆ **les malades condamnés** the terminally ill → **cigarette**

condamner [kɔ̃dane] → SYN ▸ conjug 1 ◂ GRAMMAIRE ACTIVE 14 vt a (Jur) coupable to sentence (à to, *pour* for) ◆ **condamner à mort** to sentence to death ◆ **condamner qn à une amende** to fine sb, impose a fine on sb ◆ **condamner qn à 5 ans de prison** to sentence sb to 5 years' imprisonment, pass a 5-year (prison) sentence on sb ◆ **être condamné aux dépens** to be ordered to pay costs ◆ **condamner qn par défaut / par contumace** to sentence sb by default / in his absence ou in absentia ◆ **condamner pour meurtre** to sentence for murder ◆ **X, plusieurs fois condamné pour vol ...** X, several times convicted of theft ...

b (interdire, punir) délit, livre to condemn ◆ **la loi condamne l'usage de stupéfiants** the law condemns the use of drugs ◆ **ces délits sont sévèrement condamnés** these offences carry heavy sentences ou penalties

c (blâmer) action, idées, (Ling) impropriété to condemn ◆ **il ne faut pas le condamner d'avoir fait cela** you mustn't condemn ou blame him for doing that

d (accuser) to condemn ◆ **sa rougeur le condamne** his blushes condemn him

e (Méd) malade to give up (hope for); (fig) théorie, espoir to put an end to ◆ **ce projet est maintenant condamné** this project is now doomed ◆ **il était condamné depuis longtemps** there had been no hope for him ou he had been doomed for a long time ◆ **il est condamné par les médecins** the doctors have given up hope (for him)

f (obliger, vouer) **condamner à : condamner qn au silence / à l'attente** to condemn sb to silence / to waiting ◆ **je suis condamné** ou **ça me condamne à me lever tôt** I'm condemned to get up early ◆ **c'est condamné à sombrer dans l'oubli** it's doomed to sink into oblivion

g porte, fenêtre (gén) to fill in, block up; (avec briques) to brick up; (avec planches etc) to board up; pièce to lock up; portière de voiture to lock ◆ (fig) **condamner sa porte à qn** to bar one's door to sb

condé [kɔ̃de] → SYN nm (arg Police) (policier) cop‡; (accord) deal *(which allows one to pursue illegal activities in exchange for information)*

condensable [kɔ̃dɑ̃sabl] → SYN adj condensable

condensateur [kɔ̃dɑ̃satœʀ] → SYN nm (Élec) capacitor, condenser; (Opt) condenser

condensation [kɔ̃dɑ̃sasjɔ̃] → SYN nf condensation

condensé, e [kɔ̃dɑ̃se] → SYN (ptp de **condenser**)

1 adj gaz, vapeur condensed; exposé, pensée condensed, compressed ◆ **lait condensé** condensed milk

2 nm (gén) summary; (Presse) digest

condenser [kɔ̃dɑ̃se] → SYN ▸ conjug 1 ◂ 1 vt gaz, vapeur to condense; exposé, pensée to condense, compress

2 **se condenser** vpr [vapeur] to condense

condenseur [kɔ̃dɑ̃sœʀ] nm (Opt, Phys) condenser

condescendance [kɔ̃desɑ̃dɑ̃s] → SYN nf condescension ◆ **avec condescendance** condescendingly

condescendant, e [kɔ̃desɑ̃dɑ̃, ɑ̃t] → SYN adj condescending

condescendre [kɔ̃desɑ̃dʀ] → SYN ▸ conjug 41 ◂ vi ◆ **condescendre à** to condescend to ◆ **condescendre à faire** to condescend ou deign to do

condiment [kɔ̃dimɑ̃] → SYN nm condiment *(including pickles, spices, and any other seasoning)*

condisciple [kɔ̃disipl] → SYN nm (Scol) schoolfellow, schoolmate; (Univ) fellow student

condition [kɔ̃disjɔ̃] → SYN nf a (circonstances) **conditions** conditions ◆ **conditions atmosphériques / sociologiques** atmospheric / sociological conditions ◆ **conditions de travail / vie** working / living conditions ◆ **dans ces conditions, je refuse** under these conditions, I refuse ◆ **dans les conditions actuelles** in ou under (the) present conditions ◆ **améliorer la condition des travailleurs émigrés** to improve the lot of foreign workers

b (stipulation) [traité] condition; (exigence) [acceptation] condition, requirement ◆ **condition préalable** prerequisite ◆ **la condition nécessaire et suffisante pour que ...** the necessary and sufficient condition for ... ◆ **l'endurance est une condition essentielle** endurance is an essential requirement ◆ **condition sine qua non** sine qua non condition ◆ **conditions d'un traité** conditions of a treaty ◆ **l'honnêteté est la condition du succès** honesty is the (prime) requirement for ou condition of success ◆ **dicter / poser ses conditions** to state / lay down one's conditions ◆ **il ne remplit pas les conditions requises (pour le poste)** he doesn't fulfil the requirements (for the job) ◆ **conditions d'admission (dans une société)** terms ou conditions of admission ou entry (to a society) ◆ **sans condition(s)** (adj) unconditional; (adv) unconditionally

c (Comm) term ◆ **conditions de vente / d'achat** terms of sale / of purchase ◆ **conditions de paiement** terms (of payment) ◆ **obtenir des conditions intéressantes** to get favourable terms ◆ **faire ses conditions** to make ou name one's (own) terms ◆ **acheter / envoyer à** ou **sous condition** to buy / send on approval ◆ **dans les conditions normales du commerce** in the ordinary course of business

d (état) **en bonne condition** aliments, envoi in good condition ◆ **en bonne** ou **grande condition (physique)** in condition, fit ◆ **en mauvaise condition (physique)** out of condition, unfit ◆ **mettre en condition** (physique) to get into condition, make ou get fit; (mentale) to get into condition ou form; (psychologique) to condition ◆ **la mise en condition des téléspectateurs** the conditioning of television viewers ◆ **se mettre en condition** to get fit, get into condition ou form

e (rang social) station, condition ◆ **vivre selon sa condition** to live according to one's station ◆ **un étudiant de condition modeste** a student from a modest home ou background ◆ **ce n'est pas pour un homme de sa condition** it doesn't befit a man of his station ◆ **personne de condition††** person of quality ◆ **la condition ouvrière** the position of the workers ◆ **la condition de prêtre** (the) priesthood ◆ **la condition d'artisan / d'intellectuel** the situation of the craftsman / intellectual

f LOC **entrer en / être de** ou **en condition chez qn††** to enter sb's service / be in service with sb ◆ **à une condition** on one condition ◆ **je viendrai, à condition d'être prévenu à temps** I'll come provided (that) ou providing (that) I'm told in time ◆ **je le ferai, à la seule condition que toi aussi tu fasses un effort** I'll do it but only on one condition - you (have to) make an effort as well ◆ **tu peux rester, à condition d'être sage** ou **à condition que tu sois sage** you can stay provided (that) ou providing (that) ou on condition that you're good ◆ **sous condition** conditionally

conditionné, e [kɔ̃disjɔne] (ptp de **conditionner**) adj (emballé) packaged; (influencé) conditioned ◆ **air conditionné** air conditioning ◆ **réflexe conditionné** conditioned response ou reflex

conditionnel, -elle [kɔ̃disjɔnɛl] → SYN adj, nm (gén) conditional ◆ (Physiol) **réflexe conditionnel** conditioned response ou reflex ◆ (Ling) **au conditionnel** in the conditional ◆ **cette information est à mettre au conditionnel** this information has still to be confirmed

conditionnellement [kɔ̃disjɔnɛlmɑ̃] → SYN adv conditionally

conditionnement [kɔ̃disjɔnmɑ̃] → SYN nm (emballage) packaging; [air, personne, textile, blé] conditioning

conditionner [kɔ̃disjɔne] → SYN ▸ conjug 1 ◂ vt (emballer) to package; (influencer) to condition; textiles, blé to condition ◆ **ceci conditionne notre départ** our departure is dependent on ou conditioned by this, this affects our departure

conditionneur, -euse [kɔ̃disjɔnœʀ, øz]

1 nm,f (emballeur) packer

2 nm [denrées] packaging machine; [air] air conditioner; [pour cheveux] conditioner

condoléances [kɔ̃dɔleɑ̃s] GRAMMAIRE ACTIVE 24.4 nfpl condolences ◆ **offrir** ou **faire ses condoléances à qn** to offer sb one's sympathy ou condolences ◆ **toutes mes condoléances** (please accept) all my condolences ou my deepest sympathy ◆ **une lettre de condoléances** a letter of condolence

condom [kɔ̃dɔm] → SYN nm condom

condominium [kɔ̃dɔminjɔm] nm (souveraineté, logement) condominium

condor [kɔ̃dɔʀ] nm condor

conductance [kɔ̃dyktɑ̃s] nf conductance

conducteur, -trice [kɔ̃dyktœʀ, tʀis] → SYN

1 adj (Élec) conductive, conducting → **fil**

2 nm,f (Aut, Rail) driver; [machine] operator ◆ **conducteur de bestiaux** herdsman, drover ◆ **conducteur d'engins** heavy plant driver ◆ **conducteur d'hommes** leader ◆ **conducteur de travaux** clerk of works

3 nm (Élec) conductor; (TV) continuity

conductibilité [kɔ̃dyktibilite] nf conductivity

conductible [kɔ̃dyktibl] adj conductive

conduction [kɔ̃dyksjɔ̃] nf (Méd, Phys) conduction

conductivité [kɔ̃dyktivite] nf conductivity

conduire [kɔ̃dɥiʀ] → SYN ▸ conjug 38 ◂ 1 vt a (emmener) **conduire qn quelque part** to take sb somewhere; (en voiture) to take ou drive sb somewhere ◆ **conduire un enfant à l'école / chez le docteur** to take a child to school / to the doctor ◆ **conduire la voiture au garage** to take the car to the garage ◆ **conduire les bêtes aux champs** to take ou drive the animals to the fields ◆ **conduire qn à la gare** (en voiture) to take ou drive sb to the station; (à pied) to walk ou see sb to the station ◆ **il me conduisit à ma chambre** he showed me ou took me to my room

b (guider) to lead ◆ **il conduisit les hommes à l'assaut** he led the men into the attack ◆ **le guide nous conduisait** the guide was leading us ◆ **il nous a conduits à travers Paris** he guided us through Paris

c (piloter) véhicule to drive; embarcation to steer; avion to pilot; cheval [cavalier] to ride; [cocher] to drive ◆ **conduire un cheval par la bride** to lead a horse by the bridle

d (Aut: emploi absolu) to drive ◆ **il conduit bien / mal** he is a good / bad driver, he drives well / badly → **permis**

e (mener) **conduire qn quelque part** [véhicule] to take sb somewhere; [route, traces] to lead ou take sb somewhere; [études, événement] to lead sb somewhere ◆ **la sociologie ne conduit à rien** sociology doesn't lead to anything ou leads nowhere ◆ **où cela va-t-il nous conduire ?** where will all this lead us? ◆ **cela nous conduit à penser que** that leads us to think that ◆ **cet escalier conduit à la cave** this staircase leads (down) to the cellar ◆ **où ce chemin conduit-il ?** where does this road lead ou go? ◆ (littér) **conduire ses pas vers** to bend one's steps towards ◆ **ses dérèglements l'ont conduit en prison** his profligacy landed him in prison

f (diriger) affaires to run, manage; travaux to supervise; pays to run, lead; négociations, enquête to lead, conduct; orchestre [chef d'orchestre] to conduct; [premier violon] to lead ◆ **les fouilles sont conduites par X** the excavation is being led ou directed by X

g (transmettre) chaleur, électricité to conduct; (transporter) to carry ◆ **un aqueduc conduit l'eau à la ville** an aqueduct carries water to the town

2 **se conduire** vpr to behave ◆ **il sait se conduire (en société)** he knows how to behave (in polite company) ◆ **ce ne sont pas des façons de se conduire** that's no way to behave ◆ **conduisez-vous comme il faut!** behave properly! ◆ **il s'est mal conduit** he behaved badly

conduit [kɔ̃dɥi] → SYN 1 nm a (Tech) conduit, pipe ◆ **conduit de fumée** flue ◆ **conduit d'air** ou **de ventilation** ventilation shaft ◆ **conduit d'alimentation** supply pipe ◆ **conduit d'aération** air duct

b (Anat) duct, canal, meatus (spéc)

2 COMP ▷ **conduit auditif** auditory canal ▷ **conduit lacrymal** lachrymal (spéc) ou tear duct ▷ **conduit urinaire** ureter, urinary canal

conduite [kɔ̃dɥit] → SYN 1 nf a (pilotage) [véhicule] driving; [embarcation] steering; [avion] piloting ◆ **la conduite d'un gros camion demande de l'habileté** driving a big truck takes a lot of skill ◆ **conduite en état d'ivresse** driving while under the influence of alcohol (frm) ◆ **en Angleterre la conduite est à gauche** in England, you drive on the left ◆ **voiture avec conduite à gauche / à droite** left-hand-drive / right-hand-drive car ◆ **faire un brin de conduite à qn*** to go ou walk part of the way with sb, walk along with sb for a bit*

b (direction) [affaires] running, management; [travaux] supervision; [pays] running, leading; [négociations, enquête] leading, conducting; (Littérat) [intrigue] conducting ◆ **sous la conduite de** homme politique, capitaine, guide under the leadership of; instituteur under the supervision of; chef d'orchestre under the baton ou leadership of

c (comportement) behaviour; (Scol) conduct ◆ **avoir une conduite bizarre** to behave strangely ◆ **quelle conduite adopter?** what course of action shall we take? ◆ (Scol) **zéro de conduite** no marks (Brit) ou zero for conduct ◆ (Scol) **tu as combien en** ou **pour la conduite?** what did you get for conduct? ◆ (Prison) **relâché pour bonne conduite** released for good conduct → **acheter, écart, ligne**[1]

d (tuyau) pipe ◆ **conduite d'eau / de gaz** water / gas main

2 COMP ▷ **conduite d'échec** (Psych) defeatist behaviour ▷ **conduite forcée** (Hydro-Électricité) pressure pipeline ▷ **conduite intérieure** (Aut) saloon (car) (Brit), sedan (US) ▷ **conduite montante** rising main ▷ **conduite de refus** consumer resistance

condyle [kɔ̃dil] nm (Anat) condyle

condylien, -ienne [kɔ̃diljɛ̃, jɛn] adj condylar

condylome [kɔ̃dilom] nm condyloma

cône [kon] nm (Anat, Bot, Math, Tech) cone; [volcan] cone ◆ **en forme de cône** cone-shaped ◆ **cône de déjection** alluvial cone ◆ **cône d'ombre / de lumière** cone of shadow / light

confection [kɔ̃fɛksjɔ̃] → SYN nf a (exécution) [appareil, vêtement] making; [repas] making, preparation, preparing

b (Habillement) **la confection** the clothing industry, the rag trade* ◆ **être dans la confection** to be in the ready-made clothes business ◆ **vêtement de confection** ready-made garment ◆ **il achète tout en confection** he buys everything off-the-peg (surtout Brit) ou ready-to-wear → **magasin**

confectionner [kɔ̃fɛksjɔne] → SYN ▸ conjug 1 ◂ vt mets to prepare, make; appareil, vêtement to make

confectionneur, -euse [kɔ̃fɛksjɔnœʀ, øz] nm,f clothes manufacturer

confédéral, e, mpl **-aux** [kɔ̃fedeʀal, o] adj confederal

confédération [kɔ̃fedeʀasjɔ̃] → SYN nf confederation, confederacy ◆ **la Confédération helvétique** the Helvetian Confederacy ◆ **la Confédération générale des cadres** *French management union* ◆ **la Confédération générale du travail** *French trade union*

confédéré, e [kɔ̃fedeʀe] → SYN (ptp de **confédérer**) 1 adj nations confederate

2 nmpl ◆ (US Hist) **les Confédérés** the Confederates

confédérer [kɔ̃fedeʀe] → SYN ▸ conjug 6 ◂ vt to confederate

confer [kɔ̃fɛʀ] confer

conférence [kɔ̃feʀɑ̃s] → SYN nf a (exposé) lecture ◆ **faire une conférence sur qch** to lecture on sth, give a lecture on sth → **salle, maître**

b (réunion) conference, meeting ◆ **être en conférence** to be in conference ou in a ou at a meeting ◆ **conférence au sommet** summit (conference) ◆ **conférence de presse** press conference

c (poire) conference pear

conférencier, -ière [kɔ̃feʀɑ̃sje, jɛʀ] → SYN nm,f speaker, lecturer

conférer [kɔ̃feʀe] → SYN ▸ conjug 6 ◂ 1 vt a (décerner) dignité to confer (*à* on); baptême, ordres sacrés to give; (frm: donner) prestige, autorité to impart (*à* to) ◆ **conférer un certain sens / aspect à qch** to endow sth with a certain meaning / look, give sth a certain meaning / look ◆ **ce titre lui confère un grand prestige** that title confers great prestige on him

b (collationner) to collate, compare

2 vi (s'entretenir) to confer (*sur* on, about)

confesse [kɔ̃fɛs] → SYN nf ◆ **être / aller à confesse** to be at / go to confession

confesser [kɔ̃fese] → SYN ▸ conjug 1 ◂ 1 vt a (avouer, Rel) péchés, erreur to confess ◆ **confesser que** to confess that ◆ **confesser sa foi** to confess one's faith

b **confesser qn** (Rel) to hear sb's confession, confess sb; (*: faire parler) to draw the truth out of sb, make sb talk ◆ **l'abbé X confesse de 4 à 6** Father X hears confession from 4 to 6

2 **se confesser** vpr (Rel) to go to confession ◆ **se confesser à** prêtre to confess to, make confession to; ami to confess to ◆ **se confesser de** péchés, (littér) méfait to confess

confesseur [kɔ̃fesœʀ] → SYN nm confessor

confession [kɔ̃fesjɔ̃] → SYN nf (aveu) confession; (acte du prêtre) hearing of confession; (religion) denomination ◆ (Littérat) **"Confessions"** "Confessions" → **donner**

confessionnal, pl **-aux** [kɔ̃fesjɔnal, o] nm confessional

confessionnalisme [kɔ̃fesjɔnalism] nm (gén) denominationalism; (au Liban) confessionalism

confessionnel, -elle [kɔ̃fesjɔnɛl] adj denominational ◆ **querelle confessionnelle** interdenominational dispute ◆ **école confessionnelle** denominational ou sectarian school ◆ **non confessionnel** nondenominational, nonsectarian

confetti [kɔ̃feti] nm confetti (NonC) ◆ (fig) **tu peux en faire des confettis!*** (contrat, chèque) it's not worth the paper it's written on!; (excuse, promesse, chose inutile) that's no use to me!; (espoir) you can forget it!

confiance [kɔ̃fjɑ̃s] → SYN nf (en l'honnêteté de qn) confidence, trust; (en la valeur de qn, le succès de qch, la solidité d'un appareil) confidence, faith (*en* in) ◆ **avoir confiance en** ou **dans, faire confiance à** to have confidence ou faith in, trust ◆ **c'est quelqu'un en qui on peut avoir confiance** he's (ou she's) a person you can rely on ◆ **je l'aurai, tu peux me faire confiance!** I'll get it – believe me! ◆ (Pol) **voter la confiance (au gouvernement)** to pass a vote of confidence (in the government) ◆ **il faut avoir confiance** one must have confidence ◆ **je n'ai pas confiance dans leur matériel** I've no faith ou confidence in their equipment ◆ **il a toute ma confiance** he has my complete trust ou confidence ◆ **mettre qn en confiance** to win sb's trust ◆ **placer** ou **mettre sa confiance dans** to place one's confidence in ◆ **avec confiance** se confier trustingly; espérer confidently ◆ **en (toute) confiance, de confiance** acheter with confidence ◆ **de confiance** homme, maison trustworthy, reliable ◆ **un poste de confiance** a position of trust ◆ **confiance en soi** self-confidence ◆ (iro) **la confiance règne!** I can see you really trust me! → **abus, inspirer, question**

confiant, e [kɔ̃fjɑ̃, jɑ̃t] → SYN adj a (assuré, plein d'espoir) confident; (en soi-même) (self-)confident, (self-)assured

b (sans défiance) caractère, regard confiding

confidence [kɔ̃fidɑ̃s] → SYN nf (secret) confidence, little (personal) secret ◆ **faire une confidence à qn** to confide sth to sb, trust sb with a secret ◆ **faire des confidences à qn** to share a secret with sb, confide in sb ◆ **confidence pour confidence, je t'avoue que je ne l'aime pas non plus** since we're speaking frankly, I must confess that I don't like him either ◆ **en confidence** in confidence ◆ **mettre qn dans la confidence** to let sb into the secret ◆ **sur le ton de la confidence** in a confidential tone (of voice) ◆ **confidences sur l'oreiller** intimate confidences, pillow talk

confident [kɔ̃fidɑ̃] → SYN nm (personne) confidant; (siège) tête-à-tête, confidante

confidente [kɔ̃fidɑ̃t] nf confidante

confidentialité [kɔ̃fidɑ̃sjalite] nf confidentiality

confidentiel, -ielle [kɔ̃fidɑ̃sjɛl] → SYN adj (secret) confidential; (sur une enveloppe) private (and confidential); (pour public limité) roman for a narrow readership; film for a limited audience → **ultra**

confidentiellement [kɔ̃fidɑ̃sjɛlmɑ̃] adv confidentially

confier [kɔ̃fje] → SYN ▸ conjug 7 ◂ 1 vt a (dire en secret) to confide (*à* to) ◆ **il me confie ses projets** he confides his projects to me, he tells me about his projects ◆ **il me confie tous ses secrets** he shares all his secrets with me ◆ **dans ce livre il confie ses joies et ses peines** in this book he tells of ou reveals his sorrows and his joys

b (laisser aux soins de qn) to confide, entrust (*à* to) ◆ **confier qn / qch aux soins / à la garde de qn** to confide ou entrust sb / sth to sb's care / safekeeping ◆ **je vous confie le soin de le faire** I entrust you with the task of doing it

2 **se confier** vpr a (dire un secret) **se confier à qn** to confide in sb ◆ **ils se confièrent l'un à l'autre leur chagrin** they confided their grief to each other ◆ (littér) **qu'il est doux de se confier!** what delight to unburden one's heart! (littér)

b (frm: se fier à) **se confier à** ou **en qn** to place o.s. in sb's hands

configuration [kɔ̃figyʀasjɔ̃] → SYN nf a (general) shape, configuration ◆ **la configuration des lieux** the layout of the premises ◆ **suivant la configuration du terrain** following the lie of the land

b (Ordin) configuration ◆ **configuration multipostes** multi-user system

configurer [kɔ̃figyʀe] ▸ conjug 1 ◂ vt (Ordin) to configure

confiné, e [kɔ̃fine] (ptp de **confiner**) adj a (enfermé) **vivre confiné chez soi** to live shut away in one's own home

b (renfermé) atmosphère enclosed; air stale

confinement [kɔ̃finmɑ̃] nm (→ **confiner**) confining

confiner [kɔ̃fine] → SYN ▸ conjug 1 ◂ 1 vt ◆ (enfermer) **confiner qn à** ou **dans** to confine sb to ou in

2 **confiner à** vt indir (toucher à) (lit) to border on, adjoin; (fig) to border ou verge on

3 **se confiner** vpr to confine o.s. (*à* to) ◆ **se confiner chez soi** to confine o.s. to the house, shut o.s. up at home

confins [kɔ̃fɛ̃] → SYN nmpl (frontières) borders; (partie extrême) fringes ◆ **aux confins de la Bretagne et de la Normandie / du rêve et de la réalité** on the borders of Brittany and Normandy / dream and reality ◆ **aux confins de la Bretagne / la science** at the outermost ou furthermost bounds of Brittany / science

confire [kɔ̃fiʀ] ▸ conjug 37 ◂ vt (au sucre) to preserve, conserve ; (au vinaigre) to pickle ; (dans de la graisse) to preserve → **confit**

confirmand, e [kɔ̃fiʀmɑ̃, ɑ̃d] nm,f confirmand (spéc), confirmation candidate

confirmatif, -ive [kɔ̃fiʀmatif, iv] adj (Jur) confirmatory, confirmative

confirmation [kɔ̃fiʀmasjɔ̃] → SYN GRAMMAIRE ACTIVE 20.3 nf (gén, Rel) confirmation ◆ **en confirmation de** confirming, in confirmation of ◆ **apporter confirmation de** to confirm, provide confirmation of ◆ **c'est la confirmation de** it confirms, it provides ou is confirmation of ◆ **j'en attends confirmation** I'm waiting for confirmation of it

confirmer [kɔ̃fiʀme] → SYN ▸ conjug 1 ◂ GRAMMAIRE ACTIVE 19.5, 20.3, 21.3 vt (gén, Rel) to confirm ◆ **il m'a confirmé que** he confirmed to me that ◆ (dans une lettre) **je souhaite confirmer ma réservation du ...** I wish to confirm my reservation of ... ◆ **cela l'a confirmé dans ses idées** it confirmed ou strengthened him in his ideas ◆ **confirmer qn dans ses fonctions** to confirm sb's appointment ◆ **la nouvelle se confirme** the news has been confirmed, there is some confirmation of the news → **exception**

confiscable [kɔ̃fiskabl] adj liable to confiscation ou seizure, confiscable

confiscation [kɔ̃fiskasjɔ̃] → SYN nf confiscation, seizure

confiscatoire [kɔ̃fiskatwaʀ] adj confiscatory ◆ **taux confiscatoire de l'impôt** confiscatory rate of taxation

confiserie [kɔ̃fizʀi] → SYN nf (magasin) confectioner's (shop), sweetshop (Brit), candy store (US) ; (métier) confectionery ; (bonbons) confectionery (NonC), sweets (Brit), candy (NonC) (US) ◆ **manger une confiserie / des confiseries** to eat a sweet / sweets (Brit) ou candy (US)

confiseur, -euse [kɔ̃fizœʀ, øz] nm,f confectioner

confisquer [kɔ̃fiske] → SYN ▸ conjug 1 ◂ vt (gén, Jur) to confiscate, seize

confit, e [kɔ̃fi, it] (ptp de **confire**) 1 adj fruit crystallized, candied ; cornichon pickled ◆ **gésiers confits** gizzards conserved in fat ◆ **la salade est confite** the salad has gone soggy ◆ (fig) **confit de** ou **en dévotion** steeped in piety
2 nm ◆ **confit d'oie / de canard** conserve of goose / duck

confiteor [kɔ̃fiteɔʀ] nm inv Confiteor

confiture [kɔ̃fityʀ] → SYN nf jam ◆ **confiture de prunes / d'abricots** plum / apricot jam ◆ **confiture d'oranges** (orange) marmalade ◆ **confiture de citrons** lemon marmalade ◆ **veux-tu de la confiture ?** ou **des confitures ?** do you want (some) jam ? ◆ (fig) **donner de la confiture aux cochons** to throw pearls before swine

confiturerie [kɔ̃fityʀʀi] nf jam factory

confiturier, -ière [kɔ̃fityʀje, jɛʀ] 1 nm,f jam ou preserves (Brit) maker
2 nm jam jar

conflagration [kɔ̃flagʀasjɔ̃] → SYN nf (frm : conflit) cataclysm

conflictuel, -elle [kɔ̃fliktɥɛl] → SYN adj pulsions, intérêts conflicting ◆ **situation conflictuelle** situation of conflict ◆ **avoir des rapports conflictuels avec qn** to have a relationship of conflict with sb

conflit [kɔ̃fli] → SYN nm (gén, Mil) conflict, clash ; (Psych) conflict ; (Ind : grève) dispute ; (Jur) conflict ◆ **pour éviter le conflit** to avoid (a) conflict ou a clash ◆ **entrer en conflit avec qn** to come into conflict with sb, clash with sb ◆ **être en conflit avec qn** to be in conflict with sb, clash with sb ◆ **conflit d'intérêts** conflict ou clash of interests ◆ **le conflit des générations** the generation gap ◆ **conflit armé** armed conflict ◆ **conflit social** industrial dispute ◆ **conflits internes** infighting ◆ **le conflit israélo-arabe** the Arab-Israeli wars ◆ (Jur) **conflit de juridiction** jurisdictional dispute

confluence [kɔ̃flyɑ̃s] nf (action) [cours d'eau] confluence, flowing together ; (fig) mingling, merging

confluent [kɔ̃flyɑ̃] → SYN nm (Géog) confluence ◆ (fig) **au confluent de deux cultures** at the bridge of two cultures, where two cultures meet ◆ (fig) **au confluent du rêve et de la réalité** where dream meets reality

confluer [kɔ̃flye] → SYN ▸ conjug 1 ◂ vi [cours d'eau] to join, flow together ; (littér) [foule, troupes] to converge (*vers* on) ◆ **confluer avec** to flow into, join

confondant, e [kɔ̃fɔ̃dɑ̃, ɑ̃t] adj astounding

confondre [kɔ̃fɔ̃dʀ] → SYN ▸ conjug 41 ◂ 1 vt a (mêler) choses, dates to mix up, confuse ◆ **on confond toujours ces deux frères** people always mix up ou confuse these two brothers ou get these two brothers mixed up ou muddled up (Brit) ◆ **les deux sœurs se ressemblent au point qu'on les confond** the two sisters are so alike that you take ou mistake one for the other ◆ **il confond toujours le Chili et** ou **avec le Mexique** he keeps mixing up ou confusing Chile and ou with Mexico ◆ **confondre qch / qn avec qch / qn d'autre** to mistake sth / sb for sth / sb else ◆ **elle a confondu sa valise avec la mienne** she mistook my case for hers ◆ **je croyais que c'était son frère, j'ai dû confondre** I thought it was his brother but I must have made a mistake ou I must have been mistaken ◆ **mes réserves ne sont pas de la lâcheté, il ne faudrait pas confondre** my reservations aren't cowardice, let there be no mistake about that ou you shouldn't confuse the two
b (déconcerter) to astound ◆ **il me confondit par l'étendue de ses connaissances** he astounded me with the extent of his knowledge ◆ **son insolence a de quoi vous confondre** his insolence is astounding ou is enough to leave you speechless ◆ **je suis confondu devant** ou **de tant d'amabilité** I'm overcome ou overwhelmed by such kindness ◆ **être confondu de reconnaissance** to be overcome with gratitude
c (démasquer) détracteur, ennemi, menteur to confound
d (réunir, fusionner) to join, meet ◆ **deux rivières qui confondent leurs eaux** two rivers which flow together ou join ◆ **toutes classes d'âge / dépenses confondues** all age groups / expenses taken into account
2 **se confondre** vpr a (ne faire plus qu'un) to merge ; (se rejoindre) to meet ◆ **les silhouettes se confondaient dans la brume** the silhouettes merged (together) in the mist ◆ **les couleurs se confondent de loin** the colours merge in the distance ◆ **tout se confondait dans sa mémoire** everything became confused in his memory ◆ **les deux événements se confondirent (en un seul) dans sa mémoire** the two events merged into one in his memory, the two events became confused (as one) in his memory ◆ **nos intérêts se confondent** our interests are one and the same ◆ **les deux fleuves se confondent à cet endroit** the two rivers flow together ou join here
b **se confondre en excuses** to apologize profusely ◆ **se confondre en remerciements** to offer profuse thanks, be effusive in one's thanks ◆ **il se confondit en remerciements** he thanked me (ou them etc) profusely ou effusively

conformateur [kɔ̃fɔʀmatœʀ] nm [chapeau] conformator

conformation [kɔ̃fɔʀmasjɔ̃] → SYN nf conformation → **vice**

conforme [kɔ̃fɔʀm] → SYN adj a (semblable) true (*à* to) ◆ **conforme à l'original / au modèle** true to the original / pattern ◆ **c'est conforme à l'échantillon** it matches the sample ◆ **c'est peu conforme à ce que j'ai dit** it bears little resemblance to what I said ◆ **ce n'est pas conforme à** accord, commande, normes it does not comply with ◆ **ce n'est pas conforme à l'original** it does not match the original ◆ **cette copie est bien conforme, n'est-ce pas ?** it's a true ou good replica, isn't it ? → **copie**
b (fidèle) in accordance (*à* with) ◆ **l'exécution des travaux est conforme au plan prévu** the work is being carried out in accordance with the agreed plan ◆ **conforme à la loi** in accordance ou conformity with the law ◆ **conforme à la règle / à la norme** in accordance with the rule / norm ◆ **être conforme aux normes de sécurité** to conform to ou meet safety standards
c (en harmonie avec) **conforme à** in keeping with, consonant with (frm) ◆ **un niveau de vie conforme à nos moyens** a standard of living in keeping ou consonant with our means ◆ **il a des vues conformes aux miennes** his views are in keeping with mine, we have similar views ◆ **ces mesures sont conformes à notre politique** these measures are in line with our policy

conformé, e [kɔ̃fɔʀme] (ptp de **conformer**) adj ◆ corps, enfant **bien / mal conformé** well / ill-formed ◆ **bizarrement conformé** strangely shaped ou formed

conformément [kɔ̃fɔʀmemɑ̃] → SYN adv **conformément à** a (en respectant) in conformity with, in accordance with ◆ **conformément à la loi, j'ai décidé que** in accordance ou conformity with the law, I have decided that ◆ **les travaux se sont déroulés conformément au plan prévu** the work was carried out in accordance with ou according to the proposed plan ◆ **ce travail a été exécuté conformément au modèle / à l'original** this piece of work was done to conform to the pattern / original ou to match the pattern / original exactly
b (suivant) in accordance with ◆ **conformément à ce que j'avais promis / prédit** in accordance with what I had promised / predicted

conformer [kɔ̃fɔʀme] → SYN ▸ conjug 1 ◂ 1 vt ◆ (calquer) **conformer qch à** to model sth on ◆ **conformer sa conduite à celle d'une autre personne** to model one's (own) conduct on somebody else's ◆ **conformer sa conduite à ses principes** to match one's conduct to one's principles
2 **se conformer** vpr ◆ **se conformer à** to conform to

conformisme [kɔ̃fɔʀmism] → SYN nm (gén, Rel) conformism

conformiste [kɔ̃fɔʀmist] → SYN adj, nmf (gén, Rel) conformist

conformité [kɔ̃fɔʀmite] → SYN nf a (identité) similarity, correspondence (*à* to) ◆ **la conformité de deux choses** the similarity of ou between two things, the close correspondence of ou between two things ◆ **en conformité avec le modèle** in accordance with the pattern ◆ **certificat de conformité** certificate of compliance
b (fidélité) faithfulness (*à* to) ◆ **conformité à la règle / aux ordres reçus** compliance with the rules / orders received ◆ **en conformité avec le plan prévu / avec les ordres reçus** in accordance ou conformity with the proposed plan / orders received
c (harmonie) conformity, agreement (*avec* with) ◆ **la conformité de nos vues sur la question, notre conformité de vues sur la question** the agreement of our views on the question ◆ **sa conduite est en conformité avec ses idées** his conduct is in keeping ou in conformity ou in agreement with his ideas

confort [kɔ̃fɔʀ] → SYN nm comfort ◆ **appartement tout confort** ou **avec (tout) le confort moderne** flat with all mod cons (Brit) ou modern conveniences ◆ **il aime le** ou **son confort** he likes his creature comforts ou his comfort ◆ **dès que ça dérange son confort personnel il refuse de nous aider** as soon as it inconveniences him ou puts him out he refuses to help us ◆ **confort psychologique** psychological well-being ◆ **cette chaîne hi-fi permet un grand confort d'écoute** this hi-fi system makes for very pleasurable listening ◆ **cette présentation apporte un confort de lecture** this presentation makes for easy reading ◆ **médicament de confort** pain-relieving (ou fortifying) medicine *(without recognized therapeutic effects)*

confortable [kɔ̃fɔʀtabl] → SYN adj a (douillet) appartement comfortable, snug, cosy ; vêtement, vie comfortable, comfy* ; (* : bien installé) comfortable, comfy* ◆ **fauteuil peu confortable** rather uncomfortable armchair ◆ **être dans une situation peu confortable** to be in a rather uncomfortable ou awkward position

b (opulent) fortune, retraite comfortable; métier, situation comfortable, cushy*
c (important) comfortable (épith) ◆ **prendre une avance confortable sur ses rivaux** to get a comfortable lead over one's rivals

confortablement [kɔ̃fɔʀtabləmɑ̃] adv comfortably ◆ **vivre confortablement** (dans le confort) to live in comfort; (dans la richesse) to live very comfortably, lead a comfortable existence

conforter [kɔ̃fɔʀte] → SYN ▸ conjug 1 ◂ vt thèse to reinforce, back up ◆ **ceci me conforte dans mon analyse** this backs up ou reinforces my analysis

confortique [kɔ̃fɔʀtik] nf *part of ergonomics related to office comfort*

confraternel, -elle [kɔ̃fʀatɛʀnɛl] adj brotherly, fraternal

confraternité [kɔ̃fʀatɛʀnite] nf brotherliness

confrère [kɔ̃fʀɛʀ] → SYN nm [profession] colleague; [association] fellow member; (journal) (fellow) newspaper ◆ **mon cher confrère** dear colleague

confrérie [kɔ̃fʀeʀi] → SYN nf brotherhood

confrontation [kɔ̃fʀɔ̃tasjɔ̃] → SYN nf [opinions, personnes] confrontation; [textes] comparison, collation ◆ **au cours de la confrontation des témoins** when the witnesses were brought face to face

confronter [kɔ̃fʀɔ̃te] → SYN ▸ conjug 1 ◂ vt (opposer) opinions, personnes to confront; (comparer) textes to compare, collate ◆ **être confronté à** to be confronted with

confucéen, -enne [kɔ̃fyseɛ̃, ɛn] adj Confucian

confucianisme [kɔ̃fysjanism] nm Confucianism

confucianiste [kɔ̃fysjanist] **1** adj Confucian
2 nmf Confucian, Confucianist

Confucius [kɔ̃fysjys] n Confucius

confus, e [kɔ̃fy, yz] → SYN adj **a** (peu clair) bruit, texte, souvenir confused; esprit, personne confused, muddled; mélange, amas d'objets confused ◆ **cette affaire est très confuse** this business is very confused ou muddled
b (honteux) personne ashamed, embarrassed ◆ **il était confus d'avoir fait cela** he was embarrassed at having done that ◆ **vous avez fait des folies, nous sommes confus!** you've been far too kind, we're quite overwhelmed! ou you make us feel quite ashamed! ◆ **je suis tout confus de mon erreur** I'm terribly ashamed of my mistake, I don't know what to say about my mistake

confusément [kɔ̃fyzemɑ̃] adv distinguer vaguely; comprendre, ressentir vaguely, in a confused way; parler unintelligibly, confusedly

confusion [kɔ̃fyzjɔ̃] → SYN nf **a** (honte) embarrassment; (trouble, embarras) confusion ◆ **à ma grande confusion** to my great embarrassment; to my great confusion
b (erreur) [noms, personnes, dates] confusion (*de* in) ◆ **vous avez fait une confusion** you've made a mistake, you've got things confused ◆ **cela peut prêter à confusion** this can lead to confusion
c (désordre) [esprits, idées] confusion; [assemblée, pièce, papiers] confusion, disorder (*de* in) ◆ **c'était dans une telle confusion** it was in such confusion ou disorder ◆ **mettre** ou **jeter la confusion dans les esprits / l'assemblée** to throw people / the audience into confusion ou disarray ◆ (Psych) **confusion mentale** mental confusion
d (Jur) **confusion des dettes** confusion ◆ **confusion de part** ou **de paternité** doubt over paternity ◆ **confusion des peines** concurrency of sentences ◆ **confusion des pouvoirs** *non-separation of legislature, executive and judiciary*

confusionnel, -elle [kɔ̃fyzjɔnɛl] → SYN adj (Psych) confusional

confusionnisme [kɔ̃fyzjɔnism] → SYN nm (Psych) *confused thinking of a child*; (Pol) *policy of spreading confusion in people's minds*

conga [kɔ̃ga] → SYN nf (danse, tambour) conga

congé [kɔ̃ʒe] → SYN **1** nm **a** (vacances) holiday (Brit), vacation (US); (Mil: permission) leave ◆ **3 jours de congé pour** ou **à Noël** 3 days' holiday (Brit) ou vacation (US) ou 3 days off at Christmas ◆ **c'est son jour de congé** it's his day off ◆ **en congé** écolier, employé on holiday (Brit) ou vacation (US); soldat on leave ◆ **avoir congé: quel jour avez-vous congé?** which day do you have off?, which day are you off? ◆ **quand avez-vous congé en été?** when are you off ou when do you get a holiday (Brit) ou vacation (US) in the summer? ◆ **avoir congé le mercredi** to have Wednesdays off, be off on Wednesdays ou on a Wednesday ◆ **il me reste 3 jours de congé à prendre** I've got 3 days (holiday) still to come
b (arrêt momentané de travail) time off (NonC), leave (NonC) ◆ **prendre / donner du congé** to take / give time off ou some leave ◆ **prendre un congé d'une semaine** to take a week off ou a week's leave ◆ **congé sans traitement** ou **solde** unpaid leave, time off without pay ◆ **demander à être mis en congé sans traitement** ou **solde pendant un an** to ask for a year's unpaid leave, ask for a year off without pay
c (avis de départ) notice; (renvoi) notice (to quit ou leave) ◆ **donner son congé** [employé] to hand in ou give in one's notice (*à* to); [locataire] to give notice (*à* to) ◆ **donner (son) congé à un locataire / employé** to give a lodger / an employee (his) notice ◆ **il faut donner congé 8 jours à l'avance** one must give a week's notice ◆ **il a demandé son congé** he has asked to leave
d (adieu) **prendre congé (de qn)** to take one's leave (of sb) ◆ **donner congé à qn à la fin d'un entretien** to dismiss (frm) sb at the end of a conversation
e (Admin: autorisation) clearance certificate; [transports d'alcool] release *(of wine etc from bond)* ◆ (Naut) **congé (de navigation)** clearance
2 COMP ▷ **congé annuel** annual holiday (Brit) ou vacation (US) ou leave ▷ **congé pour convenance personnelle** ≃ compassionate leave ▷ **congé de conversion** retraining period ▷ **congé (de) formation** training leave ▷ **congé de longue durée** extended ou prolonged leave of absence ▷ **congé (de) maladie** sick leave ◆ **congé de longue maladie** prolonged ou extended sick leave ▷ **congé (de) maternité** maternity leave ▷ **congé parental (d'éducation)** (unpaid) extended maternity (ou paternity) leave ▷ **les congés payés** (vacances) (annual) paid holidays (Brit) ou vacation (US) ou leave; (péj: vacanciers) the rank and file (holiday-makers (Brit) ou vacationers (US)) ▷ **congés scolaires** school holidays (Brit) ou vacation (US)

congédiable [kɔ̃ʒedjabl] adj (Mil) due for discharge; (gén) able to be dismissed ◆ **le personnel non titulaire est congédiable à tout moment** non-tenured staff can be dismissed at any time

congédier [kɔ̃ʒedje] → SYN ▸ conjug 7 ◂ vt to dismiss

congelable [kɔ̃ʒlabl] adj which can be easily frozen

congélateur [kɔ̃ʒelatœʀ] → SYN nm (meuble) freezer, deep-freeze; (compartiment) freezer compartment ◆ **congélateur armoire** upright freezer ◆ **congélateur bahut** chest freezer

congélation [kɔ̃ʒelasjɔ̃] → SYN nf [eau, aliments] freezing; [huile] congealing ◆ **sac de congélation** freezer bag → **point**[1]

congeler [kɔ̃ʒ(ə)le] → SYN ▸ conjug 5 ◂ **1** vt eau, huile to freeze; aliments to (deep-)freeze ◆ **les produits congelés** frozen foods
2 **se congeler** vpr to freeze

congénère [kɔ̃ʒenɛʀ] → SYN **1** adj congeneric
2 nmf (semblable) fellow, fellow creature ◆ **toi et tes congénères** you and the likes of you

congénital, e, mpl **-aux** [kɔ̃ʒenital, o] → SYN adj congenital ◆ (hum) **elle est toujours en retard, c'est congénital** she's congenitally late, she's always late, it runs in the family

congère [kɔ̃ʒɛʀ] nf snowdrift

congestif, -ive [kɔ̃ʒɛstif, iv] adj congestive

congestion [kɔ̃ʒɛstjɔ̃] → SYN nf congestion ◆ **congestion (cérébrale)** stroke ◆ **congestion (pulmonaire)** congestion of the lungs

congestionner [kɔ̃ʒɛstjɔne] → SYN ▸ conjug 1 ◂ vt rue to congest; personne, visage to flush, make flushed ◆ **être congestionné** [personne, visage] to be flushed; [rue] to be congested

conglomérat [kɔ̃glɔmeʀa] → SYN nm (Écon, Géol) conglomerate; (fig: amalgame) conglomeration

conglomération [kɔ̃glɔmeʀasjɔ̃] → SYN nf conglomeration

conglomérer [kɔ̃glɔmeʀe] → SYN ▸ conjug 6 ◂ vt to conglomerate

Congo [kɔ̃go] nm ◆ **le Congo** (pays, fleuve) the Congo

congolais, e [kɔ̃gɔlɛ, ɛz] **1** adj Congolese
2 nm,f ◆ **Congolais(e)** Congolese
3 nm (gâteau) coconut cake

congratulations [kɔ̃gʀatylasjɔ̃] nfpl († ou hum) congratulations

congratuler [kɔ̃gʀatyle] → SYN ▸ conjug 1 ◂ vt († ou hum) to congratulate

congre [kɔ̃gʀ] → SYN nm conger (eel)

congréer [kɔ̃gʀee] → SYN ▸ conjug 1 ◂ vt (Naut) cordage to worm

congréganiste [kɔ̃gʀeganist] → SYN **1** adj congregational
2 nmf member of a congregation

congrégation [kɔ̃gʀegasjɔ̃] → SYN nf (Rel) congregation; (fig) assembly

congrégationalisme [kɔ̃gʀegasjɔnalism] nm Congregationalism

congrès [kɔ̃gʀɛ] → SYN nm (gén) congress; (Pol: conférence) conference ◆ (US Pol) **le Congrès** Congress ◆ **membre du Congrès** (gén) member of Congress; (homme) congressman; (femme) congresswoman

congressiste [kɔ̃gʀesist] → SYN nmf (gén) participant at a congress; (Pol) participant at a conference

congru, e [kɔ̃gʀy] → SYN adj **a** → **portion**
b ⇒ **congruent**

congruence [kɔ̃gʀyɑ̃s] nf (Math) congruence

congruent, e [kɔ̃gʀyɑ̃, ɑ̃t] → SYN adj (Math) congruent

conicité [konisite] nf conicity

conidie [konidi] nf conidium

conifère [konifɛʀ] → SYN nm conifer

conique [konik] → SYN **1** adj conical ◆ **de forme conique** cone-shaped, coniform
2 nf conic (section)

conirostre [koniʀɔstʀ] **1** adj conirostral, conical-billed (épith)
2 nm coniroster

conjectural, e, mpl **-aux** [kɔ̃ʒɛktyʀal, o] → SYN adj conjectural

conjecturalement [kɔ̃ʒɛktyʀalmɑ̃] adv conjecturally

conjecture [kɔ̃ʒɛktyʀ] → SYN nf conjecture ◆ **se perdre en conjectures quant à qch** to lose o.s. in conjectures about sth ◆ **nous en sommes réduits aux conjectures** we can only conjecture ou guess (about this)

conjecturer [kɔ̃ʒɛktyʀe] → SYN ▸ conjug 1 ◂ vt to conjecture ◆ **on ne peut rien conjecturer sur cette situation** one can't conjecture anything about that situation

conjoint, e [kɔ̃ʒwɛ̃, wɛ̃t] → SYN **1** adj démarche, action, (Fin) débiteurs, legs joint (épith); problèmes linked, related ◆ **financement conjoint** joint financing ◆ (Mus) **degrés conjoints** conjunct degrees
2 nm,f (Admin: époux) spouse ◆ **lui et sa conjointe** he and his spouse ◆ **le maire a félicité les conjoints** the mayor congratulated the couple ◆ **les (deux) conjoints** the husband and wife ◆ **les futurs conjoints** the bride and groom to be

conjointement [kɔ̃ʒwɛ̃tmɑ̃] → SYN adv jointly ◆ **conjointement avec** together with ◆ **la notice explicative vous sera expédiée conjointement (avec l'appareil)** the explanatory leaflet will be enclosed (with the machine) ◆ (Jur) **conjointement et solidairement** jointly and severally

conjoncteur [kɔ̃ʒɔ̃ktœʀ] nm (Téléc) phone socket

conjoncteur-disjoncteur, pl **conjoncteurs-disjoncteurs** [kɔ̃ʒɔ̃ktœʀdisʒɔ̃ktœʀ] nm circuit-breaker

conjonctif, -ive [kɔ̃ʒɔ̃ktif, iv] **1** adj (Gram) conjunctive; (Anat) connective ◆ **tissu conjonctif** connective tissue
2 **conjonctive** nf (Anat) conjunctiva

conjonction [kɔ̃ʒɔ̃ksjɔ̃] → SYN nf **a** (Astron, Gram) conjunction ◆ (Ling) **conjonction de coordination / de subordination** coordinating / subordinating conjunction
b (frm: union) union, conjunction

conjonctival, e, mpl **-aux** [kɔ̃ʒɔ̃ktival, o] adj (Méd) conjunctival

conjonctivite [kɔ̃ʒɔ̃ktivit] nf conjunctivitis

conjoncture [kɔ̃ʒɔ̃ktyʀ] → SYN nf (circonstances) situation, circumstances ◆ **dans la conjoncture (économique) actuelle** in the present (economic) situation ou circumstances ◆ **crise de conjoncture** economic crisis (due to a number of factors) ◆ **étude de conjoncture** study of the overall economic climate ou of the present state of the economy

conjoncturel, -elle [kɔ̃ʒɔ̃ktyʀɛl] adj ◆ **crises / fluctuations conjoncturelles** economic crises / fluctuations arising out of certain economic conditions

conjoncturiste [kɔ̃ʒɔ̃ktyʀist] nmf economic analyst

conjugable [kɔ̃ʒygabl] adj which can be conjugated

conjugaison [kɔ̃ʒygɛzɔ̃] nf (Bio, Gram) conjugation; (frm: union) union, uniting ◆ **grâce à la conjugaison de nos efforts** by our joint efforts

conjugal, e, mpl **-aux** [kɔ̃ʒygal, o] → SYN adj amour, union conjugal ◆ **devoir conjugal** conjugal duty ◆ **vie conjugale** married ou conjugal life → **domicile, foyer**

conjugalement [kɔ̃ʒygalmɑ̃] adv ◆ **vivre conjugalement** to live (together) as a (lawfully) married couple

conjugué, e [kɔ̃ʒyge] (ptp de **conjuguer**) **1** adj (Bot, Math) conjugate; efforts, actions joint, combined
2 nfpl ◆ (Bot) **conjuguées** conjugatae

conjuguer [kɔ̃ʒyge] → SYN ▸conjug 1◂ **1** vt (Gram) to conjugate; (combiner) to combine
2 **se conjuguer** vpr [efforts] to combine ◆ **ce verbe se conjugue avec avoir** this verb is conjugated with avoir

conjuration [kɔ̃ʒyʀasjɔ̃] → SYN nf (complot) conspiracy; (rite) conjuration ◆ **c'est une véritable conjuration !*** it's a conspiracy!, it's all a big plot!

conjuré, e [kɔ̃ʒyʀe] → SYN (ptp de **conjurer**) nm,f conspirator

conjurer [kɔ̃ʒyʀe] → SYN ▸conjug 1◂ **1** vt **a** (éviter) danger, échec to avert
b (littér: exorciser) démons, diable to ward off, cast out ◆ **essayer de conjurer le sort** to try to ward off ou evade ill fortune
c (prier, implorer) **conjurer qn de faire qch** to beseech ou entreat ou beg sb to do sth ◆ **je vous en conjure** I beseech ou entreat ou beg you
d (††: conspirer) mort, perte de qn to plot ◆ **conjurer contre qn** to plot ou conspire against sb
2 **se conjurer** vpr (s'unir) [circonstances] to conspire; [conspirateurs] to plot, conspire (*contre* against) ◆ (frm, hum) **vous vous êtes tous conjurés contre moi!** you're all conspiring against me!, you're all in league against me!

connaissable [kɔnɛsabl] adj knowable ◆ **le connaissable** the knowable

connaissance [kɔnɛsɑ̃s] → SYN GRAMMAIRE ACTIVE 19.2 nf **a** (savoir) **la connaissance de qch** (the) knowledge of sth ◆ **la connaissance** knowledge ◆ **la connaissance intuitive / expérimentale** intuitive / experimental knowledge ◆ **sa connaissance de l'anglais** his knowledge of English, his acquaintance with English ◆ **il a une bonne connaissance des affaires** he has a good ou sound knowledge of business matters ◆ **une profonde connaissance du cœur humain** a deep understanding of ou insight into the human heart ◆ **la connaissance de soi** self-knowledge
b (choses connues, science) **connaissances** knowledge ◆ **faire étalage de ses connaissances** to display one's knowledge ou learning ◆ **approfondir / enrichir ses connaissances** to deepen ou broaden / enhance one's knowledge ◆ **avoir** ou **posséder des connaissances de** to have some knowledge of ◆ **c'est un garçon qui a des connaissances** he's a knowledgeable fellow ◆ **il a de bonnes / vagues connaissances en anglais** he has a good command of / a smattering of English ◆ **il a de vagues connaissances de physique** he has a vague knowledge of ou a nodding acquaintance with physics
c (personne) acquaintance ◆ **c'est une vieille / simple connaissance** he is an old / a mere acquaintance ◆ **faire de nouvelles connaissances** to make new acquaintances, meet new people ◆ **il a de nombreuses connaissances** he has many acquaintances, he knows a great number of people
d (conscience, lucidité) consciousness ◆ **être sans connaissance** to be unconscious ◆ **perdre connaissance** to lose consciousness ◆ **reprendre connaissance** to regain consciousness, come round* (Brit) ou to
e LOC **à ma / sa / leur connaissance** to (the best of) my / his / their knowledge, as far as I know / he knows / they know ◆ **pas à ma connaissance** not to my knowledge, not as far as I know ◆ **venir à la connaissance de qn** to come to sb's knowledge ◆ **donner connaissance de qch à qn** to inform ou notify sb of sth ◆ **porter qch à la connaissance de qn** to notify sb of sth, bring sth to sb's attention ◆ **avoir connaissance d'un fait** to be aware of a fact ◆ **en connaissance de cause** with full knowledge of the facts ◆ **nous sommes parmi gens de connaissance** we are among familiar faces ◆ **un visage de connaissance** a familiar face ◆ **en pays de connaissance** (gens qu'on connaît) among familiar faces; (branche, sujet qu'on connaît) on familiar ground ou territory ◆ **il avait amené quelqu'un de sa connaissance** he had brought along an acquaintance of his ou someone he knew ◆ **faire connaissance avec qn, faire la connaissance de qn** (rencontrer) to meet sb, make sb's acquaintance; (apprendre à connaître) to get to know sb ◆ **(je suis) heureux de faire votre connaissance** (I am) pleased to meet you ◆ **prendre connaissance de qch** to read ou peruse sth ◆ **nous avons fait connaissance à Paris** we met in Paris ◆ **je leur ai fait faire connaissance** I introduced them (to each other)

connaissement [kɔnɛsmɑ̃] nm (Comm) bill of lading ◆ **connaissement sans réserves** clean bill of lading

connaisseur, -euse [kɔnɛsœʀ, øz] → SYN **1** adj coup d'œil, air expert
2 nm,f connoisseur ◆ **être connaisseur en vins** to be a connoisseur of wines ◆ **il juge en connaisseur** his opinion is that of a connoisseur

connaître [kɔnɛtʀ] → SYN ▸conjug 57◂ **1** vt **a** date, nom, adresse to know; fait to know, be acquainted with; personne (gén) to know, be acquainted with; (rencontrer) to meet; (††: sens biblique) to know ◆ **connaît-il la nouvelle?** has he heard ou does he know the news? ◆ **connais-tu un bon restaurant près d'ici?** do you know of a good restaurant near here? ◆ **connaître qn de vue / nom / réputation** to know sb by sight / by name / by repute ◆ **chercher à connaître qn** to try to get to know sb ◆ **apprendre à connaître qn** to get to know sb ◆ **il l'a connu à l'université** he met ou knew him at university ◆ **je l'ai connu enfant** ou **tout petit** I knew him when he was a child; (je le vois encore) I have known him since he was a child ◆ **vous connaissez la dernière (nouvelle)?** have you heard the latest (news)? ◆ (hum) **si tu te conduis comme ça je ne te connais plus!** if you behave like that (I'll pretend) I'm not with you ◆ **je ne lui connaissais pas ce chapeau / ces talents** I didn't know he had that hat / these talents ◆ **je ne lui connais pas de défauts / d'ennemis** I'm not aware of his having any faults / enemies
b langue, science to know; méthode, auteur, texte to know, be acquainted with ◆ **connaître les oiseaux / les plantes** to know about birds / plants ◆ **tu connais la mécanique / la musique?** do you know anything ou much about engineering / music? ◆ **connaître un texte** to know a text, be familiar with a text ◆ **il connaît son affaire** he knows what he's talking about ◆ **il connaît son métier** he (really) knows his job ◆ **il en connaît un bout*** ou **un rayon*** he knows a thing or two about it* ◆ **un poète qui connaît la vie / l'amour** a poet who knows what life / love is ou knows (about) life / love ◆ **elle attendit longtemps de connaître l'amour** she waited a long time to discover what love is ◆ **tu connais ce village? – si je connais*! j'y suis né!** do you know this village? – do I know it! I was born here! ◆ **il ne connaît pas grand-chose à cette machine** he doesn't know (very) much about this machine ◆ **elle n'y connaît rien** she doesn't know anything ou a thing about it, she hasn't a clue about it* ◆ **je ne connais pas bien les coutumes du pays** I'm not really familiar with ou I'm not (very) well acquainted with the customs of the country, I'm not very well up on the customs of the country* ◆ (fig) **je connais la chanson** ou **la musique*** I've heard it all before ◆ **il ne connaît pas sa force** he doesn't know ou realize his own strength ◆ **il ne connaît pas son bonheur** ou **sa chance** he doesn't know how lucky he is ◆ **il ne connaît que son devoir** duty first is his motto
c (éprouver) faim, privations to know, experience; crise, événement to experience ◆ **il ne connaît pas la pitié** he knows no pity ◆ **ils ont connu des temps meilleurs** they have known ou seen better days ◆ **nous connaissons de tristes heures** we are going through sad times ◆ **le pays connaît une crise économique grave** the country is going through ou experiencing a serious economic crisis
d (avoir) succès to enjoy, have; sort to experience ◆ **connaître un échec** to fail ◆ **sa patience ne connaît pas de bornes** his patience knows no bounds ◆ **cette règle ne connaît qu'une exception** there is only one exception to this rule ◆ **l'histoire de ce pays ne connaît qu'une tentative de coup d'État** in the history of this country there has only been one attempted coup
e **faire connaître** idée, sentiment to make known; décision to announce, make public ◆ **faire connaître qn** [pièce, livre] to make sb's name ou make sb known; [personne] to make sb known, make a name for sb ◆ **faire connaître qn à qn** to introduce sb to sb ◆ **il m'a fait connaître les joies de la pêche** he introduced me to ou initiated me in(to) the joys of fishing ◆ **se faire connaître** (par le succès) to make a name for o.s., make one's name; (aller voir qn) to introduce o.s., make o.s. known
f LOC **ça le / me connaît!*** he knows / I know all about it! ◆ **je ne connais que lui / que ça!** do I know him / it!*, don't I know him / it!* ◆ **une bonne tasse de café après le repas, je ne connais que ça** there's nothing like a good cup of coffee after a meal ◆ **je ne le connais ni d'Ève ni d'Adam** I don't know him from Adam ◆ **je te connais comme si je t'avais fait** I know you inside out
2 **se connaître** vpr **a** **se connaître (soi-même)** to know o.s. ◆ **connais-toi toi-même** know thyself ◆ (fig) **il ne se connaît plus** he's beside himself *(with joy or rage etc)*
b (se rencontrer) to meet ◆ **ils se sont connus en Grèce** they met ou became acquainted in Greece
c **s'y connaître** ou **se connaître**† **à** ou **en qch** to know (a lot) about sth, be well up on* ou well versed in sth ◆ **il s'y connaît en voitures** he knows (all) about cars, he's an expert on cars ◆ **c'est de l'or ou je ne m'y connais pas*** unless I'm very much mistaken, this is gold ◆ **quand il s'agit d'embêter les autres, il s'y connaît!*** when it comes to annoying people he's an expert!*
3 **connaître de** vt indir (Jur) to take cognizance of

connard⁑ [kɔnaʀ] nm (silly) bugger⁑ (Brit), damn fool⁑, jackass⁑ (US)

connarde⁑ [kɔnaʀd] nf, **connasse** [kɔnas] nf (silly) bitch⁑ ou cow⁑

conne [kɔn] → **con**

connecter [kɔnɛkte] → SYN ▸conjug 1◂ vt to connect

connecteur [kɔnɛktœʀ] nm (Logique, Ling) connective

connecticien, -ienne [kɔnɛktisjɛ̃, jɛn] nm,f connector engineer

Connecticut [kɔnɛktikət] nm Connecticut

connectif, -ive [kɔnɛktif, iv] adj, nm (Anat, Bot) connective

connectique [kɔnɛktik] nf connector industry

connement‡ [kɔnmɑ̃] adv damn stupidly‡

connerie‡ [kɔnʀi] nf **a** (NonC) bloody (Brit) ou damned stupidity‡ **b** (remarque, acte) bloody (Brit) ou damned stupid thing to say ou do‡; (livre, film) bullshit*‡ (NonC), bloody (Brit) ou damned rubbish‡ (NonC) • **arrête de dire des conneries** stop talking (such) bullshit*‡ ou such bloody (Brit) ou damned rubbish‡ • **il a encore fait une connerie** he's gone and done another damned stupid thing‡ • **c'est de la connerie!** (a load of) cobblers!‡ (Brit) ou bullshit!*‡

connétable [kɔnetabl] nm (Hist) constable

connexe [kɔnɛks] → SYN adj (closely) related

connexion [kɔnɛksjɔ̃] → SYN nf (gén) link, connection; (Élec) connection

connexionnisme [kɔnɛksjɔnism] nm connectionism

connexité [kɔnɛksite] nf [choses, concepts] relation(ship)

connivence [kɔnivɑ̃s] → SYN nf connivance • **être / agir de connivence avec qn** to be / act in connivance with sb • **un sourire de connivence** a smile of complicity • **ils sont de connivence** they're in league with each other

connivent, e [kɔnivɑ̃, ɑ̃t] → SYN adj (Bot, Anat) connivent

connotatif, -ive [kɔ(n)nɔtatif, iv] adj (Ling) sens connotative

connotation [kɔ(n)nɔtasjɔ̃] → SYN nf connotation

connoter [kɔ(n)nɔte] → SYN ▸conjug 1◂ vt to connote, imply; (Ling) to connote

connu, e [kɔny] → SYN (ptp de **connaître**) adj (non ignoré) terre, animal known; (répandu, courant) idée, méthode widely-known, well-known; (fameux) auteur, livre well-known • **(bien) connu** well-known • **très connu** very well-known, famous • **ces faits sont mal connus** these facts are not well-known ou widely-known • **il est connu comme le loup blanc** everybody knows him • (Statistiques etc) **chiffres non encore connus** figures not yet available → **ni**

conoïde [kɔnɔid] → SYN **1** adj conoid(al) **2** nm conoid

conopée [kɔnɔpe] → SYN nm [tabernacle] canopy

conque [kɔ̃k] → SYN nf (coquille) conch; (Anat) concha • (littér) **la main en conque** cupping his hand round ou to his ear

conquérant, e [kɔ̃keʀɑ̃, ɑ̃t] → SYN **1** adj pays, peuple conquering; ardeur masterful; air, regard swaggering **2** nm,f conqueror

conquérir [kɔ̃keʀiʀ] → SYN ▸conjug 21◂ vt pays, place forte, montagne to conquer; part de marché to capture; (littér) femme, cœur to conquer (littér), win; (littér) estime, respect to win, gain; (littér) supérieur, personnage influent to win over • **conquis à une doctrine** won over ou converted to a doctrine → **pays**[1]

conquête [kɔ̃kɛt] → SYN nf conquest • **faire la conquête de** pays, montagne to conquer; femme to conquer (littér), win; supérieur, personnage influent to win over • **s'élancer** ou **partir à la conquête de** (gén) to set out to conquer; record to set out to break • (hum) **faire des conquêtes** to make a few conquests, break a few hearts

conquis, e [kɔ̃ki, iz] ptp de **conquérir**

conquistador [kɔ̃kistadɔʀ] → SYN nm conquistador

consacrant [kɔ̃sakʀɑ̃] **1** adj m consecrating **2** nm consecrator

consacré, e [kɔ̃sakʀe] → SYN (ptp de **consacrer**) adj **a** (béni) hostie, église consecrated; lieu consecrated, hallowed **b** (habituel, accepté) coutume established, accepted; itinéraire, visite traditional; écrivain established, recognized • **c'est l'expression consacrée** it's the accepted way of saying it • **selon la formule consacrée** as the expression goes **c** (destiné à) **consacré à** given over to • **talents consacrés à faire le bien** talents given over to ou dedicated to doing good

consacrer [kɔ̃sakʀe] → SYN ▸conjug 1◂ vt **a consacrer à** (destiner, dédier à) to devote to, dedicate to, consecrate to; (affecter à, utiliser pour) to devote to, give (over) to • **consacrer sa vie à Dieu** to devote ou dedicate ou consecrate one's life to God • **il consacre toutes ses forces / tout son temps à son travail** he devotes all his energies / time to his work, he gives all his energies / time (over) to his work • **pouvez-vous me consacrer un instant?** can you give ou spare me a moment? • **se consacrer à une profession / à Dieu** to dedicate ou devote o.s. to a profession / God, give o.s. to a profession / God • **il a consacré plusieurs articles à ce sujet** he devoted ou dedicated several articles to this subject **b** (Rel) reliques, lieu to consecrate, hallow (littér); église, évêque, hostie to consecrate • **temple consacré à Apollon** temple consecrated ou dedicated to Apollo • (littér) **leur mort a consacré cette terre** their death has made this ground hallowed **c** (entériner) coutume, droit to establish; abus to sanction • **expression consacrée par l'usage** expression sanctioned by use ou which has become accepted through use • **consacré par le temps** time-honoured (épith) • **la fuite de l'ennemi consacre notre victoire** the enemy's flight makes our victory complete

consanguin, e [kɔ̃sɑ̃gɛ̃, in] → SYN **1** adj • **frère consanguin** half-brother *(on the father's side)* • **mariage consanguin** intermarriage, marriage between blood relations • **les mariages consanguins sont à déconseiller** marriages between blood relations should be discouraged, intermarrying ou inbreeding should be discouraged **2** nmpl • **les consanguins** blood relations

consanguinité [kɔ̃sɑ̃g(ɥ)inite] → SYN nf (du même père, d'ancêtre commun) consanguinity; (Bio: union consanguine) intermarrying, inbreeding

consciemment [kɔ̃sjamɑ̃] → SYN adv consciously, knowingly

conscience [kɔ̃sjɑ̃s] → SYN nf **a** (faculté psychologique) **la conscience de qch** the awareness ou consciousness of sth • (Philos, Psych) **la conscience** consciousness • **conscience de soi** self-awareness • **conscience collective / de classe** collective / class consciousness • **conscience politique / linguistique** political / linguistic awareness • **avoir conscience que** to be aware ou conscious that • **avoir conscience de sa faiblesse / de l'importance de qch** to be aware ou conscious of one's own weakness / of the importance of sth • **prendre conscience de qch** to become aware of sth, realize sth, awake to sth • **il prit soudain conscience d'avoir dit ce qu'il ne fallait pas** he was suddenly aware that ou he suddenly realized that he had said something he shouldn't have • **cela lui a donné** ou **fait prendre conscience de son importance** it made him aware of his importance, it made him realize how important he was → **pris** **b** (état de veille, faculté de sensation) consciousness • **perdre / reprendre conscience** to lose / regain consciousness **c** (faculté morale) conscience • **avoir la conscience tranquille / chargée** to have a clear / guilty conscience • **j'ai ma conscience pour moi** I have a clear conscience • **il n'a pas la conscience tranquille** he has a guilty ou an uneasy conscience, his conscience is troubling him • **avoir qch sur la conscience** to have sth on one's conscience • **avoir bonne / mauvaise conscience** to have a good ou clear / bad ou guilty conscience • **donner bonne conscience à qn** to ease sb's conscience • **donner mauvaise conscience à qn** to give sb a guilty ou bad conscience • **agir selon sa conscience** to act according to one's conscience ou as one's conscience dictates • **sans conscience** without conscience • **en (toute) conscience** in all conscience ou honesty • **étouffer les consciences** to stifle consciences ou people's conscience • (fig) **il a sorti tout ce qu'il avait sur la conscience** he came out with all he had on his conscience • (fig) **son déjeuner lui est resté sur la conscience*** his lunch is lying heavy on his stomach → **acquit, objecteur** **d conscience (professionnelle)** conscientiousness • **faire un travail avec beaucoup de conscience** to do a piece of work very conscientiously

consciencieusement [kɔ̃sjɑ̃sjøzmɑ̃] adv conscientiously

consciencieux, -ieuse [kɔ̃sjɑ̃sjø, jøz] → SYN adj conscientious

conscient, e [kɔ̃sjɑ̃, jɑ̃t] → SYN **1** adj (non évanoui) conscious; (lucide) personne lucid; mouvement, décision conscious • **conscient de** conscious ou aware of **2** nm • (Psych) **le conscient** the conscious

conscientiser [kɔ̃sjɑ̃tize] ▸conjug 1◂ vt • **conscientiser qn** to raise sb's consciousness

conscription [kɔ̃skʀipsjɔ̃] → SYN nf conscription, draft (US)

conscrit [kɔ̃skʀi] → SYN nm conscript, draftee (US) • **se faire avoir comme un conscrit†*** to be taken in like a newborn babe ou like a real sucker*

consécration [kɔ̃sekʀasjɔ̃] → SYN nf [lieu, église, artiste] consecration; [coutume, droit] establishment; [abus] sanctioning • **la consécration d'un temple à un culte** the consecration ou dedication of a temple to a religion • **la consécration du temps** time's sanction • **la consécration d'une œuvre par le succès** the consecration of a work by its success ou by the success it has • (Rel) **la consécration** the consecration

consécutif, -ive [kɔ̃sekytif, iv] → SYN adj (successif) consecutive; (résultant) consequential • **pendant trois jours consécutifs** for three days running, for three consecutive days • **elle a eu 3 succès consécutifs** she had 3 hits in a row • **sa blessure est consécutive à un accident** his injury is the result of an accident → **proposition**

consécution [kɔ̃sekysjɔ̃] → SYN nf consecution

consécutivement [kɔ̃sekytivmɑ̃] adv consecutively • **elle eut consécutivement deux accidents** she had two consecutive accidents, she had two accidents in a row ou one after the other • **consécutivement à** following upon

conseil [kɔ̃sɛj] → SYN GRAMMAIRE ACTIVE 1.1, 2.2, 2.3, 11.3

1 nm **a** (recommandation) piece of advice, advice (NonC), counsel; (simple suggestion) hint • **donner des conseils à qn** to give sb some advice • **écouter / suivre le conseil de qn** to listen to / follow sb's advice • **demander conseil à qn** to ask ou seek sb's advice, ask sb for advice • **prendre conseil de qn** to take advice from sb • **je lui ai donné le conseil d'attendre** I advised ou counselled him to wait • **un petit conseil** a word ou a few words ou a bit of advice, a hint ou tip • **ne pars pas, c'est un conseil d'ami** don't go – that's (just) a friendly piece of advice • **écoutez mon conseil** take my advice, listen to my advice • **un bon conseil** a sound piece of advice • **ne suivez pas les conseils de la colère** don't let yourself be guided by the promptings ou dictates of anger • **les conseils que nous donne l'expérience** everything that experience teaches us • (littér) **un homme de bon conseil** a good counsellor, a man of sound advice • (Admin, Comm) **conseils à ... advice to ...** • **conseils à la ménagère / au débutant** hints ou tips for the housewife / the beginner → **nuit** **b** (personne) consultant, adviser (*en* in) • **conseil en brevets d'invention** patent engineer • **conseil fiscal** tax consultant • **conseil juridique** legal consultant ou adviser • **conseil en communication** communications ou media consultant • (Jur) **conseil en propriété industrielle** patent lawyer ou attorney (US) • **ingénieur-conseil** consulting engineer

♦ **avocat-/esthéticienne-conseil** legal/beauty consultant
c (groupe, assemblée) [entreprise] board; [organisme politique ou professionnel] council, committee; (séance, délibération) meeting ♦ **tenir conseil** (se réunir) to hold a meeting; (délibérer) to deliberate
2 COMP ▷ **conseil d'administration** [société anonyme etc] board of directors; [hôpital, école] board of governors ▷ **conseil de classe** (Scol) staff meeting *(to discuss the progress of individual members of a class)* ▷ **conseil communal** (Belg) ≃ local council ▷ **Conseil constitutionnel** *committee ensuring the constitutionality of legal acts in France* ▷ **conseil de discipline** (Scol, Univ) disciplinary committee ▷ **conseil d'établissement** (Scol) ≃ governing board (Brit), ≃ board of education (US) ▷ **Conseil d'État** (Jur) Council of State ▷ **Conseil de l'Europe** Council of Europe ▷ **Conseil européen pour la recherche nucléaire** European Organization for Nuclear Research ▷ **conseil de fabrique** (Rel) fabric committee ▷ **conseil de famille** (Jur) board of guardians ▷ **conseil général** (Admin) ≃ county council (Brit), ≃ county commission (US) ▷ **conseil de guerre** (Mil) (réunion) war council; (tribunal) court-martial ♦ **passer en conseil de guerre** to be court-martialled ♦ **faire passer qn en conseil de guerre** to court-martial sb ▷ **Conseil des ministres** (personnes) (en Grande-Bretagne) Cabinet; (en France) (French) Cabinet, council of ministers; (réunion) Cabinet meeting ▷ **conseil municipal** (Admin) town council ▷ **Conseil national du patronat français** *French national employers' federation,* ≃ Confederation of British Industry (Brit) ▷ **Conseil œcuménique des Églises** World Council of Churches ▷ **conseil de l'Ordre** [avocats] *lawyers' governing body,* ≃ Bar Council (Brit); [médecins] *doctors' governing body,* ≃ British Medical Authority (Brit) ▷ **conseil des prud'hommes** (Jur) industrial arbitration court, ≃ industrial tribunal *(with wide administrative and advisory powers)* ▷ **conseil régional** regional council ▷ **conseil de révision** (Mil) recruiting board, draft board (US) ▷ **Conseil de sécurité** Security Council ▷ **Conseil supérieur de l'audiovisuel** *French broadcasting regulatory body,* ≃ Independent Broadcasting Authority (Brit), ≃ Federal Communications Commission (US) ▷ **conseil de surveillance** supervisory board ▷ **conseil d'U.E.R.** (Univ) departmental (management) committee ▷ **conseil d'université** university management committee, ≃ Senate (Brit), ≃ Board of Trustees ou Regents (US)

conseiller[1] [kɔ̃seje] → SYN ▸ conjug 1 ◂ GRAMMAIRE ACTIVE 2 vt **a** (recommander) prudence, méthode, bonne adresse to recommend (*à qn* to sb) ♦ (Comm) **prix conseillé** recommended price ♦ **il m'a conseillé ce docteur** he advised me to go to this doctor, he recommended this doctor to me ♦ **conseiller à qn de faire qch** to advise sb to do sth ♦ **je vous conseille vivement de …** I strongly advise you to … ♦ **la peur/prudence lui conseilla de …** fear/prudence prompted him to … ♦ **il est conseillé de s'inscrire à l'avance** it is advisable to enrol in advance ♦ **il est conseillé aux parents de …** parents are advised to …
b (guider) to advise, give advice to, counsel ♦ **conseiller un étudiant dans ses lectures** to advise ou counsel a student in his reading ♦ **il a été bien/mal conseillé** he has been given good/bad advice, he has been well/badly advised

conseiller[2], **-ère** [kɔ̃seje, ɛʀ] → SYN **1** nm,f **a** (expert) consultant, adviser (*en* in); (guide, personne d'expérience) counsellor, adviser ♦ **conseiller juridique/technique** legal/technical adviser ♦ (fig) **que ta conscience soit ta conseillère** may your conscience be your guide → **colère**
b (Admin, Pol: fonctionnaire) council member, councillor
2 COMP ▷ **conseiller d'État** senior member of the Council of State ▷ **conseiller en image** image consultant ▷ **conseiller matrimonial** marriage guidance counsellor ▷ **conseiller municipal** town councillor (Brit), city council man (US) ▷ **conseiller d'orientation** (Scol) careers adviser (Brit), (school) counselor (US), guidance counselor (US) ▷ **conseiller pédagogique** educational adviser ♦ **conseiller pédagogique de maths/français** Maths/French adviser ▷ **conseiller (principal) d'éducation** year head (Brit), dean (US)

conseilleur, -euse [kɔ̃sɛjœʀ, øz] → SYN nm,f (péj) dispenser of advice ♦ (Prov) **les conseilleurs ne sont pas les payeurs** givers of advice don't pay the price

consensuel, -elle [kɔ̃sɑ̃sɥɛl] → SYN adj politique consensus (épith); (Jur) accord consensual

consensus [kɔ̃sɛ̃sys] → SYN nm consensus (of opinion)

consentant, e [kɔ̃sɑ̃tɑ̃, ɑ̃t] → SYN adj amoureuse willing; (frm) personnes, parties in agreement, agreeable; (Jur) parties, partenaire consenting ♦ **le mariage ne peut avoir lieu que si les parents sont consentants** the marriage can only take place with the parents' consent ou if the parents consent to it

consentement [kɔ̃sɑ̃tmɑ̃] nm consent ♦ **divorce par consentement mutuel** divorce by consent ♦ **son consentement à leur mariage était nécessaire** his consent to their marriage was needed ♦ **donner son consentement à qch** to consent to sth, give one's consent to sth ♦ (littér) **le consentement universel** universal ou common assent

consentir [kɔ̃sɑ̃tiʀ] → SYN ▸ conjug 16 ◂ GRAMMAIRE ACTIVE 9.2
1 vi (accepter) to agree, consent (*à* to) ♦ **consentir à faire qch** to agree to do(ing) sth ♦ **consentir (à ce) que qn fasse qch** to consent ou agree to sb's doing sth ♦ **espérons qu'il va (y) consentir** let's hope he'll agree ou consent to it → **qui**
2 vt (accorder) permission, délai, prêt to grant (*à* to) ♦ **consentir une dérogation** to grant ou accord exemption (*à* to)

conséquemment [kɔ̃sekamɑ̃] adv (littér: par suite) consequently; († ou littér: avec cohérence, logique) consequentially ♦ **conséquemment à** as a result of, following on

conséquence [kɔ̃sekɑ̃s] → SYN nf **a** (effet, résultat) result, outcome (NonC), consequence ♦ **cela pourrait avoir** ou **entraîner des conséquences graves pour …** this could have serious consequences for ou repercussions on … ♦ **cela a eu pour conséquence de l'obliger à réfléchir** the result ou consequence of this was that he was forced to think ♦ **accepter/subir les conséquences de ses actions** to accept/suffer the consequences of one's actions ♦ **incident gros** ou **lourd de conséquences** incident fraught with consequences ♦ **avoir d'heureuses conséquences** to have a happy outcome ou happy results
b (Philos: suite logique) consequence → **proposition, voie**
c (conclusion, déduction) inference, conclusion (*de* to be drawn from) ♦ **tirer les conséquences** to draw conclusions ou inferences (*de* from)
d LOC **de conséquence** affaire, personne of (some) consequence ou importance ♦ **en conséquence** (par suite) consequently; (comme il convient) accordingly ♦ **en conséquence de** (par suite de) in consequence of, as a result of; (selon) according to ♦ **sans conséquence** (sans suite fâcheuse) without repercussions; (sans importance) of no consequence ou importance ♦ **cela ne tire** ou **ne porte pas à conséquence** it's of no consequence, that's unlikely to have any repercussions

conséquent, e [kɔ̃sekɑ̃, ɑ̃t] → SYN GRAMMAIRE ACTIVE 17.1
1 adj **a** (logique) logical, rational; (doué d'esprit de suite) consistent ♦ (littér) **conséquent à** consistent with, in keeping ou conformity with ♦ **conséquent avec soi-même** consistent (with o.s.) ♦ **conséquent dans ses actions** consistent in one's actions
b (*: important) sizeable
c (Géol) rivière, percée consequent
d (Mus) **(partie) conséquente** consequent, answer
2 nm (Ling, Logique, Math) consequent; (Mus) consequent, answer ♦ **par conséquent** consequently, therefore

conservateur, -trice [kɔ̃sɛʀvatœʀ, tʀis] → SYN **1** adj (gén) conservative; (Brit Pol) Conservative, Tory ♦ (Can) **le parti conservateur** the Progressive-Conservative Party (Can)
2 nm,f **a** (gardien) [musée] curator; [bibliothèque] librarian ♦ **conservateur des eaux et forêts** ≃ forestry commissioner ♦ **conservateur des hypothèques** ≃ land registrar
b (Pol) conservative; (Brit Pol) Conservative, Tory; (Can) Conservative (Can)
3 nm (produit chimique) preservative; (réfrigérateur) frozen food compartment, freezer compartment

conservation [kɔ̃sɛʀvasjɔ̃] → SYN nf **a** (action) [aliments] preserving; [monuments] preserving, preservation; [archives] keeping; [accent, souplesse] retention, retaining, keeping; [habitudes] keeping up ♦ **date limite de conservation** (gén) use-by date; [aliments] best-before date → **instinct, lait**
b (état) [aliments, monuments] preservation ♦ **en bon état de conservation** fruits well-preserved; monument well-preserved, in a good state of preservation
c (Admin: charge) **conservation des eaux et forêts** ≃ Forestry Commission ♦ **conservation des hypothèques** ≃ Land Registry

conservatisme [kɔ̃sɛʀvatism] → SYN nm conservatism

conservatoire [kɔ̃sɛʀvatwaʀ] → SYN **1** adj (Jur) protective → **saisie**
2 nm school, academy *(of music, drama etc)* ♦ **le Conservatoire (de musique et de déclamation)** the (Paris) Conservatoire ♦ **le Conservatoire des arts et métiers** the Conservatoire ou Conservatory of Arts and Crafts

conserve [kɔ̃sɛʀv] → SYN **1** nf ♦ **les conserves** tinned (Brit) ou canned food(s) ♦ **conserves en bocaux** bottled preserves ♦ **conserves de viande/poisson** tinned (Brit) ou canned meat/fish ♦ **l'industrie de la conserve** the canning industry ♦ **en** ou **de conserve** canned, tinned (Brit) ♦ **mettre en conserve** to can ♦ **se nourrir de conserves** to live out of tins (Brit) ou cans ♦ **faire des conserves de haricots** to bottle beans ♦ (fig) **tu ne vas pas en faire des conserves!*** you're not going to hoard it away for ever! → **boîte**
2 adv ♦ (ensemble) **de conserve** naviguer in convoy; agir in concert

conserver [kɔ̃sɛʀve] → SYN ▸ conjug 1 ◂ **1** vt **a** (garder dans un endroit) objets, papiers to keep ♦ **« conserver à l'abri de la lumière »** "keep ou store away from light"
b (ne pas perdre) (gén) to retain, keep; usage, habitude to keep up; espoir to retain; qualité, droits to conserve, retain; (Sport) titre to retain, hold on to*; son calme, ses amis, ses cheveux to keep ♦ **ça conserve tout son sens** it retains its full meaning ♦ **conserver la vie** to conserve life ♦ **il a conservé toute sa tête** (lucidité) he still has his wits about him, he's still all there* ♦ (Naut) **conserver l'allure** to maintain speed ♦ (Naut) **conserver sa position** to hold one's position ♦ (Mil) **conserver ses positions** to stand fast
c (maintenir en bon état) aliments, santé, monument to preserve ♦ **la vie au grand air, ça conserve!*** (the) open-air life keeps you young ♦ **bien conservé pour son âge** well-preserved for one's age
d (Culin) to preserve, can ♦ **conserver (dans du vinaigre)** to pickle ♦ **conserver en bocal** to bottle
2 **se conserver** vpr [aliments] to keep

conserverie [kɔ̃sɛʀvəʀi] nf (usine) canning factory; (industrie) canning industry

conserveur, -euse [kɔ̃sɛʀvœʀ, øz] nm,f manufacturer of tinned (Brit) ou canned (US) foods

considérable [kɔ̃sideʀabl] → SYN adj somme, foule, retard, travail sizeable, considerable; rôle, succès, changement considerable, significant; dégâts, surface considerable, extensive; († ou littér) personnage, situation eminent, important ♦ **saisi d'une émotion considérable** considerably ou deeply moved

considérablement [kɔ̃sideʀabləmɑ̃] → SYN adv (→ **considérable**) considerably; significantly; extensively ♦ **ceci nous a considérablement retardés** this delayed us considerably ♦ **ceci a considérablement modifié la**

situation this modified the situation to a considerable ou significant extent, this modified the situation considerably ou significantly

considérant [kɔ̃sideʀɑ̃] → SYN nm [loi, jugement] preamble

considération [kɔ̃sideʀasjɔ̃] → SYN nf **a** (examen) [problème etc] consideration ◆ **ceci mérite considération** this is worth considering ou consideration ou looking into ◆ **prendre qch en considération** to take sth into consideration ou account, make allowances for sth
b (motif, aspect) consideration, factor, issue ◆ **n'entrons pas dans ces considérations** don't let's go into these considerations ◆ **c'est une considération dont je n'imagine pas qu'il faille se préoccuper** it's a question ou factor ou issue I don't think we need bother ourselves with
c (remarques, observations) **considérations** reflections ◆ **il se lança dans des considérations interminables sur la crise politique** he launched into lengthy reflections ou observations on the political crisis
d (respect) esteem, respect ◆ **jouir de la considération de tous** to enjoy everyone's esteem ou respect ◆ (formule épistolaire) **« veuillez agréer l'assurance de ma considération distinguée »** "yours faithfully" (Brit), "yours truly" (US)
e (loc) (en raison de) **en considération de son âge** because of ou given his age ◆ (par rapport à) **en considération de ce qui aurait pu se passer** considering what could have happened ◆ **sans considération de** dangers, conséquences, prix heedless ou regardless of ◆ **sans considération de personne** without taking personalities into account ou consideration ◆ **par considération pour** out of respect ou regard for

considérer [kɔ̃sideʀe] → SYN ▸ conjug 6 ◂ GRAMMAIRE ACTIVE 26.1 vt **a** (envisager) problème etc to consider ◆ **il faut considérer (les) avantages et (les) inconvénients** one must consider ou take into account the advantages and disadvantages ◆ **considérer le pour et le contre** to consider the pros and cons ◆ **considère bien ceci** think about this carefully, consider this well ◆ **il ne considère que son intérêt** he only thinks about ou considers his own interests ◆ **tout bien considéré** all things considered, taking everything into consideration ou account ◆ **c'est à considérer** (pour en tenir compte) this has to be considered ou borne in mind ou taken into account; (à étudier) this must be gone into ou examined
b (assimiler à) **considérer comme** to look upon as, regard as, consider (to be) ◆ **je le considère comme mon fils** I look upon him as ou regard him as my son, I consider him (to be) my son ◆ **il se considère comme un personnage important** he sees himself as an important person, he considers himself (to be) an important person
c (juger) to consider, deem (frm) ◆ **je le considère intelligent** I consider him intelligent, I deem him to be intelligent (frm) ◆ **je considère qu'il a raison** I consider that he is right ◆ **c'est très mal considéré (d'agir ainsi)** it's very bad form (to act like that) ◆ **considérant que** (gén) considering that; (Jur) whereas
d (frm: regarder) to consider, study
e (respecter: gén ptp) to respect, have a high regard for ◆ **il est hautement considéré, on le considère hautement** he is highly regarded ou respected, he is held in high regard ou high esteem ◆ **le besoin d'être considéré** the need to have people's respect ou esteem

consignataire [kɔ̃siɲatɛʀ] → SYN nm (Comm) [biens, marchandises] consignee; [navire] consignee, forwarding agent; (Jur) [somme] depositary

consignation [kɔ̃siɲasjɔ̃] → SYN nf (Jur: dépôt d'argent) deposit; (Comm: dépôt de marchandise) consignment ◆ **la consignation d'un emballage** charging a deposit on a container ◆ **marchandises en consignation** goods on consignment → **caisse**

consigne [kɔ̃siɲ] → SYN nf **a** (instructions) orders ◆ **donner/recevoir/observer la consigne** to give/get ou be given/obey orders ◆ **c'est la consigne** those are the orders
b (punition) (Mil) confinement to barracks; (Scol †) detention
c (pour les bagages) left-luggage (office) (Brit), checkroom (US) ◆ **consigne automatique** (left-luggage) lockers
d (Comm: somme remboursable) deposit ◆ **il y a 2 F de consigne** ou **une consigne de 2 F sur la bouteille** there's a 2-franc deposit ou a deposit of 2 francs on the bottle, you get 2 francs back on the bottle

consigné, e [kɔ̃siɲe] (ptp de **consigner**) adj (Comm) bouteille, emballage returnable ◆ **non consigné** non-returnable

consigner [kɔ̃siɲe] → SYN ▸ conjug 1 ◂ vt **a** fait, pensée, incident to record ◆ **consigner qch par écrit** to put sth down in writing ou on paper
b (interdire de sortir à) troupe, soldat to confine to barracks; élève to give detention to, keep in (after school); (interdire l'accès de) salle, établissement to bar entrance to ◆ **consigné à la caserne** confined to barracks ◆ **établissement consigné aux militaires** establishment out of bounds to troops
c (mettre en dépôt) somme, marchandise to deposit; navire to consign; bagages to deposit ou put in the left-luggage (office) (Brit) ou checkroom (US)
d (facturer provisoirement) emballage, bouteille to put a deposit on ◆ **les bouteilles sont consignées 2 F** there is a deposit of 2 francs on the bottles ◆ **je vous le consigne** I'm giving it to you on a deposit

consistance [kɔ̃sistɑ̃s] → SYN nf [sauce, neige, terre] consistency; (fig) [caractère] strength ◆ **consistance sirupeuse/élastique** syrupy/elastic consistency ◆ **manquer de consistance** (sauce) to lack consistency; [idée, personnage, texte, film] to lack substance; nouvelle, rumeur to be unsupported by evidence ◆ **donner de la consistance à** pâte to give body to; rumeur to give strength to; idée, théorie to give substance to ◆ **prendre consistance** [liquide] to thicken, [idée, projet, texte, personnage] to take shape ◆ **sans consistance** caractère spineless, colourless; nouvelle, rumeur ill-founded, groundless; substance lacking in consistency (attrib) ◆ **cette rumeur prend de la consistance** this rumour is gaining ground

consistant, e [kɔ̃sistɑ̃, ɑ̃t] → SYN adj repas solid (épith), substantial; nourriture solid (épith); mélange, peinture, sirop thick; (fig) rumeur well-founded; (fig) argument solid, sound ◆ (Logique) **système consistant** consistent system

consister [kɔ̃siste] → SYN ▸ conjug 1 ◂ vi **a** (se composer de) **consister en** to consist of, be made up of ◆ **le village consiste en 30 maisons et une église** the village consists of ou is made up of 30 houses and a church ◆ **en quoi consiste votre travail?** what does your work consist of?
b (résider dans) **consister dans** to consist in ◆ **le salut consistait dans l'arrivée immédiate de renforts** their salvation consisted ou lay in the immediate arrival of reinforcements ◆ **consister à faire** to consist in doing

consistoire [kɔ̃sistwaʀ] → SYN nm consistory

consistorial, e, mpl **-iaux** [kɔ̃sistɔʀjal, jo] **1** adj consistorial, consistorian
2 nm consistorian

consœur [kɔ̃sœʀ] → SYN nf (hum) (lady) colleague

consolable [kɔ̃sɔlabl] adj consolable

consolant, e [kɔ̃sɔlɑ̃, ɑ̃t] → SYN adj consoling, comforting

consolateur, -trice [kɔ̃sɔlatœʀ, tʀis] **1** adj consolatory
2 nm,f (littér) comforter

consolation [kɔ̃sɔlasjɔ̃] → SYN nf (action) consoling, consolation; (réconfort) consolation (NonC), comfort (NonC), solace (NonC: littér) ◆ **nous prodiguant ses consolations** offering us comfort ◆ **paroles de consolation** words of consolation ou comfort ◆ **elle est sa consolation** she is his consolation ou comfort ou solace (littér) ◆ **enfin, il n'y a pas de dégâts, c'est une consolation** anyway, (at least) there's no damage, that's one consolation ou comfort ◆ **lot** ou **prix de consolation** consolation prize

console [kɔ̃sɔl] → SYN nf **a** (table) console (table); (Archit) console
b (Mus) [harpe] neck; [orgue] console; (Ordin, Tech: d'enregistrement) console ◆ (Ordin) **console de visualisation** visual display unit, VDU ◆ (Mus) **console de mixage** mixing desk

consoler [kɔ̃sɔle] → SYN ▸ conjug 1 ◂ **1** vt personne to console; chagrin to soothe ◆ **ça me consolera de mes pertes** that will console me for my losses ◆ **je ne peux pas le consoler de sa peine** I cannot console ou comfort him in his grief ◆ **si ça peut te consoler ...** if it is of any consolation ou comfort to you ... ◆ **le temps console** time heals
2 **se consoler** vpr to console o.s., find consolation ◆ **se consoler d'une perte/de son échec** to be consoled for ou to get over a loss/one's failure ◆ (hum) **il s'est vite consolé avec une autre** he soon consoled himself with another woman, he soon found comfort ou consolation with another woman ◆ **il ne s'en consolera jamais** he'll never be consoled, he'll never get over it

consolidation [kɔ̃sɔlidasjɔ̃] → SYN nf (→ **consolider, se consolider**) (gén) strengthening; reinforcement; consolidation; knitting; (Fin) funding ◆ **consolidation de la dette** debt consolidation

consolidé, e [kɔ̃sɔlide] (ptp de **consolider**) (Fin) **1** adj funded
2 **consolidés** nmpl consols

consolider [kɔ̃sɔlide] → SYN ▸ conjug 1 ◂ **1** vt **a** maison, table to strengthen, reinforce; (Méd) fracture to set
b accord, amitié, parti, fortune to consolidate; (Écon) monnaie to strengthen
c (Fin) rente, emprunt to guarantee ◆ **dettes consolidées** consolidated debts ◆ **rentes consolidées** funded income
d (Sport) avance to extend
2 **se consolider** vpr [régime, parti] to strengthen ou consolidate its position; [fracture] to knit, set ◆ **la position de la gauche/droite s'est encore consolidée** the position of the left/right has been further consolidated ou strengthened

consommable [kɔ̃sɔmabl] → SYN **1** adj solide edible; liquide drinkable ◆ **cette viande n'est consommable que bouillie** this meat can only be eaten boiled
2 nm (gén, Ordin) consumable

consommateur, -trice [kɔ̃sɔmatœʀ, tʀis] → SYN nm,f (acheteur) consumer; (client d'un café) customer

consommation [kɔ̃sɔmasjɔ̃] → SYN nf **a** [nourriture, gaz, matière première, essence] consumption ◆ **faire une grande consommation de** papier to get through* ou use (up) a lot of; crayons to get through* a lot of ◆ (Aut) **consommation aux 100 km** (fuel) consumption per 100 km, ≃ miles per gallon, ≃ gas mileage (US)
b (Écon) **la consommation** consumption ◆ **la consommation des ménages** household ou private consumption ◆ **consommation ostentatoire** conspicuous consumption ◆ **de consommation** biens, société consumer (épith) ◆ **produits de consommation** consumables, consumer goods ◆ **articles** ou **produits de consommation courante** staple goods
c (dans un café) drink ◆ **le garçon prend les consommations** the waiter takes the orders
d (frm) [mariage] consummation; [ruine] confirmation; [crime] perpetration, committing ◆ (littér) **jusqu'à la consommation des siècles** until the end of time

consommatique [kɔ̃sɔmatik] nf consumer research

consommé, e [kɔ̃sɔme] → SYN (ptp de **consommer**) **1** adj habileté consummate (épith); écrivain etc accomplished ◆ **tableau qui témoigne d'un art consommé** picture revealing consummate artistry
2 nm consommé ◆ **consommé de poulet** chicken consommé, consommé of chicken

consommer [kɔ̃sɔme] → SYN ▸ conjug 1 ◂ vt **a** nourriture to eat, consume (frm); boissons to drink, consume (frm) ◆ **on consomme beaucoup de fruits chez nous** we eat a lot of fruit in our family ◆ **la France est le pays où l'on**

consomme ou **où il se consomme le plus de vin** France is the country with the greatest wine consumption ou where the most wine is consumed ou drunk ◆ **il est interdit de consommer à la terrasse** drinks are not allowed ou drinking is not allowed ou drinks may not be consumed outside

b combustible, matière première to use, consume ◆ **cette machine consomme beaucoup d'eau** this machine uses (up) ou goes through* a lot of water ◆ **gâteau qui consomme beaucoup de farine** a cake which uses ou takes ou needs a lot of flour ◆ (Aut) **combien consommez-vous aux 100 km?** how much (petrol) do you use per 100 km?, what's your petrol consumption?, ≃ how many miles per gallon do you get?, ≃ what's your gas mileage? (US) ◆ (Aut) **elle consomme beaucoup d'essence / d'huile** it's heavy on petrol / oil, it uses a lot of petrol / oil

c (frm: accomplir) acte sexuel to consummate; crime to perpetrate, commit ◆ **le mariage n'a pas été consommé** the marriage has not been consummated ◆ **cela a consommé sa ruine** this finally confirmed his downfall ◆ **ce qui a consommé la rupture ...** what put the seal on the break-up ...

consomptible [kɔ̃sɔ̃ptibl] → SYN adj (Jur) consumable

consomptif, -ive [kɔ̃sɔ̃ptif, iv] adj († ou littér) wasting (épith)

consomption [kɔ̃sɔ̃psjɔ̃] → SYN nf († ou littér: dépérissement) wasting; (†: tuberculose) consumption†

consonance [kɔ̃sɔnɑ̃s] → SYN nf consonance (NonC) ◆ **nom aux consonances étrangères / douces** foreign- / sweet-sounding name

consonant, e [kɔ̃sɔnɑ̃, ɑ̃t] adj consonant

consonantique [kɔ̃sɔnɑ̃tik] adj consonantal, consonant (épith) ◆ **groupe consonantique** consonant cluster

consonantisme [kɔ̃sɔnɑ̃tism] nm consonant system

consonne [kɔ̃sɔn] nf consonant ◆ **consonne d'appui** intrusive consonant ◆ **consonne de liaison** linking consonant

consort [kɔ̃sɔʀ] → SYN **1** adj → **prince**

2 nmpl ◆ (péj) **X et consorts** (acolytes) X and company, X and his bunch* (péj); (pareils) X and his like (péj)

consortial, e, mpl **-iaux** [kɔ̃sɔʀsjal, jo] adj prêt syndicated

consortium [kɔ̃sɔʀsjɔm] → SYN nm consortium ◆ **former un consortium (de prêt)** to syndicate a loan, form a loan consortium

consoude [kɔ̃sud] nf comfrey

conspirateur, -trice [kɔ̃spiʀatœʀ, tʀis] → SYN

1 adj conspiratorial

2 nm,f conspirer, conspirator, plotter

conspiration [kɔ̃spiʀasjɔ̃] → SYN nf conspiracy

conspirer [kɔ̃spiʀe] → SYN ▸ conjug 1 ◂ **1** vi (comploter) to conspire, plot (*contre* against)

2 conspirer à vt indir ◆ (concourir à) **conspirer à faire** to conspire to do ◆ **tout semblait conspirer à notre succès** everything seemed to be conspiring to bring about our success

3 vt (†) mort, ruine de qn to conspire († ou littér), plot

conspuer [kɔ̃spɥe] → SYN ▸ conjug 1 ◂ vt to boo, shout down

constamment [kɔ̃stamɑ̃] → SYN adv (sans trêve) constantly, continuously; (très souvent) constantly, continually

Constance [kɔ̃stɑ̃s] n (Géog) Constance ◆ **le lac de Constance** Lake Constance

constance [kɔ̃stɑ̃s] → SYN nf **a** (permanence) consistency, constancy

b (littér: persévérance, fidélité) constancy, steadfastness ◆ **travailler avec constance** to work steadfastly ◆ (iro) **vous avez de la constance!** you don't give up easily (I'll say that for you)!

c (†: courage) fortitude, steadfastness

constant, e [kɔ̃stɑ̃, ɑ̃t] → SYN **1** adj **a** (invariable) constant; (continu) constant, continuous; (très fréquent) constant, continual ◆ (Fin) **francs constants** inflation-adjusted francs, constant francs

b (littér: persévérant) effort steadfast; travail constant ◆ **être constant dans ses efforts** to be steadfast ou constant in one's efforts

2 constante nf (Math, Phys) constant; (fig: caractéristique) permanent feature ◆ **constante de Planck** Planck('s) constant

constantan [kɔ̃stɑ̃tɑ̃] nm constantan

Constantin [kɔ̃stɑ̃tɛ̃] nm Constantine

Constantinople [kɔ̃stɑ̃tinɔpl] n Constantinople

constat [kɔ̃sta] → SYN nm ◆ **constat (d'huissier)** affidavit drawn up by a bailiff ◆ **constat (d'accident)** (accident) report ◆ **constat (à l') amiable** *jointly-agreed statement for insurance purposes* ◆ **constat d'adultère** recording of adultery ◆ (fig) **constat d'échec / d'impuissance** acknowledgement of failure / impotence

constatation [kɔ̃statasjɔ̃] → SYN GRAMMAIRE ACTIVE 26.2 nf **a** (NonC: → **constater**) noting; noticing; seeing; taking note; recording; certifying

b (gén) observation ◆ **constatations** [enquête] findings ◆ (Police) **procéder aux constatations d'usage** to make a ou one's routine report

constater [kɔ̃state] → SYN ▸ conjug 1 ◂ vt **a** (remarquer) fait to note, notice; erreur to see, notice; dégâts to note, take note of ◆ **il constata la disparition de son carnet** he noticed ou saw that his notebook had disappeared ◆ **je ne critique pas: je ne fais que constater** I'm not criticizing, I'm merely stating a fact ou I'm merely making a statement (of fact) ou an observation ◆ **je constate que vous n'êtes pas pressé de tenir vos promesses** I see ou notice ou note that you aren't in a hurry to keep your promises ◆ **vous pouvez constater par vous-même les erreurs** you can see the mistakes for yourself

b (frm: consigner) effraction, état de fait, authenticité to record; décès to certify ◆ **le médecin a constaté le décès** the doctor certified that death had taken place ou occurred

constellation [kɔ̃stelasjɔ̃] → SYN nf (Astron) constellation ◆ (fig littér) **constellation de** lumières, poètes constellation ou galaxy of

constellé, e [kɔ̃stele] → SYN (ptp de **consteller**) adj ◆ **constellé (d'étoiles)** star-studded, star-spangled ◆ **constellé de** astres, joyaux, lumières spangled ou studded with; taches spotted ou dotted with

consteller [kɔ̃stele] → SYN ▸ conjug 1 ◂ vt ◆ **des lumières constellaient le ciel** the sky was spangled ou studded with lights ◆ **des taches constellaient le tapis** the carpet was spotted ou dotted with marks

consternant, e [kɔ̃stɛʀnɑ̃, ɑ̃t] → SYN adj dismaying, disquieting ◆ **il est d'une bêtise consternante** he's incredibly stupid

consternation [kɔ̃stɛʀnasjɔ̃] → SYN nf consternation, dismay

consterner [kɔ̃stɛʀne] → SYN ▸ conjug 1 ◂ vt to dismay, fill with consternation ou dismay ◆ **air consterné** air of consternation ou dismay

constipation [kɔ̃stipasjɔ̃] → SYN nf constipation

constipé, e [kɔ̃stipe] → SYN (ptp de **constiper**) adj (Méd) constipated ◆ (péj: guindé) **avoir l'air** ou **être constipé** to look stiff ou ill-at-ease, be stiff

constiper [kɔ̃stipe] → SYN ▸ conjug 1 ◂ vt to constipate

constituant, e [kɔ̃stitɥɑ̃, ɑ̃t] → SYN **1** adj **a** élément constituent

b (Pol) **assemblée constituante** constituent assembly ◆ (Hist) **l'assemblée constituante, la Constituante** the Constituent Assembly ◆ (Hist) **les constituants** the members of the Constituent Assembly

2 nm (Jur, Fin) settlor; (Gram) constituent ◆ **constituant immédiat** immediate constituent ◆ **analyse en constituants immédiats** constituent analysis ◆ **constituant ultime** ultimate constituent

3 constituante nf (Québec) [université] branch

constitué, e [kɔ̃stitɥe] → SYN (ptp de **constituer**) adj **a** (Méd) **bien / mal constitué** of sound / unsound constitution

b (Pol) → **corps**

constituer [kɔ̃stitɥe] → SYN ▸ conjug 1 ◂ **1** vt **a** (fonder) comité, ministère, gouvernement, société anonyme to set up, form; bibliothèque to build up; collection to build up, put together; dossier to make up, put together

b (composer) to make up, constitute, compose ◆ **les pièces qui constituent cette collection** the pieces that (go to) make up ou that constitute this collection ◆ **sa collection est surtout constituée de porcelaines** his collection is made up ou is composed ou consists mainly of pieces of porcelain

c (être, représenter) to constitute ◆ **ceci constitue un délit / ne constitue pas un motif** that constitutes an offence / does not constitute a motive ◆ **ce billet de 10 F constitue toute ma fortune** this 10-franc note constitutes ou represents my entire fortune ◆ **ils constituent un groupe homogène** they make up ou form a well-knit group

d (Jur: établir) rente, pension, dot to settle (*à* on); avocat to retain ◆ **constituer qn son héritier** to appoint sb one's heir ◆ **constituer qn à la garde des enfants** to appoint sb ou take sb on to look after one's children

2 se constituer vpr **a se constituer prisonnier** to give o.s. up ◆ **se constituer témoin** to come forward as a witness ◆ **se constituer partie civile** *to bring an independent action for damages*

b (Comm) **se constituer en société** to form o.s. into a company

constitutif, -ive [kɔ̃stitytif, iv] → SYN adj constituent, component

constitution [kɔ̃stitysjɔ̃] → SYN nf **a** (NonC: → **constituer**) setting-up, formation, forming; building-up; putting together; making-up; settlement, settling; retaining ◆ (Jur) **constitution de partie civile** *independent action for damages* ◆ **constitution de stocks** stockpiling

b (éléments, composition) [substance] composition, make-up; [ensemble, organisation] make-up, composition; [équipe, comité] composition

c (Méd: conformation, santé) constitution ◆ **il a une robuste constitution** he has a sturdy constitution

d (Pol: charte) constitution

constitutionnaliser [kɔ̃stitysjɔnalize] ▸ conjug 1 ◂ vt to constitutionalize

constitutionnalité [kɔ̃stitysjɔnalite] nf constitutionality

constitutionnel, -elle [kɔ̃stitysjɔnɛl] adj constitutional → **droit**[3]

constitutionnellement [kɔ̃stitysjɔnɛlmɑ̃] adv constitutionally

constricteur [kɔ̃stʀiktœʀ] adj m, nm ◆ (Anat) **(muscle) constricteur** constrictor (muscle) ◆ **(boa) constricteur** boa constrictor

constrictif, -ive [kɔ̃stʀiktif, iv] adj (Phon) constricted

constriction [kɔ̃stʀiksjɔ̃] → SYN nf constriction

constrictor [kɔ̃stʀiktɔʀ] adjm, nm ◆ **(boa) constrictor** (boa) constrictor

constructeur, -trice [kɔ̃stʀyktœʀ, tʀis] → SYN

1 adj (Zool) home-making (épith); (fig) imagination constructive

2 nm (fabricant) maker; (bâtisseur) builder, constructor ◆ **constructeur d'automobiles** car manufacturer ◆ **constructeur de navires** shipbuilder ◆ **constructeur informatique** computer manufacturer

constructible [kɔ̃stʀyktibl] adj ◆ **terrain constructible** building land ◆ **zone / terrain non constructible** *area / land where no building is permitted*

constructif, -ive [kɔ̃stʀyktif, iv] → SYN adj constructive

construction [kɔ̃stʀyksjɔ̃] → SYN nf **a** (action: → **construire**) building; construction ◆ **la construction de l'immeuble / du navire a pris 2 ans** building the flats / ship ou the construction of the flats / ship took 2 years, it took 2 years to build the flats / ship ◆ **c'est de la construction robuste** it is solidly built, it is of solid construction ◆ **les constructions navales / aéronautiques européennes sont menacées** European shipbuilding ou the European shipbuilding industry / the European aircraft industry is threatened ◆ **cela va bien dans la construction** things are going well in the building trade (Brit) ou construction business ◆ **matériaux de construction** building materials ◆ **de construction française / anglaise** bateau, voiture French / British built ◆ **en construction** under construction, in the course of construction → **jeu**

b (structure) [roman, thèse] construction; [phrase] structure ◆ **c'est une simple construction de l'esprit** it's (a) pure hypothesis

c (édifice, bâtiment) building, construction

d (Ling: expression, tournure) construction, structure

e (Géom: figure) figure, construction

constructivisme [kɔ̃stʀyktivism] nm constructivism

constructiviste [kɔ̃stʀyktivist] adj, nmf constructivist

construire [kɔ̃stʀɥiʀ] → SYN ▸ conjug 38 ◂ vt machine, bâtiment, route, navire, chemin de fer to build, construct; figure géométrique to construct; théorie, phrase, intrigue to construct, put together, build up; famille to start ◆ **construire un couple** to build a relationship ◆ **construire l'Europe** to build Europe ◆ **on a** ou **ça s'est beaucoup construit ici depuis la guerre** there's been a lot of building here since the war ◆ **devoir bien construit** well-constructed essay ◆ (Ling) **ça se construit avec le subjonctif** it takes the subjunctive, it takes a subjunctive construction

consubstantialité [kɔ̃sypstɑ̃sjalite] → SYN nf consubstantiality

consubstantiation [kɔ̃sypstɑ̃sjasjɔ̃] → SYN nf consubstantiation

consubstantiel, -elle [kɔ̃sypstɑ̃sjɛl] → SYN adj consubstantial (*à, avec* with)

consul [kɔ̃syl] → SYN nm consul ◆ **consul général** consul general ◆ **consul de France** French Consul

consulaire [kɔ̃sylɛʀ] → SYN adj consular

consulat [kɔ̃syla] → SYN nm a (bureaux) consulate; (charge) consulate, consulship

b (Hist française) **le Consulat** the Consulate

consultable [kɔ̃syltabl] → SYN adj (disponible) ouvrage, livre available for consultation, which may be consulted ◆ (utilisable) **cette carte est trop grande pour être aisément consultable** this map is too big to be used easily

consultant, e [kɔ̃syltɑ̃, ɑ̃t] → SYN 1 adj avocat consultant (épith) ◆ **(médecin) consultant** consulting physician

2 nm,f (conseiller) consultant

consultatif, -ive [kɔ̃syltatif, iv] adj consultative, advisory ◆ **à titre consultatif** in an advisory capacity

consultation [kɔ̃syltasjɔ̃] → SYN nf a (action) consulting, consultation ◆ **pour faciliter la consultation du dictionnaire / de l'horaire** to make the dictionary / timetable easier ou easy to consult ◆ **après consultation de son agenda** (after) having consulted his diary ◆ **ouvrage de référence d'une consultation difficile** reference work that is difficult to use ou consult ◆ **consultation électorale** (élection) election; (référendum) referendum ◆ **faire une consultation électorale** to ask the electorate's opinion, go to the country (Brit)

b (séance: chez le médecin, un expert) consultation ◆ (Méd) **aller à la consultation** to go to the surgery (Brit) ou doctor's office (US) ◆ **donner une consultation / des consultations gratuites** to give a consultation / free consultations ◆ (Méd) **les heures de consultation** surgery (Brit) ou consulting hours ◆ **service (hospitalier) de consultation externe** outpatients' clinic

c (échange de vues) consultation ◆ **être en consultation avec des spécialistes** to be in consultation with specialists

d (frm: avis donné) professional advice (NonC)

consulte [kɔ̃sylt] nf *state council in Corsica*

consulter [kɔ̃sylte] → SYN ▸ conjug 1 ◂ 1 vt médecin to consult; expert, avocat, parent to consult, seek advice from; dictionnaire, livre, horaire to consult, refer to; boussole, baromètre to consult ◆ **ne consulter que sa raison / son intérêt** to be guided only by one's reason / self-interest, look only to one's reason / self-interest

2 vi [médecin] (recevoir) to hold surgery (Brit), be in (the office) (US); (conférer) to hold a consultation

3 **se consulter** vpr (s'entretenir) to confer, consult each other ◆ **ils se consultèrent du regard** they looked questioningly at each other

consulteur [kɔ̃syltœʀ] nm (Rel) consultor

consumer [kɔ̃syme] → SYN ▸ conjug 1 ◂ 1 vt a (brûler) to consume, burn ◆ **l'incendie a tout consumé** the fire consumed ou wiped out everything ◆ **des débris à demi consumés** charred debris ◆ **une bûche se consumait dans l'âtre** a log was burning in the hearth ◆ **le bois s'est consumé entièrement** the wood was completely destroyed ou wiped out (by fire)

b (fig: dévorer) [fièvre, mal] to consume, devour ◆ **consumé par l'ambition** consumed with ou devoured by ambition

c (littér: dépenser) forces to expend; fortune to squander ◆ **il consume sa vie en plaisirs frivoles** he fritters away his life in idle pleasures

2 **se consumer** vpr (littér: dépérir) to waste away ◆ (se ronger de) **se consumer de chagrin / de désespoir** to waste away with sorrow / despair ◆ **il se consume à petit feu** he is slowly wasting away

consumérisme [kɔ̃symeʀism] nm consumerism

consumériste [kɔ̃symeʀist] adj, nmf consumerist

contact [kɔ̃takt] → SYN nm a (toucher) touch, contact ◆ **le contact de 2 surfaces** contact between ou of 2 surfaces ◆ **un contact très doux** a very gentle touch ◆ (Méd) **ça s'attrape par le contact** it's contagious, it can be caught by contact ◆ **le contact de la soie est doux** silk is soft to the touch ◆ **au point de contact des deux lignes** at the point of contact ou the meeting point of the two lines → **verre**

b (Aut, Élec) contact ◆ (Aut) **mettre / couper le contact** to switch on / switch* off the ignition ◆ **contact électrique** electrical contact ◆ **appuyer sur le contact** to press the contact button ou lever ◆ **contact!** (Aviat) contact!; (auto-école) switch on the ignition!; (machine) switch on! ◆ **il y a un faux contact** there's a bad connection, there's a wire loose ◆ **avoir un** ou **être en contact radio avec qn** to be in radio contact with sb → **clef**

c (rapport) contact ◆ **il a beaucoup de contacts (avec l'étranger)** he has got a lot of contacts ou connections (abroad) ◆ **notre contact à Moscou** our contact in Moscow ◆ **dès le premier contact, ils ...** from their first meeting, they ... ◆ **en contact étroit avec** in close touch ou contact with ◆ **garder le contact avec qn** to keep in touch ou contact with sb ◆ **elle a besoin de contact humain** she needs human contact ◆ **j'ai un bon / mauvais contact avec eux** my relations with them are good / bad, I have a good / bad relationship with them ◆ **être de contact facile / difficile** to be easy / not very easy to talk to ◆ (Mil) **établir / rompre le contact (avec)** to make / break off contact (with)

d LOC **prendre contact, entrer en contact** (Aviat, Mil, Rad) to make contact (*avec* with); (rapport d'affaires, amical) to get in touch ou contact (*avec* with) ◆ **perdre contact** (Aviat, Mil, Rad) to lose contact (*avec* with); (rapport d'affaire, amical) to lose touch ou contact (*avec* with) ◆ **rester / être en contact** (Aviat, Mil, Rad) to remain in / be in contact (*avec* with); (rapport d'affaires, amical) to remain in / be in touch (*avec* with), remain in / be in contact (*avec* with) ◆ **se mettre en contact avec la tour de contrôle / qn** to make contact with ou to contact the control tower / sb ◆ **entrer / être en contact** [objets] to come into / be in contact; [fils électriques] to make / be making contact ◆ **mettre en contact** objets to bring into contact; relations d'affaires to put in touch; (Aviat, Rad) to put in contact ◆ **prise de contact** (première entrevue) first meeting; (Mil) first contact ◆ **au contact de: au contact de sa main** at the touch of his hand ◆ **au contact de ces jeunes gens il a acquis de l'assurance** through his contact ou association with these young people he has gained self-assurance ◆ **métal qui s'oxyde au contact de l'air / de l'eau** metal that oxydises in contact with air / water

contacter [kɔ̃takte] → SYN ▸ conjug 1 ◂ GRAMMAIRE ACTIVE 21.2 vt to contact, get in touch with

contacteur [kɔ̃taktœʀ] nm (Élec) contactor

contage [kɔ̃taʒ] → SYN nm contagium, contagion

contagieux, -ieuse [kɔ̃taʒjø, jøz] → SYN adj maladie (gén) infectious, catching (attrib); (par le contact) contagious; personne infectious; contagious; (fig) enthousiasme, peur, rire infectious, contagious, catching (attrib) ◆ **l'isolement des contagieux** the isolation of contagious patients ou cases ou of patients with contagious diseases

contagion [kɔ̃taʒjɔ̃] → SYN nf (Méd) contagion, contagiousness; (fig) infectiousness, contagion ◆ **être exposé à la contagion** to be in danger of becoming infected ◆ **les ravages de la contagion parmi les vieillards** the ravages of the disease among the old

contagiosité [kɔ̃taʒjozite] nf contagiousness

container [kɔ̃tɛnɛʀ] → SYN nm ⇒ **conteneur**

contaminateur, -trice [kɔ̃taminatœʀ, tʀis] nm,f (Méd) contaminator

contamination [kɔ̃taminasjɔ̃] → SYN nf (→ **contaminer**) infection; contamination

contaminer [kɔ̃tamine] → SYN ▸ conjug 1 ◂ vt personne to infect, contaminate; cours d'eau, zone to contaminate; (fig: influencer) (négatif) to contaminate; (positif) to infect

conte [kɔ̃t] → SYN nm (récit) tale, story; († ou littér: histoire mensongère) (tall) story ◆ (lit, fig) **conte de fée** fairy tale ou story ◆ **contes pour enfants** children's stories ◆ **les contes d'Andersen / de Grimm** Andersen's / Grimm's (fairy) tales ◆ (Littérat) **"Conte d'hiver"** "The Winter's Tale" ◆ (Littérat) **"Un Conte de deux villes"** "A Tale of Two Cities"

contemplateur, -trice [kɔ̃tɑ̃platœʀ, tʀis] → SYN nm,f contemplator

contemplatif, -ive [kɔ̃tɑ̃platif, iv] → SYN adj air, esprit contemplative, meditative; (Rel) ordre contemplative ◆ (Rel) **un contemplatif** a contemplative

contemplation [kɔ̃tɑ̃plasjɔ̃] → SYN nf (action) contemplation ◆ **la contemplation** (Philos) contemplation, meditation; (Rel) contemplation ◆ **rester en contemplation devant qch** to contemplate sth

contempler [kɔ̃tɑ̃ple] → SYN ▸ conjug 1 ◂ vt (regarder) to contemplate, gaze at, gaze upon (littér); (envisager) to contemplate, envisage ◆ **se contempler dans un miroir** to gaze at o.s. in a mirror

contemporain, e [kɔ̃tɑ̃pɔʀɛ̃, ɛn] → SYN 1 adj a (de la même époque) personne contemporary; événement contemporaneous, contemporary (*de* with)

b (actuel) problème contemporary, present-day (épith); art, mobilier contemporary

2 nm contemporary (*de* of)

contemporanéité [kɔ̃tɑ̃pɔʀaneite] → SYN nf contemporaneousness

contempteur, -trice [kɔ̃tɑ̃ptœʀ, tʀis] → SYN nm,f (littér) denigrator

contenance [kɔ̃t(ə)nɑ̃s] → SYN nf a (capacité) [bouteille, réservoir] capacity; [navire] (carrying) capacity ◆ **avoir une contenance de 45 litres** to have a capacity of 45 litres, take ou hold 45 litres

b (attitude) bearing, attitude ◆ **contenance humble / fière** humble / proud bearing ◆ **contenance gênée** embarrassed attitude ◆ **il fumait pour se donner une contenance** he was smoking to give an impression of composure ou to disguise his lack of composure ◆ **faire bonne contenance (devant)** to put on a bold front (in the face of) ◆ **perdre contenance** to lose one's composure

contenant [kɔ̃t(ə)nɑ̃] → SYN nm ◆ **le contenant (et le contenu)** the container (and the contents)

conteneur [kɔ̃t(ə)nœʀ] → SYN nm container

conteneurisation [kɔ̃t(ə)nœʀizasjɔ̃] nf containerization

conteneuriser [kɔ̃t(ə)nœʀize] → SYN ▸ conjug 1 ◂ vt to containerize

contenir [kɔ̃t(ə)niʀ] → SYN ▸ conjug 22 ◂ **1** vt **a** (avoir une capacité de) [récipient] to hold, take; [cinéma, avion, autocar] to seat, hold
b (renfermer) [récipient, livre, minerai] to contain ◆ **ce minerai contient beaucoup de fer** this ore contains a lot of iron ou has a lot of iron in it ◆ **discours contenant de grandes vérités** speech containing ou embodying great truths
c (maîtriser) surprise to contain; colère to contain, suppress; sanglots, larmes to contain, hold back; foule to contain, restrain, hold in check; inflation to control, curb ◆ (Mil) **contenir l'ennemi** to contain the enemy, hold the enemy in check
2 se contenir vpr to contain o.s., control one's emotions

content, e [kɔ̃tɑ̃, ɑ̃t] → SYN **1** adj **a** (heureux, ravi) pleased, glad, happy ◆ **l'air content** with a pleased expression ◆ **je serais content que vous veniez** I'd be pleased ou glad ou happy if you came ◆ **je suis content d'apprendre cela** I'm pleased ou glad about this news, I'm pleased ou glad ou happy to hear this news ◆ **il était très content de ce changement** he was very pleased ou glad about ou at the change ◆ **je suis très content ici** I'm very happy ou contented here ◆ **voilà, c'est cassé, tu es content?** there, it's broken, are you happy ou satisfied now?
b (satisfait de) **content de** élève, voiture, situation pleased ou happy with ◆ **être content de peu** to be content with little, be easily satisfied ◆ **être content de soi** to be pleased with o.s.
c non content d'être / d'avoir fait ... not content with being / with having done ...
2 nm ◆ **avoir (tout) son content de qch** to have had one's fill of sth

contentement [kɔ̃tɑ̃tmɑ̃] → SYN nm (action de contenter) satisfaction, satisfying; (état) contentment, satisfaction ◆ **éprouver un profond contentement à la vue de ...** to feel great contentment ou deep satisfaction at the sight of ... ◆ **contentement d'esprit** spiritual contentment ◆ **contentement de soi** self-satisfaction ◆ (Prov) **contentement passe richesse** happiness is worth more than riches

contenter [kɔ̃tɑ̃te] → SYN ▸ conjug 1 ◂ GRAMMAIRE ACTIVE 26.2
1 vt personne, besoin, envie, curiosité to satisfy ◆ **facile à contenter** easy to please, easily pleased ou satisfied ◆ **cette explication l'a contenté** he was satisfied ou happy with this explanation, this explanation satisfied him ◆ **il est difficile de contenter tout le monde** it's difficult to please ou satisfy everyone
2 se contenter vpr ◆ **se contenter de qch / de faire qch** to content o.s. with sth / with doing sth ◆ **se contenter de peu / de ce qu'on a** to make do with very little / with what one has (got) ◆ **il a dû se contenter d'un repas par jour / de manger les restes** he had to content himself ou make do with one meal a day / with eating the left-overs ◆ **contentez-vous d'écouter / de regarder** just listen / watch ◆ **il se contenta d'un sourire / de sourire** he merely gave a smile / smiled

contentieux, -ieuse [kɔ̃tɑ̃sjø, jøz] → SYN
1 adj (Jur) contentious
2 nm (litige) dispute, disagreement; (Comm) litigation; (service) legal department ◆ **contentieux administratif / commercial** administrative / commercial actions ou litigation

contentif, -ive [kɔ̃tɑ̃tif, iv] adj (Méd) support (épith)

contention [kɔ̃tɑ̃sjɔ̃] → SYN nf (Méd) (procédé) [membre, dents] support; (appareil) brace ◆ **de contention** collant, chaussettes support (épith)

contenu, e [kɔ̃t(ə)ny] → SYN (ptp de **contenir**) **1** adj colère, sentiments restrained, suppressed
2 nm [récipient, dossier] contents; [loi, texte] content; (Ling) content ◆ **la table des matières indique le contenu du livre** the table shows the contents of the book ◆ **le contenu subversif de ce livre** the subversive content of this book

conter [kɔ̃te] → SYN ▸ conjug 1 ◂ vt **a** (littér) histoire to recount, relate ◆ (hum) **contez-nous vos malheurs** let's hear your problems, tell us all about your problems
b LOC **que me contez-vous là?** what are you trying to tell me?, what yarn are you trying to spin me?* ◆ **il lui en a conté de belles!** he really spun him some yarns!* ou told him some incredible stories! ◆ **elle ne s'en laisse pas conter** she's not easily taken in, she doesn't let herself be taken in (easily) ◆ **il ne faut pas lui en conter** it's no use trying it on with him* (Brit), don't bother trying those stories on him ◆ († ou hum) **conter fleurette à qn** to murmur sweet nothings to sb († ou hum)

contestable [kɔ̃tɛstabl] → SYN adj théorie, idée questionable, disputable; raisonnement questionable, doubtful

contestataire [kɔ̃tɛstatɛʀ] → SYN **1** adj journal, étudiants, tendances anti-establishment, anti-authority
2 nmf ◆ **c'est un contestataire** he's anti-establishment ou anti-authority ◆ **les contestataires ont été expulsés** the protesters were expelled

contestateur, -trice [kɔ̃tɛstatœʀ, tʀis] adj contentious

contestation [kɔ̃tɛstasjɔ̃] → SYN nf **a** (NonC: → **contester**) contesting; questioning; disputing
b (discussion) dispute ◆ **sans contestation possible** beyond dispute ◆ **élever une contestation** to raise an objection (*sur* to) ◆ **il y a matière à contestation** there are grounds for contention ou dispute
c (gén, Pol: opposition) **la contestation** anti-establishment ou anti-authority activity ◆ **faire de la contestation** to (actively) oppose the establishment, protest (against the establishment)

conteste [kɔ̃tɛst] → SYN nf ◆ **sans conteste** unquestionably, indisputably

contester [kɔ̃tɛste] → SYN ▸ conjug 1 ◂ **1** vt (Jur) succession, droit, compétence to contest; fait, raisonnement, vérité to question, dispute, contest ◆ **je ne conteste pas que vous ayez raison** I don't dispute that you're right ◆ **je ne lui conteste pas ce droit** I don't question ou dispute ou contest his right ◆ **ce roman / cet écrivain est très contesté** this novel / writer is very controversial
2 vi to take issue (*sur* over); (Pol etc) to protest ◆ **il ne conteste jamais** he never takes issue over anything ◆ **il conteste toujours sur des points de détail** he's always taking issue over points of detail ◆ **maintenant les jeunes ne pensent qu'à contester** young people nowadays think only about protesting

conteur, -euse [kɔ̃tœʀ, øz] → SYN nm,f (écrivain) storywriter; (narrateur) storyteller

contexte [kɔ̃tɛkst] → SYN nm context ◆ **pris hors contexte** taken out of context (attrib)

contextuel, -elle [kɔ̃tɛkstɥɛl] adj (Ling) contextual

contexture [kɔ̃tɛkstyʀ] → SYN nf [tissu, organisme] texture; [roman, œuvre] structure

contigu, -uë [kɔ̃tigy] → SYN adj choses adjoining, adjacent, contiguous (frm); (fig) domaines, sujets (closely) related ◆ **être contigu à qch** to be adjacent ou next to sth

contiguïté [kɔ̃tigɥite] → SYN nf [choses] proximity, contiguity (frm); (fig) [sujets] relatedness ◆ **la contiguïté de nos jardins est très commode** it's very handy that our gardens are next to each other ou adjacent ou adjoining ◆ **la contiguïté de ces deux sujets** the fact that these two subjects are (closely) related, the relatedness of these two subjects

continence [kɔ̃tinɑ̃s] → SYN nf continence, continency

continent[1], e [kɔ̃tinɑ̃, ɑ̃t] → SYN adj continent

continent[2] [kɔ̃tinɑ̃] nm (gén, Géog) continent; (par rapport à une île) mainland

continental, e, mpl **-aux** [kɔ̃tinɑ̃tal, o] → SYN
1 adj (gén) mainland (épith); (d'Europe) continental ◆ **climat continental** continental climate ◆ **petit déjeuner continental** continental breakfast
2 nm,f (gén) mainlander; (Européen) Continental

continentalité [kɔ̃tinɑ̃talite] nf continental character

contingence [kɔ̃tɛ̃ʒɑ̃s] → SYN nf **a** (Philos) contingency
b les contingences contingencies ◆ **les contingences de tous les jours** (little) everyday occurrences ou contingencies ◆ **les contingences de la vie** the (little) chance happenings of life ◆ **tenir compte des contingences** to take account of all contingencies ou eventualities

contingent, e [kɔ̃tɛ̃ʒɑ̃, ɑ̃t] → SYN **1** adj contingent
2 nm **a** (Mil: groupe) contingent ◆ (en France) **le contingent** *the conscripts called up for national service*, the draft (US)
b (Comm, Jur: quota) quota
c (part, contribution) share

contingentement [kɔ̃tɛ̃ʒɑ̃tmɑ̃] → SYN nm ◆ **le contingentement des exportations / importations** the fixing ou establishing of export / import quotas, the placing of quotas on exports / imports

contingenter [kɔ̃tɛ̃ʒɑ̃te] ▸ conjug 1 ◂ vt (Comm) importations, exportations to place ou fix a quota on; produits, matière première to distribute by a system of quotas

continu, e [kɔ̃tiny] → SYN **1** adj mouvement, série, bruit continuous; (Math) continuous; ligne, silence unbroken, continuous; effort continuous, unremitting; souffrance endless → **jet[1], journée, travail[1]**
2 nm (Math, Philos, Phys) continuum; (Élec) direct current ◆ **utilisation en continu** continuous use ◆ **faire qch en continu pendant 5 heures** to do sth continuously ou nonstop for 5 hours, do sth for 5 hours nonstop ◆ (Ordin) **papier (en) continu** continuous stationery
3 continue nf (Phon) continuant

continuateur, -trice [kɔ̃tinɥatœʀ, tʀis] → SYN nm,f [œuvre littéraire] continuator; [innovateur, précurseur] successor ◆ **les continuateurs de cette réforme** those who carried on (ou carry on etc) the reform

continuation [kɔ̃tinɥasjɔ̃] → SYN nf continuation ◆ **nous comptons sur la continuation de cette entente** we count on the continuation of this agreement ou on this agreement's continuing → **bon[1]**

continuel, -elle [kɔ̃tinɥɛl] → SYN adj (continu) continuous; (qui se répète) continual, constant

continuellement [kɔ̃tinɥɛlmɑ̃] → SYN adv (→ **continuel**) continuously; continually, constantly

continuer [kɔ̃tinɥe] → SYN ▸ conjug 1 ◂ **1** vt **a** (poursuivre) démarches, politique to continue (with), carry on with; tradition to continue, carry on; travaux, études to continue (with), carry on with, go on with ◆ **continuer son chemin** to continue on ou along one's way, go on one's way ◆ **continuer l'œuvre de son maître** to carry on ou continue the work of one's master ◆ **Pompidou continua de Gaulle** Pompidou carried on ou continued where de Gaulle left off
b (prolonger) droite, route to continue
2 vi **a** [bruit, spectacle, guerre] to continue, go on ◆ **la route (se) continue jusqu'à la gare** the road goes (on) ou continues as far as the station
b [voyageur] to go on, continue on one's way
c continuer de ou **à marcher / manger** etc to go on ou keep on ou continue walking / eating etc, continue to walk / eat etc walk / eat etc on ◆ **je continuerai par le saumon** I'll have the salmon to follow ◆ **« mais » continua-t-il** "but" he went on ou continued ◆ **dis-le, continue!** go on, say it ◆ **s'il continue, je vais ...*** if he goes on ou keeps on ou continues, I'm going to ... ◆ **si ça continue, je vais ...** if this keeps up ou continues I'm going to ...

continuité [kɔ̃tinɥite] → SYN nf [politique, tradition] continuation; [action] continuity ◆ **assurer la continuité d'une politique** to ensure continuity in applying a policy, ensure the continuation of a policy → **solution**

continûment [kɔ̃tinymɑ̃] → SYN adv continuously

continuum [kɔ̃tinɥɔm] → SYN nm continuum ◆ **le continuum espace-temps** the four-dimensional ou space-time continuum

contondant, e [kɔ̃tɔ̃dɑ̃, ɑ̃t] → SYN adj instrument blunt ◆ **arme contondante** blunt instrument

contorsion [kɔ̃tɔʀsjɔ̃] → SYN nf contortion

contorsionner (se) [kɔ̃tɔʀsjɔne] → SYN ▸ conjug 1 ◂ vpr (lit) [acrobate] to contort o.s.; (fig, péj) to contort o.s. ◆ **il se contorsionnait pour essayer de se défaire de ses liens** he was writhing about ou contorting himself in an attempt to free himself from his bonds

contorsionniste [kɔ̃tɔʀsjɔnist] → SYN nmf contortionist

contour [kɔ̃tuʀ] → SYN nm a [objet] outline; [montagne, visage, corps] outline, line, contour
b [route, rivière] **contours** windings

contourné, e [kɔ̃tuʀne] → SYN (ptp de **contourner**) adj (péj) raisonnement, style tortuous; (péj) colonne, pied de table (over)elaborate

contournement [kɔ̃tuʀnəmɑ̃] nm (→ **contourner**) skirting round, bypassing; walking (ou driving) round; circumventing, bypassing ◆ **autoroute de contournement** bypass

contourner [kɔ̃tuʀne] → SYN ▸ conjug 1 ◂ vt a ville to skirt round, bypass; montagne to skirt round, walk (ou drive etc) round; mur, véhicule to walk (ou drive etc) round; (fig) règle, difficulté to circumvent, bypass, get round
b (façonner) arabesques to trace (out); vase to fashion
c (déformer) to twist, contort

contra [kɔ̃tʀa] nm contra

contraceptif, -ive [kɔ̃tʀasɛptif, iv] → SYN adj, nm contraceptive

contraception [kɔ̃tʀasɛpsjɔ̃] → SYN nf contraception ◆ **moyens de contraception** methods of contraception, contraceptive methods ◆ **être sous contraception orale** to use oral contraceptives, be on the pill

contractant, e [kɔ̃tʀaktɑ̃, ɑ̃t] → SYN 1 adj (Jur) contracting
2 nm,f contracting party

contracte [kɔ̃tʀakt] adj (Ling) contractive

contracté, e [kɔ̃tʀakte] → SYN (ptp de **contracter**[1]) adj a (Ling) contracted
b personne tense, tensed up; muscle tense

contracter[1] [kɔ̃tʀakte] → SYN ▸ conjug 1 ◂ 1 vt a (raidir) muscle to tense, contract; traits, visage to tense; (fig) personne to make tense ◆ **la peur lui contracta la gorge** fear gripped his throat ◆ **l'émotion lui contracta la gorge** his throat tightened with emotion ◆ **les traits contractés par la souffrance** his features tense with suffering ◆ **un sourire forcé contracta son visage** his face stiffened into a forced smile
b (Phys: réduire) **contracter un corps / fluide** to make a body / fluid contract
2 **se contracter** vpr [muscle] to tense (up), contract; [gorge] to tighten; [traits, visage] to tense (up); [cœur] to contract; (fig) [personne] to become tense, get tensed up; (Phys) [corps] to contract; (Ling) [mot, syllabe] to be (able to be) contracted

contracter[2] [kɔ̃tʀakte] → SYN ▸ conjug 1 ◂ vt a dette, obligation to contract, incur; alliance to contract, enter into ◆ **contracter une assurance** to take out an insurance policy ◆ (Admin) **contracter mariage avec** to contract (a) marriage with
b maladie to contract; manie, habitude to acquire, contract

contractile [kɔ̃tʀaktil] → SYN adj contractile

contractilité [kɔ̃tʀaktilite] → SYN nf contractility

contraction [kɔ̃tʀaksjɔ̃] → SYN nf a (NonC: action) [corps, liquide] contraction; [muscle] tensing, contraction
b (NonC: état) [muscles, traits, visage] tenseness
c (spasme) contraction ◆ [femme enceinte] **elle a des contractions** she's having contractions
d (Scol) **contraction de texte** summary, précis

contractualiser [kɔ̃tʀaktɥalize] ▸ conjug 1 ◂ vt to put on contract

contractuel, -elle [kɔ̃tʀaktɥɛl] → SYN 1 adj obligation contractual; emploi under contract (attrib); clause contract (épith), in the contract (attrib)
2 nm **(agent) contractuel** (gén) contract worker *(working for local authority)*; (stationnement) ≃ traffic warden (Brit), ≃ traffic policeman (US); (sortie d'école) ≃ lollipop man* (Brit), crossing guard (US)
3 **contractuelle** nf (gén) contract worker *(working for local authority)*; (stationnement) ≃ traffic warden (Brit), ≃ meter maid* (US); (sortie d'école) ≃ lollipop lady* (Brit), crossing guard (US)

contractuellement [kɔ̃tʀaktɥɛlmɑ̃] adv by contract, contractually

contracture [kɔ̃tʀaktyʀ] → SYN nf (Archit) contracture; (Physiol) spasm, (prolonged) contraction ◆ **contracture musculaire** cramp

contradicteur [kɔ̃tʀadiktœʀ] → SYN nm opponent, contradictor

contradiction [kɔ̃tʀadiksjɔ̃] → SYN nf a (NonC: contestation) **porter la contradiction dans un débat** to introduce counter-arguments in a debate, add a dissenting voice to a debate ◆ **je ne supporte pas la contradiction** I can't bear to be contradicted → **esprit**
b (discordance) contradiction, inconsistency ◆ **texte plein de contradictions** text full of contradictions ou inconsistencies ◆ **le monde est plein de contradictions** the world is full of contradictions ◆ **contradiction dans les termes** contradiction in terms ◆ **il y a contradiction entre ...** there is a contradiction between ... ◆ **être en contradiction avec soi-même** to contradict o.s. ◆ **il est en contradiction avec ce qu'il a dit précédemment** he's contradicting what he said before ◆ **leurs témoignages sont en contradiction** their testimonies contradict each other
c (Jur) *fact of hearing all parties to a case*

contradictoire [kɔ̃tʀadiktwaʀ] → SYN adj idées, théories, récits contradictory, conflicting ◆ **débat contradictoire** debate ◆ **réunion politique contradictoire** political meeting with an open debate ◆ **contradictoire à** in contradiction to, in conflict with ◆ (Jur) **arrêt / jugement contradictoire** order / judgment given after due hearing of the parties

contradictoirement [kɔ̃tʀadiktwaʀmɑ̃] adv (Jur) after due hearing of the parties

contragestif, -ive [kɔ̃tʀaʒɛstif, iv] 1 adj progesterone-inhibiting (épith)
2 nm progesterone inhibitor

contraignant, e [kɔ̃tʀɛɲɑ̃, ɑ̃t] → SYN adj horaire restricting, constraining; obligation, occupation restricting

contraindre [kɔ̃tʀɛ̃dʀ] → SYN ▸ conjug 52 ◂ 1 vt ◆ **contraindre qn à faire qch** to force ou compel sb to do sth ◆ **contraint à démissionner** forced ou compelled ou constrained to resign ◆ **il / elle m'a contraint au silence / au repos** he / this forced ou compelled me to be silent / to rest ◆ (Jur) **contraindre par voie de justice** to constrain by law *(to pay debt)*
2 **se contraindre** vpr to restrain o.s. ◆ **se contraindre à être aimable** to force o.s. to be polite, make o.s. be polite

contraint, e[1] [kɔ̃tʀɛ̃, ɛ̃t] → SYN GRAMMAIRE ACTIVE 10.1, 21.3 (ptp de **contraindre**) adj a (gêné) constrained, forced ◆ **d'un air contraint** with an air of constraint, constrainedly
b **contraint et forcé** under constraint ou duress

contrainte[2] [kɔ̃tʀɛ̃t] → SYN nf a (violence) constraint ◆ (littér) **vivre dans la contrainte** to live in bondage ◆ **par contrainte** ou **sous la contrainte** under constraint ou duress ◆ **empêcher qn d'agir par la contrainte** to prevent sb from acting by force, forcibly prevent sb from acting
b (gêne) constraint, restraint; (Ling) constraint ◆ **sans contrainte** unrestrainedly, unconstrainedly, without restraint ou constraint
c (Jur) **contrainte par corps** civil imprisonment
d (Phys) stress

contraire [kɔ̃tʀɛʀ] → SYN GRAMMAIRE ACTIVE 26.3 1 adj a (opposé, inverse) sens, effet, avis opposite; (Naut) vent contrary, adverse; (contradictoire) opinions conflicting, opposite; propositions, intérêts conflicting; mouvements, forces opposite → **avis**
b (nuisible) vent, forces, action contrary; destin adverse ◆ **l'alcool m'est contraire** alcohol doesn't agree with me ◆ **le sort lui fut contraire** fate was against him ou opposed him ◆ **contraire à la santé** bad for the health, injurious ou prejudicial to the health (frm)
2 nm a [mot, concept] opposite ◆ **c'est le contraire de son frère** he's the opposite ou the antithesis of his brother ◆ **et pourtant c'est tout le contraire** and yet it's just the reverse ou opposite ◆ **il fait toujours le contraire de ce qu'on lui dit** he always does the opposite ou contrary of what he's told ◆ **je ne vous dis pas le contraire** I'm not saying anything to the contrary, I'm not disputing ou denying it
b **au contraire, bien au contraire, tout au contraire** on the contrary ◆ **au contraire des autres** unlike the others, as opposed to the others

contrairement [kɔ̃tʀɛʀmɑ̃] → SYN adv ◆ **contrairement à** contrary to ◆ (dans une comparaison) **contrairement aux autres ...** unlike the others ...

contralto [kɔ̃tʀalto] → SYN nm contralto

contrapontique [kɔ̃tʀapɔ̃tik] adj ⇒ **contrapuntique**

contrapontiste [kɔ̃tʀapɔ̃tist] nmf ⇒ **contrapuntiste**

contrapuntique [kɔ̃tʀapɔ̃tik] adj (Mus) contrapuntal

contrapuntiste [kɔ̃tʀapɔ̃tist] → SYN nmf contrapunt(al)ist

contrariant, e [kɔ̃tʀaʀjɑ̃, jɑ̃t] → SYN adj personne perverse, contrary; incident tiresome, annoying, irksome

contrarier [kɔ̃tʀaʀje] → SYN ▸ conjug 7 ◂ GRAMMAIRE ACTIVE 18.3 vt a (irriter) to annoy; (ennuyer) to bother ◆ **il cherche à vous contrarier** he's trying to annoy you
b (gêner) projets to frustrate, thwart; amour to thwart ◆ (Naut) **contrarier la marche d'un bateau** to impede a ship's progress ◆ (Mil) **contrarier les mouvements de l'ennemi** to impede the enemy's movements ◆ **forces qui se contrarient** forces which act against each other ◆ **pour lui, la cuisine a été un don contrarié** his gift for cooking was never given a chance to develop
c (contraster) to alternate (for contrast)
d gaucher to force to write with his (ou her) right hand

contrariété [kɔ̃tʀaʀjete] → SYN nf (irritation) annoyance, vexation ◆ **éprouver une contrariété** to feel annoyed ou vexed ◆ **un geste de contrariété** a gesture of annoyance ◆ **toutes ces contrariétés l'ont rendu furieux** all these annoyances ou vexations made him furious

contrastant, e [kɔ̃tʀastɑ̃, ɑ̃t] → SYN adj couleurs, figures, effets contrasting (épith)

contraste [kɔ̃tʀast] → SYN GRAMMAIRE ACTIVE 5.1 nm (gén, TV) contrast ◆ **par contraste** by contrast ◆ **faire contraste avec** to contrast with ◆ **en contraste avec** in contrast to ◆ **mettre en contraste** to contrast

contrasté, e [kɔ̃tʀaste] → SYN (ptp de **contraster**) adj composition, photo, style with some contrast ◆ **une photographie trop / pas assez contrastée** a photograph with too much / not enough contrast ◆ **couleurs très contrastées** strongly contrasting colours

contraster [kɔ̃tʀaste] → SYN ▸ conjug 1 ◂ 1 vt éléments, caractères to contrast; photographie to give contrast to, put contrast into ◆ **ce peintre contraste à peine son sujet** this painter hardly brings out his subject (at all) ou hardly makes his subject stand out
2 vi to contrast (*avec* with)

contrastif, -ive [kɔ̃tʀastif, iv] adj (Ling) contrastive

contrat [kɔ̃tʀa] [→ SYN] nm (convention, document) contract, agreement ; (fig : accord, pacte) agreement ◆ **contrat à durée déterminée** fixed-term contract ◆ **contrat à durée indéterminée** permanent ou open-ended contract (of employment) ◆ **contrat emploi-solidarité** *government-sponsored work contract for the unemployed which includes professional training* ◆ **contrat d'apprentissage** apprenticeship contract ◆ **contrat de mariage** marriage contract ◆ **contrat de travail** work contract ◆ **contrat verbal** verbal agreement ◆ **contrat collectif** collective agreement ◆ **contrat administratif** public service contract ◆ **contrat d'assurance** contract of insurance ◆ **contrat de garantie** guarantee, warranty ◆ (Hist, Pol) **contrat social** social contract ◆ (Littérat) **"Du contrat social"** "The Social Contract" ◆ (Jur) **contrat aléatoire** aleatory contract ◆ (Jur, Fin) **contrat de louage d'ouvrage** contract for services ◆ (Jur) **contrat conclu dans les conditions normales du commerce** arm's length agreement ◆ **passer un contrat (avec qn)** to sign a contract (with sb) ◆ **être sous contrat** to be under contract ◆ **être employé sous contrat** to be employed on contract ◆ **réaliser** ou **remplir son contrat** (Bridge) to make one's contract ; (fig : Pol etc) to fulfil one's pledges ◆ (arg Crime) **lancer un contrat contre qn** to take a contract out on sb → **bridge**

contravention [kɔ̃tʀavɑ̃sjɔ̃] [→ SYN] nf **a** (Aut) (pour infraction au code) fine ; (pour stationnement interdit) (amende) (parking) fine ; (procès-verbal) parking ticket ◆ **dresser contravention (à qn)** (stationnement interdit) to write out ou issue a parking ticket (for sb) ; (autres infractions) to fine sb, book sb* (Brit), take down sb's particulars ◆ **donner** ou **filer* une contravention à qn** to book sb* (Brit) for parking, give sb a parking ticket ; to fine sb, book sb* (Brit)
b (Jur : infraction) **contravention à** contravention ou infraction of ◆ **être en (état de) contravention** to be contravening the law ◆ **être en contravention à** to be in contravention of

contre [kɔ̃tʀ] [→ SYN] GRAMMAIRE ACTIVE 12.2, 26.4
1 prép **a** (contact, juxtaposition) against ◆ **se mettre contre le mur** to (go and) stand against the wall ◆ **s'appuyer contre un arbre** to lean against a tree ◆ **la face contre terre** face downwards ◆ **son bateau est amarré contre le mien** his boat is moored alongside mine ◆ **serrer qn contre sa poitrine** ou **son cœur** to hug sb (to one), hug ou clasp sb to one's breast ou chest ◆ **pousse la table contre la fenêtre** push the table (up) against the window ◆ **son garage est juste contre notre maison** his garage is built onto our house ◆ **elle se blottit contre sa mère** she nestled ou cuddled up to her mother ◆ **elle s'assit (tout) contre lui** she sat down (right) next to ou beside him ◆ **il s'est cogné la tête contre le mur** he banged his head against ou on the wall ◆ **joue contre joue** cheek to cheek ◆ **les voitures étaient pare-chocs contre pare-chocs** the cars were bumper to bumper
b (opposition, hostilité) against ◆ **se battre / voter contre qn** to fight / vote against sb ◆ **se battre contre la montre** to fight against the clock ◆ **course** ou **épreuve contre la montre** (Sport) race against the clock, time-trial ; (fig) race against time ◆ (Sport) **le contre la montre individuel / par équipe** individual / team time-trial ◆ (fig) **ils sont engagés dans une course contre la montre** they are in a race against time ◆ (Sport) **Poitiers contre Lyon** Poitiers versus Lyons ◆ **être furieux / en colère contre qn** to be furious / angry with sb ◆ **jeter une pierre contre la fenêtre** to throw a stone at the window ◆ **agir contre l'avis / les ordres de qn** to act against ou contrary to ou counter to sb's advice / orders ◆ **aller / nager contre le courant** to go / swim against the current ◆ **acte contre nature** unnatural act, act contrary to ou against nature ◆ **je n'ai rien contre (cela)** ou (frm) **là contre** I have nothing against it ◆ **il a les ouvriers contre lui** he's got the workers against him ◆ **je suis (tout à fait) contre !** I'm (completely) against it ! → **envers**[1], **gré**, **vent**
c (défense, protection) **s'abriter contre le vent / la pluie** to take shelter from the wind / rain ◆ **des comprimés contre la grippe** flu tablets, tablets for flu ◆ **sirop contre la toux** cough mixture ou syrup ◆ **s'assurer contre les accidents / l'incendie** to insure (o.s.) against ou for accidents / fire
d (échange) (in exchange) for ◆ **échanger** ou **troquer qch contre** to exchange ou swap* sth for ◆ **donner qch contre** to give sth (in exchange) for ◆ **il a cédé contre la promesse / l'assurance que ...** he agreed in return for the promise / assurance that ... → **mauvais**
e (proportion, rapport) **il y a un étudiant qui s'intéresse contre neuf qui bâillent** for every one interested student there are nine who are bored ◆ **9 voix contre 4** 9 votes to 4 ◆ **à 100 contre 1** at 100 to 1
f (loc : contrairement à) **contre toute attente** ou **toute prévision** contrary to (all) expectations, contrary to expectation ◆ **contre toute apparence** despite (all) appearances to the contrary ◆ **par contre** on the other hand
2 adv ◆ **appuyez-vous contre** lean against ou on it
3 nm **a** → **pour**
b (fig : riposte) counter, retort ; (Billard) rebound ; (Sport) (contre-attaque) counterattack ; (blocage) block ; (Cartes) double ◆ (Rugby) **faire un contre** to charge down a kick ◆ **l'art du contre** the art of repartee
4 préf ◆ **contre-** counter-, anti- *(le préfixe reste invariable dans les mots composés à trait d'union)*

contre-accusation [kɔ̃tʀakyzasjɔ̃] nf countercharge, counter-accusation

contre-alizé [kɔ̃tʀalize] [→ SYN] nm anti-trade (wind)

contre-allée [kɔ̃tʀale] [→ SYN] nf (en ville) service road (Brit), frontage road (US) ; (dans un parc) side path *(running parallel to the main drive)*

contre-amiral, pl **contre-amiraux** [kɔ̃tʀamiʀal, o] [→ SYN] nm rear admiral

contre-analyse [kɔ̃tʀanaliz] nf second analysis, counter-analysis

contre-attaque [kɔ̃tʀatak] [→ SYN] nf counterattack

contre-attaquer [kɔ̃tʀatake] [→ SYN] vi to counter-attack

contre-autopsie [kɔ̃tʀotɔpsi] nf control autopsy, second autopsy

contre-avion(s) [kɔ̃tʀavjɔ̃] adj → **défense**[1]

contrebalancer [kɔ̃tʀəbalɑ̃se] [→ SYN] ▸ conjug 3 ◂ **1** vt [poids] to counterbalance ; (fig : égaler, compenser) to offset
2 **se contrebalancer*** vpr ◆ **je m'en contrebalance** I don't give a darn* (about it), I couldn't care a hoot* (about it)

contrebande [kɔ̃tʀəbɑ̃d] [→ SYN] nf (activité) contraband, smuggling ; (marchandises) contraband, smuggled goods ◆ **faire de la contrebande** to do some smuggling ◆ **faire la contrebande du tabac** to smuggle tobacco ◆ **produits de contrebande** contraband, smuggled goods

contrebandier, -ière [kɔ̃tʀəbɑ̃dje, jɛʀ] [→ SYN] nm,f smuggler ◆ **navire contrebandier** smugglers' ship

contrebas [kɔ̃tʀəba] [→ SYN] nm ◆ **en contrebas** (down) below ◆ **en contrebas de** below

contrebasse [kɔ̃tʀəbas] [→ SYN] nf (instrument) (double) bass ; (musicien) (double) bass player

contrebassiste [kɔ̃tʀəbasist] [→ SYN] nmf (double) bass player

contrebasson [kɔ̃tʀəbasɔ̃] [→ SYN] nm contrabassoon, double bassoon

contrebatterie [kɔ̃tʀəbatʀi] nf counterattack *(on the enemy's artillery)*

contre-boutant [kɔ̃tʀəbutɑ̃] nm (en bois) shore ; (en pierre) buttress

contrebraquage [kɔ̃tʀəbʀakaʒ] nm steering into the skid (NonC) ◆ **grâce à ce contrebraquage instantané** thanks to his having immediatly steered into the skid

contrebraquer [kɔ̃tʀəbʀake] vi to steer into the skid

contrebutement [kɔ̃tʀəbytmɑ̃] nm ⇒ **contreboutant**

contrebuter [kɔ̃tʀəbyte] ▸ conjug 1 ◂ vt (Archit) to prop up

contrecarrer [kɔ̃tʀəkaʀe] [→ SYN] ▸ conjug 1 ◂ vt projets, (†) personne to thwart

contrechamp [kɔ̃tʀəʃɑ̃] [→ SYN] nm (Ciné) reverse shot

contre(-)chant [kɔ̃tʀəʃɑ̃] nm (Mus) descant, discant

contre-chant [kɔ̃tʀəʃɑ̃] [→ SYN] nm counterpoint

contrechâssis [kɔ̃tʀəʃasi] nm double (window) frame

contrechoc [kɔ̃tʀəʃɔk] nm repercussions, after-effects ◆ **contrechoc pétrolier** impact of the slump in oil prices ou of the oil slump

contreclef [kɔ̃tʀəkle] [→ SYN] nf stone adjoining the keystones

contrecœur[1] [kɔ̃tʀəkœʀ] [→ SYN] adv ◆ **à contrecœur** (be)grudgingly, reluctantly

contrecœur[2] [kɔ̃tʀəkœʀ] [→ SYN] nm **a** (fond de cheminée) fire-back
b (Rail) guard-rail, checkrail (Brit)

contrecoup [kɔ̃tʀəku] [→ SYN] nm (ricochet) ricochet ; (répercussions) repercussions, indirect consequence ◆ **le contrecoup d'un accident** the repercussions of an accident ◆ **la révolution a eu des contrecoups en Asie** the revolution has had (its) repercussions in Asia ◆ **par contrecoup** as an indirect consequence

contre-courant [kɔ̃tʀəkuʀɑ̃] [→ SYN] nm [cours d'eau] counter-current ◆ **à contre-courant** (lit) upstream, against the current ; (fig) against the current ou tide

contre-courbe [kɔ̃tʀəkuʀb] nf (Archit) countercurve ; (Rail) reverse curve

contre-culture [kɔ̃tʀəkyltyʀ] [→ SYN] nf counterculture

contredanse [kɔ̃tʀədɑ̃s] [→ SYN] nf **a** (*) (gén) fine ; (pour stationnement interdit) (parking) ticket
b (††: danse, air) quadrille

contre-digue [kɔ̃tʀədig] [→ SYN] nf counterdyke

contredire [kɔ̃tʀədiʀ] [→ SYN] ▸ conjug 37 ◂ **1** vt [personne] to contradict ; [faits] to be at variance with, refute
2 **se contredire** vpr [personne] to contradict o.s.[témoins, témoignages] to contradict each other

contredit [kɔ̃tʀədi] [→ SYN] nm ◆ (frm) **sans contredit** unquestionably, without question

contrée [kɔ̃tʀe] [→ SYN] nf (littér) (pays) land ; (région) region

contre-écrou, pl **contre-écrous** [kɔ̃tʀekʀu] nm lock nut

contre-électromotrice [kɔ̃tʀelɛktʀɔmɔtʀis] adj f → **force**

contre-emploi [kɔ̃tʀɑ̃plwa] nm ◆ (Théât) **il est utilisé à contre-emploi** he's miscast

contre-empreinte [kɔ̃tʀɑ̃pʀɛ̃t] nf fossil imprint

contre-enquête [kɔ̃tʀɑ̃kɛt] [→ SYN] nf counter-inquiry

contre-épaulette [kɔ̃tʀepolɛt] nf (Mil) epaulette *(without fringe)*

contre-épreuve [kɔ̃tʀepʀœv] [→ SYN] nf (Typ) counter-proof ; (vérification) countercheck

contre-espionnage [kɔ̃tʀɛspjɔnaʒ] nm counter-espionage

contre-essai [kɔ̃tʀesɛ] [→ SYN] nm control test, counter test

contre-étude [kɔ̃tʀetyd] nf control study

contre-exemple [kɔ̃tʀɛgzɑ̃pl] [→ SYN] nm counter-example

contre-expert [kɔ̃tʀɛkspɛʀ] nm [dommages] second assessor ; [antiquité, bijou] second valuer

contre-expertise [kɔ̃tʀɛkspɛʀtiz] [→ SYN] nf [dommages] second assessment ; [antiquité, bijou] second valuation ; [circonstances] double check

contre-extension [kɔ̃tʀɛkstɑ̃sjɔ̃] nf counter-extension

contrefaçon [kɔ̃tʀəfasɔ̃] → SYN nf **a** (NonC : → **contrefaire**) counterfeiting ; forgery, forging ◆ **contrefaçon involontaire d'un brevet** innocent infringement of a patent ◆ **poursuivre qn en contrefaçon** to take legal action against sb for counterfeiting ou forgery
b (faux) (édition) unauthorized ou pirated edition ; (produit) imitation ; (billets, signature) forgery, counterfeit ◆ (Comm) **méfiez-vous des contrefaçons** beware of imitations

contrefacteur [kɔ̃tʀəfaktœʀ] nm (Jur) forger, counterfeiter

contrefaire [kɔ̃tʀəfɛʀ] → SYN ▸ conjug 60 ◂ vt **a** (littér : imiter) to imitate ; (ridiculiser) to mimic, imitate
b (déguiser) voix to disguise
c (falsifier) argent, signature to counterfeit, forge ; produits, édition to counterfeit ; brevet to infringe
d († : feindre) to feign († ou littér), counterfeit
e († : rendre difforme) to deform

contrefait, e [kɔ̃tʀəfɛ, ɛt] → SYN (ptp de **contrefaire**) adj (difforme) misshapen, deformed

contre-fenêtre [kɔ̃tʀəfənɛtʀ] nf inner window *(of a double window)*

contre-fer [kɔ̃tʀəfɛʀ] → SYN nm iron cap

contre-feu, pl **contre-feux** [kɔ̃tʀəfø] → SYN nm (plaque) fire-back ; (feu) backfire

contre(-)fiche [kɔ̃tʀəfiʃ] nf (charpente) brace, strut

contreficher (se)* [kɔ̃tʀəfiʃe] → SYN ▸ conjug 1 ◂ vpr ◆ **je m'en contrefiche** I couldn't care a hoot* (about it), I don't give a darn* (about it)

contre(-)fil [kɔ̃tʀəfil] nm ◆ (Menuiserie) **à contre-fil** against the grain

contre-filet [kɔ̃tʀəfilɛ] nm sirloin

contrefort [kɔ̃tʀəfɔʀ] → SYN nm **a** (Archit) [voûte, terrasse] buttress
b [soulier] stiffener
c (Géog) [arête] spur ◆ [chaîne] **contreforts** foothills

contrefoutre (se)‡ [kɔ̃tʀəfutʀ] → SYN vpr ◆ **je m'en contrefous** I don't give a damn‡ (about it)

contre-fugue [kɔ̃tʀəfyg] → SYN nf counter-fugue

contre-gouvernement [kɔ̃tʀəguvɛʀnəmɑ̃] nm (administration) shadow government, opposition ; (cabinet) shadow cabinet (surtout Brit), opposition

contre-haut [kɔ̃tʀəo] → SYN loc adv ◆ **en contre-haut de** above

contre-hermine [kɔ̃tʀɛʀmin] nf counter ermine

contre-indication [kɔ̃tʀɛ̃dikasjɔ̃] → SYN nf (Méd, Pharm) contraindication

contre-indiqué, e [kɔ̃tʀɛ̃dike] adj (Méd) contraindicated ; (déconseillé) unadvisable, ill-advised

contre-indiquer [kɔ̃tʀɛ̃dike] → SYN vt to contraindicate

contre-insurgé [kɔ̃tʀɛ̃syʀʒe] nm counterinsurgent

contre-insurrection [kɔ̃tʀɛ̃syʀɛksjɔ̃] nf counterinsurgency

contre-interrogatoire [kɔ̃tʀɛ̃teʀɔgatwaʀ] nm cross-examination ◆ **faire subir un contre-interrogatoire à qn** to cross-examine sb

contre-jour [kɔ̃tʀəʒuʀ] → SYN nm (éclairage) backlighting (NonC), contre-jour (NonC) ; (photographie) backlit ou contre-jour shot ◆ **à contre-jour** se profiler, se détacher against the sunlight ; photographier into the light ; travailler, lire with one's back to the light

contre-lettre [kɔ̃tʀəlɛtʀ] → SYN nf (Jur) defeasance

contremaître [kɔ̃tʀəmɛtʀ] → SYN nm foreman

contremaîtresse [kɔ̃tʀəmɛtʀɛs] nf forewoman

contre-manifestant, e [kɔ̃tʀəmanifɛstɑ̃, ɑ̃t] → SYN nm,f counter demonstrator

contre-manifestation [kɔ̃tʀəmanifɛstasjɔ̃] → SYN nf counter demonstration

contre-manifester [kɔ̃tʀəmanifɛste] → SYN vi to hold a counter demonstration

contremarche [kɔ̃tʀəmaʀʃ] → SYN nf **a** (Mil) countermarch
b [marche d'escalier] riser

contremarque [kɔ̃tʀəmaʀk] → SYN nf **a** (Comm : marque) countermark
b (Ciné, Théât : ticket) ≃ voucher

contre-mesure [kɔ̃tʀəm(ə)zyʀ] nf (action) counter-measure ◆ (Mus) **à contre-mesure** against the beat, offbeat

contre-offensive [kɔ̃tʀɔfɑ̃siv] → SYN nf counter-offensive

contre-offre [kɔ̃tʀɔfʀ] nf counterbid, counter offer

contre-OPA [kɔ̃tʀɔpea] nf inv counterbid, counter offer *(in a takeover battle)*

contrepartie [kɔ̃tʀəpaʀti] → SYN nf **a** (lit, fig : compensation) compensation ◆ **en contrepartie** (en échange, en retour) in return ; (en revanche) in compensation, to make up for it ◆ (Jur, Fin) **moyennant contrepartie valable** ≃ for a good and valuable consideration ◆ **obtenir de l'argent en contrepartie** to get money in compensation ◆ **prendre qch sans contrepartie** to take sth without offering compensation ◆ (en revanche) **en contrepartie il est gentil** on the other hand he's nice
b (littér : contre-pied) opposing view
c (Comm) (registre) duplicate register ; (écritures) counterpart entries

contre-pas [kɔ̃tʀəpɑ] nm inv half pace

contre-passation [kɔ̃tʀəpasasjɔ̃] nf **a** (Comptabilité) (action) writing back, reversal, reversing ; (résultat) contra entry
b (Fin) (traite) re-endorsement

contre-passer [kɔ̃tʀəpɑse] ▸ conjug 1 ◂ vt **a** (Comptabilité) to write back, reverse, transfer, contra
b (Fin) lettre d'échange to endorse back

contre(-)pente [kɔ̃tʀəpɑ̃t] nf oppposite slope

contre-performance [kɔ̃tʀəpɛʀfɔʀmɑ̃s] → SYN nf (Sport) below-average ou substandard performance

contrepet [kɔ̃tʀəpɛ] nm, **contrepèterie** [kɔ̃tʀəpɛtʀi] nf spoonerism

contre-pied [kɔ̃tʀəpje] → SYN nm [opinion, attitude] (exact) opposite ◆ **prendre le contre-pied de** opinion to take the opposing ou opposite view of ; action to take the opposite course to ◆ **il a pris le contre-pied de ce qu'on lui demandait** he did the exact opposite of what he was asked ◆ (Sport) **à contre-pied** on the wrong foot ◆ **prendre qn à contre-pied** (lit) to wrong foot sb ; (fig) to catch sb on the wrong foot

contreplacage [kɔ̃tʀəplakaʒ] nm (fabrication) plywood manufacturing ; (bois) plywood

contreplaqué [kɔ̃tʀəplake] nm plywood

contre-plongée [kɔ̃tʀəplɔ̃ʒe] → SYN nf low-angle shot ◆ **filmer en contre-plongée** to film from below

contrepoids [kɔ̃tʀəpwɑ] → SYN nm (lit) counterweight, counterbalance ; [acrobate] balancing-pole ◆ **faire contrepoids** to act as a counterbalance ◆ **porter un panier à chaque main pour faire contrepoids** to carry a basket in each hand to balance oneself ◆ (fig) **servir de contrepoids à, apporter un contrepoids à** to counterbalance

contre-poil [kɔ̃tʀəpwal] → SYN loc adv ◆ **à contre-poil** (lit, fig) the wrong way

contrepoint [kɔ̃tʀəpwɛ̃] → SYN nm counterpoint ◆ (Mus, fig) **en contrepoint** thème contrapuntal ; dire contrapuntally ◆ **en contrepoint de** as a counterpoint to

contre-pointe [kɔ̃tʀəpwɛ̃t] nf [sabre] back edge ; (Tech) tailstock

contrepoison [kɔ̃tʀəpwazɔ̃] → SYN nm antidote, counterpoison

contre-porte [kɔ̃tʀəpɔʀt] nf inner door

contre-pouvoir [kɔ̃tʀəpuvwaʀ] nm opposition force

contre-productif, -ive [kɔ̃tʀəpʀɔdyktif, iv] adj counterproductive

contre-projet [kɔ̃tʀəpʀɔʒɛ] → SYN nm counterplan

contre-propagande [kɔ̃tʀəpʀɔpagɑ̃d] → SYN nf counter-propaganda

contre-proposition [kɔ̃tʀəpʀɔpozisjɔ̃] → SYN nf counterproposal

contre-publicité [kɔ̃tʀəpyblisite] → SYN nf adverse publicity ◆ **ça leur fait de la contre-publicité** that gives them bad ou adverse publicity

contrer [kɔ̃tʀe] → SYN ▸ conjug 1 ◂ **1** vt **a** personne, menées to counter
b (Cartes) to double ◆ (Rugby) **contrer un coup de pied** to charge down a kick
2 vi (Cartes) to double

contre-rail, pl **contre-rails** [kɔ̃tʀəʀɑj] nm checkrail (Brit), guard-rail

Contre-Réforme [kɔ̃tʀəʀefɔʀm] nf ◆ (Hist) **la Contre-Réforme** Counter-Reformation

contre-révolution [kɔ̃tʀəʀevɔlysjɔ̃] → SYN nf counter-revolution

contre-révolutionnaire [kɔ̃tʀəʀevɔlysjɔnɛʀ] → SYN adj, nmf counter-revolutionary

contrescarpe [kɔ̃tʀɛskaʀp] → SYN nf (Mil) counterscarp

contreseing [kɔ̃tʀəsɛ̃] → SYN nm (Jur) countersignature

contresens [kɔ̃tʀəsɑ̃s] → SYN nm (erreur) misinterpretation ; (de traduction) mistranslation ; (absurdité) nonsense (NonC), piece of nonsense ◆ **à contresens** (Aut) the wrong way ; (Couture) against the grain ◆ **à contresens de** against ◆ **il a pris mes paroles à contresens, il a pris le contresens de mes paroles** he misinterpreted what I said ◆ **le traducteur a fait un contresens** the translator has made a mistake in translation ou has been guilty of a mistranslation

contresigner [kɔ̃tʀəsiɲe] ▸ conjug 1 ◂ vt to countersign

contretemps [kɔ̃tʀətɑ̃] → SYN nm **a** (complication, retard) hitch, contretemps
b (Mus) off-beat rhythm
c **à contretemps** (Mus) off the beat ; (fig) at an inopportune moment

contre-ténor [kɔ̃tʀətenɔʀ] nm countertenor

contre-terrorisme [kɔ̃tʀətɛʀɔʀism] nm counter-terrorism

contre-terroriste [kɔ̃tʀətɛʀɔʀist] adj, nmf counter-terrorist

contre-torpilleur [kɔ̃tʀətɔʀpijœʀ] → SYN nm destroyer

contre-transfert [kɔ̃tʀətʀɑ̃sfɛʀ] → SYN nm countertransference

contretype [kɔ̃tʀətip] nm contact copy ou print

contre-ut [kɔ̃tʀyt] nm inv top ou high C

contre-vair [kɔ̃tʀəvɛʀ] nm (Hér) countervair

contre-valeur [kɔ̃tʀəvalœʀ] → SYN nf exchange value

contrevenant, e [kɔ̃tʀəv(ə)nɑ̃, ɑ̃t] → SYN (Jur)
1 adj offending
2 nm,f offender

contrevenir [kɔ̃tʀəv(ə)niʀ] → SYN ▸ conjug 22 ◂ **contrevenir à** vt indir (Jur, littér) loi, règlement to contravene

contrevent [kɔ̃tʀəvɑ̃] → SYN nm **a** (volet) shutter
b [charpente] brace, strut

contrevérité [kɔ̃tʀəveʀite] → SYN nf untruth, falsehood

contrevirage [kɔ̃tʀəviʀaʒ] nm (Ski) counterturn

contre-visite [kɔ̃tʀəvizit] → SYN nf (gén) follow-up inspection ; (Méd) second examination

contre-voie [kɔ̃tʀəvwa] → SYN adv ◆ **à contre-voie** (en sens inverse) on the wrong track ; (du mauvais côté) on the wrong side (of the train)

contribuable [kɔ̃tʀibɥabl] → SYN nmf taxpayer ◆ **aux frais du contribuable** at the taxpayer's expense

contribuer [kɔ̃tʀibɥe] → SYN ▸ conjug 1 ◂ **contribuer à** vt indir résultat, effet to contribute to(wards) ; effort, dépense to contribute towards ◆ **de nombreux facteurs ont contribué**

au déclin de ... / à réduire le ... numerous factors contributed to(wards) the decline in ... / to(wards) the reduction in the ... ou to reducing the ...

contributif, -ive [kɔ̃tʀibytif, iv] adj (Jur) part contributory

contribution [kɔ̃tʀibysjɔ̃] [→ SYN] nf **a** (participation) contribution ◆ **mettre qn à contribution** to call upon sb's services, make use of sb ◆ **mettre qch à contribution** to make use of sth ◆ **apporter sa contribution à qch** to make one's contribution to sth
b (impôts) **contributions** (à la commune) rates (Brit), (local) taxes (US); (à l'État) taxes ◆ **contributions directes / indirectes** direct / indirect taxation ◆ **contribution sociale généralisée** *supplementary social security contribution in aid of underprivileged* ◆ (hum) **ça ne durera pas autant que les contributions*** it won't last forever
c (administration) **contributions** tax office, ≃ Inland Revenue (Brit), ≃ Internal Revenue (US) ◆ **travailler aux contributions** to work for ou in the Inland Revenue (Brit) ou Internal Revenue (US), work in the tax office

contrister [kɔ̃tʀiste] [→ SYN] ▸ conjug 1 ◂ vt (littér) to grieve, sadden

contrit, e [kɔ̃tʀi, it] [→ SYN] adj contrite

contrition [kɔ̃tʀisjɔ̃] [→ SYN] nf contrition → **acte**

contrôlabilité [kɔ̃tʀolabilite] nf [affirmation] verifiableness; [sentiment] controllability, controllableness

contrôlable [kɔ̃tʀolabl] [→ SYN] adj opération that can be checked; affirmation that can be checked ou verified, verifiable; sentiment, inflation controllable ◆ **un billet contrôlable à l'arrivée** a ticket that is inspected ou checked on arrival

contrôle [kɔ̃tʀol] [→ SYN] nm **a** (vérification: → **contrôler**) checking (NonC), check; inspecting (NonC), inspection; controlling (NonC), control; verifying (NonC), verification ◆ (Police) **contrôle d'identité** identity check ◆ **contrôle fiscal** tax inspection ◆ **le contrôle des passeports** passport control ◆ (Comm) **contrôles de qualité** quality checks ou controls ◆ (Scol) **contrôle continu** continuous assessment ◆ **contrôle des connaissances** pupil ou student assessment, checking of standards ◆ **(exercice de) contrôle** (written) test ◆ (Élec) **contrôle automatique de gain** automatic gain control → **visite**
b (surveillance: → **contrôler**) controlling; supervising, supervision; monitoring ◆ **exercer un contrôle sévère sur les agissements de qn** to maintain strict control over sb's actions ◆ **sous contrôle étranger** firme foreign-owned; territoire under foreign control ◆ **sous contrôle militaire** under military control ◆ **avoir une région sous son contrôle** to be in control of a region, have a region under one's control ◆ (Fin) **contrôle des changes** exchange control ◆ (Fin) **contrôle économique** ou **des prix** price control; (organisme) ≃ Prices Board ◆ (Sociol) **contrôle des naissances** birth control ◆ (Aut) **contrôle radar** radar speed trap
c (maîtrise) control ◆ **contrôle de soi-même** self-control ◆ **garder le contrôle de sa voiture** to remain in control of one's vehicle
d (bureau) (gén) office; (Théât) (advance) booking office (surtout Brit), reservation office (US)
e (Mil: registres) **contrôles** rolls, lists ◆ **rayé des contrôles de l'armée** removed from the army lists
f (poinçon) hallmark

contrôler [kɔ̃tʀole] [→ SYN] ▸ conjug 1 ◂ **1** vt **a** (vérifier) billets, passeports to inspect, check; comptes to check, inspect, control; texte, traduction to check (*sur* against); régularité de qch to check; qualité de qch to control, check; affirmations to check, verify; (Scol) connaissances to test
b (surveiller) opérations, agissements, gestion to control, supervise; subordonnés, employés to supervise; prix, loyers to monitor, control
c (maîtriser) colère, réactions, nerfs to control; (Mil) zone, pays to be in control of; (Écon) secteur, firme to control; (Sport) ballon, skis, jeu to control ◆ **nous contrôlons cette société à 80%** we have an 80% (controlling) stake in this company
d (Orfèvrerie) to hallmark
2 se contrôler vpr to control o.s. ◆ **il ne se contrôlait plus** he was no longer in control of himself, he could control himself no longer

contrôleur, -euse [kɔ̃tʀolœʀ, øz] [→ SYN] nm,f **a** (dans le train, le métro, le bus) (ticket) inspector; (Rail: sur le quai) ticket collector ◆ **contrôleur de la navigation aérienne** air traffic controller
b (Fin) [comptabilité] auditor; [contributions] inspector
c (Tech) regulator ◆ **contrôleur de ronde** time-clock

contrordre [kɔ̃tʀɔʀdʀ] [→ SYN] nm counterorder, countermand ◆ **ordres et contrordres** orders and counter-orders ◆ **il y a contrordre** there has been a change of orders ◆ **sauf contrordre** unless orders to the contrary are given, unless otherwise directed

controuvé, e [kɔ̃tʀuve] [→ SYN] adj (littér) fait, nouvelle fabricated; histoire, anecdote fabricated, concocted

controverse [kɔ̃tʀɔvɛʀs] [→ SYN] nf controversy ◆ **prêter à controverse** to be debatable

controversé, e [kɔ̃tʀɔvɛʀse] [→ SYN] adj théorie, question much debated

contumace [kɔ̃tymas] [→ SYN] **1** adj in default, defaulting
2 nf ◆ (Jur) **par contumace** in absentia, in his (ou her etc) absence

contumax [kɔ̃tymaks] **1** adj *who fails to appear in court*
2 nmf *person who fails to appear in court*

contus, e [kɔ̃ty, yz] [→ SYN] adj (Méd) membre bruised, contused, contusioned

contusion [kɔ̃tyzjɔ̃] [→ SYN] nf bruise, contusion (spéc)

contusionner [kɔ̃tyzjɔne] [→ SYN] ▸ conjug 1 ◂ vt to bruise, contuse (spéc) ◆ **son corps était tout contusionné** his body was covered in bruises

conurbation [konyʀbasjɔ̃] [→ SYN] nf conurbation

convaincant, e [kɔ̃vɛ̃kɑ̃, ɑ̃t] [→ SYN] GRAMMAIRE ACTIVE 26.4 adj convincing

convaincre [kɔ̃vɛ̃kʀ] [→ SYN] ▸ conjug 42 ◂ vt **a** sceptique to convince (*de qch* of sth); hésitant to persuade (*de faire qch* to do sth) ◆ **je ne suis pas convaincu par son explication** I'm not convinced by his explanation ◆ **je ne demande qu'à me laisser convaincre** I'm open to persuasion ou conviction ◆ **il m'a finalement convaincu de renoncer à cette idée** he finally persuaded me to give up that idea, he finally talked me into giving up that idea, he finally convinced me (that) I should give up that idea ◆ **se laisser convaincre** to let o.s. be persuaded
b (déclarer coupable) **convaincre qn de meurtre / trahison** to prove sb guilty of ou convict sb of murder / treason

convaincu, e [kɔ̃vɛ̃ky] [→ SYN] GRAMMAIRE ACTIVE 6.2, 16.1, 26.6 (ptp de **convaincre**) adj convinced ◆ **d'un ton convaincu** in a tone of conviction, with conviction

convalescence [kɔ̃valesɑ̃s] [→ SYN] nf convalescence ◆ **être en convalescence** to be convalescing ◆ **entrer en convalescence** to start one's convalescence ◆ **période de convalescence** (period of) convalescence ◆ **maison de convalescence** convalescent home

convalescent, e [kɔ̃valesɑ̃, ɑ̃t] [→ SYN] adj, nm,f convalescent

convecteur [kɔ̃vɛktœʀ] nm convector (heater)

convection [kɔ̃vɛksjɔ̃] [→ SYN] nf convection

convenable [kɔ̃vnabl] [→ SYN] adj **a** (approprié) parti fitting, suitable; moment, endroit fitting, suitable, appropriate
b (décent) manières acceptable, correct, proper; vêtements decent, respectable; invité, jeune homme acceptable ◆ **peu convenable** manières improper, unseemly; vêtements unsuitable ◆ **ne montre pas du doigt, ce n'est pas convenable** don't point – it's not polite, it's bad manners to point
c (acceptable) devoir adequate, passable; salaire, logement decent, acceptable, adequate ◆ **salaire à peine convenable** scarcely acceptable ou adequate salary

convenablement [kɔ̃vnabləmɑ̃] [→ SYN] adv placé, choisi suitably, appropriately; s'exprimer properly; payé, logé adequately, decently ◆ **tout ce que je vous demande c'est de travailler convenablement** all I'm asking of you is to work adequately ou in an acceptable fashion ◆ **s'habiller convenablement** (décemment) to dress respectably ou properly; (en fonction du temps) to dress appropriately

convenance [kɔ̃vnɑ̃s] [→ SYN] nf **a** (ce qui convient) (frm) **consulter les convenances de qn** to consult sb's preferences ◆ **trouver qch à sa convenance** to find sth to one's liking, find sth suitable ◆ **la chambre est-elle à votre convenance?** is the room to your liking? ◆ **le service est-il à votre convenance?** is the service to your satisfaction? ◆ **choisissez un jour à votre convenance** choose a day to suit your convenience ◆ **pour des raisons de convenance(s) personnelle(s), pour convenances personnelles** for personal reasons → **mariage**
b (normes sociales) **les convenances** propriety, the proprieties ◆ **contraire aux convenances** contrary to the proprieties
c (littér) (harmonie) [goûts, caractères] affinity; (†: caractère adéquat) [terme, équipement] appropriateness, suitability

convenir [kɔ̃vniʀ] [→ SYN] ▸ conjug 22 ◂ GRAMMAIRE ACTIVE 9.1
1 convenir à vt indir (être approprié à) to suit, be suitable for; (être utile à) to suit, be convenient for; (être agréable à) to be agreeable to, suit ◆ **ce chapeau ne convient pas à la circonstance** this hat is not suitable for the occasion ou does not suit the occasion ◆ **le climat ne lui convient pas** the climate does not suit him ou does not agree with him ◆ **oui, cette chambre me convient très bien** yes, this room suits me very well ◆ **cette maison convient à une personne seule** this house is suitable for a person living on their own ◆ **ce traitement ne me convient pas** this treatment isn't suitable for me ◆ **j'irai si cela me convient** I'll go if it is convenient (for me); (ton péremptoire) I'll go if it suits me ◆ **si l'heure / la date vous convient** if the time / date is convenient for you ou is agreeable to you ou suits you ◆ **c'est tout à fait ce qui me convient** this is exactly what I need ou want ◆ **j'espère que cela vous conviendra** I hope you will find this acceptable, I hope this will be acceptable to you
2 convenir de vt indir **a** (avouer, reconnaître) to admit (to), acknowledge ◆ **il convint d'avoir été un peu brusque** he admitted (to) having been a little abrupt, he acknowledged (that) he'd been a bit abrupt ◆ **tu as eu tort, conviens-en** you were wrong, admit it
b (s'accorder sur) to agree upon ◆ **convenir d'une date / d'un lieu** to agree upon a date / place ◆ **une date a été convenue** a date has been agreed upon
3 vt ◆ **convenir que** (avouer, reconnaître) to admit that, acknowledge the fact that; (s'accorder sur) to agree that ◆ **il est convenu que nous nous réunissons demain** it is agreed that we (shall) meet tomorrow
4 vb impers ◆ **il convient de faire** (il vaut mieux) it's advisable to do; (il est bienséant de) it would be proper to do ◆ **il convient d'être prudent** caution is advised, it is advisable to be prudent ◆ **il convient qu'elle remercie ses hôtes de leur hospitalité** it is proper ou right for her to thank her host and hostess for their hospitality ◆ (frm) **il convient de faire remarquer** we should point out
5 se convenir vpr [personnes] to be well-suited (to each other)

convent [kɔ̃vɑ̃] [→ SYN] nm *general assembly of Freemasons*

convention [kɔ̃vɑ̃sjɔ̃] [→ SYN] nf **a** (pacte) (gén) agreement, covenant (frm, Admin); (Pol) convention ◆ (Ind) **convention collective** collective agreement ◆ **cela n'entre pas dans nos conventions** that doesn't enter into our agreement
b (accord tacite) (gén) understanding; (Art, Littérat) convention ◆ **les conventions (sociales)**

convention, social conventions ◆ (Littérat, Théât) **décor / personnage / langage de convention** conventional set / character / language ◆ **mots / amabilité de convention** conventional words / kindness
c (assemblée) (US Pol) convention ◆ (Hist) **la Convention** the Convention

conventionnalisme [kɔ̃vɑ̃sjɔnalism] → SYN nm conventionalism

conventionné, e [kɔ̃vɑ̃sjɔne] → SYN adj établissement, médecin ≃ National Health (Brit) (épith), *linked to the state health scheme*; prix government-regulated; prêt subsidized, low-interest (épith)

conventionnel, -elle [kɔ̃vɑ̃sjɔnɛl] → SYN
1 adj (gén) conventional; (Jur) acte, clause contractual
2 nm ◆ (Hist) **les conventionnels** the members of the Convention

conventionnellement [kɔ̃vɑ̃sjɔnɛlmɑ̃] adv conventionally

conventionnement [kɔ̃vɑ̃sjɔnmɑ̃] → SYN nm ≃ National Health (Brit) contract, *state health service contract*

conventuel, -elle [kɔ̃vɑ̃tɥɛl] → SYN adj vie, règle [moines] monastic; [nonnes] convent (épith), conventual; bâtiment monastery (épith); convent (épith); simplicité, sérénité monastic; convent-like

convenu, e [kɔ̃vny] → SYN (ptp de **convenir**) adj
a (décidé) heure, prix, mot agreed ◆ **comme convenu** as agreed
b (littér péj: conventionnel) conventional

convergence [kɔ̃vɛʀʒɑ̃s] → SYN nf convergence

convergent, e [kɔ̃vɛʀʒɑ̃, ɑ̃t] → SYN adj convergent

converger [kɔ̃vɛʀʒe] → SYN ▸ conjug 3 ◂ vi [lignes, rayons, routes] to converge ◆ [regards] **converger sur** to focus on ◆ **nos pensées convergent vers la même solution** our thoughts are leading towards ou converging on the same solution

convers, e [kɔ̃vɛʀ, ɛʀs] → SYN adj (Rel) lay (épith)

conversation [kɔ̃vɛʀsasjɔ̃] → SYN nf a (entretien) (gén) conversation, chat*; (politique, diplomatique) talk ◆ **la conversation** conversation ◆ **lors d'une conversation téléphonique** during a telephone conversation ou a chat* on the telephone ◆ **les conversations téléphoniques sont surveillées** telephone conversations are tapped ◆ **en (grande) conversation avec** (deep) in conversation with ◆ **faire la conversation à** to make conversation with → **frais**[2]
b (art de parler) **il a une conversation brillante** he is a brilliant conversationalist ◆ **avoir de la conversation** to be a good conversationalist ◆ **il n'a pas de conversation** he's got no conversation
c (langage familier) **dans la conversation courante** in informal ou conversational talk ou speech ◆ **employer le style de la conversation** to use a conversational style
d (gâteau) *marzipan cake with meringue*

conversationnel, -elle [kɔ̃vɛʀsasjɔnɛl] adj (Ordin) conversational

converser [kɔ̃vɛʀse] → SYN ▸ conjug 1 ◂ vi to converse (*avec* with)

conversion [kɔ̃vɛʀsjɔ̃] → SYN nf a (→ **convertir**) conversion (*à* to, *en* into); winning over (*à* to) (→ **se convertir**); conversion (*à* to) ◆ **faire une conversion de fractions en ...** to convert fractions into ...
b (demi-tour) (Mil) wheel; (Ski) kick turn
c (Psych) conversion

converti, e [kɔ̃vɛʀti] → SYN (ptp de **convertir**)
1 adj converted
2 nm,f convert → **prêcher**

convertibilité [kɔ̃vɛʀtibilite] nf (Fin) convertibility

convertible [kɔ̃vɛʀtibl] → SYN 1 adj convertible (*en* into)
2 nm (avion) convertiplane; (canapé) bed-settee (Brit), sofa bed

convertir [kɔ̃vɛʀtiʀ] → SYN ▸ conjug 2 ◂ 1 vt a (rallier) (à une religion) to convert (*à* to); (à une théorie) to win over, convert (*à* to)
b (transformer) **convertir en** (gén, Fin, Math) to convert into ◆ **convertir une terre en blés** to turn a field over to wheat
2 **se convertir** vpr (Rel; à une théorie etc) to be converted (*à* to)

convertissage [kɔ̃vɛʀtisaʒ] → SYN nm (Métal) conversion

convertissement [kɔ̃vɛʀtismɑ̃] → SYN nm (Fin) conversion

convertisseur [kɔ̃vɛʀtisœʀ] nm (Élec, Métal) converter ◆ **convertisseur Bessemer** Bessemer converter ◆ (Élec) **convertisseur d'images** image converter ◆ (Aut) **convertisseur de couple** torque converter ◆ (Ordin) **convertisseur numérique** digitizer ◆ **convertisseur analogique numérique** analogue-digital converter ◆ **convertisseur numérique analogique** digital-analogue converter

convexe [kɔ̃vɛks] → SYN adj convex

convexion [kɔ̃vɛksjɔ̃] nf ⇒ **convection**

convexité [kɔ̃vɛksite] → SYN nf convexity

conviction [kɔ̃viksjɔ̃] → SYN nf a (certitude) conviction, (firm) belief ◆ **j'en ai la conviction** I'm convinced of it ◆ **parler avec conviction** to speak with conviction
b (sérieux, enthousiasme) conviction ◆ **faire qch avec / sans conviction** to do sth with / without conviction ◆ **manquer de conviction** to lack conviction
c (opinions) **convictions** beliefs, convictions
d → **pièce**

convier [kɔ̃vje] → SYN ▸ conjug 7 ◂ GRAMMAIRE ACTIVE 25.1 vt ◆ (frm) **convier à** soirée etc to invite to ◆ **convier qn à faire qch** (pousser) to urge sb to do sth; (inviter) to invite sb to do sth ◆ **la chaleur conviait à la baignade** the hot weather was an invitation to swim

convive [kɔ̃viv] → SYN nmf guest (at a meal)

convivial, e, mpl **-iaux** [kɔ̃vivjal, jo] adj (gén) ambiance, lieu convivial; (Ordin) user-friendly

convivialiser [kɔ̃vivjalize] ▸ conjug 1 ◂ vt lieu to make (more) convivial; logiciel to make (more) user-friendly

convivialité [kɔ̃vivjalito] nf (rapports) social interaction; (jovialité) conviviality; (Ordin) user-friendliness

convocation [kɔ̃vɔkasjɔ̃] → SYN nf a (NonC: → **convoquer**) convening, convoking; inviting; summoning ◆ **la convocation des membres doit se faire longtemps à l'avance** members must be invited a long time in advance ◆ **cette convocation chez le directeur l'intriguait** this summons to appear before the director intrigued him ◆ **la convocation des membres / candidats doit se faire par écrit** members / candidates must be given written notification to attend
b (lettre, carte) (written) notification to attend; (Jur) summons ◆ **je n'ai pas encore reçu ma convocation** I haven't had notification yet

convoi [kɔ̃vwa] → SYN nm a (cortège funèbre) funeral procession
b (train) train ◆ **convoi de marchandises** goods train
c (suite de véhicules, navires, prisonniers) convoy
d (Aut) **convoi exceptionnel** ≃ wide (ou long ou dangerous) load

convoiement [kɔ̃vwamɑ̃] nm (→ **convoyer**) escorting; convoying

convoiter [kɔ̃vwate] → SYN ▸ conjug 1 ◂ vt héritage, objet to covet, lust after; personne to lust after; poste to covet ◆ **poste très convoité** highly-coveted job

convoitise [kɔ̃vwatiz] → SYN nf (NonC: désir) (gén) covetousness; (pour une personne) lust, desire ◆ **la convoitise des richesses** the lust for wealth ◆ **la convoitise de la chair** the lusts of the flesh ◆ **l'objet de sa convoitise** the object of his desire ◆ **regarder avec convoitise** objet to cast covetous looks on; personne to cast lustful looks on ◆ **un regard brillant de convoitise** a covetous (ou lustful) look ◆ **l'objet des convoitises de tous** the object of everyone's desire

convoler [kɔ̃vɔle] → SYN ▸ conjug 1 ◂ vi ◆ († ou hum) **convoler (en justes noces)** to be wed († ou hum)

convolvulacées [kɔ̃vɔlvylase] → SYN nfpl ◆ **les convolvulacées** convolvulaceous plants

convolvulus [kɔ̃vɔlvylys] nm convolvulus, bindweed

convoquer [kɔ̃vɔke] → SYN ▸ conjug 1 ◂ vt assemblée to convene, convoke; membre de club etc to invite (*à* to); candidat to ask to attend; témoin, prévenu, subordonné to summon ◆ **convoquer qn (pour une entrevue)** to call ou invite sb for an interview ◆ **il va falloir convoquer les membres** we're going to have to call a meeting of the members ou call the members together ◆ **as-tu été convoqué pour l'assemblée annuelle?** have you been invited to (attend) the AGM? ◆ **j'ai été convoqué à 10 heures (pour mon oral)** I've been asked to attend at 10 o'clock (for my oral) ◆ **le chef m'a convoqué** I was summoned by ou called before the boss ◆ **le chef m'a convoqué dans son bureau** the boss called ou summoned me to his office ◆ **le juge m'a convoqué** I was summoned to appear before the judge, I was called before the judge

convoyage [kɔ̃vwajaʒ] nm ⇒ **convoiement**

convoyer [kɔ̃vwaje] → SYN ▸ conjug 8 ◂ vt (escorter) to escort; (Mil, Naut) to escort, convoy; (transporter) to convey

convoyeur [kɔ̃vwajœʀ] → SYN nm (navire) convoy, escort ship; (personne) escort; (Tech) conveyor ◆ **convoyeur de fonds** (mobile) security guard *(transferring banknotes etc)*

convulser [kɔ̃vylse] → SYN ▸ conjug 1 ◂ vt visage to convulse, distort; corps to convulse ◆ **la douleur lui convulsa le visage** his face was distorted ou convulsed by ou with pain ◆ **son visage se convulsait** his face was distorted

convulsif, -ive [kɔ̃vylsif, iv] → SYN adj convulsive

convulsion [kɔ̃vylsjɔ̃] → SYN nf (gén, Méd, fig) convulsion

convulsionnaire [kɔ̃vylsjɔnɛʀ] nmf convulsionary

convulsionner [kɔ̃vylsjɔne] ▸ conjug 1 ◂ vt to convulse ◆ **visage convulsionné** distorted ou convulsed face

convulsivement [kɔ̃vylsivmɑ̃] adv convulsively

coobligé, e [kɔɔbliʒe] nm,f (Jur) joint obligor

cooccupant, e [kɔɔkypɑ̃, ɑ̃t] nm,f co-occupier, co-occupant

cooccurrence [kɔɔkyʀɑ̃s] nf (Ling) co-occurrence

Cook [kuk] n ◆ **les îles Cook** the Cook Islands

cool* [kul] adj cool*

coolie [kuli] → SYN nm coolie

coopé [kɔpe] nf a abrév de **coopération**
b (abrév de **coopérative**) co-op

coopérant, e [kɔɔpeʀɑ̃, ɑ̃t] → SYN 1 adj cooperative
2 **coopérant** nm ≃ *person serving on Voluntary Service Overseas* (Brit) ou *in the Peace Corps* (US)

coopérateur, -trice [k(ɔ)ɔpeʀatœʀ, tʀis]
1 adj cooperative
2 nm,f a (associé) collaborator, cooperator
b (membre d'une coopérative) member of a cooperative, cooperator

coopératif, -ive [k(ɔ)ɔpeʀatif, iv] → SYN 1 adj cooperative
2 **coopérative** nf (organisme) cooperative; (magasin) co-op ◆ **coopérative scolaire** school fund

coopération [kɔɔpeʀasjɔ̃] → SYN nf a (gén: collaboration) cooperation ◆ **apporter sa coopération à une entreprise** to cooperate ou collaborate in an undertaking
b (Pol) ≃ Voluntary Service Overseas (Brit), VSO (Brit), Peace Corps (US) *(usually as form of military service)* ◆ **il a été envoyé en Afrique comme professeur au titre de la coopération** ≃ he was sent to Africa as a VSO teacher (Brit), he was sent to Africa by the Peace Corps to be a teacher (US)

coopératisme [k(ɔ)ɔpeʀatism] nm (Écon) cooperation

coopérer [kɔɔpeʀe] → SYN ▸conjug 6◂ 1 vi to cooperate
2 **coopérer à** vt indir to cooperate in

cooptation [kɔɔptasjɔ̃] → SYN nf coopting, cooptation

coopter [kɔɔpte] → SYN ▸conjug 1◂ vt to coopt

coordinateur, -trice [kɔɔʀdinatœʀ, tʀis] ⇒ **coordonnateur**

coordination [kɔɔʀdinasjɔ̃] → SYN nf (gén, Ling) coordination ◆ **coordination ouvrière / étudiante** workers' / students' committee → **conjonction**

coordinence [kɔɔʀdinɑ̃s] nf (Chim) coordination number

coordonnant [kɔɔʀdɔnɑ̃] nm (Ling) co-ordinating conjunction

coordonnateur, -trice [kɔɔʀdɔnatœʀ, tʀis]
1 adj coordinating
2 nm,f coordinator

coordonné, e [kɔɔʀdɔne] → SYN (ptp de **coordonner**) 1 adj coordinated ◆ (Ling) **(proposition) coordonnée** coordinate clause ◆ **papiers peints coordonnés** matching ou coordinated wallpapers
2 **coordonnés** nmpl (Habillement) coordinates
3 **coordonnées** nfpl (Math) coordinates ◆ **donnez-moi vos coordonnées*** can I have your details please?

coordonner [kɔɔʀdɔne] → SYN ▸conjug 1◂ vt to coordinate

copain*, copine* [kɔpɛ̃, kɔpin] nm,f pal*, friend, mate* (surtout Brit), buddy* (US) ◆ **de bons copains** good friends, great pals* ◆ **il est très copain avec le patron** he's (very) pally⁑ (Brit) with the boss, he's really in with the boss* ◆ **avec eux, c'est** ou **on est copain copain** we're dead pally⁑ (Brit) ou dead chummy* ou great buddies* with them ◆ **ils sont copains comme cochons** they are great buddies*, they're as thick as thieves ◆ (péj) **les meilleurs postes sont toujours pour les petits copains** they always give the best jobs to their cronies*, it's always jobs for the boys*

copal [kɔpal] → SYN nm copal

copartage [kopaʀtaʒ] nm (Jur) (co)parcenary, coparceny

copartageant, e [kopaʀtaʒɑ̃, ɑ̃t] nm,f (Jur) (co)parcener

copartager [kopaʀtaʒe] ▸conjug 3◂ vt to be (co)parcener in

coparticipant, e [kopaʀtisipɑ̃, ɑ̃t] (Jur) 1 adj in copartnership ou joint account
2 nm,f copartner

coparticipation [kopaʀtisipasjɔ̃] nf (Jur) copartnership ◆ **coparticipation aux bénéfices** profit-sharing

copayer [kɔpaje] nm copaiba ou copaiva tree

copeau, pl **copeaux** [kɔpo] → SYN nm [bois] shaving; [métal] turning ◆ **brûler des copeaux** to burn wood shavings ◆ (pour emballage) **copeaux de bois** wood wool ou shavings

Copenhague [kɔpənag] n Copenhagen

copépodes [kɔpepɔd] nmpl ◆ **les copépodes** copepods, the Copepoda (spéc)

Copernic [kɔpeʀnik] nm Copernicus

copernicien, -ienne [kɔpɛʀnisjɛ̃, jɛn] adj, nm,f Copernican ◆ **révolution copernicienne** Copernican revolution

copiage [kɔpjaʒ] → SYN nm (gén) copying; (Scol) copying, cribbing (arg Scol)

copie [kɔpi] → SYN nf a (NonC: → **copier**) copying; reproduction ◆ **la copie au net de cette traduction m'a pris du temps** it took me a lot of time to do the fair copy of this translation
b (reproduction, exemplaire) [diplôme, film etc] copy; [tableau] copy, reproduction; [sculpture] copy, reproduction, replica ◆ (Admin) **copie certifiée conforme** certified copy ◆ (Admin) **pour copie conforme** certified accurate ◆ (Ciné) **copie étalon** master print ◆ (Ciné) **copie d'exploitation** release print ◆ (Ordin) **copie papier** hard copy ◆ **je veux la copie au net de vos traductions demain** I want the fair copy of your translations tomorrow ◆ **prendre copie de** to make a copy of ◆ **œuvre qui n'est que la pâle copie d'une autre** work which is only a pale imitation of another ◆ **c'est la copie de sa mère** she's the replica ou (spitting) image of her mother
c (Scol) (feuille de papier) sheet (of paper), paper; (devoir) exercise; (composition, examen) paper, script ◆ **copie simple / double** single / double sheet (of paper) ◆ **copie d'examen** examination script ◆ (examen) **rendre** ou **remettre copie blanche** to hand in a blank sheet of paper ◆ (Pol) **rendre** ou **remettre sa copie** to turn in one's report → **mal**
d (Typ) copy
e (Presse) copy, material → **pisseur**

copier [kɔpje] → SYN ▸conjug 7◂ 1 vt a (recopier) écrit, texte, (Jur) acte to copy, make a copy of; tableau, sculpture to copy, reproduce; musique to copy ◆ **copier qch au propre** ou **au net** to make a fair copy of sth, copy sth out neatly ◆ **copier une leçon 3 fois** to copy out a lesson 3 times ◆ **vous me la copierez*** well, I won't forget that in a hurry!*
b (Scol: tricher) to copy, crib (arg Scol) ◆ **copier (sur) le voisin** to copy ou crib from one's neighbour
c (imiter) style, démarche, auteur to copy
2 vi (Scol) to copy, crib (arg Scol) (*sur* from)

copieur, -ieuse [kɔpjœʀ, jøz] → SYN 1 nm,f (Scol) copier, cribber (arg Scol)
2 nm (machine) copier

copieusement [kɔpjøzmɑ̃] → SYN adv manger, boire copiously, heartily ◆ **un repas copieusement arrosé** a meal generously washed down with wine ◆ **on s'est fait copieusement arroser / engueuler⁑** we got thoroughly ou well and truly soaked / told off* ◆ **copieusement illustré / annoté** copiously illustrated / annotated

copieux, -ieuse [kɔpjø, jøz] → SYN adj repas copious, hearty; portion generous; notes, exemples copious

copilote [kopilɔt] nmf (Aviat) co-pilot; (Aut) navigator

copin* [kɔpɛ̃] nm ⇒ **copain***

copinage* [kɔpinaʒ] nm ⇒ **copinerie***

copine* [kɔpin] nf → **copain***

copiner* [kɔpine] ▸conjug 1◂ vi to be pally⁑ (Brit) ou great buddies* (*avec* with)

copinerie* [kɔpinʀi] nf (péj) pally* (Brit) ou buddy-buddy* (US) relationship ◆ **obtenir qch par copinerie** to get sth through friendly contacts

copiste [kɔpist] nmf (Hist, Littérat) copyist, transcriber

coplanaire [koplanɛʀ] adj coplanar

copolymère [kopɔlimɛʀ] nm copolymer

coposséder [kopɔsede] ▸conjug 6◂ vt to own jointly, be co-owner ou joint owner of

copossession [kopɔsesjɔ̃] nf co-ownership, joint ownership

copra(h) [kɔpʀa] nm copra

coprésidence [kopʀezidɑ̃s] nf co-presidency, co-chairmanship

coprésident [kopʀezidɑ̃] nm co-president, co-chairman

coprésidente [kopʀezidɑ̃t] nf co-president, co-chairwoman

coprin [kɔpʀɛ̃] nm ink cap, coprinus (spéc)

coprocesseur [kopʀɔsesœʀ] nm coprocessor

coproculture [kɔpʀɔkyltyʀ] nf faecal (Brit) ou fecal (US) culture

coproducteur, -trice [kopʀɔdyktœʀ, tʀis] nm,f coproducer

coproduction [kopʀɔdyksjɔ̃] nf (Ciné, TV) coproduction, joint production ◆ **une coproduction franco-italienne** a joint French-Italian production

coproduire [kopʀɔdɥiʀ] ▸conjug 38◂ vt to coproduce

coprolalie [kɔpʀɔlali] nf coprolalia

coprolithe [kɔpʀɔlit] nm coprolite

coprologie [kɔpʀɔlɔʒi] nf coprology

coprophage [kɔpʀɔfaʒ] adj coprophagous

coprophile [kɔpʀɔfil] adj coprophilous, coprophilic

copropriétaire [kopʀɔpʀijetɛʀ] nmf co-owner, joint owner

copropriété [kopʀɔpʀijete] nf (statut) co-ownership, joint ownership; (propriétaires) co-owners ◆ **immeuble en copropriété** block of flats (Brit) ou apartment building (US) in co-ownership, condominium (US)

copte [kɔpt] 1 adj Coptic
2 nm (Ling) Coptic
3 nmf ◆ **Copte** Copt

copulatif, -ive [kɔpylatif, iv] adj (Ling) copulative

copulation [kɔpylasjɔ̃] → SYN nf copulation

copule [kɔpyl] → SYN nf (Ling) copulative verb, copula

copuler [kɔpyle] → SYN ▸conjug 1◂ vi to copulate

copyright [kɔpiʀajt] → SYN nm copyright

coq[1] [kɔk] → SYN 1 nm [basse-cour] cock, rooster ◆ (oiseau mâle) **coq faisan / de perdrix** cock pheasant / partridge ◆ **jeune coq** cockerel ◆ (Boxe) **coq, poids coq** bantam-weight ◆ **être comme un coq en pâte** to be ou live in clover, live the life of Riley ◆ (fig) **jambes** ou **mollets de coq** wiry legs ◆ **sauter** ou **passer du coq à l'âne** to jump from one subject to another → **chant**[1], **rouge**
2 COMP ▷ **coq de bruyère** (grand) capercaillie, (petit) black grouse ▷ **coq de clocher** weather cock ▷ **coq de combat** fighting cock ▷ **le coq gaulois** the French cockerel *(emblem of the Frenchman's fighting spirit)* ▷ **coq nain** bantam cock ▷ **coq de roche** cock of the rock ▷ **coq du village** (fig) the local swell* ou ladykiller ▷ **coq au vin** (Culin) coq au vin

coq[2] [kɔk] → SYN nm (Naut) (ship's) cook

coq-à-l'âne [kɔkalɑn] → SYN nm inv abrupt change of subject ◆ **faire un coq-à-l'âne** to jump from one subject to another

coquard⁑, coquart⁑ [kɔkaʀ] nm black eye, shiner⁑

coque [kɔk] → SYN nf a [bateau] hull; [avion] fuselage; [auto] shell, body ◆ (embarcation légère) **coque de noix** skiff
b [noix, amande], (†) [œuf] shell ◆ (Culin) **à la coque** (soft-)boiled
c (mollusque) cockle

coquelet [kɔklɛ] → SYN nm (Culin) cockerel

coquelicot [kɔkliko] → SYN nm poppy → **rouge**

coqueluche [kɔklyʃ] → SYN nf (Méd) whooping cough ◆ (fig) **être la coqueluche de** to be the idol ou darling of

coquemar [kɔkmaʀ] → SYN nm cauldron, big kettle

coqueret [kɔkʀɛ] nm Chinese lantern, winter ou ground cherry

coquerico [kɔk(ə)ʀiko] ⇒ **cocorico**

coquerie [kɔkʀi] → SYN nf (Naut) (à bord) (ship's) galley, caboose (Brit); (à terre) cookhouse

coqueron [kɔkʀɔ̃] → SYN nm (Naut) peak; (Can: habitation) ramshackle house

coquet, -ette [kɔkɛ, ɛt] → SYN 1 adj a (bien habillé) smart, well turned-out; (soucieux de son apparence) appearance-conscious, clothes-conscious, interested in one's appearance (attrib) ◆ **homme trop coquet** man who takes too much interest in ou who is too particular about his appearance ou who is too clothes-conscious
b (†: flirteur) flirtatious
c ville pretty, charming; logement smart, charming, stylish; robe smart, stylish
d (*: intensif) somme d'argent, revenu tidy* (épith)
2 **coquette** nf ◆ **c'est une coquette** she's a coquette ou a flirt, she's very coquettish ou flirtatious ◆ **faire sa coquette** to play hard to get* ◆ (fig) **jouer les grandes coquettes** to flirt a lot, be very coquettish

coquetier [kɔk(ə)tje] → SYN nm (godet) egg cup ◆ **gagner** ou **décrocher le coquetier*†** to hit the jackpot*

coquetière [kɔk(ə)tjɛʀ] → SYN nf *utensil used to make soft-boiled eggs*

coquettement [kɔkɛtmɑ̃] adv sourire, regarder coquettishly; s'habiller smartly, stylishly; meubler prettily, stylishly

coquetterie [kɔkɛtʀi] ⇒ SYN nf a (goût d'une mise soignée) [personne] interest in one's appearance, consciousness of one's appearance; [toilette, coiffure] smartness, stylishness
b (galanterie) coquetry, flirtatiousness (NonC) ◆ (littér: amour propre) **il mettait sa coquetterie à marcher sans canne / parler sans notes** he prided himself on ou made a point of walking without a stick / talking without notes
c **avoir une coquetterie dans l'œil*** to have a cast (in one's eye)

coquillage [kɔkijaʒ] ⇒ SYN nm (mollusque) shellfish (NonC); (coquille) shell

coquille [kɔkij] ⇒ SYN 1 nf a [mollusque, œuf, noix] shell ◆ (fig) **rentrer dans / sortir de sa coquille** to go ou withdraw into / come out of one's shell
b (récipient) (shell-shaped) dish, scallop ◆ (Culin: mets) **coquille de poisson / crabe** scallop of fish / crab, fish / crab served in scallop shells
c (décorative) scallop; [épée] coquille, shell
d (Typ) misprint
e (Sport: protectrice) box; (Méd: plâtre) spinal bed
2 COMP ▷ **coquille de beurre** shell of butter ▷ **coquille de noix*** (Naut) cockleshell ▷ **coquille d'œuf** adj inv eggshell (épith) ▷ **coquille Saint-Jacques** (animal) scallop; (carapace) scallop shell

coquillettes [kɔkijɛt] ⇒ SYN nfpl pasta shells

coquillier, ière [kɔkije, jɛʀ] ⇒ SYN 1 adj conchiferous (spec)
2 nm (†) shell collection

coquin, e [kɔkɛ̃, in] ⇒ SYN 1 adj a (malicieux) enfant mischievous, rascally; air mischievous, roguish ◆ **coquin de sort!*** the devil!*, the deuce!*†
b (polisson) histoire, regard naughty, suggestive
2 nm,f (enfant) rascal, mischief ◆ **tu es un petit coquin!** you're a little monkey! ou rascal!
3 nm (††: gredin) rascal, rogue, rascally fellow†
4 **coquine††** nf (débauchée) loose woman, strumpet††

coquinerie [kɔkinʀi] ⇒ SYN nf a (NonC: caractère) [enfant] mischievousness, roguishness; [gredin] roguery
b (action) [enfant] mischievous trick; [personne peu honnête] low-down ou rascally trick

cor[1] [kɔʀ] ⇒ SYN nm (Mus) horn ◆ **cor anglais** cor anglais (Brit), English horn (US) ◆ **cor de chasse** hunting horn ◆ **cor d'harmonie** French horn ◆ **cor à pistons** valve horn ◆ **cor de basset** basset horn ◆ **chasser à cor et à cri** to hunt with the hounds ◆ (fig) **réclamer** ou **demander qch / qn à cor et à cri** to clamour for sth / sb

cor[2] [kɔʀ] ⇒ SYN nm ◆ (Méd) **cor (au pied)** corn

cor[3] [kɔʀ] ⇒ SYN nm [cerf] tine ◆ **un (cerf) 10 cors** a 10-point stag, a 10-pointer

coracoïde [kɔʀakɔid] ⇒ SYN adj coracoid

corail, pl **-aux** [kɔʀaj, o] ⇒ SYN 1 nm coral
2 adj inv a (couleur) coral (pink)
b **(train) corail**® ≃ express (train), ≃ inter-city train (Brit)
c (Zool) **serpent corail** coral snake

corailleur, -euse [kɔʀajœʀ, øz] nm,f (pêcheur) coral fisher; (travailleur) coral worker

corallien, -ienne [kɔʀaljɛ̃, jɛn] adj coralline (littér), coral (épith)

corallifère [kɔʀalifɛʀ] adj coralliferous

coralline [kɔʀalin] ⇒ SYN nf coralline

coran [kɔʀɑ̃] nm Koran; (fig rare: livre de chevet) bedside reading (NonC)

coranique [kɔʀanik] adj Koranic

corbeau, pl **corbeaux** [kɔʀbo] ⇒ SYN nm a (oiseau) (terme générique) crow ◆ **(grand) corbeau** raven ◆ **corbeau freux** rook ◆ **corbeau corneille** crow
b († péj: prêtre) black-coat († péj), priest
c (Archit) corbel
d (*: diffamateur) writer of poison-pen letters

corbeille [kɔʀbɛj] ⇒ SYN 1 nf a (panier) basket
b (Théât) (dress) circle
c (Archit) [chapiteau] bell, basket
d (Bourse) trading floor ou pit *(in Paris Stock Exchange)*
e (parterre) (round ou oval) flowerbed
2 COMP ▷ **corbeille d'argent** (Bot) sweet alyssum ▷ **corbeille à courrier** mail tray ▷ **corbeille de mariage** (fig) wedding presents ◆ **sa femme a apporté une fortune dans la corbeille de mariage** his wife brought him a fortune when she married him ▷ **corbeille d'or** (Bot) golden alyssum ▷ **corbeille à ouvrage** workbasket ▷ **corbeille à pain** breadbasket ▷ **corbeille à papier(s)** wastepaper basket ou bin

corbillard [kɔʀbijaʀ] ⇒ SYN nm hearse

cordage [kɔʀdaʒ] ⇒ SYN nm a (corde, lien) rope ◆ **cordages** (gén) ropes, rigging; (Naut: de voilure) rigging
b (NonC) [raquette de tennis] stringing

corde [kɔʀd] ⇒ SYN 1 nf a (gén: câble, cordage) rope ◆ (fig) **la corde†** hanging, the gallows, the hangman's rope ◆ (fig) **mériter la corde†** to deserve to be hanged ◆ **attacher qn avec une corde** ou **de la corde** to tie up sb with a (piece of) rope ◆ **attacher** ou **lier qn à un arbre avec une corde** to rope sb to a tree, tie sb to a tree with a (piece of) rope ◆ **en corde, de corde** tapis whipcord (épith) ◆ **sandales à semelle de corde** rope-soled sandals ◆ **grimper** ou **monter à la corde** to shin up ou climb a rope, pull o.s. up a rope → **danseur, sauter**
b (Mus) string ◆ **les instruments à cordes** the stringed instruments ◆ **les cordes** the strings ◆ **orchestre / quatuor à cordes** string orchestra / quartet ◆ **corde à vide** open string ◆ **à cordes croisées** piano overstrung
c (Sport) [raquette, arc] string ◆ (Boxe) **cordes** ropes ◆ (Boxe) **être envoyé dans les cordes** to be thrown against the ropes
d (Courses) rails ◆ **à la corde** (gén: sur piste) on the inside; (Courses) on the rails ou the inside ◆ **prendre / tenir la corde** (gén: sur piste) to get on / be on the inside; (Courses) to get close to / be on the rails, get on / be on the inside ◆ **prendre un virage à la corde** to hug a bend, take a bend on the inside
e (trame d'un tissu) thread → **user**
f (Math) chord
g (†: mesure) cord
h LOC **avoir / se mettre la corde au cou** (gén) to have / put one's head in the noose ◆ (hum) **il s'est mis la corde au cou** (il s'est marié) he's tied the knot ◆ **parler de (la) corde dans la maison du pendu** to bring up a sore point, make a tactless remark ◆ **avoir plus d'une corde** ou **plusieurs cordes à son arc** to have more than one string to one's bow ◆ **c'est dans ses cordes** it's right up his street, it's in his line, it's his bag* ◆ **ce n'est pas dans mes cordes** it's not my line (of country) ◆ **tirer sur la corde** to push one's luck a bit*, go too far ◆ **toucher** ou **faire vibrer la corde sensible** to touch the right chord ◆ **il pleut** ou **il tombe des cordes*** it's bucketing (down)* (Brit) ou raining cats and dogs* → **sac**[1]
2 COMP ▷ **corde cervicale** cervical nerve ▷ **corde dorsale** spinal cord ▷ **corde à linge** clothes line, washing line ▷ **corde lisse** (Sport) (climbing) rope ▷ **corde à nœuds** (Sport) knotted climbing rope ▷ **corde à piano** piano wire ▷ **corde raide** tightrope, high wire ◆ (lit, fig) **être** ou **marcher** ou **danser sur la corde raide** to walk a tightrope ◆ **politique de la corde raide** brinkmanship ▷ **corde de rappel** abseiling rope ▷ **corde à sauter** skipping rope, jump rope (US) ▷ **corde du tympan** chorda tympani ▷ **cordes vocales** vocal cords

cordé, e [kɔʀde] ⇒ SYN adj cordate

cordeau, pl **cordeaux** [kɔʀdo] nm a (corde) string, line ◆ **cordeau de jardinier** gardener's line ◆ (fig) **fait** ou **tiré au cordeau** as straight as a die
b (mèche) fuse ◆ **cordeau Bickford** Bickford fuse, safety fuse ◆ **cordeau détonant** detonator fuse
c (Pêche) ledger line

cordée [kɔʀde] ⇒ SYN nf a [alpinistes] rope, roped party → **premier**
b [bois] cord

cordeler [kɔʀdəle] ⇒ SYN ▸ conjug 4 ◂ vt to twist into a cord

cordelette [kɔʀdəlɛt] ⇒ SYN nf cord

Cordelier [kɔʀdəlje] nm (religieux) Cordelier

cordelière [kɔʀdəljɛʀ] ⇒ SYN nf a (corde) cord
b (Archit) cable moulding
c (religieuse) **Cordelière** Franciscan nun

corder [kɔʀde] ▸ conjug 1 ◂ vt a (Tech) chanvre, tabac to twist
b (lier) malle to tie up (with rope), rope up
c (mesurer) bois to cord
d raquette to string

corderie [kɔʀd(ə)ʀi] nf (industrie) ropemaking industry; (atelier) rope factory

cordial, e, mpl **-iaux** [kɔʀdjal, jo] ⇒ SYN 1 adj accueil hearty, warm, cordial; sentiment, personne warm; manières cordial; antipathie, haine cordial, hearty → **entente**
2 nm heart tonic, cordial

cordialement [kɔʀdjalmɑ̃] ⇒ SYN adv (→ **cordial**) heartily; warmly; cordially ◆ **haïr qn cordialement** to detest sb cordially ou heartily ◆ (en fin de lettre) **cordialement (vôtre)** kind regards

cordialité [kɔʀdjalite] ⇒ SYN nf (→ **cordial**) heartiness; warmth; cordiality

cordier [kɔʀdje] nm a (fabricant) ropemaker
b (Mus) tailpiece

cordiforme [kɔʀdifɔʀm] adj cordiform

cordillère [kɔʀdijɛʀ] nf mountain range, cordillera ◆ **la cordillère des Andes** the Andes cordillera ◆ **la cordillère australienne** the Great Dividing Range

cordite [kɔʀdit] nf cordite

cordon [kɔʀdɔ̃] ⇒ SYN 1 nm a [sonnette, rideau] cord; [tablier] tie; [sac, bourse] string; [souliers] lace ◆ **cordon de sonnette** bell-pull ◆ (fig) **tenir les cordons de la bourse** to hold the purse strings ◆ **tenir les cordons du poêle** to be a pallbearer
b [soldats] cordon
c (Archit) string-course, cordon
d (décoration) sash ◆ **cordon du Saint-Esprit** the ribbon of the order of the Holy Ghost ◆ **cordon de la Légion d'honneur** sash ou cordon of the Légion d'Honneur
2 COMP ▷ **cordon Bickford** Bickford fuse, safety fuse ▷ **cordon littoral** offshore bar ▷ **cordon médullaire** spinal cord ▷ **cordon ombilical** (lit, fig) umbilical cord ◆ (fig) **couper** ou **rompre le cordon (ombilical)** to cut ou sever the umbilical cord ▷ **cordon sanitaire** (Méd, Pol) quarantine line, cordon sanitaire

cordon-bleu, pl **cordons-bleus** [kɔʀdɔ̃blø] ⇒ SYN nm (Culin) cordon-bleu cook; (décoration) cordon bleu

cordonner [kɔʀdɔne] ▸ conjug 1 ◂ vt soie, cheveux to twist

cordonnerie [kɔʀdɔnʀi] nf (boutique) shoe-repairer's (shop), shoemender's (shop), cobbler's (shop); (métier) shoe-repairing, shoemending, cobbling

cordonnet [kɔʀdɔnɛ] nm (petit cordon) braid (NonC), cord (NonC); (pour boutonnière) buttonhole twist (NonC)

cordonnier, -ière [kɔʀdɔnje, jɛʀ] ⇒ SYN nm,f (réparateur) shoe-repairer, shoemender, cobbler; (†: fabricant) shoemaker ◆ (Prov) **les cordonniers sont toujours les plus mal chaussés** shoemaker's children are the worst shod

cordouan, e [kɔʀduɑ̃, an] adj Cordovan

Cordoue [kɔʀdu] n Cordoba

coréalisateur, -trice [koʀealizatœʀ, tʀis] nm,f (Ciné, TV) codirector

Corée [kɔʀe] nf Korea ◆ **Corée du Sud / du Nord** South / North Korea

coréen, -enne [kɔʀeɛ̃, ɛn] 1 adj Korean
2 nm (Ling) Korean
3 nm,f ◆ **Coréen(ne)** Korean

coreligionnaire [koʀ(ə)liʒjɔnɛʀ] ⇒ SYN nmf coreligionist

coréopsis [kɔʀeɔpsis] nm coreopsis, calliopsis

coresponsabilité [koʀɛspɔ̃sabilite] nf joint responsibility

coresponsable [koʀɛspɔ̃sabl] nmf person sharing responsibility

Corfou [kɔʀfu] n Corfu

coriace [kɔʀjas] → SYN adj (lit, fig) tough ◆ **il est coriace en affaires** he's a hard-headed ou tough businessman

coriandre [kɔʀjɑ̃dʀ] → SYN nf coriander

coricide [kɔʀisid] nm (Pharm) corn remover

corindon [kɔʀɛ̃dɔ̃] → SYN nm corundum

Corinthe [kɔʀɛ̃t] n Corinth → **raisin**

corinthien, -ienne [kɔʀɛ̃tjɛ̃, jɛn] adj Corinthian

Coriolan [kɔʀjɔlɑ̃] nm Coriolanus

cormier [kɔʀmje] → SYN nm (arbre) service tree; (bois) service wood

cormoran [kɔʀmɔʀɑ̃] → SYN nm cormorant ◆ **cormoran huppé** shag

cornac [kɔʀnak] → SYN nm [éléphant] mahout, elephant driver

cornage [kɔʀnaʒ] → SYN nm (Méd) cornage

cornaline [kɔʀnalin] → SYN nf carnelian

cornaquer* [kɔʀnake] ▸ conjug 1 ◂ vt to show around ◆ **il m'a cornaqué à travers la ville** he showed me round the town

cornard* [kɔʀnaʀ] nm cuckold†

corne [kɔʀn] → SYN **1** nf **a** [escargot, vache] horn; [cerf] antler ◆ **à cornes** horned ◆ **donner un coup de corne à qn** to butt sb ◆ **blesser qn d'un coup de corne** to gore sb ◆ (fig) **avoir** ou **porter des cornes*** to be (a) cuckold† ◆ **sa femme lui fait porter des cornes*** his wife is unfaithful to him ◆ (fig) **faire les cornes à qn** to make a face at sb, make a jeering gesture at sb → **bête, taureau**
b (NonC: substance) horn
c (instrument) horn; (Chasse) hunting horn; (Aut †: avertisseur) hooter†, horn
d (coin) [page] dog-ear ◆ **faire une corne à la page d'un livre** to turn down the corner of the page in a book
e (*NonC: peau dure) **avoir de la corne** to have patches of hard skin, have calluses
2 COMP ▹ **corne d'abondance** horn of plenty, cornucopia ▹ **corne de l'Afrique** Horn of Africa ▹ **corne de brume** foghorn ▹ **corne à chaussures** shoehorn ▹ **cornes de gazelle** (Culin) *sugar-covered short bread crescents*

cornée [kɔʀne] nf cornea

cornéen, -enne [kɔʀneɛ̃, ɛn] adj corneal → **lentille**

corneille [kɔʀnɛj] → SYN nf crow ◆ **corneille mantelée** hooded crow ◆ **corneille noire** carrion crow → **bayer**

cornélien, -ienne [kɔʀneljɛ̃, jɛn] → SYN adj (Littérat) Cornelian; (fig) situation *where love and duty conflict*; héros *who puts duty before everything*

cornemuse [kɔʀnəmyz] → SYN nf bagpipes ◆ **joueur de cornemuse** (bag)piper

cornemuseur [kɔʀnəmyzœʀ] → SYN nm (bag)piper

corner¹ [kɔʀne] → SYN ▸ conjug 1 ◂ **1** vt **a** livre, carte to make ou get dog-eared; page to turn down the corner of
b (rare: claironner) nouvelle to blare out ◆ **arrête de nous corner (cette nouvelle) aux oreilles*** stop deafening* us (with your news)
2 vi [chasseur] to sound ou wind (Brit) a horn; † [automobiliste] to hoot (Brit) ou sound one's horn; [sirène] to sound ◆ **les oreilles me cornent** my ears are ringing

corner² [kɔʀnɛʀ] nm (Ftbl) corner (kick) ◆ **tirer un corner** to take a corner (kick)

cornet [kɔʀnɛ] → SYN **1** nm **a** (récipient) **cornet (de papier)** paper cone ◆ **cornet de dragées / de frites** cornet ou paper cone of sweets / chips, ≃ bag of sweets / chips ◆ **cornet de glace** ice-cream cone ou cornet (Brit) ◆ **mettre sa main en cornet** to cup one's hand to one's ear
b (Helv: sachet) (paper ou plastic) bag
c (Mus) [orgue] cornet stop
2 COMP ▹ **cornet acoustique** ear trumpet ▹ **cornet à dés** dice cup ▹ **cornets du nez** (Anat) turbinate bones ▹ **cornet (à pistons)** (Mus) cornet ▹ **cornet de poste** ou **de postillon** posthorn

cornette [kɔʀnɛt] → SYN nf [religieuse] cornet; (Naut: pavillon) burgee

cornettiste [kɔʀnetist] → SYN nmf cornet player

corniaud [kɔʀnjo] → SYN nm (chien) mongrel; (*: imbécile) nitwit*, nincompoop*, twit* (Brit)

corniche¹ [kɔʀniʃ] → SYN nf **a** (Archit) (moulures) cornice; [piédestal] entablement
b (Alpinisme) ledge ◆ **(route en) corniche** coast road, cliff road
c (neigeuse) cornice

corniche² [kɔʀniʃ] nf (arg Scol) *class preparing for the school of Saint-Cyr*

cornichon [kɔʀniʃɔ̃] → SYN nm (concombre) gherkin; (en condiment) gherkin (Brit), pickle (US); (*: personne) nitwit*, greenhorn, nincompoop*; (arg Scol) *pupil in the class preparing for Saint-Cyr*

cornière [kɔʀnjɛʀ] nf (pièce métallique) corner iron; (d'écoulement) valley

cornique [kɔʀnik] **1** adj (rare) Cornish
2 nm (Ling) Cornish

corniste [kɔʀnist] → SYN nmf horn player

Cornouailles [kɔʀnwaj] nf Cornwall

cornouille [kɔʀnuj] nf dogwood berry

cornouiller [kɔʀnuje] nm dogwood

cornu, e [kɔʀny] → SYN **1** adj animal, démon horned
2 **cornue** nf (récipient) retort; (Tech: four) retort

corollaire [kɔʀɔlɛʀ] → SYN nm (Logique, Math) corollary; (gén: conséquence) consequence, corollary ◆ **et ceci a pour corollaire ...** and this has as a consequence ..., and the corollary of this is ...

corolle [kɔʀɔl] → SYN nf corolla

coron [kɔʀɔ̃] nm (maison) mining cottage; (quartier) mining village

coronaire [kɔʀɔnɛʀ] adj (Anat) coronary

coronal, e, mpl **-aux** [kɔʀɔnal, o] adj (Astron) coronal

coronarien, -ienne [kɔʀɔnaʀjɛ̃, jɛn] adj (Méd) coronary

coronarite [kɔʀɔnaʀit] nf coronaritis

coronarographie [kɔʀɔnaʀɔgʀafi] nf coronarography

coronelle [kɔʀɔnɛl] → SYN nf smooth snake

coronille [kɔʀɔnij] nf scorpion senna

coronographe [kɔʀɔnɔgʀaf] nm coronograph, coronagraph

corossol [kɔʀɔsɔl] nm soursop

corozo [kɔʀozo] nm corozo oil

corporal, pl **-aux** [kɔʀpɔʀal, o] nm (Rel) corporal(e)

corporatif, -ive [kɔʀpɔʀatif, iv] adj mouvement, système corporative; esprit corporate

corporation [kɔʀpɔʀasjɔ̃] → SYN nf [notaires, médecins] corporate body; (Hist) guild ◆ **dans notre corporation** in our profession

corporatisme [kɔʀpɔʀatism] nm corporatism

corporatiste [kɔʀpɔʀatist] adj corporatist

corporel, -elle [kɔʀpɔʀɛl] → SYN adj châtiment corporal; besoin bodily ◆ (Jur) **bien corporel** corporeal property ◆ **art corporel** body art

corporellement [kɔʀpɔʀɛlmɑ̃] → SYN adv corporally

corps [kɔʀ] → SYN **1** nm **a** (Anat) body; (cadavre) corpse, (dead) body ◆ **frissonner** ou **trembler de tout son corps** to tremble all over ◆ **jusqu'au milieu du corps** up to the waist ◆ **je n'ai rien dans le corps** I've eaten nothing ◆ **robe près du corps** close-fitting dress → **contrainte², diable** etc
b (Chim, Phys: objet, substance) body ◆ **corps simples / composés** simple / compound bodies → **chute**
c (partie essentielle) body; [bâtiment, lettre, article, ouvrage] (main) body; [meuble] main part, body; [pompe] barrel; (Typ) body
d [vêtement] body, bodice; [armure] cors(e)let
e (consistance) [étoffe, papier, vin] body ◆ **ce vin a du corps** this wine is full-bodied ou has (got) body
f (groupe de personnes) body, corps; (Mil) corps ◆ **corps de sapeurs-pompiers** fire brigade → **esprit**
g (recueil de textes) corpus, body ◆ **corps de doctrines** body of doctrines
h LOC **se donner corps et âme à qch** to give o.s. heart and soul to sth ◆ **perdu corps et biens** lost with all hands ◆ **s'élancer** ou **se jeter à corps perdu dans une entreprise** to throw o.s. headlong into an undertaking ◆ **donner corps à qch** to give substance to sth ◆ **faire corps** [idées] to form one body (*avec* with); [choses concrètes] to be joined (*avec* to) ◆ **prendre corps** to take shape ◆ **s'ils veulent faire cela, il faudra qu'ils me passent sur le corps** if they want to do that, they'll have to do it over my dead body ◆ **pour avoir ce qu'il veut, il vous passerait sur le corps** he'd trample you underfoot to get his own way ◆ **faire qch à son corps défendant** to do sth against one's will ou unwillingly ◆ **mais qu'est-ce qu'il a dans le corps?** whatever's got into him? ◆ **j'aimerais bien savoir ce qu'il a dans le corps** I'd like to know what makes him tick ◆ [aliment] **tenir au corps** to be filling
2 COMP ▹ **corps d'armée** army corps ▹ **corps de ballet** corps de ballet ▹ **corps de bâtiment** main body (of a building) ▹ **corps caverneux** erectile tissue (of the penis) ▹ **corps céleste** celestial ou heavenly body ▹ **corps constitués** constituent bodies ▹ **corps consulaire** consular corps ▹ **corps à corps** (adv) hand-to-hand; (nm) clinch ◆ **se battre au corps à corps** to fight hand-to-hand ▹ **corps du délit** (Jur) corpus delicti ▹ **le Corps diplomatique** the Diplomatic Corps (Brit), the Foreign Service (US) ▹ **corps électoral** electorate ▹ **le corps enseignant** (gén) the teaching profession, teachers; [lycée, collège] the teaching staff ▹ **corps étranger** (Méd) foreign body ▹ **le Corps européen** Eurocorps ▹ **corps expéditionnaire** task force ▹ **corps franc** irregular force ▹ **corps de garde** (Mil) (local) guardroom; (rare: troupe) guard ◆ (péj) **plaisanteries de corps de garde** barrack-room ou guardroom jokes ▹ **corps gras** greasy substance, glyceride (spéc) ▹ **corps jaune** (Physiol) yellow body, corpus luteum (spéc) ▹ **corps législatif** legislative body ▹ **corps de logis** main building, central building ▹ **le corps médical** the medical profession ▹ **corps de métier** trade association, guild ▹ **corps noir** (Phys) black body ▹ **corps politique** body politic ▹ **corps strié** (Anat) striate body ▹ **corps de troupe** unit (of troops) ▹ **corps vitré** (Anat) vitreous body

corps-mort, pl **corps-morts** [kɔʀmɔʀ] nm (Naut) mooring; (poids mort) dead weight

corpulence [kɔʀpylɑ̃s] → SYN nf stoutness, corpulence ◆ **(être) de forte / moyenne corpulence** (to be) of stout / medium build

corpulent, e [kɔʀpylɑ̃, ɑ̃t] → SYN adj stout, corpulent

corpus [kɔʀpys] → SYN nm (Jur: recueil, Ling) corpus

corpusculaire [kɔʀpyskylɛʀ] adj (Anat, Phys) corpuscular

corpuscule [kɔʀpyskyl] → SYN nm (Anat, Phys) corpuscle

corrasion [kɔʀazjɔ̃] → SYN nf corrasion

correct, e [kɔʀɛkt] → SYN adj **a** (exact) plan, copie accurate; phrase correct, right; emploi, fonctionnement proper, correct ◆ (en réponse) **correct!** correct!, right!
b (convenable) tenue proper, correct; conduite, personne correct ◆ **il est correct en affaires** he's very correct in business matters
c (*: acceptable) repas, hôtel, salaire reasonable, decent

correctement [kɔʀɛktəmɑ̃] → SYN adv (→ **correct**) accurately; correctly; properly; reasonably, decently

correcteur, -trice [kɔʀɛktœʀ, tʀis] → SYN **1** adj dispositif corrective → **verre**
2 nm,f [examen] examiner, marker (Brit), grader (US); (Typ) proofreader
3 nm (Tech: dispositif) corrector ◆ **correcteur de tonalité** tone control ◆ (Ordin) **correcteur d'orthographe** ou **orthographique** spellchecker ◆ **correcteur liquide** correcting fluid

correctif, -ive [kɔrɛktif, iv] → SYN 1 adj gymnastique, (Pharm) substance corrective
2 nm (lit, fig: médicament) corrective (*à* to); (mise au point) qualifying statement ◆ **apporter un correctif à qch** (corriger) to rectify ou correct an error in sth; (ajouter une précision) to qualify sth

correction [kɔrɛksjɔ̃] → SYN nf a (NonC) [erreur, abus] correction, putting right; [manuscrit] correction, emendation; [mauvaise habitude] correction; [épreuves] correction, (proof)-reading; [compas] correction; [trajectoire] correction; [examen] correcting, marking, correction, grading (US); (Ordin) [programme] patching; [mise au point] debugging ◆ **apporter une correction aux propos de qn** to amend what sb has said ◆ **j'ai fait la correction du devoir avec les élèves** I went through the pupils' homework with them → **maison**
b (châtiment) (corporal) punishment, thrashing ◆ **recevoir une bonne correction** to get a good hiding ou thrashing
c (surcharge, rature) correction ◆ (Typ) **corrections d'auteur** author's corrections ou emendations
d (NonC; → **correct**) accuracy; correctness; propriety

correctionnalisation [kɔrɛksjɔnalizasjɔ̃] nf committing to a magistrate's court (Brit) ou to a criminal court (US)

correctionnaliser [kɔrɛksjɔnalize] ▸ conjug 1 ◂ vt délit to commit to a magistrate's court (Brit) ou to a criminal court (US)

correctionnel, -elle [kɔrɛksjɔnɛl] 1 adj ◆ (Jur) **peine correctionnelle** penalty *(imposed by courts)* ◆ **tribunal (de police) correctionnel** ≃ magistrate's court *(dealing with criminal matters)*
2 **correctionnelle** nf ~ magistrate's court ◆ **passer en correctionnelle** to go before the magistrate

Corrège [kɔrɛʒ] n ◆ **le Corrège** Correggio

corrélat [kɔrela] nm correlate

corrélatif, -ive [kɔrelatif, iv] → SYN adj, nm correlative

corrélation [kɔrelasjɔ̃] → SYN nf correlation ◆ **être en corrélation étroite avec** to be closely related to ou connected with, be in close correlation with ◆ **mettre en corrélation** to correlate

corréler [kɔrele] → SYN ▸ conjug 6 ◂ vt to correlate

correspondance [kɔrɛspɔ̃dɑ̃s] → SYN nf a (conformité) correspondence, conformity; (Archit: symétrie) balance ◆ **correspondance de goûts/d'idées entre 2 personnes** conformity of 2 people's tastes/ideas ◆ **être en parfaite correspondance d'idées avec X** to have ideas that correspond perfectly to X's ou that are perfectly in tune with X's
b (Math) relation ◆ **correspondance biunivoque** one-to-one mapping, bijection
c (échange de lettres) correspondence ◆ **avoir** ou **entretenir une longue correspondance avec qn** to engage in ou keep up a lengthy correspondence with sb ◆ **être en correspondance commerciale avec qn** to have a business correspondence with sb ◆ **nous avons été en correspondance** we have corresponded, we have been in correspondence ◆ **être en correspondance téléphonique avec qn** to be in touch by telephone with sb ◆ **par correspondance** cours correspondence (épith) ◆ **il a appris le latin par correspondance** he learned Latin by ou through a correspondence course
d (ensemble de lettres) mail, post (Brit), correspondence; (Littérat) [auteur] correspondence; (Presse) letters to the Editor ◆ **il reçoit une volumineuse correspondance** he receives large quantities of mail ou a heavy post (Brit) ◆ **dépouiller/lire sa correspondance** to go through/read one's mail ou one's correspondence
e (transports) connection ◆ **correspondance ferroviaire/d'autobus** rail/bus connection ◆ **attendre la correspondance** to wait for the connection ◆ **l'autobus n'assure pas la correspondance avec le train** the bus does not connect with the train

correspondancier, -ière [kɔrɛspɔ̃dɑ̃sje, jɛr] nm,f correspondence clerk

correspondant, e [kɔrɛspɔ̃dɑ̃, ɑ̃t] → SYN
1 adj (gén: qui va avec, par paires) corresponding; (Géom) angles corresponding ◆ **ci-joint un chèque correspondant à la facture** enclosed a cheque in respect of (Brit) ou in the amount of the invoice
2 nm,f a (gén, Presse) correspondent; (Scol) penfriend, correspondent; (Banque) correspondent bank; (Téléc) (appelé) person one is calling; (appelant) caller ◆ **correspondant de guerre/à l'étranger** war/foreign correspondent ◆ **de notre correspondant permanent à Londres** from our correspondent in London ◆ **(membre) correspondant de l'institut** corresponding member of the institute ◆ (Téléc) **le numéro de votre correspondant a changé** the number you dialled has been changed ◆ (Téléc) **nous recherchons votre correspondant** we are trying to connect you ou to put you through
b (Scol: responsable d'un interne) guardian *(for child at boarding school)*

correspondre [kɔrɛspɔ̃dr] → SYN GRAMMAIRE ACTIVE 5.4 ▸ conjug 41 ◂ 1 **correspondre à** vt indir a (s'accorder avec) goûts to suit; capacités to fit; description to correspond to, fit ◆ **sa version des faits ne correspond pas à la réalité** his version of the facts doesn't square ou tally with what happened in reality
b (être l'équivalent de) système, institutions, élément symétrique to correspond to ◆ **le yard correspond au mètre** the yard corresponds to the metre
2 vi a (écrire) to correspond (*avec* with)
b (communiquer) [mers] to be linked; [chambres] to communicate (*avec* with)
c (Transport) **correspondre avec** to connect with
3 **se correspondre** vpr [chambres] to communicate (with one another); [éléments d'une symétrie] to correspond

corrida [kɔrida] → SYN nf bullfight; (* fig: désordre) carry-on* (Brit), to-do* ◆ (fig) **ça va être la (vraie) corrida!*** all hell will break loose*, there'll be a great carry-on* (Brit)

corridor [kɔridɔr] → SYN nm corridor, passage ◆ (Géog, Hist) **le corridor polonais** the Polish Corridor

corrigé [kɔriʒe] → SYN nm (Scol) [exercice] correct version; [traduction] fair copy ◆ **corrigés** (en fin de manuel) key to exercises; (livre du professeur) answer book; [examens] past papers

corriger [kɔriʒe] → SYN ▸ conjug 3 ◂ 1 vt a (repérer les erreurs de) manuscrit to correct, emend; (Typ) épreuves to correct, (proof)-read; (Scol) examen, dictée (repérer les erreurs de) to correct; (en notant) to mark
b (rectifier) erreur, défaut to correct, put right; théorie, jugement to put right; abus to remedy, put right, manières to improve; (Naut) compas to correct, adjust; (Aviat, Mil) trajectoire to correct; (Méd) vue, vision to correct ◆ **corriger ses actions** to mend one's ways ◆ (frm) **corriger une remontrance par un sourire** to soften a remonstrance with a smile ◆ (frm) **corriger l'injustice du sort** to mitigate the injustice of fate, soften the blows of unjust Fate (littér) ◆ (fig) **corrigé des variations saisonnières** seasonally adjusted → **tir**
c (guérir) **corriger qn de** défaut to cure ou rid sb of ◆ **tu ne le corrigeras pas à son âge** it's too late to make him change his ways now, he is a lost cause
d (punir) to thrash
2 **se corriger** vpr (devenir raisonnable) to mend one's ways ◆ **se corriger de** défaut to cure ou rid o.s. of

corrigible [kɔriʒibl] → SYN adj rectifiable, which can be put right

corroboration [kɔrɔbɔrasjɔ̃] → SYN nf corroboration

corroborer [kɔrɔbɔre] → SYN GRAMMAIRE ACTIVE 11.1 ▸ conjug 1 ◂ vt to corroborate

corrodant, e [kɔrɔdɑ̃, ɑ̃t] → SYN adj, nm corrosive

corroder [kɔrɔde] → SYN ▸ conjug 1 ◂ vt to corrode, eat into; (fig littér) to erode

corroi [kɔrwa] → SYN nm [cuir] currying

corrompre [kɔrɔ̃pr] → SYN ▸ conjug 41 ◂ 1 vt a (soudoyer) témoin, fonctionnaire to bribe, corrupt
b (frm: altérer) mœurs, jugement, jeunesse, texte to corrupt; langage to debase ◆ **mots corrompus par l'usage** words corrupted ou debased by usage
c air, eau, aliments to taint; (Méd) sang to contaminate
2 **se corrompre** vpr [mœurs, jeunesse] to become corrupt; [goût] to become debased; [aliments etc] to go off (Brit), go bad, become tainted

corrompu, e [kɔrɔ̃py] → SYN (ptp de **corrompre**) adj corrupt

corrosif, -ive [kɔrozif, iv] → SYN 1 adj acide, substance corrosive; (fig) ironie, œuvre, écrivain caustic, scathing
2 nm corrosive

corrosion [kɔrozjɔ̃] → SYN nf (lit) [métaux] corrosion; [rochers] erosion; (fig) [volonté etc] erosion

corroyage [kɔrwajaʒ] → SYN nm [cuir] currying; [métal] welding

corroyer [kɔrwaje] ▸ conjug 8 ◂ vt cuir to curry; métal to weld; bois to trim

corroyeur [kɔrwajœr] nm currier

corrupteur, -trice [kɔryptœr, tris] → SYN
1 adj (littér) spectacle, journal corrupting
2 nm,f (qui soudoie) briber; (littér: qui déprave) corrupter

corruptible [kɔryptibl] → SYN adj (littér) juges etc corruptible; (†) matière perishable

corruption [kɔrypsjɔ̃] → SYN nf a [juge, témoin] bribery, corruption ◆ **corruption de fonctionnaire** bribery of a public official
b (dépravation: → **corrompre**) (action) corruption; debasing; (résultat) corruption; debasement
c (décomposition) [aliments etc] decomposition; [sang] contamination

corsage [kɔrsaʒ] → SYN nm (chemisier) blouse; [robe] bodice

corsaire [kɔrsɛr] → SYN nm a (Hist: marin, navire) privateer
b (pirate) pirate, corsair
c **(pantalon) corsaire** breeches

Corse [kɔrs] nf Corsica

corse [kɔrs] 1 adj Corsican
2 nm (Ling) Corsican
3 nmf ◆ **Corse** Corsican

corsé, e [kɔrse] → SYN (ptp de **corser**) adj a vin full-bodied; café (parfumé) full-flavoured; (trop fort) too strong; mets, sauce spicy
b (scabreux) histoire spicy
c (*: intensif) addition high, steep* (attrib); exercice, problème tough ◆ **une intrigue corsée** a really lively intrigue

corselet [kɔrsəlɛ] nm a (cuirasse) cors(e)let; (vêtement) corselet
b (Zool) corselet

corser [kɔrse] → SYN ▸ conjug 1 ◂ vt a repas to make spicier, pep up*; vin to strengthen; boisson to spike; assaisonnement to pep up*
b difficulté to intensify, aggravate; histoire, intrigue, récit to liven up ◆ **l'histoire** ou **l'affaire se corse** the plot thickens! (hum) ◆ **le premier exercice est facile mais après ça se corse** the first exercise is easy but then it gets much tougher ◆ **les choses ont commencé à se corser quand il a voulu discuter le prix** things started to hot up* ou get lively* when he tried to haggle

corset [kɔrsɛ] → SYN nm (sous-vêtement) corset; (pièce de costume) bodice ◆ **corset orthopédique** ou **médical** surgical corset

corseter [kɔrsəte] → SYN ▸ conjug 5 ◂ vt (lit) to corset; (fig: enserrer) to constrain, constrict

corsetier, -ière [kɔrsətje, jɛr] nm,f corsetmaker

corso [kɔrso] → SYN nm ◆ **corso (fleuri)** procession of floral floats

cortège [kɔrtɛʒ] → SYN nm [fête, célébration] procession; [prince etc] cortège, retinue ◆ **cortège nuptial** bridal procession ◆ **cortège funèbre** funeral procession ou cortège ◆ **cortège de manifestants/grévistes** procession of demonstrators/strikers ◆ (fig littér)

cortège de malheurs / faillites trail of misfortunes / bankruptcies ◆ **cortège de visions / souvenirs** succession of visions / memories ◆ **la faillite et son cortège de licenciements** bankruptcy and the accompanying redundancies

cortex [kɔʀtɛks] nm cortex

cortical, e, mpl **-aux** [kɔʀtikal, o] adj (Anat, Bot) cortical

corticoïde [kɔʀtikɔid], **corticostéroïde** [kɔʀtikosteʀɔid] nm (Anat) corticoid, corticosteroid

corticosurrénale [kɔʀtikosyʀenal] nf adrenal cortex

corticothérapie [kɔʀtikoteʀapi] nf corticosteroid ou corticoid therapy

cortisone [kɔʀtizɔn] nf cortisone

corvéable [kɔʀveabl] → SYN adj (Hist) liable to the corvée → **taillable**

corvée [kɔʀve] → SYN nf **a** (Mil) (travail) fatigue (duty); (rare : soldats) fatigue party ◆ **être de corvée** to be on fatigue (duty) ◆ **corvée de vaisselle** (Mil) cookhouse fatigue; (hum) dishwashing duty ◆ **corvée de ravitaillement** supply duty ◆ **corvée de pommes de terre** ou **de patates*** spud-bashing (arg Mil) (NonC) ◆ **être de corvée de pommes de terre** ou **de patates*** to be on spud duty*
b (toute tâche pénible) chore, drudgery (NonC) ◆ **quelle corvée !** what drudgery!, what an awful chore!
c (Hist) corvée *(statute labour)*
d (Can) voluntary work, bee* (US, Can)

corvette [kɔʀvɛt] → SYN nf corvette → **capitaine**

corvidés [kɔʀvide] nmpl ◆ **les corvidés** corvine birds, the Corvidae (spéc)

corymbe [kɔʀɛ̃b] nm corymb

coryphée [kɔʀife] → SYN nm (Théât) coryphaeus

coryza [kɔʀiza] → SYN nm (Méd) coryza (spéc), cold in the head

COS [kɔs] nm (abrév de **coefficient d'occupation des sols**) → **coefficient**

cosaque [kɔzak] nm cossack

cosécante [kosekɑ̃t] nf cosecant

cosignataire [kosiɲatɛʀ] adj, nmf cosignatory

cosigner [kosiɲe] ▸ conjug 1 ◂ vt document [une personne] to be a joint signatory to (frm); [deux personnes] to be joint signatories to (frm), sign jointly ◆ **un document cosigné par X et Y** a document signed jointly by X and Y

cosinus [kosinys] nm cosine

cosmétique [kɔsmetik] → SYN adj, nm cosmetic

cosmétologie [kɔsmetɔlɔʒi] nf beauty care

cosmétologue [kɔsmetɔlɔg] nmf cosmetics expert

cosmique [kɔsmik] → SYN adj cosmic → **rayon**

cosmogonie [kɔsmɔgɔni] → SYN nf cosmogony

cosmogonique [kɔsmɔgɔnik] adj cosmogonic(al), cosmogonal

cosmographie [kɔsmɔgʀafi] nf cosmography

cosmographique [kɔsmɔgʀafik] adj cosmographic

cosmologie [kɔsmɔlɔʒi] nf cosmology

cosmologique [kɔsmɔlɔʒik] adj cosmological

cosmonaute [kɔsmɔnot] → SYN nmf cosmonaut

cosmopolite [kɔsmɔpɔlit] → SYN adj cosmopolitan

cosmopolitisme [kɔsmɔpɔlitism] → SYN nm cosmopolitanism

cosmos [kɔsmos] → SYN nm (univers) cosmos; (Aviat : espace) (outer) space

cossard, e* [kɔsaʀ, aʀd] → SYN **1** adj lazy
2 nm,f lazybones

cosse [kɔs] → SYN nf **a** [pois, haricots] pod, hull
b (Élec) terminal spade tag ◆ (Aut) **cosse de batterie** battery lead connection
c (* : flemme) lazy mood ◆ **avoir la cosse** to feel as lazy as anything, be in a lazy mood

cossu, e [kɔsy] → SYN adj personne well-off, well-to-do; maison rich-looking, opulent(-looking)

cossus [kɔsys] nm goat moth

costal, e, mpl **-aux** [kɔstal, o] adj (Anat) costal

costar(d)* [kɔstaʀ] nm suit ◆ (fig) **tailler un costar(d) à qn*** to run sb down behind his back

Costa Rica [kɔstaʀika] nm Costa Rica

costaricain, e [kɔstaʀikɛ̃, ɛn], **costaricien, -ienne** [kɔstaʀisjɛ̃, jɛn] **1** adj Costarican
2 nm,f ◆ **Costaricain(e), Costaricien(ne)** Costarican

costaud, e* [kɔsto, od] → SYN **1** adj (gén) strong, sturdy; vin strong ◆ **une voiture costaud** ou **costaude** a sturdy car
2 nm **a** (homme) strong ou sturdy ou strapping man
b **c'est du costaud** [alcool, tissu] it's strong stuff; [maison] it's strongly built
3 **costaude** nf strong ou sturdy ou strapping woman

costume [kɔstym] → SYN **1** nm **a** (régional, traditionnel etc) costume, dress ◆ **costume national** national costume ou dress ◆ (hum) **en costume d'Adam / d'Ève** in his / her birthday suit (hum)
b (Ciné, Théât) costume
c (complet) suit ◆ **costume deux / trois pièces** two-piece / three-piece suit ◆ **en costume-cravate** in coat and tie
2 COMP ▷ **costume de bain** bathing costume (Brit) ou suit ▷ **costume de cérémonie** ceremonial dress (NonC) ▷ **costume de chasse** hunting gear (NonC) ▷ **costume marin** sailor suit

costumé, e [kɔstyme] (ptp de **costumer**) adj personne (dans un bal) in fancy dress (Brit), in costume; (au théâtre) in costume ◆ **bal costumé** fancy-dress ball (Brit), costume ball (US)

costumer [kɔstyme] → SYN ▸ conjug 1 ◂ **1** vt ◆ **costumer qn en Indien** etc to dress sb up as a Red Indian etc
2 **se costumer** vpr (porter un déguisement) to put on fancy dress (Brit) ou a costume; [acteur] to get into costume ◆ **se costumer en Indien** etc to dress up as a Red Indian etc

costumier [kɔstymje] nm (fabricant, loueur) costumier, costumer; (Théât : employé) wardrobe master

costumière [kɔstymjɛʀ] nf (Théât) wardrobe mistress

cosy(-corner), pl **cosys** ou **cosy-corners** [kozi(kɔʀnœʀ)] nm corner divan *(with shelves attached)*

cotangente [kotɑ̃ʒɑ̃t] nf cotangent

cotation [kɔtasjɔ̃] → SYN nf [valeur boursière] quotation; [timbre, voiture] valuation; [devoir scolaire] marking (Brit), grading (US) ◆ **la cotation en Bourse de sa société** ou **des actions de sa société** the quoting of his firm ou his firm's shares on the stock exchange

cote [kɔt] → SYN **1** nf **a** (fixation du prix) [valeur boursière] quotation; [timbre, voiture d'occasion] quoted value ◆ (Bourse : liste) **consulter la cote** to look at the share prices ◆ **inscrit à la cote** quoted (Brit) ou listed (US) on the stock exchange list → **hors**
b (évaluation) [devoir scolaire] mark; (Courses) [cheval] odds (*de* on) ◆ [film] **cote (morale)** rating ◆ **la cote de Lucifer est de 7 contre 1** the odds on Lucifer are 7 to 1
c (popularité) rating, standing ◆ **avoir une bonne** ou **grosse cote** to be (very) highly thought of, be highly rated (*auprès de* by), have a high standing (*auprès de* with) ◆ **avoir la cote*** to be very popular (*auprès de* with), be very well thought of ou highly rated (*auprès de* by) ◆ **sa cote (de popularité) est en baisse** his popularity is on the decline ou wane
d (sur une carte : altitude) spot height; (sur un croquis : dimension) dimensions ◆ **il y a une cote qui est effacée** one of the dimensions has got rubbed out ◆ **l'ennemi a atteint la cote 215** the enemy reached hill 215 ◆ **les explorateurs ont atteint la cote 4 550 / -190** the explorers reached the 4,550-metre mark above sea level / 190-metre mark below ground
e (marque de classement) (gén) classification mark, serial number ou mark; [livre de bibliothèque] class(ification) mark (Brit) ou number (US), shelf mark, pressmark (Brit)
f (part) (Fin) **cote mobilière / foncière** property / land assessment → **quote-part**
2 COMP ▷ **cote d'alerte** (lit) [rivière] danger mark ou level, flood level; (fig) [prix] danger mark; (fig) [situation] crisis point ▷ **cote d'amour** ◆ **ce politicien a la cote d'amour** this politician has the highest popularity rating ou stands highest in the public's affection ▷ **cote mal taillée** (fig) rough-and-ready settlement

côte [kot] → SYN nf **a** (Anat) rib ◆ **côtes flottantes** floating ribs ◆ **vraie / fausse côte** true / false rib ◆ **on peut lui compter les côtes, on lui voit les côtes** he's all skin and bone ◆ (fig) **avoir les côtes en long** to feel stiff ◆ (fig) **se tenir les côtes (de rire)** to split one's sides (with laughter) ◆ **côte à côte** side by side → **caresser**
b (Boucherie) [bœuf] rib; [veau, agneau, mouton, porc] chop ◆ **côte première** loin chop → **faux**[2]
c (nervure) [chou, tricot, coupole] rib ◆ **veste à côtes** ribbed jacket ◆ **velours à larges côtes** wide rib ou wale (US) corduroy ◆ **faire les poignets en côtes** to rib the cuffs
d (pente) [colline] slope, hillside; (Aut) [route] hill ◆ **il a dû s'arrêter dans la côte** he had to stop on the hill ◆ **ne pas dépasser au sommet d'une côte** do not overtake on the brow of a hill (Brit) ou on an uphill slope (US) ◆ (Aut) **en côte** on a hill → **course, démarrage**
e (littoral) coast; (ligne du littoral) coastline ◆ **les côtes de France** the French coast(s) ou coastline ◆ **la Côte (d'Azur)** the (French) Riviera ◆ **la côte d'Émeraude** the northern coast of Brittany ◆ **la Côte-d'Ivoire** the Ivory Coast ◆ **la côte-de-l'Or** (†) the Gold Coast ◆ **côte rocheuse / découpée / basse** rocky / indented / low coastline ◆ **sur la côte** ou **les côtes, il fait plus frais** it is cooler along ou on ou at the coast ◆ **la route qui longe la côte** the coast road ◆ (Naut) **aller à la côte** to run ashore ◆ (fig) **être à la côte†** to be down to ou have hit rock-bottom, be on one's beam-ends

côté [kote] → SYN GRAMMAIRE ACTIVE 5.3, 26.3, 26.5
1 nm **a** (partie du corps) side ◆ **être blessé au côté** to be wounded in the side ◆ **l'épée au côté** (with) his sword by his side ◆ **être couché sur le côté** to be lying on one's side ◆ **à son côté** at his side, beside him ◆ **aux côtés de** by the side of → **point**[1]
b (face, partie latérale) [objet, route, feuille] side ◆ **de chaque côté** ou **des deux côtés de la cheminée** on each side ou on both sides of the fireplace ◆ **il a sauté de l'autre côté du mur / du ruisseau** he jumped over the wall / across the stream ◆ **le bruit vient de l'autre côté de la rivière / de la pièce** the sound comes from across ou over the river ou from the other side of the river / from the other side of the room ◆ **de l'autre côté de la forêt il y a des prés** on the other side of the forest ou beyond the forest there are meadows ◆ (fig) **de l'autre côté de la barricade** ou **de la barrière** on the other side of the fence ◆ (Sport) **le côté fermé, le petit côté** the inside ◆ (Sport) **le côté ouvert, le grand côté** the outside ◆ (Naut) **un navire sur le côté** a ship on her beam-ends
c (aspect) side, point ◆ **le côté pratique / théorique** the practical / theoretical side ◆ **les bons et les mauvais côtés de qn / de qch** the good and bad sides ou points of sb / sth ◆ **il a un côté sympathique** there's a likeable side to him ◆ **son attitude / ce film a un côté pervers** there's something perverse about his attitude / this film ◆ **prendre qch du bon / mauvais côté** to take sth well / badly ◆ **prendre qn par son côté faible** to attack sb's weak spot ◆ **par certains côtés** in some respects ou ways ◆ **de ce côté(-là)** in that respect ◆ **d'un côté ... d'un autre côté ...** (alternative) on (the) one hand ... on the other hand ...; (hésitation) in one respect ou way ... in another respect ou way ... ◆ **(du) côté santé tout va bien*** healthwise* ou as far as health is concerned everything is fine
d (parti, branche familiale) side ◆ **se ranger** ou **se mettre du côté du plus fort** to side with the strongest ◆ **du côté paternel** on his father's side

e (précédé de *de:* direction) way, direction, side ◆ **de ce côté-ci / -là** this / that way ◆ **de l'autre côté** the other way, in the other direction ◆ **nous habitons du côté de la poste** we live in the direction of the post office ◆ **le vent vient du côté de la mer / du côté opposé** the wind is blowing from the sea / from the opposite direction ◆ **ils se dirigeaient du côté des prés / du côté opposé** they were heading towards the meadows / in the opposite direction ◆ **venir de tous côtés** to come from all directions ◆ **assiégé de tous côtés** besieged on ou from all sides ◆ **chercher qn de tous côtés** to look for sb everywhere ou all over the place, search high and low for sb ◆ (Littérat) **"Du côté de chez Swann"** "Swann's Way" ◆ (fig) **je l'ai entendu dire de divers côtés** I've heard it from several quarters ou sources ◆ **de côté et d'autre** here and there ◆ (fig) **de mon côté, je ferai tout pour l'aider** for my part, I'll do everything I can to help him ◆ **renseigne-toi de ton côté, je me renseignerai du mien** you find out what you can and I'll do the same ◆ (fig) **voir de quel côté vient le vent** to see which way the wind is blowing ◆ **côté du vent** windward side ◆ **côté sous le vent** leeward side ◆ **ils ne sont pas partis du bon côté** they didn't go the right way ou in the right direction

f (Théât) **côté cour** prompt side (Brit), stage left ◆ **côté jardin** opposite prompt side (Brit), stage right ◆ **un salon côté jardin / côté rue** a room overlooking the garden / overlooking the street

2 **à côté** adv **a** (proximité) nearby; (pièce ou maison adjacente) next door ◆ **la maison / les gens (d') à côté** the house / the people next door ◆ **nos voisins d'à côté** our next-door neighbours ◆ **à côté de** next to, beside ◆ **l'hôtel est (tout) à côté** the hotel is just close by

b (en dehors du but) **ils ont mal visé, les bombes sont tombées à côté** their aim was bad and the bombs went astray ou fell wide ◆ **à côté de la cible** off target, wide of the target ◆ (fig) **il a répondu à côté de la question** (sans le faire exprès) his answer was off the point; (intentionnellement) he avoided the question ◆ **on passe à côté de beaucoup de choses en ne voyageant pas** you miss a lot by not travelling ◆ **être à côté de la plaque*** to misjudge things, be wide of the mark, have got it all wrong*

c (en comparaison) by comparison ◆ **à côté de** compared to, by comparison with, beside ◆ **leur maison est grande à côté de la nôtre** their house is big compared to ours ◆ **il est paresseux, à côté de ça il aime son travail*** he is lazy, but on the other hand he does like his work

3 **de côté** adv **a** (de travers) marcher, regarder, se tourner sideways ◆ **un regard de côté** a sidelong look ◆ **porter son chapeau de côté** to wear one's hat (tilted) to ou on one side

b (en réserve) mettre, garder aside ◆ **mettre de l'argent de côté** to put money by ou aside

c (à l'écart) **se jeter de côté** to leap aside ou to the ou one side ◆ **laisser qn / qch de côté** to leave sb / sth aside ou to one side ou out

coté, e [kɔte] (ptp de **coter**) adj ◆ **être bien coté** to be highly thought of ou rated ou considered ◆ **être mal coté** not to be thought much of, not to be highly thought of ou rated ou considered ◆ **historien (très) coté** historian who is (very) highly thought of ou rated ou considered, historian who is held in high esteem ◆ **vin (très) coté** highly-rated wine

coteau, pl **coteaux** [kɔto] → SYN nm (colline) hill; (versant) slope, hillside → **flanc**

côtelé, e [kot(ə)le] adj ribbed → **velours**

côtelette [kotlɛt] nf **a** (Culin) [porc, agneau, mouton, veau] cutlet

b (favoris) **côtelettes***† mutton chops

coter [kɔte] → SYN ▸conjug 1◂ **1** vt **a** valeur boursière to quote; timbre-poste, voiture d'occasion to quote the market price of; cheval to put odds on; (Scol) devoir to mark; film, roman to rate ◆ **coté en Bourse** quoted on the stock exchange ◆ **voiture trop vieille pour être cotée à l'Argus** car which is too old to be listed *(in the secondhand car book)* ou in the Blue Book (US)

b carte to put spot heights on; croquis to mark in the dimensions on

c pièce de dossier to put a classification mark ou serial number ou serial mark on; livre de bibliothèque to put a class(ification) mark (Brit) ou number (US) ou shelf-mark ou pressmark (Brit) on

2 vi ◆ (Bourse) **valeur qui cote 500 F** share quoted at 500 francs

coterie [kɔtʀi] → SYN nf (gén péj) set ◆ **coterie littéraire** literary coterie ou clique ou set

cothurne [kɔtyʀn] → SYN nm buskin

cotice [kɔtis] nf cotise

cotidal, e, mpl **-aux** [kɔtidal, o] adj cotidal

côtier, -ière [kotje, jɛʀ] adj pêche inshore; navigation, région, fleuve coastal ◆ **(bateau) côtier** coaster

cotignac [kɔtiɲak] → SYN nm (confiture) quince preserves (Brit) ou jam

cotillon [kɔtijɔ̃] → SYN nm **a** (serpentins etc) **accessoires de cotillon, cotillons** party novelties *(confetti, streamers, paper hats etc)*

b (††: jupon) petticoat → **courir**

c (danse) cotillion, cotillon

cotinga [kɔtɛ̃ga] nm cotinga, chatterer

cotisant, e [kɔtizɑ̃, ɑ̃t] nm,f (→ **cotisation**) subscriber; contributor ◆ **seuls les cotisants ont ce droit** only those who pay their subscriptions (*ou* dues ou contributions) have this right

cotisation [kɔtizasjɔ̃] → SYN nf (quote-part) [club] subscription; [syndicat] subscription, dues; [Sécurité sociale, pension] contributions ◆ **la cotisation est obligatoire** one must pay one's subscription (ou dues ou contributions)

cotiser [kɔtize] → SYN ▸conjug 1◂ **1** vi (dans un club) to subscribe, pay one's subscription; (à la Sécurité sociale) to pay one's contributions (*à* to) ◆ **tu as cotisé pour le cadeau?** did you chip in for the gift?*

2 **se cotiser** vpr to club together

côtoiement [kotwamɑ̃] nm **a** (→ **côtoyer**) ◆ **ces côtoiements quotidiens avec les artistes l'avaient rendu plus sensible** this daily mixing ou these daily encounters with artists had made him more sensitive ◆ **ces côtoiements quotidiens avec la mort / l'illégalité l'avaient rendu intrépide** these daily brushes with death / illegality had made him fearless

b (→ **se côtoyer**) ◆ **le côtoiement de la farce et du tragique** the meeting ou closeness of farce and tragedy

coton [kɔtɔ̃] → SYN nm **a** (plante, fil) cotton ◆ **coton à broder** embroidery thread ◆ **coton à repriser** darning thread ou cotton ◆ **coton hydrophile** cotton wool (Brit), absorbent cotton (US) ◆ **robe de** ou **en coton** cotton dress

b (tampon) (cotton-wool (Brit) ou cotton (US)) swab ◆ **mets un coton dans ton nez** put some ou a bit of cotton wool (Brit) ou cotton (US) in your nose

c LOC **avoir du coton dans les oreilles*** to be deaf, have cloth ears* (Brit) ◆ **j'ai les bras / jambes en coton** my arms / legs feel like jelly ou cotton wool (Brit) ◆ **c'est coton*** it's tricky* → **élever, filer**

cotonnade [kɔtɔnad] nf cotton (fabric)

cotonner (se) [kɔtɔne] ▸conjug 1◂ vpr [lainage] to fluff up, lint (US)

cotonnerie [kɔtɔnʀi] nf (culture) cotton growing; (champ) cotton plantation; (fabrique) cotton mill

cotonneux, -euse [kɔtɔnø, øz] → SYN adj **a** fruit, feuille downy

b (fig) brouillard wispy; nuage fluffy, fleecy, cotton-wool (Brit) (épith); bruit muffled

cotonnier, -ière [kɔtɔnje, jɛʀ] **1** adj cotton (épith)

2 nm (Bot) cotton plant

coton-poudre, pl **cotons-poudres** [kɔtɔ̃pudʀ] nm gun cotton

Coton-tige ®, pl **Cotons-tiges** [kɔtɔ̃tiʒ] nm cotton bud (Brit), 2-tip ® (US), cotton swab

côtoyer [kotwaje] → SYN ▸conjug 8◂ **1** vt **a** (être à côté de) to be next to; (fréquenter) to mix with, rub shoulders with ◆ **côtoyer le danger** to rub shoulders with danger

b (longer) (en voiture, à pied etc) to drive (*ou* walk etc) along ou alongside; [rivière] to run ou flow alongside; [route] to skirt, run along ou alongside

c (fig: frôler) [personne] to be close to; [procédé, situation] to be bordering ou verging on ◆ **cela côtoie la malhonnêteté** that is bordering ou verging on dishonesty ◆ **il aime à côtoyer l'illégalité** he likes to do things that verge on illegality ou that come close to being illegal

2 **se côtoyer** vpr [individus] to mix, rub shoulders; [genres, extrêmes] to meet, come close

cotre [kɔtʀ] → SYN nm (Naut) cutter

cottage [kɔtɛdʒ] → SYN nm cottage

cotte [kɔt] → SYN nf **a** (Hist) **cotte de mailles** coat of mail ◆ **cotte d'armes** coat of arms, *surcoat*

b (salopette) (pair of) dungarees (Brit), overalls; (††: jupe) petticoat

cotutelle [kotytɛl] nf joint guardianship

cotuteur, -trice [kotytœʀ, tʀis] nm,f joint guardian

cotyle [kɔtil] nm ou f (Anat) acetabulum

cotylédon [kɔtiledɔ̃] nm (Anat, Bot) cotyledon

cotyloïde [kɔtilɔid] adj cotyloid(al)

cou [ku] → SYN nm (Anat, Couture, de bouteille) neck ◆ **porter qch au cou** ou **autour du cou** to wear sth round one's neck ◆ **elle a un vrai cou de girafe** she's got a neck like a giraffe ◆ **jusqu'au cou** (lit) up to one's neck ◆ (fig) **endetté jusqu'au cou** up to one's eyes in debt, in debt up to the hilt ◆ **être impliqué jusqu'au cou dans un scandale** to be heavily implicated in a scandal ◆ **il est impliqué jusqu'au cou** he's in it up to his neck* ◆ **sauter** ou **se jeter au cou de qn** to throw one's arms around sb's neck, fall on sb's neck → **bride, casser, taureau** etc

couac [kwak] → SYN nm (Mus) [instrument] false note, goose note (Brit); [voix] false note ◆ (fig) **il y a eu des couacs pendant les discussions avec les syndicats** there were moments of discord during the talks with the unions

couard, couarde [kwaʀ, kwaʀd] → SYN (frm) **1** adj cowardly ◆ **il est trop couard pour cela** he's too cowardly ou too much of a coward for that

2 nm,f coward

couardise [kwaʀdiz] → SYN nf (frm) cowardice

couchage [kuʃaʒ] nm **a** (lit) bed ◆ (installation pour la nuit) **il faudra organiser le couchage en route** we'll have to organize our sleeping arrangements on the way ◆ **matériel de couchage** sleeping equipment, bedding ◆ lit **pour couchage 90 / 135** for mattress size 90 / 135 cm → **sac¹**

b (péj: gén pl) ⇒ **coucherie**

couchailler* [kuʃaje] ▸conjug 1◂ vi (péj) to sleep around*

couchant [kuʃɑ̃] → SYN **1** adj ◆ **soleil couchant** setting sun ◆ **au soleil couchant** at sundown (US) ou sunset → **chien**

2 nm (ouest) west; (aspect du ciel, à l'ouest) sunset

couche [kuʃ] → SYN nf **a** (épaisseur) [peinture] coat; [beurre, fard, bois, neige] layer; (Culin) layer ◆ **ils avaient une couche épaisse de crasse** they were thickly covered in ou coated with dirt, they were covered in a thick layer of dirt ◆ (fig) **en tenir** ou **avoir une couche*** to be really thick* (Brit) ou dumb*

b (Horticulture) hotbed → **champignon**

c (zone superposée) layer, stratum; (catégories sociales) level, stratum ◆ **la couche d'ozone** the ozone layer ◆ **couches de l'atmosphère** layers ou strata of the atmosphere ◆ (Bot) **couches ligneuses** woody ou ligneous layers ◆ **dans toutes les couches de la société** at all levels of society, in every social stratum

d [bébé] nappy (Brit), diaper (US) ◆ **couche-culotte** disposable nappy (Brit) ou diaper (US)

e (Méd: accouchement) **couches** confinement ◆ **mourir en couches** to die in childbirth ◆ **une femme en couches** a woman in labour ◆ **elle a eu des couches pénibles** she had a difficult confinement ou labour → **faux², retour**

f (littér: lit) bed ◆ **une couche de feuillage** a bed of leaves

couché, e [kuʃe] (ptp de **coucher**) adj **a** (étendu) lying (down); (au lit) in bed ◆ **Rex, couché!** lie down, Rex! ◆ **couché sur son guidon** bent over his handlebars
b (penché) écriture sloping, slanting
c → **papier**

coucher [kuʃe] → SYN ▸ conjug 1 ◂ **1** vt **a** (mettre au lit) to put to bed; (donner un lit) to put up ◆ **on peut vous coucher** we can put you up, we can offer you a bed ◆ **nous pouvons coucher 4 personnes** we can put up ou sleep 4 people ◆ **on peut coucher à 5 dans le bateau / la maison** the boat / the house sleeps 5 → **nom**
b (étendre) blessé to lay out; échelle etc to lay down; bouteille to lay on its side ◆ **il y a un arbre couché en travers de la route** there's a tree lying across the road ◆ **la rafale a couché le bateau** the gust of wind made the boat keel over ou keeled the boat over ◆ **le vent a couché les blés** the wind has flattened the corn → **joue**
c (frm: inscrire) to inscribe ◆ **coucher qn dans un testament** to name sb in a will ◆ **coucher qn sur une liste** to inscribe ou include sb's name on a list ◆ **coucher un article dans un contrat** to insert a clause into a contract
d (Horticulture) branches to layer
2 vi **a** (passer la nuit, séjourner) to sleep ◆ **nous avons couché à l'hôtel / chez des amis** we spent the night at a hotel / with friends, we slept (the night) ou put up at a hotel / at friends' ◆ **nous couchions à l'hôtel / chez des amis** we were staying in a hotel / with friends ◆ **coucher sous la tente** to sleep under canvas ◆ **il faudra qu'il couche par terre** he'll have to sleep on the floor ◆ **ma voiture couche dehors*** my car stays outside at night → **beau**
b (*: se coucher) to go to bed ◆ **cela nous a fait coucher très tard** that kept us up very late
c (*: avoir des rapports sexuels) **coucher avec qn** to sleep ou go to bed with sb ◆ **ils couchent ensemble** they sleep together ◆ **c'est une fille sérieuse, qui ne couche pas** she's a sensible girl and she doesn't sleep around
3 se coucher vpr **a** (aller au lit) to go to bed ◆ **se coucher comme les poules** to go to bed early ou when the sun goes down → **comme**
b (s'étendre) to lie down ◆ **va te coucher!*** clear off!* ◆ **il m'a envoyé (me) coucher*** he sent me packing* ◆ **il se coucha sur l'enfant pour le protéger** he lay on top of the child to protect him ◆ (Sport) **se coucher sur les avirons / le guidon** to bend over the oars / the handlebars ◆ **un poteau s'est couché au travers de la route** there is a post lying across the road ◆ (péj) **se coucher devant qn*** to crawl to sb, grovel before sb
c [soleil, lune] to set, go down
d (Naut) [bateau] to keel over
e (s'incliner) (Cartes) (gén) to throw in one's hand; (Poker) to fold
4 nm **a** (moment) **surveiller le coucher des enfants** to see the children into bed ◆ **le coucher était toujours à 9 heures** bedtime was always at 9 o'clock ◆ (Hist) **le coucher du roi** the king's going-to-bed ceremony
b (†: logement) accommodation ◆ **le coucher et la nourriture** board and lodging
c (au) coucher du soleil (at) sunset ou sundown (US) ◆ **le soleil à son coucher** the setting sun

coucherie [kuʃʀi] → SYN nf (gén pl: péj) sleeping around (NonC)

couche-tard* [kuʃtaʀ] nmf inv night owl*

couche-tôt* [kuʃto] nmf inv ◆ **c'est un couche-tôt*** he's an early-bedder* (Brit), he always goes to bed early

couchette [kuʃɛt] → SYN nf (Rail) couchette, berth; (Naut) [voyageur] couchette, berth; [marin] bunk

coucheur [kuʃœʀ] nm → **mauvais**

couci-couça* [kusikusa] adv so-so*

coucou [kuku] → SYN **1** nm **a** (oiseau) cuckoo; (pendule) cuckoo clock; (péj: avion) (old) crate* ◆ **il est maigre comme un coucou*** he's as thin as a rake ou a lath
b (fleur) cowslip
2 excl ◆ **coucou (me voici)!** peek-a-boo!

coude [kud] → SYN nm **a** (Anat, partie de la manche) elbow ◆ **coudes au corps** (lit) (with one's) elbows in; (fig: courir) at the double ◆ (fig) **se tenir** ou **serrer les coudes** to show great solidarity, stick together ◆ **coup de coude** nudge ◆ **prendre un coup de coude dans la figure** to get an elbow in the face ◆ **écarter qn d'un coup de coude** to elbow sb out of the way ◆ **d'un coup de coude il attira son attention** he nudged him to attract his attention ◆ **donner un coup de coude à qn** (légèrement) to give sb a nudge, nudge sb; (plus brutalement) to elbow sb ◆ **coude à coude** travailler shoulder to shoulder, side by side ◆ [coureurs, candidats] **être au coude à coude** to be neck and neck ◆ **j'ai** ou **je garde votre dossier sous le coude** I am holding on to your file ◆ **j'ai toujours ce dictionnaire sous le coude** I always keep this dictionary handy → **doigt, huile** etc
b [route, rivière] bend; [tuyau, barre] bend

coudé, e [kude] → SYN (ptp de **couder**) adj tuyau, barre angled, bent at an angle, with a bend in it

coudée [kude] nf (††) cubit†† ◆ (fig) **avoir ses** ou **les coudées franches** to have elbow room ◆ (fig) **dépasser qn de cent coudées†** to stand head and shoulders above sb, be worth a hundred times more than sb

cou-de-pied, pl **cous-de-pied** [kud(ə)pje] nm instep

couder [kude] → SYN ▸ conjug 1 ◂ vt tuyau, barre de fer to put a bend in, bend (at an angle)

coudière [kudjɛʀ] nf elbow pad

coudoiement [kudwamɑ̃] → SYN nm (close) contact, rubbing shoulders, mixing

coudoyer [kudwaje] → SYN ▸ conjug 8 ◂ vt gens to rub shoulders with, mix with, come into contact with ◆ (fig) **dans cet article, la stupidité coudoie la mesquinerie la plus révoltante** in this article, stupidity stands side by side with the most despicable pettiness

coudraie [kudʀɛ] → SYN nf hazel tree grove

coudre [kudʀ] → SYN ▸ conjug 48 ◂ vt pièces de tissu to sew (together); pièce, bouton to sew on; vêtement to sew up, stitch up; (Reliure) cahiers to stitch; (Méd) plaie to sew up, stitch (up) ◆ **coudre un bouton / une pièce à une veste** to sew a button / patch on a jacket ◆ **coudre une semelle (à l'empeigne)** to stitch a sole (to the upper) ◆ **coudre à la main / à la machine** to sew by hand / by machine → **dé, machine**

coudrier [kudʀije] nm hazel tree

Coué [kwe] npr ◆ **méthode Coué** autosuggestion, Couéism

couenne [kwan] → SYN nf **a** [lard] rind
b (*: peau) hide*
c (Méd) [peau] membrane

couenneux, -euse [kwanø, øz] → SYN adj → **angine**

couette [kwɛt] → SYN nf **a** [cheveux] **couettes** bunches
b (Tech) bearing; (Naut) ways (pl)
c [lit] continental quilt, duvet, comforter (US)

couffin [kufɛ̃] → SYN nm [bébé] Moses basket; (†: cabas) (straw) basket

coufique [kufik] adj, nm Kufic, Cufic

coug(o)uar [kugwaʀ] nm cougar

couic [kwik] excl erk!, squeak ◆ **je n'y comprends que couic*** I don't understand a blooming* (Brit) ou darn* (US) thing ◆ (mourir) **faire couic*** to croak*

couille** [kuj] nf **a** (testicule) (gén pl) ball** ◆ **couilles** balls**, bollocks** ◆ (fig: courage) **avoir des couilles** to have balls** ◆ **c'est une couille molle** he has no balls** ◆ **se faire des couilles en or** to get filthy rich*
b (erreur) balls-up** (Brit), ball-up** (US) ◆ **faire une couille** to screw up*, fuck up**
c (empêchement, problème) **il y a une couille** something has cropped up ◆ **ça part** ou **se barre en couilles, son affaire** his business is going down the drain*

couillon* [kujɔ̃] **1** adj bloody stupid*
2 nm bloody (Brit) ou damn idiot* ou cretin*

couillonnade* [kujɔnad] nf (action) boob*; (propos) bullshit** (NonC)

couillonner* [kujɔne] ▸ conjug 1 ◂ vt to do* (Brit), con* ◆ **on t'a couillonné, tu t'es fait couillonner** you've been had* ou done* (Brit) ou conned*

couinement [kwinmɑ̃] → SYN nm (→ **couiner**) squealing (NonC), squeal; creaking; whining (NonC), whine

couiner [kwine] → SYN ▸ conjug 1 ◂ vi [animal] to squeal; [porte] to creak; (péj) [enfant] to whine

coulage [kulaʒ] → SYN nm **a** [cire, ciment] pouring; [statue, cloche] casting
b (Écon) (gaspillage) waste; (vol) pilferage

coulant, e [kulɑ̃, ɑ̃t] → SYN **1** adj **a** pâte runny; (fig) vin smooth; (fig) style (free-)flowing, smooth → **nœud**
b (*: indulgent) personne easy-going
2 nm **a** [ceinture] sliding loop
b (Bot) runner

coule [kul] → SYN nf **a** (*) **être à la coule** to know the ropes, know the tricks of the trade
b (capuchon) cowl

coulé, e [kule] (ptp de **couler**) **1** adj → **brasse**
2 nm (Mus) slur; (Danse) glide; (Billard) follow
3 coulée nf [métal] casting ◆ **coulée de lave** lava flow ◆ **coulée de boue / neige** mud / snowslide ◆ [peinture] **il y a une coulée** the paint has run ◆ **il y a des / 3 coulées** the paint has run (in several places) / in 3 places

coulemelle [kulmɛl] → SYN nf parasol mushroom

couler [kule] → SYN ▸ conjug 1 ◂ **1** vi **a** [liquide] to run, flow; [sang] to flow; [larmes] to run down, flow; [sueur] to run down; [fromage, bougie] to run; [rivière] to flow ◆ **la sueur coulait sur son visage** perspiration was running down ou (plus fort) pouring down his face ◆ **couler à flots** [vin, champagne] to be flowing freely ◆ (fig) **le sang a coulé** blood has been shed
b faire couler eau to run ◆ **faire couler un bain** to run a bath, run water for a bath ◆ (fig) **faire couler le sang** to cause bloodshed ◆ (fig) **ça a fait couler beaucoup d'encre** it caused much ink to flow ◆ (fig) **ça fera couler de la salive** that'll cause some tongue-wagging ou set (the) tongues wagging
c [robinet] to run; (fuir) to leak; [récipient, stylo] to leak ◆ **ne laissez pas couler les robinets** don't leave the taps running ou the taps on ◆ **il a le nez qui coule** his nose is running, he has a runny ou running nose
d [paroles] to flow; [roman, style] to flow (along) ◆ **couler de source** (être clair) to be obvious; (s'enchaîner) to follow naturally
e [vie, temps] to slip by, slip past
f [bateau, personne] to sink; [entreprise] to go under, fold ◆ **couler à pic** to sink straight to the bottom
2 vt **a** cire, ciment to pour; métal to cast; statue, cloche to cast ◆ (Aut) **couler une bielle** to run a big end
b (passer) **couler une existence paisible / des jours heureux** to enjoy a peaceful existence / happy days
c bateau to sink, send to the bottom; (fig) (discréditer) personne to discredit; (*: faire échouer) candidat to bring down; entrepreneur, firme to wreck, ruin ◆ **c'est son accent / l'épreuve de latin qui l'a coulé*** it was his accent / the Latin paper that brought him down
d (glisser) regard, sourire to steal; pièce de monnaie to slip
e (filtrer) liquide to pour
3 se couler vpr **a** (se glisser) **se couler dans / à travers** to slip into / through ◆ (fig) [personne] **se couler dans un moule** to conform to a norm
b se la couler douce* to have it easy*, have an easy time (of it)*

couleur [kulœʀ] → SYN **1** nf **a** colour; (nuance) shade, tint, hue (littér) ◆ **les couleurs fondamentales / complémentaires** the primary / complementary colours ◆ **une robe**

de couleur claire / sombre / bleue a light- / dark-coloured / blue dress ◆ **une belle couleur rouge** a beautiful shade of red, a beautiful red tint ◆ **aux couleurs délicates** delicately coloured, with delicate colours ◆ **film / cartes en couleurs** colour film / postcards ◆ **vêtements noirs ou de couleur** dark or colourful clothes ◆ (linge de couleur) **la couleur, les couleurs** coloureds ◆ **je n'aime pas les couleurs de son appartement** I don't like the colour scheme ou the colours in his flat ◆ **se faire faire sa** ou **une couleur** to have one's hair coloured → **goût**

b (peinture) paint ◆ **couleurs à l'eau / à l'huile** watercolours / oil colours, water / oil paint ◆ **boîte de couleurs** paintbox, box of paints → **crayon, marchand**

c (carnation) **couleurs** colour ◆ **avoir des couleurs** to have a good colour ◆ **perdre ses / (re)prendre des couleurs** to lose / get back one's colour ◆ (bronzage) **tu as pris des couleurs** you've caught the sun → **changer, haut**

d (NonC: vigueur) colour ◆ **ce récit a de la couleur** this tale is colourful ◆ **sans couleur** colourless

e (caractère) colour, flavour ◆ **le poème prend soudain une couleur tragique** the poem suddenly takes on a tragic colour ou note

f (Pol: étiquette) colour ◆ **on ne connaît guère la couleur de ses opinions** hardly anything is known about the colour of his opinions

g (Cartes) suit → **annoncer**

h (Sport) [club, écurie] **couleurs** colours ◆ **les couleurs** (drapeau) the colours

i couleur locale local colour ◆ **ces costumes font très couleur locale** these costumes give plenty of local colour

j LOC **homme / femme de couleur** coloured man / woman ◆ **sous couleur de qch** under the guise of sth ◆ **sous couleur de faire** while pretending to do ◆ **montrer / présenter qch sous de fausses couleurs** to show / present sth in a false light ◆ **décrire** ou **peindre qch sous les plus sombres / vives couleurs** to paint the darkest / rosiest picture of sth, paint sth in the darkest / rosiest colours ◆ **l'avenir se présente sous les plus sombres couleurs** the future looms very dark ou looks very gloomy ◆ **elle n'a jamais vu la couleur de son argent*** she's never seen the colour of his money* ◆ **il m'a promis un cadeau mais je n'en ai jamais vu la couleur*** he promised me a present but I've yet to see it → **voir**

2 adj inv ◆ **des yeux couleur d'azur** sky-blue eyes ◆ **tissu couleur cyclamen / mousse** cyclamen-coloured / moss-green material ◆ **couleur chair** flesh-coloured, flesh (épith) ◆ **couleur paille** straw-coloured

couleuvre [kulœvʀ] [→ SYN] nf ◆ **couleuvre (à collier)** grass snake ◆ **couleuvre lisse** smooth snake ◆ **couleuvre vipérine** viperine snake → **avaler**

couleuvrine [kulœvʀin] [→ SYN] nf (Hist) culverin

coulis [kuli] [→ SYN] **1** adj m → **vent**

2 nm **a** (Culin) **coulis de framboise / de cassis** ≃ raspberry / blackcurrant sauce ◆ **coulis de tomates** ≃ tomato purée ◆ **coulis d'écrevisses** crayfish bisque

b (Tech) (mortier) grout ; (métal) molten metal (filler)

coulissant, e [kulisɑ̃, ɑ̃t] adj porte, panneau sliding (épith)

coulisse [kulis] [→ SYN] nf **a** (Théât: gén pl) wings ◆ **en coulisse, dans les coulisses** (Théât) in the wings ; (fig) behind the scenes ◆ (fig) **les coulisses de la politique** what goes on behind the political scene(s) ◆ (fig) **rester dans la coulisse** to work behind the scenes

b [porte, tiroir] runner ; [rideau] top hem ; [robe] casing ; (panneau mobile) sliding door ; (Tech: glissière) slide ◆ **porte à coulisse** sliding door ◆ (fig) **regard en coulisse** sidelong glance ou look → **pied, trombone**

c (Bourse) unofficial Stock Market

coulisseau, pl **coulisseaux** [kuliso] nm [tiroir] runner ; (Tech) slide

coulisser [kulise] [→ SYN] ▸ conjug 1 ◂ **1** vt tiroir, porte to provide with runners ; rideau to hem (the top of) ◆ **jupe coulissée** skirt with a draw-string waist

2 vi [porte, rideau, tiroir] to slide, run

coulissier [kulisje] [→ SYN] nm unofficial broker

couloir [kulwaʀ] [→ SYN] nm [bâtiment] corridor, passage ; [wagon] corridor ; [avion, train] aisle ; [appareil de projection] channel, track ; (Athlétisme, Natation) lane ; (Géog) gully, couloir (spéc) ; (Tennis) alley, tramlines (Brit) ; (Ski) corridor ; (pour bus, taxi) lane ◆ **couloir aérien** air (traffic) lane ◆ **couloir humanitaire** humanitarian (land) corridor ◆ **couloir de navigation** shipping lane ◆ (Géog) **couloir d'avalanches** avalanche corridor ◆ (Pol etc) **bruits de couloir(s)** rumours ◆ (Pol etc) **intrigues de couloir(s)** backstage manoeuvring

coulomb [kulɔ̃] nm coulomb

coulommiers [kulɔmje] [→ SYN] nm *kind of soft cheese*

coulpe [kulp] [→ SYN] nf ◆ (littér, hum) **battre sa coulpe** to beat one's breast

coulure [kulyʀ] [→ SYN] nf **a** (processus) [métal] running out ; [fruit] failure *(due to washing off of pollen)*; [peinture] running

b (trace) [métal] runoff ◆ [peinture] **il y a une coulure** the paint has run ◆ **il y a des / 3 coulures** the paint has run (in several places) / in 3 places

coumarine [kumaʀin] [→ SYN] nf c(o)umarin

coup [ku] [→ SYN] nm

a (heurt, choc) knock ; (affectif) blow, shock ◆ **se donner un coup à la tête / au bras** to knock ou hit ou bang one's head / arm ◆ **la voiture a reçu un coup** the car has had a knock (Brit) ou bang ou bump ◆ **donner des coups dans la porte** to bang ou hammer at the door ◆ **donner un coup sec pour dégager qch** to give sth a sharp rap ou knock to release it ◆ **ça a porté un coup sévère à leur moral** it dealt a severe blow to their morale ◆ **en prendre un coup*** [carrosserie] to have a bash* (Brit) ou bang ; [personne, confiance, moral] to take a blow ou knock ◆ **ça lui a fait un coup*** it's given him a (bit of a) shock, it was a bit of a blow (for him) → **accuser, marquer**

b (marquant l'agression) blow ◆ **il m'a donné un coup** he hit me ◆ **en venir aux coups** to come to blows ◆ **les coups tombaient dru** ou **pleuvaient** blows rained down ou fell thick and fast ◆ (Jur) **coups et blessures** assault and battery, aggravated assault

c [arme à feu] shot ◆ **à 6 coups** six-shot (épith) ◆ **il jouait avec le fusil quand le coup est parti** he was playing with the rifle when it went off → **tirer**

d (mouvement du corps) **jeter** ou **lancer un coup d'œil à qn** to glance at sb, look quickly at sb ◆ **jeter un coup d'œil à** texte, exposition to have a quick look at, glance at ◆ **allons jeter un coup d'œil** let's go and have a look ◆ **il y a un beau coup d'œil d'ici** there's a lovely view from here ◆ **un coup d'œil lui suffit** one glance ou one quick look was enough ◆ **ça vaut le coup d'œil** it's worth seeing

e (habileté) **avoir le coup** to have the knack ◆ **avoir le coup de main** to have the touch ◆ **avoir le coup d'œil** to have a good eye ◆ **attraper le coup** to get the knack ◆ **avoir un bon coup de crayon** to be good at sketching

f (action de manier un instrument) **coup de crayon / de plume** stroke of a pencil / pen ◆ **coup de marteau** blow of a hammer ◆ **d'un coup de pinceau** with a stroke of his brush ◆ **donner un coup de lime à qch** to run a file over sth, give sth a quick file ◆ **donner** ou **passer un coup de chiffon / d'éponge à qch** to give sth a wipe (with a cloth / sponge), wipe sth (with a cloth / sponge), go over sth with a cloth / sponge ◆ **donner un coup de brosse / de balai à qch** to give sth a brush / a sweep, brush / sweep sth ◆ **donner un coup de fer à qch** to run the iron over sth, give sth a press ◆ **donner un coup de pinceau / de peinture à un mur** to give a wall a touch / a coat of paint ◆ **donne un coup d'aspirateur à la chambre** go over the room with the vacuum cleaner ◆ **donne-toi un coup de peigne** run a comb through your hair ◆ **donner** ou **passer un coup de téléphone** ou **de fil* à qn** to make a phone call to sb, give sb a ring ou call ou buzz*, ring sb up (Brit), call sb up, phone sb ◆ **il faut que je donne un coup de téléphone** I must make a phone call, I've got to give somebody a ring ou call ◆ **recevoir un coup de téléphone** ou **de fil* (de qn)** to have a (phone)call (from sb) ◆ **un coup de volant maladroit a causé l'accident** a clumsy turn of the wheel caused the accident

g (Sport: geste) (Cricket, Golf, Tennis) stroke ; (Tir) shot ; (Boxe) blow, punch ; (Échecs) move ◆ (Tennis) **coup droit** drive ◆ (Tennis) **coup droit croisé** cross court drive ◆ (Tennis) **coup droit de dos** backhand drive ◆ (Tennis) **coup droit de face** forehand drive ◆ **coup par coup** blow by blow ◆ (Boxe, fig) **coup bas** blow ou punch below the belt ◆ **coup franc** (Ftbl, Rugby) free kick ; (Basketball) free throw shot ◆ (fig) **tous les coups sont permis** no holds barred ◆ **faire coup double** (Chasse) to do a right and left ; (fig) to kill two birds with one stone → **discuter, marquer,** etc

h (bruit) **sonner 3 coups** to ring 3 times ◆ **les douze coups de midi** the twelve strokes of noon ◆ **sur le coup de midi** at the stroke of noon ◆ (Théât) **frapper les trois coups** to sound the three knocks (in French theatres, before the curtain rises) ◆ **il y eut un coup à la porte** there was a knock at the door

i (événement fortuit) **coup du sort** ou **du destin** blow dealt by fate ◆ **coup de chance** ou **de veine*, coup de pot**‡ stroke ou piece of luck ◆ **coup de déveine*** rotten luck (NonC) ◆ **coup dur** hard blow ◆ **c'est un sale coup** it's a dreadful blow

j (*: action concertée, hasardeuse) [cambrioleurs] job* ◆ **il est sur un coup** he's up to something ◆ **coup médiatique** media stunt ◆ **c'est un coup à faire** ou **tenter** it's worth (having) a go* ou a bash* (Brit) ◆ **tenter le coup** to try one's luck, have a go* ◆ **réussir un beau coup** to pull it off ◆ **c'était un coup pour rien** it was a waste of time, nothing came out of it ◆ **être dans le coup / hors du coup** to be / not to be in on it → **manquer, monter[2], valoir**

k (contre qn) trick ◆ **c'est bien un coup à lui** that's just like him ou typical of him ◆ **faire un sale coup à qn** to play a (dirty) trick on sb ◆ **tu ne vas pas nous faire le coup d'être malade** you're not going to go and be ill on us* ◆ **il nous fait le coup chaque fois** he never fails to do that ◆ **un coup en vache**‡ ou **de salaud**‡ a dirty trick‡ ◆ **un coup en traître** a stab in the back ◆ **faire un coup en vache à qn**‡ to do the dirty on sb‡ ◆ **coup monté** set up

l (*: quantité bue) **boire un coup** to have a drink (gen of wine) ◆ **je te paie un coup (à boire)** I'll buy you a drink ◆ **donner** ou **verser un coup de cidre / de rouge à qn** to pour sb a drink of cider / of red wine ◆ **vous boirez bien un coup avec nous?** (you'll) have a drink with us? ◆ **il a bu un coup de trop, il a un coup dans le nez*** he's had one too many*

m (*: fois) time ◆ **à tous (les) coups, à chaque** ou **tout coup** every time ◆ **du premier coup** first time ou go*, right off the bat* (US) ◆ **pour un coup** for once ◆ **du même coup** at the same time ◆ **pleurer / rire un bon coup** to have a good cry / laugh ◆ **au coup par coup** agir on an ad hoc basis ; embaucher, acheter as and when the need arises ◆ **coup sur coup** one straight after the other

n (moyen) **à coup(s) de: enfoncer des clous à coups de marteau** to hammer nails in ◆ **détruire qch à coups de hache** to hack sth to pieces ◆ **tuer un animal à coups de bâton** to beat an animal to death ◆ **traduire un texte à coup de dictionnaire** to translate a text relying heavily on a dictionary ◆ **réussir à coup de publicité** to succeed through repeated advertising ou through a massive publicity drive

o (effet) **sous le coup de** surprise, émotion in the grip of ◆ **sous le coup d'une forte émotion** in a highly emotional state, in the grip of a powerful emotion ◆ (Admin) **être sous le coup d'une condamnation** to have a current conviction ◆ (Admin) **être sous le coup d'une mesure d'expulsion** to be under an expulsion order ◆ (Admin) **tomber sous le coup de la loi** [activité, acte] to be a statutory offence

p LOC **à coup sûr** definitely ◆ **après coup** afterwards, after the event ◆ **coup sur coup** in quick succession, one after the other

◆ **du coup** as a result ◆ **c'est pour le coup qu'il se fâcherait** then he'd really get angry, then he'd get all the angrier ◆ **sur le coup** (instantanément) outright ◆ **mourir sur le coup** (assassinat) to be killed outright; (accident) to die ou be killed instantly ◆ **sur le coup je n'ai pas compris** at the time I didn't understand ◆ **d'un seul coup** at one go ◆ **tout à coup, tout d'un coup** all of a sudden, suddenly, all at once ◆ **un coup pour rien** (lit) a go for nothing, a trial go, (fig) a waste of time ◆ **il en met un sacré coup*** he's really going at it ◆ **en mettre un coup** to really put one's back into it, pull out all the stops* ◆ **en prendre un (vieux) coup*** to take a hammering* ◆ **tenir le coup** to hold out ◆ **c'est encore un coup de 1 000 F*** that'll be another 1,000 francs to fork out* ◆ **c'est un coup à se dégoûter !*** it's enough to make you sick!* ◆ **c'est un coup à se tuer*/à se faire virer !*** you can get yourself killed (doing that)/fired* (for doing that)! ◆ **sur le coup des 10-11 heures** around 10 or 11 → **cent¹, quatre**

coupable [kupabl] → SYN **1** adj **a** (fautif) personne guilty (*de* of) → **non 1h, plaider**
b (blâmable) désirs, amour guilty (épith); action, négligence culpable, reprehensible; faiblesse reprehensible
2 nmf (d'un méfait, d'une faute) culprit, guilty party (frm, hum) ◆ **le grand coupable c'est le jeu** the real culprit is gambling, gambling is chiefly to be blamed

coupage [kupaʒ] → SYN nm [vin] (avec un autre vin) blending (NonC); (avec de l'eau) dilution (NonC), diluting (NonC) ◆ **ce sont des coupages, ce sont des vins de coupage** these are blended wines

coupant, e [kupɑ̃, ɑ̃t] → SYN adj (lit) lame, brin d'herbe sharp(-edged); (fig) ton, réponse sharp

coup-de-poing, pl **coups-de-poing** [kud(ə)pwɛ̃] nm (Archéol) biface, bifacial flint; (arme) knuckle-duster(s), brass knuckles

coupe¹ [kup] → SYN nf **a** (à dessert, à glace) dish, bowl; (contenu) dish(ful), bowl(ful); (à boire) goblet ◆ **une coupe de champagne** a goblet of champagne ◆ **coupe à fruits** (saladier) fruit bowl; (individuelle) fruit dish ◆ (fig) **la coupe est pleine** I've had enough, that's the limit → **boire, loin**
b (Sport: objet, épreuve) cup ◆ **la coupe de France de football** the French football cup

coupe² [kup] → SYN nf **a** (Couture) (action) cutting(-out); (pièce de tissu) length; (façon d'être coupé) cut ◆ **leçon de coupe** lesson in cutting out ◆ **robe de belle coupe/de coupe sobre** beautifully/simply cut dress ◆ **coupe nette** ou **franche** clean cut
b (Sylviculture) (action) cutting (down); (étendue de forêt) felling area; (surface, tranche) section ◆ **coupe claire** radical thinning (out) *(allowing a lot more light to enter the forest)* ◆ **coupe sombre** (slight) thinning (out) ◆ **coupe d'ensemencement** thinning (out) *(to allow space for sowing new trees)* ◆ **coupe réglée** periodic felling → aussi i
c [cheveux] cutting ◆ **coupe (de cheveux)** (hair)cut ◆ **coupe au rasoir** razor-cut
d [herbe] cutting; [gâteau] cutting up, slicing; [rôti] carving, cutting up ◆ **fromage/beurre vendu à la coupe** cheese/butter sold by the serving
e (pour examen au microscope) section ◆ **coupe histologique** histological section
f (dessin, plan) section ◆ **le navire vu en coupe** a (cross) section of the ship ◆ **coupe transversale** cross ou transversal section ◆ **coupe longitudinale** longitudinal section
g (Littérat) [vers] break, caesura
h (Cartes) cut, cutting (NonC) ◆ **jouer sous la coupe de qn** to lead (after sb has cut)
i LOC **être sous la coupe de qn** [personne] (être dominé) to be under sb's thumb; (hiérarchiquement) to be under sb; [firme, organisation] to be under sb's control ◆ **tomber sous la coupe de qn** to fall prey to sb, fall into sb's clutches ◆ **faire des coupes sombres** ou **claires dans** to make drastic cuts in ◆ **il y a eu des coupes sombres dans le personnel** there have been severe staff reductions ou cutbacks ◆ **mettre en coupe réglée** to bleed systematically (fig)

coupé, e¹ [kupe] → SYN (ptp de couper) **1** adj
a vêtement **bien/mal coupé** well/badly cut
b communications, routes cut off
c vin blended
d (Vét: castré) neutered
e (Hér) party per fess
2 nm (Aut, Danse) coupé

coupe-chou(x)*, pl **coupe-choux** [kupʃu] nm (épée) short sword; (rasoir) open razor

coupe-cigare, pl **coupe-cigares** [kupsigaʀ] nm cigar cutter

coupe-circuit, pl **coupe-circuits** [kupsiʀkɥi] → SYN nm cutout, circuit breaker

coupe-coupe [kupkup] → SYN nm inv machete

coupée² [kupe] → SYN nf (Naut) gangway *(opening, with ladder)* → **échelle**

coupe-faim, pl **coupe-faim(s)** [kupfɛ̃] nm appetite suppressant

coupe-feu, pl **coupe-feu(x)** [kupfø] nm (espace) firebreak; (chose) fireguard

coupe-file, pl **coupe-files** [kupfil] → SYN nm pass

coupe-frites [kupfʀit] nm inv chip-cutter ou -slicer (Brit), french-fry-cutter ou -slicer (US)

coupe-gorge, pl **coupe-gorge(s)** [kupgɔʀʒ] → SYN nm dangerous back alley

coupe-jarret, pl **coupe-jarrets** [kupʒaʀɛ] → SYN nm († ou hum) cutthroat

coupe-légume(s), pl **coupe-légumes** [kuplegym] nm vegetable-cutter

coupelle [kupɛl] → SYN nf **a** (petite coupe) (small) dish
b (Chim) cupel

coupe-œufs [kupø] nm inv egg-slicer

coupe-ongle(s), pl **coupe-ongles** [kupɔ̃gl] nm (pince) nail clippers; (ciseaux) nail scissors

coupe-papier [kuppapje] nm inv paper knife

coupe-pâte [kuppɑt] nm inv pastry-cutter

couper [kupe] → SYN ▸ conjug 1 ◂ GRAMMAIRE ACTIVE 27.7
1 vt **a** (gén) to cut; bois to chop; arbre to cut down, fell; (séparer) to cut off; (découper) rôti to carve, cut up; (partager) gâteau to cut, slice; (entailler) to slit; (fig) [vent] to sting ◆ **couper qch en (petits) morceaux** to cut sth up, cut sth into (little) pieces ◆ **couper en tranches** to slice, cut into slices ◆ (lit) **couper en deux** to cut in two ou in half ◆ (fig) **le parti est coupé en deux** the party is split ou divided ◆ (Mét) **le pays sera coupé en deux** weather-wise, the country will be split in two ◆ **couper la gorge à qn** to slit ou cut sb's throat ◆ **couper la tête à qn** to cut ou chop sb's head off ◆ **couper (les pages d') un livre** to slit open ou cut the pages of a book ◆ **livre non coupé** book with pages uncut ◆ **il a coupé le ruban trop court** he has cut the ribbon too short ◆ **coupez-lui une tranche de pain** cut him a slice of bread ◆ **se couper les cheveux/les ongles** to cut one's hair/nails ◆ **se faire couper les cheveux** to get one's hair cut, have a haircut ◆ (Ordin) **couper coller** to cut and paste → **six, tête, vif**
b (Couture) vêtement to cut out; étoffe to cut
c (raccourcir) émission to cut (down); (retrancher) passages inutiles to cut (out), take out, delete
d (arrêter) eau, gaz to cut off; (au compteur) to turn off; (Élec) courant etc to cut off; (au compteur) to switch off, turn off; communications, route, pont to cut off; relations diplomatiques to cut off, break off; (Téléc) to cut off; crédits to cut off; (Ciné) prise de vues to cut ◆ (Ciné) **coupez !** cut! ◆ (Aut) **couper l'allumage** ou **le contact** to switch off the ignition ◆ **couper le vent** to cut out the wind ◆ **couper la faim à qn** to take the edge off sb's hunger ◆ **couper la fièvre à qn** to bring down sb's fever ◆ **couper le chemin** ou **la route à qn** to cut sb off, cut in front of sb ◆ **couper la route d'un véhicule** to cut a vehicle off, cut a vehicle's path off ◆ **couper l'appétit à qn** to spoil sb's appetite, take away sb's appetite, take the edge off sb's appetite ◆ **couper la retraite à qn** to cut ou block off sb's line of retreat ◆ **couper les vivres à qn** to cut off sb's means of subsistence ◆ **couper les ponts avec qn** to break off communications with sb
e (interrompre) voyage to break; journée to break up ◆ **nous nous arrêterons à X pour couper le voyage** we'll stop at X to break the journey, we'll break the journey at X
f (fig: isoler) **couper qn de** to cut sb off from
g (traverser) [ligne] to intersect, cut; [route] to cut across, cross ◆ **le chemin de fer coupe la route en 2 endroits** the railway cuts across ou crosses the road at 2 points ◆ **une cloison coupe la pièce** a partition cuts the room in two ◆ (fig) **l'électorat était coupé en deux** the voters were split down the middle
h (Cartes) jeu to cut; (prendre avec l'atout) to trump
i (Sport) balle to undercut
j (mélanger) lait etc, vin (à table) to dilute, add water to; vin (à la production) to blend ◆ **vin coupé d'eau** wine diluted with water
k (Vét: castrer) to neuter
l LOC **couper les bras** ou **bras et jambes à qn** [travail] to wear sb out; [nouvelle] to knock sb for six* (Brit) ou for a loop* (US) ◆ **j'en ai les jambes coupées** I'm stunned by it ◆ **couper la poire en deux** to meet halfway ◆ **couper les cheveux en quatre** to split hairs, quibble ◆ **couper ses effets à qn** to steal sb's thunder ◆ **couper l'herbe sous le pied à qn** to cut the ground from under sb's feet ◆ **couper la parole à qn** [personne] to cut sb short; [émotion] to leave ou render sb speechless ◆ **couper le sifflet*** ou **la chique⁑ à qn** to shut sb up*, take the wind out of sb's sails ◆ **ça te la coupe !⁑** that shuts you up!* ◆ **couper la respiration** ou **le souffle à qn** (lit) to wind sb; (fig) to take sb's breath away ◆ (fig) **j'en ai eu le souffle coupé** it (quite) took my breath away ◆ **c'est à vous couper le souffle** it's breathtaking ◆ **couper court à** conversation to cut short ◆ **un accent à couper au couteau** an accent you could cut with a knife ◆ **un brouillard à couper au couteau** a real pea souper*, a fog you could cut with a knife → **herbe**
2 **couper à** vt indir **a** (échapper à) corvée to get out of ◆ **tu n'y couperas pas d'une amende** you won't get away with it without paying a fine, you won't get out of paying a fine ◆ **tu n'y couperas pas** you won't get out of it
b **couper court à** to cut short
3 vi **a** [couteau, verre] to cut; [vent] to be biting ◆ **ce couteau coupe bien** this knife cuts well ou has a good cutting edge
b (prendre un raccourci) **couper à travers champs** to cut across country ou the fields ◆ **couper au plus court** to take the quickest way ◆ **couper par un sentier** to cut through by way of ou cut along a path
c (Cartes) (diviser le jeu) to cut; (jouer atout) to trump ◆ **couper à trèfle/à carreau** etc to trump with a club/diamond etc
4 **se couper** vpr **a** (Lit) to cut o.s. ◆ **se couper à la jambe** to cut one's leg ◆ (fig) **se couper en quatre pour (aider) qn** to bend over backwards to help sb
b (*: se trahir) to give o.s. away
c (perdre contact) **se couper de qn** to cut all ties with sb

couperet [kupʀɛ] → SYN nm [boucher] chopper, cleaver; [guillotine] blade, knife

couperose [kupʀoz] → SYN nf blotches (on the face), rosacea (spéc)

couperosé, e [kupʀoze] → SYN adj blotchy, affected by rosacea (attrib) (spéc)

coupeur, -euse [kupœʀ, øz] nm,f (Couture) cutter ◆ **coupeur de tête** headhunter ◆ **coupeur de cheveux en quatre** hairsplitter, quibbler

coupe-vent, pl **coupe-vent(s)** [kupvɑ̃] nm (haie) windbreak; (vêtement) windbreaker (US), windcheater (Brit)

couplage [kuplaʒ] → SYN nm (Élec, Tech) coupling

couple [kupl] → SYN **1** nm **a** (époux, amoureux, danseurs) couple; (patineurs, animaux) pair ◆ **ils ont des problèmes de couple, leur couple a des problèmes** they have problems with their relationship ◆ (Patinage) **l'épreuve en** ou **par couples** the pairs (event)
b (Phys) couple ◆ **couple moteur** torque ◆ **couple de torsion** torque
c (Naut) (square) frame; (Aviat) frame → **nage**
2 nf ou nm ◆ (†: deux) **un** ou **une couple de** a couple of
3 nf (Chasse) couple

couplé [kuple] nm ◆ **(pari) couplé** first and second place double *(on two horses in the same race)*

coupler [kuple] ▸conjug 1◂ vt **a** (Chasse) to couple (together), leash together
b (Tech) to couple together ou up; (Ordin) to interface (*avec* with) ◆ (Phot) **télémètre couplé** coupled rangefinder ◆ (Rail) **bielles couplées** coupling rods

couplet [kuplɛ] → SYN nm (strophe) verse; (péj) tirade ◆ (chanson) **couplets satiriques** satirical song ◆ **y aller de son couplet sur qch** to give one's little speech about sth

coupleur [kuplœʀ] nm (Élec) coupler ◆ (Ordin) **coupleur acoustique** acoustic coupler

coupoir [kupwaʀ] → SYN nm cutter

coupole [kupɔl] → SYN nf **a** (Archit) dome ◆ **petite coupole** cupola, small dome ◆ **être reçu sous la Coupole** to become ou be made a member of the Académie française
b (Mil) [char d'assaut] revolving gun turret

coupon [kupɔ̃] → SYN nm **a** (Couture, Tex) (reste) remnant; (rouleau) roll
b (Fin) **coupon (de dividende)** coupon ◆ **avec coupon attaché / détaché** cum- / ex-dividend ◆ **coupon de rente** income coupon
c (billet, ticket) coupon ◆ **coupon de théâtre** theatre ticket ◆ (Transport) **coupon hebdomadaire / mensuel** ≃ weekly / monthly season ticket
d (Comm) coupon, voucher ◆ **coupon de réduction** coupon, cash premium voucher

couponnage [kupɔnaʒ] nm couponing ◆ **couponnage croisé** cross couponing

coupon-réponse, pl **coupons-réponse** [kupɔ̃ ʀepɔ̃s] nm reply coupon ◆ **coupon-réponse international** international reply coupon

coupure [kupyʀ] → SYN nf (blessure, brèche, Ciné) cut; (fig: fossé) break; (billet de banque) note ◆ **coupure (de presse** ou **de journal)** (newspaper) cutting, (newspaper) clipping ◆ **coupure (de courant)** power cut ◆ (Banque) **petites / grosses coupures** small / big notes, notes of small / big denomination ◆ **il y aura des coupures ce soir** (électricité) there'll be power cuts tonight; (gaz, eau) the gas (ou water) will be cut off tonight ◆ **coupure publicitaire** commercial break

cour [kuʀ] → SYN **1** nf **a** [bâtiment] yard, courtyard ◆ **être sur (la) cour** to look onto the (back)yard ◆ **la cour de la caserne** the barracks square ◆ **cour de cloître** cloister garth ◆ **cour d'école** schoolyard, playground ◆ **cour de ferme** farmyard ◆ **la cour de la gare** the station forecourt ◆ **cour d'honneur** main courtyard ◆ **cour d'immeuble** (back) yard of a block of flats (Brit) ou an apartment building (US) ◆ **cour de récréation** playground ◆ **la cour des grands** (lit) the older children's playground ◆ (fig) **jouer dans la cour des grands** to play with the big boys* ou in the major league (US) (fig) → **côté**
b (Jur) court ◆ **Messieurs, la Cour!** ≃ be upstanding in court! (Brit), all rise! ◆ **la Cour suprême** the Supreme Court → **haut**
c [roi] court; (fig) [personnage puissant, célèbre] following ◆ **vivre à la cour** to live at court ◆ **faire sa cour à** roi to pay court to; supérieur, femme to pay one's respects to ◆ **être bien / mal en cour** to be in / out of favour (*auprès de qn* with sb) ◆ **homme / noble de cour** court gentleman / nobleman ◆ **gens de cour** courtiers, people at court ◆ **c'est la cour du roi Pétaud** it's absolute bedlam*
d [femme] (soupirants) following; (essai de conquête) wooing (NonC), courting (NonC) ◆ **faire la cour à une femme** to woo ou court a woman ◆ **faire un brin de cour à une femme*** to flirt a little with a woman
2 COMP ▷ **cour d'appel** ≃ Court of Appeal, ≃ appellate court (US) ▷ **cour d'assises** ≃ Crown Court (Brit), court of assizes ▷ **la Cour de cassation** Court of Cassation, (final) Court of Appeal ▷ **la Cour des comptes** revenue court, ≃ Government Accounting Office (US) ▷ **Cour internationale de justice** International Court of Justice ▷ **cour de justice** court of justice ▷ **Cour de Justice de la République** high court *(for impeachment of French President or Ministers)* ▷ **cour martiale** (Mil) court martial ◆ **passer en cour martiale** to be tried by court martial ▷ **la Cour des Miracles** (Hist) *area of Paris famed for its disreputable population* ◆ (fig) **chez eux c'est une vraie cour des miracles** their place is always full of shady characters ◆ **ce quartier est une vraie cour des miracles** this is a very unsavoury area ▷ **Cour de sûreté de l'État** state security court

courage [kuʀaʒ] → SYN nm **a** (bravoure) courage, bravery, guts* ◆ **courage physique / moral** physical / moral courage ◆ **se battre avec courage** to fight courageously ou with courage ou bravely ◆ **s'il y va, il a du courage!** if he goes, he'll have guts!* ◆ **vous n'aurez pas le courage de lui refuser** you won't have the heart to refuse him
b (ardeur) will, spirit ◆ **entreprendre une tâche / un travail avec courage** to undertake a task / job with a will ◆ **je voudrais finir ce travail, mais je ne m'en sens pas** ou **je n'en ai pas le courage** I'd like to get this work finished, but I don't feel up to it ◆ **je n'ai pas beaucoup de courage ce soir** I don't feel up to much this evening ◆ **il se lève tous les jours à 5 heures? – quel courage! / il a du courage!** he gets up at 5am every day? – what willpower! / he must have willpower! ◆ **un petit verre pour vous donner du courage*** just a small one to buck you up*
c LOC **courage! nous y sommes presque!** cheer up! ou take heart! we're almost there! ◆ **avoir le courage de ses opinions** to have the courage of one's convictions ◆ **prendre son courage à deux mains** to take one's courage in both hands ◆ **perdre courage** to lose heart, become discouraged ◆ **reprendre courage** to take fresh heart

courageusement [kuʀaʒøzmɑ̃] adv bravely, courageously ◆ **entreprendre courageusement une tâche** to tackle a task with a will

courageux, -euse [kuʀaʒø, øz] → SYN adj brave, courageous ◆ **il n'est pas très courageux pour l'étude** he hasn't got much will for studying ◆ **je ne suis pas très courageux aujourd'hui** I don't feel up to very much today

couramment [kuʀamɑ̃] → SYN adv **a** (aisément) fluently ◆ **parler le français couramment** to speak French fluently ou fluent French
b (souvent) commonly ◆ **ce mot s'emploie couramment** this word is in current usage ◆ **ça se dit couramment** it's a common ou an everyday expression ◆ **cela arrive couramment** it's a common occurrence ◆ **cela se fait couramment** it's quite a common thing to do, it's quite common practice

courant, e [kuʀɑ̃, ɑ̃t] → SYN **1** adj **a** (normal, habituel) dépenses everyday, standard, ordinary; (Comm) modèle, taille, marque standard ◆ **l'usage courant** everyday ou ordinary ou standard usage ◆ **en utilisant les procédés courants on gagne du temps** it saves time to use the normal ou ordinary ou standard procedures ◆ **il nous suffit pour le travail courant** he'll do us for the routine ou everyday business ou work → **vie**
b (fréquent) common ◆ **ce procédé est courant, c'est un procédé courant** it's quite common practice ou quite a common procedure, it's quite commonplace ◆ **ce genre d'incident est très courant ici** this kind of incident is very common here, this kind of thing is a common occurrence here
c (en cours, actuel) année, semaine current, present; (Comm) inst. ou instant (Brit) ◆ (Comm) **votre lettre du 5 courant** your letter of the 5th inst. ou instant (Brit) ou of the 5th of this month → **expédier, monnaie** etc
d (qui court) → **chien, compte, eau**
2 nm **a** [cours d'eau, mer, atmosphère] current ◆ **courant (atmosphérique)** airstream, current ◆ [cours d'eau] **le courant** the current ◆ **courant d'air** draught ◆ (Mét) **courant d'air froid / chaud** cold / warm airstream ◆ (fig) **c'est un vrai courant d'air** one minute he is there, the next he has gone ◆ **il y a trop de courant** the current's too strong ◆ (lit) **suivre / remonter le courant** to go with / against the current ◆ (fig) **suivre le courant** to go with the stream, follow the crowd ◆ (fig) **remonter le courant** to get back on one's feet, climb back up
b (déplacement) [population, échanges commerciaux] movement ◆ **courants de population** movements ou shifts of (the) population ◆ **établir une carte des courants d'immigration et d'émigration** to draw up a map of migratory movement(s)
c (mouvement) (gén) movement; [opinion, pensée] trend, current ◆ **les courants de l'opinion** the trends of public opinion ◆ **un courant de scepticisme / de sympathie** a wave of scepticism / sympathy ◆ **le courant romantique / surréaliste** the romantic / surrealist movement
d (Élec) current, power ◆ **courant continu / alternatif** direct / alternating current ◆ **couper le courant** to cut off the power ◆ **rétablir le courant** to put the power back on ◆ (fig) **on s'est rencontré un soir et le courant est tout de suite passé** we met one evening and hit it off straight away* ◆ (fig) **le courant ne passe pas entre nous** we don't get on ◆ (fig) **entre ce chanteur et le public le courant passe** this singer really gets through to his audience → **coupure, pris**
e (cours) **dans le courant de la semaine / du mois** in the course of the week / month ◆ **je dois le voir dans le courant de la semaine** I'm to see him some time during the week ◆ **dans le courant de la conversation** in the course of the conversation, as the conversation was (ou is) going on ◆ **le projet doit être fini courant mai** the project is due to finish some time in May
f au courant: être au courant (savoir la nouvelle) to know (about it); (bien connaître la question) to be well-informed ◆ **tu m'as l'air très** ou **bien au courant de ce qu'il fait!** you seem to know a lot about ou to be very well-informed about what he is doing! ◆ **être au courant de** incident, accident, projets to know about; méthodes, théories nouvelles to be well up on*, be up to date on ◆ **mettre qn au courant de** faits, affaire to tell sb (about), put sb in the picture about*, fill sb in on*; méthodes, théories to bring sb up to date on ◆ **il s'est vite mis au courant dans son nouvel emploi** he soon got the hang of things* in his new job ◆ **tenir qn au courant de** faits, affaire to keep sb informed of ou posted about*; méthodes, théories to keep sb up to date on ◆ **si jamais ça recommence, tenez-moi au courant** if it happens again let me know ◆ **s'abonner à une revue scientifique pour se tenir au courant** to subscribe to a science magazine to keep o.s. up to date (on things) ou abreast of things
3 courante nf **a** (*: diarrhée) **la courante** the runs*
b (Mus: danse, air) courante, courant

courant-jet, pl **courants-jets** [kuʀɑ̃ʒɛ] nm jet stream

courbaril [kuʀbaʀil] nm courbaril, West Indian locust (tree)

courbatu, e [kuʀbaty] → SYN adj (stiff and) aching, aching all over

courbature [kuʀbatyʀ] → SYN nf ache ◆ **ce match de tennis m'a donné des courbatures** this tennis match has made me ache ou made me stiff ou has given me aches and pains ◆ **être plein de courbatures** to be aching all over

courbaturé, e [kuʀbatyʀe] → SYN adj aching (all over)

courbaturer [kuʀbatyʀe] → SYN ▸conjug 1◂ vt to make ache

courbe [kuʀb] → SYN **1** adj trajectoire, ligne, surface curved; branche curved, curving
2 nf (gén, Géom) curve ◆ **le fleuve fait une courbe** the river makes a curve, the river curves ◆ (Cartographie) **courbe de niveau** contour line ◆ (Méd) **courbe de température** temperature curve

courber [kuʀbe] → SYN ▸conjug 1◂ **1** vt **a** (plier) branche, tige, barre de fer to bend ◆ **branches courbées sous le poids de la neige** branches bowed down with ou bent under ou bent with the weight of the snow ◆ **l'âge l'avait courbé** he was bowed ou bent with age
b (pencher) **courber la tête** to bow ou bend one's head ◆ **courbant le front sur son livre** his head bent over ou his head down over a book ◆ (fig) **courber la tête** ou **le front** ou **le dos** to submit (*devant* to) → **échine**
2 vi to bend ◆ **courber sous le poids** to bend under the weight

3 **se courber** vpr **a** [arbre, branche, poutre] to bend, curve
b [personne] (pour entrer, passer) to bend (down), stoop; (signe d'humiliation) to bow down; (signe de déférence) to bow (down) ◆ **il se courba pour le saluer** he greeted him with a bow ◆ **se courber en deux** to bend (o.s.) double
c (littér: se soumettre) to bow down (*devant* before)

courbette [kuʀbɛt] → SYN nf **a** (salut) low bow ◆ (fig) **faire des courbettes à** ou **devant qn** to kowtow to sb, bow and scrape to sb
b [cheval] curvet

courbure [kuʀbyʀ] → SYN nf [ligne, surface] curvature ◆ **courbure rentrante / sortante / en S** inward / outward / S curve ◆ **courbure du nez / des reins** curve of the nose / the back

courcaillet [kuʀkajɛ] → SYN nm (cri) quail call

courette [kuʀɛt] → SYN nf small (court)yard

coureur, -euse [kuʀœʀ, øz] → SYN **1** nm,f (Athlétisme) runner; (Cyclisme) cyclist, competitor; (Aut) driver, competitor ◆ **coureur de fond / de demi-fond** long-distance / middle-distance runner ◆ **coureur de 110 mètres haies** 110 metres hurdler
2 nm **a** (Zool) **(oiseaux) coureurs** running birds
b (péj: amateur de) **c'est un coureur de cafés / de bals** he hangs round ou around cafés / dances ◆ **c'est un coureur (de filles** ou **femmes** ou **jupons)** he's a wolf ou a womanizer ou a woman-chaser ◆ **il est assez coureur** he's a bit of a womanizer
3 **coureuse** nf (péj: débauchée) manhunter ◆ **elle est un peu coureuse** she's a bit of a manhunter
4 COMP ▷ **coureur automobile** racing (-car) driver ▷ **coureur de** ou **des bois** (Can Hist) trapper, coureur de bois (US, Can) ▷ **coureur cycliste** racing cyclist ▷ **coureur de dot** (péj) fortune-hunter ▷ **coureur motocycliste** motorcycle ou motorbike racer

courge [kuʀʒ] → SYN nf **a** (plante, fruit) gourd, squash (US, Can); (Culin) marrow (Brit), squash (US, Can)
b (‡) idiot, nincompoop*, berk‡ (Brit)

courgette [kuʀʒɛt] nf courgette (Brit), zucchini (US), summer squash (US)

courir [kuʀiʀ] → SYN ▸ conjug 11 ◂ **1** vi **a** (gén, Athlétisme) to run; (Aut, Cyclisme) to race; (Courses) to run, race ◆ **entrer / sortir en courant** to run in / out ◆ **se mettre à courir** to break into a run, start to run, start running ◆ **courir sur Lotus aux Vingt-Quatre Heures du Mans** to race with Lotus in the Le Mans 24 hours ◆ **courir à toutes jambes, courir à perdre haleine** to run as fast as one's legs can carry one, run like the wind ◆ **courir comme un dératé*** ou **ventre à terre** to run flat out ◆ **elle court comme un lapin** ou **lièvre** she runs ou can run like a hare ou the wind ◆ **le voleur court encore** ou **toujours** the thief is still at large ◆ **faire courir un cheval** to race ou run a horse ◆ **il ne fait plus courir** he doesn't race ou run horses any more ◆ **un cheval trop vieux pour courir** a horse too old to race ou to be raced
b (se précipiter) to rush ◆ **courir chez le docteur / chercher le docteur** to rush ou run to the doctor's / for the doctor ◆ **je cours l'appeler** I'll go ou run and call him straight away (Brit) ou right away (US) ◆ **spectacle qui fait courir tout Paris** ou **tous les Parisiens** show that all Paris is rushing ou running to see ◆ **faire qch en courant** to do sth in a rush ou hurry ◆ **elle m'a fait courir** she had me running all over the place ◆ **elle est toujours en train de courir** she's always rushing about ◆ **un petit mot en courant** just a (rushed) note ou a few hurried lines ◆ **courir partout pour trouver qch** to hunt everywhere for sth ◆ **tu peux toujours courir!*** you can whistle for it!*
c (avec à, après, sur) **courir à l'échec / à une déception** to be heading ou headed for failure / a disappointment ◆ **courir à sa perte** ou **ruine** to be on the road to ruin ◆ **courir à la catastrophe** to rush headlong into disaster ◆ **courir après qch** to chase after sth ◆ **gardez cet argent pour l'instant, il ne court pas après** keep this money for now as he's not in any hurry ou rush for it ou he's not desperate for it ◆ (lit, fig) **courir après qn** to run after sb ◆ **courir après les femmes** to be a woman-chaser, chase women ◆ **courir sur ses 20 / 30 ans** to be approaching 20 / 30 ◆ **courir sur ses 60 / 70 ans** to be approaching ou pushing* ou getting on for 60 / 70 ◆ **courir sur le système** ou **le haricot à qn‡** to get on sb's nerves ou wick‡ (Brit)
d [nuages etc] to speed, race, scud (littér); [ombres, reflets] to speed, race; [eau] to rush; [chemin] to run ◆ **une onde courait sur les blés** a wave passed through the corn ◆ **un frisson lui courut par tout le corps** a shiver went ou ran through his body ◆ **sa plume courait sur le papier** his pen was running ou racing across the paper ◆ **faire** ou **laisser courir sa plume** to let one's pen flow ou run (on ou freely) ◆ **laisser courir ses doigts sur un clavier** to tinkle away at a piano
e (se répandre) **faire courir un bruit / une nouvelle** to spread a rumour / a piece of news ◆ **le bruit court que ...** rumour has it that ..., there is a rumour that ..., the rumour is that ... ◆ **le bruit a récemment couru que ...** rumour recently had it that ..., the rumour has recently gone round that ... ◆ **il court sur leur compte de curieuses histoires** there are some strange stories going round about them
f (se passer) **l'année / le mois qui court** the current ou present year / month ◆ **par le(s) temps qui cour(en)t** (with things as they are ou things being as they are) nowadays ◆ **laisser courir*** to let things alone ◆ **laisse courir*** forget it*, drop it*
g (Naut) to sail
h (Fin) [intérêt] to accrue; [bail] to run
2 vt **a** (Sport) épreuve to compete in ◆ **courir un 100 mètres** to run (in) ou compete in a 100 metres race ◆ **courir le Grand Prix** to race in the Grand Prix
b (Chasse) **courir le cerf / le sanglier** to hunt the stag / the boar, go staghunting / boar-hunting → **lièvre**
c (rechercher) honneurs to seek avidly ◆ (s'exposer à) **courir de grands dangers** to be in great danger ◆ **courir les aventures** ou **l'aventure** to seek adventure ◆ **courir un (gros) risque** to run a (high ou serious) risk ◆ **courir sa chance** to try one's luck ◆ **il court le risque d'être accusé** he runs the risk of being accused ◆ **c'est un risque à courir** it's a risk we'll have to take ou run ◆ (Théât) **courir le cachet** to chase after any sort of work
d (parcourir) les mers, le monde to roam, rove; la campagne, les bois to roam ou rove (through); (faire le tour de) les magasins, les bureaux to go round ◆ **j'ai couru les agences toute la matinée** I've been going round the agencies all morning, I've been going from agency to agency all morning ◆ **courir les rues** (lit) to wander ou roam the streets; (fig) to be run-of-the-mill, be nothing out of the ordinary ◆ **le vrai courage ne court pas les rues** real courage is hard to find ◆ **des gens comme lui, ça ne court pas les rues*** people like him are not thick on the ground* (Brit) ou are few and far between
e (fréquenter) **courir les théâtres / les bals** to do the rounds of (all) the theatres / dances ◆ **courir les filles** to chase the girls ◆ **courir la gueuse†** to go wenching† ◆ **courir le guilledou†** ou **la prétentaine†** ou **le cotillon** to go gallivanting†, go wenching†
f (‡) **courir qn** to get up sb's nose‡ (Brit) ou on sb's wick‡ (Brit), bug sb‡

courlis [kuʀli] → SYN nm curlew

couronne [kuʀɔn] → SYN nf **a** [fleurs] wreath, circlet ◆ **couronne funéraire** ou **mortuaire** (funeral) wreath ◆ **couronne de fleurs d'oranger** orange-blossom headdress, circlet of orange-blossom ◆ **couronne de lauriers** laurel wreath, crown of laurels ◆ **couronne d'épines** crown of thorns ◆ **en couronne** in a ring → **fleur**
b (diadème) [roi, pape] crown; [noble] coronet
c (autorité royale) **la couronne** the Crown ◆ **la couronne d'Angleterre / de France** the crown of England / of France, the English / French crown ◆ **aspirer / prétendre à la couronne** to aspire to / lay claim to the throne ou the crown ◆ **de la couronne** joyaux, colonie crown (épith)
d (objet circulaire) crown; (pain) ring-shaped loaf; [dent] crown; (Archit, Astron) corona ◆ (Aut) **couronne dentée** crown wheel ◆ **la grande / petite couronne** the outer / inner suburbs (of Paris)
e (monnaie) crown

couronnement [kuʀɔnmɑ̃] → SYN nm **a** [roi, empereur] coronation, crowning
b [édifice, colonne] top, crown; [mur] coping; [toit] ridge
c (fig) [carrière, œuvre, recherche] crowning achievement

couronner [kuʀɔne] → SYN ▸ conjug 1 ◂ **1** vt **a** souverain to crown ◆ **on le couronna roi** he was crowned king, they crowned him king → **tête**
b ouvrage, auteur to award a prize to; (Hist) lauréat, vainqueur to crown with a laurel wreath
c (littér: orner, ceindre) to crown; [diadème] front to encircle ◆ **couronné de fleurs** wreathed ou encircled with flowers ◆ **remparts qui couronnent la colline** ramparts which crown the hill ◆ **un pic couronné de neige** a peak crowned with snow, a snow-capped peak
d (parachever) to crown ◆ **cela couronne son œuvre / sa carrière** that is the crowning achievement of his work / his career ◆ (iro) **et pour couronner le tout** and to crown it all ◆ **ses efforts ont été couronnés de succès** his efforts were crowned with success
e dent to crown
2 **se couronner** vpr ◆ **se couronner (le genou)** [cheval] to graze its knee; [personne] to graze one's knee

courre [kuʀ] vt → **chasse**[1]

courrier [kuʀje] → SYN nm **a** (lettres reçues) mail, post (Brit), letters; (lettres à écrire) letters ◆ **le courrier de 11 heures** the 11 o'clock post (Brit) ou mail ◆ (fig) **avoir** ou **recevoir un courrier de ministre** to have a huge post-bag* (Brit), be inundated with mail ou letters ◆ (Ordin) **courrier électronique** electronic mail → **retour**
b (†) (avion, bateau) mail; (Mil: estafette) courier; (de diligence) post ◆ **l'arrivée du courrier de Bogota** the arrival of the Bogota mail
c (Presse) (rubrique) column; (nom de journal) ≃ Mail ◆ **courrier du cœur** problem page, (women's) advice column ◆ **courrier des lecteurs** letters to the Editor ◆ **courrier littéraire** literary column ◆ **courrier économique** financial page

courriériste [kuʀjeʀist] → SYN nmf columnist

courroie [kuʀwa] → SYN nf (attache) strap; (Tech) belt ◆ (Tech) **courroie de transmission** driving belt ◆ (fig) **je ne suis qu'une simple courroie de transmission** I'm just a cog in the machine ou wheel ◆ (Aut) **courroie de ventilateur** fan belt

courroucé, e [kuʀuse] (ptp de **courroucer**) adj (littér) wrathful, incensed

courroucer [kuʀuse] → SYN ▸ conjug 3 ◂ (littér)
1 vt to anger, incense
2 **se courroucer** vpr to become incensed

courroux [kuʀu] → SYN nm (littér) ire (littér), wrath

cours [kuʀ] → SYN **1** nm **a** (déroulement, Astron) course; [événements] course, run; [saisons] course, progression; [guerre, maladie] progress, course; [pensées, idées] course → **suivre**
b [rivière] (cheminement) course; (écoulement) flow ◆ **avoir un cours rapide / régulier** to be fast- / smooth-flowing ◆ **sur une partie de son cours** on ou along part of its course ◆ **descendre le cours de la Seine** to go down the Seine
c (Fin) [monnaie] currency; [valeurs, matières premières] price; [devises] rate ◆ **cours légal** legal tender ◆ (Bourse) **cours d'ouverture / de clôture** opening / closing price ◆ **cours des devises** ou **du change** foreign exchange rate ◆ **au cours (du jour)** at the price of the day ◆ **au cours du marché** at (the) market price ◆ **le cours des voitures d'occasion** the (selling) price of secondhand cars
d (leçon) class; (Univ: conférence) lecture (série de leçons) course; (manuel) coursebook, textbook ◆ **cours de solfège / de danse** musical theory / dancing lesson ◆ **cours de chimie** (leçon) chemistry class ou lesson; (conférence) chemistry lecture; (enseignement)

chemistry course ; (manuel) chemistry coursebook ou textbook ◆ (notes) **cours de droit** law (course) notes ◆ **faire** ou **donner un cours sur** to give a class ou lecture on ; to give a course on ◆ **il donne des cours en fac*** he lectures at (the) university ◆ **qui vous fait cours en anglais?** who takes you for English?, who have you got for English? ◆ **je ne ferai pas cours demain** I won't be teaching tomorrow ◆ **j'ai (un) cours d'histoire à 14 heures** I've got a history class at 2 o'clock ◆ **cours du soir** (pl) evening classes ◆ **cours par correspondance** correspondence course ◆ **cours de vacances** holiday course (Brit), summer school (US) ◆ **cours intensif** crash course (*de, en* in) ◆ **donner/prendre des cours particuliers** to give/have private lessons ◆ **cours particuliers de piano** private piano lessons

e (Scol : établissement) school ◆ **cours privé** private school ◆ **cours de jeunes filles** girls' school ou college ◆ **cours de danse** dancing school

f (Scol : enseignement primaire) class ◆ **cours préparatoire** first-year infants (class) (Brit), nursery school (US) ◆ **cours élémentaire/moyen** primary/intermediate classes *(of primary school)* ◆ (Hist) **cours complémentaire** *final year in elementary school*

g (avenue) walk

h LOC **avoir cours** [monnaie] to be legal tender ; (fig) to be current, be in current use ◆ **ne plus avoir cours** [monnaie] to be no longer legal tender ou currency, be out of circulation ; [expression] to be obsolete, be no longer in use ou no longer current ◆ **ces plaisanteries n'ont plus cours ici** jokes like that are no longer appreciated here ◆ **en cours** année current (épith) ; affaires in hand, in progress ; essais in progress, under way ◆ **en cours de** in the process of ◆ **en cours de réparation/réfection** in the process of being repaired/rebuilt ◆ (Jur) **brevet en cours d'agrément** patent pending ◆ **en cours de route** on the way ◆ **au cours de** in the course of, during ◆ **donner (libre) cours à** imagination to give free rein to ; douleur to give free expression to ; joie, sentiment to give vent to, give free expression to ◆ **il donna (libre) cours à ses larmes** he let his tears flow freely

2 COMP ▷ **cours d'eau** *generic term for streams, rivers and waterways* ◆ **le confluent de deux cours d'eau** the confluence of two rivers ◆ **un petit cours d'eau traversait cette vallée** a stream ran across this valley

course [kuʀs] [→ SYN] **1** nf **a** (action de courir) running ◆ **la course et la marche** running and walking ◆ **prendre sa course** to start running ◆ **le cheval, atteint d'une balle en pleine course** the horse, hit by a bullet in mid gallop ◆ **il le rattrapa à la course** he ran after him and caught him (up) ◆ **quelle course pour attraper le bus!** I had to rush like mad to catch the bus* → **pas¹**

b (discipline) (Aut, Courses, Cyclisme) racing ◆ (Athlétisme) **course (à pied)** running ◆ **faire de la course pour s'entraîner** to go running to get fit ◆ (Aut, Cyclisme) **tu fais de la course?** do you race? ◆ **course de fond/demi-fond** long-distance/middle-distance running ◆ **course sur piste/route** track/road racing ◆ (fig) **la course aux armements** the arms race ◆ (fig) **la course au pouvoir** the race for power ◆ **faire la course avec qn** to race with sb ◆ **allez, on fait la course** let's have a race, I'll give you a race, I'll race you → **champ¹, écurie**

c (épreuve) race ◆ **course de fond/sur piste** long-distance/track race ◆ (Courses) **les courses** the races ◆ **parier aux courses** to bet on the races ◆ (lit) **être/ne plus être dans la course** to be in the running/out of the running ◆ (fig) **il n'est plus dans la course*** he's out of touch → **contre**

d (voyage) [autocar] trip, journey ; [taxi] journey ◆ **payer le prix de la course, payer la course** to pay the fare ◆ [taxi] **il n'a fait que 3 courses hier** he only picked up ou had 3 fares yesterday

e (fig) [projectile] flight ; [navire] rapid course ; [nuages, ombres] racing, swift passage ; [temps] swift passage, swift passing (NonC)

f (excursion) (à pied) hike ; (ascension) climb

g (au magasin) shopping (NonC) ; (commission) errand ◆ **faire les courses** to do the shopping ◆ **elle est sortie faire des courses** she has gone out to do ou get some shopping ◆ **j'ai quelques courses à faire** I've a bit of shopping to do, I've one or two things to buy ◆ **faire une course** to (go and) get something from the shop(s) (Brit) ou store(s) (US) ; to run an errand ◆ **les courses sont sur la table** the shopping is on the table

h (Tech) [pièce mobile] movement ; [piston] stroke ◆ **à bout de course** (Tech) at full stroke ◆ (fig : usé) machine worn out, on its last legs* ; personne on one's last legs* ◆ **à mi-course** at half-stroke → **fin²**

i (Naut) privateering ◆ **faire la course** to privateer, go privateering → **guerre**

2 COMP ▷ **course attelée** harness race ▷ **course automobile** motor race ▷ **course de chevaux** horse-race ▷ **course de côte** (Sport Aut) hill climb ▷ **course contre la montre** (Sport) race against the clock, time-trial ; (fig) race against the clock ▷ **course par étapes** stage race ▷ **course de haies** hurdle race ◆ **faire de la course de haies** to hurdle ▷ **course d'obstacles** obstacle race ▷ **course d'orientation** orienteering race ▷ **course de relais** relay race ▷ **course en sac** sack race ▷ **course de taureaux** bullfight ▷ **course au trésor** treasure hunt ▷ **course de trot** trotting race ▷ **course au trot attelé** harness race ▷ **course de vitesse** sprint

course-poursuite, pl **courses-poursuites** [kuʀspuʀsɥit] nf (Cyclisme) pursuit ; (après voleur) chase

courser* [kuʀse] ▸ conjug 1 ◂ vt to chase ou hare* after

coursier¹ [kuʀsje] [→ SYN] nm (littér : cheval) charger (littér), steed (littér)

coursier², -ière [kuʀsje, jɛʀ] [→ SYN] nm,f messenger, courier

coursive [kuʀsiv] [→ SYN] nf (Naut) gangway *(connecting cabins)*

court¹, e [kuʀ, kuʀt] [→ SYN] **1** adj **a** (gén) objet, récit, durée, mémoire short ; introduction, séjour short, brief ◆ **il a été** ou **il a fait* très court** he was very brief ◆ **je suis pressé, il faut faire court*** I'm in a hurry, we'll have to make it quick* ◆ **de courte durée** enthousiasme, ardeur short-lived ◆ **c'est plus court par le bois** it's quicker ou shorter through the wood ◆ **il connaît un chemin plus court** he knows a shorter way ◆ **la journée m'a paru courte** the day has passed ou seemed to pass quickly, it has been a short day ◆ **avoir l'haleine** ou **la respiration courte** ou **le souffle court** to be quickly out of breath, be short-winded → **idée, manche¹, mémoire¹**

b (insuffisant) **il lui a donné 10 jours, c'est court** he's given him 10 days, which is (a bit) on the short side ou which isn't very long ◆ **100 F pour le faire, c'est court*** 100 francs to do it – that's not very much ou that's a bit stingy*

c LOC **tirer à la courte paille** to draw lots (Brit) ou straws (US) ◆ **à sa courte honte** to his humiliation ◆ **être à court d'argent/d'arguments** to be short of money/arguments ◆ **prendre au plus court** to go the shortest way ◆ (fig) **aller au plus court** to cut corners ◆ **prendre qn de court** to catch sb unawares ou on the hop* (Brit)

2 adv **a** coiffer, habiller short ◆ **les cheveux coupés court** with short(-cut) hair, with hair cut short

b **s'arrêter court** to stop short ◆ **demeurer** ou **se trouver court** to be at a loss → **couper, pendre, tourner**

3 COMP ▷ **courte échelle** leg up, boost (US) ◆ **faire la courte échelle à qn** to give sb a leg up ou a boost (US) ▷ **court métrage** (Ciné) short film, one-reeler (US)

court² [kuʀ] nm (Sport) (tennis) court ◆ **court central** centre court

courtage [kuʀtaʒ] [→ SYN] nm brokerage

courtaud, e [kuʀto, od] [→ SYN] adj **a** personne dumpy, squat ◆ **un courtaud** a dumpy ou squat little man

b **un (chien/cheval) courtaud** a docked and crop-eared dog/horse

courtauder [kuʀtode] [→ SYN] ▸ conjug 1 ◂ vt chien, cheval to dock

court-bouillon, pl **courts-bouillons** [kuʀbujɔ̃] [→ SYN] nm (Culin) court-bouillon ◆ **faire cuire qch au court-bouillon** to cook sth in a court-bouillon

court-circuit, pl **courts-circuits** [kuʀsiʀkɥi] [→ SYN] nm (Élec) short(-circuit)

court-circuitage* [kuʀsiʀkɥitaʒ] nm [personne, service] bypassing

court-circuiter [kuʀsiʀkɥite] [→ SYN] ▸ conjug 1 ◂ vt (Élec) to short(-circuit) ; personne to bypass, go over the head of ; service to bypass

courtepointe [kuʀtəpwɛ̃t] [→ SYN] nf counterpane

courtier, -ière [kuʀtje, jɛʀ] [→ SYN] nm,f broker ◆ **courtier en vins** wine-broker ◆ **courtier maritime** ship-broker

courtilière [kuʀtiljɛʀ] nf mole cricket

courtine [kuʀtin] [→ SYN] nf curtain

courtisan [kuʀtizɑ̃] [→ SYN] nm (Hist) courtier ; (fig) sycophant ◆ **des manières de courtisan** sycophantic manners

courtisane [kuʀtizan] [→ SYN] nf (Hist, littér) courtesan, courtezan

courtiser [kuʀtize] [→ SYN] ▸ conjug 1 ◂ vt († ou littér) femme to woo, court, pay court to ; (flatter) to pay court to, fawn on (péj)

court-jus*, pl **courts-jus** [kuʀʒy] nm short(-circuit)

courtois, e [kuʀtwa, waz] [→ SYN] adj courteous ; (Littérat) courtly

courtoisement [kuʀtwazmɑ̃] [→ SYN] adv courteously

courtoisie [kuʀtwazi] [→ SYN] nf courtesy, courteousness ◆ (Jur) **courtoisie internationale** comity of nations

court-vêtu, e, mpl **court-vêtus** [kuʀvety] adj short-skirted

couru, e [kuʀy] [→ SYN] (ptp de **courir**) adj **a** restaurant, spectacle popular

b **c'est couru (d'avance)*** it's a (dead) cert* (Brit), it's a sure thing*, it's a foregone conclusion

couscous¹ [kuskus] nm (Culin) couscous

couscous² [kuskus] nm (Zool) cuscus

couscoussier [kuskusje] nm couscous-maker

cousette [kuzɛt] [→ SYN] nf († : ouvrière) dressmaker's apprentice ; (nécessaire) sewing kit

couseur, -euse [kuzœʀ, øz] **1** nm,f (personne) stitcher

2 **couseuse** nf (industrial) sewing machine

couseuse [kuzøz] nf stitcher, sewer

cousin¹, e [kuzɛ̃, in] [→ SYN] nm,f cousin ◆ **cousin germain** first cousin ◆ **cousins issus de germains** second cousins ◆ **cousins au 3ᵉ/4e degré** 3rd/4th cousins ◆ **ils sont un peu cousins** they are related (in some way) ou are distant relations → **mode¹, roi**

cousin² [kuzɛ̃] [→ SYN] nm (Zool) mosquito

cousinage† [kuzinaʒ] nm (entre germains) cousinhood, cousinship ; (vague parenté) relationship

cousiner† [kuzine] ▸ conjug 1 ◂ vi to be on familiar terms (*avec* with)

coussin [kusɛ̃] [→ SYN] nm [siège] cushion ; (Tech) [collier de cheval] padding ; (Belg : oreiller) pillow ◆ **coussin d'air** air cushion

coussinet [kusinɛ] nm **a** [siège, genoux] (small) cushion ; [animal] pad

b (Tech) bearing ◆ **coussinet de tête de bielle** [arbre de transmission] big end bearing ; [rail] chair

c (Archit) (volute) cushion

cousu, e [kuzy] (ptp de **coudre**) adj sewn, stitched ◆ (fig) **être (tout) cousu d'or** to be rolling in riches ◆ (fig) **c'est cousu de fil blanc** it's blatant, it sticks out a mile, it's a dead give-away* (US) ◆ **cousu main** (lit) handsewn, handstitched ◆ (* fig) **c'est du cousu main** it's top quality stuff ◆ **cousu machine** machine-sewn → **bouche, motus**

coût [ku] [→ SYN] nm (lit, fig) cost ◆ **le coût de la vie** the cost of living ◆ **coût d'acquisition** original cost ◆ **coûts de base** baseline costs ◆ **coût du crédit** credit charges ◆ **coût de dis-**

tribution distribution cost ◆ **coût d'investissement** capital cost ◆ **coût de production** production cost ◆ **coût salarial** wage(s) bill ◆ **coût d'utilisation** cost-in-use → **indice**

coûtant [kutɑ̃] adj m ◆ **prix coûtant** cost price ◆ **vendre à prix coûtant** to sell at cost (price)

couteau, pl **couteaux** [kuto] → SYN **1** nm **a** (pour couper) knife; [balance] knife edge; (coquillage) razor-shell (Brit), razor clam (US) ◆ **couteau à beurre / dessert / fromage / poisson** butter / dessert / cheese / fish knife → **lame, second**

b LOC **vous me mettez le couteau sous** ou **sur la gorge** you're holding a gun at my head ◆ **être à couteau(x) tiré(s)** to be at daggers drawn (*avec* with) ◆ **remuer** ou **retourner le couteau dans la plaie** to twist the knife in the wound, rub it in*

2 COMP ▷ **couteau de chasse** hunting knife ▷ **couteau à cran d'arrêt** flick-knife ▷ **couteau de cuisine** kitchen knife ▷ **couteau à découper** carving knife ▷ **couteau électrique** electric knife ▷ **couteau à éplucher, couteau éplucheur, couteau à légumes** (potato) peeler ▷ **couteau à pain** breadknife ▷ **couteau à palette** ou **de peintre** (Peinture) palette knife ▷ **couteau pliant** ou **de poche** pocket knife ▷ **couteau de table** table knife

couteau-scie, pl **couteaux-scies** [kutosi] nm serrated knife

coutelas [kutlɑ] nm (couteau) large (kitchen) knife; (épée) cutlass

coutelier, -ière [kutəlje, jɛʀ] → SYN nmf (fabricant, marchand) cutler

coutellerie [kutɛlʀi] → SYN nf (industrie) cutlery industry; (atelier) cutlery works; (magasin) cutlery shop, cutler's (shop); (produits) cutlery

coûter [kute] → SYN ▸ conjug 1 ◂ vti **a** to cost ◆ **combien ça coûte?** how much is it?, how much does it cost? ◆ **ça coûte cher?** is it expensive?, does it cost a lot? ◆ **ça m'a coûté 10 F** it cost me 10 francs ◆ **les vacances, ça coûte*!** holidays are expensive ou cost a lot! ◆ **ça coûte une fortune** ou **les yeux de la tête*** it costs a fortune ou the earth*, it costs an arm and a leg ◆ **ça coûte la peau des fesses‡** it costs a damn‡ fortune ◆ **ça va lui coûter cher** (lit) it'll cost him a lot; (fig: erreur, impertinence) he'll pay for that, it will cost him dear(ly) ◆ **ça coûtera ce que ça coûtera*** never mind the expense ou cost, blow the expense* ◆ **tu pourrais le faire, pour ce que ça te coûte!** you could easily do it – it wouldn't make any difference to you ou it wouldn't put you to any trouble ◆ **ça ne coûte rien d'essayer** it costs nothing to try

b (fig) **cet aveu / ce renoncement m'a coûté** this confession / renouncement cost me dear ◆ **cette démarche me coûte** this is a painful step for me (to take) ◆ **il m'en coûte de refuser** it pains ou grieves me to have to refuse ◆ **ça m'a coûté bien des mois de travail** it cost me many months' work ◆ **ça lui a coûté la tête / la vie** it cost him his head / life ◆ **je sais ce qu'il en coûte** I know what it costs → **premier**

c **coûte que coûte** at all costs, no matter what ◆ **il faut y arriver coûte que coûte** we must get there at all costs

coûteusement [kutøzmɑ̃] adv expensively

coûteux, -euse [kutø, øz] → SYN adj costly, expensive; (fig) aveu, renoncement painful ◆ **ce fut une erreur coûteuse** it was a costly mistake ou a mistake that cost him (ou us etc) dear (Brit) ◆ **procédé coûteux en temps / énergie** process costly in time / energy

coutil [kuti] → SYN nm [vêtements] drill, twill; [matelas] ticking

coutre [kutʀ] → SYN nm coulter (Brit), colter (US)

coutume [kutym] → SYN nf **a** (usage: gén, Jur) custom; (Jur: recueil) customary

b (habitude) **avoir coutume de** to be in the habit of ◆ **plus / moins que de coutume** more / less than usual ◆ **comme de coutume** as usual ◆ **selon sa coutume** as is his custom ou wont (littér), following his usual custom → **fois**

coutumier, -ière [kutymje, jɛʀ] → SYN **1** adj (gén) customary, usual; loi customary ◆ **droit coutumier** (concept) customary law; (lois) common law ◆ (gén péj) **il est coutumier du fait** that is what he usually does, that's his usual trick*

2 nm (Jur) customary

couture [kutyʀ] → SYN nf **a** (action, ouvrage) sewing; (profession) dressmaking ◆ **faire de la couture** to sew ◆ **veste / robe couture** designer jacket / dress → **haut, maison, point²**

b (suite de points) seam ◆ **sans couture(s)** seamless ◆ **faire une couture à grands points** to tack ou baste a seam ◆ **couture apparente** ou **sellier** topstitching, overstitching ◆ **couture anglaise / plate** ou **rabattue** French / flat seam ◆ **examiner** ou **regarder qch / qn sous toutes les coutures** to examine sth / sb from every angle → **battre**

c (cicatrice) scar

d (suture) stitches

couturé, e [kutyʀe] → SYN adj visage scarred

couturier [kutyʀje] → SYN nm **a** (personne) couturier, fashion designer ◆ **grand couturier** grand couturier, big designer

b (Anat) **(muscle) couturier** sartorial muscle, sartorius

couturière [kutyʀjɛʀ] nf **a** (personne) dressmaker; (en atelier etc) dressmaker, seamstress†

b (Théât) *rehearsal preceding the full dress rehearsal, when alterations are made to the costumes*

couvain [kuvɛ̃] → SYN nm (œufs) brood; (rayon) brood cells

couvaison [kuvɛzɔ̃] nf (période) incubation; (action) brooding, sitting

couvée [kuve] → SYN nf [poussins] brood, clutch; [œufs] clutch; (fig) (enfants) brood → **naître**

couvent [kuvɑ̃] → SYN nm **a** [sœurs] convent, nunnery†; [moines] monastery ◆ **entrer au couvent** to enter a convent

b (internat) convent (school)

couventine [kuvɑ̃tin] → SYN nf (religieuse) conventual; (jeune fille élevée au couvent) convent schoolgirl

couver [kuve] → SYN ▸ conjug 1 ◂ **1** vi [feu, incendie] to smoulder; [haine, passion] to smoulder, simmer; [émeute] to be brewing; [complot] to be hatching ◆ **couver sous la cendre** (lit) to smoulder under the embers; (fig) [passion] to smoulder, simmer; [émeute] to be brewing

2 vt **a** œufs [poule] to sit on; [appareil] to hatch ◆ **la poule était en train de couver** the hen was sitting on her eggs ou was brooding

b (fig) enfant to be overcareful with, cocoon; maladie to be sickening for, be getting, be coming down with; vengeance to brew, plot; révolte to plot ◆ **enfant couvé par sa mère** child brought up by an overcautious ou overprotective mother ◆ **couver qn / qch des yeux** ou **du regard** (tendresse) to look lovingly at sb / sth; (convoitise) to look covetously ou longingly at sb / sth

couvercle [kuvɛʀkl] → SYN nm [casserole, boîte à biscuits, bocal] lid; [bombe aérosol] cap, top; (qui se visse) (screw-)cap, (screw-)top; (Tech) [piston] cover

couvert, e¹ [kuvɛʀ, ɛʀt] → SYN (ptp de **couvrir**) **1** adj **a** (habillé) covered (up) ◆ **il est trop couvert pour la saison** he's too wrapped up ou he's wearing too many clothes for the time of year ◆ **cet enfant ne reste jamais couvert au lit** this child will never keep himself covered up in bed ou will never keep his bedcovers ou bedclothes on (him) ◆ **il est resté couvert dans l'église** he kept his hat on inside the church

b **couvert de** covered in ou with ◆ **il a le visage couvert de boutons** his face is covered in ou with spots ◆ **des pics couverts de neige** snow-covered ou snow-clad (littér) peaks ◆ **couvert de chaume** toit thatched; maison thatch-roofed, thatched ◆ **le rosier est couvert de fleurs** the rosebush is a mass of ou is covered in flowers

c (voilé) ciel overcast, clouded over (attrib) ◆ **par temps couvert** when the sky is overcast → **mot**

d rue, allée, cour covered; piscine, court de tennis indoor (épith), indoors (attrib) → **marché**

e (protégé par un supérieur) covered

f syllabe closed

2 nm **a** (ustensiles) place setting ◆ **une ménagère de 12 couverts** a canteen of 12 place settings ◆ **leurs couverts sont en argent** their cutlery is silver ◆ **j'ai sorti les couverts en argent** I've brought out the silver cutlery

b (à table) **mettre le couvert** to lay ou set the table ◆ **mettre 4 couverts** to lay ou set 4 places, lay ou set the table for 4 ◆ **table de 4 couverts** table laid ou set for 4 ◆ **mets un couvert de plus** lay ou set another ou an extra place ◆ **il a toujours son couvert mis chez nous** he can come and eat with us at any time, there's always a place for him at our table ◆ (fig) **remettre le couvert*** (gén) to go at it again*; (sexuellement) to be at it again* ◆ **le vivre** ou **gîte et le couvert** board and lodging (Brit), bed ou room and board

c (au restaurant) cover charge

d (abri) (littér) **sous le couvert d'un chêne** under the shelter of an oak tree ◆ **à couvert de la pluie** sheltered from the rain ◆ (Mil) **(être) à couvert** (to be) under cover ◆ (Mil) **se mettre à couvert** to get under or take cover

e LOC **se mettre à couvert (contre des réclamations)** to cover ou safeguard o.s. (against claims) ◆ **être à couvert des soupçons** to be safe from suspicion ◆ **sous (le) couvert de** prétexte under cover of ◆ **ils l'ont fait sous le couvert de leurs supérieurs** they did it by hiding behind the authority of their superiors ◆ **sous (le) couvert de la plaisanterie** while trying to appear to be joking, under the guise of a joke ◆ **Monsieur le Ministre sous couvert de Monsieur le Recteur** the Minister through the person of the Director of Education

couverte² [kuvɛʀt] nf (Tech) glaze

couverture [kuvɛʀtyʀ] → SYN nf **a** (literie) blanket ◆ **couverture de laine / chauffante** wool or woollen / electric blanket ◆ **couverture de voyage** travelling rug ◆ (fig) **amener** ou **tirer la couverture à soi** (s'attribuer tout le succès) to take (all) the credit, get unfair recognition; (monopoliser la parole) to turn the meeting into a one-man show

b (toiture) roofing ◆ **couverture de chaume** thatched roofing ◆ **couverture en tuiles** tiled roofing

c [cahier, livre] cover; (jaquette) dust cover ◆ **en couverture** on the cover ◆ **première / quatrième de couverture** (outside) front / back cover

d (Mil) cover; (fig: prétexte, paravent) cover ◆ **troupes de couverture** covering troops ◆ **couverture aérienne** aerial cover

e (Fin) cover, margin ◆ **couverture sociale** Social Security cover

f (Journalisme) coverage ◆ **assurer la couverture d'un événement** to provide coverage of an event

couveuse [kuvøz] → SYN nf **a** (poule) brood hen ◆ **couveuse (artificielle)** incubator

b [bébé] incubator ◆ **être en couveuse** to be in an incubator

couvrant, e [kuvʀɑ̃, ɑ̃t] **1** adj peinture, fonds de teint that covers well

2 **couvrante*** nf blanket, cover

couvre-chef, pl **couvre-chefs** [kuvʀəʃɛf] → SYN nm (hum) hat, headgear (NonC: hum)

couvre-feu, pl **couvre-feux** [kuvʀəfø] nm curfew

couvre-joint, pl **couvre-joints** [kuvʀəʒwɛ̃] nm batten

couvre-lit, pl **couvre-lits** [kuvʀəli] → SYN nm bedspread, coverlet

couvre-livre, pl **couvre-livres** [kuvʀəlivʀ] nm book cover

couvre-objet, pl **couvre-objets** [kuvʀɔbʒɛ] nm cover glass

couvre-pied(s), pl **couvre-pieds** [kuvʀəpje] nm quilt

couvre-plat, pl **couvre-plats** [kuvʀəpla] nm dish cover

couvreur [kuvʀœʀ] nm roofer

couvrir [kuvʀiʀ] [→ SYN] ▸ conjug 18 ◂ [1] vt **a** (gén) livre, meuble, sol, chargement to cover (*de, avec* with); casserole, récipient to cover (*de, avec* with), put the lid on; (Jeux) carte to cover ◆ **couvrir un toit d'ardoises / de chaume / de tuiles** to slate / thatch / tile a roof ◆ **des tableaux couvraient tout un mur** pictures covered a whole wall ◆ **couvrir le feu** to bank up the fire

b (habiller) to cover ◆ **couvre bien les enfants** wrap the children up well, cover the children up well ◆ **une cape lui couvrait tout le corps** ou **le couvrait tout entier** he was completely covered in a cape ◆ **un châle lui couvrait les épaules** her shoulders were covered with ou by a shawl, she had a shawl around ou over her shoulders

c (recouvrir de, parsemer de) **couvrir qch / qn de** (gén) to cover sth / sb with ou in ◆ **la rougeole l'avait couverte de boutons** she was covered in spots from the measles ◆ **son mari l'avait couverte de bleus** her husband had bruised her all over ou had covered her in ou with bruises ◆ **couvrir une femme de cadeaux** to shower a woman with gifts, shower gifts upon a woman ◆ **couvrir qn de caresses / baisers** to cover ou shower sb with caresses / kisses ◆ **couvrir qn d'injures / d'éloges** to shower sb with insults / praises, heap insults / praise upon sb ◆ **cette aventure l'a couvert de ridicule** this affair has covered him with ridicule → **boue**

d (cacher, masquer) son, voix to drown; mystère, énigme to conceal ◆ **le bruit de la rue couvrait la voix du conférencier** the noise from the street drowned the lecturer's voice ◆ (lit, fig) **couvrir son jeu** to hold ou keep one's cards close to one's chest ◆ **sa frugalité couvre une grande avarice** his frugality conceals great avarice ◆ **couvrir qch du nom de charité** to pass sth off as charity, label sth charity

e (protéger) to cover ◆ **couvrir qn de son corps** to cover ou shield sb with one's body ◆ (Mil) **couvrir la retraite** to cover one's retreat ◆ (fig) **couvrir qn / les fautes de qn** to cover up for ou shield sb / cover up for sb's mistakes

f (Fin) frais, dépenses to cover; [assurance] to cover ◆ (Admin) **pourriez-vous nous couvrir de la somme de 1 000 F** would you remit to us the sum of 1,000 francs ◆ **couvrir l'enchère de qn** to overbid sb

g (parcourir) kilomètres, distance to cover

h (Zool) jument etc to cover

i (Journalisme) événement to cover

[2] **se couvrir** vpr **a** [arbre etc] **se couvrir de fleurs / feuilles au printemps** to come into bloom / leaf in the spring ◆ **les prés se couvrent de fleurs** the meadows are becoming a mass of flowers ◆ [personne] **se couvrir de taches** to cover o.s. in splashes, get covered in splashes ◆ **se couvrir de boutons** to become covered in ou with spots ◆ **se couvrir de gloire** to cover o.s. with glory ◆ **se couvrir de honte / ridicule** to bring shame / ridicule upon o.s., cover o.s. with shame / ridicule

b (s'habiller) to cover up, wrap up; (mettre son chapeau) to put on one's hat ◆ **il fait froid, couvrez-vous bien** it's cold so wrap ou cover (yourself) up well

c [ciel] to become overcast, cloud over ◆ **le temps se couvre** the sky is ou it's becoming very overcast

d (Boxe, Escrime) to cover ◆ (fig) **pour se couvrir il a invoqué ...** to cover ou shield himself he referred to ...

covalence [kovalɑ̃s] nf (Chim) covalency, covalence (US) ◆ **liaison de covalence** covalent bond

covalent, e [kovalɑ̃, ɑ̃t] adj (Chim) covalent

covariance [kovaʀjɑ̃s] nf (Math) covariance

covariant, e [kovaʀjɑ̃, jɑ̃t] adj (Math) covariant

covelline [kɔvelin] nf (Minér) covellite

covendeur, -euse [kovɑ̃dœʀ, øz] nm,f joint seller

cover-girl, pl **cover-girls** [kɔvœʀgœʀl] [→ SYN] nf cover girl

covoiturage [kobvwatyʀaʒ] nm car-sharing

cow-boy, pl **cow-boys** [kobɔj] [→ SYN] nm cowboy ◆ **jouer aux cow-boys et aux Indiens** to play (at) cowboys and Indians

coxalgie [kɔksalʒi] [→ SYN] nf coxalgia

coxalgique [kɔksalʒik] [1] adj coxalgic [2] nmf person suffering from coxalgia

coxarthrose [kɔksaʀtʀoz] nf osteoarthritis of the hip

coyote [kɔjɔt] nm coyote, prairie wolf

CP [sepe] nm (abrév de **cours préparatoire**) → **cours**

CPAM [sepeaɛm] nf (abrév de **caisse primaire d'assurance maladie**) → **caisse**

CPGE [sepeʒeə] nf (abrév de **classe préparatoire aux grandes écoles**) → **classe**

CPR [sepeɛʀ] nm abrév de **Centre pédagogique régional** ◆ **stagiaire de CPR** trainee teacher ◆ **faire son CPR à Paris** to do one's teacher training in Paris

CQFD [sekyɛfde] (abrév de **ce qu'il fallait démontrer**) QED

crabe [kʀɑb] [→ SYN] nm **a** (Zool) crab ◆ **marcher en crabe** to walk crabwise ou crabways → **panier**

b (véhicule) caterpillar-tracked vehicle

crabier [kʀɑbje] [→ SYN] nm (héron) squacco heron

crabot [kʀabo] nm (Tech) (dent) dog

crac [kʀak] excl [bois, glace etc] crack; [étoffe] rip

crachat [kʀaʃa] [→ SYN] nm **a** spit (NonC), spittle (NonC) ◆ **trottoir couvert de crachats** pavement spattered with spittle ◆ **il a reçu un crachat dans l'œil** someone has spat in his eye

b (*†: plaque, insigne) decoration

craché, e* [kʀaʃe] (ptp de **cracher**) adj ◆ **c'est son père tout craché** he's the spitting image of his father ◆ **c'est lui tout craché** that's just like him, that's him all over*

crachement [kʀaʃmɑ̃] nm **a** (expectoration) spitting (NonC) ◆ **crachement de sang** spitting of blood ◆ **crachements de sang** spasms of spitting blood ou of blood-spitting

b (projection) [flammes, vapeur] burst; [étincelles] shower

c (bruit) [radio, mitrailleuses] crackling (NonC), crackle

cracher [kʀaʃe] [→ SYN] ▸ conjug 1 ◂ [1] vi **a** (avec la bouche) to spit ◆ **rincez-vous la bouche et crachez** rinse (out) your mouth and spit (it) out ◆ **cracher sur qn** (lit) to spit at sb; (fig) to spit on sb ◆ **il ne crache pas sur le caviar*** he doesn't turn his nose up at caviar ◆ **il ne faut pas cracher sur cette offre*** this offer is not to be sneezed at ◆ **il ne faut pas cracher dans la soupe*** you shouldn't turn your nose up at it ◆ **c'est comme si je crachais en l'air*** I'm banging ou it's like banging my head against a brick wall ◆ **cracher au bassinet*** to cough up*

b [stylo, plume] to splutter, splotch; [micro] to crackle

[2] vt **a** [personne] sang etc to spit; bouchée to spit out; (fig) injures to spit (out); (*) argent to cough up*, stump up* (Brit) ◆ **cracher ses poumons*** to cough up one's lungs* → **venin**

b [canon] flammes to spit (out); projectiles to spit out; [cheminée, volcan, dragon] to belch (out) ◆ **le moteur crachait des étincelles** the engine was sending out showers of sparks ◆ **le robinet crachait une eau brunâtre** the tap was spitting out dirty brown water

cracheur, -euse [kʀaʃœʀ, øz] nm,f ◆ **cracheur de feu** ou **de flammes** fire-eater

crachin [kʀaʃɛ̃] [→ SYN] nm drizzle

crachiner [kʀaʃine] [→ SYN] ▸ conjug 1 ◂ vi to drizzle

crachoir [kʀaʃwaʀ] nm spittoon, cuspidor (US) ◆ (fig) **tenir le crachoir*** to hold the floor ◆ (fig) **j'ai tenu le crachoir à ma vieille tante tout l'après-midi** I had to (sit and) listen to my old aunt spouting all afternoon*

crachotement [kʀaʃɔtmɑ̃] [→ SYN] nm (→ **crachoter**) crackling (NonC), crackle; spluttering

crachoter [kʀaʃɔte] [→ SYN] ▸ conjug 1 ◂ vi [haut-parleur, téléphone] to crackle; [robinet] to splutter

crachouiller [kʀaʃuje] [→ SYN] ▸ conjug 1 ◂ vi [personne] to splutter

crack[1] [kʀak] [→ SYN] nm **a** (poulain) crack ou star horse

b (*: as) ace ◆ **un crack en informatique** an ace ou a wizard* at computing ◆ **c'est un crack au saut en longueur** he's an ace ou a first-class long jumper

crack[2] [kʀak] nm (arg Drogue) crack

cracker [kʀakœʀ, kʀakɛʀ] [→ SYN] nm (biscuit) cracker

cracking [kʀakiŋ] nm (Chim) cracking

Cracovie [kʀakɔvi] n Cracow

cracra* [kʀakʀa] adj inv, **crade*** [kʀad] adj inv, **cradingue*** [kʀadɛ̃g] adj, **crado*** [kʀado] adj inv, **cradoque*** [kʀadɔk] adj grotty* (Brit), shabby

craie [kʀɛ] [→ SYN] nf (substance, bâtonnet) chalk ◆ **craie de tailleur** tailor's chalk, French chalk ◆ **écrire qch à la craie sur un mur** to chalk sth up on a wall

craignos* [kʀɛɲos] adj inv personne, quartier dodgy* (Brit), shady*

craindre [kʀɛ̃dʀ] [→ SYN] ▸ conjug 52 ◂ [1] vt **a** [personne] to fear, be afraid ou scared of ◆ **je ne crains pas la mort / la douleur** I do not fear ou I'm not afraid of ou I have no fear of death / pain ◆ **ne craignez rien** don't be afraid ou frightened ◆ **oui, je le crains!** yes, I'm afraid so! ◆ **je crains le pire** (lit) I fear the worst; (hum) I'll hope for the best ◆ **il sait se faire craindre** he knows how to make himself feared ou how to make people fear him

b craindre de faire qch to be afraid of doing sth ◆ **il craint de se faire mal** he's afraid of hurting himself ◆ **je ne crains pas de dire que ...** I am not afraid of saying that ... ◆ **je crains d'avoir bientôt à partir** I fear ou I'm afraid I may have to leave soon ◆ **craignant de manquer le train, il se hâta** he hurried along, afraid of missing ou afraid (that) he might miss the train, he made haste lest he miss (frm) ou for fear of missing the train

c craindre que: je crains qu'il (n') attrape froid I'm afraid that ou I fear that he might catch cold ◆ **ne craignez-vous pas qu'il arrive?** aren't you afraid he'll come? ou he might come? ◆ **je crains qu'il (ne) se soit perdu** I'm afraid that he might ou may have got lost ◆ **il est à craindre que ...** it is to be feared that ... ◆ (iro) **je crains que vous (ne) vous trompiez, ma chère** I fear you are mistaken, my dear ◆ **elle craignait qu'il ne se blesse** she feared ou was afraid that he would ou might hurt himself

d craindre pour vie, réputation, personne to fear for

e [aliment, produit] **craindre le froid / l'eau bouillante** to be easily damaged by (the) cold / by boiling water ◆ **«craint l'humidité / la chaleur»** "keep ou store in a dry place / cool place", "do not expose to a damp atmosphere / to heat" ◆ **c'est un vêtement qui ne craint rien** it's a hard-wearing ou sturdy garment ◆ **c'est un vieux tapis, ça ne craint rien** don't worry, it's an old carpet ◆ **ces animaux craignent la chaleur** these animals can't stand heat

[2] vi (*) [personne, endroit] to be dodgy* (Brit) ou shady* ◆ **il n'y a pas de bus, ça craint** there're no buses, what the hell am I (ou are we etc) going to do (now)?*

crainte [kʀɛ̃t] [→ SYN] GRAMMAIRE ACTIVE 17.1 nf **a** fear ◆ **la crainte de la maladie** ou **d'être malade l'arrête** fear of illness ou of being ill stops him ◆ **il a la crainte du gendarme** he is in fear of the police, he is afraid of ou he fears the police ◆ **soyez sans crainte, n'ayez crainte** have no fear, never fear ◆ **j'ai des craintes à son sujet** I'm worried about him ◆ **sans crainte** (adj) without fear, fearless; (adv) without fear, fearlessly ◆ **avec crainte** fearfully, full of fear ◆ **la crainte qu'on ne les entende** the fear that they might be overheard ◆ (Prov) **la crainte est le commencement de la sagesse** only the fool knows no fear

b LOC **dans la crainte de, par crainte de** for fear of ◆ **de crainte d'une erreur** for fear of (there being) a mistake, lest there be a mistake (frm) ◆ **(par) crainte d'être suivi, il courut** he ran for fear of being followed ou fearing that he might be followed (frm) ◆ **de crainte que** for fear that, fearing that ◆ **de**

crainte qu'on ne le suive, il courut he ran for fear of being followed ou fearing that he might be followed

craintif, -ive [kʀɛ̃tif, iv] → SYN adj personne, animal, caractère timorous, timid; regard, ton, geste timid

craintivement [kʀɛ̃tivmɑ̃] adv agir, parler timorously, timidly

crambe [kʀɑ̃b] nm sea kale

cramé, e* [kʀame] 1 adj burnt
2 nm ◆ **ça sent le cramé** (lit) I (can) smell burning; (fig) there's trouble brewing ◆ **ça a un goût de cramé** it tastes burnt ◆ **ne mange pas le cramé** don't eat the burnt bit(s)

cramer* [kʀame] ▸ conjug 1 ◂ 1 vi [maison] to burn down, go up in flames; [mobilier] to go up in flames ou smoke; [tissu, papier] to burn
2 vt (gén) to burn; maison to burn down; mobilier to send up in flames

cramoisi, e [kʀamwazi] → SYN adj crimson

crampe [kʀɑ̃p] → SYN nf cramp ◆ **avoir une crampe au mollet** to have cramp (Brit) ou a cramp (US) in one's calf ◆ **crampe d'estomac** stomach cramp ◆ (hum) **la crampe de l'écrivain** writer's cramp (hum)

crampillon [kʀɑ̃pijɔ̃] nm staple

crampon [kʀɑ̃pɔ̃] → SYN nm a (Tech) cramp (iron), clamp
b [chaussures de football] stud; [chaussures de course] spike; [fer à cheval] calk ◆ [alpiniste] **crampon (à glace)** crampon
c (Bot) tendril
d (*: personne) leech ◆ **elle est crampon** she clings like a leech, you can't shake her off

cramponnage [kʀɑ̃pɔnaʒ] nm (Alpinisme) crampon technique, cramponning

cramponner [kʀɑ̃pɔne] → SYN ▸ conjug 1 ◂ 1 vt
a (Tech) to cramp (together), clamp (together)
b (* fig) to cling to
2 **se cramponner** vpr (pour ne pas tomber) to hold on, hang on; (fig: dans son travail) to stick at it*, hang on in there* ◆ (fig) **elle se cramponne** (ne vous lâche pas) she clings like a leech, you can't shake her off; (ne veut pas mourir) she's holding on (to life) ◆ **se cramponner à** branche, volant, bras to cling (on) to, clutch, hold on to; personne (lit) to cling (on) to; (fig) vie, espoir, personne to cling to

cran [kʀɑ̃] → SYN nm a (pour accrocher, retenir) [pièce dentée, crémaillère] notch; [arme à feu] catch; [ceinture, courroie] hole ◆ **hausser un rayon de plusieurs crans** to raise a shelf a few notches ou holes ◆ **cran de sécurité** ou **de sûreté** safety catch ◆ **(couteau à) cran d'arrêt** flick-knife
b (servant de repère) (Couture, Typ) nick ◆ **cran de mire** bead
c [cheveux] wave ◆ **le coiffeur lui avait fait un cran** ou **des crans** the hairdresser had put her hair in waves
d (*: courage) guts* ◆ **il a un drôle de cran*** he's got a lot of bottle* ou guts*
e LOC **monter / descendre d'un cran** (dans la hiérarchie) to move up / come down a rung ou peg ◆ **il est monté / descendu d'un cran dans mon estime** he has gone up / down a notch ou peg in my estimation ◆ **être à cran** to be very edgy ◆ **ne le mets pas à cran** don't make him mad*

crâne[1] [kʀɑn] → SYN nm (Anat) skull, cranium (spéc); (fig) head ◆ **avoir mal au crâne*** to have an awful head* ◆ (fig) **avoir le crâne dur*** to be thick(skulled)* → **bourrage, bourrer, fracture**

crâne[2]† [kʀɑn] → SYN adj gallant

crânement† [kʀɑnmɑ̃] adv gallantly

crâner* [kʀɑne] ▸ conjug 1 ◂ vi to swank* (Brit), put on the dog* (US), show off* ◆ **ce n'est pas la peine de crâner** it's nothing to swank* (Brit) ou show off* about

crânerie† [kʀɑnʀi] nf gallantry

crâneur, -euse* [kʀɑnœʀ, øz] → SYN nm,f swank* (Brit), show-off* ◆ **faire le crâneur** to swank* (Brit) ou show off* ◆ **elle est un peu crâneuse** she's a bit of a show-off*

crânien, -ienne [kʀɑnjɛ̃, jɛn] → SYN adj cranial → **boîte**

craniologie [kʀanjɔlɔʒi] nf craniology

craniotomie [kʀanjɔtɔmi] nf craniotomy

cranter [kʀɑ̃te] → SYN ▸ conjug 1 ◂ vt (Tech) pignon, roue to put notches in; cheveux to put in waves ◆ **tige crantée** notched stem

crapahuter [kʀapayte] → SYN ▸ conjug 1 ◂ vi (arg Mil) to trudge over difficult ground

crapaud [kʀapo] 1 nm a (Zool) toad ◆ **il est laid comme un crapaud** he's as ugly as sin → **bave, fauteuil, piano**
b (*: gamin) brat*
c [diamant] flaw
2 COMP ▷ **crapaud de mer** angler(-fish)

crapaudine [kʀapodin] → SYN nf [tuyau] grating; [gond] gudgeon; (pierre) toadstone

crapoter* [kʀapɔte] ▸ conjug 1 ◂ vi ◆ [fumeur] **il crapote** he doesn't inhale

crapouillot [kʀapujo] → SYN nm (Hist Mil) trench mortar

crapule [kʀapyl] → SYN nf (personne) villain; (††: racaille) riffraff, scum*

crapulerie [kʀapylʀi] → SYN nf a (rare: caractère) villainy, vile nature
b (acte) villainy

crapuleusement [kʀapyløzmɑ̃] adv agir with villainy

crapuleux, -euse [kʀapylø, øz] → SYN adj action villainous; vie dissolute → **crime**[1]

craquage [kʀakaʒ] nm (Chim) cracking

craquant, e [kʀakɑ̃, ɑ̃t] adj biscuit crunchy; (*: séduisant) femme, objet, enfant gorgeous, lovely

craque* [kʀak] nf whopper*, whopping lie*

craquèlement [kʀakɛlmɑ̃] → SYN nm (→ **craqueler**) cracking; crackling

craqueler [kʀakle] → SYN ▸ conjug 4 ◂ 1 vt vernis, faïence, terre [usure, âge] to crack; (Tech) [artisan] to crackle
2 **se craqueler** vpr [vernis, faïence, terre] to crack

craquellement [kʀakɛlmɑ̃] nm ⇒ **craquèlement**

craquelure [kʀaklyʀ] nf [porcelaine] crackle (NonC); [tableau] craquelure (NonC) ◆ **couvert de craquelures** covered in cracks

craquement [kʀakmɑ̃] → SYN nm (bruit) [arbre, branche qui se rompt] crack, snap; [plancher, boiserie] creak; [feuilles sèches, neige] crackle, crunch; [chaussures] squeak ◆ **le craquement continuel des arbres / de la banquise** the constant creak of the trees / icefield

craquer [kʀake] → SYN ▸ conjug 1 ◂ 1 vi a (produire un bruit) [parquet] to creak, squeak; [feuilles mortes, disque] to crackle; [neige] to crunch; [chaussures] to squeak; [biscuit] to crunch ◆ **faire craquer ses doigts** to crack one's fingers ◆ **faire craquer une allumette** to strike a match
b (céder) [bas] to rip, go* (Brit); [bois, couche de glace] to crack; [branche] to crack, snap ◆ **veste qui craque aux coutures** jacket which is coming apart at the seams → **plein**
c (s'écrouler) [entreprise, gouvernement] to be falling apart (at the seams), be on the verge of collapse; [athlète] to collapse; [accusé, malade] to break down, collapse ◆ **ils ont craqué en deuxième mi-temps** they gave way in the second half ◆ **je craque*** (je n'en peux plus) I've had enough; (je deviens fou) I'm cracking up* → **nerf**
d (*: être enthousiasmé) **j'ai craqué** I couldn't resist it (ou them ou him etc)
2 vt a pantalon to rip, split ◆ **craquer un bas*** to rip ou tear a stocking
b **craquer une allumette** to strike a match
c produit pétrolier to crack

craqueter [kʀakte] → SYN ▸ conjug 4 ◂ vi [cigogne] to clatter; [cigale] to chirp

crase [kʀɑz] → SYN nf (Ling) crasis ◆ (Méd) **crase sanguine** coagulation ou clotting factors

crash* [kʀaʃ] nm [avion] crash; (à l'atterrissage) crash landing; [voiture, moto, train] crash

crasher (se)* [kʀaʃe] ▸ conjug 1 ◂ vpr [avion] to crash; (à l'atterrissage) to crash-land; [voiture, train] to crash; [chauffeur, motard] to have a crash ◆ **il s'est crashé contre un arbre** he crashed into ou hit a tree ◆ **se crasher en moto / voiture** to have a motorbike / car crash

craspec* [kʀaspɛk] adj inv grotty* (Brit), shabby

crassane [kʀasan] nf ⇒ **passe-crassane**

crasse [kʀas] → SYN 1 nf a (saleté) grime, filth
b (*: sale tour) dirty trick* ◆ **faire une crasse à qn** to play a dirty trick on sb*
c (Tech) (scorie) dross, scum, slag; (résidus) scale
2 adj ignorance, bêtise crass; paresse unashamed ◆ **être d'une ignorance crasse** to be abysmally ignorant ou pig ignorant*

crasseux, -euse [kʀasø, øz] → SYN adj grimy, filthy

crassier [kʀasje] → SYN nm slag heap

cratère [kʀatɛʀ] → SYN nm (Géog, vase) crater

craterelle [kʀatʀɛl] → SYN nf horn of plenty

cratériforme [kʀateʀifɔʀm] adj crater-shaped (épith)

cravache [kʀavaʃ] → SYN nf (riding) crop, horsewhip, (riding) whip, quirt (US) ◆ **donner un coup de cravache à** cheval to use the crop on; personne to strike (with a riding crop); (fig) to spur on* ◆ (fig) **mener qn à la cravache** to drive sb ruthlessly

cravacher [kʀavaʃe] → SYN ▸ conjug 1 ◂ 1 vt cheval to use the crop on whip, quirt (US); personne to strike with a riding crop; (rouer de coups) to horsewhip
2 vi (*) (foncer) to belt along*; (pour finir un travail) to work like mad*, pull out all the stops*

cravate [kʀavat] → SYN nf a [chemise] tie ◆ (hum) **cravate de chanvre** hangman's rope ◆ **cravate de commandeur de la Légion d'honneur** ribbon of commander of the Legion of Honour → **épingle, jeter**
b (Lutte) headlock
c (Naut) sling

cravater [kʀavate] → SYN ▸ conjug 1 ◂ vt a (lit) personne to put a tie on ◆ **cravaté de neuf** wearing a new tie ◆ **se cravater** to put one's ou a tie on
b (prendre au collet) (gén) to grab round the neck, collar; (Lutte) to put in a headlock; (*: arrêter) to collar ◆ **se faire cravater par un journaliste** to be collared ou buttonholed by a journalist

crave [kʀav] → SYN nm ◆ **crave à bec rouge** chough

crawl [kʀol] → SYN nm crawl *(swimming)* ◆ **nager le crawl** to do ou swim the crawl

crawler [kʀole] ▸ conjug 1 ◂ vi to do ou swim the crawl ◆ **dos crawlé** backstroke

crawleur, -euse [kʀolœʀ, øz] nm,f crawl stroke swimmer

crayeux, -euse [kʀɛjø, øz] → SYN adj terrain, substance chalky; teint chalk-white

crayon [kʀɛjɔ̃] → SYN 1 nm a (pour écrire etc) pencil ◆ **écrire au crayon** to write with a pencil ◆ **écrivez cela au crayon** write that in pencil ◆ **notes au crayon** pencilled notes ◆ **avoir le crayon facile** to be a good drawer, be good at drawing ◆ **avoir un bon coup de crayon** to be good at sketching
b (bâtonnet) pencil
c (Art) (bâtonnet) crayon; (dessin) crayon (drawing) ◆ **colorier qch au crayon** to crayon sth ◆ **dessin aux deux crayons** sketch in charcoal and red chalk ou sanguine
2 COMP ▷ **crayon à bille** ballpoint pen, Biro ® (Brit) ▷ **crayon de couleur** crayon, colouring pencil ▷ **crayon feutre** felt-tip pen ▷ **crayon gomme** pencil with rubber (Brit) ou eraser (US) ▷ **crayon gras** soft lead pencil ▷ **crayon hémostatique** styptic pencil ▷ **crayon khôl** eyeliner (pencil) ▷ **crayon à lèvres** lip pencil ▷ **crayon lithographique** litho pen ▷ **crayon au nitrate d'argent** silver-nitrate pencil, caustic pencil ▷ **crayon noir** ou **à papier** lead pencil ▷ **crayon optique** light pen ▷ **crayon à sourcils** eyebrow pencil ▷ **crayon pour les yeux** eyeliner pencil

crayonnage [kʀɛjɔnaʒ] nm (gribouillage) scribble, doodle; (dessin) (pencil) drawing, sketch

crayonné [kʀɛjɔne] (ptp de **crayonner**) adj m, nm ◆ **(croquis) crayonné** sketch

crayonner [kʀɛjɔne] → SYN ▸conjug 1◂ vt **a** notes to scribble, jot down (in pencil); dessin to sketch
b (péj : gribouiller) traits to scribble; dessins to doodle

CRDP [seɛʀdepe] nm (abrév de **Centre régional de documentation pédagogique**) → **centre**

créance [kʀeɑ̃s] → SYN nf **a** (Fin, Jur) (financial) claim, debt *(seen from the creditor's point of view)*; (titre) letter of credit ◆ **créance hypothécaire** mortgage loan *(seen from the creditor's point of view)* ◆ (Fin) **créances** accounts receivable ◆ **créance irrécouvrable** bad debt → **lettre**
b († ou littér : crédit, foi) credence ◆ **donner créance à qch** (rendre croyable) to lend credibility to sth; (ajouter foi à) to give ou attach credence to sth (littér)

créancier, -ière [kʀeɑ̃sje, jɛʀ] → SYN nm,f creditor ◆ **créancier-gagiste** lienor ◆ **créancier privilégié** preferential creditor

créateur, -trice [kʀeatœʀ, tʀis] → SYN **1** adj creative
2 nm,f (gén, Rel) creator ◆ **créateur de mode** fashion designer ◆ **créateur publicitaire** commercial artist ◆ **le Créateur** the Creator

créatif, -ive [kʀeatif, iv] → SYN **1** adj creative, inventive
2 nm designer

créatine [kʀeatin] nf creatine, creatin

créatinine [kʀeatinin] nf creatinine

création [kʀeasjɔ̃] → SYN nf **a** (→ **créer**) creation, creating; first production
b (chose créée) (Théât : représentation) first production; (Comm) product; (Art, Haute Couture) creation ◆ (Rel) **la Création** the Creation ◆ **cette création de Topaze par Jouvet est vraiment remarquable** Jouvet's creation of the role of Topaze is truly remarkable ◆ (Scol, Ind, etc) **il y a deux créations de poste** two new posts have been created ◆ (Phys) **théorie de la création continue** steady-state theory

créationnisme [kʀeasjɔnism] nm creationism

créationniste [kʀeasjɔnist] **1** adj creationistic
2 nmf creationist

créativité [kʀeativite] → SYN nf creativeness, creativity; (Ling) creativity

créature [kʀeatyʀ] → SYN nf (gén, péj) creature

crécelle [kʀesɛl] → SYN nf rattle → **voix**

crécerelle [kʀes(ə)ʀɛl] → SYN nf kestrel

crèche [kʀɛʃ] → SYN nf **a** (Rel : de Noël) crib
b (établissement) crèche, day nursery, daycare centre, child care center (US) ◆ **crèche familiale** *crèche in the home of a registered child minder* ◆ **crèche parentale** *crèche run by parents*
c (* : chambre, logement) pad*

crécher* [kʀeʃe] ▸conjug 6◂ vi to hang out* ◆ **je ne sais pas où crécher cette nuit** I don't know where I'm going to kip down* ou crash* tonight

crédence [kʀedɑ̃s] → SYN nf **a** (desserte) credence
b (Rel) credence table, credenza

crédibiliser [kʀedibilize] ▸conjug 1◂ vt (histoire) to back up, give credibility to; candidature, situation financière to support

crédibilité [kʀedibilite] → SYN nf credibility

crédible [kʀedibl] → SYN GRAMMAIRE ACTIVE 26.6 adj credible

crédirentier, -ière [kʀediʀɑ̃tje, jɛʀ] → SYN nm,f *recipient of an annuity*

crédit [kʀedi] → SYN nm **a** (paiement échelonné, différé) credit ◆ **12 mois de crédit** 12 months' credit ◆ **faire crédit à qn** to give sb credit ◆ **faites-moi crédit, je vous paierai la semaine prochaine** let me have (it on) credit – I'll pay you next week ◆ **« la maison ne fait pas (de) crédit »** "we are unable to give credit to our customers", "no credit is given here" ◆ **acheter / vendre qch à crédit** to buy / sell sth on credit ◆ **possibilités de crédit** credit (terms) available ◆ **ces gens qui achètent tout à crédit** these people who buy everything on credit ou on H.P. (Brit) ou on time (US) ◆ **vente à crédit** selling on easy terms ou on credit → **carte**
b (prêt) credit ◆ **crédit d'appoint** standby credit ◆ **établissement de crédit** credit institution ◆ **l'ouverture d'un crédit** the granting of credit ◆ **crédit bancaire** bank credit ◆ **crédit à la consommation** consumer credit ◆ **crédit documentaire** documentary (letter of) credit ◆ **crédit fournisseur** supplier credit ◆ **crédit gratuit** (interest-)free credit ◆ **crédit hypothécaire** mortgage ◆ **crédit-bail** (système) leasing; (contrat) lease, leasing agreement ◆ (Scol Admin) **crédits d'enseignement** government grant (to each school) ◆ **crédit à l'exportation** export credit ◆ **crédit d'impôt** tax credit ◆ **crédits non garantis** ou **en blanc** loans without security ◆ **crédit municipal** state-owned pawnshop ou pawnbroker's → **lettre**
c (dans une raison sociale) bank
d (excédent d'un compte) credit ◆ **porter une somme au crédit de qn** to credit sb ou sb's account with a sum, credit a sum to sb ou sb's account
e (Pol : gén pl : fonds) **crédits** funds ◆ **crédits budgétaires** budget allocation ◆ **crédits extraordinaires** extraordinary funds
f (Can Univ : unité de valeur) credit
g (prestige, confiance) credit ◆ **firme / client qui a du crédit** creditworthy firm / client ◆ **cette théorie connaît un grand crédit** this theory is very widely accepted (*auprès de* by) ◆ **ça donne du crédit à ce qu'il affirme** that lends credit to what he says ◆ **faire crédit à l'avenir** to put one's trust in the future, have faith in the future ◆ **bonne action à mettre** ou **porter au crédit de qn** good deed which is to sb's credit ou which counts in sb's favour ◆ **perdre tout crédit auprès de qn** to lose all credit with sb, lose sb's confidence ◆ **trouver crédit auprès de qn** [racontars] to find credence with sb (frm); [personne] to win sb's confidence ◆ **il a utilisé son crédit auprès de lui (pour)** he used his credit with him (to)

créditer [kʀedite] → SYN ▸conjug 1◂ vt **a** (Fin) **créditer qn / un compte de** somme to credit sb / an account with ◆ (fig) **créditer qn de qch** to give sb credit for sth
b (Sport) **être crédité de** temps to be credited with

créditeur, -trice [kʀeditœʀ, tʀis] → SYN **1** adj in credit (attrib) ◆ **compte / solde créditeur** credit account / balance
2 nm,f customer in credit

credo [kʀedo] → SYN nm **a** (Rel) **le Credo** the (Apostle's) Creed
b (principes) credo, creed

crédule [kʀedyl] → SYN adj credulous, gullible

crédulité [kʀedylite] → SYN nf credulity, gullibility

créer [kʀee] → SYN ▸conjug 1◂ vt **a** (gén) to create ◆ **le pouvoir / la joie de créer** the power / joy of creation ◆ **se créer une clientèle** to build up a clientèle ◆ **créer des ennuis / difficultés à qn** to create problems / difficulties for sb, cause sb problems / difficulties → **fonction**
b (Théât) rôle to create; pièce to produce (for the first time)

crémaillère [kʀemajɛʀ] nf **a** [cheminée] trammel → **pendre**
b (Rail, Tech) rack ◆ **chemin de fer à crémaillère** rack railway, cog railway ◆ **engrenage / direction à crémaillère** rack-and-pinion gear / steering

crémant [kʀemɑ̃] → SYN adj m, nm champagne cremant

crémation [kʀemasjɔ̃] → SYN nf cremation

crématiste [kʀematist] nmf cremationist

crématoire [kʀematwaʀ] **1** adj crematory → **four**
2 nm crematorium, crematory (furnace)

crématorium [kʀematɔʀjɔm] nm crematorium

crémé, e [kʀeme] adj ◆ **sauce crémée** cream sauce

crème [kʀɛm] → SYN **1** nf **a** (Culin) (produit laitier) cream; (peau sur le lait) skin; (entremets) cream dessert ◆ (potage) **crème d'asperges / de champignons / de tomates** cream of asparagus / of mushroom / of tomato (soup) ◆ (liqueur) **crème de bananes / cacao** crème de bananes / cacao ◆ **crème de marrons** chestnut purée ◆ **fraises à la crème** strawberries and cream ◆ **gâteau à la crème** cream cake → **chou[1]**, **fromage** etc
b (produit pour la toilette, le nettoyage) cream ◆ **crème de beauté** beauty cream ◆ **crème pour le visage** face cream ◆ **crème pour les chaussures** shoe cream (Brit) ou polish ◆ **les crèmes de (la maison) X** beauty creams from ou by X
c (fig : les meilleurs) **la crème** the (real) cream, the crème de la crème ◆ **c'est la crème des pères** he's the best of (all) fathers ◆ **ses amis ce n'est pas la crème** his friends aren't exactly the cream of society ou the crème de la crème
2 adj inv cream(-coloured)
3 nm (café au lait) white coffee (Brit), coffee with milk ou cream ◆ **un grand / petit crème** a large / small cup of white coffee
4 COMP ⊳ **crème anglaise** (egg) custard ⊳ **crème antirides** anti-wrinkle cream ⊳ **crème au beurre** butter cream ⊳ **crème brûlée** crème brûlée ⊳ **crème (au) caramel** crème caramel, caramel cream ou custard ⊳ **crème Chantilly** crème Chantilly, (sweetened) whipped cream ⊳ **crème démaquillante** cleansing cream, make-up removing cream ⊳ **crème fleurette** ≃ single cream (Brit), light cream (US) ⊳ **crème fond de teint** fluid foundation ou makeup ⊳ **crème fouettée** (sweetened) whipped cream ⊳ **crème fraîche** crème fraîche ◆ **crème fraîche épaisse** ≃ double cream (Brit), heavy cream (US) ⊳ **crème glacée** ice cream ⊳ **crème grasse** dry-skin cream ⊳ **crème de gruyère** ≃ cheese spread ⊳ **crème hydratante** moisturizing cream, moisturizer ⊳ **crème pâtissière** confectioner's custard ⊳ **crème à raser** shaving cream ⊳ **crème renversée** cream mould (Brit), cup custard (US)

crémerie [kʀɛmʀi] → SYN nf (magasin) dairy ◆ **changeons de crémerie*** let's push off* somewhere else, let's take our custom (Brit) ou business (US) elsewhere! (hum)

crémeux, -euse [kʀemø, øz] → SYN adj creamy

crémier [kʀemje] → SYN nm dairyman

crémière [kʀemjɛʀ] nf dairywoman

crémone [kʀemɔn] → SYN nf espagnolette bolt

créneau, pl créneaux [kʀeno] → SYN nm **a** [rempart] crenel, crenelle; (Mil) [tranchée] slit ◆ **les créneaux** (forme) the crenelations; (chemin de ronde) the battlements → **monter[1]**
b (Aut) **faire un créneau** to reverse into a parking space *(between two cars)* (Brit), parallel park (US) ◆ **j'ai raté mon créneau** I've parked badly
c (Comm) gap, niche; [emploi du temps] gap ◆ (TV) **créneau (horaire)** (time) slot ◆ **créneau publicitaire** advertising slot ◆ **il y a un créneau pour les voitures économiques** there is a niche ou a ready market for fuel-efficient cars ◆ [fusée] **créneau de lancement** (launch) window

crénelage [kʀen(ə)laʒ] nm (Tech) milling

crénelé, e [kʀen(ə)le] → SYN (ptp de **créneler**) adj mur, arête crenellated; feuille, bordure scalloped, crenate (Bot)

créneler [kʀen(ə)le] → SYN ▸conjug 4◂ vt **a** muraille to crenellate, crenel; tranchée to make a slit in
b roue to notch; pièce de monnaie to mill

crénelure [kʀen(ə)lyʀ] → SYN nf [muraille] crenellation, crenelation (US); [feuille] crenulation

créner [kʀene] ▸conjug 6◂ vt (Typ) lettre to kern

crénom [kʀenɔ̃] excl ◆ **crénom de nom!**† confound it!, dash it all! (surtout Brit)

créole [kʀeɔl] → SYN **1** adj accent, parler creole → **riz**
2 nm (Ling) Creole
3 nmf Creole
4 nf (boucle d'oreille) large hoop earring

créolisé, e [kʀeɔlize] adj (Ling) creolized

Créon [kʀeɔ̃] nm Creon

créosote [kʀeɔzɔt] nf creosote

crêpage [kʀɛpaʒ] → SYN nm a (→ **crêper**) backcombing; crimping
b **crêpage de chignon*** set-to* (Brit), dust-up*, free-for-all (US)

crêpe¹ [kʀɛp] → SYN nf (Culin) pancake ◆ **faire sauter une crêpe** to toss a pancake ◆ **crêpe Suzette** crêpe suzette → **dentelle, pâte, retourner**

crêpe² [kʀɛp] → SYN nm a (Tex) crepe, crêpe, crape ◆ **crêpe de Chine** crepe de Chine ◆ **crêpe georgette** georgette (crepe) ◆ **crêpe de soie** silk crepe
b (noir: de deuil) black mourning crepe ◆ **voile de crêpe** mourning veil ◆ **porter un crêpe** (au bras) to wear a black armband; (autour du chapeau) to wear a black hatband; (aux cheveux, au revers) to wear a black ribbon
c (matière) **semelles (de) crêpe** crepe (rubber) soles

crêpelé, e [kʀɛple] adj cheveux fuzzy

crêper [kʀepe] → SYN ▸ conjug 1 ◂ 1 vt a cheveux (peigner) to backcomb; (friser) to crimp, frizz
b (Tex) to crimp
2 **se crêper** vpr ◆ **se crêper les cheveux** to backcomb one's hair ◆ (fig) **se crêper le chignon*** to tear each other's hair out, have a set-to* (Brit) ou dust-up*

crêperie [kʀɛpʀi] → SYN nf pancake restaurant

crépi, e [kʀepi] → SYN (ptp de **crépir**) adj, nm roughcast

crêpier, -ière [kʀepje, jɛʀ] 1 nm,f (personne) pancake ou crepe (US) seller
2 **crêpière** nf (plaque) pancake ou crepe (US) grill; (poêle) shallow frying pan *(for making pancakes)*

Crépin [kʀepɛ̃] nm Crispin

crépine [kʀepin] → SYN nf a (tuyau) strainer; [passementerie] fringe
b (Zool) omentum, caul; (Culin) caul

crépinette [kʀepinɛt] nf flat sausage (in caul)

crépir [kʀepiʀ] → SYN ▸ conjug 2 ◂ vt to roughcast

crépissage [kʀepisaʒ] nm roughcasting

crépitation [kʀepitasjɔ̃] → SYN nf [feu, électricité] crackling ◆ (Méd) **crépitation osseuse** crepitus ◆ **crépitation pulmonaire** crepitations

crépitement [kʀepitmɑ̃] nm (→ **crépiter**) crackling (NonC); sputtering (NonC), spluttering (NonC); rattle (NonC); patter (NonC)

crépiter [kʀepite] → SYN ▸ conjug 1 ◂ vi [feu, électricité] to crackle; [chandelle, friture] to sputter, splutter; [mitrailleuse] to rattle out; [grésil] to rattle, patter ◆ **les applaudissements crépitèrent** a ripple of applause broke out

crépon [kʀepɔ̃] nm ≃ seersucker → **papier**

crépu, e [kʀepy] → SYN adj cheveux frizzy, woolly, fuzzy ◆ **elle est toute crépue** her hair's all frizzy

crépusculaire [kʀepyskylɛʀ] → SYN adj (littér, Zool) crepuscular ◆ **lumière crépusculaire** twilight glow

crépuscule [kʀepyskyl] → SYN nm (lit) twilight, dusk; (fig) twilight

crescendo [kʀeʃɛndo] → SYN 1 adv a (Mus) crescendo
b **aller crescendo** [vacarme, acclamations] to rise in a crescendo, grow louder and louder, crescendo; [colère, émotion] to grow ou become ever greater
2 nm (Mus) crescendo ◆ **le crescendo de sa colère / de son émotion** the rising tide of his anger / emotion

crésol [kʀezɔl] nm cresol, cresylic acid, methylphenol (spéc)

cresson [kʀesɔ̃] → SYN nm ◆ **cresson (de fontaine)** watercress ◆ **cresson des prés** cardamine, lady's-smock

cressonnette [kʀesɔnɛt] nf cardamine, lady's-smock

cressonnière [kʀesɔnjɛʀ] nf watercress bed

Crésus [kʀezys] n Croesus → **riche**

crêt [kʀɛ] → SYN nm [combe] crest

crétacé, e [kʀetase] → SYN 1 adj Cretaceous
2 nm ◆ **le crétacé** the Cretaceous period

Crète [kʀɛt] nf Crete

crête [kʀɛt] → SYN nf a (Zool) [coq] comb; [oiseau] crest; [batracien] horn ◆ **crête de coq** cockscomb
b (arête) [mur] top; [toit] ridge; [montagne] ridge, crest; [vague] crest; [graphique] peak ◆ **la crête du tibia** the edge ou crest (spéc) of the shin, the shin ◆ (Géog) **(ligne de) crête** watershed

crêté, e [kʀete] adj coq, oiseau crested; batracien horned

crétin, e [kʀetɛ̃, in] → SYN 1 adj (péj) cretinous*, idiotic, moronic*
2 nm,f (péj) idiot, moron*, cretin*, wally‡

crétinerie* [kʀetinʀi] nf a (NonC) idiocy, stupidity
b idiotic ou stupid thing, idiocy

crétinisant, e [kʀetinizɑ̃, ɑ̃t] adj mind-numbing

crétiniser [kʀetinize] → SYN ▸ conjug 1 ◂ vt to turn into a moron ou half-wit

crétinisme [kʀetinism] → SYN nm (Méd) cretinism; (péj) idiocy, stupidity

crétois, e [kʀetwa, waz] 1 adj Cretan
2 nm (Ling) Cretan
3 nm,f ◆ **Crétois(e)** Cretan

cretonne [kʀətɔn] → SYN nf cretonne

creusage [kʀøzaʒ] → SYN nm, **creusement** [kʀøzmɑ̃] nm [fondations] digging; [canal] digging, cutting

creuser [kʀøze] → SYN ▸ conjug 1 ◂ 1 vt a (évider) bois, falaise to hollow (out); sol, roc to make ou dig a hole in, dig out; (au marteau-piqueur) to drill a hole in ◆ **creuser la neige de ses mains nues** to dig out the snow with one's bare hands ◆ **il a fallu creuser beaucoup** ou **profond** we (ou he etc) had to dig deep
b puits to sink, bore; fondations, mine to dig; canal to dig, cut; tranchée, fosse to dig (out); sillon to plough (Brit), plow (US); trou (gén) to dig, make; (au marteau-piqueur) to drill, bore; tunnel to make, bore, dig ◆ **creuser un tunnel sous une montagne** to bore ou drive a tunnel under a mountain ◆ (fig) **creuser sa propre tombe** to dig one's own grave ◆ (fig) **il creuse sa fosse** ou **sa tombe avec les dents** he's eating his way to his grave ◆ (fig) **ça a creusé un abîme** ou **un fossé entre eux** that has created ou thrown a great gulf between them ◆ (fig) **creuser son sillon†** to plough (Brit) ou plow (US) one's own furrow
c (fig: approfondir) problème, sujet, idée to go into (deeply ou thoroughly), look into (closely) ◆ **c'est une idée à creuser** it's something to be gone into (more deeply ou thoroughly), it's an idea we (ou they etc) should pursue ◆ **si tu creuses un peu, tu te rends compte qu'il n'est pas si cultivé** if you look a bit more closely, you realize that he's not that cultured
d (fig) **la mer se creuse** there's a swell coming on ◆ **la fatigue lui creusait les joues** his face looked gaunt ou hollow with tiredness ◆ **visage creusé de rides** face furrowed with wrinkles ◆ **creuser les reins** to draw o.s. up, throw out one's chest ◆ **la promenade, ça creuse (l'estomac)*** walking gives you a real appetite ◆ **se creuser (la cervelle** ou **la tête)*** to rack ou cudgel one's brains ◆ **il ne s'est pas beaucoup creusé!*** he didn't overtax himself!, he hasn't knocked himself out!* ◆ (lit, fig) **creuser l'écart** to establish a convincing lead (*par rapport à* over) ◆ (lit, fig) **l'écart se creuse entre eux** the gap between them is widening
2 vi ◆ **creuser dans la terre / la neige** to dig ou burrow into the soil / snow

creuset [kʀøzɛ] → SYN nm a (Chim, Ind) crucible ◆ **le creuset d'un haut fourneau** the heart ou crucible of a blast furnace ◆ **creuset de verrerie** glassmaker's crucible
b (fig) (lieu de brassage) melting pot; (littér: épreuve) crucible (littér), test ◆ **le creuset de la souffrance** the test of suffering

creux, creuse [kʀø, kʀøz] → SYN 1 adj a (évidé) arbre, tige, dent hollow; (fig) toux, voix hollow, deep; son hollow; estomac empty ◆ (fig) **j'ai la tête** ou **la cervelle creuse** my mind's a blank, I feel quite empty-headed ◆ **travailler le ventre** ou **l'estomac creux** to work on an empty stomach ◆ **avoir l'estomac** ou **le ventre creux** to feel ou be hungry → **nez, sonner**
b (concave) surface concave, hollow; yeux deep-set, sunken; joue gaunt, hollow; visage gaunt ◆ **aux yeux creux** hollow-eyed → **assiette, chemin**
c (vide de sens) paroles empty, hollow, meaningless; idées barren, futile; raisonnement weak, flimsy
d **les jours creux** slack days ◆ **les heures creuses** (gén) slack periods; (métro, électricité, téléphone) off-peak periods ◆ **période creuse** (gén) slack period; (Tourisme) low season → **classe**
2 nm a (cavité) [arbre] hollow, hole; [rocher, dent] cavity, hole ◆ (fig) **avoir un creux (dans l'estomac)*** to feel ou be hungry ◆ **j'ai un petit creux*** I'm a bit peckish* (Brit), I feel a little hungry ◆ (voix) **avoir un bon creux** to have a deep voice
b (dépression) hollow ◆ **être plein de creux et de bosses** to be full of bumps and holes ou hollows ◆ **le creux de la main** the hollow of one's hand ◆ **des écureuils qui mangent dans le creux de la main** squirrels which eat out of one's hand ◆ **le creux de l'aisselle** the armpit ◆ **le creux de l'estomac** the pit of the stomach ◆ **le creux de l'épaule** the hollow of one's shoulder ◆ **au creux des reins** in the small of one's back → **gravure**
c (fig: activité réduite) slack period ◆ **après Noël, les ventes connaissent le creux de janvier** after Christmas, there's a slackening-off in sales in January ou sales go through the January slack period
d (Naut) [voile] belly; [vague] trough ◆ **il y avait des creux de 10 mètres** there were 10-metre-high waves, the waves were 10 metres high ◆ (fig) **il est dans le creux de la vague** his fortunes are at their lowest ebb
e (Art) **graver en creux** to do intaglio engraving ◆ (fig) **se définir en creux par rapport à qch** to be defined in relation to sth

crevaison [kʀəvɛzɔ̃] → SYN nf (Aut) puncture, flat

crevant, e* [kʀəvɑ̃, ɑ̃t] → SYN adj (fatigant) killing*, gruelling; (amusant) priceless*, killing* ◆ **ce travail est crevant** this work is killing* ou really wears you out ◆ **c'était crevant!** it was priceless!* ou a scream!*

crevard, e‡ [kʀəvaʀ, aʀd] → SYN nm,f (goinfre) guzzler‡, greedy beggar*; (crève-la-faim) down-and-out ◆ (moribond) **c'est un crevard** he's a goner*

crevasse [kʀəvas] → SYN nf [mur, rocher] crack, fissure, crevice; [sol] crack, fissure; [glacier] crevasse; [peau] break (in the skin), crack ◆ **avoir des crevasses aux mains** to have chapped hands

crevassé, e [kʀəvase] (ptp de **crevasser**) adj sol fissured, with cracks; mains, peau chapped ◆ **glacier très crevassé** glacier with a lot of crevasses

crevasser [kʀəvase] → SYN ▸ conjug 1 ◂ 1 vt sol to cause cracks ou fissures in, crack; mains to chap
2 **se crevasser** vpr [sol] to crack, become cracked; [mains] to chap, become ou get chapped

crève‡ [kʀɛv] nf (rhume) (bad) cold ◆ **attraper** ou **choper* la crève** to catch one's death* (of cold)

crevé, e [kʀəve] (ptp de **crever**) 1 adj a pneu burst, punctured
b (‡) (mort) dead; (fatigué) fagged out‡ (Brit), bushed*, dead*, dead-beat*
2 nm (Couture) slash ◆ **des manches à crevés** slashed sleeves

crève-cœur, pl **crève-cœurs** [kʀɛvkœʀ] → SYN nm heartbreak

crève-la-faim [kʀɛvlafɛ̃] → SYN nmf inv down-and-out

crever [kʀəve] → SYN ▸ conjug 5 ◂ 1 vt a (percer) pneu to burst, puncture; barrage, ballon to burst ◆ **crever les yeux à qn** (intentionnellement) to gouge (out) ou put out sb's eyes; (accidentellement) to blind sb (in both eyes) ◆ **des débris de verre lui ont crevé un œil** broken glass blinded him in one eye ◆ **j'ai**

un pneu (de) crevé I've got a flat (tyre) ou a puncture ◆ **le prix a crevé le plafond** the price has broken (through) the ceiling ◆ (fig) **crever le cœur à qn** to break sb's heart ◆ (fig) **cela crève les yeux** it's as plain as the nose on your face ◆ (fig) **cela te crève les yeux !** it's staring you in the face ! ◆ **cet acteur crève l'écran** this actor has tremendous presence on the screen

b (*: exténuer) **crever qn** [personne] to wear sb out, work sb to death*; [tâche, marche] to wear sb out, fag sb out‡, kill sb* ◆ **crever un cheval** to ride ou work a horse into the ground ou to death ◆ **se crever la santé** ou **la peau‡ (à faire)** to wear o.s. to a shadow (doing), ruin one's health (doing) ◆ **se crever (au travail)** (gén) to work o.s. to death; [ménagère etc] to work one's fingers to the bone*

c (‡) **crever la faim** ou **la dalle** to be starving* ou famished* ◆ **on la crève ici !** they starve us here !

2 vi **a** (s'ouvrir) [fruit, sac, abcès] to burst ◆ **les nuages crevèrent** the clouds burst, the heavens opened ◆ (Culin) **faire crever du riz** to boil rice until the grains burst ou split

b (péj : être plein de) **crever de santé** to be bursting with health ◆ **crever d'orgueil** to be bursting ou bloated with pride ◆ **crever de jalousie** to be full of jealousy, be bursting with jealousy ◆ **il en crevait de dépit** he was full of resentment about it ◆ **crever d'envie de faire qch** to be dying to do sth* → **rire**

c (mourir) [animal, plante] to die (off); (‡) [personne] to die, kick the bucket‡, snuff it‡ (Brit) ◆ **un chien crevé** a dead dog ◆ **crever de faim / froid‡** to starve / freeze to death ◆ (fig) **on crève de froid ici*** we'll catch our death of cold, it's perishing (Brit) ou freezing cold here* ◆ **on crève de chaud ici*** it's boiling in here* ◆ **je crève de faim*** I'm starving* ou famished* ou ravenous ◆ **je crève de soif*** I'm dying of thirst*, I'm parched* ◆ **crever d'ennui*** to be bored to tears ou death, be bored out of one's mind* ◆ **tu veux nous faire crever !*** you want to kill us ! ◆ **faire crever qn de soif** etc to make sb die of thirst etc

d (Aut) [pneu, automobiliste] to have a puncture, have a burst ou flat tyre ◆ **faire 10 000 km sans crever** to drive 10,000 km without a puncture ou flat

crevette [kʀəvɛt] → SYN nf ◆ **crevette (rose)** prawn ◆ **crevette grise** shrimp → **filet**

crevettier [kʀəvetje] → SYN nm (filet) shrimp net; (bateau) shrimp boat

cri [kʀi] → SYN **1** nm **a** (éclat de voix : → **crier** 1a) cry; shout; scream; screech, squeal, shriek; yell ◆ **le cri du nouveau-né** the cry of the newborn baby ◆ **cri de surprise** cry ou exclamation of surprise ◆ **cri aigu** ou **perçant** piercing cry ou scream, shrill cry; [animal] squeal ◆ **cri sourd** ou **étouffé** muffled cry ou shout ◆ **cri de colère** shout of anger, cry of rage ◆ **jeter** ou **pousser des cris** to shout (out), cry out ◆ **elle jeta un cri de douleur** she cried out in pain, she gave a cry of pain ◆ **pousser des cris de paon** to give ou make piercing screams, scream, shriek → **étouffer**

b (exclamation) cry, shout ◆ **cri d'alarme / d'approbation** cry ou shout of alarm / approval ◆ **le cri des marchands ambulants** the hawkers' cries ◆ **marchant au cri de « liberté »** marching to shouts ou cries of "freedom" ◆ (fig) **le cri des opprimés** the cries of the oppressed ◆ (fig) **ce poème est un véritable cri d'amour** this poem is a cry of love ◆ (fig) **le cri de la conscience** the voice of conscience → **dernier, haut**

c [oiseau] call; [canard] quack; [cochon] squeal (pour autres cris → **crier** 1b) ◆ (terme générique) **le cri du chien est l'aboiement** a dog's cry is its bark, the noise a dog makes is called barking ou a bark ◆ **quel est le cri de la grenouille ?** what noise does a frog make ?

d (littér : crissement) squeal, screech

2 COMP ▷ **cri du cœur** heartfelt cry, cry from the heart, cri de cœur ▷ **cri de guerre** (lit) war cry; (fig) slogan, war cry ▷ **cri primal** primal scream

criaillement [kʀijɑjmɑ̃] nm **a** (gén pl) [oie] squawking (NonC); [paon] squawking (NonC), screeching (NonC); [bébé] bawling (NonC), squalling (NonC)

b ⇒ **criailleries**

criailler [kʀijɑje] ▸ conjug 1 ◂ vi **a** [oie] to squawk; [paon] to squawk, screech; [bébé] to bawl, squall

b (rouspéter) to grouse*, grumble; (houspiller) to nag

criailleries [kʀijɑjʀi] nfpl (rouspétance) grousing* (NonC), grumbling (NonC); (houspillage) nagging (NonC)

criailleur, -euse [kʀijɑjœʀ, øz] **1** adj squawking, scolding

2 nm,f (rouspéteur) grouser*

criant, e [kʀijɑ̃, ɑ̃t] → SYN adj erreur glaring (épith); injustice rank (épith), blatant, glaring (épith); preuve striking (épith), glaring (épith); contraste, vérité striking (épith) ◆ **portrait criant de vérité** portrait strikingly true to life

criard, e [kʀijaʀ, aʀd] → SYN adj (péj) enfant yelling, squalling; femme scolding; oiseau squawking; son, voix piercing; (fig) couleurs, vêtement loud, garish ◆ (fig) **dette criarde** pressing debt

crib [kʀib] nm (Agr) crib

criblage [kʀiblaʒ] → SYN nm (→ **cribler**) sifting; grading; riddling; screening; jigging

crible [kʀibl] → SYN nm (à main) riddle; (Ind, Min) screen, jig, jigger ◆ **crible mécanique** screening machine ◆ **passer au crible** (lit) to riddle, put through a riddle; (fig) idée, pro position to examine closely; déclaration, texte to go through with a fine-tooth comb

criblé, e [kʀible] (ptp de **cribler**) adj ◆ **criblé de** balles, flèches, trous riddled with; taches covered in ◆ **visage criblé de boutons** face covered in spots ou pimples, spotty face ◆ **criblé de dettes** crippled with debts, up to one's eyes in debt

cribler [kʀible] → SYN ▸ conjug 1 ◂ vt **a** (tamiser) graines to sift; fruits to grade; sable to riddle, sift; charbon to riddle, screen; minerai to screen, jig

b (percer) **cribler qch / qn de** balles, flèches to riddle sth / sb with ◆ **cribler qn de** questions to bombard sb with

cribleur, -euse [kʀiblœʀ, øz] **1** nm,f (→ **cribler** : ouvrier) sifter; grader; riddler; screener; jigger

2 **cribleuse** nf (machine) sifter, sifting machine

cric [kʀik] → SYN nm ◆ **cric (d'automobile)** (car) jack ◆ **soulever qch au cric** to jack sth up ◆ **cric hydraulique** hydraulic jack ◆ **cric à vis** screw jack

cric-crac [kʀikkʀak] excl, nm (gén) creak; (bruit de clé) click

cricket [kʀikɛt] nm (Sport) cricket

cricoïde [kʀikɔid] → SYN **1** adj (Anat) cricoid

2 nm ◆ **le cricoïde** the cricoid cartilage

cricri nm, **cri-cri** [kʀikʀi] nm inv (cri du grillon) chirping; (*: grillon) cricket

criée [kʀije] → SYN nf ◆ **(vente à la) criée** (sale by) auction ◆ **vendre qch à la criée** to auction sth (off), sell sth by auction ◆ **salle des criées** auction room, salesroom

crier [kʀije] → SYN ▸ conjug 7 ◂ **1** vi **a** [personne] to shout, cry (out); (ton aigu) to scream, screech, squeal, shriek; (pleurer) to cry, scream; (de douleur, peur) to cry out, scream, yell (out) (*de* with) ◆ **crier de douleur** to give a yell ou scream ou cry of pain, cry ou yell ou scream out in pain ◆ **crier à tue-tête** ou **comme un sourd** to shout one's head off, bellow away ◆ **crier comme un veau** to bawl one's head off ◆ **crier comme un putois** to shout ou scream one's head off (in protest) ◆ **tu ne peux pas parler sans crier ?** do you have to shout ?, can't you talk without shouting ?

b [oiseau] to call; [canard] to quack; [cochon] to squeal; [dindon] to gobble; [hibou, singe] to call, screech, hoot; [mouette] to cry; [oie] to honk; [perroquet] to squawk; [souris] to squeak

c (grincer) [porte, plancher, roue] to creak, squeak; [frein] to squeal, screech; [soulier, étoffe] to squeak; (fig) [couleur] to scream, shriek ◆ **faire crier la craie sur le tableau** to make the chalk squeak on the blackboard

d (avec prép) **crier contre** ou **après* qn** to nag (at) ou scold sb, go on at sb* ◆ **tes parents vont crier** your parents are going to make a fuss ◆ **crier contre qch** to shout about sth ◆ **elle passe son temps à lui crier après*** ou **dessus*** she's forever going on at him* ◆ **crier à la trahison / au scandale** to call it treason / a scandal, start bandying words like treason / scandal about ◆ **crier au miracle** to hail (it as) a miracle, call it a miracle ◆ **crier à l'assassin** ou **au meurtre** to shout "murder" ◆ **crier au loup / au voleur** to cry wolf / thief ◆ **quand il a demandé une augmentation de 50% son patron a crié au fou** when he asked for a 50% rise his boss called him a madman ou said he was crazy

2 vt **a** ordre, injures to shout (out), yell (out); (proclamer) mépris, indignation to proclaim; innocence to protest ◆ **elle cria qu'elle venait de voir un rat dans la cave** she shouted ou (plus fort) screamed (out) that she'd just seen a rat in the cellar ◆ **crier à qn de se taire** ou **qu'il se taise** to shout at sb to be quiet ◆ **crier qch sur les toits** to shout ou proclaim sth from the rooftops

b (pour vendre) **crier les journaux dans la rue** to sell newspapers in the street ◆ **on entendait les marchandes crier leurs légumes** you could hear the vegetable sellers crying ou shouting their wares, you could hear the shouts of the women selling their vegetables ◆ **au coin de la rue, un gamin criait les éditions spéciales** at the street corner a kid was shouting out ou calling out the special editions

c (pour avertir, implorer) **crier casse-cou** to warn of (a) danger ◆ **sans crier gare** without a warning ◆ **crier grâce** (lit) to beg for mercy; (fig) to beg for peace ou mercy ou a respite ◆ **quand j'ai parlé de me lancer tout seul dans l'entreprise, ils ont crié casse-cou** when I spoke of going into the venture on my own they were quick to point out the risks ◆ **crier famine** ou **misère** to complain that the wolf is at the door, cry famine ◆ **crier vengeance** to cry out for vengeance → **victoire**

crieur, -euse [kʀijœʀ, øz] → SYN nm,f ◆ **crieur de journaux** newspaper seller ◆ (Hist) **crieur public** town crier

crime¹ [kʀim] → SYN nm **a** (meurtre) murder ◆ **il s'agit bien d'un crime** it's definitely a case of murder ◆ **retourner sur les lieux du crime** to go back to the scene of the crime ◆ **la victime / l'arme du crime** the murder victim / weapon ◆ **crime crapuleux** foul crime ◆ **crime passionnel** crime passionnel ◆ **crimes de guerre** war crimes ◆ **crime de lèse-majesté** crime of lèse-majesté ◆ **crime (à motif) sexuel** sex murder ou crime ◆ **le crime parfait** the perfect crime ◆ **cherchez à qui profite le crime** find someone with a motive ◆ (Littérat) **"Crime et Châtiment"** "Crime and Punishment" ◆ (Ciné) **"Le crime était presque parfait"** "Dial M. for Murder"

b (Jur : délit grave) crime, offence, ≃ felony (US) ◆ **crime contre l'État** offence ou crime against the state ◆ **crime contre les mœurs** sexual offence, offence against public decency ◆ **crime contre la paix** crime against peace ◆ **crime contre un particulier** crime against a private individual ◆ **crime contre nature** unnatural act, crime against nature ◆ **crime contre l'humanité** crime against humanity ◆ (Prov) **le crime ne paie pas** crime doesn't pay (Prov) → **syndicat**

c (sens affaibli) crime ◆ **c'est un crime de faire** it's criminal ou a crime to do ◆ **il est parti avant l'heure ? ce n'est pas un crime !** he went off early ? well, it's not a crime !

d († ou littér : péché, faute) sin, crime

crime² [kʀim] nf (abrév de **brigade criminelle**) → **brigade**

Crimée [kʀime] nf ◆ **la Crimée** the Crimea, the Crimean peninsula ◆ **la guerre de Crimée** the Crimean War

criminalisation [kʀiminalizasjɔ̃] nf criminalization

criminaliser [kʀiminalize] ▸ conjug 1 ◂ vt (Jur) to criminalize

criminaliste [kʀiminalist] nmf criminal lawyer

criminalistique [kʀiminalistik] nf (Jur) study of crime detection

criminalité [kʀiminalite] → SYN nf **a** (actes criminels) criminality, crime ◆ **la criminalité juvénile** juvenile criminality ◆ **la grande / petite criminalité** serious / petty crime
b (rare) [acte] criminal nature, criminality

criminel, -elle [kʀiminɛl] → SYN **1** adj (gén, Jur) acte, personne, procès criminal ◆ (sens affaibli) **il serait criminel de laisser ces fruits se perdre** it would be criminal ou a crime to let this fruit go to waste → **incendie**
2 nm,f (→ **crime**[1]) murderer (ou murderess); criminal ◆ **criminel de guerre** war criminal ◆ (hum: coupable) **voilà le criminel** there's the culprit ou the guilty party
3 nm ◆ (juridiction) **avocat au criminel** criminal lawyer ◆ **poursuivre qn au criminel** to take criminal proceedings against sb, prosecute sb in a criminal court
4 **criminelle** nf ◆ **la criminelle** the crime ou murder squad

criminellement [kʀiminɛlmɑ̃] adv agir criminally ◆ (Jur) **poursuivre qn criminellement** to take criminal proceedings against sb, prosecute sb in a criminal court

criminogène [kʀiminɔʒɛn] adj facteurs encouraging criminality ou crime

criminologie [kʀiminɔlɔʒi] nf criminology

criminologiste [kʀiminɔlɔʒist], **criminologue** [kʀiminɔlɔg] nmf criminologist

crin [kʀɛ̃] → SYN nm **a** (poil) [cheval] hair (NonC); [matelas, balai] horse hair ◆ **crin végétal** vegetable (horse)hair → **gant**
b **à tous crins, à tout crin** conservateur, républicain diehard, dyed-in-the-wool ◆ **révolutionnaire à tout crin** out-and-out revolutionary

crincrin* [kʀɛ̃kʀɛ̃] nm (péj) (violon) squeaky fiddle; (son) squeaking, scraping

crinière [kʀinjɛʀ] → SYN nf **a** [animal] mane
b [*: personne] shock ou mop of hair, (flowing) mane ◆ **il avait une crinière rousse** he had a mop of red hair
c [casque] plume

crinoïdes [kʀinɔid] nmpl ◆ **les crinoïdes** the Crinoidea (spéc)

crinoline [kʀinɔlin] → SYN nf crinoline petticoat ◆ **robe à crinoline** crinoline (dress)

crique [kʀik] → SYN nf creek, inlet

criquet [kʀikɛ] → SYN nm (Zool) locust; (gén: grillon, sauterelle) grasshopper

crise [kʀiz] → SYN **1** nf **a** (Méd) [rhumatisme, goutte] attack; [épilepsie, apoplexie] fit ◆ **crise de toux** fit ou bout of coughing
b (accès) outburst, fit; (lubie) fit, mood ◆ **crise de colère / de rage / de dégoût / de jalousie** fit of anger / of rage / of disgust / of jealousy ◆ **crise de rire** laughing fit ◆ **être pris d'une crise de rire** to be in fits (of laughter) ◆ **la crise (de rire)!*** what a scream!* ◆ **elle est prise d'une crise de nettoyage** she's felt ou got a sudden urge to do a spring-clean, she's in a spring-cleaning mood ◆ travailler **par crises** in fits and starts ◆ **je vais au cinéma / je lis par crises** I go through phases when I go to the cinema / I read a lot
c (*: colère) rage, tantrum ◆ **piquer** ou **faire une crise** to throw a tantrum ou a fit*, fly off the handle
d (bouleversement) (moral, Pol) crisis; (Écon) crisis, slump ◆ **en période de crise, il faut ...** in time(s) of crisis ou times of trouble we must ... ◆ **pays / économie en (état de) crise** country / economy in a (state of) crisis
e (pénurie) shortage ◆ **crise de main-d'œuvre** shortage of manpower
2 COMP ▷ **crise d'appendicite** appendicitis attack ▷ **crise d'asthme** attack of asthma ▷ **crise cardiaque** heart attack ▷ **crise de confiance** crisis of confidence ▷ **crise de conscience** crisis of conscience ▷ **crise économique** economic crisis, slump ▷ **crise d'épilepsie** epileptic fit ▷ **crise de foi** ⇒ **crise religieuse** ▷ **crise de foie** bilious ou liverish (Brit) attack ▷ **crise d'identité** identity crisis ▷ **crise de larmes** fit of crying ou tears, crying fit ▷ **crise du logement** housing shortage ▷ **crise ministérielle** cabinet crisis ▷ **crise de nerfs** attack of nerves, fit of hysterics ▷ **crise du pétrole** oil crisis ▷ **crise du pouvoir** leadership crisis ▷ **crise de la quarantaine** midlife crisis ▷ **crise religieuse** crisis of belief

crispant, e [kʀispɑ̃, ɑ̃t] → SYN adj (énervant) irritating, aggravating*, annoying ◆ **ce qu'il est crispant!*** he really gets on my nerves!*, he's a real pain in the neck!*

crispation [kʀispasjɔ̃] → SYN nf **a** (contraction) [traits, visage] tensing; [muscles] contraction; [cuir] shrivelling-up
b (spasme) twitch ◆ **des crispations nerveuses** nervous twitches ou twitching ◆ **une crispation douloureuse de la main** a painful twitching of the hand ◆ (fig) **donner des crispations à qn** to get on sb's nerves*
c (nervosité) state of tension

crispé, e [kʀispe] (ptp de **crisper**) adj sourire nervous, strained, tense; personne tense, on edge (attrib); style tense, awkward

crisper [kʀispe] → SYN ▸ conjug 1 ◂ **1** vt **a** (plisser, rider) cuir to shrivel (up) ◆ **le froid crispe la peau** the cold makes one's skin feel taut ou tight
b (contracter) muscles, membres to tense, flex; poings to clench ◆ **la douleur crispait les visages** their faces were contorted ou tense with grief ◆ **les mains crispées sur le volant** clutching the wheel tensely, with hands clenched on the wheel
c (*: agacer) **crisper qn** to get on sb's nerves*
2 **se crisper** vpr [visage] to tense; [sourire] to become strained ou tense; [poing] to clench; (fig) [personne] to get edgy* ou tense ◆ **ses mains se crispèrent sur le manche de la pioche** his hands tightened on the pick-axe, he clutched the pickaxe tensely

crispin [kʀispɛ̃] → SYN nm ◆ **gants à crispin** gauntlets

criss [kʀis] → SYN nm kris, creese

crissement [kʀismɑ̃] → SYN nm (→ **crisser**) crunch(ing) (NonC); screech(ing) (NonC), squeal(ing) (NonC); whisper(ing) (NonC), rustling (NonC), rustle (NonC) ◆ **s'arrêter dans un crissement de pneus** to screech to a halt

crisser [kʀise] → SYN ▸ conjug 1 ◂ vi [neige, gravier] to crunch; [pneus, freins] to screech, squeal; [soie, taffetas] to whisper, rustle; [cuir] to squeak

cristal, pl -aux [kʀistal, o] → SYN nm **a** (Chim, Min) crystal ◆ **cristal (de roche)** rock crystal (NonC), quartz (NonC) ◆ **cristal (de plomb)** (lead) crystal ◆ **cristal de Baccarat** Baccarat crystal ◆ **cristaux de givre** (sur arbre) ice crystals; (sur vitre) ice patterns ◆ **cristal liquide** liquid crystal ◆ **affichage / écran à cristaux liquides** liquid crystal display / screen ◆ **de** ou **en cristal** crystal (épith) ◆ (fig littér) **le cristal de sa voix, sa voix de cristal** his crystal-clear voice, the crystal-clear quality of his voice ◆ **cristal de Bohême** Bohemian crystal ◆ **cristal d'Islande** Iceland spar → **boule**
b (objet: gén pl) crystal(ware) (NonC), piece of crystal(ware), fine glassware (NonC) ◆ **les cristaux du lustre** the crystal droplets of the chandelier
c (pour le nettoyage) **cristaux (de soude)** washing soda

cristallerie [kʀistalʀi] nf (fabrication) crystal (glass-)making; (fabrique) (crystal) glassworks; (objets) crystal(ware), fine glassware

cristallier [kʀistalje] nm (Hist) (chercheur) crystal seeker; (ouvrier) crystal engraver

cristallin, e [kʀistalɛ̃, in] → SYN **1** adj (Min) crystalline; son, voix crystal-clear; eau crystalline
2 nm (Anat) crystalline lens

cristallinien, -ienne [kʀistalinjɛ̃, jɛn] adj of the crystalline lens

cristallisation [kʀistalizasjɔ̃] → SYN nf (lit, fig) crystallization

cristalliser vti, **se cristalliser** vpr [kʀistalize] → SYN ▸ conjug 1 ◂ (lit, fig) to crystallize

cristallisoir [kʀistalizwaʀ] nm crystallizing dish

cristallite [kʀistalit] nf (Minér) crystallite

cristallogenèse [kʀistalɔʒənɛz] nf crystallogenesis

cristallogénie [kʀistalɔʒeni] nf crystallogeny

cristallographie [kʀistalɔgʀafi] nf crystallography

cristallographique [kʀistalɔgʀafik] adj crystallographic

cristalloïde [kʀistalɔid] **1** nf (Anat) capsule of the crystalline lens
2 nm (sel) crystalloid

cristallomancie [kʀistalɔmɑ̃si] nf crystal-gazing, crystallomancy

criste-marine, pl cristes-marines [kʀist(ə)maʀin] nf (rock) samphire

cristophine [kʀistɔfin] → SYN nf christophene, chayote

critère [kʀitɛʀ] → SYN nm (preuve) criterion; (pierre de touche) measure, criterion ◆ **ceci n'est pas un critère suffisant pour prouver l'authenticité du document** this is not a good enough criterion on which to prove the document's authenticity ◆ **la richesse matérielle n'est pas un critère de succès** material wealth is not a criterion of success ◆ **ceci constituera un critère de sa bonne foi** this will be a test of his good faith ◆ **le style n'est pas le seul critère pour juger de la valeur d'un roman** style is not the only measure ou criterion by which one can judge the value of a novel ◆ **son seul critère est l'avis du parti** his only criterion is the opinion of the party ◆ **selon des critères politiques / raciaux** along political / racial lines, according to political / racial criteria

critérium [kʀiteʀjɔm] → SYN nm **a** (Cyclisme) rally; (Natation) gala
b (†) ⇒ **critère**

crithme [kʀitm] nm ⇒ **criste-marine**

criticailler* [kʀitikaje] ▸ conjug 1 ◂ vt to criticize, run down* ◆ **il est toujours en train de criticailler** all he does is criticize

criticisme [kʀitisism] → SYN nm (Philos) critical approach

critiquable [kʀitikabl] → SYN adj open to criticism (attrib)

critique[1] [kʀitik] → SYN adj (en crise, alarmant) situation, période critical; (décisif, crucial) moment, phase crucial, decisive, critical; situation, période crucial, critical; (Sci) pression, vitesse, masse, point critical ◆ **dans les circonstances critiques, il perd la tête** in critical situations ou in emergencies ou in a crisis, he loses his head ◆ **ils étaient dans une situation critique** they were in a critical situation ou a tight spot* → **âge**

critique[2] [kʀitik] → SYN **1** adj **a** (qui juge ou fait un choix) jugement, notes, édition critical ◆ **avoir l'esprit critique** to have a critical mind → **apparat**
b (défavorable) critical, censorious (frm) ◆ **d'un œil critique** with a critical eye ◆ **il s'est montré très critique (au sujet de ...)** he was very critical (of ...) ◆ **esprit critique** criticizing ou critical mind
2 nf **a** (blâme) criticism ◆ **il ne supporte pas la critique** ou **les critiques** he can't tolerate criticism ◆ **les nombreuses critiques qui lui ont été adressées** the many criticisms that were levelled at him ◆ **faire une critique à (l'endroit de) qch / qn** to criticize sth / sb ◆ **une critique que je lui ferais est qu'il ...** one criticism I would make of him is that he ... ◆ **la critique est aisée** it's easy to criticize
b (analyse) [texte, œuvre] appreciation, critique; [livre, spectacle] review ◆ (art de juger) **la critique** criticism ◆ **la critique littéraire / musicale** literary / music criticism ◆ **faire la critique de** livre, film, concert to review, write a crit of* (Brit), do a write-up on; poème to write an appreciation ou a critique of ◆ **une critique impartiale** an impartial ou unbiased review ◆ (Littérat) **la nouvelle critique** the new (French) criticism ◆ **le film a eu de bonnes critiques** the film had good reviews
c (personnes) **la critique** the critics ◆ **la critique a bien accueilli sa pièce** his play was well received by the critics

3 nmf (commentateur) critic ◆ **critique de théâtre / de musique / d'art / de cinéma** drama / music / art / cinema ou film critic ◆ **critique littéraire** literary critic

critiquer [kʀitike] → SYN ▸conjug 1◂ vt **a** (blâmer) to criticize ◆ **il critique tout / tout le monde** he finds fault with ou criticizes everything / everybody
b (juger) livre, œuvre to assess, make an appraisal of; (examiner) to examine (critically)

critiqueur, -euse [kʀitikœʀ, øz] → SYN nm,f ◆ **c'est un critiqueur** all he does is criticize ◆ **tais-toi, critiqueur!** shut up instead of criticizing!

croassement [kʀɔasmɑ̃] → SYN nm caw, cawing (NonC)

croasser [kʀɔase] → SYN ▸conjug 1◂ vi to caw

croate [kʀɔat] **1** adj Croatian
2 nm (Ling) Croat, Croatian
3 nmf ◆ **Croate** Croat, Croatian

Croatie [kʀɔasi] nf Croatia

crobard* [kʀɔbaʀ] nm sketch

croc [kʀo] → SYN nm **a** (dent) fang ◆ **montrer les crocs** [animal] to bare its teeth, show its teeth ou fangs; (*) [personne] to show one's teeth ◆ **avoir les crocs*** to be starving*, be famished*
b (grappin) hook; (fourche) hook ◆ **croc de boucherie / de marinier** meat / boat hook ◆ **croc à fumier** muck rake

croc-en-jambe, pl **crocs-en-jambe** [kʀɔkɑ̃ʒɑ̃b] → SYN nm ◆ **faire un croc-en-jambe à qn** (lit) to trip sb (up); (fig) to trip sb up, pull a fast one on sb* ◆ **un croc-en-jambe me fit perdre l'équilibre** somebody tripped me (up) and I lost my balance, I was tripped (up) and lost my balance ◆ (fig) **méfiez-vous des crocs-en-jambe de vos collaborateurs** mind your colleagues don't pull a fast one on you* ou don't try and do you down* (Brit)

croche [kʀɔʃ] → SYN nf (Mus) quaver (Brit), eighth (note) (US) ◆ **double croche** semiquaver (Brit), sixteenth (note) (US) ◆ **triple / quadruple croche** demisemi- / hemidemisemiquaver (Brit), thirty-second / sixty-fourth note (US)

croche-patte, pl **croche-pattes** [kʀɔʃpat] nm ⇒ **croc-en-jambe**

croche-pied, pl **croche-pieds** [kʀɔʃpje] nm ⇒ **croc-en-jambe**

crocher [kʀɔʃe] → SYN ▸conjug 1◂ vt (Naut) to hook

crochet [kʀɔʃɛ] → SYN **1** nm **a** (fer recourbé) (gén) hook; [chiffonnier] spiked stick; [patte de pantalon etc] fastener, clip, fastening; [cambrioleur, serrurier] picklock ◆ (Rail) **crochet d'attelage** coupling ◆ **crochet de boucherie** ou **de boucher** meat hook ◆ **crochet à boutons** ou **bottines** buttonhook
b (aiguille) crochet hook; (technique) crochet ◆ **couverture au crochet** crocheted blanket ◆ **faire du crochet** to crochet ◆ **faire qch au crochet** to crochet sth
c (Boxe) **crochet du gauche / du droit** left / right hook
d (détour) [véhicule] sudden swerve; [route] sudden turn; [voyage, itinéraire] detour ◆ **il a fait un crochet pour éviter l'obstacle** he swerved to avoid the obstacle ◆ **faire un crochet par une ville** to make a detour through a town
e (Typ) **crochets** square brackets ◆ **entre crochets** in square brackets
f [serpent] fang
g (Archit) crocket
h LOC **vivre aux crochets de qn** to live off ou sponge on* sb
2 COMP ▷ **crochet radiophonique** talent show

crochetage [kʀɔʃtaʒ] nm [serrure] picking

crocheter [kʀɔʃte] → SYN ▸conjug 5◂ vt **a** serrure to pick; porte to pick the lock on
b (faire un croc-en-jambe à) to trip (up)
c (Tricot) to crochet

crocheteur [kʀɔʃtœʀ] → SYN nm (voleur) picklock

crochu, e [kʀɔʃy] → SYN adj nez hooked; mains, doigts claw-like ◆ **au nez crochu** hook-nosed → **atome, doigt**

croco* [kʀoko] nm (abrév de **crocodile**) crocodile skin ◆ **en croco** crocodile (épith)

crocodile [kʀɔkɔdil] → SYN nm (Zool, peau) crocodile; (Rail) contact ramp ◆ **sac en crocodile** crocodile(-skin) handbag → **larme**

crocodiliens [kʀɔkɔdiljɛ̃] nmpl ◆ **les crocodiliens** crocodilians, the Crocodilia (spéc)

crocus [kʀɔkys] → SYN nm crocus

croire [kʀwaʀ] → SYN ▸conjug 44◂ GRAMMAIRE ACTIVE 6.2, 26.5
1 vt **a** personne, fait, histoire to believe ◆ **je n'arrive pas à croire qu'il a réussi** I (just) can't believe he has succeeded ◆ **auriez-vous cru cela de lui?** would you have believed it possible of him ou expected it of him? ◆ **je te crois sur parole** I'll take your word for it ◆ **le croira qui voudra, mais ...** believe it or not (but) ... ◆ **je veux bien le croire** I can quite (well) believe it ◆ **je n'en crois rien** I don't believe (a word of) it ◆ **croyez-m'en** believe me ◆ **croire qch dur comme fer*** to believe sth firmly, be absolutely convinced of sth
b (avec infin ou que: penser, estimer) to believe, think; (déduire) to believe, assume, think ◆ **nous croyons qu'il a dit la vérité** we believe ou think that he told the truth ◆ **elle croyait avoir perdu son sac** she thought she had lost her bag ◆ **il a bien cru manquer son train** he really thought he would miss his train ◆ **on a cru préférable de refuser** we thought it preferable for us to refuse, we thought that it would be better for us to refuse ◆ **il n'y avait pas de lumière, j'ai cru qu'ils étaient couchés** there was no light so I thought ou assumed they had gone to ou were in bed ◆ **il a cru bien faire** he meant well, he thought he was doing the right thing ou acting for the best ◆ **je crois que oui** I think so ◆ **je crois que non** I think not, I don't think so ◆ **il n'est pas là? – je crois que si** isn't he in? – (yes) I think he is ◆ **on ne croyait pas qu'il viendrait** we didn't think he'd come ◆ **elle ne croit pas / elle ne peut pas croire qu'il mente** she doesn't think / can't believe he is lying
c (avec adj, adv) (juger, estimer) to think, believe, consider; (supposer) to think, believe ◆ **croyez-vous cette réunion nécessaire?** do you think ou believe this meeting is necessary?, do you consider this meeting (to be) necessary? ◆ **on l'a cru mort** he was believed ou presumed (to be) dead ◆ **on les croyait en France** they were believed ou thought to be in France ◆ **je la croyais ailleurs / avec vous** I thought she was somewhere else / with you ◆ **il n'a pas cru utile** ou **nécessaire de me prévenir** he didn't think it necessary to warn me ◆ **tu ne crois pas si bien dire!** you don't know how right you are!
d **en croire** (s'en rapporter à): **à l'en croire** to listen to ou hear him, if you (were to) go by ou listen to what he says ◆ **s'il faut en croire les journaux** if we (are to) go by what the papers say, if we are to believe the papers, if the papers are anything to go by ◆ **vous pouvez m'en croire, croyez en mon expérience** (you can) take it from me, take it from one who knows ◆ **si vous m'en croyez** if you want my opinion ◆ **il n'en croyait pas ses oreilles / ses yeux** he couldn't believe his ears / his eyes
e LOC **c'est à croire qu'il est sourd** you'd think he was deaf ◆ **c'est à n'y pas croire!** it's beyond belief!, it's unbelievable!, it's hardly credible! ◆ (frm) **il est à croire que** it is to be supposed ou presumed that ◆ **il faut croire que** it would seem that, one must assume that, it must be assumed that ◆ **croire de son devoir de faire** to think ou feel it one's duty to do ◆ **il ne croyait pas si bien dire!** he didn't know how right he was!, he never spoke a truer word! ◆ **on croirait une hirondelle** it looks as though it could be ou it looks like a swallow ◆ **on croirait (entendre) une clarinette** it sounds like ou it could be a clarinet (playing) ◆ **on croirait entendre son père** it could (almost) be his father talking, you'd think it was his father talking ◆ **on croirait qu'elle ne comprend pas** she doesn't seem to understand, you might almost think she didn't understand ◆ **tu ne peux pas croire** ou (frm) **vous ne sauriez croire combien il nous manque** you cannot (begin to) imagine how much we miss him ◆ **non, mais qu'est-ce que vous croyez?*** what do you imagine? ◆ **je vous** ou **te crois!*** you bet!*, rather! ◆ **je ne suis pas celle que vous croyez!** I'm not THAT sort of person! ◆ **faut pas croire!*** make no mistake (about it) ◆ **on croit rêver!*** I don't BELIEVE it!, it's mind-blowing!*, the mind boggles!*
2 vi (Rel: avoir la foi) to believe, be a believer
3 **croire à** vt indir innocence de qn, vie éternelle, Père Noël to believe in; justice, médecine to have faith ou confidence in, believe in; promesses to believe (in), have faith in ◆ **il ne croit plus à rien** he no longer believes in anything ◆ **on a cru d'abord à un accident** at first they took it for an accident ou to be an accident, at first they believed it was ou it to be an accident ◆ **pour faire croire à un suicide** to make people think it was suicide, to give the impression ou appearance of (a) suicide ◆ **il ne croit pas à la guerre** (pense qu'elle n'aura pas lieu) he doesn't think ou believe ou reckon there will be a war; (pense qu'elle ne sert à rien) he doesn't believe in war ◆ **non, mais tu crois au Père Noël!** well, you really DO live in cloud-cuckoo land! (Brit), you must believe in Santa Claus too! ◆ (frm) **« veuillez croire à mes sentiments dévoués »** "yours sincerely", "I am, sir, your devoted servant" (frm)
4 **croire en** vt indir to believe in ◆ **croire en Dieu** to believe in God ◆ **croire en qn** to have faith ou confidence in sb ◆ **il croit trop en lui-même** he is too self-confident, he is overconfident, he has an over-inflated opinion of himself
5 **se croire** vpr **a** (avec attribut) **se croire fort / malin** to think one is strong / (very) clever ◆ **il se croit un acteur** he thinks he's a good ou a great* actor ◆ (avec complément) **on se croirait en vacances** I feel as if I was on holiday ◆ **on se croirait en Bretagne / été** it could almost be Brittany / summer
b (être prétentieux) **qu'est-ce qu'il se croit, celui-là?** who does he think he is?* ◆ (péj) **s'y croire*** to think one is really something*
c (penser que c'est arrivé) (péj) **le patron lui a dit qu'elle avait un espoir de promotion et elle s'y croit déjà*** the boss told her she had a chance of promotion and she acts as if she'd already got it

croisade [kʀwazad] → SYN nf (Hist, fig) crusade ◆ **les Croisades** the Crusades ◆ **la croisade des Albigeois** the Albigensian Crusade ◆ **partir en croisade** to go on a crusade

croisé¹, e¹ [kʀwaze] → SYN (ptp de **croiser**)
1 adj veste double-breasted; rimes, vers alternate ◆ **race croisée** crossbreed ◆ **tissu croisé** twill → **bras, feu¹, mot**
2 nm (Tex) twill

croisé² [kʀwaze] → SYN nm (Hist) crusader

croisée² [kʀwaze] → SYN nf **a** **croisée de chemins** crossroads, crossing ◆ (fig) **à la croisée des chemins** at the crossroads, at the parting of the ways ◆ (Archit) **croisée d'ogives** intersecting ribs ◆ (Archit) **croisée du transept** transept crossing
b (littér: fenêtre) window, casement (littér)

croisement [kʀwazmɑ̃] → SYN nm **a** [fils, brins] crossing ◆ **l'étroitesse de la route rendait impossible le croisement des véhicules** the narrowness of the road made it impossible for vehicles to pass (one another) → **feu¹**
b (Bio, Zool) [races, espèces, plantes] crossing (NonC), crossbreeding (NonC), interbreeding (NonC) (*avec* with) ◆ **faire des croisements de race** to rear ou produce crossbreeds, cross(breed) ◆ **est-ce un croisement?** ou **le produit d'un croisement?** is it a cross(breed)?
c (carrefour) crossroads, junction ◆ **au croisement de la route et de la voie ferrée, il y a un passage à niveau** where the road and the railway cross, there is a level crossing ◆ **le croisement des deux voies ferrées se fait sur deux niveaux** the two railway lines cross at two levels ◆ **au croisement des chemins, ils s'arrêtèrent** they stopped where the paths crossed ou at the junction of the paths

croiser [kʀwaze] → SYN ▸ conjug 1 ◂ 1 vt a bras to fold, cross; jambes to cross; fourchettes, fils, lignes to cross ◆ **elle croisa son châle sur sa poitrine** she folded her shawl across ou over her chest ◆ **les jambes croisées** cross-legged ◆ **croiser les doigts** (lit) to cross one's fingers; (fig) to keep one's fingers crossed ◆ (fig) **croisons les doigts!** fingers crossed! ◆ **je croise les doigts pour qu'il fasse beau** I'm keeping my fingers crossed that the weather will be good ◆ (lit, fig) **croiser le fer** to cross swords (*avec* with) ◆ (fig) **se croiser les bras** to lounge around, sit around idly

b (couper) route to cross, cut across; ligne to cross, cut across, intersect

c (passer à côté de) véhicule, passant to pass ◆ **notre train a croisé le rapide** our train passed the express going in the other direction ◆ **son regard croisa le mien** his eyes met mine ◆ **je l'ai croisé plusieurs fois dans des réunions** I've seen him several times at meetings ◆ **j'ai croisé Jean dans la rue hier** I bumped into ou saw Jean in the street yesterday

d (accoupler, mâtiner) races, animaux, plantes to cross(breed), interbreed (*avec* with) ◆ **l'âne peut se croiser avec le cheval** the ass can (inter)breed with the horse; (croisement contrôlé) the ass can be crossed with the horse

e (Sport) tir, coup droit to angle ◆ **passe croisée** diagonal pass

2 vi a (Habillement) **cette veste croise bien** that jacket has got a nice ou good overlap ◆ **cette saison les couturiers font croiser les vestes** this season fashion designers are making jackets double-breasted ◆ **il avait tellement grossi qu'il ne pouvait plus (faire) croiser sa veste** he'd got so fat that he couldn't get his jacket to fasten over ou across ou that his jacket wouldn't fasten across any more

b (Naut) to cruise

3 **se croiser** vpr a [chemins, lignes] to cross, cut (across) each other, intersect ◆ **deux chemins qui se croisent à angle droit** two roads which cross at right angles ou which cut (across) each other at right angles ◆ **nos regards** ou **nos yeux se croisèrent un instant** our eyes met for a moment ◆ **il a les yeux qui se croisent*** he's cross-eyed

b [personnes, véhicules] to pass each other ◆ (fig) **ma lettre s'est croisée avec la tienne, nos lettres se sont croisées** my letter crossed yours (in the post), our letters crossed (in the post) ◆ **nous nous sommes croisés hier** we bumped into each other yersterday ◆ **nous nous sommes croisés plusieurs fois dans des réunions** we've seen each other several times at meetings

c (Hist) to take the cross, go on a crusade

croisette [kʀwazɛt] nf (petite croix) small cross; (Bot) crosswort, mugwort

croiseur [kʀwazœʀ] → SYN nm cruiser *(warship)*

croisière [kʀwazjɛʀ] → SYN nf cruise ◆ **partir en croisière, faire une croisière** to go on a cruise ◆ **ils sont en croisière dans le Pacifique** they're on a cruise in the Pacific ◆ **ce voilier est idéal pour la croisière** this boat is ideal for cruising ◆ **allure** ou **régime** ou **rythme** ou **vitesse de croisière** cruising speed

croisiériste [kʀwazjeʀist] nmf cruise passenger

croisillon [kʀwazijɔ̃] nm [croix, charpente] crosspiece, crossbar; [église] transept ◆ **croisillons** [fenêtre] lattice work; [tarte] criss-cross → **fenêtre**

croissance [kʀwasɑ̃s] → SYN nf [enfant, embryon, ville, industrie] growth, development; [plante] growth ◆ **croissance autonome** self-sustained growth ◆ **croissance économique** economic growth ou development ◆ **croissance zéro** zero (economic) growth ◆ **arrêté dans sa croissance** arrested in his growth ou development ◆ **maladie de croissance** growth disease ◆ **entreprise en pleine croissance** firm in full expansion

croissant¹ [kʀwasɑ̃] nm a (forme) crescent ◆ **croissant de lune** crescent of the moon ◆ **en croissant** crescent-shaped

b (Culin) croissant

croissant², e [kʀwasɑ̃, ɑ̃t] → SYN adj nombre, tension growing, increasing, rising; chaleur rising; froid increasing; (Math) fonction increasing ◆ **aller croissant** [peur, enthousiasme] to grow; [bruit] to grow ou get louder ◆ **le rythme croissant des accidents** the increasing rate of accidents, the rising accident rate

croissanterie [kʀwasɑ̃tʀi] nf croissant shop

Croissant-Rouge [kʀwasɑ̃ʀuʒ] nm ◆ **le Croissant-Rouge** the Red Crescent

croît [kʀwa] → SYN nm (Agr) increase in stock

croître [kʀwatʀ] → SYN ▸ conjug 55 ◂ vi a [enfant, plante] to grow; [ville] to grow, increase in size ◆ **croître en beauté / sagesse** to grow in beauty / wisdom ◆ **croître dans l'estime de qn** to rise ou grow in sb's esteem ◆ **vallon où croissent de nombreuses espèces** valley where many species of plant grow

b [ambition, bruit, quantité] to grow, increase ◆ **les jours croissent** the days are getting longer ou are lengthening ◆ **croître en nombre / volume** to increase in number / size ou volume ◆ **l'inquiétude sur son état de santé ne cessait de croître** there was increasing anxiety over the state of his health ◆ **son enthousiasme ne cessa de croître** he grew more and more enthusiastic (about it) ◆ **la chaleur ne faisait que croître** the heat got more and more intense, the temperature kept on rising

c [rivière] to swell, rise; [lune] to wax; [vent] to rise ◆ **les pluies ont fait croître la rivière** the rains have swollen the river, the river waters have swollen ou risen after the rains

d (loc) (Bible) **croissez et multipliez!** be fruitful and multiply! ◆ (iro) **ça ne fait que croître et embellir** (things are getting) better and better! (iro)

croix [kʀwa] → SYN 1 nf a (gén, Hér, Rel) cross ◆ **croix celtique / grecque / latine** Celtic / Greek / Latin cross ◆ **croix de Malte / de Saint-André** Maltese / St Andrew's cross ◆ **croix ancrée / fleuretée** cross moline / fleury ou flory ◆ **croix ansée** ou **égyptienne** ansate cross ◆ **croix fleuronnée** ou **tréflée** cross tréflée ◆ **croix de Jérusalem** cross of Jerusalem ◆ **croix potencée** potent cross ◆ **en croix** crosswise, in the form of a cross ◆ **mettre des bâtons en croix** to lay sticks crosswise, criss-cross sticks ◆ **les pétales des crucifères sont disposés en croix** the petals of the Cruciferae form a cross ou are arranged crosswise ◆ **chemins qui se coupent en croix** paths which cut each other at right angles ou crosswise ◆ **mettre en croix, mettre à mort sur la croix** to crucify ◆ **mise en croix** crucifixion ◆ **mettre les bras en croix** to stretch out one's arms at the sides ◆ **pour le faire sortir, c'est la croix et la bannière*** it's the devil's own job ou a devil of a job to get him to go out* ◆ **croix de bois croix de fer (, si je mens je vais en enfer)** ≃ cross my heart (and hope to die) → **chemin, signe**

b (décoration) cross; (Scol: récompense) prize, medal

c (marque) cross ◆ **faire** ou **mettre une croix devant un nom** to put a cross in front of ou by a name ◆ **(appeler) les noms marqués d'une croix** (to call out) the names which have a cross against (Brit) them ou with a cross against (Brit) ou by (US) them ◆ (fig) **tes vacances, tu peux faire une croix dessus*** you might just as well forget all about your holidays ou write your holidays off* ◆ (fig) **si tu lui prêtes ton livre, tu peux faire une croix dessus!*** if you lend him your book, you can say goodbye to it!* ou you can kiss it goodbye!* ◆ (fig, iro) **il faut faire une croix à la cheminée** ou **sur le calendrier** it is a red-letter day

d (fig: souffrance, épreuve) cross, burden ◆ **chacun a** ou **porte sa croix** each of us has his (own) cross to bear

2 COMP ▷ **croix de fer** (Gym) crucifix ▷ **croix gammée** swastika ▷ **Croix de guerre** (Mil) Military Cross ▷ **croix de Lorraine** cross of Lorraine ▷ **Croix du Sud** Southern Cross

Croix-Rouge [kʀwaʀuʒ] nf ◆ **la Croix-Rouge** the Red Cross

crolle* [kʀɔl] nf (Belg) curl

crollé, e* [kʀɔle] adj (Belg) curly

cromlech [kʀɔmlɛk] nm cromlech

cromorne [kʀɔmɔʀn] → SYN nf krumhorn

Cronos [kʀɔnɔs] nm Cronus, Cronos, Kronos

croquant¹† [kʀɔkɑ̃] → SYN nm (péj) yokel, (country) bumpkin

croquant², e [kʀɔkɑ̃, ɑ̃t] 1 adj crisp, crunchy 2 nm [volaille] gristle ◆ **le croquant de l'oreille** the cartilage in the ear

croque* [kʀɔk] nm abrév de **croque-monsieur**

croque au sel [kʀɔkosɛl] loc adv ◆ **à la croque au sel** with salt (and nothing else), with a sprinkling of salt

croque-madame [kʀɔkmadam] nm inv *toasted cheese sandwich with ham and fried egg*

croquembouche [kʀɔkɑ̃buʃ] → SYN nm *pyramid of cream-filled choux pastry balls*

croque-mitaine, pl **croque-mitaines** [kʀɔkmitɛn] → SYN nm bog(e)y man, ogre (fig) ◆ **ce maître est un vrai croque-mitaine** this schoolmaster is a real ogre

croque-monsieur [kʀɔkməsjø] → SYN nm inv *toasted cheese sandwich with ham*

croque-mort, pl **croque-morts*** [kʀɔkmɔʀ] → SYN nm undertaker's ou mortician's (US) assistant ◆ **avoir un air de croque-mort** to have a funereal look ou a face like an undertaker

croquenot* [kʀɔkno] nm clodhopper*

croquer [kʀɔke] → SYN ▸ conjug 1 ◂ 1 vt a (manger) biscuits, noisettes, bonbons to crunch; fruits to munch ◆ **pastille à laisser fondre dans la bouche sans (la) croquer** pastille to be sucked slowly and not chewed ou crunched ◆ **croquer le marmot*†** to hang around (waiting)*, kick one's heels* (Brit) → **chocolat**

b (*: dépenser, gaspiller) **croquer de l'argent** to squander money, go through money like water* ◆ **croquer un héritage** to squander ou go through an inheritance

c (dessiner) to sketch ◆ **être (joli) à croquer** to be as pretty as a picture ◆ **tu es à croquer avec ce chapeau** you look good enough to eat in this hat

d (camper) personnage to sketch, outline, give a thumbnail sketch of

e (arg Crime) **il en croque** [indicateur] he's a (copper's) nark‡; [policier] he gets paid off*

2 vi a [fruit] to be crunchy, be crisp; [salade] to be crisp ◆ **le sucre croque sous la dent** sugar is crunchy to eat ou when you eat it ◆ **des pommes qui croquent** crunchy apples

b **croquer dans une pomme** to bite into an apple

croquet [kʀɔkɛ] → SYN nm (Sport) croquet

croquette [kʀɔkɛt] → SYN nf (Culin) croquette ◆ **croquettes de chocolat** chocolate croquettes ◆ **croquettes pour chiens / chats** dry dogfood / catfood

croqueuse [kʀɔkøz] nf ◆ **croqueuse de diamants** gold digger, fortune-hunter

croquignolet, -ette* [kʀɔkiɲɔlɛ, ɛt] → SYN adj (mignon) (rather) sweet, cute*, dinky* (Brit)

croquis [kʀɔki] → SYN nm (dessin) (rough) sketch; (fig: description) sketch ◆ **faire un croquis de qch** to sketch sth, make a (rough) sketch of sth ◆ (fig) **faire un rapide croquis de la situation** to give a rapid outline ou thumbnail sketch of the situation ◆ (fig) **croquis d'audience** court-room sketches

crosne [kʀon] nm Chinese artichoke

cross(-country) [kʀɔs(kuntʀi)] nm (course) (à pied) cross-country race ou run; (Équitation) cross-country race; (sport) (à pied) cross-country racing ou running; (Équitation) cross-country racing ◆ (à pied) **faire du cross(-country)** to do cross-country running

crosse [kʀɔs] → SYN nf a (poignée) [fusil] butt; [revolver] grip ◆ **frapper qn à coups de crosse** to hit sb with the butt of one's rifle ◆ **mettre** ou **lever la crosse en l'air*** (se rendre) to show the white flag (fig), lay down one's arms; (se mutiner) to mutiny, refuse to fight

b (bâton) (Rel) crook, crosier, crozier ◆ (Sport) **crosse de golf** golf club ◆ **crosse de hockey** hockey stick

c (partie recourbée) [violon] head, scroll ◆ **crosse de piston** cross-head ◆ **crosse de**

l'aorte arch of the aorta, aortic arch ◆ **crosse de fougère** crosier (of fern)

d **chercher des crosses à qn*** to pick a quarrel with sb ◆ **s'il me cherche des crosses*** if he's looking for a chance to make trouble ou to pick a quarrel with me

e (Culin) **crosse de bœuf** knuckle of beef

crossé [kʀɔse] → SYN adj m (Rel) *having the right to carry the crosier*

crossette [kʀɔsɛt] → SYN nf (Bot) scion *(in the shape of the crosier)*

crossoptérygiens [kʀɔsɔpteʀiʒjɛ̃] nmpl ◆ **les crossoptérygiens** crossopterygians, the Crossopterygii (spéc)

crotale [kʀɔtal] → SYN nm rattlesnake, rattler* (US)

croton [kʀɔtɔ̃] → SYN nm croton

crotte [kʀɔt] → SYN nf a (excrément) [brebis, lapin] droppings ◆ **crotte de cheval** horse droppings ou manure (NonC) ou dung (NonC) ◆ **crotte de nez‡** bog(e)y‡ (Brit), booger‡ (US) ◆ **son chien a déposé une crotte sur le palier** his dog has messed ou done its business on the landing ◆ **c'est plein de crotte(s) de chien** it's covered in dog's dirt ◆ **crotte!*†** blast (it)!* (Brit), oh heck!* ◆ **c'est de la crotte de bique*** it's a load of (old) rubbish* ◆ **c'est pas de la crotte*** it's not cheap rubbish ◆ **il ne se prend pas pour une crotte*** he thinks he's a big shot* ◆ (terme d'affection) **ma (petite) crotte*** my little sausage*

b (bonbon) **crotte de chocolat** chocolate whirl

c (†: boue) mud

crotter [kʀɔte] → SYN ▸ conjug 1 ◂ [1] vt to muddy, dirty, cover in mud ◆ **souliers tout crottés** muddy shoes, shoes covered in mud

[2] vi [chien] to do its business, mess

crottin [kʀɔtɛ̃] → SYN nm a **crottin (de cheval / d'âne)** (horse / donkey) droppings ou dung (NonC) ou manure (NonC)

b (fromage) (small round) cheese *(made of goat's milk)*

crouillat‡ [kʀuja], **crouille‡** [kʀuj] nm (péj) wog‡ (péj), North African

croulant, e [kʀulɑ̃, ɑ̃t] → SYN [1] adj mur crumbling, tumbledown (épith); maison ramshackle, tumbledown (épith), crumbling; (fig) autorité, empire crumbling, tottering

[2] nm (‡) old fogey‡ ◆ **les croulants** the old folk, the old ones*, the old fogeys‡

crouler [kʀule] → SYN ▸ conjug 1 ◂ vi a (s'écrouler) [maison, mur] to collapse, tumble down, fall down; [masse de neige] to collapse; [terre] to give (way), collapse; (fig) [empire] to collapse ◆ **le mur a croulé sous la force du vent** the wall collapsed ou caved in under the force of the wind ◆ **la terre croula sous ses pas** the ground gave (way) ou caved in ou collapsed under his feet ◆ **le tremblement de terre a fait crouler les maisons** the earthquake has brought the houses down ou has demolished the houses ◆ (fig) **la salle croulait sous les applaudissements** the audience brought the house down ou raised the roof with their applause ◆ (fig) **se laisser crouler dans un fauteuil** to collapse into an armchair

b (menacer de s'écrouler, être délabré) **une maison qui croule** a ramshackle ou tumbledown ou crumbling house, a house which is falling into ruin ou going to rack and ruin ◆ **un mur qui croule** a crumbling ou tumbledown wall ◆ (fig) **crouler sous le poids de qch** to collapse under the weight of sth ◆ (fig) **une civilisation qui croule** a tottering ou crumbling civilization

croup [kʀup] → SYN nm (Méd) croup ◆ **faux croup** spasmodic croup

croupade [kʀupad] nf croupade

croupe [kʀup] → SYN nf a [cheval] croup, crupper, rump, hindquarters ◆ **monter en croupe** to ride pillion ◆ **il monta en croupe et ils partirent** he got on behind and off they went ◆ **il avait son ami en croupe** he had his friend behind him (on the pillion)

b [*: personne] rump* ◆ **croupe (d'une colline)** hilltop

croupetons [kʀuptɔ̃] adv ◆ **se tenir** ou **être à croupetons** to be crouching, be squatting, be (down) on one's haunches ou hunkers* (Brit) ◆ **se mettre à croupetons** to crouch ou squat down, go down on one's haunches

croupi, e [kʀupi] → SYN (ptp de **croupir**) adj eau stagnant

croupier, -ière[1] [kʀupje, jɛʀ] nm,f croupier

croupière[2] [kʀupjɛʀ] → SYN nf crupper ◆ **tailler des croupières à qn†** to put a spoke in sb's wheel (harnais)

croupion [kʀupjɔ̃] → SYN nm (Orn) rump; (Culin) parson's nose, pope's nose (US); (‡ hum) [personne] rear (end)*, backside* ◆ (péj) **un parlement croupion*** a rump parliament ◆ **un parti croupion** a rump party

croupir [kʀupiʀ] → SYN ▸ conjug 2 ◂ vi [eau] to stagnate ◆ **feuilles qui croupissent dans la mare** leaves which rot in the pond ◆ (fig) [personne] **croupir dans son ignorance / dans l'oisiveté / dans le vice** to wallow ou remain sunk in (one's own) ignorance / in idleness / in vice ◆ **je n'ai pas envie de croupir dans ce bled* / cette boîte!** I don't want to (stay and) rot in this dump* / this company! ◆ **ils l'ont laissé croupir en prison** they left him to rot in prison

croupissant, e [kʀupisɑ̃, ɑ̃t] → SYN adj eau stagnant ◆ (fig) **une vie croupissante** a dead-end life

croupon [kʀupɔ̃] → SYN nm butt

CROUS [kʀus] nm (abrév de **centre régional des œuvres universitaires et scolaires**) → **centre**

croustade [kʀustad] → SYN nf croustade

croustillant, e [kʀustijɑ̃, ɑ̃t] → SYN adj a (→ **croustiller**) crusty; crisp; crunchy

b (fig: grivois) spicy

croustiller [kʀustije] → SYN ▸ conjug 1 ◂ vi [pain, pâte] to be crusty; [croissant, galette, chips] to be crisp ou crunchy

croûte [kʀut] → SYN [1] nf a [pain, pâte] crust; [fromage] rind; [vol-au-vent] case ◆ **à la croûte!*** (venez manger) come and get it!*, grub's up!‡ (Brit), grub's on!‡ (US); (allons manger) let's go and get it!* ou eat! → **casser, gagner, pâté**

b (à la surface d'un liquide) **croûte de glace** layer of ice ◆ (dans un pot) **croûte de peinture** skin of paint

c (sédiment, sécrétion durcie) [plaie] scab ◆ **couvert d'une croûte de glace** crusted with ice, covered with a crust of ice ◆ **croûte calcaire** ou **de tartre** layer of scale ou fur ◆ **une croûte de tartre s'était formée sur les parois de la chaudière** the sides of the boiler were covered in scale ou had furred up, a layer of scale had collected on the sides of the boiler ◆ **gratter des croûtes de peinture / cire sur une table** to scrape lumps of paint / wax off a table

d (fig: vernis) **croûte de culture** veneer of culture ◆ **croûte de bêtise** (thick) layer of stupidity

e **croûte (de cuir)** undressed leather ou hide ◆ **sac en croûte** hide bag

f (péj: tableau) daub

[2] COMP ▷ **croûte aux champignons** (Culin) mushrooms on toast ▷ **croûte au fromage** (Culin) cheese on toast, toasted cheese, ≃ Welsh rarebit ou rabbit ▷ **croûte de pain** crust of bread ◆ **croûtes de pain** (péj) old crusts; (quignons) hunks ou chunks of bread ▷ **la croûte terrestre** (Géol) the earth's crust

croûté, e [kʀute] adj ◆ (Ski) **neige croûtée** crusted snow

croûter‡ [kʀute] ▸ conjug 1 ◂ vi to nosh‡ (Brit), have some grub‡

croûteux, -euse [kʀutø, øz] → SYN adj scabby, covered with scabs

croûton [kʀutɔ̃] → SYN nm a (bout du pain) crust; (Culin) crouton

b (péj: personne) **(vieux) croûton** fuddy-duddy*, old fossil*

croyable [kʀwajabl] → SYN adj ◆ **ce n'est pas croyable!** it's unbelievable!, it's incredible!

croyance [kʀwajɑ̃s] → SYN nf a (NonC) **croyance à** ou **en** belief in, faith in

b (opinion) belief ◆ **croyances religieuses** religious beliefs ◆ **la croyance populaire** folk ou conventional wisdom

croyant, e [kʀwajɑ̃, ɑ̃t] → SYN [1] adj ◆ **être croyant** to be a believer ◆ **ne pas être croyant** to be a non-believer

[2] nm,f believer ◆ **les croyants** the faithful

CRS [seɛʀɛs] → SYN (abrév de **Compagnie républicaine de sécurité**) [1] nm *member of the state security police* ◆ **après l'intervention des CRS** after the state security police had intervened

[2] nf company of the state security police

cru[1]**, e**[1] [kʀy] → SYN adj a (non cuit) aliments raw, uncooked ◆ **lait cru** milk straight from the cow ◆ (fig) **avaler** ou **manger qn tout cru** to eat sb alive (fig), have sb for breakfast* (fig) ◆ (fig) **je l'aurais avalée** ou **mangée toute crue*** (j'étais furieux) I could have strangled ou murdered her*; (elle était belle à croquer) she looked good enough to eat*

b (Tech: non apprêté) soie raw; chanvre, toile raw, untreated; métal crude, raw ◆ **cuir cru** untreated ou raw leather, rawhide

c lumière, couleur harsh, garish

d (franc, réaliste) mot forthright, blunt; description raw, blunt ◆ **une réponse crue** a straight ou blunt ou forthright reply ◆ **je vous le dis tout cru** I'll tell you straight out*, I'll give it to you straight*

e (choquant) histoire, chanson, langage crude, coarse ◆ **parler cru** to speak coarsely ou crudely

f LOC **à cru: construire à cru** to build without foundations ◆ (Équitation) **monter à cru** to ride bareback ◆ († ou littér) **être chaussé à cru** to wear one's boots (ou shoes) without (any) socks

cru[2] [kʀy] → SYN nm a (terroir, vignoble) vineyard ◆ **un vin d'un bon cru** a good vintage ◆ (lit, fig) **du cru** local ◆ **les gens du cru** the locals

b (vin) wine ◆ **un grand cru** a famous ou great wine ou vintage → **bouilleur**

c LOC **de son (propre) cru** of his own invention ou devising

cruauté [kʀyote] → SYN nf a [personne, destin] cruelty (*envers* to); [bête sauvage] ferocity

b (action) act of cruelty, cruel act, cruelty

cruche [kʀyʃ] → SYN nf a (récipient) pitcher, (earthenware) jug; (contenu) jug(ful)

b (‡: imbécile) ass*, twit‡ (Brit)

cruchon [kʀyʃɔ̃] nm (récipient) small jug; (contenu) small jug(ful)

crucial, e, mpl **-iaux** [kʀysjal, jo] → SYN adj

a question, année, problème crucial

b (en croix) cruciform

crucifère [kʀysifɛʀ] adj cruciferous

crucifiement [kʀysifimɑ̃] nm crucifixion ◆ (fig) **le crucifiement de la chair** the crucifying of the flesh

crucifier [kʀysifje] → SYN ▸ conjug 7 ◂ vt (lit, fig) to crucify

crucifix [kʀysifi] → SYN nm crucifix

crucifixion [kʀysifiksjɔ̃] → SYN nf crucifixion

cruciforme [kʀysifɔʀm] adj cruciform ◆ **tournevis cruciforme** Phillips screwdriver ® ◆ **vis cruciforme** Phillips screw ®

cruciverbiste [kʀysivɛʀbist] → SYN nmf crossword-puzzle enthusiast

crudité [kʀydite] → SYN nf a (NonC) [langage] crudeness, coarseness; [description] bluntness; [lumière, couleur] harshness, garishness

b (propos) **crudités** coarse remarks, coarseness (NonC) ◆ **dire des crudités** to make coarse remarks

c (Culin) **crudités** raw vegetables ◆ **(salade de) crudités** ≃ mixed salad, crudités (frm)

crue[2] [kʀy] → SYN nf (montée des eaux) rise in the water level; (inondation) flood ◆ **en crue** in spate ◆ **les crues du Nil** the Nile floods ◆ **la fonte des neiges provoque des crues subites** the spring thaw produces a sudden rise in river levels

cruel, -elle [kʀyɛl] → SYN adj a (méchant) personne, acte, paroles cruel; animal ferocious

b (douloureux) perte cruel; destin, sort cruel, harsh; remords, froid cruel, bitter; nécessité cruel, bitter ◆ **cette cruelle épreuve, courageusement supportée** this cruel ordeal, borne with courage

cruellement [kʀyɛlmɑ̃] → SYN adv (→ **cruel**) cruelly; ferociously; harshly; bitterly

◆ **l'argent fait cruellement défaut** the lack of money is sorely felt ◆ **c'est cruellement vrai** it's sadly true ◆ **cruellement éprouvé par ce deuil** sorely ou grievously distressed by this bereavement, sadly bereaved

cruenté, e [kʀyɑ̃te] adj plaie raw

cruiser [kʀuzœʀ] → SYN nm (bateau de plaisance) cruiser

crûment [kʀymɑ̃] → SYN adv dire, parler (nettement) bluntly, forthrightly, plainly; (grossièrement) crudely, coarsely ◆ **éclairer crûment** to cast a harsh ou garish light over

crural, e, mpl **-aux** [kʀyʀal, o] → SYN adj (Anat) crural

crustacé [kʀystase] → SYN nm (Zool) shellfish (pl inv) *(crabs, lobsters and shrimps)*, member of the lobster family, crustacean (spéc) ◆ (Culin) **crustacés** seafood, shellfish

cruzado [kʀuzado] nm cruzado

cryobiologie [kʀijɔbjɔlɔʒi] nf cryobiology

cryochirurgie [kʀijɔʃiʀyʀʒi] nf cryosurgery

cryoconservation [kʀijokɔ̃sɛʀvasjɔ̃] nf cryogenic preservation

cryogène [kʀijɔʒɛn] adj cryogenic

cryogénie [kʀijɔʒeni] nf cryogenics (sg)

cryogénique [kʀijɔʒenik] adj cryogenic

cryolit(h)e [kʀijɔlit] nf cryolite

cryologie [kʀijɔlɔʒi] nf cryogenics (sg)

cryométrie [kʀijɔmetʀi] nf cryometry

cryophysique [kʀijofizik] nf cryogenics (sg)

cryoscopie [kʀijɔskɔpi] nf cryoscopy

cryostat [kʀijɔsta] nm cryostat

cryotempérature [kʀijotɑ̃peʀatyʀ] nf cryogenic temperature

cryothérapie [kʀijoteʀapi] nf cry(m)otherapy

cryotron [kʀijɔtʀɔ̃] nm cryotron

cryptage [kʀiptaʒ] nm [message, émission de télévision] encoding

crypte [kʀipt] → SYN nf (Archit, Anat) crypt

crypter [kʀipte] ▸ conjug 1 ◂ vt message, émission de télévision to encode, scramble ◆ **chaîne / émission cryptée** channel / programme for which one needs a decoder

cryptique [kʀiptik] → SYN adj **a** (secret) cryptic **b** (Anat) cryptal

cryptobiose [kʀiptɔbjoz] nf cryptobiosis

cryptobiotique [kʀiptɔbjɔtik] adj cryptobiotic

cryptocommuniste [kʀiptokɔmynist] nmf crypto-communist

cryptogame [kʀiptɔgam] **1** adj cryptogamic **2** nm ou f cryptogam

cryptogamique [kʀiptɔgamik] adj cryptogamic

cryptogénétique [kʀiptoʒenetik] adj cryptogenic, cryptogenetic

cryptogramme [kʀiptɔgʀam] → SYN nm cryptogram

cryptographie [kʀiptɔgʀafi] nf cryptography, cryptology

cryptographier [kʀiptɔgʀafje] ▸ conjug 7 ◂ vt to write in cryptograph

cryptographique [kʀiptɔgʀafik] adj cryptographic

cryptologie [kʀiptɔlɔʒi] nf cryptology

crypton [kʀiptɔ̃] nm ⇒ **krypton**

cryptorchidie [kʀiptɔʀkidi] nf (Méd) cryptorchidism

CSA [seɛsa] nm (abrév de **Conseil supérieur de l'audiovisuel**) → **conseil**

CSG [seɛsʒe] nf (abrév de **contribution sociale généralisée**) → **contribution**

CSM [seɛsɛm] nm (abrév de **Conseil supérieur de la magistrature**) *French magistrates' council (which also hears appeals)*

cténaires [kteneʀ], **cténophores** [ktenɔfɔʀ] nmpl ◆ **les cténaires** comb jellies, ctenophores (spéc)

Cuba [kyba] n Cuba ◆ **à Cuba** in Cuba

cubage [kybaʒ] → SYN nm **a** (action) cubage **b** (volume) cubage, cubature, cubic content ◆ **cubage d'air** air space

cubain, e [kybɛ̃, ɛn] **1** adj Cuban **2** nm,f ◆ **Cubain(e)** Cuban

cubature [kybatyʀ] nf cubature

cube [kyb] → SYN **1** nm (Géom, Math, gén) cube; [jeu] building block, (wooden) brick ◆ (Math) **le cube de 2 est 8** 2 cubed is 8, the cube of 2 is 8 ◆ **élever au cube** to cube ◆ **gros cube** big bike*
2 adj ◆ **centimètre / mètre cube** cubic centimetre / metre → **cylindrée**

cubèbe [kybɛb] nm cubeb

cuber [kybe] → SYN ▸ conjug 1 ◂ **1** vt nombre to cube; volume, solide to cube, measure the volume of; espace to measure the cubic capacity of
2 vi ◆ [récipient] **cuber 20 litres** to have a cubic capacity of 20 litres ◆ (fig) **avec l'inflation leurs dépenses vont cuber*** with inflation their expenses are going to mount up

cubilot [kybilo] → SYN nm (Métal) cupola

cubique [kybik] **1** adj cubic → **racine**
2 nf (Math: courbe) cubic

cubisme [kybism] nm cubism

cubiste [kybist] adj, nmf cubist

Cubitainer ® [kybitɛnɛʀ] nm square plastic container *(for holding liquids)*

cubital, e, mpl **-aux** [kybital, o] adj ulnar

cubitière [kybitjɛʀ] nf [armure] cubitiere

cubitus [kybitys] nm ulna

cuboïde [kybɔid] nm (Anat) cuboid

Cu Chulainn [ʃuʃulɛ̃] nm Cuchu(l)lain, Cuchulainn

cucu(l)* [kyky] adj ◆ **cucul (la praline)** silly

cuculle [kykyl] → SYN nf (monk's) hood

cucurbitacée [kykyʀbitase] → SYN nf cucurbitaceous plant, cucurbit ◆ **les cucurbitacées** the Cucurbitaceae (spéc)

cucurbitain, cucurbitin [kykyʀbitɛ̃] nm proglottid

cucurbite [kykyʀbit] → SYN nf cucurbit(e)

cueillette [kœjɛt] → SYN nf **a** (→ **cueillir**) picking; gathering; (Ethnologie) gathering ◆ **la cueillette du houblon / des pommes** hop / apple-picking ◆ **cette tribu pratique la cueillette** the people of this tribe are gatherers
b (fruits etc) harvest (of fruit), crop (of fruit) ◆ **elle me montra sa cueillette** she showed me the (bunch of) flowers she'd picked ◆ **mûres, myrtilles en abondance: quelle cueillette!** brambles, bilberries galore: what a harvest! ou crop!
c (Can) [données] collection

cueilleur, -euse [kœjœʀ, øz] nm,f [fruits, verre fondu] gatherer

cueillir [kœjiʀ] → SYN ▸ conjug 12 ◂ vt **a** fleurs to pick, gather; (séparément) to pick, pluck; pommes, poires etc to pick; fraises, mûres to gather, pick
b (fig: attraper) ballon to catch; baiser to snatch ou steal; (*) voleur to nab*, catch ◆ **cueillir les lauriers de la victoire** to win ou bring home the laurels (of victory) ◆ **il est venu nous cueillir à la gare*** he came to collect ou get us ou pick us up at the station ◆ **il m'a cueilli à froid** (bagarre, débat) he caught me off guard ou on the hop* (Brit)

cueilloir [kœjwaʀ] → SYN nm (cisailles) fruit-picker; (corbeille) basket *(for harvesting)*

cuesta [kwɛsta] nf cuesta

cui-cui [kɥikɥi] excl, nm tweet-tweet ◆ **faire cui-cui** to go tweet-tweet

cuiller, cuillère [kɥijɛʀ] → SYN **1** nf **a** (ustensile) spoon; (contenu) spoonful ◆ **prenez une cuiller à café de sirop** take a teaspoonful of cough mixture ◆ **petite cuiller** (à thé, à dessert) ≃ teaspoon ◆ (Tennis) **service à la cuiller** underarm serve ◆ **servir à la cuiller** to serve underarm → **dos, ramasser**
b (‡: main) **serrer la cuiller à qn** to shake sb's paw*
c (Pêche) spoon, spoonbait ◆ **cuiller tournante** spinner ◆ **pêche à la cuiller** spoonbait fishing, fishing with a spoon(bait)
d (Tech) [grenade] (safety) catch
2 COMP ▷ **cuiller de bois** (Rugby, gén) wooden spoon ▷ **cuiller à café** coffee spoon, ≃ teaspoon ▷ **cuiller à dessert** dessertspoon ▷ **cuiller à moka** (small) coffee spoon ▷ **cuiller à moutarde** mustard spoon ▷ **cuiller à pot** ladle ◆ **en 2** ou **3 coups de cuiller à pot*** in two shakes of a lamb's tail*, in a flash, in no time (at all) ▷ **cuiller à soupe** soupspoon, ≃ tablespoon ▷ **cuiller de verrier** (glassblower's) ladle

cuillerée [kɥijʀe] → SYN nf spoonful ◆ (Culin) **cuillerée à soupe** ≃ tablespoonful ◆ (Culin) **cuillerée à café** ≃ teaspoonful

cuilleron [kɥijʀɔ̃] → SYN nm [cuillère] bowl

cuir [kɥiʀ] → SYN **1** nm **a** (peau apprêtée) leather; (*: blouson) leather jacket ◆ **ceinture / semelles de cuir** leather belt / soles ◆ **objets** ou **articles en cuir** leather articles ou goods; (collectivement) leathercraft, leatherwork → **relier, tanner**
b (sur l'animal vivant, avant tannage) hide; (*) [personne] hide* ◆ [personne] **avoir le cuir dur** (gén: être résistant) to be as tough as nails; (insensible à la critique) to be thick-skinned
c (*: faute de liaison) false liaison *(intrusive z- or t-sound)*
d (Ftbl) ball
2 COMP ▷ **cuir bouilli** cuir-bouilli ▷ **cuir brut** rawhide ▷ **cuir chevelu** (Anat) scalp ▷ **cuir de crocodile** crocodile skin ▷ **cuir en croûte** undressed leather ▷ **cuir à rasoir** (barber's ou razor) strop ▷ **cuir suédé** suede, suède ▷ **cuir de vache** cowhide ▷ **cuir de veau** calfskin ▷ **cuir verni** patent leather ▷ **cuir vert** ⇒ **cuir brut**

cuirasse [kɥiʀas] → SYN nf (Hist) [chevalier] breastplate; (Naut) armour(-plate ou -plating); (Zool) cuirass; (fig) armour → **défaut**

cuirassé, e [kɥiʀase] → SYN (ptp de **cuirasser**) **1** adj soldat breastplated; navire armour-plated, armoured ◆ (fig) **être cuirassé contre qch** to be hardened against sth, be proof against sth
2 nm battleship ◆ (Ciné) **"Le Cuirassé Potemkine"** "The Battleship Potemkin"

cuirassement [kɥiʀasmɑ̃] → SYN nm (action) armouring, armour-plating; (cuirasse) armour(-plate)

cuirasser [kɥiʀase] → SYN ▸ conjug 1 ◂ **1** vt chevalier to put a breastplate on; navire to armour-plate; (fig: endurcir) to harden *(contre against)*
2 se cuirasser vpr **a** [chevalier] to put on a breastplate
b (fig: s'endurcir) to harden o.s. *(contre against)* ◆ **se cuirasser contre la douleur / l'émotion** to harden o.s. against suffering / emotion

cuirassier [kɥiʀasje] → SYN nm (Hist) cuirassier; (Mil) (soldat) (armoured) cavalryman ◆ (régiment) **le 3ᵉ cuirassier** the 3rd (armoured) cavalry

cuire [kɥiʀ] → SYN ▸ conjug 38 ◂ **1** vt **a** (aussi **faire cuire**) plat, dîner to cook ◆ **cuire à feu doux** ou **doucement** to cook gently ou slowly ◆ **cuire à petit feu** to simmer ◆ **laisser** ou **faire cuire à feu doux** ou **à petit feu pendant 20 minutes** (allow to) simmer ou cook gently for 20 minutes ◆ **cuire au bain-marie** ≃ to heat in a double boiler, heat in a bain-marie ◆ **cuire à la broche** to cook ou roast on the spit, spit-roast ◆ **cuire au four** pain, gâteau, pommes to bake; viande to roast; pommes de terre to roast, bake ◆ **cuire à la vapeur / au gril / à la poêle / à l'eau / à la casserole** to steam / grill / fry / boil / stew ◆ **cuire au beurre / à l'huile** to cook in butter / in oil ◆ **cuire au gaz / à l'électricité** to cook on ou with gas / by ou on electricity ◆ **faire** ou **laisser cuire qch pendant 15 minutes** to cook (ou boil ou roast) sth for 15 minutes ◆ **faites-le cuire dans son jus** cook ou stew it in its own juice ◆ **faire bien / peu cuire qch** to cook sth thoroughly ou well / slightly ou lightly ◆ **faire trop cuire qch** to overcook sth ◆ **ne pas faire assez cuire qch** to undercook sth ◆ **il l'a fait cuire à point** he cooked it to a turn → **carotte, cuit, dur**
b **four qui cuit mal la viande** oven which cooks ou does meat badly ou unevenly
c (Boulangerie) pain to bake
d briques, porcelaine to fire
e **à cuire** chocolat cooking (épith); prunes, poires stewing (épith) ◆ **pommes à cuire** cooking apples, cookers* (Brit)

2 vi **a** [aliment] to cook ◆ **cuire à gros bouillon(s)** to boil hard ou fast ◆ **le dîner cuit à feu doux** ou **à petit feu** the dinner is cooking gently ou is simmering ou is on low ◆ **cuire dans son jus** to cook in its own juice, stew
b (fig) [personne] **cuire au soleil** to roast in the sun ◆ **cuire dans son jus*** (avoir très chaud) to be boiling* ou roasting*; (se morfondre) to stew in one's own juice ◆ **on cuit ici!*** it's boiling (hot)* ou roasting* in here!
c (brûler, picoter) **les mains/yeux me cuisaient** my hands/eyes were smarting ou stinging ◆ **mon dos me cuit** my back is burning
d (frm) **il lui en a cuit** he suffered for it, he had good reason to regret it ◆ **il vous en cuira** you'll rue the day (you did it) (frm), you'll live to rue it (frm)

cuisant, e [kɥizɑ̃, ɑ̃t] SYN adj **a** (physiquement) douleur smarting, sharp, burning; blessure burning, stinging; froid bitter, biting
b (moralement) remarque caustic, stinging; échec, regret bitter

cuiseur [kɥizœʀ] SYN nm (large) pan; (pour la cuisine à l'eau) boiling pan ◆ **cuiseur électrique** (large) pressure cooker

cuisine [kɥizin] SYN **1** nf **a** (pièce) kitchen; (mobilier) kitchen furniture (NonC); (Naut) galley ◆ **les cuisines** the kitchens ◆ **table/couteau de cuisine** kitchen table/knife → **batterie, latin, livre¹** etc
b (art culinaire) cookery, cooking; (préparation) cooking; (nourriture apprêtée) cooking, food ◆ **faire la cuisine au beurre/à l'huile** to cook with butter/oil ◆ **je ne supporte pas la cuisine au beurre/à l'huile** I can't stand things cooked in butter/oil ◆ **apprendre la cuisine** to learn cookery (Brit) ou cooking ◆ **la cuisine prend du temps** cooking takes time ◆ **une cuisine épicée** hot ou spicy dishes ou food ◆ **une cuisine soignée** carefully prepared dishes ou food ◆ **aimer la bonne cuisine** to like good cooking ou food ◆ **il est en train de faire la cuisine** he's busy cooking ou making the meal ◆ **chez eux, c'est le mari qui fait la cuisine** the husband does the cooking ou the husband is the cook in their house ◆ **savoir faire la cuisine, faire de la bonne cuisine** to be a good cook, be good at cooking → **nouveau**
c (personnel) [maison privée] kitchen staff; [cantine etc] kitchen ou catering staff
d (fig péj) **cuisine électorale** electoral schemings ou jiggery-pokery* (Brit) ◆ **je n'aime pas beaucoup sa petite cuisine** I'm not very fond of his little fiddles (Brit) ou his underhand tricks ◆ **faire sa petite cuisine** to do one's own thing
2 COMP ▷ **cuisine américaine** ≃ open-plan kitchen ▷ **cuisine bourgeoise** (good) plain cooking ou fare ◆ **faire une cuisine bourgeoise** to do (good) plain cooking ▷ **cuisine de cantine** canteen food ▷ **la cuisine française** French cooking ou cuisine ▷ **cuisine de restaurant** restaurant meals ou food ▷ **cuisine roulante** (Mil) field kitchen

cuisiner [kɥizine] SYN ▸ conjug 1 ◂ vt **a** plat to cook ◆ **il cuisine bien** he's a good cook ◆ **ne la dérange pas quand elle cuisine** don't bother her when she's cooking
b (* fig) personne to grill*, pump for information etc, give the third degree to*

cuisinette [kɥizinɛt] nf kitchenette

cuisinier, -ière [kɥizinje, jɛʀ] SYN **1** nm,f (personne) cook
2 **cuisinière** nf (à gaz, électrique) cooker (Brit), stove; (à bois) (kitchen) range, wood-burning stove (US) ◆ **cuisinière à gaz** gas cooker ou stove ◆ **cuisinière à charbon** solid-fuel stove, coal-fired cooker (Brit), coal-burning stove (US); (vieux modèle) kitchen range (Brit), stove (US)

cuisiniste [kɥizinist] nmf kitchen specialist

cuissage [kɥisaʒ] nm → **droit³**

cuissard [kɥisaʀ] SYN nm [armure] cuisse; [cycliste] (cycling) shorts

cuissardes [kɥisaʀd] SYN nfpl [pêcheur] waders; (mode féminine) thigh boots

cuisse [kɥis] SYN nf (Anat) thigh ◆ (Culin) **cuisse de mouton** leg of mutton ou lamb ◆ **cuisse de poulet** chicken leg, (chicken) drumstick ◆ **cuisses de grenouilles** frogs' legs ◆ (fig) **se croire sorti de la cuisse de Jupiter*** to think a lot of o.s., think no small beer of o.s. (Brit) ◆ **tu te crois sorti de la cuisse de Jupiter!*** you think you're God's gift to mankind!* ◆ **elle a la cuisse légère*** she is generous with her favours (euph)

cuisseau, pl **cuisseaux** [kɥiso] nm haunch (of veal)

cuisse-madame, pl **cuisses-madame** [kɥis madam] SYN nf (poire) cuisse madam pear

cuisson [kɥisɔ̃] SYN nf [aliments] cooking; [pain, gâteau] baking; [gigot] roasting; [briques] firing ◆ (Culin) **ceci demande une longue cuisson** this needs to be cooked (ou baked) for a long time ◆ (Culin) **temps de cuisson** cooking time

cuissot [kɥiso] nm haunch (of venison ou wild boar)

cuistance⁑ [kɥistɑ̃s] nf (préparation de nourriture) cooking, preparing the grub⁑; (nourriture) nosh⁑ (Brit), grub⁑

cuistot* [kɥisto] nm cook

cuistre† [kɥistʀ] nm prig, priggish pedant

cuistrerie† [kɥistʀəʀi] nf priggish pedantry

cuit, e¹ [kɥi, kɥit] SYN (ptp de **cuire**) adj **a** aliment, plat cooked, ready (attrib); pain, viande ready (attrib), done (attrib) ◆ **bien cuit** well cooked ou done ◆ **trop cuit** overdone ◆ **pas assez cuit** underdone ◆ **cuit à point** (peu saignant) medium-cooked; (parfaitement) done to a turn → **terre¹**
b LOC **c'est du tout cuit*** it's ou it'll be a cinch*, it's ou it'll be a walkover* ◆ **il attend toujours que ça lui arrive ou tombe tout cuit (dans le bec)*** he expects everything to be handed to him on a plate ◆ **il est cuit*** (il va se faire prendre) he's done for, his goose is cooked*; (il va perdre) it's all up (Brit) ou over (US) for him, he's had it*; (il est ivre) he's plastered⁑ ou canned⁑ ◆ **c'est cuit (pour ce soir)*** we've had it (for tonight)*

cuite² [kɥit] SYN nf **a** (⁑) **prendre une cuite** to get plastered⁑ ou canned⁑ ◆ **il a pris une sacrée cuite** he got really plastered⁑, he was really rolling drunk*
b (Tech: cuisson) firing

cuiter (se)⁑ [kɥite] SYN ▸ conjug 1 ◂ vpr to get plastered⁑ ou canned⁑

cuivre [kɥivʀ] SYN nm **a** **cuivre (rouge)** copper ◆ **cuivre jaune** brass ◆ **cuivre blanc** white copper ◆ **objets** ou **articles en cuivre** copperware ◆ **casseroles à fond cuivre** copper-bottomed pans → **gravure**
b (Art) copperplate
c (ustensiles) **cuivres** (de cuivre) copper; (de cuivre et laiton) brasses ◆ **faire (briller) les cuivres** to do the brass ou the brasses
d (Mus) brass instrument ◆ **les cuivres** the brass (section) ◆ **orchestre de cuivres** brass band

cuivré, e [kɥivʀe] SYN (ptp de **cuivrer**) adj reflets coppery; peau, teint bronzed ◆ **voix cuivrée** resonant ou sonorous voice ◆ **cheveux aux reflets cuivrés** hair with auburn glints ou copper lights in it

cuivrer [kɥivʀe] SYN ▸ conjug 1 ◂ vt (Tech) to copper(plate), cover with copper; peau, teint to bronze

cuivreux, -euse [kɥivʀø, øz] SYN adj (Chim) métal cuprous ◆ **oxyde cuivreux** cuprous oxide, cuprite

cuivrique [kɥivʀik] adj (Chim) cupric

cul [ky] SYN **1** nm **a** (⁂: Anat) backside*, bum⁑ (Brit), arse⁂ (Brit), ass⁂ (US) ◆ **cul nu** bare-bottomed ◆ **il est tombé le cul dans l'eau** he fell arse first in the water⁂ (Brit), he fell on his ass in the water⁂ (US) ◆ **un coup de pied au cul** a kick ou boot up the arse⁂, a kick in the ass⁂ (US) ◆ (fig) **gros cul*** (camion) heavy lorry ou truck, rig; (tabac) ≃ shag → **faux², feu¹, trou** etc
b (Hist Habillement) **(faux) cul** bustle
c (fig: fond, arrière) [bouteille] bottom ◆ **faire un cendrier d'un cul de bouteille** to make an ashtray with ou from the bottom of a bottle ◆ **cul de verre/de pot** glass-/jug-bottom ◆ **pousser une voiture au cul*** to give a car a shove
d (⁂: amour physique) **le cul** sex ◆ **film de cul** porn movie*, skinflick⁑ ◆ **revue** ou **magazine de cul** girlie mag*, porn mag*, pussy mag⁂ ◆ **une histoire de cul** a dirty joke ◆ **il nous a raconté ses histoires de cul** he told us all about his sexual exploits
e LOC **faire cul sec** to down one's drink in a oner⁑ (Brit) ou at one go* ◆ **allez, cul sec!** right, bottoms up!* ◆ **renverser cul par-dessus tête** to turn head over heels ◆ **on l'a dans le cul**⁂ that's really screwed us (up)⁂ ◆ (être fatigué) **être sur le cul**⁑ to be dead-beat*, be knackered⁑ (Brit) ◆ **en tomber** ou **rester sur le cul*** to be taken aback, be flabbergasted ◆ **être comme cul et chemise*** to be as thick as thieves (*avec* with) ◆ **tu peux te le mettre** ou **foutre au cul!**⁂ go and stuff yourself!⁑ (Brit) ou fuck yourself!⁂ ◆ **mon cul!**⁂ my arse!⁂ (Brit), my ass!⁂ (US) ◆ **avoir le cul bordé de nouilles**⁂, **avoir du cul**⁂ to be a jammy (Brit) ou lucky bastard⁑ ◆ **parle à mon cul, ma tête est malade**⁂ he (ou she etc) doesn't care a fig* about what I'm saying
2 adj (⁑: stupide) silly ◆ **qu'il est cul, ce type!** he's a real twerp⁑ ou wally⁑, that guy!

culasse [kylas] nf **a** [moteur] cylinder head → **joint**
b [canon, fusil] breech ◆ **culasse (mobile)** breechblock → **bloc**

cul-bénit, pl **culs-bénits** [kybeni] nm religious nut*

cul-blanc, pl **culs-blancs** [kyblɑ̃] SYN nm wheatear

culbute [kylbyt] SYN nf **a** (cabriole) somersault; (chute) tumble, fall ◆ **faire une culbute** (cabriole) to (turn a) somersault; (chute) to (take a) tumble, fall (head over heels)
b (* fig: faillite) [ministère] collapse, fall; [banque] collapse ◆ **faire la culbute** [spéculation, banque] to collapse; [entreprise] to go bust* ◆ **ce spéculateur a fait la culbute** (a doublé ses gains) this speculator has doubled his money; (a été ruiné) this speculator has taken a tumble ou come a cropper* (Brit)

culbuter [kylbyte] SYN ▸ conjug 1 ◂ **1** vi [personne] to (take a) tumble, fall (head over heels); [chose] to topple (over), fall (over); [voiture] to somersault, turn a somersault, overturn ◆ **il a culbuté dans l'étang** he tumbled ou fell into the pond
2 vt chaise etc to upset, knock over; personne to knock over; (fig) ennemi to overwhelm; (fig) ministère to bring down, topple; (⁑) femme to lay⁑, screw⁂

culbuteur [kylbytœʀ] SYN nm **a** (Tech) [moteur] rocker arm
b [benne] tipper
c (jouet) tumbler

cul-de-basse-fosse, pl **culs-de-basse-fosse** [kyd(ə)bɑsfos] SYN nm dungeon

cul-de-four, pl **culs-de-four** [kyd(ə)fuʀ] SYN nm (Archit) cul-de-four

cul-de-jatte, pl **culs-de-jatte** [kyd(ə)ʒat] SYN nm legless cripple

cul-de-lampe, pl **culs-de-lampe** [kyd(ə)lɑ̃p] SYN nm (Archit) cul-de-lampe; (Typ) tail-piece

cul-de-poule [kyd(ə)pul] loc adj ◆ **avoir la bouche en cul-de-poule** to purse one's lips

cul-de-sac, pl **culs-de-sac** [kyd(ə)sak] SYN nm (rue) cul-de-sac, dead end; (fig) blind alley

culée [kyle] SYN nf abutment

culer [kyle] SYN ▸ conjug 1 ◂ vi (Naut) [bateau] to go astern; [vent] to veer astern ◆ **brasser à culer** to brace aback

culière [kyljɛʀ] SYN nf crupper (strap)

culinaire [kylinɛʀ] SYN adj culinary ◆ **l'art culinaire** culinary art, the art of cooking

culminant, e [kylminɑ̃, ɑ̃t] SYN adj → **point¹**

culmination [kylminasjɔ̃] SYN nf (Astron) culmination

culminer [kylmine] SYN ▸ conjug 1 ◂ vi **a** [sommet, massif] to tower (*au-dessus de* above) ◆ **culminer à** to reach its highest point at ◆ **le Massif central culmine à 1 886 mètres au Puy de Sancy** the Massif Central reaches its highest point of 1,886 metres at the Puy de Sancy ◆ **le Mont-Blanc culmine à**

4 807 mètres Mont Blanc reaches 4,807 metres at its highest point

b (fig) [colère] to reach a peak, come to a head

c (Astron) to reach its highest point

culot [kylo] → SYN nm a (*: effronterie) cheek* ◆ **il a du culot** he has a lot of nerve ou cheek* (Brit), he has a brass neck‡ ◆ **tu ne manques pas de culot!** you've got a nerve!* ou a cheek!* (Brit)

b [ampoule] cap; [cartouche] cap, base; [bougie] body; [obus, bombe] base ◆ (Géog) **culot volcanique** cone

c (résidu) [pipe] dottle; (Ind) [creuset] residue

culottage [kylɔtaʒ] → SYN nm [pipe] seasoning

culotte [kylɔt] → SYN 1 nf a (slip) [femme] panties, knickers; [homme] underpants ◆ [femme] **petite culotte** panties (pl) ◆ **acheter 3 culottes** to buy 3 pairs of panties (ou underpants)

b (pantalon) trousers (Brit), pants (US); (Hist) breeches; (short) shorts ◆ **boutons de culotte** trouser buttons

c (Boucherie) rump

d LOC **baisser (sa) culotte‡** (lit) to pull ou take one's knickers (Brit) ou panties down; (fig) to back down ◆ **chez eux c'est elle qui porte la culotte** she wears the trousers in their house ◆ **prendre une culotte*** (au jeu) to come a cropper* (Brit), lose one's shirt, lose heavily ◆ (fig) **trembler** ou **faire dans sa culotte‡, mouiller sa culotte‡** to wet oneself‡ (fig), pee one's pants‡ (fig), shake in one's shoes ◆ **il n'a rien dans la culotte** (il est impuissant) he can't get it up‡; (il est lâche) he has no balls‡ ou no guts*

2 COMP ▷ **culotte de bain†** (swimming ou bathing) trunks ▷ **culotte(s) bouffante(s)** jodhpurs; (†) bloomers ▷ **culotte(s) de cheval** (lit) riding breeches ◆ (fig) **avoir une culotte de cheval** to have jodhpur thighs ou saddlebags ▷ **culotte(s) courte(s)** short trousers (Brit) ou pants (US) ◆ (fig) **j'étais encore en culotte(s) courte(s)** I was still in short trousers (Brit) ou short pants (US) ▷ **culotte de golf** plus fours, knickerbockers ▷ **culotte(s) longue(s)** long trousers (Brit) ou pants (US) ▷ **culotte de peau** ◆ (péj Mil) **une (vieille) culotte de peau** a colonel Blimp

culotté, e [kylɔte] → SYN (ptp de **culotter**) adj

a (*: effronté) cheeky*, sassy* (US)

b pipe seasoned; cuir mellowed

culotter [kylɔte] → SYN ▸ conjug 1 ◂ 1 vt a pipe, théière to season

b petit garçon to put trousers on

2 **se culotter** vpr a [pipe] to season

b (rare) [enfant] to put one's trousers on

culottier, -ière† [kylɔtje, jɛʀ] → SYN nm,f trouser maker, breeches maker†

culpabilisation [kylpabilizasjɔ̃] → SYN nf (action) making guilty; (état) guilt

culpabiliser [kylpabilize] → SYN ▸ conjug 1 ◂

1 vt ◆ **culpabiliser qn** to make sb feel guilty

2 vi to feel guilty

3 **se culpabiliser** vpr to feel guilty, blame o.s.

culpabilité [kylpabilite] → SYN nf guilt, culpability → **sentiment**

cul-rouge, pl **culs-rouges** [kyʀuʒ] nm great spotted woodpecker

culte [kylt] → SYN 1 nm a (vénération) cult, worship ◆ **le culte de Dieu** the worship of God ◆ **le culte du feu/du soleil** fire-/sun-worship ◆ **avoir le culte de** justice to make a cult ou religion of; argent to worship ◆ **avoir un culte pour qn** to (hero-)worship sb ◆ **rendre** ou **vouer un culte à qn/la mémoire de qn** to worship sb/sb's memory ◆ **culte de la personnalité** personality cult, cult of personality

b (pratiques) cult; (religion) religion ◆ **abandonner le/changer de culte** to give up/change one's religion ◆ **le culte catholique** the Catholic form of worship ◆ **les objets du culte** liturgical objects → **denier, liberté, ministre**

c (office protestant) (church) service ◆ **assister au culte** to attend the (church) service

2 adj film, livre cult (épith)

cul-terreux, pl **culs-terreux** [kyteʀø] → SYN nm (fig péj) yokel, country bumpkin, hick* (US)

cultivable [kyltivabl] → SYN adj terrain suitable for cultivation, cultivable

cultivateur, -trice [kyltivatœʀ, tʀis] → SYN

1 adj peuple agricultural, farming (épith)

2 nm,f farmer

3 nm (machine) cultivator

cultivé, e [kyltive] → SYN (ptp de **cultiver**) adj (instruit) homme, esprit cultured, cultivated ◆ **peu cultivé** with ou of little culture

cultiver [kyltive] → SYN ▸ conjug 1 ◂ 1 vt a jardin, champ to cultivate ◆ **cultiver la terre** to cultivate the soil, till ou farm the land ◆ **des terrains cultivés** cultivated lands, lands under cultivation

b céréales, légumes, vigne to grow, cultivate; moules, huîtres to breed, farm

c (exercer) goût, mémoire, don to cultivate ◆ **cultiver son esprit** to improve ou cultivate one's mind ◆ **il cultive son image de martyr** he cultivates his image as a martyr

d (pratiquer) art, sciences, genre to cultivate ◆ (iro) **il cultive la grossièreté/le paradoxe** he goes out of his way to be rude/to do the unexpected

e (fréquenter) personne to cultivate ◆ **c'est une relation à cultiver** it's a connection which should be cultivated ◆ **cultiver l'amitié de qn** to cultivate sb's friendship

2 **se cultiver** vpr to improve ou cultivate one's mind

cultuel, -elle [kyltɥɛl] → SYN adj ◆ **édifices cultuels** places of worship ◆ (Admin) **association cultuelle** religious organization

culture [kyltyʀ] → SYN nf a [champ, jardin] cultivation; [légumes] growing, cultivating, cultivation; [moules, huîtres] breeding, farming ◆ **méthodes de culture** farming methods, methods of cultivation ◆ **culture mécanique** mechanized farming ◆ **culture intensive/extensive** intensive/extensive farming ◆ **pays de moyenne/grande culture** country with a medium-scale/large-scale farming industry ◆ **culture maraîchère/fruitière** vegetable/fruit farming ◆ **culture de rapport, culture commerciale** cash crop ◆ **culture vivrière** food crop

b (terres cultivées) **cultures** land(s) under cultivation, arable land

c [esprit] improvement, cultivation ◆ **la culture** culture ◆ **la culture occidentale** western culture ◆ **culture scientifique/générale** scientific/general knowledge ou education ◆ **culture classique** classical culture ou education ◆ **culture de masse** mass culture ◆ **culture d'entreprise** organizational culture, house style

d **culture physique** physical culture ou training, P.T. (Brit) ◆ **faire de la culture physique** to do physical training

e (Bio) **culture microbienne/de tissus** microbe/tissue culture ◆ **mettre des tissus en culture** to put tissues in a culture medium → **bouillon**

culturel, -elle [kyltyʀɛl] → SYN adj cultural

culturisme [kyltyʀism] → SYN nm bodybuilding

culturiste [kyltyʀist] → SYN nmf body-builder

cumin [kymɛ̃] → SYN nm (Culin) caraway, cumin

cumul [kymyl] → SYN nm a [fonctions, charges] plurality; [avantages] amassing; [traitements] concurrent drawing ◆ **le cumul de fonctions est interdit** it is forbidden to hold more than one office at the same time ou concurrently ◆ **le cumul de la pension de retraite et de cette allocation est interdit** it is forbidden to draw the retirement pension and this allowance at the same time ou concurrently

b (Jur) [droits] accumulation ◆ **avec cumul de peines** sentences to run consecutively ◆ **cumul d'infractions** combination of offences

cumulable [kymylabl] adj fonctions which may be held concurrently ou simultaneously; traitements which may be drawn concurrently ou simultaneously

cumulard, e [kymylaʀ, aʀd] → SYN nm,f (péj) *holder of several remunerative positions*

cumulatif, -ive [kymylatif, iv] adj cumulative

cumulativement [kymylativmɑ̃] adv exercer des fonctions simultaneously, concurrently; (Jur) purger des peines consecutively

cumuler [kymyle] → SYN ▸ conjug 1 ◂ vt a fonctions to hold concurrently ou simultaneously; traitements to draw concurrently ou simultaneously ◆ **cumuler 2 traitements** to draw 2 separate salaries ◆ **cumuler les fonctions de directeur et de comptable** to act simultaneously as manager and accountant, hold concurrently the positions of manager and accountant

b (Jur) droits to accumulate ◆ (Fin) **calcul des intérêts cumulés** calculation of the interests accrued

cumulonimbus [kymylonɛ̃bys] nm cumulonimbus

cumulostratus [kymylostʀatys] nm cumulostratus

cumulovolcan [kymylovɔlkɑ̃] nm cumulovolcano

cumulus [kymylys] nm cumulus (spéc) ◆ **cumulus de beau temps** (pl) fine-weather clouds ◆ **cumulus d'orage** (pl) storm clouds

cunéiforme [kyneifɔʀm] adj a écriture, caractère wedge-shaped, cuneiform (spéc)

b (Anat) **les (os) cunéiformes** the cuneiform bones *(of the tarsus)*

cunnilingus [kynilɛ̃gys] nm cunnilingus, cunnilinctus

cupide [kypid] → SYN adj air greedy, filled with greed (attrib); personne grasping, greedy, moneygrubbing

cupidement [kypidmɑ̃] adv greedily

cupidité [kypidite] → SYN nf (caractère: → **cupide**) greed(iness) ◆ (défaut) **la cupidité** cupidity (littér), greed

Cupidon [kypidɔ̃] nm Cupid

cuprifère [kypʀifɛʀ] → SYN adj copper-bearing, cupriferous (spéc)

cuprique [kypʀik] adj cupreous

cuprite [kypʀit] nf cuprite

cuproalliage [kypʀoaljaʒ] nm copper (base) alloy

cupronickel [kypʀonikɛl] nm cupronickel

cupule [kypyl] → SYN nf (Bot) cupule; [gland] (acorn) cup

cupulifères [kypylifɛʀ] nfpl ◆ **les cupulifères** cupuliferous plants, the Cupuliferae (spéc)

curabilité [kyʀabilite] nf curability

curable [kyʀabl] → SYN adj curable

curaçao [kyʀaso] nm curaçao

curage [kyʀaʒ] → SYN nm [fossé, égout] clearing- ou cleaning-out; [puits] cleaning-out

curaillon* [kyʀajɔ̃] nm (péj) priest

curare [kyʀaʀ] nm curare

curarisant, e [kyʀaʀizɑ̃, ɑ̃t] adj curarizing (épith)

curarisation [kyʀaʀizasjɔ̃] nf (traitement) curarization; (intoxication) intoxication with curare

curatelle [kyʀatɛl] → SYN nf (→ **curateur**) guardianship; trusteeship

curateur, -trice [kyʀatœʀ, tʀis] → SYN nm,f [mineur, aliéné] guardian; [succession] trustee

curatif, -ive [kyʀatif, iv] → SYN adj curative

curcuma [kyʀkyma] nm turmeric

cure[1] [kyʀ] → SYN nf a (traitement) course of treatment ◆ **une cure (thermale)** ≃ a course of treatment ou a cure at a spa ◆ **faire une cure (thermale) à Vichy** to take the waters at Vichy ◆ **suivre une cure d'amaigrissement** to go on a slimming course (Brit), have reducing treatment (US) ◆ **faire une cure de sommeil** to have sleep therapy → **désintoxication**

b (grande consommation de) **cure de: une cure de fruits/de légumes/de lait** a fruit/vegetable/milk cure, a fruit-/vegetable-/milk-only diet ◆ **cure de repos** rest cure ◆ **nous avons fait une cure de théâtre, cet hiver** we had a positive orgy of theatregoing this winter

cure[2] [kyʀ] nf ◆ (littér, hum) **n'avoir cure de qch** to care little about sth, pay no attention to sth ◆ **il n'en a cure** he's not worried about that, he pays no attention to that ◆ **je n'ai cure de ces formalités** I've no time for these formalities

cure[3] [kyʀ] → SYN nf (Rel) (fonction) cure; (paroisse) cure, ≃ living (Brit); (maison) presbytery, ≃ vicarage ◆ **cure de village** village living ou cure

curé [kyʀe] → SYN nm parish priest ◆ **curé de campagne** country priest ◆ **se faire curé*** to go in for the priesthood ◆ (péj) **les curés** clerics ◆ **il n'aime pas les curés** he hates clerics ◆ **élevé chez les curés** brought up by clerics → **bouffer**[2], **Monsieur**

cure-dent, pl **cure-dents** [kyʀdɑ̃] nm toothpick

curée [kyʀe] → SYN nf a (Chasse) quarry ◆ **donner la curée aux chiens** to give the quarry to the hounds
b (fig: ruée) scramble (for the spoils) ◆ **se ruer** ou **aller à la curée** to scramble for the spoils

cure-ongle, pl **cure-ongles** [kyʀɔ̃gl] nm nailcleaner

cure-oreille, pl **cure-oreilles** [kyʀɔʀɛj] nm earpick

cure-pipe, pl **cure-pipes** [kyʀpip] nm pipe cleaner

curer [kyʀe] → SYN ▸ conjug 1 ◂ vt a fossé, égout to clear ou clean out; puits to clean out; pipe to clean out, scrape out
b **se curer les dents / le nez** to pick one's teeth / nose ◆ **se curer les ongles / oreilles** to clean one's nails / ears

curetage [kyʀtaʒ] → SYN nm curetting, curettage

cureter [kyʀte] → SYN ▸ conjug 5 ◂ vt to curette

cureton [kyʀtɔ̃] → SYN nm (péj) priestling

curette [kyʀɛt] → SYN nf (Tech) scraper; (Méd) curette

curie[1] [kyʀi] → SYN nf (Hist romaine) curia; (Rel) Curia

curie[2] [kyʀi] nm (Phys) curie

curiethérapie [kyʀiteʀapi] nf curietherapy

curieusement [kyʀjøzmɑ̃] → SYN adv strangely, curiously, oddly, peculiarly

curieux, -ieuse [kyʀjø, jøz] → SYN 1 adj a (intéressé) **esprit curieux** inquiring mind ◆ **curieux de tout** curious about everything ◆ **il est particulièrement curieux de mathématiques** he's especially interested in ou keen on (Brit) mathematics ◆ **curieux d'apprendre** keen to learn ◆ **je serais curieux de voir / savoir** I'd be interested ou curious to see / know
b (indiscret) curious, inquisitive, nosey* ◆ **lancer un regard curieux sur qch** to glance inquisitively ou nosily* ou curiously at sth
c (bizarre) coïncidence, individu, réaction strange, curious, funny ◆ **ce qui est curieux, c'est que ...** the funny ou strange ou curious thing is that ... → **bête, chose**
2 nm ◆ (NonC: étrangeté) **le curieux, dans cette affaire** the funny ou strange thing in ou about this business ◆ **le plus curieux de la chose** the funniest ou strangest thing ou the most curious thing about it
3 nm,f a (indiscret) inquisitive person, nosey-parker* (Brit), busybody* ◆ **petite curieuse!** little nosey-parker!* (Brit) ou Nosy Parker* (US), nosey little thing!*
b (gén mpl: badaud) (inquisitive) onlooker, bystander ◆ **éloigner les curieux** to move the bystanders along ◆ **venir en curieux** to come (just) for a look ou to have a look
c (personne intéressée) inquiring mind

curiosité [kyʀjozite] → SYN nf a (NonC: intérêt) curiosity ◆ **curiosité intellectuelle** intellectual curiosity ◆ **cette curiosité de tout** this curiosity about (knowing) everything ◆ **ayant eu la curiosité d'essayer cette méthode ...** having been curious enough to try this method ...
b (NonC: indiscrétion) curiosity, inquisitiveness, nosiness* ◆ **des curiosités malsaines** unhealthy curiosity ◆ **par (pure) curiosité** out of (sheer) curiosity ◆ **poussé par la curiosité** spurred on by curiosity ◆ **la curiosité est un vilain défaut** curiosity killed the cat
c (site, monument etc) curious ou unusual sight ou feature; (bibelot) curio ◆ **les curiosités de la ville** the (interesting ou unusual) sights of the town ◆ **un magasin de curiosités** a curio ou curiosity shop ◆ **cet objet n'a qu'une valeur de curiosité** this object has only a curiosity value ◆ **ce timbre est une curiosité pour les amateurs** this stamp has a curiosity value for collectors

curiste [kyʀist] → SYN nmf person taking the waters *(at a spa)*

curium [kyʀjɔm] nm curium

curling [kœʀliŋ] nm curling

curriculum (vitæ) [kyʀikylɔm(vite)] nm inv curriculum vitae

curry [kyʀi] → SYN nm curry ◆ **poulet au curry, curry de poulet** curried chicken, chicken curry

curseur [kyʀsœʀ] nm [règle à calculer] slide, cursor; [fermeture éclair] slider; [ordinateur] cursor

cursif, -ive [kyʀsif, iv] → SYN adj a (lié) écriture, lettre cursive ◆ **écrire en cursive** to write in cursive script
b (rapide) lecture, style cursory

cursus [kyʀsys] → SYN nm (Univ) ≃ degree course; [carrière] career path

curule [kyʀyl] adj ◆ **chaise curule** curule chair

curviligne [kyʀviliŋ] → SYN adj curvilinear

cuscute [kyskyt] nf doddor

cuspide [kyspid] → SYN nf cusp

custode [kystɔd] nf (Rel) pyx; (Aut) rear side panel

custom [kœstɔm] nm inv (voiture) custom(ized) car; (moto) custom(ized) bike

cutané, e [kytane] → SYN adj skin (épith), cutaneous (spéc) ◆ **affection cutanée** skin trouble

cuti* [kyti] nf abrév de **cuti-réaction**

cuticule [kytikyl] nf (Bot, Zool) cuticle

cuti-réaction [kytiʀeaksjɔ̃] nf skin test ◆ **faire une cuti-réaction** to take a skin test → **virer**

cutter [kœtœʀ] nm (petit) craft knife; (gros) Stanley knife ®

cuvage [kyvaʒ] → SYN nm, **cuvaison** [kyvɛzɔ̃] nf [raisins] fermentation *(in a vat)*

cuve [kyv] → SYN nf [fermentation, teinture] vat; [brasserie] mash tun; [mazout] tank; [eau] cistern, tank; [blanchissage] laundry vat ◆ (Phot) **cuve de développement** developing tank

cuvée [kyve] → SYN nf (contenu) vatful; (produit de toute une vigne) vintage; (fig) [étudiants, films] crop ◆ **tonneaux d'une même cuvée** barrels of the same vintage ◆ **vin de la première cuvée** wine from the first vintage ◆ **la cuvée 1937** the 1937 vintage ◆ **1991 a été une excellente / mauvaise cuvée pour notre université** 1991 was an excellent / a bad year for our university → **tête**

cuver [kyve] → SYN ▸ conjug 1 ◂ 1 vt ◆ **cuver (son vin)*** to sleep it off* ◆ **cuver sa colère** to sleep off ou work off one's anger
2 vi [vin, raisins] to ferment

cuvette [kyvɛt] → SYN nf a (récipient portatif) (gén) basin, bowl; (pour la toilette) washbowl; (Phot) dish ◆ **cuvette de plastique** plastic bowl
b (partie creuse) [lavabo] washbasin, basin; [évier] basin; [W.-C.] pan
c (Géog) basin
d [baromètre] cistern, cup
e [montre] cap

CV [seve] GRAMMAIRE ACTIVE 19.2 nm a (abrév de **curriculum vitæ**) CV
b (abrév de **cheval-vapeur**) hp

cyan [sjɑ̃] nm cyan

cyanhydrique [sjanidʀik] → SYN adj hydrocyanic

cyanobactéries [sjanobakteʀi] nfpl cyanobacteria

cyanogène [sjanɔʒɛn] nm cyanogen

cyanose [sjanoz] nf (Méd) cyanosis

cyanosé, e [sjanɔze] adj cyanotic (spéc) ◆ **avoir le visage cyanosé** to be blue in the face

cyanuration [sjanyʀasjɔ̃] nf cyanide process, cyaniding

cyanure [sjanyʀ] nm cyanid(e)

cybercafé [sibɛʀkafe] nm cybercafé

cybernéticien, -ienne [sibɛʀnetisjɛ̃, jɛn] nm,f cyberneticist

cybernétique [sibɛʀnetik] → SYN nf cybernetics (sg)

cyberspace [sibɛspas] nm cyberspace

cycas [sikas] nm (Bot) cycad, sago palm

cyclable [siklabl] adj ◆ **piste cyclable** cycle track ou path (Brit)

cyclamate [siklamat] nm cyclamate

cyclamen [siklamɛn] nm cyclamen

cycle[1] [sikl] → SYN nm a (révolution, Astron, Bio, Élec, Écon) cycle ◆ **cycle menstruel** ou **ovarien** menstrual ou ovarian cycle
b (Littérat) cycle ◆ **le cycle breton** the Breton cycle ◆ **cycle de chansons** song cycle
c (Scol) **cycle (d'études)** academic cycle ◆ (Scol) **cycle long** *studies leading to the baccalauréat* ◆ (Scol) **cycle court** *studies leading to vocational training instead of the baccalauréat* ◆ (Scol) **premier / deuxième cycle** middle / upper school ◆ (Univ) **premier cycle** ≃ first and second year ◆ (Univ) **deuxième cycle** ≃ Final Honours ◆ **cycle élémentaire** ≃ first five years of primary school (Brit), ≃ grades one through five (US) ◆ **troisième cycle** ≃ postgraduate studies ◆ **diplôme de troisième cycle** ≃ postgraduate degree, Ph.D. ◆ **étudiant de troisième cycle** ≃ postgraduate ou Ph.D. student ◆ **cycle d'orientation** ≃ middle school *(transition classes)*

cycle[2] [sikl] → SYN nm (bicyclette) cycle ◆ **l'industrie du cycle** the cycle industry ◆ **magasin de cycles** cycle shop ◆ **marchand de cycles** bicycle merchant ou seller ◆ **tarif: cycles 10 F, automobiles 45 F** charge: cycles and motorcycles 10 francs, cars 45 francs

cyclique [siklik] adj cyclic(al)

cycliquement [siklikmɑ̃] adv cyclically

cyclisme [siklism] nm cycling

cycliste [siklist] → SYN 1 adj ◆ **course / champion cycliste** cycle race / champion ◆ **coureur cycliste** racing cyclist
2 nmf cyclist
3 nm (short) cycling shorts (pl)

cyclocross, cyclo-cross [siklokʀɔs] nm (Sport) cyclo-cross; (épreuve) cyclo-cross race

cycloïdal, e, mpl **-aux** [siklɔidal, o] adj cycloid(al)

cycloïde [siklɔid] nf cycloid

cyclomoteur [siklomɔtœʀ] → SYN nm moped, motorized bike ou bicycle

cyclomotoriste [siklomɔtɔʀist] nmf moped rider

cyclonal, e, mpl **-aux** [siklɔnal, o] adj cyclonic

cyclone [siklon] → SYN nm (Mét: typhon) cyclone; (Mét: zone de basse pression) zone of low pressure; (vent violent) hurricane; (fig) whirlwind ◆ **entrer comme un cyclone** to sweep ou come in like a whirlwind → **œil**

cyclonique [siklonik] adj ⇒ **cyclonal**

cyclope [siklɔp] → SYN nm a (Myth) **Cyclope** Cyclops ◆ **travail de cyclope** Herculean task
b (Zool) cyclops

cyclopéen, -enne [siklɔpeɛ̃, ɛn] → SYN adj (Myth) cyclopean ◆ **travail cyclopéen** Herculean task

cyclopousse nm, **cyclo-pousse** nm inv (bicycle-powered) rickshaw

cyclopropane [siklopʀɔpan] nm cyclopropane

cyclosporine [siklospɔʀin] nf ⇒ **ciclosporine**

cyclostome [siklostom] nm cyclostome

cyclothymie [siklotimi] nf manic-depression, cyclothymia (spéc)

cyclothymique [siklotimik] adj, nmf manic-depressive, cyclo-thymic (spéc)

cyclotourisme [sikloturism] nm bicycle touring ◆ **pour les vacances nous allons faire du cyclotourisme** we're going on a cycling tour during the holidays, we're going on a cycling holiday

cyclotouriste [sikloturist] nmf bicycle tourist

cyclotron [siklɔtʀɔ̃] → SYN nm cyclotron

cygne [siɲ] → SYN nm swan ◆ **jeune cygne** cygnet ◆ **cygne mâle** cob → **bec, chant**[1], **col**

cylindre [silɛ̃dʀ] → SYN nm **a** (Géom) cylinder ◆ **cylindre droit / oblique** right (circular) / oblique (circular) cylinder ◆ **cylindre de révolution** cylindrical solid of revolution **b** (rouleau) roller ; [rouleau-compresseur] wheel, roller ◆ **cylindre d'impression** printing cylinder → **bureau, presse, serrure** **c** [moteur] cylinder ◆ **moteur à 4 cylindres en ligne** straight-4 engine ◆ **moteur à 6 cylindres en V** V6 engine ◆ **moteur à 2 cylindres opposés** flat-2 engine ◆ **une 6 cylindres** a 6-cylinder (car)

cylindrée [silɛ̃dʀe] → SYN nf [moteur, cylindres] capacity ◆ **avoir une cylindrée de 1 600 cm³** to have a capacity of 1,600 ccs ◆ **une (voiture de) grosse / petite cylindrée** a big- / small-engined car ◆ **les petites cylindrées consomment peu** cars with small engines ou small-engined cars don't use much (petrol)

cylindrer [silɛ̃dʀe] ▸ conjug 1 ◂ vt (former en cylindre) métal to roll ; papier to roll (up) ; (presser, aplatir) linge to press ; route to roll

cylindrique [silɛ̃dʀik] adj cylindrical

cylindroïde [silɛ̃dʀɔid] adj cylindroid

cymbalaire [sɛ̃balɛʀ] nf (Bot) mother-of-thousands

cymbale [sɛ̃bal] nf cymbal → **coup**

cymbalier [sɛ̃balje] nm, **cymbaliste** [sɛ̃balist] nmf cymbalist, cymbale(e)r

cymbalum [sɛ̃balɔm] → SYN nm cymbalo, dulcimer

cyme [sim] nf (Bot) cyme

cynégétique [sineʒetik] **1** adj cynegetic **2** nf cynegetics (sg)

cynips [sinips] nm gall wasp

cynique [sinik] → SYN **1** adj cynical ; (Philos) Cynic **2** nm cynic ; (Philos) Cynic

cyniquement [sinikmɑ̃] adv cynically

cynisme [sinism] → SYN nm cynicism ; (Philos) Cynicism

cynocéphale [sinosefal] nm dog-faced baboon, cynocephalus (spéc)

cynodrome [sinodʀom] nm greyhound track

cynoglosse [sinoglɔs] nf hound's-tongue, dog's-tongue

cynophile [sinɔfil] **1** adj dog-loving (épith) **2** nmf dog lover

cynor(r)hodon [sinɔʀɔdɔ̃] nm rosehip

cyphoscoliose [sifoskɔljoz] nf kyphoscoliosis

cyphose [sifoz] nf kyphosis

cyprès [sipʀɛ] nm cypress

cyprin [sipʀɛ̃] nm cyprinid

cypriote [sipʀijɔt] **1** adj Cypriot **2** nmf ◆ **Cypriote** Cypriot

cyrillique [siʀilik] adj Cyrillic

cystectomie [sistɛktɔmi] nf cystectomy

cystéine [sistein] nf cysteine

cysticerque [sistisɛʀk] nm cysticercus

cystine [sistin] nf cystine

cystique [sistik] adj cystic

cystite [sistit] nf cystitis (NonC)

cystographie [sistɔgʀafi] nf cystography

cystoscope [sistɔskɔp] nm cystoscope

cystoscopie [sistɔskɔpi] nf cystoscopy

cystotomie [sistɔtɔmi] nf cystotomy

Cythère [sitɛʀ] nf Cythera

cytise [sitiz] nm laburnum

cytodiagnostic [sitodjagnɔstik] nm cytodiagnosis

cytogénéticien, -ienne [sitoʒenetisjɛ̃, jɛn] nm,f cytogenetics specialist

cytogénétique [sitoʒenetik] nf cytogenetics (sg)

cytologie [sitɔlɔʒi] → SYN nf cytology

cytologique [sitɔlɔʒik] adj cytological

cytologiste [sitɔlɔʒist] nmf cytologist

cytolyse [sitɔliz] nf cytolysis

cytomégalovirus [sitomegaloviʀys] nm cytomegalovirus, CMV

cytoplasme [sitɔplasm] nm cytoplasm

cytoplasmique [sitɔplasmik] adj cytoplasmic

cytosine [sitozin] nf cytosine

cytosol [sitozɔl] nm cytosol

cytosquelette [sitoskəlɛt] nm cytoskeleton

cytotoxicité [sitotɔksisite] nf cytotoxicity

cytotoxique [sitotɔksik] adj cytotoxic

czar [tsaʀ] nm ⇒ **tsar**

czarewitch [tsaʀevitʃ] nm ⇒ **tsarévitch**

czariste [tsaʀist] adj ⇒ **tsariste**

D

D, d [de] nm (lettre) D, d → **système**

d' [d] → **de**[1], **de**[2]

da [da] → **oui**

DAB [dab] nm (abrév de **distributeur automatique de billets**) ATM

dab‡ [dab] nm (père) old man*, father

d'abord [dabɔʀ] loc adv → **abord**

da capo [dakapo] → SYN adv da capo

Dacca† [dəkə] n Dacca†

dacquois, e [dakwa, waz] **1** adj of ou from Dax
2 nm,f ◆ **Dacquois(e)** inhabitant ou native of Dax

Dacron® [dakʀɔ̃] nm Terylene® (Brit), Dacron® (US)

dactyle [daktil] → SYN nm (Poésie) dactyl; (Bot) cocksfoot

dactylique [daktilik] adj dactylic

dactylo [daktilo] nf abrév de **dactylographe, dactylographie**

dactylographe [daktilɔgʀaf] nf typist

dactylographie [daktilɔgʀafi] nf typing, typewriting ◆ **elle apprend la dactylographie** she's learning to type, she's learning typing

dactylographier [daktilɔgʀafje] ▸conjug 7◂ vt to type (out)

dactylographique [daktilɔgʀafik] adj typing (épith)

dactyloscopie [daktilɔskɔpi] nf fingerprinting methods

dada[1] [dada] → SYN nm **a** (langage enfantin: cheval) horsy, gee-gee (Brit langage enfantin) ◆ **viens faire du dada** ou **à dada** come and ride the gee-gee ou the horsy
b (fig: marotte) hobby-horse (fig) ◆ **enfourcher son dada** to get on one's hobby-horse, launch o.s. on one's pet subject

dada[2] [dada] adj (Art, Littérat) Dada

dadais [dadɛ] → SYN nm ◆ **(grand) dadais** awkward lump (of a youth) (péj) ◆ **espèce de grand dadais!** you great lump! (péj)

dadaïsme [dadaism] → SYN nm Dadaism, Dada

dadaïste [dadaist] **1** adj Dadaist, Dadaistic
2 nmf Dadaist

DAF [daf] nm (abrév de **directeur administratif et financier**) → **directeur**

Dagobert [dagɔbɛʀ] nm Dagobert

dague [dag] → SYN nf **a** (arme) dagger
b (cerf) spike

daguerréotype [dageʀeɔtip] → SYN nm (procédé) daguerreotype; (instrument) daguerre photographic device

daguet [dagɛ] → SYN nm young stag, brocket

dahlia [dalja] nm dahlia

dahoméen, -enne [daɔmeɛ̃, ɛn] **1** adj Dahomean
2 nm,f ◆ **Dahoméen(ne)** Dahomean

Dahomey [daɔmɛ] nm Dahomey

dahu [day] nm *mythic animal which gullible people chase after*

daigner [deɲe] → SYN ▸conjug 1◂ vt to deign, condescend ◆ **il n'a même pas daigné nous regarder** he did not even deign to look at us ◆ (frm) **daignez nous excuser** be so good as to excuse us

daim [dɛ̃] → SYN nm (gén) (fallow) deer; (mâle) buck; (peau) buckskin, doeskin; (cuir suédé) suede ◆ **chaussures en daim** suede shoes

daine [dɛn] nf doe

dais [dɛ] → SYN nm canopy

Dakar [dakaʀ] n Dakar

dakin [dakɛ̃] nm ◆ **dakin, solution de Dakin** Dakin's solution

Dakota [dakɔta] nm ◆ **Dakota du Nord / du Sud** North / South Dakota

dalaï-lama [dalailama] nm Dalai Lama

daleau, pl **daleaux** [dalo] nm ⇒ **dalot**

Dalila [dalila] nf Delilah

dallage [dalaʒ] → SYN nm (NonC: action) paving, flagging; (surface, revêtement) paving, pavement

dalle [dal] → SYN nf **a** [trottoir] paving stone, flag(stone); (Constr) slab ◆ **dalle de pierre** stone slab ◆ **dalle flottante / de béton** floating / concrete slab ◆ **dalle funéraire** tombstone ◆ **dalle de moquette** carpet tile
b [paroi de rocher] slab
c (‡) **que dalle** damn all‡ (Brit) ◆ **je n'y pige que n'entrave que dalle** I don't get it*, I can understand damn all‡ (Brit) ◆ **je n'y vois que dalle** I can't see a ruddy‡ (Brit) ou damn‡ thing ◆ **avoir la dalle en pente** to be a bit of a boozer‡ → **rincer**
d (*: faim) **avoir** ou **crever la dalle** to be starving* ou famished*

daller [dale] → SYN ▸conjug 1◂ vt to pave, lay paving stones ou flagstones on

dalleur [dalœʀ] nm flag layer, paviour

dalmate [dalmat] **1** adj Dalmatian
2 nm (Ling) Dalmatian
3 nmf ◆ **Dalmate** Dalmatian

Dalmatie [dalmasi] nf Dalmatia

dalmatien, -ienne [dalmasjɛ̃, jɛn] nm,f (chien) Dalmatian

dalmatique [dalmatik] → SYN nf dalmatic

dalot [dalo] → SYN nm (Naut) scupper; (Constr) culvert

dalton [daltɔn] nm dalton

daltonien, -ienne [daltɔnjɛ̃, jɛn] adj colour-blind

daltonisme [daltɔnism] nm colour-blindness, daltonism (spéc)

dam [dɑ̃] → SYN nm ◆ **au (grand) dam de** (au détriment de) (much) to the detriment of; (au déplaisir de) to the (great) displeasure of

damalisque [damalisk] nm (Bot) sassaby

daman [damɑ̃] nm hyrax

damas [dama(s)] → SYN nm (tissu) damask; (acier) Damascus steel, damask; (prune) damson

Damas [dama] n Damascus → **chemin**

damasquinage [damaskinaʒ] nm damascening

damasquiner [damaskine] → SYN ▸conjug 1◂ vt to damascene

damassé, e [damase] (ptp de **damasser**) **1** adj tissu damask
2 nm damask cloth

damasser [damase] ▸conjug 1◂ vt to damask

damassure [damasyʀ] nf damask design, damask effect

dame [dam] → SYN **1** nf **a** (gén: femme) lady; (*: épouse) wife ◆ **il y a une dame qui vous attend** there is a lady waiting for you ◆ **votre dame m'a dit que*** ... your wife told me that ... ◆ **alors ma petite dame!*** now then, dear! ◆ **vous savez, ma bonne dame!*** you know, my dear! ◆ (Jur) **la dame X** Mrs X ◆ **pour dames** coiffeur, liqueur ladies' ◆ **de dame** sac, manteau lady's
b (de haute naissance) lady ◆ **une grande dame** (noble) a highborn ou great lady; (artiste) a great lady (*de* of) ◆ **jouer les grandes dames** to play the fine lady ◆ **les belles dames des beaux quartiers** the fashionable ou fine ladies of the best districts ◆ (hum) **la dame de ses pensées** his lady-love (hum) ◆ (Littérat) **"La Dame aux camélias"** "The Lady with the Camelias" ◆ (Mus) **"La Dame de pique"** "The Queen of Spades" → **premier**
c (Cartes, Échecs) queen; (Dames) crown; (Jacquet) piece, man ◆ **le jeu de dames, les dames** draughts (Brit), checkers (US) ◆ **aller à dame** (Dames) to make a crown; (Échecs) to make a queen ◆ **la dame de pique** the queen of spades
d (Tech: hie) beetle, rammer; (Naut) rowlock
2 excl ◆ (†) **dame oui / non!** why yes / no!, indeed yes / no!
3 COMP ▷ **dame catéchiste** catechism mistress, ≃ Sunday school teacher ▷ **dame de charité** benefactress ▷ **dame de com-**

pagnie (lady's) companion ▷ **Dame Fortune** Lady Luck ▷ **dame d'honneur** lady-in-waiting ▷ **Dame Nature** Mother Nature ▷ **dame patronnesse** patroness ▷ **dame pipi**‡ lady toilet attendant

dame-d'onze-heures [damdɔ̃zœʀ] nf (Bot) star-of-Bethlehem

dame-jeanne, pl **dames-jeannes** [damʒɑn] → SYN nf demijohn

damer [dame] → SYN ▸conjug 1◂ vt **a** terre to ram ou pack down; neige (à ski) to tread (down), pack (down); (avec un rouleau) to roll, pack (down) ◆ (Ski) **c'est bien damé** it's well pisted down
b pion (Dames) to crown; (Échecs) to queen ◆ (fig) **damer le pion à qn** to get the better of sb, checkmate sb

damier [damje] → SYN nm (Dames) draughtboard (Brit), checkerboard (US); (dessin) check (pattern) ◆ **en** ou **à damier** chequered ◆ **les champs formaient un damier** the fields were laid out like a draughtboard (Brit) ou like patchwork

damnable [dɑnabl] → SYN adj (Rel) damnable; passion, idée despicable, abominable

damnation [dɑnasjɔ̃] → SYN nf damnation ◆ **damnation !**† damnation!, tarnation!† (US) → **enfer**

damné, e [dɑne] → SYN (ptp de **damner**) **1** adj (*: maudit) cursed*, confounded*† → **âme**
2 nm,f damned person ◆ **les damnés** the damned ◆ **mener une vie de damné** to live the life of the damned → **souffrir**

damner [dɑne] → SYN ▸conjug 1◂ **1** vt to damn ◆ **faire damner qn*** to drive sb mad*, drive sb to drink* ◆ (hum) **c'est bon à faire damner un saint*** it's so good it's wicked‡ ◆ (hum) **elle est belle à faire damner un saint*** she's so lovely she would tempt a saint (in heaven)*
2 **se damner** vpr to damn o.s. ◆ **se damner pour qn** to risk damnation for sb

Damoclès [damɔklɛs] nm Damocles → **épée**

damoiseau, pl **damoiseaux** [damwazo] → SYN nm (Hist) page, squire; (†, hum) young beau†

damoiselle [damwazɛl] nf (Hist) damsel††

dan [dan] nm (Judo) dan ◆ **il est deuxième dan** he's a second dan

danaïde [danaid] nf (Zool) monarch butterfly

Danaïdes [danaid] nfpl → **tonneau**

dancing [dɑ̃siŋ] → SYN nm dance hall

dandinement [dɑ̃dinmɑ̃] → SYN nm (→ **se dandiner**) waddle, waddling; lolloping about (Brit)

dandiner (se) [dɑ̃dine] ▸conjug 1◂ vpr [canard] to waddle; [personne] to lollop from side to side (Brit), waddle ◆ **avancer** ou **marcher en se dandinant** to waddle along

dandy† [dɑ̃di] nm dandy

dandysme [dɑ̃dism] → SYN nm (Hist) dandyism

Danemark [danmaʀk] nm Denmark

danger [dɑ̃ʒe] → SYN nm **a** danger ◆ **être en danger** to be in danger ◆ **ses jours sont en danger** his life is in danger ◆ **mettre en danger** personne to put in danger; vie, espèce to endanger; chances, réputation, carrière to jeopardize ◆ **en danger de** in danger of ◆ **il est en danger de mort** he is in danger ou peril of his life ◆ **courir un danger** to run a risk ◆ **en cas de danger** in case of emergency ◆ **ça n'offre aucun danger, c'est sans danger** it doesn't present any danger (*pour* to), it is quite safe (*pour* for) ◆ **il y a (du) danger à faire cela** it is dangerous to do that, there is a danger in doing that ◆ **il est hors de danger** he is out of danger ◆ **cet automobiliste est un danger public** that driver is a public menace ◆ **les dangers de la route** road hazards ◆ **sans danger** (adj) safe; (adv) safely ◆ **attention danger !** look out!
b (*) **(il n'y a) pas de danger !** no way!*, no fear!* ◆ **pas de danger qu'il vienne !** there's no fear ou risk ou danger that he'll come ou of his coming

dangereusement [dɑ̃ʒʀøzmɑ̃] adv dangerously

dangereux, -euse [dɑ̃ʒʀø, øz] → SYN adj chemin, ennemi, doctrine, animal dangerous (*pour* to); entreprise dangerous, hazardous, risky ◆ **zone dangereuse** danger zone ◆ **produit dangereux à manipuler** product dangerous to handle

dangerosité [dɑ̃ʒʀozite] nf dangerousness

Daniel [danjɛl] nm Daniel

danien, -ienne [danjɛ̃, jɛn] **1** adj late Cretaceous
2 nm ◆ **le danien** the late Cretaceous (period)

danois, e [danwa, waz] → SYN **1** adj Danish
2 nm **a** (Ling) Danish
b (chien) **(grand) danois** Great Dane
3 nm,f ◆ **Danois(e)** Dane

dans [dɑ̃] → SYN prép
a (lit, fig: lieu) in; (changement de lieu) into, to; (à l'intérieur de) in, inside; (dans des limites) within ◆ **il habite dans l'Est / le Jura** he lives in the East / the Jura ◆ **il n'habite pas dans Londres même, mais en banlieue** he doesn't live in London itself, but in the suburbs ◆ **le ministère est dans la rue de Rivoli** the ministry is in the rue de Rivoli ◆ **courir dans l'herbe / les champs** to run around in ou run through the grass / fields ◆ **il a plu dans toute la France** it rained throughout France ou in all parts of France ◆ **s'enfoncer / pénétrer dans la forêt** to make one's way deep into / go into ou enter the forest ◆ **ils sont partis dans la montagne** they have gone off to the mountains ◆ **elle erra dans la ville / les rues / la campagne** she wandered through ou round ou about the town / the streets / the countryside ◆ **ne marche pas dans l'eau** don't walk in ou through the water ◆ **il est tombé dans la rivière** he fell into ou in the river ◆ **dans le périmètre / un rayon très restreint** within the perimeter / a very restricted radius ◆ **vous êtes dans la bonne direction** you are going the right way ou in the right direction ◆ **ils ont voyagé dans le même train / avion** they travelled on the same train / plane ◆ **mettre qch dans un tiroir** to put sth in a drawer ◆ **cherche** ou **regarde dans la boîte** look inside ou in the box ◆ **verser du vin dans les verres** to pour wine into the glasses ◆ **jeter l'eau sale dans l'évier** to pour the dirty water down the sink ◆ **dans le fond / le bas / le haut de l'armoire** at ou in the back / the bottom / the top of the wardrobe ◆ **elle fouilla dans ses poches / son sac** she went through her pockets / bag ◆ **il reconnut le voleur dans la foule / l'assistance** he recognized the thief in ou among the crowd / among the spectators ◆ **il a reçu un coup de poing dans la figure / le dos** he was punched ou he got a punch in the face / back ◆ **il l'a lu dans le journal / (l'œuvre de) Gide** he read it in the newspaper / in (the works of) Gide ◆ **l'idée était dans l'air depuis un moment** the idea had been in the air for some time ◆ **qu'est-ce qui a bien pu se passer dans sa tête ?** what can have got into his head?, what can he have been thinking of? ◆ **ce n'est pas dans ses projets** he's not planning to do ou on doing that, that's not one of his plans ◆ **il avait dans l'idée** ou **l'esprit** ou **la tête que** he had a feeling that, he had it on his mind that ◆ **elle avait dans l'idée** ou **la tête de faire** she had a mind to do ◆ **il y a de la tristesse dans son regard / sourire** there's a certain sadness in his eyes / smile
b (lieu: avec idée d'extraction) out of, from ◆ **prendre qch dans un tiroir** to take sth out of ou from a drawer ◆ **boire du café dans une tasse / un verre** to drink coffee out of ou from a cup / glass ◆ **la chèvre lui mangeait dans la main** the goat ate out of his hand ◆ **le chien a mangé dans mon assiette** the dog ate off my plate ◆ **bifteck dans le filet** fillet steak ◆ **il l'a appris / copié dans un livre** he learnt / copied it from ou out of a book
c (temps: gén) in ◆ **il est dans sa 6e année** he's in his 6th year ◆ **dans ma jeunesse** ou **mon jeune temps** in my youth, in my younger days ◆ **dans les siècles passés** in previous centuries ◆ **dans les mois à venir** in the months to come ou the coming months ◆ **dans le cours** ou **le courant de l'année** in the course of the year → **temps[1], vie**
d (temps futur) in; (dans des limites) within, inside, in (the course of) ◆ **il part dans 2 jours / une semaine** he leaves in 2 days ou 2 days' time / a week ou a week's time ◆ **dans combien de temps serez-vous prêt ?** how long will it be before you are ready? ◆ **il arrive** ou **il sera là dans une minute** ou **un instant** he'll be here in a minute ◆ **cela pourrait se faire dans le mois / la semaine** it could be done within the month / week ou inside a month / week ◆ **il mourut dans l'heure qui suivit** he died within the hour ◆ **je l'attends dans la matinée / la nuit** I'm expecting him some time this morning / some time tonight, I'm expecting him (some time) in the course of the morning / night
e (état, condition, manière) in ◆ **être dans les affaires / l'industrie / les textiles** to be in business / industry / textiles ◆ **faire les choses dans les règles** to work within the rules ◆ **vivre dans la misère / l'oisiveté / la peur** to live in poverty / idleness / fear ◆ **être assis / couché dans une mauvaise position** to be sitting / lying in an awkward position ◆ **je l'aime beaucoup dans cette robe / ce rôle** I really like her in that dress / part ◆ **il était plongé dans la tristesse / une profonde méditation** he was plunged in grief / plunged deep in thought ◆ **ses idées sont dans la plus grande confusion** his ideas are as confused as can be, his ideas are in a state of great confusion ◆ **et dans tout cela, qu'est-ce que vous devenez ?** and with all this going on ou in the meantime, how are things with you? ◆ **il est difficile de travailler dans ce bruit / ces conditions** it's difficult to work in this noise / these conditions ◆ **dans le brouillard / l'obscurité** in fog / darkness, in the fog / the dark ◆ **le camion passa dans un bruit de ferraille** the lorry rattled past ◆ **elles sortirent dans un frou-frou de soie** they left in a rustle of silk ◆ **il est dans une mauvaise passe** he's going through a bad patch (Brit) ◆ **il n'est pas dans le coup / le secret** he's not in on the plot / secret ◆ **elle n'est pas dans un bon jour** it's not one of her good days, she's having ou it's one of her off days
f (situation, cause) in, with ◆ **dans sa peur, elle poussa un cri** she cried out in fright ou fear ◆ **elle partit tôt, dans l'espoir de trouver une place** she left early in the hope of finding ou hoping to find a seat ◆ **dans ces conditions** ou **ce cas-là, je refuse** in that case ou if that's the way it is* I (shall) refuse ◆ **il l'a fait dans ce but** he did it with this aim in view ◆ **dans sa hâte il oublia son chapeau** in his haste he forgot his hat
g (approximation) **dans les** (prix) (round) about, (something) in the region of; (temps, grandeur) (round) about, something like, some ◆ **cela vaut / coûte dans les 50 F** it is worth / costs in the region of 50 francs ou (round) about 50 francs ◆ **il faut compter dans les 3 ou 4 mois (pour terminer)** we'll have to allow something like 3 or 4 months ou some 3 or 4 months (to finish off) ◆ **il vous faut dans les 3 mètres de tissu** you'll need something like 3 metres of fabric ou about ou some 3 metres of fabric ◆ **cette pièce fait dans les 8 m²** this room is about ou some 8 m² ◆ **il a dans les 30 ans** he's about 30, he's 30 or thereabouts ◆ **l'un dans l'autre il s'y retrouve** all in all he manages to break even
h (introduisant un complément) **mettre son espoir dans qn / qch** to pin one's hopes on sb / sth ◆ **avoir confiance dans l'honnêteté de qn / le dollar** to have confidence in sb's honesty / the dollar ◆ **c'est dans votre intérêt de le faire** it's in your own interest to do it

dansant, e [dɑ̃sɑ̃, ɑ̃t] → SYN adj mouvement, lueur dancing; musique lively ◆ **thé dansant** (early evening) dance, thé dansant ◆ **soirée dansante** dance

danse [dɑ̃s] → SYN nf **a** (valse, tango etc) dance ◆ **la danse** (art) dancing, dance; (action) dancing ◆ **danse folklorique** folk ou country dance ◆ **danse du ventre** belly dance ◆ **danse de guerre** war dance ◆ **danse classique** ballet dancing ◆ (Mus) **"Les Danses slaves"** "Slavonic Dances" ◆ **ouvrir la danse** to open the dancing ◆ **avoir la danse de Saint-Guy** (Méd) to have St Vitus's dance; (fig) to have the fidgets ◆ **de danse** professeur, leçon dancing; musique dance ◆ (lit) **entrer dans la danse** to join in the dance ou dancing ◆ (fig) **si ton mari entre dans la danse ...** if your husband decides to get involved ou to join in ... → **mener, piste**

b (*: volée) belting*, (good) hiding

danser [dɑ̃se] → SYN ▸conjug 1 ◂ 1 vi (gén) to dance; [ombre, flamme] to flicker, dance; [flotteur, bateau] to bob (up and down), dance ◆ **faire danser qn** to (have a) dance with sb ◆ **après dîner il nous a fait danser** after dinner he got us dancing ◆ **voulez-vous danser (avec moi)?, vous dansez?** shall we dance?, would you like to dance? ◆ **danser de joie** to dance for joy ◆ (fig) **à l'époque, on dansait devant le buffet*** these were lean times ◆ (fig) **les mots dansaient devant mes yeux** the words were dancing before my eyes

2 vt to dance

danseur [dɑ̃sœʀ] → SYN nm (gén) dancer; (partenaire) partner ◆ **danseur (classique ou de ballet)** ballet dancer ◆ (Opéra) **danseur étoile** principal dancer ◆ **danseur de corde** tightrope walker ◆ **danseur de claquettes** tap dancer ◆ **danseur mondain** host

danseuse [dɑ̃søz] → SYN nf (gén) dancer; (partenaire) partner ◆ **danseuse (classique ou de ballet)** ballet dancer ◆ (Opéra) **danseuse étoile** prima ballerina ◆ **danseuse de cabaret** cabaret dancer ◆ (à vélo) **en danseuse** standing on the pedals ◆ (lit) **entretenir une danseuse** to keep a mistress ◆ (fig) **l'État ne peut pas se permettre d'entretenir des danseuses** the state cannot afford to support unprofitable ventures → **premier**

Dante [dɑ̃t] nm Dante

dantesque [dɑ̃tɛsk] → SYN adj Dantesque, Dantean

Danton [dɑ̃tɔ̃] nm Danton

Danube [danyb] nm Danube

danubien, -ienne [danybjɛ̃, jɛn] adj Danubian

DAO [deao] nm (abrév de **dessin assisté par ordinateur**) CAD

daphné [dafne] → SYN nm daphne

daphnie [dafni] nf daphnia

darce [daʀs] nf ⇒ **darse**

dard¹ [daʀ] → SYN nm [animal] sting; (†: Mil) javelin, spear; (Archit) dart

dard² [daʀ] → SYN nm (poisson) dace, chub

Dardanelles [daʀdanɛl] nfpl ◆ **les Dardanelles** the Dardanelles

darder [daʀde] → SYN ▸conjug 1 ◂ vt a (lancer) flèche to shoot ◆ **le soleil dardait ses rayons sur la maison** the sun's rays beat down on the house ◆ **il darda un regard haineux sur son rival** he shot a look full of hate at his rival

b (dresser) piquants, épines to point ◆ **le clocher dardait sa flèche vers le ciel** the church spire thrust upwards into the sky

dare-dare* [daʀdaʀ] loc adv double-quick*, like the clappers* (Brit) ◆ **accourir dare-dare** to come belting up* (Brit), come running up double-quick* ou at the double

Dar es-Salaam [daʀɛssalam] n Dar es Salaam

dariole [daʀjɔl] → SYN nf dariole

darne [daʀn] → SYN nf [poisson] steak

darse [daʀs] nf (Naut) harbour basin

dartre [daʀtʀ] → SYN nf dry patch, scurf (Non C)

dartreux, -euse [daʀtʀø, øz] → SYN adj peau scurfy, flaky

darwinien, -ienne [daʀwinjɛ̃, jɛn] adj Darwinian

darwinisme [daʀwinism] → SYN nm Darwinism

darwiniste [daʀwinist] adj, nmf Darwinist

dasyure [dazjyʀ] → SYN nm dasyure

DAT [deate] nm (abrév de **Digital Audio Tape**) DAT

datable [databl] adj dat(e)able ◆ **manuscrit facilement datable** manuscript which can easily be dated

dataire [datɛʀ] nm datary

datation [datasjɔ̃] nf [contrat, manuscrit] dating ◆ **datation au carbone 14** carbon dating

datcha [datʃa] → SYN nf da(t)cha

date [dat] → SYN nf date ◆ **date de naissance / mariage / paiement** date of birth / marriage / payment ◆ **date d'exigibilité** due ou maturity date ◆ **date de péremption / clôture** expiry / closing date ◆ **date butoir** ou **limite** deadline ◆ **date limite de consommation** use-by date ◆ **date limite de fraîcheur** ou **de conservation** best-before date ◆ **date limite de vente** sell-by date ◆ [chèque] **date de valeur** *date on which a cheque is debited from* ou *credited to an account* ◆ **pourriez-vous faire ce virement avec date de valeur le 15 juin?** could you process this payment on 15th June? ◆ **à quelle date cela s'est-il produit?** on what date did that occur? ◆ **à cette date-là il était déjà mort** by that time ou by then he was already dead ◆ **lettre en date du 23 mai** letter dated May 23rd ◆ **à cette date il ne le savait pas encore** at that time he did not yet know about it ◆ **le comité se réunit à date fixe** the committee meets on a fixed ou set date ◆ **j'ai pris date avec lui pour le 18 mai** I have set ou fixed a date with him for May 18th ◆ **cet événement fait date dans l'histoire** this event stands out in ou marks a milestone in history ◆ **sans date** undated ◆ **le premier en date** the first ou earliest ◆ **le dernier en date** the latest ou most recent ◆ **de longue** ou **vieille date** amitié long-standing; ami old, long-time ◆ **de fraîche date** ami recent ◆ **connaître qn de longue** ou **vieille / fraîche date** to have known sb for a long / short time

dater [date] → SYN ▸conjug 1 ◂ 1 vt lettre, événement to date ◆ **lettre datée du 6 / de Paris** letter dated the 6th / from Paris ◆ **non daté** undated

2 vi a (remonter à) **dater de** to date back to, date from ◆ **ça ne date pas d'hier** [maladie] it has been going a long time; [amitié, situation] it goes back a long way, it has a long history; [objet] it's as old as the hills ◆ **à dater de demain** as from tomorrow, from tomorrow onwards ◆ **de quand date votre dernière rencontre?** when did you last meet?

b (faire date) **événement qui date dans l'histoire** event which stands out in ou marks a milestone in history

c (être démodé) to be dated ◆ **ça commence à dater** it's beginning to date ◆ **le film est un peu daté** the film is a little dated

daterie [datʀi] nf dataria

dateur [datœʀ] nm [montre] date indicator ◆ (tampon) **(timbre** ou **tampon) dateur** date stamp

datif, -ive [datif, iv] adj, nm dative ◆ **au datif** in the dative

dation [dasjɔ̃] → SYN nf (Jur) payment in kind; [œuvres d'art] donation

datte [dat] nf (Bot, Culin) date

dattier [datje] nm date palm

datura [datyʀa] nm datura

DAU [deay] nm (abrév de **document administratif unique**) SAD

daube [dob] nf (viande) stew, casserole ◆ **faire une daube** ou **de la viande en daube** to make a (meat) stew ou casserole ◆ **bœuf en daube** casserole of beef, beef stew, bœuf en daube

dauber¹ [dobe] → SYN ▸conjug 1 ◂ 1 vi (††, littér) to jeer

2 vt personne to jeer at

dauber² [dobe] ▸conjug 1 ◂ vt (Culin) to braise

daubière [dobjɛʀ] → SYN nf braising pot

dauphin [dofɛ̃] → SYN nm a (Zool) dolphin

b (Hist) **le Dauphin** the Dauphin

c (fig: successeur) heir apparent

Dauphine [dofin] nf Dauphine, Dauphiness

dauphinelle [dofinɛl] → SYN nf delphinium

dauphinois, e [dofinwa, waz] adj of ou from the Dauphiné → **gratin**

daurade [dɔʀad] nf gilt-head, sea bream ◆ **daurade rose** red sea bream

davantage [davɑ̃taʒ] → SYN adv a (plus) gagner, acheter more; (négatif) any more; (interrogatif) (any) more ◆ **bien / encore / même davantage** much / still / even more ◆ **je n'en sais pas davantage** I don't know any more (about it), I know no more ou nothing further (about it) ◆ **il s'approcha davantage** he drew closer ou nearer ◆ **en veux-tu davantage?** do you want (any ou some) more?

b (plus longtemps) longer; (négatif, interrogatif) any longer ◆ **sans s'attarder / rester davantage** without lingering / staying any longer

c (de plus en plus) more and more ◆ **les prix augmentent chaque jour davantage** prices go up more and more every day

d **davantage de** (some) more; (négatif) any more ◆ **vouloir davantage de pain / temps** to want (some) more bread / time ◆ **veux-tu davantage de viande?** do you want (any ou some) more meat? ◆ **il n'en a pas voulu davantage** he didn't want any more (of it)

e **davantage que** (plus) more than; (plus longtemps) longer than ◆ **tu te crois malin mais il l'est davantage (que toi)** you think you're sharp but he is more so than you ou but he is sharper (than you)

David [david] nm David ◆ **"David et Goliath"** "David and Goliath"

davier [davje] → SYN nm (Chirurgie) forceps; (Menuiserie) cramp

dazibao [da(d)zibao] → SYN nm dazibao

dB (abrév de **décibel**) dB, db

DBO [debeo] nf (abrév de **demande biochimique en oxygène**) BOD

DCA [desea] nf (abrév de **Défense contre avions**) anti aircraft defence

DCO [deseo] nf (abrév de **demande chimique en oxygène**) COD

DDASS [das] nf (abrév de **Direction départementale de l'action sanitaire et sociale**) ≃ social services

DDD [dedede] (abrév de **digital digital digital**) DDD

DDT [dedete] nm (abrév de **dichloro-diphényl-trichloréthane**) DDT

de¹ [də] prép (**d'** devant voyelle ou h muet, contraction avec *le, les*: **du, des**)

a (copule introduisant compléments après vb, loc verbale, adj, n) **décider de faire** to decide to do, decide on doing ◆ **éviter d'aller à Paris** to avoid going to Paris ◆ **empêcher qn de faire** to prevent sb (from) doing ◆ **il est fier de parler 3 langues** he is proud of being able ou of his ability to speak 3 languages ◆ **c'est l'occasion de protester** this is an opportunity for protesting ou to protest ◆ **avoir l'habitude de qch / de faire** to be used to sth / to doing ◆ **je ne vois pas l'intérêt d'écrire** I don't see the point of ou in writing ◆ **content de faire qch / de qch** pleased to do sth / with sth ◆ **il est pressé de partir** he is in a hurry to go ◆ **se souvenir / se servir de qch** to remember / use ou make use of sth ◆ **il est difficile / impossible / agréable de faire cela** it is difficult / impossible / pleasant to do that ◆ **il est amoureux d'elle** he is in love with her ◆ **le bombardement de Londres** the bombing of London ◆ **et elle de se moquer de nos efforts!** and she made fun of our efforts! ◆ **et lui d'ajouter: «jamais!»** "never!" he added

b (déplacement, provenance) from, out of, of; (localisation) in, on ◆ **être / provenir / s'échapper de** to be / come / escape from ◆ **sauter du toit** to jump from ou off the roof ◆ **en sortant de la maison** coming out of the house, on leaving the house ◆ **de sa fenêtre elle voit la mer** she can see the sea from her window ◆ **il arrive du Japon** he has just arrived from Japan ◆ **il y a une lettre de Paul** there's a letter from Paul ◆ **nous recevons des amis du Canada** we have friends from Canada staying (with us) ◆ **(ce sont) des gens de la campagne / la ville** (they are) country folk / townsfolk, (they are) people from the country / town ◆ **on apprend de Londres que ...** we hear ou it is announced from London that ... ◆ **les magasins de Londres / Paris** the London / Paris shops, the shops in London / Paris ◆ **des pommes de notre jardin** apples from our garden ◆ **de lui ou sa part, rien ne m'étonne** nothing he does (ever) surprises me ◆ **le train / l'avion de Londres** (provenance) the train / plane from London; (destination) the London train / plane, the train / plane for London ◆ **les voisins du 2e (étage)** the neighbours on the 2nd floor ◆ **né de parents pauvres** born of poor parents ◆ **de 6 qu'ils étaient (au départ) ils ne sont plus que 2** of ou out of the original 6 there are only 2 left ◆ **le Baron de la Roche** Baron de la Roche → **côté, près** etc

c (appartenance) of, souvent traduit par cas génitif ◆ **la maison de David / de notre ami / de nos amis / de l'actrice** David's / our friend's / our friends' / the actress's house ◆ **le mari de la reine d'Angleterre** the Queen of England's husband ◆ **la patte du chien** the dog's paw ◆ **le pied de la table** the leg of the table, the table leg ◆ **le bouton de la porte** the door knob ◆ **le pouvoir de l'argent** the power of money ◆ **un de mes amis** a friend of mine, one of my friends ◆ **un ami de mon père / des enfants** a friend of my father's / of the children's ◆ **un ami de la famille** a friend of the family, a family friend ◆ **il n'est pas de notre famille** he is no relation of ours ◆ **le roi de France** the King of France ◆ **l'attitude du Canada** Canada's attitude, the Canadian attitude ◆ **un roman de Wells** a novel by Wells, a novel of Wells' ◆ **la boutique du fleuriste / boulanger** the florist's / baker's shop ◆ **un programmeur d'IBM** ou **de chez IBM** a programmer with IBM ◆ **ses collègues de** ou **du bureau** his colleagues at work ◆ **l'homme le plus riche du monde** the richest man in the world ◆ **quel est le nom de cette fleur / cette rue / cet enfant?** what is this flower / street / child called?, what's the name of this flower / street / child? ◆ **il a la ruse du renard** he's as cunning as a fox, he's got the cunning of a fox ◆ **c'est bien de lui de sortir sans manteau** it's just like him ou it's typical of him to go out without a coat (on)

d (gén sans article : caractérisation) gén rendu par des composés **vase de cristal** crystal vase ◆ **robe de soie** silk dress ◆ **robe de soie pure** dress of pure silk ◆ **sac de couchage** sleeping bag ◆ **permis de conduire** driving (Brit) ou driver's (US) licence ◆ **une fourrure de prix** a costly ou an expensive fur ◆ **la société de consommation** the consumer society ◆ **un homme de goût / d'une grande bonté** a man of taste / great kindness ◆ **un homme d'affaires** a businessman ◆ **les journaux d'hier / du dimanche** yesterday's / the Sunday papers ◆ **le professeur d'anglais** the English teacher, the teacher of English ◆ **la route de Tours** the Tours road, the road for Tours ◆ **une heure d'attente** an hour's wait, a wait of one hour ◆ **les romanciers du 20e siècle** 20th-century novelists ◆ **il est d'une bêtise!** he's so stupid! ou incredibly stupid! ◆ **il est de son temps** he's a man of his time, he moves with the time ◆ **il est l'homme du moment** he's the man of the moment ou of the hour ◆ **être de taille** ou **de force à faire qch** to be equal to doing sth, be up to doing sth* ◆ **regard de haine / dégoût** look of hate / disgust ◆ **3 jours de libres** 3 free days, 3 days free ◆ **quelque chose de beau / cher** something lovely / expensive ◆ **rien de neuf / d'intéressant** nothing new / interesting ou of interest ◆ **le plus grand de sa classe** the biggest in his class ◆ **le seul de mes collègues** the only one of my colleagues ◆ **il y a 2 verres de cassés** there are 2 broken glasses ou glasses broken

e (gén sans article : contenu) of ◆ **une bouteille de vin / lait** a bottle of wine / milk ◆ **une tasse de thé** a cup of tea ◆ **une pincée / cuillerée de sel** a pinch / spoonful of salt ◆ **une poignée de gens** a handful of people ◆ **une collection de timbres** a stamp collection ◆ **une boîte de bonbons** a box of sweets ◆ **un car de touristes / d'enfants** a coachload (Brit) ou busload (US) ou coachful (Brit) of tourists / children

f (temps) **venez de bonne heure** come early ◆ **de nos jours** nowadays, these days, in this day and age ◆ **du temps où** in the days when, at a time when ◆ **d'une minute / d'un jour à l'autre** (incessamment) any minute / day now ; (progressivement) from one minute / day to the next ◆ **de jour** by day, during the day ◆ **travailler de nuit** to work at night, work nights* ◆ **cette semaine il est de nuit** this week he's on nightshift ou he's on nights* ◆ **elle reçoit de 6 à 8** she's at home (to visitors) from 6 to 8 ◆ **3 heures du matin / de l'après-midi** 3 (o'clock) in the morning / afternoon, 3 a.m. / p.m. ◆ **il n'a rien fait de la semaine / l'année** he hasn't done a thing all week / year ◆ **de (toute) ma vie je n'ai entendu pareilles sottises** I've never heard such nonsense in (all) my life ◆ **de mois en mois / jour en jour** from month to month / day to day → **ici, suite**

g (mesure) **une pièce de 6 m²** a room (measuring) 6 m² ◆ **un enfant de 5 ans** a 5-year-old (child) ◆ **un bébé de 6 mois** a 6-month(-old) baby, a baby of 6 months ◆ **elle a acheté 2 kg de pommes** she bought 2 kg of apples ◆ **une table de 2 mètres de large** a table 2 metres wide ou in width ◆ **un rôti de 2 kg** a 2-kg joint, a joint weighing 2 kg ◆ **une côtelette de 10 F** a chop costing 10 francs ◆ **un chèque de 100 dollars** a cheque to the value of $100 (Brit), a check in the amount of $100 (US) ◆ **ce poteau a 5 mètres de haut** ou **hauteur / de long** ou **longueur** this post is 5 metres high ou in height / long ou in length ◆ **elle est plus grande que lui** ou **elle le dépasse de 5 cm** she is 5 cm taller than he is, she is taller than him by 5 cm ◆ **une attente de 2 heures** a 2-hour wait ◆ **un voyage de 3 jours** a 3-day journey, a 3 days' journey ◆ **une promenade de 3 km / 3 heures** a 3-km / 3-hour walk ◆ **il gagne 90 F de l'heure** he earns 90 francs an hour ou per hour ◆ **ça coûte 30 F du mètre** it costs 30 francs a metre

h (moyen) with, on, by ◆ **frapper / faire signe de la main** to strike / make a sign with one's hand ◆ **s'aider des deux mains / de sa canne pour se lever** to help o.s. up with (the aid of) both hands / one's stick, get up with the help of both hands / one's stick ◆ **je l'ai fait de mes propres mains** I did it with my own two hands ◆ **vivre de charité / de rien** to live on charity / nothing at all ◆ **se nourrir de racines / fromage** to live on roots / cheese ◆ **il vit de sa peinture** he lives by (his) painting ◆ **faire qch de rien / d'un bout de bois** to make sth out of nothing / a bit of wood ◆ **il fit « non » de la tête** he shook his head

i (manière) with, in, souvent traduit par adv ◆ **aller** ou **marcher d'une allure paisible / d'un bon pas** to walk (along) unhurriedly / briskly ◆ **connaître qn de vue / nom** to know sb by sight / name ◆ **citer qch de mémoire** to quote sth from memory ◆ **parler d'une voix émue / ferme** to speak emotionally / firmly ou in an emotional / a firm voice ◆ **regarder qn d'un air tendre** to look at sb tenderly, give sb a tender look ◆ **il me regarda de ses yeux doux** he looked at me with his gentle eyes ◆ **il est pâle de teint** ou **visage** he has a pale complexion

j (cause, agent) with, in, from ◆ **mourir d'une pneumonie / de vieillesse** to die of pneumonia / old age ◆ **pleurer / rougir de dépit / de honte** to weep / blush with vexation / with ou for shame ◆ **de colère, il la gifla** he slapped her in anger ◆ **de crainte** ou **peur de faire** for fear of doing ◆ **être surpris / étonné de qch / de voir** to be surprised / astonished at sth / at seeing ou to see ◆ **être fatigué du voyage / de répéter** to be tired from the journey / of repeating ◆ **s'écrouler de fatigue** to be dropping (with fatigue) ◆ **elle rit de le voir si maladroit** she laughed to see him ou on seeing him so clumsy ◆ **heureux d'avoir réussi** happy to have succeeded ◆ **contrarié de ce qu'il se montre si peu coopératif** annoyed at his being so uncooperative

k (copule : apposition) of, souvent non traduit ◆ **la ville de Paris** the town of Paris ◆ **le jour de Pâques** Easter Sunday ou Day ◆ **le jour de Noël** Christmas Day ◆ **le mois de juin** the month of June ◆ **le prénom de Paul n'est plus si populaire** the name Paul is not so popular these days ◆ **le terme de « franglais »** the word "franglais" ◆ **ton idiot de fils** that stupid son of yours, your clot of a son* ◆ **ce cochon de temps nous gâche nos vacances** this rotten weather is spoiling our holiday ◆ **un de plus / de moins / de trop** one more / less / too many

de² [də] (**d'** devant voyelle ou h muet, contraction avec *le, les* : **du, des**) **1** art partitif **a** (dans affirmation) some (souvent omis) ; (dans interrogation, hypothèse) any, some ; (avec nég) any, no ◆ **boire du vin / de la bière / de l'eau** to drink wine / beer / water ◆ **il but de l'eau au robinet** he drank some water from the tap ◆ **si on prenait de la bière / du vin?** what about some beer / wine? ◆ **acheter des pommes / de bonnes pommes** to buy some apples / some good apples ◆ **il y a des gens qui aiment la poésie** some people like poetry ◆ **cela demande du courage / de la patience** this requires courage / patience ◆ **il faut manger du pain avec du fromage** you should eat bread with cheese ◆ **donnez-nous de vos nouvelles** drop us a line, tell us what you're up to ◆ **je n'ai pas eu de ses nouvelles depuis** I haven't had (any) news from ou of him ou I haven't heard from ou of him since ◆ **au déjeuner, nous avons eu du poulet** we had chicken for lunch ◆ **vous ne voulez vraiment pas de vin?** don't you really want any wine? ◆ **voudriez-vous du thé?** would you like some tea? ◆ **voulez-vous du thé ou du café?** would you like tea or coffee? ◆ **voulez-vous du pain / des œufs / de la farine?** do you need (any) bread / eggs / flour? ◆ **avez-vous du pain / des œufs / de la farine à me passer?** do you have any bread / eggs / flour you could let me have?, I wonder if you could let me have some bread / eggs / flour? ◆ **on peut acheter de la laine chez Dupont** you can buy wool at Dupont's ◆ **j'ai acheté de la laine** I bought some wool ◆ **il n'y a plus d'espoir** there is no hope left ◆ **il a joué du Chopin / des valses de Chopin** he played (some) Chopin / some Chopin waltzes ◆ **si j'avais de l'argent, je prendrais des vacances** if I had any ou some money, I'd take a holiday ◆ **ça, c'est du chantage / du vol!** that's blackmail / robbery! ◆ **ça, c'est de la veine!*** what a piece ou stroke of luck!

b LOC a, an ◆ **faire du bruit / des histoires** to make a noise / a fuss ◆ **avoir de l'humour** to have a sense of humour ◆ **avoir du courage** to have courage, be brave ◆ **donnez-moi du feu** give me a light ◆ **on va faire du feu** let's light the ou a fire ◆ **il y a de la lumière, donc il est chez lui** there's a light on, so he must be in

2 art indéf pl **a** **des, de** some (souvent omis) ; (nég) any, no ◆ **des enfants ont cassé les carreaux** some children have broken the window panes ◆ **elle élève des chats mais pas de chiens** she breeds cats but not dogs ◆ **j'ai des voisins charmants** ou **de charmants voisins** I have charming neighbours ◆ **je n'ai pas de voisins** I haven't (got) any neighbours, I have no neighbours ◆ **avoir des doutes sur** to have doubts about

b (intensif) **elle est restée des mois et des mois sans nouvelles** she was without (any) news for months and months, she went for months and months without (any) news ◆ **j'ai attendu des heures** I waited (for) hours ◆ **nous n'avons pas fait des kilomètres** we didn't exactly walk miles ◆ **ils en ont cueilli des kilos (et des kilos)** they picked pounds (and pounds) ◆ **il y en a des qui exagèrent*** some people do exaggerate

dé [de] → SYN nm **a** **dé (à coudre)** thimble ; (fig : petit verre) tiny glass ◆ (fig) **ça tient dans un dé à coudre** it will fit into a thimble

b (Jeux) **dé (à jouer)** die, dice ◆ **dés** dice ◆ **jouer aux dés** to play dice ◆ **les dés sont jetés** the die is cast ◆ (Culin) **couper des carottes en dés** to dice carrots ◆ (lit) **coup de dés** throw of the dice ◆ (fig) **jouer son avenir / sa fortune sur un coup de dés** to (take a) gamble with one's future / all one's money

DEA [deəa] nm (abrév de **diplôme d'études approfondies**) → **diplôme**

dealer¹ [dile] ▸ conjug 1 ◂ vi (arg Drogue) to push drugs*

dealer² [dilœʀ] nm (arg Drogue) drug pusher* ou dealer

déambulateur [deɑ̃bylatœʀ] nm walking frame, walker, zimmer (aid)®

déambulatoire [deɑ̃bylatwaʀ] → SYN nm ambulatory

déambuler [deɑ̃byle] → SYN ▸ conjug 1 ◂ vi to stroll, wander, saunter (about ou along)

déb* [dɛb] nf (abrév de **débutante**) deb*

débâcher [debaʃe] ▸ conjug 1 ◂ vt to remove the canvas sheet (ou tarpaulin) from

débâcle [debɑkl] [→ SYN] nf [armée] rout ; [régime] collapse ; [glaces] breaking up ◆ **c'est une vraie débâcle !** it's a complete disaster ! ◆ **la débâcle de la livre (face au dollar)** the collapse of the pound (against the dollar)

déballage [debalaʒ] nm **a** (action) [objets] unpacking
b [marchandises] display *(of loose goods)*
c (* : paroles, confession) outpouring

déballastage [debalastaʒ] nm emptying of the ballast tanks

déballer [debale] [→ SYN] ▸ conjug 1 ◂ vt affaires to unpack ; marchandises to display, lay out ; (*) vérité, paroles to let out ; (*) sentiments to pour out, give vent to ; (* péj) savoir to air (péj)

déballonner (se)⁑ [debalɔne] ▸ conjug 1 ◂ vpr to chicken out*

débanaliser [debanalize] ▸ conjug 1 ◂ vt to make less commonplace

débandade [debɑ̃dad] [→ SYN] nf (déroute) headlong flight ; (dispersion) scattering ◆ (fig : fuite) **c'est la débandade générale** it's a general exodus ◆ **en débandade, à la débandade** in disorder ◆ **tout va à la débandade** everything's going to rack and ruin ou to the dogs*

débander [debɑ̃de] [→ SYN] ▸ conjug 1 ◂ **1** vt **a** (Méd) to unbandage, take the bandage(s) off ◆ **débander les yeux de qn** to remove a blindfold from sb's eyes
b arc, ressort to relax, slacken (off)
2 vi (*⁑ : sexuellement) to go limp ◆ **travailler 10 heures sans débander**⁑ to work 10 hours without letting up*
3 **se débander** vpr [armée, manifestants] to scatter, break up ; [arc, ressort] to relax, slacken

débaptiser [debatize] ▸ conjug 1 ◂ vt to change the name of, rename

débarbouillage [debaʀbujaʒ] nm [visage] quick wash, cat-lick*

débarbouiller [debaʀbuje] [→ SYN] ▸ conjug 1 ◂
1 vt visage to give a quick wash ou cat-lick* to
2 **se débarbouiller** vpr to give one's face a quick wash ou cat-lick*

débarbouillette [debaʀbujɛt] nf (Can) face cloth, flannel (Brit)

débarcadère [debaʀkadɛʀ] [→ SYN] nm landing stage

débardage [debaʀdaʒ] nm unloading, unlading

débarder [debaʀde] ▸ conjug 1 ◂ vt (Naut) to unload, unlade

débardeur [debaʀdœʀ] [→ SYN] nm (ouvrier) docker, stevedore ; (vêtement) slipover (Brit), tank top

débarqué, e [debaʀke] (ptp de **débarquer**) nm,f (lit) disembarked passenger ◆ (fig) **un nouveau débarqué dans le service** a new arrival in the department

débarquement [debaʀkəmɑ̃] [→ SYN] nm (→ **débarquer**) landing ; unloading ◆ **navire** ou **péniche de débarquement** landing craft (inv) ◆ (Hist : en Normandie) **le débarquement** the Normandy landing

débarquer [debaʀke] [→ SYN] ▸ conjug 1 ◂ **1** vt **a** marchandises to unload, land ; passagers to land ; (Mil) to land
b (* : congédier) to sack*, turf* out (Brit), kick out* ◆ **se faire débarquer** to get the push*, get kicked out*, get turfed out* (Brit)
2 vi [passagers] to disembark (*de* from), land (*sur* on) ; (Mil) to land ◆ **il a débarqué chez mes parents hier soir*** he turned up at my parents' place last night ◆ **tu débarques !*** where have you been?* ◆ **je n'en sais rien, je débarque*** I don't know, that's the first I've heard of it

débarras [debaʀa] [→ SYN] nm **a** (pièce) lumber room, junk room, boxroom (Brit) ; (placard, soupente) junk hole* (Brit), glory hole (Brit), junk closet (US)
b **bon débarras !** good riddance ! ◆ **il est parti, quel débarras !** thank goodness he has gone !

débarrasser [debaʀase] [→ SYN] ▸ conjug 1 ◂ **1** vt **a** local to clear (*de* of) ◆ **débarrasser (la table)** to clear the table ◆ **débarrasse le plancher*** hop it!* (Brit), make yourself scarce!*, beat it!*
b **débarrasser qn de** fardeau, manteau, chapeau to relieve sb of ; habitude to break ou rid sb of ; ennemi, mal to rid sb of ; liens to release sb from
2 **se débarrasser** vpr ◆ **se débarrasser de** objet, personne to get rid of, rid o.s. of ; sentiment to rid o.s. of, get rid of, shake off ; mauvaise habitude to break o.s. of, rid o.s. of ; (ôter) vêtement to take off, remove ◆ **débarrassez-vous !** put your things (ou coat etc) down

débat [deba] [→ SYN] nm (discussion) discussion, debate ; (polémique) debate ◆ **débat intérieur** inner struggle ◆ **dîner-débat** dinner debate ◆ (TV) **débat télévisé** televised ou television debate ◆ (Jur, Pol : séance) **débats** proceedings, debates ◆ (Jur) **débats à huis clos** hearing in camera ◆ (Parl) **débat de clôture** ≃ adjournment debate

débâter [debate] ▸ conjug 1 ◂ vt bête de somme to unsaddle

débâtir [debatiʀ] [→ SYN] ▸ conjug 2 ◂ vt (Couture) to take out ou remove the tacking ou basting in

débattement [debatmɑ̃] nm [suspension] clearance

débatteur [debatœʀ] nm debater

débattre [debatʀ] [→ SYN] ▸ conjug 41 ◂ **1** vt problème, question to discuss, debate ; prix, traité to discuss ◆ **le prix reste à débattre** the price has still to be discussed ◆ **à vendre 1 000 F à débattre** for sale (for) 1,000 francs or nearest offer
2 **débattre de** vt indir question to discuss, debate
3 **se débattre** vpr (contre un adversaire) to struggle (*contre* with) ; (contre le courant) to struggle (*contre* against) ; (contre les difficultés) to struggle (*contre* against, with), wrestle (*contre* with) ◆ **se débattre comme un beau diable** ou **comme un forcené** to struggle like the very devil ou like one possessed

débauchage [deboʃaʒ] nm (licenciement) laying off, dismissal ; (embauche d'un salarié d'une autre entreprise) hiring away, poaching

débauche [deboʃ] [→ SYN] nf **a** (vice) debauchery ◆ **mener une vie de débauche, vivre dans la débauche** to lead a debauched life ou a life of debauchery ◆ **scène de débauche** scene of debauchery ◆ **partie de débauche** orgy → **excitation, lieu**[1]
b (abondance) **débauche de** profusion ou abundance ou wealth of ◆ **débauche de couleurs** riot of colour

débauché, e [deboʃe] [→ SYN] (ptp de **débaucher**) **1** adj personne, vie debauched
2 nm,f (viveur) debauched person ◆ **c'est un débauché** he leads a debauched life

débaucher [deboʃe] [→ SYN] ▸ conjug 1 ◂ **1** vt **a** († : corrompre) to debauch, corrupt ; (* : inviter à s'amuser) to entice away, tempt away
b (inviter à la grève) to incite to strike ; (licencier) to lay off, make redundant ; (embaucher un salarié d'une autre entreprise) to hire away, poach (*de* from)
2 **se débaucher** vpr to turn to (a life of) debauchery, become debauched

débaucheur [deboʃœʀ] nm (→ **débaucher**) debaucher ; tempter ; strike agitator

débaucheuse [deboʃøz] nf (→ **débaucher**) debaucher ; temptress ; strike agitator

débecter⁑**, débéqueter**⁑ [debɛkte] ▸ conjug 1 ◂ vt (dégoûter) to disgust ◆ **ça me débecte** it's disgusting, it makes me sick*

débile [debil] [→ SYN] **1** adj corps, membre weak, feeble ; esprit feeble ; santé frail, poor ; enfant sickly, weak ; (*) film, discours pathetic*, stupid ; (*) raisonnement moronic*
2 nmf ◆ (Méd) **débile mental** subnormal person, mentally deficient person, mental defective ◆ **débile profond** severely subnormal person ◆ (péj) **c'est un débile** he's a moron

débilitant, e [debilitɑ̃, ɑ̃t] [→ SYN] adj (→ **débiliter**) debilitating ; enervating ; demoralizing

débilité [debilite] [→ SYN] nf († : faiblesse) debility ; (péj) [propos, attitude] stupidity ◆ **débilité mentale** mental deficiency ◆ **enfant atteint d'une débilité légère** mildly mentally-handicapped child

débiliter [debilite] [→ SYN] ▸ conjug 1 ◂ vt [climat] to debilitate, enervate ; [milieu] to enervate ; [propos] to demoralize

débinage* [debinaʒ] nm knocking*, slamming*, running down

débine* [debin] nf ◆ **être dans la débine** to be on one's uppers* (Brit), be hard up ◆ **tomber dans la débine** to fall on hard times

débiner* [debine] ▸ conjug 1 ◂ **1** vt (dénigrer) personne to knock*, run down
2 **se débiner** vpr (se sauver) to do a bunk⁑ (Brit), clear off*

débineur, -euse* [debinœʀ, øz] nm,f backbiter*

débirentier, -ière [debiʀɑ̃tje, jɛʀ] nm,f payer of an annuity

débit [debi] [→ SYN] **1** nm **a** (Fin) debit ; [relevé de compte] debit side ◆ **mettre** ou **porter 100 F au débit de qn** to debit sb ou sb's account with 100 francs, charge 100 francs to sb's account ◆ **pouvez-vous me faire le** ou **mon débit ?** can I pay for it please ?
b (Comm : vente) turnover (of goods), sales ◆ **article qui a un bon / faible débit** article which sells well / poorly ◆ **n'achète pas ton fromage dans cette boutique, il n'y a pas assez de débit** don't buy your cheese in this shop, there isn't a quick enough turnover ◆ **cette boutique a du débit** this shop has a quick turnover (of goods)
c [fleuve] (rate of) flow ; [gaz, électricité] output ; [pompe] flow, outflow ; [tuyau] discharge ; [machine] output ; [moyen de transport : métro, téléphérique] passenger flow ◆ **il n'y a pas assez de débit au robinet** there is not enough flow out of the tap ou pressure in the tap
d (élocution) delivery ◆ **un débit rapide / monotone** a rapid / monotonous delivery ◆ **elle a un sacré débit*** she is a real chatterbox, she's a great talker*
e (Menuiserie) cutting up, sawing up ◆ **débit d'un arbre en rondins** sawing up of a tree into logs
2 COMP ▷ **débit de boissons** (petit bar ou café) bar ; (Admin : terme générique) drinking establishment ▷ **débit de tabac** tobacconist's (shop) (Brit), tobacco ou smoke shop (US)

débitable [debitabl] adj bois which can be sawn ou cut up

débitage [debitaʒ] nm (→ **débiter** e) sawing up ; cutting up

débitant, e [debitɑ̃, ɑ̃t] [→ SYN] nm,f ◆ **débitant (de boissons)** ≃ licensed grocer ◆ **débitant (de tabac)** tobacconist (Brit), tobacco dealer (US)

débiter [debite] [→ SYN] ▸ conjug 1 ◂ vt **a** (Fin) personne, compte to debit ◆ **pouvez-vous me débiter cet article ?** can I pay for this item ?
b (Comm) marchandises to retail, sell
c [usine, machine] to produce ◆ **ce fleuve / tuyau débite tant de m³ par seconde** the flow of this river / through this pipe is so many m³ per second
d (péj : dire) âneries to utter, mouth ; insultes to pour forth ; sermon to spout, spiel off* (US) ; [acteur] rôle to churn out ◆ **il me débita tout cela sans s'arrêter** he poured all that out to me without stopping
e (tailler) bois to cut up, saw up ; viande to cut up

débiteur, -trice [debitœʀ, tʀis] [→ SYN] **1** adj (Fin) solde debit (épith) ; personne, organisme debtor (épith) ◆ **mon compte est débiteur (de 50 F)** my account has a debit balance (of 50 francs) ou is (50 francs) in the red*
2 nm,f (Fin, fig) debtor ◆ (Jur) **débiteur gagiste** lienee ◆ (lit, fig) **être le débiteur de qn** to be indebted to sb, be in sb's debt

débitmètre [debimɛtʀ] nm flowmeter

déblai [deblɛ] [→ SYN] nm **a** (nettoyage) clearing ; (Tech : terrassement) earth-moving, excavations
b **déblais** (gravats) rubble, debris (sg) ; (terre) earth

déblaiement [deblɛmɑ̃] nm [chemin, espace] clearing

déblatérer* [deblateʀe] ▸conjug 6◂ vi **a** (médire) **déblatérer contre** ou **sur** to go ou rant on about*
b (dire des bêtises) to drivel (on)*, talk twaddle* (Brit) ou rot* ou drivel*

déblayage [deblɛjaʒ] nm **a** ⇒ **déblaiement**
b (fig) **le déblayage d'une question** (doing) the spadework on a question

déblayer [debleje] → SYN ▸conjug 8◂ vt **a** décombres to clear away, remove; chemin, porte, espace to clear; pièce to clear up, tidy up; (Tech) terrain to level off
b travail to prepare, do the spadework on ◆ (fig : préparer) **déblayer le terrain** to clear the ground ou the way ◆ (déguerpir) **déblaye (le terrain) !*** push off !* (Brit), get lost !*

déblocage [deblɔkaʒ] nm (→ **débloquer**) freeing; releasing; unfreezing; unjamming; unblocking

débloquer [deblɔke] → SYN ▸conjug 1◂ **1** vt **a** (Fin) compte to free, release; (Écon) stocks, marchandises, crédits to release; prix, salaires to unfreeze, free ◆ **pour débloquer la situation** in order to get things moving again
b (Tech) machine to unjam; écrou, freins to release; route to unblock
c **débloquer qn** (le rendre moins timide) to bring sb out of his shell; (* : le débarrasser de ses complexes) to rid sb of his complexes ou inhibitions
2 vi (‡) (dire des bêtises) to talk twaddle* (Brit) ou rot* ou drivel*; (être fou) to be off one's rocker‡
3 **se débloquer** vpr [personne] to loosen up ◆ **la situation commence à se débloquer** things are starting to move again

débobiner [debɔbine] ▸conjug 1◂ vt (Couture) to unwind, wind off; (Élec) to unwind, uncoil

déboguer [debɔge] ▸conjug 1◂ vt (Ordin) to debug

déboires [debwaʀ] nmpl (déceptions) disappointments, heartbreaks; (échecs) setbacks, reverses; (ennuis) trials, difficulties

déboisage [debwazaʒ], **déboisement** [debwazmɑ̃] nm [montagne, endroit] deforestation; [forêt] clearing

déboiser [debwaze] → SYN ▸conjug 1◂ vt montagne, endroit to deforest; forêt to clear of trees

déboîtement [debwatmɑ̃] → SYN nm (Méd) dislocation; (Aut : → **déboîter**) pulling out; changing lanes

déboîter [debwate] → SYN ▸conjug 1◂ **1** vt membre to dislocate; porte to take off its hinges; tuyaux to disconnect; objet to dislodge, knock out of place ◆ **se déboîter l'épaule** to dislocate one's shoulder
2 vi (Aut) (du trottoir) to pull out; (d'une file) to change lanes, pull out; (Mil) to break rank

débonder [debɔ̃de] → SYN ▸conjug 1◂ **1** vt tonneau to remove the bung ou stopper from; baignoire to unplug
2 **se débonder** vpr [personne] to open one's heart, pour out one's feelings

débonnaire [debɔnɛʀ] → SYN adj (bon enfant) easy-going, good-natured; († : trop bon, faible) soft, weak ◆ **air débonnaire** kindly appearance

débord [debɔʀ] → SYN nm (liseré) piping (NonC)

débordant, e [debɔʀdɑ̃, ɑ̃t] → SYN adj activité exuberant; enthousiasme, joie overflowing, unbounded; imagination overactive ◆ (Mil) **mouvement débordant** outflanking manoeuvre

débordé, e [debɔʀde] (ptp de **déborder**) adj overburdened ◆ **débordé de travail** snowed under with work, up to one's eyes in work

débordement [debɔʀdəmɑ̃] → SYN nm **a** [rivière, liquide] overflowing (NonC); [liquide en ébullition] boiling over (NonC); (Ordin) memory overflow; (Mil, Sport) outflanking (NonC) ◆ (manifestation) **afin d'éviter les débordements** to prevent demonstrators from getting out of hand
b [joie] outburst; [paroles, injures] torrent, rush; [activité] explosion ◆ **débordement de vie** bubbling vitality
c (débauches) **débordements** excesses ◆ **devant les débordements de son fils, il lui coupa les vivres** confronted with his son's excesses, he cut off his allowance

déborder [debɔʀde] → SYN ▸conjug 1◂ **1** vi **a** [récipient, liquide] to overflow; [fleuve, rivière] to burst its banks, overflow; [liquide bouillant] to boil over ◆ **les pluies ont fait déborder le réservoir** the rains caused the reservoir to overflow ◆ **faire déborder le café** to let the coffee boil over ◆ **tasse / boîte pleine à déborder** cup / box full to the brim ou to overflowing (*de* with) ◆ **l'eau a débordé du vase / de la casserole** the water has overflowed the vase / has boiled over the saucepan ◆ **les vêtements qui débordaient de la valise** the clothes spilling out of the suitcase ◆ **la foule débordait sur la chaussée** the crowd was overflowing onto the roadway ◆ (fig) **cela a fait déborder le vase, c'est la goutte qui a fait déborder le vase** that was the last straw, that was the straw that broke the camel's back ◆ (fig) **son cœur débordait, il fallait qu'il parle** his heart was (full to) overflowing and he just had to speak
b (en coloriant, en mettant du rouge à lèvres) to go over the edge
c (fig) **déborder de santé** to be bursting with health ◆ **déborder de vitalité / joie** to be bubbling ou brimming over with vitality / joy, be bursting with vitality / joy ◆ **son cœur débordait de reconnaissance** his heart was overflowing ou bursting with gratitude ◆ **déborder de richesses** to be overflowing with riches ◆ **déborder d'imagination** to have an overactive imagination ◆ **il débordait de tendresse pour elle** his heart was overflowing with tenderness for her
2 vt **a** (dépasser) enceinte, limites to extend beyond; (Mil, Pol, Sport) ennemi to outflank ◆ **leur maison déborde les autres** their house juts out from the others ◆ **la nappe doit déborder la table** the tablecloth should hang over ou overhang the edge of the table ◆ **le conférencier / cette remarque déborde le cadre du sujet** the lecturer / that remark goes beyond the bounds of the subject ◆ **il a débordé (le temps imparti)** he has run over (the allotted time) ◆ (Mil, Pol, Sport) **se laisser déborder sur la droite** to allow o.s. to be outflanked on the right
b couvertures, lit to untuck ◆ **déborder qn** to untuck sb ou sb's bed ◆ **il s'est débordé en dormant** he ou his bed came untucked in his sleep
c (Couture) jupe, rideau to remove the border from

débosseler [debɔs(ə)le] ▸conjug 4◂ vt to flatten out

débotté [debɔte] nm ◆ (frm) **je ne peux pas répondre au débotté** I can't answer off the cuff ◆ **donner une réponse au débotté** to give an off-the-cuff reply ◆ **prendre qn au débotté** to take sb unawares

débotter [debɔte] ▸conjug 1◂ **1** vt ◆ **débotter qn** to take off sb's boots
2 **se débotter** vpr to take one's boots off

débouchage [debuʃaʒ] nm [bouteille] uncorking, opening; [tuyau] unblocking

débouché [debuʃe] → SYN nm **a** (gén pl) (Comm : marché) outlet; (carrière) opening, prospect
b [défilé] opening ◆ **au débouché de la vallée (dans la plaine)** where the valley opens out (into the plain) ◆ **il s'arrêta au débouché de la rue** he stopped at the end of the street ◆ **la Suisse n'a aucun débouché sur la mer** Switzerland has no outlet to the sea

déboucher [debuʃe] → SYN ▸conjug 1◂ **1** vt **a** lavabo, tuyau to unblock
b bouteille de vin to uncork, open; carafe, flacon to unstopper, take the stopper out of; tube to uncap, take the cap ou top off
2 vi to emerge, come out ◆ **déboucher de** [personne, voiture] to emerge from, come out of ◆ **déboucher sur** ou **dans** [rue] to run into, open onto ou into; [personne, voiture] to come out onto ou into, emerge onto ou into ◆ **sur quoi ces études débouchent-elles ?** what does this course lead on to? ◆ (fig) **cette discussion débouche sur une impasse** this discussion is approaching stalemate ou is leading up a blind alley ◆ **déboucher sur des mesures concrètes** to result in ou lead to concrete measures ◆ **ne déboucher sur rien** to end inconclusively
3 **se déboucher** vpr [bouteille] to come uncorked; [tuyau] to unblock, come unblocked

déboucheur [debuʃœʀ] nm caustic cleaner

débouchoir [debuʃwaʀ] nm [lavabo] plunger, plumber's helper (US)

déboucler [debukle] → SYN ▸conjug 1◂ vt ceinture to unbuckle, undo ◆ **je suis toute débouclée** my hair has all gone straight ou has gone quite straight, the curl has come out of my hair

déboulé [debule] nm (Danse) déboulé; (Courses) charge ◆ (Chasse) **tirer un lapin au déboulé** to shoot a rabbit as it breaks cover

débouler [debule] → SYN ▸conjug 1◂ **1** vi **a** (Chasse) [lapin] to bolt
b (arriver vite) **attention, les voitures déboulent à toute vitesse ici** watch out, the cars come out of nowhere around here ◆ **il a déboulé dans le hall** he shot ou darted into the hall
c (dégringoler) to tumble down
2 vt (* : dévaler) to belt down* (Brit), charge down ◆ **débouler l'escalier** to come belting down (Brit) ou charging down the stairs*

déboulonnage [debulɔnaʒ], **déboulonnement** [debulɔnmɑ̃] nm (→ **déboulonner**) removal of bolts (*de* from); sacking*, firing; discrediting, debunking

déboulonner [debulɔne] ▸conjug 1◂ vt **a** machine to remove the bolts from, take the bolts out of
b (*) haut fonctionnaire (renvoyer) to sack*, fire; (discréditer) to discredit, bring down, debunk*; député to unseat

débouquer [debuke] → SYN ▸conjug 1◂ vi to emerge from the canal mouth

débourber [debuʀbe] ▸conjug 1◂ vt fossé to clear of mud, clean out; canal to dredge; véhicule to pull out of the mud

débourrage [debuʀaʒ] nm (→ **débourrer**) breaking in; deburring; emptying

débourrement [debuʀmɑ̃] nm (Agr) opening of buds

débourrer [debuʀe] → SYN ▸conjug 1◂ **1** vt **a** cheval to break in
b cuir to deburr
c pipe to empty
2 vi [bourgeon] to open out

débours [debuʀ] → SYN nm (dépense) outlay ◆ **pour rentrer dans ses débours** to recover one's outlay ◆ **sans débours d'argent** without any financial outlay

déboursement [debuʀsəmɑ̃] nm laying out, disbursement (frm)

débourser [debuʀse] → SYN ▸conjug 1◂ vt to pay out, lay out, disburse (frm) ◆ **sans débourser un sou** without paying ou laying out a penny, without being a penny out of pocket

déboussoler* [debusɔle] ▸conjug 1◂ vt to disorientate ◆ **il est complètement déboussolé** he is completely at sea, he is completely lost ou disorientated

debout [d(ə)bu] → SYN adv, adj inv **a** personne (en position verticale) standing (up); (levé) up ◆ **être** ou **se tenir debout** to stand ◆ **être debout** (levé) to be up; (guéri) to be up (and about) ◆ **se mettre debout** to stand up, get up ◆ **il préfère être** ou **rester debout** he prefers to stand ou remain standing ◆ (fig) **je préfère mourir debout** I'd rather die on my feet ◆ **voulez-vous, je vous prie, rester debout** will you please remain standing ◆ **hier, nous sommes restés debout jusqu'à minuit** yesterday we stayed up till midnight ◆ **leur enfant se tient debout maintenant** their child can stand (up) now ◆ **il l'aida à se (re)mettre debout** he helped him (back) up, he helped him (back) to his feet ◆ **debout, il paraît plus petit** he looks smaller standing (up) ◆ **la pièce est si petite qu'on ne peut pas se tenir debout** the room is so small that it's impossible to stand upright ◆ **il est si fatigué qu'il tient à peine debout** he is so tired he can hardly stand ◆ **elle est debout toute la journée** she is on her feet all day ◆ **ces gens debout nous empêchent de voir** we can't see for ou because of the people standing in front of us ◆ **debout !** get up!, on your feet! ◆ **debout là-dedans !*** get up, you lot!* → **dormir, magistrature**

b bouteille, meuble (position habituelle) standing up(right); (position inhabituelle) standing (up) on end ◆ **mettre qch debout** to stand sth up(right); to stand sth (up) on end ◆ **les tables, debout le long du mur** the tables, standing (up) on end along the wall ◆ **mets les bouteilles debout** stand the bottles up(right)

c édifice, mur standing (attrib) ◆ (fig) **ces institutions sont** ou **tiennent encore debout** these institutions are still going ◆ **cette théorie / ce record est encore debout** this theory/record still stands ou is still valid ◆ **cette théorie tient debout après tout** this theory holds up ou good after all ◆ **ça ne tient pas debout ce que tu dis** what you say doesn't stand up ◆ **son histoire ne tient pas debout** his story doesn't hold water

débouté [debute] nm (Jur) ≃ nonsuit

déboutement [debutmɑ̃] nm (Jur) ≃ nonsuiting

débouter [debute] → SYN ▸conjug 1◂ vt (Jur) ≃ to nonsuit ◆ **débouter qn de sa plainte** ≃ to nonsuit a plaintiff ◆ **être débouté de sa demande** to be ruled out of court, see one's case dismissed by the court, ≃ to be nonsuited

déboutonner [debutɔne] → SYN ▸conjug 1◂ **1** vt vêtement to unbutton, undo; fleuret to remove the button from

2 **se déboutonner** vpr **a** [personne] to unbutton ou undo one's jacket (ou coat etc.) unbutton ou undo o.s.; [habit] to come unbuttoned ou undone

b (*: se confier) to open up*

débraillé, e [debʀaje] → SYN (ptp de **se débrailler**) **1** adj tenue, personne untidy, slovenly-looking; manières slovenly; style sloppy, slipshod

2 nm [tenue, manières] slovenliness; [style] sloppiness ◆ **être en débraillé** to be half-dressed

débrailler (se)* [debʀaje] → SYN ▸conjug 1◂ vpr [personne] to loosen one's clothing ◆ **la conversation se débraille** the conversation is getting out of hand

débranchement [debʀɑ̃ʃmɑ̃] nm (→ **débrancher**) disconnecting; unplugging; cutting (off), splitting up

débrancher [debʀɑ̃ʃe] → SYN ▸conjug 1◂ **1** vt (gén) to disconnect; appareil électrique to unplug, disconnect; téléphone to cut off, disconnect; courant to cut (off), disconnect; (Rail) wagons to split up ◆ (Méd) **ils l'ont débranché*** they switched him off*

2 vi (*) (arrêter) to stop; (se détendre) to unwind*

débrayage [debʀɛjaʒ] nm **a** (objet) (Aut) clutch; [appareil-photo] release button

b (action) [moteur] declutching, disengagement of the clutch; [appareil-photo] releasing

c (grève) stoppage

débrayer [debʀeje] ▸conjug 8◂ **1** vi **a** (Aut) to declutch (Brit), disengage the clutch; (Tech) to operate the release mechanism

b (faire grève) to stop work, come out on strike ◆ **le personnel a débrayé à 4 heures** the staff stopped work at 4 o'clock

2 vt (Tech) to release

débridé, e [debʀide] → SYN (ptp de **débrider**) adj unbridled, unrestrained

débridement [debʀidmɑ̃] → SYN nm [instincts] unbridling, unleashing; [plaie] lancing, incising

débrider [debʀide] → SYN ▸conjug 1◂ vt cheval to unbridle; volaille to untruss; plaie to lance, incise ◆ (fig) **sans débrider** non-stop

débris [debʀi] → SYN nm **a** (pl: morceaux) fragments, pieces; (décombres) debris (sg); (détritus) rubbish (NonC) ◆ **des débris de verre / de vase** fragments ou pieces of glass/of a vase ◆ **des débris de métal** scraps of metal

b (pl: fig littér: restes) [mort] remains; [plat, repas] left-overs, scraps; [armée, fortune] remains, remnants; [état] ruins; [édifice] ruins, remains

c (éclat, fragment) fragment

d (péj: personne) **(vieux) débris** old wreck, old dodderer

débrocher [debʀɔʃe] ▸conjug 1◂ vt livre to unbind

débronzer [debʀɔ̃ze] ▸conjug 1◂ vi to lose one's tan

débrouillage [debʀujaʒ] nm (→ **débrouiller**) disentangling; untangling; sorting out; unravelling

débrouillard, e* [debʀujaʀ, aʀd] → SYN **1** adj (malin) smart*, resourceful

2 nm,f coper*, survivor

débrouillardise* [debʀujaʀdiz] nf, **débrouille** [debʀuj] nf smartness*, resourcefulness

débrouillement [debʀujmɑ̃] nm ⇒ **débrouillage**

débrouiller [debʀuje] → SYN ▸conjug 1◂ **1** vt **a** (démêler) fils to disentangle, untangle; papiers to sort out; problème to sort out, untangle; mystère to unravel, disentangle

b (*: éduquer) **débrouiller qn** (gén) to teach sb how to look after himself (ou herself); (à l'école) to teach sb the basics ◆ **débrouiller qn en anglais / en informatique** to teach sb the basics ou give sb a grounding in English/computing

2 **se débrouiller** vpr to manage ◆ **débrouillez-vous** you'll have to manage on your own ou sort things out yourself ◆ **il m'a laissé me débrouiller (tout seul) avec mes ennemis** he left me to cope (alone) with my enemies ◆ **il s'est débrouillé pour obtenir la permission d'y aller** he somehow managed to get permission to go, he wangled* permission to go ◆ **c'est toi qui as fait l'erreur, maintenant débrouille-toi pour la réparer** you made the mistake so now sort it out yourself* ◆ **il faudra bien nous en débrouiller** we'll have to sort it out ◆ **je me débrouillerai avec mon frère pour les boissons** I'll look after* ou I'll organize the drinks with my brother ◆ **elle se débrouille en allemand** she has a working knowledge of German, she can get by in German

débroussaillage [debʀusajaʒ], **débroussaillement** [debʀusajmɑ̃] nm [terrain] clearing (de of); [problème] spadework (de on)

débroussailler [debʀusaje] → SYN ▸conjug 1◂ vt terrain to clear (of brushwood); problème to do the spadework on

débroussailleuse [debʀusajøz] nf edge trimmer, strimmer (Brit), weedeater ® (US)

débuche, débucher¹ [debyʃe] nm [animal] break of cover; (sonnerie) sounding of the horn at break of cover

débucher² [debyʃe] ▸conjug 1◂ **1** vi [animal] to break cover

2 vt to force to break cover

débudgétisation [debydʒetizasjɔ̃] nf debudgeting

débudgétiser [debydʒetize] ▸conjug 1◂ vt to debudget

débureaucratiser [debyʀokʀatize] ▸conjug 1◂ vt to do away with the bureaucracy of

débusquer [debyske] → SYN ▸conjug 1◂ vt lièvre, cerf to drive out (from cover); oiseau to flush out, drive out (from cover); personne to drive out, chase out, flush out

début [deby] → SYN nm **a** [semaine, livre, action] beginning, start; [discours] beginning, opening ◆ **du début à la fin** from beginning to end, from start to finish ◆ **les scènes du début sont très belles** the opening scenes are very beautiful ◆ **salaire de début** starting salary ◆ **dès le début** from the outset ou the start ou the (very) beginning ◆ **au début** at first, in ou at the beginning ◆ **début février** in early February ◆ **au début du mois prochain** early next month, at the beginning of next month ◆ (hum) **il y a** ou **il faut un début à tout** there's a first time for everything ◆ **j'ai un début de grippe** I've got the beginnings ou first signs of the flu

b **débuts**: **ses débuts furent médiocres** he made an indifferent start ◆ **à mes débuts (dans ce métier)** when I started (in this job) ◆ **ce projet en est encore à ses débuts** the project is still in its early stages ou at the early stages ◆ **faire ses débuts dans le monde** to make one's début in society ◆ **faire ses débuts sur la scène** to make one's début ou one's first appearance on the stage

débutant, e [debytɑ̃, ɑ̃t] → SYN **1** adj novice (épith)

2 nm (gén) beginner, novice; (Théât) debutant actor ◆ **leçon d'anglais pour débutants** English lesson for beginners ◆ **grand / faux débutant en anglais** absolute/virtual beginner in English

3 **débutante** nf (gén) beginner, novice; (Théât) debutant actress; [haute société] debutante

débuter [debyte] → SYN ▸conjug 1◂ **1** vi **a** [personne] to start (out) ◆ **débuter bien / mal** to make a good/bad start, start well/badly ◆ **il a débuté (dans la vie) comme livreur** he started (life) as a delivery boy ◆ **elle a débuté dans « Autant en emporte le vent »** she made her début ou her first appearance in "Gone with the Wind" ◆ **il débute (dans le métier), soyez indulgent** he is just starting (in the business) so don't be too hard on him ◆ **l'orateur a débuté par des excuses** the speaker started (off) ou began ou opened by apologizing ◆ **débuter dans le monde** to make one's début in society, come out ◆ **pour débuter** to start (off) with

b [livre, concert, manifestation] to start, begin, open (*par, sur* with)

2 vt (*) semaine, réunion, discours to start, begin, open (*par, sur* with) ◆ **il a bien débuté l'année** he has begun ou started the year well

déca* [deka] nm (café) decaffeinated coffee, decaf*

déca- [deka] préf deca

deçà [dəsa] adv **a** **en deçà de** (on) this side of; (fig) short of ◆ **en deçà du fleuve / de la montagne** this side of the river/of the mountain ◆ **en deçà de ses moyens** within his means ◆ **en deçà d'une certaine intensité, on ne peut plus rien entendre** below a certain intensity, one can no longer hear anything ◆ **ce qu'il dit est très en deçà de la vérité** what he says is well short of the truth ◆ **tu vois la rivière, sa maison se trouve en deçà** you see the river – his house is this side of it ◆ **au deçà de††** (on) this side of

b (littér) **deçà, delà** here and there, on this side and that

décachetage [dekaʃtaʒ] nm unsealing, opening

décacheter [dekaʃ(ə)te] → SYN ▸conjug 4◂ vt lettre to unseal, open; colis to break open

décade [dekad] nf (décennie) decade; (dix jours) period of ten days

décadenasser [dekadnase] ▸conjug 1◂ vt porte to unpadlock, remove the padlock from

décadence [dekadɑ̃s] → SYN nf (processus) decline, decadence, decay; (état) decadence ◆ **la décadence de l'empire romain** the decline of the Roman empire ◆ **tomber en décadence** to fall into decline → **grandeur**

décadent, e [dekadɑ̃, ɑ̃t] → SYN **1** adj (gén) decadent, declining, decaying; (Art) decadent

2 nm,f decadent

décaèdre [dekaɛdʀ] **1** adj decahedral

2 nm decahedron

décaféiné, e [dekafeine] (ptp de **décaféiner**) **1** adj decaffeinated, caffeine-free

2 nm decaffeinated coffee, decaf*

décaféiner [dekafeine] ▸conjug 1◂ vt to decaffeinate

décagonal, e, mpl **-aux** [dekagɔnal, o] adj decagonal

décagone [dekagɔn] nm decagon

décagramme [dekagʀam] nm decagram(me)

décaissement [dekɛsmɑ̃] nm payment, disbursement

décaisser [dekese] → SYN ▸conjug 1◂ vt objet to uncrate, unpack; argent to pay out

décalage [dekalaʒ] → SYN nm **a** (écart) gap, interval; (entre deux concepts) gap, discrepancy; (entre deux actions successives) interval, time-lag (*entre* between) ◆ **le décalage entre le rêve et la réalité** the gap between dream and reality ◆ **il y a un décalage entre le coup de feu et le bruit de la détonation** there is an interval ou a time-lag between the shot and the sound of the detonation ◆ **le décalage horaire entre l'est et l'ouest des USA** the time difference between the

east and west of the USA ◆ (en avion) **(fatigue due au) décalage horaire** jet lag ◆ **mal supporter le décalage horaire** to suffer from jet lag ◆ **ils sont en décalage avec leurs électeurs** they're out of touch with their electorate
b (déplacement d'horaire) move forward ou back ◆ **il y a un décalage d'horaire / de date** (avance) the timetable / date is brought forward; (retard) the timetable / date is put back
c (dans l'espace) (avancée) jutting out; (retrait) standing back; (déplacement) [meuble, objet] shifting forward ou back

décalaminage [dekalaminaʒ] nm decarbonization, decoking (Brit), decoke* (Brit)

décalaminer [dekalamine] ▸conjug 1◂ vt to decarbonize, decoke (Brit)

décalcifiant, e [dekalsifjɑ̃, jɑ̃t] adj decalcifying (épith)

décalcification [dekalsifikasjɔ̃] nf decalcification

décalcifier vt, **se décalcifier** vpr [dekalsifje] ▸conjug 7◂ to decalcify

décalcomanie [dekalkɔmani] nf (procédé, image) transfer, decal, decalcomania (spéc) ◆ **faire de la décalcomanie** to do transfers

décaler [dekale] → SYN ▸conjug 1◂ vt **a** horaire, départ, repas (avancer) to bring ou move forward; (retarder) to put back ◆ **décalé d'une heure** (avancé) brought ou moved forward an hour; (retardé) put back an hour
b pupitre, meuble (avancer) to move ou shift forward; (reculer) to move ou shift back ◆ **décalez-vous d'un rang** move forward (ou back) a row ◆ **une série d'immeubles décalés par rapport aux autres** a row of buildings out of line with ou jutting out from the others ◆ (fig) **il est complètement décalé par rapport à la réalité** he's completely out of touch with reality
c (déséquilibrer) meuble, objet to unwedge

décalitre [dekalitʀ] nm decalitre

décalogue [dekalɔg] nm Decalogue

décalotter [dekalɔte] ▸conjug 1◂ vt (gén) to take the top off; (Méd) to pull back the foreskin of

décalquage [dekalkaʒ] nm (→ **décalquer**) tracing; transferring

décalque [dekalk] nm (dessin: → **décalquer**) tracing; transfer; (fig: imitation) reproduction, copy

décalquer [dekalke] ▸conjug 1◂ vt (avec papier transparent) to trace; (par pression) to transfer

décalvant, e [dekalvɑ̃, ɑ̃t] adj causing baldness

Décaméron [dekameʀɔ̃] nm ◆ (Littérat) **"Le Décaméron"** "The Decameron"

décamètre [dekamɛtʀ] nm decametre

décamper* [dekɑ̃pe] ▸conjug 1◂ vi (déguerpir) to clear out* ou off*, decamp* ◆ **décampez d'ici!** clear off!*, scram!* ◆ **faire décamper qn** to chase sb out (*de* from)

décan [dekɑ̃] nm (Astrol) decan

décanal, e, mpl **-aux** [dekanal, o] adj decanal

décanat [dekana] nm (dignité, durée) deanship

décaniller* [dekanije] ▸conjug 1◂ vi (partir) to clear out* ou off*, decamp* ◆ **il nous a fait décaniller** he sent us packing* (*de* from)

décantage [dekɑ̃taʒ] nm, **décantation** [dekɑ̃tasjɔ̃] nf (→ **décanter, se décanter**) settling (and decanting); clarification

décanter [dekɑ̃te] → SYN ▸conjug 1◂ **1** vt liquide, vin to settle, allow to settle (and decant) ◆ (fig) **décanter ses idées** to allow the dust to settle around one's ideas
2 vi, **se décanter** vpr [liquide, vin] to settle; (fig) [idées] to become clear ◆ **il faut laisser décanter ce liquide pendant une nuit** this liquid must be allowed to settle overnight ◆ **il faut laisser les choses se décanter, après on verra** we'll have to let things clarify themselves ou we'll have to allow the dust to settle and then we'll see ◆ **attendre que la situation se décante** to wait until the situation becomes clearer

décanteur [dekɑ̃tœʀ] nm decanter (Tech: apparatus)

décapage [dekapaʒ] nm (→ **décaper**) cleaning, cleansing; scouring; pickling; scrubbing; sanding; sandblasting; burning off; stripping

décapant [dekapɑ̃] → SYN **1** adj (lit) produit abrasive, caustic; (fig) humour caustic, biting, cutting
2 nm (acide) pickle, acid solution; (abrasif) scouring agent, abrasive; (pour peinture) paint stripper

décapeler [dekap(ə)le] ▸conjug 4◂ vt to unrig

décaper [dekape] → SYN ▸conjug 1◂ vt (gén) to clean, cleanse; (à l'abrasif) to scour; (à l'acide) to pickle; (à la brosse) to scrub; (au papier de verre) to sand; (à la sableuse) to sandblast; (au chalumeau) to burn off; (enlever la peinture) to strip ◆ **d'abord il faut bien décaper la surface pour enlever la rouille** first you must clean the surface of any rust

décapeur, -euse [dekapœʀ, øz] **1** nm,f (personne) pickler
2 nm ◆ **décapeur (thermique)** (thermal) pickling machine
3 **décapeuse** nf scraper

décapitation [dekapitasjɔ̃] nf [personne] beheading

décapiter [dekapite] → SYN ▸conjug 1◂ vt personne to behead; (accidentellement) to decapitate; arbre to top, cut the top off ◆ (fig) **à la suite de l'attentat le parti s'est trouvé décapité** the party was left leaderless ou without a leader as a result of the attack

décapode [dekapɔd] nm decapod ◆ **les décapodes** the Decapoda

Décapole [dekapɔl] nf Decapolis

décapotable [dekapɔtabl] adj, nf ◆ **(voiture) décapotable** convertible

décapoter [dekapɔte] ▸conjug 1◂ vt ◆ **décapoter une voiture** to put down the roof (Brit) ou top (US) of a car

décapsulage [dekapsylaʒ] nm taking the cap ou top off

décapsulation [dekapsylasjɔ̃] nf decapsulation

décapsuler[1] [dekapsyle] ▸conjug 1◂ vt to take the cap ou top off

décapsuler[2] [dekapsyle] ▸conjug 1◂ vt (Méd) to decapsulate

décapsuleur [dekapsylœʀ] nm bottle-opener

décapuchonner [dekapyʃɔne] ▸conjug 1◂ vt to remove the top ou cap from

décarbonater [dekaʀbɔnate] ▸conjug 1◂ vt to decarbonate

décarboxylase [dekaʀbɔksilɑz] nf decarboxylase

décarburant, e [dekaʀbyʀɑ̃, ɑ̃t] adj decarbonizing (épith)

décarburation [dekaʀbyʀasjɔ̃] nf decarbonization

décarburer [dekaʀbyʀe] ▸conjug 1◂ vt to decarbonize

décarcasser (se)* [dekaʀkase] → SYN ▸conjug 1◂ vpr to flog o.s. to death*, slog one's guts out*, go to a hell of a lot of trouble* (*pour faire* to do; *pour qn* for sb)

décarreler [dekaʀle] ▸conjug 4◂ vt to take the tiles up from

décarrer* [dekaʀe] ▸conjug 1◂ vi to split*, make tracks*, hit the road ou trail*

décartellisation [dekaʀtelizasjɔ̃] nf decartelization

décasyllabe [dekasi(l)lab] **1** adj decasyllabic
2 nm decasyllable

décasyllabique [dekasi(l)labik] adj ⇒ **décasyllabe**

décathlon [dekatlɔ̃] nm decathlon

décathlonien [dekatlɔnjɛ̃] nm decathlete

décati, e [dekati] → SYN adj (péj) vieillard decrepit, broken-down; visage aged; beauté faded; immeuble, façade shabby-looking

décatir [dekatiʀ] ▸conjug 2◂ vt étoffe to remove the gloss from

décauser [dekoze] ▸conjug 1◂ vt (Belg) to denigrate, run down

decauville [dəkovil] nm single-track railway (*used in mines*)

décavé, e [dekave] adj **a** (ruiné) joueur ruined, cleaned out* (attrib); (*) banquier ruined
b (*: hâve) visage haggard, drawn

decca [deka] nm Decca navigator

décéder [desede] ▸conjug 6◂ GRAMMAIRE ACTIVE 24.4 vi (frm) to die ◆ **M. X, décédé le 14 mai** Mr X, who died on May 14th ◆ **il est décédé depuis 20 ans** he died 20 years ago, he's been dead 20 years ◆ **les biens des personnes décédées** the property of deceased persons ou of those who have died

décelable [des(ə)labl] adj detectable, discernible

déceler [des(ə)le] → SYN ▸conjug 5◂ vt **a** (trouver) to discover, detect ◆ **on a décelé des traces de poison** traces of poison have been detected ◆ **on peut déceler dans ce poème l'influence germanique** the Germanic influence can be discerned ou detected in this poem
b (montrer) to indicate, reveal

décélération [deseleʀasjɔ̃] nf deceleration

décélérer [deseleʀe] → SYN ▸conjug 1◂ vi to decelerate

décembre [desɑ̃bʀ] nm December; pour loc voir **septembre**

décemment [desamɑ̃] adv se conduire decently ◆ **j'arrivais à jouer décemment (du piano)** I managed to play (the piano) reasonably well ou quite decently ◆ **je ne peux pas décemment l'accepter** I cannot decently ou properly accept it

décemvir [desɛmviʀ] nm decemvir

décemvirat [desɛmviʀa] mn decemvirate

décence [desɑ̃s] → SYN nf (bienséance) decency, propriety; (réserve) (sense of) decency ◆ **il aurait pu avoir la décence de ...** he could ou might have had the decency to ...

décennal, e, mpl **-aux** [desenal, o] adj decennial

décennie [deseni] nf decade

décent, e [desɑ̃, ɑ̃t] → SYN adj (bienséant) decent, proper; (discret, digne) proper; (acceptable) reasonable, decent ◆ **je vais changer de robe pour être un peu plus décente** I am going to change my dress to look a bit more decent ◆ **il eût été plus décent de refuser** it would have been more proper to refuse

décentrage [desɑ̃tʀaʒ] nm decentration

décentralisateur, -trice [desɑ̃tʀalizatœʀ, tʀis] **1** adj decentralizing (épith), decentralization (épith)
2 nm,f advocate of decentralization

décentralisation [desɑ̃tʀalizasjɔ̃] nf decentralization

décentraliser [desɑ̃tʀalize] ▸conjug 1◂ **1** vt administration to decentralize; bureaux to relocate (*away from town centres*)
2 **se décentraliser** vpr [usine] to be decentralized

décentrement [desɑ̃tʀəmɑ̃] nm, **décentration** [desɑ̃tʀasjɔ̃] nf (Opt) decentration; (action) decentring, throwing off centre

décentrer [desɑ̃tʀe] ▸conjug 1◂ **1** vt to decentre, throw off centre
2 **se décentrer** vpr to move off centre

déception [desɛpsjɔ̃] → SYN nf disappointment, let-down* ◆ **déception sentimentale** unhappy love affair

décérébration [deseʀebʀasjɔ̃] nf (Physiol) decerebration

décérébrer [deseʀebʀe] ▸conjug 6◂ vt (lit) to decerebrate; (fig) to make moronic

décernement [desɛʀnəmɑ̃] nm awarding

décerner [desɛʀne] → SYN ▸conjug 1◂ vt **a** prix, récompense to give, award
b (Jur) to issue

décervelage [desɛʀvəlaʒ] nm (fig) making moronic

décerveler [desɛʀvəle] ▸conjug 4◂ vt (fig) to make moronic

décès [desɛ] → SYN GRAMMAIRE ACTIVE 24.4 nm death, decease (frm) ◆ **« fermé pour cause de décès »** "closed owing to bereavement" → acte

décevant, e [des(ə)vɑ̃, ɑ̃t] → SYN adj a résultat, spectacle, personne disappointing
b (††: trompeur) deceptive, delusive

décevoir [des(ə)vwaʀ] → SYN ▸conjug 28◂ vt a **décevoir qn** to disappoint sb, let sb down
b (††: tromper) to deceive, delude

déchaîné, e [deʃene] (ptp de **déchaîner**) adj passions, flots, éléments raging, unbridled, unleashed; enthousiasme wild, unbridled; personne wild; foule raging, wild; opinion publique furious ◆ **il est déchaîné contre moi** he is furious ou violently angry with me

déchaînement [deʃɛnmɑ̃] → SYN nm a (→ **se déchaîner**) bursting out; explosion; breaking (out); eruption; flying into a rage
b (état agité, violent) [flots, éléments, passions] fury, raging ◆ **un déchaînement d'idées / d'injures** a torrent of ideas / of abuse
c (colère) (raging) fury ◆ **un tel déchaînement contre son fils** such an outburst of fury at his son

déchaîner [deʃene] → SYN ▸conjug 1◂ 1 vt a tempête, violence, passions, colère to unleash; enthousiasme to arouse; opinion publique to rouse; campagne to give rise to ◆ **déchaîner l'hilarité générale** to give rise to general hilarity ◆ **déchaîner les huées / les cris / les rires** to raise a storm of booing / shouting / laughter
b chien to unchain, let loose
2 **se déchaîner** vpr [fureur, passions] to burst out, explode; [rires] to break out; [tempête] to break, erupt; [personne] to fly into a rage (*contre* against), loose one's fury (*contre* upon) ◆ **la tempête se déchaînait** the storm was raging furiously ◆ **la presse se déchaîna contre lui** the press loosed its fury on him

déchant [deʃɑ̃] nm (Mus) descant

déchanter [deʃɑ̃te] → SYN ▸conjug 1◂ vi to become disillusioned ◆ **maintenant, il commence à déchanter** he is now becoming (somewhat) disillusioned

décharge [deʃaʀʒ] → SYN nf a (Élec) **décharge (électrique)** electrical discharge ◆ **il a pris une décharge (électrique) dans les doigts** he got an electric shock in his fingers ◆ (Physiol) **décharge d'adrénaline** release of adrenalin
b (salve) volley of shots, salvo ◆ **on entendit le bruit de plusieurs décharges** a volley of shots was heard ◆ **il a reçu une décharge de chevrotines dans le dos** he was hit in the back by a volley of buckshot
c (Jur) discharge; (Comm: reçu) receipt; (Hôpital) (action) discharge; (document) discharge form ◆ (Scol) **décharge (de service)** reduction in teaching load ◆ **il faut me signer la décharge pour ce colis** you have to sign the receipt for this parcel for me ◆ (fig) **il faut dire à sa décharge que ...** it must be said in his defence that ... → **témoin**
d (dépôt) **décharge (publique** ou **municipale)** rubbish tip ou dump (Brit), garbage dump (US)
e (Typ) offset sheet
f (Archit) **voûte / arc de décharge** relieving ou discharging vault / arch

déchargement [deʃaʀʒəmɑ̃] → SYN nm [cargaison, véhicule, arme] unloading ◆ **commencer le déchargement d'un véhicule** to start unloading a vehicle

décharger [deʃaʀʒe] → SYN ▸conjug 3◂ 1 vt a véhicule, animal to unload; bagages, marchandises to unload (*de* from) ◆ **je vais vous décharger : donnez-moi vos sacs / votre manteau** let me unload ou unburden you – give me your bags / your coat
b (soulager) conscience, cœur to unburden, disburden (*auprès de* to) ◆ **décharger sa colère** ou **bile** to vent one's anger ou spleen (*sur qn* (up)on sb)
c (Jur) **décharger un accusé** to discharge an accused person
d **décharger qn de** dette to release sb from; impôt to exempt sb from; responsabilité, travail, tâche to relieve sb of, release sb from ◆ **se décharger de ses responsabilités** to pass off one's responsibilities (*sur qn* onto sb) ◆ **il s'est déchargé sur moi du soin de prévenir sa mère** he loaded onto me ou handed over to me the job of telling his mother
e arme (enlever le chargeur) to unload; (tirer) to discharge, fire ◆ **il déchargea son revolver sur la foule** he fired ou discharged his revolver into the crowd
f (Élec) to discharge ◆ **la batterie s'est déchargée pendant la nuit** the battery has run down ou gone flat ou lost its charge overnight
g (Tech) bassin to drain off the excess of; support, étai to take the load ou weight off
2 vi a [tissu] to lose its colour
b (‡) to come‡

décharné, e [deʃaʀne] → SYN (ptp de **décharner**) adj corps, membre all skin and bone (attrib), emaciated; doigts bony, fleshless; visage fleshless, emaciated; squelette fleshless; (fig) paysage bare; style bald

décharner [deʃaʀne] ▸conjug 1◂ vt (amaigrir) to emaciate; (rare : ôter la chair) to remove the flesh from ◆ **cette maladie l'a complètement décharné** this illness has left him mere skin and bone ou has left him completely emaciated

déchaumer [deʃome] ▸conjug 1◂ vt to clear the stubble from

déchaussé, e [deʃose] (ptp de **déchausser**) adj personne barefoot(ed); pied bare; dent loose; mur exposed

déchaussement [deʃosmɑ̃] nm [dent] loosening

déchausser [deʃose] → SYN ▸conjug 1◂ 1 vt arbre to expose ou lay bare the roots of; mur to lay bare the foundations of ◆ **déchausser un enfant** to take a child's shoes off, take the shoes off a child ◆ **déchausser ses skis** to take one's skis off
2 vi (Ski) to lose one's skis
3 **se déchausser** vpr [personne] to take one's shoes off; [dents] to come ou work loose

déchaux [deʃo] adj m (Rel) discalced

dèche‡ [dɛʃ] nf ◆ **on est dans la dèche, c'est la dèche** we're flat broke*, we're on our uppers* (Brit)

déchéance [deʃeɑ̃s] → SYN nf a (morale) decay, decline, degeneration; (physique) degeneration; (Rel) fall, [civilisation] decline, decay ◆ **déchéance intellectuelle** intellectual decline ou degeneration
b (Pol) [souverain] deposition, dethronement ◆ (Jur) **déchéance de l'autorité parentale** loss of parental rights
c (Fin) **remboursement par déchéance du terme** repayment by acceleration

déchet [deʃɛ] → SYN nm a (restes, résidus) **déchets** [viande, tissu] scraps, waste (NonC); (épluchures) peelings; (ordures) refuse (NonC), rubbish (NonC); (Physiol) waste (NonC) ◆ **déchets de viande / de métal** scraps of meat / metal ◆ **déchets domestiques / industriels** kitchen / industrial waste (Brit) ou wastes (US) ◆ **déchets nucléaires / radioactifs** nuclear / radioactive waste ◆ **va jeter les déchets à la poubelle** go and throw the rubbish in the dustbin (Brit), go and throw the trash in the garbage can (US)
b (reste) [viande, tissu, métal] scrap, bit
c (gén, Comm : perte) waste, loss ◆ **il y a du déchet** (dans une marchandise etc) there is some waste ou wastage (Brit); (fig : dans un examen) there are (some) failures, there is (some) wastage (of students) ◆ [viande] **il y a du déchet** ou **des déchets** there's a lot of waste ◆ **déchet de route** loss in transit
d (péj) (raté) failure, wash-out*, dead loss*; (épave) wreck, dead-beat* ◆ **les déchets de l'humanité** the dregs ou scum of humanity

déchetterie ® [deʃɛtʀi] nf waste collection centre ou site

déchiffonner [deʃifɔne] ▸conjug 1◂ vt to smooth out, uncrease ◆ **sa robe s'est déchiffonnée toute seule** the creases have come out of her dress (on their own)

déchiffrable [deʃifʀabl] adj message decipherable; code decodable, decipherable; écriture decipherable, legible

déchiffrage [deʃifʀaʒ], **déchiffrement** [deʃifʀəmɑ̃] nm (→ **déchiffrer**) deciphering; decoding; sight-reading; unravelling, fathoming; reading

déchiffrer [deʃifʀe] → SYN ▸conjug 1◂ vt message, hiéroglyphe to decipher; code to decode; écriture to make out, decipher; (Mus) to sight-read; énigme to unravel, fathom; sentiment to read, make out

déchiffreur, -euse [deʃifʀœʀ, øz] nm,f [code] decoder; [inscriptions, message] decipherer

déchiqueté, e [deʃikte] (ptp de **déchiqueter**) adj montagne, relief, côte jagged, ragged; feuille jagged(-edged); corps mutilated

déchiqueter [deʃik(ə)te] → SYN ▸conjug 4◂ vt (lit) to tear ou cut ou pull to pieces ou shreds, shred; (fig) to pull ou tear to pieces ◆ **la malheureuse victime fut déchiquetée par le train / l'explosion** the unfortunate victim was cut to pieces ou crushed by the train / blown to pieces by the explosion ◆ **déchiqueté par un lion** mauled ou savaged by a lion

déchiqueteur [deʃik(ə)tœʀ] nm, **déchiqueteuse** [deʃik(ə)tøz] nf (machine) shredder

déchiqueture [deʃik(ə)tyʀ] → SYN nf [tissu] slash; [feuille] notch ◆ **déchiquetures** [côte, montagne] jagged ou ragged outline

déchirant, e [deʃiʀɑ̃, ɑ̃t] → SYN adj drame heartbreaking, heartrending; cri, spectacle heartrending, harrowing; douleur agonizing, searing; adieux heartbreaking

déchirement [deʃiʀmɑ̃] → SYN nm a [tissu] tearing, ripping; [muscle, tendon] tearing
b (peine) wrench, heartbreak
c (Pol : divisions) **déchirements** rifts, splits

déchirer [deʃiʀe] → SYN ▸conjug 1◂ 1 vt a (mettre en morceaux) papier, lettre to tear up, tear to pieces; (faire un accroc à) vêtement to tear, rip; (arracher) page to tear out (*de* from); (ouvrir) sac, enveloppe to tear open; bande de protection to tear off; (mutiler) corps to tear to pieces ◆ **déchirer un papier / tissu en deux** to tear a piece of paper / cloth in two ou in half
b (fig) **leurs cris déchirèrent l'air / le silence** their cries rent the air / pierced the silence ◆ **ce bruit me déchire les oreilles** that noise is ear-splitting ◆ **cette toux lui déchirait la poitrine** his chest was racked by this cough ◆ **un spectacle qui déchire (le cœur)** a heartrending ou harrowing sight ◆ **elle est déchirée par le remords / la douleur** she is torn by remorse / racked by pain ◆ **les dissensions continuent à déchirer le pays** the country continues to be torn (apart) by dissension, dissension is still tearing the country apart ◆ **déchirer qn à belles dents** to tear ou pull sb to pieces
2 **se déchirer** vpr [vêtement] to tear, rip; [sac] to burst ◆ (fig) **le brouillard s'est déchiré** the fog has broken up ◆ **attention, tu vas te déchirer*** be careful, you'll tear your clothes ◆ **se déchirer un muscle** to tear a muscle ◆ **se déchirer les mains** to graze ou skin one's hands ◆ (fig) **son cœur se déchira** his heart broke ◆ (fig) **ces deux êtres ne cessent de se déchirer** these two people are constantly tearing each other apart

déchirure [deʃiʀyʀ] → SYN nf [tissu] tear, rip, rent; [ciel] break ou gap in the clouds ◆ **déchirure musculaire** torn muscle ◆ **se faire une déchirure musculaire** to tear a muscle

déchoir [deʃwaʀ] → SYN ▸conjug 25◂ vi (frm) a [personne] to lower o.s., demean o.s. ◆ **ce serait déchoir que d'accepter** you would be lowering ou demeaning yourself if you accepted ◆ **déchoir de son rang** to fall from rank
b [réputation, influence] to decline, wane

déchristianisation [dekʀistjanizasjɔ̃] nf dechristianization

déchristianiser [dekʀistjanize] → SYN ▸conjug 1◂ 1 vt to dechristianize
2 **se déchristianiser** vpr to become dechristianized

déchu, e [deʃy] → SYN (ptp de **déchoir**) adj roi deposed, dethroned; (Rel) ange, humanité fallen ◆ (Jur) **être déchu de ses droits** to be deprived of one's rights, forfeit one's rights

déci [desi] nm (Helv) ≃ glass of wine *(containing one decilitre)*

décibel [desibɛl] nm decibel

décidabilité [desidabilite] nf decidability

décidable [desidabl] → SYN adj decidable

décidé, e [deside] → SYN (ptp de **décider**) adj **a** (résolu) **maintenant je suis décidé** now I have made up my mind ◆ **il est décidé à agir** he is determined to act ◆ **il est décidé à tout** he is prepared to do anything ◆ **il était décidé à ce que je parte** he was determined that I should leave ◆ **j'y suis tout à fait décidé** I am quite determined (to do it)

b (volontaire) air, ton determined, decided; personne determined; (net, marqué) goût decided, definite

c (fixé) question settled, decided ◆ **bon, c'est décidé** right, that's settled ou decided then ◆ **c'est une chose décidée** the matter is settled

décidément [desidemɑ̃] → SYN adv (en fait) certainly, undoubtedly, indeed ◆ **oui, c'est décidément une question de chance** yes, it is certainly ou undoubtedly ou indeed a matter of luck ◆ (intensif) **décidément, je perds toujours mes affaires!** I'm ALWAYS losing my things, I lose EVERYTHING! ◆ **décidément, tu m'ennuies aujourd'hui** you're really annoying me today, you ARE annoying me today ◆ **décidément, il est cinglé*** he's really crazy ou touched*, there's no doubt about it – he's crazy ou touched*

décider [deside] → SYN ▸ conjug 1 ◂ GRAMMAIRE ACTIVE 8.2

1 vt **a** [personne] (déterminer, établir) **décider qch** to decide on sth ◆ **il a décidé ce voyage au dernier moment** he decided on this trip at the last moment ◆ **décider que** to decide that ◆ **décider de faire qch** to decide to do sth ◆ **comment décider qui a raison?** how is one to decide who is right? ◆ **c'est à lui de décider** it's up to him to decide ◆ **elle décida qu'elle devait démissionner** she decided ou came to the decision that she must resign ◆ **les ouvriers ont décidé la grève / de faire grève / de ne pas faire grève** the workers decided on a strike / to go on strike / against a strike ou not to go on strike ◆ **les mesures sont décidées en conseil des ministres** the measures are decided in the council of ministers

b (persuader) [personne] to persuade; [conseil, événement] to decide, convince ◆ **décider qn à faire** to persuade ou induce sb to do ◆ **c'est moi qui l'ai décidé à ce voyage** I'm the one who persuaded ou induced him to go on this journey ◆ **la bonne publicité décide les clients éventuels** good publicity convinces possible clients

c [chose] (provoquer) to cause, bring about ◆ **ces scandales ont finalement décidé le renvoi du directeur** these scandals finally brought about ou caused the manager's dismissal

2 **décider de** vt indir (être l'arbitre de) to decide; (déterminer) to decide, determine ◆ **décider de l'importance / de l'urgence de qch** to decide on the ou as to the importance / urgency of sth, decide how important / urgent sth is ◆ **les résultats de son examen décideront de sa carrière** the results of his exam will decide ou determine his career ◆ **le sort en a décidé autrement** fate has decided ou ordained ou decreed otherwise

3 **se décider** vpr **a** [personne] to come to ou make a decision, make up one's mind ◆ **se décider à qch** to decide on sth ◆ **se décider à faire qch** to make up one's mind to do sth, make the decision to do sth ◆ **je ne peux pas me décider à lui mentir** I cannot bring myself to lie to him, I cannot make up my mind to lie to him ◆ **se décider pour qch** to decide on ou in favour of sth, plump for sth

b [problème, affaire] to be decided ou settled ou resolved ◆ **la question se décide aujourd'hui** the question is being decided ou settled ou resolved today ◆ **leur départ s'est décidé très vite** they very quickly decided to leave

c (*) [temps] **est-ce qu'il va se décider à faire beau?** do you think it'll turn out fine after all? ◆ **ça ne veut pas se décider** it won't make up its mind* ◆ **la voiture ne se décide pas à partir** the car just won't start

décideur, -euse [desidœʀ, øz] → SYN nm,f decision-maker ◆ **avoir un rôle de décideur** to have a decision-making role

décidu, e [desidy] adj deciduous

décidual, e, mpl **-aux** [desidɥal, o] **1** adj decidual

2 **déciduale** nf decidua

décigramme [desigʀam] nm decigram(me)

décile [desil] nm decile

décilitre [desilitʀ] nm decilitre

décimal, e, mpl **-aux** [desimal, o] adj, nf decimal ◆ **jusqu'à la deuxième / troisième décimale** to two / three decimal places

décimalisation [desimalizasjɔ̃] nf decimalization

décimaliser [desimalize] ▸ conjug 1 ◂ vt to decimalize

décimation [desimasjɔ̃] → SYN nf decimation

décimer [desime] → SYN ▸ conjug 1 ◂ vt to decimate

décimètre [desimɛtʀ] nm decimetre → **double**

décimétrique [desimetʀik] adj decimetric

décintrer [desɛ̃tʀe] ▸ conjug 1 ◂ vt (Archit) to dismantle the arches of; vêtement to let out

décisif, -ive [desizif, iv] → SYN adj argument, combat decisive, conclusive; intervention, influence decisive; moment decisive, critical; ton decisive, authoritative ◆ (fig) **tournant décisif** watershed (fig) ◆ **le facteur décisif** the deciding factor ◆ **porter un coup décisif au terrorisme** to deal terrorism a decisive blow ◆ (Tennis: en fin de set) **jeu décisif** tie-break, tiebreaker

décision [desizjɔ̃] → SYN nf **a** (choix) decision ◆ **décision collégiale** group ou collective decision ◆ **arriver à** ou **prendre une décision** to come to ou reach a decision ◆ **prendre la décision de faire qch** to take the decision to do sth ◆ **la décision appartient à X** the decision is X's ◆ **soumettre qch à la décision de qn** to submit sth to sb for his decision → **pouvoir**[2]

b (verdict) decision ◆ **décision administrative / gouvernementale** administrative / government decision ◆ (Sport) **faire la décision** to win the match ◆ **par décision judiciaire** by court order ◆ **nommé à un poste de décision** appointed to a decision-making job ◆ **organe de décision** decision-making body

c (qualité) decision, decisiveness ◆ **montrer de la décision** to show decision ou decisiveness ◆ **avoir l'esprit de décision** to be decisive

décisionnaire [desizjɔnɛʀ] **1** adj pouvoir decision-making (épith), to decide (attrib)

2 nmf decision-maker

décisionnel, -elle [desizjɔnɛl] adj rôle, responsabilité decision-making

décisoire [desizwaʀ] adj (Jur) serment decisive

décitex [desitɛks] nm decitex

déclamateur, -trice [deklamatœʀ, tʀis] → SYN (péj) **1** adj ranting, declamatory

2 nm,f ranter, declaimer

déclamation [deklamasjɔ̃] → SYN nf (art) declamation (NonC); (péj) ranting (NonC), spouting (NonC) ◆ **toutes leurs belles déclamations** all their grand ranting

déclamatoire [deklamatwaʀ] → SYN adj **a** (péj) ton ranting, bombastic, declamatory; style bombastic, turgid

b (littér) rythme declamatory

déclamer [deklame] → SYN ▸ conjug 1 ◂ **1** vt to declaim; (péj) to spout

2 vi (péj) to rant ◆ (littér) **déclamer contre** to inveigh ou rail against

déclarable [deklaʀabl] adj (Douane) marchandise declarable, dutiable; (Impôts) revenus declarable

déclarant, e [deklaʀɑ̃, ɑ̃t] nm,f (Jur) informant

déclaratif, -ive [deklaʀatif, iv] adj (Jur) declaratory; (Ling, Ordin) declarative

déclaration [deklaʀasjɔ̃] → SYN nf **a** (manifeste, proclamation, Ordin) declaration; (discours, commentaire) statement; (aveu) admission; (révélation) revelation ◆ **dans une déclaration télévisée** in a televised statement ◆ **le ministre n'a fait aucune déclaration** the minister did not make a statement ◆ **je n'ai aucune déclaration à faire** I have no comment to make ◆ **selon sa propre déclaration, il était ivre** he himself admits that he was drunk, by his own admission he was drunk

b (amoureuse) **déclaration (d'amour)** declaration of love ◆ **faire une** ou **sa déclaration à qn** to make a declaration of love to sb, declare one's love to sb

c (Jur) [naissance, décès] registration, notification; [vol, perte, changement de domicile] notification ◆ **envoyer une déclaration de changement de domicile** to send notification of change of address ◆ **faire une déclaration d'accident** (à l'assurance) to file an accident claim; (à la police) to report an accident ◆ **déclaration en douane** customs declaration ◆ **Déclaration des droits de l'homme** declaration of the rights of man, human rights declaration ◆ **déclaration de faillite** declaration of bankruptcy ◆ **déclaration de guerre** declaration of war ◆ **déclaration de revenus** statement of income; (formulaire) tax return ◆ **déclaration d'impôts** tax declaration, statement of income; (formulaire) tax return ◆ **faire sa déclaration d'impôts** to make out one's statement of income ou one's tax return, fill in one's tax return ◆ (Hist US) **Déclaration d'indépendance** Declaration of Independence ◆ **déclaration d'intention** declaration of intent ◆ **déclaration de principe** statement ou declaration of principle ◆ **déclaration publique** public statement ◆ **déclaration d'utilité publique** public notice ◆ **déclaration sous serment** statement under oath

déclaratoire [deklaʀatwaʀ] adj (Jur) declaratory

déclaré, e [deklaʀe] (ptp de **déclarer**) adj opinion professed; athée, révolutionnaire declared, self-confessed; ennemi sworn, avowed; intention avowed, declared; travailleur registered, declared ◆ **revenus non déclarés** undeclared income

déclarer [deklaʀe] → SYN ▸ conjug 1 ◂ **1** vt **a** (annoncer) to announce, state, declare; (proclamer) to declare; (avouer) to admit, confess to ◆ **déclarer son amour (à qn)** to declare one's love (to sb), make a declaration of one's love (to sb) ◆ **déclarer la guerre à une nation / à la pollution** to declare war on a nation / on pollution ◆ **le président déclara la séance levée** the chairman declared the meeting closed ◆ **déclarer qn coupable / innocent** to find sb guilty / innocent

b **déclarer que ...** to declare ou say that ... ◆ **je vous déclare que je n'y crois pas** I tell you I don't believe it ◆ **ils ont déclaré que nous avions menti** they claimed that we had lied

c (Admin) marchandises, revenus, employés to declare; naissance, décès to register, notify ◆ **le père doit aller déclarer l'enfant à la mairie** the father has to go and register the child at the town hall ◆ **déclarer qn en faillite** to declare sb bankrupt ◆ (Douane) **avez-vous quelque chose à déclarer?** have you anything to declare? ◆ **déclarer qch au-dessus / au-dessous de sa valeur** to overvalue / undervalue sth ◆ **rien à déclarer** nothing to declare

2 **se déclarer** vpr **a** (se prononcer) to declare ou state one's opinion ◆ **se déclarer en faveur de l'intégration raciale** to declare o.s. ou profess o.s. in favour of racial integration ◆ **se déclarer pour / contre qch** to come out in favour of / against sth ◆ **il s'est déclaré l'auteur de ces poèmes / crimes** he stated that he had written the poems / committed the crimes ◆ **se déclarer satisfait** to declare o.s. satisfied ◆ **il s'est déclaré offensé** he said he was offended ◆ (Jur) **se déclarer incompétent** to decline a jurisdiction

b (apparaître) [incendie, épidémie] to break out

c [amoureux] to make a declaration of one's love, declare ou avow (littér) one's love

déclassé, e [deklɑse] → SYN (ptp de **déclasser**) adj **a** coureur relegated *(in the placing)*; billet, wagon re-classed; hôtel, vin downgraded ◆ (Bourse) **valeurs déclassées** displaced stocks ou securities

b fiche, livre out of order (attrib)

déclassement [deklɑsmɑ̃] [→ SYN] nm (→ **déclasser**) fall ou drop in status; relegation *(in the placing)*; change of class; downgrading; displacement; getting out of order

déclasser [deklɑse] [→ SYN] ▸ conjug 1 ◂ vt **a** (socialement, dans une hiérarchie) to lower in status ◆ **il se déclassait par de telles fréquentations** he was lowering himself socially ou demeaning himself by keeping such company ◆ **il estimait qu'on l'avait déclassé en le mettant dans l'équipe B** he felt that he had suffered a drop in status ou that he had been downgraded by being put in the B team
b (rétrograder) (Sport: au classement) coureur to relegate *(in the placing)*; (Rail) voyageur to change the class of; (Admin) hôtel to downgrade; (Bourse) valeur to displace
c (déranger) fiches, livres to get out of order, put back in the wrong order

déclassifier [deklasifje] ▸ conjug 7 ◂ vt dossier to declassify

déclenchement [deklɑ̃ʃmɑ̃] [→ SYN] nm (→ **déclencher**) release; setting off; triggering off; activating; launching; starting; opening

déclencher [deklɑ̃ʃe] [→ SYN] ▸ conjug 1 ◂ **1** vt **a** (actionner) ressort, mécanisme to release; sonnerie to set off, trigger off, activate; appareil-photo to work ◆ **ce bouton déclenche l'ouverture / la fermeture de la porte** this button activates the opening / closing of the door
b (provoquer) insurrection to launch, start; catastrophe, guerre, crise politique, réaction nerveuse to trigger off; violence to loose ◆ **c'est ce mot qui a tout déclenché** this is the word which triggered everything off ◆ **déclencher une grève** [meneur] to launch ou start a strike; [incident] to trigger off a strike
c (Mil) tir to open; attaque to launch ◆ **déclencher l'offensive** to launch the offensive
2 se déclencher vpr [ressort, mécanisme] to release itself; [sonnerie] to go off; [attaque, grève] to start, begin; [catastrophe, crise, réaction nerveuse] to be triggered off

déclencheur [deklɑ̃ʃœʀ] nm (Tech) release mechanism ◆ (Phot) **déclencheur souple** cable release

déclic [deklik] [→ SYN] nm (bruit) click; (mécanisme) trigger mechanism ◆ (mentalement) **ça a été le déclic** it triggered something in my (ou his etc) mind

déclin [deklɛ̃] [→ SYN] nm **a** (affaiblissement: → **décliner** 2) decline; deterioration; waning; fading; falling off (*de* in) ◆ **le déclin du jour** the close of day ◆ (littér) **au déclin de la vie** at the close of life, in the twilight of life (littér)
b LOC **être à son déclin** [soleil] to be setting; [lune] to be on the wane, be waning ◆ **être sur le** ou **son déclin** [malade] to be deteriorating ou on the decline; [acteur, homme politique] to be on the decline ou on the wane ◆ **être en déclin** [talent, prestige] to be on the decline ou on the wane; [forces, intelligence, civilisation, art] to be in decline ou on the wane

déclinable [deklinabl] adj declinable

déclinaison [deklinɛzɔ̃] nf (Ling) declension; (Astron, Phys) declination

déclinant, e [deklinɑ̃, ɑ̃t] adj (qui s'affaiblit: → **décliner** 2) declining; deteriorating; waning; fading; falling off

déclinatoire [deklinatwaʀ] [→ SYN] **1** adj declinatory
2 nm surveyor's compass

décliner [dekline] [→ SYN] ▸ conjug 1 ◂ **1** vt **a** (frm: refuser) offre, invitation, honneur to decline, turn down, refuse ◆ **la direction décline toute responsabilité en cas de perte ou de vol** the management accepts no responsibility ou refuses to accept responsibility for loss or theft of articles ◆ (Jur) **décliner la compétence de qn** to refuse to recognize sb's competence
b (Ling) to decline ◆ **ce mot ne se décline pas** this word does not decline
c (frm: réciter) **décliner son identité** to give one's personal particulars ◆ **déclinez vos nom, prénoms, titres et qualités** state your name, forenames, qualifications and status
d (Comm) produit to offer in a variety of forms
2 vi **a** (gén: s'affaiblir) to decline; [malade, santé] to deteriorate, go downhill; [talent, forces, beauté, sentiment] to wane, fade; [vue] to deteriorate; [prestige, popularité] to wane, fall off
b (baisser) [jour] to draw to a close; [soleil, lune] to be setting, go down; [astre] to set; (Tech) [aiguille aimantée] to deviate
3 se décliner vpr (Comm) [produit] to come in a variety of forms

déclive [dekliv] adj terrain inclined

déclivité [deklivite] [→ SYN] nf slope, incline, declivity (frm)

décloisonnement [deklwazɔnmɑ̃] nm decompartmentalization

décloisonner [deklwazɔne] ▸ conjug 1 ◂ vt to decompartmentalize

déclouer [deklue] ▸ conjug 1 ◂ vt caisse to open; planche to remove

déco [deko] adj inv → **art**

décocher [dekɔʃe] [→ SYN] ▸ conjug 1 ◂ vt **a** flèche to shoot, fire; coup de pied to give, deliver; coup de poing to throw; ruade to let fly
b (fig) œillade, regard to shoot, flash, dart; sourire to flash; remarque to fire, let fly

décoction [dekɔksjɔ̃] [→ SYN] nf decoction

décodage [dekɔdaʒ] nm (→ **décoder**) decoding; cracking*; deciphering

décoder [dekɔde] [→ SYN] ▸ conjug 1 ◂ vt code to decode, crack*; (TV, Ordin, Ling) to decode; message to decipher

décodeur [dekɔdœʀ] nm (→ **décoder**) decoder; decipherer

décoffrer [dekɔfʀe] ▸ conjug 1 ◂ vt to remove the (concrete) casing of

décoiffer [dekwafe] [→ SYN] ▸ conjug 1 ◂ vt **a** (ébouriffer) **décoiffer qn** to disarrange sb's hair ◆ **il s'est / le vent l'a décoiffé** he / the wind has disarranged ou messed up* his hair ◆ **je suis toute décoiffée** my hair is in a mess ou is (all) messed up* ◆ (fig) **ça décoiffe !*** that's really impressive!, that's really something!
b (ôter le chapeau) **décoiffer qn** to take sb's hat off ◆ **il se décoiffa** he took his hat off
c (Tech) obus to uncap

décoincement [dekwɛ̃smɑ̃] nm (gén) unjamming, loosening (*de* of); (Tech) removal of the wedge (*de* from)

décoincer [dekwɛ̃se] [→ SYN] ▸ conjug 3 ◂ **1** vt (gén) to unjam, loosen ◆ (Tech) **décoincer qch** to remove the wedge from sth ◆ **décoincer qn*** to help sb (to) shake off his (ou her) hang-ups*
2 se décoincer vpr [*: personne] to shake off one's hang-ups*

décolérer [dekɔleʀe] ▸ conjug 6 ◂ vi ◆ **ne jamais décolérer** to be always in a temper ◆ **il ne décolère pas depuis hier** he hasn't calmed down ou cooled off* since yesterday, he's still angry from yesterday

décollage [dekɔlaʒ] [→ SYN] nm **a** [avion] take-off; [fusée] lift-off ◆ **au décollage** at take off; at lift-off ◆ (fig) **depuis le décollage économique de la région** since the region's economy took off ◆ **le décollage de l'informatique n'a pas été facile** information technology had difficulty in getting off the ground
b [timbre] unsticking

décollation [dekɔlasjɔ̃] nf decapitation, beheading

décollement [dekɔlmɑ̃] [→ SYN] nm [timbre] unsticking; (Méd) [rétine] detachment ◆ (Coiffure) **se faire faire un décollement de racines** to have one's hair volumized

décoller [dekɔle] [→ SYN] ▸ conjug 1 ◂ **1** vt **a** (gén) to unstick; (en trempant) timbre to soak off; (à la vapeur) timbre to steam off; lettre to steam open ◆ **décoller qn de*** livre, télévision etc to drag sb away from → **oreille**
b (*: se débarrasser de) créanciers, poursuivants to shake off ◆ **quel raseur, je ne suis pas arrivé à m'en décoller !** ou **le décoller !** what a bore – I couldn't manage to shake him off! ou get rid of him!
2 vi **a** [avion, pays] to take off; [fusée] to lift off (*de* from); [industrie] to take off, get off the ground
b (*: maigrir) to lose weight
c (*: partir) [gêneur] to budge, shift; [drogué] to get off* ◆ **ce casse-pieds n'a pas décollé (d'ici) pendant deux heures** that so-and-so sat ou stayed here for two solid hours without budging* ◆ (Sport) **décoller du peloton** (en avant) to pull away from ou ahead of the bunch; (en arrière) to fall ou drop behind the bunch ◆ **décoller de la réalité** to escape from reality
3 se décoller vpr [timbre] to come unstuck; (Méd) [rétine] to become detached

décolletage [dekɔltaʒ] nm **a** [robe] (action) cutting out of the neck; (forme) (low-cut) neckline, décolletage
b (Agr) topping; (Tech) cutting (from the bar)

décolleté, e [dekɔlte] [→ SYN] (ptp de **décolleter**) **1** adj robe low-necked, low-cut, décolleté; femme wearing a low-cut dress, décolleté (attrib); chaussure low-cut ◆ **robe décolletée dans le dos** dress cut low at the back
2 nm [robe] low neck(line), décolletage; [femme] (bare) neck and shoulders; (plongeant) cleavage
3 COMP ▷ **décolleté bateau** bateau ou boat neck ▷ **décolleté plongeant** plunging neckline ▷ **décolleté en pointe** V-neck ▷ **décolleté rond** round-neck

décolleter [dekɔlte] ▸ conjug 4 ◂ **1** vt **a** personne to bare ou reveal the neck and shoulders of; robe to cut out the neck of
b (Agr) to top; (Tech) to cut (from the bar)
2 se décolleter vpr to wear a low-cut dress

décolonisateur, -trice [dekɔlɔnizatœʀ, tʀis] **1** adj decolonization (épith), decolonizing (épith)
2 nm,f decolonizer

décolonisation [dekɔlɔnizasjɔ̃] nf decolonization

décoloniser [dekɔlɔnize] ▸ conjug 1 ◂ vt to decolonize

décolorant, e [dekɔlɔʀɑ̃, ɑ̃t] **1** adj decolorizing (épith), bleaching (épith), decolorant (épith)
2 nm bleaching agent

décoloration [dekɔlɔʀasjɔ̃] [→ SYN] nf (→ **décolorer**) decoloration; bleaching, lightening; fading ◆ **se faire faire une décoloration** to have one's hair bleached

décoloré, e [dekɔlɔʀe] [→ SYN] (ptp de **décolorer**) adj vêtement faded; cheveux bleached, lightened; teint, lèvres pale, colourless

décolorer [dekɔlɔʀe] [→ SYN] ▸ conjug 1 ◂ **1** vt liquide, couleur to decolour, decolorize; cheveux to bleach, lighten; tissu (au soleil) to fade; (au lavage) to take the colour out of, fade
2 se décolorer vpr [liquide, couleur] to lose its colour; [tissu] to fade, lose its colour ◆ **elle s'est décolorée, elle s'est décoloré les cheveux** she has bleached ou lightened her hair

décombres [dekɔ̃bʀ] [→ SYN] nmpl rubble, debris (sg)

décommander [dekɔmɑ̃de] [→ SYN] ▸ conjug 1 ◂ **1** vt marchandise to cancel (an order for); invités to put off; invitation to cancel
2 se décommander vpr to cancel one's appointment

décommuniser (se) [dekɔmynize] vpr to leave communism behind

décompensation [dekɔ̃pɑ̃sasjɔ̃] nf (Méd) decompensation

décompensé, e [dekɔ̃pɑ̃se] (ptp de **décompenser**) adj (Méd) decompensated

décompenser [dekɔ̃pɑ̃se] ▸ conjug 1 ◂ vi (Méd) to be in a state of decompensation

décomplexer [dekɔ̃plɛkse] ▸ conjug 1 ◂ vt to rid of complexes

décomposable [dekɔ̃pozabl(ə)] [→ SYN] adj (→ **décomposer**) that can be split up; that can be broken up; that can be factorized; decomposable; resoluble; that can be analysed ou broken down

décomposer [dekɔ̃poze] → SYN ▸conjug 1◂
1 vt a (analyser) (gén) to split up ou break up into its component parts; (Math) nombre to factorize, express as a product of prime factors; (Chim) to decompose; (Phys) lumière to break up, split up; (Tech) forces to resolve; (Ling) phrase to analyse, break down, split up; problème, idée to dissect, break down ◆ **l'athlète décomposa le mouvement devant nous** the athlete broke the movement up for us ou went through the movement slowly for us ◆ **la phrase se décompose en 3 propositions** the sentence can be broken down ou split up ou analysed into 3 clauses
b (défaire) visage to contort, distort ◆ **l'horreur décomposa son visage** his face contorted ou was distorted with horror ◆ **il était décomposé** he was looking very drawn
c (altérer) viande to cause to decompose ou rot ◆ **la chaleur décomposait les cadavres** the heat was causing the corpses to decompose ou to decay
2 **se décomposer** vpr a (pourrir) [viande] to decompose, rot; [cadavre] to decompose, decay
b [visage] to change dramatically ◆ **à cette nouvelle il se décomposa** when he heard this news his face ou expression changed dramatically

décomposition [dekɔ̃pozisjɔ̃] → SYN nf a (→ **décomposer**) splitting up; factorization; decomposition; breaking up; resolution; analysis; breaking down; dissection
b (bouleversement) [visage] contortion
c (pourriture) decomposition, decay ◆ **cadavre en décomposition** corpse in a state of decomposition ou decay ◆ **société/système en décomposition** society/system in decay

décompresser [dekɔ̃prese] → SYN ▸conjug 1◂
1 vt (Tech) to decompress
2 vi (*) to unwind

décompresseur [dekɔ̃presœr] nm decompression tap; (Aut) decompressor

décompression [dekɔ̃presjɔ̃] nf (Tech, Méd) decompression ◆ **soupape/chambre de décompression** decompression valve/chamber ◆ **décompression cardiaque** cardiac decompression

décomprimer [dekɔ̃prime] ▸conjug 1◂ vt to decompress

décompte [dekɔ̃t] → SYN nm (compte) detailed account, breakdown (of an account); (déduction) deduction ◆ **faire le décompte des points** to count up ou tot up* (surtout Brit) the points ◆ **vous voulez faire mon décompte?** will you make out my bill? (Brit) ou check? (US) ◆ (Assurances) **décompte de primes** premium statement

décompter [dekɔ̃te] → SYN ▸conjug 1◂ 1 vt (défalquer) to deduct (*de* from)
2 vi [horloge] to strike ou chime at the wrong time

déconcentration [dekɔ̃sɑ̃trasjɔ̃] nf (Admin) devolution, decentralization; (Ind) dispersal; (Chim) deconcentration

déconcentré, e [dekɔ̃sɑ̃tre] (ptp de **déconcentrer**) adj a (Admin) devolved, decentralized; (Ind) dispersed
b personne who has lost concentration

déconcentrer [dekɔ̃sɑ̃tre] ▸conjug 1◂ 1 vt (Admin) to devolve, decentralize; (Ind) to disperse
2 **se déconcentrer** vpr [personne] to lose (one's) concentration

déconcertant, e [dekɔ̃sɛrtɑ̃, ɑ̃t] → SYN adj disconcerting

déconcerter [dekɔ̃sɛrte] → SYN ▸conjug 1◂ vt (décontenancer) to disconcert, confound, throw (out)*; (††: déjouer) to thwart, frustrate

déconditionnement [dekɔ̃disjɔnmɑ̃] nm deconditioning

déconditionner [dekɔ̃disjɔne] ▸conjug 1◂ vt to decondition

déconfit, e [dekɔ̃fi, it] → SYN adj a (dépité) personne, air, mine crestfallen, downcast ◆ **avoir la mine déconfite** to look downcast ou crestfallen
b (††: battu) defeated, discomfited†

déconfiture* [dekɔ̃fityr] nf (déroute) (gén) failure, collapse, defeat; [parti, armée] defeat; (financière) (financial) collapse, ruin

décongélation [dekɔ̃ʒelasjɔ̃] nf defrosting, unfreezing

décongeler [dekɔ̃ʒ(ə)le] ▸conjug 5◂ vt to defrost, unfreeze

décongestif, -ive [dekɔ̃ʒɛstif, iv] adj, nm decongestant

décongestionner [dekɔ̃ʒɛstjɔne] → SYN ▸conjug 1◂ vt (Méd) poumons, fosses nasales to decongest, relieve congestion in; malade to relieve congestion in; (fig) rue to relieve congestion in; service, aéroport, université, administration to relieve the pressure on

déconnecter [dekɔnɛkte] ▸conjug 1◂ 1 vt a (Élec) to disconnect
b problème to dissociate (*de* from) ◆ **il est complètement déconnecté de la réalité/de son pays d'origine** he's completely out of touch with reality/with his native country
2 vi [*: personne] to switch off*

déconner⁑ [dekɔne] ▸conjug 1◂ vi [personne] (faire des bêtises) to mess around*, fool around*; (dire des bêtises) to talk crap**; [machine] to be on the blink* ◆ **sans déconner, c'était super!** no joke*, it was great!

déconneur⁑ [dekɔnœr] nm fun-loving* ou crazy* guy

déconneuse⁑ [dekɔnøz] nf fun-loving* ou crazy* girl

déconnexion [dekɔnɛksjɔ̃] nf disconnection

déconseiller [dekɔ̃seje] → SYN ▸conjug 1◂ GRAMMAIRE ACTIVE 2.2 vt to advise against ◆ **déconseiller qch à qn/à qn de faire qch** to advise sb against sth/sb against doing sth ◆ **c'est déconseillé** it's not advisable, it's inadvisable

déconsidération [dekɔ̃siderasjɔ̃] nf discredit, disrepute

déconsidérer [dekɔ̃sidere] → SYN ▸conjug 6◂ vt to discredit ◆ **il s'est déconsidéré en agissant ainsi** he has discredited himself ou brought discredit upon himself by acting thus

déconsigner [dekɔ̃siɲe] ▸conjug 1◂ vt a valise to collect from the left luggage (Brit) ou baggage checkroom (US); bouteille to return the deposit on
b troupes to release from "confinement to barracks"

déconstruction [dekɔ̃stryksjɔ̃] nf deconstruction

déconstruire [dekɔ̃strɥir] ▸conjug 38◂ vt to deconstruct

décontamination [dekɔ̃taminasjɔ̃] nf decontamination

décontaminer [dekɔ̃tamine] ▸conjug 1◂ vt to decontaminate

décontenancer [dekɔ̃t(ə)nɑ̃se] → SYN ▸conjug 3◂ 1 vt to disconcert, discountenance (frm)
2 **se décontenancer** vpr to lose one's composure

décontract* [dekɔ̃trakt] adj inv laid-back*, cool*

décontractant, e [dekɔ̃traktɑ̃, ɑ̃t] 1 adj personne, ambiance relaxing; massage, médicament soothing, relaxing
2 nm relaxant

décontracté, e [dekɔ̃trakte] → SYN (ptp de **décontracter**) adj (détendu) relaxed; (insouciant) relaxed, cool*, laid-back*

décontracter vt, **se décontracter** vpr [dekɔ̃trakte] ▸conjug 1◂ to relax

décontraction [dekɔ̃traksjɔ̃] → SYN nf (→ **décontracté**) relaxation; coolness, cool*

déconvenue [dekɔ̃v(ə)ny] → SYN nf (déception) disappointment

décor [dekɔr] → SYN nm a (Théât) **le décor, les décors** the scenery (NonC), the décor (NonC) ◆ **décor de cinéma** film set ◆ **on dirait un décor ou des décors de théâtre** it looks like a stage setting ou a theatre set, it looks like scenery for a play ◆ (lit, fig) **faire partie du décor** to be part of the furniture ◆ [véhicule, conducteur] **aller ou entrer dans le décor* ou les décors*** to drive off the road, drive into a ditch (ou tree ou hedge etc) ◆ **envoyer qn dans le décor* ou les décors*** to force sb off the road → **changement**
b (paysage) scenery; (arrière-plan) setting; (intérieur de maison) décor (NonC), decorations ◆ **décor de montagnes** mountain scenery ◆ **dans un décor sordide de banlieue** in a sordid suburban setting ◆ **dans un décor de verdure** amid green scenery, in a setting of greenery ◆ **photographié dans son décor habituel** photographed in his usual setting ou surroundings

décorateur, -trice [dekɔratœr, tris] → SYN nm,f a (d'intérieurs) (interior) decorator → **peintre**
b (Théât) (architecte) stage ou set designer; (exécutant, peintre) set artist

décoratif, -ive [dekɔratif, iv] → SYN adj ornement decorative, ornamental; arts decorative; (péj) personne decorative; modifications cosmetic

décoration [dekɔrasjɔ̃] → SYN nf a (action) decoration
b (gén pl: ornement) decorations; (ensemble des ornements) decoration ◆ **décorations de Noël** Christmas decorations ◆ **j'admirais la décoration de cette église** I was admiring the decoration of the church
c (médaille) decoration ◆ **poitrine bardée de décorations** chest weighed down with medals ou decorations

décorder (se) [dekɔrde] ▸conjug 1◂ vpr (Alp) to unrope

décorer [dekɔre] → SYN ▸conjug 1◂ vt a (embellir) (gén) to decorate; robe to trim ◆ **décorer une maison pour Noël** to decorate a house for Christmas ◆ **l'ensemblier qui a décoré leur appartement** the designer who did the (interior) decoration of their flat ◆ (fig) **décorer qch du nom de** to dignify sth with the name of
b (médailler) to decorate (*de* with) ◆ **on va le décorer** (gén) he is to be decorated; (Légion d'honneur) he is to be made a member of the Legion of Honour ◆ **un monsieur décoré** a gentleman with ou wearing a decoration

décorner [dekɔrne] ▸conjug 1◂ vt page to smooth out; animal to dehorn → **vent**

décorticage [dekɔrtikaʒ] nm (→ **décortiquer**) shelling; hulling, husking; dissection

décortication [dekɔrtikasjɔ̃] nf [arbre] cleaning of the bark; (Méd) decortication

décortiquer [dekɔrtike] → SYN ▸conjug 1◂ vt a crevettes, amandes to shell; riz to hull, husk; (fig) texte to dissect (in minute detail)
b (Méd) cœur to decorticate
c (Sylviculture) to remove the bark of

décorum [dekɔrɔm] → SYN nm ◆ **le décorum** (convenances) the proprieties, decorum; (étiquette) etiquette

décote [dekɔt] nf (Fin) [devises, valeur] below par rating; [impôts] tax relief

découcher [dekuʃe] ▸conjug 1◂ vi to spend the night away from home

découdre [dekudr] → SYN ▸conjug 48◂ 1 vt a vêtement to unpick (Brit), take the stitches out of; bouton to take off; couture to unpick (Brit), take out
b **en découdre** (littér, hum: se battre) to fight, do battle (*avec* with)
c (Vénerie) to gore, rip open
2 **se découdre** vpr [robe] to come unstitched; [bouton] to come off; [couture] to come apart

découler [dekule] → SYN ▸conjug 1◂ GRAMMAIRE ACTIVE 26.4 vi (dériver) to ensue, follow (*de* from) ◆ **il découle de cela que ...** it ensues ou follows from this that ...

découpage [dekupaʒ] → SYN nm a [papier, gâteau] cutting up; [viande] carving; [image, métal] cutting out
b (image) cut-out ◆ **un cahier de découpages** a cut-out book ◆ **faire des découpages** to make cut-out figures
c (Ciné) cutting
d (Pol) **découpage électoral** division into constituencies, distribution of constituencies (Brit), ≃ apportionment (US)

découpe [dekup] nf a (Couture) (coupe) cut; (coupure) cut-out b [bois] cutting off (of upper part of tree)

découpé, e [dekupe] → SYN (ptp de **découper**) adj relief, sommets, côte jagged, indented; feuille jagged, serrate (spéc)

découper [dekupe] → SYN ▸ conjug 1 ◂ vt a (Culin) viande, volaille to carve, cut (up); gâteau to cut (up) ◆ **couteau / fourchette à découper** carving knife / fork
b papier, tissu to cut up; bois to jigsaw; images, métal to cut out ◆ **découper un article dans un magazine** to cut an article out of a magazine ◆ **« découpez suivant le pointillé »** "cut along the dotted line" → **scie**
c (fig littér) to indent ◆ **les indentations qui découpent la côte** the indentations which cut into the coastline ◆ **la montagne découpe ses aiguilles sur le ciel** the mountain's peaks stand out (sharp) against the sky ◆ **sa silhouette se découpe dans la lumière** his figure stands out ou is outlined against the light

découpeur, -euse [dekupœʀ, øz] 1 nm,f (personne) [viande] carver; [métal] cutter; [bois] jigsaw operator
2 **découpeuse** nf (machine) (gén) cutting machine; [bois] fretsaw, jigsaw

découplage [dekuplaʒ] nm (Élec) decoupling; (Pol) uncoupling

découplé, e [dekuple] → SYN adj ◆ athlète etc **bien découplé** well-built, well-proportioned

découpler [dekuple] ▸ conjug 1 ◂ vt (Élec) to decouple; chiens to uncouple

découpure [dekupyʀ] → SYN nf a (forme, contour) jagged ou indented outline ◆ **la découpure de la côte est régulière** the coastline is evenly indented
b (échancrures) **découpures** [côte] indentations; [arête] jagged ou indented edge ou outline; [dentelle, guirlande] scalloped edge
c (morceau) bit ou piece cut out ◆ **découpures de papier** cut-out bits of paper

décourageant, e [dekuʀaʒɑ̃, ɑ̃t] → SYN adj nouvelle disheartening, discouraging; élève, travail, situation disheartening

découragement [dekuʀaʒmɑ̃] → SYN nm discouragement, despondency

décourager [dekuʀaʒe] → SYN ▸ conjug 3 ◂ 1 vt a (démoraliser) to discourage, dishearten ◆ **il ne faut pas se laisser décourager par un échec** one must not be discouraged ou disheartened by a setback
b (dissuader) to discourage, put off ◆ **sa froideur décourage la familiarité** his coldness discourages familiarity ◆ **elle a tout fait pour décourager son ardeur** she tried everything to dampen his ardour ou to discourage his passion ◆ **pour décourager les malfaiteurs** to deter wrongdoers ◆ **décourager qn de qch / de faire qch** to discourage sb from sth / from doing sth, put sb off sth / doing sth ◆ **décourager qn d'une entreprise** to discourage ou deter sb from an undertaking, put sb off an undertaking
2 **se décourager** vpr to lose heart, become disheartened ou discouraged ◆ **ne nous décourageons pas** let's not lose heart

découronner [dekuʀɔne] ▸ conjug 1 ◂ vt roi to dethrone, depose ◆ (fig) **arbre découronné par la tempête** tree that has had its top ou its topmost branches blown off by the storm

décours [dekuʀ] → SYN nm (Astron) wane; (Méd) regression

décousu, e [dekuzy] → SYN (ptp de **découdre**) 1 adj (Couture) unstitched; style disjointed, rambling, desultory; idées disconnected, unconnected; dissertation, travail scrappy, disjointed; paroles, conversation disjointed, desultory ◆ **couture décousue** seam that has come unstitched ou unsewn ◆ **ourlet décousu** hem that has come down ou come unstitched ou come unsewn
2 nm [style] disjointedness, desultoriness; [idées, raisonnement] disconnectedness

découvert, e [dekuvɛʀ, ɛʀt] → SYN (ptp de **découvrir**) 1 adj a (mis à nu) corps, tête bare, uncovered → **visage**
b (sans protection) lieu open, exposed ◆ **en terrain découvert** in open country ou terrain ◆ **allée découverte** open avenue
2 nm a (Fin) [firme, compte] overdraft; [caisse] deficit; [objet assuré] uncovered amount ou sum ◆ **découvert du Trésor** Treasury deficit ◆ **découvert bancaire** bank overdraft ◆ **découvert budgétaire** budget deficit ◆ **découvert de trésorerie** cash deficit ◆ **tirer de l'argent à découvert** to overdraw one's account ◆ **mon compte est / je suis à découvert** my account is / I am overdrawn ◆ **crédit à découvert** unsecured credit ◆ **vendre à découvert** to sell short ◆ **vente à découvert** short sale
b LOC **à découvert: être à découvert dans un champ** to be exposed ou without cover in a field ◆ **la plage laissée à découvert par la marée** the beach left exposed by the tide ◆ (fig) **parler à découvert** to speak frankly ou openly ◆ **agir à découvert** to act openly ◆ **mettre qch à découvert** to expose sth, bring sth into the open
3 **découverte** nf a (action) discovery; (objet) find, discovery ◆ **aller** ou **partir à la découverte** to go off in a spirit of discovery ◆ **aller** ou **partir à la découverte de** to go in search of ◆ **faire une découverte** to make a discovery ◆ **faire la découverte de** to discover ◆ **montre-moi ta découverte** show me what you've found ◆ **ce n'est pas une découverte !*** that's hardly news!, so what's new?*
b (Art, Phot) background

découvreur, -euse [dekuvʀœʀ, øz] nm,f discoverer ◆ **découvreur de talents** talent scout

découvrir [dekuvʀiʀ] → SYN ▸ conjug 18 ◂ 1 vt a (trouver) trésor, loi scientifique, terre inconnue to discover; indices, complot to discover, unearth; cause, vérité to discover, find out, unearth; personne cachée to discover, find ◆ **découvrir que** to discover ou find out that ◆ **il veut découvrir comment / pourquoi c'est arrivé** he wants to find out ou discover how / why it happened ◆ **je lui ai découvert des qualités insoupçonnées** I have discovered some unsuspected qualities in him ◆ **elle s'est découvert un cousin en Amérique / un talent pour la peinture** she found out ou discovered she had a cousin in America / a gift for painting ◆ **c'est dans les épreuves qu'on se découvre** one finds out about oneself ou one finds ou discovers one's true self in testing situations ◆ **il craint d'être découvert** (percé à jour) he is afraid of being found out; (trouvé) he is afraid of being found ou discovered ◆ **quand ils découvriront le pot aux roses*** when they find out what's been going on
b (enlever ce qui couvre, protège) plat, casserole to take the lid ou cover off; voiture to open the roof of; statue to unveil; (Échecs) roi to uncover; (Mil) frontière to expose, uncover; corps to uncover; membres, poitrine, épaules, tête to bare, uncover; (mettre à jour) ruines to uncover ◆ **elle enleva les housses et découvrit les meubles** she removed the dust sheets and uncovered the furniture ◆ **il découvrit son torse / avant-bras** he bared ou uncovered his torso / forearm ◆ **il resta découvert devant elle** he kept his hat off in her presence ◆ (Mil) **ils découvrirent leur aile gauche** they exposed their left wing, they left their left wing open to attack
c (laisser voir) to reveal ◆ **une robe qui découvre le dos** a dress which reveals the back ◆ **son sourire découvre des dents superbes** when he smiles he shows his beautiful teeth
d (voir) to see, have a view of; (Naut) terre to sight ◆ **du haut de la falaise on découvre toute la baie** from the top of the cliff you have a view of the whole bay
e (révéler, dévoiler) projets, intentions, motifs to reveal, disclose (*à qn* to sb) ◆ **se découvrir à qn** to lay bare ou open one's heart to sb, confide in sb ◆ **découvrir son cœur** to lay bare ou open one's heart ◆ (lit, fig) **découvrir son jeu** to show one's hand
2 vi [mer] to recede
3 **se découvrir** vpr a [personne] (chapeau) to take off one's hat; (habits) to undress, take off one's clothes; (couvertures) to throw off the bedclothes, uncover o.s. ◆ **en altitude on doit se découvrir le moins possible** at high altitudes you must keep covered up as much as possible → **avril**
b (Boxe, Escrime) to leave o.s. open; (Mil, fig) to expose o.s., leave o.s. open to attack
c [ciel, temps] to clear ◆ **ça va se découvrir** it will soon clear

décrassage [dekʀasaʒ], **décrassement** [dekʀasmɑ̃] → SYN nm (→ **décrasser**) cleaning; cleaning-out; cleaning-up ◆ (*: toilette) **un bon décrassage** a good scrubbing-down ou clean-up

décrasser [dekʀase] → SYN ▸ conjug 1 ◂ vt a objet boueux, graisseux to clean, get the mud (ou grease etc) off; (en frottant) to scrub; (en trempant) to soak the dirt out of; chaudière to clean out, clean; (Aut) bougie to clean (up) ◆ **se décrasser** to give o.s. a good scrubbing(-down) ou clean-up, get the muck off (o.s.) (Brit) ◆ **se décrasser le visage / les mains** to give one's face / hands a scrub, clean up one's face / hands ◆ **le bon air, ça décrasse les poumons** fresh air cleans out the lungs ◆ **rouler à 160 à l'heure, ça décrasse le moteur** driving at 100 mph gives the engine a good decoking (Brit) ou decarbonization (US)
b (fig: dégrossir) rustre to take the rough edges off

décrédibiliser [dekʀedibilize] ▸ conjug 1 ◂ vt to discredit

décrément [dekʀemɑ̃] nm decrement

décrêpage [dekʀɛpaʒ] nm straightening

décrêper [dekʀepe] ▸ conjug 1 ◂ vt cheveux to straighten

décrépir [dekʀepiʀ] ▸ conjug 2 ◂ 1 vt mur to remove the roughcast from ◆ **façade décrépie** peeling façade
2 **se décrépir** vpr [mur] to peel

décrépit, e [dekʀepi, it] → SYN adj personne decrepit; maison dilapidated, decrepit

décrépitude [dekʀepityd] → SYN nf [personne] decrepitude; [nation, institution, civilisation] decay ◆ **tomber en décrépitude** [personne] to become decrepit; [nation] to decay

decrescendo [dekʀeʃɛndo] 1 adv (Mus) decrescendo ◆ (fig) **sa réputation va decrescendo** his reputation is declining ou waning
2 nm (Mus) decrescendo

décret [dekʀɛ] → SYN nm (Pol, Rel) decree ◆ **décret-loi** statutory order, ≃ Order in Council ◆ **décret d'application** enforcement order ◆ (fig littér) **les décrets de la Providence** the decrees of Providence ◆ (fig) **les décrets de la mode** the dictates of fashion

décréter [dekʀete] → SYN ▸ conjug 6 ◂ vt mobilisation to order; état d'urgence to declare; mesure to decree ◆ **le président a décrété la nomination d'un nouveau ministre** the president ordered the appointment of a new minister ◆ **décréter que** (Pol) [patron, chef] to decree ou order that; (Rel) to ordain ou decree that ◆ **il a décrété qu'il ne mangerait plus de betteraves** he decreed that he wouldn't eat beetroot any more ◆ **j'ai décrété que je n'irai pas** I have decided that I won't go

décrier [dekʀije] → SYN ▸ conjug 7 ◂ vt œuvre, mesure, principe to decry (littér), disparage, discredit, downcry (US) ◆ **la chasteté, une vertu si décriée de nos jours** chastity, a much disparaged ou discredited virtue nowadays ◆ **ces auteurs maintenant si décriés par la critique** these authors now so disparaged by the critics ◆ (littér) **il décria fort ma conduite** he (strongly) censured my behaviour

décriminaliser [dekʀiminalize] ▸ conjug 1 ◂ vt to decriminalize

décrire [dekʀiʀ] → SYN ▸ conjug 39 ◂ vt a (dépeindre) to describe
b (parcourir) trajectoire to follow ◆ **l'oiseau / l'avion décrivait des cercles au-dessus de nos têtes** the bird / plane flew in circles overhead ◆ **la route décrit une courbe** the road makes ou follows a curve ◆ **le satellite décrit une ellipse** the satellite follows ou makes ou describes an elliptical orbit ◆ **le bras de la machine décrivit une ellipse** the arm of the machine described an ellipse

décrispation [dekʀispasjɔ̃] nf (Pol) detente ◆ **être partisan de la décrispation** to be in favour of improved relations (*entre* between)

décrisper [dekʀispe] ▸ conjug 1 ◂ vt situation to defuse, de-escalate ; personne to relax ◆ **pour décrisper les relations** to make relations less strained, take the heat out of relations

décrochage [dekʀɔʃaʒ] → SYN nm **a** [rideaux] taking down, unhooking ; [wagon] uncoupling
b (Mil) **opérer un décrochage** to disengage, break off the action
c (Rad, TV) handover

décroché [dekʀɔʃe] nm (Constr) recess ◆ **dans le mur il y a un décroché** the wall is recessed

décrochement [dekʀɔʃmɑ̃] nm **a** [wagon] uncoupling
b (Géol) thrust fault, slide
c ⇒ **décroché**

décrocher [dekʀɔʃe] → SYN ▸ conjug 1 ◂ **1** vt **a** (détacher) tableau to take down ; rideau to take down, unhook ; vêtement to take down, take off the hook ou peg ; fermoir to undo, unclasp ; poisson to unhook ; wagon to uncouple ; téléphone (pour répondre) to pick up, lift ; (pour l'empêcher de sonner) to take off the hook ◆ **il n'a pas pu décrocher son cerf-volant qui s'était pris dans l'arbre** he couldn't free ou unhook his kite which had got caught in the tree ◆ **le téléphone est décroché** the telephone is off the hook ◆ (Sport) **décrocher le reste du peloton** to leave the pack behind → **bâiller**
b (*: obtenir) prix, contrat, poste, récompense to get, land* ◆ **il a décroché une belle situation** he's landed (himself) a fine job* ◆ (lit, fig) **décrocher le gros lot** ou **la timbale** to hit the jackpot → **lune**
2 vi **a** (Téléc) to pick up ou lift the receiver
b (Mil) to pull back, break off the action ; [coureur] to fall behind
c (*: abandonner) (ne pas suivre) to fall by the wayside (fig), fail to keep up ; (se désintéresser) to drop out, opt out ; (cesser d'écouter) to switch off*
d (arg Drogue) to come off
3 **se décrocher** vpr [tableau, vêtement] to fall down ou off ; [rideau] to fall down, come unhooked ; [fermoir] to come undone ; [poisson] to get unhooked ; [wagon] to come uncoupled ◆ **le cerf-volant pris dans l'arbre s'est finalement décroché** the kite which had been caught in the tree finally came free

décrochez-moi-ça* [dekʀɔʃemwasa] nm inv second-hand clothes shop (Brit) ou store (US)

décroisement [dekʀwazmɑ̃] nm (→ **décroiser**) uncrossing ; unfolding ; untwining, untwisting

décroiser [dekʀwaze] ▸ conjug 1 ◂ vt jambes to uncross ; bras to unfold ; fils to untwine, untwist

décroissance [dekʀwasɑ̃s] → SYN nf (diminution) decline, decrease, fall (*de* in)

décroissant, e [dekʀwasɑ̃, ɑ̃t] adj (gén) decreasing, diminishing, declining ; bruit fading ; vitesse decreasing, falling ◆ **par ordre décroissant** in decreasing ou descending order

décroissement [dekʀwasmɑ̃] → SYN nm [jours] shortening ; [lune] waning

décroît [dekʀwa] nm ◆ [lune] **dans** ou **sur son décroît** in its last quarter

décroître [dekʀwatʀ] → SYN ▸ conjug 55 ◂ vi [nombre, population, intensité, pouvoir] to decrease, diminish, decline ; [eaux, fièvre] to subside, go down ; [popularité] to decline, drop ; [vitesse] to drop, fall off ; [force] to decline, diminish, fail ; [revenus] to get less, diminish ; [lune] to wane ; [jours] to get shorter ; [silhouette] to get smaller and smaller ; [bruit] to die away, fade ; [lumière] to fade, grow fainter ou dimmer ◆ **ses forces vont (en) décroissant** his strength is failing ou gradually diminishing ou declining ◆ **cette ville a beaucoup décru en importance** this town has greatly declined in importance

décrotter [dekʀɔte] ▸ conjug 1 ◂ vt chaussures to get the mud off ; (fig) rustre to take the rough edges off

décrottoir [dekʀɔtwaʀ] nm (lame) mud-scraper, shoescraper ; (paillasson) wire (door)-mat

décrue [dekʀy] → SYN nf [eaux, rivière] fall ou drop in level (*de* of) ; (fig) [popularité] decline, drop (*de* in) ◆ **la décrue des eaux atteint 2 mètres** the water level ou flood-level has fallen ou dropped by 2 metres ◆ **au moment de la décrue** when the water level drops

décryptage [dekʀiptaʒ] nm deciphering

décrypter [dekʀipte] → SYN ▸ conjug 1 ◂ vt (décoder) to decipher

déçu, e [desy] (ptp de **décevoir**) adj disappointed ◆ (iro) **elle ne va pas être déçue du voyage !*** she is going to be over the moon* (iro)

décubitus [dekybitys] nm decubitus ◆ **être en décubitus dorsal / latéral** to be lying on one's back / side

de cujus [dekyʒys, dekujus] → SYN nm inv ◆ (Jur) **le de cujus** the deceased

déculottée‡ [dekylɔte] nf (défaite) clobbering‡, hammering‡ ◆ **prendre** ou **recevoir une déculottée** to get a hammering‡ ou clobbering‡

déculotter [dekylɔte] ▸ conjug 1 ◂ **1** vt ◆ **déculotter qn** to take off ou down sb's trousers
2 **se déculotter** vpr (lit) to take off ou down one's trousers ; (‡ fig) (s'humilier) to lie down and take it‡ ; (reculer) to funk it* (Brit), lose one's nerve

déculpabilisation [dekylpabilizasjɔ̃] nf [personne] ridding of his (ou her) guilt ◆ **la déculpabilisation du divorce** taking away the guilt associated with divorce

déculpabiliser [dekylpabilize] → SYN ▸ conjug 1 ◂ vt ◆ **déculpabiliser qn** to rid sb of his (ou her) guilt ◆ **déculpabiliser le divorce** to take away the guilt associated with divorce

déculturation [dekyltyʀasjɔ̃] nf loss of cultural identity

décuple [dekypl] **1** adj tenfold ◆ **un revenu décuple du mien** an income ten times as large as mine
2 nm ◆ **20 est le décuple de 2** 20 is ten times 2 ◆ **il gagne le décuple de ce que je gagne** he earns ten times what I earn ◆ **il me l'a rendu au décuple** he paid me back tenfold

décuplement [dekypləmɑ̃] nm (lit) tenfold increase ◆ (fig) **grâce au décuplement de nos forces** thanks to our greatly increased strength

décupler [dekyple] ▸ conjug 1 ◂ vti to increase tenfold ◆ (fig) **la colère décuplait ses forces** anger gave him the strength of ten

décurion [dekyʀjɔ̃] nm decurion

décuver [dekyve] ▸ conjug 1 ◂ vt raisin, vin to rack

dédaignable [dedɛɲabl] adj ◆ **ce n'est pas dédaignable** it is not to be despised

dédaigner [dedeɲe] → SYN ▸ conjug 1 ◂ vt **a** (mépriser) personne to despise, look down on, scorn ; honneurs, richesse to scorn, despise, disdain ◆ **il ne dédaigne pas de rire avec ses subordonnés** he doesn't consider it beneath him to joke with his subordinates ◆ **il ne dédaigne pas un verre de vin de temps à autre** he's not averse to the occasional glass of wine
b (négliger) offre, adversaire to spurn, think nothing of ; menaces, insultes to disregard, discount ◆ **ce n'est pas à dédaigner** (honneur, offre) it's not to be sniffed at ou despised ; (danger, adversaire) it can't just be shrugged off ◆ (littér) **il dédaigna de répondre / d'y aller** he did not deign to reply / go

dédaigneusement [dedɛɲøzmɑ̃] adv disdainfully, scornfully, contemptuously

dédaigneux, -euse [dedɛɲø, øz] → SYN adj personne, air scornful, disdainful, contemptuous ◆ **dédaigneux de** contemptuous ou scornful ou disdainful of ◆ (littér) **il est dédaigneux de plaire** he scorns to please

dédain [dedɛ̃] → SYN nm contempt, scorn, disdain (*de* for) ◆ **sourire de dédain** disdainful ou scornful smile

dédale [dedal] → SYN nm [rues, idées] maze ◆ (Myth) **Dédale** Daedalus

dedans [dədɑ̃] → SYN **1** adv **a** (à l'intérieur) inside ; (pas à l'air libre) indoors, inside ◆ **voulez-vous dîner dehors ou dedans ?** do you want to have dinner outside or inside ? ou outdoors or indoors ? ◆ **au-dedans** inside ◆ **la maison est laide, mais dedans** ou **au-dedans c'est très joli** it's an ugly-looking house but it's lovely inside ◆ **nous sommes restés dedans toute la journée** we stayed in ou inside ou indoors all day ◆ **elle cherche son sac, tout son argent est dedans** she is looking for her bag – all her money is in it ◆ **prenez ce fauteuil, on est bien dedans** have this chair, you'll be comfortable in it ou you'll find it comfortable ◆ **de** ou **du dedans on n'entend rien** you can't hear a sound from inside ◆ **rentrons dedans** ou **au-dedans, il fera plus chaud** let's go in ou inside ou indoors, it will be warmer ◆ **passez par dedans pour aller au jardin** go through the house to get to the garden → **pied**
b Loc **marcher les pieds en dedans** to walk with one's toes ou feet turned in, walk pigeon-toed ◆ **il n'en pense pas moins en dedans** ou **au-dedans (de lui)** he still has private reservations about it, deep down he's still not sure about it ◆ **un bus lui est rentré dedans*** a bus hit him ou ran into him ◆ **il a dérapé, il y avait un arbre, il est rentré** ou **entré dedans*** he skidded, there was a tree and he ran ou went ou crashed straight into it ◆ **il s'est fichu*** ou **foutu‡ dedans** he got it all wrong* ◆ **mettre*** ou **ficher*** ou **foutre‡ qn dedans** to get sb confused, make sb get it wrong* ◆ **il s'est fait mettre dedans‡** he got himself put away‡ ou put inside‡ ◆ (Cartes) **être dedans** to lose (*de* by) → **rentrer**
2 nm [objet, bâtiment etc] inside ◆ **le coup a été préparé du dedans** it's an inside job

dédicace [dedikas] → SYN nf **a** (imprimée) dedication ; (manuscrite) [livre, photo] dedication, inscription (*à* to)
b [église] consecration, dedication

dédicacer [dedikase] ▸ conjug 3 ◂ vt livre, photo to sign, autograph (*à qn* for sb), inscribe (*à qn* to sb)

dédicataire [dedikatɛʀ] nmf dedicatee

dédicatoire [dedikatwaʀ] adj dedicatory, dedicative

dédié, e [dedje] (ptp de **dédier**) adj (Ordin) dedicated

dédier [dedje] → SYN ▸ conjug 7 ◂ vt ◆ **dédier à** (Rel) to consecrate to, dedicate to ◆ **dédier ses efforts à** to devote ou dedicate one's efforts to ◆ **dédier un livre à** to dedicate a book to

dédifférenciation [dedifeʀɑ̃sjasjɔ̃] nf (Bio) dedifferentiation

dédifférencier (se) [dedifeʀɑ̃sje] ▸ conjug 7 ◂ vpr (Bio) to undergo dedifferentiation ◆ **cellule dédifférenciée** dedifferentiated cell

dédire (se) [dediʀ] ▸ conjug 37 ◂ vpr **a** (manquer à ses engagements) to go back on one's word ◆ **se dédire d'une promesse** to go back on a promise
b (se rétracter) to retract, recant ◆ **se dédire d'une affirmation** to withdraw a statement, retract (a statement) → **cochon**[1]

dédit [dedi] → SYN nm **a** (Comm : somme) forfeit, penalty ◆ **un dédit de 30 000 F** a 30,000 franc penalty
b (rétractation) retraction ; (manquement aux engagements) failure to keep one's word ; (non-paiement) default ◆ **en cas de dédit il faut payer un supplément** in case of default a supplement must be paid

dédommagement [dedɔmaʒmɑ̃] → SYN nm compensation ◆ **en dédommagement, je lui ai donné une bouteille de vin** in compensation ou to make up for it, I gave him a bottle of wine ◆ **en dédommagement des dégâts** ou **à titre de dédommagement pour les dégâts, on va me donner 500 F** they will give me 500 francs in compensation for the damage ◆ **en dédommagement du mal que je vous donne** to make up for the trouble I'm causing you

dédommager [dedɔmaʒe] → SYN ▸ conjug 3 ◂ vt ◆ (indemniser) **dédommager qn** to compensate sb (*de* for), give sb compensation (*de* for) ◆ **je l'ai dédommagé en lui donnant une bouteille de vin** I gave him a bottle of wine in compensation ou to make up for it ◆ **dédommager qn d'une perte** to compensate sb for a loss, make good sb's loss ◆ **comment vous dédommager du dérangement que je**

vous cause? how can I ever repay you ou make up for the trouble I'm causing? ◆ **le succès le dédommage de toutes ses peines** his success is compensation ou compensates for all his troubles

dédoré, e [dedɔʀe] (ptp de **dédorer**) adj bijou which has lost its gilt

dédorer [dedɔʀe] ▸ conjug 1 ◂ vt to remove the gilt from

dédouanage [dedwanaʒ], **dédouanement** [dedwanmɑ̃] nm (Comm) clearing ou clearance through customs, customs clearance; [personne] clearing (the name of), putting in the clear*

dédouaner [dedwane] ▸ conjug 1 ◂ vt (Comm) to clear through customs; (* fig) personne to clear (the name of), put in the clear* ◆ **se dédouaner** to clear one's name ◆ **marchandises dédouanées** duty-paid goods

dédoublage [dedublaʒ] nm [vêtement] removing the lining of

dédoublement [dedubləmɑ̃] → SYN nm [classe] dividing ou splitting in two ◆ **le dédoublement d'un train** the running ou putting-on of a relief train ◆ (Psych) **le dédoublement de la personnalité est un trouble grave** having a split personality is a serious illness ◆ **souffrir d'un dédoublement de la personnalité** to suffer from a split ou dual personality

dédoubler [deduble] → SYN ▸ conjug 1 ◂ 1 vt a manteau to remove the lining of
b classe to split ou divide in two; ficelle to separate the strands of ◆ **dédoubler un train** to run ou put on a relief train ◆ **pour Noël on a dû dédoubler tous les trains** at Christmas they had to run additional trains on all services
c couverture to unfold, open out
2 **se dédoubler** vpr (se déplier) to unfold, open out; [ongles] to split ◆ (Psych) **sa personnalité se dédoublait** he suffered from a split ou dual personality ◆ **je ne peux pas me dédoubler*** I can't be in two places at once ◆ **l'image se dédoublait dans l'eau** there was a double outline reflected in the water

dédramatisation [dedʀamatizasjɔ̃] nf (→ **dédramatiser**) making less alarming ou awesome

dédramatiser [dedʀamatize] → SYN ▸ conjug 1 ◂ vt examen, opération to make less alarming ou awesome ◆ **dédramatiser la mort** to take the drama out of dying ◆ **il faut dédramatiser la situation** you mustn't overdramatize the situation

déductible [dedyktibl] adj (Fin) frais, somme deductible (*de* from) ◆ **déductible du revenu imposable** tax-deductible ◆ **dépenses non déductibles** non-deductible expenses

déductif, -ive [dedyktif, iv] → SYN adj deductive

déduction [dedyksjɔ̃] → SYN nf a (Comm) deduction ◆ **déduction forfaitaire** standard deduction ◆ **déduction faite de** after deducting, after deduction of ◆ **ça entre en déduction de ce que vous nous devez** that's deductible from what you owe us, that'll be taken off what you owe us
b (forme de raisonnement) deduction, inference; (conclusion) conclusion, inference

déduire [dedɥiʀ] → SYN ▸ conjug 38 ◂ vt (Comm) to deduct (*de* from); (conclure) to deduce, infer (*de* from) ◆ **tous frais déduits** after deduction of expenses

déesse [deɛs] → SYN nf goddess ◆ (fig) **elle a un corps / port de déesse** she's got the body / bearing of a goddess

de facto [defakto] loc adv ◆ **reconnaître qch de facto** to give de facto recognition to sth

défaillance [defajɑ̃s] → SYN 1 nf a (évanouissement) blackout; (faiblesse physique) feeling of weakness ou faintness; (faiblesse morale) weakness, failing ◆ **avoir une défaillance** (évanouissement) to faint, have a blackout; (faiblesse) to feel faint ou weak ◆ **l'athlète a eu une défaillance au troisième kilomètre** the athlete seemed to be in difficulty ou to be weakening at the third kilometre ◆ **il a eu plusieurs défaillances ces derniers jours** he has had several weak spells these last few days ◆ **faire son devoir sans défaillance** to do one's duty without flinching
b (mauvais fonctionnement) (mechanical) fault, failure, breakdown (*de* in) ◆ **l'accident était dû à une défaillance de la machine** the accident was caused by a fault in the machine
c (insuffisance) weakness ◆ **élève qui a des défaillances (en histoire)** pupil who has certain shortcomings ou weak points (in history) ◆ **devant la défaillance du gouvernement** faced with the weakness of the government ou the government's failure to act ◆ **mémoire sans défaillance** faultless memory
d (Jur) default ◆ (Écon) **le nombre de défaillances d'entreprises a augmenté** the number of bankruptcies has risen
2 COMP ▷ **défaillance cardiaque** heart failure ▷ **défaillance mécanique** mechanical fault ▷ **défaillance de mémoire** lapse of memory

défaillant, e [defajɑ̃, ɑ̃t] → SYN adj a (affaibli) forces failing, declining; santé, mémoire, raison failing; courage, volonté faltering, weakening; cœur weak
b (tremblant) voix, pas unsteady, faltering; main unsteady
c (près de s'évanouir) personne weak, faint (*de* with)
d (Jur) partie, témoin defaulting ◆ **candidat défaillant** candidate who fails to appear

défaillir [defajiʀ] → SYN ▸ conjug 13 ◂ vi a (s'évanouir) to faint ◆ **elle défaillait de bonheur / de faim** she felt faint with happiness / hunger
b [forces] to weaken, fail; [courage, volonté] to falter, weaken; [mémoire] to fail ◆ **faire son devoir sans défaillir** to do one's duty without flinching

défaire [defɛʀ] → SYN ▸ conjug 60 ◂ 1 vt a échafaudage etc to take down, dismantle; installation électrique etc to dismantle
b couture, tricot to undo, unpick (Brit); écheveau to undo, unravel, unwind; corde, nœud, ruban to undo, untie; courroie, fermeture, robe to undo, unfasten; valise to unpack; cheveux, nattes to undo ◆ **défaire ses bagages** to unpack (one's luggage)
c **défaire le lit** (pour changer les draps) to strip the bed; (pour se coucher) to untuck the bed ou sheets, pull back the sheets; (mettre en désordre) to unmake ou rumple the bed
d mariage to break up; contrat, traité to break ◆ **cela défit tous nos plans** it ruined all our plans ◆ **il (faisait et) défaisait les rois** he (made and) unmade kings ◆ **elle se plaît à défaire tout ce que j'essaie de faire pour elle** she takes pleasure in undoing everything I try to do for her
e (miner) **la maladie l'avait défait** his illness had left him shattered ◆ **la douleur défaisait ses traits** pain distorted his features
f (littér) ennemi, armée to defeat
g (littér) **défaire qn de** liens, gêneur to rid sb of, relieve sb of, deliver sb from (littér); habitude to break sb of, cure sb of, rid sb of; défaut to cure sb of, rid sb of
2 **se défaire** vpr a [nœud, ficelle, coiffure] to come undone; [couture] to come undone ou apart; [légumes, viande] (à la cuisson) to fall to pieces, disintegrate; [mariage, amitié] to break up
b (se déformer) **ses traits se défirent, son visage se défit** his face crumpled, his face twisted with grief (ou pain etc)
c **se défaire de** (se débarrasser de) gêneur, vieillerie, odeur to get rid of; image, idée to put ou get out of one's mind; habitude to break ou cure o.s. of, get rid of; défaut to cure o.s. of; (se séparer de) souvenir to part with

défait, e[1] [defɛ, ɛt] → SYN (ptp de **défaire**) adj a visage ravaged, haggard; personne flummoxed*; cheveux tousled, ruffled, dishevelled
b lit unmade, rumpled, disarranged
c armée defeated

défaite[2] [defɛt] → SYN nf (Mil) defeat; (fig) defeat, failure ◆ **la défaite de notre équipe** our team's defeat ◆ **défaite électorale** defeat at the polls ou election

défaitisme [defetism] nm defeatism

défaitiste [defetist] → SYN adj, nmf defeatist

défalcation [defalkasjɔ̃] → SYN nf deduction ◆ **défalcation faite des frais** after deduction of expenses

défalquer [defalke] → SYN ▸ conjug 1 ◂ vt to deduct

défatiguer [defatige] ▸ conjug 1 ◂ 1 vt to relax, refresh
2 **se défatiguer** vpr to relax

défaufiler [defofile] ▸ conjug 1 ◂ vt to remove the tacking ou basting thread from

défausse [defos] nf discard, discarding, throwing out ou away

défausser (se) [defose] ▸ conjug 1 ◂ vpr (Cartes) to discard, throw out ou away ◆ **se défausser du trois de cœur** to discard the three of hearts ◆ **il s'est défaussé à trèfle** he discarded a club

défaut [defo] → SYN 1 nm a [pierre précieuse, métal] flaw; [étoffe, verre] flaw, fault; [machine] defect, fault; [bois] blemish; [roman, tableau, système] flaw, defect; (Ordin) bug ◆ **sans défaut** flawless, faultless
b [personne] fault, failing; [caractère] defect, fault, failing (*de* in) ◆ **chacun a ses petits défauts** we've all got our little faults ou our shortcomings ou failings ◆ **il n'a aucun défaut** he's perfect, he hasn't a single failing ◆ **la gourmandise n'est pas un gros défaut** greediness isn't such a bad fault, it isn't a (great) sin to be greedy → **curiosité**
c (désavantage) drawback ◆ **ce plan / cette voiture a ses défauts** this plan / car has its drawbacks ◆ **le défaut de** ou **avec* cette voiture, c'est que ...** the trouble ou snag ou drawback with this car is that ...
d (manque) **défaut de** raisonnement lack of; main-d'œuvre shortage of
e LOC **faire défaut** [temps, argent, talent] to be lacking; (Jur) [prévenu, témoin] to default ◆ **la patience / le temps lui fait défaut** he lacks patience / time ◆ **le courage lui a finalement fait défaut** his courage failed him in the end ◆ **ses amis lui ont finalement fait défaut** his friends let him down in the end ◆ **si ma mémoire ne me fait pas défaut** if my memory serves me right ◆ **à défaut de** for lack ou want of ◆ **à défaut de vin, il boira du cidre** if there's no wine ou for want of wine, he'll drink cider ◆ **elle cherche une table ovale, ou, à défaut, ronde** she is looking for an oval table, or, failing that, a round one (will do) ◆ **être en défaut** to be at fault ou in the wrong ◆ **se mettre en défaut** to put o.s. in the wrong ◆ **prendre qn en défaut** to catch sb out ◆ (Vénerie) **mettre les chiens en défaut** to put dogs off the scent ◆ **c'est votre mémoire qui est en défaut** it's your memory that's at fault ◆ (Jur) **condamner / juger qn par défaut** to sentence / judge sb in his absence ◆ (Math) **calculer qch par défaut** to calculate sth to the nearest decimal point ◆ **il pèche par défaut** he doesn't try hard enough
2 COMP ▷ **défaut de comparution** (Jur) default, non-appearance, failure to appear ▷ **le défaut de la cuirasse** (lit, fig) the chink in the armour ▷ **défaut d'élocution** ⇒ **défaut de prononciation** ▷ **le défaut de l'épaule** the hollow beneath the shoulder ▷ **défaut de fabrication** manufacturing defect ▷ **défaut de masse** (Phys) mass defect ▷ **défaut de paiement** (Jur) default in payment, non-payment ▷ **défaut de prononciation** speech impediment ou defect

défaut-congé, pl **défauts-congés** [defokɔ̃ʒe] nm (Jur) *dismissal of case through non-appearance of plaintiff*

défaveur [defavœʀ] → SYN nf disfavour (*auprès de* with) ◆ **être en défaveur** to be out of favour, be in disfavour ◆ **s'attirer la défaveur de** to incur the disfavour of

défavorable [defavɔʀabl] → SYN adj unfavourable (*à* to) ◆ **voir qch d'un œil défavorable** to view sth with disfavour

défavorablement [defavɔʀabləmɑ̃] adv unfavourably

défavoriser [defavɔʀize] → SYN ▸ conjug 1 ◂ vt (désavantager) [décision, loi] to penalize; [défaut, timidité] to put at a disadvantage; [examinateur, patron] to put at an unfair disadvantage ◆ **il a défavorisé l'aîné** he treated the eldest less fairly (than the others) ◆ **j'ai été**

défavorisé par rapport aux autres candidats I was put at an unfair disadvantage with respect to ou compared with the other candidates • **aider les couches les plus défavorisées de la population** to help the most underprivileged ou disadvantaged sections of the population

défécation [defekasjɔ̃] SYN nf (Physiol) defecation; (Chim) defecation, purification

défectif, -ive [defɛktif, iv] adj verbe defective

défection [defɛksjɔ̃] SYN nf [amis, alliés politiques] desertion, defection, failure to (give) support; [troupes] failure to give ou lend assistance ou to assist; [candidats] failure to attend ou appear; [invités] failure to appear • **faire défection** [partisans] to fail to lend support; [invités] to fail to appear ou turn up • **il y a eu plusieurs défections** (membres d'un parti) a number of people have withdrawn their support, there has been a marked drop in support; (invités, candidats) several people failed to appear, there were several non-appearances

défectueux, -euse [defɛktɥø, øz] SYN adj faulty, defective

défectuosité [defɛktɥozite] SYN nf (état) defectiveness, faultiness; (défaut) imperfection, (slight) defect ou fault (*de* in)

défendable [defɑ̃dabl] SYN adj (Mil) ville defensible; (soutenable) conduite defensible, justifiable; position tenable, defensible

défendant [defɑ̃dɑ̃] → **corps**

défendeur, -deresse [defɑ̃dœʀ, dʀɛs] SYN nm,f (Jur) defendant • **défendeur en appel** respondent

défendre [defɑ̃dʀ] SYN ▸ conjug 41 ◂ 1 vt a (protéger: gén, Jur, Mil) to defend; (soutenir) personne, opinion to stand up for, defend (*contre* against); cause to champion, defend (*contre* against) • **ville défendue par 2 forts** town defended ou protected by 2 forts • **manteau qui (vous) défend du froid** coat that protects you from ou against the cold • (Tennis) **défendre son service** to hold one's serve ou service • (fig) **défendre son bifteck** to guard one's patch, defend one's territory → **corps**

b (interdire) **défendre qch à qn** to forbid sb sth • **défendre à qn de faire** ou **qu'il fasse** to forbid sb to do • **le médecin lui défend le tabac / la mer** the doctor has forbidden him ou won't allow him to smoke / to go to the seaside • **il m'en a défendu l'accès** he forbade me access to it, he didn't allow me in • **défendre sa porte à qn** to bar one's door to sb, refuse to allow sb in • **ne fais pas ça, c'est défendu** don't do that, it's not allowed ou it's forbidden • **il est défendu de fumer** smoking is prohibited ou not allowed • **il est défendu de parler** speaking is not allowed → **fruit**[1]

2 **se défendre** vpr a (se protéger: gén, Jur, Mil) to defend o.s. (*contre* against); (contre brimades, critiques) to stand up for o.s., defend o.s. (*contre* against) • **se défendre du froid / de la pluie** to protect o.s. from the cold / rain

b (*: se débrouiller) to manage, get along ou by • **elle se défend au tennis / au piano** she's not bad at tennis / on the piano • **il se défend bien / mal en affaires** he gets on ou does quite well / he doesn't do very well in business • **il se défend** he gets along ou by, he can hold his own (quite well)

c (se justifier) **se défendre d'avoir fait qch** to deny doing ou having done sth • **il se défendit d'être vexé / jaloux** he denied being ou that he was annoyed / jealous • **sa position / son point de vue se défend** his position / point of view is quite defensible • [raisonnement] **ça se défend!** it holds ou hangs together • **il dit que ce serait trop cher, ça se défend** he says it would be too expensive and he has a point ou it's a fair point

d (s'empêcher de) **se défendre de** to refrain from • **il ne pouvait se défendre d'un sentiment de pitié / gêne** he couldn't help feeling pity / embarrassment • **elle ne put se défendre de sourire** she could not refrain from smiling, she couldn't suppress a smile

défenestration [defənɛstʀasjɔ̃] nf defenestration

défenestrer [defənɛstʀe] ▸ conjug 1 ◂ vt to defenestrate

défense[1] [defɑ̃s] SYN nf a (protection: gén, Mil, Sport) defence (Brit), defense (US) • (fortifications etc) **défenses** defences • **défense nationale / antiaérienne** ou **contre avions / passive** national / anti-aircraft / civil defence • **une entreprise travaillant pour la Défense nationale** a firm working for the Ministry of Defence • **un contrat concernant la défense nationale** a defence contract • **les défenses d'une frontière** border defences • **la défense du pays** the country's defence ou protection • **la défense des opprimés est notre cause** our cause is the defence ou protection of the oppressed • **ligne de défense** line of defence • **ouvrage de défense** fortification • **aller à la défense de qn** to go ou rally to sb's defence • **prendre la défense de qn** to stand up for sb, defend sb • (Sport) **défense de zone** zone defence

b (résistance) defence (Brit), defense (US) • **opposer une défense courageuse** to put up a brave defence • (Physiol, Psych) **instinct de défense** defence instinct • **les mécanismes de défense de l'organisme** the organism's defence mechanisms • **moyens de défense** means of defence • **défenses immunitaires** immune defence system • **sans défense** (trop faible) defenceless; (non protégé) unprotected • **sans défense contre les tentations** helpless ou defenceless against temptation → **légitime**

c (Jur) defence (Brit), defense (US); (avocat) counsel for the defence (Brit), defense attorney (US) • **assurer la défense d'un accusé** to conduct the case for the defence • **la parole est à la défense** (the counsel for) the defence may now speak • **qu'avez-vous à dire pour votre défense?** what have you to say in your defence?

d (interdiction) **« défense d'entrer »** "no entrance", "no entry", "no admittance" • **« propriété privée, défense d'entrer »** "private property, no admittance ou keep out" • **« danger: défense d'entrer »** "danger – keep out" • **« défense de fumer / stationner »** "no smoking / parking", "smoking / parking prohibited" • **« défense d'afficher »** "(stick ou post) no bills" • **j'ai oublié la défense qu'il m'a faite de faire cela**† I forgot that he forbade me to do that • **défense d'en parler à quiconque** it is forbidden to speak of it to anyone

défense[2] [defɑ̃s] SYN nf [éléphant, morse, sanglier] tusk

défenseur [defɑ̃sœʀ] SYN nm (gén, Mil, Sport) defender; [cause] champion, defender; [doctrine] advocate; (Jur) counsel for the defence (Brit), defense attorney (US) • **l'accusé et son défenseur** the accused and his counsel • **défenseur de l'environnement** conservationist, preservationist • **défenseurs des droits des animaux** animal rights protesters • (souvent hum) **défenseur de la veuve et de l'orphelin** defender of the weak and the oppressed

défensif, -ive [defɑ̃sif, iv] 1 adj (Mil, Sport, fig) defensive

2 **défensive** nf • **la défensive** the defensive • **être** ou **se tenir sur la défensive** to be on the defensive

déféquer [defeke] SYN ▸ conjug 6 ◂ 1 vt (Chim) to defecate, purify

2 vi (Physiol) to defecate

déférence [defeʀɑ̃s] SYN nf deference • **par déférence pour** in deference to

déférent, e [defeʀɑ̃, ɑ̃t] SYN adj deferential, deferent → **canal**

déférer [defeʀe] SYN ▸ conjug 6 ◂ vt a (Jur) affaire to refer to the court • **déférer un coupable à la justice** to hand a guilty person over to the law

b (céder) to defer (*à* to)

c (†: conférer) to confer (*à* on, upon)

déferlante [defɛʀlɑ̃t] adj f, nf • **(vague) déferlante** breaker • (fig) **la déferlante de films américains / de produits nouveaux** the flood of American films / of new products

déferlement [defɛʀləmɑ̃] SYN nm [vagues] breaking; [violence] surge, spread; [véhicules, touristes] flood • **ils étaient impuissants devant le déferlement des troupes** they were powerless before the advancing tide of the troops • **ce déferlement d'enthousiasme le prit par surprise** this sudden wave of enthusiasm took him by surprise • **le déferlement de haine / des sentiments anticatholiques dans tout le pays** the hatred / anti-Catholic feeling which has engulfed the country ou swept through the country

déferler [defɛʀle] SYN ▸ conjug 1 ◂ 1 vi [vagues] to break • (fig) **la violence / haine déferla sur le pays** violence / hatred swept ou surged through the country • (fig) **les touristes déferlaient sur les plages** tourists were streaming towards the beaches • (fig) **la foule déferla dans la rue / sur la place** the crowd surged ou flooded into the street / over the square

2 vt voile, pavillon to unfurl

déferrer [defeʀe] ▸ conjug 1 ◂ vt cheval to unshoe; porte to remove the iron plates from

défet [defɛ] SYN nm spare sheet

défi [defi] SYN nm challenge; (fig: bravado) defiance • **lancer un défi à qn** to challenge sb • **relever un défi** to take up ou accept a challenge • **mettre qn au défi** to defy sb (*de faire* to do) • **c'est un défi au bon sens** it defies common sense, it goes against common sense • **d'un air / ton de défi** defiantly

défiance [defjɑ̃s] SYN nf mistrust, distrust • **avec défiance** with mistrust ou distrust, distrustingly, mistrustingly • **sans défiance** (adj) unsuspecting; (adv) unsuspectingly • **mettre qn en défiance** to arouse sb's mistrust ou suspicions, make sb suspicious

défiant, e [defjɑ̃, jɑ̃t] SYN adj mistrustful, distrustful

défibrer [defibʀe] ▸ conjug 1 ◂ vt to remove the fibres from

défibrillateur [defibʀijatœʀ] nm defibrillator

défibrillation [defibʀijasjɔ̃] nf defibrillation

déficeler [defis(ə)le] SYN ▸ conjug 4 ◂ 1 vt to untie

2 **se déficeler** vpr [paquet] to come untied ou undone

déficience [defisjɑ̃s] SYN nf (Méd, fig) deficiency • **déficience musculaire** muscular insufficiency • **déficience immunologique** immunodeficiency • **déficience de mémoire** lapse of memory • **déficience mentale** mental deficiency • **déficience intellectuelle** mental retardation

déficient, e [defisjɑ̃, jɑ̃t] SYN 1 adj (Méd) force, intelligence deficient; (fig) raisonnement weak • **enfant déficient** (intellectuellement) mentally deficient child; (physiquement) child with a physical disability, physically disabled ou handicapped child

2 nm,f • **déficient mental / visuel** mentally / visually handicapped person • **déficient moteur** person with motor deficiencies

déficit [defisit] SYN nm (Fin) deficit • **être en déficit** to be in deficit • **le déficit budgétaire** the budget deficit • **le déficit de notre commerce extérieur** the deficit in our foreign trade • **déficit de la balance des paiements** balance of payments deficit • **déficit commercial / d'exploitation** trade / operating deficit • **déficit de trésorerie** cash deficit • **déficit de ressources** resource(s) gap • **déficit en main-d'œuvre** labour shortage • **déficit psychologique / intellectuel** psychological / mental defect • **déficit immunitaire** immunodeficiency • **le premier déficit social est celui du retard de notre système de formation** the most serious deficiency in ou shortcoming of our social services is the backwardness of our training system

déficitaire [defisitɛʀ] SYN adj (Fin) in deficit (attrib); récolte poor; année poor (*en* in), bad (*en* for) • **déficitaire en** main-d'œuvre deficient in, short of • **année déficitaire en blé** year showing a wheat shortage

défier [defje] SYN ▸ conjug 7 ◂ 1 vt a adversaire to challenge (*à* to) • **défier qn en combat singulier** to challenge sb to single combat • **défier qn du regard** to give sb a challenging look

b mort, adversité to defy, brave; opinion publique to fly in the face of, defy; autorité to defy, challenge ◆ **ça défie l'imagination!** the mind boggles!* ◆ **à des prix qui défient toute concurrence** at absolutely unbeatable prices
c **défier qn de faire qch** to defy ou challenge sb to do sth ◆ **je t'en défie!** I dare ou challenge you (to)!
2 **se défier** vpr ◆ (littér) **se défier de** to distrust, mistrust ◆ **je me défie de moi-même** I don't trust myself ◆ **défie-toi de ton caractère impulsif** be on your guard against ou beware of your impulsiveness ◆ **défie-toi de lui!** beware of him!, be on your guard against him!

défigurement [defigyʀmɑ̃] nm [vérité] distortion; [texte, tableau] mutilation; [visage] disfigurement

défigurer [defigyʀe] → SYN ▸ conjug 1 ◂ vt **a** [blessure, maladie] to disfigure; [bouton, larmes] visage to spoil ◆ **l'acné qui la défigurait** the acne which marred ou spoiled her looks
b (altérer) pensée, réalité, vérité to distort; texte, tableau to mutilate, deface; monument to deface; paysage to disfigure, mar, spoil

défilé [defile] → SYN nm **a** (cortège) procession; (manifestation) march; (Mil) march-past, parade ◆ **défilé de mode** ou **de mannequins** fashion parade
b (succession) [visiteurs] procession, stream; [voitures] stream; [impressions, pensées] stream, succession
c (Géog) (narrow) gorge, narrow pass, defile

défilement [defilmɑ̃] nm [film] projection; [bande magnétique] unreeling, unwinding; (Ordin) scrolling ◆ (Ciné) **vitesse de défilement** projection speed ◆ (Ordin) **défilement horizontal / vertical** horizontal / vertical scrolling

défiler [defile] → SYN ▸ conjug 1 ◂ **1** vt **a** aiguille, perles to unthread; chiffons to shred
b (Mil) troupes to put under cover *(from the enemy's fire)*
2 vi (Mil) to march past, parade; [manifestants] to march (*devant* past); [bande magnétique] to unreel, unwind; [texte de téléprompteur] to scroll ◆ (Ordin) **faire défiler un document** to scroll a document ◆ **faire défiler une bande magnétique** (vers l'avant) to forward a tape; (vers l'arrière) to rewind a tape ◆ **les souvenirs défilaient dans sa tête** a constant stream of memories passed through his mind ◆ **les visiteurs défilaient devant le mausolée** the visitors filed past the mausoleum ◆ **la semaine suivante tous les voisins défilèrent chez nous** the following week we were visited by all the neighbours one after the other ◆ **nous regardions le paysage qui défilait devant nos yeux** we watched the scenery pass by ou (plus vite) flash by
3 **se défiler** vpr **a** [aiguille] to come unthreaded; [perles] to come unstrung ou unthreaded
b (Mil) to take cover *(from the enemy's fire)*
c (*: fig) (s'éclipser) to slip away ou off ◆ (se dérober) **il s'est défilé** he wriggled ou ducked out of it

défini, e [defini] → SYN (ptp de **définir**) adj **a** (déterminé) but definite, precise ◆ **terme bien défini** well-defined term
b (Gram) article definite ◆ **passé défini** preterite

définir [definiʀ] → SYN ▸ conjug 2 ◂ vt idée, sentiment, position to define; (Géom, Gram) to define; personne to define, characterize; conditions to specify, define ◆ **il se définit comme un humaniste** he describes ou defines himself as a humanist ◆ **notre politique se définit comme étant avant tout pragmatique** our policies can be defined ou described as being essentially pragmatic

définissable [definisabl(ə)] adj definable

définitif, -ive [definitif, iv] → SYN GRAMMAIRE ACTIVE 26.4
1 adj **a** (final) résultat, destination, résolution final; mesure, installation, victoire, fermeture permanent, definitive; solution definitive, final, permanent; étude, édition definitive ◆ **son départ était définitif** he was leaving for good, his departure was final ◆ **les bâtiments provisoires sont vite devenus du définitif** the temporary buildings quickly became the permanent solution
b (sans appel) décision final; refus definite, decisive; argument conclusive ◆ **un jugement définitif** a final judgment ◆ **et c'est définitif!** and that's that! ou that's final!
2 **définitive** nf ◆ **en définitive** (à la fin) eventually; (somme toute) in fact, when all is said and done

définition [definisjɔ̃] → SYN nf [concept, mot] definition; [mots croisés] clue; (TV) definition ◆ **par définition** by definition ◆ **définition de poste** job description → **haut**

définitionnel, -elle [definisjɔnɛl] adj definitional

définitivement [definitivmɑ̃] → SYN adv partir for good; résoudre conclusively, definitively; exclure, s'installer for good, permanently, definitively; refuser, décider, savoir definitely, positively; nommer on a permanent basis, permanently

définitoire [definitwaʀ] adj (Ling) vocabulaire defining (épith)

défiscalisation [defiskalizasjɔ̃] nf tax exemption

défiscaliser [defiskalize] ▸ conjug 1 ◂ vt to exempt from tax(ation)

déflagrant, e [deflagʀɑ̃, ɑ̃t] adj deflagrating (épith)

déflagrateur [deflagʀatœʀ] nm deflagrator

déflagration [deflagʀasjɔ̃] → SYN nf (gén) explosion; (Chim) deflagration

déflagrer [deflagʀe] ▸ conjug 1 ◂ vi to deflagrate

déflation [deflasjɔ̃] nf deflation

déflationniste [deflasjɔnist] **1** adj politique deflationist; mesures etc deflationary
2 nmf deflationist

défléchir [defleʃiʀ] ▸ conjug 2 ◂ vt, vi to deflect

déflecteur [deflɛktœʀ] nm (Aut) quarter-light (Brit), vent (US); (Tech) jet deflector; (Naut) deflector

défleurir [deflœʀiʀ] → SYN ▸ conjug 2 ◂ (littér)
1 vt fleur to remove the flower of; buisson to remove the blossom of
2 vi to shed its flower ou its blossom

déflexion [deflɛksjɔ̃] nf deflection

défloraison [deflɔʀɛzɔ̃] nf (Bot, littér) falling of blossoms

défloration [deflɔʀasjɔ̃] nf [jeune fille] defloration

déflorer [deflɔʀe] → SYN ▸ conjug 1 ◂ vt jeune fille to deflower; (littér) sujet, moments to take the bloom off (littér), spoil the charm of

défluent [deflyɑ̃] nm distributary

défoliant [defɔljɑ̃] nm defoliant

défoliation [defɔljasjɔ̃] nf defoliation

défolier [defɔlje] ▸ conjug 7 ◂ vti to defoliate

défonçage [defɔ̃saʒ], **défoncement** [defɔ̃smɑ̃] → SYN nm (→ **défoncer**) staving in; smashing in ou down; breaking; ripping ou ploughing ou breaking up; deep-ploughing

défonce [defɔ̃s] nf (arg Drogue) high* ◆ **défonce à la colle** ou **aux solvants** glue-sniffing

défoncé, e [defɔ̃se] (ptp de **défoncer**) adj (arg Drogue) stoned*, high*

défoncer [defɔ̃se] → SYN ▸ conjug 3 ◂ **1** vt caisse, barque to stave in, knock ou smash the bottom out of; porte, clôture to smash in ou down, stave in; sommier, fauteuil to break ou burst the springs of; route, terrain [bulldozers, camions] to rip ou plough ou break up; (Agr) to plough deeply, deep-plough ◆ **un vieux fauteuil tout défoncé** an old sunken armchair ◆ **la route défoncée par les pluies** the road broken up by the rains, the road full of potholes ou ruts after the rains
2 **se défoncer** vpr **a** (*: travailler dur) to work like a dog* ◆ **se défoncer (la caisse) pour qn / pour faire qch** to beat one's brains out ou work like a dog* for sb / to do sth
b (arg Drogue) to get high*, get stoned*

défonceuse [defɔ̃søz] nf (Agr) trench plough

déforcer [defɔʀse] ▸ conjug 3 ◂ vt (Belg) to dishearten

déforestage [defɔʀɛstaʒ] nm, **déforestation** [defɔʀɛstasjɔ̃] nf deforestation

déformant, e [defɔʀmɑ̃, ɑ̃t] adj miroir distorting; rhumatisme crippling

déformation [defɔʀmasjɔ̃] → SYN nf **a** (→ **déformer**) bending (out of shape); putting out of shape; deformation; distortion; misrepresentation; warping; corruption ◆ **par une curieuse déformation d'esprit, il poussait tout au macabre** by a strange twist in his character, he would take everything to gruesome extremes ◆ **déformation professionnelle** job conditioning ◆ **c'est de la déformation professionnelle** he's (ou you are etc) completely conditioned by his (ou your etc) job ◆ **par déformation professionnelle** as a result of being so conditioned by one's job
b (→ **se déformer**) loss of shape
c (Méd) deformation

déformer [defɔʀme] → SYN ▸ conjug 1 ◂ **1** vt objet, bois, métal to bend (out of shape); chaussures, vêtements to put out of shape; corps to deform; visage, image, vision to distort; vérité, pensée to distort, misrepresent; esprit, goût to warp, corrupt ◆ **un vieillard au corps déformé** an old man with a deformed ou misshapen body ◆ **veste déformée** jacket which has lost its shape ou has gone out of shape ◆ **pantalon (tout) déformé** baggy trousers ◆ **traits déformés par la douleur** features contorted ou distorted by pain ◆ **mes propos ont été déformés** (involontairement) I've been misquoted; (volontairement) my words have been twisted ◆ (fig) **il est déformé par son métier** he has been conditioned by his job ◆ **chaussée déformée** uneven road surface
2 **se déformer** vpr [objet, bois, métal] to be bent (out of shape), lose its shape; [vêtement] to lose its shape

défoulement [defulmɑ̃] → SYN nm [instincts, sentiments] (psychological) release ◆ **moyen de défoulement** (psychological) outlet ou means of release ◆ **après les examens on a besoin de défoulement** after the exams you need some kind of (psychological) release ou you need to let off steam* ou to unwind

défouler [defule] ▸ conjug 1 ◂ **1** vt ◆ **j'ai crié des injures, ça m'a défoulé** I shouted some abuse, it helped me to get it out of my system* ◆ **ça (vous) défoule de courir** running helps you unwind ou relax
2 **se défouler** vpr (se libérer de tensions) to let it all hang out*, work off one's frustrations ou tensions, release one's pent-up feelings, let off steam*; (se relaxer) to relax, unwind (*en faisant* by doing) ◆ **se défouler sur qn / qch** to take it out on sb / sth

défourailler [defuʀaje] ▸ conjug 1 ◂ vi to draw (one's gun)

défourner [defuʀne] ▸ conjug 1 ◂ vt pain to take out of the oven; poteries to take out of the kiln

défraîchi, e [defʀeʃi] → SYN (ptp de **défraîchir**) adj articles shopsoiled; fleur, couleur faded; tissu (passé) faded; (usé) worn

défraîchir [defʀeʃiʀ] ▸ conjug 2 ◂ **1** vt to take the freshness from
2 **se défraîchir** vpr [fleur, couleur] to fade; [tissu] (passer) to fade; (s'user) to become worn

défraiement [defʀɛmɑ̃] nm payment ou settlement of expenses

défrayer [defʀeje] → SYN ▸ conjug 8 ◂ vt **a** (payer) **défrayer qn** to pay ou settle ou meet sb's expenses
b (être en vedette) **défrayer la conversation** to be the main topic of conversation ◆ **défrayer la chronique** to be widely talked about, be in the news, be the talk of the town (fig)

défrichage [defʀiʃaʒ], **défrichement** [defʀiʃmɑ̃] → SYN nm [forêt, terrain] clearing *(for cultivation)* ◆ (fig) **défrichage d'un sujet** spadework (done) on a subject

défricher [defʀiʃe] → SYN ▸ conjug 1 ◂ vt forêt, terrain to clear *(for cultivation)*; (fig) sujet, question to open up (fig), do the spadework on ◆ (fig) **défricher le terrain** to prepare the ground ou way (fig), clear the way (fig)

défricheur [defʀiʃœʀ] → SYN nm (lit) land-clearer; (fig) pioneer

défriper [defʀipe] → SYN ▸ conjug 1 ◂ vt to smooth out

défrisage [defʀizaʒ], **défrisement** [defʀizmɑ̃] nm straightening

défriser [defʀize] ▸ conjug 1 ◂ vt **a** cheveux to straighten

b (*: contrarier) personne to annoy, madden* ◆ **ce qui me défrise** what bugs* ou gets* me ◆ **et alors! ça te défrise?** so (what)?*, what's it to you?*

défroisser [defʀwase] ▸ conjug 1 ◂ vt to smooth out

défroque [defʀɔk] → SYN nf (frusques) old cast-offs; (*: accoutrement) getup*; [moine] effects *(left by a dead monk)*

défroqué, e [defʀɔke] (ptp de **défroquer**) **1** adj unfrocked, defrocked

2 nm unfrocked ou defrocked priest ou monk

défroquer [defʀɔke] ▸ conjug 1 ◂ **1** vt to defrock, unfrock

2 vi, **se défroquer** vpr to give up the cloth, renounce one's vows

défruiter [defʀɥite] ▸ conjug 1 ◂ vt extrait végétal to remove the fruity taste from

défunt, e [defœ̃, œ̃t] → SYN **1** adj (frm) personne late (épith); (littér) espoir, année which is dead and gone; (littér) assemblée, projet defunct ◆ **son défunt père, défunt son père** his late father

2 nm,f deceased

dégagé, e [degaʒe] → SYN (ptp de **dégager**) **1** adj **a** route clear; ciel clear, cloudless; espace, site open, clear; vue wide, open; front, nuque bare ◆ **c'est un peu trop dégagé autour des oreilles** it's a bit short around the ears

b allure, manières casual, jaunty; ton airy, casual

2 nm (Danse) dégagé

dégagement [degaʒmɑ̃] → SYN nm **a** (action de libérer: → **dégager**) freeing; extricating; relief; redemption; release; clearing ◆ (Aut) **voie de dégagement** slip road ◆ (Aut) **itinéraire de dégagement** alternative route *(to relieve traffic congestion)*

b [obligation] freeing ou releasing o.s. (*de* from) ◆ **le dégagement d'une promesse** going back on a promise

c (émanation) [fumée, gaz, chaleur] emission, emanation; [parfum] emanation ◆ **un dégagement de vapeurs toxiques** a discharge ou an emission of toxic fumes

d (Escrime) disengagement; (Ftbl, Rugby) clearance ◆ **faire un dégagement au pied / au poing** to kick / hit a ball clear

e (espace libre) [forêt] clearing; [appartement] passage; (Tech) [camion] clearance, headroom (*de* above)

dégager [degaʒe] → SYN ▸ conjug 3 ◂ **1** vt **a** (libérer) personne to free, extricate; objet, main to free; (Mil) troupe, ville to relieve, bring relief to; (Ftbl, Rugby) ballon to clear, kick ou clear downfield; (Escrime) épées to disengage; (Fin) crédits, titres to release *(for a specific purpose)*; objet en gage to redeem, take out of pawn ◆ **cela devrait se dégager facilement** it should come free easily ◆ **après l'accident on a dû dégager les blessés au chalumeau** after the accident the injured had to be cut loose ou free (from the wreckage) ◆ (fig) **dégager qn de sa promesse / d'une obligation** to release ou free sb from his promise / an obligation ◆ (fig) **dégager sa responsabilité d'une affaire** to disclaim ou deny (all) responsibility in a matter ◆ (fig) **dégager sa parole** to go back on one's word ◆ **être dégagé de ses obligations militaires** to have been discharged from the army, have done one's military service ◆ (Sport) **l'arrière dégagea en touche** the back cleared ou kicked the ball into touch ◆ (Habillement) **col / robe qui dégage le cou / les épaules** collar / dress which leaves the neck / shoulders bare

b place, passage, table to clear (*de* of); (Méd) gorge, nez, poitrine to clear; [coiffeur] oreilles, nuque to cut it short around ◆ **dégager la place des manifestants** to clear the demonstrators off the square, clear the square of demonstrators ◆ (fig) **dégager son esprit d'idées fausses** to free ou rid one's mind of false ideas ◆ **allons, dégagez!*** right, clear off!* ◆ **dégage!*** clear off!*, buzz off!* (Brit) ◆ **toutes ces vieilleries, à dégager!*** chuck (out)* all this old-fashioned stuff!

c (exhaler) odeur, fumée, gaz, chaleur to give off, emit; (fig) enthousiasme to radiate ◆ **le paysage dégageait une impression de tristesse** the landscape had a sad look about it ◆ **elle dégage cette voiture / cette fille!*** that's some car / girl!*

d (extraire) conclusion to draw; idée, sens to bring out ◆ **quelles impressions as-tu dégagées de ton voyage?** what impressions have you gained ou can you single out from your trip? ◆ (Math) **dégager l'inconnue** to isolate the unknown quantity ◆ **l'idée principale qu'on peut dégager de ce rapport** the main idea that can be drawn ou derived ou extracted from this report ◆ **je vous laisse dégager la morale de cette histoire** I'll let you extract the moral from ou unearth the moral of this story ◆ **dégager la vérité de l'erreur** to separate truth from untruth

e (Danse) to do a dégagé

2 **se dégager** vpr **a** [personne] to free ou extricate o.s., get free; (Mil) [troupe] to extricate itself (*de* from) ◆ (fig) **se dégager de** dette to free o.s. of; obligation to free ou release o.s. from; affaire to get ou back out of; promesse to go back on ◆ (fig) **j'ai une réunion mais je vais essayer de me dégager** I have a meeting but I'll try to get out of it ◆ **se dégager de préjugés** to free o.s. ou shake o.s. free of prejudice ◆ **il s'est dégagé d'une situation très délicate** he extricated himself from a very tricky situation

b [ciel, rue, nez] to clear ◆ **le Mont-Blanc / la silhouette se dégagea du brouillard** Mont Blanc / the outline loomed up out of the fog

c [odeur, fumée, gaz, chaleur] to emanate, be given off; [enthousiasme] to emanate, radiate; [impression d'ennui ou de tristesse] to emanate (*de* from) ◆ **la rumeur qui se dégage de la foule** the murmur rising from the crowd ◆ **une telle vitalité se dégage d'elle** she exudes such vitality

d [conclusion] to be drawn; [impression, idée, sens] to emerge; [morale] to be drawn, emerge (*de* from) ◆ **il se dégage de tout cela que ...** from all this it emerges that ...

dégaine* [degɛn] nf ◆ **il a une drôle de dégaine** he's got an odd look about him ◆ **je n'aime pas sa dégaine** I don't like the way he (ou she) looks

dégainer [degene] ▸ conjug 1 ◂ **1** vt épée to unsheathe, draw; pistolet to draw

2 vi to draw one's sword (ou gun)

déganter (se) [degɑ̃te] ▸ conjug 1 ◂ vpr to take off one's gloves ◆ **sa main dégantée** his ungloved hand

dégarni, e [degaʀni] → SYN (ptp de **dégarnir**) adj front, arbre, salle, rayon bare; compte en banque low; portefeuille empty; magasin low in stock; tête, personne balding

dégarnir [degaʀniʀ] → SYN ▸ conjug 2 ◂ **1** vt maison, salle, vitrine to empty, clear; arbre de Noël to strip (of decorations); compte en banque to drain, draw heavily on; (Mil) ville, place to withdraw troops from

2 **se dégarnir** vpr [salle] to empty; [tête, personne] to go bald; [arbre] to lose its leaves; [bois] to become sparse; (Comm) [rayons] to be cleaned out ou cleared; (Comm) [stock] to run out, be cleaned out, become depleted

dégasolinage [degazɔlinaʒ] nm [gaz] extraction of hydrocarbons

dégasoliner [degazɔline] ▸ conjug 1 ◂ vt gaz to extract the hydrocarbons from

dégât [degɑ] → SYN nm damage (NonC) ◆ **causer** ou **faire beaucoup de dégât(s)** [grêle] to cause a lot of damage; [alcool] to do a lot of ou great harm ◆ (Assurances) **dégâts des eaux** water damage → **limiter**

dégauchir [degoʃiʀ] → SYN ▸ conjug 2 ◂ vt bois to surface; pierre to dress

dégauchissement [degoʃismɑ̃], **dégauchissage** [degoʃisaʒ] nm (→ **dégauchir**) surfacing; dressing

dégauchisseuse [degoʃisøz] nf surface-planing machine

dégazage [degɑzaʒ] nm (→ **dégazer**) degassing; emptying of tanks

dégazer [degɑze] ▸ conjug 1 ◂ **1** vt to degas

2 vi [navire] to empty its tanks

dégazolinage [degazɔlinaʒ] nm ⇒ **dégasolinage**

dégazoliner [degazɔline] ▸ conjug 1 ◂ vt ⇒ **dégasoliner**

dégel [deʒɛl] → SYN nm (lit, fig) thaw → **barrière**

dégelée* [deʒ(ə)le] nf (coups) thrashing, hiding, beating ◆ **une dégelée de coups** a hail ou shower of blows ◆ **recevoir une dégelée** to get a hiding

dégeler [deʒ(ə)le] → SYN ▸ conjug 5 ◂ **1** vt **a** lac, terre to thaw (out); glace to thaw, melt; (*) pieds, mains to warm up, get warmed up

b (* fig) invité, réunion to thaw (out); atmosphère to unfreeze

c (Fin) to unfreeze

2 vi **a** [neige, lac] to thaw (out)

b (Culin) **faire dégeler** to thaw, leave to thaw

3 vb impers ◆ **ça dégèle** it's thawing

4 **se dégeler** vpr [personne] (lit) to warm up, get o.s. warmed up; (fig) to thaw (out)

dégénératif, -ive [deʒeneʀatif, iv] adj degenerative

dégénéré, e [deʒeneʀe] → SYN (ptp de **dégénérer**) **1** adj (abâtardi) degenerate; (Psych †) defective

2 nm,f degenerate; (Psych †) defective

dégénérer [deʒeneʀe] → SYN ▸ conjug 6 ◂ vi **a** (s'abâtardir) [race] to degenerate; [qualité] to deteriorate

b (mal tourner) to degenerate (*en* into) ◆ **leur dispute a dégénéré en rixe** their quarrel degenerated into a brawl ◆ **un coup de froid qui dégénère en grippe** a chill which develops into flu ◆ [manifestation] **ça a rapidement dégénéré** it soon got out of hand

dégénérescence [deʒeneʀesɑ̃s] → SYN nf **a** [personne] (morale) degeneracy; (physique, mentale) degeneration

b [moralité, race] degeneration, degeneracy; [qualité] deterioration (*de* in)

c (Méd, Bio, Phys) degeneration

dégénérescent, e [deʒeneʀesɑ̃, ɑ̃t] adj (Méd) degenerating, deteriorating

dégermer [deʒɛʀme] ▸ conjug 1 ◂ vt to degerm, remove the germ from

dégingandé, e* [deʒɛ̃gɑ̃de] adj gangling, lanky

dégivrage [deʒivʀaʒ] nm (→ **dégivrer**) defrosting; de-icing

dégivrer [deʒivʀe] ▸ conjug 1 ◂ vt réfrigérateur to defrost; avion, pare-brise to de-ice

dégivreur [deʒivʀœʀ] nm (→ **dégivrer**) defroster; de-icer

déglaçage [deglasaʒ], **déglacement** [deglasmɑ̃] nm (→ **déglacer**) deglazing; removal of the glaze (*de* from); removal of the ice (*de* from), melting of the ice (*de* on)

déglacer [deglase] ▸ conjug 3 ◂ vt (Culin) to deglaze; papier to remove the glaze from; (dégeler) surface to remove the ice from, melt the ice on ◆ **déglacez au vinaigre** deglaze with vinegar

déglaciation [deglasjasjɔ̃] nf deglaciation

déglinguer* [deglɛ̃ge] ▸ conjug 1 ◂ **1** vt objet, appareil to bust* ◆ **ce fauteuil est tout déglingué** this armchair is falling ou coming apart ou is (all) falling to pieces

2 **se déglinguer** vpr [appareil] to be on the blink*; [chaise] to fall to pieces, fall ou come apart; [serrure, robinet] to go bust*

déglutir [deglytiʀ] → SYN ▸ conjug 2 ◂ vti (Méd) to swallow

déglutition [deglytisjɔ̃] nf (Méd) swallowing, deglutition (spéc)

dégobiller* [degɔbije] ▸ conjug 1 ◂ vti (vomir) to throw up*, spew (up)*, puke*

dégoiser* [degwaze] ▸ conjug 1 ◂ **1** vt boniments, discours to spout* ◆ **qu'est-ce qu'il dégoise?** what is he rattling on about?*

2 vi (parler) to rattle on*, go on (and on)* ◆ (médire) **dégoiser sur le compte de qn** to tittle-tattle about sb

dégommage‡ [degɔmaʒ] nm (→ **dégommer**) ◆ **le dégommage de qn** the demoting of sb; the unseating of sb; giving the push to sb*, the sacking (Brit) ou firing of sb*

dégommer‡ [degɔme] ► conjug 1 ◄ vt **a** (dégrader) to demote; (détrôner) to unseat; (renvoyer) to give the push to*, sack* (Brit), fire ◆ **se faire dégommer** to be demoted; to be unseated; to get the push*, be sacked* ou fired*
b avion to down*, zap*; quille to knock flying*

dégonflage [degɔ̃flaʒ] nm **a** [pneu] deflating
b (‡: lâcheté) chickening out*, backing out ◆ **j'appelle ça du dégonflage!** that's what I call being chicken* ou yellow(-bellied)‡, that's what I call chickening out*

dégonflard, e‡ [degɔ̃flaʀ, aʀd] nm,f (lâche) chicken*, yellow-belly‡

dégonflé, e [degɔ̃fle] [→ SYN] (ptp de **dégonfler**)
1 adj **a** pneu flat
b (‡: lâche) chicken* (attrib), yellow(-bellied)‡
2 nm,f yellow-belly‡ ◆ **c'est un dégonflé** he's a yellow-belly‡, he's chicken* ou yellow*

dégonflement [degɔ̃fləmɑ̃] nm [ballon, pneu] deflation; [enflure] reduction

dégonfler [degɔ̃fle] [→ SYN] ► conjug 1 ◄ **1** vt pneu to let down, let the air out of, deflate; ballon to deflate, let the air out of; enflure, chiffres to reduce, bring down; (fig) mythe to debunk ◆ **il a essayé de dégonfler l'importance de la réforme** he tried to play down ou to downplay the importance of the reform
2 **se dégonfler** vpr **a** [ballon, pneu] to deflate, go down; [enflure] to go down
b (‡: avoir peur) to chicken out*, back out

dégonfleur, -euse‡ [degɔ̃flœʀ, øz] ⇒ **dégonflard, e‡**

dégorgement [degɔʀʒəmɑ̃] [→ SYN] nm **a** (débouchage) [évier, égout] clearing out
b (évacuation) [eau, bile] discharge
c (écoulement) [égout, rivière] discharge; [gouttière] discharge, overflow
d (Tech: lavage) [cuir] cleaning, cleansing; [laine] scouring

dégorgeoir [degɔʀʒwaʀ] nm (conduit d'évacuation) overflow duct ou pipe; (Pêche) disgorger

dégorger [degɔʀʒe] [→ SYN] ► conjug 3 ◄ **1** vt **a** évier, égout to clear out
b [tuyau] eau to discharge, pour out; (fig) [rue, train] voyageurs to disgorge, pour forth ou out (*dans* into)
c (Tech: laver) cuir, étoffe to clean, cleanse; laine to scour
2 vi **a** [étoffe] to soak (*to release impurities*); (Culin) [viande] to soak; [escargots, concombres] to sweat ◆ **faire dégorger** étoffe to soak; viande to soak; escargots, concombres to (leave to) sweat
b **dégorger dans** [égout, gouttière] to discharge into; [rivière] to discharge itself into
3 **se dégorger** vpr [eau] to be discharged, pour out (*dans* into); (fig) [voyageurs] to pour forth ou out (*dans* into)

dégot(t)er* [degɔte] ► conjug 1 ◄ vt (trouver) to dig up*, unearth, find

dégoulinade [degulinad] nf trickle

dégoulinement [degulinmɑ̃] nm (→ **dégouliner**) trickling; dripping

dégouliner [deguline] [→ SYN] ► conjug 1 ◄ vi (en filet) to trickle; (goutte à goutte) to drip ◆ **ça me dégouline dans le cou** it's dripping ou trickling down my neck

dégoulinure [degulinyʀ] ⇒ **dégoulinade**

dégoupiller [degupije] ► conjug 1 ◄ vt grenade to take the pin out of

dégourdi, e* [deguʀdi] [→ SYN] (ptp de **dégourdir**) **1** adj (malin) smart, resourceful, bright ◆ **il n'est pas très dégourdi** he's not really on the ball*, he's not all that smart ou bright, he's pretty clueless* (Brit)
2 nm,f ◆ **c'est un dégourdi** he's a smart one ou a fly one*, he knows what's what*, he's on the ball* ◆ (iro) **quel dégourdi tu fais!** you're a bright spark!* (Brit) ou a smart one! ou a bright one! (iro)

dégourdir [deguʀdiʀ] [→ SYN] ► conjug 2 ◄ **1** vt eau to warm (up); membres (ankylosés) to bring the circulation back to; (gelés) to warm up; (fig) provincial to knock the rough edges off, teach a thing or two to* ◆ **le service militaire / habiter à Paris le dégourdira** military service / living in Paris will knock him into shape ou teach him a thing or two* ◆ **dégourdir qn en anglais / en physique** to teach sb the basics of English / physics
2 **se dégourdir** vpr ◆ **il est sorti pour se dégourdir un peu (les jambes)** he went out to stretch his legs a bit ◆ (fig) **elle s'est un peu dégourdie depuis l'an dernier** she seems to have learnt a thing or two* ou lost some of her rough edges since last year

dégourdissement [deguʀdismɑ̃] nm (→ **dégourdir**) [membre] bringing the circulation back; warming up

dégoût [degu] [→ SYN] nm **a** (NonC: répugnance) disgust (NonC), distaste (NonC) (*pour, de* for) ◆ **j'éprouve un certain dégoût pour son comportement** I feel somewhat disgusted at his behaviour ◆ **avoir du dégoût pour** to feel (a sense of) disgust ou distaste for ◆ **j'ai pris les épinards en dégoût** I find spinach disgusting ◆ **je peux manger des cerises jusqu'au dégoût** I can eat cherries till they're coming out of my ears ◆ **il fit une grimace de dégoût** he screwed up his face in disgust ou distaste ◆ **ce dégoût de la vie m'étonnait** such world-weariness ou such weariness of life surprised me
b (aversion) dislike ◆ **nos goûts et nos dégoûts** our likes and dislikes

dégoûtamment [degutamɑ̃] adv manger, se conduire disgustingly

dégoûtant, e [degutɑ̃, ɑ̃t] [→ SYN] adj disgusting, revolting ◆ **espèce de vieux dégoûtant!*** (sale) you messy old pig‡; (vicieux) you disgusting ou filthy (old) beast!‡, you dirty old man!‡

dégoûtation* [degutasjɔ̃] nf (dégoût) disgust ◆ (saleté) **quelle dégoûtation!** what a disgusting ou filthy mess!

dégoûté, e [degute] [→ SYN] (ptp de **dégoûter**) adj ◆ **je suis dégoûté!** (scandalisé) I'm disgusted!; (lassé) I'm sick and tired of it! ◆ **c'est un homme dégoûté maintenant que tous ses projets ont échoué** he is sick at heart ou fed up* now that all his plans have failed ◆ **être dégoûté de** to be sick of ◆ **il fait le dégoûté** (devant un mets, une offre) he turns his nose up (at it) in distaste ◆ **ne fais pas le dégoûté!** don't be so fussy! ◆ **il mange des sauterelles / il sort avec cette femme, il n'est pas dégoûté!** he eats grasshoppers / he goes out with that woman – he's not (too) fussy! ou choosy!*

dégoûter [degute] [→ SYN] ► conjug 1 ◄ **1** vt **a** (répugner à) to disgust ◆ **cet homme me dégoûte** that man disgusts me ou fills me with disgust, I find that man disgusting ou revolting ◆ **ce plat me dégoûte** I find this dish disgusting ou revolting ◆ **la vie me dégoûte** I'm weary of life, I'm sick ou weary of living, I'm fed up with life*
b **dégoûter qn de qch** (ôter l'envie de) to put sb (right) off sth; (remplir de dégoût pour) to make sb feel disgusted with ◆ **c'est à vous dégoûter d'être honnête** it's enough to put you (right) off being honest ◆ **si tu n'aimes pas ça, n'en dégoûte pas les autres** if you don't like it, don't put the others off ◆ **dégoûté de la vie** weary ou sick of life ou living ◆ **je suis dégoûté par ces procédés** I'm disgusted ou revolted by this behaviour ◆ **ça m'a dégoûté de continuer** it put me (right) off
2 **se dégoûter** vpr ◆ **se dégoûter de qn / qch** to get sick of sb / sth* ◆ **il se dégoûte dans cette maison sale** he's sick of this dirty house*, he dislikes it (intensely) in this dirty house

dégoutter [degute] [→ SYN] ► conjug 1 ◄ vi to drip ◆ **dégouttant de sueur** dripping with sweat ◆ **l'eau qui dégoutte du toit** the water dripping (down) from ou off the roof ◆ **manteau dégouttant de pluie** dripping wet coat

dégradant, e [degʀadɑ̃, ɑ̃t] [→ SYN] adj degrading

dégradation [degʀadasjɔ̃] [→ SYN] nf **a** (→ **dégrader**) degradation; debasement; defiling; damaging; erosion; defacing; shading-off ◆ (dégâts) **dégradations** damage (NonC) ◆ (Jur) **dégradation civique** loss of civil rights ◆ **les dégradations causées au bâtiment** the damage caused to the building
b (→ **se dégrader**) degradation; debasement; loss of one's (physical) powers; deterioration; decline; weakening; worsening; shading-off ◆ (Phys) **la dégradation de l'énergie** the degradation ou dissipation of energy ◆ (Ordin) **la dégradation des données** the corruption of the data

dégradé [degʀade] nm [couleurs] gradation; [lumière] (gradual) moderation; (Ciné) grading; (Coiffure) layers (pl), layered cut ◆ **couper en dégradé** to layer ◆ **un dégradé de couleurs** a gradation of colours, a colour gradation

dégrader [degʀade] [→ SYN] ► conjug 1 ◄ **1** vt **a** (Mil) officier to degrade
b personne to degrade, debase
c qualité to debase; beauté to defile, debase
d mur, bâtiment [vandales] to damage, cause damage to; [pluie] to erode, cause to deteriorate; monument, façade to deface, damage; (Géol) roches to erode, wear away ◆ **les mauvais ouvriers dégradent le matériel** bad workers damage the equipment
e (Art) couleurs to shade off; lumière to subdue ◆ **couleurs dégradées** colours which shade into each other ou shade off gradually
f cheveux to layer, cut in layers
2 **se dégrader** vpr **a** [personne] (s'avilir moralement) to degrade o.s., debase o.s., become degraded ou debased; (s'affaiblir physiquement) to lose one's physical powers
b [relation, situation, qualité, santé, bâtiment] to deteriorate; [valeurs morales, intérêt, forces] to decline; [monnaie] to grow weaker ◆ **le temps se dégrade** the weather is beginning to break, there's a change for the worse in the weather
c (Sci) [énergie] to become dissipated ou degraded; (Art) [couleurs] to shade off; [lumière] to become subdued

dégrafer [degʀafe] [→ SYN] ► conjug 1 ◄ **1** vt vêtement to unfasten, unhook, undo; ceinture to unbuckle, unfasten, undo; collier, bracelet to undo; personne to unfasten, unhook, undo; feuilles to unstaple
2 **se dégrafer** vpr [robe, bracelet] to come undone ou unfastened; [personne] to unfasten ou unhook ou undo one's dress etc

dégrafeur [degʀafœʀ] nm staple remover

dégraissage [degʀɛsaʒ] nm **a** **le dégraissage d'un vêtement** removal of the grease marks from a piece of clothing ◆ **le dégraissage du bouillon** skimming the fat off the broth ◆ **« dégraissage et nettoyage à sec »** "dry cleaning"
b (Écon) [effectifs] cutback, rundown (*de* in) ◆ **opérer un dégraissage** ou **des dégraissages dans le secteur industriel** to slim down ou cut back the workforce in the industrial sector

dégraissant [degʀɛsɑ̃] nm (produit) spot remover

dégraisser [degʀese] [→ SYN] ► conjug 1 ◄ vt **a** vêtement to take the grease marks out of
b (Culin) bouillon to skim (the fat off); viande to remove the fat from, cut the fat off
c (Menuiserie) bois to trim the edges of
d (Écon) personnel, effectifs to cut back, slim down

degré [dəgʀe] [→ SYN] nm **a** (gén: niveau) degree; (stade de développement) stage, degree; (Admin: échelon) grade; (littér: marche) step ◆ **le degré zéro de la civilisation / culture** the dawn of civilization / the birth of culture ◆ **haut degré de civilisation** high degree ou level of civilization ◆ **à un degré avancé de** at an advanced stage of ◆ (Alpinisme) **mur de 6e degré** grade 6 wall ◆ (fig) **les degrés de l'échelle sociale** the rungs of the social ladder (fig) ◆ **avare au plus haut degré** miserly in the extreme, miserly to a degree ◆ **jusqu'à un certain degré** to some ou a certain extent ou degree, to a degree ◆ **par degré(s)** by degrees → **dernier, troisième**
b (Gram, Mus, Sci) degree ◆ **équation du 1er / 2e degré** equation of the

1st / 2nd degree ◆ **il fait 20 degrés dans la chambre** it's 20 degrees (centigrade) in the room ◆ **la température a baissé / est montée de 2 degrés** there has been a 2-degree drop / rise in temperature, the temperature has gone down ou dropped / gone up ou risen 2 degrees ◆ **degré d'alcool d'une boisson** proof of an alcoholic drink ◆ **degré en alcool d'un liquide** percentage of alcohol in a liquid ◆ **alcool à 90 degrés** 90% proof alcohol, surgical spirit (Brit) ◆ **du cognac à 40 degrés** 70° proof cognac (Brit) ◆ **vin de 11 degrés** 11° wine *(on Gay-Lussac scale ⇒ 19° Sykes* (Brit) *and 22° proof* (US)*)* ◆ **ce vin fait (du) 11 degrés** this wine is 11° ◆ **degré centigrade / Fahrenheit / Baumé** degree centigrade / Fahrenheit / Baumé

c (Méd) **degré de brûlure** degree of burns ◆ **brûlure du premier / deuxième degré** first / second degree burn ◆ (Scol) **enseignement du premier / second degré** primary / secondary education ◆ **enseignant du premier / second degré** primary / secondary schoolteacher ◆ (Sociol) **degré de parenté** degree of (family) relationship ou of kinship (frm) ◆ **cousins au premier degré** first cousins ◆ **cousins au second degré** second cousins, first cousins once removed ◆ **parents au premier / deuxième degré** relatives of the first / second degree ◆ **prendre qch au premier degré** to take sth literally ◆ **prendre qch au deuxième** ou **second degré** to look below the surface of sth

dégréer [degʀee] ▸ conjug 1 ◂ vt to unrig

dégressif, -ive [degʀesif, iv] adj impôt degressive ◆ **appliquer un tarif dégressif** to use a sliding scale of charges

dégressivité [degʀesivite] nf [impôt] degression

dégrèvement [degʀɛvmɑ̃] [→ SYN] nm **a** **bénéficier d'un dégrèvement fiscal** ou **de dégrèvements fiscaux** to be granted tax exemption ou tax relief ◆ **le dégrèvement d'un produit** the reduction of the tax(es) on a product ◆ **le dégrèvement d'une industrie** the reduction of the tax burden on an industry ◆ **le dégrèvement d'un contribuable** the granting of tax relief to a taxpayer

b (Jur : d'hypothèque) disencumbrance

dégrever [degʀəve] [→ SYN] ▸ conjug 5 ◂ vt produit to reduce the tax(es) on ; industrie to reduce the tax burden on ; contribuable to grant tax relief to ; immeuble to disencumber

dégriffé, e [degʀife] **1** adj ◆ **robe dégriffée** unlabelled designer dress

2 nm ◆ **magasin de dégriffés** designer seconds store ◆ **ils vendent du dégriffé** they sell designer seconds

dégringolade [degʀɛ̃gɔlad] [→ SYN] nf (→ **dégringoler**) tumbling (down) ; tumble ◆ **la dégringolade du dollar face aux monnaies européennes** the collapse of the dollar against European currencies

dégringoler [degʀɛ̃gɔle] [→ SYN] ▸ conjug 1 ◂

1 vi [personne, objet] to tumble (down) ; [monnaie] to collapse, take a tumble ; [prix, firme, réputation] to tumble ◆ **il a dégringolé jusqu'en bas** he tumbled all the way down, he came ou went tumbling ou crashing down ◆ **elle a essayé de prendre un livre et elle a fait dégringoler toute la pile** she tried to get a book and toppled the whole pile over ou brought the whole pile (crashing) down ◆ [pluie] **ça dégringole !*** it's tipping with rain* (Brit), it's pouring (down)

2 vt escalier, pente to rush ou leap down

dégrippant [degʀipɑ̃] nm penetrating oil

dégripper [degʀipe] ▸ conjug 1 ◂ vt to unblock, unchoke

dégrisement [degʀizmɑ̃] nm (lit, fig) sobering up

dégriser [degʀize] [→ SYN] ▸ conjug 1 ◂ **1** vt (lit) to sober up ; (fig) to sober up ou down, bring back down to earth

2 **se dégriser** vpr (lit) to sober up ; (fig) to sober up, come back down to earth

dégrosser [degʀose] ▸ conjug 1 ◂ vt lingot to draw

dégrossir [degʀosiʀ] [→ SYN] ▸ conjug 2 ◂ vt **a** bois, planche to trim, cut down to size ; marbre to rough-hew

b (fig) projet, travail to rough out, work out roughly, do the spadework on

c (*) personne to knock the rough edges off, polish up ◆ **individu mal dégrossi** coarse ou unpolished ou unrefined individual ◆ **il s'est un peu dégrossi** he has lost some of his rough edges

dégrossissage [degʀosisaʒ] nm (→ **dégrossir**) trimming ; rough-hewing ; roughing-out ◆ **le dégrossissage d'une personne** knocking the rough edges off a person, polishing up ou refining a person

dégrouiller (se)* [degʀuje] [→ SYN] ▸ conjug 1 ◂ vpr (se dépêcher) to hurry up, get a move on* ◆ **allez, dégrouille(-toi) !** come on, hurry up ! ou get a move on !* ◆ **se dégrouiller de** ou **pour faire qch** to hurry to do sth

dégroupement [degʀupmɑ̃] nm putting ou dividing into groups

dégrouper [degʀupe] ▸ conjug 1 ◂ vt to put ou divide into groups

déguenillé, e [deg(ə)nije] [→ SYN] **1** adj ragged, tattered

2 nm,f ragamuffin

déguerpir* [degɛʀpiʀ] ▸ conjug 2 ◂ vi (s'enfuir) to clear off*, scarper‡ (Brit) ◆ **faire déguerpir** ennemi to scatter ; voleur to chase ou drive off

dégueu‡ [degø] adj abrév de **dégueulasse‡**

dégueulasse‡ [degœlas] adj (mauvais, injuste) lousy‡, rotten‡ ; (crasseux, vicieux) filthy ◆ **c'est dégueulasse de faire ça** that's a lousy‡ ou rotten‡ thing to do ◆ **c'est pas dégueulasse** that's not bad ◆ **c'est un dégueulasse** he's a lousy ou rotten swine‡, he's a filthy dog‡

dégueulasser‡ [degœlase] ▸ conjug 1 ◂ vt vêtement, feuille etc to muck up*, mess up*, make mucky*

dégueuler‡ [degœle] ▸ conjug 1 ◂ vti (vomir) to throw up‡, spew (up)‡, puke (up)‡ ◆ **c'est à dégueuler** it's enough to make you throw up‡ ou spew (up)‡ ou puke (up)‡

dégueulis‡ [degœli] nm puke‡

déguisé, e [degize] (ptp de **déguiser**) adj **a** (pour tromper) in disguise (attrib), disguised ; (pour s'amuser) in fancy dress, in costume (US), dressed up

b (fig) voix, écriture, dévaluation disguised ; ambition, sentiment disguised, masked, veiled ; prêt, accord backdoor (épith) ◆ **non déguisé** unconcealed, undisguised

déguisement [degizmɑ̃] [→ SYN] nm (pour tromper) disguise ; (pour s'amuser) fancy dress, costume (US), disguise ◆ (littér) **sans déguisement** without disguise, openly

déguiser [degize] [→ SYN] ▸ conjug 1 ◂ **1** vt (gén) voix, écriture, visage to disguise ; pensée, ambition, vérité to disguise, mask, veil ; poupée, enfant to dress up (*en* as) ◆ (littér) **je ne puis vous déguiser ma surprise** I cannot conceal my surprise from you

2 **se déguiser** vpr (pour tromper) to disguise o.s. ; (pour s'amuser) to dress up ◆ **se déguiser en Peau-Rouge** to dress up as a Red Indian ◆ **se déguiser en courant d'air*** to make o.s. scarce*

dégurgitation [degyʀʒitasjɔ̃] nf (→ **dégurgiter**) vomiting ou bringing back (up) ; parroting, regurgitation

dégurgiter [degyʀʒite] ▸ conjug 1 ◂ vt nourriture to vomit ou bring back (up) ; leçon to parrot, regurgitate

dégustateur, -trice [degystatœʀ, tʀis] nm,f wine taster

dégustation [degystasjɔ̃] nf [coquillages, fromages] sampling ◆ **dégustation de vin(s)** wine-tasting session ◆ **ici, dégustation d'huîtres à toute heure** oysters available ou served at all times

déguster [degyste] [→ SYN] ▸ conjug 1 ◂ **1** vt vins to taste ; coquillages, fromages to sample ; repas, café, (fig) spectacle to enjoy, savour ◆ **as-tu fini ton café ? – non, je le déguste** have you finished your coffee ? – no, I'm enjoying it ou savouring it

2 vi ◆ (* : souffrir) **qu'est-ce qu'il a dégusté !** (coups) he didn't half catch it !* ou cop it !* ; (douleur) he didn't half have a rough time !* ◆ **j'ai une rage de dents, je déguste !** I've got toothache and I'm in agony* ou and it's killing me*

déhaler [deale] ▸ conjug 1 ◂ **1** vt bateau to warp

2 **se déhaler** vpr to be warped

déhanché, e [deɑ̃ʃe] (ptp de **se déhancher**) adj démarche (gén) swaying ; [infirme] lop-sided ; personne with one's hip stuck out

déhanchement [deɑ̃ʃmɑ̃] nm (→ **déhanché**) (mouvement) swaying walk ; lop-sided walk

déhancher (se) [deɑ̃ʃe] [→ SYN] ▸ conjug 1 ◂ vpr **a** (en marchant) to sway one's hips

b (immobile) to stand with ou lean one's weight on one hip

déharnacher [deaʀnaʃe] ▸ conjug 1 ◂ vt to unharness

déhiscence [deisɑ̃s] nf dehiscence

déhiscent, e [deisɑ̃, ɑ̃t] adj dehiscent

dehors [dəɔʀ] [→ SYN] **1** adv **a** (à l'extérieur) outside ; (à l'air libre) outside, outdoors, out of doors ; (pas chez soi) out ◆ **attendez-le dehors** wait for him outside ◆ **je serai dehors toute la journée** I shall be out all day ◆ **par beau temps, les enfants passent la journée dehors** when it's fine, the children spend the day outdoors ou out of doors ou outside ◆ **il fait plus frais dedans que dehors** it is cooler inside than out(side) ou indoors than out(doors) ◆ **cela ne se voit pas de dehors** it can't be seen from (the) outside ◆ **passez par dehors pour aller au jardin** go round the outside (of the house) to get to the garden ◆ **dîner dehors** (dans le jardin) to eat out of doors ou outside ; (au restaurant) to eat ou dine out ◆ **jeter** ou **mettre** ou **ficher*** ou **foutre‡ qn dehors** (gén) to throw ou kick‡ ou chuck‡ sb out ; [patron] to sack* ou fire* sb ◆ **mettre le nez** ou **le pied dehors** to set foot outside ◆ **il fait un temps à ne pas mettre le nez dehors** it's weather for staying indoors

b LOC **en dehors de** (lit) outside ; (fig) (sans rapport avec) outside, irrelevant to ; (excepté) apart from ◆ **ce passage est en dehors du sujet** this passage is outside the subject ou is irrelevant (to the subject) ◆ **marcher les pieds en dehors** to walk with one's feet ou toes turned out ◆ **en dehors de cela, il n'y a rien de neuf** apart from that ou beyond that ou otherwise there's nothing new ◆ **cette tâche est en dehors de ses possibilités** this task is beyond his capabilities ◆ (fig) **il a voulu rester en dehors** he wanted to stay uninvolved ◆ **au dehors, elle paraît calme, mais c'est une nerveuse** outwardly she looks relaxed, but she is highly strung ◆ **au dehors, la situation est tendue** outside the country, the situation is tense

2 nm **a** (extérieur) outside ◆ **on n'entend pas les bruits du dehors** you can't hear the noise from outside ◆ **nos employés sont honnêtes, ce sont des gens du dehors qui ont commis ce vol** our employees are honest – it must be outsiders ou people from outside who are responsible for the theft

b (apparences : pl) **les dehors sont trompeurs** appearances are deceptive ◆ **sous des dehors aimables, il est dur** under a friendly exterior, he is a hard man

c (Patinage) **faire des dehors** to skate on the outside edge

déhoussable [deusabl] adj with loose covers (attrib)

déicide [deisid] **1** adj deicidal

2 nmf deicide

3 nm (crime) deicide

déictique [deiktik] nm (Ling) deictic

déification [deifikasjɔ̃] [→ SYN] nf deification

déifier [deifje] [→ SYN] ▸ conjug 7 ◂ vt to deify

déisme [deism] [→ SYN] nm deism

déiste [deist] **1** adj deistic, deist

2 nmf deist

déité [deite] [→ SYN] nf (littér) (mythological) deity

déjà [deʒa] [→ SYN] adv **a** already ◆ **il a déjà fini** he has finished already, he has already finished ◆ **est-il déjà rentré ?** has he come home yet ? ; (surprise) has he come home already ? ◆ **à 3 heures il avait déjà écrit 3 lettres** he'd already written 3 letters by 3 o'clock ◆ **déjà à cette époque** as far back as then, already ou even at that time ◆ **j'au-**

rais déjà fini si tu ne me dérangeais pas tout le temps I would have finished by now ou already if you didn't keep bothering me all the time ◆ **je l'aurais déjà dit si je n'avais pas craint de le vexer** I would have said it before now ou by now ou already if I hadn't been afraid of offending him ◆ **c'est déjà vieux tout ça!** all that's already out of date!, all that's old hat!*

b (auparavant) before, already ◆ **je suis sûr de l'avoir déjà rencontré** I'm sure I've met him before, I'm sure I've already met him ◆ **j'ai déjà fait ce genre de travail** I've done that sort of work before, I've already done that sort of work ◆ **c'est du déjà-vu** we've seen it all before, it's old hat* ◆ **impression de déjà-vu** sense ou feeling of déjà vu

c (intensif) **1 000 F, c'est déjà pas mal*** 1,000 francs, that's not bad at all ◆ **30 tonnes, c'est déjà un gros camion** 30 tons, that's quite a big truck ou that's a fair-sized truck ◆ **il est déjà assez paresseux** he's lazy enough as it is ◆ **enfin, c'est déjà quelque chose!** anyway, it's better than nothing! ou it's a start! ◆ **déjà que je ne suis pas riche*, s'il faut encore payer une amende ...** as it is I'm not rich ou I'm not rich as it is but if I (should) have to pay a fine as well ...

d (*:interrogatif) **qu'est-ce qu'il a dit, déjà?** what was it he said again?, what did he say again? ◆ **c'est combien, déjà?** how much is it again?, how much did you say it was again? → **ores**

déjanté, e* [deʒɑ̃te] (ptp de **déjanter**) adj ◆ **tu es complètement déjanté!** you're off your rocker‡ ou trolley‡ (Brit)!

déjanter [deʒɑ̃te] ▸conjug 1◂ **1** vt [pneu] to remove from its rim
2 vi (‡: devenir fou) to go off one's rocker‡ ou trolley‡ (Brit) ◆ **non mais tu déjantes!** you must be off your rocker!‡ ou trolley!‡ (Brit)
3 **se déjanter** vpr [pneu] to come off its rim

déjauger [deʒoʒe] ▸conjug 3◂ vi to hydroplane

déjection [deʒɛksjɔ̃] → SYN nf **a** (Méd) evacuation ◆ **déjections** dejecta (spéc), faeces, excrement
b (Géol) **déjections** ejecta (spéc), ejectamenta (spéc) → **cône**

déjeté, e [deʒ(ə)te] → SYN adj position, mur, arbre, infirme lop-sided, crooked; colonne vertébrale twisted ◆ **il est tout déjeté** he's all lop-sided ou misshapen

déjeter [deʒ(ə)te] ▸conjug 4◂ vt to bend

déjeuner [deʒœne] → SYN ▸conjug 1◂ **1** vi **a** (gén: à midi) to (have) lunch ◆ **nous avons déjeuné de fromage et de pain** we had bread and cheese for lunch, we lunched on bread and cheese ◆ **inviter qn à déjeuner** to invite sb to lunch ◆ **rester à déjeuner chez qn** to stay and have lunch with sb, stay to lunch at sb's ◆ **viens déjeuner avec nous demain** come and have lunch with us tomorrow, come to lunch with us tomorrow ◆ **nous avons déjeuné sur l'herbe** we had a picnic lunch ◆ **ne pars pas sans déjeuner** don't go before you've had your lunch
b (Belg, Helv: le matin) to (have) breakfast → **petit**, **pouce**
2 nm **a** (repas de midi) (gén) lunch, luncheon (frm) ◆ **déjeuner d'affaires** business lunch ◆ **déjeuner de travail** working lunch, lunch meeting ◆ **déjeuner sur l'herbe** picnic lunch ◆ **prendre son déjeuner** to have lunch ◆ **j'ai eu du poulet à déjeuner** I had chicken for lunch ◆ **j'ai ma mère à déjeuner** I've got my mother coming for lunch ◆ (Art) **"Le Déjeuner sur l'herbe"** "The Déjeuner sur l'herbe"
b (Belg, Helv: du matin) breakfast
c (tasse et soucoupe) breakfast cup and saucer
d **ça a été un vrai déjeuner de soleil** (vêtement) it didn't take long to fade; (objet) it soon gave up the ghost*, it didn't last long; (résolution) it was a flash in the pan, it didn't last long, it was short-lived

déjouer [deʒwe] → SYN ▸conjug 1◂ vt complot to foil, thwart; plan to thwart, frustrate; ruse to outsmart; surveillance to elude ◆ **déjouer les plans de l'ennemi** to frustrate the enemy in his plans, confound the enemy's plans ◆ **j'ai déjoué ses plans** I thwarted his plans, I outwitted him

déjuger (se) [deʒyʒe] → SYN ▸conjug 3◂ vpr to go back on ou reverse one's decision

de jure [deʒyʀe] loc adj, loc adv de jure

delà [dəla] **1** adv **a** **au-delà** beyond ◆ **au-delà il y a l'Italie** beyond (that) is Italy ◆ **il a eu ce qu'il voulait et bien au-delà** he had all he wanted and more (besides) ◆ **vous avez droit à 10 bouteilles et pas au-delà / mais au-delà vous payez une taxe** you're entitled to 10 bottles and no more / but above that you pay duty ◆ (somme, prix) **n'allez pas au-delà** don't go beyond ou over that figure (ou sum etc), don't exceed that figure ◆ **mes connaissances ne vont pas au-delà** that's as far as my knowledge goes, that's the extent of my knowledge → **au-delà**
b **par delà, par-delà** beyond ◆ **devant eux il y a le pont et par(-)delà l'ennemi** in front of them is the bridge and beyond (that) the enemy ou and on the other ou far side (of it), the enemy
c **en delà** beyond, outside ◆ **la clôture était à 20 mètres et il se tenait un peu en delà** the fence was 20 metres away and he was standing just beyond it ou outside it
d (littér) **de delà les mers** from beyond ou over the seas → **deçà**
2 prép **a** **au delà de** lieu, frontière beyond, on the other side of; somme, limite over, above ◆ (littér) **au delà des mers** overseas, beyond ou over the seas ◆ **ceci va au delà de tout ce que nous espérions** this goes (far) beyond anything we hoped for ◆ **au delà de la conscience / douleur** beyond consciousness / pain ◆ **aller au delà de ses forces / moyens** to go beyond ou exceed one's strength / means
b (gén littér) **par delà** beyond ◆ **par delà les mers** overseas, beyond ou over the seas ◆ **par delà les apparences** beneath appearances ◆ **par delà les siècles** across the centuries

délabialisation [delabjalizasjɔ̃] nf delabialization

délabialiser vt, **se délabialiser** vpr [delabjalize] ▸conjug 1◂ to delabialize

délabré, e [delabʀe] (ptp de **délabrer**) adj maison dilapidated, ramshackle (épith), tumbledown (épith); mobilier, matériel broken-down; santé impaired, broken (épith); mur falling down (épith), crumbling, in ruins (attrib); affaires in a poor ou sorry state (attrib); fortune depleted

délabrement [delabʀəmɑ̃] → SYN nm [maison] dilapidation, decay, ruin; [santé, affaires] poor ou sorry state; [vêtements] raggedness; [mobilier, matériel, mur] decay, ruin; [fortune] depletion ◆ **état de délabrement** dilapidated state, state of decay ou ruin

délabrer [delabʀe] → SYN ▸conjug 1◂ **1** vt maison to ruin; mobilier, matériel to spoil, ruin; santé to ruin, impair
2 **se délabrer** vpr [maison, mur, matériel] to fall into decay; [santé] to break down; [affaires] to go to rack and ruin

délacer [delase] → SYN ▸conjug 3◂ **1** vt chaussures to undo (the laces of); corset to unlace
2 **se délacer** vpr [chaussures] to come undone

délai [delɛ] → SYN GRAMMAIRE ACTIVE 20.2, 20.3
1 nm **a** (temps accordé) time limit ◆ **c'est un délai trop court pour ...** it's too short a time for ... ◆ **je vous donne 3 mois, c'est un délai impératif** I'll give you 3 months and that's an absolute deadline ◆ **avant l'expiration du délai** before the deadline ◆ **dans le délai imparti** ou **prescrit** within the allotted ou prescribed time, within the time laid down ou allotted ◆ **dans un délai de 6 jours** within (a period of) 6 days ◆ (sur facture) **livrable dans un délai de 15 jours** allow two weeks for delivery ◆ **vous êtes dans les délais** you're within the time limit ◆ **un délai de 10 jours pour payer est insuffisant** (a period of) 10 days to pay is not enough ◆ **observer** ou **respecter** ou **tenir les délais** [travail] to keep ou meet the deadline; [livraison] to keep ou meet delivery dates ◆ **prolonger un délai** to extend a time limit ou a deadline ◆ **lundi prochain, c'est le dernier délai** next Monday is the absolute deadline
b (période d'attente) waiting period ◆ **il faut compter un délai de 8 jours** you'll have to allow a week, there'll be a week's delay
c (sursis) extension of time ◆ **un dernier délai de 10 jours** a final extension of 10 days ◆ **accorder des délais successifs** to allow further extensions (of time) ◆ **il va demander un délai pour achever le travail** he's going to ask for more time to finish off the job
d LOC **dans le(s) plus bref(s) délai(s)** as soon ou as quickly as possible ◆ **ce sera fait dans les délais** it'll be done within the time limit ou allotted time ◆ **à bref délai** prévenir at short notice; (très bientôt) shortly, very soon ◆ **sans délai** without delay, immediately
2 COMP ▷ **délai de carence** (Fin, Jur) grace period ▷ **délai d'exécution** (pour un travail) turnaround time ▷ **délai de forclusion** (Jur) time limit ▷ **délai de grâce** (Fin, Jur) grace period ◆ **un délai de grâce de 5 jours** 5 days' grace ▷ **délai de livraison** delivery time ou period ▷ **délai de paiement** term of payment, time for payment ▷ **délai de préavis** ⇒ **délai-congé** ▷ **délai de réflexion** (avant réponse) time for consideration, time to think; (avant sanctions) cooling-off period ▷ **délai de rigueur** ◆ **à remettre avant le 15 mai, délai de rigueur** to be handed in before the final deadline of May 15th

délai-congé, pl **délais-congés** [delɛkɔ̃ʒe] nm term ou period of notice

délaissement [delɛsmɑ̃] → SYN nm (action) abandonment, desertion; (état) neglect, state of neglect ou abandonment; (Jur) relinquishment ou renunciation *(of a right)*

délaisser [delese] → SYN ▸conjug 1◂ vt **a** (abandonner) famille, ami, travail to abandon, quit, give up ◆ **épouse délaissée** deserted wife ◆ **enfant délaissé** abandoned child
b (négliger) famille, ami, travail to neglect ◆ **c'est un métier délaissé par les jeunes** young people keep away from this kind of work ◆ **épouse / fillette délaissée** neglected wife / little girl
c (Jur) droit to relinquish

délarder [delaʀde] ▸conjug 1◂ vt (Culin) to remove the lard from; (Tech) to trim

délassant, e [delasɑ̃, ɑ̃t] adj bain relaxing, refreshing; lecture diverting, entertaining

délassement [delasmɑ̃] → SYN nm (état) relaxation, rest; (distraction) relaxation, diversion

délasser [delase] → SYN ▸conjug 1◂ **1** vt (reposer) membres to refresh; (divertir) personne, esprit to divert, entertain ◆ **un bon bain, ça délasse** a good bath is relaxing ou refreshing ◆ **c'est un livre qui délasse** it's an entertaining ou a relaxing sort of book
2 **se délasser** vpr (se détendre) to relax *(en faisant qch* by doing sth)

délateur, -trice [delatœʀ, tʀis] → SYN nm,f (frm) informer

délation [delasjɔ̃] → SYN nf (frm) denouncement, informing ◆ **une atmosphère de délation** an incriminatory atmosphere ◆ **faire une délation** to inform

délavage [delavaʒ] nm (Tech: → **délaver**) watering down; fading; waterlogging

délavé, e [delave] (ptp de **délaver**) adj **a** tissu, jeans faded, prefaded; inscription washed-out ◆ **un ciel délavé après la pluie** a watery ou washed-out (blue) sky after rain
b terre waterlogged

délaver [delave] → SYN ▸conjug 1◂ vt **a** aquarelle to water down; tissu, inscription to (cause to) fade *(by the action of water)*
b terre to waterlog

Delaware [dəlawɛʀ] nm Delaware

délayage [delɛjaʒ] → SYN nm (→ **délayer**) thinning down; mixing; dragging-out, spinning-out; padding-out ◆ (péj) **faire du délayage** [personne, écrivain] to waffle* ◆ **son commentaire est un pur délayage** his commentary is pure waffle* ou padding

délayer [deleje] → SYN ▸conjug 8◂ vt couleur to thin down; (Culin) farine, poudre to mix *(to a certain consistency)* *(dans* with); (fig péj) idée to drag out, spin out; exposé to pad out, spin out ◆ **délayer 100 grammes de farine dans un litre d'eau** mix 100 grammes of flour and ou with a litre of water ◆ **quelques idées**

habilement délayées a few ideas cleverly spun out

Delco® [dɛlko] nm distributor → **tête**

deleatur [deleatyʀ] nm inv delete mark ou sign, deleatur (spéc)

déléaturer [deleatyʀe] ▸ conjug 1 ◂ vt to delete

délectable [delɛktabl] → SYN adj delectable

délectation [delɛktasjɔ̃] → SYN nf delight, delectation (littér); (Rel) delight ◆ **délectation morose** delectatio morosa

délecter [delɛkte] → SYN ▸ conjug 1 ◂ **1** vt (littér) to delight
2 **se délecter** vpr ◆ **se délecter de qch / à faire** to delight ou revel ou take delight in sth / in doing ◆ **il se délectait** he was revelling in it, he took great delight in it, he was thoroughly enjoying it

délégant, e [delegɑ̃, ɑ̃t] → SYN nm,f delegator

délégataire [delegatɛʀ] nmf proxy

délégation [delegasjɔ̃] → SYN nf **a** (groupe) delegation; (commission) commission ◆ **nous venons en délégation voir le patron** we have come as a delegation to see the boss
b (mandat) delegation ◆ **quand il est absent, sa secrétaire signe le courrier par délégation** when he is away his secretary signs his letters on his authority ◆ **il agit par délégation** ou **en vertu d'une délégation** he is acting on somebody's authority ◆ (Jur) **délégation de créance** assignment ou delegation of debt ◆ **délégation de pouvoirs** delegation of powers ◆ (Mil) **délégation de solde** assignment of pay *(to relatives)* ◆ **délégation rectorale** *special appointment of a teacher by the rectorat*
c (Admin: succursale) branch, office(s) ◆ **Délégation générale à la recherche scientifique et technique** *bureau for technical and scientific research*

délégué, e [delege] → SYN (ptp de **déléguer**) **1** adj delegated (*à* to) ◆ **membre délégué** delegate ◆ (Écon) **administrateur délégué** managing director ◆ (Ciné) **producteur délégué** associate producer ◆ (Pol) **ministre délégué** ministerial delegate ◆ **ministre délégué à la Culture** minister with special responsibility for the arts
2 nm,f (représentant) delegate, representative ◆ (Scol) **délégué rectoral** ≃ temporary teacher ◆ (Scol) **délégué de classe** class representative ◆ (Scol) **délégué des parents** parents' representative ◆ **délégué du personnel** staff representative ◆ **délégué syndical** union representative, shop steward

déléguer [delege] → SYN ▸ conjug 6 ◂ vt pouvoirs, personne to delegate (*à* to); (Jur) créance to assign, delegate

délestage [delɛstaʒ] nm (Élec) power cut; (Aut) diversion; [ballon, navire] removal of ballast (*de* from), unballasting ◆ **établir un itinéraire de délestage** to set up a relief route

délester [delɛste] → SYN ▸ conjug 1 ◂ **1** vt navire, ballon to remove ballast from, unballast; (Élec) to cut off power from ◆ (Aut) **on a délesté la RN4** a diversion has been set up on the RN4 to relieve traffic congestion ◆ (fig) **délester qn d'un fardeau** to relieve sb of a burden ◆ (*: voler) **délester qn de qch** to relieve sb of sth
2 **se délester** vpr [bateau, ballon] to jettison ballast ◆ (Aviat) **se délester de ses bombes** (en cas de panne) to jettison its bombs; (sur l'objectif) to release its bombs ◆ (fig) **elle se délesta de ses colis** she unloaded ou dropped her parcels

délétère [deletɛʀ] → SYN adj émanations, gaz noxious, deleterious; (fig) influence, propagande pernicious, deleterious

délétion [delesjɔ̃] nf (Bio) deletion

Delhi [dɛli] n Delhi

déliassage [deljasaʒ] nm (Ordin) decollation

déliasser [deljase] ▸ conjug 1 ◂ vt (Ordin) to decollate

délibérant, e [delibeʀɑ̃, ɑ̃t] adj deliberative

délibération [delibeʀasjɔ̃] → SYN nf **a** (débat) deliberation, debate ◆ **délibérations** proceedings, deliberations ◆ **mettre une question en délibération** to debate ou deliberate (over ou upon) an issue ◆ **après délibération du jury** after the jury's due deliberation
b (réflexion) deliberation, consideration
c (décision) decision, resolution ◆ **délibérations** resolutions ◆ **par délibération du jury** on the jury's recommendation

délibérative [delibeʀativ] adj f ◆ **avoir voix délibérative** to have voting rights

délibératoire [delibeʀatwaʀ] adj deliberative

délibéré, e [delibeʀe] → SYN (ptp de **délibérer**) **1** adj (intentionnel) deliberate; (assuré) resolute, determined → **propos**
2 nm (Jur) deliberation *(of court at end of trial)* ◆ **mettre une affaire en délibéré** to deliberate on a matter ◆ **mise en délibéré** deliberation

délibérément [delibeʀemɑ̃] → SYN adv (volontairement) deliberately, intentionally; (après avoir réfléchi) with due consideration; (résolument) resolutely

délibérer [delibeʀe] → SYN ▸ conjug 6 ◂ **1** vi (débattre) (gén) to deliberate, confer, debate; [jury] to confer, deliberate; (réfléchir) to deliberate, consider ◆ **après avoir mûrement délibéré** after having pondered the matter, after duly considering the matter ◆ **délibérer sur une question** to deliberate (over ou upon) an issue
2 **délibérer de** vt indir ◆ (décider) **délibérer de qch** to deliberate sth ◆ **délibérer de faire qch** to decide ou resolve to do sth (after deliberation)

délicat, e [delika, at] → SYN adj **a** (fin) dentelle, parfum, forme, couleur delicate; fil, voile, facture, travail fine; mets dainty ◆ **un objet gravé de facture délicate** a finely engraved object
b (fragile) tissu, fleur, enfant, santé delicate ◆ **il a la peau très délicate** he has very tender ou delicate skin ◆ **lotion pour peaux délicates** lotion for sensitive skins
c (difficile) situation, question, (Méd) opération delicate, tricky ◆ **c'est délicat!** it's rather delicate! ou tricky! ◆ **un sujet délicat** a delicate ou sensitive subject
d (gén nég) (scrupuleux) personne, conscience scrupulous ◆ **des procédés peu délicats** unscrupulous ou dishonest methods ◆ **il ne s'est pas montré très délicat envers vous** he hasn't behaved very fairly ou decently towards you
e (raffiné) sentiment, goût, esprit, style refined, delicate; attention thoughtful; geste delicate, thoughtful ◆ **ces propos conviennent peu à des oreilles délicates** this conversation isn't suitable for delicate ou sensitive ears ◆ **avoir le palais délicat** to have a discerning palate
f (précis) nuance subtle, fine, delicate; oreille sensitive, fine; travail fine, delicate
g (léger) toucher, touche gentle, delicate ◆ **prendre qch d'un geste délicat** to take sth gently ou delicately
h (plein de tact) tactful (*envers* to, towards)
i (exigeant) fussy, particular ◆ **cet enfant est délicat pour manger** this child is fussy ou particular about his food ◆ **faire le délicat** (nourriture) to be particular ou fussy; (spectacle) to be squeamish; (propos) to act easily shocked

délicatement [delikatmɑ̃] adv **a** (finement) **tableau délicatement coloré** finely ou delicately coloured painting ◆ **dentelle délicatement ouvragée** finely ou delicately worked lace ◆ **mets délicatement préparé** daintily ou delicately prepared dish
b (avec précision) **exécuter un travail délicatement** to do a piece of work delicately ou finely ◆ **nuance délicatement exprimée** subtly ou finely ou delicately expressed shade of meaning
c (avec légèreté) **prendre qch délicatement entre ses mains** to take sth gently ou delicately in one's hands
d (avec raffinement) **sentiment délicatement exprimé** delicately expressed feeling

délicatesse [delikatɛs] → SYN nf **a** (finesse) [dentelle, parfum, couleur, forme] delicacy; [mets] daintiness; [fil, voile, facture, travail] fineness
b (fragilité) [peau] tenderness, delicacy; [tissu] delicacy
c (scrupules) [personne, procédés] scrupulousness ◆ **sa manière d'agir manque de délicatesse** his behaviour is somewhat unscrupulous
d (raffinement) [sentiment, goût, esprit, style] refinement, delicacy; [geste] delicacy
e (gén: tact) tact; (attentions) thoughtfulness ◆ **par délicatesse il se retira** he withdrew tactfully ou out of politeness
f (précision) [nuance] subtlety, fineness, delicacy; [oreille] sensitivity, fineness; [travail] fineness, delicacy
g (légèreté) gentleness ◆ **il prit le vase avec délicatesse** he picked up the vase gently ou delicately
h (caractère complexe) [situation, question], (Méd) [opération] delicacy ◆ (frm) **être en délicatesse avec qn** to be in a delicate situation with sb
i (prévenances: gén pl) consideration (NonC), (kind) attentions ◆ **avoir des délicatesses pour qn** to show attentions to sb, show consideration for sb

délice [delis] → SYN nm (plaisir) delight ◆ **quel délice de s'allonger au soleil!** what a delight to lie in the sun! ◆ **se plonger dans l'eau avec délice** to jump into the water with sheer delight ◆ **ce dessert est un vrai délice** this dessert is quite delightful ou delicious

délices [delis] nfpl (plaisirs) delights ◆ **les délices de l'étude** the delights of study ◆ **toutes les délices de la terre se trouvaient réunies là** every worldly delight was to be found there ◆ **faire ses délices de qch** to take delight in sth ◆ **cette vie rustique ferait les délices de mon père** this country life would be the delight of my father ◆ **ce livre ferait les délices de mon père** this book would be a delight to ou would delight my father, my father would revel in this book

délicieusement [delisjøzmɑ̃] adv delightfully, exquisitely ◆ **elle chante délicieusement (bien)** she sings delightfully (well) ◆ **c'est délicieusement beau** it's exquisitely beautiful ◆ **une poire délicieusement parfumée** a deliciously ou delightfully scented pear ◆ **s'enfoncer délicieusement dans les couvertures** to snuggle down under the covers with delight

délicieux, -ieuse [delisjø, jøz] → SYN adj fruit delicious; goût delicious, delightful; lieu, personne, sensation, anecdote charming, delightful

délictuel, -elle [deliktɥɛl] adj faute criminal

délictueux, -euse [deliktɥø, øz] → SYN adj (Jur) criminal ◆ **fait délictueux** criminal act

délié, e [delje] → SYN (ptp de **délier**) **1** adj **a** (agile) doigts nimble, agile; esprit astute, penetrating ◆ **avoir la langue déliée** to have a ready tongue
b (fin) taille slender; fil, écriture fine
2 nm [lettre] (thin) upstroke ◆ **les pleins et les déliés** the downstrokes and the upstrokes *(in handwriting)* ◆ (Mus) **avoir un bon délié** to have a flowing ou an even touch

délier [delje] → SYN ▸ conjug 7 ◂ **1** vt **a** corde, paquet, prisonnier to untie; gerbe to unbind ◆ **déliez-lui les mains** untie his hands ◆ (fig) **délier la langue de qn** to loosen sb's tongue → **bourse**
b **délier qn de** obligation, serment to free ou release sb from; (Rel) péché to absolve sb from
2 **se délier** vpr **a** [lien] to come untied; [prisonnier] to untie o.s., get (o.s.) free; [langue] to loosen ◆ **sous l'effet de l'alcool les langues se délient** as alcohol starts to take effect tongues are loosened
b **se délier d'un serment** to free ou release o.s. from an oath

délimitation [delimitasjɔ̃] → SYN nf (→ **délimiter**) demarcation; delimitation; definition; determination

délimiter [delimite] → SYN ▸ conjug 1 ◂ vt terrain, frontière to demarcate, delimit; sujet, rôle to define (the scope of), delimit; responsabilités, attributions to determine

délimiteur [delimitœʀ] nm (Ordin) delimiter

délinéament [delineamɑ̃] nm (littér) contour

délinéarisé, e [delineaʀize] adj lettres not aligned

délinéer [delinee] ▸ conjug 1 ◂ vt (dessiner) to sketch, trace; (faire ressortir) to outline

délinquance [delɛ̃kɑ̃s] → SYN nf criminality ◆ **délinquance juvénile** juvenile delinquency ◆ **délinquance routière** reckless driving ◆ **la**

petite délinquance petty crime ◆ **la grande délinquance** serious crime

délinquant, e [delɛ̃kɑ̃, ɑ̃t] → SYN 1 adj delinquent ◆ **la jeunesse délinquante** juvenile delinquents ou offenders
2 nm,f delinquent, offender ◆ **délinquant primaire** first offender

déliquescence [delikesɑ̃s] → SYN nf a (Chim: action) deliquescence
b (fig) decay ◆ **tomber en déliquescence** to fall into decay ◆ **société en complète déliquescence** society in a state of total decay

déliquescent, e [delikesɑ̃, ɑ̃t] → SYN adj a (Chim) deliquescent
b (fig) personne decrepit; esprit enfeebled; régime, mœurs, société decaying; atmosphère devitalizing

délirant, e [delirɑ̃, ɑ̃t] → SYN adj a (Méd) malade delirious
b idée, architecture extraordinary, wild; prix extortionate, exorbitant ◆ **un public délirant (d'enthousiasme)** a frenzied audience

délire [deliʀ] → SYN 1 nm a (Méd) delirium ◆ **dans un accès de délire** in a fit of delirium ◆ **être en plein délire** to be totally delirious ◆ **c'est du délire!*** it's sheer madness! ou lunacy!
b (frénésie) frenzy ◆ **sa passion allait jusqu'au délire** his passion was almost frenzied ◆ **dans le délire de son imagination** in his wild ou frenzied imagination ◆ **acclamé par une foule en délire** acclaimed by a crowd gone wild ou berserk ou by a frenzied crowd ◆ **quand l'acteur parut, ce fut le** ou **du délire*** when the actor appeared there was a frenzy of excitement
2 COMP ▷ **délire alcoolique** alcoholic mania ▷ **délire de grandeur** delusions of grandeur ▷ **délire hallucinatoire** hallucinatory delirium ▷ **délire de persécution** persecution mania ▷ **délire poétique** (Littérat) poetic frenzy ▷ **délire systématisé** systematized delusion

délirer [deliʀe] → SYN ▸ conjug 1 ◂ vi (Méd) to be delirious ◆ **délirer de joie** to be in a frenzy of delight, be delirious with joy ◆ **il délire!*** he's raving!*, he's out of his mind!*

délirium tremens [deliʀjɔmtʀemɛ̃s] nm delirium tremens

délit [deli] → SYN nm (gén) crime, offence; (Jur) (criminal) offence, misdemeanor (US) ◆ **délit de fuite** failure to report an accident ◆ **délit de presse** violation of the press laws ◆ **délit fiscal** tax offence ◆ **être poursuivi pour délit d'opinion** to be prosecuted for one's beliefs ou convictions ◆ **délit d'initié** insider dealing ou trading ◆ **il a été arrêté pour délit de faciès** ou **de sale gueule*** he was arrested because of the colour of his skin → **corps, flagrant**

déliter [delite] → SYN ▸ conjug 1 ◂ 1 vt pierre to cleave
2 **se déliter** vpr (lit) to disintegrate *(because of exposure to moisture)*; (fig) to disintegrate

délitescence [delitesɑ̃s] nf (Chim) disintegration; (Méd) delitescence

délitescent, e [delitesɑ̃, ɑ̃t] adj (Chim) disintegrative

délivrance [delivʀɑ̃s] → SYN nf a [prisonniers] release; [pays] deliverance, liberation
b (fig: soulagement) relief ◆ **il est parti, quelle délivrance!** he's gone – what a relief!
c [passeport, reçu] issue, delivery; [ordonnance] issue; [lettre, marchandise] delivery ◆ (Jur) **délivrance d'un brevet** issue of a patent
d (littér: accouchement) delivery, confinement

délivrer [delivʀe] → SYN ▸ conjug 1 ◂ 1 vt a prisonnier, esclave to set free ◆ **délivrer qn de** rival to relieve ou rid sb of; liens, obligation to free sb from, relieve sb of; crainte to relieve sb of ◆ **être** ou **se sentir délivré d'un grand poids** to be ou feel relieved of a great weight
b passeport, reçu to issue, deliver; lettre, marchandise to deliver; ordonnance to give, issue; [pharmacien] médicament to dispense (Admin), sell ◆ **ce médicament est délivré sans ordonnance** you can buy this medicine over the counter
c (Tech) to deliver
2 **se délivrer** vpr [prisonnier etc] to free o.s. (*de* from); (fig) to get relief (*de* from)

délocalisation [delɔkalizasjɔ̃] nf relocation

délocaliser [delɔkalize] ▸ conjug 1 ◂ vt to relocate

délogement [delɔʒmɑ̃] nm (→ **déloger**) turning ou throwing out; flushing out; starting; dislodging

déloger [delɔʒe] → SYN ▸ conjug 3 ◂ 1 vt locataire to turn ou throw out; fugitif to flush out; lièvre to start; objet, ennemi to dislodge (*de* from)
2 vi a (déguerpir) to clear out ◆ **délogez de là!** clear out of there!*
b (Belg: découcher) to spend the night away from home

déloquer (se)* [delɔke] ▸ conjug 1 ◂ vpr (se déshabiller) to peel off*

déloyal, e, mpl **-aux** [delwajal, o] → SYN adj ami unfaithful, disloyal (*envers* towards); adversaire underhand; conduite disloyal, underhand; procédé unfair; (Sport) coup foul (épith), dirty (épith) ◆ (Comm) **concurrence déloyale** unfair competition

déloyalement [delwajalmɑ̃] adv disloyally

déloyauté [delwajote] → SYN nf a (NonC: → **déloyal**) disloyalty; unfairness
b (action) disloyal act

Delphes [dɛlf] n Delphi

delphinidés [dɛlfinide] nmpl ◆ **les delphinidés** delphinoids, the Delphinidae (spéc)

delphinium [dɛlfinjɔm] nm delphinium

delta [dɛlta] → SYN nm (Géog, Ling) delta ◆ **le delta du Mékong** the Mekong delta ◆ **aile delta** (gén) delta wing; (Sport) hang glider ◆ (Phys) **rayon delta** delta ray ◆ (Aviat) **à ailes (en) delta** delta-winged

deltaïque [dɛltaik] adj deltaic, delta (épith)

deltaplane ® [dɛltaplan] nm (appareil) hang-glider; (sport) hang gliding ◆ **faire du deltaplane** to hang glide, go hang gliding

deltoïde [dɛltɔid] adj, nm (Méd) deltoid

deltoïdien, -ienne [dɛltɔidjɛ̃, jɛn] adj deltoid

déluge [delyʒ] → SYN nm (pluie) downpour, deluge; [larmes, paroles, injures] flood; [compliments, coups] shower ◆ (Bible) **le déluge** the Flood, the Deluge ◆ **ça date du déluge, ça remonte au déluge** it's ancient history → **après**

déluré, e [delyʀe] → SYN (ptp de **délurer**) adj a (débrouillard) smart, resourceful
b (impertinent) (gén) forward, pert; fille saucy, sassy* (US)

délurer [delyʀe] ▸ conjug 1 ◂ 1 vt (dégourdir) to make smart ou resourceful, teach a thing or two to*; (péj) to make forward ou pert
2 **se délurer** vpr (se dégourdir) to become smart ou resourceful; (péj) to become forward ou pert ◆ **il s'est déluré au régiment** he became something of a smart lad ou he learnt a thing or two* in the army

délustrer [delystʀe] ▸ conjug 1 ◂ vt to take the lustre ou shine off

dém* [dɛm] nf abrév de **démission**

démagnétisation [demaɲetizasjɔ̃] nf demagnetization

démagnétiser [demaɲetize] ▸ conjug 1 ◂ 1 vt to demagnetize
2 **se démagnétiser** vpr to demagnetize

démago* [demago] 1 adj abrév de **démagogique**
2 nmf abrév de **démagogue**

démagogie [demagɔʒi] nf demagogy, demagoguery

démagogique [demagɔʒik] adj discours, réforme popularity-seeking, demagogic

démagogue [demagɔg] → SYN 1 nm demagogue
2 adj ◆ **être démagogue** to be a demagogue

démaigrir [demegʀiʀ] ▸ conjug 2 ◂ vt (Tech) to trim

démaillage [demajaʒ] nm [bas] laddering (Brit); [tricot] undoing, unravelling

démailler [demaje] ▸ conjug 1 ◂ 1 vt bas to ladder (Brit); filet to undo (the mesh of); tricot to undo (the stitches of), unravel; chaîne to unlink, separate the links of ◆ **ses bas sont démaillés** her stockings are laddered (Brit) ou have got ladders (Brit) in them
2 **se démailler** vpr [bas] to ladder (Brit), run; [tricot, filet] to unravel, come unravelled ◆ **la chaîne s'est démaillée** the links of the chain have come apart

démailloter [demajɔte] ▸ conjug 1 ◂ vt enfant to take off the nappy of (Brit) ou diaper of (US)

demain [d(ə)mɛ̃] → SYN adv tomorrow ◆ **demain matin** tomorrow morning ◆ **demain soir** tomorrow evening ou night ◆ **demain en huit / en quinze** a week / two weeks tomorrow ◆ **à dater** ou **à partir de demain** (as) from tomorrow, from tomorrow on ◆ **demain il fera jour** tomorrow is another day ◆ **ce n'est pas demain la veille*, ce n'est pas pour demain*** it's not just around the corner, it's not going to happen in a hurry ◆ **demain on rase gratis!*** tomorrow never comes! ◆ **demain est jour férié** tomorrow is a holiday ◆ **à demain** (gén) see you tomorrow; (je téléphonerai) I'll talk to you tomorrow ◆ **d'ici (à) demain tout peut changer** everything might be different by tomorrow ◆ (fig) **le monde de demain** the world of tomorrow, tomorrow's world → **remettre**

démanché, e [demɑ̃ʃe] (ptp de **démancher**) 1 adj bras out of joint (attrib), dislocated; (*) objet loose; meuble rickety ◆ **le marteau est démanché** the hammer has no handle ou has lost its handle
2 nm (Mus) shift

démancher [demɑ̃ʃe] → SYN ▸ conjug 1 ◂ 1 vt outil to take the handle off; (*: disloquer) meuble to knock a leg off; bras to put out of joint, dislocate
2 vi (Mus) to shift
3 **se démancher** vpr a [outil] to lose its handle; [bras] to be put out of joint, be dislocated; (*) [meuble, objet] to fall to bits ◆ **se démancher le bras** to dislocate one's arm, put one's arm out of joint ◆ (fig) **se démancher le cou pour voir qch*** to crane one's neck to see sth
b (*: se mettre en quatre) to go out of one's way, move heaven and earth (*pour faire* to do)

demande [d(ə)mɑ̃d] → SYN nf a (requête) request (*de qch* for sth); (revendication) claim, demand (*de* for); (Admin) [emploi, autorisation, naturalisation] application (*de* for); [remboursement, dédommagement] claim (*de* for); [renseignement] enquiry; (Écon: opposé à offre) demand; (Cartes) bid ◆ (gén) **faire une demande** to make a request ◆ **faire une demande d'emploi / de naturalisation** to apply for a post / for naturalization ◆ (formulaire) **remplir une demande** to fill in a claim form (*de* for) ◆ (annonces) **« demandes d'emploi »** "situations wanted" ◆ **demande d'adhésion** application for membership ◆ [ravisseurs] **faire une demande de rançon** to make a ransom demand ◆ **faire une demande de remboursement** to put in ou make a request for reimbursement (*à qn* to sb), request reimbursement (*à qn* from sb) ◆ (Écon) **pour répondre à la demande (de pétrole / de fruits)** to meet the demand (for oil / fruit) ◆ **et maintenant, à la demande générale ...** and now, by popular request ... ◆ (Admin) **adressez votre demande au ministère** apply to the ministry ◆ **demande (en mariage)** proposal (of marriage) ◆ **faire sa demande (en mariage)** to propose ◆ **à** ou **sur la demande de qn** at sb's request ◆ **à la demande, sur demande** on request; (Admin) on application
b (Jur) **demande en divorce** divorce petition ◆ **demande en renvoi** request for remittal ◆ **demande principale / accessoire / subsidiaire** chief / secondary / contingency petition ◆ **introduire une demande reconventionnelle** to bring a counterclaim
c (besoins) [malade, enfant] needs (pl) ◆ **demande d'affection** need for affection
d (†: question) question ◆ **il fait les demandes et les réponses** he doesn't let anyone get a word in edgeways*

demandé, e [d(ə)mɑ̃de] (ptp de **demander**) adj (Comm etc) in demand ◆ **cet article est très demandé** this item is (very) much in demand, there is a great demand for this item ◆ [médecin, chanteur] **il est très demandé** he is (very) much in demand ou sought after

demander [d(ə)mɑ̃de] → SYN ▸ conjug 1 ◂ GRAMMAIRE ACTIVE 1.2, 16.1, 26.6

1 vt a (solliciter) chose, conseil, réponse, entrevue to ask for, request (frm); volontaire to call for, ask for; (Admin, Jur) délai, emploi, divorce to apply for; indemnité, remboursement to claim; réunion, enquête to call for, ask for ◆ **demander qch à qn** to ask sb for sth ◆ **demander un service** ou **une faveur à qn** to ask sb a favour ◆ (Mil) **demander une permission** to ask for ou request (frm) leave ◆ **demander la permission de faire** to ask ou request (frm) permission to do ◆ **demander à voir qn / à parler à qn** to ask to see sb / to speak to sb ◆ **demander à qn de faire** ou **qu'il fasse qch** to ask ou request (frm) sb to do sth ◆ **il a demandé à partir plus tôt** he has asked to leave early ou earlier ◆ **demander la paix** to sue for peace ◆ **puis-je vous demander (de me passer) du pain?** may I trouble you for some bread?, would you mind passing me some bread? ◆ **vous n'avez qu'à demander, il n'y a qu'à demander** you only have to ask

b (appeler) médecin, prêtre, plombier to send for ◆ **il va falloir demander un médecin** we'll have to send for ou call (for) a doctor ◆ **le blessé demande un prêtre** the injured man is asking ou calling for a priest

c (au téléphone, au bureau etc) personne, numéro to ask for ◆ (au téléphone) **demandez-moi M. X** get me Mr X ◆ **qui demandez-vous?** who do you wish to speak to? ◆ **on le demande au bureau / au téléphone** he is wanted at the office / on the phone, someone is asking for him at the office / on the phone ◆ **le patron vous demande** the boss wants to see you ou speak to you ou is asking to see you

d (désirer) to be asking for, want ◆ **ils demandent 50 F de l'heure et une semaine de congé** they are asking (for) 50 francs an hour and a week's holiday ◆ **il demande à partir plus tôt** he wants to ou is asking to leave early ou earlier ◆ **il demande qu'on le laisse partir** he wants us to ou is asking us to let him go ◆ **il ne demande qu'à apprendre / à se laisser convaincre** all he wants is to learn / to be convinced, he's more than willing to learn / be convinced ◆ **le chat miaule, il demande son lait** the cat's mewing – he's asking for his milk ◆ **je ne demande pas mieux!** ou **que ça!** that's exactly ou just what I'd like!, I'll be ou I'm only too pleased! ◆ **il ne demandera pas mieux que de vous aider** he'll be only too pleased to help you ◆ **je demande à voir!*** that I must see! ◆ **tout ce que l'on demande c'est qu'il fasse beau** all (that) we ask is that we have good weather

e (s'enquérir de) heure, nom, chemin to ask ◆ **demander l'heure à qn** to ask sb the time ◆ **demander un renseignement à qn** to ask sb for some information ◆ **je lui ai demandé son nom** I asked him his name ◆ **demander quand / comment / pourquoi c'est arrivé** to ask when / how / why it happened ◆ **demander des nouvelles de qn, demander après qn*** to enquire ou ask after sb ◆ **va demander!** go and ask! ◆ **je ne t'ai rien demandé** I didn't ask you ◆ **je ne te demande rien** I'm not asking you ◆ **on ne t'a pas demandé l'heure (qu'il était)*** ou **ton avis*** who asked you?, who rattled your cage?* ◆ (excl) **je vous le demande!, je vous demande un peu!*** honestly!*, what do you think of that!

f (nécessiter) [travail, décision etc] to require, need ◆ **cela demande un effort** it requires an effort ◆ **ces plantes demandent beaucoup d'eau / à être arrosées** these plants need ou require a lot of water / watering ◆ **ce travail va (lui) demander six heures** this job will take (him) 6 hours ou will require 6 hours, he'll need 6 hours to do this job ◆ **cette proposition demande réflexion** this proposal needs thinking over ◆ **cette proposition demande toute votre attention** this proposal calls for ou requires your full attention

g (exiger) **demander qch de** ou **à qn** to ask sth of sb ◆ **il demande de ses employés qu'ils travaillent bien** he asks ou requires of his employees that they work well ◆ **demander beaucoup à** ou **de la vie / de ses élèves** to ask a lot of life / of one's pupils ◆ **il ne faut pas trop lui en demander!** you mustn't ask too much of him!

h (Comm) **ils (en) demandent 50 F** they are asking ou want 50 francs (for it) ◆ **ils m'en ont demandé 50 F** they asked (me) for 50 francs for it ◆ **« on demande une vendeuse »** "shop assistant required ou wanted" ◆ **ils demandent 3 vendeuses** they are advertising for ou they want 3 shop assistants ◆ **on demande beaucoup de vendeuses en ce moment** shop assistants are very much in demand ou are in great demand just now ◆ **comme vous l'avez demandé dans votre lettre du 25 janvier** as requested in your letter of 25th January

i LOC **demander aide et assistance** to request aid (à from) ◆ **demander audience** to request an audience (à, *auprès de* with) ◆ **demander l'aumône** ou **la charité** to ask ou beg for charity ◆ **demander grâce** to ask for mercy ◆ **demander l'impossible** to ask the impossible ◆ **demander pardon à qn** to apologize to sb (*de qch* for sth) ◆ **je vous demande pardon** I apologize, I'm sorry ◆ (fig) **je vous demande pardon, mais ...!** I beg your pardon but ...! ◆ **demander la lune** to ask for the moon ◆ **demander la parole** to ask to be allowed to speak ◆ **il l'a demandée en mariage** he asked if he could marry her ◆ **demander la main de qn** to ask for sb's hand (in marriage) ◆ **il est parti sans demander son reste** he left without a murmur ◆ (hum) **que demande le peuple?** what more could you ask for?

2 **se demander** vpr (hésiter, douter) to wonder ◆ **on peut vraiment se demander** ou **c'est à se demander s'il a perdu la tête** one may well wonder ou ask if he isn't out of his mind ◆ **il se demande où aller / ce qu'il doit faire** he is wondering where to go / what to do ◆ **il se demanda: suis-je vraiment aussi bête?** he asked himself ou wondered: am I really so stupid? ◆ **ils se demandent bien pourquoi il a démissionné** they can't think why he resigned, they really wonder why he resigned ◆ **cela ne se demande pas!** that's a stupid question!

demandeur[1], -deresse [d(ə)mɑ̃dœʀ, dʀɛs] → SYN nm,f (Jur) plaintiff, complainant; (en divorce) petitioner ◆ **demandeur en appel** appellant ◆ **la partie demanderesse** the moving party

demandeur[2], -euse [d(ə)mɑ̃dœʀ, øz] → SYN nm,f (Téléc) caller ◆ **ils sont très demandeurs (de nos produits)** they are eager buyers (of our goods) ◆ **s'il existe un bon dictionnaire, je suis demandeur** if there is such a thing as a good dictionary I'm interested ◆ **demandeur d'emploi** person looking for work, job-seeker ◆ (Admin) **le nombre des demandeurs d'emploi a baissé** the number of those seeking work has fallen

démangeaison [demɑ̃ʒɛzɔ̃] → SYN nf itching (NonC), itching sensation ◆ **avoir des démangeaisons** to be itching ◆ **j'ai des démangeaisons dans le dos** my back is itching ◆ **j'ai une démangeaison** I've got an itch

démanger [demɑ̃ʒe] → SYN ▸ conjug 3 ◂ vt ◆ **son dos / son coup de soleil le** ou **lui démange** his back / sunburn itches ou is itching ◆ **où est-ce que ça (vous) démange?** where does it ou do you itch?, where is it ou are you itching? ◆ **ça (me) démange** it itches, it's itching, it makes me itch ◆ (fig) **le poing le démange** he's itching* for a fight ◆ (fig) **la main me démange** I'm itching* ou dying to hit him (*ou* her etc) ◆ (fig) **la langue me démange** I'm itching* ou dying to speak ◆ (fig) **ça me démange de faire ..., l'envie me démange de faire ...** I'm dying to do ...

démantèlement [demɑ̃tɛlmɑ̃] → SYN nm (→ **démanteler**) demolition, demolishing; breaking up; bringing down; cracking; dismantling

démanteler [demɑ̃t(ə)le] → SYN ▸ conjug 5 ◂ vt (Mil) forteresse, remparts to demolish; organisation, gang to break up; (fig) empire, monarchie to bring down; réseau d'espionnage to crack; compagnie, service to dismantle

démantibuler* [demɑ̃tibyle] ▸ conjug 1 ◂ 1 vt objet to demolish, break up

2 **se démantibuler** vpr to fall apart ◆ **se démantibuler le bras** to dislocate one's arm

démaquillage [demakijaʒ] nm removal of make-up ◆ **le démaquillage d'un acteur** the removal of an actor's make-up ◆ **l'acteur commença son démaquillage** the actor started to take off ou remove his make-up ◆ **crème pour le démaquillage** make-up remover, make-up removing cream

démaquillant, e [demakijɑ̃, ɑ̃t] 1 adj make-up removing (épith)

2 nm make-up remover

démaquiller [demakije] → SYN ▸ conjug 1 ◂ 1 vt yeux, visage to remove the make-up from, take the make-up off ◆ **démaquiller un acteur** to take off ou remove an actor's make-up

2 **se démaquiller** vpr to take one's make-up off, remove one's make-up ◆ **se démaquiller les yeux** to remove one's eye make-up

démarcage [demaʀkaʒ] ⇒ **démarquage**

démarcatif, -ive [demaʀkatif, iv] adj demarcating

démarcation [demaʀkasjɔ̃] → SYN nf demarcation (*de, entre* between) → **ligne[1]**

démarchage [demaʀʃaʒ] → SYN nm (Comm) door-to-door ou doorstep selling, canvassing ◆ (Pol) **démarchage électoral** canvassing ◆ **faire du démarchage** (Comm) to do door-to-door selling; (Pol) to canvass

démarche [demaʀʃ] → SYN nf a (façon de marcher) gait, walk ◆ **avoir une démarche pesante / gauche** to have a heavy / an awkward gait ou walk, walk heavily / awkwardly

b (intervention) step, move ◆ **faire une démarche auprès de qn (pour obtenir qch)** to approach sb (to obtain sth) ◆ **toutes nos démarches se sont trouvées sans effet** none of the steps we took was effective ◆ **les démarches nécessaires pour obtenir qch** the necessary ou required procedures ou steps ou moves to obtain sth ◆ **l'idée de (faire) cette démarche m'effrayait** I was frightened at the idea of (taking) this step ou of (making) this move

c (cheminement) [raisonnement, pensée] processes ◆ **démarche intellectuelle** thought processes

démarcher [demaʀʃe] ▸ conjug 1 ◂ vt clients to canvass; produit to sell door-to-door

démarcheur [demaʀʃœʀ] → SYN nm (vendeur) door-to-door ou doorstep salesman, canvasser; (Pol) (door-to-door) canvasser

démarcheuse [demaʀʃøz] nf (vendeuse) door-to-door saleswoman; (pour un parti etc) (door-to-door) canvasser

démarier [demaʀje] ▸ conjug 7 ◂ vt (Agr) to thin out

démarquage [demaʀkaʒ] nm [linge, argenterie] removal of the identifying mark(s) (*de* on); [auteur, œuvre] copying (*de* from) ◆ (Sport) **le démarquage d'un joueur** the drawing away of a player's marker ◆ **cet ouvrage est un démarquage grossier** this work is a crude plagiarism ou copy

démarque [demaʀk] → SYN nf (Comm) [article] markdown, marking-down ◆ **démarque inconnue** shortfall *(in stock)*

démarqué, e [demaʀke] (ptp de **démarquer**) adj (Sport) joueur unmarked ◆ **robe démarquée** unlabelled designer dress

démarquer [demaʀke] → SYN ▸ conjug 1 ◂ 1 vt a linge, argenterie to remove the (identifying) mark(s) from; (Comm) article to mark down

b œuvre, auteur to plagiarize, copy

c (Sport) joueur to draw a marker away from

2 **se démarquer** vpr (Sport) to lose ou shake off one's marker ◆ (fig) **se démarquer de** to distinguish ou differentiate o.s. from

démarqueur, -euse [demaʀkœʀ, øz] nm,f plagiarist

démarrage [demaʀaʒ] → SYN 1 nm a (départ) [véhicule] moving off (NonC) ◆ **démarrage en trombe** shooting off (NonC) ◆ **il a calé au démarrage** he stalled as he moved off ◆ **secoués à chaque démarrage du bus** shaken about every time the bus moved off

b (fig) [affaire, campagne, élève, débutant] start ◆ **l'excellent / le difficile démarrage de la campagne électorale** the excellent / difficult start to the electoral campaign

c (Sport: accélération) [coureur] pulling away (NonC) ◆ **il a placé un démarrage à 100 m de**

l'arrivée he put on a burst of speed ou he pulled away 100 metres from the finishing line
d (Naut) casting off, unmooring
e (mise en marche) [véhicule] starting ◆ **le démarrage d'une affaire/campagne** getting an affair/a campaign going
2 COMP ▷ **démarrage en côte** hill start ▷ **démarrage à la manivelle** crank-starting

démarrer [demaʀe] → SYN ▸conjug 1◂ 1 vi a [moteur, conducteur] to start (up); [véhicule] to move off; (fig) [affaire, campagne] to get moving, get off the ground; [élève, débutant] to start off ◆ **l'affaire a bien démarré** the affair got off to a good ou fast start ou started off well ◆ **démarrer en trombe** to shoot off ◆ **faire démarrer** affaire, campagne to get moving, get off the ground ◆ **l'économie va-t-elle enfin démarrer?** is the economy at last going to take off? ou get moving? ou going to get off the ground? ◆ **il a bien démarré en latin** he has got off to a good start in Latin, he started off well in Latin → **froid**
b (Sport: accélérer) [coureur] to pull away
c (Naut) to cast off, unmoor
2 **démarrer de** vt indir (démordre de) idée, projet to let go of ◆ **il ne veut pas démarrer de son idée** he just won't let go of his idea
3 vt véhicule to start, get started; (Naut) embarcation to cast off, unmoor; (* fig) affaire, travail to get going on* ◆ **démarrer qn en anglais** to get sb started at English

démarreur [demaʀœʀ] nm (Aut) starter

démasquer [demaske] → SYN ▸conjug 1◂ 1 vt a (dévoiler) imposteur, espion, hypocrisie to unmask; plan to unveil, uncover ◆ **démasquer ses batteries** (Mil) to unmask one's guns; (fig) to show one's hand, lay one's cards on the table
b (enlever le masque de) to unmask
2 **se démasquer** vpr [imposteur] to drop one's mask; [enfant déguisé] to take off one's mask

démâtage [demɑtaʒ] nm (→ **démâter**) dismasting; losing its masts

démâter [demate] ▸conjug 1◂ 1 vt to dismast
2 vi to lose its masts, be dismasted

dématérialisation [demateʀjalizasjɔ̃] nf dematerialization

dématérialiser [demateʀjalize] ▸conjug 1◂ vt to dematerialize

démazouter [demazute] ▸conjug 1◂ vt plage to remove the oil from

d'emblée [dɑ̃ble] → **emblée**

démédicaliser [demedikalize] ▸conjug 1◂ vt pratique, produit to divest of its medical character, demedicalize (frm)

démêlage [demɛlaʒ] nm (lit, fig) disentangling, untangling

démêlant, e [demɛlɑ̃, ɑ̃t] 1 adj (hair) conditioning
2 nm (hair) conditioner

démêlé [demele] → SYN nm (dispute) dispute, quarrel ◆ (ennuis) **démêlés** problems ◆ **il a eu des démêlés avec la justice** he has fallen foul of the law ou has had some problems ou trouble with the law, he has had a brush with the law ◆ **il risque d'avoir des démêlés avec l'administration** he's likely to come up against the authorities

démêlement [demɛlmɑ̃] nm [ficelle, écheveau] disentangling, untangling; [cheveux] untangling; [situation] untangling, sorting out

démêler [demele] → SYN ▸conjug 1◂ 1 vt a ficelle, écheveau to disentangle, untangle; cheveux to untangle, comb out; (fig) problème, situation to untangle, sort out; (fig) intentions, machinations to unravel, get to the bottom of ◆ **démêler qch d'avec** ou **de** to distinguish ou tell sth from ◆ **démêler le vrai du faux** to sort the truth out from the lies ou falsehood
b (littér: débattre) **démêler qch avec qn** to dispute sth with sb ◆ **je ne veux rien avoir à démêler avec lui** I do not wish to have to contend with him
2 **se démêler** vpr ◆ (†, littér: se tirer de) **se démêler de** embarras, difficultés to disentangle o.s. from, extricate o.s. from

démêloir [demɛlwaʀ] nm (large-toothed) comb

démêlures [demelyʀ] nfpl combings

démembrement [demɑ̃bʀəmɑ̃] → SYN nm (→ **démembrer**) dismemberment; slicing up

démembrer [demɑ̃bʀe] → SYN ▸conjug 1◂ vt animal to dismember; domaine, pays conquis to slice up, carve up

déménagement [demenaʒmɑ̃] → SYN nm a [meubles] removal (Brit), moving (US); [pièce] emptying (of furniture) (NonC) ◆ **camion de déménagement** removal (Brit) ou moving (US) van ◆ **le déménagement du mobilier s'est bien passé** moving the furniture ou the removal of the furniture went off well ◆ **le déménagement du bureau/laboratoire a posé des problèmes** moving the furniture out of the office/laboratory ou emptying the office/laboratory of (its) furniture proved (to be) no easy matter ◆ **ils ont fait 4 déménagements en 3 jours** they did 4 removals in 3 days
b (changement de domicile) move, moving (house) (NonC) ◆ **faire un déménagement** to move (house) ◆ **on a dû perdre ça pendant le déménagement** we must have lost that during the move ◆ **3 déménagements en une année, c'est trop** 3 moves in one year is too much, moving (house) 3 times in one year is too much

déménager [demenaʒe] → SYN ▸conjug 3◂ 1 vt meubles, affaires to move, remove (Brit); maison, pièce to move the furniture out of, empty (of furniture)
2 vi a to move (house) ◆ **déménager à la cloche de bois** to do a moonlight flit* (Brit), sneak off in the middle of the night
b (‡) (partir) to clear off‡; (aller très vite) to shift* ◆ **allez, déménage!** buzz off!*, hop it!* ◆ **il nous a fait déménager** he sent us packing*
c (‡: être fou) to be off one's rocker‡
d **il/ça déménage!*** he's/it's brill‡! ou awesome*! (US)

déménageur [demenaʒœʀ] nm (entrepreneur) furniture remover; (ouvrier) removal man (Brit), (furniture) mover (US) ◆ **il a la carrure d'un déménageur** he's built like a tank

démence [demɑ̃s] → SYN nf (Méd) dementia; (Jur) mental disorder; (gén) madness, insanity ◆ (fig) **c'est de la démence** it's (sheer) madness ou lunacy, it's insane ◆ (Méd) **démence précoce** dementia praecox ◆ **démence sénile** senile dementia

démener (se) [dem(ə)ne] → SYN ▸conjug 5◂ vpr (se débattre) to thrash about, struggle (violently); (se dépenser) to exert o.s. ◆ **se démener comme un beau diable** (pour se sauver) to thrash about ou struggle violently; (pour obtenir qch) to make a tremendous effort, go to great lengths ◆ **si on se démène un peu on aura fini avant la nuit** if we put our back(s) into it a bit* ou if we exert ourselves a bit we'll finish before nightfall ◆ **ils se démenèrent tant et si bien que ...** they exerted themselves to such an extent that ..., they made such a great effort that ...

dément, e [demɑ̃, ɑ̃t] → SYN 1 adj (fou) mad, insane, crazy; (incroyable) incredible, unbelievable; (*: extravagant) type, musique way-out*, weird*; prix, projet mad, crazy
2 nm,f (Méd) lunatic, demented person

démenti [demɑ̃ti] → SYN nm (déclaration) denial, refutation; (fig: apporté par les faits, les circonstances) refutation ◆ **opposer un démenti à** nouvelle, allégations, rumeurs to deny formally ◆ **publier un démenti** to publish a denial ◆ **sa version des faits reste sans démenti** his version of the facts remains uncontradicted ou unchallenged ◆ (fig) **son expression opposait un démenti à ses paroles** his expression belied his words

démentiel, -ielle [demɑ̃sjɛl] → SYN adj a (Méd) dementia (épith)
b projet, prix insane

démentir [demɑ̃tiʀ] → SYN ▸conjug 16◂ 1 vt a [personne] nouvelle, rumeur to refute, deny; personne to contradict ◆ **démentir (formellement) que ...** to deny absolutely that ... ◆ **il dément ses principes par son attitude** his attitude contradicts his principles
b [faits] témoignage to refute; apparences to belie; espoirs to disappoint ◆ **la douceur de son sourire est démentie par la dureté de son regard** the hardness in her eyes belies the sweetness of her smile ◆ **les résultats ont démenti les pronostics des spécialistes** the results have contradicted the predictions of the specialists
2 **se démentir** vpr ◆ (nég: cesser) **son amitié/sa fidélité ne s'est jamais démentie** his friendship/loyalty has never failed ◆ **roman dont le succès ne s'est jamais démenti** novel which has always maintained its popularity ◆ **leur intérêt pour ces mystères, qui ne s'est jamais démenti** their unfailing ou never-failing interest in these mysteries

démerdard‡, e [demɛʀdaʀ, aʀd] 1 nm,f smart customer*
2 adj smart ◆ **il est démerdard** he's a smart customer*, there are no flies on him (Brit) ◆ **il n'est pas démerdard pour deux sous** he's bloody clueless‡ (Brit), he hasn't (got) a clue* ◆ **dans la vie il faut être démerdard** you have to learn to look after yourself in life

démerde‡ [demɛʀd] adj ⇒ **démerdard, e‡**

démerder (se)‡ [demɛʀde] ▸conjug 1◂ vpr a (se débrouiller) to manage ◆ **il sait se démerder dans la vie** he knows how to look after himself all right*, he knows his way around all right* ◆ **elle se démerde (pas mal) au ski/en peinture** she gets by (all right) in skiing/in painting ◆ **si je m'étais mieux démerdé, j'aurais gagné** if I'd known how to handle things better, I'd have won ◆ **il s'est démerdé pour avoir une permission** he wangled himself some leave*, he wangled it so that he got some leave*
b (se tirer d'affaire) to get out of the shit‡‡ ou a mess ◆ **il a voulu y aller, maintenant qu'il se démerde tout seul** he wanted to go so now he can get out of his own bloody (Brit) ou damn mess‡

démerdeur‡ [demɛʀdœʀ] ⇒ **démerdard‡**

démérite [demeʀit] → SYN nm (littér) demerit (littér), fault ◆ **où est son démérite, dans ce cas?** where is he at fault ou wherein lies his fault in this matter? (littér) ◆ **son démérite fut d'avoir ...** his fault ou demerit was to have ...

démériter [demeʀite] → SYN ▸conjug 1◂ 1 **démériter de** vt indir patrie, institution to show o.s. unworthy of
2 vi (Rel) to deserve to fall from grace ◆ (gén) **démériter auprès de qn** ou **aux yeux de qn** to come down in sb's eyes ◆ **en quoi a-t-il démérité?** how was he to blame? ◆ **il n'a jamais démérité** he has never been guilty of an unworthy action ◆ **l'équipe perdante n'a cependant pas démérité** the losing team nevertheless put up a creditable performance

démesure [dem(ə)zyʀ] → SYN nf [personnage] excessiveness, immoderation; [propos, exigences, style] outrageousness, immoderateness

démesuré, e [dem(ə)zyʀe] → SYN adj orgueil, ambition, prétentions inordinate, immoderate; taille disproportionate; territoire, distances vast, enormous; membres enormous

démesurément [dem(ə)zyʀemɑ̃] adv exagérer immoderately, inordinately; augmenter disproportionately ◆ **territoire qui s'étendait démesurément** territory of vast ou inordinate proportions ◆ **démesurément long** disproportionately ou inordinately long

démettre [demɛtʀ] → SYN ▸conjug 56◂ 1 vt a (disloquer) articulation to dislocate ◆ **se démettre le poignet/la cheville** to dislocate one's wrist/ankle, put one's wrist/ankle out of joint
b (révoquer) **démettre qn de ses fonctions/son poste** to dismiss sb from his duties/post
c (Jur) **démettre qn de son appel** to dismiss sb's appeal
2 **se démettre** vpr (frm: démissionner) to resign, hand in one's resignation ◆ **se démettre de ses fonctions/son poste** to resign (from) one's duties/post, hand in one's resignation

démeubler [demœble] ▸conjug 1◂ vt to remove the furniture from

demeurant [d(ə)mœʀɑ̃] → SYN nm ◆ **au demeurant** incidentally

demeure [d(ə)mœʀ] → SYN nf **a** (maison) residence; (littér: domicile) residence, dwelling place (littér) → **dernier**
b LOC **à demeure** installations permanent; domestique live-in, resident ◆ **s'installer à demeure dans la ville** to make one's permanent home ou set o.s. up permanently in the town ◆ **il ne faudrait pas qu'ils y restent à demeure** they mustn't stay there permanently ◆ **mettre qn en demeure de faire qch** to instruct ou order sb to do sth ◆ (Jur) **mettre qn en demeure de payer / de partir** to give sb notice to pay / to quit ou leave → **mise**[2]

demeuré, e [d(ə)mœʀe] → SYN (ptp de **demeurer**) **1** adj half-witted
2 nm,f half-wit

demeurer [d(ə)mœʀe] → SYN ▸ conjug 1 ◂ vi **a** (avec aux avoir) **demeurer quelque part** (habiter) to live somewhere; (séjourner) to stay somewhere ◆ **il demeure au 24 rue d'Ulm** he lives at number 24 (in the) rue d'Ulm
b (frm: avec aux être) (avec attrib, adv de lieu: rester) to remain; (subsister) to remain ◆ **demeurer fidèle / quelque part** to remain faithful / somewhere ◆ **il lui faut demeurer couché** he must remain in bed ◆ **l'odeur demeurait dans la pièce** the smell lingered in the room ◆ **la conversation en est demeurée là** the conversation was taken no further ou was left at that
c (frm: être transmis) **demeurer à qn** to be left to sb ◆ **la maison leur est demeurée de leur mère** the house was left to them by their mother, they inherited the house from their mother

demi[1] [d(ə)mi] adv ◆ **demi plein / nu** half-full / -naked ◆ **il n'était qu'à demi rassuré** he was only half reassured ◆ **il ne te croit qu'à demi** he only half believes you ◆ **il a fait le travail à demi** he has (only) done half the work, he has (only) half done the work ◆ **je ne fais pas les choses à demi** I don't do things by halves ◆ **ouvrir la porte à demi** to half open the door, open the door halfway

demi[2]**, e** [d(ə)mi] **1** adj **a** (avant n: inv, avec trait d'union) **une demi-livre / -douzaine / -journée** half a pound / dozen / day, a half-pound / half-dozen / half-day ◆ **un demi-tour de clef** half a turn of the key, a half turn of the key
b (après n: avec et, nominal) **une livre / heure et demie** one and a half pounds / hours, a pound / an hour and a half ◆ **un centimètre / kilo et demi** one and a half centimetres / kilos, one centimetre / kilo and a half ◆ **à sixheures et demie** at half past six ◆ **deux fois et demie plus grand / autant** two and a half times greater / as much → **malin**
2 nm,f ◆ (fonction pronominale) **un demi** (a) half ◆ **une bouteille? – non, une demie** one bottle? – no, (a) half ou no, half a bottle ou no, a half-bottle ◆ **est-ce qu'un demi suffira, ou faut-il deux tiers?** will (a) half do, or do we need two-thirds? ◆ **deux demis font un entier** two halves make a whole
3 **demie** nf ◆ (à l'horloge) **la demie** the half-hour ◆ **la demie a sonné** the half-hour has struck ◆ **c'est déjà la demie** it's already half past ◆ **on part à la demie** we'll leave at half past ◆ **le bus passe à la demie** the bus comes by at half past (the hour), the bus comes by on the half-hour ◆ **la pendule sonne les heures et les demies** the clock strikes the hours and the halves ou the half-hours
4 nm **a** (bière) glass of beer, ≃ half-pint (Brit), half* ◆ **garçon, un demi** a glass of beer, please, a half-pint ou a half, please
b (Sport) half-back ◆ **demi gauche / droit** left / right half ◆ (Rugby) **demi de mêlée** scrum half ◆ (Rugby) **demi d'ouverture** stand-off half
5 **demi-** préf (le préfixe reste invariable dans les mots composés à trait d'union) semi-, half- ◆ **demi-circulaire** semi-circular ◆ **demi-domestiqué** half tame ◆ **demi-cécité** partial blindness ◆ **demi-pouvoir** partial power ◆ **un demi-paquet** half a packet

demi-additionneur [dəmiadisjɔnœʀ] nm half-adder

demiard [dəmjaʀ] nm (Can) half-pint (Brit), 0,284 litre

demi-bas [d(ə)mibɑ] nm inv kneesock

demi-botte [d(ə)mibɔt] nf ankle-boot, short boot

demi-bouteille [d(ə)mibutɛj] nf half-bottle

demi-cercle [d(ə)misɛʀkl] nm (figure) semicircle; (instrument) protractor ◆ **en demi-cercle** semicircular ◆ **se mettre en demi-cercle** to make a semicircle, stand in a semicircle

demi-circulaire, pl **demi-circulaires** [d(ə)misiʀkylɛʀ] adj semicircular

demi-colonne [d(ə)mikɔlɔn] nf semi-column, demi-column, half-column

demi-deuil [d(ə)midœj] nm half-mourning → **poularde**

demi-dieu, pl **demi-dieux** [d(ə)midjø] nm demigod

demi-douzaine [d(ə)miduzɛn] nf ◆ **une demi-douzaine** half-a-dozen, a half-dozen ◆ **une demi-douzaine d'œufs** half-a-dozen eggs, a half-dozen eggs ◆ **une demi-douzaine suffit** a half-dozen ou half-a-dozen will do ◆ **cette demi-douzaine d'apéritifs m'a coupé les jambes** those half-a-dozen drinks knocked me off my feet

demi-droite [d(ə)midʀwat] nf half-line, half-ray

demi-écrémé [dəmiekʀeme] adj m, nm ◆ **(lait) demi-écrémé** semi-skimmed milk

demi-fin, e [d(ə)mifɛ̃, fin] adj petit pois small; aiguille medium; or 12-carat

demi-finale [d(ə)mifinal] nf (Sport) semifinal

demi-finaliste [d(ə)mifinalist] nmf (Sport) semi-finalist

demi-fond [d(ə)mifɔ̃] nm (discipline) medium-distance ou middle-distance running; (épreuve) medium-distance ou middle-distance race ◆ **coureur de demi-fond** medium-distance ou middle-distance runner

demi-frère [d(ə)mifʀɛʀ] nm half-brother

demi-gros [d(ə)migʀo] nm inv (Comm) wholesale trade

demi-heure [d(ə)mijœʀ, dəmjœʀ] nf ◆ **une demi-heure** half an hour, a half-hour ◆ **la première demi-heure passe très lentement** the first half-hour goes very slowly

demi-jour, pl **demi-jour(s)** [d(ə)miʒuʀ] nm (gén) half-light; (le soir) twilight

demi-journée [d(ə)miʒuʀne] nf ◆ **une demi-journée** half a day, a half-day ◆ **faire des demi-journées de nettoyage / couture** to work half-days cleaning / sewing ◆ **travailler par demi-journées** to work half-days

démilitarisation [demilitaʀizasjɔ̃] nf demilitarization

démilitariser [demilitaʀize] ▸ conjug 1 ◂ vt to demilitarize

demi-litre [d(ə)militʀ] nm ◆ **un demi-litre (de)** half a litre (of), a half-litre (of) ◆ **ce demi-litre de lait** this half-litre of milk

demi-longueur [d(ə)milɔ̃gœʀ] nf ◆ (Sport) **une demi-longueur** half a length, a half-length ◆ **la demi-longueur d'avance qui lui a valu le prix** the half-length lead that won him the prize

demi-lune [d(ə)milyn] nf (Mil) demilune; (Rail) relief line ◆ **en demi-lune** semicircular, half-moon (épith)

demi-mal, pl **demi-maux** [d(ə)mimal, mo] nm ◆ **il n'y a que** ou **ce n'est que demi-mal** it could have been worse, there's no great harm done

demi-mesure [d(ə)mim(ə)zyʀ] nf half-measure ◆ (Habillement) **la demi-mesure** semifinished clothing ◆ **s'habiller en demi-mesure** to buy semi-finished clothing ◆ **il n'aime pas les demi-mesures** he doesn't do things by halves

demi-mondaine [dəmimɔ̃dɛn] → SYN nf demi-mondaine

demi-monde [d(ə)mimɔ̃d] nm demi-monde

demi-mot [d(ə)mimo] → SYN nm ◆ **à demi-mot** without having to spell things out ◆ **se faire comprendre à demi-mot** to make o.s. understood without having to spell it out ◆ **ils se comprenaient à demi-mot** they didn't have to spell things out to each other

déminage [deminaʒ] nm [terrain] mine clearance; [eaux] minesweeping ◆ **opérations de déminage** mineclearing operations

déminer [demine] ▸ conjug 1 ◂ vt to clear of mines

déminéralisation [demineʀalizasjɔ̃] nf (Tech) demineralization

déminéraliser [demineʀalize] ▸ conjug 1 ◂ **1** vt (Tech) to demineralize; (Méd) to make deficient in essential minerals ◆ **eau déminéralisée** distilled ou demineralized water
2 **se déminéraliser** vpr (Méd) to become deficient in essential minerals

démineur [deminœʀ] nm bomb disposal expert

demi-pause [d(ə)mipoz] nf (Mus) minim (Brit) ou half-note (US) rest

demi-pension [d(ə)mipɑ̃sjɔ̃] nf (à l'hôtel) half-board (Brit), bed and breakfast with an evening meal (Brit), lodging, breakfast and one main meal (US); (Scol) half-board ◆ (Scol) **être en demi-pension** to take school lunches

demi-pensionnaire [d(ə)mipɑ̃sjɔnɛʀ] nmf day pupil ◆ **être demi-pensionnaire** to take school lunches

demi-place [d(ə)miplas] nf (Transport) half-fare; (Ciné, Théât etc) half-price ticket ou seat

demi-pointe [d(ə)mipwɛ̃t] nf (position) demi-pointe; (chausson) ballet shoe

demi-portion [d(ə)mipɔʀsjɔ̃] → SYN nf (péj) weed* (péj), weedy* person (péj)

demi-queue [d(ə)mikø] nm ◆ **(piano) demi-queue** baby grand

demi-reliure [d(ə)miʀəljyʀ] nf half-binding

demi-ronde [d(ə)miʀɔ̃d] adj f, nf ◆ **(lime) demi-ronde** half-round file

démis, e [demi, iz] (ptp de **démettre**) adj membre dislocated

demi-saison [d(ə)misɛzɔ̃] nf spring (ou autumn), cool season ◆ **un manteau de demi-saison** a spring (ou an autumn) coat

demi-sang, pl **demi-sang(s)** [d(ə)misɑ̃] nm (cheval) half-breed (horse)

demi-sel [d(ə)misɛl] → SYN **1** adj inv slightly salted ◆ **fromage demi-sel** (slightly salted) cream cheese
2 nm (arg Crime) small-time pimp

demi-sœur [d(ə)misœʀ] nf half-sister

demi-solde [d(ə)misɔld] nf (Mil) half-pay

demi-sommeil [d(ə)misɔmɛj] nm half-sleep

demi-soupir [d(ə)misupiʀ] nm (Mus) quaver (Brit) ou eighth note (US) rest

démission [demisjɔ̃] → SYN nf (lit) resignation; (fig) abdication ◆ **donner sa démission** to hand in ou tender (frm) one's resignation ◆ **lettre de démission** letter of resignation ◆ **la démission des parents modernes** the abdication of parental responsibilities on the part of modern parents

démissionnaire [demisjɔnɛʀ] **1** adj resigning, who has resigned
2 nmf person resigning

démissionner [demisjɔne] → SYN ▸ conjug 1 ◂ **1** vi to resign, hand in one's notice; (fig) [parents, enseignants] to give up
2 vt ◆ **démissionner qn*** to give sb his cards* (Brit) ou his pink slip* (US) ◆ **on l'a démissionné** they persuaded him to resign

demi-tarif [d(ə)mitaʀif] nm half-price; (Transport) half-fare ◆ **billet** etc **(à) demi-tarif** half-price ticket etc ◆ **voyager à demi-tarif** to travel at half-fare

demi-teinte [d(ə)mitɛ̃t] → SYN nf (Art) half-tone ◆ (fig) **notre équipe a eu une saison en demi-teinte** our team had a season with mixed results ◆ (fig) **c'est un film / un portrait tout en demi-teintes** it's a film / a portrait in hushed tones

demi-tige [d(ə)mitiʒ] nf (Bot) half standard

demi-ton [d(ə)mitɔ̃] nm (Mus) semitone, half step (US), half-tone (US)

demi-tonneau, pl **demi-tonneaux** [d(ə)mitɔno] nm (Aviat) half flick (Brit) ou snap (US) roll

demi-tour [d(ə)mituʀ] nm (lit, fig) about-turn, U-turn; (Aut) U-turn ◆ (lit) **faire un demi-tour** to make an about-turn ou a U-turn ◆ (fig) **faire demi-tour** to do a U-turn, make an about-turn

démiurge [demjyʀʒ] → SYN nm demiurge

demi-vie [d(ə)mivi] nf [radiation] half-life

demi-vierge [d(ə)mivjɛʀʒ] nf virgin in name only

demi-volée [d(ə)mivɔle] nf half-volley

demi-volte [d(ə)mivɔlt] nf demivolt(e)

démixtion [demikstjɔ̃] nf (Phys) segregation

démobilisateur, -trice [demɔbilizatœʀ, tʀis] adj discours, mesure demobilising, disarming

démobilisation [demɔbilizasjɔ̃] nf (Mil) demobilization, demob* (Brit); (apathie) apathy, demobilization

démobiliser [demɔbilize] → SYN ▸conjug 1◂ vt (Mil) to demobilize, demob* (Brit); (fig) to demobilize ◆ **se démobiliser** to become demobilized ou apathetic

démocrate [demɔkʀat] → SYN 1 adj democratic
2 nmf democrat

démocrate-chrétien, -ienne, mpl **démocrates-chrétiens** [demɔkʀatkʀetjɛ̃, jɛn] adj, nm,f Christian Democrat

démocratie [demɔkʀasi] → SYN nf democracy ◆ **démocratie directe / représentative** direct / representative democracy ◆ **démocratie populaire** people's democracy ◆ **démocratie parlementaire / présidentielle** parliamentary / presidential democracy ◆ (Littérat) **"De la démocratie en Amérique"** "Democracy in America"

démocratique [demɔkʀatik] → SYN adj democratic ◆ **la République démocratique de ...** the Democratic Republic of ... ◆ (Can) **le Nouveau Parti Démocratique** the New Democratic Party

démocratiquement [demɔkʀatikmɑ̃] adv democratically

démocratisation [demɔkʀatizasjɔ̃] nf democratization

démocratiser [demɔkʀatize] ▸conjug 1◂ 1 vt to democratize
2 **se démocratiser** vpr to become (more) democratic

démodé, e [demɔde] → SYN (ptp de **se démoder**) adj vêtement, manières, institution old-fashioned, out-of-date; procédé, théorie outmoded, old-fashioned

démoder (se) [demɔde] ▸conjug 1◂ vpr (→ **démodé**) to become old-fashioned, go out of fashion; to become outmoded

démodex [demɔdɛks] nm face mite, demodex (spéc)

démodulateur [demɔdylatœʀ] nm demodulator

démodulation [demɔdylasjɔ̃] nf demodulation

démoduler [demɔdyle] ▸conjug 1◂ vt to demodulate

démographe [demɔgʀaf] nmf demographer, demographist

démographie [demɔgʀafi] nf demography ◆ **démographie galopante** massive population growth, ≃ population explosion

démographique [demɔgʀafik] adj demographic ◆ **poussée démographique** increase in population, population increase

demoiselle [d(ə)mwazɛl] → SYN 1 nf a (frm, hum: jeune) young lady; (d'un certain âge) single lady, maiden lady ◆ (dial: fille) **votre demoiselle*** your daughter
b (Hist: noble) damsel††
c (Zool) dragonfly
d (Tech) rammer
2 COMP ▷ **demoiselle de compagnie** (lady's) companion ▷ **demoiselle d'honneur** (à un mariage) bridesmaid; (d'une reine) maid of honour

démolir [demɔliʀ] → SYN ▸conjug 2◂ vt a (lit) maison, quartier to demolish, pull down ◆ **on démolit beaucoup dans le quartier** they are pulling down ou demolishing a lot of houses ou they are doing a lot of demolition in this area
b (abîmer) jouet, radio, voiture to wreck, demolish, smash up* ◆ **cet enfant démolit tout!** that child wrecks ou demolishes everything! ◆ **ces boissons vous démolissent l'estomac / la santé*** these drinks play havoc with ou ruin your stomach / health
c (fig: détruire) autorité to overthrow, shatter, bring down; influence to overthrow, destroy; doctrine to demolish, crush; espoir to crush, shatter; foi to shatter, destroy
d (fig) personne (*: épuiser) to do for*, do in*; (*: cogner) to bash up*, duff up* (Brit); (*: critiquer) to slate* (Brit), tear to pieces, demolish ◆ **ce travail / cette maladie l'avait démoli** this work / this illness had just about done for him* ◆ **les critiques l'ont démoli / ont démoli sa pièce** the critics tore him / his play to pieces, he / his play was slated* (Brit) ou demolished* by the critics ◆ **je vais lui démolir le portrait**‡ I'm going to smash his face in‡ ◆ **ces 40 kilomètres de marche m'ont démoli** that 40-kilometre walk has done for me* ou shattered me*, I'm whacked* (Brit) ou shattered* after that 40-kilometre walk

démolissage* [demɔlisaʒ] nm (critique) slating* (Brit), panning*

démolisseur, -euse [demɔlisœʀ, øz] → SYN nm,f (ouvrier) demolition worker; (entrepreneur) demolition contractor; (fig) [doctrine] demolisher

démolition [demɔlisjɔ̃] → SYN nf a [immeuble, quartier] demolition, pulling down; (fig) [doctrine etc] demolition, crushing ◆ **la démolition, ça rapporte** there's money in the demolition business, demolition is a profitable business ◆ **entreprise de démolition** demolition contractor(s) ◆ **l'immeuble est en démolition** the building is (in the course of) being demolished → **chantier**
b (décombres) **démolitions** debris (sg), ruins

démon [demɔ̃] → SYN nm a (Rel) demon, fiend; (fig) (harpie) harpy; (séductrice) evil woman; (enfant) devil, demon ◆ **le démon** the Devil ◆ **le démon de midi** middle-aged lust ◆ **le démon du jeu** a passion for gambling ◆ **le démon de la luxure / de l'alcool / de la curiosité** the demon lechery / drink / curiosity → **possédé**
b (Myth) genius, daemon ◆ **écoutant son démon familier / son mauvais démon** listening to his familiar / evil spirit

démonétisation [demɔnetizasjɔ̃] nf (Fin) demonetization, demonetarization

démonétiser [demɔnetize] ▸conjug 1◂ vt (Fin) to demonetize, demonetarize; (fig) personne to discredit; théorie to devalue, discredit

démoniaque [demɔnjak] → SYN 1 adj diabolical, fiendish
2 nmf person possessed by the devil ou by an evil spirit

démonisme [demɔnism] nm demonism

démonologie [demɔnɔlɔʒi] nf demonology

démonstrateur, -trice [demɔ̃stʀatœʀ, tʀis] nm,f demonstrator *(of commercial products)*

démonstratif, -ive [demɔ̃stʀatif, iv] → SYN adj a personne, caractère demonstrative ◆ **peu démonstratif** undemonstrative
b argument, preuve demonstrative, illustrative
c (Gram) demonstrative ◆ **les démonstratifs** the demonstratives

démonstration [demɔ̃stʀasjɔ̃] → SYN nf a (gén, Math) [vérité, loi] demonstration; [théorème] proof ◆ **cette démonstration est convaincante** this demonstration is convincing ◆ **démonstration par l'absurde** reductio ad absurdum
b (Comm) [fonctionnement, appareil] demonstration ◆ **faire une démonstration** to give a demonstration ◆ **faire la démonstration d'un appareil** to demonstrate an appliance ◆ **un appareil de démonstration** a demonstration model ◆ (Ordin) **disquette de démonstration** demo disk
c (manifestation) [joie, tendresse] demonstration, show, display ◆ **accueillir qn avec des démonstrations d'amitié** to welcome sb with a great show of friendship ◆ (Mil) **démonstration de force** show of force ◆ (Mil) **démonstration aérienne / navale** display of air / naval strength

démontable [demɔ̃tabl] adj (gén) that can be dismantled ◆ **armoire démontable** cupboard that can be dismantled ou taken to pieces

démontage [demɔ̃taʒ] nm (→ **démonter**) taking down; dismantling; stripping; taking to pieces; taking apart; taking off ◆ **pièces perdues lors de démontages successifs** pieces lost during successive dismantling operations ◆ **c'était un démontage difficile** it was a difficult dismantling job ou operation, the dismantling was a difficult job ou operation

démonté, e [demɔ̃te] → SYN (ptp de **démonter**) adj mer raging, wild ◆ **il était démonté** (en colère) he was hopping mad*; (déconcerté) he was completely demoralized

démonte-pneu, pl **démonte-pneus** [demɔ̃t(ə)pnø] nm tyre lever (Brit), tire iron (US)

démonter [demɔ̃te] → SYN ▸conjug 1◂ 1 vt a (démanteler) installation, échafaudage, étagères, tente to take down, dismantle; moteur to strip down, dismantle; armoire, appareil, horloge, arme to dismantle, take to pieces, take apart; circuit électrique to dismantle
b (détacher) rideau to take down; pneu, porte to take off
c (déconcerter) to disconcert ◆ **ça m'a complètement démonté** I was completely taken aback by that, that really disconcerted me ◆ **il ne se laisse jamais démonter** he never gets flustered, he's never flustered, he always remains unruffled
d (Équitation) cavalier to throw, unseat
2 **se démonter** vpr a [assemblage, pièce] (accidentellement) to come apart ou to pieces ◆ **est-ce que ça se démonte?** can it be dismantled ou taken apart?
b (perdre son calme: gén nég) to lose countenance ◆ **répondre sans se démonter** to reply without losing countenance ◆ **il ne se démonte pas pour si peu** he's not that easily flustered, it takes more than that to make him lose countenance

démontrable [demɔ̃tʀabl] adj demonstrable

démontrer [demɔ̃tʀe] → SYN ▸conjug 1◂ GRAMMAIRE ACTIVE 26.4 vt (prouver) loi, vérité to demonstrate; théorème to prove; (expliquer) fonctionnement to demonstrate; (faire ressortir) urgence, nécessité to show, demonstrate ◆ **démontrer l'égalité de 2 triangles** to demonstrate ou prove ou show that 2 triangles are equal ◆ **démontrer qch (à qn) par A plus B** to prove sth conclusively (to sb) ◆ **sa hâte démontrait son inquiétude** his haste clearly indicated his anxiety ◆ **tout cela démontre l'urgence de ces réformes** all this shows ou demonstrates the urgency of these reforms

démoralisant, e [demɔʀalizɑ̃, ɑ̃t] → SYN adj demoralizing

démoralisateur, -trice [demɔʀalizatœʀ, tʀis] → SYN adj demoralizing

démoralisation [demɔʀalizasjɔ̃] → SYN nf demoralization

démoraliser [demɔʀalize] → SYN ▸conjug 1◂ 1 vt to demoralize
2 **se démoraliser** vpr to lose heart, become demoralized

démordre [demɔʀdʀ] → SYN ▸conjug 41◂ vi ◆ **il ne démord pas de son avis / sa décision** he is sticking to his opinion / decision, he won't give up his opinion / decision ◆ **il ne veut pas en démordre** he won't budge an inch, he is sticking to his guns

Démosthène [demɔstɛn] nm Demosthenes

démotique [demɔtik] → SYN 1 adj demotic
2 nm demotic
3 nf Demotic

démotivant, e [demɔtivɑ̃, ɑ̃t] adj discouraging, demotivating

démotivation [demɔtivasjɔ̃] nf loss of motivation, demotivation

démotiver [demɔtive] ▸conjug 1◂ vt ◆ **démotiver qn** to demotivate sb, take sb's motivation away ◆ **je suis totalement démotivé** I've lost all my motivation

démoucheté, e [demuʃte] adj fleuret unbuttoned

démoulage [demulaʒ] nm (→ **démouler**) removal from the mould; turning out

démouler [demule] ▸conjug 1◂ vt statue to remove from the mould; flan, gâteau to turn out

démoustication [demustikasjɔ̃] nf clearing ou ridding of mosquitoes (*de* from)

démoustiquer [demustike] ▸conjug 1◂ vt to clear ou rid of mosquitoes

démultiplexage [demyltiplɛksaʒ] nm demultiplexing

démultiplicateur, -trice [demyltiplikatœʀ, tʀis] **1** adj reduction (épith), reducing (épith) **2** nm reduction system

démultiplication [demyltiplikasjɔ̃] nf (procédé) reduction; (rapport) reduction ratio

démultiplier [demyltiplije] ▸conjug 7◂ vt to reduce, gear down

démuni, e [demyni] → SYN (ptp de **démunir**) adj **a** (sans ressources) destitute ◆ **nous sommes démunis** (sans argent) we are destitute; (sans défense) we are powerless (*devant* in the face of)
b (privé de) **démuni de** without, lacking in ◆ **démuni d'ornements** unornamented, unadorned ◆ **démuni de protection** unprotected ◆ **démuni de défenses** undefended ◆ **démuni de talents / d'attraits** without talent / attraction, untalented / unattractive ◆ **démuni d'intérêt** devoid of ou without interest, uninteresting ◆ **démuni de tout** destitute ◆ **démuni d'argent** penniless, without money ◆ **démuni de papiers d'identité** without identity papers

démunir [demyniʀ] → SYN ▸conjug 2◂ **1** vt ◆ **démunir qn de** vivres to deprive sb of; ressources, argent to divest ou deprive sb of ◆ **démunir qch de** to divest sth of
2 **se démunir** vpr (financièrement) to part with one's money ◆ (se défaire de) **se démunir de** to part with, give up

démuseler [demyz(ə)le] ▸conjug 4◂ vt (lit, fig) to unmuzzle

démystifiant, e [demistifjɑ̃, jɑ̃t] adj demystifying

démystificateur, -trice [demistifikatœʀ, tʀis] **1** adj demystifying
2 nm,f demystifier

démystification [demistifikasjɔ̃] nf enlightenment, demystification

démystifier [demistifje] → SYN ▸conjug 7◂ vt to enlighten, disabuse, demystify

démythification [demitifikasjɔ̃] nf demythification

démythifier [demitifje] ▸conjug 7◂ vt to demythologize, demythify

dénantir [denɑ̃tiʀ] ▸conjug 2◂ vt (Jur) to deprive of securities

dénasalisation [denazalizasjɔ̃] nf denasalization

dénasaliser [denazalize] ▸conjug 1◂ vt to denasalize

dénatalité [denatalite] → SYN nf fall ou decrease in the birth rate

dénationalisation [denasjɔnalizasjɔ̃] → SYN nf denationalization

dénationaliser [denasjɔnalize] ▸conjug 1◂ vt to denationalize

dénatter [denate] ▸conjug 1◂ vt cheveux to unplait

dénaturalisation [denatyʀalizasjɔ̃] nf denaturalization

dénaturaliser [denatyʀalize] ▸conjug 1◂ vt to denaturalize

dénaturant, e [denatyʀɑ̃, ɑ̃t] adj denaturing (épith)

dénaturation [denatyʀasjɔ̃] nf (Tech) denaturation

dénaturé, e [denatyʀe] → SYN (ptp de **dénaturer**) adj **a** (Tech) alcool, sel denatured
b goût, mœurs unnatural; parents depraved

dénaturer [denatyʀe] → SYN ▸conjug 1◂ vt **a** vérité, faits to distort, misrepresent
b (Tech) alcool, substance alimentaire to denature; (altérer) goût, aliment to alter completely, change the nature of

dénazification [denazifikasjɔ̃] nf denazification

dendrite [dɑ̃dʀit, dɛ̃dʀit] nf dendrite

dendritique [dɑ̃dʀitik, dɛ̃dʀitik] adj dendritic

dendrologie [dɑ̃dʀɔlɔʒi, dɛ̃dʀo-] nf dendrology

dénébuliser [denebylize], **dénébuler** [denebyle] ▸conjug 1◂ vt to dispel the fog from

dénégation [denegasjɔ̃] → SYN nf (gén, Jur) denial

déneigement [denɛʒmɑ̃] nm snow-clearing (operation), snow removal

déneiger [deneʒe] ▸conjug 3◂ vt to clear of snow, clear the snow from

dengue [dɛ̃g] nf dengue, dandy, breakbone fever

déni [deni] → SYN nm denial ◆ (Jur) **déni de justice** denial of justice ◆ (Psych) **déni (de la réalité)** denial

déniaiser [denjeze] → SYN ▸conjug 1◂ vt ◆ **déniaiser qn** (dégourdir) to teach sb a thing or two; (dépuceler) to take away sb's innocence ◆ **se déniaiser** to learn about life; to lose one's innocence

dénicher [deniʃe] → SYN ▸conjug 1◂ **1** vt **a** (*: trouver) objet to unearth*; bistro to discover; personne to track ou hunt down
b (débusquer) fugitif, animal to drive out (of hiding), flush out
c (enlever du nid) œufs, oisillons to take out of the nest
2 vi [oiseau] to leave the nest

dénicheur, -euse [deniʃœʀ, øz] nm,f **a** (hum) **dénicheur de** antiquités, trouvailles unearther of (hum) ◆ **dénicheur de talents** talent scout
b (d'oiseaux) bird's-nester

dénicotinisation [denikɔtinizasjɔ̃] nf denicotinizing

dénicotiniser [denikɔtinize] ▸conjug 1◂ vt to denicotinize ◆ **cigarettes dénicotinisées** nicotine-free cigarettes

dénicotiniseur [denikɔtinizœʀ] nm cigarette filter

denier [dənje] → SYN **1** nm **a** (monnaie) (Hist romaine) denarius; (Hist française) denier ◆ **ça ne leur a pas coûté un denier†** it didn't cost them a farthing (Brit) ou a cent (US) ◆ **l'ayant payé de ses propres deniers** having paid for it out of his own pocket ◆ **les trente deniers de Judas** Judas's thirty pieces of silver
b (Tex: unité de poids) denier ◆ **bas de 30 deniers** 30-denier stockings
2 COMP ▷ **le denier du culte** the contribution to parish costs *(paid yearly)* ▷ **les deniers publics** ou **de l'État** public moneys ou monies

dénier [denje] → SYN ▸conjug 7◂ vt **a** responsabilité to deny, disclaim; faute to deny
b (refuser) **dénier qch à qn** to deny ou refuse sb sth

dénigrement [denigʀəmɑ̃] → SYN nm denigration, defamation ◆ **ce mot s'emploie par dénigrement** this word is used disparagingly

dénigrer [denigʀe] → SYN ▸conjug 1◂ vt to denigrate, run down

denim [dənim] nm denim

dénitrification [denitʀifikasjɔ̃] nf denitrification

dénitrifier [denitʀifje] ▸conjug 7◂ vt to denitrify

dénivelé nm, **dénivelée** nf [deniv(ə)le] difference in height (*entre* between)

déniveler [deniv(ə)le] ▸conjug 4◂ vt (rendre inégal) to make uneven; (abaisser) to lower, put on a lower level

dénivellation [denivelasjɔ̃] → SYN nf, **dénivellement** [denivɛlmɑ̃] nm **a** (NonC: → **déniveler**) making uneven; lowering, putting on a lower level
b (pente) slope; (cassis, creux) unevenness (NonC), dip
c (différence de niveau) difference in level ou altitude ◆ **la dénivellation** ou **le dénivellement entre deux points** the difference in height ou level between two points

dénombrable [denɔ̃bʀabl] adj countable ◆ (Ling) **nom dénombrable** countable ou count noun ◆ **non dénombrable** uncountable

dénombrement [denɔ̃bʀəmɑ̃] → SYN nm counting ◆ **dénombrement de la population** census of population

dénombrer [denɔ̃bʀe] → SYN ▸conjug 1◂ vt (compter) to count; (énumérer) to enumerate, list

dénominateur [denɔminatœʀ] nm (Math) denominator ◆ (Math, fig) **dénominateur commun** common denominator ◆ **plus petit dénominateur commun** lowest common denominator

dénominatif, -ive [denɔminatif, iv] adj, nm denominative

dénomination [denɔminasjɔ̃] → SYN nf (nom) designation, appellation (frm), denomination (frm); (action) denomination (frm), naming

dénommé, e [denɔme] (ptp de **dénommer**) adj ◆ (parfois péj) **le dénommé X** a certain X, the man called X ◆ **on m'a présenté un dénommé Dupont** I was introduced to a certain Mr Dupont, I was introduced to someone ou a man by the name of Dupont ou who called himself Dupont

dénommer [denɔme] → SYN ▸conjug 1◂ vt (frm) (donner un nom à) to denominate (frm), name; (désigner) to designate, denote; (Jur) to name

dénoncer [denɔ̃se] → SYN ▸conjug 3◂ **1** vt **a** (révéler) coupable to denounce; forfait, abus to expose ◆ (fig) **sa hâte le dénonça** his haste gave him away ou betrayed him ◆ **dénoncer qn à la police** to inform against sb, give sb away to the police
b (signaler publiquement) abus, danger, injustice to denounce
c (annuler) contrat, traité to denounce
d (littér: dénoter) to announce, indicate
2 **se dénoncer** vpr [criminel] to give o.s. up, come forward ◆ **se dénoncer à la police** to give o.s. up to the police

dénonciateur, -trice [denɔ̃sjatœʀ, tʀis] → SYN **1** adj denunciatory, accusatory
2 nm,f **a** [criminel] denouncer, informer; [forfait] exposer
b **dénonciateur de** injustices etc denouncer of

dénonciation [denɔ̃sjasjɔ̃] → SYN nf [criminel] denunciation; [forfait, abus] exposure (NonC); [traité] denunciation, denouncement; [contrat] termination ◆ **emprisonné sur la dénonciation de qn** imprisoned on the strength of a denunciation by sb

dénotatif, -ive [denɔtatif, iv] adj (Ling) denotative

dénotation [denɔtasjɔ̃] nf (Ling) denotation

dénoter [denɔte] → SYN ▸conjug 1◂ vt (révéler) to indicate, denote; (Ling) to denote

dénouement [denumɑ̃] → SYN nm (Théât) dénouement; [affaire, aventure, intrigue] outcome, conclusion ◆ [film] **dénouement heureux** happy ending

dénouer [denwe] → SYN ▸conjug 1◂ **1** vt **a** nœud, lien to untie, undo; cheveux to let down, loose, undo ◆ **les cheveux dénoués** with her hair (falling) loose
b situation to untangle, resolve; difficultés, intrigue to untangle, clear up, resolve, unravel
2 **se dénouer** vpr **a** [lien, nœud] to come untied, come undone; [cheveux] to come loose, come undone, come down → **langue**
b [intrigue, situation] to be resolved

dénoûment [denumɑ̃] ⇒ **dénouement**

dénoyautage [denwajotaʒ] nm [fruit] stoning (Brit), pitting (US)

dénoyauter [denwajote] ▸conjug 1◂ vt fruit to stone (Brit), pit (US)

dénoyauteur [denwajotœʀ] nm stoner (Brit), pitter (US)

dénoyer [denwaje] ▸conjug 8◂ vt mine to unwater

denrée [dɑ̃ʀe] → SYN nf **a** commodity, foodstuff, produce (NonC) ◆ **denrées alimentaires** foodstuffs ◆ **denrées de base** basic foods ◆ **denrées de consommation courante** basic consumer goods ◆ **denrées périssables** pe

ishable foods ou foodstuffs ◆ **denrées coloniales** colonial produce
b (fig) commodity ◆ **l'honnêteté devient une denrée rare** honesty is becoming a rare commodity

dense [dɑ̃s] → SYN adj (Phys) dense; foule dense, tightly packed; feuillage, brouillard dense, thick; circulation heavy; texte dense; style compact, condensed

densifier [dɑ̃sifje] ▸ conjug 7 ◂ 1 vt to make denser
2 vi to become denser

densimètre [dɑ̃simɛtʀ] nm densimeter

densité [dɑ̃site] → SYN nf (Démographie, Phys) density; [brouillard] denseness, thickness; [circulation] heaviness; [foule] denseness ◆ **région à forte / faible densité (de population)** densely / sparsely populated area, area with a high / low population density ◆ (Ordin) **densité d'implantation** packing density

dent [dɑ̃] → SYN nf a [homme, animal] tooth ◆ **dents du haut / du bas / de devant / du fond** upper / lower / front / back teeth ◆ **dent de lait / de sagesse** milk ou baby / wisdom tooth ◆ **dent de remplacement** permanent ou second tooth ◆ **dent gâtée / creuse** bad / hollow tooth ◆ **mal** ou **rage de dent** toothache (NonC) ◆ **donner un coup de dent à** to bite into, take a bite at ◆ (Ciné) **"Les Dents de la mer"** "Jaws" → **arracher, brosse** etc
b [herse, fourche, fourchette] prong; [râteau] tooth, prong; [scie, peigne] tooth; [roue, engrenage] tooth, cog; [feuille] serration; [arête rocheuse] jag; [timbre] perforation ◆ **en dents de scie** couteau serrated; montagne jagged ◆ **graphique / carrière en dents de scie** switchback graph / career
c LOC **avoir la dent*** to be hungry ◆ **avoir la dent dure** to be scathing in one's comments (*envers* about) ◆ **avoir / garder une dent contre qn** to have / hold a grudge against sb ◆ **avoir les dents longues** (†: faim) to be ravenous ou starving; (fig: être ambitieux) to have one's sights fixed high ◆ (hum) **avoir les dents qui rayent le parquet** to have one's sights fixed high, want it all* ◆ **être sur les dents** (fébrile) to be keyed up; (très occupé) to be under great pressure ◆ **faire** ou **percer ses dents** to teethe, cut (one's) teeth ◆ **il vient de percer une dent** he has just cut a tooth ◆ **se faire les dents** [animal] to cut teeth; (fig) to cut one's teeth (*sur* on) ◆ **croquer / manger qch à belles dents** to bite into sth / eat sth with gusto ◆ **manger du bout des dents** to eat half-heartedly, pick at one's food ◆ **accepter du bout des dents** to accept reluctantly ◆ **parler / marmotter entre ses dents** to talk / mumble between one's teeth ◆ **ils n'ont rien à se mettre sous la dent** they have nothing to eat ◆ **on voudrait bien quelque chose à se mettre sous la dent** we wouldn't say no to a bite (to eat) ou something to eat ◆ **il mange tout ce qui lui tombe sous la dent** he eats everything he can lay his hands on → **armé, casser** etc

dentaire¹ [dɑ̃tɛʀ] nf (Bot) toothwort

dentaire² [dɑ̃tɛʀ] adj film, chirurgie, soins, école dental ◆ **faire dentaire*** to study dentristry → **fil, formule, prothèse**

dental, e, mpl **-aux** [dɑ̃tal, o] (Ling) 1 adj dental
2 **dentale** nf dental

dent-de-lion, pl **dents-de-lion** [dɑ̃dəljɔ̃] → SYN nf dandelion

denté, e [dɑ̃te] adj (Tech) toothed; (Bot) dentate → **roue**

dentelaire [dɑ̃t(ə)lɛʀ] nf plumbago, leadwort

dentelé, e [dɑ̃t(ə)le] → SYN (ptp de **denteler**) adj arête jagged; timbre perforated; contour, côte indented, jagged; (Bot) dentate; (Anat) serrate

denteler [dɑ̃t(ə)le] ▸ conjug 4 ◂ vt (Tech) timbre-poste to perforate ◆ (fig: découper) **l'érosion avait dentelé la côte** erosion had indented the coastline ou had given the coast a jagged outline ◆ **les pics qui dentelaient l'horizon** the peaks that stood in a jagged line along the horizon

dentelle [dɑ̃tɛl] → SYN nf lace (NonC) ◆ **col de dentelle** lace collar ◆ **dentelle à l'aiguille** ou **au point** needle-point lace ◆ **dentelle au(x) fuseau(x)** bobbin lace ◆ **dentelle de papier** lacy paper ◆ **crêpe dentelle** thin pancake ◆ (fig) **ne pas faire dans la dentelle*** not to be particular about details

dentellerie [dɑ̃tɛlʀi] nf (fabrication) lacemaking; (Comm) lace manufacture

dentellier, -ière [dɑ̃təlje, jɛʀ] 1 adj industrie lace (épith)
2 nm,f lacemaker ◆ (Art) **"La Dentellière"** "The Lacemaker"
3 **dentellière** nf (machine) lacemaking machine

dentelure [dɑ̃t(ə)lyʀ] → SYN nf [timbre-poste] perforations; [feuille] serration; [côte, arête] jagged outline ◆ **les dentelures d'une côte** the indentations ou jagged outline of a coastline

denticule [dɑ̃tikyl] nm (Archit) dentil; (Méd) denticle

denticulé, e [dɑ̃tikyle] adj denticulate

dentier [dɑ̃tje] → SYN nm denture, dental plate

dentifrice [dɑ̃tifʀis] 1 nm toothpaste, dentifrice
2 adj ◆ **eau dentifrice** mouthwash ◆ **poudre dentifrice** tooth powder ◆ **pâte dentifrice** toothpaste

dentine [dɑ̃tin] nf (Anat) dentine

dentiste [dɑ̃tist] → SYN nmf dentist → **chirurgien**

dentisterie [dɑ̃tistəʀi] → SYN nf dentistry

dentition [dɑ̃tisjɔ̃] → SYN nf (dents) teeth (pl); (croissance) dentition ◆ **dentition de lait** milk ou baby teeth, deciduous dentition (spéc) ◆ **dentition définitive** permanent teeth ou dentition (spéc)

denture [dɑ̃tyʀ] → SYN nf (humaine) teeth (pl), set of teeth, dentition (spéc); (Tech) [roue] teeth (pl), cogs

dénucléarisation [denykleaʀizasjɔ̃] nf denuclearization

dénucléariser [denykleaʀize] ▸ conjug 1 ◂ vt to denuclearize

dénudation [denydasjɔ̃] nf (Méd) stripping; [fil] baring, stripping

dénudé, e [denyde] (ptp de **dénuder**) adj (gén) bare; crâne bald; colline bare, bald

dénuder [denyde] → SYN ▸ conjug 1 ◂ 1 vt a (Tech) fil to bare, strip; (Méd) os to strip
b arbre, sol, colline to bare, strip
c bras, dos [robe] to leave bare; [mouvement] to bare
2 **se dénuder** vpr a [personne] to strip (off)
b [colline, arbre] to become bare, be bared; [crâne] to be balding, be going bald

dénué, e [denɥe] → SYN (ptp de **se dénuer**) adj ◆ **dénué de** devoid of ◆ **dénué de bon sens** senseless, devoid of sense ◆ **dénué d'intérêt** devoid of interest ◆ **dénué de talent / d'imagination** lacking in ou without talent / imagination, untalented / unimaginative ◆ **dénué de tout** destitute ◆ **dénué de tout fondement** completely unfounded ou groundless, entirely without foundation

dénuement [denymɑ̃] → SYN nm [personne] destitution; (littér) [logement] bareness ◆ (fig littér) **dénuement moral** moral deprivation

dénuer (se) [denɥe] ▸ conjug 1 ◂ vpr (littér) to deprive o.s. (*de* of)

dénûment [denymɑ̃] nm ⇒ **dénuement**

dénutrition [denytʀisjɔ̃] nf undernutrition, undernourishment

déodorant [deɔdɔʀɑ̃] → SYN adj m, nm ◆ **(produit) déodorant** deodorant ◆ **déodorant (corporel)** deodorant

déontique [deɔ̃tik] adj deontic

déontologie [deɔ̃tɔlɔʒi] nf professional code of ethics, deontology (spéc)

déontologique [deɔ̃tɔlɔʒik] adj ethical, deontological (spéc)

dép. (abrév de **département**) a [organisme, entreprise] dept
b (division du territoire) → **département**

dépailler [depaje] ▸ conjug 1 ◂ vt chaise to remove the straw seating from

dépannage [depanaʒ] nm (→ **dépanner**) fixing; repairing; helping out ◆ **camion de dépannage** breakdown lorry (Brit), tow truck (US) ◆ **service de dépannage** breakdown service ◆ **ils ont fait 3 dépannages aujourd'hui** they've fixed 3 breakdowns today ◆ **partir pour un dépannage** to go out on a repair ou breakdown job

dépanner [depane] → SYN ▸ conjug 1 ◂ vt véhicule, poste de télévision to get going (again), fix, repair; automobiliste to fix the car of; (*: tirer d'embarras) personne to help out, tide over

dépanneur [depanœʀ] nm (gén) repairman; (Aut) breakdown mechanic; (TV) television engineer, television repairman

dépanneuse [depanøz] nf breakdown lorry (Brit), tow truck (US), wrecker (US)

dépaqueter [depak(ə)te] ▸ conjug 4 ◂ vt to unpack

déparaffinage [depaʀafinaʒ] nm paraffin extraction

déparasiter [depaʀazite] ▸ conjug 1 ◂ vt poste de radio to fit a suppressor to

dépareillé, e [depaʀeje] (ptp de **dépareiller**) adj collection incomplete; objet odd (épith) ◆ (Comm) **articles dépareillés** oddments ◆ (Comm) **couverts dépareillés** odd cutlery

dépareiller [depaʀeje] → SYN ▸ conjug 1 ◂ vt collection, service de table to make incomplete, spoil ◆ **en cassant cette assiette tu as dépareillé le service** you've spoilt the set now you've broken that plate

déparer [depaʀe] → SYN ▸ conjug 1 ◂ vt paysage to spoil, disfigure, mar; visage to disfigure; beauté, qualité to detract from, mar ◆ **cette pièce ne déparerait pas ma collection** this piece would not disgrace my collection ◆ **cette lampe ne déparerait pas dans la chambre** this lamp would go well with ou would not look bad in the bedroom

déparié, e [depaʀje] (ptp de **déparier**) adj chaussures, gants odd (épith)

déparier [depaʀje] → SYN ▸ conjug 7 ◂ vt gants, chaussures to split up

départ¹ [depaʀ] → SYN nm a [voyageur, véhicule, excursion] departure; (endroit) point of departure ◆ **observer le départ du train** to watch the train leave ◆ **le départ est à 8 heures** the train (ou coach etc) leaves at 8 o'clock ◆ **fixer l'heure / le jour de son départ** to set a time / day for one's departure ◆ **être sur le départ** to be about to leave ou go ◆ **excursions au départ de Chamonix** excursions (leaving ou departing) from Chamonix, (day) trips from Chamonix ◆ (Rail) **« départ des grandes lignes »** "main line departures" ◆ **dès son départ j'ai ...** as soon as he had left I ... ◆ **mon départ de l'hôtel** my departure from ou my leaving the hotel ◆ **peu après mon départ de l'hôtel** soon after I had left the hotel, soon after my departure from the hotel ◆ **c'est bientôt le départ en vacances** we'll soon be off on holiday (Brit) ou vacation (US), we'll soon be leaving on our holidays (Brit) ou on vacation (US) ◆ **alors, c'est pour bientôt le grand départ ?** well then, how soon is the great departure? ◆ **le départ du train / bateau est imminent** the train / boat is leaving any time now ou is about to depart ◆ **son départ précipité** his hasty departure ◆ **il a essayé de reculer son départ à l'armée** he tried to put off leaving for the army ◆ **la levée du matin est à 7 heures et le départ du courrier se fait à 9 heures** the morning collection is at 7 and the mail leaves town at 9 o'clock → **tableau**
b (Sport) start ◆ **un bon départ** a good start ◆ (lit, fig) **un faux départ** a false start ◆ **départ lancé / arrêté** flying / standing start ◆ **départ décalé** staggered start ◆ **donner le départ aux coureurs** to give the runners the starting signal, start the race ◆ **les coureurs se rassemblent au départ** the runners are assembling at the start ◆ **être au départ d'une course, prendre le départ d'une course** to take part in a race ◆ (lit, fig) **prendre un bon / mauvais départ** to get off to a good / bad start
c [employé, ministre] leaving (NonC), departure ◆ **le départ du ministre a fait l'effet d'une**

bombe the minister's leaving ou departure was something of a bombshell ◆ **le ministre annonça son départ** the minister announced that he was going to quit ou that he was leaving ◆ **demander le départ d'un fonctionnaire** to demand the resignation of a civil servant ◆ **réduire le personnel par départs naturels** to reduce the staff gradually by natural wastage ◆ **indemnité de départ** severance pay ◆ **départ en préretraite** early retirement ◆ **départ à la retraite** retirement ◆ **départ volontaire** resignation ◆ **départ négocié** ≃ redundancy agreement

d (origine) [processus, transformation] start ◆ (fig) **au départ** at the start ou outset ◆ **de départ** hypothèse initial ◆ **salaire de départ** starting salary ◆ **la substance de départ** the original substance ◆ **de la langue de départ à la langue d'arrivée** from the source language to the target language ◆ **il y a eu plusieurs départs de feu** fire broke out in several places → **point¹**

départ² [depaʀ] nm ◆ (littér) **faire le départ entre le vrai et le faux** to draw ou make a distinction between truth and falsehood

départager [depaʀtaʒe] → SYN ▸conjug 3◂ vt concurrents to decide between; votes to settle, decide; (littér) opinions to decide between; (littér) camps opposés to separate ◆ **départager l'assemblée** to settle the voting in the assembly

département [depaʀtəmɑ̃] → SYN nm [organisme, entreprise] department; (division du territoire) department, *one of the 96 main administrative divisions of France,* ≃ county (Brit) ◆ **département (ministériel)** ministry, department ◆ (aux USA) **le département d'État** the State Department ◆ **département d'outre-mer** overseas region of France

départemental, e, mpl **-aux** [depaʀtəmɑ̃tal, o] adj (→ **département**) departmental; ministerial ◆ **(route) départementale** secondary road, ≃ B-road (Brit)

départementalisation [depaʀtəmɑ̃talizasjɔ̃] nf [territoire] giving the status of department to

départementaliser [depaʀtəmɑ̃talize] ▸conjug 1◂ vt territoire to give the status of department to

départir [depaʀtiʀ] → SYN ▸conjug 16◂ **1** vt (†, littér: attribuer) tâche to assign; faveur to accord (frm)

2 se départir vpr ◆ (gén nég: abandonner) **se départir de** ton, attitude to abandon, depart from; sourire to drop ◆ **sans se départir de son sourire / sa bonne humeur** without forsaking ou abandoning his smile / his good humour ◆ **il a répondu sans se départir de son calme** he answered without losing his coolness

départiteur [depaʀtitœʀ] nm ◆ **(juge) départiteur** arbitrator

dépassant [depɑsɑ̃] nm (Couture) edging (NonC)

dépassé, e [depɑse] → SYN (ptp de **dépasser**) adj (périmé) outmoded, old-fashioned, out of date; (*: désorienté) out of one's depth (attrib)

dépassement [depɑsmɑ̃] → SYN nm **a** (Aut) overtaking (Brit: NonC), passing (NonC) ◆ **tout dépassement est dangereux** overtaking is always dangerous, it is always dangerous to overtake ◆ **« dépassement interdit »** "no overtaking" ◆ **après plusieurs dépassements dangereux ...** after perilously overtaking several vehicles ...

b [limite, prix] (action) exceeding; (excès) excess ◆ **dépassement d'honoraires** charge exceeding the statutory fee ◆ **faire des dépassements d'honoraires** to charge more than the statutory fee

c (Fin) **dépassement (de crédit)** overspending (NonC) ◆ **un dépassement de crédit de 5 millions** overspending by 5 million francs ◆ **dépassement budgétaire** overspend on budget, overspending

d dépassement (de soi-même) surpassing of oneself

dépasser [depɑse] → SYN ▸conjug 1◂ **1** vt **a** (aller plus loin que) endroit to pass, go past; (Aviat) piste to overshoot; (distancer) véhicule, personne to overtake (Brit), pass ◆ **dépassez les feux et prenez la première rue à gauche** go through ou pass the lights and take the first (on the) left

b (déborder de) alignement (horizontalement) to jut out over, overhang; (verticalement) to jut out above, stand higher than ◆ **son succès a dépassé les frontières** his success has reached beyond ou transcended national boundaries

c (excéder) limite, quantité mesurable to exceed ◆ **dépasser qch en hauteur / largeur** to be higher ou taller / wider than sth, exceed sth in height / width ◆ **il a dépassé son père (de 10 cm) maintenant** he's (10 cm) taller than his father now ◆ **cette plante a dépassé l'autre** this plant has outgrown the other ou is now taller than the other ◆ **dépasser en nombre** to outnumber ◆ **tout colis qui dépasse 20 kg / la limite (de poids)** all parcels in excess of ou exceeding ou over 20 kg / the (weight) limit ◆ **dépasser le nombre prévu** to be more than expected ◆ **la réunion ne devrait pas dépasser 3 heures** the meeting shouldn't go on longer than ou last longer than 3 hours, the meeting shouldn't exceed 3 hours (in length) ◆ **il ne veut pas dépasser 500 F** he won't go above ou over 500 francs ◆ **ça va dépasser 100 F** it'll be more than ou over 100 francs ◆ **elle a dépassé la quarantaine** she is over forty, she has turned forty ◆ (Méd) **« ne pas dépasser la dose prescrite »** "it is dangerous to exceed the prescribed dose" ◆ **le prix de cette maison dépasse nos moyens** this house is beyond our means ou is more than we can afford

d (surpasser) valeur, prévisions to exceed; réputation to outshine; rival to outmatch, outstrip ◆ **dépasser qn en violence / intelligence** to surpass sb in violence / intelligence ◆ **pour la paresse / l'appétit il dépasse tout le monde** he beats everybody for laziness / appetite ◆ **il dépasse tous ses camarades** he is ahead of ou he surpasses all his friends ◆ **sa bêtise dépasse tout ce qu'on peut imaginer** his stupidity goes beyond all imagining ou goes beyond anything you could imagine ou beggars the imagination ◆ **l'homme doit se dépasser** man must try to transcend himself ou surpass himself ◆ **les résultats ont dépassé notre attente** the results exceeded ou surpassed our expectations ◆ **cela dépasse toutes mes espérances** it is beyond my wildest dreams, it is better than anything I had ever hoped for

e (outrepasser) moyens, instructions to go beyond; attributions to go beyond, overstep; crédits to exceed ◆ **cela dépasse les bornes** ou **les limites** ou **la mesure** that's the absolute limit, that's going too far ◆ **il a dépassé les bornes** ou **la mesure** ou **la dose*** he has really gone too far ou overstepped the mark ou passed over the bounds (US) ◆ **cela a dépassé le stade de la plaisanterie** it has gone beyond a joke ◆ **les mots ont dû dépasser sa pensée** he must have been carried away (to have said that) ◆ **cela dépasse mes forces / ma compétence** it's beyond my strength / capabilities ◆ **cela me dépasse** it's beyond me ◆ **il a dépassé ses forces** he has overtaxed himself ou overdone it

f (*: dérouter) **cela / cet argument me dépasse!** it / this argument is beyond me! ◆ **être dépassé (par les événements)** to be overtaken (by events)

2 vi **a** (Aut) to overtake (Brit), pass ◆ **« défense de dépasser »** "no overtaking" (Brit), "no passing"

b (faire saillie) [bâtiment, tour] to stick out; [planche, balcon, rocher] to stick out, jut out, protrude; [clou] to stick out; [jupon] to show (*de, sous* below); [chemise] to be hanging out (*de* of), be untucked ◆ **il y a quelque chose qui dépasse du tiroir** something's sticking ou hanging out of the drawer ◆ **leur chien a toujours un bout de langue qui dépasse** their dog always has the end of his tongue hanging out

3 se dépasser vpr to surpass o.s., excel o.s.

dépassionner [depasjɔne] ▸conjug 1◂ vt débat to take the heat out of

dépatouiller (se)* [depatuje] ▸conjug 1◂ vpr ◆ **se dépatouiller de** situation difficile to get out of ◆ **laisse-le se dépatouiller!** leave him to ou let him get out of it on his own! ◆ **savoir se dépatouiller** (to manage) to get by

dépavage [depavaʒ] nm removal of the cobbles ou cobblestones (*de* from)

dépaver [depave] ▸conjug 1◂ vt to dig up the cobbles ou cobblestones from

dépaysé, e [depeize] (ptp de **dépayser**) adj like a fish out of water (attrib), disoriented ◆ **je me sens très dépaysé ici** I feel very much like a fish out of water here, I feel very disoriented here, I don't feel at home at all here

dépaysement [depeizmɑ̃] → SYN nm (changement salutaire) change of scenery; (désorientation) disorientation, feeling of strangeness ◆ **aimer le dépaysement** to like a change of scenery

dépayser [depeize] → SYN ▸conjug 1◂ vt (désorienter) to disorientate; (changer agréablement) to give a change of scenery to, give a welcome change of surroundings to ◆ **ce séjour m'a dépaysé** this stay has given me a change of scenery ou a welcome change of surroundings

dépeçage [depəsaʒ], **dépècement** [depɛsmɑ̃] nm (→ **dépecer**) cutting up; dismembering; carving up

dépecer [depəse] → SYN ▸conjug 5◂ vt animal [boucher] to cut up; [lion] to dismember, tear limb from limb; (fig) territoire, état to carve up, dismember

dépeceur, -euse [depəsœʀ, øz] nm,f cutter

dépêche [depɛʃ] → SYN nf **a** (Admin) dispatch ◆ **dépêche diplomatique** diplomatic dispatch

b (Téléc) **dépêche (télégraphique)** telegram, wire ◆ **envoyer une dépêche à qn** to send sb a telegram ou wire, telegraph sb, wire sb

c (Journalisme) **dépêche (d'agence)** agency ou wire story ◆ **je reçois à l'instant une dépêche de l'AFP** I've just received a story from the AFP

dépêcher [depeʃe] → SYN ▸conjug 1◂ **1** vt to dispatch, send (*auprès de* to)

2 se dépêcher vpr to hurry ◆ **il se dépêchait** (il marchait etc) he was hurrying (along); (il travaillait) he was hurrying ◆ **dépêche-toi!** hurry (up)!, (be) quick! ◆ **se dépêcher de faire qch** to hurry (in order) to do sth ◆ **il se dépêchait de finir son travail** he was hurrying (in order) to get his work finished ou to finish his work ◆ **dépêche-toi de les commander, il n'y en aura bientôt plus** hurry up and order them or there soon won't be any left

dépeigner [depeɲe] → SYN ▸conjug 1◂ vt ◆ **dépeigner qn** to make sb's hair untidy, ruffle sb's hair ◆ **dépeigné par le vent** with windswept hair ◆ **elle entra toute dépeignée** she came in with tousled ou dishevelled hair

dépeindre [depɛ̃dʀ] → SYN ▸conjug 52◂ vt to depict

dépenaillé, e [dep(ə)naje] → SYN adj personne, vêtements (débraillé) messy; (en haillons) tattered, ragged; drapeau, livre tattered

dépénalisation [depenalizasjɔ̃] nf decriminalization

dépénaliser [depenalize] ▸conjug 1◂ vt to decriminalize

dépendance [depɑ̃dɑ̃s] → SYN nf **a** (interdépendance) dependence (NonC), dependency ◆ **la dépendance de qch vis-à-vis de qch d'autre** the dependence of sth (up)on sth else ◆ **un réseau subtil de dépendances** a subtle network of dependencies ou interdependencies

b (asservissement, subordination) subordination ◆ **la dépendance de qn vis-à-vis de qn d'autre** the subordination of sb to sb else ◆ **être sous** ou **dans la dépendance de qn** to be subordinate to sb

c (bâtiment) [hôtel, château, ferme] outbuilding, outhouse

d (Hist Pol: territoire) dependency

e (Drogue) dependence, dependency

f (Ling) dependency

dépendanciel, -ielle [depɑ̃dɑ̃sjɛl] adj ◆ (Ling) **grammaire dépendancielle** dependency grammar

dépendant, e [depɑ̃dɑ̃, ɑ̃t] → SYN adj **a** (non autonome) dependent (*de* (up)on) ◆ **personne dépendante** dependent person

b drogué dependent (*à* on)

dépendeur [depɑ̃dœʀ] nm ◆ (hum) **c'est un grand dépendeur d'andouilles*** he's a good-for-nothing

dépendre [depɑ̃dʀ] ⊡ SYN ▸ conjug 41 ◂ GRAMMAIRE ACTIVE 25.6

1 **dépendre de** vt indir a [employé] to be answerable to, to be responsible to; [organisation] to be dependent (up)on; [territoire] to be dependent (up)on, be a dependency of ◆ **dépendre (financièrement) de ses parents** to be financially dependent (up)on one's parents ◆ **ce pays dépend économiquement de la France** this country is economically dependent (up)on France ◆ **je ne veux dépendre de personne** I don't wish to be dependent (up)on anyone ou to have to depend (up)on anyone ◆ **ce terrain dépend de leur domaine** this piece of land is part of ou belongs to their property ◆ **ne dépendre que de soi-même** to be answerable only to oneself, be one's own boss*

b [décision, résultat, phénomène] to depend (up)on, be dependent (up)on ◆ **ça va dépendre du temps** it'll (all) depend on the weather ◆ – **ça dépend** – it (all) depends ◆ **il dépend de vous / de ceci que ...** it depends ou rests (up)on you / this whether ... ◆ **il ne dépend que de vous que ...** it depends ou rests entirely (up)on you whether ..., it's entirely up to you whether ... ◆ **il dépend de toi de réussir** (your) success depends on you, it depends on you ou it's up to you whether you succeed (or not)

2 vt lustre, guirlandes, pendu to take down

dépens [depɑ̃] ⊡ SYN nmpl a (Jur) costs ◆ **être condamné aux dépens** to be ordered to pay costs, have costs awarded against one

b **aux dépens de** at the expense of ◆ **rire aux dépens de qn** to (have a) laugh at sb's expense ◆ **je l'ai appris à mes dépens** I learnt this to my cost

dépense [depɑ̃s] ⊡ SYN nf a (argent dépensé, frais) spending (NonC), expense, expenditure (NonC); (sortie) outlay, expenditure (NonC) ◆ **une dépense de 1 000 F** an outlay ou expenditure of 1,000 francs ◆ **les dépenses du ménage** household expenses ◆ **contrôler les dépenses de qn** to control sb's expenditure ou spending ◆ **je n'aurais pas dû faire cette dépense** I should not have incurred that expense (frm) ou spent that money ◆ **j'hésite, c'est une grosse dépense** I'm hesitating, it's a large outlay ou it's a lot to lay out ◆ **calculer dépenses et recettes** to calculate expenditure and receipts ◆ **dépenses diverses** sundries ◆ **dépenses publiques** public ou government expenditure ou spending ◆ **dépense d'investissement** ou **d'équipement** capital expenditure (NonC) ◆ **pousser qn à la dépense** to make sb spend some money ou incur an expense (frm) ◆ **faire la dépense d'une voiture** to lay out money ou spend money on a car ◆ **ne pas regarder à la dépense** to spare no expense

b (fig) [électricité, essence] consumption ◆ **dépenses d'imagination** expenditure of imagination ◆ **dépense physique** (physical) exercise ◆ **dépense de temps** spending of time (NonC), time spent (NonC)

dépenser [depɑ̃se] ⊡ SYN ▸ conjug 1 ◂ 1 vt a argent to spend; (fig) électricité, essence to use ◆ **dépenser sans compter** to spend without counting the cost, spend lavishly ◆ **elle dépense peu pour la nourriture** she doesn't spend much on food, she spends little on food

b (fig) forces, énergie to expend, use up; temps, jeunesse to spend, use up ◆ **dépenser son trop-plein d'énergie** to use up one's surplus energy ◆ **vous dépensez inutilement votre salive** you're wasting your breath

2 **se dépenser** vpr (faire des efforts) to exert o.s.; (se défouler) to let off steam* ◆ **se dépenser en démarches inutiles** to waste one's energies in useless procedures ◆ **pour ce projet il s'est dépensé sans compter** he has put all his energy ou energies into this project ◆ **les enfants ont besoin de se défouler physiquement** children need physical exercise to get rid of their extra energy

dépensier, -ière [depɑ̃sje, jɛʀ] ⊡ SYN 1 adj extravagant ◆ **c'est une dépensière, elle est dépensière** she's a spendthrift

2 nm,f (trésorier de couvent) bursar

déperdition [depɛʀdisjɔ̃] ⊡ SYN nf (Sci, gén) loss

dépérir [depeʀiʀ] ⊡ SYN ▸ conjug 2 ◂ vi [personne] to fade away, waste away; [santé, forces] to fail, decline; [plante] to wither; [commerce] to (be on the) decline, fall off; [affaire] to (be on the) decline, go downhill

dépérissement [depeʀismɑ̃] ⊡ SYN nm (→ **dépérir**) fading away, wasting away; failing; decline; withering; falling off

dépersonnalisation [depɛʀsɔnalizasjɔ̃] nf depersonalization

dépersonnaliser [depɛʀsɔnalize] 1 vt to depersonalize

2 **se dépersonnaliser** vpr [relations etc] to become impersonal, become depersonalized; (Psych) to become depersonalized

dépêtrer [depetʀe] ⊡ SYN ▸ conjug 1 ◂ 1 vt ◆ **dépêtrer qn de** (lit) bourbier, ronces, harnachement to extricate sb from, free sb from; (fig) situation to extricate sb from, get sb out of

2 **se dépêtrer** vpr (lit, fig) to extricate o.s., free o.s. ◆ **se dépêtrer de** ronces, situation to extricate ou free o.s. from, get out of; (fig) liens to free o.s. from; gêneur to get free of, get rid of

dépeuplement [depœpləmɑ̃] ⊡ SYN nm (→ **dépeupler**) depopulation; emptying of people (ou fish ou wildlife); clearing (of trees etc) ◆ **le dépeuplement tragique de ces forêts** the tragic disappearance of wildlife from these forests

dépeupler [depœple] ⊡ SYN ▸ conjug 1 ◂ 1 vt région, ville to depopulate; (temporairement) salle, place to empty (of people); rivière to empty of fish; région to empty of wildlife; écuries etc to empty; forêt to clear (of trees, plants etc)

2 **se dépeupler** vpr (→ **dépeupler**) to be depopulated; to be emptied of people (ou fish ou wildlife); to be emptied; to be cleared (of trees etc)

déphasage [defɑzaʒ] ⊡ SYN nm (Phys) phase difference; (* fig: perte de contact) being out of touch ◆ **il y a déphasage entre les syndicats et leurs dirigeants** the unions and their leaders are out of phase ou step

déphasé, e [defɑze] ⊡ SYN (ptp de **déphaser**) adj (Phys) out of phase; (*: désorienté) out of phase ou step (attrib), not with it* (attrib)

déphaser [defɑze] ▸ conjug 1 ◂ vt a (Phys) to cause a phase difference in

b (*: désorienter) to put out of touch

déphosphoration [defɔsfɔʀasjɔ̃] nf dephosphorization

déphosphorer [defɔsfɔʀe] ▸ conjug 1 ◂ vt to dephosphorize

dépiauter* [depjote] ▸ conjug 1 ◂ vt animal to skin; paquet to undo; bonbons to unwrap; texte to pull to pieces

dépigmentation [depigmɑ̃tasjɔ̃] nf depigmentation

dépilation [depilasjɔ̃] nf (→ **dépiler**[1]) (Méd) hair loss; [sourcils etc] hair removal, removal of unwanted hair

dépilatoire [depilatwaʀ] 1 adj depilatory, hair-removing (épith)

2 nm depilatory ou hair-removing cream

dépiler[1] [depile] ⊡ SYN ▸ conjug 1 ◂ vt (Méd) to cause hair loss to; (Tech) peaux to grain

dépiler[2] [depile] ▸ conjug 1 ◂ vt (Mines) to remove the posts from

dépiquer [depike] ▸ conjug 1 ◂ vt (Couture) to unpick (Brit), unstitch; (Agr) laitue etc to transplant; blé to thresh; riz to hull

dépistage [depistaʒ] ⊡ SYN nm (→ **dépister**) tracking down; detection; unearthing ◆ **centre de dépistage anticancéreux** cancer screening unit

dépister [depiste] ⊡ SYN ▸ conjug 1 ◂ vt a gibier, criminel to track down; maladie to detect; influence, cause to unearth, detect

b (semer) **dépister qn** to throw sb off the scent, give sb the slip*

dépit [depi] ⊡ SYN nm a (amertume) pique, (great) vexation ◆ **causer du dépit à qn** to vex sb greatly, cause sb much heartache ◆ **il en a conçu du dépit** he was very piqued at it ◆ **il l'a fait par dépit** he did it out of pique ou in a fit of pique ◆ **par dépit amoureux elle a épousé le premier venu** she married the first man she met on the rebound* ◆ (Littérat) **"Le Dépit amoureux"** "The Amorous Quarrel"

b **en dépit de** in spite of, despite ◆ **faire qch en dépit du bon sens** to do sth any old how

dépité, e [depite] (ptp de **dépiter**) adj (greatly) vexed, piqued

dépiter [depite] ⊡ SYN ▸ conjug 1 ◂ vt to vex greatly, frustrate greatly

dépitonner [depitɔne] ▸ conjug 1 ◂ vti (Alpinisme) to depeg

déplacé, e [deplase] ⊡ SYN (ptp de **déplacer**) adj présence uncalled-for; intervention, scrupule misplaced, out of place (attrib); remarque, propos uncalled-for, out of place (attrib) → **personne**

déplacement [deplasmɑ̃] ⊡ SYN 1 nm a (action) (→ **déplacer**) moving; shifting; displacement; transfer; (→ **se déplacer**) **movement**; displacement ◆ **ça vaut le déplacement** it's worth going

b (voyage) trip, travel (NonC), travelling (NonC) ◆ **les déplacements coûtent cher** travelling ou travel is expensive ◆ **être en déplacement (pour affaires)** to be on a (business) trip → **frais**[2]

c (Naut) displacement ◆ **déplacement de 10 000 tonnes** 10,000 tons' displacement

d (Psych) displacement

2 COMP ▷ **déplacement d'air** displacement of air ▷ **déplacement d'enfant(s)** (Jur) child abduction ◆ (Jur) **loi sur les déplacements d'enfants** ≃ Child Abduction Act ▷ **déplacement d'organe** organ displacement ▷ **déplacement de troupes** movement of troops ▷ **déplacement de vertèbre** slipped disc

déplacer [deplase] ⊡ SYN ▸ conjug 3 ◂ 1 vt a objet, meuble, élève to move, shift; (Méd) articulation, os to displace ◆ **se déplacer une articulation** to put a joint out, displace a joint ◆ **se déplacer une vertèbre** to slip a disc ◆ (hum) **il déplace beaucoup d'air** he's all talk (and no action) ◆ (fig) **déplacer des montagnes** to move mountains

b usine, fonctionnaire to transfer, move; collectivité to move, shift; rendez-vous to change

c (faire venir) médecin to send for ◆ **le spectacle a déplacé plus de 60 000 personnes** the show brought in ou drew more than 60,000 people

d (fig) problème, question to shift the emphasis of

e (Naut) to displace ◆ **navire qui déplace 10 000 tonnes** ship with a 10,000-ton displacement

2 **se déplacer** vpr a [pièce mobile] to move; [air, substance] to move, be displaced

b [animal] to move (along); [personne] (se mouvoir) to move, walk; (circuler) to move (around); (voyager) to travel; (se rendre chez qn) [médecin, réparateur etc] to come out ◆ **il ne se déplace qu'avec peine** he can get around ou about ou he can move only with difficulty ◆ **il est interdit de se déplacer pendant la classe** no moving around during class ◆ **pouvez-vous vous déplacer sur la droite ?** can you move (over) to the right? ◆ **il ne se déplace qu'en avion** he travels only by air ◆ **il se déplace fréquemment** he's a frequent traveller, he travels a lot ◆ **il ne s'est même pas déplacé pour le mariage de sa sœur** he didn't even bother to go to his sister's wedding

déplafonnement [deplafɔnmɑ̃] nm (→ **déplafonner**) derestriction; removal of the ceiling (*de* from)

déplafonner [deplafɔne] ▸ conjug 1 ◂ vt crédit to derestrict; cotisations to remove the ceiling on

déplaire [deplɛʀ] ⊡ SYN ▸ conjug 54 ◂ GRAMMAIRE ACTIVE 7.3

1 vt indir a (n'être pas aimé de) **il déplaît à tout le monde** he is disliked by everyone ◆ **cette mode / ville / femme me déplaît** I dislike ou I don't like ou I don't care for this fashion / town / woman ◆ **au bout d'un moment, cela risque de déplaire** after a while it can become disagreeable ou irksome ou

unpleasant ◆ **ça ne me déplairait pas (de le faire)** I wouldn't mind doing it ◆ (frm) **il me déplaît de faire ...** I dislike doing ... ◆ (frm) **il me déplairait d'avoir à vous renvoyer** I should not care ou I should be sorry to have to dismiss you

b (irriter) **déplaire à qn** to displease sb ◆ **il fait tout pour nous déplaire** he does all he can to displease us ◆ **ceci a profondément déplu** this gave profound ou great displeasure ◆ **il cherche à déplaire** he is trying to be disagreeable ou unpleasant

c (†, hum) **elle est, n'en déplaise à son mari, bien moins intelligente que sa sœur** whether her husband likes it or not ou agrees or not, she is far less intelligent than her sister ◆ **j'irai la voir, n'en déplaise à votre père** whatever your father's views on the matter, I shall go and see her

2 **se déplaire** vpr ◆ **elle se déplaît ici / à la campagne** she dislikes it ou doesn't like it here / in the country ◆ **se déplaire dans son nouvel emploi** to be unhappy in one's new job, dislike one's new job ◆ **ils se sont déplu dès leur première rencontre** they disliked each other right from the start

déplaisant, e [deplɛzɑ̃, ɑ̃t] → SYN adj disagreeable, unpleasant

déplaisir [deplezir] → SYN nm (contrariété) displeasure, annoyance ◆ **je le ferai sans déplaisir** I'm quite willing ou happy to do it, I don't mind doing it ◆ **faire qch avec (le plus grand) déplaisir** to do sth with (the greatest) displeasure

déplantage [deplɑ̃taʒ] nm, **déplantation** [deplɑ̃tasjɔ̃] nf (→ **déplanter**) transplanting; digging up; pulling out

déplanter [deplɑ̃te] → SYN ▸conjug 1◂ vt plante to transplant; plate-bande to dig up; piquet to pull out

déplantoir [deplɑ̃twar] nm trowel

déplâtrage [deplɑtraʒ] nm ◆ (Constr) **le déplâtrage d'un mur** stripping the plaster off a wall, stripping a wall of its plaster ◆ (Méd) **le déplâtrage d'un membre** taking a limb out of plaster ou out of its plaster cast, taking a plaster cast off a limb

déplâtrer [deplɑtre] ▸conjug 1◂ vt (Constr) to strip the plaster off; (Méd) to take out of plaster, take the plaster cast off ◆ **je me fais déplâtrer lundi** I'm going to have my cast taken off on Monday

déplétion [deplesjɔ̃] nf (Sci, Méd, Géol) depletion

dépliage [deplijaʒ] nm (→ **déplier**) unfolding; opening out

dépliant, e [deplijɑ̃, ijɑ̃t] **1** adj extendible
2 nm (prospectus) leaflet, folder; (grande page) fold-out page ◆ **dépliant touristique** travel brochure

dépliement [deplimɑ̃] nm ⇒ **dépliage**

déplier [deplije] → SYN ▸conjug 7◂ **1** vt **a** serviette, vêtement to unfold; carte, journal, canapé-lit to open out, unfold; (fig) jambes to stretch out

b (†: déballer) paquet to open out, open up ◆ **déplier sa marchandise** to spread out one's wares

2 **se déplier** vpr [carte, journal] to come unfolded, open out; [vêtement, serviette] to come unfolded; [feuille d'arbre] to open out, unfold ◆ **ça peut se déplier, ça se déplie** it unfolds ou opens out, it can be unfolded ◆ **le canapé se déplie pour faire (un) lit** the sofa opens out ou unfolds into a bed

déplissage [deplisaʒ] nm (→ **déplisser**) [étoffe] taking the pleats out of; flattening (out); smoothing (out)

déplisser [deplise] → SYN ▸conjug 1◂ **1** vt étoffe plissée to take the pleats out of; étoffe avec faux plis to flatten (out), smooth (out); (littér) front to smooth

2 **se déplisser** vpr [jupe] to come unpleated, lose its pleats

déploiement [deplwamɑ̃] → SYN nm [voile, drapeau] unfurling; [ailes] spreading; [troupes] deployment; [richesses, forces, amabilité, talents] display ◆ **déploiement de force** deployment of troops (ou police)

déplombage [deplɔ̃baʒ] nm (→ **déplomber**) **unsealing**; removing the filling from, taking the filling out of; gaining unauthorized access to, hacking

déplomber [deplɔ̃be] ▸conjug 1◂ vt colis, compteur to unseal; dent to remove the filling from, take the filling out of; (Ordin) to hack into, gain unauthorized access to

déplorable [deplɔrabl] → SYN adj deplorable

déplorablement [deplɔrabləmɑ̃] adv deplorably

déploration [deplɔrasjɔ̃] nf ◆ (Art) **déploration du Christ** lamentation

déplorer [deplɔre] → SYN ▸conjug 1◂ vt (trouver fâcheux) to deplore; (littér: s'affliger de) to lament

déployer [deplwaje] → SYN ▸conjug 8◂ **1** vt **a** carte, tissu to open out, spread out; voile, drapeau to unfurl; ailes to spread

b troupes to deploy; assortiment, échantillons to spread out, lay out ◆ **ils ont déployé d'importantes forces de police** they laid on ou deployed a huge number of police, they put a large police force into action ◆ **déployer en éventail** troupes to fan out ◆ **il déploie tout un assortiment dans sa vitrine** he displays a wide variety of goods in his window

c richesses, fastes to make a display of, display; talents, ressources, forces to display, exhibit

d **déployer beaucoup d'activité** to be very active, engage in great activity ◆ **déployer beaucoup d'efforts / d'énergie** to expend a lot of effort / energy → **rire**

2 **se déployer** vpr [voile, drapeau] to unfurl; [ailes] to spread; [troupes] to deploy; [cortège] to spread out

déplumé, e* [deplyme] (ptp de **déplumer**) adj ◆ **il est un peu déplumé sur le dessus** he's a little bald on top

déplumer [deplyme] ▸conjug 1◂ **1** vt (†) to pluck

2 **se déplumer** vpr [oiseau] to moult, lose its feathers; (*: perdre ses cheveux) to go bald, lose one's hair

dépoétiser [depoetize] ▸conjug 1◂ vt to take the romance out of, make prosaic

dépoitraillé, e [depwatrɑje] → SYN adj ◆ (péj) **quelle tenue, il est tout dépoitraillé!** what a sight he is, with his shirt all undone at the front showing his chest!

dépolarisant, e [depɔlarizɑ̃, ɑ̃t] **1** adj depolarizing
2 nm depolarizer

dépolarisation [depɔlarizasjɔ̃] nf depolarization

dépolariser [depɔlarize] ▸conjug 1◂ vt to depolarize

dépoli, e [depɔli] (ptp de **dépolir**) adj → **verre**

dépolir [depɔlir] → SYN ▸conjug 2◂ **1** vt argent, étain to tarnish; verre to frost
2 **se dépolir** vpr to tarnish

dépolissage [depɔlisaʒ] nm (→ **dépolir**) tarnishing; frosting

dépolitisation [depɔlitizasjɔ̃] nf depoliticization

dépolitiser [depɔlitize] ▸conjug 1◂ vt to depoliticize

dépolluer [depɔlɥe] ▸conjug 1◂ vt to clean up, rid ou clear of pollution

dépollution [depɔlysjɔ̃] nf getting rid of pollution (*de* from) ◆ **la dépollution des plages souillées par le mazout** the cleaning (up) of oil-polluted beaches

dépolymériser [depɔlimerize] ▸conjug 1◂ vt to depolymerize

déponent, e [depɔnɑ̃, ɑ̃t] **1** adj (Ling) deponent
2 nm deponent (verb)

dépopulation [depɔpylasjɔ̃] → SYN nf depopulation

déport [depɔr] nm **a** (Téléc) radar data transmission
b (Fin) backwardation

déportance [depɔrtɑ̃s] nf negative lift

déportation [depɔrtasjɔ̃] → SYN nf (exil) deportation, transportation; (internement) imprisonment (in a concentration camp)

déporté, e [depɔrte] (ptp de **déporter**) nm, (exilé) deportee; (interné) prisoner (in a con centration camp)

déportement [depɔrtəmɑ̃] → SYN nm **a** (embardée) **déportement vers la gauche** swerve to the left
b (†: écarts de conduite) **déportements** mis behaviour, excesses

déporter [depɔrte] → SYN ▸conjug 1◂ vt **a** personne (exiler) to deport, transport; (interner) to send to a concentration camp
b (faire dévier) to carry off course ◆ **le vent l'a déporté** the wind carried ou blew him off course ◆ (Aut) **se déporter sur la gauche** to swerve to the left

déposant, e [depozɑ̃, ɑ̃t] nm,f (épargnant depositor; (Jur) bailor; (témoin) deponent

dépose [depoz] nf [tapis] lifting, taking up [serrure, moteur] taking out, removal; [rideau taking down

déposer [depoze] → SYN ▸conjug 1◂ **1** vt **a** (poser) to lay down, put down, set down ordures to dump ◆ **déposer une gerbe** (sur une tombe etc) to lay a wreath ◆ **« défense de déposer des ordures »** "dumping of rubbish (Brit) ou garbage (US) is prohibited", "no tipping" (Brit), "no dumping" ◆ (fig) **déposer les armes** to lay down (one's) arms ◆ (littér **déposer un baiser sur le front de qn** to plant a kiss on sb's forehead

b (laisser) chose to leave; personne to drop set down ◆ **déposer sa carte** to leave one's card ◆ **on a déposé une lettre / un paquet pour vous** somebody left a letter / parcel for you, somebody dropped a letter / parcel in for you ◆ **déposer une valise à la consigne** to deposit ou leave a suitcase at the left-luggage (office) ◆ **je te dépose à la gare** I'll drop you (off) at the station, I'll set you down at the station ◆ **l'autobus le déposa à la gare** the bus dropped him at the station ◆ **est-ce que je peux vous déposer quelque part?** can I give you a lift anywhere?, can I drop you any where?

c (Fin) argent, valeur to deposit ◆ **déposer de l'argent sur un compte** to put money into an account, deposit money in an account

d (Admin, Jur etc) plainte to lodge; réclamation to file; conclusions to present; brevet, marque de fabrique to register; projet de loi to bring in, table; rapport to send in, file ◆ **déposer son bilan** to go into (voluntary) liquidation → **marque**

e (destituer) souverain to depose

f [eau, vin] sable, lie to deposit

g (démonter) tenture to take down; tapis to take up, lift; serrure, moteur to take out remove

2 vi **a** [liquide] to form a sediment, form a deposit ◆ **laisser déposer** to leave to settle
b (Jur) to give evidence, testify

3 **se déposer** vpr [poussière, lie] to settle

dépositaire [depozitɛr] → SYN nmf **a** [obje confié] depository; (fig) [secret, vérité] posses sor, guardian; (Jur) bailee ◆ (Jur) **dépositaire public** ≃ authorized depository ◆ (Fin **dépositaire légal** escrow agent
b (Comm: agent) agent (*de* for) ◆ **dépositaire exclusif** sole agent (*de* for) ◆ **nous ne sommes pas dépositaires** we are not agents for them, it's not a line we carry

déposition [depozisjɔ̃] → SYN nf **a** (Jur) (à un procès) evidence (NonC); (écrite) (sworn) statement, deposition ◆ **signer sa déposition** to sign one's statement ou deposition
b [souverain] deposition, deposing
c (Art) **déposition de croix** Deposition

déposséder [depɔsede] → SYN ▸conjug 6◂ vt ◆ **déposséder qn de** terres to dispossess sb of place, biens to deprive sb of; charge to divest ou deprive sb of ◆ **ils se sentaient dépossédés** they felt dispossessed

dépossession [depɔsesjɔ̃] → SYN nf (→ **déposséder**) dispossession; deprivation; divesting ◆ **leur sentiment de dépossession** their feeling of being dispossessed

dépôt [depo] → SYN **1** nm **a** (action de déposer) [argent, valeurs] deposit(ing) ◆ **le dépôt des manteaux au vestiaire est obligatoire** (all) coats must be left ou deposited in the cloakroom ◆ **le dépôt d'une marque de fabrique** the registration of a trademark

◆ **dépôt de bilan** (voluntary) liquidation ◆ (Jur) **dépôt légal** registration of copyright ◆ (Fin) **en dépôt fiduciaire** in escrow → **mandat**
b (garde) **avoir qch en dépôt** to hold sth in trust ◆ **confier qch en dépôt à qn** to entrust sth to sb
c (chose confiée) **restituer un dépôt** to return what has been entrusted to one ◆ **dépôt sacré** sacred trust ◆ (Fin) **dépôt (bancaire)** (bank) deposit ◆ (Fin) **dépôt à vue** deposit on current account (Brit), checking deposit (US) ◆ **dépôt à terme** fixed term deposit → **banque, compte**
d (garantie) deposit ◆ **dépôt préalable** advance deposit ◆ **verser un dépôt** to put down ou pay a deposit
e (sédiment) [liquide, lie] sediment, deposit ◆ **dépôt de sable** silt (NonC) ◆ **dépôt de tartre** fur (Brit: NonC), layer of sediment ◆ **l'eau a formé un dépôt calcaire dans la bouilloire** the water has formed a layer of sediment on the kettle ou has furred up the kettle (Brit)
f (entrepôt) warehouse, store; [autobus] depot, garage; [trains] depot, shed; (Mil) depot
g (Comm: point de vente) **il n'y a pas de boulangerie / laiterie mais un dépôt de pain / de lait à l'épicerie** there is no baker's / dairy but bread / milk can be bought at the grocer's ou but the grocer supplies ou sells bread / milk
h (prison) jail, prison ◆ **il a passé la nuit au dépôt** he spent the night in the cells ou in jail
2 COMP ▷ **dépôt d'essence** (Aut) petrol (Brit) ou gasoline (US) depot ▷ **dépôt de marchandises** goods (Brit) ou freight (US) depot ou station ▷ **dépôt de munitions** ammunition dump ▷ **dépôt d'ordures** (rubbish) dump ou tip (Brit), garbage dump (US)

dépotage [depɔtaʒ], **dépotement** [depɔtmɑ̃] nm (→ **dépoter**) transplanting; decanting

dépoter [depɔte] ▸ conjug 1 ◂ vt plante to take out of the pot; liquide to decant

dépotoir [depɔtwaʀ] → SYN nm **a** (lit, fig: décharge) dumping ground, (rubbish) dump ou tip (Brit), garbage dump (US) ◆ **classe dépotoir** class of rejects ◆ **c'est devenu une banlieue dépotoir** it's become a suburban dumping ground
b (usine) sewage works

dépôt-vente, pl **dépôts-ventes** [depovɑ̃t] nm sale or return shop (Brit), consignment store (US) ◆ **mettre qch en dépôt-vente** sell sth on consignment

dépouille [depuj] → SYN nf **a** (peau) skin, hide; (Zool: de mue) cast; [serpent] slough
b (littér: cadavre) **dépouille (mortelle)** (mortal) remains
c (littér: butin) **dépouilles** plunder, spoils ◆ (Pol US) **système des dépouilles** spoils system

dépouillé, e [depuje] → SYN (ptp de **dépouiller**) adj décor bare; style bald ◆ **dépouillé de** poésie lacking in; ornements shorn ou stripped of; (décanté) vin decanted

dépouillement [depujmɑ̃] → SYN nm **a** (examen: → **dépouiller** a) perusal; going through; studying ◆ **le dépouillement du courrier a pris trois heures** going through the mail ou the perusal of the mail took 3 hours, it took 3 hours to go through ou peruse the mail ◆ **le dépouillement du scrutin** counting the votes ◆ **lors du dépouillement** when the votes are (ou were etc) being counted, during the count
b (ascèse, pauvreté) voluntary deprivation; (sobriété) lack of ornamentation
c (spoliation) stripping

dépouiller [depuje] → SYN ▸ conjug 1 ◂ **1** vt **a** (examiner en détail) comptes, journal, courrier, ouvrage to go through, peruse; auteur to go through, study (in detail) ◆ **dépouiller un scrutin** to count the votes
b (écorcher) to skin; (écorcer) to bark, strip the bark from
c (enlever à) **dépouiller qn de** vêtements to strip sb of; économies, honneurs to strip ou divest ou deprive sb of
d (dégarnir) **dépouiller qch de** ornements to strip ou divest ou denude sth of; feuilles, fleurs to strip ou denude sth of ◆ **un livre qui dépouille l'amour de son mystère** a book that strips ou divests love of its mystery
e (littér: dénuder) to strip, denude ◆ **le vent dépouille les arbres** the wind strips ou denudes the trees (of their leaves) ◆ **l'hiver dépouille les champs** winter lays bare the fields ◆ **dépouiller un autel** to remove the ornaments from an altar, strip an altar (of its ornaments) ◆ (fig) **dépouiller son style** to strip one's style of ornaments
f (littér: spolier) **dépouiller un voyageur** to despoil (littér) ou strip a traveller of his possessions ◆ **dépouiller un héritier** to deprive ou divest an heir of his inheritance ◆ **ce père avare a dépouillé ses enfants** this tight-fisted father has deprived ou stripped his children of everything ◆ (fig) **dépouiller (saint) Pierre pour habiller (saint) Paul** to rob Peter to pay Paul ◆ **ils ont dépouillé le pays** they have plundered the country ou laid the country bare
g (littér: se défaire de) vêtement to shed, divest o.s. of; (Zool) peau to cast off, shed; prétention, orgueil to cast off, cast aside
2 **se dépouiller** vpr **a** (littér) **se dépouiller de** vêtements to shed, divest o.s. of; possessions to divest ou deprive o.s. of; (fig) arrogance to cast off ou aside, divest o.s. of; [arbre] feuilles, fleurs to shed; [prés etc] verdure, fleurs to become stripped ou denuded of ◆ **les arbres se dépouillent (de leurs feuilles)** the trees are shedding their leaves ◆ **la campagne se dépouille (de son feuillage** ou **de sa verdure)** the countryside is losing ou shedding its greenery ◆ **son style s'était dépouillé de toute redondance** his style had been stripped ou shorn of all unnecessary repetition
b [animal qui mue] to cast off ou shed its skin

dépourvu, e [depuʀvy] → SYN **1** adj ◆ **dépourvu de** (gén) lacking ou wanting in, without; intérêt, qualités, bon sens devoid of, lacking ou wanting in; méchanceté, mauvaises intentions devoid of, without ◆ **dépourvu d'ornements** unornamented, bare of ornaments ◆ **dépourvu d'argent** penniless, without money ◆ **ce récit n'est pas dépourvu d'intérêt / de qualités** this story is not devoid of interest / qualities ou not without interest / its qualities ◆ **des gens dépourvus (de tout)** destitute people
2 nm ◆ **prendre qn au dépourvu** to catch sb unprepared, catch sb napping ◆ **il a été pris au dépourvu par cette question inattendue** he was caught off his guard ou on the hop* by this unexpected question

dépoussiérage [depusjeʀaʒ] nm removal of dust (*de* from) ◆ **techniques de dépoussiérage** dust removal techniques

dépoussiérant [depusjeʀɑ̃] nm anti-static furniture polish

dépoussiérer [depusjeʀe] ▸ conjug 6 ◂ vt (lit) to remove dust from; (fig) texte, institution to blow ou brush away the cobwebs from

dépoussiéreur [depusjeʀœʀ] nm dust remover

dépravant, e [depʀavɑ̃, ɑ̃t] adj depraving

dépravation [depʀavasjɔ̃] → SYN nf (état) depravity

dépravé, e [depʀave] → SYN (ptp de **dépraver**) **1** adj depraved
2 nm,f depraved person

dépraver [depʀave] → SYN ▸ conjug 1 ◂ vt to deprave ◆ **les mœurs se dépravent** morals are becoming depraved

déprécation [depʀekasjɔ̃] → SYN nf supplication

dépréciateur, -trice [depʀesjatœʀ, tʀis] → SYN nm,f disparager, belittler

dépréciatif, -ive [depʀesjatif, iv] → SYN adj propos, jugement depreciatory, disparaging; mot, sens derogatory, disparaging

dépréciation [depʀesjasjɔ̃] → SYN nf depreciation

déprécier [depʀesje] → SYN ▸ conjug 7 ◂ **1** vt (faire perdre de la valeur à) to depreciate; (dénigrer) to belittle, disparage, depreciate
2 **se déprécier** vpr [monnaie, objet] to depreciate; [personne] to belittle ou disparage o.s., be self-depreciating

déprédateur, -trice [depʀedatœʀ, tʀis] → SYN (→ **déprédation**) **1** adj plundering (épith)
2 nm,f plunderer; embezzler

déprédation [depʀedasjɔ̃] → SYN nf **a** (gén pl) (pillage) plundering (NonC), depredation (frm); (dégâts) damage (NonC), depredation (frm) ◆ **commettre des déprédations** to cause damage
b (Jur: détournement) misappropriation, embezzlement

déprendre (se) [depʀɑ̃dʀ] ▸ conjug 58 ◂ vpr ◆ (littér) **se déprendre de** to lose one's fondness for

dépressif, -ive [depʀesif, iv] adj depressive

dépression [depʀesjɔ̃] → SYN nf **a** **dépression (de terrain)** depression ◆ **le village était dans une dépression** the village was in a depression ◆ **la maison était dans une dépression** the house stood in a dip
b **dépression (atmosphérique)** (atmospheric) depression ◆ **une dépression centrée sur le nord de la France** a trough of low pressure over northern France
c (Psych) (état) depression ◆ **dépression (nerveuse)** (nervous) breakdown ◆ **elle fait de la dépression** she is having a bad fit of depression
d **dépression (économique)** (economic) depression ou slump

dépressionnaire [depʀesjɔnɛʀ] adj ◆ (Mét) **zone dépressionnaire** trough of low pressure

dépressurisation [depʀesyʀizasjɔ̃] nf (Astron, Aviat) depressurization ◆ **en cas de dépressurisation de la cabine** should the pressure drop in the cabin

dépressuriser [depʀesyʀize] ▸ conjug 1 ◂ vt (Aviat, Astron) to depressurize

déprimant, e [depʀimɑ̃, ɑ̃t] → SYN adj (moralement) depressing; (physiquement) enervating, debilitating

déprime* [depʀim] nf depression ◆ **faire de la déprime** to have (a fit of) the blues* ◆ **c'est la déprime dans les milieux financiers** financial circles are depressed ◆ **période de déprime** low period

déprimé, e [depʀime] (ptp de **déprimer**) adj **a** (moralement) depressed, low (attrib)
b terrain low-lying

déprimer [depʀime] → SYN ▸ conjug 1 ◂ **1** vt **a** (moralement) to depress; (physiquement) to debilitate, enervate
b (enfoncer) to depress
2 vi (*) to have (a fit of) the blues*, be depressed

De profundis [depʀɔfɔ̃dis] nm de profundis

déprogrammation [depʀɔgʀamasjɔ̃] nf cancellation

déprogrammer [depʀɔgʀame] ▸ conjug 1 ◂ vt (TV) (définitivement) to take off the air; (temporairement) to cancel; rendez-vous, visite to cancel

déprotéger [depʀɔteʒe] ▸ conjug 3 et 6 ◂ vt (Ordin) to remove the write protection from

dépucelage‡ [depys(ə)laʒ] nm ◆ **dépucelage d'une fille** taking of a girl's virginity

dépuceler‡ [depys(ə)le] ▸ conjug 4 ◂ vt fille, (hum) garçon to take the virginity of ◆ **elle s'est fait dépuceler à 13 ans** she lost it‡ ou her cherry‡ (US) when she was 13 ◆ **c'est lui qui l'a dépucelée** she lost it to him‡ ◆ **c'est avec elle que je me suis dépucelé** it was with her that I had it for the first time‡, she gave me my first experience

depuis [dəpɥi] **1** prép **a** (point de départ dans le temps) since, ever since (intensif) ◆ **il attend depuis hier / ce matin** he has been waiting (ever) since yesterday / this morning ◆ **il attendait depuis lundi / le 3 mars** he had been waiting (ever) since Monday / since March 3rd ◆ **depuis leur dispute ils ne se parlent / parlaient plus** they haven't / hadn't spoken to each other (ever) since their quarrel ou (ever) since they quarrelled ◆ **ils ont toujours habité la même maison depuis leur mariage** they've lived in the same house ever since they were married, they've always lived in the same house since they were married ◆ **je ne l'ai pas vue depuis qu'elle / depuis le jour où elle s'est cassé la**

jambe I haven't seen her since she / since the day she broke her leg ◆ **elle joue du violon depuis son plus jeune âge** she has played the violin since *ou* from early childhood, she has been playing *ou* has played the violin (ever) since she was very small ◆ **depuis cette affaire il est très méfiant** (ever) since that affair he has been very suspicious ◆ **depuis quand le connaissez-vous ?** (for) how long have you known him ?, how long is it that you've known him ? ◆ **depuis quelle date êtes-vous ici ?** since when have you been here ?, when did you arrive here ? ◆ **depuis cela,** (littér) **depuis lors** since then *ou* that time, from that time forward (littér), ever since ◆ (iro) **depuis quand es-tu (devenu) expert sur la question ?** since when have you been an expert on the matter ? (iro) ◆ **depuis le matin jusqu'au soir** from morning till night

b (durée) for ◆ **il est malade depuis une semaine** he has been ill for a week (now) ◆ **depuis combien de temps êtes-vous / travaillez-vous ici ?** – **je suis / travaille ici depuis 5 ans** how long have you been here / been working here ? – I've been here / been working here (for) 5 years *ou* for the last 5 years ◆ **il est parti / mort depuis 2 ans** he has been gone / dead (for) 2 years ◆ **depuis ces derniers jours / mois il a bien changé** he has changed a great deal in *ou* over the last *ou* past few days / months ◆ **elle cherche du travail depuis plus d'un mois** she's been looking for a job for over *ou* more than a month ◆ **il dormait depuis une heure quand le réveil sonna** he had been sleeping *ou* asleep for an hour when the alarm went off ◆ **mort depuis longtemps** long since dead ◆ **tu le connais depuis longtemps ?** – **depuis toujours** have you known him long ? *ou* for a long time ? – I've known him all my life *ou* I've always known him ◆ **je la connaissais depuis peu quand elle est partie** I hadn't known her long *ou* I had known her (for) only a short time *ou* I had only known her a little while when she left ◆ **nous n'avons pas été au théâtre depuis des siècles** we haven't been to the theatre for *ou* in ages ◆ **depuis peu elle a recommencé à sortir** lately *ou* recently *ou* of late she has started going out again

c (lieu : à partir de) since, from ◆ **nous roulons / roulions sous la pluie depuis Londres** it's been raining / it rained all the way from London ◆ **depuis Nice il a fait le plein 3 fois** he's filled up 3 times since Nice ◆ **le concert est retransmis depuis Paris / nos studios** the concert is broadcast from Paris / our studios ◆ **il sera bientôt possible de téléphoner depuis la lune** it'll soon be possible to telephone from the moon

d (rang, ordre, quantité) from ◆ **depuis le simple soldat jusqu'au général** from private (right up) to general ◆ **depuis le premier jusqu'au dernier** from the first to the last ◆ **robes depuis 100 F jusqu'à ...** dresses from 100 francs to ..., dresses starting at 100 francs (and) going up to ... ◆ **depuis 5 grammes jusqu'à ...** from 5 grammes (up) to ... ◆ **ils ont toutes les tailles depuis le 36** they have all sizes from 36 upwards, they have all sizes starting at 36

e **depuis que, depuis le temps que : depuis qu'il habite ici, il n'a cessé de se plaindre** he hasn't stopped complaining (ever) since he's lived here ◆ **depuis qu'il est ministre il ne nous parle plus** now that he is *ou* since he became a minister he doesn't speak to us any more ◆ **depuis qu'il avait appris son succès il désirait** *ou* **il avait désiré la féliciter** he had wanted to congratulate her ever since he had heard of her success ◆ **depuis le temps qu'il apprend le français, il devrait pouvoir le parler** considering how long *ou* for all the time he's been learning French, he ought to be able to speak it ◆ **depuis le temps qu'il est ici, il ne nous a jamais dit un mot** in all the time he has been here he has never said a word to us ◆ **depuis le temps que nous ne nous étions vus !** it's ages since we (last) saw each other !, long time no see !* ◆ **depuis le temps que je voulais voir ce film !** I had been wanting to see that film for ages ! *ou* for such a long time ! ◆ **depuis le temps que je dis que je vais lui écrire !** I've been saying I'll write to him for ages ! ◆ **depuis que le monde est monde** from time immemorial

2 adv ever since, since (then) ◆ **depuis, nous sommes sans nouvelles** we have been without news ever since ◆ **nous étions en vacances ensemble, je ne l'ai pas revu depuis** we were on holiday together and I haven't seen him since (then)

dépuratif, -ive [depyʀatif, iv] [→ SYN] adj, nm depurative

dépurer [depyʀe] [→ SYN] ▸ conjug 1 ◂ vt to purify

députation [depytasjɔ̃] [→ SYN] nf (envoi, groupe) deputation, delegation ; (mandat de député) position of deputy ◆ **candidat à la députation** parliamentary candidate ◆ **se présenter à la députation** to stand (Brit) *ou* run (US) for parliament

député [depyte] [→ SYN] nm **a** (au parlement) deputy, ≃ member of Parliament (Brit), ≃ representative (US) ◆ **elle a été élue député de Metz** she has been elected (as) deputy *ou* member for Metz ◆ **député (au Parlement) européen** member of the European Parliament ◆ **le député-maire de Rouen** the deputy and mayor of Rouen ◆ **député en exercice** present incumbent, sitting member (Brit)

b (envoyé d'un prince) envoy ; (envoyé d'une assemblée) delegate

députer [depyte] ▸ conjug 1 ◂ vt ◆ **députer qn pour faire / aller** to delegate sb to do / go ◆ **députer qn à** *ou* **auprès d'une assemblée / auprès de qn** to send sb (as representative) to an assembly / to sb

déqualification [dekalifikasjɔ̃] nf deskilling

déqualifié, e [dekalifje] (ptp de **déqualifier**) adj personnel, emploi deskilled

déqualifier [dekalifje] ▸ conjug 7 ◂ vt personnel, emploi to deskill

der* [dɛʀ] nf (Cartes) very last (one) ◆ **la der des ders** (gén) the very last one ; (guerre de 1914-1918) the war to end all wars

déracinable [deʀasinabl] adj préjugé eradicable ◆ **difficilement déracinable** difficult to eradicate

déracinement [deʀasinmɑ̃] [→ SYN] nm (→ **déraciner**) uprooting ; eradication

déraciner [deʀasine] [→ SYN] ▸ conjug 1 ◂ vt arbre, personne to uproot ; erreur to eradicate ; préjugé to root out, eradicate

déraidir [deʀediʀ] [→ SYN] ▸ conjug 2 ◂ vt membre to make less stiff

déraillement [deʀɑjmɑ̃] nm [train] derailment

dérailler [deʀɑje] ▸ conjug 1 ◂ vi [train] to be derailed, go off *ou* leave the rails ; (* : divaguer) to rave*, talk twaddle* (Brit) ; (* : mal fonctionner) to be up the spout* (Brit), be on the blink* ◆ **faire dérailler un train** to derail a train ◆ **faire dérailler le processus de paix / les négociations** to derail *ou* to jeopardize the peace process / the negotiations ◆ **tu déraillles !*** (être fou) you're nuts !*, you're off your rocker !** ; (se tromper) you're talking through your hat !* ◆ (être gâteux, délirer) **son père déraille complètement*** his dad's quite gaga* *ou* off his head*

dérailleur [deʀɑjœʀ] nm [bicyclette] derailleur gears ; (Rail) derailer, derailing stop

déraison [deʀɛzɔ̃] [→ SYN] nf (littér) insanity

déraisonnable [deʀɛzɔnabl] [→ SYN] adj unreasonable

déraisonnablement [deʀɛzɔnabləmɑ̃] adv unreasonably

déraisonner [deʀɛzɔne] [→ SYN] ▸ conjug 1 ◂ vi (littér) (dire des bêtises) to talk nonsense ; (être fou) to rave

dérangeant, e [deʀɑ̃ʒɑ̃, ɑ̃t] adj disturbing

dérangement [deʀɑ̃ʒmɑ̃] [→ SYN] GRAMMAIRE ACTIVE 27.7 nm **a** (gêne) trouble ◆ **(toutes) mes excuses pour le dérangement** my apologies for the trouble I'm causing *ou* for the inconvenience

b (déplacement) **pour vous éviter un autre dérangement** to save you another trip ◆ **voilà 10 F pour votre dérangement** here's 10 francs for coming *ou* for taking the trouble to come

c (bouleversement) [affaires, papiers] disorder (*de* in) ◆ **en dérangement** machine, téléphone out of order ◆ **dérangement d'esprit†** mental derangement *ou* disturbance

déranger [deʀɑ̃ʒe] [→ SYN] ▸ conjug 3 ◂ GRAMMAIRE ACTIVE 9.1

1 vt **a** (déplacer) papiers to disturb, mix *ou* muddle up ; vêtements, coiffure to disarrange ruffle

b (gêner, importuner) to trouble, bother ; (surprendre) animal, cambrioleur to disturb ◆ **je ne vous dérange pas ?** am I disturbing you ?, I trust I'm not disturbing you ? ◆ **les cambrioleurs ont été dérangés** the burglars were disturbed ◆ **elle viendra vous voir demain, si cela ne vous dérange pas** she'll come and see you tomorrow, if that's all right by you* *ou* if that's no trouble to you ◆ **elle ne veut pas déranger le docteur inutilement** she doesn't want to bother the doctor unnecessarily ◆ **ne me dérangez pas toutes les cinq minutes** don't come bothering me every five minutes ◆ **déranger qn dans son sommeil** to disturb sb's sleep ◆ **on le dérange toutes les nuits en ce moment** he is disturbed every night at the moment ◆ **ça vous dérange si je fume ?** do you mind *ou* will it bother you if I smoke ? ◆ **cela vous dérangerait-il de venir ?** would you mind coming ? ◆ **alors, ça te dérange ?*** what does it matter to you ? ◆ (pancarte) « **ne pas déranger** » "do not disturb" ◆ **ses films dérangent** his films are disturbing

c (dérégler) projets, routine to disrupt, upset ; machine to put out of order ◆ **les essais atomiques ont dérangé le temps** the nuclear tests have unsettled *ou* upset the weather ◆ **ça lui a dérangé l'esprit** this has disturbed his mind ◆ **il a le cerveau dérangé, il est dérangé** he *ou* his mind is deranged *ou* unhinged ◆ **il a l'estomac dérangé** his stomach is upset, he has an upset stomach *ou* a stomach upset ◆ **il est (un peu) dérangé** he has (a bit of) diarrhoea, his bowels are (a bit) loose

2 **se déranger** vpr **a** [médecin, réparateur] to come out

b (pour une démarche, une visite) to go along, come along ◆ **sans vous déranger, sur simple appel téléphonique, nous vous renseignons** without leaving your home, you can obtain information simply by telephoning us ◆ **je me suis dérangé pour rien, c'était fermé** it was a waste of time going (along) *ou* it was a wasted journey *ou* trip because it was closed

c (changer de place) to move ◆ **il s'est dérangé pour me laisser passer** he moved *ou* stepped aside to let me pass ◆ **surtout, ne vous dérangez pas pour moi** please don't put yourself out *ou* go to any inconvenience on my account

dérapage [deʀapaʒ] [→ SYN] nm **a** [véhicule] skid ; (Ski) side-slipping ; (Aviat) sideslip ◆ **faire un dérapage** to skid ◆ **faire un dérapage contrôlé** to do a controlled skid ◆ (Ski) **piste de dérapage** skidpad

b (fig) (maladresse) faux pas ◆ **dérapage de l'indice des prix** unexpected increase in the price index ◆ **dérapage verbal** verbal faux pas

déraper [deʀape] [→ SYN] ▸ conjug 1 ◂ vi **a** [véhicule] to skid ; [piéton, semelles, échelle] to slip ; (ski) to side-slip

b [ancre] to be atrip *ou* aweigh ; [bateau] to trip her anchor

c (fig) [prix, salaires] to get out of hand, soar ; [conversation] to slide onto slippery ground ; [personne] to make a faux pas

dératé, e [deʀate] nm,f → **courir**

dératisation [deʀatizasjɔ̃] nf rat extermination

dératiser [deʀatize] ▸ conjug 1 ◂ vt ◆ **dératiser un lieu** to exterminate the rats in a place, rid a place of rats

derby [dɛʀbi] nm (Ftbl, Rugby) derby ; (Équitation) Derby ; (chaussure) kind of lace-up shoe, blucher (US)

derche** [dɛʀʃ] nm arse** (Brit), ass** (US) ◆ **c'est un faux derche** he's a two-faced bastard**

derechef [dəʀəʃɛf] adv (†† *ou* littér) once more, once again

déréglé, e [deʀegle] (ptp de **dérégler**) adj (→ **dérégler**) out of order (attrib) ; upset ;

unsettled ; dissolute ◆ **les élucubrations de son imagination déréglée** the ravings of his wild ou disordered imagination

dérèglement [deʀɛgləmɑ̃] → SYN nm [machine, mécanisme] disturbance ; [pouls, estomac, temps] upset ; [esprit] unsettling (NonC) ; [mœurs] dissoluteness (NonC) ◆ (littér : dépravations) **dérèglements** dissoluteness

déréglementation [deʀɛgləmɑ̃tasjɔ̃] nf deregulation

déréglementer [deʀɛgləmɑ̃te] ▸conjug 1◂ vt to deregulate

dérégler [deʀegle] → SYN ▸conjug 6◂ **1** vt **a** mécanisme to throw out (of order), disturb ; machine to disturb the mechanism of, put out of order ; esprit to unsettle ; habitudes, temps to upset, unsettle ; estomac, appétit, pouls to upset

b vie, mœurs to make dissolute

2 **se dérégler** vpr [mécanisme, machine, appareil] to go wrong ; [pouls, estomac, temps] to be upset ; [esprit] to become unsettled ; [mœurs] to become dissolute ◆ **cette montre se dérègle tout le temps** this watch keeps going wrong

dérégulation [deʀegylasjɔ̃] nf deregulation

déréguler [deʀegyle] ▸conjug 1◂ vt to deregulate

déréliction [deʀeliksjɔ̃] → SYN nf (Rel, littér) dereliction

déresponsabilisation [deʀɛspɔ̃sabilizasjɔ̃] nf taking away responsibility from

déresponsabiliser [deʀɛspɔ̃sabilize] ▸conjug 1◂ vt personne to take away responsibility from

déridage [deʀidaʒ] nm face-lift

dérider [deʀide] → SYN ▸conjug 1◂ **1** vt personne to brighten up ; front to uncrease

2 **se dérider** vpr [personne] to cheer up ; [front] to uncrease

dérision [deʀizjɔ̃] → SYN nf derision, mockery ◆ **par dérision** derisively, mockingly ◆ **de dérision** parole, sourire of derision, derisive ◆ **c'est une dérision !** it's derisory ! → **tourner**

dérisoire [deʀizwaʀ] → SYN adj (gén) derisory, pathetic, laughable ◆ **pour une somme dérisoire** for a nominal ou derisory sum

dérisoirement [deʀizwaʀmɑ̃] adv pathetically

dérivable [deʀivabl] adj (Math) derivable

dérivatif, -ive [deʀivatif, iv] → SYN **1** adj derivative

2 nm distraction ◆ **il a son travail comme dérivatif à sa douleur** he has his work to take his mind off ou to distract him from his sorrow

dérivation [deʀivasjɔ̃] → SYN nf **a** [rivière] diversion → **canal**

b (Ling, Math) derivation ◆ **dérivation régressive** back formation

c (Élec) shunt

d (Aviat, Naut) drift, deviation

dérive [deʀiv] → SYN nf **a** (déviation) drift, leeway ◆ **dérive sur bâbord** drift to port ◆ **navire en dérive** ship adrift ◆ **dérive des continents** continental drift ◆ **dérive nord-atlantique** North Atlantic Drift ◆ (lit) **à la dérive** adrift ◆ (fig) **tout va à la dérive** everything is going to the dogs ou is going downhill ◆ **partir à la dérive** to go drifting off ◆ [personne] **être à la dérive** to be adrift, be drifting

b (dispositif) (Aviat) fin, vertical stabilizer (US) ; (Naut) centre-board

c (fig : abus) excess, abuse

dérivé, e [deʀive] (ptp de **dériver**) **1** adj (gén, Chim, Math) derived

2 nm (Chim, Ling, Math) derivative ; (produit) by-product

3 **dérivée** nf (Math) derivative

dériver [deʀive] → SYN ▸conjug 1◂ **1** vt **a** rivière to divert ; (Chim, Ling, Math) to derive ; (Élec) to shunt

b (Tech : dériveter) to unrivet

2 **dériver de** vt indir to derive ou stem from ; (Ling) to derive from, be derived from, be a derivative of

3 vi (Aviat, Naut) to drift ; (fig) [orateur] to wander ou drift (away) from the subject ; [marginal] to be adrift, be drifting

dériveur [deʀivœʀ] nm (voile) storm sail ; (bateau) sailing dinghy *(with centre-board)*

dermatite [dɛʀmatit] nf ⇒ **dermite**

dermato* [dɛʀmato] **1** nf abrév de **dermatologie**

2 nmf abrév de **dermatologiste** ou **dermatologue**

dermatoglyphes [dɛʀmatɔglif] nmpl dermatoglyphics

dermatologie [dɛʀmatɔlɔʒi] nf dermatology

dermatologique [dɛʀmatɔlɔʒik] adj dermatological

dermatologiste [dɛʀmatɔlɔʒist], **dermatologue** [dɛʀmatɔlɔg] nmf dermatologist

dermatose [dɛʀmatoz] nf dermatosis

derme [dɛʀm] nm dermis

dermeste [dɛʀmɛst] nm dermestid

dermique [dɛʀmik] adj dermic, dermal

dermite [dɛʀmit] nf dermatitis

dermographisme [dɛʀmɔgʀafism] nm dermographia, dermographism

dermopharmacie [dɛʀmofaʀmasi] nf skincare products *(sold in pharmacies)*

dernier, -ière [dɛʀnje, jɛʀ] → SYN

1 adj **a** (dans le temps, l'espace) (gén) last ; étage top (épith) ; rang back (épith) ; branche upper (épith), highest ◆ **arriver (bon) dernier** to come in last (a long way behind the others) ◆ **la dernière marche de l'escalier** (en bas) the bottom step ; (en haut) the top step ◆ **prends le dernier mouchoir de la pile** (dessus) take the top handkerchief in the pile ; (dessous) take the bottom handkerchief in the pile ◆ (Presse) **en dernière page** on the back page ◆ **les 100 dernières pages** the last 100 pages ◆ (Sport) **être en dernière position** to be in (the) last place, bring up the rear ◆ **durant les derniers jours du mois** in the last few days of the month, as the month was drawing to a close ◆ **l'artiste, dans ses dernières œuvres ...** the artist, in his final ou last works ... ◆ **les dernières années de sa vie** the last few years of his life ◆ **il faut payer avant le 15, dernier délai** it must be paid by the 15th at the latest, the 15th is the deadline for payment ◆ **15 octobre, dernier délai pour les inscriptions** 15th October is the closing ou final date for registration, registration must be completed by 15th October at the latest ◆ **il faut partir à midi, dernier carat*** we have to leave by midday at the latest → **jugement, premier**

b (en mérite) élève bottom, last ◆ **être reçu dernier** to come last ou bottom (à in) ◆ **il est toujours dernier (en classe)** he's always bottom (of the class), he's always last (in the class) ◆ **c'est bien la dernière personne à qui je demanderais !** he's the last person I'd ask !

c (gén avant n : le plus récent) last, latest ◆ **le dernier roman de X** X's latest ou last novel ◆ **ces derniers mois / jours** (during) the last ou past couple of ou few months / days ◆ **ces derniers incidents / événements** these latest ou most recent incidents / events ◆ **ces derniers temps** lately, of late ◆ **aux dernières nouvelles, il était à Paris** the last I (ou we etc) heard (of him) he was in Paris, the latest news was that he was in Paris ◆ **voici les dernières nouvelles concernant l'accident** here is the latest news of the accident, here is an up-to-the-minute report on the accident ◆ **nouvelles de dernière heure** ou **minute** stop-press news ◆ (fig) **collaborateur / combattant de la dernière heure** last-minute helper / fighter ◆ (Presse) **dernière édition** (late) final ◆ **c'est le dernier cri** ou **la dernière mode** it's the very latest thing ou fashion ◆ **un ordinateur dernier cri** a state-of-the-art computer ◆ (péj) **c'est le dernier salon où l'on cause** what a lot of chatterboxes (you are) !*

d (extrême) **il s'est montré grossier au dernier point** ou **degré** he was extremely rude ◆ **il a protesté avec la dernière énergie** he protested most vigorously ou with the utmost vigour ◆ **examiner qch dans les derniers détails** to study sth in the most minute ou in the minutest detail ◆ **le dernier degré de perfection** the height ou summit of perfection ◆ **le dernier degré de la souffrance** the depths of suffering ◆ **c'est du dernier ridicule** it's utterly ridiculous, it's ridiculous in the extreme ◆ **c'est du dernier chic** it's the last word in elegance ◆ **c'est de la dernière importance** it is of the utmost importance ◆ **il est dernier bien avec le patron** he's on the best of terms with his boss

e (pire) qualité lowest, poorest ◆ **de dernier ordre** very inferior ◆ **vendre des morceaux de dernier choix** to sell the poorest quality ou most inferior cuts of meat ◆ **c'était la dernière chose à faire !** that was the last thing to do ! ◆ **faire subir les derniers outrages à une femme** to ravish ou violate a woman

f (évoquant la mort) last ◆ **ses derniers moments** ou **instants** his last ou dying moments ◆ **être à sa dernière heure** to be on one's deathbed ◆ **jusqu'à mon dernier jour** until the day I die, until my dying day ◆ **je croyais que ma dernière heure était venue** I thought my last ou final hour had come ◆ **dans les derniers temps il ne s'alimentait plus** towards the end he stopped eating ◆ (littér) **rendre le dernier soupir** to breathe one's last (littér) ◆ (frm) **rendre les derniers devoirs** to pay one's last respects (à to) ◆ (Rel) **les derniers sacrements** the last sacraments ou rites

g (précédent) last, previous ◆ **les derniers propriétaires sont partis à l'étranger** the last ou previous owners went abroad ◆ **le dernier détenteur du record était américain** the last ou previous holder of the record was an American ◆ **l'an / le mois dernier** last year / month

h (final, ultime) échelon, grade top, highest ◆ **après un dernier regard / effort** after one last ou final look / effort ◆ **quel est votre dernier prix ?** (pour vendre) what's the lowest you'll go ? ; (pour acheter) what's your final offer ? ◆ (pour une offre) **c'est votre dernier mot ?** is that your final offer ? ◆ **avoir le dernier mot** to have the last word ◆ **je n'ai pas dit mon dernier mot** you (ou they etc) haven't heard the last of me ◆ (Bourse) **derniers cours** closing prices, latest quotations ◆ **en dernière analyse** in the final ou last analysis ◆ **en dernier lieu** finally ◆ **mettre la dernière main à qch** to put the finishing touches to sth ◆ **en dernier ressort** ou **recours** as a last resort ◆ **les dernières volontés de qn** the last wishes of sb ◆ **les dernières dispositions du défunt** the deceased's last will and testament ◆ **accompagner qn à sa dernière demeure** to accompany sb to his final resting place ◆ **y laisser jusqu'à son dernier sou** to lose one's last buck on it*

2 nm,f **a** last (one) ◆ **parler / sortir le dernier** to speak / leave last ◆ **arriver bon dernier** (gén) to be the very last to arrive ; (Sport) to come in last ◆ **les derniers arrivés n'auront rien** the last ones to arrive ou the last arrivals will get nothing ◆ **le dernier venu** (lit) the last to come ; (fig péj) just anybody ◆ **dernier entré, premier sorti** last in, first out ◆ **tu seras servi le dernier** you'll be served last, you'll be the last to get served ◆ **il est le dernier de sa classe / de la liste** he's at the bottom of the class / list ◆ **voilà le dernier de la classe** there's the one ou boy who's bottom of the class ou last in the class ◆ (Littérat) **"Le Dernier des Mohicans"** "The Last of the Mohicans" ◆ **il a été reçu dans les derniers** he was nearly bottom among those who passed the exam ◆ **elle a tendance à gâter son (petit) dernier** she's inclined to spoil her youngest (child) ◆ **il est le dernier à pouvoir** ou **qui puisse faire cela** he's the last person to be able to do that ◆ **c'est le dernier de mes soucis** it's the least of my worries ◆ **ils ont été tués jusqu'au dernier** they were all killed (right down) to the last man, every single one of them was killed ◆ **c'est la dernière à qui vous puissiez demander un service** she's the last person you can ask a favour of

b (péj) **le dernier des imbéciles** an absolute imbecile, a complete and utter fool ◆ **le dernier des filous** an out-and-out scoundrel ◆ **c'est le dernier des derniers !** he's the lowest of the low

c **ce dernier, cette dernière** (de deux) the latter ; (de plusieurs) this last, the last-mentioned

3 nm **a** (étage) top floor ou storey (Brit) ou story (US)

b **acheter qch / arriver en dernier** to buy sth / arrive last

4 **dernière** nf (Théât) last performance ◆ (nouvelle) **vous connaissez la dernière?*** have you heard the latest?

dernièrement [dɛʀnjɛʀmɑ̃] → SYN adv (il y a peu de temps) recently; (ces derniers temps) lately, recently, of late

dernier-né, dernière-née, mpl **derniers-nés** [dɛʀnjene] nm,f last-born, youngest child; (fig: œuvre) latest ou most recent creation ◆ **le dernier-né de leurs logiciels** the latest in their line of software

dérobade [deʀɔbad] → SYN nf side-stepping (NonC), equivocation, evasion; (Équitation) refusal ◆ **dérobade fiscale** tax evasion

dérobé, e [deʀɔbe] → SYN (ptp de **dérober**)
1 adj escalier, porte secret, hidden
2 **dérobée** nf ◆ **à la dérobée** secretly, surreptitiously ◆ **regarder qn à la dérobée** to give sb a surreptitious ou stealthy glance

dérober [deʀɔbe] → SYN ▸ conjug 1 ◂ 1 vt a (voler) to steal ◆ **dérober qch à qn** to steal sth from sb ◆ **dérober un baiser (à qn)** to steal a kiss (from sb)
b (cacher) **dérober qch à qn** to hide ou conceal sth from sb ◆ **une haie dérobait la palissade aux regards** a hedge hid ou screened the fence from sight, a hedge concealed the fence ◆ **dérober qn à la justice / au danger / à la mort** to shield sb from justice / danger / death
c (littér: détourner) regard, front to turn away
2 **se dérober** vpr a (refuser d'assumer) to shy away ◆ **se dérober à son devoir / à ses obligations** to shy away from ou shirk one's duty / obligations ◆ **se dérober à une discussion** to shy away from a discussion ◆ **je lui ai posé la question mais il s'est dérobé** I put the question to him but he evaded ou sidestepped it
b (se cacher de) to hide, conceal o.s. ◆ **se dérober aux regards** to hide from view ◆ **se dérober à la justice** to hide from justice ◆ **pour se dérober à la curiosité dont il était l'objet** in order to escape the curiosity surrounding him
c (se libérer) to slip away ◆ **se dérober à l'étreinte de qn** to slip out of sb's arms ◆ **il voulut la prendre dans ses bras mais elle se déroba** he tried to take her in his arms but she shrank ou slipped away
d (s'effondrer) [sol] to give way ◆ **ses genoux se dérobèrent (sous lui)** his knees gave way (beneath him)
e (Équitation) to refuse

dérochage [deʀɔʃaʒ] nm [métal] pickling

dérocher [deʀɔʃe] ▸ conjug 1 ◂ 1 vi [alpiniste] to fall off a rock face
2 vt métal to pickle; terrain to clear of rocks

dérogation [deʀɔgasjɔ̃] → SYN nf (special) dispensation ◆ **ceci constitue une dérogation par rapport à la loi** this constitutes a departure from the law ◆ **aucune dérogation ne sera permise** no departure from this will be permitted, no special dispensation will be allowed ◆ **certaines dérogations sont prévues dans le règlement** certain special dispensations are allowed for in the rules ◆ **il a obtenu ceci par dérogation** he obtained this by special dispensation

dérogatoire [deʀɔgatwaʀ] adj dispensatory, exceptional ◆ **appliquer un régime dérogatoire à** to apply exceptional arrangements to ou in respect of ◆ **à titre dérogatoire** by special dispensation

déroger [deʀɔʒe] → SYN ▸ conjug 3 ◂ vi a (déchoir) (gén) to lower o.s., demean o.s.; (Hist) to lose rank and title
b (enfreindre) **déroger à qch** to go against sth, depart from sth ◆ **déroger aux règles** to depart from the rules ◆ **ce serait déroger à la règle établie** that would go against the established order ou procedure

dérouillée‡ [deʀuje] nf thrashing, belting‡ ◆ **recevoir une dérouillée** (coups) to get a thrashing; (défaite) to get a hammering*

dérouiller [deʀuje] → SYN ▸ conjug 1 ◂ 1 vt a métal to remove the rust from; (fig) mémoire to refresh ◆ (fig) **je vais me dérouiller les jambes** I'm going to stretch my legs ◆ **je vais devoir dérouiller mon espagnol** I'll have to brush up on my Spanish
b (‡: battre) to give a thrashing ou belting‡ to, thrash
2 vi (‡) (souffrir) to go through it* (surtout Brit), have a hard time of it; (se faire battre) to cop it‡ (Brit), catch it* ◆ **j'ai une rage de dents, qu'est-ce que je dérouille!** I've got toothache, it's agony!* ou it's driving me mad! ou it's killing me!*

déroulement [deʀulmɑ̃] → SYN nm a [match, cérémonie] progress; [action, histoire] development, unfolding, progress ◆ **pendant le déroulement des opérations** during the course of (the) operations, while the operations were in progress ◆ **pendant le déroulement du film** while the film was on, during the film ◆ **rien n'est venu troubler le déroulement de la manifestation** the demonstration went off ou passed without incident, nothing happened to disturb the course of the demonstration
b (→ **dérouler**) unwinding; uncoiling; unrolling

dérouler [deʀule] → SYN ▸ conjug 1 ◂ 1 vt fil, bobine to unwind; cordage to uncoil; nappe, carte, papier to unroll; tapis to roll out; (Tech) tronc d'arbre to peel a veneer from ◆ **il déroula dans son esprit les événements de la veille** in his mind he went over ou through the events of the previous day ◆ (littér) **la rivière déroule ses méandres** the river snakes ou winds along its tortuous course ◆ (hum) **dérouler le tapis rouge** to roll out the red carpet
2 **se dérouler** vpr a (lit) [fil, bobine] to unwind, come unwound; [ruban] to unwind, uncoil, come unwound; [carte, drapeau] to unroll, come unrolled
b (se produire) (comme prévu) to take place; (accidentellement) to happen, occur; (se situer) to take place ◆ **la ville où la cérémonie s'est déroulée** the town where the ceremony took place ◆ **c'est là que toute ma vie s'est déroulée** it was there that my whole life was spent
c (se développer) [histoire, faits] to progress, develop, unfold ◆ **la manifestation s'est déroulée dans le calme** the demonstration went off peacefully ◆ **comment s'est déroulé le match?** how did the match go (off)? ◆ **à mesure que l'histoire se déroulait** as the story unfolded ou developed ou progressed ◆ **son existence se déroulait, calme et morne** his life went on, calm and drab ◆ **le paysage se déroulait devant nos yeux** the landscape unfolded before our eyes

dérouleur [deʀulœʀ] nm [papier] roller ◆ (Ordin) **dérouleur de bande magnétique** magnetic tape drive

dérouleuse [deʀuløz] nf (Tech) winding machine

déroutage [deʀutaʒ] nm ⇒ **déroutement**

déroutant, e [deʀutɑ̃, ɑ̃t] → SYN adj disconcerting

déroute [deʀut] → SYN nf [armée, équipe] rout; [régime, entreprise] collapse ◆ **armée en déroute** routed army ◆ **mettre en déroute** armée to rout, put to rout ou flight; équipe to rout

déroutement [deʀutmɑ̃] nm (Aviat, Naut) rerouting, diversion

dérouter [deʀute] → SYN ▸ conjug 1 ◂ vt avion, navire to reroute, divert; candidat, orateur to disconcert, throw (out)*, put out; poursuivants, police, recherches to throw ou put off the scent

derrick [deʀik] → SYN nm derrick

derrière [dɛʀjɛʀ] → SYN 1 prép a (à l'arrière de, à la suite de) behind ◆ **il se cache derrière le fauteuil** he's hiding behind the armchair ◆ **il avait les mains derrière le dos** he had his hands behind his back ◆ **sors de derrière le lit** come out from behind the bed ◆ **passe (par) derrière la maison** go round the back of ou round behind the house ◆ **marcher l'un derrière l'autre** to walk one behind the other ◆ (lit, fig) **il a laissé les autres loin derrière lui** he left the others far ou a long way behind (him) ◆ **disparaître derrière une colline** to disappear behind a hill
b (fig) behind ◆ **il faut chercher derrière les apparences** one must look beneath (outward) appearances ◆ **derrière sa générosité se cache l'intérêt le plus sordide** behind his generosity lurks ou his generosity hide the most sordid self-interest ◆ **faire qch derrière (le dos de) qn** to do sth behind sb' back ◆ **dire du mal derrière le dos de qn** t say (unkind) things behind sb's back ◆ **il laissé 3 enfants derrière lui** he left 3 chi dren ◆ **le président avait tout le pays derrièr lui** the president had the whole countr behind him ou had the backing of th whole country ◆ **ayez confiance, je suis der rière vous** take heart, I'll support you o back you up ou I'm on your side ◆ **il fau toujours être derrière lui** ou **son dos** you'v always got to keep an eye ou a watch o him ◆ **un vin de derrière les fagots*** an extra special (little) wine ◆ **une bouteille de der rière les fagots*** a bottle of the best → **idé**
c (Naut) (dans le bateau) abaft; (sur la me astern of
2 adv a behind ◆ **vous êtes juste derrièr** you're just ou right behind it (ou us etc) ◆ **o l'a laissé (loin) derrière** we (have) left hi (far ou a long way) behind ◆ **il est assi 3 rangs derrière** he's sitting 3 rows back o 3 rows behind (us ou them etc) ◆ **il a pris de places derrière** he has got seats at the bac ◆ (Aut) **il a préféré monter derrière** he pre ferred to sit in the back ◆ **chemisier qui s boutonne (par) derrière** blouse which bu tons up ou does up at the back ◆ **passe l plateau derrière** pass the tray back ◆ **regard derrière, on nous suit** look behind (you) o look back – we're being followed ◆ **i est derrière** he's behind (us ou them etc ◆ **regarde derrière** (au fond de la voiture) look i the back; (derrière un objet) look behind (it ◆ **arrêtez de pousser, derrière!** stop push ing back there!, you behind ou back there stop pushing! ◆ (fig) **tu peux être sûr qu'il y quelqu'un derrière** you can be sure tha there's somebody at the back of it (all) o behind it (all)
b **par-derrière: c'est fermé, entre** ou **pass par-derrière** it's locked, go in by the back o go in (by) the back way ◆ **attaquer par derrière** ennemi to attack from behind o from the rear; adversaire to attack fro behind ◆ **dire du mal de qn par-derrière** t say (unkind) things behind sb's back ◆ **i fait tout par-derrière** he does everythin behind people's backs ou in an unde hand way
c (Naut) (dans le bateau) aft, abaft; (sur l mer) astern
3 nm a [personne] bottom, behind*; [anima hindquarters, rump ◆ **donner un coup d pied au derrière** ou **dans le derrière de qn** t kick sb in the behind*, give sb a kick in o on the behind* ou in the pants‡ ◆ **quand j'a eu 20 ans mon père m'a chassé à coups de pie dans le derrière** when I was 20 my fathe sent me packing ou kicked me out* → **bo ter**
b [objet] back; [maison] back, rear ◆ **le de rière de la tête** the back of the hea ◆ **habiter sur le derrière** to live at the bac (of the house) ◆ **roue / porte de derrière** bac ou rear wheel / door → **patte**[1]
c **derrières** [édifice] back, rear; [armée] rea

déruralisation [deʀyʀalizasjɔ̃] nf rura depopulation

derviche [dɛʀviʃ] nm dervish ◆ **derviche tou neur** whirling dervish

DES [deəɛs] nm (abrév de **diplôme d'études supé rieures**) → **diplôme**

des [de] → **de**[1], **de**[2]

dès [dɛ] prép a (dans le temps) from ◆ **dimanch il a commencé à pleuvoir dès le matin** on Sur day it rained from the morning onward on Sunday it started raining (right) in th morning ◆ **dès le 15 août nous ne travai lerons plus qu'à mi-temps** (as) from Augus 15th we will only be working half-tim ◆ **dès le début** from the (very) start o beginning, right from the start ou begir ning ◆ **dès son retour il fera le nécessaire** a soon as he's back ou immediately upon hi return he'll do what's necessary ◆ **dès so retour il commença à se plaindre** as soon a he was back ou from the moment he wa back he started complaining ◆ **il se préc pita vers la sortie dès la fin du spectacle** a soon as ou immediately the performanc was over he rushed towards the exit ◆ **dè**

l'époque romaine on connaissait le chauffage central as early as ou as far back as Roman times people used central heating ◆ **dès son enfance il a collectionné les papillons** he has collected butterflies from (his) childhood ou ever since he was a child ◆ **on peut dire dès maintenant** ou **à présent** one can say (right) here and now ◆ **dès l'abord / ce moment** from the very beginning ou the outset / that moment
b (dans l'espace) **dès Lyon il se mit à pleuvoir** we ran into rain ou it started to rain as ou when we got to Lyons ◆ **dès Lyon il a plu sans arrêt** it never stopped raining from Lyons onwards ou after Lyons ◆ **dès l'entrée vous êtes accueillis par des slogans publicitaires** advertising slogans hit you as soon as ou immediately you walk in the door ◆ **dès le seuil je sentis qu'il se passait quelque chose** (even) standing in the doorway ou as I walked in at the door I sensed that something was going on
c (dans une gradation) **dès sa première année il brilla en anglais** he was good at English right from the first year ◆ **dès le premier verre il roula sous la table** after the (very) first glass he collapsed under the table ◆ **dès la troisième chanson elle se mit à pleurer** at the third song she started to cry
d LOC **dès que** as soon as, immediately ◆ **dès qu'il aura fini il viendra** as soon as ou immediately he's finished he'll come ◆ **dès lors** (depuis lors) from that moment (on), from that time on, from then on; (conséquemment) that being the case, consequently ◆ **dès lors il ne fuma plus** from that time ou moment on he stopped smoking ◆ **dès lors il décida de ne plus fumer** from that moment he decided he wouldn't smoke any more ◆ **vous ne pouvez rien prouver contre lui, dès lors vous devez le relâcher** you can prove nothing against him and that being the case ou and so you'll have to release him ◆ **dès lors que** (temporel) as soon as; (relation de conséquence) (si) from the moment that; (puisque) since, as ◆ **dès lors que vous décidez de partir, nous ne pouvons plus rien pour vous** from the moment (that) you choose to go, we can do nothing more for you ◆ **dès lors qu'il a choisi de démissionner, il n'a plus droit à rien** since ou as he has decided to hand in his notice he is no longer entitled to anything ◆ **peu m'importe, dès lors qu'ils sont heureux** I don't mind so long as they are happy

désabonnement [dezabɔnmɑ̃] nm non-renewal ou cancellation of one's subscription

désabonner [dezabɔne] ▸ conjug 1 ◂ **1** vt to cancel the subscription of
2 se désabonner vpr to cancel one's subscription, not to renew one's subscription

désabusé, e [dezabyze] → SYN (ptp de **désabuser**) adj personne, air, ton disenchanted, disillusioned; (†: détrompé) disabused, undeceived ◆ **geste désabusé** gesture of disillusion

désabusement [dezabyzmɑ̃] → SYN nm disillusionment

désabuser [dezabyze] → SYN ▸ conjug 1 ◂ vt to disabuse (*de* of), undeceive (*de* of)

désacclimater [dezaklimate] ▸ conjug 1 ◂ vt to disacclimatize

désaccord [dezakɔʀ] → SYN nm **a** (mésentente) discord ◆ **être en désaccord avec sa famille / son temps** to be at odds ou at variance with one's family / time
b (divergence) (entre personnes, points de vue) disagreement; (entre idées, intérêts) conflict, clash ◆ **le désaccord qui subsiste entre leurs intérêts** their unresolved conflict ou clash of interests ◆ **leurs intérêts sont en désaccord avec les nôtres** their interests conflict ou clash with ours
c (contradiction) discrepancy ◆ **désaccord entre la théorie et la réalité** discrepancy between (the) theory and (the) reality ◆ **les deux versions de l'accident sont en désaccord sur bien des points** the two versions of the accident conflict ou diverge on many points ◆ **ce qu'il dit est en désaccord avec ce qu'il fait** what he says conflicts with what he does, there is a discrepancy between what he says and what he does

désaccordé, e [dezakɔʀde] (ptp de **désaccorder**) adj piano out of tune

désaccorder [dezakɔʀde] → SYN ▸ conjug 1 ◂
1 vt piano to put out of tune
2 se désaccorder vpr to go out of tune

désaccoupler [dezakuple] → SYN ▸ conjug 1 ◂ vt wagons, chiens to uncouple; (Élec) to disconnect

désaccoutumance [dezakutymɑ̃s] nf ◆ **désaccoutumance de qch** losing the habit of (doing) sth

désaccoutumer [dezakutyme] → SYN ▸ conjug 1 ◂ **1** vt ◆ **désaccoutumer qn de qch / de faire** to get sb out of the habit of sth / of doing, disaccustom sb from sth / from doing (frm)
2 se désaccoutumer vpr ◆ **se désaccoutumer de qch / de faire** to lose the habit of sth / of doing

désacralisation [desakʀalizasjɔ̃] nf ◆ **la désacralisation d'une institution / profession** the removal of the sacred aura surrounding an institution / a profession

désacraliser [desakʀalize] → SYN ▸ conjug 1 ◂ vt institution, profession to take away its sacred aura ◆ **la médecine se trouve désacralisée** medicine has lost its sacred aura ◆ **il désacralise tout** he knocks* everything, nothing escapes his cynicism

désactivation [dezaktivasjɔ̃] nf deactivation

désactiver [dezaktive] ▸ conjug 1 ◂ vt to deactivate

désadapter [dezadapte] ▸ conjug 1 ◂ vt ◆ **désadapter qn de qch** to wean sb off sth

désaffectation [dezafɛktasjɔ̃] nf [lieu] closing down; [somme d'argent] deallocation

désaffecté, e [dezafɛkte] (ptp de **désaffecter**) adj disused

désaffecter [dezafɛkte] → SYN ▸ conjug 1 ◂ vt lieu to close down; somme d'argent to withdraw ◆ **le lycée a été désaffecté pour en faire une prison** the lycée was closed down and converted (in)to a prison

désaffection [dezafɛksjɔ̃] → SYN nf loss of affection ou fondness (*pour* for)

désaffectionner (se)† [dezafɛksjɔne] ▸ conjug 1 ◂ vpr ◆ **se désaffectionner de** to lose one's affection ou fondness for

désagrafer [dezagʀafe] ▸ conjug 1 ◂ vt ⇒ **dégrafer**

désagréable [dezagʀeabl] → SYN adj unpleasant, disagreeable

désagréablement [dezagʀeabləmɑ̃] adv unpleasantly, disagreeably

désagrégation [dezagʀegasjɔ̃] → SYN nf (→ **désagréger**) disintegration; breaking up

désagréger [dezagʀeʒe] → SYN ▸ conjug 3 et 6 ◂
1 vt (lit, fig) to break up, disintegrate
2 se désagréger vpr (gén: lit, fig) to break up, disintegrate; [foule] to break up; [amitié] to break up

désagrément [dezagʀemɑ̃] → SYN nm **a** (gén pl: inconvénient, déboire) annoyance, trouble (NonC) ◆ **malgré tous les désagréments que cela entraîne** despite all the annoyances ou trouble it involves ◆ **c'est un des désagréments de ce genre de métier** it's one of the annoyances of ou part of the trouble with this kind of job ◆ **cette voiture m'a valu bien des désagréments** this car has given me a great deal of trouble
b (frm: déplaisir) displeasure ◆ **causer du désagrément à qn** to cause sb displeasure

désaimantation [dezɛmɑ̃tasjɔ̃] nf demagnetization

désaimanter [dezɛmɑ̃te] ▸ conjug 1 ◂ vt to demagnetize

désaisonnaliser [desezɔnalize] ▸ conjug 1 ◂ vt to make seasonal adjustments to

désalper [dezalpe] ▸ conjug 1 ◂ vi (Helv) *to come down from the high mountain pastures*

désaltérant, e [dezalteʀɑ̃, ɑ̃t] adj thirst-quenching

désaltérer [dezalteʀe] → SYN ▸ conjug 6 ◂ **1** vt to quench ou slake the thirst of ◆ **le vin ne désaltère pas** wine does not quench a thirst, wine is not a thirst-quenching drink
2 se désaltérer vpr to quench ou slake one's thirst

désambiguïsation [dezɑ̃bigɥizasjɔ̃] nf desambiguation

désambiguïser [dezɑ̃bigɥize] ▸ conjug 1 ◂ vt to disambiguate

désaminase [dezaminaz] nf deaminase

désaminer [dezamine] ▸ conjug 1 ◂ vt (Chim) to deaminate

désamorçage [dezamɔʀsaʒ] nm **a** [fusée, pistolet] removal of the primer (*de* from); (fig) [situation, conflit] defusing
b [dynamo] failure

désamorcer [dezamɔʀse] ▸ conjug 3 ◂ vt fusée, pistolet to remove the primer from; pompe to drain; (fig) situation explosive, crise to defuse; mouvement de revendication to forestall, nip in the bud

désamour [dezamuʀ] nm disenchantment

désaper* vt, **se désaper** vpr [desape] ▸ conjug 1 ◂ to undress, take one's clothes off

désapparié, e [dezapaʀje] adj (ptp de **désapparier**) ⇒ **déparié**

désapparier [dezapaʀje] ▸ conjug 7 ◂ vt ⇒ **déparier**

désappointé, e [dezapwɛ̃te] (ptp de **désappointer**) adj disappointed

désappointement [dezapwɛ̃tmɑ̃] → SYN nm disappointment

désappointer [dezapwɛ̃te] → SYN ▸ conjug 1 ◂ vt to disappoint

désapprendre [dezapʀɑ̃dʀ] → SYN ▸ conjug 58 ◂ vt (littér) to forget; (volontairement) to unlearn

désapprobateur, -trice [dezapʀɔbatœʀ, tʀis] → SYN adj disapproving

désapprobation [dezapʀɔbasjɔ̃] → SYN nf disapproval, disapprobation (frm)

désapprouver [dezapʀuve] → SYN ▸ conjug 1 ◂ GRAMMAIRE ACTIVE 14 vt acte, conduite to disapprove of ◆ **je le désapprouve quand il refuse de les aider** I disapprove of him for refusing to help them, I disapprove of his refusing ou refusal to help them ◆ **je le désapprouve de les inviter** I disagree with his inviting them, I disapprove of his inviting them ◆ **le public désapprouva** the audience showed its disapproval ◆ **elle désapprouve qu'il vienne** she disapproves of his coming

désarçonner [dezaʀsɔne] ▸ conjug 1 ◂ vt [cheval] to throw, unseat; [adversaire] to unseat, unhorse; (fig) [argument] to throw*, nonplus ◆ **son calme / sa réponse me désarçonna** I was completely thrown* ou nonplussed by his calmness / reply

désargenté, e [dezaʀʒɑ̃te] (ptp de **désargenter**) adj **a un métal désargenté** a metal with the silver worn off
b (*: sans un sou) broke* (attrib), penniless ◆ **je suis désargenté en ce moment** I'm a bit short of cash ou a bit tight for cash* at the moment

désargenter [dezaʀʒɑ̃te] ▸ conjug 1 ◂ vt **a** métal to rub ou wear the silver off ◆ **cette fourchette se désargente** the silver is wearing off this fork
b désargenter qn* to leave sb broke* ou penniless

désarmant, e [dezaʀmɑ̃, ɑ̃t] → SYN adj disarming

désarmé, e [dezaʀme] (ptp de **désarmer**) adj pays, personne unarmed; (fig: démuni) helpless (*devant* before)

désarmement [dezaʀməmɑ̃] nm [personne, forteresse] disarming; [pays] disarmament; [navire] laying up ◆ **désarmement unilatéral** unilateral disarmement

désarmer [dezaʀme] → SYN ▸ conjug 1 ◂ **1** vt **a** adversaire, pays to disarm
b mine to disarm, defuse; fusil to unload; (mettre le cran de sûreté) to put the safety catch on
c (Naut) to lay up
d (fig: émouvoir) [sourire, réponse] to disarm
2 vi [pays] to disarm; (fig) [haine] to yield, abate ◆ **il ne désarme pas contre son fils** he is unrelenting in his attitude towards his son ◆ **il ne désarme pas et veut intenter un nouveau procès** he will not yield and wants to start new proceedings

désarrimage [dezaʀimaʒ] nm shifting (of the cargo)

désarrimer [dezaʀime] ▸ conjug 1 ◂ vt to shift, cause to shift

désarroi [dezaʀwa] → SYN nm [personne] (feeling of) helplessness, disarray (littér); [armée, équipe] confusion ◆ **ceci l'avait plongé dans le désarroi le plus profond** this had plunged him into a state of utter confusion ◆ **être en plein désarroi** to be in (a state of) utter confusion, feel quite helpless

désarticulation [dezaʀtikylasjɔ̃] nf [membre] dislocation; (Chirurgie) disarticulation

désarticuler [dezaʀtikyle] → SYN ▸ conjug 1 ◂ **1** vt membre (déboîter) to dislocate; (Chirurgie: amputer) to disarticulate; mécanisme to upset; horaire, prévisions to upset, disrupt ◆ **il s'est désarticulé l'épaule** he dislocated his shoulder
2 **se désarticuler** vpr [acrobate] to contort o.s.

désassemblage [dezasɑ̃blaʒ] nm dismantling

désassembler [dezasɑ̃ble] ▸ conjug 1 ◂ vt to dismantle, take apart ◆ **l'étagère s'est désassemblée** the shelves are coming to bits ou coming apart

désassimilation [dezasimilasjɔ̃] nf dissimilation

désassimiler [dezasimile] ▸ conjug 1 ◂ vt to dissimilate

désassorti, e [dezasɔʀti] (ptp de **désassortir**) adj service de table unmatching, unmatched; assiettes etc odd (épith); magasin, marchand low in stock (attrib)

désassortir [dezasɔʀtiʀ] → SYN ▸ conjug 2 ◂ vt service de table to break up, spoil; magasin to clear out

désastre [dezastʀ] → SYN nm (lit, fig) disaster ◆ **courir au désastre** to head straight for disaster ◆ **les désastres causés par la tempête** the damage caused by the storm

désastreusement [dezastʀøzmɑ̃] adv disastrously

désastreux, -euse [dezastʀø, øz] → SYN adj erreur, décision, récolte, influence disastrous; bilan, conditions, temps terrible, appalling

désavantage [dezavɑ̃taʒ] → SYN nm (handicap) disadvantage, handicap; (inconvénient) disadvantage, drawback ◆ **avoir un désavantage sur qn** to be at a disadvantage ou be handicapped in comparison with sb ◆ **cela présente bien des désavantages** it has many disadvantages ou drawbacks ◆ **être / tourner au désavantage de qn** to be / turn to sb's disadvantage ◆ **voir qn à son désavantage** to see sb in an unfavourable ou in a disadvantageous light ◆ **se montrer à son désavantage** to show o.s. to one's disadvantage, show o.s. in an unfavourable light ◆ **malgré le désavantage du terrain, ils ont gagné** they won even though the ground put them at a disadvantage

désavantager [dezavɑ̃taʒe] → SYN ▸ conjug 3 ◂ vt to disadvantage, put at a disadvantage ◆ **cette mesure nous désavantage par rapport aux autres** this measure puts us at a disadvantage by comparison with the others ◆ **cela désavantage surtout les plus pauvres** this puts the very poor at the greatest disadvantage, this is particularly disadvantageous ou detrimental to the very poor, this penalizes the very poor in particular ◆ **nous sommes désavantagés par rapport aux USA dans le domaine économique** in the economic field we are handicapped ou disadvantaged ou at a disadvantage by comparison with the USA ◆ **se sentir désavantagé par rapport à son frère** to feel unfavourably treated by comparison with one's brother, feel one is treated less fairly than one's brother ◆ **les couches sociales les plus désavantagées** the most under-privileged ou disadvantaged sectors of society

désavantageusement [dezavɑ̃taʒøzmɑ̃] adv unfavourably, disadvantageously

désavantageux, -euse [dezavɑ̃taʒø, øz] → SYN adj unfavourable, disadvantageous

désaveu [dezavø] → SYN nm (rétractation) retraction; (reniement) [opinion, propos] disowning, disavowal, repudiation; (blâme) repudiation, disowning (NonC); [signature] disclaiming, repudiation ◆ **encourir le désaveu de qn** to be disowned by sb ◆ (Jur) **désaveu de paternité** repudiation ou denial of paternity, contestation of legitimacy

désavouer [dezavwe] → SYN ▸ conjug 1 ◂ **1** vt **a** (renier) livre, opinion, propos to disown, disavow; promesse to disclaim, deny, repudiate; signature to disclaim; paternité to disclaim, deny
b (blâmer) personne, action to disown
2 **se désavouer** vpr (revenir sur ses opinions) to retract; (revenir sur ses paroles) to take back what one has said, retract, withdraw one's statement etc

désaxé, e [dezakse] → SYN (ptp de **désaxer**) **1** adj personne disordered, unhinged
2 nm,f lunatic ◆ **ce crime est l'œuvre d'un désaxé** this crime is the work of a sick ou disordered mind ◆ (Ciné) **"Les Désaxés"** "The Misfits"

désaxer [dezakse] ▸ conjug 1 ◂ vt roue to put out of true; personne, esprit to unbalance, unhinge

descellement [desɛlmɑ̃] → SYN nm (→ **desceller**) freeing; unsealing, breaking the seal on ou of

desceller [desele] → SYN ▸ conjug 1 ◂ **1** vt pierre to (pull) free; acte to unseal, break the seal on ou of
2 **se desceller** vpr [objet] to come loose

descendance [desɑ̃dɑ̃s] → SYN nf (enfants) descendants, issue (frm); (origine) descent, lineage (littér)

descendant, e [desɑ̃dɑ̃, ɑ̃t] **1** adj direction, chemin downward, descending; (Mus) gamme falling, descending; (Mil) garde coming off duty (attrib); (Rail) voie, train down (épith); bateau sailing downstream ◆ **marée descendante** ebb tide ◆ **à marée descendante, à la descendante** when the tide is going out ou on the ebb
2 nm,f descendant (*de* of)

descendeur, -euse [desɑ̃dœʀ, øz] **1** nm,f (Ski, Cyclisme) downhill specialist ou racer, downhiller
2 nm (Alpinisme) descender, abseil device

descendre [desɑ̃dʀ] → SYN ▸ conjug 41 ◂
1 vi (avec aux être) **a** (aller) to go down; (venir) to come down (*à vers* to, *dans* into); [fleuve] to flow down; [oiseau] to fly down; [avion] to come down, descend ◆ **descends me voir** come down and ou to see me ◆ **descends le prévenir** go down and warn him ◆ **descendre à pied / à bicyclette / en voiture / en parachute** to walk / cycle / drive / parachute down ◆ **on descend par un sentier étroit** the way down is by a narrow path, you go down a narrow path ◆ **descendre en courant / en titubant** to run / stagger down ◆ **descendre en train / par l'ascenseur** to go down by train / in the lift (Brit) ou elevator (US) ◆ **descendre par la fenêtre** to climb ou get ou come down through the window ◆ **nous sommes descendus en dix minutes** we got down in 10 minutes ◆ (fig Pol) **descendre dans la rue** to take one's protest onto the streets, take to the streets ◆ (fig) **descendre dans l'arène** to enter the arena ◆ (Alpinisme) **descendre en rappel** to abseil, rope down ◆ **descendre à Marseille** to go down to Marseilles ◆ **descendre en ville** to go into town
b **descendre de** toit, rocher, arbre to climb ou come down from ◆ **il descendait de l'échelle** he was climbing ou coming down (from) the ladder ◆ **il est descendu de sa chambre** he came down from his room ◆ **descendre de la colline** to come ou climb ou walk down the hill ◆ **fais descendre le chien du fauteuil** get the dog (down) off the armchair ◆ **descends de ton nuage !*** come back (down) to earth!
c (d'un moyen de transport) **descendre de voiture / du train** to get out of the car / off ou out of the train, alight from the car / train (frm) ◆ **beaucoup de voyageurs sont descendus à Lyon** a lot of people got off ou out at Lyons ◆ **descendre à terre** to go ashore, get off the boat ◆ **descendre de cheval** to dismount ◆ **descendre de bicyclette** to get off one's bicycle, dismount from one's bicycle
d (atteindre) [habits, cheveux] **descendre à** ou **jusqu'à** to come down to ◆ **son manteau lui descendait jusqu'aux chevilles** his coat came down to his ankles ◆ **ses cheveux lui descendent sur les épaules** his hair is down on his shoulders ou comes down to his shoulders, he has shoulder-length hair
e (loger) **descendre dans un hôtel** ou **à l'hôtel** to put up ou stay at a hotel ◆ **descendre chez des amis** to stay with friends
f [colline, route] **descendre en pente douce** to slope gently down ◆ **descendre en pente raide** to drop ou fall away sharply ◆ **la route descend en tournant** ou **en lacets** the road winds downwards ◆ **le puits descend à 60 mètres** the well goes down 60 metres
g [obscurité, neige] to fall; [soleil] to go down, sink ◆ **le brouillard descend sur la vallée** the fog is coming down over the valley ◆ **le soleil descend sur l'horizon** the sun is going down on the horizon ◆ **le soir descendait** evening was falling ◆ **les impuretés descendent au fond** the impurities fall ou drop to the bottom ◆ **la neige descend en voltigeant** the snow is fluttering down ◆ **ça descend bien !*** [pluie] it's pouring, it's bucketing down!* (Brit) ou tipping it down!* (Brit); [neige] it's snowing really hard
h (baisser) [baromètre, température] to fall, drop; [mer, marée] to go out, ebb; [prix] to come down, fall, drop; [valeurs boursières] to fall ◆ **ma voix ne descend pas plus bas** my voice doesn't ou won't go any lower
i (s'abaisser) **descendre dans l'estime de qn** to go down in sb's estimation ◆ **il est descendu bien bas / jusqu'à mendier** he has stooped very low / to begging ◆ (iro) **il est descendu jusqu'à nous parler** he deigned ou condescended to speak to us (iro)
j (faire irruption) **la police est descendue dans cette boîte de nuit** the police have raided the night club, there was a police raid on the night club
k (*) [vin, repas] **ça descend bien** that goes down well, that goes down a treat* (Brit) ◆ **mon déjeuner ne descend pas** my lunch won't go down ◆ **se promener pour faire descendre son déjeuner** to help one's lunch down by taking a walk ◆ **boire un verre pour faire descendre son déjeuner** to wash ou help one's lunch down with a drink
2 **descendre de** vt indir (avec aux être) (avoir pour ancêtre) to be descended from ◆ **l'homme descend du singe** man is descended from the ape
3 vt (avec aux avoir) **a** escalier, colline, pente to go down, descend (frm) ◆ **descendre l'escalier / les marches précipitamment** to dash downstairs / down the steps ◆ **la péniche descend le fleuve** the barge goes down the river ◆ **descendre une rivière en canoë** to go down a river in a canoe, canoe down a river ◆ **descendre la rue en courant** to run down the street ◆ (Mus) **descendre la gamme** to go down the scale
b (porter, apporter) valise to get down, take down, bring down; meuble to take down, bring down ◆ **faire descendre ses bagages** to have one's luggage brought ou taken down ◆ **si tu montes descends-moi mes lunettes** if you go upstairs ou if you're going upstairs bring ou fetch me my glasses down ◆ **il faut descendre la poubelle tous les soirs** the dustbin (Brit) ou garbage can (US) must be taken down every night ◆ **descendre des livres d'un rayon** to reach ou take books down from a shelf ◆ **je te descends en ville** I'll take ou drive you into town, I'll give you a lift into town ◆ **le bus me descend à ma porte** the bus drops me right outside my front door
c (baisser) étagère, rayon to lower ◆ **descend les stores** pull the blinds down, lower the blinds ◆ **descendre une étagère d'un cran** to lower a shelf (by) a notch, take a shelf down a notch
d (*: abattre) avion to bring down, shoot down; (tuer) personne to do in*, bump off*; (boire) bouteille to down* ◆ **il risquait de se faire descendre** he was liable to get himself done in* ou bumped off* ◆ (fig) **descendre qn en flammes** to shoot sb down in flames, demolish sb

descenseur [desɑ̃sœʀ] nm (Tech) lift (Brit), elevator (US)

descente [desɑ̃t] → SYN **1** nf **a** (action) going down (NonC), descent; (Aviat) descent; (Alp nisme) descent, way down ◆ **la descente dans le puits est dangereuse** going down the well is dangerous ◆ **en montagne, la descente est plus fatigante que la montée** in mountaineering, coming down ou the descent is more tiring than going up ou the climb ◆ **le téléphérique est tombé en panne dans la descente** the cable-car broke down on the ou its way down ◆ (Aviat) **descente en vol plané** gliding descent ◆ (Aviat) **descente en feuille morte** falling leaf ◆ (Aviat) **descente en tire-bouchon** spiral dive ◆ **descente en parachute** parachute drop ◆ (Ski) **la descente, l'épreuve de descente** the downhill race ◆ **descente en slalom** slalom descent ◆ **la descente hommes / dames** the men's / women's downhill (race) ◆ (Alpinisme) **descente en rappel** abseiling, roping down ◆ **accueillir qn à la descente du train / bateau** to meet sb off the train / boat ◆ **il m'a accueilli à ma descente de voiture** he met me as I got out of the car → **tuyau**

b (raid, incursion) raid ◆ **descente de police** police raid ◆ **faire une descente sur** ou **dans** to raid, make a raid on ◆ **les enfants ont fait une descente sur les provisions / dans le frigidaire*** the children have raided the larder / fridge

c **la descente des bagages prend du temps** it takes time to bring down the luggage ◆ **s'occuper de la descente d'un tonneau à la cave** to get on with taking a barrel down to the cellar

d (partie descendante) (downward) slope, incline ◆ **s'engager dans la descente** to go off on the downward slope ◆ **la descente est rapide** it's a steep (downward) slope ◆ **freiner dans les descentes** to brake going downhill ou on the downhill ◆ **les freins ont lâché au milieu de la descente** the brakes gave way ou went* halfway down (the slope ou incline) ◆ **la descente de la cave** the stairs ou steps down to the cellar ◆ **la descente du garage** the slope down to the garage ◆ **avoir une bonne descente*** to be fond of one's drink, be a big drinker

2 COMP ▷ **descente de croix** (Art, Rel) Deposition ▷ **descente aux enfers** (Rel) descent into Hell ▷ **descente de lit** bedside rug ▷ **descente d'organe** (Méd) prolapse of an organ

descripteur [dɛskriptœʀ] nm (Ordin) (file) descriptor

descriptible [dɛskʀiptibl] adj ◆ **ce n'est pas descriptible** it is indescribable

descriptif, -ive [dɛskʀiptif, iv] **1** adj descriptive

2 nm (brochure) explanatory leaflet; [travaux] specifications, specification sheet; [projet] outline

description [dɛskʀipsjɔ̃] → SYN nf description ◆ **faire la description de** to describe

descriptivisme [dɛskʀiptivism] nm (Ling) descriptivism

descriptiviste [dɛskʀiptivist] nmf descriptivist

déséchouer [dezeʃwe] ▸ conjug 1 ◂ **1** vt to refloat, float off

2 **se déséchouer** vpr to float off

désectorisation [desɛktɔʀizasjɔ̃] nf (Scol) removal of catchment area boundaries

désectoriser [desɛktɔʀize] ▸ conjug 1 ◂ vt ◆ (Scol) **désectoriser une région** to remove a region's catchment area boundaries

déségrégation [desegʀegasjɔ̃] nf desegregation

désembobiner [dezɑ̃bɔbine] ▸ conjug 1 ◂ vt (Couture) to unwind, wind off; (Élec) to unwind, uncoil

désembourber [dezɑ̃buʀbe] ▸ conjug 1 ◂ vt to get out of ou extricate from the mud

désembourgeoiser [dezɑ̃buʀʒwaze] ▸ conjug 1 ◂ **1** vt to make less bourgeois

2 **se désembourgeoiser** vpr to become less bourgeois, lose some of one's middle-class habits ou attitudes

désembouteiller [dezɑ̃buteje] ▸ conjug 1 ◂ vt (Aut) to unblock; lignes téléphoniques to unjam

désembuage [dezɑ̃bɥaʒ] nm demisting

désembuer [dezɑ̃bɥe] ▸ conjug 1 ◂ vt vitre to demist

désemparé, e [dezɑ̃paʀe] → SYN (ptp de **désemparer**) adj **a** (fig) helpless, distraught

b navire, avion crippled

désemparer [dezɑ̃paʀe] ▸ conjug 1 ◂ **1** vi ◆ **sans désemparer** without stopping

2 vt (Naut) to cripple

désemplir [dezɑ̃pliʀ] → SYN ▸ conjug 2 ◂ **1** vt to empty

2 vi ◆ **le magasin ne désemplit jamais** the shop is never empty ou is always full

3 **se désemplir** vpr to empty (*de* of)

désenchaîner [dezɑ̃ʃene] ▸ conjug 1 ◂ vt to unchain, unfetter

désenchantement [dezɑ̃ʃɑ̃tmɑ̃] → SYN nm **a** disenchantment, disillusion

b (†: action) disenchanting

désenchanter [dezɑ̃ʃɑ̃te] ▸ conjug 1 ◂ vt **a** personne to disenchant, disillusion

b (littér) activité to dispel the charm of; (††: désensorceler) to free from a ou the spell, disenchant

désenclavement [dezɑ̃klavmɑ̃] nm [région] opening up

désenclaver [dezɑ̃klave] ▸ conjug 1 ◂ vt to open up, make less isolated

désencombrement [dezɑ̃kɔ̃bʀəmɑ̃] nm clearing

désencombrer [dezɑ̃kɔ̃bʀe] ▸ conjug 1 ◂ vt passage to clear

désencrasser [dezɑ̃kʀase] ▸ conjug 1 ◂ vt to clean out

désencroûter* [dezɑ̃kʀute] ▸ conjug 1 ◂ vt ◆ **désencroûter qn** to get sb out of the ou a rut, shake sb up* ◆ **se désencroûter** to get (o.s.) out of the ou a rut, shake o.s. up*

désendettement [dezɑ̃dɛtmɑ̃] nm getting out of debt

désendetter [dezɑ̃dete] ▸ conjug 1 ◂ **1** vt to get out of debt

2 **se désendetter** vpr to get (o.s.) out of debt

désénerver [dezenɛʀve] ▸ conjug 1 ◂ vt to calm down

désenfiler [dezɑ̃file] ▸ conjug 1 ◂ vt aiguille to unthread; perles to unstring ◆ **mon aiguille s'est désenfilée** my needle has come unthreaded

désenfler [dezɑ̃fle] ▸ conjug 1 ◂ vi to go down, become less swollen ◆ **l'eau salée fait désenfler les entorses** salt water makes sprains go down

désenfumer [dezɑ̃fyme] ▸ conjug 1 ◂ vt to clear the smoke from

désengagement [dezɑ̃gaʒmɑ̃] → SYN nm (gén, Mil) disengagement; (Fin) disinvestment

désengager [dezɑ̃gaʒe] → SYN ▸ conjug 3 ◂ **1** vt troupes to disengage ◆ **désengager qn d'une obligation** to free sb from an obligation

2 **se désengager** vpr [troupes] to disengage; [État etc] to pull out (*de* from)

désengorger [dezɑ̃gɔʀʒe] ▸ conjug 3 ◂ vt tuyau etc to unblock; route to relieve the traffic congestion on; service to relieve

désenivrer [dezɑ̃nivʀe] ▸ conjug 1 ◂ vti to sober up

désennuyer [dezɑ̃nɥije] ▸ conjug 8 ◂ **1** vt ◆ **désennuyer qn** to relieve sb's boredom ◆ **la lecture désennuie** reading relieves (one's) boredom

2 **se désennuyer** vpr to relieve the ou one's boredom

désenrayer [dezɑ̃ʀeje] ▸ conjug 8 ◂ vt to unjam

désensabler [dezɑ̃sable] ▸ conjug 1 ◂ vt voiture to dig out of the sand; chenal to dredge

désensibilisation [desɑ̃sibilizasjɔ̃] nf (Méd, Phot, fig) desensitization

désensibiliser [desɑ̃sibilize] ▸ conjug 1 ◂ vt (Méd, Phot, fig) to desensitize

désensorceler [dezɑ̃sɔʀsəle] ▸ conjug 4 ◂ vt to free from a ou the spell, free from enchantment, disenchant

désentoiler [dezɑ̃twale] ▸ conjug 1 ◂ vt estampe, vêtement to remove the canvas from

désentortiller [dezɑ̃tɔʀtije] ▸ conjug 1 ◂ vt to disentangle, unravel

désentraver [dezɑ̃tʀave] ▸ conjug 1 ◂ vt to unshackle

désenvaser [dezɑ̃vɑze] ▸ conjug 1 ◂ vt (sortir) to get out of ou extricate from the mud; (nettoyer) to clean the mud off; port, chenal to dredge

désenvenimer [dezɑ̃vnime] ▸ conjug 1 ◂ vt plaie to take the poison out of; (fig) relations to take the bitterness out of ◆ **pour désenvenimer la situation** to defuse ou take the heat out of the situation

désenverguer [dezɑ̃vɛʀge] ▸ conjug 1 ◂ vt ⇒ **déverguer**

désenvoûtement [dezɑ̃vutmɑ̃] nm release from a ou the spell

désenvoûter [dezɑ̃vute] ▸ conjug 1 ◂ vt to release from a spell

désépaissir [dezepesiʀ] ▸ conjug 2 ◂ vt cheveux to thin (out); sauce to thin (down), make thinner

déséquilibrant, e [dezekilibʀɑ̃, ɑ̃t] adj destabilizing

déséquilibre [dezekilibʀ] → SYN nm (dans un rapport de forces, de quantités) imbalance (*entre* between); (mental, nerveux) unbalance, disequilibrium (frm); (lit: manque d'assise) unsteadiness ◆ **l'armoire est en déséquilibre** the cupboard is unsteady ◆ **le budget est en déséquilibre** the budget is not balanced ◆ **déséquilibre commercial** trade gap ou imbalance

déséquilibré, e [dezekilibʀe] → SYN (ptp de **déséquilibrer**) **1** adj budget unbalanced; esprit disordered, unhinged

2 nm,f unbalanced person

déséquilibrer [dezekilibʀe] → SYN ▸ conjug 1 ◂ vt (lit) to throw off balance; (fig) esprit, personne to unbalance; budget to create an imbalance in

désert, e [dezɛʀ, ɛʀt] → SYN **1** adj deserted → **île**

2 nm (Géog) desert; (fig) desert, wilderness (littér) ◆ **désert de Gobi / du Kalahari / d'Arabie** Gobi / Kalahari / Arabian Desert ◆ **désert culturel** cultural desert → **prêcher, traversée**

déserter [dezɛʀte] → SYN ▸ conjug 1 ◂ vti (Mil, fig) to desert

déserteur [dezɛʀtœʀ] → SYN **1** nm deserter

2 adj m deserting ◆ **les soldats déserteurs** the deserters, the deserting soldiers

désertification [dezɛʀtifikasjɔ̃] nf (humaine) population drain; (climatique) turning into a desert, desertification

désertifier (se) [dezɛʀtifje] ▸ conjug 7 ◂ vpr (facteurs humains) to become depopulated; (facteurs climatiques) to turn into a desert

désertion [dezɛʀsjɔ̃] → SYN nf (Mil, fig) desertion

désertique [dezɛʀtik] → SYN adj lieu desert (épith), barren; climat, plante desert (épith)

désertisation [dezɛʀtizasjɔ̃] nf ⇒ **désertification**

désescalade [dezɛskalad] → SYN nf de-escalation

désespérance [dezɛspeʀɑ̃s] → SYN nf (littér) desperation, desperateness

désespérant, e [dezɛspeʀɑ̃, ɑ̃t] → SYN adj lenteur, nouvelle, bêtise appalling; enfant hopeless; temps maddening, sickening ◆ **d'une naïveté désespérante** hopelessly naïve

désespéré, e [dezɛspeʀe] → SYN (ptp de **désespérer**) **1** adj personne in despair (attrib), desperate; situation desperate, hopeless; cas hopeless; tentative desperate ◆ **appel / regard désespéré** cry / look of despair, desperate cry / look ◆ (sens affaibli) **je suis désespéré d'avoir à le faire** I'm desperately sorry to have to do it

2 nm,f desperate person, person in despair; (suicidé) suicide *(person)*

désespérément [dezɛspeʀemɑ̃] adv desperately; (sens affaibli) hopelessly ◆ **salle désespérément vide** hopelessly empty room

désespérer [dezɛspeʀe] → SYN ▸ conjug 6 ◂ **1** vt (décourager) to drive to despair ◆ **il désespère ses parents** he drives his parents to despair, he is the despair of his parents

2 vi (se décourager) to despair, lose hope, give up hope ◆ **c'est à désespérer** it's despairing, it's enough to drive you to drink*
3 **désespérer de** vt indir to despair of ◆ **je désespère de toi / de la situation** I despair of you / of the situation ◆ **je désespère de son succès** I despair of his being successful ◆ **désespérer de faire qch** to have lost (all) hope ou have given up (all) hope of doing sth, despair of doing sth ◆ **il désespère de leur faire entendre raison** he has lost all hope of making them see reason, he despairs of making them see reason ◆ **je ne désespère pas de les amener à signer** I haven't lost hope ou given up hope of getting them to sign
4 **se désespérer** vpr to despair ◆ **elle passe ses nuits à se désespérer** her nights are given over to despair

désespoir [dezɛspwaʀ] → SYN **1** nm (perte de l'espoir) despair; (chagrin) despair, despondency ◆ **il fait le désespoir de ses parents** he is the despair of his parents ◆ **sa paresse fait mon désespoir** his laziness drives me to despair ou to desperation ◆ **sa supériorité fait le désespoir des autres athlètes** his superiority is the despair of the other athletes ◆ **être au désespoir** to be in despair ◆ (sens affaibli) **je suis au désespoir de ne pouvoir venir** I'm desperately sorry not to be able to come ◆ **en désespoir de cause, on fit appel au médecin** in desperation, we called in the doctor
2 COMP ▷ **désespoir des peintres** (Bot) London pride, saxifrage

désétatisation [dezetatizasjɔ̃] nf denationalization

désétatiser [dezetatize] ▸ conjug 1 ◂ vt to denationalize

désexcitation [dezɛksitasjɔ̃] nf (Phys) de-energization

désexciter [dezɛksite] ▸ conjug 1 ◂ vt (Phys) to de-energize

désexualiser [desɛksɥalize] ▸ conjug 1 ◂ vt to desexualize

déshabillage [dezabijaʒ] nm undressing

déshabillé [dezabije] → SYN nm négligé

déshabiller [dezabije] → SYN ▸ conjug 1 ◂ **1** vt to undress; (fig) to reveal
2 **se déshabiller** vpr to undress, take off one's clothes; (*: ôter son manteau etc) to take off one's coat ou things ◆ **déshabillez-vous dans l'entrée** leave your coat ou things in the hall

déshabituer [dezabitɥe] → SYN ▸ conjug 1 ◂ **1** vt ◆ **déshabituer qn de (faire) qch** to get sb out of the habit of (doing) sth, break sb of the habit of (doing) sth
2 **se déshabituer** vpr ◆ **se déshabituer de qch / de faire qch** (volontairement) to break o.s. of the habit ou get (o.s.) out of the habit of sth / of doing sth; (à force d'inaction etc) to get out of ou lose the habit of sth / of doing sth

désherbage [dezɛʀbaʒ] nm weeding

désherbant [dezɛʀbɑ̃] nm weed-killer

désherber [dezɛʀbe] ▸ conjug 1 ◂ vt to weed

déshérence [dezeʀɑ̃s] nf escheat ◆ **tomber en déshérence** to escheat

déshérité, e [dezeʀite] → SYN (ptp de **déshériter**) adj (désavantagé) deprived ◆ **les déshérités** the deprived, the have-nots* ◆ **je suis un pauvre déshérité** I'm a poor deprived person

déshériter [dezeʀite] → SYN ▸ conjug 1 ◂ vt héritier to disinherit; (désavantager) to deprive ◆ **déshérité par la nature** ill-favoured by nature

déshonnête [dezɔnɛt] → SYN adj (littér: impudique) unseemly (†, littér), immodest

déshonnêteté [dezɔnɛtte] nf (littér: impudeur) unseemliness (†, littér), immodesty

déshonneur [dezɔnœʀ] → SYN nm disgrace, dishonour ◆ **il n'y a pas de déshonneur à avouer son échec** there's no disgrace in admitting one's failure

déshonorant, e [dezɔnɔʀɑ̃, ɑ̃t] → SYN adj dishonourable, degrading

déshonorer [dezɔnɔʀe] → SYN ▸ conjug 1 ◂ **1** vt **a** (discréditer) profession to disgrace, dishonour; personne, famille to dishonour, be a disgrace to, bring disgrace ou dishonour upon ◆ **il se croirait déshonoré de travailler** he would think it beneath him to work
b (†) femme, jeune fille to dishonour†
2 **se déshonorer** vpr to bring disgrace ou dishonour on o.s.

déshumaniser [dezymanize] ▸ conjug 1 ◂ vt to dehumanize

déshydratation [dezidʀatasjɔ̃] nf dehydration

déshydraté, e [dezidʀate] (ptp de **déshydrater**) adj dehydrated

déshydrater vt, **se déshydrater** vpr [dezidʀate] → SYN ▸ conjug 1 ◂ to dehydrate

déshydrogénation [dezidʀɔʒenasjɔ̃] nf dehydrogenation, dehydrogenization

déshydrogéner [dezidʀɔʒene] ▸ conjug 6 ◂ vt to dehydrogenate, dehydrogenize

déshypothéquer [dezipɔteke] ▸ conjug 6 ◂ vt to free from mortgage

desiderata [dezideʀata] → SYN nmpl (souhaits) desiderata, wishes, requirements

design [dizajn] → SYN **1** nm ◆ **le design** (activité) design; (style) the contemporary look in furniture; (mobilier) contemporary ou modern furniture ◆ **le design industriel** industrial design
2 adj inv ◆ **chaise design** contemporary- ou modern-look chair

désignation [deziɲasjɔ̃] → SYN nf (appellation) name, designation (frm); (élection) naming, appointment, designation

designer [dizajnœʀ] → SYN nm (décorateur) designer

désigner [deziɲe] → SYN ▸ conjug 1 ◂ vt **a** (montrer) to point out, indicate ◆ **désigner qn du doigt** to point sb out ◆ **ces indices le désignent clairement comme coupable** these signs point clearly to him ou make him out clearly as the guilty party ◆ **désigner qch à l'attention de qn** to draw ou call sth to sb's attention ◆ **désigner qch à l'admiration de qn** to point sth out for sb's admiration
b (nommer) to name, appoint, designate ◆ **le gouvernement a désigné un nouveau ministre** the government has named ou appointed ou designated a new minister ◆ **désigner qn pour remplir une mission** to designate sb to undertake a mission ◆ **désigner qn à un poste** to appoint sb to a post ◆ **que des volontaires se désignent!** volunteers step forward!, could we have some volunteers! ◆ **membre / successeur désigné** member / successor elect ou designate
c (qualifier) to mark out ◆ **sa hardiesse le désigne pour (faire) cette tentative** his boldness marks him out for this attempt ◆ **c'était le coupable désigné / la victime désignée** he was the classic culprit / victim ◆ **être tout désigné pour faire qch** to be cut out to do sth, be altogether suited to doing sth
d (dénommer) to designate, refer to ◆ **désigner qn par son nom** to refer to sb by his name ◆ **on désigne sous ce nom toutes les substances toxiques** this name designates all toxic substances ◆ **ces métaphores désignent toutes le héros** these metaphors all refer to the hero ◆ **les mots qui désignent des objets concrets** the words which denote ou designate concrete objects

désillusion [dezi(l)lyzjɔ̃] → SYN nf disillusion

désillusionnement [dezi(l)lyzjɔnmɑ̃] nm disillusionment

désillusionner [dezi(l)lyzjɔne] → SYN ▸ conjug 1 ◂ vt to disillusion

désincarcérer [dezɛ̃kaʀseʀe] ▸ conjug 6 ◂ vt accidenté to free *(from a wrecked car)*

désincarné, e [dezɛ̃kaʀne] adj (lit) disembodied ◆ (fig: gén péj) **on dirait qu'il est désincarné** you'd think he wasn't flesh and blood

désincrustant, e [dezɛ̃kʀystɑ̃, ɑ̃t] **1** adj **a** (Tech) (de)scaling
b crème, masque (deep) cleansing (épith)
2 nm (de)scaling agent

désincruster [dezɛ̃kʀyste] ▸ conjug 1 ◂ vt chaudière to descale, remove the fur (Brit) ou sediment (US) from; peau to cleanse

désindexation [dezɛ̃dɛksasjɔ̃] nf deindexation

désindexer [dezɛ̃dɛkse] ▸ conjug 1 ◂ vt to deindex

désindustrialisation [dezɛ̃dystʀijalizasjɔ̃] nf de-industrialization

désindustrialiser [dezɛ̃dystʀijalize] ▸ conjug 1 ◂ vt to de-industrialize

désinence [dezinɑ̃s] → SYN nf (Ling) ending, inflexion

désinentiel, -ielle [dezinɑ̃sjɛl] adj inflexional

désinfectant, e [dezɛ̃fɛktɑ̃, ɑ̃t] → SYN adj, nm disinfectant ◆ **produit désinfectant** disinfectant

désinfecter [dezɛ̃fɛkte] → SYN ▸ conjug 1 ◂ vt to disinfect

désinfection [dezɛ̃fɛksjɔ̃] → SYN nf disinfection

désinflation [dezɛ̃flasjɔ̃] nf ⇒ **déflation**

désinformation [dezɛ̃fɔʀmasjɔ̃] nf disinformation

désinformer [dezɛ̃fɔʀme] ▸ conjug 1 ◂ vt to give false information to

désinhiber [dezinibe] ▸ conjug 1 ◂ vt ◆ **désinhiber qn** to rid sb of his (ou her) inhibitions

désinhibition [dezinibisjɔ̃] nf loss of inhibitions

désinsectisation [dezɛ̃sɛktizasjɔ̃] nf spraying ou treatment with insecticide, ≃ pest control

désinsectiser [dezɛ̃sɛktize] ▸ conjug 1 ◂ vt to rid of insects, spray ou treat with insecticide

désintégration [dezɛ̃tegʀasjɔ̃] → SYN nf (→ **désintégrer**) splitting-up; breaking-up; splitting; disintegration; self-destructing ◆ **la désintégration de la matière** the disintegration of matter

désintégrer [dezɛ̃tegʀe] → SYN ▸ conjug 6 ◂ **1** vt groupe to split up, break up; roche to break up; atome to split
2 **se désintégrer** vpr [groupe] to split up, break up, disintegrate; [roche] to disintegrate, break up; [fusée] to self-destruct

désintéressé, e [dezɛ̃teʀese] → SYN (ptp de **désintéresser**) adj (généreux) disinterested, unselfish, selfless; (impartial) disinterested

désintéressement [dezɛ̃teʀɛsmɑ̃] → SYN nm **a** (générosité) unselfishness, selflessness; (impartialité) disinterestedness ◆ **avec désintéressement** unselfishly
b (Fin) [créancier] paying off; [associé] buying out

désintéresser [dezɛ̃teʀese] → SYN ▸ conjug 1 ◂ **1** vt créancier to pay off; associé to buy out
2 **se désintéresser** vpr ◆ **se désintéresser de** to lose interest in

désintérêt [dezɛ̃teʀɛ] → SYN nm disinterest, lack of interest

désintoxication [dezɛ̃tɔksikasjɔ̃] nf (→ **désintoxiquer**) treatment for alcoholism, drying out, detoxification; treatment for drug addiction, detoxification ◆ **centre de désintoxication** detoxification centre ◆ **faire une cure de désintoxication** to go in detox*

désintoxiqué, e [dezɛ̃tɔksike] (ptp de **désintoxiquer**) adj alcoolique dried out; drogué clean*

désintoxiquer [dezɛ̃tɔksike] ▸ conjug 1 ◂ vt alcoolique to treat for alcoholism, dry out, detoxify; drogué to treat for drug addiction, detoxify; (fig: purifier l'organisme) citadin, gros mangeur to cleanse the system of ◆ **se faire désintoxiquer** [alcoolique] to dry out; [drogué] to come off drugs ◆ **tu veux un café? – non, j'essaie de me désintoxiquer** do you want some coffee? – no, I'm trying to come off it ◆ **pour désintoxiquer les enfants de la télévision** to wean children off ou from the television ◆ **il faut désintoxiquer l'opinion publique** the record has to be set straight with the public

désinvolte [dezɛ̃vɔlt] → SYN adj (sans gêne) casual, offhand, airy; (à l'aise) casual, relaxed, airy

ésinvolture [dezɛ̃vɔltyʀ] → SYN nf casualness ◆ **avec désinvolture** casually, in an off-hand way

ésir [deziʀ] → SYN nm **a** (souhait) wish, desire ◆ **le désir de qch** the wish ou desire for sth ◆ **le désir de faire qch** the desire to do sth ◆ **vos désirs sont des ordres** your wish is my command ◆ **selon le désir de qn** in accordance with sb's wishes ◆ **prendre ses désirs pour des réalités** to indulge in wishful thinking, wish o.s. into believing things
b (convoitise) desire ◆ **le désir de qch** the desire for sth ◆ **yeux brillants de désir** eyes shining with desire
c (sensualité) desire ◆ **éprouver du désir pour qn** to feel desire for sb, desire sb

ésirabilité [deziʀabilite] nf desirability

ésirable [deziʀabl] → SYN adj desirable ◆ **peu désirable** undesirable

ésirade [deziʀad] nf ◆ **la Désirade** Desiderada

ésirer [deziʀe] → SYN ▸ conjug 1 ◂ GRAMMAIRE ACTIVE 21.1 vt **a** (vouloir) to want, desire ◆ **désirer faire qch** to want ou wish to do sth ◆ **que désirez-vous ?** (au magasin) what would you like?, what can I do for you?; (dans une agence, un bureau) what can I do for you? ◆ **désirez-vous prendre du café ?** would you care for ou would you like some coffee? ◆ **Madame désire ?** (dans une boutique) can I help you, madam?; [maître d'hôtel etc] you rang, madam? ◆ **il désire que tu viennes tout de suite** he wishes ou wants you to come at once ◆ **désirez-vous qu'on vous l'envoie ?** would you like it sent to you?, do you wish to have it sent to you?
b (sexuellement) to desire
c LOC **se faire désirer*** to play hard-to-get* ◆ **la cuisine / son travail laisse à désirer** the cooking / his work leaves something to be desired ou is not (quite) up to the mark* ◆ **ça laisse beaucoup à désirer** it leaves much to be desired ◆ **la décoration ne laisse rien à désirer** the decoration leaves nothing to be desired ou is all that one could wish

ésireux, -euse [deziʀø, øz] → SYN adj ◆ **désireux de qch** avid for sth, desirous of sth (frm) ◆ **désireux de faire** anxious to do, desirous of doing (frm)

ésistement [dezistəmɑ̃] → SYN nm (Jur, Pol) withdrawal

ésister (se) [deziste] → SYN ▸ conjug 1 ◂ vpr **a** (Pol) to stand down (Brit), withdraw (*en faveur de qn* in sb's favour)
b (Jur) **se désister de** action, appel to withdraw

esman [dɛsmɑ̃] nm desman

ésobéir [dezɔbeiʀ] → SYN ▸ conjug 2 ◂ vi to be disobedient, disobey ◆ **désobéir à qn / à un ordre** to disobey sb / an order ◆ **il désobéit sans cesse** he's always being disobedient

ésobéissance [dezɔbeisɑ̃s] → SYN nf disobedience (NonC) (à to) ◆ **désobéissance civile** civil disobedience

ésobéissant, e [dezɔbeisɑ̃, ɑ̃t] → SYN adj disobedient

ésobligeamment [dezɔbliʒamɑ̃] adv (frm) répondre, se conduire disagreeably

ésobligeance [dezɔbliʒɑ̃s] nf (frm) disagreeableness

ésobligeant, e [dezɔbliʒɑ̃, ɑ̃t] → SYN adj disagreeable

ésobliger [dezɔbliʒe] → SYN ▸ conjug 3 ◂ vt (frm) to offend

ésobstruer [dezɔpstʀye] → SYN ▸ conjug 1 ◂ vt to unblock

ésocialiser [desɔsjalize] ▸ conjug 1 ◂ vt personne to turn into a social misfit

ésodé, e [desɔde] adj régime etc sodium-free

ésodorisant, e [dezɔdɔʀizɑ̃, ɑ̃t] **1** adj savon, filtre deodorizing (épith), deodorant (épith) ◆ **bombe désodorisante** air freshener
2 nm (pour le corps) deodorant; (pour l'air) air freshener

ésodoriser [dezɔdɔʀize] ▸ conjug 1 ◂ vt to deodorize

ésœuvré, e [dezœvʀe] adj idle ◆ **il restait désœuvré pendant des heures** he did nothing ou he sat idle for hours on end ◆ **les désœuvrés qui se promenaient dans le parc** people with nothing to do walking in the park

désœuvrement [dezœvʀəmɑ̃] → SYN nm idleness ◆ **aller au cinéma par désœuvrement** to go to the pictures for something to do ou for want of anything better to do

désolant, e [dezɔlɑ̃, ɑ̃t] adj nouvelle, situation distressing ◆ **cet enfant / le temps est vraiment désolant** this child / the weather is terribly disappointing ◆ **il est désolant qu'elle ne puisse pas venir** it's a terrible shame ou such a pity that she can't come ◆ **il est désolant de bêtise / paresse** he's hopelessly ou terribly stupid / lazy

désolation [dezɔlasjɔ̃] → SYN nf **a** (consternation) distress, grief ◆ **être plongé dans la désolation** to be plunged in grief ou sadness ◆ **il fait la désolation de sa mère** he causes his mother great distress, he breaks his mother's heart
b (dévastation) desolation, devastation

désolé, e [dezɔle] GRAMMAIRE ACTIVE 12.2, 18.1, 18.3, 25.5 (ptp de **désoler**) adj **a** endroit desolate
b personne, air (affligé) distressed; (contrit) sorry ◆ **(je suis) désolé de vous avoir dérangé** (I'm) sorry to have disturbed you ◆ **désolé, je dois partir** (very) sorry, I have to go ◆ **je suis désolé d'avoir appris que vous avez perdu votre mari** I am sorry to hear that you have lost your husband

désoler [dezɔle] → SYN ▸ conjug 1 ◂ **1** vt **a** (affliger) to distress, grieve, sadden; (contrarier) to upset
b (littér : dévaster) to desolate, devastate
2 **se désoler** vpr to be upset ◆ **inutile de vous désoler** it's no use upsetting yourself

désolidariser [desɔlidaʀize] ▸ conjug 1 ◂ **1** vt (gén) to divide; (Tech) to separate
2 **se désolidariser** vpr [syndicats] to go in different directions ◆ **se désolidariser de** to dissociate o.s. from

désoperculer [dezɔpɛʀkyle] ▸ conjug 1 ◂ vt alvéole to remove the operculum from

désopilant, e [dezɔpilɑ̃, ɑ̃t] → SYN adj screamingly funny*, hilarious, killing*

désordonné, e [dezɔʀdɔne] → SYN adj **a** pièce, personne untidy, disorderly; mouvements uncoordinated; combat, fuite disorderly; esprit muddled, disorganized ◆ **être désordonné dans son travail** to be disorganized in one's work
b (littér) vie disorderly; dépenses, imagination reckless, wild

désordre [dezɔʀdʀ] → SYN nm **a** (état) [pièce, vêtements, cheveux] untidiness, disorderliness; [affaires publiques, service] disorderliness, disorder; [esprits] confusion ◆ **il ne supporte pas le désordre** he can't bear disorder ou untidiness ◆ **mettre une pièce en désordre, mettre du désordre dans une pièce** to make a room untidy ◆ **mettre du désordre dans sa coiffure** to make one's hair untidy, mess up one's hair ◆ **être en désordre** [pièce, affaires] to be untidy ou in disorder ou in a mess; [cheveux, toilette] to be untidy ou in a mess; [service administratif] to be in a state of disorder ◆ **jeter quelques idées en désordre sur le papier** to jot down a few disordered ou random ideas ◆ **quel désordre !** what a muddle! ou mess! ◆ **il régnait dans la pièce un désordre indescriptible** the room was in an indescribable muddle ou mess, the room was indescribably untidy ◆ **ça fait désordre*** it looks out of place → **tiercé**
b (agitation) disorder ◆ **des agitateurs qui sèment le désordre dans l'armée** agitators who spread unrest in the army ◆ **faire du désordre (dans la classe / dans un lieu public)** to cause a commotion ou a disturbance (in class / in a public place) ◆ **arrêté pour désordre sur la voie publique** arrested for disorderly conduct in the streets ◆ **jeter le désordre dans les esprits** to throw people's minds into confusion ◆ **c'est un facteur de désordre** this is a disruptive influence
c (émeute) **désordres** disturbance, disorder (NonC) ◆ **de graves désordres ont éclaté** serious disturbances have broken out, there have been serious outbreaks of violence
d (littér : débauche) dissoluteness, licentiousness ◆ **mener une vie de désordre** to lead a disorderly ou dissolute ou licentious life ◆ **regretter les désordres de sa jeunesse** to regret the dissolute ou licentious ways ou the licentiousness of one's youth
e (Méd) **désordre fonctionnel / hépatique** functional / liver disorder

désorganisation [dezɔʀganizasjɔ̃] → SYN nf disorganization

désorganiser [dezɔʀganize] → SYN ▸ conjug 1 ◂ vt (gén) to disorganize; projet, service to disrupt, disorganize ◆ **à cause de la grève, nos services sont désorganisés** owing to the strike our services are disrupted ou disorganized

désorientation [dezɔʀjɑ̃tasjɔ̃] nf disorientation

désorienté, e [dezɔʀjɑ̃te] (ptp de **désorienter**) adj (lit : égaré) disorientated; (fig : déconcerté) bewildered, confused (*par* by)

désorienter [dezɔʀjɑ̃te] → SYN ▸ conjug 1 ◂ vt (→ **désorienté**) to disorientate; to bewilder, confuse

désormais [dezɔʀmɛ] → SYN adv in future, henceforth (†, frm), from now on

désorption [desɔʀpsjɔ̃] nf desorption

désossé, e [dezɔse] (ptp de **désosser**) adj viande boned; (fig) personne supple; style flaccid

désossement [dezɔsmɑ̃] nm [viande] boning

désosser [dezɔse] ▸ conjug 1 ◂ vt viande to bone; objet, texte to take to pieces; voiture to strip (down) ◆ (fig) **acrobate qui se désosse** acrobat who can twist himself in every direction

désoxydant, e [dezɔksidɑ̃, ɑ̃t] **1** adj deoxidizing
2 nm deoxidizer

désoxyder [dezɔkside] ▸ conjug 1 ◂ vt to deoxidize

désoxygéner [dezɔksiʒene] ▸ conjug 6 ◂ vt to deoxygenate, deoxygenize

désoxyribonucléase [dezɔksiʀibonykleaz] nf deoxyribonuclease

désoxyribonucléique [dezɔksiʀibonykleik] adj desoxyribonucleic

désoxyribose [dezɔksiʀiboz] nf deoxyribose

desperado [dɛspeʀado] → SYN nm desperado

despote [dɛspɔt] → SYN **1** adj despotic
2 nm (lit, fig) despot, tyrant

despotique [dɛspɔtik] → SYN adj despotic

despotiquement [dɛspɔtikmɑ̃] → SYN adv despotically

despotisme [dɛspɔtism] → SYN nm (lit, fig) despotism, tyranny

desquamation [dɛskwamasjɔ̃] nf desquamation

desquamer [dɛskwame] ▸ conjug 1 ◂ **1** vt to remove (*in scales*)
2 vi, **se desquamer** vpr to flake off, desquamate (spéc)

desquels, desquelles [dekɛl] → **lequel**

DESS [deəɛsɛs] nm (abrév de **diplôme d'études supérieures spécialisées**) → **diplôme**

dessabler [desɑble] ▸ conjug 1 ◂ vt to remove the sand from

dessaisir [desɛziʀ] → SYN ▸ conjug 2 ◂ **1** vt ◆ (Jur) **dessaisir un tribunal d'une affaire** to remove a case from a court ◆ (Jur) **être dessaisi du dossier** to be taken off the case
2 **se dessaisir** vpr ◆ **se dessaisir de** to give up, part with, relinquish

dessaisissement [desezismɑ̃] → SYN nm **a** (Jur) **dessaisissement d'un tribunal / juge (d'une affaire)** removal of a case from a court / judge
b (→ **se dessaisir**) giving up, relinquishment

dessalage [desalaʒ] nm **a** (chavirement) turning turtle*, capsizing
b [eau de mer] desalination; [poisson] soaking

dessalé, e* [desale] → SYN (ptp de **dessaler**) adj ◆ (déluré) **il est drôlement dessalé depuis qu'il a fait son service militaire** he has really learnt a thing or two since he did his military service*

dessalement [desalmɑ̃] nm ⇒ **dessalage**

dessaler [desale] ▸conjug 1◂ 1 vt a eau de mer to desalinate, desalinize; poisson to soak *(to remove the salt)* ◆ **faire dessaler** ou **mettre à dessaler de la viande** to put meat to soak
b (*: délurer) **dessaler qn** to teach sb a thing or two*, teach sb about life ◆ **il s'était dessalé au contact de ses camarades** he had learnt a thing or two* ou learnt about life through contact with his friends
2 vi (Naut) to turn turtle*, capsize

dessangler [desɑ̃gle] ▸conjug 1◂ vt cheval to ungirth; paquetage to unstrap; (détendre sans défaire) to loosen the girths of, loosen the straps of

dessaouler* [desule] ▸conjug 1◂ vti ⇒ **dessoûler***

desséchant, e [deseʃɑ̃, ɑ̃t] → SYN adj vent parching, drying; (fig) études mind-deadening

dessèchement [deseʃmɑ̃] → SYN nm (action) drying (out ou up), parching; (état) dryness; (fig: amaigrissement) emaciation; (fig: du cœur) hardness

dessécher [deseʃe] → SYN ▸conjug 6◂ 1 vt a terre, végétation to dry out, parch; plante, feuille to wither, dry out, parch ◆ **le vent dessèche la peau** (the) wind dries (out ou up) the skin ◆ **la soif me dessèche la bouche** my mouth is dry ou parched with thirst
b (volontairement) aliments etc to dry, dehydrate, desiccate
c (fig: racornir) cœur to harden ◆ **l'amertume / la vie lui avait desséché le cœur** bitterness / life had hardened his heart ou left him stony-hearted ◆ **desséché par l'étude** dried up through study ◆ **il s'était desséché à force d'étudier** he had become as dry as dust as a result of too much studying
d (amaigrir) to emaciate ◆ **les maladies l'avaient desséché** illness had left him wizened ou emaciated ◆ **les épreuves l'avaient desséché** his trials and tribulations had worn him to a shadow
2 **se dessécher** vpr [terre] to dry out, become parched; [plante, feuille] to wither, dry out; [aliments] to dry out, go dry; [bouche, lèvres] to go dry, become parched; [peau] to dry out

dessein [desɛ̃] → SYN nm (littér) (intention) intention, design; (projet) plan, design ◆ **son dessein est** ou **il a le dessein de faire** he intends ou means to do ◆ **former le dessein de faire qch** to make up one's mind to do sth, form a plan to do sth ◆ **avoir des desseins sur qn** to have designs on sb ◆ **c'est dans ce dessein que** it is with this in mind ou with this intention that ◆ **il est parti dans le dessein de** ou **à dessein de faire fortune** he went off meaning ou intending to make his fortune ou with the intention of making his fortune ◆ **faire qch à dessein** to do sth intentionally ou deliberately ou on purpose

desseller [desele] ▸conjug 1◂ vt to unsaddle

desserrage [deseʀaʒ] nm [vis, écrou] unscrewing, undoing, loosening; [câble] loosening, slackening; [frein] releasing

desserré, e [deseʀe] (ptp de **desserrer**) adj vis, écrou undone (attrib), loose; nœud, ficelle loose, slack; cravate, ceinture loose; frein off (attrib)

desserrement [deseʀmɑ̃] nm (→ **se desserrer**) slackening; loosening; releasing; relaxation

desserrer [deseʀe] → SYN ▸conjug 1◂ 1 vt nœud, ceinture, ficelle to loosen, slacken; étau to loosen, release; étreinte to relax, loosen; poing, dents to unclench; écrou to unscrew, undo, loosen; frein to release, take ou let off; objets alignés, mots, lignes to space out ◆ **desserrer sa ceinture de 2 crans** to loosen ou slacken one's belt 2 notches, let one's belt out 2 notches ◆ (fig) **il n'a pas desserré les dents** he hasn't opened his mouth ou lips ◆ (fig) **desserrer les cordons de la bourse** to loosen the purse strings
2 **se desserrer** vpr [ficelle, câble] to slacken, come loose; [nœud] to come undone ou loose; [écrou] to work ou come loose; [frein] to release itself; [étreinte] to relax, loosen

dessert [desɛʀ] → SYN nm dessert, pudding (Brit), sweet (Brit) ◆ **ils en sont au dessert** they're having the dessert ou pudding (Brit) ou sweet (Brit) course

desserte [desɛʀt] → SYN nf a (meuble) sideboard
b (service de transport) **la desserte d'une localité par bateau** the servicing of an area by water transport ◆ **la desserte de la ville est assurée par un car** there is a bus service to the town
c [prêtre] cure

dessertir [desɛʀtiʀ] ▸conjug 2◂ vt to unset, remove from its setting

dessertissage [desɛʀtisaʒ] nm unsetting

desservant [desɛʀvɑ̃] → SYN nm priest in charge

desservir[1] [desɛʀviʀ] → SYN ▸conjug 14◂ vt a repas, plat to clear away ◆ **vous pouvez desservir (la table)** you can clear away, you can clear the table
b (nuire à) personne to go against, put at a disadvantage; intérêts to harm ◆ **il est desservi par sa mauvaise humeur** his bad temper goes against him ou puts him at a disadvantage ◆ **il m'a desservi auprès de mes amis** he did me a disservice with my friends

desservir[2] [desɛʀviʀ] → SYN ▸conjug 14◂ vt a (Transport) to serve ◆ **le village est desservi par 3 autobus chaque jour** there is a bus service from the village ou a bus runs from the village 3 times daily ◆ **le village est desservi par 3 lignes d'autobus** the village is served by ou has 3 bus services ◆ **ville bien desservie** town well served by public transport
b [porte, couloir] to lead to
c [prêtre] to serve ◆ **desservir une paroisse** to minister to a parish

dessiccateur [desikatœʀ] nm desiccator, dryer

dessiccatif, -ive [desikatif, iv] 1 adj desiccative
2 nm desiccant

dessiccation [desikasjɔ̃] → SYN nf (Chim) desiccation; [aliments] drying, desiccation, dehydration

dessiller [desije] → SYN ▸conjug 1◂ vt ◆ (fig) **dessiller les yeux de** ou **à qn** to open sb's eyes (fig) ◆ **mes yeux se dessillèrent** my eyes were opened, the scales fell from my eyes (Brit)

dessin [desɛ̃] → SYN nm a (image) drawing ◆ **il a fait un (joli) dessin** he did a (nice) drawing ◆ **il passe son temps à faire des dessins** he spends his time drawing ◆ **il fait toujours des petits dessins sur son cahier** he's always doodling on his exercise book ◆ **dessin à la plume / au fusain / au trait** pen-and-ink / charcoal / line drawing ◆ **dessin animé** cartoon (film) ◆ **dessin humoristique** cartoon *(in a newspaper etc)* ◆ **dessin publicitaire / de mode** advertisement / fashion drawing ◆ (hum) **il n'a rien compris, fais lui donc un dessin!*** he hasn't understood a word – explain it in words of one syllable ou you'll have to spell it out for him → **carton**
b (art) **le dessin** drawing ◆ **il est doué pour le dessin** he has a gift for drawing ◆ **école de dessin** (Art) art school; (technique) technical college (for draughtsmen) ◆ **professeur de dessin** art teacher ◆ **dessin technique** technical drawing ◆ **dessin de mode** fashion design ◆ **dessin industriel** draughtsmanship ◆ **table / planche à dessin** drawing table / board ◆ **dessin assisté par ordinateur** computer-aided design
c (motif) pattern, design ◆ **tissu avec des dessins jaunes** material with a yellow pattern on it ◆ **le dessin des veines sur la peau** the pattern of the veins on the skin
d (contour) outline, line ◆ **la bouche a un joli dessin** the mouth has a good line ou is finely delineated

dessinateur, -trice [desinatœʀ, tʀis] → SYN nm,f (artiste) drawer; (technicien) (homme) draughtsman (Brit), draftsman (US); (femme) draughtswoman (Brit), draftswoman (US) ◆ **dessinateur humoristique** cartoonist ◆ **dessinateur de mode** fashion designer ◆ **dessinateur industriel** draughtsman (Brit), draftsman (US) ◆ **dessinateur de publicité** commercial artist ◆ **dessinateur-cartographe** cartographic designer, cartographer ◆ **dessin[ateur concepteur]** designer

dessiner [desine] → SYN ▸conjug 1◂ 1 vt a [to] draw ◆ **il dessine bien** he's good at drawin[g], he draws well ◆ **dessiner qch à grands trai[ts]** to draw a broad outline of sth ◆ **dessiner a[u] pochoir** to stencil ◆ **dessiner au crayon / [à] l'encre** to draw in pencil / ink
b (faire le plan, la maquette de) véhicule, meub[le] to design; plan d'une maison to draw; jardin [to] lay out, landscape ◆ (fig) **une bouche / oreil[le] bien dessinée** a finely delineate[d] mouth / ear
c [chose] (gén) to make, form ◆ **les champ[s] dessinent un damier** the fields form ou ar[e] laid out like a checkerboard ou (a) patc[h]work ◆ **un vêtement qui dessine bien la taille** [a] garment that shows off the waist well
2 **se dessiner** vpr a [contour, forme] to stan[d] out, be outlined ◆ **des collines se dessinaient [à] l'horizon** hills stood out on the horizon
b (se préciser) [tendance] to become appa[r]ent; [projet] to take shape ◆ **on voit se de[s]siner une tendance à l'autoritarisme** an eme[r]gent tendency to authoritarianism may b[e] noted, a tendency towards authoritaria[n]ism is becoming apparent ◆ **un sourire s[e] dessina sur ses lèvres** a smile formed on h[is] lips

dessolement [desɔlmɑ̃] nm changing th[e] rotation of crops

dessoler [desɔle] ▸conjug 1◂ vt to change th[e] rotation of crops in

dessouder [desude] ▸conjug 1◂ vt a (Tech) t[o] unsolder ◆ **le tuyau s'est dessoudé** the pip[e] has come unsoldered
b (arg Crime: tuer) to bump off‡, do in‡

dessoûler* [desule] ▸conjug 1◂ vti to sober u[p] ◆ **il n'a pas dessoûlé depuis 2 jours** he's bee[n] drunk non-stop for the past 2 days, he'[s] been on a bender‡ for the past 2 days

dessous [d(ə)su] → SYN 1 adv a (sous) plac[er], suspendre under, underneath, beneath; pas[ser] under, underneath; (plus bas) belo[w] ◆ **mettez votre valise dessous** put your sui[t]case underneath (it) ou under it ◆ **souleve[z] ces dossiers: la liste est dessous** lift up thos[e] files – the list is underneath (them) o[r] under ou beneath them ◆ **passez (par) de[s]sous** go under ou underneath (it) ◆ **tu as ma[l] lu, il y a une note dessous** you misread [it] – there is a note underneath ◆ **retirer qc[h] de dessous le lit / la table** to get sth fro[m] under(neath) ou beneath the bed / tabl[e] ◆ **ils ont pris le buffet par (en) dessous** the[y] took hold of the sideboard from under[]neath
b **au-dessous** below ◆ **au-dessous de** (li[t]) below, underneath; (fig) possibilités, limit[e] below; (fig: pas digne de) beneath ◆ **il[s] habitent au-dessous** they live downstairs o[r] underneath ◆ **sa jupe lui descend au-dessou[s] du genou** her skirt comes down to belo[w] her knees ou reaches below her knees ◆ **le[s] enfants au-dessous de 7 ans ne paient pa[s]** children under 7 don't pay, the under sevens don't pay ◆ **20° au-dessous (de zéro)** 20° below (zero) ◆ **des articles à 20 F et au[-]dessous** items at 20 francs and less o[r] below ◆ **il considère que c'est au-dessou[s] de lui de faire la vaisselle** he considers i[t] beneath him to do the dishes ◆ (incapable) **i[l] est au-dessous de sa tâche** he is not up to hi[s] task ◆ **il est au-dessous de tout!** he's th[e] absolute limit!, he's the end! ◆ **le service es[t] au-dessous de tout** the service is hopeless o[r] a disgrace
c **en dessous** (sous) under(neath); (plus bas) below; (hypocritement) in an underhand (Bri[t]) ou underhanded (US) manner ◆ **en dessou[s] de** below ◆ **il s'est glissé en dessous** he sli[d] under(neath) ◆ **les locataires d'en dessous** th[e] people who rent the flat below ou down[]stairs ◆ **jeter un coup d'œil en dessous à qn** [ou] **regarder qn en dessous** to give sb a shifty look ◆ **faire qch en dessous** to do sth in a[n] underhand (Brit) ou underhanded (US) man[]ner ◆ **il est très en dessous de la moyenne** he'[s] well below (the) average
2 nm a [objet] bottom, underside; [pied] sole; [main] inside; [avion, voiture, animal] underside; [tissu] wrong side; [tapis] bac[k] ◆ **du dessous** feuille, drap bottom ◆ **le[s] gens / l'appartement du dessous** the peo[ple]

ple/the flat downstairs (from us ou them etc), the people/flat below (us ou them etc) ◆ **le dessous de la table est poussiéreux** the table is dusty underneath ◆ **les fruits du dessous sont moisis** the fruit at the bottom ou the fruit underneath is mouldy ◆ **avoir le dessous** to get the worst of it, come off worst

b (côté secret) **le dessous de l'affaire** ou **l'histoire** the hidden side of the affair ◆ **les dessous de la politique** the unseen ou hidden side of policies ◆ **connaître le dessous des cartes** to have inside information

c (Habillement) undergarment ◆ **les dessous** underwear, undies*

3 COMP ▷ **dessous de caisse** (Aut) underbody ▷ **dessous de verre** coaster, drip mat

dessous-de-bouteille [d(ə)sud(ə)butɛj] nm inv bottle mat

dessous-de-bras [d(ə)sud(ə)bʀa] nm inv dress shield

dessous-de-plat [d(ə)sud(ə)pla] nm inv table mat *(for hot serving dishes)*

dessous-de-table [d(ə)sud(ə)tabl] nm inv (fig) backhander*, under the counter payment

dessuinter [desɥɛ̃te] ▸conjug 1◂ vt laine to scour

dessus [d(ə)sy] → SYN GRAMMAIRE ACTIVE 16.4

1 adv a (sur) placé, poser, monter on top (of it); collé, écrit, fixer on it; passer, lancer over (it); (plus haut) above ◆ **mettez votre valise dessus** put your suitcase on top (of it) ◆ **regardez ces dossiers: la liste doit être dessus** have a look at those files – the list must be on top (of them) ◆ **il n'y a pas de timbre dessus** there's no stamp on it ◆ **c'est écrit dessus** it's written on it ◆ **montez dessus** (tabouret, échelle) get up on it ◆ **passez (par) dessus** go over it ◆ **il a sauté par dessus** he jumped over it ◆ **ôter qch de dessus la table** to take sth (from) off the table ◆ **il n'a même pas levé la tête de dessus son livre** he didn't even look up from his book, he didn't even take his eyes off his book ◆ **il lui a tapé/tiré dessus** he hit him/shot at him ◆ **il nous sont arrivés** ou **tombés dessus à l'improviste** they dropped in on us unexpectedly

b **au-dessus** above; (à l'étage supérieur) upstairs; (posé sur) on top; (plus cher etc) over, above ◆ **au-dessus de** (plus haut que, plus au nord que) above; (sur) on top of; (fig) prix, limite over, above; possibilités beyond ◆ **la valise est au-dessus de l'armoire** the suitcase is on top of the wardrobe ◆ **les enfants au-dessus de 7 ans paient** children over 7 pay, the over-sevens pay ◆ **20° au-dessus (de zéro)** 20° above (zero) ◆ **il n'y a pas d'articles au-dessus de 20 F** there are no articles over 20 francs ◆ (prix) **c'est au-dessus de ce que je peux mettre** it's beyond my means, it's more than I can afford ◆ **cette tâche est au-dessus de ses capacités** this task is beyond his capabilities ◆ **c'est au-dessus de mes forces** it's too much for me ◆ **il ne voit rien au-dessus de son fils** he thinks no one can hold a candle to his son ◆ **il est au-dessus de ces petites mesquineries** he is above this petty meanness ◆ **être au-dessus de tout soupçon/reproche** to be above suspicion/beyond reproach ◆ **pour le confort, il n'y a rien au-dessus** there's nothing to beat it for comfort

2 nm a [objet, pied, tête] top; [main] back; [tissu] right side ◆ **du dessus** feuille, drap top ◆ **le dessus de la table est en marbre** the tabletop ou the top of the table is marble ◆ **les gens/l'appartement du dessus** the people/flat above (us ou them etc) ou upstairs (from us ou them etc) ◆ **les fraises du dessus sont plus belles (qu'en dessous)** the strawberries on top are nicer (than the ones underneath) ◆ (fig) **le dessus du panier** the pick of the bunch; (élite sociale) the upper crust ◆ **elle portait 2 vestes de laine: celle du dessus était bleue** she was wearing 2 cardigans and the top one was blue

b LOC **avoir le dessus** to have the upper hand ◆ **prendre le dessus** to get the upper hand ◆ **reprendre le dessus** to get over it ◆ **il a été très malade/déprimé mais il a repris le dessus rapidement** he was very ill/depressed but he soon got over it

3 COMP ▷ **dessus de cheminée** mantleshelf runner ▷ **dessus de table** table runner

dessus-de-lit [d(ə)syd(ə)li] nm inv bedspread

dessus-de-plat [d(ə)syd(ə)pla] nm inv dish cover

dessus-de-porte [d(ə)syd(ə)pɔʀt] nm inv overdoor

DEST [deəɛste] nm (abrév de **diplôme d'études supérieures techniques**) → **diplôme**

déstabilisant, e [destabilizɑ̃, ɑ̃t] adj, **déstabilisateur, -trice** [destabilizatœʀ, tʀis] adj influence, événement destabilizing

déstabilisation [destabilizasjɔ̃] → SYN nf destabilization

déstabiliser [destabilize] ▸conjug 1◂ vt (Pol) régime to destabilize

déstalinisation [destalinizasjɔ̃] nf destalinization

déstaliniser [destalinize] ▸conjug 1◂ vt to destalinize

destin [dɛstɛ̃] → SYN nm (fatalité, sort) fate; (existence, avenir, vocation) destiny ◆ **le destin contraire** ill-fortune ◆ **elle connut un destin tragique** she met with a tragic end ◆ **c'est le destin!** it was meant to be

destinataire [dɛstinatɛʀ] → SYN nmf [lettre] addressee (frm); [marchandise] consignee; [mandat] payee; (Ling) person addressed ◆ **remettre une lettre à son destinataire** to hand a letter to the person it is addressed to

destinateur [destinatœʀ] → SYN nm (Ling) speaker

destination [dɛstinasjɔ̃] → SYN nf a (direction) destination ◆ **à destination de** avion, train to; bateau bound for; voyageur travelling to; lettre sent to ◆ **arriver à destination** to reach one's destination, arrive (at one's destination) ◆ **train/vol 702 à destination de Paris** train number 702/flight (number) 702 to ou for Paris ◆ **partir pour une destination inconnue/lointaine** to leave for an unknown/a faraway destination

b (usage) [édifice, appareil, somme d'argent] purpose ◆ **quelle destination comptez-vous donner à cette somme/pièce?** to what purpose do you intend to put this money/room?

destiné, e[1] [dɛstine] (ptp de **destiner**) adj a (prévu pour) **destiné à faire qch** intended ou meant to do sth ◆ **ces mesures sont destinées à freiner l'inflation** these measures are intended ou meant to curb inflation ◆ **ce texte est destiné à être lu à haute voix** this text is intended ou meant to be read aloud ◆ **cette pommade est destinée à guérir les brûlures** this ointment is intended for healing burns ◆ **livre destiné aux enfants** book (intended ou meant) for children ◆ **édifice destiné au culte** building intended for worship ◆ **ce terrain est destiné à être construit** this ground is intended for construction ou to be built on

b (voué à) **destiné à qch** destined for sth ◆ **destiné à faire** destined to do ◆ **ce livre était destiné au succès** this book was destined for success ◆ **cette œuvre était destinée à l'échec** this work was doomed to fail ou to failure, it was fated that this work should be a failure ◆ **il était destiné à une brillante carrière** he was destined for a brilliant career ◆ **elle était destinée à mourir jeune** she was destined ou fated ou doomed to die young

destinée[2] [dɛstine] → SYN nf (fatalité, sort) fate; (existence, avenir, vocation) destiny ◆ **unir sa destinée à celle de qn** to unite one's destiny with sb's ◆ **promis à de hautes destinées** destined for great things

destiner [dɛstine] → SYN ▸conjug 1◂ vt a (attribuer) **destiner sa fortune à qn** to intend ou mean sb to have one's fortune, intend that sb should have one's fortune ◆ **il vous destine ce poste** he intends ou means you to have this post ◆ **destiner une allusion/un coup à qn** to intend an allusion/a blow for sb ◆ **destiner un accueil enthousiaste à qn** to reserve an enthusiastic welcome for sb ◆ **nous destinons ce livre à tous ceux qui souffrent** this book is intended ou meant (by us) for all who are suffering, this book is aimed at all who are suffering ◆ **il ne put attraper le ballon qui lui était destiné** he couldn't catch the ball meant for ou aimed at him ◆ **sans deviner le sort qui lui était destiné** (par le destin) not knowing what fate he was destined for ou what fate lay ou was in store for him; (par ses ennemis) not knowing what fate lay ou was in store for him ◆ **cette lettre t'était/ne t'était pas destinée** this letter was/was not meant ou intended for you

b (affecter) **destiner une somme à l'achat de qch** to intend to use a sum ou earmark a sum to buy sth, earmark a sum for sth ◆ **destiner un local à un usage précis** to intend a place to be used for a specific purpose, have a specific use in mind for a place ◆ **les fonds seront destinés à la recherche** the money will be devoted to ou used for research

c (vouer) to destine ◆ **destiner qn à une fonction** to destine sb for a post ou to fill a post ◆ **destiner qn à être médecin** to destine sb to be a doctor ◆ **sa bravoure le destinait à mourir de mort violente** his boldness marked him out ou destined him to die a violent death ◆ (littér) **je vous destine ma fille** I intend that my daughter should marry you ◆ **il se destine à l'enseignement/à être ingénieur** he intends to go into teaching/to be an engineer, he has set his sights on teaching/being an engineer

destituer [dɛstitɥe] → SYN ▸conjug 1◂ vt ministre to dismiss; roi to depose; officier to discharge ◆ **destituer un officier de son commandement** to relieve an officer of his command ◆ **destituer qn de ses fonctions** to relieve sb of his duties

destitution [dɛstitysjɔ̃] → SYN nf [ministre] dismissal; [officier] discharge; [fonctionnaire] dismissal, discharge; [roi] deposition

déstockage [destɔkaʒ] nm destocking

déstocker [destɔke] ▸conjug 1◂ vt to destock

destrier [dɛstʀije] → SYN nm (Hist littér) steed (littér), charger (littér)

destroyer [dɛstʀwaje] nm (Naut) destroyer

destructeur, -trice [dɛstʀyktœʀ, tʀis] → SYN

1 adj destructive

2 nm,f destroyer

destructible [dɛstʀyktibl] → SYN adj destructible

destructif, -ive [dɛstʀyktif, iv] adj destructive, destroying (épith)

destruction [dɛstʀyksjɔ̃] → SYN nf (gén) destruction (NonC); [armée, flotte] destroying (NonC), destruction (NonC); [rats, insectes] extermination (NonC) ◆ **les destructions causées par la guerre** the destruction caused by the war

destructivité [dɛstʀyktivite] nf (Psych) destructiveness, destructivity

déstructuration [destʀyktyʀasjɔ̃] nf destructuring

déstructurer [destʀyktyʀe] ▸conjug 1◂ vt to destructure

désuet, -ète [dezɥɛ, ɛt] → SYN adj (gén) outdated, antiquated, outmoded; charme old-fashioned, quaint; vêtement outdated, old-fashioned; mode outdated

désuétude [desɥetyd] → SYN nf disuse, obsolescence, desuetude (littér) ◆ **tomber en désuétude** [loi] to fall into abeyance; [expression, coutume] to become obsolete, fall into disuse

désulfiter [desylfite] ▸conjug 1◂ vt moût, vin to remove the sulphuric anhydride from

désulfurer [desylfyʀe] ▸conjug 1◂ vt to desulphurize

désuni, e [dezyni] (ptp de **désunir**) adj couple, famille divided, disunited; mouvements uncoordinated; coureur, cheval off his stride (attrib)

désunion [dezynjɔ̃] → SYN nf [couple, parti] disunity, dissension (*de* in)

désunir [dezyniʀ] → SYN ▸conjug 2◂ 1 vt famille, couple to divide, disunite, break up; pierres, planches to separate

2 **se désunir** vpr [athlète] to lose one's stride; [cheval] to lose its stride; [équipe] to lose its coordination

désurchauffe [desyʀʃof] nf desuperheating

désurchauffer [desyʀʃofe] ▸ conjug 1 ◂ vt to desuperheat

désynchronisation [desɛ̃kʀɔnizasjɔ̃] nf desynchronization

désynchroniser [desɛ̃kʀɔnize] ▸ conjug 1 ◂ vt to de-synchronize

désyndicalisation [desɛ̃dikalizasjɔ̃] nf decrease in union membership

détachable [detaʃabl] adj detachable

détachage [detaʃaʒ] nm (nettoyage) stain removal

détachant [detaʃɑ̃] 1 adj stain-removing (épith)
2 nm stain remover

détaché, e [detaʃe] → SYN (ptp de **détacher¹**) adj (indifférent, aussi Mus) detached ◆ **« peut-être », dit-il d'un ton détaché** "maybe", he said with detachment → **pièce**

détachement [detaʃmɑ̃] → SYN nm a (indifférence) detachment (*envers, à l'égard de* from) ◆ **regarder / dire qch avec détachement** to look at / say sth with (an air of) detachment ◆ **le détachement qu'il montrait pour les biens matériels** the disregard he showed for material goods
b (Mil) detachment
c [fonctionnaire] secondment ◆ **être en détachement** to be on secondment

détacher¹ [detaʃe] → SYN ▸ conjug 1 ◂ 1 vt a (délier) chien, cheval to untie, let loose; prisonnier to untie, (let) loose, unbind; paquet, objet to undo, untie; wagon, remorque to take off, detach ◆ **détacher un wagon d'un convoi** to detach a carriage (Brit) ou car (US) from a train ◆ **il détacha la barque / le prisonnier / le paquet de l'arbre** he untied the boat / the prisoner / the parcel from the tree
b (dénouer) vêtement, ceinture to undo, unfasten, loose; lacet, nœud to undo, untie, loose; soulier, chaîne to unfasten, undo ◆ **il détacha la corde du poteau** he untied ou removed the rope from the post
c (ôter) peau, écorce to remove (*de* from), take off; papier collé to remove, unstick (*de* from); rideau, tableau to take down (*de* from); épingle to take out (*de* of), remove; reçu, bon to tear out (*de* of), detach (*de* from) ◆ **l'humidité avait détaché le papier** the damp had unstuck ou loosened the paper ◆ **détacher des feuilles d'un bloc** to tear ou take some sheets out of a pad, detach some sheets from a pad ◆ **détacher un morceau de plâtre du mur** to remove a piece of plaster from the wall, take a piece of plaster from ou off the wall ◆ **il détacha une pomme de l'arbre** he took an apple (down) from the tree, he picked an apple off the tree ◆ **détachez bien les bras du corps** keep your arms well away from your body ◆ (fig) **il ne pouvait détacher son regard du spectacle** he could not take his eyes off the sight ◆ (sur coupon etc) **« partie à détacher »** "tear off (this section)" ◆ **« détacher suivant le pointillé »** "tear off along the dotted line"
d (envoyer) personne to send, dispatch; (Admin: affecter) to second ◆ **se faire détacher auprès de qn / à Londres** to be sent on secondment to sb / to London ◆ (Admin) **être détaché** to be on secondment
e (mettre en relief) lettres to separate; syllabes, mots to articulate, separate; (Peinture) silhouette, contour to bring out, make stand out; (Mus) notes to detach ◆ **détacher une citation** to make a quotation stand out, bring out a quotation
f (éloigner) **détacher qn de qch / qn** to turn sb away from sth / sb ◆ **son cynisme a détaché de lui tous ses amis** his cynicism has turned his friends away from him
2 **se détacher** vpr a (se délier) [chien] to free itself, get loose, loose itself (*de* from); [prisonnier] to free o.s., get loose (*de* from); [paquet] to come undone ou untied ou loose; [barque] to come untied, loose itself (*de* from); [wagon] to come off, detach itself (*de* from) ◆ **la boule s'était détachée de l'arbre de Noël** the bobble had fallen off the Christmas tree
b (se dénouer) [ceinture, soulier] to come undone ou unfastened ou loose; [lacet, ficelle] to come undone ou untied ou loose
c (se séparer) [fruit, ficelle] to come off; [page] to come loose, come out; [peau, écorce] to come off; [papier collé] to come unstuck, come off; [épingle] to come out, fall out; [rideau] to come down ◆ **le papier s'était détaché à cause de l'humidité** the paper had come loose ou come unstuck because of the damp ◆ **un bloc de pierre se détacha du rocher** a block of stone came off ou broke off ou detached itself from the rock ◆ **l'écorce se détachait de l'arbre** the bark was coming off the tree ou was coming away from the tree ◆ **la capsule spatiale s'est détachée de la fusée** the space capsule has separated from ou come away from the rocket
d (Sport etc) [coureur] to pull ou break away (*de* from) ◆ **un petit groupe se détacha du reste des manifestants** a small group broke away from ou detached itself from the rest of the demonstrators
e (ressortir) to stand out ◆ **la forêt se détache sur le ciel clair** the forest stands out against the clear sky
f **se détacher de** (renoncer à) to turn one's back on, renounce; (se désintéresser de) to grow away from ◆ **se détacher des plaisirs de la vie** to turn one's back on ou renounce the pleasures of life ◆ **ils se sont détachés l'un de l'autre** they have grown apart

détacher² [detaʃe] → SYN ▸ conjug 1 ◂ vt to remove the stains from, clean ◆ **donner une robe à détacher** to take a dress to be cleaned ou to the cleaner's ◆ **détacher au savon / à la benzine** to clean with soap / benzine

détacheur, -euse [detaʃœʀ, øz] nm,f, nm cleaner

détail [detaj] → SYN nm a (particularité) detail ◆ **dans les (moindres) détails** in (minute) detail ◆ **se perdre dans les détails** to lose o.s. in details ◆ **entrer dans les détails** to go into detail(s) ou particulars ◆ **je n'ai pas remarqué ce détail** I didn't notice that detail ou point ◆ **ce n'est qu'un détail !** that's a mere detail ! → **revue**
b (description précise) [facture, compte] breakdown ◆ **examiner le détail d'un compte** to examine a breakdown of ou the particulars of an account ◆ **pourriez-vous nous faire le détail de la facture / de ce que l'on vous doit ?** could you give us a breakdown of the invoice / of what we owe you ? ◆ **il nous a fait le détail de ses aventures** he gave us a detailed account ou a rundown* of his adventures ◆ **en détail, dans le détail** in detail ◆ (fig) **il ne fait pas de détails !*** he doesn't make any exceptions, he doesn't discriminate
c (Comm) retail ◆ **commerce / magasin / prix de détail** retail business / shop (Brit) ou store (US) / price ◆ **vendre au détail** marchandise, vin to (sell) retail; articles, couverts to sell separately ◆ **marchand de détail** retailer, retail dealer ◆ **il fait le gros et le détail** he deals in wholesale and retail

détaillant, e [detajɑ̃, ɑ̃t] → SYN nm,f retailer, retail dealer

détaillé, e [detaje] → SYN (ptp de **détailler**) adj récit, plan, explications detailed; facture itemized

détailler [detaje] → SYN ▸ conjug 1 ◂ vt a (Comm) articles to sell separately; marchandise to sell retail ◆ **nous détaillons les services de table** we sell dinner services in separate pieces, we will split up dinner services ◆ **est-ce que vous détaillez cette pièce de tissu ?** do you sell lengths of this piece of material ?
b (passer en revue) plan to detail, explain in detail; facture to itemize; récit to tell in detail; incidents, raisons to detail, give details of ◆ **il m'a détaillé (de la tête aux pieds)** he examined me ou looked me over (from head to foot)

détaler [detale] → SYN ▸ conjug 1 ◂ vi [lapin] to bolt; (*) [personne] to take off*, clear off* ◆ **il a détalé comme un lapin** he made a bolt for it*, he skedaddled*

détartrage [detaʀtʀaʒ] nm (→ **détartrer**) scaling; descaling ◆ **se faire faire un détartrage** to have one's teeth scaled (and polished)

détartrant [detaʀtʀɑ̃] 1 adj descaling
2 nm descaling agent

détartrer [detaʀtʀe] ▸ conjug 1 ◂ vt dents t[o] scale (and polish); chaudière etc to descal[e]; remove fur (Brit) ou sediment (US) from

détaxation [detaksasjɔ̃] nf (réduction) reduc[tion] in tax; (suppression) removal of ta[x] (*de* from)

détaxe [detaks] → SYN nf (réduction) reductio[n] in tax; (suppression) removal of tax (*o*[f] from); (remboursement) tax refund ◆ **détaxe à l'exportation** duty-free for export

détaxer [detakse] → SYN ▸ conjug 1 ◂ vt (réduire) to reduce the tax on; (supprimer) to remov[e] the tax on, take the tax off ◆ **produi[ts] détaxés** tax-free goods

détectable [detɛktabl] adj detectable, detec[t]ible

détecter [detɛkte] → SYN ▸ conjug 1 ◂ vt t[o] detect

détecteur, -trice [detɛktœʀ, tʀis] 1 adj dis[]positif detecting (épith), detector (épith); lamp[e], organe detector (épith)
2 nm detector ◆ **détecteur d'approche** intru[]sion-detection device ◆ **détecteur de par[]ticules** particle detector ◆ **détecteu[r] d'ondes / de mines** wave / mine detecto[r] ◆ **détecteur de fumée** smoke detector ◆ **détec[]teur de faux billets** forged banknote detec[]tor ◆ **détecteur de mensonges** polygrap[h] lie detector

détection [detɛksjɔ̃] nf detection ◆ **détectio[n] sous-marine / électromagnétique** under[]water / electromagnetic detection

détective [detɛktiv] → SYN nm ◆ **détectiv[e] (privé)** private detective ou investigator private eye*

déteindre [detɛ̃dʀ] → SYN ▸ conjug 52 ◂ 1 v[t] [personne, produit] to take the colour out of [soleil] to fade, take the colour out of
2 vi (au lavage) [étoffe] to run, lose its colour [couleur] to run, come out; (par l'humidit[é]) [couleur] to come off; (au soleil) [étoffe] to fade lose its colour; [couleur] to fade ◆ **déteindr[e] sur** (lit) [couleur] to run into; (fig: influencer) [tra[it] de caractère] to rub off on ◆ **elle a déteint su[r] sa fille** she had an influence on her daugh[]ter ◆ **mon pantalon a déteint sur les rideau[x]** some of the colour has come out of m[y] trousers on to the curtains

dételage [det(ə)laʒ] nm (→ **dételer**) unyoking unharnessing; unhitching; uncoupling

dételer [det(ə)le] → SYN ▸ conjug 4 ◂ 1 vt bœuf to unyoke; chevaux to unharness; voiture t[o] unhitch; wagon to uncouple, unhitch
2 vi (*) to leave off working* ◆ **sans détele[r]** travailler, faire qch without letting up ◆ **o[n] dételle à 5 heures** we knock off* at 5 o'cloc[k] ◆ **trois heures sans dételer** 3 hours on end o[r] at a go ou without a break

détendeur [detɑ̃dœʀ] nm [bouteille de gaz] regu[]lator; [installation frigorifique] regulator

détendre [detɑ̃dʀ] → SYN ▸ conjug 41 ◂ 1 v[t] ressort to release; corde to slacken, loosen (Phys) gaz to release the pressure of; corps esprit to relax ◆ **se détendre les jambes** t[o] unbend ou straighten out one's legs ◆ **ce[s] vacances m'ont détendu** these holidays hav[e] made me more relaxed ◆ **pour détendre u[n] peu ses nerfs** to calm ou soothe his nerves a little ◆ **pour détendre la situation / les relation[s] internationales** to relieve ou ease the situa[]tion / the tension of international rela[]tions ◆ **il n'arrivait pas à détendr[e] l'atmosphère** he couldn't manage to eas[e] the strained ou tense atmosphere
2 **se détendre** vpr a [ressort] to lose its ten[]sion; [corde] to become slack, slacken (Phys) [gaz] to be reduced in pressure
b (fig) [visage, esprit, corps] to relax; [nerfs] t[o] calm down; [atmosphère] to relax, becom[e] less tense ◆ **aller à la campagne pour s[e] détendre** to go to the country for relaxa[]tion ou to unwind* ◆ **détendez-vous !** relax ! let yourself unwind !* ◆ **la situation inter[]nationale s'est détendue** the internationa[l] situation has grown less tense ou ha[s] relaxed ou eased ◆ **pour que leurs rapport[s] se détendent** to make their relations les[s] strained ou more relaxed

détendu, e [detɑ̃dy] → SYN (ptp de **détendre**) ad[j] personne, visage, atmosphère relaxed; câbl[e] slack; ressort unextended

détenir [det(ə)niʀ] [→ SYN] ▸ conjug 22 ◂ vt **a** record, grade, titres to hold; secret, objets volés to hold, be in possession of, have in one's possession; moyen to have (in one's possession) ◆ **détenir le pouvoir** to be in power, have ou hold the power ◆ **il détient la clef de l'énigme** he holds the key to the enigma **b** prisonnier to detain; otage to hold, detain ◆ **il a été détenu dans un camp** he was held prisoner in a camp

détente [detɑ̃t] [→ SYN] nf **a** (délassement) relaxation ◆ **détente physique / intellectuelle** physical / intellectual relaxation ◆ **avoir besoin de détente** to need to relax ou unwind* ◆ **ce voyage a été une (bonne) détente** this trip has been (very) relaxing ◆ **quelques instants / une semaine de détente** a few moments' / a week's relaxation **b** (décrispation) [relations] easing (*dans* of); [atmosphère] relaxation (*dans* in) ◆ (Pol) **la détente** détente **c** (élan) [sauteur] spring; [lanceur] thrust ◆ **ce sauteur a de la détente** ou **une bonne détente** this jumper has plenty of spring ou a powerful spring ◆ **d'une détente rapide, il bondit sur sa victime** with a swift bound he leaped upon his victim **d** (relâchement) [ressort, arc] release; [corde] slackening, loosening **e** (lit, fig: gâchette) trigger → **dur** **f** (Tech) [pendule] catch; [gaz] reduction in pressure; [moteur à explosion] expansion

détenteur, -trice [detɑ̃tœʀ, tʀis] nm,f [secret] possessor, holder, keeper; [record, titres, objet volé] holder

détention [detɑ̃sjɔ̃] [→ SYN] nf **a** (possession) [armes] possession; [titres] holding; (Jur) [bien] holding **b** (captivité) detention ◆ (Jur) **en détention préventive** ou **provisoire** remanded in custody, on remand ◆ **mettre en détention préventive** to remand in custody, put on remand

détenu, e [det(ə)ny] [→ SYN] (ptp de **détenir**) nm,f prisoner ◆ **détenu politique** political prisoner ◆ **détenu de droit commun** ordinary prisoner

détergence [detɛʀʒɑ̃s] nf detergency, detergence

détergent, e [detɛʀʒɑ̃, ɑ̃t] adj, nm detergent

déterger [detɛʀʒe] ▸ conjug 3 ◂ vt to clean (with a detergent)

détérioration [deteʀjɔʀasjɔ̃] [→ SYN] nf (→ **détériorer, se détériorer**) damaging (*de* of), damage (*de* to); deterioration (*de* in); worsening (*de* in)

détériorer [deteʀjɔʀe] [→ SYN] ▸ conjug 1 ◂ **1** vt objet, relations to damage, spoil; santé, bâtiment to damage **2** **se détériorer** vpr [matériel, bâtiment, santé, temps] to deteriorate; [relations, situation] to deteriorate, worsen

déterminable [detɛʀminabl] adj determinable

déterminant, e [detɛʀminɑ̃, ɑ̃t] **1** adj (décisif) determining (épith), deciding (épith) ◆ **ça a été déterminant** that was the deciding ou determining factor (*dans* in) **2** nm (Ling) determiner; (Math, Bio) determinant

déterminatif, -ive [detɛʀminatif, iv] **1** adj determinative; proposition defining (épith) **2** nm determiner, determinative

détermination [detɛʀminasjɔ̃] [→ SYN] nf **a** [cause, sens] determining, establishing; [date, quantité] determination, fixing **b** (résolution) decision, resolution **c** (fermeté) determination ◆ **il le regarda avec détermination** he looked at him with (an air of) determination ou determinedly **d** (Philos) determination

déterminé, e [detɛʀmine] [→ SYN] GRAMMAIRE ACTIVE 8.2 (ptp de **déterminer**) **1** adj **a** personne, air determined, resolute **b** (précis) but, intentions specific, definite, well-defined; (spécifique) quantité, distance, date determined, given (épith) **c** (Philos) phénomènes predetermined **2** nm (Gram) determinatum

déterminer [detɛʀmine] [→ SYN] ▸ conjug 1 ◂ vt **a** (préciser) cause, distance, sens d'un mot to determine, establish; date, lieu, quantité to determine, fix ◆ **déterminer par des calculs où les astronautes vont amerrir** to calculate ou work out where the astronauts will splash down **b** (décider) to decide, determine ◆ **déterminer qn à faire** to decide ou determine sb to do ◆ **ils se sont déterminés à agir** they have made up their minds ou have determined to act **c** (motiver) [chose] to determine ◆ **conditions qui déterminent nos actions** conditions which determine our actions ◆ **c'est ce qui a déterminé mon choix** that is what fixed ou determined ou settled my choice ◆ **ceci a déterminé d'importants retards** this caused ou brought about long delays **d** (Gram) to determine

déterminisme [detɛʀminism] [→ SYN] nm determinism

déterministe [detɛʀminist] **1** adj determinist(ic) **2** nmf determinist

déterré, e [deteʀe] (ptp de **déterrer**) nm,f ◆ (péj) **avoir une tête** ou **une mine de déterré** to look deathly pale ou like death warmed up*

déterrement [detɛʀmɑ̃] nm (→ **déterrer**) digging up, unearthing; uprooting, digging up; digging up, disinterring

déterrer [deteʀe] [→ SYN] ▸ conjug 1 ◂ vt objet enfoui to dig up, unearth; arbre to uproot, dig up; mort to dig up, disinter; (*) vieil objet, bouquin to dig out*, unearth

détersif, -ive [detɛʀsif, iv] adj, nm detergent, detersive

détersion [detɛʀsjɔ̃] nf cleaning

détestable [detɛstabl] [→ SYN] adj appalling, dreadful, foul, ghastly

détestablement [detɛstabləmɑ̃] adv jouer, chanter appallingly badly, dreadfully badly

détestation [detɛstasjɔ̃] nf (littér) detestation, abhorrence

détester [detɛste] [→ SYN] ▸ conjug 1 ◂ GRAMMAIRE ACTIVE 7.3 vt to hate, detest ◆ **il déteste la peinture / les enfants / le fromage** he hates ou detests ou can't bear painting / children / cheese ◆ **elle déteste attendre** she hates ou detests ou can't bear having to wait ◆ **il ne déteste pas le chocolat** he is quite keen on (Brit) ou is rather fond of ou is not averse to chocolate ◆ **il ne déteste pas (de) faire parler de lui** he's not averse to having people talk about him

déthéiné, e [deteine] adj ◆ **thé déthéiné** decaffeinated tea

détonant, e [detɔnɑ̃, ɑ̃t] adj ◆ **mélange détonant** (lit) explosive mixture; (fig) explosive combination

détonateur [detɔnatœʀ] nm (Tech) detonator ◆ (fig) **être le détonateur de** to trigger off

détonation [detɔnasjɔ̃] [→ SYN] nf [bombe, obus] detonation, explosion; [fusil] report, bang

détoner [detɔne] [→ SYN] ▸ conjug 1 ◂ vi to detonate, explode

détonner [detɔne] [→ SYN] ▸ conjug 1 ◂ vi **a** [couleurs] to clash (with each other); [meuble] to be out of place, be out of keeping; [personne] to be out of place, clash ◆ **ses manières vulgaires détonnent dans ce milieu raffiné** his vulgar manners are out of place in this refined milieu **b** (Mus) (sortir du ton) to go out of tune; (chanter faux) to sing out of tune

détordre [detɔʀdʀ] [→ SYN] ▸ conjug 41 ◂ vt to untwist, unwind ◆ **le câble s'est détordu** the cable came untwisted ou unwound

détors, e [detɔʀ, ɔʀs] adj untwisted, unwound

détortiller [detɔʀtije] ▸ conjug 1 ◂ vt to untwist, unwind

détour [detuʀ] [→ SYN] nm **a** (sinuosité) bend, curve ◆ **la rivière fait des détours** the river meanders and winds about ◆ **ce sentier est plein de détours** this path is full of twists and turns ou is full of bends, this is a very winding path ◆ **au détour du chemin** at the bend of ou in the path ◆ **on devine au détour d'une phrase ...** one guesses as one is reading ... **b** (déviation) detour ◆ **au détour de la conversation** in the course of the conversation ◆ **faire un détour** to make a detour (*par* via) ◆ **ça vaut le détour** it's worth seeing → **tour**[2] **c** (subterfuge) roundabout means; (circonlocution) circumlocution ◆ **explique-toi sans détours** just say straight out what you mean, explain yourself without beating about the bush ◆ **user de longs détours** ou **prendre beaucoup de détours pour demander qch** to ask for sth in a very roundabout way

détourné, e [detuʀne] [→ SYN] (ptp de **détourner**) adj chemin roundabout (épith); moyen roundabout (épith), indirect; reproche indirect, oblique ◆ **je l'ai appris de façon détournée** I heard it in a roundabout way ou on the grapevine

détournement [detuʀnəmɑ̃] [→ SYN] nm [rivière] diversion, rerouting ◆ **détournement d'avion** hijacking, skyjacking* ◆ **détournement de fonds** embezzlement, misappropriation of funds ◆ **détournement de mineur** corruption of a minor ◆ **détournement de pouvoir** abuse of power

détourner [detuʀne] [→ SYN] ▸ conjug 1 ◂ **1** vt **a** (dévier) route, ruisseau, circulation, convoi to divert, reroute; bus [pirate] to hijack; avion [pirate de l'air] to hijack, skyjack*; soupçon to divert (*sur* on to); coup to parry, ward off ◆ **détourner l'attention de qn** to divert ou distract sb's attention ◆ **détourner la conversation** to turn ou divert the conversation, change the subject ◆ **pour détourner leur colère** to ward off ou avert their anger **b** (tourner d'un autre côté) to turn away ◆ **détourner les yeux** ou **le regard** to avert one's gaze, look away, turn one's eyes away ◆ **détourner la tête** to turn one's head away **c** (écarter) to divert ◆ **détourner qn de sa route / de son chemin** to divert sb from his road / from ou off his path, take ou lead sb off his road / path ◆ **détourner qn d'un projet / de faire** to dissuade sb from a plan / from doing, put sb off a plan / off doing ◆ **détourner qn de qn** to put sb off sb, turn sb away from sb ◆ **détourner qn du droit chemin** to lead sb astray, lead sb off the straight and narrow ◆ **détourner qn de son devoir** to lead sb away ou divert sb from his duty ◆ **pour le détourner de ses soucis** to divert him from his worries, to take his mind off his worries **d** (voler) argent to embezzle, misappropriate; marchandises to misappropriate **2** **se détourner** vpr to turn away ◆ **se détourner de sa route** (pour aller ailleurs) to make a detour ou diversion; (par erreur) to go off the right road ◆ (fig) **il s'est détourné de tous ses amis** he has turned away ou aside from all his friends

détoxication [detɔksikasjɔ̃] nf detoxication, detoxification

détoxiquer [detɔksike] ▸ conjug 1 ◂ vt to detoxicate, detoxify

détracteur, -trice [detʀaktœʀ, tʀis] [→ SYN] **1** adj disparaging ◆ **détracteur de** disparaging of **2** nm,f detractor, disparager, belittler

détraqué, e [detʀake] [→ SYN] (ptp de **détraquer**) adj machine broken down; (*) personne unhinged, cracked*; temps unsettled, upside-down (attrib), crazy; nerfs, santé shaky; imagination unbalanced ◆ **cette horloge est détraquée** this clock has gone completely wrong ou is bust* (Brit) ◆ **il a l'estomac détraqué** his stomach is out of order ou out of sorts ◆ **avoir le cerveau détraqué*** to be unhinged ou cracked*, have a screw loose* ◆ **c'est un détraqué*** he's a headcase*, he's off his head* ◆ **c'est un détraqué sexuel** he's a (sexual) pervert

détraquement [detʀakmɑ̃] nm [machine] breakdown; [santé, nerfs] shakiness ◆ **à cause du détraquement de mon estomac** because of my upset stomach ◆ **à cause du détraquement du temps** because the weather is unsettled

détraquer [detʀake] [→ SYN] ▸ conjug 1 ◂ **1** vt machine to put out of order; personne (physiquement) to put out of sorts; estomac* to put out of sorts, put out of order; nerfs* to shake up, upset ◆ **ces orages ont détraqué le temps** these storms have unsettled the weather ou caused the weather to break ◆ **cela lui a détraqué le cerveau*, ça l'a détraqué*** that has unhinged him ou sent him off his head* ou made him go nuts*

2 **se détraquer** vpr [machine] to go wrong, break down; [estomac] to get out of sorts, be upset ◆ **le temps se détraque*** the weather is breaking ou is becoming unsettled

détrempe [detʀɑ̃p] nf a (Peinture) (substance) tempera; (tableau) tempera painting ◆ **peindre en** ou **à la détrempe** to paint in tempera, distemper

b (Tech) [acier] softening

détremper [detʀɑ̃pe] → SYN ▸ conjug 1 ◂ vt a (délayer) terre, pain to soak; couleurs to dilute, water down; chaux to mix with water, slake; mortier to mix with water, temper ◆ **chemins détrempés** sodden ou waterlogged paths ◆ **ma chemise est détrempée** my shirt is soaking (wet) ou soaked

b (Tech) acier to soften

détresse [detʀɛs] → SYN nf a (sentiment) distress ◆ **son cœur en détresse** his anguished heart

b (situation) distress ◆ **être dans la détresse** to be in distress ou in dire straits ◆ **bateau / avion en détresse** boat / plane in distress ◆ **entreprise en détresse** business in difficulties ◆ **envoyer un appel / un signal de détresse** to send out a distress call / signal → **feu**[1]

détriment [detʀimɑ̃] → SYN nm ◆ **au détriment de** to the detriment of

détritique [detʀitik] adj roche detrital

détritus [detʀity(s)] → SYN nmpl litter (NonC) rubbish (NonC) (Brit), refuse (NonC), garbage (NonC); (Méd) detritus (NonC)

détroit [detʀwa] → SYN nm (Géog, Anat) strait ◆ **le détroit de Gibraltar / du Bosphore** the Strait of Gibraltar / of the Bosphorus ◆ **le détroit de Magellan** the Magellan Strait

détromper [detʀɔ̃pe] → SYN ▸ conjug 1 ◂ 1 vt personne to disabuse (*de* of)

2 **se détromper** vpr ◆ **détrompez-vous, il n'est pas venu** you're quite mistaken, he didn't come ◆ **si tu crois que je vais accepter, détrompe-toi!** if you think I'm going to accept, (I'm afraid) I'll have to disillusion you! ou you'll have to think again!

détrôner [detʀone] → SYN ▸ conjug 1 ◂ vt souverain to dethrone, depose; (fig) to oust, dethrone

détroquer [detʀɔke] ▸ conjug 1 ◂ vt huîtres to detach

détrousser [detʀuse] → SYN ▸ conjug 1 ◂ vt ◆ († ou hum) **détrousser qn** to relieve sb of his money ou luggage etc (hum), rob sb

détrousseur [detʀusœʀ] nm († ou hum) bandit, footpad† (Brit)

détruire [detʀɥiʀ] → SYN ▸ conjug 38 ◂ vt a (ravager) bâtiment, ville, document, déchets to destroy; avion, machines to destroy, write off* ◆ **un incendie a détruit l'hôtel** the hotel was burnt (Brit) ou burned (US) down, the hotel was destroyed by fire ◆ **la ville a été complètement détruite** the town was wiped out ou razed to the ground ou completely destroyed ◆ **cet enfant détruit tout** this child wrecks ou ruins everything ou smashes everything up ◆ **la tempête a détruit les récoltes** the storm has ruined the crops

b (tuer) population, armée to wipe out; animaux, insectes to destroy, exterminate ◆ **il a essayé de se détruire** he tried to do away with himself

c (ruiner) empire to destroy; santé, réputation to ruin, wreck; sentiment to destroy, kill; espoir, théorie, projet to ruin, wreck, put paid to (Brit) ◆ **les effets se détruisent** the effects cancel each other out ◆ **cela détruit tous ses beaux arguments** that destroys ou puts paid to* (Brit) all his fine arguments

dette [dɛt] → SYN nf a (Fin) debt ◆ **avoir des dettes** to be in debt, have debts ◆ **faire des dettes** to get into debt, run up debts ◆ **avoir 10 000 F de dettes** to be 10,000 francs in debt, be in debt to the tune of 10,000 francs* ◆ **dette de jeu, dette d'honneur** a gambling ou gaming debt is a debt of honour ◆ **la dette publique** ou **de l'État** the national debt → **prison, reconnaissance**

b (morale) debt ◆ **dette d'amitié / de reconnaissance** debt of friendship / gratitude ◆ **je suis en dette envers vous** I am indebted to you ◆ **il a payé sa dette envers la société** he has paid his debt to society ◆ **je vous garde une dette de reconnaissance** I shall remain gratefully indebted to you

détumescence [detymesɑ̃s] nf detumescence

DEUG [døg] nm (abrév de **diplôme d'études universitaires générales**) → **diplôme**

deuil [dœj] → SYN nm a (perte) bereavement ◆ **il a eu un deuil récemment** he was recently bereaved, he recently suffered a bereavement (frm), there has recently been a death in his family

b (affliction) mourning (NonC), grief ◆ **cela nous a plongés dans le deuil** it has plunged us into mourning ou grief ◆ **si nous pouvons vous réconforter dans votre deuil** if we can comfort you in your grief ou sorrow ◆ **décréter un deuil national** to declare national mourning

c (vêtements) mourning (clothes) ◆ **en grand deuil** in deep mourning ◆ **être / se mettre en deuil** to be in / go into mourning ◆ **quitter le deuil** to come out of mourning ◆ **prendre / porter le deuil d'un ami** to go into / be in mourning for a friend ◆ (fig) **porter le deuil de ses espoirs / illusions** to grieve for one's lost hopes / illusions ◆ (littér) **la nature / la forêt est en deuil** nature / the forest is in mourning → **ongle**

d (durée) mourning ◆ **jour / semaine de deuil** day / week of mourning ◆ **le deuil du président dura un mois** the mourning for the president lasted a month

e (cortège) funeral procession ◆ **conduire** ou **mener le deuil** to head the funeral procession, be (the) chief mourner

f (*) **faire son deuil de qch** to kiss sth goodbye*, say goodbye to sth* ◆ **les vacances sont annulées, j'en ai fait mon deuil** the holidays have been cancelled but I am resigned to it ou it's no use crying about it

deus ex machina [deusɛksmakina] nm deus ex machina

deusio* [døzjo] adv ⇒ **deuzio**

DEUST [døst] nm (abrév de **diplôme d'études universitaires scientifiques et techniques**) → **diplôme**

deutérium [døteʀjɔm] nm deuterium

deutérocanonique [døteʀokanɔnik] adj Apocryphal ◆ **les livres deutérocanoniques** the Apocrypha

deutéron [døteʀɔ̃] nm ⇒ **deuton**

Deutéronome [døteʀɔnɔm] nm Deuteronomy

deuton [døtɔ̃] nm deuteron

deux [dø] 1 adj inv a two ◆ **les deux yeux / mains** etc both eyes / hands etc ◆ **ses deux jambes** both his legs, his two legs ◆ **montrez-moi les deux** show me both (of them) ou the two of them ◆ **deux fois** twice ◆ **il ne peut être en deux endroits / aux deux endroits à la fois** he can't be in two places / in both places at once ◆ **je les ai vus tous (les) deux** I saw them both, I saw both of them, I saw the two of them ◆ (lit, fig) **à deux tranchants** two-edged, double-edged ◆ **inflation à deux chiffres** double-figure ou two-figure inflation ◆ **des deux côtés de la rue** on both sides ou on either side of the street ◆ **tous les deux jours / mois** every other ou every second day / month, every two days / months ◆ **habiter** ou **vivre à deux** to live together ou as a couple ◆ **il y a deux t dans « commettre »** there are two t's in "commettre" ◆ (en épelant) **deux t / l** double t / l, tt / ll

b (quelques) a couple, a few ◆ **c'est à deux pas / à deux minutes d'ici** it's only a short distance / just a few minutes from here, it's only a step / only a couple of minutes from here ◆ **pouvez-vous attendre deux (ou trois) minutes?** could you wait two (or three) minutes? ou a couple of minutes? ◆ **vous y serez en deux secondes** you'll be there in two ticks* (Brit) ou shakes* ou in no time (at all) ◆ **j'ai deux mots à vous dire** I want to have a word with you, I've a word to say to you

c (deuxième) second ◆ **volume / acte deux** volume / act two ◆ **le deux janvier** the second of January ◆ **Jacques II** James the Second pour autres loc voir **six**

d (Mus) **mesure à deux-deux / à deux-quatre / à deux-huit** two-two / two-four / two-eigh[t] time

e LOC **essayer et réussir, cela fait deux** to try and to succeed are two (entirely) differen[t] things, to try is one thing but to succeed i[s] another thing altogether ◆ **un homme entre deux âges** a middle-aged man ◆ **pris entre deux feux** caught in the crossfire ◆ **lui et les maths, ça fait deux!*** he hasn't got a clue about maths ◆ **lui et la tendresse, ça fait deux!*** he doesn't know the meaning of tenderness ◆ **avoir deux poids deux mesures** to have double standards ou two sets of rules ◆ **être assis** ou **avoir le cul**⁑ **entre deux chaises** to be in a difficult predicament ou on the horns of a dilemma ◆ **à deux vitesses** enseignement, justice two-tier ◆ **une Europe à deux vitesses** a two-speed Europe ◆ (Prov) **deux précautions valent mieux qu'une** better safe than sorry (Prov) ◆ **deux avis valent mieux qu'un** two heads are better than one (Prov) ◆ **en deux temps, trois mouvements il l'a réparé*** he repaired it in two ticks* (Brit) ou shakes* ou before you could say Jack Robinson* (hum) ◆ **ne pas avoir les deux pieds dans le même sabot** to be hardly bogged down*

2 nm inv (chiffre) two ◆ (Cartes, Dés) **le deux** the two, the deuce ◆ **couper en deux / en deux morceaux** to cut in two ou in half / into two pieces ◆ **marcher deux par deux** ou **à deux** to walk two by two ou in pairs ou two abreast ◆ **à nous deux** (parlons sérieusement) let's have a chat; (je m'occupe de vous) I'm with you now; (à un ennemi) now let's fight it out!; (à un appareil à réparer) now let's see what we can do with you, now let's get you fixed ◆ **quand il y a pour deux, il y en a pour trois** there's always enough to go around ◆ **il cuisine comme pas deux*** he's a hell of a cook⁑ ◆ **elle est effrontée comme pas deux*** she is damn cheeky⁑ ◆ **quel bricoleur / gardien de but de mes deux!**⁑ what a crappy⁑ ou lousy⁑ handyman / goalie! pour autres loc voir **six** et **moins, pas**[1]

deux(-)chevaux [døʃ(ə)vo] nf inv (Aut) 2 CV *(car)*

deuxième [døzjɛm] → SYN 1 adj, nmf second pour loc voir **sixième**

2 COMP ▷ **le Deuxième Bureau** (Admin) the intelligence branch ou service ▷ **deuxième classe** (Mil) nm inv → **soldat**

deuxièmement [døzjɛmmɑ̃] GRAMMAIRE ACTIVE 26.5 adv second(ly)

deux-mâts [døma] nm inv (Naut) two-master

deux(-)pattes* [døpat] nf inv ⇒ **deux(-)chevaux**

deux-pièces [døpjɛs] nm inv (ensemble) two-piece suit; (maillot) two-piece (swimsuit); (appartement) two-room flat (Brit) ou apartment (US)

deux-points [døpwɛ̃] nm inv colon

deux-ponts [døpɔ̃] adj, nm inv (Naut) two-decker; (Aviat) double-decker

deux-roues [døʀu] nm inv two-wheeled vehicle

deux-temps [døtɑ̃] 1 adj inv (Aut) two-stroke

2 nm inv (moteur) two-stroke (engine); (Mus) half-common time

deuzio* [døzjo] adv secondly

dévaler [devale] → SYN ▸ conjug 1 ◂ 1 vt (courir) to tear down, hurtle down; (glisser, tomber) to tumble down ◆ **il dévala les escaliers quatre à quatre** he tore ou hurtled down the stairs four at a time, he came tearing ou hurtling down the stairs four at a time

2 vi [rochers] to hurtle down; [lave] to rush down, gush down; [terrain] to fall away sharply ◆ **il a dévalé dans les escaliers et s'est cassé le bras** he tumbled down the stairs and broke his arm

dévaliser [devalize] → SYN ▸ conjug 1 ◂ vt maison to strip, burgle (Brit), burglarize (US); banque to rob ◆ **dévaliser qn** to strip sb of what he has on him ◆ **dévaliser un magasin** (lit) [voleurs] to strip ou burgle (Brit) ou burglarize (US) a shop; (fig) [clients] to buy up a shop ◆ **dévaliser le réfrigérateur** to raid the fridge

dévalorisation [devalɔʀizasjɔ̃] → SYN nf depreciation

dévaloriser [devalɔʀize] → SYN ▸ conjug 1 ◂
1 vt marchandises, collection to reduce the value of; monnaie, talent, diplôme to depreciate; personne to sell short, belittle
2 **se dévaloriser** vpr [monnaie, marchandise] to fall in value, depreciate; [personne] to sell o.s. short, belittle o.s.

dévaluation [devalɥasjɔ̃] → SYN nf devaluation

dévaluer [devalɥe] → SYN ▸ conjug 1 ◂ 1 vt to devalue, devaluate (US)
2 **se dévaluer** vpr [objet] to devalue, be devalued, fall in value; [personne] to devalue ou belittle o.s., sell o.s. short.

devanagari [devanagaʀi] nf Devanagari

devancement [d(ə)vɑ̃smɑ̃] nm ◆ **devancement d'une échéance** (making of a) payment in advance ou before time ◆ (Mil) **devancement d'appel** enlistment before call-up

devancer [d(ə)vɑ̃se] → SYN ▸ conjug 3 ◂ vt a (distancer) coureur to get ahead of, get in front of, outstrip; concurrent, rival to get ahead of, forestall ◆ **il m'a devancé de trois minutes / de 3 points** he beat me by 3 minutes / 3 points, he was 3 minutes / 3 points ahead of me
b (précéder) to arrive before, arrive ahead of ◆ **il m'a devancé au carrefour** he got to the crossroads before me ◆ (littér) **devancer son siècle** to be ahead of ou in advance of one's time
c (aller au devant de) question, objection, désir to anticipate ◆ **j'allais le faire mais il m'a devancé** I was going to do it but he did it first ou got there first
d (faire qch en avance) (Mil) **devancer l'appel** to enlist before call-up ◆ (Fin) **devancer la date d'un paiement** to make a payment before it is due

devancier, -ière [d(ə)vɑ̃sje, jɛʀ] → SYN nm,f predecessor

devant [d(ə)vɑ̃] → SYN 1 prép a (position: en face de) in front of, before (littér); (mouvement: le long de) past ◆ **ma voiture est devant la porte** my car is (just) outside ou at the door ◆ **devant nous se dressait un vieux chêne** before us ou in front of us stood an old oak tree ◆ **le bateau est ancré devant le port** the boat is anchored outside the port ◆ **il est passé devant moi sans me voir** he walked past me ou he passed me ou he went right by me without seeing me ◆ **elle était assise devant la fenêtre** she was sitting at ou by the window ◆ **il est passé** ou **a filé devant nous comme une flèche** he shot past us (like an arrow), he flashed past us ◆ **va-t-en de devant la vitrine** move away from (in front of) the window ◆ **va-t-en de devant la lumière** get out of the ou my light
b (lit, fig: en avant de) (proximité) in front of; (distance) ahead of ◆ **il marchait devant moi** he was walking in front of ou ahead of me ◆ **il est loin devant nous** he is a long way ahead of us ◆ **regarde devant toi** look in front of you ou straight ahead (of you) ◆ **il est devant moi en classe** (banc) he sits in front of me at school; (résultats) he is ahead of me at ou in school ◆ **fuir devant qn** to flee before ou from sb ◆ **(droit) devant nous se dressait la muraille** the wall rose up (straight) in front of ou ahead of us ◆ (fig) **avoir du temps / de l'argent devant soi** to have time / money in hand ou to spare ◆ **il a tout l'avenir devant lui** he has his whole future in front of ou before him, his whole future lies before him ou in front of him ◆ **allez droit devant vous, vous trouverez le village** go straight on ou ahead and you'll come to the village ◆ (fig) **aller droit devant soi (sans s'occuper des autres)** to go straight on (regardless of others) ◆ **passe devant moi si tu es pressé** you go first ou in front of me if you're in a hurry ◆ **elle est passée devant moi chez le boucher** she pushed (in) in front of me at the butcher's
c (en présence de) before, in front of ◆ **s'incliner devant qn** to bow before sb ◆ **comparaître devant ses juges** to appear before one's judges ◆ **ne dis pas cela devant les enfants / tout le monde** don't say that in front of the children / everyone ◆ **cela s'est passé juste devant nous** ou **nos yeux** it happened before ou in front of our very eyes ◆ **imperturbable devant le malheur d'autrui** unmoved by ou in the face of other people's misfortune ◆ (fig) **reculer devant ses responsabilités** to shrink from one's responsibilities ◆ (Jur) **par-devant notaire / Maître X** in the presence of a notary / Maître X
d (fig) (face à) faced with, in the face of; (étant donné) in view of, considering ◆ **devant la gravité de la situation** in view of ou considering the gravity of the situation ◆ **rester ferme devant le danger** to stand fast in the face of danger ◆ **il ne sut quelle attitude prendre devant ces faits** he did not know what line to adopt when faced ou confronted with these facts ◆ **tous égaux devant la loi** everyone (is) equal in the eyes of the law
2 adv a in front ◆ **vous êtes juste devant** you are right in front of it ◆ **vous êtes passé devant** you came past ou by it ◆ **je suis garé juste devant** I am parked just out at the front ou just outside ◆ **en passant devant, regarde si la boutique est ouverte** see if the shop is open as you go past ◆ **corsage qui se boutonne (par-)devant** blouse which buttons up ou does up at the front ◆ **tu as mis ton pull devant derrière** you put your sweater on back-to-front (Brit) ou backwards (US) ◆ **entre par-devant, le jardin est fermé** go in (by) the front (way) because the garden is closed
b (en avant) ahead, in front ◆ **il est parti devant** he went on ahead ou in advance ◆ **il est loin devant** he's a long way ahead ◆ (Naut) **attention, obstacle (droit) devant** stand by, hazard ahead! ◆ **il est assis 3 rangs devant** he's sitting 3 rows in front (of us) ◆ **passe devant, je te rejoindrai** (you) go on ahead and I'll catch up with you ◆ **fais passer le plateau devant** pass the tray forward ◆ **il a pris des places devant** he has got front seats ou seats at the front ou up front* ◆ (Aut) **il a préféré monter devant** he preferred to sit in (the) front ◆ **marchez devant, les enfants** walk in front, children ◆ **passe devant, il roule trop lentement** go past him ou overtake him (Brit) ou get in front of him, he's going too slowly ◆ **passez devant, je ne suis pas pressé** after you ou you go first ou you go in front of me, I'm in no hurry → **pied**
3 nm a [maison, voiture, objet] front; [bateau] fore, bow(s) ◆ **habiter sur le devant** to live at the front (of the house etc) ◆ **de devant** roue, porte front → **patte[1], point[2]**
b **prendre le(s) devant(s)**: **voyant qu'il hésitait, j'ai pris les devants pour lui parler** seeing that he hesitated, I made the first move ou took the initiative and spoke to him ◆ **nous étions plusieurs sur cette affaire, j'ai dû prendre les devants en offrant un contrat plus intéressant** there were several of us after the job so I had to pre-empt ou forestall the others and offer a more competitive contract ◆ (Mil) **prendre les devants en attaquant** to launch a pre-emptive strike ou attack
c **au-devant (de)**: **je l'ai vu de loin et je suis allé au-devant (de lui)** I saw him in the distance and went (out) to meet him ◆ **aller au-devant des désirs de qn** to anticipate sb's wishes ◆ **courir au-devant du danger** to court danger ◆ **aller au-devant des ennuis** ou **difficultés** to be asking for trouble ◆ **en faisant cela, tu vas au-devant de bien des ennuis** you'll run into ou be asking for no end of trouble by doing that

devanture [d(ə)vɑ̃tyʀ] → SYN nf a (étalage) display; (vitrine) (shop) window (Brit), (store) window (US) ◆ **à la** ou **en devanture** on display; (dans la vitrine) in the window
b (façade) (shop) front

dévastateur, -trice [devastatœʀ, tʀis] → SYN adj torrent, orage devastating, ruinous; passion destructive

dévastation [devastasjɔ̃] → SYN nf devastation ◆ **les dévastations de la guerre / de la tempête** the ravages of war / the storm, the devastation ou havoc wreaked by war / the storm

dévasté, e [devaste] (ptp de **dévaster**) adj pays, ville, cultures devastated; maison ruined; visage ravaged

dévaster [devaste] → SYN ▸ conjug 1 ◂ vt pays, ville, cultures to devastate, lay waste; (fig) âme to devastate, ravage

déveine* [devɛn] nf (piece of) rotten luck* ◆ **être dans la déveine** to be down on one's luck ou out of luck, be damned unlucky* ◆ **avoir la déveine de** to have the rotten luck to* ◆ **quelle déveine!** what rotten luck!*

développable [dev(ə)lɔpabl] adj (gén, Géom) developable

développante [dev(ə)lɔpɑ̃t] nf (Math) involute

développateur [dev(ə)lɔpatœʀ] nm (Phot) developer

développé, e [dev(ə)lɔpe] (ptp de **développer**)
1 adj pays developed; sens, intuition well-developed ◆ membre **bien / peu développé** well-developed / underdeveloped
2 nm (Haltérophilie) press; (Danse) développé

développée [dev(ə)lɔpe] nf (Math) evolute

développement [dev(ə)lɔpmɑ̃] → SYN nm a (croissance) [intelligence, corps, science] development; [industrie, affaire, commerce] development, expansion, growth ◆ **une affaire en plein développement** a fast-expanding ou fast-developing business ◆ **l'entreprise a connu un développement important** the firm has expanded ou developed greatly ou has undergone a sizeable expansion ◆ **la crise a connu un développement inattendu** the crisis has taken an unexpected turn ou has developed in an unexpected way, there has been an unexpected development in the crisis → **pays[1]**
b (conséquences) **développements** [affaire] consequences
c [sujet] exposition; (Mus) [thème] development ◆ **entrer dans des développements inutiles** to go into unnecessary details, develop the subject unnecessarily
d (Phot) developing, development, processing ◆ **appareil / photographie à développement instantané** instant camera / photograph
e (Cyclisme) **choisir un grand / petit développement** to choose a high / low gear
f (Géom) [solide] development; (Algèbre) [fonction] development; [expression algébrique] simplification

développer [dev(ə)lɔpe] → SYN ▸ conjug 1 ◂
GRAMMAIRE ACTIVE 26.2
1 vt a corps, muscle, intelligence to develop; commerce, industrie to develop, expand ◆ **développer le goût de l'aventure chez les enfants** to bring out ou develop adventurousness in children ◆ **il faut développer les échanges entre les pays** exchanges between countries must be developed
b récit, argument, projet to develop, enlarge (up)on, elaborate upon ◆ **il faut développer ce paragraphe** this paragraph needs developing ou expanding
c (Phot) film to develop ◆ **envoyer une pellicule à développer** to send (off) a film to be developed ou processed
d (déballer) paquet to unwrap
e (déployer) parchemin to unroll; coupon de tissu to unfold; armée, troupes to deploy
f (Géom) solide to develop; (Algèbre) fonction, série to develop; expression algébrique to simplify
g **vélo qui développe 6 mètres** bicycle which moves forward 6 metres for every complete revolution of the pedal
h (Haltérophilie) poids to lift
2 **se développer** vpr a [personne, intelligence, plante] to develop, grow; [affaire] to expand, develop, grow
b [armée] to spread out
c [habitude] to spread

développeur [dev(ə)lɔpœʀ] nm (Phot, Ordin) developer

devenir [dəv(ə)niʀ] → SYN ▸ conjug 22 ◂ 1 vi a to become ◆ **devenir capitaine / médecin** to become a captain / a doctor ◆ **que veux-tu devenir dans la vie?** what do you want to do ou be in life? ◆ **cet enfant maladif est devenu un homme solide** that sickly child has turned out ou turned into ou has become a strong man ◆ **il est devenu tout rouge** he turned ou went (Brit) quite red ◆ **il devient de plus en plus agressif** he's becoming ou growing ou getting more and more aggressive ◆ **devenir vieux / grand** to grow ou get old / tall ◆ **arrête, tu deviens grossier** stop it, you're getting ou becoming rude ou

starting to be rude ◆ **c'est à devenir fou!** it's enough to drive you mad!
b (advenir de) **bonjour, que devenez-vous?*** hullo, how are you making out?* (Brit) ou getting on? ou doing?* ◆ **qu'étais-tu devenu? nous te cherchions partout** where ou wherever had you got to? we have been looking for you everywhere ◆ **que sont devenues mes lunettes?** where ou wherever have my glasses got to? ou gone? ◆ **que sont devenus tes grands projets?** what has become of your fine plans? ◆ **que deviendrais-je sans toi?** what(ever) would I do ou what(ever) would become of me without you? ◆ **qu'allons-nous devenir?** what is going to happen to us?, what will become of us?
2 nm (progression) evolution; (futur) future ◆ **quel est le devenir de l'homme?** what is man's destiny? ◆ **en devenir** constantly evolving

déverbal, pl **-aux** [devɛʀbal, o] nm deverbal, deverbative

dévergondage [devɛʀgɔ̃daʒ] → SYN nm licentious ou loose living

dévergondé, e [devɛʀgɔ̃de] → SYN (ptp de **se dévergonder**) adj femme shameless, bad; homme wild, bad, loose; conversation licentious, shameless ◆ **vie dévergondée** licentious ou loose living ◆ **c'est une dévergondée** she's a shameless hussy ◆ **c'est un dévergondé** he leads a wild life

dévergonder (se) [devɛʀgɔ̃de] ▸ conjug 1 ◂ vpr to run wild, get into bad ways

déverguer [devɛʀge] ▸ conjug 1 ◂ vt (Naut) to remove the yards from

déverrouillage [deveʀujaʒ] nm (→ **déverrouiller**) unbolting; unlocking, opening

déverrouiller [deveʀuje] ▸ conjug 1 ◂ vt porte to unbolt; mécanisme to unlock, release; arme à feu to release the bolt of; train d'atterrissage to release

devers [dəvɛʀ] → **par-devers**

dévers [devɛʀ] → SYN nm [route] banking; [mur] slant

déversement [devɛʀsəmɑ̃] nm (→ **déverser**) pouring(-out); tipping(-out); unloading ◆ **déversement accidentel de pétrole** oil spill

déverser [devɛʀse] → SYN ▸ conjug 1 ◂ **1** vt liquide to pour (out); sable, ordures to tip (out); bombes to unload ◆ **la rivière déverse ses eaux dans le lac** the river flows into ou pours its waters into the lake ◆ **il déversa toute sa colère sur moi** he poured out ou vented his anger upon me ◆ **déverser des injures sur qn** to shower abuse on sb ◆ (fig) **le train déversa des milliers de banlieusards** the train disgorged ou discharged thousands of commuters ◆ (fig) **déverser des produits sur le marché européen** to dump ou unload products onto the European market
2 se déverser vpr to pour (out) ◆ **la rivière se déverse dans le lac** the river flows into ou pours its waters into the lake ◆ **un orifice par où se déversaient des torrents d'eaux boueuses** an opening out of which poured torrents of muddy water

déversoir [devɛʀswaʀ] → SYN nm [canal] overflow; [réservoir] spillway, overflow; (fig) outlet

dévêtir [devetiʀ] → SYN ▸ conjug 20 ◂ **1** vt personne, poupée to undress ◆ **dévêtir un enfant** to undress a child, take a child's clothes off (him), take the clothes off a child
2 se dévêtir vpr to undress, get undressed, take one's clothes off

déviance [devjɑ̃s] nf (Psych) deviancy, deviance

déviant, e [devjɑ̃, jɑ̃t] adj, nm,f deviant

déviateur, -trice [devjatœʀ, tʀis] **1** adj force deviatory
2 nm (Phys) deflector ◆ (Aviat) **déviateur (de jet)** jet vane

déviation [devjasjɔ̃] → SYN nf **a** [projectile, navire, aiguille aimantée] deviation; [circulation] diversion
b (Aut: détour obligatoire) diversion (Brit), detour (US)
c (Méd) [organe] inversion; [utérus] displacement; [colonne vertébrale] curvature
d (écart de conduite etc) deviation

déviationnisme [devjasjɔnism] nm deviationism ◆ **faire du déviationnisme de droite** to move to the right

déviationniste [devjasjɔnist] → SYN adj, nmf deviationist

dévidage [devidaʒ] nm (→ **dévider**) unwinding; winding

dévider [devide] → SYN ▸ conjug 1 ◂ vt **a** (dérouler) pelote, bobine to unwind ◆ **dévider son chapelet** (lit) to tell one's beads ◆ **elle m'a dévidé tout son chapelet*** ou **son écheveau*** she reeled off all her grievances to me*
b (mettre en pelote) fil to wind into a ball ou skein; écheveau to wind up

dévidoir [devidwaʀ] nm [fil, tuyau] reel; [câbles] drum, reel

dévier [devje] → SYN ▸ conjug 7 ◂ **1** vi **a** [aiguille magnétique] to deviate; [ballon, bateau, projectile] to veer (off course), turn (off course) ◆ **le ballon a dévié vers la gauche** the ball veered to the left ◆ **le poteau a fait dévier le ballon** the post deflected the ball ◆ **le vent nous a fait dévier (de notre route)** the wind blew ou turned us off course ou made us veer off course ◆ **nous avons dévié par rapport à notre route** we've gone off course, we're off course
b (fig) [doctrine] to alter; [conversation] to turn (*sur* (on)to) ◆ **voyant que la conversation déviait dangereusement** seeing that the conversation was taking a dangerous turn ou was turning onto dangerous ground ◆ **nous avons dévié par rapport au projet initial** we have moved away ou diverged ou departed from the original plan ◆ **on m'accuse de dévier de ma ligne politique** I'm accused of deviating ou departing from my political line ◆ **rien ne me fera dévier de mes principes** nothing will turn me away from my principles, nothing will make me depart ou swerve from my principles ◆ **il fit dévier la conversation vers des sujets plus neutres** he turned ou diverted the conversation onto more neutral subjects
2 vt route, circulation to divert (Brit), detour (US); projectile, coup to deflect, divert ◆ **avoir la colonne vertébrale déviée** to have curvature of the spine

devin, devineresse [dəvɛ̃, dəvin(ə)ʀɛs] → SYN nm,f soothsayer, seer ◆ **je ne suis pas devin*** I don't have second sight, I can't see into the future

devinable [d(ə)vinabl] adj résultat foreseeable; énigme solvable; secret, raison that can be guessed, guessable

deviner [d(ə)vine] → SYN ▸ conjug 1 ◂ vt secret, raison to guess; énigme to solve ◆ **deviner l'avenir** to foretell the future ◆ (littér) **deviner qn** to see into sb ◆ **devine pourquoi/qui** guess why/who ◆ **vous ne devinez pas?** can't you guess? ◆ **je ne devine pas** I give up, I don't know ◆ **je devinais son sourire dans la pénombre** I could make out his smile in the darkness ◆ **tu devines le reste** you can imagine the rest

devineresse [dəvin(ə)ʀɛs] nf → **devin**

devinette [d(ə)vinɛt] → SYN nf riddle, conundrum ◆ **poser une devinette à qn** to ask sb a riddle ◆ **jouer aux devinettes** (lit) to play at (asking) riddles ◆ **arrête de jouer aux devinettes*** stop playing guessing games ou talking in riddles

déviriliser [deviʀilize] ▸ conjug 1 ◂ vt ◆ **déviriliser qn** to emasculate, make sb look less manly

devis [d(ə)vi] → SYN nm estimate, quotation, quote ◆ **devis descriptif** detailed estimate ◆ **devis estimatif** preliminary estimate

dévisager [devizaʒe] → SYN ▸ conjug 3 ◂ vt to stare at, look hard at

devise [dəviz] → SYN nf **a** (Hér) (formule) motto, watchword; (figure emblématique) device
b [maison de commerce] slogan; [parti] motto, slogan ◆ **simplicité est ma devise** simplicity is my motto
c (Fin: monnaie) currency ◆ **devise forte** hard ou strong currency ◆ **devise faible** soft ou weak currency ◆ **devises** (argent) currency ◆ **devises étrangères** foreign currency ◆ **devise convertible** convertible currency → **cours**

deviser [dəvize] → SYN ▸ conjug 1 ◂ vi (littér) to converse (*de* about, on)

dévissage [devisaʒ] nm (→ **dévisser**) unscrewing, undoing; fall

dévisser [devise] ▸ conjug 1 ◂ **1** vt to unscrew, undo ◆ (fig) **se dévisser la tête / le cou** to screw one's head / neck round
2 vi [alpiniste] to fall (off)

de visu [devizy] loc adv ◆ **s'assurer / se rendre compte de qch de visu** to make sure of sth / see sth for o.s.

dévitalisation [devitalizasjɔ̃] nf ◆ **dévitalisation d'une dent** removal of a nerve from a tooth, devitalization (spéc) of a tooth

dévitaliser [devitalize] ▸ conjug 1 ◂ vt dent to remove the nerve from, devitalize (spéc)

dévitaminé, e [devitamine] adj aliment which has lost its vitamins

dévitrifier [devitʀifje] ▸ conjug 7 ◂ vt to devitrify

dévoiement [devwamɑ̃] nm [personne] leading astray

dévoilement [devwalmɑ̃] nm (→ **dévoiler**) unveiling; unmasking; disclosure; revelation ◆ **le dévoilement d'un mystère** the unfolding of a mystery

dévoiler [devwale] → SYN ▸ conjug 1 ◂ vt statue, visage to unveil; intention, secret, vérité, avenir to unveil, disclose; nom, date to reveal, disclose ◆ **le mystère s'est dévoilé** the mystery has been revealed ou unfolded ◆ (hum) **dévoiler ses charmes** to reveal one's charms

devoir [d(ə)vwaʀ] → SYN ▸ conjug 28 ◂ GRAMMAIRE ACTIVE 1.1, 2, 9, 10, 14, 15.2
1 vt **a** (avoir à payer) chose, somme d'argent to owe ◆ **devoir qch à qn** to owe sb sth ◆ **elle (lui) doit 200 F / 2 jours de travail** she owes (him) 200 francs / 2 days' work ◆ **il réclame seulement ce qui lui est dû** he is asking only for what is owing ou due to him, he is only asking for his due(s)
b (être redevable) **devoir qch à qch** to owe sth to sth ◆ **devoir qch à qn** to owe sth to sb, be indebted to sb for sth ◆ **il ne veut rien devoir à personne** he doesn't want to be indebted to anyone ou to owe anyone anything ◆ **c'est à son courage qu'elle doit la vie** she owes her life to his courage, it's thanks to his courage that she's alive ◆ **je dois à mes parents d'avoir réussi** I have my parents to thank for my success, I owe my success to my parents ◆ **sa réussite ne doit rien au hasard** he doesn't owe his success to luck, his success has nothing to do with ou is not down to luck ◆ **c'est à Fleming que l'on doit la découverte de la pénicilline** we have Fleming to thank for the discovery of penicillin, it is to Fleming that we owe the discovery of penicillin ◆ **je lui dois une fière chandelle** I am enormously grateful to him (ou her)
c (être tenu à) to owe ◆ **devoir le respect / l'obéissance à qn** to owe sb respect / obedience ◆ **il lui doit bien cela!** it's the least he can do for him! ◆ **avec les honneurs dus à son rang** with honours due to ou befitting his rank
2 vb aux **a** (obligation) to have to ◆ **elle doit (absolument) partir ce soir** she (really) has to ou she (really) must go tonight ◆ **il aurait dû la prévenir** he should have ou ought to have warned her ◆ **il avait promis, il devait le faire** he had promised so he had to do it ◆ **il devrait maintenant connaître le chemin** he ought to ou should know the way by now ◆ **dois-je lui écrire tout de suite?** must I ou do I have to ou have I got to write to him immediately? ◆ **vous ne devez pas entrer sans frapper** you are not to ou must not come in without knocking ◆ **non, tu ne dois pas le rembourser** no, you need not ou don't have to pay it back
b (fatalité) **cela devait arriver un jour** it (just) had to happen ou it was bound to happen some time ◆ **elle ne devait pas apprendre la nouvelle avant le lendemain** she was not to hear the news until the next day ◆ (littér) **dût-il** ou **même s'il devait être condamné, il refuserait de parler** even if he were (to be) found guilty he would refuse to talk, were he to be found guilty ou should he be found guilty he would still refuse to talk ◆ **les choses semblent devoir s'arran-**

ger / empirer it looks as though things are ou things seem to be sorting themselves out / getting worse

c (prévision) **il devait acheter une moto mais c'était trop cher** he was (going) to buy ou he was to have bought a motorbike but it was too expensive ◆ **il doit arriver ce soir** he is due (to arrive) tonight, he is to arrive tonight ◆ **elle doit vous téléphoner demain** she is to ring you tomorrow ◆ **tu ne devais pas venir avant 8 heures** you were not supposed to come ou you were not expected before 8 ◆ **vous deviez le lui cacher** you were (supposed) to hide it ou to have hidden it from him

d (probabilité) **il doit faire froid ici en hiver** it must be cold here in winter ◆ **vous devez vous tromper** you must be mistaken ◆ **il a dû se tromper** ou **il doit s'être trompé de chemin** he must have lost his way ◆ **il devait être 6 heures quand il est sorti** it must have been 6 when he went out ◆ **elle ne doit pas être bête, vous savez** she can't be stupid, you know ◆ **il ne devait pas être loin du sommet quand il a abandonné** he can't have been far from the top when he gave up ◆ **cela devrait pouvoir s'arranger** it should be ou ought to be possible to put that right, we should be able to put that right

3 **se devoir** vpr ◆ **se devoir à qn / qch** to have to devote o.s. to sb / sth ◆ **une mère se doit à sa famille** a mother has to ou must devote herself to her family ◆ **nous nous devons de le lui dire** it is our duty ou we are duty bound to tell him ◆ **comme il se doit** (comme il faut) as is proper ou right; (comme prévu) as expected

4 nm **a** (obligation morale) duty ◆ **agir par devoir** to act from a sense of duty ◆ **un homme de devoir** a man of conscience ou with a sense of duty ◆ **devoir de réserve** duty to preserve secrecy

b (ce que l'on doit faire) duty ◆ **accomplir** ou **faire** ou **remplir son devoir** to carry out ou do one's duty ◆ **les devoirs du citoyen / d'une charge** the duties of a citizen / post ◆ **se faire un devoir de faire** to make it one's duty to do ◆ **il est de mon / ton / son** etc **devoir de faire** it is my / your / his etc duty to do ◆ **devoirs religieux** religious duties ◆ (frm) **il se mit en devoir de répondre à la lettre** he proceeded to reply to the letter ◆ **il se mit immédiatement en devoir de le faire** he set about doing it immediately

c (Scol) (à la maison) homework (NonC); (en classe) exercise ◆ **faire ses devoirs** to do one's homework ◆ **il n'a pas de devoir de français aujourd'hui** he has no French homework tonight ◆ **devoirs de vacances** homework to be done over the holidays ◆ **devoir sur table** ou **surveillé** (written) test

d (†, hum : hommage) **devoirs** respects ◆ **présenter ses devoirs à qn** to pay one's respects to sb → **dernier**

dévoisé, e [devwaze] adj (Ling) consonne devoiced

dévoisement [devwazmɑ̃] nm (Ling) devoicing

dévoltage [devɔltaʒ] nm reduction in voltage

dévolter [devɔlte] ▸ conjug 1 ◂ vt to reduce the voltage of

dévolu, e [devɔly] [→ SYN] **1** adj ◆ **être dévolu à qn** [succession, droits] to be devolved upon ou to sb; [charge] to be handed down ou passed on to sb ◆ **le budget qui a été dévolu à la recherche** the funds that have been allotted ou granted ou devoted to research ◆ **la part de gâteau qui m'avait été dévolue** the piece of cake that had been allotted to me ◆ **c'est à moi qu'il a été dévolu de commencer** it fell to my lot to start ◆ **le sort qui lui sera dévolu** the fate that is in store for him

2 nm → **jeter**

dévolutif, -ive [devɔlytif, iv] adj devolutionary

dévolution [devɔlysjɔ̃] nf devolution

dévonien, -ienne [devɔnjɛ̃, jɛn] **1** adj Devonian

2 nm ◆ **le dévonien** the Devonian

dévorant, e [devɔʀɑ̃, ɑ̃t] [→ SYN] adj faim raging (épith); curiosité, soif burning (épith); passion devouring (épith), consuming (épith); (littér) flammes all-consuming (littér), ravaging (épith)

dévorateur, -trice [devɔʀatœʀ, tʀis] adj passion devouring (épith)

dévorer [devɔʀe] [→ SYN] ▸ conjug 1 ◂ vt **a** (manger) [fauve] to devour; [personne] to devour, wolf (down)* ◆ **des limaces ont dévoré mes laitues** slugs have eaten up ou devoured my lettuces ◆ **cet enfant dévore!** this child has a huge appetite! ◆ **on est dévoré par les moustiques!** we're being eaten alive by mosquitoes! ◆ **dévorer un livre** to devour a book ◆ **dévorer qch à belles dents** to wolf sth down ◆ **dévorer qn / qch du regard** ou **des yeux** to eye sb / sth greedily ou covetously ◆ **dévorer qn de baisers** to smother sb with kisses ◆ **l'acné / la barbe qui lui dévorait les joues** the acne / the beard which was engulfing his face → **loup**

b (consumer) to consume ◆ **le feu dévore le bâtiment** the fire is consuming ou devouring the building ◆ **il a dévoré sa fortune** he has consumed his (whole) fortune ◆ **voiture qui dévore les kilomètres** ou **la route** car which eats up the miles ◆ **c'est une tâche qui dévore tous mes loisirs** it's a task which swallows up all my free time

c (littér) (tourmenter) [jalousie, remords, soucis] to consume, devour; [maladie] to consume ◆ **la soif le dévore** he has a burning thirst, he is consumed with thirst ◆ **être dévoré de remords / jalousie** to be eaten up with ou consumed with ou devoured by remorse / jealousy

d (frm : cacher) **dévorer un affront** to swallow an affront ◆ **dévorer ses larmes** to choke back ou gulp back one's tears

dévoreur, -euse [devɔʀœʀ, øz] nm,f devourer ◆ (fig) **un dévoreur de livres** an avid reader ◆ **ce projet est un gros dévoreur de crédits** this project takes a huge amount of money ou is a great drain on funds

dévot, e [devo, ɔt] [→ SYN] **1** adj (gén) devout, pious; (péj : bigot) churchy*, holier-than-thou

2 nm,f deeply religious person; (péj) excessively pious person ◆ (péj) **une vieille dévote** a churchy old woman* → **faux²**

dévotement [devɔtmɑ̃] adv devoutly, piously

dévotion [devosjɔ̃] [→ SYN] nf **a** (piété) devoutness, religious devotion → **faux²**

b **dévotions** devotions ◆ **faire ses dévotions** to perform one's devotions

c (culte) devotion ◆ (fig) **avoir une dévotion pour qn** to worship sb ◆ **être à la dévotion de qn** to be totally devoted to sb ◆ **il avait à sa dévotion plusieurs employés** he had several totally devoted employees

dévoué, e [devwe] [→ SYN] (ptp de **se dévouer**) adj infirmière devoted, dedicated; femme devoted; ami, serviteur devoted, faithful ◆ **être dévoué à qn / qch** to be devoted to sb / sth ◆ (†† : formule de lettre) **votre dévoué serviteur** your devoted servant → **croire**

dévouement [devumɑ̃] [→ SYN] nm [mère, ami, voisin] devotion; [infirmière, sauveteur, soldat] devotion, dedication ◆ **dévouement à un parti** devotion to a party ◆ **avec dévouement** devotedly ◆ **avoir un dévouement aveugle pour qn** to be blindly devoted to sb ◆ **elle a fait preuve d'un grand dévouement pour lui / à leur cause** she showed great devotion to him / to their cause

dévouer (se) [devwe] ▸ conjug 1 ◂ vpr **a** (se sacrifier) to sacrifice o.s. ◆ **il se dévoue pour les autres** he sacrifices himself ou makes a sacrifice of himself for others ◆ **c'est toujours moi qui me dévoue!** it's always me who makes the sacrifices! ◆ (hum) **personne ne veut le manger? bon, je me dévoue** so nobody wants to eat it? all right, I'll be a martyr (hum)

b (se consacrer à) **se dévouer à qn / qch** to devote ou dedicate o.s. to sb / sth

dévoyé, e [devwaje] [→ SYN] (ptp de **dévoyer**) **1** adj delinquent

2 nm,f delinquent ◆ **une bande de jeunes dévoyés** a gang of young delinquents

dévoyer [devwaje] ▸ conjug 8 ◂ **1** vt to lead astray

2 **se dévoyer** vpr to go astray

dextérité [dɛksteʀite] [→ SYN] nf skill, dexterity ◆ **avec dextérité** skilfully, dextrously, with dexterity

dextre [dɛkstʀ] **1** adj coquille dextral; (Hér) dexter

2 nf (††, hum) right hand

dextrine [dɛkstʀin] nf dextrin(e)

dextrocardie [dɛkstʀokaʀdi] nf dextrocardia

dextrogyre [dɛkstʀoʒiʀ] adj dextrogyrate, dextrogyre

dextrorsum [dɛkstʀɔʀsɔm] adj inv dextrorse, dextrorsal

dey [dɛ] nm dey

DG [deʒe] **1** nm (abrév de **directeur général**) → **directeur**

2 nf (abrév de **direction générale**) (siège social) HO; (de la CEE) DG

dg (abrév de **décigramme**) dg

DGA [deʒea] nm (abrév de **directeur général adjoint**) → **directeur**

DGE [deʒeə] nf (abrév de **dotation globale d'équipement**) *state contribution to local government budget*

DGI [deʒei] nf (abrév de **Direction générale des impôts**) IR (Brit), IRS (US)

DGRST [deʒeɛʀɛste] nf (abrév de **Délégation générale à la recherche scientifique et technique**) → **délégation**

DGSE [deʒeɛsə] nf (abrév de **Direction générale de la sécurité extérieure**) ≃ MI6 (Brit), ≃ CIA (US)

Dhaka [daka] n Dhaka

dia [dja] excl → **hue**

diabète [djabɛt] nm diabetes (sg) ◆ **avoir du diabète** to have diabetes ◆ **diabète insipide / sucré** diabetes insipidus / mellitus ◆ **diabète gras** maturity-onset diabetes ◆ **diabète maigre** insulin-dependent diabetes, juvenile-onset diabetes

diabétique [djabetik] adj, nmf diabetic

diabétologie [djabetɔlɔʒi] nf study of diabetes

diabétologue [djabetɔlɔg] nmf diabetes specialist

diable [djɑbl] [→ SYN] nm **a** (Myth, Rel) devil ◆ **le diable** the Devil ◆ **s'agiter comme un beau diable** to thrash about like the (very) devil ◆ **j'ai protesté comme un beau diable** I protested for all I was worth ou as loudly as I could ◆ **cet enfant a le diable au corps** this child is the very devil ◆ **faire le diable à quatre** to create the devil of a rumpus ◆ **que le diable l'emporte!** the devil take him! ◆ **le diable m'emporte si j'y comprends quelque chose!** the devil take me† ou the deuce† if I understand any of it!, I'll be damned if I understand it!* ◆ **c'est bien le diable si on ne trouve pas à les loger** it would be most unusual ou surprising if we couldn't find anywhere for them to stay ◆ **ce n'est pas le diable** it's not that bad ◆ **(fait) à la diable** (done) any old how ◆ **tirer le diable par la queue*** to live from hand to mouth, be on one's uppers (Brit) ◆ **se démener comme un diable dans un bénitier** to be like a cat on hot bricks (Brit) ou on a hot tin roof → **avocat¹**, **île**

b (excl) **Diable!† c'est difficile!** it's dashed ou deuced difficult!† ◆ **diable oui / non!** good gracious yes / no! ◆ **du diable si je le sais!** the devil take me† ou the deuce† if I know! ◆ **allons, du courage que diable!** cheer up, dash it!* ◆ **où / quand / qui / pourquoi diable ...?** where / when / who / why the blazes* ou the devil ...?

c **au diable : être situé / habiter au diable (vauvert)** to be situated / live miles from anywhere ou at the back of beyond (Brit) ◆ **envoyer qn au diable** ou **à tous les diables** to tell sb to go to the devil ◆ **il peut aller au diable, qu'il aille au diable!** he can go to the devil! ◆ **au diable l'avarice / le percepteur!** the devil take miserliness / the tax collector!

d **du diable, de tous les diables : il fait un froid du diable** ou **de tous les diables** it's fearfully ou fiendishly cold ◆ **il faisait un vent du diable** ou **de tous les diables** there was the ou a devil of a wind, it was fearfully ou fiendishly windy ◆ **on a eu un mal du diable à le faire avouer** we had the ou a devil of a job making him own up

e (†) **en diable** deuced†, dashed† ◆ **il est menteur en diable** he is a deuced ou dashed liar† ◆ **il est courageux / robuste en diable** he is devilishly ou dashed brave / strong†

f (*: enfant) devil, rogue ◆ (*: personne) **pauvre diable** poor devil ou wretch ◆ **grand diable** tall fellow ◆ **c'est un bon / ce n'est pas un mauvais diable** he's a nice / he's not a bad sort ou fellow ◆ **leur enfant est très diable** their child is a real little devil

g diable de wretched ◆ **ce diable d'homme** that wretched fellow ◆ **cette diable d'affaire** this wretched business ◆ **avec ce diable de temps on ne peut pas sortir** we can't go out in this wretched weather

h (chariot) hand truck ◆ (jouet) **diable (à ressort)** jack-in-the-box

i (casserole) earthenware braising pot

j (Culin) **à la diable** in a piquant sauce, à la diable

diablement* [djɑbləmɑ̃] adv (très) darned* ◆ **il y a diablement longtemps que** it's a heck* of a long time since ◆ **il m'a diablement surpris** he gave me a heck* of a surprise

diablerie [djɑbləʀi] → SYN nf **a** (espièglerie) devilment, roguishness; (acte) mischief (NonC) ◆ **leurs diableries me feront devenir folle** their mischief will drive me mad

b (††: machination) machination, evil intrigue

c (††: sorcellerie) devilry

d (Théât) *mystery play featuring devils*

diablesse [djɑblɛs] → SYN nf (diable femelle) she-devil; (†: mégère) shrew, vixen; (*: bonne femme) wretched woman ◆ **cette enfant est une vraie diablesse** that child is a little devil

diablotin [djɑblɔtɛ̃] → SYN nm (lit, fig) imp; (pétard) (Christmas) cracker (Brit), favor (US)

diabolique [djabɔlik] → SYN adj diabolic(al), devilish

diaboliquement [djabɔlikmɑ̃] adv diabolically

diabolo [djabɔlo] nm (jouet) diabolo ◆ (boisson) **diabolo grenadine / menthe** grenadine / mint (cordial) and lemonade

diacétylmorphine [diasetilmɔʀfin] nf diacetylmorphine

diachronie [djakʀɔni] nf diachrony

diachronique [djakʀɔnik] adj diachronic

diachylon [djakilɔ̃] nm diachylon

diaclase [djaklɑz] nf (Géol) joint *(in rock)*

diaconal, e, mpl **-aux** [djakɔnal, o] adj diaconal

diaconat [djakɔna] nm diaconate

diaconesse [djakɔnɛs] nf deaconess

diacre [djakʀ] nm deacon

diacritique [djakʀitik] adj diacritic(al) ◆ **(signe) diacritique** diacritic (mark)

diadème [djadɛm] → SYN nm (lit, fig: couronne) diadem; (bijou féminin) tiara

diagnose [djagnoz] nf (Bio) diagnosis

diagnostic [djagnɔstik] nm diagnosis ◆ **diagnostic prénatal** prenatal ou antenatal diagnosis

diagnostique [djagnɔstik] adj diagnostic

diagnostiquer [djagnɔstike] → SYN ▸conjug 1◂ vt (lit, fig) to diagnose

diagonal, e, mpl **-aux** [djagɔnal, o] **1** adj diagonal

2 diagonale nf diagonal ◆ **couper un tissu dans la diagonale** to cut a fabric on the cross (Brit) ou on the bias ◆ **en diagonale** diagonally, crosswise ◆ **tirer un trait en diagonale** to draw a line across the page ◆ (fig) **lire** ou **parcourir en diagonale** to skim through

diagonalement [djagɔnalmɑ̃] adv diagonally

diagramme [djagʀam] → SYN nm (schéma) diagram; (courbe, graphique) chart, graph ◆ **diagramme à barres** ou **à bâtons** ou **en tuyaux d'orgue** bar chart ou graph ◆ **diagramme sagittal / en arbre** sagittal / tree diagram ◆ **diagramme en secteurs** pie chart

diagraphe [djagʀaf] nm diagraph

dialcool [dialkɔl] nm dihydric alcohol, diol, glycol

dialectal, e, mpl **-aux** [djalɛktal, o] adj dialectal, dialectic(al)

dialectalisme [djalɛktalism] nm dialectal variation

dialecte [djalɛkt] → SYN nm dialect

dialecticien, -ienne [djalɛktisjɛ̃, jɛn] nm,f dialectician

dialectique [djalɛktik] → SYN **1** adj dialectic(al) → **matérialisme**

2 nf dialectic

dialectiquement [djalɛktikmɑ̃] adv dialectically

dialectiser [djalɛktize] ▸conjug 1◂ vt to dialectalize

dialectologie [djalɛktɔlɔʒi] nf dialectology

dialectologue [djalɛktɔlɔg] nmf dialectologist

dialogique [djalɔʒik] adj dialogic

dialogue [djalɔg] → SYN nm (entre syndicats, ministres etc, Littérat) dialogue (Brit), dialog (US); (entre amis etc) conversation, talk, dialogue (Brit), dialog (US) ◆ **c'est un dialogue de sourds** it's a dialogue of the deaf ◆ **le dialogue Nord-Sud** the North-South dialogue ◆ (Ordin) **dialogue homme-machine** dialogue between man and machine ◆ (Littérat) **"Le Dialogue des Carmélites"** "The Fearless Heart"

dialoguer [djalɔge] → SYN ▸conjug 1◂ **1** vt roman to put into dialogue (form)

2 vi [amis] to have a conversation, converse; [syndicats] to have a dialogue ◆ **dialoguer avec un ordinateur** to interact with a computer

dialoguiste [djalɔgist] nmf dialogue writer, screen writer

dialypétale [djalipetal] **1** adj dypetalous

2 dialypétales nfpl ◆ **les dialypétales** dypetalous flowers

dialyse [djaliz] nf dialysis ◆ **dialyse péritonéale** peritoneal dialysis ◆ **être en dialyse** to be on dialysis ◆ **subir une dialyse** to have dialysis

dialyser [djalize] ▸conjug 1◂ vt to dialyse (Brit), dialyze (US) ◆ **(malade) dialysé** dialysis patient

dialyseur [djalizœʀ] nm dialyser (Brit), dialyzer (US)

diam* [djam] nm (abrév de **diamant**) rock*

diamagnétisme [djamaɲetism] nm diamagnetism

diamant [djamɑ̃] → SYN nm (gén) diamond ◆ (fig) **le diamant noir** the truffle → **croqueuse**

diamantaire [djamɑ̃tɛʀ] nm (tailleur) diamond-cutter; (vendeur) diamond merchant

diamanté, e [djamɑ̃te] adj (Tech) diamond-tipped

diamantifère [djamɑ̃tifɛʀ] adj diamantiferous

diamétral, e, mpl **-aux** [djametʀal, o] adj diametral, diametric(al)

diamétralement [djametʀalmɑ̃] → SYN adv (Géom) diametrally, diametrically ◆ **points de vue diamétralement opposés** diametrically opposite ou opposed views

diamètre [djamɛtʀ] nm [arbre, cercle, courbe] diameter

diamine [diamin] nf diamine

diaminophénol [diaminofenɔl] nm diaminophenol

diane [djan] → SYN nf (Mil †) reveille ◆ **sonner / battre la diane** to sound / beat the reveille

Diane [djan] nf Diane, Diana ◆ **Diane chasseresse** Diana the Huntress

diantre [djɑ̃tʀ] → SYN excl (†, hum) by Jove! (†, hum), by gad ◆ (†, hum) **qui / pourquoi / comment diantre ...?** who / why / how the deuce ...?† ou the devil ...?

diantrement [djɑ̃tʀəmɑ̃] adv (†, hum) devilish†, deuced†

diapason [djapazɔ̃] → SYN nm (Mus) (registre) compass, range, diapason; (instrument) (en métal) tuning fork, diapason; (à vent) pitch pipe, diapason ◆ **diapason de Scheibler** tonometer ◆ (fig) **être au diapason d'une situation** to be in tune with a situation ◆ (fig) **se mettre au diapason de qn** to get in tune with sb, get on to sb's wavelength ◆ (fig) **il s'est vite mis au diapason** he soon fell ou got in step ou tune with (the ideas of) the others

diapédèse [djapedɛz] nf diapedesis

diaphane [djafan] → SYN adj tissu diaphanous, filmy; parchemin, porcelaine translucent; mains diaphanous

diaphanoscopie [djafanɔskɔpi] nf diaphanoscopy

diaphonie [djafɔni] nf crosstalk

diaphragme [djafʀagm] nm (Anat, Bot, Tech) diaphragm; (contraceptif) diaphragm, (Dutch) cap (Brit); (Phot) aperture ◆ (Phot) **ouvrir de 2 diaphragmes** to open 2 stops

diaphragmer [djafʀagme] ▸conjug 1◂ vi (Phot) to adjust the aperture

diaphyse [djafiz] nf (Anat) shaft

diapo* [djapo] nf abrév de **diapositive**

diaporama [djapɔʀama] nm slide show

diapositive [djapozitiv] nf slide, transparency (Brit) ◆ **passer** ou **projeter des diapositives** to show slides ou transparencies (Brit)

diapré, e [djapʀe] → SYN (ptp de **diaprer**) adj mottled, variegated, many-coloured

diaprer [djapʀe] ▸conjug 1◂ vt (littér) to mottle, variegate

diaprure [djapʀyʀ] nf (NonC: littér) variegation, mottled effect

diarrhée [djaʀe] → SYN nf diarrhoea (Brit) (NonC), diarrhea (US) (NonC) ◆ **avoir la diarrhée** ou **des diarrhées** to have diarrhoea (Brit) ou diarrhea (US) ◆ (péj) **diarrhée verbale*** verbal diarrhoea*

diarrhéique [djaʀeik] adj diarrhoeal (Brit), diarrhoeic (Brit), diarrheal (US), diarrheic (US)

diarthrose [djaʀtʀoz] nf (Anat) hinge joint ◆ **diarthrose rotatoire** pivot joint

diascope [djaskɔp] nm [blindé] periscope; (projection) diascope

diascopie [djaskɔpi] nf diascopy

diaspora [djaspɔʀa] nf (gén) diaspora ◆ **la Diaspora (juive)** the (Jewish) Diaspora

diastase [djastɑz] nf diastase

diastasique [djastɑzik] adj diastatic, diastasic

diastole [djastɔl] nf diastole

diastolique [djastɔlik] adj diastolic

diathèque [djatɛk] nf (collection) slide ou transparency (Brit) collection; (salle) slide ou transparency (Brit) room

diathermane [djatɛʀman], **diatherme** [djatɛʀm] adj diathermic

diathermie [djatɛʀmi] nf diathermy, diathermia

diathermique [djatɛʀmik] adj diathermic

diathèse [djatɛz] nf diathesis

diatomée [djatɔme] nf diatom

diatomique [diatɔmik] adj diatomic

diatomite [djatɔmit] nf diatomite

diatonique [djatɔnik] adj diatonic

diatoniquement [djatɔnikmɑ̃] adv diatonically

diatribe [djatʀib] → SYN nf diatribe ◆ **se lancer dans une longue diatribe contre qn** to launch into a long diatribe against sb

diazoïque [diazɔik] adj diazoic

dibasique [dibɑzik] adj dibasic

dichotomie [dikɔtɔmi] nf (Bot, littér) dichotomy

dichotomique [dikɔtɔmik] adj dichotomous, dichotomic

dichroïque [dikʀɔik] adj dichroic

dichroïsme [dikʀɔism] nm dichroism

dichromatique [dikʀɔmatik] adj dichromatic

dicline [diklin] adj diclinous

dico* [diko] nm abrév de **dictionnaire**

dicotylédone [dikɔtiledɔn] **1** adj dicotyledonous

2 nf dicotyledon

dicrote [dikʀɔt] adj m pouls dicrotic

dictame [diktam] nm (Bot) dictamnus

Dictaphone ® [diktafɔn] nm Dictaphone ®

dictateur [diktatœʀ] → SYN nm dictator ◆ (fig) **faire le dictateur** to play the dictator ◆ **ton / allure de dictateur** dictatorial tone / manner ◆ (Ciné) **"Le Dictateur"** "the Great Dictator"

dictatorial, e, mpl **-iaux** [diktatɔʀjal, jo] [→ SYN] adj dictatorial

dictature [diktatyʀ] [→ SYN] nf dictatorship ◆ **la dictature du prolétariat** dictatorship of the proletariat ◆ **dictature militaire** military dictatorship ◆ (fig) **c'est de la dictature!** this is tyranny!

dictée [dikte] [→ SYN] nf (action) dictating, dictation; (exercice) dictation ◆ **écrire qch sous la dictée** to take down a dictation of sth ◆ **écrire sous la dictée de qn** to take down sb's dictation ou what sb dictates ◆ **dictée musicale** musical dictation, aural training ◆ (littér) **les dictées de son cœur** the dictates of his heart

dicter [dikte] [→ SYN] ▸ conjug 1 ◂ vt lettre, (fig) condition, action to dictate ◆ **ils nous ont dicté leurs conditions** they laid down ou dictated their conditions to us ◆ **les mesures que nous dicte la situation** the steps that the situation imposes upon us ◆ **il m'a dicté sa volonté** he imposed his will upon me ◆ **sa réponse (lui) est dictée par sa femme / par la peur** his wife / fear has dictated his reply ◆ **je n'aime pas qu'on me dicte ce que je dois faire!** I won't be dictated to! ◆ **une paix dictée par l'ennemi** peace on the enemy's terms

diction [diksjɔ̃] [→ SYN] nf (débit) diction, delivery; (art) speech production ◆ **professeur / leçons de diction** speech production teacher / lessons

dictionnaire [diksjɔnɛʀ] [→ SYN] nm dictionary ◆ **dictionnaire des synonymes** dictionary of synonyms, thesaurus ◆ **dictionnaire de langue / de rimes** language / rhyme dictionary ◆ (Ordin) **dictionnaire de données** data directory ou dictionary ◆ **dictionnaire encyclopédique / étymologique** encyclopaedic / etymological dictionary ◆ **dictionnaire géographique** gazetteer ◆ **c'est un vrai dictionnaire** ou **un dictionnaire vivant** he's a walking encyclopaedia

dictionnairique [diksjɔneʀik] adj dictionary (épith)

dictionnariste [diksjɔnaʀist] nmf lexicographer

dicton [diktɔ̃] [→ SYN] nm saying, dictum ◆ **il y a un dicton qui dit ...** there's a saying which goes ...

didacticiel [didaktisjɛl] nm educational software (NonC), piece of educational software ◆ **des didacticiels** educational software

didactique [didaktik] [→ SYN] **1** adj poème, exposé didactic; mot, terme technical
2 nf didactics (sg)

didactiquement [didaktikmɑ̃] adv didactically

didactisme [didaktism] nm didacticism

didascalie [didaskali] nf stage direction

Didon [didɔ̃] nf Dido

dièdre [djɛdʀ] **1** adj angle dihedral
2 nm dihedron, dihedral; (Alpinisme) dièdre, corner

diélectrique [dielɛktʀik] adj, nm dielectric

diencéphale [diɑ̃sefal] nm diencephalon

diencéphalique [diɑ̃sefalik] adj diencephalic

diérèse [djeʀɛz] nf (Ling) di(a)eresis

diergol [diɛʀgɔl] nm diergol

dièse [djɛz] adj, nm (Mus) sharp ◆ **fa / sol dièse** F / G sharp

diesel [djezɛl] nm diesel ◆ **(moteur / camion) diesel** diesel engine / lorry (Brit) ou truck (US)

diéséliste [djezelist] nm (mécanicien) diesel engineer

diéser [djeze] ▸ conjug 6 ◂ vt (Mus) to sharpen, make sharp

Dies irae [djesiʀe] nm inv Dies Irae

diète[1] [djɛt] [→ SYN] nf (Méd) (jeûne) starvation diet; (régime) diet ◆ **diète lactée / végétale** milk / vegetarian diet ◆ **mettre qn à la diète** to put sb on a starvation diet ◆ **il est à la diète** he has been put on a starvation diet

diète[2] [djɛt] [→ SYN] nf (Hist) diet

diététicien, -ienne [djetetisjɛ̃, jɛn] [→ SYN] nm,f dietician, dietitian

diététique [djetetik] [→ SYN] **1** adj dietary, dietetic(al) ◆ **restaurant diététique** health-food restaurant ◆ **magasin** ou **centre diététique** health-food shop
2 nf dietetics (sg)

diététiste [djetetist] nmf (Can) dietician, dietitian

dieu, pl **dieux** [djø] [→ SYN] nm **a** god ◆ **les dieux de l'Antiquité** the gods of Antiquity ◆ **le dieu Chronos** the god Chronos
b (dans le monothéisme) **Dieu** God ◆ **le Dieu des chrétiens / musulmans** the God of the Christians / Muslims ◆ **Dieu le père** God the Father ◆ (hum) **c'est Dieu le père dans l'entreprise** he's God in the company ◆ **une société / génération sans Dieu** a godless society / generation, a society / generation without God ◆ **le bon Dieu** the good ou dear Lord ◆ **donner / recevoir le bon Dieu** to offer / receive the Lord (in Sacrament) ◆ **on lui donnerait le bon Dieu sans confession** he looks as if butter wouldn't melt in his mouth ◆ **faire de qn son dieu** to idolize ou worship sb, put sb on a pedestal ◆ **il n'a ni dieu ni maître** he has neither lord nor master → **âme, homme**
c (fig: idole) god
d LOC **mon Dieu!** my goodness!, goodness me! ◆ **(grand) Dieu!, grands Dieux!** good heavens!, goodness gracious (me)! ◆ **Dieu qu'il est beau / bête!** Heavens, he's so good-looking / stupid! ◆ **mon Dieu oui, on pourrait ...** well yes, we could ... ◆ **Dieu vous bénisse!** God bless you! ◆ **que Dieu vous assiste!** God be with you! ◆ **à Dieu ne plaise!, Dieu m'en garde!** God forbid! ◆ **Dieu vous entende / aide!** may God hear / help you! ◆ **Dieu seul le sait** God only ou alone knows ◆ **Dieu sait s'il est généreux / si nous avons essayé!** God knows he is generous / we have tried! ◆ **Dieu sait pourquoi elle a épousé un homme si stupide** heaven ou God (only) knows why she married such a stupid man ◆ **Dieu merci,** (frm) **Dieu soit loué!** thank God!, praise God! ou the Lord! ◆ **Dieu merci, il n'a pas plu** it didn't rain, thank goodness ou thank God ou thank heaven(s) ◆ **c'est pas Dieu possible!*** that's just not possible ◆ **à-Dieu-vat!** (entreprise risquée) well, it's in God's hands; (départ) God be with you ◆ **Dieu m'est témoin que je n'ai jamais ...** as God is my witness I have never ... ◆ **tu vas te taire bon Dieu!**‡ for Christ's sake‡ (Brit) ou sakes‡ (US) will you be quiet! → **amour, grâce, plaire**

diffamant, e [difamɑ̃, ɑ̃t] [→ SYN] adj (→ **diffamer**) slanderous; defamatory; libellous

diffamateur, -trice [difamatœʀ, tʀis] (→ **diffamer**) **1** adj slanderous; libellous
2 nm,f slanderer

diffamation [difamasjɔ̃] [→ SYN] nf **a** (NonC: → **diffamer**) slandering; defamation; libelling ◆ (Jur) **la diffamation** slander; libel ◆ (Jur) **un procès en diffamation** (pour injures verbales) an action for slander; (pour injures écrites) an action for libel ◆ **campagne de diffamation** smear campaign
b (propos) slander (NonC); (pamphlet) libel (NonC) ◆ **les diffamations des journaux** the libellous reports in the newspapers

diffamatoire [difamatwaʀ] adj (→ **diffamer**) slanderous; defamatory; libellous

diffamer [difame] [→ SYN] ▸ conjug 1 ◂ vt to slander, defame; (Jur) (en paroles) to slander; (par écrit) to libel

différé, e [difeʀe] (ptp de **différer**) **1** adj (TV) (pre-)recorded
2 nm (pre-)recorded programme, recording ◆ **émission en différé** (pre-)recorded programme, recording ◆ **le match sera retransmis en différé** the prerecorded match will be broadcast at a later time

différemment [difeʀamɑ̃] adv differently

différence [difeʀɑ̃s] [→ SYN] GRAMMAIRE ACTIVE 5.1, 5.4, 26.5 nf **a** (gén) difference ◆ **différence d'opinion** difference of opinion ◆ **différence d'âge / de prix** difference in age / price, age / price difference ◆ **quelle différence avec les autres!** what a difference from the others! ◆ **ne pas faire de différence** to make no distinction (*entre* between) ◆ **faire la différence** to know the difference (*entre* between) ◆ **faire des différences entre ses subordonnés** to discriminate between one's subordinates, treat one's subordinates differently ◆ **tu auras à payer la différence** you will have to make up ou pay the difference ◆ (Sport) **différence de buts** goal difference
b LOC **à la différence de** unlike ◆ **à la différence** ou **à cette différence que** except (for the fact) that

différenciateur, -trice [difeʀɑ̃sjatœʀ, tʀis] adj differentiating, differential

différenciation [difeʀɑ̃sjasjɔ̃] [→ SYN] nf differentiation

différencier [difeʀɑ̃sje] [→ SYN] ▸ conjug 7 ◂ GRAMMAIRE ACTIVE 5.1
1 vt to differentiate
2 **se différencier** vpr (être différent de) to differ (*de* from); (devenir différent) to become differentiated (*de* from); (se rendre différent) to differentiate o.s. (*de* from)

différend [difeʀɑ̃] [→ SYN] nm difference of opinion, disagreement; (Jur, Fin) controversy ◆ **avoir un différend avec qn** to have a difference of opinion with sb

différent, e [difeʀɑ̃, ɑ̃t] [→ SYN] GRAMMAIRE ACTIVE 26.3 adj **a** (dissemblable) different (*de* from) ◆ **dans des circonstances différentes, je vous aurais aidé** if things had been different ou in other ou different circumstances, I would have helped you ◆ **chercher des solutions différentes** to try to find alternative ou other solutions
b (pl, gén avant n: divers) different, various ◆ **à différentes reprises** on several different ou on various occasions ◆ **à différentes heures de la journée** at different times of day ◆ **pour différentes raisons** for various ou divers (frm) reasons

différentiation [difeʀɑ̃sjasjɔ̃] nf (Math) differentiation

différentiel, -ielle [difeʀɑ̃sjɛl] adj, nm, nf (gén) differential ◆ **différentiel d'inflation** inflation differential

différentier [difeʀɑ̃sje] ▸ conjug 7 ◂ vt (Math) to differentiate

différer [difeʀe] [→ SYN] ▸ conjug 6 ◂ **1** vi **a** (être dissemblable) to differ, be different (*de* from, *en, par* in) ◆ **cette maladie ne diffère en rien de la rougeole** this illness is no different ou is in no way different from measles
b (diverger) to differ ◆ **elle et moi différons sur ou en tout** she and I differ about everything
c (varier) to differ, vary ◆ **la mode diffère de pays à pays** fashions differ ou vary from one country to the next
2 vt travail to postpone, put off; jugement, paiement, départ to defer, postpone ◆ **différer une décision** to defer ou postpone making ou put off making a decision ◆ **à quoi bon différer plus longtemps?** why delay any longer? ◆ (frm) **différer de** ou **à faire qch** to delay ou defer ou postpone doing sth → **crédit**

difficile [difisil] [→ SYN] GRAMMAIRE ACTIVE 6.3, 16.4 adj **a** (ardu) travail, problème difficult ◆ **il nous est difficile de prendre une décision tout de suite** it is difficult ou hard for us ou we find it difficult ou hard to make a decision straight away ◆ **il a eu un moment difficile lorsque sa femme est morte** he went through a difficult ou hard ou trying time when his wife died ◆ **il a trouvé l'expédition difficile** he found the expedition hard going ou heavy going ◆ **difficile à faire** difficult ou hard to do ◆ **morceau difficile (à jouer)** ou **d'exécution difficile** difficult ou hard piece to play
b (délicat) position, situation difficult, awkward, tricky* ◆ **ils ont des fins de mois difficiles** they have a hard time making ends meet
c personne (contrariant) difficult, trying; (exigeant) fastidious, hard ou difficult to please (attrib), fussy ◆ **un enfant difficile** a difficult child, a problem child ◆ **elle est difficile pour ce qui est de** ou **en ce qui concerne la propreté** she's a stickler for cleanliness, she's very fussy ou particular about cleanliness ◆ **être** ou **se montrer difficile sur la nourriture** to be difficult ou fussy ou finicky about one's food ◆ **faire le** ou **la difficile** to be hard to please ou (over-)fussy ◆ **il ne faut pas être**

trop difficile ou **(trop) faire le difficile** it's no good being too fussy ou over-fussy ◆ **cette chambre ne vous plaît pas ? vous êtes vraiment difficile !** don't you like this room? you really are hard ou difficult to please! ◆ **elle est difficile dans le choix de ses amis** she's very selective ou choosy* about her friends → **vivre**

difficilement [difisilmɑ̃] adv marcher, s'exprimer with difficulty ◆ **c'est difficilement visible / croyable** it's difficult ou hard to see / believe ◆ **il gagne difficilement sa vie** he has difficulty ou trouble earning a living, he finds it difficult ou hard to earn a living

difficulté [difikylte] [→ SYN] nf **a** (NonC) difficulty ◆ **selon la difficulté du travail** according to the difficulty of the work ◆ **faire qch avec difficulté** to do sth with difficulty ◆ **avoir / éprouver de la difficulté à faire qch** to have difficulty (in) doing sth, find it difficult ou hard to do sth ◆ **se trouver en difficulté** to find o.s. in difficulty, experience ou have difficulty ◆ **j'ai eu beaucoup de difficulté à trouver des arguments** I had great difficulty finding ou I was hard put to it to find any arguments
b (embarras, obstacle) difficulty, problem; [texte, morceau de musique] difficult passage, difficulty ◆ **avoir des difficultés pour faire qch** to have some difficulty (in) doing sth ◆ **enfant qui a des difficultés (à l'école / en orthographe)** a child who has difficulty ou difficulties (at school / with spelling) ◆ **avoir des difficultés financières** to be in financial difficulties ou straits ◆ **il s'est heurté à de grosses difficultés** he has come up against grave difficulties ◆ **ils ont des difficultés avec leurs enfants** they have problems ou trouble ou difficulty with their children ◆ **cela ne fait** ou **ne présente aucune difficulté** that presents ou poses no problem ◆ **il y a une difficulté** there's a problem ou hitch* ou snag* ◆ **il a fait des difficultés pour accepter nos conditions** he made ou raised difficulties about accepting our conditions ◆ **il n'a pas fait de difficultés pour nous suivre** he followed us without protest ou fuss ◆ **c'est là la difficulté** that's where the trouble lies, that's the difficulty ◆ **être en difficulté** to be in difficulties ou in trouble ◆ **avion / navire en difficulté** aircraft / ship in distress ◆ **mettre qn en difficulté** to put sb in a difficult position ◆ (Scol, Psych) **enfant en difficulté** problem child ◆ **en cas de difficulté** in case of difficulty ◆ **difficulté du langage** speech disorder ou disability ou defect ◆ **difficultés d'apprentissage** learning disabilities ou difficulties

difficultueux, -euse† [difikyltɥø, øz] [→ SYN] adj difficult, awkward

diffluence [diflyɑ̃s] nf (Géog) diffluence

diffluent, e [diflyɑ̃, ɑ̃t] adj flowing (épith)

difforme [difɔʀm] [→ SYN] adj corps, membre deformed, misshapen, twisted; visage, arbre twisted

difformité [difɔʀmite] [→ SYN] nf (→ **difforme**) deformity, misshapenness; twistedness ◆ (Méd) **présenter des difformités** to have deformities, be deformed

diffracter [difʀakte] ▸ conjug 1 ◂ vt to diffract

diffraction [difʀaksjɔ̃] nf diffraction → **réseau**

diffus, e [dify, yz] [→ SYN] adj (gén) diffuse; douleur not localized

diffusément [difyzemɑ̃] adv diffusely

diffuser [difyze] [→ SYN] ▸ conjug 1 ◂ **1** vt lumière, chaleur to diffuse; bruit, idée to spread (abroad), circulate, diffuse; livres to distribute; (Jur) document to circulate; émission to broadcast ◆ **programme diffusé en direct** live programme, programme broadcast live
2 vi (Sci) to diffuse

diffuseur [difyzœʀ] nm (Aut, Tech : appareil) diffuser; (Presse : distributeur) distributor; (fig : propagateur) diffuser, spreader ◆ **diffuseur de parfum** pouncet box

diffusion [difyzjɔ̃] [→ SYN] nf (→ **diffuser**) diffusion; spreading; circulation; distribution; broadcasting ◆ rapport **pour diffusion restreinte** (gén) restricted; (secret d'État) classified ◆ **journal de grande diffusion** large ou high circulation paper

diffusionnisme [difyzjɔnism] nm diffusionism

digamma [diga(m)ma] nm digamma

digérer [diʒeʀe] [→ SYN] ▸ conjug 6 ◂ vt **a** aliment, connaissance to digest ◆ **digérer bien / mal** to have a good / bad digestion ◆ (fig) **c'est du Marx mal digéré** it's ill-digested Marx
b (* : supporter) insulte, attitude to stomach*, put up with ◆ **si tu crois que je vais digérer ça sans protester !** if you think I'll put up with ou stand for that without protest! ◆ **je ne peux plus digérer son insolence** I won't put up with ou stand for his insolence any longer, I can't stomach his insolence any longer*

digest [dajʒɛst, diʒɛst] [→ SYN] nm digest

digeste [diʒɛst] [→ SYN] adj aliment easily digested, easily digestible ◆ **livre peu digeste*** book which is heavy going, rather heavy book

digesteur [diʒɛstœʀ] nm (Chim) digester

digestibilité [diʒɛstibilite] nf digestibility

digestible [diʒɛstibl] adj easily digested, easily digestible

digestif, -ive [diʒɛstif, iv] [→ SYN] **1** adj digestive → **tube**
2 nm (Méd) digestive; (liqueur) liqueur

digestion [diʒɛstjɔ̃] [→ SYN] nf digestion ◆ **j'ai une digestion difficile** I have trouble with my digestion, I have digestive problems

digicode ® [diʒikɔd] nm digital door entry system

digit [diʒit] [→ SYN] nm (Ordin) (chiffre) digit; (caractère) character

digital, e[1], mpl **-aux** [diʒital, o] [→ SYN] adj (gén) digital → **empreinte[2]**

digitale[2] [diʒital] [→ SYN] nf digitalis ◆ **digitale pourprée** foxglove

digitaline [diʒitalin] nf digitalin

digitaliser [diʒitalize] ▸ conjug 1 ◂ vt to digitize

digitaliseur [diʒitalizœʀ] nm digitizer

digité, e [diʒite] adj digitate(d)

digitiforme [diʒitifɔʀm] adj digitiform

digitigrade [diʒitigʀad] adj, nm digitigrade

diglossie [diglɔsi] nf diglossia

digne [diɲ] [→ SYN] adj **a** (auguste) dignified ◆ **il avait un air très digne** he had a very dignified air (about him)
b (qui mérite) **digne de** admiration, intérêt worthy of, deserving (of) ◆ **digne de ce nom** worthy of the name ◆ **digne d'être remarqué** noteworthy ◆ **digne d'éloges** praiseworthy, deserving of praise ◆ **digne de foi** trustworthy ◆ **digne de pitié** pitiable ◆ **digne d'envie** enviable ◆ **vous devez vous montrer dignes de représenter la France** you must show that you are fit ou worthy to represent France ◆ **livre à peine digne d'être lu** book which is scarcely worth reading ou which scarcely deserves to be read ◆ **il n'est pas digne de vivre** he's not fit to live ◆ (littér) **je ne suis pas digne que vous m'offriez votre soutien** I am not worthy of your offering me your support (littér)
c (à la hauteur) worthy ◆ **son digne fils / père / représentant** his worthy son / father / representative ◆ (lit, péj) **tu es le digne fils** ou **tu es digne de ton père** you're fit to be your father's son, you take after your father ◆ **avoir un adversaire digne de soi** to have an opponent worthy of oneself ◆ **œuvre digne de son auteur** work worthy of its author ◆ **avec une attitude peu digne d'un juge** with an attitude little befitting a judge ou unworthy of a judge ◆ **un dessert digne d'un si fin repas** a fitting dessert for such a fine meal

dignement [diɲ(ə)mɑ̃] adv **a** (noblement) with dignity ◆ **garder dignement le silence** to maintain a dignified silence
b (justement) fittingly, justly ◆ **être dignement récompensé** to receive a fitting ou just reward, be fittingly ou justly rewarded

dignitaire [diɲitɛʀ] [→ SYN] nm dignitary

dignité [diɲite] [→ SYN] nf **a** (noblesse) dignity ◆ **la dignité du travail** the dignity of labour ◆ **la dignité de la personne humaine** human dignity ◆ **avoir de la dignité** to be dignified, have dignity ◆ **manquer de dignité** to be lacking in dignity, be undignified ◆ (hum) **c'est contraire à sa dignité** it is beneath his dignity ◆ **elle entra, pleine de dignité** she came in with great dignity
b (fonction) dignity ◆ **être élevé à la dignité de juge** to be promoted to the dignity ou rank of judge

digramme [digʀam] nm digraph

digression [digʀesjɔ̃] [→ SYN] nf digression ◆ **faire une digression** to digress, make a digression

digue [dig] [→ SYN] nf **a** (lit) (gén) dyke, dike; (pour protéger la côte) sea wall
b (fig) barrier ◆ **élever des digues contre qch** to erect barriers against sth

diholoside [diolozid] nm disaccharide

diktat [diktat] nm diktat

dilapidateur, -trice [dilapidatœʀ, tʀis] [→ SYN]
1 adj spendthrift, wasteful
2 nm,f spendthrift, squanderer ◆ **dilapidateur des fonds publics** embezzler of public funds

dilapidation [dilapidasjɔ̃] [→ SYN] nf (→ **dilapider**) squandering, wasting; embezzlement, misappropriation

dilapider [dilapide] [→ SYN] ▸ conjug 1 ◂ vt (gaspiller) héritage, fortune to squander, waste; (détourner) biens, fonds publics to embezzle, misappropriate

dilatabilité [dilatabilite] nf dilatability

dilatable [dilatabl] adj corps dilatable

dilatant, e [dilatɑ̃, ɑ̃t] **1** adj dilative
2 nm dilat(at)or

dilatateur, -trice [dilatatœʀ, tʀis] **1** adj dilative ◆ **muscle dilatateur** dilat(at)or, dilater, dilative muscle
2 nm dilat(at)or, dilater

dilatation [dilatasjɔ̃] [→ SYN] nf (→ **dilater**) dila(ta)tion; distension; expansion; swelling ◆ **avoir une dilatation d'estomac** to have a distended stomach ◆ **dilatation cardiaque** cardiac dila(ta)tion

dilater [dilate] [→ SYN] ▸ conjug 1 ◂ **1** vt pupille, narine to dilate; estomac to distend; métal, gaz, liquide to cause to expand, cause the expansion of; pneu to cause to swell, distend ◆ (fig) **dilater le cœur** to swell the heart, cause the heart to swell
2 **se dilater** vpr (→ **dilater**) to dilate; to distend; to expand; to swell ◆ **se dilater les poumons** to open ou swell one's lungs ◆ **pupilles dilatées** dilated pupils ◆ (fig) **son cœur se dilate de joie** his heart is swelling with joy ◆ **se dilater la rate*** to split one's sides (laughing)* ◆ **ça me dilate (la rate)*** it's side-splitting*

dilatoire [dilatwaʀ] adj ◆ **manœuvres** ou **moyens dilatoires** delaying ou stalling tactics ◆ **donner une réponse dilatoire** to give a reply which allows one to gain time ou play for time

dilatomètre [dilatɔmɛtʀ] nm dilatometer

dilemme [dilɛm] [→ SYN] nm dilemma ◆ **sortir du dilemme** to resolve the dilemma ◆ **enfermer qn dans un dilemme** to put sb in a dilemma

dilettante [diletɑ̃t] [→ SYN] nmf (amateur d'art) dilettante; (péj : amateur) dilettante, dabbler ◆ **faire qch en dilettante** to dabble in sth ◆ **faire un travail en dilettante** to do a piece of work in an amateurish way

dilettantisme [diletɑ̃tism] [→ SYN] nm amateurishness ◆ **faire qch avec dilettantisme** to do sth in an amateurish way ou amateurishly

diligemment [diliʒamɑ̃] adv (littér) (avec soin) diligently; (avec célérité) promptly, speedily

diligence [diliʒɑ̃s] [→ SYN] nf **a** (†, littér : empressement) haste, dispatch ◆ **faire diligence** to make haste, hasten ◆ **en diligence** posthaste, speedily
b (littér : soin) diligence, conscientiousness ◆ (Jur) **à la diligence du ministre** at the minister's behest (littér) ou request; **faire** ou **accomplir les diligences voulues** ou **toutes diligences** to complete the necessary formalities
c (Hist : voiture) diligence, stagecoach

diligent, e [diliʒɑ̃, ɑ̃t] [→ SYN] adj (littér) **a** (actif) serviteur speedy, prompt
b (assidu) employé, travail diligent, conscientious; soins, attention diligent, sedulous

diligenter [diliʒɑ̃te] ▸ conjug 1 ◂ vt to expedite, hasten

diluant [dilɥɑ̃] nm thinner

diluer [dilɥe] → SYN ▸ conjug 1 ◂ vt liquide to dilute; peinture to thin (down); (fig) discours to pad out; force to mitigate, dilute ◆ **alcool dilué** alcohol diluted with water ◆ **ce produit se dilue dans l'eau** this product is ou can be diluted with water

dilution [dilysjɔ̃] nf (→ **diluer**) dilution; thinning (down); padding out; mitigation

diluvien, -ienne [dilyvjɛ̃, jɛn] adj pluie torrential; (Bible) époque diluvian

diluvium [dilyvjɔm] nm diluvium

dimanche [dimɑ̃ʃ] nm Sunday ◆ **le dimanche des Rameaux / de Pâques** Palm / Easter Sunday ◆ **le dimanche de Noël** the Sunday after Christmas ◆ **les dimanches de l'Avent / de Carême** the Sundays in Advent / Lent ◆ **mettre son costume** ou **ses habits du dimanche** to put on one's Sunday clothes ou one's Sunday best ◆ **promenade du dimanche** Sunday walk ◆ (péj) **peintre / sportif du dimanche** amateur ou spare-time painter / sportsman ◆ **chauffeur du dimanche** Sunday driver ◆ **sauf dimanche et jours fériés** Sundays and holidays excepted; pour autres loc voir **samedi**

dîme [dim] nf (Hist) tithe ◆ **lever une dîme sur qch** to tithe sth ◆ **payer la dîme du vin / des blés** to pay tithes ou the tithe on wine / corn ◆ (fig) **le grossiste / l'État prélève sa dîme (sur la marchandise)** the wholesaler takes his / the State takes its cut (on the goods)

dimension [dimɑ̃sjɔ̃] → SYN nf **a** (taille) [pièce, terrain] size ◆ **avoir la même dimension** to be the same size, have the same dimensions ◆ **de grande / petite dimension** large / small-sized, of large / small dimensions ◆ **faire une étagère à la dimension d'un recoin** to make a shelf to fit (into) an alcove ◆ (fig) **une faute de cette dimension** a mistake of this magnitude ◆ (fig) **un repas à la dimension de son appétit** a meal commensurate with one's appetite ◆ (fig) **une tâche à la dimension de son talent** a task equal to ou commensurate with one's talent

b (mesures) **dimensions** dimensions ◆ **quelles sont les dimensions de la pièce?** what are the dimensions ou measurements of the room?, what does the room measure? ◆ **placard fait aux dimensions du mur** cupboard built to the dimensions of the wall ou built to fit the wall ◆ **quelles sont vos dimensions?** what are your statistics? ou measurements? ◆ **mesurez-le dans la plus grande dimension** measure it at the widest ou longest point ◆ **à 2 / 3 dimensions** 2- / 3-dimensional ◆ (fig) **prendre la dimension de qn / d'un problème** to size sb / a problem up

c (Philos, Phys) dimension

dimensionnel, -elle [dimɑ̃sjɔnɛl] adj dimensional

dimensionnement [dimɑ̃sjɔnmɑ̃] nm [objet] proportioning

dimensionner [dimɑ̃sjɔne] ▸ conjug 1 ◂ vt to proportion ◆ **objet bien dimensionné** well-proportioned object

dimère [dimɛʀ] nm dimer

diminué, e [diminɥe] (ptp de **diminuer**) adj **a** **il est (très)** ou **c'est un homme (très) diminué depuis son accident** he has (really) gone downhill ou he's not (at all) the man he was since his accident ◆ **très diminué physiquement** physically very run-down ◆ **très diminué mentalement** mentally much less alert

b (Mus) diminished; (Tricot) vêtement fully-fashioned; rang decreased

diminuendo [diminɥɛndo] adv, nm (Mus) diminuendo

diminuer [diminɥe] → SYN ▸ conjug 1 ◂ **1** vt **a** (réduire) longueur, largeur, vitesse to reduce, decrease; durée, volume, nombre, quantité to reduce, cut down, decrease; prix, impôts, consommation, valeur to reduce, bring down, cut; son to lower, turn down; (Tricot) to decrease; beauté, ardeur, courage to lessen; chances de succès, plaisir, intérêt to lessen, reduce, diminish; forces to cut down, decrease ◆ **diminuer les effectifs** to cut back on numbers, reduce ou cut back the numbers ◆ **ça l'a beaucoup diminué physiquement / moralement** this has greatly undermined him physically / mentally

b (dénigrer) personne to belittle; mérite, talent to belittle, depreciate ◆ **il veut toujours se diminuer** he's always trying to belittle himself

c (*: réduire le salaire de) employé to cut ou reduce the salary of

2 vi **a** [violence, intensité] to diminish, lessen; [lumière] to fade, diminish; [bruit] to die down, diminish, fade; [circulation] to die down; [pluie] to let up, diminish; [orage] to die down, die away, subside; [intérêt, ardeur] to die down, decrease, diminish ◆ **l'attaque / le bruit diminue d'intensité** the attack / noise is dying down ou is decreasing in intensity ou is subsiding

b [effectifs, nombre, valeur, pression] to decrease, diminish, go ou come down, fall, drop; [provisions] to diminish, run low; [forces] to decline, diminish ◆ **diminuer de longueur / largeur** to grow shorter / narrower, decrease in length / breadth ◆ **le (prix du) beurre a diminué** butter has gone ou come down ou dropped in price ◆ **ça a diminué de volume** it has been reduced in volume ◆ **les jours diminuent** the days are growing shorter ou drawing in (Brit)

diminutif, -ive [diminytif, iv] → SYN **1** adj suffixe diminutive

2 nm (ling) diminutive; (petit nom) pet name (de for), diminutive (de of)

diminution [diminysjɔ̃] → SYN nf **a** (réduction: → **diminuer**) reduction; decreasing; cutting-down; cutting-back; bringing-down; lowering; turning-down; lessening ◆ **il nous a consenti une petite diminution** he gave ou allowed us a small reduction ◆ (Tricot) **commencer les diminutions** to begin decreasing ou to decrease

b (décroissance: → **diminuer**) diminishing; lessening; fading; dying-down; letting-up; dying-away; subsiding; decrease (de in) ◆ **une diminution très nette du nombre des accidents** a marked decrease ou drop ou fall-off in the number of accidents

dimorphe [dimɔʀf] adj dimorphous, dimorphic

dimorphisme [dimɔʀfism] nm dimorphism

DIN [din] nm inv (abrév de **Deutsche Industrie Norm**) DIN

dinanderie [dinɑ̃dʀi] nf (commerce) copperware trade; (articles) copperware

dinandier [dinɑ̃dje] nm copperware manufacturer and retailer

dinar [dinaʀ] nm dinar

dînatoire [dinatwaʀ] adj ◆ (frm) **goûter dînatoire** ≃ high tea (Brit) ◆ **soirée dînatoire** ≃ buffet dinner

dinde [dɛ̃d] nf **a** turkey hen; (Culin) turkey ◆ **dinde rôtie / de Noël** roast / Christmas turkey

b (péj: fille stupide) stupid little goose

dindon [dɛ̃dɔ̃] nm **a** (gén) turkey, (mâle) turkey cock

b (*: homme sot) **être le dindon (de la farce)** to be cheated → **se pavaner**

dindonneau, pl **dindonneaux** [dɛ̃dɔno] nm turkey poult

dîner [dine] → SYN ▸ conjug 1 ◂ **1** vi **a** to have dinner, dine ◆ **dîner aux chandelles** to have dinner ou dine by candlelight ◆ **dîner d'une tranche de pain** to have a slice of bread for dinner ◆ **avoir qn à dîner** to have sb for ou to dinner → **dormir**

b (Can, Helv, Belg) to have lunch, lunch

2 nm **a** dinner ◆ **ils donnent un dîner demain** they are having a dinner party tomorrow ◆ **dîner de famille / d'affaires** family / business dinner ◆ **dîner en ville** (formal) dinner party ◆ **avant le dîner** before dinner

b (Can, Helv, Belg) lunch

dînette [dinɛt] nf **a** (jeu d'enfants) doll's tea party ◆ **jouer à la dînette** to play at having a tea party ◆ **venez à la maison, on fera (la) dînette*** come home for a meal – it'll only be a snack

b (jouet) **dînette de poupée** doll's tea set, toy tea set

dîneur, -euse [dinœʀ, øz] nm,f diner

ding [diŋ] excl ding ◆ **ding dong!** ding dong!

dingo[1] [dɛ̃go] nm (chien) dingo

dingo[2] *† [dɛ̃go], **dingue*** [dɛ̃g] **1** adj personne nuts*, crazy*, barmy* (Brit); bruit, prix fantastic, incredible, stupendous ◆ **tu verrais les prix, c'est dingue!** you should see the prices, they're crazy ou incredible! ◆ **un film dingue** a really way-out* film ◆ **un vent dingue** a hell of* a wind, an incredible wind ◆ **il est dingue de cette fille / de ce chanteur** he's crazy* ou nuts* about ou over that girl / singer, he's mad about ou on that girl / singer*

2 nmf nutcase*, loony* ◆ **on devrait l'envoyer chez les dingues** he ought to be locked up, he ought to be sent to the loony bin* ◆ **c'est un dingue de la voiture / de la guitare** he's crazy* ou nuts* ou mad* about cars / guitar-playing

dinguer* [dɛ̃ge] ▸ conjug 1 ◂ vi ◆ **aller dinguer** [personne] to fall flat on one's face, go sprawling; [chose] to go crashing down, go flying* ◆ **les boîtes ont failli dinguer par terre** the boxes nearly came crashing down ◆ (fig) **envoyer dinguer qn** (faire tomber) to send sb flying*; (fig: chasser) to tell sb to clear ou buzz off* ou push off*, send sb packing ◆ **envoyer dinguer qch** to send sth flying*

dinguerie* [dɛ̃gʀi] nf craziness, stupidity ◆ **toutes ces dingueries** all these stupidities

dinoflagellés [dinoflaʒele] nmpl ◆ **les dinoflagellés** dinoflagellates, the Dinoflagellata (spéc)

dinosaure [dinɔzɔʀ] nm (Zool, fig) dinosaur

dinosauriens [dinɔsɔʀjɛ̃] nmpl ◆ **les dinosauriens** dinosaurians

diocésain, e [djɔsezɛ̃, ɛn] adj, nm,f diocesan

diocèse [djɔsɛz] → SYN nm diocese

diode [djɔd] nf diode

Diogène [djɔʒɛn] nm Diogenes

dioïque [djɔik] adj dioecious (Brit), diecious (US)

dionée [djɔne] nf Venus's-flytrap, Venus flytrap

dionysiaque [djɔnizjak] → SYN adj Dionysian, Dionysiac ◆ **les dionysiaques** the Dionysia

Dionysos [djɔnizɔs] nm Dionysus, Dionysos

dioptre [djɔptʀ] nm dioptre

dioptrie [djɔptʀi] nf dioptre

dioptrique [djɔptʀik] **1** adj dioptric(al)

2 nf dioptrics (sg)

diorama [djɔʀama] nm diorama

diorite [djɔʀit] nf diorite

dioxine [diɔksin] nf dioxin

dioxyde [diɔksid] nm dioxide

dipétale [dipetal] adj dipetalous

diphasé, e [difaze] adj diphase, diphasic, two-phase

diphénol [difenɔl] nm biphenol, diphenol

diphényle [difenil] nm biphenyl, diphenyl

diphtérie [diftеʀi] → SYN nf diphtheria

diphtérique [difteʀik] adj diphther(it)ic, diphtherial

diphtongaison [diftɔ̃gɛzɔ̃] nf diphthongization

diphtongue [diftɔ̃g] nf diphthong

diphtonguer vt, **se diphtonguer** vpr [diftɔ̃ge] ▸ conjug 1 ◂ to diphthongize

diplocoque [diplɔkɔk] nm diplococcus

diplodocus [diplɔdɔkys] nm diplodocus

diploé [diplɔe] nm diploë

diploïde [diplɔid] adj diploid

diplômant, e [diplomɑ̃, ɑ̃t] adj ◆ **formation diplômante** ≃ certificate course, *course leading to a qualification*

diplomate [diplɔmat] → SYN **1** adj diplomatic

2 nmf (ambassadeur) diplomat; (personne habile) diplomatist, diplomat

3 nm (Culin) ≃ trifle ◆ **diplomate au chocolat** ≃ chocolate charlotte russe

diplomatie [diplɔmasi] → SYN nf (Pol, fig) diplomacy ◆ **le personnel de la diplomatie** the diplomatic staff ◆ **faire preuve de diplomatie envers qn** to treat sb diplomatically, be diplomatic towards sb ◆ **entrer dans la diplomatie** to enter the diplomatic service

diplomatique [diplɔmatik] → SYN adj (gén) diplomatic ◆ **c'est une maladie diplomatique** it's a sort of "diplomatic" ou face-saving illness → **valise**

diplomatiquement [diplɔmatikmã] adv (Pol, fig) diplomatically

diplôme [diplom] → SYN nm (titre) (gén) diploma, certificate; (licence) degree ◆ **avoir des diplômes** to have qualifications ◆ **diplôme d'études universitaires générales** *diploma taken after two years at university,* ≃ ordinary degree (Brit), ≃ Associate of Arts (ou Science) (US) ◆ **diplôme d'études approfondies** *post-graduate diploma taken before completing a PhD,* ≃ all but dissertation (US) ◆ **diplôme d'études supérieures** *university post-graduate degree* ◆ **diplôme d'études supérieures spécialisées** *post-graduate diploma in an applied subject lasting one year* ◆ **diplôme d'études supérieures techniques** *university post-graduate technical degree* ◆ **diplôme d'études universitaires scientifiques et techniques** *diploma awarded after the first two years of university education in scientific and technical subjects* ◆ **diplôme universitaire de technologie** *two-year diploma in a technical subject taken in a polytechnic* (Brit) *or technical institute* (US) *after the baccalauréat*

diplômé, e [diplome] (ptp de **diplômer**) **1** adj qualified
2 nm,f holder of a diploma ◆ **il est diplômé d'Harvard** he got a degree at Harvard

diplômer [diplome] ▸ conjug 1 ◂ vt to award a diploma to

diplopie [diplɔpi] nf double vision, diplopia (spéc)

diplopodes [diplɔpɔd] nmpl ◆ **les diplopodes** diplopods, the Diplopoda (spéc)

dipneustes [dipnøst] nmpl ◆ **les dipneustes** dipnoans, the Dipnoi (spéc)

dipode [dipɔd] **1** adj biped(al)
2 nm biped

dipolaire [dipɔlɛʀ] adj dipolar ◆ **moment dipolaire** dipole moment

dipôle [dipol] nm (Phys) dipole; (Élec) dipole (aerial)

dipsomane [dipsɔman] → SYN **1** adj dipsomaniacal
2 nmf dipsomaniac

dipsomanie [dipsɔmani] nf dipsomania

diptère [diptɛʀ] **1** adj temple dipteral; insecte dipterous, dipteran
2 nm (Zool) dipteran ◆ **les diptères** the Diptera

diptyque [diptik] nm (Hist: tablette, Art) diptych; (fig: roman etc) work in two parts

dir. abrév de **direction**

dire [diʀ] → SYN ▸ conjug 37 ◂ GRAMMAIRE ACTIVE 1.1, 3, 26.1, 26.5

1 vt **a** to say ◆ **avez-vous quelque chose à dire?** have you got anything to say? ◆ **« j'ai froid », dit-il** "I'm cold", he said ◆ **on peut commencer: elle a dit oui** we can start – she said yes ou she said we could ◆ **dire bonjour / quelques mots à qn** to say hello / a few words to sb ◆ **il m'a dit: « je comprends »** he said to me, "I understand" ◆ **comment dit-on ça en anglais?** what's the English for that?, how do you say that in English? ◆ **dire qch carrément** ou **crûment** to put sth (quite) bluntly, state sth (quite) plainly ou frankly ◆ **comme disent les Anglais** as the English put it ou say ◆ **dire ce que l'on pense** to speak one's mind, say what one thinks ◆ **je ne fais que dire tout haut ce que tout le monde pense tout bas** I'm only saying aloud what everyone else is thinking ◆ **ne plus savoir quoi dire** to be at a loss for words ◆ **il dit n'importe quoi** he talks through his hat*, he talks a load of rubbish* (Brit) ◆ **il n'a pas dit un mot** he hasn't said ou spoken ou uttered a (single) word ◆ **qu'est-ce que les gens vont dire!, qu'en dira-t-on?** whatever will people ou they say! ◆ **il ne croyait pas si bien dire** he didn't know how right he was, he never spoke a truer word ◆ **ce n'est pas une chose à dire, il est préférable de ne pas le dire** it is not the sort of thing one says, it's not the sort of thing to say, it is better left unsaid ◆ (aux enchères) **qui dit mieux?** any advance? ◆ **il a au moins 70 ans, que dis-je, plutôt 80** he must be at least 70 – what am I saying? – more like 80 ◆ **où va-t-il? – il ne l'a pas dit** ou **il n'a pas dit*** where is he going? – he didn't say ◆ (Cartes) **c'est à vous de dire** your call → **bien, mal, parler**

b **dire que** to say that ◆ **dire à qn que** to tell sb that, say to sb that ◆ **il dit qu'il nous a écrit, il dit nous avoir écrit** he says that he wrote to us ◆ **il a bien dit qu'il ne rentrerait pas** he did say that he would not be coming home ◆ **doit-il venir? – elle dit que oui / que non** is he coming? – she says he is / he isn't ou she says so / not ◆ **la radio et les journaux avaient dit qu'il pleuvrait** (both) the radio and the papers had said it would rain ◆ **vous nous dites dans votre lettre que** you tell us in ou you say in your letter that ◆ **votre lettre / la loi dit clairement que** your letter / the law says clearly that ou clearly states that ◆ **l'espoir fait vivre, dit-on** you can live on hope, as the saying has it ou as the saying goes ou as they say ◆ **on dit que ...** rumour has it that ..., they say that ..., it is said that ... ◆ **on le dit malade / à Londres** he's rumoured to be ill / in London ◆ **à** ou **d'après ce qu'il dit** according to him, according to what he says ◆ **il sait ce qu'il dit** he knows what he's talking about ◆ **il ne sait pas ce qu'il dit** he doesn't know what he is talking about! ou what he is saying! ◆ **qu'est-ce qui me dit que c'est vrai?** how can I tell it's the truth?, how am I to know ou how do I know it's the truth?

c mensonges, nouvelle, adresse, nom to tell; sentiment to tell of, express ◆ **dire qch à qn** to tell sb sth ◆ **il m'a dit quelque chose qui m'a fait rire** he told me something ou he said something to me that made me laugh ◆ **j'ai quelque chose à vous dire** there's something I want to tell you ou say to you ◆ **dire des bêtises** to talk nonsense ◆ **dire la bonne aventure / l'avenir** to tell fortunes / the future ◆ **dire la bonne aventure à qn** to tell sb's fortune ◆ **dis-nous-en la raison** give ou tell us the reason (for it) ◆ **il nous a dit toute sa joie / tout son soulagement** he told us of his great joy / relief, he told us how happy / how relieved he was ◆ **ce nom me dit quelque chose** this name rings a bell ◆ **cela ne me dit rien du tout** that doesn't mean a thing to me ◆ **quelque chose me dit que ...** something tells me (that) ..., I've got the feeling (that) ... ◆ **qu'est-ce que ça dit, ton jardin?*** how is your garden doing?*

d (ordonner, prévenir) to tell ◆ **dites-lui de partir / qu'il parte ce soir** tell him to go / that he must leave tonight ◆ **il a dit de venir de bonne heure** he said we were to come ou he said to come* early, he told us to come early ◆ **fais ce qu'on te dit!** do as ou what you are told! ◆ **ça suffit, j'ai dit!** I said that's enough! ◆ **on nous a dit de l'attendre** we were told to wait for him ◆ **« méfie-toi », me dit-il** he told me ou he said to me, "be cautious" → **envoyer**

e (objecter) to say (*à, contre* against) ◆ **que veux-tu que je dise à** ou **contre ça?** what can I say against that?, how can I object to that? ◆ **tu n'as rien à dire, tu aurais fait la même chose** YOU can't say anything! ou YOU can talk! you would have done exactly the same thing! ◆ **tais-toi, tu n'as rien à dire!** be quiet, you can't talk! ou you're in no position to make remarks! ◆ **je n'ai rien à dire sur son travail** I cannot complain about his work ◆ **tu n'as rien à dire, tu es bien servi** you can't talk because you've done very well, you can't complain ou object with what you've got

f poèmes to say, recite; prière to say; rôle to speak ◆ **dire son chapelet** to say the rosary, tell one's beads† ◆ **dire la messe** to say mass ◆ **l'acteur a très mal dit ce passage** the actor spoke these lines very badly

g (plaire) **cela vous dit de sortir?** do you feel like going out?, do you fancy (Brit) going out? ◆ **cela ne me dit rien** I don't feel like it at all, it doesn't appeal to me at all, I don't fancy (Brit) it at all ◆ **il y a des fraises mais ça ne me dit pas** there are strawberries but I don't fancy them (Brit) ou I'm not in the mood for them ◆ **rien ne me dit en ce moment** I am not in the mood for anything ou I don't feel like doing anything just now ◆ **si le cœur vous en dit** if you feel like it, if you feel so inclined ◆ **cela ne me dit rien qui vaille** I don't like the look of that, that looks suspicious to me ◆ **pour l'instant, cette robe ne dit rien†*, mais attendez qu'elle soit finie!** for the moment this dress doesn't look anything special ou doesn't look up to much*, but just wait until it's finished!

h (chose) (indiquer) to say, show ◆ **ma montre dit 6 heures** my watch says 6 o'clock, it is 6 o'clock by my watch ◆ **son visage disait sa déception** his face gave away his disappointment, disappointment was written all over his face ◆ **son silence en dit long** his silence speaks for itself ou speaks volumes ou tells its own story

i (penser) to think ◆ **qu'est-ce que tu dis de ma robe?** what do you think of ou how do you like my dress? ◆ **qu'est-ce que vous dites de la question?** what do you think ou how do you feel about the matter?, what are your feelings on the subject? ◆ **qu'est-ce que vous diriez d'une promenade?** what would you say to a walk?, how about a walk? ◆ **et dire qu'il aurait pu se tuer!** to think he might have killed himself! ◆ **on dirait qu'il n'aime pas cette ville** one gets the impression he does not like this town, he doesn't seem to like this town ◆ **on dirait qu'il le fait exprès!** you'd almost think he does it on purpose! ◆ **qui aurait dit qu'elle allait gagner?** who would have thought (that) she would win? ◆ **on dirait qu'il va pleuvoir** it looks like rain ◆ **on dirait qu'il va pleurer** he looks as though he is going to cry ◆ **cette eau est noire, on dirait de l'encre** this water is black – it looks like ink ◆ **on dirait du poulet** it tastes like ou it's like chicken ◆ **on dirait du Brahms** it sounds like ou it's like Brahms ◆ **on dirait du parfum** it's like ou it smells like perfume ◆ **on dirait de la soie** it's like ou it feels like silk ◆ **qui l'eût dit!** who would have thought it! ◆ **des gens dits de savoir** supposedly educated people

j (décider) **venez bientôt, disons demain** come soon, let's make it tomorrow ou (let's) say tomorrow ◆ **tout n'est pas dit** the last word has not been said, it isn't all over yet ◆ **c'est plus facile à dire qu'à faire** it's easier said than done ◆ **il est dit** ou **il a été dit que je ne gagnerai jamais** I'm destined ou fated never to win ◆ **bon, c'est dit** ou **voilà qui est dit** right, it's settled ou it's all arranged ◆ **ce qui est dit est dit** what's said is said ◆ **tenez-vous-le pour dit** don't say I didn't warn you, I shan't tell you a second time ◆ **à l'heure dite** at the appointed time ou hour ◆ **au jour dit** on the appointed day → **aussitôt**

k (appeler) **X, dit le Chacal** X, (also) known as the Jackal, a.k.a. ou AKA the Jackal

l (admettre) to say, admit ◆ **il faut bien dire que** I must say ou admit that ◆ **disons-le, il nous ennuie** let's be frank ou to be frank ou let's face it*, he bores us

m LOC **je ne dis pas non** I won't say no ◆ **qui dit argent, dit problèmes** money means problems ◆ **tu l'as dit!** quite true!, how right you are!, you('ve) said it! ◆ **ceci dit** (à ces mots) thereupon, having said this; (avec restriction) nevertheless, having said this ◆ (littér) **ce disant** so saying ◆ **pour ainsi dire** so to speak, as it were ◆ **comme qui dirait*** as you might say ◆ **ou pour mieux dire** ... or, rather ..., or, to put it another way ... ◆ **j'entends comme qui dirait des grognements** I can hear what sounds like groans ou something like groans ◆ **cette maison c'est comme qui dirait un gros cube** the house looks a bit like a huge cube ◆ **dis donc!** (à propos) by the way; (holà) hey!, say! (US) ◆ **c'est joli dis donc!** my*, isn't it pretty! ◆ **ça lui a rapporté 100 000 F – ben dis donc!** that earned him 100,000 francs – I say!*, well I never!* ◆ **tu me l'envoies, dis, cette lettre?** you will send me that letter, won't you? ◆ **comme on dit, comme dit** ou **disait l'autre*** as they say, so to speak ◆ **je suis sûr, je te**

dis* I'm certain, I tell you ◆ **pour tout dire** in fact ◆ **dire que ...** to think that ... ◆ **je vous l'avais bien dit!** I told you so!, didn't I tell you? ◆ **que tu dis** (ou **qu'il dit** etc)**!*** that's your (ou his etc) story!, that's what you say (ou he says etc)! ◆ **à qui le dites-vous!** ou **le dis-tu!** don't I know it!*, you're telling ME!* ◆ **cela va sans dire** it goes without saying ◆ **il va sans dire que c'était faux** needless to say it was wrong ◆ **à vrai dire, à dire vrai** actually, to tell (you) the truth, in actual fact, to be (quite) truthful ◆ **quand je vous le disais!** I told you so!, what did I tell you! ◆ **je ne veux pas avoir à le lui dire deux fois** I don't want to have to tell him again ◆ **il n'y a pas à dire** there's no doubt about it, there's no denying it, there's no getting away from it ◆ **je ne vous dis que cela!** that's all I can say! ◆ **on a beau dire** say what you like ou will ◆ **comment dirais-je ...** how shall I put it ..., what can I say ... ◆ **que dites-vous, qu'est-ce que tu dis?** ou **vous dites?** (I beg your) pardon?, what did you say? ◆ **c'est dire s'il est content** that just shows you how pleased he is ◆ **c'est beaucoup dire** that's saying a lot ◆ **c'est peu dire** that's an understatement ◆ **c'est trop dire** that's saying too much ◆ **c'est (tout) dire** that (just) shows you ◆ **il est gros, pour ne pas dire obèse** he's fat, I mean obese ou (if) not to say obese ◆ **ça dit bien ce que ça veut dire** that should tell you something, that says something ◆ **c'est moi qui vous le dis** you take my word for it ◆ **c'est vous qui le dites** YOU say so, that's what YOU say ◆ **ce n'est pas pour dire, mais ...** (se vanter) I don't mean ou wish to boast, but ...; (se plaindre) I don't mean ou wish to complain, but ... ◆ **c'est-à-dire** that is (to say) ◆ **c'est-à-dire que je ne le savais pas** well actually ou well the thing is ou I'm afraid I didn't know ◆ **qu'est-ce à dire?** what does that mean? ◆ **est-ce à dire que ...?** does this mean that ...?, is that to say that ...? ◆ **entre nous soit dit, il est un peu bête** (just) between the two of us ou confidentially he is a bit of an idiot ◆ **soit dit en passant** by the way, let me say in passing, incidentally

n (avec faire, laisser, vouloir) **faire dire qch à qn** to send word of sth to sb ◆ **faire dire à qn de venir** to send for sb ◆ **faire dire à qn qu'on a besoin de lui** to let sb know that he is needed ◆ **faire dire à qn des choses (qu'il n'a pas dites)** to put words in sb's mouth ◆ **il ne se l'est pas fait dire deux fois** he did not need ou have to be told twice ◆ **elle partit sans se le faire dire deux fois** she was off without a second bidding ou without having to be told twice ◆ **par la torture on fait dire aux gens ce qu'on veut** people can be made to say ou you can make people say anything under torture ◆ **je ne lui ai pas fait dire** I didn't make him say it ◆ **je ne vous le fais pas dire!** I'm not putting words into your mouth! ◆ **laisser dire** to let people talk ◆ **laisse dire!** let them talk!, never mind what they say! ◆ **je me suis laissé dire que** I heard that, I was told that ◆ **vouloir dire** (signifier) to mean ◆ **que veut dire ce mot/sa réponse?** what does this word/his answer mean?, what is the meaning of this word/his answer? ◆ **cette phrase ne veut rien dire** this sentence does not mean a thing ◆ **c'est bien cela que je veux dire** that is exactly ou just what I mean ◆ **cela dit bien ce que cela veut dire** it means exactly ou just what it says ◆ **cela ne veut pas dire qu'il viendra** ou **qu'il vienne** that does not mean (to say) that ou it does not follow that he will come

2 **se dire** vpr **a** (penser) to say to o.s. ◆ **il se dit qu'il était inutile de rester** he said to himself that there was no point in staying ◆ **je me dis que j'aurais dû l'acheter** I feel now ou I'm thinking now that I should have bought it ◆ **il faut bien se dire que** one has to realize ou accept that

b (se prétendre) to claim to be ◆ **il se dit malade** he claims to be ill ou that he is ill ◆ **elle se dit sa cousine** she claims to be his cousin, she says she is his cousin

c **elles se dirent au revoir** they said goodbye (to each other)

d (sens passif) **cela ne se dit pas en société** this word is not in polite use, it's not the sort of thing one says in company ◆ **cela ne se dit plus en français** this expression is no longer used ou in use in French ◆ **cela se dit de la même façon en anglais et en français** it's the same in English and in French, English and French use the same expression for it ◆ **comment se dit ... en français?** what is the French for ...?, how do you say ... in French? ◆ (dans un dictionnaire) **se dit d'un objet/d'une personne** etc of an object/a person etc

e (se croire) **on se dirait en Grèce/au Moyen Âge** you would think you were in Greece/back in the Middle Ages

3 nm (déclaration) statement ◆ **d'après ses dires** according to him ou to what he says ◆ **au dire de** according to ◆ **au dire de** ou **selon le dire de tous** by all accounts ◆ **croire aux dires de qn** to believe what sb says ◆ (Jur) **leurs dires ne concordent pas** their statements do not agree

direct, e [diʀɛkt] [→ SYN] **1** adj **a** (sans détour) route direct; personne, reproche, regard direct; question direct, straight; allusion direct, pointed (épith) ◆ **c'est le chemin le plus direct** it's the most direct route ◆ **c'est direct en bus** there's a bus that goes direct ◆ **il m'a parlé de manière très directe, il a été très direct** he spoke to me in a very direct ou straightforward way ou very frankly, he didn't beat about the bush

b (sans intermédiaire) impôt, descendant, adversaire, responsabilité direct; cause immediate, direct; (Jur) action direct ◆ **ses chefs directs** his immediate superiors ◆ **vente directe (au consommateur)** direct selling ◆ **ligne téléphonique directe** (privée) private ou direct line; (automatique) automatic dialling system ◆ **être en rapport** ou **contact direct** ou **en relations directes avec** to deal directly ou be in direct contact with ◆ **se mettre en rapport direct avec qn** to contact sb ou make contact with sb directly ◆ **il n'y a pas de rapport** ou **lien direct entre les deux faits** there is no direct connection ou link between the two facts ◆ **il a pris une part très directe à cette affaire** he was directly involved in this business

c (absolu) **en contradiction directe** in direct ou complete contradiction

d (Astron) direct; (Ling) style, discours, objet direct; (Logique) proposition positive → **complément**

e (Rail) train fast (épith), non-stop (épith), express (épith); voiture through (épith) ◆ **ce train est direct jusqu'à Lyon** this is a fast ou non-stop train to Lyons

2 nm **a** (Rail) express (train), fast ou non-stop train ◆ **le direct Paris-Dijon** the Paris-Dijon express

b (Boxe) jab ◆ **direct du gauche/du droit** straight left/right ◆ **il lui a envoyé un direct dans l'estomac** he delivered a punch straight to his stomach

c (Rad, TV) **c'est du direct** it's live ◆ **émission en direct** live broadcast ◆ **parler/faire un reportage en direct (sur l'antenne) de New York** to be speaking/reporting live from New York ◆ **ce sont les risques du direct** those are the risks of live broadcasting ou of broadcasting live

3 adv (*) straight ◆ **tu fais la traduction direct?** do you translate straight off?

directement [diʀɛktəmɑ̃] [→ SYN] adv **a** (immédiatement) straight, straight away (Brit), right away ◆ **il est directement allé se coucher** he went straight ou directly to bed, he went to bed straight (Brit) ou right away ◆ **en rentrant il est allé directement au réfrigérateur pour voir ce qu'il y avait à manger** when he came home he went straight to the fridge ou he made a beeline for the fridge to see what there was to eat

b (sans détour) straight, directly ◆ **cette rue mène directement à la gare** this street leads straight to the station ◆ **cet escalier communique directement avec la cave** this staircase leads straight ou directly to the cellar ◆ **il est entré directement dans le vif du sujet** he came straight to the point

c (personnellement) directly ◆ **il m'a très directement accusé de ce crime** he accused me of this crime straight out ou to my face ◆ **sa bonne foi est directement mise en cause** it's a direct challenge to his good faith ◆ **tout ceci ne me concerne pas directement mais ...** none of this concerns me directly ou personally but ..., none of this is of any direct ou immediate concern to me but ... ◆ **les secteurs de l'économie les plus directement touchés par la crise** the sectors of the economy most directly ou immediately affected by the crisis

d (sans intermédiaire) direct, straight ◆ **adressez-vous directement au patron** apply to the boss direct ou in person, go straight to the boss ◆ **j'ai été directement le trouver pour le lui demander** I went to find him myself ou in person to ask him about it ◆ **directement du producteur au consommateur** direct ou straight from (the) producer to (the) consumer ◆ **colis expédié directement à l'acheteur** parcel sent direct to the buyer

e (diamétralement) (lit) directly; (fig) completely, utterly, directly ◆ **la maison directement en face** the house directly ou straight opposite ◆ **directement opposé** diametrically ou utterly opposed ◆ **directement contraire/contradictoire** completely ou utterly contrary/contradictory

directeur, -trice [diʀɛktœʀ, tʀis] [→ SYN] **1** adj (dirigeant) directing; (fig: principal) idée leading, principal, main; principe guiding; force guiding, driving; (Tech) bielle driving; roue front → **comité, ligne[1], plan[1]**

2 nm **a** (responsable, gérant) [banque, usine] manager; (Admin) head; (Police) ≃ chief constable (Brit); (Ciné, TV: technicien) director ◆ **directeur commercial/général/du personnel** sales/general/personnel manager ◆ **directeur général** general manager, chief executive officer (US) ◆ **directeur général adjoint** assistant general manager ◆ (Univ) **le directeur de l'UER d'anglais** the head of the English department

b (administrateur, propriétaire) director

c **directeur (d'école)** headmaster (Brit), principal (US)

3 **directrice** nf **a** [entreprise] manageress; (propriétaire) director; (Admin) head

b **directrice (d'école/de lycée)** (primary/secondary school) headmistress (Brit), principal (US)

c (Math) directrix

4 COMP ▷ **directeur administratif et financier** financial and administrative director ▷ **directeur artistique** artistic director ▷ **directeur de cabinet (d'un ministre)** principal private secretary ▷ **directeur de conscience** director, spiritual adviser ▷ **directeur financier** financial director ▷ **directeur gérant** managing director ▷ **directeur de journal** newspaper editor ▷ **directeur de la photographie** director of photography ▷ **directeur de prison** prison governor (Brit), head warden (US) ▷ **directeur spirituel** ⇒ **directeur de conscience** ▷ **directeur de théâtre** theatre director ▷ **directeur de thèse** (Univ) supervisor (Brit), director (US)

directif, -ive[1] [diʀɛktif, iv] [→ SYN] adj managerial

direction [diʀɛksjɔ̃] [→ SYN] nf **a** (lit, fig: sens) direction; (route, chemin) direction, way ◆ **vous n'êtes pas dans** ou **vous n'avez pas pris la bonne direction** you're not going the right way ou in the right direction, you're not on the right road ◆ **dans quelle direction est-il parti?** which way did he go? ou head? ◆ **aller dans la direction de** ou **en direction de Paris, prendre la direction de Paris** to go towards ou in the direction of Paris ◆ **train/avion en direction de ...** train/plane for ou going to ... ◆ **bateau en direction de ...** ship bound ou heading for ... ◆ (fig) **nous devons chercher dans une autre direction** we must look in some other ou a different direction, we must direct our search elsewhere ◆ (fig) **l'enquête a pris une nouvelle direction** the inquiry has taken a new turn ◆ **dans toutes les directions** in all directions ◆ (Aut) **« autres directions »** "all other routes" ◆ **« toutes directions »** "all routes"

b (action d'administrer: → **diriger**) management; running; editorship; leadership; directing; supervision; conducting ◆ **il a été chargé de** ou **on lui a confié la direction de l'enquête/des travaux** he has been put in charge of the inquiry/the work ◆ **avoir la direction de** (gén, Admin, Ind) to run, be at the head of, be in charge of (the running of);

recherches, travaux to supervise, oversee, be in charge of ◆ **prendre la direction de** (gén, Admin) to take over the running of; usine, entreprise to take over the running ou management of; équipe, travaux to take charge of, take over the supervision of; mouvement, pays to take over the leadership of; débats to take control of; journal to take over ou take on the editorship of ◆ **sous sa direction** under his leadership (ou management etc) ◆ **direction par objectifs** management by objectives ◆ **prendre la direction des opérations** to take charge ou control (of the running of operations) ◆ **il a travaillé sous la direction d'un spécialiste** he has worked under the supervision of an expert ◆ **il a fait ses études sous la direction de X** he studied under X ◆ (Mus) **orchestre (placé) sous la direction de X** orchestra conducted by X

c (fonction de gérant, de responsable) post of manager, managership; (fonction de propriétaire, d'administrateur) post of director, directorship; [école] headship, post of head ou principal; [journal] editorship, post of editor ◆ **on lui a offert la direction de l'usine / d'une équipe de chercheurs** he was offered the post of factory manager / of leader ou head of a research team ◆ **on lui a donné la direction générale** he was given the director-generalship

d (personnel dirigeant) [usine, service, équipe] management; [journal] editorial board ◆ **la direction générale / commerciale** the general / sales management ◆ **la direction des ressources humaines** the human resources department ◆ **se plaindre à la direction** to make a complaint to the board ou the management ◆ **la direction décline toute responsabilité** the directors accept ou the management accepts no responsibility → **changement**

e (bureau) [usine] manager's (ou director's) office; [école] headmaster's (ou headmistress's) office (Brit), principal's office (US); [journal] editor's office

f (service) department ◆ **adressez-vous à la direction du personnel** apply to the personnel department ◆ **notre direction générale est à Paris** our head office is in Paris ◆ (de la CEE) **Direction générale** Directorate General ◆ **la Direction de la surveillance du territoire** the counter-espionage services, ≃ MI5 (Brit), ≃ the CIA (US) ◆ **Direction départementale de l'action sanitaire et sociale** ≃ social services ◆ **Direction générale des impôts** ≃ Inland Revenue (Brit), Internal Revenue Service (US)

g (Aut : mécanisme) steering ◆ **direction assistée** power steering → **rupture**

directionnel, -elle [diʀɛksjɔnɛl] adj (Tech) directional

directive[2] [diʀɛktiv] → SYN nf (gén pl) directive, order, instruction

directivisme [diʀɛktivism] nm authoritarian leadership

directivité [diʀɛktivite] nf [personne] authoritarianism; (Tech) directivity

directoire [diʀɛktwaʀ] nm **a** (Comm etc) board of directors ou management

b (Hist) **le Directoire** the Directory, the Directoire ◆ **fauteuil / table directoire** Directoire chair / table → **style**

directorat [diʀɛktɔʀa] nm [administration] directorship; [entreprise] managership; [école] headmastership, principalship (US)

directorial, e, mpl **-iaux** [diʀɛktɔʀjal, jo] adj fonction, responsabilité (Comm, Ind) managerial; (Admin) of directors; (Scol) of headmaster (ou headmistress) (Brit), of principal (US) ◆ **fauteuil / bureau directorial** manager's ou director's ou headmaster's (Brit) ou principal's (US) chair / office

directrice [diʀɛktʀis] nf → **directeur**

dirham [diʀam] nm dirham

dirigeable [diʀiʒabl] → SYN adj, nm ◆ **(ballon) dirigeable** dirigible, airship

dirigeant, e [diʀiʒɑ̃, ɑ̃t] → SYN **1** adj classe ruling ◆ **cadre dirigeant** senior manager ou executive

2 nm,f [parti, syndicat] leader; [pays] leader, ruler ◆ **dirigeant d'entreprise** company director; (salarié) company manager

diriger [diʀiʒe] → SYN ▸ conjug 3 ◂ **1** vt **a** (administrer) (gén, Admin) to run, be head of, be in charge of; entreprise, usine, théâtre to manage, run; journal to run, edit; pays, mouvement, parti to lead; opération, manœuvre to direct, be in charge of; recherches, travaux to supervise, oversee, be in charge of; enquête, procès to conduct; débat to conduct, lead; orchestre to conduct ◆ **diriger la circulation** to control ou direct the traffic ◆ (Mil) **diriger le tir** to direct the firing ◆ **mal diriger une entreprise** to mismanage a business, run a business badly ◆ **équipe bien / mal dirigée** team under good / bad leadership ou management, well- / badly-run team ◆ **savoir diriger** to know how to command ou lead, be a good manager ou leader ◆ **ils n'ont pas su diriger leurs enfants** they weren't able to guide their children ◆ **a-t-il bien su diriger sa vie ?** did he manage to run his life properly? ◆ **cette idée dirige toute notre politique** this idea guides ou determines our whole policy ◆ **l'ambition dirige tous ses actes** ambition rules ou guides his every act → **économie, loisir**

b (guider) voiture to steer; avion to pilot, fly; bateau to steer, navigate; cheval (de trait) to steer; (de selle) to guide ◆ (fig) **bien / mal diriger sa barque** to run one's affairs well / badly ◆ **bateau qui se dirige facilement** boat which is easy to steer

c (acheminer) marchandises, convoi to send (*vers, sur* to); personnes to direct, send (*sur, vers* to) ◆ **on m'a mal dirigé** I was misdirected ou sent the wrong way

d (orienter) **diriger une arme sur** to point ou level ou aim a weapon at ◆ **diriger un canon / télescope sur** to train a gun / telescope on, point a gun / telescope at ◆ **diriger une lampe de poche / lumière sur** to shine a torch / light on ◆ **diriger son attention sur qn / qch** to turn one's attention to ou on sb / to sth ◆ **diriger son regard** ou **ses yeux sur** ou **vers qch** to look towards ou in the direction of sth ◆ **le pompier dirigea sa lance vers les flammes** the fireman aimed ou pointed his hose at ou trained his hose on the flames ◆ **la flèche est dirigée vers la gauche** the arrow is pointing left ou to(wards) the left ◆ **diriger ses pas vers un lieu** to make for ou make one's way to ou head for a place ◆ **on devrait diriger ce garçon vers les sciences** we should advise this boy to specialize in science, we should guide this boy towards the sciences ◆ **cet élève a été mal dirigé** this pupil has been badly advised ou guided ◆ **nous dirigeons notre enquête / nos travaux dans une voie nouvelle** we are conducting ou directing our inquiry / carrying out ou directing our work along new lines ◆ **son regard se dirigea vers elle** he turned his gaze towards ou on her ◆ **diriger un article / une allusion contre qn / qch** to aim ou direct an article / an allusion at sb / sth ◆ **diriger une critique contre qn / qch** to aim ou direct ou level a criticism at sb / sth ◆ **les poursuites dirigées contre lui** the proceedings directed ou brought against him

2 **se diriger** vpr **a** **se diriger vers** (aller, avancer vers) to make for, head for, make one's way towards ◆ **il se dirigea vers la sortie** he made his way towards ou made for the exit ◆ **le bateau / la voiture semblait se diriger vers le port** the boat / car seemed to be heading ou making for the harbour ◆ (fig) **nous nous dirigeons vers une solution / un match nul** we seem to be heading towards a solution / a draw ◆ **l'avion se dirigea vers le nord** the plane flew ou headed northwards ◆ **se diriger droit sur qch / qn** to make a beeline ou make straight for sth / sb

b (se guider) to find one's way ◆ **se diriger sur les étoiles / le soleil** to navigate ou sail by the stars / the sun ◆ **se diriger au radar** to navigate by radar ◆ **il n'est pas facile de se diriger dans le brouillard** it isn't easy to find one's way in the fog ◆ (fig, Scol) **se diriger vers les sciences** to specialize in science ◆ **se diriger vers les carrières juridiques** to opt for ou be headed for a career in law

dirigisme [diʀiʒism] nm (Écon) interventionism, state intervention

dirigiste [diʀiʒist] adj, nmf interventionist

dirlo* [diʀlo] nmf (abrév de **directeur, -trice**) (Scol) head*

disaccharide [disakaʀid] nm disaccharide

disant [dizɑ̃] → **soi-disant**

discal, e, mpl **-aux** [diskal, o] adj (Méd) of the intervertebral discs ◆ **hernie discale** herniated (spéc) ou slipped disc

discarthrose [diskaʀtʀoz] nf intervertebral disc arthrosis

discernable [disɛʀnabl] adj discernible, detectable

discernement [disɛʀnəmɑ̃] → SYN nm **a** (sagesse) discernment, judgment ◆ **manquer de discernement** to be lacking in judgment ou discernment ◆ **agir sans discernement** to act without proper judgment

b (action) distinguishing, discriminating, distinction ◆ **sans discernement** without (making a) distinction ◆ (littér) **le discernement de la vérité d'avec l'erreur** distinguishing truth from error, discriminating between truth and error

discerner [disɛʀne] → SYN ▸ conjug 1 ◂ vt **a** (distinguer) forme to discern, make out, perceive; bruit to detect, hear, make out; nuance to discern, detect; douleur to feel

b (différencier) to distinguish, discriminate (*entre* between) ◆ **discerner une couleur d'une** ou **d'avec une autre / le vrai du faux** to distinguish ou tell one colour from another / truth from falsehood

disciple [disipl] → SYN nm (élève) disciple; (adepte) follower, disciple

disciplinable [disiplinabl] adj disciplinable

disciplinaire [disiplinɛʀ] → SYN adj disciplinary

disciplinairement [disiplinɛʀmɑ̃] adv in a disciplinary way

discipline [disiplin] → SYN nf **a** (règle) discipline ◆ **il fait régner la discipline dans sa classe** he imposes discipline on his class → **compagnie, conseil**

b (matière) discipline, subject ◆ **discipline de base** core ou basic subject ◆ **c'est le meilleur dans sa discipline** (gén) he's the best in his field; (Sport) he's the best at his sport

discipliné, e [disipline] → SYN (ptp de **discipliner**) adj (well-)disciplined

discipliner [disipline] → SYN ▸ conjug 1 ◂ vt soldats, élèves to discipline; impulsions to discipline, control; (fig) cheveux to control, keep tidy ◆ **cheveux difficiles à discipliner** [enfant] unruly hair; [adulte] unmanageable hair ◆ **il faut apprendre à se discipliner** one must learn self-control ou self-discipline ou to discipline oneself

disc-jockey, pl **disc-jockeys** [disk(ə)ʒɔkɛ] nm disc jockey, DJ

disco [disko] **1** adj musique disco

2 nm ◆ **le disco** disco music

discobole [diskɔbɔl] nm discus thrower; (Antiq) discobolus

discographie [diskɔgʀafi] nf discography

discoïdal, e, mpl **-aux** [diskɔidal, o] adj discoid(al)

discoïde [diskɔid] adj discoid(al), disc- ou disk-shaped

discomycètes [diskomisɛt] nmpl ◆ **les discomycètes** the Discomycetes (spéc)

discontinu, e [diskɔ̃tiny] → SYN **1** adj ligne, fonction discontinuous; (intermittent) bruit, effort intermittent; (Ling) discontinuous ◆ [route] **bande jaune** ou **blanche discontinue** broken yellow ou white line

2 nm (Philos) discontinuity ◆ **en discontinu** intermittently

discontinuer [diskɔ̃tinɥe] → SYN ▸ conjug 1 ◂ vti (littér) to discontinue, cease, stop, break off ◆ **sans discontinuer** without stopping, without a break ◆ **pendant deux heures sans discontinuer** for 2 hours at a stretch ou without stopping ou without a break

discontinuité [diskɔ̃tinɥite] → SYN nf discontinuity

disconvenance [diskɔ̃v(ə)nɑ̃s] → SYN nf (littér) incompatibility

disconvenir [diskɔ̃v(ə)niʀ] ▸ conjug 22 ◂ vi ◆ (littér : nier) **ne pas disconvenir de / que : je n'en disconviens pas** I don't deny it ◆ **je ne puis dis-**

convenir que ce soit vrai I cannot deny the truth of it ou that it's true

discopathie [diskɔpati] nf discopathy

discophile [diskɔfil] nmf record enthusiast

discophilie [diskɔfili] nf discophilia

discordance [diskɔʀdɑ̃s] → SYN nf **a** [caractères] conflict, clash (NonC); [opinions] difference, conflict; [sons] discord (NonC), discordance, dissonance; [couleurs] clash (NonC), clashing (NonC) ◆ **leurs témoignages présentent des discordances graves** their evidence shows serious discrepancies, their evidence conflicts seriously
b (Géol) unconformability, discordance

discordant, e [diskɔʀdɑ̃, ɑ̃t] → SYN adj **a** caractères, opinions, témoignages conflicting, discordant; sons, cris, bruits discordant, harsh; instruments out of tune; couleurs clashing, discordant ◆ **elle a une voix discordante** she has a harsh ou grating voice, her voice grates
b (Géol) unconformable, discordant

discorde [diskɔʀd] → SYN nf (littér) discord, dissension ◆ **mettre** ou **semer la discorde** to sow discord, cause dissension → **pomme**

discorder [diskɔʀde] ▸ conjug 1 ◂ vi [sons] to be discordant; [couleurs] to clash; [témoignages] to conflict

discothécaire [diskɔtekɛʀ] nmf record librarian

discothèque [diskɔtɛk] nf (collection) record collection; (meuble) record cabinet; (bâtiment) record library; (club) discotheque

discount [diskunt] → SYN **1** nm (rabais) discount ◆ **pratiquer le discount, faire du discount** to give a discount
2 adj inv ◆ **magasin discount** discount store ou shop ◆ **à des prix discount** at discount prices

discounter[1] [diskunte] ▸ conjug 1 ◂ vt to discount, sell at a discount ◆ **boutique où tout est discounté** shop ou store where everything is cut-price ou is at a discount price

discounter[2] [diskuntœʀ] nm discount dealer

discoureur, -euse [diskuʀœʀ, øz] → SYN nm,f (péj) speechifier, windbag* (péj)

discourir [diskuʀiʀ] → SYN ▸ conjug 11 ◂ vi **a** (faire un discours) to discourse, expatiate (*sur, de* upon); (péj) to hold forth (*sur, de* upon), speechify ◆ **elle le suivit sans discourir** she followed him without demur ou without a murmur
b (bavarder) to talk (away)

discours [diskuʀ] → SYN nm **a** (allocution) speech ◆ **discours d'ouverture / de clôture** opening / closing speech ou address ◆ **discours inaugural** inaugural speech ◆ **discours du trône** Queen's (ou King's) speech, speech from the throne ◆ (US Pol) **Discours sur l'état de l'Union** State of the Union Address ◆ **faire** ou **prononcer un discours** to make ou deliver a speech ◆ **prononcer un discours sur la tombe de qn** to deliver a funeral oration for sb ◆ **discours-programme** keynote speech
b (péj) talking (NonC), chatter (NonC) ◆ **tous ces beaux discours n'y changeront rien** all these fine words ou all this fine talk won't make any difference ◆ **suis-moi sans faire de discours!** follow me without argument ou any arguing! ◆ **que de discours!** what a lot of fuss (about nothing)! ◆ **perdre son temps en discours** to waste one's time talking ou in idle (chit)chat ◆ **assez de discours, des faits!** that's enough talk, let's see some action! ◆ **il m'a tenu un long discours sur ce qui lui était arrivé** he spun me a long yarn ou he told me a long-drawn-out tale about what had happened to him ◆ **elle m'a tenu des discours à n'en plus finir** she went on and on as if she was never going to stop
c **le discours** (expression verbale) speech; (Ling) discourse; (Philos : raisonnement) discursive reasoning ou thinking; (Rhétorique) discourse ◆ (Ling) **(au) discours direct / indirect** (in) direct / indirect ou reported speech ◆ **les parties du discours** (Ling) the parts of speech; (Rhétorique) the parts of discourse
d (Philos : traité) discourse, treatise ◆ (Littérat) **"Le Discours de la méthode"** "the Discourse on Method"

discourtois, e [diskuʀtwa, waz] → SYN adj discourteous

discourtoisement [diskuʀtwazmɑ̃] adv discourteously

discourtoisie [diskuʀtwazi] nf (littér) discourtesy

discrédit [diskʀedi] → SYN nm [personne] discredit, disfavour; [idée, théorie, œuvre] discredit, disrepute ◆ **tomber dans le discrédit** to fall into disrepute ◆ **être en discrédit** to be discredited ou in disrepute → **jeter**

discréditer [diskʀedite] → SYN ▸ conjug 1 ◂ **1** vt personne to discredit; théorie, œuvre to discredit, bring into disrepute ◆ **c'est une opinion tout à fait discréditée de nos jours** it is an opinion which has gone right out of favour ou which is quite discredited nowadays
2 **se discréditer** vpr [idée, théorie] to become discredited, fall into disrepute; [personne] to bring discredit upon o.s., discredit o.s. ◆ **se discréditer aux yeux de** ou **auprès de qn** to discredit o.s. ou bring discredit upon o.s. in the eyes of sb

discret, -ète [diskʀɛ, ɛt] → SYN adj **a** (réservé, retenu) personne, attitude discreet, reserved; allusion, reproche, compliment discreet ◆ **soyez discret, ne lui parlez pas de sa défaite** be tactful ou discreet and don't mention his defeat to him
b (qui n'attire pas l'attention) personne, manière unassuming, unobtrusive; parfum, maquillage discreet, unobtrusive; vêtement sober, plain, simple; couleur quiet, restrained; lumière subdued; endroit quiet, secluded; parole, regard discreet ◆ **il lui remit un paquet sous emballage discret** he handed her a plainly wrapped parcel ◆ **« envoi discret »** "sent under plain cover" ◆ **n'y a-t-il pas une façon plus discrète de m'avertir?** isn't there a more discreet ou less conspicuous way of warning me?
c (qui garde les secrets) discreet
d (Math) quantité discrete; (Phys) fonction discontinuous; (Ling) unité discrete

discrètement [diskʀɛtmɑ̃] → SYN adv **a** se tenir à l'écart, parler, reprocher discreetly, quietly ◆ **il a discrètement fait allusion à ...** he made a discreet allusion to ..., he gently hinted at ...
b se maquiller discreetly, unobtrusively; s'habiller soberly, plainly, simply; (pour ne pas être vu, entendu) discreetly ◆ **parler discrètement à l'oreille de qn** to have a quiet ou discreet word in sb's ear

discrétion [diskʀesjɔ̃] → SYN nf **a** (art de garder un secret) discretion ◆ **discrétion assurée** discretion assured
b (réserve) [personne, attitude] discretion, tact ◆ **sa discrétion est exemplaire** he's a model of discretion ou tact
c (modération) [maquillage] unobtrusiveness; [vêtement] sobriety, plainness, simpleness ◆ **avec discrétion** s'habiller etc soberly, plainly, simply; se conduire discreetly, unobtrusively; parler discreetly
d (littér : discernement) discretion
e LOC **vin** etc **à discrétion** unlimited wine etc, as much wine etc as you want ◆ (littér) **être à la discrétion de qn** to be in sb's hands

discrétionnaire [diskʀesjɔnɛʀ] → SYN adj discretionary

discriminant, e [diskʀiminɑ̃, ɑ̃t] **1** adj discriminating, distinguishing
2 nm (Math) discriminant

discriminateur [diskʀiminatœʀ] nm (Élec) discriminator

discriminatif, -ive [diskʀiminatif, iv] adj discriminatory, discriminative

discrimination [diskʀiminasjɔ̃] → SYN nf discrimination

discriminatoire [diskʀiminatwaʀ] → SYN adj mesures discriminatory, discriminating

discriminer [diskʀimine] → SYN ▸ conjug 1 ◂ vt (littér) to distinguish ◆ **apprendre à discriminer les méthodes** to learn how to discriminate ou distinguish between methods

disculpation [diskylpasjɔ̃] → SYN nf exoneration, exculpation (frm)

disculper [diskylpe] → SYN ▸ conjug 1 ◂ **1** vt to exonerate, exculpate (frm) (*de* from)
2 **se disculper** vpr to exonerate o.s., vindicate o.s., exculpate o.s. (frm) (*auprès de qn* in sb's eyes)

discursif, -ive [diskyʀsif, iv] → SYN adj discursive

discussion [diskysjɔ̃] → SYN nf **a** [problème] discussion, examination (*de* of); [projet de loi] debate (*de* on), discussion (*de* of) ◆ **mettre une question en discussion** to bring a matter up for discussion ◆ **le projet de loi est en discussion** the bill is being debated ou is under discussion
b (débat) discussion, debate; (pourparlers, échanges de vues) discussion(s), talks; (conversation) discussion, talk ◆ **les délégués sont en discussion** the delegates are in conference ◆ **sans discussion possible** indisputably, undoubtedly ◆ (Prov) **de la discussion jaillit la lumière** truth is reached through discussion
c (querelle) argument, quarrel ◆ **avoir une violente discussion avec qn** to have a violent disagreement ou quarrel ou argument with sb ◆ **suis-moi et pas de discussions** follow me and no argument

discutable [diskytabl] → SYN adj solution, théorie debatable, questionable, arguable; goût doubtful, questionable

discutailler* [diskytaje] ▸ conjug 1 ◂ vi (péj) (bavarder) to chat (away)*, natter (away)* (Brit); (débattre sans fin) to argue (*sur* over), go on* (*sur* about), discuss; (ergoter) to wrangle, quibble (*sur* over) ◆ **discutailler dans le vide** to argue ou quibble over nothing

discuté, e [diskyte] (ptp de **discuter**) adj ◆ **ministre très discuté** much discussed ou very controversial minister ◆ **question très discutée** vexed question, much debated ou disputed question ◆ **théorie très discutée** very controversial theory

discuter [diskyte] → SYN ▸ conjug 1 ◂ **1** vt **a** (débattre) problème to discuss, examine; projet de loi to debate, discuss; prix to argue about, haggle over
b (contester) ordre to question, dispute ◆ **discuter les droits de qn** to debate ou question sb's rights ◆ **ça se discute, ça peut se discuter** that's debatable ou disputable
c **discuter le coup*** ou **le bout de gras**‡ (parler) to have a chat* ou natter* (Brit) ou chinwag‡ (Brit); (parlementer) to argue away
2 vi **a** (être en conférence) to have a discussion, confer (*avec* with); (parler) to talk (*avec* with); (parlementer) to argue (*avec* with) ◆ **discuter de** ou **sur qch** to discuss sth ◆ **discuter (de) politique** etc to discuss ou talk politics etc ◆ **on ne peut pas discuter avec lui!*** it's no good arguing with him!, you can't have a discussion with him!
b (protester) to argue ◆ **suivez-moi sans discuter** follow me and no argument ◆ **j'en ai décidé ainsi et il n'y a pas à discuter** my mind's made up about it and that's that ou that's final ou and there's nothing further to be said ◆ **tu discutes?**‡ no ifs, and buts!* (Brit), no ifs, ands or buts!* (US), no argument!
c (débattre) **discuter de** ou **sur** question, problème to discuss, debate ◆ **ensuite, nous avons discuté du prix** then we discussed the price ◆ **discuter sur le cas de qn** to discuss ou debate sb's case ◆ **j'en ai discuté avec lui et il est d'accord** I have discussed the matter ou talked the matter over with him and he agrees ◆ **vous discutez sur des points sans importance** you are arguing about ou niggling over trifles ◆ **discuter du sexe des anges*** to discuss futilities

disert, e [dizɛʀ, ɛʀt] → SYN adj (frm, hum, péj) loquacious, articulate, fluent

disette [dizɛt] → SYN nf **a** (manque) [vivres, idées] scarcity, shortage, dearth
b (famine) food shortage, scarcity (of food)

diseur, -euse [dizœʀ, øz] → SYN nm,f ◆ **diseuse de bonne aventure** fortuneteller ◆ **diseur de bons mots** wit, wag

disfonctionnement [disfɔ̃ksjɔnmɑ̃] nm ⇒ **dysfonctionnement**

disgrâce [disgʀɑs] → SYN nf (défaveur, déchéance) disgrace ◆ **encourir** ou **mériter la disgrâce de qn** to incur sb's disfavour ou displeasure ◆ **être en disgrâce auprès de** to be in disfavour with ◆ **tomber en disgrâce** to fall into disgrace ◆ **la disgrâce du ministre** the minister's disgrace

disgracié, e [disgʀasje] → SYN (ptp de **disgracier**) adj (en disgrâce) in disgrace, disgraced; (laid) ill-favoured, ugly

disgracier [disgʀasje] → SYN ▸ conjug 7 ◂ vt to disgrace, dismiss from favour

disgracieux, -ieuse [disgʀasjø, jøz] → SYN adj geste inelegant, awkward; démarche inelegant, awkward, ungainly; visage ill-favoured; forme, objet unsightly

disharmonie [dizaʀmɔni, disaʀmɔni] → SYN nf disharmony

disjoindre [disʒwɛ̃dʀ(ə)] → SYN ▸ conjug 49 ◂
[1] vt planches, tôles, tuiles to take apart, separate; tuyaux to disconnect, take apart; pierres to break apart; (fig) problèmes to separate, split
[2] **se disjoindre** vpr [planches, tôles, tuiles] to come apart ou loose, separate; [tuyaux, pierres] to come apart

disjoint, e [disʒwɛ̃, wɛ̃t] (ptp de **disjoindre**) adj ◆ **ces deux questions sont disjointes** these two matters are not connected ◆ **planches / tuiles disjointes** planks / tiles which are coming apart ou loose, loose planks / tiles ◆ **tuyaux disjoints** pipes which have come apart ou undone

disjoncter [disʒɔ̃kte] ▸ conjug 1 ◂ [1] vt courant to cut off, disconnect
[2] vi [disjoncteur] to act as a circuit-breaker ou cutout; (*: fig) to crack up*

disjoncteur [disʒɔ̃ktœʀ] → SYN nm (Élec) circuit breaker, cutout

disjonctif, -ive [disʒɔ̃ktif, iv] [1] adj disjunctive
[2] **disjonctive** nf disjunctive

disjonction [disʒɔ̃ksjɔ̃] → SYN nf disjunction, separation

dislocation [dislɔkasjɔ̃] → SYN nf (→ **disloquer**) dislocation; dismantling; smashing; breaking up; dispersal; scattering; dismemberment; dislocation; (Géol) fault

disloquer [dislɔke] → SYN ▸ conjug 1 ◂ [1] vt a bras, épaule to dislocate, put out of joint ◆ **avoir l'épaule disloquée** to have a dislocated shoulder
b machine, meuble (démonter) to dismantle, take apart ou to pieces; (casser) to smash, break up ◆ **la chaise est toute disloquée** the chair is all smashed ou broken
c rassemblement, cortège to disperse, break up; troupes to disperse, scatter
d empire to dismantle, dismember, break up
[2] **se disloquer** vpr a **se disloquer le bras** to dislocate one's arm, put one's arm out of joint ◆ **son épaule s'est disloquée** his shoulder has been dislocated
b [meuble] to come apart, fall to pieces
c [troupes] to disperse, scatter; [cortège] to disperse, break ou split up
d [empire] to break up, disintegrate

disparaître [dispaʀɛtʀ] → SYN ▸ conjug 57 ◂ vi a (lit: s'en aller, devenir invisible) to disappear, vanish ◆ **le fuyard disparut au coin de la rue / dans la foule** the fugitive disappeared ou vanished round the corner of the street / into the crowd ◆ **disparaître discrètement** to slip away quietly ◆ **disparaître furtivement** to sneak away ou out ◆ **je ne veux pas le voir, je disparais** I don't want to see him so I'll just slip away ou disappear ou I'll be off ◆ **le voilà, disparais!** there he is, make yourself scarce*! ◆ **disparaître aux regards** to vanish out of sight, disappear from view ◆ **disparaître à l'horizon** [soleil] to disappear ou vanish ou sink below the horizon; [bateau] to vanish ou disappear over the horizon ◆ **l'arbre disparut dans le brouillard** the tree vanished ou was swallowed up in the fog ◆ **le bâtiment disparaît sous le lierre** the building is (half-)hidden under a cloak of ivy
b (être porté manquant) [personne] to go missing (Brit), disappear; [objet] to disappear ◆ **il a disparu de son domicile** he is missing ou has gone missing (Brit) ou has disappeared from home ◆ **trois camions ont disparu (du garage)** three lorries have disappeared ou are missing ou have gone (from the garage) ◆ **disparaître sans laisser de traces** to disappear without trace ◆ **il a disparu de la circulation*** he seems to have vanished into thin air
c (passer, s'effacer) [joie, crainte etc] to disappear, vanish, evaporate; [sourire, rougeur, douleur, cicatrice] to disappear, vanish, go away; (graduellement) to fade; [jeunesse] to vanish, be lost; [brouillard] to disappear, vanish, thin out
d (mourir) [race, civilisation] to die (out), vanish; [coutume] to die out, disappear; [personne] to die; (se perdre) [navire] to sink, be lost ◆ **si je venais à disparaître, tu n'aurais pas de soucis matériels** if I were to die, you wouldn't have any financial worries ◆ **tout le charme de la Belle Époque disparaît avec elle** all the charm of the Belle Époque dies ou vanishes with her ◆ **disparaître en mer** to be lost at sea ◆ (Naut) **disparaître corps et biens** to go down with all hands
e **faire disparaître** objet to remove, hide away ou out of sight; document to dispose of, get rid of; tache, trace, obstacle, difficulté to remove; personne to eliminate, get rid of, do away with*; crainte to dispel, eliminate ◆ **cela a fait disparaître la douleur / la rougeur** it made the pain / red mark go away, it got rid of the pain / all trace of the red mark ◆ **faire disparaître un objet** [prestidigitateur] to make an object vanish ◆ **le voleur fit disparaître le bijou dans sa poche** the thief concealed the jewel ou hid the jewel out of sight in his pocket ◆ **il prenait de gros morceaux de pain qu'il faisait disparaître dans sa bouche** he was taking large hunks of bread and cramming them into his mouth ◆ **ils firent disparaître toute trace de leur passage** they destroyed ou wiped out ou removed all trace of their visit ◆ **faire disparaître une inscription** [temps] to erase ou efface ou wear away an inscription; [personne] to erase ou wipe out ou remove an inscription

disparate [dispaʀat] → SYN adj éléments disparate; objets, mobilier disparate, ill-assorted; couple, couleurs ill-assorted, badly matched

disparité [dispaʀite] → SYN nf [éléments, salaires] disparity (*de* in); [objets, couleurs] mismatch, ill-assortedness (NonC) (*de* of)

disparition [dispaʀisjɔ̃] → SYN nf a [personne] disappearance; [cicatrice, rougeur] disappearance; (graduelle) fading; [brouillard] lifting, thinning; [soleil] sinking, setting; [tache, obstacle] disappearance, removal ◆ **la disparition de la douleur sera immédiate** the pain will be relieved ou will go away ou vanish immediately
b (mort, perte) [personne] death; [espèce] disappearance, extinction; [coutume, langue] disappearance, dying out; [objet, bateau] loss, disappearance ◆ **cette race est en voie de disparition** this race is becoming extinct ◆ **espèce en voie de disparition** endangered species

disparu, e [dispaʀy] → SYN (ptp de **disparaître**)
[1] adj a (révolu) monde, époque bygone (épith), vanished; bonheur, jeunesse lost, departed
b (effacé) **une lueur menaçante, aussitôt disparue, brilla dans ses yeux** a dangerous gleam flickered and died in his eyes, his eyes glinted dangerously for a brief moment ◆ **un sentiment d'espoir, bientôt disparu, l'anima un court instant** hope filled him for a brief moment only to fade again
c (mort) personne dead, departed; race, coutume, langue vanished, dead, extinct; (dont on est sans nouvelles) victime missing ◆ **il a été porté disparu** (Mil) he has been reported missing; (dans une catastrophe) he is missing, believed dead ◆ **marin disparu en mer** sailor lost at sea
[2] nm,f (mort) dead person; (dont on a perdu la trace) missing person ◆ (littér) **le cher disparu** the dear departed ◆ **il y a 5 morts et 3 disparus dans ce naufrage** there are 5 (reported) dead and 3 missing in this shipwreck

dispatcher[1] [dispatʃe] ▸ conjug 1 ◂ vt (gén) to dispatch

dispatcher[2], **dispatcheur** [dispatʃœʀ] → SYN nm dispatcher

dispatching [dispatʃiŋ] → SYN nm (gén) dispatching; [courrier] routing, dispatching

dispendieusement [dispɑ̃djøzmɑ̃] adv (frm) vivre extravagantly, expensively

dispendieux, -ieuse [dispɑ̃djø, jøz] → SYN adj (frm) goûts, luxe extravagant, expensive

dispensaire [dispɑ̃sɛʀ] → SYN nm community (Brit) ou free (US) clinic; (†) people's dispensary

dispensateur, -trice [dispɑ̃satœʀ, tʀis] → SYN (littér) [1] adj dispensing
[2] nm,f dispenser

dispense [dispɑ̃s] → SYN nf (exemption) exemption (*de* from); (permission) special permission; (Rel) dispensation (*de* from) ◆ **dispense du service militaire / d'un examen** exemption from military service / from an exam ◆ **dispense d'âge pour passer un examen** permission to sit an exam under the statutory age limit

dispenser [dispɑ̃se] → SYN ▸ conjug 1 ◂ [1] vt a (exempter) to exempt, excuse (*de faire* from doing, *de qch* from sth) ◆ (Rel) **dispenser qn d'un vœu** to release sb from a vow ◆ **je vous dispense de vos réflexions** I can do without your comments, you can spare me your comments ◆ (frm, hum) **dispensez-moi de sa vue** spare me the sight of him ◆ (frm) **dispensez-moi d'en dire plus** spare me the necessity of saying any more ◆ **se faire dispenser** to get exempted ◆ **il est dispensé de gymnastique** he's excused from gymnastics
b (littér: distribuer) bienfaits to dispense; charme to radiate; lumière to dispense, give out ◆ **dispenser à qn son dévouement** to bestow ou lavish one's devotion on sb ◆ (Méd) **dispenser des soins à un malade** to give medical care to a patient
[2] **se dispenser** vpr ◆ **se dispenser de** corvée to avoid, get out of; remarque to refrain from ◆ **se dispenser de faire qch** to get out of doing sth, not to bother doing sth ◆ **il peut se dispenser de travailler** he doesn't need to work, he has no need to bother working ◆ **je me dispenserais bien d'y aller** I would (gladly) get out of ou save myself the bother of going if I could ◆ (iro) **il s'est dispensé de s'excuser** he didn't see any necessity for excusing himself

dispersant [dispɛʀsɑ̃] [1] adj dispersive
[2] nm dispersant

dispersé, e [dispɛʀse] (ptp de **disperser**) adj habitat scattered; esprit unselective, undisciplined; travail disorganized, fragmented, bitty* ◆ **en ordre dispersé** in a disorganised manner

disperser [dispɛʀse] → SYN ▸ conjug 1 ◂ [1] vt a (éparpiller) papiers, feuilles to scatter, spread about; (dissiper) brouillard to disperse, break up; (répartir) personnes to disperse, spread out; collection to break up; (faire partir) foule, ennemi to scatter, disperse; (Mil: congédier) to dismiss ◆ **tous nos amis sont maintenant dispersés** all our friends are now scattered
b (fig: déconcentrer) ses forces, ses efforts to dissipate
[2] **se disperser** vpr [foule] to scatter, disperse, break up; [élève, artiste] to overdiversify, dissipate one's efforts ◆ **ne vous dispersez pas trop!** don't overdiversify!, don't try to do too many different things at once!

dispersif, -ive [dispɛʀsif, iv] adj dispersive

dispersion [dispɛʀsjɔ̃] → SYN nf (→ **disperser**) scattering; spreading about; dispersal; breaking up; dismissal; dissipation; (Chim, Phys, Statistique) dispersion ◆ **évitez la dispersion dans votre travail** don't attempt to do too many things at once, don't overdiversify in your work

disponibilité [dispɔnibilite] → SYN nf a [choses] availability ◆ (Jur) **disponibilité des biens** (faculté du possesseur) ability to transfer one's property; (caractère des possessions) transferability of property ◆ **en fonction des disponibilités** ou **de la disponibilité de chacun** according to each person's availability
b (Fin) **disponibilités** available funds, liquid assets
c **mettre en disponibilité** fonctionnaire to free from duty temporarily, grant leave of absence to; officier to place on reserve ◆ **mise en disponibilité** [fonctionnaire] leave of absence; [officier] transfer to reserve duty

d [élève, esprit, auditoire] alertness, receptiveness ◆ **disponibilité d'esprit** alertness ou receptiveness of mind

disponible [dispɔnibl] → SYN GRAMMAIRE ACTIVE 19.3
1 adj **a** livre, appartement, fonds available ◆ **avez-vous des places disponibles pour ce soir?** are there any seats (available) for this evening? ◆ **il n'y a plus une seule place disponible** there's not a single seat left ou not one spare seat ◆ **je ne suis pas disponible ce soir** I'm not free tonight ◆ **elle est toujours disponible pour écouter ses amis** she's always ready to listen to her friends ◆ (Jur) **biens disponibles** transferable property
b **fonctionnaire disponible** civil servant on leave of absence ou temporarily freed from duty ◆ **officier disponible** officer on reserve
c élève, esprit, auditoire alert, receptive
2 nm (Fin) available assets ou funds

dispos, e [dispo, oz] → SYN adj personne refreshed, in good form (attrib), full of energy (attrib) ◆ **avoir l'esprit dispos** to have a fresh mind → **frais**[1]

disposant, e [dispozɑ̃, ɑ̃t] nm,f (Jur) donor

disposé, e [dispoze] → SYN (ptp de **disposer**) adj
a **être disposé à faire** to be willing ou disposed ou prepared to do ◆ **être peu disposé à faire** to be unwilling to do, not to be disposed ou prepared to do ◆ **bien / mal disposé** in a good/bad mood ◆ **bien / mal disposé à l'égard de** ou **pour** ou **envers qn** well-/ill-disposed towards sb
b terrain situated, sited ◆ **comment le terrain est-il disposé?** what is the site like? ◆ **pièces bien / mal disposées** well-/badly-laid-out rooms

disposer [dispoze] → SYN ▸conjug 1◂ **1** vt **a** (arranger) personnes, meubles, fleurs to arrange; couverts to set, lay ◆ **disposer des troupes sur le terrain** to draw up ou range ou dispose troops on the battlefield ◆ **disposer des objets en ligne / en cercle** to place ou lay ou arrange things in a row/in a circle ◆ **on avait disposé le buffet dans le jardin** they had laid out ou set out the buffet in the garden
b **disposer qn à faire / à qch** (engager à) to dispose ou incline sb to do/towards sth; (frm: préparer à) to prepare sb to do/for sth ◆ **cela ne dispose pas à l'optimisme** it doesn't (exactly) incline one to optimism
2 vi (frm: partir) to leave ◆ **vous pouvez disposer** you may leave (now), (now) you can go
3 **disposer de** vt indir (avoir l'usage de) to have (at one's disposal) ◆ **disposer d'une voiture** to have a car (at one's disposal), have the use of a car ◆ **disposer d'une somme d'argent** to have a sum of money at one's disposal ou available (for one's use) ◆ **il disposait de quelques heures pour visiter Lyon** he had a few hours free ou to spare in which to visit Lyons ◆ **avec les moyens dont il dispose** with the means at his disposal ou available to him ◆ **si vous voulez vous pouvez en disposer** if you wish you can use it ◆ (Jur) **disposer d'un domaine (par testament)** to dispose of an estate (in one's will) ◆ **il dispose de ses employés / de ses amis de manière abusive** he takes advantage of his employees/friends ◆ **droit des peuples à disposer d'eux-mêmes** right of nations to self-determination
4 **se disposer** vpr ◆ **se disposer à faire** (se préparer à) to prepare to do, be about to do ◆ **il se disposait à quitter le bureau** he was about to ou was preparing to ou was getting ready to leave the office

dispositif [dispozitif] → SYN nm **a** (mécanisme) device, mechanism ◆ **dispositif d'alarme** alarm ou warning device ◆ **dispositif de sûreté** safety device ◆ (Méd) **dispositif intra-utérin** intra(-)uterine (contraceptive) device
b (moyens prévus) plan of action ◆ (Mil) **dispositif d'attaque** plan of attack ◆ (Mil) **dispositif de défense** defence system ◆ **dispositif de contrôle** plan of control ◆ **dispositif de combat** fighting plan ◆ **tout un dispositif a été établi pour enrayer l'inflation** a complete plan of action has been drawn up to eliminate inflation ◆ **un important dispositif (policier) a été mis en place pour disperser les manifestants** a large police operation was set up ou a large contingent of police was brought in to disperse the demonstrators
c (Jur) [jugement] pronouncement; [loi] purview

disposition [dispozisjɔ̃] → SYN GRAMMAIRE ACTIVE 19.3 nf **a** (arrangement) (action) arrangement, arranging, placing; (résultat) arrangement, layout ◆ **selon la disposition des pions / des joueurs** according to how the pawns/players are placed ◆ **ils ont changé la disposition des objets dans la vitrine** they have changed the arrangement ou layout of the things in the window ◆ **cela dépend de la disposition du terrain** that depends on the situation of the ground, it depends how the ground lies ◆ **la disposition des lieux / pièces** the layout of the premises/rooms
b (usage) disposal ◆ (Jur) **avoir la libre disposition de qch** to have free disposal of sth, be free to dispose of sth ◆ **mettre qch / être à la disposition de qn** to put sth/be at sb's disposal ◆ **la maison / la bibliothèque est à votre disposition** the house/library is at your disposal, you can have the run of the house/library ◆ **les moyens (mis) à notre disposition sont insuffisants** we have insufficient means at our disposal ◆ **je me mets** ou **tiens à votre entière disposition pour de plus amples renseignements** I am entirely at your disposal ou service should you require further information ◆ (Jur) **l'inculpé a été mis à la disposition de la justice** the accused was handed over to the law
c (mesures) **dispositions** (préparatifs) arrangements, preparations; (précautions) measures, precautions, steps ◆ **prendre des** ou **ses dispositions pour que qch soit fait** to make arrangements ou take steps to have sth done ou for sth to be done ◆ **prendre ses dispositions pour partir** to make arrangements for ou prepare for one's departure ◆ **nous avons prévu des dispositions spéciales** we have arranged for special steps ou measures ou precautions to be taken
d (manière d'être) mood, humour, frame of mind ◆ **être dans de bonnes / mauvaises dispositions** to be in a good/bad mood ou humour ◆ **être dans de bonnes dispositions pour faire qch** to be in the right mood to do sth, be in the right frame of mind for doing sth ◆ **être dans les meilleures dispositions** to be in the best of moods ◆ **être dans de bonnes / de mauvaises / les meilleures dispositions à l'égard de qn** to feel well-disposed/ill-disposed/most kindly disposed towards sb ◆ **est-il toujours dans les mêmes dispositions à l'égard de ce projet / candidat?** does he still feel the same way ou have the same feelings about this plan/candidate? ◆ **disposition d'esprit** mood, state ou frame of mind
e (inclination, aptitude) **dispositions** bent, aptitude, natural ability ◆ **avoir des dispositions pour la musique / les langues / le tennis** to have a special aptitude for ou a gift for music/languages/tennis
f (tendance) [personne] predisposition, tendency; [objet] tendency (*à* to) ◆ **avoir une disposition au rhumatisme / à contracter une maladie** to have a tendency to rheumatism/to catch an illness ◆ **ce bateau a une curieuse / fâcheuse disposition à ...** this boat has a strange/an annoying tendency to ..., this boat is prone to ...
g (Jur) clause ◆ **dispositions testamentaires** provisions of a will, testamentary provisions ◆ **dispositions entre vifs** donation inter vivos → **dernier**

disproportion [dispʀɔpɔʀsjɔ̃] → SYN nf disproportion (*de* in)

disproportionné, e [dispʀɔpɔʀsjɔne] → SYN adj disproportionate (*à, avec* to), out of (all) proportion (*à, avec* with) ◆ **il a une tête disproportionnée** his head is disproportionately ou abnormally large ◆ **un salaire disproportionné au travail** a salary which is disproportionate to ou out of (all) proportion with the work

dispute [dispyt] → SYN nf **a** (querelle) argument, quarrel ◆ **dispute d'amoureux** lovers' tiff ou quarrel ◆ **tu cherches la dispute!** you're looking for an argument!
b (††: débat polémique) debate, dispute

disputé, e [dispyte] (ptp de **disputer**) adj match close, closely fought; siège de député hotly contested

disputer [dispyte] → SYN ▸conjug 1◂ **1** vt **a** (contester) **disputer qch / qn à qn** to fight with sb for ou over sth/sb ◆ **disputer la victoire / la première place à son rival** to fight for victory/for first place with one's rival, fight one's rival for victory/first place ◆ **elle essaya de lui disputer la gloire de son invention** she tried to rob him of the glory of his invention ◆ (littér) **le disputer en beauté / en grandeur à qn** to vie with ou rival sb in beauty/greatness ◆ **disputer le terrain** (Mil) to fight for every inch of ground; (fig) to fight every inch of the way
b (livrer) combat to fight; match to play ◆ **le match a été disputé** ou **s'est disputé en Angleterre** the match was played ou took place in England
c (*: gronder) to tell off*, tick off* (Brit) ◆ **se faire disputer par son père** to get a telling-off* ou ticking-off* (Brit) from one's father
2 **se disputer** vpr **a** (se quereller) to quarrel, argue, have a quarrel ou an argument (*avec* with) ◆ **il s'est disputé avec son oncle** he quarrelled ou had a quarrel ou an argument with his uncle, he fell out with his uncle
b (se battre pour) **se disputer qch** to fight over sth, contest sth ◆ **deux chiens se disputent un os** two dogs are fighting over a bone ◆ **deux candidats se disputent un siège à l'Académie** two candidates are contesting a seat at the Academy

disquaire [diskɛʀ] nmf (commerçant) record dealer

disqualification [diskalifikasjɔ̃] → SYN nf (Sport) disqualification

disqualifier [diskalifje] → SYN ▸conjug 7◂ vt **a** (Sport: exclure) to disqualify
b (fig: discréditer) to dishonour, bring discredit on ◆ **il s'est disqualifié aux yeux de l'opinion** he has destroyed people's trust in him ou people's good opinion of him

disque [disk] → SYN nm **a** (gén, Méd, Phot) disc, disk ◆ **disque d'embrayage** clutch plate ◆ **disque de stationnement** parking disk → **frein**
b (Sport) discus
c (Mus) record, disc* ◆ **disque compact / laser** compact/laser disc ◆ **disque vidéo** video disc ◆ **mettre / passer un disque** to put on/play a record
d (Ordin) disc, disk ◆ **disque dur / souple / optique / laser** hard/floppy/optical/laser disc ou disk ◆ **disque optique compact** compact optical disc ◆ **disque optique numérique** digital optical disk

disque-jockey, pl **disques-jockeys** [disk(ə)ʒɔkɛ] nm disc jockey, DJ

disquette [diskɛt] nf (Ordin) floppy (disc ou disk), diskette

disruptif, -ive [disʀyptif, iv] adj (Élec) disruptive

dissection [disɛksjɔ̃] → SYN nf dissection ◆ **de dissection** instrument, table dissecting, dissection

dissemblable [disɑ̃blabl] → SYN adj dissimilar, different (*de* from, to)

dissemblance [disɑ̃blɑ̃s] → SYN nf dissimilarity, difference (*de* in)

dissémination [diseminasjɔ̃] → SYN nf **a** (action) [graines] scattering; [troupes, maisons, usines] scattering, spreading; [idées] dissemination
b (état) [maisons, points de vente] scattered layout ou distribution ◆ **à cause de la dissémination de notre famille** because our family is scattered

disséminer [disemine] → SYN ▸conjug 1◂ **1** vt graines to scatter; troupes, maisons to scatter, spread (out); idées to disseminate ◆ **les points de vente sont très disséminés** the (sales) outlets are widely scattered ou thinly distributed
2 **se disséminer** vpr [graines] to scatter; [personnes] to spread (out) ◆ **les piqueniqueurs se disséminèrent aux quatre coins de la forêt** the picnickers spread out ou scattered to the four corners of the forest

dissension [disɑ̃sjɔ̃] → SYN nf dissension

dissentiment [disɑ̃timɑ̃] nm disagreement, difference of opinion

disséquer [diseke] → SYN ▸ conjug 6 ◂ vt (lit, fig) to dissect

dissert* [disɛʀt] nf (abrév de **dissertation**) paper

dissertation [disɛʀtasjɔ̃] → SYN nf (Scol, hum) essay; (péj, ††: traité) dissertation

disserter [disɛʀte] → SYN ▸ conjug 1 ◂ vi **a** (Scol) **disserter sur** (parler) to speak on, discourse upon (frm); (écrire) to write an essay on **b** (péj) to hold forth (*de, sur* about, on)

dissidence [disidɑ̃s] → SYN nf (sécession) (Pol) rebellion, dissidence; (Rel) dissent; (dissidents) rebels, dissidents; (littér: divergence) disagreement, dissidence ◆ **entrer en dissidence** to break away, rebel ◆ **être en dissidence** to have broken away ◆ **rejoindre la dissidence** to join the dissidents ou the rebels

dissident, e [disidɑ̃, ɑ̃t] → SYN **1** adj (Pol) dissident; (Rel) dissenting ◆ **groupe dissident** breakaway ou splinter group ◆ **une fraction dissidente de cette organisation terroriste** a dissident minority in this terrorist organization **2** nm,f (Pol) rebel, dissident; (Rel) dissenter

dissimilation [disimilasjɔ̃] nf (Ling) dissimilation

dissimilitude [disimilityd] nf dissimilarity

dissimulateur, -trice [disimylatœʀ, tʀis] → SYN **1** adj dissembling **2** nm,f dissembler

dissimulation [disimylasjɔ̃] → SYN nf (NonC: duplicité) dissimulation, dissembling; (cachotterie) dissimulation (NonC), dissembling (NonC); (action de cacher) concealment ◆ **agir avec dissimulation** to act in an underhand way ◆ (Jur) **dissimulation d'actif** (fraudulent) concealment of assets

dissimulé, e [disimyle] → SYN (ptp de **dissimuler**) adj caractère, enfant secretive ◆ **sentiments mal dissimulés** ill-concealed feelings

dissimuler [disimyle] → SYN ▸ conjug 1 ◂ **1** vt (cacher) objet, personne, sentiment, difficulté to conceal, hide (*à qn* from sb); (Fin) bénéfices to conceal; (déguiser) sentiment, difficulté, défaut to conceal, disguise ◆ **il sait bien dissimuler** he's good at pretending ou dissembling (frm) ◆ **il parvenait mal à dissimuler son impatience / son envie de rire** he had great difficulty in covering up ou disguising ou hiding his annoyance / his urge to laugh ◆ **je ne vous dissimulerai pas qu'il y a de gros problèmes** I won't disguise ou conceal the fact that there are serious problems **2** **se dissimuler** vpr to conceal ou hide o.s. ◆ **il essaie de se dissimuler la vérité / qu'il a tort** he tries to close his eyes to the truth / to the fact that he's wrong, he tries to conceal the truth from himself / to conceal from himself the fact that he's wrong

dissipateur, -trice [disipatœʀ, tʀis] → SYN **1** adj wasteful, extravagant, prodigal **2** nm,f spendthrift, squanderer, prodigal

dissipatif, -ive [disipatif, iv] adj dissipative

dissipation [disipasjɔ̃] → SYN nf **a** (indiscipline) misbehaviour, unruliness; (littér: débauche) dissipation ◆ **une vie de dissipation** a dissipated life, a life of dissipation **b** (dilapidation) [fortune] squandering, dissipation; (folle dépense) extravagance **c** [fumée, nuage] dissipation, dispersal; [brouillard] clearing, lifting, dispersal; [craintes] dispelling ◆ **après dissipation des brouillards matinaux** after the early morning fog has lifted ou cleared

dissipé, e [disipe] → SYN (ptp de **dissiper**) adj élève undisciplined, unruly; vie dissolute, dissipated

dissiper [disipe] → SYN ▸ conjug 1 ◂ **1** vt **a** (chasser) brouillard, fumée to dispel, disperse, clear away; nuage to break up, disperse; soupçon, crainte to dissipate, dispel; malentendu to clear up **b** (dilapider) fortune to dissipate, squander, fritter away; jeunesse to waste, dissipate, idle away; (littér) santé to ruin, destroy **c** **dissiper qn** to lead sb astray ou into bad ways ◆ **il dissipe ses petits camarades en classe** he is a distracting influence on ou he distracts his little friends in class **d** (Sci) to dissipate **2** **se dissiper** vpr **a** (disparaître) [fumée] to drift away, disperse; [nuages] to break (up), disperse; [brouillard] to clear, lift, disperse; [inquiétude] to vanish, melt away; [malaise, fatigue] to disappear, go away, wear off **b** [élève] to become undisciplined ou unruly, misbehave

dissociabilité [disɔsjabilite] nf [molécules] dissociability; [problèmes] separability, separableness

dissociable [disɔsjabl] adj molécules dissociable, separable; problèmes separable

dissociation [disɔsjasjɔ̃] → SYN nf [molécules, problèmes] dissociation, separation

dissocier [disɔsje] → SYN ▸ conjug 7 ◂ **1** vt molécules, problèmes to dissociate **2** **se dissocier** vpr [éléments, groupe, équipe] to break up, split up ◆ **nous tenons à nous dissocier de ces groupes / vues** we are anxious to dissociate ourselves from these groups / views

dissolu, e [disɔly] → SYN adj dissolute

dissolubilité [disɔlybilite] nf (→ **dissoluble**) dissolubility; solubility

dissoluble [disɔlybl] adj assemblée dissoluble; substance soluble

dissolution [disɔlysjɔ̃] → SYN nf **a** (Jur) [assemblée, mariage] dissolution; [groupe, parti] dissolution, disbanding; [compagnie] winding-up, dismantling ◆ **prononcer la dissolution de** mariage to dissolve; parti, groupement to disband **b** (désagrégation) [groupe, association] breaking-up, splitting-up; [empire] crumbling, decay, dissolution ◆ **l'unité nationale est en pleine dissolution** national unity is crumbling ou disintegrating ou falling apart **c** [sucre etc] dissolving ◆ **tourner jusqu'à dissolution complète du cachet** stir until the tablet has completely dissolved **d** (colle) rubber solution **e** (littér: débauche) dissoluteness, dissipation

dissolvant, e [disɔlvɑ̃, ɑ̃t] **1** adj (lit) solvent, dissolvent; (fig) doctrines undermining (épith), demoralizing; climat debilitating **2** nm (produit) solvent ◆ (pour les ongles) **dissolvant (gras)** nail polish ou varnish remover

dissonance [disɔnɑ̃s] → SYN nf (Mus) (intervalle) dissonance, discord; [couleurs, styles] mismatch; (fig) clash; (manque d'harmonie) discord, dissonance ◆ (fig) **des dissonances de tons dans un tableau** clashes of colour in a painting

dissonant, e [disɔnɑ̃, ɑ̃t] → SYN adj sons, accord dissonant, discordant; couleurs clashing (épith)

dissoner [disɔne] ▸ conjug 1 ◂ vi (frm) [sons] to be discordant; [couleurs] to clash

dissoudre [disudʀ] → SYN ▸ conjug 51 ◂ **1** vt **a** sel to dissolve ◆ **faire dissoudre du sucre** to dissolve sugar **b** (Jur, Pol) assemblée to dissolve; parti, groupement to disband, break up; mariage to dissolve **2** **se dissoudre** vpr **a** [sel, sucre] to dissolve, be dissolved **b** [association] to disband, break up

dissuader [disɥade] → SYN ▸ conjug 1 ◂ vt to dissuade (*de qch* from sth, *de faire* from doing) ◆ **il m'a dissuadé d'y aller** he talked me out of going, he persuaded me not to go

dissuasif, -ive [disɥazif, iv] → SYN adj dissuasive ◆ **avoir un effet dissuasif sur** to have a dissuasive ou deterrent effect upon ◆ **à un prix dissuasif** at too high a price

dissuasion [disɥazjɔ̃] → SYN nf (gén) dissuasion; (Mil) deterrence → **force**

dissyllabe [disi(l)lab] **1** adj disyllabic **2** nm disyllable

dissyllabique [disi(l)labik] adj disyllabic

dissymétrie [disimetʀi] nf dissymmetry

dissymétrique [disimetʀik] → SYN adj dissymmetric(al)

distal, e, mpl **-aux** [distal, o] adj distal

distance [distɑ̃s] → SYN nf **a** (éloignement, intervalle, trajet) distance ◆ **à quelle distance est la gare ?** how far (away) is the station?, what's the distance to the station? ◆ **parcourir de grandes / petites distances** to cover great / small distances ◆ (Sport) **il est meilleur sur les grandes distances** he's better over long distances ◆ **habiter à une grande distance / à quelques kilomètres de distance** to live a great distance away ou a long way away / a few kilometres away (*de* from) ◆ **entendre un bruit / distinguer qch à une distance de 30 mètres** to hear a noise / make out sth from a distance of 30 metres ou from 30 metres away ◆ **à 2 ou 3 ans de distance je m'en souviens encore** 2 or 3 years later I can still remember it ◆ **nés à quelques années de distance** born within a few years of one another, born a few years apart ◆ **quelle distance parcourue depuis son dernier roman !** what a long way ou how far he has come since his last novel! **b** (écart) gap ◆ **la distance qui sépare deux générations / points de vue** the gap between ou which separates two generations / points of view ◆ **la guerre a mis une grande distance entre ces deux peuples** the war has left a great gulf between these two nations **c** LOC **garder ses distances** to keep one's distance (*vis à vis de* from) ◆ **prendre ses distances** (Mil) to form open order; (Scol etc) to space out; (fig) to stand aloof (*à l'égard de* from), distance o.s. (*par rapport à* from) ◆ **les syndicats ont pris leurs distances vis-à-vis du gouvernement** the unions have distanced themselves from the government ◆ **tenir qn à distance** to keep sb at a distance ou at arm's length ◆ **se tenir à distance** to keep one's distance, stand aloof ◆ **tenir qn à une distance respectueuse** to keep sb at arm's length ◆ **se tenir à une distance respectueuse de** to keep ou stay a respectful distance from ◆ **tenir la distance** [coureur] to go ou do ou cover the distance, last ou stay the course; [conférencier] to stay ou last the course ◆ **de distance en distance** at intervals, here and there ◆ **à distance** (dans l'espace) at ou from a distance, from afar; (dans le temps) at ou from a distance ◆ **le prestidigitateur fait bouger des objets à distance** the conjurer moves objects from a distance ◆ **mettre en marche à distance** appareil to start up by remote control ◆ (Phot) **distance focale** focal length → **commande**

distancer [distɑ̃se] → SYN ▸ conjug 3 ◂ vt **a** coureur to outrun, outdistance, leave behind; voiture to outdistance, leave behind; concurrent, élève to outstrip, outclass, leave behind ◆ **se laisser** ou **se faire distancer** to be left behind, be outdistanced (*par* by) ◆ **ne nous laissons pas distancer** let's not fall behind ou be left behind **b** (Sport: disqualifier) to disqualify

distanciation [distɑ̃sjasjɔ̃] nf distance ◆ **parvenir à faire une distanciation par rapport à qch** to manage to distance o.s. from sth

distancier (se) [distɑ̃sje] ▸ conjug 7 ◂ vpr to distance o.s. (*de* from)

distant, e [distɑ̃, ɑ̃t] → SYN adj **a** lieu far-off, faraway, distant; événement distant, far-off ◆ **distant d'un lieu** far away from a place ◆ **une ville distante de 10 km** a town 10 km away ◆ **deux villes distantes de 10 km (l'une de l'autre)** two towns 10 km apart ou 10 km away from one another **b** attitude distant, aloof ◆ **il s'est montré très distant** he was very stand-offish

distendre [distɑ̃dʀ] ▸ conjug 41 ◂ **1** vt peau to distend; muscle, corde, (fig) lien to strain **2** **se distendre** vpr [lien] to slacken, become looser; [ventre, peau] to distend, become distended ou bloated

distendu, e [distɑ̃dy] (ptp de **distendre**) adj ventre distended, bloated; corde slack, loose; ressort slack

distension [distɑ̃sjɔ̃] → SYN nf [peau, estomac] distension; [corde] slackening, loosening

distillat [distila] nm distillate

distillateur [distilatœʀ] nm (personne) distiller

distillation [distilasjɔ̃] nf distillation, distilling

distiller [distile] → SYN ▸ conjug 1 ◂ **1** vt alcool to distil; suc to elaborate; (fig) ennui, venin to exude ◆ **eau distillée** distilled water
2 vi (Sci) to distil

distillerie [distilʀi] nf (usine) distillery; (industrie) distilling

distinct, e [distɛ̃(kt), ɛ̃kt] → SYN adj **a** (indépendant) distinct, separate (*de* from)
b (net) distinct, clear

distinctement [distɛ̃ktəmɑ̃] adv distinctly, clearly

distinctif, -ive [distɛ̃ktif, iv] → SYN adj distinctive

distinction [distɛ̃ksjɔ̃] → SYN nf **a** (différentiation) distinction ◆ **faire la distinction entre** to make a distinction between ◆ **sans distinction (de race)** without distinction (of race)
b (décoration, honneur) distinction
c (raffinement) distinction, refinement ◆ **il a de la distinction** he is very distinguished ou refined, he has great distinction
d (éminence) distinction, eminence ◆ (frm) **un pianiste de la plus haute distinction** a pianist of the highest distinction

distinguable [distɛ̃gabl] adj distinguishable

distingué, e [distɛ̃ge] → SYN (ptp de **distinguer**) adj **a** (élégant, bien élevé) personne distinguished; allure elegant, refined, distinguished ◆ **il a l'air très distingué** he looks very distinguished, he has a very distinguished look about him ◆ **ça fait très distingué** it's very distinguished
b (illustre) distinguished, eminent ◆ **notre distingué collègue, le professeur X** our distinguished ou eminent colleague, Professor X
c (formule épistolaire) **veuillez agréer l'expression de mes sentiments distingués** ou **de ma considération distinguée** yours faithfully (Brit), yours truly, sincerely yours

distinguer [distɛ̃ge] → SYN ▸ conjug 1 ◂ **1** vt **a** (percevoir) objet, bruit to make out, distinguish, perceive; ironie to distinguish, perceive ◆ **distinguer qn dans la foule** to pick out ou spot sb in the crowd ◆ **on commença à distinguer les collines à travers la brume** the hills began to be visible through the mist, you could begin to make out the hills through the mist ◆ **il distingue mal sans lunettes** he can't see very well without his glasses
b (différencier) to distinguish ◆ **distinguer une chose d'une autre** ou **d'avec une autre** to distinguish ou tell one thing from another ◆ **savoir distinguer les oiseaux / plantes** to be able to distinguish birds / plants ◆ **les deux sœurs sont difficiles à distinguer (l'une de l'autre)** the two sisters are difficult to tell apart ◆ **distinguer le bien du mal / un Picasso d'un** ou **d'avec un Braque** to tell good from evil / a Picasso from a Braque, distinguish between good and evil / between a Picasso and a Braque ◆ **tu la distingueras à sa veste rouge** you will recognize her ou pick her out by her red jacket ◆ **distinguons, il y a chanteur et chanteur** we must make a distinction, there are singers and singers ou good singers and bad singers
c (rendre différent) to distinguish, set apart (*de* from), mark off ◆ **c'est son accent qui le distingue des autres** it is his accent which distinguishes him from ou makes him different from the others ou which sets him apart
d (frm) (choisir) to single out; (honorer) to honour ◆ **on l'a distingué pour faire le discours d'adieu** he was singled out to make the farewell speech ◆ **l'Académie française a distingué X pour son œuvre poétique** the Académie française has honoured X for his works of poetry
2 se distinguer vpr **a** (différer) to distinguish o.s., be distinguished (*de* from) ◆ **ces objets se distinguent par** ou **grâce à leur couleur** these objects can be distinguished by their colour ◆ **les deux frères se distinguent (l'un de l'autre) par leur taille** you can tell the two brothers apart by their (different) height ◆ **il se distingue par son accent / sa démarche** his accent / his way of walking makes him stand out ou makes him seem quite different
b (se signaler, réussir) to distinguish o.s. ◆ **se distinguer (pendant une guerre) par son courage** to distinguish o.s. (in a war) by one's courage ◆ **il s'est distingué par ses découvertes en physique** he has become famous for ou from his discoveries in physics, he's made a name for himself by his discoveries in physics ◆ (hum) **il se distingue par son absence** he is noticeable ou conspicuous by his absence ◆ **il s'est particulièrement distingué en latin** he has done particularly well ou he has particularly distinguished himself in Latin

distinguo [distɛ̃go] nm (nuance) distinction

distique [distik] nm distich

distomatose [distɔmatoz] nf distomatosis, distomiasis

distome [distɔm] nm (Bio) fluke

distordre vt, **se distordre** vpr [distɔʀdʀ] ▸ conjug 41 ◂ to twist, distort

distorsion [distɔʀsjɔ̃] → SYN nf (gén, Anat, Téléc) distortion; (déséquilibre) imbalance, disequilibrium; (Jur) bias

distractif, -ive [distʀaktif, iv] adj distractive (frm), recreational

distraction [distʀaksjɔ̃] → SYN nf **a** (inattention) absent-mindedness, abstraction, lack of attention ◆ **j'ai eu une distraction** my concentration lapsed, my attention wandered ◆ **cette distraction lui a coûté la vie** this one lapse in concentration cost him his life ◆ **les distractions proverbiales des savants** the proverbial absent-mindedness of scientists
b (passe-temps) leisure ou recreational activity, pastime ◆ **ça manque de distraction** there's not much in the way of entertainment ◆ **c'est sa seule distraction** it's his only form of entertainment
c (Jur: vol) abstraction ◆ **distraction de fonds** misappropriation of funds

distraire [distʀɛʀ] → SYN ▸ conjug 50 ◂ **1** vt **a** (divertir) to entertain, divert, amuse
b (déranger) to distract, divert (*de* from) ◆ **distraire l'attention de qn** to distract sb's attention ◆ (Scol) **il distrait ses camarades** he distracts his friends ◆ **se laisser facilement distraire de son travail** to be easily distracted from one's work ◆ **distraire qn de son chagrin** to take sb's mind off his grief
c (frm: voler) to abstract (*de* from) ◆ **distraire des fonds** to misappropriate funds
2 se distraire vpr to amuse o.s., enjoy o.s. ◆ **j'ai envie d'aller au cinéma pour me distraire** I feel like going to the cinema – it'll take my mind off things

distrait, e [distʀɛ, ɛt] → SYN (ptp de **distraire**) adj personne, caractère absent-minded; attitude inattentive, abstracted ◆ **d'un air distrait** absent-mindedly, abstractedly ◆ **d'une oreille distraite** with only half an ear, abstractedly

distraitement [distʀɛtmɑ̃] → SYN adv absent-mindedly, abstractedly

distrayant, e [distʀɛjɑ̃, ɑ̃t] → SYN adj entertaining, diverting ◆ **les romans policiers sont d'une lecture distrayante** detective novels make pleasant light reading

distribanque [distʀibɑ̃k] nm cash dispenser, cash machine, automated telling machine

distribuable [distʀibɥabl] adj distributable

distribuer [distʀibɥe] → SYN ▸ conjug 1 ◂ vt **a** (donner) objets to distribute, give out, hand out; vivres to distribute, share out; courrier to deliver; récompense to distribute, present; (Fin) actions to allot; travail, rôle to give out, allot, allocate, distribute; argent, dividendes to distribute, hand out; cartes to deal (out); ordres to hand out, deal out; coups to deal, deliver; saluts, sourires, enseignement to dispense (*à* to) ◆ **distribuer des claques à qn** to slap sb
b (répartir) to distribute, arrange; (Typ) caractères to distribute ◆ **on distribue ces plantes en 4 espèces** these plants are divided into 4 species ◆ **savoir distribuer son temps** to know how to allocate ou divide (up) one's time ◆ **comment les pièces sont-elles distribuées?** how are the rooms set out? ou laid out? ◆ **distribuer les masses dans un tableau** to arrange ou distribute the masses in a picture ◆ **mon emploi du temps est mal distribué** my timetable is badly arranged
c (amener) to distribute, carry ◆ **distribuer l'eau dans les campagnes** to distribute ou carry ou supply water to country areas ◆ **le sang est distribué dans tout le corps par le cœur** blood is pumped ou carried round the body by the heart
d (Comm) film, produit to distribute

distributaire [distʀibytɛʀ] nmf distributee (esp US), *beneficiary of an estate*

distributeur, -trice [distʀibytœʀ, tʀis] → SYN **1** nm,f (agent commercial) distributor
2 nm (appareil) machine; [savon, papier absorbant] dispenser; (Aut) distributor ◆ **distributeur automatique** vending machine, slot machine ◆ (Banque) **distributeur automatique de billets** cash dispenser, cash machine, automatic telling machine ◆ (Rail) **distributeur de billets** ticket machine ◆ (Agr) **distributeur d'engrais** manure- ou muck-spreader

distributif, -ive [distʀibytif, iv] adj distributive

distribution [distʀibysjɔ̃] → SYN nf **a** [objets] distribution, giving out, handing out; [vivres] distribution, sharing out; [argent, dividendes] distribution; [cartes] deal; [courrier] delivery; (Fin) [actions] allotment ◆ **la distribution du travail sera faite suivant l'âge** the work will be shared out ou allotted ou allocated according to age ◆ **distribution gratuite** free gifts ◆ **distribution des prix** prize giving (day)
b (répartition) distribution, arrangement; (Ling) distribution ◆ **la distribution des mots dans une phrase** the distribution of words in a sentence ◆ **la distribution des meubles dans une pièce** the arrangement of the furniture in a room ◆ **cet appartement a une bonne / mauvaise distribution (des pièces)** the flat is well / badly laid out ◆ (fig) **ce résultat a conduit à une nouvelle distribution des cartes** this result has shifted ou altered the balance of power ou has given a new look to the situation
c (Ciné, Théât: acteurs) cast ◆ **distribution par ordre d'entrée en scène** cast ou characters in order of appearance ◆ **qui est responsable de la distribution de cette pièce?** who's in charge of casting this play?
d (acheminement) [eau, électricité] supply
e (Comm) [livres, films] distribution ◆ **nos réseaux de distribution** our distribution network ◆ **grande distribution** mass marketing
f (Aut, Tech) distribution

distributionnalisme [distʀibysjɔnalism] nm distributionalism

distributionnaliste [distʀibysjɔnalist] adj, nmf distributionalist

distributionnel, -elle [distʀibysjɔnɛl] adj distributional

distributivement [distʀibytivmɑ̃] adv distributively

distributivité [distʀibytivite] nf distributiveness

district [distʀikt] → SYN nm district ◆ **district urbain** urban district

dit [di] nm **a** (Littérat) story, tale
b le dit et le non-dit what is said and what is left unsaid

dithyrambe [ditiʀɑ̃b] → SYN nm (poème) dithyramb; (éloge) panegyric, eulogy

dithyrambique [ditiʀɑ̃bik] → SYN adj paroles laudatory, eulogistic; éloges extravagant; (Littérat) dithyrambic ◆ **une critique dithyrambique** a rave review

dito [dito] → SYN adv (Comm) ditto

DIU [deiy] nm (abrév de **dispositif intra-utérin**) IUD

diurèse [djyʀɛz] nf (Physiol) diuresis

diurétique [djyʀetik] adj, nm diuretic

diurnal, pl **-aux** [djyʀnal, o] nm (Rel) diurnal

diurne [djyʀn] → SYN adj diurnal

diva [diva] → SYN nf († ou hum) diva, prima donna ◆ **elle a des caprices de diva** she has the whims of a prima donna

divagation [divagasjɔ̃] → SYN nf (gén pl) (délire) wandering, rambling; (bêtises) raving

divaguer [divage] → SYN ▸conjug 1◂ vi (délirer) to ramble; (*: dire des bêtises) to rave ◆ **il commence à divaguer** he is beginning to ramble, his mind is beginning to wander ◆ **tu divagues!*** you're off your head!*

divalent, e [divalɑ̃, ɑ̃t] adj divalent, bivalent

divan [divɑ̃] → SYN nm (siège) divan; (Hist) divan ◆ **divan-lit** divan (bed) ◆ **le divan du psychanalyste** the psychoanalyst's couch

dive [div] adj f ◆ (allusion littéraire) **la dive bouteille** the divine bottle ◆ **il aime la dive bouteille** he likes his drink

divergence [divɛʀʒɑ̃s] → SYN nf (→ **diverger**) divergence; difference

divergent, e [divɛʀʒɑ̃, ɑ̃t] → SYN adj (→ **diverger**) divergent; differing

diverger [divɛʀʒe] → SYN ▸conjug 3◂ GRAMMAIRE ACTIVE 12.1 vi [chemins, rayons] to diverge; [opinions] to diverge, differ

divers, e [divɛʀ, ɛʀs] → SYN adj **a** (pl) (varié) couleurs, coutumes, opinions diverse, varied; (différent) sens d'un mot, moments, occupations different, various ◆ **frais divers, dépenses diverses** sundries, miscellaneous expenses → **fait**[1]
b (pl: plusieurs) various, several ◆ **diverses personnes m'en ont parlé** various ou several people have spoken to me about it
c (littér: changeant) spectacle varied, changing (épith)

diversement [divɛʀsəmɑ̃] adv in various ways, in diverse ways ◆ **son livre a été diversement reçu** his book has had a varied ou mixed reception

diversification [divɛʀsifikasjɔ̃] → SYN nf diversification

diversifier [divɛʀsifje] → SYN ▸conjug 7◂ **1** vt méthodes, exercices to vary; production to diversify ◆ **avoir une économie / une gamme de produits diversifiée** to have a varied ou diversified economy/range of products
2 **se diversifier** vpr (Écon) to diversify ◆ **nous devons nous diversifier davantage** we must diversify (our production) more

diversiforme [divɛʀsifɔʀm] adj diversiform

diversion [divɛʀsjɔ̃] → SYN nf (Mil, littér) diversion ◆ **faire diversion** to create a diversion ◆ **faire diversion au chagrin de qn** to take sb's mind off his sorrow

diversité [divɛʀsite] → SYN nf (grand nombre) [opinions, possibilités] range, variety; (variété) [sujet, spectacle] variety, diversity; (divergence: entre deux opinions etc) diversity, difference, divergence

diverticule [divɛʀtikyl] nm (Méd) diverticulum

diverticulose [divɛʀtikyloz] nf diverticulosis

divertimento [divɛʀtimɛnto] nm divertimento

divertir [divɛʀtiʀ] → SYN ▸conjug 2◂ **1** vt **a** (amuser) to amuse, entertain, divert
b (frm: voler) to abstract, divert ◆ **divertir des fonds / une succession** to misappropriate funds/an inheritance
c (††: détourner) to distract (*de* from) ◆ **divertir qn d'un projet** to distract sb's mind from a plan
2 **se divertir** vpr to amuse o.s., enjoy o.s. ◆ **se divertir l'esprit** to occupy one's mind, amuse ou entertain o.s. ◆ (littér) **se divertir de qn** to make fun of sb, laugh at sb

divertissant, e [divɛʀtisɑ̃, ɑ̃t] → SYN adj amusing, entertaining, diverting

divertissement [divɛʀtismɑ̃] → SYN nm **a** (NonC: amusement) diversion, recreation, relaxation; (passe-temps) distraction, entertainment, amusement, diversion
b (Mus) divertimento, divertissement
c (Jur: vol) misappropriation
d (Philos ou ††) distraction

dividende [dividɑ̃d] → SYN nm (Fin, Math) dividend ◆ **dividende sous forme d'actions** share ou stock dividend ◆ **dividende prioritaire** preferential ou preference dividend ◆ **avec dividende** cum div(idend), dividend on (US) ◆ **sans dividende** ex div(idend), dividend off (US)

divin, e [divɛ̃, in] → SYN adj **a** caractère, justice, service divine, heavenly ◆ **le divin Achille** the divine Achilles ◆ **la divine Providence** divine Providence ◆ (Littérat) **"La Divine Comédie"** "The Divine Comedy" ◆ **notre divin Père / Sauveur** our Holy ou Heavenly Father/Saviour ◆ **l'amour divin** sacred ou holy ou divine ou heavenly love ◆ **le sens du divin** the sense of the divine → **bonté, droit**[3]
b (*: excellent) poésie, beauté, mets, robe, temps divine*, heavenly

divinateur, -trice [divinatœʀ, tʀis] **1** adj divining, foreseeing ◆ **instinct divinateur** instinctive foresight
2 nm,f (††) diviner, soothsayer

divination [divinasjɔ̃] → SYN nf divination

divinatoire [divinatwaʀ] adj science divinatory

divinement [divinmɑ̃] adv divinely

divinisation [divinizasjɔ̃] nf deification

diviniser [divinize] → SYN ▸conjug 1◂ vt to deify

divinité [divinite] → SYN nf (essence divine) divinity; (lit, fig: dieu) deity, divinity

divis, e [divi, iz] (Jur) **1** adj divided
2 nm division

diviser [divize] → SYN ▸conjug 1◂ **1** vt **a** (fractionner) (gén) to divide; tâche, ressources to share out, split up; gâteau to cut up, divide up ou out ◆ **diviser une somme en 3 / en 3 parties** to divide ou split a sum of money in 3/into 3 parts ◆ **diviser une somme entre plusieurs personnes** to share (out) ou divide (out) a sum among several people ◆ **le pays est divisé en deux par des montagnes** the country is split ou divided in two by mountains ◆ **diviser un groupe en plusieurs équipes** to split a group up into several teams ◆ **ce livre se divise en plusieurs chapitres** this book is divided into several chapters
b (désunir) famille, adversaires to divide, set at variance ◆ **« diviser pour (mieux) régner »** "divide and rule" ◆ **une famille divisée** a broken family ◆ **les historiens sont très divisés à ce sujet** historians are very divided on this subject ◆ **l'opinion est divisée en deux par cette affaire** opinion is split ou divided over this affair
c (†: séparer) to divide, separate ◆ **un rideau divise la chambre d'avec le salon** ou **du salon** a curtain separates the bedroom (off) from the drawing room
d (Math) to divide ◆ **diviser 4 par 2** to divide 4 by 2
2 **se diviser** vpr **a** (se scinder) [groupe, cellules] to split up, divide (*en* into)
b (se ramifier) [route] to fork, divide; [tronc d'arbre] to fork

diviseur [divizœʀ] → SYN nm **a** (Math) divisor ◆ **nombre / fraction diviseur** divisor number/fraction ◆ **plus grand commun diviseur** highest common factor ◆ (Élec) **diviseur de fréquence** frequency divider
b (personne) divisive force ou influence

divisibilité [divizibilite] nf divisibility

divisible [divizibl] → SYN adj divisible ◆ **le nombre est divisible par 2** the number is divisible by ou can be divided by 2

division [divizjɔ̃] → SYN nf **a** (fractionnement) division; (partage) sharing out, division (*en* into) ◆ **division du travail** division of labour ◆ **division cellulaire** cellular division
b (désaccord) division ◆ **il y a une division au sein du parti** there's a split ou rift within the party ◆ **semer la division** to sow discord (*entre* among)
c (Math) division ◆ **faire une division** to do a division (sum)
d (section, service, circonscription) division; (Scol: classe) group, section; (Mil, Ftbl) division ◆ (Mil) **division blindée** armoured division → **général**
e (graduation, compartiment) division
f (chapitre) [livre, discours, exposé] division; (branche) [science] division

divisionnaire [divizjɔnɛʀ] **1** adj divisional
2 nm (Mil †) major-general ◆ (Police) **(commissaire) divisionnaire** ≃ chief superintendent (Brit), police chief (US)

divisionnisme [divizjɔnism] nm divisionism

divisionniste [divizjɔnist] adj, nmf divisionist

divorce [divɔʀs] → SYN nm (lit, fig) divorce (*avec, d'avec* from) ◆ **demander le divorce** to sue for (a) divorce, ask for a divorce ◆ **obtenir le divorce** to obtain ou get a divorce ◆ **divorce par consentement mutuel** divorce by consent (Brit), no-fault divorce (US)

divorcé, e [divɔʀse] (ptp de **divorcer**) **1** adj (lit, fig) divorced (*de* from)
2 nm,f divorcee

divorcer [divɔʀse] → SYN ▸conjug 3◂ vi **a** (Jur) to get a divorce, be ou get divorced ◆ **divorcer d'avec sa femme / son mari** to divorce one's wife/husband
b (fig) to break (*d'avec, de* with)

divortialité [divɔʀsjalite] nf divorce rate

divulgateur, -trice [divylgatœʀ, tʀis] → SYN nm,f divulger

divulgation [divylgasjɔ̃] → SYN nf disclosure, divulging, divulgence

divulguer [divylge] → SYN ▸conjug 1◂ vt to divulge, disclose

divulsion [divylsjɔ̃] → SYN nf divulsion

dix [dis] adj inv, nm inv ten ◆ **les dix commandements** the Ten Commandments ◆ **elle a eu dix sur dix** she got ten out of ten, she got full marks ◆ **avoir dix dixièmes à chaque œil** to have twenty-twenty vision ◆ **répéter / recommencer dix fois la même chose** to repeat/start the same thing over and over (again) pour autres loc voir **six**

dix-huit [dizɥit] adj inv, nm inv eighteen ◆ (Golf) **un (golf) dix-huit trous** an eighteen-hole golf course

dix-huitième [dizɥitjɛm] adj, nmf eighteenth

dix-huitièmement [dizɥitjɛmmɑ̃] adv in (the) eighteenth place

dixième [dizjɛm] adj, nmf tenth ◆ **un dixième (de la Loterie nationale)** *a tenth share in a ticket (in the National Lottery)*

dixièmement [dizjɛmmɑ̃] adv tenthly, in (the) tenth place

dixit [diksit] loc verb dixit

dix-neuf [diznœf] adj inv, nm inv nineteen

dix-neuvième [diznœvjɛm] adj, nmf nineteenth

dix-neuvièmement [diznœvjɛmmɑ̃] adv in (the) nineteenth place

dix-sept [di(s)sɛt] adj inv, nm inv seventeen

dix-septième [di(s)sɛtjɛm] adj, nmf seventeenth

dix-septièmement [di(s)sɛtjɛmmɑ̃] adv in (the) seventeenth place

dizain [dizɛ̃] nm ten-line poem

dizaine [dizɛn] nf (dix) ten; (quantité voisine de dix) about ten, ten or so ◆ **des dizaines et des dizaines de fois** over and over (again), countless times, hundreds* ou thousands* of times

dizygote [dizigɔt] **1** adj fraternal, dizygotic (spéc)
2 nm fraternal ou dizygotic twin

DJ [didʒi] nm (abrév de **disque-jockey**) DJ

Djakarta [dʒakaʀta] n Jakarta, Djakarta

djebel [dʒebɛl] nm jebel

Djeddah [dʒeda] n Jidda, Jedda

djellaba [dʒɛ(l)laba] nf jellaba

Djibouti [dʒibuti] nm Djibouti

djiboutien, -ienne [dʒibusjɛ̃, jɛn] **1** adj of ou from Djibouti
2 nm,f ◆ **Djiboutien(ne)** inhabitant ou native of Djibouti

djihad [dʒi(j)ad] nf jihad, jehad

djinn [dʒin] → SYN nm jinn, djinn

dl (abrév de **décilitre**) dl

DM (abrév de **Deutsche Mark**) DM

dm (abrév de **décimètre**) dm

Dniepr [dnjepʀ] nm Dnieper

do [do] nm inv (Mus) (note) C; (en chantant la gamme) doh ◆ **le do du milieu du piano** middle C

doberman [dɔbɛʀman] nm Doberman pinscher

DOC [dɔk] nm (abrév de **disque optique compact**) CD-ROM

doc [dɔk] nf abrév de **documentation**

docétisme [dɔsetism] nm Docetism

docile [dɔsil] → SYN adj personne, caractère docile, meek, obedient; animal docile; cheveux manageable

docilement [dɔsilmɑ̃] adv docilely, obediently

docilité [dɔsilite] → SYN nf docility, obedience

docimologie [dɔsimɔlɔʒi] nf (statistical) analysis of test ou exam results

dock [dɔk] → SYN nm **a** (bassin) dock; (cale de construction) dockyard ◆ **dock de carénage / flottant** dry / floating dock
b (hangar, bâtiment) warehouse

docker [dɔkɛʀ] → SYN nm docker, stevedore

docte [dɔkt] → SYN adj (littér, hum) learned

doctement [dɔktəmɑ̃] adv (littér, hum) learnedly

docteur [dɔktœʀ] → SYN nm (gén, Univ) doctor (*ès, en* of); (Méd) doctor ◆ **docteur en médecine** doctor of medicine ◆ (Méd) **le docteur Lebrun** Dr Lebrun ◆ **aller chez le docteur** to go to the doctor's ◆ (Univ) **maintenant que tu es docteur** now you've got your doctorate ou Ph.D. ◆ **Monsieur Leroux, docteur ès lettres** Dr Leroux, Ph.D. ◆ (Rel) **les docteurs de l'Église** the Doctors of the Church ◆ (Littérat) **"Le Docteur Jekyll et Mr Hyde"** "(The Strange Case of) Doctor Jekyll and Mister Hyde"

doctoral, e, mpl **-aux** [dɔktɔʀal, o] → SYN adj (Univ) doctoral; (péj: pedantesque) ton pompous, bombastic

doctoralement [dɔktɔʀalmɑ̃] adv (péj) pompously, bombastically

doctorant, e [dɔktɔʀɑ̃, ɑ̃t] nm,f doctoral student

doctorat [dɔktɔʀa] nm doctorate (*ès, en* in) ◆ **doctorat de 3e cycle, doctorat d'État** doctorate, ≃ Ph.D.

doctoresse [dɔktɔʀɛs] nf woman ou lady doctor

doctrinaire [dɔktʀinɛʀ] → SYN **1** adj (dogmatique) doctrinaire; (sentencieux) pompous, sententious
2 nmf doctrinarian

doctrinal, e, mpl **-aux** [dɔktʀinal, o] adj doctrinal

doctrine [dɔktʀin] → SYN nf doctrine, tenet

document [dɔkymɑ̃] → SYN nm document ◆ **nous avons des documents le prouvant** we have documentary evidence (of that), we have documents to prove it ◆ **documents de travail** working documents ◆ **document de référence** ou **d'information** background paper ◆ **document d'expédition** dispatch documents ◆ (Ciné, TV) **document d'archives** archive footage (NonC) ou material (NonC) ◆ **document administratif unique** Single Administrative Document

documentaire [dɔkymɑ̃tɛʀ] → SYN **1** adj intérêt documentary ◆ **à titre documentaire** for your (ou his etc) information ◆ **logiciel documentaire** documentation software (NonC)
2 nm (film) documentary (film)

documentaliste [dɔkymɑ̃talist] → SYN nmf (Presse, TV) researcher; (Scol) librarian

documentariste [dɔkymɑ̃taʀist] nmf maker of documentaries

documentation [dɔkymɑ̃tasjɔ̃] → SYN nf (brochures) documentation, literature, information; (Presse, TV: service) research department

documenter [dɔkymɑ̃te] → SYN ▸conjug 1◂
1 vt personne, livre to document ◆ **documenté** personne well-informed; livre well-documented, well-researched
2 **se documenter** vpr to gather information ou material (*sur* on, about)

dodécaèdre [dɔdekaɛdʀ] nm dodecahedron

dodécagonal, e, mpl **-aux** [dɔdekagɔnal, o] adj dodecagonal

dodécagone [dɔdekagɔn] nm dodecagon

Dodécanèse [dɔdekanɛz] nm Dodecanese

dodécaphonique [dɔdekafɔnik] adj dodecaphonic

dodécaphonisme [dɔdekafɔnism] nm dodecaphony

dodécaphoniste [dɔdekafɔnist] nmf dodecaphonist

dodécasyllabe [dɔdekasi(l)lab] **1** adj dodecasyllabic
2 nm dodecasyllable

dodelinement [dɔdlinmɑ̃] → SYN nm [tête] nodding (*with sleep, age*)

dodeliner [dɔd(ə)line] → SYN ▸conjug 1◂ vi ◆ **il dodelinait de la tête** his head kept nodding gently

dodo[1] [dodo] nm (langage enfantin) (sommeil) beddy-byes (langage enfantin), sleep; (lit) beddy-byes (langage enfantin), bed ◆ **faire dodo** to have gone to beddy-byes (langage enfantin), be asleep ◆ **il est temps d'aller au dodo** ou **d'aller faire dodo** it's time to go to beddy-byes (langage enfantin) ◆ **(fais) dodo!** come on, sleepy-time! ◆ **il fait dodo** he's asleep ◆ **un bon gros / un petit dodo** a nice long / a short sleep

dodo[2] [dodo] nm (Orn) dodo

Dodoma [dodoma] n Dodoma

dodu, e [dɔdy] → SYN adj personne, poule, bras plump; enfant, joue chubby

doge [dɔʒ] nm doge

dogger [dɔgœʀ] nm ◆ **le dogger** the middle Jurassic period

dogmatique [dɔgmatik] → SYN adj dogmatic

dogmatiquement [dɔgmatikmɑ̃] adv dogmatically

dogmatiser [dɔgmatize] → SYN ▸conjug 1◂ vi to dogmatize

dogmatisme [dɔgmatism] → SYN nm dogmatism

dogme [dɔgm] → SYN nm (lit, fig) dogma ◆ (Rel) **le dogme** the dogma

dogue [dɔg] nm ◆ (Zool) **dogue (anglais)** mastiff ◆ **dogue allemand** German mastiff → **humeur**

Doha [doa] n Doha

doigt [dwa] nm **a** [main, gant] finger; [animal] digit ◆ **doigt de pied** toe ◆ **se mettre** ou **se fourrer les doigts dans le nez** to pick one's nose → **baque, compter, petit** etc
b (mesure) **raccourcir une jupe de 2 / 3 doigts** to shorten a skirt by 1 / 2 inches ◆ **un doigt de vin** a drop of wine ◆ **il a été à deux doigts de se tuer / de la mort / de réussir** he was within an ace ou an inch of being killed / of death / of succeeding ◆ **la balle est passée à un doigt de sa tête** the bullet passed within a hair's-breadth ou an inch of his head
c LOC **avoir des doigts de fée** [couturière, tricoteuse etc] to have nimble fingers; [infirmière] to have gentle hands ◆ **il ne fait rien de ses dix doigts** he's an idle ou a lazy good-for-nothing, he is bone idle (Brit) ◆ **il ne sait rien faire de ses dix doigts** he's a good-for-nothing ◆ **faire marcher qn au doigt et à l'œil** to keep a tight rein on sb ◆ **avec lui, ils obéissent au doigt et à l'œil** with him, they have to toe the line ◆ **se mettre** ou **se fourrer le doigt dans l'œil (jusqu'au coude)*** to be kidding o.s.* ◆ **là tu te mets** ou **te fourres le doigt dans l'œil*** you're completely up the pole* (Brit), you've got another think coming* ◆ **lever le doigt** [élève] to raise one's hand ◆ **il n'a pas levé** ou **bougé le petit doigt pour nous aider** he didn't lift a finger to help us ◆ **son petit doigt le lui a dit** a little bird told him ◆ **mettre le doigt sur le problème** to put one's finger on the problem ◆ **mettre le doigt dans l'engrenage** to get involved ou mixed up ou caught up in something ◆ **filer** ou **glisser entre les doigts de qn** to slip through sb's fingers ◆ **ils sont unis comme les (deux) doigts de la main** they're very close ◆ **je le ferais les doigts dans le nez*** I could do it standing on my head ou with my eyes closed ◆ **il a gagné les doigts dans le nez*** he won hands down* ◆ **avoir un morceau de musique dans les doigts** to know a piece of music like the back of one's hand ◆ **avoir les doigts de pied en éventail*** to have one's feet up ◆ **être à deux doigts de faire** to come very close to doing ◆ **il sait sa leçon sur le bout des doigts** he knows his subject backwards

doigté [dwate] → SYN nm [pianiste, dactylo, chirurgien] touch; (Mus) (jeu des doigts) fingering technique; (position des doigts) fingering; (fig: tact) diplomacy, tact

doigter [dwate] ▸conjug 1◂ vti (Mus) to finger

doigtier [dwatje] → SYN nm fingerstall

doit [dwa] → SYN nm debit ◆ **doit et avoir** debit and credit

dojo [dɔʒo] nm dojo

dol [dɔl] → SYN nm fraud, wilful misrepresentation (spéc)

dolby® [dɔlbi] nm Dolby® ◆ **dolby stéréo** Dolby stereo ◆ **procédé / système dolby** Dolby process / system ◆ **son dolby** Dolby sound

dolce [dɔltʃe] adv dolce

dolce vita [dɔltʃevita] nf dolce vita

dolcissimo [dɔltʃisimo] adv dolcissimo

doléances [dɔleɑ̃s] → SYN nfpl (plaintes) complaints; (réclamations) grievances

dolent, e [dɔlɑ̃, ɑ̃t] → SYN adj (littér) doleful, mournful

dolic [dɔlik] nm dolichos ◆ **dolic d'Égypte** hyacinth bean

dolichocéphale [dɔlikosefal] adj dolichocephalic

doline [dɔlin] nf doline

dolique [dɔlik] nm ⇒ **dolic**

dollar [dɔlaʀ] nm dollar ◆ **dollar australien / canadien** Australian / Canadian dollar ◆ **dollar titre** security dollar

dolman [dɔlmɑ̃] nm (Hist: veste) dolman

dolmen [dɔlmɛn] nm dolmen

dolomie [dɔlɔmi], **dolomite** [dɔlɔmit] nf dolomite ◆ **les Dolomites** the Dolomites

dolomitique [dɔlɔmitik] adj dolomitic

dolosif, -ive [dɔlozif, iv] → SYN adj (Jur) fraudulent

DOM [dɔm] nm (abrév de **département d'outre-mer**) ≃ overseas region of France

Dom [dɔ̃] nm Dom

domaine [dɔmɛn] → SYN nm **a** (propriété) estate, domain, property ◆ **le domaine de la couronne** the crown lands ◆ (Jur) **le domaine (de l'État)** (propriété) state administered property; (service) state property department ◆ **dans le domaine public / privé** in the public / private domain, in public / private ownership ◆ **ses œuvres sont maintenant tombées dans le domaine public** his works are now out of copyright ◆ **la salle de jeux est le domaine des enfants** the playroom is the children's domain, the playroom belongs to the children ◆ **ils ont un immense domaine skiable** they have a lot of ski slopes ou pistes
b (sphère) field, province, domain, sphere ◆ **ce n'est pas de mon domaine** it's not my field ou sphere ◆ **dans tous les domaines** in every domain ou field ◆ (Gestion) **domaine d'activité stratégique** strategic business unit ◆ (fig) **domaine réservé** preserve
c (dans un dictionnaire) field ◆ **indication de domaine** field label

domanial, e, mpl **-iaux** [dɔmanjal, jo] adj (d'un domaine privé) belonging to a private estate; (d'un domaine public) national (épith), state (épith)

dôme [dom] → SYN nm (voûte) dome; (cathédrale) cathedral ◆ (littér) **le dôme du ciel** the vault of heaven ◆ (fig) **un dôme de verdure** a canopy of foliage ou greenery ◆ (Géog) **dôme volcanique** volcanic dome

domestication [dɔmɛstikasjɔ̃] → SYN nf (action) domestication, domesticating; (résultat) domestication

domesticité [dɔmɛstisite] → SYN nf **a** (condition de domestique) domestic service
b (personnel) (domestic) staff, household ◆ **une nombreuse domesticité** a large staff of servants
c [animal] domesticity

domestique [dɔmɛstik] → SYN 1 nmf servant, domestic ◆ **les domestiques** the servants, the staff (of servants) ◆ **je ne suis pas ton domestique!** I'm not your servant!
2 adj a (ménager) travaux domestic, household (épith); soucis, querelle domestic, family (épith) ◆ **accidents domestiques** accidents in the home ◆ **déchets domestiques** kitchen waste (Brit) ou wastes (US) ◆ **les dieux domestiques** the household gods
b (Comm) marché, consommation domestic, home (épith)
c (Zool) domestic, domesticated ◆ **le chien est un animal domestique** the dog is a domestic animal ◆ **canards domestiques et canards sauvages** tame ou domesticated ducks and wild ducks

domestiquer [dɔmɛstike] → SYN ▸ conjug 1 ◂ vt animal to domesticate; peuple to subjugate; vent, marée, énergie solaire to harness

domicile [dɔmisil] → SYN nm place of residence, home, domicile (Admin); (Jur) [société] registered address; (sur formulaire) address ◆ **domicile légal** official domicile ◆ **quitter le domicile conjugal** to leave the marital home ◆ **sans domicile,** (Admin) **sans domicile fixe** of no fixed abode ou address, homeless ◆ **dernier domicile connu** last known address ◆ **travailler à domicile** to work at home ◆ **il cherche du travail (à faire) à domicile** he's looking for work (to do) at home ◆ **je vous l'apporterai à domicile** I'll bring it to your home ◆ **livrer à domicile** to deliver ◆ **faire des livraisons à domicile** to carry out deliveries ◆ **« livraisons à domicile »** "deliveries", "we deliver" ◆ **vente à domicile** door-to-door ou house-to-house selling ◆ **« réparations à domicile »** "home repairs carried out" ◆ (Sport) **jouer à domicile** to play at home → **élire, violation**

domiciliaire [dɔmisiljɛʀ] adj domiciliary, house (épith)

domiciliataire [dɔmisiljatɛʀ] nm paying agent

domiciliation [dɔmisiljasjɔ̃] nf payment by banker's order

domicilier [dɔmisilje] ▸ conjug 7 ◂ vt facture to pay by banker's order ◆ **être domicilié** to be domiciled (Admin), have one's home (à in) ◆ **je me suis fait domicilier à Lyon** I gave Lyons as my official address ou place of residence ◆ **faire domicilier ses factures** to have one's bills paid by banker's order

dominance [dɔminɑ̃s] → SYN nf [gène] dominance

dominant, e [dɔminɑ̃, ɑ̃t] → SYN 1 adj pays, nation, rôle dominant; opinion, vent prevailing (épith); idée, trait dominant, main (épith); passion ruling (épith); problème, préoccupation main (épith), chief (épith); position dominating (épith), leading (épith); (Bio, Jur) dominant
2 **dominante** nf (caractéristique) dominant characteristic; (couleur) dominant ou predominant colour; (Mus) dominant ◆ **tableau à dominante rouge** painting with red as the dominant ou predominant colour ◆ (Mus) **septième de dominante** dominant seventh chord

dominateur, -trice [dɔminatœʀ, tʀis] → SYN
1 adj personne, caractère domineering, overbearing; voix, geste, regard imperious; pays dominating (épith); passion ruling (épith)
2 nm,f (littér) ruler

domination [dɔminasjɔ̃] → SYN nf a (Pol: autorité) domination, dominion, rule; (fig: emprise) domination, influence ◆ **la domination de la Gaule (par Rome)** the domination of Gaul (by Rome) ◆ **la domination de Rome (sur la Gaule)** Roman rule ou domination (over Gaul) ◆ **les pays sous la domination britannique** countries under British rule ou domination ou dominion ◆ **exercer sa domination sur qn** to exert one's influence on sb, hold sway over sb ◆ **exercer une domination morale sur qn** to exert a moral influence on sb ◆ **un besoin insatiable de domination** an insatiable need to dominate ◆ **domination de soi-même** self-control, self-possession
b (Rel) **dominations** dominations

dominer [dɔmine] → SYN ▸ conjug 1 ◂ 1 vt a (être maître de) personne, pays to dominate ◆ **il voulait dominer le monde** he wanted to rule the world ◆ **ces enfants sont dominés par leur père** these children are kept down ou dominated by their father ◆ **il se laisse dominer par sa femme** he's dominated by his wife, he's under his wife's sway ◆ **se laisser dominer par ses passions** to let o.s. be ruled by one's passions ◆ **elle ne sait pas dominer ses élèves** she can't keep her pupils in order ou under control, she can't keep control over her pupils
b (surpasser) adversaire, concurrent to outclass, tower above, surpass ◆ **il domine de loin les autres étudiants** he is miles better than ou way above the other students* ◆ **écrivain qui domine son siècle** writer who dominates his century ◆ **se faire dominer par l'équipe adverse** to be dominated ou outclassed by the opposing team ◆ **parler fort pour dominer le bruit de la rue** to speak loudly to be heard above the noise from the street ◆ **chez lui cette passion domine toutes les autres** this passion dominates ou overshadows all others in him ◆ **le problème de la pollution domine tous les autres** the problem of pollution overshadows all others ◆ (Comm) **dominer un marché** to control a market
c (maîtriser) sentiment to control, master, overcome; problème to overcome, master; sujet to master; situation to dominate, master ◆ **elle ne put dominer son trouble** she couldn't overcome her confusion
d (diriger, gouverner) to dominate, govern ◆ **l'idée maîtresse / la préoccupation qui domine toute son œuvre** the key idea / the main concern which dominates his whole work
e (surplomber) to tower above, dominate ◆ **rocher / terrasse qui domine la mer** rock / terrace which overlooks ou dominates the sea ◆ **il dominait la foule de sa haute taille** he towered above the crowd with his great height ◆ **de là-haut on domine la vallée** from up there you overlook ou dominate the whole valley
2 vi a (être le meilleur) [nation] to hold sway; [orateur, concurrent] to be in the dominant position; (Sport) [équipe] to be in the dominant position, be on top; [coureur] to be in a commanding position ◆ **l'Angleterre a dominé sur les mers pendant des siècles** England ruled the seas ou held dominion over the seas for centuries ◆ **dans les débats, il domine nettement** in debates, he clearly has the edge on everyone else ou he's definitely the strongest speaker ◆ **leur équipe a dominé pendant tout le match** their team was on top throughout the match ◆ **ce coureur a dominé pendant les premiers kilomètres** this runner was on his own ou was out in front for the first few kilometres ◆ (fig) **dominer de la tête et des épaules** to be head and shoulders above the others
b (prédominer) [caractère, défaut, qualité] to predominate; [idée, théorie] to prevail; [préoccupation, intérêt] to be dominant, predominate; [parfum] to predominate; [couleur] to stand out, predominate ◆ **dans cette réunion, l'élément féminin dominait** at that meeting the female element predominated ou was most in evidence ◆ **c'est l'ambition qui domine chez lui** ambition is his dominant characteristic ◆ **c'est le jaune qui domine** it is yellow which stands out ou which is the predominant colour
3 **se dominer** vpr to control o.s., keep o.s. under control ◆ **il ne sait pas se dominer** he has no control over himself ou no self-control

dominicain, e [dɔminikɛ̃, ɛn] 1 adj (Géog, Rel) Dominican ◆ **République dominicaine** Dominican Republic
2 nm,f a (Rel) Dominican
b (Géog) **Dominicain(e)** Dominican

dominical, e, mpl **-aux** [dɔminikal, o] adj Sunday (épith) → **oraison, repos**

dominion [dɔminjɔn] nm (Brit: état) dominion *(of the British Commonwealth)*

Dominique [dɔminik] 1 nf a (Géog) **la Dominique** Dominica
b (prénom) Dominica
2 nm Dominic

domino [dɔmino] → SYN nm (Habillement, Jeux) domino; (Élec) connecting block ◆ (jeu) **les dominos** dominoes (sg) ◆ **un jeu de dominos** a domino set ◆ **l'effet domino** the domino effect

dommage [dɔmaʒ] → SYN GRAMMAIRE ACTIVE 18.3
1 nm a (préjudice) harm (NonC), injury ◆ **causer un dommage à qn** to cause ou do sb harm ◆ **pour réparer le dommage que je vous ai causé** to repair the harm I've caused you, to repair the injury I've done you ◆ (Jur) **dommage causé avec intention de nuire** malicious damage
b (ravages) **dommages** damage (NonC) ◆ **causer des dommages aux récoltes** to damage ou cause damage to the crops ◆ **les dommages sont inestimables** there is incalculable damage
c LOC **c'est dommage!, quel dommage!** what a pity! ou shame! ◆ **il est vraiment dommage que ...** it's such a great pity that ... ◆ **(c'est ou quel) dommage que tu ne puisses pas venir** it's a ou what a pity ou shame (that) you can't come ◆ (iro) **ça ne te plaît pas? c'est bien dommage!** you don't like it? well, that really is a shame! (iro) ou pity isn't it?* (iro)
2 COMP ▷ **dommage(s) corporel(s)** physical injury ▷ **dommages de guerre** war damages ▷ **dommages et intérêts** damages ▷ **dommage(s) matériel(s)** material damage

dommageable [dɔmaʒabl] → SYN adj prejudicial, harmful, injurious (à to)

dommages-intérêts [dɔmaʒɛ̃teʀɛ] nmpl damages

domotique [dɔmɔtik] nf home automation

domptable [dɔ̃(p)tabl] adj tam(e)able

domptage [dɔ̃(p)taʒ] nm taming

dompter [dɔ̃(p)te] → SYN ▸ conjug 1 ◂ vt fauve to tame, train; cheval to break in; enfant insoumis to subdue; rebelles to put down, subdue; sentiments, passions to master, control, overcome; nature, fleuve to tame

dompteur, -euse [dɔ̃(p)tœʀ, øz] → SYN nm,f (gén) tamer, trainer ◆ **dompteur (de lions)** liontamer

DOM-TOM [dɔmtɔm] nmpl (abrév de **départements et territoires d'outre-mer)** *French overseas departments and territories*

DON [deoɛn] nm (abrév de **disque optique numérique)** → **disque**

Don [dɔ̃] nm a (Géog) Don
b (titre) Don

don [dɔ̃] → SYN nm a (aptitude) gift, talent ◆ **dons littéraires** literary gifts ou talents ◆ **avoir un don pour** to have a gift ou talent for ◆ **avoir le don des maths** to have a gift for maths ◆ **avoir des dons** to be gifted ou talented ◆ **elle a le don de m'énerver** she has a knack of ou a genius for getting on my nerves ◆ **cette proposition n'a pas eu le don de lui plaire** this proposal was not destined to ou didn't happen to please him
b (cadeau) gift; (offrande) donation ◆ **don en argent** cash donation ◆ **don en nature** donation in kind ◆ **don d'organes** donation of organs ◆ (littér) **les dons de la terre** the gifts of the earth ◆ **faire don de** fortune, maison to donate ◆ **je lui ai fait don de ce livre** I made him a present ou gift of that book, I gave him that book as a gift ◆ **cette tâche exige le don de soi** this task demands real self-sacrifice ou self-denial ◆ **faire (le) don de sa vie pour sauver qn** to give one's life to save sb, lay down one's life for sb ◆ (fig) **c'est un don du ciel** it's a godsend

Doña [dɔɲa] nf Doña

donacie [dɔnasi] nf reed beetle

donataire [dɔnatɛʀ] → SYN nmf donee

donateur, -trice [dɔnatœʀ, tʀis] → SYN nm,f donor

donation [dɔnasjɔ̃] nf (Jur) ≃ settlement ◆ **faire une donation à qn** to make a settlement on sb ◆ **donation entre vifs** donation inter vivos

donc [dɔ̃k en tête de proposition ou devant voyelle; ailleurs dɔ̃] → SYN GRAMMAIRE ACTIVE 17.1 conj a (par conséquent) therefore, so, thus; (après une digression) so, then ◆ **il partit donc avec ses**

amis et ... so he left with his friends and ..., he left with his friends then and ... ◆ **je n'étais pas d'accord, donc j'ai refusé** I didn't agree (and) so I refused ou and I therefore refused ◆ **j'ai raté le train, donc je n'ai pas pu venir** I missed the train and was thus not able to come ou and so I couldn't come ◆ **si ce n'est pas la variole c'est donc la rougeole** if it's not smallpox then it's measles

b (intensif : marque la surprise) then, so ◆ **c'était donc un espion ?** he was a spy then ?, so he was a spy ? ◆ **voilà donc ce dont il s'agissait** this is what it was (all) about then, so this is what it was (all) about

c (de renforcement) **allons donc !** come on !, come now ! ◆ **écoute-moi donc** do listen to me ◆ **demande-lui donc** go on, ask him ◆ **tais-toi donc !** do be quiet ! ◆ **regardez donc ça comme c'est joli** just look at that, isn't it pretty ? ◆ **pensez donc !** just imagine ou think ! ◆ **comment donc ?** how do you mean ? ◆ **quoi donc ?** what was that ?, what did you say ? ◆ **dis donc, dites donc** (introduit une question) tell me, I say ; (introduit un avertissement, une injonction) look (here) ... ◆ **non mais dis donc, ne te gêne pas !** look (here) don't put yourself out ◆ **dites donc Jacques, où avez-vous rangé l'aspirateur ?** I say, Jacques, where did you put the vacuum cleaner ? ◆ **tiens donc !** well, well !, I say !

dondon‡ [dɔ̃dɔ̃] nf big ou fat woman ou girl ◆ **une grosse dondon** a big lump* of a woman ou girl

donjon [dɔ̃ʒɔ̃] nm keep, donjon

don Juan [dɔ̃ʒɥɑ̃] → SYN nm Don Juan

donjuanesque [dɔ̃ʒɥanɛsk] adj of Don Juan, typical of Don Juan

donjuanisme [dɔ̃ʒɥanism] nm donjuanism

donnant, e [dɔnɑ̃, ɑ̃t] → SYN adj **a** (†) generous, open-handed

b (loc : emploi participial) **avec lui, c'est donnant, donnant** he always wants something in return for a service ◆ **donnant, donnant je te prête mon livre, tu me prêtes ton stylo** fair's fair – I lend you my book and you lend me your pen

donne [dɔn] nf (Cartes) deal ◆ **à vous la donne** your deal ◆ **faire la donne** to deal (out) the cards ◆ **il y a mauvaise** ou **fausse donne** it's a misdeal ◆ (fig) **nouvelle donne** new order

donné, e [dɔne] GRAMMAIRE ACTIVE 17.1 (ptp de **donner**) **1** adj **a** (déterminé) lieu, date given, fixed → **moment**

b **étant donné la situation** in view of ou given ou considering the situation ◆ **étant donné que tu es parti** seeing ou given that you left

c (* : pas cher) (dirt) cheap*

2 nm ◆ **c'est le donné** it's a given

3 **donnée** nf **a** (Math, Sci) [problème] datum ◆ **données** data ◆ **banque / base / fichier** etc **de données** data bank / database / data file etc ◆ (Écon) **en données corrigées des variations saisonnières** figures adjusted for seasonal variation(s)

b (chose connue) piece of information ◆ **données** facts, particulars ◆ **manquer de données** to be short of facts ◆ **modifier les données du problème** to refine the problem

c [roman] main theme, basic idea ou element

donner [dɔne] → SYN ▸ conjug 1 ◂

1 vt **a** (gén : offrir) **donner qch à qn** to give sth to sb, give sb sth ◆ **je le lui ai donné** I gave it (to) him ◆ **donné c'est donné** a gift is a gift ◆ **donner son cœur / son amitié (à qn)** to give one's heart / one's friendship (to sb) ◆ **donner à manger / boire à qn** to give sb something to eat / drink ◆ **donner son corps à la science** to donate one's body to research ◆ **donner son sang pour un malade** to give ou donate one's blood for somebody who is ill ◆ **donner son sang pour une cause** to shed one's blood for a cause ◆ **donner sa vie / son temps pour une cause** to give up one's life / one's time for a cause ◆ **donner qch à qn par testament** to bequeath sth to sb ◆ **donner qch pour** ou **contre qch d'autre** to give sth in exchange for sth else, exchange sth for sth else ◆ **en donner à qn pour son argent** to give sb his money's worth ◆ **on ne les vend pas, on les donne** we're not selling them, we're giving them away → **change, matière**

b (remettre, confier) to give, hand ; copie d'examen to hand in, give in ◆ **donner quelque chose à faire à qn** to give sb something to do ◆ **je donnerai la lettre au concierge** I shall hand the letter (in) to the caretaker ◆ **donnez-moi les outils** give me ou hand me ou pass me the tools ◆ **donner ses chaussures à ressemeler / au cordonnier** to take one's shoes (in) to be resoled / to the cobbler's, put one's shoes in to be resoled / at the mender's

c (céder) vieux vêtements to give away ◆ **donner sa place à une dame** to give up one's seat to a lady ◆ **je donnerais beaucoup pour savoir** I would give a lot to know → **langue**

d (distribuer) to hand out, give out ; cartes to deal (out) ◆ (Cartes) **c'est à vous de donner** it's your deal

e (communiquer, indiquer) description, détails, idée, avis to give ; sujet de devoir to set ◆ **il lui a donné l'ordre de partir** he has ordered him to go ◆ **pouvez-vous me donner l'heure ?** can you tell me the time ? → **alarme, alerte**

f (accorder) moyen, occasion to give ; permission, interview to grant, give ; prix, décoration to award, give ◆ **donner sa fille en mariage à qn** to give one's daughter to sb in marriage ◆ **donnez-moi le temps d'y réfléchir** give me time to think about it ◆ **on lui a donné 24 heures pour quitter le pays** he was given 24 hours to leave the country ◆ **il n'est pas donné à tout le monde d'être bon en maths** not everyone is lucky enough ou it is not given to everyone to be good at maths ◆ **l'intelligence n'est pas donnée à tout le monde** not everyone is gifted with intelligence ◆ **le médecin lui donne 3 mois (à vivre)** the doctor has given him 3 months (to live) ◆ **je vous le donne en cent** ou **en mille !*** you'll never guess (in a million years) ! ◆ **se donner un maître / un président** to choose a master / a president ◆ (Rel) **donner la communion** etc **à** to give communion etc to ◆ (fig) **on lui donnerait le bon Dieu sans confession** he looks as if butter wouldn't melt in his mouth

g (causer) plaisir, courage to give (à to) ; peine, mal to cause, give (à to) ◆ **donner de l'appétit à qn** to give sb an appetite ◆ **cela donne chaud / froid / soif / faim** this makes you (feel) hot / cold / thirsty / hungry ◆ **donner le vertige / le mal de mer (à qn)** to make sb (feel) giddy / seasick ◆ **cela donne des maux de tête** that causes headaches ou gives you headaches ◆ **ça va vous donner des forces** that'll give you strength ou put strength into you ◆ **se donner du mal / de la peine** to take (great) trouble / pains ◆ **se donner du bon temps** to have a good time, live it up* ◆ **s'en donner à cœur joie, s'en donner*** to have a whale of a time*, have the time of one's life ◆ **se donner bonne conscience** to ease ou soothe one's conscience

h (avec à + infin : faire) **il m'a donné à penser / à sentir que** he made me think / feel that ◆ **ces événements nous ont donné (beaucoup) à réfléchir** these events have given us (much) food for thought ou have set us thinking ◆ **c'est ce qu'on m'a donné à entendre** that is what I was given to understand ou led to believe ◆ **donner à rire** to give cause for laughter

i (organiser) réception, bal to give, hold (à for) ; film to show ; pièce to perform, put on ◆ **ça se donne encore ?** [film] is it still on ? ou showing ? ; [pièce] is it still on ?

j (indiquant une action sur qn / qch) **donner un baiser / un coup de pied à qn** to give sb a kiss / a kick ◆ **donner une gifle à qn** to slap sb's face, box sb's ears ◆ **donner une fessée à qn** to smack sb's bottom ◆ **donner une caresse au chat** to stroke the cat ◆ **donne-toi un coup de peigne** give your hair a quick comb, run a comb through your hair ◆ **donner un coup de balai à la pièce** to give the room a sweep ◆ **donner un coup de chiffon à la pièce** to flick a duster over the room, give the room a quick dust ◆ **ils se sont donné des coups** they exchanged blows ◆ **je me donnerais des coups !** I could kick myself !

k (conférer) poids, valeur to add, give ◆ **le brouillard donne un air triste à la ville** the fog makes the town look dismal ◆ **il fumait pour se donner une contenance** he was smoking to disguise his lack of composure ◆ **elle se donne un air de jeune fille naïve** she gives herself the appearance of an innocent young thing, she likes to appear the innocent young thing

l (attribuer) **quel âge lui donnez-vous ?** how old do you take him to be ? ou would you say he was ? ◆ **je lui donne 50 ans** I'd put his age at 50, I'd say he was 50, I'd take him to be 50 ◆ **on lui donne des qualités qu'il n'a pas** he's said to have ou is credited with qualities which he hasn't got → **raison, tort**

m (présenter) **donner un fait pour certain** to present a fact as a certainty ◆ **on le donne pour un homme habile** he is said ou made out to be a clever man ◆ **il se donne pour un tireur d'élite** he makes himself out ou professes ou claims to be a crack shot

n (Mus) le la, la note, le ton to give ◆ (fig) **donner le ton** ou **la note** to set the tone

o (produire) fruits, récolte to yield ; résultat to produce ◆ **les pommiers ont bien donné cette année** the apple trees have produced a good crop ou given a good yield this year ◆ **cette vigne donne un très bon vin** this vine produces a very good wine ◆ **elle lui a donné un fils** she gave ou bore him a son ◆ (péj) **donner du Monsieur à qn (gros comme le bras)** to toady to sb ◆ (fig) **cet écrivain donne un livre tous les ans** this writer produces a book every year ◆ **cette méthode ne donne rien** this method is unrewarding ou is producing nothing ◆ **qu'est-ce que ça donne ?*** (qu'en penses-tu) how's that ?, what do you think ? ; (comment ça se passe) how's it going ?

p (‡ : dénoncer) complice to squeal ou grass on‡, shop‡ (Brit), give away, finger‡

2 vi **a** (frapper) **aller donner sur les rochers** to run onto ou strike the rocks ◆ **donner de la tête contre une porte** to knock ou bump one's head against a door ◆ **le soleil donne en plein sur la voiture** the sun is beating down on ou shining right onto the car ◆ **ne savoir où donner de la tête*** not to know which way to turn

b (être la victime de) **donner dans** piège to fall into ; défaut to lapse into ◆ **donner dans le snobisme** to be rather snobbish, have a tendency to be snobbish → **panneau**

c (s'ouvrir sur) **donner sur** [pièce, porte] to give onto, open onto, [fenêtre] to overlook, open onto, look onto ◆ **la maison donne sur la mer** the house faces ou looks onto the sea front

d (attaquer) to attack ◆ **l'artillerie va donner** the artillery is going to fire ◆ **faites donner la garde !** send in the guards !

e (produire) to yield ◆ **cet arbre ne donnera pas avant 3 ans** this tree won't bear fruit for 3 years ◆ (fig) **la radio donne à plein** the radio is turned right up ◆ (fig) **ça donne !**‡ it's cool‡ ou magic‡ ou brill !‡ ◆ **mes tomates vont bientôt donner** my tomatoes will soon be producing ou yielding fruit

3 **se donner** vpr ◆ **se donner à** cause, parti, travail to devote o.s. to ◆ **elle s'est donnée (à son amant)** she gave herself (to her lover) ◆ **il s'est donné à fond** he gave his all ◆ **il se donne pour réussir dans la vie** he works hard to succeed in life → **main, rendez-vous**

donneur, -euse [dɔnœʀ, øz] nm,f (gén) giver ; (Cartes) dealer ; (arg Police : dénonciateur) squealer‡, informer, grass‡ ; (Méd) donor ◆ (Comm) **donneur d'ordre** principal ◆ **donneur de sang** blood donor ◆ **donneur universel** universal donor ◆ (péj) **donneur de leçons** sermonizer (péj)

Don Quichotte [dɔ̃kiʃɔt] nm Don Quixote

don-quichottisme [dɔ̃kiʃɔtism] nm quixotism

dont [dɔ̃] pron rel **a** (provenant d'un complément de nom : indique la possession, la qualité etc) whose, of which ; (antécédent humain) whose ◆ **la femme dont vous apercevez le chapeau** the woman whose hat you can see ◆ **c'est un pays dont j'aime le climat** it's a country whose climate I like ou which has a climate I like ou the climate of which I like (frm) ◆ **un vagabond dont les souliers laissaient voir les doigts de pied** a tramp whose shoes revealed his toes ou whose toes showed through his shoes ◆ **les enfants dont la**

mère travaille sont plus indépendants children whose mothers go out to work are more independent ◆ **l'histoire, dont voici l'essentiel, est ...** the story, of which these are the main points, is ...

b (indiquant la partie d'un tout) **il y a eu plusieurs blessés, dont son frère** there were several casualties, among which ou among whom was his brother ou including his brother ◆ **des livres dont j'ai lu une dizaine environ / dont une dizaine sont reliés** books of which I have read about ten / of which about ten are bound ◆ **ils ont 3 filles dont 2 sont mariées** they have 3 daughters, 2 of whom are married ou of whom 2 are married, they have 3 daughters, 2 of them married ◆ **il a écrit 2 romans dont un est autobiographique** he has written 2 novels one of which is autobiographical

c (indique la manière, la provenance : → aussi **de**[1]) **la façon dont elle marche / s'habille** the way she walks / (in which) she dresses, her way of walking / dressing ◆ **la pièce dont il sort** the room (which) he is coming out of ou out of which he is coming ◆ **mines dont on extrait de l'or** mines from which gold is extracted, mines (that) gold is extracted from ◆ **la classe sociale dont elle est issue** the social class (which) she came from

d (provenant d'un complément prépositionnel d'adjectif, de verbe : voir aussi les adjectifs et verbes en question) **l'outil dont il se sert** the tool (which) he is using ◆ **la maladie dont elle souffre** the illness she suffers from ou from which she suffers ◆ **le vase dont la maison m'a fait cadeau** the vase (which) the firm gave me ou presented me with, the vase with which the firm presented me ◆ **le film / l'acteur dont elle parle tant** the film / actor she talks so much about ou about which / whom she talks so much ◆ **voilà ce dont il faut vous assurer** that is what you must make sure of ou about ◆ **l'accident dont il a été responsable** the accident he was responsible for ou for which he was responsible ◆ **le collier / l'enfant dont elle est si fière** the necklace / child she is so proud of ou of which / whom she is so proud

donzelle [dɔ̃zɛl] → SYN nf (péj) young miss (péj)

dopage [dɔpaʒ] nm doping

dopamine [dɔpamin] nf dopamine

dopant [dɔpɑ̃] nm dope (NonC)

dope [dɔp] nf (arg Drogue) dope (arg)

doper [dɔpe] → SYN ▸ conjug 1 ◂ **1** vt to dope
2 se doper vpr to take stimulants

dopeur [dɔpœʀ] nm drug pusher *(who pushes to athletes)*

doping [dɔpiŋ] → SYN nm (action) doping ; (excitant) dope (NonC)

Doppler [dɔplɛʀ] **1** adj ◆ **effet Doppler(-Fizeau)** Doppler effect
2 nm ◆ **(examen) Doppler** Doppler test ◆ **se faire faire un Doppler** to have a Doppler test

dorade [dɔʀad] → SYN nf ⇒ **daurade**

Dordogne [dɔʀdɔɲ] nf ◆ **la Dordogne** the Dordogne

doré, e [dɔʀe] (ptp de **dorer**) **1** adj **a** (couvert d'une dorure) gilt, gilded ◆ **doré sur tranche** gilt-edged, with gilded edges
b (couleur d'or) peau bronzed, tanned ; blé, cheveux, lumière golden ; gâteau, gigot browned ◆ (fig) **des rêves dorés** golden dreams ◆ **doré comme les blés** golden-blond, flaxen → **blouson, jeunesse**
2 nm **a** (dorure) gilt, gilding ◆ **le doré du vase s'en va** the gilt ou gilding is coming off the vase
b (Can) yellow pike, wall-eyed pike
3 dorée nf John Dory, dory

dorénavant [dɔʀenavɑ̃] → SYN adv from now on, henceforth (†, frm), henceforward (frm)

dorer [dɔʀe] ▸ conjug 1 ◂ **1** vt **a** (couvrir d'or) objet to gild ◆ **faire dorer un cadre** to have a frame gilded ◆ (fig) **dorer la pilule à qn*** to gild ou sugar ou sweeten the pill for sb ◆ **se dorer la pilule*** → c
b (Culin) gâteau to glaze *(with egg yolk)* ◆ **le four dore bien la viande** the oven browns the meat well
c peau to bronze, tan ◆ (littér) **le soleil dore les blés** the sun turns the corn gold ◆ **le soleil dore les dunes** the sun tinges the dunes with gold ◆ **se dorer au soleil, se dorer la pilule*** to lie (and get brown) in the sun, sunbathe
2 vi (Culin) [rôti] to brown ◆ **faire dorer un poulet** to brown a chicken ◆ **le poulet est bien doré cette fois** the chicken is well browned this time

d'ores et déjà [dɔʀzedeʒa] adv → **ores**

doreur, -euse [dɔʀœʀ, øz] nm,f gilder

dorien, -ienne [dɔʀjɛ̃, jɛn] **1** adj (Géog) Dorian, Doric ; dialecte Doric ; (Mus) mode Dorian
2 nm (Ling) Doric (dialect)

dorique [dɔʀik] adj, nm Doric

doris[1] [dɔʀis] nf (Zool) dory

doris[2] [dɔʀis] nm (Naut) dory

dorlotement [dɔʀlɔtmɑ̃] nm pampering, (molly)coddling, cosseting

dorloter [dɔʀlɔte] → SYN ▸ conjug 1 ◂ **1** vt to pamper, (molly)coddle, cosset ◆ **il est trop dorloté** he's mollycoddled ◆ **se faire dorloter** to be pampered ou (molly)coddled ou cosseted
2 se dorloter vpr to coddle ou cosset o.s.

dormance [dɔʀmɑ̃s] nf (Bot) dormancy

dormant, e [dɔʀmɑ̃, ɑ̃t] → SYN **1** adj eau still ; (Tech) châssis fixed ◆ (Jur, Fin) **compte dormant** dead account
2 nm [porte, châssis] casing, frame ; (Naut) standing end

dormeur, -euse [dɔʀmœʀ, øz] **1** adj poupée with shutting eyes
2 nm,f sleeper ; (péj) sleepyhead* ◆ **c'est un gros** ou **grand dormeur** he likes his sleep, he's a real sleepyhead*
3 nm (crabe) (common ou edible) crab
4 dormeuse nf (†: boucle d'oreille) earring

dormir [dɔʀmiʀ] → SYN ▸ conjug 16 ◂ vi **a** (gén) to sleep ; (être en train de dormir) to be asleep, be sleeping ◆ **dormir d'un sommeil léger / lourd** to sleep lightly / heavily ◆ **il dormait d'un sommeil agité** he was tossing about in his sleep ◆ **je n'ai pas dormi de la nuit / de 3 jours** I haven't slept a wink (all night) / for 3 days ◆ **avoir envie de dormir** to feel sleepy ◆ **essayez de dormir un peu** try to get some sleep ◆ **ça m'empêche de dormir** [café] it keeps me awake ; [soucis] I'm losing sleep over it ◆ **ce n'est pas ça qui va m'empêcher de dormir** I'm not going to lose any sleep over that ◆ **parler / chanter en dormant** to talk / sing in one's sleep
b (rester inactif) [eau] to be still ; [argent, capital] to lie idle ; [machines] to be ou lie idle ; [nature, forêt] to be still, be asleep ◆ **tout dormait dans la maison / ville** everything was quiet ou still in the house / town ◆ **la brute qui dormait en lui** the brute which lay dormant within him ◆ **investis ton capital plutôt que de le laisser dormir** invest your capital rather than leave it idle ◆ **ce n'est pas le moment de dormir !** this is no time for slacking ou idling ◆ **dormir sur son travail** to dawdle ou be slack at one's work ◆ **voilà 6 ans que le projet dort dans un tiroir** the project has been lying dormant ou has been in mothballs* for 6 years → **pire**
c LOC **je dors debout** I'm asleep on my feet, I can't keep awake ou my eyes open ◆ **une histoire à dormir debout** a cock-and-bull story ◆ (frm) **dormir (de) son dernier sommeil** to sleep one's last sleep ◆ **dormir comme un bienheureux** to sleep like a baby ◆ **dormir comme un loir** ou **une marmotte** ou **une souche** ou **un sonneur** to sleep like a log ◆ **ne dormir que d'un œil** to sleep with one eye open ◆ **il dort à poings fermés** he is sound ou fast asleep, he's dead to the world* ◆ **cette nuit je vais dormir à poings fermés** tonight I'm going to sleep very soundly ◆ **dormir du sommeil du juste** to sleep the sleep of the just ◆ (fig) **dormir tranquille** ou **sur ses deux oreilles** (sans soucis) to sleep soundly ; (sans danger) to sleep safely (in one's bed) ◆ **il n'en dort pas** ou **plus** he's losing sleep over it, he can't sleep for thinking of it → **qui**

dormitif, -ive [dɔʀmitif, iv] → SYN adj soporific

dormition [dɔʀmisjɔ̃] nf Dormition of the Blessed Virgin

dorsal, e, mpl **-aux** [dɔʀsal, o] **1** adj (gén) dorsal, back (épith) ; (Ling) dorsal → **épine, parachute**
2 dorsale nf **a** (Ling) dorsal consonant
b (Géog) ridge ◆ (Mét) **dorsale barométrique** ridge of high pressure

dorsalgie [dɔʀsalʒi] nf back pain

dorsolombaire [dɔʀsolɔ̃bɛʀ] adj dorsolumbar

dortoir [dɔʀtwaʀ] → SYN nm dormitory ◆ **cité-** ou **ville-dortoir** dormitory town (Brit), bedroom town (US)

dorure [dɔʀyʀ] nf **a** (couche d'or) gilt, gilding ; [gâteau] glaze *(of egg yolk)* ◆ **uniforme couvert de dorures** uniform covered in gold decorations
b (action) gilding

doryphore [dɔʀifɔʀ] nm Colorado beetle

DOS ® [dɔs] nm (abrév de **Disc Operating System**) DOS ®

dos [do] → SYN **1** nm **a** [être animé, main, vêtement, siège, page] back ; [livre] spine ; [langue] back, upper surface ; [lame, couteau] blunt edge ◆ **avoir le dos rond** to be round-shouldered ◆ **couché sur le dos** lying on one's (ou its) back ◆ **écrire au dos d'une lettre / enveloppe** to write on the back of a letter / an envelope ◆ **robe décolletée dans le dos** low-backed dress ◆ **« voir au dos »** "see over ou overleaf" ◆ **aller à dos d'âne / de chameau** to ride on a donkey / a camel ◆ **les vivres sont portés à dos de chameau / d'homme** the supplies are carried by camel / men ◆ **ils partirent, sac au dos** they set off, (with) their rucksacks on their backs ◆ **porter ses cheveux dans le dos** to wear one's hair loose ou down one's back ◆ **(vu) de dos il a une allure jeune** (seen) from behind ou from the back he looks quite young → **gros**
b (nage) **dos (crawlé)** backstroke
c LOC **être dos à dos** to be back to back ◆ **renvoyer deux adversaires dos à dos** to send away ou dismiss two opponents without pronouncing in favour of either ◆ (fig) **le train / ta mère a bon dos*** (that's right) blame the train / your mother (iro) ◆ **il s'est mis tout le monde à dos** he has turned everybody against him ◆ (fig) **j'ai toujours mon patron sur le dos** my boss is always breathing down my neck ou is always standing over me ◆ **on l'a dans le dos !**‡ we've had it !‡ ◆ **mettre qch sur le dos de qn** (responsabilité) to saddle sb with sth, make sb shoulder the responsibility for sth ; (accusation) to pin sth on sb ◆ **il s'est mis une sale affaire sur le dos** he has got himself mixed up in a nasty bit of business ◆ **faire des affaires sur le dos de qn** to do a bit of business at sb's expense ◆ **il a tout pris sur le dos*** he bore the brunt of the whole thing ◆ **je n'ai rien à me mettre sur le dos** I haven't a thing to wear ◆ **tomber sur le dos de qn** (arriver à l'improviste) to drop in on sb, pay sb an unexpected visit ; (attaquer) (lit) to fall on sb, go for sb ; (fig) to jump down sb's throat, go for sb ◆ **faire qch dans** ou **derrière le dos de qn** to do sth behind sb's back ◆ (fig) **faire un enfant à qn dans le dos*** to play a dirty trick on sb* ◆ **nous avions la mer / l'ennemi dans le dos** we had the sea / the enemy behind us ou at our back(s) ◆ **avoir le dos tourné à la mer / à la porte** to have one's back to the sea / door ◆ **dès qu'il a le dos tourné** as soon as his back is turned ◆ **il n'y va pas avec le dos de la cuiller*** he certainly doesn't go in for half-measures*, there are no half-measures with him ◆ **se laisser manger la laine sur le dos** to let o.s. be walked all over → **froid, plein**
2 COMP ▷ **dos brisé** (Reliure) hollow ou open ou loose back

dosage [dozaʒ] nm (action : → **doser**) measuring out ; correct proportioning ; (mélange) mixture ◆ **se tromper dans le dosage d'un cocktail / d'une solution chimique** to mix a cocktail / a chemical solution in the wrong proportions ◆ (fig) **dans ce domaine, tout est question de dosage** it's all a matter of striking a balance ou the right balance in this area ◆ (fig) **un dosage réussi de romanesque et de description historique** a well-balanced mixture of romance and historical description, a good balance between romance and historical description

dos-d'âne [dodɑn] nm inv humpback (Brit), hogback, hogsback (US) ◆ **pont en dos-d'âne** humpback bridge

dose [doz] → SYN nf a (Pharm) dose ◆ **dose mortelle** lethal dose ◆ **absorber une dose excessive de barbituriques** to take an overdose of barbiturates ◆ **s'en tenir à la dose prescrite** to keep to the prescribed dose ou dosage
b (gén: proportion) [ingrédient, élément] amount, quantity ◆ (hum) **il a eu sa dose quotidienne** he has had his daily dose ou fix* (hum) ◆ **en avoir sa dose*** to have had more than one's share of it ◆ (fig) **forcer la dose** to overdo it, overstep the mark ◆ (fig) **introduire une petite dose d'ironie dans un récit** to introduce a touch of irony into a story ◆ **il faut pour cela une dose peu commune de courage / de mauvaise foi** for that you need an above-average amount of courage / bad faith ◆ **affligé d'une forte dose de stupidité** afflicted with more than one's fair share of stupidity ◆ **j'aime bien la poésie / ce chanteur mais seulement par petites doses** ou **à petites doses** I like poetry / that singer all right but only in small doses ◆ (hum) **le travail, c'est bien mais à doses homéopathiques** work's fine but only in minute doses

doser [doze] → SYN ▸ conjug 1 ◂ vt a (Chim, gén) ingrédient, élément to measure out; remède to measure out a dose of; mélange to proportion correctly, mix in the correct proportions ◆ **mal doser un cocktail / une solution chimique** to mix a cocktail / a chemical solution in the wrong proportions
b (fig: mêler, combiner) to strike a balance between ◆ **savoir doser compréhension et sévérité** to be good at striking a balance ou the right balance between understanding and severity
c (mesurer) exercices, difficultés to grade ◆ **savoir doser ses efforts** to know how much effort to expend ◆ **cet auteur sait doser l'ironie** this author has a gift for using irony in just the right amounts

doseur [dozœʀ] nm measure ◆ **bouchon doseur** measuring cap

dosimètre [dozimɛtʀ] nm dosimeter

dossard [dosaʀ] nm (Sport) number *(worn by competitor)* ◆ **avec le dossard numéro 9** wearing number 9

dosseret [dosʀɛ] nm headboard

dossier [dosje] → SYN nm a [siège] back
b (documents) file, dossier ◆ **constituer un dossier sur qn** to draw up a file on sb ◆ **ouvrir / fermer un dossier** to open / close a case ◆ **connaître** ou **posséder ses dossiers** to know what one is about, know what's what ◆ **dossier scolaire** school record (Brit), student file (US) ◆ **être sélectionné sur dossier** to be selected on the basis of ou according to one's qualifications ◆ (Scol, Univ) **dossier d'inscription** registration forms ◆ **dossier de presse** press kit ◆ **dossier médical** medical records
c (Jur) (affaire) case; (papiers) case file ◆ **il n'y a rien dans le dossier** the case has no substance ◆ **ils ont fermé le dossier** they closed the case ◆ **verser une pièce au dossier** to add a piece of evidence to the case file
d (question à traiter) issue, question ◆ **il a plusieurs dossiers brûlants à traiter** he has several burning issues to deal with ◆ **le dossier chômage / drogue** the unemployment / drug issue
e (Presse) special report (*sur* on), survey (*sur* of)
f (classeur) file, folder

Dostoïevski [dɔstɔjɛvski] nm Dostoyevsky

dot [dɔt] nf [mariage] dowry; (Rel) (spiritual) dowry ◆ **apporter qch en dot** to bring a dowry of sth, bring sth as one's dowry → **coureur**

dotal, e, mpl **-aux** [dɔtal, o] adj dotal, dowry (épith)

dotation [dɔtasjɔ̃] → SYN nf (Jur) [institution] endowment; (Hist) [fonctionnaire, dignitaire] emolument; (Admin: allocation) grant

doté, e [dɔte] (ptp de **doter**) adj ◆ (pourvu) **doté de** équipement, matériel, dispositif equipped with; talent, courage, pouvoir endowed with

doter [dɔte] → SYN ▸ conjug 1 ◂ vt a (Jur) fille à marier to provide with a dowry, dower; institution to endow; (Hist) fonctionnaire, dignitaire to endow with an emolument; (Admin) université, organisme to grant money to, give a grant to ◆ **doter richement sa fille** to provide one's daughter with a large dowry
b (pourvoir de) **doter une armée d'un équipement moderne** to equip an army with modern equipment ◆ **la nature l'avait doté d'un grand talent** nature had endowed him with great talent, nature had bestowed great talent upon him

douaire [dwɛʀ] nm dower

douairière [dwɛʀjɛʀ] → SYN nf dowager

douane [dwan] nf a (service) Customs ◆ **il est employé aux douanes** ou **à la douane** he is employed by ou in the Customs (department) ◆ **marchandises (entreposées) en douane** bonded goods, goods in bond ◆ **zone / port sous douane** zone / port under the authority of the Customs
b (à la frontière) **(poste** ou **bureau de) douane** customs house, customs ◆ (à l'aéroport etc) **passer (à) la douane** to go through (the) customs ◆ (dans le train) **la visite de la douane** the customs check
c **(droits de) douane** customs dues ou duty, duty ◆ **exempté de douane** duty-free, non-dutiable

douanier, -ière [dwanje, jɛʀ] → SYN 1 adj custom(s) (épith) → **barrière, union**
2 nm,f customs officer

douar [dwaʀ] nm doyar

doublage [dublaʒ] nm a [fil] doubling; [revêtement] doubling, laying double; [couverture] doubling, folding (in half)
b [film] dubbing ◆ **le doublage d'un acteur** [voix] dubbing an actor; [rôle] using a double for an actor
c [vêtement, paroi, boîte, tableau] lining; (Naut) [coque] sheathing
d [somme, quantité, lettre] doubling

double [dubl] → SYN 1 adj a consonne, longueur, épaisseur double; fleur double, multifoliate (spéc); inconvénient, avantage double, twofold ◆ **feuille double** folded A4 (ou A3) sheet (of paper) ◆ **double whisky** double ou large whisky ◆ **le prix est double de ce qu'il était** the price is double ou twice what it was ◆ **vous avez fait une double erreur** you have made two mistakes ◆ **faire qch en double exemplaire** to make two copies of sth, do sth in duplicate ◆ **dispositif / machine à double effet** double-action ou dual-action device / machine ◆ **ustensile à double usage** dual-purpose utensil ◆ **faire double emploi** to be redundant ◆ **cet appareil fait maintenant double emploi avec l'ancien** this apparatus now duplicates the old one ou makes the old one redundant ◆ **à vendre voiture, cause double emploi** for sale: car, surplus to requirements ◆ **fermer une porte à double tour** to double-lock a door ◆ **enfermer qn à double tour** to put sb under lock and key ◆ (lit, fig) **à double tranchant** double-edged, two-edged ◆ **boîte / valise à double fond** box / case with a false bottom ◆ **double nationalité** dual nationality ◆ **foyer à double revenu** dual-income ou double-income household ◆ **mettre un fil (en) double** to use a double thread, use a thread double(d) ◆ **mettre une couverture (en) double** to put a blanket on double ◆ **en double aveugle** double blind → **bouchée²**, **coup**
b (qui a des aspects opposés) vie, aspect double ◆ **à double face** tissu reversible; (fig) two-faced ◆ **accusé de jouer un double jeu** accused of double-dealing ou of playing a double game (Brit) ◆ **phrase à double sens** ou **entente** sentence with a double meaning ◆ **avoir le don de double vue** to have the gift of second sight ◆ **personnage à personnalité double** person with a dual personality ou a Jekyll-and-Hyde personality → **agent**
2 nm a (quantité) **manger / gagner le double (de qn)** to eat / earn twice as much (as sb) ou double the amount (that sb does) ◆ **il pèse le double de vous** he weighs ou is twice your weight, he weighs twice as much as you do ◆ **4 est le double de 2** 4 is two times ou twice 2 ◆ **c'est le double du prix normal** it is twice ou double the normal price ◆ **c'est le double de la distance Paris-Lyon** it's twice ou double the distance from Paris to Lyons ◆ **hier il a mis le double de temps à faire ce travail** yesterday he took twice as long ou double the time to do this job ◆ **nous attendons le double de gens** we expect twice as many people ou double the number of people ◆ **plier qch en double** to fold sth in half ou in two → **quitte**
b (copie, duplicata) [facture, acte] copy; [timbre] duplicate, double, swap*; [personne] double; [objet d'art] replica, exact copy ◆ **se faire faire un double de clef** to have a second key cut ◆ **avoir des timbres en double** to have swaps* ou duplicates ou doubles ou two of a stamp ◆ **il a tous les documents / toutes les photos en double** he has copies of all the documents / all the photos ◆ **on a tout en double, pour plus de sûreté** we have two of everything to be on the safe side
c (Sport) doubles ◆ **le double dames / messieurs / mixte** the ladies' / men's / mixed doubles ◆ **faire un double, jouer en double** to play a doubles match
d (Jeux) [dés, dominos] double ◆ **faire un double** to throw a double ◆ **double-six** double six ◆ **double-blanc** double blank
3 adv payer, compter double → **voir**
4 COMP ▹ **double allumage** (Tech) dual ignition ▹ **double barre** (Mus) double bar ▹ **double commande** (Tech) dual controls ◆ **voiture à double commande** dual-control car, car with dual controls ▹ **doubles cordes** (Mus) double stopping ▹ **double débrayage** ◆ **faire un double-débrayage** (Aut) to double-declutch (Brit), double-clutch (US) ▹ **double dièse** (Mus) double sharp ▹ **double file** ◆ **stationner en double file** to double-park ◆ **il est en double file** he's double-parked ▹ **double nœud** double knot ▹ **double page** double page (spread)

doublé, e [duble] (ptp de **doubler**) 1 adj a vêtement lined (*de* with) ◆ **doublé de cuir / cuivre** boîte, paroi lined with leather / copper ◆ **non doublé** unlined ◆ **doublé de fourrure** fur-lined ◆ **doublé (de) coton / nylon** cotton / nylon-lined, lined with cotton / nylon
b film, acteur dubbed
2 nm a (victoire, réussite: Sport, fig) double, (coup double: Chasse) right and left
b (Orfèvrerie) rolled gold
c (Mus) turn

doubleau, pl **doubleaux** [dublo] nm joist

double-crème, pl **doubles-crèmes** [dubləkʀɛm] nm cream cheese

double-croche, pl **doubles-croches** [dubləkʀɔʃ] nf semiquaver (Brit), sixteenth note (US)

double-décimètre, pl **doubles-décimètres** [dublədesimɛtʀ] nm (20-cm) ruler

double-fenêtre, pl **doubles-fenêtres** [dubləfənɛtʀ] nf double window

doublement [dubləmɑ̃] 1 adv (pour deux raisons) for a double reason, for two reasons; (à un degré double) doubly
2 nm a [somme, quantité, lettre] doubling
b [feuille] doubling, folding (in half); [fil] doubling
c [véhicule] overtaking (Brit), passing

double-mètre, pl **doubles-mètres** [dubləmɛtʀ] nm two-metre rule

doubler [duble] → SYN ▸ conjug 1 ◂ 1 vt a (augmenter) fortune, dose, longueur to double ◆ **doubler le pas** to quicken one's pace, speed up ◆ **doubler le salaire de qn** to double sb's salary ◆ **il a doublé son poids** he has doubled his weight
b (mettre en double) fil, ficelle to use double, double; revêtement to double, lay double; couverture to double, fold (in half) ◆ **il faut doubler le fil pour que ce soit plus solide** you'll have to use the thread double(d) ou double the thread to make it stronger
c (Scol) classe, année to repeat
d film, acteur to dub
e (revêtir) boîte, paroi, tableau, veste to line (*de* with) ◆ **doubler de fourrure une veste** to line a jacket with fur

f (dépasser) véhicule to overtake (Brit), pass; (Naut) cap to double, round ◆ (fig) **il a doublé ce cap important** he has got over this important hurdle ou turned this important corner ◆ **doubler le cap des 50 ans** to turn 50, pass the 50 mark

g (*: tromper) **doubler qn** to pull a fast one on sb*

2 vi **a** (augmenter) [nombre, quantité, prix] to double, increase twofold ◆ **doubler de poids / valeur** to double in weight / value ◆ **le nombre des crimes a doublé** the number of crimes has doubled ou increased twofold

b (Aut) to overtake (Brit), pass

3 **se doubler** vpr ◆ **se doubler de** to be coupled with ◆ **chez lui le sens de l'honneur se double de courage** with him a sense of honour is coupled with ou goes hand in hand with courage ◆ **ce dispositif se double d'un système d'alarme** this device works ou functions in conjunction with an alarm system ◆ **c'est un savant doublé d'un pédagogue** he is a teacher as well as a scholar

double-rideau, pl **doubles-rideaux** [dublərido] nm double curtains (Brit) ou drapes (US)

doublet [dublɛ] → SYN nm **a** (Ling) doublet **b** (Orfèvrerie) doublet

doublon [dublɔ̃] nm **a** (monnaie) doubloon **b** (Typ) double

doublonner [dublɔne] ▸ conjug 1 ◂ vi ◆ **doublonner avec** to duplicate

doublure [dublyʀ] nf **a** (étoffe) lining **b** (Théât) understudy; (Ciné) stand-in; (pour scènes dangereuses) stuntman (ou stuntwoman)

douçâtre [dusɑtʀ] adj ⇒ **douceâtre**

douce [dus] → **doux**

douce-amère, pl **douces-amères** [dusamɛʀ] nf (Bot) woody nightshade, bittersweet

douceâtre [dusɑtʀ] → SYN adj saveur sickly sweet; (péj) air, sourire sickly sweet, mawkish

doucement [dusmɑ̃] → SYN **1** adv **a** (légèrement) toucher, prendre, soulever gently; frapper, parler gently, softly; éclairer softly ◆ **marcher doucement** to tread carefully ou softly ◆ **allez-y doucement*!** easy ou gently does it!*, go easy*!

b (graduellement) monter, progresser gently, gradually; (lentement) rouler, avancer slowly; (en douceur) démarrer smoothly ◆ **la route monte / descend doucement** the road climbs / descends gradually ou goes gently up / down ◆ **la température monte / descend doucement** the temperature is slowly ou gradually rising / falling

c (*: plus ou moins bien) so-so* ◆ **comment allez-vous? – (tout) doucement** how are you? – so-so*

d (*: en cachette) **s'amuser doucement de voir qn dans l'embarras** to have a quiet laugh* (to o.s.) at seeing sb in difficulties ◆ **ça me fait doucement rigoler!** it doesn't half make me laugh!*

2 excl ◆ **doucement!** gently!, easy! ◆ **doucement avec le whisky!** go easy on the whisky!*, careful with the whisky! ◆ **doucement les basses!**‡ take it easy!*, go easy!*

doucereux, -euse [dus(ə)ʀø, øz] → SYN adj goût, saveur sickly sweet; (péj) ton, paroles sugary, honeyed; (péj) personne, manières suave, smooth*

doucet, -ette [dusɛ, ɛt] → SYN **1** adj (†) meek, mild

2 **doucette** nf (Bot) corn-salad, lamb's lettuce

doucettement* [dusɛtmɑ̃] adv commencer, avancer gently; vivre quietly

douceur [dusœʀ] → SYN nf **a** (caractère: → **doux**) softness; smoothness; mildness; gentleness; sweetness ◆ **douceur angélique** angelic sweetness ◆ **prendre qn par la douceur** to deal gently with sb, use gentleness with sb ◆ **douceur de vivre** gentle way of life ◆ **les douceurs de l'amitié** the (sweet) pleasures of friendship → **plus**

b (gén pl) (sucrerie) sweet; (flatterie) sweet talk (NonC)

c **en douceur** démarrage smooth; démarrer smoothly; commencer, manœuvrer gently ◆ **il faut y aller en douceur** we must go about it gently ◆ **ça s'est passé en douceur** it went off smoothly

Douchanbé [duʃɑ̃be] n Douchanbe

douche [duʃ] → SYN **1** nf **a** (jet, système) shower ◆ **prendre une douche** to have ou take a shower ◆ **passer à la douche** to go for a shower ◆ **il est sous la douche** he's in the ou having a shower

b (salle) **douches** shower room, showers

c (* fig) (déception) let-down*, bummer* (US); (réprimande) (good) telling-off* ou ticking-off* (Brit); (*: averse, arrosage) soaking, drenching ◆ **on a pris une bonne douche*** we got drenched ou soaked ◆ **ça nous a fait l'effet d'une douche (froide) quand nous l'avons appris** it was a real let-down* when we found out

2 COMP ▷ **douche écossaise** (lit) alternately hot and cold shower ◆ (* fig) **ça a été la douche écossaise** it came as a bit of a blow ou shock

doucher [duʃe] → SYN ▸ conjug 1 ◂ **1** vt (→ **douche**) ◆ **doucher qn** to give sb a shower; to let sb down (with a bump)*; to give sb a (good) telling-off* ou ticking-off* (Brit); to soak ou drench sb ◆ **on s'est fait doucher** (par l'averse) we got soaked ou drenched; (par le tuyau d'arrosage) we got sprayed ou soaked ou drenched

2 **se doucher** vpr to have ou take a shower

douchette [duʃɛt] nf [douche] shower rose; (pour codes barres) bar code reader

doucheur, -euse [duʃœʀ, øz] nm,f shower attendant

doucine [dusin] → SYN nf (rabot) moulding plane; (Archit) double-curved moulding ◆ **doucine droite** cyma recta, ogee moulding ◆ **doucine renversée** cyma reversa, reverse ogee moulding

doucir [dusiʀ] → SYN ▸ conjug 2 ◂ vt to polish

doudou* [dudu] nf (Antilles) lady*

doudoune [dudun] nf **a** (anorak) down jacket **b** (*: sein) boob‡

doué, e [dwe] → SYN (ptp de **douer**) adj **a** (talentueux) gifted, talented (*en* in) ◆ **être doué pour** to have a gift for ◆ (iro) **il n'est pas doué*** he's not exactly bright ou clever (iro) ◆ **doué sur le plan scolaire** academically able

b (pourvu de) **doué de** vie, raison endowed with; intelligence, talent, mémoire blessed with, endowed with

douelle [dwɛl] → SYN nf (Archit) curved face ◆ **douelle intérieure** intrados ◆ **douelle extérieure** extrados

douer [dwe] → SYN ▸ conjug 1 ◂ vt ◆ **douer qn de** vie, raison to endow sb with; intelligence, talent, mémoire to bless sb with, endow sb with

douille [duj] → SYN nf [cartouche] (cartridge) case, cartridge; [fil électrique] (electric light) socket; [manche] socket; (Culin) piping nozzle

douiller‡ [duje] ▸ conjug 1 ◂ vi (payer cher) to pay through the nose*, fork out* a lot ◆ **ça douille** it's damn expensive‡, it's damn pricy‡

douillet, -ette [dujɛ, ɛt] → SYN **1** adj **a** (péj: à la douleur) personne soft (péj)

b maison, atmosphère cosy, snug; nid, lit soft, cosy; vie soft, cosy

2 **douillette** nf [ecclésiastique] (clerical) overcoat; [bébé] quilted coat; [théière] tea cosy

douillettement [dujɛtmɑ̃] adv cosily, snugly

douilletterie [dujɛtʀi] nf (péj) softness (péj)

douleur [dulœʀ] → SYN GRAMMAIRE ACTIVE 24.4 nf **a** (physique) pain ◆ **douleurs rhumatismales** rheumatic pains ◆ **douleurs dorsales** backache (NonC), back pains ◆ **les douleurs (de l'accouchement)** labour pains ◆ **j'ai une douleur dans le bras** I have a sore arm, I have a pain in my arm, my arm hurts ◆ **mes vieilles douleurs me font souffrir** my old aches and pains are bothering me → **accouchement**

b (morale) grief, distress ◆ **il a eu la douleur de perdre son frère** he had the distress of ou had to suffer the grief of losing his brother ◆ **« nous avons la douleur de vous faire part du décès de »** "it is our sad duty to tell you ou it is with great sorrow that we have to tell you of the death of" ◆ **« nous avons la douleur d'apprendre que ... »** "it was with great sorrow that we learned that ..." ◆ (fig) **j'ai compris ma douleur*** I realized my mistake, I could have kicked myself* → **grand**

douloureusement [duluʀøzmɑ̃] → SYN adv (physiquement) painfully; (moralement) grievously

douloureux, -euse [duluʀø, øz] → SYN **1** adj **a** sensation, maladie, opération, membre painful

b perte grievous, distressing; décision, spectacle painful, distressing, harrowing; séparation, circonstances, moment painful, distressing; regard, expression sorrowful

2 **douloureuse*** nf (hum) (addition) bill (Brit), check (US); (facture) bill ◆ **apportez-nous la douloureuse** let's hear the worst*, what's the damage?*

doum [dum] nm doum palm

dourine [duʀin] nf dourine

doute [dut] → SYN GRAMMAIRE ACTIVE 15.1, 16.1, 26.6 nm **a** (état d'incertitude) doubt, uncertainty; (Philos, Rel) doubt ◆ **être dans le doute** to be doubtful ou uncertain ◆ **laisser qn dans le doute** to leave sb in (a state of) uncertainty ◆ **être dans le doute au sujet de qch** to be in doubt ou doubtful ou uncertain about sth ◆ **le doute l'envahit** he was invaded by doubt ◆ **le doute n'est plus permis quant à** there is no more room for doubt concerning ◆ **le doute subsiste quant à** there is still room for doubt concerning ◆ **un air de doute** a doubtful air

b (soupçon, perplexité) doubt ◆ **je n'ai pas le moindre doute à ce sujet** I haven't the slightest doubt about it ◆ **avoir des** ou **ses doutes sur** ou **au sujet de qch / qn** to have misgivings ou (one's) doubts about sth / sb ◆ **malgré tout, j'ai des doutes** nevertheless, I have my doubts ◆ **il a émis des doutes à propos de ...** he expressed (his) doubts ou misgivings about ... ◆ **un doute plane sur l'affaire** a certain amount of ou an element of doubt hangs over the matter

c (loc) (Prov) **dans le doute, abstiens-toi** when in doubt, don't! ◆ **sans doute** (vraisemblablement) doubtless, no doubt, probably ◆ **sans (nul** ou **aucun) doute** (incontestablement) without (a) doubt ◆ **sans doute s'est-il trompé** he is doubtless ou no doubt mistaken ◆ **il ne fait aucun doute que ...** there is (absolutely) no doubt that ..., there is no question that ... ◆ **ceci ne fait aucun doute** there is no doubt ou question about it ◆ **mettre en doute** affirmation, honnêteté de qn to question, challenge, cast doubt on ◆ **mettre en doute que** to question whether → **hors, ombre**[1]

douter [dute] → SYN GRAMMAIRE ACTIVE 16.1 ▸ conjug 1 ◂ **1** **douter de** vt indir **a** (sentiment d'incertitude) identité, authenticité, existence de qch to doubt, question, have doubts as to; réussite to be doubtful of ◆ **je doute de l'authenticité de ce document** I doubt ou question the authenticity of this document, I have doubts as to the authenticity of this document ◆ **au débat il le croyait, maintenant il doute** in the debate he believed it, now he's questioning it ou now he's doubting it ◆ **il le dit mais j'en doute** he says so but I have my doubts ou but I doubt it ◆ **il a dit la vérité, n'en doutez pas** he is telling the truth, you can be sure of that ou there's no doubt about that ◆ **je doute d'avoir jamais fait / dit cela** I doubt that I ever did / said that ◆ **je n'ai jamais douté du résultat** I never had any doubts about ou as to the result ◆ **je doute qu'il vienne** I doubt if ou whether he'll come ◆ **je ne doute pas qu'il le fera** ou **ne le fasse** I don't doubt ou I dare say that he'll do it ◆ **à n'en pas douter** (sans aucun doute) without (a) doubt; (vraisemblablement) doubtless, no doubt ◆ (littér) **douter si** to doubt whether

b (Philos, Rel: esprit de réfutation) **douter de** dogme philosophique ou religieux to have ou entertain (frm) doubts about, doubt ◆ **mieux vaut douter que tout accepter** it is better to doubt than to accept everything

c (sentiment de méfiance) **douter de** allié, sincérité de qn to have (one's) doubts about, doubt ◆ **je n'ai jamais douté de vous** I never doubted you, I never had any doubts about you ◆ **douter de la parole de qn** to doubt sb's word ◆ **il ne doute de rien!*** he's got some nerve!* ◆ **il doute de lui(-même)** he has doubts about himself

2 **se douter** vpr ◆ **se douter de qch** to suspect sth ◆ **je me doute de son inquiétude quand il apprendra la nouvelle** I can (just) imagine his anxiety when he learns the news ◆ **je ne m'en suis jamais douté** I never guessed ou suspected it for a moment ◆ **ça, je m'en doutais depuis longtemps** I've thought so ou thought as much ou suspected as much for a long time ◆ **j'étais (bien) loin de me douter que ...** little did I know that ... ◆ **se douter que** to suspect that, have an idea that ◆ **il ne se doutait pas qu'elle serait là** he had no idea ou hadn't suspected (that) she would be there ◆ **je me doute qu'il a dû accepter** I expect ou imagine that he must have accepted ◆ **qu'il soit fâché, je m'en doute** I can well imagine that he's angry ◆ **on s'en serait douté!*** surprise, surprise! (iro)

douteur, -euse [dutœʀ, øz] → SYN (littér) **1** adj sceptical

2 nm,f sceptic

douteux, -euse [dutø, øz] → SYN adj **a** (incertain) fait doubtful, questionable, uncertain; résultat, issue doubtful, uncertain; sens, date, réponse doubtful ◆ **il est douteux que** it is doubtful ou questionable that ou whether ◆ **il n'est pas douteux que** there is no doubt that ◆ **d'origine douteuse** of uncertain ou doubtful origin

b (péj) (médiocre) raisonnement, propreté, qualité, mœurs doubtful, dubious, questionable; (peu solide ou peu propre) vêtements, individu, aliment dubious-looking; amarrage, passerelle shaky, dubious-looking ◆ **d'un goût douteux** décoration, cravate, plaisanterie in doubtful ou questionable ou dubious taste

douve [duv] → SYN nf **a** (Agr) drainage ditch; (Équitation) water jump ◆ [château] **douve(s)** moat

b [tonneau] stave

c (Vét, Zool) fluke ◆ **douve du foie** liver fluke

Douvres [duvʀ] n Dover

doux, douce [du, dus] → SYN **1** adj **a** (lisse) peau, tissu soft, smooth; (souple, moelleux) matelas, suspension, brosse soft → **fer, lime**

b eau (non calcaire) soft; (non salé) fresh

c (clément) temps, climat, température mild; brise, chaleur gentle; (Culin) feu gentle, low

d (au goût) (sucré) fruit, saveur, liqueur sweet; (pas fort) moutarde, fromage, tabac, piment mild ◆ **doux comme le miel** as sweet as honey → **orange**

e (à l'ouïe, la vue) son, musique, accents sweet, gentle; (Phon) consonne soft; lumière, couleur soft, mellow, subdued ◆ **un nom aux consonances douces** a sweet-sounding name

f (modéré, peu brusque) pente, montée gentle, gradual; démarrage smooth; voiture, moteur smooth-running ◆ **en pente douce** gently sloping

g (patient, tolérant) personne, caractère, manières mild, gentle; sourire gentle; (non brutal) geste, personne, voix gentle; reproche gentle, mild; punition mild ◆ **elle a eu une mort douce** she died without suffering ◆ **il est doux comme un agneau** he's as meek (Brit) ou gentle as a lamb → **œil**

h (gén avant nom: agréable) victoire, revanche, repos, tranquillité sweet; parfum, souvenirs, pensées sweet, agreeable, pleasant ◆ **se faire une douce violence** to inflict a pleasant burden upon o.s. ◆ **cette pensée lui était douce** this thought gave him great pleasure ◆ **qu'il m'était doux de repenser à ces moments** what pleasure it gave me ou how pleasant ou agreeable for me to think over those moments ◆ pensées, souvenirs **doux-amer** bittersweet → **billet, couler**

i drogue soft; médecine alternative

j LOC **en douce*** on the quiet, on the q.t.*

2 adv ◆ **ça va tout doux*** things are going so-so* ◆ († ou hum) **tout doux!** gently (now)!, careful (now)! → **filer**

3 nm,f (parfois péj: personne douce) mild(-natured) person

4 nm ◆ **le doux** sweet tastes ou things ◆ **préférer le doux à l'amer** to prefer sweet tastes ou things to bitter

5 **douce** nf († ou hum: amoureuse) sweetheart†

douzain [duzɛ̃] nm (Poésie) twelve-line poem; (Hist: monnaie) douzain, *obsolete French coin*

douzaine [duzɛn] nf (douze) dozen ◆ (environ douze) **une douzaine** about ou roughly twelve, a dozen (or so) ◆ **une douzaine d'huîtres / d'œufs** a dozen oysters / eggs ◆ **une douzaine d'années** roughly ou about twelve years, a dozen years (or so) ◆ **vendre qch à la douzaine** to sell sth by the dozen ◆ (fig) **il y en a à la douzaine** there are dozens of them → **treize**

douze [duz] **1** adj inv twelve ◆ (Comm) **douze douzaines** a gross, twelve dozen; pour autres loc voir **six**

2 nm inv twelve; pour autres loc voir **six**

douzième [duzjɛm] adj, nmf twelfth; pour loc → **sixième**

douzièmement [duzjɛmmɑ̃] adv in twelfth place, twelfthly

doxologie [dɔksɔlɔʒi] → SYN nf doxology

doyen, -enne [dwajɛ̃, jɛn] → SYN nm,f (Rel, Univ †) ≃ dean; [équipe, groupe] most senior member ◆ [assemblée, corps constitué] **doyen (d'âge)** most senior member, doyen ◆ **le doyen des Français** France's oldest citizen

doyenné [dwajene] **1** nm (Rel) (circonscription) deanery; (charge) deanery, deanship

2 nf ◆ (poire) **doyenné (du comice)** comice (pear)

DPLG [depeɛlʒe] (abrév de **diplômé par le gouvernement**) ◆ **ingénieur DPLG** (state) certified engineer

Dr (abrév de **docteur**) Dr

dracéna [dʀasena] nm dracaena

drachme [dʀakm] nf drachma

draconien, -ienne [dʀakɔnjɛ̃, jɛn] → SYN adj loi excessively severe, draconian; mesure drastic, stringent, draconian; régime alimentaire strict

dragage [dʀagaʒ] nm (Tech: → **draguer**) dredging; dragging ◆ **dragage des mines** minesweeping

dragée [dʀaʒe] nf **a** (friandise) sugared almond, dragée; (Méd) sugar-coated pill, dragée (spéc)

b (plomb de chasse) small shot; (*: balle) slug*, bullet

c (Agr) dredge

d LOC **tenir la dragée haute à qn** to hold out on sb

dragéifier [dʀaʒeifje] ▸ conjug 7 ◂ vt to sugar, coat with sugar ◆ **comprimé dragéifié** sugared ou sugar-coated tablet

drageoir [dʀaʒwaʀ] nm sweet (Brit) ou candy (US) jar

drageon [dʀaʒɔ̃] → SYN nm (Bot) sucker

drageonner [dʀaʒɔne] ▸ conjug 1 ◂ vi (Bot) to produce suckers

dragline [dʀaglin, dʀaglajn] → SYN nf dragline

dragon [dʀagɔ̃] → SYN nm **a** (Myth, fig) dragon ◆ **dragon volant** flying lizard ou dragon ◆ **dragon de Komodo** Komodo dragon ◆ (fig) **un dragon de vertu** a dragon of virtue

b (Hist Mil) dragoon

dragonnade [dʀagɔnad] nf (Hist) dragonnade

dragonne [dʀagɔn] → SYN nf [épée] sword-knot; [parapluie] loop *(for wrist)*; [bâton de ski] wrist-strap; (Alpinisme) wrist loop

dragonnier [dʀagɔnje] nm dragon tree

dragster [dʀagstɛʀ] nm dragster

drague [dʀag] → SYN nf **a** (Pêche) dragnet

b (Tech) (machine) dredge; (navire, ponton) dredger

c (*: pour séduire) **la drague** chatting people up* (Brit), trying to pick people up*

draguer [dʀage] → SYN ▸ conjug 1 ◂ **1** vt **a** (Pêche) to fish with a dragnet

b (Tech) (pour nettoyer) to dredge; (pour trouver qch) to drag; mines to sweep

c (Naut) [ancre] **draguer (le fond)** to drag

d (*: pour séduire) **draguer qn** to chat sb up* (Brit), try and pick sb up*, try and get off with sb* (Brit)

2 vi (*: pour séduire) to be on the make*, chat up* girls (ou guys) (Brit), try and pick up* girls (ou guys)

dragueur[1] [dʀagœʀ] nm (pêcheur) dragnet fisherman; (ouvrier) dredger; (bateau) dredger ◆ **dragueur de mines** minesweeper

dragueur[2], **-euse*** [dʀagœʀ, øz] nm,f ◆ **c'est un sacré dragueur** he's a great one for trying to pick up* girls ◆ **quelle dragueuse!** she likes to try and pick up guys, she's always on the make*

draille [dʀɑj] → SYN nf (Naut) stay

drain [dʀɛ̃] → SYN nm (Agr) (underground) drain; (Méd, Élec) drain ◆ **poser un drain à qn** to insert a drain in sb

drainage [dʀɛnaʒ] → SYN nm (→ **drainer**) drainage; tapping, draining off ◆ (Méd) **drainage lymphatique** lymphatic drainage

draine [dʀɛn] → SYN nf mistlethrush

drainer [dʀene] → SYN ▸ conjug 1 ◂ vt (Agr, Méd) to drain; (fig) main-d'œuvre, capitaux to drain (off), tap

draisienne [dʀɛzjɛn] → SYN nf (Hist) dandy horse

draisine [dʀezin] nf (Rail) track motorcar (Brit), gang car (US), handcar (US)

drakkar [dʀakaʀ] → SYN nm longship

Dralon ® [dʀalɔ̃] nm Dralon ®

dramatique [dʀamatik] → SYN **1** adj **a** (Théât) spectacle, artiste dramatic → **art**

b (passionnant, épique) dramatic; (tragique) tragic ◆ **ce n'est pas dramatique!** it's not a tragedy!

2 nf ◆ (TV) **dramatique** (television) play ou drama

dramatiquement [dʀamatikmɑ̃] → SYN adv (de façon épique) dramatically; (tragiquement) tragically

dramatisation [dʀamatizasjɔ̃] → SYN nf dramatization

dramatiser [dʀamatize] → SYN ▸ conjug 1 ◂ vt to dramatize ◆ **il ne faut pas dramatiser (la situation)** you shouldn't dramatize things

dramaturge [dʀamatyʀʒ] → SYN nmf dramatist, playwright

dramaturgie [dʀamatyʀʒi] nf (art) dramatic art; (traité) treatise on dramatic art

drame [dʀam] → SYN nm **a** (Théât) drama ◆ **l'histoire du drame** the history of (the) drama ◆ **drame lyrique** lyric drama

b (événement tragique) drama, tragedy ◆ **drame de la jalousie** drama ou tragedy of jealousy ◆ **la farce tournait au drame** the joke was going tragically wrong ◆ **faire un drame de qch** to make a drama out of sth ◆ **n'en faites pas un drame** don't make such a fuss ou to-do* about it ◆ **ce n'est pas un drame!** it's not a tragedy!

drap [dʀa] nm **a** (tissu) woollen cloth

b (pièce de tissu) **drap (de lit)** sheet ◆ **draps de soie / nylon** silk / nylon sheets ◆ **drap de dessus / dessous** top / bottom sheet ◆ **drap-housse** fitted sheet ◆ **drap de bain** bath sheet ◆ **drap de plage** beach towel ◆ **drap mortuaire** ou **funéraire** pall ◆ **être entre deux** ou **dans les draps** to be between the sheets ◆ (fig) **mettre qn dans de beaux** ou **sales** ou **vilains draps** to land sb in a fine mess ou a nice pickle*

drapé, e [dʀape] (ptp de **draper**) **1** adj draped ◆ **tambours drapés** muffled drums

2 nm ◆ **le drapé d'un rideau** etc the hang ou drape of a curtain etc

drapeau, pl **drapeaux** [dʀapo] → SYN nm **a** (gén) flag ◆ **le drapeau tricolore** the tricolour ◆ **le drapeau blanc / rouge** the white / red flag ◆ **hisser le drapeau blanc** to wave the white flag ◆ (Golf) **drapeau de trou** pin ◆ **le respect du drapeau** respect for the flag ◆ **être sous les drapeaux** to be doing one's military service ◆ **le drapeau de la liberté** the flag of liberty ◆ **mettre son drapeau dans sa poche** to keep one's views well hidden

b (Aviat, Naut) **en drapeau** feathered ◆ **mettre une hélice en drapeau** to feather a propeller

drapement [dʀapmɑ̃] nm (action) draping; (résultat) hang ◆ **je n'aime pas le drapement de cette robe** I don't like the way this dress hangs

draper [dʀape] → SYN ▸conjug 1◂ [1] vt to drape; (Tex) laine to process ◆ **un foulard de soie drapait ses épaules** a silk scarf was draped over her shoulders, her shoulders were draped in a silk scarf
[2] **se draper** vpr ◆ **se draper dans** to drape o.s. in ◆ (fig péj) **se draper dans sa dignité** to stand on one's dignity ◆ (fig péj) **se draper dans sa vertu / son honnêteté** to cloak o.s. in one's virtue / one's honesty

draperie [dʀapʀi] → SYN nf (tenture) drapery, hanging; (Comm) drapery, cloth; (Art) drapery

drapier, -ière [dʀapje, jɛʀ] [1] adj ◆ **industrie drapière** clothing industry ◆ **ouvrier drapier** cloth-worker
[2] nm (fabricant) (woollen) cloth manufacturer ◆ **(marchand) drapier** draper (Brit), clothier

drastique [dʀastik] → SYN adj (Méd, gén) drastic

drave* [dʀav] nf (Can Hist) [bois] drive, rafting

draver* [dʀave] ▸conjug 1◂ vt (Can Hist) bois to drive, raft

draveur* [dʀavœʀ] nm (Can Hist) (log ou timber) driver, raftsman

dravidien, -ienne [dʀavidjɛ̃, jɛn] adj, nm Dravidian

drêche [dʀɛʃ] → SYN nf (Tech) spent grain

drège [dʀɛʒ] → SYN nf (filet) dragnet

drenne [dʀɛn] → SYN nf ⇒ **draine**

drépanocytose [dʀepanositoz] nf sickle-cell anaemia (Brit) ou anemia (US)

Dresde [dʀɛzd] n Dresden

dressage [dʀesaʒ] → SYN nm **a** (domptage: → **dresser**) taming; breaking in; training; knocking ou licking into shape*
b [tente] pitching; [échafaudage] erection

dresser [dʀese] → SYN ▸conjug 1◂ [1] vt **a** (établir) inventaire, liste to draw up, make out; plan, carte to draw up ◆ (Jur) **dresser un acte** to draw up an act ◆ **dresser (un) procès-verbal** ou **(une) contravention à qn** to report sb, book sb* ◆ **il a dressé un bilan encourageant de la situation** he gave an encouraging review of the situation ou an encouraging run-down* on the situation
b (ériger) monument, statue, échafaudage to put up, erect; barrière, échelle to put up, set up; tente to pitch, put up, erect; mât to raise, put up, erect; lit to put up ◆ **nous avons dressé un buffet dans le jardin** we set ou laid out a buffet in the garden ◆ **dresser le couvert** ou **la table** to lay ou set the table
c (inciter) **dresser qn contre** to set sb against
d tête to raise, lift; menton to stick out, jut out ◆ (fig) **dresser l'oreille** to prick up one's ears ◆ [chien] **dresser l'oreille** ou **ses oreilles** to prick up ou cock (up) its ears ◆ **faire dresser les cheveux sur la tête à qn** to make sb's hair stand on end ◆ **une histoire à faire dresser les cheveux sur la tête** a hair-raising story
e (dompter) animal sauvage to tame; cheval to break (in); (pour le cirque etc) chien, cheval to train; (*) recrue to knock ou lick into shape* ◆ **dresser un chien à rapporter** to train a dog to retrieve ◆ **ça le dressera!*** that will knock ou lick him into shape* ◆ **dresser le poil à qn**: to teach sb a lesson* ◆ **dresser un enfant*** to teach a child his place ◆ **les enfants / les élèves, ça se dresse!*** children / pupils should be taught their place ◆ **enfant mal dressé*** badly brought-up child
f (Tech) pierre, planche to dress
[2] **se dresser** vpr **a** [personne] (debout) to stand up (straight), draw o.s. up; (assis) to sit up (straight) ◆ **se dresser sur la pointe des pieds** to stand up on tiptoe ◆ **se dresser de toute sa taille** to draw o.s. up to one's full height ◆ **se dresser sur ses pattes de derrière** [animal] to rise (up) on(to) ou stand up on its hind legs; [cheval] to rear (up) → **ergot**
b [cheveux] to stand on end; [oreille] to prick up
c [statue, bâtiment, obstacle] to stand; (avec grandeur, menace) to tower (up) ◆ **un navire se dressa soudain dans le brouillard** a ship suddenly loomed (up) out of the fog
d (s'insurger) to rise up (*contre, face à* against) ◆ **se dresser en justicier** to set o.s. up as dispenser of justice

dresseur, -euse [dʀesœʀ, øz] → SYN nm,f trainer, tamer *(of animals)* ◆ **dresseur de lions** lion tamer ◆ **dresseur de chevaux** horse-breaker

dressing [dʀesiŋ], **dressing-room**, pl **dressing-rooms** [dʀesiŋʀum] nm dressing room

dressoir [dʀeswaʀ] → SYN nm dresser (Brit)

dreyfusard, e [dʀefyzaʀ, aʀd] [1] adj (Hist) supporting ou defending Dreyfus
[2] nm,f supporter ou defender of Dreyfus

dreyfusisme [dʀefyzism] nm Dreyfusism

DRH [deɛʀaʃ] nf (abrév de **direction des ressources humaines**) → **direction**

dribble [dʀibl] nm (Ftbl) dribble

dribbler [dʀible] ▸conjug 1◂ (Ftbl) [1] vi to dribble
[2] vt ballon to dribble; joueur to dribble past ou round

dribbleur, -euse [dʀiblœʀ, øz] nm,f (Sport) dribbler

drifter [dʀiftœʀ] nm (Naut) drifter

drill[1] [dʀil] nm (Zool) drill

drill[2] [dʀil] → SYN nm (Scol etc: exercice) drill

drille [dʀij] → SYN [1] nm ◆ (†) **bon** ou **joyeux drille** cheerful character*
[2] nf (Tech) hand-drill

dring [dʀiŋ] excl, nm ding, ding-a-ling

dringuelle [dʀɛ̃gɛl] → SYN nf (Belg: pourboire) tip

drisse [dʀis] nf (Naut) halyard

drive [dʀajv] nm (Golf, Ordin) drive

driver[1] [dʀajve, dʀive] ▸conjug 1◂ [1] vt [jockey] to drive
[2] vi (Golf) to drive

driver[2], **driveur** [dʀajvœʀ, dʀivœʀ] nm (jockey, Golf, Ordin) driver

drogue [dʀɔg] → SYN nf **a** (stupéfiant) drug ◆ **la drogue** drugs ◆ **une drogue dure / douce** a hard / soft drug → **trafic**
b (Pharm †, fig) drug; (péj) patent medicine, quack remedy (péj)

drogué, e [dʀɔge] → SYN (ptp de **droguer**) nm,f drug addict

droguer [dʀɔge] → SYN ▸conjug 1◂ [1] vt **a** malade (péj) to dose up (péj); (Méd †) to give drugs to
b victime to drug
[2] **se droguer** vpr **a** (péj: de médicaments) to dose o.s. (up) (*de* with)
b (de stupéfiants) to take drugs ◆ **il se drogue** he's on drugs, he's taking drugs ◆ **se droguer à la cocaïne** to be on ou take cocaine

droguerie [dʀɔgʀi] nf (commerce) hardware trade; (magasin) hardware shop

droguet [dʀɔgɛ] → SYN nm (Tex) drugget

droguiste [dʀɔgist] nmf owner ou (gérant) keeper of a hardware shop

droit[1], **e**[1] [dʀwa, dʀwat] → SYN GRAMMAIRE ACTIVE 9, 10.4
[1] adj (après nom: contraire de gauche) main, bras, jambe right; poche, soulier right (-hand) ◆ **du côté droit** on the right-hand side → **bras, centre, main**
[2] nm (Boxe) (coup) right ◆ (poing) **direct du droit** straight right ◆ **crochet du droit** right hook
[3] **droite** nf **a** **la droite** the right (side), the right-hand side ◆ **à droite** on the right; (direction) to the right ◆ **3e rue à droite** 3rd street on the right ◆ **à ma / sa droite** on my / his right (hand), on my / his right(-hand) side ◆ **le tiroir / chemin de droite** the right-hand drawer / path ◆ **il ne connaît pas sa droite de sa gauche** he can't tell (his) right from (his) left ◆ **à droite de la fenêtre** to the right of the window ◆ **de droite à gauche** from right to left ◆ **à droite et à gauche, de droite et de gauche** this way and that ◆ **il a couru à droite et à gauche pour se renseigner** he tried everywhere ou all over the place to get some information ◆ **c'est ce qu'on entend dire de droite et de gauche** that's what one hears from all sides ou quarters
b (Aut) **la droite** the right ◆ **rouler à droite** to drive on the right ◆ **garder** ou **tenir sa droite** to keep to the right → **conduite**
c (Pol) **la droite** the right (wing) ◆ **candidat / idées de droite** right-wing candidate / ideas ◆ **un homme de droite** a man of the right ◆ **membre de la droite** right-winger ◆ **elle est très à droite** she's very right-wing ou very much on the right ◆ **la droite est divisée** the right wing is split → **extrême**
d (Boxe) (coup) right

droit[2], **e**[2] [dʀwa, dʀwat] → SYN
[1] adj **a** (sans déviation, non courbe) barre, ligne, route, nez straight ◆ **ça fait 4 km en ligne droite** it's 4 km as the crow flies ◆ (fig) **cela vient en droite ligne de ...** that comes straight ou direct from ... ◆ (Rel) **le droit chemin** the straight and narrow (way) ◆ (Couture) **droit fil** straight grain ◆ (fig) **cette décision s'inscrit dans le droit fil d'une politique** this decision is totally in keeping with ou in line with a policy → **coup**
b (vertical, non penché) arbre, mur upright, straight; (Géom) prisme, cylindre, cône right; écriture upright ◆ **ce tableau n'est pas droit** this picture isn't (hanging) straight ◆ **est-ce que mon chapeau est droit?** is my hat (on) straight? ◆ **jupe droite** straight skirt ◆ **veston droit** single-breasted jacket ◆ **tiens ta tasse droite** hold your cup straight ou level ◆ (péj, hum) **être droit comme un pieu** ou **un piquet** to be as stiff as a poker ou ramrod (péj) ◆ **être droit comme un i** to have a very upright posture, hold o.s. very erect ◆ **se tenir droit comme un i** to stand bolt upright ou very erect ◆ **tiens-toi droit** (debout) stand up (straight); (assis) sit up (straight) → **angle**
c (honnête, loyal) personne upright, straight(forward); conscience honest, straightforward
d (judicieux) jugement sound, sane
[2] **droite** nf ◆ (Géom) **(ligne) droite** straight line
[3] adv viser, couper, marcher straight ◆ **aller / marcher droit devant soi** to go / walk straight ahead ◆ **écrire droit** to have (an) upright handwriting ◆ **c'est droit devant vous** it's straight ahead of you ou right in front of you ◆ **aller droit à la faillite** to be making ou heading ou headed straight for bankruptcy ◆ (fig) **aller droit au but** ou **au fait** to go straight to the point ◆ (fig) **cela lui est allé droit au cœur** it went straight to his heart → **marcher**

droit[3] [dʀwa] → SYN [1] nm **a** (prérogative) right ◆ **avoir des droits sur qn / qch** to have rights over sb / sth ◆ **il n'a aucun droit sur ce terrain** he has no right to this land ◆ **droit de pêche / chasse** fishing / hunting rights ◆ (fig) **les droits du sang** rights of kinship ◆ **l'humour ne perd jamais ses droits** there is always a place for humour ◆ **c'est bien votre droit** you've every right to do so, you are perfectly entitled to do so, you're perfectly within your rights ◆ **de quel droit est-il entré?** what right had he ou what gave him the right to come in? ◆ **avoir le droit de vie ou de mort sur** to have (the) power of life and death over ◆ **avoir droit de regard sur** to have the right to examine ou to inspect ◆ (Fin, Jur) **avoir droit de regard dans la comptabilité** to be entitled to have access to the books and records ◆ **avoir le droit de faire** (gén: simple permission, possibilité) to be allowed to do; (Admin, Jur: autorisation) to have the right to do ◆ **être en droit de faire** to have a ou the right to do, be entitled to do ◆ (fig) **on est en droit de se demander pourquoi ...** one has every right ou one is entitled to wonder why ... ◆ **cette carte vous donne droit à des places gratuites** this card entitles you to free seats ◆ **avoir droit à** allocation to be entitled to, be eligible for; critique to come in for ◆ (hum) **il a eu droit à une bonne raclée / réprimande*** he got ou earned himself a good hiding / telling-off* ◆ **être dans son (bon) droit** to be (quite) within one's rights ◆ **c'est à lui de (plein) droit** it's his by right(s) ou as of right, it is rightfully his ◆ **membre de (plein) droit** ex officio member ◆ **le droit du plus fort** the law of the jungle ◆ **droit du sang / du sol** *right to nationality based on parentage / on place of birth* ◆ **faire droit à** requête to grant, accede to ◆ **avoir le droit pour soi** to have right on one's side ◆ **de droit comme de fait** both legitimately and effectively ◆ **monarque de droit divin** monarch by divine right ◆ **le droit des peuples à disposer d'eux-mêmes** the right of peoples to self-determination → **bon[1], force, qui**

b (Jur) **le droit** law ◆ (Univ) **faire son droit** ou **le droit** to study law ◆ **droit civil / pénal** civil / criminal law ◆ **droit constitutionnel / international** constitutional / international law ◆ **droit canon** canon law ◆ **droit romain** Roman law ◆ **droit privé / public** private / public law ◆ **droit coutumier** (concept) customary law; (lois) common law ◆ **droit écrit** statute law ◆ **droit administratif / commercial / fiscal / du travail** administrative / commercial / tax / employment law ◆ **le droit des gens** the law of nations ◆ **étudier le droit de la famille** to study family law

c (gén pl) (taxe) duty, tax; (d'inscription etc) fee, fees ◆ **droit d'entrée** entrance (fee) ◆ **droits d'inscription / d'enregistrement** enrolment / registration fee(s) ◆ (Comm) **droits portuaires** ou **de port** harbour fees ou dues ◆ **exempt de droits** duty-free ◆ **passible de droits** liable to duty

2 COMP ▷ **droit d'accise** excise duty ▷ **droit d'aînesse** birthright ▷ **droit d'asile** right of asylum ▷ **droits d'auteur** royalties ▷ **droit de cité** ◆ (fig) **avoir droit de cité parmi / dans** to be established among / in ▷ **droits civils** civil rights ▷ **droits civiques** civic rights ▷ **droit commercial** commercial law ▷ **droit commun** ◆ **un condamné / délit de droit commun** a common law criminal / crime ▷ **droits compensatoires** (Fin) countervailing duties ▷ **droit de cuissage** (Hist) droit du seigneur; (hum) *employer's right to subject employees to sexual harassment* ▷ **droits de douane** customs duties ▷ **droit de gage** (Jur) lien ▷ **droit de garde** [enfants] custody ▷ **droit de grâce** right of reprieve ▷ **le droit de grève** the right to strike ▷ **les droits de l'homme** human rights ▷ **droit d'initiative** (Pol) *citizens' right to initiate legislation (in Switzerland etc)* ▷ **droit de mutation** (Fin) transfer tax ▷ **les droits naturels** natural rights ▷ **droit de passage** right of way, easement (US) ▷ **droit réel** (Jur) title ▷ **droits de reproduction** reproduction rights ◆ **« tous droits (de reproduction) réservés »** "all rights reserved" ▷ **droit de souscription** application right ▷ **droits de succession** inheritance tax ▷ **droit de timbre** stamp duty ▷ **droits de tirage spéciaux** special drawing rights ▷ **droit d'usage** (Jur) right of user ▷ **droit de visite** (Jur) (right of) access ▷ **le droit de vote** the right to vote, the vote, the franchise

droitement [dʀwatmɑ̃] adv agir, parler uprightly, honestly; juger soundly

droitier, -ière [dʀwatje, jɛʀ] **1** adj right-handed; (rare: Pol) right-wing

2 nm,f right-handed person; (rare: Pol) right-winger ◆ (Tennis etc) **c'est un droitier** he's a right-handed player ou a right-hander

droitisme [dʀwatism] nm right-wing tendency, rightism

droitiste [dʀwatist] **1** adj right-wing

2 nmf right-winger, rightist

droiture [dʀwatyʀ] → SYN nf [personne] uprightness, straightness, straightforwardness; [conscience] honesty ◆ **droiture de caractère** uprightness, rectitude (of character)

drolatique [dʀɔlatik] → SYN adj (littér) comical, droll

drôle [dʀol] **1** adj **a** (amusant) situation, accoutrement funny, comical, amusing; (spirituel) personne funny, amusing ◆ **je ne trouve pas ça drôle** I don't find that funny ou amusing ◆ **la vie n'est pas drôle** life's no joke → **histoire**

b (bizarre) funny, peculiar, strange ◆ **c'est drôle, j'aurais juré l'avoir rangé** that's funny ou peculiar ou strange, I could have sworn I had put it away ◆ **avoir un drôle d'air** to look funny ou peculiar ou strange ◆ **un drôle de type** a strange ou peculiar fellow, a queer fish*, an oddbod* ◆ **c'est un drôle de numéro** he's a bit of a character ◆ **une drôle d'idée / d'odeur** a funny ou strange ou peculiar idea / smell ◆ **il a fait une drôle de tête!** he pulled a wry ou funny face! ◆ **la drôle de guerre** the phoney war ◆ **se sentir tout drôle** to feel funny ou strange ou peculiar ◆ **ça me fait (tout) drôle (de le voir)*** it gives me a funny ou strange ou odd feeling (to see him) ◆ **tu es drôle, je ne pouvais pourtant pas l'insulter!*** you must be joking ou kidding – I really couldn't insult him

c (*: intensif) **un drôle d'orage** a fantastic* ou terrific* storm ◆ **de drôles de muscles / progrès** fantastic ou terrific muscles / progress* ◆ **une drôle de correction** a hell of a punishment* ◆ **on en a vu de drôles pendant la guerre** we had a hard time during the war

2 nm (dial: enfant) child, kid*; (†: péj) scamp, rascal

drôlement [dʀolmɑ̃] → SYN adv **a** (→ **drôle**) funnily; comically; amusingly; peculiarly; strangely

b (*: intensif) **drôlement bon / sage** awfully ou terribly ou tremendously good / well-behaved ◆ **il fait drôlement froid** it's terribly ou awfully ou dreadfully cold*, it isn't half cold* ◆ **il est drôlement musclé** he's awfully ou terribly muscular*, he's got an awful lot of muscle* ◆ **il est drôlement culotté** he's got some cheek*, he hasn't half got a cheek* ◆ **il a drôlement changé** he really has changed, he's changed an awful lot*

drôlerie [dʀolʀi] → SYN nf **a** (NonC) funniness, comicalness, drollness ◆ **la drôlerie de la situation m'échappe** I don't see ou I fail to see what's so funny ou amusing

b (propos, action) funny ou comical ou amusing thing (to say ou do)

drôlesse† [dʀolɛs] nf (péj) hussy† (péj)

drôlet, -ette [dʀolɛ, ɛt] adj (littér) funny, amusing

dromadaire [dʀɔmadɛʀ] → SYN nm dromedary

drome [dʀom] nf (Naut) spare equipment

drone [dʀon] nm (Aviat) drone

dronte [dʀɔ̃t] nm dodo

drop [dʀɔp], **drop-goal**, pl **drop-goals** nm drop kick ◆ **passer un drop** to score a drop goal

dro(p)per [dʀɔpe] ▸ conjug 1 ◂ vt (Mil, fig*) to drop

droppage [dʀɔpaʒ] → SYN nm (Mil) drop ◆ **zone de droppage** drop zone

droséra [dʀozeʀa] nm *type of sundew*, drosera rotundifolia (spéc)

drosophile [dʀozɔfil] nf (Zool) fruit fly, drosophila (spéc)

drosse [dʀɔs] nf (Naut) (cordage) rudder cable; (chaîne) rudder chain

drosser [dʀɔse] → SYN ▸ conjug 1 ◂ vt (Naut) [vent, courant] to drive (*contre* onto, against)

dru, e [dʀy] → SYN **1** adj herbe thick, dense; barbe thick, bushy; haie thickset, dense; pluie heavy

2 adv pousser thickly, densely; tomber [pluie] heavily, fast; [coups] thick and fast

drug(-)store, pl **drug(-)stores** [dʀœgstɔʀ] nm drugstore

druide [dʀɥid] → SYN nm druid

druidesse [dʀɥidɛs] nf druidess

druidique [dʀɥidik] adj druidic

druidisme [dʀɥidism] nm druidism

drumlin [dʀœmlin] nm drumlin

drupe [dʀyp] nf drupe

druze [dʀyz] **1** adj Drusean, Drusian

2 nmf ◆ **les Druzes** the Druse ou Druze

dryade [dʀijad] → SYN nf (Myth) dryad, wood-nymph; (Bot) dryas

DST [deɛste] nf (abrév de **Direction de la surveillance du territoire**) ≃ MI5 (Brit), ≃ CIA (US)

DT [dete] nm (abrév de **diphtérie, tétanos**) DT

DTP [detepe] nm abrév de **diphtérie, tétanos, polio**

DTCP [detesepe] nm abrév de **diphtérie, tétanos, coqueluche, polio**

du [dy] **1** art partitif → **de[2]**

2 prép + art déf ⇒ **de[1]+ le**

dû, due [dy] GRAMMAIRE ACTIVE 20.5 (ptp de **devoir**)

1 adj **a** (à restituer) owing, owed; (arrivé à échéance) due ◆ **la somme due** the sum owing ou owed, the sum due ◆ **la somme qui lui est due** the sum owing ou owed ou due to him → **chose, port[2]**

b dû à due to ◆ **ces troubles sont dûs à ...** these troubles are due to ...

c (Admin, Jur) **en (bonne et) due forme** in due form

2 nm due; (somme d'argent) dues

dual, e [dɥal] adj dual ◆ (Sociol) **société duale** two-tier society

dualisme [dɥalism] → SYN nm dualism

dualiste [dɥalist] **1** adj dualistic

2 nmf dualist

dualité [dɥalite] nf duality

Dubaï, Dubay [dybaj] n Dubai

dubitatif, -ive [dybitatif, iv] → SYN adj doubtful, dubious, dubitative

dubitativement [dybitativmɑ̃] adv doubtfully, dubiously, dubitatively

Dublin [dyblɛ̃] n Dublin

duc [dyk] → SYN nm duke

ducal, e, mpl **-aux** [dykal, o] adj ducal

ducasse [dykas] → SYN nf (Belg) fair

ducat [dyka] nm ducat

duché [dyʃe] nm (fonction) dukedom; (territoire) dukedom, duchy

duchesse [dyʃɛs] nf **a** duchess ◆ (péj) **elle fait la** ou **sa duchesse** she's playing the grand lady ou putting on airs

b **(poire) duchesse** Duchesse pear

ductile [dyktil] → SYN adj ductile

ductilité [dyktilite] nf ductility

duègne [dɥɛɲ] → SYN nf duenna

duel[1] [dɥɛl] → SYN nm duel ◆ **provoquer qn en duel** to challenge sb to a duel ◆ **se battre en duel** to fight a duel (*avec* with) ◆ **duel oratoire** verbal duel ou battle ◆ **duel d'artillerie** artillery battle

duel[2] [dɥɛl] nm (Ling) dual (number)

duelliste [dɥelist] → SYN nm duellist

duettiste [dɥetist] nmf duettist

duffel-coat, pl **duffel-coats** [dœfœlkot] nm duffel coat

dugong [dygɔ̃g] nm dugong

dulçaquicole [dylsakikɔl] adj freshwater (épith)

dulcinée [dylsine] → SYN nf († ou hum) lady-love († ou hum)

dulie [dyli] → SYN nf dulia

dum-dum [dumdum] nf inv ◆ **(balle) dum-dum** dum-dum (bullet)

dûment [dymɑ̃] adv duly

dumper [dœmpœʀ] → SYN nm (engin) dumper

dumping [dœmpiŋ] nm (Écon) dumping ◆ **faire du dumping** to dump goods

dundee [dœndi] nm ketch

dune [dyn] → SYN nf dune ◆ **dune de sable** sand dune

dunette [dynɛt] nf (Naut) poop deck

Dunkerque [dœ̃kɛʀk] n Dunkirk

duo [dɥo] nm (Mus) duet; (Théât) duo; (fig: plaisantins) pair, duo; (fig: dialogue) exchange ◆ **duo d'injures** slanging match* (surtout Brit), exchange of insults

duodécimal, e, mpl **-aux** [dɥɔdesimal, o] adj duodecimal

duodénal, e, mpl **-aux** [dɥɔdenal, o] adj duodenal

duodénite [dɥɔdenit] nf duodenitis

duodénum [dɥɔdenɔm] nm duodenum

duopole [dɥɔpɔl] nm duopoly

dupe [dyp] → SYN **1** nf dupe ◆ **prendre pour dupe** to fool, take in, dupe ◆ **être la dupe de**

qn to be taken in ou fooled by sb → **jeu, marché**

2 adj ◆ **être dupe (de)** to be taken in (by), be fooled (by) ◆ **je ne** ou **n'en suis pas dupe** I'm not taken in (by it), he (ou it etc) doesn't fool me

duper [dype] → SYN ▸conjug 1◂ vt to dupe, deceive, fool ◆ **se duper (soi-même)** to deceive o.s.

duperie [dypʀi] → SYN nf (tromperie) dupery (NonC), deception

duplex [dyplɛks] **1** adj inv (Téléc) duplex, two-way ◆ (Rad, TV) **émission duplex** link-up

2 nm (appartement) split-level apartment, duplex (US); (Can) duplex (house), maisonette ◆ (Téléc) **(émission en) duplex** link-up

duplexage [dyplɛksaʒ] nm setting up a link-up

duplexer [dyplɛkse] → SYN ▸conjug 1◂ vt émission to set up a link-up to

duplicata [dyplikata] → SYN nm inv (Admin, Jur) duplicate

duplicateur [dyplikatœʀ] nm duplicator, duplicating machine

duplication [dyplikasjɔ̃] nf (Math) duplication; (Bio) doubling; (Téléc) installation of a duplex system

duplicité [dyplisite] → SYN nf duplicity

dupliquer [dyplike] → SYN ▸conjug 1◂ vt to duplicate

dur, e [dyʀ] → SYN **1** adj **a** (ferme, résistant) roche, métal, lit, peau, crayon hard; carton, col, brosse stiff; viande tough; porte, serrure, levier stiff ◆ **être dur d'oreille, être dur de la feuille*, avoir l'oreille dure** to be hard of hearing ◆ **dur comme le roc** as hard as (a) rock → **œuf**

b (difficile) problème, travail, parcours hard, stiff, tough ◆ **dur à manier / digérer / croire** hard to handle / digest / believe ◆ **être dur à la détente*** to be tight-fisted* ◆ **leur fils est un enfant très dur** their son is a very difficult child

c (pénible) climat, lumière, punition, combat harsh, hard; (âpre) vin, cidre harsh, bitter; (calcaire) eau hard; drogue hard ◆ **il lui est dur d'avoir à partir** it's hard for him to have to leave ◆ **ce sont des vérités dures à avaler*** these are hard truths to take ◆ (souvent hum) **la vie est dure** it's a hard life, life's no bed of roses ◆ (souvent hum) **les temps sont durs** times are hard ◆ **il nous mène la vie dure** he makes our life difficult, he gives us a hard time → **coup**

d (sévère) personne, voix, regard hard, harsh, severe; traits, visage hard; loi, critique harsh, severe ◆ **être dur avec** ou **pour** ou **envers qn** to be tough ou harsh with sb, be hard on sb → **école**

e (insensible, cruel) personne, regard hard(-hearted) ◆ **c'est un cœur dur, il a le cœur dur** he's a hard-hearted man, he has a heart of stone

f (endurant) **être dur au mal** ou **à la douleur** to be tough, be stoical about pain ◆ **être dur à la peine** ou **à l'ouvrage** to be a tireless worker

2 adv (*) travailler, frapper hard ◆ **le soleil tape dur** the sun is beating down ◆ **croire à qch dur comme fer** to have a blind belief in sth ◆ **le vent souffle dur** the wind is blowing hard ou strongly

3 nm **a** (*) (résistant) tough one; (meneur, casseur) tough nut*, tough guy*, hard one; (gén Pol: intransigeant) hard-liner ◆ **un dur à cuire*** a hard nut to crack* ◆ **jouer les durs** to act the tough guy*, act tough

b construire en dur to build a permanent structure ◆ **une construction en dur** a permanent structure ◆ **court (de tennis) en dur** hard (tennis) court ◆ **c'est du dur*** it's solid ou tough stuff, it's sturdy

c [corde] tension ◆ (Alpinisme) **dur!** pull tight!

4 dure nf **a** (*) (résistante) tough one; (meneuse) hard one

b être élevé à la dure to be brought up the hard way ◆ **vivre à la dure** to live rough ◆ **coucher sur la dure** to sleep rough (surtout Brit), sleep on the ground

c (*) **en dire de dures à qn** to give sb a good telling-off* ou ticking-off* (Brit) ◆ (reproches) **en entendre de dures** to get a good telling-off* ou ticking-off* (Brit) ◆ **en faire voir de dures à qn** to give sb a hard ou tough time (of it)* ◆ **en voir de dures** to have a hard ou tough time (of it)*

durabilité [dyʀabilite] → SYN nf (gén) durability; [produit] life span

durable [dyʀabl] → SYN adj bonheur, monument, souvenir, lien lasting; étoffe durable, long-lasting

durablement [dyʀabləmɑ̃] adv s'installer on a long-term basis ◆ **bâtir durablement** to build something to last ◆ **bâti durablement** built to last

duraille* [dyʀaj] adj problème tough, hard; matelas, viande hard

duralumin ® [dyʀalymɛ̃] nm Duralumin ®

duramen [dyʀamɛn] nm duramen

durant [dyʀɑ̃] → SYN prép (gén: pendant) for; (au cours de) during, in the course of ◆ **il peut rêvasser durant des heures** ou **des heures durant** he can daydream for hours (on end) ◆ **2 heures durant** for (a full ou whole) 2 hours ◆ **des années durant** for years (and years) ◆ **sa vie durant** throughout his life, for as long as he lived (ou lives) ◆ **durant le spectacle** during the show ◆ **il a plu durant la nuit** it rained in (the course of) ou during the night

duratif, -ive [dyʀatif, iv] adj durative

Durban [dyʀban] n Durban

durcir [dyʀsiʀ] → SYN ▸conjug 2◂ **1** vt to harden ◆ **durcir ses positions** to take a tougher stand ◆ **durcir un mouvement de grève** to step up strike action

2 vi, **se durcir** vpr (gén) to harden; [mouvement de grève] to become more firmly entrenched

durcissement [dyʀsismɑ̃] → SYN nm hardening ◆ **durcissement des mouvements de grève** stepping up of strike action

durcisseur [dyʀsisœʀ] nm hardener

durée [dyʀe] → SYN nf **a** [spectacle, opération] duration, length; [bail] term; [prêt] period; [matériau, pile, ampoule] life; (Mus) [note] value, length, duration ◆ **la durée d'une mode dépend de ...** how long a fashion lasts depends on ... ◆ **je m'étonne de la durée de ce spectacle** I'm amazed at the length of this show ◆ **pour une durée illimitée** for an unlimited length of time, for an unlimited period ◆ **pendant une durée d'un mois** for (the period of) one month ◆ **pour la durée des négociations** while negotiations continue, for the duration of the negotiations ◆ **pendant la durée des réparations** for the duration of repairs, while repairs are being carried out ◆ **de courte durée** séjour short; bonheur, répit short-lived ◆ **de longue durée** effet long-lasting; pile long-life (épith), long-lasting ◆ **durée de vie utile** useful life → **disque**

b (permanence) continuance ◆ **il n'osait croire à la durée de cette prospérité** he did not dare to believe that this prosperity would last ou to believe in the continuance of this prosperity

c (Philos) duration

durement [dyʀmɑ̃] → SYN adv (→ **dur**) (péniblement) harshly; severely; (sévèrement) harshly, severely; (cruellement) hard-heartedly ◆ **durement éprouvé** sorely tried ◆ **élever qn durement** to bring sb up harshly ou the hard way

dure-mère, pl **dures-mères** [dyʀmɛʀ] nf dura mater

durer [dyʀe] → SYN ▸conjug 1◂ vi **a** to last ◆ **combien de temps cela dure-t-il?** how long does it last? ◆ **l'effet dure 2 minutes / mois** the effect lasts (for) 2 minutes / months ◆ **le festival dure (pendant) 2 semaines** the festival lasts (for) 2 weeks

b (se prolonger) [mode, maladie, tempête] to last ◆ **la fête a duré toute la nuit / jusqu'au matin** the party went on ou lasted all night / until morning ◆ **sa maladie dure depuis 2 mois** he has been ill for 2 months (now), his illness has lasted for 2 months (now) ◆ **ça fait 2 mois que ça dure** it has been going on ou it has lasted for 2 months (now) ◆ **ça n'a que trop duré!** it's gone on too long already! ◆ **ça va durer longtemps, cette plaisanterie?** how much longer is this joke going to go on? ou continue? ◆ **ça durera ce que ça durera** I don't know if it'll last, it might last and it might not ◆ **ça ne peut plus durer!** this can't go on (any longer)! ◆ **elle dure, leur conversation!** they've been talking for ages! ◆ **faire durer un travail** to spin out* (Brit) ou prolong a job ◆ (gén iro) **faire durer le plaisir** to prolong the agony ◆ (littér) **le temps me dure** time hangs heavy on me ou on my hands ◆ (littér) **l'inaction me dure** I am growing impatient at this inactivity → **pourvu**[2]

c (littér: subsister) [coutume] to linger on; (péj) [mourant] to hang on (péj), linger on

d (se conserver) [matériau, vêtement, outil] to last ◆ **faire durer des chaussures** to make shoes last ◆ **cette somme doit te durer un mois** the sum will have to last you a month

dureté [dyʀte] → SYN nf (→ **dur**) hardness; stiffness; toughness; harshness; severity ◆ **dureté (de cœur)** hard-heartedness

durian [dyʀjɑ̃, dyʀjan] nm (arbre) durian; (fruit) durian (fruit)

durillon [dyʀijɔ̃] → SYN nm (aux mains) callus, hard skin (NonC); (aux pieds) callus, corn

durit(e) ® [dyʀit] nf (Aut) (radiator) hose

DUT [deyte] nm (abrév de **diplôme universitaire de technologie**) → **diplôme**

duvet [dyvɛ] → SYN nm **a** [oiseau, fruit, joues] down

b (sac de couchage) (down-filled) sleeping bag

duveté, e [dyv(ə)te] → SYN adj downy

duveter (se) [dyv(ə)te] ▸conjug 5◂ vpr to become downy

duveteux, -euse [dyv(ə)tø, øz] adj downy

dyarchie [djaʀʃi] nf diarchy

dyke [dik, dajk] nm (Géol) dyke

dynamicien, -ienne [dinamisjɛ̃, jɛn] nm,f dynamic psychologist

dynamique [dinamik] → SYN **1** adj (Phys, gén) dynamic ◆ **jeune cadre dynamique** up-and-coming young executive

2 nf (Phys, Mus) dynamics (sg) ◆ **s'inscrire dans la dynamique en cours** to fit into the dynamic current ◆ (Sociol) **la dynamique de groupe** group dynamics

dynamiquement [dinamikmɑ̃] adv dynamically

dynamisant, e [dinamizɑ̃, ɑ̃t] adj personne, atmosphère etc motivating

dynamisation [dinamizasjɔ̃] nf energization

dynamiser [dinamize] → SYN ▸conjug 1◂ vt personnel to energize; affiche to animate; (Méd) médicament to potentiate (spéc)

dynamisme [dinamism] → SYN nm (Philos, gén) dynamism

dynamitage [dinamitaʒ] nm dynamiting

dynamite [dinamit] nf (lit, fig) dynamite

dynamiter [dinamite] ▸conjug 1◂ vt (lit) to dynamite, blow up with dynamite; (fig) certitudes, mythe to explode

dynamiteur, -euse [dinamitœʀ, øz] nm,f dynamiter

dynamo [dinamo] → SYN nf dynamo

dynamoélectrique [dinamoelɛktʀik] adj dynamoelectric

dynamogène [dinamɔʒɛn], **dynamogénique** [dinamɔʒenik] adj dynamogenic

dynamographe [dinamɔgʀaf] nm dynamograph

dynamomètre [dinamɔmɛtʀ] nm dynamometer

dynamométrique [dinamɔmetʀik] adj dynamometric → **clef**

dynastie [dinasti] → SYN nf dynasty

dynastique [dinastik] adj dynastic, dynastical

dyne [din] nf dyne

dysacousie [dizakuzi] nf dysacusis, dysacusia

dysarthrie [dizaʀtʀi] nf dysarthria

dysbarisme [disbaʀism] nm dysbarism

dyscalculie [diskalkyli] nf *difficulty in making simple calculations*

dyschromatopsie [diskʀɔmatɔpsi] nf dyschromatopsia

dyscrasie [diskʀazi] nf dyscrasia

dysenterie [disɑ̃tʀi] [→ SYN] nf dysentery

dysentérique [disɑ̃teʀik] adj dysenteric

dysfonctionnement [disfɔ̃ksjɔnmɑ̃] nm (Méd) dysfunction; [organisation, service] poor running (NonC) ◆ **il y a des dysfonctionnements dans la gestion du service** there are problems in the running of the department

dysgénique [disʒenik] adj dysgenic

dysgraphie [disgʀafi] nf dysgraphia

dysharmonie [disaʀmɔni] nf ⇒ **disharmonie**

dyshidrose, dysidrose [dizidʀoz] nf dyshidrosis

dyskinésie [diskinezi] nf dyskinesia

dyslexie [dislɛksi] nf dyslexia, word-blindness

dyslexique [dislɛksik] adj, nmf dyslexic

dyslogie [dislɔʒi] nf dyslogia

dysménorrhée [dismenɔʀe] nf dysmenorrhoea

dysmnésie [dismnezi] nf dysmnesia

dysmorphie [dismɔʀfi] nf deformity

dysorexie [dizɔʀɛksi] nf dysorexia

dysorthographie [dizɔʀtɔgʀafi] nf difficulty in spelling

dyspareunie [dispaʀøni] nf dyspareunia

dyspepsie [dispɛpsi] nf dyspepsia

dyspepsique [dispɛpsik], **dyspeptique** [dispɛptik] adj, nmf dyspeptic

dysphagie [disfaʒi] nf dysphagia

dysphasie [disfazi] nf dysphasia

dysphorie [disfɔʀi] nf dysphoria

dysplasie [displazi] nf dysplasia

dyspnée [dispne] nf dyspnoea (Brit), dyspnea (US)

dyspraxie [dispʀaksi] nf dyspraxia

dysprosium [dispʀozjɔm] nm dysprosium

dystasie [distɑzi] nf dystasia

dystocie [distɔsi] nf dystocia

dystonie [distɔni] nf dystonia

dystrophie [distʀɔfi] nf ◆ **dystrophie musculaire progressive** muscular dystrophy

dysurie [dizyʀi] nf dysuria

dytique [ditik] nm dytiscid

E

E¹, e [ə] nm (lettre) E, e ◆ **e dans l'o** o e ligature

E² (abrév de **Est**) E

EAO [əao] nm (abrév de **enseignement assisté par ordinateur**) CAI, CAL

eau, pl **eaux** [o] [→ SYN] **1** nf **a** (gén, Bijouterie, Méd) water; (pluie) rain ◆ **sans eau** alcool neat, straight ◆ **cuire à l'eau** to boil ◆ **se passer les mains à l'eau** to rinse one's hands, give one's hands a quick wash ◆ **passer qch sous l'eau** to give sth a quick rinse ◆ **diamant de la plus belle eau** diamond of the first water ◆ **escroc de la plus belle eau** thoroughgoing thief ◆ **la Compagnie** ou **le Service des Eaux** ≃ the Water Board ◆ [fleuve] **basses/hautes eaux** low/high water ◆ **les Eaux et Forêts** ≃ the Forestry Commission (Brit), ≃ the Forest Service (US) → **déminéraliser, ville** etc
b LOC **tout cela apporte de l'eau à son moulin** all that is grist to his mill ◆ (Méd) **aller aux eaux, prendre les eaux** to take the waters ◆ (Naut) **aller sur l'eau** (flotter) to be buoyant; (naviguer) to sail ◆ **aller à l'eau** to go for a dip* ◆ **j'en avais l'eau à la bouche** my mouth was watering, it made my mouth water ◆ (Naut) **être dans les eaux d'un navire** to be in the wake of a ship ◆ **être en eau** to be bathed in perspiration ou sweat ◆ (Naut, Rail) **faire de l'eau** to take on (a supply of) water ◆ **faire eau (de toutes parts)** to leak (like a sieve) ◆ (Naut) **mettre à l'eau** to launch ◆ **mise à l'eau** launch, launching ◆ **se mettre à l'eau** (nager) to get into the water; (être sobre) to go on the wagon*, keep off drink ◆ **mettre de l'eau dans son vin** (lit) to water down one's wine; (fig) to climb down ◆ (Méd) **elle a perdu les eaux** her waters have broken ◆ [chaussures] **prendre l'eau** to leak, let in water ◆ **il passera beaucoup d'eau sous les ponts** much water will have flowed under the bridge ◆ **dans ces eaux-là*** or thereabouts ◆ (Prov) **porter de l'eau à la rivière** to carry coals to Newcastle (Prov) ◆ (Prov) **l'eau va à la rivière** money makes money, to him that has shall more be given ◆ **s'en aller en eau de boudin*** to flop ◆ **notre projet est (tombé) à l'eau** our project fell through ◆ **il y a de l'eau dans le gaz*** things aren't running too smoothly ◆ (fig) **de la même eau** of the same ilk ◆ **ils sont comme l'eau et le feu** they're as different as chalk and cheese (Brit) ou as night and day ◆ **être** ou **naviguer dans les eaux de qn** to follow in sb's wake ◆ (fig) **nager** ou **naviguer en eaux troubles** to move in shady circles
2 COMP ▷ **eau bénite** holy water ▷ **eau blanche** lead acetate, sugar of lead ▷ **eau de Cologne** eau de Cologne ▷ **eau courante** running water ▷ **eau de cuisson** cooking water ▷ **eau douce** fresh water ▷ **eau écarlate**® (liquid) stain remover ▷ **eau d'érable** maple sap (Can) ▷ **eau de fleur d'oranger** orange flower water ▷ **eau gazeuse** sparkling (mineral) water ▷ **eaux grasses** swill, slops ▷ **eaux internationales** international waters ▷ **eau de javel** bleach ▷ **eau lourde** heavy water ▷ **eau de mélisse** melissa water ▷ **eaux ménagères** waste (household) water ▷ **eau de mer** sea water ▷ **eaux mères** mother liquids ▷ **eau minérale** mineral water ▷ **eaux minérales** minerals (Brit), mineral waters (US) ▷ **eau oxygénée** hydrogen peroxide ▷ **eau de parfum** eau de parfum ▷ **eau plate** plain ou still water ▷ **eau de pluie** rainwater ▷ **eau potable** drinking water ▷ **eaux résiduaires** waste water ▷ **eau du robinet** tap water ▷ **eau de rose** rose water ◆ **roman/histoire à l'eau de rose** mawkish ou sentimental ou soppy* ou schmaltzy* novel/story ▷ **eau rougie** wine and water ▷ **eaux de ruissellement** run-off water ▷ **eau salée** salt water ▷ **eau savonneuse** soapy water ▷ **eau de Seltz** soda (water), seltzer water (US) ▷ **eau de source** spring water ▷ **eau sucrée** sugar water ▷ **eaux territoriales** territorial waters ◆ **dans les eaux territoriales françaises** in French waters ▷ **eaux thermales** thermal springs ou waters ▷ **eau de toilette** toilet water, eau de toilette ▷ **eaux usées** waste water ▷ **eau de vaisselle** dishwater, washing-up (Brit) water

EAU [əay] nmpl (abrév de **Émirats arabes unis**) UAE

eau-de-vie, pl **eaux-de-vie** [od(ə)vi] nf ◆ **eau-de-vie de prune/poire** plum/pear brandy ◆ **cerises à l'eau-de-vie** cherries in brandy

eau-forte, pl **eaux-fortes** [ofɔʀt] nf (Art) etching; (Chim) aqua fortis

eaux-vannes [ovan] nfpl effluent (NonC)

ébahi, e [ebai] [→ SYN] (ptp de **ébahir**) adj dumbfounded, flabbergasted, astounded

ébahir [ebaiʀ] [→ SYN] ▸ conjug 2 ◂ vt to dumbfound, flabbergast, astound ◆ **s'ébahir** to gawp (Brit), wonder (*de voir* at seeing)

ébahissement [ebaismɑ̃] [→ SYN] nm astonishment, amazement

ébarber [ebaʀbe] ▸ conjug 1 ◂ vt papier, poisson to trim; métal to (de)burr, trim; plante to clip, trim

ébarbeur [ebaʀbœʀ] nm, **ébarbeuse** [ebaʀbøz] nf [plantes] clipping ou trimming machine

ébarboir [ebaʀbwaʀ] nm trimming machine

ébarbure [ebaʀbyʀ] nf trimming, clipping

ébats [eba] nmpl frolics, gambols ◆ **ébats amoureux** lovemaking ◆ **prendre ses ébats** ⇒ **s'ébattre**

ébattre (s') [ebatʀ] [→ SYN] ▸ conjug 41 ◂ vpr [animaux] to frolic, frisk, gambol (about); [enfants] to play ou romp about, frolic

ébaubi, e [ebobi] [→ SYN] (ptp de **s'ébaubir**) adj (†, hum) bowled over, flabbergasted (*de* at) ◆ **être tout ébaubi** to be agog (*devant* at)

ébaubir (s') [ebobiʀ] ▸ conjug 2 ◂ vpr (†, hum) to gawp (Brit), wonder (*de voir* at seeing)

ébauche [eboʃ] [→ SYN] nf **a** (action: → **ébaucher**) sketching out, roughing out; rough-hewing; starting up; opening up
b (résultat) [livre] skeleton, outline; [statue] rough shape; [projet] (rough) outline ◆ **l'ébauche d'une amitié** the beginnings of a friendship ◆ **l'ébauche de relations futures** the first steps towards future relationships ◆ **une ébauche de sourire** the ghost ou flicker ou glimmer of a smile ◆ **l'ébauche d'un geste** the hint of a gesture ◆ **ce n'est que la première ébauche** this is just a rough draft ◆ **c'est encore à l'état d'ébauche** it's still in the early stages

ébaucher [eboʃe] [→ SYN] ▸ conjug 1 ◂ **1** vt livre, plan, tableau to sketch ou rough out; statue to rough out; poutre to rough-hew; pierre to rough-hew, boast; diamant to begin to cut; amitié, conversation to start up; relations to open up ◆ **ébaucher un sourire** to give a faint smile, give a flicker ou glimmer ou ghost of a smile ◆ **ébaucher un geste** to give a hint of a movement, start to make a movement
2 **s'ébaucher** vpr [plan] to form, take shape ou form; [livre] to take shape ou form; [amitié] to form; [conversation] to start up; [relations] to open up ◆ **une solution s'ébauche lentement** a solution is gradually evolving ou taking shape ◆ **une idée à peine ébauchée** the bare bones ou the mere outline of an idea

ébaucheur [eboʃœʀ] nm [pierres] rough-hewer, rougher

ébauchoir [eboʃwaʀ] nm [pierres] boasting chisel

ébaudir [ebodiʀ] [→ SYN] (†, hum) **1** vt to gladen **2** vpr to rejoice (*de, à* over, at)

ébavurer [ebavyʀe] ▸ conjug 1 ◂ vt to (de)burr, trim

ébène [ebɛn] nf ebony ◆ **cheveux/table d'ébène** ebony hair/table → **bois**

ébénier [ebenje] nm ebony (tree) → **faux²**

ébéniste [ebenist] [→ SYN] nm cabinetmaker

ébénisterie [ebenist(ə)ʀi] [→ SYN] nf (métier) cabinetmaking; (façon, meuble) cabinetwork

éberlué, e [ebɛʀlɥe] → SYN (ptp de **éberluer**) adj astounded, flabbergasted, dumbfounded

éberluer [ebɛʀlɥe] → SYN ▸ conjug 1 ◂ vt (gén ptp) to astound, flabbergast, dumbfound

ébiseler [ebizle] ▸ conjug 4 ◂ vt (gén) to bevel; (à 45°) to chamfer

éblouir [ebluiʀ] → SYN ▸ conjug 2 ◂ vt (lit, fig) to dazzle, bedazzle

éblouissant, e [ebluisɑ̃, ɑ̃t] → SYN adj (lit, fig) dazzling ◆ **éblouissant de talent/de beauté** dazzlingly talented/beautiful

éblouissement [ebluismɑ̃] → SYN nm **a** [lampe] dazzle
b (émerveillement) bedazzlement; (spectacle) dazzling sight
c (Méd: étourdissement) **avoir un éblouissement** to take ou have a dizzy turn

ébonite [ebɔnit] nf vulcanite, ebonite

éborgner [ebɔʀɲe] ▸ conjug 1 ◂ vt **a** **éborgner qn** to blind sb in one eye, put ou poke sb's eye out ◆ **j'ai failli m'éborgner contre la cheminée*** I nearly put ou poked my eye out on the corner of the mantelpiece
b (Agr) to disbud

éboueur [ebwœʀ] nm dustman (Brit), dustbinman (Brit), garbage man ou collector (US), sanitation man (US), refuse collector (Brit Admin)

ébouillanter [ebujɑ̃te] → SYN ▸ conjug 1 ◂ **1** vt (gén) to scald; légumes to scald, blanch; théière to warm
2 **s'ébouillanter** vpr to scald o.s.

éboulement [ebulmɑ̃] → SYN nm **a** (action: → **s'ébouler**) crumbling; collapsing; falling in, caving in; fall ◆ **éboulement de rochers** rock fall ◆ **éboulement de terre** fall of earth, landslide, landslip
b (amas) heap ou mass of rocks (ou earth etc)

ébouler [ebule] → SYN ▸ conjug 1 ◂ **1** vt (aussi: **faire ébouler**) to cause to collapse ou crumble, bring down
2 vi, **s'ébouler** vpr [pente, falaise] (progressivement) to crumble; (soudainement) to collapse; [mur, toit] to fall in, cave in, crumble; [sable] to fall; [terre] to fall, slip, slide

éboulis [ebuli] → SYN nm mass of fallen rocks (ou earth etc) ◆ **pente couverte d'éboulis** scree-covered slope

ébourgeonner [ebuʀʒɔne] ▸ conjug 1 ◂ vt to disbud

ébouriffant, e* [ebuʀifɑ̃, ɑ̃t] → SYN adj vitesse, prix hair-raising

ébouriffé, e [ebuʀife] → SYN (ptp de **ébouriffer**) adj ◆ **il était tout ébouriffé** his hair was all tousled ou ruffled

ébouriffer [ebuʀife] ▸ conjug 1 ◂ vt **a** cheveux to tousle, ruffle, dishevel; plumes, poil to ruffle
b (*: surprendre) to amaze, astound

ébouter [ebute] ▸ conjug 1 ◂ vt haricots to top and tail

ébranchage [ebʀɑ̃ʃaʒ], **ébranchement** [ebʀɑ̃ʃmɑ̃] nm pruning, lopping

ébrancher [ebʀɑ̃ʃe] → SYN ▸ conjug 1 ◂ vt to prune, lop

ébranchoir [ebʀɑ̃ʃwaʀ] nm billhook

ébranlement [ebʀɑ̃lmɑ̃] → SYN nm (→ **ébranler**) shaking; weakening; disturbance, unhinging ◆ **l'ébranlement provoqué par cette nouvelle** the shock caused by this news

ébranler [ebʀɑ̃le] → SYN ▸ conjug 1 ◂ **1** vt vitres to shake, rattle; mur, sol (faire trembler) to shake; (affaiblir) to weaken, make unsound; nerfs to shake; santé to weaken; esprit to disturb, unhinge; résolution, confiance, gouvernement to shake, weaken ◆ **ça a fortement ébranlé ses nerfs/sa santé** it has shattered his nerves/health ◆ **le monde entier a été ébranlé par cette nouvelle** the whole world was shaken ou shattered by the news ◆ **ces paroles l'ont ébranlé** these words shook him ◆ **se laisser ébranler par des prières** to allow o.s. to be swayed by pleas
2 **s'ébranler** vpr [véhicule, cortège] to move off, set off

ébrasement [ebʀazmɑ̃] → SYN nm (action) splaying; (biais) splay

ébraser [ebʀaze] ▸ conjug 1 ◂ vt to splay

ébrécher [ebʀeʃe] → SYN ▸ conjug 6 ◂ vt assiette to chip; lame to nick; fortune [personne] to break into; [achat] make a hole ou dent in

ébréchure [ebʀeʃyʀ] nf [assiette] chip; [lame] nick

ébriété [ebʀijete] → SYN nf (frm) intoxication → **état**

ébrouement [ebʀumɑ̃] → SYN nm [cheval] snort

ébrouer (s') [ebʀue] → SYN ▸ conjug 1 ◂ vpr **a** (souffler) [cheval] to snort
b (se secouer) [personne, chien] to shake o.s.

ébruitement [ebʀɥitmɑ̃] → SYN nm (→ **ébruiter**) spreading; disclosing; divulging

ébruiter [ebʀɥite] → SYN ▸ conjug 1 ◂ vt nouvelle, rumeur to disclose, spread (about); secret to divulge, disclose ◆ **pour que rien ne s'ébruite** so that nothing leaks out

ébulliomètre [ebyljɔmɛtʀ] nm ebulliometer

ébulliométrie [ebyljɔmetʀi] nf ebulliometry

ébullioscope [ebyljɔskɔp] nm ebullioscope

ébullioscopie [ebyljɔskɔpi] nf ebullioscopy

ébullition [ebylisjɔ̃] → SYN nf [eau] boiling; (fig: agitation) turmoil, ferment ◆ **porter à (l') ébullition** to bring to the boil ◆ **au moment de/avant l'ébullition** as/before boiling point is reached, as/before it begins to boil ◆ **être en ébullition** [liquide] to be boiling; [ville, maison] to be in turmoil, be in an uproar, be in a state of ferment; [pays] to be seething with unrest; [personne] (par la surexcitation) to be bubbling over, be simmering with excitement; (par la colère) to be seething ou simmering with anger → **point**[1]

éburnéen, -enne [ebyʀneɛ̃, ɛn] adj (littér) ivory-like (épith)

écaillage [ekajaʒ] nm (→ **écailler**[1]) scaling; opening; chipping; flaking, peeling

écaille [ekaj] → SYN nf [poisson, reptile] scale; [tortue, huître] shell; [oignon] layer, scale; [bourgeon, cône de pin] scale; [peinture sèche] flake ◆ **lunettes (à monture) d'écaille** horn-rimmed spectacles ◆ **peigne en écaille** tortoiseshell comb ◆ **meuble en écaille** piece of furniture in tortoiseshell ◆ (frm) **les écailles lui sont tombées des yeux** the scales fell from his eyes ◆ **chat écaille** tortoiseshell (cat)

écaillé, e [ekaje] (ptp de **écailler**[1]) adj peinture, surface chipped, flaking

écailler[1] [ekaje] ▸ conjug 1 ◂ **1** vt poisson to scale; huîtres to open; peinture etc to chip
2 **s'écailler** vpr [peinture] to flake (off), peel (off), chip; [vernis à ongles] to chip, peel (off)

écailler[2]**, -ère** [ekaje, ɛʀ] nm,f oyster seller

écailleur [ekajœʀ] nm [poisson] scaler

écailleux, -euse [ekajø, øz] → SYN adj poisson, peau scaly; peinture, ardoise flaky, flaking

écaillure [ekajyʀ] nf (morceau de peinture) chip, flake; (surface écaillée) chipped ou flaking patch

écale [ekal] nf [noix] husk

écaler [ekale] → SYN ▸ conjug 1 ◂ vt noix to husk; œuf dur to peel, shell

écalure [ekalyʀ] nf husk

écang [ekɑ̃] nm scutch(er)

écanguer [ekɑ̃ge] ▸ conjug 1 ◂ vt to scutch

écarlate [ekaʀlat] → SYN adj, nf scarlet ◆ (fig: de honte) **devenir écarlate** to turn scarlet ou crimson (*de* with)

écarquiller [ekaʀkije] → SYN ▸ conjug 1 ◂ vt ◆ **écarquiller les yeux** to stare wide-eyed (*devant* at)

écart [ekaʀ] → SYN **1** nm **a** [objets] distance, space, gap; [dates] interval, gap; [chiffres, températures] difference; [opinions, points de vue] difference, divergence; [explications] discrepancy, disparity (*entre* between) ◆ **écart par rapport à la règle** deviation ou departure from the rule ◆ **il y a un écart important de prix entre** there's a big difference in price between ◆ (lit, fig) **réduire l'écart entre** to narrow ou close the gap between ◆ (Sport) **réduire l'écart à la marque** to narrow ou close the gap between the scores
b **faire un écart** [cheval apeuré] to shy; [voiture folle] to swerve; [personne surprise] to jump out of the way, leap aside ◆ **faire un écart de régime** to allow o.s. a break ou lapse in one's diet ◆ (Danse) **faire le grand écart** to do the splits
c **à l'écart: être à l'écart** [hameau] to be out-of-the-way ou remote ou isolated ◆ **tirer qn à l'écart pour lui dire qch** to take sb aside ou on one side to say sth to him ◆ **mettre** ou **tenir qn à l'écart** (fig: empêcher de participer) to keep sb in the background, keep sb out of things; (lit: empêcher d'approcher) to keep ou hold sb back ◆ **se tenir** ou **rester à l'écart** (s'isoler) to hold o.s. aloof, stand apart, keep (o.s.) to o.s.; (ne pas approcher) to stay in the background, keep out of the way; (fig: ne pas participer) to stay on the sidelines, keep out of things
d **à l'écart de: la maison est à l'écart de la route** the house is (well) off the road ou is off the beaten track ◆ **tenir qn à l'écart d'un lieu** to keep sb (well) away from a place ◆ **tenir qn à l'écart d'une affaire** to keep sb out of a deal ◆ **se tenir** ou **rester à l'écart des autres** to keep out of the way of ou well away from other people, hold (o.s.) aloof from others ◆ **se tenir** ou **rester à l'écart d'une affaire/de la politique** to steer clear of ou keep out of an affair/out of politics
e (Cartes) discard
f (Admin: hameau) hamlet
2 COMP ▷ **écart de conduite** misdemeanour, misbehaviour (NonC) ▷ **écart d'inflation** inflation differential ▷ **écart de jeunesse** youthful misdemeanour ▷ **écart de langage** strong ou bad language (NonC) ▷ **écart type** standard deviation

écarté, e [ekaʀte] → SYN (ptp de **écarter**) **1** adj lieu, hameau remote, isolated, out-of-the-way; yeux set far apart ◆ **chemin écarté** lonely road ◆ **avoir les dents écartées** to have gappy teeth, have gaps between one's teeth ◆ **il se tenait debout, les jambes écartées/les bras écartés** he stood with his legs ou feet apart/with his arms outspread ou with outspread arms
2 nm (Cartes) écarté

écartelé, e [ekaʀtəle] (ptp de **écarteler**) adj écu quartered

écartèlement [ekaʀtɛlmɑ̃] nm (supplice) quartering; (fig: déchirement) agonizing struggle

écarteler [ekaʀtəle] → SYN ▸ conjug 5 ◂ vt (Hist: supplicier) to quarter; (fig: tirailler) to tear apart ◆ **écartelé entre ses obligations familiales et professionnelles** torn between family and professional obligations

écartelure [ekaʀtəlyʀ] nf (Hér) quartering

écartement [ekaʀtəmɑ̃] → SYN nm space, distance, gap (*de, entre* between) ◆ (Rail) **écartement (des rails)** gauge ◆ (Aut) **écartement des essieux** wheelbase

écarter [ekaʀte] → SYN ▸ conjug 1 ◂ **1** vt **a** (séparer) objets to move apart, move away from each other, separate; bras, jambes to open, spread; doigts to spread (open), part; rideaux to draw (back) ◆ **il écarta la foule pour passer** he pushed his way through the crowd, he cut a path through the crowd
b (exclure) objection, solution to dismiss, set ou brush aside; idée to dismiss, rule out; candidature to dismiss, turn down; personne (d'une liste) to remove, strike off; (d'une équipe) to remove, exclude (*de* from)
c (éloigner) meuble to move away, push away ou back; foule, personne to push back (*de* from), push aside ◆ (fig: brouiller) **elle essaie d'écarter son mari de ses parents** she tries to cut her husband off from ou estrange her husband from his parents ◆ **écarter qn de la tentation** to keep sb (away) from temptation ◆ **tout danger est maintenant écarté** there is no further risk of danger ◆ **ce chemin nous écarte du village** this road takes ou leads us away from the village ◆ **ça nous écarte de notre propos** this is taking ou leading us off the subject ou away from the issue ◆ **ça l'écarte de l'étude** it distracts him from his studies
d (Cartes) to discard
2 **s'écarter** vpr **a** (se séparer) to draw aside, part ◆ **la foule s'écarta pour le laisser passer** the crowd drew aside ou parted to let him through ◆ **les nuages s'écartèrent, découvrant**

le soleil the clouds parted and the sun shone through

b (s'éloigner) to withdraw, move away, step back (*de* from) ◆ **le mur s'écarte dangereusement de la verticale** the wall is dangerously out of plumb ◆ **la foule s'écarta du lieu de l'accident** the crowd moved away from the scene of the accident ◆ **écartez-vous!** (move) out of the way! ◆ **s'écarter de sa route** to stray ou wander from one's path ◆ **avec ce chemin nous nous écartons** this path is taking us out of our way ◆ **les deux routes s'écartent l'une de l'autre** the two roads diverge ◆ (fig) **s'écarter du droit chemin** to wander from the straight and narrow ◆ **s'écarter de la norme** to deviate ou depart from the norm ◆ **s'écarter d'un sujet** to stray ou wander from a subject ◆ **nous nous écartons!** we are getting away from the point!

écarteur [ekaʀtœʀ] nm (Méd) retractor

ecballium [ɛkbaljɔm] nm squirting cucumber

Ecce homo [ɛkseomo] nm inv Ecce Homo

eccéité [ɛkseite] nf (Philos) Dasein, there-being

ecchymose [ekimoz] → SYN nf bruise, ecchymosis (spéc)

ecchymotique [ekimɔtik] adj ecchymotic

ecclésial, e mpl **-iaux** [eklezjal, jo] adj church (épith)

Ecclésiaste [eklezjast] nm ◆ **(le livre de) l'Ecclésiaste** (the Book of) Ecclesiastes

ecclésiastique [eklezjastik] → SYN **1** adj vie, charge ecclesiastical; revenus church (épith) → **habit**

2 nm ecclesiastic, clergyman

ecdysone [ɛkdizɔn] nf ecdysone

écervelé, e [esɛʀvəle] → SYN **1** adj (étourdi) scatterbrained, hare-brained, birdbrained (US)

2 nm,f scatterbrain, hare-brain, birdbrain (US)

ECG [əseʒe] nm (abrév de **encéphalocardiogramme**) ECG

échafaud [eʃafo] → SYN nm **a** scaffold ◆ **monter à l'échafaud** to mount the scaffold ◆ (lit) **finir sur l'échafaud** to die on the scaffold ◆ (fig) **il finira sur l'échafaud** he'll come to a sorry end ◆ **il risque l'échafaud** he's risking his neck

b (†† : estrade) platform, stand

échafaudage [eʃafodaʒ] → SYN nm **a** (Constr) scaffolding (NonC) ◆ **ils ont mis un échafaudage** they have put up some scaffolding

b (empilement) [objets] heap, pile; [idées] frail structure

c (élaboration) [fortune] building up, amassing; [théorie] building up, construction

échafauder [eʃafode] → SYN ▸ conjug 1 ◂ **1** vt **a** fortune to build (up), amass; projets to construct, build; théorie to construct ◆ **il a échafaudé toute une histoire pour ne pas venir** he made up ou fabricated a whole story to avoid coming

b (empiler) to pile up, stack up

2 vi (Tech) to put up ou erect scaffolding

échalas [eʃalɑ] → SYN nm (perche) stake, pole; (*: personne) spindleshanks* (Brit), beanpole*

échalasser [eʃalɑse] ▸ conjug 1 ◂ vt (Agr) to stake, pole

échalier [eʃalje] → SYN nm (échelle) stile; (clôture) gate

échalote [eʃalɔt] nf shallot

échancré, e [eʃɑ̃kʀe] → SYN (ptp de **échancrer**) adj côte indented, jagged; feuille serrated, jagged ◆ **robe très échancrée sur le devant** dress with a plunging neckline ◆ **robe échancrée dans le dos** dress with a low neckline at the back

échancrer [eʃɑ̃kʀe] → SYN ▸ conjug 1 ◂ vt robe (devant) to cut (out) a V-neckline ou round neckline in; (dans le dos) to cut (out) a low neckline at the back of; manche to widen the top of, widen at the top; côte to indent

échancrure [eʃɑ̃kʀyʀ] → SYN nf [robe] (ronde) round neckline; (en V) V-neckline; [côte] indentation; [feuille] serration

échange [eʃɑ̃ʒ] → SYN GRAMMAIRE ACTIVE 17.1 nm **a** (gén, Échecs, Sci, Sport) exchange; (troc) swap, trade off (*entre* between) ◆ (Écon) **le volume des échanges** the volume of trade ◆ **échanges culturels** cultural exchanges ◆ **échange de vues** exchange of views ◆ **échanges de coups avec la police** scuffles with the police ◆ **de vifs échanges entre les orateurs** heated exchanges between the speakers ◆ **échange de bons procédés** exchange of friendly services ◆ **échanges commerciaux** trade, trading ◆ (Aut) **faire l'échange standard d'un moteur** to replace an engine by a factory reconditioned one

b **en échange** (par contre) on the other hand; (en guise de troc) in exchange; (pour compenser) to make up for it ◆ **en échange de** in exchange for, in return for

c **faire (l') échange de qch** to swap ou exchange sth ◆ **on a fait échange** we've done a swap ou an exchange ◆ **ils ont fait (l') échange de leur appartement** they've changed flats with each other, they've swapped flats ◆ (Échecs) **faire échange** to exchange pieces

d (Tennis) rally

échangeabilité [eʃɑ̃ʒabilite] nf exchangeability

échangeable [eʃɑ̃ʒabl] adj exchangeable

échanger [eʃɑ̃ʒe] → SYN ▸ conjug 3 ◂ vt **a** (troquer) to exchange, swap (*contre* for, *avec* with) ◆ (Comm) **articles ni repris ni échangés** goods can neither be returned nor exchanged ◆ (fig) **échanger son cheval borgne contre un aveugle** to make a bad bargain

b idées, regards, lettres, coups to exchange; injures to bandy ◆ **ils ont échangé des remerciements** they thanked one another

échangeur [eʃɑ̃ʒœʀ] → SYN nm **a** (Aut: route) interchange

b (Tech) **échangeur (de chaleur)** heat exchanger

c (Chim) **échangeur d'ions** ion exchanger

échangisme [eʃɑ̃ʒism] nm (gén) partner-swapping; (d'épouses) wife-swapping

échangiste [eʃɑ̃ʒist] **1** adj partner-swapping, swinging (US)

2 nmf (partenaire) partner-swapper

échanson [eʃɑ̃sɔ̃] → SYN nm (Hist) cupbearer; (hum) wine waiter

échantillon [eʃɑ̃tijɔ̃] → SYN nm (lit) sample; (fig) example, sample

échantillonnage [eʃɑ̃tijɔnaʒ] → SYN nm (action) sampling; (collection) range ou selection of samples ◆ **un échantillonnage d'outils / de tissus** a selection of tools / fabrics ◆ **échantillonnage par couches** ou **par strates** stratified sampling

échantillonner [eʃɑ̃tijɔne] ▸ conjug 1 ◂ vt to sample

échantillonneur [eʃɑ̃tijɔnœʀ] nm sampler

échappatoire [eʃapatwaʀ] → SYN nf (faux-fuyant) evasion, way out, let-out

échappé, e [eʃape] (ptp de **échapper**) **1** nm,f **a** (Sport) breakaway ◆ **les échappés** the breakaway group

b (†† ou hum) **échappé de l'asile** bedlamite††

2 **échappée** nf **a** (Sport) breakaway ◆ **faire une échappée de 100 km** to be ahead of the pack for 100 km

b (vue) vista; (rayon de soleil) gleam ◆ **une échappée sur la plaine entre deux montagnes** a vista ou glimpse of the plain between two mountains

c [escalier] headroom

échappement [eʃapmɑ̃] → SYN nm **a** (Aut) exhaust (system) ◆ **échappement libre** cut-out ◆ **soupape d'échappement** exhaust valve ◆ **tuyau d'échappement** exhaust pipe, tail-pipe → **pot**

b (Horlogerie, Tech) escapement

échapper [eʃape] → SYN ▸ conjug 1 ◂ **1** vi **a** **échapper à** danger, destin, punition to escape; poursuivants (en fuyant) to escape (from), get away from; (par ruse) to evade, elude; obligations, responsabilités to evade; corvée to get out of; ennuis to avoid ◆ **échapper aux recherches** to escape detection ◆ **échapper à la mort** to escape death ◆ (Écon) **échapper à l'impôt** (par privilège) to be exempt from taxation; (illégalement) to evade ou dodge* income tax, avoid paying income tax ◆ **échapper à la règle** to be an exception to the rule ◆ **cela échappe à toute tentative de définition** it baffles ou eludes all definition ◆ **il échappe à tout contrôle** he is beyond (any) control ◆ (Jur) **cela échappe à notre juridiction** it is outside ou beyond our jurisdiction ◆ **tu ne m'échapperas pas!** (lit) you won't get away from me!; (fig) you won't get off as easily as that!, I'll get you yet! ◆ (fig) **son fils lui échappe** (gén) her son is slipping from her clutches; (en grandissant) her son is growing away from her ◆ (hum) **nous n'échapperons pas à une tasse de thé** we won't get away without having (to have) a cup of tea ◆ **essaie d'échapper pour quelques jours à ton travail** try and escape ou get away from work for a few days ◆ **échapper à la vue** ou **aux regards de qn** to escape sb's notice

b **échapper à l'esprit de qn** to escape ou elude sb ◆ **son nom m'échappe** his name escapes me ou has slipped my mind ◆ **ce détail m'avait échappé** this detail had escaped me, I had overlooked this detail ◆ **ce détail ne lui a pas échappé** this detail was not lost on him ◆ **ce qu'il a dit m'a échappé** (je n'ai pas entendu) I did not catch what he said; (je n'ai pas compris) I did not understand ou get* ou grasp what he said ◆ **ça a échappé à mon attention** it escaped my notice ◆ **l'opportunité d'une telle mesure m'échappe** I can't see ou I fail to see the point ou the use of such a measure ◆ **rien ne lui échappe** (il voit tout) nothing escapes him, he doesn't miss a thing

c **échapper des mains de qn** to slip out of ou slip from sb's hands ◆ **échapper des lèvres de qn** [cri, parole] to burst from sb's lips ◆ **un cri de douleur lui échappa** he let out ou gave a cry of pain ◆ **un gros mot lui a échappé** he let slip ou let out a swearword ◆ **je ne voulais pas le dire mais ça m'a échappé** I didn't mean to say it but it just slipped out

d **il l'a échappé belle** he had a narrow escape, that was a close shave (for him)

e **laisser échapper** gros mot to let out, let slip; cri to let out, utter; objet to let slip, drop; secret to let drop, let out; occasion to let slip, let go; détail, faute to overlook ◆ **laisser échapper un prisonnier** to let a prisoner escape ou get away

f **faire échapper un prisonnier** to help a prisoner (to) escape ou get out

2 **s'échapper** vpr **a** [prisonnier] to escape (*de* from), break out (*de* of); [cheval] to escape (*de* from), get out (*de* of); [oiseau] to fly away; [cri] to escape, burst (*de* from) ◆ **la voiture réussit à s'échapper malgré la foule** the car got away in spite of the crowd ◆ (fig) **je m'échappe un instant pour préparer le dîner** I'll slip away for a moment ou I must leave you for a moment to get dinner ready ◆ (fig) **j'ai pu m'échapper du bureau de bonne heure** I managed to get away ou slip out early from the office ◆ (Sport) **le coureur s'échappe dans la côte** the runner draws ahead ou pulls away on the uphill stretch

b [gaz] to escape, leak; [odeur, lumière etc] to come, issue (littér) (*de* from) ◆ **la fumée s'échappe de la cheminée** smoke is coming from ou out of the chimney ◆ **l'eau s'est échappée de la casserole** the water boiled over in the pan ◆ **des flammes s'échappaient du toit** flames were darting ou coming out of the roof

écharde [eʃaʀd] nf splinter ou sliver (of wood)

échardonner [eʃaʀdɔne] ▸ conjug 1 ◂ vt to clear the thistles from

écharner [eʃaʀne] ▸ conjug 1 ◂ vt to flesh

écharpe [eʃaʀp] → SYN nf [femme] scarf; [maire] sash; (bandage) sling; (pièce de menuiserie) diagonal tie ◆ **porter** ou **avoir le bras en écharpe** to have one's arm in a sling ◆ **prendre en écharpe** voiture to hit broadside ou sideways on (Brit)

écharper [eʃaʀpe] → SYN ▸ conjug 1 ◂ vt (lit, fig) to tear to pieces ◆ **se faire écharper** to be torn to pieces

échasse [eʃas] nf (objet, oiseau) stilt ◆ (hum) **être monté sur des échasses** to be long in the leg, have long legs

échassier [eʃasje] → SYN nm wader (Brit), wading bird, shore bird

échauder [eʃode] → SYN ▸ conjug 1 ◂ vt a (fig: faire réfléchir) **échauder qn** to teach sb a lesson ◆ **se faire échauder** to burn one's fingers, get one's fingers burnt → **chat**
b (laver à l'eau chaude) to wash in hot water; (ébouillanter) to scald ◆ **échauder la théière** to warm the teapot

échaudoir [eʃodwaʀ] nm (cuve) scalding tub; (local) scalding room

échauffant, e [eʃofɑ̃, ɑ̃t] adj (†: constipant) constipating

échauffement [eʃofmɑ̃] → SYN nm a (Sport) warm-up ◆ **exercices / séance d'échauffement** warm-up exercises / session
b [terre] heating; [moteur] overheating
c (Méd †) (constipation) constipation; (inflammation) inflammation; [sang] overheating

échauffer [eʃofe] → SYN ▸ conjug 1 ◂ 1 vt a moteur, machine to overheat, make hot; (Sport) coureur to make hot ◆ **il était échauffé par la course, la course l'avait échauffé** [coureur, cheval] he was hot after the race
b imagination to fire, excite ◆ **cette intervention a échauffé le débat** the discussion became fiercer ou more heated after this speech ◆ **après une heure de discussion les esprits étaient très échauffés** after arguing for an hour people were getting very heated ou worked up* ◆ **tu commences à m'échauffer*** (**les oreilles** ou **la bile**†) you're getting my goat*, you're putting me in a temper
c (Méd †) **échauffer le sang** to overheat the blood ◆ **échauffer la peau** to inflame the skin ◆ **je suis un peu échauffé** I'm a bit constipated
2 **s'échauffer** vpr a (Sport) to warm up
b (s'animer) [personne] to become heated, get worked up*; [conversation] to heat up

échauffourée [eʃofuʀe] → SYN nf (avec la police) brawl, clash; (Mil) skirmish

échauguette [eʃogɛt] → SYN nf bartizan, watchtower

èche [ɛʃ] → SYN nf (Pêche) bait

échéance [eʃeɑ̃s] → SYN nf a (date limite) [délai] expiry (Brit) ou expiration (US) date; [bon, action] maturity date; [traite, emprunt] redemption date; [loyer] date of payment; [facture, dette] settlement date; (Bourse) settling day ◆ (fig) **échéances politiques** elections ◆ (fig) **l'échéance fatale** the day of reckoning, the fatal date ◆ (Jur, Fin, Comm) **payable à l'échéance** payable when due ◆ **venir à échéance** to fall due
b (règlements à effectuer) **l'échéance de fin de mois** the end-of-month payments ◆ **faire face à ses échéances** to meet one's financial obligations ou commitments ◆ **avoir de lourdes échéances** to be heavily committed, have heavy financial commitments
c (laps de temps) term ◆ **à longue / courte échéance** traite long- / short-term (épith); bon long- / short-dated ◆ (fig) **à longue échéance** in the long run ◆ (fig) **à courte** ou **brève échéance** before long

échéancier [eʃeɑ̃sje] nm [effets] billbook; [emprunt] schedule of repayments; [travaux] schedule

échéant, e [eʃeɑ̃, ɑ̃t] adj → **cas**

échec[1] [eʃɛk] → SYN nm a (insuccès) failure; (défaite) defeat; (revers) setback ◆ **subir un échec** (gén) to fail, suffer a setback; (Mil) to suffer a defeat ou setback ◆ **son troisième échec dans une élection** his third defeat in an election ◆ **l'échec des pourparlers** the breakdown in ou the failure of the talks ◆ **après l'échec des négociations** after negotiations broke down ◆ **sa tentative s'est soldée par un échec** his attempt has failed ou has ended in failure ◆ **voué à l'échec** bound to fail, doomed to failure ◆ **l'échec scolaire** academic failure ◆ (Psych) **avoir une conduite d'échec** to have a defeatist attitude
b LOC **tenir qn en échec** to hold sb in check ◆ **faire échec à qn** to foil ou frustrate ou thwart sb ou sb's plans

échec[2] [eʃɛk] nm ◆ (Jeux) **les échecs** chess ◆ **jeu d'échecs** (échiquier) chessboard; (pièces) chessmen ◆ **jouer aux échecs** to play chess ◆ **mettre / être en échec** to put / be in check ◆ **faire échec au roi** to check the king ◆ **échec au roi!** check! ◆ **échec et mat** checkmate ◆ **faire échec et mat** to checkmate

échelette [eʃ(ə)lɛt] nf (Zool) wall creeper

échelier [eʃəlje] nm pole-ladder

échelle [eʃɛl] → SYN 1 nf a (objet) ladder ◆ (fig) **faire grimper** ou **monter qn à l'échelle** to have sb on*, pull sb's leg* ◆ **il a grimpé à** ou **est monté à l'échelle*** he fell for it, he was taken in (by it) ◆ (fig) **il n'y a plus qu'à tirer l'échelle** we may as well give it up, there's no point trying to take it further → **court**[1]
b (dimension) scale ◆ **carte à grande échelle** large-scale map ◆ **croquis à l'échelle** scale drawing ◆ (fig) **sur une grande échelle** on a large scale ◆ **à l'échelle nationale / mondiale** on a national / world scale ◆ **un monde à l'échelle de l'homme** a world fitted to man ◆ **à l'échelle de la firme** (et non d'une seule usine) at the level of the firm as a whole; (en rapport avec son importance) in proportion to the firm's size (ou requirements etc)
c [bas, collant] ladder (Brit), run
d (dans les cheveux) **faire des échelles à qn** to cut sb's hair all unevenly
e (gradation, Mus) scale; (fig: hiérarchie) ladder, scale ◆ **être au sommet de l'échelle** (poste) to be at the top of the ladder; (salaire) to be at the top of the scale
2 COMP ▷ **les échelles de Barbarie** the Ports of the Barbary Coast ▷ **échelle de Beaufort** Beaufort scale ▷ **échelle de corde** rope ladder ▷ **échelle des couleurs** range of colours ▷ **échelle coulissante** extending ou extension ladder ▷ **échelle de coupée** accommodation ladder ▷ **échelle double** high stepladder ▷ **échelle d'incendie** fire escape ▷ **l'échelle de Jacob** (Bible) Jacob's ladder ▷ **les échelles du Levant** the Ports of the Levant ▷ **échelle de meunier** (wooden) stepladder ▷ **échelle mobile** [pompier] extending ladder; (Écon) sliding scale ▷ **échelle de Richter** Richter scale ▷ **échelle des salaires** salary scale ▷ **échelle à saumons** salmon ladder ▷ **échelle sociale** social scale ou ladder ▷ **échelle des traitements** ⇒ **échelle des salaires** ▷ **échelle des valeurs** scale of values → **grand** 5

échelon [eʃ(ə)lɔ̃] → SYN nm a [échelle] rung; [hiérarchie] step, grade ◆ (Admin) **fonctionnaire au 8e échelon** official on grade 8 (of the salary scale) ◆ (Admin) **être au dernier / premier échelon** to be on the highest ou top grade / on the lowest ou bottom grade ◆ **monter d'un échelon dans la hiérarchie** to go up one step ou grade ou rung in the hierarchy ◆ **grimper rapidement les échelons** to get ahead fast, get quick promotion
b (Admin: niveau) level ◆ **à l'échelon national / du régiment** at the national / at regimental level ◆ (lit, fig) **à tous les échelons** at every level
c (Mil: troupe) echelon

échelonnement [eʃ(ə)lɔnmɑ̃] → SYN nm (→ **échelonner**) spacing out, spreading out; spreading; staggering; grading; gradual introduction; disposing in echelons

échelonner [eʃ(ə)lɔne] → SYN ▸ conjug 1 ◂ vt a objets to space out, spread out, place at intervals (*sur* over) ◆ **les bouées sont échelonnées à 50 mètres l'une de l'autre** the buoys are spaced ou placed 50 metres apart ◆ **les membres du service d'ordre sont échelonnés tout au long du parcours** the police are positioned ou stationed at intervals all along the route ◆ **les bâtiments s'échelonnent sur 3 km** the buildings stretch over a distance of 3 km ou are spaced out over 3 km
b paiements to spread (out) (*sur* over); congés, vacances to stagger (*sur* over)
c exercices, difficultés (dans la complexité) to grade; (dans le temps) to introduce gradually
d (Mil) to place in echelon, echelon

échenilloir [eʃ(ə)nijwaʀ] nm billhook, pruning hook

écheveau, pl **écheveaux** [eʃ(ə)vo] → SYN nm skein, hank; (fig) tangle, web

échevelé, e [eʃəv(ə)le] → SYN (ptp de **écheveler**) adj personne tousled, dishevelled; course, danse, rythme wild, frenzied

écheveler [eʃəv(ə)le] ▸ conjug 4 ◂ vt (littér) personne to ruffle ou tousle ou dishevel the hair of

échevin [eʃ(ə)vɛ̃] → SYN nm (Hist) alderman, principal county magistrate; (Belg) deputy burgomaster; (Can) municipal councillor, alderman

échevinage [eʃ(ə)vinaʒ] nm (Hist) aldermanry, aldermanship; (Belg) body of deputy burgomasters; (Can) municipal councillorship, aldermanry, aldermanship

échevinat [eʃ(ə)vina] nm (Belg) (fonction) office of a deputy burgomaster; (services) deputy burgomaster's offices

échidné [ekidne] nm spiny anteater, echidna (spéc)

échiffer* [eʃife] ▸ conjug 1 ◂ vt (Can) to tease, unravel

échine [eʃin] → SYN nf a backbone, spine; (Culin) loin, chine ◆ (fig) **il a l'échine souple** he kowtows to his superiors, he's a bit of a doormat ◆ **plier** ou **courber l'échine** to submit (*devant* to)
b (Archit) echinus

échiner (s') [eʃine] ▸ conjug 1 ◂ vpr (fig) to work o.s. to death ou into the ground, nearly kill o.s. (*à faire qch* doing sth) ◆ **s'échiner à répéter / écrire qch** to wear o.s. out repeating / writing sth

échinocactus [ekinokaktys] nm hedgehog cactus

échinococcose [ekinɔkɔkoz] nf echinococciasis

échinocoque [ekinɔkɔk] nm echinococcus

échinodermes [ekinɔdɛʀm] nmpl ◆ **les échinodermes** echinoderms, the Echinodermata (spéc)

échiquéen, -enne [eʃikeɛ̃, ɛn] adj chess (épith)

échiqueté, e [eʃikte] adj (Hér) checky

échiquier [eʃikje] → SYN nm (Échecs) chessboard ◆ (fig) **l'échiquier politique / économique** the political / economic scene ◆ **notre place sur l'échiquier mondial** our place in the field ou on the scene of world affairs ◆ **en échiquier** in a chequered pattern ◆ (Brit Pol) **l'Échiquier** the Exchequer

écho [eko] → SYN nm a (lit) echo ◆ **écho simple** echo ◆ **écho multiple** reverberations ◆ **il y a de l'écho** there is an echo
b (fig) (rumeur) rumour, echo; (témoignage) account, report; (réponse) response ◆ **avez-vous eu des échos de la réunion?** did you get any inkling of what went on at the meeting?, did anything come back to you from the meeting? ◆ **se faire l'écho de** souhaits, opinions, inquiétudes to echo, repeat; rumeurs to repeat, spread ◆ **sa proposition est restée sans écho** his suggestion wasn't taken up, nothing further came of his suggestion ◆ **l'écho donné par les médias à cette nouvelle** the coverage ou publicity given to this news item by the media ◆ **cette nouvelle n'a eu aucun écho dans la presse** this item got no coverage ou was not mentioned in the press ◆ **« toujours », répondit-il en écho** "always" he echoed
c (Presse: nouvelle) miscellaneous news item, item of gossip ◆ (**rubrique des**) **échos** gossip column, news (items) in general

échocardiogramme [ekokaʀdjɔgʀam] nm echocardiogram

échographie [ekogʀafi] nf (technique) ultrasound; (examen) ultrasound scan, echography ◆ **passer une échographie** to have an ultrasound (scan) ou an echography

échographier [ekogʀafje] ▸ conjug 7 ◂ vt ◆ **échographier qn** to give sb a scan

échographique [ekogʀafik] adj ultrasonographic

échographiste [ekogʀafist] nmf ultrasonographer

échoir [eʃwaʀ] → SYN vi a (littér) **échoir (en partage) à qn** to fall to sb's share ou lot ◆ **il vous échoit de faire** it falls to you to do
b [loyer, dettes] to fall due; [délai] to expire

écholalie [ekolali] nf echolalia

écholocation [ekolɔkasjɔ̃] nf echolocation

échoppe[1] [eʃɔp] → SYN nf (burin) burin

échoppe[2]†† [eʃɔp] → SYN nf (boutique) workshop; (sur un marché) stall, booth

échopper [eʃɔpe] ▸ conjug 1 ◂ vt to grave, gouge

échotier, ière [ekɔtje, jɛʀ] nm,f gossip columnist

échouage [eʃwaʒ], **échouement** [eʃumɑ̃] nm (Naut) (état) state of being aground; (action) grounding, running aground

échouer [eʃwe] → SYN ▸ conjug 1 ◂ 1 vi a [personne] to fail ◆ **échouer à un examen / dans une tentative** to fail an exam / in an attempt
b [tentative, plan] to fail, miscarry, fall through
c **faire échouer** complot to foil; projet to wreck, ruin ◆ **faire échouer les plans de l'ennemi** to foil the enemy's plans, frustrate ou thwart the enemy in his plans ◆ **on a fait échouer leur tentative d'enlèvement du directeur** they were foiled in their attempt to kidnap the manager
d (aboutir) to end up ◆ **nous avons finalement échoué dans un petit hôtel** we finally landed up ou ended up in a small hotel
e (Naut: aussi **s'échouer**) [bateau] to run aground; [débris d'épave] to be washed up ◆ **le bateau s'est échoué** ou **a échoué sur un écueil** the boat ran onto a reef ◆ **le bateau s'est échoué** ou **a échoué sur un banc de sable** the boat ran aground on ou ran onto a sandbank ◆ **bateau échoué** (dans un port de marée) boat lying high and dry; (dans la vase) boat sunk in the mud
2 vt (Naut) (accidentellement) to ground; (volontairement) to beach ◆ **il a échoué sa barque sur un écueil** he ran his boat onto a reef
3 **s'échouer** vpr → 1e

échu, e [eʃy] (ptp de **échoir**) adj (Fin) due, outstanding ◆ **intérêts échus** outstanding interest ◆ **billets échus** bills overdue ◆ **obligations échues** matured bonds

écimer [esime] ▸ conjug 1 ◂ vt arbre to pollard, poll

éclaboussement [eklabusmɑ̃] nm splash

éclabousser [eklabuse] → SYN ▸ conjug 1 ◂ vt to splash, spatter ◆ **éclabousser de sang** to spatter ou splash with blood ◆ **ils ont été éclaboussés par le scandale** their good name has been smeared ou sullied ou tarnished by the scandal ◆ **éclabousser qn de son luxe** (éblouir) to dazzle sb with a show of wealth, show off one's wealth to sb; (humilier) to overwhelm sb with a show of wealth

éclaboussure [eklabusyʀ] → SYN nf [boue] splash; [sang] spatter; (fig: sur la réputation) stain, smear, blot ◆ **il y a des éclaboussures sur la glace** there are smears ou spots on the mirror

éclair [eklɛʀ] → SYN 1 nm a (Mét) flash of lightning; (Phot) flash ◆ **il y a des éclairs dans le lointain** it's lightning ou there's lightning in the distance ◆ **éclairs de chaleur** summer lightning ◆ **éclair de magnésium** magnesium flash
b **éclair d'intelligence / de génie** flash ou spark of intelligence / of genius ◆ **éclair de malice** mischievous glint ◆ **ses yeux lançaient des éclairs (de colère)** her eyes blazed with anger
c LOC **passer comme un éclair** [coureur] to dart ou flash past ou by; [moment] to fly ou flash past ou by ◆ **comme un éclair** like a flash, like greased lightning* ◆ **en un éclair** in a flash, in a split second → **rapide**
d (Culin) éclair
2 adj inv attaque, visite, (Échecs) partie lightning (épith) ◆ **voyage éclair** flying visit ◆ **raid éclair** (Aviat) blitz raid; (Mil) hit-and-run raid → **fermeture, guerre**

éclairage [eklɛʀaʒ] → SYN nm (intérieur) lighting; (luminosité extérieure) light (level); (fig) light ◆ **éclairage à l'électricité** electric lighting ◆ **éclairage au néon** neon lighting ◆ **éclairage direct / indirect / d'ambiance** direct / indirect ou concealed / subdued lighting ◆ (lit, fig) **sous cet éclairage** in this light ◆ (fig) **changement d'éclairage** shift of emphasis ◆ (fig) **donner un nouvel éclairage à qch** to shed ou cast new light on sth

éclairagisme [eklɛʀaʒism] nm lighting techniques ou engineering

éclairagiste [eklɛʀaʒist] nm (Théât) electrician; (Ciné) lighting engineer

éclairant, e [eklɛʀɑ̃, ɑ̃t] adj (fig) illuminating, enlightening; (lit) pouvoir, propriétés lighting (épith) → **fusée**

éclaircie [eklɛʀsi] → SYN nf a (Mét) bright interval, sunny spell ◆ **une éclaircie dans les nuages** a break in the clouds
b [vie] bright spot ou interval, ray of sunshine; [situation] upturn, upswing ◆ **une vie monotone et sans éclaircie** a life of cheerless monotony ◆ **ce fut une éclaircie dans sa vie** it was a ray of sunshine in his life
c [arbres] thinning

éclaircir [eklɛʀsiʀ] → SYN ▸ conjug 2 ◂ 1 vt a teinte to lighten; pièce to brighten up, make brighter ◆ **éclaircir le teint** to improve one's complexion
b (désépaissir) soupe to make thinner, thin (down); plantes to thin (out); arbres, cheveux to thin
c mystère to clear up, solve, explain; question, pensée, situation to clarify, make clear; (†) doutes to dispel; meurtre to solve ◆ **pouvez-vous nous éclaircir sur ce point?** can you enlighten us on this point?
2 **s'éclaircir** vpr a [ciel] to clear; [temps] to clear up ◆ **s'éclaircir la voix** ou **la gorge** to clear one's throat
b [arbres, foule] to thin out; [cheveux] to thin, get ou grow thin ou thinner ◆ **les rangs de leurs alliés se sont éclaircis** their allies are becoming thin on the ground
c [idées, situation] to grow ou become clearer; [mystère] to be solved ou explained; (†) [doutes] to vanish

éclaircissant, e [eklɛʀsisɑ̃, ɑ̃t] adj ◆ **shampoing éclaircissant** shampoo for lightening the hair

éclaircissement [eklɛʀsismɑ̃] → SYN nm a [mystère] solution, clearing up; [texte obscur] clarification; (explication) explanation ◆ **j'exige des éclaircissements sur votre attitude** I demand some explanation of your attitude ◆ (Jur) **demande d'éclaircissement** request for clarification
b [cheveux] **se faire faire un éclaircissement** to have one's hair lightened

éclairé, e [ekleʀe] → SYN (ptp de **éclairer**) adj minorité, avis enlightened

éclairement [eklɛʀmɑ̃] nm (Phys) illumination

éclairer [ekleʀe] → SYN ▸ conjug 1 ◂ 1 vt a [lampe] to light (up); [soleil] to shine (down) on ◆ **une seule fenêtre était éclairée** there was a light in only one window, only one window was lit up ◆ **café éclairé au néon** café with neon lights ◆ **une grande baie éclairait l'entrée** a large bay window gave light to the hall ◆ **ce papier peint éclaire le couloir** this wallpaper makes the passage look lighter ou brighter ◆ (littér) **deux grands yeux éclairaient son visage** her large eyes seemed to light up her face ◆ **un sourire éclaira son visage** his face lit up in a smile ◆ **bien / mal éclairé** well- / badly-lit
b problème, situation to throw ou shed light on, clarify, explain; auteur, texte to throw light on ◆ **éclairer qch d'un jour nouveau** to shed ou cast new light on sth
c **éclairer qn** (lit: montrer le chemin) to light the way for sb; (fig: renseigner) to enlighten sb (*sur* about) ◆ **éclairer la lanterne de qn** to put sb in the picture*
d (Mil) **éclairer le terrain** to reconnoitre the area, scout out the ground ◆ **éclairer un régiment** to reconnoitre for a regiment ◆ **éclairer la route** (Mil) to scout out the route; (Aut) to show the way, go on ahead
2 vi ◆ **éclairer bien / mal** to give a good / poor light
3 **s'éclairer** vpr a [rue] to be lit; (fig) [visage] to light up, brighten (up)
b [situation] to get clearer; [question] to be cleared up ou clarified ◆ **tout s'éclaire!** everything's becoming clear ou plain!, the light is beginning to dawn!*
c **s'éclairer à l'électricité** to have electric light ◆ **il a fallu s'éclairer à la bougie** we had to use candlelight ◆ **prends une lampe pour t'éclairer** take a lamp to light the way

éclaireur [eklɛʀœʀ] nm a (Mil) scout ◆ **avion éclaireur** reconnaissance plane ◆ (lit, fig) **partir en éclaireur** to go off and scout around
b (Scoutisme) (boy) scout

éclaireuse [eklɛʀøz] nf (girl) guide (Brit), girl scout (US)

éclampsie [eklɑ̃psi] nf eclampsia

éclamptique [eklɑ̃ptik] adj eclamptic

éclat [ekla] → SYN nm a [os, verre] splinter, fragment; [bois] splinter, sliver; [grenade, pierre] fragment ◆ **un éclat d'obus** a piece of shrapnel ◆ **des éclats d'obus** shrapnel → **voler**[1]
b [lumière, métal, soleil] brightness, brilliance; (aveuglant) glare; [diamant, pierreries] flash, brilliance, sparkle; [couleur] brightness, vividness; [braise] glow; [vernis] shine, gloss; [satin, bronze] sheen; [perle] lustre ◆ (Aut) **l'éclat des phares** the glare of the headlights ◆ (Théât) **l'éclat (des lumières) de la rampe** the blaze ou glare of the footlights
c [yeux] brightness, sparkle; [teint, beauté] radiance ◆ **dans tout l'éclat de sa jeunesse** in the full radiance ou bloom of her youth ◆ **perdre son éclat** to lose one's sparkle ◆ **pour retrouver l'éclat de votre sourire** to put the sparkle back in your smile
d [gloire, cérémonie] glamour, splendour; [nom] fame; [richesse, époque] brilliance, glamour; [personnage] glamour ◆ **donner de l'éclat à qch** to lend glamour to sth ◆ **réception donnée avec éclat** sumptuous ou dazzling reception ◆ **ça s'est déroulé sans éclat** it passed off quietly ou without fuss ◆ personnalité, interprétation **sans éclat** lacklustre ◆ (exploit) **coup** ou **action d'éclat** (glorious) feat → aussi e
e (scandale) fuss (NonC), commotion (NonC) ◆ **faire un éclat** ou **un coup d'éclat** to make ou cause a fuss, create a commotion
f **éclats de voix** shouts ◆ **sans éclat de voix** without voices being raised ◆ **avec un soudain éclat de colère** in a sudden blaze of anger ◆ **éclat de rire** roar ou burst of laughter ◆ **on l'accueillit avec des éclats de rire** his arrival was greeted with roars ou shouts of laughter ou with a burst of laughter ◆ **comme un éclat de tonnerre**† like a peal of thunder, like a thunderclap

éclatant, e [eklatɑ̃, ɑ̃t] → SYN adj a lumière bright, brilliant; (aveuglant) glaring; couleur bright, vivid; feu, soleil blazing; blancheur dazzling
b teint blooming, radiant; beauté radiant, dazzling; sourire sparkling, dazzling ◆ **éclatant de santé** radiant with health
c succès dazzling, resounding; revanche shattering, devastating; victoire resounding; gloire shining; vérité manifest, self-evident; exemple striking, shining; mensonge blatant, flagrant, glaring ◆ **il a des dons éclatants** he is brilliantly gifted
d rire, bruit loud; voix loud, ringing; musique blaring (péj), loud

éclaté, e [eklate] 1 adj initiatives, marché fragmented; paysage politique confused, fragmented
2 nm exploded view

éclatement [eklatmɑ̃] → SYN nm [bombe, mine] explosion; [obus] bursting, explosion; [pneu, ballon] bursting; [veine] rupture (*de* of); [parti] break-up, split (*de* in) ◆ **à cause de l'éclatement d'un pneu** as a result of a burst tyre ◆ **l'éclatement d'une bombe / d'un obus le couvrit de terre** an exploding bomb / shell covered him with earth

éclater [eklate] → SYN ▸ conjug 1 ◂ 1 vi a [mine, bombe] to explode, blow up; [obus] to burst, explode; [veine] to rupture; [bourgeon] to burst open; [pneu, chaudière] to burst; [verre] to splinter, shatter; [parti, ville, services, structures familiales] to break up ◆ **j'ai cru que ma tête allait éclater** I thought my head would burst
b [incendie, épidémie, guerre] to break out; [orage, scandale, nouvelle] to break ◆ **la nouvelle a éclaté comme un coup de tonnerre** the news came like a thunderbolt ou like a bolt from the blue, the news burst like a bombshell

c (retentir) **des cris ont éclaté** shouts were raised ◆ **une détonation éclata** there was the blast of an explosion ◆ **une fanfare éclata** there was a sudden flourish of trumpets, trumpet notes rang out ◆ **un coup de fusil a éclaté** there was the crack of a rifle ◆ **un coup de tonnerre éclata** there was a sudden peal of thunder ◆ **des rires / des applaudissements ont éclaté** there was a roar of laughter / a burst of applause, laughter / applause broke out

d (se manifester) [vérité, bonne foi] to shine out, shine forth (littér) ; [mauvaise foi] to be blatant ◆ **sa joie** ou **la joie éclate dans ses yeux / sur son visage** joy shines in his eyes / on his face, his eyes are / face is shining with joy

e **éclater de rire** to burst out laughing ◆ **il éclata (de rage)** he exploded (with rage) ◆ **éclater en menaces** ou **en reproches** to inveigh (*contre* against), rail (*contre* at, against) ◆ **éclater en sanglots** to burst into tears ◆ **éclater en applaudissements** to break ou burst into applause ◆ **nous avons éclaté en protestations devant sa décision** we broke out in angry protest at his decision

f **faire éclater** mine to detonate, blow up ; bombe, obus to explode ; poudrière to blow up ; pétard to let ou set off ; ballon to burst ; tuyau to burst, crack ; verre to shatter, splinter ◆ **cette remarque l'a fait éclater (de colère)** he blew up* at this remark ◆ **faire** ou **laisser éclater sa joie** to give free rein to one's joy ◆ **faire** ou **laisser éclater sa colère** to give vent ou give free rein to one's anger

2 **s'éclater**‡ vpr (se défouler) to have a ball‡ ◆ **s'éclater à faire** ou **en faisant qch** to get one's kicks* out of doing sth

éclateur [eklatœʀ] nm (Élec) spark gap

éclectique [eklɛktik] → SYN adj eclectic

éclectisme [eklɛktism] → SYN nm eclecticism

éclimètre [eklimɛtʀ] nm clinometer

éclipse [eklips] → SYN nf (Astron, fig) eclipse ◆ **éclipse partielle / totale** partial / total eclipse ◆ **carrière à éclipses** career with ups and downs ◆ **personnalité à éclipses** public figure who comes and goes, figure who is in and out of the public eye

éclipser [eklipse] → SYN ▸ conjug 1 ◂ 1 vt (Astron) to eclipse ; [événement, gloire] to eclipse, overshadow ; [personne] to eclipse, overshadow, outshine

2 **s'éclipser*** vpr [personne] to slip away, slip out

écliptique [ekliptik] adj, nm ecliptic

éclisse [eklis] nf (Méd) splint ; (Rail) fishplate ; [violon] rib ; (à fromage) wicker tray

éclisser [eklise] ▸ conjug 1 ◂ vt (Méd) to splint, put in splints ; (Rail) to join with fishplates

éclopé, e [eklɔpe] → SYN 1 adj personne limping, lame ; cheval lame

2 nm,f (hum) (dans une bagarre) (slightly) wounded person ; (dans un accident) (slightly) injured person

éclore [eklɔʀ] → SYN ▸ conjug 45 ◂ vi a [œuf] to hatch, be hatched ; [poussin] to hatch (out) ; (littér) [fleur] to open out ; [amour, talent, jour] to be born, dawn ◆ (littér) **fleur à peine éclose / fraîche éclose** budding / fresh-blown flower

b **faire éclore** œuf to hatch ; (littér) sentiment to kindle ; qualités to draw forth

écloserie [eklozʀi] nf hatchery

éclosion [eklozjɔ̃] → SYN nf (→ **éclore**) hatching ; opening ; birth, dawn

écluse [eklyz] → SYN nf (Naut) lock ◆ **porte d'écluse** lock gate ◆ (fig) **lâcher** ou **ouvrir les écluses*** to turn on the waterworks*

éclusée [eklyze] nf sluicing water

écluser [eklyze] → SYN ▸ conjug 1 ◂ vt a (‡ : boire) to down*, knock back‡ ◆ **qu'est-ce qu'il a éclusé !** what a hell of a lot he knocked back !‡

b (Tech) canal to lock, sluice ; bateau to lock

éclusier, -ière [eklyzje, jɛʀ] nm,f lock keeper

écobuer [ekɔbɥe] ▸ conjug 1 ◂ vt to burnbeat

écocide [ekosid] nm ecocide

écodéveloppement [ekodevlɔpmɑ̃] nm ecodevelopment

écœurant, e [ekœʀɑ̃, ɑ̃t] → SYN adj conduite disgusting, sickening ; personne disgusting, loathsome ; gâteau, boisson sickly (sweet) ; goût sickly, cloying ; (péj : excessif) richesse obscene ; talent, succès sickening ◆ **elle a une chance écœurante** she is so lucky it would make you sick ou it makes you sick ou it's sickening ◆ **écœurant de banalité** painfully trivial

écœurement [ekœʀmɑ̃] → SYN nm (dégoût) (lit) nausea ; (fig) disgust ; (lassitude) disillusionment, discouragement ◆ **manger / boire jusqu'à écœurement** to eat / drink o.s. sick ◆ **manger de la crème jusqu'à écœurement** to eat cream until one is sick

écœurer [ekœʀe] → SYN ▸ conjug 1 ◂ vt ◆ **écœurer qn** [gâteau, boisson] to make sb feel sick ; [conduite, personne] to disgust sb, nauseate sb, make sb sick ; [avantage, chance] to make sb sick, sicken sb ; [échec, déception] to discourage sb, sicken sb

écoinçon [ekwɛ̃sɔ̃] nm (Constr) quoin ◆ **meuble en écoinçon** corner unit

écolage [ekɔlaʒ] nm (Helv) (school) fees (Brit), tuition (US)

école [ekɔl] → SYN 1 nf a (établissement, secte) school ◆ **avion- / navire-école** training plane / ship ◆ **ferme-école** teaching farm ◆ **l'école reprend dans une semaine** school starts again in a week's time ◆ **aller à l'école** (en tant qu'élève) to go to school ; (en tant que visiteur) to go to the school ◆ **querelle d'écoles** petty quarrel between factions ◆ **son œuvre est une école de courage / de vertu** his work is an excellent schooling in courage / virtue ◆ (Littérat) **"L'École des femmes"** "The School for Wives"

b (enseignement) schooling ◆ **l'école gratuite** free education ◆ **l'école en France** the French school system ◆ **les partisans de l'école laïque** the supporters of non-denominational state education ◆ **elle fait l'école depuis 15 ans** she's been teaching for 15 years

c LOC **être à bonne école** to be in good hands ◆ **il a été à dure** ou **rude école** he learned about life the hard way ◆ **à l'école de qn** under sb's guidance ◆ **apprendre la vie à l'école de la pauvreté** to be schooled by poverty ◆ **faire l'école buissonnière** to play truant (Brit), play hooky (US) ◆ **faire école** [personne] to collect a following ; [théorie] to gain widespread acceptance

2 COMP ▷ **école de l'air** flying school ▷ **école d'application** (Mil) officers' training school ▷ **école des Beaux-Arts** ≃ art college ▷ **école de conduite** driving school ▷ **école confessionnelle** sectarian ou denominational school ▷ **école de danse** (gén) dancing school ; (classique) ballet school ▷ **école de dessin** art school ▷ **école d'escalade** (Alpinisme) practice cliff, crag ▷ **école élémentaire** elementary school ▷ **école hôtelière** catering school, hotel management school ▷ **école libre** ⇒ **école confessionnelle** ▷ **école maternelle** nursery school ▷ **école militaire** military academy ▷ **École nationale d'administration** *college for senior civil servants* ▷ **École nationale supérieure de chimie** *national college of chemical engineering* ▷ **École nationale supérieure d'ingénieurs** *national college of engineering* ▷ **école de neige** ski school ▷ **École normale** ≃ teachers' training college ▷ **École normale supérieure** *grande école for training of teachers* ▷ **école de pensée** school of thought ▷ **école de police** police academy ▷ **École polytechnique** École polytechnique ▷ **école primaire** primary ou elementary school, grade school (US) ▷ **école de secrétariat** secretarial college ▷ **École supérieure des sciences économiques et sociales** *grande école for management and business students* → **grand, haut, mixte** etc

écolier [ekɔlje] → SYN nm schoolboy ; (††) scholar†† ; (fig : novice) novice ◆ **papier (format) écolier** exercise (book) paper → **chemin**

écolière [ekɔljɛʀ] nf schoolgirl

écolo* [ekolo] 1 adj green (épith), environmentalist

2 nmf Green, environmentalist

écologie [ekɔlɔʒi] → SYN nf ecology

écologique [ekɔlɔʒik] → SYN adj ecological ◆ **mouvement écologique** ecomovement

écologisme [ekɔlɔʒism] nm environmentalism

écologiste [ekɔlɔʒist] 1 adj environmentalist, green (épith)

2 nmf ecologist, environmentalist

écomusée [ekomyze] nm museum of man and the environment *(pedagogically orientated)*

éconduire [ekɔ̃dɥiʀ] → SYN ▸ conjug 38 ◂ vt visiteur to dismiss ; soupirant to reject ; solliciteur to put off

éconocroques‡ [ekɔnɔkʀɔk] nfpl savings

économat [ekɔnɔma] → SYN nm (fonction) bursarship, stewardship ; (bureau) bursar's office, steward's office ; (magasin) staff cooperative ou store

économe [ekɔnɔm] → SYN 1 adj thrifty ◆ **être économe de son temps / ses efforts** etc to be sparing of one's time / efforts etc

2 nmf bursar, steward

3 nm ◆ **(couteau) économe** paring knife

économètre [ekɔnɔmɛtʀ] nmf, **économétricien, -ienne** [ekɔnɔmetʀisjɛ̃, jɛn] nm,f econometrician

économétricien, ienne [ekɔnɔmetʀisjɛ̃, jɛn] nm,f econometrician

économétrie [ekɔnɔmetʀi] nf econometrics (sg)

économétrique [ekɔnɔmetʀik] adj econometric

économie [ekɔnɔmi] → SYN nf a (science) economics (sg) ; (Pol : système) economy ◆ **économie politique** political economy ◆ **économie de troc** barter economy ◆ **économie dirigée** state-controlled ou centrally-planned economy ◆ **économie monétaire** cash economy ◆ **économie de marché** free market ou free enterprise economy ◆ **économie souterraine** underground economy ◆ (Scol) **économie domestique** home economics

b (NonC : épargne) economy, thrift ◆ **par économie** for the sake of economy ◆ **ménagère qui a le sens de l'économie** careful ou thrifty housewife

c (gain) saving ◆ **faire une économie de temps / d'argent** to save time / money ◆ **représenter une économie de temps** to represent a saving in time ◆ **procédé permettant une économie de temps / de main-d'œuvre** time-saving / labour-saving process ◆ **elle fait l'économie d'un repas par jour** she goes ou does without one meal a day ◆ **j'ai fait l'économie d'une visite** I've saved myself a visit ◆ **avec une grande économie de moyens** with very restricted ou limited means

d (gains) **économies** savings ◆ **avoir des économies** to have (some) savings, have some money saved up ◆ **faire des économies** to save up, save money, put money by ◆ **faire des économies de chauffage** to economize on heating ◆ **les économies d'énergie sont nécessaires** energy conservation is essential ◆ **réaliser d'importantes économies d'énergie** to make significant energy savings ou make significant savings on one's fuel ou heating bills ◆ **il n'y a pas de petites économies** take care of the pennies and the pounds will take care of themselves, every little (bit) helps ◆ (fig péj) **faire des économies de bouts de chandelle** to make footling (Brit) ou cheeseparing economies

e [livre] arrangement ; [projet] organization

économique [ekɔnɔmik] → SYN adj (Écon) economic ; (bon marché) economical ; (Aut) fuel-efficient ◆ [machine à laver] **cycle économique** economy cycle ◆ (Aviat) **classe économique** economy class

économiquement [ekɔnɔmikmɑ̃] adv economically ◆ (Admin) **les économiquement faibles** the lower-income groups

économiser [ekɔnɔmize] → SYN ▸ conjug 1 ◂ vt électricité to economize on, save on ; énergie to conserve, save ; temps to save ; argent to save up, put aside ◆ **économiser ses forces** to save one's strength ◆ **économiser sur le chauffage** to economize on ou cut down on heating ◆ **économise ta salive** ou **tes paroles** don't waste your breath

économiseur [ekɔnɔmizœʀ] nm ◆ (Aut) **économiseur (de carburant)** fuel-saving device

économisme [ekɔnɔmism] nm economism

économiste [ekɔnɔmist] nmf economist

écope [ekɔp] nf (Naut) bale(r)

écoper [ekɔpe] → SYN ▸ conjug 1 ◂ vti a (Naut) to bale (out)
b (fig) **écoper (d') une punition*** to cop it‡ (Brit), catch it* ◆ **écoper de 3 ans de prison*** to get a 3-year gaol sentence, get sentenced to 3 years ◆ **c'est moi qui ai écopé** it was me ou I was the one who got it in the neck‡ ou who took the rap* ◆ **il a écopé pour les autres** he took the rap for the others*

écoperche [ekɔpɛʀʃ] nf (perche) scaffold pole ou standard; (avec poulie) derrick

écorce [ekɔʀs] → SYN nf [arbre] bark; [orange] peel, skin ◆ (Géol) **l'écorce terrestre** the earth's crust ◆ (Can) **canot d'écorce** bark canoe

écorcer [ekɔʀse] ▸ conjug 3 ◂ vt fruit to peel; arbre to bark, strip the bark from

écorceur, -euse [ekɔʀsœʀ, øz] 1 nm,f (personne) barker
2 **écorceuse** nf (machine) barker

écorché [ekɔʀʃe] → SYN nm (Anat) écorché; (Tech) cut-away (diagram) ◆ (fig) **c'est un écorché vif** he's a tormented soul

écorchement [ekɔʀʃəmɑ̃] nm [animal] skinning

écorcher [ekɔʀʃe] → SYN ▸ conjug 1 ◂ vt a (dépecer) animal to skin; criminel to flay ◆ **écorché vif** flayed alive
b (égratigner) peau, visage to scratch, graze; genoux to graze, scrape ◆ **il s'est écorché les mollets** he grazed ou barked his shins
c (par frottement) to chafe, rub; cheval to gall
d (fig) mot, nom to mispronounce ◆ **il écorche l'allemand** he speaks broken German
e (fig: ruiner) **écorcher le client** to fleece* one's customers ◆ **vous m'écorchez!** you're bleeding me white! ◆ **se faire écorcher** to get fleeced*
f **écorcher les oreilles de qn** [bruit] to grate on sb's ears; [personne] to hurt sb's ears

écorcheur, -euse [ekɔʀʃœʀ, øz] nm,f [animal] skinner; (* fig: escroc) swindler

écorchure [ekɔʀʃyʀ] → SYN nf (→ **écorcher**) scratch; graze; scrape

écorner [ekɔʀne] → SYN ▸ conjug 1 ◂ vt meuble to chip the corner of; livre to turn down the corner of; (fig) fortune to make a hole in ◆ **laisser une fortune bien écornée** to leave a greatly depleted fortune ◆ **vieux livre tout écorné** old dog-eared book

écornifler*† [ekɔʀnifle] ▸ conjug 1 ◂ vt to cadge, scrounge (*chez qn* from sb)

écornifleur, -euse*† [ekɔʀniflœʀ, øz] → SYN nm,f cadger, scrounger

écornure [ekɔʀnyʀ] nf chip

écossais, e [ekɔsɛ, ɛz] 1 adj temps, caractère Scottish, Scots (épith); whisky, confiture Scotch; tissu tartan, check → **douche**
2 nm a **Écossais** Scot, Scotsman ◆ **les Écossais** the Scots
b (Ling) (dialecte anglais) Scots; (dialecte gaélique) Gaelic
c (tissu) tartan (cloth)
3 **Écossaise** nf Scot, Scotswoman

Écosse [ekɔs] nf Scotland

écosser [ekɔse] → SYN ▸ conjug 1 ◂ vt to shell, pod ◆ **petits pois / haricots à écosser** peas / beans in the pod, unshelled peas / beans

écosystème [ekosistɛm] nm ecosystem

écot [eko] → SYN nm (quote-part) share (of a bill) ◆ **chacun de nous a payé son écot** we went Dutch*, we all paid our share

écoté, e [ekɔte] adj (Hér) truncate(d)

écotype [ekotip] nm ecotype

écoulement [ekulmɑ̃] → SYN nm a [eau] flow ◆ **tuyau / fossé d'écoulement** drainage pipe / ditch
b [humeur, pus] discharge ◆ **écoulement de sang** flow of blood, bleeding
c (fig) [foule] dispersal; [temps] passage, passing ◆ **l'écoulement des voitures** the flow of traffic
d (Comm) selling, passing ◆ **articles d'écoulement facile** quick-selling ou fast-moving articles

écouler [ekule] → SYN ▸ conjug 1 ◂ 1 vt a (Comm) to sell ◆ **écouler des faux billets** to get rid of ou dispose of counterfeit money ◆ **on n'arrive pas à écouler ce stock** this stock isn't moving ou selling ◆ **nous avons écoulé tout notre stock** we've cleared all our stock
b **faire écouler** eau to let out, run off
2 **s'écouler** vpr a [liquide] (suinter) to seep ou ooze (out); (fuir) to leak (out); (couler) to flow (out); (Méd) [pus] to ooze out ◆ **s'écouler à grands flots** to pour out
b [temps] to pass (by), go by; [argent] to disappear, melt away; [foule] to disperse, drift away ◆ **en réfléchissant sur sa vie écoulée** thinking over his past life ◆ **10 ans s'étaient écoulés** 10 years had passed ou had elapsed ou had gone by ◆ **les fonds s'écoulent vite** (the) funds are soon spent ou exhausted
c (Comm) to sell ◆ **marchandise qui s'écoule bien** quick-selling item ou line ◆ **nos produits se sont bien écoulés** our products have sold well

écoumène [ekumɛn] nm ⇒ **œkoumène**

écourter [ekuʀte] → SYN ▸ conjug 1 ◂ vt bâton to shorten; visite, attente, supplice, adieux to cut short, shorten, curtail; texte, discours to shorten, cut down; queue to dock

écoutant, e [ekutɑ̃, ɑ̃t] nm,f telephone counsellor

écoute [ekut] nf a **être aux écoutes** to be listening (*de* to); (péj: épier) to listen in, eavesdrop (*de* on); (fig: être aux aguets) to be on the look-out (*de* for), keep one's ears open (*de* for)
b (Rad) listening (*de* to) ◆ **être à l'écoute de** (Rad) to be tuned in to, be listening to; (fig) to be in touch with, listen to ◆ **se mettre à** ou **prendre l'écoute** to tune in ◆ **nous restons à l'écoute** we are staying tuned in ◆ **reprendre l'écoute** to retune ◆ **heures de grande écoute** (Rad) peak listening hours; (TV) prime time, peak viewing hours ◆ (Rad, TV) **avoir une grande écoute** to have a large audience ◆ **avoir une grande écoute féminine** to have a large female audience ou a large number of women listeners (Rad) ou viewers (TV) ◆ **l'indice d'écoute d'une émission** the ratings of a programme
c (Mil, Police) **les écoutes téléphoniques** phone-tapping ◆ **ils sont sur écoute** their phone is tapped → **table**
d (Naut) sheet
e [sanglier] **écoutes** ears

écouter [ekute] → SYN ▸ conjug 1 ◂ GRAMMAIRE ACTIVE 27.5
1 vt a discours, chanteur to listen to, hear; radio, disque to listen to ◆ **écoute!** listen! ◆ (au téléphone) **(allô, oui) j'écoute** hello! ◆ **j'ai été écouter sa conférence** I went to hear his lecture ◆ **écoutons ce qu'il dit** let's listen to ou hear what he has to say ◆ **écouter qn jusqu'au bout** to hear sb out ◆ **écouter qch / qn secrètement** to listen in on ou to sth / sb ◆ **écouter qn parler** to hear sb speak ◆ **savoir écouter** to be a good listener ◆ **écouter aux portes** to eavesdrop ◆ **écouter de toutes ses oreilles** to be all ears, listen with both ears ◆ **n'écouter que d'une oreille** to listen with (only) half an ear ◆ **faire écouter un disque à qn** to play a record to sb
b justification, confidence to listen to; (Jur, Rel) to hear ◆ **écoute-moi au moins!** at least listen to ou hear what I have to say!
c conseil to listen to, take notice of ◆ **écoute-moi** listen to me, take my advice ◆ **refuser d'écouter un conseil** to turn a deaf ear to advice, disregard (a piece of) advice ◆ **bon, écoute!** look!, listen! ◆ **aide-moi, écoute!** come on – help me! ◆ **écoute, c'est bien simple** look ou listen – it's quite simple ◆ **ses conseils sont très écoutés** his advice is greatly valued ou greatly sought after ◆ **il se fait écouter du ministre** he has the ear of the minister ◆ **quelqu'un de très écouté** someone whose opinion is highly valued
d (obéir à) to listen to, obey ◆ **écouter ses parents** to listen to ou obey one's parents ◆ **vas-tu (m') écouter!** will you listen to me! ◆ **faire écouter qn** to get sb to listen ou obey ou behave ◆ **son père saura le faire écouter** his father will teach him how to behave ◆ **il sait se faire écouter** he knows how to make himself obeyed, he's good at getting people to do what he says ◆ **n'écoutant que son courage** letting (his) courage be his only guide
2 **s'écouter** vpr ◆ [malade] **elle s'écoute trop** she coddles herself ◆ **si je m'écoutais je n'irais pas** if I were to take my own advice I wouldn't go ◆ **s'écouter parler** to savour one's words ◆ **il aime s'écouter parler** he loves the sound of his own voice

écouteur, -euse [ekutœʀ, øz] 1 nm,f (littér: personne) (attentif) listener; (indiscret) eavesdropper
2 nm [téléphone] earpiece ◆ (Rad) **écouteurs** earphones, headphones

écoutille [ekutij] nf (Naut) hatch(way)

écouvillon [ekuvijɔ̃] nm [fusil] swab; [bouteilles] (bottle-)brush; [boulanger] scuffle

écouvillonner [ekuvijɔne] ▸ conjug 1 ◂ vt fusil to swab; bouteille, four to clean

écrabouiller* [ekʀabuje] ▸ conjug 1 ◂ vt to squash, crush ◆ **se faire écrabouiller par une voiture** to get flattened ou crushed by a car

écran [ekʀɑ̃] → SYN nm a (gén) screen ◆ **ce mur fait écran et nous isole du froid / du bruit** this wall screens ou shields us from the cold / noise, this wall acts as a screen or shield (for us) against the cold / noise ◆ **faire écran à qn** (abriter) to screen ou shelter sb; (gêner) to get in the way of sb; (éclipser) to stand in the way of sb ◆ **son renom me fait écran** his fame puts me in the shade ◆ **écran de fumée / de protection** smoke / protective screen ◆ **écran de verdure** screen of greenery ◆ **écran publicitaire** advertising slot ◆ (crème solaire) **écran total** total sunblock
b (Ordin, TV) screen ◆ (Ordin) **écran à haute définition / à fenêtres** high-resolution / split screen ◆ (Ordin) **écran pleine page** full page display ◆ **écran de contrôle** monitor screen ◆ **écran de visualisation** (visual) display screen ◆ **écran tactile** touch-sensitive screen ◆ **écran cathodique** cathode-ray screen ◆ **écran solaire** sun screen ◆ (TV) **le petit écran** television, the small screen ◆ **télévision grand écran** large screen television ◆ **écran 16 / 9e** letterbox television
c (Ciné) **écran (de cinéma)** (toile) screen; (salle) cinema ◆ **écran de projection** projector screen ◆ **vedette de l'écran** film ou movie (US) star ◆ **prochainement sur vos écrans** coming soon to a cinema near you ◆ **porter un roman à l'écran** to screen a novel, adapt a novel for the screen ◆ **ce film sera la semaine prochaine sur les écrans londoniens** this film will open ou be showing next week in London

écrasant, e [ekʀazɑ̃, ɑ̃t] adj impôts, mépris, poids crushing; preuve, responsabilité, nombre overwhelming; travail gruelling, backbreaking; victoire, défaite, supériorité crushing, overwhelming; chaleur overpowering, overwhelming ◆ (Pol) **majorité / victoire écrasante** landslide ou crushing majority / victory

écrasé, e [ekʀaze] (ptp de **écraser**) adj nez flat, squashed; perspective, relief dwarfed

écrasement [ekʀazmɑ̃] → SYN nm (→ **écraser**) crushing; swatting; stubbing out; mashing; grinding; pounding; squeezing; flattening; trampling down; running over; suppressing

écrase-merde‡, pl **écrase-merdes** [ekʀamɛʀd] nm clodhopper*

écraser [ekʀaze] → SYN ▸ conjug 1 ◂ 1 vt a (gén) to crush; mouche to swat; mégot to stub out; (en purée) to mash; (en poudre) to grind (*en* to); (au pilon) to pound; (pour le jus) to squeeze; (en aplatissant) to flatten (out); (en piétinant) to trample down; (Tennis) balle to flatten, kill ◆ **écraser sous la dent** biscuit to crunch; noix to crush between one's teeth ◆ **écrasé par la foule** squashed ou crushed in the crowd ◆ **aïe, vous m'écrasez les pieds** ouch, you're standing ou treading on m feet ◆ **écraser le champignon*** to put one's foot hard down (on the accelerator) (Brit), step on the gas* ◆ **écraser le frein** to stamp on ou slam on the brakes ◆ **écraser le coup*** (se taire) to drop the subject; (rester discret) to keep it quiet, shut up* about it; (abandonner) to give up (trying)

b (tuer) [voiture] to run over; [avalanche] to crush ◆ **la voiture l'a écrasé** the car ran him over ou ran over him ◆ **il s'est fait écraser par une voiture** he was run over by a car

c (fig: accabler) to crush ◆ **les impôts nous écrasent, nous sommes écrasés d'impôts** we are overburdened ou crushed by taxation ◆ **il nous écrase de son mépris** he crushes ou withers us with his scorn ◆ **écrasé de chaleur** overcome by the heat ◆ **écrasé de sommeil / de douleur** overcome by sleep / with grief ◆ **écrasé de travail** snowed under with* ou overloaded with work

d (vaincre) ennemi to crush; rébellion to crush, suppress, put down ◆ **notre équipe a été écrasée** ou **s'est fait écraser par les adversaires** we were beaten hollow (Brit) ou we were hammered* by the opposing team ◆ **il écrase tout le monde** he outstrips ou outdoes everyone ◆ **en maths il écrase tout le monde** he outshines ou outdoes everyone at maths

e (Ordin) données, fichiers to delete

2 vi **a** (*: ne pas insister) (verbalement) to drop the subject; (abandonner) to give up (trying); (se taire) to keep it quiet, pipe down, shut up ◆ **oh écrase!** oh shut up!* ou belt up!‡ (Brit)

b **en écraser‡** to sleep like a log*

3 **s'écraser** vpr **a** [avion, auto] to crash (*contre* into, against, *sur* on); [objet, corps] to be dashed ou smashed ou crushed (*contre* on, against)

b [foule] (dans le métro) to be ou get crushed (*dans* in) ◆ **on s'écrase pour en acheter** they're falling over each other ou they're rushing to buy them ◆ **on s'écrase devant les cinémas** there's a great crush to get into the cinemas

c (‡: se taire) to pipe down* ◆ **écrasons-nous, ça vaut mieux!** we'd better pipe down!*

écraseur, -euse* [ekʀɑzœʀ, øz] → SYN nm,f roadhog*

écrémage [ekʀemaʒ] → SYN nm (→ **écrémer**) skimming, creaming; creaming off

écrémer [ekʀeme] → SYN ▸conjug 6◂ vt lait to skim, cream; (fig) to cream off the best from ◆ **lait écrémé** skimmed milk

écrémeuse [ekʀemøz] nf creamer, (cream) separator

écrêter [ekʀete] ▸conjug 1◂ vt (niveler) to lop

écrevisse [ekʀəvis] nf (freshwater) crayfish, crawfish ◆ **avancer** ou **marcher comme une écrevisse** to take one step forward and two steps backward → **rouge**

écrier (s') [ekʀije] → SYN ▸conjug 7◂ vpr to exclaim, cry out

écrin [ekʀɛ̃] → SYN nm [bijoux] case, box, casket† ◆ (littér) **niché dans un écrin de verdure** nestling in a bosky bower (littér)

écrire [ekʀiʀ] → SYN ▸conjug 39◂ GRAMMAIRE ACTIVE 21.1

1 vt **a** (gén) mots, livres to write; (orthographier) to spell; (inscrire, marquer) to write down ◆ **je lui ai écrit que je viendrais** I wrote and told him I would be coming ◆ **écrire des commentaires au crayon** to pencil in comments, make notes ou comments in pencil

b LOC **c'était écrit** it was bound to happen, it was inevitable ◆ **il est écrit que je ne pourrai jamais y arriver!** I'm fated ou doomed never to succeed! ◆ **c'est écrit sur sa figure** it's stamped ou written all over his face ◆ **c'est écrit noir sur blanc** ou **en toutes lettres** it's written in black and white

2 vi (gén) to write; (être écrivain) to be a writer, write ◆ **vous écrivez trop mal** your writing is really bad ◆ **écrire gros / fin** [personne] to have large / small (hand)writing; [stylo] to have a thick / fine nib ◆ **écrire au crayon / à l'encre** to write in pencil / in ink

3 **s'écrire** vpr [personnes] to write to each other ◆ **comment ça s'écrit?** how do you spell it ou write it? ◆ **ça s'écrit comme ça se prononce** it's spelt how it sounds, you write it the same way as you pronounce it

écrit [ekʀi] → SYN nm (ouvrage) piece of writing, written work; (examen) written exam ou paper; (Jur) document ◆ **par écrit** in writing ◆ (Scol) **être bon à l'écrit** to be good ou do well at the written papers

écrit, e [ekʀi, it] → SYN **1** (ptp de **écrire**) adj ◆ (Scol) **épreuve écrite** written exam ou paper ◆ **c'est un texte très écrit** it's a very literary text

2 nm (ouvrage) piece of writing, written work; (examen) written exam ou paper; (Jur) document ◆ **par écrit** in writing ◆ (Scol) **être bon à l'écrit** to be good ou do well at the written papers

écriteau, pl **écriteaux** [ekʀito] → SYN nm notice, sign

écritoire [ekʀitwaʀ] → SYN nf writing case

écriture [ekʀityʀ] → SYN nf **a** (à la main) (hand)-writing (NonC) ◆ **il a une belle écriture** he has beautiful (hand)writing, he writes a good hand ◆ **écriture de chat** spidery (hand)writing

b (alphabet) writing (NonC), script ◆ **écriture hiéroglyphique** hieroglyphic writing ◆ **écriture phonétique** phonetic script

c (littér: style) writing (NonC), style

d (rédaction) writing ◆ **se consacrer à l'écriture (de romans)** to devote one's time to writing (novels) ◆ (Poésie) **écriture automatique** automatic writing

e (Comm) **écritures** accounts, entries, books ◆ **employé aux écritures** ledger clerk ◆ **tenir les écritures** to do the book-keeping ou the accounts ou the books

f (Fin) entry ◆ **passer une écriture** to make an entry

g (Rel) **les (Saintes) Écritures, l'Écriture (sainte)** Scripture, the Scriptures, (the) Holy Writ

écrivailler [ekʀivɑje] ▸conjug 1◂ vi (péj) to scribble

écrivailleur, -euse [ekʀivɑjœʀ, øz] nm,f, **écrivaillon** [ekʀivajɔ̃] nm (péj) scribbler

écrivain [ekʀivɛ̃] → SYN nm (homme) writer ◆ **(femme-)écrivain** woman writer ◆ **écrivain public** (public) letter-writer

écrivasser [ekʀivase] ▸conjug 1◂ vt (péj) to scribble

écrivassier, -ière [ekʀivasje, jɛʀ] nm,f ⇒ **écrivailleur**

écrou [ekʀu] nm **a** (Tech) nut

b (Jur) commitment, committal, mittimus ◆ **mettre qn sous écrou** to enter sb on the prison register ◆ **mise sous écrou** entering on the prison register → **levée**[2]

écrouelles†† [ekʀuɛl] nfpl scrofula

écrouer [ekʀue] → SYN ▸conjug 1◂ vt (incarcérer) to imprison, lock away (in prison) ◆ **écrouer qn sous le numéro X** to enter sb on the prison register under the number X

écrouir [ekʀuiʀ] ▸conjug 2◂ vt (Tech) (frapper) to cold hammer; (étirer) to cold roll

écroulé, e [ekʀule] (ptp de **s'écrouler**) adj **a** **à moitié écroulé** maison, mur half-ruined, tumbledown (épith), dilapidated

b **être écroulé (de rire)** to be doubled up with laughter

écroulement [ekʀulmɑ̃] → SYN nm (→ **s'écrouler**) fall; collapse; caving in; crumbling; crash

écrouler (s') [ekʀule] → SYN ▸conjug 1◂ vpr **a** [mur] to fall (down), collapse; [rocher] to fall; [toit] to collapse, cave in, fall in; (Rugby) [mêlée] to collapse; [empire] to collapse, crumble; [empire financier, entreprise] to fall, collapse, crash; [prix, cours] to collapse, plummet; [espoir, projet, théorie] to collapse, crumble; [personne] (tomber) to collapse ou crumble (to the ground); (*: s'endormir) to fall fast asleep ◆ **être près de s'écrouler** to be on the verge of collapse ◆ **tous nos projets s'écroulent** all our plans are crumbling ou falling apart, this is the collapse of all our plans ◆ **s'écrouler de sommeil / de fatigue** to be overcome with ou collapse with sleepiness / weariness ◆ **il s'écroula dans un fauteuil*** he flopped down ou slumped down ou collapsed into an armchair

b (fig) [coureur, candidat] to collapse; [accusé] to break down

écru, e [ekʀy] → SYN adj tissu raw, in its natural state; couleur ecru, natural-coloured ◆ **toile écrue** unbleached linen ◆ **soie écrue** raw silk *(before dyeing)*

ecthyma [ɛktima] nm ecthyma

ectoblaste [ɛktɔblast] nm ectoblast

ectoderme [ɛktɔdɛʀm] nm ectoderm

ectodermique [ɛktɔdɛʀmik] adj ectodermal, ectodermic

ectoparasite [ɛktopaʀazit] **1** adj ectoparasitic

2 nm ectoparasite

ectopie [ɛktɔpi] nf ectopia

ectoplasme [ɛktɔplasm] nm ectoplasm

écu [eky] → SYN nm (monnaie ancienne, papier) crown; (monnaie de la CEE) ecu; (Hér, Hist: bouclier) shield ◆ **écu dur** hard ecu

écubier [ekybje] nm hawse-hole

écueil [ekœj] → SYN nm (lit) reef, shelf; (fig) (pierre d'achoppement) stumbling block; (piège, danger) pitfall

écuelle [ekɥɛl] → SYN nf (pour chien) bowl; (assiette creuse) bowl, porringer††; (Hist) platter; (contenu) bowlful

écuisser [ekɥise] ▸conjug 1◂ vt arbre to split

éculé, e [ekyle] → SYN (ptp de **éculer**) adj soulier down-at-heel; plaisanterie hackneyed, worn; mot hackneyed, overworked

éculer [ekyle] ▸conjug 1◂ **1** vt souliers to wear down at the heel

2 **s'éculer** vpr [plaisanterie] to become hackneyed, wear thin; [mot] to become hackneyed

écumage [ekymaʒ] nm skimming

écumant, e [ekymɑ̃, ɑ̃t] → SYN adj mer foamy

écume [ekym] → SYN nf [mer] foam; [bouche] froth; [bière] foam, froth; [métal] dross; [confiture, bouillon] scum; [savon, cheval] lather ◆ **pipe en écume de mer** meerschaum pipe ◆ (fig) **l'écume de la société** the scum ou dregs of society

écumer [ekyme] → SYN ▸conjug 1◂ **1** vt **a** bouillon to skim; confiture to take the scum off, skim; métal to scum

b (piller) to clean out, plunder ◆ **écumer les mers** to scour the seas ◆ **écumer la ville à la recherche de** to scour the town in search of

2 vi [mer, confiture] to foam; [métal] to scum; [bouche, liquide] to froth; [cheval] to lather ◆ (fig) **écumer (de rage)** to foam ou boil with rage

écumeur [ekymœʀ] → SYN nm ◆ (Hist, hum) **écumeur des mers** pirate, buccaneer

écumeux, -euse [ekymø, øz] → SYN adj foamy, frothy

écumoire [ekymwaʀ] nf skimmer ◆ **troué comme une écumoire** riddled with holes

écureuil [ekyʀœj] → SYN nm squirrel ◆ **écureuil volant** flying squirrel

écurie [ekyʀi] → SYN nf [chevaux, cyclistes etc] stable; (fig: endroit sale) pigsty ◆ **mettre un cheval à l'écurie** to stable a horse ◆ **écurie de course** racing stable ◆ **écuries d'Augias** Augean stables → **sentir**

écusson [ekysɔ̃] → SYN nm (insigne) badge; (Mil) tab; (Hér) escutcheon; [serrure] escutcheon; [insecte] scutellum ◆ (Agr) **(greffe en) écusson** shield-graft

écussonner [ekysɔne] ▸conjug 1◂ vt (Agr) to shield-graft; uniforme to put a tab on

écuyer [ekɥije] → SYN nm **a** (cavalier) rider, horseman; (professeur d'équitation) riding master ◆ **écuyer de cirque** circus rider

b (Hist) (d'un chevalier) squire; (à la cour) equerry

écuyère [ekɥijɛʀ] → SYN nf rider, horsewoman ◆ **écuyère de cirque** circus rider ◆ **bottes à l'écuyère** riding boots

eczéma [ɛgzema] nm eczema ◆ **avoir** ou **faire de l'eczéma** to have eczema

eczémateux, -euse [ɛgzematø, øz] adj eczematous

édam [edam] nm (Culin) Edam

edelweiss [edɛlvɛs, edɛlvajs] → SYN nm edelweiss

Éden [edɛn] nm ◆ **l'Éden, le jardin d'Éden** (the garden of) Eden

édénique [edenik] → SYN adj Edenic

édenté, e [edɑ̃te] → SYN (ptp de **édenter**) 1 adj (totalement) toothless; (partiellement) with (some) teeth missing
2 nmpl ◆ **les édentés** edentate mammals, the Edentata (spéc)

édenter [edɑ̃te] ▸ conjug 1 ◂ vt to break the teeth of

EDF [ədeɛf] nf (abrév de **Électricité de France**) *French national electricity company*

édicter [edikte] → SYN ▸ conjug 1 ◂ vt loi to enact, decree; peine to decree

édicule [edikyl] → SYN nm (hum: cabinets) public lavatory (Brit) ou convenience (Brit), rest room (US); (kiosque) kiosk (Brit)

édifiant, e [edifjɑ̃, jɑ̃t] → SYN adj livre, conduite edifying

édification [edifikasjɔ̃] → SYN nf [bâtiment] erection, construction; [esprit] edification, enlightenment

édifice [edifis] → SYN nm edifice, building ◆ **édifice public** public building ◆ **l'édifice social** the social structure ou fabric

édifier [edifje] → SYN ▸ conjug 7 ◂ vt a maison to build, construct, erect; fortune, empire to build (up)
b (moralement) to edify; (iro) to enlighten, edify

édile [edil] → SYN nm (frm, hum) (town) councillor

Édimbourg [edɛ̃buʀ] n Edinburgh

édit [edi] → SYN nm (Hist) edict ◆ **l'Édit de Nantes** the Edict of Nantes

éditer [edite] → SYN ▸ conjug 1 ◂ vt (publier) to publish; disques to produce; (annoter, commenter) to edit

éditeur, -trice [editœʀ, tʀis] nm,f (→ **éditer**) publisher; editor ◆ **éditeur de disques** record producer ◆ (Ordin) **éditeur de textes** text editor

édition [edisjɔ̃] → SYN nf a (action de publier) publishing; [disques] production ◆ **travailler dans l'édition** to be in publishing ou in the publishing business
b (livre, journal) edition ◆ **édition spéciale** (journal) special edition; (magazine) special issue ◆ (journal) **édition de 5 heures** five o'clock edition ◆ (Rad, TV: informations) **notre édition de 13 heures** our 1 o'clock news bulletin ◆ (iro) **deuxième / troisième édition!** for the second / third time!
c (annotation) editing; (texte) edition ◆ **établir l'édition critique d'un texte** to produce a critical edition of a text ◆ **édition revue et corrigée / revue et augmentée** revised and corrected / revised and enlarged edition
d (Ordin) editing

édito* [edito] abrév de **éditorial**

éditorial, e, mpl **-iaux** [editɔʀjal, jo] → SYN
1 nm leading article, leader, editorial
2 adj politique etc editorial

éditorialiste [editɔʀjalist] nmf leader ou editorial writer

Edmond [ɛdmɔ̃] nm Edmund

Édouard [edwaʀ] nm Edward ◆ **Édouard le Confesseur** Edward the Confessor

édredon [edʀədɔ̃] → SYN nm eiderdown

éducable [edykabl] → SYN adj educable, teachable

éducateur, -trice [edykatœʀ, tʀis] → SYN
1 adj educational
2 nm,f (gén) teacher; (prison) tutor, instructor; (théoricien) educationalist ◆ **éducateur spécialisé** teacher of children with learning difficulties

éducatif, -ive [edykatif, iv] → SYN adj educational, educative ◆ **jeu éducatif** educational game ◆ **système éducatif** education system

éducation [edykasjɔ̃] → SYN nf a (enseignement) education ◆ **les problèmes de l'éducation** educational problems ◆ **il faut faire l'éducation politique des masses** the masses must be educated politically ◆ **j'ai fait mon éducation à Paris** I was educated ou I went to school in Paris ◆ **j'ai fait mon éducation musicale à Paris** I studied music in Paris ◆ **il a reçu une bonne éducation** he is well-educated ou well-read ◆ **il a reçu une éducation religieuse** he had a religious upbringing ◆ (hum) **toute une éducation à refaire!** you've got a few things to learn! ◆ **éducation civique** civics (sg) ◆ **éducation manuelle et technique** technical education (Brit), industrial arts (US) ◆ **l'Éducation nationale** (système) the state education system; (ministère) the Ministry (Brit) ou Department (US) of Education ◆ **éducation religieuse** religious education ◆ **éducation permanente** continuing education ◆ **éducation professionnelle** professional training ◆ **éducation physique et sportive** physical training ou education, P.E. ◆ **éducation sexuelle** sex education → **maison, ministère**
b (discipline familiale) upbringing ◆ **une éducation spartiate** a Spartan upbringing ◆ **avoir de l'éducation** (bonnes manières) to be well-mannered ou well-bred ou well brought up ◆ **manquer d'éducation** to be ill-mannered ou ill-bred, be badly brought up ◆ **sans éducation** ill-bred, uncouth
c [goût, volonté] training

éducationnel, -elle [edykasjɔnɛl] adj educational

édulcorant, e [edylkɔʀɑ̃, ɑ̃t] 1 adj sweetening
2 nm sweetener

édulcorer [edylkɔʀe] → SYN ▸ conjug 1 ◂ vt a (expurger) doctrine, propos to water down; texte osé to tone down, bowdlerize
b (Pharm) to sweeten

éduquer [edyke] → SYN ▸ conjug 1 ◂ vt enfant (à l'école) to educate; (à la maison) to bring up, rear, raise; peuple to educate; goût, volonté to train ◆ **bien éduqué** well-mannered, well-bred, well brought up ◆ **mal éduqué** ill-mannered, ill-bred, badly brought up

EEE [əəə] nm (abrév de **espace économique européen**) EEA

EEG [eeʒe] nm (abrév de **électro-encéphalogramme**) EEG

effaçable [efasabl] adj inscription erasable

effacé, e [efase] → SYN (ptp de **effacer**) adj a teinte, couleur (qui a passé) faded; (sans éclat) subdued
b personne, manières retiring, unassuming, self-effacing; vie retiring; rôle unobtrusive
c menton receding; poitrine flat ◆ (Escrime) **en position effacée** sideways (on)

effacement [efasmɑ̃] → SYN nm a [inscription, faute, souvenir] obliteration, effacing; [bande magnétique] erasing; [craintes] dispelling; (Ling) deletion ◆ (Escrime) **effacement du corps / des épaules** drawing o.s. / one's shoulders in
b [personne] (par sa modestie) retiring ou self-effacing manner; (devant un rival) eclipse ◆ **vivre dans l'effacement** to live a retiring life ◆ **son effacement progressif au profit du jeune sous-directeur** the gradual erosion of his position ou the way in which he was gradually being eclipsed by the young deputy director

effacer [efase] → SYN ▸ conjug 3 ◂ 1 vt a (lit: enlever) inscription, traces to obliterate, efface, erase; bande magnétique to erase; écran d'ordinateur to clear; tableau noir to clean; (à la gomme) to rub out (Brit), erase; (à l'éponge) to wipe off, sponge off; (en lavant) to wash off ou out; (au chiffon) to wipe off; (au grattoir) to scratch out; (Ling) to delete ◆ **cette gomme efface bien** this is a good rubber (Brit) ou eraser (US), this rubber (Brit) ou eraser (US) works well ◆ **prends un chiffon pour effacer** use a cloth to rub it out ou wipe it off ◆ **efface le tableau** clean ou wipe the blackboard ◆ **un chemin à demi effacé** a hardly distinguishable track
b (fig: faire disparaître) mauvaise impression, souvenir to erase, efface; faute to erase, obliterate; craintes to dispel ◆ **on efface tout et on recommence** (oublier le passé) we'll let bygones be bygones, we'll wipe the slate clean (and make a fresh start); (reprendre à zéro) let's go back to square one, let's make a fresh start ◆ **tenter d'effacer son passé** to try to live down ou blot out one's past ◆ **le temps efface tout** everything fades with time
c (éclipser) to outshine, eclipse
d **effacer le corps** (Escrime) to stand sideways on; (gén) to draw o.s. in ◆ **effacez les épaules!** shoulders back! ◆ **effacez le ventre!** stomach in!
2 **s'effacer** vpr a [inscription] to wear away, wear off, become obliterated; [couleurs] to fade; [sourire] to fade, die ◆ **le crayon s'efface mieux que l'encre** it is easier to rub out (Brit) ou erase pencil than ink, pencil rubs out (Brit) ou erases more easily than ink ◆ **tableau noir qui s'efface bien / mal** blackboard which is easy / hard to clean
b [crainte, impression, souvenir] to fade, diminish ◆ **tout s'efface avec le temps** everything fades in ou with time ◆ **un mauvais souvenir qui s'efface difficilement** an unpleasant memory which (it) is hard to forget ou which is slow to fade
c (lit: s'écarter) to move aside, step back ou aside; (fig: se tenir en arrière) to keep in the background; (se retirer) to withdraw ◆ **l'auteur s'efface derrière ses personnages** the author hides behind his characters ◆ **elle s'efface le plus possible** she keeps (herself) in the background as much as possible

effaceur [efasœʀ] nm ◆ **effaceur (d'encre)** (ink) eraser pen

effarant, e [efaʀɑ̃, ɑ̃t] → SYN adj prix outrageous, mind-blowing*; vitesse alarming, breathtaking; bêtise stunning, abysmal

effaré, e [efaʀe] → SYN (ptp de **effarer**) adj alarmed (attrib) (*de* by, at), aghast (attrib) (*de* at) ◆ **son regard effaré** his wild eyes, his look of alarm

effarement [efaʀmɑ̃] → SYN nm alarm, trepidation

effarer [efaʀe] → SYN ▸ conjug 1 ◂ vt to alarm, fill with trepidation ◆ (sens affaibli: stupéfier) **cette bêtise / hausse des prix m'effare** I find such stupidity / this rise in prices most alarming ou extremely worrying, I am aghast at ou appalled by such stupidity / this rise in prices

effarouchement [efaʀuʃmɑ̃] nm (→ **effaroucher**) frightening away ou off, scaring away ou off; frightening, scaring; (choc) shocking, upsetting; (effroi) fright; (état de choc) shock, upset

effaroucher [efaʀuʃe] ▸ conjug 1 ◂ 1 vt (alarmer) animal to frighten away ou off, scare away ou off; personne timide etc to frighten, scare; (choquer) to shock, upset
2 **s'effaroucher** vpr (par timidité) [animal, personne] to shy (*de* at), take fright (*de* at); (par pudeur) to be shocked ou upset (*de* by)

effarvatte [efaʀvat] nf reed warbler

effecteur [efɛktœʀ] adj, nm ◆ **(organe) effecteur** effector

effectif, -ive [efɛktif, iv] → SYN 1 adj aide real (épith), positive (épith); travail effective, actual (épith), real (épith); (Fin) capital real (épith) ◆ **le couvre-feu sera effectif à partir de 22 heures** the curfew will take effect ou become effective as from 10 p.m.
2 nm [armée] strength (NonC); [classe] size, complement, (total) number of pupils; [parti] size, strength; [entreprise] staff, workforce ◆ (fig: troupes: Mil, Pol) **effectifs** numbers, strength ◆ **le lycée n'a jamais atteint son effectif** ou **l'effectif prévu** the (total) number of pupils in the school has never reached its projected level, the school has never reached its full complement ◆ **l'effectif de la classe a triplé en 2 ans** the (total) number of pupils in the class has ou the (size of the) class has trebled in 2 years ◆ (Mil) **l'effectif est au complet** we are at full strength ou up to strength ◆ **augmenter ses effectifs** [parti, lycée] to boost its numbers; [entreprise] to increase its workforce ◆ **l'usine a un effectif de 70 personnes** the factory has 70 people on the payroll ou has a staff ou workforce of 70 ◆ (Ind) **maintenir le niveau des effectifs** to keep up manning levels

effectivement [efɛktivmɑ̃] → SYN adv a (concrètement) aider, travailler effectively ◆ **contribuer effectivement à qch** to make a real ou positive contribution to sth
b (réellement) actually, really ◆ **je répète que cet incident s'est effectivement produit** I

repeat that this incident did actually ou really happen
c (en effet) actually, in fact ◆ **c'est effectivement plus rapide** it's actually faster, it is in fact faster ◆ **n'y a-t-il pas risque de conflit ? – effectivement !** is there not a risk of conflict? – quite (so)! ou there is indeed! ◆ **effectivement, quand ce phénomène se produit ...** indeed ou in fact, when this phenomenon occurs ...

effectuer [efɛktɥe] → SYN ▸conjug 1◂ **1** vt manœuvre, opération, mission, réparation to carry out; expérience to carry out, perform, make; mouvement, geste to make, execute; paiement to make, effect; trajet to make, complete; reprise économique etc to undergo, stage ◆ **le franc / le coureur a effectué une remontée spectaculaire** the franc / the runner made ou staged a spectacular recovery
2 s'effectuer vpr ◆ **le trajet s'effectue en 2 heures** the journey takes 2 hours (to complete) ◆ **le paiement peut s'effectuer de 2 façons** payment may be made in 2 ways ◆ **le rapatriement des prisonniers s'est effectué sans incident** the repatriation of the prisoners went off without a hitch ◆ **la rentrée scolaire s'est effectuée dans de bonnes conditions** the new school year got off to a good start

efféminé, e [efemine] → SYN (ptp de **efféminer**) adj effeminate

efféminement [efeminmɑ̃] nm effeminacy

efféminer [efemine] → SYN ▸conjug 1◂ vt (littér) personne to make effeminate; peuple, pensée to emasculate ◆ **s'efféminer** to become effeminate

efférent, e [efeʀɑ̃, ɑ̃t] adj efferent

effervescence [efɛʀvesɑ̃s] → SYN nf (lit) effervescence; (fig) agitation ◆ **mettre la ville en effervescence** to set the town astir, put the town in a turmoil ◆ **être en effervescence** to be in a turmoil (of excitement), be simmering with excitement ◆ **l'effervescence révolutionnaire** the stirrings of revolution

effervescent, e [efɛʀvesɑ̃, ɑ̃t] → SYN adj (lit) effervescent; (fig) agitated, in a turmoil (attrib)

effet [efɛ] → SYN nm **a** (résultat) [action, médicament] effect ◆ **c'est un effet de son inexpérience** it is because of ou a result of his inexperience ◆ **c'est l'effet du hasard** it is quite by chance, it is the result of chance ◆ **avoir** ou **produire beaucoup d'effet / l'effet voulu** to have ou produce a considerable effect / the desired effect ◆ **ces livres ont un effet nocif sur la jeunesse** these books have a harmful effect on young people ◆ **créer un effet de surprise** to create an effect of surprise ◆ **en faisant cela il espérait créer un effet de surprise** by doing this he was hoping to surprise them (ou us etc) ◆ **être** ou **rester sans effet** to be ineffective, have no effect ◆ **ces mesures sont demeurées sans effet** these measures had no effect ou were ineffective ou were of no avail ◆ **avoir pour effet de faire** to have the effect of doing ◆ **avoir pour effet une augmentation / diminution de** to result in an increase / a decrease in ◆ [médicament] **faire effet** to take effect ◆ **ce médicament (me) fait de l'effet / a fait son effet** this medicine is effective ou works (on me) / has taken effect ou has worked ◆ **effet de serre** greenhouse effect ◆ **effet pervers** opposite effect ◆ (Phys) **effet tunnel** tunnel effect ◆ [bombe, explosif] **effet de souffle** blast → **relation**
b (impression) impression ◆ **faire** ou **produire un effet considérable / déplorable (sur qn)** to make ou have a great / dreadful impression (on sb) ◆ **il a fait** ou **produit son petit effet** he managed to cause a bit of a stir ou a minor sensation ◆ **il aime faire de l'effet** he likes to create a stir ◆ **c'est tout l'effet que ça te fait ?** is that all it means to you?, is that all you feel about it? ◆ **quel effet ça te fait d'être revenu ?** how does it feel ou what does it feel like being back? ◆ **faire bon / mauvais effet sur qn** to make a good / bad impression on sb ◆ **il m'a fait bon effet** he made a good impression on me, I was favourably impressed by him ◆ **ce tableau fait bon effet / beaucoup d'effet ici** this picture is quite / very effective here ◆ **il me fait l'effet d'(être) une belle crapule** he strikes me as (being) a real crook, he seems like a real crook to me ◆ **il me fait l'effet d'un renard** he puts me in mind of a fox (Brit), he reminds me of a fox ◆ **cette déclaration a fait l'effet d'une bombe** this statement came as a bombshell ◆ **cela m'a fait de l'effet de le voir dans cet état** it really affected me ou it gave me quite a turn to see him in that state → **bœuf**
c (artifice, procédé) effect ◆ **effet de contraste / de style / comique** contrasting / stylistic / comic(al) effect ◆ **effet de perspective / d'optique** 3-D ou 3-dimensional / visual effect ◆ **effet facile** facile ou trite effect ◆ **effet de lumière** (au théâtre) lighting effect; (naturel, sur l'eau) play of light (NonC), effects of light ◆ (Ciné) **effets spéciaux** special effects ◆ **rechercher les effets** ou **l'effet** to strive for effect ◆ **soigner ses effets** to take great trouble over one's effects ◆ **elle lui a coupé ses effets** she stole his thunder ◆ **manquer** ou **rater son effet** [personne] to spoil one's effect; [plaisanterie] to fall flat, misfire ◆ **faire des effets de voix** to use one's voice to dramatic effect, make dramatic use of one's voice ◆ **cet avocat fait des effets de manches** this barrister flourishes his arms ou waves his arms about in a most dramatic fashion
d (Tech) **effet Doppler(-Fizeau)** Doppler effect ou shift ◆ **machine à simple / double effet** single- / double-effect machine
e (Sport) [balle] spin ◆ **donner de l'effet à une balle** to spin a ball
f (Admin, Jur) **augmentation de salaire avec effet rétroactif au 1er janvier** payrise backdated to the 1st January, retrospective payrise from 1st January ◆ **prendre effet à la date de** to take effect from, be operative from
g (Comm : valeur) **effet de commerce, effet bancaire** bill of exchange ◆ **effet à vue** sight bill, demand note ◆ **effet au porteur** bill payable to bearer ◆ **effets à payer** notes payable ◆ **effets à recevoir** bills receivable ◆ **effets publics** government securities
h († : affaires, vêtements) **effets** things, clothes ◆ **effets personnels** personal effects
i en effet : (introduit une explication) **cette voiture me plaît beaucoup, en effet, elle est rapide et confortable** I like this car very much because it's fast and comfortable ◆ (dans une réponse) **étiez-vous absent, mardi dernier ? – en effet, j'avais la grippe** were you absent last Tuesday? – yes (I was) ou that's right, I had flu ◆ **cela me plaît beaucoup, en effet** yes (indeed), I like it very much ◆ **c'est en effet plus rapide** it's actually faster, it is in fact faster
j LOC **mettre à effet** to put into operation ou effect ◆ **à cet effet** to that effect ou end ◆ **sous l'effet de** alcool under the effect(s) ou influence of; drogue under the effect(s) of ◆ **sous l'effet de la colère il me frappa** in his anger he hit me, he hit me in anger ◆ **il était encore sous l'effet de la colère** his anger had not yet worn off, he was still angry

effeuillage [efœjaʒ] nm **a** (Agr) thinning-out of leaves
b (hum) striptease

effeuillaison [efœjɛzɔ̃] nf, **effeuillement** [efœjmɑ̃] nm leaf fall

effeuiller [efœje] → SYN ▸conjug 1◂ **1** vt arbre, branche [arboriculteur] to thin out the leaves of; [vent] to blow the leaves off ◆ (par jeu) **effeuiller une branche / une fleur** to pull ou pick the leaves off a branch / the petals off a flower ◆ **effeuiller la marguerite** to play "she-loves-me, she-loves-me-not"
2 s'effeuiller vpr [arbre] to shed ou lose its leaves

effeuilleuse [efœjøz] nf (hum : femme) stripper

efficace [efikas] → SYN adj remède, mesure effective, efficacious, effectual; personne, machine efficient → **grâce**

efficacement [efikasmɑ̃] adv (→ **efficace**) effectively, efficaciously, effectually; efficiently

efficacité [efikasite] → SYN nf (→ **efficace**) effectiveness, efficacy, efficiency

efficience [efisjɑ̃s] nf efficiency

efficient, e [efisjɑ̃, jɑ̃t] adj efficient

effigie [efiʒi] → SYN nf effigy ◆ **à l'effigie de** bearing the effigy of ◆ **en effigie** in effigy

effilé, e [efile] → SYN (ptp de **effiler**) **1** adj doigt, silhouette slender, tapering; pointe, outil highly-sharpened; carrosserie streamlined; tissu frayed ◆ **amandes effilées** split ou flaked almonds, almond slivers ◆ **poulet effilé** prepared roasting fowl
2 nm [jupe, serviette] fringe

effiler [efile] → SYN ▸conjug 1◂ **1** vt **a** objet to taper; lignes, forme to streamline
b étoffe to fray; cheveux to thin (out)
2 s'effiler vpr [objet] to taper; [étoffe] to fray

effilochage [efilɔʃaʒ] nm fraying

effilocher [efilɔʃe] ▸conjug 1◂ **1** vt tissu to fray
2 s'effilocher vpr to fray ◆ **veste effilochée** frayed jacket

effilochure [efilɔʃyʀ] nf fray

efflanqué, e [eflɑ̃ke] → SYN adj raw-boned ◆ **c'était un cheval efflanqué** the horse was mere skin and bones, the horse was a raw-boned creature

effleurage [eflœʀaʒ] nm [cuir] buffing; (massage) effleurage

effleurement [eflœʀmɑ̃] → SYN nm (frôlement) light touch ◆ **elle sentit sur son bras l'effleurement d'une main** she felt the light touch of a hand on her arm, she felt a hand brush against her arm

effleurer [eflœʀe] → SYN ▸conjug 1◂ vt **a** (frôler) to touch lightly, brush (against); (érafler) to graze; (fig) sujet to touch (lightly) upon, skim over ◆ **les oiseaux effleuraient l'eau** the birds skimmed (across) the water ◆ **une idée lui effleura l'esprit** an idea crossed his mind ◆ **ça ne m'a pas effleuré** it didn't cross my mind, it didn't occur to me ◆ (littér) **ayant oublié le désir qui l'avait effleuré** having forgotten his fleeting desire
b cuir to buff

effleurir [eflœʀiʀ] ▸conjug 2◂ vi to effloresce

efflorescence [eflɔʀesɑ̃s] → SYN nf (Bot, Chim) efflorescence

efflorescent, e [eflɔʀesɑ̃, ɑ̃t] adj (Bot, Chim) efflorescent

effluent, e [eflyɑ̃, ɑ̃t] **1** adj effluent
2 nm (Géog) effluent ◆ **effluent urbain** urban effluent ◆ **effluents radioactifs** radioactive effluent (NonC)

effluve [eflyv] → SYN nm (littér) **effluves** (agréables) fragrance, exhalation(s); (désagréables) effluvia, exhalations, smell

effondré, e [efɔ̃dʀe] → SYN (ptp de **s'effondrer**) adj (abattu) shattered, crushed (*de* by) ◆ **effondré de douleur** prostrate with grief ◆ **les parents effondrés** the grief-stricken parents

effondrement [efɔ̃dʀəmɑ̃] → SYN nm **a** (→ **s'effondrer**) collapse; caving-in; falling-in; falling-down; falling-away; breaking-down
b (abattement) utter dejection

effondrer [efɔ̃dʀe] → SYN ▸conjug 1◂ **1** vt (Rugby) mêlée to cause to collapse
2 s'effondrer vpr **a** [toit, plancher] to collapse, cave in, fall in; [mur] to collapse, fall down; [terre] to fall away, collapse; [pont] to collapse, cave in; (Rugby) [mêlée] to collapse
b (fig) [empire, projets] to collapse, fall in ruins; [prix, marché] to collapse, plummet; [argument] to collapse, fall down (completely)
c [personne] to collapse; (fig) [accusé] to break down ◆ (fig) **elle s'est effondrée en larmes** she dissolved ou collapsed into tears, she broke down and wept ◆ **effondré sur sa chaise** slumped on his chair

efforcer (s') [efɔʀse] → SYN ▸conjug 3◂ vpr ◆ **s'efforcer de faire** to try hard ou endeavour to do, do one's best to do ◆ (littér) **il s'efforçait à une politesse dont personne n'était dupe** he was striving to remain polite but he convinced nobody ◆ (†, littér) **ils s'efforçaient en vain** they were striving in vain

effort [efɔʀ] → SYN nm **a** (physique, intellectuel) effort ◆ **après bien des efforts** after much exertion ou effort ◆ **la récompense de nos efforts** the reward for our efforts ◆ **néces-**

siter un (gros) effort financier to require a (large) financial outlay ◆ **effort de guerre** war effort ◆ **faire un effort financier en faveur des petites entreprises** to give financial help to small businesses ◆ **l'effort financier de la France dans le domaine de l'énergie** France's investment in the field of energy (production) ◆ **effort de volonté** effort of will ◆ **cela demande un effort de réflexion** that requires careful thought ◆ **faire un effort de mémoire** to make an effort ou try hard to remember ◆ **cela demande un effort d'attention** you have to make an effort to concentrate (on that) ◆ **tu dois faire un effort d'imagination** you should (make an effort and) try to use your imagination

b (Tech) stress, strain; (Vét) strain ◆ **effort de torsion** torsional stress ◆ **effort de traction** traction, pull ◆ **l'effort que subissent les fondations** the strain on the foundations

c LOC **faire un effort** to make an effort ◆ **faire de gros efforts pour réussir** to make a great effort ou great efforts to succeed, try very hard to succeed ◆ **faire un effort sur soi-même pour rester calme** to make an effort ou force o.s. to stay calm, try to keep calm ◆ **faire l'effort de** to make the effort to ◆ **plier sous l'effort** to bend with the effort ◆ (Sport) **il est resté en deçà de son effort** he did not go all out, he didn't stretch himself to his limit ◆ **encore un effort** just one more go, just a little more effort ◆ **sans effort** effortlessly, easily ◆ **avec effort** with an effort → **moindre**

effraction [efʀaksjɔ̃] → SYN nf (Jur) breaking and entering, (Jur) breaking(-in) ◆ **entrer par effraction** to break in ◆ **ils sont entrés par effraction dans la maison** they broke into the house ◆ **effraction informatique** (computer) hacking → **vol²**

effraie [efʀɛ] → SYN nf ◆ **(chouette) effraie** barn-owl

effrangé, e [efʀɑ̃ʒe] (ptp de **effranger**) adj fringed; (effiloché) frayed

effranger [efʀɑ̃ʒe] → SYN ▸ conjug 3 ◂ **1** vt to fringe *(by fraying)*

2 **s'effranger** vpr to fray ◆ **ces manches s'effrangent** these sleeves are fraying (at the edges)

effrayant, e [efʀɛjɑ̃, ɑ̃t] → SYN adj frightening, fearsome; (sens affaibli) frightful, dreadful

effrayé, e [efʀeje] (ptp de **effrayer**) adj frightened, scared

effrayer [efʀeje] → SYN ▸ conjug 8 ◂ **1** vt to frighten, scare

2 **s'effrayer** vpr to be frightened ou scared (*de* by), take fright (*de* at), be afraid (*de* of)

effréné, e [efʀene] → SYN adj course wild, frantic; passion, luxe unbridled, unrestrained, wild

effritement [efʀitmɑ̃] → SYN nm (→ **s'effriter**) crumbling(-away); disintegration; erosion; dwindling

effriter [efʀite] → SYN ▸ conjug 1 ◂ **1** vt biscuit, sucre to crumble; roche, falaise to cause to crumble

2 **s'effriter** vpr [roche] to crumble (away); [valeurs morales] to crumble (away), disintegrate; [majorité électorale] to crumble; [monnaie] to be eroded, decline in value; [fortune, valeurs boursières] to dwindle; [relation] to disintegrate, fall apart

effroi [efʀwa] → SYN nm (littér) terror, dread

effronté, e [efʀɔ̃te] → SYN adj personne, air, réponse cheeky (Brit), insolent, impudent; mensonge, menteur barefaced (épith), brazen, shameless ◆ **l'effronté!** (enfant) (the) impudent ou insolent ou cheeky (Brit) child!; (adulte) (the) insolent fellow!

effrontément [efʀɔ̃temɑ̃] adv (→ **effronté**) insolently, impudently; barefacedly, brazenly, shamelessly; cheekily (Brit)

effronterie [efʀɔ̃tʀi] → SYN nf [réponse, personne] cheek (Brit), insolence, impudence, effrontery; [mensonge] shamelessness, effrontery

effroyable [efʀwajabl] → SYN adj horrifying, appalling

effroyablement [efʀwajabləmɑ̃] adv appallingly, horrifyingly

effusion [efyzjɔ̃] → SYN nf [tendresse, sentiment] burst ◆ **après ces effusions** after these effusions ou emotional demonstrations ◆ **remercier qn avec effusion** to thank sb effusively ◆ **effusion de sang** bloodshed

éfrit [efʀit] nm efreet

égagropile [egagʀɔpil] → SYN nm ⇒ **ægagropile**

égaiement [egɛmɑ̃] nm (→ **égayer**) cheering-up; brightening-up; amusement; enlivenment; merrymaking

égailler (s') [egaje] → SYN ▸ conjug 1 ◂ vpr to scatter, disperse

égal, e, mpl **-aux** [egal, o] → SYN GRAMMAIRE ACTIVE 7.5

1 adj **a** (de même valeur) equal (*à* to) ◆ **de poids égal** of equal weight ◆ **à poids égal** weight for weight ◆ **à nombre / prix égal** for the same number / price ◆ **égaux en nombre** of equal numbers, equal in numbers ◆ **à égale distance de deux points** equidistant ou exactly halfway between two points ◆ **Orléans est à égale distance de Tours et de Paris** Orléans is equidistant from Tours and Paris ou is the same distance from Tours as from Paris ◆ **Tours et Paris sont à égale distance d'Orléans** Tours and Paris are the same distance from Orléans ou Tours and Paris are equidistant from Orléans ◆ **d'adresse / d'audace égale** of equal skill / boldness, equally skilful / bold ◆ **toutes choses égales par ailleurs** other things being equal → **signe**

b (sans variation) justice even, unvarying; climat equable, unchanging; terrain even, level; bruit, rumeur steady, even; vent steady ◆ **de caractère égal** even-tempered, equable(-tempered) ◆ **marcher d'un pas égal** to walk with a regular ou an even step

c LOC **ça m'est égal** (je n'y attache pas d'importance) I don't mind, I don't feel strongly (about it); (je m'en fiche) I don't care ◆ **tout lui est égal** he doesn't feel strongly about anything ◆ **c'est égal, il aurait pu m'écrire** all the same ou be that as it may, he might have written (to me) ◆ **la partie n'est pas égale (entre eux)** they are not evenly matched ◆ **sa probité n'a d'égale que sa générosité** his integrity is matched ou equalled only by his generosity ◆ **rester égal à soi-même** to remain true to form, be still one's old self → **arme, jeu**

2 nm,f **a** (personne) equal ◆ **il ne fréquente que ses égaux** he only associates with his equals

b LOC **il a traité d'égal à égal avec moi** he treated me as his ou an equal ◆ **nous parlions d'égal à égal** we talked to each other as equals ◆ (égal à) **sa probité est à l'égal de sa générosité** his generosity is equalled ou matched by his integrity ◆ (comme) **c'est une vraie mégère à l'égal de sa mère** she's a real shrew just like her mother ◆ **sans égal** beauté, courage matchless, unequalled, peerless

égalable [egalabl] adj ◆ **difficilement égalable** difficult to equal ou match

également [egalmɑ̃] → SYN adv (sans aspérités) evenly; (sans préférence) equally; (aussi) also, too, as well ◆ **elle lui a également parlé** (elle aussi) she also ou too spoke to him; (à lui aussi) she spoke to him as well ou too

égaler [egale] → SYN ▸ conjug 1 ◂ **1** vt **a** personne, record to equal (*en* in) ◆ (Math) **2 plus 2 égalent 4** 2 plus 2 equals 4 ◆ **personne ne l'a encore égalé en adresse** so far there has been no one to equal ou match his skill, so far no one has equalled him in skill ou matched him for skill ◆ **son intégrité égale sa générosité** his generosity is matched ou equalled by his integrity, his integrity matches ou equals his generosity

b (comparer) **égaler qn à** to rank sb with ◆ **c'est un bon compositeur mais je ne l'égalerais pas à Ravel** he's a good composer but I wouldn't rank him with ou put him beside Ravel

c (†: rendre égal) **la mort égale tous les êtres** death makes all men equal ou levels all men

2 **s'égaler** vpr ◆ **s'égaler à** (se montrer l'égal de) to equal, be equal to; (se comparer à) to liken o.s. to, compare o.s. to

égalisateur, -trice [egalizatœʀ, tʀis] adj equalizing ◆ (Sport) **le but égalisateur** the equalizer (Brit), the tying goal (US) ◆ (Tennis) **le jeu égalisateur** the game which evened (up) the score

égalisation [egalizasjɔ̃] nf (Sport) equalization (Brit), tying (US); [sol, revenus] levelling ◆ (Sport) **c'est l'égalisation** they've scored the equalizer (Brit) ou the equalizing (Brit) ou tying (US) goal, they've equalized (Brit) ou tied (US)

égaliser [egalize] → SYN ▸ conjug 1 ◂ **1** vt chances to equalize, make equal; cheveux to straighten up; sol, revenus to level (out)

2 vi (Sport) to equalize (Brit), tie (US)

3 **s'égaliser** vpr [chances] to become (more) equal; [sol] to level (out), become (more) level

égaliseur [egalizœʀ] nm ◆ **égaliseur graphique** graphic equalizer

égalitaire [egalitɛʀ] → SYN adj egalitarian

égalitarisme [egalitaʀism] nm egalitarianism

égalitariste [egalitaʀist] adj, nmf egalitarian

égalité [egalite] → SYN GRAMMAIRE ACTIVE 5.4 nf **a** [chances, hommes] equality; (Math) identity; [climat] equableness, equability; [pouls] regularity; [surface] evenness, levelness ◆ (Gram) **comparatif d'égalité** comparative of similar degree ◆ **égalité d'humeur** evenness of temper, equableness, equanimity ◆ **égalité d'âme** equanimity ◆ **à égalité de qualification on prend le plus âgé** in the case of equal qualifications we take the oldest ◆ **égalité des chances** equality of opportunity

b (Sport) **être à égalité** (après un but) to be equal; (fin du match) to draw (Brit), tie (US) ◆ (Sport) **ils sont à égalité** the score is ou the scores are even; (Tennis: à 40/40) to be at deuce ◆ (Tennis) **« égalité ! »** "deuce!" → **pied**

égard [egaʀ] nm **a** (respect) **égards** consideration ◆ **il la reçut avec de grands égards** he welcomed her with every ou great consideration ◆ **il a beaucoup d'égards pour sa femme** he shows great consideration for his wife, he's very considerate to(wards) his wife ◆ **manquer d'égards envers qn** to be inconsiderate to(wards) sb, show a lack of consideration for sb ◆ **vous n'avez aucun égard pour votre matériel** you have no respect for your equipment

b **à l'égard de:** (envers) **aimable à l'égard des enfants** friendly towards children ◆ (contre) **des mesures ont été prises à son égard** measures have been taken concerning him ou with regard to him ◆ (en ce qui concerne) **à l'égard de ce que vous me dites ...** concerning ou regarding ou with regard to what you tell me ... ◆ (†: en comparaison de) **il est médiocre à l'égard de l'autre** he is mediocre in comparison with ou compared with the other

c LOC **par égard pour** out of consideration for ◆ **sans égard pour** without regard for, without considering ◆ **à tous égards** in all respects ◆ **à certains égards** in certain respects ◆ **à cet / aucun égard** in this / no respect ◆ (frm) **eu égard à** in view of, considering ◆ **avoir égard à qch** to take sth into account ou consideration

égaré, e [egaʀe] → SYN (ptp de **égarer**) adj **a** voyageur lost; animal stray (épith), lost; obus stray (épith) → **brebis**

b air, regard distraught, wild

égarement [egaʀmɑ̃] → SYN nm **a** (littér: trouble affectif) distraction ◆ **égarement de l'esprit** mental distraction ◆ **dans un moment d'égarement** in a moment of madness

b (littér: dérèglements) **égarements** aberrations ◆ **revenir de ses égarements** to return to the straight and narrow

égarer [egaʀe] → SYN ▸ conjug 1 ◂ **1** vt **a** voyageur to lead out of his way; enquêteurs to mislead; (moralement) jeunes, esprits to lead astray ◆ (frm) **la douleur vous égare** you are distraught ou distracted with grief

b objet to mislay

2 **s'égarer** vpr **a** [voyageur] to lose one's way, get lost, lose o.s.; [colis, lettre] to get lost, go astray; [discussion, auteur] to wander from the point ◆ **ne nous égarons pas!** let's stick to the point!, let's not wander from the point! ◆ **il s'égare dans des détails** he loses himself ou he gets lost in details ◆ **une espèce d'original égaré dans notre siècle** an eccentric sort of fellow who seems lost ou who seems out of place in the age we live in ◆ (fig, Rel) **s'égarer du droit chemin** to wander ou stray from the straight and narrow ◆ **quelques votes socialistes se sont égarés sur ce candidat d'extrême droite** a few Socialist votes have been lost to the candidate of the far right

b (perdre la raison) to lose one's reason ◆ **mon esprit s'égare à cette pensée** the thought of it makes me feel quite distraught

égayement [egɛjmɑ̃] nm ⇒ **égaiement**

égayer [egeje] → SYN ▸conjug 8◂ **1** vt personne (remonter) to cheer up*, brighten up; (divertir) to amuse, cheer up*; pièce to brighten up; conversation to enliven, liven up, brighten up

2 **s'égayer** vpr to make merry ◆ **s'égayer aux dépens de qn** to amuse o.s. at sb's expense, make sb an object of fun ◆ **s'égayer à voir ...** to be highly amused ou entertained at seeing ...

Égée [eʒe] adj ◆ **la mer Égée** the Aegean Sea ◆ **îles de la mer Égée** Aegean Islands

égéen, -enne [eʒeɛ̃, ɛn] adj peuples Aegean

Égérie [eʒeʀi] nf (Hist) Egeria ◆ **égérie** (fig) [poète] oracle; [voleurs] mastermind ◆ **la police a arrêté l'égérie de la bande** the police have arrested the woman (ou girl) who masterminded the gang ou who was the brains ou driving force behind the gang

égide [eʒid] → SYN nf ◆ **sous l'égide de** under the aegis of

églantier [eglɑ̃tje] nm wild ou dog rose(bush)

églantine [eglɑ̃tin] nf wild ou dog rose, eglantine

églefin [egləfɛ̃] nm ⇒ **aiglefin**

église [egliz] → SYN nf **a** (bâtiment) church ◆ **église abbatiale** abbey church ◆ **église paroissiale** parish church ◆ **aller à l'église** to go to church ◆ **il est à l'église** (pour l'office) he's at ou in church; (en curieux) he's in the church ◆ **se marier à l'église** to get married in church, have a church wedding

b (secte, clergé) **l'Église** the Church ◆ **l'Église militante / triomphante / souffrante** the Church militant / triumphant / expectant ◆ **l'Église anglicane** the Church of England, the Anglican Church ◆ **l'Église catholique** the Church of Rome, the Roman Catholic Church ◆ **l'Église réformée** the Reformed Church ◆ **l'Église orthodoxe** the Greek Orthodox Church ◆ **l'Église de France / Rome** The Church of France / Rome → **gens**[1], **homme**

églogue [eglɔg] → SYN nf eclogue

ego [ego] nm (Philos, Psych) ego

égocentrique [egosɑ̃tʀik] **1** adj egocentric, self-centred

2 nmf egocentric ou self-centred person

égocentrisme [egosɑ̃tʀism] nm (gén) egocentricity, self-centredness; (Psych) egocentricity

égocentriste [egosɑ̃tʀist] adj, nmf ⇒ **égocentrique**

égoïne [egɔin] nf ◆ **(scie) égoïne** handsaw

égoïsme [egɔism] → SYN nm selfishness, egoism

égoïste [egɔist] → SYN **1** adj selfish, egoistic

2 nmf selfish person, egoist

égoïstement [egɔistəmɑ̃] adv selfishly, egoistically

égorgement [egɔʀʒəmɑ̃] nm ◆ **l'égorgement d'un mouton / prisonnier** slitting ou cutting of a sheep's / prisoner's throat

égorger [egɔʀʒe] → SYN ▸conjug 3◂ vt (lit) to slit ou cut the throat of; (* fig) débiteur, client to bleed white

égorgeur, -euse [egɔʀʒœʀ, øz] nm,f cutthroat

égosiller (s') [egozije] → SYN ▸conjug 1◂ vpr (crier) to shout o.s. hoarse; (chanter fort) to sing at the top of one's voice (Brit) ou lungs (US)

égotisme [egɔtism] → SYN nm egotism

égotiste [egɔtist] **1** adj (littér) egotistic(al)

2 nmf egotist

égout [egu] → SYN nm sewer ◆ **réseau** ou **système d'égouts** sewerage system ◆ **eaux d'égout** sewage ◆ [eaux usées] **aller à l'égout** to go down the drain ◆ **égout pluvial** storm drain ou sewer → **tout**

égoutier [egutje] nm sewer worker

égouttage [egutaʒ] nm (→ **égoutter** 1) straining; wringing out; draining

égouttement [egutmɑ̃] nm (→ **égoutter** 2) draining, dripping

égoutter [egute] ▸conjug 1◂ **1** vt légumes (avec une passoire) to strain; linge (en le tordant) to wring out; fromage to drain

2 vi [vaisselle] to drain, drip; [linge, eau] to drip ◆ **faire égoutter l'eau** to drain off the water ◆ **mettre le linge à égoutter** to hang up the washing to drip ◆ **« laver à la main et laisser égoutter »** "wash by hand and drip dry"

3 **s'égoutter** vpr [arbre, linge, eau] to drip; [vaisselle] to drain, drip

égouttoir [egutwaʀ] → SYN nm [vaisselle] (intégré dans l'évier) draining (Brit) ou drain (US) board; (mobile) draining rack (Brit), drainer (US), dish rack (US); [légumes] strainer, colander

égoutture [egutyʀ] nf drippings, drops

égrapper [egʀape] ▸conjug 1◂ vt fruit to stem

égratigner [egʀatiɲe] → SYN ▸conjug 1◂ vt peau to scratch, graze; genou to graze, scrape; (fig) adversaire to have a dig at ◆ **le film / l'auteur s'est fait égratigner par la critique** the film / the author was given a bit of a rough ride by the critics

égratignure [egʀatiɲyʀ] → SYN nf (→ **égratigner**) scratch; graze; scrape ◆ **il s'en est sorti sans une égratignure** he came out of it without a scratch ou unscathed ◆ **ce n'était qu'une égratignure faite à son amour-propre** it was only a dig at his self-esteem

égrènement [egʀɛnmɑ̃] nm ◆ **l'égrènement des heures / minutes** marking out the hours / minutes ◆ **l'égrènement des hameaux le long de la vallée** the hamlets dotted along the valley

égrener [egʀəne] → SYN ▸conjug 5◂ **1** vt **a** (lit) pois to shell, pod; blé, maïs, épi to shell; coton to gin; grappe to pick grapes off ◆ **égrener des raisins** to pick grapes off the bunch

b (fig) **égrener son chapelet** to tell one's beads (†, littér), say the rosary ◆ **la pendule égrène les heures** the clock marks out the hours

2 **s'égrener** vpr [raisins] to drop off the bunch; [blé] to drop off the stalk; (fig) [rire] to ripple out ◆ **les maisons s'égrenaient le long de la route** the houses were dotted along the road ◆ **les notes cristallines du piano s'égrenaient dans le silence** the crystal notes of the piano fell one by one on the silence

égreneuse [egʀənøz] nf [céréales] corn-sheller; [coton] gin

égrillard, e [egʀijaʀ, aʀd] → SYN adj ton, regard ribald; plaisanterie, rire, propos ribald, bawdy

égrisé [egʀize] nm, **égrisée** [egʀize] nf bo(a)rt, bortz

égriser [egʀize] ▸conjug 1◂ vt gemme, glace to grind

égrugeoir [egʀyʒwaʀ] → SYN nm mortar

égruger [egʀyʒe] → SYN ▸conjug 3◂ vt to pound, crush

égueuler [egœle] ▸conjug 1◂ vt pot to break the opening of

Égypte [eʒipt] nf Egypt ◆ **République arabe d'Égypte** Arab Republic of Egypt ◆ **la basse / haute Égypte** Lower / Upper Egypt

égyptien, -ienne [eʒipsjɛ̃, jɛn] **1** adj Egyptian

2 nm,f ◆ **Égyptien(ne)** Egyptian

égyptologie [eʒiptɔlɔʒi] nf Egyptology

égyptologue [eʒiptɔlɔg] nmf Egyptologist

eh [ˈe, ɛ] excl hey ◆ **eh oui! / non!** I'm afraid so! / not! ◆ **eh bien** well

éhonté, e [eɔ̃te] → SYN adj action shameless, brazen; menteur, mensonge shameless, barefaced, brazen

eider [edɛʀ] nm eider

eidétique [ɛjdetik] adj eidetic

Eiffel [efɛl] n Eiffel ◆ (Archit) **la tour Eiffel** the Eiffel Tower

einsteinien, -ienne [ɛnstajnjɛ̃, ɛn] adj Einsteinian

einsteinium [ɛnstɛnjɔm] nm einsteinium

Eire [ɛʀ] nf Eire

éjaculateur [eʒakylatœʀ] nm ◆ **c'est un éjaculateur précoce** he suffers from premature ejaculation

éjaculation [eʒakylasjɔ̃] → SYN nf (Physiol) ejaculation ◆ **éjaculation précoce** premature ejaculation

éjaculer [eʒakyle] ▸conjug 1◂ vi (Physiol) to ejaculate

éjectable [eʒɛktabl] adj → **siège**[1]

éjecter [eʒɛkte] → SYN ▸conjug 1◂ **1** vt (Tech) to eject; personne to throw out; (*: congédier) to kick out*, chuck out‡ ◆ **se faire éjecter** (dans un accident) to get thrown out; (*: être congédié) to get o.s. kicked* ou chucked‡ out

2 **s'éjecter** vpr [pilote] to eject

éjecteur [eʒɛktœʀ] nm [fluide, pièce] ejector

éjection [eʒɛksjɔ̃] → SYN nf (Tech) ejection; kicking-out*, chucking-out‡

élaboration [elabɔʀasjɔ̃] → SYN nf (→ **élaborer**) (careful) working-out; elaboration; development

élaborer [elabɔʀe] → SYN ▸conjug 1◂ vt plan, système to work out (carefully), elaborate, develop, map out; bile, sève, aliments to elaborate

élæis [eleis] nm ⇒ **éléis**

élagage [elagaʒ] → SYN nm (lit, fig) pruning

élaguer [elage] → SYN ▸conjug 1◂ vt (lit, fig) to prune

élagueur, -euse [elagœʀ, øz] nm,f pruner

élan[1] [elɑ̃] → SYN nm (Zool) elk, moose

élan[2] [elɑ̃] → SYN nm **a** (début de course) run up ◆ **prendre son élan** to take a run up ◆ **saut avec / sans élan** running / standing jump ◆ **ils ont couru jusque chez eux d'un seul élan** they dashed home without stopping (once) ◆ (fig) **l'élan du clocher vers le ciel** the thrust of the steeple towards the sky, the soaring steeple pointing heavenwards

b (vitesse acquise) momentum ◆ **prendre de l'élan** [coureur] to gather speed ◆ **perdre son élan** to lose one's momentum ◆ **il a continué dans** ou **sur son élan** he continued to run at the same pace ou speed ◆ **rien ne peut arrêter son élan** nothing can check ou stop his pace ou momentum ◆ **emporté par son propre élan** (lit) carried along by his own impetus ou momentum; (fig) carried away on ou by the tide of his own enthusiasm

c (poussée, transport) **élan de** enthousiasme, colère surge of ou rush ou burst of ◆ **dans un élan de générosité** in a fit of generosity ◆ **les élans de l'imagination** flights of fancy ◆ **les rares élans (de tendresse) qu'il avait vers elle** the few surges ou rushes of affection he felt for her ◆ **les élans lyriques de l'orateur** the lyrical outbursts of the speaker ◆ **maîtriser les élans de son cœur** to quell the ardent impulses of one's heart ◆ **dire qch avec élan** to say sth with fervour ou passion

d (ardeur) vigour, spirit, élan ◆ **élan patriotique** patriotic fervour ◆ **l'élan des troupes** the vigour ou spirit ou élan of the troops

e (dynamisme) boost ◆ **redonner de l'élan** ou **donner un nouvel élan à une politique / une institution / l'économie** to give a fresh boost* to a policy / an institution / the economy

élancé, e [elɑ̃se] → SYN (ptp de **élancer**[2]) adj clocher, colonne, taille slender

élancement [elɑ̃smɑ̃] → SYN nm (Méd) shooting ou sharp pain ◆ (littér) **élancement de l'âme** yearning of the soul

élancer[1] [elɑ̃se] ▸conjug 3◂ vi [blessure] to give shooting ou sharp pains ◆ **mon doigt m'élance** I get shooting ou sharp pains in my finger

élancer[2] [elɑ̃se] [→ SYN] ▸conjug 3◂ **1** vt ◆ (littér) **le clocher élance sa flèche vers le ciel** the church steeple soars up ou thrusts upwards into the sky
2 **s'élancer** vpr **a** (se précipiter) to rush forward; (prendre son élan) to take a run up ◆ **s'élancer au-dehors** to rush ou dash outside ◆ **s'élancer comme une flèche vers** to dart towards ◆ **s'élancer d'un bond sur** to leap onto ◆ **s'élancer au secours de qn** to rush ou dash to help sb ◆ **s'élancer à la poursuite de qn** to hurl o.s. in pursuit of sb, hurl o.s. ou dash after sb ◆ **s'élancer vers qn** to leap ou dash towards sb ◆ **s'élancer sur qn** to hurl ou throw o.s. at sb, rush at sb ◆ **s'élancer à l'assaut d'une montagne / forteresse** to launch an attack on a mountain / fortress
b (littér: se dresser) to soar ou thrust (upwards) ◆ **la tour s'élance vers le ciel** the tower soars ou thrusts up into the sky

élargir [elaʀʒiʀ] [→ SYN] ▸conjug 2◂ **1** vt **a** rue to widen; robe to let out; souliers to stretch, widen; (fig) débat, connaissances to broaden, widen ◆ (Pol) **majorité élargie** increased majority ◆ **ça lui élargit la taille** that makes her waist look fatter ◆ **une veste qui élargit les épaules** a jacket that makes the shoulders look broader ou wider ◆ **élargir son horizon** to enlarge ou widen one's horizons
b (Jur: libérer) to release, free
2 **s'élargir** vpr [vêtement] to stretch, get wider ou broader; [route] to widen, get wider; (fig) [esprit, débat] to broaden; [idées] to broaden, widen

élargissement [elaʀʒismɑ̃] [→ SYN] nm (→ **élargir**) widening; letting-out; stretching; broadening; release, freeing

élasticimétrie [elastisimetʀi] nf (Sci) elastometry

élasticité [elastisite] [→ SYN] nf (→ **élastique**) elasticity; spring, buoyancy; flexibility; accommodating nature

élastine [elastin] nf elastin

élastique [elastik] [→ SYN] **1** adj objet elastic; démarche springy, buoyant; sens, esprit, principes flexible; (péj) conscience accommodating; règlement elastic, flexible; (Écon) offre, demande elastic ◆ (Couture) **taille élastique** elasticated waist
2 nm (de bureau) elastic ou rubber band; (pour couture, jeu etc) elastic (NonC) ◆ **en élastique** elasticated, elastic → **lâcher, saut**

élastomère [elastɔmɛʀ] nm elastomer

Elbe [ɛlb] nf ◆ **l'île d'Elbe** (the isle of) Elba ◆ (fleuve) **l'Elbe** the Elbe

Eldorado [ɛldɔʀado] nm El Dorado

éléatique [eleatik] adj Eleatic

électeur, -trice [elɛktœʀ, tʀis] nm,f **a** (Pol) (gén) voter, elector; (dans une circonscription) constituent ◆ **le député et ses électeurs** ≃ the member of parliament and his constituents ◆ (corps électoral) **les électeurs** the electorate, the voters → **grand**
b (Hist) **Électeur** Elector ◆ **Électrice** Electress

électif, -ive [elɛktif, iv] adj (Pol) elective

élection [elɛksjɔ̃] [→ SYN] nf **a** (Pol, gén) election ◆ **jour des élections** polling ou election day ◆ **se présenter aux élections** to stand ou run (US) as a candidate (in the election) ◆ **l'élection présidentielle** the presidential election ◆ **élection partielle** ≃ by(e)-election ◆ **élections législatives** ≃ general election ◆ **élections municipales** municipal elections ◆ **élections régionales** ≃ local (government) elections ◆ **élections cantonales** cantonal elections
b (littér: choix) choice ◆ **lieu / patrie d'élection** place / country of one's (own) choosing ou choice ◆ **la France est une patrie** ou **terre d'élection pour les poètes** France is a country much favoured by poets ◆ (Jur) **élection de domicile** choice of residence

électoral, e, mpl **-aux** [elɛktɔʀal, o] adj affiche, réunion election (épith) ◆ **campagne électorale** election ou electoral campaign ◆ **pendant la période électorale** during election time, during the run-up to the election ◆ **il m'a promis son soutien électoral** he promised me his backing in the election → **agent, circonscription, corps**

électoralisme [elɛktɔʀalism] nm electioneering

électoraliste [elɛktɔʀalist] adj electioneering

électorat [elɛktɔʀa] nm **a** (électeurs) electorate; (dans une circonscription) constituency; (droit de vote) franchise ◆ **l'électorat socialiste** the voters for the Socialist party, the socialist vote
b (Hist: principauté) electorate

Électre [elɛktʀ] nf Electra

électret [elɛktʀɛ(t)] nm electret

électricien, -ienne [elɛktʀisjɛ̃, jɛn] nm,f electrician

électricité [elɛktʀisite] [→ SYN] nf electricity ◆ **allumer l'électricité** to turn ou switch ou put the light on ◆ **ça marche à l'électricité** it runs on electricity, it's electrically operated ◆ **refaire l'électricité** to rewire the house (ou shop etc) ◆ **électricité statique** static electricity ◆ (fig) **il y a de l'électricité dans l'air*** the atmosphere is electric → **panne**[1]

électrification [elɛktʀifikasjɔ̃] nf electrification

électrifier [elɛktʀifje] ▸conjug 7◂ vt to electrify ◆ **électrifier un village** to bring electricity ou electric power to a village

électrique [elɛktʀik] adj (lit) electric(al); (fig) electric ◆ **bleu électrique** electric blue ◆ **j'ai les cheveux électriques*** I've got static electricity in my hair, my hair's full of static

électriquement [elɛktʀikmɑ̃] adv electrically

électrisable [elɛktʀizabl] adj foule easily roused; substance chargeable, electrifiable

électrisant, e [elɛktʀizɑ̃, ɑ̃t] adj (fig) discours, contact electrifying

électrisation [elɛktʀizasjɔ̃] nf [substance] charging, electrifying

électriser [elɛktʀize] [→ SYN] ▸conjug 1◂ vt substance to charge, electrify; audience to electrify, rouse

électroacousticien, -ienne [elɛktʀoakustisjɛ̃, jɛn] **1** adj acoustoelectronic, electroacoustic
2 nm,f acoustoelectronic ou electroacoustic engineer

électroacoustique [elɛktʀoakustik] nf acoustoelectronics (sg), electroacoustics (sg)

électroaimant [elɛktʀoɛmɑ̃] nm electromagnet

électrocardiogramme [elɛktʀokaʀdjɔgʀam] nm electrocardiogram

électrocardiographe [elɛktʀokaʀdjɔgʀaf] nm electrocardiograph

électrocardiographie [elɛktʀokaʀdjɔgʀafi] nf electrocardiography

électrocardiographique [elɛktʀokaʀdjɔgʀafik] adj electrocardiographic

électrocautère [elɛktʀokɔtɛʀ] nm electrocautery, galvanocautery

électrochimie [elɛktʀoʃimi] nf electrochemistry

électrochimique [elɛktʀoʃimik] adj electrochemical

électrochoc [elɛktʀoʃɔk] nm (procédé) electric shock treatment, electroconvulsive therapy (spéc) ◆ **on lui a fait des électrochocs** he was given electric shock treatment ou ECT

électrocinétique [elɛktʀosinetik] **1** adj electrokinetic
2 nf electrokinetics (sg)

électrocoagulation [elɛktʀokɔagylasjɔ̃] nf electrocoagulation

électrocuter [elɛktʀɔkyte] ▸conjug 1◂ **1** vt to electrocute
2 **s'électrocuter** vpr to electrocute o.s.

électrocution [elɛktʀɔkysjɔ̃] nf electrocution

électrode [elɛktʀɔd] nf electrode

électrodéposition [elɛktʀodepozisjɔ̃] nf electrodeposition

électrodiagnostic [elɛktʀodjagnɔstik] nm electrodiagnosis

électrodynamique [elɛktʀodinamik] **1** adj electrodynamic
2 nf electrodynamics (sg)

électrodynamomètre [elɛktʀodinamɔmɛtʀ] nm electrodynamometer

électro-encéphalogramme, pl **électro-encéphalogrammes** [elɛktʀoɑ̃sefalɔgʀam] nm electroencephalogram

électro-encéphalographie, pl **électro-encéphalographies** [elɛktʀoɑ̃sefalɔgʀafi] nf electroencephalography

électrofaible [elɛktʀofɛbl] adj electroweak

électrogène [elɛktʀɔʒɛn] adj (Zool) electric → **groupe**

électroluminescence [elɛktʀolyminesɑ̃s] nf electroluminescence

électroluminescent, e [elɛktʀolyminesɑ̃, ɑ̃t] adj electroluminescent

électrolyse [elɛktʀɔliz] nf electrolysis

électrolyser [elɛktʀɔlize] ▸conjug 1◂ vt to electrolyse

électrolyseur [elɛktʀɔlizœʀ] nm electrolyser

électrolyte [elɛktʀɔlit] nm electrolyte

électrolytique [elɛktʀɔlitik] adj electrolytic(al)

électromagnétique [elɛktʀomaɲetik] adj electromagnetic

électromagnétisme [elɛktʀomaɲetism] nm electromagnetism

électromécanicien, -ienne [elɛktʀomekanisjɛ̃, jɛn] nm,f electromechanical engineer

électromécanique [elɛktʀomekanik] **1** adj electromechanical
2 nf electromechanical engineering

électroménager [elɛktʀomenaʒe] **1** adj appareil (household ou domestic) electrical
2 nm household ou domestic (electrical) appliances

électroménagiste [elɛtʀomenaʒist] nmf dealer in household ou domestic (electrical) appliances

électrométallurgie [elɛktʀometalyʀʒi] nf electrometallurgy

électrométallurgique [elɛktʀometalyʀʒik] adj electrometallurgical

électromètre [elɛktʀɔmɛtʀ] nm electrometer

électrométrie [elɛktʀɔmetʀi] nf electrometry

électromoteur, -trice [elɛktʀomɔtœʀ, tʀis] **1** adj electromotive
2 nm electric motor, electromotor

électron [elɛktʀɔ̃] nm electron

électronégatif, -ive [elɛktʀonegatif, iv] adj electronegative

électronicien, -ienne [elɛktʀɔnisjɛ̃, jɛn] nm,f electronics engineer

électronique [elɛktʀɔnik] [→ SYN] **1** adj (gén) electronic; optique, télescope, microscope electron (épith)
2 nf electronics (sg)

électronucléaire [elɛktʀonykleɛʀ] **1** adj nuclear power (épith)
2 nm nuclear power

électronvolt [elɛktʀɔ̃vɔlt] nm electronvolt

électrophile [elɛktʀɔfil] adj electrophilic

électrophone [elɛktʀɔfɔn] nm record player

électrophorèse [elɛktʀɔfɔʀɛz] nf electrophoresis, cataphoresis

électrophysiologie [elɛktʀofizjɔlɔʒi] nf electrophysiology

électroponcture [elɛktʀopɔ̃ktyʀ] nf electropuncture

électropositif, -ive [elɛktʀɔpozitif, iv] adj electropositive

électropuncture [elɛktʀopɔ̃ktyʀ] nf ⇒ **électroponcture**

électroscope [elɛktʀɔskɔp] nm electroscope

électrostatique [elɛktʀostatik] **1** adj electrostatic
2 nf electrostatics (sg)

électrostriction [elɛktʀostʀiksjɔ̃] nf electrostriction

électrotechnique [elɛktʀotɛknik] nf electrotechnics (sg), electrotechnology, electrical engineering ◆ **institut électrotechnique** institute of electrical engineering

électrothérapie [elɛktʀoteʀapi] nf electrotherapy

électrothermie [elɛktʀotɛʀmi] nf (science) electrothermics (sg)

électrothermique [elɛktʀotɛʀmik] adj electrothermal, electrothermic

électrovalence [elɛktʀovalɑ̃s] nf electrovalency, electrovalence

électrovanne [elɛktʀovan] nf electromagnetic valve

électrum [elɛktʀɔm] nm electrum

élégamment [elegamɑ̃] adv elegantly

élégance [elegɑ̃s] → SYN nf (→ **élégant**) elegance; stylishness, smartness; generosity, handsomeness; neatness ◆ **élégances (de style)** ornaments (of style) ◆ **perdre avec élégance** to be a graceful loser ◆ **l'élégance féminine** feminine elegance ◆ (Aut) **concours d'élégance** *parade of elegant women in beautiful cars,* ≃ concours d'élégance ◆ **il aurait pu avoir l'élégance de s'excuser** he might have had the good grace to apologize

élégant, e [elegɑ̃, ɑ̃t] → SYN **1** adj personne, toilette elegant, stylish, smart; conduite generous, handsome; solution elegant, neat ◆ **user de procédés peu élégants** to use crude methods ◆ **c'était une façon élégante de le remettre à sa place** it was a neat way of putting him in his place
2 nm (†: dandy) elegant ou stylish man, man of fashion
3 **élégante** nf (†) elegant ou stylish woman, woman of fashion

élégiaque [eleʒjak] → SYN adj elegiac

élégie [eleʒi] nf elegy

élégir [eleʒiʀ] → SYN ▸conjug 2◂ vt to fine (down)

éléis [eleis] nm oil palm

élément [elemɑ̃] → SYN nm **a** (composante) [structure, ensemble] element, component; [problème] element; [mélange] ingredient, element; [réussite] factor, element; [machine, appareil] part, component ◆ **élément comique (d'un roman)** comic element (of a novel) ◆ **l'élément révolutionnaire était bien représenté** the revolutionary element was well represented ◆ **éléments de rangement** storage units ◆ **éléments de cuisine / de bibliothèque** kitchen / bookshelf units ◆ (Mil) **éléments blindés / aéroportés** armoured / airborne units
b (Chim) element ◆ (Chim) **l'élément hydrogène** the element hydrogen
c (Tech) [pile] cell
d (fait) fact ◆ **nous manquons d'éléments** we lack information ou facts ◆ **aucun élément nouveau n'est survenu** there have been no new developments, no new facts have come to light ◆ (Mil) **éléments de tir** range data
e (individu) **c'est le meilleur élément de ma classe** he's the best pupil in my class ◆ **bons et mauvais éléments** good and bad elements ◆ **éléments subversifs / ennemis** subversive / hostile elements
f (rudiments) **éléments** basic principles, rudiments, elements ◆ **il a quelques éléments de chimie** he has some elementary knowledge of chemistry ◆ (titre d'ouvrage) **"Éléments de Mécanique"** "Elements of Mechanics, Elementary Mechanics"
g (milieu) element ◆ **les quatre éléments** the four elements ◆ (littér) **les éléments (naturels)** the elements (littér) ◆ (littér) **l'élément liquide** the liquid element (littér) ◆ **quand on parle d'électronique il est dans son élément*** when you talk about electronics he's in his element ◆ **parmi ces artistes il ne se sentait pas dans son élément*** he didn't feel at home ou he felt like a fish out of water among those artists

élémentaire [elemɑ̃tɛʀ] → SYN adj **a** (facile) problème elementary; (de base) notion elementary, basic; forme rudimentary, basic; (Scol) cours, niveau elementary; (évident) précaution elementary, basic ◆ **c'est élémentaire!** it's elementary! ◆ **la plus élémentaire courtoisie / discrétion veut que ...** elementary ou basic ou simple courtesy / discretion demands that ...
b (Chim) elemental ◆ (Nucl Phys) **particules élémentaires** elementary ou fundamental particles

Éléonore [eleɔnɔʀ] nf Eleanor

éléphant [elefɑ̃] → SYN nm elephant ◆ **éléphant femelle** cow elephant ◆ **éléphant d'Asie / d'Afrique** Indian / African elephant ◆ **éléphant de mer** sea elephant, elephant seal ◆ **comme un éléphant dans un magasin de porcelaine** like a bull in a china shop ◆ (fig) **les éléphants du parti** the party old guard

éléphanteau, pl **éléphanteaux** [elefɑ̃to] nm baby elephant

éléphantesque [elefɑ̃tɛsk] adj (énorme) elephantine, gigantic

éléphantiasique [elefɑ̃tjazik] adj elephantiasic

éléphantiasis [elefɑ̃tjazis] nm elephantiasis

éléphantin, e [elefɑ̃tɛ̃, in] adj elephantine

élevage [el(ə)vaʒ] → SYN nm **a** [bétail] rearing, breeding; [porcs, chevaux, vers à soie, vin] breeding ◆ **l'élevage (du bétail)** cattle breeding ou rearing ◆ **l'élevage des abeilles** beekeeping ◆ **faire de l'élevage** to breed ou rear cattle ◆ **faire l'élevage de** to rear, breed, keep ◆ **région** ou **pays d'élevage** cattle-rearing ou -breeding area ◆ **truite / saumon d'élevage** farmed trout / salmon
b (ferme) cattle farm ◆ **élevage de poulets / de truites** poultry / trout farm

élévateur, -trice [elevatœʀ, tʀis] → SYN adj, nm,f ◆ **(muscle) élévateur** elevator ◆ **(appareil) élévateur** elevator ◆ (Élec) **(appareil** ou **transformateur) élévateur de tension** step-up transformer → **chariot**

élévation [elevasjɔ̃] → SYN nf **a** (action d'élever) [rempart, statue] putting up, erection; [objet, niveau] raising; [fonctionnaire] raising, elevation; (fig) [pensée, âme] elevation ◆ (Math) **élévation d'un nombre au carré** squaring of a number ◆ (Math) **élévation d'un nombre à une puissance** raising of a number to a power ◆ **son élévation au rang de** his being raised ou elevated to the rank of, his elevation to the rank of
b (action de s'élever) [température, niveau] rise (*de* in)
c (Rel) **l'élévation** the Elevation
d (tertre) elevation, mound ◆ **élévation de terrain** rise (in the ground)
e (Archit, Géom: coupe, plan) elevation
f (noblesse) [pensée, style] elevation, loftiness

élévatoire [elevatwaʀ] adj lifting (épith)

élève [elɛv] → SYN nmf (gén) pupil, student; [Grande École] student; (Mil) cadet ◆ **élève professeur** student teacher, trainee teacher ◆ **élève infirmière** student nurse ◆ **élève officier** officer cadet ◆ **élève-officier de réserve** officer cadet

élevé, e [el(ə)ve] → SYN (ptp de **élever**) adj **a** prix, niveau high; pertes heavy ◆ **peu élevé** prix, niveau low; pertes slight ◆ (Jur) **dommages-intérêts élevés** substantial damages
b cime, arbre tall, lofty; colline high, lofty
c rang, grade high, elevated ◆ (frm) **être de condition élevée** to be of high birth ◆ **occuper une position élevée** to hold a high position, be high-ranking
d (noble) pensée, style elevated, lofty; conception exalted, lofty; principes high (épith)
e **bien élevé** well-mannered ◆ **mal élevé** (rustre) bad-mannered, ill-mannered; (impoli) rude, impolite ◆ **espèce de mal élevé!** you rude creature! ◆ **c'est mal élevé de parler en mangeant** it's bad manners ou it's rude to talk with your mouth full

élever [el(ə)ve] → SYN ▸conjug 5◂ **1** vt **a** (éduquer) enfant to bring up, raise (US) ◆ **il a été élevé dans du coton / selon des principes vertueux** he was given a sheltered / very moral upbringing ◆ **son fils élevé maintenant** his son is grown-up now
b (faire l'élevage de) bétail to rear, breed; porcs, chevaux, vers à soie to breed; abeilles to keep; vin to produce
c (dresser) rempart, mur, statue to put up, erect, raise ◆ (littér) **la maison élevait sa masse sombre** the dark mass of the house rose up ou reared up (littér) ◆ (fig) **élever des objections / des protestations** to raise objections / a protest ◆ (fig) **élever des critiques** to make criticisms
d (hausser) édifice to raise, make higher ◆ **élever la maison d'un étage** to raise the house by one storey, make the house one storey higher
e (lever, mettre plus haut) poids, objet to lift (up), raise; niveau, taux, prix to raise; voix to raise; (littér) yeux, bras to raise, lift (up) ◆ **pompe qui élève l'eau** pump which raises water
f débat to raise the tone of ◆ **élever sa pensée jusqu'aux grandes idées** to raise one's thoughts to ou set one's thoughts on higher things ◆ **musique qui élève l'âme** elevating ou uplifting music ◆ (Rel) **élevons nos cœurs vers le Seigneur** let us lift up our hearts unto the Lord
g (promouvoir) to raise, elevate ◆ **il a été élevé au grade de** he was raised ou elevated to the rank of ◆ **chez eux l'abstinence est élevée à la hauteur d'une institution** they've given abstinence the status of an institution, they have made abstinence a way of life
h (Math) **élever une perpendiculaire** to raise a perpendicular ◆ **élever un nombre à la puissance 5** to raise a number to the power of 5 ◆ **élever un nombre au carré** to square a number
2 **s'élever** vpr **a** (augmenter) [température, niveau, prix] to rise, go up ◆ **le niveau des élèves / de vie s'est élevé** the standard of the pupils / of living has risen ou improved
b (se dresser) [montagne, tour] to rise ◆ **la tour s'élève à 50 mètres au-dessus du sol** the tower rises ou stands 50 metres above the ground ◆ **un mur s'élevait entre ces deux jardins** a wall stood between these two gardens ◆ **la cime s'élève majestueusement au-dessus des forêts** the peak rises (up) ou towers majestically above the forests
c (monter) [avion] to go up, ascend; [oiseau] to fly up, ascend ◆ **l'avion s'élevait régulièrement** the plane was climbing ou ascending regularly ◆ **la pensée s'élève vers l'absolu** thought soars ou ascends towards the Absolute ◆ **l'âme s'élève vers Dieu** the soul ascends to(wards) God ◆ **le ton s'élève, les voix s'élèvent** voices are beginning to rise
d [discussions] to arise; [objections, doutes] to be raised, arise ◆ **sa voix s'éleva dans le silence** his voice broke the silence ◆ **aucune voix ne s'éleva en sa faveur** not a (single) voice was raised in his favour
e (dans la société) to rise ◆ **s'élever jusqu'au sommet de l'échelle** to climb to the top of the ladder ◆ **s'élever à la force du poignet / par son seul travail** to work one's way up unaided / by the sweat of one's (own) brow ◆ **s'élever au-dessus des querelles** to rise above (petty) quarrels
f (protester) **s'élever contre** to rise up against
g (se bâtir) to go up, be put up ou erected ◆ **la maison s'élève peu à peu** the house is going up bit by bit ou is gradually going up
h (se monter) **s'élever à** [prix, pertes] to total, add up to, amount to

éleveur, -euse [el(ə)vœʀ, øz] → SYN **1** nm,f stockbreeder ◆ **éleveur (de bétail)** cattle breeder ou rearer ◆ **éleveur de chevaux / porcs** horse / pig breeder ◆ **éleveur de vers à soie** silkworm breeder, sericulturist (spéc) ◆ **éleveur d'abeilles** beekeeper → **propriétaire**
2 **éleveuse** nf (pour poussins) brooder

elfe [ɛlf] → SYN nm elf

élider vt, **s'élider** vpr [elide] ▸conjug 1◂ to elide ◆ **article élidé** elided article

Élie [eli] nm Elijah

éligibilité [eliʒibilite] nf (Pol) eligibility

éligible [eliʒibl] adj (Pol) eligible

élimer [elime] ▸conjug 1◂ **1** vt vêtement, tissu to wear thin
2 **s'élimer** vpr [vêtement, tissu] to wear thin, become threadbare ◆ **chemise élimée au col / aux coudes** shirt worn (thin) ou wearing thin ou (which is) threadbare at the collar / elbows

élimination [eliminasjɔ̃] → SYN nf (gén) elimination ◆ **procéder par élimination** to work by (a) process of elimination

éliminatoire [eliminatwaʀ] 1 adj épreuve eliminatory (épith) ; note, (Sport) temps disqualifying (épith)
2 nf (Sport) (eliminating ou preliminary) heat, eliminator

éliminer [elimine] → SYN ▸conjug 1◂ vt (gén, Math, Méd) to eliminate ; possibilité to rule out, eliminate, dismiss ; données secondaires to discard, eliminate ◆ (Pol) **éliminé au second tour** eliminated in the second ballot ◆ (Scol) **être éliminé à l'oral** to be eliminated ou to fail in the oral ◆ (Jeux) **éliminé !** you're out ! ◆ **éliminé en quart de finale** knocked out ou eliminated in the quarter finals ◆ **les petits exploitants seront éliminés du marché** small farmers will be forced out of the market ◆ **boire fait éliminer** drinking cleans out the system

élingue [elɛ̃g] nf (Naut) sling

élinguer [elɛ̃ge] ▸conjug 1◂ vt (Naut) to sling

élire [eliʀ] → SYN ▸conjug 43◂ vt to elect ◆ **il a été élu président** he was elected president, he was voted in as president ◆ **élire domicile** to take up residence (*à, dans* in)

Élisabeth [elizabɛt] nf ⇒ **Élizabeth**

élisabéthain, e [elizabetɛ̃, ɛn] 1 adj Elizabethan
2 nm,f ◆ **Élisabéthain(e)** Elizabethan

Élisée [elize] nm Elisha

élision [elizjɔ̃] → SYN nf elision

élitaire [elitɛʀ] adj elite (épith)

élite [elit] → SYN nf elite, élite ◆ **l'élite de** the cream ou elite of ◆ **nature** ou **âme d'élite** noble soul ◆ **sujet d'élite** first-rate person ◆ (Mil) **corps / cavalerie d'élite** crack corps / cavalry ◆ **les élites (de la nation)** the elite (of the nation) ◆ (Imprimerie) **caractères élite** elite (type) → **tireur**

élitisme [elitism] → SYN nm elitism ◆ **faire de l'élitisme** to be elitist

élitiste [elitist] → SYN adj, nmf elitist

élixir [eliksiʀ] → SYN nm elixir ◆ **élixir de longue vie** elixir of life ◆ **élixir d'amour** love potion, elixir of love ◆ **élixir parégorique** paregoric (elixir)

Élizabeth [elizabɛt] nf Elizabeth

elle [ɛl] pron pers f a (fonction sujet) (personne, nation) she ; (chose) it ; (animal, bébé) she, it ◆ **elles** they ◆ **elle est couturière** she is a dressmaker ◆ **prends cette chaise, elle est plus confortable** have this chair – it is more comfortable ◆ **je me méfie de sa chienne, elle mord** I don't trust his dog because she ou it bites ◆ **la fourmi emmagasine ce qu'elle trouve** the ant stores what it finds ◆ **elle, furieuse, a refusé** furious, she refused ◆ **la Suisse a décidé qu'elle resterait neutre** Switzerland decided that she would remain neutral ◆ **qu'est-ce qu'ils ont dit ? – elle, rien** what did they say ? – SHE said nothing ◆ **il est venu mais pas elle / elles** he came but she / they didn't, he came but not her* / them* ◆ **elle partie, j'ai pu travailler** with her gone ou after she had gone I was able to work ◆ **elle, elle n'aurait jamais fait ça** SHE would never have done that ◆ **elle renoncer ? ce n'est pas son genre** HER give up ? it wouldn't be like her → aussi **même**
b (fonction objet, souvent emphatique) (personne, nation) her ; (animal) her, it ; (chose) it ◆ **elles** them ◆ **il n'admire qu'elle** he only admires her, she's the only one he admires ◆ **je l'ai bien vue elle** I saw HER all right, I definitely saw HER ◆ **je les ai bien vus, elle et lui** I definitely saw both ou the two of them ◆ **la revoir elle ? jamais !** see HER again ? never !
c (emphatique avec qui, que) **c'est elle qui me l'a dit** she told me herself, it's she who told me ◆ (iro) **c'est elles qui le disent** that's THEIR story !, that's what THEY say ! ◆ (frm) **ce fut elle qui lança le mouvement des suffragettes** it was she ou she it was (frm) who launched the suffragette movement ◆ **voilà la pluie, et elle qui est sortie sans manteau !** here comes the rain and to think she has gone out without a coat ! ou and there she is out without a coat ! ◆ **chasse cette chienne, c'est elle qui m'a mordu** chase that dog away, it's the one that bit me ◆ **c'est elle que j'avais invitée** it's ou it was her I had invited ◆ **c'est à elle que je veux parler** it's HER I want to speak to, I want to speak to HER ◆ **il y a une chouette dans le bois, c'est elle que j'ai entendue cette nuit** there's a screech owl in the wood and that's what I heard last night
d (avec prép) (personne) her ; (animal) her, it ; (chose) it ◆ **ce livre est à elle** this book belongs to her ou is hers ◆ **ces livres sont à elles** these books belong to them ou are theirs ◆ **c'est à elle de décider** it's up to her to decide, it's her decision ◆ **c'est gentil à elle d'avoir écrit** it was kind of her to write ◆ **un ami à elle** a friend of hers, one of her friends ◆ **elle ne pense qu'à elle** she only thinks of herself ◆ **elle a une maison à elle** she has a house of her own ◆ **ses enfants à elle** her children ◆ **qu'est-ce qu'il ferait sans elle** what (on earth) would he do without her ◆ **ce poème n'est pas d'elle** this poem is not one of hers ou not one that she wrote ◆ **il veut une photo d'elle** he wants a photo of her ◆ **vous pouvez avoir confiance en elle** (femme) she is thoroughly reliable, you can have complete confidence in her ; (machine) it is thoroughly reliable
e (dans comparaisons) (sujet) she ; (objet) her ◆ **il est plus grand qu'elle / elles** he is taller than she is / they are ou than her / them ◆ **je le connais aussi bien qu'elle** (aussi bien que je la connais) I know him as well as (I know) her ; (aussi bien qu'elle le connaît) I know him as well as she does ou as well as her* ◆ **ne faites pas comme elle** don't do as ou what she does, don't do like her*
f (interrog, emphatique : gén non traduit) **Alice est-elle rentrée ?** is Alice back ? ◆ **sa lettre est-elle arrivée ?** has his letter come ? ◆ **les infirmières sont-elles bien payées ?** are nurses well paid ? ◆ **elle est loin, notre jeunesse !** it's so long since we were young ! ◆ **tu sais, ta tante, elle n'est pas très aimable !** you know your aunt ou that aunt of yours isn't very nice !

ellébore [elebɔʀ] nm hellebore

elle-même, pl **elles-mêmes** [ɛlmɛm] pron → **même**

ellipse [elips] → SYN nf (Géom) ellipse ; (Ling) ellipsis

ellipsoïdal, e, mpl **-aux** [elipsɔidal, o] adj ellipsoidal

ellipsoïde [elipsɔid] 1 nm ellipsoid
2 adj (Géom) elliptical

elliptique [eliptik] → SYN adj (Géom) elliptic(al) ; (Ling) elliptical

elliptiquement [eliptikmɑ̃] adv (Ling) elliptically

élocution [elɔkysjɔ̃] → SYN nf (débit) delivery ; (clarté) diction ◆ **défaut d'élocution** speech impediment ◆ **professeur d'élocution** elocution ou speech production (Brit) teacher

élodée [elɔde] nf elodea

éloge [elɔʒ] → SYN nm a (louange) praise ◆ **couvert d'éloges** showered with praise(s) ◆ **digne d'éloge** praiseworthy, commendable ◆ **faire des éloges à qn** to praise sb (to his face) → **tarir**
b (apologie) praise ◆ **faire l'éloge de** to praise, speak (very) highly of ◆ **son éloge n'est plus à faire** I do not need to add to his praise ◆ **c'est le plus bel éloge à lui faire** it's the highest praise one can give him ◆ **faire son propre éloge** to sing one's own praises, blow one's own trumpet* (Brit) ou horn* (US) ◆ **l'éloge que vous avez fait de cette œuvre** your praise ou commendation of this work ◆ (Littérat) **"L'Éloge de la folie"** "In Praise of Folly"
c (littér : panégyrique) eulogy ◆ **prononcer l'éloge funèbre de qn** to deliver a funeral oration in praise of sb

élogieusement [elɔʒjøzmɑ̃] adv very highly, most favourably

élogieux, -ieuse [elɔʒjø, jøz] → SYN adj laudatory, eulogistic(al) ◆ **parler de qn en termes élogieux** to speak very highly of sb, speak of sb in the most laudatory terms

éloigné, e [elwaɲe] → SYN (ptp de **éloigner**) adj a (dans l'espace) distant, remote, far-off, faraway ◆ **est-ce très éloigné de la gare ? – oui, c'est très éloigné** is it very far ou a long way (away) from the station ? – yes, it's a long way ◆ **éloigné de 3 km** 3 km away ◆ **le village est trop éloigné pour qu'on puisse y aller à pied** the village is too far away ou too far off for one to be able to walk there
b (dans le temps) époque, événement, échéance distant (*de* from), remote (*de* from) ◆ **le passé éloigné** the distant ou remote past ◆ **l'avenir éloigné** the distant ou far-off ou remote future ◆ **dans un avenir peu éloigné** in the not-too-distant future, in the near future
c parent distant ; ancêtre remote ◆ **la famille éloignée** distant relatives
d (fig) **être éloigné de** to be far from, be a long way from ◆ **sa version est très éloignée de la vérité** his version is very far from (being) the truth ◆ **un sentiment pas très éloigné de la haine** an emotion not far removed from hatred ◆ **rien n'est plus éloigné de mes pensées** nothing is ou could be farther from my thoughts ◆ **je ne suis pas très éloigné de le croire** I almost believe him, I'm not far from believing him ◆ **je suis fort éloigné de ses positions** my point of view is very far removed from his
e **tenir éloigné de** to keep away from ◆ **cette conférence m'a tenu éloigné de chez moi** the conference kept me away from home ◆ **se tenir éloigné du feu** to keep away from ou clear of the fire ◆ **se tenir éloigné du danger / des querelles** to steer ou keep clear of danger / of quarrels, keep ou stay out of the way of danger / quarrels

éloignement [elwaɲmɑ̃] → SYN nm a (action d'éloigner) [personne indésirable] taking away, removal ; [soupçons] removal, averting ; [échéance] putting off, postponement ◆ **l'éloignement des objets obtenu au moyen d'une lentille spéciale** the distancing of objects by means of a special lens ◆ **leur éloignement de la cour, ordonné par le roi** their having been ordered away ou their banishment from the court by the king
b (action de s'éloigner) [être aimé] estrangement ◆ **son éloignement des affaires** his progressive disinvolvement with business
c (état : spatial, temporel) distance ◆ **l'éloignement rapetisse les objets** distance makes objects (look) smaller ◆ **notre éloignement de Paris complique le travail** our being so far from Paris ou our distance from Paris complicates the work ◆ **en amour, l'éloignement rapproche** absence makes the heart grow fonder (Prov) ◆ **bruit étouffé par l'éloignement** noise muffled by distance ◆ **avec l'éloignement, on juge mieux les événements** one can judge events better after a lapse of time ou from a distance

éloigner [elwaɲe] → SYN ▸conjug 1◂ 1 vt a objet to move away, take away (*de* from) ◆ **éloigne ce coussin du radiateur** move ou take that cushion away from the radiator ◆ **une lentille qui éloigne les objets** a lens that distances objects ou that makes objects look distant
b personne (lit) to take away, remove (*de* from) ; (fig : exiler, écarter) to send away (*de* from) ◆ **éloigner les curieux du lieu de l'accident** to move the onlookers ou bystanders away from the scene of the accident ◆ **allumer du feu pour éloigner les bêtes sauvages** to light a fire to keep off the wild animals ◆ (fig) **éloigner qn de** être aimé, compagnons to estrange sb from ; activité to take sb away from ; tentations, carrière to take sb away from, remove sb from ◆ **son penchant pour la boisson éloigna de lui ses amis** his inclination for drink lost him his friends ou made his friends drift away from him ◆ **ce chemin nous éloigne du village** this path takes ou leads us away from the village
c souvenir, idée to banish, dismiss ; crainte to remove, dismiss ; danger to ward off, remove ; soupçons to remove, avert (*de* from)
d chose à faire, échéance, visite to put off, postpone
e (espacer) visites to make less frequent, space out
2 **s'éloigner** vpr a [tout objet en mouvement] to move away ; [orage] to go away, pass ; [bruit] to go away, grow fainter ◆ **le village s'éloignait et finit par disparaître dans la brume**

the village got further (and further) away ou grew more and more distant and finally disappeared in the mist
b [personne] (par prudence etc) to go away (*de* from); (par pudeur, discrétion) to go away, withdraw (*de* from) ◆ **s'éloigner en courant/en hâte** to run/hurry away ou off ◆ **éloignez-vous, les enfants, ça risque d'éclater!** move away ou back, children, ou stand ou get back, children, it might explode! ◆ **ne t'éloigne pas (trop) (de la voiture)** don't go (too) far ou don't go (too) far away (from the car) ◆ (fig) **s'éloigner de** être aimé, compagnons to become estranged from, grow away from; sujet traité to wander from; position prise to move away from; devoir to swerve ou deviate from ◆ **là vous vous éloignez (du sujet)** you're wandering from ou getting off the point ou subject ◆ **je la sentais s'éloigner (de moi)** I felt her becoming estranged ou growing away from me, I felt her becoming more (and more) distant ◆ **s'éloigner du droit chemin** to stray ou wander from the straight and narrow ◆ **s'éloigner de la vérité** to wander from the truth
c [souvenir, échéance] to grow more (and more) distant ou remote; [danger] to pass, go away; [craintes] to go away, retreat

élongation [elɔ̃gasjɔ̃] → SYN nf **a** (Méd) strained ou pulled muscle ◆ **les élongations font très mal** straining ou pulling a muscle is very painful, a pulled muscle is very painful ◆ **se faire une élongation** to strain ou pull a muscle ◆ **je me suis fait une élongation à la jambe** I've strained ou pulled a muscle in my leg
b (Astron) elongation; (Phys) displacement

élonger [elɔ̃ʒe] ▸ conjug 3 ◂ vt (Naut) câble to stretch out; (Méd) to strain, pull

éloquemment [elɔkamɑ̃] adv eloquently

éloquence [elɔkɑ̃s] → SYN nf eloquence ◆ **il m'a fallu toute mon éloquence pour la convaincre** I needed all the eloquence I could summon up ou muster to convince her ◆ (fig) **l'éloquence de ces chiffres rend tout commentaire superflu** these figures speak for themselves ou need no comment

éloquent, e [elɔkɑ̃, ɑ̃t] → SYN adj orateur, discours, geste eloquent ◆ (fig) **ces chiffres sont éloquents** these figures speak for themselves ◆ **une étreinte plus éloquente que toute parole** an embrace that spoke louder than any word(s), an embrace more eloquent ou meaningful than any word(s) ◆ **un silence éloquent** a silence that speaks volumes, a meaningful ou an eloquent silence

élu, e [ely] → SYN (ptp de **élire**) **1** adj (Rel) chosen; (Pol) elected
2 nm,f **a** (Pol) (député) elected member, ≃ member of parliament, M.P. (Brit); (conseiller) elected representative, councillor ◆ **les nouveaux élus** the newly elected members; the newly elected councillors ◆ **les élus locaux** the local ou town councillors ◆ **les citoyens et leurs élus** the citizens and their elected representatives
b (hum: fiancé) **l'élu de son cœur** her heart's desire (hum), her beloved ◆ **quelle est l'heureuse élue?** who's the lucky girl?
c (Rel) **les Élus** the Chosen ones, the Elect ◆ **être l'élu de Dieu** to be chosen by God

élucidation [elysidasjɔ̃] → SYN nf elucidation

élucider [elyside] → SYN ▸ conjug 1 ◂ vt to clear up, elucidate

élucubrations [elykybʀasjɔ̃] nfpl (péj) wild imaginings

élucubrer [elykybʀe] → SYN ▸ conjug 1 ◂ vt (péj) to dream up

éluder [elyde] → SYN ▸ conjug 1 ◂ vt difficulté to evade, elude; loi, problème to evade, dodge, fudge

élusif, -ive [elyzif, iv] → SYN adj (frm) elusive

élution [elysjɔ̃] nf elution

éluvial, e mpl **-iaux** [elyvjal, jo] adj eluvial

éluvion [elyvjɔ̃] nf eluvium

Élysée [elize] nm ◆ (Myth) **l'Élysée** the Elysium ◆ **(le palais de) l'Élysée** the Élysée palace, *official residence of the President of the French Republic* ◆ **les Champs Élysées** (Myth) the Elysian Fields; (à Paris) the Champs Élysées

élyséen, -enne [elizeɛ̃, ɛn] adj Elysian

élytre [elitʀ] nm (hard) outer wing, elytron (spéc)

elzévir [ɛlzeviʀ] nm Elzevir

elzévirien, -ienne [ɛlzeviʀjɛ̃, jɛn] adj Elzevirian

émaciation [emasjasjɔ̃] → SYN nf emaciation

émacié, e [emasje] → SYN (ptp de **émacier**) adj visage emaciated, wasted

émacier [emasje] ▸ conjug 7 ◂ **1** vt to emaciate
2 **s'émacier** vpr to become emaciated ou wasted

émail, pl **-aux** [emaj, o] → SYN nm (substance) enamel; (objet) piece of enamel, enamel; (Hér) colour ◆ **en** ou **d'émail** enamel(led) ◆ **cendrier en émaux** enamelled ashtray ◆ **peinture sur émail** enamel painting ◆ **faire des émaux** to do enamel work

émaillage [emajaʒ] nm enamelling

émaillé, e [emaje] (ptp de **émailler**) adj **a** (lit) enamelled
b (fig: parsemé de) **émaillé de** étoiles spangled ou studded with; fautes, citations peppered ou dotted with ◆ **voyage émaillé d'incidents** journey punctuated by unforeseen incidents

émailler [emaje] → SYN ▸ conjug 1 ◂ vt **a** (lit) to enamel
b (fig: parsemer) [étoiles] to stud, spangle ◆ **émailler un texte de citations/d'erreurs** to pepper a text with quotations/errors

émaillerie [emajʀi] nf enamelwork

émailleur, -euse [emajœʀ, øz] nm,f enameller, enamellist

émanation [emanasjɔ̃] → SYN nf **a** (odeurs) **émanations** smells, emanations ◆ **émanations fétides** fetid emanations ◆ **émanations volcaniques** volatiles ◆ **émanations toxiques** toxic fumes
b (fig) product ◆ **le pouvoir est l'émanation du peuple** power issues from the people, power is a product of the will of the people
c (Phys) emanation; (Rel) procession

émancipateur, -trice [emɑ̃sipatœʀ, tʀis] → SYN **1** adj liberating, emancipatory
2 nm,f liberator, emancipator

émancipation [emɑ̃sipasjɔ̃] → SYN nf (Jur) emancipation; [colonie, femme] liberation, emancipation

émancipé, e [emɑ̃sipe] (ptp de **émanciper**) adj emancipated, liberated

émanciper [emɑ̃sipe] → SYN ▸ conjug 1 ◂ **1** vt (Jur) to emancipate; femme to emancipate, liberate; esprit to liberate, (set) free
2 **s'émanciper** vpr [femme] to become emancipated ou liberated, liberate o.s.; [esprit, art] to become liberated, liberate ou free itself

émaner [emane] → SYN ▸ conjug 1 ◂ **émaner de** vt indir (Pol, Rel) [pouvoir etc] to issue from; [ordres, note] to come from, be issued by; [chaleur, lumière, odeur] to emanate ou issue ou come from; (fig) [charme] to emanate from, be radiated by

émargement [emaʀʒəmɑ̃] → SYN nm **a** (NonC: → **émarger**) signing; annotating ◆ **feuille d'émargement** (feuille de paye) paysheet; (feuille de présence) attendance sheet
b (signature) signature; (annotation) annotation

émarger [emaʀʒe] → SYN ▸ conjug 3 ◂ **1** vt **a** (frm) (signer) to sign; (mettre ses initiales) to initial; (annoter) to annotate
b (Typ) to trim
2 vi **a** (†: toucher son salaire) to draw one's salary ◆ **à combien émarge-t-il par mois?** what is his monthly salary?
b **émarger d'une certaine somme à un budget** to receive a certain sum out of a budget

émasculation [emaskylasjɔ̃] → SYN nf (lit, fig) emasculation

émasculer [emaskyle] → SYN ▸ conjug 1 ◂ vt (lit, fig) to emasculate

emballage [ɑ̃balaʒ] → SYN nm **a** (action d'emballer) (dans un carton etc) packing(-up); (dans du papier) wrapping(-up), doing-up ◆ **papier d'emballage** packing paper; wrapping paper
b (Comm) (boîte, carton etc) package, packaging (NonC); (papier) wrapping (NonC) ◆ (Comm) **emballage perdu/consigné** non-returnable ou one-way/returnable bottle (ou jar etc) ◆ **emballage promotionnel** flash pack

emballagiste [ɑ̃balaʒist] nmf (concepteur) packaging designer; (fabricant) packaging maker

emballant, e* [ɑ̃balɑ̃, ɑ̃t] adj thrilling

emballement [ɑ̃balmɑ̃] → SYN nm **a** (*) (enthousiasme) flight of enthusiasm; (colère) flash of anger ◆ (passade) **méfiez-vous de ses emballements** beware of his (sudden) crazes*
b [moteur] racing; [cheval] bolting
c (Écon) **cela a provoqué l'emballement du dollar/de l'économie** that caused the dollar/the economy to race out of control

emballer [ɑ̃bale] → SYN ▸ conjug 1 ◂ **1** vt **a** (empaqueter) (dans un carton, de la toile etc) to pack (up); (dans du papier) to wrap (up), do up ◆ (fig) **emballez, c'est pesé!*** it's a deal!*
b (‡: arrêter) to nick‡ (Brit), run in*
c moteur to race
d (*: enthousiasmer) [idée, film] to thrill to bits* ◆ **je n'ai pas été très emballé par ce film** I wasn't exactly carried away* by that film, that film didn't exactly thrill me to bits*
e (‡: séduire) to pick up*, get off with*
2 **s'emballer** vpr **a** (*) [personne] (enthousiasme) to get ou be carried away*, got worked up*; (colère) to fly off the handle*, go off (at) the deep end*
b [moteur] to race; [cheval] to bolt ◆ **cheval emballé** runaway ou bolting horse
c [économie, monnaie] to race out of control

emballeur, -euse [ɑ̃balœʀ, øz] → SYN nm,f packer

embarbouiller* [ɑ̃baʀbuje] ▸ conjug 1 ◂ **1** vt (troubler) to confuse, get mixed up*
2 **s'embarbouiller** vpr to get mixed up (*dans* in)

embarcadère [ɑ̃baʀkadɛʀ] → SYN nm landing stage, pier

embarcation [ɑ̃baʀkasjɔ̃] → SYN nf (small) boat, (small) craft (pl inv)

embardée [ɑ̃baʀde] → SYN nf (Aut) swerve; (Naut) yaw ◆ **faire une embardée** (Aut) to swerve; (Naut) to yaw

embargo [ɑ̃baʀgo] → SYN nm embargo ◆ **mettre l'embargo sur qch** to impose ou put an embargo on sth, embargo sth ◆ **lever l'embargo (mis sur)** to lift ou raise the embargo (on)

embarquement [ɑ̃baʀkəmɑ̃] → SYN nm [marchandises] loading; [passagers] (en bateau) embarkation, boarding; (en avion) boarding ◆ **vol 134, embarquement immédiat porte 9** flight 134 now boarding gate 9 ◆ **carte d'embarquement** boarding pass ou card ◆ (Art) **"L'Embarquement pour Cythère"** "The Embarkation for Cythera"

embarquer [ɑ̃baʀke] → SYN ▸ conjug 1 ◂ **1** vt **a** passagers to embark, take on board ◆ **je l'ai embarqué dans le train*** I saw him onto the train, I put him on the train
b cargaison (en train, gén) to load; (en bateau) to load, ship ◆ (Naut) **le navire embarque des paquets d'eau** the boat is taking in ou shipping water
c (‡) (emporter) to cart off*, lug off*; (voler) to pinch*, nick‡ (Brit); (pour emprisonner) to cart off* ou away* ◆ **se faire embarquer par la police** to get picked up by the police*
d (*: entraîner) **embarquer qn dans** to get sb mixed up in ou involved in, involve sb in ◆ **il s'est laissé embarquer dans une sale histoire** he has got (himself) mixed up in ou involved in a nasty bit of business ◆ **une affaire bien/mal embarquée** an affair that has got off to a good/bad start
2 vi **a** (aussi **s'embarquer**: partir en voyage) to embark ◆ **il a embarqué** ou **il s'est embarqué hier pour le Maroc** he sailed for Morocco yesterday
b (monter à bord) to board, go aboard ou on board
c (Naut) **le navire embarque, la mer embarque** we are ou the boat is shipping water

3 s'embarquer vpr **a** ⇒ 2a

b s'embarquer dans* aventure, affaire to embark (up)on, launch into; affaire louche to get mixed up in ou involved in

embarras [ɑ̃baʀa] → SYN nm **a** (ennui) trouble ◆ **cela constitue un embarras supplémentaire** that's yet another problem ◆ **je ne veux pas être un embarras pour vous** I don't want to be a nuisance ou trouble to you, I don't want to bother you ou get in your way ◆ **causer** ou **faire toutes sortes d'embarras à qn** to give ou cause sb no end* of trouble ou bother ◆ **ne vous mettez pas dans l'embarras pour moi** don't put yourself out ou go to any trouble for me

b (gêne) confusion, embarrassment ◆ **dit-il avec embarras** he said in some confusion ou with (some) embarrassment ◆ **il remarqua mon embarras pour répondre** he noticed that I was at a loss for a reply ou at a loss how to reply ou that I was stuck* for a reply

c (situation délicate) predicament, awkward position ◆ **mettre** ou **plonger qn dans l'embarras** to put sb in an awkward position ou on the spot* ◆ **tirer qn d'embarras** to get ou help sb out of an awkward position ou out of a predicament ◆ **être dans l'embarras** (en mauvaise position) to be in a predicament ou an awkward position; (dans un dilemme) to be in a quandary ou in a dilemma

d (gêne financière) **embarras (d'argent** ou **financiers)** financial difficulties, money worries ◆ **être dans l'embarras** to be in financial straits ou difficulties, be short of money

e (Méd) **embarras gastrique** upset stomach, stomach upset

f (†: encombrement) **embarras de circulation** ou **de voitures** (road) congestion (NonC), traffic holdup ◆ **les embarras de Paris** the congestion of the Paris streets

g (chichis, façons) **faire des embarras** to (make a) fuss, make a to-do ◆ **c'est un faiseur d'embarras** he's a fusspot*, he's always making a fuss

h elle a l'embarras du choix, elle n'a que l'embarras du choix her only problem is that she has too great a choice, her only difficulty is that of choosing ou deciding ◆ **embarras de richesses†** embarrassment of riches

embarrassant, e [ɑ̃baʀasɑ̃, ɑ̃t] → SYN adj **a** situation embarrassing, uncomfortable; problème awkward, thorny

b paquets cumbersome, awkward ◆ **ce que cet enfant peut être embarrassant!** what a hindrance this child is!, this child is always in the way!

embarrassé, e [ɑ̃baʀase] → SYN (ptp de **embarrasser**) adj **a** (gêné) personne embarrassed, ill-at-ease (attrib), self-conscious; sourire embarrassed, uneasy ◆ **être embarrassé de sa personne** to be awkward ou ill-at-ease ◆ **il était tout timide et embarrassé** he was very shy and ill-at-ease ou embarrassed ◆ **je serais bien embarrassé de choisir entre les deux** I should really be at a loss (if I had) ou I should be hard put (to it) to choose between the two

b (peu clair) explication, phrase muddled, confused

c (Méd) **avoir l'estomac embarrassé** to have an upset stomach ◆ **j'ai la langue embarrassée** my tongue is coated

d (encombré) table, corridor cluttered (up) ◆ **j'ai les mains embarrassées** my hands are full ◆ **embarrassée dans sa longue jupe** entangled in her long skirt

embarrasser [ɑ̃baʀase] → SYN ▸ conjug 1 ◂ **1** vt **a** (encombrer) [paquets] to clutter (up); [vêtements] to hinder, hamper ◆ **enlève ce manteau qui t'embarrasse** take that coat off – it's in your way ou it's hampering your movements ◆ **je ne t'embarrasse pas au moins?** are you sure I'm not bothering you? ou I'm not in your way?

b (désorienter) **embarrasser qn** to put sb in a predicament ou an awkward position ◆ **embarrasser qn par des questions indiscrètes** to embarrass sb with indiscreet questions ◆ **sa demande m'embarrasse** his request puts me in a predicament ou an awkward position ◆ **ça m'embarrasse de te le dire mais ...** I don't like to tell you this but ... ◆ **il y a quelque chose qui m'embarrasse là-dedans** there's something about it that bothers ou worries me

c (Méd) **embarrasser l'estomac** to lie heavy on the stomach

2 s'embarrasser vpr **a** (s'encombrer) **s'embarrasser de** paquets, compagnon to burden o.s. with

b (fig: se soucier) to trouble o.s. (*de* about), be troubled (*de* by) ◆ **sans s'embarrasser des détails** without troubling ou worrying about the details ◆ **en voilà un qui ne s'embarrasse pas de scrupules** there's one person for you who doesn't burden ou trouble himself with scruples

c (s'emmêler: dans un vêtement etc) to get tangled ou caught up (*dans* in) ◆ (fig) **il s'embarrasse dans ses explications** he gets in a muddle with his explanations, he ties himself in knots with his explanations*

embase [ɑ̃baz] nf [enclume] base

embastillement [ɑ̃bastijmɑ̃] nm (††, hum) imprisonment

embastiller [ɑ̃bastije] → SYN ▸ conjug 1 ◂ vt (††, hum) to imprison

embat(t)re [ɑ̃batʀ] ▸ conjug 4 ◂ vt, roue to shoe

embauche [ɑ̃boʃ] nf (action d'embaucher) taking-on, hiring; (travail disponible) vacancy ◆ **est-ce qu'il y a de l'embauche?** are there any vacancies?, are you taking anyone on? ou hiring anyone? ◆ **bureau d'embauche** employment office

embaucher [ɑ̃boʃe] → SYN ▸ conjug 1 ◂ vt to take on, hire ◆ **s'embaucher comme peintre** to get o.s. taken on ou hired as a painter ◆ **je t'embauche pour écosser les petits pois** I'll put you to work shelling the peas, you've got yourself a job shelling the peas

embaucheur, -euse [ɑ̃boʃœʀ, øz] nm,f labour (Brit) ou employment contractor

embauchoir [ɑ̃boʃwaʀ] nm shoetree

embaumé, e [ɑ̃bome] (ptp de **embaumer**) adj air fragrant, balmy (littér)

embaumement [ɑ̃bommɑ̃] nm embalming

embaumer [ɑ̃bome] → SYN ▸ conjug 1 ◂ **1** vt **a** cadavre to embalm

b (littér: parfumer) **le lilas embaumait l'air** the scent of lilac hung heavy in the air ◆ **l'air embaumait le lilas** the air was fragrant ou balmy (littér) with the scent of lilac

c (avoir l'odeur de) to smell of

2 vi [fleur] to give out a fragrance, be fragrant; [jardin] to be fragrant; [mets] to fill the air with a nice smell ◆ **ça n'embaume pas!*** it doesn't smell like roses!, it doesn't smell too sweet!

embaumeur, -euse [ɑ̃bomœʀ, øz] → SYN nm,f embalmer

embellie [ɑ̃beli] → SYN nf [temps] slight improvement (*de* in); [économie] slight improvement ou upturn (*de* in)

embellir [ɑ̃beliʀ] → SYN ▸ conjug 2 ◂ **1** vt personne, jardin to beautify, make (more) attractive; ville to smarten up (Brit), give a face lift to*; vérité, récit to embellish

2 vi [personne] to grow lovelier ou more attractive, grow in beauty (littér)

embellissement [ɑ̃belismɑ̃] → SYN nm [récit, vérité] embellishment ◆ **ce nouveau luminaire dans l'entrée est un embellissement** this new light fitting in the hall is a nice decorative touch ou is an improvement ◆ **les récents embellissements de la ville** the recent smartening-up (Brit) of the town ou improvements to the town, the recent face lift the town has been given*

emberlificoter* [ɑ̃bɛʀlifikɔte] ▸ conjug 1 ◂ **1** vt (enjôler) to get round*; (embrouiller) to mix up*, muddle (up); (duper) to hoodwink*, bamboozle*

2 s'emberlificoter vpr (dans un vêtement) to get tangled ou caught up (*dans* in) ◆ **il s'emberlificote dans ses explications** he gets in a terrible muddle ou he gets himself tied up in knots with his explanations*

embêtant, e [ɑ̃bɛtɑ̃, ɑ̃t] → SYN adj (gén) annoying; situation, problème awkward, tricky ◆ **c'est embêtant!** (ennuyeux) what a nuisance!, how annoying!; (alarmant) it's worrying!

embêtement [ɑ̃bɛtmɑ̃] → SYN nm problem, trouble ◆ **causer des embêtements à qn** to make trouble for sb

embêter [ɑ̃bete] → SYN ▸ conjug 1 ◂ **1** vt (gêner, préoccuper) to bother, worry; (importuner) to pester, bother; (irriter) to annoy, get on one's nerves*; (lasser) to bore

2 s'embêter vpr **a** (se morfondre) to be bored, be fed up* ◆ **qu'est-ce qu'on s'embête ici!** what a drag it is here!*, it's so boring here!

b (s'embarrasser) to bother o.s. (*à faire* doing) ◆ **ne t'embête pas avec ça** don't bother ou worry about that ◆ **il ne s'embête pas!** he does all right for himself!* ◆ **pourquoi s'embêter à le réparer?** why go to all the trouble ou bother of repairing it?, why bother yourself repairing it?

emblaver [ɑ̃blave] ▸ conjug 1 ◂ vt to sow (with a cereal crop)

emblavure [ɑ̃blavyʀ] nf field (sown with a cereal crop)

emblée [ɑ̃ble] → SYN adv ◆ **d'emblée** straightaway, right away, at once ◆ **détester qn d'emblée** to detest sb on sight, take an instant dislike to sb

emblématique [ɑ̃blematik] → SYN adj (lit) emblematic; (fig) symbolic

emblème [ɑ̃blɛm] → SYN nm (lit) emblem; (fig) symbol, emblem

embobeliner* [ɑ̃bɔb(ə)line], **embobiner*** [ɑ̃bɔbine] ▸ conjug 1 ◂ vt (enjôler) to get round*; (embrouiller) to mix up*, muddle (up); (duper) to hoodwink*, bamboozle* ◆ **elle sait embobiner son père** she can twist her father round her little finger, she knows how to get round her father

emboîtable [ɑ̃bwatabl] adj pièces which fit together

emboîtage [ɑ̃bwataʒ] nm [livre] (action) casing; (étui) case

emboîtement [ɑ̃bwatmɑ̃] → SYN nm fitting, interlocking

emboîter [ɑ̃bwate] → SYN ▸ conjug 1 ◂ **1** vt **a** pièces, parties to fit together, fit into each other; livre to case ◆ **emboîter qch dans** to fit sth into

b emboîter le pas à qn (lit) to follow close behind sb ou close on sb's heels; (fig: imiter) to follow suit

2 s'emboîter vpr [pièces] to fit together, fit into each other ◆ **ces 2 pièces s'emboîtent exactement** these 2 parts fit together exactly ◆ **des chaises qui peuvent s'emboîter pour le rangement** chairs that can be stacked (together) when not in use

emboîture [ɑ̃bwatyʀ] nf (Tech) fit

embolie [ɑ̃bɔli] → SYN nf embolism ◆ **embolie gazeuse / pulmonaire** gaseous / pulmonary embolism

embonpoint [ɑ̃bɔ̃pwɛ̃] → SYN nm stoutness, portliness ◆ **avoir / prendre de l'embonpoint** to be / become rather stout

embossage [ɑ̃bɔsaʒ] nm fore and aft mooring

embosser [ɑ̃bɔse] ▸ conjug 1 ◂ vt **a** (Naut) to moor fore and aft

b carte to emboss

embossure [ɑ̃bɔsyʀ] nf (amarre) fore and aft mooring rope (ou line ou cable)

emboucher [ɑ̃buʃe] ▸ conjug 1 ◂ vt instrument to raise to one's lips ◆ **emboucher un cheval** to put the bit in the mouth of a horse ◆ (fig) **mal embouché** ill-mannered

embouchoir [ɑ̃buʃwaʀ] nm [canon] barrel clamp

embouchure [ɑ̃buʃyʀ] → SYN nf [fleuve] mouth; [mors] mouthpiece; (Mus) mouthpiece, embouchure

embouquer [ɑ̃buke] vti ◆ **embouquer (un canal)** to enter a canal

embourber [ɑ̃buʀbe] → SYN ▸ conjug 1 ◂ **1** vt voiture to get stuck in the mud

2 s'embourber vpr [voiture] to get stuck in the mud, get bogged down (in the mud) ◆ **notre voiture s'est embourbée dans le marais** our car got stuck in ou got bogged down in the marsh ◆ (fig) **s'embourber dans** détails to get bogged down in; monotonie to sink into

embourgeoisement [ɑ̃buʀʒwazmɑ̃] nm [personne, parti] trend towards a middle-class outlook

embourgeoiser [ɑ̃buʀʒwaze] ▸ conjug 1 ◂ 1 **s'embourgeoiser** vpr [parti, personne] to become middle-class, adopt a middle-class outlook; [quartier] to become middle-class 2 vt personne to make middle-class (in outlook)

embourrure [ɑ̃buʀyʀ] nf hessian *(used for covering chair stuffing)*

embout [ɑ̃bu] nm [canne] tip, ferrule; [tuyau] nozzle

embouteillage [ɑ̃butɛjaʒ] nm (Aut) traffic jam, (traffic) holdup; (†: mise en bouteilles) bottling

embouteiller [ɑ̃buteje] → SYN ▸ conjug 1 ◂ vt (Aut) to jam, block; (Téléc) lignes to block; (†) vin, lait to bottle ◆ **les routes sont très embouteillées** the roads are very congested

emboutir [ɑ̃butiʀ] → SYN ▸ conjug 2 ◂ vt métal to stamp; (Aut fig) to crash ou run into ◆ **avoir une aile emboutie** to have a dented ou damaged wing ◆ **il s'est fait emboutir par un camion** he was hit by a lorry, his car was dented by a lorry

emboutissage [ɑ̃butisaʒ] nm [métal] stamping

emboutisseur, euse [ɑ̃butisœʀ, øz] 1 nm,f (personne) stamper 2 **emboutisseuse** nf (machine) stamping press ou machine

emboutissoir [ɑ̃butiswaʀ] nm stamping hammer

embranchement [ɑ̃bʀɑ̃ʃmɑ̃] → SYN nm a [voies, routes, tuyaux] junction ◆ **à l'embranchement des 2 routes** at the fork in the roads, where the roads fork b (route) side road, branch road; (Rail: voie) branch line; (tuyau) branch pipe; (rivière) embranchment c (Bot, Zool: catégorie) branch

embrancher [ɑ̃bʀɑ̃ʃe] → SYN ▸ conjug 1 ◂ 1 vt tuyaux, voies to join (up) ◆ **embrancher qch sur** to join sth (up) to 2 **s'embrancher** vpr [tuyaux, voies] to join (up) ◆ **s'embrancher sur** to join (up) to

embraquer [ɑ̃bʀake] ▸ conjug 1 ◂ vt cordage to tighten

embrasement [ɑ̃bʀɑzmɑ̃] → SYN nm (†: incendie) fire, conflagration; [pays] uprising, rebellion ◆ **ce qui a provoqué l'embrasement de la maison** what set the house on fire ◆ **l'embrasement du ciel au couchant** (état) the blazing ou fiery sky at sunset; (action) the flaring-up ou blazing-up of the sky at sunset ◆ (lueurs) **des embrasements soudains** sudden blazes of light ◆ **l'embrasement des esprits** the stirring ou rousing of people's passions

embraser [ɑ̃bʀɑze] → SYN ▸ conjug 1 ◂ 1 vt (littér) maison, forêt etc to set ablaze, set fire to; (fig) ciel to inflame, set aglow ou ablaze; cœur to kindle, fire 2 **s'embraser** vpr [maison] to blaze up, flare up; [ciel] to flare up, be set ablaze (*de* with); [cœur] to become inflamed, be fired (*de* with); [pays en révolte] to rise up in arms

embrassade [ɑ̃bʀasad] → SYN nf (gén pl) hugging and kissing (NonC)

embrasse [ɑ̃bʀas] → SYN nf curtain loop, tieback (US) ◆ **rideaux à embrasses** looped curtains

embrassement [ɑ̃bʀasmɑ̃] nm (littér) ⇒ **embrassade**

embrasser [ɑ̃bʀase] → SYN ▸ conjug 1 ◂ GRAMMAIRE ACTIVE 21.2 1 vt a (donner un baiser) to kiss ◆ **embrasser qn à pleine bouche** to kiss sb (full) on the lips ◆ (en fin de lettre) **je t'embrasse (affectueusement)** with love b (frm ou †: étreindre) to embrace → **rime** c (frm: choisir) doctrine, cause to embrace (frm), espouse (frm); carrière to take up, enter upon d (couvrir) problèmes, sujets to encompass, embrace ◆ (littér) **il embrassa la plaine du regard** his eyes took in the plain, he took in the plain at a glance

2 **s'embrasser** vpr to kiss (each other)

embrasure [ɑ̃bʀɑzyʀ] → SYN nf (Constr, créneau) embrasure ◆ **il se tenait dans l'embrasure de la porte / la fenêtre** he stood in the doorway / the window

embrayage [ɑ̃bʀɛjaʒ] nm a (mécanisme) clutch b (action) (Aut, Tech) letting in (Brit) ou engaging the clutch, clutching (US)

embrayer [ɑ̃bʀeje] → SYN ▸ conjug 8 ◂ 1 vt (Aut, Tech) to put into gear 2 vi (Aut) to let in (Brit) ou engage the clutch, clutch (US) ◆ (fig) **embrayer sur** to switch to

embrigadement [ɑ̃bʀigadmɑ̃] → SYN nm (→ **embrigader**) indoctrination; dragooning

embrigader [ɑ̃bʀigade] → SYN ▸ conjug 1 ◂ vt (péj) (endoctriner) to indoctrinate; (de force) to dragoon (*dans* into)

embringuer* [ɑ̃bʀɛ̃ge] ▸ conjug 1 ◂ vt to mix up, involve ◆ **il s'est laissé embringuer dans une sale histoire** he got (himself) mixed up ou involved in some nasty business

embrocation [ɑ̃bʀɔkasjɔ̃] → SYN nf embrocation

embrocher [ɑ̃bʀɔʃe] → SYN ▸ conjug 1 ◂ vt (Culin) (sur broche) to spit, put on a spit; (sur brochette) to skewer ◆ (fig) **embrocher qn** to run sb through

embrouillage [ɑ̃bʀujaʒ] nm ⇒ **embrouillement**

embrouillamini* [ɑ̃bʀujamini] nm muddle, jumble

embrouille* [ɑ̃bʀuj] nf ◆ **il y a de l'embrouille là-dessous** there's some hanky-panky* ou something funny at the bottom of this ◆ **toutes ces embrouilles** all this carry-on*

embrouillé, e [ɑ̃bʀuje] → SYN (ptp de **embrouiller**) adj style, problème, idées muddled, confused; papiers muddled, mixed-up

embrouillement [ɑ̃bʀujmɑ̃] → SYN nm (→ **embrouiller**) (action) tangling; muddling up; mixing up; confusion; (état) tangle; muddle; confusion ◆ **essayant de démêler l'embrouillement de ses explications** trying to sort out his muddled explanations ou the confusion of his explanations

embrouiller [ɑ̃bʀuje] → SYN ▸ conjug 1 ◂ 1 vt a ficelle to tangle (up), snarl up; objets, papiers to muddle up, mix up; affaire to muddle (up), tangle up, confuse; problème to muddle (up), confuse b personne to muddle (up), confuse, mix up → **ni** 2 **s'embrouiller** vpr a [idées, style, situation] to become muddled ou confused b [personne] to get in a muddle, become confused ou muddled ◆ **s'embrouiller dans un discours / ses explications** to get in a muddle with ou tie o.s. up in knots* in a speech / with one's explanations ◆ **s'embrouiller dans ses dates** to get one's dates muddled (up) ou mixed up

embroussaillé, e [ɑ̃bʀusaje] adj chemin overgrown; barbe, sourcils, cheveux bushy, shaggy

embrumer [ɑ̃bʀyme] → SYN ▸ conjug 1 ◂ vt (littér) to mist over, cloud over (*de* with); (fig) to cloud (*de* with) ◆ **à l'horizon embrumé** on the misty ou hazy horizon ◆ **l'esprit embrumé par l'alcool** his mind fuddled ou clouded with drink

embruns [ɑ̃bʀœ̃] nmpl sea spray (NonC), spindrift (NonC)

embryogenèse [ɑ̃bʀijɔʒənɛz] nf embryogeny, embryogenesis

embryogénique [ɑ̃bʀijɔʒenik] adj embryogenic

embryologie [ɑ̃bʀijɔlɔʒi] nf embryology

embryologique [ɑ̃bʀijɔlɔʒik] adj embryological

embryologiste [ɑ̃bʀijɔlɔʒist] nmf embryologist

embryon [ɑ̃bʀijɔ̃] → SYN nm (lit, fig) embryo

embryonnaire [ɑ̃bʀijɔnɛʀ] → SYN adj (Méd) embryonic, embryonal; (fig) embryonic ◆ (fig) **à l'état embryonnaire** in embryo, in an embryonic state

embryopathie [ɑ̃bʀijopati] nf embryopathy

embûche [ɑ̃byʃ] → SYN nf pitfall, trap ◆ **semé d'embûches** treacherous, full of pitfalls ou traps

embuer [ɑ̃bɥe] ▸ conjug 1 ◂ vt to mist (up), mist over ◆ **vitre embuée** misted(-up) window pane ◆ **yeux embués de larmes** eyes misted (over) ou clouded with tears

embuscade [ɑ̃byskad] nf ambush ◆ **être** ou **se tenir en embuscade** to lie in ambush ◆ **tendre une embuscade à qn** to set (up) ou lay an ambush for sb ◆ **tomber dans une embuscade** (Mil) to fall into an ambush; (tendue par des brigands) to fall into an ambush, be waylaid

embusqué, e [ɑ̃byske] (ptp de **s'embusquer**) 1 adj ◆ **être embusqué** [soldats] to lie ou wait in ambush 2 nm (arg Mil) shirker

embusquer (s') [ɑ̃byske] ▸ conjug 1 ◂ vpr to take cover, lie ou wait in ambush

éméché, e* [emeʃe] → SYN adj tipsy*, merry*

émécher [emeʃe] ▸ conjug 6 ◂ vt to make tipsy* ou merry*

émeraude [em(ə)ʀod] → SYN nf, adj inv emerald

émergence [emɛʀʒɑ̃s] → SYN nf (gén) emergence ◆ **(point d') émergence d'une source** source of a spring

émergent, e [emɛʀʒɑ̃, ɑ̃t] adj rocher, (Phys) emergent

émerger [emɛʀʒe] → SYN ▸ conjug 3 ◂ vi a (apparaître) [rocher, cime] to emerge, rise up; [vérité, astre] to emerge, come out; [fait, artiste] to emerge; [personne] (de sa chambre) to emerge ◆ **le sommet émergea du brouillard** the summit rose out of ou emerged from the fog b (faire saillie) [rocher, fait, artiste] to stand out ◆ **des rochers qui émergent** rocks that stand out, salient rocks (spéc) c (d'une situation difficile) to begin to see light at the end of the tunnel

émeri [em(ə)ʀi] nm emery ◆ **toile** ou **papier émeri** emery paper → **bouché**

émerillon [em(ə)ʀijɔ̃] nm (Orn) merlin; (Tech) swivel

émeriser [em(ə)ʀize] ▸ conjug 1 ◂ vt to cover with emery powder

éméritat [emeʀita] nm emeritus status

émérite [emeʀit] → SYN adj (chevronné) highly skilled ◆ **professeur émérite** professor emeritus, emeritus professor

émersion [emɛʀsjɔ̃] nf emersion

émerveillement [emɛʀvɛjmɑ̃] → SYN nm (sentiment) wonder; (vision, sons etc) wonderful thing, marvel

émerveiller [emɛʀveje] → SYN ▸ conjug 1 ◂ 1 vt to fill with wonder 2 **s'émerveiller** vpr to be filled with wonder ◆ **s'émerveiller de** to marvel at, be filled with wonder at

émétine [emetin] nf emetin(e)

émétique [emetik] → SYN adj, nm emetic

émetteur, -trice [emetœʀ, tʀis] 1 adj a (Rad) transmitting → **poste**[2], **station** b (Fin) issuing (épith) ◆ **banque émettrice** issuing bank 2 nm (Rad) transmitter ◆ **émetteur-récepteur** transmitter-receiver, transceiver 3 nm,f (Fin) issuer

émettre [emɛtʀ] → SYN ▸ conjug 56 ◂ vt a lumière [lampe] to give (out), send out; (Phys) to emit; son, radiation, liquide to give out, send out, emit; odeur to give off b (Rad, TV) to transmit ◆ (Rad) **émettre sur ondes courtes** to broadcast ou transmit on shortwave c (Fin) monnaie, actions to issue; emprunt to issue, float; chèque to draw; (fig) idée, hypothèse to voice, put forward, venture; vœux to express

émeu [emø] nm emu

émeute [emøt] → SYN nf riot ◆ **émeutes** riots, rioting

émeutier, -ière [emøtje, jɛʀ] → SYN nm,f rioter

émiettement [emjɛtmɑ̃] → SYN nm (→ **émietter**) crumbling; breaking up, splitting up; dispersion; dissipation; frittering away

◆ **un émiettement de petites parcelles de terre** a scattering of little plots of land

émietter [emjete] → SYN ▸conjug 1◂ **1** vt pain, terre to crumble; territoire to break up, split up; pouvoir, responsabilités to disperse; énergie, effort, (littér) temps to dissipate
2 **s'émietter** vpr [pain, terre] to crumble; [pouvoir] to disperse; [énergie, existence] to dissipate; [fortune] to be frittered ou whittled away

émigrant, e [emigʀɑ̃, ɑ̃t] → SYN nm,f emigrant

émigration [emigʀasjɔ̃] → SYN nf emigration

émigré, e [emigʀe] → SYN (ptp de **émigrer**) nm,f (Hist) émigré; (Pol) expatriate, émigré ◆ (Écon) **(travailleur) émigré** migrant worker

émigrer [emigʀe] → SYN ▸conjug 1◂ vi to emigrate; (Zool) to migrate

émincé [emɛ̃se] nm (plat) émincé; (tranche) sliver, thin slice ◆ **un émincé de veau / de foie de veau** an émincé of veal / calves' liver

émincer [emɛ̃se] ▸conjug 3◂ vt to slice thinly, cut into slivers ou thin slices

éminemment [eminamɑ̃] → SYN adv eminently

éminence [eminɑ̃s] → SYN nf **a** [terrain] knoll, hill; (Méd) protuberance
b [qualité, rang] distinction, eminence
c (cardinal) Eminence ◆ **Son / Votre Éminence** his / your Eminence ◆ (fig) **l'éminence grise** the power behind the throne, the éminence grise

éminent, e [eminɑ̃, ɑ̃t] → SYN adj distinguished, eminent ◆ (frm) **mon éminent collègue** my learned ou distinguished colleague

éminentissime [eminɑ̃tisim] adj (hum) most distinguished ou eminent; (Rel) most eminent

émir [emiʀ] nm emir

émirat [emiʀa] nm emirate ◆ **les Émirats arabes unis** the United Arab Emirates

émissaire[1] [emisɛʀ] → SYN nm (gén) emissary → **bouc**

émissaire[2] [emisɛʀ] **1** adj (Anat) veines emissary
2 nm (Tech) overflow

émissif, ive [emisif, iv] adj emissive ◆ **pouvoir émissif** emissivity

émission [emisjɔ̃] → SYN nf **a** (action: → **émettre**) giving out, sending out; emission; giving off; transmission; broadcast(ing); issue; flotation; drawing; voicing, putting forward, venturing; expression ◆ (Physiol) **émission d'urine / de sperme** emission of urine / semen ◆ (Fin) **monopole d'émission** monopoly of issue ◆ (Fin) **cours d'émission** issue par ◆ (Fin) **prix d'émission** offering price ◆ (Phys) **source d'émission (de lumière / chaleur)** (emitting) source (of light / heat) ◆ (Phonétique) **émission de voix** emission of sound (by the voice) → **banque**
b (Rad, TV: spectacle) programme (Brit), program (US), broadcast ◆ **dans une émission télévisée / radiophonique** in a television / radio programme ou broadcast ◆ **émission en direct / différé** live / (pre-)recorded programme ou broadcast ◆ **émission (de télévision) par câble** cablecast ◆ **as-tu le programme des émissions de la semaine?** have you got (the list of) this week's programmes? ◆ **« nos émissions sont terminées »** "that's the end of today's broadcasts ou programmes ou broadcasting"

émissole [emisɔl] nf smooth dogfish, smooth hound

emmagasinage [ɑ̃magazinaʒ] nm (→ **emmagasiner**) storing up, accumulation; storing; amassing, accumulation; storing, warehousing

emmagasiner [ɑ̃magazine] → SYN ▸conjug 1◂ vt (gén: amasser) to store up, accumulate; chaleur to store; souvenirs, connaissances to amass, accumulate; (Comm) to store, put into store, warehouse

emmaillotement [ɑ̃majɔtmɑ̃] nm (→ **emmailloter**) binding up, bandaging; wrapping up

emmailloter [ɑ̃majɔte] → SYN ▸conjug 1◂ vt doigt, pied to bind (up), bandage, wrap up; enfant to wrap up

emmanchement [ɑ̃mɑ̃ʃmɑ̃] nm [outil] fitting of a handle (*de* to, on, onto)

emmanché, e⁑ [ɑ̃mɑ̃ʃe] (ptp de **emmancher**) nm,f (crétin) twit⁑, berk⁑ (Brit)

emmancher [ɑ̃mɑ̃ʃe] ▸conjug 1◂ vt pelle to fix ou put a handle on ◆ **emmancher une affaire*** to get a deal going, set up a deal ◆ **l'affaire s'emmanche mal*** things are getting off to a bad start ◆ **une affaire bien / mal emmanchée*** a deal which has got off to a good / bad start

emmanchure [ɑ̃mɑ̃ʃyʀ] nf armhole

Emmanuel [emanɥɛl] nm Emmanuel, Immanuel

Emmanuelle [emanɥɛl] nf Emmanuelle

Emmaüs [emays] n Emmaus

emmêlement [ɑ̃mɛlmɑ̃] → SYN nm (action) tangling; (état) tangle, muddle ◆ **un emmêlement de tuyaux** a tangle of pipes

emmêler [ɑ̃mele] → SYN ▸conjug 1◂ **1** vt cheveux to tangle (up), knot; fil to tangle (up), entangle, muddle up; (fig) affaire to confuse, muddle ◆ **tes cheveux sont tout emmêlés** your hair is all tangled ◆ (fig) **tu emmêles tout** you're confusing everything, you're getting everything mixed up ou muddled (up) ou confused
2 **s'emmêler** vpr to tangle, get in a tangle ◆ **la corde s'est emmêlée** the rope has got tangled ◆ **s'emmêler les pieds dans le tapis** to get one's feet caught in the carpet, catch one's feet in the carpet ◆ **s'emmêler dans ses explications** to get in a muddle with one's explanations ◆ **s'emmêler les pieds*** ou **les crayons*** ou **les pinceaux*** ou **les pédales*** to get in a right muddle* ◆ **tout s'emmêle dans ma tête** everything's muddled up ou confused in my head

emménagement [ɑ̃menaʒmɑ̃] → SYN nm moving in (NonC) ◆ **au moment de leur emménagement dans la nouvelle maison** at the time of their move into the new house

emménager [ɑ̃menaʒe] → SYN ▸conjug 3◂ vi to move in ◆ **emménager dans** to move into

emménagogue [ɑ̃menagɔg, emenagɔg] **1** adj emmenagogue, emmenagogic
2 nm emmenagogue

emmener [ɑ̃m(ə)ne] → SYN ▸conjug 5◂ vt **a** personne (comme otage) to take away; (comme invité, compagnon) to take (along) ◆ **emmener qn au cinéma** to take sb to the cinema ◆ **emmener qn en prison** to take sb (away ou off) to prison ◆ **emmener qn faire une balade en voiture** to take sb for a run in the ou one's car ◆ **emmener promener qn** ou **emmener qn faire une promenade** to take sb (off) for a walk ◆ **emmener déjeuner qn** to take sb out to ou for lunch ◆ **voulez-vous que je vous emmène? (en voiture)** shall I give you a lift (Brit) ou ride (US)?, would you like a lift (Brit) ou ride (US)?
b (*: emporter) chose to take ◆ **tu vas emmener cette grosse valise?** are you going to take that great suitcase (with you)?
c (Mil, Sport: guider) équipe, troupe to lead

emment(h)al [emɛ̃tal] nm Emmenthal (cheese)

emmerdant, e⁑ [ɑ̃mɛʀdɑ̃, ɑ̃t] → SYN adj (irritant) bloody (Brit) ou damned annoying⁑; (lassant) bloody (Brit) ou damned boring⁑ ◆ **qu'est-ce qu'il est emmerdant avec ses histoires** what a bloody (Brit) ou damned nuisance⁑ ou pain (in the neck)⁑ he is with his stories ◆ **c'est vraiment emmerdant qu'il ne puisse pas venir** it's bloody (Brit) ou damned annoying⁑ ou a hell of a nuisance⁑ that he can't come

emmerde⁑ [ɑ̃mɛʀd] nf ⇒ **emmerdement**

emmerdement⁑ [ɑ̃mɛʀdəmɑ̃] nm ◆ **quel emmerdement!** what a bloody⁑ (Brit) ou damned nuisance!⁑ ◆ **j'ai eu tellement d'emmerdements avec cette voiture** that car gave me so much bloody (Brit) ou damned trouble⁑, I had so many bloody (Brit) ou damned problems with that car⁑

emmerder⁑ [ɑ̃mɛʀde] ▸conjug 1◂ **1** vt ◆ **emmerder qn** (irriter) to get on sb's wick⁑ (Brit), bug sb*; (préoccuper, contrarier) to bug sb*, bother sb; (lasser) to bore the pants off sb⁑, bore sb stiff* ou to death*; (mettre dans l'embarras) to get sb into trouble, land sb in the soup* ◆ **on n'a pas fini d'être emmerdé avec ça** we've not heard the last of that ◆ **je suis drôlement emmerdé** I'm in deep trouble*, I'm really in the soup* ◆ **arrête de nous emmerder avec tes histoires!** stop being such a bloody (Brit) ou damned nuisance⁑ ou pain (in the neck)⁑ with your stories ◆ **il m'emmerde à la fin, avec ses questions** he really bugs me* ou gets up my nose⁑ (Brit) with his questions ◆ **ça m'emmerde qu'il ne puisse pas venir** it's a damned nuisance⁑ ou a hell of a nuisance⁑ that he can't come ◆ **je les emmerde!** to hell with them!⁑, bugger them!*⁑ (Brit)
2 **s'emmerder** vpr (s'ennuyer) to be bored stiff* ou to death*; (s'embarrasser) to put o.s. out ◆ **ne t'emmerde pas avec ça** don't bother ou worry about that ◆ **je me suis emmerdé à réparer ce poste, et maintenant il ne le veut plus!** I really put myself out repairing this damned radio and now he doesn't even want it!⁑ ◆ **on ne s'emmerde pas avec eux!** never a dull moment with them!* ◆ **tu ne t'emmerdes pas!** you've got a damn⁑ nerve ou cheek! ◆ **elle a trois voitures – dis donc, elle ne s'emmerde pas!** she has three cars – (it's) alright for some!*

emmerdeur, -euse⁑ [ɑ̃mɛʀdœʀ, øz] → SYN nm,f damned nuisance⁑, pain in the neck⁑

emmétrope [ɑ̃metʀɔp, emetʀɔp] **1** adj emmetropic
2 nmf emmetropic person

emmétropie [ɑ̃metʀɔpi, emetʀɔpi] nf emmetropia

emmieller [ɑ̃mjele] → SYN ▸conjug 1◂ vt **a** tisane to sweeten with honey
b (*: ennuyer) **emmieller qn** to bug sb*

emmitoufler [ɑ̃mitufle] → SYN ▸conjug 1◂ vt to wrap up (warmly), muffle up ◆ **s'emmitoufler (dans un manteau)** to wrap o.s. up (warmly) ou get muffled up (in a coat)

emmouscailler⁑ [ɑ̃muskaje] ▸conjug 1◂ vt ◆ **emmouscailler qn** (irriter) to bug sb*; (préoccuper) to bother sb; (mettre qn dans l'embarras) to land sb in the soup* ◆ **être bien emmouscaillé** to be in deep trouble* ou in a real mess ◆ **s'emmouscailler à faire qch** to go to the bother of doing sth

emmurer [ɑ̃myʀe] → SYN ▸conjug 1◂ vt to wall up, immure

émoi [emwa] → SYN nm (littér) (trouble) agitation, emotion; (de joie) excitement; (tumulte) commotion ◆ **doux émoi** pleasant agitation ◆ **dit-elle non sans émoi** she said with some confusion ou a little flustered ◆ **en émoi** cœur in a flutter (attrib); sens agitated, excited ◆ **la rue était en émoi** the street was in turmoil ou in a commotion

émollient, e [emɔljɑ̃, jɑ̃t] → SYN adj, nm emollient

émoluments [emɔlymɑ̃] nmpl (Admin) remuneration, emolument (frm)

émonctoire [emɔ̃ktwaʀ] nm emunctory

émondage [emɔ̃daʒ] nm pruning, trimming

émonder [emɔ̃de] → SYN ▸conjug 1◂ vt arbre to prune, trim; amandes to blanch

émondes [emɔ̃d] nfpl prunings

émondeur, -euse [emɔ̃dœʀ, øz] nm,f (personne) pruner

émondoir [emɔ̃dwaʀ] nm pruning hook

émorfiler [emɔʀfile] ▸conjug 1◂ vt to remove the wire edge from

émotif, -ive [emɔtif, iv] → SYN **1** adj emotional; (Ling) emotive
2 nm,f emotional person

émotion [emosjɔ̃] → SYN nf (vif sentiment) emotion; (peur) fright; (sensibilité) emotion, feeling; (†: tumulte) commotion ◆ **ils ont évité l'accident mais l'émotion a été grande** they avoided the accident but it really gave them a bad fright ◆ **donner des émotions à qn*** to give sb a (nasty) turn* ou fright

émotionnel, -elle [emosjɔnɛl] adj choc, réaction emotional

émotionner* [emosjɔne] ▸conjug 1◂ **1** vt to upset ◆ **j'en suis encore tout émotionné** it gave me quite a turn*, I'm still all upset about it

2 **s'émotionner** vpr to get worked up*, get upset (*de* about)

émotivité [emɔtivite] → SYN nf emotionalism

émotter [emɔte] ▸ conjug 1 ◂ vt to break up the clods in

émotteuse [emɔtøz] nf rotary harrow

émouchette [emuʃɛt] nf fly-net

émoulu, e [emuly] adj → **frais**¹

émoussé, e [emuse] → SYN (ptp de **émousser**) adj couteau, tranchant blunt; goût, sensibilité blunted, dulled

émousser [emuse] → SYN ▸ conjug 1 ◂ vt lame, couteau, appétit to blunt, take the edge off; sentiment, souvenir, désir to dull ◆ **son talent s'est émoussé** his talent has lost its fine edge ◆ **sa curiosité s'est émoussée** his curiosity has waned

émoustillant, e* [emustijɑ̃, ɑ̃t] adj présence tantalizing, titillating; propos titillating

émoustiller* [emustije] ▸ conjug 1 ◂ vt to titillate, tantalize

émouvant, e [emuvɑ̃, ɑ̃t] → SYN adj (nuance de compassion) moving, touching; (nuance d'admiration) stirring

émouvoir [emuvwaʀ] → SYN ▸ conjug 27 ◂ 1 vt a personne (gén) to move, disturb, stir; (indigner) to rouse (the indignation of); (effrayer) to disturb, worry, upset ◆ **leur attitude ne l'émut / leurs menaces ne l'émurent pas le moins du monde** their attitude / threats didn't disturb ou worry ou upset him in the slightest ◆ **plus ému qu'il ne voulait l'admettre par ce baiser / ces caresses** more (a)roused than he wished to admit by this kiss / these caresses ◆ **le spectacle / leur misère l'émouvait profondément** the sight / their wretchedness moved him deeply ou upset him greatly ◆ **émouvoir qn jusqu'aux larmes** to move sb to tears ◆ **cet auteur s'attache à émouvoir le lecteur** this author sets out to move ou stir the reader ◆ **se laisser émouvoir par des prières** to be moved by entreaties, let o.s. be swayed by entreaties ◆ **encore tout ému d'avoir frôlé l'accident / de cette rencontre** still very shaken ou greatly upset at having been so close to an accident / over that encounter

b (littér) pitié, colère to (a)rouse ◆ **émouvoir la pitié de qn** to move sb to pity, (a)rouse sb's pity

2 **s'émouvoir** vpr (→ **émouvoir**) to be moved; to be disturbed; to be stirred; to be ou get worried, be ou get upset ◆ **il ne s'émeut de rien** nothing upsets ou disturbs him ◆ **dit-il sans s'émouvoir** he said calmly ou impassively ou quite unruffled ◆ **s'émouvoir à la vue de** to be moved at the sight of ◆ **le pays entier s'est ému de l'affaire** the whole country was roused by the affair, the affair (a)roused the indignation of the whole country ◆ **le gouvernement s'en est ému** the government was roused to action

empailler [ɑ̃pɑje] → SYN ▸ conjug 1 ◂ vt animal to stuff; chaise to bottom (with straw); bouteille to put in a straw case ou wrapping; semis to mulch

empailleur, -euse [ɑ̃pɑjœʀ, øz] → SYN nm,f [chaise] chair-bottomer; [animal] taxidermist

empalement [ɑ̃palmɑ̃] nm impalement

empaler [ɑ̃pale] → SYN ▸ conjug 1 ◂ 1 vt to impale

2 **s'empaler** vpr to impale o.s.

empan [ɑ̃pɑ̃] nm (Hist: mesure) span

empanaché, e [ɑ̃panaʃe] adj plumed

empanner [ɑ̃pane] ▸ conjug 1 ◂ vi to gibe (Brit), jibe (US)

empaquetage [ɑ̃pak(ə)taʒ] → SYN nm (→ **empaqueter**) packing, packaging; parcelling up (Brit), wrapping up

empaqueter [ɑ̃pak(ə)te] → SYN ▸ conjug 4 ◂ vt to parcel up (Brit), wrap up; (Comm: conditionner) to pack, package

empaqueteur, -euse [ɑ̃pak(ə)tœʀ, øz] nm,f packer

emparer (s') [ɑ̃paʀe] → SYN ▸ conjug 1 ◂ vpr a [personne] **s'emparer de** objet to seize ou grab (hold of), snatch up; butin to seize, grab; personne (comme otage etc) to seize; (fig) conversation, sujet to take over; (fig) prétexte to seize (up)on; (Mil) ville, territoire, ennemi to seize ◆ **s'emparer des moyens de production / de l'information** to take over ou seize the means of production / the information networks ◆ **ils se sont emparés de la ville par surprise** they seized ou took the town by surprise ◆ **ils se sont emparés du caissier et l'ont assommé** they grabbed (hold of) ou laid hold of the cashier and knocked him out ◆ (Rugby) **s'emparer du ballon** to get possession of the ball ◆ (fig) **son confesseur s'est emparé de son esprit** her confessor has gained ou got a hold over her ◆ (fig) **les journaux se sont emparés de l'affaire** the papers picked up the story

b **s'emparer de** [jalousie, colère, remords] to take possession of, take ou lay ou seize hold of ◆ **cette obsession s'empara de son esprit** this obsession took possession of his mind, his mind was taken over by this obsession ◆ **une grande peur / le remords s'empara d'elle** she was seized with a great fear / remorse

empâtement [ɑ̃pɑtmɑ̃] → SYN nm (→ **s'empâter**) thickening-out, fattening-out; thickening

empâter [ɑ̃pɑte] ▸ conjug 1 ◂ 1 vt langue, bouche to coat, fur (up) (Brit); traits to thicken, coarsen ◆ **la maladie l'a empâté** his illness has made him thicken out ou put on weight

2 **s'empâter** vpr [personne, silhouette, visage] to thicken out, fatten out; [traits] to thicken, grow fleshy; [voix] to become thick

empathie [ɑ̃pati] → SYN nf empathy

empathique [ɑ̃patik] adj empath(et)ic

empattement [ɑ̃patmɑ̃] nm (Constr) footing; (Aut) wheelbase; (Typ) serif

empatter [ɑ̃pate] ▸ conjug 1 ◂ vt mur to give footing to

empaumer* [ɑ̃pome] ▸ conjug 1 ◂ vt (duper) to con*, swindle

empaumure [ɑ̃pomyʀ] nf [cerf] palm

empêché, e [ɑ̃peʃe] → SYN (ptp de **empêcher**) adj a (retenu) detained, held up ◆ **le professeur, empêché, ne peut pas faire son cours** the teacher has been detained ou held up and is unable to give the class ◆ **empêché par ses obligations, il n'a pas pu venir** his commitments prevented him from coming, he was prevented from coming by his commitments

b (embarrassé) **avoir l'air empêché** to look ou seem embarrassed ou ill-at-ease

c (†) **tu es bien empêché de me le dire** you seem at a (complete) loss to know what to tell me ◆ **je serais bien empêché de vous le dire** I'd be hard put (to it) to tell you, I'd be at a loss to know what to tell you

empêchement [ɑ̃pɛʃmɑ̃] → SYN nm (obstacle) (unexpected) obstacle ou difficulty, hitch, holdup; (Jur) impediment ◆ **il n'est pas venu, il a eu un empêchement** something cropped up which prevented him from coming ◆ **en cas d'empêchement** if there's a hitch, should you be prevented from coming

empêcher [ɑ̃peʃe] → SYN ▸ conjug 1 ◂ 1 vt a chose, action to prevent, stop ◆ **empêcher que qch (ne) se produise, empêcher qch de se produire** to prevent sth from happening, stop sth happening ◆ **empêcher que qn (ne) fasse** to prevent sb from doing, stop sb (from) doing

b **empêcher qn de faire** to prevent sb from doing, stop sb (from) doing ◆ **rien ne nous empêche de partir** there's nothing stopping us (from) going ou preventing us from going ou preventing our going ◆ **empêcher qn de sortir / d'entrer** to prevent sb from going out / coming in, keep sb in / out ◆ **s'il veut le faire, on ne peut pas l'en empêcher** ou **l'empêcher** if he wants to do it, we can't prevent him (from doing it) ou stop him (doing it) ◆ **ça ne m'empêche pas de dormir** (lit) it doesn't prevent me from sleeping ou stop me sleeping ou keep me awake; (fig) I don't lose any sleep over it

c LOC **qu'est-ce qui empêche (qu'on le fasse)?** what's there to stop us (doing it)? ou to prevent us (from doing it)?, what's stopping us (doing it)?* ◆ **qu'est-ce que ça empêche?*** what odds* ou difference does that make? ◆ **ça n'empêche rien*** it makes no odds* ou no difference ◆ **ça n'empêche qu'il vienne*** that won't stop him coming, he's still coming anyway* ◆ **il n'empêche qu'il a tort*** nevertheless ou be that as it may, he is wrong ◆ **n'empêche qu'il a tort** all the same ou it makes no odds*, he's wrong ◆ **j'ai peut-être tort, n'empêche, il a un certain culot de dire ça!*** maybe I'm wrong, but all the same ou even so he has got some cheek ou nerve saying that!* → **empêcheur**

2 **s'empêcher** vpr a (littér) **s'empêcher de faire** to stop o.s. (from) doing, refrain from doing ◆ **par politesse, il s'empêcha de bâiller** out of politeness he stifled a yawn ou he stopped himself yawning

b **il n'a pas pu s'empêcher de rire** he couldn't help laughing, he couldn't stop himself (from) laughing ◆ **je ne peux m'empêcher de penser que** I cannot help thinking that ◆ **je n'ai pu m'en empêcher** I could not help it, I couldn't stop myself

empêcheur, -euse [ɑ̃pɛʃœʀ, øz] nm,f ◆ **empêcheur de danser** ou **de tourner en rond** spoilsport ◆ (hum) **un empêcheur de travailler / de s'amuser en rond** a spoilsport as far as work / enjoyment is concerned

empeigne [ɑ̃pɛɲ] nf [soulier] upper ◆ (péj) **quelle gueule** ou **face d'empeigne!*** what a jerk*! ou shithead*!

empennage [ɑ̃penaʒ] nm (Aviat) stabilizer, tailplane (Brit); [flèche] (action) feathering; (plumes) feathers, fletchings

empenne [ɑ̃pɛn] nf [flèche] feathers, fletchings

empenner [ɑ̃pene] ▸ conjug 1 ◂ vt flèche to feather, fledge

empereur [ɑ̃pʀœʀ] → SYN nm emperor

empesé, e [ɑ̃pəze] → SYN (ptp de **empeser**) adj col starched; (fig) personne, air stiff, starchy

empeser [ɑ̃pəze] ▸ conjug 5 ◂ vt to starch

empester [ɑ̃pɛste] → SYN ▸ conjug 1 ◂ vt (sentir) odeur, fumée to stink of, reek of; (empuantir) pièce to stink out (*de* with), make stink (*de* of); (fig littér: empoisonner) to poison, taint (*de* with) ◆ **ça empeste ici** it stinks in here, it smells foul in here, there's a stink ou foul smell in here

empêtrer (s') [ɑ̃petʀe] ▸ conjug 1 ◂ vpr a (lit) **s'empêtrer dans** to get tangled up in, get entangled in, get caught up in

b (fig) **s'empêtrer dans** mensonges to get o.s. tangled up in; affaire to get (o.s.) involved in, get (o.s.) mixed up in ◆ **s'empêtrer dans des explications** to tie o.s. up in knots trying to explain*, get tangled up in one's explanations ◆ **s'empêtrer de qn** to get (o.s.) landed ou lumbered* with sb

emphase [ɑ̃fɑz] → SYN nf a (pomposité) bombast, pomposity ◆ **avec emphase** bombastically, pompously ◆ **sans emphase** in a straightforward manner, simply

b (†: force d'expression) vigour

emphatique [ɑ̃fatik] → SYN adj a (grandiloquent) bombastic, pompous

b (Ling) emphatic

emphatiquement [ɑ̃fatikmɑ̃] adv bombastically, pompously

emphysémateux, -euse [ɑ̃fizematø, øz] 1 adj emphysematous

2 nm,f emphysema sufferer

emphysème [ɑ̃fizɛm] nm emphysema

emphytéose [ɑ̃fiteoz] nf (Jur) long lease

emphytéote [ɑ̃fiteɔt] nmf long leaseholder

emphytéotique [ɑ̃fiteɔtik] adj ◆ **bail emphytéotique** long lease

empiècement [ɑ̃pjɛsmɑ̃] nm [corsage] yoke

empierrement [ɑ̃pjɛʀmɑ̃] nm a (action: → **empierrer**) metalling, gravelling; ballasting; lining with stones

b (couche de pierres) road metal (Brit), roadbed; [chemin de fer] ballast

empierrer [ɑ̃pjeʀe] ▸ conjug 1 ◂ vt route to metal (Brit), gravel (US); voie de chemin de fer to ballast; bassin, cour, fossé to line with stones

empiètement [ɑ̃pjɛtmɑ̃] → SYN nm (→ **empiéter**) ◆ **empiètement (sur)** encroachment (upon); overlapping (onto); trespassing (on)

empiéter [ɑ̃pjete] → SYN ▸ conjug 6 ◂ vi ◆ **empiéter sur** [territoire, état] to encroach (up)on; [mer] to cut into, encroach (up)on; [terrain] to overlap into ou onto, encroach (up)on; [route] to run into ou onto, encroach (up)on; [personne] droit, liberté to encroach (up)on; attributions to trespass on; [activité] attributions, activité to encroach (up)on; temps to encroach (up)on, cut into

empiffrer (s')‡ [ɑ̃pifʀe] → SYN ▸ conjug 1 ◂ vpr to stuff one's face‡, stuff o.s.* (*de* with)

empilage [ɑ̃pilaʒ], **empilement** [ɑ̃pilmɑ̃] → SYN nm (action) piling-up, stacking-up; (pile) pile, stack

empile [ɑ̃pil] nf (Pêche) trace, leader

empiler [ɑ̃pile] → SYN ▸ conjug 1 ◂ **1** vt **a** to pile (up), stack (up)
b (‡: voler) to do‡ (Brit), rook‡ ◆ **se faire empiler** to be had* ou done‡ (Brit) (*de* out of)
2 s'empiler vpr **a** (s'amonceler) to be piled up (*sur* on)
b (s'entasser) **s'empiler dans** local, véhicule to squeeze ou pack ou pile into

empileur, -euse [ɑ̃pilœʀ, øz] nm,f (ouvrier) stacker; (‡: escroc) swindler

empire [ɑ̃piʀ] → SYN **1** nm **a** (Pol, fig) empire ◆ **premier / second Empire** First / Second Empire ◆ **pas pour un empire!** not for all the tea in China!, not for (all) the world! ◆ **commode / pendule Empire** Empire commode / clock
b (emprise) influence, authority ◆ **avoir de l'empire sur** to have influence ou a hold on ou over, hold sway over ◆ **prendre de l'empire sur** to gain influence ou a hold over ◆ **exercer son empire sur** to exert one's authority over, use one's influence on ou over ◆ **sous l'empire de** peur, colère in the grip of; jalousie possessed by ◆ **sous l'empire de la boisson** under the influence of drink, the worse for drink ◆ **empire sur soi-même** self-control, self-command
2 COMP ▷ **l'Empire byzantin** the Byzantine Empire ▷ **l'Empire romain d'Occident** the Western Roman Empire ▷ **l'Empire romain d'Orient** the Eastern Roman Empire ▷ **l'empire du Soleil-Levant** the Land of the Rising Sun

empirer [ɑ̃piʀe] → SYN ▸ conjug 1 ◂ **1** vi to get worse, deteriorate
2 vt to make worse, worsen

empiriocriticisme [ɑ̃piʀjokʀitisism] nm empirio-criticism

empirique [ɑ̃piʀik] → SYN **1** adj (Philos, Phys) empirical; (Méd ††) empiric
2 nm (Méd ††) empiric

empiriquement [ɑ̃piʀikmɑ̃] adv empirically

empirisme [ɑ̃piʀism] → SYN nm empiricism

empiriste [ɑ̃piʀist] adj, nmf (Philos, Phys) empiricist; (Méd ††) empiric

emplacement [ɑ̃plasmɑ̃] → SYN nm (gén: endroit) place; (site) site; (pour construire) site, location ◆ **à** ou **sur l'emplacement d'une ancienne cité romaine** on the site of an ancient Roman city ◆ **quelques pieux qui dépassaient de la neige indiquaient l'emplacement du chemin** a few posts sticking up above the snow showed the location of the path ou showed where the path was ◆ **emplacement publicitaire** (sur un mur) advertising site; (dans un journal) advertising space (NonC)

emplafonner‡ [ɑ̃plafɔne] ▸ conjug 1 ◂ vt to slam* ou smash* into ◆ **il s'est fait emplafonner par un camion** a lorry slammed* ou smashed* into his car ou him

emplâtre [ɑ̃plɑtʀ] → SYN nm (Méd) plaster; (Aut) patch; (*: personne) (great) lump*, clot* ◆ **ce plat vous fait un emplâtre sur l'estomac*** this dish lies heavy on ou lies like a (solid) lump in your stomach → **jambe**

emplette† [ɑ̃plɛt] nf purchase ◆ **faire l'emplette de** to purchase ◆ **faire des** ou **quelques emplettes** to do some shopping, make some purchases

emplir [ɑ̃pliʀ] → SYN ▸ conjug 2 ◂ **1** vt (†, littér) **a** verre, récipient to fill (up) (*de* with)
b [foule, meubles] to fill
2 s'emplir vpr ◆ **s'emplir de** to fill with ◆ **la pièce s'emplissait de lumière / de gens** the room was filling with light / people

emploi [ɑ̃plwa] → SYN nm **a** (usage) use ◆ **je n'en ai pas l'emploi** I have no use for it ◆ **l'emploi qu'il fait de son argent / temps** the use he makes of his money / time, the use to which he puts his money / time ◆ **sans emploi** unused ◆ **son emploi du temps** his timetable, his schedule ◆ **un emploi du temps chargé** a heavy ou busy timetable, a busy schedule → **double, mode**[2]
b (mode d'utilisation) [appareil, produit] use; [mot, expression] use, usage ◆ **un emploi nouveau de cet appareil** a new use for this piece of equipment ◆ **appareil à emplois multiples** multi-purpose implement ◆ **divers emplois d'un mot** different uses of a word ◆ **c'est un emploi très rare de cette expression** it's a very rare use ou usage of this expression
c (poste, travail) job, employment (NonC) ◆ (Écon) **l'emploi** employment ◆ **créer de nouveaux emplois** to create new jobs ◆ **emploi de proximité** community service job ◆ **être sans emploi** to be unemployed ◆ (Écon) **la situation de l'emploi** the employment situation ◆ (Écon) **plein-emploi** full employment ◆ **sous-emploi** underemployment ◆ **avoir le physique** ou **la tête de l'emploi*** to look the part → **demande, offre**
d (rare Théât: rôle) role, part

employable [ɑ̃plwajabl] adj appareil, produit usable, employable; personne employable

employé, e [ɑ̃plwaje] → SYN (ptp de **employer**) nm,f employee ◆ **employé de banque** bank employee ou clerk ◆ **employé de commerce** business employee ◆ **employé de bureau** office worker ou clerk ◆ **employé des postes / des chemins de fer / du gaz** postal / railway (Brit) ou railroad (US) / gas worker ◆ **on a sonné: c'est l'employé du gaz** there's someone at the door – it's the gas man ◆ **employé de maison** domestic employee ◆ **les employés de cette firme** the staff ou employees of this firm

employer [ɑ̃plwaje] → SYN ▸ conjug 8 ◂ **1** vt **a** (utiliser) appareil, produit, mot, force, moyen to use, employ; temps to spend, use, employ ◆ **employer toute son énergie à faire qch** to apply ou devote all one's energies to doing sth ◆ **employer son temps à faire qch / à qch** to spend one's time doing sth / on sth ◆ **employer son argent à faire qch / à qch** to spend ou use one's money doing sth / on sth ◆ **bien employer** temps, argent to put to good use, make good use of, use properly; mot, expression to use properly ou correctly ◆ **mal employer** temps, argent to misuse; mot, expression to misuse, use wrongly ou incorrectly ◆ **ce procédé emploie énormément de matières premières** this process uses (up) huge amounts of raw materials
b (faire travailler) main-d'œuvre, ouvrier to employ ◆ **ils l'emploient comme vendeur / à trier le courrier** they employ him as a salesman / to sort the mail ◆ **cet ouvrier est mal employé à ce poste** this workman has been given the wrong sort of job ou is not suited to the post ◆ **il est employé par cette société** he is employed by that firm, he works for that firm, he is on the staff of that firm
2 s'employer vpr ◆ **s'employer à faire qch / à qch** to apply ou devote o.s. to doing sth / to sth ◆ **s'employer pour**† ou **en faveur de**† to go to great lengths ou exert o.s. on behalf of

employeur, -euse [ɑ̃plwajœʀ, øz] → SYN GRAMMAIRE ACTIVE 19.3 nm,f employer

emplumé, e [ɑ̃plyme] adj feathered, plumed

empocher* [ɑ̃pɔʃe] ▸ conjug 1 ◂ vt to pocket

empoignade [ɑ̃pwaɲad] → SYN nf row*, set-to*

empoigne [ɑ̃pwaɲ] nf → **foire**

empoigner [ɑ̃pwaɲe] → SYN ▸ conjug 1 ◂ **1** vt **a** to grasp, grab (hold of)
b (émouvoir) to grip
2 s'empoigner* vpr (se colleter) to have a set-to*, have a go at one another*

empointure [ɑ̃pwɛ̃tyʀ] nf (Naut) peak

empois [ɑ̃pwa] nm starch *(for linen etc)*

empoisonnant, e* [ɑ̃pwazɔnɑ̃, ɑ̃t] adj (irritant) irritating; (contrariant) annoying, aggravating* ◆ **oh, il est empoisonnant avec ses questions** he's so irritating ou he's a darned nuisance* ou such a pain* with his questions

empoisonnement [ɑ̃pwazɔnmɑ̃] → SYN nm **a** (lit) poisoning
b (*: ennui) darned nuisance* (NonC), bother (NonC) ◆ **tous ces empoisonnements** all this bother

empoisonner [ɑ̃pwazɔne] → SYN ▸ conjug 1 ◂ **1** vt **a** **empoisonner qn** [assassin] to poison sb; [aliments avariés] to give sb food poisoning ◆ **flèches empoisonnées** poisoned arrows ◆ (fig) **des propos empoisonnés** poisonous words
b (fig) relations to poison; air to stink out
c (*) **empoisonner qn** [gêneur, casse-pieds] to get on sb's nerves*; [contretemps] to annoy sb, bug sb*; [corvée, travail] to drive sb mad*, drive sb up the wall* ◆ **ça m'empoisonne d'avoir à le dire mais ...** I hate to have to say this but ..., I don't like saying this but ... ◆ **il m'empoisonne avec ses jérémiades** he gets on my nerves* ou drives me up the wall* with his complaints ◆ **il est bien empoisonné maintenant** he's in a real mess now*, he's really in the soup now*
2 s'empoisonner vpr **a** (lit) to poison o.s.; (par intoxication alimentaire) to get food poisoning
b (*: s'ennuyer) to be bored stiff* ou to death ◆ **qu'est-ce qu'on s'empoisonne** what a drag this is*, this is driving us mad* ou up the wall* ◆ (s'embarrasser) **s'empoisonner (l'existence) à faire qch** to go to the trouble of doing sth

empoisonneur, -euse [ɑ̃pwazɔnœʀ, øz] → SYN nm,f **a** (lit) poisoner
b (*) **c'est un empoisonneur** he's a pain in the neck* ou a nuisance ou a bore

empoissonner [ɑ̃pwasɔne] ▸ conjug 1 ◂ vt to stock with fish

emport [ɑ̃pɔʀ] nm ◆ (Aviat) **capacité d'emport** maximum payload

emporté, e [ɑ̃pɔʀte] → SYN (ptp de **emporter**) adj caractère, personne quick-tempered, hot-tempered; ton, air angry

emportement [ɑ̃pɔʀtəmɑ̃] → SYN nm fit of anger, rage, anger (NonC) ◆ **avec emportement** angrily ◆ (littér) **aimer qn avec emportement** to love sb passionately, be wildly in love with sb

emporte-pièce [ɑ̃pɔʀt(ə)pjɛs] nm inv **a** (Tech) punch
b (Culin) pastry cutter
c **à l'emporte-pièce** caractère incisive; formule, phrase incisive, sharp

emporter [ɑ̃pɔʀte] → SYN ▸ conjug 1 ◂ **1** vt **a** (prendre comme bagage) vivres, vêtements etc to take ◆ **emportez des vêtements chauds** take warm clothes (with you) ◆ **j'emporte de quoi écrire** I'm taking something to write with ◆ **si vous gagnez, vous pouvez l'emporter (avec vous)** if you win, you can take it away (with you) ◆ **plats chauds / boissons à emporter** take-away hot meals / drinks (Brit), hot meals / drinks to go (US) ◆ (fig) **emporter un bon souvenir de qch** to take ou bring away a pleasant memory of sth ◆ (fig) **emporter un secret dans la tombe** to take a secret ou carry a secret to the grave ◆ (fig) **il ne l'emportera pas en** ou **au paradis!** he'll soon be smiling on the other side of his face!
b (enlever) objet inutile to take away, remove; prisonniers to take away; blessés to carry ou take away; (*: dérober) to take ◆ **emportez ces papiers / vêtements, nous n'en avons plus besoin** take those papers / clothes away ou remove those papers / clothes because we don't need them any more ◆ **ils ont emporté l'argenterie!** they've made off with* ou taken the silver! → **diable**
c (entraîner) [courant, vent] to sweep along, carry along; [navire, train] to carry along; (fig) [imagination, colère] to carry away; [enthousiasme] to carry away ou along, sweep along ◆ **le courant emportait leur embarcation** the current swept ou carried their boat along ◆ **emporté par son élan** carried ou borne along by his own momentum ou impetus ◆ **emporté par son imagination / enthousiasme** carried along ou away by his imagination / enthusiasm ◆ **se laisser**

emporter par la colère to (let o.s.) give way to one's anger, let o.s. be carried away by one's anger ◆ **le train qui m'emportait vers de nouveaux horizons** the train which carried ou swept me along ou bore me away towards new horizons

d (arracher) jambe, bras to take off; cheminée, toit to blow away ou off; pont, berge to wash away, carry away; (euph: tuer) [maladie] to carry off ◆ **l'obus lui a emporté le bras gauche** the shell blew off ou took off his left arm ◆ **pont emporté par le torrent** bridge swept ou carried away by the flood ◆ **la vague a emporté 3 passagers** the wave washed ou swept 3 passengers overboard ◆ (fig) **plat qui emporte la bouche** ou **la gueule**✱ dish that takes the roof off your mouth✱ ◆ (fig) **cette maladie l'a emporté à l'âge de 30 ans** this illness carried him off at the age of 30

e (gagner) prix to carry off; (Mil) position to take, win ◆ **emporter la décision** to carry ou win the day

f **l'emporter (sur)** [personne] to gain ou get the upper hand (of); [solution, méthode] to prevail (over) ◆ **il a fini par l'emporter** he finally gained ou got the upper hand, he finally came out on top ◆ **il va l'emporter sur son adversaire** he's going to gain ou get the better of ou the upper hand of his opponent ◆ **la modération / cette solution finit par l'emporter** moderation / this solution prevailed in the end, moderation / this solution finally won the day ◆ **cette méthode l'emporte sur l'autre** this method has the edge on the other one ou is more satisfactory than the other one ◆ **cette voiture l'emporte sur ses concurrents sur tous les plans** this car outperforms its competitors on every score ◆ **il l'emporte sur ses concurrents en adresse** he outmatches his opponents in skill, his opponents can't match ou rival him for skill ◆ **il l'emporte de justesse (sur l'autre) en force** he has the edge (on the other one) as far as strength goes

2 **s'emporter** vpr **a** (de colère) to lose one's temper (*contre* with), flare up (*contre* at), blow up✱ (*contre* at)

b (s'emballer) [cheval] to bolt ◆ **faire (s') emporter son cheval** to make one's horse bolt

empoté, e✱ [ɑ̃pɔte] → SYN **1** adj awkward, clumsy

2 nm,f (péj) awkward lump✱

empoter [ɑ̃pɔte] ▸ conjug 1 ◂ vt (Agr) to pot

empourprer [ɑ̃puʀpʀe] ▸ conjug 1 ◂ **1** vt visage to flush, (turn) crimson; ciel to (turn) crimson

2 **s'empourprer** vpr [visage] to flush, turn crimson; [ciel] to turn crimson

empoussiérer [ɑ̃pusjeʀe] ▸ conjug 6 ◂ vt to cover with dust, make dusty

empreindre [ɑ̃pʀɛ̃dʀ] → SYN ▸ conjug 52 ◂ (littér) **1** vt (imprimer) to imprint; (fig) (marquer) to stamp; (nuancer) to tinge (*de* with)

2 **s'empreindre** vpr ◆ **s'empreindre de** to be imprinted with; to be stamped with; to be tinged with

empreint, e[1] [ɑ̃pʀɛ̃, ɛ̃t] → SYN (ptp de **empreindre**) adj ◆ **empreint de** regret, jalousie tinged with; bonté, autorité marked ou stamped with; menaces fraught ou heavy with

empreinte[2] [ɑ̃pʀɛ̃t] → SYN nf **a** (lit) (gén) imprint, impression; [animal] track ◆ **empreinte (de pas)** footprint ◆ **empreintes (digitales)** (finger)prints ◆ **empreinte génétique** genetic fingerprint ◆ **empreinte vocale** voiceprint ◆ **prendre l'empreinte d'une dent** to take the impression of a tooth

b (fig) stamp, mark ◆ **laisser une empreinte indélébile sur (la vie de) qn** to make a lasting impression on sb ◆ **son œuvre laissera son empreinte dans ce siècle** his work will leave its mark on this century

empressé, e [ɑ̃pʀese] → SYN (ptp de **s'empresser**) adj **a** (prévenant) infirmière attentive; serveur attentive, willing; aide willing; (souvent péj) admirateur assiduous, overzealous; prétendant assiduous, overattentive; subordonné overanxious to please (attrib), overzealous ◆ (péj) **faire l'empressé (auprès d'une femme)** to be overattentive (towards a woman), fuss around (a woman) (trying to please)

b (littér: marquant de la hâte) eager ◆ **empressé à faire** eager ou anxious to do

empressement [ɑ̃pʀɛsmɑ̃] → SYN nm **a** (prévenance: → **empressé**) attentiveness; willingness; overzealousness, assiduity, assiduousness; overattentiveness ◆ **son empressement auprès des femmes** his fussing around women, his overattentiveness towards women ◆ **elle me servait avec empressement** she waited upon me attentively

b (hâte) eagerness, anxiousness ◆ **son empressement à partir me paraît suspect** his eagerness ou anxiousness to leave seems suspicious to me ◆ **il montrait peu d'empressement à ...** he showed little desire to ..., he was obviously not anxious to ... ◆ **il s'exécuta avec empressement** he complied eagerly ou with alacrity

empresser (s') [ɑ̃pʀese] → SYN ▸ conjug 1 ◂ vpr **a** (s'affairer) to bustle about; (péj) to fuss about ou around (péj), bustle about ou around ◆ **s'empresser auprès** ou **autour de** blessé to surround with attentions; nouveau venu, invité to be attentive toward(s), surround with attentions; femme courtisée to dance attendance upon, fuss round ◆ **ils s'empressèrent autour de la victime** they rushed to help ou assist the victim ◆ **ils s'empressaient auprès de l'actrice** they surrounded the actress with attentions

b (se hâter) **s'empresser de faire** to hasten to do

emprésurer [ɑ̃pʀezyʀe] ▸ conjug 1 ◂ vt to add rennet to

emprise [ɑ̃pʀiz] → SYN nf hold, ascendancy (*sur* over) ◆ **avoir beaucoup d'emprise sur qn** to have a great hold ou have great ascendancy over sb ◆ **sous l'emprise de la colère** in the grip of anger, gripped by anger

emprisonnement [ɑ̃pʀizɔnmɑ̃] → SYN nm imprisonment ◆ **condamné à l'emprisonnement à perpétuité** sentenced to life imprisonment ◆ **condamné à 10 ans d'emprisonnement** sentenced to 10 years in prison, given a 10-year prison sentence

emprisonner [ɑ̃pʀizɔne] → SYN ▸ conjug 1 ◂ vt **a** (en prison) to imprison, put in prison ou jail, jail; (fig: dans une chambre, un couvent) to shut up, imprison

b (fig) [vêtement] to confine; [doctrine, milieu] to trap ◆ **ce corset lui emprisonne la taille** this corset grips her (too) tightly around the waist ou really confines her waist ◆ **emprisonner qn dans un système / un raisonnement** to trap sb within a system / by a piece of reasoning ◆ **emprisonné dans ses habitudes / la routine** imprisoned within ou a prisoner of his habits / routine

emprunt [ɑ̃pʀœ̃] → SYN nm **a** (action d'emprunter) [argent, objet] borrowing ◆ **l'emprunt de sa voiture était la seule solution** borrowing his car was the only solution, the only solution was to borrow his car ◆ **ce n'était pas un vol, mais seulement un emprunt** it (ou I ou he etc) wasn't really stealing, only borrowing, I (ou he etc) was really just borrowing it, not stealing ◆ (Fin) **recourir à l'emprunt** to resort to borrowing ou to a loan

b (demande, somme) loan ◆ **ses emprunts successifs l'ont mis en difficulté** successive borrowing has ou his successive loans have put him in difficulty ◆ (Fin) **emprunt d'État / public** Government / public loan *(with government etc as borrower)* ◆ (Fin) **emprunt à 5%** loan at 5% (interest) ◆ (Fin) **faire un emprunt d'un million à une banque** to raise a loan of a million from a bank ◆ **faire un emprunt pour payer sa voiture** to borrow money ou take out a loan to pay for one's car

c (littéraire etc) borrowing; (terme) loan word, borrowed word, borrowing ◆ **c'est un emprunt à l'anglais** it's a loan word ou borrowing from English

d LOC **d'emprunt** nom, autorité assumed; matériel borrowed

emprunté, e [ɑ̃pʀœ̃te] → SYN (ptp de **emprunter**) adj **a** (gauche) air, personne ill-at-ease (attrib), self-conscious, awkward

b (artificiel) gloire, éclat sham, feigned

emprunter [ɑ̃pʀœ̃te] → SYN ▸ conjug 1 ◂ vt **a** argent, objet to borrow (*à* from); idée to borrow, take (*à* from); chaleur to derive, take (*à* from); mot, expression (directement) to borrow, take (*à* from); (par dérivation) to derive, take (*à* from); nom, autorité to assume, take on ◆ **emprunter un langage noble** to use ou adopt a noble style (of language) ◆ **cette pièce emprunte son sujet à l'actualité** this play is based on a topical subject ◆ (Ling) **mot emprunté à l'anglais** loan word from English

b route to take; itinéraire to follow

emprunteur, -euse [ɑ̃pʀœ̃tœʀ, øz] → SYN nm,f borrower

empuantir [ɑ̃pɥɑ̃tiʀ] → SYN ▸ conjug 2 ◂ vt to stink out (*de* with)

empyème [ɑ̃pjɛm] nm empyema

empyrée [ɑ̃piʀe] → SYN nm empyrean

EMT [əɛmte] nf (abrév de **éducation manuelle et technique**) → **éducation**

ému, e [emy] → SYN (ptp de **émouvoir**) adj personne (compassion) moved; (gratitude) touched; (joie) excited; (timidité, peur) nervous, agitated; air filled with emotion; voix emotional, trembling with emotion; souvenirs tender, touching ◆ **ému jusqu'aux larmes devant leur misère** moved to tears by their poverty ◆ **très ému lors de son premier rendez-vous amoureux / la remise des prix** very excited ou agitated on his first date / at the prize giving ◆ **encore tout ému, il la remercia** still quite overcome ou still (feeling) very touched, he thanked her ◆ **dit-il d'une voix émue** he said with emotion, he said in a voice trembling with emotion ◆ **trop ému pour les remercier / leur annoncer la nouvelle** too overcome to thank them / announce the news to them

émulateur [emylatœʀ] nm (Ordin) emulator

émulation [emylasjɔ̃] → SYN nf (gén, Ordin) emulation ◆ **esprit d'émulation** spirit of competition, competitive spirit

émule [emyl] → SYN nmf (littér) (imitateur) emulator; (égal) equal ◆ (péj) **ce fripon et ses émules** this scoundrel and his like ◆ **être l'émule de qn** to emulate sb ◆ **il fait des émules** people emulate him

émuler [emyle] ▸ conjug 1 ◂ vt (Ordin) to emulate

émulseur [emylsœʀ] nm emulsifier

émulsif, -ive [emylsif, iv] **1** adj (Pharm) emulsive; (Chim) emulsifying

2 nm emulsifier

émulsifiable [emylsifjabl] adj emulsifiable

émulsifiant, e [emylsifjɑ̃, jɑ̃t] **1** adj emulsifying

2 nm emulsifier

émulsine [emylsin] nf emulsin

émulsion [emylsjɔ̃] nf emulsion

émulsionner [emylsjɔne] ▸ conjug 1 ◂ vt to emulsify

en[1] [ɑ̃] prép

a (lieu) in; (changement de lieu) to ◆ **vivre en France / Normandie** to live in France / Normandy ◆ **aller en Angleterre / Normandie** to go to England / Normandy ◆ **aller de pays en pays / ville en ville** to go from country to country / town to town ◆ **il voyage en Grèce / Corse** he's travelling around Greece / Corsica ◆ **il habite en province / banlieue / ville** he lives in the provinces / the suburbs / the town ◆ **être en ville** to be in town ◆ **aller en ville** to go (in)to town ◆ **avoir des projets en tête** to have plans, have something in mind ◆ **les objets en vitrine** the items in the window ◆ **en lui-même, il n'y croit pas** deep down ou in his heart of hearts he doesn't believe it ◆ **je n'aime pas en lui cette obstination** I don't like this stubbornness of his, what I don't like about him is his stubbornness → **âme, tête**

b (temps: date, durée) in; (progression, périodicité) to ◆ **en semaine** in ou during the week ◆ **en automne / été / mars / 1976** in autumn / summer / March / 1976 ◆ **il peut le faire en 3 jours** he can do it in 3 days ◆ **en 6 ans je lui ai parlé deux fois** in (all of) 6 years I've spoken to him twice ◆ **de jour en jour** from day to day, daily ◆ **d'année en année** from year to year, yearly ◆ **son inquiétude grandissait d'heure en heure** hour by hour ou as the hours went by he grew more (and more) anxious, he grew hourly more anxious

c (moyen de transport) by ◆ **en taxi / train / avion** etc by taxi / train ou rail / air etc ◆ **aller à Londres en avion** to fly to London ◆ **faire une promenade en barque / voiture** to go for a ride ou trip in a boat / car, go for a boat- / car-trip ◆ **ils y sont allés en voiture** they went by car ou in a car ◆ **ils sont arrivés en voiture** they arrived in a car ou by car ◆ **ils ont remonté le fleuve en pirogue** they canoed up the river, they rowed up the river in a canoe

d (état, manière) in, on; (disposition) in ◆ **en bonne santé** in good health ◆ **il était en sang** he was covered in ou with blood ◆ **être en sueur** to be bathed in sweat ◆ **partir en vacances / voyage** to go on holiday / on a journey ◆ **faire qch en hâte / en vitesse*** to do sth in a hurry ou hurriedly / quick* ou right away* ◆ **elle est en rage** she is furious ou in a rage ◆ **le toit est en flammes** the roof is on fire ou in flames ou ablaze ◆ **il a laissé le bureau en désordre** he left the office untidy ou in (a state of) disorder ou in a mess ◆ **être en noir / blanc** to be (dressed) in black / white, be wearing black / white ◆ **elle est arrivée en manteau de fourrure** she arrived wearing ou in a fur coat ou with a fur coat on ◆ **il était en chemise / pyjama** he was in his ou wearing his shirt / pyjamas ◆ **elle était en bigoudis** she was in her rollers ◆ **être en guerre** to be at war ◆ **télévision / carte en couleur** colour television / card ◆ **ils y vont en groupe / bande*** they are going in a group / bunch* ◆ **en cercle / rang** in a circle / row → **état, haillon**

e (transformation) into ◆ **se changer en** to change into ◆ **se déguiser en** to disguise o.s. as, dress up as ◆ **traduire en italien** to translate into Italian ◆ **convertir / transformer qch en** to convert / transform sth into ◆ **casser qch en morceaux** to break sth in(to) pieces ◆ **couper / casser en deux** to cut / break in two ◆ **partir en fumée** to end ou go up in smoke, fizzle out ◆ **entrer** ou **tomber en disgrâce** to fall into disgrace → **éclater, larme**

f (copule avec comp, adv etc) in ◆ **c'est son père en plus jeune / petit** he's just like his father only younger / smaller, he's a younger / smaller version of his father ◆ **je veux la même valise en plus grand** I want the same suitcase only bigger ou only in a bigger size, I want a bigger version of the same suitcase ◆ **nous avons le même article en vert** we have ou do the same item in green → **général, grand, gros**

g (conformité) as ◆ **en tant que** as ◆ **en tant qu'ami** ou **en (ma) qualité d'ami de la famille** as a family friend ◆ **agir en tyran / lâche** to act like a tyrant / coward ◆ **en bon politicien / en bon commerçant (qu'il est), il est très rusé** good politician / tradesman that he is ou like all good politicians / tradesmen, he's very cunning ◆ **je le lui ai donné en cadeau / souvenir** I gave it to him as a present / souvenir → **qualité**

h (composition) made of; (présentation) in ◆ **le plat est en or / argent** the dish is made of gold / silver ◆ **une bague en or / argent** a gold / silver ring ◆ **une table en acajou** a mahogany table ◆ **l'escalier sera en marbre** the staircase will be (in ou made of) marble ◆ **une jupe en soie imprimée** a printed silk skirt, a skirt made (out) of printed silk ◆ **en quoi est-ce (que c'est) fait?, c'est en quoi?*** what's it made of? ou out of? ◆ **l'œuvre de Proust en 6 volumes** Proust's works in 6 volumes ◆ **une pièce en 3 actes** a 3-act play ◆ **c'est écrit en anglais / vers / prose / lettres d'or** it is written in English / verse / prose / gold lettering

i (matière) in, at, of ◆ **en politique / art / musique** in politics / art / music ◆ **être bon** ou **fort en géographie** to be good at geography ◆ **en affaires, il faut de l'audace** you have to be bold in business ◆ **licencié / docteur en droit** bachelor / doctor of law → **expert, matière**

j (mesure) in ◆ **mesurer en mètres** to measure in metres ◆ **compter en francs** to reckon in francs ◆ **ce tissu se fait en 140 (cm)** this material comes in 140-cm widths ou is 140 cm wide ◆ **en long** lengthways, lengthwise ◆ **en large** widthways, widthwise ◆ **en hauteur / profondeur** in height / depth ◆ **nous avons ce manteau en 3 tailles** we have ou do this coat in 3 sizes ◆ **cela se vend en boîtes de 12** this is sold in boxes of 12 → **long, saut**

k (avec gérondif: manière, moyen etc) **monter / entrer en courant** to run up / in ◆ **sortir en rampant / boitant** to crawl / limp out ◆ **se frayer un chemin / avancer en jouant des coudes** to elbow one's way through / forward ◆ **elle est arrivée en chantant** she arrived singing, she was singing when she arrived ◆ **endormir un enfant en le berçant** to rock a child to sleep ◆ **vous ne le ferez obéir qu'en le punissant** you'll only get him to obey by punishing him ◆ **il s'est coupé en essayant d'ouvrir une boîte** he cut himself trying to open a tin ◆ **il a fait une folie en achetant cette bague** it was very extravagant of him to buy this ring ◆ **je suis allé jusqu'à la poste en me promenant** I went for ou took a walk as far as the post office ◆ **ils ont réussi à lui faire signer la lettre en lui racontant des histoires** they talked him into signing the letter, they got him to sign the letter by spinning him some yarn

l (avec gérondif: simultanéité, durée) **en apprenant la nouvelle, elle s'est évanouie** she fainted at the news ou when she heard the news ou on hearing the news ◆ **il a buté en montant dans l'autobus** he tripped getting into ou as he got into the bus ◆ **j'ai écrit une lettre (tout) en vous attendant** I wrote a letter while I was waiting for you ◆ **il s'est endormi en lisant le journal** he fell asleep (while) reading the newspaper, he fell asleep over the newspaper ◆ **fermez la porte en sortant** shut the door as you go out ◆ **il est sorti en haussant les épaules / en criant au secours** he left shrugging his shoulders / shouting for help ou with a shrug of his shoulders / a cry for help

m (introduisant compléments) in ◆ **croire en Dieu** to believe in God ◆ **avoir confiance / foi en qn** to have confidence / faith in sb

en² [ɑ̃] pron **a** (lieu) **quand va-t-il à Nice? – il en revient** when is he off to Nice? – he's just (come) back (from there) ◆ **elle était tombée dans une crevasse, on a eu du mal à l'en sortir** she had fallen into a crevasse and they had difficulty ou trouble (in) getting her out (of it) ◆ **le bénéfice qu'il en a tiré** the profit he got out of it ou from it ◆ **il faut en tirer une conclusion** we must draw a conclusion from it ◆ (fig) **où en sommes-nous?** (livre, leçon) where have we got (up) to?, where are we now?; (situation) where do we stand?

b (cause, agent, instrument) **je suis si inquiet que je n'en dors pas** I can't sleep for worrying, I am so worried that I can't sleep ◆ **il saisit sa canne et l'en frappa** he seized his stick and struck her with it ◆ **ce n'est pas moi qui en perdrai le sommeil** I won't lose any sleep over it ◆ **quelle histoire! nous en avons beaucoup ri** what a business! we had a good laugh over ou about it ◆ **il a été gravement blessé, il pourrait en rester infirme** he has been seriously injured and could remain crippled (as a result ou because of it) ◆ **en mourir** (maladie) to die of it; (blessure) to die because of it ou as a result of it ◆ **elle en est aimée / très blessée** she is loved by him / very hurt by it

c (complément de vb, d'adj, de n) **rendez-moi mon projecteur, j'en ai besoin** give me back my projector – I need it ◆ **qu'est-ce que tu en feras?** what will you do with it (ou them)? ◆ **on lui apprend des mots faciles pour qu'il s'en souvienne** he is taught easy words so that he will remember ou retain them ◆ **c'est une bonne classe, les professeurs en sont contents** they are a good class and the teachers are pleased with them ◆ **elle, mentir? elle en est incapable** she couldn't lie if she tried ◆ **elle a réussi et elle n'en est pas peu fière** she has been successful and she is more than a little proud of herself ou of it ◆ **il ne fume plus, il en a perdu l'habitude** he doesn't smoke any more – he has got out of ou has lost the habit ◆ **sa décision m'inquiète car j'en connais tous les dangers** her decision worries me because I am aware of all the dangers (of it) ou of all its possible dangers ◆ **je t'en donne / offre 10 F** I'll give / offer you 10 francs for it

d (quantitatif, indéf) of it, of them (souvent omis) ◆ **si vous aimez les pommes, prenez-en plusieurs** if you like apples, take several ◆ **il avait bien des lettres à écrire mais il n'en a pas écrit la moitié / beaucoup** he had a lot of letters to write but he hasn't written half of them / many (of them) ◆ **le vin est bon mais il n'y en a pas beaucoup** the wine is good but there isn't much (of it) ◆ **si j'en avais** if I had any ◆ **voulez-vous du pain / des pommes? il y en a encore** would you like some bread / some apples? we have still got some (left) ◆ **il n'y en a plus** (pain) there isn't any left, there's none left; (pommes) there aren't any left, there are none left ◆ **si vous cherchez un crayon, vous en trouverez des douzaines / un dans le tiroir** if you are looking for a pencil you will find dozens (of them) / one in the drawer ◆ **élevé dans le village, j'en connaissais tous les habitants** having been brought up in the village I knew all its inhabitants ◆ **a-t-elle des poupées? – oui, elle en a 2 / trop / de belles** has she any dolls? – yes, she has 2 / too many / some lovely ones ◆ **nous avons du vin, j'en ai acheté une bouteille hier** we have some wine because I bought a bottle yesterday ◆ **j'en ai assez / ras le bol‡** I've had enough (of it) / a bellyful‡ (of it) ◆ **des souris ici? nous n'en avons jamais vu(es)** mice here? we've never seen any ◆ **il en aime une autre** he loves another (littér), he loves somebody else ◆ **en voilà / voici un** there / here is one (of them) now

e (renforcement) non traduit **il s'en souviendra de cette réception** he'll certainly remember that party ◆ **je n'en vois pas, moi, de places libres** well (I must say), I don't see any empty seats ◆ **tu en as eu de beaux jouets à Noël!** well you did get some lovely toys ou what lovely toys you got for Christmas!

f (loc verbales) non traduit **en être quitte pour la peur** to get off with a fright ◆ **en venir aux mains** to come to blows ◆ **ne pas en croire ses yeux / ses oreilles** not to believe one's eyes / ears ◆ **en être réduit à faire** to be reduced to doing ◆ **il en est** ou **il en arrive à penser que** he has come to think that ◆ **je ne m'en fais pas** I don't worry ou care, I don't get het up* ◆ **ne vous en faites pas** don't worry, never mind ◆ **il en est** ou **il en va de même pour** the same goes for, the same may be said for → **accroire, assez, entendre**

E.N. (abrév de **Éducation nationale**) → **éducation**

ENA [ena] nf (abrév de **École nationale d'administration**) → **école**

enamouré, e [enamuʀe] (ptp de **s'enamourer**) adj regard infatuated

enamourer (s')†† [ɑ̃namuʀe, enamuʀe] [→ SYN] ▸ conjug 1 ◂ vpr ◆ **s'enamourer de** to become enamoured of

énanthème [enɑ̃tɛm] nm enanthema

énantiomorphe [enɑ̃tjɔmɔʀf] adj enantiomorphic

énantiotrope [enɑ̃tjɔtʀɔp] adj enantiotropic

énarchie [enaʀʃi] nf *power of the énarques*

énarque [enaʀk] [→ SYN] nmf énarque, *student or former student of the École nationale d'administration*

énarthrose [enaʀtʀoz] nf socket joint

en-avant [ɑ̃navɑ̃] nm inv (Rugby) forward pass, knock on

en-but [ɑ̃by(t)] nm inv (Rugby) in-goal area

encablure [ɑ̃kablyʀ] nf cable's length ◆ **à 3 encablures de** 3 cables' length away from

encadré [ɑ̃kadʀe] (ptp de **encadrer**) nm (emplacement) box; (texte) boxed piece of text

encadrement [ɑ̃kadʀəmɑ̃] [→ SYN] nm **a** (NonC: → **encadrer**) framing; training, supervision ◆ **« tous travaux d'encadrement »** "all framing (work) undertaken"

b (embrasure) [porte, fenêtre] frame ◆ **il se tenait dans l'encadrement de la porte** he stood in the doorway

c (cadre) frame ◆ **cet encadrement conviendrait mieux au sujet** this frame would be more appropriate to the subject

d (Admin: instructeurs) training personnel; (cadres) managerial staff

e (Écon) **encadrement du crédit** credit restriction ou squeeze

encadrer [ɑ̃kadʀe] → SYN ▸conjug 1◂ vt **a** tableau to frame ◆ (iro) **c'est à encadrer !** that's priceless!, that's one to remember!
b (instruire) étudiants, débutants, recrues to train (and supervise); (contrôler) enfant to take in hand; équipe sportive to manage
c (fig: entourer) cour, plaine, visage to frame, surround; prisonnier to surround; (par 2 personnes) to flank ◆ **les collines qui encadraient la plaine** the hills that framed ou surrounded the plain ◆ **encadré de ses gardes du corps** surrounded by his bodyguards ◆ **l'accusé, encadré de 2 gendarmes** the accused, flanked by 2 policemen
d (*: gén nég: supporter) to stick*, stand* ◆ **je ne peux pas l'encadrer** I can't stick* ou stand* ou abide him
e (Mil) objectif to straddle
f (Aut) **il s'est fait encadrer*** he got his car badly dented, someone smashed into his car

encadreur, euse [ɑ̃kadʀœʀ, øz] nm,f (picture) framer

encager [ɑ̃kaʒe] ▸conjug 3◂ vt animal, oiseau to cage (up); (fig) personne to cage in, cage up

encagoulé, e [ɑ̃kagule] adj moine cowled; pénitent hooded, cowled; bandit hooded, masked

encaissable [ɑ̃kɛsabl] adj encashable (Brit), cashable

encaisse [ɑ̃kɛs] nf cash in hand, cash balance ◆ **encaisse métallique** gold and silver reserves ◆ **encaisse or** gold reserves

encaissé, e [ɑ̃kese] → SYN (ptp de **encaisser**) adj vallée deep, steep-sided; rivière hemmed in by steep banks ou hills; route hemmed in by steep hills

encaissement [ɑ̃kɛsmɑ̃] → SYN nm **a** (→ **encaisser**) collection; receipt; receipt of payment for; cashing
b [vallée] depth, steep-sidedness ◆ **l'encaissement de la route / rivière faisait que le pont ne voyait jamais le soleil** the steep hills hemming in the road / river ou which reared up from the road / river stopped the sun from ever reaching the bridge

encaisser [ɑ̃kese] → SYN ▸conjug 1◂ vt **a** argent, loyer to collect, receive; facture to receive payment for; chèque to cash; effet de commerce to collect
b (*) coups, affront, défaite to take ◆ **savoir encaisser** [boxeur] to be able to take a lot of beating ou punishment (fig); (fig: dans la vie) to be able to stand up to ou take a lot of beating ou buffeting ◆ **qu'est-ce qu'il a encaissé !** (coups) what a hammering he got!*, what a beating he took!; (injures, réprimande) what a hammering he got!*, he certainly got what for!* ◆ **qu'est-ce qu'on encaisse avec ces cahots** we're taking a real hammering on these bumps*
c (*: gén nég: supporter) **je ne peux pas encaisser ce type** I can't stick* (Brit) ou stand* ou abide that guy ◆ **il n'a pas encaissé cette décision** he couldn't stomach* that decision ◆ **il n'a pas encaissé cette remarque** he didn't appreciate that remark one little bit*
d (Tech) route, fleuve, voie ferrée to embank ◆ **les montagnes qui encaissent la vallée** the mountains which enclose the valley ◆ **la route s'encaisse entre les collines** the road is hemmed in by the hills
e objets to pack in(to) boxes; plantes to plant in boxes ou tubs

encaisseur [ɑ̃kɛsœʀ] → SYN nm collector *(of debts etc)*

encalminé, e [ɑ̃kalmine] → SYN adj navire becalmed

encan [ɑ̃kɑ̃] → SYN nm ◆ **mettre** ou **vendre à l'encan** to sell off by auction

encanaillement [ɑ̃kanajmɑ̃] nm (→ **s'encanailler**) mixing with the riffraff, slumming it*

encanailler (s') [ɑ̃kanaje] → SYN ▸conjug 1◂ vpr (hum) to mix with the riffraff, slum it* ◆ **son style / langage s'encanaille** his style / language is taking a turn for the worse ou is becoming vulgar

encapsuler [ɑ̃kapsyle] ▸conjug 1◂ vt (Tech) to encapsulate

encapuchonner [ɑ̃kapyʃɔne] ▸conjug 1◂ vt ◆ **encapuchonner un enfant** to put a child's hood up ◆ **la tête encapuchonnée** hooded ◆ **un groupe de bambins encapuchonnés** a group of toddlers snug in their hoods

encaquer [ɑ̃kake] → SYN ▸conjug 1◂ vt harengs to put into a barrel (ou barrels)

encart [ɑ̃kaʀ] nm (Typ) insert, inset ◆ **encart publicitaire** publicity ou advertising insert

encarter [ɑ̃kaʀte] → SYN ▸conjug 1◂ vt (Typ) to insert, inset

encarteuse [ɑ̃kaʀtøz] nf inserter, insetter

en-cas [ɑ̃ka] → SYN nm (nourriture) snack

encaserner [ɑ̃kazɛʀne] ▸conjug 1◂ vt to quarter ou lodge in barracks

encastelure [ɑ̃kastəlyʀ] nf (Vét) navicular disease

encastrable [ɑ̃kastʀabl] adj slot-in (épith) (Brit), ready to be installed (US)

encastré, e [ɑ̃kastʀe] (ptp de **encastrer**) adj four, placard built-in

encastrement [ɑ̃kastʀəmɑ̃] nm [interrupteur] flush fitting; [armoire, rayonnage] recessed fitting

encastrer [ɑ̃kastʀe] → SYN ▸conjug 1◂ vt (dans un mur) to embed (*dans* in(to)), sink (*dans* into); interrupteur to fit flush (*dans* with); rayonnages, armoire to recess (*dans* into), embed (*dans* into); (dans un boîtier, une pièce de mécanisme) pièce to fit (*dans* into) ◆ **tous les boutons sont encastrés dans le mur** all the switches are flush with the wall ou are embedded in ou sunk in the wall ◆ **armoire à pharmacie encastrée (dans le mur)** medicine cabinet recessed into the wall ◆ **de gros blocs encastrés dans la neige / le sol** great blocks sunk in ou embedded in the snow / ground ◆ (fig) **la voiture s'est encastrée sous l'avant du camion** the car jammed itself underneath the front of the lorry ◆ **cette pièce s'encastre exactement dans le boîtier** this part fits exactly into the case ◆ **ces pièces s'encastrent exactement l'une dans l'autre** these parts fit exactly into each other

encaustique [ɑ̃kostik] nf polish, wax

encaustiquer [ɑ̃kostike] → SYN ▸conjug 1◂ vt to polish, wax

encaver [ɑ̃kave] ▸conjug 1◂ vt vin to put in a cellar

enceindre [ɑ̃sɛdʀ] → SYN ▸conjug 52◂ vt (gén ptp) to encircle, surround (*de* with) ◆ **enceint de** encircled ou surrounded by

enceinte[1] [ɑ̃sɛ̃t] → SYN adj f pregnant (*de qn* by sb), expecting* (attrib) ◆ **femme enceinte** pregnant woman, expectant mother ◆ **enceinte de cinq mois** five months pregnant, five months gone* (Brit) ◆ **je suis enceinte de Paul** I'm pregnant by Paul ◆ **enceinte de quintuplés** pregnant with ou expecting quintuplets ◆ **elle est tombée enceinte** she became ou got pregnant ◆ **il l'a mise enceinte** he got ou made her pregnant ◆ **elle est enceinte jusqu'aux yeux*** she's very pregnant*

enceinte[2] [ɑ̃sɛ̃t] → SYN nf **a** (mur) wall; (palissade) enclosure, fence ◆ **une enceinte de fossés défendait la place** the position was surrounded by defensive ditches ou was defended by surrounding ditches ◆ **une enceinte de pieux protégeait le camp** the camp was protected by an enclosure made of stakes ◆ **mur d'enceinte** surrounding wall
b (espace clos) enclosure; [couvent] precinct ◆ **dans l'enceinte de la ville** within ou inside the town ◆ **dans l'enceinte du tribunal** in(side) the court room ◆ **dans l'enceinte de cet établissement** within ou in(side) this establishment ◆ **enceinte militaire** military area ou zone ◆ (Nucl Phys) **enceinte de confinement** protective shield
c (Élec) **enceinte (acoustique)** (loud)speaker

encens [ɑ̃sɑ̃] → SYN nm incense ◆ (fig) **l'encens des louanges / de leur flatterie** the heady wine of praise / of their flattery

encensement [ɑ̃sɑ̃smɑ̃] nm (→ **encenser**) (in)censing; praising (NonC) to the skies

encenser [ɑ̃sɑ̃se] → SYN ▸conjug 1◂ vt to (in)cense; (fig) to heap ou shower praise(s) upon, praise to the skies

encenseur, euse [ɑ̃sɑ̃sœʀ, øz] → SYN nm,f (Rel) thurifer, censer-bearer; (fig †) flatterer

encensoir [ɑ̃sɑ̃swaʀ] nm censer, thurible ◆ (fig péj) **manier l'encensoir** to pour out flattery, heap on the praise ◆ (fig) **coups d'encensoir** excessive flattery

encépagement [ɑ̃sepaʒmɑ̃] nm vineyard's vines

encéphale [ɑ̃sefal] → SYN nm encephalon

encéphaline [ɑ̃sefalin] nf encephalin

encéphalique [ɑ̃sefalik] adj encephalic

encéphalite [ɑ̃sefalit] nf encephalitis

encéphalogramme [ɑ̃sefalɔgʀam] nm encephalogram

encéphalographie [ɑ̃sefalɔgʀafi] nf encephalography

encéphalomyélite [ɑ̃sefalomjelit] nf encephalomyelitis

encéphalopathie [ɑ̃sefalɔpati] nf encephalopathy

encerclement [ɑ̃sɛʀkləmɑ̃] → SYN nm (→ **encercler**) surrounding; encircling

encercler [ɑ̃sɛʀkle] → SYN ▸conjug 1◂ vt [murs] to surround, encircle; [armée, police] to surround ◆ (littér) **il encercla sa taille de ses bras puissants** he encircled her waist with his powerful arms

enchaîné [ɑ̃ʃene] nm (Ciné) change → **fondu**

enchaînement [ɑ̃ʃɛnmɑ̃] → SYN nm **a** (suite logique) [épisodes, preuves] linking ◆ **l'enchaînement de la violence** the spiral of violence
b [scènes, séquences] (action) linking; (résultat) link
c (série) **enchaînement de circonstances** sequence ou series ou string of circumstances ◆ **enchaînement d'événements** chain ou series ou string ou sequence of events
d (Danse) enchaînement ◆ (Mus) **enchaînement des accords** chord progression

enchaîner [ɑ̃ʃene] → SYN ▸conjug 1◂ **1** vt **a** (lier) animal to chain up; prisonnier to put in chains, chain up ◆ **enchaîner un animal / prisonnier à un arbre** to chain an animal / a prisoner (up) to a tree ◆ **enchaîner 2 prisonniers l'un à l'autre** to chain 2 prisoners together
b (fig littér) [secret, souvenir, sentiment] to bind ◆ **l'amour enchaîne les cœurs** love binds hearts (together) ◆ **ses souvenirs l'enchaînaient à ce lieu** his memories tied ou bound ou chained him to this place
c (fig: asservir) peuple to enslave; presse to muzzle, gag ◆ **enchaîner la liberté** to put freedom in chains
d (assembler) faits, épisodes, séquences to connect, link (together ou up); paragraphes, pensées, mots to link (together ou up), put together, string together ◆ **incapable d'enchaîner deux pensées / paragraphes** incapable of linking ou putting ou stringing two thoughts / paragraphs together ◆ (Ciné) **enchaîner (la scène suivante)** to change to ou move on to the next scene ◆ (Ciné) **on va enchaîner les dernières scènes** we'll carry on with the last scenes, we'll go on to the last scenes
2 vi (Ciné, Théât) to carry on (Brit) ou move on (to the next scene) ◆ **sans laisser à Anne le temps de répondre, Paul enchaîna : « d'abord ... »** without giving Anne the time to reply, Paul went on ou continued: "first ..." ◆ **on enchaîne, enchaînons** (Ciné, Théât) let's carry on (Brit) ou keep going; (*: dans un débat etc) let's go on ou carry on (Brit), let's continue
3 **s'enchaîner** vpr [épisodes, séquences] to follow on from each other, be linked (together); [preuves, faits] to be linked (together) ◆ **tout s'enchaîne** it's all linked ou connected, it all ties up ◆ **des paragraphes / raisonnements qui s'enchaînent bien** well-linked paragraphs / pieces of reasoning, paragraphs / pieces of reasoning that are well strung ou put together

enchanté, e [ɑ̃ʃɑ̃te] → SYN GRAMMAIRE ACTIVE 11.3 (ptp de **enchanter**) adj **a** (ravi) enchanted (*de* by), delighted (*de* with), enraptured (*de* by) ◆ (frm) **enchanté (de vous connaître)** how do you do?, (I'm) very pleased to meet you

b (magique) forêt, demeure enchanted

enchantement [ɑ̃ʃɑ̃tmɑ̃] → SYN nm **a** (action) enchantment; (effet) (magic) spell, enchantment ◆ **comme par enchantement** as if by magic

b (ravissement) delight, enchantment ◆ **ce spectacle fut un enchantement** the sight of this was an absolute delight ou was enchanting ou delightful ◆ **être dans l'enchantement** to be enchanted ou delighted ou enraptured

enchanter [ɑ̃ʃɑ̃te] → SYN ▸conjug 1◂ **1** vt **a** (ensorceler) to enchant, bewitch

b (ravir) to enchant, delight, enrapture ◆ **ça ne m'enchante pas beaucoup** I'm not exactly taken with it, it doesn't exactly appeal to me ou fill me with delight

2 **s'enchanter** vpr (littér) to rejoice (*de* at)

enchanteur, -teresse [ɑ̃ʃɑ̃tœʀ, tʀɛs] → SYN

1 adj enchanting, bewitching

2 nm (sorcier) enchanter; (fig) charmer

3 **enchanteresse** nf enchantress

enchâssement [ɑ̃ʃɑsmɑ̃] nm **a** [pierre] setting (*dans* in)

b (Ling) embedding

enchâsser [ɑ̃ʃɑse] → SYN ▸conjug 1◂ **1** vt (gén) to set (*dans* in); (Ling) to embed ◆ (littér) **enchâsser une citation dans un texte** to insert a quotation into a text

2 **s'enchâsser** vpr ◆ **s'enchâsser (l'un dans l'autre)** to fit exactly together ◆ **s'enchâsser dans** to fit exactly into

enchausser [ɑ̃ʃose] ▸conjug 1◂ vt (Agr) to mulch

enchemiser [ɑ̃ʃ(ə)mize] ▸conjug 1◂ vt projectile to jacket; livre to cover, jacket

enchère [ɑ̃ʃɛʀ] → SYN nf **a** (Comm: offre) bid ◆ **faire une enchère** to bid, make a bid ◆ **faire monter les enchères** (lit) to raise the bidding; (fig: devenir plus exigeant) to raise ou up the ante ◆ (fig) **les deux entreprises le veulent mais il laisse monter les enchères** the two companies want him but he's waiting for the highest possible bid

b (Comm: vente) **enchères: mettre aux enchères** to put up for auction ◆ **le tableau a été mis aux enchères** the picture was put up for auction ou went under the hammer ◆ **vendre aux enchères** to sell by auction ◆ **acheté aux enchères** bought at an auction (sale) → **vente**

c (Cartes) bid ◆ **le système des enchères** the bidding system

enchérir [ɑ̃ʃeʀiʀ] → SYN ▸conjug 2◂ vi **a** (Comm) **enchérir sur une offre** to make a higher bid ◆ **il a enchéri sur mon offre** he bid higher than I did, he made a bid higher than mine ◆ **enchérir sur qn** to bid higher than sb, make a higher bid than sb ◆ **enchérir sur une somme** to go higher than ou above ou over an amount

b (fig) **enchérir sur** to go further than, go beyond, go one better than

c (†: augmenter) to become more expensive

enchérissement† [ɑ̃ʃeʀismɑ̃] nm ⇒ **renchérissement**

enchérisseur, -euse [ɑ̃ʃeʀisœʀ, øz] nm,f bidder

enchevaucher [ɑ̃ʃ(ə)voʃe] ▸conjug 1◂ vt (Tech) to overlap

enchevauchure [ɑ̃ʃ(ə)voʃyʀ] nf (Tech) overlap

enchevêtrement [ɑ̃ʃ(ə)vɛtʀəmɑ̃] → SYN nm [ficelles, branches] entanglement; (fig) [idées, situation] confusion ◆ **l'enchevêtrement de ses idées** the confusion ou muddle his ideas were in ◆ **un enchevêtrement de branches barrait la route** a tangle of branches blocked the way

enchevêtrer [ɑ̃ʃ(ə)vetʀe] → SYN ▸conjug 1◂

1 vt ficelle to tangle (up), entangle, muddle up; (fig) idées, intrigue to confuse, muddle

2 **s'enchevêtrer** vpr **a** [ficelles] to get in a tangle, become entangled, tangle; [branches] to become entangled ◆ **s'enchevêtrer dans des cordes** to get caught up ou tangled up in ropes

b [situations, paroles] to become confused ou muddled ◆ **mots qui s'enchevêtrent les uns dans les autres** words that get confused together ou that run into each other ◆ **s'enchevêtrer dans ses explications** to tie o.s. up in knots* explaining (something), get tangled up in one's explanations

enchifrené, e [ɑ̃ʃifʀəne] → SYN adj nez blocked up

enclave [ɑ̃klav] → SYN nf (lit, fig) enclave

enclavement [ɑ̃klavmɑ̃] nm (action) enclosing, hemming in ◆ (état) **l'enclavement d'un département dans un autre** one department's being enclosed by another ◆ **cette province souffre de son enclavement** this province suffers from its isolation ou from its hemmed-in position

enclaver [ɑ̃klave] → SYN ▸conjug 1◂ vt **a** (entourer) to enclose, hem in ◆ **terrain complètement enclavé dans un grand domaine** piece of land completely enclosed within ou hemmed in by a large property ◆ **pays enclavé** landlocked country

b (encastrer) **enclaver (l'un dans l'autre)** to fit together, interlock ◆ **enclaver dans** to fit into

c (insérer) **enclaver entre** to insert between

enclenche [ɑ̃klɑ̃ʃ] nf (Tech) slot

enclenchement [ɑ̃klɑ̃ʃmɑ̃] nm (action) engaging; (état) engagement; (dispositif) interlock

enclencher [ɑ̃klɑ̃ʃe] → SYN ▸conjug 1◂ **1** vt mécanisme to engage; (fig) affaire to set in motion, get under way ◆ **l'affaire est enclenchée** the business is under way

2 **s'enclencher** vpr [mécanisme] to engage

enclin, e [ɑ̃klɛ̃, in] → SYN adj ◆ **enclin à qch/à faire qch** inclined ou prone to sth/to do sth

encliquetage [ɑ̃klik(ə)taʒ] nm ratchet

encliqueter [ɑ̃klik(ə)te] ▸conjug 4◂ vt mécanisme to stop with a ratchet

enclitique [ɑ̃klitik] nm enclitic

enclore [ɑ̃klɔʀ] → SYN ▸conjug 45◂ vt to enclose, shut in ◆ **enclore qch d'une haie/d'une palissade/d'un mur** to hedge/fence/wall sth in

enclos [ɑ̃klo] → SYN nm (gén: terrain, clôture) enclosure; [chevaux] paddock; [moutons] pen, fold

enclouer [ɑ̃klue] ▸conjug 1◂ vt (Méd) to pin together; cheval to injure while shoeing

enclume [ɑ̃klym] → SYN nf anvil; (Aut) engine block; (Anat) anvil (bone), incus (spéc) ◆ (fig) **entre l'enclume et le marteau** between the devil and the deep blue sea

encoche [ɑ̃kɔʃ] → SYN nf (gén) notch; [flèche] nock ◆ **faire une encoche à** ou **sur qch** to notch sth, make a notch in sth

encocher [ɑ̃kɔʃe] → SYN ▸conjug 1◂ vt (Tech) to notch; flèche to nock

encodage [ɑ̃kɔdaʒ] → SYN nm encoding

encoder [ɑ̃kɔde] → SYN ▸conjug 1◂ vt to encode

encodeur [ɑ̃kɔdœʀ] → SYN nm encoder

encoignure [ɑ̃kɔɲyʀ] → SYN nf **a** (coin) corner

b (meuble) corner cupboard

encoller [ɑ̃kɔle] ▸conjug 1◂ vt to paste

encolleur, -euse [ɑ̃kɔlœʀ, øz] **1** nm,f sizer

2 **encolleuse** nf sizing machine

encolure [ɑ̃kɔlyʀ] → SYN nf [cheval, personne, robe] neck; (Comm: tour de cou) collar size ◆ (Équitation) **battre d'une encolure** to beat by a neck

encombrant, e [ɑ̃kɔ̃bʀɑ̃, ɑ̃t] → SYN **1** adj (lit) paquet cumbersome, unwieldy, bulky; (fig) présence burdensome, inhibiting ◆ **cet enfant est très encombrant** (agaçant) this child is a real nuisance ou pest*; (indésirable) this child is in the way ou is a nuisance

2 nmpl ◆ **les encombrants** (objets) (unwanted) junk; (*: service) junk removal service

encombre [ɑ̃kɔ̃bʀ] → SYN nm ◆ **sans encombre** without mishap ou incident

encombré, e [ɑ̃kɔ̃bʀe] (ptp de **encombrer**) adj couloir cluttered (up), obstructed; passage obstructed; lignes téléphoniques blocked; profession, marché saturated ◆ **table encombrée de papiers** table cluttered ou littered with papers ◆ (Aut) **le boulevard est très encombré** the traffic is very heavy on the boulevard, the boulevard is very congested ◆ **j'ai les bronches encombrées** my chest is all congested

encombrement [ɑ̃kɔ̃bʀəmɑ̃] → SYN GRAMMAIRE ACTIVE 27.3 nm **a** (obstruction) [lieu, bronches] congestion ◆ **à cause de l'encombrement des lignes téléphoniques** because of the telephone lines being blocked ◆ **l'encombrement du couloir rendait le passage malaisé** the state of congestion ou clutter in the corridor ou all the clutter in the corridor made it difficult to get through ◆ **un encombrement de vieux meubles** a clutter ou jumble of old furniture ◆ **les encombrements qui ralentissent la circulation** the obstructions ou holdups that slow down the traffic ◆ (Aut) **être pris dans un encombrement** ou **dans les encombrements** to be stuck in a traffic jam ou in the traffic jams

b (volume) bulk; (taille) size ◆ **objet de faible encombrement** small object

encombrer [ɑ̃kɔ̃bʀe] → SYN ▸conjug 1◂ **1** vt pièce to clutter (up); couloir to clutter (up), obstruct, congest; (fig) mémoire to clutter (up), encumber; profession to saturate; (Téléc) lignes to block; (Comm) marché to glut ◆ **ces paquets encombrent le passage** these packages block the way ou are an obstruction ◆ **ces boîtes m'encombrent** (je les porte) I'm loaded down with these boxes; (elles gênent le passage) these boxes are in my way

2 **s'encombrer** vpr ◆ **s'encombrer de** paquets to load o.s. with; enfants to burden ou saddle* o.s. with ◆ **il ne s'encombre pas de scrupules** he's not overburdened with scruples, he's not overscrupulous

encontre [ɑ̃kɔ̃tʀ] → SYN **1** prép ◆ **à l'encontre de** (contre) against, counter to; (au contraire de) contrary to ◆ **aller à l'encontre de** [décision, faits] to go against, run counter to ◆ **je n'irai pas à l'encontre de ce qu'il veut/fait** I shan't go against his wishes/what he does ◆ **cela va à l'encontre du but recherché** it's counterproductive, it defeats the purpose ◆ **action qui va à l'encontre du but recherché** self-defeating ou counterproductive action ◆ **à l'encontre de ce qu'il dit, mon opinion est que ...** contrary to what he says, my opinion is that ...

2 adv ◆ (rare) **à l'encontre** in opposition, against it ◆ **je n'irai pas à l'encontre** I shan't go against it, I shan't act in opposition

encor [ɑ̃kɔʀ] adv (††, Poésie) ⇒ **encore**

encorbellement [ɑ̃kɔʀbɛlmɑ̃] → SYN nm (Archit) corbelled construction ◆ **fenêtre en encorbellement** oriel window ◆ **balcon en encorbellement** corbelled balcony

encorder [ɑ̃kɔʀde] ▸conjug 1◂ **1** vt to rope up

2 **s'encorder** vpr to rope up ◆ **les alpinistes s'encordent** the climbers rope themselves together ou rope up

encore [ɑ̃kɔʀ] → SYN adv **a** (toujours) still ◆ **il restait encore quelques personnes** there were still a few people left ◆ **il en était encore au brouillon** he was still working on the draft ◆ (péj) **il en est encore au stade de la règle à calculer/du complet cravate** he hasn't got past the slide rule/the collar and tie stage yet, he's still at the slide rule/the collar and tie stage ◆ (péj) **tu en es encore là!** haven't you got beyond ou past that yet! ◆ **il n'est encore qu'en première année/que caporal** he's only in first year/a corporal as yet, he's still only in first year/a corporal ◆ **il n'est encore que 8 heures** it's (still) only 8 o'clock ◆ **ce malfaiteur court encore** the criminal is still at large

b **pas encore** not yet ◆ **il n'est pas encore prêt** he's not ready yet, he's not yet ready ◆ **ça ne s'était pas encore vu, ça ne s'était encore jamais vu** that had never been seen before

c (pas plus tard que) only ◆ **encore ce matin** ou **ce matin encore, il semblait bien portant** only this morning he seemed quite well ◆ **il me le disait encore hier** ou **hier encore** he was saying that to me only yesterday

d (de nouveau) again ◆ **encore une fois** (once) again, once more, one more time ◆ **encore une fois, je n'affirme rien** but there again, I'm not absolutely positive about it ◆ **encore une fois non!** how many times do I have to tell you – no! ◆ **ça s'est encore défait** it has come undone (yet) again ou once more ◆ **il a encore laissé la porte ouverte** he has left the door open (yet) again ◆ **elle**

a encore acheté un nouveau chapeau she has bought yet another new hat ◆ **encore vous!** (not) you again! ◆ **quoi encore?, qu'y a-t-il encore?, que te faut-il encore?** what's the matter with you this time?, what is it THIS time?
e (de plus, en plus) more ◆ **encore un!** yet another!, one more! ◆ **encore un rhume** (yet) another cold ◆ **encore une tasse?** another cup? ◆ **vous prendrez bien encore quelque chose?** ou **quelque chose encore?** surely you'll have something more? ou something else? ◆ **encore un peu de thé?** a little more tea?, (any) more tea? ◆ **encore quelques gâteaux?** (some ou any) more cakes? ◆ **j'en veux encore** I want some more ◆ **encore un mot, avant de terminer** (just) one more word before I finish ◆ **que te faut-il encore?** what else ou more do you want? ◆ **qu'est-ce que j'oublie encore?** what else have I forgotten? ◆ **qui y avait-il encore?** who else was there? ◆ **pendant encore 2 jours** for another 2 days, for 2 more days, for 2 days more ◆ **il y a encore quelques jours avant de partir** there are a few (more) days to go before we leave ◆ **encore un fou du volant!** (yet) another roadhog! ◆ **en voilà encore 2** here are 2 more ou another 2 ◆ **mais encore?** is that all?, what else? → **non**
f (avec compar) even, still, yet (littér) ◆ **il fait encore plus froid qu'hier** it's even ou still colder than yesterday ◆ **il fait encore moins chaud qu'hier** it's even less warm than it was yesterday ◆ **il est encore plus grand que moi** he is even taller than I am ◆ **ils veulent l'agrandir encore (plus)** they want to make it even ou still larger, they want to enlarge it even further ◆ **encore pire, pire encore** even ou still worse, worse and worse ◆ **encore autant** as much again (*que* as)
g (aussi) too, also, as well ◆ **tu le bats non seulement en force, mais encore en intelligence** you beat him not only in strength but also in intelligence, not only are you stronger than he is but you are more intelligent too ou also ou as well
h (valeur restrictive) even then, even at that ◆ **encore ne sait-il pas tout** even then he doesn't know everything, and he doesn't even know everything (at that) ◆ **encore faut-il le faire** you still have to do it, you have to do it even so ◆ (iro) **encore une chance** ou **encore heureux qu'il ne se soit pas plaint au patron** (still) at least he didn't complain to the boss, let's think ourselves lucky that he didn't complain to the boss ◆ **on t'en donnera peut-être 10 F, et encore** they'll give you perhaps 10 francs for it, if that ou and perhaps not even that ◆ **c'est passable, et encore!** it's passable but only just! ◆ **et encore, ça n'a pas été sans mal** and even that wasn't easy ◆ **si encore** if only ◆ **si encore je savais où ça se trouve, j'irais bien,** (frm) **encore irais-je bien si je savais où ça se trouve** if only I knew where it was, I would willingly go
i (littér) **encore que** (quoique) even though ◆ **encore qu'il eût mal, il voulut y aller** even though he felt ill he wanted to go

encorner [ɑ̃kɔʀne] ▸ conjug 1 ◂ vt to gore

encornet [ɑ̃kɔʀnɛ] → SYN nm squid

encourageant, e [ɑ̃kuʀaʒɑ̃, ɑ̃t] → SYN adj encouraging

encouragement [ɑ̃kuʀaʒmɑ̃] → SYN nm encouragement

encourager [ɑ̃kuʀaʒe] → SYN ▸ conjug 3 ◂ vt (gén) to encourage (*à faire* to do); équipe to cheer ◆ **encourager qn au meurtre** to encourage sb to commit murder, incite sb to murder ◆ **encourager qn à l'effort** to encourage sb to make an effort ◆ **encourager qn du geste et de la voix** to cheer sb on ◆ **encouragé par ses camarades, il a joué un vilain tour au professeur** egged on ou encouraged by his classmates, he played a nasty trick on the teacher

encourir [ɑ̃kuʀiʀ] → SYN ▸ conjug 11 ◂ vt (littér) amende, frais to incur; mépris, reproche, punition to bring upon o.s., incur

encours, en-cours [ɑ̃kuʀ] nm inv outstanding discounted bills

encrage [ɑ̃kʀaʒ] nm inking

encrassement [ɑ̃kʀasmɑ̃] → SYN nm (→ **encrasser**) fouling (up); sooting up; clogging (up), choking (up)

encrasser [ɑ̃kʀase] → SYN ▸ conjug 1 ◂ **1** vt **a** arme to foul (up); cheminée, (Aut) bougie to soot up; piston, poêle, tuyau, machine to clog (up), choke (up), foul up
b (salir) to make filthy, (make) dirty ◆ **ongles encrassés de cambouis** nails encrusted ou filthy with engine grease
2 **s'encrasser** vpr (→ **encrasser**) to foul (up); to soot up; to clog (up), get choked (up)

encre [ɑ̃kʀ] **1** nf ink ◆ **écrire à l'encre** to write in ink ◆ (fig) **de sa plus belle encre** in his best style → **bouteille, couler** etc
2 COMP ▷ **encre de Chine** Indian ink ▷ **encre d'imprimerie** printing ink ▷ **encre sympathique** invisible ink

encrer [ɑ̃kʀe] → SYN ▸ conjug 1 ◂ vt to ink

encreur [ɑ̃kʀœʀ] **1** adj m rouleau, tampon inking
2 nm inker

encrier [ɑ̃kʀije] nm inkwell, inkpot (Brit)

encroûté, e* [ɑ̃kʀute] → SYN (ptp de **encroûter**) adj ◆ **être encroûté** to stagnate, be in a rut ◆ **quel encroûté tu fais!** you're really stagnating!, you're really in a rut!

encroûtement [ɑ̃kʀutmɑ̃] → SYN nm **a** [personne] getting into a rut ◆ **essayons de le tirer de son encroûtement** let's try and get him out of his rut ◆ **l'encroûtement dans certaines habitudes** gradually becoming entrenched in certain habits
b [objet] encrusting, crusting over

encroûter [ɑ̃kʀute] → SYN ▸ conjug 1 ◂ **1** vt (entartrer) to encrust, crust over
2 **s'encroûter** vpr **a** (*) [personne] to stagnate, get into a rut ◆ **s'encroûter dans** habitudes, préjugés to become entrenched in ◆ **s'encroûter dans la vie de province** to get into the rut of provincial life
b [objet] to crust over, form a crust

enculé** [ɑ̃kyle] nm sod**, bugger**

enculer** [ɑ̃kyle] ▸ conjug 1 ◂ vt to bugger** ◆ **va te faire enculer!** fuck off!** ◆ (fig) **ils enculent les mouches** they are nit-picking*

encyclique [ɑ̃siklik] → SYN adj, nf ◆ **(lettre) encyclique** encyclical

encyclopédie [ɑ̃siklɔpedi] → SYN nf encyclopaedia

encyclopédique [ɑ̃siklɔpedik] adj encyclopaedic

encyclopédiste [ɑ̃siklɔpedist] nmf (Hist) encyclopaedist

endémie [ɑ̃demi] nf endemic disease

endémique [ɑ̃demik] → SYN adj (Méd, fig) endemic

endenté, e [ɑ̃dɑ̃te] adj (Hér) indented

endenter [ɑ̃dɑ̃te] ▸ conjug 1 ◂ vt roue to tooth; (assembler) to mesh (together)

endetté, e [ɑ̃dete] (ptp de **endetter**) adj in debt (attrib) ◆ **très endetté** heavily ou deep in debt ◆ (fig) **(très) endetté envers qn** (greatly) indebted to sb

endettement [ɑ̃dɛtmɑ̃] nm (action) indebtedness; (résultat) debt ◆ **notre endettement extérieur** our foreign debt ◆ **causer l'endettement de l'entreprise** to put the company in debt ◆ **le montant de notre endettement envers la banque** the amount of our indebtedness to the bank

endetter vt, **s'endetter** → SYN vpr [ɑ̃dete] ▸ conjug 1 ◂ [particulier, entreprise] to get into debt

endeuiller [ɑ̃dœje] → SYN ▸ conjug 1 ◂ vt personne, pays (toucher par une mort) to plunge into mourning; (attrister) to plunge into grief; épreuve sportive, manifestation to cast a (tragic) shadow over; (littér) paysage to make ou render dismal, give a dismal aspect to ◆ **course endeuillée par la mort d'un pilote** race over which a tragic shadow was cast by the death of a driver

endiablé, e [ɑ̃djɑble] → SYN adj danse, rythme boisterous, furious; course furious, wild; personne boisterous, turbulent

endigage [ɑ̃digaʒ] nm, **endiguement** [ɑ̃digmɑ̃] nm (→ **endiguer**) dyking (up); holding back; containing; checking; curbing ◆ **politique d'endigage** policy of containment

endiguer [ɑ̃dige] → SYN ▸ conjug 1 ◂ vt **a** fleuve to dyke (up)
b (fig) foule, invasion to hold back, contain; révolte to check, contain; sentiments, progrès to check, hold back; inflation, chômage to curb

endimanché, e [ɑ̃dimɑ̃ʃe] → SYN (ptp de **s'endimancher**) adj (all done up) in one's Sunday best; (fig) style fancy, florid ◆ (péj) **il a l'air endimanché** he looks terribly stiff in his Sunday best

endimancher (s') [ɑ̃dimɑ̃ʃe] ▸ conjug 1 ◂ vpr to put on one's Sunday best

endive [ɑ̃div] → SYN nf chicory (NonC) (Brit), endive (US) ◆ **5 endives** 5 pieces ou heads of chicory (Brit), 5 endives (US)

endoblaste [ɑ̃dɔblast] nm endoblast

endocarde [ɑ̃dɔkaʀd] nm endocardium

endocardite [ɑ̃dɔkaʀdit] nf endocarditis

endocarpe [ɑ̃dɔkaʀp] nm endocarp

endocrine [ɑ̃dɔkʀin] adj ◆ **glande endocrine** endocrine (gland)

endocrinien, -ienne [ɑ̃dɔkʀinjɛ̃, jɛn] adj endocrinal, endocrinous

endocrinologie [ɑ̃dɔkʀinɔlɔʒi] nf endocrinology

endocrinologue [ɑ̃dɔkʀinɔlɔg], **endocrinologiste** [ɑ̃dɔkʀinɔlɔʒist] nmf endocrinologist

endoctrinement [ɑ̃dɔktʀinmɑ̃] → SYN nm indoctrination

endoctriner [ɑ̃dɔktʀine] → SYN ▸ conjug 1 ◂ vt to indoctrinate

endoderme [ɑ̃dɔdɛʀm] nm endoderm

endodermique [ɑ̃dɔdɛʀmik] adj endodermal, endodermic

endogame [ɑ̃dɔgam] adj endogamous, endogamic

endogamie [ɑ̃dɔgami] → SYN nf endogamy

endogène [ɑ̃dɔʒɛn] adj endogenous

endolori, e [ɑ̃dɔlɔʀi] → SYN (ptp de **endolorir**) adj painful, aching, sore ◆ **endolori par un coup** made tender by a blow

endolorir [ɑ̃dɔlɔʀiʀ] → SYN ▸ conjug 2 ◂ vt (gén ptp) to make painful ou sore

endolorissement [ɑ̃dɔlɔʀismɑ̃] nm pain, aching

endomètre [ɑ̃dɔmɛtʀ] nm endometrium

endométriose [ɑ̃dɔmetʀijoz] nf endometriosis

endométrite [ɑ̃dɔmetʀit] nf endometritis

endommagement [ɑ̃dɔmaʒmɑ̃] → SYN nm damaging

endommager [ɑ̃dɔmaʒe] → SYN ▸ conjug 3 ◂ vt to damage

endomorphine [ɑ̃dɔmɔʀfin] nf ⇒ **endorphine**

endomorphisme [ɑ̃dɔmɔʀfism] nm endomorphism

endoparasite [ɑ̃dopaʀazit] nm endoparasite

endoplasme [ɑ̃dɔplasm] nm endoplasm

endoréique [ɑ̃dɔʀeik] adj endor(h)eic

endoréisme [ɑ̃dɔʀeism] nm endor(h)eism

endormant, e [ɑ̃dɔʀmɑ̃, ɑ̃t] → SYN adj (deadly) boring, deadly dull, deadly*

endormeur, -euse [ɑ̃dɔʀmœʀ, øz] nm,f (péj: trompeur) beguiler

endormi, e [ɑ̃dɔʀmi] → SYN (ptp de **endormir**) adj **a** (lit) personne sleeping, asleep (attrib)
b (fig) (apathique) sluggish, languid; (engourdi) numb; (assoupi) passion dormant; facultés dulled; ville, rue sleepy, drowsy ◆ **j'ai la main tout endormie** my hand has gone to sleep ou is completely numb ou dead ◆ **à moitié endormi** half asleep ◆ **quel endormi** what a sleepyhead (he is)

endormir [ɑ̃dɔʀmiʀ] → SYN ▸ conjug 16 ◂ **1** vt **a** [somnifère, discours] to put ou send to sleep; [personne] (en berçant etc) to send ou lull to sleep ◆ **elle chantait pour l'endormir** she used to sing him to sleep

b (* fig : ennuyer) to send to sleep*, bore stiff* ♦ **tu nous endors avec tes histoires!** you're sending us to sleep* ou boring us stiff* with your stories!
c **endormir qn** (anesthésier) to put sb to sleep*, put sb under*, anaesthetize sb; (hypnotiser) to hypnotise sb, put sb under*
d (dissiper) douleur to deaden; soupçons to allay, lull
e (tromper) to beguile ♦ **se laisser endormir par des promesses** to let o.s. be beguiled by promises, (let o.s.) be lulled into a false sense of security by promises
2 **s'endormir** vpr a [personne] to go to sleep, fall asleep, drop off to sleep
b (fig : se relâcher) to let up, slack off ♦ **ce n'est pas le moment de nous endormir** now is not the time to slow up ou slacken off ♦ **allons, ne vous endormez pas!** come on, don't go to sleep on the job!* → **laurier**
c [rue, ville] to grow calm, fall asleep; [passion, douleur] to subside, die down; [facultés] to go to sleep*
d (euph : mourir) to pass away

endormissement [ɑ̃dɔʀmismɑ̃] nm ♦ **médicament qui facilite l'endormissement** medicine which helps one to sleep, sleep-inducing medicine ♦ **au moment de l'endormissement** as one falls asleep

endorphine [ɑ̃dɔʀfin] nf endorphin

endos [ɑ̃do] → SYN nm endorsement

endoscope [ɑ̃dɔskɔp] nm endoscope

endoscopie [ɑ̃dɔskɔpi] nf endoscopy

endoscopique [ɑ̃dɔskɔpik] adj endoscopic

endosmose [ɑ̃dɔsmoz] nf endosmosis

endossable [ɑ̃dosabl] adj (Fin) endorsable

endossataire [ɑ̃dosatɛʀ] nmf endorsee

endossement [ɑ̃dosmɑ̃] nm endorsement ♦ **endossement en blanc** blank ou general endorsement

endosser [ɑ̃dose] → SYN ▸conjug 1◂ vt a (revêtir) vêtement to put on ♦ (fig) **endosser l'uniforme / la soutane** to enter the army / the Church
b (assumer) responsabilité to take, shoulder (*de* for) ♦ **il a voulu me faire endosser son erreur** he wanted to load his mistake onto me*, he wanted me to take ou shoulder the responsibility for his mistake
c (Fin) to endorse

endosseur [ɑ̃dosœʀ] nm endorser

endothélial, e, mpl **-iaux** [ɑ̃dɔteljal, jo] adj endothelial

endothélium [ɑ̃dɔteljɔm] nm endothelium

endothermique [ɑ̃dotɛʀmik] adj endothermic

endotoxine [ɑ̃dotɔksin] nf endotoxin

endroit [ɑ̃dʀwa] → SYN nm a (localité, partie du corps) place, spot; (lieu de rangement, partie d'un objet) place ♦ **un endroit idéal pour le pique-nique / une usine** an ideal spot ou place for a picnic / a factory ♦ **je l'ai mis au même endroit** I put it in the same place ♦ **manteau usé à plusieurs endroits** coat worn in several places, coat with several worn patches ♦ **les gens de l'endroit** the local people, the locals* → **petit**
b [livre, récit] passage, part ♦ **le plus bel endroit du film** the finest point in ou part of the film ♦ **il arrêta sa lecture à cet endroit** he stopped reading at that point
c **à l'endroit où** (at the place) where ♦ **c'est à cet endroit que** (ici) it's here that; (là) it's there that ♦ **de / vers l'endroit où** from / to (the place) where ♦ **en** ou **à quel endroit?** where(abouts)?, where exactly? ♦ **en quelque endroit que ce soit** wherever it may be
d LOC **en plusieurs endroits** in several places ♦ **par endroits** in places ♦ **au bon endroit** in ou at the right place ♦ (littér) **à l'endroit de** towards
e (bon côté) right side ♦ **à l'endroit** vêtement right side out, the right way out; objet posé the right way round ♦ **remets tes chaussettes à l'endroit** turn your socks right side out ou the right way out ♦ (Tricot) **une maille à l'endroit, une maille à l'envers** knit one – purl one, one plain – one purl ♦ **tout à l'endroit** knit every row

enduction [ɑ̃dyksjɔ̃] nf [textile] coating

enduire [ɑ̃dɥiʀ] → SYN ▸conjug 38◂ vt a [personne, appareil] **enduire une surface de** peinture, vernis, colle to coat a surface with; huile, boue to coat ou smear a surface with ♦ **ces émanations enduisaient de graisse les vitres** these fumes coated the panes with grease ♦ **enduire ses cheveux de brillantine** to grease one's hair with brilliantine, plaster brilliantine on one's hair ♦ **surface enduite d'une substance visqueuse** surface coated ou smeared with a sticky substance ♦ **s'enduire de crème** to cover o.s. with cream
b [substance] to coat ♦ **la colle qui enduit le papier** the glue coating the paper

enduit [ɑ̃dɥi] → SYN nm coating

endurable [ɑ̃dyʀabl] adj endurable, bearable

endurance [ɑ̃dyʀɑ̃s] → SYN nf (moral) endurance; (physique) stamina, endurance ♦ **coureur qui a de l'endurance** runner with stamina ou staying power

endurant, e [ɑ̃dyʀɑ̃, ɑ̃t] → SYN adj tough, hardy ♦ (*† : patient) **peu** ou **pas très endurant (avec)** not very patient (with)

endurci, e [ɑ̃dyʀsi] → SYN (ptp de **endurcir**) adj cœur hardened; personne hardened, hard-hearted ♦ **un criminel endurci** a hardened criminal ♦ **un célibataire endurci** a confirmed bachelor

endurcir [ɑ̃dyʀsiʀ] → SYN ▸conjug 2◂ 1 vt corps to toughen; âme to harden
2 **s'endurcir** vpr (physiquement) to become tough; (moralement) to harden, become hardened ♦ **il faut t'endurcir à la douleur** you must become hardened ou inured to pain

endurcissement [ɑ̃dyʀsismɑ̃] → SYN nm (→ **s'endurcir**) (action) toughening; hardening; (état) toughness; hardness ♦ **endurcissement à la douleur** being hardened to pain

endurer [ɑ̃dyʀe] → SYN ▸conjug 1◂ vt to endure, bear ♦ **endurer de faire** to bear to do ♦ **il fait froid, on endure un pull** it's cold, one needs a jersey

enduro [ɑ̃dyʀo] nm enduro, trial

endymion [ɑ̃dimjɔ̃] nm bluebell

Énée [ene] nm Aeneas

Énéide [eneid] nf ♦ **l'Énéide** the Aeneid

énergéticien, -ienne [enɛʀʒetisjɛ̃, jɛn] nm,f energetics specialist

énergétique [enɛʀʒetik] 1 adj ressources, théorie energy (épith), of energy; aliment energy-giving, energizing ♦ (Physiol) **dépense énergétique** energy expenditure ♦ (Écon) **nos dépenses énergétiques** the nation's fuel ou energy bill
2 nf energetics (sg)

énergie [enɛʀʒi] → SYN nf a (force physique) energy ♦ **dépenser beaucoup d'énergie à faire qch** to expend a great deal of energy doing sth ♦ **un effort pour lequel il avait besoin de toute son énergie** an effort for which he needed all his energy ou energies ♦ **nettoyer / frotter avec énergie** to clean / rub energetically ♦ **être** ou **se sentir sans énergie** to be ou feel lacking in energy, be ou feel unenergetic ♦ **avec l'énergie du désespoir** with the strength born of despair
b (fermeté, ressort moral) spirit, vigour ♦ **protester / refuser avec énergie** to protest / refuse energetically ou vigorously ou forcefully ♦ **cet individu sans énergie leur a cédé** this feeble individual has given in to them ♦ (littér) **l'énergie du style / d'un terme** the vigour ou energy of style / of a term
c (Phys) energy; (Tech) power, energy ♦ (Tech) **énergie électrique / mécanique / nucléaire / éolienne** electrical / mechanical / nuclear / wind power ou energy ♦ (Phys) **énergie cinétique / potentielle** kinetic / potential energy ♦ **les énergies douces** alternative energy ♦ **les énergies renouvelables** renewable energy ♦ **énergies fossiles** fossil fuels ♦ **réaction qui libère de l'énergie** reaction that releases energy ♦ **l'énergie fournie par le moteur** the power supplied by the motor ♦ **dépense** ou **consommation d'énergie** power consumption ♦ **la consommation d'énergie est moindre si l'on utilise ce modèle de radiateur électrique** power consumption is reduced by the use of this type of electric radiator ♦ **les diverses sources d'énergie** the different sources of energy ♦ **transport d'énergie** conveying of power

énergique [enɛʀʒik] → SYN adj a (physiquement) personne energetic; mouvement, geste, effort vigorous, energetic
b (moralement) personne, style, voix vigorous, energetic; refus, protestation, intervention forceful, vigorous; mesures drastic, stringent; punition severe, harsh; médicament powerful, strong

énergiquement [enɛʀʒikmɑ̃] adv (→ **énergique**) energetically; vigorously; forcefully; drastically; severely, harshly; powerfully, strongly

énergisant, e [enɛʀʒizɑ̃, ɑ̃t] 1 adj energizing
2 nm energizer, tonic

énergumène [enɛʀgymɛn] → SYN nmf firebrand

énervant, e [enɛʀvɑ̃, ɑ̃t] → SYN adj (→ **énerver**) irritating; annoying; enervating

énervation [enɛʀvasjɔ̃] nf (Méd) enervation

énervé, e [enɛʀve] → SYN (ptp de **énerver**) adj (agacé) irritated, annoyed; (agité) nervous, nervy* (Brit), edgy*

énervement [enɛʀvəmɑ̃] → SYN nm (→ **énervé**) irritation, annoyance; nervousness, nerviness*, edginess* ♦ **après les énervements du départ** after the upsets of the departure

énerver [enɛʀve] → SYN ▸conjug 1◂ 1 vt a **énerver qn** (agiter) to overstimulate ou overexcite sb; (agacer) to irritate sb, annoy sb, get on sb's nerves* ♦ **cela m'énerve** it gets (to) me* ♦ **le vin blanc énerve** white wine is bad for your nerves
b (littér : débiliter) to enervate
2 **s'énerver** vpr to get excited*, get worked up ♦ **ne t'énerve pas!** don't get excited!*, don't get (all) worked up ou edgy*!, take it easy! ♦ **ne t'énerve pas pour cela** don't let it get to you*

enfaîteau, pl **enfaîteaux** [ɑ̃fɛto] nm ridge tile

enfaîtement [ɑ̃fɛtmɑ̃] nm ridge piece

enfaîter [ɑ̃fete] ▸conjug 1◂ vt to cover with ridge tiles (ou pieces)

enfance [ɑ̃fɑ̃s] → SYN nf a (jeunesse) childhood; [garçon] boyhood; [fille] girlhood; (petite enfance) infancy; (fig : début) infancy ♦ **science encore dans son enfance** science still in its infancy ♦ **c'est l'enfance de l'art** it's child's play ou kid's stuff* → **retomber**
b (enfants) children (pl) ♦ **la naïveté de l'enfance** the naïvety of children ou of childhood ♦ **enfance déshéritée** deprived children

enfant [ɑ̃fɑ̃] → SYN 1 nmf a (gén) child; (garçon) (little) boy; (fille) (little) girl ♦ **quand il était enfant, il aimait grimper aux arbres** when he was a child ou a (little) boy ou as a child he liked climbing trees ♦ **il se souvenait que, tout enfant, il avait une fois ...** he remembered that, while still ou only a child, he had once ... ♦ (fig) **c'est un grand enfant** he's such a child ♦ **il est resté très enfant** he has remained very childlike, he has never really grown up ♦ **faire l'enfant** to behave childishly, behave like a child ♦ **ne faites pas l'enfant** don't be (so) childish, stop behaving like a child → **bon[1], bonne[2], jardin**
b (descendant) child ♦ **sans enfant** childless ♦ **M. X, décédé sans enfant** Mr X who died childless ou without issue (spéc) ♦ **faire un enfant à une femme*** to get a woman pregnant ♦ (fig) **il nous a fait un enfant dans le dos*** he stabbed us in the back ♦ (fig) **ce livre est son enfant** this book is his baby → **attendre**
c (originaire) **c'est un enfant du pays / de la ville** he's a native of these parts / of the town ♦ **enfant de l'Auvergne / de Paris** child of the Auvergne / of Paris ♦ **un enfant du peuple** a (true) child of the people
d (* : adulte) **les enfants!** folks*, kids* ♦ **bonne nouvelle, les enfants!** good news, folks!* ou kids!*
2 COMP ▷ **enfant de l'amour** love child ▷ **enfant de la balle** child of the theatre (ou circus etc) ▷ **enfant bleu** (Méd) blue baby ▷ **enfant de chœur** (Rel) altar boy ♦ (ingénu) **il me prend pour un enfant de chœur!*** he thinks I'm still wet behind the

ears!* ◆ (ange) **ce n'est pas un enfant de chœur!*** he's no angel* ▷ **enfant gâté** spoilt child ▷ **l'Enfant Jésus** (Rel) the baby Jesus ▷ **enfants de Marie** (Rel) children of Mary ◆ **c'est une enfant de Marie** (lit) she's in the children of Mary; (*: ingénue) she's a real innocent ◆ **ce n'est pas une enfant de Marie!** she's no cherub!*, she's no innocent! ▷ **enfant naturel** natural child ▷ **enfant prodige** child prodigy ▷ **enfant prodigue** (Bible, fig) prodigal son ▷ **enfant terrible** (lit) unruly child; (fig) enfant terrible ▷ **enfant de troupe** child reared by the army ▷ **enfant trouvé** foundling ▷ **enfant unique** ◆ **il est enfant unique** he is an only child ◆ **famille à enfant unique** one-child family, family with one child

enfantement [ɑ̃fɑ̃tmɑ̃] → SYN nm (†, Bible: accouchement) childbirth; (littér, fig) [œuvre] giving birth (*de* to)

enfanter [ɑ̃fɑ̃te] → SYN ▸ conjug 1 ◂ **1** vt (†, Bible: mettre au monde) to give birth to, bring forth (littér, Bible); (littér, fig: élaborer) to give birth to (littér)
2 vi to give birth, be delivered (littér, Bible)

enfantillage [ɑ̃fɑ̃tijaʒ] → SYN nm childishness (NonC) ◆ **se livrer à des enfantillages** to do childish things, behave childishly ◆ **c'est de l'enfantillage, arrête ces enfantillages!** do grow up!, don't be so childish!, you're just being childish

enfantin, e [ɑ̃fɑ̃tɛ̃, in] → SYN adj (typique de l'enfance) joie, naïveté, confiance childlike, childish; (puéril) attitude, réaction childish, infantile ◆ (facile) **c'est un travail enfantin** it's simple, it's dead easy* (Brit), it's child's play* ◆ (propre à l'enfant) **rire / jeu enfantin** child's laugh / game ◆ **ses amours enfantines** her childhood loves → **classe, langage**

enfariné, e [ɑ̃faʀine] adj (lit) dredged with flour; (fig: poudré) powdered ◆ **arriver la gueule enfarinée**⁑ ou **le bec enfariné*** to turn up breezily, turn up all bright and unsuspecting*

enfer [ɑ̃fɛʀ] → SYN **1** nm **a** (Rel) **l'enfer** hell, Hell ◆ (Myth) **les Enfers** Hell, the Underworld ◆ (Prov) **l'enfer est pavé de bonnes intentions** the road to hell is paved with good intentions (Prov)
b (fig) **cette vie / usine est un enfer** this life / factory is (absolute) hell ou is (a) hell ◆ **l'enfer de la guerre / de l'alcoolisme** the purgatory of war / alcoholism ◆ **vivre un véritable enfer** to live a life of hell
c [bibliothèque] forbidden books department
d **d'enfer: bruit / vision d'enfer** hellish ou infernal noise / vision ◆ **feu d'enfer** raging fire ◆ (Jeux) **jouer un jeu d'enfer** to play for high stakes ◆ **chevaucher à un train d'enfer** to ride hell (Brit) ou hellbent (US) for leather* ◆ **rouler à un train d'enfer** to tear along at breakneck speed ◆ **c'est d'enfer!** it's magic!* ◆ **sa copine est d'enfer*** his girlfriend's smashing* (Brit) ou cute* (surtout US)
2 excl ◆ **enfer et damnation!*** hell and damnation!*

enfermement [ɑ̃fɛʀməmɑ̃] nm (lit) confinement ◆ (fig) **son enfermement dans le silence** (volontaire) his retreat into silence; (involontaire) his silent isolation

enfermer [ɑ̃fɛʀme] → SYN ▸ conjug 1 ◂ **1** vt **a** (mettre sous clef) enfant puni, témoin gênant to shut up, lock up; (par erreur) to lock in; (*) aliéné to lock up*; objet précieux to lock away ou up; animaux to shut up (*dans* in) ◆ **enfermer qch dans** coffre to lock sth away ou up in; boîte, sac to shut sth up ou away in ◆ **il est bon à enfermer (à l'asile)*** he ought to be locked up* ou certified* (Brit), he's certifiable* (Brit) ◆ **il était dans un tel état qu'ils ont dû l'enfermer à clef dans sa chambre** he was in such a state that they had to lock him in his room ◆ **il faudra l'enfermer à clef (pour qu'il ne puisse pas sortir)** he'll have to be locked in (so that he can't get out) ◆ **ne reste pas enfermé par ce beau temps** don't stay indoors ou inside in this lovely weather
b (fig littér) **enfermer la culture dans une définition trop rigide** to confine ou imprison culture within an over-rigid definition ◆ **enfermer qn dans un dilemme / un cercle vicieux / ses contradictions** to trap sb in a dilemma / in a vicious circle / in his (self-)-contradictions ◆ **l'école enferme la créativité dans un carcan de conventions** school traps ou imprisons ou confines creativity in the strait jacket of convention ◆ **enfermer le savoir dans des livres inaccessibles** to shut ou lock knowledge away in inaccessible books
c (littér: contenir, entourer) to enclose, shut in ◆ **les collines qui enfermaient le vallon** the hills that shut in ou enclosed the valley ◆ (littér, †) **cette remarque enferme une certaine ironie** this remark contains an element of irony
d (Sport) concurrent to hem ou box in
2 **s'enfermer** vpr **a** (lit) to shut o.s. up ou in ◆ **il s'est enfermé dans sa chambre** he shut himself away ou up in his room ◆ **s'enfermer à clef** to lock o.s. away ou up ou in ◆ **zut, je me suis enfermé!** (à l'intérieur) dash it, I've locked myself in!; (à l'extérieur) dash it, I've locked myself out! ◆ **il s'est enfermé à clef dans son bureau** he has locked himself (away ou up) in his office ◆ **ils se sont enfermés dans le bureau pour discuter** they have closeted themselves in the office ou shut themselves away in the office to have a discussion ◆ **elle s'enferme toute la journée** she stays shut up indoors all day long
b (fig) **s'enfermer dans un mutisme absolu** to retreat into absolute silence ◆ **s'enfermer dans un rôle / une attitude** to stick to a role / an attitude ◆ **s'enfermer dans sa décision / position** to keep ou stick stubbornly ou rigidly to one's decision / position ◆ **s'enfermer dans un système** to lock o.s. into a rigid pattern of behaviour

enferrer (s') [ɑ̃feʀe] ▸ conjug 1 ◂ vpr **a** (s'embrouiller) to tie o.s. up in knots* ◆ **s'enferrer dans ses contradictions / ses mensonges** to tie ou tangle o.s. up in one's own contradictions / one's lies, ensnare o.s. in the mesh of one's own contradictions / lies ◆ **s'enferrer dans une analyse / une explication** to tie o.s. up in knots* trying to make an analysis / trying to explain ◆ **il s'enferre de plus en plus** he's getting himself in more and more of a mess ou into deeper and deeper water
b (s'empaler) **s'enferrer sur** to spike o.s. on

enfeu [ɑ̃fø] nm (Archit) funereal recess

enfichable [ɑ̃fiʃabl] adj (Élec) plug-in (épith)

enficher [ɑ̃fiʃe] ▸ conjug 1 ◂ vt (Élec) to plug in

enfiévré, e [ɑ̃fjevʀe] (ptp de **enfiévrer**) adj feverish

enfiévrer [ɑ̃fjevʀe] → SYN ▸ conjug 6 ◂ vt **a** imagination to fire, stir up; esprits to rouse; assistance to inflame, rouse
b malade to make feverish; visage, joues to inflame

enfilade [ɑ̃filad] → SYN nf ◆ (série) **une enfilade de maisons** a row ou string of houses ◆ **une enfilade de colonnes / couloirs** a row ou series of columns / corridors ◆ (fig littér) **une enfilade de phrases / lieux communs** a string of sentences / commonplaces ◆ **pièces / couloirs en enfilade** series of linked rooms / corridors ◆ **maisons en enfilade** houses in a row ◆ **prendre en enfilade** boulevards to go from one to the next; (Mil) objectif to rake, enfilade (spéc) ◆ (Mil) **tir d'enfilade** raking, enfilading (spéc)

enfiler [ɑ̃file] → SYN ▸ conjug 1 ◂ **1** vt **a** aiguille to thread; perles to string, thread ◆ **on n'est pas là pour enfiler des perles*** let's get on with it*, let's get down to it* ou to business ◆ **enfiler des anneaux sur une tringle** to slip rings onto a rod
b (*: passer) vêtement to slip on, put on
c (*: fourrer) **enfiler un objet dans** to stick* ou shove* an object into
d (s'engager dans) ruelle, chemin to take; corridor to enter, take ◆ **au carrefour il tourna à gauche et enfila la rue de la Gare** at the crossroads he turned left into Rue de la Gare ou he turned left and took the Rue de la Gare
e (⁑: sexuellement) to screw⁑, shag⁑ (Brit)
2 **s'enfiler** vpr **a** (s'engager dans) **s'enfiler dans** escalier, couloir, ruelle to disappear into
b (⁑: s'envoyer) verre de vin to knock back⁑, down*; nourriture to guzzle⁑, down*; corvée to land o.s. with*, get lumbered with* (Brit) ou landed with*

enfileur, -euse [ɑ̃filœʀ, øz] nm,f [aiguille] threader; [perles] stringer, threader

enfin [ɑ̃fɛ̃] → SYN GRAMMAIRE ACTIVE 26.2, 26.5 adv **a** (à la fin, finalement) at last, finally ◆ **il y est enfin arrivé** he has at last ou finally succeeded, he has succeeded at last ◆ **quand va-t-il enfin y arriver?** when is he finally going to ou when on earth is he going to manage it? ◆ **enfin, après bien des efforts, ils y arrivèrent** at (long) last ou at length ou eventually, after much effort, they managed it, after much effort they finally ou eventually managed it ◆ **enfin seuls!** alone at last! ◆ **enfin, ils se sont décidés!** they've made up their minds at last! ◆ **enfin ça va commencer!** at long last it's going to begin!
b (en dernier lieu) lastly, finally ◆ **on y trouvait des fougères, des noisetiers, des framboisiers, enfin des champignons de toutes sortes** there were ferns, hazel trees, raspberry bushes and lastly ou finally all kinds of fungi ◆ **... ensuite des manuels et des ouvrages de référence, enfin et surtout, des dictionnaires** ... and next manuals and reference works, and last but not least ou and last but by no means least, dictionaries
c (en conclusion) in short, in a word ◆ **rien n'était prêt, tous les invités se bousculaient, enfin (bref), la vraie pagaïe!** nothing was ready, the guests were all jostling each other – in short ou in a word, it was absolute chaos! ou it was absolute chaos, in fact!
d (restrictif: disons, ou plutôt) well ◆ **elle était assez grosse, enfin, potelée** she was rather fat, well (let's say ou at least), chubby ◆ **pas exactement, enfin, dans un sens, oui** not exactly, well – in a way, yes
e (somme toute) after all ◆ **c'est un élève qui, enfin, n'est pas bête et pourrait ...** this pupil is not stupid, after all, and could ... ◆ **c'est une méthode qui, enfin, a fait ses preuves, et j'estime que ...** it is, after all, a well-tried method, and I believe that ...
f (toutefois) still ◆ **enfin, si ça vous plaît / si vous le voulez, prenez-le** still, if you like it / if you want it, take it ◆ **moi je veux bien, enfin ...!** I don't mind, but ...! ou still ...!
g (valeur exclamative) **enfin! que veux-tu y faire!** anyway ou still, what can you do! ◆ **enfin, tu aurais pu le faire!** all the same ou even so, you could have done it! ◆ **(mais) enfin! je viens de te le dire!** but I've just told you!, (but) for goodness sake*, I've just told you! ◆ **enfin! un grand garçon comme toi!** come now ou come, come, a big boy like you! ◆ **c'est son père, enfin!** he is his father, after all!
h **mais enfin** but ◆ **j'irai, mais enfin ce ne sera pas de gaieté de cœur** I'll go, but not willingly ◆ **car enfin** because ◆ **je ne pense pas qu'il voudra sortir ce soir, car enfin il vient juste d'arriver** I don't think he'll want to go out tonight, since ou because (after all) he has only just arrived

enflammé, e [ɑ̃flɑme] → SYN (ptp de **enflammer**) adj **a** allumette, torche, paille burning, blazing, ablaze (attrib); ciel ablaze (attrib), blazing, flaming
b visage, yeux blazing, ablaze (attrib); caractère fiery, ardent, passionate; esprit afire (attrib), burning, on fire (attrib); paroles inflamed, fiery, ardent; déclaration impassioned, passionate, ardent
c plaie inflamed

enflammer [ɑ̃flɑme] → SYN ▸ conjug 1 ◂ **1** vt **a** (mettre le feu à) bois to set on fire, set fire to; allumette to strike; (fig littér) ciel to set ablaze
b (exciter) visage, regard to set ablaze; colère, désir, foule to inflame; imagination to fire, kindle; esprit to set on fire
c plaie to inflame
2 **s'enflammer** vpr **a** (prendre feu) [bois] to catch fire, ignite ◆ **le bois sec s'enflamme bien** dry wood catches fire ou ignites ou kindles easily
b (fig) [visage, regard] to blaze; [sentiment, désir] to flare up; [imagination] to be fired; [orateur] to become inflamed ou impassioned ◆ **s'enflammer (de colère)** to flare up (in anger)

enflé, e [ɑ̃fle] → SYN (ptp de **enfler**) 1 adj a (lit) swollen
b (fig) style bombastic, turgid
c († fig) **enflé d'orgueil** puffed up ou swollen with pride
2 nm,f (*: imbécile) twit*, clot* (Brit), jerk*

enfler [ɑ̃fle] → SYN ▸ conjug 1 ◂ 1 vt a membre to cause to swell (up), make swell (up); (littér) voiles to fill, swell; (littér) fleuve to (cause to) swell; voix to raise; addition, facture to inflate ◆ **enfler son style** to adopt a bombastic ou turgid style
b (*: voler) **enfler qn** to diddle* ou do* sb (*de* out of) ◆ **se faire enfler de 10 F*** to be done out of 10 francs*
2 vi (lit) [membre] to become swollen, swell (up); (*: prendre du poids) to fill out
3 **s'enfler** vpr a [voix] to rise; [style] to become bombastic ou turgid; [son] to swell
b (littér) [fleuve] to swell, become swollen; [vagues] to surge, swell; [voiles] to fill (out), swell (out)

enfleurage [ɑ̃flœʀaʒ] nm enfleurage

enfleurer [ɑ̃flœʀe] ▸ conjug 1 ◂ vt to treat with enfleurage

enflure [ɑ̃flyʀ] → SYN nf a (Méd) swelling
b [style] turgidity
c (*: imbécile) twit*, clot* (Brit), jerk* (US)

enfoiré, e* [ɑ̃fwaʀe] → SYN nm,f silly sod*, bungling idiot

enfoncé, e [ɑ̃fɔ̃se] → SYN (ptp de **enfoncer**) adj yeux deep-set; recoin deep ◆ **il avait la tête enfoncée dans les épaules** his head was sunk between his shoulders

enfoncement [ɑ̃fɔ̃smɑ̃] → SYN nm a (action d'enfoncer) [pieu] driving in; [porte] breaking down ou open; [lignes ennemies] breaking through ◆ (Méd) **il souffre d'un enfoncement de la cage thoracique / de la boîte crânienne** he has crushed ribs / a fractured skull
b (action de s'enfoncer) [sol] giving way; [fondations] sinking ◆ **cet enfoncement progressif dans le vice / la misère** this gradual sinking into vice / poverty
c (recoin) [mur] recess, nook ◆ **dissimulé dans un enfoncement de la muraille** hidden in a recess ou nook in the wall ◆ **chalet enfoui dans un enfoncement du vallon** chalet tucked away in a corner of the valley

enfoncer [ɑ̃fɔ̃se] → SYN ▸ conjug 3 ◂ 1 vt a (faire pénétrer) pieu, clou to drive (well) in; épingle, punaise to stick (well) in, push (well) in ◆ **enfoncer un pieu dans** to drive a stake in(to) ◆ **enfoncer une épingle dans** to stick ou push a pin in(to) ◆ **enfoncer un couteau / une épée dans** to thrust ou plunge a knife / a sword into ◆ **enfoncer qch à coups de marteau** to hammer sth in, knock sth in with a hammer ◆ (fig) **enfoncer le clou** to hammer it in, din it in* (Brit), drive the point home
b (mettre) **enfoncer les mains dans ses poches** to thrust ou dig one's hands (deep) into one's pockets ◆ **enfoncer son chapeau jusqu'aux yeux** to ram ou pull one's hat (right) down over one's eyes ◆ **il lui enfonça sa canne dans les côtes** he prodded ou poked ou stuck him in the ribs with his walking stick ◆ (fig) **qui a bien pu lui enfoncer ça dans le crâne ?** ou **la tête ?** who on earth put ou got that into his head? ◆ **enfoncer qn dans la misère / le désespoir** to plunge sb into poverty / despair ◆ **ça les a enfoncés davantage dans les frais** that involved them in ou plunged them into even greater expense
c (défoncer) porte to break open ou down; devant, arrière d'un véhicule to smash in; (fig) lignes ennemies to break through ◆ **enfoncer le plancher** to make the floor give way ou cave in, cause the floor to give way ou cave in ◆ **le choc lui a enfoncé la cage thoracique / les côtes** the blow smashed his rib cage / his ribs ◆ **il a eu les côtes enfoncées** he had his ribs broken, his ribs were broken ou smashed ◆ **le devant de sa voiture a été enfoncé** the front of his car has been smashed ou bashed* in ◆ (fig) **enfoncer une porte ouverte** ou **des portes ouvertes** to labour an obvious point ◆ **c'est enfoncer une porte ouverte que d'affirmer ...** it's a statement of the obvious to say ...
d (*) (battre) to beat hollow*, hammer*; (surpasser) to lick* ◆ **ils se sont fait enfoncer !** they got beaten hollow!*, they got hammered!* ◆ **il les enfonce tous** he has got them all licked* ◆ (causer la perte de) **elle a cherché à enfoncer son complice** she tried to put all the blame on her accomplice ◆ **l'examinateur a voulu enfoncer le candidat** the examiner tried to destroy the candidate
2 vi a (pénétrer) to sink in ◆ **attention, on enfonce ici** careful, you'll sink in here ◆ **on enfonçait dans la neige jusqu'aux cuisses** we sank up to our thighs in ou sank thigh-deep in(to) the snow
b (céder) [sol] to yield ◆ **ça enfonce sous le poids du corps** it yields beneath the weight of the body
3 **s'enfoncer** vpr a [lame, projectile] **s'enfoncer dans** to plunge ou sink into ◆ **la lame s'enfonça dans sa poitrine** the blade plunged ou sank into his chest ◆ **l'éclat d'obus s'enfonça dans le mur** the shell fragment embedded itself in the wall
b (disparaître) (dans l'eau, la vase etc) to sink (*dans* into, in) ◆ (fig) **s'enfoncer dans** forêt, rue, l'ombre to disappear into; fauteuil, coussins to sink deep into, sink back in(to); misère to sink into, be plunged into; vice, rêverie to plunge into, sink into ◆ **il s'enfonça dans la brume** he disappeared into the mist ◆ **chemin qui s'enfonce dans les bois** path which disappears into the woods ◆ **je le regardais s'enfoncer, impuissant à le secourir** I watched him sinking (in), powerless to help him ◆ **s'enfoncer sous les couvertures** to bury o.s. under ou snuggle down under the covers ◆ **il s'est enfoncé jusqu'au cou dans une sale histoire** he's up to his neck in a nasty bit of business ◆ **à mentir, tu ne fais que t'enfoncer davantage** by lying, you're just getting yourself into deeper and deeper water ou into more and more of a mess
c (céder) to give way ◆ **le sol s'enfonce sous nos pas** the ground is giving way ou caving in beneath us ◆ **les coussins s'enfoncent sous son poids** the cushions sink under his weight
d (faire pénétrer) **s'enfoncer une arête dans la gorge** to get a bone stuck in one's throat ◆ **s'enfoncer une aiguille dans la main** to stick ou run a needle into one's hand ◆ **enfoncez-vous bien ça dans le crâne*** now get this firmly into your head

enfonceur, -euse [ɑ̃fɔ̃sœʀ, øz] nm,f ◆ (hum) **c'est un enfonceur de porte(s) ouverte(s)** he's always labouring the obvious

enfouir [ɑ̃fwiʀ] → SYN ▸ conjug 2 ◂ 1 vt to bury (*dans* in) ◆ **il l'a enfoui dans sa poche** he tucked it (away) in his pocket ◆ **chalet enfoui dans la neige** chalet buried away in the snow
2 **s'enfouir** vpr ◆ **s'enfouir dans / sous** to bury o.s. (ou itself) in / under ◆ **s'enfouir sous les draps** to bury o.s. ou burrow beneath the covers

enfouissement [ɑ̃fwismɑ̃] → SYN nm burying

enfourchement [ɑ̃fuʀʃəmɑ̃] nm (Constr) forked mortise and tenon joint

enfourcher [ɑ̃fuʀʃe] → SYN ▸ conjug 1 ◂ vt cheval to mount; bicyclette to mount, get astride ◆ (fig) **enfourcher son dada** to get on one's hobby-horse

enfourner [ɑ̃fuʀne] → SYN ▸ conjug 1 ◂ 1 vt a aliment to put in the oven; poterie to put in the kiln
b (*: avaler) to guzzle down, put away*
c (*: enfoncer) **enfourner qch dans** to shove* ou stuff* sth into
2 **s'enfourner** vpr ◆ **s'enfourner dans** [personne] to dive into; [foule] to rush into

enfreindre [ɑ̃fʀɛ̃dʀ] → SYN ▸ conjug 52 ◂ vt (frm) to infringe, break

enfuir (s') [ɑ̃fɥiʀ] → SYN ▸ conjug 17 ◂ vpr (se sauver) to run away, run off, flee (littér) (*chez, dans* to); (s'échapper) to run away, escape (*de* from); (littér) [temps, souffrance] to fly away (littér), flee (littér)

enfumage [ɑ̃fymaʒ] nm [ruche] smoking out

enfumer [ɑ̃fyme] ▸ conjug 1 ◂ vt pièce to fill with smoke; personne, renard, ruche to smoke out ◆ **atmosphère / pièce enfumée** smoky atmosphere / room ◆ **tu nous enfumes avec ta cigarette** you're smoking us out

enfutailler [ɑ̃fytɑje] **enfûter** [ɑ̃fyte] ▸ conjug 1 ◂ vt to cask

engagé, e [ɑ̃gaʒe] (ptp de **engager**) 1 adj a écrivain, littérature (politically) committed ◆ (Pol) **non engagé** uncommitted
b (Archit) colonne engaged
2 nm a (Mil) (soldat) enlisted man ◆ **engagé volontaire** volunteer
b (Sport) (coureur) entrant, competitor; (cheval) runner

engageant, e [ɑ̃gaʒɑ̃, ɑ̃t] → SYN adj air, sourire engaging, winning, appealing, prepossessing; proposition attractive, appealing, tempting; repas, gâteau tempting, inviting ◆ **il eut des paroles engageantes** he spoke winningly

engagement [ɑ̃gaʒmɑ̃] → SYN nm a (promesse) agreement, commitment, promise ◆ **sans engagement de votre part** without obligation ou commitment on your part ◆ **signer un engagement** to sign an agreement ◆ **prendre l'engagement de** to make a commitment to, undertake to ◆ **manquer à ses engagements** to fail to honour one's agreements, fail to keep one's promises ◆ **faire face à ses engagements** to fulfil one's commitments ou promises
b (Théât: contrat) engagement ◆ **artiste sans engagement** out of work artist(e)
c (embauche) [ouvrier] taking on, engaging ◆ **lettre d'engagement** letter of appointment, engagement letter
d (Fin) [capitaux] investing; [dépenses] incurring ◆ **engagements financiers** financial commitments ou liabilities ◆ **cela a nécessité l'engagement de nouveaux frais** this meant committing further funds ◆ **faire face à ses engagements (financiers)** to meet one's (financial) commitments
e (amorce) [débat, négociations] opening, start
f (Sport) (inscription) entry; (coup d'envoi) kick-off; (Boxe) attack; (Escrime) engagement ◆ **réclamer un grand engagement physique** to be physically very demanding
g (Mil) [recrues] enlistment; [combat] engaging; [troupes fraîches] throwing in, engaging ◆ **tué dans un engagement** killed in an engagement
h (Littérat, Pol: prise de position) commitment (*dans* to) ◆ **politique de non-engagement** policy of non-commitment
i (mise en gage) [montre etc] pawning
j (encouragement) encouragement ◆ **c'est un engagement à persévérer** it encourages one to persevere
k (introduction) [clef] introduction, insertion (*dans* in, into); [voiture] entry (*dans* into)
l (Méd) [fœtus] engagement

engager [ɑ̃gaʒe] → SYN ▸ conjug 3 ◂ GRAMMAIRE ACTIVE 6.3, 25.6
1 vt a (lier) to bind, commit ◆ **nos promesses nous engagent** we are bound to honour our promises, our promises are binding on us ◆ **ça l'engagerait trop** that would commit him too far ◆ **ça n'engage à rien** it doesn't commit you to anything ◆ **engager sa parole** ou **son honneur** to give ou pledge (frm) one's word (of honour)
b (embaucher) ouvrier to take on, hire; artiste to engage ◆ **je vous engage (à mon service)** you've got the job, I'm taking you on, you're hired
c (entraîner) to involve ◆ **ça l'a engagé dans de gros frais** that involved him in great expense ◆ **ils l'ont engagé dans une affaire douteuse** they got him involved in a shady deal ◆ **le pays est engagé dans une politique d'inflation** the country is pursuing an inflationary policy
d (encourager) **engager qn à faire qch** to urge ou encourage sb to do sth ◆ **je vous engage à la circonspection** I advise you to be (very) cautious
e (introduire) to insert (*dans* in, into); (Naut) ancre to foul ◆ **il engagea sa clef dans la serrure** he fitted ou inserted his key into the lock ◆ **engager sa voiture dans une ruelle** to enter a lane, drive into a lane ◆ (Aut) **c'était à lui de passer puisqu'il était engagé** it was up to him to go since he had already pulled out ◆ (Escrime) **engager le fer** to engage, cross blades
f (amorcer) discussion to open, start (up), get under way; négociations to enter into ou

upon; (Jur) procédure, poursuites to institute (*contre* against) ◆ **engager la conversation** to engage in conversation, start up a conversation (*avec* with) ◆ **l'affaire semble bien / mal engagée** things seem to have got off to a good / bad start
g (Fin) (mettre en gage) to pawn, put in pawn; (investir) to invest, lay out
h (Sport) concurrents to enter ◆ **15 chevaux sont engagés dans cette course** 15 horses are running in this race ◆ **engager la partie** to begin the match ◆ **la partie est bien engagée** the match is well under way
i (Mil) recrues to enlist, troupes fraîches to throw in, engage ◆ **engager le combat contre l'ennemi** to engage the enemy, join battle with the enemy† ◆ **engager toutes ses forces dans la bataille** to throw all one's troops into the battle
2 **s'engager** vpr **a** (promettre) to commit o.s. ◆ **s'engager à faire** to commit o.s. to doing, undertake ou promise to do ◆ **il n'a pas voulu s'engager trop** he didn't want to commit himself (too far), he didn't want to stick his neck out too far ◆ **sais-tu à quoi tu t'engages?** do you know what you're letting yourself in for?, do you know what you're committing yourself to?
b (s'embaucher) to take a job (*chez* with) ◆ **il s'est engagé comme garçon de courses** he took a job as an errand boy, he got himself taken on as an errand boy
c **s'engager dans** frais to incur; discussion, pourparlers to enter into; affaire, entreprise to become involved in ◆ **le pays s'engage dans une politique dangereuse** the country is embarking on a dangerous policy ou is steering a dangerous course
d (s'emboîter) **s'engager dans** to engage into, fit into ◆ (pénétrer) **s'engager dans** [véhicule] to enter, turn into; [piéton] to take, turn into ◆ **s'engager sur la chaussée** to step (out) onto the road ◆ **la voiture s'engagea sous le pont** the car drove under the bridge ◆ **j'avais la priorité puisque j'étais engagé (dans la rue)** I had (the) right of way since I had already pulled out ou drawn out (into the main street)
e (s'amorcer) [pourparlers] to begin, start (up), get under way ◆ **une conversation s'engagea entre eux** they started up a conversation
f (Sport) to enter (one's name) (*dans* for)
g (Mil) [recrues] to enlist ◆ **s'engager dans l'armée de l'air** to join the air force ◆ **le combat s'engagea avec vigueur** the fight began briskly ◆ **des troupes fraîches s'engagèrent dans la bataille** fresh troops were thrown into the battle ou were brought in
h (Littérat, Pol: prendre position) to commit o.s.

engainer [ɑ̃gene] ▸conjug 1◂ vt poignard to sheathe

engazonnement [ɑ̃gazɔnmɑ̃] nm (→ **engazonner**) turfing; planting with grass

engazonner [ɑ̃gazɔne] ▸conjug 1◂ vt (recouvrir) to turf; (ensemencer) to plant with grass

engeance† [ɑ̃ʒɑ̃s] nf (péj) mob, crew

engelure [ɑ̃ʒ(ə)lyʀ] → SYN nf chilblain

engendrement [ɑ̃ʒɑ̃dʀəmɑ̃] nm [enfant] begetting, fathering

engendrer [ɑ̃ʒɑ̃dʀe] → SYN ▸conjug 1◂ vt **a** (frm) enfant to beget, father
b (Ling, Math, Phys) to generate
c colère, dispute to breed, create; malheurs to breed, create, engender (frm) ◆ **ils / ses films n'engendrent pas la mélancolie** they / his films are (always) a good laugh*

engin [ɑ̃ʒɛ̃] → SYN **1** nm (machine) machine; (outil) instrument, tool; (Aut) heavy vehicle; (Aviat) aircraft; (*: objet) contraption*, gadget ◆ **attention sortie d'engins** heavy plant crossing, beware lorries turning (Brit)
2 COMP ▹ **engin balistique** ballistic missile ▹ **engin blindé** armoured vehicle ▹ **engin explosif** explosive device ▹ **engins de guerre**† engines of war († ou littér) ▹ **engin non identifié** unidentified flying object ▹ **engins (spéciaux)** missiles ▹ **engin de terrassement** earth-mover

englober [ɑ̃glɔbe] → SYN ▸conjug 1◂ vt (inclure) to include, encompass (*dans* in); (annexer) to take in, annexe, incorporate

engloutir [ɑ̃glutiʀ] → SYN ▸conjug 2◂ **1** vt nourriture to gobble up, gulp ou wolf down; navire to engulf, swallow up; fortune [personne] to devour, run through; [dépenses] to eat ou swallow up ◆ **qu'est-ce qu'il peut engloutir!*** it's amazing what he puts away!*, the amount of food he stuffs in is quite incredible!* ◆ **la ville a été engloutie par un tremblement de terre** the town was swallowed up ou engulfed in ou by an earthquake
2 **s'engloutir** vpr [navire] to be engulfed

engloutissement [ɑ̃glutismɑ̃] → SYN nm (→ **engloutir**) gobbling up; engulfing; devouring

engluage [ɑ̃glyaʒ], **engluement** [ɑ̃glymɑ̃] nm [oiseau, arbre] liming

engluer [ɑ̃glye] → SYN ▸conjug 1◂ **1** vt arbre, oiseau to lime
2 **s'engluer** vpr [oiseau] to get caught ou stuck in (bird) lime ◆ **s'engluer les doigts** to get one's fingers sticky ◆ (fig) **s'engluer dans ses problèmes / une situation** to get bogged down in one's problems / a situation

engobe [ɑ̃gɔb] nm (enduit) slip

engober [ɑ̃gɔbe] ▸conjug 1◂ vt to cover with slip

engommer [ɑ̃gɔme] ▸conjug 1◂ vt to gum

engoncer [ɑ̃gɔ̃se] ▸conjug 3◂ vt (gén ptp) to restrict, cramp ◆ **ce manteau l'engonce** he looks cramped in that coat, that coat restricts his movements ◆ **engoncé dans ses vêtements** (looking) cramped in his clothes ◆ **le cou engoncé dans un gros col** his neck (stiffly) encased in a big collar ◆ (fig) **engoncé dans cette petite vie bourgeoise** cooped up in this petty middle-class life

engorgement [ɑ̃gɔʀʒəmɑ̃] → SYN nm [tuyau] obstruction, clogging, blocking (*de* of); (Méd) engorgement; (Comm) glut (*de* in)

engorger [ɑ̃gɔʀʒe] → SYN ▸conjug 3◂ **1** vt tuyau to obstruct, clog, block; (Méd) to engorge; (Comm) to glut
2 **s'engorger** vpr [tuyau] to become blocked; [route] to get congested; (Comm) [marché] to become glutted

engouement [ɑ̃gumɑ̃] → SYN nm (pour qn) infatuation, fancy (*pour* for); (pour qch) fad, craze (*pour* for) ◆ **engouement passager** passing fancy; brief craze

engouer (s') [ɑ̃gwe] → SYN ▸conjug 1◂ vpr ◆ **s'engouer de** ou **pour qch** to develop a passion for sth ◆ **s'engouer de qn** to become infatuated with sb

engouffrer [ɑ̃gufʀe] → SYN ▸conjug 1◂ **1** vt charbon to shovel (*dans* into); (*) fortune to swallow up, devour; (*) nourriture to gobble up, gulp down, wolf down; navire to swallow up, engulf ◆ **qu'est-ce qu'il peut engouffrer!*** it's amazing what he puts away!* ou stuffs in!*
2 **s'engouffrer** vpr [vent] to rush, sweep; [flot, foule] to surge, rush; [personne] to rush, dive; [navire] to sink (*dans* into)

engoulevent [ɑ̃gul(ə)vɑ̃] nm ◆ **engoulevent (d'Europe)** nightjar, goatsucker (US) ◆ **engoulevent (d'Amérique)** nighthawk

engourdi, e [ɑ̃guʀdi] → SYN (ptp de **engourdir**) adj membre numb; esprit dull, dulled

engourdir [ɑ̃guʀdiʀ] → SYN ▸conjug 2◂ **1** vt **a** membres to numb, make numb ◆ **être engourdi par le froid** membre to be numb with cold; animal to be sluggish with the cold ◆ **j'ai la main engourdie** my hand is numb ou has gone to sleep ou gone dead
b esprit to dull, blunt; douleur to deaden, dull ◆ **la chaleur et le vin l'engourdissaient** the heat and the wine were making him sleepy ou drowsy
2 **s'engourdir** vpr [corps] to become ou go numb; [bras, jambe] to become ou go numb, go to sleep, go dead; [esprit] to grow dull ou sluggish

engourdissement [ɑ̃guʀdismɑ̃] → SYN nm **a** (état) [membre, corps] numbness; [esprit] (torpeur) sleepiness, drowsiness; (affaiblissement) dullness
b (action: → **engourdir**) numbing; dulling

engrais [ɑ̃gʀɛ] → SYN nm **a** (chimique) fertilizer; (animal) manure ◆ **engrais vert** green manure ◆ **engrais azoté** nitrate fertilizer, nitrate
b (engraissement) **mettre un animal à l'engrais** to fatten up an animal

engraissement [ɑ̃gʀɛsmɑ̃] nm, **engraissage** [ɑ̃gʀɛsaʒ] nm [bœufs] fattening (up); [volailles] cramming

engraisser [ɑ̃gʀese] → SYN ▸conjug 1◂ **1** vt animal to fatten (up); terre to manure, fertilize; (‡) personne to fatten up ◆ **quel pique-assiette, c'est nous qui devons l'engraisser‡** we seem to be expected to feed this scrounger* ou provide for this scrounger* ◆ **l'État s'engraisse sur le dos du contribuable** the state grows fat at the taxpayer's expense ◆ **engraisser l'État*** to enrich the state
2 vi (*) [personne] to get fat(ter), put on weight

engraisseur [ɑ̃gʀɛsœʀ] nm [animaux] fattener

engramme [ɑ̃gʀam] nm engram

engrangement [ɑ̃gʀɑ̃ʒmɑ̃] nm [foin] gathering in, garnering (littér)

engranger [ɑ̃gʀɑ̃ʒe] → SYN ▸conjug 3◂ vt foin, moisson to gather ou get in, garner (littér); bénéfices to reap, rake in*; connaissances to amass, store (up)

engrenage [ɑ̃gʀənaʒ] → SYN nm gears, gearing; (fig: d'événements) chain ◆ **engrenage à chevrons** double helical gearing ◆ (fig) **quand on est pris dans l'engrenage** when one is caught up in the system ◆ **l'engrenage de la violence** the spiral of violence → **doigt**

engrener [ɑ̃gʀəne] ▸conjug 5◂ **1** vt **a** roues dentées to engage; (fig) personne to catch up (*dans* in), draw (*dans* into) ◆ (fig) **engrener l'affaire** to set the thing going ou in motion
b (remplir de grain) to feed ou fill with grain
2 **s'engrener** vpr [roues dentées] to mesh (*dans* with), gear (*dans* into)

engrois [ɑ̃gʀwa] nm (Tech) wedge

engrosser‡ [ɑ̃gʀose] ▸conjug 1◂ vt ◆ **engrosser qn** to knock sb up‡, get sb pregnant ◆ **se faire engrosser** to get (o.s.) knocked up‡, get (o.s.) pregnant (*par* by)

engueulade‡ [ɑ̃gœlad] nf (dispute) row*, slanging match* (Brit); (réprimande) bawling out‡, rocket‡ (Brit) ◆ **passer une engueulade à qn** to bawl sb out‡, give sb a rocket‡ (Brit) ◆ **avoir une engueulade avec qn** to have a row* ou slanging match* (Brit) with sb ◆ **lettre d'engueulade** stinking letter‡

engueuler‡ [ɑ̃gœle] ▸conjug 1◂ **1** vt ◆ **engueuler qn** to give sb a rocket‡ (Brit), bawl sb out‡ ◆ **se faire engueuler** to get bawled out‡, get a rocket‡ (Brit) → **poisson**
2 **s'engueuler** vpr to have a slanging match* (Brit) ou row* (*avec* with)

enguirlander [ɑ̃giʀlɑ̃de] → SYN ▸conjug 1◂ vt **a** (*: disputes) **enguirlander qn** to give sb a telling off* ou ticking-off*, tear sb off a strip‡ (Brit) ◆ **se faire enguirlander** to get a telling-off* ou ticking-off*, get torn off a strip‡ (Brit)
b (orner) to garland

enhardir [ɑ̃aʀdiʀ] → SYN ▸conjug 2◂ **1** vt to make bolder ◆ **enhardi par** emboldened by
2 **s'enhardir** vpr to become ou get bolder ◆ **s'enhardir (jusqu') à dire** to make so bold as to say, be bold enough to say

enharmonie [ɑ̃naʀmɔni] nf (genre) enharmonic music; (rapport) enharmonic interval

enharmonique [ɑ̃naʀmɔnik] adj enharmonic

enherber [ɑ̃nɛʀbe] ▸conjug 1◂ vt to (plant with) grass

énième [ɛnjɛm] adj ⇒ **n-ième**

énigmatique [enigmatik] → SYN adj enigmatic

énigmatiquement [enigmatikmɑ̃] adv enigmatically

énigme [enigm] → SYN nf (mystère) enigma, riddle; (jeu) riddle, puzzle ◆ **tu es une énigme pour moi** you are an enigma to ou for me ◆ **trouver la clef** ou **le mot de l'énigme** to find the key ou clue to the puzzle ou riddle ◆ **parler par énigmes** to speak in riddles

enivrant, e [ɑ̃nivʀɑ̃, ɑ̃t] → SYN adj parfum, vin, succès heady, intoxicating; beauté intoxicating; vitesse intoxicating, dizzying

enivrement [ɑ̃nivʀəmɑ̃] → SYN nm [personne] (†: ivresse) intoxication; (fig: exaltation) elation, exhilaration ◆ **l'enivrement du succès** the intoxication of success

enivrer [ɑ̃nivʀe] → SYN ▸conjug 1◂ **1** vt (lit) to intoxicate, make drunk; (fig) to intoxicate ◆ **le parfum m'enivrait** I was intoxicated by the perfume

2 **s'enivrer** vpr (lit) to get drunk (*de* on), become intoxicated (*de* with); (fig) to become intoxicated (*de* with) ◆ **il passe son temps à s'enivrer** he spends all his time getting drunk ◆ **s'enivrer de mots** to get drunk on words ◆ **enivré de succès** intoxicated with ou by success

enjambée [ɑ̃ʒɑ̃be] → SYN nf stride ◆ **d'une enjambée** in a stride ◆ **faire de grandes enjambées** to stride out, take big ou long strides ◆ **il allait à grandes enjambées vers ...** he was striding (along) towards ...

enjambement [ɑ̃ʒɑ̃bmɑ̃] → SYN nm (Littérat) enjambement; (Bio) crossing-over

enjamber [ɑ̃ʒɑ̃be] → SYN ▸conjug 1◂ vt obstacle to stride ou step over; fossé to step ou stride across; [pont] to span, straddle, stretch across ◆ **il enjamba la rampe et s'assit dessus** he sat down astride the banister

enjeu, pl **enjeux** [ɑ̃ʒø] → SYN nm [pari, guerre] stake, stakes (*de* in) ◆ **quel est l'enjeu de la bataille?** what is at stake in the battle?, what are the battle stakes?

enjoindre [ɑ̃ʒwɛ̃dʀ] → SYN ▸conjug 49◂ vt ◆ (frm) **enjoindre à qn de faire** to enjoin ou charge sb to do (frm)

enjôlement [ɑ̃ʒolmɑ̃] nm bewitching

enjôler [ɑ̃ʒole] → SYN ▸conjug 1◂ vt (ensorceler) to bewitch; (amadouer) get round ◆ **elle a si bien su l'enjôler qu'il a accepté** she coaxed ou wheedled ou cajoled him into accepting it

enjôleur, -euse [ɑ̃ʒolœʀ, øz] → SYN **1** adj sourire, paroles coaxing, wheedling, winning

2 nm,f (charmeur) coaxer, wheedler; (escroc) twister

3 **enjôleuse** nf (séductrice) wily woman

enjolivement [ɑ̃ʒolivmɑ̃] → SYN nm (→ **enjoliver**) (action) ornamenting, embellishment, adornment; embroidering; (détail) ornament, embellishment, adornment ◆ **les enjolivements apportés aux faits par le narrateur** the embellishments lent to the facts by the narrator

enjoliver [ɑ̃ʒolive] → SYN ▸conjug 1◂ vt objet to ornament, embellish, adorn; réalité, récit to embroider, embellish, dress up

enjoliveur [ɑ̃ʒolivœʀ] nm (Aut) hub cap

enjolivure [ɑ̃ʒolivyʀ] nf ⇒ **enjolivement**

enjoué, e [ɑ̃ʒwe] → SYN adj cheerful ◆ **d'un ton enjoué** cheerfully, in a cheerful way

enjouement [ɑ̃ʒumɑ̃] → SYN nm cheerfulness

enjuguer [ɑ̃ʒyge] ▸conjug 1◂ vt (Agr) to yoke

enképhaline [ɑ̃kefalin] nf enkephalin

enkystement [ɑ̃kistəmɑ̃] nm encystment

enkyster (s') [ɑ̃kiste] ▸conjug 1◂ vpr to encyst

enlacement [ɑ̃lasmɑ̃] → SYN nm (étreinte) embrace; (enchevêtrement) intertwining, interlacing

enlacer [ɑ̃lase] → SYN ▸conjug 3◂ **1** vt **a** (étreindre) to embrace, clasp, hug ◆ **le danseur enlaça sa cavalière** the dancer put his arm round his partner's waist

b (enchevêtrer) fils to intertwine, interlace

c (entourer) [lianes] to wind round, enlace, entwine

2 **s'enlacer** vpr **a** [amants] to embrace, hug each other; [lutteurs, guerriers] to take hold of each other, clasp each other ◆ **amoureux enlacés** lovers clasped in each other's arms ou clasped in a fond embrace

b (s'entrecroiser) to intertwine, interlace ◆ **fils inextricablement enlacés** hopelessly tangled ou intertwined threads ◆ **des petites rues qui s'enlacent** side streets which twine ou wind in and out of each other

c [lianes] **s'enlacer autour de** to twine round, wind round

enlaidir [ɑ̃lediʀ] → SYN ▸conjug 2◂ **1** vt to make ugly ◆ **cette coiffure l'enlaidit** that hair style makes her look very plain ou rather ugly

2 vi [personne] to become ugly

enlaidissement [ɑ̃ledismɑ̃] nm ◆ **l'enlaidissement du paysage par les usines** the ruining ou defacing of the countryside by factories

enlevé, e [ɑ̃l(ə)ve] (ptp de **enlever**) adj récit spirited; scène, morceau de musique played with spirit ou brio → **trot**

enlèvement [ɑ̃lɛvmɑ̃] → SYN nm **a** [personne] kidnapping, abduction ◆ **enlèvement de bébé** babysnatching ◆ (Art) **"l'Enlèvement des Sabines"** "the Rape of the Sabine Women" ◆ (Mus) **"L'Enlèvement au sérail"** "The Abduction from the Seraglio"

b [meuble, objet] removal, taking ou carrying away; (Méd) [organe] removal; [ordures] collection, clearing (away); [bagages, marchandises] collection; [voiture en infraction] towing away

c (Mil) [position] capture, taking

enlever [ɑ̃l(ə)ve] → SYN ▸conjug 5◂ **1** vt **a** (gén) to remove; couvercle to remove, lift (off); meuble to remove, take away; étiquette to remove, take off; tache to remove, take off, take out; (en brossant ou lavant etc) to brush ou wash etc out ou off; tapis to take up, remove; lustre, tableau to take down; peau de fruit to take off, peel off, remove; (Méd) organe to remove, take out ◆ **enlève tes mains de tes poches / de là** take your hands out of your pockets/off there, remove your hands from your pockets/from there ◆ **enlever le couvert** to clear the table ◆ **enlève tes coudes de la table** take your elbows off the table

b vêtements to take off, remove ◆ **il enleva son chapeau pour dire bonjour** he took his hat off ou raised his hat in greeting ◆ **j'enlève ma robe pour mettre quelque chose de plus confortable** I'll just slip out of this dress into something more comfortable, I'll just take off this dress and put on something more comfortable

c **enlever à qn** courage to rob sb of; espoir to deprive sb of, rob sb of; objet, argent to take (away) from sb ◆ **on lui a enlevé son commandement** he was relieved of his command ◆ **on lui a enlevé la garde de l'enfant** the child was taken ou removed from his care ◆ **ça lui enlèvera peut-être le goût de recommencer** perhaps that'll cure him of trying that again, perhaps that'll make him think twice before he does it again ◆ **ça n'enlève rien à son mérite** that doesn't in any way detract from his worth ◆ **pour vous enlever tout scrupule** in order to allay your scruples, in order to dispel your misgivings ◆ **enlève-toi cette idée de la tête** get that idea out of your head

d (emporter) objet, meuble to take away, carry away, remove; ordures to collect, clear (away); voiture en infraction to tow away ◆ **il a fait enlever ses vieux meubles** he had his old furniture taken away ◆ **il fut enlevé dans les airs** he was borne (up) ou lifted (up) into the air ◆ (frm) **il a été enlevé par un mal foudroyant** he was borne off by a sudden illness ◆ (littér) **la mort nous l'a enlevé** death has snatched ou taken him from us

e (kidnapper) to kidnap, abduct ◆ **se faire enlever par son amant** to elope with one's lover, be carried off by one's lover ◆ (hum) **je vous enlève votre femme pour quelques instants** I'll just steal ou borrow your wife for a moment (if I may) (hum)

f (remporter) victoire to win; (Mil) position to capture, take ◆ **il a facilement enlevé la course** he won the race easily, the race was a walkover* for him ◆ **il l'a enlevé de haute lutte** he won it in a worthy fight ◆ **elle enlève tous les suffrages** she wins everyone's sympathies, she wins everyone over ◆ **enlever la décision** to carry the day ◆ **enlever une affaire** (tractation) to pull off a deal; (commande) to get ou secure an order; (marchandise) to carry off ou get away with a bargain ◆ **ça a été vite enlevé** (marchandise) it sold ou went quickly, it was snapped up; (*: travail) it was done in no time, it was done in a jiffy*

g (Mus) morceau, mouvement to play with spirit ou brio

h (Sport) cheval to urge on

i (enthousiasmer) public to fill with enthusiasm

2 **s'enlever** vpr **a** [tache] to come out, come off; (en brossant ou lavant etc) to brush ou wash etc out ou off; [peinture, peau, écorce] to peel off, come off ◆ **enlève-toi de là*** get out of the way*, mind out of the way!* (Brit) ◆ **comment est-ce que ça s'enlève?** [étiquette] how does one remove it ou take it off?; [vêtement] how does one get out of it ou take it off?

b (Comm) to sell ◆ **ça s'enlève comme des petits pains*** it's selling ou going like hot cakes*

c (Sport: sauter) [cheval] to take off ◆ **le cheval s'enlève sur l'obstacle** the horse takes off to clear the obstacle

enliasser [ɑ̃ljase] ▸conjug 1◂ vt billets, papiers to bundle, wad

enlier [ɑ̃lje] ▸conjug 7◂ vt briques to bond

enlisement [ɑ̃lizmɑ̃] nm ◆ **causer l'enlisement d'un bateau** to cause a ship to get stuck in the mud (ou sand etc)

enliser [ɑ̃lize] → SYN ▸conjug 1◂ **1** vt ◆ **enliser sa voiture** to get one's car stuck in the mud (ou sand etc)

2 **s'enliser** vpr **a** (dans le sable etc) [personne] to sink (*dans* into), be sucked down (*dans* into), get stuck (*dans* in); [bateau, voiture] to sink (*dans* into), get stuck (*dans* in)

b (fig) (dans les détails) to get bogged down (*dans* in) ◆ **s'enliser (dans la monotonie)** to sink into ou get bogged down in a monotonous routine ◆ **en mentant, tu t'enlises davantage** you're getting in deeper and deeper with your lies

enluminer [ɑ̃lymine] → SYN ▸conjug 1◂ vt manuscrit to illuminate

enlumineur, -euse [ɑ̃lyminœʀ, øz] → SYN nm,f illuminator

enluminure [ɑ̃lyminyʀ] → SYN nf illumination

ennéade [enead] → SYN nf ennead

ennéagonal, e, mpl **-aux** [eneagɔnal, o] adj nonagonal

ennéagone [eneagɔn] **1** adj nonagonal

2 nm nonagon

enneigé, e [ɑ̃neʒe] adj pente, montagne snowy, snow-covered; sommet snow-capped; maison snowbound, snowed up (attrib); col, route blocked by snow, snowed up (attrib), snowbound

enneigement [ɑ̃nɛʒmɑ̃] nm snow coverage ◆ **à cause du faible enneigement** because of the poor snow coverage ◆ **bulletin d'enneigement** snow report ◆ **les conditions d'enneigement** the snow conditions

ennemi, e [en(ə)mi] → SYN **1** adj (Mil) enemy (épith); (hostile) hostile ◆ **en pays ennemi** in enemy territory

2 nm,f **a** enemy, foe († ou littér) ◆ **se faire des ennemis** to make enemies (for o.s.) ◆ **se faire un ennemi de qn** to make an enemy of sb ◆ **passer à l'ennemi** to go over to the enemy ◆ **ennemi public numéro un** public enemy number one

b **être ennemi de qch** [personne] to be opposed to sth, be against sth ◆ **être ennemi de la poésie / de la musique** to be strongly averse to poetry/music ◆ **la hâte est l'ennemie de la précision** speed and accuracy don't mix ou don't go together → **mieux**

ennième [ɛnjɛm] adj ⇒ **n-ième**

ennoblir [ɑ̃nɔbliʀ] → SYN ▸conjug 2◂ vt (moralement) to ennoble

ennoblissement [ɑ̃nɔblismɑ̃] → SYN nm (moral) ennoblement

ennuager (s') [ɑ̃nɥaʒe] ▸conjug 3◂ vpr (littér) [ciel] to cloud over ◆ **ennuagé** cloudy, clouded

ennui [ɑ̃nɥi] → SYN nm **a** (désœuvrement) boredom; (littér: spleen) ennui (littér), world-weariness (littér); (monotonie) tedium, tediousness ◆ **écouter avec ennui** to listen wearily ◆ **c'est à mourir d'ennui** it's enough to bore you to tears ou death ou to bore you stiff*

b (tracas) trouble, worry, problem ◆ **avoir des ennuis** to have problems, be in difficulty ◆ **il a eu des ennuis avec la police** he's been in trouble with the police ◆ **avoir des ennuis de santé** to be troubled with bad health, have problems with one's health

◆ **avoir des ennuis d'argent** to have money worries ◆ **elle a des tas d'ennuis** she has a great many worries, she has more than her share of troubles ◆ **faire** ou **créer** ou **causer des ennuis à qn** to make trouble for sb ◆ **se préparer des ennuis** to be looking for ou asking for trouble ◆ **ça peut lui attirer des ennuis** that could get him into trouble ou hot water* ◆ **j'ai eu un ennui avec mon électrophone** I had some trouble ou bother with my record-player, something went wrong with my record-player ◆ **si ça vous cause le moindre ennui** if it is in any way inconvenient to you ◆ **l'ennui, c'est que ...** the trouble ou the hitch is that ... ◆ **quel ennui!** what a nuisance!, bother it!* (Brit)

c (littér, ††: peine) grief

ennuyant, e [ɑ̃nɥijɑ̃, ɑ̃t] adj (Can) ⇒ **ennuyeux**

ennuyé, e [ɑ̃nɥije] → SYN (ptp de **ennuyer**) adj (préoccupé) worried, bothered (*de* about); (contrarié) annoyed, put out (*de* at, about)

ennuyer [ɑ̃nɥije] → SYN ▸ conjug 8 ◂ GRAMMAIRE ACTIVE 9.1

1 vt **a** (lasser) to bore, weary (†, littér) ◆ **ce spectacle m'a profondément ennuyé** I was thoroughly bored by the show ◆ **cela (vous) ennuie à force** it palls (on you) ou it becomes boring in the long run

b (préoccuper) to worry; (importuner) to bother, put out ◆ **il y a quelque chose qui m'ennuie là-dedans** there's something that worries ou bothers me about it ◆ **ça m'ennuierait beaucoup de te voir fâché** I should be really upset to see you cross ◆ **ça m'ennuie de te le dire, mais ...** I'm sorry to have to tell you but ..., I hate to say it but ... ◆ **ça m'ennuierait beaucoup d'y aller** it would really put me out ou annoy me to go ◆ **si cela ne vous ennuie pas trop** if it wouldn't put you to any trouble ou inconvenience, if you wouldn't mind ◆ **je ne voudrais pas vous ennuyer** I don't want to put you to any trouble ou inconvenience, I don't want to bother you ou put you out ◆ **ça m'ennuie, ce que tu me demandes de faire** what you're asking me to do is rather awkward ou a nuisance

c (irriter) **ennuyer qn** to annoy sb, get on sb's nerves ◆ **tu m'ennuies avec tes jérémiades** I'm getting fed up with* ou tired of your constant complaints, you're getting on my nerves with your constant complaints

2 **s'ennuyer** vpr **a** (se morfondre) to be bored (*de, à* with) ◆ **il s'ennuie à faire un travail monotone** he's getting bored doing a humdrum job ◆ **s'ennuyer à mourir** to be bored to tears ou to death, be bored stiff* ◆ **on ne s'ennuie jamais avec lui** you're never bored when you're with him

b **s'ennuyer de qn** to miss sb

ennuyeux, -euse [ɑ̃nɥijø, øz] → SYN adj **a** (lassant) personne, spectacle, livre boring, tedious; travail boring, tedious, wearisome ◆ personne, film etc **ennuyeux comme la pluie** dull as ditchwater (Brit), deadly dull

b (qui importune) annoying, tiresome; (préoccupant) worrying ◆ **ce qui t'arrive est bien ennuyeux** this is a very annoying ou tiresome thing to happen to you

énoncé [enɔ̃se] → SYN nm **a** (termes) (Scol) [sujet] exposition; [problème] terms; (Jur) [loi] terms, wording

b (Ling) utterance

c [faits, décision] statement ◆ (Scol) **pendant l'énoncé du sujet** while the subject is being read out

énoncer [enɔ̃se] → SYN ▸ conjug 3 ◂ vt idée to express; faits, conditions to state, set out, set forth ◆ (littér) **pour m'énoncer plus clairement†** to express myself more clearly, to put it more clearly → **concevoir**

énonciatif, -ive [enɔ̃sjatif, iv] adj (Ling) phrase enunciative

énonciation [enɔ̃sjasjɔ̃] → SYN nf [faits] statement; (Ling) enunciation

enorgueillir [ɑ̃nɔʀgœjiʀ] → SYN ▸ conjug 2 ◂

1 vt to make proud

2 **s'enorgueillir** vpr ◆ **s'enorgueillir de** (être fier de) to pride o.s. on, boast about; (avoir) to boast ◆ **la ville s'enorgueillit de 2 opéras et un théâtre** the town boasts 2 opera houses and a theatre

énorme [enɔʀm] → SYN adj enormous, tremendous, huge, terrific* ◆ **mensonge énorme** enormous ou whopping* lie, whopper* ◆ **ça lui a fait un bien énorme** it's done him a world ou a power* (Brit) ou a great deal of good ◆ **il a accepté, c'est déjà énorme** he has accepted and that's quite something ◆ **c'est un type énorme!*** he's a terrific* ou a tremendous* ou a great* guy!

énormément [enɔʀmemɑ̃] → SYN adv **a** enormously, tremendously, hugely, terrifically* ◆ **ça m'a énormément amusé** I was greatly ou hugely amused by it ◆ **ça m'a énormément déçu** it greatly disappointed me, I was tremendously ou greatly disappointed by it ◆ **il boit énormément** he drinks a tremendous ou an enormous ou a huge ou a terrific* amount

b **énormément d'argent / d'eau / de bruit** a tremendous ou an enormous ou a huge ou a terrific* amount of money / water / noise, a great deal of money / water / noise ◆ **énormément de gens / de voitures** a tremendous ou an enormous ou a huge ou a terrific* number of people / cars, a great many people / cars

énormité [enɔʀmite] → SYN nf **a** (NonC) [poids, somme] hugeness; [demande, injustice] enormity

b (propos inconvenant) outrageous remark; (erreur) big blunder, howler*

énostose [enɔstoz] nf enostosis

énouer [enwe] ▸ conjug 1 ◂ vt tissu to burl

enquérir (s') [ɑ̃keʀiʀ] → SYN ▸ conjug 21 ◂ vpr to inquire, ask (*de* about) ◆ **s'enquérir (de la santé) de qn** to ask ou inquire after sb ou after sb's health ◆ **je m'en suis enquis auprès de lui / à la mairie** I enquired of him / at the town hall about it

enquête [ɑ̃kɛt] → SYN nf (gén, Jur) inquiry; (après un décès) inquest; (Police) investigation; (Comm, Sociol: sondage) survey, (opinion) poll ◆ (Jur) **ouvrir une enquête** to set up ou open an inquiry ◆ **faire une enquête** (Police) to make an investigation, make investigations, investigate; (Comm, Sociol) to do ou conduct a survey (*sur* on) ◆ (Police) **mener** ou **conduire une enquête** to be in charge of ou lead an investigation ◆ **j'ai fait** ou **mené ma petite enquête** I've done a little investigating (myself), I've done a little private investigation ◆ **enquête administrative** public inquiry *(into planning proposals etc)* ◆ **enquête parlementaire** parliamentary inquiry *(by parliamentary committee)* ◆ **enquête statistique** statistical survey ◆ **faire une enquête reportage sur** to do a (newspaper) report on ◆ (Presse) **«notre grande enquête: les jeunes et la drogue»** "our big investigation ou survey: youth and drugs"

enquêter [ɑ̃kete] → SYN ▸ conjug 1 ◂ vi (Jur) to hold an inquiry (*sur* on); (Police) to investigate; (Comm, Sociol) to conduct a survey (*sur* on) ◆ **ils vont enquêter sur l'origine de ces fonds** they'll investigate the origin of these funds ou carry out an investigation into the origin of these funds

enquêteur [ɑ̃kɛtœʀ] → SYN nm **a** (Police) officer in charge of ou (who is) leading the investigation ◆ **les enquêteurs poursuivent leurs recherches** the police are continuing their investigations ◆ **les enquêteurs sont aidés par la population du village** the police are being helped in their investigations by the people of the village ◆ **un des enquêteurs a été abattu** one of the officers involved in the investigation was shot dead

b (Comm, Sociol etc) investigator; (pour sondages) pollster ◆ **des enquêteurs sont venus à la porte poser toutes sortes de questions sur l'emploi de nos loisirs** some people doing ou conducting a survey came to the door asking all sorts of questions about what we do in our spare time ◆ **il travaille comme enquêteur pour un institut de sondages** he works as an investigator ou interviewer for a poll organization, he does ou conducts surveys for a poll organization

enquêteuse [ɑ̃kɛtøz] nf (Police) officer in charge of ou leading an investigation; (Sociol) → **enquêtrice**

enquêtrice [ɑ̃kɛtʀis] nf (Comm, Sociol) investigator; (pour sondages) pollster → aussi **enquêteur**

enquiquinant, e* [ɑ̃kikinɑ̃, ɑ̃t] adj (qui importune) annoying, irritating; (préoccupant) worrying; (lassant) boring

enquiquinement* [ɑ̃kikinmɑ̃] nm ◆ **quel enquiquinement!** what a flipping (Brit) ou darned nuisance!* ◆ **j'ai eu tellement d'enquiquinements avec cette voiture** that car gave me so much flipping (Brit) ou darned trouble*, I had so many flipping (Brit) ou darned problems with that car*

enquiquiner* [ɑ̃kikine] ▸ conjug 1 ◂ **1** vt (importuner) to annoy, irritate, bother; (préoccuper) to bother, worry; (lasser) to bore

2 **s'enquiquiner** vpr (se morfondre) to be fed up*, be bored ◆ (se donner du mal) **s'enquiquiner à faire** to go to a heck of a lot of trouble to do*, put o.s. out to do ◆ **ne t'enquiquine pas avec ça** don't bother (yourself) with that

enquiquineur, -euse* [ɑ̃kikinœʀ, øz] nm,f pest*, darned nuisance* ◆ **c'est un enquiquineur** he's a pest* ou a darned nuisance*, he's a pain in the neck*

enracinement [ɑ̃ʀasinmɑ̃] → SYN nm (→ **enraciner, s'enraciner**) implanting, entrenchment; taking root; settling

enraciner [ɑ̃ʀasine] → SYN ▸ conjug 1 ◂ **1** vt idée to implant, entrench, root; arbre to root ◆ **solidement enraciné** préjugé deep-rooted, firmly ou deeply entrenched, deeply implanted; famille firmly rooted ou fixed; bavard firmly entrenched; arbre strongly rooted

2 **s'enraciner** vpr [arbre, préjugé] to take root; [bavard] to settle o.s. down; [immigrant] to put down roots, settle

enragé, e [ɑ̃ʀaʒe] → SYN (ptp de **enrager**) adj **a** (*: passionné) chasseur, joueur keen ◆ **être enragé de** to be mad keen on* (Brit), be mad* ou crazy about* ◆ **c'est un enragé de la voiture** he's mad keen on cars* (Brit), he's mad* ou crazy about cars*, he's a car fanatic

b (en colère) furious ◆ **les enragés de mai 68** the rebels of May '68

c (Vét) rabid → **vache**

enrageant, e [ɑ̃ʀaʒɑ̃, ɑ̃t] adj infuriating, maddening

enrager [ɑ̃ʀaʒe] → SYN ▸ conjug 3 ◂ vi **a** **faire enrager qn*** (taquiner) to tease sb; (importuner) to pester sb

b (frm) to be furious, be in a rage ◆ **j'enrage d'avoir fait cette erreur** I'm furious at having made this mistake ◆ **il enrageait dans son coin** he was fretting and fuming

enraiement [ɑ̃ʀɛmɑ̃], **enrayage** [ɑ̃ʀɛjaʒ] nm [machine, arme] jamming

enrayement [ɑ̃ʀɛjmɑ̃] nm [maladie, évolution] checking, stopping; [chômage, inflation] checking, curbing

enrayer¹ [ɑ̃ʀeje] → SYN ▸ conjug 8 ◂ **1** vt **a** maladie, évolution to check; chômage, inflation to check, curb; machine, arme to jam

b roue to spoke

2 **s'enrayer** vpr [machine, arme] to jam

enrayer² [ɑ̃ʀeje] vt (Agr) to make the first furrow in

enrayure [ɑ̃ʀejyʀ] nf (Agr) first furrow

enrégimenter [ɑ̃ʀeʒimɑ̃te] → SYN ▸ conjug 1 ◂ vt **a** (péj: dans un parti) to enlist, enrol ◆ **se laisser enrégimenter dans** parti to let o.s. be dragooned into

b (Mil †) to enlist

enregistrable [ɑ̃ʀ(ə)ʒistʀabl] adj recordable

enregistrement [ɑ̃ʀ(ə)ʒistʀəmɑ̃] → SYN nm **a** [fait, son, souvenir] recording

b (disque, bande) recording ◆ **enregistrement magnétique** tape recording ◆ **enregistrement magnétoscopique** video recording

c (Jur) [acte] registration ◆ **l'Enregistrement** the Registration Department *(for legal transactions)* ◆ **droits** ou **frais d'enregistrement** registration fees

d **enregistrement des bagages** (à l'aéroport) check-in; (à la gare) registration of luggage ◆ **se présenter à l'enregistrement** to go to the check-in desk ◆ **comptoir d'enregistrement** check-in desk

enregistrer [ɑ̃ʀ(ə)ʒistʀe] → SYN ▸conjug 1◂ vt souvenir, voix, musique to record; (sur bande) to tape(-record); (sur magnétoscope) to video(-tape); (Jur) acte, demande, réclamation to register; (Comm) commande to enter, record; constatation to note ◆ **d'accord, j'enregistre*** ou **c'est enregistré*** all right, I'll make ou I've made a mental note of it, all right, I'll bear it in mind ◆ **cet enfant enregistre tout ce qu'on dit** this child takes in ou retains ou registers everything one says ◆ **(faire) enregistrer ses bagages** (à l'aéroport) to check in (one's luggage); (à la gare) to register one's luggage ◆ (Téléc) **vous écoutez un message enregistré** this is a recorded message ◆ **nous avons enregistré de bonnes ventes** we've rung up good sales ◆ **la plus forte hausse / température enregistrée** the greatest rise / highest temperature recorded

enregistreur, -euse [ɑ̃ʀ(ə)ʒistʀœʀ, øz] → SYN **1** adj appareil recording → **caisse**
2 nm [température etc] recorder, recording machine ou device ◆ **enregistreur de vol** flight recorder ◆ **enregistreur de temps** time clock

enrésiner [ɑ̃ʀezine] ▸conjug 1◂ vt to plant with conifers

enrhumé, e [ɑ̃ʀyme] → SYN (ptp de **enrhumer**) adj ◆ **être enrhumé** to have a cold ◆ **je suis un peu / très enrhumé** I have a bit of a cold / a terrible cold

enrhumer [ɑ̃ʀyme] ▸conjug 1◂ **1** vt to give a cold to ◆ **être enrhumé** to have a cold
2 s'enrhumer vpr to catch a cold

enrichi, e [ɑ̃ʀiʃi] (ptp de **enrichir**) adj **a** (péj) nouveau riche
b pain enriched; lessive improved (*de* with) ◆ **shampooing formule enrichie** enriched formula shampoo → **uranium**

enrichir [ɑ̃ʀiʃiʀ] → SYN ▸conjug 2◂ **1** vt œuvre, esprit, langue, collection to enrich; catalogue to expand; [financièrement] to make rich
2 s'enrichir vpr [financièrement] to get ou grow rich; [esprit] to grow richer (*de* in); [collection] to be enriched (*de* with) ◆ **leur collection s'enrichit d'année en année** their collection is becoming richer from year to year

enrichissant, e [ɑ̃ʀiʃisɑ̃, ɑ̃t] → SYN adj enriching

enrichissement [ɑ̃ʀiʃismɑ̃] → SYN nm enrichment (NonC)

enrobage [ɑ̃ʀɔbaʒ] nm, **enrobement** [ɑ̃ʀɔbmɑ̃] nm coating

enrober [ɑ̃ʀɔbe] → SYN ▸conjug 1◂ vt bonbon to coat (*de* with); paroles to wrap up (*de* in) ◆ (hum) **il est un peu enrobé** he's a bit podgy ou plump, he's on the podgy ou plump side

enrobeuse [ɑ̃ʀɔbøz] nf coating machine

enrochement [ɑ̃ʀɔʃmɑ̃] nm rip-rap

enrocher [ɑ̃ʀɔʃe] ▸conjug 1◂ vt to build on rip-rap

enrôlé [ɑ̃ʀole] nm recruit

enrôlement [ɑ̃ʀolmɑ̃] → SYN nm (→ **enrôler**) enlistment; signing on; enrolment

enrôler vt, **s'enrôler** vpr [ɑ̃ʀole] → SYN ▸conjug 1◂ (Mil) to enlist, sign on, enrol; (dans un parti) to enrol, sign on

enroué, e [ɑ̃ʀwe] → SYN (ptp de **enrouer**) adj ◆ **être enroué** to be hoarse, have a hoarse ou husky voice ◆ **j'ai la voix enrouée** my voice is hoarse ou husky

enrouement [ɑ̃ʀumɑ̃] → SYN nm hoarseness, huskiness

enrouer [ɑ̃ʀwe] ▸conjug 1◂ **1** vt [froid, cris] to make hoarse
2 s'enrouer vpr (par le froid etc) to go hoarse ou husky; (en criant) to make o.s. hoarse ◆ **s'enrouer à force de chanter** to sing o.s. hoarse

enroulement [ɑ̃ʀulmɑ̃] → SYN nm **a** (NonC: → **enrouler**) rolling-up; coiling-up; winding(-up)
b (Archit, Art) volute, scroll, whorl; (Élec) coil

enrouler [ɑ̃ʀule] → SYN ▸conjug 1◂ **1** vt tapis to roll up; cheveux to coil up; corde, ruban to wind up, coil up, roll up; fil to wind (*sur, autour de* round); bobine to wind ◆ **enrouler une feuille autour de / dans** to roll a sheet of paper round / up in
2 s'enrouler vpr [serpent] to coil up; [film, fil] to wind ◆ **s'enrouler dans une couverture** to wrap ou roll o.s. up in a blanket

enrouleur, -euse [ɑ̃ʀulœʀ, øz] **1** adj mécanisme, cylindre winding
2 nm [tuyau d'arrosage] drum ◆ **(galet) enrouleur** idle pulley, idler → **ceinture**

enrubanner [ɑ̃ʀybane] ▸conjug 1◂ vt to decorate ou trim with ribbon(s) ou a ribbon; (en attachant) to tie up ou do up with (a) ribbon

ENS [ɛɛnɛs] nf (abrév de **École normale supérieure** et de **École nationale supérieure**) → **école**

ensablement [ɑ̃sabləmɑ̃] nm **a** (→ **ensabler**) silting-up; choking ou blocking (with sand); stranding; sinking into the sand
b (tas de sable) (formé par le vent) (sand) dune; (formé par l'eau) sandbank

ensabler [ɑ̃sable] → SYN ▸conjug 1◂ **1** vt port to silt up, sand up; tuyau to choke ou block with sand; bateau to strand (on a sandbank); voiture to get stuck in the sand
2 s'ensabler vpr [port] to silt up; [bateau, voiture] to get stuck in the sand ◆ **je m'étais ensablé jusqu'aux essieux** my car had sunk in the sand up to the axles

ensacher [ɑ̃saʃe] ▸conjug 1◂ vt to bag, pack (into bags)

ensanglanter [ɑ̃sɑ̃glɑ̃te] ▸conjug 1◂ vt visage to cover with blood; vêtement to soak with blood ◆ **manche ensanglantée** blood-soaked sleeve ◆ **ensanglanter un pays** to bathe a country in blood ◆ **l'accident qui a ensanglanté la course** the accident which cast a tragic shadow over the race ◆ **l'attentat qui a ensanglanté la visite du président** the terrorist attack which brought a note of bloodshed to the president's visit

enseignant, e [ɑ̃sɛɲɑ̃, ɑ̃t] → SYN **1** adj teaching → **corps**
2 nm,f teacher ◆ **enseignant-chercheur** teacher-cum-researcher ◆ **poste d'enseignant** teaching position ou post ou job ◆ **les enseignants de l'école** the teaching staff ou the teachers of the school

enseigne [ɑ̃sɛɲ] → SYN **1** nf **a** (Comm) (shop) sign ◆ **enseigne lumineuse** neon sign ◆ **(restaurant) à l'enseigne du Lion Noir** the Black Lion (restaurant) ◆ **loger à l'enseigne du Lion Noir††** to put up at (the sign of) the Black Lion††
b (Mil, Naut) ensign ◆ **(défiler) enseignes déployées** (to march) with colours flying
c (littér) **à telle(s) enseigne(s) que** so much so that
2 nm **a** (Hist) ensign
b enseigne de vaisseau (de 1re classe) lieutenant; (de 2e classe) sub-lieutenant (Brit), ensign (US)

enseignement [ɑ̃sɛɲ(ə)mɑ̃] → SYN nm **a** (Admin) education ◆ **enseignement gratuit et obligatoire** free and compulsory education ◆ **enseignement général** general education ◆ **enseignement libre** denominational education ◆ **enseignement ménager** home economics (sg) ◆ **enseignement mixte** coeducation ◆ **enseignement par correspondance** tuition by correspondence ◆ **enseignement primaire** ou **du premier degré** primary education ◆ **enseignement secondaire** ou **du second degré / supérieur** ou **universitaire** secondary / higher ou university education ◆ **enseignement privé / public** private / state education ◆ **enseignement professionnel** professional ou vocational training ◆ **enseignement programmé** programmed learning ◆ **enseignement technique** technical education, industrial arts (US) ◆ **enseignement spécialisé** special education ou schooling ◆ **enseignement court / long** full-time education to the age of 16 / 18 ◆ **on l'a orienté vers l'enseignement court / long** he was advised to leave school at 16 / to go on to further education ◆ **enseignement assisté par ordinateur** computer-aided instruction, computer-assisted learning ◆ **établissement d'enseignement** educational establishment ◆ **l'enseignement en France** (the system of) education in France
b (art d'enseigner) teaching ◆ **enseignement moderne** modern (methods of) teaching
c (carrière) teaching profession ◆ **être dans l'enseignement** to be a teacher, be a member of the teaching profession
d (leçon donnée par l'expérience) teaching, lesson ◆ **on peut en tirer plusieurs enseignements** it has taught us several things, we can draw many lessons from it ◆ **les enseignements du Christ** the teachings of Christ

enseigner [ɑ̃seɲe] → SYN ▸conjug 1◂ vt to teach ◆ **enseigner qch à qn** to teach sb sth ◆ **enseigner à qn à faire qch** to teach sb (how) to do sth

ensellé, e [ɑ̃sele] adj cheval sway-backed

ensellement [ɑ̃sɛlmɑ̃] nm (Géol) col, saddle

ensellure [ɑ̃selyʀ] nf (Méd) hollow back (NonC), lordosis (spéc); [cheval] sway-back

ensemble [ɑ̃sɑ̃bl] → SYN **1** adv **a** (l'un avec l'autre) together ◆ **ils sont partis ensemble** they left together ◆ **tous ensemble** all together
b (simultanément) (deux personnes) together, both at once; (plusieurs) together, at the same time ◆ **ils ont répondu ensemble** (deux) they both answered together ou at once; (plusieurs) they all answered together ou at the same time, they answered all together
c (littér: à la fois) **tout ensemble** (deux) both, at once; (plus de deux) at (one and) the same time ◆ **il était tout ensemble triste et joyeux** he was both ou at once sad and happy
d aller ensemble: les deux serre-livres vont ensemble the two book ends are sold together ◆ **ces deux idées vont ensemble** these two ideas go together ou go hand in hand ◆ **je trouve qu'ils vont bien ensemble** I think they make a good couple ou that they go together well ◆ **ces crapules vont bien ensemble** (deux) they make a pretty ou fine pair (of rascals); (plus de deux) they make a fine bunch of rascals ◆ **l'armoire et la table ne vont pas (bien) ensemble** ou **vont mal ensemble** the wardrobe and the table don't go (very well) together, the wardrobe doesn't go (very well) with the table
e [personnes] **être bien ensemble** to get on well (together) ◆ **ils sont mal ensemble** they don't get on (well) (together)
2 nm **a** (unité) unity ◆ **œuvre qui manque d'ensemble** work which lacks unity ◆ **avec ensemble, avec un parfait ensemble** simultaneously, as one man, with one accord ◆ **ils répondirent avec un ensemble touchant** they answered with a touching unanimity
b (totalité) whole ◆ **former un ensemble harmonieux** to form a harmonious whole ◆ **l'ensemble du personnel** the entire ou whole staff ◆ **on reconnaît cette substance à l'ensemble de ses propriétés** you can identify this substance from all its various properties ◆ **dans l'ensemble** on the whole, in the main, by and large ◆ **dans l'ensemble nous sommes d'accord** basically we agree ◆ **les spectateurs dans leur ensemble** the audience as a whole ◆ **examiner la question dans son ensemble** to examine the question in its entirety ou as a whole
c d'ensemble vue, étude overall, comprehensive, general; impression overall, general ◆ **mouvement d'ensemble** ensemble movement
d (groupement) [personnes] set, group, body; [objets, poèmes] set, collection; [faits] set, series; [meubles] suite; [lois] body, corpus; (Mus) ensemble ◆ **ensemble instrumental / vocal** instrumental / vocal ensemble ◆ **c'est tout un ensemble de choses qui m'a fait refuser** it's a whole combination of things that made me say no
e (zone résidentielle) (housing) scheme ou development (Brit), housing project (US) → **grand**
f (Math) set ◆ **ensemble vide** empty set ◆ **théorie des ensembles** set theory
g (Couture) ensemble, outfit, suit ◆ **ensemble de ville** town suit ◆ **ensemble de voyage** travelling outfit ◆ **ensemble de plage** beach ensemble ou outfit ◆ **ensemble pantalon** trouser suit (Brit), pantsuit
h (Aut) **ensemble chemise-pistons** cylinder block

ensemblier [ɑ̃sɑ̃blije] → SYN nm (décorateur) interior designer; (Ciné) assistant (set) designer; (entreprise) factory design consultancy

ensemencement [ɑ̃s(ə)mɑ̃smɑ̃] → SYN nm sowing

ensemencer [ɑ̃s(ə)mɑ̃se] → SYN ▸conjug 3◂ vt (Agr) to sow; (Bio) to culture ◆ **ensemencer un champ de** ou **en blé** to sow a field with wheat

enserrer [ɑ̃seʀe] → SYN ▸conjug 1◂ vt [vêtement] to hug tightly ◆ **son col lui enserre le cou** his collar is too tight ◆ **il l'enserre dans ses bras** he holds ou clasps her in his arms ◆ **vallée enserrée par des montagnes** valley shut in ou hemmed in by mountains

ensevelir [ɑ̃səv(ə)liʀ] → SYN ▸conjug 2◂ vt (frm: enterrer) to bury; (d'un linceul) to shroud (*de* in); (fig) peine, honte to hide, bury; [avalanche, décombres] to bury ◆ **enseveli sous la neige / la lave** buried beneath the snow / lava ◆ **il est allé s'ensevelir dans sa province** he has gone to hide himself away ou to bury himself in his native country ◆ **la nuit l'a enseveli** he was swallowed up in the darkness

ensevelissement [ɑ̃səv(ə)lismɑ̃] → SYN nm (dans la terre, sous une avalanche) burying; (dans un linceul) shrouding

ENSI [ɛnsi] nf (abrév de **École nationale supérieure d'ingénieurs**) → **école**

ensiforme [ɑ̃sifɔʀm] adj (Bio) ensiform

ensilage [ɑ̃silaʒ] nm ensilage

ensiler [ɑ̃sile] ▸conjug 1◂ vt to ensilage, ensile

en-soi [ɑ̃swa] nm (Philos) en-soi

ensoleillé, e [ɑ̃sɔleje] (ptp de **ensoleiller**) adj sunny

ensoleillement [ɑ̃sɔlɛjmɑ̃] nm (durée) period ou hours of sunshine ◆ **la région reçoit un ensoleillement de 10 heures par jour** the region gets 10 hours of sunshine per day ◆ **l'ensoleillement est meilleur sur le versant est de la montagne** there is more sun(shine) on the eastern side of the mountain, the eastern side of the mountain gets more sun(shine)

ensoleiller [ɑ̃sɔleje] → SYN ▸conjug 1◂ vt (lit) to fill with ou bathe in sunshine ou sunlight; (fig) to brighten, light up

ensommeillé, e [ɑ̃sɔmeje] adj sleepy, drowsy ◆ **il a les yeux ensommeillés** he is heavy-eyed with sleep, he is drowsy- ou sleepy-eyed, his eyes are (still) heavy with sleep

ensorcelant, e [ɑ̃sɔʀsəlɑ̃, ɑ̃t] → SYN adj regard, sourire bewitching

ensorceler [ɑ̃sɔʀsəle] → SYN ▸conjug 4◂ vt (lit, fig) to bewitch, put ou cast a spell on ou over

ensorceleur, -euse [ɑ̃sɔʀsəlœʀ, øz] → SYN

1 adj bewitching, spellbinding

2 nm (lit) sorcerer, enchanter; (fig) charmer

3 **ensorceleuse** nf (lit) witch, enchantress, sorceress; (fig) (femme) enchantress; (hum: enfant) charmer

ensorcellement [ɑ̃sɔʀsɛlmɑ̃] → SYN nm (action) bewitching, bewitchment; (charme) charm, enchantment

ensouple [ɑ̃supl] nf (Tex) beam, roller

ensuite [ɑ̃sɥit] → SYN GRAMMAIRE ACTIVE 26.2 adv (puis) then, next; (par la suite) afterwards, later ◆ **il nous dit ensuite que** then ou next he said that ◆ **d'accord mais ensuite?** all right but what now? ou what next? ou then what? ◆ **il se mit à crier, ensuite de quoi il claqua la porte** he started shouting, after which ou and after that he slammed the door ◆ **je le reçois d'abord et je vous verrai ensuite** I'll meet him first and I'll see you after ou afterwards

ensuivre (s') [ɑ̃sɥivʀ] → SYN ▸conjug 40◂ vpr to follow, ensue ◆ **il s'ensuit que** it follows that ◆ **et tout ce qui s'ensuit** and all that goes with it ◆ **torturé jusqu'à ce que mort s'ensuive** tortured to death

ensuqué, e* [ɑ̃syke] adj droopy

entablement [ɑ̃tabləmɑ̃] → SYN nm entablature

entacher [ɑ̃taʃe] → SYN ▸conjug 1◂ vt honneur to soil, sully, taint; joie to taint, blemish ◆ (Jur) **entaché de nullité** null and void ◆ **entaché d'erreurs** spoilt ou marred by mistakes

entaille [ɑ̃taj] → SYN nf a (sur le corps) (gén) cut; (profonde) gash; (petite) nick ◆ **se faire une entaille** to cut o.s.

b (sur un objet) notch; (allongée) groove; (dans une falaise) gash

entailler [ɑ̃taje] → SYN ▸conjug 1◂ vt (→ **entaille**) to cut; to gash; to nick; to notch ◆ **carrière qui entaille la colline** quarry which cuts a gash in the hill ◆ **s'entailler la main** to cut ou gash one's hand

entame [ɑ̃tam] nf (tranche) first slice; (Cartes) first card

entamer [ɑ̃tame] ▸conjug 1◂ vt a pain, jambon to start (upon); tonneau to broach, tap; bouteille, boîte, sac to start, open; tissu to cut into; patrimoine to make a hole in, dip into ◆ **mes économies sont bien entamées** it's made a big dent ou hole in my savings ◆ **la boîte de chocolats est à peine entamée** the box of chocolats has hardly been touched

b (inciser) chair, tissu to cut (into); métal to cut ou bite into

c (amorcer) journée, livre to start; travail to start on; négociations, discussion to start, open; poursuites to institute, initiate ◆ **la journée est déjà bien entamée** we are already well into the day, the day is already quite far advanced

d (ébranler) résistance to wear down, break down; conviction to shake, weaken; optimisme, moral to wear down

e (porter atteinte à) réputation, honneur to damage, harm, cast a slur on

f (Cartes: commencer) **entamer la partie** to open the game ◆ **c'est à toi d'entamer** it's you to open

entartrage [ɑ̃taʀtʀaʒ] nm (→ **entartrer**) furring-up (Brit); scaling

entartrer [ɑ̃taʀtʀe] ▸conjug 1◂ 1 vt chaudière, tuyau to fur up (Brit), scale; dents to scale

2 **s'entartrer** vpr to fur up (Brit), to scale

entassement [ɑ̃tasmɑ̃] → SYN nm a (action) [objets] piling up, heaping up; [personnes] cramming in, packing together

b (tas) pile, heap

entasser [ɑ̃tase] → SYN ▸conjug 1◂ 1 vt a (amonceler) objets, arguments to pile up, heap up (*sur* onto); argent to hoard, amass

b (tasser) **entasser des objets / personnes dans** to cram ou pack objects / people into ◆ **entassons-les là** let's cram ou pack them in there

2 **s'entasser** vpr (s'amonceler) [déchets, erreurs] to pile up ◆ **s'entasser dans** [voyageurs] to cram ou pack into ◆ **ils s'entassent à 10 dans cette pièce** there are 10 of them crammed ou packed into that room ◆ **s'entasser sur la plage** to pack onto the beach

ente [ɑ̃t] → SYN nf (Agr) graft ◆ **prune d'ente** *kind of plum used to make prunes*

entéléchie [ɑ̃teleʃi] nf entelechy

entendant, e [ɑ̃tɑ̃dɑ̃, ɑ̃t] nm,f hearing person

entendement [ɑ̃tɑ̃dmɑ̃] → SYN nm (Philos) understanding ◆ **cela dépasse l'entendement** that's beyond all understanding ou comprehension ◆ (frm) **perdre l'entendement** to lose one's reason

entendeur [ɑ̃tɑ̃dœʀ] nm ◆ **à bon entendeur, salut** a word to the wise is enough

entendre [ɑ̃tɑ̃dʀ] → SYN ▸conjug 41◂

1 vt a voix etc to hear ◆ **il entendit du bruit** he heard a noise ◆ **il entendit parler quelqu'un** he heard somebody speak(ing) ◆ **j'entendais quelqu'un parler** ou **parler quelqu'un, j'entendais qu'on parlait** I heard ou could hear somebody speaking ◆ **il entend mal de l'oreille droite** he can't hear very well with his right ear ◆ (fig) **il ne l'entend pas de cette oreille** he's not prepared to accept that ◆ **qu'est-ce que j'entends?** what did you say?, am I hearing right? ◆ **faire entendre un son** to make a sound ◆ **tu vas être sage, tu entends!** you're to be good, do you hear (me)! ◆ **ce qu'il faut entendre tout de même!*** really – the things you hear! ou the things people say!

b (écouter) to hear, listen to ◆ **le patron a entendu les syndicats pendant une heure** the boss listened to ou heard the unions for an hour ◆ **j'ai entendu son discours jusqu'au bout** I listened right to the end of his speech ◆ **à l'entendre c'est lui qui a tout fait** to hear him talk ou to listen to him you'd think he had done everything ◆ **il ne veut rien entendre** he doesn't want to hear ou know about it, he just won't listen ◆ **il raconte à qui veut l'entendre que c'est lui qui l'a quittée** he tells anyone who'll listen that he's the one who left her ◆ (Jur) **entendre les témoins** to hear the witnesses ◆ (Rel) **entendre la messe** to hear ou attend mass ◆ **entendre raison** to listen to ou see reason ◆ **comment lui faire entendre raison?** how do we make him see sense? ou reason?

c (frm: comprendre) to understand ◆ **oui, j'entends bien, mais ...** yes, I fully ou quite understand but ... ◆ **je vous entends** I see what you mean, now I understand (you) ◆ **en peinture, il n'y entend strictement rien** he doesn't know the first thing ou he doesn't have the first idea about painting ◆ **il n'entend pas la plaisanterie** he can't take a joke, he doesn't know how to take a joke ◆ **laisser entendre à qn que, donner à entendre à qn que** (faire comprendre à qn que) to give sb to understand that; (donner l'impression que) to let it be understood that, give sb the impression that → **pire**

d (frm: avec infin: vouloir) to intend, mean ◆ **j'entends bien y aller** I certainly intend ou mean to go (there) ◆ **faites comme vous l'entendez** do as you see fit ou think best ◆ **j'entends être obéi** ou **qu'on m'obéisse** I intend ou mean to be obeyed, I will be obeyed ◆ **j'entends n'être pas commandé, je n'entends pas être commandé** I will not take orders from anyone, I will not be ordered about

e (vouloir dire) to mean ◆ **qu'entendez-vous par là?** what do you mean by that? ◆ **entendez-vous par là que ...?** are you trying to say that ...?, do you mean that ...? → **malice**

f LOC **entendre parler de** to hear of ou about ◆ **j'en ai vaguement entendu parler** I did vaguely hear something about ou of it ◆ **on n'entend plus parler de lui** you don't hear anything of him these days, you never hear of him any more ◆ (fig) **il ne veut pas en entendre parler** he won't hear of it ◆ **entendre dire que** to hear it said that ◆ **d'après ce que j'ai entendu dire** from what I have heard, by all accounts ◆ **on entend dire que** it is said ou rumoured that, rumour has it that ◆ **on entend dire des choses étranges** there are strange rumours going about ◆ **je l'ai entendu dire que** I heard him say that ◆ **elle fit entendre sa voix mélodieuse, sa voix mélodieuse se fit entendre** her sweet voice was heard ◆ **il a pu faire entendre sa voix dans le débat, sa voix a pu se faire entendre dans le débat** he was able to make himself heard in the debate ◆ **on entendrait voler une mouche** you could hear a pin drop ◆ **il vaut mieux entendre ça que d'être sourd!*** really, the things you hear!

2 **s'entendre** vpr a (être d'accord) to agree; (s'accorder) to get on ◆ **ils se sont entendus sur plusieurs points** they have agreed on several points ◆ **ces collègues ne s'entendent pas** these colleagues don't get on (Brit) ou along (together ou with each other) ◆ **s'entendre comme larrons en foire** to be as thick as thieves ◆ **ils s'entendent à merveille** they get on (Brit) ou along extremely well (together ou with each other), they get on like a house on fire (Brit) ◆ **hier tu m'as dit le contraire, il faudrait s'entendre!** yesterday you told me exactly the opposite, make up your mind!

b (s'y connaître) **il s'y entend pour le faire** he's very good at it, he knows how to do it ◆ **il s'y entend!** he knows what he's doing!, he knows his onions!* (Brit) ou stuff!*

c (se comprendre) **quand je dis magnifique, je m'entends, disons que c'est très joli** when I say it's magnificent, what I'm really saying ou what I really mean ou what I mean to say is that it's very attractive ◆ **il le fera, moyennant finances, (cela) s'entend** he will do it, for a fee it's understood ou of course ou naturally ◆ **entendons-nous bien!** let's be quite clear about ou on this, let's make quite sure we understand one another ◆ **ça peut s'entendre différemment suivant les contextes** that can be taken to mean different things depending on the context

d (être entendu) **on ne s'entend plus ici** you can't hear yourself think in here ◆ **le bruit s'entendait depuis la route** the noise could be heard ou was audible from the road ◆ **tu ne t'entends pas !, tu n'entends pas ce que tu racontes !** you don't know what you are saying ! ◆ (fig) **cette expression ne s'entend plus guère** that phrase is hardly ever used ou heard nowadays, you hardly ever hear that phrase nowadays ◆ **je me suis entendu à la radio** I heard myself on the radio

entendu, e [ɑ̃tɑ̃dy] → SYN (ptp de **entendre**) adj **a** (convenu) agreed ◆ **étant entendu que** it being understood ou agreed that, since ◆ **il est bien entendu que vous n'en dites rien** of course it's understood ou it must be understood that you make no mention of it ◆ **c'est (bien) entendu, n'est-ce pas ?** that's (all) agreed, isn't it ? ◆ **(c'est) entendu !** right !, agreed !, right-oh !* (Brit)
b (évidemment) **bien entendu !** of course ! ◆ **bien entendu** ou **comme de bien entendu*** **tu dormais !** as I might have known ou expected (you to be), you were asleep !
c (concessif) all right, granted, so we all agree ◆ **c'est entendu** ou **c'est une affaire entendue, il t'a poussé** all right, so he pushed you
d (complice) sourire, air knowing ◆ **oui, fit-il d'un air entendu** yes, he said with a knowing look ou knowingly
e (††: habile) competent

enténébrer [ɑ̃tenebʀe] → SYN ▸ conjug 6 ◂ vt (littér) salle to make dark ou gloomy ; (fig) vie, voyage to cast a shadow over

entente [ɑ̃tɑ̃t] → SYN nf **a** (amitié) harmony, understanding ; (alliance) understanding ◆ **politique d'entente avec un pays** policy of friendship with a country ◆ **l'Entente cordiale** the Entente Cordiale ◆ **l'Entente** ou **la Triple Entente** the Triple Alliance ◆ **vivre en bonne entente** to live in harmony ou harmoniously ◆ **vivre en bonne entente avec les voisins** to be on good terms with the neighbours
b (accord) agreement, understanding ; (Écon : cartel) combine ◆ **ententes illicites** illegal agreements ou arrangements ◆ (Jur, Fin) **entente entre enchérisseurs** knock-out agreement ◆ **faire une demande d'entente préalable** *to request the Social Security to agree to help with costs before one is treated*
c (rare : connaissance) grasp, understanding ; (habileté) skill → **double**

enter [ɑ̃te] → SYN ▸ conjug 1 ◂ vt (Agr) to graft

entéralgie [ɑ̃teʀalʒi] nf enteralgia

entérinement [ɑ̃teʀinmɑ̃] nm ratification, confirmation

entériner [ɑ̃teʀine] → SYN ▸ conjug 1 ◂ vt to ratify, confirm

entérique [ɑ̃teʀik] adj enteric, enteral

entérite [ɑ̃teʀit] → SYN nf enteritis

entérobactérie [ɑ̃teʀɔbakteʀi] nf enterobacterium

entérocolite [ɑ̃teʀɔkɔlit] nf enterocolitis

entérocoque [ɑ̃teʀɔkɔk] nm streptococcus faecalis *(present in the intestine)*

entérokinase [ɑ̃teʀokinɑz] nf enterokinase

enterrement [ɑ̃tɛʀmɑ̃] → SYN nm **a** (action) [mort] burial ; [projet] laying aside, forgetting about ; [espoir] end, death
b (cérémonie) funeral, burial (service) ; (convoi) funeral procession ◆ **enterrement civil / religieux** non-religious / religious burial (service) ou funeral ◆ **faire** ou **avoir une tête** ou **mine d'enterrement*** to look down in the mouth*, look gloomy ou glum ◆ (hum) **enterrement de première classe** glorious send-off

enterrer [ɑ̃teʀe] → SYN ▸ conjug 1 ◂ vt **a** (inhumer) to bury, inter (frm) ◆ **hier il a enterré sa mère** yesterday he attended his mother's burial ou funeral ◆ **on l'enterre ce matin** he is being buried this morning ◆ **tu nous enterreras tous !** you'll outlive us all ! ◆ (fig) **s'enterrer dans un trou perdu** to bury o.s. in the back of beyond (Brit) ou in the sticks
b (enfouir) os, trésor to bury ; plante to plant
c (oublier) projet to lay aside, forget about ; scandale to hush up ; espoir to forget about ◆ **enterrons cette querelle** (let's) let bygones be bygones ◆ **c'est une querelle enterrée depuis longtemps** that quarrel has long since been buried and forgotten (about) ou dead and buried ◆ **enterrer son passé** to put one's past behind one ◆ **enterrer sa vie de garçon** to have ou throw a stag party (before one's wedding)

entêtant, e [ɑ̃tɛtɑ̃, ɑ̃t] → SYN adj vin, parfum heady (épith), which goes to the head

en-tête, pl **en-têtes** [ɑ̃tɛt] nm heading ; (Ordin) header ◆ **papier à lettres à en-tête** headed notepaper

entêté, e [ɑ̃tete] → SYN (ptp de **entêter**) **1** adj stubborn, pigheaded*
2 nm,f mule, stubborn individual ◆ **quel entêté tu fais !** what a stubborn thing you are !

entêtement [ɑ̃tɛtmɑ̃] → SYN nm stubbornness, pigheadedness*

entêter [ɑ̃tete] → SYN ▸ conjug 1 ◂ **1** vt [vin, parfum] to go to the head of ◆ **ce parfum entête** this perfume goes to your head
2 **s'entêter** vpr to persist (*dans qch* in sth, *à faire qch* in doing sth)

enthalpie [ɑ̃talpi] nf enthalpy, heat content, total heat

enthousiasmant, e [ɑ̃tuzjasmɑ̃, ɑ̃t] → SYN adj spectacle, livre, idée exciting, exhilarating

enthousiasme [ɑ̃tuzjasm] → SYN GRAMMAIRE ACTIVE 13.2 nm enthusiasm ◆ **avec enthousiasme** enthusiastically, with enthusiasm ◆ **avoir des enthousiasmes soudains** to have sudden fits of enthusiasm ou sudden crazes

enthousiasmer [ɑ̃tuzjasme] → SYN ▸ conjug 1 ◂ GRAMMAIRE ACTIVE 7.3
1 vt to fill with enthusiasm
2 **s'enthousiasmer** vpr to be enthusiastic (*pour* about, over) ◆ **il s'enthousiasma tout de suite pour ...** he was immediately enthusiastic about ou over ..., he enthused straight away over ... ◆ **c'est quelqu'un qui s'enthousiasme facilement** he's easily carried away (*pour* by)

enthousiaste [ɑ̃tuzjast] → SYN **1** adj enthusiastic (*de* about, over)
2 nmf enthusiast

enthymème [ɑ̃timɛm] nm enthymeme

entichement [ɑ̃tiʃmɑ̃] → SYN nm (pour une femme) infatuation (*pour, de* for, with) ; (pour une activité, théorie) passion, craze (*de, pour* for)

enticher (s') [ɑ̃tiʃe] → SYN ▸ conjug 1 ◂ vpr ◆ (frm, péj) **s'enticher de** femme to become besotted (Brit) ou infatuated with ; activité, théorie to get completely hooked on ◆ **il est entiché de vieux livres** he has a passion for old books

entier, -ière [ɑ̃tje, jɛʀ] → SYN **1** adj **a** (dans sa totalité) quantité, prix whole, full ; surface, endroit, année whole, entire ◆ **boire une bouteille entière** to drink a whole ou full bottle ◆ **payer place entière** (Théât) to pay the full price ; (Rail) to pay the full fare ou price ◆ **une heure entière** a whole hour ◆ **des heures entières** for hours (on end ou together) ◆ **dans le monde entier** in the whole ou entire world, in the whole of the world, throughout the world ◆ **dans la France entière** throughout France, in the whole of France → **nombre**
b **tout entier** entirely, completely ◆ **se donner tout entier à une tâche** to devote o.s. wholeheartedly ou entirely ou wholly to a task ◆ **il était tout entier à son travail** he was completely wrapped up in ou engrossed in his work
c (intact) objet, vertu intact ; (Vét : non châtré) entire ◆ **aucune assiette n'était entière** there wasn't one unbroken plate ◆ **la question reste entière** the question still remains unresolved ◆ **c'est un miracle qu'il en soit sorti entier** it's a miracle he escaped unscathed ou in one piece
d (absolu) liberté, confiance absolute, complete ◆ **mon accord plein et entier** my full ou entire (and) wholehearted agreement ◆ **donner entière satisfaction** to give complete satisfaction
e (sans demi-mesure) personne, caractère unyielding, unbending ; opinion strong, positive
f (Culin) **lait entier** full-cream (Brit) ou whole ou unskimmed milk
2 nm **a** (Math) whole, integer ; (Ordin) integer ◆ **deux demis font un entier** two halves make a whole
b **en entier** totally, in its entirety ◆ **occupé en entier par des bureaux** totally occupied by offices, occupied in its entirety by offices ◆ **boire une bouteille en entier** to drink a whole ou an entire bottle ◆ **lire / voir qch en entier** to read / see the whole of sth, read / watch sth right through ◆ **la nation dans son entier** the nation as a whole, the entire nation

entièrement [ɑ̃tjɛʀmɑ̃] → SYN adv entirely, completely, wholly ◆ **je suis entièrement d'accord avec vous** I fully ou entirely agree with you ◆ **la ville a été entièrement détruite** the town was wholly ou entirely destroyed

entièreté [ɑ̃tjɛʀte] nf entirety

entité [ɑ̃tite] → SYN nf entity

entoilage [ɑ̃twalaʒ] nm [estampe] mounting on canvas ; [vêtement] stiffening (with canvas) ; (toile) canvas

entoiler [ɑ̃twale] ▸ conjug 1 ◂ vt estampe to mount on canvas ; vêtement to stiffen (with canvas)

entoir [ɑ̃twaʀ] nm grafting knife

entôler: [ɑ̃tole] ▸ conjug 1 ◂ vt to con:, do: (Brit) (*de* out of), fleece: (*de* of)

entomologie [ɑ̃tɔmɔlɔʒi] nf entomology

entomologique [ɑ̃tɔmɔlɔʒik] adj entomological

entomologiste [ɑ̃tɔmɔlɔʒist] nmf entomologist

entomophage [ɑ̃tɔmɔfaʒ] adj entomophagous

entomophile [ɑ̃tɔmɔfil] adj entomophilous

entonnage [ɑ̃tɔnaʒ] nm, **entonnaison** [ɑ̃tɔnezɔ̃] nf, **entonnement** [ɑ̃tɔnmɑ̃] nm casking, barrelling

entonner[1] [ɑ̃tɔne] → SYN ▸ conjug 1 ◂ vt ◆ **entonner une chanson** to break into song, strike up a song, start singing ◆ **entonner des louanges au sujet de qn** to start singing sb's praises ◆ **entonner un psaume** to strike up a psalm, start singing a psalm

entonner[2] [ɑ̃tɔne] ▸ conjug 1 ◂ vt liquide to cask, barrel

entonnoir [ɑ̃tɔnwaʀ] → SYN nm (Culin) funnel ; (Géog) swallow hole, doline ; (trou) [obus] shell-hole ; [bombe] crater ◆ forme, conduit **en entonnoir** funnel-shaped

entorse [ɑ̃tɔʀs] → SYN nf **a** (Méd) sprain ◆ **se faire une entorse au poignet** to sprain one's wrist
b [loi] infringement (*à* of) ◆ **faire une entorse à la vérité** to twist the truth ◆ **faire une entorse à ses habitudes** to break one's habits ◆ **faire une entorse au règlement** to bend ou stretch the rules ◆ **faire une entorse à son régime** to break one's diet

entortillement [ɑ̃tɔʀtijmɑ̃] nm (action) twisting, winding, twining ; (état) entwinement

entortiller [ɑ̃tɔʀtije] → SYN ▸ conjug 1 ◂ **1** vt **a** ruban to twist, twine, wind ; bonbons to wrap (up) ; (fig) paroles to make long and involved, complicate
b (*) (enjôler) to get round, wheedle, cajole ; (embrouiller) to mix up, muddle (up) ; (duper) to hoodwink*
2 **s'entortiller** vpr [liane] to twist, wind, twine ◆ (fig) **s'entortiller dans ses réponses** to get (all) mixed up in one's answers, get in a muddle with one's answers, tie o.s. in knots* with one's answers ◆ **s'entortiller dans les couvertures** (volontairement) to wrap ou roll o.s. up in the blankets ; (involontairement) to get caught up ou tangled up ou entangled in the blankets

entour [ɑ̃tuʀ] nm ◆ (littér) **les entours de qch** the surroundings of sth ◆ **à l'entour de qch** around sth

entourage [ɑ̃tuʀaʒ] → SYN nm **a** (famille) family circle ; (compagnie, familiers) (gén) set, circle ; [roi, président] entourage ◆ **les gens de son entourage / dans l'entourage du président** people around him / around the president

b (bordure, cadre) [sculpture, fenêtre] frame, surround (Brit); [massif floral] border, surround (Brit)

entouré, e [ɑ̃tuʀe] (ptp de **entourer**) adj **a** (admiré) popular ◆ **cette jeune femme est très entourée** this young woman is the centre of attraction ◆ (soutenu) **pendant cette épreuve il était très entouré** during this difficult time many people rallied round (him) ◆ (Bourse) **c'est un titre très entouré aujourd'hui** everyone's rallying around that stock today
b (encerclé) **entouré de** surrounded with ou by

entourer [ɑ̃tuʀe] → SYN ▸conjug 1◂ **1** vt **a** (mettre autour) **entourer qch de** clôture, arbres to surround sth with; (fig) mystère to surround sth with, wrap sth in ◆ **entourer qn de** gardes, soins to surround sb with ◆ **entourer un champ d'une clôture** to put a fence round a field, surround a field with a fence ◆ **il entoura ses épaules d'une couverture / d'un châle** he put ou wrapped a blanket / shawl (a)round her shoulders ◆ **entourer qn de ses bras** to put one's arms (a)round sb ◆ **entourer ses pieds d'une couverture** to put ou wrap a blanket round one's feet
b (être autour) [arbres, foule, clôture] to surround; [cadre] to frame, surround; [couverture, écharpe] to be round; [soldats] to surround, encircle; [admirateurs, cour, (fig) dangers, mystères] to surround ◆ **tout ce qui nous entoure** everything around us ou round about us ◆ **le monde qui nous entoure** the world around ou about us, the world that surrounds us ◆ **ils entourèrent les manifestants** they surrounded the demonstrators
c (soutenir) personne souffrante to rally round ◆ **entourer qn de toute son affection** to surround sb with love ◆ **ils ont su admirablement l'entourer après la mort de sa mère** they really rallied round him after his mother's death
2 s'entourer vpr ◆ **s'entourer de** amis, gardes du corps, luxe to surround o.s. with ◆ **s'entourer de mystère** to surround o.s. with ou shroud o.s. in mystery ◆ **s'entourer de précautions** to take elaborate precautions ◆ **nous voulons nous entourer de toutes les garanties** we wish to have ou avail ourselves of all possible guarantees

entourloupe* [ɑ̃tuʀlup], **entourloupette*** [ɑ̃tuʀlupɛt] nf mean trick, rotten trick* ◆ **faire une entourloupe à qn** to play a (rotten* ou mean) trick on sb

entournure [ɑ̃tuʀnyʀ] nf armhole → **gêné**

entracte [ɑ̃tʀakt] → SYN nm (au théâtre, au concert) interval, interlude, intermission; (Ciné) interval, intermission; (Théât: divertissement) entr'acte, interlude; (fig: interruption) interlude, break

entraide [ɑ̃tʀɛd] → SYN nf mutual aid ◆ (Jur) **entraide judiciaire internationale** international judicial cooperation ◆ (Admin) **service d'entraide** support service

entraider (s') [ɑ̃tʀede] → SYN ▸conjug 1◂ vpr to help one another ou each other

entrailles [ɑ̃tʀɑj] → SYN nfpl **a** [animaux] entrails, guts
b (littér) [personne] entrails; (ventre maternel) womb ◆ (fig) **sans entrailles** heartless, unfeeling ◆ **la faim le mordait aux entrailles** hunger gnawed at him ou at his guts ◆ **spectacle qui vous prend aux entrailles** ou **qui vous remue les entrailles** sight that shakes your very soul ou shakes you to the core
c (littér) [édifice, terre] bowels, depths

entrain [ɑ̃tʀɛ̃] → SYN nm [personne] spirit, drive; [réunion] spirit, liveliness, go ◆ **avec entrain** répondre with gusto; travailler spiritedly, with spirit ou plenty of drive; manger with gusto, heartily ◆ **faire qch sans entrain** to do sth half-heartedly ou unenthusiastically ◆ **être sans entrain** to feel dispirited, have no energy ◆ **être plein d'entrain, avoir de l'entrain** to have plenty of ou be full of drive ou go ◆ **ça manque d'entrain** [soirée] it's dragging, it's not exactly lively, it's a bit dead*

entraînant, e [ɑ̃tʀɛnɑ̃, ɑ̃t] → SYN adj paroles, musique stirring, rousing; rythme brisk, lively

entraînement [ɑ̃tʀɛnmɑ̃] → SYN nm **a** (action d'entraîner) [roue, bielle etc] driving; [athlète] training, coaching; [cheval] training ◆ **entraînement à chaîne** chain drive ◆ (Écon) **effet d'entraînement** ratchet effect
b (impulsion, force) [passions] (driving) force, impetus; [habitude] force ◆ **des entraînements dangereux** dangerous impulses
c (Sport: préparation, exercice) training (NonC) ◆ **deux heures d'entraînement chaque matin** two hours of training every morning ◆ **course / terrain d'entraînement** training course / ground ◆ **manquer d'entraînement** to be out of training ◆ **il a de l'entraînement** he's highly trained, he's really fit ◆ **il est à l'entraînement** he's in a training session, he's training ◆ **il est à l'entraînement de rugby** he's at rugby practice ◆ **il s'est blessé à l'entraînement** he hurt himself at ou while training ou during a training session ◆ (hum) **j'ai de l'entraînement!** I've had lots of practice!

entraîner [ɑ̃tʀene] → SYN ▸conjug 1◂ **1** vt **a** (lit) (charrier) épave, objets arrachés to carry ou drag along; (Tech: mouvoir) bielle, roue, machine to drive; (tirer) wagons to pull ◆ **le courant les entraîna vers les rapides** the current carried ou dragged ou swept them along towards the rapids ◆ **la locomotive entraîne une vingtaine de wagons** the locomotive pulls ou hauls twenty or so carriages ◆ **le poids de ses habits l'entraîna vers le fond** the weight of his clothes dragged him (down) towards the bottom ◆ **il entraîna son camarade dans sa chute** he pulled ou dragged his friend down in his fall ◆ **danseur qui entraîne sa cavalière** dancer who carries his partner along (with him) ◆ (fig) **il l'entraîna (avec lui) dans la ruine** he dragged her down (with him) in his downfall
b (emmener) personne to take (off) (*vers* towards) ◆ **il m'entraîna vers la sortie / dans un coin** he dragged ou took me (off) towards the exit / into a corner ◆ **il les entraîna à sa suite vers ...** he took them (along ou off) with him towards ...
c (fig: influencer) to lead ◆ **entraîner qn à voler qch** to get sb to steal sth ◆ **entraîner ses camarades à boire / dans la débauche** to lead one's friends into drinking / bad ways ◆ **se laisser entraîner par ses camarades** to let o.s. be led by one's friends ◆ **cela l'a entraîné à de grosses dépenses** that meant great expense for him, that led him into great expense
d (causer) to bring about, lead to; (impliquer) to entail, mean ◆ **ceci a entraîné des compressions budgétaires / dépenses imprévues** this has brought about ou led to budgetary restraints / unexpected expense ◆ **si je vous comprends bien, ceci entraîne la perte de nos avantages** if I understand you, this means ou will mean ou will entail the loss of our advantages
e (emporter) [rythme] to carry along; [passion, enthousiasme, éloquence] to carry away ◆ **son éloquence entraîna les foules** his eloquence carried the crowds along (with him) ◆ **son enthousiasme l'a entraîné trop loin / au-delà de ses intentions** his enthusiasm carried him too far / further than he intended ◆ (fig) **se laisser entraîner (par l'enthousiasme / ses passions / un rythme)** to (let o.s.) get ou be carried away (by enthusiasm / one's passions / a rhythm)
f (préparer) athlète to train, coach; cheval to train (*à* for)
2 s'entraîner vpr **a** (Sport) to train ◆ **il est indispensable de s'entraîner régulièrement** one must train regularly ◆ **où est-il? – il s'entraîne au stade** where is he? – he's (doing some) training at the stadium ◆ **s'entraîner à la course / au lancer du poids / pour le championnat** to get in training ou to train for running / for the shot put ou for putting the shot / for the championship ◆ **s'entraîner à faire un certain mouvement** to practise a certain movement, work on a certain movement
b (gén) **s'entraîner à faire qch** to train o.s. to do sth ◆ **s'entraîner à la discussion / à l'art de la discussion** to train o.s. for discussion / in the art of discussion ◆ **il s'entraîne à parler en public** he is training himself to speak in public

entraîneur [ɑ̃tʀɛnœʀ] → SYN nm [cheval] trainer; [équipe, coureur, boxeur] coach, trainer ◆ (fig littér) **un entraîneur d'hommes** a leader of men

entraîneuse [ɑ̃tʀɛnøz] → SYN nf [bar] hostess; (Sport) coach, trainer

entrait [ɑ̃tʀɛ] → SYN nm tie beam

entrant, e [ɑ̃tʀɑ̃, ɑ̃t] nm,f ◆ (gén pl) **les entrants** the people coming (ou going) in

entrapercevoir [ɑ̃tʀapɛʀsəvwaʀ] ▸conjug 28◂ vt to catch a (brief) glimpse of

entrave [ɑ̃tʀav] → SYN nf **a** (fig: obstacle) hindrance (*à* to) ◆ **entrave à la circulation** hindrance to traffic ◆ **entrave à la liberté d'expression** constraint upon ou obstacle to freedom of expression ◆ liberté, bonheur **sans entrave** unbridled
b [animal] hobble, fetter, shackle ◆ [prisonnier] **entraves** chains, fetters (littér) ◆ (fig littér) **se débarrasser des entraves de la rime** to free o.s. from the shackles ou fetters of rhyme (littér)

entravé, e [ɑ̃tʀave] (ptp de **entraver**) adj ◆ (Ling) **voyelle entravée** checked vowel ◆ **jupe entravée** hobble skirt

entraver [ɑ̃tʀave] → SYN ▸conjug 1◂ vt **a** (gêner) circulation to hold up; action, plans to hinder, hamper, get in the way of ◆ **ses pas entravés par les chaînes / sa jupe** her steps hampered ou hindered by the chains / her skirt ◆ **entraver la carrière de qn** to hinder sb in his career
b animal to hobble, shackle, fetter; prisonnier to chain (up), fetter (littér)
c (✻: comprendre) to get✻ ◆ **je n'y entrave que couic** ou **que dalle** I just don't get it✻, I don't twig (it) at all✻ (Brit)

entre [ɑ̃tʀ] → SYN prép **a** (à mi-chemin de, dans l'intervalle de) objets, dates, opinions between ◆ **entre guillemets / parenthèses** in inverted commas (Brit) ou quotation marks / brackets ou parentheses ◆ (fig) **mettons nos querelles entre parenthèses** let's put our disagreements behind us ◆ (fig) **entre parenthèses, ce qu'il dit est faux** by the way, what he says is wrong ◆ **entre le vert et le jaune** between green and yellow ◆ **entre la vie et la mort** between life and death ◆ **entre ciel et terre** between heaven and earth ◆ **vous l'aimez saignant, à point ou entre les deux?** do you like it rare, medium or between the two? ou or in-between? ◆ **la vérité est entre les deux** the truth is somewhere ou something between the two → **lire¹**
b (entouré par) murs within, between; montagnes among, between ◆ (fig) **enfermé entre quatre murs** shut in ◆ **encaissé entre les hautes parois** enclosed between the high walls
c (au milieu de, parmi) pierres, objets épars, personnes among, amongst ◆ **il aperçut un objet brillant entre les pierres** he saw an object shining among(st) the stones ◆ **choisir entre plusieurs choses** to choose from among several things, choose between several things ◆ **il hésita entre plusieurs routes** he hesitated between several roads ◆ **brave entre les braves†** bravest of the brave† ◆ (frm) **je le compte entre mes amis** I number him among my friends ◆ **lui, entre autres, n'est pas d'accord** he, for one ou among others, doesn't agree ◆ **entre autres (choses)** among other things ◆ **entre autres (personnes)** among others ◆ **l'un d'entre eux** one of them ◆ **plusieurs d'entre nous** several of us, several of our number (frm) ◆ **il est intelligent entre tous** he is supremely intelligent ◆ **problème difficile entre tous** inordinately ou particularly difficult problem ◆ **cette heure entre toutes** this (hour) of all hours ◆ **je le reconnaîtrais entre tous** I would know ou recognize him anywhere ◆ **c'est le meilleur entre tous mes amis** he's the best friend I have ◆ **il l'a partagé entre tous ses amis** he shared it out among all his friends
d (dans) in, into ◆ (fig) **ma vie est entre vos mains** my life is ou lies in your hands ◆ **j'ai eu ce livre entre les mains** I had that book in my (very) hands ◆ **prendre entre ses bras** to take in one's arms ◆ **tomber entre les mains de l'ennemi / d'escrocs** to fall into the hands of the enemy / of crooks
e (à travers) through, between ◆ **le poisson / le prisonnier m'a filé entre les doigts** the

fish / the prisoner slipped through my fingers ◆ **je l'ai aperçu entre les branches** I saw it through ou between the branches

f (indiquant une relation) (deux choses) between; (plus de deux) among ◆ **rapports entre deux personnes / choses** relationship between two people / things ◆ **nous sommes entre nous** ou **entre amis** we're all friends here, we're among friends ◆ **entre nous** between you and me, between ourselves ◆ **entre nous c'est à la vie, à la mort** we are ou shall be friends for life ◆ **entre eux 4** among the 4 of them ◆ **qu'y a-t-il exactement entre eux?** what exactly is there between them? ◆ **il n'y a rien de commun entre eux** they have nothing in common ou no common ground ◆ **ils se marient entre eux** they intermarry ◆ **ils préfèrent rester entre eux** they prefer to keep (themselves) to themselves ou to be on their own ◆ (fig) **ils se dévorent entre eux** they are (constantly) at each other's throats ◆ **ils se sont entendus entre eux** they reached a mutual agreement ◆ **entendez-vous entre vous** sort it out among yourselves ◆ **ils se sont disputés entre eux** they have quarrelled (with each other ou with one another) ◆ **laissons-les se battre entre eux** let's leave them to fight it out (between ou among themselves) ◆ **on ne va pas se battre entre nous** we're not going to fight (among ourselves)

g LOC **entre chien et loup** when the shadows are falling, at dusk ◆ **entre deux âges** middle-aged ◆ (fig) **entre deux portes** briefly, quickly ◆ (lit) **entre deux eaux** just below the surface ◆ (fig) **nager entre deux eaux** to keep a foot in both camps ◆ **pris entre deux feux** caught in the crossfire ◆ **entre quatre-z-yeux*** in private ◆ **parler entre ses dents** to mumble ◆ (fig) **être assis** ou **avoir le cul* entre deux chaises** to be caught between two stools

entrebâillement [ɑ̃tʀəbɑjmɑ̃] nm ◆ **l'entrebâillement de la porte le fit hésiter** the door's being half-open ou ajar made him hesitate, he hesitated on seeing the door half-open ou ajar ◆ **dans / par l'entrebâillement de la porte** in / through the half-open door

entrebâiller [ɑ̃tʀəbɑje] → SYN ▸ conjug 1 ◂ vt to half-open ◆ **la porte est entrebâillée** the door is ajar ou half-open

entrebâilleur [ɑ̃tʀəbɑjœʀ] nm door chain

entrechat [ɑ̃tʀəʃa] → SYN nm (Danse) entrechat; (hum: saut) leap, spring ◆ **faire des entrechats** to leap about

entrechoquement [ɑ̃tʀəʃɔkmɑ̃] nm (→ **entrechoquer, s'entrechoquer**) knocking, banging; clinking; chattering; clashing

entrechoquer [ɑ̃tʀəʃɔke] → SYN ▸ conjug 1 ◂

1 vt (gén) to knock ou bang together; verres to clink ou chink (together)

2 **s'entrechoquer** vpr (gén) to knock ou bang together; [verres] to clink ou chink (together); [dents] to chatter; [épées] to clash ou clang together; (fig) [idées, mots] to jostle together

entrecôte [ɑ̃tʀəkot] nf entrecôte steak, rib steak

entrecouper [ɑ̃tʀəkupe] → SYN ▸ conjug 1 ◂

1 vt ◆ **entrecouper de** citations to intersperse ou pepper with; rires, sarcasmes to interrupt with; haltes to interrupt with, break with ◆ **voix entrecoupée de sanglots** voice broken with sobs ◆ **parler d'une voix entrecoupée** to speak in a broken voice, have a catch in one's voice as one speaks

2 **s'entrecouper** vpr [lignes] to intersect, cut across each other

entrecroisement [ɑ̃tʀəkʀwazmɑ̃] nm (→ **entrecroiser**) intertwining; intersecting

entrecroiser vt, **s'entrecroiser** vpr [ɑ̃tʀəkʀwaze] → SYN ▸ conjug 1 ◂ fils to intertwine; lignes, routes to intersect

entre-déchirer (s') [ɑ̃tʀədeʃiʀe] ▸ conjug 1 ◂ vpr (littér) to tear one another ou each other to pieces

entre(-)détruire (s') [ɑ̃tʀədetʀɥiʀ] ▸ conjug 38 ◂ vpr to destroy each other

entre-deux [ɑ̃tʀədø] nm inv a (intervalle) intervening period, period in between

b (Sport) jump ball

c (Couture) **entre-deux de dentelle** lace insert

entre-deux-guerres [ɑ̃tʀədøɡɛʀ] nm inv ◆ **l'entre-deux-guerres** the interwar years ou period ◆ **pendant l'entre-deux-guerres** between the wars, in ou during the interwar years ou period

entre-dévorer (s') [ɑ̃tʀədevɔʀe] ▸ conjug 1 ◂ vpr (littér) to tear one another ou each other to pieces

entrée [ɑ̃tʀe] → SYN 1 nf a (arrivée) [personne] entry, entrance; [véhicule, bateau, armée occupante] entry ◆ **à son entrée, tous se sont tus** as he came ou walked in ou entered, everybody fell silent ◆ **à son entrée dans le salon** as he came ou walked into ou entered the lounge ◆ **faire une entrée remarquée** to be noticed as one enters ◆ **faire une entrée discrète** to make a discreet entry ou entrance, enter discreetly ◆ **faire son entrée dans le salon** to enter the lounge ◆ **l'entrée en gare du train / au port du navire** the train's / ship's entry into the station / port ◆ (Admin) **à son entrée en fonctions** when he took up office ◆ (Théât) **faire son entrée** to make one's entry ou entrance ◆ (Théât) **rater son entrée** (sur scène) to fluff one's entrance; (première réplique) to fluff one's cue

b (accès) entry, admission (*de, dans* to) ◆ (sur pancarte) **« entrée »** "way in" ◆ **« entrée libre »** (dans boutique) "come in and look round"; (dans musée) "admission free" ◆ **« entrée interdite »** "no admittance", "no entry" ◆ **« entrée interdite à tout véhicule »** "vehicles prohibited" ◆ **l'entrée est gratuite / payante** there is no charge / there is a charge for admission ◆ **on lui a refusé l'entrée de la salle** he was refused admission ou entrance ou entry to the hall ◆ **cette porte donne entrée dans le salon** this door leads into the lounge ou gives access to the lounge

c (Comm) [marchandises] entry; (Fin) [capital] inflow ◆ **droits d'entrée** import duties

d (Tech: pénétration) [pièce, clou] insertion; [fluide, air] entry

e (fig: fait d'adhérer etc) **entrée dans un club** joining a club, admission to a club ◆ **entrée dans une famille** becoming part of a family ◆ **entrée au couvent / à l'hôpital** going into a convent / into hospital ◆ **entrée à l'université** university entrance ◆ **depuis son entrée à l'université** since his entrance to university, since he went to university ◆ **se voir refuser son entrée dans un club / une école** to be refused admission ou entry to a club / school, be rejected by a club / school ◆ **faire son entrée dans le monde** [bébé] to come into the world; [débutante] to enter society, make one's début in society

f (fig) **au moment de l'entrée en fusion / ébullition** etc when melting / boiling etc point is reached

g (billet) ticket ◆ **j'ai pris 2 entrées** I got 2 tickets ◆ **billet d'entrée** entrance ticket ◆ **les entrées couvriront tous les frais** the receipts ou takings will cover all expenses ◆ **ils ont fait 10 000 entrées** they sold 10,000 tickets

h (porte, portail etc) entry, entrance; [tunnel, port, grotte] entry, entrance, mouth ◆ (Théât) **entrée des artistes** stage door ◆ **entrée de service** service entrance; [villa] tradesmen's entrance ◆ **entrée principale** main entrance

i (vestibule) entrance (hall)

j (fig littér: début) outset; (Mus: motif) entry ◆ **à l'entrée de l'hiver / de la belle saison** as winter / the warm weather set (ou sets etc) in, at the onset ou beginning of winter / the warm weather ◆ **à l'entrée de la vie** at life's outset

k (Culin: mets) starter (Brit), first course; (sur menu) entrée (Brit), appetizer (US)

l (Comm, Statistique) entry; (Lexicographie) (mot) headword (Brit), entry word (US); (article) entry ◆ **tableau à double entrée** double entry table

m (Ordin) input ◆ **entrée-sortie** input-output

n LOC **d'entrée, d'entrée de jeu** from the outset

2 **entrées** fpl ◆ **avoir ses entrées auprès de qn** to have free ou easy access to sb ◆ **il a ses entrées au ministère** he comes and goes freely in the ministry

3 COMP ▷ **entrée d'air** (Tech) air inlet ▷ **entrée de ballet** (Théât) entrée de ballet ▷ **entrée en matière** introduction ▷ **entrée en scène** entrance ▷ **entrée en vigueur** coming into force ou application → **concours, date, examen**

entre-égorger (s') [ɑ̃tʀeɡɔʀʒe] ▸ conjug 3 ◂ vpr to cut each other's ou one another's throats

entrefaites [ɑ̃tʀəfɛt] nfpl ◆ **sur ces entrefaites** (à ce moment-là) at that moment, at this juncture

entrefer [ɑ̃tʀəfɛʀ] nm air-gap

entrefilet [ɑ̃tʀəfilɛ] → SYN nm (petit article) paragraph

entregent [ɑ̃tʀəʒɑ̃] → SYN nm savoir-faire ◆ **avoir de l'entregent** to have a good manner with people

entrejambe [ɑ̃tʀəʒɑ̃b] nm (Couture) crotch

entrelacement [ɑ̃tʀəlasmɑ̃] → SYN nm (action, état) intertwining, interlacing ◆ **un entrelacement de branches** a network ou criss-cross of branches

entrelacer vt, **s'entrelacer** vpr [ɑ̃tʀəlase] → SYN ▸ conjug 3 ◂ to intertwine, interlace

entrelacs [ɑ̃tʀəlɑ] nm (Archit) interlacing (NonC); (Peinture) interlace (NonC)

entrelardé, e [ɑ̃tʀəlaʀde] (ptp de **entrelarder**) adj (gras) viande streaked with fat

entrelarder [ɑ̃tʀəlaʀde] → SYN ▸ conjug 1 ◂ vt (Culin) to lard ◆ (fig) **entrelarder de citations** to interlard ou intersperse with quotations

entremêlement [ɑ̃tʀəmɛlmɑ̃] nm (→ **entremêler**) (inter)mingling, intermixing; entanglement; intermingling

entremêler [ɑ̃tʀəmele] → SYN ▸ conjug 1 ◂ 1 vt a choses to (inter)mingle, intermix ◆ **entremêler des scènes tragiques et des scènes comiques** to (inter)mingle ou intermix tragic and comic scenes

b (truffer de) **entremêler un récit de** to intersperse ou pepper a tale with

2 **s'entremêler** vpr [branches, cheveux] to become entangled (*à* with); [idées] to become intermingled

entremets [ɑ̃tʀəmɛ] → SYN nm (cream) sweet (Brit) ou dessert

entremetteur [ɑ̃tʀəmetœʀ] → SYN nm a (péj) (gén) go-between; (proxénète) procurer, go-between

b (intermédiaire) mediator, go-between

entremetteuse [ɑ̃tʀəmɛtøz] → SYN nf (péj) (gén) go-between; (proxénète) procuress, go-between

entremettre (s') [ɑ̃tʀəmɛtʀ] → SYN ▸ conjug 56 ◂ vpr a (dans une querelle) to act as mediator, mediate, intervene (*dans* in); (péj) to interfere (*dans* in)

b (intercéder) to intercede (*auprès de* with)

entremise [ɑ̃tʀəmiz] → SYN nf intervention ◆ **offrir son entremise** to offer to act as mediator ou to mediate ◆ **grâce à son entremise** thanks to his intervention ◆ **apprendre qch par l'entremise de qn** to hear about sth through sb

entre-nœud, pl **entre-nœuds** [ɑ̃tʀonø] nm (Bot) internode

entrepont [ɑ̃tʀəpɔ̃] nm (Naut) steerage ◆ **dans l'entrepont** in steerage

entreposage [ɑ̃tʀəpozaʒ] nm storing, storage

entreposer [ɑ̃tʀəpoze] → SYN ▸ conjug 1 ◂ vt (gén) to store, put into storage; (en douane) to put in a bonded warehouse

entreposeur [ɑ̃tʀəpozœʀ] nm (gén) storage operator; (Douane) bonder

entrepositaire [ɑ̃tʀəpozitɛʀ] nmf (gén) owner of stored goods; (Douane) owner of bonded goods

entrepôt [ɑ̃tʀəpo] → SYN nm (gén) warehouse; (Douane) bonded warehouse; (ville, port) entrepôt

entreprenant, e [ɑ̃tʀəpʀənɑ̃, ɑ̃t] → SYN adj (gén) enterprising; (avec les femmes) forward

entreprendre [ɑ̃tʀəpʀɑ̃dʀ] → SYN ▸ conjug 58 ◂ vt a (commencer) (gén) to begin ou start (upon), embark upon; travail, démarche to set about; voyage to set out (up)on; procès to start up; (se lancer dans) voyage, travail to undertake, embark upon, launch upon ◆ **entreprendre de faire qch** to undertake to do sth ◆ **la peur d'entreprendre** the fear of undertaking things

b personne (†: courtiser) to woo†, court†; (pour raconter une histoire etc) to buttonhole, collar*; (pour poser des questions) to tackle ◆ **il m'entreprit sur le sujet de ...** he tackled me on the question of ...

entrepreneur, -euse [ɑ̃tʀəpʀənœʀ, øz] [→ SYN] nm,f a (en menuiserie etc) contractor ◆ **entrepreneur (en bâtiment)** building contractor ◆ **entrepreneur de transports** haulage contractor (Brit), trucker (US) ◆ **entrepreneur de pompes funèbres** undertaker (Brit), funeral director (Brit), mortician (US)

b (brasseur d'affaires) entrepreneur

entrepreneurial, e, mpl **-iaux** [ɑ̃tʀəpʀənøʀjal, jo] adj entrepreneurial

entreprise [ɑ̃tʀəpʀiz] [→ SYN] GRAMMAIRE ACTIVE 19.1 nf a (firme) firm, company ◆ **petite / grosse entreprise** small / big firm ou concern ◆ **entreprise de construction / camionnage** building firm / haulage firm (Brit) ou trucker (US) ◆ **entreprise de déménagement** removal (Brit) ou moving (US) firm ◆ **entreprise de pompes funèbres** undertaker's (Brit), funeral director's (Brit), funeral parlor (US) ◆ **entreprise publique** state-owned company ◆ **entreprise de service public** public utility ◆ **entreprise de travaux publics** civil engineering firm → **chef**[1], **concentration**

b (dessein) undertaking, venture, enterprise → **esprit, libre**

c (hum: envers une femme) **entreprises** advances

entrer [ɑ̃tʀe] [→ SYN] ▸ conjug 1 ◂

1 vi (avec aux être) a (lit) (gén) (aller) to go in, enter; (venir) to come in, enter; (à pied) to walk in; (en voiture) to drive in; [véhicule] to drive in, go ou come in, enter ◆ **entrer dans** pièce, jardin to go ou come into, enter; voiture to get in(to); région, pays [voyageurs] to go ou come into, enter; [armée] to enter ◆ **entrer chez qn** to come (ou go) into sb's house ◆ **entrer en gare / au port** to come into ou enter the station / harbour ◆ **entrer en courant** to run in, come running in ◆ **entrer en boitant** to limp in, come limping in, come in limping ◆ **il entra discrètement** he came in ou entered discreetly, he slipped in ◆ **entrer en coup de vent** to burst in, come bursting in, come in like a whirlwind ◆ **entrer sans payer** to get in without paying ◆ **entrez sans frapper** come ou go ou walk straight in (without knocking) ◆ **trappez avant d'entrer** knock before you go in ou enter ◆ **entrez!** come in! ◆ **entre donc!** come on in! ◆ **qu'il entre!** tell him to come in, show him in ◆ **entrons voir** let's go in and see ◆ **je ne fais qu'entrer et sortir** I'm only stopping for a moment ◆ **les gens entraient et sortaient** people were going ou coming in and out ◆ **entrer en scène** (lit) to come (ou go) on (to the stage); (fig) to come on ou enter the scene ◆ (Théât) **« entre la servante »** "enter the maid" ◆ (Théât) **« entrent 3 gardes »** "enter 3 guards" ◆ **entrer par la porte de la cave / par la fenêtre** to go ou get in ou enter by the cellar door / the window ◆ **je suis entré chez eux** I called in ou dropped in at their house ◆ **je suis entré chez le boucher** I went to ou I called in at the butcher's ◆ **on y entre comme dans un moulin** you can just walk in

b (Comm) [marchandises, devises] to enter ◆ **tout ce qui entre (dans le pays) est soumis à une taxe** everything entering (the country) is subject to duty

c (s'enfoncer) **la boule est entrée dans le trou** the ball went into the hole ◆ **l'objet n'entre pas dans la boîte** the object doesn't ou won't go into ou fit (into) the box ◆ **le tenon entre dans la mortaise** the tenon fits into the mortice ◆ **ça n'entre pas** it doesn't fit, it won't go ou fit in ◆ **la balle est entrée dans le poumon gauche / le montant de la porte** the bullet went into ou lodged itself in the left lung / the doorframe ◆ **son coude m'entrait dans les côtes** his elbow was digging into my ribs ◆ **l'eau entre (à l'intérieur) / par le toit** the water gets inside / gets ou comes in through the roof ◆ **l'air / la lumière entre dans la pièce** air / light comes into ou enters the room ◆ **pour que l'air / la lumière puisse entrer** to allow air / light to enter ou get in ◆ **le vent entre de partout** the wind comes ou gets in from all sides ou blows in everywhere ◆ **entrer dans l'eau** [baigneur] to get into the water; (en marchant) to wade into the water; [embarcation] to enter the water ◆ **entrer dans le bain** to get into the bath ◆ **entrer dans le brouillard** [randonneurs, avion] to enter ou hit* fog ◆ **nous n'entrerons jamais tous dans ta voiture** we're never all going to get ou fit into your car ◆ **la rage / jalousie est entrée dans son cœur** his heart filled with rage / jealousy ◆ **l'argent entre dans les caisses** money is coming in ◆ **à force d'explications ça finira par entrer*** explain it for long enough and it'll sink in* ◆ **alors ces maths, ça entre?*** are you getting the hang of maths then?* ◆ **c'est entré comme dans du beurre*** it went like a (hot) knife through butter

d (fig: devenir membre) **entrer dans** club, parti, firme to join; groupe, famille to go ou come into; métier to go into ◆ **entrer dans la magistrature** to become a magistrate, enter the magistracy ◆ **entrer à l'hôpital / à l'asile** to go into hospital / an asylum ◆ **entrer dans l'armée** to join the army ◆ **entrer dans les affaires** to go into business ◆ **entrer dans la profession médicale** to enter the medical profession ◆ **entrer dans les ordres** to take orders ◆ **entrer en religion / au couvent** to enter the religious life / a convent ◆ **on l'a fait entrer comme serveur / sous-chef** he's been found a job as ou they got him taken on as a waiter / deputy chief clerk ◆ (Scol) **elle entre en dernière année** she's just going into her final year ◆ **entrer à l'université** to enter ou go to university ou college ◆ **entrer au service de qn** to enter sb's service ◆ **entrer dans l'histoire** to go down in history ◆ **entrer dans la légende** to become a legend ◆ **entrer dans l'usage courant** [mot] to come into ou enter common use → **jeu, scène**

e (heurter) **entrer dans** arbre, poteau to go into ◆ (Aut) **quelqu'un lui est entré dedans*** someone banged into him

f (partager) **entrer dans** vues, peines de qn to share ◆ (frm) **entrer dans les sentiments de qn** to share sb's ou enter into sb's feelings, sympathize with sb

g (être une composante de) **entrer dans** catégorie to fall into, come into; mélange to go into ◆ **les substances qui entrent dans ce mélange** the substances which go into ou make up this mixture ◆ **on pourrait faire entrer ceci dans la catégorie suivante** one might put this into the following category ◆ **tous ces frais entrent dans le prix de revient** all these costs (go to) make up the cost price ◆ **il y entre un peu de jalousie** a bit of jealousy comes into it ◆ **votre avis est entré pour beaucoup dans sa décision** your opinion counted for a good deal in his decision ◆ **il n'entre pas dans mes intentions de le faire** I don't have any intention of doing so → **ligne**[1]

h (fig: commencer) **entrer dans** phase, période to enter (into ou (up)on) ◆ **entrer dans une profonde rêverie / une colère noire** to go (off) into a deep daydream / a towering rage ◆ **entrer dans la vie active** to embark on ou enter active life ◆ **entrer dans la cinquantaine** to turn fifty → **danse**

i (fig: aborder) **entrer dans** sujet, discussion to enter into ◆ **entrer dans le vif du sujet** to get to ou reach the heart of the subject ◆ **il s'agit d'entrer véritablement dans la discussion** one must enter into the discussion properly ◆ **sans entrer dans les détails / ces considérations** without going into details / these considerations ◆ **il entra dans des considérations futiles** he went off into some futile considerations

j (devenir) **entrer en convalescence** to begin convalescence ◆ **entrer en effervescence** to reach a state of effervescence (frm), begin to effervesce ◆ **entrer en ébullition** to reach boiling point, begin to boil ◆ **entrer en guerre** to enter the war → **contact, fonction, vigueur**

k **laisser entrer** visiteur, intrus to let in; lumière, air to let in, allow in; (involontairement) eau, air, poussière to let in ◆ **ne laisse entrer personne** don't let anybody in ◆ **laisser entrer qn dans** pièce to let sb into; pays to let sb into ou enter, allow sb into ou to enter ◆ **on t'a laissé entrer au parti / club / dans l'armée** they've let you into ou let you join the party / club / army

l **faire entrer** (introduire) invité, visiteur, client to show in; pièce, tenon, objet à emballer to fit in; (en fraude) marchandises, immigrants to smuggle in, take ou bring in; accusé, témoin to bring in, call ◆ **faire entrer la voiture dans le garage** to get the car into the garage ◆ **faire entrer une clef dans la serrure** to insert ou fit a key in the lock ◆ **il m'a fait entrer dans leur club / au jury** (m'a persuadé) he had me join ou got me to join their club / the panel; (a fait jouer son influence) he got me into their club / onto the panel, he helped me join their club / the panel; (m'a contraint) he made me join their club / the panel ◆ **il me fit entrer dans la cellule** he showed me into the cell ◆ **faire entrer qch de force dans un emballage** to force ou stuff sth into a package

2 vt (avec aux avoir; plus gén **faire entrer**) a marchandises (par la douane) to take ou bring in, import; (en contrebande) to take ou bring in, smuggle in

b (faire pénétrer) **entrer les bras dans les manches** to put one's arms into the sleeves ◆ **ne m'entre pas ta canne dans les côtes** stop digging your stick into my ribs

c (faire s'ajuster) pièce to make fit (*dans qch* in sth) ◆ **comment allez-vous entrer cette armoire dans la chambre?** how are you going to get that wardrobe into the bedroom?

d (Ordin) données to key in

entre-rail, pl **entre-rails** [ɑ̃tʀəʀaj] nm (Rail) gauge

entre(-)regarder (s') [ɑ̃tʀəʀ(ə)gaʀde] ▸ conjug 1 ◂ vpr to look at each other

entresol [ɑ̃tʀəsɔl] [→ SYN] nm entresol, mezzanine *(between ground and first floor)*

entre-temps [ɑ̃tʀətɑ̃] [→ SYN] adv (aussi **dans l'entre-temps**†) meanwhile, (in the) meantime

entretenir [ɑ̃tʀət(ə)niʀ] [→ SYN] ▸ conjug 22 ◂ 1 vt

a (conserver en bon état) propriété, bâtiment to maintain, see to the upkeep of, look after; vêtement to look after; route, machine to maintain ◆ **entretenir un jardin** to look after ou see to the upkeep of a garden ◆ **ce meuble s'entretient facilement** it is easy to keep this piece of furniture in good condition ou to look after this piece of furniture

b (faire vivre) famille to support, keep, maintain; maîtresse to keep, support; armée to keep, maintain; troupe de théâtre etc to support ◆ **se faire entretenir par qn** to be kept ou supported by sb

c (faire durer) souvenir to keep alive; haine, amitié to keep alive, keep going, foster; espoir to cherish, keep alive, foster ◆ **entretenir l'inquiétude de qn** to keep sb feeling uneasy, keep sb in a state of anxiety ◆ **entretenir des rapports suivis avec qn** to be in constant contact with sb ◆ **entretenir une correspondance suivie avec qn** to keep up a regular correspondence with sb, correspond regularly with sb ◆ **l'air marin entretient une perpétuelle humidité** the sea air maintains a constant state of humidity ◆ **entretenir le feu** to keep the fire going ou burning ◆ **il m'a entretenu dans l'erreur** he didn't disabuse me (of it) ◆ **j'entretiens des craintes à son sujet** I am somewhat anxious about him ◆ **entretenir sa forme, s'entretenir (en bonne forme)** to keep o.s. in (good) shape, keep (o.s.) fit

d (frm: converser) **entretenir qn** to converse with ou speak to sb ◆ **il m'a entretenu pendant une heure** we conversed for an hour, he conversed with me for an hour ◆ **il a entretenu l'auditoire de ses voyages** he addressed the audience ou spoke to the audience about his travels

2 **s'entretenir** vpr a (converser) **s'entretenir avec qn** to converse with ou speak to sb (*de* about) ◆ **ils s'entretenaient à voix basse** they were conversing in hushed tones

b (pourvoir à ses besoins) to support o.s., be self-supporting ◆ **il s'entretient tout seul maintenant** he is completely self-supporting now, he supports himself entirely on his own now

entretenu, e [ɑ̃tʀət(ə)ny] (ptp de **entretenir**) adj personne kept (épith) ◆ **jardin bien / mal entretenu** well- / badly-kept garden, well- / badly-tended garden

entretien [ɑ̃tʀətjɛ̃] → SYN GRAMMAIRE ACTIVE 19.3, 19.5 nm **a** (conservation) [jardin, maison] upkeep; [route] maintenance, upkeep; [machine] maintenance ◆ **cher à l'entretien** expensive to maintain ◆ **d'un entretien facile** surface easy to clean; voiture, appareil easy to maintain ◆ **visite d'entretien** service ◆ **agent d'entretien** cleaner → **produit**
b (aide à la subsistance) [famille, étudiant] keep, support; [armée, corps de ballet] maintenance, keep ◆ **pourvoir à l'entretien de** famille to keep, support; armée to maintain
c (discussion privée) discussion, conversation; (accordé à qn) interview; (débat public) discussion ◆ (Pol) **entretien(s)** talks, discussions ◆ **entretien télévisé** televised interview ◆ **demander un entretien à son patron** to ask one's boss for an interview ◆ **nous aurons un entretien à Francfort avec nos collègues allemands** we shall be having a meeting ou having discussions in Frankfurt with our German colleagues

entretoise [ɑ̃tʀətwaz] → SYN nf [charpente] diagonal ou angle brace, cross strut ou tie; [machine] cross arm

entretoisement [ɑ̃tʀətwazmɑ̃] nm (cross-)bracing, (cross-)strutting, (cross-)tying

entretoiser [ɑ̃tʀətwaze] ▸ conjug 1 ◂ vt to (cross-)brace, (cross-)strut, (cross-)tie

entre(-)tuer (s') [ɑ̃tʀətɥe] ▸ conjug 1 ◂ vpr to kill one another ou each other

entrevoie [ɑ̃tʀəvwa] nf (Rail) space between tracks

entrevoir [ɑ̃tʀəvwaʀ] → SYN ▸ conjug 30 ◂ vt **a** (voir indistinctement) to make out; (fig: pressentir) objections, solutions, complications to foresee, anticipate; amélioration to glimpse ◆ **je commence à entrevoir la vérité** I have an inkling of the truth, I'm beginning to see the truth ◆ (fig) **entrevoir la lumière au bout du tunnel** to see (the) light at the end of the tunnel
b (apercevoir brièvement) (gén) to catch a glimpse of, catch sight of; visiteur to see briefly ◆ **vous n'avez fait qu'entrevoir les difficultés** you have only half seen the difficulties

entrevue [ɑ̃tʀəvy] → SYN nf (discussion) meeting; (audience) interview; (Pol) talks, discussions, meeting ◆ **venir / se présenter à** ou **pour une entrevue** to come for ou to an interview

entrisme [ɑ̃tʀism] nm entryism

entriste [ɑ̃tʀist] adj, nmf entryist

entropie [ɑ̃tʀɔpi] nf entropy

entropion [ɑ̃tʀɔpjɔ̃] nm entropion

entroque [ɑ̃tʀɔk] nm entrochus

entrouvert, e [ɑ̃tʀuvɛʀ, ɛʀt] (ptp de **entrouvrir**) adj (gén) half-open; fenêtre, porte ajar (attrib), half-open; abîme gaping ◆ **ses lèvres entrouvertes** her parted lips

entrouvrir [ɑ̃tʀuvʀiʀ] ▸ conjug 18 ◂ **1** vt to half-open
2 s'entrouvrir vpr (gén) to half-open; [abîme] to gape; [lèvres] to part

entuber⁑ [ɑ̃tybe] ▸ conjug 1 ◂ vt (duper) to do⁑ (Brit), con⁑ ◆ **se faire entuber** to be done⁑ (Brit) ou conned⁑

enturbanné, e [ɑ̃tyʀbane] adj turbaned

enture [ɑ̃tyʀ] nf [greffe] cleft; (cheville) peg; [pièces de bois] joint

énucléation [enykleasjɔ̃] nf (Méd) enucleation; [fruit] pitting, stoning (Brit)

énucléer [enyklee] ▸ conjug 1 ◂ vt (Méd) to enucleate; fruit to pit; stone (Brit)

énumératif, -ive [enymeʀatif, iv] adj enumerative

énumération [enymeʀasjɔ̃] → SYN nf enumeration, listing

énumérer [enymeʀe] → SYN ▸ conjug 6 ◂ vt to enumerate, list

énurésie [enyʀezi] nf enuresis

énurétique [enyʀetik] **1** adj enuretic
2 nmf enuretic person

env. (abrév de **environ**) approx

envahir [ɑ̃vaiʀ] → SYN ▸ conjug 2 ◂ vt **a** (Mil, gén) to invade, overrun; [douleur, sentiment] to overcome, sweep through ◆ **le sommeil l'envahissait** he was overcome by sleep, sleep was creeping ou stealing over him ◆ **le jardin est envahi par les orties** the garden is overrun ou overgrown with nettles ◆ **la foule envahit la place** the crowd swarmed ou swept into the square
b (gén hum: déranger) **envahir qn** to invade sb's privacy, intrude on sb's privacy

envahissant, e [ɑ̃vaisɑ̃, ɑ̃t] → SYN adj personne interfering, intrusive; enfant demanding; passion invading (épith), invasive (épith); odeur, goût strong, pervasive; herbes which overrun everything

envahissement [ɑ̃vaismɑ̃] → SYN nm invasion

envahisseur [ɑ̃vaisœʀ] → SYN **1** adj m invading
2 nm invader

envasement [ɑ̃vɑzmɑ̃] nm [port] silting up

envaser [ɑ̃vɑze] ▸ conjug 1 ◂ **1** vt port to silt up
2 s'envaser vpr [port] to silt up; [bateau] to stick in the mud; [épave] to sink in(to) the mud

enveloppant, e [ɑ̃v(ə)lɔpɑ̃, ɑ̃t] → SYN adj enveloping (épith); (Mil) surrounding (épith), encircling (épith) ◆ **mouvement enveloppant** encircling movement

enveloppe [ɑ̃v(ə)lɔp] → SYN nf **a** (pli postal) envelope ◆ **enveloppe gommée / autocollante** ou **auto-adhésive** stick-down / self-seal envelope ◆ **enveloppe rembourrée** padded bag ◆ **enveloppe à fenêtre** window envelope ◆ **sous enveloppe** envoyer under cover ◆ **mettre une lettre sous enveloppe** to put a letter in an envelope
b (emballage) (gén) covering; (en papier, toile) wrapping; (en métal) casing; (gaine) [graine] husk; [organe] covering membrane; [pneu] cover, casing; [dirigeable] envelope; [chaudière] lagging, jacket ◆ **dans une enveloppe de métal** in a metal casing
c (apparence) outward appearance, exterior ◆ **un cœur d'or sous une rude enveloppe** a heart of gold beneath a rough exterior
d (littér: corps) **il a quitté son enveloppe mortelle** he has cast off his earthly ou mortal frame (littér) ou shroud (littér)
e (Math) envelope
f (fig: somme d'argent) sum of money; (crédits) budget ◆ **toucher une enveloppe** (pot-de-vin) to get a bribe; (gratification) to get a bonus; (départ en retraite) to get a golden handshake ◆ **enveloppe de départ** gratuity ◆ **enveloppe budgétaire** budget ◆ **l'enveloppe de la recherche** the research budget ◆ **le projet a reçu une enveloppe de 10 millions** the project was budgeted at 10 million

enveloppement [ɑ̃v(ə)lɔpmɑ̃] nm **a** (Méd) (action) packing; (emplâtre) pack
b (Mil) [ennemi] surrounding, encirclement ◆ **manœuvre d'enveloppement** pincer ou encircling movement

envelopper [ɑ̃v(ə)lɔpe] → SYN ▸ conjug 1 ◂ vt **a** objet, enfant to wrap (up) ◆ **envelopper un membre de bandages** to wrap ou swathe a limb in bandages ◆ **voulez-vous que je vous l'enveloppe?** (lit) shall I wrap it up for you?; (hum) do you want it gift-wrapped as well? ◆ **il s'enveloppa dans une cape** he wrapped ou swathed himself in a cape ◆ (hum) **elle est assez enveloppée** she's well-padded* (hum) ◆ (propos) **c'était très bien enveloppé*** it was phrased nicely
b (voiler) pensée, parole to veil
c (gén littér: entourer) [brume] to envelop, shroud ◆ **le silence enveloppe la ville** the town is wrapped ou shrouded in silence ◆ **la lumière enveloppe la campagne** the countryside is bathed in light ◆ **événement enveloppé de mystère** event shrouded ou veiled in mystery ◆ **envelopper qn du regard** to envelop sb with one's gaze ◆ **il l'enveloppa d'un regard tendre** he gave her a long loving look ◆ **il enveloppa la plaine du regard** he took in the plain with his gaze ◆ (hum) **il s'enveloppa dans sa dignité** he donned an air of dignity ◆ **envelopper qn de son affection** to envelop sb in one's affection, surround sb with one's affection ◆ **envelopper dans sa réprobation**† to include in one's disapproval
d (Mil) ennemi to surround, encircle

envenimement [ɑ̃v(ə)nimmɑ̃] nm [plaie] poisoning; [querelle] embittering; [situation] worsening

envenimer [ɑ̃v(ə)nime] → SYN ▸ conjug 1 ◂ **1** vt plaie to make septic, poison; querelle to inflame, fan the flame of; situation to inflame, aggravate
2 s'envenimer vpr [plaie] to go septic, fester; [querelle, situation] to grow more bitter ou acrimonious

envergure [ɑ̃vɛʀgyʀ] → SYN nf **a** [oiseau, avion] wingspan; [voile] breadth
b [personne] calibre; [entreprise] scale, scope; [intelligence] scope, range ◆ **esprit de large envergure** wide-ranging mind ◆ **entreprise de grande envergure** large-scale enterprise ◆ **entreprendre des travaux de grande envergure** to embark upon an ambitious programme of building ◆ **prendre de l'envergure** [entreprise, projet] to expand ◆ **manquer d'envergure** [personne] to be low calibre

envers[1] [ɑ̃vɛʀ] → SYN prép towards, to ◆ **cruel / traître envers qn** cruel / a traitor to sb ◆ **envers et contre tous** in the face of ou despite all opposition ◆ **son attitude envers moi** his attitude towards ou to me ◆ **son dédain envers les biens matériels** his disdain for ou of material possessions ◆ **sa patience envers elle** his patience with her

envers[2] [ɑ̃vɛʀ] → SYN nm **a** [étoffe] wrong side; [vêtement] wrong side, inside; [papier] back; [médaille] reverse (side); [feuille d'arbre] underside; [peau d'animal] inside ◆ **l'envers et l'endroit** the wrong (side) and the right side ◆ (fig) **quand on connaît l'envers du décor** ou **du tableau** when you know what is going on underneath it all, when you know the other side of the picture
b à l'envers vêtement inside out; objet (à la verticale) upside down, wrong side up; (à l'horizontale) the wrong way round, back to front; (mouvement) in the wrong way ◆ **il a mis la maison à l'envers*** he turned the house upside down ou inside out ◆ (fig) **tout marche** ou **va à l'envers** everything is haywire ou is upside down, things are going all wrong ◆ (fig) **faire qch à l'envers** (à rebours) to do sth the wrong way round; (mal) to do sth all wrong ◆ (fig) **elle avait la tête à l'envers** her mind was in a whirl ◆ (Tricot) **une maille à l'endroit, une maille à l'envers** knit one – purl one, one plain – one purl → **monde**

envi [ɑ̃vi] → SYN adv ◆ **imiter qn à l'envi** to vie with one another in imitating sb ◆ **plats appétissants à l'envi** dishes each more appetizing ou mouth-watering than the last

enviable [ɑ̃vjabl] → SYN adj enviable

envie [ɑ̃vi] → SYN GRAMMAIRE ACTIVE 8.4 nf **a envie de qch / de faire** (désir de) desire for sth / to do; (grand désir de) craving ou longing for sth / to do; (besoin de) need for sth / to do ◆ **avoir envie de** objet, changement, ami to want; (sexuellement) personne to desire, want ◆ **avoir envie de faire qch** to want to do sth, feel like doing sth ◆ **j'ai envie de ce livre, ce livre me fait envie** I want ou should like that book ◆ **avoir une envie de chocolat** to have a craving ou longing for chocolate ◆ **ce gâteau me fait envie** I like the look of that cake, I fancy (Brit) that cake ◆ **cette envie de changement lui passa vite** he soon lost this desire ou craving ou longing for change ◆ **j'ai envie d'y aller** I feel like going, I should like to go ◆ **il lui a pris l'envie d'y aller** he suddenly felt like ou fancied (Brit) going there, he suddenly felt the urge to go there ◆ **je vais lui faire passer l'envie de recommencer*** I'll make sure he won't feel like doing that again in a hurry ◆ **avoir bien / presque envie de faire qch** to have a good ou great mind / half a mind to do sth ◆ **j'ai envie qu'il s'en aille** I would like him to go away, I wish he would go away ◆ **avoir envie de rire** to feel like laughing ◆ **avoir envie de vomir** to feel sick ou like vomiting ◆ **cela lui a donné (l') envie de rire** it made him want to laugh ◆ **avoir envie*** (d'aller aux toilettes) to need the loo* ou the toilet ◆ **être pris d'une envie pressante** to have a sudden urge for the toilet ◆ (hum) **j'ai des envies de meurtre** I could kill somebody, I feel like killing somebody → **mourir**

b (convoitise) envy ◆ **mon bonheur lui fait envie** he envies my happiness, my happiness makes him envious (of me) ◆ **ça fait envie** it makes you envious ◆ **regarder qch avec (un œil d') envie, jeter des regards d'envie sur qch** to look enviously at sth, cast envious eyes on sth ◆ **digne d'envie** enviable

c (Anat) (sur la peau) birthmark; (autour des ongles) hangnail

envier [ɑ̃vje] → SYN ▸conjug 7◂ vt personne, bonheur etc to envy, be envious of ◆ **je vous envie votre maison** I envy you your house, I wish I had your house ou a house like yours, I'm envious of your house ◆ **je vous envie (de pouvoir le faire)** I envy you ou I'm envious of you (being able to do it) ◆ **ce pays n'a rien à envier au nôtre** (il est mieux) that country has no cause to be jealous of us; (il est aussi mauvais) that country is just as badly off as we are, there's nothing to choose between that country and ours

envieusement [ɑ̃vjøzmɑ̃] adv enviously

envieux, -ieuse [ɑ̃vjø, jøz] → SYN **1** adj envious ◆ **être envieux de** to be envious of, envy

2 nm,f envious person ◆ **faire des envieux** to excite ou arouse envy

enviné, e [ɑ̃vine] adj smelling of wine

environ [ɑ̃viʀɔ̃] → SYN **1** adv about, or thereabouts, or so ◆ **c'est à environ 100 km d'ici** it's about 100 km from here, it's 100 km or so from here ◆ **il était environ 3 heures** it was about 3 o'clock, it was 3 o'clock or thereabouts

2 nmpl ◆ **les environs** the surroundings ◆ **aux environs de 3 heures** (round) about 3 o'clock, 3 o'clock or thereabouts ◆ **aux environs de 10 F** (round) about ou in the region of 10 francs, 10 francs or thereabouts ou or so ◆ **aux environs** ou **dans les environs du château** in the vicinity of ou neighbourhood of the castle ◆ **qu'y a-t-il à voir dans les environs?** what is there to see round about here?

environnant, e [ɑ̃viʀɔnɑ̃, ɑ̃t] → SYN adj surrounding

environnement [ɑ̃viʀɔnmɑ̃] → SYN nm environment ◆ **le ministère de l'Environnement** ≃ the Department of the Environment (Brit), the Environmental Protection Agency (US)

environnemental, e, pl **-aux** [ɑ̃viʀɔnmɑ̃tal, o] adj environmental

environnementaliste [ɑ̃viʀɔnmɑ̃talist(ə)] nmf environmentalist

environner [ɑ̃viʀɔne] → SYN ▸conjug 1◂ vt to surround, encircle ◆ **s'environner d'experts** to surround o.s. with experts

envisageable [ɑ̃vizaʒabl] → SYN adj conceivable

envisager [ɑ̃vizaʒe] → SYN ▸conjug 3◂ GRAMMAIRE ACTIVE 8.3, 26.3 vt (considérer) to view, envisage, contemplate ◆ **il envisage l'avenir de manière pessimiste** he views ou contemplates the future with pessimism, he has a pessimistic view of the future ◆ **nous envisageons des transformations** we are thinking of ou envisaging changes ◆ **nous n'avions pas envisagé cela** we hadn't counted on ou envisaged that ◆ **envisager de faire** to be thinking of doing, consider ou contemplate doing

envoi [ɑ̃vwa] → SYN nm **a** (NonC: → **envoyer**) sending (off); dispatching; shipment; remittance ◆ **faire un envoi de vivres** to send (a consignment of) supplies ◆ **faire un envoi de fonds** to remit cash ◆ **envoi contre remboursement** cash on delivery ◆ **l'envoi des couleurs** the hoisting of the colours ◆ **coup d'envoi** (Sport) kick-off; [festival] start, opening, kick-off*; [série d'événements] start, beginning ◆ **le spectacle qui donnera le coup d'envoi du festival** the show which will kick off* ou open the festival

b (colis) parcel ◆ **envoi de bouteilles** consignment of bottles ◆ **« envoi en nombre »** "mass mailing"

c (Littérat) envoi

envoiler (s') [ɑ̃vwale] ▸conjug 1◂ vpr [pièce de métal] to warp

envol [ɑ̃vɔl] → SYN nm [oiseau] taking flight ou wing; [avion] takeoff, taking off; [âme, pensée] soaring, flight ◆ **prendre son envol** [oiseau] to take flight ou wing; [pensée] to soar, take off

envolée [ɑ̃vɔle] → SYN nf ◆ **envolée oratoire/poétique** flight of oratory/poetry ◆ **l'envolée des prix** the explosion in prices ◆ **l'envolée du dollar** the soaring rise in ou of the dollar

envoler (s') [ɑ̃vɔle] → SYN ▸conjug 1◂ vpr [oiseau] to fly away; [avion] to take off; [chapeau] to blow off, be blown off; [feuille, papiers] to blow away; [temps] to fly (past ou by); [espoirs] to vanish (into thin air); [prix] to soar; (*: disparaître) [portefeuille, personne] to disappear ou vanish (into thin air) ◆ **je m'envole pour Tokyo dans 2 heures** my flight leaves ou I take off for Tokyo in 2 hours ◆ **il s'est envolé dans les sondages** his popularity rating has soared in the opinion polls

envoûtant, e [ɑ̃vutɑ̃, ɑ̃t] → SYN adj entrancing, bewitching, spellbinding

envoûtement [ɑ̃vutmɑ̃] → SYN nm bewitchment

envoûter [ɑ̃vute] → SYN ▸conjug 1◂ vt to bewitch, cast a spell on ◆ **être envoûté par qn** to be under sb's spell

envoûteur [ɑ̃vutœʀ] → SYN nm sorcerer

envoûteuse [ɑ̃vutøz] → SYN nf witch, sorceress

envoyé, e [ɑ̃vwaje] → SYN (ptp de **envoyer**)

1 adj ◆ remarque, réponse **(bien) envoyé** well-aimed, sharp ◆ **ça, c'est envoyé!** well said!, well done!

2 nm,f (gén) messenger; (Pol) envoy; (Presse) correspondent ◆ (Presse) **notre envoyé spécial** our special correspondent ◆ **un envoyé du Ministère** a government official ◆ **vous êtes l'envoyé du ciel!** you're heaven-sent!

envoyer [ɑ̃vwaje] → SYN ▸conjug 8◂ GRAMMAIRE ACTIVE 20.1, 21.1

1 vt **a** (expédier) colis, lettre to send (off); vœux, amitiés, message radio to send; (Comm) marchandises to dispatch, send off; (par bateau) to ship; argent to send, remit (Admin) ◆ **envoyer sa démission** to send in ou give in one's resignation ◆ **envoyer sa candidature** to send in one's ou an application ◆ **n'envoyez pas d'argent par la poste** do not send money by post ◆ **envoie-moi un mot** drop me a line*

b personne (gén) to send; (en vacances, en commissions) to send (off) (*chez, auprès de* to); (en mission) émissaire, troupes to dispatch, send out; (de médecin à médecin) to refer ◆ **envoie le petit à l'épicerie/aux nouvelles** send the child to the grocer's/to see if there's any news ◆ **ils l'avaient envoyé chez sa grand-mère pour les vacances** they had sent him (off) ou packed him off* to his grandmother's for the holidays ◆ (fig) **envoyer qn à la mort** to send sb to his death ◆ **envoyer qn dans l'autre monde** to dispatch sb, dispose of sb

c (lancer) objet to throw, fling; (avec force) to hurl; obus to fire; signaux to send (out); (Sport) ballon to send ◆ **envoyer des baisers à qn** to blow sb kisses ◆ **envoyer des sourires à qn** to smile at sb, give sb smiles ◆ **envoyer des œillades à qn** to ogle (at) sb, make eyes at sb ◆ **envoyer des coups de pied/poing à qn** to kick/punch sb ◆ **ne m'envoie pas ta fumée dans les yeux** don't blow (your) smoke in(to) my eyes ◆ **il le lui a envoyé dans les dents*** ou **les gencives*** he really let him have it!* ◆ (Ftbl) **envoyer le ballon au fond des filets** to put ou send the ball into the back of the net ◆ **envoyer qn à terre** ou **au tapis** to knock sb down, knock sb to the ground, floor sb ◆ **envoyer un homme sur la Lune** to send a man to the moon ◆ (Naut) **envoyer par le fond** to send down ou to the bottom

d (Mil) **envoyer les couleurs** to run up ou hoist the colours

e LOC **envoyer chercher qn/qch** to send for sb/sth ◆ **envoyer promener qn*** ou **balader qn*, envoyer qn coucher*, envoyer qn sur les roses*** to send sb packing*, send sb about his business ◆ **envoyer valser** ou **dinguer qch*** to send sth flying* ◆ **envoyer balader une balle sous le buffet*** to send a ball flying under the sideboard ◆ **il a tout envoyé promener*** he has chucked (up) everything*, he has chucked the whole thing up* (Brit) ◆ **il ne le lui a pas envoyé dire*** he gave it to him straight*, he told him straight to his face

2 **s'envoyer*** vpr (subir, prendre) corvée to get stuck* ou landed* with; bouteille to knock back*; nourriture to scoff* ◆ **je m'enverrais des gifles*** I could kick myself* ◆ **s'envoyer une fille/un mec*** to have it off with a girl/a guy* (Brit), make it with a girl/a guy* ◆ **s'envoyer en l'air*** to have it off* (Brit), have it*, get some* (US)

envoyeur, -euse [ɑ̃vwajœʀ, øz] nm,f sender → **retour**

enzootie [ɑ̃zɔɔti, ɑ̃zooti] nf enzootic (disease)

enzymatique [ɑ̃zimatik] adj enzymatic, enzymic

enzyme [ɑ̃zim] nm ou f enzyme ◆ **enzyme de restriction** restriction enzyme

enzymologie [ɑ̃zimɔlɔʒi] nf enzymology

éocène [eɔsɛn] nm ◆ **l'éocène** the Eocene

Éole [eɔl] nm Aeolus

éolien, -ienne [eɔljɛ̃, jɛn] **1** adj wind (épith), aeolian (littér) → **énergie, harpe**[1]

2 **éolienne** nf windmill, windpump

éolithe [eɔlit] nm eolith

éon [eɔ̃] nm (Hist Philos) aeon

EOR [eoɛʀ] nm (abrév de **élève officier de réserve**) → **élève**

éosine [eozin] nf eosin

éosinophile [eozinɔfil] **1** adj eosinophilic, eosinophilous

2 nmf eosinophil(e)

éosinophilie [eozinɔfili] nf eosinophilia

épacte [epakt] nf epact

épagneul, e [epaɲœl] nm,f spaniel ◆ **épagneul breton** Brittany spaniel

épais, -aisse [epɛ, ɛs] → SYN **1** adj **a** (gén) chevelure, peinture thick; neige thick, deep; barbe bushy, thick; silence deep; personne, corps thickset; nuit pitch-black ◆ **cloison épaisse de 5 cm** partition 5 cm thick ◆ **j'ai la langue épaisse** my tongue is furred up (Brit) ou coated ◆ **au plus épais de la forêt** in the thick ou the depths of the forest ◆ **tu n'es pas bien épais** you're not exactly fat

b (péj: inhabile) esprit dull; personne dense, thick(headed); mensonge, plaisanterie clumsy

2 adv ◆ **semer épais** to sow thick ou thickly ◆ **il n'y en a pas épais!*** there's not much of it!

épaisseur [epɛsœʀ] → SYN nf **a** (gén) thickness; [neige, silence] depth; (péj) [esprit] dullness ◆ **la neige a un mètre d'épaisseur** there is a metre of snow, the snow is a metre deep ◆ **prenez deux épaisseurs de tissu** take two thicknesses ou a double thickness of material ◆ **plier une couverture en double épaisseur** to fold a blanket double ◆ **dans l'épaisseur de la nuit** in the depths of the night

b (couche) layer

c (fig: richesse) substance

épaissir [epesiʀ] → SYN ▸conjug 2◂ **1** vt substance to thicken; mystère to deepen ◆ **l'air était épaissi par les fumées** the air was thick with smoke ◆ **l'âge lui épaissit les traits** his features are becoming coarse with age ◆ **ce manteau m'épaissit beaucoup** this coat makes me look much broader ou fatter

2 vi to get thicker, thicken ◆ **il a beaucoup épaissi** he has thickened out a lot

3 **s'épaissir** vpr [substance, brouillard] to thicken, get thicker; [chevelure, feuillage] to get thicker; [ténèbres] to deepen ◆ **sa taille s'épaissit** his waist is getting thicker, he's getting stouter around the waist ◆ **le mystère s'épaissit** the mystery deepens, the plot thickens

épaississant, e [epesisɑ̃, ɑ̃t] **1** adj thickening

2 nm thickener

épaississement [epesismɑ̃] → SYN nm thickening

épaississeur [epesisœʀ] nm thickener

épamprer [epɑ̃pʀe] ▸conjug 1◂ vt vigne to thin out

épanchement [epɑ̃ʃmɑ̃] → SYN nm [sang] effusion; [sentiments] outpouring ◆ (Méd) **avoir un**

épanchement de synovie to have water on the knee

épancher [epɑ̃ʃe] ⇒ SYN ▸ conjug 1 ◂ 1 vt sentiments (irrités) to give vent to, vent; (tendres) to pour forth
2 **s'épancher** vpr [personne] to open one's heart, pour out one's feelings (*auprès de* to); [sang] to pour out

épandage [epɑ̃daʒ] nm (Agr) manure spreading, manuring ◆ **champ d'épandage** sewage farm

épandeur [epɑ̃dœʀ] nm [engrais, fumier] spreader

épandre [epɑ̃dʀ] ⇒ SYN ▸ conjug 41 ◂ 1 vt (†, littér) liquide, tendresse to pour forth (littér); (Agr) fumier to spread
2 **s'épandre** vpr (littér) to spread

épanoui, e [epanwi] ⇒ SYN (ptp de **épanouir**) adj fleur in full bloom (attrib), full ou right out (attrib); visage, sourire radiant, beaming (épith); corps in full bloom (attrib); personne totally fulfilled (attrib)

épanouir [epanwiʀ] ⇒ SYN ▸ conjug 2 ◂ 1 vt (littér) fleur to open out; branches, pétales to open ou spread out; visage to light up
2 **s'épanouir** vpr [fleur] to bloom, come out, open up ou out; [visage] to light up; [personne] to blossom (out), bloom; [vase etc] to open out, curve outwards ◆ **à cette nouvelle il s'épanouit** his face lit up at the news

épanouissant, e [epanwisɑ̃, ɑ̃t] adj totally fulfilling

épanouissement [epanwismɑ̃] ⇒ SYN nm (→ **s'épanouir**) blooming; opening out; lighting up; blossoming (out); coming out; opening up ◆ **en plein épanouissement** in full bloom

épar [epaʀ] nm [porte] cross-bar

éparchie [epaʀʃi] nf eparchy

épargnant, e [epaʀɲɑ̃, ɑ̃t] nm,f saver, investor ◆ **petits épargnants** small savers ou investors

épargne [epaʀɲ] ⇒ SYN nf (somme) savings ◆ (vertu) **l'épargne** saving ◆ **épargne de temps / d'argent** saving of time / money ◆ **épargne forcée** forced savings ◆ **épargne-logement** home-buyers' savings scheme ◆ **épargne-retraite** retirement savings scheme → **caisse, compte, plan**[1]

épargner [epaʀɲe] ⇒ SYN ▸ conjug 1 ◂ vt **a** (économiser) argent, nourriture, temps to save ◆ **épargner 10 F sur une somme** to save 10 francs out of a sum ◆ **épargner sur la nourriture** to save ou make a saving on food ◆ **ils n'ont pas épargné le poivre*** they haven't stinted on ou spared the pepper! ◆ **épargner pour ses vieux jours** to save (up) for one's old age, put something aside for one's old age ◆ **je n'épargnerai rien pour le faire** I'll spare nothing to get it done
b (éviter) **épargner qch à qn** to spare sb sth ◆ **pour t'épargner des explications inutiles** to save giving you ou to spare you useless explanations ◆ **épargner à qn la honte / le spectacle de** to spare sb the shame / the sight of ◆ **pour m'épargner la peine de venir** to save ou spare myself the bother of coming
c (ménager) ennemi etc to spare ◆ **l'épidémie a épargné cette région** that region was spared the epidemic

éparpillement [epaʀpijmɑ̃] ⇒ SYN nm (action: → **éparpiller**) scattering; dispersal; distribution; dissipation; (état) [troupes, succursales] dispersal ◆ **l'éparpillement des maisons rendait les communications très difficiles** the houses being so scattered made communications difficult

éparpiller [epaʀpije] ⇒ SYN ▸ conjug 1 ◂ 1 vt objets to scatter; troupes to disperse; points de vente to distribute, scatter; efforts, talent to dissipate
2 **s'éparpiller** vpr (gén) to scatter ◆ **maisons qui s'éparpillent dans la campagne** houses that are dotted about the countryside ◆ **c'est un homme qui s'éparpille beaucoup trop** he's a man who spreads himself too thin ◆ **tu t'es trop éparpillé dans tes lectures / recherches** you've spread yourself too thin in your reading / research

épars, e [epaʀ, aʀs] ⇒ SYN adj (littér) scattered

épart [epaʀ] nm ⇒ **épar**

éparvin [epaʀvɛ̃], **épervin** [epɛʀvɛ̃] nm bony spavin

épatamment*† [epatamɑ̃] adv capitally*† (Brit), splendidly*

épatant, e*† [epatɑ̃, ɑ̃t] ⇒ SYN adj splendid*, capital*† (Brit)

épate* [epat] nf ◆ (péj) **l'épate** showing off* ◆ **faire de l'épate** to show off*

épaté, e [epate] ⇒ SYN (ptp de **épater**) adj vase etc flat-bottomed; nez flat

épatement [epatmɑ̃] ⇒ SYN nm **a** [nez] flatness
b (*: surprise) amazement

épater [epate] ⇒ SYN ▸ conjug 1 ◂ 1 vt (*) (étonner) to amaze, stagger*; (impressionner) to impress ◆ **pour épater le bourgeois** to shake ou shock middle-class attitudes ◆ **pour épater la galerie** to impress people, create a sensation ◆ **ça t'épate, hein!** how about that!*, what do you think of that!
2 **s'épater** vpr [objet, colonne] to spread out

épaufrer [epofʀe] ▸ conjug 1 ◂ vt (érafler) to scratch, graze; (écorner) to spall

épaufrure [epofʀyʀ] nf spall

épaulard [epolaʀ] nm killer whale

épaule [epol] nf (Anat, Culin) shoulder ◆ **large d'épaules** broad-shouldered ◆ **épaule d'agneau** shoulder of lamb ◆ **donner un coup d'épaule à qn** to knock ou bump sb with one's shoulder ◆ (fig) **tout repose sur vos épaules** everything rests on your shoulders → **changer, hausser, tête**

épaulé, e [epole] (ptp de **épauler**) adj vêtement with padded shoulders

épaulé-jeté, pl **épaulés-jetés** [epoleʒ(ə)te] nm clean-and-jerk ◆ **il soulève 150 kg à l'épaulé-jeté** he can do a clean-and-jerk using 150 kg

épaulement [epolmɑ̃] ⇒ SYN nm (mur) retaining wall; (rempart) breastwork, epaulement; (Géol) escarpment

épauler [epole] ⇒ SYN ▸ conjug 1 ◂ vt **a** personne to back up, support ◆ **il faut s'épauler dans la vie** people must help ou support each other in life
b fusil to raise (to the shoulder) ◆ **il épaula puis tira** he took aim ou he raised his rifle and fired
c (Tech) mur to support, retain
d (Couture) vêtement to add shoulder pads to

épaulette [epolɛt] nf (Mil) epaulette; (bretelle) shoulder strap; (rembourrage d'un vêtement) shoulder pad

épaulière [epoljɛʀ] nf [armure] shoulder piece

épave [epav] ⇒ SYN nf **a** (navire, voiture) wreck; (débris) piece of wreckage, wreckage (NonC); (déchets) flotsam (and jetsam) (NonC)
b (Jur: objet perdu) derelict
c (fig) (restes) ruin; (loque humaine) human wreck ◆ **des épaves d'une civilisation autrefois florissante** ruins of a once-flourishing civilization

épaviste [epavist] nmf scrap merchant (Brit) ou dealer

épée [epe] ⇒ SYN nf **a** (gén) sword; (Escrime) épée ◆ **épée de Damoclès** Sword of Damocles ◆ **l'épée nue** ou **à la main** with drawn sword → **cape, noblesse**
b (escrimeur) swordsman; (escrimeuse) swordswoman ◆ **bonne épée** good swordsman

épeiche [epɛʃ] nf great spotted woodpecker

épeichette [epɛʃɛt] nf lesser-spotted woodpecker

épeire [epɛʀ] nf garden spider

épéisme [epeism] nm épée fencing

épéiste [epeist] nmf épéeist

épeler [ep(ə)le] ⇒ SYN ▸ conjug 4 ou 5 ◂ vt mot to spell; texte to spell out

épépiner [epepine] ▸ conjug 1 ◂ vt to deseed, seed ◆ **raisins épépinés** seedless grapes

éperdu, e [epɛʀdy] ⇒ SYN adj **a** personne distraught, overcome ◆ **éperdu (de douleur / de terreur)** distraught ou frantic ou out of one's mind with grief / terror ◆ **éperdu (de joie)** overcome ou beside o.s. with joy
b gratitude boundless; regard wild, distraught; amour passionate; fuite headlong, frantic ◆ **désir / besoin éperdu de bonheur** frantic desire for / need of happiness

éperdument [epɛʀdymɑ̃] ⇒ SYN adv crier, travailler frantically, desperately; aimer passionately, madly ◆ **je m'en moque éperdument** I couldn't care less

éperlan [epɛʀlɑ̃] nm (Zool) smelt

éperon [ep(ə)ʀɔ̃] ⇒ SYN nm [cavalier, coq, montagne] spur; (Naut) [galère] ram; [pont] cutwater ◆ **éperon rocheux** rocky outcrop ou spur

éperonner [ep(ə)ʀɔne] ⇒ SYN ▸ conjug 1 ◂ vt cheval to spur (on); navire to ram; (fig) personne to spur on ◆ **botté et éperonné** booted and spurred, wearing boots and spurs

épervier [epɛʀvje] ⇒ SYN nm **a** (Orn) sparrowhawk
b (filet) cast(ing) net

éphèbe [efɛb] ⇒ SYN nm (Hist) ephebe; (iro, péj) beautiful young man

éphémère [efemɛʀ] ⇒ SYN 1 adj bonheur, succès ephemeral, fleeting, short-lived, transient; moment fleeting, short-lived; règne, publication short-lived
2 nm mayfly, ephemera (spéc)

éphéméride [efemeʀid] ⇒ SYN nf **a** (calendrier) block calendar, tear-off calendar
b (Astron: tables) **éphémérides** ephemeris (sg)

Éphèse [efɛz] n Ephesus

Éphésien, -ienne [efezjɛ̃, jɛn] 1 adj Ephesian
2 nm,f ◆ **Éphésien(ne)** Ephesian

épi [epi] 1 nm **a** [blé, maïs] ear; [fleur] spike; [cheveux] tuft ◆ **les blés sont en épis** the corn is in the ear
b (jetée) breakwater, groyne, groin
c (Aut) **être garé en épi** to be parked at an angle to the kerb
2 COMP ▷ **épi de faîtage** finial

épice [epis] ⇒ SYN nf spice ◆ **quatre épices** allspice → **pain**

épicé, e [epise] ⇒ SYN (ptp de **épicer**) adj viande, plat highly spiced, spicy; goût spicy; (fig) histoire spicy, juicy*

épicéa [episea] nm spruce

épicentre [episɑ̃tʀ] nm epicentre

épicer [epise] ⇒ SYN ▸ conjug 3 ◂ vt to spice; (fig) to add spice to

épicerie [episʀi] ⇒ SYN nf (→ **épicier**) (magasin) grocer's (shop (Brit) ou store (US)), greengrocer's; (nourriture) groceries, greengroceries (Brit); (métier) grocery trade, greengrocery trade (Brit) ◆ [supermarché] **rayon épicerie** grocery stand ou counter ◆ **aller à l'épicerie** to go to the grocer's ou grocery ◆ **épicerie fine** ≃ delicatessen

épicier, -ière [episje, jɛʀ] ⇒ SYN nm,f (Comm) (gén) grocer; (en fruits et légumes) greengrocer (Brit), grocer (US) ◆ (fig, péj) **d'épicier** idées, mentalité small-town, parochial

Épicure [epikyʀ] nm Epicurus

épicurien, -ienne [epikyʀjɛ̃, jɛn] ⇒ SYN adj, nm,f **a** (gourmet) epicurean
b (Philos) **Épicurien(ne)** Epicurean

épicurisme [epikyʀism] ⇒ SYN nm epicureanism

Épidaure [epidɔʀ] n Epidaurus

épidémie [epidemi] ⇒ SYN nf epidemic

épidémiologie [epidemjɔlɔʒi] nf epidemiology

épidémiologique [epidemjɔlɔʒik] adj epidemiological

épidémique [epidemik] ⇒ SYN adj (lit) epidemic; (fig) contagious, catching (attrib)

épiderme [epidɛʀm] ⇒ SYN nm epidermis (spéc), skin ◆ **elle a l'épiderme délicat** she has a delicate skin

épidermique [epidɛʀmik] adj **a** (Anat) skin (épith), epidermal (spéc), epidermic (spéc) ◆ **blessure épidermique** (surface) scratch

b (fig) **ce sujet provoque en lui une réaction épidermique** he has a gut reaction to ou he always has the same immediate reaction to that subject

épididyme [epididim] nm epididymis

épier [epje] → SYN ▸ conjug 7 ◂ vt personne to spy on; geste to watch closely; bruit to listen out for; occasion to be on the look-out for, look (out) for, watch for

épierrer [epjeʀe] ▸ conjug 1 ◂ vt champ to remove stones from

épierreuse [epjeʀøz] nf stone remover

épieu [epjø] → SYN nm spear

épigastre [epigastʀ] nm epigastrium

épigastrique [epigastʀik] adj epigastric, epigastrial

épigé, e [epiʒe] adj epigeal, epigean, epigeous

épigenèse [epiʒənɛz], **épigénèse** [epiʒenɛz] nf (Bio) epigenesis

épigénie [epiʒeni] nf (Minér) epigenesis

épiglotte [epiglɔt] nf epiglottis

épigone [epigɔn] nm (Littérat) epigone

épigrammatique [epigʀamatik] adj epigrammatic

épigramme [epigʀam] → SYN nf epigram

épigraphe [epigʀaf] → SYN nf epigraph ◆ **mettre un vers en épigraphe** to use a line as an epigraph

épigraphie [epigʀafi] nf epigraphy

épigraphique [epigʀafik] adj epigraphic

épigraphiste [epigʀafist] nmf epigraphist, epigrapher

épigyne [epiʒin] adj epigynous

épilateur [epilatœʀ] nm hair remover, epilator

épilation [epilasjɔ̃] nf removal of (unwanted) hair; [sourcils] plucking

épilatoire [epilatwaʀ] adj depilatory, hair-removing (épith)

épilepsie [epilɛpsi] → SYN nf epilepsy ◆ **crise d'épilepsie** epileptic fit

épileptiforme [epilɛptifɔʀm] adj epileptiform, epileptoid

épileptique [epilɛptik] adj, nmf epileptic

épiler [epile] → SYN ▸ conjug 1 ◂ vt jambes to remove the hair from; sourcils to pluck ◆ **elle s'épilait les jambes** she was removing the hair(s) from her legs ◆ **s'épiler les jambes à la cire** to wax one's legs

épilogue [epilɔg] → SYN nm (littér) epilogue; (fig) conclusion, dénouement

épiloguer [epilɔge] → SYN ▸ conjug 1 ◂ vi (parfois péj) to hold forth (*sur* on), go on* (*sur* about), expatiate (frm, hum) (*sur* upon)

épinard [epinaʀ] nm (Bot) spinach ◆ (Culin) **épinards** spinach (NonC) → **beurre**

épine [epin] → SYN nf **a** [buisson] thorn, prickle; [hérisson, oursin] spine, prickle; [porc-épic] quill ◆ **épine dorsale** backbone ◆ **vous m'enlevez une belle épine du pied** you have got me out of a spot*

b (arbre) thorn bush ◆ **épine blanche** hawthorn ◆ **épine noire** blackthorn

épinette [epinɛt] → SYN nf **a** (Mus) spinet

b (Can) spruce ◆ **épinette blanche** white spruce ◆ **épinette noire** black spruce ◆ **épinette rouge** tamarack, hackmatack

c (Agr) coop

épinettière [epinɛtjɛʀ] nf (Can) spruce ou tamarack grove

épineux, -euse [epinø, øz] → SYN **1** adj plante thorny, prickly; problème thorny, tricky, ticklish; situation tricky, ticklish, sensitive; caractère prickly, touchy

2 nm prickly shrub ou bush

épinglage [epɛ̃glaʒ] nm pinning

épingle [epɛ̃gl] → SYN nf pin ◆ **épingle à chapeau** hatpin ◆ **épingle à cheveux** hairpin ◆ **virage en épingle à cheveux** hairpin bend (Brit) ou turn (US) ◆ **épingle de cravate** tie clip, tiepin ◆ **épingle à linge** clothes peg (Brit) ou pin (US) ◆ **épingle de nourrice** ou **de sûreté** safety pin; (grand modèle) nappy (Brit) ou diaper (US) pin ◆ **tirer son épingle du jeu** (bien manœuvrer) to play one's game well; (s'en sortir à temps) to extricate o.s. → **monter**[2]

épingler [epɛ̃gle] → SYN ▸ conjug 1 ◂ vt **a** (attacher) to pin (on) (*à, sur* to) ◆ **épingler ses cheveux** to pin up one's hair ◆ (Couture) **épingler une robe** to pin up a dress

b (*: arrêter) to nick* (Brit), nab* ◆ **se faire épingler** to get nicked* (Brit) ou nabbed*

épinglerie [epɛ̃gləʀi] nf (usine) pin factory; (industrie) pin industry

épinglette [epɛ̃glɛt] nf lapel badge

épinglier [epɛ̃glije] nm pin case

épinière [epinjɛʀ] adj f → **moelle**

épinoche [epinɔʃ] nf stickleback

épinochette [epinɔʃɛt] nf ten-spined stickleback

Épiphanie [epifani] nf ◆ **l'Épiphanie** Epiphany, Twelfth Night ◆ **à l'Épiphanie** at Epiphany, on ou at Twelfth Night

épiphénomène [epifenɔmɛn] nm epiphenomenon

épiphénoménisme [epifenɔmenism] nm epiphenomenalism

épiphonème [epifɔnɛm] nm epiphonema

épiphylle [epifil] adj epiphyllous

épiphyse [epifiz] nf epiphysis

épiphyte [epifit] **1** adj epiphytic(al), epiphytal

2 nm epiphyte

épiphytie [epifiti] nf epiphytotic disease

épiploon [epiplɔɔ̃] nm (Anat) omentum

épique [epik] → SYN adj (lit, fig) epic; (hum) epic, dramatic

Épire [epiʀ] nf Epirus

épirogenèse [epiʀɔʒənɛz] nf ep(e)irogeny, epeirogenesis

épirogénique [epiʀɔʒenik] adj epeirogen(et)ic, epirogenetic

épiscopal, e, mpl **-aux** [episkɔpal, o] adj episcopal

épiscopalien, -ienne [episkɔpaljɛ̃, jɛn] adj episcopalian ◆ **l'Église épiscopalienne** the Episcopal Church

épiscopalisme [episkɔpalism] nm episcopal(ian)ism

épiscopat [episkɔpa] nm episcopate, episcopacy

épiscope [episkɔp] nm episcope (Brit), opaque projector (US)

épisiotomie [epizjɔtɔmi] nf episiotomy

épisode [epizɔd] → SYN nm episode ◆ **roman / film à épisodes** serial, serialized novel / film

épisodique [epizɔdik] → SYN adj **a** (occasionnel) événement occasional; rôle fleeting, transitory ◆ **de façon épisodique** sporadically, on and off ◆ **nous avons eu une relation épisodique pendant 2 ans** we were together on and off for 2 years ◆ **faire des apparitions épisodiques** to show up from time to time ou once in a while

b (secondaire) événement minor, of secondary importance; personnage minor, secondary

épisodiquement [epizɔdikmɑ̃] adv (→ **épisodique**) occasionally; fleetingly

épisome [epizom] nm episome

épispadias [epispadjas] nm epispadias

épisser [epise] → SYN ▸ conjug 1 ◂ vt (Naut) to splice

épissoir [episwaʀ] nm (Naut) marlin(e) spike, splicing fid

épissure [episyʀ] nf (Naut, Élec) splice

épistasie [epistazi] nf epistasis, hypostasis

épistaxis [epistaksis] → SYN nf nosebleed, epistaxis (spéc)

épistémè [episteme, episteme] nf episteme

épistémologie [epistemɔlɔʒi] nf (Philos) epistemology; (Sci) epistemics (sg)

épistémologique [epistemɔlɔʒik] adj epistemological

épistémologiste [epistemɔlɔʒist], **épistémologue** [epistemɔlɔg] nmf epistemologist

épistolaire [epistɔlɛʀ] adj style epistolary ◆ **être en relations épistolaires avec qn** to correspond with sb, exchange letters ou correspondence with sb

épistolier, -ière [epistɔlje, jɛʀ] → SYN nm,f (littér) letter writer

épistyle [epistil] nm epistyle

épitaphe [epitaf] → SYN nf epitaph

épithalame [epitalam] nm epithalamium, epithalamion

épithélial, e, mpl **-iaux** [epiteljal, jo] adj epithelial

épithélioma [epiteljɔma] nm epithelioma

épithélium [epiteljɔm] nm epithelium

épithète [epitɛt] → SYN nf **a** (Gram) attribute ◆ **adjectif épithète** attributive adjective

b (qualificatif) epithet

épitoge [epitɔʒ] nf (écharpe) sash; (Antiq) *garment worn over a toga*

épitomé [epitɔme] → SYN nm epitome

épître [epitʀ] → SYN nf epistle

épizootie [epizɔɔti, epizooti] nf epizootic (disease)

épizootique [epizɔɔtik, epizootik] → SYN nf epizootic

éploré, e [eplɔʀe] → SYN adj (littér) visage bathed in tears; personne tearful, weeping, in tears (attrib); voix tearful

éployé, e [eplwaje] adj (littér, Hér) spread (out)

éployer [eplwaje] → SYN ▸ conjug 8 ◂ vt (littér) ailes to spread

épluchage [eplyʃaʒ] nm (→ **éplucher**) cleaning; peeling; unwrapping; dissection

épluche-légumes [eplyʃlegym] nm inv (potato) peeler

éplucher [eplyʃe] → SYN ▸ conjug 1 ◂ vt **a** salade, radis to clean; fruits, légumes, crevettes to peel; bonbon to unwrap

b texte, comptes to go over with a fine-tooth comb, dissect

épluchette [eplyʃɛt] nf (Can) corn-husking bee ou party

éplucheur, -euse [eplyʃœʀ, øz] **1** adj, nm ◆ **(couteau) éplucheur** (potato) peeler

2 nm,f (personne) peeler; (péj) faultfinder

3 **éplucheuse** nf (machine) potato-peeler

épluchure [eplyʃyʀ] → SYN nf ◆ **épluchure de pomme de terre** etc piece of potato etc peeling ◆ **épluchures** peelings

épode [epɔd] nf epode

époi [epwa] nm [cerf] tine

épointer [epwɛ̃te] ▸ conjug 1 ◂ vt aiguille etc to blunt ◆ **crayon épointé** blunt pencil

éponge [epɔ̃ʒ] nf **a** (Zool, gén) sponge ◆ **passer un coup d'éponge sur qch** to give sth a (quick) sponge ◆ (fig) **passons l'éponge!** let's bygones be bygones!, let's forget all about it! ◆ **passons l'éponge sur cette vieille querelle!** let's forget all about that old quarrel!, let's put that old quarrel behind us! ◆ **éponge métallique** scouring pad, scourer ◆ **éponge végétale** loofah (Brit), luffa (US) → **boire, jeter**

b (Tex) **(tissu) éponge** (terry) towelling

c (Tech) **éponge de platine** platinum sponge

d (*: ivrogne) **quelle éponge!** what a drunk* ou drunkard!

éponger [epɔ̃ʒe] → SYN ▸ conjug 3 ◂ vt liquide to mop ou sponge up; plancher, visage, to mop; (Fin) dette etc to soak up, absorb ◆ **s'éponger le front** to mop one's brow

épontille [epɔ̃tij] nf (Naut) pillar

éponyme [epɔnim] **1** adj eponymous, eponymic

2 nm eponym

épopée [epɔpe] → SYN nf (lit, fig) epic

époque [epɔk] → SYN nf **a** (gén) time ◆ **j'étais jeune à l'époque** I was young at the time ◆ **être de son époque** to be in tune with one's time ◆ **quelle époque!** what times these are! ◆ **à l'époque où nous sommes** in this day and age

b (Hist) age, era, epoch ◆ **l'époque révolutionnaire** the revolutionary era ou age ou epoch ◆ **à l'époque des Grecs** at the time of ou in the age of the Greeks ◆ **la Belle Époque** the Belle Époque, ≃ the Edwardian Age ou Era ◆ **cette invention a fait époque** it was an epoch-making invention
c (Géol) period ◆ **à l'époque glaciaire** in the glacial period ou epoch
d (Art: style) period ◆ **tableaux de la même époque** pictures of ou from the same period ◆ **meuble d'époque** genuine antique, piece of period furniture

épouiller [epuje] ▸ conjug 1 ◂ vt to delouse

époumoner (s') [epumɔne] SYN ▸ conjug 1 ◂ vpr (lit, fig) to shout etc o.s. hoarse ◆ **il s'époumonait à chanter** he was singing himself hoarse

épousailles [epuzɑj] SYN nfpl († ou hum) nuptials († ou hum)

épouse [epuz] SYN nf wife, spouse (frm ou hum)

épousée [epuze] SYN nf († ou dial) bride

épouser [epuze] SYN ▸ conjug 1 ◂ vt **a** personne to marry, wed†; idée to embrace, espouse (frm); cause to espouse (frm), take up ◆ **épouser une grosse fortune** to marry into money
b [robe] to fit; [route, tracé] to follow; (étroitement) to hug

épouseur† [epuzœʀ] nm suitor†, wooer†

époussetage [epustaʒ] nm dusting

épousseter [epuste] SYN ▸ conjug 4 ◂ vt (nettoyer) to dust; (enlever) to dust ou flick off

époustouflant, e* [epustuflɑ̃, ɑ̃t] SYN adj staggering, amazing

époustoufler* [epustufle] ▸ conjug 1 ◂ vt to stagger, flabbergast

époutir [eputiʀ] ▸ conjug 2 ◂ vt (Tex) to burl

épouvantable [epuvɑ̃tabl] SYN adj terrible, appalling, dreadful

épouvantablement [epuvɑ̃tabləmɑ̃] adv terribly, appallingly, dreadfully

épouvantail [epuvɑ̃taj] SYN nm **a** (à oiseaux) scarecrow
b (péj: personne) scruff*; (chose) bugbear

épouvante [epuvɑ̃t] SYN nf terror, (great) fear ◆ **saisi d'épouvante** terror-stricken ◆ **il voyait arriver ce moment avec épouvante** with dread he saw the moment approaching ◆ **roman/film d'épouvante** horror story/film

épouvanter [epuvɑ̃te] SYN ▸ conjug 1 ◂ vt to terrify, appal, frighten ◆ **s'épouvanter de qch** to get frightened at sth

époux [epu] SYN nm husband, spouse (frm ou hum) ◆ **les époux** the (married) couple, the husband and wife

époxy [epɔksi] adj inv epoxy

époxyde [epɔksid] nm epoxide

épreintes [epʀɛ̃t] SYN nfpl (Méd) tenesmus (sg)

éprendre (s') [epʀɑ̃dʀ] SYN ▸ conjug 58 ◂ vpr ◆ (littér) **s'éprendre de** to fall in love with, become enamoured of (littér)

épreuve [epʀœv] SYN nf **a** (essai) test ◆ **épreuve de résistance** resistance test ◆ **résister à l'épreuve (du temps)** to stand the test (of time) ◆ (fig) **épreuve de force** showdown, confrontation ◆ **épreuve de vérité** litmus test (fig) ◆ **mettre à l'épreuve** to put to the test ◆ (Tech) **faire l'épreuve d'un métal** to test a metal ◆ (Jur) **mise à l'épreuve** ≃ probation → **rude**
b (malheur) ordeal, trial, hardship ◆ **subir de rudes épreuves** to suffer great hardships, undergo great trials ou ordeals ◆ **savoir réagir dans l'épreuve** to react well in the face of adversity
c (Scol) test ◆ **corriger les épreuves d'un examen** to mark the examination papers ◆ **épreuve orale** oral test ◆ **épreuve écrite** written test ou paper
d (Sport) event ◆ **épreuve de sélection** heat ◆ **épreuve contre la montre** time trial ◆ **épreuves sur piste** track events ◆ **épreuve d'endurance** [personne] test of endurance, endurance test; (Aut) endurance test
e (Typ) proof ◆ **première épreuve** galley proof ◆ **dernière épreuve** final proof ◆ **corriger les épreuves d'un livre** to proofread a book, correct the proofs of a book
f (Phot) print; (gravure) proof ◆ **épreuve (par) contact** contact print ◆ (Ciné) **épreuves (de tournage)** rushes
g (Hist, initiatique) ordeal ◆ **épreuves d'initiation** initiation ordeals ou rites ◆ **épreuve du feu** ordeal by fire
h **à l'épreuve de: gilet à l'épreuve des balles** bulletproof vest ◆ **à l'épreuve du feu** fireproof ◆ (fig) **à toute épreuve** amitié, foi staunch; mur solid as a rock ◆ **il a un courage à toute épreuve** he has unfailing courage, his courage is equal to anything

épris, e [epʀi, iz] SYN (ptp de **s'éprendre**) adj (frm) (d'une femme) smitten† (*de* with), enamoured (littér) (*de* of), in love (*de* with) ◆ **épris de** justice in love with

EPROM [epʀɔm] nf (abrév de **Erasable Programmable Read Only Memory**) EPROM

éprouvant, e [epʀuvɑ̃, ɑ̃t] SYN adj travail, climat trying, testing ◆ **éprouvant pour les nerfs** nerve-racking

éprouvé, e [epʀuve] SYN (ptp de **éprouver**) adj (sûr) moyen, remède well-tried, proven; spécialiste, qualités (well-)proven; ami staunch, true, steadfast

éprouver [epʀuve] SYN ▸ conjug 1 ◂ vt **a** (ressentir) sensation, sentiment to feel, experience
b (subir) perte to suffer, sustain; difficultés to meet with, experience
c (tester) métal to test; personne to put to the test, test
d (frm: affliger) to afflict, distress ◆ **très éprouvé par la maladie** sorely afflicted by illness (frm)

éprouvette [epʀuvɛt] nf test tube → **bébé**

EPS [əpeɛs] nf (abrév de **éducation physique et sportive**) PE, PT

epsilon [ɛpsilɔn] nm epsilon

epsomite [ɛpsɔmit] nf Epsom salts

épucer [epyse] ▸ conjug 3 ◂ vt to rid of fleas

épuisable [epɥizabl] adj exhaustible

épuisant, e [epɥizɑ̃, ɑ̃t] SYN adj exhausting

épuisé, e [epɥize] SYN (ptp de **épuiser**) adj personne, cheval, corps exhausted, worn-out; énergie spent; (Comm) article sold out (attrib); stocks exhausted (attrib); livre out of print ◆ **épuisé de fatigue** exhausted, tired out, worn-out

épuisement [epɥizmɑ̃] SYN nm (gén) exhaustion ◆ **devant l'épuisement de ses finances** seeing that his money was exhausted ou had run out ◆ (Comm) **jusqu'à épuisement des stocks** while stocks last ◆ **jusqu'à l'épuisement du filon** until the vein is (ou was) worked out ◆ **faire marcher qn jusqu'à (l') épuisement** to make sb walk till he drops (with exhaustion) ◆ **dans un grand état d'épuisement** in a completely ou an utterly exhausted state, in a state of complete ou utter exhaustion

épuiser [epɥize] SYN ▸ conjug 1 ◂ **1** vt personne to exhaust, tire out, wear out; terre, sujet to exhaust; réserves, munitions to use up, exhaust; filon to exhaust, work out; patience to wear out, exhaust
2 **s'épuiser** vpr [réserves] to run out; [source] to dry up; [personne] to exhaust o.s., wear o.s. out, tire o.s. out (*à faire qch* doing sth) ◆ **les stocks s'étaient épuisés** the stocks had run out ◆ **ses forces s'épuisent peu à peu** his strength is gradually failing ◆ **je m'épuise à vous le répéter** I'm wearing myself out repeating this (to you)

épuisette [epɥizɛt] SYN nf (Pêche) landing net; (à crevettes) shrimping net

épulide [epylid], **épulie** [epyli], **épulis** [epylis] nf epulis

épulpeur [epylpœʀ] nm pulp extractor

épurateur [epyʀatœʀ] nm (Tech) purifier

épuration [epyʀasjɔ̃] SYN nf (→ **épurer**) purification; refinement, refining; purge

épure [epyʀ] SYN nf working drawing

épurer [epyʀe] SYN ▸ conjug 1 ◂ vt eau, huile to purify; langue, goût to refine; (Pol) to purge

épurge [epyʀʒ] nf caper spurge

épyornis [epjɔʀnis] nm ⇒ **æpyornis**

équanimité [ekwanimite] SYN nf (littér) equanimity

équarrir [ekaʀiʀ] SYN ▸ conjug 2 ◂ vt **a** pierre, tronc to square (off) ◆ **poutre mal équarrie** rough-hewn beam
b cheval to cut up

équarrissage [ekaʀisaʒ] nm (→ **équarrir**) squaring (off); quartering; cutting up ◆ **envoyer à l'équarrissage** cheval to send to the knacker's yard (Brit)

équarrisseur [ekaʀisœʀ] nm [chevaux] knacker (Brit), butcher

équarrissoir [ekaʀiswaʀ] nm (couteau) butcher's knife; (lieu) knacker's yard

Équateur [ekwatœʀ] n ◆ **(la république de) l'Équateur** Ecuador

équateur [ekwatœʀ] nm equator ◆ **sous l'équateur** at ou on the equator

équation [ekwasjɔ̃] nf equation ◆ **équation du premier degré** simple equation ◆ **équation du second degré** quadratic equation ◆ (Psych) **équation personnelle** personal equation

équatorial, e, mpl **-iaux** [ekwatɔʀjal, jo] **1** adj equatorial
2 nm (Astron) equatorial (telescope)

équatorien, -ienne [ekwatɔʀjɛ̃, jɛn] **1** adj Ecuadorian
2 nm,f ◆ **Équatorien(ne)** Ecuadorian

équerre [ekɛʀ] SYN nf (pour tracer) (set) square; (de soutien) brace ◆ **double équerre** T-square ◆ **en équerre** at right angles ◆ **ce tableau n'est pas d'équerre** this picture isn't straight ou level

équestre [ekɛstʀ] adj equestrian ◆ **centre équestre** riding school

équeuter [ekøte] ▸ conjug 1 ◂ vt cerises to remove the stalk from, pull the stalk off; fraises to hull

équi(-) [ekɥi] préf equi(-) ◆ **équi possible** equally possible

équiangle [ekɥiɑ̃gl] adj equiangular

équidé [ekide] nm member of the horse family ◆ **les équidés** the Equidae (spéc)

équidistance [ekɥidistɑ̃s] nf equidistance ◆ **à équidistance de Paris et de Dijon** half-way between Paris and Dijon

équidistant, e [ekɥidistɑ̃, ɑ̃t] adj equidistant (*de* between)

équilatéral, e, mpl **-aux** [ekɥilateʀal, o] adj (lit) equilateral ◆ **ça m'est équilatéral**‡ I don't give a damn‡

équilatère [ekɥilatɛʀ] adj ◆ **hyperbole équilatère** equilateral hyperbola

équilibrage [ekilibʀaʒ] nm (Aut) [roues] balancing

équilibrant, e [ekilibʀɑ̃, ɑ̃t] adj stabilizing (épith) ◆ **shampooing équilibrant** shampoo which restores the hair's natural balance

équilibration [ekilibʀasjɔ̃] nf balancing, equilibration

équilibre [ekilibʀ] SYN nm **a** (gén) [corps, objet] balance, equilibrium ◆ **perdre/garder l'équilibre** to lose/keep one's balance ◆ **avoir le sens de l'équilibre** to have a (good) sense of balance ◆ **se tenir** ou **être en équilibre (sur)** [personne] to balance (on); [objet] to be balanced (on) ◆ **mettre qch en équilibre** to balance sth (*sur* on) ◆ **équilibre stable/instable** stable/unstable equilibrium ◆ **en équilibre instable sur le bord du verre** precariously balanced on the edge of the glass ◆ **exercice/tour d'équilibre** balancing exercise/act
b **équilibre (mental)** (mental) equilibrium, (mental) stability ◆ **il a su garder (tout) son équilibre** he managed to remain quite cool-headed ◆ **il manque d'équilibre** he is rather unstable
c (harmonie) [couple] harmony; [activités] balance, equilibrium
d (Écon, Pol) [course aux armements] parity ◆ **équilibre budgétaire/économique** balance in the budget/economy ◆ **préserver les grands équilibres économiques** to keep the economy on a sound footing ◆ **budget en**

équilibre balanced budget ♦ **atteindre l'équilibre financier** to break even (financially) ♦ **équilibre des pouvoirs** balance of power ♦ **équilibre politique** political balance ♦ **l'équilibre du monde** the world balance of power ♦ **équilibre de la terreur** balance of terror

a (Sci) equilibrium ♦ (Chim) **solution en équilibre** balanced solution

f (Archit, Mus, Peinture) balance

équilibré, e [ekilibʀe] → SYN (ptp de **équilibrer**) adj personne stable, well-balanced, level-headed; régime alimentaire (well-)balanced; esprit well-balanced; vie well-regulated, regular ♦ **mal équilibré** unstable, unbalanced

équilibrer [ekilibʀe] → SYN ▸ conjug 1 ◂ vt **a** (contrebalancer) forces, poids, poussée to counterbalance ♦ **les avantages et les inconvénients s'équilibrent** the advantages and the disadvantages counterbalance each other ou cancel each other out

b (mettre en équilibre) balance to equilibrate, balance; charge, embarcation, avion, roues to balance; (Archit, Art) to balance

c (harmoniser) emploi du temps, budget, pouvoirs to balance ♦ (fig) **équilibrer qn** to restore sb's mental equilibrium

équilibreur [ekilibʀœʀ] nm (Aviat) stabilizer

équilibriste [ekilibʀist] → SYN nmf (funambule) tightrope walker

équille [ekij] nf sand eel

équimolaire [ekɥimɔlɛʀ] adj equimolar

équimoléculaire [ekɥimɔlekylɛʀ] adj equimolecular

équimultiple [ekɥimyltipl] nm equimultiple

équin, e [ekɛ̃, in] adj (gén) equine ♦ (Méd) **pied bot équin** talipes equinus

équinisme [ekinism] nm (Méd) talipes equinus

équinoxe [ekinɔks] nm equinox ♦ **marée d'équinoxe** equinoctial tide ♦ **équinoxe de printemps / d'automne** spring / autumn equinox

équinoxial, e, mpl **-iaux** [ekinɔksjal, jo] adj equinoctial

équipage [ekipaʒ] → SYN nm **a** (Aviat) (air)-crew; (Naut) crew → **homme, rôle**

b (*; attirail) gear* (NonC)

c (†) [seigneur, chevaux] equipage† ♦ **équipage à deux chevaux** carriage and pair ♦ **équipage à quatre chevaux** carriage and four ♦ **en grand équipage** in state, in great array

d (Tech) equipment (NonC), gear (NonC)

équipartition [ekɥipaʀtisjɔ̃] nf equipartition

équipe [ekip] → SYN nf **a** (Sport) (gén) team; [rameurs] crew ♦ **jeu** ou **sport d'équipe** team game ♦ **jouer en** ou **par équipes** to play in teams ♦ **l'équipe de France a donné le coup d'envoi** the French team ou side kicked off → **esprit**

b (groupe) team ♦ **équipe de chercheurs** research team, team of researchers ♦ **équipe de sauveteurs** ou **de secours** rescue party ou squad ou team ♦ **équipe pédagogique** teaching staff ♦ (Ind) **l'équipe de jour / de 8 heures** the day / 8 o'clock shift ♦ **travailler en** ou **par équipes** to work in teams; (sur un chantier) to work in gangs; (Ind) to work in shifts ♦ **travailler en équipe** to work as a team ♦ **faire équipe avec** to team up with → **chef**[1]

c (*, parfois péj: bande) bunch*, crew*

équipée [ekipe] → SYN nf [prisonnier] escape, flight; [aventurier] undertaking, venture; [promeneur, écolier] jaunt

équipement [ekipmɑ̃] → SYN nm **a** (NonC: → **équiper**) equipment; fitting out; kitting out (Brit) (*de* with)

b (matériel) equipment, kit (Brit) ♦ **l'équipement complet du skieur** all skiing equipment, the complete skier's kit (Brit), "everything for the skier"

c (aménagement) equipment ♦ **l'équipement électrique d'une maison** the electrical fittings of a house ♦ **l'équipement hôtelier d'une région** the hotel facilities ou amenities of a region ♦ **l'équipement industriel d'une région** the industrial plant of a region ♦ (Admin) **les équipements collectifs** community facilities ou amenities ♦ **prime** ou **subvention d'équipement** equipment grant

équipementier [ekipmɑ̃tje] nm ♦ **équipementier (automobile)** parts manufacturer

équiper [ekipe] → SYN ▸ conjug 1 ◂ vt troupe to equip; local to equip, fit out; usine to tool up; sportif to equip, kit out (Brit), fit out (*de* with) ♦ **cuisine tout équipée** fully equipped kitchen ♦ **équiper industriellement une région** to bring industry into a region ♦ **équiper une machine d'un dispositif de sécurité** to fit a machine out with a safety device ♦ **s'équiper** [usine] to tool up; [sportif] to equip o.s., kit o.s. out (Brit), get o.s. kitted out (Brit)

équipier, -ière [ekipje, jɛʀ] → SYN nm,f (Sport) team member

équipollence [ekɥipɔlɑ̃s] nf equipollence

équipollent, e [ekɥipɔlɑ̃, ɑ̃t] adj equipollent

équipotentiel, -ielle [ekɥipɔtɑ̃sjɛl] adj equipotential

équiprobable [ekɥipʀɔbabl] adj equiprobable

équisétinées [ekɥisetine] nfpl ♦ **les équisétinées** equisetums, the Equiseta (spéc)

équitable [ekitabl] → SYN adj partage, jugement equitable, fair; personne impartial, fair(-minded)

équitablement [ekitabləmɑ̃] adv equitably, fairly

équitant, e [ekitɑ̃, ɑ̃t] adj equitant

équitation [ekitasjɔ̃] → SYN nf (horse-)riding, equitation (frm) ♦ **faire de l'équitation** to go horse-riding

équité [ekite] → SYN nf equity ♦ **avec équité** equitably, fairly

équivalence [ekivalɑ̃s] → SYN nf equivalence ♦ **à équivalence de prix, ce produit est meilleur** for the equivalent ou same price this is the better product ♦ (Univ) **diplômes étrangers admis en équivalence** recognized foreign diplomas ♦ **demande d'équivalence** *request for an equivalent rating of one's degree*

équivalent, e [ekivalɑ̃, ɑ̃t] → SYN GRAMMAIRE ACTIVE 5.4

1 adj equivalent (*à* to) ♦ **ces solutions sont équivalentes** these solutions are equivalent ♦ **à prix équivalent, ce produit est meilleur** for the same ou equivalent price this is the better product

2 nm equivalent (*de* of) ♦ **vous ne trouverez l'équivalent nulle part** you won't find the ou its like ou equivalent anywhere ♦ **équivalent pétrole** fuel oil equivalent

équivaloir [ekivalwaʀ] → SYN ▸ conjug 29 ◂ vi (lit) [quantité etc] to be equivalent (*à* to); (fig) [effet etc] to be equivalent (*à* to), amount (*à* to) ♦ **ça équivaut à dire que ...** it amounts to ou is equivalent to saying that ...

équivoque [ekivɔk] → SYN **1** adj (ambigu) equivocal, ambiguous; (louche) dubious, questionable

2 nf (ambiguïté) equivocation, ambiguity; (incertitude) doubt; (malentendu) misunderstanding ♦ **conduite sans équivoque** unequivocal ou unambiguous behaviour ♦ **pour lever l'équivoque** to remove any doubt (on the matter)

équivoquer [ekivɔke] ▸ conjug 1 ◂ vi to equivocate

érable [eʀabl] nm maple ♦ **érable du Canada** ou **à sucre** silver maple

érablière [eʀablijɛʀ] nf maple grove

éradication [eʀadikasjɔ̃] nf eradication

éradiquer [eʀadike] ▸ conjug 1 ◂ vt to eradicate

éraflement [eʀɑfləmɑ̃] nm scratching

érafler [eʀɑfle] → SYN ▸ conjug 1 ◂ vt peau, genou to scratch, graze; surface to scratch, scrape

éraflure [eʀɑflyʀ] → SYN nf (sur peau) scratch, graze; (sur objet) scratch, scrape (mark)

éraillé, e [eʀɑje] → SYN (ptp de **érailler**) adj voix rasping, hoarse, croaking (épith)

éraillement [eʀɑjmɑ̃] nm [voix] hoarseness

érailler [eʀɑje] ▸ conjug 1 ◂ vt voix to make hoarse; (rayer) surface to scratch ♦ **s'érailler la voix** to make o.s. hoarse

Érasme [eʀasm] nm ♦ **Érasme (de Rotterdam)** Erasmus

erbine [ɛʀbin] nf erbia

erbium [ɛʀbjɔm] nm erbium

ère [ɛʀ] → SYN nf era ♦ **400 avant notre ère** 400 B.C. ♦ **en l'an 1600 de notre ère** in the year of our Lord 1600, in the year 1600 A.D. ♦ **ère secondaire / tertiaire** secondary / tertiary era ♦ **les ères géologiques** the geological eras

érecteur [eʀɛktœʀ] adjm, nm ♦ **(muscle) érecteur** erector

érectile [eʀɛktil] adj erectile

érectilité [eʀɛktilite] nf erectility

érection [eʀɛksjɔ̃] → SYN nf **a** [monument] erection, raising; (fig) establishment, setting-up

b (Physiol) erection ♦ **avoir une érection** to have an erection

éreintage [eʀɛ̃taʒ] nm (critique) savage attack (*de* on), slating* (Brit), panning*

éreintant, e* [eʀɛ̃tɑ̃, ɑ̃t] → SYN adj travail exhausting, backbreaking

éreintement* [eʀɛ̃tmɑ̃] nm (épuisement) exhaustion; (critique) savage attack (*de* on), slating* (Brit), panning*

éreinter [eʀɛ̃te] → SYN ▸ conjug 1 ◂ vt **a** (épuiser) animal to exhaust; (*) personne to shatter*, wear out ♦ **être éreinté*** to be shattered* ou all in* ou worn out ♦ **s'éreinter à faire qch** to wear o.s. out doing sth

b (critiquer) auteur, œuvre to pull to pieces, slate* (Brit), pan*, slam*

érémiste [eʀemist] nmf *person receiving welfare payment*, ≃ person on income support (Brit), ≃ person on welfare (US)

érémitique [eʀemitik] adj hermitic(al) ♦ **vie érémitique** hermitic(al) life, life of a hermit

érésipèle [eʀezipɛl] nm ⇒ **érysipèle**

éréthisme [eʀetism] → SYN nm (Méd) erethism

éreuthophobie [eʀøtɔfɔbi] nf ereuthophobia

Erevan [əʀəvɑ̃] n Yerevan

erg [ɛʀg] nm (Géog, Phys) erg

ergastoplasme [ɛʀgastɔplasm] nm endoplasmic reticulum, ergastoplasm

ergastule [ɛʀgastyl] → SYN nm (Antiq) underground prison

ergatif, -ive [ɛʀgatif, iv] adj, nm (Gram) ergative

ergographie [ɛʀgɔgʀafi] nm ergograph

ergol [ɛʀgɔl] nm propellant

ergologie [ɛʀgɔlɔʒi] nf ergology

ergométrique [ɛʀgɔmetʀik] adj ergometric

ergonome [ɛʀgɔnɔm] nmf ergonomist

ergonomie [ɛʀgɔnɔmi] nf ergonomics (sg)

ergonomique [ɛʀgɔnɔmik] adj ergonomic(al)

ergonomiste [ɛʀgɔnɔmist] nmf ergonomist

ergot [ɛʀgo] → SYN nm **a** [coq] spur; [chien] dewclaw ♦ (fig) **monter** ou **se dresser sur ses ergots** to get one's hackles up

b [blé etc] ergot

c (Tech) lug

ergotage [ɛʀgɔtaʒ] → SYN nm quibbling (NonC), cavilling (NonC), petty argument

ergotamine [ɛʀgɔtamin] nf ergotamine

ergoté, e [ɛʀgɔte] adj oiseau spurred; blé ergoted

ergoter [ɛʀgɔte] → SYN ▸ conjug 1 ◂ vi to quibble (*sur* about), cavil (*sur* at)

ergoteur, -euse [ɛʀgɔtœʀ, øz] → SYN nm,f quibbler, hairsplitter*

ergothérapeute [ɛʀgoteʀapøt] nmf occupational therapist

ergothérapie [ɛʀgoteʀapi] nf occupational therapy

ergotisme [ɛʀgɔtism] nm ergotism, Saint Anthony's fire

éricacées [eʀikase] nfpl ♦ **les éricacées** ericaceous plants, the Ericaceae (spéc)

Éridan [eʀidɑ̃] n Eridanus

Érié [eʀje] n ♦ **le lac Érié** Lake Erie

ériger [eʀiʒe] → SYN ▸ conjug 3 ◂ vt (frm) monument, bâtiment to erect; société etc to set up, establish ◆ **ériger ses habitudes en doctrine** to raise one's habits to the status of a doctrine ◆ **ériger un criminel en héros** to set a criminal up as a hero ◆ **il s'érige en maître** he sets himself up as a master

érigéron [eʀiʒeʀɔ̃] nm fleabane

érigne [eʀiɲ] nf (Chirurgie) tenaculum

Érinyes [eʀini] nfpl ◆ **les Érinyes** the Erinyes

éristale [eʀistal] nm drone-fly

ermitage [ɛʀmitaʒ] → SYN nm (d'ermite) hermitage; (fig) retreat

ermite [ɛʀmit] → SYN nm hermit

éroder [eʀɔde] → SYN ▸ conjug 1 ◂ vt to erode

érogène [eʀɔʒɛn] adj erogenous

Éros [eʀos] nm (Myth) Eros ◆ (Psych) **l'éros** Eros

érosif, -ive [eʀozif, iv] adj erosive

érosion [eʀozjɔ̃] → SYN nf (lit, fig) erosion ◆ **érosion monétaire** (monetary) depreciation

érotique [eʀɔtik] → SYN adj erotic

érotiquement [eʀɔtikmɑ̃] adv erotically

érotisation [eʀɔtizasjɔ̃] nf eroticization

érotiser [eʀɔtize] ▸ conjug 1 ◂ vt to eroticize

érotisme [eʀɔtism] → SYN nm eroticism

érotologie [eʀɔtɔlɔʒi] nf erotology

érotologique [eʀɔtɔlɔʒik] adj erotological

érotologue [eʀɔtɔlɔg] nmf erotologist

érotomane [eʀɔtɔman] nmf erotomaniac

érotomanie [eʀɔtɔmani] nf erotomania

erpétologie [ɛʀpetɔlɔʒi] nf herpetology

erpétologique [ɛʀpetɔlɔʒik] adj herpetologic(al)

erpétologiste [ɛʀpetɔlɔʒist] nmf herpetologist

errance [eʀɑ̃s] → SYN nf (littér) wandering, roaming

errant, e [eʀɑ̃, ɑ̃t] → SYN **1** adj (gén) wandering ◆ **chien errant** stray dog → **chevalier, juif**
2 nm,f (littér) wanderer, rover

errata [eʀata] nm inv errata

erratique [eʀatik] → SYN adj (Géol, Méd) erratic

erratum, pl **errata** [eʀatɔm, eʀata] nm erratum

erre [ɛʀ] → SYN nf **a** (Naut) headway *(made after the engines have stopped)* ◆ (fig) **se laisser glisser sur son erre, courir sur son erre** to drift along
b (Vénerie) **erres** tracks

errements [ɛʀmɑ̃] → SYN nmpl (littér) erring ways, bad habits

errer [eʀe] → SYN ▸ conjug 1 ◂ vi (littér) **a** [voyageur] to wander, roam; [regard] to rove, roam, wander (*sur* over); [pensée] to wander, stray ◆ **un sourire errait sur ses lèvres** a smile hovered on ou flitted across his lips
b (se tromper) to err

erreur [eʀœʀ] → SYN GRAMMAIRE ACTIVE 18.2, 18.4 nf
a (gén) mistake, error; (Statistique) error ◆ **erreur matérielle** ou **d'écriture** clerical error ◆ **erreur de calcul** mistake in calculation, miscalculation ◆ **erreur de date** mistake in the date ◆ **faire une erreur de date** to make a mistake in ou be mistaken about the date ◆ **erreur d'impression, erreur typographique** misprint, typographical error ◆ **erreur de sens** wrong meaning ◆ **erreur de traduction** mistranslation ◆ **erreur (de) tactique** tactical error ◆ **erreur de fait / de jugement** error of fact / of judgment
b LOC **par suite d'une erreur** due to an error ou a mistake ◆ **sauf erreur** unless I'm (very much) mistaken ◆ **sauf erreur ou omission** errors and omissions excepted ◆ **par erreur** by mistake ◆ **erreur profonde !, grave erreur !** that's (just) where you're (ou he's etc) wrong!, you are (ou he is etc) very much mistaken (there)! ◆ **commettre** ou **faire une erreur** to make a mistake ou an error (*sur* about) ◆ **faire erreur, tomber dans l'erreur** to be wrong ou mistaken ◆ **être dans l'erreur** to be mistaken, be under a misapprehension ou delusion ◆ **il y a erreur, ce n'est pas lui** there's been a mistake ou there's some mistake – it isn't him ◆ **il n'y a pas d'erreur (possible)** I'm telling you!, there's no mistake! ◆ **ce serait une erreur de croire que ...** it would be a mistake ou be wrong to think that ..., you would be mistaken in thinking that ... ◆ **l'erreur est humaine** to err is human ◆ **il y a erreur sur la personne** you've etc got the wrong person
c (dérèglements) **erreurs** errors, lapses ◆ **erreurs de jeunesse** mistakes of youth, youthful indiscretions ◆ **retomber dans les erreurs du passé** to lapse (back) into bad habits
d (Jur) **erreur judiciaire** miscarriage of justice

erroné, e [eʀɔne] → SYN adj erroneous

erronément [eʀɔnemɑ̃] adv erroneously

ersatz [ɛʀzats] → SYN nm (lit, fig) ersatz, substitute ◆ **ersatz de café** ersatz coffee

erse[1] [ɛʀs] nm, adj (Ling) Erse

erse[2] [ɛʀs] → SYN nf (Naut) grommet

érubescence [eʀybesɑ̃s] → SYN nf erubescence

érubescent, e [eʀybesɑ̃, ɑ̃t] adj erubescent

éruciforme [eʀysifɔʀm] adj eruciform

érucique [eʀysik] adj ◆ **acide érucique** erucic acid

éructation [eʀyktasjɔ̃] → SYN nf (frm) eructation (frm)

éructer [eʀykte] → SYN ▸ conjug 1 ◂ vi (frm) to eructate (frm)

érudit, e [eʀydi, it] → SYN **1** adj erudite, learned, scholarly
2 nm,f erudite ou learned person, scholar

érudition [eʀydisjɔ̃] → SYN nf erudition, scholarship

éruptif, -ive [eʀyptif, iv] adj eruptive

éruption [eʀypsjɔ̃] → SYN nf eruption ◆ **éruption de boutons** outbreak of spots ou pimples ◆ **entrer en éruption** to erupt

érysipélateux, -euse [eʀizipelatø, øz] adj erysipelatous

érysipèle [eʀizipɛl] nm erysipelas

érythème [eʀitɛm] nm rash ◆ **érythème fessier** nappy (Brit) ou diaper (US) rash

érythrine [eʀitʀin] nf (Bot) erythrina; (Chim) erythrine

érythroblaste [eʀitʀɔblast] nm erythroblast

érythroblastose [eʀitʀɔblastoz] nf erythroblastosis

érythrocyte [eʀitʀɔsit] nm erythrocyte

érythromycine [eʀitʀɔmisin] nf erythromycin

érythropoïèse [eʀitʀɔpɔjɛz] nf erythropoiesis

érythropoïétine [eʀitʀɔpɔjetin] nf erythropoietin

érythrosine [eʀitʀozin] nf erythrosine

ès [ɛs] prép ◆ **licencié ès lettres / sciences** ≃ Bachelor of Arts / Science ◆ **docteur ès lettres** ≃ Ph.D. ◆ **ès qualités** agir in an official capacity ◆ **membre ès qualités** ex officio member

Ésaü [ezay] nm Esau

esbigner (s')⁑† [ɛsbiɲe] ▸ conjug 1 ◂ vpr to skedaddle*, clear off*

esbroufe* [ɛsbʀuf] nf ◆ **faire de l'esbroufe** to shoot a line⁑ ◆ **il essaie de nous la faire à l'esbroufe** he's shooting us a line⁑, he's bluffing

esbroufer* [ɛsbʀufe] ▸ conjug 1 ◂ vt ◆ **esbroufer qn** to shoot sb a line⁑

esbroufeur, -euse* [ɛsbʀufœʀ, øz] nm,f hot air merchant⁑ (Brit), big talker*

escabeau, pl **escabeaux** [ɛskabo] → SYN nm (tabouret) (wooden) stool; (échelle) stepladder, pair of steps (Brit) ◆ **tu me prêtes ton escabeau ?** may I borrow your steps (Brit)? ou your stepladder?

escadre [ɛskadʀ] nf (Naut) squadron ◆ (Aviat) **escadre (aérienne)** wing

escadrille [ɛskadʀij] nf (Aviat) flight, ≃ squadron ◆ **escadrille de chasse** fighter squadron

escadron [ɛskadʀɔ̃] → SYN nm (Mil) squadron; (fig: bande) bunch*, crowd ◆ **escadron de gendarmerie** platoon of gendarmes ◆ **escadron de la mort** death squad

escalade [ɛskalad] → SYN nf **a** (action: → **escalader**) climbing; scaling ◆ **partir faire l'escalade d'une montagne** to set off to climb a mountain
b (Sport) **l'escalade** (rock) climbing ◆ **escalade libre** free climbing ◆ **escalade artificielle** aid ou peg ou artificial climbing ◆ **une belle escalade** a beautiful (rock) climb ◆ **faire de l'escalade** to go (rock) climbing
c (Pol, gén: aggravation) escalation ◆ **l'escalade de la violence** an escalation of violence ◆ **pour éviter l'escalade** to avoid an escalation

escalader [ɛskalade] → SYN ▸ conjug 1 ◂ vt montagne to climb; mur to climb, scale; (Hist) forteresse to scale

escalator [ɛskalatɔʀ] nm escalator

escale [ɛskal] → SYN nf **a** (endroit) (Naut) port of call; (Aviat) stop ◆ **faire escale à** (Naut) to call at, put in at; (Aviat) to stop over at
b (temps d'arrêt) (Naut) call; (Aviat) stop(over); (brève) touchdown ◆ **vol sans escale** nonstop flight ◆ **faire une escale de 5 heures à Marseille** (Naut) to put in at Marseilles for 5 hours; (Aviat) to stop (over) at Marseilles for 5 hours ◆ (Aviat) **escale technique** refuelling stop

escalier [ɛskalje] → SYN nm (marches) stairs; (à l'extérieur) stairs, steps; (cage) staircase, stairway ◆ **assis dans l'escalier** ou **les escaliers** sitting on the stairs ◆ **escalier d'honneur** main staircase ou stairway, main stairs ◆ **escalier de service** backstairs ◆ **l'escalier de service donne sur la cour** the backstairs come out into the yard ◆ **escalier mécanique** ou **roulant** escalator ◆ **escalier en colimaçon** spiral staircase ◆ **escalier de secours** fire escape ◆ (Ski) **montée en escalier** sidestepping (NonC) ◆ (fig) **il m'a fait des escaliers dans les cheveux*** he's cut my hair all unevenly → **dérobé, esprit**

escalope [ɛskalɔp] nf escalope

escamotable [ɛskamɔtabl] adj train d'atterrissage, antenne retractable; lit, siège collapsible, foldaway (épith); escalier foldaway (épith)

escamotage [ɛskamɔtaʒ] → SYN nm (→ **escamoter**) conjuring away; evading; getting ou skirting round; dodging; skipping; filching*, pinching*; retraction

escamoter [ɛskamɔte] → SYN ▸ conjug 1 ◂ vt **a** (faire disparaître) cartes etc to conjure away
b (fig) difficulté to evade, get round, skirt round; question to dodge, evade; mot to skip
c (*: voler) portefeuille to filch*, pinch*
d train d'atterrissage to retract

escamoteur, -euse [ɛskamɔtœʀ, øz] → SYN nm,f (prestidigitateur) conjurer

escampette* [ɛskɑ̃pɛt] nf → **poudre**

escapade [ɛskapad] → SYN nf ◆ [écolier] **faire une escapade** to run away ou off, do a bunk⁑ (Brit) ◆ **on a fait une petite escapade pour le week-end** we went off on a jaunt for the weekend

escape [ɛskap] nf (partie inférieure) apophyge, hypophyge; (fût) shaft

escarbille [ɛskaʀbij] → SYN nf bit of grit

escarboucle [ɛskaʀbukl] nf (pierre) carbuncle

escarcelle [ɛskaʀsɛl] → SYN nf (††: portefeuille) moneybag ◆ (hum) **tomber dans l'escarcelle de qn** [argent, prime] to wind up in sb's pocket; [entreprise] to get caught in sb's net

escargot [ɛskaʀgo] → SYN nm (Zool) snail; (*: lambin) slowcoach* (Brit), slowpoke* (US) ◆ **avancer comme un escargot** ou **à une allure d'escargot** to go at a snail's pace ◆ **escargot de mer** whelk ◆ (manifestation) **opération escargot** go-slow (Brit), slow-down (US)

escargotière [ɛskaʀgɔtjɛʀ] → SYN nf (parc) snailery; (plat) snail-dish

escarmouche [ɛskaʀmuʃ] → SYN nf (lit, fig) skirmish

escarpe [ɛskaʀp] → SYN nf escarp

escarpé, e [ɛskaʀpe] → SYN adj steep

escarpement [ɛskaʀpəmɑ̃] → SYN nm (côte) steep slope, escarpment (spéc); (raideur) steepness ◆ (Géol) **escarpement de faille** fault scarp

escarpin [ɛskaʀpɛ̃] → SYN nm low-fronted shoe, court shoe (Brit)

escarpolette† [ɛskaʀpɔlɛt] nf (balançoire) swing; (Alpinisme) etrier (Brit), stirrup (US)

escarre, eschare [ɛskaʀ] nf bedsore, decubitus ulcer (spéc)

escarrification [ɛskaʀifikasjɔ̃] nf formation of a bedsore ou a decubitus ulcer (spéc)

Escaut [ɛsko] nm • **l'Escaut** the Scheldt

eschatologie [ɛskatɔlɔʒi] nf eschatology

esche [ɛʃ] → SYN nf bait

escher [eʃe] ▸ conjug 1 ◂ vt to bait

Eschyle [eʃil] nm Aeschylus

escient [esjɑ̃] → SYN nm • **à bon escient** advisedly • **à mauvais escient** ill-advisedly

esclaffer (s') [ɛsklafe] → SYN ▸ conjug 1 ◂ vpr (frm, hum) to burst out laughing, guffaw

esclandre [ɛsklɑ̃dʀ] → SYN nm (scandale) scene • **faire** ou **causer un esclandre** to make a scene

esclavage [ɛsklavaʒ] → SYN nm (lit) (état) slavery, bondage (littér); (système, fig) slavery • **réduire en esclavage** to enslave • **tomber en esclavage** to become enslaved • (fig) **c'est de l'esclavage!** it's sheer slavery

esclavagisme [ɛsklavaʒism] nm proslavery

esclavagiste [ɛsklavaʒist] **1** adj proslavery (épith) • **États esclavagistes** slave states
2 nmf proslaver

esclave [ɛsklav] → SYN nmf slave (*de qn/qch* to sb/sth) • **vie d'esclave** slave's life, life of slavery • **être esclave de la mode** to be a slave of fashion • **être l'esclave d'une habitude** to be a slave to habit • **devenir l'esclave d'une femme** to become enslaved to a woman • **se rendre esclave de qch** to become a slave to sth

escogriffe [ɛskɔgʀif] → SYN nm • **(grand) escogriffe** (great) beanpole*

escomptable [ɛskɔ̃tabl] adj (Banque) discountable

escompte [ɛskɔ̃t] → SYN nm (Banque) discount • **présenter à l'escompte** to tender ou remit for discount • **présenter une traite à l'escompte** to have a bill discounted

escompter [ɛskɔ̃te] → SYN ▸ conjug 1 ◂ vt (Banque) to discount; (fig) to expect • **escompter faire qch** to expect to do sth, reckon ou count on doing sth

escompteur [ɛskɔ̃tœʀ] nm discounter

escopette† [ɛskɔpɛt] nf blunderbuss

escorte [ɛskɔʀt] → SYN nf (gén, Mil, Naut) escort; (suite) escort, retinue • (fig) **(toute) une escorte de** a whole train ou suite of • **sous bonne escorte** under escort • **faire escorte à** to escort

escorter [ɛskɔʀte] → SYN ▸ conjug 1 ◂ vt to escort • **il est toujours escorté de jolies femmes** he's always surrounded by pretty women

escorteur [ɛskɔʀtœʀ] nm • **(navire) escorteur** escort (ship)

escouade [ɛskwad] → SYN nf (Mil) squad; [ouvriers] gang, squad; (fig: groupe de gens) group, squad

escourgeon [ɛskuʀʒɔ̃] nm winter barley

escrime [ɛskʀim] nf fencing • **faire de l'escrime** to fence

escrimer (s')* [ɛskʀime] → SYN ▸ conjug 1 ◂ vpr • **s'escrimer à faire qch** to wear ou knock* o.s. out doing sth • **s'escrimer sur qch** to struggle away at sth

escrimeur, -euse [ɛskʀimœʀ, øz] nm,f (Sport) fencer

escroc [ɛskʀo] → SYN nm crook, swindler, shark, con man‡

escroquer [ɛskʀɔke] → SYN ▸ conjug 1 ◂ vt to swindle, con‡ • **escroquer qch à qn** to swindle sb out of sth, swindle ou con‡ sth out of sb

escroquerie [ɛskʀɔkʀi] → SYN nf (gén) swindle, swindling (NonC); (Jur) fraud • **être victime d'une escroquerie** to be a victim of fraud • **c'est de l'escroquerie** it's a rip-off‡ ou a swindle

escudo [ɛskydo] nm escudo

Esculape [ɛskylap] nm Aesculapius

esculine [ɛskylin] nf esculin

ésérine [ezeʀin] nf physostigmin(e), eserine

ESEU [əɛsøy] nm (abrév de **examen spécial d'entrée à l'université**) → **examen**

esgourde†‡ [ɛsguʀd] nf ear, lug‡ (Brit)

Ésope [esɔp] nm Aesop

ésotérique [ezɔteʀik] → SYN adj esoteric

ésotérisme [ezɔteʀism] → SYN nm esotericism

espace[1] [ɛspas] → SYN nm (Art, Philos, Phys, Typ, gén) space • (Phys) **espace-temps** space-time • **espace de temps** space of time, interval (of time) • **avoir assez d'espace pour bouger/vivre** to have enough room to move/live • **manquer d'espace** to lack space, be short of space ou room, be cramped for space • **laisser de l'espace (entre)** to leave some space (between) • **laisser un espace (entre)** to leave a space ou gap (between) • **en l'espace de 3 minutes** within the space of 3 minutes • **espace parcouru** distance covered • **espaces verts** parks, green spaces ou areas • **Espace économique européen** European economic area • **espace vital** living space • **dans l'espace intersidéral** in deep space • **l'espace aérien** air space • **espace publicitaire** advertising site • (Ordin) **espace disque** disk space

espace[2] [ɛspas] nf (Typ) (tige) quad; (blanc) space

espacé, e [ɛspase] → SYN (ptp de **espacer**) adj arbres, objets spaced (out) • **ses visites sont très espacées ces temps-ci** his visits are few and far between these days

espacement [ɛspasmɑ̃] → SYN nm (action) spacing out; (résultat) spacing • **devant l'espacement de ses visites** since his visits were (ou are etc) becoming more infrequent ou spaced out, in view of the increasing infrequency of his visits

espacer [ɛspase] → SYN ▸ conjug 3 ◂ **1** vt objets to space out; visites to space out, make less frequent
2 **s'espacer** vpr [visites, symptômes] to become less frequent

espadon [ɛspadɔ̃] nm swordfish

espadrille [ɛspadʀij] → SYN nf rope-soled sandal, espadrille

Espagne [ɛspaɲ] nf Spain → **château**, **grand**

espagnol, e [ɛspaɲɔl] → SYN **1** adj Spanish
2 nm (Ling) Spanish
3 nm • **Espagnol** Spanish man, Spaniard • **les Espagnols** the Spanish, the Spaniards
4 **Espagnole** nf Spanish woman, Spaniard

espagnolette [ɛspaɲɔlɛt] → SYN nf (window) catch (*as on a continental casement window*) • **fenêtre fermée à l'espagnolette** window halfshut (resting on the catch)

espalier [ɛspalje] → SYN nm (Agr) espalier; (Sport) wall bars • **arbre en espalier** espalier (tree)

espar [ɛspaʀ] nm (Naut) spar

espèce [ɛspɛs] → SYN nf **a** (Bio) species • **espèces** species • **espèce humaine** human race → **propagation**
b (sorte) sort, kind, type • **de toute espèce** of all kinds ou sorts ou types • **ça n'a aucune espèce d'importance** that is of absolutely no importance ou not of the slightest importance • **c'était une espèce d'église** it was a kind ou sort of church, it was a church of sorts (péj) • **formant des espèces de guirlandes** making (up) sort of ou kind of festoons, making (up) something resembling ou like festoons • **un voyou de la plus belle espèce** ou **de la pire espèce** a hoodlum of the worst kind ou sort
c (péj) **une** ou **un espèce d'excentrique est venu*** some eccentric turned up • **qu'est-ce que c'est que cette** ou **cet espèce de crétin?*** who's this stupid twit?‡ ou idiot? • **espèce de maladroit!** you clumsy clot* (Brit) ou oaf!*
d (Fin) **espèces** cash • **versement en espèces** payment in cash ou in specie (spéc) • (†, hum) **en espèces sonnantes et trébuchantes** in coin of the realm (hum)
e (Philos, Rel) species • **les Saintes Espèces** the Eucharistic ou sacred species → **communier**
f (frm, littér) **en l'espèce** in the case in point → **cas**

espérance [ɛspeʀɑ̃s] → SYN nf **a** (espoir) hope, expectation(s) • (Rel, gén) **l'espérance** hope • **contre toute espérance** against all expectations ou hope, contrary to expectation(s) • **espérances trompeuses** false hopes • **donner de grandes espérances** to be very promising, show great promise • **avoir de grandes espérances** to have great prospects • **bâtir** ou **fonder des espérances sur** to build ou found one's hopes on • **mettre son espérance** ou **ses espérances en** ou **dans** to pin one's hopes in, pin one's hopes on
b (sujet d'espoir) hope • **c'est là toute mon espérance** that is my greatest hope, it's what I hope for most, that's what I'm pinning all my hopes on • **vous êtes toute mon espérance** you are my only hope
c (Sociol) **espérance de vie** life expectancy, expectation of life
d († ou hum: financières) **espérances** expectations • **il a de belles espérances du côté de sa tante** he has great expectations of an inheritance from his aunt • (Littérat) **"Les Grandes Espérances"** "Great Expectations"

espérantiste [ɛspeʀɑ̃tist] adj, nmf Esperantist

espéranto [ɛspeʀɑ̃to] nm Esperanto

espérer [ɛspeʀe] → SYN ▸ conjug 6 ◂ GRAMMAIRE ACTIVE 4, 8.2
1 vt (souhaiter) succès, récompense, aide to hope for • **espérer réussir** to hope to succeed • **espérer que** to hope that • **nous ne vous espérions plus** we'd given up (all) hope of seeing you ou of your coming • **je n'en espérais pas tant** I wasn't hoping ou I hadn't dared to hope for as much • **viendra-t-il? – je l'espère (bien)** ou **j'espère (bien)** will he come? – I (certainly) hope so • **ceci (nous) laisse** ou **fait espérer un succès rapide** this gives us hope ou makes us hopeful of quick success ou allows us to hope for quick success • **n'espérez pas qu'il change d'avis** there is no point in hoping he'll change his mind • **j'espère bien n'avoir rien oublié** I hope I haven't forgotten anything • (Prov) **il n'est pas nécessaire d'espérer pour entreprendre ni de réussir pour persévérer** success is not everything
2 vi (avoir confiance) to have faith • **il faut espérer** you must have faith • **espérer en** Dieu, honnêteté de qn, bienfaiteur to have faith in, trust in

esperluette [ɛspɛʀlɥɛt] nf ampersand

espiègle [ɛspjɛgl] → SYN **1** adj enfant mischievous, impish; air roguish, mischievous
2 nmf imp, monkey*

espièglerie [ɛspjɛgləʀi] → SYN nf **a** (caractère: → **espiègle**) mischievousness, impishness; roguishness
b (tour) piece of mischief, prank, monkey trick (Brit)

espingole [ɛspɛ̃gɔl] → SYN nf blunderbuss

espion, -ionne [ɛspjɔ̃, jɔn] → SYN nm,f spy

espionite [ɛspjɔnit] nf spy mania

espionnage [ɛspjɔnaʒ] → SYN nm espionage, spying • **film/roman d'espionnage** spy film/novel ou thriller • **espionnage industriel** industrial espionage

espionner [ɛspjɔne] → SYN ▸ conjug 1 ◂ vt personne, actions to spy (up)on, keep a close watch on • **espionner pour le compte de qn** to spy for sb

espionnite ⇒ **espionite** [ɛspjɔnit]

esplanade [ɛsplanad] → SYN nf esplanade

espoir [ɛspwaʀ] → SYN nm **a** (espérance) hope • **espoirs chimériques** wild hopes • **dans l'espoir de vous voir bientôt** hoping to see you soon, in the hope of seeing you soon • **avoir l'espoir/le ferme espoir que** to be hopeful/very hopeful that • **il n'y a plus d'espoir (de faire)** all hope is lost ou there's no longer any hope (of doing) • **avoir bon espoir de faire/que** to have great hopes of doing/that, be confident of doing/that • **reprendre espoir** to (begin to) feel hopeful again, take heart once more • **sans espoir** amour, situation hopeless • **aimer sans espoir** to love without hope • **l'espoir fait vivre** (gén) hope keeps us going; (hum) there's always hope • **tous les espoirs sont**

permis there's no limit to what we can hope for → **lueur, rayon**

b (personne) hope ◆ **vous êtes mon dernier espoir** you are my last hope ◆ **les jeunes espoirs du ski / de la chanson** the young hopefuls of the skiing / singing world ◆ **un des grands espoirs de la boxe française** one of the great hopes in French boxing, one of France's great boxing hopes

espressivo [ɛspʀesivo] adj, adv espressivo

esprit [ɛspʀi] → SYN 1 nm a (gén : pensée) mind ◆ **l'esprit humain** the mind of man, the human mind ou intellect ◆ **se reporter en esprit** ou **par l'esprit à** to cast one's mind back to ◆ **avoir l'esprit large / étroit** to be broad- / narrow-minded ◆ **avoir l'esprit vif** to be quick-witted, have a lively mind ◆ **à l'esprit lent** slow-witted ◆ **vivacité / lenteur d'esprit** quickness / slowness of wit ou mind ◆ **avoir l'esprit clair** to have a clear head ou mind ◆ **avoir l'esprit mal tourné** to have a dirty mind ◆ **avoir l'esprit d'escalier** → 2 **il a l'esprit ailleurs** his mind is elsewhere ou on other things ◆ **où ai-je l'esprit?** I'm miles away!, what am I thinking of? ◆ **j'ai l'esprit plus libre maintenant** my mind is freer now ◆ **il n'a pas l'esprit à ce qu'il fait** his mind is not on what he's doing ◆ **je n'ai pas l'esprit à rire** I'm not in the mood for laughing ◆ **dans mon esprit ça voulait dire** to my mind it meant ◆ (hum) **l'esprit est fort** ou **prompt, mais la chair est faible** the spirit is willing but the flesh is weak ◆ **il m'est venu à l'esprit que** it crossed my mind that, it occurred to me that ◆ (Prov) **un esprit sain dans un corps sain** mens sana in corpore sano, a sound mind in a healthy body → **disposition, état, faible**

b (humour) wit ◆ **avoir de l'esprit** to be witty ◆ **faire de l'esprit** to try to be witty ou funny ◆ **manquer d'esprit** to lack sparkle ou wit → **femme, mot, trait**

c (être humain) **son pouvoir sur les esprits / jeunes esprits** his power over people's minds / young minds, his power over people / young people ◆ **c'est un esprit subtil** he is a shrewd man, he has a shrewd mind ◆ **un de nos plus grands esprits** one of our greatest minds → **beau, grand, mauvais**

d (Rel, Spiritisme) spirit ◆ **esprit, es-tu là?** is (there) anybody there? ◆ **je ne suis pas un pur esprit** I'm flesh and blood (and I have to eat) ◆ **il joue les esprits forts** he claims to be a rational man

e [loi, époque, texte] spirit ◆ (Littérat) **"De l'esprit des lois"** "The Spirit of Laws"

f (aptitude) **avoir l'esprit mathématique / d'analyse / d'entreprise** to have a mathematical / an analytical / an enterprising mind ◆ **avoir l'esprit des affaires** to have a good head for business ◆ **avoir l'esprit critique** to be critical, take a critical attitude ◆ **avoir l'esprit de critique** to like criticizing for its own sake ◆ **avoir l'esprit de synthèse** to have an analytical mind ◆ **avoir le bon esprit de** to have enough sense to, have the (good) sense to

g (attitude) spirit ◆ **l'esprit de cette classe** ou **qui règne dans cette classe me déplaît** I do not like the (general) attitude of this class ◆ **esprit de révolte / sacrifice** spirit of rebellion / sacrifice ◆ **dans un esprit de conciliation** in a spirit of conciliation ◆ **avoir mauvais esprit** to have a negative personality ◆ **faire preuve de mauvais esprit** to be a disruptive ou disturbing influence ◆ **comprenez l'esprit dans lequel je le dis** you must understand the spirit in which I say it

h (Ling) **esprit doux / rude** smooth / rough breathing

2 COMP ▷ **esprits animaux**† (Méd) animal spirits ▷ **esprit d'à-propos** ready wit ▷ **esprit de caste** class consciousness ▷ **esprits chagrins** (péj) faultfinders ▷ **esprit de chapelle** cliquishness ▷ **esprit de clan** clannishness ▷ **esprit de clocher** parochialism ▷ **esprit de compétition** competitive spirit ▷ **esprit de contradiction** argumentativeness ▷ **esprit de corps** esprit de corps ▷ **esprit d'équipe** team spirit ▷ **esprit d'escalier** ◆ **tu as l'esprit d'escalier** you never think of an answer until it's too late ▷ **esprit de famille** family feeling; (péj) clannishness ▷ **esprit frappeur** spirit-rapper ▷ **esprit malin** ou **du mal** evil spirit ▷ **l'Esprit saint** (Rel) the Holy Spirit ou Ghost ▷ **esprit de suite** consistency *(of thought)* ▷ **esprit de système** methodical ou systematic mind

esprit-de-bois [ɛspʀidbwa] nm wood alcohol

esprit-de-sel [ɛspʀidsɛl] nm spirits of salt

esprit-de-vin [ɛspʀidvɛ̃] nm spirits of wine

esquif [ɛskif] → SYN nm (littér) skiff ◆ **frêle esquif** frail barque (littér)

esquille [ɛskij] nf splinter (of bone)

esquimau, -aude, mpl **esquimaux** [ɛskimo, od] 1 adj Eskimo ◆ **chien esquimau** husky

2 nm (Ling) Eskimo; (®: glace) choc-ice (Brit), ice-cream bar (US); (chien) husky

3 nm,f ◆ **Esquimau(de)** Eskimo

esquimautage [ɛskimotaʒ] nm (Kayak) (Eskimo) roll

esquintant, e* [ɛskɛ̃tɑ̃, ɑ̃t] adj exhausting ◆ **un travail esquintant** an exhausting job, a job that (really) takes it out of you*

esquinter* [ɛskɛ̃te] ▸ conjug 1 ◂ 1 vt a (abîmer) objet to mess up*; yeux, santé to do in*, ruin; adversaire to beat up, bash up*; voiture to smash up ◆ **se faire esquinter par une voiture** [automobiliste] to have ou get one's car bashed* ou smashed into by another; [cycliste, piéton] to get badly bashed up* by a car ◆ (Aut) **aile esquintée** damaged ou dented wing ◆ **vieux râteau tout esquinté** battered old rake

b (critiquer) film, livre to pull to pieces, slate* (Brit), pan*, slam*

2 **s'esquinter** vpr to tire ou knock* o.s. out ◆ **s'esquinter à travailler** to work o.s. to death, work o.s. into the ground ◆ **s'esquinter à étudier** to beat one's brains out* studying, work o.s. into the ground studying ◆ **s'esquinter les yeux (à lire)** to strain one's eyes (reading)

esquisse [ɛskis] → SYN nf (Peinture) sketch; (fig) [projet] outline, sketch; [geste, sourire] beginnings, suggestion

esquisser [ɛskise] → SYN ▸ conjug 1 ◂ vt (Peinture) to sketch (out); (fig) projet to outline, sketch ◆ **esquisser un geste** to make the merest suggestion of a gesture, half-make a gesture ◆ **esquisser un pas de danse** to have a quick dance, have a quick twirl* ◆ **un sourire à peine esquissé** the ghost of a smile, the faintest of smiles ◆ **un certain progrès commence à s'esquisser** one can begin to detect some progress

esquive [ɛskiv] → SYN nf (Boxe) dodge; (fig : en politique etc) evasion, sidestepping (NonC) ◆ (fig) **passé maître dans l'art de l'esquive** past master in the art of sidestepping ou dodging his opponents ou the issue

esquiver [ɛskive] → SYN ▸ conjug 1 ◂ 1 vt coup, question, personne to dodge, evade, elude; obligation to shirk, dodge; difficulté to evade, get round, skirt round

2 **s'esquiver** vpr to slip ou sneak away

essai [esɛ] → SYN nm a (mise à l'épreuve) [produit] testing; [voiture] trying out, testing ◆ (Aut, Aviat : tests techniques) **essais** trials ◆ **essais de résistance** resistance tests ◆ (Course automobile) **essais** practice ◆ **essais nucléaires** nuclear tests ◆ **venez faire l'essai de notre nouveau modèle** come and test drive ou try (out) our new model ◆ **prendre qn à l'essai** to take sb on for a trial period ou on a trial basis ◆ **mettre à l'essai** to test (out), put to the test ◆ **apprentissage par essais et erreurs** learning by trial and error → **banc, bout**

b (première utilisation) **l'essai de ce produit n'a pas été convaincant** this product didn't prove very satisfactory when it was tried out ◆ **faire l'essai d'un produit** to try out a product

c (tentative) attempt, try; (Sport) attempt ◆ **essai raté** failed attempt ◆ **faire plusieurs essais** to have several tries, make ou have several attempts ◆ **faire des essais infructueux** to make fruitless attempts ◆ **où en sont tes essais de plantations?** how are your efforts at growing things ou your attempts in the garden progressing? ◆ **ce n'est pas mal pour un premier essai** that's not bad for a first try ou attempt ou go ou shot ◆ [compagnie pétrolière] **se livrer à des forages d'essai** to test drill ◆ **coup d'essai** first attempt

d (Rugby) try ◆ **marquer un essai** to score a try

e (Littérat) essay

f (Tech) [or, argent] assay

essaim [esɛ̃] → SYN nm (lit, fig) swarm ◆ (fig) **essaim de jeunes filles / de vieilles femmes** bevy ou gaggle of girls / of old women

essaimage [esɛmaʒ] nm (→ **essaimer**) swarming; scattering; spreading, expansion

essaimer [eseme] → SYN ▸ conjug 1 ◂ vi (lit) to swarm; (fig) [famille] to scatter; [firme] (se développer) to spread, expand; (se séparer) to hive off

essart [esaʀ] nm cleared land

essartage [esaʀtaʒ], **essartement** [esaʀt(ə)mɑ̃] nm (Agr) clearing *(by grubbing* ou *by using the slash-and-burn method)*

essarter [esaʀte] → SYN ▸ conjug 1 ◂ vt champ to clear *(by grubbing* ou *by using the slash-and-burn method)*

essayage [esɛjaʒ] nm (Couture) fitting, trying on → **cabine, salon**

essayer [eseje] → SYN ▸ conjug 8 ◂ 1 vt a (mettre à l'épreuve) produit to test (out), try (out); voiture to test; [client] to test drive, try (out) ◆ **venez essayer notre nouveau modèle** come and test drive ou try (out) our new model ◆ (fig) **essayer sa force / son talent** to try ou test one's strength / skill

b (utiliser pour la première fois) voiture, produit to try (out) ◆ **avez-vous essayé le nouveau boucher?*** have you tried the new butcher('s)?

c vêtement to try on ◆ **il faut que je vous l'essaie** I must try it on you

d (tenter) méthode to try ◆ **essayer de faire** to try ou attempt to do ◆ **as-tu essayé les petites annonces?** have you tried the classified ads? ◆ **essaie de le faire** try to do it, try and do it ◆ **il a essayé de s'échapper** he attempted ou tried to run away ◆ **je vais essayer** I'll try, I'll have a go ou a try ou a shot (at it) ◆ **essaie un coup*** have a crack at it*, have a bash (at it)* ◆ **essaie un peu pour voir** (si tu y arrives) have a try ou a go and see; (*: si tu l'oses) just you try!*, just let me see you try it! ◆ **n'essaie pas de ruser avec moi** don't try being clever with me, don't try it on with me* (Brit)

e (Tech) or, argent to assay

2 **s'essayer** vpr ◆ **s'essayer à qch / à faire** to try one's hand at sth / at doing, have a go at sth / at doing

essayeur, -euse [esɛjœʀ, øz] nm,f (Couture) fitter; (Tech) assayer

essayiste [esejist] nmf essayist

esse [ɛs] → SYN nf (crochet) hook; (goupille) linchpin; (violon) sound-hole

ESSEC [esɛk] nf (abrév de **École supérieure des sciences économiques et commerciales**) → **école**

essence[1] [esɑ̃s] → SYN nf a (carburant) petrol (Brit), gas(oline) (US); (solvant) spirit ◆ **essence minérale** mineral oil ◆ **essence ordinaire** two-star petrol (Brit), regular gas (US) ◆ **essence sans plomb** lead-free ou unleaded petrol (Brit), unleaded gas (US) ◆ **essence de térébenthine** turpentine ◆ **à essence** petrol-driven (Brit), gasoline-powered (US) ◆ **prendre** ou **faire de l'essence** to get petrol (Brit) ou gas (US) → **distributeur, panne**[1]

b (extrait) [plantes] essential oil, essence; [aliments] essence ◆ **essence de violette / de café** violet / coffee essence, essence of violet / coffee ◆ **essence de citron / de rose** lemon / rose oil ◆ **essence de lavande** lavender essence, essence of lavender, lavender oil, oil of lavender

essence[2] [esɑ̃s] → SYN nf (fondement) [conversation, question, doctrine] gist, essence; [livre, ouvrage] gist; (Philos) essence ◆ (littér) **par essence** in essence, essentially

essence[3] [esɑ̃s] nf (espèce) [arbres] species ◆ **essence à feuilles persistantes** evergreen species ◆ (fig littér) **se croire d'une essence supérieure** to think of o.s. as a superior being ou as of a superior species

essentialisme [esɑ̃sjalism] nm essentialism

essentialiste [esɑ̃sjalist] adj essentialist

essentiel, -elle [esɑ̃sjɛl] → SYN GRAMMAIRE ACTIVE 10.1, 26.2

1 adj a (indispensable) essential ◆ **ces formalités sont essentielles** these formalities are essential (*à* to, *pour* for)
b (de base) essential, basic, main (épith) ◆ **essentiel à** essential to
2 nm a **l'essentiel** the main thing; (objets nécessaires) the basic essentials; (points principaux) the essentials, the essential ou basic points ◆ **tant qu'on a la santé, c'est l'essentiel** as long as you have your health, that's the main thing ◆ **l'essentiel est de ...** the main ou important thing is to ... ◆ **tu oublies l'essentiel** you're forgetting what's most important
b **l'essentiel de** conversation the main part of; fortune the best ou main part of, the bulk of ◆ **l'essentiel de ce qu'il dit** most of what he says ◆ **ils passaient l'essentiel de leur temps à faire ...** they spent the best part of their time doing ...

essentiellement [esɑ̃sjɛlmɑ̃] → SYN adv (gén) basically, essentially, mainly; (Philos) essentially ◆ **nous tenons essentiellement à ...** we are concerned above all with ...

esseulé, e [esœle] → SYN adj (littér) forsaken (littér), forlorn (littér)

essieu, pl **essieux** [esjø] → SYN nm axle(-tree)

essor [esɔʀ] → SYN nm (frm: envol) [oiseau, imagination] flight; (croissance) [entreprise, pays] rapid development ou expansion; [art, civilisation] blossoming ◆ **entreprise en plein essor** firm in full expansion ◆ **prendre son essor** [oiseau] to fly up ou off, [société] to develop ou expand rapidly ◆ **le cinéma connaît un nouvel essor** the cinema is enjoying a new boom

essorage [esɔʀaʒ] nm (→ **essorer**) wringing, mangling; wringing out; spin-drying ◆ (sur machine à laver) **mettre sur la position « essorage »** to put on "spin" ◆ **3 essorages** 3 spins

essorer [esɔʀe] → SYN ▸ conjug 1 ◂ vt (avec essoreuse à rouleaux) to wring, mangle; (à la main) to wring out; (par la force centrifuge) to spin-dry ◆ (Hér) **oiseau essoré** soaring bird

essoreuse [esɔʀøz] nf (à rouleaux) wringer, mangle; (à tambour) spin-dryer ◆ **essoreuse à salade** salad spinner

essoriller [esɔʀije] ▸ conjug 1 ◂ vt chien to crop

essoucher [esuʃe] ▸ conjug 1 ◂ vt to stump

essoufflement [esufləmɑ̃] → SYN nm breathlessness (NonC), shortness of breath (NonC); (fig) [mouvement] running out of steam

essouffler [esufle] → SYN ▸ conjug 1 ◂ 1 vt to make breathless, wind ◆ **il était essoufflé** he was out of breath ou winded ou puffed* (Brit)
2 **s'essouffler** vpr [coureur] to get out of breath, get puffed* (Brit); (fig) [roman, travail] to tail off, fall off; [romancier] to exhaust o.s. ou one's talent, dry up*; [reprise économique, mouvement de grève] to run out of steam

essuie [esɥi] nm (Belg) (pour les mains) hand towel; (serviette de bain) bath towel; (torchon) cloth

essuie-glace, pl **essuie-glaces** [esɥiglas] nm windscreen (Brit) ou windshield (US) wiper ◆ **essuie-glace à balayage intermittent** intermittent wiper

essuie-mains [esɥimɛ̃] → SYN nm inv hand towel

essuie-meuble(s), pl **essuie-meubles** [esɥimœbl] nm duster

essuie-phare(s), pl **essuie-phares** [esɥifaʀ] nm headlight ou headlamp wiper

essuie-pieds [esɥipje] nm inv doormat

essuie-tout [esɥitu] nm inv kitchen paper (Brit), paper towels (US), Scott towels® (US)

essuie-verre(s), pl **essuie-verres** [esɥivɛʀ] nm glass cloth

essuyage [esɥijaʒ] nm (→ **essuyer**) (gén) wiping; drying; mopping; cleaning; dusting; wiping up, mopping up

essuyer [esɥije] → SYN ▸ conjug 8 ◂ 1 vt a (nettoyer) objet mouillé, assiettes to wipe, dry; sol, surface mouillée to wipe, mop; tableau noir to clean, wipe; surface poussiéreuse to dust; eau to wipe up, mop up ◆ **s'essuyer les mains** to wipe one's hands (dry), dry one's hands ◆ **s'essuyer la bouche** to wipe one's mouth ◆ **essuie-toi les pieds** ou **essuie tes pieds avant d'entrer** wipe your feet before you come ou go in ◆ **s'essuyer le torse / les pieds après un bain** to dry one's body / feet after a bath ◆ **essuyer la vaisselle** to wipe ou dry up, do the drying-up (Brit), dry the dishes ◆ **le tableau est mal essuyé** the blackboard has been badly cleaned ou hasn't been cleaned ou wiped properly ◆ **nous avons essuyé les plâtres*** we had all the initial problems to put up with
b (subir) pertes, reproches, échec, insultes to endure; refus to meet with; tempête to weather, ride out ◆ **essuyer le feu de l'ennemi** to come under enemy fire ◆ **essuyer un coup de feu** to be shot at
2 **s'essuyer** vpr [baigneur] to dry o.s.

essuyeur, -euse [esɥijœʀ, øz] nm,f (personne) wiper

est[1] [ɛ] → **être**

est[2] [ɛst] → SYN 1 nm a (point cardinal) east ◆ **le vent d'est** the east wind ◆ **un vent d'est** an east(erly) wind, an easterly (Naut) ◆ **le vent tourne / est à l'est** the wind is veering east(wards) ou towards the east / is blowing from the east ◆ **regarder vers l'est** ou **dans la direction de l'est** to look east(wards) ou towards the east ◆ **à l'est** (situation) in the east; (direction) to the east, east(wards) ◆ **le soleil se lève à l'est** the sun rises in the east ◆ **à l'est de** east of, to the east of ◆ (Littérat) **"À l'est d'Eden"** "East of Eden" ◆ **l'appartement est (exposé) à l'est / exposé plein est** the flat faces (the) east ou eastwards / due east, the flat looks east(wards) / due east
b (régions orientales) east ◆ (Pol) **l'Est** the East ◆ **la France de l'Est, l'est (de la France)** the East (of France) ◆ **les pays de l'Est** the Eastern countries ◆ **le bloc de l'Est** the Eastern bloc ◆ **l'Europe de l'Est** Eastern Europe ◆ **l'Allemagne de l'Est** East Germany
2 adj inv région, partie eastern; entrée, paroi east; versant, côte east(ern); côté east(ward); direction eastward, easterly → **longitude**

estacade [ɛstakad] → SYN nf landing stage

estafette [ɛstafɛt] → SYN nf (Mil) courier; (®: camionnette) van

estafilade [ɛstafilad] → SYN nf gash, slash

est-allemand, e, mpl **est-allemands** [ɛstalmɑ̃, ɑ̃d] 1 adj East German
2 nm,f **Est-Allemand, e** East German

estaminet† [ɛstaminɛ] nm tavern; (péj) pothouse† (péj), (low) dive (péj)

estampage [ɛstɑ̃paʒ] nm (→ **estamper**) fleecing, swindling, diddling* (Brit); stamping ◆ **c'est de l'estampage**⁑ it's a plain swindle

estampe [ɛstɑ̃p] → SYN nf (image) engraving, print; (outil) stamp ◆ (euph) **venez voir mes estampes japonaises** you must let me show you my etchings

estamper [ɛstɑ̃pe] → SYN ▸ conjug 1 ◂ vt (⁑: voler) to fleece, swindle, diddle* (Brit); (Tech) to stamp

estampeur, -euse [ɛstɑ̃pœʀ, øz] nm,f (⁑) swindler, shark*; (Tech) stamper

estampillage [ɛstɑ̃pijaʒ] nm stamping, marking

estampille [ɛstɑ̃pij] → SYN nf stamp

estampiller [ɛstɑ̃pije] → SYN ▸ conjug 1 ◂ vt to stamp

estancia [ɛstɑ̃sja] nf estancia

estarie [ɛstaʀi] → SYN nf (Naut) lay-days

este [ɛst] adj → **estonien**

ester[1] [ɛste] → SYN vi ◆ (Jur) **ester en justice** to go to court, appear *(as plaintiff or defendant)*

ester[2] [ɛstɛʀ] nm (Chim) ester

estérase [ɛsteʀɑz] nf esterase

estérification [ɛsteʀifikasjɔ̃] nf esterification

estérifier [ɛsteʀifje] ▸ conjug 7 ◂ vt to esterify

Esther [ɛstɛʀ] nf Esther

esthésie [ɛstezi] nf aesthesia, esthesia (US)

esthète [ɛstɛt] → SYN nmf aesthete, esthete (US)

esthéticien, -ienne [ɛstetisjɛ̃, jɛn] → SYN nm,f (maquillage) beautician; (Art) aesthetician, esthetician (US) ◆ **esthéticien industriel** industrial designer

esthétique [ɛstetik] → SYN 1 adj jugement, sentiment aesthetic, esthetic (US); pose, carrosserie attractive, aesthetically pleasing → **chirurgie, soin**
2 nf [visage, pose] aesthetic quality, attractiveness ◆ (discipline) **l'esthétique** aesthetics (sg), esthetics (sg) (US) ◆ **l'esthétique industrielle** industrial design

esthétiquement [ɛstetikmɑ̃] adv aesthetically, esthetically (US)

esthétisant, e [ɛstetizɑ̃, ɑ̃t] adj favouring aestheticism

esthétiser [ɛstetize] ▸ conjug 1 ◂ 1 vi to favour aestheticism
2 vt to make more aesthetic

esthétisme [ɛstetism] nm aestheticism, estheticism (US)

estimable [ɛstimabl] → SYN adj a (frm: digne d'estime) estimable (frm), highly considered ou respected; (assez bon) honest, sound
b (déterminable) assessable, calculable ◆ **ces dégâts sont difficilement estimables** it is difficult to assess the extent of this damage

estimatif, -ive [ɛstimatif, iv] adj ◆ **devis estimatif** estimate ◆ **état estimatif** estimated statement

estimation [ɛstimasjɔ̃] → SYN nf a (action) [objet] appraisal, valuation; [dégâts, prix] assessment, estimation; [distance, quantité] estimation, reckoning; [propriété] valuation, assessment
b (chiffre donné) estimate, estimation ◆ **d'après mes estimations** according to my estimations ou reckonings ◆ **estimation injuste** unfair estimate ◆ **estimation des coûts** cost estimate ◆ (sondage d'opinion, vote) **estimations** projections

estime [ɛstim] → SYN GRAMMAIRE ACTIVE 13.4 nf a (considération) esteem, respect, regard ◆ **jouir d'une grande estime** to be highly respected ou regarded, be held in high esteem ou regard ◆ **il a baissé dans mon estime** he has sunk in my estimation ◆ **ce succès mérite l'estime de tous** this success deserves the respect of everyone ◆ **avoir de l'estime pour** to have (a) great esteem ou respect ou great regard for ◆ **tenir en piètre estime** to have little regard ou respect for → **succès**
b **naviguer à l'estime** (Naut) to sail by dead reckoning; (fig) to sail in the dark

estimer [ɛstime] → SYN ▸ conjug 1 ◂ vt a (évaluer) objet, propriété to appraise, value, evaluate, assess; dégâts, prix to assess, estimate, evaluate (*à* at); distance, quantité to estimate, reckon ◆ **faire estimer un bijou** to have a piece of jewellery appraised ou valued ◆ **cette bague est estimée à 3 000 F** this ring is valued at 3,000 francs ◆ **les pertes sont estimées à 2 000 morts** 2,000 people are estimated to have died, an estimated 2,000 people have died, the number of those dead is estimated at ou put at 2,000 ◆ **j'estime sa vitesse à 80 km / h** I reckon his speed to be 80 km / h, I would put his speed at 80 km / h
b (respecter) personne to esteem, hold in esteem ou high esteem ou regard, respect ◆ **estimé de tous** respected ou esteemed ou highly regarded by everyone ◆ **notre estimé collègue** our esteemed colleague ◆ **savoir se faire estimer** to know how to win people's respect ou regard ou esteem
c (faire cas de) qualité to value highly ou greatly, prize, rate highly, appreciate ◆ **estimer qch à sa juste valeur** to recognize the true worth ou value of sth ◆ **il faut savoir estimer un service rendu** one must know how to appreciate a favour ◆ **j'estime beaucoup sa loyauté** I greatly value his loyalty, I set great store by his loyalty ◆ **c'est un plat très estimé** this dish is considered a great delicacy
d (considérer) **estimer que ...** to consider ou judge ou deem† that ... ◆ **j'estime qu'il est de mon devoir de** I consider it ou judge it ou deem it† (to be) my duty to ◆ **il estime que vous avez tort de faire cela** he considers it wrong for you to do that ◆ **il estime avoir**

raison he considers he is right ou in the right ◆ **nous estimons nécessaire de dire / que** we consider it ou judge it ou deem it† necessary to say / that ◆ **estimer inutile de faire** to see no point in doing, consider it pointless to do ◆ **s'estimer heureux d'avoir / d'un résultat / que** to consider o.s. fortunate to have / with a result / that

estivage [ɛstivaʒ] nm summering of cattle on mountain pastures

estival, e, mpl **-aux** [ɛstival, o] adj (lit) summer (épith); (fig: agréable) summery ◆ **station estivale** summer resort ◆ **des températures estivales** summery ou summer-time temperatures

estivant, e [ɛstivɑ̃, ɑ̃t] → SYN nm,f holiday-maker (Brit), vacationer (US), summer visitor

estivation [ɛstivasjɔ̃] nf aestivation (Brit), estivation (US)

estive [ɛstiv] nf (Agr) summer pasture

est-nord-est [ɛstnɔʀɛst] adj inv, nm inv east-north-east

estoc [ɛstɔk] → SYN nm → **frapper**

estocade [ɛstɔkad] → SYN nf (Tauromachie) death-blow, final thrust ◆ **donner l'estocade à un taureau** to deal a bull the death-blow ◆ (fig) **donner l'estocade à une personne / un projet** to give ou deal the finishing blow to a person / a plan

estomac [ɛstɔma] → SYN nm **a** stomach ◆ **avoir mal à l'estomac** to have (a) stomach ache ou tummy ache* ◆ **partir l'estomac creux** to set off on an empty stomach ◆ **avoir l'estomac creux** ou **vide / bien rempli** ou **garni** to feel ou be empty / full (up) ◆ **j'ai l'estomac dans les talons** I'm starving ou famished ◆ **avoir un estomac d'autruche** to have a cast-iron digestive system ou a stomach of cast-iron ◆ **prendre de l'estomac*** to develop a paunch → **aigreur, creux, rester**

b (‡) **avoir de l'estomac** (du culot) to have a nerve; (du courage) to have guts* ◆ **il la lui a fait à l'estomac** he bluffed ou hoodwinked him, he pulled a fast one on him*

estomaquer* [ɛstɔmake] ▸ conjug 1 ◂ vt to flabbergast, stagger

estompage [ɛstɔ̃paʒ] nm (→ **estomper**) stumping, shading off; blurring, dimming, softening

estompe [ɛstɔ̃p] nf (Art) stump

estompé, e [ɛstɔ̃pe] (ptp de **estomper**) adj (voilé) couleurs, image blurred, soft

estomper [ɛstɔ̃pe] → SYN ▸ conjug 1 ◂ vt (Art) dessin to stump (spéc), shade off *(with a stump)*; (fig: voiler) contours, souvenir to blur, dim, soften ◆ **la côte s'estompait dans la brume du soir** the coastline became blurred ou hazy ou indistinct in the evening mist

Estonie [ɛstɔni] nf Estonia

estonien, -ienne [ɛstɔnjɛ̃, jɛn] → SYN **1** adj Estonian
2 nm (Ling) Estonian
3 nm,f ◆ **Estonien(ne)** Estonian

estoquer [ɛstɔke] → SYN ▸ conjug 1 ◂ vt taureau to deal the death-blow to

estouffade [ɛstufad] nf ◆ (Culin) **estouffade de bœuf** ≃ beef stew ◆ (fig) **c'est de l'estouffade** it's very stodgy

estourbir* [ɛstuʀbiʀ] ▸ conjug 2 ◂ vt (assommer) to stun; (tuer) to do in‡, bump off‡ (Brit)

estrade [ɛstʀad] → SYN nf platform, rostrum, dais

estradiol [ɛstʀadjɔl] nm ⇒ **œstradiol**

estradiot [ɛstʀadjo] nm (Hist) (e)stradiot

estragon [ɛstʀagɔ̃] nm tarragon

estramaçon [ɛstʀamasɔ̃] nm double-edged sword

estran [ɛstʀɑ̃] → SYN nm foreshore

estrapade [ɛstʀapad] → SYN nf strappado (torture)

estrapasser [ɛstʀapɑse] ▸ conjug 1 ◂ vt cheval to exhaust

estrogène [ɛstʀɔʒɛn] nm → **œstrogène**

estrone [ɛstʀɔn] nf ⇒ **œstrone**

estrope [ɛstʀɔp] → SYN nf strop

estropié, e [ɛstʀɔpje] → SYN (ptp de **estropier**) nm,f cripple, maimed person

estropier [ɛstʀɔpje] → SYN ▸ conjug 7 ◂ vt personne to cripple, disable, maim; (fig) texte, citation to twist, distort, mangle; nom to mutilate, mangle; langue étrangère, morceau de musique to mangle, murder

est-sud-est [ɛstsydɛst] adj inv, nm inv east-south-east

estuaire [ɛstɥɛʀ] → SYN nm estuary; (en Écosse) firth ◆ **l'estuaire de la Seine** the Seine estuary

estuarien, -ienne [ɛstɥaʀjɛ̃, jɛn] adj estuarial

estudiantin, e [ɛstydjɑ̃tɛ̃, in] adj student (épith)

esturgeon [ɛstyʀʒɔ̃] nm sturgeon

et [e] conj **a** (lie des termes, des subordonnées) and ◆ **c'est vert et rouge** it's green and red ◆ **la clarinette et le trombone sont des instruments de musique** the clarinet and the trombone are musical instruments ◆ **il est travailleur et ne boit pas** he works hard and (he) doesn't drink ◆ (Mus) **pour piano et orchestre** for piano and orchestra ◆ **lui et moi nous nous entendons bien** he and I get along well ◆ **et lui et vous l'avez dit** he and you have both said so, both he and you have said so ◆ **2 et 2 font 4** 2 and 2 make 4 ◆ **j'aime beaucoup ça, et vous?** I'm very fond of that, aren't you? ou what about you?, I like that very much – do you? ◆ **je n'aime pas ça et lui non plus** I don't like that and nor does he ou and he doesn't either ◆ **je n'ai rien vu, et toi?** I didn't see anything, did you? ou what about you? ◆ **il ne peut et ne doit pas y aller** he cannot and must not go ◆ (répétition) **il a ri et ri / pleuré et pleuré** he laughed and laughed / cried and cried ◆ (littér) **Charles y alla, et Jules** Charles went, as did Jules ◆ **une belle et grande maison** a beautiful, big house ◆ (littér) **un homme noble et pur et généreux** a noble, pure and generous man ◆ **il y a mensonge et mensonge** there are lies and lies, there's lying and lying ◆ **il y a erreur et erreur** there are mistakes and mistakes ◆ **je ne l'approuve pas et ne l'approuverai jamais** I don't approve of it and (I) never shall ou will ◆ **plus j'en mange et plus j'en ai envie** the more of it I eat the more I want

b (lie des principales: simultanéité, succession, conséquence) and ◆ **je suis né à Genève et mes parents aussi** I was born in Geneva and so were my parents, I was born in Geneva, as were my parents ◆ **j'ai payé et je suis parti** I paid and left

c (valeur emphatique) **et alors / ensuite / après?** and so / then / afterwards? ◆ **et alors?** (peu importe) so (what)?* ◆ **et moi alors?** (and) what about me then? ◆ **et puis** and then ◆ **et puis?, et puis après?*** so (what)?* ◆ **et moi, je peux venir?** can I come too? ◆ (indignation) **et vous osez revenir?** and you dare (to) come back? ◆ **et lui alors qu'est-ce qu'il va dire?** what's he going to have to say? ◆ **et ces livres que tu devais me prêter?** what about these books (then) ou and what's happened to these books that you were supposed to lend me? ◆ **et vous, vous y allez?** and what about you, are you going? ◆ **et si nous y allions aussi?** what about (us) going as well?, why don't we go too? ◆ **et voilà!** and there you are! ◆ **et voilà que le voisin revient ...** and then the next-door neighbour comes back ... ◆ **et voici que s'amène notre ami** (and) along comes our friend ◆ **et alors eux, voyant cela, ils sont partis** (and) so, seeing that, they left ◆ (littér) **et lui de sourire / se fâcher** whereupon he smiled / grew angry ◆ **et d'un ... et de deux** for one thing ... and for another ◆ **il est bête, et d'un, et il est méchant, et de deux** he's stupid for one thing and for another he's a nasty character

d vingt / trente etc **et un** twenty- / thirty- etc one ◆ **à midi / deux heures et quart** at (a) quarter past twelve / two ◆ **le vingt et unième** the twenty-first → **mille¹**

ETA [ətea] nf (abrév de **Euzkadi Ta Askatasuna**) ETA

êta [ɛta] nm eta

étable [etabl] → SYN nf cowshed

établi [etabli] nm (work) bench

établir [etabliʀ] → SYN ▸ conjug 2 ◂ **1** vt **a** (installer dans un lieu) immeuble to put up, erect; usine, liaisons, communications to establish, set up; empire to build, found ◆ **établir son domicile** ou **sa demeure à** to set up house in, make one's home in ◆ **l'ennemi a établi son camp / son quartier général dans le village** the enemy has pitched camp / has set up its headquarters in the village

b (instaurer) usage to establish, institute; gouvernement to form, set up; impôt to introduce, bring in; règlement to lay down, establish, institute

c (donner un emploi) to set up, establish ◆ **établir un fonctionnaire dans une charge** to set a civil servant up in a position ◆ **il a cinq enfants à établir** he has five children to settle ◆ **il lui reste deux filles à établir** he has still two daughters to marry off ou get established ◆ **il a établi son fils médecin** he has set his son up ou established his son in medical practice

d (asseoir) démonstration to base; réputation to found, base; droits to establish; fortune to found (*sur* on) ◆ **établir son pouvoir sur la force** to found ou base one's power on force

e (faire régner) autorité, paix to establish (*sur* over) ◆ **établir son pouvoir sur le pays** to get control of the country, establish control over the country

f (dresser) liste to draw up, make out; programme to arrange; facture, chèque to make out; plans to draw up, draft; prix to fix, work out

g (montrer) fait, comparaison to establish ◆ **établir l'innocence de qn** to establish sb's innocence ◆ **il est établi que** it's an established fact that

h (nouer) relations to establish ◆ **ils ont établi une amitié solide** they have established a firm friendship

i (Sport) **établir un record** to set (up) ou establish a record

2 s'établir vpr **a** (s'installer dans un lieu) [jeune couple] to settle ◆ **une nouvelle usine s'est établie dans le village** a new factory has been set up ou they've set up a new factory in the village ◆ **l'ennemi s'est établi sur la colline** the enemy has taken up position on the hill ◆ **les Anglais se sont solidement établis dans leurs colonies** the English established ou settled themselves firmly in their colonies

b (s'instaurer) [usage] to become customary ou common practice ◆ **l'usage s'est établi de faire ...** it has become customary to do ..., it has become established custom to do ...

c (prendre un emploi) **s'établir boulanger** to set o.s. up as a baker ◆ **il s'est établi médecin** he has established himself ou set himself up in medical practice ◆ **s'établir à son compte** to set up in business on one's own account

d (régner) [pouvoir, régime] to become established ◆ **son pouvoir s'est établi sur le pays** his rule has become (firmly) established throughout the country ◆ **un grand silence s'établit, il s'établit un grand silence** there was a great silence, a great silence fell

e (se nouer) [amitié, contacts] to develop, be established ◆ **une amitié solide s'est établie entre eux, il s'est établi entre eux une solide amitié** a firm friendship has developed ou has been established between them

établissement [etablismɑ̃] → SYN nm **a** (→ **établir**) putting-up, erecting; setting-up; establishing; building, founding; institution; forming; introduction, bringing-in; laying-down; basing; drawing-up; making-out; arranging; drafting; fixing, working-out

b (→ **s'établir**) settling; setting-up; establishment; development

c (bâtiment) establishment ◆ **établissement scolaire** school, educational establishment (frm) ◆ **établissement d'enseignement secondaire** secondary school (Brit), high school (US) ◆ **établissement d'enseignement privé** independent ou private school ◆ **établissement scolaire spécialisé** special school ◆ **établissement hospitalier** hospital ◆ **établissement thermal** hydropathic establishment ◆ **établissement religieux** religious institution ◆ **établissement commercial** commercial

establishment ◆ **établissement financier** financial institution ◆ **établissement industriel** industrial plant, factory ◆ **avec les compliments des établissements X** with the compliments of X and Co. ou of the firm of X ◆ (Fin, Jur) **établissement public autonome** government-owned corporation ◆ **établissement de soins** health care centre ◆ (Jur) **établissement stable** fixed place of business
d (colonie) settlement

étage [etaʒ] → SYN nm **a** [bâtiment] floor, storey (Brit), story (US) ◆ **au premier étage** (en France) on the first floor (Brit), on the second floor (US); (au Canada) on the ground floor ◆ **maison à** ou **de deux étages** three-storeyed (Brit) ou -storied (US) house, house with three floors ◆ **grimper les étages** to go ou climb upstairs ◆ **monter à l'étage** to go upstairs ◆ **monter à l'étage supérieur** to go to the next floor up ◆ **il grimpa 3 étages** he went up ou walked up 3 floors ou flights ◆ **les 3 étages de la tour Eiffel** the 3 levels of the Eiffel Tower → **bas**[1]
b [fusée] stage; [mine] level; [jardin] terrace, level; [gâteau] tier ◆ (Géog) **étages de végétation** levels of vegetation ◆ (Tech) **étage de pression** pressure stage

étagement [etaʒmɑ̃] nm [vignobles] terracing

étager [etaʒe] → SYN ▸conjug 3◂ **1** vt objets to set out in tiered rows, lay out in tiers
2 s'étager vpr [jardins, maisons] to rise in tiers ou terraces ◆ **la foule s'étage sur les gradins** the crowd is gathered on the terracing ou the steps ◆ **vignobles étagés sur la colline** vines in terraced rows on the hillside

étagère [etaʒɛʀ] → SYN nf (tablette, rayon) shelf ◆ (meuble) **étagères** shelves

étai [etɛ] → SYN nm (support) stay, prop, strut; (Naut: cordage) stay

étaiement [etɛmɑ̃] nm ⇒ **étayage**

étain [etɛ̃] nm (Min) tin; (Orfèvrerie) (matière) pewter; (objet) piece of pewterware, pewterware (NonC) ◆ **pot en** ou **d'étain** pewter pot → **papier**

étal, pl **étals** [etal] → SYN nm [boucherie, marché] stall

étalage [etalaʒ] → SYN nm **a** (Comm) (action) display, displaying; (devanture) shop window, show window, display window; (tréteaux) stall, stand; (articles exposés) display ◆ **présentation de l'étalage** window dressing ◆ **disposer l'étalage** to dress the window, do the window display ◆ **chemise qui a fait l'étalage** shop-soiled shirt ◆ **droit d'étalage** stallage → **vol**[2]
b (déploiement) [luxe, connaissances] display, show ◆ **faire étalage de** luxe, savoir to make a show of, show off, parade; malheurs to make a show of ◆ **étalage de force** show of strength
c (Métal) **étalages** bosh
d (Tex) roving

étalager [etalaʒe] ▸conjug 3◂ vt (Comm) to display

étalagiste [etalaʒist] nmf (décorateur) window dresser; (†: marchand) stallkeeper

étale [etal] → SYN **1** adj mer, situation slack; vent steady ◆ **navire étale** ship which makes no headway, becalmed ship
2 nm ou f [mer] slack (water)

étalement [etalmɑ̃] → SYN nm (→ **étaler**[1]) spreading; strewing; spreading-out; displaying; laying-out; application; staggering

étaler[1] [etale] → SYN ▸conjug 1◂ **1** vt **a** (déployer) papiers, objets to spread, strew (*sur* over); journal, tissu to spread out (*sur* on); (Comm) marchandise to display, lay out, spread out (*sur* on) ◆ (Cartes) **étaler son jeu** ou **ses cartes** to display ou lay down one's hand ou one's cards
b (étendre) beurre to spread (*sur* on); peinture to apply, put on; crème solaire to apply, smooth on
c (répartir) paiements to spread, stagger (*sur* over); vacances to stagger (*sur* over); travaux, opération to spread (*sur* over) ◆ (Poste) **étalez vos envois** space out your consignments ◆ **les vacances / paiements s'étalent sur 4 mois** holidays / payments are staggered ou spread over a period of 4 months
d (fig) luxe, savoir to parade, flaunt, make a show of; show off; malheurs to make a show of; secrets to give away, disclose ◆ **il faut toujours qu'il étale sa science** he's always showing off how much he knows ◆ **il aime à en étaler*** he likes to cause a stir
e (*: frapper) to floor, lay out ◆ **se faire étaler à un examen** to fail an exam, to flunk* an exam (US)
2 s'étaler vpr **a** [plaine, cultures] to stretch out, spread out
b [richesse, vanité] to be flaunted, flaunt itself; [vaniteux] to flaunt o.s. ◆ [titre de journal] **s'étaler sur** to be splashed on ou across ◆ **son ignominie s'étale au grand jour** his ignominy is plain for all to see
c (se vautrer) **s'étaler sur un divan** to sprawl ou lounge on a divan ◆ **étalé sur le tapis** sprawling on ou stretched out on the carpet ◆ **tu t'étales! je n'ai plus de place sur la table!** you're spreading your things all over, I don't have any more space on the table!
d (*: tomber) **s'étaler (par terre)** to come a cropper* (Brit), fall flat on the ground ◆ **attention, tu vas t'étaler!** look out, you're going to fall flat on your face*!

étaler[2] [etale] ▸conjug 1◂ **1** vt ◆ (Naut) **étaler la marée** to ride out the tide
2 vi [mer, marée] to become slack

étaleuse [etaløz] nf spreader

étalon[1] [etalɔ̃] → SYN nm (cheval) stallion

étalon[2] [etalɔ̃] → SYN nm (mesure: Comm, Fin) standard; (fig) yardstick ◆ **kilogramme / balance étalon** standard kilogram / scales ◆ (Écon) **étalon-or** gold standard ◆ (Écon) **étalon de change-or** gold exchange standard ◆ **c'est devenu l'étalon de la beauté** it has become the yardstick by which we measure beauty ◆ (Ciné) **copie étalon** master print → **mètre**

étalonnage [etalɔnaʒ], **étalonnement** [etalɔnmɑ̃] nm (→ **étalonner**) calibration; standardization

étalonner [etalɔne] → SYN ▸conjug 1◂ vt (graduer) instrument to calibrate; (vérifier) to standardize; test to set the standards for

étamage [etamaʒ] nm (→ **étamer**) tinning, tinplating; silvering

étambot [etɑ̃bo] → SYN nm stern-post

étamer [etame] ▸conjug 1◂ vt (gén) to tin, tinplate; glace to silver ◆ **cuivre étamé** tinned copper

étameur [etamœʀ] nm tinsmith

étamine [etamin] nf (Bot) stamen; (tissu) muslin; (pour égoutter, cribler) cheesecloth, butter muslin (Brit)

étampe [etɑ̃p] nf (matrice) stamp, die

étamper [etɑ̃pe] ▸conjug 1◂ vt to stamp

étamperche [etɑ̃pɛʀʃ] nf scaffold pole ou standard

étampeur, -euse [etɑ̃pœʀ, øz] nm,f (Tech) stamper

étamure [etamyʀ] nf (couche) [métal] layer of tin; [miroir] layer of silver

étanche [etɑ̃ʃ] → SYN adj vêtements, chaussures waterproof; montre waterproof, water-resistant; bateau, compartiment watertight; cuve leakproof; toit, mur impervious, impermeable; (fig) watertight ◆ **étanche à l'air** airtight ◆ **enduit étanche** sealant → **cloison**

étanchéité [etɑ̃ʃeite] nf (→ **étanche**) waterproofness; watertightness; airtightness

étancher [etɑ̃ʃe] → SYN ▸conjug 1◂ vt **a** sang to staunch, stem; (littér) larmes to dry, stem; (littér) soif to quench, slake; (Naut) voie d'eau to stop (up)
b (rendre étanche) to make watertight; écoulement, source to dam up, stem

étançon [etɑ̃sɔ̃] → SYN nm (Tech) stanchion, shore, prop

étançonner [etɑ̃sɔne] → SYN ▸conjug 1◂ vt to shore up, prop up

étang [etɑ̃] → SYN nm pond

étant[1] [etɑ̃] nm (Philos) being

étant[2] [etɑ̃] prp de **être**

étape [etap] → SYN nf **a** (trajet: gén, Sport) stage, leg; (lieu d'arrêt) (gén) stop, stopping place; (Sport) stopover point, staging point ◆ **faire étape à** to break the journey at, stop off at ◆ **par petites étapes** in easy stages ◆ **étape de ravitaillement** staging post
b (fig) (phase) stage; (palier) stage, step → **brûler**

étarquer [etaʀke] ▸conjug 1◂ vt (Naut) to hoist home

étasunien, -ienne [etazynjɛ̃, jɛn] **1** adj of ou from the United States, American
2 nm,f ◆ **Étasunien(ne)** American

état [eta] → SYN **1** nm **a** (condition physique) [personne] state, condition ◆ **dans un tel état d'épuisement** in such a state of exhaustion ◆ **bon état général** good general state of health ◆ **état (de santé)** health ◆ **en état d'ivresse** ou **d'ébriété** under the influence (of drink) ◆ **il n'est pas en état de le faire** he's in no condition ou (fit) state to do it ◆ **dans quel état es-tu! tu saignes!** what a state you're in! you're bleeding! ◆ **être dans un triste état** to be in a sad ou sorry state
b (condition psychique) state ◆ **dans un grand état d'épuisement** in a considerable state of exhaustion ◆ **il ne faut pas te mettre dans un état pareil** ou **des états pareils** you mustn't get yourself into such a state ◆ **être dans tous ses états** to be beside o.s. (with anger ou anxiety etc), be all worked up*, be in a terrible state ◆ **ça l'a mis dans tous ses états** that got him all worked up* ou into a terrible state ◆ **il n'était pas dans son état normal** he wasn't his usual ou normal self ◆ **être dans un état second** to be spaced out* ◆ **je ne suis pas en état de le recevoir** I'm in no fit state to receive him
c [chose abstraite] state; (Chim) [corps] state ◆ **état liquide / solide / gazeux** liquid / solid / gaseous state ◆ **dans l'état actuel de nos connaissances** in the present state of our knowledge, as our knowledge stands at (the) present ◆ **réduit à l'état de cendres** reduced to cinders ◆ **quel est l'état de la question?** where ou how do things stand in the matter?, what stage have things reached?
d [objet, article d'occasion] condition, state ◆ **en bon / mauvais état** in good / poor ou bad condition ◆ **en état** in (working) order ◆ (Naut) **en état de naviguer** sea-worthy ◆ **en état de marche** in working order ◆ **remettre en état** voiture to repair, renovate, do up* (Brit); maison to renovate, do up* (Brit) ◆ **tenir en état** voiture to maintain in good order, keep in good repair; maison to keep in good repair, look after ◆ **hors d'état** out of order ◆ **sucre / pétrole à l'état brut** sugar / oil in its raw ou unrefined ou crude state ◆ **à l'état (de) neuf** as good as new ◆ **remettre qch en l'état** to put sth back ou leave sth as it was ou in the state it was when one found it
e (nation) **État** state ◆ **être un État dans l'État** to be a law unto itself ◆ **l'État-patron** the state as an employer ◆ **l'État-providence** the welfare state ◆ **les États pontificaux** ou **de l'Église** the Papal States ◆ **les États barbaresques** the Barbary States ◆ **coup d'État** coup (d'État) → **affaire, chef**[1], **coup** etc
f (†: métier) profession, trade; (statut social) station ◆ **l'état militaire** the military profession ◆ **boucher / tailleur de son état** butcher / tailor by ou to trade ◆ **donner un état à qn** to find sb a post ou trade ◆ **honteux de son état** ashamed of his station in life†
g (registre, comptes) statement, account; (inventaire) inventory ◆ **faire un état des recettes** etc to draw up a statement ou an account of the takings etc ◆ **état appréciatif** evaluation, estimation ◆ **état vérifié des comptes** audited statement of accounts
h (Ling) **verbe d'état** stative verb ◆ **grammaire à états finis** finite state grammar
i LOC **faire état de** ses services etc to instance; craintes, intentions to state; conversation, rumeur to report ◆ **(mettre) en état d'arrestation** (to put) under arrest ◆ **en tout état de cause** in any case, whatever the case ◆ **c'est un état de fait** it is an established ou irrefutable fact ◆ (hum) **dans un état intéressant** in an interesting condition, in the family way* ◆ (gén, Bio, Psych) **à l'état**

latent in a latent state ◆ (Rel) **en état de péché (mortel)** in a state of (mortal) sin

2 COMP ▷ **état d'alerte** (Mil) state of alert ▷ **état d'âme** mood, frame of mind ◆ **avoir des états d'âme** to have uncertainties ▷ **état d'apesanteur** weightlessness ◆ **en état d'apesanteur** weightless ◆ **expérience en état d'apesanteur** experiment carried out under conditions of weightlessness ▷ **état de choc** ◆ **être en état de choc** to be in (a state of) shock ▷ **état de choses** state of affairs, situation ▷ **(bureau de) l'état civil** (Admin) registry office (Brit), Public Records Office (US) ▷ **état de conscience** (Psych) state of consciousness ▷ **état de crise** state of crisis ▷ **état d'esprit** frame ou state of mind ▷ **les états** ou **États généraux** (Hist) the States General ▷ **état de grâce** (Rel) state of grace ◆ **en état de grâce** (fig) inspired ▷ **état de guerre** (Pol) state of war ▷ **état des lieux** (Jur) inventory of fixtures ▷ **l'état de nature** (Philos) the natural state ▷ **états de service** (Mil) service record ▷ **état de siège** state of siege ▷ **État tampon** (Pol) buffer state ▷ **état d'urgence** (Pol) state of emergency ▷ **état de veille** (Psych) waking state

étatique [etatik] adj système, doctrine of state control

étatisation [etatizasjɔ̃] → SYN nf (doctrine) state ou government control ◆ **étatisation d'une entreprise** placing of a concern under direct state ou government control, takeover of a concern by the state

étatiser [etatize] → SYN ▸conjug 1◂ vt to establish state ou government control over, put ou bring under state ou government control ◆ **économie / entreprise étatisée** state-controlled economy / firm

étatisme [etatism] → SYN nm state socialism, state ou government control

étatiste [etatist] **1** adj système, doctrine of state ou government control

2 nmf partisan of state ou government control, state socialist

état-major, pl **états-majors** [etamaʒɔʀ] → SYN nm **a** (Mil) (officiers) staff (inv); (bureaux) staff headquarters ◆ **officier d'état-major** staff officer → **chef**[1]

b (fig) [parti politique] administrative staff (inv); [entreprise] top ou senior management

états-unien, -ienne, mpl **états-uniens** [etazynjɛ̃, jɛn] ⇒ **étasunien, -ienne**

États-Unis [etazyni] nmpl ◆ **les États-Unis (d'Amérique)** the United States (of America) ◆ **les États-Unis d'Europe** the United States of Europe

étau, pl **étaux** [eto] → SYN nm (Tech) vice ◆ **étau limeur** shaper ◆ (fig) **l'étau se resserre (autour des coupables)** the noose is tightening (round the guilty men) ◆ **se trouver pris (comme) dans un étau** to find o.s. caught in a stranglehold

étayage [etɛjaʒ] nm, **étayement** [etɛjmɑ̃] nm (→ **étayer**) propping-up; shoring-up; support(ing); backing-up

étayer [eteje] → SYN ▸conjug 8◂ vt mur to prop up, shore up; (fig) théorie to support, back up; régime, société to support, prop up

etc [ɛtseteʀa] loc (abrév de **et cætera**) etc

et cætera, et cetera [ɛtseteʀa] loc etcetera, etc, and so on (and so forth)

été [ete] → SYN nm summer(time) ◆ **été de la Saint-Martin** Indian summer ◆ **été indien** ou (Can) **des Indiens** Indian summer ◆ **été comme hiver** summer and winter alike ◆ **en été** in (the) summer, in (the) summertime

éteignoir [etɛɲwaʀ] → SYN nm **a** [bougie] extinguisher

b (personne) wet blanket, killjoy

éteindre [etɛ̃dʀ] → SYN ▸conjug 52◂ GRAMMAIRE ACTIVE 24.4

1 vt **a** incendie, poêle to put out, extinguish; bougie to blow out, snuff out, extinguish; cigarette to stub out, put out, extinguish ◆ **laisse le feu éteint** leave the fire out

b gaz, lampe to switch off, put out, turn off; électricité, chauffage, radio to turn off, switch off ◆ **éteins dans la cuisine** put the kitchen light(s) out, switch out ou off the light in the kitchen ◆ **tous feux éteints** without lights

c pièce, endroit to put out ou turn off the lights in ◆ **sa fenêtre était éteinte** his window was dark, there was no light at ou in his window

d colère to subdue, quell; amour, envie to kill; soif to quench, slake

e (Jur) dette to extinguish

2 **s'éteindre** vpr **a** [agonisant] to pass away, die ◆ **famille qui s'est éteinte** family which has died out

b [colère] to abate, evaporate; [amour, envie] to die, fade

c [cigarette, feu, gaz etc] to go out ◆ **la fenêtre s'est éteinte** the light at the window went out, the window went dark

éteint, e [etɛ̃, ɛ̃t] → SYN (ptp de **éteindre**) adj couleur faded; race, volcan extinct; regard dull, lacklustre; voix feeble, faint, dying; (*: épuisé) exhausted, tired out ◆ **chaux éteinte** slaked lime ◆ **c'est un homme éteint maintenant** his spirit is broken now, he's a broken man now

étemperche [etɑ̃pɛʀʃ] nf ⇒ **étamperche**

étendage [etɑ̃daʒ] nm [linge] hanging out ◆ **dix mètres d'étendage** ten metres of clothes line

étendard [etɑ̃daʀ] → SYN nm **a** (enseigne, fig) standard ◆ **brandir** ou **lever l'étendard de la révolte** to raise the standard of revolt

b (Bot) standard, vexillum (spéc)

étendoir [etɑ̃dwaʀ] nm (corde) clothes ou washing line; (sur pied) clotheshorse

étendre [etɑ̃dʀ] → SYN ▸conjug 41◂ **1** vt **a** (déployer) journal, tissu to spread out, open out; tapis to roll out; (étaler) beurre to spread; (Culin) pâte to roll out; bras, jambes to stretch out; ailes to spread; (Ling) sens to stretch, extend ◆ **étendre du linge** (sur un fil) to hang out the washing ◆ **veux-tu étendre le bras pour me passer ...** would you mind stretching your arm and passing me ... ◆ **étendre un blessé** to stretch out a wounded man ◆ **le cadavre, étendu sur le sol** the corpse, stretched (out) ou spread-eagled on the ground

b (*) adversaire (frapper) to floor, lay out; (vaincre) to thrash*, knock out; candidat (Scol) to fail, clobber‡; (Pol) to hammer* ◆ **se faire étendre** [adversaire] to be laid out cold, be flattened*; [candidat] to be failed, be clobbered‡; (Pol) to be hammered*

c (agrandir) pouvoirs to extend, widen, expand, increase (*sur* over); affaires, fortune to extend, increase, expand; connaissances, domaine, cercle d'amis to widen, extend, expand, increase; recherches to extend ou broaden (the field of), increase the scope of ◆ **étendre son action à d'autres domaines** to extend ou widen one's action to other fields ◆ **étendre une idée à une autre** to extend one idea to (cover) another, apply one idea to another

d (diluer) vin to dilute, let down; sauce to thin, let down (*de* with) ◆ **étendu d'eau** watered down

2 **s'étendre** vpr **a** [personne] (s'allonger) to stretch out (*sur* on); (se reposer) to have a lie down (Brit), lie down; (fig: en expliquant) to elaborate ◆ **s'étendre sur son lit** to stretch out ou lie down on one's bed ◆ **s'étendre sur un sujet** to elaborate on ou enlarge on a subject

b (occuper un espace, une période) [côte, forêt] to stretch (out), extend; [cortège] to stretch (out) (*jusqu'à* as far as, to); (fig) [vacances, travaux] to stretch, extend (*sur* over) ◆ **la plaine s'étendait à perte de vue** the plain stretched (away) as far as the eye could see

c (fig: augmenter) [brouillard, épidémie] to spread; [parti politique] to expand; [ville] to spread, expand; [pouvoirs, domaine, fortune] to increase, expand; [cercle d'amis] to expand, widen; [recherches] to broaden in scope; [connaissances, vocabulaire] to increase, widen

d (s'appliquer) [loi, avis] to apply (*à* to) ◆ **sa bonté s'étend à tous** his kindness extends to everyone ◆ **cette mesure s'étend à tous les citoyens** this measure applies ou is applicable to ou covers all citizens ◆ **la domination romaine s'est étendue sur tout le monde méditerranéen** Roman rule extended over all of the Mediterranean world

e (s'étaler) [substance] to spread ◆ **cette peinture s'étend facilement** this paint goes on ou spreads easily

étendu, e [etɑ̃dy] → SYN (ptp de **étendre**) **1** adj **a** (vaste) ville sprawling (épith), spread out (attrib); domaine extensive, large; connaissances, pouvoirs extensive, wide, wide-ranging; vue wide, extensive; vocabulaire wide, large, extensive; sens d'un mot broad (épith), wide; dégâts extensive, widespread; famille extended

b (allongé) personne, jambes stretched out ◆ **étendu sur l'herbe** lying ou stretched out on the grass

2 **étendue** nf **a** (surface) [plaine] area, expanse ◆ **pays d'une grande étendue** country with a large surface area ou which covers a large area ◆ **sur une étendue de 16 km** over an expanse ou area of 16 km ◆ **sur toute l'étendue de la province** throughout the whole province, throughout the length and breadth of the province ◆ **grande étendue de sable** large stretch ou expanse of sand ◆ **surpris par l'étendue de ce territoire** amazed at the sheer size ou extent of the territory

b (durée) [vie] duration, length ◆ **sur une étendue de trois ans** over a period of three years

c (importance) [pouvoir, dégâts] extent; [affaires, connaissances, recherches] range, scope, extent ◆ **pouvoir / culture d'une grande étendue** wide ou extensive power / culture, wide-ranging power / culture ◆ **devant l'étendue du désastre** faced with the scale of the disaster

d (Mus) [voix] compass, range; [instrument] range

e (Philos) [matière] extension, extent

Étéocle [eteɔkl] nm Eteocles

éternel, -elle [etɛʀnɛl] → SYN **1** adj **a** (Philos, Rel) eternal ◆ **je ne suis pas éternel!** I won't live forever!

b (sans fin) eternal, everlasting, endless, unending ◆ **ma reconnaissance sera éternelle** I shall be grateful (to you) for evermore, I'll be eternally grateful ◆ **soucis éternels** never-ending ou endless worries → **neige**

c (perpétuel) perpetual, eternal ◆ **c'est un éternel insatisfait** he is never happy with anything, he is perpetually ou eternally dissatisfied ◆ **c'est l'éternel problème de** it's the eternal problem of

d (*: inamovible: avant n) inevitable ◆ **son éternel chapeau sur la tête** the inevitable hat on his head

2 nm **a** (Rel) **l'Éternel** the Eternal, the Everlasting; (Bible) the Lord ◆ (hum) **grand joueur devant l'Éternel** inveterate gambler

b **l'éternel féminin** the eternal feminine ou woman

éternellement [etɛʀnɛlmɑ̃] → SYN adv (→ **éternel**) eternally; everlastingly; endlessly; perpetually

éterniser [etɛʀnize] → SYN ▸conjug 1◂ **1** vt **a** débats, supplice, situation to drag out, draw out

b (littér) nom, mémoire to immortalize, perpetuate

2 **s'éterniser** vpr [situation, débat, attente] to drag on, go on and on; [visiteur] to stay ou linger too long, linger on ◆ **le jury s'éternise** the jury is taking ages ◆ **on ne peut pas s'éterniser ici** we can't stay here for ever ◆ **ne nous éternisons pas sur ce sujet** let's not dwell forever on that subject

éternité [etɛʀnite] → SYN nf eternity ◆ (fig) **cela fait une éternité** ou **des éternités que je ne l'avais rencontré** it's ages ou donkey's years* (Brit) since I'd met him, I hadn't met him in ages ◆ **il y a des éternités que tu m'as promis cela** you promised me that ages ago, it's ages since you promised me that ◆ **ça a duré une éternité** it lasted for ages ◆ **ça va durer une éternité** it'll take forever ◆ **de toute éternité** from the beginning of time, from time immemorial ◆ **pour l'éternité** to all eternity, eternally

éternuement [etɛʀnymɑ̃] → SYN nm sneeze

éternuer [etɛʀnɥe] ▸conjug 1◂ vi to sneeze

étésien [etezjɛ̃] adj m vent etesian

étêtage [etɛtaʒ], **étêtement** [etɛtmɑ̃] nm (→ **étêter**) pollarding, polling; cutting the head off

étêter [etete] ⇒ SYN ▸conjug 1◂ vt arbre to pollard, poll; clou, poisson to cut the head off

éteule [etœl] ⇒ SYN nf (Agr) stubble

éthane [etan] nm ethane

éthanol [etanɔl] nm ethanol

éther [etɛʀ] ⇒ SYN nm (Chim, littér) ether

éthéré, e [eteʀe] ⇒ SYN adj (Chim, littér) ethereal

éthérifier [eteʀifje] ▸conjug 7◂ vt to etherify

éthérisme [eteʀism] nm ether intoxication

éthéromane [eteʀɔman] nmf ether addict

éthéromanie [eteʀɔmani] nf addiction to ether

Éthiopie [etjɔpi] nf Ethiopia

éthiopien, -ienne [etjɔpjɛ̃, jɛn] 1 adj Ethiopian
2 nm,f ◆ **Éthiopien(ne)** Ethiopian

éthique [etik] ⇒ SYN 1 adj ethical
2 nf (Philos) ethics (sg); (code moral) moral code, code of ethics

ethmoïdal, e, mpl **-aux** [ɛtmɔidal, o] adj ethmoid(al)

ethmoïde [ɛtmɔid] nm ethmoid

ethnarchie [ɛtnaʀʃi] nf ethnarchy

ethnarque [ɛtnaʀk] nm ethnarch

ethniciser [ɛtnisize] ▸conjug 1◂ vt to make ethnic

ethnicité [ɛtnisite] nf ethnicity

ethnie [ɛtni] ⇒ SYN nf ethnic group

ethnique [ɛtnik] ⇒ SYN adj ethnic(al) ◆ **minorité ethnique** ethnic minority

ethnocentrisme [ɛtnosɑ̃tʀism] nm ethnocentrism

ethnocide [ɛtnɔsid] nm genocide of an ethnic group

ethnographe [ɛtnɔgʀaf] nmf ethnographer

ethnographie [ɛtnɔgʀafi] ⇒ SYN nf ethnography

ethnographique [ɛtnɔgʀafik] adj ethnographic(al)

ethnolinguistique [ɛtnolɛ̃gɥistik] nf ethnolinguistics (sg)

ethnologie [ɛtnɔlɔʒi] nf ethnology

ethnologique [ɛtnɔlɔʒik] adj ethnologic(al)

ethnologue [ɛtnɔlɔg] nmf ethnologist

ethnomusicologie [ɛtnomyzikɔlɔʒi] nf ethnomusicology

ethnomusicologue [ɛtnɔmyzikɔlɔg] nmf ethnomusicologist

ethnopsychologie [ɛtnopsikɔlɔʒi] nf psychological anthropology

éthogramme [etɔgʀam] nm ethogram

éthologie [etɔlɔʒi] nf ethology

éthologique [etɔlɔʒik] adj ethological

éthologiste [etɔlɔʒist] nmf ethologist

éthyle [etil] nm ethyl

éthylène [etilɛn] nm ethylene

éthylique [etilik] ⇒ SYN 1 adj ◆ **alcool éthylique** ethyl alcohol ◆ **gastrite éthylique** alcoholic gastritis
2 nmf alcoholic

éthylisme [etilism] nm alcoholism ◆ **crise d'éthylisme** alcoholic fit

éthylomètre [etilɔmɛtʀ] nm ⇒ **éthylotest**

éthylotest [etilɔtɛst] nm Breathalyser® (Brit), Breathalyzer® (US)

étiage [etjaʒ] nm (baisse) low water (NonC) *(of a river)*; (niveau) low-water level; (marque) low-water mark

Étienne [etjɛn] nm Stephen, Steven

étincelage [etɛ̃s(ə)laʒ] nm (Méd) fulguration; (Tech) spark erosion

étincelant, e [etɛ̃s(ə)lɑ̃, ɑ̃t] ⇒ SYN adj (→ **étinceler**) sparkling; glittering; gleaming; twinkling; flashing; shining ◆ **conversation étincelante** scintillating ou brilliant conversation ◆ **il a été étincelant** he was brilliant

étinceler [etɛ̃s(ə)le] ⇒ SYN ▸conjug 4◂ vi a [lame] to sparkle, glitter, gleam; [étoile, diamant] to glitter, gleam, twinkle, sparkle ◆ **la mer étincelle au soleil** the sea sparkles ou glitters in the sun
b [yeux, regard] **étinceler de colère** to glitter ou flash with anger ◆ **étinceler de joie** to sparkle ou shine with joy
c [conversation, esprit, intelligence] to sparkle; [beauté] to sparkle, shine
d (littér) **étinceler de mille feux** [soleil, nuit] to glitter with a myriad lights (littér)

étincelle [etɛ̃sɛl] ⇒ SYN nf a (parcelle incandescente) spark ◆ **étincelle électrique** electric spark ◆ **jeter des étincelles** to throw out sparks ◆ (fig) **c'est l'étincelle qui a mis le feu aux poudres** it was this which touched off ou sparked off the incident ◆ (fig: se distinguer) **faire des étincelles*** to scintillate, shine ◆ (fig: exploser) **ça va faire des étincelles*** sparks will fly
b [lame, regard] flash, glitter ◆ **jeter** ou **lancer des étincelles** [diamant, regard] to flash fire
c [raison, intelligence] gleam, flicker, glimmer ◆ **étincelle de génie** spark ou flash of genius

étincellement [etɛ̃sɛlmɑ̃] nm (→ **étinceler**) sparkle (NonC); glitter (NonC); gleam (NonC); twinkling (NonC); flash (NonC); shining (NonC)

étiolement [etjɔlmɑ̃] ⇒ SYN nm (→ **étioler, s'étioler**) blanching, etiolation (spéc), weakening; wilting; decline; withering

étioler [etjɔle] ⇒ SYN ▸conjug 1◂ 1 vt a plante to blanch, etiolate (spéc)
b personne to weaken, make sickly
2 **s'étioler** vpr [plante] to wilt, grow weak; [personne] to languish, decline; [intelligence] to wither, become dull

étiologie [etjɔlɔʒi] nf etiology

étiologique [etjɔlɔʒik] adj etiological

étiopathe [etjopat] nmf ≃ osteopath

étiopathie [etjopati] nf ≃ osteopathy

étique [etik] ⇒ SYN adj skinny, bony

étiquetage [etik(ə)taʒ] nm [paquet] labelling; [prix] marking, labelling

étiqueter [etik(ə)te] ⇒ SYN ▸conjug 4◂ vt paquet to label; prix to mark, label; (fig) personne to label, classify, pigeonhole (péj) *(comme* as)

étiqueteur, -euse [etik(ə)tœʀ, øz] 1 nm,f labeller
2 **étiqueteuse** nf labelling machine

étiquette [etikɛt] ⇒ SYN nf a (sur paquet, Ordin) label; (de prix) ticket, label ◆ **étiquette autocollante / collante** self-stick ou self-adhesive / stick-on label ◆ **étiquette politique** political label ◆ (Pol) **les sans étiquette** the independents ◆ (fig) **mettre une étiquette à qn** to label sb, stick a label on sb, pigeonhole sb (péj)
b (protocole) **l'étiquette** etiquette

étirage [etiʀaʒ] nm [métal, verre] drawing out

étirement [etiʀmɑ̃] ⇒ SYN nm [personne] stretching

étirer [etiʀe] ⇒ SYN ▸conjug 1◂ 1 vt peaux to stretch; métal, verre to draw (out) ◆ **étirer ses membres** to stretch one's limbs
2 **s'étirer** vpr [personne] to stretch; [vêtement] to stretch; [convoi] to stretch out; [route] to stretch out ou away

étireur, -euse [etiʀœʀ, øz] 1 nm,f [peaux] stretcher; [métal, verre] drawer
2 **étireuse** nf [peaux] stretcher; [métal] drawing machine

Etna [ɛtna] nm ◆ **l'Etna** Etna, Mount Etna

étoffe [etɔf] ⇒ SYN nf a (Tex) material, fabric; [livre] material, stuff
b (fig) **avoir l'étoffe de** to have the makings of, be cut out to be ◆ **avoir l'étoffe d'un héros** to be of the stuff heroes are made of, have the makings of a hero ◆ **il a de l'étoffe** [personne] he has a strong personality; [roman] it is something you can really get your teeth into, it is really meaty ◆ **manquer d'étoffe** [personne] to lack personality; [roman] to lack substance, have nothing you can really get your teeth into

étoffé, e [etɔfe] ⇒ SYN (ptp de **étoffer**) adj discours meaty; personne fleshy

étoffer [etɔfe] ⇒ SYN ▸conjug 1◂ 1 vt style to enrich; discours, personnage to fill out, flesh out
2 **s'étoffer** vpr [personne] to fill out

étoile [etwal] ⇒ SYN nf a (Astron) star ◆ **étoile filante** shooting star ◆ **étoile polaire** pole star, north star ◆ **étoile du berger** ou **du soir** evening star ◆ **étoile du matin** morning star, daystar ◆ **étoile de David** star of David ◆ **étoile double / à neutrons** double / neutron star ◆ **semé d'étoiles** starry, star-studded ◆ **sans étoile** starless ◆ **à la clarté des étoiles** by starlight ◆ **dormir** ou **coucher à la belle étoile** to sleep out (in the open), sleep under the stars
b (dessin, objet) star; [cheval] blaze; (fêlure) crack ◆ **général à deux étoiles** two-star general ◆ **(hôtel) trois étoiles** three-star hotel ◆ **moteur en étoile** radial engine
c (Ciné, Danse) star ◆ **étoile du cinéma** film star (Brit), movie star (US) ◆ **étoile de la danse** dancing star ◆ **étoile montante** rising ou up-and-coming star ◆ (Ciné) **"Une étoile est née"** "A Star is Born"
d (destinée) **avoir foi en son étoile** to trust one's lucky star, trust to one's luck ◆ **être né sous une bonne / mauvaise étoile** to be born under a lucky / an unlucky star ◆ **son étoile a pâli** his star has set
e (Zool) **étoile de mer** starfish ◆ (Bot) **étoile d'argent** edelweiss

étoiler [etwale] ▸conjug 1◂ 1 vt a (parsemer) to stud *(de* with) ◆ **nuit étoilée** starry ou starlit night ◆ **ciel étoilé** starry ou star-studded sky
b (fêler) to crack ◆ **le pare-brise est étoilé** the windscreen is crazed
2 vpr [pare-brise] to craze

étole [etɔl] nf (Rel, gén) stole

étonnamment [etɔnamɑ̃] adv surprisingly, amazingly, astonishingly

étonnant, e [etɔnɑ̃, ɑ̃t] ⇒ SYN 1 adj a (surprenant) surprising, amazing, astonishing ◆ **rien d'étonnant à cela, cela n'a rien d'étonnant** no wonder, there's nothing (so) surprising about that ◆ **vous êtes étonnant** you're incredible ou amazing, you're the absolute limit^A
b (remarquable) personne amazing, fantastic*, incredible
2 nm ◆ **l'étonnant est que** the astonishing ou amazing thing ou fact is that, what is astonishing ou amazing is that

étonné, e [etɔne] ⇒ SYN (ptp de **étonner**) adj surprised, amazed, astonished ◆ **il a pris un air étonné** ou **a fait l'étonné quand je lui ai dit** he acted surprised when I told him ◆ **je ne serais pas autrement étonné** I wouldn't be surprised

étonnement [etɔnmɑ̃] ⇒ SYN nm surprise, amazement, astonishment

étonner [etɔne] ⇒ SYN ▸conjug 1◂ 1 vt to surprise, amaze, astonish ◆ **ça m'étonne que** I am surprised that, it surprises me that ◆ **ça ne m'étonne pas (que)** I'm not surprised (that), I don't wonder (that), it doesn't surprise me (that) ◆ **vous serez étonnés du résultat** you'll be surprised by the result ◆ **ça m'étonnerait** I should be very surprised ◆ (iro) **tu m'étonnes!*** you don't say!* (iro)
2 **s'étonner** vpr to be amazed, wonder, marvel *(de qch* at sth, *de voir* at seeing) ◆ **je m'étonne que** I am surprised that, it surprises me that ◆ **il ne faut pas s'étonner si** it's hardly surprising that

étouffant, e [etufɑ̃, ɑ̃t] ⇒ SYN adj stifling

étouffe-chrétien* [etufkʀetjɛ̃] nm inv ◆ **c'est de l'étouffe-chrétien** ou **un étouffe-chrétien** it's stodgy

étouffée [etufe] nf ◆ **à l'étouffée** poisson, légumes steamed; viande braised ◆ **cuire à l'étouffée** to steam; to braise

étouffement [etufmɑ̃] ⇒ SYN nm a (mort) suffocation ◆ **tuer qn par étouffement** to kill sb by suffocating ou smothering him ◆ **mourir d'étouffement** to die of suffocation
b (Méd) **sensation d'étouffement** feeling of suffocation ou breathlessness ◆ **avoir des étouffements** to have fits of breathlessness

c (action : NonC) [scandale] hushing-up ; [rumeurs] suppression, stifling ; [révolte] quelling, suppression ; [scrupules] stifling, overcoming
d [pas] muffling

étouffer [etufe] → SYN ▸ conjug 1 ◂ 1 vt a [assassin] to suffocate, smother ; [chaleur, atmosphère] to suffocate, stifle ; [sanglots, colère, aliment] to choke ; (fig) to stifle, suffocate ◆ **le bébé s'est étouffé dans ses draps** the baby suffocated in its sheets ◆ **mourir étouffé** to die of suffocation, suffocate ◆ **s'étouffer en mangeant** to choke whilst eating ◆ **étouffer qn de baisers** to smother sb with kisses ◆ **les scrupules ne l'étouffent pas** he isn't hampered ou overburdened by scruples, he doesn't let scruples cramp his style ◆ **ce n'est pas la politesse qui l'étouffe !*** politeness is not his forte ! ou his strong suit ! ◆ **ça l'étoufferait de dire merci** it would kill him to say thank you ◆ (Agr) **plantes qui étouffent les autres** plants which choke ou smother others
b bruit to muffle, deaden ; bâillement to stifle, smother, suppress ; sanglots, cris to smother, choke back, stifle ◆ **rires étouffés** suppressed ou smothered laughter ◆ **dit-il d'une voix étouffée** he said in a low ou hushed tone ◆ **voix étouffées** (discrètes) subdued voices ; (confuses) muffled voices
c scandale to hush up, smother, keep quiet ; rumeurs, scrupules, sentiments to smother, suppress, stifle ; révolte to put down, quell, suppress
d flammes to smother, extinguish, quench (littér) ◆ **étouffer un feu** to put out ou smother a fire
e (†* : voler) to pinch*
2 vi (mourir étouffé) to die of suffocation, suffocate ; (fig : être mal à l'aise) to feel stifled, suffocate ◆ **étouffer de colère / de rire** to choke with anger / with laughter ◆ **étouffer de chaleur** to be stifling, be overcome with the heat ◆ **on étouffe dans cette pièce** it's stifling in here, the heat is suffocating ou overpowering in here

étouffoir [etufwaʀ] nm (Mus) damper ◆ **quel étouffoir ici !*** it's very stuffy in here !

étoupe [etup] nf (de lin, chanvre) tow ; (de cordages) oakum

étoupille [etupij] nf (amorce) fuse

étourderie [etuʀdəʀi] → SYN nf (caractère) absent-mindedness ◆ **(faute d')étourderie** careless mistake ◆ **agir par** ou **avec étourderie** to act without thinking ou carelessly

étourdi, e [etuʀdi] → SYN (ptp de **étourdir**) 1 adj personne, action scatterbrained, absent-minded
2 nm,f scatterbrain ◆ **agir en étourdi** to act without thinking ou carelessly

étourdiment [etuʀdimɑ̃] adv carelessly, rashly

étourdir [etuʀdiʀ] → SYN ▸ conjug 2 ◂ 1 vt a (assommer) to stun, daze
b **étourdir qn** [bruit] to deafen ; [altitude, vin] to make sb dizzy ou giddy ; [succès, parfum, vin] to go to sb's head ◆ **l'altitude m'étourdit** heights make me dizzy ou giddy, I've no head for heights (Brit) ◆ **ce vacarme m'étourdit** this row is deafening ◆ **ce mouvement m'étourdit** this movement makes my head spin ou makes me feel quite dizzy
2 **s'étourdir** vpr ◆ **il s'étourdit par la boisson** he drowns his sorrows in drink ◆ **il s'étourdit par les plaisirs** he tries to forget ou to deaden his sorrows by living a life of pleasure ◆ **il s'étourdit pour oublier** he keeps up a whirl of activity to forget ◆ **s'étourdir de paroles** to get drunk on words, be carried away by the sound of one's own voice

étourdissant, e [etuʀdisɑ̃, ɑ̃t] → SYN adj bruit deafening, earsplitting ; succès staggering, stunning ; beauté stunning ◆ **à un rythme étourdissant** at a tremendous ou breakneck pace ◆ **étourdissant de beauté** stunningly beautiful

étourdissement [etuʀdismɑ̃] → SYN nm a (syncope) blackout ; (vertige) dizzy spell, fit of giddiness ◆ **ça me donne des étourdissements** it makes me feel dizzy, it makes my head swim*
b (littér : surprise) surprise
c (littér : griserie) exhilaration, intoxication

étourneau, pl étourneaux [etuʀno] → SYN nm a (Orn) starling
b (* : distrait) scatterbrain, featherbrain (Brit), birdbrain (US)

étrange [etʀɑ̃ʒ] → SYN adj strange, odd, queer, peculiar, weird, funny ◆ **et chose étrange** (and) strange to say, strangely enough, the odd thing is ◆ **aussi étrange que cela puisse paraître** strange as it may seem ◆ **cela n'a rien d'étrange** there is nothing strange about ou in that

étrangement [etʀɑ̃ʒmɑ̃] adv (bizarrement) strangely, oddly, peculiarly ; (étonnamment) surprisingly, amazingly ◆ **ressembler étrangement à** to be surprisingly ou amazingly ou suspiciously like

étranger, -ère [etʀɑ̃ʒe, ɛʀ] → SYN 1 adj a (d'un autre pays) foreign ; (Pol) politique, affaires foreign ◆ **être étranger au pays** to be a foreigner ◆ **visiteurs étrangers** foreign visitors, visitors from abroad
b (d'un autre groupe) strange, unknown (*à* to) ◆ **être étranger à un groupe** not to belong to a group, be an outsider ◆ **il est étranger à notre famille** he is not a relative of ours, he is not a member of our family ◆ **entrée interdite à toute personne étrangère (à l'établissement** ou **au service)** no entry for unauthorized persons, no unauthorized entry
c (inconnu) nom, usage, milieu strange, unfamiliar (*à* to) ; idée strange, odd ◆ **son nom / son visage ne m'est pas étranger** his name / face is not unknown ou not unfamiliar to me ◆ **la chimie lui est étrangère** chemistry is a closed book to him, he has no knowledge of chemistry ◆ **cette personne / technique lui est étrangère** this person / technique is unfamiliar ou unknown to him, he is unfamiliar ou unacquainted with this person / technique ◆ **ce sentiment ne lui est pas étranger** this feeling is not unknown to him, it is not unknown for him to feel this way → **corps**
d (extérieur) donnée, fait extraneous (*à* to) ◆ **étranger au sujet** irrelevant (to the subject), beside the point ◆ **être étranger à un complot** not to be involved ou mixed up in a plot, have nothing to do with a plot
2 nm,f a (d'un autre pays) foreigner ; (péj, Admin) alien ◆ **une étrangère** a foreign lady ou woman ◆ **c'est une étrangère** she's a foreigner
b (inconnu) stranger ; (à un groupe) outsider, stranger
3 nm ◆ (pays) **l'étranger** foreign countries, foreign parts ◆ **vivre / voyager à l'étranger** to live / travel abroad ◆ **rédacteur pour l'étranger** foreign editor ◆ (Journalisme) **nouvelles de l'étranger** news from abroad ◆ (Littérat) **"L'Étranger"** "L'Étranger", "The Stranger", "The Outsider"

étrangeté [etʀɑ̃ʒte] → SYN nf (caractère) [conduite] strangeness, oddness, queerness ; (fait ou événement etc bizarre) odd ou strange fact (ou event etc)

étranglé, e [etʀɑ̃gle] → SYN (ptp de **étrangler**) adj personne strangled ; voix strained, tight

étranglement [etʀɑ̃gləmɑ̃] → SYN nm a [victime] strangulation ; (Hist : supplice) garotting ; (fig) [presse, libertés] stifling
b [vallée] neck ; [rue] bottleneck, narrowing ; [taille, tuyau] constriction
c [voix] strain, tightness
d (Méd) strangulation
e (Sport) stranglehold ◆ **faire un étranglement à qn** to get sb in a stranglehold

étrangler [etʀɑ̃gle] → SYN ▸ conjug 1 ◂ 1 vt a (tuer) personne to strangle, choke, throttle ; poulet to wring the neck of ; (Hist : supplicier) to garotte ◆ **mourir étranglé (par son écharpe)** to be strangled (by one's scarf) ◆ **cette cravate m'étrangle** this tie is choking ou throttling me
b [rage etc] to choke ◆ **la fureur l'étranglait** he was choking with rage ◆ **voix étranglée par l'émotion** voice choking ou strained ou tight with emotion
c presse, libertés to strangle, stifle ◆ **taxes qui étranglent les commerçants** taxes which cripple the traders
d (resserrer) to squeeze (tightly) ◆ **taille étranglée** tightly constricted ou tightly corseted waist
2 **s'étrangler** vpr a [personne] to strangle o.s. ◆ **elle s'est étranglée accidentellement** she was strangled accidentally, she accidentally strangled herself ◆ **s'étrangler de rire / colère** to choke with laughter / anger ◆ **s'étrangler en mangeant** to choke whilst eating
b [voix, sanglots] to catch in one's throat ◆ **un cri s'étrangla dans sa gorge** a cry caught ou died in his throat
c [rue, couloir] to narrow (down), make a bottleneck

étrangleur, -euse [etʀɑ̃glœʀ, øz] 1 adj m ◆ **collier étrangleur** choke chain
2 nm,f strangler

étrangloir [etʀɑ̃glwaʀ] nm (Naut) compressor

étrave [etʀav] → SYN nf (Naut) stem

être [ɛtʀ] → SYN ▸ conjug 61 ◂
1 vb copule a (gén) to be ◆ **le ciel est bleu** the sky is blue ◆ **elle veut être médecin** she wants to be a doctor ◆ **soyez sages !** be good ! ◆ **tu n'es qu'un enfant** you are only a child ◆ **si j'étais vous, je lui parlerais** if I were you I should ou would speak to her ◆ **nous sommes 10 à vouloir partir** there are 10 of us wanting ou who want to go ◆ **il est tout pour elle** he's everything to her, he means the whole world to her ◆ **vous ne m'êtes plus rien** you don't mean anything to me any more → **ailleurs, ce, que**
b (pour indiquer la date) **nous sommes** ou **on est le 12 janvier** it is January 12th ◆ **on était en juillet** it was (in) July ◆ **quel jour sommes-nous ?** (date) what's the date today ?, what's today's date ? ; (jour) what day is it (today) ?
c (avec à, de : appartenir) **à qui est ce livre ? – il est à moi** whose book is this ? – it's mine ou it belongs to me ◆ **je suis à vous** what can I do for you ? ◆ **c'était à elle de protester** it was up to her to protest, it was her job to protest ◆ **nous sommes de la même religion** we are of the same faith ◆ **être de la fête / de l'expédition** to take part in the celebration / expedition ◆ **être de noce / de baptême** etc to be at a wedding / christening etc ◆ **vous en êtes ?** are you taking part ?, are you in on this ?* ◆ (péj) **il en est‡, c'en est une‡** (un homosexuel) he's one of them* (péj) ◆ **je ne pourrai pas être des vôtres jeudi** I shan't ou won't be able to join you on Thursday
d (avec complément introduit par préposition : indiquant l'état, le fait, l'opinion etc ; voir aussi prép et noms en question) to be ◆ **être en colère / de bonne humeur** to be angry / in a good mood ◆ **être pour la paix / contre la violence** to be for ou in favour of peace / against ou opposed to violence ◆ **il est / n'est pas à son travail** his attention ou mind is / is not on his work ◆ **il est au travail** he is working ◆ **le livre est à la reliure** the book is (away) being bound ◆ **elle était en chemise de nuit** she was in her nightdress ◆ **il est pour beaucoup dans sa nomination** he is largely responsible for his appointment, he had a lot to do with his being appointed ◆ **elle n'y est pour rien** it's not her responsibility, it's not her fault, it has nothing to do with her ◆ **je suis pour dormir ici** I am for sleeping here*, I am in favour of sleeping here ◆ **au bal, elle sera en Bretonne** she will be dressed as a Breton girl at the dance
2 vb aux a (formant les temps composés actifs) **il est passé hier** he came yesterday ◆ **nous étions montés** we had gone upstairs ◆ **elle serait tombée** she would ou might have fallen ◆ **il n'est pas passé** he hasn't been ◆ **nous nous sommes promenés** we had a walk, we went for a walk ◆ **vous vous seriez bien trompés** you would have been greatly mistaken ◆ **il s'est assis** he sat down ◆ **elle s'est laissée aller** she has let herself go ◆ **ils se sont écrit** they wrote to each other
b (formant le passif) **être donné / fabriqué par ...** to be given / made by ... ◆ **il est soutenu par son patron** he is backed up by his boss, he has the support ou the backing of his boss ◆ **il a été blessé dans un accident** he was injured in an accident
c (avec à + infin : indiquant une obligation) **ce livre est à lire / relier** this book must be read / bound ◆ **le poisson est à manger tout**

de suite the fish is to be eaten ou must be eaten at once ◆ **cet enfant est à tuer!** I could kill ou murder that child! ◆ **tout est à refaire** it's all got to be done again ◆ **ces journaux sont à brûler** these papers are for burning ◆ **le temps est à la pluie** it looks like rain

d (avec à + infin: indiquant un état en cours) **ma robe est à nettoyer*** my dress is being cleaned ou is at the cleaners' ◆ **elle est toujours à le taquiner** she keeps teasing him, she's forever teasing him

3 vi **a** (exister) to be ◆ **je pense donc je suis** I think, therefore I am ◆ **le meilleur homme qui soit** the kindest man that ever was, the kindest man living ◆ **elle n'est plus** she is no more ◆ **le temps n'est plus où ...** the time is past when ... ◆ **que la lumière soit** let there be light ◆ **un menteur s'il en est** a liar if ever there was one

b (se trouver, habiter) **il est maintenant à Lille** he now lives ou he is now in Lille ◆ **le village est à 10 km d'ici** the village is 10 km away from here ◆ **j'y suis j'y reste** here I am and here I stay ◆ **elle n'y est pour personne** she is not at home to anyone, she is not available (to anyone)

c (*: avoir été = être allé) **il n'avait jamais été à Londres** he'd never been to London ◆ **avez-vous jamais été à l'étranger? – oui j'ai été en Italie l'an dernier** have you ever been abroad? – yes I went to Italy ou I was in Italy last year

d (littér) **il s'en fut la voir** he went (forth) to see her

4 vb impers **a** **il est** + adj **it is** + adj ◆ **il serait très agréable de voyager** it would be very pleasant to travel ◆ **il n'est pas nécessaire qu'il vienne** it is not necessary for him to come, it is not necessary that he should come, he need not come

b (pour dire l'heure) **quelle heure est-il?** what time is it? ◆ **il est 10 heures** it is 10 o'clock ◆ **il serait temps de partir** it is time (for us) to go, it's time we went

c (littér: il y a) **il est des gens qui** there are people who ◆ **il était une fois ...** once upon a time there was ...

d (avoir atteint) **en être à la page 9** to be at page 9, have reached page 9 ◆ **où en est-il de** ou **dans ses études?** how far has he got with his studies?, what point has he reached in his studies? ◆ **il en est à sa première année de médecine** he has reached his first year in medicine ◆ **l'affaire en est là** that's how the matter stands, that's as far as it's got ◆ (fig) **je ne sais plus où j'en suis** I don't know whether I am coming or going

e (se voir réduit à) **j'en suis à me demander si** I'm beginning to wonder if, I've come to wonder if, I've got to wondering if* ◆ **il en est à mendier** he has come down to ou stooped to begging, he has been reduced to begging

f LOC **il en est de sa poche** he is out of pocket ◆ **en être pour ses frais** ou **sa peine / son argent** to get nothing for one's trouble ou pains / money ◆ **il n'en est rien** it's nothing of the sort, that's not it at all ◆ **tu y es?*** (tu es prêt) are you ready?; (comprends-tu) do you follow me?, are you with me? ◆ **tu n'y es pas du tout!** you haven't got it at all!*

g (avec ce: pour présenter un être, une chose) **ce sera une belle cérémonie** it will be a beautiful ceremony ◆ **c'est un docteur, il est docteur** he is a doctor

h (pour mettre en relief gén non traduit) **c'est lui qui me l'a dit / qui vous le dira** he (is the one who) told me / (is the one who) will tell you ◆ **c'est elle qui a voulu** she wanted it ◆ **c'est mon père et moi qui devons payer** my father and I must pay ◆ **c'est à qui dira son mot** they all want to have their say ◆ **c'est moi qu'on attendait** I was the one they were waiting for, it was me they were waiting for ◆ **c'est pour eux que je l'ai fait** I did it for their sake ◆ **c'est que je le connais bien!** I know him so well! ◆ **c'est qu'elle n'a pas d'argent** it's because ou just that she has no money; (exclamatif) but she has no money! ◆ **ce n'est pas qu'il soit beau!** it's not that he's good-looking!

i (est-ce que: forme interrogative) **est-ce que vous saviez?** did you know? ◆ **est-ce que c'est toi qui l'as battu?** was it you who beat him?

j **n'est-ce pas: il fait beau, n'est-ce pas?** isn't it a lovely day?, it's a lovely day isn't it? ◆ **vous viendrez, n'est-ce pas?** you will come, won't you?, you are coming, aren't you? ◆ **n'est-ce pas qu'il a promis?** he did promise, didn't he?

k (pour exprimer la supposition) **si ce n'était** were it not for, if it were not for, but for ◆ (littér) **n'était son orgueil** were it not for ou but for his pride, if it were not for his pride ◆ **ne serait-ce que pour quelques jours** if (it were) only for a few days ◆ **ne serait-ce que pour nous ennuyer** if only to annoy us ◆ **comme si de rien n'était** as if nothing had happened ◆ (Math) **soit une droite XY** let XY be a straight line, take a straight line XY

5 nm **a** (gén, Sci) being ◆ **être humain / animé / vivant** human / animate / living being

b (individu) being, person ◆ **les êtres qui nous sont chers** our loved ones, those who are dear to us ◆ **un être cher** a loved one ◆ **c'était un être merveilleux** he was a wonderful person ◆ (péj) **quel être!** what a character!

c (âme) heart, soul, being ◆ **il l'aimait de tout son être** he loved her with all his heart ◆ **au plus profond de notre être** deep down in our souls ◆ **tout son être se révoltait** his whole being rebelled

d (Philos) **l'être** being ◆ (Littérat) **"L'Être et le Néant"** "Being and Nothingness" ◆ **l'Être suprême** the Supreme Being

étreindre [etʀɛ̃dʀ] → SYN ▸ conjug 52 ◂ vt **a** (frm) (dans ses bras) ami to embrace, hug, clasp in one's arms; ennemi to seize, grasp; (avec les mains) to clutch, grip, grasp ◆ **les deux amis s'étreignirent** the two friends embraced each other → **qui**

b (fig) [douleur] to grip

étreinte [etʀɛ̃t] → SYN nf (frm) [ami] embrace, hug; [ennemi] stranglehold, grip; [main, douleur] clutch, grip, grasp ◆ (Mil) **l'armée resserre son étreinte autour de ...** the army is tightening its grip round ...

étrenne [etʀɛn] → SYN nf (gén pl) (à un enfant) New Year's gift; (au facteur etc) ≃ Christmas box ◆ **que veux-tu pour tes étrennes?** what would you like for Christmas? ou as a Christmas present? ◆ **donner ses étrennes à la femme de ménage** to give a Christmas box to one's daily help

étrenner [etʀene] ▸ conjug 1 ◂ **1** vt to use (ou wear etc) for the first time

2 vi (†*: écoper) to catch it*, cop it‡ (Brit), get it*

étrésillon [etʀezijɔ̃] → SYN nm brace, strut, prop

étrésillonner [etʀezijɔne] ▸ conjug 1 ◂ vt to brace, strut, prop

étrier [etʀije] → SYN nm (Équitation) stirrup (iron); (Constr, Méd) stirrup; (Anat) stirrup bone, stapes (spéc); (Alpinisme) étrier (Brit), stirrup (US) ◆ **boire le coup de l'étrier*** (gén) to have one for the road*; [cavalier] to have a stirrup cup → **pied, vider**

étrille [etʀij] → SYN nf (brosse) currycomb; (crabe) velvet swimming crab

étriller [etʀije] → SYN ▸ conjug 1 ◂ vt cheval to curry(-comb); (†, hum: rosser) to trounce†; (*: escroquer) to con*, swindle

étripage [etʀipaʒ] nm gutting

étriper [etʀipe] → SYN ▸ conjug 1 ◂ **1** vt lapin to disembowel, gut; volaille to draw; poisson to gut; (‡ fig) adversaire to cut open, hack about (Brit)

2 **s'étriper‡** vpr to make mincemeat of each other*, tear each other's guts out‡

étriqué, e [etʀike] → SYN (ptp de **étriquer**) adj habit skimpy, tight; esprit narrow; vie narrow, cramped ◆ **il fait tout étriqué dans son manteau** he looks cramped in his coat, he looks as though he's bursting out of his coat

étriquer [etʀike] → SYN ▸ conjug 1 ◂ vt ◆ **ce vêtement l'étrique** this garment is too tight-fitting for him

étrive [etʀiv] nf (Naut) throat seizing

étrivière [etʀivjɛʀ] → SYN nf stirrup leather

étroit, e [etʀwa, wat] → SYN adj **a** (lit) (gén) rue, fenêtre, ruban narrow; espace narrow, restricted, cramped, confined; vêtement, chaussure tight

b (littér: serré) nœud, étreinte tight

c (fig: borné) vues narrow, limited ◆ **à l'esprit étroit** narrow-minded

d (fig: intime) amitié close (épith); liens close (épith), intimate (épith) ◆ **en collaboration étroite avec** in close collaboration with

e (fig: strict) surveillance close (épith), strict (épith); (littér) obligations strong (épith), strict (épith); coordination close (épith); soumission, subordination strict (épith)

f (Ling) acception narrow (épith), strict (épith), restricted ◆ **au sens étroit du terme** in the narrow ou strict sense of the term

g **à l'étroit** cramped ◆ **vivre** ou **être logé à l'étroit** to live in cramped ou confined conditions ◆ **être à l'étroit dans ses vêtements** to wear clothes which are too small, be cramped in one's clothes, be bursting out of one's clothes

étroitement [etʀwatmɑ̃] adv lier, unir closely; obéir strictly; surveiller closely, strictly; tenir tightly ◆ **être étroitement logé** to live in cramped ou confined conditions

étroitesse [etʀwatɛs] → SYN nf (→ **étroit**) narrowness; crampedness; tightness; closeness ◆ **l'étroitesse de ce logement** the cramped accommodation ◆ **étroitesse (d'esprit)** narrow-mindedness

étron [etʀɔ̃] → SYN nm (†, hum) turd*‡

Étrurie [etʀyʀi] nf Etruria

étrusque [etʀysk] **1** adj Etruscan

2 nm (Ling) Etruscan

3 nmf ◆ **Étrusque** Etruscan

étude [etyd] → SYN nf **a** (action) (gén) study ◆ (Mus) **l'étude d'un instrument** the study of an instrument, learning to play an instrument ◆ **ce projet est à l'étude** this project is under consideration ou is being studied ◆ **mettre un projet à l'étude, procéder à l'étude d'un projet** to investigate ou go into ou study a project ◆ **avoir le goût de l'étude** to like study ou studying ◆ **une étude gratuite de vos besoins** a free assessment of your needs ◆ **voyage / frais d'étude** study trip / costs ◆ (Écon) **étude de marché** market research (NonC) ◆ **étude de cas** case study ◆ (Fin) **étude complémentaire** follow-up study → **bureau**

b (Scol, Univ) **études** studies ◆ **faire ses études à Paris** to study in Paris, be educated in Paris ◆ **travailler pour payer ses études** to work to pay for one's education ◆ **faire des études de droit** to study law ◆ **a-t-il fait des études?** has he studied at all?, has he been to university? ou college? ◆ **études secondaires / supérieures** secondary / higher education

c (ouvrage) study; (Écon, Sci) paper, study; (Littérat) study, essay ◆ (Art) **études de fleurs** studies of flowers ◆ (Mus) **études pour piano** studies ou études for (the) piano

d (Scol) **(salle d') étude** study ou prep room, private study room (Brit), study hall (US) ◆ **l'étude (du soir)** preparation, prep* (Brit) ◆ **étude surveillée** (supervised) study period (Brit), study hall (US) ◆ **être en étude** to have a study period ◆ **mettre des élèves en étude** to leave pupils to study on their own

e (Jur) (bureau) office; (charge, clientèle) practice

étudiant, e [etydjɑ̃, jɑ̃t] → SYN **1** adj vie, problèmes, allures student (épith)

2 nm,f student ◆ **étudiant en médecine / en lettres** medical / arts student ◆ **étudiant de première année** first-year student ou undergraduate ◆ **étudiant de troisième cycle** postgraduate (student)

étudié, e [etydje] → SYN (ptp de **étudier**) adj **a** (calculé) jeu de scène studied; coupe, conception carefully designed; (Comm) prix competitive, keen (épith) (Brit) ◆ **à des prix très étudiés** at the keenest (Brit) ou the lowest possible prices ◆ **maison d'une conception très étudiée** very carefully ou thoughtfully designed house

b (affecté) allure studied; sentiments affected, assumed

étudier [etydje] → SYN ▸ conjug 7 ◂ GRAMMAIRE ACTIVE 26.2

1 vt **a** (apprendre) matière (gén) to study; (Univ) to read (Brit), study; instrument to study,

learn to play; (Scol) leçon to learn; texte, auteur to study ◆ **s'amuser au lieu d'étudier** to have a good time instead of studying
b (examiner) projet to study, examine, go into; dossier, cas to study, examine, scrutinize (frm) ◆ **étudier les prix** to do a study of prices, compare prices ◆ **étudier les possibilités** to study ou examine ou go into the possibilities ◆ **étudier une proposition sous tous ses aspects** to explore a proposal ◆ **étudier qch de près** to study sth closely, make a close study of sth, take a close look at sth
c (observer) terrain, adversaire to study, observe closely; visage to study, examine ◆ **au début, je sentais qu'il m'étudiait constamment** at the start I sensed that he was observing me all the time
d (concevoir) procédé, dispositif to devise; machine, coupe to design
e (calculer) gestes, ton, effets to study, calculate
2 **s'étudier** vpr **a** (s'analyser) to analyse o.s., be introspective; (s'examiner) to study o.s. ou one's appearance ◆ **les deux adversaires s'étudiaient** the two opponents studied ou observed each other closely
b (†) **s'étudier à faire** to strive ou try to do

étui [etɥi] → SYN nm [lunettes, violon, cigares, cartouche] case; [parapluie, voiles] cover; [revolver] holster

étuve [etyv] → SYN nf (bains) steamroom; (de désinfection) sterilizer; (incubateur) incubator; (fig) oven

étuvée [etyve] nf ◆ (Culin) **à l'étuvée** poisson steamed; viande braised

étuver [etyve] → SYN ▸conjug 1◂ vt poisson to steam; viande to braise

étuveur [etyvœʀ] nm, **étuveuse** [etyvøz] nf steamer

étymologie [etimɔlɔʒi] → SYN nf etymology

étymologique [etimɔlɔʒik] adj etymological

étymologiquement [etimɔlɔʒikmɑ̃] adv etymologically

étymologiste [etimɔlɔʒist] nmf etymologist

étymon [etimɔ̃] nm etymon

eu, e [y] ptp de **avoir**

E.-U.(A.) (abrév de **États-Unis (d'Amérique)**) US(A)

eubactéries [øbakteʀi] nfpl eubacteria

eubage [øbaʒ] nm Celtic priest

eucalyptol [økaliptɔl] nm eucalyptol, cineol(e)

eucalyptus [økaliptys] nm eucalyptus

eucharistie [økaʀisti] → SYN nf ◆ **l'Eucharistie** the Eucharist, the Lord's Supper

eucharistique [økaʀistik] adj eucharistic

Euclide [øklid] nm Euclid

euclidien, -ienne [øklidjɛ̃, jɛn] adj Euclidean

eucologe [økɔlɔʒ] nm euchology

eudémis [ødemis] nm eudemis moth

eudémonisme [ødemɔnism] nm eudaemonism (Brit), eudemonism (US)

eudiomètre [ødjɔmɛtʀ] nm eudiometer

eudiométrie [ødjɔmetʀi] nf eudiometry

eudiométrique [ødjɔmetʀik] adj eudiometric(al)

eudiste [ødist] nm Eudist father

Eugène [øʒɛn] nm Eugene

eugénique [øʒenik] **1** nf eugenics (sg)
2 adj eugenic

eugénisme [øʒenism] nm eugenics (sg)

eugéniste [øʒenist] nmf eugenist

eugénol [øʒenɔl] nm eugenol

euglène [øglɛn] nf euglena

euh [ø] excl er!

eunuque [ønyk] → SYN nm eunuch

eupatoire [øpatwaʀ] nf ◆ **eupatoire à feuilles de chanvre** hemp agrimony

eupeptique [øpɛptik] adj eupeptic

euphémique [øfemik] adj euphemistic(al)

euphémiquement [øfemikmɑ̃] adv euphemistically

euphémisme [øfemism] → SYN nm euphemism

euphonie [øfɔni] nf euphony

euphonique [øfɔnik] adj euphonious, euphonic

euphoniquement [øfɔnikmɑ̃] adv euphoniously, euphonically

euphonium [øfɔnjɔm] nm euphonium

euphorbe [øfɔʀb] nf euphorbia, spurge

euphorie [øfɔʀi] → SYN nf euphoria

euphorique [øfɔʀik] → SYN adj euphoric

euphorisant, e [øfɔʀizɑ̃, ɑ̃t] **1** adj nouvelle exhilarating
2 nm ◆ **(médicament) euphorisant** antidepressant, pep pill*

euphoriser [øfɔʀize] ▸conjug 1◂ vt to make exhilarated

Euphrate [øfʀat] nm ◆ **l'Euphrate** the Euphrates

euphuisme [øfɥism] → SYN nm euphuism

eurafricain, e [øʀafʀikɛ̃, ɛn] **1** adj Eurafrican
2 nm,f ◆ **Eurafricain(e)** Eurafrican

eurasiatique [øʀazjatik] adj Eurasiatic

Eurasie [øʀazi] nf Eurasia

eurasien, -ienne [øʀazjɛ̃, jɛn] **1** adj Eurasian
2 nm,f ◆ **Eurasien(ne)** Eurasian

EURATOM [øʀatɔm] (abrév de **European Atomic Energy Commission**) EURATOM

eurêka [øʀeka] excl eureka!

eurent [yʀ] → **avoir**

Euripide [øʀipid] nm Euripides

euristique [øʀistik] ⇒ **heuristique**

eurochèque [øʀɔʃɛk] nm Eurocheque

eurocommunisme [øʀɔkɔmynism] nm Eurocommunism

Eurocorps [øʀɔkɔʀ] nm Eurocorps

eurocrate [øʀɔkʀat] nmf Eurocrat

eurodevises [øʀɔdəviz] nfpl Eurocurrency

eurodollar [øʀodɔlaʀ] nm Eurodollar

euromissile [øʀomisil] nm European missile

euro-obligations [øʀoɔbligasjɔ̃] nfpl Eurobonds

Europe [øʀɔp] nf Europe ◆ **l'Europe Centrale** central Europe ◆ **l'Europe des douze** the Twelve (Common Market countries) ◆ **l'Europe des quinze** the fifteen member states of the EU ◆ **l'Europe politique** Europe as a single political entity ◆ **l'Europe de l'espace** the joint European space venture ◆ **l'Europe verte** European ou Community agriculture

européanisation [øʀɔpeanizasjɔ̃] nf Europeanization

européaniser [øʀɔpeanize] ▸conjug 1◂ vt to Europeanize

européanisme [øʀɔpeanism] nm Europeanism

européen, -enne [øʀɔpeɛ̃, ɛn] **1** adj European ◆ **les (élections) européennes** the European elections
2 nm,f ◆ **Européen(ne)** European

europëisme [øʀɔpeism] nm ⇒ **européanisme**

europium [øʀɔpjɔm] nm europium

eurosceptique [øʀosɛptik]nmf Eurosceptic

Eurotunnel® [øʀɔtynɛl] nm Eurotunnel®

Eurovision [øʀɔvizjɔ̃] nf Eurovision

Eurydice [øʀidis] nf Eurydice

euryhalin, e [øʀialɛ̃, in] adj euryhaline

eurythmie [øʀitmi] → SYN nf (Mus) eurhythmy; (Méd) eurhythmia

eurythmique [øʀitmik] adj eurhythmic(al), eurythmic(al)

Eustache [østaʃ] nm Eustace → **trompe**

eustasie [østazi] nf eustasy

eustatique [østatik] adj eustatic

eustatisme [østatism] nm eustasy

eut [y] → **avoir**

eutectique [øtɛktik] adj eutectic

eutexie [øtɛksi] nf ◆ **point d'eutexie** eutectic

euthanasie [øtanazi] nf euthanasia

euthanasique [øtanazik] adj euthanasi (épith)

eutrophisation [øtʀɔfizasjɔ̃] nf eutrophica tion

eux [ø] pron pers **a** (sujet) they; (objet) ther ◆ **eux et toi, vous ne manquez pas d'aplom** they and you are certainly sure of you selves ◆ **si j'étais eux** if I were ou was ther ou they (frm) ◆ **il n'obéit qu'à eux** they are th only ones he obeys, he'll only obey ther ◆ **nous y allons, eux non** ou **pas eux** we ar going but they aren't ou they're not ou no them ◆ **eux mentir ? ce n'est pas possible** ther tell a lie? I can't believe it ◆ **ce sont eux qu répondront** they are the ones who wi reply, they'll reply ◆ **eux ils n'ont rien à dir** they've got nothing to say ◆ **ils l'ont bie fait, eux** they did it all right ◆ **les aider, eux jamais!** help them? never! ◆ **eux, pauvre innocents, ne l'ont jamais su** they, poor fool never knew → aussi **même**
b (avec prép) **à eux tout seuls, ils ont tou acheté** they bought everything all on thei own ◆ **cette maison est-elle à eux ?** does thi house belong to them?, is this hous theirs? ◆ **ils ont cette grande maison à eu seuls** they have this big house all to ther selves ◆ **ils ne pensent qu'à eux, ces égoïste** these selfish people only think of ther selves → **aussi, moi, toi**

eux-mêmes [ømɛm] pron → **même**

E.V. [ave] (abrév de **en ville**) "by hand"

évacuant, e [evakɥɑ̃, ɑ̃t] adj, nm evacuant

évacuateur, -trice [evakɥatœʀ, tʀis] **1** ac evacuation (épith)
2 nm sluice

évacuation [evakɥasjɔ̃] → SYN nf [pays, per sonnes] evacuation; [liquide] draining, emp tying; (Méd) evacuation

évacué, e [evakɥe] (ptp de **évacuer**) nm,f evac uee

évacuer [evakɥe] → SYN ▸conjug 1◂ vt pays, ville population to evacuate; salle, maison to evacu ate, clear; (Méd) to evacuate, discharge liquide to drain (off); (*) problème to dispos of ◆ **faire évacuer** salle, bâtiment to clear

évadé, e [evade] → SYN (ptp de **s'évader**) nm escaped prisoner

évader (s') [evade] → SYN ▸conjug 1◂ vpr (lit, fi to escape (*de* from) ◆ **faire (s') évader qn** t help sb (to) escape

évagination [evaʒinasjɔ̃] nf evagination

évaluable [evalɥabl] adj assessable ◆ **diffic lement évaluable** difficult to assess ou evalu ate

évaluateur, -trice [evalɥatœʀ, tʀis] nm,f (Ca evaluator

évaluation [evalɥasjɔ̃] → SYN nf (→ **évaluer** appraisal; evaluation; assessment; valua tion; estimation

évaluer [evalɥe] → SYN ▸conjug 1◂ vt **a** (exper tiser) maison, bijou to appraise, evaluate assess, value (*à* at); dégâts, prix to assess evaluate (*à* at) ◆ **faire évaluer qch par u expert** to have sth valued ou appraised b an expert
b (juger approximativement) fortune, nombre, dis tance to estimate, assess (*à* at) ◆ **on évalue à 60 000 le nombre des réfugiés qui auraient tra versé la frontière** an estimated 60,000 refu gees have crossed the border, the numbe of refugees crossing the border is esti mated at ou put at 60,000

évanescence [evanesɑ̃s] nf evanescence

évanescent, e [evanesɑ̃, ɑ̃t] → SYN adj (lit tér) evanescent

évangéliaire [evɑ̃ʒeljɛʀ] nm evangelistary

évangélique [evɑ̃ʒelik] adj evangelic(al)

évangélisateur, -trice [evɑ̃ʒelizatœʀ, tʀis] **1** adj evangelistic
2 nm,f evangelist

évangélisation [evɑ̃ʒelizasjɔ̃] → SYN nf evan gelization

évangéliser [evɑ̃ʒelize] → SYN ▸conjug 1◂ v to evangelize

évangélisme [evɑ̃ʒelism] nm evangelicalism evangelism

évangéliste [evɑ̃ʒelist] nm evangelist; (Bible) Evangelist

évangile [evɑ̃ʒil] → SYN nm a (Rel) **l'Évangile** the Gospel ◆ **l'Évangile selon saint Jean** the Gospel according to St John ◆ **l'évangile du jour** the day's gospel (reading), the day's reading from the gospel ◆ **les Évangiles synoptiques** the synoptic Gospels
b (fig) gospel ◆ **ce n'est pas l'évangile, ce n'est pas parole d'évangile** it's not gospel, it's not (the) gospel truth

évanoui, e [evanwi] (ptp de **s'évanouir**) adj blessé unconscious ◆ **tomber évanoui** to faint, pass out

évanouir (s') [evanwiʀ] → SYN ▸ conjug 2 ◂ vpr [personne] to faint (*de* from), pass out (*de* with), black out*; (fig) [rêves, apparition, craintes] to vanish, disappear, fade

évanouissement [evanwismɑ̃] → SYN nm a (syncope) fainting fit, blackout
b (fig) [rêves, apparition, craintes] disappearance, fading

évaporable [evapɔʀabl] adj (lit) evaporable

évaporateur [evapɔʀatœʀ] nm evaporator

évaporation [evapɔʀasjɔ̃] → SYN nf evaporation

évaporatoire [evapɔʀatwaʀ] adj evaporative

évaporé, e [evapɔʀe] → SYN (ptp de **évaporer**)
1 adj (péj) personne giddy, scatterbrained, featherbrained (Brit)
2 nm,f scatterbrain, featherbrain (Brit), birdbrain (US)

évaporer [evapɔʀe] → SYN ▸ conjug 1 ◂ 1 vt (gén faire évaporer) to evaporate
2 **s'évaporer** vpr (lit) to evaporate; (*: disparaître) to vanish ou disappear (into thin air)

évapotranspiration [evapotʀɑ̃spiʀasjɔ̃] nf evapotranspiration

évasé, e [evaze] (ptp de **évaser, s'évaser**) adj vallée, conduit which widens ou opens out; jambes, manches, jupe flared ◆ **verre à bords évasés** glass with a curving ou bell-shaped rim

évasement [evazmɑ̃] → SYN nm a (→ **évaser**) widening- ou opening-out; flaring
b (→ **s'évaser**) opening-out; flare

évaser [evaze] → SYN ▸ conjug 1 ◂ 1 vt tuyau, ouverture to widen, open out; (Couture) jupe, poignets to flare
2 **s'évaser** vpr [passage, tuyau] to open out; [manches] to flare

évasif, -ive [evazif, iv] → SYN adj evasive

évasion [evazjɔ̃] → SYN nf (lit, fig: fuite) escape ◆ (fig: tendance) **l'évasion** escapism ◆ (fig) **littérature d'évasion** escapist literature ◆ (fig) **besoin d'évasion** need to escape ◆ (Écon) **évasion des capitaux** flight of capital ◆ (Admin) **évasion fiscale** tax evasion

évasivement [evazivmɑ̃] adv evasively

Ève [ɛv] nf Eve ◆ (hum) **en tenue d'Ève** in the altogether*, in one's birthday suit → **connaître**

évêché [eveʃe] → SYN nm (région) bishopric; (palais) bishop's palace; (ville) cathedral town

évection [evɛksjɔ̃] nf evection

éveil [evɛj] → SYN nm (littér) [dormeur, intelligence] awakening; [amour] awakening, dawning; [soupçons, jalousie] arousing ◆ **être en éveil** [personne] to be on the alert ou on the qui vive; [sens] to be alert ou wide awake, be aroused ◆ **donner l'éveil** to raise the alarm ou alert ◆ **mettre qn en éveil, donner l'éveil à qn** to alert ou arouse sb's suspicions, put sb on his guard ◆ (Scol) **activités d'éveil** early-learning games

éveillé, e [eveje] → SYN (ptp de **éveiller**) adj (alerte) enfant, esprit, air alert, sharp, bright; (à l'état de veille) (wide-)awake ◆ **rêve** ou **songe éveillé** daydream

éveiller [eveje] → SYN ▸ conjug 1 ◂ 1 vt a (littér: réveiller) to awaken, waken ◆ **tenir qn éveillé** to keep sb awake → **rêve**
b (fig: faire naître) curiosité, sentiment, soupçons, souvenirs to arouse, awaken; passion to kindle, arouse ◆ **pour ne pas éveiller l'attention** so as not to arouse attention
c (développer) esprit, intelligence to stimulate ◆ **éveiller l'intelligence de l'enfant** to awaken the child's intelligence, stimulate the child's interest
2 **s'éveiller** vpr a (se réveiller) (lit) to wake up, awaken, waken; (fig) [ville, nature] to come to life, wake (up)
b (fig: naître) [sentiment, curiosité, soupçons] to be aroused; [amour] to dawn, be aroused ou born
c (se développer) [intelligence, esprit] to develop
d (littér: ressentir) **s'éveiller à** amour to awaken to

événement, évènement [evɛnmɑ̃] → SYN nm event, occurrence ◆ (Pol) **événements** events, incidents ◆ **c'est un véritable événement quand il dit merci** it's quite an event ou occasion when he says thank you ◆ **semaine chargée en événements** eventful week, action-packed week ◆ **l'événement de la semaine** the main story ou news of the week → **dépasser, heureux, tournure**[1]

événementiel, -ielle [evɛnmɑ̃sjɛl] adj factual ◆ **histoire événementielle** factual history

évent [evɑ̃] nm (Zool) [baleine] blowhole, spout (hole), spiracle (spéc)

éventail [evɑ̃taj] → SYN nm (instrument) fan; (fig: gamme) range ◆ **en (forme d') éventail** objet fan-shaped ◆ **en éventail** fan-shaped; plusieurs objets fanned out, splayed out ◆ (Mil) **se déployer en éventail** to fan out ◆ **éventail des salaires** salary range, wage range ou spread (US) ◆ **l'éventail politique** the political spectrum → **déployer, doigt, voûte**

éventaire [evɑ̃tɛʀ] → SYN nm (corbeille) tray, basket; (étalage) stall, stand

éventé, e [evɑ̃te] → SYN (ptp de **éventer, s'éventer**) adj parfum, vin stale, musty; bière stale, flat

éventer [evɑ̃te] → SYN ▸ conjug 1 ◂ 1 vt a (rafraîchir) to air; (avec un éventail) to fan ◆ **rue très éventée** very windy ou exposed street
b (fig: découvrir) secret, complot to discover, lay open ◆ **le secret est éventé** the secret is out ◆ **c'est un truc éventé** it's a well-known ou a rather obvious ou a pretty well-worn trick
2 **s'éventer** vpr a [bière] to go flat; [vin, parfum] to go stale ou musty
b (avec éventail) to fan o.s. ◆ **s'éventer avec un journal** to fan o.s. with a newspaper

éventration [evɑ̃tʀasjɔ̃] nf (Méd) rupture

éventrer [evɑ̃tʀe] ▸ conjug 1 ◂ vt a (avec un couteau) to disembowel; (d'un coup de corne) to gore ◆ **il s'est éventré sur son volant** he ripped himself open ou eviscerated himself on his steering wheel
b boîte, sac to tear open; muraille, coffre to smash open; matelas to rip open

éventreur [evɑ̃tʀœʀ] nm ◆ **Jack l'Éventreur** Jack the Ripper

éventualité [evɑ̃tɥalite] → SYN nf a (NonC) possibility
b eventuality, contingency, possibility ◆ **pour parer à toute éventualité** to guard against all eventualities ou possibilities ou contingencies ◆ **dans cette éventualité** if this happens, should that arise ◆ **dans l'éventualité d'un refus de sa part** should he refuse, in the event of his refusal

éventuel, -elle [evɑ̃tɥɛl] → SYN adj possible ◆ **les éventuels clients** the potential clients

éventuellement [evɑ̃tɥɛlmɑ̃] → SYN adv possibly ◆ **éventuellement, nous pourrions ...** we could possibly ou perhaps ... ◆ **éventuellement je prendrais ma voiture** if need be ou if necessary I'd take my car

évêque [evɛk] → SYN nm bishop ◆ **(évêque) suffragant** suffragan (bishop)

Everest [ev(ə)ʀɛst] nm ◆ **le mont Everest, l'Everest** Mount Everest

éversion [evɛʀsjɔ̃] nf (Méd) eversion

évertuer (s') [evɛʀtɥe] → SYN ▸ conjug 1 ◂ vpr a (s'efforcer de) **s'évertuer à faire** to strive ou do one's utmost ou struggle hard ou make strenuous efforts to do
b (frm, †: se dépenser) to strive, struggle ◆ **je m'évertue à t'expliquer** I'm doing my best ou my utmost to explain to you ◆ **s'évertuer contre qch** to struggle against sth

évhémérisme [evemeʀism] nm euhemerism

éviction [eviksjɔ̃] → SYN nf (Jur) eviction; [rival] ousting, supplanting ◆ **procéder à l'éviction de** locataires to evict

évidage [evidaʒ] nm, **évidement** [evidmɑ̃] nm hollowing-out, scooping-out

évidemment [evidamɑ̃] → SYN adv (bien sûr) of course, obviously; (frm: d'une manière certaine) obviously

évidence [evidɑ̃s] → SYN GRAMMAIRE ACTIVE 26.6 nf a (caractère) obviousness, evidence ◆ **c'est l'évidence même!** it's quite ou perfectly evident ou patently obvious ◆ **se rendre à l'évidence** to bow ou yield to facts ou the evidence, face facts ou the evidence ◆ **nier l'évidence** to deny the obvious ou the facts
b (fait) obvious fact ◆ **trois évidences se dégagent de ce discours** this speech brings three obvious facts to light ◆ **c'est une évidence que de dire** it's a statement of the obvious ou it's stating the obvious to say
c LOC **(être) en évidence** [personne] (to be) conspicuous ou in evidence; [objet] (to be) conspicuous ou in evidence, (be) in a conspicuous ou prominent position ◆ **mettre en évidence** personne to bring to the fore; fait (souligner) to bring to the fore, give prominence to, underscore; (révéler) to reveal; objet to put in a prominent ou conspicuous position ◆ **se mettre en évidence** to make o.s. conspicuous, make one's presence felt ◆ **la lettre était bien en évidence sur la table** the letter was (lying) there for all to see ou was lying conspicuously on the table ◆ **de toute évidence, à l'évidence†** quite obviously ou evidently

évident, e [evidɑ̃, ɑ̃t] → SYN adj obvious, evident, self-evident ◆ **il est évident que** it is obvious ou evident that, it is plain for all to see that ◆ **ce n'est pas évident!*** it's not that easy ou simple!

évider [evide] → SYN ▸ conjug 1 ◂ vt to hollow out, scoop out

évidoir [evidwaʀ] nm scooper

évidure [evidyʀ] nf hollow, scoop

évier [evje] nm sink ◆ **évier (à) un bac / deux bacs** single / double sink

évincement [evɛ̃smɑ̃] nm [rival] ousting, supplanting

évincer [evɛ̃se] → SYN ▸ conjug 3 ◂ vt concurrent to oust, supplant; (Jur) locataire to evict

éviscération [eviseʀasjɔ̃] → SYN nf evisceration

éviscérer [eviseʀe] ▸ conjug 6 ◂ vt to eviscerate

évitable [evitabl] adj avoidable

évitage [evitaʒ] nm (Naut: mouvement) swinging; (espace) swinging room

évitement [evitmɑ̃] nm ◆ (Transport) **voie d'évitement** loop line ◆ **gare d'évitement** station with a loop line ◆ (Aut, Aviat) **manœuvre d'évitement** avoidance action

éviter [evite] → SYN ▸ conjug 1 ◂ GRAMMAIRE ACTIVE 2.2
1 vt a coup, projectile to avoid, dodge; obstacle, danger, maladie, situation to avoid, steer clear of; gêneur, créancier to avoid, keep clear of, evade; regard to avoid, evade ◆ **ils s'évitaient depuis quelque temps** they had been avoiding each other ou keeping clear of each other for some time ◆ **éviter qu'une situation n'empire** to avoid ou prevent the worsening of a situation, prevent a situation from getting worse ◆ **éviter d'être repéré** to escape detection, avoid being detected
b erreur, mensonge, méthode to avoid ◆ **éviter de faire qch** to avoid doing sth ◆ **on lui a conseillé d'éviter le sel** he has been advised to avoid ou keep off salt ◆ **on lui a conseillé d'éviter la mer / la marche** he has been advised to avoid the sea / walking ◆ **évite le mensonge** ou **de mentir** avoid lying, shun lies (littér) ◆ **évite de m'interrompre** try to avoid interrupting me, try not to interrupt me
c **éviter qch à qn** to spare ou save sb sth ◆ **ça lui a évité d'avoir à se déplacer** that spared ou saved him the bother ou trouble of going ◆ **s'éviter toute fatigue** to spare o.s. any fatigue, save o.s. from getting at all tired

2 vi (Naut) to swing

évocateur, -trice [evɔkatœʀ, tʀis] → SYN adj evocative, suggestive (*de* of)

évocation [evɔkasjɔ̃] → SYN nf a [souvenirs, faits] evocation, recalling; [scène, idée] conjuring-up, evocation ◆ **ces évocations la faisaient s'attendrir** she became more tender as she recalled these memories ◆ **pouvoir d'évocation d'un mot** evocative ou suggestive power of a word

b (littér) [démons] evocation, calling-up, conjuring-up

évocatoire [evɔkatwaʀ] adj (littér) evocative

évolué, e [evɔlɥe] → SYN (ptp de **évoluer**) adj peuple, civilisation (highly) developed, advanced; personne broad-minded, enlightened; procédé advanced ◆ **une jeune fille très évoluée** a girl with very progressive ou liberated views ou a very independent attitude

évoluer [evɔlɥe] → SYN ▸ conjug 1 ◂ vi a (changer) [idées, civilisation, science] to evolve, develop, advance; [personne, goûts, maladie, tumeur] to develop; [situation] to develop, evolve ◆ **il a beaucoup évolué** his ideas have ou he has developed a great deal, he has come a long way (in his ideas)

b (se mouvoir) [danseur] to move about; [avion] to manœuvre; [troupes] to manœuvre, wheel about ◆ **le monde dans lequel il évolue** the world in which he moves

évolutif, -ive [evɔlytif, iv] adj (gén, Bio) evolutionary, evolutional; (Méd) progressive; poste with potential (for advancement ou promotion) → **ski**

évolution [evɔlysjɔ̃] → SYN nf a (changement) [idées, civilisation, science] evolution, development, advancement; [personne, goûts, maladie, situation] development ◆ (Bio) **théorie de l'évolution** theory of evolution

b (mouvements) **évolutions** movements ◆ **il regardait les évolutions du danseur / de l'avion** he watched the dancer as he moved about gracefully / the plane as it wheeled ou circled overhead ◆ **suivre à la jumelle les évolutions des troupes** to watch troop manœuvres through field glasses

évolutionnisme [evɔlysjɔnism] → SYN nm evolutionism

évolutionniste [evɔlysjɔnist] 1 adj evolutionary

2 nmf evolutionist

évoquer [evɔke] → SYN ▸ conjug 1 ◂ vt a (remémorer) souvenirs to recall, call up, evoke; fait, événement to evoke, recall; mémoire d'un défunt to recall

b (faire penser à) scène, idée to call to mind, evoke, conjure up ◆ **ça évoque mon enfance** it reminds me of ou recalls my childhood

c (effleurer) problème, sujet to touch on, mention

d (littér: invoquer) démons to evoke, call up, conjure up

evzone [ɛvzɔn, ɛvzon] nm evzone

ex.[1] (abrév de **exemple**) eg, e.g.

ex[2]* [ɛks] nmf ex*

ex- [ɛks] préf ex-

ex abrupto [ɛksabʀypto] loc adv abruptly

exacerbation [ɛgzasɛʀbasjɔ̃] → SYN nf exacerbation

exacerber [ɛgzasɛʀbe] → SYN ▸ conjug 1 ◂ vt douleur to exacerbate, aggravate; émotion, désir to exacerbate ◆ **sensibilité exacerbée** exaggerated sensitivity

exact, exacte [ɛgza(kt), ɛgzakt(ə)] → SYN adj a (fidèle) reproduction, compte rendu exact, accurate, true ◆ **est-il exact que?** is it right ou correct ou true that? ◆ **c'est l'exacte vérité** that's the absolute ou exact truth ◆ **ce n'est pas tout à fait exact** that's not quite right ou accurate, that's not altogether correct ◆ **exact!*** quite right!, absolutely!, exactly!

b (correct) définition, raisonnement correct, exact; réponse, calcul correct, right

c (précis) dimension, nombre, valeur exact, precise; donnée accurate, precise, correct; pendule accurate, right ◆ **l'heure exacte** the right ou exact ou correct time → **science**

d (ponctuel) punctual, on time ◆ **c'est quelqu'un de très exact d'habitude** he's normally always on time, he's normally very punctual ◆ **être exact à un rendez-vous** to arrive at an appointment on time, arrive punctually for an appointment ◆ **exact à payer ses dettes** punctual ou prompt in paying one's debts

e (littér) discipline exact, rigorous, strict; obéissance rigorous, strict, scrupulous

exactement [ɛgzaktəmɑ̃] GRAMMAIRE ACTIVE 13.2 adv (→ **exact**) exactly; accurately; correctly; precisely; rigorously; strictly; scrupulously ◆ **c'est exactement ce que je pensais** it's exactly ou just ou precisely what I was thinking ◆ **oui, exactement!** yes exactly ou precisely!

exaction [ɛgzaksjɔ̃] → SYN nf (littér: extorsion) exaction ◆ **exactions** (abus de pouvoir) abuses (of power); (violences) acts of violence, violent acts

exactitude [ɛgzaktityd] → SYN nf a (NonC: → **exact**) exactness, exactitude (frm); accuracy; correctness; precision ◆ **calculer qch avec exactitude** to calculate sth exactly ou accurately

b (ponctualité) punctuality ◆ **l'exactitude est la politesse des rois** punctuality is the politeness of kings

c (littér: minutie) exactitude

ex æquo [ɛgzeko] 1 adj inv (Scol, Sport) equally placed, placed equal ◆ **avoir le premier prix ex æquo, être classé premier ex æquo** to be placed first equal ou joint first, to tie for first place ◆ **les ex æquo** the pupils (ou players etc) who are placed equal ◆ **il y a deux ex æquo pour la deuxième place** there is a tie for second place

2 adv classer equal

exagération [ɛgzaʒeʀasjɔ̃] → SYN nf (gén) exaggeration ◆ **on peut dire sans exagération que ...** one can say without any exaggeration ou without exaggerating that ... ◆ **il est sévère sans exagération** he's severe without taking it to extremes

exagéré, e [ɛgzaʒeʀe] → SYN (ptp de **exagérer**) adj (amplifié) exaggerated; (excessif) excessive ◆ **venir se plaindre après ça, c'est un peu exagéré** to come and complain after all that, it's a bit much* (Brit) ou too much ◆ **il n'est pas exagéré de dire** it is not an exaggeration ou an overstatement ou it's not going too far to say

exagérément [ɛgzaʒeʀemɑ̃] → SYN adv excessively, exaggeratedly

exagérer [ɛgzaʒeʀe] → SYN ▸ conjug 6 ◂ GRAMMAIRE ACTIVE 26.1, 26.6 1 vt (gén) to exaggerate; attitude to exaggerate, take too far, overdo; qualités to exaggerate, overemphasize ◆ **sans exagérer, ça a duré 3 heures** without any exaggeration ou I'm not exaggerating ou kidding* it lasted 3 hours ◆ **quand même il exagère** really he goes too far ou oversteps the mark ◆ **joue le personnage plus passionné, mais sans exagérer** make the character more passionate but don't overdo it ou but don't exaggerate

2 **s'exagérer** vpr difficultés to exaggerate; plaisirs, avantages to exaggerate, overrate

exaltant, e [ɛgzaltɑ̃, ɑ̃t] adj exalting, elating, exhilarating

exaltation [ɛgzaltasjɔ̃] → SYN nf a (surexcitation: gén) intense excitement ◆ **exaltation joyeuse** elation, rapturous joy ◆ **exaltation mystique** exaltation

b (glorification) extolling, praising, exalting

exalté, e [ɛgzalte] (ptp de **exalter**) 1 adj personne, sentiments elated; imagination wild, vivid; esprit excited

2 nm,f (impétueux) hothead; (fanatique) fanatic

exalter [ɛgzalte] → SYN ▸ conjug 1 ◂ vt a (surexciter) imagination, esprit, courage to fire, excite ◆ **exalté par cette nouvelle** (très excité) excited by ou keyed up with excitement over this piece of news; (euphorique) elated ou overjoyed by ou at this piece of news ◆ **il s'exalte facilement en lisant des romans** he is easily carried away when he reads novels

b (glorifier) to exalt, glorify, praise

exam* [ɛgzam] nm (abrév de **examen** 1c) exam

examen [ɛgzamɛ̃] → SYN GRAMMAIRE ACTIVE 26.2 1 nm a (action d'étudier, d'analyser) (gén) examination; [situation] examination, survey; [question, demande, cas] examination, consideration, investigation; [appartement] looking-round (Brit), looking-over ◆ **examen détaillé** scrutiny, detailed ou close examination ◆ **la question est à l'examen** the matter is under consideration ou scrutiny ◆ (Comm) **à l'examen** on approval ◆ (Jur) **mettre qn en examen** to charge sb (*pour* with) ◆ (Jur) **mise en examen** charging

b (Méd) **examen (médical)** (medical) examination ou test ◆ **se faire faire des examens** to have some tests done ou taken ◆ **subir un examen médical complet** to undergo ou have a complete ou thorough checkup, have a thorough medical examination

c (Scol) exam, examination ◆ **examen écrit / oral** written / oral examination ◆ **examen spécial d'entrée à l'université** university entrance examination

2 COMP ▷ **examen blanc** (Scol) mock exam (Brit), practise test (US) ▷ **examen de conscience** self-examination; (Rel) examination of conscience ◆ **faire son examen de conscience** to examine one's conscience, take stock of o.s. ▷ **examen partiel** (Univ) class exam (Brit), mid-term exam ▷ **examen de passage** (Scol) end-of-year exam (Brit), final exam (US) ▷ **examen prénuptial** (Méd) premarital examination ▷ **examen spectroscopique** (Sci) spectroscopic examination ▷ **examen de la vue** (Méd) sight test ◆ **passer un examen de la vue** to have one's sight ou eyes tested

examinateur, -trice [ɛgzaminatœʀ, tʀis] nm,f examiner ◆ **examinateur extérieur / à l'oral** external / oral examiner

examiner [ɛgzamine] → SYN ▸ conjug 1 ◂ GRAMMAIRE ACTIVE 26.1, 26.2 vt a (analyser) (gén) to examine; situation to examine, survey; possibilité, faits to examine, go into; question, demande, cas to examine, consider, investigate, scrutinize, look into; comptes, dossier to examine, go through; notes, documents to examine, have a close look at ◆ **examiner dans le** ou **en détail** to scrutinize, examine closely ◆ **examiner une question de près** to go closely into a question, take a close look at a question ◆ **examiner qch de plus près** to take a closer ou a second look at sth ◆ (fig) **examiner qch à la loupe** to go through sth with a fine-tooth comb, look into ou examine sth in the greatest detail

b (regarder) objet, personne, visage to examine, study; ciel, horizon to scan; appartement, pièce to have a (close) look round (Brit), look over ◆ **examiner les lieux** to have a look round (Brit), look over the place ◆ **examiner qch au microscope / à la loupe** to examine ou look at sth under a microscope / with a magnifying glass ◆ **examiner qn de la tête aux pieds** to look sb up and down (contemptuously) ◆ **s'examiner devant la glace** to look at o.s. ou examine o.s. in the mirror

c (Méd) malade to examine ◆ **se faire examiner par un spécialiste** to be examined by a specialist, have o.s. examined by a specialist

d (Scol) étudiant to examine

exanthématique [ɛgzɑ̃tematik] adj exanthematic

exanthème [ɛgzɑ̃tɛm] nm exanthem

exarchat [ɛgzaʀka] nm exarchate, exarchy

exarque [ɛgzaʀk] nm exarch

exaspérant, e [ɛgzaspeʀɑ̃, ɑ̃t] → SYN adj exasperating

exaspération [ɛgzaspeʀasjɔ̃] → SYN nf exasperation

exaspérer [ɛgzaspeʀe] → SYN ▸ conjug 6 ◂ vt a (irriter) to exasperate

b (littér: aviver) douleur to exacerbate, aggravate; émotion, désir to exacerbate

exaucement [ɛgzosmɑ̃] → SYN nm fulfilment, granting

exaucer [ɛgzose] → SYN ▸ conjug 3 ◂ vt vœu to fulfil, grant; (Rel) prière to grant, answer ◆ **exaucer qn** to grant sb's wish, answer sb's prayer

ex cathedra [ɛkskatedʀa] adv ex cathedra

excavateur [ɛkskavatœʀ] nm (machine) excavator, mechanical digger (Brit), steam shovel (US)

excavation [ɛkskavasjɔ̃] → SYN nf (trou) excavation ◆ **excavation naturelle** natural hollow (ou cave etc); (creusement) excavation

excavatrice [ɛkskavatʀis] nf ⇒ **excavateur**

excaver [ɛkskave] ▸ conjug 1 ◂ vt to excavate

excédant, e [ɛksedɑ̃, ɑ̃t] adj (énervant) exasperating, infuriating

excédent [ɛksedɑ̃] → SYN nm surplus (*sur* over) ◆ **excédent de poids/bagages** excess weight/luggage ou baggage ◆ **excédent de la balance des paiements** balance of payments surplus ◆ **il y a 2 kg d'excédent** ou **en excédent** it's 2 kg over (weight) ◆ **budget en excédent** surplus budget ◆ **excédent budgétaire** budget surplus ◆ **payer 3 F d'excédent** to pay 3 francs excess charge

excédentaire [ɛksedɑ̃tɛʀ] adj production excess (épith), surplus (épith) ◆ **budget excédentaire** surplus budget ◆ **la production est excédentaire** production is over target ◆ **ils ont une balance commerciale excédentaire** they have an active trade balance

excéder [ɛksede] → SYN ▸ conjug 6 ◂ vt **a** (dépasser) longueur, temps, prix to exceed, be greater than ◆ **le prix excédait (de beaucoup) ses moyens** the price was (way ou far) beyond ou far exceeded his means ◆ **les avantages excèdent les inconvénients** the advantages outweigh the disadvantages ◆ **l'apprentissage n'excède pas 3 ans** the apprenticeship doesn't last more than 3 years ou lasts no more than ou does not exceed 3 years
b (outrepasser) pouvoir, droits to overstep, exceed, go beyond; forces to overtax
c (accabler: gén pass) to exhaust, weigh down, weary ◆ **excédé de fatigue** overcome by tiredness, exhausted, tired out ◆ **excédé de travail** overworked
d (agacer: gén pass) to exasperate, irritate, infuriate ◆ **je suis excédé** I'm furious ◆ **tu m'excèdes avec tes jérémiades!** your whining irritates me!, you exasperate me with your moaning!

excellemment [ɛkselamɑ̃] → SYN adv (littér) excellently

excellence [ɛkselɑ̃s] → SYN nf **a** excellence ◆ **il est le poète surréaliste par excellence** he is the surrealist poet par excellence ◆ **il aime la musique par excellence** he loves music above all else
b **Son Excellence** His (ou Her) Excellency ◆ **merci (Votre) Excellence** thank you, Your Excellency

excellent, e [ɛkselɑ̃, ɑ̃t] → SYN adj excellent

exceller [ɛksele] → SYN ▸ conjug 1 ◂ vi to excel (*dans* ou *en qch* at ou in sth, *à faire* in doing)

excentration [ɛksɑ̃tʀasjɔ̃] nf (Tech) throwing off-centre

excentré, e [ɛksɑ̃tʀe] adj quartier, région outlying (épith)

excentrer [ɛksɑ̃tʀe] ▸ conjug 1 ◂ vt **a** (Tech) to throw off-centre
b usine to locate away from the town centre

excentricité [ɛksɑ̃tʀisite] → SYN nf (Sci, originalité) eccentricity; [quartier] outlying location

excentrique [ɛksɑ̃tʀik] → SYN 1 adj personne, (Math) cercle eccentric; quartier outlying (épith)
2 nmf eccentric, crank (péj)

excentriquement [ɛksɑ̃tʀikmɑ̃] adv (gén) eccentrically

excepté, e [ɛksɛpte] → SYN (ptp de **excepter**) 1 adj ◆ **il n'a plus de famille sa mère exceptée** he has no family left apart from ou aside from (US) ou except his mother, excluding his mother he has no family left
2 prép except, but for, apart from, aside from (US) ◆ **excepté quand** except ou apart from when ◆ **excepté que** except that ◆ **tous excepté sa mère** everyone but his mother, everyone except for ou aside from (US) his mother

excepter [ɛksɛpte] → SYN ▸ conjug 1 ◂ vt to except (*de* from), make an exception of ◆ **sans excepter personne** without excluding anyone, no one excepted

exception [ɛksɛpsjɔ̃] → SYN nf **a** (dérogation) exception ◆ **à quelques (rares) exceptions près** with a (very) few exceptions ◆ **c'est l'exception qui confirme la règle** it's the exception which proves the rule ◆ **d'exception** tribunal special; régime, mesure special, exceptional ◆ (Jur) **exception péremptoire** ≃ demurrer
b LOC **faire une exception à** règle to make an exception to ◆ **faire exception (à la règle)** to be an exception (to the rule) ◆ **faire exception de** to make an exception of ◆ **exception faite de, à l'exception de** except for, apart from, aside from (US), with the exception of ◆ **sauf exception** allowing for exceptions → **titre**

exceptionnel, -elle [ɛksɛpsjɔnɛl] → SYN adj exceptional ◆ (Comm) **offre exceptionnelle** special offer (Brit), special (US)

exceptionnellement [ɛksɛpsjɔnɛlmɑ̃] → SYN adv (à titre d'exception) in this particular instance, in particular instances; (très: avec adj) exceptionally ◆ **ils se sont réunis exceptionnellement un dimanche** contrary to their general practice ou in this particular instance they met on a Sunday ◆ **le magasin sera exceptionnellement ouvert dimanche** the store will open on Sunday just for this week ou for this week only ◆ **exceptionnellement doué** exceptionally ou outstandingly gifted

excès [ɛksɛ] → SYN 1 nm **a** (surplus) [argent] excess, surplus; [marchandises, produits] glut, surplus ◆ **il y a un excès d'acide** (il en reste) there is some acid left over ou some excess acid; (il y en a trop) there is too much acid ◆ **excès de précautions** excessive care ou precautions ◆ **excès de zèle** overzealousness → **pécher**
b (gén, Méd, Pol: abus) excess ◆ **des excès de langage** extreme ou immoderate language ◆ **tomber dans l'excès inverse** to go to the opposite extreme ◆ **excès** (pl) **de boisson** overindulgence in drink, intemperance ◆ **excès** (pl) **de table** overindulgence at (the) table, surfeit of (good) food ◆ **faire des excès de table** to overindulge, eat too much ◆ **se laisser aller à des excès** to go overboard*
c (loc) (littér) **à l'excès, jusqu'à l'excès** to excess, excessively, inordinately ◆ **généreux à l'excès** inordinately generous, overgenerous, generous to a fault ◆ **avec excès** to excess, excessively ◆ **il fait tout avec excès** he does everything to excess, he is excessive in everything he does ◆ **boire avec excès** to drink excessively ou to excess ◆ **dépenser avec excès** to be excessive in one's spending ◆ (Prov) **l'excès en tout est un défaut** everything in moderation
2 COMP ▷ **excès de pouvoir** (Jur) abuse of power, actions ultra vires (spéc) ▷ **excès de vitesse** (Aut) breaking ou exceeding the speed limit, speeding ◆ **coupable de plusieurs excès de vitesse** guilty of having broken ou exceeded the speed limit on several occasions

excessif, -ive [ɛksesif, iv] → SYN adj (gén) excessive; prix, fierté excessive, inordinate ◆ **c'est une femme excessive (en tout)** she's a woman of extremes, she takes everything to extremes ou too far ◆ **30 F, c'est excessif!** 30 francs, that's far too much! ou that's excessive!

excessivement [ɛksesivmɑ̃] → SYN adv excessively; inordinately

exciper [ɛksipe] → SYN ▸ conjug 1 ◂ **exciper de** vt indir (frm) bonne foi, précédent to plead

excipient [ɛksipjɑ̃] nm excipient

exciser [ɛksize] ▸ conjug 1 ◂ vt to excise

excision [ɛksizjɔ̃] → SYN nf excision

excitabilité [ɛksitabilite] → SYN nf (Bio) excitability

excitable [ɛksitabl] → SYN adj excitable, easily excited

excitant, e [ɛksitɑ̃, ɑ̃t] → SYN 1 adj (gén) exciting; (sexuellement) arousing, sexy
2 nm stimulant

excitation [ɛksitasjɔ̃] → SYN nf **a** (Méd) [nerf, muscle] excitation, stimulation; (Élec) [électroaimant] excitation
b (Jur: incitation) **excitation à** incitement to ◆ **excitation des mineurs à la débauche** incitement of minors to immoral behaviour
c (enthousiasme) excitement, exhilaration; (désir sexuel) (sexual) excitement ou arousal ◆ **dans un état de grande excitation** in a state of great excitement

excitatrice [ɛksitatʀis] nf (Élec) exciter

excité, e [ɛksite] → SYN (ptp de **exciter**) nm,f (impétueux) hothead; (fanatique) fanatic ◆ **une poignée d'excités** a bunch of hotheads ◆ **ne fais pas attention, c'est un excité** don't take any notice – he gets carried away

exciter [ɛksite] → SYN ▸ conjug 1 ◂ 1 vt **a** (provoquer) ardent désir to arouse, waken, excite; rire to cause; pitié to rouse; curiosité to rouse, excite, whet; imagination to stimulate, fire, stir; appétit to whet, excite
b (aviver) colère, douleur, ardeur to intensify, increase ◆ **cela ne fit qu'exciter sa colère** that only increased ou intensified his anger, that only made him even more angry
c (enthousiasmer) personne to thrill, excite, exhilarate ◆ **il était tout excité** he was all excited ◆ **il ne semble pas très excité par son nouveau travail*** he doesn't seem very thrilled about ou by ou wild* about his new job ◆ **excitant pour l'esprit** mentally stimulating
d (rendre nerveux) personne to arouse, make tense; chien, cheval to pester, tease, excite; (sexuellement) to arouse ou excite (sexually) ◆ **le café m'exciterait trop** coffee would just act as a stimulant on me ou would make me too wakeful ◆ **tous ses sens étaient excités** all his senses were aroused ◆ **il est arrivé tout excité** he was all wound up* ou in quite a state when he arrived
e (*: irriter) to irritate, exasperate, annoy ◆ **il commence à m'exciter** he's getting on my nerves
f (encourager) to urge on, spur on ◆ **excitant ses chiens de la voix** urging on ou spurring on his dogs with shouts, shouting to urge on his dogs ◆ **exciter qn contre qn** to set sb against sb
g (inciter) **exciter à** to exhort to, incite to, urge to ◆ **exciter qn à faire qch** to push sb into doing sth, provoke ou urge sb to do sth ◆ **exciter des soldats au combat** to incite ou exhort soldiers to combat ou battle
h (Méd) nerf, muscle to stimulate, excite; (Élec, Phys) électroaimant, noyau to excite
2 **s'exciter** vpr (*: s'enthousiasmer) to get excited ou wound up* (*sur, à propos de* about, over); (devenir nerveux) to get worked up*, get in a flap*; (sexuellement) to become (sexually) excited, be (sexually) aroused; (*: se fâcher) to get angry ou annoyed, get hot under the collar*

exclamatif, -ive [ɛksklamatif, iv] adj exclamatory

exclamation [ɛksklamasjɔ̃] → SYN nf exclamation → **point**[1]

exclamer (s') [ɛksklame] → SYN ▸ conjug 1 ◂ vpr to exclaim ◆ **« dommage! » s'exclama-t-il** "what a pity!" he exclaimed ◆ (littér) **s'exclamer de colère/d'admiration** to exclaim ou cry out in anger/admiration ◆ (littér: protester) **s'exclamer sur qch** to shout ou make a fuss about sth

exclu, e [ɛkskly] → SYN 1 adj ◆ **tous les jours, mardi exclu** every day, except Tuesday
2 nm,f ◆ **les exclus de la société** social outcasts ◆ **les exclus de la croissance économique** those left out of the economic boom

exclure [ɛksklyʀ] → SYN ▸ conjug 35 ◂ vt **a** (chasser) (d'une salle) to turn ou put out; (d'un parti politique) (gén) to expel; chef to expel, oust; (d'une école) to expel, exclude; (temporairement) to suspend, exclude; (d'une université) to send down (Brit), expel (*de* from) ◆ **se faire exclure de** to get o.s. put out ou expelled ou sent down (Brit) from
b (écarter) solution to exclude, rule out; hypothèse to dismiss, turn down ◆ **exclure qch de son régime** to cut sth out of one's diet ◆ **exclure qch d'une somme** to exclude sth from a sum, leave sth out of a sum ◆ **je tiens à être exclu de cette affaire** count me out of this business ◆ **c'est tout à fait exclu** it's quite out of the question, it's just not on* (Brit) ◆ **il n'est pas exclu que ...** it is pos-

sible ou it is not impossible that ... ◆ **idées qui s'excluent mutuellement** ideas which are mutually exclusive

exclusif, -ive[1] [ɛksklyzif, iv] → SYN adj **a** sentiment, reportage exclusive ◆ **il a un caractère (trop) exclusif** he's (too) exclusive in his relationships ◆ **très exclusif dans ses amitiés** very selective ou exclusive in his friendships ◆ **très exclusif dans ses goûts** very selective in his tastes
b droit exclusive (*de qch* of sth, *de faire* to do) ◆ **dans le but exclusif d'une amélioration / de faire ...** with the sole ou exclusive aim of making an improvement / of doing ...
c (Comm) droits, distributeur sole (épith), exclusive (épith); représentant sole (épith); fabrication exclusive (épith)

exclusion [ɛksklyzjɔ̃] → SYN nf **a** (expulsion) (d'une salle) exclusion; (d'un parti politique) expulsion; (d'une école) exclusion, expulsion (*de* from) ◆ **exclusion temporaire** [étudiant] exclusion, suspension ◆ (Phys) **principe d'exclusion de Pauli** Pauli exclusion principle
b à l'exclusion de (en écartant) to the exclusion of; (sauf) with the exclusion ou exception of ◆ **aimer les pommes à l'exclusion de tous les autres fruits** to love apples to the exclusion of all other fruit ◆ **il peut manger de tous les fruits à l'exclusion des pommes** he can eat any fruit excluding apples ou with the exclusion ou exception of apples

exclusive[2] [ɛksklyziv] → SYN nf (frm) bar, debarment ◆ **tous sans exclusive** with none debarred ◆ **frapper qn d'exclusive, prononcer l'exclusive contre qn** to debar sb

exclusivement [ɛksklyzivmɑ̃] → SYN adv **a** (seulement) exclusively, solely ◆ **exclusivement réservé au personnel** reserved for staff only
b (non inclus) **du 10 au 15 du mois exclusivement** from the 10th to the 15th exclusive
c (littér: de manière entière ou absolue) exclusively

exclusivisme [ɛksklyzivism] nm exclusiveness

exclusivité [ɛksklyzivite] → SYN nf **a** (Comm) exclusive rights ◆ **avoir l'exclusivité d'un reportage** to have (the) exclusive coverage of an event ◆ **c'est une exclusivité de notre maison** it's made (ou sold) exclusively by our company, it's exclusive to our company ◆ (fig) **il n'en a pas l'exclusivité*** he's not the only one to have it, he hasn't (got) a monopoly on it*
b (Ciné) **ce film passe en exclusivité à** this film is showing only ou exclusively at ◆ **cinéma d'exclusivité** cinema with exclusive showing rights on new releases
c (Journalisme) (gén) exclusive; (à sensation) scoop;
d [sentiment] exclusiveness

excommunication [ɛkskɔmynikasjɔ̃] → SYN nf excommunication

excommunier [ɛkskɔmynje] → SYN ▸ conjug 7 ◂ vt to excommunicate

excoriation [ɛkskɔʀjasjɔ̃] nf excoriation

excorier [ɛkskɔʀje] ▸ conjug 7 ◂ vt to excoriate

excrément [ɛkskʀemɑ̃] → SYN nm excrement (NonC) ◆ **excréments** excrement, faeces

excrémentiel, -ielle [ɛkskʀemɑ̃sjɛl] adj excremental, excrementitious

excréter [ɛkskʀete] → SYN ▸ conjug 6 ◂ vt to excrete

excréteur, -trice [ɛkskʀetœʀ, tʀis] adj excretory

excrétion [ɛkskʀesjɔ̃] → SYN nf excretion ◆ **excrétions** excreta

excrétoire [ɛkskʀetwaʀ] adj ⇒ **excréteur**

excroissance [ɛkskʀwasɑ̃s] → SYN nf (surtout Méd) excrescence, outgrowth; (fig) outgrowth, development

excursion [ɛkskyʀsjɔ̃] → SYN nf (en car etc) excursion, (sightseeing) trip; (à pied) walk, hike ◆ **excursion de 3 jours à travers le pays** 3-day tour ou (sightseeing) trip around the country ◆ **excursions d'un jour en autocar** day trips by coach ◆ **partir en excursion** (en car etc) to go on an excursion ou trip; (à pied) to go on a walk ou hike, go walking ou hiking

excursionner [ɛkskyʀsjɔne] ▸ conjug 1 ◂ vi (→ **excursion**) to go on excursions ou trips; to go on walks, go hiking; to go touring ◆ **station idéale pour excursionner** resort ideal for walks ou hiking, resort ideal as a base for touring

excursionniste [ɛkskyʀsjɔnist] nmf (en car etc) (day) tripper (Brit), traveler (US); (à pied) hiker, walker

excusable [ɛkskyzabl] → SYN adj excusable, forgivable

excuse [ɛkskyz] → SYN GRAMMAIRE ACTIVE 18.1, 18.2 nf **a** (prétexte) excuse ◆ **bonne excuse** good excuse ◆ **mauvaises excuses** poor excuses ◆ **sans excuse** inexcusable ◆ **il a pris pour excuse qu'il avait à travailler** he made ou gave the excuse that he had work to do, he used his work as an excuse → **mot**
b (regret) **excuses** apology ◆ **faire des excuses, présenter ses excuses** to apologize, offer one's apologies ◆ **je vous dois des excuses** I owe you an apology ◆ **exiger des excuses** to demand an apology ◆ **mille excuses** do forgive me, I'm so sorry
c faites excuse* excuse me, 'scuse me*
d (tarot) Excuse

excuser [ɛkskyze] → SYN ▸ conjug 1 ◂ GRAMMAIRE ACTIVE 18.1
1 vt **a** (pardonner) personne, faute to excuse, forgive ◆ **veuillez excuser mon retard** please excuse my being late ou my lateness, I do apologize for being late ◆ **je vous prie de l'excuser** please excuse ou forgive him ◆ (frm) **veuillez m'excuser, je vous prie de m'excuser** I beg your pardon, please forgive me (*pour avoir fait* for having done) ◆ **excusez-moi** excuse me, I'm sorry ◆ **je m'excuse*** I'm sorry, sorry ◆ **excusez-moi de vous le dire mais ...** excuse ou forgive or pardon my saying so but ... ◆ **excusez-moi de ne pas venir** excuse my not coming, I'm sorry I can't come ◆ **vous êtes tout excusé** please don't apologize, you are quite forgiven ◆ (hum) **ils ont invité 500 personnes, excusez du peu!*** they invited 500 people if you please!* ◆ (hum) **vous invitez 500 personnes? excusez du peu!*** you're inviting 500 people? is that all? (iro)
b (justifier) to excuse ◆ **cette explication n'excuse rien** this explanation is no excuse
c (dispenser) to excuse ◆ **il a demandé à être excusé pour la réunion de demain** he asked to be excused from tomorrow's meeting ◆ **se faire excuser** to ask to be excused ◆ **« M. Dupont: (absent) excusé »** "Mr Dupont has sent an apology", "apologies for absence received from Mr Dupont"
2 s'excuser vpr ◆ **s'excuser de qch** to apologize for sth ◆ **s'excuser auprès de qn** to apologize to sb ◆ (Prov) **qui s'excuse s'accuse** apologizing is a way of admitting one's guilt

exécrable [ɛgzekʀabl] → SYN adj atrocious, execrable

exécrablement [ɛgzekʀabləmɑ̃] adv atrociously, execrably

exécration [ɛgzekʀasjɔ̃] → SYN nf **a** (littér: haine) execration, loathing ◆ **avoir qch en exécration** to hold sth in abhorrence
b (††: imprécation) curse

exécrer [ɛgzekʀe] → SYN ▸ conjug 6 ◂ vt to loathe, abhor, execrate

exécutable [ɛgzekytabl] → SYN adj tâche possible, manageable; projet workable, feasible

exécutant, e [ɛgzekytɑ̃, ɑ̃t] → SYN nm,f (Mus) performer, executant; (fig péj: agent) underling ◆ **il n'est qu'un exécutant** he just carries out (his) orders, he's just an underling

exécuter [ɛgzekyte] → SYN ▸ conjug 1 ◂ **1** vt **a** (accomplir) plan, ordre, mouvements to execute, carry out; projet, mission to execute, carry out, accomplish; promesse to fulfil, carry out; travail to do, execute; tâche to execute, discharge, perform ◆ **il a fait exécuter des travaux dans sa maison** he had some work done on his house
b (confectionner) objet to produce, make; tableau to paint, execute; commande to fulfil, carry out
c ordonnance to make up ◆ **il a fait exécuter l'ordonnance par le pharmacien** he had the prescription made up by the chemist
d (Mus) morceau to perform, execute ◆ **brillamment exécuté** brilliantly executed ou played
e (tuer) to execute, put to death; (fig) [boxeur etc] to dispose of, eliminate, wipe out; [critique] film, acteur etc to demolish
f (Jur) traité, loi, décret to enforce; contrat to perform
g (Ordin) programme to run
2 s'exécuter vpr (en s'excusant etc) to comply; (en payant) to pay up ◆ **je lui demandai de s'excuser – à contrecœur il finit par s'exécuter** I asked him to apologize and finally he reluctantly complied ou did so ◆ **vint le moment de l'addition, il s'exécuta de mauvaise grâce** when the time came to settle the bill he paid up with bad ou ill grace

exécuteur, -trice [ɛgzekytœʀ, tʀis] → SYN **1** nm,f [arrêt, décret] enforcer
2 nm ◆ (Hist) **exécuteur (des hautes œuvres)** executioner ◆ (Jur) **exécuteur (testamentaire)** (homme) executor; (femme) executrix

exécutif, -ive [ɛgzekytif, iv] adj, nm ◆ **pouvoir exécutif** executive power ◆ **l'exécutif** the executive

exécution [ɛgzekysjɔ̃] → SYN nf **a** (→ **exécuter**) execution; carrying out; accomplishment; fulfilment; discharge; performance; production; making; painting; making up; enforcement ◆ **mettre à exécution** projet, idées to put into operation, execute, carry out; menaces to carry out; loi to enforce ◆ **« exécution! »** "(get) on with it!*" ◆ **l'exécution des travaux a été ralentie** the work has been slowed down, there have been delays ou hold-ups with the work ◆ (Mus) **d'une exécution difficile** difficult to play ◆ (Jur) **en exécution de la loi** in compliance ou accordance with the law → **voie**
b [condamné] execution ◆ **exécution capitale** capital execution
c (Jur) [débiteur] execution of a writ (*de* against) ◆ **exécution forcée** execution of a writ

exécutoire [ɛgzekytwaʀ] adj (Jur) executory, enforceable ◆ **mesure exécutoire pour chaque partie contractante** measure binding on each contracting party

exèdre [ɛgzɛdʀ] nf exedra

exégèse [ɛgzeʒɛz] → SYN nf exegesis ◆ **faire l'exégèse d'un discours politique** to analyse a political speech

exégète [ɛgzeʒɛt] → SYN nm exegete

exemplaire [ɛgzɑ̃plɛʀ] → SYN **1** adj mère model, exemplary; punition exemplary ◆ **infliger une punition exemplaire à qn** to make an example of sb (by punishing him)
2 nm **a** [livre, formulaire] copy ◆ **en deux exemplaires** in duplicate ◆ **en trois exemplaires** in triplicate ◆ **25 exemplaires de cet avion ont été vendus** 25 aeroplanes of this type have been sold
b (échantillon) specimen, example

exemplairement [ɛgzɑ̃plɛʀmɑ̃] adv exemplarily

exemplarité [ɛgzɑ̃plaʀite] nf exemplary nature

exemple [ɛgzɑ̃pl] → SYN GRAMMAIRE ACTIVE 26.1, 26.5 nm **a** (modèle) example ◆ **l'exemple de leur faillite / de sa sœur lui sera bien utile** their failure / his sister will be a useful example for him ◆ **il est l'exemple de la vertu / l'honnêteté** he sets an example of virtue / honesty, he is a model of virtue / honesty ◆ **citer qn / qch en exemple** to quote sb / sth as an example ◆ **donner l'exemple de l'honnêteté / de ce qu'il faut faire** to give ou set an example of honesty / of what to do ◆ **donner l'exemple** to set an example ◆ **suivre l'exemple de qn** to follow sb's example ◆ **prendre exemple sur qn** to take sb as a model ◆ **à l'exemple de son père** just like his father, following in his father's footsteps ◆ **faire un exemple de qn** (punir) to make an example of sb ◆ **il faut absolument faire un exemple** we must make an example of somebody ◆ **il faut les punir pour l'exemple** they must be punished as an example ou as a deterrent to others → **prêcher**

b (cas, spécimen) example ◆ **voici un exemple de leur avarice** here is an example ou instance of their meanness ◆ **voici un bel exemple du gothique flamboyant** this is a fine example of flamboyant gothic ◆ **ce pays fournit un exemple typique de monarchie constitutionnelle** this country provides a typical example of a constitutional monarchy ◆ **le seul exemple que je connaisse** the only example ou instance I know of ou am aware of ◆ **être d'une bêtise / avarice sans exemple** to be of unparalleled stupidity / meanness ◆ **il en existe plusieurs : exemple, le rat musqué** there are several, for example the muskrat

c (Lexicographie) example, illustrative phrase

d **par exemple** (explicatif) for example ou instance ◆ **(ça) par exemple !** (surprise) my word ! ; (indignation) oh really ! ◆ (✱ : par contre) **c'est assez cher, par exemple on y mange bien** it's pretty expensive but on the other hand ou but there again the food is good

exemplification [ɛgzɑ̃plifikasjɔ̃] nf exemplification

exemplifier [ɛgzɑ̃plifje] ▸ conjug 7 ◂ vt to exemplify

exempt, e [ɛgzɑ̃, ɑ̃(p)t] → SYN 1 adj a (dispensé de) **exempt de** service militaire, corvée, impôts exempt from ◆ **exempt de taxes** tax-free, duty-free ◆ **exempt de TVA** zero-rated for VAT

b (dépourvu de) **exempt de** vent, dangers, arrogance, erreurs free from ◆ **entreprise exempte de dangers** danger-free undertaking, undertaking free from all danger ◆ **d'un ton qui n'était pas exempt d'humour** in a voice which was not without humour, with the faintest tinge of humour in his voice

2 nm (Hist : Mil, Police) exempt

exempter [ɛgzɑ̃(p)te] → SYN ▸ conjug 1 ◂ vt a (dispenser) to exempt (*de* from)

b (préserver de) **exempter qn de** soucis to save sb from

exemption [ɛgzɑ̃psjɔ̃] → SYN nf exemption

exerçant, e [ɛgzɛʀsɑ̃, ɑ̃t] adj ◆ **médecin exerçant** practising doctor

exercé, e [ɛgzɛʀse] → SYN (ptp de **exercer**) adj yeux, oreilles keen, trained

exercer [ɛgzɛʀse] → SYN ▸ conjug 3 ◂ 1 vt a (pratiquer) métier to carry on, ply ; profession to practise, exercise ; fonction to fulfil, exercise ; talents to exercise ; (littér) charité, hospitalité to exercise, practise ◆ [médecin, avocat] **il exerce encore** he's still practising ou in practice

b droit, pouvoir to exercise (*sur* over) ; contrôle, influence to exert, exercise (*sur* over) ; représailles to take (*sur* on) ; poussée, pression to exert (*sur* on) ◆ **exercer des pressions sur qn** to bring pressure to bear on sb, exert pressure on sb ◆ **exercer ses sarcasmes contre qn** to use one's sarcasm on sb, make sb the butt of one's sarcasm ◆ **ses sarcasmes s'exerçaient impitoyablement contre elle** she was the butt of his pitiless sarcasm ◆ **les forces qui s'exercent sur le levier** the force exerted on ou brought to bear on the lever ◆ (Jur) **exercer des poursuites contre qn** to bring an action against sb

c (aguerrir) corps, esprit to train, exercise (*à* to, for) ; mémoire, jugement, facultés, voix to exercise ◆ **exercer des élèves à lire** ou **à la lecture** to exercise pupils in reading, get pupils to practise their reading ◆ **exercer un chien à rapporter le journal** to train a dog to bring back the newspaper

d (éprouver) sagacité, habileté to tax ; patience to try, tax

2 **s'exercer** vpr [pianiste, sportif] to practise ◆ **s'exercer à** technique, mouvement to practise ◆ **s'exercer à la patience** to train o.s. to be patient ◆ **s'exercer à faire qch** to train o.s. to do sth

exercice [ɛgzɛʀsis] → SYN 1 nm a (→ **exercer**) [métier, profession] practice ; [droit] exercising ; [facultés] exercise ◆ **l'exercice du pouvoir** the exercise of power ◆ **l'exercice du culte ne se fait plus dans ce bâtiment** religious services are no longer conducted in this building ◆ **après 40 ans d'exercice** after 40 years in practice ◆ **condamné pour exercice illégal de la médecine** sentenced for practising medicine illegally ou for the illegal practice of medicine ◆ **dans l'exercice de ses fonctions** in the exercise ou execution ou discharge of his duties ◆ **être en exercice** [médecin] to be in practice ; [juge, fonctionnaire] to be in ou hold office ◆ **juge en exercice** sitting judge ◆ **président en exercice** serving chairman ◆ **entrer en exercice** to take up ou assume one's duties

b (→ **s'exercer**) practice, practising

c (activité physique) **l'exercice (physique)** (physical) exercise ◆ **prendre** ou **faire de l'exercice** to take some exercise

d (Mil) **l'exercice** exercises, drill ◆ **aller à l'exercice** to go on exercises ◆ **faire l'exercice** to drill, be at drill

e (Mus, Scol, Sport : petit travail d'entraînement) exercise ◆ **exercice pour piano** piano exercise ◆ **exercice d'application** practise ou application exercise ◆ (Gym) **exercices au sol** floor exercises ◆ (Incendie) **exercice d'évacuation** fire drill → **cahier**

f (Admin, Fin : période) **l'exercice 1986** the 1986 fiscal year

2 COMP ▷ **exercices d'assouplissement** limbering up exercises, bending and stretching exercises ▷ **exercice budgétaire** (Fin) budgetary year ▷ **exercice comptable** accounting year ▷ **exercices phonétiques** phonetic drills ▷ **exercices spirituels** (Rel) spiritual exercises ▷ **exercices structuraux** structure drills ▷ **exercice de style** (Littérat) stylistic composition ▷ **exercices de tir** (Mil) shooting drill ou practice

exerciseur [ɛgzɛʀsizœʀ] nm (gén) exercise machine ; (pour poitrine) chest expander

exérèse [ɛgzeʀɛz] nf (Méd) exeresis

exergue [ɛgzɛʀg] → SYN nm ◆ **en exergue** : (lit) **cette médaille porte en exergue l'inscription ...** this medal is inscribed below ... ◆ **le chapitre portait en exergue une citation de X** the chapter bore in epigraph a quotation from X, a quotation from X provided the epigraph to the chapter ou headed the chapter ◆ **mettre une citation en exergue à un chapitre** to head a chapter with a quotation, put in a quotation as (an) epigraph to a chapter ◆ **mettre un proverbe en exergue à un tableau** to inscribe a painting with a proverb ◆ (fig : en évidence) **mettre une idée / une phrase en exergue** to bring out ou underline an idea / a sentence

exfoliant, e [ɛksfɔljɑ̃, jɑ̃t] adj exfoliating (épith)

exfoliation [ɛksfɔljasjɔ̃] nf exfoliation

exfolier (s') [ɛksfɔlje] ▸ conjug 7 ◂ vpr [peau, os, roche] to exfoliate

exhalaison [ɛgzalɛzɔ̃] → SYN nf (littér) (désagréable) exhalation ; (agréable) fragrance, exhalation

exhalation [ɛgzalasjɔ̃] nf (Physiol) exhalation

exhaler [ɛgzale] → SYN ▸ conjug 1 ◂ 1 vt (littér) a odeur, vapeur to exhale, give off

b soupir to breathe ; plainte to utter, give forth (littér) ; joie, douleur to give vent ou expression to

c (Physiol : souffler) to exhale

2 **s'exhaler** vpr [odeur] to rise (up) (*de* from) ◆ **un soupir s'exhala de ses lèvres** a sigh rose from his lips

exhaussement [ɛgzosmɑ̃] → SYN nm raising

exhausser [ɛgzose] → SYN ▸ conjug 1 ◂ vt construction to raise (up) ◆ **exhausser une maison d'un étage** to add a floor to a house

exhausteur [ɛgzostœʀ] nm ◆ **exhausteur de goût** ou **de saveur** flavour enhancer

exhaustif, -ive [ɛgzostif, iv] → SYN adj exhaustive

exhaustion [ɛgzostjɔ̃] nf (Logique) exhaustion

exhaustivement [ɛgzostivmɑ̃] adv exhaustively

exhaustivité [ɛgzostivite] nf exhaustiveness

exhiber [ɛgzibe] → SYN ▸ conjug 1 ◂ 1 vt (péj) savoir, richesse to display, show off, flaunt ; chiens savants etc to show, exhibit ; (frm) document, passeport to present, show, produce ; partie du corps to show off, display

2 **s'exhiber** vpr a (péj) to show o.s. off (in public), parade

b (outrage à la pudeur) to expose o.s.

exhibition [ɛgzibisjɔ̃] → SYN nf a (→ **exhiber**) display ; flaunting ; show, exhibition ; presentation, production ◆ **que signifient ces exhibitions ?** what do you mean by this exhibitionism ?

b (spectacle forain) show, display

exhibitionnisme [ɛgzibisjɔnism] nm exhibitionism

exhibitionniste [ɛgzibisjɔnist] nmf exhibitionist ◆ **il est un peu exhibitionniste** he's a bit of an exhibitionist

exhortation [ɛgzɔʀtasjɔ̃] → SYN nf exhortation

exhorter [ɛgzɔʀte] → SYN ▸ conjug 1 ◂ vt to exhort (*à faire* to do, *à qch* to sth), urge (*à faire* to do)

exhumation [ɛgzymasjɔ̃] nf (→ **exhumer**) exhumation ; excavation ; unearthing, digging up ou out, disinterring ; recollection, recalling

exhumer [ɛgzyme] → SYN ▸ conjug 1 ◂ vt corps to exhume ; ruines, vestiges to excavate ; (fig) faits, vieux livres to unearth, dig up ou out, disinter ; souvenirs to recollect, recall

exigeant, e [ɛgziʒɑ̃, ɑ̃t] → SYN adj client, hôte particular (attrib), demanding, hard to please (attrib) ; enfant, amant demanding, hard to please (attrib) ; parents, patron, travail, amour demanding, exacting ◆ **je ne suis pas exigeant*, donnez-moi 100 F** I'm not asking for much – give me 100 francs

exigence [ɛgziʒɑ̃s] → SYN nf a (caractère) [client] particularity ; [maître] strictness ◆ **il est d'une exigence insupportable** he's impossibly demanding ou particular ◆ **son exigence de rigueur** his requirement ou demand for accuracy

b (gén pl : revendication, condition) demand, requirement ◆ **produit satisfaisant à toutes les exigences** product which meets all requirements

exiger [ɛgziʒe] → SYN ▸ conjug 3 ◂ GRAMMAIRE ACTIVE 8.4, 10.1, 10.3 vt a (réclamer) to demand, require (*qch de qn* sth of ou from sb), insist on (*qch de qn* sth from sb) ◆ **j'exige de le faire** I insist on doing it, I demand to do it ◆ **j'exige que vous le fassiez** I insist on your doing it, I demand ou insist that you do it ◆ **j'exige (de vous) des excuses** I demand an apology (from you), I insist on an apology (from you) ◆ **la loi l'exige** the law requires ou demands it ◆ **des titres universitaires sont exigés pour ce poste** university degrees are required ou needed ou are a requirement for this post ◆ **trop exiger de ses forces** to overtax one's strength, ask ou demand too much of one's strength

b (nécessiter) to require, call for, demand ◆ **cette plante exige beaucoup d'eau** this plant needs ou requires a lot of water

exigibilité [ɛgziʒibilite] nf [dette] payability ◆ **exigibilités** current liabilities

exigible [ɛgziʒibl] adj dette payable, due for payment

exigu, -uë [ɛgzigy] → SYN adj lieu cramped, exiguous (littér) ; ressources scanty, meagre, exiguous (littér) ; délais short

exiguïté [ɛgzigɥite] → SYN nf (→ **exigu**) crampedness ; exiguity (littér) ; scantiness, meagreness ; shortness

exil [ɛgzil] → SYN nm exile ◆ personne **en exil** in exile (attrib), exiled

exilé, e [ɛgzile] → SYN (ptp de **exiler**) nm,f exile

exiler [ɛgzile] → SYN ▸ conjug 1 ◂ 1 vt (Pol) to exile ; (fig littér) to banish ◆ **se sentir exilé (loin de)** to feel like an outcast ou exile (far from) ◆ (fig) **une note importante exilée en bas de page** an important note tucked away at the bottom of the page

2 **s'exiler** vpr (Pol) to go into exile ◆ (fig) **s'exiler à la campagne** to bury o.s. in the country ◆ (fig) **s'exiler en Australie** to exile o.s. to Australia, take o.s. off to Australia ◆ (fig) **s'exiler loin du monde** to cut o.s. off from the world

exinscrit, e [ɛgzɛ̃skʀi, it] adj escribed

existant, e [ɛgzistɑ̃, ɑ̃t] → SYN adj coutume, loi, prix existing, in existence

existence [ɛgzistɑ̃s] → SYN nf a (Philos, Rel : présence) existence b (vie quotidienne) existence, life ◆ **dans l'existence** in life ◆ **cette coutume a plusieurs siècles d'existence** this custom has existed for several centuries, this custom has been in existence for several centuries → **moyen**

existentialisme [ɛgzistɑ̃sjalism] nm existentialism

existentialiste [ɛgzistɑ̃sjalist] adj, nmf existentialist

existentiel, -ielle [ɛgzistɑ̃sjɛl] adj existential

exister [ɛgziste] → SYN ▸ conjug 1 ◂ 1 vi a (vivre) to exist ◆ (péj) **il se contente d'exister** he is content with just getting by ou just existing
b (être réel) to exist, be ◆ **pour lui, la peur n'existe pas** there is no such thing as fear ou fear doesn't exist as far as he is concerned ◆ **quoi que vous pensiez, le bonheur ça existe** whatever you may say, there is such a thing as happiness
c (se trouver) to be, be found ◆ **la vie existe-t-elle sur Mars?** is there life on Mars? ◆ **produit qui existe en magasin** product (to be) found in shops ◆ **ce modèle existe-t-il en rose?** is this model available in pink? ◆ **le costume régional n'existe plus guère** regional dress is scarcely ever (to be) found ou seen these days ◆ **les dinosaures n'existent plus / existent encore** dinosaurs are extinct / are still in existence ◆ **les bateaux à aubes n'existent plus / existent encore** paddle steamers no longer / still exist ◆ **il existe encore une copie** there is still one copy extant ou in existence ◆ **pourquoi monter à pied? les ascenseurs ça existe!** why walk up? there are lifts, you know! ou lifts have been invented!
2 v impers ◆ (il y a) **il existe** there is, there are ◆ **il n'existe pas de meilleur exemple** there is no better example ◆ **il existe des bégonias de plusieurs couleurs** begonias come ou are found in several colours

exit [ɛgzit] vi, nm (Théât, hum) exit

ex-libris [ɛkslibʀis] nm inv ex-libris

ex nihilo [ɛksniilo] adv ex nihilo

exobiologie [ɛgzobjɔlɔʒi] nf exobiology

exobiologiste [ɛgzobjɔlɔʒist] nmf exobiologist

exocet [ɛgzɔsɛ] nm (poisson) flying fish; (®: missile) exocet ®

exocrine [ɛgzɔkʀin] adj exocrine

exode [ɛgzɔd] → SYN nm (lit, fig) exodus ◆ (Bible) **l'Exode** the Exodus ◆ **(le livre de) l'Exode** (the Book of) Exodus ◆ **exode rural** drift from the land ◆ **exode des cerveaux** brain drain ◆ **exode des capitaux** outflow of capital

exogame [ɛgzɔgam] adj exogamous, exogamic

exogamie [ɛgzɔgami] nf exogamy

exogène [ɛgzɔʒɛn] adj exogenous

exon [ɛgzɔ̃] nm exon

exonder (s') [ɛgzɔ̃de] ▸ conjug 1 ◂ vpr (Géol) to emerge

exonération [ɛgzɔneʀasjɔ̃] → SYN nf (Fin) exemption (*de* from) ◆ **exonération d'impôt** tax exemption

exonérer [ɛgzɔneʀe] → SYN ▸ conjug 6 ◂ vt (Fin) to exempt (*de* from)

exophtalmie [ɛgzɔftalmi] nf exophthalmos, (ocular) proptosis

exophtalmique [ɛgzɔftalmik] 1 adj exophthalmic
2 nmf person suffering from exophthalmos ou (ocular) proptosis

exorbitant, e [ɛgzɔʀbitɑ̃, ɑ̃t] → SYN adj prix, demande, prétention exorbitant, inordinate, outrageous

exorbité, e [ɛgzɔʀbite] adj yeux bulging (*de* with)

exorcisation [ɛgzɔʀsizasjɔ̃] nf exorcizing

exorciser [ɛgzɔʀsize] → SYN ▸ conjug 1 ◂ vt to exorcize

exorciseur [ɛgzɔʀsizœʀ] nm exorcizer

exorcisme [ɛgzɔʀsism] → SYN nm exorcism

exorciste [ɛgzɔʀsist] → SYN nm exorcist

exorde [ɛgzɔʀd] → SYN nm introduction, exordium (spéc)

exoréique [ɛgzɔʀeik] adj exor(h)eic

exoréisme [ɛgzɔʀeism] nm exor(h)eism

exosmose [ɛgzɔsmoz] nf exosmosis

exosphère [ɛgzɔsfɛʀ] nf exosphere

exosquelette [ɛgzoskəlɛt] nm (Bio) exoskeleton

exostose [ɛgzɔstoz] nf exostosis

exotérique [ɛgzɔteʀik] adj exoteric

exothermique [ɛgzɔtɛʀmik] adj exothermic, exothermal

exotique [ɛgzɔtik] → SYN adj pays, plante exotic

exotisme [ɛgzɔtism] nm exoticism ◆ **aimer l'exotisme** to love all that is exotic

exotoxine [ɛgzɔtɔksin] nf exotoxin

expansé, e [ɛkspɑ̃se] adj expanded ◆ **polystyrène expansé** expanded polystyrene

expansibilité [ɛkspɑ̃sibilite] nf expansibility

expansible [ɛkspɑ̃sibl] → SYN adj expansible

expansif, -ive [ɛkspɑ̃sif, iv] → SYN adj a (de caractère) expansive, out-going ◆ **il s'est montré peu expansif** he was not very forthcoming ou communicative
b (Phys) expansionary

expansion [ɛkspɑ̃sjɔ̃] → SYN nf a (extension) expansion ◆ **l'expansion d'une doctrine** the spreading of a doctrine ◆ **notre économie est en pleine expansion** our economy is booming, we have a booming ou fast-expanding economy ◆ **univers** etc **en expansion** expanding universe etc
b (effusion) expansiveness (NonC), effusiveness (NonC) ◆ **avec de grandes expansions** expansively, effusively

expansionnisme [ɛkspɑ̃sjɔnism] nm expansionism

expansionniste [ɛkspɑ̃sjɔnist] 1 adj (Écon, Math, Phys) expansionary; (Pol: péj) expansionist
2 nmf (Pol) expansionist

expansivité [ɛkspɑ̃sivite] nf expansiveness

expatriation [ɛkspatʀijasjɔ̃] → SYN nf expatriation

expatrié, e [ɛkspatʀije] → SYN (ptp de **expatrier**) nm,f expatriate

expatrier [ɛkspatʀije] → SYN ▸ conjug 7 ◂ 1 vt to expatriate
2 **s'expatrier** vpr to expatriate o.s., leave one's country

expectant, e [ɛkspɛktɑ̃, ɑ̃t] adj (littér) expectant

expectative [ɛkspɛktativ] → SYN nf (incertitude) state of uncertainty; (attente prudente) cautious approach ◆ **être** ou **rester dans l'expectative** (incertitude) to be still waiting ou hanging on (to hear ou see etc); (attente prudente) to hold back, wait and see

expectorant, e [ɛkspɛktɔʀɑ̃, ɑ̃t] adj, nm expectorant

expectoration [ɛkspɛktɔʀasjɔ̃] → SYN nf expectoration

expectorer [ɛkspɛktɔʀe] → SYN ▸ conjug 1 ◂ vti to expectorate

expédient, e [ɛkspedjɑ̃, jɑ̃t] → SYN 1 adj (frm) expedient
2 nm expedient, makeshift ◆ **vivre d'expédients** [personne] to live by one's wits; [pays] to resort to short-term measures

expédier [ɛkspedje] → SYN ▸ conjug 7 ◂ GRAMMAIRE ACTIVE 20.3 vt a lettre, paquet to send, dispatch ◆ **expédier par la poste** to send through the post (Brit) ou mail ◆ **expédier par le train** to send by rail ou train ◆ **expédier par bateau** lettres, colis to send surface mail; matières premières to ship, send by sea ◆ (fig) **je l'ai expédié en vacances chez sa grand-mère*** I sent ou packed* him off to his grandmother's for the holidays ◆ (fig hum) **expédier qn dans l'autre monde** to bump sb off* (Brit), do sb in*
b (*) client, visiteur to dispose of ◆ **expédier une affaire** to dispose of ou dispatch a matter, get a matter over with ◆ **expédier son déjeuner en 5 minutes** to polish off* one's lunch in 5 minutes
c (Admin) **expédier les affaires courantes** to deal with ou dispose of day-to-day matters

expéditeur, -trice [ɛkspeditœʀ, tʀis] → SYN 1 adj dispatching, forwarding
2 nm,f (courrier) sender, addresser, addressor; (marchandises) consignor, shipper → **retour**

expéditif, -ive [ɛkspeditif, iv] → SYN adj quick, expeditious

expédition [ɛkspedisjɔ̃] → SYN nf a (action) (lettre, vivres, renforts) dispatch; (par bateau) shipping
b (paquet) consignment; (par bateau) shipment
c (Mil, Sport, Sci) expedition ◆ **expédition de police** police raid ◆ (fig) **quelle expédition!** what an expedition!, what a palaver!
d (Admin) **l'expédition des affaires courantes** the dispatching of day-to-day matters
e (Jur) exemplified copy

expéditionnaire [ɛkspedisjɔnɛʀ] → SYN 1 adj (Mil) expeditionary
2 nmf (Comm) forwarding agent; (Admin) copyist

expéditivement [ɛkspeditivmɑ̃] adv expeditiously

expérience [ɛkspeʀjɑ̃s] → SYN GRAMMAIRE ACTIVE 19.2 nf a (pratique) experience ◆ **avoir de l'expérience** to have experience, be experienced (*en* in) ◆ (frm) **avoir l'expérience du monde** to have experience of the world, know the ways of the world ◆ **sans expérience** inexperienced ◆ **il est sans expérience de la vie** he has no experience of life ◆ **savoir par expérience** to know by ou from experience ◆ **il a une longue expérience de l'enseignement** he has a lot of teaching experience
b (aventure humaine) experience ◆ **expérience amoureuse** love affair ◆ **tente l'expérience, tu verras bien** try it and see ◆ **faire l'expérience de qch** to experience sth ◆ **ils ont fait une expérience de vie communautaire** they experimented with communal living
c (essai scientifique) experiment ◆ **vérité** ou **fait d'expérience** experimental truth ou fact ◆ **faire une expérience sur un cobaye** to do ou carry out an experiment on a guinea-pig

expérimental, e, mpl **-aux** [ɛkspeʀimɑ̃tal, o] adj experimental ◆ **à titre expérimental** on a trial ou an experimental basis

expérimentalement [ɛkspeʀimɑ̃talmɑ̃] adv experimentally

expérimentateur, -trice [ɛkspeʀimɑ̃tatœʀ, tʀis] nm,f (gén) experimenter; (Sci) bench scientist

expérimentation [ɛkspeʀimɑ̃tasjɔ̃] → SYN nf experimentation

expérimenté, e [ɛkspeʀimɑ̃te] → SYN (ptp de **expérimenter**) adj experienced (*en, dans* in)

expérimenter [ɛkspeʀimɑ̃te] → SYN ▸ conjug 1 ◂ vt appareil to test; remède to experiment with, try out; méthode to test out, try out ◆ **expérimenter en laboratoire** to experiment ou do experiments in a laboratory

expert, e [ɛkspɛʀ, ɛʀt] → SYN 1 adj personne expert, skilled (*en* in, *à* at); mains expert ◆ **être expert en la matière** to be skilled ou (an) expert in the subject
2 nm (connaisseur) expert (*en* in, at), connoisseur (*en* in, of); (spécialiste) expert; (d'assurances) (après dégâts) assessor; (d'objet de valeur) valuer, assessor; (Naut) surveyor ◆ **médecin** etc **expert** medical etc expert

expert-comptable, pl **experts-comptables** [ɛkspɛʀkɔ̃tabl] nm independent auditor, ≃ chartered accountant (Brit), ≃ certified public accountant (US)

expertement [ɛkspɛʀtəmɑ̃] adv expertly

expertise [ɛkspɛʀtiz] → SYN nf a (→ **expertiser**) (évaluation) expert evaluation ou appraisal; (rapport) valuer's ou assessor's ou expert's report ◆ **expertise d'avarie** damage survey
b (compétence) expertise

expertiser [ɛkspɛʀtize] → SYN ▸ conjug 1 ◂ vt bijou to value, appraise, assess, evaluate; dégâts to assess, appraise, evaluate ◆ **faire expertiser un diamant** to have a diamond valued

expiable [ɛkspjabl] adj expiable

expiateur, -trice [ɛkspjatœʀ, tʀis] adj expiatory

expiation [ɛkspjasjɔ̃] → SYN nf expiation (*de* of), atonement (*de* for) ◆ **en expiation de ses crimes** in expiation of ou atonement for his crimes

expiatoire [ɛkspjatwaʀ] → SYN adj expiatory

expier [ɛkspje] → SYN ▸ conjug 7 ◂ vt péchés, crime to expiate, atone for ◆ (fig) **expier une imprudence** to pay for an imprudent act

expirant, e [ɛkspiʀɑ̃, ɑ̃t] adj dying

expirateur, -trice [ɛkspiʀatœʀ, tʀis] adj expiratory ◆ **(muscles) expirateurs** expiratory muscles

expiration [ɛkspiʀasjɔ̃] → SYN nf **a** (terme) expiration, expiry (Brit) ◆ **venir à expiration** to expire ◆ **à l'expiration du délai** at the expiry (Brit) ou expiration (US) of the deadline, when the deadline expires
b (respiration) expiration, exhalation ◆ **une profonde expiration** a complete exhalation

expirer [ɛkspiʀe] → SYN ▸ conjug 1 ◂ **1** vt air to breathe out, expire (spéc) ◆ **expirez lentement!** breathe out slowly!
2 vi (mourir, prendre fin) to expire ◆ **le contrat / la carte expire le 5 mai** the contract / the card expires on May 5th

explant [ɛksplɑ̃] nm explant

explétif, -ive [ɛkspletif, iv] → SYN **1** adj expletive, expletory
2 nm expletive

explicable [ɛksplikabl] → SYN adj explicable, explainable

explicatif, -ive [ɛksplikatif, iv] adj explanatory, explicative ◆ (Gram) **proposition relative explicative** non-restrictive relative clause

explication [ɛksplikasjɔ̃] → SYN GRAMMAIRE ACTIVE 26.4 nf **a** [phénomène] explanation (*de* for); [méthode] explanation (*de* of) ◆ **les explications sont écrites au dos** the explanations ou instructions are written on the back
b (justification) explanation (*de qch* for sth) ◆ **votre conduite demande des explications** your conduct requires some explanation ◆ **j'exige des explications** I demand an explanation
c (discussion) discussion; (dispute) argument; (bagarre) fight
d (Scol) [auteur, passage] commentary (*de* on), analysis (*de* of) ◆ **explication de texte** critical analysis ou appreciation of a text, interpretation (of a text)

explicitation [ɛksplisitasjɔ̃] nf (→ **expliciter**) making explicit; explaining, clarifying

explicite [ɛksplisit] → SYN adj clause, terme explicit ◆ **il n'a pas été très explicite sur ce point** he wasn't very clear on that point

explicitement [ɛksplisitmɑ̃] adv explicitly

expliciter [ɛksplisite] → SYN ▸ conjug 1 ◂ vt clause to make explicit; pensée to explain, clarify

expliquer [ɛksplike] → SYN ▸ conjug 1 ◂ **1** vt **a** (faire comprendre) to explain ◆ **il m'a expliqué comment faire** he told me ou explained to me how to do it ◆ **je lui ai expliqué qu'il avait tort** I pointed out to him ou explained to him that he was wrong ◆ **explique-moi comment / pourquoi** explain how / why, tell me how / why ◆ **il m'a expliqué le pourquoi du comment** he explained to me the how and the why of it
b (rendre compte de) to account for, explain ◆ **cela explique qu'il ne soit pas venu** that explains why he didn't come, that accounts for his not coming
c (Scol) texte to comment on, criticize, analyse ◆ **expliquer un passage de Flaubert** to give a critical analysis ou a critical appreciation ou a critical interpretation of a passage from Flaubert
2 **s'expliquer** vpr **a** (donner des précisions) to explain o.s., make o.s. clear ◆ **je m'explique** let me explain, let me make myself clear ◆ **le président s'explique** the president gives his reasons ◆ **s'expliquer sur ses projets** to talk about ou explain one's plans ◆ **s'expliquer devant qn** to justify o.s. to sb, explain one's actions to sb
b (comprendre) to understand ◆ **je ne m'explique pas bien qu'il soit parti** I can't see ou understand ou it isn't at all clear to me why he should have left
c (être compréhensible) **son retard s'explique par le mauvais temps** his lateness is explained by the bad weather, the bad weather accounts for ou explains his lateness ◆ **leur attitude s'explique : ils n'ont pas reçu notre lettre** that explains their attitude: they didn't get our letter ◆ **tout s'explique!** it's all clear now!, I see it all now!
d (parler clairement) **s'expliquer bien / mal** to express ou explain o.s. well / badly ◆ **je me suis peut-être mal expliqué** perhaps I have explained ou expressed myself badly, perhaps I didn't make myself (quite) clear
e (discuter) **s'expliquer avec qn** to explain o.s. to sb, have it out with sb* ◆ **va t'expliquer avec lui** go and sort it out with him, go and explain yourself to him ◆ **après s'être longuement expliqués ils sont tombés d'accord** after having discussed the matter ou after having talked the matter over for a long time they finally reached an agreement ◆ **ils sont allés s'expliquer dehors*** they went to fight it out outside ou to finish it off outside ◆ **s'expliquer à coups de fusil** to shoot it out

exploit [ɛksplwa] → SYN nm exploit, feat, achievement ◆ **quel exploit!** what a feat! ou an achievement! ◆ **ses exploits amoureux** his amorous feats ou exploits ◆ **il a réussi l'exploit d'arriver le premier** his great achievement was to come first ◆ (Jur) **exploit d'huissier** writ

exploitable [ɛksplwatabl] adj (gén) exploitable

exploitant, e [ɛksplwatɑ̃, ɑ̃t] → SYN nm,f **a** (fermier) **exploitant (agricole)** farmer ◆ **petit exploitant (agricole)** smallholder (Brit), small farmer ◆ **exploitant forestier** forestry developer
b (Ciné) (propriétaire) cinema owner; (gérant) cinema manager

exploitation [ɛksplwatasjɔ̃] → SYN nf **a** (action: → **exploiter**) working; exploitation; running, operating ◆ **mettre en exploitation** domaine, ressources to exploit, develop ◆ **l'exploitation de l'homme par l'homme** man's exploitation of man ou of his fellow man ◆ **frais / méthodes d'exploitation** running ou operating costs / methods ◆ (Ciné) **copie d'exploitation** release print
b (entreprise) concern ◆ **exploitation (agricole)** farm ◆ **petite exploitation (agricole)** smallholding (Brit), small farm ◆ **exploitation commerciale / industrielle** business / industrial concern ◆ **exploitation minière / forestière** mining / forestry development

exploité, e [ɛksplwate] (ptp de **exploiter**) **1** adj exploited
2 nm,f exploited person

exploiter [ɛksplwate] → SYN ▸ conjug 1 ◂ vt mine, sol to work, exploit, entreprise to run, operate; ressources to exploit; idée, situation to exploit, make the most of; personne, bonté to exploit ◆ **pouvoir exploiter un avantage** to be able to capitalize on an advantage ou exploit an advantage ◆ **ils exploitent la xénophobie à des fins politiques** they're capitalizing on ou exploiting xenophobia for political ends

exploiteur, -euse [ɛksplwatœʀ, øz] → SYN nm,f exploiter

explorateur, -trice [ɛksplɔʀatœʀ, tʀis] → SYN nm,f (personne) explorer

exploration [ɛksplɔʀasjɔ̃] → SYN nf (→ **explorer**) exploration; investigation; examination

exploratoire [ɛksplɔʀatwaʀ] → SYN adj exploratory

explorer [ɛksplɔʀe] → SYN ▸ conjug 1 ◂ vt (gén) to explore; possibilité, problème to investigate, examine, explore

exploser [ɛksploze] → SYN ▸ conjug 1 ◂ vi [bombe, chaudière] to explode, blow up; [gaz] to explode; [colère] to explode, burst out ◆ **il explosa (de colère)** he flared up, he exploded with ou in anger ◆ **faire exploser** bombe to explode, detonate; bâtiment to blow up ◆ (fig) **cette remarque le fit exploser** he blew up ou flared up at that remark

exploseur [ɛksplozœʀ] nm detonator

explosibilité [ɛksplozibilite] nf explosiveness

explosible [ɛksplozibl] adj mélange explosive

explosif, -ive [ɛksplozif, iv] → SYN adj, nm explosive

explosion [ɛksplozjɔ̃] → SYN nf [bombe, gaz, chaudière] explosion ◆ **faire explosion** [bombe, poudrière] to explode, blow up ◆ **explosion de colère** angry outburst, explosion of anger ◆ **explosion de joie** outburst ou explosion of joy ◆ **explosion démographique** population explosion → **moteur**[1]

expo* [ɛkspo] nf (abrév de **exposition**) (culturelle) exhibition

exponentiel, -ielle [ɛkspɔnɑ̃sjɛl] adj exponential

exponentiellement [ɛkspɔnɑ̃sjɛlmɑ̃] adv exponentially

export [ɛkspɔʀ] nm (abrév de **exportation**) export

exportable [ɛkspɔʀtabl] adj exportable

exportateur, -trice [ɛkspɔʀtatœʀ, tʀis] → SYN **1** adj export (épith), exporting ◆ **pays exportateur** exporting country ◆ **être exportateur de** to export, be an exporter of
2 nm,f exporter ◆ **exportateur de pétrole** oil exporter

exportation [ɛkspɔʀtasjɔ̃] → SYN nf (action) export, exportation; (produit) export ◆ **faire de l'exportation** to export, be in the export business

exporter [ɛkspɔʀte] → SYN ▸ conjug 1 ◂ vt to export

exposant, e [ɛkspozɑ̃, ɑ̃t] **1** nm,f [foire, salon] exhibitor
2 nm (Math) exponent

exposé [ɛkspoze] → SYN nm (action) account, statement, exposition (frm); (conférence) talk; (Scol) (oral) (oral) presentation; (écrit) (written) paper ◆ **faire un exposé sur** (conférence) to give a talk on; (oral) to give a presentation on; (écrit) to write a paper on ◆ **faire un exposé de la situation** to give an account ou overview of the situation ◆ (Jur) **exposé des motifs** preamble *(in bill, stating grounds for its adoption)*

exposer [ɛkspoze] → SYN ▸ conjug 1 ◂ **1** vt **a** (exhiber) marchandises to put on display, display, tableaux to exhibit, show ◆ **ce peintre expose dans cette galerie** that painter shows ou exhibits at that gallery ◆ **c'est resté exposé pendant 3 mois** it has been on display ou on show for 3 months ◆ (frm) **son corps est exposé dans l'église** he is lying in state in the church
b (expliquer) (gén) to explain, state; faits, raisons to expound, set out, make known; griefs to air, make known; théories, idées to expound, explain, set out, put forward ◆ **il nous exposa la situation** he explained the situation to us
c (mettre en danger) (gén) personne, objet to expose (*à* to); (Hist) condamné, enfant to expose; vie, réputation to risk ◆ **c'est une personnalité très exposée** his position makes him an easy target for criticism ◆ **sa conduite l'expose à des reproches** his behaviour lays him open to censure
d (orienter, présenter) to expose; (Phot) to expose ◆ **exposer au soleil / aux regards** to expose to sunlight / to view ◆ **maison exposée au sud** house facing (due) south, house with a southern aspect ◆ **maison bien exposée** well-situated house ◆ **endroit très exposé** (au vent, à l'ennemi) very exposed place
e (Littérat) action to set out; (Mus) thème to introduce
2 **s'exposer** vpr to expose o.s. ◆ **s'exposer à** danger, reproches to expose o.s. to, lay o.s. open to ◆ **s'exposer à des poursuites** to run the risk of prosecution, lay o.s. open to ou expose o.s. to prosecution ◆ **s'exposer au soleil** to expose one's skin to the sun, stay out in the sun

exposition [ɛkspozisjɔ̃] → SYN nf **a** [marchandises] display; [faits, raisons, situation, idées] exposition; [condamné, enfant] exposure; (au danger, à la chaleur) exposure (*à* to) ◆ (Comm) **grande exposition de blanc** special linen week ou event
b (foire, salon) exhibition, show ◆ **l'Exposition universelle** the World Fair
c (Phot) exposure

d (Littérat, Mus) exposition ◆ **scène d'exposition** expository ou introductory scene
e (orientation) [maison] aspect

exposition-vente, pl **expositions-ventes** [ɛkspozisjɔ̃vɑ̃t] nf [artisanat, art] show

exprès[1] [ɛkspʀɛ] → SYN GRAMMAIRE ACTIVE 18.4 adv (spécialement) specially; (intentionnellement) on purpose, deliberately, intentionally ◆ **venir (tout) exprès pour** to come specially to ◆ **il l'a fait exprès** he did it on purpose ou deliberately ou intentionally ◆ **il ne l'a pas fait exprès** he didn't do it on purpose, he didn't mean to do it ◆ **c'est fait exprès** it's meant to be like that, it's deliberate ◆ **et par ou comme un fait exprès il l'avait perdu** by some (almost) deliberate coincidence he had lost it, it would have to happen that he had lost it

exprès[2], **-esse** [ɛkspʀɛs] → SYN adj **a** interdiction, ordre formal, express; (Jur) clause express
b (inv) ◆ **(lettre / colis) exprès** express (Brit) ou special delivery (US) letter / parcel ◆ **(messager) exprès**† express messenger ◆ **envoyer qch en exprès** to send sth by express post (Brit) ou special delivery (US), send sth express (Brit)

express [ɛkspʀɛs] adj, nm inv ◆ **(train) express** fast train ◆ **(café) express** espresso (coffee)

expressément [ɛkspʀesemɑ̃] → SYN adv (formellement) expressly; (spécialement) specially

expressif, -ive [ɛkspʀesif, iv] → SYN adj geste, regard expressive, meaningful; physionomie expressive; langage expressive, vivid; silence meaningful

expression [ɛkspʀesjɔ̃] → SYN nf **a** (gén) expression ◆ **au-delà de toute expression** beyond (all) expression, inexpressible ◆ **veuillez agréer l'expression de mes sentiments les meilleurs** yours faithfully (Brit), yours truly (US) ◆ **visage plein d'expression / sans expression** expressive / expressionless face ◆ **jouer avec beaucoup d'expression** to play with great feeling ou expression ◆ **expression corporelle** self-expression through movement ◆ **journal d'expression française / anglaise** French / English-language newspaper → **liberté, moyen, réduire**
b (Math : formule) expression; (Gram : locution) phrase, expression ◆ **expression figée** set ou fixed expression, set phrase ◆ **expression toute faite** cliché, hack phrase ◆ **expression nominale** nominal ◆ (fig) **réduit à sa plus simple expression** reduced to its simplest terms ou expression

expressionnisme [ɛkspʀesjɔnism] nm expressionism

expressionniste [ɛkspʀesjɔnist] **1** adj expressionist (épith), expressionistic
2 nmf expressionist

expressivement [ɛkspʀesivmɑ̃] adv expressively

expressivité [ɛkspʀesivite] nf expressiveness

exprimable [ɛkspʀimabl] adj expressible

exprimer [ɛkspʀime] → SYN ▸ conjug 1 ◂ **1** vt **a** (signifier) to express; pensée to express, give expression ou utterance to (frm); opinion to voice, express ◆ **mots qui expriment un sens** words which express ou convey a meaning ◆ **regards qui expriment la colère** looks which express ou indicate anger ◆ **œuvre qui exprime parfaitement l'artiste** work which expresses the artist completely
b (Écon, Math) to express ◆ **somme exprimée en francs** sum expressed in francs ◆ **le signe + exprime l'addition** the sign + indicates ou stands for addition
c (littér) jus to press out
2 **s'exprimer** vpr to express o.s. ◆ **s'exprimer par gestes** to use gestures to express o.s. ◆ **je me suis peut-être mal exprimé** perhaps I have expressed myself badly, perhaps I have put it badly ou not made myself clear ◆ **si je peux m'exprimer ainsi** if I may put it like that ◆ (fig) **il faut permettre au talent de s'exprimer** talent must be allowed free expression ou to express itself ◆ **la joie s'exprima sur son visage** (his) joy showed in his expression, his face expressed his joy

expropriation [ɛkspʀɔpʀijasjɔ̃] → SYN nf (action) expropriation, compulsory purchase (Brit); (arrêté) expropriation order, compulsory purchase order (Brit)

exproprier [ɛkspʀɔpʀije] → SYN ▸ conjug 7 ◂ vt propriété to expropriate, place a compulsory purchase order on (Brit) ◆ **ils ont été expropriés** their property has been expropriated, they have had a compulsory purchase order made on their property

expulser [ɛkspylse] → SYN ▸ conjug 1 ◂ vt (gén) élève to expel (*de* from); étranger to deport, expel (*de* from); locataire to evict (*de* from), throw out (*de* of); (Ftbl) joueur to send off; manifestant to eject (*de* from), throw out, turn out (*de* of); (Anat) déchets to evacuate, excrete

expulsif, -ive [ɛkspylsif, iv] adj expulsive

expulsion [ɛkspylsjɔ̃] → SYN nf (→ **expulser**) expulsion; deportation; eviction; throwing out; ejection; turning out; sending off; evacuation, excretion (*de* from)

expurgation [ɛkspyʀgasjɔ̃] nf expurgation, bowdlerization

expurger [ɛkspyʀʒe] → SYN ▸ conjug 3 ◂ vt to expurgate, bowdlerize ◆ **version expurgée** sanitized ou expurgated ou bowdlerized version

exquis, -ise [ɛkski, iz] → SYN adj plat, choix, politesse exquisite; personne, temps delightful

exquisément [ɛkskizemɑ̃] adv (littér) exquisitely

exquisité [ɛkskizite] nf (littér) exquisiteness

exsangue [ɛksɑ̃g] → SYN adj visage, lèvres bloodless; (fig) littérature anaemic ◆ **les guerres / impôts ont laissé le pays exsangue** wars / taxes have bled the country white

exsanguino-transfusion, pl **exsanguino-transfusions** [ɛksɑ̃ginotʀɑ̃sfyzjɔ̃] nf exchange transfusion

exstrophie [ɛkstʀɔfi] nf exstrophy

exsudat [ɛksyda] nm (Méd, Bot) exudation, exudate

exsudation [ɛksydasjɔ̃] nf (frm) exudation (frm)

exsuder [ɛksyde] → SYN ▸ conjug 1 ◂ vti (frm) (lit) to exude ◆ (fig) **son visage exsude la joie** his face radiates joy

extase [ɛkstɑz] → SYN nf (Rel) ecstasy; (sexuelle) climax; (fig) ecstasy, rapture ◆ **il est en extase devant sa fille** he is rapturous about his daughter, he goes into raptures over his daughter ◆ **tomber / rester en extase devant un tableau** to go into ecstasies at / stand in ecstasy before a painting

extasié, e [ɛkstɑzje] (ptp de **s'extasier**) adj ecstatic, enraptured

extasier (s') [ɛkstɑzje] → SYN ▸ conjug 7 ◂ vpr to go into ecstasies ou raptures (*devant, sur* over)

extatique [ɛkstatik] adj ecstatic, enraptured

extemporané, e [ɛkstɑ̃pɔʀane] adj (Méd) extemporaneous

extenseur [ɛkstɑ̃sœʀ] → SYN **1** adj ◆ **(muscle) extenseur** extensor
2 nm (Sport) chest expander

extensibilité [ɛkstɑ̃sibilite] nf extensibility

extensible [ɛkstɑ̃sibl] → SYN adj matière extensible; définition extendable

extensif, -ive [ɛkstɑ̃sif, iv] adj (Agr) culture extensive; sens wide, extensive

extension [ɛkstɑ̃sjɔ̃] → SYN nf **a** (étirement) [membre, ressort] stretching; (Méd) [membre] traction ◆ **le ressort atteint son extension maximum** the spring is fully stretched ou is stretched to its maximum
b (augmentation) [épidémie, grève, incendie] extension, spreading; [commerce, domaine] expansion; [pouvoirs] extension, expansion ◆ **prendre de l'extension** [épidémie] to spread, extend, develop; [entreprise] to expand
c (élargissement) [loi, mesure, sens d'un mot] extension (*à* to); (Logique) extension ◆ **par extension (de sens)** by extension

extensionalité [ɛkstɑ̃sjɔnalite] nf extensionality

extensionnel, -elle [ɛkstɑ̃sjɔnɛl] adj extensional

extensomètre [ɛkstɑ̃sɔmɛtʀ] nm extensometer, extensimeter

exténuant, e [ɛkstenyɑ̃, ɑ̃t] → SYN adj exhausting

exténuation [ɛkstenyasjɔ̃] nf exhaustion, fatigue

exténuer [ɛkstenye] → SYN ▸ conjug 1 ◂ **1** vt to exhaust, tire out
2 **s'exténuer** vpr to exhaust o.s., tire o.s. out (*à faire qch* doing sth)

extérieur, e [ɛksteʀjœʀ] → SYN **1** adj **a** (à un lieu) paroi outer, outside, exterior; escalier, W.-C. outside; quartier, cour, boulevard outer; bruit external, outside; décoration exterior, outside; collaborateur outside ◆ **apparence extérieure** [personne] outward appearance; [maison] outside
b (à l'individu) monde, influences external, outside; activité, intérêt outside; réalité external ◆ **signes extérieurs de richesse** outward signs of wealth ◆ **manifestation extérieure de colère** outward show ou display of anger
c (étranger) commerce, vente external, foreign; politique, nouvelles foreign
d (superficiel) amabilité surface (épith), superficial ◆ **sa gaieté est toute extérieure** his gaiety is all on the surface ou all an outward display
e (sans relation avec) **être extérieur à une question / un sujet** to be external to ou outside a question / a subject, be beyond the scope of a question / a subject ◆ **c'est tout à fait extérieur à moi** it has nothing to do with me, it doesn't concern me in the least ◆ **rester extérieur à un conflit / une affaire** to stay ou keep out of a conflict / matter ◆ **« interdit à toute personne extérieure à l'usine / au chantier »** "factory employees / site workers only", "no entry for unauthorised personnel"
f (Géom) angle exterior
2 nm **a** [objet, maison] outside, exterior; [piste, circuit etc] outside ◆ [joueur] **il l'a débordé par l'extérieur** he overtook him on the outside
b **à l'extérieur** (au dehors) outside; (Sport) away ◆ **c'est à l'extérieur (de la ville)** it's outside (the town) ◆ (fig) **juger qch de l'extérieur** (d'après son apparence) to judge sth by appearances; (en tant que profane) to judge sth from the outside
c (pays etc) **l'extérieur** (gén) the outside world; (pays étrangers) foreign countries ◆ **entretenir de bonnes relations avec l'extérieur** to have good foreign relations ◆ **vendre beaucoup à l'extérieur** to sell a lot abroad ou to foreign countries ◆ **recevoir des nouvelles de l'extérieur** to have news from abroad ◆ **cellule sans communication avec l'extérieur** cell without communication with the outside world
d (Ciné) **extérieurs** location shots ◆ **prises de vues / tourner en extérieur** shots taken / to shoot on location ◆ **les extérieurs ont été tournés à Paris** the shots on location were taken in Paris
e (frm : apparence) exterior, (outward) appearance

extérieurement [ɛksteʀjœʀmɑ̃] adv **a** (du dehors) on the outside, externally
b (en apparence) on the surface, outwardly

extériorisation [ɛksteʀjɔʀizasjɔ̃] nf [joie etc] display, outward expression; (Psych) externalization, exteriorization

extérioriser [ɛksteʀjɔʀize] → SYN ▸ conjug 1 ◂ **1** vt joie etc to show, express; (Psych) to exteriorize, externalize
2 **s'extérioriser** vpr [personne] to express o.s.; [sentiment] to be expressed

extériorité [ɛksteʀjɔʀite] nf (Philos) exteriority

exterminateur, -trice [ɛkstɛʀminatœʀ, tʀis] **1** adj exterminating → **ange**
2 nm,f exterminator

extermination [ɛkstɛʀminasjɔ̃] → SYN nf extermination → **camp**

exterminer [ɛkstɛʀmine] → SYN ▸ conjug 1 ◂ vt (lit, fig) to exterminate, wipe out

externat [ɛkstɛʀna] nm (Scol) day school ◆ (Méd) **faire son externat à** to be a non-resident student ou an extern (US) at

externe [ɛkstɛʀn] → SYN **1** adj surface etc external, outer; angle exterior ◆ **à usage externe** for external use only, not to be taken (internally)

2 nmf (Scol) day pupil ◆ (Méd) **externe (des hôpitaux)** non-resident student at a teaching hospital, extern (US)

extéroceptif, -ive [ɛksteʀɔsɛptif, iv] adj exteroceptive

exterritorialité [ɛksteʀitɔʀjalite] nf exterritoriality

extincteur, -trice [ɛkstɛ̃ktœʀ, tʀis] 1 adj extinguishing
2 nm (fire) extinguisher

extinction [ɛkstɛ̃ksjɔ̃] → SYN nf [incendie, lumières] extinction, extinguishing, putting out; (fig) [peuple] extinction, dying out; (Jur) [dette, droit] extinguishment ◆ **extinction de voix** loss of voice, aphonia (spéc) ◆ **avoir une extinction de voix** to lose one's voice ◆ (Mil, fig) **avant l'extinction des feux** before lights out ◆ **espèce en voie d'extinction** endangered species

extirpateur [ɛkstiʀpatœʀ] nm extirpator

extirpation [ɛkstiʀpasjɔ̃] → SYN nf (→ **extirper**) eradication; extirpation; rooting out; pulling up, pulling out

extirper [ɛkstiʀpe] → SYN ▸ conjug 1 ◂ vt (littér) abus, vice to eradicate, extirpate, (littér) root out; (Chirurgie) to extirpate; herbes to root out, pull up, pull out ◆ **impossible de lui extirper une parole*** it's impossible to drag ou get a word out of him! ◆ **extirper qn de son lit*** to drag ou haul sb out of bed ◆ **s'extirper de son manteau** to extricate o.s. from one's coat

extorquer [ɛkstɔʀke] → SYN ▸ conjug 1 ◂ vt to extort (*à qn* from sb)

extorqueur, -euse [ɛkstɔʀkœʀ, øz] nm,f extortioner

extorsion [ɛkstɔʀsjɔ̃] → SYN nf extortion ◆ **extorsion de fonds** extortion of money

extra [ɛkstʀa] → SYN 1 nm inv (domestique) extra servant ou help; (gâterie) (special) treat ◆ **s'offrir un extra** to give o.s. a treat, treat o.s. to something special
2 adj inv (Comm: supérieur) fromage, vin first-rate, extra-special; tissu top-quality; (*: excellent) film, week-end, personne fantastic*, terrific*, great* ◆ (Comm) **de qualité extra** of the finest ou best quality

extraconjugal, e, mpl **-aux** [ɛkstʀakɔ̃ʒygal, o] adj extramarital

extracorporel, -elle [ɛkstʀakɔʀpɔʀɛl] adj extracorporeal ◆ **circulation extracorporelle** cardiopulmonary by-pass

extracteur [ɛkstʀaktœʀ] nm extractor

extractible [ɛkstʀaktibl] adj (gén) extractable; autoradio removable

extractif, -ive [ɛkstʀaktif, iv] adj industrie etc extractive, mining

extraction [ɛkstʀaksjɔ̃] → SYN nf a [pétrole] extraction; [charbon] mining; [marbre] quarrying
b (Math, Méd) extraction
c (††: origine) **de haute / basse extraction** of noble / mean extraction ou descent, of high / low birth

extrader [ɛkstʀade] → SYN ▸ conjug 1 ◂ vt to extradite

extradition [ɛkstʀadisjɔ̃] → SYN nf extradition

extrados [ɛkstʀado] nm (Archit) extrados; (Anat) upper surface *(of a wing)*

extrafin, e [ɛkstʀafɛ̃, fin] adj haricots, petits pois super-fine; aiguille extra fine

extrafort, e [ɛkstʀafɔʀ, fɔʀt] 1 adj carton, moutarde extra strong
2 nm (Couture) bias binding

extragalactique [ɛkstʀagalaktik] adj extragalactic

extraire [ɛkstʀɛʀ] → SYN ▸ conjug 50 ◂ vt a minerai, pétrole to extract; charbon to mine; marbre to quarry
b gaz, jus to extract ◆ **extraire un liquide en pressant / en tordant** etc to squeeze out / wring out etc a liquid
c dent to extract, pull out; clou to pull out; (Math) racine to extract; balle to extract, remove (*de* from)
d **extraire de** poche, placard to take ou bring ou dig* out of; prison, avalanche to rescue from, get out of ◆ **passage extrait d'un livre** extract from a book, passage taken from a book ◆ **s'extraire de son manteau*** to extricate o.s. from one's coat ◆ **s'extraire de sa voiture** to climb out of one's car

extrait [ɛkstʀɛ] → SYN nm [discours, journal] extract; [livre, auteur] extract, excerpt; [film] excerpt; (Admin) extract (*de* from) ◆ **extrait de lavande** etc essence ou extract of lavender etc ◆ **extrait de viande** beef extract ◆ **extrait de naissance** etc birth etc certificate ◆ (Fin) **extrait de compte** abstract of accounts ◆ **un court extrait de l'émission** a clip from the programme

extrajudiciaire [ɛkstʀaʒydisjɛʀ] adj extrajudicial

extralégal, e, mpl **-aux** [ɛkstʀalegal, o] adj extra-legal

extralinguistique [ɛkstʀalɛ̃gɥistik] adj extralinguistic

extra-muros [ɛkstʀamyʀos] 1 adj inv extramural ◆ **Paris extra-muros** Outer Paris
2 adv outside the town

extranéité [ɛkstʀaneite] nf (Jur) alien status, foreign origin

extraordinaire [ɛkstʀaɔʀdinɛʀ] → SYN adj a (étrange) événement, costume, opinions extraordinary ◆ **l'extraordinaire est que** the extraordinary thing is that
b (exceptionnel) beauté exceptional; succès, force extraordinary, exceptional ◆ **c'est un acteur extraordinaire** he's an extraordinary ou a remarkable actor ◆ **ce roman n'est pas extraordinaire** this novel isn't up to much*, there's nothing particularly good ou very special about this novel
c (Pol) moyens, mesures, assemblée special → **ambassadeur**
d **si par extraordinaire** if by some unlikely chance ◆ **quand par extraordinaire** on those rare occasions when

extraordinairement [ɛkstʀaɔʀdinɛʀmɑ̃] adv (exceptionnellement) extraordinarily, exceptionally; (d'une manière étrange) extraordinarily

extraparlementaire [ɛkstʀapaʀləmɑ̃tɛʀ] adj extra-parliamentary

extraplat, e [ɛkstʀapla, at] adj télévision, montre etc flat

extrapolable [ɛkstʀapɔlabl] adj which can be extrapolated

extrapolation [ɛkstʀapɔlasjɔ̃] → SYN nf extrapolation

extrapoler [ɛkstʀapɔle] → SYN ▸ conjug 1 ◂ vti to extrapolate (*à partir de* from)

extrascolaire [ɛkstʀaskɔlɛʀ] adj activités extracurricular

extrasensible [ɛkstʀasɑ̃sibl] adj supersensible

extrasensoriel, -ielle [ɛkstʀasɑ̃sɔʀjɛl] adj perception extrasensory

extrasystole [ɛkstʀasistɔl] nf extrasystole

extraterrestre [ɛkstʀateʀɛstʀ] adj, nmf extraterrestrial

extraterritorial, e mpl **-iaux** [ɛkstʀateʀitɔʀjal, jo] adj extraterritorial

extraterritorialité [ɛkstʀateʀitɔʀjalite] nf extraterritoriality

extra-utérin, e, mpl **extra-utérins** [ɛkstʀaytеʀɛ̃, in] adj extra-uterine

extravagance [ɛkstʀavagɑ̃s] → SYN nf a (caractère) [costume, conduite] eccentricity, extravagance
b (acte) eccentric ou extravagant behaviour (NonC) ◆ **dire des extravagances** to talk wildly ou extravagantly

extravagant, e [ɛkstʀavagɑ̃, ɑ̃t] → SYN adj idée, théorie extravagant, wild, crazy; prix excessive, extravagant

extravaser (s') [ɛkstʀavɑze] → SYN ▸ conjug 1 ◂ vpr to extravasate

extraversion [ɛkstʀavɛʀsjɔ̃] nf ⇒ **extroversion**

extraverti, e [ɛkstʀavɛʀti] adj, nm,f ⇒ **extroverti**

extrême [ɛkstʀɛm] → SYN 1 adj a (le plus éloigné) extreme, furthest ◆ **à l'extrême bout de la table** at the far ou furthest end of the table, at the very end of the table ◆ **dans son extrême jeunesse** in his very young days, in his earliest youth ◆ **à l'extrême opposé** at the opposite extreme (*de* of) ◆ (Pol) **l'extrême droite / gauche** the far right / left
b (le plus intense) extreme, utmost ◆ **dans la misère extrême** in extreme ou the utmost poverty ◆ **c'est avec un plaisir extrême que** it is with the greatest ou the utmost pleasure that ◆ **il m'a reçu avec une extrême amabilité** he received me in the friendliest possible way ou with the utmost kindness ◆ **il fait une chaleur extrême** it is extremely hot ◆ **d'une pâleur / difficulté extrême** extremely pale / difficult → **rigueur, urgence**
c (après n: excessif, radical) théories, moyens extreme ◆ **ça l'a conduit à des mesures extrêmes** that drove him into taking drastic ou extreme steps ◆ **il a un caractère extrême** he tends to go to extremes, he is an extremist by nature
2 nm a (opposé) extreme ◆ **les extrêmes se touchent** extremes meet ◆ **passer d'un extrême à l'autre** to go from one extreme to the other ou to another
b (Math) **extrêmes** extremes
c **à l'extrême, jusqu'à l'extrême** in the extreme, to a degree ◆ **cela lui répugnait à l'extrême** he was extremely loath to do it ◆ **noircir une situation à l'extrême** to paint the blackest possible picture of a situation ◆ **scrupuleux à l'extrême** scrupulous to a fault

extrêmement [ɛkstʀɛmmɑ̃] → SYN adv extremely, exceedingly

extrême-onction, pl **extrêmes-onctions** [ɛkstʀɛmɔ̃ksjɔ̃] → SYN nf Extreme Unction

Extrême-Orient [ɛkstʀɛmɔʀjɑ̃] nm inv Far East

extrême-oriental, e, mpl **extrême-orientaux** [ɛkstʀɛmɔʀjɑ̃tal, o] 1 adj Far Eastern, oriental
2 nm,f ◆ **Extrême-Oriental(e)** Oriental

extrémisme [ɛkstʀemism] → SYN nm extremism

extrémiste [ɛkstʀemist] → SYN adj, nmf extremist

extrémité [ɛkstʀemite] → SYN nf a (bout) (gén) end; [aiguille] point; [objet mince] tip; [village, île] extremity, limit; [lac, péninsule] head
b (frm: situation critique) plight, straits ◆ **être dans la pénible extrémité de devoir** to be in the unfortunate necessity of having to ◆ **réduit à la dernière extrémité** in the most dire plight ou straits ◆ **être à toute extrémité, être à la dernière extrémité** to be on the point of death
c (frm: action excessive) extremes, extreme lengths ◆ **se porter à une extrémité** ou **à des extrémités** to go to extremes ◆ **pousser qn à une extrémité** ou **à des extrémités** to push ou drive sb to extremes ou into taking extreme action ◆ **se livrer à des extrémités (sur qn)** to assault sb ◆ **d'une extrémité dans l'autre** from one extreme to another
d (Anat: pieds et mains) **extrémités** extremities

extremum [ɛkstʀemɔm] nm (Math) extreme

extrinsèque [ɛkstʀɛ̃sɛk] → SYN adj extrinsic

extrinsèquement [ɛkstʀɛ̃sɛkmɑ̃] adv extrinsically

extrorse [ɛkstʀɔʀs] adj extrorse, extrorsal

extroversion [ɛkstʀɔvɛʀsjɔ̃] nf extroversion

extroverti, e [ɛkstʀɔvɛʀti] adj, nm,f extrovert

extruder [ɛkstʀyde] ▸ conjug 1 ◂ vt to extrude

extrudeuse [ɛkstʀydøz] nf (machine) extruder

extrusion [ɛkstʀyzjɔ̃] → SYN nf extrusion

exubérance [ɛgzybeʀɑ̃s] → SYN nf (caractère) exuberance (NonC); (action) exuberant behaviour (NonC) (ou talk (NonC) etc) ◆ **parler avec exubérance** to speak exuberantly

exubérant, e [ɛgzybeʀɑ̃, ɑ̃t] → SYN adj (gén) exuberant

exulcération [ɛgzylseʀasjɔ̃] → SYN nf (Méd) erosion

exultation [ɛgzyltasjɔ̃] → SYN nf exultation

exulter [ɛgzylte] → SYN ▸ conjug 1 ◂ vi to exult

exutoire [ɛgzytwaʀ] → SYN nm outlet, release (*à* of)

exuvie [ɛgzyvi] nf exuviae (pl)

ex-voto [ɛksvɔto] → SYN nm inv thanksgiving ou commemorative plaque

eye-liner, pl **eye-liners** [ajlajnœʀ] nm eyeliner

eyra [ɛʀa] nm eyra

Ézéchiel [ezekjɛl] nm Ezekiel ◆ **(le livre d') Ézéchiel** (the Book of) Ezekiel

F

F¹, f [ɛf] nm (lettre) F, f. ◆ (abrév de **franc**) **F** F, fr ◆ (appartement) **un F2** a 2-roomed flat (Brit) ou apartment (US)

F² **a** (abrév de **Fahrenheit**) F
b abrév de **frère**

fa [fa] nm inv (Mus) F; (en chantant la gamme) fa → **clef**

FAB [ɛfabe] (abrév de **franco à bord**) FOB

fabacées [fabase] nfpl ◆ **les fabacées** fabaceous plants, the Fabaceae (spéc)

fable [fabl] [→ SYN] nf (genre) fable; (légende) fable, legend; (mensonge) tale, story, fable ◆ **quelle fable va-t-il inventer?** what yarn ou tale will he spin? ◆ **être la fable de toute la ville**† to be the laughing stock of the whole town

fabliau, pl **fabliaux** [fablijo] nm fabliau

fablier [fablije] nm book of fables

fabricant, e [fabʀikɑ̃, ɑ̃t] [→ SYN] nm,f manufacturer ◆ **fabricant de papier** paper manufacturer ou maker ◆ **fabricant d'automobiles** car manufacturer ◆ **fabricant de pneus** tyremaker

fabricateur, -trice [fabʀikatœʀ, tʀis] nm,f ◆ **fabricateur (de fausse monnaie)** counterfeiter, forger ◆ **fabricateur (de fausses nouvelles)** fabricator, spinner of yarns ◆ **fabricateur (de faux papiers)** forger (of documents), counterfeiter

fabrication [fabʀikasjɔ̃] [→ SYN] nf **a** (industrielle) manufacture, manufacturing; (artisanale, personnelle) making ◆ **la fabrication industrielle / en série** factory ou industrial / mass production ◆ **fabrication par lots** batch production ◆ **de fabrication française** made in France, French-made, of French make ◆ **de fabrication étrangère** of foreign make ou manufacture ◆ **de fabrication artisanale** produced ou made on a small scale ◆ **bombe de fabrication artisanale** home-made bomb ◆ **c'est une fabrication maison*** it's home-made ◆ **de bonne fabrication** well-made, of good ou high-quality workmanship ◆ **fabrication assistée par ordinateur** computer-assisted ou computer-aided manufacturing ◆ **un romancier réduit à la fabrication en série** a novelist reduced to churning out novels by the dozen ou to mass-producing his works ◆ **une robe de sa fabrication** a dress of her own making, a dress she has (ou had etc) made herself → **défaut, secret**
b [faux] forging; [fausses nouvelles] fabricating, making up ◆ **fabrication de fausse monnaie** counterfeiting ou forging money

fabrique [fabʀik] [→ SYN] nf **a** (établissement) factory ◆ **fabrique de gants** glove factory ◆ **fabrique de papier** paper mill → **marque, prix**
b (littér: fabrication, facture) workmanship ◆ **de bonne fabrique** well-made, of good ou high-quality workmanship
c (Rel) **la fabrique** the fabric

fabriquer [fabʀike] [→ SYN] ▸ conjug 1 ◂ vt **a** meuble, outil, chaussures (industriellement) to manufacture; (de façon artisanale, chez soi) to make; faux to forge; fausses nouvelles to fabricate, make up; incident, histoire to fabricate, invent, make up ◆ **fabriquer de la fausse monnaie** to counterfeit ou forge money ◆ **fabriquer en série** to mass-produce ◆ **fabriquer industriellement** to manufacture, produce industrially ◆ **fabriquer sur commande** ou **sur mesure** to make to order ◆ **fabriquer de façon artisanale** to handcraft, make ou produce on a small scale ◆ **c'est une histoire fabriquée de toutes pièces** this story is all made up ou is a complete fabrication from start to finish ◆ **il s'est fabriqué un personnage de prophète** he created ou invented a prophet-like character for himself ◆ **il s'est fabriqué un poste de radio / une cabane** he built ou made himself a radio set / a shed
b (*: faire) **qu'est-ce qu'il fabrique?** what (on earth) is he doing? ou is he up to?* ◆ **des fois, je me demande ce que je fabrique ici!** sometimes I really wonder what the heck I'm doing here!*

fabulateur, -trice [fabylatœʀ, tʀis] [→ SYN]
1 adj ◆ (d'imagination) **faculté fabulatrice** faculty for fantasizing ◆ (de mythomanie) **tendance fabulatrice** tendency to fabricate ou spin stories
2 nm,f storyteller

fabulation [fabylasjɔ̃] [→ SYN] nf (fait d'imaginer) fantasizing; (fait de mentir) storytelling; (fable) tale, fable; (mensonge) story, yarn, tale

fabuler [fabyle] [→ SYN] ▸ conjug 1 ◂ vi to make up ou invent stories

fabuleusement [fabyløzmɑ̃] adv fabulously, fantastically

fabuleux, -euse [fabylø, øz] [→ SYN] adj **a** (littér) (des temps anciens, de la mythologie) mythical, legendary; (de la légende, du merveilleux) fabulous
b (intensif: prodigieux) richesse, exploits, vitesse fabulous, fantastic

fabuliste [fabylist] nm writer of fables ou tales

FAC [fak] nm (abrév de **franc d'avaries communes**) FGA

fac [fak] nf (arg Univ) abrév de **faculté**

façade [fasad] [→ SYN] nf **a** (devant de maison) (gén) façade, front, frontage; (Archéol) façade; (côté de maison) side; [magasin] front, frontage ◆ **façade latérale** side wall ◆ **façade ouest** west side ou wall ◆ **la façade arrière de la maison** the back of the house ◆ **les façades des magasins** the shop fronts ◆ **3 pièces en façade** 3 rooms at ou facing the front ◆ (Mét) **il y aura des tempêtes sur la façade atlantique** there'll be storms along the Atlantic shoreline
b (fig) (apparence) façade, appearance; (couverture) cover ◆ **façade d'honnêteté / de vertu** façade ou outward show ou appearance of honesty / virtue ◆ **ce n'est qu'une façade** it's just a front ou façade, it's a mere pretence ◆ **de façade** luxe, vertu, foi sham ◆ **ce restaurant est une façade qui cache un tripot clandestin** this restaurant is a cover for an illegal dive
c (‡: figure) **se refaire la façade** (se maquiller) to redo one's face*; (se faire faire un lifting) to have a face-lift, have a face job* ◆ **il va te démolir la façade** he's going to smash your mug ou face in‡

face [fas] [→ SYN] nf **a** (frm, Méd: visage) face ◆ **les blessés de la face** people with facial injuries ◆ **tomber face contre terre** to fall flat on the ground ou flat on one's face ◆ **se prosterner face contre terre** to prostrate o.s. with one's face to the ground ◆ **face de rat / de singe**‡ rat / monkey face‡ ◆ **sauver / perdre la face** to save / lose face ◆ **opération destinée à sauver la face** face-saving move → **voiler¹**
b (côté) [disque, objet, organe] side; [médaille, pièce de monnaie] front, obverse; (Math) [cube, figure] side, face; (Alpinisme) face, wall ◆ [disque] **face A / B** A- / B-side ◆ **mets l'autre face (du disque)** put on ou play the other side (of the record), turn the record over ◆ **la face cachée de la lune** the hidden face ou side of the moon ◆ (fig) **question à double face** two-sided question ◆ (lit, fig) **examiner un objet / une question sous** ou **sur toutes ses faces** to examine an object / a problem from all sides ◆ **la pièce est tombée sur face** ou **côté face** the coin fell face up ◆ (jeu de pile ou face) **face!** heads! → **pile¹**
c (aspect) face ◆ **la face changeante des choses** the changing face of things ◆ **changer la face du monde** to change the face of the world ◆ **le monde a changé de face** (the face of) the world has changed
d (littér: surface) **la face de la terre** ou **du globe** the face of the earth ◆ **la face de l'océan** the surface ou face of the ocean
e LOC **faire face** to face (up to) things ◆ **faire face à** lieu, objet, personne to face, be opposite; épreuve, adversaire, obligation to face up to, face; dette, engagement to meet ◆ **se faire face** [maisons] to be facing ou opposite each other; [adversaires] to be face to face ◆ **il a dû faire face à des dépenses élevées** he has

been faced with ou he has had to face considerable expense

f **à la face de : il éclata de rire à la face de son professeur** he burst out laughing in his teacher's face • **proclamer à la face de l'univers** ou **du monde** to proclaim to the universe ou to the whole world ou to the world at large

g **en face de** (en vis-à-vis de) opposite ; (en présence de) in front of • **au banquet, on les a mis l'un en face de l'autre** ou **en face l'un de l'autre** at the banquet, they were placed opposite each other ou facing each other • **les deux ennemis étaient maintenant l'un en face de l'autre** the two enemies now stood facing each other ou face to face ou were now face to face • **il n'ose rien dire en face de son patron** he daren't say anything in front of his boss • **ne te mets pas en face de moi / de ma lumière** don't stand in my way / in my light • (fig) **se trouver en face d'un danger / problème** to be confronted ou faced with a danger / problem • (fig) **en face de cela** on the other hand

h **en face** (directement, ouvertement) • **regarder qn (bien) en face** to look sb (straight) in the face • **il lui a dit en face ce qu'il pensait de lui** he told him to his face what he thought of him • **regarder la mort en face** to look death in the face • **il faut voir les choses en face** one must see things as they are, one must face facts • **avoir le soleil en face** to have the sun in one's eyes

i **en face** (de l'autre côté de la rue) across the street, opposite, over the road • **j'habite en face** I live across the street ou over the road ou opposite • **la maison d'en face** the house across the street ou over the road ou opposite • **le trottoir d'en face** the opposite pavement, the pavement on the other ou opposite side • **la dame d'en face** the lady (from) across the street ou (from) over the road, the lady opposite

j **de face** portrait fullface ; nu, portrait en pied frontal ; attaque frontal ; place (au théâtre) in the centre, facing the front of the stage ; (dans le train etc) facing the engine • **voir qn de face** to see sb face on • **attaquer de face** to make a frontal attack (on), attack from the front • **un personnage / cheval de face** the front view of a person / horse • **avoir une vue de face sur qch** to have a front view of sth • **assis de face dans l'autobus** sitting facing the front of the bus, sitting facing forward in the bus • **avoir le vent de face** to have the wind in one's face

k **face à** facing • **il se dressa face à l'ennemi** he positioned himself facing the enemy • **face à ces problèmes, il se sentait impuissant** faced with ou in the face of such problems, he felt helpless • **face à face** lieux, objets opposite ou facing each other ; personnes, animaux face to face, facing each other • **face à face avec** lieu, objet opposite, facing ; personne, animal face to face with • **face à face avec une difficulté** faced with ou up against a difficulty

face à face nm, **face-à-face** [fasafas] nm inv (rivalité) showdown ; (conflit) confrontation • **face à face télévisé** one-to-one ou face-to-face TV debate

face-à-main, pl **faces-à-main** [fasamɛ̃] nm lorgnette

facétie [fasesi] [→ SYN] nf (drôlerie) joke ; (farce) prank, trick • **faire des facéties** to play pranks ou tricks • **dire des facéties** to crack jokes

facétieusement [fasesjøzmɑ̃] adv (→ **facétieux**) facetiously, impishly, mischievously ; humorously

facétieux, -ieuse [fasesjø, jøz] [→ SYN] adj (espiègle) facetious, impish, mischievous ; (comique) humorous

facette [fasɛt] nf (lit, fig) facet • **à facettes** pierre faceted ; caractère, personnage many-faceted, many-sided • (Bio) **yeux à facettes** compound eyes

facetter [fasete] ▸ conjug 1 ◂ vt to facet

fâché, e [fɑʃe] [→ SYN] (ptp de **fâcher**) adj **a** (en colère, mécontent) angry, cross (*contre* with) • **elle a l'air fâché(e)** she looks cross ou angry • **tu n'es pas fâché, au moins ?** you're not angry ou cross with me, are you?

b (brouillé) **ils sont fâchés** they have fallen out, they are on bad terms • **elle est fâchée avec moi** she has fallen out with me • (hum) **il est fâché avec les chiffres** he's hopeless with numbers • (hum) **il est fâché avec l'orthographe** he can't spell to save himself

c (contrarié) sorry (*de qch* about sth) • (frm) **je suis fâché de ne pas pouvoir vous aider** I am sorry that I cannot help you • **je ne suis pas fâché d'avoir fini ce travail** I'm not sorry to have finished this job • (hum) **je ne serais pas fâché que vous me laissiez tranquille** I wouldn't mind being left alone ou in peace, I wouldn't object to a bit of peace and quiet

fâcher [fɑʃe] [→ SYN] ▸ conjug 1 ◂ **1** vt **a** (mettre en colère) to anger, make angry, vex • **tu ne réussiras qu'à le fâcher davantage** you will only make him more angry ou angrier

b (frm : contrarier) to grieve (frm), distress • **cette triste nouvelle me fâche beaucoup** this sad news grieves me (frm) ou greatly distresses me

2 **se fâcher** vpr **a** (se mettre en colère) to get angry, lose one's temper • **se fâcher contre qn / pour** ou **au sujet de qch** to get angry ou annoyed with sb / about ou over sth • **va au lit ou je me fâche !** go to bed or I'll get angry ! • (hum) **se fâcher tout rouge*** to get really cross, blow one's top* (hum) (*contre qn* at sb) • (hum) **si tu continues, je vais me fâcher tout rouge*** if you go on like that, I'll get really cross ou you'll make me really cross

b (se brouiller) to quarrel, fall out (*avec* with) • **ils se sont fâchés à mort à propos d'une femme** they quarrelled bitterly over a woman

fâcherie [fɑʃʀi] [→ SYN] nf (brouille) quarrel

fâcheusement [fɑʃøzmɑ̃] adv survenir (most) unfortunately ou awkwardly • **fâcheusement surpris** (most) unpleasantly surprised

fâcheux, -euse [fɑʃø, øz] [→ SYN] **1** adj (blâmable) exemple, influence, décision deplorable, regrettable, unfortunate ; (ennuyeux) coïncidence, incident, situation unfortunate, awkward, regrettable, tiresome • **il est fâcheux qu'il ait cru devoir s'abstenir** it's unfortunate ou a pity that he felt it necessary to abstain • **le fâcheux dans tout ça c'est que ...** the unfortunate ou annoying ou tiresome thing about it (all) is that ...

2 nm,f (littér : importun) bore

facho* [faʃo] nmf (abrév de **fasciste**) (péj) fascist • **il est un peu facho** he's a bit of a fascist

facial, e, mpl **facials** ou **-iaux** [fasjal, jo] adj facial → **angle**

faciès [fasjɛs] [→ SYN] nm **a** (visage) features, (Ethnologie, Méd) facies → **délit**

b (Bot, Géog) facies

facile [fasil] [→ SYN] **1** adj **a** (aisé) travail, problème easy (*à faire* to do) • **facile d'accès, d'accès facile** easy to reach ou get to, of easy access • **avoir la vie facile** to live ou have an easy life • **ils ne lui rendent pas la vie facile** they don't make life easy for him • **c'est facile à dire !** that's easy to say ! • **plus facile à dire qu'à faire** easier said than done • **c'est trop facile de s'indigner** it's too easy to get indignant • **ce n'est pas si facile** it's not as simple as that • **facile comme tout*, facile comme bonjour*** (as) easy as pie*, dead easy* (Brit)

b (spontané) **avoir la parole facile** (parler aisément) to be a fluent ou an articulate speaker, have a fluent tongue ; (parler volontiers) to have a ready tongue ou the gift of the gab* • **il a la plume facile** (écrire aisément) he has an eloquent pen ; (être toujours prêt à écrire) he finds it easy to write, writing comes easily to him • **avoir la larme facile** to be quick to shed a tear, be easily moved to tears • **il a l'argent facile*** he's very casual about money, money just slips through his fingers • **avoir la gâchette facile** to be trigger-happy • **il a le couteau facile** he's all too quick to use his knife, he's very ready with his knife

c (péj) (superficiel) **effet / ironie facile** facile effect / irony • **littérature facile** cheap literature

d caractère easy-going • **il est d'humeur facile** he is easy-going • **il est facile à vivre / contenter** he's easy to get on with (Brit) ou along with / to please • **il n'est pas facile tous les jours** he's not always easy to get on with (Brit) ou along with • **c'est un bébé très facile** he's a very easy baby

e (péj) femme loose (épith), of easy virtue • **une fille facile** a woman of easy virtue

2 adv (*) (facilement) easily ; (au moins) at least, easily • **il y est arrivé facile** he managed it easily • **il fait du 200 km / h facile** he's doing at least ou easily 200 km / h • **elle a 50 ans facile** she's easily 50, she's 50 anyway*

facilement [fasilmɑ̃] adv (gén) easily • **médicament facilement toléré par l'organisme** medicine easily ou readily tolerated by the body • **il se fâche facilement** he loses his temper ou gets cross easily, he's quick-tempered • **on met facilement 10 jours*** it takes 10 days easily ou at least 10 days

facilitation [fasilitasjɔ̃] nf [tâche] facilitation

facilité [fasilite] [→ SYN] nf **a** (simplicité) [devoir, problème, travail] easiness • **aimer la facilité** to like things that are easy ou simple • **tâche d'une grande facilité** extremely easy ou straightforward task • **c'est un outil d'une grande facilité d'emploi** it's a tool which is very easy to use

b (aisance) [succès, victoire] ease ; [expression, style] fluency, ease • **il a choisi la facilité en ne venant pas** he took the easy way out by not coming • **réussir qch avec facilité** to manage sth with ease • **la facilité avec laquelle il a appris le piano** the ease with which he learnt the piano, the ease he had in learning the piano • **il travaille avec facilité** he works with ease • **il s'exprime avec facilité** ou **avec une grande facilité de parole** he expresses himself with (great) fluency ou ease ou (very) articulately ou fluently → **solution**

c (aptitude) ability, aptitude • **cet élève a beaucoup de facilité** this pupil has great ability ou aptitude • **elle a de grandes facilités pour apprendre** she has a great facility for learning • **il a beaucoup de facilité pour les langues** he has a great aptitude ou facility for languages

d (gén pl : possibilité) facility • **avoir la facilité / toutes (les) facilités de** ou **pour faire qch** to have the / every opportunity to do sth ou of doing sth • **facilités de transport** transport facilities • (Comm) **facilités de crédit** credit facilities ou terms • (Comm) **facilités de paiement** easy terms • **consentir des facilités de caisse** to grant overdraft facilities

e (tendance) tendency • **il a une certaine facilité à se mettre en colère** he has a tendency to lose his temper • **la facilité avec laquelle il se met en colère m'inquiète** his quick-temperedness worries me

f (littér : complaisance) readiness • **il a une grande facilité à croire ce que l'on raconte / à se plier à une règle** he has a great readiness ou is very ready to believe what people tell him / to comply with a rule

faciliter [fasilite] [→ SYN] ▸ conjug 1 ◂ vt (gén) to make easier, facilitate • **ça ne va pas faciliter les choses** that's not going to make matters ou things (any) easier, that's not going to ease matters • **pour lui faciliter sa mission / tâche** to make his mission / work easier, make the mission / work easier for him

FACOB [fakɔb] nm (abrév de **facultatif obligatoire**) open cover

façon [fasɔ̃] [→ SYN] nf **a** (manière) way • **voilà la façon dont il procède** this is how ou the way he does it • **il s'y prend de** ou **d'une façon curieuse** he sets about things in a peculiar way ou fashion (frm) • **de quelle façon est-ce arrivé ?** how did it happen ? • **il faut le faire de la façon suivante** you must do it in the following way ou as follows • **je le ferai à ma façon** I shall do it my own way • **à la façon d'un enfant** like a child, as a child would do • **sa façon d'agir / de répondre** etc the way he behaves / answers etc, his way of behaving / answering etc • **c'est une façon de parler** it's just a figure of speech • **je vais lui dire ma façon de penser** (point de vue) I'll tell him what I think about it ou how I feel about it ; (colère) I'll give him a piece of my mind, I'll tell him what I think about it

◆ **c'est une façon de voir (les choses)** it's one way of seeing things ou of looking at things ◆ (Prov) **la façon de donner vaut mieux que ce qu'on donne** it's the thought that counts
b LOC **rosser qn de (la) belle façon††** to give sb a sound thrashing ◆ **d'une certaine façon, c'est vrai** it is true in a way ou in some ways ◆ **d'une façon générale** generally speaking, as a general rule ◆ **de toute(s) façon(s)** in any case, at any rate, anyway ◆ **de cette façon** (in) this way ◆ **d'une façon ou d'une autre** somehow or other, one way or another ◆ **en aucune façon** in no way ◆ **de quelque façon qu'il s'y prenne** however ou no matter how he goes about it ◆ **je vais lui jouer un tour de ma façon** I'm going to play a trick of my own on him ◆ **un poème de ma façon** a poem written by me ◆ **un plat de ma façon** a dish of my own making ou made by me ◆ **de façon à ne pas le déranger** so as not to disturb him ◆ **de façon à ce qu'il puisse regarder, de (telle) façon qu'il puisse regarder** so that he can see
c **sans façon: accepter sans façon** to accept without fuss ◆ **il est sans façon** he is unaffected ◆ **merci, sans façon** no thanks really ou honestly ◆ **repas sans façon** simple ou unpretentious meal ◆ **et sans plus de façons** and without further ado
d **façons** manners, behaviour ◆ **ses façons me déplaisent profondément** I find his manners extremely unpleasant, I don't like his behaviour at all ◆ **en voilà des façons!** what sort of behaviour is this!, that's no way to behave! ◆ **faire des façons** (minauderies) to put on airs and graces; (chichis) to make a fuss
e (Couture) [robe] cut, making-up (Brit) ◆ **robe d'une bonne façon†** well-cut dress ◆ **payer la façon** to pay for the tailoring ou making-up (Brit) ◆ **travailler à façon** to (hand) tailor ou make up (Brit) customers' own material ◆ **tailleur à façon** bespoke tailor (Brit), custom tailor (US) ◆ **vêtements à façon** bespoke garments (Brit), tailor-made garments ◆ **le travail à façon est mal rémunéré** tailoring ou dressmaking is badly paid
f (imitation) **veste façon daim / cuir** jacket in imitation suede / leather ◆ **bijoux façon antique** old-fashioned ou antique style jewellery ◆ **gigot façon chevreuil** leg of lamb cooked like ou done like venison
g (†: genre) **une façon de maître d'hôtel** a head waiter of sorts ◆ **une façon de roman** a novel of sorts
h (Agr) tillage ◆ **donner une façon à la terre** to till the land

faconde [fakɔ̃d] → SYN nf (littér) volubility, loquaciousness ◆ **avoir de la faconde** to be very voluble ou loquacious

façonnage [fasɔnaʒ] nm (→ **façonner**) shaping; fashioning; modelling; hewing; tilling, tillage; manufacturing; making; crafting; moulding; forming

façonné, e [fasɔne] (ptp de **façonner**) adj ◆ **étoffe façonnée** figured fabric

façonnement [fasɔnmɑ̃] nm [esprits, caractère] moulding, shaping, forming

façonner [fasɔne] → SYN ▸ conjug 1 ◂ vt **a** (travailler) (gén) to shape, fashion; argile to model, shape, fashion; tronc d'arbre, bloc de pierre to hew, shape; terre, sol to till
b (fabriquer) pièce, clef (industriellement) to manufacture; (artisanalement) to make, craft; chapeau, robe, statuette to fashion, make
c (former) caractère, personne to mould, shape, form ◆ (littér) **façonner qn à** travail, violence to train sb for
d (Agr) to till

façonnier, -ière [fasɔnje, jɛʀ] → SYN adj (maniéré) affected, over-refined ◆ **elle est façonnière** she puts on airs and graces, she's affected

fac-similé, pl **fac-similés** [faksimile] → SYN nm facsimile

factage [faktaʒ] nm (transport) cartage, forwarding ◆ **entreprise de factage** parcel delivery company, transport company ◆ **frais de factage** cartage, delivery charge, carriage

facteur [faktœʀ] → SYN nm **a** (Poste) postman (Brit), mailman (US) → **factrice**
b (élément, Math) factor ◆ **le facteur chance / prix** the chance / price factor ◆ **facteur de risque** risk factor ◆ (Math) **mettre en facteurs** to factorize ◆ (Math) **mise en facteurs** factorization ◆ (Méd) **facteur Rhésus** Rhesus ou Rh factor
c (fabricant) **facteur de pianos** piano maker ◆ **facteur d'orgues** organ builder

factice [faktis] → SYN adj marbre, beauté artificial; cuir, bijou imitation (épith), artificial; barbe false; bouteilles, articles exposés dummy (épith); enthousiasme, amabilité false, artificial, feigned, sham ◆ **tout semblait factice, le marbre du sol et la civilité des employés** everything seemed phoney* ou artificial, from the marble floor to the politeness of the employees ◆ **ces livres sont factices** these books are dummies

facticement [faktismɑ̃] adv artificially

factieux, -ieuse [faksjø, jøz] → SYN **1** adj factious, seditious
2 nm,f seditionary

faction [faksjɔ̃] → SYN nf **a** (groupe factieux) faction
b (garde) [sentinelle] sentry (duty), guard (duty); [soldat, guetteur] guard (duty); (fig) [personne qui attend] long watch ◆ **être de** ou **en faction** [soldat, guetteur] to be on guard (duty), stand guard; [sentinelle] to be on guard (duty) ou (sentry) duty, stand guard; (fig) [personne qui attend] to keep ou stand watch ◆ **mettre qn de faction** to put sb on guard (duty)
c (Ind) (eight-hour) shift

factionnaire [faksjɔnɛʀ] → SYN **1** nm (sentinelle, garde) sentry ou guard (on duty)
2 nmf (Ind) shift worker

factitif, -ive [faktitif, iv] adj (Ling) factitive, causative

factoriel, -ielle [faktɔʀjɛl] **1** adj (Math) factorial ◆ **analyse factorielle** factor analysis
2 **factorielle** nf (Math) factorial

factoring [faktɔʀiŋ] → SYN nm factoring

factorisation [faktɔʀizasjɔ̃] nf factorization

factoriser [faktɔʀize] ▸ conjug 1 ◂ vt to factorize

factotum [faktɔtɔm] → SYN nm (homme à tout faire) odd-job man, general handyman, (general) factotum (hum); (péj: larbin) (general) dogsbody (Brit péj)

factrice [faktʀis] nf (Poste) postwoman (Brit), mailwoman (US)

factuel, -elle [faktɥɛl] adj factual

factum [faktɔm] → SYN nm (littér) lampoon

facturation [faktyʀasjɔ̃] nf (opération) invoicing; (bureau) invoice office

facture [faktyʀ] → SYN GRAMMAIRE ACTIVE 20.5 nf **a** (note) (gén) bill; (Comm) invoice ◆ (Écon) **notre facture pétrolière** the nation's oil bill ◆ **fausse facture** forged ou faked invoice ◆ **facture pro forma** pro forma invoice, interim invoice (US) ◆ (fig) **qui va payer la facture?** who will foot the bill?
b (manière, style) [œuvre d'art] construction; [artiste] technique ◆ **poème de facture délicate / gauche** sensitively / awkwardly constructed poem ◆ **meubles de bonne facture** well-made furniture, furniture of good workmanship
c (Tech) [piano, orgue etc] making

facturer [faktyʀe] → SYN ▸ conjug 1 ◂ vt (établir une facture pour) to invoice; (compter) to charge (for), put on the bill, include in the bill ◆ **facturer qch 20 F (à qn)** to charge ou bill (sb) 20 francs for sth ◆ **ils ont oublié de facturer l'emballage** they've forgotten to charge for the packing, they've forgotten to include the packing in the bill

facturette [faktyʀɛt] nf credit card slip

facturier [faktyʀje] → SYN nm (registre) invoice register; (employé) invoice clerk

facturière [faktyʀjɛʀ] nf (employée) invoice clerkess ou clerk; (machine) invoicing machine, biller (US)

facule [fakyl] nf facula

facultatif, -ive [fakyltatif, iv] → SYN adj travail, examen, cours optional; halte, arrêt request (épith) ◆ **matière facultative** optional subject, elective (subject) (US)

facultativement [fakyltativmɑ̃] adv optionally

faculté [fakylte] → SYN nf **a** (Univ) faculty ◆ **la faculté des Lettres / de Médecine** the Faculty of Arts / Medicine, the Arts / Medical Faculty (Brit), the School ou College of Arts / Medicine (US) ◆ (Can) **Faculté des Arts / Sciences** Faculty of Arts / Science ◆ (Québec) **Faculté des études supérieures** graduate and postgraduate studies ◆ (arg Univ: université) **quand j'étais en faculté** ou **à la faculté** when I was at university ou college ou school (US) ◆ **professeur de faculté** university lecturer (Brit), professor (US) ◆ (hum) **la Faculté me défend le tabac** I'm not allowed to smoke on doctor's orders ◆ **il osait s'attaquer à la Faculté** he dared to attack the medical profession
b (don) faculty; (pouvoir) power; (propriété) property ◆ **avoir une grande faculté de concentration** to have great powers of concentration ou a great faculty for concentration ◆ **avoir une grande faculté de mémoire** to have great powers of memory ◆ **avoir la faculté de marcher / de la préhension** to have the ability to walk / grasp ou power of walking / of grasping ◆ (pl: aptitudes intellectuelles) **facultés** faculties ◆ **ce problème dépasse mes facultés** this problem is beyond my powers ◆ **jouir de** ou **avoir toutes ses facultés** to be in (full) possession of all one's faculties
c (droit) right, option; (possibilité) power, freedom, possibility ◆ **le propriétaire a la faculté de vendre son bien** the owner has the right to sell ou the option of selling his property ◆ **je te laisse la faculté de choisir** I'll give you the freedom to choose ou the possibility ou option of choosing ◆ (frm) **le Premier ministre a la faculté de révoquer certains fonctionnaires** the Prime Minister has the faculty ou power of dismissing certain civil servants ◆ (Jur, Fin, Comm) **l'acheteur aura la faculté de décider** the buyer shall have the option to decide

fada* [fada] **1** adj (dial: fou) cracked*, crackers* (attrib), barmy* (Brit)
2 nm crackpot*

fadaise [fadɛz] → SYN nf (littér: gén pl) (bagatelle) trifle ◆ (platitude) **dire des fadaises** to mouth insipid ou empty phrases

fadasse [fadas] adj (péj) plat, boisson tasteless, insipid; couleur, style, propos wishy-washy, insipid

fade [fad] → SYN adj soupe, cuisine tasteless, insipid; goût insipid, flat, bland; lumière, teinte dull; compliment, plaisanterie tame, insipid; décor, visage, individu insipid, dull; conversation, style dull, insipid, vapid; politesses, amabilité insipid, conventional ◆ **l'odeur fade du sang** the sickly smell of blood ◆ **la beauté fade de certaines blondes** the insipid beauty of some blondes

fadé, e‡ [fade] adj (iro) first-class, priceless, sensational (iro) ◆ **il est drôlement fadé** he's a prize specimen*

fader (se)‡ [fade] ▸ conjug 1 ◂ vpr corvée, personne to get landed with*, get lumbered with* (Brit)

fadeur [fadœʀ] → SYN nf **a** (→ **fade**) tastelessness; insipidness; flatness, blandness; dullness; tameness; vapidness, vapidity; conventionality; sickliness
b (platitudes) **fadeurs** sweet nothings, insipid ou bland compliments ◆ **dire des fadeurs à une dame** to say sweet nothings to ou pay insipid ou bland compliments to a lady

fading [fadiŋ] → SYN nm (Rad) fading

fado [fado] nm fado

faf* [faf] adj, nmf (abrév de **fasciste**) (péj) fascist

fafiots‡† [fafjo] nmpl (billets) (bank)notes

fagot [fago] → SYN nm bundle of sticks ou firewood → **derrière, sentir**

fagoter [fagɔte] → SYN ▸ conjug 1 ◂ **1** vt (péj: accoutrer) enfant to dress up, rig out* ◆ **il est drôlement fagoté** (déguisé) he's wearing a peculiar getup* ou rig-out*; (mal habillé) he's really oddly dressed
2 **se fagoter** vpr to rig o.s. out*, dress o.s. (*en* as a)

ahrenheit [faʀɛnajt] adj, nm Fahrenheit ◆ **32 degrés Fahrenheit** 32 degrees Fahrenheit

aiblard, e* [fɛblaʀ, aʀd] **1** adj (péj) (gén) weak; élève, personne (en classe) weak, on the slow ou weak side (attrib); (physiquement) (rather) weakly; argument, démonstration feeble, weak, on the weak side (attrib)
2 nm,f weakling

aible [fɛbl] → SYN GRAMMAIRE ACTIVE 7.2
1 adj **a** (gén) personne, esprit, support, pays weak; monnaie weak, soft ◆ **je me sens encore très faible (des jambes)** I still feel very weak ou shaky (on my legs) ◆ **être faible du cœur/des jambes** to have a weak heart/weak legs ◆ **avoir la vue faible** ou **les yeux faibles** to have weak ou poor eyesight, have weak eyes ◆ (hum, iro) **une faible femme** one of the weaker sex ◆ **il est trop faible avec elle/ses élèves** he is too soft with her/with his pupils ◆ **il est faible de caractère** he has a weak character ◆ **il est faible d'esprit** he's feeble-minded → **économiquement, sexe**
b (maigre) (Écon) rendement, revenu low, poor; demande light, slack, low, poor; intensité low; résistance, protestation mild, weak; somme low, small; quantité small, slight; écart, différence slight, small; espoir faint, slight, slender; avantage slight ◆ **il a une faible attirance pour le travail** he has very little urge to work ◆ **il a de faibles chances de s'en tirer** (optimiste) he has a slight chance of pulling through; (pessimiste) his chances of pulling through are slight ou slim, he has a poor chance of pulling through ◆ **vous n'avez qu'une faible idée de sa puissance** you have only a slight ou faint idea ou the merest inkling of his power ◆ **à une faible hauteur** at low height, not very high up ◆ **à une faible profondeur** not far below the surface, (at) a slight depth beneath the surface ◆ (Pol) **à une faible majorité** by a narrow ou slight majority ◆ (Naut) **navire de faible tirant d'eau** ship with a shallow draught
c voix, pouls weak, faint, feeble; lumière dim, weak, faint; bruit, odeur faint, slight; vent light, faint ◆ (Mét) **vent faible à modéré** wind light to moderate ◆ **faible en alcool** low in alcoholic content ou in alcohol ◆ **de faible teneur en sucre/cuivre** of low sugar/copper content
d (médiocre) élève weak, slow; expression, devoir, style weak, poor; raisonnement, argument weak, poor, feeble, lame ◆ **il est faible en français** he's weak ou poor at ou in French ◆ **c'est un escroc, et le terme est faible** he's a crook, and that's putting it mildly ou and that's an understatement ◆ **le côté faible de ce raisonnement** the weak side of this argument → **esprit, point**[1], **temps**[1]
e (Ling) conjugaison, verbe weak
2 nm **a** (sans défense) **les faibles et les opprimés** the weak ou feeble and the oppressed
b (sans volonté) weakling ◆ **c'est un faible, elle en fait ce qu'elle veut** he's a weakling – she does what she wants with him
c (littér) (déficience) weak point ◆ **le faible de ce livre, ce sont les dialogues** the dialogues are the weak point in this book ◆ **le faible chez moi, c'est la mémoire** my weak point is my memory
d (penchant) weakness, partiality ◆ **il a un faible pour le chocolat** he has a weakness ou a partiality for chocolate ◆ **il a un faible pour sa fille** he has a soft spot for his daughter

faiblement [fɛbləmɑ̃] → SYN adv (→ **faible**) weakly; mildly; faintly; feebly; dimly; slightly; lightly ◆ **le vent soufflait faiblement vers la terre** the wind blew lightly landwards, a light wind blew landwards ◆ (Écon) **la demande reprend faiblement** demand is picking up slightly ◆ **faiblement alcoolisé/gazéifié** slightly alcoholic/gaseous ◆ **faiblement éclairé** dimly ou poorly lit

faiblesse [fɛblɛs] → SYN nf **a** (NonC: → **faible**) weakness; mildness; faintness; feebleness; dimness; lightness ◆ **la faiblesse de la demande** the light ou slack ou low ou poor demand ◆ **la faiblesse du revenu** the low ou poor income, the smallness of the income ◆ **faiblesse du dollar** weakness of the dollar ◆ **faiblesse à l'égard de qn** softness ou weakness towards sb ◆ **sa faiblesse de constitution** his weak ou frail constitution, the weakness ou frailty of his constitution ◆ **sa faiblesse de caractère** his weak character, his weakness of character ◆ **faiblesse d'esprit** feeble-mindedness ◆ **avoir la faiblesse d'accepter** to be weak enough to accept
b (syncope) sudden weakness, dizzy spell; (défaillance coupable) (moment's) weakness; (insuffisance, préférence) weakness ◆ **il a une faiblesse dans le bras gauche** he has a weakness in his left arm ◆ **chacun a ses petites faiblesses** we all have our little foibles ou weaknesses ou failings

faiblir [fɛbliʀ] → SYN ▸conjug 2◂ vi **a** [malade, branche] to get weaker, weaken; [cœur, vue, intelligence] to fail; [forces, courage] to fail, flag, give out; [influence] to wane, fall off; [résolution, autorité] to weaken ◆ **elle a faibli à la vue du sang/à sa vue** she felt weak ou faint when she saw the blood/at the sight of him ◆ **il a faibli devant leurs prières** he weakened ou relented in the face of their pleas ◆ **pièce qui faiblit au 3e acte** play that falls off ou weakens in the 3rd act ◆ (Mil) **la première ligne a faibli sous le choc** the front line weakened under the impact ◆ **ce n'est pas le moment de faiblir!** don't give up now!
b [voix] to weaken, get weaker ou fainter; [bruit, protestation] to die out ou down; [lumière] to dim, get dimmer ou fainter; [pouls] to weaken, fail; [vent] to slacken, abate, drop; [rendement] to slacken (off); [intensité, espoir] to diminish; [résistance, demande] to weaken, slacken; [chances] to weaken, run out ◆ **l'écart faiblit entre eux** the gap is closing ou narrowing between them

faïence [fajɑ̃s] → SYN nf (substance) (glazed) earthenware; (objets) crockery (NonC), earthenware (NonC); (vase, objet) piece of earthenware, earthenware (NonC) ◆ **assiette en/carreau de faïence** earthenware plate/tile ◆ **faïence fine** china ◆ **faïence de Delft** delft, delftware → **chien**

faïencerie [fajɑ̃sʀi] nf earthenware factory

faïencier, -ière [fajɑ̃sje, jɛʀ] **1** adj earthenware (épith)
2 nm,f (fabricant) earthenware maker; (marchand) earthenware seller

faignant, e [fɛɲɑ̃, ɑ̃t] ⇒ **fainéant**

faille[1] [faj] → SYN nf (Géol) fault; (fig) (point faible) flaw, weakness; (cassure) rift ◆ **il y a une faille dans votre raisonnement** there's a flaw in your argument ◆ **ce qui a causé une faille dans leur amitié ...** what caused a rift in their friendship ... ou a rift between them ... → **ligne**[1]

faille[2] [faj] → **falloir**

faille[3] [faj] nf (Tex) faille

failler (se) [faje] ▸conjug 1◂ vpr (Géol) to fault

failli[1] [faji] ptp de **faillir**

failli[2]**, e** [faji] adj, nm,f (Comm) bankrupt

faillibilité [fajibilite] nf fallibility

faillible [fajibl] → SYN adj fallible

faillir [fajiʀ] → SYN vi **a** (manquer) **j'ai failli tomber/réussir** I almost ou very nearly fell/succeeded, I all but fell/succeeded ◆ **j'ai bien failli me laisser tenter** I almost ou very nearly let myself be tempted ◆ **il a failli se faire écraser** he almost ou very nearly got run over, he narrowly missed getting run over ◆ (iro) **j'ai failli attendre** I hope you didn't rush on my account (iro)
b (frm: manquer à) **faillir à** engagement, devoir to fail in; promesse, parole to fail to keep ◆ **son cœur/courage lui faillit**† his heart/courage failed him ◆ **il résista jusqu'au bout sans faillir** he resisted unfailingly ou unflinchingly to the end
c (†: fauter) to lapse

faillite [fajit] → SYN **1** nf **a** (Comm) bankruptcy
b (fig: échec) [espoir, tentative, méthode, gouvernement] collapse, failure ◆ **la faillite du gouvernement en matière économique** the government's failure on the economic front
c LOC **être en faillite** (Comm) to be bankrupt ou in a state of bankruptcy; (fig) to be in a state of collapse ◆ **faire faillite** (Comm) to go bankrupt; (fig) to collapse ◆ **faire une faillite de 800 000 F** to go bankrupt with debts of 800,000 F ◆ **déclarer/mettre qn en faillite** to declare ou adjuge/make sb bankrupt ◆ **se déclarer en faillite** to file one's petition in bankruptcy
2 COMP ▷ **faillite frauduleuse** fraudulent bankruptcy ▷ **faillite simple** bankruptcy

faim [fɛ̃] → SYN nf hunger ◆ **avoir (très) faim** to be (very) hungry ◆ **manger sans faim** (sans besoin réel) to eat for the sake of eating; (sans appétit) to pick at one's food, toy with one's food ◆ **ça m'a donné faim** it made me hungry ◆ **manger à sa faim** to eat one's fill ◆ **lutter contre la faim dans le monde** to fight against world hunger ou famine ◆ (fig) **avoir faim de** honneur, tendresse, justice to hunger for, crave (for) ◆ **sa faim de richesses/d'absolu** his yearning for wealth/the absolute ◆ **j'ai une faim de loup** ou **une faim canine** I'm ravenous ou famished, I could eat a horse ◆ (fig) **son discours a laissé les journalistes sur leur faim** his speech left the journalists unsatisfied ou hungry for more ◆ (Prov) **la faim fait sortir** ou **chasse le loup du bois** hunger will drive him (ou her etc) out → **crever, mourir, rester** etc

faîne [fɛn] → SYN nf beechnut ◆ **faînes (tombées)** beechmast (NonC)

fainéant, e [fɛneɑ̃, ɑ̃t] → SYN **1** adj lazy, idle, bone idle → **roi**
2 nm,f idler, loafer, lazybones

fainéanter [fɛneɑ̃te] → SYN ▸conjug 1◂ vi to idle ou loaf about

fainéantise [fɛneɑ̃tiz] nf laziness, idleness

faire[1] [fɛʀ] → SYN ▸conjug 60◂
1 vt **a** (fabriquer) meuble, voiture, confiture, vin to make; mur, maison, nid to build; pain, gâteau to make, bake ◆ **cette école fait de bons ingénieurs*** this school turns out* ou produces good engineers
b (être l'auteur de) faute, déclaration, promesse, offre to make; discours, film to make; liste to make, draw up; chèque to make out, write; conférence, cours, réception to give; livre, dissertation to write, produce; tableau to paint; dessin, carte to draw; compliment, visite to pay; faveur to do; farce, tour to play ◆ **il lui a fait 3 enfants*** he got her pregnant 3 times*, she had 3 children by him
c (avoir une activité, une occupation) bonne action, travail, jardinage, service militaire to do; tennis, rugby to play ◆ **que faites-vous dans la vie?, quel métier faites-vous?** what do you do (for a living)?, what is your job?, what job do you do? ◆ **qu'est-ce que tu fais ce soir?** what are you doing tonight? ◆ **j'ai beaucoup/je n'ai rien à faire** I have a lot/nothing to do ◆ **ils sont en retard, qu'est-ce qu'ils peuvent bien faire?** they are late – what on earth are they doing? ou are they up to?* ◆ **faire du théâtre** (professionnel) to be on the stage, be an actor; (amateur) to do a bit of acting ◆ **il ne fait pas de sport** he doesn't do any sport, he doesn't take part in any sport ◆ **faire de la voiture** to drive, go driving ◆ **il fait beaucoup de voiture/de bicyclette** he does a lot of driving/cycling ◆ **faire du tricot** to knit ◆ **faire un peu de tricot/de couture** to do a bit of knitting/sewing ◆ **faire de la photographie** to go in for ou do photography ◆ **faire du bricolage** to do odd jobs
d (étudier) examen to do, take; (Scol*) roman, comédie to do ◆ **faire des études** to study ◆ **faire du** ou **son droit/sa médecine** to do ou study law/medicine ◆ **faire de la recherche** to do research ◆ **faire du français** to study ou do ou take French, be learning French ◆ **faire du piano/du violon** to play ou learn the piano/violin ◆ **va faire ton piano*** go and practise your piano, go and do your piano practice ◆ **faire l'école hôtelière/navale** to be ou study at catering school/naval college
e (préparer) repas to make, cook, prepare; soupe, sauce, dessert to make; salade to prepare ◆ **faire du thé/du café** to make (some) tea/(some) coffee ◆ **elle fait un rôti/du lapin** she is doing ou cooking a roast/a rabbit
f (mettre en ordre, nettoyer) lit to make; pièce to clean, do; argenterie to polish, clean, do; chaussures to clean, do, polish; valise to pack ◆ **faire le ménage** to do the housework, clean the house ◆ **faire les carreaux** to

clean the windows ◆ **faire le jardin** to do the gardening ◆ **faire la vaisselle** to do the dishes, do the washing-up (Brit), wash up (Brit)

g (accomplir une action) match to play; compte, problème to do; projet to make; rêve, chute, sieste to have; geste to make; pas, bond to take; sourire, sursaut, secousse to give ◆ **faire un voyage** to go on a journey, take a trip ◆ **faire une promenade** to go for ou take a walk ◆ **faire une réparation** to do a repair (job) (à on) ◆ **faire un tournoi** [participant] to go in for ou enter ou play in a tournament; [organisateur] to organize a tournament ◆ **faire une coupe / un shampooing à qn** to cut / shampoo sb's hair ◆ **faire de l'essence*** to fill up with petrol ◆ **faire de l'eau** [train, bateau] to take on water ◆ **faire la vidange** to change the oil ◆ **je vais faire le plein** I'm going to fill it up ◆ **faire de l'herbe pour (nourrir) les lapins** to cut grass for the rabbits

h (Méd) diabète, tension to have, suffer from; grippe to get, come ou go (Brit) down with ◆ **faire de la fièvre** to have ou run a temperature ◆ **faire des complexes** to have a complex, have hang-ups* ◆ **faire une dépression nerveuse** to have a nervous breakdown

i (besoins naturels) **faire ses (petits) besoins** [personne] to go to the toilet; [animal] to make a mess ◆ **le chat a fait (ses ordures** ou **ses saletés** ou **sa crotte) dans la cuisine** the cat has made a mess in the kitchen ◆ (langage enfantin) **faire pipi** to go and spend a penny* (Brit), go to the john* (US), do a wee-wee* (Brit) ◆ **faire caca** to do a pooh (langage enfantin)

j (parcourir, visiter) to do ◆ **faire un long trajet** to travel a long way, have a long journey ◆ **faire 10 km** to do ou cover 10 km ◆ **faire (une moyenne de) 100 km / h, faire du cent** to do ou average 100 km / h ◆ **faire Rome / la Grèce en 2 jours** to do Rome / Greece in 2 days ◆ **faire Lyon-Paris en cinq heures** to get from Lyons to Paris in 5 hours ◆ **faire tous les magasins pour trouver qch** to do all ou comb the stores ou try every store in search of sth ◆ **il a fait toute la ville pour trouver ...** he has been all over ou he has combed the town looking for ... ◆ **faire les bistros / les boîtes de nuit** to do the round of the cafés / night clubs ◆ **commerçant qui fait les foires** tradesman who does ou goes the round of the markets

k (Comm) l'épicerie, les légumes to sell, deal in; (Agr) blé, betteraves to grow, produce ◆ **faire le gros / le détail** to be a wholesale dealer / a retailer, be in the wholesale / retail trade ◆ **nous ne faisons pas les boutons / cette marque** we do not stock ou carry ou keep buttons / this make ◆ **cet hôtel fait aussi restaurant** this hotel is also run as a restaurant

l (mesurer, peser, coûter) **cette cuisine fait 6 mètres de large sur 3 de long** this kitchen is 6 metres wide by 3 metres long ◆ **il fait 23 degrés** it is 23 degrees ◆ **ce rôti fait bien 3 kg** this joint weighs a good 3 kg ◆ **ça fait encore loin jusqu'à Paris** it is still quite a long way ou quite far to Paris ◆ **combien fait cette chaise?** how much is this chair? ◆ **cette table fera un bon prix** this table will go for ou will fetch a high price ◆ **je vous fais ce fauteuil 700 F** I'll let you have ou I'll give you this armchair for 700 francs ◆ **ça nous fera 1 000 F** (dépense) that will cost us 1,000 francs; (gain) that will give ou bring us 1,000 francs

m (imiter l'apparence de) **faire le malade / le mort** to feign ou sham illness / death ◆ **faire le sourd** ou **la sourde oreille / le timide** to feign deafness / shyness, pretend to be deaf / shy ◆ **faire l'innocent / la bête** to play ou act the innocent / the fool ◆ **faire le dictateur** to act the dictator ◆ **faire l'imbécile** ou **le pitre** to play ou act the fool ◆ **ne fais pas l'enfant / l'idiot** don't be so childish / so stupid, don't behave so childishly / so stupidly

n (tenir un rôle, faire fonction de) (Théât) to play the part of, be ◆ **il fait le fantôme dans « Hamlet »** he plays (the part of) the ghost in "Hamlet" ◆ **faire le Père Noël** to be Father Christmas (Brit) ou Santa Claus ◆ **leur fils fait le jardinier pendant les vacances*** their son's being the gardener ou acting as gardener during the holidays ◆ **quel idiot je fais!** what a fool I am! ou I look! ◆ **ils font un beau couple** they make a fine couple

o (transformer) to make ◆ **la vie a fait de lui un aigri** life has made him ou turned him into a bitter man, life has embittered him ◆ **il a fait d'une grange une demeure agréable** he has transformed ou turned ou made a barn into a comfortable home ◆ **elle a fait de son neveu son héritier** she made her nephew her heir ◆ **il veut en faire un avocat** he wants to make a lawyer of him, he wants him to be a lawyer ◆ **se faire moine / marin** to become a monk / a sailor

p (représenter) **on le fait plus riche qu'il n'est** he's made out ou people make him out to be richer than he is ◆ **ne faites pas les choses plus sombres qu'elles ne sont** don't paint things blacker ou don't make things out to be worse than they are

q (causer, avoir un effet sur) **faire du bien / du mal à ...** to do good / harm to ... ◆ **faire du chagrin** ou **de la peine à qn** to cause grief to sb, make sb unhappy ◆ **faire le malheur / le bonheur de qn** to make sb very unhappy / happy ◆ **faire la joie de qn** to delight sb ◆ **cela fait la richesse du pays** that's what makes the country rich ◆ **qu'est-ce que cela peut bien te faire?** what does it matter to you?, what difference can it possibly make to you? ◆ **qu'est-ce que ça fait?*** so what?* ◆ **la mort de son père ne lui a rien fait** his father's death didn't affect him, he was unaffected by his father's death ◆ **cela ne vous ferait rien de sortir?** would you mind going out? ◆ **faire des piqûres / rayons à qn** to give sb injections / X-rays ◆ **qu'est-ce qu'on lui fait à l'hôpital?** what are they doing to him in hospital? ◆ **qu'est-ce qu'on t'a donc fait!** whatever have they done to you! ◆ **ils ne peuvent rien me faire** they can't do anything to me, they can't hurt me ◆ **ça ne fait rien** it doesn't matter, it's of no importance ◆ **l'épidémie a fait 10 victimes** the epidemic has claimed 10 victims ou lives

r (servir de) to serve as, be used as, do duty as ◆ **la cuisine fait salle à manger** the kitchen serves as ou is used as a dining room

s **qu'avez-vous fait de votre sac / de vos enfants?** what have you done with ou where have you left your bag / your children? ◆ **qu'ai-je bien pu faire de mes lunettes?** where on earth have I put ou left my glasses?; what on earth have I done with my glasses?

t (dans un calcul) **24 en tout, ce qui en fait 2 chacun** 24 altogether, which gives ou makes 2 each ◆ (addition) **deux et deux font quatre** two and two make ou are four ◆ **cela fait combien en tout?** how much does that make altogether?

u LOC **pour ce qu'on en fait!** for all that we (ou you etc) do with it!, for all the good it is to us (ou you etc)! ◆ **n'en faites rien** do nothing of the sort ◆ **n'avoir que faire de** to have no need of ◆ **faire tant (et si bien) que** to finish ou end up by ◆ **ne faire que** (faire constamment): **ne faire que protester** to keep on and on ou be constantly ou continually protesting ◆ **il ne fait que bavarder** he won't stop chattering, he does nothing but chatter ◆ **je ne fais que d'arriver** I've only just come ◆ **je ne fais que dire la vérité** I'm only telling the truth ou saying what's true ◆ **je ne fais que passer** I am just passing by ◆ **la faire à qn au sentiment*** to take sb in by appealing to his emotions

2 vi **a** (agir, procéder) to act, do ◆ **faire vite** to act quickly ◆ **faites vite!** be quick about it!, make it quick! ◆ **il a bien fait** he did the right thing ◆ **il a bien fait de partir** he was quite right ou he did right to go ◆ **tu as mal fait** you behaved badly ◆ **faire de son mieux** to do one's best ◆ **on ferait bien / mieux de le prévenir** it would be a good / better idea ou safer / much safer to warn him ◆ **ça commence à bien faire*!** this has gone on quite long enough!, this is getting beyond a joke! ◆ **faites comme vous voulez** do as you please, please yourself ◆ **faites comme chez vous** make yourself at home ◆ **que voulez-vous qu'on y fasse?** what do you expect us to do (about it)? ◆ **il n'y a rien à faire** (gén) there's nothing we can do, there's nothing to be done; (c'est inutile) it's useless ou hopeless ◆ **il sait y faire** he's good at getting things his own way ◆ **pour bien faire il faudrait partir maintenant** the best thing would be to leave now

b (dire) to say ◆ **« vraiment? » fit-il** "really?" he said ◆ **il fit un « ah » de surprise** he gave a surprised "ah" ◆ **le chat fait miaou** the cat goes ou says miaow

c (durer) **ce chapeau (me) fera encore un hiver** this hat will last me ou will do me another winter

d (paraître) to look ◆ **ce vase fait bien sur la table** the vase looks nice on the table ◆ **faire vieux / jeune** to look old / young (for one's age) ◆ **elle fait très femme** she's very womanly(-looking) ou grown-up looking for her age

e (gén au futur: devenir) to make; [personne] to make, have the makings of ◆ **cette branche fera une belle canne** this branch will make a fine walking stick ◆ **cet enfant fera un bon musicien** this child has the makings of ou will make a good musician ◆ **il veut faire médecin** he wants to be a doctor

f (besoins naturels) to go ◆ **as-tu fait ce matin?** have you been this morning? ◆ **faire dans sa culotte** (lit) to dirty one's pants; (*: avoir peur) to wet one's pants*, be scared stiff

3 vb impers **a** **il fait jour / nuit / clair / sombre** it is daylight / dark / light / dull ◆ **il fera beau demain** it ou the weather will be fine tomorrow, tomorrow will be fine ◆ **il fait du soleil** the sun is shining, it is sunny ◆ **il fait lourd** it ou the weather is close ou thundery ◆ **il fait faim / soif*** we are hungry / thirsty

b (exprimant le temps écoulé) **cela fait 2 ans / très longtemps que je ne l'ai pas vu** it is 2 years / a very long time since I last saw him, I haven't seen him for 2 years / for a very long time ◆ **ça fait 3 ans qu'il est parti** it's 3 years since he left, he left 3 years ago, he has been gone 3 years

c **il fait bon** + infin it is nice ou pleasant ◆ **il fait bon se promener** it is nice ou pleasant to go for a walk ◆ **il ne fait pas bon le contredire** it is unwise to ou it's better not to contradict him ◆ **il fait bon vivre** life is good

d (*) **cela fait que nous devons partir** the result is that we must leave, as a result ou so we must leave

4 vb (utilisé comme substitut) to do ◆ **ne manquez pas le train comme nous l'avons fait** don't miss the train as we did ◆ **il travaille mieux que je ne fais** he works better than I do ◆ **as-tu payé la note? – non, c'est lui qui l'a fait** did you pay the bill? – no, he did ◆ **je l'ai soigné comme je l'aurais fait pour mon frère** I took care of him as I would have my brother ◆ **puis-je téléphoner? – faites, je vous en prie** may I phone? – (yes) please do ou (yes) by all means

5 **se faire** vpr **a** **se faire les ongles** to do one's nails ◆ **se faire une robe** to make o.s. a dress ◆ **il se fait sa cuisine** he does his own cooking ◆ **il se fait 8 000 F par mois*** he earns ou gets ou makes 8,000 francs a month ◆ **il s'est fait beaucoup d'amis / d'ennemis** he has made himself a great many friends / enemies ◆ **se faire une fille**‡ to have* ou pull‡ a girl

b **se faire une idée** to get some idea ◆ **se faire des idées** to imagine things, have illusions ◆ **se faire à l'idée que** to get used to the idea that ◆ **s'en faire** to worry ◆ **il ne s'en fait pas** he does not worry, he is not the worrying type ◆ **tu ne t'en fais pas!** you've got a nerve! → **bile, raison** etc

c (se former) [fromage] to ripen, mature; [vin] to age ◆ (fig) **il s'est fait tout seul** he is a self-made man

d (+ attribut: devenir) to become, get ◆ **se faire vieux** to be getting old ◆ **il se faisait tard** it was getting late ◆ (littér) **il se fit violent sous l'insulte** he turned ou became violently angry at the insult ◆ **ça ne se fera pas** it won't happen

e (+ adj: devenir volontairement) **se faire beau** to make o.s. beautiful ◆ **se faire tout petit** to make o.s. small

f **se faire à** to become used to, get used to ◆ **il ne peut pas se faire au climat** he can't get used to the climate ◆ **il faut se le faire!**‡ (travail) it's a hell of a chore!*, it's really heavy going!‡; (personne) he's a real pain in the neck!*

g **cela ne se fait pas** it's not done ◆ **les jupes longues se font beaucoup cette année** long skirts are in this year ou are being worn a lot this year

h (impers) **il peut/il pourrait se faire qu'il pleuve** it may/it might (well) rain ◆ **comment se fait-il qu'il soit absent?** how is it (that) he is absent?, how does he happen to be absent?, how come he's absent?*

i **se faire mal** to hurt o.s. ◆ **se faire peur** to give o.s. a fright ◆ **se faire violence** to force o.s.

j **se faire** + infin : **elle s'est fait opérer** she was operated on, she had an operation ◆ **tu vas te faire gronder** you'll get yourself into trouble ou told off* ◆ **il s'est fait remettre le document** he had the document handed over to him ◆ **il s'est fait ouvrir par le voisin** he got the neighbour to let him in ◆ **fais-toi vite vomir : c'est du poison** quick, make yourself vomit ou be sick – it's poisonous ◆ **elle s'en est fait montrer le fonctionnement** she had a demonstration of ou she was shown how it worked

6 vb aux + infin **a** (être la cause de) **la pluie fait pousser l'herbe** the rain makes the grass grow ◆ **mon voisin fait pousser des dahlias** my neighbour grows dahlias ◆ **j'ai fait démarrer la voiture** I made the car start, I got the car going ou started ◆ **elle a fait lire les enfants** she made the children read, she got the children to read ◆ **elle a fait opérer sa fille** she had her daughter operated on ◆ **il lui a fait lire Stendhal** he made him read Stendhal ◆ **il lui a fait boire un grog** he gave her some grog to drink

b (aider à) **faire traverser la rue à un aveugle** to help a blind man across the road ◆ **faire faire ses devoirs à un enfant** to help a child with his homework, see that a child does his homework ◆ **faire manger un invalide** to (help to) feed an invalid ◆ **on a dû les faire sortir par la fenêtre** they had to help ou get them out through the window

c (inviter à) **faire entrer/monter qn** to show ou ask sb in/up(stairs) ◆ **faire venir** employé to send for; docteur to send for, fetch

d (donner une tâche à exécuter) **faire faire qch par qn** to have sth done ou made by sb ◆ **faire faire qch à qn** to have sb do ou make sth ◆ **(se) faire faire une robe** to have a dress made ◆ **faire réparer une voiture/une montre** to have a car/a watch repaired ◆ **faire faire la vaisselle à qn** to have sb do ou get sb to do the dishes

e (laisser) **faire entrer/sortir le chien** to let the dog in/out ◆ **faites entrer le public** let the public in ◆ **elle a fait tomber une tasse** she dropped a cup

f (forcer) to make ◆ **il lui a fait ouvrir le coffre-fort** he made him open ou forced him to open the safe

faire² [fɛʀ] nm [artiste] style, technique

faire-part [fɛʀpaʀ] → SYN nm inv announcement (of birth ou marriage ou death) ◆ **faire-part de mariage** wedding announcement, ≃ wedding invitation

faire-valoir [fɛʀvalwaʀ] nm inv **a** (Agr) exploitation, farming, working (of land) ◆ **faire-valoir direct/indirect** farming by the owner/tenant

b (personne) foil

fair-play [fɛʀplɛ] → SYN **1** nm inv fair play

2 adj ◆ **être fair-play** to play fair ◆ **c'est un joueur fair-play** he plays fair

faisabilité [fəzabilite] → SYN nf feasibility ◆ **étude de faisabilité** feasibility study

faisable [fəzabl] → SYN GRAMMAIRE ACTIVE 12.2 adj feasible ◆ **est-ce faisable en 2 jours?** can it be done in 2 days? ◆ **est-ce faisable à pied?** can it be done on foot?, is it quite feasible on foot?

faisan [fəzɑ̃] → SYN nm **a** (oiseau) (gén) pheasant; (mâle) cock pheasant ◆ **faisan doré** golden pheasant

b (†: escroc) shark

faisandage [fəzɑ̃daʒ] nm [gibier] hanging

faisandé, e [fəzɑ̃de] → SYN (ptp de **faisander**) adj **a** (Culin) gibier, goût high ◆ **je n'aime pas le faisandé** I don't like high game ◆ **viande trop faisandée** meat which has hung for too long

b (péj) littérature, société corrupt, decadent; milieu crooked

faisandeau, pl **faisandeaux** [fəzɑ̃do] nm young pheasant

faisander [fəzɑ̃de] ▸ conjug 1 ◂ vt ◆ (Culin) **(faire ou laisser) faisander** to hang

faisanderie [fəzɑ̃dʀi] nf pheasantry

faisandier [fəzɑ̃dje] nm pheasant breeder

faisane [fəzan] nf, adj f ◆ **(poule) faisane** hen pheasant

faisanneau, pl **faisanneaux** [fəzano] nm young pheasant

faisceau, pl **faisceaux** [fɛso] → SYN **1** nm **a** (fagot) bundle ◆ (réseau) **faisceau de preuves/faits** body ou network of proofs/facts ◆ **nouer en faisceau** to tie in a bundle ◆ **nouer en faisceaux** to tie into bundles

b (Mil) **faisceaux (d'armes)** stack (of arms) ◆ **mettre en faisceaux** fusils to stack ◆ **former/rompre les faisceaux** to stack/unstack arms

c (rayons) beam ◆ **faisceau convergent/divergent** convergent/divergent beam

d (Antiq, Hist) **faisceaux** fasces

2 COMP ▹ **faisceau d'électrons** ou **électronique** electron beam ▹ **faisceau hertzien** electro-magnetic wave ▹ **faisceau lumineux** beam of light ▹ **faisceau musculaire** fasciculus ou fascicule of muscle ▹ **faisceau nerveux** fasciculus ou fascicule of nerve fibres

faiseur, -euse [fəzœʀ, øz] → SYN **1** nm,f ◆ **faiseur de**† monuments, meubles maker of; (hum, péj) romans, tableaux, opéras producer of

2 nm (†) (péj : hâbleur) show-off; (escroc) shark ◆ (frm : tailleur) **(bon) faiseur** good tailor

3 COMP ▹ **faiseuse d'anges** backstreet abortionist ▹ **faiseur de bons mots** (péj) punster, wag ▹ **faiseur d'embarras** fusspot ▹ **faiseur d'intrigues** (péj) schemer ▹ **faiseur de littérature** (péj) scribbler ▹ **faiseur de marché** (Bourse) market maker ▹ **faiseur de mariages** (péj) matchmaker ▹ **faiseur de miracles** (péj) miracle-worker ▹ **faiseur de phrases** (péj) speechifier ▹ **faiseur de projets** (péj) schemer ▹ **faiseur de vers** (péj) poetaster (péj), versifier

faisselle [fɛsɛl] → SYN nf cheese strainer

fait¹ [fɛ] → SYN GRAMMAIRE ACTIVE 17.1, 26.6

1 nm **a** (événement) event, occurrence; (donnée) fact; (phénomène) phenomenon ◆ **il s'agit d'un fait courant/rare** this is a common/rare occurrence ou event ◆ **aucun fait nouveau n'est survenu** no new development has taken place, no new fact has come to light ◆ **il me faut des faits concrets** I must have concrete facts ou evidence ◆ (Jur) **reconnaissez-vous les faits?** do you accept the facts? ◆ (Jur) **les faits qui lui sont reprochés** the charges against him ◆ **ces faits remontent à 3 ans** these events go back 3 years ◆ **il s'est produit un fait curieux** a strange thing has happened ◆ **s'incliner devant les faits** to bow to (the) facts ◆ **les faits sont là** ou **sont têtus** there's no denying the facts, the facts speak for themselves → **erreur, point¹**

b (acte) **le fait de manger/bouger** the fact of eating/moving, eating/moving ◆ (Jur, Mil) **être puni pour fait d'insoumission** to be punished for (an act of) insubordination → **haut**

c (cause) **c'est le fait du hasard** it's the work of fate ◆ **c'est le fait de son inexpérience** it's because of ou owing to his inexperience, it comes of his inexperience ◆ **par le fait même que/de** by the very fact that/of ◆ **par le (simple) fait de** by the simple fact of ◆ **par le fait même de son obstination** because of ou by his very obstinacy, by the very fact of his obstinacy

d LOC **au fait** (à propos) by the way ◆ **au fait!** (à l'essentiel) come to the point! ◆ **aller droit/en venir au fait** to go straight/get to the point ◆ **au fait de** (au courant) conversant ou acquainted with, informed of ◆ **est-il au fait?** does he know?, is he informed? ◆ **mettre qn au fait (d'une affaire)** to acquaint ou familiarize sb with (the facts of) a matter, inform sb of (the facts of) a matter ◆ **de fait** (de facto) gouvernement, dictature de facto; (en fait) in fact ◆ **il est de fait que** it is a fact that ◆ **de ce fait** therefore, for this reason ◆ **du fait de qch** on account ou as a result of sth ◆ **du fait qu'il a démissionné** on account of ou as a result of his having resigned ◆ **en fait** in (actual) fact, in point of fact, as a matter of fact ◆ **en fait de** (en guise de) by way of; (en matière de) as regards, in the way of ◆ **en fait de repas on a eu droit à un sandwich** we were allowed a sandwich by way of a meal ◆ **en fait de spécialiste, c'est plutôt un charlatan!** as for being a specialist! charlatan more like!* ◆ **le fait est que** the fact is that ◆ **le fait que** the fact that ◆ **le fait est là** that's the fact of the matter ◆ **être le fait de** (être typique de) to be typical ou characteristic of; (être le résultat de) to be the result of ◆ **par le fait** in fact ◆ **par ce fait** by this very fact ◆ **par le fait même** by this very ou self-same fact ◆ **par son (propre) fait** through ou by his (own) doing ◆ **c'est un fait** that's a fact ◆ **c'est un fait que** it's a fact that ◆ **dire son fait à qn** to tell sb what's what, talk straight to sb, give sb a piece of one's mind ◆ **prendre fait et cause pour qn** to fight for sb's cause, take up the cudgels for sb, take sides with sb ◆ **comme par un fait exprès** almost as if on purpose → **sur¹, sûr, tout, voie**

2 COMP ▹ **fait accompli** fait accompli ◆ **mettre qn devant le fait accompli, pratiquer avec qn la politique du fait accompli** to present sb with a fait accompli ▹ **fait d'armes** feat of arms ▹ **fait divers** (nouvelle) (short) news item; (événement insignifiant) trivial event ◆ (rubrique) « **faits divers** » "(news) in brief" ▹ **faits et gestes** actions, doings ◆ **épier les moindres faits et gestes de qn** to spy on sb's slightest actions ou movements ▹ **faits de guerre** acts of war ▹ **fait de langue** (Ling) fait de langue, language event ▹ **fait de parole** (Ling) fait de parole, speech event ▹ **le fait du prince** (Hist) the imperial fiat; (Assurance) government action ◆ (fig) **c'est le fait du prince** there's no going against authority ▹ **faits de résistance** acts of resistance

fait², faite [fɛ, fɛt] (ptp de **faire¹**) adj **a** **être fait pour** to be suitable ou made ou meant for ◆ **voitures faites pour la course** cars (specially) made ou designed ou conceived for racing ◆ **ces souliers ne sont pas faits pour la marche** these are not proper walking shoes, these shoes are not suitable ou designed for walking in ◆ **c'est fait pour*** that's what it's for ◆ **ce que tu lui as dit l'a énervé** — **c'était fait pour!** what you said annoyed him – it was meant to ◆ **ceci n'est pas fait pour lui plaire** this is not going to ou is not calculated to ou likely to please him ◆ **ce discours n'est pas fait pour le rassurer** this is not the kind of speech to reassure him, this sort of speech isn't likely to reassure him ◆ **il est fait pour être médecin** he's cut out to be a doctor ◆ **ils sont faits l'un pour l'autre** they are made for each other, they make a perfect couple

b (fini) **c'en est fait de notre vie calme** that's the end of our quiet life, it's goodbye to peace and quiet in our life! ◆ **c'en est fait de moi** I am done for, it's all up with me* ◆ **c'est toujours ça de fait** that's one job done, that's one thing out of the way

c (constitué) **avoir la jambe/main bien faite** to have shapely ou nice legs/pretty ou nice hands ◆ **une femme bien faite** a shapely woman ◆ **un homme bien fait** a well-built man ◆ **le monde est ainsi fait** that's the way of the world ◆ **les gens sont ainsi faits que** people are such that ◆ **comment est-il fait?** what is he like?, what does he look like? ◆ **regarde comme tu es fait!*** look at the way you're dressed!, look what a sight you are!

d (mûr) personne mature; fromage ripe ◆ **fromage fait à cœur** fully ripened cheese

e (maquillé) made-up ◆ **avoir les yeux faits** to have one's eyes made up ◆ **avoir les ongles faits** to have painted nails

f **tout fait** ready made ◆ **acheter des vêtements tout faits** to buy ready-made ou ready-to-wear clothes ◆ **phrase toute faite** ready-made phrase

g LOC **il est fait (comme un rat)*** he's in for it now*, he's cornered! ◆ **c'est bien fait pour toi!** you asked for it!*, you got what you deserved! ◆ **c'est bien fait!** it serves them (ou him etc) right! ◆ **ce n'est ni fait ni à faire** it's a botched job* → **vite**

faîtage [fɛtaʒ] → SYN nm (poutre) ridgepole; (couverture) roofing; (littér: toit) roof

fait-diversier, pl **faits-diversiers** [fɛdivɛʀsje] nm general news writer

faîte [fɛt] → SYN nm **a** (poutre) ridgepole
b (sommet) [montagne] summit; [arbre] top; [maison] rooftop ◆ **faîte du toit** rooftop → **ligne**[1]
c (fig: summum) **faîte de la gloire** pinnacle ou height of glory ◆ **parvenu au faîte des honneurs** having attained the highest honours

faîteau, pl **faîteaux** [fɛto] nm ridge ornament

faîtière [fɛtjɛʀ] → SYN adj f, nf ◆ **(tuile) faîtière** ridge tile ◆ **lucarne faîtière** skylight

faitout nm, **fait-tout** nm inv [fɛtu] → SYN stewpot

faix [fɛ] → SYN nm (littér: lit, fig) burden ◆ **sous le faix (de)** under the weight ou burden (of)

fakir [fakiʀ] → SYN nm (Rel) fakir; (Music-Hall) wizard

fakirisme [fakiʀism] nm (Rel) practice of a fakir ◆ (fig) **c'est du fakirisme!** (divination) it's prophecy!; (pouvoir magique) it's wizardry!

falaise [falɛz] → SYN nf cliff

falbalas [falbala] nmpl frills and flounces, furbelows; (péj) frippery (NonC) (péj), furbelows (péj)

falciforme [falsifɔʀm] adj falcate, falciform ◆ **anémie falciforme** sickle-cell anaemia

falconiformes [falkɔnifɔʀm] nmpl ◆ **les falconiformes** falconiform birds, the Falconiformes (spéc)

faldistoire [faldistwaʀ] nm faldstool

Falkland [fɔlklɑ̃d] n ◆ **les (îles) Falkland** the Falkland Islands

fallacieusement [fa(l)lasjøzmɑ̃] → SYN adv promettre deceptively

fallacieux, -ieuse [fa(l)lasjø, jøz] → SYN adj promesse, apparence, appellation deceptive; arguments, raisonnement fallacious; espoir illusory, delusive

falloir [falwaʀ] → SYN ▸ conjug 29◂ GRAMMAIRE ACTIVE 10.1, 10.2
1 vb impers **a** (besoin) **il va falloir 10 000 F** we're going to need 10,000 francs, it's going to take 10,000 francs ◆ **il doit falloir du temps/de l'argent pour faire cela** it must take time/money ou you must need time/money to do that ◆ **il faut du courage pour le faire!** it takes some courage to do it! ◆ **il me le faut à tout prix** I must have it at all costs, I desperately need it ◆ **il lui faut quelqu'un pour l'aider** he needs ou wants somebody to help him ◆ **il vous faut tourner à gauche** you have ou need ou want to turn left ◆ **faut-il aussi de l'ail?** do we need ou want garlic as well? ◆ **c'est juste ce qu'il faut** (outil etc) that's just what we need ou want, that's exactly what's required; (assaisonnement) there's ou that's just the right amount ◆ (au magasin) **qu'est-ce qu'il vous faut?** what are you looking for? ◆ **il n'en faut pas beaucoup pour qu'il se mette à pleurer** it doesn't take much to make him cry ◆ **c'est plus qu'il n'en faut** that's more than we need, that's more than is needed ◆ **il faudrait avoir plus de temps** we'd have to have more time, we'd need more time
b (obligation) **falloir faire: il va falloir le faire** it'll have to be done, we'll have to do it ◆ **il va falloir y aller** we'll have to go ◆ **il ne fallait pas faire ça, c'est tout** you shouldn't have done that and that's all there is to it ◆ **que vous fallait-il faire?** what did you have to do? ◆ **il m'a fallu obéir** I had to comply ◆ **s'il le faut** (besoin) if need be; (obligation) if I (ou we etc) have to, if I (ou we etc) must ◆ **que faut-il leur dire?** what shall I (ou we etc) tell them? ◆ **le faut-il?** – **il le faut** do I (ou we) have to? – yes you do ◆ **il a bien fallu!** I (ou we etc) HAD to!
c (obligation) **falloir que: il va falloir qu'il parte** he'll have to ou he has got to go ◆ **il faut qu'il le fasse** he'll have to ou he has got to do it, he must do it ◆ **il faudrait qu'il parte** he ought to ou should go ◆ **il faut qu'il soit malade pour qu'il s'arrête de travailler** he has to be ill before he stops working
d (intensif) **il fallait me le dire** you should have told me ◆ **il faut voir ce spectacle** this show is a must, you must see this show ◆ **faut voir ça, quel luxe!*** you should see the luxury of it! ◆ – **il ne fallait pas!** – you shouldn't have! ◆ **va pas falloir traîner*** we can't afford to mess about* ◆ **faudrait pas qu'il essaie*** he'd better not try* ◆ **fallait-il vraiment le dire?** did you really have to say it? ◆ **il ne faudrait surtout pas lui en parler** don't speak to him about it whatever you do ◆ **(il) faut dire qu'il est culotté*** you've got to admit he's got a nerve
e (probabilité) **il faut que tu te sois trompé** you must have made a mistake ◆ **s'il est absent, il faut qu'il soit malade** if he's absent he must be ill ou it must be because he's ill ◆ **il faut être fou pour parler comme ça** you must be mad to talk like that ◆ **il ne faut pas être intelligent pour dire ça** that's a pretty stupid thing to say ◆ **faut-il donc être bête!** some people are so ou really stupid! ◆ **faut-il qu'il soit bête!** he must be so ou really stupid! ◆ **faut (pas) être gonflé*** it takes some nerve*
f (fatalité) **il a fallu qu'elle l'apprenne** she WOULD have to hear about it ◆ **faut-il donc abandonner si près du but?** do we have to give up when we're so near to the goal? ◆ **il faut toujours qu'elle se trouve des excuses** she always has to find some excuse ◆ **il faut toujours que ça tombe sur moi!** it always has to happen to me!
g (loc) (hum) **elle a ce qu'il faut*** she's got what it takes* ◆ **il faut ce qu'il faut*** you've got to do things properly ou in style ◆ **(il) faut le faire!** (admiratif) that takes some doing!; (*: péj) that takes some beating! ◆ **(il) faut se le faire!⁑** (personne) he's a real pain in the neck!*; (travail) it's a hell of a chore!⁑ (Brit), it's really heavy going ◆ **(il) faut voir** (réserve) we'll have to see; (admiration) you should see! ◆ **faudrait voir à voir*** steady on!, not so fast! ◆ **(il) faudrait voir à faire/ne pas faire*...** you'd better mind (Brit) ou make sure you do/don't do... ◆ **il ne faut pas y songer** it's out of the question ◆ **il faut bien vivre/manger** you have to live/eat ◆ **il faut vous dire que...** I must ou I have to tell you (confidentially) that... ◆ **il faut de tout pour faire un monde** it takes all sorts to make a world ◆ **il ne faut jamais remettre au lendemain ce qu'on peut faire le jour même** never put off till tomorrow what you can do today, procrastination is the thief of time (Prov) ◆ **(il) faut le voir pour le croire** it needs ou has to be seen to be believed ◆ **ce qu'il faut entendre!** the things you hear! ◆ **quand faut y aller faut y aller!*** a man's gotta do what a man's gotta do!* → **comme**
2 **s'en falloir** vpr ◆ (frm) **s'en falloir de: tu n'es pas à l'heure, il s'en faut de cinq minutes** you're not on time, by a matter of 5 minutes ◆ **il ne s'en fallait que de 100 F pour qu'il ait la somme** he was only ou just 100 francs short of the full amount ◆ **il s'en faut de beaucoup** not by a long way ou chalk (Brit), far from it ◆ **il s'en faut de beaucoup qu'il soit heureux** he is far from being happy, he is by no means happy ◆ **loin s'en faut!** far from it! ◆ **il s'en est fallu d'un cheveu qu'il ne soit pris** he was within a hair's breadth ou a whisker ou an ace of being caught ◆ **il a fini, ou peu s'en faut** he has as good as finished, he has just about finished ◆ **il ne s'en est guère fallu pour que** ou **il s'en est fallu de peu (pour) que ça (n')arrive** this came very close to happening, this very nearly happened, it wouldn't have taken much for this to happen ◆ **et il s'en faut!, tant s'en faut!** far from it!, not by a long way! ou chalk! (Brit) ◆ **ça m'a coûté 50 F ou peu s'en faut** that cost me the best part of 50 francs, that cost me very nearly 50 francs ◆ **peu s'en est fallu (pour) qu'il pleure** he all but ou he almost wept → **entendre, se fier, voir**

falot[1] [falo] → SYN nm lantern

falot[2]**, e** [falo, ɔt] → SYN adj personne colourless; lueur, lumière wan, pale

falsificateur, -trice [falsifikatœʀ, tʀis] → SYN nm,f falsifier

falsification [falsifikasjɔ̃] → SYN nf (→ **falsifier**) falsification; doctoring; alteration; adulteration

falsifier [falsifje] → SYN ▸ conjug 7◂ vt comptes, faits to falsify, doctor, alter; document, signature to falsify, alter, tamper with; aliment to doctor, adulterate

falzar⁑ [falzaʀ] nm bags* (Brit), (pair of) trousers (Brit), (pair of) pants (US)

famé, e [fame] adj → **mal**

famélique [famelik] → SYN adj scrawny, scraggy, rawboned

fameusement [famøzmɑ̃] → SYN adv (*: très) remarkably, really ◆ **c'est fameusement bon** it's remarkably ou really good

fameux, -euse [famø, øz] → SYN adj **a** (*: après n: bon) mets, vin first-rate, first-class
b **pas fameux*** mets, travail, temps not too good, not so great*; roman, auteur not up to much* (Brit), no great shakes* ◆ **et le temps pour demain?** – **pas fameux** and tomorrow's weather? – not all that good ou not all that fine ou not up to much* (Brit) ◆ **il n'est pas fameux en latin/en maths** he's not too good ou not all that good at Latin/maths
c (avant n: intensif) **c'est un fameux trajet/problème/travail** it's a real ou it's quite a ou some journey/problem/piece of work ◆ **c'est une fameuse erreur/migraine/raclée** it's quite a ou it's a real mistake/headache/thrashing ◆ **c'est un fameux salaud⁑** he's a downright ou an out-and-out ou a real bastard⁑ ◆ **c'est une fameuse assiettée** that's a huge ou great plateful ◆ **c'est un fameux gaillard** (bien bâti) he's a strapping fellow; (chaud lapin) he's a bit of a lad ou a randy fellow*
d (avant n: bon) idée, voiture first-rate, great*, fine ◆ **c'est une fameuse aubaine** it's a real ou great stroke of luck ◆ **il a fait un fameux travail** he's done a first-class ou first-rate ou fine job ◆ **elle était fameuse, ton idée!** what a bright ou great* idea you had!
e (*: avant n: fonction de référence) **quel est le nom de cette fameuse rue?** what's the name of that (famous) street? ◆ **ah, c'est ce fameux Paul dont tu m'as tant parlé** so this is the famous Paul you've told me so much about ◆ **c'est ça, sa fameuse honnêteté** so this is his much-vaunted honesty
f (après n: célèbre) famous (*pour, par* for)

familial, e, mpl **-iaux** [familjal, jo] → SYN **1** adj ennui, problème family (épith), domestic (épith); liens, vie, entreprise family (épith); boîte, paquet family-size(d); modèle de voiture family (épith) → **aide, allocation**
2 **familiale** nf family estate car (Brit), station wagon (US)

familiarisation [familjaʀizasjɔ̃] nf familiarization

familiariser [familjaʀize] → SYN ▸ conjug 1◂
1 vt ◆ **familiariser qn avec** to familiarize sb with, get sb used to
2 **se familiariser** vpr to familiarize o.s. ◆ **se familiariser avec** lieu, personne, méthode, langue to familiarize o.s. with, get to know, become acquainted with; bruit, danger to get used ou accustomed to ◆ **peu familiarisé avec cette maison** unfamiliar with this house ◆ **ses pieds, peu familiarisés avec le sol rocailleux** his feet, unused ou unaccustomed to the stony ground

familiarité [familjaʀite] → SYN nf **a** (bonhomie) familiarity; (désinvolture) offhandedness, (over)familiarity
b (privautés) **familiarités** familiarities ◆ **cessez ces familiarités** stop these familiarities, stop taking liberties
c (habitude de) **familiarité avec** langue, auteur, méthode familiarity with
d (atmosphère amicale) informality ◆ (littér) **dans la familiarité de** on familiar terms ou terms of familiarity with

familier, -ière [familje, jɛʀ] → SYN **1** adj **a** (bien connu) technique, problème, spectacle, objet, voix familiar ◆ **sa voix/cette technique m'est familière** I'm familiar with his voice/this technique, his voice/this technique is familiar ou well-known to me ◆ **la langue anglaise lui est devenue familière** he has become (thoroughly) familiar with ou at home with the English language
b (routinier) tâche familiar ◆ **cette attitude lui est familière** this is a familiar ou customary attitude of his ◆ **le mensonge lui était devenu**

familier lying had become quite a habit of his ou had become almost second nature to him

c (amical) entretien, atmosphère informal, friendly, casual

d (désinvolte) personne (over)familiar; surnom familiar; ton, remarque (over)familiar, off-hand; attitude, manières offhand ◆ **il devient vite familier** he soon gets too familiar ◆ **(trop) familier avec ses supérieurs/clients** overfamiliar with his superiors/customers ◆ **être familier avec les femmes** to be overfamiliar with women

e (non recherché) mot, expression familiar, colloquial; style, registre familiar, conversational, colloquial ◆ **expression familière** colloquialism, colloquial phrase ou expression

f divinités household (épith) → **démon**

2 nm (club, théâtre) regular visitor (*de* to) ◆ **le crime a été commis par un familier (de la maison)** the crime was committed by a very good friend of the household ou by a regular visitor to the house

familièrement [familjɛʀmɑ̃] adv (amicalement) s'entretenir informally; (cavalièrement) se conduire, s'adresser à qn familiarly; (sans recherche) parler, s'exprimer familiarly, colloquially ◆ **comme on dit familièrement** as you say familiarly ou colloquially ou in conversation ◆ **il te parle un peu (trop) familièrement** he's speaking to you a bit too familiarly

familistère [familistɛʀ] nm cooperative, coop*

famille [famij] [→ SYN] nf **a** (gén) family ◆ **famille éloignée/proche** distant/close family ou relations ou relatives ◆ **avez-vous de la famille?** have you any family? ◆ **avez-vous de la famille à Londres?** have you any family ou relations ou relatives in London? ◆ **on a prévenu la famille** the relatives ou the next of kin (frm) have been informed ◆ **famille nombreuse** large family ◆ **famille monoparentale** single-parent ou one-parent family ◆ (Sociol) **la famille étendue/nucléaire** the extended/nuclear family ◆ **elle promenait (toute) sa petite famille*** she was taking her (entire) brood* for a walk ◆ **elle fait partie de la famille, elle est de la famille** she is part ou one of the family ◆ **c'est une famille de musiciens** they're a family of musicians ◆ (en France) **les deux cents familles** the top two hundred (richest) families

b (fig) [plantes, langues] family ◆ (Mus) **la famille des cuivres** the brass family ◆ (Ling) **famille de mots** word family ◆ **ils sont de la même famille politique** they're of the same political persuasion

c LOC **de famille** possessions, réunion, dîner family (épith) ◆ **c'est un tableau de famille** this painting is a family heirloom ◆ **de bonne famille** from a good family ou background ◆ **c'est de famille, ça tient de famille** it runs in the family ◆ **en famille** (avec la famille) with the family; (comme une famille) as a family ◆ **tout se passe en famille** it's all kept in the family ◆ **passer ses vacances en famille** to spend one's holidays with the family ◆ **il est sans famille** he has no family ◆ **un (petit) bridge des familles*** a quiet ou cosy little game of bridge ◆ **il est très famille*** he's very family-oriented, he's a real family man → **air²**, **caveau**, **chef¹** etc

famine [famin] [→ SYN] nf (épidémie) famine; (littér: privation) starvation ◆ **nous allons à la famine** we are heading for starvation, we are going to starve → **crier**, **salaire**

fan* [fan] nm (admirateur) fan

fana* [fana] (abrév de **fanatique**) **1** adj crazy* (*de* about), mad keen* (*de* on, about)

2 nmf fanatic ◆ **fana d'informatique/de ski** computer/skiing enthusiast ou fanatic ou buff* ou freak*

fanage [fanaʒ] nm tossing, turning, tedding

fanal, pl **-aux** [fanal, o] [→ SYN] nm (feu) [train] headlight, headlamp; [mât] lantern; (phare) beacon, lantern; (lanterne à main) lantern, lamp

fanatique [fanatik] [→ SYN] **1** adj fanatical (*de* about)

2 nmf (gén, Sport) fanatic; (Pol, Rel) fanatic, zealot ◆ **fanatique du ski/du football/des échecs** skiing/football/chess fanatic

fanatiquement [fanatikmɑ̃] adv fanatically

fanatisation [fanatizasjɔ̃] nf rousing to fanaticism, fanaticization (frm)

fanatiser [fanatize] [→ SYN] ▸ conjug 1 ◂ vt to rouse to fanaticism, fanaticize (frm)

fanatisme [fanatism] [→ SYN] nm fanaticism

fandango [fɑ̃dɑ̃go] nm fandango

fane [fan] nf (surtout pl) [légume] top

fané, e [fane] [→ SYN] (ptp de **faner**) adj fleur, bouquet withered, wilted; couleur, teint, beauté, étoffe faded

faner [fane] [→ SYN] ▸ conjug 1 ◂ **1** vi (littér) to make hay

2 vt **a** herbe to toss, turn, ted ◆ **on fane (l'herbe) après la fauchaison** the tossing ou turning of the hay ou the tedding is done after the mowing

b (littér) couleur, beauté to fade ◆ **femme que l'âge a fanée** woman whose looks have faded

3 **se faner** vpr [plante] to fade, wither, wilt; [peau] to wither; [teint, beauté, couleur] to fade

faneur, -euse [fanœʀ, øz] **1** nm,f (ouvrier) haymaker

2 **faneuse** nf (machine) tedder

fanfare [fɑ̃faʀ] [→ SYN] nf **a** (orchestre) brass band ◆ **la fanfare du régiment** the regimental band

b (musique) fanfare ◆ **fanfare de clairons** fanfare of bugles ◆ **fanfare de trompettes** flourish ou fanfare of trumpets ◆ **des fanfares éclatèrent** brassy music rang forth (from every side) ◆ (fig) **cette alliance a été annoncée par les fanfares de la presse** this alliance was blazoned ou trumpeted forth by the press

c LOC **en fanfare** réveil, départ clamorous, tumultuous; réveiller, partir noisily, with great commotion ◆ **il est arrivé en fanfare** (avec bruit) he came in noisily ou with great commotion; (fièrement) he came in triumphantly ◆ **annoncer en fanfare** réforme etc to blazon ou trumpet forth, publicize widely ◆ **reliure à la fanfare** ornate binding *(typical of the 16th century)*

fanfaron, -onne [fɑ̃faʀɔ̃, ɔn] [→ SYN] **1** adj personne, attitude boastful; air, propos bragging, boastful ◆ **il avait un petit air fanfaron** he was quite full of himself, he looked very pleased with himself

2 nm,f braggart ◆ **faire le fanfaron** to brag, boast, go around bragging ou boasting

fanfaronnade [fɑ̃faʀɔnad] [→ SYN] nf bragging (NonC), boasting (NonC), boast ◆ **arrête tes fanfaronnades** stop boasting

fanfaronner [fɑ̃faʀɔne] [→ SYN] ▸ conjug 1 ◂ vi to brag, boast

fanfreluche [fɑ̃fʀəlyʃ] [→ SYN] nf (sur rideau etc) trimming ◆ **robe ornée de fanfreluches** dress trimmed with frills and flounces

fange [fɑ̃ʒ] [→ SYN] nf (littér) mire (littér) → **traîner**, **se vautrer**

fangeux, -euse [fɑ̃ʒø, øz] [→ SYN] adj (littér) miry (littér)

fangothérapie [fɑ̃goteʀapi] nf fangotherapy

fanion [fanjɔ̃] [→ SYN] nm [vélo, club, bateau] pennant; (Rugby) flag; (Ski) pennant ◆ (Mil) **fanion de commandement** commanding officer's pennant

fanon [fanɔ̃] [→ SYN] nm **a** [baleine] plate of whalebone ou baleen; (matière) whalebone (NonC)

b [cheval] fetlock

c [bœuf] dewlap; [dindon] wattle

d [mitre] lappet

fantaisie [fɑ̃tezi] [→ SYN] nf **a** (caprice) whim ◆ **elle se plie à toutes ses fantaisies, elle lui passe toutes ses fantaisies** she gives in to his every whim ◆ **s'offrir une fantaisie en allant** ou **s'offrir la fantaisie d'aller au restaurant** to give o.s. a treat by having a meal out ou by eating out ◆ **je me suis payé une petite fantaisie** (bijou etc) I bought myself a little present

b (extravagance) extravagance ◆ **cette guerre est une fantaisie coûteuse** this war is a wasteful extravagance ◆ **ces fantaisies vestimentaires** such extravagance ou extravagances of dress

c (littér: bon plaisir) **agir selon sa fantaisie/vivre à sa fantaisie/n'en faire qu'à sa fantaisie** to behave/live/do as the fancy takes one ◆ **il lui a pris la fantaisie de faire** he took it into his head to do ◆ **à votre fantaisie** as it may please you

d (imagination) fancy, imagination ◆ **être plein de fantaisie** to be full of imagination ou very fanciful ou imaginative ◆ **manquer de fantaisie** [vie] to be monotonous ou uneventful; [personne] to be lacking in imagination ◆ **c'est de la fantaisie pure** that is sheer ou pure fantasy ou fancy ou imagination

e **boucles d'oreille (de) fantaisie** fancy ou novelty earrings ◆ **bijoux (de) fantaisie** costume jewellery ◆ **pain (de) fantaisie** fancy bread ◆ **rideaux fantaisie** fancy curtains ◆ **boutons fantaisie** fancy ou novelty buttons ◆ **kirsch fantaisie** kirsch-flavoured brandy

f (œuvre) (Littérat) fantasy; (Mus) fantasia

fantaisiste [fɑ̃tezist] [→ SYN] **1** adj **a** nouvelle, explication fanciful, whimsical

b personne (fumiste) fanciful; (bizarre) eccentric, unorthodox; (farceur) whimsical, clownish, comical

2 nmf **a** (Théât) variety artist ou entertainer

b (original) eccentric; (fumiste) phoney*

fantasia [fɑ̃tazja] nf fantasia

fantasmagorie [fɑ̃tasmagɔʀi] [→ SYN] nf phantasmagoria

fantasmagorique [fɑ̃tasmagɔʀik] [→ SYN] adj phantasmagorical

fantasmatique [fɑ̃tasmatik] adj rêve, vision fantastical

fantasme [fɑ̃tasm] [→ SYN] nm fantasy ◆ **il vit dans ses fantasmes** he lives in a fantasy world

fantasmer [fɑ̃tasme] [→ SYN] ▸ conjug 1 ◂ **1** vi to fantasize (*sur* about)

2 vt to fantasize about

fantasque [fɑ̃task] [→ SYN] adj (littér) personne, humeur whimsical, capricious; chose weird, fantastic

fantassin [fɑ̃tasɛ̃] [→ SYN] nm foot soldier, infantryman ◆ **2 000 fantassins** 2,000 foot ou infantry

fantastique [fɑ̃tastik] [→ SYN] **1** adj **a** (étrange) atmosphère uncanny, weird, eerie; événement uncanny, fantastic; rêve weird, fantastic ◆ **conte fantastique** tale of fantasy ou of the supernatural ◆ **roman fantastique** novel of the fantastic, gothic novel ◆ **film fantastique** fantasy film ◆ (genre) **le cinéma** ou **le film fantastique** fantasy films (pl)

b (*) (excellent) fantastic*, terrific*, great*; (énorme, incroyable) fantastic*, incredible

2 nm ◆ **le fantastique** the fantastic, the uncanny; (Littérat) (gén) the literature of fantasy ou of the fantastic; (de l'âge romantique) gothic literature; (Ciné) the fantastic

fantastiquement [fɑ̃tastikmɑ̃] adv (→ **fantastique**) uncannily; weirdly; eerily; fantastically*; terrifically*; incredibly

fantoche [fɑ̃tɔʃ] [→ SYN] nm, adj puppet ◆ **gouvernement fantoche** puppet government

fantomatique [fɑ̃tɔmatik] [→ SYN] adj ghostly

fantôme [fɑ̃tom] [→ SYN] **1** nm (spectre) ghost, phantom ◆ (fig) **c'est un fantôme de ministre** he is minister in name only ◆ **les fantômes de l'imagination** the ghosts of the imagination

2 adj firme, administrateur bogus ◆ **bateau fantôme** ghost ou phantom ship ◆ **train fantôme** ghost train ◆ (Méd) **membre fantôme** phantom limb ◆ (Phys) **image fantôme** ghost ◆ (Pol) **cabinet fantôme** shadow cabinet → **vaisseau**

fanton [fɑ̃tɔ̃] nm ⇒ **fenton**

fanzine [fɑ̃zin] nm fanzine

FAO [ɛfao] nf **a** (abrév de **fabrication assistée par ordinateur**) CAM

b (abrév de **Food and Agriculture Organization**) FAO

faon [fɑ̃] [→ SYN] nm (Zool) fawn

faquin†† [fakɛ̃] nm wretch, rascal

far [faʀ] [→ SYN] nm ◆ **far (breton)** prune flan

farad [faʀad] nm farad

faraday [faʀadɛ] nm faraday

faradique [faʀadik] adj farad(a)ic

faramineux, -euse* [faʀaminø, øz] → SYN adj bêtise etc staggering*, fantastic*, mind-boggling*; prix colossal, astronomical*, sky-high* (attrib) ◆ **toi et tes idées faramineuses!** you and your brilliant ideas!

farandole [faʀɑ̃dɔl] → SYN nf (danse) farandole

faraud, e† [faʀo, od] → SYN 1 adj boastful ◆ **tu n'es plus si faraud** you are no longer quite so boastful ou full of yourself ou pleased with yourself
2 nm,f braggart ◆ **faire le faraud** to brag, boast

farce¹ [faʀs] → SYN nf a (tour) (practical) joke, prank, hoax ◆ **faire une farce à qn** to play a (practical) joke ou a prank ou a hoax on sb ◆ **farces (et) attrapes** (objets) (assorted) tricks ◆ **magasin de farces-attrapes** joke (and novelty) shop
b (Théât, fig) farce ◆ **grosse farce** slapstick comedy ◆ **ce procès est une farce** this trial is a farce → **dindon**

farce² [faʀs] → SYN nf (gén) stuffing; (à la viande) forcemeat

farceur, -euse [faʀsœʀ, øz] → SYN adj, nm,f (espiègle) (practical) joker; (blagueur) joker, wag; (péj: fumiste) clown (péj) ◆ **il est très farceur** (gén) he's quite a (practical) joker, he likes playing tricks ou (practical) jokes; [enfant] he's very mischievous

farci, e [faʀsi] → SYN (ptp de **farcir**) adj (Culin) stuffed ◆ **tomates farcies** stuffed tomatoes

farcin [faʀsɛ̃] nm farcy

farcir [faʀsiʀ] → SYN ▸conjug 2◂ 1 vt a (Culin) to stuff
b (fig péj: surtout ptp) **farcir de** to stuff ou cram ou pack with ◆ **c'est farci de fautes** it's crammed ou packed with mistakes ◆ **j'en ai la tête farcie** I've as much as I can take, I've got a headful of it* (Brit)
2 **se farcir** vpr a (péj) **se farcir la mémoire de** to cram ou pack one's memory with
b (‡) lessive, travail, personne to get stuck ou landed with*; bouteille to knock back*, polish off*; gâteaux to scoff* (Brit), gobble down*, guzzle*; (*‡) fille to have it off with‡ (Brit), make it with‡ ◆ **il faudra se farcir la belle-mère pendant 3 jours** we'll have to put up with the mother-in-law for 3 days ◆ **il faut se le farcir!** (importun, bavard) he's a real pain (in the neck)!*; (livre) it's really ou hellish heavy going!‡

fard [faʀ] → SYN nm (maquillage) make-up; (†: poudre) rouge†, paint ◆ [acteur] **fard gras** greasepaint ◆ **fard à joues** blusher ◆ **fard à paupières** eye shadow ◆ (fig) **sans fard** parler openly; élégance unpretentious, simple → **piquer**

fardage¹ [faʀdaʒ] nm [bilan, marchandise] dressing-up

fardage² [faʀdaʒ] nm (Naut: plan de bois) top-hammer

farde¹ [faʀd] nf (Comm) bale of coffee *(weighing 185 kg)*

farde² [faʀd] nf (Belg) (chemise, dossier) file; (liasse) bundle, wad

fardé, e [faʀde] (ptp de **farder¹**) adj made-up ◆ **femme outrageusement fardée** woman wearing heavy make-up, heavily made-up woman

fardeau, pl **fardeaux** [faʀdo] → SYN nm (lit) load, burden (littér); (fig) burden ◆ **sous le fardeau de** under the weight ou burden of ◆ **il a traîné** ou **porté ce fardeau toute sa vie** he carried ou bore this burden all his life

farder¹ [faʀde] → SYN ▸conjug 1◂ 1 vt a (Théât) acteur to make up; (††) visage to rouge†, paint
b bilan, marchandise to dress up; (littér) vérité to disguise, mask, veil
2 **se farder** vpr (se maquiller) to make (o.s.) up; (†: se poudrer) to paint one's face†; [acteur] to make up ◆ **se farder les yeux** to put on eye make-up

farder² [faʀde] ▸conjug 1◂ vi [voile] to set well

fardoches [faʀdɔʃ] nfpl (Can) underwood, brushwood, scrub

farfadet [faʀfadɛ] → SYN nm sprite, elf

farfelu, e* [faʀfəly] → SYN 1 adj idée, projet cranky, scatty* (Brit), hare-brained; personne, conduite cranky, scatty* (Brit), eccentric
2 nm,f eccentric

farfouiller* [faʀfuje] ▸conjug 1◂ vi to rummage about (*dans* in)

fargues [faʀg] nfpl (Naut) gunwhale, gunnel

faribole [faʀibɔl] → SYN nf (littér) (piece of) nonsense ◆ **conter des fariboles** to talk nonsense ou twaddle (Brit) ◆ **fariboles (que tout cela)!** (stuff and) nonsense!, fiddlesticks†!, poppycock†*!

farigoule [faʀigul] → SYN nf thyme

farinacé, e [faʀinase] adj farinaceous

farine [faʀin] → SYN 1 nf [blé] flour ◆ **de la même farine††** of the same ilk
2 COMP ▷ **farine d'avoine** oatmeal ▷ **farine complète** wholemeal (Brit) ou wheatmeal ou whole wheat flour ▷ **farine de froment** wheat(en) flour ▷ **farine à gâteaux** cake flour ▷ **farine lactée** baby cereal ▷ **farine de lin** linseed meal ▷ **farine de maïs** cornflour (Brit), cornstarch (US) ▷ **farine de manioc** cassava ▷ **farine de moutarde** mustard powder ▷ **farine tamisée** sifted flour → **fleur, rouler**

fariner [faʀine] ▸conjug 1◂ vt to flour ◆ **dans un moule fariné et beurré** in a floured and buttered dish

farineux, -euse [faʀinø, øz] 1 adj consistance, aspect, goût floury, chalky; chocolat powdery, chalky; fromage chalky; pomme de terre floury; pomme dry, mushy
2 nm ◆ **(aliment) farineux** starchy ou farinaceous (spéc) food

farlouse [faʀluz] nf meadow pipit

farniente [faʀnjɛnte] → SYN nm idle life, idleness ◆ **faire du farniente sur la plage** to lounge on the beach

farouche¹ [faʀuʃ] → SYN adj a (timide) personne, animal shy, timid; (peu sociable) voisin etc unsociable ◆ **ces daims ne sont pas farouches** these deer are not a bit shy ou timid ou are quite tame ◆ (iro) **c'est une femme peu farouche** she doesn't exactly keep you at arm's length (iro)
b (hostile) fierce ◆ **ennemi farouche** bitter enemy ou foe
c (opiniâtre) volonté unshakeable, inflexible; résistance unflinching, fierce; énergie irrepressible
d (indompté) savage, wild

farouche² [faʀuʃ] nm (Bot) crimson ou carnation clover

farouchement [faʀuʃmɑ̃] adv fiercely ◆ **nier farouchement qch** to deny sth fiercely ou heatedly

farrago [faʀago] nm (Agr) mixed fodder

farsi [faʀsi] nm Farsi

fart [faʀt] → SYN nm (ski) wax ◆ **fart de montée** climbing wax

fartage [faʀtaʒ] nm waxing *(of skis)*

farter [faʀte] ▸conjug 1◂ vt to wax *(skis)*

Far-West [faʀwɛst] nm ◆ **le Far-West** the Wild West

fasce [fas] nf (Hér) fess(e), fascia

fascé, e [fase] adj (Hér) fessey

fascia [fasja] nm (Anat) fascia

fasciation [fasjasjɔ̃] nf (Bot) fasciation

fascicule [fasikyl] → SYN nm part, instalment, fascicle (spéc) ◆ **ce livre est vendu avec un fascicule d'exercices** this book is sold with a manual of exercises

fasciculé, e [fasikyle] adj fascicled

fascié, e [fasje] adj fasciate(d)

fascinant, e [fasinɑ̃, ɑ̃t] → SYN adj (gén) fascinating; beauté bewitching, fascinating

fascination [fasinasjɔ̃] → SYN nf fascination ◆ **exercer une grande fascination** to exert (a) great fascination (*sur* on, over), have (a) great fascination (*sur* for)

fascine [fasin] → SYN nf (fagot) faggot *(of brushwood)*; (Constr) fascine

fasciner¹ [fasine] → SYN ▸conjug 1◂ vt (gén) to fascinate; (soumettre à son charme) to bewitch ◆ **se laisser fasciner par des promesses** to allow o.s. to be bewitched by promises ◆ **être fasciné par le pouvoir** to be fascinated ou mesmerized by power

fasciner² [fasine] ▸conjug 1◂ vt (Constr) to line with fascines

fascisant, e [faʃizɑ̃, ɑ̃t] adj fascistic

fasciser [faʃize] ▸conjug 1◂ vt to make fascist(ic)

fascisme [faʃism] → SYN nm fascism

fasciste [faʃist] → SYN adj, nmf fascist

faseyer [faseje, fazeje] ▸conjug 1◂ vi [voile] to shiver

faste¹ [fast] → SYN nm splendour, pomp

faste² [fast] → SYN adj (littér) année (de chance) lucky; (prospère) good ◆ **jour faste** lucky day

fastes [fast] → SYN nmpl (registres) annals, fasti (spéc)

fast-food [fastfud] → SYN nm (restaurant) fast food restaurant; (restauration) fast food

fastidieusement [fastidjøzmɑ̃] adv tediously, tiresomely, boringly

fastidieux, -ieuse [fastidjø, jøz] → SYN adj tedious, tiresome, boring

fastigié, e [fastiʒje] adj (Bot) fastigiate(d)

fastoche‡ [fastɔʃ] adj dead easy* ◆ **c'est vachement fastoche!** it's a dead cinch!‡

fastueusement [fastɥøzmɑ̃] adv sumptuously, luxuriously ◆ **recevoir qn fastueusement** (pour dîner) to entertain sb lavishly; (à son arrivée) to give sb a lavish reception

fastueux, -euse [fastɥø, øz] → SYN adj sumptuous, luxurious ◆ **réception fastueuse** lavish reception ◆ **mener une vie fastueuse** to lead a sumptuous ou luxurious existence, live a life of great luxury

fat† [fa(t), fat] 1 adj conceited, smug
2 nm conceited ou smug person

fatal, e, mpl **fatals** [fatal] → SYN adj a (funeste) accident, issue fatal; coup fatal, deadly ◆ **erreur fatale!** grievous ou fatal error! ◆ **être fatal à qn** [chute, accident] to kill sb; [erreur, bêtise] to prove fatal ou disastrous for ou to sb
b (inévitable) inevitable ◆ **c'était fatal!** it was inevitable, it was fated ou bound to happen ◆ **il était fatal qu'elle le fasse** she was bound ou fated to do it, it was inevitable that she should do it
c (marqué par le destin) instant fatal, fateful; air, ton fateful, fated → **femme**

fatalement [fatalmɑ̃] → SYN adv ◆ (inévitablement) **fatalement, il est tombé!** inevitably, he fell! ◆ **au début, ce fut fatalement mauvais** at the beginning, it was inevitably ou unavoidably bad ◆ **ça devait fatalement arriver** it was bound ou fated to happen

fatalisme [fatalism] → SYN nm fatalism

fataliste [fatalist] 1 adj fatalistic
2 nmf fatalist

fatalité [fatalite] → SYN nf a (destin) fate, fatality (littér) ◆ **être poursuivi par la fatalité** to be pursued by fate
b (coïncidence) fateful coincidence ◆ **par quelle fatalité se sont-ils rencontrés?** by what fateful coincidence did they meet? ◆ **ce serait vraiment une fatalité si je ne le vois pas** something really extraordinary would have to happen to stop me seeing him
c (inévitabilité) inevitability ◆ **la fatalité de la mort/de cet événement** the inevitability of death/this event

fatidique [fatidik] → SYN adj (lourd de conséquences) décision, paroles, date fateful; (crucial) moment fatal, fateful

fatigabilité [fatigabilite] nf fatigableness

fatigable [fatigabl] adj fatigable

fatigant, e [fatigɑ̃, ɑ̃t] → SYN adj (épuisant) tiring; (agaçant) personne annoying, tiresome, tedious; conversation tiresome, tedious ◆ **c'est fatigant pour la vue** it's tiring ou a strain on the eyes ◆ **c'est fatigant pour le cœur** it's a strain on the heart ◆ **tu es vraiment fatigant avec tes questions** you really are annoying ou tiresome ou a nuisance with your questions ◆ **c'est fatigant de devoir toujours tout répéter** it's annoying ou tiresome ou a nuisance to have to repeat everything all the time

fatigue [fatig] → SYN nf **a** [personne] (gén) tiredness (NonC), fatigue (NonC); (Méd) fatigue ◆ **tomber** ou **être mort de fatigue** to be dead tired, be dead beat*, be all in* ◆ **il a voulu nous épargner cette fatigue** he wanted to save ou spare us the strain ◆ **dans un état d'extrême** ou **de grande fatigue** in a state of exhaustion, exhausted ◆ **elle avait de soudaines fatigues** she had sudden bouts of fatigue ou periods of tiredness ◆ **se remettre des fatigues du voyage** to get over the wear and tear ou the strain ou the tiring effects of the journey ◆ **pour se reposer de la fatigue du voyage** to rest after the tiring journey ou the weary journey ◆ **cette fatigue dans le bras gauche** this weakness in the left arm ◆ **fatigue des yeux** eyestrain ◆ **syndrome de fatigue chronique** myalgic encephalomyelitis, ME → **recru**
b (Tech) fatigue ◆ **la fatigue des métaux** metal fatigue

fatigué, e [fatige] → SYN (ptp de **fatiguer**) adj **a** personne tired, weary, fatigued (frm); voix, traits, membres tired, weary; cœur strained, overworked; cerveau overtaxed, overworked; estomac, foie upset ◆ **il a les bras fatigués** his arms are tired ou weary ◆ **avoir les yeux fatigués** to have eyestrain ou strained eyes ◆ **à trente ans, ils ont déjà l'organisme fatigué** by thirty their bodies are already tired ou overworked ◆ **fatigué par le voyage** travel-worn, travel-weary, tired ou weary through ou after travelling ◆ (péj) **il est né fatigué** he's bone-lazy ou bone-idle (Brit)
b **fatigué de** jérémiades, voiture, femme tired of ◆ **fatigué de vivre** tired of living
c poutre, joint, moteur, habits worn

fatiguer [fatige] → SYN ▸ conjug 1 ◂ **1** vt **a** (physiquement) **fatiguer qn** [maladie, effort, études] to make sb tired ou weary, tire sb; [professeur, patron] to overwork sb ◆ **ces efforts fatiguent, à la longue** all this effort tires ou wears you out in the end ◆ **ça fatigue les yeux / le cœur / les bras / l'organisme** it is ou puts a strain on the eyes / heart / arms / whole body ◆ **se fatiguer les yeux / le cœur / les bras** to strain one's eyes / heart / arms
b bête de somme [effort, montée] to tire, put a strain on, [propriétaire] to overwork; moteur, véhicule [effort, montée] to put (a) strain on, strain; [propriétaire] to overwork, strain; poutre, pièce, joint to put strain on; outil, chaussures, vêtement to wear out; terre, sol to exhaust, impoverish; arbre to impoverish
c (fig: agacer) to annoy; (lasser) to wear out ◆ **tu commences à me fatiguer** you're beginning to annoy me ◆ **avec ses sermons il fatigue, à la longue** in the end he wears you out with his sermons, after a while he becomes a bit wearisome with his sermons
d salade to toss
2 vi [moteur] to labour, strain; [poutre, pièce, joint] to become strained, show (signs of) strain; [personne] to tire, grow tired ou weary ◆ **je commence à fatiguer** I'm starting to get tired
3 **se fatiguer** vpr **a** to get tired ◆ **se fatiguer à faire qch** to tire o.s. out doing sth ◆ (iro) **il ne s'est pas trop fatigué** he didn't overdo it ou overwork (iro), he didn't kill himself*
b (se lasser de) **se fatiguer de qch / de faire** to get tired ou weary of sth / of doing
c (s'évertuer à) **se fatiguer à répéter / expliquer** to wear o.s. out repeating / explaining ◆ **ne te fatigue pas*** ou **pas la peine de te fatiguer*, il est borné** he's just dim so don't bother to ou there's no need to wear yourself out ou no point wearing yourself out, he's just dim so don't waste your time ou your breath

fatma [fatma] nf *North African woman servant*

fatras [fatʀa] → SYN nm [choses] jumble; [idées] hotchpotch, jumble

fatrasie [fatʀazi] nf *nonsensical poem of the Middle Ages*

fatuité [fatɥite] → SYN nf self-complacency, self-conceit

faubert [fobɛʀ] nm (Naut: balai) swab

faubourg [fobuʀ] → SYN nm (inner) suburb ◆ **avoir l'accent des faubourgs** to have a Paris working-class accent

faubourien, -ienne [fobuʀjɛ̃, jɛn] adj accent, manières Paris working-class

fauchage [foʃaʒ] nm (→ **faucher**) reaping; mowing; scything; cutting

fauchaison [foʃɛzɔ̃] nf **a** (époque) [pré] mowing (time), reaping (time); [blés] reaping (time)
b (action) ⇒ **fauchage**

fauche [foʃ] → SYN nf **a** (‡: vol) pinching* (Brit), swiping*, nicking‡ (Brit) ◆ **il y a beaucoup de fauche** there's a lot of thieving ◆ **lutter contre la fauche dans les supermarchés** to combat shoplifting ou thieving in supermarkets
b (††) ⇒ **fauchaison**

fauché, e* [foʃe] → SYN (ptp de **faucher**) adj (sans argent) (stony-)broke* (Brit), flat ou dead broke* (attrib), hard up* ◆ **il est fauché comme les blés** he hasn't got a bean* (Brit) ou a brass farthing (Brit), he hasn't a penny to his name ◆ **c'est un éternel fauché** he's permanently broke*, he never has a penny ◆ (iro) **avec toi, on n'est pas fauché !** you're a fat lot of goods!*, you're a dead loss!*

faucher [foʃe] → SYN ▸ conjug 1 ◂ **1** vt **a** blé to reap; champs, prés to mow, reap; herbe (avec une faux) to scythe, mow, cut; (mécaniquement) to mow, cut ◆ **on va faucher demain** we're mowing ou reaping tomorrow
b (fig: abattre) [vent] to flatten; [véhicule] to knock over ou down, mow down; [tir] to mow down; [explosion] to flatten, blow over; (Ftbl) to bring down ◆ **la mort l'a fauché en pleine jeunesse** death cut him down in the prime of (his) youth ◆ **avoir un bras fauché par l'explosion** to have an arm blown off by the explosion ◆ **avoir une jambe fauchée par le train** to have a leg cut off ou taken off by the train
c (‡: voler) portefeuille, femme to pinch* (Brit), swipe*, nick‡ (Brit)
2 vi [cheval] to dish

fauchet [foʃɛ] → SYN nm (wooden) hay rake

fauchette [foʃɛt] nf billhook *(for trimming bushes)*

faucheur, -euse [foʃœʀ, øz] **1** nm,f (personne) mower, reaper
2 nm → **faucheux**
3 **faucheuse** nf (machine) reaper, mower ◆ (littér: mort) **la Faucheuse** the (Grim) Reaper

faucheux [foʃø] nm harvestman (Brit), harvest-spider, daddy-long-legs (US)

faucille [fosij] → SYN nf sickle ◆ **la faucille et le marteau** the hammer and sickle

faucon [fokɔ̃] → SYN nm (lit) falcon, hawk; (fig: personne) hawk ◆ **faucon pèlerin** peregrine falcon ◆ **chasser au faucon** to hawk

fauconneau, pl **fauconneaux** [fokɔno] nm young falcon ou hawk

fauconnerie [fokɔnʀi] nf (art) falconry; (chasse) hawking, falconry; (lieu) hawk house

fauconnier [fokɔnje] nm falconer, hawker

faufil [fofil] nm tacking ou basting thread

faufilage [fofilaʒ] nm tacking, basting

faufiler [fofile] → SYN ▸ conjug 1 ◂ **1** vt to tack, baste
2 **se faufiler** vpr ◆ (dans un passage étroit) **se faufiler dans** to worm ou inch ou edge one's way into ◆ (entre des obstacles, des personnes) **se faufiler entre** to dodge in and out of, thread one's way through ◆ **se faufiler par un sentier étroit** to thread ou edge one's way along a narrow path ◆ **se faufiler parmi la foule** to worm ou inch ou thread one's way through the crowd, slip through the crowd ◆ **se faufiler entre les** ou **au milieu des voitures** to nip ou dodge in and out of the traffic, thread one's way through the traffic ◆ **il se faufila à l'intérieur / au dehors** he wormed ou inched ou edged his way in / out

faufilure [fofilyʀ] nf (Couture) tacked ou basted seam; (action) tacking, basting

faune¹ [fon] → SYN nm (Myth) faun

faune² [fon] → SYN nf (Zool) wildlife, fauna (spéc); (péj: personnes) set, mob ◆ **faune marine** marine animal-life ◆ **faune des Alpes** Alpine wildlife ou fauna (spéc)

faunesque [fonɛsk] adj faunlike

faunesse [fonɛs] nf fauness

faussaire [fosɛʀ] → SYN nmf forger

fausse [fos] adj f → **faux²**

faussement [fosmɑ̃] adv accuser wrongly, wrongfully; croire wrongly, erroneously, falsely ◆ **faussement modeste** falsely modest ◆ **faussement intéressé** superficially ou falsely interested ◆ **d'un ton faussement indifférent** in a tone of feigned indifference, in a deceptively detached tone of voice

fausser [fose] → SYN ▸ conjug 1 ◂ vt **a** calcul, statistique, fait to distort, alter; réalité, pensée to distort, pervert; sens d'un mot to distort; esprit to unsettle, disturb; jugement to distort, disturb
b clef to bend; serrure to break; poulie, manivelle, charnière to buckle, bend; essieu, volant, hélice, lame to warp, buckle, bend ◆ **soudain il se troubla, sa voix se faussa** suddenly he became flustered and his voice became strained
c LOC **fausser compagnie à qn** to give sb the slip, slip ou sneak away from sb ◆ **vous nous avez de nouveau faussé compagnie hier soir** you gave us the slip again last night, you sneaked ou slipped off again last night

fausset¹ [fosɛ] → SYN nm falsetto (voice) ◆ **d'une voix de fausset** in a falsetto voice

fausset² [fosɛ] → SYN nm [tonneau] spigot

fausseté [foste] → SYN nf **a** [idée, accusation, dogme] falseness, falsity
b [caractère, personne] duplicity, deceitfulness
c († : propos mensonger) falsity†, falsehood

Faust [fost] nm Faust

faustien, -ienne [fostjɛ̃, jɛn] adj Faustian, of Faust

faut [fo] → **falloir**

faute [fot] → SYN GRAMMAIRE ACTIVE 17.1, 18.2
1 nf **a** (erreur) mistake, error ◆ **faire** ou **commettre une faute** to make a mistake ou an error ◆ **faute de grammaire** grammatical mistake ou error ◆ **faute de ponctuation** mistake in punctuation, error of punctuation ◆ **faute typographique** misprint ◆ **faute de prononciation** mispronunciation (NonC) ◆ **dictée sans faute** error-free dictation
b (mauvaise action) misdeed; (Jur) offence; († : péché de chair) lapse (from virtue), sin (of the flesh) ◆ **commettre une faute** (gén) to commit a misdeed ou misdemeanour; († : péché de chair) to sin ◆ **une faute contre** ou **envers la religion** a sin ou transgression against religion ◆ **commettre une faute professionnelle grave** to commit a serious professional misdemeanour ◆ **renvoyé pour faute professionnelle** dismissed for professional misconduct
c (Sport) (Ftbl etc) foul; (Tennis) fault ◆ **le joueur a fait une faute** the player committed a foul ◆ **faire une faute sur qn** to foul sb ◆ (Volleyball) **faire une faute de filet** to make contact with the net ◆ **faire une faute de main** to handle the ball ◆ (Basketball) **faute personnelle** personal foul ◆ (Tennis) **faute de pied** foot fault ◆ **faire une faute de pied** to foot fault ◆ (Tennis) **faire une double faute (de service)** to serve a double fault, double-fault ◆ **faute !** (pour un joueur) foul!; (Tennis: pour la balle) fault! ◆ (Tennis) **la balle est faute** the ball was out ◆ **faire un (parcours) sans faute** (Équitation) to have a clear round; (fig) not to put a foot wrong
d (responsabilité) fault ◆ **par la faute de Richard / sa faute** because of Richard / him ◆ **c'est de la faute de Richard / de sa faute** it's Richard's fault / his fault ◆ **c'est la faute à Richard / sa faute*** it's because of Richard / him, it's through Richard / him* ◆ **la faute lui en revient** the fault lies with him ◆ **à qui la faute ?** whose fault is it?, who is to blame? ◆ **c'est la faute à pas de chance*** it's just bad ou hard luck
e LOC **être / se sentir en faute** to be / feel at fault ou in the wrong ◆ **prendre qn en faute** to catch sb out ◆ **il ne se fait pas faute de faire**

he doesn't shy from ou at doing, he doesn't fail to do ◆ **il ne se fit pas faute d'en parler** he didn't miss a chance to talk about it ◆ **ce livre perdu lui fait bien faute†** he really misses that lost book ◆ **faute de** for ou through lack of ◆ **faute d'argent** for want of ou through lack of money ◆ **faute de temps** for ou through lack of time ◆ **faute de mieux** for lack of ou want of anything better, failing anything better ◆ **faute de quoi** failing which, otherwise ◆ **relâché faute de preuves** released for ou through lack of evidence ◆ **faute de réponse sous huitaine** failing a reply within a week, if we receive no reply within a week ◆ **faute d'avis contraire** unless advised to the contrary, unless otherwise informed ◆ **faute d'y être allé, je...** since I didn't go, I... ◆ **je n'y suis pas arrivé, mais ce n'est pas faute d'avoir essayé** I didn't manage to do it but it wasn't for want ou lack of trying ◆ **le combat cessa faute de combattants** the battle died down, there being nobody left to carry on the fight ◆ (Prov) **faute de grives, on mange des merles** you have to cut your coat according to your cloth (Prov), beggars can't be choosers (Prov) ◆ (Prov) **faute avouée est à demi** ou **à moitié pardonnée** a sin confessed is a sin half pardoned

2 COMP ▷ **faute d'accord** (Ling) mistake in (the) agreement ▷ **faute de calcul** miscalculation, error in calculation ▷ **faute de carres** (Ski) edging mistake ▷ **faute civile** (Jur) civil wrong ▷ **faute de conduite** (Aut) (erreur) driving error; (infraction) driving offence ▷ **faute d'étourderie** ⇒ **faute d'inattention** ▷ **faute de français** grammatical mistake *(in French)* ▷ **faute de frappe** typing error ▷ **faute de goût** error of taste ▷ **faute d'impression** misprint ▷ **faute d'inattention** careless ou thoughtless mistake ▷ **faute lourde** [employé] gross misconduct (NonC) ▷ **faute d'orthographe** spelling mistake ▷ **faute pénale** (Jur) criminal offence ▷ **faute professionnelle** professional misconduct (NonC) ▷ **faute de service** (Admin) act of (administrative) negligence

fauter† [fote] ▸ conjug 1 ◂ vi [jeune fille] to sin

fauteuil [fotœj] → SYN 1 nm (gén) armchair; (avec dos rembourré, moderne) easy chair, armchair; [président] chair; [théâtre, académicien] seat ◆ (siéger comme président) **occuper le fauteuil** to be in the chair ◆ (fig) **il est arrivé dans un fauteuil*** he walked it* (Brit), he romped home*

2 COMP ▷ **fauteuil de balcon** (Théât) balcony seat; seat in the dress circle ▷ **fauteuils de balcon** (région de la salle) dress circle ▷ **fauteuil à bascule** rocking chair ▷ **fauteuil club** (big) leather easy chair ▷ **fauteuil crapaud** squat armchair ▷ **fauteuil de dentiste** dentist's chair ▷ **fauteuil de jardin** garden chair ▷ **fauteuil d'orchestre** (Théât) seat in the front ou orchestra stalls (Brit) ou the orchestra (US) ▷ **fauteuils d'orchestre** (région de la salle) front ou orchestra stalls (Brit), orchestra (US) ▷ **fauteuil pivotant** swivel chair ▷ **fauteuil pliant** folding chair ▷ **fauteuil roulant** wheelchair ▷ **fauteuil tournant** ⇒ **fauteuil pivotant**

fauteur [fotœʀ] → SYN nm ◆ **fauteur de troubles** ou **de désordre** troublemaker, mischief-maker, stirrer* ◆ **fauteur de guerre** warmonger

fautif, -ive [fotif, iv] → SYN 1 adj a conducteur at fault (attrib), in the wrong (attrib); élève, enfant guilty ◆ **il se sentait fautif** he felt (he was) at fault ou in the wrong ou guilty

b texte, liste, calcul faulty, incorrect; citation incorrect, inaccurate; (littér) mémoire poor, faulty

2 nm,f ◆ **c'est moi le fautif** I'm the one to blame ou the guilty one ou the culprit

fautivement [fotivmɑ̃] adv by mistake, in error

fauve [fov] → SYN 1 adj a tissu, couleur tawny, fawn(-coloured); (littér) odeur musky → **bête**

b (Art) **période fauve** Fauvist period

2 nm a (animal) wildcat ◆ **les (grands) fauves** the big cats ◆ **ça sent le fauve ici*** there's a strong smell of B.O. in here*, it really stinks (of sweat) here*

b (couleur) fawn

c (Art) Fauvist, painter of the Fauvist school ◆ **les Fauves** the Fauvists ou Fauves

fauverie [fovʀi] nf big-cat house

fauvette [fovɛt] → SYN nf warbler ◆ **fauvette d'hiver** ou **des haies** hedge sparrow, dunnock ◆ **fauvette des marais** sedge warbler

fauvisme [fovism] nm Fauvism

faux[1] [fo] → SYN nf (Agr) scythe; (Anat) falx

faux[2], **fausse** [fo, fos] → SYN GRAMMAIRE ACTIVE 26.6 1 adj a (imité) argent, billet forged, fake; marbre, bijoux, meuble (en toc) imitation (épith); (pour duper) false, fake; documents, signature false, fake; tableau fake; plafond false ◆ **fausse pièce** forged ou fake coin, dud* ◆ **une fausse carte** a trick card ◆ **faux papiers** forged identity papers ◆ **fausse monnaie** forged currency ◆ **fausse perle** artificial ou imitation pearl ◆ **fausse facture** fraudulent invoice

b (postiche) dent, nez false

c (simulé) bonhomie, colère, désespoir, modestie feigned ◆ **un faux air de prude / de bonhomie** an air of false prudery / good-naturedness ◆ **fausse dévotion** false piety

d (mensonger) déclaration, promesse, prétexte false, spurious (frm) ◆ **c'est faux** it's wrong ou untrue

e (pseudo) savant, écrivain bogus, sham (épith)

f (fourbe) personne, attitude false, deceitful; regard deceitful

g (inexact) calcul, numéro, rue wrong; idée mistaken, wrong; affirmation, faits wrong, untrue; instrument de mesure, raisonnement wrong, inaccurate, faulty; instrument de musique, voix out of tune; vers faulty ◆ **c'est faux** [résultat] that's wrong; [fait] that's wrong ou untrue ◆ **il est faux (de dire) qu'il y soit allé** it's wrong ou incorrect to say that he went, it's not true (to say) that he went ◆ **dire quelque chose de faux** to say something (that's) wrong ou untrue ◆ **faire fausse route** (lit) to go the wrong way, take the wrong road; (fig) to be on the wrong track ◆ **faire un faux pas** (lit) to trip (over), stumble; (fig) to make a foolish mistake; (par manque de tact) to make a faux pas

h (non fondé) espoir, rumeur, soupçons, principe false ◆ **avoir de fausses craintes** to have groundless ou ill-founded fears

i (gênant, ambigu) position, situation, atmosphère awkward, false

2 nm a (mensonge, Philos) **le faux** falsehood → **vrai**

b (contrefaçon) forgery; (tableau, meuble, document) fake, forgery ◆ **faire un faux** to commit a forgery ◆ **faire un faux de** to fake, forge ◆ (Jur) **pour faux et usage de faux** for forgery and the use of forgeries ◆ **faux en écriture** false entry → **inscrire**

3 adv a chanter, jouer out of tune, off key ◆ **sonner faux** [rire, paroles] to have a false ou hollow ring, sound false ◆ **avoir tout faux*** (gén: avoir tort) to get it all wrong; (à un examen) to get everything wrong

b **tomber à faux** to come at the wrong moment ◆ **accuser qn à faux** to accuse sb unjustly ou wrongly → **porter**

4 COMP ▷ **faux acacia** locust tree, false acacia ▷ **fausse alerte** false alarm ▷ **faux ami** (traître) false friend; (Ling) false friend, faux ami, deceptive cognate ▷ **faux bond** ◆ **faire faux bond à qn** to let sb down, leave sb in the lurch ▷ **faux bourdon** (Entomologie) faux bourdon, drone ▷ **faux bruit** false rumour ▷ **faux chignon** hairpiece ▷ **faux col** [chemise] detachable collar; [bière] head ▷ **fausses côtes** false ribs ▷ **fausse couche** miscarriage ◆ **faire une fausse couche** to have a miscarriage, miscarry ▷ **faux cul**** (homme) two-faced bastard**; (femme) two-faced bitch** ▷ **faux départ** (lit, fig) false start ▷ **faux derche**** (homme) two-faced bastard**; (femme) two-faced bitch** ▷ **faux dévot, fausse dévote** pharisee ▷ **faux ébénier** laburnum ▷ **fausse fenêtre** blind window ▷ **faux frais** pl extras, incidental expenses ▷ **faux frère** false friend ▷ **faux jeton*** phoney* ▷ **fausse joie** vain joy ▷ **faux jour** (lit) deceptive light ◆ (fig) **sous un faux jour** in a false light ▷ **fausse manœuvre** (lit) wrong movement; (fig) wrong move ▷ **faux mouvement** clumsy ou awkward movement ▷ **faux nom** false ou assumed name ▷ **fausse note** (Mus) wrong note; (fig) sour note ◆ (fig) **sans une fausse note** without a sour note, smoothly ▷ **fausse nouvelle** false report ▷ **faux ourlet** false hem ▷ **fausse piste** (lit, fig) wrong track ▷ **faux plafond** false ceiling ▷ **faux plat** (montée) slight incline; (creux) dip (in the road) ▷ **faux pli** crease ▷ **fausse porte** false door ▷ **faux problème** non-problem, non-issue ▷ **fausse pudeur** false modesty ▷ **faux seins** falsies* ▷ **faux serment** false oath ▷ **fausse sortie** (Théât) sham exit ◆ (fig) **il a fait une fausse sortie** he made a pretence of leaving ▷ **faux témoignage** (déposition mensongère) false evidence (NonC); (délit) perjury ▷ **faux témoin** lying witness

faux-bourdon, pl **faux-bourdons** [fobuʀdɔ̃] nm (Mus) faux bourdon

faux-filet, pl **faux-filets** [fofilɛ] nm sirloin

faux-fuyant, pl **faux-fuyants** [fofɥijɑ̃] → SYN nm prevarication, evasion, equivocation ◆ **assez de faux-fuyants** stop dodging ou evading the issue, stop hedging ou prevaricating ◆ **user de faux-fuyants** to equivocate, prevaricate, evade the issue

faux-monnayeur, pl **faux-monnayeurs** [fomɔnɛjœʀ] nm forger, counterfeiter ◆ (Littérat) **"Les Faux-Monnayeurs"** "The Counterfeiters"

faux(-)pont, pl **faux(-)ponts** [fopɔ̃] nm (Naut) orlop deck

faux-semblant, pl **faux-semblants** [fosɑ̃blɑ̃] → SYN nm sham, pretence ◆ **user de faux-semblants** to put up a pretence

faux(-)sens [fosɑ̃s] nm inv misinterpretation

faux(-)titre, pl **faux(-)titres** [fotitʀ] nm half-title, bastard title

favela [favela] → SYN nf favela

faverole [favʀɔl] nf ⇒ **féverole**

faveur[1] [favœʀ] → SYN GRAMMAIRE ACTIVE 26.2 nf a (frm: gentillesse) favour ◆ **faites-moi la faveur de...** would you be so kind as to... ◆ **fais-moi une faveur** do me a favour ◆ **obtenir qch par faveur** to get sth as a favour ◆ **par faveur spéciale (de la direction)** by special favour (of the management)

b (considération) (littér, hum) **avoir la faveur du ministre** to be in favour with the minister ◆ **gagner / perdre la faveur du public** to win / lose public favour, find favour / fall out of favour with the public ◆ (littér) **être en faveur** to be in favour *(auprès de qn* with sb)

c (littér, hum) **faveurs** favours ◆ **elle lui a refusé ses faveurs** she refused him her favours ◆ **elle lui a accordé ses dernières faveurs** she bestowed her (ultimate) favours upon him (littér, hum)

d **de faveur** preferential, special ◆ **billet de faveur** complimentary ticket ◆ **prix / taux de faveur** preferential ou special price / rate ◆ **régime** ou **traitement de faveur** preferential treatment

e **en faveur de** (à cause de) in consideration of, on account of; (au profit de) in favour of, for; (dans un but charitable) in aid of, on behalf of, for ◆ **en ma / sa faveur** in my / his (ou her) favour

f **à la faveur de** thanks to, owing to ◆ **à la faveur de la nuit** under cover of darkness

faveur[2] [favœʀ] → SYN nf (ruban) ribbon, favour

favisme [favism] nm favism

favorable [favɔʀabl] → SYN GRAMMAIRE ACTIVE 13.2 adj a moment, occasion right, favourable; terrain, position, vent favourable ◆ **par temps favorable** in favourable weather ◆ **avoir un préjugé favorable envers** to be biased in favour of, be favourably disposed towards ◆ **jouir d'un préjugé favorable** to be favourably considered ◆ **recevoir un accueil favorable** to meet with a favourable reception ◆ **se montrer sous un jour favorable** to show o.s. in a favourable light ◆ **prêter une oreille favorable à** to lend a sympathetic ou kindly ear to ◆ **voir qch d'un œil favorable** to view sth favourably ou with a favourable eye ◆ **le change nous est favorable** the exchange rate is in our favour

b [personne] **être favorable à** to be favourable to

favorablement [favɔʀabləmɑ̃] adv favourably

favori, -ite [favɔʀi, it] → SYN GRAMMAIRE ACTIVE 7.3
1 adj favourite
2 nm **a** (préféré, gagnant probable) favourite ◆ **cet acteur est un favori du public** this actor is a favourite with the public ◆ **le favori des jeunes** the favourite with ou of young people ◆ (Sport) **ils sont partis favoris** they started off favourites ◆ **c'est le grand favori de la course** he's the firm favourite for the race
b (Hist) king's favourite
c (barbe) **favoris** side whiskers, sideboards* (Brit), sideburns*
3 **favorite** nf favourite; (Hist) king's favourite ou mistress

favoris [favɔʀi] nmpl side whiskers, sideboards* (Brit), sideburns*

favoriser [favɔʀize] → SYN ▸conjug 1◂ vt **a** (avantager, encourager) candidat, ambitions, commerce, parti to favour ◆ **les événements l'ont favorisé** events favoured him ou were to his advantage ◆ **la fortune le favorise** fortune favours him ◆ **les classes les plus favorisées** the most fortunate ou favoured classes
b (faciliter) to further, favour ◆ **ceci a favorisé la rébellion / sa fuite** this furthered ou favoured the rebellion / his escape

favorite [favɔʀit] → SYN → **favori**

favoritisme [favɔʀitism] → SYN nm favouritism

favus [favys] nm favus

fax [faks] nm (machine) fax (machine); (document) fax ◆ **envoyer par fax** to send by fax, fax

faxer [fakse] ▸conjug 1◂ vt to fax

fayot [fajo] → SYN nm **a** (*: Culin) bean
b (‡ péj: lèche-bottes) bootlicker, crawler*, brown-nose‡ (US)

fayo(t)tage‡ [fajɔtaʒ] nm (péj) boot-licking, crawling*, brown-nosing‡ (US)

fayo(t)ter‡ [fajɔte] ▸conjug 1◂ vi (péj: faire du zèle) to crawl*, suck up‡, brown-nose‡ (US)

fazenda [fazɛnda] → SYN nf fazenda

FB (abrév de **franc belge**) BF

FBI [ɛfbiaj] nm (abrév de **Federal Bureau of Investigation**) FBI

Fco abrév de **franco**

féal, e, mpl **-aux** [feal, o] → SYN **1** adj (††) loyal, trusty
2 nm,f (littér, hum) loyal supporter

fébrifuge [febʀifyʒ] → SYN adj, nm febrifuge (spéc), antipyretic

fébrile [febʀil] → SYN adj (lit, fig) feverish, febrile (frm)

fébrilement [febʀilmɑ̃] adv feverishly

fébrilité [febʀilite] → SYN nf feverishness

fécal, e, mpl **-aux** [fekal, o] adj faecal ◆ **matières fécales** faeces

fécalome [fekalom] nm fecalith, scatoma

fèces [fɛs] → SYN nfpl faeces

FECOM [fekɔm] nm (abrév de **Fonds européen de coopération monétaire**) EMCF

fécond, e [fekɔ̃, ɔ̃d] → SYN adj **a** (non stérile) femelle, fleur fertile
b (prolifique) prolific
c (fertile) sujet, idée fruitful; esprit creative, fertile; (littér) terre fruitful, rich, fecund (littér) ◆ **journées / vacances fécondes en mésaventures / événements** days / holidays rich in ou abounding in mishaps / events

fécondabilité [fekɔ̃dabilite] nf fertility

fécondable [fekɔ̃dabl(ə)] adj ovule capable of being fertilized; femme, femelle capable of becoming pregnant

fécondateur, -trice [fekɔ̃datœʀ, tʀis] adj (littér) fertilizing

fécondation [fekɔ̃dasjɔ̃] → SYN nf **a** (NonC: → **féconder**) impregnation; insemination; pollination; fertilization
b (acte, moment) **la fécondation** fertilization ◆ **la fécondation artificielle** artificial insemination ◆ **fécondation in vitro** in vitro fertilization ◆ **le mystère de la fécondation** the mystery of fertilization

féconder [fekɔ̃de] → SYN ▸conjug 1◂ vt femme to make pregnant, impregnate (frm); animal to inseminate, fertilize; fleur to pollinate, fertilize; (littér) terre to make fruitful; (fig) esprit to enrich

fécondité [fekɔ̃dite] → SYN nf fertility, fecundity (littér); (fig) [terre, sujet, idée] fruitfulness, richness, fecundity (littér)

fécule [fekyl] nf starch ◆ **fécule (de pommes de terre)** potato flour

féculence [fekylɑ̃s] nf starchiness

féculent, e [fekylɑ̃, ɑ̃t] **1** adj starchy
2 nm starchy food (NonC)

féculer [fekyle] ▸conjug 1◂ vt to extract the starch from

FED [ɛfəde] nm (abrév de **Fonds européen de développement**) EDF

fedayin [fedajin] nm fedayee

fédéral, e, mpl **-aux** [fedeʀal, o] adj federal

fédéraliser [fedeʀalize] ▸conjug 1◂ vt to federalize

fédéralisme [fedeʀalism] nm federalism

fédéraliste [fedeʀalist] adj, nmf federalist

fédérateur, -trice [fedeʀatœʀ, tʀis] → SYN
1 adj federative
2 nm,f unifier

fédératif, -ive [fedeʀatif, iv] adj federative

fédération [fedeʀasjɔ̃] → SYN nf federation ◆ **fédération syndicale** trade union ◆ **Fédération syndicale mondiale** World Federation of Trade Unions

fédéré, e [fedeʀe] → SYN (ptp de **fédérer**) adj federate

fédérer [fedeʀe] → SYN ▸conjug 6◂ vt to federate

fée [fe] → SYN nf fairy ◆ **la fée du logis** the perfect homemaker ◆ **la fée Carabosse** the (wicked) fairy Carabossa → **conte, doigt**

feed-back [fidbak] → SYN nm inv feedback

feeder [fidœʀ] → SYN nm (Tech) feeder

feeling [filiŋ] nm feeling ◆ **faire qch au feeling** to do sth intuitively

féerie [fe(e)ʀi] → SYN nf **a** (Ciné, Théât) extravaganza, spectacular *(incorporating features from pantomime)*
b (littér: vision enchanteresse) **féerie des soirées d'été / d'un ballet** enchantment of summer evenings / of a ballet ◆ **la féerie à jamais perdue de l'enfance** the irretrievable fairytale world of childhood

féerique [fe(e)ʀik] → SYN adj magical, fairy (épith)

feignant, e [fɛɲɑ̃, ɑ̃t] ⇒ **fainéant, e**

feindre [fɛ̃dʀ] → SYN ▸conjug 52◂ **1** vt (simuler) enthousiasme, ignorance, innocence to feign ◆ **feindre la colère** to pretend to be angry, feign anger ◆ **feindre d'être / de faire** to pretend to be / do ◆ **il feint de ne pas comprendre** he pretends not to understand ◆ **feindre de dormir** to feign sleep, pretend to be asleep
2 vi (frm) to dissemble, dissimulate ◆ **inutile de feindre (avec moi)** no use pretending (with me)

feint, e[1] [fɛ̃, fɛ̃t] → SYN (ptp de **feindre**) adj **a** émotion, maladie feigned, affected
b (Archit) fenêtre etc false

feinte[2] [fɛ̃t] → SYN nf **a** (manœuvre) (gén) dummy move; (Ftbl, Rugby) dummy (Brit), fake (US); (Boxe, Escrime) feint ◆ (Rugby) **faire une feinte** to dummy ◆ (Rugby) **feinte de passe** dummy pass
b (littér: ruse) sham (NonC), pretence ◆ **agir / parler sans feinte** to act / speak without dissimulation

feinter [fɛ̃te] → SYN ▸conjug 1◂ **1** vt **a** (Ftbl, Rugby) to dummy (Brit) ou fake (US) (one's way past); (Boxe, Escrime) to feint at
b (‡: duper, avoir) to trick, have*, take in ◆ **j'ai été feinté** I've been had* ou taken in
2 vi (Escrime) to feint

feinteur, -euse [fɛ̃tœʀ, øz] nm,f ◆ (Sport) **c'est un bon feinteur** he dummies (Brit) ou fakes (US) well

feldspath [fɛldspat] nm fel(d)spar

feldspathique [fɛldspatik] adj fel(d)spathic

fêlé, e [fele] → SYN (ptp de **fêler**) adj assiette, voix cracked

fêler [fele] → SYN ▸conjug 1◂ **1** vt to crack
2 **se fêler** vpr to crack ◆ **se fêler le bras** to crack a bone in one's arm

félibre [felibʀ] → SYN nm Félibre

félibrige [felibʀiʒ] nm Félibrige

félicitations [felisitasjɔ̃] GRAMMAIRE ACTIVE 23.6, 24 nfpl congratulations (*pour* on) ◆ **félicitations!** congratulations! ◆ **faire ses félicitations à qn de ou sur qch** to congratulate sb on sth ◆ (Scol, Univ) **avec les félicitations du jury** highly commended, summa cum laude

félicité [felisite] → SYN nf (littér, Rel) bliss (NonC)

féliciter [felisite] → SYN ▸conjug 1 GRAMMAIRE ACTIVE 13.4, 23.6◂ **1** vt to congratulate (*qn de* ou *sur qch* sb on sth) ◆ (iro) **je vous félicite!** congratulations! (iro), well done! (iro) ◆ **eh bien je ne vous félicite pas** you don't get any praise for that
2 **se féliciter** vpr to congratulate o.s. (*de* on), be very glad ou pleased (*de* about) ◆ **je n'y suis pas allé et je m'en félicite** I didn't go and I'm glad ou very pleased I didn't ◆ **il se félicitait d'avoir refusé d'y aller** he was congratulating himself on having ou patting himself on the back* for having refused to go

félidés [felide] nmpl ◆ **les félidés** cats, the Felidae (spéc)

félin, e [felɛ̃, in] → SYN **1** adj race feline; allure, grâce feline, catlike
2 nm feline ◆ **les félins** the (big) cats

félinité [felinite] nf felineness, felinity

fellag(h)a [felaga, fɛllaga] nm (Hist) partisan of the independence of North Africa

fellah [fɛla] nm fellah

fellation [felasjɔ̃] nf fellatio(n)

félon, -onne [felɔ̃, ɔn] → SYN (frm) **1** adj perfidious (frm), disloyal, treacherous
2 nm (aussi hum) traitor
3 **félonne** nf (aussi hum) traitress

félonie [felɔni] → SYN nf (frm) (NonC) perfidy (frm), disloyalty; (acte) act of treachery, perfidy

felouque [fəluk] nf felucca

fêlure [felyʀ] → SYN nf (lit, fig) crack

femelle [fəmɛl] **1** adj (Bot, Tech, Zool) female; animal (gén) she-, female; oiseau hen-, female; baleine, éléphant cow-, female
2 nf (Zool) female; (‡ péj: femme) female‡ (péj)

féminin, e [feminɛ̃, in] **1** adj (gén, Ling) feminine; hormone, population, sexe female; mode, revendications, vêtements, (Sport) épreuve, équipe women's ◆ **elle est peu féminine** she's not very feminine ◆ **elle est déjà très féminine** she's already quite a young woman ◆ **il a des traits assez féminins** he has rather feminine ou womanish features → **éternel, intuition, rime** etc
2 nm (Ling) feminine ◆ **au féminin** in the feminine

féminisant, e [feminizɑ̃, ɑ̃t] adj feminizing

féminisation [feminizasjɔ̃] nf feminization

féminiser [feminize] → SYN ▸conjug 1◂ **1** vt (Bio) to feminize; (Ling) to make feminine, put in the feminine; (rendre efféminé) to make effeminate ◆ **féminiser une profession** to increase the number of women in a profession ◆ **profession féminisée** largely female profession ◆ **c'est un secteur féminisé à 80%** women make up 80% of the workforce in that sector
2 **se féminiser** vpr (Bio) to feminize; (devenir efféminé) to become effeminate ◆ **la profession de juriste se féminise** an increasing number of women are entering the legal profession

féminisme [feminism] nm (Sociol) feminism

féministe [feminist] adj, nmf feminist

féminité [feminite] nf femininity

féminitude [feminityd] nf femininity

femme [fam] → SYN **1** nf **a** (individu) woman ◆ (espèce) **la femme** woman ◆ **une jeune**

femme a young woman ou lady ◆ **les droits de la femme mariée** the rights of married women ou a married woman ◆ **c'est la femme de sa vie** she is his one true love ◆ (Littérat) **"Femmes amoureuses"** "Women in Love" ◆ (Littérat) **"Les Femmes savantes"** "The Blue-Stockings" ◆ **elle n'est pas femme à faire ceci** she's not the type (of woman) to do that ◆ **ce que femme veut ...** what a woman wants ... ◆ **les femmes et les enfants d'abord!** women and children first! ◆ **une femme-enfant** a childlike woman → **bon**[1], **bout, chercher** etc

b (épouse) wife ◆ **demander qn pour femme**† to ask (for) sb's hand (in marriage)† ◆ **prendre qn pour femme**† to take sb as one's wife (†, hum), take sb to wife (littér) ◆ **chercher / prendre femme**† to seek / take a wife (littér)

c (profession) **femme médecin / professeur** (woman ou lady) doctor / teacher

d (Jur) **la femme X** the wife of X, the woman X

2 adj inv **a être / devenir femme** (nubile) to have reached ou attained / reach ou attain womanhood; (n'être plus vierge) to be / become a woman ◆ **être très femme** (féminine) to be very much a woman, be very womanly

b professeur / médecin femme woman ou lady teacher / doctor

3 COMP ▷ **femme d'affaires** businesswoman ▷ **femme auteur** authoress ▷ **femme de chambre** chambermaid ▷ **femme de charge** housekeeper ▷ **femme entretenue**† (péj) kept woman ▷ **femme d'esprit** woman of wit and learning ▷ **femme fatale** femme fatale ▷ **la femme au foyer** the housewife, the woman who stays at home ▷ **femme galante**† loose woman, courtesan ▷ **femme d'intérieur** housewife ◆ **être femme d'intérieur** to be homely (Brit) ou houseproud ▷ **femme de lettres** woman of letters ▷ **femme de mauvaise vie**† loose woman ▷ **femme de ménage** domestic help, cleaning lady ▷ **femme du monde** society woman ▷ **femme de petite vertu**† woman of easy virtue ▷ **femme de service** (nettoyage) cleaner; (cantine) dinner lady ▷ **femme soldat** woman soldier ▷ **femme de tête** strong-minded intellectual woman

femmelette [famlɛt] nf (péj) (homme) weakling; (femme) frail female

femme-objet, pl **femmes-objets** [famɔbʒɛ] nf ◆ **la femme-objet** woman as a sex object

fémoral, e, mpl **-aux** [femɔʀal, o] adj femoral

fémur [femyʀ] nm thighbone, femur (spéc) → **col**

FEN [fɛn] nf (abrév de **Fédération de l'éducation nationale**) *confederation of teachers' unions*

fenaison [fənɛzɔ̃] nf (époque) haymaking time; (action) haymaking

fendant [fɑ̃dɑ̃] nm Swiss white wine *(from the Valais region)*

fendard[1] ‡ [fɑ̃daʀ] nm bags* (Brit), (pair of) trousers (Brit), (pair of) pants (US)

fendard[2], **e** ‡ [fɑ̃daʀ, aʀd] adj hilarious ◆ **ce film est vraiment fendard** that film is a real scream*

fendart ‡ [fɑ̃daʀ] nm ⇒ **fendard**[1]

fendillé, e [fɑ̃dije] (ptp de **fendiller**) adj (→ **fendiller**) crazed; sprung; chapped

fendillement [fɑ̃dijmɑ̃] nm (→ **fendiller**) crazing; springing; chapping

fendiller [fɑ̃dije] → SYN ▸ conjug 1 ◂ **1** vt glace, plâtre, porcelaine, terre, vernis to craze; bois to spring; lèvres, peau to chap

2 se fendiller vpr to craze (over); to spring; to chap

fendoir [fɑ̃dwaʀ] nm chopper, cleaver

fendre [fɑ̃dʀ] → SYN ▸ conjug 41 ◂ **1** vt **a** [personne] (couper en deux) bûche, ardoise to split; tissu to slit, slash ◆ **fendre du bois** to chop wood ◆ **il lui fendit le crâne d'un seul coup de son arme** he cleft open ou he split his skull with a single blow of his weapon

b [éléments, cataclysme, accident] rochers to cleave; mur, plâtre, meuble to crack ◆ **cette chute lui a fendu le crâne** this fall cracked ou split his skull open ◆ **le séisme fendit la colline dans le sens de la longueur** the earthquake split ou cleft the hill lengthwise ou along its length → **geler**

c (pénétrer) to cut ou slice through, cleave through (littér) ◆ **fendre les flots / l'air** to cleave through (littér) the waves / air ◆ **le soc fend la terre** the ploughshare cuts through the earth ◆ (fig) **fendre la foule** to push ou cleave (littér) one's way through the crowd

d (Habillement) jupe to put a slit in; veste to put a vent in; manche to put a slash in

e LOC **ce récit me fend le cœur** ou **l'âme** this story breaks my heart ou makes my heart bleed ◆ **des soupirs à fendre l'âme** heart-rending ou heartbreaking sighs

2 se fendre vpr **a** (se fissurer) to crack

b il s'est fendu le crâne he has cracked his skull ◆ **se fendre la lèvre** to cut one's lip ◆ **se fendre la pipe** ‡ ou **la pêche** ‡ ou **la poire** ‡ ou **la gueule** ‡ (rire) to laugh one's head off, split one's sides*; (s'amuser) to have a good laugh

c (Escrime) to lunge

d (*) **se fendre de** somme to shell out*; bouteille, cadeau to lash out on* ◆ **il ne s'est pas fendu!** he didn't exactly break himself!*

fendu, e [fɑ̃dy] (ptp de **fendre**) adj **a** crâne cracked; lèvre cut; manche slashed; veste with a vent; jupe slit ◆ **la bouche fendue jusqu'aux oreilles** with a grin (stretching) from ear to ear

b (*: hilare) **j'étais fendu** I was creased up*, I fell about (laughing)*

fenestrage [fənɛstʀaʒ] nm ⇒ **fenêtrage**

fenestration [fənɛstʀasjɔ̃] nf (Archit, Méd) fenestration

fenestron [fənɛstʀɔ̃] nm tail fan

fenêtrage [fənɛtʀaʒ] nm (Archit) windows, fenestration (spéc)

fenêtre [f(ə)nɛtʀ] → SYN nf **a** (Archit) window ◆ **regarder / sauter par la fenêtre** to look out of ou through / jump out of the window ◆ (dans un train) **coin** ou **place côté fenêtre** window seat, seat by the window ◆ **fenêtre à guillotine** sash window ◆ **fenêtre à battants / à meneaux** casement / mullioned window ◆ **fenêtre treillissée, fenêtre à croisillons** lattice window ◆ **fenêtre mansardée** dormer window ◆ **fenêtre en saillie** bow window, bay window ◆ **fenêtre à tabatière** skylight ◆ **fenêtre borgne** dim and viewless window ◆ (Ciné) **"Fenêtre sur cour"** "Rear Window" ◆ (Ciné) **fenêtre d'observation** port, (projectionist's) window ◆ (fig) **c'est une fenêtre ouverte sur** it's an open window on → **faux**[2]

b [enveloppe, ordinateur] window ◆ **laisser une fenêtre sur un formulaire** to leave a space on a form

c (Anat: dans l'oreille) fenestra

d (Espace) **fenêtre de lancement** launch window

fenêtrer [fənetʀe] ▸ conjug 1 ◂ vt (Archit) to make windows in

fenil [fəni(l)] → SYN nm hayloft

fennec [fenɛk] → SYN nm fennec

fenouil [fənuj] → SYN nm fennel

fente [fɑ̃t] → SYN nf **a** (fissure) [mur, terre, rocher] crack, fissure, cleft; [bois] crack, split

b (interstice) (dans un volet, une palissade) slit; (dans une boîte à lettres) slot, opening; (dans une tirelire etc) slit, slot; (dans la tête d'une vis) groove, slot; (dans une jupe) slit; (dans un veston) vent; (dans une pèlerine etc) slit, armhole; (Anat) fissure; (Escrime) lunge

fenton [fɑ̃tɔ̃] nm metal peg ou pin

fenugrec [fənygʀɛk] nm fenugreek

féodal, e, mpl **-aux** [feɔdal, o] → SYN **1** adj feudal

2 nm feudal lord

féodaliser [feɔdalize] ▸ conjug 1 ◂ vt to feudalize

féodalisme [feɔdalism] nm feudalism

féodalité [feɔdalite] → SYN nf (Hist) feudal system, feudalism

fer [fɛʀ] → SYN **1** nm **a** (métal) iron ◆ (lit, fig) **de fer** iron (épith) ◆ **volonté de fer** will of iron, iron will → **âge, chemin, fil** etc

b (barre, poutre) iron girder ◆ **fer en T / U** T / U girder

c (embout) [cheval] shoe; [soulier] steel tip; [club de golf] iron; [flèche, lance] head, point; [rabot] blade, iron ◆ **avoir** ou **tenir plusieurs fers au feu** to have several irons in the fire → **plaie, quatre**

d (outil) [relieur] blocking stamp; [tailleur] iron

e (fig: arme) (Escrime) **engager / croiser le fer** to engage / cross swords ◆ **par le fer et par le feu** by fire and by sword

f (††: chaînes) **fers** chains, fetters, irons ◆ **mettre un prisonnier aux fers** to clap a prisoner in irons ◆ (fig littér) **être dans les fers** to be in chains ou irons

g (Méd ††) **fers** forceps

2 COMP ▷ **fer à cheval** (lit, fig) horseshoe ◆ **en fer à cheval** in a semicircle ▷ **fer doux** soft iron ▷ **fer forgé** wrought iron ▷ **fer à friser** curling tongs ▷ **fer à gaufrer** goffering iron ▷ **fer de lance** (fig) spearhead ▷ **fer à repasser** (électrique) (electric) iron; (ancien modèle) (flat)iron; (*: pour cartes bancaires) credit card machine ◆ **donner un coup de fer (à repasser) à qch** to run the iron over sth, give sth an iron*; (plus soigneusement) to press sth ▷ **fer rouge** brand, branding iron ◆ **marquer au fer rouge** to brand ▷ **fer à souder** soldering iron ▷ **fer à vapeur** steam iron

fer-blanc, pl **fers-blancs** [fɛʀblɑ̃] nm tin(plate)

ferblanterie [fɛʀblɑ̃tʀi] nf (métier) tinplate making; (produit) tinware; (commerce) tin trade; (boutique) ironmonger's (shop) (Brit), hardware store (US)

ferblantier [fɛʀblɑ̃tje] nm tinsmith ◆ **ouvrier ferblantier** tinplate worker

Ferdinand [fɛʀdinɑ̃] nm Ferdinand

féria [feʀja] nf feria, *Spanish and Southern French festival*

férie [feʀi] → SYN nf feria

férié, e [feʀje] → SYN adj ◆ **jour férié** public holiday, official holiday ◆ **le lundi suivant est férié** the following Monday is a holiday

férir [feʀiʀ] vt ◆ **sans coup férir** without meeting ou encountering any opposition

ferler [fɛʀle] ▸ conjug 1 ◂ vt (Naut) to furl

fermage [fɛʀmaʒ] → SYN nm (procédé) tenant farming; (loyer) (farm) rent

fermail††, pl **-aux** [fɛʀmaj, o] nm (metal) clasp

fermant, e [fɛʀmɑ̃, ɑ̃t] adj meuble closing, closable

ferme[1] [fɛʀm] → SYN **1** adj **a** (lit) chair, fruit firm; sol firm, solid ◆ **cette viande est un peu ferme** this meat is a bit tough → **terre**[1]

b (assuré) main, écriture steady, firm; voix firm; style, exécution, trait confident, assured ◆ **être ferme sur ses jambes** to be steady on one's legs ou feet ◆ **marcher d'un pas ferme** to walk with a firm stride ou step ◆ **rester ferme dans l'adversité** to remain steadfast in adversity → **attendre**

c (déterminé) personne, ton firm; décision, résolution firm, definite ◆ **avec la ferme intention de faire** with the firm intention of doing

d (Comm) achat, vente firm; acheteur, vendeur firm, definite; (Bourse) marché, cours steady, buoyant ◆ **prix fermes et définitifs** firm prices ◆ **ces prix sont fermes** these prices are binding ◆ (Bourse) **les mines d'or sont restées fermes en clôture** gold mines closed firm

2 adv **a** (intensif) travailler, cogner hard ◆ **boire ferme** to drink hard ◆ **discuter ferme** to discuss vigorously ◆ **s'ennuyer ferme*** to be bored rigid* ou stiff → **tenir**

b (Comm) acheter, vendre definitely

ferme[2] [fɛʀm] → SYN nf **a** (domaine) farm; (habitation) farmhouse ◆ **ferme collective** collective farm ◆ **ferme d'élevage** cattle(-breeding) farm ◆ **ferme marine** fish farm → **cour, fille, valet**

b (Jur: contrat) farm lease; (Hist: perception) farming (of taxes) ◆ **donner à ferme** terres to let, farm out ◆ **prendre à ferme** terres to farm (on lease)

ferme[3] [fɛʀm] → SYN nf (Constr) roof timbers, truss

ferme[4] [fɛʀm] excl ◆ **la ferme!** ‡ shut up! ‡, shut your mouth! ‡, pipe down!* → aussi **fermer**

fermé, e [fɛʀme] (ptp de **fermer**) adj **a** porte, magasin, valise shut, closed; col, route closed; espace closed-in; voiture shut (up), locked; angle narrow; voyelle close(d), high; syllabe closed; série, ensemble closed; robinet off (attrib); chemise fastened (attrib), done up (attrib) ◆ **la porte est fermée à clef** the door is locked ◆ (Ftbl) **pratiquer un jeu fermé** to play a tight game

b milieu, club exclusive, select ◆ **cette carrière lui est fermée** this career is not open to him ou is closed to him ◆ **économie fermée** closed economy

c visage, air inscrutable, impassive, impenetrable; caractère impassive, uncommunicative; personne uncommunicative

d **être fermé à** sentiment, qualité to be impervious to ou untouched by ou closed to; science, art to have no appreciation of, have no feeling for

fermement [fɛʀməmɑ̃] adv (lit, fig) firmly

ferment [fɛʀmɑ̃] → SYN nm (lit) ferment, fermenting agent, leaven (NonC); (fig) ferment (NonC)

fermentation [fɛʀmɑ̃tasjɔ̃] → SYN nf fermentation ◆ (fig) **fermentation (des esprits)** stirring people up ◆ **en fermentation** (lit) fermenting; (fig) in a ferment

fermenter [fɛʀmɑ̃te] → SYN ▸ conjug 1 ◂ vi (lit) to ferment, work; (fig littér) [esprits] to be in a ferment ◆ (lit) **faire fermenter** to ferment

fermentescible [fɛʀmɑ̃tesibl] adj fermentescible

fermenteur [fɛʀmɑ̃tœʀ] nm fermentor

fermer [fɛʀme] → SYN ▸ conjug 1 ◂ 1 vt **a** porte, fenêtre, tiroir, paquet to close, shut; rideaux to draw (to), close, shut; store to pull down, draw (down), close, shut; magasin, café, musée (le soir) to shut, close; (pour cause de vacances) to shut (up), close ◆ **fermer à clef** porte to lock; chambre to lock (up) ◆ **fermer au verrou** to bolt ◆ **il ferma violemment la porte** he slammed the door (shut) ◆ **fermer (la porte) à double tour** to double-lock (the door) ◆ **fermer la porte au nez de qn** to shut ou slam the door in sb's face ◆ (fig) **fermer sa porte** ou **sa maison à qn** to close one's door to sb ◆ (fig) **maintenant, toutes les portes lui sont fermées** all doors are closed to him now ◆ (fig) **fermer la porte aux abus** to close the door to abuses ◆ **va fermer** go and close ou shut the door ◆ **on ferme!** (it's) closing time!, the shop (ou pub etc) is closing (now) ◆ **on ferme en juillet** we close ou shut down in July, we're closed ou shut in July ◆ **on ferme un jour par semaine** we close ou shut one day a week, we are closed ou shut one day a week → **parenthèse**

b yeux, bouche, paupières to close, shut ◆ **ferme ta gueule**** shut your trap* ou face* ◆ **la ferme***, **ferme-la*** shut ou belt up*, wrap up* (Brit), shut your mouth*, pipe down* ◆ **je n'ai pas fermé l'œil de la nuit** I didn't get a wink of sleep ou I didn't sleep a wink all night ◆ (fig) **fermer les yeux** to turn a blind eye, look the other way ◆ **fermer les yeux sur** misère, scandale to close ou shut one's eyes to; abus, fraude, défaut to turn a blind eye to ◆ **s'ils sont d'accord pour fermer les yeux, bon** if they don't mind turning a blind eye, all well and good ◆ (fig) **fermer son cœur à la pitié** to close one's heart to pity

c couteau, livre, éventail to close, shut; lettre to close; parapluie to put down, close, shut; main, poing to close; manteau, gilet to do up, fasten

d (boucher) chemin, passage to block, bar; accès to shut off, close off ◆ **des montagnes ferment l'horizon** mountains hem in the horizon ◆ **le champ / jardin était fermé par une haie** the field / garden was closed in ou enclosed by a hedge ◆ (Sport) **fermer le jeu** to tighten up play

e (interdire l'accès de) frontière, col, route to close; aéroport to close (down), shut (down)

f (cesser l'exploitation de) magasin, restaurant, école to close (down), shut (down) ◆ **fermer boutique** to shut up shop, close down ◆ **obliger qn à fermer (boutique)** to put sb out of business ◆ **ils ont dû fermer pour des raisons financières** they had to close down ou shut up shop ou cease trading because of financial difficulties

g (arrêter) liste, souscription, compte en banque, débat to close ◆ **fermer la marche** to bring up the rear ◆ **fermer le cortège** to bring up the rear of the procession

h gaz, électricité, radio to turn off, switch off, put off; eau, robinet to turn off; lumière to turn off ou out, switch off, put off; vanne to close

i (réduire) angle to close

2 vi **a** [fenêtre, porte, boîte] to close, shut ◆ **cette porte / boîte ferme mal** this door / box doesn't close ou shut properly ◆ **ce robinet ferme mal** this tap doesn't turn off properly

b [magasin] (le soir) to close, shut; (définitivement, pour les vacances) to close down, shut down ◆ **ça ferme à 7 heures** they close ou shut at 7 o'clock, closing time is 7 o'clock

c [vêtement] to do up, fasten ◆ **ça ferme par devant** it does up ou fastens at the front

3 **se fermer** vpr **a** [porte, fenêtre, livre] to close, shut; [fleur, coquillage] to close (up); [blessure] to close (up); [paupières, yeux] to close, shut ◆ **cela se ferme par devant** it does up ou fastens at the front ◆ **l'avenir se fermait devant lui** the future was closing before him ◆ **quand on essaie de lui expliquer cela, son esprit se ferme** when you try to explain that to him he closes his mind to it ◆ **son cœur se fermait à la vue de cette misère** he refused to be moved ou touched by ou to let his heart ou feelings be touched by the sight of this poverty ◆ **son visage se ferma** his face became expressionless ◆ **pays qui se ferme aux produits étrangers** country which closes its markets to foreign produce

b [personne] **se fermer à la pitié / l'amour** to close one's heart ou mind to pity / love ◆ **il se ferme tout de suite, dès qu'on le questionne d'un peu près** he clams up* ou closes up immediately one tries to question him closely

fermeté [fɛʀməte] → SYN nf (→ **ferme**[1]) firmness; solidness; steadiness; confidence; assurance; steadfastness ◆ **avec fermeté** firmly, resolutely ◆ (Bourse) **fermeté des cours** price stability

fermette [fɛʀmɛt] nf (bâtiment) (small) farm house

fermeture [fɛʀmətyʀ] → SYN nf **a** (action: → **fermer**) closing; shutting; drawing; pulling down; locking; bolting; blocking; shutting off; closing off; closing down; shutting down; turning off; switching off; switching out ◆ (Comm) **fermeture annuelle** (gén) annual closure; (sur la devanture) closed for holidays ◆ (Comm) **fermeture définitive** permanent closure ◆ **à (l'heure de) la fermeture** at closing time ◆ **« fermeture pour (cause de) travaux »** "closed for repairs (ou redecoration ou refurbishment etc)" ◆ (Comm) **faire la fermeture** to close ◆ **la fermeture de la chasse** the end of the shooting (Brit) ou hunting (US) season ◆ **fermeture d'un compte** closing of an account ◆ **« ne pas gêner la fermeture des portes »** "do not obstruct the doors (when closing)"

b (mécanisme) [coffre-fort] catch, latch; [vêtement] fastener, fastening; [sac] fastener, catch, clasp ◆ **fermeture à glissière, fermeture éclair** ® zip (fastener) (Brit), zipper (US)

fermi [fɛʀmi] nm fermi

fermier, -ière [fɛʀmje, jɛʀ] → SYN 1 adj ◆ **poulet fermier** ≃ free-range chicken, farm chicken ◆ **beurre fermier** dairy butter ◆ **fromage fermier** farmhouse cheese

2 nm **a** (cultivateur) farmer

b (Hist) **fermier général** farmer general

3 **fermière** nf farmer's wife; (indépendante) (woman) farmer

fermion [fɛʀmjɔ̃] nm fermion

fermium [fɛʀmjɔm] nm fermium

fermoir [fɛʀmwaʀ] → SYN nm [livre, collier, sac] clasp

féroce [feʀɔs] → SYN adj animal, regard, personne ferocious, fierce, savage; répression, critique fierce, savage; envie savage, raging; appétit ferocious, ravenous; concurrence fierce, harsh, cut-throat ◆ **avec une joie féroce** with (a) savage joy → **bête**

férocement [feʀɔsmɑ̃] adv (→ **féroce**) ferociously; fiercely; savagely

férocité [feʀɔsite] → SYN nf (→ **féroce**) ferocity, ferociousness; fierceness; savagery

Féroé [feʀɔe] nm ◆ **les îles Féroé** the Fa(e)roe Islands

féroïen, -ienne [feʀɔjɛ̃, jɛn] 1 adj Fa(e)roese

2 **Féroïen(ne)** nm,f Fa(e)roese

3 nm (Ling) Fa(e)roese

ferrage [feʀaʒ] → SYN nm [cheval] shoeing

ferraillage [feʀɑjaʒ] nm (Constr) (iron) framework

ferraille [feʀɑj] → SYN nf **a** (déchets de fer) scrap (iron), old iron ◆ **tas de ferraille** scrap heap ◆ **bruit de ferraille** clanking ou rattling noise ◆ **mettre une voiture à la ferraille** to scrap a car, send a car for scrap ◆ **la voiture n'était plus qu'un amas de ferraille** the car was no more than a heap of twisted metal

b (*: monnaie) small ou loose change

ferrailler [feʀɑje] → SYN ▸ conjug 1 ◂ vi (péj †: à l'épée) to clash swords ◆ (fig) **ferrailler contre l'injustice / la pollution** to fight against injustice / pollution

ferrailleur [feʀɑjœʀ] → SYN nm **a** (marchand de ferraille) scrap (metal) merchant

b (†† péj) swashbuckler

Ferrare [fɛʀaʀ] nf Ferrara

ferrate [feʀat] nm ferrate

ferratier [feʀatje] nm blacksmith's hand hammer

ferré, e [feʀe] → SYN (ptp de **ferrer**) adj **a** canne, bâton steel-tipped; soulier hobnailed; lacet tagged; cheval shod; roue steel-rimmed → **voie**

b (*: calé) well up* (*sur, en* in), clued up* (*en, sur* about) ◆ **être ferré sur un sujet** to be well up* in a subject ou hot* at a subject, know a subject inside out

ferrement [feʀmɑ̃] → SYN nm **a** (garniture) iron fitment

b ⇒ **ferrage**

ferrer [feʀe] → SYN ▸ conjug 1 ◂ vt **a** cheval to shoe; roue to rim with steel; soulier to nail; lacet to tag; bâton to tip, fit a metal tip to; porte to fit with iron corners

b poisson to strike

ferret [feʀɛ] → SYN nm **a** [lacet] (metal) tag

b (Minér) **ferret d'Espagne** red haematite

ferretier [fɛʀtje] nm ⇒ **ferratier**

ferreur [feʀœʀ] nm blacksmith, farrier

ferreux, -euse [feʀø, øz] adj ferrous

ferricyanure [feʀisjanyʀ] nm ferricyanide

ferrique [feʀik] adj ferric

ferrite [feʀit] nf ferrite

ferro- [feʀɔ] préf (Chim, Phys) ferro-

ferroalliage [feʀɔaljaʒ] nm iron alloy

ferrociment [feʀosimɑ̃] nm ferroconcrete, reinforced concrete

ferrocyanure [feʀosjanyʀ] nm ferrocyanide

ferroélectricité [feʀoelɛktʀisite] nf ferroelectricity

ferromagnétique [feʀomaɲetik] adj ferromagnetic

ferromagnétisme [feʀomaɲetism] nm ferromagnetism

ferronickel [feʀonikɛl] nm ferronickel

ferronnerie [feʀɔnʀi] nf (atelier) ironworks; (métier) ironwork; (objets) ironwork, ironware ◆ **faire de la ferronnerie d'art** to be a craftsman in wrought iron ◆ **une grille en ferronnerie** a wrought-iron gate ◆ **c'est un beau travail de ferronnerie** that's a fine piece of wrought iron work

ferronnier [feʀɔnje] → SYN nm (artisan) craftsman in (wrought) iron; (commerçant) ironware merchant ◆ **ferronnier d'art** craftsman in wrought iron

ferronnière [feʀɔnjɛʀ] → SYN nf (parure) frontlet, frontal

ferrotypie [feʀotipi] nf ferrotype, tintype

ferroutage [fɛʀʀutaʒ] nm (Rail) piggyback

ferrouter [fɛʀʀute] ▸ conjug 1 ◂ vt (Rail) to piggy-back

ferroviaire [fɛʀɔvjɛʀ] adj réseau, trafic railway (épith) (Brit), railroad (épith) (US), rail (épith); transport rail

ferrugineux, -euse [fɛʀyʒinø, øz] adj ferruginous

ferrure [fɛʀyʀ] → SYN nf **a** [porte] (ornamental) hinge
b [cheval] shoeing

ferry, pl **ferries** [feʀi] nm abrév de **ferry-boat**

ferry-boat, pl **ferry-boats** [feʀibot] → SYN nm [voitures] (car) ferry; [trains] (train) ferry

fertile [fɛʀtil] → SYN adj sol, région fertile, fruitful, productive; esprit, imagination fertile ◆ **affaire fertile en rebondissements** affair which triggers off ou which spawns a whole series of new developments ◆ **journée fertile en événements / en émotions** eventful / emotion-packed day

fertilisable [fɛʀtilizabl] adj fertilizable

fertilisant, e [fɛʀtilizɑ̃, ɑ̃t] adj fertilizing

fertilisation [fɛʀtilizasjɔ̃] → SYN nf fertilization

fertiliser [fɛʀtilize] → SYN ▸ conjug 1 ◂ vt to fertilize

fertilité [fɛʀtilite] → SYN nf (lit, fig) fertility

féru, e [feʀy] → SYN adj ◆ (frm) **être féru de** to be keen on (Brit) ou passionately interested in

férule [feʀyl] → SYN nf (Hist Scol) ferula ◆ (fig) **être sous la férule de qn** to be under sb's (firm ou iron) rule

fervent, e [fɛʀvɑ̃, ɑ̃t] → SYN **1** adj fervent, ardent
2 nm,f devotee ◆ **fervent de musique** music lover, devotee of music

ferveur [fɛʀvœʀ] → SYN nf fervour, ardour ◆ **avec ferveur** fervently, ardently

Fès [fɛz] n Fez

fesse [fɛs] → SYN nf **a** (Anat) buttock ◆ **les fesses** the buttocks, the bottom, the bum‡ (Brit hum), the backside* ◆ **coup de pied aux fesses*** kick in the backside* ou in the pants* ◆ **le bébé a les fesses rouges** the baby's got a bit of nappy (Brit) ou diaper (US) rash, the baby's got a sore bottom ◆ **on a les flics aux fesses*** the cops are on our tail* ◆ **où je pose mes fesses?*** where can I park myself?*, where can I flop down?* → **pousser, serrer**
b (‡: femmes) **film où il y a de la fesse** film with lots of (bare) bums (Brit) ou ass (US) and tits in it‡ ◆ **magazine de fesses** girlie magazine* ◆ **histoire de fesses** dirty story ◆ **il y avait de la fesse à ce bal** there were some really smart ou sexy pieces‡ ou there was some lovely crumpet‡ (Brit) at that dance

fessée [fese] → SYN nf spanking, smack on the bottom ◆ **je vais te donner une fessée** I'm going to smack your bottom

fesse-mathieu††, pl **fesse-mathieux** [fɛsmatjø] nm skinflint

fesser [fese] → SYN ▸ conjug 1 ◂ vt to give a spanking to, spank

fessier, -ière [fesje, jɛʀ] → SYN **1** adj muscles buttock (épith), gluteal (spéc)
2 nm (Anat) gluteus (spéc); (‡) behind, backside*, ass‡ (US)

fessu, e* [fesy] → SYN adj with a big bottom (attrib), big-bottomed

festif, -ive [fɛstif, iv] adj festive

festin [fɛstɛ̃] → SYN nm feast ◆ **c'était un vrai festin** it was a real feast ◆ **c'est un festin de Balthazar** it's a feast fit for kings

festival, pl **festivals** [fɛstival] → SYN nm (Mus, Théât) festival ◆ (fig) **ce fut un vrai festival (de talent)!** what a feast ou brilliant display (of talent) it was!

festivalier, -ière [fɛstivalje, jɛʀ] nm,f festival-goer

festivités [fɛstivite] nfpl (gén) festivities; (*: repas joyeux) festivities, merrymaking

festoiement [fɛstwamɑ̃] nm feasting

feston [fɛstɔ̃] → SYN nm (guirlande, Archit) festoon; (Couture) scallop ◆ **à feston** scalloped → **point**[2]

festonner [fɛstɔne] → SYN ▸ conjug 1 ◂ vt façade to festoon; robe to scallop

festoyer [fɛstwaje] → SYN ▸ conjug 8 ◂ vi to feast

feta [feta] nf feta

fêtard, e* [fɛtaʀ, aʀd] → SYN nm,f (péj) high liver, roisterer ◆ **réveillé par une bande de fêtards** woken up by a band of merry-makers ou roisterers

fête [fɛt] → SYN GRAMMAIRE ACTIVE 23.2
1 nf **a** (commémoration) (religieuse) feast; (civile) holiday ◆ **la Toussaint est la fête de tous les saints** All Saints' Day is the feast of all the saints ◆ **le 11 novembre est la fête de la Victoire** November 11th is the day we celebrate ou for celebrating the Victory (in the First World War) ◆ **Noël est la fête des enfants** Christmas is the festival for children
b (jour du prénom) saint's day, name day ◆ **la fête de la Saint-Jean** Saint John's day ◆ **souhaiter sa** ou **bonne fête à qn** to wish sb a happy saint's day
c (congé) holiday ◆ **les fêtes (de fin d'année)** the (Christmas and New Year) celebrations ou holidays ◆ **demain c'est fête** tomorrow is a holiday
d (foire) fair; (kermesse) fête, fair; (exposition, salon) festival, show ◆ **fête paroissiale / communale** parish / local fête ou fair ◆ **fête de la bière / du jambon** beer / ham festival ◆ **fête de l'aviation** air show ◆ **la fête de la moisson** the harvest festival ◆ **fête de la vendange** festival of the grape harvest ◆ **c'est la fête au village** the fair is on in the village ◆ **la fête de la ville a lieu le premier dimanche de mai** the town festival takes place on the first Sunday in May ◆ **la foule en fête** the festive crowd ◆ **air / atmosphère de fête** festive air / atmosphere → **comité, jour** etc
e (réception) **donner une fête dans son château / parc** to put on a lavish entertainment in one's château / grounds ◆ **donner une petite fête pour célébrer sa nomination** to hold a little party to celebrate one's appointment ◆ **faire une fête (pour son anniversaire** etc**)** to have a (birthday etc) party ◆ **les fêtes en l'honneur d'un souverain étranger** the celebrations in honour of a foreign monarch ◆ (Art) **fêtes galantes** scenes of gallantry
f (allégresse collective) **la fête** celebration ◆ **c'est la fête!** everyone's celebrating!, everyone's in a festive mood! ◆ **c'est la fête chez nos voisins** our neighbours are celebrating ◆ **toute la ville était en fête** the whole town was celebrating
g LOC **hier il était à la fête** he had a field day yesterday, it was his day yesterday ◆ **je n'étais pas à la fête** it was no picnic (for me)*, I was feeling pretty uncomfortable ◆ **il n'avait jamais été à pareille fête** he'd never had such a fine time ◆ **être de la fête** to be one of the party ◆ **ça va être ta fête‡** you've got it coming to you*, you're going to get it in the neck‡ ◆ **faire sa fête à qn‡** to bash sb up‡ ◆ **faire la fête*** to live it up*, have a wild time ◆ **faire (la) fête à qn** to give sb a warm welcome ou reception ◆ **le chien fit fête à son maître** the dog fawned on ou made up to its master ◆ **elle se faisait une fête d'y aller / de cette rencontre** she was really looking forward to going / to this meeting ◆ **ce n'est pas tous les jours fête** we can't celebrate everyday
2 COMP ▹ **fête carillonnée** great feast day ▹ **fête de charité** charity bazaar ou fair ▹ **fête de famille** family celebration ▹ **fête fixe** fixed festival ▹ **fête foraine** fun fair ▹ **la fête du Grand Pardon** the Day of Atonement ▹ **fête légale** public holiday ▹ **la fête des Mères** Mother's Day, Mothering Sunday (Brit) ▹ **fête mobile** movable feast ▹ **la fête des Morts** All Souls' Day ▹ **fête nationale** national holiday ou festival ◆ (Can) **le jour de la Fête nationale** Confederation Day ▹ **la fête des Pères** Father's Day ▹ **la fête des Rois** Twelfth Night ▹ **la fête du travail** Labour Day, first of May ▹ **fête de village** village fête

Fête-Dieu, pl **Fêtes-Dieu** [fɛtdjø] nf Corpus Christi

fêter [fete] → SYN ▸ conjug 1 ◂ GRAMMAIRE ACTIVE 25.2 vt anniversaire, victoire to celebrate; personne to fête ◆ **fêter un ami qui revient d'un long voyage** to have a celebration for a friend who is back from a long journey

fétiche [fetiʃ] → SYN nm (lit) fetish; (fig: mascotte) mascot

féticheur [fetiʃœʀ] nm (prêtre) fetish-priest, fetishe(e)r; (initié) fetish-man

fétichisme [fetiʃism] → SYN nm fetishism

fétichiste [fetiʃist] → SYN adj, nmf fetishist

fétide [fetid] → SYN adj fetid

fétidité [fetidite] nf fetidness

fétu [fety] → SYN nm ◆ **fétu (de paille)** wisp of straw

fétuque [fetyk] → SYN nf ou m fescue (grass)

feu[1] [fø] → SYN GRAMMAIRE ACTIVE 9.1
1 nm **a** (source de chaleur) fire ◆ **feu de bois / tourbe** wood / peat fire ◆ **allumer / faire un feu** to light / make a fire ◆ **faire du feu** to have ou make a fire ◆ **jeter qch au feu** to throw sth on the fire ◆ **un feu d'enfer brûlait dans la cheminée** a fire blazed brightly ou a hot fire blazed in the fireplace ◆ (pour une cigarette) **avez-vous du feu?** do you have a light? ◆ (pour une cigarette) **donner du feu à qn** to give sb a light ◆ **condamné au (supplice du) feu** condemned to be burnt at the stake ◆ (Hist) **juger par le feu** to try by fire (Hist) ◆ **sur un feu de braises** on glowing embers
b (incendie) fire ◆ **prendre feu** to catch fire ◆ **mettre le feu à qch** to set fire to sth, set sth on fire ◆ **le feu a pris dans la grange** fire has broken out in the barn ◆ **en feu** on fire ◆ **il y a le feu** there's a fire ◆ (fig) **il n'y a pas le feu (au lac)!*** there's no panic*!, take your time! ◆ **au feu!** fire!
c (signal lumineux) (Aut, Aviat, Naut) light ◆ **le feu était (au) rouge** the lights were at red ◆ **s'arrêter au(x) feu(x)** to stop at the lights ◆ **naviguer tous feux éteints** to sail without lights ◆ **les feux de la côte** the lights of the shore
d (Culin) (brûleur) burner; (plaque électrique) ring (Brit), burner ◆ **cuisinière à 3 feux** stove with 3 rings (Brit) ou burners ◆ **mettre qch / être sur le feu** to put sth / be on the stove ◆ **plat qui va sur le feu** ou **au feu** fireproof dish ◆ **faire cuire à feu doux / vif** to cook over a slow / fast ou brisk heat; (au four) to cook in a slow / fast ou hot oven ◆ **faire cuire à petit feu** to cook gently ◆ (fig) **faire mourir qn à petit feu** to kill sb by inches
e (Mil) (combat) action; (tir) fire ◆ **aller au feu** to go to the firing line ◆ **tué au feu** killed in action ◆ **faire feu** to fire ◆ **feu!** fire! ◆ **feu à volonté!** fire at will! ◆ **sous le feu de l'ennemi** under enemy fire ◆ **feu nourri / rasant / roulant** sustained / grazing / running fire ◆ (fig) **un feu roulant de questions** a running fire of questions ◆ **des feux croisés** crossfire ◆ (lit, fig) **sous les feux croisés de** under the cross-fire of ◆ **feu en rafales** firing in bursts ◆ **coup de feu** (gun)shot ◆ **il a reçu un coup de feu** he has been shot ◆ **faire le coup de feu avec qn** to fight alongside sb → aussi m
f (arg Crime: revolver) gun, gat‡, rod‡
g (††: maison) hearth†, homestead ◆ **un hameau de 15 feux** a hamlet of 15 homesteads ◆ **sans feu ni lieu†** with neither hearth nor home†
h (ardeur) fire ◆ **plein de feu** full of fire ◆ **parler avec feu** to speak with fire ◆ **dans le feu de l'action / de la discussion** in the heat of (the) action / the discussion ◆ **le feu de son éloquence** the fire of his eloquence ◆ **il prend facilement feu dans la discussion** he easily gets heated in discussion ◆ **un tempérament de feu** a fiery temperament ◆ **dans le feu de la colère, il ...** in the heat of his anger, he ... ◆ **avoir du feu dans les veines** to have fire in one's blood
i (sensation de brûlure, de chaleur) **j'ai le feu au visage** my face is burning ◆ **j'ai la gorge / les joues en feu** my throat is / my cheeks are burning ◆ **le poivre met la bouche en feu** pepper makes your mouth burn ◆ **le feu lui monta au visage** the blood rushed to his face ◆ **le feu du rasoir** shaving rash ◆ **le feu**

d'un whisky the fire ou the fiery taste of a whisky ◆ **le feu de la fièvre** the heat of fever

j (éclairage) light ◆ **être sous le feu des projecteurs** (lit) to be in the glare of the spotlights; (fig) to be in the limelight ◆ **mettre pleins feux sur qn/qch** to put the spotlight on sb/sth ◆ **pleins feux sur** spotlight on ◆ **les feux de la rampe** the footlights ◆ (Ciné) **"Les Feux de la rampe"** "Limelight" ◆ **les feux de l'actualité sont dirigés sur eux** the spotlight is on them, the full glare of the media is on them

k (littér: éclat) **les feux d'une pierre précieuse** the fire of a precious stone ◆ **ce diamant jette mille feux** this diamond flashes ou sparkles brilliantly ◆ **le feu de son regard** the fire in his gaze, his fiery gaze

l (littér: lumière) **les feux de la nuit** the lights in the night ◆ **les feux du couchant** the fiery glow of sunset ◆ **le feu du ciel** the fire of heaven ◆ **les feux de la ville** the lights of the town ◆ (chaleur) **les feux de l'été** the summer heat

m LOC **avoir le feu sacré** to burn with zeal ◆ **faire feu de tout bois** to make the most of what one has, turn everything to account ◆ **mettre le feu aux poudres** to touch off an explosion ou a crisis ◆ **avoir le feu au derrière*** ou **aux fesses*** ou **au cul**** (être pressé) to run like the blazes* ou like hell*; be in a devil of a hurry*; (être sexuellement chaud) to be horny* ◆ **mettre une ville à feu et à sang** to put a town to fire and the sword ◆ **mettre à feu une fusée** to fire off a rocket ◆ **au moment de la mise à feu** at the moment of blast-off ◆ **jeter** ou **lancer feu et flammes** to breathe fire and fury, be in a towering rage ◆ **être tout feu tout flamme** to be wildly enthusiastic ◆ **une soirée du feu de Dieu*** a fantastic evening* ◆ (précipitation) **c'est le coup de feu** it's all go* ◆ **ma pizza a eu un coup de feu** my pizza's a bit burnt ◆ **pousser les feux** (Naut) to stoke the boiler ◆ (fig) **il faut pousser les feux pour réduire les inégalités sociales** one must speed up the process of reducing social inequalities → **arme, baptême, coin**

2 adj inv ◆ **rouge feu** flame red ◆ **de couleur feu** flame-coloured ◆ **chien noir et feu** black and tan dog

3 COMP ⊳ **feux antibrouillard** ⇒ **feux de brouillard** ⊳ **feu arrière** rear light (Brit), tail light ⊳ **feu d'artifice** firework display, fireworks ◆ **un beau feu d'artifice** beautiful fireworks ⊳ **feu de Bengale** Bengal light ⊳ **feux de brouillard** fog lights ou lamps ⊳ **feu de brousse** bush fire ⊳ **feu de camp** campfire ⊳ **feu de cheminée** chimney fire ⊳ **feux clignotants** flashing lights ⊳ **feux de croisement** dipped headlights (Brit), low beams (US) ⊳ **feux de détresse** hazard (warning) lights ⊳ **feu follet** will-o'-the-wisp ⊳ **feu grégeois** Greek fire ⊳ **feu de joie** bonfire ⊳ **feu orange** amber (light) (Brit), yellow light (US) ⊳ **feu de paille** (fig) flash in the pan ⊳ **feu de pinède** (pine) forest fire ⊳ **feu de plancher*** high-riders*, clam-diggers* (US) ⊳ **feu de position** sidelight ⊳ **feux de recul** reversing lights ⊳ **feu rouge** (couleur) red light; (objet) traffic light ◆ **tournez au prochain feu rouge** turn at the next set of traffic lights ⊳ **feux de route** headlamps ou headlights on full beam ⊳ **feux de la Saint-Jean** *bonfires for the summer solstice* ⊳ **feux de signalisation** traffic lights ⊳ **feux de stationnement** parking lights ⊳ **feu de stop** stop ou brake light ⊳ **feux tricolores** traffic lights ⊳ **feu vert** green light ◆ (fig) **donner le feu vert à qch/qn** to give sth/sb the green light ou the go-ahead

feu², e [fø] adj ◆ (inv devant art ou adj poss) (frm) **feu ma tante, ma feue tante** my late aunt

feudiste [fødist] nmf feudalist

feuil [fœj] nm [peinture, vernis] thin coat

feuillage [fœjaʒ] ⇒ SYN nm (sur l'arbre) foliage (NonC); (coupé) greenery (NonC) ◆ **les oiseaux gazouillaient dans le feuillage** ou **les feuillages** the birds were twittering among the leaves ou the foliage

feuillagiste [fœjaʒist] nmf artificial greenery maker

feuillaison [fœjɛzɔ̃] ⇒ SYN nf leafing, foliation (spéc) ◆ **à l'époque de la feuillaison** when the trees come into leaf

feuillant, -ine [fœjɑ̃, ɑ̃tin] nm,f Feuillant

feuillard [fœjaʀ] nm ◆ **feuillard de fer** iron strap ◆ **feuillard de châtaignier/saule** chestnut/willow hoop-pole

feuille [fœj] ⇒ SYN **1** nf **a** [arbre, plante] leaf; (littér: pétale) petal ◆ **feuille de laurier** bay leaf ◆ **à feuilles caduques/persistantes** deciduous/evergreen → **trèfle, trembler**

b [papier, bois, ardoise, acier] sheet ◆ **les feuilles d'un cahier** the leaves of an exercise book ◆ **or en feuilles** gold leaf ◆ **doré à la feuille d'or** gilded with gold leaf ◆ (Imprimerie) **bonnes feuilles** advance sheets

c (bulletin) slip; (formulaire) form; (journal) paper ◆ **feuille à scandales** scandal sheet ◆ (Scol) **feuille d'appel** daily register (sheet) (Brit), attendance sheet (US)

d (Ordin) **feuille de programmation** work ou coding sheet

e (*: oreille) ear, lug* (Brit) ◆ **dur de la feuille*** hard of hearing

2 COMP ⊳ **feuille de chêne** (Bot) oak-leaf; (Mil fig) general's insignia ⊳ **feuille de chou** (péj: journal) rag (→ **oreille**) ⊳ **feuille de garde** endpaper ⊳ **feuille d'impôt** tax form ou slip ⊳ **feuille d'impression** folded sheet ⊳ **feuille de maladie** *form supplied by doctor to patient for forwarding to the Social Security* ⊳ **feuille morte** dead leaf ◆ (Aviat) **descendre en feuille morte** to do the falling leaf ⊳ **feuille de paye** pay slip ⊳ **feuille de présence** attendance sheet ⊳ **feuille de route** (Mil) travel warrant ⊳ **feuille de soins** *form supplied by doctor to patient for forwarding to the Social Security* ⊳ **feuille de température** temperature chart ⊳ **feuilles de thé** tea leaves ⊳ **feuille de vigne** (Bot, Culin) vine leaf; (Sculp) fig leaf ⊳ **feuille volante** loose sheet

feuillée [fœje] nf (littér) foliage

feuille-morte [fœjmɔʀt] adj inv (couleur) russet

feuiller [fœje] ▸conjug 1◂ vt planche to rebate, rabbet

feuilleret [fœjʀɛ] ⇒ SYN nm rabbet-plane

feuillet [fœjɛ] ⇒ SYN nm **a** [cahier, livre] leaf, page; [bois] layer ◆ (Bio) **feuillets embryonnaires** germ layers

b [ruminants] omasum, manyplies

feuilleté, e [fœjte] (ptp de **feuilleter**) **1** adj roche foliated; verre laminated ◆ **pâte feuilletée** puff ou flaky pastry ◆ **pare-brise feuilleté** laminated windscreen (Brit) ou windshield (US)

2 nm (pâtisserie) ≃ Danish pastry ◆ **feuilleté au jambon/aux amandes** ham/almond pastry

feuilleter [fœjte] ⇒ SYN ▸conjug 4◂ vt **a** pages, livre, magazine to leaf ou flick ou flip through; (fig: lire rapidement) to leaf ou skim ou glance through ◆ (dans une librairie) **vous pouvez feuilleter nos livres** feel free to browse

b (Culin) **feuilleter de la pâte** to turn and roll (puff ou flaky) pastry ◆ **cette pâte n'est pas assez feuilletée** this pastry hasn't been turned and rolled enough

feuilletis [fœjti] nm [diamant] girdle

feuilleton [fœjtɔ̃] ⇒ SYN nm **a** (Presse, Rad) (histoire à suivre) serial; (histoire complète) series (sg) ◆ **feuilleton télévisé** television serial ◆ **publié en feuilleton** serialized ◆ (fig) **ses amours, c'est un véritable feuilleton** his love life is like a soap opera

b (papier fort) cardstock

feuilletoniste [fœjtɔnist] nmf serial writer

feuillette [fœjɛt] nf cask, barrel *(containing 114-140 litres)*

feuillu, e [fœjy] ⇒ SYN **1** adj leafy

2 nm broad-leaved tree

feuillure [fœjyʀ] ⇒ SYN nf rebate, rabbet

feulement [følmɑ̃] ⇒ SYN nm growl

feuler [føle] ⇒ SYN ▸conjug 1◂ vi to growl

feutrage [føtʀaʒ] nm felting

feutre [føtʀ] ⇒ SYN nm (Tex) felt; (chapeau) felt hat, trilby (Brit), fedora (US); (stylo) felt-tip (pen), felt pen

feutré, e [føtʀe] ⇒ SYN (ptp de **feutrer**) adj **a** étoffe, surface felt-like, felt (épith); lainage matted

b (fig) atmosphère, bruit muffled ◆ **marcher à pas feutrés** to walk with a muffled tread, pad along ou about

feutrer [føtʀe] ⇒ SYN ▸conjug 1◂ **1** vt to line with felt, felt; lainage to mat; (fig: amortir) to muffle

2 vi to felt

3 se feutrer vpr to felt, mat ◆ **mon pull-over s'est feutré** my pullover has gone all matted ou has felted

feutrine [føtʀin] nf (lightweight) felt

fève [fɛv] nf **a** (Bot) broad bean ◆ **fève de cacao** cocoa bean

b [galette] charm *(hidden in cake for Twelfth Night)*

c (*: Can) bean ◆ **fèves jaunes** wax beans ◆ **fèves vertes** string ou French beans ◆ **fèves au lard** pork and beans, (baked) beans

féverole [fevʀɔl] nf horse bean

févier [fevje] nm honey locust

février [fevʀije] nm February; pour loc voir **septembre**

fez [fɛz] nm fez

FF (abrév de **franc français**) FF

FF **a** (abrév de **Fédération française de ...**) French Federation of ...

b abrév de **frères**

FFI [ɛfɛfi] nfpl (abrév de **Forces françaises de l'intérieur**) *French army of the Resistance, operating within France during World War II*

FFL [ɛfɛfɛl] nfpl (abrév de **Forces françaises libres**) Free French Army

Fg abrév de **faubourg**

fi [fi] ⇒ SYN excl (††, hum) bah!, pooh ◆ **faire fi de** autorité, conseils to flout; danger to snap one's fingers at

fiabiliser [fjabilize] ▸conjug 1◂ vt machine to make (more) reliable; méthode to make (more) accurate ou reliable

fiabilité [fjabilite] ⇒ SYN nf [chiffres] accuracy, reliability; [personne] reliability, dependability; [machine] reliability

fiable [fjabl] ⇒ SYN adj chiffres, méthode accurate, reliable; personne reliable, dependable; machine reliable

fiacre [fjakʀ] ⇒ SYN nm (hackney) cab ou carriage, hackney

fiançailles [fjɑ̃saj] ⇒ SYN GRAMMAIRE ACTIVE 24.2 nfpl engagement, betrothal (littér)

fiancé, e [fjɑ̃se] ⇒ SYN GRAMMAIRE ACTIVE 24.2 (ptp de **fiancer**) **1** adj engaged

2 nm (homme) fiancé ◆ (couple) **les fiancés** the engaged couple

3 fiancée nf fiancée

fiancer [fjɑ̃se] ⇒ SYN ▸conjug 3◂ **1** vt to betroth (littér) *(avec, à* to)

2 se fiancer vpr to become ou get engaged ou betrothed (littér) *(avec, à* to)

fiasco [fjasko] ⇒ SYN nm fiasco ◆ **être un fiasco** to be a fiasco ◆ **faire (un) fiasco** to turn out a fiasco

fiasque [fjask] ⇒ SYN nf wine flask

fiat [fjat] nm (Psych) fiat

fibranne [fibʀan] nf bonded fibre

fibre [fibʀ] ⇒ SYN nf **a** (lit: gén) fibre ◆ **dans le sens des fibres** with the grain ◆ **fibre de bois/carbone** wood/carbon fibre ◆ **fibres musculaires** muscle fibres ◆ **fibres nerveuses** nerve fibres ◆ **fibre de verre** fibreglass (Brit), fiberglass (US), Fiberglas® (US) ◆ **fibre optique** (câble) optical fibre; (procédé) fibre optics ◆ **câble en fibres optiques** fibre-optic cable ◆ **riche en fibres (alimentaires)** high in (dietary) fibre

b (fig: âme) **avoir la fibre maternelle/militaire** to be a born mother/soldier, have a strong maternal/military streak in one ◆ **faire jouer la fibre patriotique** to play on ou stir patriotic feelings

fibreux, -euse [fibʀø, øz] ⇒ SYN adj texture fibrous; viande stringy

fibrillaire [fibʀijɛʀ, fibʀi(l)lɛʀ] adj fibril(l)ar

fibrillation [fibʀijasjɔ̃] nf fibrillation

fibrille [fibʀij] nf fibril, fibrilla

fibrine [fibʀin] nf fibrin

fibrineux, -euse [fibʀinø, øz] adj fibrinous

fibrinogène [fibʀinɔʒɛn] nm fibrinogen

fibrinolyse [fibʀinɔliz] nf fibrinolysis

fibrinolytique [fibʀinɔlitik] adj fibrinolytic

fibroblaste [fibʀoblast] nm fibroblast

fibrociment ® [fibʀosimɑ̃] nm fibrocement

fibroïne [fibʀɔin] nf fibroin

fibromateux, -euse [fibʀɔmatø, øz] adj fibromatous

fibromatose [fibʀɔmatoz] nf fibromatosis

fibrome [fibʀom] → SYN nm fibroid, fibroma

fibromyome [fibʀomjom] nm fibromyoma

fibroscope [fibʀɔskɔp] nm fibrescope (Brit), fiberscope (US)

fibroscopie [fibʀɔskɔpi] nf *endoscopy produced by fibroscope*

fibrose [fibʀoz] nf fibrosis

fibule [fibyl] → SYN nf (broche) fibula

ficaire [fikɛʀ] nf lesser celandine, pilewort

ficelage [fis(ə)laʒ] nm (action) tying (up); (liens) string

ficelé, e [fis(ə)le] → SYN (ptp de **ficeler**) adj paquet, rôti tied up ◆ **ficelé comme un saucisson** tied up like a parcel ou in a bundle ◆ **être bien / mal ficelé** [personne] to be well / badly rigged out* (Brit) ou got up*; [texte, histoire] to be well ou tightly-structured / badly-structured

ficeler [fis(ə)le] → SYN ▸ conjug 4 ◂ vt **a** paquet, rôti, prisonnier to tie up
b (*: habiller) to rig out* (Brit), get up* ◆ **ta mère t'a drôlement ficelé!** that's some rig-out* (Brit) ou get-up* your mother has put you in!

ficelle [fisɛl] → SYN nf **a** (matière) string; (morceau) piece ou length of string; (pain) stick (of French bread); (arg Mil) stripe *(of officer)*
b LOC **tirer les ficelles** to pull the strings ◆ **connaître les ficelles du métier** to know the tricks of the trade, know the ropes ◆ **la ficelle est un peu grosse** you can see right through it

fichage [fiʃaʒ] nm ◆ **le fichage de la population** filing ou recording information on the population

fiche[1] [fiʃ] → SYN nf **a** (carte) (index) card; (feuille) sheet, slip; (formulaire) form ◆ **fiche client** (gén) customer card; [hôtel] guest history card ◆ **fiche d'état civil** *record of civil status*, ≃ birth and marriage certificate ◆ **fiche perforée** perforated card ◆ **fiche de paye** pay slip ◆ (Police) **fiche signalétique** identification sheet ◆ **mettre en fiche(s)** to index ◆ [magazine] **fiche-cuisine / -tricot** (pull-out) recipe / knitting pattern card
b (cheville) pin, peg; (Élec) (broche) pin; (prise) plug

fiche[2]* [fiʃ] vb → **ficher**[2]*

ficher[1] [fiʃe] → SYN ▸ conjug 1 ◂ **1** vt **a** (mettre en fiche) renseignements to file; suspects to put on file, data (US) ◆ **tous les meneurs sont fichés à la police** the police have files on all subversives
b (enfoncer) to stick in, drive in ◆ **ficher qch en terre** to drive sth into the ground
2 se ficher vpr to stick ◆ **la flèche s'est fichée dans la cible** the arrow embedded itself in the target ◆ **j'ai une arête fichée dans le gosier** I've got a fishbone stuck in my throat, a fishbone has got stuck in my throat

ficher[2]* [fiʃe] → SYN ▸ conjug 1 ◂ (ptp courant **fichu**) **1** vt **a** (faire) to do ◆ **qu'est-ce qu'il fiche, il est déjà 8 heures** what on earth ou what the heck* is he doing ou is he up to* – it's already 8 o'clock ◆ **qu'est-ce que tu as fichu aujourd'hui?** what have you been up to* ou what have you done today? ◆ **il n'a rien fichu de la journée** he hasn't done a darned* ou blinking* (Brit) thing all day, he hasn't done a stroke (Brit) all day*, he hasn't lifted a finger all day ◆ **(pour) ce que j'en ai à fiche, de leurs histoires** what's it to me, all this carry-on* of theirs?
b (donner) **ficher une trempe** ou **raclée à qn** to give sb a walloping* ◆ **ça me fiche la trouille** it gives me the jitters* ou the willies* ◆ **ce truc me fiche la migraine** this darned* ou blinking* (Brit) thing gives me a headache ◆ **fiche-moi la paix!** leave me alone! ◆ **eux, faire ça? je t'en fiche!** you think they'd do that? not a hope!* ou you'll be lucky!* ◆ **ça va nous ficher la poisse** that'll bring us bad luck ou put a jinx* on us ◆ **je vous fiche mon billet que ...** I bet you anything (you like) ou my bottom dollar* that ... ◆ **qui est-ce qui m'a fichu un idiot pareil!** of all the blinking (Brit) idiots!*, how stupid can you get!*
c (mettre) to put ◆ **fiche-le dans le tiroir** bung* (Brit) ou stick* it in the drawer ◆ **ficher qn à la porte** to chuck* ou kick* ou boot* sb out ◆ **se faire ficher** ou **fiche à la porte** to get o.s. chucked* ou kicked* out, get the push* ou the sack* ◆ **ficher qch par la fenêtre / à la corbeille** to chuck* sth out of the window / in the wastebasket ◆ **ce médicament me fiche à plat** this medicine knocks me right out* ou knocks me for six* (Brit) ◆ **ficher qch par terre** to send sth flying ◆ (fig) **ça fiche tout par terre** that mucks* ou messes everything up ◆ **ficher qch en l'air** to mess sth up, get sth in a mess ◆ **tout ficher en l'air** (envoyer promener) to chuck everything up* ◆ **ficher qn dedans** (emprisonner) to put sb inside*; (faire se tromper) to drop sb in it* ◆ **ça m'a fichu en colère** that really made me (hopping) mad*
d ficher le camp to clear off!*, shove off!⁑, push off* ◆ **fiche-moi le camp!** clear off!*, shove off!⁑, push off!*, beat it!*, scram!⁑
2 se ficher vpr **a** (se mettre) **attention, tu vas te ficher ce truc dans l'œil** careful, you're going to stick that thing in your eye ◆ (fig) **se ficher qch dans le crâne** to get sth into one's head ou noddle* ◆ (fig) **je me suis fichu dedans** I (really) boobed⁑ ◆ **se ficher par terre** to go sprawling, come a cropper* (Brit) ◆ **il s'est fichu en l'air avec sa bagnole de sport** he smashed himself up* in his sports car
b (se gausser) **se ficher de qn** to pull sb's leg ◆ **se ficher de qch** to make fun of sth ◆ (être indifférent) **se ficher de qn / de qch / de faire qch** not to give a darn about sb / about sth / about doing sth*, not to care two hoots about sb / about sth / about doing sth* ◆ (dépasser les bornes) **se ficher de qn** to mess sb about* (Brit) ◆ **laisse-le tomber, tu vois bien qu'il se fiche de toi** drop him – it's perfectly obvious that he's leading you on* ou he couldn't care less about you ◆ **il s'en fiche pas mal** he couldn't care less ou give a darn* (about it) ◆ **ah ça ils se fichent de nous, 50 F pour une bière!** what (on earth) do they take us for ou they really must think we're idiots, 50 francs for a beer! ◆ **il se fiche de nous, c'est la troisième fois qu'il se décommande** he's really messing us about* (Brit) ou he's giving us the runaround* – that's the third time he has cancelled his appointment ◆ **ce garagiste se fiche du monde!** that garage man is the absolute limit!* ou has got a flipping (Brit) ou darned nerve!*, who the heck* does that garage man think he is! ◆ **là, ils ne se sont vraiment pas fichus de nous** they really did us proud! ◆ **il s'en fiche comme de sa première chemise** ou **comme de l'an quarante** he couldn't care two hoots* ou tuppence* (Brit) (about it), what the heck does he care!*
c (⁑) **va te faire fiche!** get lost!*, go to blazes!*, take a running jump!* ◆ **j'ai essayé, mais je t'en fiche** ou **va te faire fiche! ça n'a pas marché** I did try but blow me* (Brit), it didn't work, I did try but I'll be darned if it worked* (US)

fichier [fiʃje] → SYN nm file; [bibliothèque] catalogue ◆ **fichier d'adresses** mailing list ◆ **fichier (informatisé)** data file ◆ (Ordin) **fichier maître** master file ◆ (Ordin) **fichier de travail** scratch ou work file

fichiste [fiʃist(ə)] → SYN nmf filing clerk

fichtre†* [fiʃtʀ] excl gosh!*

fichtrement†* [fiʃtʀəmɑ̃] adv dashed* (Brit), darned* ◆ **ça a coûté fichtrement cher** it was dashed (Brit) ou darned expensive*

fichu[1] [fiʃy] → SYN nm (head)scarf; (Hist: couvrant le corsage) fichu

fichu[2]**, e*** [fiʃy] → SYN (ptp de **ficher**[2]) adj **a** (avant n) (sale) temps, métier, idée darned*, wretched*; (mauvais) rotten*, lousy*, foul*; (sacré) one heck of a*, a heck of a* ◆ **avec ce fichu temps on ne peut rien faire** with this darned* ou wretched* weather we can't do a thing ◆ **il fait un fichu temps** the weather's rotten* ou lousy* ou foul*, what rotten* ou lousy* ou foul* weather ◆ **il a un fichu caractère** he's got a rotten* ou lousy* temper, he's a nasty piece of work* (Brit) ◆ **il y a une fichue différence** there's one heck of a ou a heck of a difference*
b (après n: perdu, détruit) malade, vêtement done for*; appareil done for*, bust* ◆ **il / ce veston est fichu** he / this jacket has had it* ou is done for* ◆ **avec ce temps, le pique-nique est fichu** with weather like this, we've had it for the picnic* ou the picnic has had it*
c (habillé) rigged out* (Brit), got up* ◆ **regarde comme il est fichu!** look at the way he's rigged out* (Brit) ou got up* ◆ **fichu comme l'as de pique** looking like a scarecrow
d (bâti, conçu) **elle est bien fichue** she's a smart piece⁑, she's a bit of all right⁑ (Brit) ◆ **cet appareil / ce livre est bien fichu** this is a clever little job / book* ◆ **cet appareil / ce livre est mal fichu** this gadget / book is badly put together ou is hopeless ◆ **il est tout mal fichu** he's a fright ◆ **comment c'est fichu ce truc?** how does this thing work?
e être mal fichu ou **pas bien fichu** [malade] to feel rotten*, be under the weather* ou out of sorts*; (euph) [femme] to have the curse*, be on the rag⁑ (US)
f (capable) **il est fichu d'y aller, tel que je le connais** knowing him, he's quite likely ou liable to go ou it's quite on the cards (Brit) that he'll go ◆ **il n'est (même) pas fichu de réparer ça** he hasn't even got the gumption to mend the thing*, he can't even mend the blinking (Brit) ou darned thing*

fictif, -ive [fiktif, iv] → SYN adj **a** (imaginaire) personnage, exemple imaginary ◆ **naturellement tout ceci est fictif** of course this is all imagined ou imaginary
b (faux) nom false, assumed, fictitious; adresse fictitious, false; promesse, sentiment false ◆ **créer une concurrence fictive en lançant une sous-marque** to stimulate artificial competition by launching a sub-brand
c (Fin) fictitious

fiction [fiksjɔ̃] → SYN nf **a** (imagination) fiction, imagination ◆ **cette perspective est encore du domaine de la fiction** this prospect still belongs in the realms of fiction ◆ **livre de fiction** work of fiction
b (fait imaginé) invention; (situation imaginaire) fiction; (roman) (work of) fiction, fictional work; (mythe) illusion, myth ◆ **heureusement, ce que je vous décris est une fiction** fortunately all that I've been telling you is imaginary

fictivement [fiktivmɑ̃] adv in fiction

ficus [fikys] nm ficus

fidéicommis [fideikɔmi] nm (Jur) (régime) trust; (fonction) trusteeship

fidéicommissaire [fideikɔmisɛʀ] nm (Jur) trustee

fidéisme [fideism] nm fideism

fidéiste [fideist] **1** adj fideistic
2 nmf fideist

fidèle [fidɛl] → SYN **1** adj **a** (loyal) faithful, loyal; époux faithful ◆ **fidèle serviteur / épée** trusty ou loyal servant / sword ◆ (lit, fig) **demeurer fidèle au poste** to be loyal ou faithful to one's post, stay at one's post ◆ **rester fidèle à** ami, femme to remain faithful ou true to; promesse to be ou remain faithful to, keep; principe, idée to remain true ou faithful to, stand by; habitude, mode to keep to; marque, produit to remain loyal to, stay ou stick* with ◆ **être fidèle à soi-même** to be true to o.s. ◆ **fidèle à lui-même** ou **à son habitude, il est arrivé en retard** true to form ou true to character he arrived late
b (habituel) lecteur, client regular, faithful ◆ **nous informons nos fidèles clients que ...** we wish to inform our customers that ...
c (exact) historien, narrateur, son, reproduction faithful; souvenir, récit, portrait, traduction faithful, accurate; mémoire, appareil, montre accurate, reliable ◆ **sa description est fidèle à la**

réalité his description is a true ou an accurate picture of the situation

2 nmf **a** (Rel) believer ◆ **les fidèles** (croyants) the faithful; (assemblée) the congregation

b (client) regular (customer); (lecteur) regular (reader) ◆ **je suis un fidèle de votre émission depuis 10 ans** I have been a regular listener to your programme for 10 years

c (adepte) [doctrine, mode, écrivain] follower, devotee

fidèlement [fidɛlmɑ̃] adv **a** (loyalement) faithfully, loyally

b (régulièrement) faithfully, regularly ◆ **j'écoute fidèlement vos émissions depuis 10 ans** I have been listening to your programmes regularly ou I have been a regular listener to your programmes for the past 10 years

c (scrupuleusement) faithfully

d (conformément à la réalité) faithfully, accurately ◆ **combat fidèlement décrit dans un livre** fight which is accurately described in a book

fidélisation [fidelizasjɔ̃] nf ◆ **fidélisation de la clientèle** development of customer loyalty

fidéliser [fidelize] ▸conjug 1◂ vt ◆ **fidéliser sa clientèle / son personnel** to establish ou develop customer / staff loyalty

fidélité [fidelite] → SYN nf (→ **fidèle**) faithfulness; loyalty; accuracy; reliability; (Comm: à un produit) loyalty, fidelity ◆ **la fidélité (conjugale)** marital fidelity → **jurer**

Fidji [fidʒi] nfpl ◆ **les (îles) Fidji** Fiji, the Fiji Islands

fidjien, -ienne [fidʒjɛ̃, jɛn] **1** adj Fiji, Fijian **2** nm,f ◆ **Fidjien(ne)** Fiji, Fijian

fiduciaire [fidysjɛʀ] **1** adj fiduciary ◆ **circulation fiduciaire** fiduciary circulation ◆ **héritier fiduciaire** heir, trustee ◆ **monnaie fiduciaire** fiat money ou fiduciary ◆ **société fiduciaire** trust company

2 nm (Jur) trustee

fiducie [fidysi] nf trust ◆ **société de fiducie** trust company

fief [fjɛf] → SYN nm (Hist) fief; (fig: zone d'influence) [firme, organisation] preserve; [parti, secte] stronghold; (hum: domaine) private kingdom ◆ **fief (électoral)** electoral stronghold ◆ (hum) **ce bureau est son fief** this office is his kingdom

fieffé, e [fjefe] → SYN adj menteur arrant

fiel [fjɛl] → SYN nm (lit, fig) gall, venom ◆ **propos pleins de fiel** words filled with venom ou gall

field [fjɛld] nm ⇒ **fjeld**

fielleux, -euse [fjelø, øz] → SYN adj venomous, rancorous, spiteful

fiente [fjɑ̃t] → SYN nm [oiseau] droppings (pl)

fienter [fjɑ̃te] ▸conjug 1◂ vi to make ou leave droppings

fier, fière [fjɛʀ] → SYN adj **a** (arrogant) proud, haughty ◆ **fier comme Artaban** ou **comme un coq** ou **comme un paon** (as) proud as a peacock ◆ **trop fier pour accepter** too proud to accept ◆ **faire le fier** (être méprisant) to be aloof, give o.s. airs; (faire le brave) to be full of o.s. ◆ **c'est quelqu'un de pas fier*** he's not stuck-up* ◆ **devant le danger, il n'était plus si fier** when he found himself faced with danger, he wasn't so full of himself any more → **fier-à-bras**

b (littér: noble) âme, démarche proud, noble ◆ **avoir fière allure** to cut a fine figure, cut a dash

c **fier de qch / de faire qch** proud of sth / to do sth ◆ **elle est fière de sa beauté** she's proud of her beauty ◆ **toute fière de sortir avec son papa** as proud as can ou could be to be going out with her daddy ◆ **il n'y a pas de quoi être fier** there's nothing to feel proud about ou to be proud of ou to boast about ◆ **je n'étais pas fier de moi** I didn't feel very proud of myself, I felt pretty small* ◆ **elle est fière qu'il ait réussi** she's proud he has succeeded

d (intensif: avant n) **fier imbécile** first-class ou prize* ou egregious idiot ◆ **fière canaille** out-and-out ou downright scoundrel ◆ **il a un fier toupet** he has the devil of a cheek* (Brit) ou nerve ◆ **je te dois une fière chandelle** I'm terribly indebted to you

e (littér: fougueux) cheval mettlesome ◆ **le fier Aquilon** the harsh ou chill north wind

fier (se) [fje] → SYN ▸conjug 7◂ vpr **a** (question de loyauté) **se fier à** allié, promesses, discrétion to trust ◆ **on ne peut pas se fier à lui** one cannot trust him, he's not to be trusted, he can't be trusted ◆ **ne vous fiez pas aux apparences / à ce qu'il dit** don't go by ou trust appearances / what he says ◆ **il a l'air calme mais il ne faut pas s'y fier** he looks calm but you can't trust that ou go by that

b (question de fiabilité) **se fier à** appareil, collaborateur, instinct, mémoire to trust, rely on, destin, hasard to trust to ◆ **ne te fie pas à ta mémoire, prends des notes** don't trust to memory, make notes

fier-à-bras, pl **fiers-à-bras** [fjɛʀabʀɑ] → SYN nm braggart

fièrement [fjɛʀmɑ̃] adv (dignement) proudly; (*†: extrêmement) devilishly*†

fiérot, e* [fjeʀo, ɔt] adj cocky* ◆ **faire le fiérot** to show off ◆ **tout fiérot (d'avoir gagné / de son succès)** as pleased as Punch (about winning / about ou at his success)

fierté [fjɛʀte] → SYN nf (gén) pride; (péj: arrogance) pride, haughtiness ◆ **tirer fierté de** to get a sense of pride from ◆ **sa fierté est d'avoir réussi tout seul** he takes pride in having succeeded all on his own ◆ **son jardin est sa fierté** his garden is his pride and joy ◆ **je n'ai pas accepté son aide, j'ai ma fierté!** I didn't accept his help – I have my pride!

fiesta* [fjɛsta] nf rave-up* ◆ **faire la** ou **une fiesta** to have a rave-up*

fieu [fjø] nm († ou dial) son, lad

fièvre [fjɛvʀ] → SYN nf **a** (température) fever, temperature ◆ **avoir un accès de fièvre** to have a bout of fever ◆ **avoir (de) la fièvre / beaucoup de fièvre** to have ou run a temperature / a high temperature ◆ **avoir 39 de fièvre** to have a temperature of 104(°F) ou 39(°C) ◆ **une fièvre de cheval*** a raging fever ◆ **il a les yeux brillants de fièvre** his eyes are bright with fever ◆ **bouton de fièvre** cold sore, fever blister ou sore

b (maladie) fever ◆ **fièvre jaune / typhoïde** yellow / typhoid fever ◆ **fièvre aphteuse** foot-and-mouth disease ◆ **fièvre quarte** quartan fever ou ague ◆ **avoir les fièvres** to have marsh fever

c (fig: agitation) fever, excitement ◆ **parler avec fièvre** to speak excitedly ◆ **dans la fièvre du départ** in the heat of departure, in the excitement of going away ◆ **la fièvre de l'or / des élections** gold / election fever

d (fig: envie) fever ◆ **être pris d'une fièvre d'écrire** to be seized with a frenzied ou feverish urge to write

fiévreusement [fjevʀøzmɑ̃] adv feverishly, excitedly

fiévreux, -euse [fjevʀø, øz] → SYN adj (Méd, fig) feverish

FIFA [fifa] nf (abrév de **Fédération internationale de football association**) FIFA

fifille†* [fifij] nf little girl ◆ (péj) **fifille à sa maman** mummy's (Brit) ou mommy's (US) little girl

fifre [fifʀ] → SYN nm (instrument) fife; (joueur) fife player

fifrelin† [fifʀəlɛ̃] nm ◆ **ça ne vaut pas un fifrelin** that's not worth a farthing (Brit) ou nickel (US)

fifty-fifty* [fiftififti] loc adv ◆ **faire fifty-fifty** to go fifty-fifty*

figaro† [figaʀo] nm (hum) barber

figé, e [fiʒe] → SYN (ptp de **figer**) adj style stilted, fixed; manières stiff, constrained; société, mœurs rigid, ossified; attitude, sourire set, fixed; (Ling) forme, phrase fossilized ◆ **être figé dans des structures anciennes** to be set rigidly in outdated structures ◆ (Ling) **expression figée** set expression

figement [fiʒmɑ̃] nm (→ **figer**) congealing; clotting, coagulation

figer [fiʒe] → SYN ▸conjug 3◂ **1** vt huile, sauce to congeal; sang to clot, coagulate, congeal ◆ **le cri le figea sur place** the cry froze ou rooted him to the spot ◆ **figé par la peur** terror-stricken ◆ **histoire à vous figer le sang** bloodcurdling story, story to make one's blood run cold ◆ **figé par la mort** rigid in death

2 vi [huile] to congeal; [sang] to clot, coagulate, congeal

3 **se figer** vpr [sauce, huile] to congeal; [sang] to clot, coagulate, congeal; [sourire, regard] to freeze; [visage] to stiffen, freeze ◆ **il se figea au garde-à-vous** he stood rigidly ou he froze to attention ◆ (fig) **son sang se figea dans ses veines** his blood froze in his veins

fignolage* [fiɲɔlaʒ] nm touching up, polishing up

fignoler* [fiɲɔle] ▸conjug 1◂ vt (soigner) to polish up, put the finishing touches to ◆ **ça c'est du travail fignolé** that's a really neat job* ◆ **c'est une voiture fignolée** this car is nicely finished off

fignoleur, -euse [fiɲɔlœʀ, øz] nm,f meticulous worker

figue [fig] → SYN nf (Bot) fig ◆ **figue de Barbarie** prickly pear ◆ **figue de mer** (edible) sea squirt

figuier [figje] nm fig tree ◆ **figuier de Barbarie** prickly pear ◆ **figuier banian** banyan tree

figuline [figylin] nf (vase) figuline

figurant, e [figyʀɑ̃, ɑ̃t] → SYN nm,f (Ciné) extra; (Théât) walk-on, supernumerary; (fig) (pantin) puppet, cipher; (complice) stooge ◆ **avoir un rôle de figurant** (dans un comité, une conférence) to be a puppet ou cipher, play a minor part, be a mere onlooker; (dans un crime etc) to be a stooge; (Ciné) to be an extra; (Théât) to have a walk-on part

figuratif, -ive [figyʀatif, iv] **1** adj **a** art, peinture representational, figurative; peintre, tableau representational

b plan, écriture figurative

2 nm,f representational artist

figuration [figyʀasjɔ̃] → SYN nf **a** (Théât) (métier) playing walk-on parts; (rôle) walk-on (part); (figurants) walk-on actors; (Ciné) (métier) working as an extra; (rôle) extra part; (figurants) extras ◆ **faire de la figuration** (Théât) to do walk-on parts; (Ciné) to work as an extra

b (représentation) representation

figurativement [figyʀativmɑ̃] adv diagrammatically

figure [figyʀ] → SYN **1** nf **a** (visage) face; (mine) face, countenance (frm) ◆ **sa figure s'allongea** his face fell → **casser, chevalier**

b (personnage) figure ◆ **figure équestre** equestrian figure ◆ **les grandes figures de l'histoire** the great figures of history ◆ (Cartes) **les figures** the court ou face cards

c (image) illustration, picture; (Danse, Ling, Patinage) figure; (Math: tracé) diagram, figure ◆ **figure géométrique** geometrical figure ◆ **faire une figure** to draw a diagram

d LOC **faire figure de favori** to be generally thought of as the favourite, be looked on as the favourite ◆ **faire figure d'idiot** to look a fool ◆ **faire figure dans le monde††** to cut a figure in society† ◆ **faire bonne figure** to put up a good show ◆ **faire triste figure à** to give a cool reception to, greet unenthusiastically ◆ **faire triste** ou **piètre figure** to cut a sorry figure, look a sorry sight ◆ **il n'a plus figure humaine** he is disfigured beyond recognition ◆ [construction, projet] **prendre figure** to take shape

2 COMP ▷ **figure de ballet** balletic figure ▷ **figure chorégraphique** choreographic figure ▷ **figures imposées** (Patinage) compulsory figures ▷ **figures libres** freestyle (skating) ▷ **figure mélodique** (Mus) figure ▷ **figure de proue** (Naut) figurehead; (fig: chef) key figure, figurehead ▷ **figure de rhétorique** rhetorical figure ▷ **figure de style** stylistic device

figuré, e [figyʀe] → SYN (ptp de **figurer**) adj langage, style, sens figurative, metaphorical; prononciation symbolized; plan, représentation diagrammatic; (Archit) figured ◆ **mot employé au figuré** word used figuratively ou in the figurative ◆ **au propre comme au figuré** in the literal as well as the metaphorical ou figurative sense

figurément [figyʀemɑ̃] adv figuratively, metaphorically

figurer [figyʀe] → SYN ▸ conjug 1 ◂ 1 vt to represent ◆ **le peintre l'avait figuré sous les traits de Zeus** the painter had shown ou represented him in the guise of Zeus ◆ **la scène figure un palais** the scene is a palace ◆ **la balance figure la justice** scales are the symbol of justice

2 vi a (être mentionné) to appear ◆ **mon frère figure parmi les gagnants** my brother is listed among the winners ou is in the list of the winners ◆ **son nom figure en bonne place / ne figure pas parmi les gagnants** his name is high up amongst / does not appear amongst the winners ◆ **figurer sur une liste / dans l'annuaire** to appear on a list / in the directory ◆ **cet article ne figure plus sur votre catalogue** this item is no longer featured ou listed in your catalogue

b (Théât) to have a walk-on part; (Ciné) to be an extra

3 **se figurer** vpr to imagine ◆ **figurez-vous une grande maison** picture ou imagine a big house ◆ **si tu te figures que tu vas gagner** if you fancy ou imagine you're going to win ◆ **figurez-vous que j'allais justement vous téléphoner** would you believe it ou it so happens I was just about to phone you ◆ **je ne tiens pas à y aller, figure-toi!** I'm not particularly keen on going, believe you me*, believe it or not, I've no particular desire to go ◆ **tu ne peux pas te figurer comme il est bête** you can't (begin to) believe ou imagine how stupid he is

figurine [figyʀin] → SYN nf figurine

figuriste [figyʀist] nmf maker of plaster figures

fil [fil] → SYN 1 nm a (brin) [coton, nylon] thread; [laine] yarn; [cuivre, acier] wire; [haricots, marionnette] string; [araignée] thread; [bouilloire, rasoir électrique] cord ◆ (fig) **les fils d'une affaire** the ins and outs of an affair, the threads of an affair ◆ **il tient dans sa main tous les fils de l'affaire** he has his hands on all the strings ◆ (Tex) **fil de trame / de chaîne** weft / warp yarn ◆ **tu as tiré un fil à ton manteau** you have pulled a thread in your coat ◆ **ramasser un fil** to pick up a thread ◆ (fig: téléphone) **j'ai ta mère au bout du fil** I have your mother on the line ou phone ◆ **coup de fil*** (phone) call ◆ **donner** ou **passer un coup de fil à qn*** to give sb a ring ou call ou buzz* ◆ **téléphone sans fil** cordless phone ◆ **haricots pleins de fils / sans fils** stringy / stringless beans → **inventer** etc

b (Tex: matière) linen ◆ **chemise de fil** linen shirt ◆ **chaussettes pur fil (d'Écosse)** lisle socks

c (sens) [bois, viande] grain ◆ **couper dans le sens du fil** to cut with the grain ◆ **dans le sens contraire du fil** against the grain → **droit**[2]

d (tranchant) edge ◆ **donner du fil à un rasoir** to give an edge to a razor ◆ (fig) **être sur le fil du rasoir** to be on the razor's edge ou on a razor-edge ◆ (Littérat) **"Le Fil du Rasoir"** "The Razor's Edge" ◆ **passer un prisonnier au fil de l'épée** to put a prisoner to the sword

e (cours) [discours, pensée] thread ◆ **suivre / interrompre le fil d'un discours / de ses pensées** to follow / interrupt the thread of a speech / one's thoughts ◆ **tu m'as interrompu et j'ai perdu le fil** you've interrupted me and I've lost the thread ◆ **au fil des jours / des ans** with the passing days / years, as the days / years go (ou went) by ◆ **raconter sa vie au fil de ses souvenirs** to tell one's life story as the memories drift back ◆ **suivre le fil de l'eau** to follow the current ◆ **le bateau / papier s'en allait au fil de l'eau** the boat / paper was drifting away with ou on the stream ou current

f LOC **maigre** ou **mince comme un fil** as thin as a rake ◆ **donner du fil à retordre à qn** to give sb a headache, make life difficult for sb ◆ **avoir un fil à la patte*** to be tied down ◆ **ne tenir qu'à un fil** to hang by a thread ◆ **de fil en aiguille** one thing leading to another, gradually

2 COMP ▷ **fil d'Ariane** (Myth) Ariadne's thread; (fig) vital lead ▷ **fil conducteur** [enquête] vital lead; [récit] main theme ou thread ▷ **fil à coudre** (sewing) thread ▷ **fil à couper le beurre** cheesewire ▷ **fil dentaire** dental floss ▷ **fil électrique** electric wire ▷ **fil de fer** wire ◆ (fig) **avoir les jambes comme des fils de fer** to have legs like matchsticks ▷ **fil de fer barbelé** barbed wire ▷ **fil (à linge)** (washing ou clothes) line ▷ **fil (à pêche)** (fishing) line ▷ **fil à plomb** plumbline ▷ **fil rouge: le fil rouge de ses émissions** the common theme linking his programmes ▷ **fil de soie dentaire** ⇒ **fil dentaire** ▷ **fil à souder** soldering wire ▷ **fil de terre** earth wire (Brit), ground wire (US) ▷ **fils de la vierge** gossamer (NonC), gossamer threads

fil-à-fil [filafil] nm inv (Tex) pepper-and-salt (fabric)

filage [filaʒ] nm [laine] spinning; (Ciné) ghost image; (Théât) run-through

filaire[1] [filɛʀ] nf (Zool) filaria

filaire[2] [filɛʀ] adj (Mil) telegraphic

filament [filamɑ̃] → SYN nm (Bio, Élec) filament; [glu, bave] strand, thread

filamenteux, -euse [filamɑ̃tø, øz] adj filamentous

filandière [filɑ̃djɛʀ] nf (hand-)spinner

filandreux, -euse [filɑ̃dʀø, øz] → SYN adj viande stringy; discours, explication long-winded

filant, e [filɑ̃, ɑ̃t] adj liquide free-running; (Méd) pouls very weak → **étoile**

filao [filao] nm beefwood

filariose [filaʀjoz] nf filariasis

filasse [filas] → SYN 1 nf tow

2 adj inv ◆ **cheveux (blonds) filasse** tow-coloured hair

filateur [filatœʀ] nm mill owner

filature [filatyʀ] nf a (Tex) (action) spinning; (usine) mill

b (surveillance) shadowing (NonC), tailing* (NonC) ◆ **prendre qn en filature** to shadow sb, put a tail on sb*

fil(-)de(-)fériste, pl **fil(s)(-)de(-)féristes** [fildəfeʀist] nmf high-wire artist

file [fil] → SYN nf [personnes, objets] line ◆ **file (d'attente)** queue (Brit), line (US) ◆ **file de voitures** (en stationnement) line of cars; (roulant) line ou stream of cars ◆ (Aut) **se mettre sur** ou **prendre la file de gauche / droite** to move into the left-hand / right-hand lane ◆ **se garer en double file** to double-park ◆ **il est en double file** he's double-parked ◆ **se mettre en file** to line up ◆ **se mettre à la file, prendre la file** to join the queue (Brit) ou the line (US) ◆ **marcher à la file** ou **en file** to walk in line ◆ **entrer / sortir en file** ou **à la file** to file in / out ◆ **en file indienne** in single ou Indian file ◆ **chanter plusieurs chansons à la file** to sing several songs in succession ou one after the other → **chef**[1]

filé [file] nm (Tex) thread, yarn ◆ **filé d'or / d'argent** golden / silver thread

filer [file] → SYN ▸ conjug 1 ◂ 1 vt a laine, coton, acier, verre to spin; [araignée, chenille] to spin ◆ (fig) **filer un mauvais coton** (au physique) to be in a bad way; (au moral) to get into bad ways ◆ **verre filé** spun glass

b (prolonger) image, comparaison to spin out; son, note to draw out ◆ (fig) **filer le parfait amour** to spin out love's sweet dream ◆ **métaphore filée** long-drawn-out metaphor ◆ **filer une pièce de théâtre** to run through a play

c (Police etc: suivre) to shadow, tail* ◆ **filer le train à qn*** to be hard ou close on sb's heels

d (Naut) amarre to veer out ◆ **navire qui file 20 nœuds** ship which does 20 knots

e (*: donner) **filer à qn de l'argent / un objet** to slip sb some money / an object ◆ **filer à qn une maladie** to land sb with an illness*, pass on an illness to sb ◆ **filer à qn un coup de poing** to punch sb, give sb a punch ◆ **file-toi un coup de peigne** run a comb through your hair

f (démailler) bas, collant to ladder (Brit), get a run in

2 vi a [liquide, sirop] to run, trickle; [fromage] to run; [lampe, flamme] to smoke ◆ **il faisait filer du sable entre ses doigts** he was running ou trickling sand through his fingers

b (*: courir, passer) [personne] to fly* by ou past, dash by ou past; [train, voiture] to fly by; [cheval, temps] to fly (by) ◆ **filer bon train / comme le vent / à toute allure** to go at a fair speed / like the wind / at top speed ◆ **il fila comme une flèche devant nous** he darted ou zoomed* straight past us ◆ **filer à la poste / voir qn** to dash to the post office / to see sb

c (*: s'en aller) to go off ◆ **le voleur avait déjà filé** the thief had already made off* ◆ **il faut que je file** I must dash ou fly* ◆ **file dans ta chambre** off to your room with you ◆ **allez, file, garnement!** clear off, pest!* ◆ **filer à l'anglaise** to take French leave (Brit), run off ou away ◆ **filer entre les doigts de qn** [poisson] to slip between sb's fingers; [voleur, fig: argent] to slip through sb's fingers ◆ **les billets de 100 F, ça file vite** 100 F notes disappear in no time ◆ **filer doux** to behave (o.s. nicely), keep a low profile*

d (se démailler) [maille] to run; [bas, collant] to ladder (Brit), run

e [monnaie] to slide, slip ◆ **laisser filer le dollar** to let the dollar slide

filet [filɛ] → SYN nm a (petite quantité) [eau, sang] dribble, trickle; [fumée] wisp; [lumière] (thin) shaft ou streak; [trait] thin line ◆ **il avait un filet de voix** his voice was very thin ◆ **mettez un filet de vinaigre** add a drop ou a dash of vinegar

b [poisson] fillet; [viande] fillet (Brit) ou filet (US) steak ◆ **un rôti dans le filet** a roasting joint (from rump and sirloin) (Brit), a roast (US) ◆ **filet mignon** fillet (Brit) ou filet (US) mignon ◆ (Belg) **filet américain** steak tartare

c (nervure) [langue] frenum; [pas de vis] thread; (Typ) rule; (Archit) fillet, list(el) ◆ **filets nerveux** nerve endings

d (Pêche, Sport) net ◆ **filet (à provisions)** string bag ◆ **filet (à bagages)** (luggage) rack ◆ **filet à crevettes / à papillons / à cheveux / à poissons** ou **de pêche** shrimping / butterfly / hair / fishing net, fishnet (US) ◆ **filet dérivant** drift net ◆ (Ftbl) **envoyer la balle au fond des filets** to send the ball into the back of the net ◆ (Tennis) **filet!** let! ◆ (Tennis) **envoyer la balle dans le filet** to put the ball into the net, net the ball ◆ (Tennis) **monter au filet** (lit) to get up to the net ◆ (fig) **il a dû monter au filet pour défendre son projet** he had to go out on a limb ou to stick his neck out to defend his proposal ◆ **travailler sans filet** [acrobates] to perform without a safety net; (fig) to be out on one's own ◆ **tendre un filet** [chasseur] to set a snare; [police] to set a trap ◆ **le filet se resserre** the net is closing in ou tightening ◆ (fig) **coup de filet** haul ◆ (fig) **attirer qn dans ses filets** to ensnare sb

filetage [filtaʒ] nm (action) threading; [pas de vis] thread

fileté [filte] nm *type of cotton fabric*

fileter [filte] ▸ conjug 5 ◂ vt vis, tuyau to thread

fileur, -euse [filœʀ, øz] nm,f spinner

filial, e, mpl **-iaux** [filjal, jo] 1 adj filial

2 **filiale** nf (Comm) subsidiary (company) ◆ **filiale commune** joint venture ◆ **filiale à cent pour cent** wholly-owned subsidiary

filialement [filjalmɑ̃] adv with filial devotion

filialisation [filjalizasjɔ̃] nf [activité] transfer to a subsidiary

filialiser [filjalize] ▸ conjug 1 ◂ vt activité to transfer to a subsidiary

filiation [filjasjɔ̃] → SYN nf [personnes] filiation; [idées, mots] relation ◆ **être issu de qn par filiation directe** to be a direct descendant of sb

filière [filjɛʀ] → SYN nf a [carrière] path(way); [administration] channels, procedures; [recel, drogue] network ◆ (métier) **la filière électronique** careers in electronics ◆ (Univ) **les nouvelles filières** new subjects ◆ **la filière administrative** the administrative procedures ou channels ◆ **passer par** ou **suivre la filière pour devenir directeur** to work one's way up to become a director ◆ **de nouvelles filières sont offertes aux jeunes ingénieurs** new paths are open to young engineers ◆ **les policiers ont réussi à remonter toute la filière** the police have managed to trace the network right through to the man at the top ◆ **on a découvert de nouvelles filières pour le passage de la drogue** new channels for drug trafficking have been discovered

b (Tech) (pour étirer) drawplate; (pour fileter) screwing die

filiforme [filifɔʀm] → SYN adj antenne, patte threadlike, filiform (spéc); (*) jambes spindly; (*) corps spindly, lanky; (Méd) pouls thready

filigrane [filigʀan] nm [papier, billet] watermark; [objet] filigree • **en filigrane** (lit) as a watermark, filigree (épith); (fig) just beneath the surface • **sa haine apparaissait en filigrane dans ses paroles** there was veiled hatred in his words

filigraner [filigʀane] ▸ conjug 1 ◂ vt papier, billet to watermark; objet to filigree

filin [filɛ̃] → SYN nm rope

filipendule [filipɑ̃dyl] nf meadowsweet

fille [fij] → SYN 1 nf a (opp de fils) daughter • **la fille de la maison** the daughter of the house • (souvent péj) **la fille Martin** the Martin girl* • (littér) **la peur, fille de la lâcheté** fear, the daughter of cowardice • (Rel) **oui, ma fille** yes, my child • **elle est bien la fille de son père / de sa mère!** she's her father's / mother's daughter all right!* → **jouer**

b (opp de **garçon**) (enfant) girl; (femme) woman; (†: vierge) maid† • **c'est une grande / petite fille** she's a big / little girl • **elle est belle fille** she's a good-looking girl • **c'est une bonne** ou **brave fille** she's a nice girl ou a good sort • **elle n'est pas fille à se laisser faire** she's not the type to let herself ou the type of girl who lets herself be messed about • **être encore / rester fille†** to be still / stay unmarried • **mourir fille†** to die an old maid → **jeune, vieux**

c (servante) **fille de ferme** farm girl • **fille d'auberge / de cuisine** serving / kitchen maid • **ma fille††** my girl

d († péj: prostituée) whore • **fille en carte** registered prostitute

e LOC **tu es si naïve, ma pauvre fille!** poor dear, you're so naïve!

2 COMP ▷ **fille d'Ève*** daughter of Eve ▷ **fille d'honneur** (Hist) maid of honour ▷ **fille de joie** loose woman ▷ **fille publique** streetwalker ▷ **fille des rues** streetwalker ▷ **fille de salle** (restaurant) waitress; (hôpital) ward orderly ▷ **fille à soldats** (péj †) soldiers' whore ▷ **fille soumise†** ≃ registered prostitute

fille-mère, pl **filles-mères** [fijmɛʀ] nf (péj) unmarried mother

fillér [filɛʀ] nm fillér

fillette [fijɛt] nf a (little) girl • **rayon fillettes** girls' department • (hum) **il chausse du 42 fillette*** he has boats for feet*

b (bouteille) (half-)bottle

filleul [fijœl] nm godson, godchild • **filleul de guerre** adoptive son *(in wartime)*

filleule [fijœl] nf goddaughter

film [film] → SYN nm a (Ciné) (pellicule) film; (œuvre) film, picture*, movie* • **le grand film†** the feature film, the main picture • (genre) **le film fantastique / d'avant-garde** fantasy / avant-garde films • **film d'animation** cartoon film • **film doublé** dubbed film • **film muet / parlant** silent / talking film • **film en version originale** film with the original soundtrack • **film à succès** box-office success, blockbuster* • **film à sketches** film made up of sketches • **film biographique** biopic • **film d'horreur** ou **d'épouvante** horror film • **film publicitaire** (publicité) advertising film; (film promotionnel) promotional film • (fig) **repasser le film des événements (de la journée)** to go over the sequence of the day's events

b (mince couche) film • **film alimentaire (transparent)** Clingfilm®, clingwrap, Saranwrap® • **film plastique de congélation** freezer film

filmage [filmaʒ] nm (→ **filmer**) (Ciné) filming; shooting

filmer [filme] → SYN ▸ conjug 1 ◂ vt personne, paysage to film; film, scène to film, shoot • **théâtre filmé** drama on film

filmique [filmik] adj film (épith), cinematic • **l'œuvre filmique de Renoir** Renoir's film work

filmographie [filmɔgʀafi] nf filmography

filmologie [filmɔlɔʒi] nf film studies

filmothèque [filmɔtɛk] nf microfilm library

filocher [filɔʃe] ▸ conjug 1 ◂ vt (arg Police) to shadow, tail*

filoguidé, e [filogide] adj wire-guided

filon [filɔ̃] → SYN nm (Minér) vein, seam, lode; (*: combine) cushy number* • (fig) **trouver le filon** to strike it lucky ou rich • **on n'a pas fait de recherches sur ce sujet, c'est un filon qu'il faudrait exploiter** no research has been done on that subject – it's a line worth developing • **il exploite ce filon depuis des années** he's worked that seam for years, that (theme ou line) has been a real money-spinner for him for years • **être dans l'immobilier c'est un bon filon** it's a cushy number* ou a soft option* dealing in property ou real estate

filou [filu] → SYN nm (escroc) rogue, swindler; (enfant espiègle) rogue

filouter* [filute] ▸ conjug 1 ◂ 1 vt personne to cheat, do* (Brit), diddle* (Brit) (hum); argent, objets to snaffle*, filch* • **il m'a filouté (de) 10 F** he has cheated ou diddled (Brit) me out of 10 francs*

2 vi (tricher) to cheat • **il est difficile de filouter avec le fisc** it's hard to diddle (Brit) ou cheat the taxman*

filouterie [filutʀi] → SYN nf fraud (NonC), swindling (NonC)

fils [fis] → SYN 1 nm son • **le fils de la maison** the son of the house • **M. Martin fils** young Mr Martin • (Comm) **Martin fils** Mr Martin junior • (Comm) **Martin et Fils** Martin and Son (ou Sons) • **le fils Martin** the Martin boy • **elle est venue avec ses 2 fils** she came with her 2 sons ou boys • **c'est bien le fils de son père** he's very much his father's son, he's a chip off the old block • (frm) **les fils de la France / de Charlemagne** the sons of France / of Charlemagne • (frm) **être le fils de ses œuvres** to be a self-made man • (Rel) **oui, mon fils** yes, my son • (Rel) **le Fils de l'homme / de Dieu** the Son of Man / of God • **fils de garce!**‡† son of a bitch!‡

2 COMP ▷ **fils de famille** young man of means ou with money ▷ **fils à papa** (péj) daddy's boy ▷ **fils spirituel** spiritual son

filtrage [filtʀaʒ] → SYN nm [liquide] filtering; (Élec) filtration; [nouvelles, spectateurs] screening

filtrant, e [filtʀɑ̃, ɑ̃t] adj substance filtering (épith); pouvoir of filtration; verre filter (épith) • **virus filtrant** filterable virus

filtrat [filtʀa] nm filtrate

filtration [filtʀasjɔ̃] nf [liquide] filtering, filtration

filtre [filtʀ] → SYN nm (gén, Chim, Élec, Opt) filter; [cafetière] filter; [cigarette] filter tip • **filtre à café** coffee filter • **papier-filtre** filter paper • **(café)filtre** (filter) coffee • **cigarette avec filtre** filter-tipped cigarette • **« avec ou sans filtre ? »** "tipped or plain?" • [voiture] **filtre à air / huile / essence** air / oil / fuel filter

filtre-presse, pl **filtres-presses** [filtʀəpʀɛs] nm filter press

filtrer [filtʀe] → SYN ▸ conjug 1 ◂ 1 vt liquide, lumière, son to filter; nouvelles, spectateurs to screen

2 vi [liquide] to filter (through), seep through; [lumière, son] to filter through; [nouvelles] to leak out, filter through

fin[1], fine[1] [fɛ̃, fin] → SYN

1 adj a (mince) tranche, couche, papier, tissu thin; cheveux, sable, poudre, papier de verre fine; pointe, pinceau fine; bec d'oiseau thin, pointed; lame sharp, keen; écriture small, fine; taille, doigt, jambe slender, slim • **plume fine** fine pen • **petits pois fins / très fins** high-quality / top-quality garden peas • **une petite pluie fine** a fine drizzle → **peigne, sel**

b (raffiné, supérieur) lingerie, porcelaine, travail fine, delicate; traits, visage fine; silhouette, membres neat, shapely; produits, aliments high-class, top-quality; mets choice, exquisite; souliers fine-leather; or, pierres fine • **faire un repas fin** to have a superb ou an exquisite meal • **vins fins** fine wines • **perles fines** real pearls • **fine fleur de froment** finest wheat flour • **la fine fleur de l'armée française** the pride ou flower of the French army • **le fin du fin** the last word ou the ultimate (*de* in) → **épicerie, partie[2]**

c (très sensible) vue, ouïe sharp, keen; goût, odorat fine, discriminating • **avoir l'oreille** ou **l'ouïe fine** to have a keen ear, have keen hearing → **nez**

d (subtil) personne subtle, astute; esprit, observation shrewd, sharp; allusion, nuance subtle; sourire wise, shrewd • **faire des plaisanteries fines sur qch** to joke wittily about sth • **il n'est pas très fin** he's not very bright • **ce n'est pas très fin de sa part** it's not very clever of him • (iro) **comme c'est fin!** that really is clever! (iro) • (iro) **c'est fin ce que tu as fait!** that was clever of you! (iro) • **il se croit plus fin que les autres** he thinks he's smarter than everybody else • **bien fin qui pourrait le dire** it would take a shrewd man to say that • **tu as l'air fin!** you look a prize idiot!* • **jouer au plus fin avec qn** to try to outsmart sb

e (avant n: très habile, connaisseur) expert • **fin connaisseur** connoisseur • **fine cuisinière** skilled cook • **fin gourmet, fine bouche** ou **gueule*** gourmet, epicure • **fine lame** expert swordsman • **fin stratège** expert strategist • **fin tireur** crack shot • **fin voilier** fast yacht → **bec**

f (avant n: intensif) **au fin fond de la campagne** right in the heart of the country, in the depths of the country • **au fin fond du tiroir** right at the back of the drawer • **du fin fond de ma mémoire** from the depths ou recesses of my memory • **savoir le fin mot de l'histoire** to know the real story (behind it all)

2 adv moudre, tailler finely; (Billard) fine • **écrire fin** to write small • **fin prêt** quite ou all ready • **fin soûl** dead ou blind drunk*

3 COMP ▷ **fines herbes** (sweet) herbs, fines herbes ▷ **fin limier** (keen) sleuth ▷ **fine mouche, fin renard** sharp customer → aussi 1e

fin[2] [fɛ̃] → SYN GRAMMAIRE ACTIVE 26.4 1 nf a (gén) end; [année, réunion] end, close; [compétition] end, finish, close • [film, roman] **(F)fin** The End • **vers** ou **sur la fin** towards the end • **le quatrième en partant de** ou **en commençant par la fin** the fourth from the end, the last but three (Brit) • **fin juin, à la fin (de) juin** at the end of June • (Comm) **fin courant** at the end of the current month • **jusqu'à la fin** to the very end • **jusqu'à la fin des temps** ou **des siècles** until the end of time • **la fin du monde** the end of the world • **avoir des fins de mois difficiles** to have difficulty making ends meet at the end of the month, run short of money at the end of the month • **en fin de semaine** towards ou at the end of the week • **on n'en verra jamais la fin** we'll never see the end of this • **à la fin il a réussi à se décider** he eventually managed ou in the end he managed to make up his mind • **tu m'ennuies, à la fin!*** you're getting on my nerves now!, you're beginning to get on my nerves! • **en fin d'après-midi** towards the end of the afternoon, in the late afternoon • **en fin de liste** at the end of the list • **en fin de compte** (tout bien considéré) when all is said and done, in the end, at the end of the day, in the last analysis; (en conclusion) in the end, finally • **sans fin** (adj) endless; (adv) endlessly • **arriver en fin de course** [vis] to screw home; [piston] to complete its stroke; [batterie] to wear out; (*) [personne] to be worn out, come to the end of the road • (Bourse) **en fin de séance** at the close • **chômeur en fin de droits** *unemployed person who is no longer entitled to receive unemployment benefit* • **prendre fin** [réunion] to come to an end; [contrat] to terminate, expire (*le* on) • **être sur sa fin, toucher à** ou **tirer à sa fin** to be coming to an end, be drawing to a close • **on arrive à la fin du spectacle** it's getting near the end of the show, the show is coming to an end • **mettre fin à** to put an end to, end • **mettre fin à ses jours** to put an end to one's life • **mener qch à bonne fin** to pull sth off, bring sth to a successful conclusion, deal successfully with sth, carry sth off successfully • **faire une fin** to settle down → **début, mot** etc

b (ruine) end • **c'est la fin de tous mes espoirs** that's the end of all my hopes • **c'est la fin de tout*** ou **des haricots*** that's the last straw!

c (mort) end, death • **avoir une fin tragique** to die a tragic death, meet a tragic end • **il a** eu une belle fin he had a fine end ◆ **la fin approche** the end is near ou nigh

d (but) end, aim, purpose; (Philos) end ◆ **fin en soi** end in itself ◆ (Prov) **la fin justifie les moyens** the end justifies the means ◆ **il est arrivé** ou **parvenu à ses fins** he achieved his aim ou ends ◆ **à cette fin** to this end, with this end ou aim in view ◆ **à quelle fin faites-vous cela?** what is your purpose ou aim in doing that? ◆ **c'est à plusieurs fins** it has a variety of purposes ou uses ◆ **à seule fin de faire** for the sole purpose of doing ◆ (frm) **à toutes fins utiles** for your information, on a point of information ◆ (Jur) **aux fins de la présente loi** for the purposes of this Act → **qui**

2 COMP ▷ **fin d'exercice** (Comptabilité) end of the financial year ▷ **fin de non-recevoir** (Jur) demurrer, objection; (fig) blunt refusal ▷ **fin de race** (péj) adj inv degenerate ▷ **fin de section** [autobus] stage limit, fare stage ▷ **fin de semaine** (Can) weekend ▷ **fin de série** (Comm) oddment ▷ **fin de siècle** (péj) adj inv decadent, fin de siècle

final, e[1], mpl **finals** ou **-aux** [final, o] → SYN **1** adj **a** (terminal) final → **point**[1]

b (marquant la finalité: Ling, Philos) final ◆ (Ling) **proposition finale** purpose ou final clause ◆ **au final** in the end

2 nm (Mus) finale

3 **finale** nf **a** (Sport) final ◆ **quart de finale** quarterfinal ◆ **demi-finale** semifinal

b (syllabe) final ou last syllable; (voyelle) final ou last vowel

finale[2] [final] → SYN nm (Mus) finale

finalement [finalmɑ̃] → SYN adv (gén) in the end, finally, eventually, ultimately ◆ (fig: après tout) **ce n'est pas si mal finalement** it's not so bad after all ◆ **finalement je ne suis pas plus avancé** in the end ou finally I'm no further on

finalisation [finalizasjɔ̃] nf finalization ◆ **un protocole en voie de finalisation** a protocol in the process of being finalized

finaliser [finalize] ▸conjug 1◂ vt **a** (achever) to finalize

b (orienter) to target

finalisme [finalism] nm finalism

finaliste [finalist] **1** adj (Philos) finalist

2 nmf (Philos, Sport) finalist

finalité [finalite] → SYN nf (but) end, aim; (fonction) purpose, function

finance [finɑ̃s] → SYN nf **a** (Pol) (recettes et dépenses) **finances** finances ◆ (administration) **les Finances** the Ministry of Finance, ≃ the Treasury, the Exchequer (Brit), the Treasury Department (US) ◆ **il est aux Finances** [employé] he works at the Ministry of Finance ou at the Treasury (Brit) ou at the Treasury Department (US); [ministre] he is Minister of Finance ou Chancellor of the Exchequer (Brit) ou Secretary of the Treasury (US) ◆ **finances publiques** public funds ◆ **l'état de mes finances*** the state of my finances, my financial state ◆ **les** ou **mes finances sont à sec*** (my) funds are exhausted → **loi, ministre**

b (Fin) finance ◆ **la (haute) finance** (activité) (high) finance; (personnes) (top) financiers ◆ **il est dans la finance** he's in banking ou finance → **moyennant**

financement [finɑ̃smɑ̃] → SYN nm financing ◆ **plan de financement** financial plan ◆ **financement à court/long terme** short/long-term financing ◆ **financement-relais** bridge ou interim financing ◆ **financement à taux fixe** fixed-rate financing

financer [finɑ̃se] → SYN ▸conjug 3◂ **1** vt to finance, back *(with money)*, put up the money for

2 vi (*) to fork out*

financier, -ière [finɑ̃sje, jɛʀ] → SYN **1** adj **a** (Fin) financial ◆ **soucis financiers** money ou financial worries → **place**

b (Culin) **(sauce) financière** sauce financière ◆ **quenelles (sauce) financière** quenelles sauce financière

2 nm financier

financièrement [finɑ̃sjɛʀmɑ̃] adv financially

finasser* [finase] ▸conjug 1◂ vi to use trickery ◆ **inutile de finasser avec moi!** there's no point trying to use your tricks on me!

finasserie* [finasʀi] nf trick, dodge*, ruse

finasseur, -euse [finasœʀ, øz], **finassier, -ière** [finasje, jɛʀ] nm,f trickster, dodger*

finaud, e [fino, od] → SYN **1** adj wily

2 nm wily bird ◆ **c'est un petit finaud** he's as crafty as they come*, there are no flies on him*, he's nobody's fool

3 **finaude** nf crafty minx

finauderie [finodʀi] → SYN nf (caractère) wiliness, guile; (action) wile, dodge* (Brit)

fine[2] [fin] → SYN nf **a** (alcool) liqueur brandy ◆ **fine Champagne** fine champagne → **fin**[1]

b (huître) **fine de claire** green oyster

finement [finmɑ̃] → SYN adv ciselé, brodé finely, delicately; faire remarquer subtly; agir, manœuvrer cleverly, shrewdly

fines [fin] → SYN nfpl (Tech) slack

finesse [finɛs] → SYN nf **a** (minceur) [cheveux, poudre] fineness; [pointe] fineness, sharpness; [lame] keenness, sharpness; [écriture] smallness, neatness; [taille] slenderness, slimness; [couche, papier] thinness

b (raffinement) [broderie, porcelaine, travail, traits] delicacy, fineness; [aliments, mets] delicacy, choiceness ◆ **son visage est d'une grande finesse** he has very refined ou delicate features

c (sensibilité) [sens] sharpness, sensitivity; [vue, odorat, goût, ouïe] sharpness, keenness

d (subtilité) [personne] sensitivity; [esprit, observation, allusion] subtlety

e **finesses** [langue, art] niceties, finer points; [affaire] ins and outs ◆ **il connaît toutes les finesses** he knows all the tricks ou the ins and outs

finette [finɛt] nf brushed cotton

fini, e [fini] → SYN (ptp de **finir**) **1** adj **a** (terminé) finished, over ◆ **tout est fini entre nous** it's all over between us, we're finished, we're through* ◆ **finie la rigolade!*** the party* ou the fun is over! ◆ **(c'est) fini de rire maintenant** the fun ou joke is over now ◆ **ça n'est pas un peu fini de chahuter*?** enough of this uproar!*

b (*) acteur, homme politique finished; chose finished, done (attrib) ◆ **il est fini** he is finished, he is a has-been*

c (usiné, raffiné) finished ◆ **produits finis** finished goods ou articles ◆ **costume bien/mal fini** well-/badly-finished suit

d (péj: complet) menteur, escroc, ivrogne utter, out-and-out

e (Math, Philos, Ling) finite ◆ **grammaire à états finis** finite state grammar

2 nm [ouvrage] finish ◆ **ça manque de fini** it needs a few finishing touches

finir [finiʀ] → SYN ▸conjug 2◂ **1** vt **a** (achever) travail, études, parcours to finish, complete; (clôturer) discours, affaire to finish, end, conclude ◆ **finis ton travail** ou **de travailler avant de partir** finish your work before you leave ◆ **il a fini ses jours à Paris** he ended his days in Paris ◆ **finir son verre** to finish one's glass, drink up ◆ **finis ton pain!** finish your bread!, eat up your bread! ◆ **il finira (d'user) sa veste en jardinant** he can wear out his old jacket (doing the) gardening ◆ **il a fini son temps** [soldat, prisonnier] he has done ou served his time

b (arrêter) to stop (*de faire* doing) ◆ **finissez donc!** do stop it! ◆ **finissez de vous plaindre!** stop complaining! ◆ **vous n'avez pas fini de vous chamailler?** haven't you done enough squabbling?, can't you stop your squabbling?

c (parachever) œuvre d'art, meuble, mécanisme to put the finishing touches to

2 vi **a** (se terminer) to finish, end ◆ **le cours finit à 2 heures** the class finishes ou ends at two ◆ **les vacances finissent demain** the holidays end ou are over tomorrow ◆ **la réunion/le jour finissait** the meeting/the day was drawing to a close ◆ **le sentier finit ici** the path ends ou comes to an end here ou tails off here ◆ **il est temps que cela finisse** it is time it (was) stopped ◆ **ce film finit bien** this film has a happy ending ◆ **tout cela va mal finir** it will all have a sorry end, it will all end in disaster ◆ **et pour finir** and finally → **beauté**

b [personne] to finish up, end up ◆ **il finira mal** he will come to a bad end ◆ **il a fini directeur** he ended up as (a) director ◆ **il finira en prison** he will end up in prison ◆ **finir dans la misère** to end one's days in poverty, end up in poverty ◆ (Sport) **finir troisième/cinquième/**etc to finish third/fifth/etc

c (mourir) to die ◆ **il a fini dans un accident de voiture** he died in a car accident

d **finir en qch** to end in sth ◆ **ça finit en pointe/en chemin de terre** it ends in a point/in a path ◆ **mots finissant en** ou **par -ble** words ending in ou with -ble

e **finir par remarquer/trouver** to notice/find in the end ou eventually ◆ **finir par une dispute/un concert** to end in an argument/with a concert ◆ **il a fini par se décider** he finally ou eventually made up his mind, he made up his mind in the end ◆ **tu finis par m'ennuyer** you're beginning to annoy me → **queue**

f **en finir avec qch/qn** to have ou be done with sth/sb ◆ **il faut en finir avec cette situation** we'll have to put an end to this situation ◆ **nous en aurons bientôt fini** we'll soon be finished with it, we'll soon have it over and done with ◆ **quand en auras-tu fini avec tes jérémiades?** when will you ever stop moaning? ◆ **je vais lui parler pour qu'on en finisse** I'll talk to him so that we can get the matter settled ◆ **pour vous en finir** to cut a long story short ◆ **qui n'en finit pas, à n'en plus finir** route, discours, discussions never-ending, endless ◆ **elle n'en finit pas de se préparer** she takes an age to get ready, her preparations are a lengthy business ◆ **on n'en aurait jamais fini de raconter ses bêtises** you could go on for ever recounting the stupid things he has done ◆ **il a des jambes qui n'en finissent pas** he's all legs*

finish [finiʃ] nm (Sport) finish ◆ **combat au finish** fight to the finish ◆ **il a du finish** ou **un bon finish** he has good finish

finissage [finisaʒ] → SYN nm (Couture, Tech) finishing

finissant, e [finisɑ̃, ɑ̃t] adj règne, siècle drawing to an end

finisseur, -euse [finisœʀ, øz] nm,f **a** (Couture, Tech) finisher

b (Sport) good ou strong finisher

finition [finisjɔ̃] → SYN nf (action) finishing; (résultat) finish ◆ **la finition est parfaite** the finish is perfect ◆ (Couture) **faire les finitions** to put the finishing touches ◆ (Constr) **travaux de finition** finishing off

finitude [finityd] → SYN nf finiteness

finlandais, e [fɛ̃lɑ̃dɛ, ɛz] **1** adj Finnish

2 nm,f ◆ **Finlandais(e)** Finn

Finlande [fɛ̃lɑ̃d] nf Finland

finlandisation [fɛ̃lɑ̃dizasjɔ̃] nf Finlandization

finn [fin] nm Finn dinghy

finnois, e [finwa, waz] **1** adj Finnish

2 nm (Ling) Finnish

3 nm,f ◆ **Finnois(e)** Finn

finno-ougrien, -ienne [finougʀijɛ̃, ijɛn] adj, nm (Ling) Finno-Ugric, Finno-Ugrian

fiole [fjɔl] → SYN nf phial, flask; (*: tête) face, mug*

fiord [fjɔʀ(d)] nm ⇒ **fjord**

fioriture [fjɔrityʀ] → SYN nf [dessin] flourish; (Mus) fioritura ◆ **fioritures de style** flourishes ou embellishments of style

fioul [fjul] nm ⇒ **fuel**

firmament [fiʀmamɑ̃] → SYN nm (littér) firmament (littér) ◆ (fig) **au firmament de** at the height of

firme [fiʀm] → SYN nf firm

FIS [fis] nm (abrév de **Front islamique de** ou **du Salut**) FIS

fisc [fisk] → SYN nm tax department, ≃ Inland Revenue (Brit), ≃ Internal Revenue (US) ◆ **agent du fisc** official of the tax department, ≃ Inland Revenue official (Brit), ≃ Collector of Internal Revenue (US)

fiscal, e, mpl **-aux** [fiskal, o] adj fiscal, tax (épith) ◆ **l'année fiscale** the tax ou fiscal year

◆ **timbre fiscal** revenue ou fiscal stamp ◆ **politique fiscale** tax ou fiscal policy ◆ **allègements** ou **dégrèvements fiscaux** tax relief ◆ **abattement fiscal** tax allowance ◆ **avantage fiscal** tax break ◆ **charges fiscales** taxes, taxation ◆ **l'Administration fiscale** the tax authority → **abri, fraude**

fiscalement [fiskalmɑ̃] adv fiscally

fiscalisation [fiskalizasjɔ̃] nf [revenus] making subject to tax; [prestation sociale] funding by taxation

fiscaliser [fiskalize] ▸conjug 1◂ vt revenus to make subject to tax; prestation sociale to fund by taxation

fiscaliste [fiskalist] nmf tax consultant ou adviser ou expert

fiscalité [fiskalite] nf (système) tax system; (impôts) taxation

fish-eye, pl **fish-eyes** [fiʃaj, fiʃajz] nm fish-eye lens

fissa* [fisa] adv ◆ **faire fissa** to get a move on*

fissible [fisibl] adj fissile, fissionable

fissile [fisil] → SYN adj (Géol) tending to split; (Phys) fissile, fissionable

fission [fisjɔ̃] → SYN nf fission ◆ **fission de l'atome** atomic fission

fissuration [fisyʀasjɔ̃] nf fissuring, cracking, splitting

fissure [fisyʀ] → SYN nf (lit) crack, fissure; (fig) crack, (Anat) fissure

fissurer [fisyʀe] → SYN ▸conjug 1◂ 1 vt to crack, fissure; (fig) to split
2 **se fissurer** vpr to crack, fissure

fiston* [fistɔ̃] nm son, lad, junior (US) ◆ **dis-moi, fiston** tell me, son ou sonny* ou laddie* (Brit)

fistulaire [fistylɛʀ] adj fistular

fistule [fistyl] nf fistula

fistuleux, -euse [fistylø, øz] adj fistulous

fistuline [fistylin] nf beefsteak fungus

FIV [ɛfive] nf (abrév de **fécondation in vitro**) IVF

five o'clock [fajvɔklɔk] nm (†, hum) (afternoon) tea

fivète [fivɛt] nf in vitro fertilization

fixage [fiksaʒ] nm (Art, Phot, Tex, Fin) fixing

fixateur [fiksatœʀ] nm (Art) fixative spray; (Coiffure) (laque) hair spray; (crème) hair cream; (avant la mise en plis) setting lotion; (Phot) fixer ◆ **bain fixateur** fixing bath

fixatif [fiksatif] nm fixative; (Can: laque) hair spray

fixation [fiksasjɔ̃] → SYN nf a (Chim, Psych, Zool) fixation; (Phot) fixing ◆ (Psych) **faire une fixation sur qch** to be obsessed with ou by sth
b (attache) fastening ◆ (Ski) **fixation (de sécurité)** (safety) binding ◆ (Ski) **fixations de randonnée** touring bindings
c [peuple] settling
d [salaires, date] fixing

fixe [fiks] → SYN 1 adj a (immobile) point, panneau fixed; personnel permanent; emploi permanent, steady; regard vacant, fixed ◆ **regarder qn les yeux fixes** to gaze ou look fixedly ou intently at sb, fix an unblinking gaze ou stare on sb ◆ (commandement) **fixe!** eyes front! → **barre, domicile**
b (prédéterminé) revenu fixed; jour, date fixed, set ◆ **à heure fixe** at a set time, at set times → **prix**
c (inaltérable) couleur fast, permanent ◆ **encre bleu fixe** permanent blue ink → **idée**
2 nm a (Fin) basic ou fixed salary
b (arg Drogue) fix ◆ **se faire un fixe** to get a fix

fixe-chaussette, pl **fixe-chaussettes** [fiksəʃosɛt] nm garter, suspender (Brit)

fixement [fiksəmɑ̃] → SYN adv fixedly

fixer [fikse] → SYN ▸conjug 1◂ 1 vt a (attacher) to fix, fasten (*à, sur* to) ◆ (fig) **fixer qch dans sa mémoire** to fix sth firmly in one's memory
b (décider) date to fix, arrange, set ◆ **fixer la date / l'heure d'un rendez-vous** to arrange ou set ou fix the date / the time for a meeting ◆ (fig) **fixer son choix sur qch** to decide ou settle on sth ◆ **mon choix s'est fixé sur cet article** I settled ou decided on this article ◆ (fig) **je ne suis pas encore fixé sur ce que je ferai** I haven't made up my mind what to do yet, I haven't got any fixed plans in mind yet ◆ **avez-vous fixé le jour de votre départ?** have you decided what day you are leaving (on)? ◆ **à l'heure fixée** at the agreed ou appointed time ◆ **au jour fixé** on the appointed day
c regard, attention to fix ◆ **fixer les yeux sur qn / qch, fixer qn / qch du regard** to stare at sb / sth ◆ **il le fixa longuement** he looked hard at him, he stared at him ◆ **fixer son attention sur** to focus ou fix one's attention on ◆ **mon regard se fixa sur lui** I fixed my gaze on him, my gaze fastened on him ◆ **tous les regards étaient fixés sur lui** all eyes were on him
d (déterminer) prix, impôt, délai to fix, set; règle, principe to lay down, determine; idées to clarify, sort out; conditions to lay down, set ◆ **les droits et les devoirs fixés par la loi** the rights and responsibilities laid down ou determined by law ◆ **fixer ses idées sur le papier** to set one's ideas down on paper ◆ (Ling) **mot fixé par l'usage** word fixed by usage ◆ (Ling) **l'orthographe s'est fixée** spelling has become fixed
e (renseigner) **fixer qn sur qch*** to put sb in the picture about sth*, enlighten sb as to sth ◆ **être fixé sur le compte de qn** to be wise to sb*, have sb weighed up* (Brit) ou sized up* ou taped* (Brit) ◆ **alors, es-tu fixé maintenant?*** have you got the picture now?*
f **fixer qn** to make sb settle (down) ◆ **seul le mariage pourra le fixer** marriage is the only thing that will make him settle down
g (Phot) to fix
2 **se fixer** vpr a (s'installer) to settle ◆ **il s'est fixé à Lyon** he settled in Lyons
b (s'assigner) **se fixer un objectif** to set o.s. a target ◆ **je me suis fixé fin mai pour terminer** I've set myself a deadline of the end of May (to finish)

fixette* [fiksɛt] nf obsession (*sur* with), fixation (*sur* on)

fixing [fiksiŋ] nm (Fin) fixing

fixisme [fiksism] nm creationism

fixiste [fiksist] adj creationist

fixité [fiksite] → SYN nf [opinions] fixedness; [regard] fixedness, steadiness

fjeld [fjɛld] nm fjeld, field

fjord [fjɔʀ(d)] nm fiord, fjord

Fl (abrév de **florin**) fl

flac [flak] excl splash ◆ **faire flac** to plash

flaccidité [flaksidite] → SYN nf flabbiness, flaccidity

flacherie [flaʃʀi] nf (Vét) flacherie, flaccidity

flacon [flakɔ̃] → SYN nm (small, stoppered) bottle; (Chim) flask ◆ **flacon à parfum** perfume bottle

flafla* [flafla] nm ◆ **faire des flaflas** to show off

flagada* [flagada] adj inv ◆ **être flagada** to be dog-tired* ou washed-out*

flagellaire [flaʒelɛʀ, flaʒɛllɛʀ] adj flagellar

flagellateur, -trice [flaʒelatœʀ, flaʒɛllatœʀ, tʀis] nm,f flogger, scourger, flagellator (frm)

flagellation [flaʒelasjɔ̃] → SYN nf (gén) flogging; (Rel) scourging; (pratique sexuelle) flagellation

flagelle [flaʒɛl] nm flagellum

flagellé, e [flaʒele] (ptp de **flageller**) adj, nm (Zool) flagellate

flageller [flaʒele] → SYN ▸conjug 1◂ vt to flog, scourge, flagellate (frm); (Rel) to scourge; (fig) to flay ◆ **flageller le vice** to castigate vice

flageolant, e [flaʒɔlɑ̃, ɑ̃t] → SYN adj shaky

flageoler [flaʒɔle] → SYN ▸conjug 1◂ vi ◆ **flageoler (sur ses jambes), avoir les jambes qui flageolent** (de faiblesse) to be sagging at the knees; (de peur) to quake at the knees

flageolet [flaʒɔlɛ] → SYN nm a (Mus) flageolet
b (Bot) flageolet, dwarf kidney bean

flagorner [flagɔʀne] → SYN ▸conjug 1◂ vt (frm, hum) to toady to, fawn upon

flagornerie [flagɔʀnəʀi] → SYN nf (frm, hum) toadying (NonC), fawning (NonC), sycophancy (NonC)

flagorneur, -euse [flagɔʀnœʀ, øz] → SYN (frm, hum) 1 adj toadying, fawning, sycophantic
2 nm,f toady, fawner, sycophant

flagrance [flagʀɑ̃s] → SYN nf (Jur) blatancy, flagrance

flagrant, e [flagʀɑ̃, ɑ̃t] → SYN adj mensonge blatant; erreur, injustice flagrant, blatant, glaring ◆ **prendre qn en flagrant délit** to catch sb red-handed ou in the act ou in flagrante delicto (spéc) ◆ **pris en flagrant délit de mensonge** caught out blatantly lying

flair [flɛʀ] → SYN nm [chien] sense of smell, nose; (fig) sixth sense, intuition ◆ **avoir du flair** to have a good nose; to have intuition

flairer [fleʀe] → SYN ▸conjug 1◂ vt a to smell (at), sniff (at); (Chasse) to scent
b (fig) to scent, sense, smell ◆ **flairer quelque chose de louche** to smell ou scent something fishy, smell a rat ◆ **flairer le danger** to sense ou scent danger ◆ **flairer le vent** to see which way the wind is blowing, read the wind (US)

flamand, e [flamɑ̃, ɑ̃d] 1 adj Flemish
2 nm a **Flamand** Fleming ◆ **les Flamands** the Flemish
b (Ling) Flemish
3 **Flamande** nf Fleming, Flemish woman

flamant [flamɑ̃] → SYN nm flamingo ◆ **flamant rose** (pink) flamingo

flambage [flɑ̃baʒ] nm a [volaille] singeing; [instrument] sterilizing (with flame)
b (Tech) buckling

flambant, e [flɑ̃bɑ̃, ɑ̃t] → SYN adj (qui brûle) burning; (*: superbe) great* ◆ **flambant neuf** brand new

flambart*†, flambard*† [flɑ̃baʀ] nm swank-pot* ◆ **faire le** ou **son flambart** to swank*

flambe [flɑ̃b] nf (épée) kris

flambé, e[1] [flɑ̃be] → SYN (ptp de **flamber**) adj personne finished ◆ **il est flambé!** he has had it!* ◆ **l'affaire est flambée!** it's up the spout!*

flambeau, pl **flambeaux** [flɑ̃bo] → SYN nm a (flaming) torch → **retraite**
b (fig, frm) torch ◆ **passer le flambeau à qn** to pass on ou hand on the torch to sb
c (chandelier) candlestick

flambée[2] [flɑ̃be] → SYN nf a (feu) (quick) blaze
b (fig) [violence] outburst; [cours, prix] surge, explosion ◆ **flambée de colère** angry outburst, flare-up ◆ **la flambée des prix** the explosion in prices

flambement [flɑ̃bmɑ̃] nm (Tech) buckling

flamber [flɑ̃be] → SYN ▸conjug 1◂ 1 vi a [bois] to burn; [feu] to blaze, flame; [incendie] to blaze ◆ **la maison a flambé en quelques minutes** in a few minutes the house was burnt to the ground
b (*: être joueur) to be a big-time gambler
c [cours, prix] to shoot up, rocket
2 vt a (Culin) to flambé ◆ **bananes flambées** bananas flambé
b volaille, cheveux to singe; (Méd) aiguille, instrument de chirurgie to sterilize *(in a flame)*

flambeur, -euse* [flɑ̃bœʀ, øz] nm,f big-time gambler

flamboiement [flɑ̃bwamɑ̃] → SYN nm [flammes] blaze, blazing; [lumière] blaze; [yeux] flash, gleam ◆ **dans un flamboiement de couleurs** in a blaze of colour

flamboyant, e [flɑ̃bwajɑ̃, ɑ̃t] → SYN 1 adj a feu, lumière blazing; yeux flashing, blazing; couleur flaming; regard fiery; ciel, soleil blazing; épée, armure gleaming, flashing
b (Archit) flamboyant
2 nm a (Archit) flamboyant style
b (Bot) flamboyant, royal poinciana

flamboyer [flɑ̃bwaje] → SYN ▸conjug 8◂ vi [flamme] to blaze (up), flame (up); [yeux] to flash, blaze; [soleil, ciel] to blaze; [couleur] to flame; [épée, armure] to gleam, flash

flamenco [flamɛnko] nm flamenco

flamiche [flamiʃ] nf leek pie

flamingant, e [flamɛ̃gɑ̃, ɑ̃t] 1 adj Flemish-speaking
2 nm,f ◆ **Flamingant(e)** Flemish speaker; (Pol) Flemish nationalist

flamme [flɑm] → SYN nf **a** (lit) flame ◆ **être en flammes, être la proie des flammes** to be on fire ou ablaze ◆ (Aviat, fig) **descendre (qch / qn) en flammes** to shoot (sth / sb) down in flames ◆ **dévoré par les flammes** consumed by fire ou the flames ◆ **la flamme olympique** the Olympic flame ◆ **les flammes de l'enfer** the flames ou fires of hell
b (fig : ardeur) fire, fervour ◆ **discours plein de flamme** passionate ou fiery speech ◆ **jeune homme plein de flamme** young man full of fire
c (fig : éclat) fire, brilliance ◆ **la flamme de ses yeux** ou **de son regard** his flashing eyes
d (littér : amour) love, ardour ◆ **il lui a déclaré sa flamme** he declared his undying love to her
e (drapeau) pennant, pennon
f (Poste) postal logo ou slogan

flammé, e [flɑme] adj céramique flambé

flammèche [flɑmɛʃ] nf (flying) spark

flan [flɑ̃] → SYN nm **a** (Culin) custard tart
b (Tech) [imprimeur] flong ; [monnaie] blank, flan ; [disque] mould
c (*) **il en est resté comme deux ronds de flan** you could have knocked him down with a feather* ◆ **c'est du flan** it's a load of waffle !* (Brit) ou hooey*

flanc [flɑ̃] → SYN nm **a** [personne] side ; [animal] side, flank ◆ (†, littér) **l'enfant qu'elle portait dans son flanc** the child she was carrying in her womb ◆ **être couché sur le flanc** to lie ou be lying on one's side ◆ **tirer au flanc*** to skive⁑, swing the lead* ◆ **être sur le flanc** (malade) to be laid up ; (fatigué) to be all in* ◆ **cette grippe m'a mis sur le flanc** that bout of flu has knocked me out* → **battre**
b [navire] side ; [armée, bastion, écu] flank ; [montagne] slope, side ◆ **à flanc de coteau** ou **de colline** on the hillside ◆ **prendre de flanc** (Naut, fig) to catch broadside on ; (Mil) to attack on the flank → **prêter**

flanc-garde, pl **flancs-gardes** [flɑ̃gaʀd] nf flank guard

flancher* [flɑ̃ʃe] ▸ conjug 1 ◂ vi [cœur] to give out, pack up* (Brit) ; [troupes] to quit ◆ **sa mémoire a flanché** his memory failed him ◆ **c'est le moral qui a flanché** he lost his nerve ◆ **il a flanché en math** he fell down ou came down in maths ◆ **sans flancher** without flinching ◆ **ce n'est pas le moment de flancher** this is no time for weakening ou weakness

flanchet [flɑ̃ʃɛ] nm (Boucherie) flank

Flandre [flɑ̃dʀ] nf ◆ **la Flandre, les Flandres** Flanders

flandrin [flɑ̃dʀɛ̃] → SYN nm ◆ (††, péj) **grand flandrin** great gangling fellow

flanelle [flanɛl] nf (Tex) flannel ◆ **flanelle de coton** cotton flannel

flâner [flɑne] → SYN ▸ conjug 1 ◂ vi to stroll, saunter ; (péj) to hang about, lounge about ◆ **va chercher du pain, et sans flâner !** go and get some bread, and get a move on !*

flânerie [flɑnʀi] → SYN nf stroll, saunter ◆ (péj) **perdre son temps en flâneries** to waste one's time lounging about

flâneur, -euse [flɑnœʀ, øz] → SYN **1** adj idle
2 nm,f stroller ; (péj) idler, lounger, loafer

flanquement [flɑ̃kmɑ̃] nm (ouvrage défensif) flanking

flanquer[1] [flɑ̃ke] → SYN ▸ conjug 1 ◂ vt to flank ◆ **la boutique qui flanque la maison** the shop adjoining ou flanking the house ◆ **flanqué de ses gardes du corps** flanked by his bodyguards ◆ (péj) **il est toujours flanqué de sa mère** he always has his mother in tow* ou at his side

flanquer[2]* [flɑ̃ke] → SYN ▸ conjug 1 ◂ **1** vt **a** (jeter) **flanquer qch par terre** (lit) to fling sth to the ground ; (fig) to put paid to sth (Brit), knock sth on the head* ◆ **flanquer qn par terre** to fling sb to the ground ◆ **flanquer qn à la porte** to chuck sb out⁑ ; (licencier) to sack sb* (Brit), give sb the sack* (Brit), fire sb ◆ **flanquer tout en l'air** to pack it all in* (Brit), chuck it all up⁑
b (donner) **flanquer une gifle à qn** to cuff sb round the ear, give sb a clout* ◆ **flanquer la trouille à qn** to give sb a scare, put the wind up sb*
2 se flanquer⁑ vpr ◆ **se flanquer par terre** to fall flat on one's face, measure one's length (Brit)

flapi, e* [flapi] → SYN adj dog-tired*, dead-beat*

flaque [flak] → SYN nf ◆ **flaque de sang / d'eau** etc pool of blood / water etc ◆ (petite flaque) **flaque d'eau** puddle

flash [flaʃ] → SYN nm **a** (Phot) flash(light) ◆ **au flash** by flash(light)
b (Rad, TV) newsflash ; (Ciné) flash ◆ (Rad) **flash publicitaire** commercial break
c avoir un flash (arg Drogue) to be on a high* ; (souvenir) to have a sudden flash-back

flash-back [flaʃbak] → SYN nm flashback

flasher* [flaʃe] ▸ conjug 1 ◂ vi ◆ **j'ai flashé pour sur cette robe** I fell in love with this dress at first sight ◆ **à chaque fois que je le vois je flashe** ou **il me fait flasher** every time I see him I go weak at the knees ou my heart skips a beat

flashmètre [flaʃmɛtʀ] nm flash meter

flasque[1] [flask] → SYN adj peau flaccid, flabby ; (fig) personne spineless, spiritless ; style limp

flasque[2] [flask] → SYN nf (bouteille) flask

flatté, e [flate] (ptp de **flatter**) adj portrait flattering

flatter [flate] → SYN ▸ conjug 1 ◂ **1** vt **a** (flagorner) to flatter ◆ **flatter servilement** ou **bassement qn** to fawn upon sb ◆ (fig) **cette photo la flatte** this photo flatters her ◆ **sans vous flatter** without flattering you
b (faire plaisir) [compliment, décoration] to flatter, gratify ◆ **je suis très flatté de cet honneur** I am most flattered by this honour ◆ **cela le flatte dans son orgueil, cela flatte son orgueil** it flatters his vanity
c (frm : favoriser) manie, goûts to pander to ; vice, passion to encourage
d (littér : tromper) **flatter qn d'un espoir** to hold out false hopes to sb ◆ **flatter qn d'une illusion** to delude sb
e (frm : charmer) oreille, regard to delight, charm, be pleasing to ; goût to flatter ◆ **flatter le palais** to delight the taste buds
f (frm : caresser) to stroke, pat
2 se flatter vpr (frm) **a** (prétendre) **se flatter de faire** to claim ou profess to be able to do ◆ **il se flatte de tout comprendre** he professes to understand everything ◆ **je me flatte de le persuader en dix minutes** I flatter myself that I can persuade him in 10 minutes
b (s'enorgueillir) **se flatter de qch** to pride o.s. on sth ◆ **elle se flatte de son succès** she prides herself on her success ◆ **et je m'en flatte !** and I'm proud of it !
c (se leurrer) to delude o.s. ◆ **se flatter d'un vain espoir** to cherish a forlorn hope ◆ **s'il croit réussir, il se flatte !** if he thinks he can succeed, he is deluding himself !

flatterie [flatʀi] → SYN nf flattery (NonC) ◆ (littér, hum) **vile flatterie** base flattery

flatteur, -euse [flatœʀ, øz] → SYN **1** adj flattering ◆ **comparaison flatteuse** flattering comparison ◆ **faire un tableau flatteur de la situation** to paint a rosy picture of the situation ◆ **ce n'est pas flatteur !** it's not very flattering
2 nm,f flatterer ◆ (littér, hum) **c'est un vil flatteur** he's a base flatterer

flatteusement [flatøzmɑ̃] adv flatteringly

flatulence [flatylɑ̃s] → SYN nf wind, flatulence

flatulent, e [flatylɑ̃, ɑ̃t] → SYN adj flatulent

flatuosité [flatɥozite] → SYN nf (Méd) flatus (spéc) ◆ **avoir des flatuosités** to have wind

flavescent, e [flavesɑ̃, ɑ̃t] adj flavescent

flaveur [flavœʀ] nf (littér) flavour

flavine [flavin] nf flavin(e)

fléau, pl **fléaux** [fleo] → SYN nm **a** (calamité) scourge, curse ; (* fig) plague, bane
b [balance] beam ; (Agr) flail

fléchage [fleʃaʒ] nm arrowing, signposting (with arrows)

fléché, e [fleʃe] (ptp de **flécher**) adj ◆ **croix fléchée** crosslet

flèche[1] [flɛʃ] → SYN **1** nf **a** (arme) arrow, shaft (littér) ; (de signalisation) arrow ◆ **flèche en caoutchouc** rubber-tipped dart ◆ (fig) **les flèches de l'Amour** ou **de Cupidon** Cupid's darts ou arrows ◆ **monter en flèche** (lit) to rise like an arrow ; (fig) to soar, rocket ◆ **c'est un acteur qui monte en flèche** this actor is shooting to the top ou rocketing to fame ◆ **les prix sont montés en flèche** prices have shot up ou rocketed ◆ **partir comme une flèche** to set off like a shot ◆ **il est passé devant nous comme une flèche** he shot past us ◆ **ce n'est pas une flèche !*** he's no bright spark !*, he'll never set the Thames (Brit) ou the world on fire !* ◆ **se trouver en flèche** ou **prendre une position en flèche dans un débat** to take up an extreme position in a debate ◆ **leur équipe se trouve en flèche dans la recherche génétique** their team is on the cutting edge of genetic research
b (fig : critique) **diriger ses flèches contre qn** to direct one's shafts against sb ◆ **la flèche du Parthe** the Parthian shot ◆ **faire flèche de tout bois** to use all means available to one ◆ **il fait flèche de tout bois** it's all grist to his mill, he'll use any means he can
c (direction) (direction) arrow, pointer
d [église] spire ; [grue] jib ; [mât] pole ; [affût, canon] trail ; [balance] pointer, needle ; [charrue] beam ; [attelage] pole ◆ **atteler en flèche** to drive tandem ◆ **cheval de flèche** lead horse
2 COMP ▷ **flèche lumineuse** (sur l'écran) arrow ; (torche) arrow pointer

flèche[2] [flɛʃ] nf (Culin) flitch

flécher [fleʃe] → SYN ▸ conjug 6 ◂ vt to arrow, mark (with arrows) ◆ **parcours fléché** arrowed course, course marked ou signposted with arrows

fléchette [fleʃɛt] nf dart ◆ **jouer aux fléchettes** to play darts

fléchi, e [fleʃi] (ptp de **fléchir**) adj (Ling) inflected

fléchir [fleʃiʀ] → SYN ▸ conjug 2 ◂ **1** vt **a** (plier) to bend ; (Méd) articulation to flex ; (fig) to bend ◆ **fléchir le genou devant qn** to bend ou bow the knee to ou before sb
b (fig : apaiser) personne to sway ; colère to soothe
2 vi **a** (gén) to bend ; [planches] to sag, bend ; [armées] to give ground, yield ; [genoux] to sag ; [volonté] to weaken ; [attention] to flag ; [recettes, talent, nombre] to fall off ; (Bourse) [cours] to ease, drop ; [monnaie] to weaken, drop ◆ **ses jambes** ou **ses genoux fléchirent** his knees sagged ◆ **la courbe de l'inflation fléchit** there is a downturn in inflation ◆ (Bourse) **les pétrolières ont fléchi en début de séance** oils were down ou dropped slightly in early trading
b (s'apaiser) to yield, soften, be moved ◆ **il fléchit devant leurs prières** he yielded to ou was moved by their entreaties ◆ **il s'est laissé fléchir** he allowed himself to be won round ou persuaded ou swayed

fléchissement [fleʃismɑ̃] → SYN nm (→ **fléchir**) bending ; flexing ; bowing ; soothing ; sagging ; yielding ; weakening ; flagging ; falling off ; easing off, drop ; softening ; swaying

fléchisseur [fleʃisœʀ] adj m, nm ◆ (Anat) **(muscle) fléchisseur** flexor

flegmatique [flɛgmatik] → SYN adj phlegmatic

flegmatiquement [flɛgmatikmɑ̃] adv phlegmatically

flegme [flɛgm] → SYN nm composure, phlegm ◆ **il perdit son flegme** he lost his composure ou cool*

flegmon [flɛgmɔ̃] nm abscess, phlegmon (spéc)

flein [flɛ̃] nm chip basket

flémingite* [flemɛ̃ʒit] nf (hum) bone idleness ◆ **il a une flémingite aiguë** he's suffering from acute inertia

flemmard, e* [flemaʀ, aʀd] → SYN **1** adj bone-idle* (Brit), workshy
2 nm,f idler, slacker, lazybones

flemmarder* [flemaʀde] ▸ conjug 1 ◂ vi to loaf about, lounge about

flemmardise* [flemaʀdiz] nf laziness, idleness

flemme* [flɛm] nf laziness ◆ **j'ai la flemme de le faire** I can't be bothered doing it ◆ **tirer sa flemme** to idle around, loaf about

fléole [fleɔl] nf ◆ **fléole des prés** timothy

flet [flɛ] nm flounder

flétan [fletɑ̃] nm halibut

flétri, e [fletʀi] → SYN (ptp de **flétrir**[1]) adj feuille, fleur withered, wilted; peau, visage withered; beauté faded

flétrir[1] [fletʀiʀ] → SYN ▸ conjug 2 ◂ 1 vt (faner) to wither, fade ◆ **l'âge a flétri son visage** age has withered his face

2 **se flétrir** vpr [fleur] to wither, wilt; [beauté] to fade; [peau, visage] to wither; (fig) [cœur] to wither

flétrir[2] [fletʀiʀ] → SYN ▸ conjug 2 ◂ vt a (stigmatiser) personne, conduite to condemn; réputation to blacken

b (Hist) to brand

flétrissement [fletʀismɑ̃] → SYN nm [fleur] withering, wilting; [peau] withering; [beauté] fading

flétrissure[1] [fletʀisyʀ] nf [fleur, peau] withered state; [teint] fading

flétrissure[2] [fletʀisyʀ] nf a [réputation, honneur] stain, blemish (à on)

b (Hist) brand

fleur [flœʀ] → SYN 1 nf a (Bot) flower; [arbre] blossom, bloom ◆ **en fleur(s)** in bloom, in blossom, in flower ◆ **papier à fleurs** flowered ou flower-patterned ou flowery paper ◆ **assiette à fleurs** flower-patterned ou flowery plate ◆ **chapeau à fleurs** flowery hat ◆ **« ni fleurs ni couronnes »** "no flowers by request"

b [cuir] grain side ◆ **cuir pleine fleur** finest quality leather

c (le meilleur) **la fleur de** the flower of ◆ **à** ou **dans la fleur de l'âge** in the prime of life, in one's prime ◆ (†, hum) **perdre sa fleur** to lose one's honour (†, hum) → **fin**[1]

d LOC **comme une fleur*** hands down*, without trying ◆ **il est arrivé le premier comme une fleur** he won hands down*, he romped home (to win) ◆ **à fleur de terre** just above the ground ◆ **un écueil à fleur d'eau** a reef just above the water ou which just breaks the surface of the water ◆ **j'ai les nerfs à fleur de peau** I'm all on edge, my nerves are all on edge ◆ **il a une sensibilité à fleur de peau** he's very touchy ◆ **faire une fleur à qn*** to do sb a favour ou a good turn ◆ (fig) **lancer des fleurs à qn, couvrir qn de fleurs** to shower praise on sb ◆ **s'envoyer des fleurs** (réfléchi) to pat o.s. on the back*; (réciproque) to pat each other on the back* ◆ (hum) **fleur bleue** naïvely sentimental ◆ **il est resté fleur bleue en vieillissant** even in his old age he is still a bit of a romantic ◆ **ils sont partis la fleur au fusil** they went to battle full of innocent enthusiasm

2 COMP ▷ **fleur de farine** fine whea(ten) flour ▷ **fleurs de givre** frost patterns ▷ **fleur de lis** (Hér) fleur-de-lis ▷ **fleur(s) d'oranger** orange blossom ▷ **fleur(s) de pommier** apple blossom ▷ **fleurs de rhétorique** flowers of rhetoric ▷ **fleurs de soufre** flowers of sulphur ▷ **fleurs de vin** flowers of wine

fleurage [flœʀaʒ] nm fine bran

fleuraison [flœʀɛzɔ̃] nf ⇒ **floraison**

fleurdelisé, e [flœʀdəlize] adj decorated with fleurs-de-lis ◆ **croix fleurdelisée** fleurettée ou fleurty cross

fleurer [flœʀe] → SYN ▸ conjug 1 ◂ vt (littér) to have the scent of, smell sweetly of ◆ **ça fleure bon le pain grillé** there's a lovely smell of toast ◆ **fleurer bon la lavande** to smell (sweetly) of ou have the scent of lavender

fleuret [flœʀɛ] → SYN nm (épée) foil ◆ **propos à fleurets mouchetés** discussion full of barbed remarks

fleurette [flœʀɛt] → SYN nf (†, hum) floweret → **conter**

fleurettiste [flœʀɛtist] nmf foilsman (m), foilswoman (f)

fleuri, e [flœʀi] (ptp de **fleurir**) adj a fleur in bloom; branche in blossom; jardin, pré in flower ou bloom; tissu, papier flowered, flowery; appartement decorated ou decked out with flowers; table decorated ou decked with flowers ◆ **à la boutonnière fleurie** (avec une fleur) wearing ou sporting a flower in his buttonhole; (avec une décoration) wearing a decoration in his buttonhole ◆ **« Annecy, ville fleurie »** "Annecy, town in bloom"

b nez d'ivrogne red; teint florid; (fig) style flowery, florid ◆ (hum) **une barbe fleurie** a flowing white beard

c croûte de fromage mouldy

fleurir [flœʀiʀ] → SYN ▸ conjug 2 ◂ 1 vi a [arbre] to blossom, (come into) flower; [fleur] to flower, (come into) bloom; (hum) [menton d'adolescent] to grow downy, begin to sprout a beard; [visage] to come out in spots ou pimples; (littér) [qualité, sentiment] to blossom (littér) ◆ **un sourire fleurit sur ses lèvres** his lips broke into a smile

b (imparfait **florissait,** prp **florissant**) [commerce, arts] to flourish, prosper, thrive

2 vt salon to decorate with ou deck out with flowers ◆ **fleurir une tombe / un mort** to put flowers on a grave / on sb's grave ◆ (frm) **fleurir une femme** to offer a flower to a lady ◆ **fleurir sa boutonnière** to put a flower in one's buttonhole ◆ **un ruban fleurissait (à) sa boutonnière** he was wearing a decoration on his lapel ◆ **fleurissez-vous, mesdames, fleurissez-vous!** treat yourselves to some flowers, ladies!, buy yourselves a buttonhole (Brit) ou boutonnière (US), ladies!

fleuriste [flœʀist] → SYN nmf (personne) florist; (boutique) florist's (shop), flower shop ◆ **fleuriste artificiel** (fabricant) artificial-flower maker; (vendeur) artificial-flower seller

fleuron [flœʀɔ̃] → SYN nm [couronne] floweret; [bâtiment] finial; (Bot) floret; (fig) [collection] jewel; (Écon) flagship ◆ (fig) **c'est le plus beau fleuron de ma collection** it's the finest jewel ou piece in my collection ◆ **l'un des fleurons de l'industrie française** a flagship French industry

fleuronné, e [flœʀɔne] adj diadème jewelled

fleuve [flœv] → SYN 1 nm (lit) river ◆ **fleuve de boue / de lave** river of mud / of lava ◆ **fleuve de larmes** flood of tears ◆ **fleuve de sang** river of blood ◆ **le fleuve Jaune** the Yellow River

2 adj inv discours, film marathon (épith), interminable

flexibiliser [flɛksibilize] ▸ conjug 1 ◂ vt méthode, horaires to make more flexible

flexibilité [flɛksibilite] → SYN nf flexibility ◆ **la flexibilité de l'emploi** flexibility in employment

flexible [flɛksibl] → SYN 1 adj métal flexible, pliable, pliant; branche, roseau pliable, pliant; caractère (accommodant) flexible, adaptable, (malléable) pliant, pliable ◆ **pratiquer l'horaire flexible** to work flex(i)time, have flexible working hours

2 nm (câble) flexible coupling; (tuyau) flexible tubing ou hose

flexion [flɛksjɔ̃] → SYN nf a (courbure) [ressort, lame d'acier] flexion, bending; [poutre, pièce] bending, sagging ◆ **résistance à la flexion** bending strength

b [membre, articulation] flexing (NonC), bending (NonC); (Ski) knee-bend ◆ **faire plusieurs flexions du bras / du corps** to flex the arm / bend the body several times

c (Ling) inflection, inflexion ◆ **langue à flexion** inflecting ou inflected language

flexionnel, -elle [flɛksjɔnɛl] adj désinence inflexional, inflectional, inflected ◆ **langue flexionnelle** inflecting ou inflected language

flexographie [flɛksɔgʀafi] nf flexography

flexueux, -euse [flɛksɥø, øz] → SYN adj flexuous, flexuose

flexuosité [flɛksɥozite] → SYN nf flexuosity

flexure [flɛksyʀ] nf flexure

flibuste [flibyst] nf (piraterie) freebooting, buccaneering; (pirates) freebooters, buccaneers

flibustier [flibystje] → SYN nm (pirate) freebooter, buccaneer; (*†: escroc) swindler, crook

flic* [flik] nm cop*, copper*, policeman ◆ **les flics** the cops*, the Old Bill* (Brit), the police

flicage⁑ [flikaʒ] nm [quartier] heavy policing ◆ **le flicage des ouvriers par la direction** the management keeping tabs on workers*

flicaille⁑ [flikɑj] nf ◆ **la flicaille** the fuzz⁑, the pigs⁑, the filth⁑ (Brit)

flicard⁑ [flikaʀ] nm cop*, pig⁑

flic flac [flikflak] nm, excl plop, splash ◆ **le flic flac des vagues** the lap(ping) of the waves ◆ **ses chaussures font flic flac dans la boue** his shoes slop in the mud ou go splash splash through the mud

flingue [flɛ̃g] nm gun, rifle

flinguer⁑ [flɛ̃ge] ▸ conjug 1 ◂ vt a (tuer) personne to gun down, put a bullet in, shoot up* (US) ◆ (fig) **il y a de quoi se flinguer!** it's enough to make you want to end it all! ou make you shoot yourself!

b (détruire) appareil to bust⁑; voiture to smash (up)*, total* (US)

c (critique) to shoot down in flames* (Brit), shoot down* (US)

flingueur⁑ [flɛ̃gœʀ] nm (tueur à gages) hitman*, contract killer ◆ **c'est un flingueur** he's trigger-happy*

flingueuse⁑ [flɛ̃gøz] nf contract killer

flint(-glass) [flint(glas)] nm flint glass

flip [flip] nm (arg Drogue) downer* ◆ **un jour de flip** a day on a downer

flippant, e⁑ [flipɑ̃, ɑ̃t] adj situation, film grim*, depressing; personne depressing

flipper[1] [flipœʀ] nm (billard électrique) pin-ball machine

flipper[2]⁑ [flipe] ▸ conjug 1 ◂ vi (gén, Drogue) (être déprimé) to feel low*; (être angoissé) to freak out⁑ ◆ **ça fait flipper** it freaks you out⁑

fliqué, e⁑ [flike] adj endroit crawling with cops*

fliquer* [flike] ▸ conjug 1 ◂ vt quartier to bring the cops* into

flirt [flœʀt] → SYN nm a (action) flirting (NonC); (amourette) flirtation, brief romance; (rapprochement) flirtation ◆ **avoir un flirt avec qn** to have a brief romance with sb

b (amoureux) boyfriend (ou girlfriend)

flirter [flœʀte] → SYN ▸ conjug 1 ◂ vi to flirt ◆ (fréquenter) **flirter avec qn** to go about with sb ◆ (fig) **flirter avec** idée, parti to flirt with

flirteur, -euse [flœʀtœʀ, øz] 1 adj flirtatious ◆ **il est très flirteur** he's a real flirt

2 nm,f flirt

FLN [ɛfɛlɛn] nm (abrév de **Front de libération nationale**) FLN, *Algerian Freedom Fighters*

FLNC [ɛfɛlɛnse] nm (abrév de **Front de libération nationale de la Corse**) *Corsican national liberation front*

floc [flɔk] nm, excl plop, splash ◆ **faire floc** to flop, plash

flocon [flɔkɔ̃] nm [écume] fleck; [laine] flock ◆ **flocon de neige** snowflake ◆ **flocons d'avoine** oat flakes, oatmeal (NonC) ◆ **flocons de maïs** cornflakes ◆ **la neige tombe à gros flocons** the snow is falling in big flakes ◆ **purée en flocons** dehydrated potato flakes

floconner [flɔkɔne] ▸ conjug 1 ◂ vi to flake

floconneux, -euse [flɔkɔnø, øz] adj nuage, étoffe fluffy; écume, substance, liquide frothy

floculation [flɔkylasjɔ̃] nf flocculation

floculer [flɔkyle] ▸ conjug 1 ◂ vi to flocculate

flonflons [flɔ̃flɔ̃] nmpl blare ◆ **les flonflons de la musique foraine** the pom-pom of the fairground music

flop* [flɔp] nm flop* ◆ **sa tournée a fait un flop** his tour was a real flop*

flopée* [flɔpe] nf ◆ **une flopée de** loads of*, masses of ◆ **il y a une** ou **des flopée(s) de touristes** there are masses of tourists ◆ **elle a une flopée d'enfants** she has a whole brood of children

floraison [flɔʀɛzɔ̃] → SYN nf a (lit) (épanouissement) flowering, blossoming; (époque) flowering time ◆ **rosiers qui ont plusieurs floraisons** rosebushes which have several flowerings

b (fig) [talents] flowering, blossoming; [affiches, articles] rash, crop

floral, e, mpl **-aux** [flɔʀal, o] adj **a** art, composition floral; exposition flower (épith) ◆ **parc floral** floral garden
b (Bot) enveloppe, organes floral

floralies [flɔʀali] nfpl flower show

flore [flɔʀ] → SYN nf (plantes) flora; (livre) plant guide ◆ **flore intestinale** intestinal flora

floréal [flɔʀeal] nm Floreal *(eighth month in the French Republican calendar)*

Florence [flɔʀɑ̃s] n (ville) Florence

florentin, e [flɔʀɑ̃tɛ̃, in] **1** adj Florentine
2 nm (Ling) Florentine dialect
3 nm,f ◆ **Florentin(e)** Florentine

florès [flɔʀɛs] → SYN nm ◆ (littér, hum) **faire florès** [personne] to shine, enjoy (great) success; [théorie] to enjoy (great) success, be in vogue

floribondité [flɔʀibɔ̃dite] nf floriferous quality

floricole [flɔʀikɔl] adj (Zool) living on flowers

floriculture [flɔʀikyltyʀ] nf flower-growing, floriculture (spéc)

Floride [flɔʀid] nf Florida

florifère [flɔʀifɛʀ] adj (qui a des fleurs) flower-bearing; (qui porte beaucoup de fleurs) which is a prolific flowerer

florilège [flɔʀilɛʒ] → SYN nm anthology

florin [flɔʀɛ̃] nm florin

florissant, e [flɔʀisɑ̃, ɑ̃t] → SYN adj pays, économie, théorie flourishing; santé, teint blooming

flot [flo] → SYN nm **a** (littér) [lac, mer] **flots** waves ◆ **les flots** the waves ◆ **voguer sur les flots bleus** to sail the ocean blue ◆ (fig) **les flots de sa chevelure** her flowing locks ou mane (littér)
b (fig: grande quantité) [boue, lumière] stream; [véhicules, visiteurs, insultes, souvenirs] flood, stream; [larmes, lettres] flood, spate ◆ **un** ou **des flot(s) de rubans / dentelle** a cascade of ribbons / lace
c (marée) **le flot** the floodtide, the incoming tide
d LOC **à (grands) flots** in streams ou torrents ◆ **l'argent coule à flots** money flows like water ◆ **la lumière entre à flots** light is streaming in ou flooding in ou pouring in ◆ **être à flot** (lit) [bateau] to be afloat; (fig) [personne, entreprise] to be on an even keel; [personne] to have one's head above water ◆ **remettre à flot** bateau to refloat; entreprise to bring back onto an even keel ◆ (lit, fig) **mettre à flot** to launch ◆ **la mise à flot d'un bateau** the launching of a ship

flottabilité [flɔtabilite] nf buoyancy

flottable [flɔtabl] adj bois, objet buoyant; rivière floatable

flottage [flɔtaʒ] → SYN nm floating (of logs down a river)

flottaison [flɔtɛzɔ̃] nf (Fin) flotation, floatation → **ligne**[1]

flottant, e [flɔtɑ̃, ɑ̃t] → SYN **1** adj **a** bois, glace, mine floating; brume drifting; (Ordin) accent, virgule floating → **île**
b cheveux, cape (loose and) flowing; vêtement loose
c (Fin, Pol) floating; effectifs fluctuating ◆ **capitaux flottants** floating capital ou assets ◆ **dette flottante** floating debt
d caractère, esprit irresolute, vacillating ◆ **rester flottant** to be unable to make up one's mind (*devant* when faced with)
e côte, rein floating
2 nm **a** (short) shorts ◆ **son flottant est usé** his shorts are worn out ◆ **acheter 2 flottants** to buy 2 pairs of shorts
b (Fin) float

flottation [flɔtasjɔ̃] nf (Tech) (froth) flotation, floatation

flotte [flɔt] → SYN nf **a** (Aviat, Naut) fleet ◆ **flotte aérienne / de guerre / de commerce** air / naval / merchant navy fleet
b (*) (pluie) rain; (eau) water
c (flotteur) float

flottement [flɔtmɑ̃] → SYN nm **a** (hésitation) wavering, hesitation ◆ **on observa un certain flottement dans la foule** certain parts of the crowd were seen to waver ou hesitate ◆ **il y a eu un flottement électoral important** there was strong evidence ou a strong element of indecision among voters
b (Mil: dans les rangs) swaying, sway
c (relâchement) (dans une œuvre, copie) vagueness, imprecision; (dans le travail) unevenness (*dans* in) ◆ **le flottement de son esprit / imagination** his wandering mind / roving imagination
d (ondulation) [fanion] fluttering ◆ **le flottement du drapeau dans le vent** the fluttering ou flapping of the flag in the wind
e (Fin) floating

flotter [flɔte] → SYN ▸ conjug 1 ◂ **1** vi **a** (lit: sur l'eau) to float ◆ **faire flotter qch sur l'eau** to float sth on the water
b (fig: au vent) [brume] to drift, hang; [parfum] to hang; [cheveux] to stream (out); [drapeau] to fly, flap; [fanion] to flutter ◆ [cape, écharpe] **flotter au vent** to flap ou flutter in the wind ◆ **un drapeau flottait sur le bâtiment** a flag was flying over ou from the building
c (être trop grand) [vêtement] to hang loose ◆ **il flotte dans ses vêtements** his clothes hang baggily ou loosely about him, his clothes are too big for him
d (littér: errer) [pensée, imagination] to wander, rove ◆ **un sourire flottait sur ses lèvres** a smile hovered on ou played about his lips
e (fig: hésiter) to waver, hesitate
f (Fin) [devise] to float ◆ **faire flotter** to float
2 vb impers (*: pleuvoir) to rain
3 vt bois to float (down a waterway)

flotteur [flɔtœʀ] → SYN nm [filet, hydravion, carburateur] float; [chasse d'eau] ballcock (Brit), floater (US)

flottille [flɔtij] nf [bateaux, bateaux de guerre] flotilla; [avions] squadron

flou, e [flu] → SYN **1** adj **a** dessin, trait, contour blurred; image hazy, vague; photo blurred, fuzzy, out of focus; couleur soft
b robe loose(-fitting); coiffure soft, loosely waving
c idée, pensée, théorie woolly, vague; (Ordin) logique fuzzy
2 nm [photo, tableau] fuzziness, blurredness; [couleur] softness; [robe] looseness; [contours] blurredness ◆ **le flou de son esprit** the vagueness ou woolliness (péj) of his mind ◆ **le flou artistique** (lit) soft focus; (fig) (deliberate) vagueness

flouer*† [flue] ▸ conjug 1 ◂ vt (duper) to diddle* (Brit), swindle ◆ **se faire flouer** to be taken in, be had*

flouse‡**, flouze**‡ [fluz] nm (argent) bread‡, dough‡, lolly‡

flouve [fluv] nf sweet vernal grass

fluage [flyaʒ] nm (Tech) creep

fluctuant, e [flyktyɑ̃, ɑ̃t] → SYN adj prix, monnaie fluctuating; humeur changing

fluctuation [flyktyasjɔ̃] → SYN nf [prix] fluctuation; [opinion publique] swing, fluctuation (*de* in) ◆ **fluctuations du marché** market fluctuations ou ups and downs

fluctuer [flyktye] → SYN ▸ conjug 1 ◂ vi to fluctuate

fluer [flye] → SYN ▸ conjug 1 ◂ vi (littér) to flow

fluet, -ette [flyɛ, ɛt] → SYN adj corps slight, slender; personne slightly built, slender; taille, membre, doigt slender, slim; voix thin, reedy, piping

fluide [flyid] → SYN **1** adj liquide, substance fluid; style fluid, flowing; ligne, silhouette flowing; (Écon) main-d'œuvre flexible ◆ **la circulation est fluide** traffic flows freely ◆ **la situation politique reste fluide** the political situation remains fluid
2 nm (gaz, liquide) fluid; (fig: pouvoir) (mysterious) power ◆ **il a du fluide, il a un fluide magnétique** he has mysterious powers

fluidifiant, e [flyidifjɑ̃, jɑ̃t] adj fluidifying

fluidification [flyidifikasjɔ̃] → SYN nf fluidification, fluxing

fluidifier [flyidifje] → SYN ▸ conjug 7 ◂ vt to fluidify, flux

fluidique [flyidik] **1** adj fluidic
2 nf fluidics (sg)

fluidité [flyidite] → SYN nf [liquide, style] fluidity; [ligne, silhouette] flow; [circulation] free flow; (Écon) [main-d'œuvre] flexibility

fluo* [flyo] adj inv (abrév de **fluorescent**) fluorescent

fluor [flyɔʀ] nm fluorine

fluoration [flyɔʀasjɔ̃] nf fluorination

fluoré, e [flyɔʀe] adj dentifrice fluoride (épith); eau fluoridated

fluorescéine [flyɔʀesein] nf fluorescein

fluorescence [flyɔʀesɑ̃s] → SYN nf fluorescence

fluorescent, e [flyɔʀesɑ̃, ɑ̃t] adj fluorescent ◆ **écran / tube fluorescent** fluorescent screen / lamp

fluorhydrique [flyɔʀidʀik] adj ◆ **acide fluorhydrique** hydrofluoric acid

fluorine [flyɔʀin] nf fluorspar, fluorite, calcium fluoride

fluorose [flyɔʀoz] nf fluorosis

fluorure [flyɔʀyʀ] nm fluoride

fluotournage [flyotuʀnaʒ] nm rotary extrusion

flush [flœʃ] → SYN nm (Cartes) flush

flûte [flyt] → SYN **1** nf **a** (instrument) flute; (verre) flute, flute glass; (pain) French stick ◆ (Mus) **petite flûte** piccolo ◆ (Mus) **"La Flûte enchantée"** "The Magic Flute" → **bois, jouer**
b (jambes) **flûtes*** pins* (Brit), gams* (US) ◆ **se tirer les flûtes**‡ to skip off*, do a bunk‡
c (Hist: navire) store ship
2 excl (*) drat it!*, dash it!* (Brit)
3 COMP ▹ **flûte basse** bass flute ▹ **flûte à bec** recorder ▹ **flûte de Pan** panpipes, Pan's pipes ▹ **flûte traversière** flute

flûté, e [flyte] adj voix flute-like, fluty

flûteau, pl **flûteaux** [flyto] nm, **flûtiau,** pl **flûtiaux** [flytjo] nm (flûte) penny whistle, reed pipe; (mirliton) kazoo

flûtiste [flytist] nmf flautist, flutist (US)

fluvial, e, mpl **-iaux** [flyvjal, jo] adj eaux, pêche, navigation river (épith); érosion fluvial (épith)

fluviatile [flyvjatil] adj fluvial, fluviatile

fluvioglaciaire [flyvjoglasjɛʀ] adj fluvioglacial

fluviomètre [flyvjɔmɛtʀ] nm fluviometer

fluviométrique [flyvjɔmetʀik] adj fluviometric

flux [fly] → SYN nm **a** (grande quantité) [argent] flood; [paroles, récriminations] flood, spate; [personnes] influx ◆ (Écon) **flux de capitaux** capital flow ◆ **flux monétaire** flow of money ◆ **flux de trésorerie** cash flow ◆ (Comm) **distribution à flux tendus** just-in-time distribution
b (marée) **le flux** the floodtide, the incoming tide ◆ **le flux et le reflux** the ebb and flow
c (Phys) flux, flow ◆ **flux électrique / magnétique / lumineux** electric / magnetic / luminous flux
d (Méd) **flux de sang** flow of blood ◆ **flux menstruel** menstrual flow

fluxion [flyksjɔ̃] → SYN nf (Méd) swelling, inflammation; (dentaire) gumboil ◆ **fluxion de poitrine** pneumonia

fluxmètre [flymɛtʀ] nm fluxmeter

flysch [fliʃ] nm Flysch

FM [ɛfɛm] **1** nm (abrév de **fusil-mitrailleur**) MG
2 nf (abrév de **fréquence modulée**) FM

FMI [ɛfɛmi] nm (abrév de **Fonds monétaire international**) IMF

FN [ɛfɛn] nm (abrév de **Front national**) *French political party*

FNE [ɛfɛnə] nm (abrév de **Fonds national de l'emploi**) → **fonds**

FNSEA [ɛfɛnɛsəa] nf (abrév de **Fédération nationale des syndicats d'exploitants agricoles**) Farmers' Union, ≃ NFU (Brit)

FO [ɛfo] nf (abrév de **Force ouvrière**) *French trade union*

F.O.B. [ɛfobe] adj inv f.o.b., FOB

foc [fɔk] → SYN nm jib ◆ **grand / petit foc** outer / inner jib ◆ **foc d'artimon** mizzen-topmast staysail

focal, e, mpl **-aux** [fɔkal, o] 1 adj focal
2 **focale** nf (Géom, Opt) focal distance ou length

focaliser [fɔkalize] → SYN ▸ conjug 1 ◂ 1 vt (Phys, fig) to focus (*sur* on)
2 **se focaliser** vpr to be focused (*sur* on)

foehn [føn] nm foehn

foène, foëne [fwɛn] nf pronged harpoon, fish gig

fœtal, e, mpl **-aux** [fetal, o] adj foetal, fetal

fœticide [fetisid] nm f(o)eticide

fœtoscopie [fetɔskɔpi] nf fetoscopy

fœtus [fetys] → SYN nm foetus, fetus

fofolle [fɔfɔl] adj f → **foufou**

foi [fwa] → SYN nf a (croyance) faith ◆ **avoir la foi** to have (a religious) faith ◆ **perdre la foi** to lose one's faith ◆ **il faut avoir la foi!*** you've got to be (really) dedicated! ◆ **il n'y a que la foi qui sauve!** faith is a marvellous thing! ◆ **la foi transporte** ou **fait bouger les montagnes** faith can move mountains ◆ **la foi du charbonnier** blind (and simple) faith ◆ **sans foi ni loi** fearing neither God nor man → **article, profession**
b (confiance) faith, trust ◆ **avoir foi en Dieu** to have faith ou trust in God ◆ **avoir foi en qn/qch/l'avenir** to have faith in sb/sth/the future ◆ **digne de foi** témoin reliable, trustworthy; témoignage reliable → **ajouter**
c (assurance) (pledged) word ◆ **respecter la foi jurée** to honour one's (sworn ou pledged) word ◆ **foi d'honnête homme!** on my word as a gentleman!, on my word of honour! ◆ **cette lettre en fait foi** this letter proves ou attests it ◆ **les réponses doivent être envoyées avant le 10 janvier à minuit, le cachet de la poste faisant foi** replies must be postmarked no later than midnight January 10th ◆ (Jur) **les deux textes feront foi** both texts shall be deemed authentic ◆ **sous la foi du serment** under ou on oath ◆ **sur la foi de vagues rumeurs** on the strength of vague rumours ◆ **sur la foi des témoins** on the word ou testimony of witnesses ◆ **en foi de quoi j'ai décidé ...** (gén) on the strength of which I have decided ...; (Jur) in witness whereof I have decided ... ◆ **être de bonne/mauvaise foi** [personne] to be in good/bad faith, be sincere/insincere, be honest/dishonest ◆ **c'était de bonne foi** it was done (ou said etc) in good faith ◆ **faire qch en toute bonne foi** to do sth in all good faith ◆ **en toute bonne foi je l'ignore** honestly I don't know
d **ma foi ...** well ... ◆ **ma foi, c'est comme ça, mon vieux** well, that's how it is, old man ◆ **ça, ma foi, je n'en sais rien** well, I don't know anything about that ◆ **c'est ma foi vrai que ...** well it's certainly ou undeniably true that ...

foie [fwa] nm liver ◆ **foie de veau/de volaille** calf's/chicken liver ◆ **foie gras** foie gras ◆ **avoir mal au foie** to have a stomach ache ◆ **avoir une crise de foie** to have a bad stomach upset ◆ **avoir les foies**⁑ to be scared to death*

foie-de-bœuf, pl **foies-de-bœuf** [fwadbœf] nm beefsteak fungus

foin[1] [fwɛ̃] → SYN nm hay ◆ **faire les foins** to make hay ◆ **à l'époque des foins** in the haymaking season ◆ **foin d'artichaut** choke ◆ **faire du foin*** (faire un scandale) to kick up* a fuss ou row ou shindy* (Brit); (faire du bruit) to make a row ou racket → **rhume**

foin[2] [fwɛ̃] excl ◆ (††, hum) **foin des soucis d'argent/des créanciers!** a plague on money worries/creditors!, the devil take money worries/creditors!

foire [fwaʀ] → SYN nf a (marché) fair; (exposition commerciale) trade fair; (fête foraine) fun fair ◆ **foire agricole** agricultural show ◆ **foire aux bestiaux** cattle fair ou market ◆ **foire exposition** exposition, expo* ◆ (Littérat) **"La Foire aux Vanités"** "Vanity Fair" → **larron**
b LOC **avoir la foire**†⁑ to have the runs* ou skitters⁑ (Brit) ◆ **faire la foire*** to whoop it up*, go on a spree ◆ **c'est la foire ici!, c'est une vraie foire!*** it's bedlam in here!, it's a proper madhouse!* ◆ **c'est une foire d'empoigne** it's a free-for-all

foirer [fwaʀe] → SYN ▸ conjug 1 ◂ 1 vi (*) [vis] to slip; [obus] to hang fire; (⁑) [projet] to fall through, bomb* (US)
2 vt (⁑: rater) to flunk⁑ ◆ **j'ai foiré les maths** I flunked maths⁑

foireux, -euse⁑ [fwaʀø, øz] → SYN adj (peureux) yellow(-bellied)⁑, chicken⁑ (attrib); (raté) idée, projet useless ◆ **ce projet/film est foireux** this project/film is a washout*

fois [fwa] → SYN nf a time ◆ **une fois** once ◆ **deux fois** twice ◆ **trois fois** three times ◆ (aux enchères) **une fois, deux fois, trois fois, adjugé** going, going, gone! ◆ **pour la toute première fois** for the very first time ◆ **quand je l'ai vu pour la première/dernière fois** when I first/last saw him, the first/last time I saw him ◆ **cette fois-ci/-là** this/that time ◆ **c'est bon** ou **ça va pour cette fois** I'll let you off this time ou (just) this once ◆ **de fois à autre**† from time to time, now and again ◆ **plusieurs fois** several times, a number of times ◆ **peu de fois** on few occasions ◆ **bien des fois, maintes (et maintes) fois** many a time, many times ◆ **autant de fois que** as often as, as many times as ◆ **y regarder à deux** ou **à plusieurs fois avant d'acheter qch** to think twice ou very hard before buying sth ◆ **s'y prendre à** ou **en deux/plusieurs fois pour faire qch** to take two/several attempts ou goes to do sth ◆ **payer en plusieurs fois** to pay in several instalments ◆ **frapper qn par deux/trois fois** to hit sb twice/three times ◆ **je suis trois fois grand-père** I am a grandfather three times over ◆ **vous avez mille fois raison** you're absolutely right → **autre, cent**[1]**, encore, merci, regarder** etc
b (dans un calcul) **une fois** once ◆ **deux fois** twice, two times ◆ **trois/quatre** etc **fois** three/four etc times ◆ **une fois tous les deux jours** once every two days, once every other ou second day ◆ **3 fois par an, 3 fois l'an**† 3 times a year ◆ **9 fois sur 10** 9 times out of 10 ◆ **4 fois plus d'eau/de voitures** 4 times as much water/as many cars ◆ **quatre fois moins d'eau** four times less water, a quarter as much water ◆ **quatre fois moins de voitures** a quarter as many cars ◆ (Math) **3 fois 5 (font 15)** 3 times 5 (is ou makes 15) ◆ **il avait deux fois rien** ou **trois fois rien** (argent) he had absolutely nothing, he hadn't a bean* (Brit); (blessure) he had the merest scratch, he had nothing at all wrong with him ◆ **et encore merci! – oh, c'est deux fois rien** ou **trois fois rien** and thanks again! – oh, please don't mention it!
c **une fois** once ◆ **il était une fois, il y avait une fois** once upon a time there was ◆ (Prov) **une fois n'est pas coutume** just the once will not hurt, once (in a while) does no harm ◆ **pour une fois!** for once! ◆ **en une fois** at ou in one go ◆ **une (bonne) fois pour toutes** once and for all ◆ **une fois (qu'il sera) parti** once he has left ◆ **une fois qu'il n'était pas là** once ou on one occasion when he wasn't there
d (*) **des fois** (parfois) sometimes ◆ **des fois, il est très méchant** he can be very nasty at times ou on occasion, sometimes he's pretty nasty ◆ **si des fois vous le rencontrez** if you should happen ou chance to meet him ◆ **non mais, des fois!** (scandalisé) do you mind!; (en plaisantant) you must be joking! ◆ **non mais des fois pour qui te prends-tu?** look here, who do you think you are! ◆ **des fois que** (just) in case ◆ **attendons, des fois qu'il viendrait** let's wait in case he comes ◆ **allons-y, des fois qu'il resterait des places** let's go – there may be some seats left, let's go in case there are some seats left
e **à la fois** at once, at the same time ◆ **ne répondez pas tous à la fois** don't all answer at once ◆ **il était à la fois grand et gros** he was both tall and fat ◆ **il était à la fois grand, gros et fort** he was tall, fat and strong as well ◆ **faire deux choses à la fois** to do two things at once ou at the same time

foison [fwazɔ̃] → SYN nf ◆ **il y a du poisson/des légumes à foison** there is an abundance of fish/vegetables, there is fish/are vegetables in plenty, there are fish/vegetables galore ◆ **il y en avait à foison au marché** there was plenty of it ou there were plenty of them at the market

foisonnant, e [fwazɔnɑ̃, ɑ̃t] → SYN adj documentation abundant, profuse, lavish; filmographie lavish

foisonnement [fwazɔnmɑ̃] → SYN nm a (épanouissement) burgeoning; (abondance) profusion, abundance, proliferation
b [chaux] expansion

foisonner [fwazɔne] → SYN ▸ conjug 1 ◂ vi a [idées, erreurs] to abound, proliferate; [gibier] to abound ◆ **pays qui foisonne de** ou **en matières premières** country which abounds in raw materials ◆ **pays qui foisonne de** ou **en talents** country which has a profusion ou an abundance of talented people ou is teeming with talented people ◆ **texte foisonnant d'idées/de fautes** text teeming with ideas/mistakes
b [chaux] to expand

fol [fɔl] → **fou**

folâtre [fɔlɑtʀ] → SYN adj enfant playful, frisky, frolicsome; gaieté, jeux lively, jolly; caractère lively, sprightly ◆ (frm, hum) **il n'est pas d'humeur folâtre** he's not in a playful mood

folâtrer [fɔlɑtʀe] → SYN ▸ conjug 1 ◂ vi [enfants] to frolic, romp; [chiots, poulains] to gambol, frolic, frisk ◆ **au lieu de folâtrer tu ferais mieux de travailler** instead of fooling around you would do better to work

folâtrerie [fɔlɑtʀəʀi] nf (littér) (NonC: caractère) playfulness, sprightliness; (action) frolicking (NonC), romping (NonC), gambolling (NonC)

foldingue [fɔldɛ̃g] adj nuts*, crazy*

foliacé, e [fɔljase] adj foliated, foliaceous

foliaire [fɔljɛʀ] adj foliar

foliation [fɔljasjɔ̃] nf (développement) foliation, leafing; (disposition) leaf arrangement

folichon, -onne* [fɔliʃɔ̃, ɔn] → SYN adj (gén nég) pleasant, interesting, exciting ◆ **aller à ce dîner, ça n'a rien de folichon** going to this dinner won't be much fun ou won't be very exciting ◆ **la vie n'est pas toujours folichonne avec ma belle-mère** life's not always fun with my mother-in-law

folie [fɔli] → SYN nf a (maladie) madness, lunacy, insanity; (gén) madness, lunacy ◆ **il a un petit grain de folie*** there's a streak of eccentricity in his character ◆ (Méd) **folie furieuse** raving madness ◆ (fig) **c'est de la folie douce** ou **pure** ou **furieuse** it's utter madness ou lunacy, it's sheer folly ou lunacy ◆ **folie meurtrière** killing frenzy ◆ **c'était un coup de folie** it was a moment's madness ◆ **avoir la folie des grandeurs** to have delusions of grandeur ◆ **il a la folie des timbres-poste** he is mad about stamps, he is stamp-mad* ◆ **aimer qn à la folie** to be madly in love with sb, love sb to distraction ◆ **il a eu la folie de refuser** he was mad enough (Brit) ou crazy enough to refuse, he had the folly ou madness to refuse ◆ **c'est folie d'y aller** it's foolish ou it would be folly to go there ◆ **les soldats en folie ont tout saccagé** the soldiers went mad and ransacked the place
b (bêtise, erreur, dépense) extravagance ◆ **il a fait des folies dans sa jeunesse** he had his fling ou a really wild time in his youth ◆ **des folies de jeunesse** follies of youth, youthful indiscretions ou extravagances ◆ **ils ont fait une folie en achetant cette voiture** they were mad (Brit) ou crazy to buy that car ◆ **vous avez fait des folies en achetant ce cadeau** you have been far too extravagant in buying this present ◆ **il ferait des folies pour elle** he would do anything for her ◆ **il ferait des folies pour la revoir** he'd give anything to see her again ◆ (hum) **je ferais des folies pour un morceau de fromage** I would give ou do anything for a piece of cheese ◆ **une nouvelle folie de sa part** (dépense) another of his extravagances; (projet) another of his hare-brained schemes ◆ (hum) **tu as fait des folies de ton corps cette nuit?** you had a hot night last night?*
c (Hist Archit) folly

folié, e [fɔlje] adj foliate

folingue* [fɔlɛ̃g] adj nuts*, crazy*

folio [fɔljo] nm folio

foliole [fɔljɔl] nf (Bot) leaflet

folioter [fɔljɔte] → SYN ▸ conjug 1 ◂ vt to folio

folioteur, -euse [fɔljɔtœʀ, øz] nm,f foliating machine

folique [fɔlik] adj ◆ **acide folique** folic acid

folk [fɔlk] 1 nm abrév de **folk song**
2 adj ◆ **chanteur / musique folk** folk singer / music

folklo* [fɔlklo] adj (abrév de **folklorique**) (excentrique) weird ◆ **c'est un peu folklo chez lui** his house (ou apartment etc) is a bit weird

folklore [fɔlklɔʀ] → SYN nm folklore ◆ (péj) **c'est du folklore!*** it's a joke!

folklorique [fɔlklɔʀik] adj a chant, costume folk
b (*: excentrique) personne, tenue, ambiance outlandish ◆ **la réunion a été assez folklorique** the meeting was a rather weird ou quaint affair

folkloriser [fɔlklɔʀize] ▸ conjug 1 ◂ vt coutume, langue to treat as folklore

folk song [fɔlksɔ̃g] nm folk music

folle [fɔl] adj f, nf → **fou**

follement [fɔlmɑ̃] → SYN adv a espérer, dépenser madly ◆ **follement amoureux** madly ou wildly in love, head over heels in love ◆ **il se lança follement à leur poursuite** he dashed after them in mad pursuit ◆ **avant de te lancer follement dans cette aventure** before rushing headlong into ou jumping feet first into this business
b (énormément) drôle, intéressant madly, wildly ◆ **on s'est follement amusé** we had a fantastic* time ◆ **il désire follement lui parler** he is dying* to speak to her, he wants desperately to speak to her

follet, -ette [fɔlɛ, ɛt] → SYN adj (étourdi) scatterbrained → **feu¹, poil**

folliculaire [fɔlikylɛʀ] → SYN adj follicular

follicule [fɔlikyl] nm follicle

folliculine [fɔlikylin] nf oestrone

folliculite [fɔlikylit] nf folliculitis

fomentateur, -trice [fɔmɑ̃tatœʀ, tʀis] → SYN nm,f troublemaker, agitator, fomenter

fomentation [fɔmɑ̃tasjɔ̃] → SYN nf fomenting, fomentation

fomenter [fɔmɑ̃te] → SYN ▸ conjug 1 ◂ vt (lit, fig) to foment, stir up

fomenteur, -euse [fɔmɑ̃tœʀ, øz] nm,f troublemaker, agitator, fomenter

fonçage [fɔ̃saʒ] nm [tonneau] bottoming; [puits] sinking, boring

foncé, e [fɔ̃se] → SYN (ptp de **foncer²**) adj couleur (gén) dark; (tons pastels) deep ◆ **à la peau foncée** dark-skinned

foncement [fɔ̃smɑ̃] nm ⇒ **fonçage**

foncer¹ [fɔ̃se] → SYN ▸ conjug 3 ◂ vi a (*: aller à vive allure) [conducteur, voiture] to tear* ou belt* (Brit) ou hammer* along; [coureur] to charge* ou tear* along; (dans un travail) to get a move on* ◆ **maintenant, il faut que je fonce** I must dash ou fly* now ◆ **fonce le chercher** go and fetch him straight away (Brit) ou right away (US)
b (*: être dynamique) to have drive
c (se précipiter) to charge (*vers* at, *dans* into) ◆ **foncer sur** ou **vers l'ennemi / l'obstacle** to charge at ou make a rush at the enemy / obstacle ◆ **le camion a foncé sur moi** the truck came charging straight at me ◆ (lit, fig) **foncer sur un objet** to make straight for ou make a beeline for an object ◆ **foncer dans la foule** [camion, taureau, police] to charge into the crowd ◆ **foncer (tête baissée) dans la porte / dans le piège** to walk straight into the door / straight ou headlong into the trap ◆ (fig) **foncer dans le brouillard** to forge ahead regardless, forge ahead in the dark ◆ **la police a foncé dans le tas** the police charged in

foncer² [fɔ̃se] ▸ conjug 3 ◂ 1 vt couleur to make darker
2 vi [liquide, couleur, cheveux] to turn ou go darker

foncer³ [fɔ̃se] ▸ conjug 3 ◂ vt tonneau to bottom; puits to sink, bore; (Culin) moule to line

fonceur, -euse* [fɔ̃sœʀ, øz] → SYN nm,f go-ahead type ◆ **c'est un fonceur** he's got tremendous drive

foncier, -ière [fɔ̃sje, jɛʀ] → SYN 1 adj a impôt, revenu land (épith); noblesse, propriété landed (épith); problème, politique (relating to) land ownership ◆ **crédit / impôt foncier** land ou property loan / tax ◆ **propriétaire foncier** landowner
b qualité, différence fundamental, basic ◆ **la malhonnêteté foncière de ces pratiques** the fundamental ou basic dishonesty of these practices ◆ **être d'une foncière malhonnêteté** to have an innate streak of dishonesty, be fundamentally dishonest
2 nm ◆ **le foncier** land ou property tax

foncièrement [fɔ̃sjɛʀmɑ̃] → SYN adv fundamentally, basically

fonction [fɔ̃ksjɔ̃] → SYN nf a (métier) post, office ◆ (tâches) **fonctions** office, duties ◆ **entrer en fonctions** [employé] to take up one's post; [maire, président] to come into ou take office, take up one's post ◆ **ça n'entre pas dans mes fonctions** it's not part of my duties ◆ **de par ses fonctions** by virtue of his office ◆ **être en fonction** to be in office ◆ **la fonction publique** the public ou state ou civil (Brit) service ◆ **logement de fonction** (gén) company accommodation; [concierge, professeur] rent-free ou on-site accommodation ◆ **avoir une voiture de fonction** (gén) to have a car with one's post; (firme privée) to have a company car → **démettre, exercice**
b (gén, Gram: rôle) function ◆ **fonction biologique** biological function ◆ **remplir une fonction** to fulfil a function ◆ **cet organe a pour fonction de, la fonction de cet organe est de** the function of this organ is to ◆ (Gram) **avoir** ou **faire fonction de sujet** to function ou act as a subject ◆ (fig, hum) **c'est la fonction qui crée l'organe** ≃ needs must where the devil drives (Prov)
c (Math) **fonction (algébrique)** (algebraic) function ◆ (Chim) **fonction acide** acid(ic) function ◆ (Math) **être fonction de** to be a function of
d LOC **faire fonction de directeur / d'ambassadeur** to act as a manager / as an ambassador ◆ **il n'y a pas de porte, ce rideau en fait fonction** there is no door but this curtain serves the purpose ou does instead ◆ **sa réussite est fonction de son travail** his success depends on how well he works ◆ **salaire en fonction des diplômes** salary commensurate with qualifications ◆ **en fonction de** according to

fonctionnaire [fɔ̃ksjɔnɛʀ] → SYN nmf (gén) state servant ou employee; (dans l'administration) [ministère] government official, civil servant (Brit); [municipalité] local government officer ou official ◆ **haut fonctionnaire** high-ranking ou top civil servant, senior official ◆ **petit fonctionnaire** minor (public) official ◆ **les fonctionnaires de l'enseignement** state-employed teachers ◆ **fonctionnaire de (la) police** police officer, officer of the law

fonctionnalisme [fɔ̃ksjɔnalism] nm functionalism

fonctionnaliste [fɔ̃ksjɔnalist] adj, nmf functionalist

fonctionnalité [fɔ̃ksjɔnalite] nf (gén) practicality; (Ordin) functionality

fonctionnarisation [fɔ̃ksjɔnaʀizasjɔ̃] nf ◆ **la fonctionnarisation de la médecine** the state takeover of medicine ◆ **le gouvernement propose la fonctionnarisation des médecins** the government proposes taking doctors into the public service ou making doctors employees of the state

fonctionnariser [fɔ̃ksjɔnaʀize] ▸ conjug 1 ◂ vt ◆ **fonctionnariser qn** to make sb an employee of the state; (dans l'administration) to take sb into the public service ◆ **fonctionnariser un service** to take over a service (to be run by the state)

fonctionnarisme [fɔ̃ksjɔnaʀism] nm (péj) officialdom ◆ **c'est le règne du fonctionnarisme** bureaucracy rules, officialdom has taken over

fonctionnel, -elle [fɔ̃ksjɔnɛl] → SYN 1 adj functional ◆ (Ling) **mot fonctionnel** function word
2 nm staff manager ◆ **les fonctionnels et les opérationnels** managers and operatives, staff and line

fonctionnellement [fɔ̃ksjɔnɛlmɑ̃] adv functionally

fonctionnement [fɔ̃ksjɔnmɑ̃] nm [appareil, entreprise, institution] working, functioning, operation, running; (Méd) [organisme] functioning ◆ **en état de bon fonctionnement** in good working order ◆ **pour assurer le (bon) fonctionnement de l'appareil** to keep the machine in (good) working order ◆ **pour assurer le (bon) fonctionnement du service** to ensure the smooth running of the service ◆ **panne due au mauvais fonctionnement du carburateur** breakdown due to a fault ou a malfunction in the carburettor ◆ **pendant le fonctionnement de l'appareil** while the machine is in operation ou is running ◆ **budget de fonctionnement** operating budget ◆ **frais de fonctionnement** running ou upkeep costs

fonctionner [fɔ̃ksjɔne] → SYN ▸ conjug 1 ◂ vi [mécanisme, machine] to work, function; [entreprise] to function, operate, run; [*: personne] to function, operate ◆ **faire fonctionner** machine to operate ◆ **il n'a jamais vraiment compris comment je fonctionne*** he has never really understood what makes me tick* ◆ **notre téléphone / télévision fonctionne mal** there's something wrong with our phone / television, our phone / television isn't working properly ◆ **le courrier fonctionne mal** the mail isn't reliable ◆ **ça ne fonctionne pas** it's out of order, it's not working ◆ **sais-tu faire fonctionner la machine à laver?** can you operate ou do you know how to work the washing machine? ◆ **je fonctionne au café*** coffee keeps me going

fond [fɔ̃] → SYN 1 nm a [récipient, vallée etc] bottom; [armoire] back; [jardin] bottom, far end; [pièce] far end, back; [utérus] fundus; (Anat) [gorge] back ◆ (Min) **le fond** the (coal) face ◆ **être / tomber au fond de l'eau** to be at / fall to the bottom of the water ◆ (Min) **travailler au fond** to work at ou on the (coal) face ◆ **les mots lui sont restés au fond de la gorge** the words got stuck in his throat ◆ (Naut) **envoyer par le fond** to send to the bottom ◆ **y a-t-il beaucoup de fond?** is it very deep? ◆ **l'épave repose par 10 mètres de fond** the wreck is lying 10 metres down ◆ (Naut) **à fond de cale** (down) in the hold ◆ **le fond de la gorge / l'œil** the back of the throat / eye ◆ **au fond du couloir** down the corridor, at the far end of the corridor ◆ **au fond de la boutique** at the back of the shop ◆ **ancré au fond de la baie** anchored at the (far) end of the bay ◆ **village perdu au fond de la province** village in the depths ou heart ou wilds of the country ◆ **sans fond** (lit, fig) bottomless → **double, fin¹** etc
b (fig: tréfonds) **le fond de son cœur est pur** deep down his heart is pure ◆ **savoir lire au fond des cœurs** to be able to see deep (down) into people's hearts ◆ **merci du fond du cœur** I thank you from the bottom of my heart ◆ **il pensait au fond de son cœur** ou **de lui(-même) que** deep down he thought that, in his heart of hearts he thought that ◆ **vous avez deviné / je vais vous dire le fond de ma pensée** you have guessed / I shall tell you what I really think ou what my feelings really are ◆ **regarder qn au fond des yeux** to look deep into sb's eyes ◆ **il a un bon fond, il n'a pas un mauvais fond** he's basically a good person, he's a good person at heart ou bottom ◆ **il y a chez lui un fond d'honnêteté / de méchanceté** there's a streak of honesty / maliciousness in him ◆ **il y a un fond de vérité dans ce qu'il dit** there's an element ou a grain of truth in what he says ◆ **toucher le fond de la douleur / misère** to plumb the depths of sorrow / misery
c (essentiel) [affaire, question, débat] heart ◆ **c'est là le fond du problème** that's the heart ou root ou core of the problem ◆ **aller au fond du problème** to get to the heart ou root of the problem ◆ **aller au fond des choses** to go to the bottom of things ◆ **ce qui compose le fond de son discours / de sa nourriture** what forms the basis of his speech / diet ◆ **il faut aller jusqu'au fond de cette histoire** we must get to the root of this business ◆ **débat de fond** background discussion ◆ **ouvrage de fond** basic work ◆ (Presse) **article de fond** feature article

d (Littérat, gén : contenu) content ; (Jur) substance ◆ **le fond et la forme** content and form ◆ (Jur) **le fond de l'affaire** the substance of the case

e (arrière-plan) [tableau, situation] background ◆ **avec fond sonore** ou **musical** with background music, with music in the background ◆ **blanc sur fond noir** white on a black background ◆ **ceci tranchait sur le fond assez sombre de la conversation** this contrasted with the general gloom of the conversation ◆ **avec cette sombre perspective pour fond** with this gloomy prospect in the background → **bruit, toile**

f (petite quantité) drop ◆ **versez-m'en juste un fond (de verre)** pour me just a drop ◆ **ils ont vidé les fonds de bouteilles** they emptied what was left in the bottles ou the dregs from the bottles ◆ **il va falloir racler** ou **gratter** ou **faire les fonds de tiroirs** we'll have to fish around* ou scrape around for pennies

g (lie) sediment, deposit

h (Sport) **de fond** épreuves, course, coureur long-distance (épith) → **ski**

i [chapeau] crown ; [pantalon] seat ◆ (fig) **c'est là que j'ai usé mes fonds de culotte** that's where I spent my early school years

j LOC **le fond de l'air est frais*** it's a bit chilly, there's a nip in the air ◆ **au fond, dans le fond** (sous les apparences) basically, at bottom ; (en fait) basically, really, in fact ◆ **il n'est pas méchant au fond** he's not a bad sort basically ou at heart ◆ **il fait semblant d'être désolé, mais dans le fond il est bien content** he makes out he's upset but he's quite pleased really ou but deep down he's quite pleased ◆ **dans le fond** ou **au fond, ça ne change pas grand-chose** basically ou really, that makes no great difference ◆ **ce n'est pas si stupide, au fond** it's not such a bad idea after all ◆ **étudier une question à fond** to study a question thoroughly ou in depth ◆ **il est soutenu à fond par ses amis** he is backed up to the hilt by his friends ◆ **visser un boulon à fond** to screw a bolt (right) home ◆ **respirer à fond** to breathe deeply ◆ **à fond de train, à fond la caisse*, à fond les manettes*** hell for leather* (Brit), full tilt ◆ **de fond en comble** fouiller from top to bottom ; détruire completely, utterly ◆ **ce retard bouleverse mes plans de fond en comble** this delay throws my plans right out, this delay completely overturns my plans

2 COMP ▷ **fond d'artichaut** artichoke heart ▷ **fond de magasin** (invendus) shop's leftover stock ▷ **les fonds marins** the sea bed ▷ **fond d'œil** fundus ◆ **faire un fond d'œil à qn** to do a funduscopic examination, perform a funduscopy ▷ **fond de portefeuille** (Bourse) portfolio base ▷ **fond de robe** sewn-on (full-length) slip ou petticoat ▷ **fond de tarte** (pâte) pastry base ; (crème) custard base ▷ **fond de teint** foundation (cream)

fondamental, e, mpl **-aux** [fɔ̃damɑ̃tal, o] → SYN GRAMMAIRE ACTIVE 26.2

1 adj (essentiel) question, recherche, changement fundamental, basic ; vocabulaire basic ; (foncier) égoïsme, incompréhension basic, inherent, fundamental ◆ **couleurs fondamentales** primary colours ◆ **son fondamental, note fondamentale** fundamental (note) ◆ (Scol) **matière fondamentale** basic subject, core subject (Brit) ◆ **c'est fondamental** it's a basic necessity ou truth

2 **fondamentale** nf (Mus) root, fundamental (note)

fondamentalement [fɔ̃damɑ̃talmɑ̃] → SYN adv vrai, faux inherently, fundamentally ; modifier, opposer radically, fundamentally ◆ **fondamentalement méchant / généreux** basically ou fundamentally malicious / generous ◆ **cela vient fondamentalement d'un manque d'organisation** that arises from a basic ou an underlying lack of organization

fondamentalisme [fɔ̃damɑ̃talism] nm fundamentalism

fondamentaliste [fɔ̃damɑ̃talist] adj, nmf fundamentalist

fondant, e [fɔ̃dɑ̃, ɑ̃t] **1** adj neige thawing, melting ; fruit that melts in the mouth ◆ **température de la glace fondante** temperature of melting ice ◆ **bonbon fondant** fondant ◆ **chocolat fondant** high-quality plain chocolate

2 nm (Culin, bonbon) fondant ; (Chim) flux

fondateur, -trice [fɔ̃datœʀ, tʀis] → SYN **1** adj mythe, texte, idée founding

2 nm,f founder ; (Jur, Fin) [société] incorporator ◆ **membre fondateur** founder member

fondation [fɔ̃dasjɔ̃] → SYN nf (action) foundation ; (institut) foundation ◆ (Constr) **fondations** foundations

fondé, e [fɔ̃de] (ptp de **fonder**) **1** adj **a** crainte, réclamation well-founded, justified ◆ **bien fondé** well-founded, fully justified ◆ **mal fondé** ill-founded, groundless ◆ **ce qu'il dit n'est pas fondé** what he says has no foundation, there are no grounds for what he says ◆ **fondé sur des ouï-dire** based on hearsay

b **être fondé à faire / croire / dire** to have good reason to do / believe / say, have (good) grounds for doing / believing / saying

2 nm ◆ **fondé (de pouvoir)** (Jur) authorized representative ; (cadre bancaire) senior banking executive

fondement [fɔ̃dmɑ̃] → SYN nm **a** foundation ◆ (Jur) **fondement d'une action en justice** cause of action ◆ **sans fondement** without foundation, unfounded, groundless ◆ **jeter les fondements de** to lay the foundations of

b (hum : derrière) fundament† (hum), backside ; (fond de pantalon) trouser seat

fonder [fɔ̃de] → SYN ▸ conjug 1 ◂ **1** vt **a** (créer) ville, parti, prix littéraire to found ; commerce to set up, found (frm) ; famille to start ◆ **fonder un foyer** to start a home and family ◆ (Comm) **« maison fondée en 1850 »** "Established 1850"

b (baser) to base, found (*sur* on) ◆ **fonder sa richesse sur** to build one's wealth on ◆ **fonder une théorie sur** to base a theory on ◆ **fonder tous ses espoirs sur** to place ou pin all one's hopes on

c (justifier) réclamation to justify → **fondé**

2 **se fonder** vpr ◆ **se fonder sur** [personne] to go by, go on, base o.s. on ; [théorie, décision] to be based on ◆ **sur quoi vous fondez-vous pour l'affirmer ?** what grounds do you have for maintaining this ?

fonderie [fɔ̃dʀi] → SYN nf **a** (usine d'extraction) smelting works ; (atelier de moulage) foundry

b (action) founding, casting

fondeur, -euse [fɔ̃dœʀ, øz] **1** nm,f (Ski) long-distance skier, langlauf specialist

2 nm (Métal) caster

fondeuse [fɔ̃døz] nf casting machine

fondoir [fɔ̃dwaʀ] nm tallow melter

fondre [fɔ̃dʀ] → SYN ▸ conjug 41 ◂ **1** vt **a** (liquéfier) substance to melt ; argenterie, objet de bronze to melt down ; minerai to smelt ; neige to melt, thaw ; (fig) dureté, résolution to melt

b (couler) cloche, statue to cast, found

c (réunir) to combine, fuse together, merge (*en* into)

d (Peinture) couleur, ton to merge, blend

2 vi **a** (à la chaleur) (gén) to melt ; [neige] to melt, thaw ; (dans l'eau) to dissolve ◆ **faire fondre** beurre to melt ; graisse to render down ; sel, sucre to dissolve ; neige to melt, thaw ◆ **ce fruit / bonbon fond dans la bouche** this fruit / sweet melts in your mouth

b (fig) [colère, résolution] to melt away ; [provisions, réserves] to vanish ◆ **fondre comme neige au soleil** to melt away ou vanish like the snow ◆ **l'argent fond entre ses mains** money runs through his fingers ◆ **cela fit fondre sa colère** at that his anger melted (away) ◆ **fondre en larmes** to dissolve ou burst into tears

c (* : maigrir) to slim down ◆ **j'ai fondu de 5 kg** I've lost 5 kg

d (* : s'attendrir) **j'ai fondu** my heart melted

e (s'abattre) **fondre sur qn** [vautour, ennemi] to swoop down on sb ; [malheurs] to sweep down on sb

3 **se fondre** vpr **a** [cortèges, courants] to merge (*en* into)

b **se fondre dans la nuit / brume** to fade (away) ou merge into the night / mist

fondrière [fɔ̃dʀijɛʀ] → SYN nf pothole, rut, hole

fonds [fɔ̃] → SYN nm **a** (Comm) **fonds de commerce** (lit) business ; (fig : source de revenus) moneymaker ◆ **il possède le fonds mais pas les murs** he owns the business but not the property ◆ **vendre son fonds** to sell up ◆ **fonds de terre** land (NonC)

b (ressources) [musée, bibliothèque] collection ; [œuvre d'entraide] fund ◆ **fonds de secours / de solidarité / d'amortissement** relief / solidarity / sinking fund ◆ **fonds de garantie** guarantee fund ◆ **fonds de caisse** cash in hand ◆ **Fonds national de l'emploi** *French state fund to provide retraining and redundancy payments for the unemployed* ◆ **Fonds européen de coopération monétaire** European Monetary Cooperation Fund ◆ **Fonds européen de développement** European Development Fund ◆ **Fonds social européen** European Social Fund ◆ **le Fonds monétaire international** the International Monetary Fund ◆ (fig) **ce pays a un fonds folklorique très riche** this country has a rich fund of folklore ou a rich folk heritage

c (Fin : pl) (argent) sums of money, money ; (capital) funds, capital ; (pour une dépense précise) funds ◆ **pour transporter les fonds** to transport the money ◆ **investir des fonds importants dans** to invest large sums of money ou a large amount of capital in ◆ **réunir les fonds nécessaires à un achat** to raise the necessary funds for a purchase ◆ **mise de fonds initiale** initial (capital) outlay ◆ **ne pas être / être en fonds** to be out of / be in funds ◆ **je lui ai prêté de l'argent, ça a été à fonds perdus** I lent him money, but I never saw it again ou but I never got it back ◆ **fonds de roulement** working capital ◆ **fonds bloqués** frozen assets ◆ **fonds commun de placement** investment ou mutual fund ◆ **fonds de développement économique et social** fund for economic and social development ◆ **fonds disponibles** liquid assets ◆ **fonds d'État** government securities ◆ **fonds de prévoyance** contingency fund ou reserve ◆ **fonds propres** stockholders' equity, equity capital ◆ (Bourse) **fonds publics** government stock ou securities ; (recettes de l'État) public funds ou money ◆ **fonds régulateur** buffer fund ◆ **fonds de stabilisation des changes** exchange equalization account ◆ **fonds secrets** secret funds → **appel, bailleur, détournement**

fondu, e [fɔ̃dy] → SYN (ptp de **fondre**) **1** adj **a** (liquide) beurre melted ; métal molten ◆ **neige fondue** slush → **fromage**

b (Métal : moulé) **statue de bronze fondu** cast bronze statue

c (fig) contours blurred, hazy ; couleurs blending

d (* : fou) nuts*, loopy* ◆ **t'es complètement fondu !** you're nuts !, you're off your rocker* !

2 nm,f (* : fanatique) ◆ **c'est un fondu de jazz / télévision** he's a jazz / television freak*

3 nm **a** (Peinture) [couleurs] blend ◆ **le fondu de ce tableau me plaît** I like the way the colours blend in this picture

b (Ciné) **fondu (enchaîné)** dissolve, fade in-fade out ◆ **fermeture en fondu, fondu en fermeture** fade-out ◆ **ouverture en fondu, fondu en ouverture** fade-in

4 **fondue** nf (Culin) ◆ **fondue savoyarde** (cheese) fondue ◆ **fondue bourguignonne** fondue bourguignonne, meat fondue

fongible [fɔ̃ʒibl] → SYN adj fungible

fongicide [fɔ̃ʒisid] **1** adj fungicidal

2 nm fungicide

fongiforme [fɔ̃ʒifɔʀm] adj fungiform

fongique [fɔ̃ʒik] adj fungic

fongistatique [fɔ̃ʒistatik] **1** adj fungistatic

2 nm fungistat

fongosité [fɔ̃gozite] nf fungosity

fongueux, -euse [fɔ̃gø, øz] adj (Méd) fungous, fungoid

fongus [fɔ̃gys] nm (Bot, Méd) fungus

fontaine [fɔ̃tɛn] → SYN nf (ornementale) fountain ; (naturelle) spring ; (murale) fountain ◆ (fig) **fontaine de** fountain of ◆ (hum) **cette petite, c'est une vraie fontaine*** this child turns on the taps at anything, she's a real little crybaby ◆ (Prov) **il ne faut pas dire**

fontaine je ne boirai pas de ton eau don't burn your bridges ou your boats

fontainier [fɔ̃tenje] nm hydraulic engineer

fontanelle [fɔ̃tanɛl] nf fontanel(le)

fonte [fɔ̃t] → SYN nf **a** (action) [substance] melting; [argenterie, objet de bronze] melting down; [minerai] smelting; [neige] melting, thawing; [cloche, statue] casting, founding ◆ **à la fonte des neiges** when the thaw comes, when the snow melts ou thaws
b (métal) cast iron ◆ **fonte brute** pig-iron ◆ **en fonte** tuyau, radiateur cast-iron (épith)
c (Typ) fount

fontes [fɔ̃t] nfpl holsters *(on saddle)*

fontis [fɔ̃ti] nm (Géol) subsidence

fonts [fɔ̃] nmpl ◆ **fonts baptismaux** (baptismal) font

foot* [fut] nm abrév de **football**

football [futbol] → SYN nm football (Brit), soccer ◆ **football américain** American football football (US) ◆ **jouer au football** to play football → **ballon**[1]

footballeur, -euse [futbolœʀ, øz] nm,f footballer, football ou soccer player

footballistique [futbolistik] adj football (épith), soccer (épith)

footeux, -euse* [futø, øz] nm,f (joueur) football ou soccer player; (amateur) football ou soccer enthusiast

footing [futiŋ] nm jogging (NonC) ◆ **faire du footing** to go jogging ◆ **faire un (petit) footing** to go for a (little) jog

for [fɔʀ] nm ◆ **dans** ou **en son for intérieur** in one's heart of hearts, deep down inside

forage [fɔʀaʒ] → SYN nm [roche, paroi] drilling, boring; [puits] sinking, boring ◆ **se livrer à des forages d'exploration** to test-drill ◆ **faire des forages de prospection pétrolière** to wildcat (US), prospect for oil

forain, e [fɔʀɛ̃, ɛn] → SYN **1** adj fairground (épith) → **baraque, fête**
2 nm (acteur) (fairground) entertainer ◆ **(marchand) forain** stallholder

foramen [fɔʀamɛn] nm (Anat) foramen

foraminé, e [fɔʀamine] adj foraminal

foraminifère [fɔʀaminifɛʀ] nm (Zool) foraminifer

forban [fɔʀbɑ̃] → SYN nm (Hist : pirate) pirate; (fig : escroc) shark, crook

forçage [fɔʀsaʒ] nm (Agr) forcing

forçat [fɔʀsa] → SYN nm (bagnard) convict; (galérien, fig) galley slave ◆ **travailler comme un forçat** to work like a (galley) slave ◆ **c'est une vie de forçat** it's (sheer) slavery

force [fɔʀs] → SYN GRAMMAIRE ACTIVE 16.4
1 nf **a** [personne] (vigueur) strength ◆ **avoir de la force** to have strength, be strong ◆ **avoir de la force dans les bras** to be strong in the arm ◆ **je n'ai plus la force de parler** I've no strength left to talk ◆ **il ne connaît pas sa force** he doesn't know his own strength ◆ **à la force des bras** by the strength of one's arms ◆ **à la force du poignet** (lit) (grimper) by the strength of one's arms; (fig) (obtenir qch, réussir) by the sweat of one's brow ◆ **cet effort l'avait laissé sans force** the effort had left him drained (of strength) ◆ **c'est une force de la nature** he is a mighty figure ◆ **dans la force de l'âge** in the prime of life ◆ **force morale / intellectuelle** moral / intellectual strength ◆ (fig) **c'est ce qui fait sa force** that is where his great strength lies ◆ **bracelet** ou **poignet de force** (leather) wristband → **bout, union**
b [personne] (violence) force ◆ **recourir / céder à la force** to resort to / give in to force ◆ **employer la force brutale** ou **brute** to use brute force ◆ **la force prime le droit** might is right
c [personne] (ressources physiques) **forces** strength ◆ **reprendre des forces** to get one's strength back, regain one's strength ◆ **ses forces l'ont trahi** his strength failed ou deserted him ◆ **au-dessus de mes forces** too much for me, beyond me ◆ **frapper de toutes ses forces** to hit as hard as one can ou with all one's might ◆ **désirer qch de toutes ses forces** to want sth with all one's heart
d [coup, vent, habitude] force; [argument] strength, force; [sentiment] strength; [alcool, médicament] strength ◆ **vent de force 4** force 4 wind ◆ **dans toute la force du terme** in the fullest ou strongest sense of the word ◆ **la force de l'évidence** the weight of evidence ◆ **la force de l'habitude** force of habit ◆ **par la force des choses** by force of circumstance(s) ◆ **les forces naturelles** ou **de la nature** the forces of nature ◆ **les forces aveugles du destin** the blind forces of fate ◆ **les forces vives du pays** the living strength of a country ◆ **avoir force de loi** to have force of law → **cas, idée, ligne**[1]
e (Mil) strength ◆ **forces** forces ◆ **notre force navale** our naval strength ◆ (Pol) **les forces de l'opposition** the opposition forces ◆ **d'importantes forces de police** large contingents ou numbers of police ◆ **armée d'une force de 10 000 hommes** army with a strength of 10,000 men ◆ **être dans une position de force** to be in a position of strength
f (valeur) **les deux joueurs sont de la même force** the two players are evenly ou well matched ◆ **ces deux cartes sont de la même force** these two cards have the same value ◆ **il est de première force au bridge** he's a first-class bridge player, he's first-rate at bridge ◆ **il est de force à le faire** he's equal to it, he's up to (doing) it* ◆ **tu n'es pas de force à lutter avec lui** you're no match for him ◆ **à forces égales, à égalité de forces** on equal terms
g (Phys) force ◆ (Élec) **la force** ≃ 30-amp circuit ◆ **force de gravité** force of gravity ◆ **force centripète / centrifuge** centripetal / centrifugal force ◆ (Élec) **faire installer la force** to have a 30-amp ou cooker (ou immerser etc) circuit put in
h (Typ) [corps, caractère] size
i (Tech) **forces** shears
j LOC **attaquer / arriver en force** to attack / arrive in force ◆ **ils étaient venus en force** they had come in strength ◆ (Sport) **passer un obstacle en force** to get past an obstacle by sheer effort ◆ **faire entrer qch de force dans** to cram ou force sth into ◆ **faire entrer qn de force** ou **par la force dans** to force sb to enter ◆ **enlever qch de force à qn** to remove sth forcibly from sb, take sth from sb by force ◆ **entrer de force chez qn** to force one's way into ou force an entry into sb's house ◆ **être en position de force pour négocier** to bargain from a position of strength ◆ **coup de force** takeover by force ◆ **force nous est / lui est d'accepter** we have / he has no choice but to accept, we are / he is forced to accept ◆ **force m'est de reconnaître que ...** I am forced ou obliged to recognize that ... ◆ **affirmer avec force** to insist, state firmly ◆ **insister avec force sur un point** to insist strongly on a point ◆ **vouloir à toute force** to want absolutely ou at all costs ◆ **obtenir qch par force** to get sth by ou through force ◆ **à force d'essayer, il a réussi** by dint of trying he succeeded ◆ **à force de gentillesse** by dint of kindness ◆ **à force, tu vas le casser*** you'll end up breaking it ◆ (Naut) **faire force de rames** to ply the oars ◆ (Naut) **faire force de voiles** to cram on sail → **tour**[2]
2 adv († hum) many, a goodly number of (hum) ◆ **boire force bouteilles** to drink a goodly number of bottles ◆ **avec force remerciements** with profuse thanks
3 COMP ▷ **force d'âme** fortitude, moral strength ▷ **la force armée** the army, the military ▷ **les forces armées** the armed forces ▷ **force de caractère** strength of character ▷ **force contre-électromotrice** (Élec) back electromotive force ▷ **force de dissuasion** deterrent power ▷ **les Forces françaises libres** the Free French (Forces) ▷ **force de frappe** strike force ▷ **force d'inertie** force of inertia ▷ **force d'interposition** intervention force ▷ **forces d'intervention** (Mil, Police) rapid deployment force ▷ **forces de maintien de la paix** peace-keeping force(s) ▷ **force nucléaire stratégique** strategic nuclear force ▷ **les forces de l'ordre** the police ▷ **la force publique** the police ▷ **Force d'urgence des Nations Unies** United Nations Emergency Forces ▷ **force de vente** sales force

forcé, e [fɔʀse] → SYN (ptp de **forcer**) adj **a** (imposé) cours, mariage forced; (poussé) comparaison forced ◆ **atterrissage forcé** forced ou emergency landing ◆ **prendre un bain forcé** to take an unintended dip ◆ **conséquence forcée** inevitable consequence → **marche**[1], **travail**[1]
b (feint) rire, sourire forced; amabilité affected, put-on
c (*) **c'est forcé** there's no way round it, it's inevitable ◆ **je suis malade – c'est forcé, tu as mangé des kilos de chocolats !** I'm ill – of course you are, you've eaten kilos of chocolates! ◆ **c'est forcé que tu sois en retard** it's obvious you're going to be late

forcement [fɔʀsəmɑ̃] nm forcing

forcément [fɔʀsemɑ̃] → SYN adv inevitably ◆ **ça devait forcément arriver** it was bound to happen, it was inevitable ◆ **il le savait forcément puisqu'on le lui a dit** he must have known since he was told ◆ **il est enrhumé – forcément, il ne se couvre pas** he's got a cold – of course (he has), he doesn't wear warm clothes ◆ **c'est voué à l'échec – pas forcément** it's bound to fail – not necessarily

forcené, e [fɔʀsəne] → SYN **1** adj (fou) deranged, out of one's wits (attrib) ou mind (attrib); (acharné) ardeur, travail frenzied; (fanatique) joueur, travailleur frenzied; partisan, critique fanatical
2 nm,f maniac ◆ **travailler comme un forcené** to work like a maniac* ◆ (hum) **forcené du travail** demon for work, workaholic* ◆ (hum) **les forcenés du vélo / de la canne à pêche** cycling / angling fanatics

forceps [fɔʀsɛps] → SYN nm pair of forceps, forceps (pl)

forcer [fɔʀse] → SYN ▸ conjug 3 ◂ **1** vt **a** (contraindre) to force, compel ◆ **forcer qn à faire qch** to force sb to do sth, make sb do sth ◆ **il est forcé de garder le lit** he is forced to stay in bed ◆ **il a essayé de me forcer la main** he tried to force my hand ◆ **forcer qn au silence / à des démarches / à la démission** to force sb to keep silent / to take action / to resign
b (faire céder) coffre, serrure to force; porte, tiroir to force (open); blocus to run; barrage to force; ville to take by force ◆ **forcer le passage** to force one's way through ◆ (fig) **forcer la porte de qn** to force one's way in ◆ **forcer la consigne** to bypass orders ◆ **sa conduite force le respect / l'admiration** his behaviour commands respect / admiration ◆ (Sport) **il a réussi à forcer la décision** he managed to settle ou decide the outcome
c (traquer) cerf, lièvre to run ou hunt down; ennemi to track down ◆ **la police a forcé les bandits dans leur repaire** the police tracked the gangsters down to their hideout
d (pousser) cheval to override; fruits, plantes to force; talent, voix to strain; allure to increase; (fig) destin to tempt, brave ◆ **votre interprétation force le sens du texte** your interpretation stretches ou twists the meaning of the text ◆ **forcer sa nature** (timidité) to overcome one's shyness; (volonté) to force o.s. ◆ **forcer le pas** to quicken one's pace ◆ (fig) **il a forcé la dose*** ou **la note*** he overdid it
2 vi to overdo it, force it ◆ **j'ai voulu forcer, et je me suis claqué un muscle** I overdid it and pulled a muscle ◆ **il a gagné sans forcer*** he had no trouble winning, he won easily ◆ **ne force pas, tu vas casser la corde** don't force it or you'll break the rope ◆ **arrête de tirer, tu vois bien que ça force** stop pulling – can't you see it's jammed? ◆ **forcer sur ses rames** to strain at one's oars ◆ **il force un peu trop sur l'alcool*** he overdoes the drink a bit*
3 **se forcer** vpr to force o.s., make an effort (*pour faire* to do) ◆ **il se force à travailler** he forces himself to work, he makes himself work ◆ **elle se force pour manger** she forces herself to eat

forcerie [fɔʀsəʀi] → SYN nf hothouse, forcing house

forcing [fɔʀsiŋ] nm (Boxe) pressure ◆ **faire le forcing** to pile on the pressure ◆ **on a dû faire le forcing pour avoir le contrat** we had to put on a lot of pressure to get the contract ◆ **négociations menées au forcing** negotiations conducted under pressure

forcipressure [fɔRsipResyR] nf forcipressure

forcir [fɔRsiR] → SYN ▸ conjug 2 ◂ vi [personne] to broaden out; [vent] to strengthen

forclore [fɔRklɔR] ▸ conjug 45 ◂ vt (Jur) to debar

forclusion [fɔRklyzjɔ̃] → SYN nf (Jur) debarment

forer [fɔRe] → SYN ▸ conjug 1 ◂ vt roche, paroi to drill, bore; puits to drill, sink, bore

forestage [fɔRɛstaʒ] nm, **foresterie** [fɔRɛstəRi] nf forestry

forestier, -ière [fɔRɛstje, jɛR] → SYN **1** adj région, végétation, chemin forest (épith) ◆ **exploitation forestière** (activité) forestry, lumbering; (lieu) forestry site → **garde²**
2 nm forester

foret [fɔRɛ] → SYN nm drill

forêt [fɔRɛ] → SYN nf (lit, fig) forest ◆ **forêt-galerie** gallery forest ◆ **forêt vierge** virgin forest ◆ **forêt pluviale** rainforest ◆ **forêt domaniale** national ou state-owned forest → **arbre, eau**

Forêt-Noire [fɔRɛnwaR] nf ◆ (Geog) **la Forêt-Noire,** the Black Forest

forêt-noire, pl **forêts-noires** [fɔRɛnwaR] nf (Culin) Black Forest gâteau

foreur [fɔRœR] nm [roche, paroi] driller, borer; [puits] driller, sinker, borer

foreuse [fɔRøz] nf drill

forfaire [fɔRfɛR] → SYN ▸ conjug 60 ◂ vi ◆ (frm) **forfaire à qch** to be false to sth, betray sth ◆ **forfaire à l'honneur** to forsake honour

forfait [fɔRfɛ] → SYN nm **a** (Comm) (prix fixe) fixed ou set price; (prix tout compris) all-inclusive price; (ensemble de prestations) package ◆ **travailler au forfait** to work for a flat rate ou a fixed sum ◆ **notre nouveau forfait-vacances** our new package holiday ◆ **forfait hôtelier** hotel package ◆ **forfait-skieur(s)** ski-pass ◆ **à forfait** for a fixed sum ◆ **nous payons un forfait qui comprend la location et les réparations éventuelles** we pay a set ou fixed price which includes the hire and any repairs ◆ [impôts] **être au (régime du) forfait** to be taxed on estimated income
b (Sport: abandon) withdrawal, scratching ◆ **gagner par forfait** to win by default, win by a walkover ◆ **déclarer forfait** to withdraw
c (littér: crime) infamy (littér)

forfaitaire [fɔRfɛtɛR] → SYN adj (fixe) fixed, set; (tout compris) inclusive ◆ **montant forfaitaire** lump ou fixed sum ◆ **indemnité forfaitaire** inclusive payment, lump sum payment ◆ **prix forfaitaire** contract ou fixed ou set ou all-inclusive price

forfaitairement [fɔRfɛtɛRmɑ̃] adv payer, évaluer on an inclusive basis, inclusively

forfaitiste [fɔRfɛtist] nmf package-holiday agent

forfaiture [fɔRfɛtyR] nf (Jur) abuse of authority; (Hist) felony; (littér: crime) act of treachery

forfanterie [fɔRfɑ̃tRi] → SYN nf (caractère) boastfulness; (acte) bragging (NonC)

forficule [fɔRfikyl] nm *type of earwig,* forficula (spéc)

forge [fɔRʒ] → SYN nf (atelier) forge, smithy; (fourneau) forge ◆ (†: fonderie) **forges** ironworks → **maître**

forgeage [fɔRʒaʒ] nm forging

forger [fɔRʒe] → SYN ▸ conjug 3 ◂ vt **a** métal to forge; (fig) caractère to form, mould ◆ (littér) **forger des liens** to forge bonds ◆ (littér) **forger les fers** ou **les chaînes de qn** to enslave ou enchain sb ◆ (Prov) **c'est en forgeant qu'on devient forgeron** practice makes perfect (Prov) ◆ **il s'est forgé une réputation d'homme sévère** he has won ou earned himself the reputation of being a stern man ◆ **se forger un idéal** to create an ideal for o.s. ◆ **se forger des illusions** to build up illusions → **fer**
b (inventer) mot to coin; exemple, prétexte to contrive, make up; histoire, mensonge, plan to concoct ◆ **cette histoire est forgée de toutes pièces** this story is a complete fabrication

forgeron [fɔRʒəRɔ̃] → SYN nm blacksmith, smith → **forger**

forgeur, -euse [fɔRʒœR, øz] nm,f forger

forint [fɔRint] nm forint

forjeter [fɔRʒəte] → SYN ▸ conjug 4 ◂ vi [mur, bâtiment] to project, jut out

forlancer [fɔRlɑ̃se] ▸ conjug 3 ◂ vt (Chasse) to drive out

forligner [fɔRliɲe] → SYN ▸ conjug 1 ◂ vi [noble] to fall from rank

forlonger [fɔRlɔ̃ʒe] ▸ conjug 3 ◂ vt (Vénerie) to outdistance

formage [fɔRmaʒ] nm forming

formaldéhyde [fɔRmaldeid] nm formaldehyde

formalisable [fɔRmalizabl] adj which can be formalized

formalisation [fɔRmalizasjɔ̃] → SYN nf formalization

formaliser [fɔRmalize] → SYN ▸ conjug 1 ◂ **1** vt to formalize
2 se formaliser vpr to take offence (*de* at)

formalisme [fɔRmalism] → SYN nm **a** (péj) formality ◆ **pas de formalisme ici** we don't stand on ceremony here ◆ **s'encombrer de formalisme** to weigh o.s. down with formalities
b (Art, Philos) formalism

formaliste [fɔRmalist] → SYN **1** adj **a** (péj) formalistic
b (Art, Philos) formalist
2 nmf formalist

formalité [fɔRmalite] → SYN nf (Admin) formality ◆ **pas de formalités entre nous, appelle-moi Maud** no need to be formal, call me Maud ◆ (fig) **ce n'est qu'une formalité** it's a mere formality ◆ (fig) **sans autre formalité** without any more ou further ado

formant [fɔRmɑ̃] nm (Ling, Phon) formant

format [fɔRma] → SYN nm [livre] format, size; [papier, objet] size; (Ordin) format ◆ **en format de poche** in pocket format ◆ **papier format international** A4 paper

formatage [fɔRmataʒ] nm formatting

formater [fɔRmate] ▸ conjug 1 ◂ vt to format

formateur, -trice [fɔRmatœR, tRis] **1** adj élément, expérience formative; stage training
2 nm,f trainer

formatif, -ive [fɔRmatif, iv] **1** adj langue inflected, flexional; préfixe formative
2 formative nf (Ling) formative

formation [fɔRmasjɔ̃] → SYN nf **a** (développement) [gouvernement, croûte, fruits] formation, forming ◆ **à (l'époque de) la formation** [adolescent] at puberty; [fruit] when forming ◆ **parti en voie** ou **en cours de formation** party in the process of formation ◆ **la formation des mots** word formation
b (apprentissage) training ◆ **la formation du caractère** the forming ou moulding of character ◆ **formation d'ingénieur** training as an engineer ◆ **il a reçu une formation littéraire** he received a literary education ◆ **formation des maîtres, formation pédagogique** teacher training (Brit), teacher education (US) ◆ **stage de formation accélérée** crash course ◆ **centre de formation** training centre ◆ **formation alternée** ou **en alternance** ≃ part-time ou sandwich course ◆ **formation sur le tas** in-house ou on-site ou on-the-job training ◆ **formation professionnelle** vocational training ◆ **formation permanente** continuing education ◆ **formation continue (au sein de l'entreprise)** (in-house) training ◆ **je suis juriste de formation** I was trained as a lawyer
c (gén, Mil: groupe) formation ◆ (Aviat) **voler en formation** to fly in formation ◆ **formation musicale** music group ◆ **formation politique** political grouping ou formation

forme [fɔRm] → SYN nf **a** (contour, apparence) form, shape ◆ **cet objet est de forme ronde / carrée** this object is round / square ou is round / square in shape ◆ **en forme de poire / cloche** pear- / bell-shaped ◆ **elle a des formes gracieuses** she has a graceful form ou figure ◆ **elle prend des formes** she's filling out ou getting rounder ◆ **vêtement qui moule les formes** clinging ou figure-hugging garment ◆ **une forme apparut dans la nuit** a form ou figure ou shape appeared out of the darkness ◆ **n'avoir plus forme humaine** to be unrecognizable ◆ **sans forme** chapeau shapeless; pensée formless ◆ **prendre la forme d'un rectangle** to take the form ou shape of a rectangle ◆ **prendre la forme d'un entretien** to take the form of a talk ◆ [statue, projet] **prendre forme** to take shape ◆ **sous forme de comprimés** in tablet form ◆ **sous la forme d'un vieillard** in the guise of ou as an old man ◆ **sous toutes ses formes** in all its forms
b (genre) [civilisation, gouvernement] form ◆ **les formes d'énergie** the forms of energy ◆ **forme de vie** (présence effective) form of life, life form; (coutumes) way of life ◆ **une forme de pensée différente de la nôtre** a different way of thinking from our own ◆ **les animaux ont-ils une forme d'intelligence?** do animals have a form of intelligence?
c (Art, Jur, Littérat, Philos) form ◆ **soigner la forme** to be careful about form ◆ **poème à forme fixe** fixed-form poem ◆ **poème en forme d'acrostiche** poem forming an acrostic ◆ aide, soutien **de pure forme** token (épith), nominal ◆ **remarques de pure forme** purely formal remarks ◆ **pour la forme** as a matter of form, for form's sake ◆ **en bonne (et due) forme** (gén) in due form ◆ (fig) **sans autre forme de procès** without further ado ◆ **faites une réclamation en forme** put in a formal request → **fond, vice**
d (convenances) **formes** proprieties, conventions ◆ **respecter les formes** to respect the proprieties ou conventions ◆ **refuser en y mettant des formes** to decline as tactfully as possible ◆ **faire une demande dans les formes** to make a request in the correct form
e (Ling) form ◆ **mettre à la forme passive** to put in the passive ◆ **forme contractée** contracted form ◆ **forme de base** base form
f (moule) mould; (Typ) forme; [cordonnier] last; [couturier] (dress) form; (partie de chapeau) crown
g (Sport: gén) form; (condition physique) fitness ◆ **être en (pleine** ou **grande) forme, tenir la forme*, péter la forme*** (gén) to be in (great) form; (condition physique) to be (really) fit, be in (really) good shape ◆ **il n'est pas en forme, il n'a pas la forme*** he is not on form, he is off form ou out of form, he doesn't feel too good* ◆ **retour de forme** (gén) return to form; (condition physique) return to fitness ◆ **baisse de forme** (gén) loss of form; (condition physique) loss of fitness ◆ **retrouver la forme** (gén) to get back ou come back on form; (condition physique) to get back into shape, get fit again ◆ **la forme revient** (gén) his (ou her etc) form is coming back; (condition physique) he's (ou she's etc) getting fitter again ◆ **ce n'est pas la grande forme*** I'm (ou he's etc) not feeling too good* ◆ **centre de remise en forme** ≃ health farm
h (Mus) **forme sonate** sonata form
i (Naut) **forme de radoub** ou **sèche** dry ou graving dock

formé, e [fɔRme] → SYN (ptp de **former**) adj **a** jeune fille pubescent
b goût, jugement (well-)developed

formel, -elle [fɔRmɛl] → SYN adj **a** (catégorique) definite, positive ◆ **dans l'intention formelle de refuser** with the definite intention of refusing ◆ **il a l'obligation formelle de le faire** it is mandatory upon him to do so ◆ **je suis formel!** I'm absolutely sure!
b (Art, Philos) formal
c (extérieur) politesse formal

formellement [fɔRmɛlmɑ̃] → SYN adv **a** (catégoriquement) positively
b (Art, Philos) formally

former [fɔRme] → SYN ▸ conjug 1 ◂ **1** vt **a** gouvernement to form; compagnie to form, establish; équipe to set up; liens d'amitié to form, create; croûte, dépôt to form ◆ **il s'est formé des liens entre nous** bonds have formed ou been created between us ◆ **le cône que forme la révolution d'un triangle** the cone formed by the revolution of a triangle
b collection to form, build up; convoi to form; forme verbale, phrase to form, make up ◆ **former correctement ses phrases** to form ou make up correct sentences ◆ **phrase bien formée** well-formed sentence ◆ **le train n'est pas encore formé** they haven't made up the train yet
c (être le composant de) to make up, form ◆ **article formé de 3 paragraphes** article made

up of ou consisting of 3 paragraphs ◆ **ceci forme un tout** this forms a whole ◆ **ils forment un beau couple** they make a nice couple
d (dessiner) to make, form ◆ **ça forme un rond** it makes ou forms a circle ◆ **la route forme des lacets** the road winds ◆ **il forme bien/mal ses lettres** he forms his letters well/badly
e (éduquer) soldats, ingénieurs to train; intelligence, caractère, goût to form, develop ◆ **les voyages forment la jeunesse** travel broadens ou develops the mind of the young
f **former l'idée** ou **le projet de faire qch** to form ou have the idea of doing sth ◆ **nous formons des vœux pour votre réussite** we wish you every success
2 **se former** vpr **a** (se rassembler) to form, gather ◆ **des nuages se forment à l'horizon** clouds are forming ou gathering on the horizon ◆ **se former en cortège** to form a procession ◆ **il s'est formé un attroupement** a crowd gathered ou formed ◆ **l'armée se forma en carré** ou **forma le carré** the army took up a square formation
b [dépôt, croûte] to form
c (apprendre un métier etc) to train o.s.; (éduquer son goût, son caractère) to educate o.s.
d (se développer) [goût, caractère, intelligence] to form, develop; [fruit] to form ◆ **les fruits commencent à se former sur l'arbre** fruit begins to form on the tree ◆ **une jeune fille qui se forme** a girl who is maturing ou developing ◆ **son jugement n'est pas encore formé** his judgment is as yet unformed ◆ **cette jeune fille est formée maintenant** this girl is fully developed now

formeret [fɔʀmərɛ] nm formeret

formiate [fɔʀmjat] nm formate

Formica ® [fɔʀmika] nm Formica ®

formidable [fɔʀmidabl] [→ SYN] adj **a** (très important) coup, obstacle, bruit tremendous
b (*: très bien) fantastic*, great*, tremendous*
c (*: incroyable) incredible ◆ **c'est tout de même formidable qu'on ne me dise jamais rien!** all the same it's a bit much* that nobody ever tells me anything! ◆ **il est formidable: il convoque une réunion et il est en retard!** he's marvellous (iro) ou incredible – he calls a meeting and then he's late!
d (littér: effrayant) fearsome

formidablement [fɔʀmidabləmɑ̃] adv (→ **formidable**) tremendously*, fantastically* ◆ **on s'est formidablement amusé** we had a fantastic time* ◆ **comment ça a marché? – formidablement!** how did it go? – great!* ou fantastic!*

formique [fɔʀmik] adj formic

formol [fɔʀmɔl] nm formalin, formol

formoler [fɔʀmɔle] ▸ conjug 1 ◂ vt to treat with formalin ou formol

formosan, e [fɔʀmozɑ̃, an] **1** adj Formosan **2** nm,f ◆ **Formosan(e)** Formosan

Formose [fɔʀmoz] nf Formosa

formulable [fɔʀmylabl] adj which can be formulated

formulaire [fɔʀmylɛʀ] nm **a** (à remplir) form ◆ **formulaire de demande** application form
b [pharmaciens, notaires] formulary

formulation [fɔʀmylasjɔ̃] [→ SYN] nf (→ **formuler**) formulation; wording; expression; drawing up ◆ **il faudrait changer la formulation de votre demande** you should change the way your application is formulated, you should change the wording on your application

formule [fɔʀmyl] [→ SYN] nf **a** (Chim, Math) formula ◆ **formule dentaire** dentition, dental formula
b (expression) phrase, expression; (magique, prescrite par l'étiquette) formula ◆ **formule heureuse** happy turn of phrase ◆ **formule de politesse** polite phrase; (en fin de lettre) letter ending ◆ **formule publicitaire** advertising slogan ◆ **formule toute faite** ready-made phrase ◆ **formule incantatoire** incantation
c (méthode) system, way ◆ **formule de paiement** method of payment ◆ **formule de vacances** holiday programme ou schedule ◆ **trouver la bonne formule** to hit on ou find the right formula ◆ (dans un restaurant) **formule à 89 F** 89 F menu
d (formulaire) form ◆ **formule de chèque/de télégramme** cheque/telegram form
e (Aut) **la formule un** Formula One ◆ **voiture de formule un** Formula-One car

formuler [fɔʀmyle] [→ SYN] ▸ conjug 1 ◂ **1** vt plainte, requête to formulate, set out, word; sentiment to formulate, express; ordonnance, acte notarié to draw up; (Chim, Math) to formulate
2 **se formuler** vpr to be expressed (in words) ◆ **ça ne se formule pas** words can't express it

formyle [fɔʀmil] nm formyl

fornicateur, -trice [fɔʀnikatœʀ, tʀis] nm,f fornicator

fornication [fɔʀnikasjɔ̃] [→ SYN] nf fornication

forniquer [fɔʀnike] [→ SYN] ▸ conjug 1 ◂ vi to fornicate

fors†† [fɔʀ] prép save, except

forsythia [fɔʀsisja] nm forsythia

fort, e [fɔʀ, fɔʀt] [→ SYN]
1 adj **a** (puissant) personne, état, motif, lunettes, monnaie strong ◆ **il est fort comme un bœuf** ou **un Turc** he's as strong as an ox ou a horse ◆ **il est de forte constitution** he has a strong constitution ◆ **le dollar est une monnaie forte** the dollar is a strong ou hard currency ◆ (Mil) **une armée forte de 20 000 hommes** an army 20,000 strong ◆ (Cartes) **la dame est plus forte que le valet** the queen is higher than the jack ◆ **avoir affaire à forte partie** to have a strong ou tough opponent ◆ **user de la manière forte** to use strong-arm methods → **homme, main**
b (euph: gros) personne stout, large; hanches broad, wide, large; jambe heavy, large; poitrine large, ample; nez big ◆ **il s'habille au rayon (pour) hommes forts** he gets his clothes from the outsize department ◆ **elle est un peu forte des hanches** she has rather wide ou broad ou large hips, she is rather wide- ou large-hipped
c (solide, résistant) carton strong, stout; colle, métal strong → **château, place**
d (intense) vent strong, high; bruit loud; lumière, rythme, battements strong; colère, douleur, chaleur great, intense; houle, pluie heavy; sentiments strong, great, intense ◆ **j'ai une forte envie de le lui dire** I'm very ou strongly tempted to tell him ◆ **il avait une forte envie de rire/de pleurer** he very much wanted to laugh/cry ◆ **aimer les sensations fortes** to enjoy sensational experiences ou big thrills
e (corsé) remède, café, thé, mélange strong; rhume heavy; fièvre high
f (marqué) pente pronounced, steep; accent marked, pronounced, strong; dégoût, crainte great; impression great, strong ◆ **il y a de fortes chances pour qu'il vienne** there's a strong ou good chance he'll come, he's very likely to come ◆ **une œuvre forte** a work that has impact
g (violent) secousse, coup hard
h (quantitativement) somme large, great; hausse, baisse, différence great, big; dose large, big; consommation, augmentation high ◆ **faire payer le prix fort** to charge the full ou the list price ◆ **il est fort en gueule*** he's loud-mouthed* ou big-mouthed ou a loud-mouth‡ → **temps¹**
i (courageux, obstiné) personne strong ◆ **être fort dans l'adversité** to be strong ou to stand firm in (the face of) adversity ◆ **âme forte** steadfast soul ◆ **esprit fort†** freethinker ◆ **forte tête** rebel
j (doué) good (*en, à* at), able ◆ **il est fort en histoire/aux échecs** he's good at history/at chess ◆ **il est très fort!** he's very good (at it)! ◆ **être fort sur un sujet** to be well up on* ou good at a subject ◆ **il a trouvé plus fort que lui** he has found ou met (more than) his match ou someone to outmatch him ◆ **ce n'est pas très fort (de sa part)*** that's not very clever ou bright of him ◆ **cette remarque n'était pas très forte*** that wasn't a very intelligent ou clever ou bright thing to say ◆ (iro) **quand il s'agit de critiquer, il est fort** (oh yes) he can criticize all right! ou he's very good at criticizing! → **point¹**
k (de goût prononcé) tabac, moutarde, café strong(-flavoured); goût, odeur strong ◆ **vin fort en alcool** strong wine, wine with a high alcoholic content ◆ **avoir l'haleine forte** to have bad breath
l (Ling) **consonne forte** hard consonant ◆ **forme forte** strong form ◆ **verbe fort** strong verb
m LOC **fort de leur assentiment/de cette garantie** fortified by their approval/this guarantee, in a strong position because of their approval/of this guarantee ◆ **être fort de son bon droit** to be confident of one's rights ◆ **nos champions se font fort de gagner** our champions are confident they will win ou confident of winning ◆ **je me fais fort de le réparer** I'm (quite) sure I can mend it, I can mend it, don't worry ou you'll see ◆ **se porter fort pour qn** to answer for sb ◆ **au sens fort du terme** in the strongest sense of the term ◆ **à plus forte raison, tu aurais dû venir** all the more reason for you to have come ◆ **à plus forte raison, parce que ...** the more so because ... ◆ **c'est plus fort que moi** I can't help it ◆ **c'est trop fort!** that's too much!, that's going too far! ◆ (hum) **c'est trop fort pour moi** it's above ou beyond me ◆ **elle est forte celle-là!*, c'est plus fort que l'as de pique*** ou **que de jouer au bouchon!*** that takes the biscuit!* (Brit), that beats everything!* ◆ **c'est un peu fort (de café)*** that's a bit much* ou steep*, that's going a bit (too) far* ◆ **génie! le mot est un peu fort!** genius is a bit strong a word ◆ **et le plus fort** ou **et ce qu'il y a de plus fort, c'est que ...** and the best (part) of it is that ...
2 adv **a** (intensément) parler, crier loudly, loud; lancer, serrer, souffler hard ◆ **frapper fort** (bruit) to knock loudly; (force) to knock ou hit hard ◆ **sentir fort** to have a strong smell, smell strong ◆ **parlez plus fort** speak up ou louder ◆ **respirez bien fort** breathe deeply, take a deep breath ◆ **son cœur battait très fort** his heart was pounding ou was beating hard ◆ **le feu marche trop fort** the fire is (up) too high ou is burning too fast ◆ **mettre la radio très fort** to put the radio on very loud ◆ **tu y vas un peu fort tout de même*** even so, you're overdoing it a bit* ou going a bit far* ◆ **tu as fait fort!*** that was a bit much!* ◆ **c'est de plus en plus fort!*** it's better and better ◆ **comment vont les affaires? – ça ne va pas fort*** how is business? – it's not going too well
b (littér: beaucoup) greatly ◆ **cela me déplaît fort** that displeases me greatly ou a great deal ◆ **j'en doute fort** I very much doubt it ◆ **il y tient fort** he sets great store by it ◆ **j'ai fort à faire avec lui** I have a hard job with him, I've got my work cut out with him
c (littér: très) aimable most; mécontent, intéressant most, highly ◆ **il est fort inquiet** he is very ou most anxious ◆ **c'est fort bon** it is very ou exceedingly good, it is most excellent (frm) ◆ **j'en suis fort aise** I am most pleased ◆ **j'ai fort envie de faire ceci** I greatly desire to do this, I am most desirous of doing this (littér) ◆ **il y avait fort peu de monde** there were very few people ◆ **fort bien!** very good!, excellent! ◆ **tu refuses? fort bien tu l'auras voulu** you refuse? very well, be it on your own head ◆ **c'est fort bien dit** very well said ◆ **tu le sais fort bien** you know very well
3 nm **a** (forteresse) fort
b (personne) **le fort l'emporte toujours contre le faible** the strong will always win against the weak ◆ (Scol péj) **un fort en thème** a swot* (Brit), an egghead* → **raison**
c (spécialité) strong point, forte ◆ **l'amabilité n'est pas son fort** kindness is not his strong point ou his forte
d (littér: milieu) **au fort de** été at the height of; hiver in the depths of ◆ **au plus fort du combat** (lieu) in the thick of the battle; (intensité) when the battle was at its most intense, at the height of the battle
4 COMP ▷ **fort des halles** market porter

Fort-de-France [fɔʀdəfʀɑ̃s] n Fort-de-France

forte [fɔʀte] adv (Mus) forte

fortement [fɔʀtəmɑ̃] [→ SYN] adv conseiller strongly; tenir fast, tight(ly); frapper hard; serrer hard, tight(ly) ◆ **il est fortement probable** it is highly ou most probable ◆ **fortement marqué/attiré** strongly marked/

attracted ◆ **il en est fortement question** it is being (very) seriously considered ◆ **j'espère fortement que vous le pourrez** I very much hope that you will be able to ◆ **boiter fortement** to have a pronounced limp, limp badly ◆ **il est fortement intéressé par l'affaire** he is highly ou most interested in the matter

forte-piano, pl **forte-pianos** [fɔʀtepjano] 1 adv, nm inv (indication) forte-piano 2 nm (instrument) fortepiano

forteresse [fɔʀtəʀɛs] → SYN nf (lit) fortress, stronghold; (fig) stronghold ◆ **forteresse volante** flying fortress

fortiche* [fɔʀtiʃ] adj personne terrific*, great* (*en* at)

fortifiant, e [fɔʀtifjɑ̃, jɑ̃t] → SYN 1 adj médicament, boisson fortifying; air invigorating, bracing; (littér) exemple, lecture uplifting
2 nm (Pharm) tonic

fortification [fɔʀtifikasjɔ̃] → SYN nf fortification

fortifier [fɔʀtifje] → SYN ▸conjug 7◂ 1 vt corps, âme to strengthen, fortify; position, opinion, impression to strengthen; ville to fortify ◆ **l'air marin fortifie** (the) sea air is fortifying ◆ **cela m'a fortifié dans mes résolutions** that strengthened my resolve
2 **se fortifier** vpr (Mil) to fortify itself; [opinion, amitié, position] to grow stronger, be strengthened; [santé] to grow more robust

fortin [fɔʀtɛ̃] → SYN nm (small) fort

fortiori [fɔʀsjɔʀi] loc adv ◆ **a fortiori** all the more so, a fortiori

fortissimo [fɔʀtisimo] adv, nm fortissimo

fortran [fɔʀtʀɑ̃] nm Fortran, FORTRAN

fortuit, e [fɔʀtɥi, it] → SYN adj événement, circonstance, remarque, rencontre fortuitous, chance (épith); coïncidence fortuitous; découverte fortuitous, chance (épith), accidental

fortuitement [fɔʀtɥitmɑ̃] → SYN adv (→ **fortuit**) fortuitously; by chance; accidentally

fortune [fɔʀtyn] → SYN nf a (richesse) fortune ◆ **situation de fortune** financial situation ◆ **ça vaut une fortune** it's worth a fortune ◆ **ça coûte une (petite) fortune** ou **des fortunes** it costs a fortune ◆ **cet homme est l'une des plus grosses fortunes de la région** that man has one of the largest fortunes ou that man is one of the wealthiest in the area ◆ **avoir de la fortune** to have private means ◆ **faire fortune** to make one's fortune ◆ (fig) **le mot a fait fortune** the word has really become popular, the word has really caught on → **impôt, revers**
b (chance) luck (NonC), fortune (NonC); (destinée) fortune ◆ **quelle a été la fortune de ce roman?** what were the fortunes of this novel? ◆ **tenter** ou **chercher fortune** to seek one's fortune ◆ **connaître des fortunes diverses** (sujet pluriel) to enjoy varying fortunes; (sujet singulier) to have varying luck ◆ **il a eu la (bonne) fortune de le rencontrer** he was fortunate enough to meet him, he had the good fortune to meet him ◆ **ayant eu la mauvaise fortune de le rencontrer** having had the misfortune ou the ill-fortune to meet him ◆ **faire contre mauvaise fortune bon cœur** to make the best of it ◆ **venez dîner à la fortune du pot** come to dinner and take pot luck with us ◆ (Jur, Naut) **fortunes de mer** sea risks, perils of the sea ◆ (Prov) **la fortune sourit aux audacieux** fortune favours the brave
c **de fortune** réparations, moyens makeshift; installation makeshift, rough-and-ready; compagnon chance (épith) ◆ (Naut) **mât/gouvernail de fortune** jury mast/rudder
d (Naut) **fortune (carrée)** crossjack

fortuné, e [fɔʀtyne] → SYN adj (riche) wealthy, well-off; (littér: heureux) fortunate

forum [fɔʀɔm] → SYN nm (place, colloque) forum

forure [fɔʀyʀ] nf bore(hole)

fosse [fos] → SYN nf (trou) pit; (tombe) grave; (Sport) (pour le saut) (sand)pit; (Anat) fossa ◆ **fosse d'aisances** cesspool ◆ **fosse commune** common ou communal grave ◆ **fosse à fumier** manure pit ◆ (lit, fig) **fosse aux lions** lions' den ◆ **la fosse marine** the (ocean) deep ◆ **fosses nasales** nasal fossae ◆ **fosse d'orchestre** orchestra pit ◆ **fosse aux ours** bear pit ◆ **fosse à purin** ⇒ **fosse à fumier** ◆ **fosse septique** septic tank

fossé [fose] → SYN nm (gén) ditch; (fig: écart) gulf, gap ◆ (fig) **un fossé les sépare** a gulf lies between them ◆ **fossé d'irrigation** irrigation channel ou ditch ◆ **fossé anti-char** anti-tank ditch ◆ **fossé culturel** cultural gap

fossette [fosɛt] nf dimple

fossile [fosil] → SYN 1 nm (lit, fig) fossil
2 adj fossil (épith), fossilized ◆ **rayonnement fossile** background radiation

fossilifère [fosilifɛʀ] adj fossiliferous

fossilisation [fosilizasjɔ̃] nf fossilization

fossiliser [fosilize] ▸conjug 1◂ (lit, fig) 1 vt to fossilize
2 **se fossiliser** vpr to fossilize, become fossilized

fossoir [foswaʀ] nm (houe) hoe; (charrue) vineyard plough

fossoyeur [foswajœʀ] → SYN nm gravedigger; (fig) destroyer

fou [fu], **fol** devant n commençant par une voyelle ou *h* muet, **folle** [fɔl] → SYN f 1 adj a (Méd, gén,*: sot) mad, crazy ◆ **fou à lier, fou furieux** raving mad ◆ **il est devenu subitement fou** he suddenly went mad ou crazy ou insane ◆ (lit, fig) **ça l'a rendu fou** it drove him mad ou crazy ◆ **c'est à devenir fou** it's enough to drive you mad ou crazy, it's enough to drive you to distraction ◆ **fou de colère/de désir/de chagrin** out of one's mind* ou crazed with anger/desire/grief ◆ **fou de joie** delirious ou out of one's mind* with joy ◆ **fou d'amour (pour), amoureux fou (de)** madly ou wildly in love (with) ◆ **elle est folle de lui/de ce musicien** she's mad* ou crazy* about ou she's mad keen* (Brit) on him/that musician ◆ **tu es complètement fou de refuser*** you're completely mad ou absolutely crazy to refuse* ◆ **y aller? (je ne suis) pas si fou!*** go there?, I'm not that crazy!* ◆ **pas folle, la guêpe*** he's (ou she's) not stupid ou daft* (Brit) you know! ◆ (hum) **elle est folle de son corps*** she's sex-crazy* ou sex-mad* → **foufou**
b (insensé) terreur, rage, course mad, wild; amour, joie, espoir mad, insane; idée, désir, tentative, dépense mad, insane, crazy; audace insane; imagination wild, insane; regard, gestes wild, crazed ◆ **avoir le fou rire** to have the giggles ◆ (Comm) **prix fous sur les chemises** shirts at give-away prices ◆ (†, hum) **folle jeunesse** wild youth
c (*: énorme) courage, énergie, succès fantastic*, terrific, tremendous; peur terrific, tremendous ◆ **j'ai un mal de tête fou** I've got a splitting headache*, my head's killing me* ◆ **j'ai une envie folle de chocolat/d'y aller** I've got a mad (Brit) ou wild desire for some chocolate/to go ◆ **j'ai eu un mal fou pour venir** I had a terrific ou terrible job* to get here ◆ **tu as mis un temps fou** you've taken absolutely ages* ou an absolute age* ◆ **gagner/dépenser un argent fou** to earn/spend loads ou pots of money* ◆ **payer un prix fou** to pay a ridiculous ou an astronomical price ◆ **rouler à une vitesse folle** to go at a fantastic* ou terrific ou tremendous speed ◆ **il y a un monde fou** there are masses of people, there's a fantastic crowd* ou a huge great crowd* ◆ **c'est fou ce qu'il y a comme monde** it's incredible how many people there are, what a fantastic crowd* ◆ **c'est fou ce qu'on s'amuse** what a great ou fantastic time we're having!* ◆ **c'est fou ce qu'il a changé** it's incredible ou unbelievable how he has changed
d (déréglé) boussole, aiguille erratic, wobbling all over the place (attrib); camion, moteur, cheval runaway (épith), out-of-control (épith); mèche de cheveux stray, unruly ◆ **avoir les cheveux fous** to have one's hair in a mess ou all over the place ◆ **avoir une patte folle*** to have a limp ou a dicky leg* (Brit) → **herbe**
2 nm a (†, hum: **fol**) (Méd, fig) madman, lunatic ◆ **courir comme un fou** to run like a madman ou lunatic ◆ **travailler comme un fou** to work like mad* ou crazy* ◆ **arrête de faire le fou** stop playing ou acting the fool ◆ **ce jeune fou** this young lunatic ou fool ◆ **espèce de vieux fou** you silly old fool, you old lunatic → **histoire, maison, plus**
b (*: fanatique) fanatic ◆ **c'est un fou de jazz/tennis** he's a jazz/tennis fanatic
c (Échecs) bishop
d (Hist: bouffon) jester, fool
e (Zool) **fou (de Bassan)** gannet
3 **folle** nf madwoman, lunatic ◆ (‡ péj: homosexuel) **(grande) folle** queen‡, fag‡ (US) ◆ **cette vieille folle** that old madwoman, that mad old woman ◆ **il faut se méfier de la folle du logis** you mustn't let your imagination run away with you ou run wild
4 COMP ▷ **folle avoine** wild oats

foucade [fukad] → SYN nf (littér) caprice, whim, passing fancy; (emportement) outburst

foudre¹ [fudʀ] → SYN nf a (Mét) lightning; (Myth: attribut) thunderbolt ◆ **frappé par la foudre** struck by lightning ◆ **la foudre est tombée sur la maison** the house was struck by lightning ◆ **comme la foudre, avec la rapidité de la foudre** like lightning, as quick as a flash ◆ (fig) **ce fut le coup de foudre** it was love at first sight ◆ **j'ai eu le coup de foudre pour Julie** I fell head over heels in love with Julie ◆ **elle a eu le coup de foudre pour l'Écosse** she fell in love with Scotland
b (colère) (Rel) **foudres** anathema (sg) ◆ (fig) **s'attirer les foudres de qn** to bring down sb's wrath upon o.s.

foudre² [fudʀ] nm ◆ (†, hum) **foudre de guerre** outstanding ou great leader (in war) ◆ **ce n'est pas un foudre de guerre** he's no firebrand ◆ **foudre d'éloquence** brilliant orator

foudre³ [fudʀ] → SYN nm (tonneau) tun → **wagon**

foudroiement [fudʀwamɑ̃] nm striking (by lightning)

foudroyant, e [fudʀwajɑ̃, ɑ̃t] → SYN adj progrès, vitesse, attaque lightning (épith); poison, maladie violent (épith); mort instant; succès thundering (épith), stunning (épith) ◆ **une nouvelle foudroyante** a devastating piece of news ◆ **il lui lança un regard foudroyant** he looked daggers at him

foudroyer [fudʀwaje] → SYN ▸conjug 8◂ vt [foudre] to strike; [coup de feu, maladie, malheur] to strike down ◆ **la décharge électrique la foudroya** the electric shock killed her stone dead ◆ **cette nouvelle le foudroya** he was thunderstruck ou transfixed by the news ◆ **foudroyer qn du regard** to look daggers at sb, glare at sb ◆ **dans le champ il y avait un arbre foudroyé** in the field lay ou stood a tree that had been struck by lightning

fouet [fwɛ] → SYN nm a (cravache) whip; (Culin: batteur) whisk ◆ **donner le fouet à qn** to give sb a whipping ou flogging ◆ **coup de fouet** (lit) lash; (fig) boost ◆ **donner un coup de fouet à l'économie** to stimulate the economy, give the economy a boost, kick-start the economy ◆ **le café/la douche froide lui a donné un coup de fouet** the coffee/the cold shower perked him up → **plein**
b (Zool) [aile, queue] tip

fouettard [fwetaʀ] adj → **père**

fouetté, e [fwete] (ptp de **fouetter**) 1 adj ◆ **crème fouettée** whipped cream
2 nm (Danse) fouetté

fouettement [fwɛtmɑ̃] → SYN nm [pluie] lashing

fouetter [fwete] → SYN ▸conjug 1◂ 1 vt personne to whip, flog; cheval to whip; (Culin) crème, blanc d'œuf to whip, whisk; (fig) imagination to fire; désir to whip up ◆ **la pluie fouette les vitres** the rain lashes ou whips the window panes ◆ **le vent le fouettait au visage** the wind whipped his face ◆ **l'air frais fouette le sang** fresh air whips up the blood ◆ (fig) **il n'y a pas de quoi fouetter un chat** it's nothing to make a fuss about ◆ (hum) **fouette cocher!** don't spare the horses! (hum) → **autre**
2 vi a **la pluie fouette contre les vitres** the rain lashes ou whips against the window panes
b (‡: avoir peur) to be scared stiff* ou to death*
c (‡: puer) to reek, stink ◆ **ça fouette ici!** there's one hell of a stench ou stink in here!‡

foufou, fofolle* [fufu, fɔfɔl] adj scatty* (Brit), crazy

fougasse [fugas] → SYN nf (galette) wheat pancake ; (pain brioché) ≃ brioche

fouger [fuʒe] ▸ conjug 3 ◂ vi [sanglier] to rout, root

fougeraie [fuʒʀɛ] nf fern field

fougère [fuʒɛʀ] → SYN nf fern ◆ **ces plantes sont des fougères** these plants are ferns ◆ **clairière envahie de fougère(s)** clearing overgrown with bracken ◆ **fougère arborescente** tree fern

fougue¹ [fug] → SYN nf [personne, discours, attaque] ardour, spirit ◆ **plein de fougue** orateur, réponse ardent, fiery ; cheval mettlesome, fiery ◆ **la fougue de la jeunesse** the hotheadedness of youth ◆ **avec fougue** with spirit, ardently

fougue² [fug] nf (Naut) topgallant (mast)

fougueusement [fugøzmɑ̃] adv with spirit, ardently ◆ **se ruer fougueusement sur qn** to hurl o.s. impetuously at sb

fougueux, -euse [fugø, øz] → SYN adj réponse, tempérament, orateur fiery, ardent ; jeunesse hotheaded, fiery ; cheval mettlesome, fiery ; attaque spirited

fouille [fuj] → SYN nf **a** [personne] searching, frisking ; [maison, bagages] search, searching ◆ **fouille corporelle** body search
b (Archéol) **fouilles** excavation(s), dig* ◆ **faire des fouilles dans une région** to carry out excavations in an area, excavate an area
c (Constr) (action) excavation ; (lieu) excavation (site)
d (‡ : poche) pocket ◆ (gagner de l'argent) **s'en mettre plein les fouilles** to line one's pockets, make a packet*

fouillé, e [fuje] (ptp de **fouiller**) adj analyse, étude detailed, in-depth (épith), thorough ◆ **rinceaux très fouillés** finely detailed mouldings

fouille-merde‡ [fujmɛʀd] nmf inv muckraker

fouiller [fuje] → SYN ▸ conjug 1 ◂ **1** vt pièce, mémoire to search ; personne to search, frisk ; bagages, poches to search, go ou rummage through ; région, bois to search, scour, comb ; question to go (deeply) into ; sol to dig ; terrain to excavate, dig up ; bas-relief to undercut ◆ **il fouillait l'horizon avec ses jumelles** he scanned ou searched the horizon with his binoculars ◆ **il fouilla l'obscurité des yeux** he peered into the darkness ◆ **il le fouilla du regard** he gave him a searching look
2 vi ◆ **fouiller dans** tiroir, armoire to rummage in, dig about in ; poches to go through, grope in ; bagages to go through ; mémoire to delve into, search ◆ **qui a fouillé dans mes affaires ?** who has been through ou who has been rummaging ou digging about in my things ? ◆ **fouiller dans les archives** to delve into the files ◆ **fouiller dans le passé de qn** to delve into sb's past
3 **se fouiller** vpr to go through one's pockets ◆ **tu peux toujours te fouiller !‡** you haven't a hope in hell !‡, nothing doing !*

fouilleur, -euse [fujœʀ, øz] **1** nm **a** (Archéol) digger
b (Police) searcher, frisker*
2 **fouilleuse** nf **a** (Archéol) digger
b (Police) (woman) searcher ou frisker
c (Agr) subsoil plough

fouillis [fuji] → SYN nm [papiers, objets] jumble, muddle ; [branchages] tangle ; [idées] jumble, hotchpotch ◆ **faire du fouillis** (dans une pièce) [personne] to make a mess ; [objets] to look a mess, look messy ◆ **sa chambre est en fouillis** his room is in a dreadful muddle, his room is a jumble of bits and pieces ◆ **il régnait un fouillis indescriptible** everything was in an indescribable muddle ou mess ◆ **il est très fouillis*** he's very untidy ◆ **un exposé fouillis*** a muddled account

fouinard, e* [fwinaʀ, aʀd] ⇒ **fouineur, -euse**

fouine [fwin] nf (Zool) stone marten ◆ (fig) **c'est une vraie fouine** he's a real snoop(er)* (péj) ◆ **visage de fouine** weasel face

fouiner [fwine] → SYN ▸ conjug 1 ◂ vi (péj) to nose around ou about ◆ **je n'aime pas qu'on fouine dans mes affaires** I don't like people nosing ou ferreting about in my things ◆ **être toujours à fouiner partout** to be always poking one's nose into things

fouineur, -euse [fwinœʀ, øz] (péj) **1** adj prying, nosey*
2 nm,f nosey parker* (Brit), Nosey Parker* (US), snoop(er)*

fouir [fwiʀ] → SYN ▸ conjug 2 ◂ vt to dig

fouisseur, -euse [fwisœʀ, øz] **1** adj burrowing, fossorial (spéc)
2 nm burrower, fossorial animal (spéc)

foulage [fulaʒ] nm [raisin] pressing ; [drap] fulling ; [cuir] tanning

foulant, e* [fulɑ̃, ɑ̃t] adj ◆ **ce n'est pas trop foulant** it won't kill you (ou him etc)* → **pompe¹**

foulard [fulaʀ] → SYN nm **a** (écharpe) (carré) (head)scarf ; (long) scarf ◆ **foulard islamique** Islamic shawl
b (NonC : tissu) foulard

foule [ful] → SYN nf **a** (gén) crowd, throng (littér) ; (péj : populace) mob ◆ (le peuple) **la foule** the masses ◆ **une foule hurlante** a howling mob ◆ **la foule et l'élite** the masses and the élite ◆ **la foule des badauds** the crowd of onlookers → **psychologie**
b LOC **il y avait foule à la réunion** there were crowds at the meeting ◆ **il n'y avait pas foule !** there was hardly anyone there ! ◆ **il y avait une foule de gens** there was a crowd ou host of people, there were crowds of people ◆ **une foule de gens pensent que c'est faux** lots ou masses* of people think it's wrong ◆ **j'ai une foule de choses à te dire** I've got loads‡ ou masses* (of things) to tell you ◆ **elle m'a posé une foule de questions** she asked me masses* ou heaps* ou loads* of questions ◆ **il y avait une foule de livres** there were masses* ou loads* ou heaps* of books ◆ **ils vinrent en foule à l'exposition** they came in crowds ou they flocked to the exhibition ◆ **les idées me venaient en foule** ideas were crowding into my head, I had a host ou a multitude of ideas

foulée [fule] → SYN nf [cheval, coureur] stride ◆ (Sport) **suivre qn dans la foulée, être dans la foulée de qn** to follow (close) on sb's heels ◆ (fig) **il travailla encore trois heures dans la foulée** he worked on for another 3 hours while he was at it ou for another 3 hours without a break ◆ **courir à petites foulées** to jog ou trot along

fouler [fule] → SYN ▸ conjug 1 ◂ **1** vt raisins to press ; drap to full ; cuir to tan ◆ (littér) **fouler le sol de sa patrie** to walk upon ou tread (upon) native soil ◆ **fouler aux pieds quelque chose de sacré** to trample something sacred underfoot, trample on something sacred
2 **se fouler** vpr **a** **se fouler la cheville / le poignet** to sprain one's ankle / wrist
b (* : travailler dur) to flog o.s. to death* ◆ **il ne se foule pas beaucoup, il ne se foule pas la rate** he doesn't exactly flog himself to death* ou overtax himself ou strain himself

foulerie [fulʀi] nf (atelier) [draps] fulling shop ; [cuirs] tanning shop ; (machine) [draps] fulling machine ; [cuirs] tanning machine

fouleur, -euse [fulœʀ, øz] nm,f [drap] fuller ; [cuir] tanner

fouloir [fulwaʀ] nm [drap] fulling mill ; [cuir] tanning drum

foulon [fulɔ̃] nm → **terre¹**

foulque [fulk] nf coot

foultitude* [fultityd] nf ◆ **une foultitude** heaps* pl, masses* pl ◆ **j'ai une foultitude de choses à faire** I've got a thousand and one things ou heaps* ou masses* of things to do

foulure [fulyʀ] → SYN nf sprain

four [fuʀ] → SYN **1** nm **a** [boulangerie, cuisinière] oven ; [potier] kiln ; [usine] furnace ◆ **four à céramique / à émaux** pottery / enamelling kiln ◆ **cuire au four** gâteau to bake ; viande to roast ◆ **plat allant au four** ovenproof ou fireproof dish ◆ **poisson cuit au four** (oven-)baked fish ◆ **il a ouvert la bouche comme un four*** he opened his great cavern of a mouth ◆ **je ne peux pas être au four et au moulin** I can't do two things at once, I can't be in two places at once → **banal², noir, petit**
b (arg Théât) flop, fiasco ◆ **cette pièce est ou a fait un four** this play is a flop ou has falle[n] flat
c (gâteau) **(petit) four** small cake, petit fou[r] ◆ **petits fours frais** miniature cakes (ou pas[tries])
2 COMP ▷ **four à air pulsé, four à cha[leur tournante]** fan(-assisted) oven ▷ **four à chaux** [crématorium] lime kiln ▷ **four créma[toire]** crematorium ou crematory (fur[nace]) ◆ (Hist) **les fours crématoires** crematori[a] ▷ **four électrique** (gén) electric oven ; (Ind) electric furnace ▷ **four à micro-onde[s]** microwave oven ▷ **four à pain** baker's oven ▷ **four solaire** solar furnace

fourbe [fuʀb] → SYN adj personne, caractère deceitful, false-hearted, treacherous ; air, regard deceitful, treacherous ◆ **c'est un fourbe** he is a deceitful ou false-hearted o[r] treacherous rogue

fourberie [fuʀbəʀi] → SYN nf (littér) (NonC) deceitfulness, treachery ; (acte, geste) deceit[ful] piece of treachery ◆ **à cause de ses fourberies** because of his treachery ou deceit[s] ◆ (Littérat) **"Les Fourberies de Scapin"** "The Cheats of Scapin"

fourbi* [fuʀbi] nm (attirail) gear* (NonC), clob[ber]‡ (NonC) (Brit) ; (fouillis) mess ◆ **canne à pêche, hameçons et tout le fourbi** fishing rod, hooks, you name it !*, fishing rod, hooks and goodness knows what else !* ◆ **partir en vacances avec le bébé, ça va en faire du ou un fourbi** going on holiday with the baby that'll mean a whole heap of gear* ou clobber‡ (Brit)

fourbir [fuʀbiʀ] → SYN ▸ conjug 2 ◂ vt arme to furbish ◆ (fig) **fourbir ses armes** to prepare for battle, get ready for the fray

fourbissage [fuʀbisaʒ] nm furbishing

fourbisseur [fuʀbisœʀ] nm furbisher

fourbu, e [fuʀby] → SYN adj exhausted

fourbure [fuʀbyʀ] nf founder, laminitis (spéc)

fourche [fuʀʃ] → SYN nf **a** (pour le foin) pitch fork ; (pour bêcher) fork
b [arbre, chemin, bicyclette] fork ; [pantalon, jambes] crotch ; [cheveu] split end ◆ **la route faisait une fourche** the road forked
c (Hist) **les Fourches Caudines** the Caudine Forks ◆ (fig) **passer sous les fourches caudines** to admit defeat
d (Belg : temps libre) free time

fourchée [fuʀʃe] nf pitchforkful

fourcher [fuʀʃe] ▸ conjug 1 ◂ vi [arbre, chemin] (†) to fork ; [cheveux] to split (at the ends) ◆ **ma langue a fourché** I made ou it was a slip of the tongue

fourchette [fuʀʃɛt] → SYN nf **a** (pour manger) fork ◆ **fourchette à gâteaux / à huîtres** pastry / oyster fork ◆ (hum) **manger avec la fourchette d'Adam** to eat with one's fingers ◆ **il a une bonne fourchette** ou **un bon coup de fourchette** he has a hearty appetite, he's a good ou hearty eater
b [oiseau] wishbone ; [cheval] frog ; (Aut) selector fork ; (Tech) fork ◆ (Anat) **fourchette vulvaire** fourchette ◆ (Anat) **fourchette sternale** suprasternal notch
c (Statistique) margin ◆ **la fourchette se rétrécit** the margin is narrowing ◆ **fourchette d'âge** age bracket ◆ **fourchette d'imposition** tax bracket ou band ◆ **fourchette de prix** price range
d (Échecs) fork

fourchu, e [fuʀʃy] → SYN adj arbre, chemin forked ; menton jutting (épith) ◆ **animal au pied fourchu** cloven-hoofed animal ◆ **elle a les cheveux fourchus** she's got split ends → **langue**

fourgon [fuʀgɔ̃] → SYN nm (wagon) coach wag(g)on ; (camion) (large) van, lorry (Brit) (diligence) coach, carriage ; (tisonnier) poker ◆ **fourgon à bagages** luggage van ◆ **fourgon à bestiaux** cattle truck ◆ **fourgon cellulaire** prison ou police van (Brit), patrol wagon (US) ◆ **fourgon de déménagement** removal (Brit) ou furniture van ◆ **fourgon funéraire** ou **mortuaire** hearse ◆ (Mil) **fourgon de munitions** munitions wagon ◆ **fourgon postal** mail van ◆ **fourgon de queue** rear brake van ◆ (Mil) **fourgon de vivres** supply wagon

fourgonner [fuʀgɔne] [→ SYN] ▸ conjug 1 ◂ 1 vt poêle, feu to poke, rake
2 vi (*: parmi des objets) to poke about, rake about ◆ je l'entendais qui fourgonnait dans la cuisine / dans le placard I heard him clattering ou poking about in the kitchen / cupboard

fourgonnette [fuʀgɔnɛt] nf (small) van, delivery van

fourgue[1] [fuʀg] nm (arg Crime) fence*

fourgue[2] [fuʀg] nf (arg Crime) (trafic) fencing*; (marchandise) fenced goods*

fourguer* [fuʀge] ▸ conjug 1 ◂ vt (vendre) (gén) to flog‡ (à to), unload* (à onto); (arg Crime) to fence* ◆ (donner) fourguer qch à qn to unload sth onto sb*, palm sth off onto sb*

fouriériste [fuʀjeʀist] 1 adj Fourieristic
2 nmf Fourierist, Fourierite

fourme [fuʀm] nf *type of French blue-veined cheese*

fourmi [fuʀmi] nf a (Zool) ant; (fig: personne) beaver ◆ fourmi noire / rouge / volante black / red / flying ant ◆ fourmi maçonne builder ou worker ant ◆ avoir des fourmis dans les jambes to have pins and needles in one's legs ◆ vus de si haut les gens ont l'air de fourmis seen from so high up the people look like ants ◆ elle s'affaire comme une fourmi she bustles about as busy as a bee → travail[1]
b (arg Drogue) small-time runner, mule (arg)

fourmilier [fuʀmilje] nm anteater

fourmilière [fuʀmiljɛʀ] [→ SYN] nf (monticule) ant-hill; (intérieur) ants' nest; (fig) hive of activity ◆ cette ville / ce bureau est une (vraie) fourmilière this town / office is a hive of activity

fourmilion [fuʀmiljɔ̃] nm antlion, doodlebug (US)

fourmillant, e [fuʀmijɑ̃, ɑ̃t] [→ SYN] adj foule milling, swarming; cité teeming

fourmillement [fuʀmijmɑ̃] [→ SYN] nm a [insectes, personnes] swarming ◆ le fourmillement de la rue the swarming ou milling crowds in the street ◆ un fourmillement d'insectes a mass of swarming insects ◆ un fourmillement d'idées a welter of ideas
b (gén pl: picotement) fourmillements pins and needles (*dans* in)

fourmiller [fuʀmije] [→ SYN] ▸ conjug 1 ◂ vi [insectes, personnes] to swarm ◆ dissertation où fourmillent les erreurs essay teeming with mistakes ◆ fourmiller de insectes, personnes to be swarming ou crawling ou teeming with; idées, erreurs to be teeming with ◆ forêt qui fourmille de lapins, forêt où les lapins fourmillent forest which is overrun with ou that teems with rabbits ◆ (fig) les pieds me fourmillent, j'ai les pieds qui fourmillent I've got pins and needles in my feet

fournaise [fuʀnɛz] [→ SYN] nf (feu) blaze, blazing fire; (fig: endroit surchauffé) furnace, oven

fourneau, pl **fourneaux** [fuʀno] [→ SYN] nm a (†: cuisinière, poêle) stove† ◆ être aux fourneaux to do the cooking
b [forge, chaufferie] furnace; [pipe] bowl ◆ fourneau de mine blast hole → haut

fournée [fuʀne] [→ SYN] nf (lit, fig) batch; [pains] batch (of loaves)

fourni, e [fuʀni] [→ SYN] (ptp de fournir) adj herbe luxuriant, lush; cheveux thick, abundant; barbe, sourcils bushy, thick ◆ chevelure peu fournie sparse ou thin head of hair ◆ table bien fournie well-stocked ou well-supplied table ◆ boutique bien fournie well-stocked shop

fournier [fuʀnje] nm ovenbird

fournil [fuʀni] [→ SYN] nm bakery, bakehouse

fourniment* [fuʀnimɑ̃] nm gear* (NonC) ◆ il va falloir emporter tout un fourniment we'll have to take a whole heap of gear* ou stuff* ou clobber‡ (Brit)

fournir [fuʀniʀ] [→ SYN] ▸ conjug 2 ◂ 1 vt a (approvisionner) client, restaurant to supply ◆ fournir qn en viande / légumes to supply sb with meat / vegetables
b (procurer) matériel, main-d'œuvre to supply, provide; preuves, secours to supply, furnish; renseignements to supply, provide, furnish; pièce d'identité to produce; prétexte, exemple to give, supply ◆ fournir qch à qn to supply sb with sth, supply sth to sb, provide sb with sth, furnish sb with sth, produce sth for sb ◆ fournir à qn l'occasion / les moyens to provide sb with the opportunity / the means, give sb ou afford sb the opportunity / the means (*de faire* of doing) ◆ fournir du travail à qn to provide sb with work ◆ fournir le vivre et le couvert to provide board and lodging
c (produire) effort to put in; prestation to give; récolte to supply ◆ je me fournis toujours chez... fournir un gros effort to put in a lot of effort, make a great (deal of) effort
d (Cartes) fournir (une carte) to follow suit ◆ fournir à cœur to follow suit in hearts
2 fournir à vt indir besoins to provide for; dépense, frais to defray ◆ ses parents fournissent à son entretien his parents give him his keep ou provide for his maintenance ◆ la photocopieuse / la secrétaire ne fournit plus* the photocopier / secretary can't keep up any more
3 se fournir vpr to provide o.s. (*de* with) ◆ se fournir en ou de charbon to get (in) supplies of coal ◆ je me fournis toujours chez le même épicier I always buy ou get my groceries from the same place, I always shop at the same grocer's

fournisseur [fuʀnisœʀ] [→ SYN] nm (commerçant) tradesman (Brit), merchant, purveyor (frm); (détaillant) stockist (Brit), retailer; (Comm, Ind) supplier ◆ fournisseur exclusif sole supplier ◆ fournisseur de viande / papier supplier ou purveyor (frm) of meat / paper, meat / paper supplier ◆ les pays fournisseurs de la France countries that supply France (with goods ou imports) ◆ les fournisseurs de l'armée army contractors ◆ chez votre fournisseur habituel at your local stockist('s) (Brit) ou retailer('s) ◆ nos fournisseurs manquent de matière première our suppliers are out of raw materials

fourniture [fuʀnityʀ] [→ SYN] nf [matériel, marchandises] supply(ing), provision ◆ fournitures (de bureau) office supplies, stationery ◆ fournitures scolaires school stationery

fourrage[1] [fuʀaʒ] [→ SYN] nm (Agr) fodder, forage ◆ fourrage vert silage

fourrage[2] [fuʀaʒ] nm (Culin) filling

fourrager [fuʀaʒe] [→ SYN] ▸ conjug 3 ◂ vi ◆ fourrager dans papiers, tiroir to rummage through, dig about in

fourragère[1] [fuʀaʒɛʀ] adj f ◆ plante / betterave fourragère fodder plant / beet ◆ céréales fourragères feed grains

fourragère[2] [fuʀaʒɛʀ] nf (Mil) fourragère; (champ) fodder ou forage field; (charrette) haywagon

fourre [fuʀ] nf (Helv) (taie) pillowcase, pillowslip; [édredon] cover; [livre] (dust) jacket, (dust) cover; [disque] sleeve, jacket (US)

fourré[1] [fuʀe] [→ SYN] nm thicket ◆ se cacher dans les fourrés to hide in the bushes

fourré[2], **e** [fuʀe] (ptp de fourrer) adj bonbon, chocolat filled; manteau, gants fur-lined; (molletonné) fleecy-lined ◆ fourré d'hermine ermine-lined ◆ chocolats fourrés chocolate creams, chocolates ◆ gâteau fourré à la crème cream(-filled) cake ◆ tablette de chocolat fourré à la crème bar of cream-filled chocolate ◆ (fig) coup fourré underhand trick

fourreau, pl **fourreaux** [fuʀo] [→ SYN] nm a [épée] sheath, scabbard; [parapluie] cover ◆ mettre au / tirer du fourreau son épée to sheathe / unsheathe one's sword
b (robe) fourreau sheath dress

fourrer [fuʀe] [→ SYN] ▸ conjug 1 ◂ 1 vt a (*) (enfoncer) to stick*, shove*, stuff; (mettre) to stick* ◆ où ai-je bien pu le fourrer? where the heck did I stick ou put it?* ◆ fourrer ses mains dans ses poches to stuff ou stick* ou shove* one's hands in one's pockets ◆ fourrer qch dans un sac to stuff ou shove* sth into a bag ◆ qui t'a fourré ça dans le crâne? who put that (idea) into your head? ◆ fourrer son nez partout / dans les affaires des autres to poke ou stick* one's nose into everything / into other people's business ◆ fourrer qn dans le pétrin to land sb in the soup* ou in it* (Brit) ◆ fourrer qn en prison to stick sb in prison*
b volaille to stuff; gâteau to fill; manteau to line (with fur)
2 se fourrer* vpr a se fourrer une idée dans la tête to get an idea into one's head ◆ il s'est fourré dans la tête que ... he has got it into his head that ...
b se fourrer dans un coin / sous la table to get in a corner / under the table ◆ où a-t-il encore été se fourrer? where has he got to now? ◆ il ne savait plus où se fourrer he didn't know where to put himself ◆ être toujours fourré chez qn to be never off sb's doorstep, be constantly hanging around sb's house ◆ son ballon est allé se fourrer dans la niche du chien his ball ended up in ou landed in the dog's kennel → doigt, guêpier

fourre-tout [fuʀtu] [→ SYN] nm inv (pièce) lumber room (Brit), junk room, glory hole (Brit); (placard) junk cupboard, glory hole (Brit); (sac) holdall ◆ sa chambre est un vrai fourre-tout* his bedroom is an absolute tip* (Brit) ou dump* ◆ (péj) sa dissertation / son livre est un vrai fourre-tout his essay / book is a hotch-potch of ideas ou a real jumble of ideas ◆ un discours / une loi fourre-tout a rag-bag of a speech / law

fourreur [fuʀœʀ] nm furrier

fourrier [fuʀje] nm (Hist Mil) (pour le logement) harbinger; (pour les vivres) quartermaster; (fig littér) forerunner, harbinger (littér) → sergent[1]

fourrière [fuʀjɛʀ] nf (gén, Aut) pound; [chiens] dog pound ◆ emmener une voiture à la fourrière to tow away a car, impound a car

fourrure [fuʀyʀ] [→ SYN] nf (pelage) coat; (matériau, manteau etc) fur

fourvoiement [fuʀvwamɑ̃] [→ SYN] nm (littér: → se fourvoyer) losing one's way; going astray

fourvoyer [fuʀvwaje] [→ SYN] ▸ conjug 8 ◂ 1 vt ◆ fourvoyer qn [guide] to get sb lost, mislead sb; [mauvais renseignement] to mislead sb; [mauvais exemple] to lead sb astray
2 se fourvoyer vpr (lit: s'égarer) to lose one's way; (fig: se tromper) to go astray ◆ se fourvoyer dans un quartier inconnu to stray into an unknown district (by mistake) ◆ dans quelle aventure s'est-il encore fourvoyé? what has he got involved in now? ◆ il s'est complètement fourvoyé en faisant son problème he has gone completely wrong ou completely off the track with his problem

foutaise‡ [futɛz] nf ◆ des foutaises, de la foutaise bullshit‡ (NonC), crap‡ (NonC), bilge‡ (NonC) ◆ dire des foutaises to talk bullshit‡ ou crap‡ ◆ se disputer pour une foutaise ou des foutaises to quarrel over damn all‡

foutoir‡ [futwaʀ] nm bloody (Brit) ou damned shambles‡ (sg) ◆ sa chambre est un vrai foutoir his bedroom is a pigsty ou a dump ou a bloody shambles‡ (Brit)

foutre[1]‡ [futʀ] [→ SYN] 1 vt a (faire) to do ◆ qu'est-ce qu'il fout, il est déjà 8 heures what the hell‡ is he doing ou up to* – it's already 8 o'clock ◆ il n'a rien foutu de la journée he hasn't done a bloody** (Brit) ou ruddy‡ (Brit) ou damned‡ thing all day, he's done damn all‡ ou bugger all** (Brit) today ◆ j'en ai rien à foutre de leurs histoires I don't bloody (Brit) care** ou give a damn‡ about what they're up to ◆ qu'est-ce que ça peut me foutre? what the hell do I care?‡
b (donner) foutre une trempe ou raclée à qn to give sb a belting‡ (Brit) ou thumping‡, beat the hell out of sb‡ ◆ foutre une gifle à qn to fetch (Brit) ou give sb a clout‡ ◆ ça me fout la trouille it gives me the bloody (Brit) willies** ou creeps** ◆ fous-moi la paix! lay off!‡, bugger off!** (Brit) ◆ je t'en fous! not a bloody (Brit) hope!**, you'll be damned lucky!‡ ◆ qu'est-ce qui m'a foutu un idiot pareil! of all the flaming idiots!‡, how bloody (Brit) stupid can you get!** ◆ je t'en foutrais des amis comme ça! who the hell needs friends like that?‡
c (mettre) fous-le là / dans ta poche* shove* it in here / in your pocket ◆ foutre qn à la porte to give sb the boot*, kick sb out* ◆ il a tout foutu en l'air he chucked the whole flaming lot away‡ ◆ il a foutu le vase par terre he knocked the flaming vase off‡, he

sent the bloody (Brit) vase flying** ♦ **ça fout tout par terre** ou **en l'air** that buggers (Brit) ou screws everything up** ♦ **ça l'a foutu en rogne** that really made him bloody (Brit) mad** ♦ **ça la fout mal** it looks pretty bad*
d **foutre le camp** to bugger off** (Brit), sod off** (Brit) ♦ **fous-moi le camp!** bugger off!**, sod off!**, get the hell out of here!‡
2 **se foutre** vpr **a** (se mettre) (fig) **je me suis foutu dedans** I really boobed‡ ♦ **tu vas te foutre par terre** you're going to fall flat on your face ou go sprawling ♦ **se foutre dans une sale affaire** to get mixed up in a messy business ♦ **ils se sont foutu sur la gueule** they beat (the) hell out of each other*
b (se gausser) **se foutre de qn / qch** to get a laugh at sb / sth*, take the mickey out of sb / sth‡ (Brit); (être indifférent) not to give a damn about sb / sth‡ ♦ (dépasser les bornes) **se foutre de qn** to mess* (Brit) ou muck‡ sb about ♦ **100 F pour ça, ils se foutent de nous** ou **du monde** 100 francs for that! – they must take us for bloody idiots** (Brit) ou for assholes** (US) ou what the hell do they take us for!‡ ♦ **ça, je m'en fous pas mal** I couldn't give a damn‡ about that ♦ **je me fous qu'il parte ou qu'il reste** I couldn't give a damn‡ whether he goes or stays ♦ **tu te fous de ma gueule?** are you taking the piss (out of me)?** (Brit), are you putting me on?*
c (**) **va te faire foutre!** fuck off!**, bugger off!** (Brit), get stuffed!‡ (Brit), fuck you!** ♦ **je lui ai bien demandé, mais va te faire foutre: il n'a jamais voulu** I did ask him but he wouldn't fucking** ou bloody** (Brit) do it
d **se foutre à faire** to start to do ♦ **il s'est foutu à chialer** he started to blubber*

foutre[2]** [futʀ] nm spunk**, come‡

foutrement‡ [futʀəmɑ̃] adv bloody** (Brit), damn‡ ♦ **il s'est foutrement bien défendu** he stood up for himself bloody well** (Brit) ou damn well‡

foutriquet* [futʀikɛ] nm (péj) (little) nobody, little runt*

foutu, e‡ [futy] → SYN (ptp de **foutre**[1]) adj **a** (avant n) (intensif: sale) bloody** (Brit), ruddy‡ (Brit), damned‡, fucking**; (mauvais) bloody awful** (Brit), ruddy awful‡ (Brit), damned awful‡; (sacré) one ou a hell of a‡
b (après n) malade, vêtement done for* (attrib); appareil buggered‡ (Brit), screwed up‡, bust*
c (habillé) got up*, rigged out*
d (bâti, conçu) **cet appareil est bien foutu** this device is bloody (Brit) ou damned clever‡ ♦ **ce manuel est mal foutu** this textbook's bloody** (Brit) ou damned‡ hopeless ♦ **une nana bien foutue** a nice piece‡, a nice bit of ass‡ (US)
e (malade) **être mal foutu** ou **pas bien foutu** to feel hellish‡ ou lousy‡ ou bloody (Brit) awful**
f (capable) **il est foutu de le faire** he's quite likely ou liable to go and do it ♦ **il est même pas foutu de réparer ça** he can't even mend the damned thing‡

fovéa [fɔvea] nf fovea

fovéal, e, mpl **-aux** [fɔveal, o] adj foveal

foxé, e [fɔkse] adj foxy

fox-hound, pl **fox-hounds** [fɔksaund] nm foxhound

fox(-terrier), pl **fox(-terriers)** [fɔks(tɛʀje)] nm fox terrier

fox(-trot) [fɔks(tʀɔt)] nm inv foxtrot

foyer [fwaje] → SYN nm **a** (frm) (maison) home; (famille) family ♦ **foyer uni** close ou united family ♦ **les joies du foyer** the joys of family life ♦ **quand il revint au foyer** ou **à son foyer** when he came back home ♦ **un jeune foyer** a young couple ♦ **foyer fiscal** *household as defined for tax purposes*; (revenu) household income → **femme, fonder, renvoyer**
b [locomotive, chaudière] firebox; (âtre) hearth, fireplace; (dalle) hearth(stone)
c (résidence) [vieillards, soldats] home; [jeunes] hostel; [étudiants] hostel, hall ♦ **foyer éducatif** special (residential) school ♦ **foyer socioéducatif** community home ♦ **foyer d'étudiants** students' hall (of residence) ou hostel
d (lieu de réunion) [jeunes, retraités] club; (Théât) foyer ♦ **foyer des artistes** greenroom ♦ **foyer des jeunes** youth club
e (Math, Opt, Phys) focus ♦ **à foyer variable** variable-focus (épith) ♦ **verres à double foyer** bifocal lenses
f **foyer de** incendie seat of, centre of; lumière, infection source of; agitation centre of ♦ **foyer d'extrémistes** centre of extremist activities

FP (abrév de **franchise postale**) → **franchise**

FPLP [ɛfpeɛlpe] nm (abrév de **Front populaire pour la libération de la Palestine**) PFLP

FR3† [ɛfɛʀtʀwa] (abrév de **France Régions 3**) *3rd channel on French television, specializing in regional programmes*

frac [fʀak] → SYN nm tails, tail coat ♦ **être en frac** to be in tails, be wearing a tail coat

fracas [fʀaka] → SYN nm [objet qui tombe] crash; [train, tonnerre, vagues] roar; [ville, bataille] din ♦ **tomber avec fracas** to fall with a crash, come crashing down ♦ **annoncer une nouvelle à grand fracas** to create a sensation with a piece of news → **perte**

fracassant, e [fʀakasɑ̃, ɑ̃t] → SYN adj bruit thunderous, deafening; nouvelle, déclaration shattering, staggering, sensational; succès thundering (épith), sensational

fracasser [fʀakase] → SYN ▸ conjug 1 ◂ **1** vt objet, mâchoire, épaule to smash, shatter; porte to smash (down), shatter
2 **se fracasser** vpr ♦ **se fracasser contre** ou **sur** [vagues] to crash against; [bateau, véhicule] to be shattered ou be smashed (to pieces) against ♦ **la voiture est allée se fracasser contre l'arbre** the car smashed ou crashed into the tree

fractal, e [fʀaktal] adj objet fractal

fraction [fʀaksjɔ̃] → SYN nf (Math) fraction; [groupe, somme, terrain] part ♦ **une fraction de seconde** a fraction of a second, a split second ♦ **par fraction de 3 jours / de 10 unités** for every 3-day period / 10 units ♦ **une fraction importante du groupe** a large proportion of the group

fractionnaire [fʀaksjɔnɛʀ] adj (Math) fractional ♦ (Comm) **livre fractionnaire** day book

fractionnel, -elle [fʀaksjɔnɛl] adj attitude, menées divisive

fractionnement [fʀaksjɔnmɑ̃] → SYN nm splitting up, division ♦ (Bourse) **fractionnement d'actions** stock splitting

fractionner [fʀaksjɔne] → SYN ▸ conjug 1 ◂ **1** vt groupe, somme, travail to divide (up), split up ♦ **mon emploi du temps est trop fractionné** my timetable is too disjointed ou fragmented ♦ **paiement fractionné** payment in instalments (Brit) ou installments (US), installment payment (US)
2 **se fractionner** vpr [groupe] to split up, divide

fractionnisme [fʀaksjɔnism] nm fractionalism

fractionniste [fʀaksjɔnist] **1** adj factional
2 nmf factionalist

fracture [fʀaktyʀ] → SYN nf (Géol, Méd) fracture ♦ **fracture du crâne** fractured skull, fracture of the skull ♦ **fracture ouverte** open fracture ♦ **fracture en bois vert** greenwood fracture

fracturer [fʀaktyʀe] → SYN ▸ conjug 1 ◂ vt (Géol, Méd) to fracture; serrure to break (open); coffre-fort, porte to break open ♦ **il s'est fracturé la jambe** he's fractured his leg

fragile [fʀaʒil] → SYN adj corps, vase fragile, delicate; organe, peau delicate; cheveux brittle; santé fragile, delicate, frail; construction, économie, preuve, argument flimsy, frail; équilibre delicate, shaky; bonheur, paix frail, flimsy, fragile; gloire fragile; pouvoir, prospérité fragile, flimsy ♦ (sur étiquette) **« attention fragile »** "fragile, (handle) with care" ♦ (physiquement, affectivement) **ne soyez pas trop brusque, elle est encore fragile** don't be too rough with her – she is still (feeling) rather fragile ou frail ♦ **fragile comme du verre** as delicate as porcelain ou china ♦ **avoir l'estomac fragile, être fragile de l'estomac** to have a weak stomach

fragilement [fʀaʒilmɑ̃] adv ♦ **pouvoir fragilement établi** power established on a flimsy ou shaky foundation ♦ **argument fragilement étayé** flimsily upheld argument

fragilisation [fʀaʒilizasjɔ̃] nf weakening

fragiliser [fʀaʒilize] → SYN ▸ conjug 1 ◂ vt to weaken, make fragile

fragilité [fʀaʒilite] → SYN nf (→ **fragile**) fragility; delicacy; brittleness; flimsiness; frailty

fragment [fʀagmɑ̃] → SYN nm **a** [vase, rocho, papier] fragment, bit, piece; [os, vitre] fragment, splinter, bit; [meuble] piece, bit; [cheveux] snippet, bit
b [conversation] bit, snatch; [chanson] snatch; [lettre] bit, part; [roman] (bribe) fragment; (extrait) passage, extract ♦ **je vais vous en lire un fragment** I'll read you a bit ou part of it, I'll read you a passage ou an extract from it

fragmentaire [fʀagmɑ̃tɛʀ] → SYN adj connaissances sketchy, patchy, fragmentary; étude, exposé sketchy, fragmentary; effort, travail sketchy, fragmented ♦ **nous avons une vue très fragmentaire des choses** we have only a sketchy ou an incomplete picture of the situation

fragmentairement [fʀagmɑ̃tɛʀmɑ̃] adv in a sketchy way, sketchily

fragmentation [fʀagmɑ̃tasjɔ̃] → SYN nf (→ **fragmenter**) fragmentation; splitting up; breaking up; division

fragmenter [fʀagmɑ̃te] → SYN ▸ conjug 1 ◂ **1** vt matière to break up, fragment; état, terrain to fragment, split up, break up; étude, travail, livre, somme to split up, divide (up) ♦ **fragmenter la publication d'un livre** to divide up the publication of a book ♦ **avoir une vision fragmentée du monde** to have a fragmented view of life ♦ **ce travail est trop fragmenté** this piece of work is too fragmented ou has too many subdivisions
2 **se fragmenter** vpr [roches] to fragment, break up

fragon [fʀagɔ̃] nm (Bot) butcher's-broom

fragrance [fʀagʀɑ̃s] → SYN nf (littér) fragrance

fragrant, e [fʀagʀɑ̃, ɑ̃t] → SYN adj (littér) fragrant

frai[1] [fʀɛ] → SYN nm (œufs) spawn; (alevins) fry; (époque) spawning season; (ponte) spawning

frai[2] [fʀɛ] → SYN nm *wearing down of money in circulation*

fraîche [fʀɛʃ] → **frais**[1]

fraîchement [fʀɛʃmɑ̃] adv **a** (récemment) freshly, newly ♦ **fraîchement arrivé** freshly ou newly ou just arrived ♦ **fruit fraîchement cueilli** freshly picked fruit ♦ **amitié fraîchement nouée** newly-formed friendship
b (froidement) accueillir coolly ♦ **comment ça va? – fraîchement!*** how are you? – a bit chilly!*

fraîcheur [fʀɛʃœʀ] → SYN nf [boisson] coolness; [aliment, sentiment, jeunesse, teint] freshness; [pièce] (agréable) coolness; (froid) chilliness; [âme] purity; [accueil] coolness, chilliness; [couleurs] freshness, crispness ♦ **la fraîcheur du soir / de la nuit** the cool of the evening / of the night ♦ **ces légumes ne sont pas de la première fraîcheur** these vegetables are not very fresh

fraîchin [fʀɛʃɛ̃] nm [poisson] smell of fresh fish; [marée] smell of the sea

fraîchir [fʀeʃiʀ] ▸ conjug 2 ◂ vi [temps, température] to get cooler; (Naut) [brise, vent] to freshen

frais[1]**, fraîche** [fʀɛ, fʀɛʃ] → SYN **1** adj **a** (lit) eau, endroit cool; (fig) accueil chilly, cool ♦ **vent frais** (gén) cool ou fresh wind; (Mét Naut) breeze → **fond**
b (fig) couleur fresh, clear, crisp; joues, teint fresh; parfum fresh; haleine fresh, sweet; voix clear; joie, âme unsullied, pure
c (récent) plaie fresh; traces, souvenir recent, fresh; peinture wet, fresh; nouvelles recent ♦ **l'encre est encore fraîche** the ink is still wet → **date**
d (inaltéré, pas en conserve) poisson, légumes, lait fresh; œuf fresh, new-laid; pain new, fresh ♦ **un peu d'air frais** a breath of ou a little

fresh air ◆ **ses vêtements ne sont plus très frais** his clothes don't look very fresh → **chair**

e (jeune, reposé) troupes fresh ◆ **frais et dispos** fresh (as a daisy) ◆ **frais comme un gardon** bright as a button ◆ **fraîche comme une rose** as fresh as a daisy ◆ **frais comme la rosée** bright-eyed and bushy-tailed ◆ **elle est encore très fraîche pour son âge** she's still very young- ou youthful-looking for her age

f (Comm) **argent frais** (disponible) ready cash; (à investir) fresh money

g (*) **être frais** to be in a fix* ou a nice mess*

2 adv **a il fait frais** (agréable) it's cool; (froid) it's chilly ◆ **en été, il faut boire frais** in summer you need cool ou cold drinks ◆ **servir frais** serve cold ou chilled

b (récemment) newly ◆ **herbe frais** ou **fraîche coupée** newly ou freshly cut grass ◆ **frais émoulu de l'université** fresh from ou newly graduated from university ◆ **frais débarqué de sa province** fresh ou newly up from the country ◆ **habillé / rasé de frais** freshly changed / shaven

3 nm ◆ (Mét Naut) **joli** ou **bon frais** strong breeze ◆ **grand frais** near gale ◆ **prendre le frais** to take a breath of cool air ◆ (lit) **mettre (qch) au frais** to put (sth) in a cool place ◆ (fig) **mettre qn au frais*** to put sb in the cooler*

4 fraîche nf ◆ **(sortir) à la fraîche** (to go out) in the cool of evening

frais² [fʀɛ] → SYN nmpl **a** (gén: débours) expenses; (facturés) charges; (à comptabiliser: Comm, Écon: charges) costs; (Admin: droits) charges, fee(s) ◆ **frais d'agence** agency fees ◆ **frais de déplacement / de logement** travelling / accommodation expenses ou costs ◆ **frais d'encaissement** collection charges ◆ **frais d'entretien** [jardin, maison] (cost of) upkeep; [machine, équipement] maintenance costs ◆ **frais d'expédition / de timbre** forwarding / stamp charges ◆ **frais de port et d'emballage** postage and packing ◆ **frais d'enregistrement** registration fee(s) ◆ **frais financiers** (gén) interest charges; [crédit] loan charges ◆ **frais généraux** overheads (Brit), overhead (US) ◆ **frais généraux essentiels** basic overhead expenditure ◆ **frais de gestion** (charges) running costs; (prix d'un service) management fees; (Fin, Banque) management charges ◆ **frais bancaires** banking charges ◆ **frais divers** miscellaneous expenses, sundries ◆ **frais fixes** fixed ou standing charges ou expenses ou costs ◆ **frais de justice** (legal) costs ◆ **frais de main-d'œuvre** labour costs ◆ **frais notariés** legal fees ◆ **frais de scolarité** school fees (Brit), tuition (US) ◆ **frais de subsistance** living expenses ◆ **frais de démarrage** start up costs ◆ **frais d'exploitation** running costs ◆ **frais d'encaissement** collection charges ◆ **frais de premier établissement** start-up costs, organization expenses ◆ **frais de manutention** handling charges ◆ **frais réels** expenses ◆ **frais de représentation** entertainment allowance, expense account ◆ **séjour tous frais compris** holiday inclusive of all costs ◆ **voyage d'affaires tous frais payés** business trip with all expenses paid ◆ (Comm) **tous frais payés** after costs ◆ **faire de grands frais** to go to great expense ◆ **ça m'a fait beaucoup de frais** it cost me a great deal of money ◆ **avoir de gros frais** to have heavy outgoings → **arrêter, faux²**

b LOC **se mettre en frais** (lit) to go to great expense; (fig) to put o.s. out, go to great lengths ◆ **se mettre en frais pour qn / pour recevoir qn** to put o.s. out for sb / to entertain sb ◆ **faire les frais de la conversation** (parler) to keep the conversation going; (en être le sujet) to be the (main) topic of conversation ◆ **nous ne voulons pas faire les frais de cette erreur** we do not want to have to bear the brunt of this mistake ◆ **rentrer dans** ou **faire ses frais** to recover one's expenses ◆ **j'ai essayé d'être aimable mais j'en ai été pour mes frais** I tried to be friendly but I might just as well have spared myself the trouble ou but I was wasting my time ◆ **aux frais de la maison** at the firm's expense ◆ **à ses frais** at one's own expense ◆ **aux frais de la princesse*** at the firm's (ou the taxpayer's etc) expense ◆ **il l'a acheté à moindre / à grands frais** it didn't cost / it cost him a lot, he paid very little / a great deal for it ◆ **à peu de frais** cheaply, at little cost ◆ **il s'en est tiré à peu de frais** he got off lightly

fraisage [fʀɛzaʒ] nm (→ **fraiser¹**) reaming; countersinking; milling

fraise [fʀɛz] **1** nf **a** (fruit) strawberry ◆ **fraise des bois** wild strawberry → **ramener, sucrer**

b (Tech) (pour agrandir un trou) reamer; (pour trou de vis) countersink (bit); [métallurgiste] milling-cutter; [dentiste] drill

c (Boucherie) **fraise de veau** calf's caul

d (Hist: col) ruff, fraise; (Zool: caroncule) wattle

e (Méd) strawberry mark

f (*: visage) face

2 adj inv couleur strawberry pink

fraiser¹ [fʀeze] ▸ conjug 1 ◂ vt (Tech) to ream; trou to countersink; pièce to mill ◆ **à tête fraisée** countersunk

fraiser² [fʀeze] ▸ conjug 1 ◂ vt (Culin) to work, knead

fraiseraie [fʀɛzʀɛ] nf strawberry field

fraiseur [fʀɛzœʀ] nm milling machine operator

fraiseuse [fʀɛzøz] → SYN nf **a** (machine) milling machine

b (ouvrière) (woman) milling machine operator

fraisiculteur, -trice [fʀɛzikyltœʀ, tʀis] nm,f strawberry grower

fraisier [fʀezje] nm **a** (Bot) strawberry plant

b (Culin) strawberry cake

fraisière [fʀezjɛʀ] nf strawberry field

fraisiériste [fʀɛzjeʀist] nmf strawberry grower

fraisil [fʀezil] nm (Tech) clinker

fraisure [fʀezyʀ] nf countersink, countersunk hole

framboise [fʀɑ̃bwaz] nf (fruit) raspberry; (liqueur) raspberry liqueur

framboiser [fʀɑ̃bwaze] ▸ conjug 1 ◂ vt to give a raspberry flavour to

framboisier [fʀɑ̃bwazje] nm **a** (Bot) raspberry bush ◆ **framboisiers** raspberry canes ou bushes

b (Culin) raspberry cake

franc¹, franche [fʀɑ̃, fʀɑ̃ʃ] → SYN **1** adj **a** (loyal) personne frank, straightforward; réponse frank, straight(forward), plain; regard frank, candid, open; gaieté open; entrevue frank, candid ◆ **pour être franc avec vous** to be frank ou plain ou candid with you ◆ **franc comme l'or** perfectly frank ◆ **accord franc et massif** unequivocal acceptance → **jouer**

b (net) situation clear-cut, unequivocal; différence, réaction clear(-cut); cassure clean; hostilité, répugnance clear, definite; couleur clear, pure ◆ (Jur) **5 jours francs** 5 clear days

c (péj: entier) imbécile utter, downright, absolute; canaille downright, out-and-out, absolute; ingratitude downright, sheer ◆ **c'est une franche comédie / grossièreté** it's downright ou utterly hilarious / rude, it's sheer comedy / rudeness

d (libre) zone, ville, port free ◆ **boutique franche** duty-free shop ◆ (Comm) **franc de** free of ◆ **(livré) franc de port** marchandises carriage-paid; paquet post-free, postage paid ◆ **franc d'avaries** free of average ◆ **franc d'avaries communes** free of general average ◆ **franc d'avarie particulière** free of particular average ◆ (fig) **franc du collier†** hard-working → **corps, coudée, coup**

e (Agr) **(arbre) franc** cultivar ◆ **greffer sur franc** to graft onto a cultivar

2 adv ◆ **à vous parler franc** to be frank ou plain ou candid with you ◆ **je vous le dis tout franc** I'm being frank ou candid with you

franc² [fʀɑ̃] nm (monnaie) franc ◆ **ancien / nouveau franc** old / new franc ◆ **franc lourd / léger** revalued / pre-revaluation franc ◆ **franc constant** constant ou inflation-adjusted franc ◆ **franc courant** franc at the current rate ◆ **franc belge / français / suisse** Belgian / French / Swiss franc ◆ **franc CFA** CFA franc *(unit of currency used in certain African states)* ◆ **demander / obtenir le franc symbolique** to demand / obtain token damages

franc³, franque [fʀɑ̃, fʀɑ̃k] **1** adj Frankish

2 nm ◆ **Franc** Frank

3 Franque nf Frank

français, e [fʀɑ̃sɛ, ɛz] → SYN **1** adj French → **jardin**

2 adv ◆ **acheter français** to buy French ◆ **boire / rouler** etc **français** to buy French wine / cars etc

3 nm **a Français** Frenchman ◆ **les Français** (gens) the French, French people; (hommes) Frenchmen ◆ **le Français moyen** the average Frenchman, the man in the street

b (Ling) French ◆ **tu ne comprends pas le français ?*** ≃ don't you understand (plain) English? ◆ **c'est une faute de français** ≃ it's a grammatical mistake ◆ **qu'essaies-tu de me dire, en bon français ?** ≃ what are you trying to tell me, in plain English?

4 Française nf Frenchwoman

franc-bord, pl **francs-bords** [fʀɑ̃bɔʀ] nm (Naut) freeboard

franc-bourgeois, pl **francs-bourgeois** [fʀɑ̃buʀʒwa] nm freeman

franc-comtois, e, mpl **francs-comtois** [fʀɑ̃kɔ̃twa, waz] **1** adj of ou from (the) Franche-Comté

2 nm,f ◆ **Franc-Comtois(e)** inhabitant ou native of Franche-Comté

France [fʀɑ̃s] nf France ◆ (TV) **France 2 / 3** *2nd / 3rd channel on French television* → **vieux**

Francfort [fʀɑ̃kfɔʀ] n Frankfurt ◆ **Francfort-sur-le-Main** Frankfurt am Main → **saucisse**

Franche-Comté [fʀɑ̃ʃkɔ̃te] nf Franche-Comté

franchement [fʀɑ̃ʃmɑ̃] adv **a** (honnêtement) parler, répondre frankly, plainly, candidly; agir openly ◆ **pour vous parler franchement** to be frank ou plain ou candid with you, to speak plainly to you ◆ **avouez franchement que vous exagérez** admit frankly ou openly that you are going too far ◆ **franchement qu'en penses-tu ?** what do you honestly think? ◆ **franchement ! j'en ai assez !** really! ou honestly! I've had enough! ◆ **il y a des gens, franchement !** really! ou honestly! some people! ◆ **franchement non** frankly no

b (sans hésiter) entrer, frapper boldly ◆ **il entra franchement** he walked straight ou boldly in ◆ **appuyez-vous franchement sur moi** don't be afraid to lean on me, lean hard on me ◆ **allez-y franchement** (explication etc) go straight to the point, say it straight out; (opération, manœuvre etc) go right ahead, go right at it

c (sans ambiguïté) clearly; (nettement) definitely ◆ **je lui ai posé la question franchement** I put the question to him straight ◆ **dis-moi franchement ce que tu veux** tell me straight out ou clearly what you want ◆ **c'est franchement rouge** it's a clear red, it's clearly red ◆ **c'est franchement au-dessous de la moyenne** it's definitely ou well below average

d (intensif: tout à fait) mauvais, laid utterly, downright, really; bon really; impossible downright, utterly; irréparable utterly, absolutely ◆ **ça m'a franchement dégoûté** it really ou utterly disgusted me ◆ **ça s'est franchement mal passé** it went really badly ◆ **on s'est franchement bien amusé** we really ou thoroughly enjoyed ourselves ◆ **c'est franchement trop (cher)** it's much ou far too expensive

franchir [fʀɑ̃ʃiʀ] → SYN ▸ conjug 2 ◂ vt obstacle to clear, get over; fossé to clear, jump over; rue, rivière, ligne d'arrivée to cross; seuil to cross, step across; porte to go through; distance to cover; mur du son to break (through); difficulté to get over, surmount; borne, limite to overstep, go beyond ◆ (littér) **franchir les mers** to cross the sea ◆ **franchir le Rubicon** to cross the Rubicon ◆ **il lui reste 10 mètres à franchir** he still has 10 metres to go ◆ **franchir le cap de la soixantaine** to turn sixty, pass the sixty mark ◆ **le pays vient de franchir un cap important** the country has just passed a major turning point ◆ [chiffres, vote] **ne pas réussir à franchir la barre de ...** to be ou fall short of ... ◆ **sa renommée a franchi les frontières** his fame has crossed frontiers ◆ **le coureur a franchi la ligne d'arrivée** the runner crossed the finishing line ◆ **l'historien, franchissant quelques siècles ...** the historian, passing over a few centuries ...

franchisage [fʀɑ̃ʃizaʒ] nm franchising

franchise [fʀɑ̃ʃiz] → SYN nf **a** [personne, réponse] frankness, straightforwardness; [regard] candour, openness ◆ **en toute franchise** quite frankly

b (exemption) (gén) exemption; (Hist) [ville] franchise ◆ **franchise fiscale** tax exemption ◆ **franchise (douanière)** exemption from (customs) duties ◆ **colis en franchise** duty-free parcel ◆ **« franchise postale »** ≃ "official paid" ◆ **franchise de bagages** baggage allowance

c (Assurance) excess (Brit), deductible (US)

d (Comm) franchise ◆ **agent / magasin en franchise** franchised dealer / shop (Brit) ou store (US)

franchisé, e [fʀɑ̃ʃize] **1** adj ◆ **boutique franchisée** franchise outlet

2 nm,f franchisee

franchiser [fʀɑ̃ʃize] ▸ conjug 1 ◂ vt to franchise

franchiseur [fʀɑ̃ʃizœʀ] nm franchisor

franchissable [fʀɑ̃ʃisabl] → SYN adj obstacle surmountable ◆ **limite facilement franchissable** limit that can easily be overstepped

franchissement [fʀɑ̃ʃismɑ̃] → SYN nm [obstacle] clearing; [rivière, seuil] crossing; [limite] overstepping

franchouillard, e* [fʀɑ̃ʃujaʀ, aʀd] (péj) **1** adj typically French

2 nm typically narrow-minded Frenchman

3 **franchouillarde** nf typically narrow-minded French woman

francien [fʀɑ̃sjɛ̃] nm (Ling) Francien dialect

francilien, -ienne [fʀɑ̃siljɛ̃, jɛn] **1** adj from ou of the Île-de-France

2 nm,f ◆ **Francilien(ne)** inhabitant of the Île-de-France

francique [fʀɑ̃sik] nm Frankish

francisation [fʀɑ̃sizasjɔ̃] nf (Ling) gallicizing, Frenchifying; (Naut) registration as French

franciscain, e [fʀɑ̃siskɛ̃, ɛn] adj, nm,f Franciscan

franciser [fʀɑ̃size] ▸ conjug 1 ◂ vt (Ling) to gallicize, Frenchify; (Naut) to register as French ◆ **il a francisé son nom** he made his name more French

francisque [fʀɑ̃sisk] nf francisc

francité [fʀɑ̃site] nf Frenchness

francium [fʀɑ̃sjɔm] nm francium

franc-jeu, pl **francs-jeux** [fʀɑ̃ʒø] nm (Sport) fairplay

franc-maçon, -onne, mpl **francs-maçons** [fʀɑ̃masɔ̃, ɔn] → SYN nm,f freemason

franc-maçonnerie, pl **franc-maçonneries** [fʀɑ̃masɔnʀi] nf freemasonry

franc-maçonnique [fʀɑ̃masɔnik] adj masonic

franco [fʀɑ̃ko] → SYN adv ◆ (Comm) **franco (de port)** marchandise carriage-paid; colis postage paid ◆ **franco de port et d'emballage** free of charge ◆ **franco à bord / sur wagon** free on board / on rail ◆ **franco (le) long du bord** free alongside ship ◆ **franco (le long du) quai** free alongside quay ◆ **y aller franco*** (explication etc) to go straight to the point, come straight out with it*; (opération, manœuvre etc) to go right at it*, go right ahead

franco- [fʀɑ̃ko] préf franco- ◆ **les relations franco-britanniques** Franco-British relations

franco-canadien, -ienne [fʀɑ̃kokanadjɛ̃, jɛn] adj, nm,f (Ling) French Canadian

franco-français, e [fʀɑ̃kofʀɑ̃sɛ, ɛz] adj purely French; (péj) typically French

François [fʀɑ̃swa] nm Francis ◆ **saint François d'Assise** Saint Francis of Assisi

Françoise [fʀɑ̃swaz] nf Frances

francolin [fʀɑ̃kɔlɛ̃] nm francolin

francophile [fʀɑ̃kɔfil] adj, nmf francophile

francophilie [fʀɑ̃kɔfili] nf francomania

francophobe [fʀɑ̃kɔfɔb] adj, nmf francophobe

francophobie [fʀɑ̃kɔfɔbi] nf francophobia

francophone [fʀɑ̃kɔfɔn] **1** adj French-speaking; (Can) primarily French-speaking

2 nmf (native) French speaker; (Can) Francophone (Can)

francophonie [fʀɑ̃kɔfɔni] nf French-speaking communities

franco-provençal, e, mpl **-aux** [fʀɑ̃kopʀɔvɑ̃sal, o] **1** adj Franco-Provencal

2 nm Franco-Provencal dialects

franco-québécois [fʀɑ̃kokebekwa] nm (Ling) Quebec French

franc-parler [fʀɑ̃paʀle] nm inv outspokenness ◆ **avoir son franc-parler** to speak one's mind, be outspoken

franc-quartier, pl **francs-quartiers** [fʀɑ̃kaʀtje] nm (Hér) quarter

franc-tireur, pl **francs-tireurs** [fʀɑ̃tiʀœʀ] → SYN nm (Mil) irregular, franc tireur; (fig) maverick

frange [fʀɑ̃ʒ] → SYN nf **a** [tissu] fringe; [cheveux] fringe, bangs (US); (fig) [conscience, sommeil] threshold ◆ **une frange de lumière** a band of light ◆ (Opt) **franges d'interférence** interference fringes ◆ (Anat) **franges synoviales** synovial folds ou fringes

b (minorité) fringe group

frangeant [fʀɑ̃ʒɑ̃] adj m récif fringing

franger [fʀɑ̃ʒe] → SYN ▸ conjug 3 ◂ vt (gén ptp) to fringe (*de* with)

frangin* [fʀɑ̃ʒɛ̃] nm brother

frangine* [fʀɑ̃ʒin] nf sister

frangipane [fʀɑ̃ʒipan] nf (Culin) almond paste, frangipane ◆ **gâteau fourré à la frangipane** frangipane (pastry)

frangipanier [fʀɑ̃ʒipanje] nm frangipani (tree)

franglais [fʀɑ̃glɛ] nm Franglais

franque [fʀɑ̃k] → **franc**[3]

franquette* [fʀɑ̃kɛt] → SYN nf ◆ **à la bonne franquette** recevoir, manger simply, without any fuss ◆ **venez manger, ce sera à la bonne franquette** come and eat with us – it'll be a simple meal ou we won't go to any special trouble (for you)

franquisme [fʀɑ̃kism] nm Francoism

franquiste [fʀɑ̃kist] **1** adj pro-Franco

2 nmf Franco supporter

fransquillon [fʀɑ̃skijɔ̃] nm (Belg: péj) Frenchy Belgian*

frappant, e [fʀapɑ̃, ɑ̃t] → SYN adj striking → **argument**

frappe [fʀap] → SYN nf **a** [monnaie, médaille] (action) striking; (empreinte) stamp, impression

b [dactylo, pianiste] touch; [machine à écrire] (souplesse) touch; (impression) typeface ◆ **la lettre est à la frappe** the letter is being typed (out) ◆ **c'est la première frappe** it's the top copy → **faute**

c (péj: voyou) tough guy

d (Sport) [boxeur] punch; [footballeur] kick; [joueur de tennis] stroke ◆ **il a une bonne frappe de la balle** [footballeur] he kicks the ball well, he has a good kick; [joueur de tennis] he strikes ou hits the ball very well → **force**

frappé, e [fʀape] → SYN (ptp de **frapper**) adj **a** (saisi) struck ◆ **frappé de panique** panic-stricken ◆ **frappé de stupeur** thunderstruck ◆ **(très) frappé de voir que ...** (very) struck to see that ...

b velours embossed ◆ (fig) **vers bien frappés** neatly turned lines (of verse) → **coin**

c champagne, café iced ◆ **boire un vin bien frappé** to drink a wine well chilled

d (*: fou) touched* (attrib), crazy*

frappement [fʀapmɑ̃] nm striking

frapper [fʀape] → SYN ▸ conjug 1 ◂ **1** vt **a** (cogner) personne, surface [poing, projectile] to hit, strike; [couteau] to stab, strike; cordes, clavier to strike; coups to strike, deal ◆ **frapper le sol du pied** to stamp (one's foot) on the ground ◆ **frapper sec*** to hit hard ◆ (Hist) **frapper d'estoc et de taille** to cut and thrust ◆ (Théât) **frapper les trois coups** to give the three knocks *(to announce start of performance)* ◆ **la pluie / la lumière frappait le mur** the rain lashed (against) / the light fell on the wall ◆ (fig) **frapper un grand coup** to strike a decisive blow ◆ **frappé à mort** fatally ou mortally wounded

b (fig) [malheur, maladie] to strike (down); [coïncidence, détail] to strike ◆ **frappé par le malheur** stricken by misfortune ◆ **ce deuil le frappe cruellement** this bereavement is a cruel blow to him ◆ **il a frappé tout le monde par son énergie, son énergie a frappé tout le monde** he amazed everybody by his energy, his energy amazed everybody, everybody was struck by his energy ◆ **j'ai été frappé d'entendre que ...** I was amazed to hear that ... ◆ **cela l'a frappé de stupeur** he was thunderstruck ou dumbfounded at this ◆ **cette découverte le frappa de panique / d'horreur** he was panic- / horror-stricken at this discovery, this discovery filled him with panic / horror ◆ **frapper l'imagination** to catch ou fire the imagination ◆ **ce qui (me) frappe** what strikes me ◆ **ce qui a frappé mon regard / mon oreille** what caught my eye / reached my ears

c (fig) [mesures, impôts] to hit ◆ **ces impôts / amendes frappent les plus pauvres** these taxes / fines hit the very poor ◆ **ces impôts frappent lourdement les petits commerçants** these taxes are hitting small businesses hard ◆ **l'amende qui frappe les contrevenants à ce règlement** the fine imposed upon those who infringe this regulation ◆ **frapper qn d'une amende / d'un impôt** to impose a fine / a tax upon sb ◆ **la loi doit frapper les coupables** the law must punish the guilty ◆ **ils ont frappé la vente du tabac d'un impôt supplémentaire** they have put ou slammed* an extra tax on tobacco sales ◆ **contrat / jugement frappé de nullité** contract / judgment null and void

d monnaie, médaille to strike

e (glacer) champagne, vin to put on ice, chill; café to ice

2 vi to strike (*sur* on, *contre* against) ◆ **frapper du poing sur la table** to bang one's fist on the table ◆ **frapper sur la table avec une règle** to tap the table ou (plus fort) to knock the table ou bang on the table with a ruler ◆ **frapper dans ses mains** to clap one's hands ◆ **frapper du pied** to stamp (one's foot) ◆ (lit, fig) **frapper à la porte** to knock on ou at the door ◆ **on a frappé** there's someone at the door, there was a knock at the door ◆ **entrez sans frapper** come in without knocking, come straight in ◆ (fig) **frapper à toutes les portes** to try every door ◆ (fig) **frapper à la bonne / mauvaise porte** to go to the right / wrong person ou place

3 **se frapper** vpr **a** **se frapper la poitrine** to beat one's breast ◆ **se frapper le front** to tap one's forehead

b (*: se tracasser) to get (o.s.) worked up, get (o.s.) into a state*

frappeur, -euse [fʀapœʀ, øz] **1** adj ◆ **esprit frappeur** poltergeist

2 nm,f [monnaie] striker

frasil [fʀazi(l)] nm (Can) frazil (Can)

frasque [fʀask] → SYN nf (gén pl) escapade ◆ **faire des frasques** to get up to mischief ou high jinks* ◆ **frasques de jeunesse** youthful indiscretions

fraternel, -elle [fʀatɛʀnɛl] → SYN adj brotherly, fraternal ◆ **se montrer fraternel envers qn** to behave in a brotherly manner towards sb

fraternellement [fʀatɛʀnɛlmɑ̃] adv in a brotherly way, fraternally

fraternisation [fʀatɛʀnizasjɔ̃] nf fraternization, fraternizing ◆ **élan de fraternisation** surge of brotherly feeling

fraterniser [fʀatɛʀnize] → SYN ▸ conjug 1 ◂ vi [pays, personnes] to fraternize (*avec* with)

fraternité [fʀatɛʀnite] → SYN nf **a** (amitié) brotherhood (NonC), fraternity (NonC) ◆ **il y a une fraternité d'esprit entre eux** there is a kinship ou brotherhood of spirit between them → **liberté**

b (Rel) fraternity, brotherhood

fratricide [fʀatʀisid] **1** adj fratricidal

2 nmf fratricide

3 nm (crime) fratricide

fratrie [fʀatʀi] nf sibship

aude [fʀod] → SYN nf (gén) fraud (NonC); (à un examen) cheating ◆ **en fraude** fabriquer, vendre fraudulently; lire, fumer secretly ◆ **passer qch / faire passer qn en fraude** to smuggle sth / sb in ◆ **fraude électorale** electoral fraud, ballot rigging ◆ **fraude fiscale** tax evasion

auder [fʀode] → SYN ▸ conjug 1 ◂ 1 vt to defraud, cheat ◆ **frauder le fisc** to evade taxation

2 vi (gén) to cheat ◆ **frauder sur la quantité / qualité** to cheat over the quantity / quality ◆ **frauder sur le poids** to cheat on the weight

audeur, -euse [fʀodœʀ, øz] → SYN nm,f (gén) person guilty of fraud; (à la douane) smuggler; (envers le fisc) tax evader ◆ (à un examen) **les fraudeurs seront lourdement sanctionnés** cheating will be ou candidates who cheat will be severely punished ◆ **il a un tempérament fraudeur, il est fraudeur** he has a tendency towards cheating

auduleusement [fʀodyløzmɑ̃] adv fraudulently

auduleux, -euse [fʀodylø, øz] → SYN adj trafic, pratiques, concurrence fraudulent ◆ **sans intention frauduleuse de ma part** with no fraudulent intention ou no intention of cheating on my part

axinelle [fʀaksinɛl] nf gas plant, fraxinella (spéc)

ayement [fʀɛjmɑ̃] nm (Vét) gall

ayer [fʀeje] → SYN ▸ conjug 8 ◂ 1 vt a chemin to open up, clear ◆ **frayer le passage à qn** to clear the way for sb ◆ (fig) **frayer la voie** to pave the way

b (Vénerie) to rub; (Vét) to gall

2 **se frayer** vpr ◆ **se frayer un passage (dans la foule)** to force ou plough ou elbow one's way through (the crowd) ◆ **se frayer un chemin dans la jungle** to cut a path through the jungle ◆ (fig) **se frayer un chemin vers les honneurs** to work one's way up to fame

3 vi a [poisson] to spawn

b (fig) **frayer avec** to mix ou associate with

ayère [fʀɛjɛʀ] nf redd

ayeur [fʀɛjœʀ] → SYN nf fright ◆ **tu m'as fait une de ces frayeurs!** you gave me a dreadful fright! ◆ **cri / geste de frayeur** cry / gesture of fear, startled cry / gesture ◆ **se remettre de ses frayeurs** to recover from one's fright

edaine [fʀədɛn] → SYN nf mischief (NonC), escapade, prank ◆ **faire des fredaines** to be up to mischief

édéric [fʀedeʀik] nm Frederick ◆ **Frédéric le Grand** Frederick the Great

édérique [fʀedeʀik] nf Frederica

edonnement [fʀədɔnmɑ̃] nm humming

edonner [fʀədɔne] → SYN ▸ conjug 1 ◂ vt to hum ◆ **elle fredonnait dans la cuisine** she was humming (away) (to herself) in the kitchen

ee-jazz [fʀidʒaz] nm inv free jazz

ee-lance, pl **free-lances** [fʀilɑ̃s] 1 adj inv freelance

2 nmf freelance(r) ◆ **travailler en free-lance** to work freelance, do freelance work

ee-martin, pl **free-martins** [fʀimaʀtɛ̃] nm freemartin

eesia [fʀezja] nm freesia

eetown [fʀitaʊn] n Freetown

eezer [fʀizœʀ] nm freezing ou ice-making compartment, freezer

égate [fʀegat] nf (Hist, Mil, Naut) frigate; (Zool) frigate bird → **capitaine**

égater [fʀegate] ▸ conjug 1 ◂ vt bateau to streamline

ein [fʀɛ̃] → SYN 1 nm a [voiture], (aussi fig) brake; [cheval] bit ◆ **c'est un frein à l'expansion** it acts as a brake upon expansion ◆ **mets le frein** put the brake on ◆ **mettre un frein à** inflation, colère, ambitions to put a brake on, curb, check ◆ **sans frein** imagination, curiosité unbridled, unchecked ◆ **coup de frein** (lit) brake; (fig) brake, curb ◆ **donner un brusque coup de frein** to brake suddenly ou sharply ◆ **donner un coup de frein à** dépenses, inflation to put a brake on, curb, slow down, check; importations to stem, curtail → **bloquer, ronger**

b (Anat) fraenum (Brit), frenum (US)

2 COMP ▷ **frein aérodynamique, frein à air comprimé** air brake ▷ **frein à disques** disc brake ▷ **frein à mâchoires** ⇒ **frein à tambour** ▷ **frein à main** handbrake ▷ **frein moteur** engine braking ▷ **frein à pied** footbrake ▷ **frein à tambour** drum brake

freinage [fʀɛnaʒ] → SYN nm (action) braking; (Écon) [expansion, dépenses, inflation etc] curbing, slowing down ◆ **dispositif de freinage** braking system ◆ **traces de freinage** tyre marks *(caused by braking)* ◆ **un bon freinage** good braking

freiner [fʀene] → SYN ▸ conjug 1 ◂ 1 vt véhicule to pull up, slow down; progression, coureur to slow up ou down, hold up; progrès, évolution to put a brake on, check; expansion, dépenses, inflation to put a brake on, curb, slow down, check; chômage to curb, check; enthousiasme, joie to check, put a damper on ◆ **il faut que je me freine** I have to cut down (*dans* on) ◆ **freiner les importations** to stem ou curtail imports

2 vi (Aut) to brake; (à ski, en patins etc) to slow down ◆ **freiner à bloc** to jam ou slam on the brakes ◆ **il freina brusquement** he braked suddenly, he jammed ou slammed on the brakes ◆ (lit, fig) **freiner des quatre fers** to jam ou slam on the brakes

freinte [fʀɛ̃t] nf (Comm) loss of weight

frelatage [fʀəlataʒ] nm [vin, aliment] adulteration

frelater [fʀəlate] → SYN ▸ conjug 1 ◂ vt vin, aliment to adulterate ◆ **frelaté** vin, aliment adulterate ◆ (fig) **un milieu frelaté** a dubious ou slightly corrupt milieu

frêle [fʀɛl] → SYN adj tige, charpente flimsy, frail, fragile; enfant, femme, corps frail, fragile; voix thin, frail ◆ (littér) **de frêles espérances** frail ou flimsy hopes

frelon [fʀəlɔ̃] nm hornet

freluquet [fʀəlykɛ] → SYN nm (péj) whippersnapper

frémir [fʀemiʀ] → SYN ▸ conjug 2 ◂ vi a [personne, corps] (de peur) to quake, tremble, shudder; (d'horreur) to shudder, shiver; (de fièvre, froid) to shiver; (de colère) to shake, tremble, quiver; (d'impatience, de plaisir, d'espoir) to quiver, tremble (*de* with) ◆ **ça me fait frémir** it makes me shudder ◆ **il frémit de tout son être** his whole being quivered ou trembled ◆ **histoire à vous faire frémir** story that gives you the shivers* ou that makes you shudder ou shiver ◆ **aux moments de suspense toute la salle frémissait** at the moments of suspense the whole audience trembled

b [lèvres, feuillage] to tremble, quiver; [narine, aile, corde] to quiver; [eau chaude] to simmer

frémissant, e [fʀemisɑ̃, ɑ̃t] → SYN adj (de peur) quaking, trembling, shuddering; (d'horreur) shuddering, shivering; (de fièvre, froid) shivering; (de colère) shaking, trembling, quivering; (d'impatience, de plaisir, d'espoir) quivering, trembling ◆ **une voix frémissante de colère** a voice shaking ou trembling ou quivering with anger ◆ **eau frémissante** simmering water ◆ **sensibilité frémissante** quivering sensitivity

frémissement [fʀemismɑ̃] → SYN nm a (humain: → **frémir**) shudder; shiver; quiver ◆ **un frémissement de plaisir** a thrill ou quiver of pleasure ◆ **un long frémissement parcourut son corps** a shiver ran all the way through him ou ran the length of his body ◆ **le frémissement de son être** his quivering ou shivering ou shuddering being ◆ **un frémissement parcourut la salle** a quiver ran through the room

b [lèvres, feuillage] trembling (NonC), quivering (NonC); [narine, aile, corde] quivering (NonC); [eau chaude] simmering, quivering

c (fig: regain d'activité) **un frémissement de l'économie** signs of economic recovery ◆ **des frémissements dans l'opinion publique** signs of renewed public interest ◆ **il y a eu un frémissement des valeurs françaises** French securities perked up a little

frênaie [fʀɛnɛ] nf ash(tree) grove

french cancan [fʀɛnʃkɑ̃kɑ̃] nm (French) cancan

frêne [fʀɛn] nm ash (tree); (bois) ash

frénésie [fʀenezi] → SYN nf frenzy ◆ **avec frénésie** travailler, applaudir frenetically, furiously ◆ **aimer qn avec frénésie** to be wildly ou desperately in love with sb

frénétique [fʀenetik] → SYN adj applaudissements, rythme frenzied, frenetic; passion frenzied, wild

frénétiquement [fʀenetikmɑ̃] adv aimer wildly, desperately; travailler, applaudir frenetically, furiously

Fréon ® [fʀeɔ̃] nm Freon ®

fréquemment [fʀekamɑ̃] → SYN adv frequently, often

fréquence [fʀekɑ̃s] → SYN nf (gén) frequency ◆ **fréquence d'achat** purchase rate ◆ (Élec) **haute / basse fréquence** high / low frequency → **modulation**

fréquencemètre [fʀekɑ̃smɛtʀ] nm frequency meter

fréquent, e [fʀekɑ̃, ɑ̃t] → SYN adj frequent

fréquentable [fʀekɑ̃tabl] → SYN adj ◆ **sont-ils fréquentables?** are they the sort of people one can associate with? ◆ **ils ne sont pas fréquentables** they aren't the sort of people one associates with, they aren't nice to know*

fréquentatif, -ive [fʀekɑ̃tatif, iv] adj frequentative

fréquentation [fʀekɑ̃tasjɔ̃] → SYN nf a (action) [établissement] frequenting ◆ **la fréquentation des salles de cinéma augmente** the number of people going to the cinema is rising, more and more people are going to the cinema ◆ **la fréquentation de ces gens** frequent contact with these people, seeing these people frequently ou often

b (gén pl: relation) company (NonC), associate ◆ **des fréquentations douteuses** dubious company ou associates ◆ **ce n'est pas une fréquentation pour une jeune fille bien élevée** that isn't the sort of company for a well-brought-up young lady to keep

fréquenté, e [fʀekɑ̃te] → SYN (ptp de **fréquenter**) adj lieu, établissement busy ◆ **très fréquenté** very busy, much frequented ◆ **établissement bien / mal fréquenté** establishment of good / ill repute

fréquenter [fʀekɑ̃te] → SYN ▸ conjug 1 ◂ vt lieu to frequent; voisins to see frequently ou often; jeune fille to go around with; (littér) auteurs classiques to keep company with ◆ **fréquenter la bonne société** to move in fashionable circles ◆ **il fréquente plus les cafés que la faculté** he's in cafés more often than at lectures ◆ **il les fréquente peu** he seldom sees them ◆ **nous nous fréquentons beaucoup** we see quite a lot of each other, we see each other quite often ou frequently ◆ **ces jeunes gens se fréquentent depuis un an** those young people have been going around together for a year now ◆ **il commence à fréquenter** he's beginning to go out with ou date (US) girls

fréquentiel, -ielle [fʀekɑ̃sjɛl] adj frequency (épith)

frère [fʀɛʀ] → SYN nm a (gén, fig) brother ◆ **partager en frères** to share like brothers ◆ **alors, vieux frère!*** well, old pal!* ou mate!* (Brit) ou buddy!* (US) ◆ (fig) **j'ai trouvé le frère de ce vase chez un antiquaire*** I found the partner to this vase in an antique shop ◆ (Mil) **frères d'armes** brothers in arms ◆ **frères de sang** blood brothers ◆ (Pol) **partis / peuples frères** sister parties / countries ◆ (fig) **ils sont devenus (des) frères ennemis** they've become rivals ◆ (entreprise) **Dupont & Frères** Dupont & Bros. → **faux²**

b (Rel) (égal) brother; (paroissien) brother; (moine) brother, friar ◆ **les hommes sont tous frères** all men are brothers ◆ (Rel) **mes (bien chers) frères** (dearly beloved) brethren ◆ **frère lai** lay brother ◆ **frère mendiant** mendicant friar ◆ **frère Antoine** Brother Antoine, Friar Antoine ◆ **les frères maçons** ou **Trois-points** the Freemasons ◆ **on l'a mis** en pension chez les frères he has been sent to a Catholic boarding school

frérot* [fʀeʀo] nm kid brother*, little brother ◆ **salut frérot!** hello little brother!

frésia [fʀezja] nm freesia

fresque [fʀɛsk] → SYN nf (Art) fresco; (Littérat) portrait; (fig) depiction, portrayal ◆ **peindre à fresque** to paint in fresco

fresquiste [fʀɛskist] nmf fresco painter

fressure [fʀesyʀ] → SYN nf (abats) pluck

fret [fʀɛ(t)] → SYN nm (prix) (Aviat, Naut) freight (age); (Aut) carriage; (cargaison) (Aviat, Naut) freight, cargo; (Aut) load ◆ **fret d'aller** outward freight ◆ **fret de retour** inward ou home ou return freight ◆ **fret aérien** air freight ◆ (Comm: affréter) **prendre à fret** to charter

fréter [fʀete] → SYN ▸ conjug 6 ◂ vt (gén: prendre à fret) to charter; (Naut: donner à fret) to freight

fréteur [fʀetœʀ] nm (Naut) owner ◆ **fréteur et affréteur** owner and charterer

frétillant, e [fʀetijɑ̃, ɑ̃t] → SYN adj poisson wriggling; personne frisky, lively ◆ **chien à la queue frétillante** dog with a quivering ou wagging tail ◆ **frétillant d'impatience** fidgeting ou quivering with impatience

frétillement [fʀetijmɑ̃] nm [poisson] wriggling (NonC) ◆ **un frétillement d'impatience** a quiver of impatience

frétiller [fʀetije] → SYN ▸ conjug 1 ◂ vi [poisson] to wriggle; [personne] to wriggle, fidget ◆ **le chien frétillait de la queue** the dog was wagging its tail ◆ **frétiller d'impatience** to fidget ou quiver with impatience ◆ **frétiller de joie** to be quivering ou quiver with joy ◆ (hum, péj) **elle frétille de l'arrière-train** she's wiggling her bottom (hum)

fretin [fʀətɛ̃] → SYN nm (poissons) fry; (fig) small fry → **menu**[2]

frette[1] [fʀɛt] nf (Mus) fret; (Tech) reinforcing band

frette[2] [fʀɛt] nf (Hér) fret; (Archit) fret(work)

fretter [fʀete] ▸ conjug 1 ◂ vt canon, moyeu to put a reinforcing band on

freudien, -ienne [fʀødjɛ̃, jɛn] adj, nm,f Freudian

freudisme [fʀødism] nm Freudianism

freux [fʀø] nm (Orn) rook

friabilité [fʀijabilite] nf [roche, sol] crumbly nature, flakiness, friability (spéc)

friable [fʀijabl] → SYN adj roche, sol crumbly, flaky, friable (spéc); (Culin) pâte crumbly

friand, e [fʀijɑ̃, ɑ̃d] → SYN 1 adj ◆ **friand de** lait, miel, bonbons partial to, fond of; (fig) compliments, chatteries fond of

2 nm (pâté) (minced) meat pie, ≃ sausage roll (Brit); (sucré) small almond cake ◆ **friand au fromage** cheese puff

friandise [fʀijɑ̃diz] → SYN nf titbit, delicacy, sweetmeat† ◆ **c'est une friandise** it's a delicacy

fric‡ [fʀik] nm (argent) bread‡, dough‡, cash*, lolly‡ (Brit) ◆ **il a du fric** he's loaded* ◆ **elle se fait beaucoup de fric** she makes a packet*

fricandeau, pl **fricandeaux** [fʀikɑ̃do] nm fricandeau

fricassée [fʀikase] → SYN nf fricassee ◆ **fricassée de poulet** chicken fricassee ◆ **faire cuire en fricassée** to fricassee

fricasser [fʀikase] → SYN ▸ conjug 1 ◂ vt to fricassee

fricative [fʀikativ] adj f, nf fricative

fric-frac*, pl **fric-frac(s)** [fʀikfʀak] nm break-in

friche [fʀiʃ] → SYN nf fallow land (NonC) ◆ (lit, fig) **en friche** (lying) fallow ◆ (lit, fig) **être / laisser en friche** to lie / let lie fallow ◆ **friche industrielle** industrial wasteland

frichti* [fʀiʃti] **fricot*** [fʀiko] nm nosh‡ (NonC) (Brit), grub* (NonC) ◆ **préparer son frichti** to cook up one's grub‡

fricoter* [fʀikɔte] ▸ conjug 1 ◂ 1 vt (lit, fig) to cook up* ◆ (fig) **qu'est-ce qu'il fricote?** what's he cooking up?*, what's he up to?*

2 vi (trafiquer) to get involved in shady business ◆ **fricoter avec qn** (s'associer) to knock around with sb*; (avoir des relations sexuelles) to sleep with sb

fricoteur, -euse* [fʀikɔtœʀ, øz] nm,f crook

friction [fʀiksjɔ̃] → SYN nf (Phys, Tech, Ling) friction; (massage) rub, rubdown; (chez le coiffeur) scalp massage; (fig: conflits) friction

frictionnel, -elle [fʀiksjɔnɛl] adj (Phys) frictional ◆ **chômage frictionnel** frictional unemployment

frictionner [fʀiksjɔne] → SYN ▸ conjug 1 ◂ vt to rub ◆ **se frictionner après un bain** to rub o.s. down after a bath

fridolin‡ [fʀidɔlɛ̃] nm (péj: Allemand) Kraut‡, Fritz‡, Jerry‡

frigidaire ® [fʀiʒidɛʀ] nm refrigerator, fridge (Brit)

frigidarium [fʀiʒidaʀjɔm] nm frigidarium

frigide [fʀiʒid] → SYN adj frigid

frigidité [fʀiʒidite] → SYN nf frigidity

frigo* [fʀigo] nm fridge (Brit), refrigerator ◆ **frigo-armoire** upright fridge ou refrigerator

frigorifier [fʀigɔʀifje] → SYN ▸ conjug 7 ◂ vt (lit) to refrigerate; (fig: pétrifier) to petrify, freeze to the spot ◆ **être frigorifié*** (avoir froid) to be frozen stiff

frigorifique [fʀigɔʀifik] → SYN adj mélange refrigerating (épith); camion, wagon refrigerator (épith) → **armoire**

frigoriste [fʀigɔʀist] nmf refrigeration engineer

frileusement [fʀiløzmɑ̃] adv ◆ **frileusement serrés l'un contre l'autre** huddled close together to keep warm ou against the cold ◆ **frileusement enfouis sous les couvertures** huddled under the blankets to keep warm

frileux, -euse [fʀilø, øz] → SYN adj a personne sensitive to (the) cold; geste, posture shivery ◆ **il est très frileux** he feels the cold easily, he is very sensitive to (the) cold ◆ **elle se couvrit de son châle d'un geste frileux** with a shiver she pulled her shawl around her

b (trop prudent) boursier overcautious; marché nervous

frilosité [fʀilozite] nf a [personne] sensitivity to the cold

b [boursier] overcautiousness; [marché] nervousness

frimaire [fʀimɛʀ] nm Frimaire *(third month in the French Republican calendar)*

frimas [fʀima] → SYN nmpl (littér) wintry weather

frime* [fʀim] nf ◆ **c'est de la frime** that's a lot of eyewash* (Brit), it's all put on* ◆ **c'est pour la frime** it's all ou just for show

frimer* [fʀime] ▸ conjug 1 ◂ vi to show off*

frimeur, -euse [fʀimœʀ, øz] nm,f show-off* ◆ **il est très frimeur** he's a real show-off*

frimousse [fʀimus] → SYN nf (sweet) little face

fringale* [fʀɛ̃gal] nf (faim) raging hunger ◆ (désir) **une fringale de** a craving for ◆ **j'ai la fringale** I'm ravenous* ou famished* ou starving*

fringant, e [fʀɛ̃gɑ̃, ɑ̃t] → SYN adj cheval frisky, high-spirited; personne, allure dashing

fringillidé [fʀɛ̃ʒil(l)ide] nm finch

fringue* [fʀɛ̃g] nf garment ◆ **je me suis acheté une fringue** I bought myself something to wear ◆ **des fringues** clothes, togs*, threads‡ (US) ◆ **elle a toujours de belles fringues** she always has such great clothes* ou such fantastic gear*

fringué, e* [fʀɛ̃ge] (ptp de (se) **fringuer**) adj dressed, done up* ◆ **bien / mal fringué** well- / badly-dressed ◆ **vise un peu comme elle est fringuée!** look what she's got on!, look what she's done up in!*

fringuer* [fʀɛ̃ge] ▸ conjug 1 ◂ 1 **se fringuer** vpr (s'habiller) to get dressed; (s'habiller élégamment) to doll (o.s.) up*, do o.s. up*

2 vt to dress

friper [fʀipe] → SYN ▸ conjug 1 ◂ vt to crumple (up), crush ◆ **ça se fripe facilement** it crumples ou crushes easily ◆ **des habits tout fripés** badly crumpled ou rumpled clothes ◆ (fig) **visage tout fripé** crumpled face

friperie [fʀipʀi] → SYN nf (boutique) secon hand clothes shop (Brit) ou store (US)

fripes* [fʀip] nfpl second-hand clothe ◆ **vendre des fripes** ou **de la fripe** to se secondhand clothes

fripier, -ière [fʀipje, jɛʀ] → SYN nm,f secon hand clothes dealer

fripon, -onne [fʀipɔ̃, ɔn] → SYN 1 adj air, allu visage, yeux roguish, mischievous, cheel (Brit); nez cheeky (Brit), saucy

2 nm,f (†: gredin) knave†, rascally fellow (*: nuance affectueuse) rascal, rogue ◆ **pe fripon!** you little rascal! ou rogue!

friponnerie [fʀipɔnʀi] → SYN nf (acte) piece mischief, prank, escapade ◆ **les friponneri de ce gamin** the mischief this little imp ge up to, the pranks of the little imp

fripouille [fʀipuj] → SYN nf (péj) rogue, scou drel ◆ (nuance affectueuse) **petite fripouille** you little devil!* ou rogue!

fripouillerie [fʀipujʀi] → SYN nf roguishness

friqué, e‡ [fʀike] adj loaded*, filthy rich* ◆ **ne suis pas très friqué en ce moment** I'm n exactly loaded* at the moment, I'm a b hard-up* at the moment

friquet [fʀikɛ] → SYN nm tree sparrow

frire [fʀiʀ] → SYN 1 vt (Culin) (gén) to fry; (friteuse, sur feu vif) to deep-fry → **pâte, poêl**

2 vi to fry ◆ **faire frire** (gén) to fry; (en friteus sur feu vif) to deep-fry ◆ **on frit sur la plag** it's baking (hot)* on the beach

frisant, e [fʀizɑ̃, ɑ̃t] adj lumière low-angled

Frisbee ® [fʀizbi] nm Frisbee ®

frise [fʀiz] → SYN nf (Archit, Art) frieze; (Thé border → **cheval**

frisé, e [fʀize] → SYN (ptp de **friser**) 1 a cheveux (very) curly; personne, animal curl haired ◆ **il est tout frisé** he has very cur hair ◆ **frisé comme un mouton** curly-heade ou -haired, frizzy-haired → **chou**[1]

2 nm (‡ péj: Allemand) Fritz‡, Kraut‡, Jerry (soldat) Jerry‡

3 **frisée** nf (chicorée) curly endive

friselis [fʀizli] nm slight trembling (NonC)

friser [fʀize] → SYN ▸ conjug 1 ◂ 1 vt a cheveu to curl; moustache to twirl ◆ **friser qn** to cu sb's hair → **fer**

b (frôler) surface to graze, skim; catastroph mort to be within a hair's breadth of, b within an ace of; insolence to border o verge on ◆ **friser la soixantaine** to be ge ting on towards sixty, be close to sixty, b pushing sixty* ◆ **cette scène frise le ridicu** this scene borders on ou verges on th ridiculous

2 vi [cheveux] to curl, be curly; [personne] t have curly hair ◆ **faire friser ses cheveux** t make one's hair go curly; (chez le coiffeur) t have one's hair curled

3 **se friser** vpr to curl one's hair ◆ **se fai friser** (par un coiffeur) to have one's ha curled

frisette [fʀizɛt] → SYN nf a (cheveux) little cur little ringlet

b (lambris) panel ◆ **frisette de pin** pine pan

frisolée [fʀizɔle] nf potato leaf curl, potat crinkle

frison[1] [fʀizɔ̃] nm little curl ou ringlet *(aroun face or neck)*

frison[2], **-onne** [fʀizɔ̃, ɔn] 1 adj Frisian c Friesian

2 nm (Ling) Frisian ou Friesian

3 nm,f ◆ **Frison(ne)** Frisian ou Friesian

4 **frisonne** nf ◆ **(vache) frisonne** Frisian c Friesian (cow)

frisottant, e [fʀizɔtɑ̃, ɑ̃t] adj frizzy, tight curled

frisotter [fʀizɔte] ▸ conjug 1 ◂ 1 vt to crim frizz

2 vi ◆ **ses cheveux frisottent quand il pleut** h hair goes all frizzy when it rains

frisottis [fʀizɔti] nm little curl, little ringlet

frisquet, -ette* [fʀiskɛ, ɛt] adj m vent chilly ◆ **fait frisquet** it's chilly, there's a chill ou ni in the air

frisson [fʀisɔ̃] → SYN nm [froid, fièvre] shiver [répulsion, peur] shudder, shiver; [volupt thrill, shiver, quiver ◆ **elle fut prise** ou **saisie d'un frisson** a sudden shiver ran through her ◆ **la fièvre me donne des frissons** this fever is making me shiver ou is giving me the shivers* ◆ **ça me donne le frisson** it gives me the creeps* ou the shivers*, it makes me shudder ou shiver ◆ **le frisson des herbes sous le vent** the quivering of the grass in the wind ◆ (hum) **ça a été le grand frisson** (gén) it was a real thrill*; (sexuel) the earth moved

frissonnement [fʀisɔnmɑ̃] → SYN nm **a** (action: → **frissonner**) quaking; trembling; shuddering; shivering; quivering; rustling; rippling

b (frisson) shiver, shudder ◆ **frissonnement de volupté** thrill ou shiver ou quiver of sensual delight

frissonner [fʀisɔne] → SYN ▸conjug 1◂ vi **a** [personne, corps] (de peur) to quake, tremble, shudder; (d'horreur) to shudder, shiver; (de fièvre, froid) to shiver; (de volupté, désir) to quiver, tremble (*de* with) ◆ **le vent le fit frissonner** the wind made him shiver ou shudder

b [feuillage] to quiver, tremble, rustle; [lac] to ripple ◆ **la lumière frissonnait sur l'eau** the light shimmered on ou over the water

frit, e [fʀi, fʀit] (ptp de frire) **1** adj (Culin) fried ◆ (‡: fichu, perdu) **ils sont frits** they've had it*, their goose is cooked*, their number's up* → **pomme**

2 frite nf **a** (Culin) (gén pl) **frites** chips (Brit), French fried potatoes, French fries, fries (surtout US) ◆ **un steak** ou **bifteck frites** a steak and chips (Brit) ou French fries ou French fried potatoes ou fries (surtout US) ◆ (fig) **avoir la frite**‡ to be feeling cheery, be full of beans* (Brit)

b (*: tape) **faire une frite à qn** to tap sb on the bum‡ (Brit) ou bottom

friterie [fʀitʀi] nf (boutique) ≃ chip shop (Brit), ~ hamburger stand (US)

friteuse [fʀitøz] nf chip pan (Brit), deep fryer ◆ **friteuse électrique** electric fryer

fritillaire [fʀitilɛʀ] nf fritillary

fritons [fʀitɔ̃] nmpl pork (ou goose) scratchings

frittage [fʀitaʒ] nm (Tech) fritting

fritte [fʀit] nf (Tech) frit

fritter [fʀite] ▸conjug 1◂ vt (Tech) to frit

friture [fʀityʀ] → SYN nf **a** (Culin) (méthode) frying; (graisse) (deep) fat *(for frying)*; (mets) fried fish (NonC ou pl) ◆ **le docteur me déconseille les fritures** the doctor advises me against fried food ◆ **(petite) friture** small fish (NonC ou pl) ◆ **une friture de goujons** (a dish of) fried gudgeon

b (*: Rad) crackle, crackling (NonC)

fritz‡ [fʀits] nm (péj: Allemand) Kraut‡, Jerry‡ (Brit)

frivole [fʀivɔl] → SYN adj personne frivolous, shallow; occupation, argument frivolous, trivial

frivolement [fʀivɔlmɑ̃] adv frivolously

frivolité [fʀivɔlite] → SYN nf (→ **frivole**) frivolity, frivolousness; shallowness; triviality; (gén pl: bagatelle) frivolities ◆ (Comm: articles) **frivolités**† fancy goods

froc [fʀɔk] nm **a** (Rel) frock, habit ◆ **porter le froc** to be a monk, wear the habit of a monk ◆ (fig) **jeter le froc aux orties** to leave the priesthood

b (‡: pantalon) bags* (Brit), (pair of) trousers (Brit), (pair of) pants (US) ◆ (fig) **faire dans son froc** to shit in one's pants*‡, wet one's pants‡, wet o.s.* (Brit) ◆ (fig) **baisser son froc** to take it lying down* ◆ **ils baissent leur froc devant le chef** they just lie down and take it from the boss*

froid, e [fʀwa, fʀwad] → SYN **1** adj **a** personne, boisson, repas, décor, couleur, moteur, véhicule cold; manières, accueil cold, chilly; détermination, calcul cold, cool ◆ **colère froide** cold ou controlled anger ◆ **il fait assez froid** it is rather cold ◆ **d'un ton froid** coldly ◆ **ça me laisse froid** it leaves me cold ◆ **garder la tête froide** to keep cool, keep a cool head ◆ **froid comme le marbre** as cold as marble → **battre, sueur** etc

b à froid: laminer à froid to cold-roll ◆ **souder à froid** to cold-weld ◆ **démarrer à froid** to start (from) cold ◆ **démarrage à froid** cold start ou starting (US) ◆ **coller à froid** to glue without preheating ◆ **opérer à froid** (Méd) to perform cold surgery; (fig) to let things cool down before acting ◆ (fig) **parler à froid de qch** to speak coldly ou coolly of sth ◆ (fig) **prendre** ou **cueillir qn à froid*** to catch sb unawares ou off guard → **ciseau**

2 nm **a le froid** (gén) the cold; (industrie) refrigeration ◆ **j'ai froid** I am cold ◆ **j'ai froid aux pieds** my feet are cold ◆ **il fait froid / un froid de canard*** ou **de loup*** it's cold / freezing cold ou perishing* ◆ **ça me donne froid** it makes me (feel) cold ◆ **ça me fait froid dans le dos** (lit) it gives me a cold back, it makes my back cold; (fig) it sends shivers down my spine ◆ **prendre** ou **attraper (un coup de) froid** to catch cold ou a chill ◆ **vague** ou **coup de froid** cold spell ◆ **les grands froids** the cold of winter ◆ **n'avoir pas froid aux yeux** [homme d'affaires, aventurier] to be venturesome ou adventurous; [enfant] to have plenty of pluck → **craindre, jeter, mourir**

b (brouille) coolness (NonC) ◆ **malgré le froid qu'il y avait entre eux** despite the coolness that existed between them ◆ **être en froid avec qn** to be on bad terms ou not to be on good terms with sb

froidement [fʀwadmɑ̃] adv accueillir, remercier coldly, coolly; calculer, réfléchir coolly; tuer cold-bloodedly, in cold blood ◆ **il me reçut froidement** I got a cold ou chilly reception (from him), he greeted me coldly ◆ **meurtre accompli froidement** cold-blooded murder ◆ (hum) **comment vas-tu? – froidement!** how are you? – cold! (hum)

froideur [fʀwadœʀ] nf [personne, sentiments] coldness; [manières, accueil] coldness, chilliness ◆ **recevoir qn avec froideur** to give sb a cold ou chilly ou cool reception, greet sb coldly ◆ **contempler qch avec froideur** to contemplate sth coldly ou coolly ◆ (littér) **la froideur de son cœur** her coldness of heart

froidure†† [fʀwadyʀ] nf cold (NonC), cold season

froissable [fʀwasabl] adj easily crumpled ou creased

froissant, e [fʀwasɑ̃, ɑ̃t] adj remarque hurtful, offensive

froissement [fʀwasmɑ̃] nm **a** [tissu] crumpling, creasing

b (bruit) rustle, rustling (NonC) ◆ **des froissements soyeux** the sound of rustling silk

c (Méd) **froissement (d'un muscle)** (muscular) strain

d (fig littér) **évitez tout froissement d'amour-propre** try to avoid hurting anyone's feelings

froisser [fʀwase] → SYN ▸conjug 1◂ **1** vt tissu to crumple, crease; habit to crumple, rumple, crease; herbe to crush; (fig) personne to hurt, offend ◆ **ça l'a froissé dans son orgueil** that ruffled his pride ◆ **il froissa la lettre et la jeta** he screwed up the letter and threw it away

2 se froisser vpr [tissu] to crease, crumple; [personne] to take offence, take umbrage (*de* at) ◆ (Méd) **se froisser un muscle** to strain a muscle

froissure [fʀwasyʀ] nf crumple, crease

frôlement [fʀolmɑ̃] → SYN nm (contact) light touch, light contact (NonC); (bruit) rustle, rustling (NonC) ◆ **le frôlement des corps dans l'obscurité** the light contact of bodies brushing against each other in the darkness

frôler [fʀole] → SYN ▸conjug 1◂ vt (lit) (toucher) to brush against; (passer près de) to skim; (fig: confiner à) to verge on ◆ **le projectile le frôla** the projectile skimmed past him ◆ **l'automobiliste frôla le trottoir / le poteau** the driver just missed the pavement (Brit) ou sidewalk (US) / post ◆ (fig) **frôler la mort / catastrophe** to come within a hair's breadth ou an ace of death / a catastrophe ◆ **ça frôle l'indécence** this verges on the indecent ◆ **le dollar a frôlé la barre des 7 F** the dollar came very close to the 7 F mark

fromage [fʀɔmaʒ] → SYN **1** nm cheese ◆ **biscuit / omelette / soufflé au fromage** cheese biscuit / omelette / soufflé ◆ **nouilles au fromage** pasta with cheese (sauce), ≃ macaroni cheese ◆ (fig) **trouver un (bon) fromage*** to find a cushy job* ou cushy number* (Brit), get on the gravy train* (US) ◆ **tu ne vas pas en faire (tout) un fromage!*** you don't have to make such a fuss about it!* → **cloche, plateau, poire**

2 COMP ▷ **fromage blanc** fromage blanc, soft white cheese ▷ **fromage de chèvre** goat's milk cheese ▷ **fromage à la crème** cream cheese ▷ **fromage fermenté** fermented cheese ▷ **fromage fondu** cheese spread ▷ **fromage frais** fromage frais, soft white cheese ▷ **fromage gras** full-fat cheese ▷ **fromage maigre** low-fat cheese ▷ **fromage à pâte cuite** cooked cheese ▷ **fromage à pâte dure** hard cheese ▷ **fromage à pâte molle** soft cheese ▷ **fromage à pâte persillée** veined cheese ▷ **fromage à tartiner** cheese spread ▷ **fromage de tête** pork brawn

fromager, -ère [fʀɔmaʒe, ɛʀ] **1** adj industrie, commerce, production cheese (épith) ◆ **association fromagère** cheese producers' association

2 nm **a** (fabricant) cheese maker; (marchand) cheesemonger (Brit), cheese merchant

b (Bot) kapok tree

fromagerie [fʀɔmaʒʀi] → SYN nf cheese dairy

fromegi‡ [fʀɔmʒi] nm cheese

froment [fʀɔmɑ̃] → SYN nm wheat

fromental, pl **-aux** [fʀɔmɑ̃tal, o] nm false oat

from(e)ton‡ [fʀɔmtɔ̃] nm cheese

fronce [fʀɔ̃s] → SYN nf gather ◆ **fronces** gathers, gathering (NonC) ◆ **faire des fronces** to gather ◆ **jupe à fronces** gathered skirt

froncement [fʀɔ̃smɑ̃] → SYN nm ◆ **froncement de sourcils** frown

froncer [fʀɔ̃se] → SYN ▸conjug 3◂ vt (Couture) to gather ◆ **froncer les sourcils** to frown, knit one's brows

froncis [fʀɔ̃si] nm (fronces) gathers, gathering; (barde) gathered strip

frondaison [fʀɔ̃dɛzɔ̃] → SYN nf (feuillage) foliage (NonC)

fronde[1] [fʀɔ̃d] → SYN nf (arme) sling; (jouet) catapult (Brit), slingshot (US)

fronde[2] [fʀɔ̃d] → SYN nf ◆ (révolte) **esprit / vent de fronde** spirit / wind of revolt ou insurrection ◆ (Hist) **la Fronde** the Fronde

fronde[3] [fʀɔ̃d] nf (Bot) frond

fronder [fʀɔ̃de] → SYN ▸conjug 1◂ vt (railler) to lampoon, satirize

frondeur, -euse [fʀɔ̃dœʀ, øz] → SYN adj attitude, mentalité recalcitrant, anti-authority, rebellious; propos anti-authority

front [fʀɔ̃] → SYN nm **a** (Anat) forehead, brow; (fig: tête) head; (littér: visage) brow (littér), face; (littér) [bâtiment] façade, front ◆ **il peut marcher le front haut** he can hold his head (up) high ◆ (littér) **la honte sur son front** the shame on his brow (littér) ou face ◆ **front de mer** (sea) front ◆ **front de taille** coalface → **courber, frapper**

b (Mét, Mil, Pol) front ◆ **aller** ou **monter au front** to go up to the front, go into action ◆ **tué au front** killed in action ◆ **le front ennemi** the enemy front ◆ **le Front islamique de** ou **du Salut** the Islamic Salvation Front ◆ **le Front populaire** the Popular Front ◆ **le Front national** the National Front ◆ (fig) **le front du refus** organized resistance

c (Mines) **front (de taille)** (gén) face; [houillère] coalface

d LOC **attaque de front** frontal attack ◆ **choc de front** head-on crash ◆ **attaquer qn de front** (lit) to attack sb head-on; (fig) to attack sb head-on ou face to face ◆ **se heurter de front** (lit) to collide head-on; (fig) to clash head-on ◆ **marcher (à) trois de front** to walk three abreast ◆ **mener plusieurs tâches de front** to have several tasks in hand ou on the go (at one time) ◆ **aborder de front un problème** to tackle a problem head-on ◆ **il va falloir faire front** you'll (ou we'll etc) have to face up to it ou to things ◆ **faire front à l'ennemi / aux difficultés** to face up ou stand up to the enemy / difficulties ◆ **faire front commun contre qn / qch** to join forces against sb/sth, take a united stand against sb/sth ◆ (littér) **avoir le front de faire** to have the effrontery ou front to do

frontail [fʀɔ̃taj] nm browband

frontal, e, mpl **-aux** [fʀɔ̃tal, o] **1** adj collision head-on; (Mil) attaque frontal, head-on; (Anat, Géom) frontal

2 nm ◆ **(os) frontal** frontal (bone)

frontalier, -ière [fʀɔ̃talje, jɛʀ] **1** adj ville, zone border (épith), frontier (épith) ◆ **travailleurs frontaliers** people who cross the border every day to work

2 nm,f inhabitant of the border ou frontier zone

fronteau, pl **fronteaux** [fʀɔ̃to] nm (bandeau, bijou) frontal, frontlet; (Archit) frontal

frontière [fʀɔ̃tjɛʀ] → SYN **1** nf (Géog, Pol) frontier, border ◆ **à l'intérieur et au-delà de nos frontières** at home and abroad ◆ **frontière naturelle** natural boundary ◆ **frontière linguistique** linguistic boundary ◆ (fig) **faire reculer les frontières du savoir/d'une science** to push back the frontiers of knowledge/of a science ◆ (fig) **à la frontière du rêve et de la réalité** on the borders of dream and reality, on the borderline between dream and reality → **incident**

2 adj inv ◆ **ville/zone frontière** frontier ou border town/zone → **garde**[1], **poste**[2]

frontispice [fʀɔ̃tispis] → SYN nm frontispiece

fronton [fʀɔ̃tɔ̃] → SYN nm (Archit) pediment; (pelote basque) (front) wall

frottement [fʀɔtmɑ̃] → SYN nm (action) rubbing; (bruit) rubbing (NonC), rubbing noise, scraping (NonC), scraping noise; (Tech: contact qui freine) friction ◆ (fig) **frottements** friction

frotter [fʀɔte] → SYN ▸ conjug 1 ◂ **1** vt **a** (gén) peau, membre to rub; cheval to rub down ◆ **frotte tes mains avec du savon** rub your hands with soap ◆ **frotter son doigt sur la table** to rub one's finger on the table ◆ **frotter une allumette** to strike a match ◆ **pain frotté d'ail** bread rubbed with garlic

b (pour nettoyer) cuivres, meubles to rub (up), shine; plancher, casserole, pomme de terre to scrub; linge to rub; chaussures (pour cirer) to rub (up), shine; (pour enlever la terre) to scrape

c (†, hum) **frotter les oreilles à qn** to box sb's ears ◆ **je vais te frotter l'échine** I'm going to beat you black and blue

2 vi to rub, scrape ◆ **la porte frotte (contre le plancher)** the door is rubbing ou scraping (against the floor)

3 **se frotter** vpr **a** (en se lavant) to rub o.s. ◆ (lit, fig) **se frotter les mains** to rub one's hands

b **se frotter à la bonne société** to rub shoulders with high society ◆ **se frotter à qn** to cross swords with sb ◆ **il vaut mieux ne pas s'y frotter** I wouldn't cross swords with him → **qui**

frottis [fʀɔti] nm (Méd) smear; (Art) scumble ◆ **se faire faire un frottis (cervico-)vaginal** to have a cervical ou Pap (US) smear

frottoir [fʀɔtwaʀ] nm (à allumettes) friction strip; (pour le parquet) (long-handled) brush

frouer [fʀue] ▸ conjug 1 ◂ vi to call *(like the owl or the jay)*

froufrou [fʀufʀu] nm rustle, rustling (NonC), swish (NonC) ◆ **faire froufrou** to rustle, swish ◆ (dentelles) **des froufrous** frills

froufroutant, e [fʀufʀutɑ̃, ɑ̃t] adj rustling, swishing

froufroutement [fʀufʀutmɑ̃] nm rustle, rustling (NonC), swish (NonC)

froufrouter [fʀufʀute] ▸ conjug 1 ◂ vi to rustle, swish

Frounzé [fʀunze] n Frounze

froussard, e* [fʀusaʀ, aʀd] → SYN (péj) **1** adj chicken* (attrib), yellow-bellied‡ (épith)

2 nm,f chicken*, coward

frousse* [fʀus] nf fright ◆ **avoir la frousse** to be scared (to death) ou scared stiff* ◆ **quand il a sonné j'ai eu la frousse** when he rang I really got a fright ou the wind up* (Brit) ◆ **ça lui a fichu la frousse** that really put the wind up him* (Brit) ou gave him a fright, that really scared him (to death) ou scared him stiff* ◆ **tu te rappelles la frousse que j'avais avant les examens** you remember how scared I was ou the funk‡ (Brit) I was in before the exams

fructiculteur, -trice [fʀyktikyltœʀ, tʀis] nm,f fruit farmer

fructidor [fʀyktidɔʀ] nm Fructidor *(twelfth month in the French Republican calendar)*

fructifère [fʀyktifɛʀ] adj fructiferous

fructification [fʀyktifikasjɔ̃] nf fructification

fructifier [fʀyktifje] → SYN ▸ conjug 7 ◂ vi [arbre] to bear fruit; [terre] to be productive; [idée] to bear fruit; [capital, investissement] to yield a profit ◆ **faire fructifier son argent** to make one's money yield a profit

fructose [fʀyktoz] nm fructose

fructueusement [fʀyktɥøzmɑ̃] adv fruitfully, profitably

fructueux, -euse [fʀyktɥø, øz] → SYN adj lectures, spéculation fruitful, profitable; collaboration, recherches fruitful; commerce profitable

frugal, e, mpl **-aux** [fʀygal, o] → SYN adj frugal

frugalement [fʀygalmɑ̃] adv frugally

frugalité [fʀygalite] → SYN nf frugality

frugivore [fʀyʒivɔʀ] → SYN adj frugivorous

fruit[1] [fʀɥi] → SYN **1** nm **a** fruit (gén sans pl) ◆ **il y a des fruits/3 fruits dans la coupe** there is some fruit/there are 3 pieces of fruit in the bowl ◆ **passez-moi un fruit** pass me some fruit ou a piece of fruit ◆ (espèce) **l'orange et la banane sont des fruits** the orange and the banana are kinds of fruit ou are fruits → **pâte, salade**

b (littér: produit) fruit(s) ◆ **les fruits de la terre/de son travail** the fruits of the earth/of one's work ou labour ◆ (le résultat de) **c'est le fruit de l'expérience/beaucoup de travail** it is the fruit of experience/of much work ou labour ◆ **ils ont perdu le fruit de leur(s) travail/recherches** they lost the fruits of their work ou labour/research ◆ **cet enfant est le fruit de leur union** this child is the fruit of their union (littér) ◆ **porter ses fruits** to bear fruit ◆ **avec fruit** fruitfully, profitably, with profit ◆ **sans fruit** fruitlessly, to no avail

2 COMP ▷ **fruits confits** candied ou glacé fruits ▷ **fruit défendu** (Bible, fig) forbidden fruit ▷ **fruits déguisés** *prunes* ou *dates stuffed with marzipan* ▷ **fruits de mer** seafood(s) ▷ **fruit de la passion** passion fruit ▷ **fruits rafraîchis** fresh fruit salad *(soaked in alcohol)* ▷ **fruits rouges** red berries ▷ **fruit sec** (séché) dried fruit (NonC); (fig: raté) failure ◆ **pour quelques étudiants qui trouvent leur voie, combien de fruits secs ou d'indifférents!** for the few students who find the right path, how many fall by the wayside or show no interest!

fruit[2] [fʀɥi] nm [mur] batter

fruité, e [fʀɥite] adj fruity

fruiterie [fʀɥitʀi] nf fruit (and vegetable) store, fruiterer's (shop) (Brit), greengrocer's (shop) (Brit), greengrocery (Brit)

fruiticulteur, -trice [fʀɥitikyltœʀ, tʀis] nm fruit farmer

fruitier, -ière [fʀɥitje, jɛʀ] → SYN **1** adj fruit (épith)

2 nm,f [fruits] fruiterer (Brit), greengrocer (Brit), fruit seller; (fromager) cheese maker

3 nm (local) fruit shed ou store; (étagère) shelf *(for displaying fruit)*

4 **fruitière** nf (fromagerie) cheese dairy *(in Savoy, Jura)*

frusques [fʀysk] → SYN nfpl (péj) (vêtements) gear* (NonC), togs*, clobber‡ (NonC) (Brit); (vieux vêtements) rags

fruste [fʀyst] → SYN adj art, style crude, unpolished; manières unpolished, crude, uncultivated, uncouth; personne unpolished, uncultivated, uncouth

frustrant, e [fʀystʀɑ̃, ɑ̃t] adj frustrating

frustration [fʀystʀasjɔ̃] → SYN nf (Psych) frustration

frustré, e [fʀystʀe] (ptp de **frustrer**) adj (Psych, gén) frustrated

frustrer [fʀystʀe] → SYN ▸ conjug 1 ◂ vt **a** (priver) **frustrer qn de** satisfaction to frustrate or deprive sb of, do sb out of*; (Jur) biens to defraud sb of ◆ **frustrer qn dans ses espoirs/efforts** to thwart ou frustrate sb's hopes/efforts, thwart sb in his hopes/efforts ◆ (Jur) **frustrer qn au profit d'un autre** to defraud one party by favouring another

b (décevoir) attente, espoir to thwart, frustrate

c (Psych) to frustrate

frutescent, e [fʀytesɑ̃, ɑ̃t] adj frutescent, fruticose

FS (abrév de **franc suisse**) SF

FSE [ɛfɛsə] nm (abrév de **Fonds social européen**) ESF

fucacées [fykase] nfpl ◆ **les fucacées** fuci, fucuses, the Fucaceae (spéc)

fuchsia [fyʃja] nm fuchsia ◆ **(rose) fuchsia** fuchsia

fuchsine [fyksin] nf fuchsin(e)

fucus [fykys] nm wrack, fucus (spéc) ◆ **fucus vésiculeux** bladderwrack

fuel [fjul] nm (carburant) fuel oil ◆ **fuel (domestique)** domestic ou heating oil

fugace [fygas] → SYN adj parfum, impression, lueur fleeting; beauté, fraîcheur fleeting, transient

fugacité [fygasite] → SYN nf (→ **fugace**) fleetingness; transience

fugitif, -ive [fyʒitif, iv] → SYN **1** adj (en fuite) esclave, épouse fugitive (épith), runaway (épith); (fugace) vision, forme, émotion, impression fleeting; calme momentary; beauté, bonheur fleeting, transient, short-lived; (littér) jours, années fleeting

2 nm,f fugitive

fugitivement [fyʒitivmɑ̃] adv entrevoir fleetingly ◆ **il pensa fugitivement à son doux sourire** he thought fleetingly ou briefly or momentarily of her sweet smile

fugue [fyg] → SYN nf **a** (fuite) running away (NonC) ◆ **faire une fugue** to run away, abscond (Admin) ◆ **il a fait plusieurs fugues** he ran away several times ◆ **surveillez-le, il fait des fugues** keep an eye on him – he tends to run away ou he runs away (a lot) ◆ **fugue amoureuse** elopement

b (Mus) fugue

fugué, e [fyge] adj (Mus) fugal

fuguer* [fyge] ▸ conjug 1 ◂ vi to run away ou off

fugueur, -euse [fygœʀ, øz] nm,f absconder (Admin), runaway ◆ **un élève fugueur** an absconding pupil

fuir [fɥiʀ] → SYN ▸ conjug 17 ◂ **1** vt **a** (éviter) personne, coterie, danger to avoid, shun, fight shy of, flee (littér); mauvais exemple to avoid, shun; obligation, responsabilité to evade, shirk ◆ **on le fuit comme la peste** we avoid him like the plague ◆ (fig) **le sommeil/la tranquillité me fuit** sleep/quiet eludes me ◆ (littér) **fuir le monde** to flee society, withdraw from the world ◆ (littér) **l'homme se fuit** man flees from his inner self

b (s'enfuir de) patrie, bourreaux, persécuteurs to flee from, run away from, fly from (littér)

2 vi **a** (s'enfuir) [prisonnier] to run away, escape; [troupes] to take flight, flee (*devant* from); [femme] (avec un amant) to run off; (pour se marier) to elope (*avec* with) ◆ **faire fuir** (mettre en fuite) to put to flight; (chasser) to chase off ou away ◆ **laid à faire fuir** repulsively ugly ◆ **fuir devant** danger, obligations to run away from ◆ **il a fui chez ses parents** he has fled to his parents

b (littér: passer rapidement) [esquif] to speed along, glide swiftly along; [heures, saison] to fly by, slip by; [horizon, paysage] to recede ◆ **l'été a fui si rapidement** summer flew ou slipped ou shot by so quickly ◆ **les arbres semblaient fuir de part et d'autre de la route** the trees were whizzing ou flashing ou shooting past ou by on both sides of the road

c (s'échapper) [gaz] to leak, escape; [liquide] to leak; (n'être pas étanche) [récipient, robinet] to leak

fuite [fɥit] → SYN nf **a** [fugitif] flight, escape; [prisonnier] escape; [amants] flight; (pour se marier) elopement ◆ (Écon) **la fuite des capitaux** the flight of capital ◆ **fuite des cerveaux** brain drain ◆ **dans sa fuite il perdit son portefeuille** he lost his wallet as he ran away ou in his flight ◆ **la fuite des galaxies** the flight of the galaxies ◆ **chercher la fuite dans le sommeil** to seek escape ou flight in sleep ◆ **la fuite en avant du gouvernement dans le domaine économique** the government's relentless pursuit of the same economic policy in spite of all the evidence ◆ (fig) **sa fuite devant toute responsabilité est révoltante** his evasion of all responsibility is disgusting ◆ **prendre la fuite** to take flight ou to one's heels ◆ **mettre qn en fuite** to put sb to flight ◆ **les prisonniers sont en fuite** the prisoners are on the run ◆ **les voleurs en fuite n'ont pas été retrouvés** the thieves escaped and haven't been found ◆ **renversé par une voiture qui a pris la fuite** knocked down by a hit-and-run driver → **délit**

b (littér : passage rapide) [esquif] swift passage ; [temps, heures, saisons] (swift) passage ou passing

c (perte de liquide) leak, leakage ; (fig : d'information) leak ◆ **fuite de gaz / d'huile** gas / oil leak ◆ **avaries dues à des fuites** damage due to ou caused by leakage ◆ **il y a eu des fuites à l'examen** there have been leaks in the exam, questions have been leaked in the exam

d (trou) [récipient, tuyau] leak

e (Art) **point de fuite** vanishing point

uji-Yama [fuʒijama] nm Mount Fuji, Fujiyama, Fuji-san

ulgurance [fylgyʀɑ̃s] [→ SYN] nf (littér) [progrès] dazzling speed ; [regard] blaze

ulgurant, e [fylgyʀɑ̃, ɑ̃t] [→ SYN] adj vitesse, progrès lightning (épith), dazzling ; réplique lightning (épith) ; regard blazing (épith), flashing (épith) ◆ **une douleur fulgurante me traversa le corps** a searing pain flashed ou shot through my body ◆ **une clarté fulgurante illumina le ciel** a blinding flash lit up the sky

ulguration [fylgyʀasjɔ̃] [→ SYN] nf (éclair) flash (of lightning) ; (thérapie) fulguration ; [personne] being struck by lightning

ulgurer [fylgyʀe] [→ SYN] ▸ conjug 1 ◂ vi to flash

uligineux, -euse [fyliʒinø, øz] [→ SYN] adj (littér) couleur, flamme sooty

uligule [fyligyl] nm ◆ **fuligule (morillon)** tufted duck

ull [ful] nm (Cartes) full house

ull-contact, pl **full-contacts** [fulkɔ̃takt] nm unarmed combat

ulmar [fylmaʀ] nm fulmar

ulmicoton [fylmikɔtɔ̃] nm guncotton

ulminant, e [fylminɑ̃, ɑ̃t] [→ SYN] adj **a** personne enraged, livid ; lettre, réponse, regard angry and threatening ◆ **fulminant de colère** enraged, livid (with anger)

b (détonant) mélange explosive ◆ **poudre fulminante** fulminating powder ◆ **capsule fulminante** percussion cap ◆ **sels fulminants** explosive salts *(of fulminic acid)*

ulminate [fylminat] nm fulminate

ulmination [fylminasjɔ̃] [→ SYN] nf **a** (malédictions) **fulminations** denunciations, fulminations

b (Rel) fulmination

ulminer [fylmine] [→ SYN] ▸ conjug 1 ◂ **1** vt reproches, insultes to thunder forth ; (Rel) to fulminate

2 vi **a** (pester) to thunder forth ◆ **fulminer contre** to fulminate ou thunder forth against

b (Chim) to fulminate, detonate

ulminique [fylminik] adj ◆ **acide fulminique** fulminic acid

umable [fymabl] adj smok(e)able

umage [fymaʒ] nm (Culin) [saucissons etc] smoking, curing *(by smoking)* ; (Agr) [terre] manuring, dunging

umagine [fymaʒin] nf fumagine

umaison [fymɛzɔ̃] nf (Culin) smoking, curing *(by smoking)*

fumant, e [fymɑ̃, ɑ̃t] [→ SYN] adj **a** (chaud) cendres, cratère smoking ; soupe, corps, naseaux steaming ; (Chim) fuming ◆ (fig) **un coup fumant** a master stroke

b (en colère) patron fuming* (attrib) ◆ **fumant de colère** fuming with anger

fumasse⁑ [fymas] adj fuming* (attrib)

fumé, e[1] [fyme] (ptp de **fumer**) adj jambon, saumon, verre smoked ◆ **verres fumés** tinted lenses ◆ **aimer le fumé** to like smoked food → **lard**

fume-cigare, pl **fume-cigares** [fymsigaʀ] nm cigar holder

fume-cigarette, pl **fume-cigarettes** [fymsigaʀɛt] nm cigarette holder

fumée[2] [fyme] [→ SYN] nf **a** [combustion] smoke ◆ **fumée de tabac / de cigarettes** tobacco / cigarette smoke ◆ **la fumée ne vous gêne pas ?** do you mind my smoking? ◆ **sans fumée** combustible smokeless → **avaler, noir, rideau**

b (vapeur) [soupe, étang, corps, naseaux] steam ◆ (fig) **les fumées de l'alcool** ou **de l'ivresse** the vapours of alcohol

c LOC **partir** ou **s'en aller en fumée** to go up in smoke ◆ (Prov) **il n'y a pas de fumée sans feu** there's no smoke without fire (Prov)

fumer [fyme] [→ SYN] ▸ conjug 1 ◂ **1** vi **a** [volcan, cheminée, cendres, lampe] to smoke ; [soupe, étang, corps] to steam ; [produit chimique] to emit ou give off fumes, fume

b (* : être en colère) to be fuming* ◆ **il fumait de rage** he was fuming with rage*

c [fumeur] to smoke ◆ **fumer comme un sapeur** ou **un pompier** ou **une locomotive** to smoke like a chimney → **défense**[1]

2 vt **a** cigarettes, tabac to smoke ◆ **fumer la cigarette / le cigare / la pipe** to smoke cigarettes / cigars / a pipe

b (Culin) aliments to smoke, cure *(by smoking)*

c (Agr) sol, terre to manure

fumerie [fymʀi] nf ◆ **fumerie (d'opium)** opium den

fumerolle [fymʀɔl] nf (gén pl) (gaz) smoke and gas *(emanating from a volcano)* ; (fumée) wisp of smoke

fumet [fymɛ] [→ SYN] nm [plat, viande] aroma ; [vin] bouquet, aroma ; (Vénerie) scent

fumeterre [fymtɛʀ] nf fumitory

fumette* [fymɛt] nf ◆ (Drogue) **la fumette** smoking

fumeur, -euse [fymœʀ, øz] nm,f smoker ◆ (Rail) **(compartiment) fumeurs** smoking compartment (Brit) ou car (US), smoker ◆ **je suis non-fumeur** I'm a non-smoker ◆ **(compartiment) non-fumeurs** non-smoking compartment (Brit) ou car (US), non-smoker ◆ **fumeur d'opium** opium smoker

fumeux, -euse [fymø, øz] [→ SYN] adj **a** (confus) idées, explication hazy, woolly ; esprit woolly ; théoricien woolly-minded

b (avec de la fumée) flamme, clarté smoky ; (avec de la vapeur) horizon, plaine hazy, misty

fumier [fymje] [→ SYN] nm **a** (engrais) dung, manure ◆ **du fumier de cheval** horse-dung ou -manure ou -muck ◆ **tas de fumier** dunghill, dung ou muck ou manure heap

b (*⁑ péj : salaud) bastard⁑, shit*⁑

fumigateur [fymigatœʀ] nm (appareil : Agr, Méd) fumigator

fumigation [fymigasjɔ̃] nf fumigation

fumigatoire [fymigatwaʀ] adj fumigating, fumigatory

fumigène [fymiʒɛn] adj engin, grenade smoke (épith) ◆ (Agr) **(appareil) fumigène** smoke apparatus

fumiger [fymiʒe] ▸ conjug 3 ◂ vt to fumigate

fumiste [fymist] [→ SYN] **1** nm (réparateur-installateur) heating mechanic ; (ramoneur) chimney sweep

2 nmf (péj) (paresseux) (étudiant, employé) shirker, skiver⁑ (Brit) ; (plaisantin) (philosophe, politicien) phoney*, fake

3 adj attitude (de paresseux) shirking ; (de plaisantin) phoney* ◆ **il est un peu fumiste (sur les bords)** he's a bit of a shirker ou skiver⁑ (Brit) ; he's a bit of a phoney* ou fake

fumisterie [fymistəʀi] [→ SYN] nf **a** (péj) **c'est une fumisterie** it's a fraud ou a con⁑ ◆ **ce projet est une vaste fumisterie** this project is a massive fraud ou a complete con⁑ ◆ **c'est de la fumisterie** (tromperie) it's a fraud ou a con⁑, it's just eyewash* (Brit)

b (établissement) (heating mechanic's) workshop ; (métier) stove-building

fumivore [fymivɔʀ] adj (sans fumée) smokeless ; (absorbant la fumée) smoke-absorbing (épith)

fumoir [fymwaʀ] nm (salon) smoking room ; (Ind) smokehouse

fumure [fymyʀ] [→ SYN] nf manuring ; (substance) manure (NonC)

fun [fœn] nm abrév de **funboard**

funambule [fynɑ̃byl] [→ SYN] nmf tightrope walker, funambulist (spéc) ◆ **artiste funambule** tightrope artiste

funambulesque [fynɑ̃bylɛsk] [→ SYN] adj (lit) prouesse, art of tightrope walking ; (fig : bizarre) idée, organisation fantastic, bizarre

funboard [fœnbɔʀd] nm funboard

funèbre [fynɛbʀ] [→ SYN] adj **a** (de l'enterrement) service, marche, décoration, oraison funeral (épith) ; cérémonie, éloge, discours funeral (épith), funerary (épith) ◆ **air funèbre** dirge → **entrepreneur, pompe**[2], **veillée**

b (lugubre) mélodie, ton mournful, doleful ; silence, air, allure lugubrious, funereal ; atmosphère, couleur, décor gloomy, dismal

funèbrement [fynɛbʀəmɑ̃] adv (littér) funereally, lugubriously

funérailles [fyneʀaj] [→ SYN] nfpl (frm : enterrement) funeral, obsequies (littér)

funéraire [fyneʀɛʀ] [→ SYN] adj dalle, monument, urne funeral (épith), funerary (épith) ◆ **pierre funéraire** gravestone ◆ (Can) **salon funéraire** funeral home (US, Can) ou parlor (US, Can)

funérarium [fyneʀaʀjɔm] nm funeral parlour, funeral home (US)

funeste [fynɛst] [→ SYN] adj **a** (désastreux) erreur disastrous, grievous ; conseil, décision disastrous, harmful ; influence baneful, harmful, suite, conséquence dire, disastrous ◆ **loin d'imaginer les suites funestes de cet accident** far from imagining the dire ou disastrous ou tragic consequences of that accident ◆ **le jour funeste où je l'ai rencontrée** the fateful ou ill-fated day upon which I met her ◆ **politique funeste aux intérêts du pays** policy harmful to the country's interests

b (de mort) pressentiment, vision deathly (épith), of death

c (littér : mortel) accident fatal ; coup fatal, lethal, deadly, mortal

funiculaire [fynikylɛʀ] [→ SYN] nm funicular (railway)

funicule [fynikyl] nm funicle

funk [fœnk] **1** adj funk (épith), funky

2 nm funk

funky [fœnki] adj funky

FUNU [fyny] nf (abrév de **Force d'urgence des Nations Unies**) UNEF

fur [fyʀ] nm **a** **au fur et à mesure : classer / nettoyer qch au fur et à mesure** to file / clean sth as one goes along ◆ **dépenser au fur et à mesure** to spend as fast ou as soon as one earns ◆ **il vaut mieux leur donner leur argent de poche au fur et à mesure qu'en une fois** it's better to give them their pocket money in dribs and drabs* ou as they need it rather than all in one go ◆ **le frigidaire se vidait au fur et à mesure** the fridge was emptied as fast as it was stocked up ◆ **passe-moi les assiettes au fur et à mesure** pass the plates to me as you go along

b **au fur et à mesure que : donnez-les-nous au fur et à mesure que vous les recevez** give them to us as (soon as) you receive them ◆ **nous dépensions tout notre argent au fur et à mesure que nous le gagnions** we spent all our money as fast as ou as soon as we earned it c **au fur et à mesure de: au fur et à mesure de leur progression** as they advanced, the further they advanced ◆ **prenez-en au fur et à mesure de vos besoins** take some as and when you need them, help yourselves as you find you need them

furan(n)e [fyʀan] nm (fur)furan

furax‡ [fyʀaks] adj inv (furieux) livid (attrib), hopping mad* (attrib)

furet [fyʀɛ] nm (animal) ferret; (jeu) pass-the-slipper; (†: curieux) pry

furetage [fyʀ(ə)taʒ] nm (→ **fureter**) nosing ou ferreting ou prying about; rummaging (about)

fureter [fyʀ(ə)te] → SYN ▸conjug 5◂ vi (regarder partout) to nose ou ferret ou pry about; (fouiller partout: dans un tiroir etc) to rummage (about)

fureteur, -euse [fyʀ(ə)tœʀ, øz] → SYN 1 adj regard, enfant prying, inquisitive
2 nm,f pry

fureur [fyʀœʀ] → SYN nf a (NonC: colère) fury; (accès de colère) fit of rage ◆ **crise** ou **accès de fureur** fit of rage, furious outburst ◆ **être pris de fureur** to be seized with anger, fly into a rage (*contre qn* at sb) ◆ **être / entrer en fureur** to be / become infuriated ou enraged ◆ **être / entrer dans une fureur noire** to be in / go ou fly into a towering rage ◆ **mettre en fureur** to infuriate, enrage ◆ **se mettre dans des fureurs folles** to have mad fits of rage, fly into wild fits of anger
b (violence) [passion] violence, fury; [combat, attaque] fury, furiousness; [tempête, flots, vents] fury
c (passion) **la fureur du jeu** a passion ou mania for gambling ◆ **il a la fureur de la vitesse / de lire** he has a mania for speed / reading ◆ **la fureur de vivre** the lust ou passion for life ◆ (Ciné) **"La Fureur de vivre"** "Rebel without a Cause"
d (littér: transe) **fureur prophétique** prophetic frenzy ◆ **fureur poétique** poetic ecstasy ou frenzy
e LOC **avec fureur** (avec rage) with rage, furiously; (à la folie) wildly, madly, passionately ◆ **aimer qch / qn à la fureur** to love sth / sb wildly ou madly ou passionately ◆ **faire fureur** to be all the rage

furfuracé, e [fyʀfyʀase] adj furfuraceous

furfural [fyʀfyʀal] nm furfuraldehyde

furibard, e* [fyʀibaʀ, aʀd] adj hopping mad* (attrib), livid, mad* (attrib)

furibond, e [fyʀibɔ̃, ɔ̃d] adj personne hopping mad* (attrib), livid, mad* (attrib); colère wild, furious; ton, voix, yeux enraged, furious

furie [fyʀi] → SYN nf a (péj: mégère) shrew, termagant; (Myth) Fury
b (violence) [attaque, combat] fury, furiousness; [tempête, flots] fury; [passions] violence, fury
c (passion) **la furie du jeu** a passion ou mania for gambling
d (colère) fury
e LOC **en furie** personne infuriated, enraged, in a rage (attrib); mer raging; tigre enraged ◆ **mettre qn en furie** to infuriate sb, enrage sb

furieusement [fyʀjøzmɑ̃] adv (avec fureur) attaquer furiously; répondre angrily; (gén hum: extrêmement) ressembler amazingly, tremendously ◆ **j'ai furieusement envie d'une glace à la fraise** I'm simply dying for* ou I've got a terrible hankering for a strawberry ice cream

furieux, -ieuse [fyʀjø, jøz] → SYN adj a (violent) combat, résistance furious, violent; tempête raging, furious, violent → **folle, fou**
b (en colère) personne, animal furious (*contre* with, at); ton, geste furious ◆ **elle est furieuse d'avoir refusé** she is furious at having refused ◆ **il est furieux que je lui aie menti** he is furious with ou at me for having lied
c (gén hum: fort) envie, coup almighty* (épith), tremendous ◆ **avoir un furieux appétit** to have an almighty* ou a prodigious appetite

furioso [fyʀjozo] adj (Mus) furioso

furoncle [fyʀɔ̃kl] → SYN nm boil, furuncle (spéc)

furonculeux, -euse [fyʀɔ̃kylø, øz] adj furunculous

furonculose [fyʀɔ̃kyloz] nf (recurrent) boils, furunculosis (spéc)

furtif, -ive [fyʀtif, iv] → SYN adj coup d'œil, geste furtive, stealthy; joie secret → **avion**

furtivement [fyʀtivmɑ̃] → SYN adv furtively, stealthily

furtivité [fyʀtivite] nf [avion] stealthiness

fusain [fyzɛ̃] nm (crayon) charcoal (crayon); (croquis) charcoal (drawing); (arbrisseau) spindle tree ◆ **dessiner au fusain** to draw in charcoal ◆ **tracé au fusain** charcoal(-drawn), (drawn) in charcoal

fusainiste [fyzenist] nmf charcoal artist

fusant, e [fyzɑ̃, ɑ̃t] adj ◆ **obus fusant** time shell

fuseau, pl **fuseaux** [fyzo] → SYN 1 nm a [fileuse] spindle; [dentellière] bobbin
b **(pantalon) fuseau, fuseaux** stretch ski pants (Brit), stirrup pants (US)
c (Anat, Bio) spindle
d LOC **en (forme de) fuseau** colonne with a swelling; cuisses, jambes slender ◆ **arbuste taillé en fuseau** shrub shaped into a cone
2 COMP ▷ **fuseau horaire** time zone

fusée [fyze] → SYN 1 nf a (spatiale) rocket; (missile) rocket, missile ◆ **fusée air-air / sol-air** air-to-air / ground-to-air missile → **avion**
b [feu d'artifice] rocket; [obus, mine] fuse ◆ **partir comme une fusée** to shoot ou whizz off like a rocket
c (Tech) [essieu] spindle; (Aut) stub axle; [montre] fusee
2 COMP ▷ **fusée antichar** anti-tank rocket ▷ **fusée de détresse** distress rocket ▷ **fusée éclairante** flare ▷ **fusée à étages, fusée gigogne** multi-stage rocket ▷ **fusée interplanétaire** (interplanetary) space rocket ▷ **fusée de lancement** launch vehicle

fusée-engin, pl **fusées-engins** [fyzeɑ̃ʒɛ̃] nf rocket shell

fusée-sonde, pl **fusées-sondes** [fyzesɔ̃d] nf (rocket powering a) space probe

fusel [fyzɛl] nm ◆ **(huile de) fusel** fusel

fuselage [fyz(ə)laʒ] nm [avion] fuselage

fuselé, e [fyz(ə)le] → SYN adj colonne swelled; doigts tapering, slender; cuisses, jambes slender

fuseler [fyz(ə)le] ▸conjug 4◂ vt (former en fuseau) to taper

fuséologie [fyzeolɔʒi] nf rocket technology

fuser [fyze] → SYN ▸conjug 1◂ vi a [cris, rires] to burst forth; [liquide] to gush ou spurt out; [étincelles] to fly (out); [lumière] to stream out ou forth
b [bougie] to run; [pile] to sweat; [poudre] to burn out

fusette [fyzɛt] nf (small) spool

fusibilité [fyzibilite] nf fusibility

fusible [fyzibl] → SYN 1 adj fusible
2 nm (fil) fuse(-wire); (fiche) fuse; (fig: personne) fall guy ◆ **les fusibles ont sauté** the fuses have blown

fusiforme [fyzifɔʀm] adj spindle-shaped, fusiform (spéc)

fusil [fyzi] → SYN 1 nm a (arme) (de guerre, à canon rayé) rifle, gun; (de chasse, à canon lisse) shotgun, gun ◆ (fig) **c'est un bon fusil** he's a good shot ◆ (Mil †) **un groupe de 30 fusils** a group of 30 riflemen ou rifles ◆ (fig) **changer son fusil d'épaule** to change one's plans ◆ **coup de fusil** gun shot, rifle shot ◆ (fig) **c'est le coup de fusil** the prices are extortionate, you pay through the nose*
b (allume-gaz) gas lighter; (instrument à aiguiser) steel
2 COMP ▷ **fusil à air comprimé** airgu[n] ▷ **fusil à canon rayé** rifle, rifled gu[n] ▷ **fusil à canon scié** sawn-off (Brit) ou sawed-off (US) shotgun ▷ **fusil de chasse** shotgun, hunting gun ▷ **fusil à deux coups** double-barrelled ou twin-barrel rifle ▷ **fusil de guerre** army rifle ▷ **fusil à harpon** harpoon gun ▷ **fusil à lunette** rifle with telescopic sight ▷ **fusil à pompe** pump-action shotgun ▷ **fusil à répétition** repeating rifle ▷ **fusil sous-marin** (underwater) speargun

fusilier [fyzilje] nm rifleman, fusilier; (Hist) fusilier ◆ **les fusiliers** (régiment) the rifles; (Hist) the fusiliers ◆ **fusilier marin** marine

fusillade [fyzijad] nf (bruit) fusillade (frm), gunfire (NonC), shooting (NonC); (combat) shoot-out, shooting battle; (exécution) shooting

fusiller [fyzije] → SYN ▸conjug 1◂ vt a (exécuter) to shoot ◆ **fusiller qn du regard** to look daggers at sb
b (*: casser) to bust*
c (*: dépenser) to blow‡

fusilleur [fyzijœʀ] nm member of a firing squad

fusil-mitrailleur, pl **fusils-mitrailleurs** [fyzimitʀɑjœʀ] nm machine gun

fusiniste [fyzinist] nmf ⇒ **fusainiste**

fusion [fyzjɔ̃] → SYN nf a [métal etc] melting, fusion; [glace] melting, thawing ◆ **en fusion** métal molten
b (Bio, Phys) fusion; [atomes] (nuclear) fusion
c (union) [cœurs, esprits, races] fusion; [partis] merging, combining; [systèmes, philosophies] blending, merging, uniting; (Comm) [sociétés] merger, amalgamation; (Ordin) [fichiers] merging ◆ **la fusion de l'individu en Dieu / dans la nature** the union of the individual with God / nature ◆ **fusion chromosomique** chromosome fusion

fusionnement [fyzjɔnmɑ̃] → SYN nm (Comm) merger, amalgamation; (Pol) merging, combining

fusionner [fyzjɔne] → SYN ▸conjug 1◂ vti (Comm) to merge, amalgamate; (Pol) to merge, combine; (Ordin) to merge

fustanelle [fystanɛl] nf fustanella

fustet [fystɛ] nm young fustic

fustigation [fystigasjɔ̃] nf (littér: → **fustiger**) flaying; censuring, denouncing, denunciation; birching, thrashing

fustiger [fystiʒe] → SYN ▸conjug 3◂ vt a (littér: critiquer) adversaire to flay; pratiques, mœurs to censure, denounce
b (††: fouetter) to birch, thrash

fustine [fystin] nf fustic

fut* [fyt] nm bags* (Brit), (pair of) trousers (Brit), (pair of) pants (US)

fût [fy] → SYN nm a [arbre] bole, trunk; [colonne] shaft; [fusil] stock
b (tonneau) barrel, cask

futaie [fytɛ] → SYN nf (groupe d'arbres) cluster of (tall) trees; (forêt) forest (*of tall trees*); (Sylviculture) plantation of trees (*for timber*) ◆ **haute futaie** mature (standing) timber

futaille [fytɑj] → SYN nf (barrique) barrel, cask

futaine [fytɛn] → SYN nf (Tex) fustian

futal*, pl **futals** [fytal], **fute*** [fytal] nm bags* (Brit), (pair of) trousers (Brit), (pair of) pants (US)

futé, e [fyte] → SYN adj wily, crafty, cunning, sly ◆ **c'est une petite futée** she's a crafty ou sly little minx ◆ **il n'est pas très futé** he's no bright spark*

fute-fute* [fytfyt] adj ◆ **il n'est pas fute-fute** he's no bright spark*

futile [fytil] → SYN adj (inutile) entreprise, tentative futile, pointless; (frivole) raison, souci, occupation, propos trifling, trivial, futile ; personne, esprit trivial, frivolous

utilement [fytilmɑ̃] adv (frivolement) frivolously

utilité [fytilite] → SYN nf **a** (NonC : → **futile**) futility ; pointlessness ; triviality ; frivolousness

b **futilités** trivialities

utur, e [fytyʀ] → SYN **1** adj (prochain) génération, désastres, besoins future (épith) ◆ (Rel) **dans la vie future** in the life to come, in the afterlife, in the hereafter ◆ **futur mari** husband-to-be ◆ **les futurs époux** the bride and groom-to-be ◆ **tout pour la future maman** everything for the mother-to-be ◆ **futur collègue / directeur / soldat** future colleague / director / soldier ◆ **futur client** intending ou prospective customer ◆ (en herbe) **un futur président / champion** a budding ou future president / champion

2 nm **a** (conjoint) fiancé, husband-to-be, intended†

b (avenir) future

c (Ling) **le futur** the future (tense) ◆ (fig) **parlez-en au futur** don't count your chickens (before they're hatched) ◆ **le futur proche** the immediate future ◆ **le futur simple** the future (tense) ◆ **le futur antérieur** ou **du passé** the future perfect ou anterior

3 **future** nf (conjointe) fiancée, wife-to-be, intended†

futurisme [fytyʀism] nm futurism

futuriste [fytyʀist] **1** nmf futurist

2 adj futuristic

futurologie [fytyʀɔlɔʒi] → SYN nf futurology

futurologue [fytyʀɔlɔg] → SYN nmf futurist, futurologist

fuyant, e [fɥijɑ̃, ɑ̃t] → SYN adj **a** (insaisissable) regard, air evasive ; personne, caractère elusive, evasive

b (en retrait) menton, front receding (épith)

c (littér : fugitif) ombre, vision fleeting (épith)

d (Art) vues, lignes receding (épith), vanishing (épith) ; perspective vanishing (épith)

fuyard, e [fɥijaʀ, aʀd] → SYN nm,f runaway

G

G¹, g¹ [ʒe] nm (lettre) G, g ◆ **le G-7** the G7 nations, the Group of Seven

G² a (abrév de **Giga**) G
b (constante de gravitation) G
c (Anat) **point G** G spot

g abrév de **gramme**

g² a (abrév de **gramme**) g
b (Phys : accélération) g

GAB (abrév de **guichet automatique de banque**) cash dispenser (Brit), ATM (US)

gaba [gaba] nm inv (abrév de **gamma-amino-butyric acid**) GABA

gabardine [gabaʀdin] → SYN nf (tissu) gabardine ; (manteau) gabardine (raincoat)

gabare [gabaʀ] nf (allège) (dumb) barge, lighter ; (filet de pêche) seine

gabarier [gabaʀje] ▸ conjug 7 ◂ vt to gauge

gabarit [gabaʀi] → SYN nm a (dimension) [objet, véhicule] size
b (*) [personne] (taille) size, build ; (valeur) calibre ◆ **ce n'est pas le petit gabarit !** he's not exactly small !, he's rather on the large side ! ◆ **du même gabarit** of the same build ◆ **il n'a pas le gabarit d'un directeur commercial** he hasn't got what it takes ou he isn't of the right calibre to be a sales manager
c (Tech) (appareil de mesure) gauge ; (maquette) template ◆ (Rail) **gabarit de chargement** loading gauge

gabarre [gabaʀ] nf ⇒ **gabare**

gabbro [gabʀo] nm gabbro

gabegie [gabʒi] → SYN nf (péj) chaos, muddle, mess ◆ **c'est une vraie gabegie !** it's a real mess !, it's total chaos !

gabelle [gabɛl] nf (Hist : impôt) salt tax, gabelle

gabelou [gablu] → SYN nm (Hist) salt-tax collector ; (péj) customs officer

gabier [gabje] → SYN nm (Naut) topman

gabion [gabjɔ̃] nm (Chasse) hide (Brit), blind (US)

gable, gâble [gɑbl] → SYN nm gable

Gabon [gabɔ̃] nm ◆ **le Gabon** (the) Gabon

gabonais, e [gabɔnɛ, ɛz] 1 adj Gabonese
2 nm,f ◆ **Gabonais(e)** Gabonese

Gaborone [gabɔʀɔn] n Gaborone

Gabriel [gabʀijɛl] nm Gabriel

Gabrielle [gabʀijɛl] nf Gabrielle

gâchage [gɑʃaʒ] → SYN nm (→ **gâcher**) tempering ; mixing ; wasting ; botching

gâche [gɑʃ] nf [maçon] (plasterer's) trowel ; [serrure] striking plate, strike (plate) ; (Imprimerie) spoilage

gâcher [gɑʃe] → SYN ▸ conjug 1 ◂ vt a plâtre to temper ; mortier to mix
b (gaspiller) argent, talent, temps to waste, fritter away ; nourriture to waste ; (rater) occasion to waste, lose ; (bâcler) travail to botch ◆ **gâcher sa vie** to fritter away ou waste one's life ◆ **une vie gâchée** a wasted ou misspent life
c (gâter) to spoil ◆ **il nous a gâché le** ou **notre plaisir** he spoiled our pleasure (for us) ◆ **il gâche le métier** he spoils it for others *(by selling cheap or working for a low salary)*

gâchette [gɑʃɛt] nf [arme] trigger ; [serrure] tumbler ◆ **appuyer** ou **presser sur la gâchette** to pull the trigger ◆ **il a la gâchette facile** he's trigger-happy ◆ (tireur) **c'est une bonne gâchette** he's a good shot

gâcheur, -euse [gɑʃœʀ, øz] → SYN 1 adj wasteful
2 nm,f a (de matériel) wasteful person ; (d'argent) spendthrift ; (de travail) bungler, botcher
b (péj : snob, délicat) fusspot*, fussy person ◆ **quel gâcheur, il ne supporte que les cravates en soie !** what a fussy dresser – he won't wear anything but silk ties !
3 nm (ouvrier) builder's mate *(who mixes cement or tempers plaster)*

gâchis [gɑʃi] → SYN nm a (désordre) mess ◆ **tu as fait un beau gâchis !** you've made a fine mess of it !
b (gaspillage) waste (NonC)
c (Tech) mortar

gades [gad] nmpl ◆ **les gades** gadids, the Gadidae (spéc)

gadget [gadʒɛt] → SYN nm (gén : machin) thingummy* (Brit), gizmo* (US) ; (jouet, ustensile) gadget ; (procédé, trouvaille) gimmick ◆ **cette loi n'est qu'un gadget** that law is just a token measure

gadgétiser [gadʒetize] ▸ conjug 1 ◂ vt to equip with gadgets

gadidés [gadide] nmpl ⇒ **gades**

gadin* [gadɛ̃] nm ◆ **prendre** ou **ramasser un gadin** to come a cropper* (Brit), fall flat on one's face

gadolinium [gadɔlinjɔm] nm gadolinium

gadoue [gadu] → SYN nf (boue) mud, sludge ; (neige) slush ; (engrais) night soil

GAEC [gaɛk] nm (abrév de **groupement agricole d'exploitation en commun**) → **groupement**

gaélique [gaelik] 1 adj Gaelic
2 nm (Ling) Gaelic

gaffe [gaf] → SYN nf a (bévue) blunder, boob* (Brit) ◆ **faire une gaffe** (action) to make a blunder ou a boob* (Brit) ; (parole) to drop a clanger* (Brit)
b (perche) (Naut) boat hook ; (Pêche) gaff
c (*) **faire gaffe** to pay attention (*à* to) ◆ **fais gaffe !** watch out !, be careful ! ◆ **fais gaffe à toi** watch yourself

gaffer [gafe] ▸ conjug 1 ◂ 1 vi (bévue) to blunder, boob* (Brit) ; (paroles) to drop a clanger* (Brit), put one's foot in it* ◆ **j'ai gaffé ?** have I put my foot in it ?, have I made a boob* ? (Brit)
2 vt a (Naut) to hook ; (Pêche) to gaff
b (‡ : regarder) **gaffe un peu la fille !** take a look at that bird !‡ (Brit) ou chick !‡ (US)

gaffeur, -euse [gafœʀ, øz] → SYN nm,f blunderer, blundering fool ◆ **il est drôlement gaffeur !** he's always putting his foot in it !, he's a blundering fool !

gag [gag] → SYN nm (gén, Ciné, Théât) gag ◆ **c'est un gag ton histoire !*** your story sounds like a bad joke !

gaga* [gaga] adj vieillard gaga*, senile ◆ **sa fille le rend gaga** he's putty in his daughter's hands, his daughter can wind him round her little finger ◆ **être gaga de qn** to be crazy ou nuts‡ about sb

gage [gaʒ] → SYN nm a (à un créancier, arbitre) security ; (à un prêteur) pledge ◆ **mettre qch en gage (chez le prêteur)** to pawn sth (at the pawnbroker's) ◆ **laisser qch en gage** to leave sth as (a) security → **prêteur**
b (garantie) guarantee ◆ **sa bonne forme physique est un gage de succès** his fitness will guarantee him success ou assure him of success
c (témoignage) proof, evidence (NonC) ◆ **donner des gages de sa sincérité / son talent** to give proof ou evidence of one's sincerity / talent ◆ **donner à qn un gage d'amour / de fidélité** to give sb a token of one's love / faithfulness ◆ **en gage de notre amitié / de ma bonne foi** as a token ou in token of our friendship / of my good faith
d (Jeux) forfeit ◆ **avoir un gage** to have a forfeit
e († : salaire) **gages** wages ◆ **être aux gages de qn** (gén) to be employed by sb ; (péj) to be in the pay of sb → **tueur**

gager [gaʒe] → SYN ▸ conjug 3 ◂ vt a (frm : parier) **gager que** to wager that, bet that ◆ **gageons que ..., je gage que ...** I bet (you) that ...
b emprunt to guarantee

gageure [gaʒyʀ] → SYN nf a (entreprise difficile) **c'est une véritable gageure que de vouloir tenter seul cette ascension** it's attempting the impossible to try to do this climb alone ◆ **il a réussi la gageure de faire cette ascension tout seul** he achieved the impossible – he managed to do the climb on his own, despite the odds he managed to do the climb on his own
b (†† : pari) wager

gagiste [gaʒist] nm (prêteur) pledgee

gagman [gagman], pl **gagmans** ou **gagmen** [gagmɛn] nm gag writer

gagnable [gaɲabl] adj winnable

gagnant, e [gaɲɑ̃, ɑ̃t] → SYN 1 adj numéro, combinaison, point etc winning (épith) ◆ **on donne ce concurrent gagnant** this competitor is the favourite to win ou is expected to win ◆ **il joue** ou **part gagnant dans cette affaire** he's bound to win ou come out on top in this deal ◆ **tu es gagnant** you can't lose (out) ◆ (Jur) **la partie gagnante** the prevailing party
2 nm,f winner

gagne* [gaɲ] nf ◆ (Sport, Pol) **la gagne** the will ou drive to win

gagne-pain* [gaɲpɛ̃] nm inv (travail) job; (instrument) source of income

gagne-petit [gaɲpəti] → SYN nm inv low wage earner ◆ **c'est un gagne-petit** he doesn't earn much (money)

gagner [gaɲe] → SYN ▸ conjug 1 ◂ 1 vt a (acquérir par le travail) to earn ◆ **gagner sa vie** to earn one's living (*à faire* by doing) ◆ **elle gagne mal sa vie** she doesn't earn much ◆ **elle gagne bien sa vie** she earns a good living ◆ **elle gagne bien*** she earns good money* ◆ **gagner son pain** to earn one's daily bread ◆ **gagner de l'argent** (par le travail) to earn ou make money; (dans une affaire) to make money ◆ **gagner de quoi vivre** to earn a living ◆ **gagner gros** to make a lot of money ◆ **gagner des mille et des cents*** to earn ou make a packet* ◆ **gagner sa croûte*** ou **son bifteck*** to earn one's crust ou one's bread and butter ◆ **il gagne bien sa croûte dans cet emploi*** he earns a good wage in that job ◆ (iro) **j'ai gagné ma journée** it made my day (iro)
b (mériter) to earn ◆ **il a bien gagné ses vacances** he's really earned his holiday
c (acquérir par le hasard) prix, somme to win ◆ (lit, fig) **gagner le gros lot** to hit ou win the jackpot
d (obtenir) réputation etc to gain ◆ **avoir tout à gagner et rien à perdre** to have everything to gain and nothing to lose ◆ **vous n'y gagnerez rien** you'll gain nothing by it ◆ **vous y gagnerez d'être tranquille** at least you'll get some peace and quiet that way ◆ **vous n'y gagnerez rien de bon** you'll get nothing out of it ◆ **gagner du temps** (temporiser) to gain time; (économiser) to save time ◆ **chercher à gagner du temps** to play for time ◆ **gagner du poids** to put on ou gain weight ◆ **gagner dix centimètres** to grow ten centimetres ◆ **gagner de la place** to save space ◆ **c'est toujours ça de gagné!** that's always something! ◆ **c'est toujours 10 F de gagné** at least that's 10 francs saved ou that's saved us 10 francs ◆ **en jouant sur l'épaisseur, on peut gagner sur la quantité** by adjusting the thickness, we can gain in quantity ◆ **l'indice CAC 40 gagne 4 points** the CAC 40 index is up 4 points ◆ **à sortir par ce temps, vous y gagnerez un bon rhume** you'll get nothing but a bad cold going out in this weather ◆ **ce n'est pas gagné d'avance** we (ou they etc) have not won yet ◆ **je n'y ai gagné que des ennuis** I only made trouble for myself, I only succeeded in making things difficult for myself
e (être vainqueur de) bataille, procès, course to win ◆ **le match/procès n'est pas gagné** the match/action hasn't been won yet ◆ (†) **gagner qn aux échecs** to beat sb at chess ◆ **gagner qn de vitesse** to beat sb to it*
f (se concilier) gardiens, témoins to win over ◆ **gagner l'estime/le cœur de qn** to win sb's esteem ou regard/heart ◆ **gagner la confiance de qn** to win ou gain sb's confidence ◆ **savoir se gagner des amis/des partisans** to know how to win friends/supporters ◆ **se laisser gagner par les prières de qn** to be won over by sb's prayers ◆ **gagner qn à une cause** to win sb over to a cause ◆ **gagner qn à sa cause** to win sb over
g (envahir) **le sommeil les gagnait** sleep was creeping over them ou was gradually overcoming them ◆ **la gangrène gagne la jambe** the gangrene is spreading to his leg ◆ **le froid les gagnait** they were beginning to feel the cold ◆ **le feu gagna rapidement les rues voisines** the fire quickly spread to the neighbouring streets ◆ **l'eau/l'ennemi gagne du terrain** the water/the enemy is gaining ground ◆ **la grève gagne tous les secteurs** the strike is gaining ground in all sectors
h (atteindre) lieu, frontière, refuge to reach ◆ **gagner le port** to reach port ◆ **gagner le large** (Naut) to get out into the open sea
2 vi a (être vainqueur) to win ◆ **gagner aux courses** to win on the horses ou at the races ◆ **il a gagné aux courses hier** he had a win at the races yesterday ◆ **il gagne sur tous les tableaux** he's winning all the way ou on all fronts ◆ (iro) **eh bien, tu as gagné!** well, you got what you asked for!*
b (trouver un avantage) **vous y gagnez** it's in your interest, it's to your advantage ◆ **vous gagnerez à ce que personne ne le sache** it'll be to your advantage ou it will be better for you if nobody knows about it ◆ **qu'est-ce que j'y gagne?** what do I get out of it? ou gain from it?, what's in it for me? ◆ **vous gagneriez à partir en groupe** you'd be better off going in a group ◆ **tu aurais gagné à te taire!** you would have done better to keep quiet! ◆ **gagner au change** to make (something) on the deal
c (s'améliorer) **gagner en hauteur** to increase in height ◆ **son style gagne en force ce qu'il perd en élégance** his style gains in vigour what it loses in elegance ◆ **ce vin gagnera à vieillir** this wine will improve with age ◆ **il gagne à être connu** he improves on acquaintance ◆ **ce roman gagne à être relu** this novel gains by a second reading, this novel is better at a second reading
d (s'étendre) [incendie, épidémie] to spread, gain ground ◆ **la mer gagne sur les falaises** the sea is encroaching ou advancing on the cliffs

gagneur, -euse [gaɲœʀ, øz] 1 nm,f winner, go-getter*
2 **gagneuse** nf (‡: prostituée) whore‡, hooker‡

gaguesque* [gagɛsk] adj ◆ **c'est gaguesque, ton histoire!** your story sounds like a bad joke!

gai, e [ge] → SYN 1 adj a (joyeux) personne, vie cheerful, gay, happy; voix, visage cheery, cheerful, happy; roman, conversation, musique cheerful, gay; caractère cheerful, merry ◆ **c'est un gai luron** he's a cheery ou happy fellow ◆ **gai comme un pinson** happy as a lark ◆ **tu n'as pas l'air (bien) gai** you don't look too happy
b (euph: ivre) merry, tipsy
c (riant) couleur, robe bright, gay; pièce bright, cheerful ◆ **on va peindre la chambre en jaune pour faire gai** we're going to paint the bedroom yellow to brighten it up
d (iro: amusant) **j'ai oublié mon parapluie, c'est gai!** that's great*, I've forgotten my umbrella! (iro) ◆ **ça ne va pas être gai** ou **ça va être gai la rentrée sur Paris, dimanche!** it's going to be great fun, going back to Paris this Sunday! (iro) ◆ **ça va être gai, les vacances avec lui!** I can see we're going to have a good holiday ou the holidays are going to be great fun with him around! (iro)
e (homosexuel) gay
2 nm (homosexuel) gay

gaïac [gajak] nm guaiacum, guaiocum

gaïacol [gajakɔl] nm guaiacol

gaiement [gemɑ̃] adv (→ **gai**) cheerfully; gaily; happily; cheerily; merrily ◆ (iro) **allons-y gaiement!** come on then, let's get on with it! ◆ (iro) **il va recommencer gaiement à faire les mêmes bêtises** he'll blithely ou gaily start the same old tricks again

gaieté [gete] → SYN nf [personne, caractère] cheerfulness, gaiety; [couleur] brightness, gaiety; [conversation, pièce, roman] cheerfulness, gaiety ◆ **plein de gaieté** fête, maison cheerful ◆ **ses films sont rarement d'une gaieté folle** his films are not exactly cheerful ◆ **ce n'est pas de gaieté de cœur qu'il accepta** it was with no light heart ou with some reluctance that he accepted ◆ (iro) **voilà les gaietés de la province** those are the joys ou delights of living in a provincial town

gaillard[1], e[1] [gajaʀ, aʀd] → SYN 1 adj a (alerte) personne strong; allure lively, springy, sprightly ◆ **vieillard encore gaillard** sprightly ou spry old man
b (grivois) propos bawdy, ribald
2 nm a (costaud) **(robuste** ou **grand** ou **beau) gaillard** strapping ou hale and hearty ou robust fellow
b (*: type) fellow, chap* (Brit), guy* ◆ **toi, mon gaillard, je t'ai à l'œil!** I've got my eye on you, chum!* ou mate!* (Brit)
3 **gaillarde** nf (*) (femme forte) strapping wench* ou woman* ◆ (femme hardie) **c'est une sacrée gaillarde** she's quite a woman!*

gaillard[2] [gajaʀ] → SYN nm ◆ (Naut) **gaillard (d'avant)** forecastle (head), fo'c'sle ◆ **gaillard d'arrière** quarter-deck

gaillarde[2] [gajaʀd] nf (Mus) galliard

gaillarde[3] nf (Bot) gaillardia

gaillardement [gajaʀdəmɑ̃] → SYN adv (avec bonne humeur) cheerfully; (sans faiblir) bravely, gallantly ◆ **ils attaquèrent la côte gaillardement** they set off energetically ou stoutly up the hill ◆ **il porte gaillardement sa soixantaine** he's a sprightly ou vigorous sixty-year-old

gaillardise [gajaʀdiz] → SYN nf bawdy ou ribald remark

gaillet [gajɛ] nm bedstraw

gaîment [gemɑ̃] adv ⇒ **gaiement**

gain [gɛ̃] → SYN nm a (salaire) (gén) earnings; [ouvrier] earnings, wages, wage ◆ **pour un gain modeste** for a modest wage
b (lucre) **le gain** gain ◆ **pousser qn au gain** to push ou urge sb to make money ◆ **l'amour du gain** the love of money
c (bénéfices) **gains** [société] profits; (au jeu) winnings; (à la Bourse) profits ◆ **se retirer sur son gain** (jeu) to pull out with one's winnings intact; (spéculation) to retire on one's profits ou with what one has made ◆ **gains illicites** illicit gains ◆ **compensation des gains et des pertes** compensation of gains and losses
d (avantage matériel) [élections, guerre de conquête] gains ◆ **ce gain de 3 sièges leur donne la majorité** winning ou gaining these 3 seats has given them a majority
e (avantage spirituel) benefit ◆ **tirer un gain (énorme) de qch** to gain ou draw (great) benefit from sth
f (économie) saving ◆ **gain de temps/d'argent/de place** saving of time/of money/of space ◆ **ce procédé permet un gain de cinquante minutes/d'électricité** this procedure saves 50 minutes/electricity ◆ **ça nous permet un gain de temps** it's timesaving, it saves us time
g (littér: obtention) [bataille, procès] winning; [fortune, voix d'électeurs] gaining ◆ (Tennis) **il sert pour le gain du match** he's serving for the match
h (Élec) gain, amplification ◆ **contrôle automatique de gain** automatic gain control
i **gain de cause**: **avoir** ou **obtenir gain de cause** (lit) to win the case; (fig) to be proved ou pronounced right ◆ **on ne voulait pas me rembourser mais j'ai fini par avoir gain de cause** they didn't want to reimburse me but in the end I won my claim ◆ **donner gain de cause à qn** (Jur) to decide the case in favour of sb; (fig) to pronounce sb right

gaine [gɛn] → SYN nf (Habillement) girdle; (Bot, fourreau) sheath; (Anat) sheath; (piédestal) plinth; (enveloppe) [obus] priming tube ◆ **gaine d'aération** ou **de ventilation** ventilation shaft ◆ **gaine culotte** panty girdle

gainer [gene] → SYN ▸ conjug 1 ◂ vt (gén) to cover; (Élec) fil électrique to sheathe; (Naut) voile to put into a sailbag ◆ **jambes gainées de soie** legs sheathed in silk ◆ **objet gainé de cuir** leather-covered ou -cased object

gainerie [gɛnʀi] nf a (commerce) [vêtements] girdle trade; [étuis] sheath trade
b (magasin) [vêtements] girdle shop; [étuis] sheath shop

gainier, -ière [genje, jɛʀ] 1 nm (Bot) Judas tree
2 nm,f [vêtements] girdle merchant; [étuis] sheath merchant

gaîté [gete] nf ⇒ **gaieté**

gal [gal] nm gal

gala [gala] → SYN nm official reception; (pour collecter des fonds) fund-raising reception ◆ **de gala** soirée, représentation gala (épith) ◆ **gala de bienfaisance** reception for charity

Galaad [galaad] nm Galahad

galactique [galaktik] adj galactic

galactogène [galaktɔʒɛn] adj galactagogue (spéc) ◆ **glande galactogène** milk gland

galactomètre [galaktɔmɛtʀ] nm lactometer

galactophore [galaktɔfɔʀ] adj ◆ **canal galactophore** milk duct ◆ **glande galactophore** milk gland

galactose [galaktoz] nm galactose

galalithe ® [galalit] nf Galalith ®

galamment [galamɑ̃] adv courteously, gallantly ◆ **se conduire galamment** to behave courteously ou gallantly ou in a gentlemanly fashion

galandage [galɑ̃daʒ] → SYN nm (brick) partition

galant, e [galɑ̃, ɑ̃t] → SYN 1 adj a (courtois) gallant, courteous, gentlemanly ◆ **soyez galant, ouvrez-lui la porte** be a gentleman and open the door for her ◆ **c'est un galant homme** he is a gentleman ◆ (péj) **femme galante**† loose woman, courtesan
b ton, humeur, propos flirtatious, gallant; scène, tableau amorous, romantic; conte racy, spicy; rendez-vous romantic; poésie amorous, courtly ◆ **en galante compagnie** homme with a lady friend (hum); femme with a gentleman friend (hum)
2 nm (††, hum: soupirant) gallant††, suitor††, admirer (†, hum)

galanterie [galɑ̃tʀi] → SYN nf (courtoisie) gallantry, chivalry; (propos) gallant remark

galantine [galɑ̃tin] → SYN nf galantine

Galapagos [galapagɔs] nfpl ◆ **les (îles) Galapagos** the Galapagos (Islands)

galapiat† [galapja] nm (polisson) rapscallion†, scamp

Galatée [galate] nf Galatea

Galates [galat] nmpl (Bible) Galatians

galaxie [galaksi] nf galaxy

galbe [galb] → SYN nm [meuble, visage, cuisse] curve ◆ **des cuisses d'un galbe parfait** shapely thighs

galbé, e [galbe] → SYN (ptp de **galber**) adj meuble with curved outlines; mollet rounded ◆ **bien galbé** corps curvaceous, shapely; objet beautifully shaped

galber [galbe] ▸ conjug 1 ◂ vt to shape *(into curves)*, curve

gale [gal] → SYN nf a (Méd) scabies, itch; (Vét) [chien, chat] mange; [mouton] scab; (Bot) scab ◆ (hum) **tu peux boire dans mon verre, je n'ai pas la gale!**⁑ you can drink out of my glass – you won't catch anything from me!* ou I'm not infectious!
b (fig: personne) nasty character, nasty piece of work* (Brit) ◆ **il est mauvais** ou **méchant comme la gale** he's a really nasty piece of work*

galée [gale] nf (Typ) galley

galéjade [galeʒad] → SYN nf (dial) tall story

galéjer [galeʒe] → SYN ▸ conjug 6 ◂ vi (dial) to spin a yarn ◆ **oh, tu galèjes!** that's a tall story!

galène [galɛn] nf galena, galenite

galénique [galenik] 1 adj galenical
2 nf ◆ **la galénique** galenical pharmacology

galénisme [galenism] nm Galenism

galéopithèque [galeɔpitɛk] nm flying lemur, colugo

galère [galɛʀ] → SYN nf a (Hist: bateau) galley ◆ **galère réale** royal galley ◆ **on l'a envoyé aux galères** they sent him to the galleys → **voguer**
b LOC **qu'est-il allé faire dans cette galère?** why did he have to get involved in this business? ◆ **dans quelle galère me suis-je embarqué!** whatever have I let myself in for? ◆ **quelle galère!***, **c'est la galère!*** it's a real grind!* ◆ **une journée/un voyage galère*** a hellish day/trip*, a nightmare of a day/trip

galérer⁑ [galeʀe] ▸ conjug 6 ◂ vi a (travailler dur) to sweat blood*, slog*
b (rencontrer des difficultés) to have a hassle* ◆ **il a galéré pendant des années avant d'être reconnu** he struggled for years before gaining recognition

galerie [galʀi] → SYN 1 nf a (couloir) (gén) gallery; [mine] gallery, level; [fourmilière] gallery; [taupinière] tunnel
b (Art) (magasin) gallery; (salle de musée) room, gallery; (rare: collection) collection
c (Théât: balcon) circle ◆ **premières/deuxièmes galeries** dress/upper circle ◆ **les troisièmes galeries** the gods* (Brit), the gallery
d (public, spectateurs) gallery, audience ◆ **faire le pitre pour amuser la galerie** to act the fool to amuse the audience ◆ **il a dit cela pour la galerie** he said that for appearances' sake
e (Aut) roof rack; (Archit: balustrade) gallery
2 COMP ▷ **galerie d'art** art gallery ▷ **la galerie des Glaces** (Archit) the Gallery ou Hall of Mirrors ▷ **galerie marchande** shopping arcade, shopping mall (US) ▷ **galerie de peinture** picture gallery ▷ **galerie de portraits** (Littérat) collection of pen portraits ▷ **galerie de tableaux** ⇒ **galerie de peinture**

galérien [galeʀjɛ̃] → SYN nm (Hist) galley slave ◆ (fig) **travailler comme un galérien** to work like a (galley) slave

galeriste [galʀist] nmf gallery owner

galet [galɛ] → SYN nm a (pierre) pebble ◆ **galets** shingle, pebbles
b (Tech) wheel, roller

galetas [galta] → SYN nm (mansarde) garret; (taudis) hovel

galette [galɛt] → SYN nf a (Culin) (gâteau) *round, flat cake made of puff pastry*; (crêpe) (buckwheat) pancake; (Naut) ship's biscuit ◆ **galette de maïs** tortilla ◆ **galette de pommes de terre** potato pancake ◆ **galette des Rois** *cake eaten in France on Twelfth Night* → **plat**[1]
b (Ciné) roll
c (⁑: argent) dough⁑, lolly⁑ (Brit), bread⁑ ◆ **il a de la galette** he's loaded⁑

galeux, -euse [galø, øz] → SYN 1 adj a personne affected with scabies, scabious (spéc); chien mangy; mouton scabby; plante, arbre scabby; plaie caused by scabies ou the itch; éruption scabious ◆ **il m'a traité comme un chien galeux** he treated me like dirt ou as if I was the scum of the earth → **brebis**
b (fig: sordide) murs peeling, flaking; pièce, quartier squalid, dingy, seedy
2 nm,f (personne méprisable) scabby ou scruffy individual ◆ **pour lui je suis un galeux, il ne veut pas me fréquenter** as far as he's concerned I'm the lowest of the low ou the scum of the earth and he wants nothing to do with me

galgal [galgal] nm galgal

galhauban [galobɑ̃] nm (Naut) back-stay

Galice [galis] nf Galicia *(in Spain)*

Galicie [galisi] nf Galicia *(in central Europe)*

Galien [galjɛ̃] nm Galen

Galilée[1] [galile] nm Galileo

Galilée[2] [galile] nf Galilee ◆ **la mer de Galilée** the Sea of Galilee

galiléen[1], **-enne**[1] [galileɛ̃, ɛn] (Géog) 1 adj Galilean
2 nm,f ◆ **Galiléen(ne)** Galilean ◆ (Bible) **le Galiléen** the Galilean

galiléen[2], **-enne**[2] [galileɛ̃, ɛn] adj (Phys) Galilean

galimatias [galimatja] → SYN nm (propos) gibberish (NonC); (écrit) tedious nonsense (NonC), twaddle (Brit) (NonC)

galion [galjɔ̃] nm galleon

galipette* [galipɛt] nf somersault ◆ **faire des galipettes** to somersault, do somersaults

galipot [galipo] nm (résine) gal(l)ipot

galipoter [galipɔte] ▸ conjug 1 ◂ vt to apply gal(l)ipot to

galle [gal] → SYN nf gall ◆ **galle du chêne, noix de galle** oak apple, oak gall

gallérie [galeʀi] nf wax moth

Galles [gal] nfpl → **pays**[1], **prince**

gallican, e [ga(l)likɑ̃, an] adj, nm,f Gallican

gallicanisme [ga(l)likanism] nm Gallicanism

gallicisme [ga(l)lisism] nm (idiotisme) French idiom; (dans une langue étrangère: calque) gallicism

gallicole [ga(l)likɔl] adj (dans les galles) gall dwelling (épith); (provoquant des galles) gall-causing (épith)

gallinacé, e [galinase] → SYN 1 adj gallinaceous
2 nm gallinacean

gallique [galik] adj gallic

gallium [galjɔm] nm gallium

gallo [galo] 1 adj Francophone Breton
2 nm (Ling) *French dialect of Brittany*
3 nmf Gallo Francophone Breton

gallo- [galo] préf Gallo-

gallois, e [galwa, waz] 1 adj Welsh
2 nm a **Gallois** Welshman ◆ **les Gallois** the Welsh
b (Ling) Welsh
3 **Galloise** nf Welshwoman

gallon [galɔ̃] nm gallon ◆ (Can) **gallon canadien** ou **impérial** Imperial gallon *(4,545 litres)* ◆ **gallon américain** US gallon *(3,785 litres)*

gallo-romain, e [ga(l)lоʀɔmɛ̃, ɛn] 1 adj Gallo-Roman
2 nm,f ◆ **Gallo-Romain(e)** Gallo-Roman

gallo-roman, e [ga(l)loʀɔmɑ̃, an] 1 adj Gallo-Roman(ce)
2 nm (Ling) Gallo-Roman(ce)

Gallup [galœp] nm ◆ **(sondage) Gallup** Gallup Poll

galoche [galɔʃ] → SYN nf a (sabot) clog; (chaussure) *wooden-soled shoe* → **menton**
b (Naut) snatch block

galon [galɔ̃] → SYN nm a (Couture) braid (NonC), piece of braid; (Mil) stripe ◆ (fig) **il a gagné ses galons au combat** he got his stripes in battle ◆ (fig) **prendre du galon** to get promotion (Brit), get a promotion (US)
b (Can) measuring tape, tape measure

galonné, e [galɔne] (ptp de **galonner**) 1 adj (Mil) manche, uniforme with stripes on
2 nm ◆ (Mil) **un galonné*** a brass hat*

galonner [galɔne] ▸ conjug 1 ◂ vt (Couture) to trim with braid

galop [galo] → SYN nm a gallop ◆ **petit galop** canter ◆ **grand galop** (full) gallop ◆ **galop d'essai** (lit) trial gallop; (fig) trial run ◆ **nous avons fait un galop de quelques minutes** we galloped for a few minutes ◆ **cheval au galop** galloping horse ◆ **prendre le galop, se mettre au galop** to break into a gallop ◆ **mettre son cheval au galop** to put one's horse into a gallop ◆ **partir au galop** [cheval] to set off at a gallop; [personne] to take off like a shot, rush off ou away ◆ **aller au grand galop** to ride full gallop ◆ **nous avons dîné au galop** we ate our dinner in a great rush ◆ **va chercher tes affaires au galop!** go and get your things, at (Brit) ou on (US) the double! ou and look smart (about it)! ◆ (Mil) **au galop! chargez!** charge!
b (danse) gallopade

galopade [galɔpad] nf (Équitation) hand gallop; (fig: course précipitée) stampede ◆ (fig) **galopade effrénée** mad rush

galopant, e [galɔpɑ̃, ɑ̃t] adj (qui progresse rapidement) inflation galloping, runaway ◆ **démographie galopante** population explosion → **phtisie**

galope [galɔp] nf [relieur] hatcher

galoper [galɔpe] → SYN ▸ conjug 1 ◂ vi [cheval] to gallop; [imagination] to run wild, run riot; [enfant] to run ◆ **galoper ventre à terre** to gallop flat out*, go at full gallop ◆ **les enfants galopent dans les couloirs** the children charge ou hare* (Brit) along the corridors ◆ **j'ai galopé toute la journée!*** I've been haring* (Brit) ou rushing around all day!

galopin* [galɔpɛ̃] nm (polisson) urchin, ragamuffin ◆ **petit galopin!** you little rascal! ou ragamuffin!

galuchat [galyʃa] nm shagreen

galure⁑ [galyʀ], **galurin** [galyʀɛ̃] nm (chapeau) hat, headgear* (NonC)

galvanique [galvanik] adj galvanic

galvanisation [galvanizasjɔ̃] [→ SYN] nf galvanization

galvaniser [galvanize] [→ SYN] ▸conjug 1◂ vt (lit, Tech) to galvanize; (fig: stimuler) to galvanize (into action)

galvanisme [galvanism] nm (Méd) galvanism

galvano* [galvano] nm (abrév de **galvanotype**) electro*

galvanomètre [galvanɔmɛtʀ] nm galvanometer

galvanoplastie [galvanoplasti] nf (reproduction) electrotyping, galvanoplasty; (dépôt) electroplating

galvanoplastique [galvanoplastik] adj galvanoplastic

galvanotype [galvanotip] nm electrotype

galvanotypie [galvanotipi] nf electrotyping

galvaudage [galvodaʒ] nm [nom, réputation] tarnishing, bringing into disrepute, sullying; [talent] prostituting, debasing

galvaudé, e [galvode] (ptp de **galvauder**) adj expression trite, hackneyed; mot overworked

galvauder [galvode] [→ SYN] ▸conjug 1◂ **1** vt réputation, nom to tarnish, sully, bring into disrepute; talent to prostitute, debase; expression to make trite ou hackneyed; mot to overwork
2 **se galvauder** vpr (s'avilir) to demean o.s., lower o.s., compromise o.s.

galvaudeux, -euse† [galvodø, øz] [→ SYN] nm,f (vagabond) tramp; (bon à rien) good-for-nothing

gamay [gamɛ] nm gamay

gambade [gɑ̃bad] [→ SYN] nf leap, caper ◆ **faire des gambades** [personne, enfant] to leap (about), caper (about), prance about; [animal] to gambol, leap (about), frisk about

gambader [gɑ̃bade] [→ SYN] ▸conjug 1◂ vi [animal] to gambol, leap (about), frisk about; [personne, enfant] to leap (about), caper (about), prance about; [esprit] to flit ou jump (from one idea to another) ◆ **gambader de joie** to jump for joy

gambas [gɑ̃bas] nfpl Mediterranean prawns, gambas

gambe [gɑ̃b] nf → **viole**

gamberge‡ [gɑ̃bɛʀʒ] nf hard thought

gamberger‡ [gɑ̃bɛʀʒe] ▸conjug 3◂ vi to think hard ◆ **ça gamberge là-dedans!** your brain is really working overtime!*

gambette [gɑ̃bɛt] **1** nf (*: jambe) leg ◆ **jouer des gambettes** to run away, take to one's heels
2 nm (Zool) redshank

Gambie [gɑ̃bi] nf ◆ **la Gambie** (pays) The Gambia; (fleuve) the Gambia

gambien, -ienne [gɑ̃bjɛ̃, jɛn] **1** adj Gambian
2 nm,f ◆ **Gambien(ne)** Gambian

gambiller‡† [gɑ̃bije] ▸conjug 1◂ vi to dance, jig*

gambit [gɑ̃bi] nm (Échecs) gambit

gambusie [gɑ̃byzi] nf gambusia

gamelan [gamlɑ̃] nm gamelan

gamelle [gamɛl] [→ SYN] nf [soldat] mess tin (Brit) ou kit (US); [ouvrier, campeur] billy-can, billy; [chien] bowl, dish; (hum: assiette) dish, plate ◆ (lit, fig) **ramasser** ou **prendre une gamelle*** to come a cropper* (Brit), fall flat on one's face

gamète [gamɛt] [→ SYN] nm gamete

gamétogenèse [gametoʒənɛz] nf gametogenesis, gamatogeny

gamétophyte [gametofit] nm gametophyte

gamin, e [gamɛ̃, in] [→ SYN] **1** adj (espiègle) mischievous, playful; (puéril) childish
2 nm,f (*: enfant) kid* ◆ **quand j'étais gamin** when I was a kid* ◆ **gamin des rues / de Paris** street/Paris urchin

gaminerie [gaminʀi] [→ SYN] nf (espièglerie) playfulness (NonC); (puérilité) childishness (NonC) ◆ **faire des gamineries** to play (mischievous) pranks; to be childish ◆ **arrête tes gamineries** stop being so childish

gamma [ga(m)ma] nm gamma → **rayon**

gammaglobulines [ga(m)maglɔbylin] nfpl gamma globulins

gammagraphie [ga(m)magʀafi] nf (Méd) scintigraphy; (Tech) gamma-ray spectroscopy

gammare [gamaʀ] nm water flea

gamme [gam] [→ SYN] nf **a** (Mus) scale ◆ **faire des gammes** to practise scales ◆ **gamme chromatique** chromatic scale ◆ **gamme ascendante / descendante** rising/falling scale
b (série) [couleurs, articles] range; [sentiments] gamut, range ◆ **toute la gamme*** the whole lot ◆ **gamme de produits** range of products ◆ **haut / bas de gamme** up-/down-market, top/bottom of the range ◆ **une voiture / maison haut / bas de gamme** a car/house at the top/lower end of the range, an up-/down-market car/house

gammée [game] adj f → **croix**

gamopétale [gamopetal] adj gamopetalous

gamosépale [gamosepal] adj gamosepalous

ganache [ganaʃ] [→ SYN] nf **a** (*†: imbécile) **(vieille) ganache** (old) fool, (old) duffer*
b [cheval] lower jaw
c (Culin) (crème) ganache

Gand [gɑ̃] n Ghent

gandhiste [gɑ̃dist] adj of Gandhi, typical of Gandhi

gandin [gɑ̃dɛ̃] [→ SYN] nm (péj) dandy

gandoura [gɑ̃duʀa] nf gandurah, gandoura

Ganesha [ganeʃa] nm Ganesa

gang [gɑ̃g] [→ SYN] nm gang *(of crooks)*

ganga [gɑ̃ga] nm sandgrouse

Gange [gɑ̃ʒ] nm ◆ **le Gange** the Ganges

gangétique [gɑ̃ʒetik] adj gangetic

ganglion [gɑ̃glijɔ̃] [→ SYN] nm ganglion ◆ **ganglion lymphatique** lymphatic ganglion ◆ **cet enfant a des ganglions*** that child has swollen glands

ganglionnaire [gɑ̃glijɔnɛʀ] adj ganglionic

gangrène [gɑ̃gʀɛn] [→ SYN] nf (Méd) gangrene; (fig) corruption, canker (fig) ◆ **la gangrène urbaine** urban decay ◆ **la gangrène de l'extrémisme** the blight of extremism

gangrener [gɑ̃gʀəne], **gangréner** [gɑ̃gʀene] ▸conjug 5◂ [→ SYN] vt **a** (Méd) to gangrene ◆ **blessure qui se gangrène** wound which is going gangrenous ◆ **membre gangrené** gangrenous limb
b (fig) to corrupt, blight ◆ **société gangrenée** society in decay

gangreneux, -euse [gɑ̃gʀənø, øz], **gangréneux, -euse** [gɑ̃gʀenø, øz] adj gangrenous

gangster [gɑ̃gstɛʀ] [→ SYN] nm gangster, mobster (US); (fig) shark, swindler, crook

gangstérisme [gɑ̃gsteʀism] nm gangsterism

gangue [gɑ̃g] [→ SYN] nf [minerai, pierre] gangue; (fig: carcan) strait jacket (fig) ◆ **gangue de boue** coating ou layer of mud

gangué, e [gɑ̃ge] adj (littér) covered in gangue

ganoïde [ganɔid] adj ganoid

ganse [gɑ̃s] [→ SYN] nf (Habillement) braid (NonC)

ganser [gɑ̃se] ▸conjug 1◂ vt to braid ◆ **veste gansée de noir** jacket with black braiding

gant [gɑ̃] [→ SYN] **1** nm **a** glove ◆ **gants de caoutchouc** rubber gloves
b LOC **remettre les gants*** to take up boxing again ◆ **cette robe lui va comme un gant** this dress fits her like a glove ◆ **ton idée / ce rôle lui va comme un gant** your idea/this role suits him down to the ground ◆ **il ne s'agit pas de prendre** ou **mettre des gants** there's no point using kid-glove methods ou trying to be as gentle as possible ◆ **je ne vais pas prendre des gants avec lui** I'm not going to pull my punches with him ◆ **tu ferais mieux de prendre des gants avec lui** you'd better handle him with kid gloves ◆ **il va falloir prendre des gants pour lui annoncer la nouvelle** we'll have to break the news to him gently ◆ (lit, fig) **jeter / relever le gant** to throw down/take up the gauntlet → **main, retourner**
2 COMP ▷ **gants de boxe** boxing gloves ▷ **gants de chirurgien** surgical gloves ▷ **gant de crin** massage glove ▷ **gant de cuisine** oven glove ▷ **gant de jardinage** gardening glove ▷ **gant de toilette** ≃ facecloth (Brit), ≃ (face) flannel (Brit), ≃ wash cloth (US)

gantelet [gɑ̃t(ə)lɛ] nm (Mil, Sport) gauntlet; (Tech) hand leather

ganter [gɑ̃te] ▸conjug 1◂ **1** vt main, personne to fit with gloves, put gloves on ◆ **tu es bien ganté** these gloves look nice on you ou suit your hand well ◆ **il était ganté de cuir** he was wearing leather gloves ◆ **main gantée de cuir** leather-gloved hand
2 vi ◆ **ganter du 7** to take (a) size 7 in gloves
3 **se ganter** vpr to put on one's gloves

ganterie [gɑ̃tʀi] nf (usine) glove factory; (magasin) glove shop; (commerce) glove trade; (industrie) glove-making industry

gantier, -ière [gɑ̃tje, jɛʀ] nm,f glover

gap [gap] [→ SYN] nm (Écon, Tech) gap

garage [gaʀaʒ] [→ SYN] **1** nm (Aut) garage ◆ **as-tu mis la voiture au garage?** have you put the car in the garage? ou away?
2 COMP ▷ **garage d'autobus** bus depot ou garage ▷ **garage d'avions** hangar ▷ **garage de** ou **à bicyclettes** bicycle shed ▷ **garage de canots** boathouse → **voie**

garagiste [gaʀaʒist] nmf (propriétaire) garage owner; (mécanicien) garage mechanic ◆ **le garagiste m'a dit que ...** the man at the garage ou the mechanic told me that ...

garance [gaʀɑ̃s] **1** nf (plante, teinture) madder
2 adj inv madder(-coloured)

garancer [gaʀɑ̃se] ▸conjug 3◂ vt to dye with madder

garancière [gaʀɑ̃sjɛʀ] nf madder field

garant, e [gaʀɑ̃, ɑ̃t] [→ SYN] **1** nm,f (gén, personne, état) guarantor (*de* for); (chose: garantie) guarantee (*de* of) ◆ **servir de garant à qn** [personne] to stand surety for sb, act as guarantor for sb; [honneur, parole] to be sb's guarantee ◆ **être** ou **se porter garant de qch** (Jur) to be answerable ou responsible for sth; (gén: assurer) to vouch for sth, guarantee sth ◆ **ils vont échouer, ça je m'en porte garant** they'll come to grief – I can absolutely guarantee it
2 nm (Naut) fall

garanti, e[1] [gaʀɑ̃ti] (ptp de **garantir**) adj (Comm) guaranteed ◆ **garanti étanche / 3 ans** guaranteed waterproof/for 3 years ◆ **garanti pièces et main-d'œuvre** guaranteed for parts and labour ◆ **garanti à l'usage** guaranteed for normal use ◆ **garanti pure laine** warranted ou guaranteed pure wool ◆ **c'est garanti pour 5 ans** it carries a 5-year guarantee, it is guaranteed for five years ◆ (fig) **garanti sur facture*** sure as anything, sure as heck* ◆ **il va refuser, c'est garanti*** he'll refuse – it's a cert* (Brit) ou it's for sure, you can bet your life he'll refuse* ◆ **c'est la migraine garantie*** you're bound to get ou it's a surefire way of getting* a headache

garantie[2] [gaʀɑ̃ti] [→ SYN] **1** nf **a** (Comm) guarantee ◆ **sous garantie** under guarantee ◆ **garantie d'un an** one-year guarantee ◆ **garantie pièces et main-d'œuvre** guarantee for parts and labour → **bon**[2], **contrat**
b (assurance) guarantee, guaranty (spéc); (gage) security, surety; (fig: protection) safeguard ◆ **ils nous ont donné leur garantie que ...** they gave us their guarantee that ... ◆ **si on a la garantie qu'ils se conduiront bien** if we have a firm undertaking (Brit) ou a guarantee that they'll behave ◆ **servir de garantie** [bijoux] to act as a surety ou security ou guarantee; [otages] to be used as a security; [honneur] to be a guarantee ◆ **donner des garanties** to give guarantees ◆ **il faut prendre des garanties** we have to find sureties ou get guarantees ◆ **cette entreprise présente toutes les garanties de sérieux** there is every indication that this firm is a reliable concern ◆ **c'est une garantie de succès** it's a guarantee of success ◆ **c'est une garantie contre le chômage / l'inflation** it's a safeguard against unemployment/inflation
c (caution) **donner sa garantie à** to guarantee, stand security ou surety for, be guarantor for

d [police d'assurance] cover (NonC)

e LOC **sans garantie : je vous dis ça, mais c'est sans garantie** I can't vouch for what I'm telling you, I can't guarantee that what I'm telling you is right ◆ **j'essaierai de le faire pour jeudi mais sans garantie** I'll try and get it done for Thursday but I can't guarantee it ou I'm not making any promises ◆ **ils ont bien voulu essayer de le faire, sans garantie de succès** they were quite willing to try and do it, but they couldn't guarantee success

2 COMP ▷ **garantie constitutionnelle** constitutional guarantee ▷ **garantie de l'emploi** job security ▷ **garantie d'exécution** performance bond ▷ **garantie d'intérêt** guaranteed interest ▷ **garantie de paiement** guarantee of payment ▷ **garanties parlementaires** guarantee in law

garantir [gaʀɑ̃tiʀ] → SYN ▸ conjug 2 ◂ GRAMMAIRE ACTIVE 15.1 vt **a** (gén : assurer) to guarantee; emprunt to guarantee, secure ◆ **garantir que** to assure ou guarantee that ◆ **je te garantis que ça ne se passera pas comme ça !*** I can assure you ou believe you me* things won't turn out like that! ◆ **le poulet sera tendre, le boucher me l'a garanti** the chicken will be tender – the butcher assured me it would be ◆ **je te garantis le fait** I can vouch for the fact ◆ **il m'a garanti le succès** he guaranteed me success, he assured me I would be successful → **garanti**

b (protéger) **garantir qch de** to protect sth from ◆ **se garantir les yeux (du soleil)** to protect one's eyes (from the sun)

garce‡ [gaʀs] nf (péj) (méchante) bitch‡; (dévergondée) tart‡ (Brit), slut ◆ **qu'est-ce que tu es garce !** you're such a bitch!‡ ◆ **garce de tondeuse !** bloody*‡ (Brit) ou damned‡ mower! ◆ **garce de vie !**‡† what a bloody*‡ (Brit) ou damned‡ awful life!

garcette [gaʀsɛt] nf (Naut : cordage) gasket

garçon [gaʀsɔ̃] → SYN **1** nm **a** (enfant, fils) boy ◆ **tu es un grand garçon maintenant** you're a big boy now ◆ **traiter qn comme un petit garçon** to treat sb like a child ou a little boy ◆ **à côté d'eux, on est des petits garçons** compared with them we're only beginners ◆ **cette fille est un garçon manqué** ou **un vrai garçon** this girl is a real tomboy

b (jeune homme) young man ◆ **il est beau** ou **joli garçon** he's good-looking, he's a good-looking young man ou guy* ◆ (hum) **eh bien mon garçon ...** well my boy ... ◆ **c'est un brave garçon** he's a good sort ou a nice fellow ◆ **ce garçon ira loin** that young man will go far → **mauvais**

c (commis) (shop) assistant ◆ **garçon boulanger / boucher** baker's / butcher's assistant; (jeune homme) baker's / butcher's boy ◆ **garçon coiffeur** hairdresser's assistant ou junior

d (serveur) waiter

e († : célibataire) bachelor ◆ **être / rester garçon** to be / remain single ou a bachelor ◆ **vivre en garçon** to lead a bachelor's life → **enterrer, vie, vieux**

2 COMP ▷ **garçon d'ascenseur** lift (Brit) ou elevator (US) attendant; (jeune homme) lift (Brit) ou elevator (US) boy ▷ **garçon de bain**† bath attendant ▷ **garçon de bureau** office assistant; (jeune homme) office boy ▷ **garçon de cabine** cabin boy ▷ **garçon de café** waiter ▷ **garçon de courses** messenger; (jeune homme) errand boy ▷ **garçon d'écurie** stable lad (Brit) ou boy ▷ **garçon d'étage** boots (sg) (Brit), bellhop (US) ▷ **garçon de ferme** farm hand ▷ **garçon d'honneur** best man ▷ **garçon de laboratoire** laboratory assistant ▷ **garçon livreur** delivery man; (jeune homme) delivery boy ▷ **garçon de recettes** bank messenger ▷ **garçon de salle** waiter

garçonne [gaʀsɔn] nf ◆ **à la garçonne** coiffure urchin cut ◆ **être coiffée à la garçonne** to have an urchin cut

garçonnet [gaʀsɔnɛ] nm small boy ◆ **taille / rayon garçonnet** boy's size / boys' department

garçonnier, -ière[1] [gaʀsɔnje, jɛʀ] → SYN adj tomboyish

garçonnière[2] [gaʀsɔnjɛʀ] → SYN nf bachelor flat (Brit) ou apartment (US)

Garde [gaʀd] n ◆ **le lac de Garde** Lake Garda

garde[1] [gaʀd] → SYN

1 nf **a** (surveillance) **on lui avait confié la garde des bagages / prisonniers** he had been put in charge of the luggage / the prisoners, he had been given the job of looking after ou of guarding the luggage / the prisoners ◆ **il s'est chargé de la garde des bagages / prisonniers** he undertook to look after ou to guard ou to keep an eye on the luggage / the prisoners ◆ **la garde des frontières est assurée par ...** the task ou job of guarding the frontiers is carried out by ... ◆ **confier qch / qn à la garde de qn** to entrust sth / sb to sb's care, leave sth / sb in sb's care ◆ **prendre en garde** enfant, animal to take into one's care, look after ◆ **il nous ont laissé leur enfant en garde** they left their child in our care ◆ **Dieu vous ait en sa (sainte) garde** (may) God be with you ◆ **être sous la garde de la police** to be under police guard ◆ **être / mettre qn sous bonne garde** to be / put sb under guard

b (Jur : après divorce) custody ◆ **l'enfant a été laissé à la garde de la mère** the child was left in the custody of the mother ◆ **c'est elle qui a eu la garde des enfants** she had ou got ou was given (the) custody of the children ◆ **garde alternée / conjointe** alternating / joint custody

c (veille) [soldat] guard duty; [infirmière] ward duty; [médecin] duty period ◆ **sa garde a duré douze heures** [soldat] he was on guard duty for 12 hours; [médecin, infirmier] he was on duty for 12 hours ◆ [médecin] **assurer 15 gardes par mois** to be on call ou on duty 15 times a month ◆ **(être) de garde** [infirmière, sentinelle] (to be) on duty; [médecin, pharmacien] (to be) on call ou on duty ◆ **pharmacie de garde** duty chemist (Brit) ou pharmacist (US) ◆ **quel est le médecin de garde ?** who is the doctor on duty? → **chien, monter**[1], **poste**[2]

d (groupe, escorte) guard ◆ (Mil) **garde descendante / montante** old / relief guard → **corps, relever** etc

e (personne) [salle d'hôpital] nurse ◆ **garde de jour / de nuit** day / night nurse

f (Boxe, Escrime) guard ◆ (Escrime) **gardes** positions ◆ **en garde !** on guard! ◆ **se mettre en garde** to take one's guard ◆ **avoir / tenir la garde haute** to have / keep one's guard up ◆ **fermer / ouvrir sa garde** to close / open one's guard ◆ **baisser sa garde** (lit) to lower one's guard; (fig) to drop one's guard

g [épée] hilt, guard ◆ (lit) **jusqu'à la garde** (up) to the hilt ◆ (fig) **il s'est enferré jusqu'à la garde** he's in it up to his neck*

h (Typ) **(page de) garde** flyleaf

i (Tech) [serrure] **gardes** wards

j (Aut) **garde au toit** headroom ◆ **laisser une garde suffisante à la pédale** to allow enough play on the pedal ◆ **garde d'embrayage** clutch linkage play, clutch pedal play

k (Cartes) **avoir la garde à cœur** to have a stop (Brit) ou covering card (US) in hearts

l (loc) (littér) **n'avoir garde de faire** to take good care not to do, make sure one doesn't do ◆ **mettre qn en garde** to put sb on his guard, warn sb (*contre* against) ◆ **mise en garde** warning ◆ **faire bonne garde** to keep a close watch ◆ **prendre garde de ne pas faire, prendre garde à ne pas faire**† to be careful ou take care not to do ◆ **prenez garde de (ne pas) tomber** mind you don't fall (Brit), be careful ou take care you don't fall ou not to fall ◆ **prenez garde qu'il ne prenne pas froid** mind ou watch ou be careful he doesn't catch cold ◆ **prends garde !** (exhortation) watch out!; (menace) watch it!* ◆ **prends garde à toi** watch yourself*, take care ◆ **prends garde aux voitures** be careful of the cars, watch out for ou mind the cars ◆ **sans prendre garde au danger** without considering ou heeding the danger ◆ **sans y prendre garde** without realizing it ◆ **être / se mettre / se tenir sur ses gardes** to be / put o.s. / stay on one's guard

2 COMP ▷ **garde d'enfants** (personne) child minder; (activité) child minding ▷ **garde d'honneur** guard of honour ▷ **garde impériale** imperial guard ▷ **garde judiciaire** legal surveillance *(of impounded property)* ▷ **garde juridique** (Jur) legal liability ▷ **garde mobile** anti-riot police ▷ **garde municipale** *municipal guard* ▷ **garde pontificale** papal guard ▷ **garde républicaine** republican guard ▷ **garde à vue** (Jur) ≃ police custody ◆ **être mis** ou **placé en garde à vue** ≃ to be kept in police custody, be held for questioning

garde[2] [gaʀd] → SYN **1** nm **a** [prisonnier] guard; [domaine, propriété, château] warden [jardin public] keeper

b (Mil : soldat) guardsman; (Hist) guard guardsman; (sentinelle) guard

2 COMP ▷ **garde champêtre** rural policeman ▷ **garde du corps** bodyguard ▷ **garde forestier** forest warden (Brit) (park) ranger (US), forester ▷ **garde impérial** imperial guard ou guardsman ▷ **garde maritime** coastguard ▷ **garde mobile** member of the anti-riot police ▷ **garde municipal** *municipal guard* ou *guardsman* ▷ **garde pontifical** papal guard ou guardsman ▷ **garde républicain** republican guard ou guardsman, member of the Republican Guard ▷ **garde rouge** Red Guard ▷ **Garde des Sceaux** French Minister of Justice, ≃ Lord Chancellor (Brit), ≃ Attorney General (US); (Hist) ≃ Keeper of the Seals → aussi **garder**

gardé, e [gaʀde] (ptp de **garder**) adj ◆ **passage à niveau gardé / non gardé** manned / unmanned level crossing ◆ (Alpinisme, Ski) **cabane gardée / non gardée** hut with / without resident warden → **chasse**[1], **proportion**

garde-à-vous [gaʀdavu] nm inv (Mil) (action) standing to attention (NonC); (cri) order to stand to attention ◆ **garde-à-vous fixe !** attention! ◆ **ils exécutèrent des garde-à-vous impeccables** they stood to attention faultlessly ◆ (Mil, fig) **rester / se mettre au garde-à-vous** to stand at / stand to attention

garde-barrière, pl **gardes-barrières** [gaʀd(ə)baʀjɛʀ] nmf level-crossing keeper

garde-boue [gaʀdəbu] nm inv mudguard

garde-chasse, pl **gardes-chasse(s)** [gaʀdəʃas] nm gamekeeper

garde-chiourme, pl **gardes-chiourme** [gaʀdəʃjuʀm] nm (Hist) warder *(of galley slaves)*; (fig) martinet

garde-corps [gaʀdəkɔʀ] → SYN nm inv (Naut) lifeline, manrope; (rambarde) railing

garde-côte, pl **garde-côtes** [gaʀdəkot] nm (Mil) coastguard ship; (garde-pêche) fisheries protection ship

garde-feu, pl **garde-feu(x)** [gaʀdəfø] → SYN nm fireguard

garde-fou, pl **garde-fous** [gaʀdəfu] nm (en fer) railing; (en pierre) parapet; (fig) safeguard

garde-frein, pl **gardes-frein(s)** [gaʀdəfʀɛ̃] nm guard, brakeman

garde-magasin, pl **gardes-magasins** [gaʀd(ə)magazɛ̃] nm (Mil) ≃ quartermaster; (magasinier) warehouseman

garde-malade, pl **gardes-malades** [gaʀd(ə)malad] → SYN nmf home nurse

garde-manger [gaʀd(ə)mɑ̃ʒe] nm inv (armoire) meat safe (Brit), cooler (US); (pièce) pantry, larder

garde-meuble, pl **garde-meubles** [gaʀdəmœbl] nm furniture depository (Brit), storehouse ◆ **mettre une armoire au garde-meuble** to put a wardrobe in store (Brit) ou in storage

garde-mite, pl **gardes-mites** [gaʀdəmit] nm ≃ quartermaster

gardénal ® [gaʀdenal] nm phenobarbitone (Brit), phenobarbital (US), Luminal ®

garde-nappe, pl **garde-nappe(s)** [gaʀdənap] nm tablemat

gardénia [gaʀdenja] nm gardenia

garde-pêche [gaʀdəpɛʃ] nm inv (personne) water bailiff (Brit), fish (and game) warden (US); (frégate) fisheries protection ship ◆ **une vedette garde-pêche** a fisheries protection launch

garde-place, pl **garde-places** [gaʀdəplas] nm holder ou slot (for reservation ticket) *(in a railway compartment)*

garde-port, pl **gardes-ports** [gaʀdəpɔʀ] nm wharf ou harbour master

garder [gaʀde] → SYN ▸conjug 1◂
1 vt **a** (surveiller) enfants, magasin to look after, mind; bestiaux to look after, guard; bagages, trésor, prisonnier to look after, guard, watch over; (défendre) frontière, passage, porte to guard ◆ **le chien garde la maison** the dog guards the house ◆ (Jur) **garder qn à vue** ≃ to keep sb in custody ◆ **garder des enfants (à domicile)** to baby-sit, child mind ◆ **garde ma valise pendant que j'achète un livre** look after ou keep an eye on my suitcase while I buy a book ◆ **on n'a pas gardé les cochons ensemble!*** you've a nerve to take liberties like that!* ◆ **toutes les issues sont gardées** all the exits are guarded, a watch is being kept on all the exits ◆ **une statue gardait l'entrée** a statue stood at the entrance ou guarded the entrance
b (ne pas quitter) **garder la chambre** to stay in one's room ◆ **garder le lit** to stay in bed ◆ **un rhume lui a fait garder la chambre** he stayed in his room because of his cold, his cold kept him at home ou in his room
c denrées, marchandises, papiers to keep ◆ **gardez la monnaie** keep the change ◆ **ces fleurs ne gardent pas leur parfum** these flowers lose their scent ◆ **il garde tout** he holds on to everything, he never throws anything out ◆ **il ne peut rien garder** (gén) he can't keep anything; (*: vomir) he can't keep anything down
d (conserver sur soi) vêtement to keep on ◆ **gardez donc votre chapeau** do keep your hat on
e (retenir) personne, employé, client to keep; [police] to detain ◆ **garder qn à déjeuner** to have sb stay for lunch ◆ **garder un élève en retenue** to keep a pupil in, keep a pupil in detention ◆ **il m'a gardé une heure au téléphone** he kept me on the phone for an hour
f (mettre de côté) to keep, put aside ou to one side; (réserver) place (pendant absence) to keep (*à, pour* for); (avant l'arrivée d'une personne) to save, keep (*à, pour* for) ◆ **je lui ai gardé une côtelette pour ce soir** I've kept ou saved a chop for him for tonight ◆ **j'ai gardé de la soupe pour demain** I've kept ou saved ou I've put aside some soup for tomorrow ◆ **garder le meilleur pour la fin** to keep the best till the end ◆ **garder qch pour la bonne bouche** to keep the best till last ◆ **je lui garde un chien de ma chienne*** he's got it coming to him (from me)* ◆ **garder une poire pour la soif** to keep something in hand, keep something for a rainy day → **dent**
g (maintenir) to keep ◆ **garder les yeux baissés/la tête haute** to keep one's eyes down/one's head up ◆ **garder un chien enfermé/en laisse** to keep a dog shut in/on a leash
h (ne pas révéler) to keep ◆ **garder le secret** to keep the secret ◆ **garder ses pensées pour soi** to keep one's thoughts to oneself ◆ **gardez cela pour vous** keep this to yourself, keep it under your hat* ◆ **gardez vos réflexions** ou **remarques pour vous** keep your comments to yourself
i (conserver) souplesse, élasticité, fraîcheur to keep, retain; jeunesse, droits, facultés to retain; habitudes to keep up ◆ **garder son emploi** to keep one's job ◆ **il a gardé toutes ses facultés** ou **toute sa tête** he still has all his faculties, he's still in possession of all his faculties ◆ **garder le jeûne** to observe ou keep the fast ◆ **garder les convenances** to observe the proprieties ◆ **garder les apparences** to keep up appearances ◆ **garder son calme** to keep ou remain calm ◆ **garder la tête froide** to keep a cool head, keep one's head ◆ **garder ses distances** to keep one's distance ◆ **garder un bon souvenir de qch** to have ou retain happy memories of sth ◆ **garder sa raison** to keep one's sanity ◆ **garder le silence** to keep silent ou silence ◆ **garder l'espoir** to keep hoping ◆ **garder l'anonymat** to remain anonymous ◆ **garder la ligne** to keep one's figure ◆ **garder rancune à qn** to bear sb a grudge ◆ **j'ai eu du mal à garder mon sérieux** I had a job keeping ou to keep a straight face ◆ **garder les idées claires** to keep a clear head
j (protéger) **garder qn de l'erreur/de ses amis** to save sb from error/from his friends ◆ **ça vous gardera du froid** it'll protect you from the cold ◆ **Dieu** ou **le Ciel vous garde** God be with you ◆ **la châsse qui garde ces reliques** the shrine which houses these relics
2 **se garder** vpr **a** [denrées] to keep ◆ **ça se garde bien** it keeps well
b **se garder de qch** (se défier de) to beware of ou be wary of sth; (se protéger de) to protect o.s. from sth, guard against sth ◆ **gardez-vous de décisions trop promptes/de vos amis** beware ou be wary of hasty decisions/of your own friends ◆ **se garder de faire qch** to be careful not to do sth ◆ **elle s'est bien gardée de le prévenir** she was very careful not to warn him, she carefully avoided warning him ◆ **vous allez lui parler? – je m'en garderai bien!** are you going to speak to him? – that's one thing I won't do! ou that's the last thing I'd do!

garderie [gaʀdəʀi] → SYN nf **a** **garderie (d'enfants)** (jeunes enfants) day nursery (Brit), day-care center (US); (Scol) ≃ after-school club (Brit), ≃ after-school center (US) *(child-minding service in a school, factory etc operating outside school hours while parents are working)*
b (étendue de bois) forest ranger's appointed area

garde-robe, pl **garde-robes** [gaʀdəʀɔb] → SYN nf (habits) wardrobe

gardeur [gaʀdœʀ] nm ◆ **gardeur de troupeaux** herdsman ◆ **gardeur de vaches** cowherd ◆ **gardeur de chèvres** goatherd ◆ **gardeur de cochons** pig-keeper, swineherd† ◆ **gardeur d'oies** gooseherd ◆ **gardeur de dindons** turkey-keeper

gardeuse [gaʀdøz] nf (→ **gardeur**) herdswoman; cowherd; goatherd; pig-keeper, swineherd†; goose girl; turkey-keeper

garde-voie, pl **gardes-voies** [gaʀdəvwa] nm (Rail) line guard → aussi **garde¹**, **garde²**

gardian [gaʀdjɑ̃] nm herdsman *(in the Camargue)*

gardien, -ienne [gaʀdjɛ̃, jɛn] → SYN **1** nm,f [prisonnier] guard; [propriété, château] warden (Brit), keeper (US); [usine, locaux] guard; [musée, hôtel] attendant; [cimetière] caretaker, keeper; [jardin public, phare, zoo] keeper; [réserve naturelle] warden, (fig: défenseur) guardian, protector ◆ **le gardien du troupeau** the herdsman ◆ (fig) **la constitution, gardienne des libertés** the constitution, protector ou guardian of freedom ◆ **les gardiens de l'ordre public** the keepers of public order → **ange**
2 COMP ▹ **gardien de but** (goal)keeper ▹ **gardienne (d'enfants)** child minder ▹ **gardien d'immeuble** caretaker *(of a block of flats)* (Brit), (apartment house) manager (US) ▹ **gardien de musée** museum attendant ▹ **gardien de nuit** night watchman ▹ **gardien de la paix** policeman, (police) constable, patrolman (US) ▹ **gardien de phare** lighthouse keeper ▹ **gardien (de prison)** prison warder ou officer ou guard (US) ▹ **gardienne (de prison)** prison wardress ou officer ou guard (US)

gardiennage [gaʀdjenaʒ] nm [immeuble] caretaking; [locaux] guarding; [port] security ◆ **gardiennage électronique** electronic surveillance → **société**

gardon [gaʀdɔ̃] nm roach → **frais¹**

gare¹ [gaʀ] → SYN **1** nf (Rail) station ◆ **gare d'arrivée/de départ** station of arrival/departure ◆ **gare de marchandises/de voyageurs** goods/passenger station ◆ **le train entre/est en gare** the train is coming in/is in ◆ **l'express de Dijon entre en gare sur la voie 6** the train now approaching platform 6 is the express from Dijon, the express from Dijon is now approaching platform 6 ◆ (péj) **littérature/roman de gare** pulp literature/novel → **chef¹**
2 COMP ▹ **gare fluviale** canal ou river basin ▹ **gare de fret** cargo terminal ▹ **gare maritime** harbour station ▹ **gare routière** [camions] haulage depot; [autocars] coach (Brit) ou bus (US) station ▹ **gare de triage** marshalling yard

gare²* [gaʀ] → SYN excl ◆ (attention) **gare à toi!, gare à tes fesses!**‡ (just) watch it*! ◆ **gare à toi** ou **à tes fesses si tu recommences!** you'll be for it (Brit) ou in for it if you start that again*! ◆ **gare au premier qui bouge!** whoever makes the first move will be in trouble!, the first one to move will be for it!* (Brit) ◆ **et fais ce que je dis, sinon gare!** and do what I say, or else!* ◆ **gare à ne pas recommencer** just make sure you don't do it again! ◆ **la porte est basse, gare à ta tête** it's a low door so mind (Brit) ou careful you don't bang your head ◆ **gare aux conséquences/à ce type** beware of the consequences/this fellow → **crier**

garenne¹ [gaʀɛn] nf rabbit warren → **lapin**

garenne² [gaʀɛn] nm wild rabbit

garer [gaʀe] → SYN ▸conjug 1◂ **1** vt véhicule to park; train to put into a siding; embarcation to dock; récolte to (put into) store ◆ (fig) **garer son argent** ou **sa fortune** to put one's money ou fortune in a safe place ◆ **d'habitude, je gare devant la porte** I usually park at the door
2 **se garer** vpr **a** [automobiliste] to park
b (se ranger de côté) [véhicule, automobiliste] to draw into the side, pull over; [piéton] to move aside, get out of the way
c (*: éviter) **se garer de qch/qn** to avoid sth/sb, steer clear of sth/sb

Gargantua [gaʀgɑ̃tɥa] nm Gargantua ◆ **appétit de Gargantua** gargantuan ou gigantic appetite ◆ **c'est un Gargantua** he has a gargantuan ou gigantic appetite

gargantuesque [gaʀgɑ̃tɥɛsk] → SYN adj appétit, repas gargantuan

gargariser (se) [gaʀgaʀize] → SYN ▸conjug 1◂ vpr to gargle ◆ (fig péj) **se gargariser de** (se vanter de) to crow over ou about; (se délecter de) to lap up ◆ **se gargariser de grands mots** to revel in big words

gargarisme [gaʀgaʀism] nm gargle ◆ **se faire un gargarisme** to gargle

gargote [gaʀgɔt] → SYN nf (péj) cheap restaurant ou eating-house, greasy Joe's* (Brit), greasy spoon* (US)

gargotier, -ière [gaʀgɔtje, jɛʀ] nm,f (aubergiste) greasy spoon* owner

gargouille [gaʀguj] nf (Archit) gargoyle; (Constr) waterspout

gargouillement [gaʀgujmɑ̃] → SYN nm ⇒ **gargouillis**

gargouiller [gaʀguje] ▸conjug 1◂ vi [eau] to gurgle; [intestin] to rumble

gargouillis [gaʀguji] nm (gén pl) [eau] gurgling (NonC); [intestin] rumbling (NonC) ◆ **faire des gargouillis** [eau] to gurgle; [intestin] to rumble

gargoulette [gaʀgulɛt] → SYN nf (vase) earthenware water jug

garibaldien, -ienne [gaʀibaldjɛ̃, jɛn] **1** adj Garibaldian
2 nm Garibaldian ◆ (Mil) **les garibaldiens** Garibaldi's soldiers

garnement [gaʀnəmɑ̃] → SYN nm (gamin) (young) imp; (adolescent) tearaway (Brit), hellion (US) ◆ **petit garnement!** you little rascal!

garni, e [gaʀni] → SYN (ptp de **garnir**) **1** adj **a** (rempli) **bien garni** réfrigérateur, bibliothèque well-stocked; bourse well-lined ◆ **un portefeuille bien garni** a wallet full of notes, a well-filled ou well-lined wallet ◆ **il a encore une chevelure bien garnie** he has still got a good head of hair
b plat, viande (de légumes) served with vegetables; (de frites) served with chips (Brit) ou French fries (US) ◆ **cette entrecôte est bien garnie** this steak has a generous helping of chips (Brit) ou French fries (US) with it → **bouquet¹**, **choucroute**
c (†: meublé) chambre furnished
2 nm (†) furnished accommodation ou rooms *(for letting* (Brit) ou *renting* (US)*)*

garniérite [gaʀnjeʀit] nf garnierite

garnir [gaʀniʀ] → SYN ▸conjug 2◂ **1** vt **a** [personne] (protéger, équiper) **garnir de** to fit out with ◆ **garnir une porte d'acier** to fit ou reinforce a door with steel plate ◆ **garnir une canne d'un embout** to put a tip on the end of a walking stick ◆ **garnir une muraille de canons** to range cannons along a wall ◆ **garnir une boîte de tissu** to line a box with material ◆ **garnir un mur de pointes** to arm a wall with spikes, set spikes along a wall ◆ **mur garni de canons / pointes** wall bristling with cannons / spikes

b [chose] (couvrir) **l'acier qui garnit la porte** the steel plate covering the door ◆ **les canons qui garnissent la muraille** the cannons lining the wall ou ranged along the wall ◆ **des pointes garnissent le mur** spikes are set in the wall ◆ **le cuir qui garnit la poignée** the leather covering the handle ◆ **coffret garni de velours** casket lined with velvet, velvet-lined casket

c (approvisionner) boîte, caisse to fill; réfrigérateur, bibliothèque to stock; chaudière to stoke; hameçon to bait (*de* with) ◆ **le cuisinier garnissait les plats de charcuterie** the cook was setting out ou putting (slices of) cold meat on the plates ◆ **garnir de livres une bibliothèque** to stock ou fill (the shelves of) a library with books ◆ (Mil) **garnir les remparts** to garrison the ramparts ◆ **les boîtes garnies de chocolats partaient à l'emballage** the boxes filled with chocolates were going to be packed

d (remplir) boîte to fill; (recouvrir) surface, rayon to cover, fill; siège (canner) to cane; (rembourrer) to pad ◆ **une foule dense garnissait les trottoirs** a dense crowd covered ou packed the pavements ◆ **les chocolats qui garnissaient la boîte** the chocolates which filled the box ◆ **boîte garnie de chocolats** box full of chocolates ◆ **plats garnis de tranches de viande** plates filled with ou full of slices of meat

e (enjoliver) vêtement to trim; étagère to decorate; aliment to garnish (*de* with) ◆ **garnir une jupe d'un volant** to trim a skirt with a frill ◆ **garnir une table de fleurs** to decorate a table with flowers ◆ **les bibelots qui garnissent la cheminée** the trinkets which decorate the mantelpiece ◆ **des plats joliment garnis de charcuterie** plates nicely laid out ou decorated with cold meat ◆ **des côtelettes garnies de cresson / de mayonnaise** chops garnished with cress / with mayonnaise

2 **se garnir** vpr [salle, pièce] to fill up (*de* with) ◆ **la salle commençait à se garnir** the room was beginning to fill up

garnison [gaʀnizɔ̃] → SYN nf (troupes) garrison ◆ **(ville de) garnison** garrison town ◆ **vie de garnison** garrison life ◆ **être en garnison à, tenir garnison à** to be stationed ou garrisoned at

garnissage [gaʀnisaʒ] → SYN nm [couette] (de plumes) feather stuffing; (de fibres synthétiques) stuffing

garniture [gaʀnityʀ] → SYN 1 nf **a** (décoration) [robe, chapeau] trimming (NonC); [table] set of table linen, place mats etc; [coffret] lining; [aliment, plat] garnish ◆ (Aut) **la garniture intérieure de cette voiture est très soignée** the upholstery in this car ou the interior trim in this car is well-finished

b (Culin) (légumes) garnish (Brit), fixings (US); (sauce à vol-au-vent) filling ◆ **servi avec garniture** served with vegetables, vegetables included ◆ **garniture non comprise** vegetables extra ou not included

c (Typ) furniture

d (Tech: protection) [chaudière] lagging (NonC); [boîte] covering (NonC) ◆ **avec garniture de caoutchouc / cuir** with rubber / leather fittings ou fitments ◆ **garniture d'embrayage / de frein** clutch / brake lining ◆ **changer les garnitures de freins** to reline the brakes, change the brake linings

2 COMP ▷ **garniture de cheminée** mantelpiece ornaments ▷ **garniture de foyer** (set of) fire irons ▷ **garniture de lit** (set of) bed linen ▷ **garniture périodique** sanitary towel (Brit) ou napkin (US) ▷ **garniture de toilette** toilet set

Garonne [gaʀɔn] nf ◆ **la Garonne** the Garonne

garou [gaʀu] nm (Bot) spurge flax

garrigue [gaʀig] → SYN nf garrigue, scrubland

garrot [gaʀo] → SYN nm [cheval] withers; (Méd) tourniquet; (supplice) garrotte ◆ **poser un garrot** to apply a tourniquet (*à qn* to sb)

garrotter [gaʀɔte] → SYN ▸conjug 1◂ vt to tie up; (fig) to muzzle ◆ **garrotter qn sur** to tie ou strap sb down to

gars* [gɑ] nm (enfant, jeune homme) lad (Brit); (fils) lad (Brit), boy; (type) bloke* (Brit), guy* ◆ **mon petit gars** my lad ◆ **dis-moi mon gars** tell me son ou sonny* ou laddie* ◆ **au revoir les gars!** cheerio boys!* ou fellows!* ◆ **un gars du milieu** a bloke* (Brit) ou fellow in the underworld

Gascogne [gaskɔɲ] nf Gascony → **golfe**

gascon, -onne [gaskɔ̃, ɔn] → SYN 1 adj Gascon

2 nm (Ling) Gascon

3 nm,f ◆ **Gascon(ne)** Gascon → **promesse**

gasconnade [gaskɔnad] → SYN nf (littér: vantardise) boasting (NonC), bragging (NonC)

gasconnisme [gaskɔnism] nm Gascon word (or phrase)

gasoil, gas-oil [gazwal, gɑzɔjl] → SYN nm diesel oil

gaspacho [gaspatʃo] → SYN nm gazpacho

Gaspard [gaspaʀ] nm Gaspar

gaspillage [gaspijaʒ] → SYN nm (→ **gaspiller**) wasting; squandering ◆ (résultat) **quel gaspillage!** what a waste!

gaspiller [gaspije] → SYN ▸conjug 1◂ vt eau, nourriture, temps, dons to waste; fortune to waste, squander ◆ **qu'est-ce que tu gaspilles!** how you waste things!, how wasteful you are!

gaspilleur, -euse [gaspijœʀ, øz] → SYN 1 adj wasteful

2 nm,f [eau, nourriture, temps, dons] waster; [fortune] squanderer

gastéropode [gasteʀɔpɔd] → SYN nm gastropod, gasteropod ◆ **gastéropodes** Gastropoda

gastralgie [gastʀalʒi] nf stomach pains, gastralgia (spéc)

gastralgique [gastʀalʒik] adj gastralgic

gastrectomie [gastʀɛktɔmi] nf gastrectomy

gastrine [gastʀin] nf gastrin

gastrique [gastʀik] → SYN adj gastric → **embarras**

gastrite [gastʀit] → SYN nf gastritis

gastroentérite [gastʀoɑ̃teʀit] nf gastroenteritis (NonC)

gastroentérologie [gastʀoɑ̃teʀɔlɔʒi] nf gastroenterology

gastroentérologue [gastʀoɑ̃teʀɔlɔg] nmf gastroenterologist

gastro-intestinal, e, mpl **-aux** [gastʀoɛ̃tɛstinal, o] adj gastrointestinal

gastronome [gastʀɔnɔm] → SYN nmf gourmet, gastronome

gastronomie [gastʀɔnɔmi] → SYN nf gastronomy

gastronomique [gastʀɔnɔmik] → SYN adj gastronomic → **menu¹**, **restaurant**

gastropode [gastʀɔpɔd] nm ⇒ **gastéropode**

gastroscope [gastʀoskɔp] nm gastroscope

gastroscopie [gastʀɔskɔpi] nf gastroscopy

gastrotomie [gastʀɔtɔmi] nf gastrotomy

gastrula [gastʀyla] nf gastrula

gastrulation [gastʀylasjɔ̃] nf gastrulation

gâté, e [gɑte] → SYN (ptp de **gâter**) adj enfant, fruit spoilt ◆ **dent gâtée** bad tooth

gâteau, pl **gâteaux** [gɑto] → SYN 1 nm **a** (pâtisserie) cake; (au restaurant) gateau; (en Suisse: tarte) tart ◆ **gâteau d'anniversaire / aux amandes** birthday / almond cake ◆ **gâteaux à apéritif** (small) savoury biscuits, appetizers ◆ **gâteaux secs** biscuits (Brit), cookies (US) ◆ **gâteau de semoule / de riz** semolina / rice pudding → **petit**

b (*fig: butin, héritage) loot‡ ◆ **se partager le gâteau** to share out the loot‡ ◆ **vouloir sa part du gâteau** to want one's share of the loot‡ ou a fair share of the cake ou a piece of the pie* (US)

c **c'est du gâteau*** it's a piece of cake* ou a doddle* (Brit), it's a walkover*, it's a snap* (US) ◆ **pour lui, c'est du gâteau*** it's a piece of cake* for him, that's pie* to him (US) ◆ **c'est pas du gâteau*** it's no joke*

d (de plâtre etc) cake ◆ (Agr) **gâteau de miel** ou **de cire** honeycomb

2 adj inv (*: indulgent) soft ◆ **c'est un papa gâteau** he's a real softie* of a dad

gâter [gɑte] → SYN ▸conjug 1◂ 1 vt **a** (abîmer) paysage, mur, papier, visage to ruin, spoil; plaisir, goût to ruin, spoil; esprit, jugement to have a harmful effect on ◆ **la chaleur a gâté la viande** the heat has made the meat go bad ou go off (Brit) ◆ **avoir les dents gâtées** to have bad teeth ◆ **tu vas te gâter les dents avec ces sucreries** you'll ruin your teeth with these sweets ◆ **et, ce qui ne gâte rien, elle est jolie** and she's pretty, which is an added bonus ou is even better

b (choyer) enfant etc to spoil ◆ **nous avons été gâtés cette année, il a fait très beau** we've been really lucky this year – the weather has been lovely ◆ (iro) **il pleut, on est gâté** just our luck! (iro) – it's raining! ◆ **la malheureuse n'est pas gâtée par la nature** nature hasn't been very kind to the poor girl ◆ **la vie ne l'a pas gâté** life hasn't been very kind to him

2 **se gâter** vpr [viande] to go bad, go off (Brit); [fruit] to go bad; [temps] to change (for the worse), take a turn for the worse; (*) [ambiance, relations] to take a turn for the worse ◆ **le temps va se gâter** the weather's going to change for the worse ou going to break ◆ **ça commence** ou **les choses commencent à se gâter (entre eux)** things are beginning to go badly ou wrong (between them) ◆ **mon père vient de rentrer, ça va se gâter!** my father has just come in and there's going to be trouble! ou things are going to turn nasty!

gâterie [gɑtʀi] → SYN nf little treat ◆ **je me suis payé une petite gâterie** (objet) I've treated myself to a little something, I've bought myself a little present; (sucrerie) I've bought myself a little treat

gâte-sauce, pl **gâte-sauces** [gɑtsos] nm kitchen boy; (péj) bad cook

gâteux, -euse* [gɑtø, øz] → SYN 1 adj (sénile) vieillard senile, gaga*, doddering (épith) ◆ **il l'aime tellement qu'il en est gâteux** he's really quite besotted with her, he loves her so much (that) it has made him a bit soft in the head* (Brit) ◆ **son petit-fils l'a rendu gâteux** he's gone soft* over his grandson

2 nm ◆ **(vieux) gâteux** (sénile) dotard, doddering old man; (péj: radoteur, imbécile) silly old duffer*

3 **gâteuse** nf ◆ **(vieille) gâteuse** doddering old woman; silly old woman

gâtifier* [gɑtifje] ▸conjug 7◂ vi to go soft in the head* (Brit)

gâtisme [gɑtism] → SYN nm [vieillard] senility; [personne stupide] idiocy, stupidity

GATT [gat] nm (abrév de **General Agreement on Tariffs and Trade**) GATT

gatte [gat] nf manger

gattilier [gatilje] nm chaste tree

gauche¹ [goʃ] → SYN 1 adj (après nom) bras, soulier, côté, rive left ◆ **du côté gauche** on the left(-hand) side ◆ **habiter au troisième gauche** to live on the third floor on the left → **arme, lever, main, marier**

2 nm (Boxe) (coup) left ◆ (poing) **direct du gauche** straight left ◆ **crochet du gauche** left hook

3 nf **a** **la gauche** the left (side), the left-hand side ◆ **à gauche** on the left; (direction) to the left ◆ **à ma / sa gauche** on my / his left, on my / his left-hand side ◆ **le tiroir / chemin de gauche** the left-hand drawer / path ◆ **rouler à gauche** ou **sur la gauche** to drive on the left ◆ **mettre de l'argent à gauche*** to put money aside (on the quiet) → **conduite, jusque** et pour autres exemples → **droit¹**

b (Pol) **la gauche** the left (wing) ◆ **la gauche caviar** champagne socialists ◆ **les gauches** the parties of the left ◆ **un homme de gauche** a man of the left, a left-winger ◆ **candidat / idées de gauche** left-wing candidate / ideas ◆ **elle est très à gauche** she's very left-wing ◆ **la gauche est divisée** the left-wing is split → **extrême**

c (Boxe) (coup) left ◆ (main) **crochet de la gauche** left hook

gauche² [goʃ] → SYN adj **a** (maladroit) personne, style, geste awkward, clumsy; (emprunté) air, manière awkward, gauche b (tordu) planche, règle warped; (Math) courbe, surface skew

auchement [goʃmɑ̃] adv clumsily, awkwardly

aucher, -ère [goʃe, ɛʀ] **1** adj left-handed
2 nm,f left-handed person; (Sport) left-hander ◆ **gaucher contrarié** *left-handed person forced to use his right hand*

aucherie [goʃʀi] → SYN nf [allure] awkwardness (NonC); [action, expression] clumsiness (NonC); (acte) awkward ou clumsy behaviour (NonC); (Méd) sinistral tendency ◆ **une gaucherie de style** a clumsy turn of phrase

auchir [goʃiʀ] → SYN ▸conjug 2◂ **1** vt (Aviat, Menuiserie) to warp; (fig) idée, fait to distort, misrepresent; esprit to warp ◆ (Pol) **gauchir sa position** to swing further to the left ◆ **depuis qu'elle sort avec lui, elle a gauchi son discours** now that she's going out with him, she's more left-wing in what she says
2 vi to warp
3 **se gauchir** vpr to warp

auchisant, e [goʃizɑ̃, ɑ̃t] adj auteur with left-wing ou leftist tendencies; théorie with a left-wing ou leftish bias

auchisme [goʃism] nm leftism

auchissement [goʃismɑ̃] → SYN nm (→ **gauchir**) warping; distortion, misrepresentation

auchiste [goʃist] → SYN **1** adj leftist (épith)
2 nmf leftist

aucho[1]* [goʃo] **1** adj left-wing (épith)
2 nmf lefty*, left-winger

aucho[2] [go(t)ʃo] nm gaucho

aude [god] nf (Bot) dyer's rocket, weld

audriole* [godʀijɔl] nf a (NonC) [homme] womanizing; [femme] manhunting* (fig) ◆ **celui-là, pour la gaudriole, il est toujours prêt!** he's always game for a spot of womanizing!*, he's a great one for the women!*
b (propos) broad joke

aufrage [gofʀaʒ] nm (→ **gaufrer**) embossing; figuring; goffering

aufre [gofʀ] nf (Culin) waffle; (en cire) honeycomb → **moule**[1]

aufrer [gofʀe] → SYN ▸conjug 1◂ vt papier, cuir (en relief) to emboss; (en creux) to figure; tissu to goffer ◆ **sur papier gaufré** on embossed paper → **fer**

aufrerie [gofʀəʀi] nf (Can) waffle shop

aufrette [gofʀɛt] nf wafer

aufreur, -euse [gofʀœʀ, øz] nm,f [papier, cuir] (en relief) embosser; (en creux) figurer; [tissu] gofferer

aufrier [gofʀije] nm waffle iron

aufroir [gofʀwaʀ] nm [papier, cuir] (en relief) embossing press; (en creux) figurer; [tissu] goffer

aufrure [gofʀyʀ] nf (→ **gaufrer**) embossing (NonC); embossed design; figuring (NonC); goffering (NonC)

aulage [golaʒ] nm (→ **gauler**) beating; bringing down, shaking down

aule [gol] nf Gaul

aule [gol] → SYN nf (perche) (long) pole; (Pêche) fishing rod

auler [gole] → SYN ▸conjug 1◂ vt arbre to beat *(using a long pole to bring down the fruit or nuts)*; fruits, noix to bring down, shake down *(with a pole)* ◆ **se faire gauler*** to get caught (in the act)

aullien, -ienne [goljɛ̃, jɛn] adj de Gaullian

aullisme [golism] nm Gaullism

aulliste [golist] adj, nmf Gaullist

aulois, e [golwa, waz] → SYN **1** adj a (de Gaule) Gallic
b (grivois) bawdy ◆ **esprit gaulois** (broad ou bawdy) Gallic humour
2 nm (Ling) Gaulish
3 nm,f ◆ **Gaulois(e)** Gaul → **moustache**
4 **gauloise**® nf (cigarette) Gauloise

auloisement [golwazmɑ̃] adv bawdily

gauloiserie [golwazʀi] → SYN nf (propos) bawdy story (ou joke); (caractère grivois) bawdiness

gaulthérie [golteʀi] nf gaultheria

gaur [gɔʀ] → SYN nm gaur

gauss [gos] nm (Phys) gauss

gausser (se) [gose] → SYN ▸conjug 1◂ vpr (littér: se moquer) to laugh (and make fun), mock ◆ **vous vous gaussez!** you jest! ◆ **se gausser de** to deride, make mock of (littér), poke fun at

gavage [gavaʒ] nm (Élevage) force-feeding; (Méd) forced feeding, gavage

gave [gav] → SYN nm mountain stream *(in the Pyrenees)*

gaver [gave] → SYN ▸conjug 1◂ **1** vt animal to force-feed; personne to fill up (*de* with) ◆ **je suis gavé!** I'm full (up)!, I'm full to bursting!* ◆ (fig) **on les gave de connaissances inutiles** they cram them with useless knowledge ◆ **on nous gave de séries télévisées / de publicité** we're fed a non-stop diet of television serials / advertisements
2 **se gaver** vpr ◆ **se gaver de** nourriture to stuff o.s. with; romans to devour ◆ **il se gave de films** he's a glutton for films, he's a real film addict ◆ **si tu te gaves maintenant, tu ne pourras plus rien manger au moment du dîner** if you go stuffing yourself* ou filling yourself up now, you won't be able to eat anything at dinner time

gaveur, -euse [gavœʀ, øz] **1** nm,f force-feeder
2 **gaveuse** nf (machine) automatic force-feeder

gavial [gavjal] → SYN nm gavial, g(h)arial

gavotte [gavɔt] nf gavotte

gavroche [gavʀɔʃ] → SYN nm street urchin *(in Paris)*

gay* [gɛ] adj, nm gay

gayal [gajal] nm gayal

gaz [gɑz] → SYN **1** nm inv a (Chim) gas; [boisson] fizz ◆ **le gaz (domestique)** (domestic) gas (NonC) ◆ (Mil) **les gaz** gas ◆ **l'employé du gaz** the gasman ◆ **se chauffer au gaz** to have gas(-fired) heating ◆ **s'éclairer au gaz** to have ou use gas lighting ◆ **faire la cuisine au gaz** to cook with gas ◆ **cuisinière** etc **à gaz** gas cooker etc; ◆ **vous avez le gaz?** are you on gas?, do you have gas? ◆ **il s'est suicidé au gaz** he gassed himself ◆ **suicide au gaz** (suicide by) gassing ◆ (Aut) **mettre les gaz*** to step on the gas*, put one's foot down* (Brit) ◆ (fig) **il faut que tu termines ça, vite fait sur le gaz*** you have to finish that pronto* ◆ (fig) **on prend une bière mais vite fait sur le gaz*** let's have a beer but a quick one* ou a quickie* → **bec, chambre, eau, plein**
b (euph: pet) wind (NonC) ◆ **avoir des gaz** to have wind
2 COMP ▷ **gaz d'admission** (Aut) air-fuel mixture ▷ **gaz asphyxiant** poison gas ▷ **gaz en bouteille** bottled gas ▷ **gaz carbonique** carbon dioxide ▷ **gaz de combat** poison gas *(for use in warfare)* ▷ **gaz à l'eau** producer ou poor gas ▷ **gaz d'échappement** (Aut) exhaust gas ▷ **gaz d'éclairage**† ⇒ **gaz de ville** ▷ **gaz hilarant** laughing gas ▷ **gaz des houillères** firedamp (NonC) ▷ **gaz lacrymogène** teargas ▷ **gaz des marais** marsh gas ▷ **gaz moutarde** (Mil) mustard gas ▷ **gaz naturel** natural gas ▷ **gaz neurotoxique** nerve gas ▷ **gaz parfait** perfect ou ideal gas ▷ **gaz pauvre** producer ou poor gas ▷ **gaz de pétrole liquéfié** liquid petroleum gas ▷ **gaz poivre** pepper gas ▷ **gaz rare** rare gas ▷ **gaz sulfureux** sulphur dioxide ▷ **gaz de ville** town gas

Gaza [gaza] n ◆ **la bande** ou **le territoire de Gaza** the Gaza Strip

gazage [gɑzaʒ] nm (Mil, Tex) gassing

gaze [gɑz] → SYN nf gauze ◆ **robe de gaze** gauze dress ◆ **compresse de gaze** gauze (compress)

gazé, e [gɑze] (ptp de **gazer**) **1** adj (Mil) gassed
2 nm,f gas victim ◆ **les gazés de 14-18** the (poison) gas victims of the 1914-18 war

gazéification [gɑzeifikasjɔ̃] nf (→ **gazéifier**) gasification; aeration

gazéifier [gɑzeifje] → SYN ▸conjug 7◂ vt (Chim) to gasify; eau minérale to aerate

gazelle [gazɛl] nf gazelle ◆ (Culin) **cornes de gazelle** *sugar-covered shortbread crescents* → **œil**

gazer [gɑze] → SYN ▸conjug 1◂ **1** vi ◆ (*: aller, marcher) **ça gaze?** (affaires, santé) how's things?*, how goes it?*; (travail) how goes it?*, how's it going?* ◆ **ça gaze avec ta belle-mère?** how's it going with your ou are you getting on OK with your mother-in-law?* ◆ **ça a / ça n'a pas gazé?** did it / didn't it go OK?* ◆ **ça ne gaze pas fort** (santé) I'm not feeling so ou too great*; (affaires) things aren't going too well ◆ **il y a quelque chose qui ne gaze pas** there's something slightly fishy about it, there's something wrong somewhere
2 vt (Mil, Tex) to gas

gazetier, -ière [gɑz(ə)tje, jɛʀ] → SYN nm,f (†† ou hum) journalist

gazette [gazɛt] → SYN nf (††, hum, littér) newspaper ◆ (hum) **c'est dans la gazette locale** it's in the local rag ◆ **c'est une vraie gazette** he's a mine of information about the latest (local) gossip ◆ **faire la gazette** to give a rundown* (*de* on)

gazeux, -euse [gɑzø, øz] → SYN adj (Chim) gaseous ◆ **boisson gazeuse** fizzy drink (Brit), soda (US), pop (US) → **eau**

gazier, -ière [gɑzje, jɛʀ] **1** adj (rare) gas (épith)
2 nm (employé) gasman; (‡: type) geezer‡ (Brit), guy

gazinière [gɑzinjɛʀ] nf gas cooker

gazoduc [gɑzodyk] nm gas main, gas pipeline

gazogène [gɑzɔʒɛn] nm gas producer (plant)

gazole [gɑzɔl] nm diesel oil

gazoline [gɑzɔlin] nf gasoline, gasolene

gazomètre [gɑzɔmɛtʀ] nm gasholder, gasometer

gazon [gɑzɔ̃] → SYN nm (pelouse) lawn ◆ (herbe) **le gazon** turf (NonC), grass (NonC) ◆ **motte de gazon** turf, sod ◆ (pelouse) **gazon anglais** well-kept ou smooth lawn ◆ **hockey sur gazon** hockey (Brit), field hockey (US) ◆ **tennis sur gazon** lawn tennis

gazonnant, e [gɑzɔnɑ̃, ɑ̃t] adj ◆ **plantes gazonnantes** lawn plants

gazonné, e [gɑzɔne] adj grassy, lawny

gazonnement [gɑzɔnmɑ̃] nm (→ **gazonner**) planting with grass, turfing

gazonner [gɑzɔne] ▸conjug 1◂ vt talus, terrain to plant with grass, turf

gazouillant, e [gazujɑ̃, ɑ̃t] adj (→ **gazouiller**) chirping, warbling; babbling; gurgling, babbling

gazouillement [gazujmɑ̃] → SYN nm (→ **gazouiller**) chirping (NonC), warbling (NonC); babbling (NonC); gurgling (NonC), gurgle

gazouiller [gazuje] → SYN ▸conjug 1◂ vi [oiseau] to chirp, warble; [ruisseau] to babble; [bébé] to gurgle, babble

gazouilleur, -euse [gazujœʀ, øz] adj (→ **gazouiller**) chirping, warbling; babbling; gurgling

gazouillis [gazuji] → SYN nm [oiseau] chirping, warbling; [ruisseau, bébé] babbling

GB [ʒebe] nf (abrév de **Grande-Bretagne**) GB

Gdansk [gdɑ̃sk] n Gdansk

gdb* [ʒedebe] nf (abrév de **gueule de bois**) ◆ **avoir la gdb** to have a hangover

GDF [ʒedeɛf] nm (abrév de **Gaz de France**) *French gas company*, ≃ British Gas (Brit), ≃ utility company (providing gas) (US)

geai [ʒɛ] → SYN nm jay

géant, e [ʒeɑ̃, ɑ̃t] → SYN **1** adj gigantic; animal, plante gigantic, giant (épith); paquet, carton giant-size (épith), giant (épith); étoile giant (épith) ◆ (fig) **c'est géant!*** it's great ou magic!*
2 nm (lit, fig) giant; (Écon, Pol) giant power ◆ (Sport) **les géants de la route** the cycling greats, the greats of cycling → **pas**[1]
3 **géante** nf (femme) giantess; (Astron) giant star ◆ **géante rouge** red giant

géantiste [ʒeɑ̃tist] nmf giant slalom skier ou specialist ou racer

gecko [ʒeko] nm gecko

Gédéon [ʒedeɔ̃] nm Gideon

géhenne [ʒeɛn] → SYN nf (Bible : enfer) Gehenna

geignard, e* [ʒɛɲaʀ, aʀd] → SYN **1** adj personne moaning; voix whingeing, whining; musique whining
2 nm,f moaner

geignement [ʒɛɲmɑ̃] nm moaning (NonC)

geindre [ʒɛ̃dʀ] → SYN ▸ conjug 52 ◂ vi (gémir) to groan, moan (*de* with); (péj : pleurnicher) to moan; [vent] to whine, moan ◆ **il geint tout le temps*** he never stops ou he's always moaning ou complaining ou griping* ◆ (littér) **le vent faisait geindre les peupliers / le gréement** the wind made the poplars / the rigging groan ou moan

geisha [gɛʃa] nf geisha (girl)

gel [ʒɛl] → SYN nm **a** (temps) frost ◆ **un jour de gel** one frosty day ◆ **plantes tuées par le gel** plants killed by (the) frost
b (glace) frost ◆ **« craint le gel »** "keep away from extreme cold"
c (Écon) [crédits] freezing; [terres] setting aside
d (substance) gel ◆ **gel de silice** silica gel ◆ **gel douche** shower gel ◆ **gel moussant (coiffant)** (styling) mousse ◆ **gel fixant** ou **coiffant** ou **structurant** hair gel

gélatine [ʒelatin] nf gelatine

gélatiné, e [ʒelatine] adj gelatinized

gélatineux, -euse [ʒelatinø, øz] adj jelly-like, gelatinous

gélatiniforme [ʒelatinifɔʀm] adj gelatinoid

gélatinobromure [ʒelatinobʀɔmyʀ] nm gelatino-bromide

gélatinochlorure [gelatinoklɔʀyʀ] nm gelatino-chloride

gelé, e[1] [ʒ(ə)le] → SYN (ptp de **geler**) adj **a** eau, rivière frozen, iced over; sol frozen
b mains, pieds (gén) frozen (stiff); (Méd) frostbitten
c (Fin) crédit, prix frozen; (Pol) négociations suspended; relations broken off
d (fig) public cold, unresponsive

gelée[2] [ʒ(ə)le] → SYN nf **a** (gel) frost ◆ **gelée blanche** white frost, hoarfrost
b (Culin) [fruits] jelly (Brit), Jell-O ® (US), jello (US); [viande, volaille] jelly ◆ **poulet / œuf en gelée** chicken / egg in aspic ou jelly ◆ **gelée de framboises** raspberry jelly (Brit) ou Jell-O ® (US) ou jello (US) ◆ **gelée royale** royal jelly

geler [ʒ(ə)le] → SYN ▸ conjug 5 ◂ **1** vt **a** eau, rivière to (make) freeze ou ice over; buée to turn to ice; sol to freeze
b les nuits printanières ont gelé les bourgeons the buds were blighted ou nipped by frost during the spring nights ◆ **le skieur a eu les pieds gelés** the skier's feet were frostbitten, the skier had frostbite on both feet ◆ **le froid lui a gelé les mains** he got frostbite in both hands ◆ **ils sont morts gelés** they froze to death, they died of exposure
c (Fin) prix, crédits to freeze; (Écon) terres to set aside; (Pol) négociations to suspend; relations to break off
d (fig) assistance to chill
2 se geler* vpr (avoir froid) to freeze ◆ **on se gèle ici** we're ou it's freezing here ◆ **on se les gèle**⁑ it's bloody (Brit) ou damned freezing⁑, it's brass monkey weather⁑ (Brit) ◆ **vous allez vous geler, à l'attendre** you'll get frozen stiff waiting for him
3 vi **a** [eau, lac] to freeze (over), ice over; [sol, linge, conduit] to freeze; [récoltes] to be attacked ou blighted ou nipped by frost; [doigt, membre] to be freezing, be frozen ◆ **les salades ont gelé sur pied** the lettuces have frozen on their stalks
b (avoir froid) to be frozen, freeze ◆ **on gèle ici** we're ou it's freezing here ◆ **j'ai les mains gelées** my hands are frozen (stiff) ou freezing ◆ **je suis gelé** I'm frozen (stiff) ou freezing
c (dans un jeu) **je chauffe ? – non, tu gèles** am I getting warmer? – no, you're freezing
4 vb impers ◆ **il gèle** it's freezing ◆ **il a gelé dur** ou (littér) **à pierre fendre** it froze hard, there was a hard frost ◆ **il a gelé blanc** there was a white icy frost

gélif, -ive [ʒelif, iv] adj arbre, roche *likely to crack in the frost*; terre *susceptible to frost heave*

gélifiant [ʒelifjɑ̃] nm jelling ou gelling agent

gélification [ʒelifikasjɔ̃] nf gelling

gélifier [ʒelifje] ▸ conjug 7 ◂ **1** vt to make gel
2 se gélifier vpr to gel

gélinotte [ʒelinɔt] nf ◆ **gélinotte (des bois)** hazel grouse, hazel hen ◆ **gélinotte d'Écosse** red grouse ◆ **gélinotte blanche** willow grouse

gélivure [ʒelivyʀ] nf frost crack ou cleft ◆ **arbre avec gélivures** frost-split tree

gélose [ʒeloz] nf agar-agar

gélule [ʒelyl] nf (Pharm) capsule

gelure [ʒ(ə)lyʀ] nf (Méd) frostbite (NonC)

Gémeaux [ʒemo] nmpl (Astron) Gemini ◆ **être (des) Gémeaux** to be (a) Gemini

gémellaire [ʒemelɛʀ] adj twin (épith)

gémellipare [ʒemelipaʀ, ʒemɛllipaʀ] adj gemelliparous†

gémelliparité [ʒemelipaʀite] nf twin pregnancy

gémellité [ʒemelite, ʒemɛllite] nf ◆ **taux de gémellité** incidence of twins

gémination [ʒeminasjɔ̃] → SYN nf gemination

géminé, e [ʒemine] → SYN **1** adj (Ling) consonne geminate; (Archit) gemeled, gemel; (Bio) geminate
2 géminée nf (Ling) geminate

géminer [ʒemine] → SYN ▸ conjug 1 ◂ vt to geminate

gémir [ʒemiʀ] → SYN ▸ conjug 2 ◂ vi **a** (geindre) to groan, moan (*de* with) ◆ **gémir sur son sort** to bemoan one's fate ◆ (littér) **gémir sous l'oppression** to groan under oppression
b (fig : grincer) [ressort, gonds, plancher] to creak; [vent] to moan ◆ **les gonds de la porte gémissaient horriblement** the door hinges made a horrible creaking noise
c [colombe] to cry plaintively, moan

gémissant, e [ʒemisɑ̃, ɑ̃t] → SYN adj voix wailing; gonds, plancher creaking

gémissement [ʒemismɑ̃] → SYN nm [voix] groan, moan; (prolongé) groaning (NonC), moaning (NonC); [meuble] creaking (NonC); [vent] moaning (NonC)

gemmage [ʒemaʒ] nm tapping *(of pine trees)*

gemmail, pl **-aux** [ʒemaj, o] nm non-leaded stained glass

gemmation [ʒemasjɔ̃] nf gemmation

gemme [ʒɛm] → SYN nf **a** (Minér) gem(stone) → **sel**
b (résine de pin) (pine) resin

gemmé, e [ʒeme] (ptp de **gemmer**[2]) adj (littér) gemmed, studded with precious stones

gemmer[1] [ʒeme] ▸ conjug 1 ◂ vt to tap *(pine trees)*

gemmer[2] [ʒeme] ▸ conjug 1 ◂ vt (littér) to decorate ou stud with precious stones

gemmeur, -euse [ʒemœʀ, øz] nm,f tapper *(of pine trees)*

gemmifère [ʒemifɛʀ] adj (Minér) containing gem(stone)s; (Agr) resiniferous

gemmologie [ʒemɔlɔʒi] nf gem(m)ology

gemmule [ʒemyl] nf gemmule

gémonies [ʒemɔni] → SYN nfpl ◆ (littér) **vouer** ou **traîner qn aux gémonies** to subject sb to ou hold sb up to public obloquy

gênant, e [ʒɛnɑ̃, ɑ̃t] → SYN adj **a** (irritant) **l'eau est coupée, c'est vraiment gênant** they've cut the water off – it's a real nuisance ◆ **il est gênant avec sa fumée** he is a nuisance with his smoke ◆ **ce n'est pas gênant** it's OK, it doesn't matter
b (embarrassant) situation, moment, témoin awkward, embarrassing; révélations, regard, présence embarrassing
c meuble, talons awkward; handicap bothersome

gencive [ʒɑ̃siv] nf (Anat) gum ◆ **il a pris un coup dans les gencives**⁑ he got a sock on the jaw* ou kick in the teeth*

gendarme [ʒɑ̃daʀm] → SYN nm **a** (policier) policeman, police officer; (en France) gendarme; (cavalier) (Hist Mil) horseman; (soldat) soldier, man-at-arms ◆ (fig) **faire le gendarme** to play the role of policeman ◆ (hum) **femme est un vrai gendarme** his wife's a real battle-axe* ◆ **jouer aux gendarmes et aux voleurs** to play cops and robbers ◆ **gendarme mobile** member of the anti-riot police ◆ (fig : Écon) **le gendarme de la Bourse** *French stock exchange regulatory body*, Securities and Investment Board (Brit), Securities and Exchange Commission (U → **chapeau, peur**
b (Zool : punaise) fire bug; (Alpinisme) gendarme (spéc), pinnacle
c (*† : hareng) bloater (Brit), salt herring (U
d (Aut) **gendarme couché** sleeping policeman (Brit), speed bump

gendarmer (se) [ʒɑ̃daʀme] → SYN ▸ conjug 1 vpr to kick up a fuss* (*contre* about) ◆ **faut se gendarmer pour qu'elle aille se coucher / pour la faire manger** you really have to take quite a strong line (with her) ou you really have to lay down the law to get her to go to bed / to get her to eat

gendarmerie [ʒɑ̃daʀməʀi] → SYN nf (corps militaire) police force, constabulary *(in countryside and small towns)*; (en France) Gendarmerie; (bureaux) police station *(in countryside and small towns)*; (caserne) gendarmes' Gendarmerie barracks, police barracks (Hist Mil) (cavalerie) heavy cavalry ou horse (garde royale) royal guard ◆ **gendarmerie mobile** anti-riot police ◆ **la gendarmerie nationale** the national Gendarmerie ◆ **gendarmerie maritime** coastguard

gendre [ʒɑ̃dʀ] → SYN nm son-in-law

gène [ʒɛn] nm gene ◆ **gène dominant / récessif** dominant / recessive gene

gêne [ʒɛn] → SYN nf **a** (malaise physique) discomfort ◆ **gêne respiratoire** breathing or respiratory problems ◆ **il ressentait une certaine gêne à respirer** he experienced some or a certain difficulty in breathing
b (désagrément, dérangement) trouble, bother ◆ **je ne voudrais vous causer aucune gêne** wouldn't like to put you to any trouble or bother, I wouldn't want to be a nuisance ◆ (Prov) **où il y a de la gêne, il n'y a pas de plaisir** comfort comes first, there's no sense in being uncomfortable; (péj) some people only think of their own comfort ◆ (Sport) **il y a eu gêne** there was a (slight) obstruction
c (manque d'argent) financial difficulties or straits ◆ **vivre dans la gêne / dans une grande gêne** to be in financial difficulties or straits / in great financial difficulties or straits
d (confusion, trouble) embarrassment ◆ **un moment de gêne** a moment of embarrassment ◆ **j'éprouve de la gêne devant lui** I feel embarrassed ou ill-at-ease in his presence ◆ **il éprouva de la gêne à lui avouer cela** he felt embarrassed admitting ou to admit that to her

gêné, e [ʒene] → SYN (ptp de **gêner**) adj **a** (à court d'argent) short (of money) (attrib), hard up* (attrib) ◆ **être gêné aux entournures*** to be short of money ou hard up*
b (embarrassé) personne, sourire, air embarrassed, self-conscious; silence uncomfortable, embarrassed, awkward ◆ **j'étais gêné** I was (so) embarrassed!, I felt (so) awkward ou uncomfortable
c (physiquement) uncomfortable ◆ **êtes-vous gêné pour respirer ?** do you have trouble (in) breathing? ◆ **je suis gênée dans cette robe** I'm uncomfortable in this dress

généalogie [ʒenealɔʒi] → SYN nf [famille] ancestry, genealogy; [animaux] pedigree; (Bio) [espèces] genealogy; (sujet d'études) genealogy ◆ **faire** ou **dresser la généalogie de qn** to trace sb's ancestry ou genealogy

généalogique [ʒenealɔʒik] adj genealogical → **arbre**

généalogiste [ʒenealɔʒist] nmf genealogist

génépi [ʒenepi] nm (plante) wormwood absinthe; (liqueur) absinth(e)

gêner [ʒene] → SYN ▸ conjug 1 ◂ **1** vt **a** (physiquement) [fumée, bruit] to bother; [vêtement étroit, obstacle] to hamper ◆ **cela vous gêne-t-il si je fume?** do you mind if I smoke?, does it bother you if I smoke? ◆ **gêner le passage** to be in the way ◆ **ça me gêne** ou **c'est gênant pour respirer / pour écrire** it hampers my breathing / hampers me when I write ◆ **le bruit me gêne pour travailler** noise bothers me ou disturbs me when I'm trying to work ◆ **son complet le gêne (aux entournures*)** his suit is uncomfortable ou constricting ◆ **ces papiers me gênent** these papers are in my way ◆ **ces travaux gênent la circulation** these roadworks are disrupting the (flow of) traffic

b (déranger) personne to bother, put out; projet to hamper, hinder ◆ **je crains de gêner** I am afraid to bother people ou put people out, I'm afraid of being a nuisance ◆ **je ne voudrais pas (vous) gêner** I don't want to bother you ou put you out ou be in the way ◆ **j'espère que ça ne vous gêne pas d'y aller** I hope it won't inconvenience you ou put you out to go ◆ **cela vous gênerait de faire mes courses / de ne pas fumer?** would you mind doing my shopping / not smoking? ◆ **et alors, ça te gêne?*** so what?*, what's it to you?*

c (financièrement) to put in financial difficulties ◆ **ces dépenses vont les gêner considérablement** ou **vont les gêner aux entournures*** these expenses are really going to put them in financial difficulties ou make things tight for them ou make them hard up*

d (mettre mal à l'aise) to make feel ill-at-ease ou uncomfortable ◆ **ça me gêne de vous dire ça mais ...** I hate to tell you but ... ◆ **ça me gêne de me déshabiller chez le médecin** I find it embarrassing to get undressed at the doctor's ◆ **sa présence me gêne** his presence ou he makes me feel uncomfortable, he cramps my style ◆ **son regard la gênait** his glance made her feel ill-at-ease ou uncomfortable ◆ **cela le gêne qu'on fasse tout le travail pour lui** it embarrasses him to have all the work done for him, he feels awkward about having all the work done for him

2 **se gêner** vpr a (se contraindre) to put o.s. out ◆ **ne vous gênez pas pour moi** don't mind me, don't put yourself out for me ◆ (iro) **ne vous gênez pas!** feel free!, (just) make yourself at home! ◆ **il ne faut pas vous gêner avec moi** don't stand on ceremony with me ◆ **non mais! je vais me gêner!** why shouldn't I! ◆ **il y en a qui ne se gênent pas!** some people just don't care! ◆ **il ne s'est pas gêné pour le lui dire** he told him straight out, he didn't mind telling him

b (dans un lieu) **on se gêne à trois dans ce bureau** three's a crowd ou the three of us get in each other's way in this office, this office is too small for three of us

général, e, mpl **-aux** [ʒeneʀal, o] → SYN 1 adj a (d'ensemble) vue, tableau general; (vague) general ◆ **un tableau général de la situation** a general ou an overall picture of the situation ◆ **avoir le goût des idées générales** to have a preference for broad ou general ideas ◆ **remarques d'ordre très général** comments of a very general nature ◆ **se lancer dans des considérations générales sur le temps** to venture some general remarks about the weather ◆ **d'une façon** ou **manière générale** in a general way, generally; (précédant une affirmation) generally ou broadly speaking → **règle**

b (total, global) assemblée, grève etc general ◆ (commun) **dans l'intérêt général** in the general ou common interest ◆ **cette opinion est devenue générale** this is now a widely shared ou generally held opinion ◆ [crise, peur] **devenir général** to become widespread ◆ **la mêlée devint générale** the fight turned into a general free-for-all ◆ **à l'indignation / la surprise générale** to the indignation / surprise of most ou many people ◆ **à la demande générale** in response to popular ou general demand → **concours, état, médecine**

c LOC **en général** (habituellement) usually, generally, in general; (de façon générale) generally, in general ◆ **je parle en général** I'm speaking in general terms ou generally

d (Admin: principal) general (épith) ◆ **conseil général** general council ◆ **secrétaire général** (gén) general secretary; [organisation internationale] secretary-general → **directeur, fermier, président**

2 nm a (Mil) general → **mon**

b (Philos) **le général** the general ◆ **aller du général au particulier** to go from the general to the particular

3 **générale** nf a (épouse du général) general's wife → **Madame**

b (Théât) **(répétition) générale** (final) dress rehearsal

c (Mil) **battre** ou **sonner la générale** to call to arms

4 COMP ▷ **général d'armée** general; (Aviat) air chief marshal (Brit), general (US) ▷ **général de brigade** brigadier (Brit), brigadier general (US) ▷ **général de brigade aérienne** air commodore (Brit), brigadier general (US) ▷ **général en chef** general-in-chief, general-in-command ▷ **général de corps aérien** air marshal (Brit), lieutenant general (US) ▷ **général de corps d'armée** lieutenant-general ▷ **général de division** major general ▷ **général de division aérienne** air vice marshal (Brit), major general (US)

généralement [ʒeneʀalmɑ̃] → SYN GRAMMAIRE ACTIVE 26.1 adv generally ◆ **il est généralement chez lui après 8 heures** he's generally ou usually at home after 8 o'clock ◆ **généralement parlant** generally speaking ◆ **coutume assez généralement répandue** fairly widespread custom

généralisable [ʒeneʀalizabl] adj mesure, observation which can be applied generally

généralisateur, -trice [ʒeneʀalizatœʀ, tʀis] adj ◆ **tendance généralisatrice** tendency to generalize ou towards generalization ◆ **il a un esprit généralisateur** he is given to generalizing

généralisation [ʒeneʀalizasjɔ̃] → SYN nf (extension, énoncé) generalization ◆ (Pol) **il y a un risque de généralisation du conflit** there's a risk that the conflict might become widespread

généraliser [ʒeneʀalize] → SYN ▸ conjug 1 ◂ 1 vt a (étendre) to generalize; méthode to put ou bring into general ou widespread use ◆ (Pol) **crise généralisée** general crisis ◆ (Méd) **cancer généralisé** general cancer ◆ (Méd) **infection généralisée** systemic infection

b (raisonner) to generalize ◆ **il aime beaucoup généraliser** he loves to generalize

2 **se généraliser** vpr [infection] to become widespread; [procédé] to become widespread, come into general use ◆ **la semaine de 5 jours se généralise en France** the 5-day (working) week is becoming the norm in France

généralissime [ʒeneʀalisim] nm generalissimo

généraliste [ʒeneʀalist] → SYN 1 adj radio, télévision general-interest (épith); formation general; ingénieur non-specialized

2 nm ◆ **(médecin) généraliste** G.P., general ou family practitioner

généralité [ʒeneʀalite] → SYN nf a (presque totalité) majority ◆ **dans la généralité des cas** in the majority of cases, in most cases

b (caractère général) [affirmation] general nature

c **généralités** (introduction) general points; (péj: banalités) generalities

générateur, -trice [ʒeneʀatœʀ, tʀis] → SYN 1 adj force generating; fonction generative, generating ◆ **générateur de** (gén) which causes, productive of; (Math) which generates, generating ◆ **générateur de désordres** ou **de troubles** which causes trouble ◆ **usine génératrice** generator

2 nm ◆ (Tech) **générateur (électrique)** (electric) generator ◆ (Tech) **générateur (de vapeur)** steam boiler ◆ (Phys) **générateur de particules** particle generator ◆ (Ordin) **générateur de programme** program generator

3 **génératrice** nf a (Tech) **génératrice (d'électricité)** generator

b (Math) **(ligne) génératrice** generating line, generatrix

génératif, -ive [ʒeneʀatif, iv] adj (Ling) generative ◆ **grammaire générative** generative grammar

génération [ʒeneʀasjɔ̃] → SYN nf (gén) generation ◆ **depuis des générations** for generations ◆ **la génération montante** the rising generation ◆ (Bio) **génération spontanée** spontaneous generation ◆ **ordinateur de (la) première / seconde** etc **génération** first / second etc generation computer

générer [ʒeneʀe] ▸ conjug 6 ◂ vt froid, emplois, chômage to generate; (Ling) to generate

généreusement [ʒeneʀøzmɑ̃] adv (→ **généreux**) generously; nobly; magnanimously

généreux, -euse [ʒeneʀø, øz] → SYN 1 adj a (libéral) generous ◆ **être généreux de son temps** to be generous with one's time ◆ **c'est très généreux de sa part** it's very generous of him

b (noble, désintéressé) acte, caractère generous; âme, sentiment, idée generous, noble; adversaire generous, magnanimous

c (riche) sol productive, fertile, generous; vin generous, full-bodied; part de nourriture generous ◆ **femmes aux formes généreuses** women with generous curves

2 nm,f ◆ **faire le généreux** to act generous*

générique [ʒeneʀik] → SYN 1 adj generic; (Comm) produit unbranded, generic; médicament generic ◆ (Ordin) **caractère générique** wildcard (character) ◆ (Ling) **terme générique** generic term

2 nm (Ciné) credit titles, credits, cast (and credits) (US)

générosité [ʒeneʀozite] → SYN nf a (libéralité) [pourboire, personne] generosity ◆ **avec générosité** generously

b (noblesse) [acte, caractère] generosity; [âme, sentiment] nobility; [adversaire] generosity, magnanimity ◆ **avoir la générosité de** to be generous enough to, have the generosity to

c (largesses) **générosités** kindnesses

Gênes [ʒɛn] n Genoa

genèse [ʒənɛz] → SYN nf (élaboration) genesis ◆ (Bible) **(le livre de) la Genèse** (the Book of) Genesis

génésiaque [ʒenezjak] adj Genesitic

génésique [ʒenezik] → SYN adj (de la reproduction) reproductive

genet [ʒ(ə)nɛ] → SYN nm jennet

genêt [ʒ(ə)nɛ] → SYN nm broom (Bot)

généthliaque [ʒenetlijak] adj (Astrol) horoscopic, genethliac†

généticien, -ienne [ʒenetisjɛ̃, jɛn] nm,f geneticist

genêtière [ʒ(ə)nɛtjɛʀ] nf broom grove

génétique [ʒenetik] → SYN 1 adj genetic → **manipulation**

2 nf genetics (sg) ◆ **génétique moléculaire** molecular genetics ◆ **génétique des populations** population genetics

génétiquement [ʒenetikmɑ̃] adv genetically

genette [ʒ(ə)nɛt] → SYN nf genet(t)e

gêneur, -euse [ʒɛnœʀ, øz] → SYN nm,f (importun) intruder ◆ (représentant un obstacle) **supprimer un gêneur / les gêneurs** to do away with a person who is ou stands / people who are ou stand in one's way

Genève [ʒ(ə)nɛv] n Geneva

genevois, e [ʒən(ə)vwa, waz] 1 adj Genevan

2 nm,f ◆ **Genevois(e)** Genevan

genévrier [ʒənevʀije] nm juniper

Gengis Khan [ʒɛ̃ʒiskɑ̃] nm Genghis Khan

génial, e, mpl **-iaux** [ʒenjal, jo] → SYN adj a (inspiré) écrivain, invention of genius; plan, idée inspired (gén épith) ◆ **un plan d'une conception géniale** an inspired idea, a brilliantly thought out idea

b (*: formidable) fantastic*, great* ◆ **c'est génial!** that's fantastic!* ◆ **c'est un type génial!** he's a tremendous ou fantastic bloke* (Brit) ou guy* ◆ **physiquement, il n'est pas génial mais ...** he's not up to much physically but ... ◆ **elle est géniale ton idée** that's a brilliant ou great idea* ◆ **ce n'est pas génial!** [idée] that's not very clever!; [film] it's not brilliant!*

génialement [ʒenjalmɑ̃] adv a (magistralement) with genius, brilliantly b (rare : magnifiquement) brilliantly

génie [ʒeni] → SYN 1 nm a (aptitude supérieure) genius ◆ **avoir du génie** to have genius ◆ **éclair** ou **trait de génie** stroke of genius ◆ **homme de génie** man of genius ◆ **compositeur / idée / découverte de génie** composer / idea / discovery of genius

b (personne) genius ◆ **ce n'est pas un génie !** he's no genius ! ◆ **c'est un génie méconnu** he's an unrecognized genius

c (talent) **(avoir) le génie des maths / des affaires** (to have) a genius for maths / for business ◆ **avoir le génie du mal** to have an evil bent ◆ **il a le génie de** ou **pour dire ce qu'il ne faut pas** he has a genius for saying the wrong thing

d (caractère inné) **le génie latin** the Latin genius ◆ **le génie de la langue française** the genius of the French language

e (allégorie) spirit ◆ **le génie de la liberté** the spirit of liberty ◆ [histoires arabes] **le génie de la lampe** the genie of the lamp ◆ **génie des airs / des eaux** spirit of the air / waters ◆ **génie tutélaire** guardian angel ou spirit ◆ **le génie de la Bastille** the Genius of Liberty ◆ **être le bon / mauvais génie de qn** to be sb's good / evil genius

f (Mil) **le génie** ≃ the Engineers ◆ **soldat du génie** sapper, engineer ◆ **faire son service dans le génie** to do one's service in the Engineers

2 COMP ▷ **génie atomique / chimique** atomic / chemical engineering ▷ **génie civil** (branche) civil engineering ; (corps) civil engineers ▷ **génie électronique** electronic engineering ▷ **génie génétique** genetic engineering ▷ **génie industriel** industrial engineering ▷ **génie informatique** computer engineering ▷ **génie logiciel** software engineering ▷ **génie maritime** (branche) marine engineering ; (corps) marine engineers *(under State command)* ▷ **génie mécanique** mechanical engineering ▷ **génie militaire** (branche) military engineering ; (corps) ≃ Engineers ▷ **génie rural** agricultural engineering → **ingénieur**

genièvre [ʒənjɛvʀ] nm (boisson) Hollands (Brit), geneva (Brit), gin ; (arbre) juniper ; (fruit) juniper berry ◆ **grains de genièvre** juniper berries

genièvrerie [ʒənjɛvʀəʀi] nf gin distillery

génique [ʒenik] adj gene (épith) ◆ **thérapie génique** gene therapy

génisse [ʒenis] → SYN nf heifer

génital, e, mpl **-aux** [ʒenital, o] → SYN adj genital ◆ **organes génitaux, parties génitales** genitals, genital organs, genitalia

géniteur, -trice [ʒenitœʀ, tʀis] → SYN 1 nm,f (hum : parent) parent

2 nm (Zool : reproducteur) sire

génitif [ʒenitif] nm genitive (case) ◆ **au génitif** in the genitive ◆ **génitif absolu** genitive absolute

génito-urinaire, pl **génito-urinaires** [ʒenitoyʀinɛʀ] adj genito-urinary

génocide [ʒenɔsid] nm genocide

génois, e [ʒenwa, waz] 1 adj Genoese

2 nm,f ◆ **Génois(e)** Genoese

3 nm (Naut) genoa (jib)

4 **génoise** nf (Culin) sponge cake

génome [ʒenom] nm genom(e) ◆ **génome humain** human genom(e)

génomique [ʒenomik] adj genomic

génotype [ʒenotip] nm genotype

génotypique [ʒenotipik] adj genotypic(al)

genou, pl **genoux** [ʒ(ə)nu] → SYN nm a (Anat, Habillement, Zool) knee ◆ **avoir les genoux cagneux** ou **rentrants** to be knock-kneed ◆ **mes genoux se dérobèrent sous moi** my legs gave way under me ◆ **avoir de la vase jusqu'aux genoux, être dans la vase jusqu'aux genoux** to be up to one's knees ou be knee-deep in mud

b **à genoux : il était à genoux** he was kneeling, he was on his knees ◆ (fig) **être à genoux devant qn** to idolize ou worship sb ◆ **se mettre à genoux** to kneel down, go down on one's knees ◆ (fig) **se mettre à genoux devant qn** to go down on one's knees to sb ◆ **c'est à se mettre à genoux !*** it's out of this world !* ◆ **tomber / se jeter à genoux** to fall / throw o.s. on ou to one's knees ◆ **j'en suis tombé à genoux !*** I just about dropped !* ◆ **demander qch à (deux) genoux** to ask for sth on bended knee, go down on one's knees for sth ◆ **je te demande pardon à genoux** I beg you to forgive me

c (Tech) ball and socket joint

d LOC **avoir / prendre qn sur ses genoux** to have / take sb on one's knee ou lap ◆ **donner un coup de genou à qn** to knee sb ◆ **il me donna un coup de genou dans le ventre** he kneed me in the stomach ◆ **il me donna un coup de genou pour me réveiller** he nudged me with his knee to waken me ◆ **faire du genou à qn*** to play footsie with sb* ◆ **tomber aux genoux de qn** to fall at sb's feet, go down on one's knees to sb ◆ (littér) **fléchir** ou **plier** ou **ployer le genou devant qn** to bend the knee to sb ◆ (littér) **mettre (un) genou à terre devant qn** to go down on one knee before sb ◆ **être sur les genoux*** to be ready to drop, be on one's last legs, be on one's knees* (Brit) ◆ **le pays est sur les genoux*** the country is on its knees* ◆ **ça m'a mis sur les genoux de courir à droite et à gauche** I was run off my feet dashing here, there and everywhere

genouillère [ʒ(ə)nujɛʀ] nf (Méd) knee support ; (Sport) kneepad, kneecap

genre [ʒɑ̃ʀ] → SYN GRAMMAIRE ACTIVE 7.3 nm a (espèce) kind, type, sort ◆ **genre de vie** lifestyle, way of life ◆ **c'est le genre de femme qui** she is the type ou the kind ou the sort of woman who ◆ **les rousses, ce n'est pas mon genre** redheads aren't my type ◆ **lui c'est le genre grognon*** he's the grumpy sort* ◆ **ce type n'est pas mal dans** ou **en son genre** that fellow isn't bad in his own way ou isn't bad of (Brit) ou for (US) his type ◆ **cette maison n'est pas mauvaise en son genre** that house isn't bad of (Brit) ou for (US) its type ◆ **ce qui se fait de mieux dans le genre** the best of its kind ◆ **réparations en tout genre** ou **en tous genres** all kinds of repairs ou repair work undertaken ◆ **chaussures en tout genre** ou **en tous genres** all kinds ou sorts of shoes ◆ **quelque chose de ce genre** ou **du même genre** something of the kind, that sort of thing ◆ **des remarques de ce genre** remarks ou comments like that ou of that nature ◆ **il a écrit un genre de roman** he wrote a novel of sorts ou a sort of novel ◆ **plaisanterie d'un genre douteux** doubtful joke → **unique**

b (allure) **avoir bon genre** to look a nice sort ◆ **avoir mauvais genre** to be coarse-looking ◆ **je n'aime pas son genre** I don't like his style ◆ **il a un drôle de genre** he's a bit weird ◆ **avoir le genre bohème / artiste** to be a bohemian / an arty type ◆ **avoir un genre prétentieux** to have a pretentious manner ◆ **faire du genre** to stand on ceremony ◆ **c'est un genre qu'il se donne** it's (just) something ou an air he puts on ◆ **il aime se donner un genre** he likes to stand out ou to be a bit different ◆ **elle n'est pas du genre à se laisser marcher sur les pieds** she's not the type ou kind ou sort to let people tread on her toes ◆ **dans le genre pénible, il est champion !*** when it comes to being a pain, he's a real expert ◆ **ce n'est pas son genre de ne pas répondre** it's not like him not to answer ◆ **c'est bien son genre** it's exactly ou just like him ◆ **ce n'est pas le genre de la maison*** that's just not the way we (ou they etc) do things ou operate

c (Art, Littérat, Mus) genre ◆ (Peinture) **tableau de genre** genre painting ◆ **œuvre dans le genre ancien / italien** work in the old / Italian style ou genre ◆ **ses tableaux / romans sont d'un genre un peu particulier** the style of his paintings / novels is slightly unusual

d (Gram) gender ◆ **s'accorder en genre** to agree in gender

e (Philos, Sci) genus ◆ **le genre humain** mankind, the human race

gens[1] [ʒɑ̃] → SYN 1 nmpl a people, folk* ◆ **connais-tu ces gens ?** do you know these people ? ou folk ?* ◆ **ce sont des gens compétents** they are competent people ou folk* ◆ **il faut savoir prendre les gens** you've got to know how to handle people ◆ **les gens sont fous !** some people are crazy !, people are crazy (at times) ! ◆ **les gens de la ville** townspeople, townsfolk ◆ (Littérat) **"Gens de Dublin"** "Dubliners" ◆ **les gens du pays** ou **du coin*** the local people, the locals* ◆ **ils ne sont pas gens à raconter des histoires** they're not the kind ou type ou sort of people to tell stories → **droit**[3]**, jeune, monde**

b (loc, avec accord féminin de l'adjectif antéposé) **ce sont de petites / de braves gens** they are people of modest means / good people ou folk* ◆ **les vieilles gens sont souvent crédules** old people ou folk* are often gullible ◆ **c'est une insulte aux honnêtes gens** it's an insult to honest people ◆ (hum) **écoutez bonnes gens** harken, ye people (hum)

c (†, hum : serviteurs) servants ◆ **il appela ses gens** he called his servants

2 COMP ▷ **gens d'affaires**† business people ▷ **gens d'armes** (Hist) men-at-arms† ▷ **les gens d'Église** the clergy ▷ **gens d'épée** (Hist) soldiers *(of the aristocracy)* ▷ **gens de lettres** men of letters ▷ **les gens de loi**† the legal profession ▷ **gens de maison** people in service ▷ **gens de mer** sailors, seafarers ▷ **les gens de robe** (Hist) the legal profession ▷ **gens de service** ⇒ **gens de maison** ▷ **les gens de théâtre** the acting profession, theatrical people ▷ **les gens du voyage** travelling people

gens[2] [ʒɛ̃s] → SYN nf (Antiq) gens

gent [ʒɑ̃(t)] nf (†† ou hum) race, tribe ◆ **la gent canine** the canine race ◆ **la gent féminine** the fair sex ◆ **la gent masculine** the male ou masculine sex

gentamicine, gentamycine [ʒɑ̃tamisin] nf gentamicin

gentiane [ʒɑ̃sjan] nf gentian

gentil, -ille [ʒɑ̃ti, ij] → SYN GRAMMAIRE ACTIVE 22, 25.4

1 adj a (aimable) kind, nice (*avec, pour* to) ◆ **il a toujours un mot gentil pour chacun** he always has a kind word for everyone ou to say to everyone ◆ **c'est gentil de sa part** that's nice ou kind of him ◆ **vous serez gentil de me le rendre** would you mind giving it back to me, would you be so kind as to give it back to me (frm) ◆ **c'est gentil à toi de ...** it's very kind ou nice ou good of you to ... ◆ **tu es gentil tout plein*** you're so sweet ◆ **tout ça, c'est bien gentil mais ...** that's (all) very nice ou well but ... ◆ **elle est bien gentille avec ses histoires mais ...** what she has to say is all very well ou nice but ... ◆ **ça n'est pas très gentil** that's not very nice ou kind ◆ **il n'est pas très gentil** he's not very nice ◆ **il a une gentille petite femme / fille** he has a nice little wife / daughter ◆ **sois gentil, va me le chercher** be a dear and go and get it for me ◆ **va me le chercher, tu seras gentil** would you mind going to get it for me

b (sage) good ◆ **il n'a pas été gentil** he hasn't been a good boy ◆ **sois gentil, je reviens bientôt** be good, I'll be back soon

c (gracieux) visage, endroit nice, pleasant ◆ **une gentille petite robe** a nice little dress ◆ **c'est gentil comme tout chez vous** you've got a lovely little place ◆ **c'est gentil sans plus** it's OK but it's nothing special

d (rondelet) somme tidy, fair

2 nm (Hist, Rel) gentile

gentilé [ʒɑ̃tile] nm gentilic

gentilhomme [ʒɑ̃tijɔm], pl **gentilshommes** [ʒɑ̃tizɔm] → SYN nm (Hist, fig) gentleman ◆ **gentilhomme campagnard** country squire

gentilhommière [ʒɑ̃tijɔmjɛʀ] → SYN nf (small) country seat, (small) manor house

gentilité [ʒɑ̃tilite] nf Gentile peoples

gentille [ʒɑ̃tij] → **gentil**

gentillesse [ʒɑ̃tijɛs] → SYN nf a (NonC : amabilité) kindness ◆ **être d'une grande gentillesse** to be very kind (*avec qn* to sb) ◆ **me feriez-vous la gentillesse de faire ...** would you be so kind as to do ..., would you do me the kindness of doing ... ◆ **il l'a fait par gentillesse** he did it out of kindness

b (faveur) favour, kindness ◆ **remercier qn de toutes ses gentillesses** to thank sb for all his kindness(es) ◆ **avoir des gentillesses pour qn** to be kind to sb ◆ **une gentillesse en vaut une autre** one good turn deserves another ◆ **il me disait des gentillesses** he said kind ou nice things to me ◆ (iro) **il a dit beaucoup de gentil-**

lesses à mon sujet he didn't have a kind word to say about me

gentillet, -ette [ʒɑ̃tijɛ, ɛt] adj nice little (épith); (péj) nice enough

gentiment [ʒɑ̃timɑ̃] adv (aimablement) kindly; (gracieusement) nicely ◆ **ils jouaient gentiment** they were playing nicely ou like good children ◆ (iro) **on m'a gentiment fait comprendre que ...** they told me in the nicest ou kindest possible way that ... (iro)

gentleman [dʒɑ̃tləman], pl **gentlemen** [dʒɑ̃tləmɛn] nm gentleman

gentleman-farmer, pl **gentlemans-farmers, gentlemen-farmers** [dʒɑ̃tləmanfaʀmœʀ] nm gentleman-farmer

gentlemen's agreement [dʒɛntləmɛnsagʀimɛnt], **gentleman's agreement** [dʒɛntləmansagʀimɛnt] nm gentleman's ou gentlemen's agreement

génuflexion [ʒenyflɛksjɔ̃] → SYN nf (Rel) genuflexion ◆ **faire une génuflexion** to make a genuflexion, genuflect

géo [ʒeo] nf (arg Scol) abrév de **géographie**

géocentrique [ʒeosɑ̃tʀik] adj geocentric

géocentrisme [ʒeosɑ̃tʀism] nm geocentrism

géochimie [ʒeoʃimi] nf geochemistry

géochimique [ʒeoʃimik] adj geochemical

géochimiste [ʒeoʃimist] nmf geochemist

géochronologie [ʒeokʀɔnɔlɔʒi] nf geochronology

géode [ʒeɔd] nf (Minér) geode; (Méd) punched-out lesion; (Spectacle) geodesic dome

géodésie [ʒeɔdezi] nf geodesy

géodésique [ʒeɔdezik] 1 adj geodesic ◆ **point géodésique** triangulation point ◆ **ligne géodésique** geodesic line
2 nf geodesic

géodynamique [ʒeodinamik] 1 adj geodynamic
2 nf geodynamics (sg)

géographe [ʒeɔgʀaf] nmf geographer

géographie [ʒeɔgʀafi] nf geography ◆ **géographie humaine / économique** human / economic geography

géographique [ʒeɔgʀafik] adj geographic(al) → **dictionnaire**

géographiquement [ʒeɔgʀafikmɑ̃] adv geographically

géoïde [ʒeɔid] nm geoid

geôle [ʒol] → SYN nf (littér) gaol (Brit), jail

geôlier, -ière [ʒolje, jɛʀ] → SYN nm,f (littér) gaoler (Brit), jailer

géologie [ʒeɔlɔʒi] nf geology

géologique [ʒeɔlɔʒik] adj geological

géologiquement [ʒeɔlɔʒikmɑ̃] adv geologically

géologue [ʒeɔlɔg] nmf geologist

géomagnétique [ʒeomaɲetik] adj geomagnetic

géomagnétisme [ʒeomaɲetism] nm geomagnetism

géomancie [ʒeɔmɑ̃si] nf geomancy

géométral, e, mpl **-aux** [ʒeɔmetʀal, o] adj plane *(not in perspective)*

géomètre [ʒeɔmɛtʀ] → SYN nm a (arpenteur) surveyor
b (phalène) emerald, geometrid (spéc)

géométrie [ʒeɔmetʀi] nf (science) geometry; (livre) geometry book ◆ **géométrie descriptive** descriptive geometry ◆ **géométrie plane** plane geometry ◆ **géométrie analytique** analytical geometry ◆ **géométrie euclidienne** Euclidean geometry ◆ **géométrie dans l'espace** solid geometry ◆ **à géométrie variable** (Aviat) swing-wing; politique which changes with the wind ◆ **c'est une justice à géométrie variable** it's one rule for one and one rule for another

géométrique [ʒeɔmetʀik] → SYN adj geometric(al) → **lieu¹, progression**

géométriquement [ʒeɔmetʀikmɑ̃] adv geometrically

géomorphologie [ʒeomɔʀfɔlɔʒi] nf geomorphology

géophage [ʒeɔfaʒ] 1 adj geophagous
2 nmf geophagist

géophagie [ʒeɔfaʒi] nf geophagy

géophile [ʒeɔfil] nm (arthropode) *type of millipede,* geophilus carcophagus (spéc)

géophone [ʒeɔfɔn] nm geophone

géophysicien, -ienne [ʒeofizisjɛ̃, jɛn] nm,f geophysicist

géophysique [ʒeofizik] 1 adj geophysical
2 nf geophysics (sg)

géopoliticien, -ienne [ʒeopɔlitisjɛ̃, jɛn] nm,f geopolitician

géopolitique [ʒeopɔlitik] 1 adj geopolitical
2 nf geopolitics (sg)

Georges [ʒɔʀʒ] nm George

Géorgie [ʒeɔʀʒi] nf (URSS, USA) Georgia ◆ **Géorgie du Sud** South Georgia

géorgien, -ienne [ʒeɔʀʒjɛ̃, jɛn] 1 adj Georgian
2 nm (Ling) Georgian
3 nm,f ◆ **Géorgien(ne)** Georgian

géorgique [ʒeɔʀʒik] adj (Hist Littérat) georgic

géostationnaire [ʒeostasjɔnɛʀ] adj geostationary

géostratégie [ʒeostʀateʒi] nf geostrategy

géostratégique [ʒeostʀateʒik] adj geostrategic

géosynchrone [ʒeosɛkʀɔn] adj geosynchronous

géosynclinal, pl **-aux** [ʒeosɛ̃klinal, o] nm geosyncline

géotechnique [ʒeotɛknik] 1 adj geotechnic
2 nf geotechnics (sg)

géothermie [ʒeotɛʀmi] nf geothermal science

géothermique [ʒeotɛʀmik] adj geothermal

géotropisme [ʒeotʀɔpism] nm geotropism

géotrupe [ʒeɔtʀyp] nm dor(beetle)

géphyrien [ʒefiʀjɛ̃] nm ◆ **les géphyriens** the Gephyrea (spéc)

gérable [ʒeʀabl] adj manageable ◆ **difficilement gérable** hard to handle

gérance [ʒeʀɑ̃s] → SYN nf [commerce, immeuble, appartement] management ◆ **il assure la gérance d'une usine** he manages a factory ◆ **au cours de sa gérance** while he was manager ◆ **prendre un commerce en gérance** to take over the management of a business ◆ **il a mis son commerce en gérance** he has appointed a manager for his business ◆ [entreprise] **être en gérance libre** to be run by a manager ◆ **gérance salariée** salaried management

géranium [ʒeʀanjɔm] nm geranium ◆ **géranium-lierre** ivyleaf geranium

gérant [ʒeʀɑ̃] → SYN nm [usine, café, magasin, banque] manager; [immeuble, appartement] managing agent; [journal] managing editor ◆ **gérant de portefeuilles** portfolio manager

gérante [ʒeʀɑ̃t] nf manageress

gerbage [ʒɛʀbaʒ] nm (→ **gerber**) binding, sheaving; stacking, piling

gerbe [ʒɛʀb] → SYN nf [blé] sheaf; [osier] bundle; [fleurs] spray; (Phys) shower; (fig) [souvenirs] collection ◆ **déposer une gerbe sur une tombe** to place a spray of flowers on a grave ◆ **le choc provoqua une gerbe d'étincelles / d'écume** the impact sent up a shower ou burst of sparks / a shower ou flurry of foam ◆ **gerbe d'eau** spray ou shower of water ◆ **éclater / retomber en gerbe** to go up / fall in a shower ou burst of sparks

gerber [ʒɛʀbe] ▸ conjug 1 ◂ 1 vt (Agr) to bind into sheaves, sheave; (Tech) tonneaux to stack, pile
2 vi (✱: vomir) to throw up✱, puke (up)✱

gerbera [ʒɛʀbeʀa] nm gerbera

gerbeur [ʒɛʀbœʀ] nm stacking ou pallet truck

gerbier [ʒɛʀbje] → SYN nm (meule) stack

gerbille [ʒɛʀbij] nf gerbil

gerboise [ʒɛʀbwaz] nf jerboa

gerce [ʒɛʀs] nf [bois] shake, crack, fissure

gercer [ʒɛʀse] → SYN ▸ conjug 3 ◂ 1 vt peau, lèvres to chap, crack; sol to crack ◆ **avoir les lèvres toutes gercées** to have badly chapped lips
2 vi, **se gercer** vpr (→ **gercer**) to chap; to crack

gerçure [ʒɛʀsyʀ] → SYN nf (gén, Tech) (small) crack ◆ **pour éviter les gerçures, achetez la crème X** to avoid chapped hands etc ou to avoid chapping, buy X cream

gérer [ʒeʀe] → SYN ▸ conjug 6 ◂ vt société, commerce, budget, temps, données to manage; fortune, biens to administer, manage ◆ **il gère bien ses affaires** he manages his affairs well ◆ **il a mal géré son affaire** he has mismanaged his business, he has managed his business badly ◆ (Pol) **gérer la crise** to manage the crisis

gerfaut [ʒɛʀfo] nm (Orn) gyrfalcon

gériatre [ʒeʀjatʀ] nmf geriatrician

gériatrie [ʒeʀjatʀi] nf geriatrics (sg)

gériatrique [ʒeʀjatʀik] adj geriatric

germain, e [ʒɛʀmɛ̃, ɛn] → SYN 1 adj a → **cousin¹**
b (Hist) German
2 nm,f ◆ (Hist) **Germain(e)** German

germandrée [ʒɛʀmɑ̃dʀe] nf germander

Germanie [ʒɛʀmani] nf (Hist) Germania

germanique [ʒɛʀmanik] 1 adj Germanic
2 nm (Ling) Germanic
3 nmf ◆ **Germanique** Germanic

germanisant, e [ʒɛʀmanizɑ̃, ɑ̃t] nm,f ⇒ **germaniste**

germanisation [ʒɛʀmanizasjɔ̃] nf germanization

germaniser [ʒɛʀmanize] ▸ conjug 1 ◂ vt to germanize

germanisme [ʒɛʀmanism] nm (Ling) germanism

germaniste [ʒɛʀmanist] nmf German scholar, germanist

germanium [ʒɛʀmanjɔm] nm germanium

germanophile [ʒɛʀmanɔfil] adj, nmf germanophil(e)

germanophilie [ʒɛʀmanɔfili] nf germanophilia

germanophobe [ʒɛʀmanɔfɔb] 1 adj germanophobic
2 nmf germanophobe

germanophobie [ʒɛʀmanɔfɔbi] nf germanophobia

germanophone [ʒɛʀmanɔfɔn] 1 adj personne German-speaking; littérature German-language (épith), in German (attrib)
2 nmf German speaker

germe [ʒɛʀm] → SYN nm a (Bio) [embryon, graine] germ; [œuf] germinal disc; [pomme de terre] eye; (Méd: microbe) germ ◆ **germes de blé** wheatgerm ◆ **germes de soja** (soya) bean sprouts ◆ **germe dentaire** tooth bud → **porteur**
b (fig: source) [maladie, erreur, vie] seed ◆ **germe d'une idée** germ of an idea ◆ **avoir** ou **contenir en germe** to contain in embryo, contain the seeds of ◆ **cette idée est en germe** the idea is beginning to take root

germen [ʒɛʀmɛn] nm germen

germer [ʒɛʀme] → SYN ▸ conjug 1 ◂ vi to sprout, shoot, germinate; (fig) [idée, sentiment] to germinate ◆ **pommes de terre germées** sprouting potatoes

germicide [ʒɛʀmisid] 1 adj germicidal
2 nm germicide

germinal¹, e, mpl **-aux** [ʒɛʀminal, o] adj germinal

germinal² [ʒɛʀminal] nm Germinal, *seventh month in the French Republican calendar*

germinateur, -trice [ʒɛʀminatœʀ, tʀis] adj germinative

germinatif, -ive [ʒɛʀminatif, iv] adj germinal

germination [ʒɛʀminasjɔ̃] nf (Bot, fig) germination

germoir [ʒɛʀmwaʀ] nm (Agr) seed tray; [brasserie] maltings (sg)

germon [ʒɛʀmɔ̃] → SYN nm albacore, fin tuna ou tunny (Brit)

gérondif [ʒeʀɔ̃dif] nm (Ling) (latin) (avec être) gerundive; (complément de nom) gerund; (français) gerund

gérontisme [ʒeʀɔ̃tism] nm premature ag(e)-ing

gérontocratie [ʒeʀɔ̃tɔkʀasi] nf gerontocracy

gérontocratique [ʒeʀɔ̃tɔkʀatik] adj gerontocratic

gérontologie [ʒeʀɔ̃tɔlɔʒi] nf gerontology

gérontologique [ʒeʀɔ̃tɔlɔʒik] adj gerontological

gérontologiste [ʒeʀɔ̃tɔlɔʒist] nmf, **gérontologue** [ʒeʀɔ̃tɔlɔg] nmf gerontologist

gérontophile [ʒeʀɔ̃tɔfil] nmf gerontophile, gerontophiliac

gérontophilie [ʒeʀɔ̃tɔfili] nf gerontophilia

gésier [ʒezje] nm gizzard

gésine [ʒezin] → SYN nf ◆ (accoucher) **être en gésine†** to be in labour

gésir [ʒeziʀ] → SYN vi (être étendu) to be lying (down), lie (down) ◆ **il gît / gisait sur le sol** he is lying / was lying ou lay on the ground ◆ (fig) **là gît le problème** therein lies the problem

gesse [ʒɛs] → SYN nf vetch

gestaltisme [gɛʃtaltism] nm Gestalt (psychology)

gestaltiste [gɛʃtaltist] 1 adj Gestalt (épith)
2 nmf Gestaltist

gestalt-thérapie [gɛʃtaltteʀapi] nf Gestalt psychotherapy

gestation [ʒɛstasjɔ̃] → SYN nf gestation ◆ **en gestation** in gestation

geste¹ [ʒɛst] → SYN nm **a** (mouvement) gesture ◆ **geste d'approbation / d'effroi** gesture of approval / of terror ◆ **geste maladroit** ou **malheureux** clumsy gesture ou movement ◆ **pas un geste ou je tire!** one move and I'll shoot! ◆ **faire un geste de la main** to gesture with one's hand, give a wave (of one's hand) ◆ **faire un geste de la tête** (affirmatif) to nod (one's head), give a nod; (négatif) to shake one's head ◆ **il refusa d'un geste** he made a gesture of refusal, he gestured his refusal ◆ **il le fit entrer d'un geste de la tête / main** he nodded / waved him in, he nodded / waved to him to come in ◆ **il le fit entrer d'un geste** he motioned ou gestured to him to come in ◆ **il lui indiqua la porte d'un geste** with a gesture he showed him the door ◆ **s'exprimer par gestes** to use one's hands to express o.s. ◆ **quelle précision dans le geste de l'horloger** what precision there is in every move of the watchmaker's hand ◆ **le geste du service (au tennis)** the (tennis) serving action ◆ (fig) **il ne fit pas un geste pour l'aider** he didn't lift a finger ou make a move to help him ◆ (fig) **tu n'as qu'un geste à faire pour qu'il revienne** just say the word ou you only have to say the word and he'll come back ◆ (fig) **avoir le geste large** to be generous → **encourager, fait¹, joindre**
b (action) act, deed; (action généreuse) gesture, act, deed ◆ **geste lâche / méprisable** cowardly / despicable act ou deed ◆ **geste de réconciliation** gesture of reconciliation ◆ **c'était un beau geste** it was a noble gesture ou deed ◆ **faites un geste** make a gesture

geste² [ʒɛst] nf (Littérat) *collection of epic poems centred around the same hero* → **chanson**

gesticulant, e [ʒɛstikylɑ̃, ɑ̃t] adj gesticulating

gesticulation [ʒɛstikylasjɔ̃] nf gesticulation, gesticulating (NonC)

gesticuler [ʒɛstikyle] → SYN ▸ conjug 1 ◂ vi to gesticulate

gestion [ʒɛstjɔ̃] → SYN nf [entreprise, emploi du temps, données] management; [biens] administration, management ◆ **mauvaise gestion** mismanagement, bad management ◆ **gestion administrative** administration, administrative management ◆ **gestion automatisée** computer-assisted ou computerized management ◆ **gestion de l'économie / budgétaire** economic / budget management ◆ **gestion de ressources humaines** human resources management ◆ **gestion de la production assistée par ordinateur** computer-assisted production management ◆ **gestion des stocks** stock (Brit) ou inventory control ◆ (Ordin) **gestion de bases de données** database management

gestionnaire [ʒɛstjɔnɛʀ] → SYN 1 adj administrative, management (épith)
2 nmf administrator
3 nm (Ordin) manager ◆ **gestionnaire de base de données / de fichiers / de programmes** database / file / program manager ◆ **gestionnaire d'écran / de réseau** screen / network manager

gestualité [ʒɛstɥalite] nf body movements

gestuel, -elle [ʒɛstɥɛl] 1 adj gestural
2 **gestuelle** nf body movements

Gethsemani [ʒetsəmani] n Gethsemane

getter [gɛtɛʀ] nm getter

geyser [ʒɛzɛʀ] nm geyser

Ghana [gana] nm Ghana

ghanéen, -enne [ganeɛ̃, ɛn] 1 adj Ghanaian
2 nm,f ◆ **Ghanéen(ne)** Ghanaian

ghetto [geto] nm (lit, fig) ghetto ◆ **cité-ghetto** inner-city ghetto ◆ **banlieue-ghetto** run-down suburban area

ghettoïsation [getoizasjɔ̃] nf ghettoization

ghilde [gild] nf ⇒ **guilde**

GI [dʒiaj] nm (abrév de **Government Issue**) (soldat américain) GI

giaour [ʒjauʀ] nm giaour

gibbérelline [ʒibeʀelin] nf gibberellin

gibbeux, -euse [ʒibø, øz] → SYN adj (Astron, littér) gibbous, gibbose

gibbon [ʒibɔ̃] nm gibbon

gibbosité [ʒibozite] → SYN nf (Astron, littér, Méd) hump, gibbosity (spéc)

gibecière [ʒib(ə)sjɛʀ] → SYN nf (gén) (leather) shoulder bag; [chasseur] gamebag; (†) [écolier] satchel

gibelin [ʒiblɛ̃] nm (Hist) Ghibelline

gibelotte [ʒiblɔt] nf *fricassee of game in wine*

giberne [ʒibɛʀn] → SYN nf cartridge pouch

gibet [ʒibɛ] → SYN nm gibbet, gallows ◆ (Hist) **condamner au gibet** to condemn to death by hanging, condemn to the gallows

gibier [ʒibje] → SYN nm **a** (Chasse) game ◆ **gros gibier** game ◆ **menu gibier** small game ◆ **gibier d'eau** waterfowl ◆ **gibier à poil** game animals ◆ **gibier à plume** game birds
b (fig: personne) prey ◆ **les policiers attendaient leur gibier** the policemen awaited their prey ◆ **gibier de potence** gallows bird ◆ **le gros gibier** big game (fig)

giboulée [ʒibule] → SYN nf (sudden) shower, sudden downpour ◆ **giboulée de mars** ≃ April shower

giboyeux, -euse [ʒibwajø, øz] adj pays, forêt abounding in game, well-stocked with game

Gibraltar [ʒibʀaltaʀ] nm Gibraltar

gibus [ʒibys] → SYN nm opera hat

giclée [ʒikle] nf spurt, squirt

giclement [ʒikləmɑ̃] nm (→ **gicler**) spurting, squirting

gicler [ʒikle] → SYN ▸ conjug 1 ◂ vi **a** (jaillir) to spurt, squirt ◆ **faire gicler de l'eau d'un robinet** to squirt water from a tap ◆ **le véhicule a fait gicler de l'eau à son passage** the passing vehicle sent up a spray of water
b (*: être expulsé) personne to be tossed out on one's bum* (Brit) ou ass** (US), get the chuck*; objet to be tossed (out) ou chucked* (out)

gicleur [ʒiklœʀ] nm (Aut) jet ◆ **gicleur de ralenti** slow-running jet (Brit), idle

gidien, -ienne [ʒidjɛ̃, jɛn] adj of André Gide

GIE [ʒeiə] nm (abrév de **groupement d'intérêt économique**) → **groupement**

gifle [ʒifl] → SYN nf (lit) slap (in the face), smack (on the face), box on the ear; (fig) slap in the face ◆ **donner une gifle à qn** to slap sb in the face, give sb a slap in the face, box sb's ears → **paire²**

gifler [ʒifle] → SYN ▸ conjug 1 ◂ vt to slap (in the face) ◆ **gifler qn** to slap ou smack sb's face, slap sb in the face ◆ **visage giflé par la grêle** face lashed by (the) hail

GIFT [gift] nm (abrév de **Gametes Intra-Fallopian Transfer**) GIFT

giga... [ʒiga] préf giga ◆ **gigaoctet / watt** gigabyte / watt

gigantesque [ʒigɑ̃tɛsk] → SYN adj taille gigantic, immense; objet, entreprise gigantic, giant (épith); bêtise immense

gigantisme [ʒigɑ̃tism] nm (Méd) gigantism; (fig: grandeur) gigantic size ou proportions ◆ **ville / entreprise atteinte de gigantisme** city / firm that suffers from overexpansion on a gigantic scale

gigantomachie [ʒigɑ̃tɔmaʃi] nf gigantomachy

GIGN [ʒeiʒeɛn] nm (abrév de **Groupe d'intervention de la Gendarmerie nationale**) ≃ SAS (Brit)

gigogne [ʒigɔɲ] adj → **fusée, lit, poupée, table**

gigolette [ʒigɔlɛt] → SYN nf ◆ (Culin) **gigolette (de canard) / (de dinde)** leg of duck / of turkey

gigolo* [ʒigɔlo] nm gigolo

gigot [ʒigo] nm ◆ (Culin) **gigot (de mouton) / (d'agneau)** leg of mutton / lamb ◆ **gigot (de chevreuil)** haunch of venison ◆ **une tranche de gigot** a slice off the leg of mutton ou lamb etc, a slice off the joint ◆ (fig) **elle a de bons gigots*** she has nice sturdy legs → **manche¹**

gigoter* [ʒigɔte] ▸ conjug 1 ◂ vi to wriggle (about)

gigoteuse [ʒigɔtøz] nf Babygro®

gigue [ʒig] → SYN nf (Mus) gigue; (danse) jig ◆ (jambes) **gigues*** legs ◆ (péj: fille) **une grande gigue** a bean-pole (of a girl)* ◆ (Culin) **gigue de chevreuil** haunch of venison

gilde [gild] nf ⇒ **guilde**

gilet [ʒilɛ] nm (de complet) waistcoat (Brit), vest (US); (cardigan) cardigan ◆ **gilet (de corps** ou **de peau)** vest (Brit), undershirt (US) ◆ **gilet pare-balles** bulletproof jacket, flak jacket* ◆ **gilet de sauvetage** life jacket → **pleurer**

giletier, -ière [ʒil(ə)tje, jɛʀ] nm,f waistcoat (Brit) ou vest (US) maker

Gilles [ʒil] nm Giles

gin [dʒin] nm gin ◆ **gin tonic** gin and tonic

gindre [ʒɛ̃dʀ] nm kneader, baker's assistant

gin-fizz [dʒinfiz] nm inv gin-fizz

gingembre [ʒɛ̃ʒɑ̃bʀ] nm ginger

gingival, e, mpl **-aux** [ʒɛ̃ʒival, o] adj gingival ◆ **pâte gingivale** gum ointment

gingivite [ʒɛ̃ʒivit] nf inflammation of the gums, gingivitis (spéc)

ginglyme [ʒɛ̃glim] nm ◆ **ginglyme angulaire** hinge joint

ginkgo [ʒiŋko] nm ginkgo, gingko

gin-rami [dʒinʀami] nm ⇒ **gin-rummy**

gin-rummy [dʒinʀami] nm gin rummy

ginseng [ʒinsɛŋ] nm ginseng

giorno (à) [adʒɔʀno, aʒjɔʀno] loc adv ◆ **éclairé à giorno** sunlit

girafe [ʒiʀaf] nf (Zool) giraffe; (péj: personne) beanpole*; (Ciné) boom → **peigner**

girafeau, pl **girafeaux** [ʒiʀafo], **girafon** [ʒiʀafɔ̃] nm baby giraffe

giralducien, -ienne [ʒiʀaldysjɛ̃, jɛn] adj of Giraudoux

girandole [ʒiʀɑ̃dɔl] → SYN nf (chandelier) candelabra, girandole; (feu d'artifice, guirlande lumineuse) girandole

girasol [ʒiʀasɔl] nm girasol

giration [ʒiʀasjɔ̃] → SYN nf gyration

giratoire [ʒiʀatwaʀ] → SYN adj gyrating, gyratory → **sens**

giravion [ʒiʀavjɔ̃] nm gyroplane

girelle [ʒiʀɛl] → SYN nf rainbow wrasse

girl [gœʀl] → SYN nf chorus girl

girodyne [ʒiʀodin] nm autogiro

girofle [ʒiʀɔfl] nm clove → **clou**

giroflée [ʒiʀɔfle] [→ SYN] nf wallflower, gillyflower; (vivace) stock ◆ (*: gifle) **giroflée à cinq feuilles** slap in the face

giroflier [ʒiʀɔflije] nm clove tree

girolle [ʒiʀɔl] [→ SYN] nf chanterelle

giron [ʒiʀɔ̃] [→ SYN] nm **a** (Anat: genoux) lap; (fig: sein) bosom ◆ (fig) **rentrer dans le giron de l'Église** to return to the fold, return to the bosom of the Church ◆ **enfant élevé dans le giron maternel** child reared in the bosom of his family
b (Hér) giron, gyron
c (Archit) stair's width

girond, e* [ʒiʀɔ̃, ɔ̃d] [→ SYN] adj well-padded*, plump

Gironde [ʒiʀɔ̃d] nf ◆ **la Gironde** the Gironde

girondin, e [ʒiʀɔ̃dɛ̃, in] **1** adj (Géog) from the Gironde; (Hist) Girondist
2 nm,f (Géog) inhabitant ou native of the Gironde
3 nm (Hist) Girondist

gironné, e [ʒiʀɔne] adj **a** (Hér) gironny, gyronny
b (Tech) **marche gironnée** newel-step

girouette [ʒiʀwɛt] [→ SYN] nf weather vane ou cock ◆ (fig) **c'est une vraie girouette** he changes (his mind) with the weather (fig), he changes his mind depending on which way the wind is blowing

gisaient, gisait [ʒizɛ] → **gésir**

gisant, e [ʒizɑ̃, ɑ̃t] **1** adj lying
2 nm (Art) recumbent statue (on tomb)

gisement [ʒizmɑ̃] [→ SYN] nm **a** (Minér) deposit ◆ **gisement de pétrole** oilfield ◆ **gisement houiller** coal seam ◆ (fig) **gisement d'emplois / de clientèle** pool of jobs / customers ◆ **gisement d'informations** mine of information
b (Naut) bearing

gisent [ʒiz], **gît** [ʒi] → **gésir**

gitan, e [ʒitɑ̃, an] [→ SYN] **1** adj gipsy (épith)
2 nm,f ◆ **Gitan(e)** gipsy
3 **gitane** ® nf (cigarette) Gitane (cigarette)

gîte[1] [ʒit] [→ SYN] nm **a** (abri) shelter; (†: maison) home; (Tourisme) gîte, self-catering cottage ou flat ◆ **rentrer au gîte** to return home ◆ **ils lui donnent le gîte et le couvert** they give him room and board ou board and lodging (Brit) ◆ (pour randonneurs) **gîte d'étape** lodge ◆ **gîte rural** (country) gîte, self-catering cottage (in the country)
b (Chasse) (lièvre) form
c (Boucherie) **gîte (à la noix)** topside (Brit), bottom round (US) ◆ **gîte-gîte** shin (Brit), shank (US)
d (Minér) deposit

gîte[2] [ʒit] nf (Naut) (emplacement d'épave) bed *(of a sunken ship)* ◆ **donner de la gîte** to list, heel

gîter [ʒite] [→ SYN] ▸ conjug 1 ◂ vi (littér) to lodge; (Naut) (pencher) to list, heel; (être échoué) to be aground

giton [ʒitɔ̃] nm (littér) catamite

givrage [ʒivʀaʒ] nm (Aviat) icing

givrant, e [ʒivʀɑ̃, ɑ̃t] adj ◆ **brouillard givrant** icy fog

givre [ʒivʀ] [→ SYN] nm **a** (hoar) frost, rime (spéc) → **fleur**
b (Chim) crystallization

givré, e [ʒivʀe] (ptp de **givrer**) adj **a** arbre covered in frost; fenêtre, hélice frosted-up, iced-up, covered in frost; verre frosted ◆ **orange** etc **givrée** orange etc sorbet served in the (orange etc) skin
b (*) (ivre) plastered*; (fou) cracked*, bonkers* (Brit), nuts* ◆ **devenir complètement givré** to go completely off one's head ou rocker*

givrer vt, **se givrer** vpr [ʒivʀe] [→ SYN] ▸ conjug 1 ◂ to frost up, ice up

givreux, -euse [ʒivʀø, øz] adj speckled with white

givrure [ʒivʀyʀ] nf white speckle

glabelle [glabɛl] nf glabella

glabre [glɑbʀ] [→ SYN] adj (imberbe) hairless; (rasé) clean-shaven; (Bot) glabrous

glaçage [glasaʒ] nm [viande, papier, étoffe] glazing; [gâteau] (au sucre) icing; (au blanc d'œuf) glazing

glaçant, e [glasɑ̃, ɑ̃t] adj (fig) attitude, accueil, ton frosty, chilly

glace[1] [glas] [→ SYN] nf **a** (eau congelée) ice (NonC) ◆ **glace pilée** crushed ice ◆ **compartiment à glace** freezer compartment ◆ **seau / pince à glace** ice bucket / tongs ◆ **le thermomètre est à la glace** the thermometer is at freezing (point) ◆ **les sports de glace** ice sports ◆ (lit, fig) **briser** ou **rompre la glace** to break the ice → **crampon, hockey, saint**
b (Géog) **glaces** ice sheets, ice fields ◆ **glaces flottantes** drift ice, ice floes ◆ **canal bloqué par les glaces** canal blocked with ice ou with ice floes ◆ **bateau pris dans les glaces** icebound ship
c (fig) **de glace** accueil icy, frosty, ice-cold; expression, visage stony, frosty ◆ **rester de glace** to remain unmoved
d (Culin) (dessert) ice cream, ice (Brit); (pour pâtisserie: glaçage) royal icing ◆ **glace à l'eau** water ice (Brit), sherbet (US) ◆ **glace à la crème** dairy ice cream ◆ **glace à la vanille / au café** vanilla / coffee ice cream ◆ **glace à l'italienne** soft ice cream ◆ **glace à 2 / 3 boules** ice cream with 2 / 3 scoops → **sucre**
e (jus de viande) glaze

glace[2] [glas] [→ SYN] nf **a** (miroir) mirror ◆ **glace à main** hand mirror ◆ **glace sans tain** two-way mirror → **armoire**
b (plaque de verre) sheet of (plate) glass; plate glass (NonC) ◆ **la glace d'une vitrine** the glass of a shop window
c [véhicule] (vitre) window;
d (Joaillerie) white speckle → **tain**

glacé, e [glase] [→ SYN] (ptp de **glacer**) adj neige, lac frozen; vent, eau, chambre icy, freezing; boisson icy, ice-cold; cuir, tissu glazed; fruit glacé; accueil, attitude, sourire stiff, chilly ◆ **je suis glacé** I'm frozen (stiff), I'm chilled to the bone ◆ **j'ai les mains glacées** my hands are frozen ou freezing ◆ **à servir glacé** to be served iced ou ice-cold ◆ **café / chocolat glacé** iced coffee / chocolate → **crème, marron**[1], **papier**

glacer [glase] [→ SYN] ▸ conjug 3 ◂ **1** vt **a** liquide (geler) to freeze; (rafraîchir) to chill, ice ◆ **mettre des boissons à glacer** to put some drinks to chill
b personne, membres to make freezing, freeze ◆ **ce vent glace les oreilles** this wind is freezing to the ears ou freezes your ears ◆ **ce vent vous glace** it's a freezing ou perishing (Brit) (cold) wind, this wind chills you to the bone
c (fig) **glacer qn** (intimider) to turn sb cold, chill sb; (paralyser) to make sb's blood run cold ◆ **cela l'a glacé d'horreur** ou **d'épouvante** he was frozen with terror at this ◆ **glacer le sang de qn** to make sb's blood run cold, chill sb's blood ◆ (littér) **cette réponse lui glaça le cœur** this reply turned his heart to ice ◆ **son attitude vous glace** he has a chilling way about him, his attitude turns you cold
d viande, papier, étoffe to glaze; gâteau (au sucre) to ice; (au blanc d'œuf) to glaze
2 **se glacer** vpr [eau] to freeze ◆ **mon sang se glaça dans mes veines** my blood ran cold ou my blood froze in my veins ◆ **son sourire / son expression se glaça** his smile / expression froze

glacerie [glasʀi] nf (commerce) mirror trade; (industrie) mirror industry; (usine) mirror factory

glaceur [glasœʀ] nm [viande, papier, étoffe] glazer

glaceuse[1] [glasøz] nf glazing machine

glaceux, -euse[2] [glasø, øz] adj speckled with white

glaciaire [glasjɛʀ] **1** adj période, calotte ice (épith); relief, régime, vallée, érosion glacial
2 nm ◆ **le glaciaire** the glacial period, the ice age

glaciairiste [glasjɛʀist] nmf ⇒ **glaciériste**

glacial, e, mpl **glacials** ou **glaciaux** [glasjal, jo] [→ SYN] adj **a** froid icy, freezing (épith); nuit, pluie, vent icy, freezing (cold) → **océan**
b (fig) accueil icy, frosty, ice-cold; silence, regard frosty, icy ◆ **c'est quelqu'un de glacial** he's as cold as ice, he's a real iceberg ◆ **« non », dit-elle d'un ton glacial** "no", she said frostily ou icily

glaciation [glasjasjɔ̃] nf glaciation

glacier [glasje] [→ SYN] nm **a** (Géog) glacier
b (fabricant) ice-cream maker; (vendeur) ice-cream man → **pâtissier**

glacière [glasjɛʀ] [→ SYN] nf icebox ◆ **mettre qch à la glacière** to put sth in the icebox ◆ (fig) **c'est une vraie glacière ici!** it's like a fridge ou an icebox here!

glaciériste [glasjeʀist] nmf ice climber

glaciologie [glasjɔlɔʒi] nf glaciology

glaciologique [glasjɔlɔʒik] adj glaciological

glaciologue [glasjɔlɔg] nmf glaciologist

glacis [glasi] [→ SYN] nm **a** (Art) glaze
b (Archit) weathering; (Géog, Mil) glacis

glaçon [glasɔ̃] nm [rivière] block of ice; [toit] icicle; [boisson] ice cube; (péj: personne) iceberg ◆ (whisky etc) **avec ou sans glaçon?** on the rocks or straight? ◆ **un whisky avec (des) glaçons** a whisky on the rocks ◆ **mes pieds sont comme des glaçons** my feet are like blocks of ice

glaçure [glasyʀ] nf (Tech) glaze

gladiateur [gladjatœʀ] [→ SYN] nm gladiator

glagla* [glagla] loc adv ◆ **à glagla!** it's freezing! ◆ **les avoir à glagla** to be frozen (stiff)

glagolitique [glagɔlitik] adj Glagolitic

glaïeul [glajœl] nm gladiola, gladiolus

glaire [glɛʀ] [→ SYN] nf [œuf] white; (Méd) phlegm

glairer [gleʀe] ▸ conjug 1 ◂ vt to glair

glaireux, -euse [glɛʀø, øz] adj slimy

glairure [gleʀyʀ] nf glair

glaise [glɛz] [→ SYN] nf clay → **terre**[1]

glaiser [gleze] ▸ conjug 1 ◂ vt (enduire) to coat with clay; (amender) to add clay to

glaiseux, -euse [glɛzø, øz] adj clayey

glaisière [glɛzjɛʀ] nf clay pit

glaive [glɛv] [→ SYN] nm two-edged sword ◆ (littér) **le glaive de la justice** the sword of justice ◆ **le glaive et la balance** the sword and the scales

glanage [glanaʒ] nm gleaning

gland [glɑ̃] nm (Bot) acorn; (Anat) glans; (ornement) tassel ◆ (*,*: imbécile) **quel gland!** what a prick!*,*

glande [glɑ̃d] nf gland ◆ (Méd) **avoir des glandes** to have swollen glands ◆ **avoir les glandes*** (être en colère) to be hopping mad*; (être anxieux) to be all wound-up* ◆ **glande pinéale** pineal body ou gland

glandée [glɑ̃de] nf acorn harvest

glander* [glɑ̃de] ▸ conjug 1 ◂ vi (traînailler) to fart around*,* (Brit), footle about* (Brit), screw around* (US); (attendre) to hang around*, kick one's heels* (Brit) ◆ **j'en ai rien à glander** I don't give ou care a damn* ◆ **qu'est-ce que tu glandes?** what the hell are you doing?*

glandeur, -euse* [glɑ̃dœʀ, øz] nm,f layabout*, shirker

glandouiller* [glɑ̃duje] ▸ conjug 1 ◂ vi ⇒ **glander***

glandulaire [glɑ̃dylɛʀ] adj glandular

glanduleux, -euse [glɑ̃dylø, øz] adj glandulous

glane [glan] nf **a** (glanage) gleaning
b (chapelet) **glane d'oignons / d'aulx** string of onions / of garlic

glaner [glane] [→ SYN] ▸ conjug 1 ◂ vt (lit, fig) to glean

glaneur, -euse [glanœʀ, øz] nm,f gleaner

glapir [glapiʀ] [→ SYN] ▸ conjug 2 ◂ vi [renard, chien] to yap, yelp; (péj) [personne] to yelp, squeal

glapissant, e [glapisɑ̃, ɑ̃t] [→ SYN] adj (→ **glapir**) yapping, yelping; yelping, squealing

glapissement [glapismɑ̃] [→ SYN] nm (→ **glapir**) yapping; yelping; squealing

glaréole [glaʀeɔl] nf pratincole

glas [glɑ] nm knell (NonC), toll (NonC) ◆ **on sonne le glas** the bell is tolling, they are tolling the knell ou bell ◆ (fig) **sonner le glas de**

to toll ou sound the knell of ◆ (Littérat) **"Pour qui sonne le glas"** "For Whom the Bell Tolls"

glasnost [glasnɔst] nf glasnost

glaucomateux, -euse [glokomatø, øz] adj glaucomatous

glaucome [glokom] nm glaucoma

glauque [glok] → SYN adj yeux, eau dull blue-green; (*: louche) quartier, hôtel shabby; regard shifty; individu shifty, shady

glaviot* [glavjo] nm gob of spit*

glavioter* [glavjɔte] ▸ conjug 1 ◂ vi to spit

glèbe [glɛb] → SYN nf (Hist, littér) glebe

gléchome, glécome [glekom] nm ground ivy

glène[1] [glɛn] nf (Anat) socket

glène[2] [glɛn] nf (Naut) coil

gléner [glene] ▸ conjug 1 ◂ vt to coil

glénoïde [glenɔid] adj glenoid

glial, e, mpl **-aux** [glijal, o] adj glial

glie [gli] nf glia

gliome [glijom] nm glioma

glissade [glisad] → SYN nf **a** (par jeu) slide; (chute) slip; (dérapage) skid ◆ (Aviat) **glissade sur l'aile** sideslip ◆ **il fit une glissade mortelle** he slipped and was fatally injured ◆ **faire des glissades sur la glace** to slide on the ice ◆ (fig) **la glissade du dollar** the slide of the dollar

b (Danse) glissade

glissage [glisaʒ] nm sledging *(of wood)*

glissando [glisɑ̃do] adv, nm glissando

glissant, e [glisɑ̃, ɑ̃t] → SYN adj sol, savon, poisson slippery → **terrain**

glisse [glis] nf (Ski) glide ◆ **sports de glisse** *sports which involve sliding* ou *gliding (eg skiing, surfing, skating)*

glissé, e [glise] (ptp de **glisser**) adj, nm ◆ **(pas) glissé** glissé

glissement [glismɑ̃] → SYN nm [porte, rideau, pièce] sliding; [bateau] gliding; (Ski, Phon) glide; [valeurs boursières] downturn, downswing; [prix] slide ◆ **glissement électoral (à gauche)** electoral swing ou move (to the left) ◆ **glissement de sens** shift in meaning ◆ **glissement de terrain** landslide, landslip

glisser [glise] → SYN ▸ conjug 1 ◂ **1** vi **a** (avancer) to slide along; [fer à repasser] to slide along; [voilier, nuages, patineurs] to glide along ◆ **le bateau glissait sur les eaux** the boat glided over the water ◆ (Ski) **avec ce fart, on glisse bien** you slide ou glide easily with this wax, this wax slides ou glides easily ◆ **il fit glisser le fauteuil (sur le sol)** he slid the armchair (along the floor)

b (tomber) to slide ◆ **ils glissèrent le long de la pente dans le ravin** they slid down the slope into the gully ◆ **il se laissa glisser le long du mur** he slid down the wall ◆ **une larme glissa le long de sa joue** a tear trickled ou slid down his cheek ◆ **d'un geste maladroit il fit glisser le paquet dans le ravin** with a clumsy gesture he sent the parcel sliding down into the gully ◆ **il fit glisser l'argent dans sa poche** he slipped the money into his pocket

c (fig: aller) to slip ◆ **le pays glisse vers l'anarchie** the country is slipping ou sliding towards anarchy ◆ **le pays glisse vers la droite** the country is moving ou swinging towards the right ◆ **il glisse dans la délinquance** he's slipping into crime ◆ **il glisse sur une mauvaise pente** he's going downhill

d (déraper) [personne, objet] to slip; [véhicule, pneus] to skid ◆ **il a glissé sur la glace et il est tombé** he slipped on the ice and fell ◆ **son pied a glissé** his foot slipped

e (être glissant) [parquet] to be slippery ◆ **attention, ça glisse** be careful, it's slippery (underfoot)

f (coulisser) [tiroir, rideau] to slide; [curseur, anneau] to slide (along) ◆ **ces tiroirs ne glissent pas bien** these drawers don't slide (in and out) easily

g (échapper de) **glisser de la table** to slip ou slide off the table ◆ **glisser de la poêle / des mains** to slip ou slide out of the frying pan / one's hands ◆ (fig) **le voleur leur a glissé entre les mains** the thief slipped (right) through their fingers

h (effleurer) **glisser sur: ses doigts glissaient sur les touches** his fingers slipped over the keys ◆ **les reproches glissent sur lui (comme l'eau sur les plumes d'un canard)** reproaches roll off him (like water off a duck's back) ◆ **glisser sur un sujet** to skate over a subject ◆ **glissons!** let's not dwell on it, let's skate over that, let that pass ◆ (Prov) **glissez, mortels, n'appuyez pas!** enough said! ◆ **la balle glissa sur le blindage** the bullet glanced off the armour plating ◆ **son regard glissa d'un objet à l'autre** he glanced from one object to another, his eyes slipped from one object to another

2 vt ◆ (introduire) **glisser qch sous / dans qch** to slip ou slide sth under / into sth ◆ **glisser une lettre sous la porte** to slip ou slide a letter under the door ◆ **il me glissa un billet dans la main** he slipped a note into my hand ◆ (fig) **glisser un mot à l'oreille de qn** to slip ou drop a word in sb's ear ◆ (fig) **il glisse toujours des proverbes dans sa conversation** he's always slipping proverbs into his conversation ◆ **il me glissa un regard en coulisse** he gave me a sidelong glance ◆ **il me glissa que ...** he whispered to me that ...

3 se glisser vpr **a** [personne, animal] **se glisser quelque part** to slip somewhere ◆ **le chien s'est glissé sous le lit / derrière l'armoire** the dog has slipped under the bed / behind the cupboard ◆ **se glisser dans les draps** to slip ou slide between the sheets ◆ **le voleur a réussi à se glisser dans la maison** the thief managed to sneak ou slip into the house ◆ **il a réussi à se glisser jusqu'au premier rang** he managed to edge ou worm his way to the front ou to slip through to the front

b [erreur, sentiment] **se glisser dans** to creep into ◆ **l'inquiétude / le soupçon se glissa en lui / dans son cœur** anxiety / suspicion crept into him / into his heart ◆ **une erreur s'est glissée dans le texte** a mistake has slipped ou crept into the text

glisseur [glisœʀ, øz] nm (Math) sliding vector

glissière [glisjɛʀ] → SYN nf slide ou sliding channel; (Aut) [siège] runner ◆ **porte / panneau / système à glissière** sliding door / panel / device ◆ (sur une route) **glissière de sécurité** crash barrier → **fermeture**

glissoir [gliswaʀ] nm (dévaloir) timber chute

glissoire [gliswaʀ] nf slide *(on ice or snow)*

global, e, mpl **-aux** [glɔbal, o] → SYN adj somme global (épith), total (épith), overall (épith), aggregate (épith); résultat, résumé overall (épith); perspective, vue global (épith), overall (épith), comprehensive ◆ **méthode globale** word recognition method *(of teaching reading)*

globalement [glɔbalmɑ̃] → SYN adv (en bloc) globally; (pris dans son ensemble) taken as a whole ◆ **considérer un problème globalement** to consider a problem from every angle ◆ **globalement nous sommes tous d'accord** overall ou in the main we are in agreement

globalisant, e [glɔbalizɑ̃, ɑ̃t], **globalisateur, -trice** [glɔbalizatœʀ, tʀis] adj vision all-embracing

globaliser [glɔbalize] → SYN ▸ conjug 1 ◂ vt to globalize

globalisme [glɔbalism] nm holism

globalité [glɔbalite] nf global nature ◆ **regardons le problème dans sa globalité** let us look at the problem from every angle

globe [glɔb] → SYN nm **a** (sphère, monde) globe ◆ **globe oculaire** eyeball ◆ **le globe terrestre** the globe, the earth ◆ **un conflit qui pourrait s'étendre à tout le globe** a conflict which could become worldwide ou which could affect the whole world

b (pour recouvrir) glass cover, globe ◆ (fig) **mettre qn / qch sous globe** to keep sb / sth in cotton wool (Brit), keep sb / sth in a glass case

globe-trotter, pl **globe-trotters** [glɔbtʀɔtœʀ] → SYN nm globe-trotter

globigérine [glɔbiʒeʀin] nf globigerina

globine [glɔbin] nf globin

globulaire [glɔbylɛʀ] **1** adj (sphérique) global; (Physiol) corpuscular → **numération**

2 nf (Bot) *type of scabious,* globularia vulgaris (spéc)

globule [glɔbyl] → SYN nm (gén, Chim) globule; (Physiol) corpuscle ◆ **globules rouges / blancs** red / white corpuscles ◆ (Bio) **globule polaire** polar body

globuleux, -euse [glɔbylø, øz] adj forme globular; œil protruding

globuline [glɔbylin] nf globulin

glockenspiel [glɔkɛnʃpil] nm glockenspiel

gloire [glwaʀ] → SYN nf **a** (renommée) glory, fame; [vedette] stardom, fame ◆ **trouver la gloire sur le champ de bataille** to win glory on the battlefield ◆ **la gloire littéraire** literary fame ◆ **être au sommet de la gloire** ou **en pleine gloire** to be at the height of one's fame ◆ **il s'est couvert de gloire à l'examen** he covered himself in glory in the exam ◆ **elle a eu son heure de gloire** she has had her hour of glory ◆ **(faire qch) pour la gloire** (to do sth) for the glory of it ou for love* ◆ **dire / publier qch pour la gloire de qn** to say / publish sth for the greater glory of sb ◆ **faire la gloire de qn / qch** to be the glory of sb / sth ◆ **ce n'est pas la gloire*** it's nothing to write home about*

b (distinction) **sa plus grande gloire a été de faire** his greatest distinction ou his greatest claim to fame was to do ◆ **s'attribuer toute la gloire de qch** to give o.s. all the credit for sth, take all the glory for sth ◆ **se faire** ou **tirer gloire de qch** to revel ou glory in sth

c (littér, Rel: éclat) glory ◆ **la gloire de Rome / de Dieu** the glory of Rome / God ◆ **le trône / le séjour de gloire** the throne / the Kingdom of Glory

d (louange) glory, praise ◆ **gloire à Dieu** glory to God, praise be to God ◆ **gloire à tous ceux qui ont donné leur vie** glory to all those who gave their lives ◆ **disons-le à sa gloire** it must be said in praise of him ◆ **poème / chant à la gloire de** poem / song in praise of ◆ **célébrer** ou **chanter la gloire de** to sing the praises of → **rendre**

e (personne: célébrité) celebrity ◆ (hum) **toutes les gloires de la région étaient là** all the worthies (hum) ou notables of the region were there ◆ **cette pièce est la gloire du musée** this piece is the pride of the museum

f (Art: auréole) glory ◆ **Christ en gloire** Christ in majesty

glome [glom] nm glome

gloméris [glɔmeʀis] nm glomeris

glomérulaire [glɔmeʀylɛʀ] adj (Bot) glomerulate; (Anat) glomerular

glomérule [glɔmeʀyl] nm (Bot) glomerule; (Anat) glomerulus

gloria [glɔʀja] nm inv (Rel) Gloria; (†: boisson) laced coffee, spiked coffee (US)

gloriette [glɔʀjɛt] → SYN nf **a** (pavillon) gazebo

b (volière) aviary

glorieusement [glɔʀjøzmɑ̃] adv gloriously

glorieux, -ieuse [glɔʀjø, jøz] → SYN adj exploit, mort, personne glorious; air, ton self-important ◆ (littér, péj) **tout glorieux de sa richesse / de pouvoir dire ...** glorying in ou priding himself on his wealth / being able to say ... ◆ **tes résultats ne sont pas très glorieux*** your results aren't too brilliant ou fabulous

glorificateur, -trice [glɔʀifikatœʀ, tʀis] **1** adj glorifying

2 nm,f glorifier

glorification [glɔʀifikasjɔ̃] → SYN nf glorification

glorifier [glɔʀifje] → SYN ▸ conjug 7 ◂ **1** vt to glorify, extol ◆ **glorifier Dieu** to glorify God

2 se glorifier vpr ◆ **se glorifier de** to glory in, take great pride in

gloriole [glɔʀjɔl] → SYN nf misplaced vanity, vainglory ◆ **faire qch par gloriole** to do sth out of (misplaced) vanity ou out of vainglory

glose [gloz] → SYN nf (annotation, commentaire) gloss

gloser [gloze] → SYN ▸ conjug 1 ◂ **1** vt to annotate, gloss

2 vi to ramble on (*sur* about)

glossaire [glɔsɛʀ] → SYN nm glossary

glossateur [glɔsatœʀ] nm glosser

glossématique [glɔsematik] nf glossematics (sg)

glossine [glɔsin] nf glossina

glossite [glɔsit] nf glossitis

glossolalie [glɔsɔlali] nf glossolalia

glossopharyngien, -ienne [glɔsofaʀɛ̃ʒjɛ̃, jɛn] adj glossopharyngeal

glossotomie [glɔsɔtɔmi] nf glossotomy

glottal, e, mpl **-aux** [glɔtal, o] adj glottal

glotte [glɔt] nf glottis ◆ **coup de glotte** glottal stop

glottique [glɔtik] adj glottal

glouglou [gluglu] nm **a** [eau] gurgling, glug-glug* ◆ **faire glouglou** to gurgle, go glug-glug*
b [dindon] gobbling, gobble-gobble ◆ **faire glouglou** to gobble, go gobble-gobble

glouglouter [gluglute] ▸conjug 1◂ vi [eau] to gurgle; [dindon] to gobble

gloussant, e [glusɑ̃, ɑ̃t] adj rire chuckling

gloussement [glusmɑ̃] nm (→ **glousser**) chuckle; cluck

glousser [gluse] ▸conjug 1◂ vi [personne] to chuckle; [poule] to cluck

glouton, -onne [glutɔ̃, ɔn] → SYN **1** adj personne gluttonous, greedy; appétit voracious
2 nm,f glutton
3 nm (Zool) wolverine

gloutonnement [glutɔnmɑ̃] → SYN adv manger gluttonously, greedily; lire voraciously ◆ **avalant gloutonnement son repas** gulping his meal down gluttonously ou greedily, guzzling (down) his meal*

gloutonnerie [glutɔnʀi] → SYN nf gluttony, greed

gloxinia [glɔksinja] nm gloxinia

glu [gly] nf (pour prendre les oiseaux) birdlime ◆ **prendre les oiseaux à la glu** to lime birds ◆ **on dirait de la glu, c'est comme de la glu** it's like glue ◆ (fig: personne) **quelle glu, ce type!*** what a leech the guy is!*

gluant, e [glyɑ̃, ɑ̃t] → SYN adj (substance) sticky, gummy; (fig: répugnant) personne slimy

gluau, pl **gluaux** [glyo] nm (branche) birdlime-twig

glucagon [glykagɔ̃] nm glucagon

glucide [glysid] nm carbohydrate

glucidique [glysidik] adj carbohydrate (épith)

glucomètre [glykɔmɛtʀ] nm saccharometer

glucose [glykoz] nm glucose

glucoserie [glykozʀi] nf **a** (industrie) glucose industry
b (usine) glucose factory

glucoside [glykozid] nm glucoside

glume [glym] → SYN nf glume

glumelle [glymɛl] nf glumella

gluon [glyɔ̃] nm gluon

glutamate [glytamat] nm glutamate

glutamine [glytamin] nf glutamine

glutamique [glytamik] adj ◆ **acide glutamique** glutam(in)ic acid

gluten [glytɛn] nm gluten

glutineux, -euse [glytinø, øz] → SYN adj glutinous

glycémie [glisemi] nf glycaemia (Brit), glycemia (US)

glycéride [gliseʀid] nf glyceride

glycérie [gliseʀi] nf sweet-grass

glycérine [gliseʀin] nf glycerin(e), glycerol (spéc)

glycériner [gliseʀine] ▸conjug 1◂ vt ◆ **joint glycériné** glycerol-coated joint ◆ **savon glycériné** glycerin(e) soap

glycérique [gliseʀik] adj ◆ **acide glycérique** glyceric acid

glycérol [gliseʀɔl] nm glycerin(e), glycerol (spéc)

glycérophtalique [gliseʀoftalik] adj ◆ **peinture glycérophtalique** oil-based paint

glycine [glisin] nf **a** (plante) wisteria, wistaria
b (acide) glycine

glycocolle [glikokɔl] nm glycine

glycogène [glikoʒɛn] nm glycogen

glycogenèse [glikoʒənɛz] nf glycogenesis

glycogénique [glikoʒenik] adj glycogenetic

glycogénogenèse [glikoʒenoʒənɛz] nf synthesis of glycogen

glycol [glikɔl] nm glycol

glycolipide [glikolipid] nm glycolipid

glycolyse [glikɔliz] nf glycolysis

glycolytique [glikolitik] adj glycolytic

glycoprotéine [glikopʀɔtein] nf glycoprotein, glucoprotein

glycoprotéique [glikopʀɔteik] adj glycoproteinic

glycosurie [glikozyʀi] nf glycosuria, glucosuria

glycosurique [glikozyʀik] adj glycosuric, glucosuric

glyphe [glif] → SYN nm glyph

glyptique [gliptik] nf glyptics (sg)

glyptodon [gliptɔdɔ̃], **glyptodonte** [gliptɔdɔ̃t] nm glyptodont

glyptographie [gliptogʀafi] nf glyptography

glyptothèque [gliptɔtɛk] nf sculpture museum

GMT [ʒeɛmte] (abrév de **Greenwich Mean Time**) GMT ◆ **à 15 heures GMT** at fifteen (hundred) hours GMT

gnangnan* [ɲɑ̃ɲɑ̃] **1** adj inv film, roman soppy* ◆ **qu'est-ce qu'il est gnangnan!** what a drip* ou a whinger* he is!
2 nmf whinger*, drip*

gneiss [gnɛs] nm gneiss

gneissique [gnesik] adj gneissic, gnessoid

gnète [gnɛt] nf gnetum

gniard‡ [ɲaʀ] nm brat*

gniôle* [ɲol] nf ⇒ **gnôle***

gniouf‡ [ɲuf] nm ⇒ **gnouf‡**

GNL [ʒeɛnɛl] nm (abrév de **gaz naturel liquéfié**) LNG

gnocchi [ɲɔki] nmpl gnocchi

gnognote* [ɲɔɲɔt] nf ◆ **c'est de la gnognote!** it's rubbish! ◆ **c'est pas de la gnognote!** that's really something!* ◆ **500 F? c'est de la gnognote pour lui** 500 F? that's nothing ou peanuts* to him

gnôle* [ɲol] nf (eau-de-vie) hooch* ◆ **un petit verre de gnôle** a snifter‡, a dram*

gnome [gnom] → SYN nm gnome

gnomique [gnɔmik] → SYN adj gnomic

gnomon [gnɔmɔ̃] nm gnomon

gnomonique [gnɔmɔnik] **1** adj gnomonic
2 nf gnomon making

gnon* [ɲɔ̃] nm (coup) blow, bash*; (marque) dent, bump ◆ **prendre un gnon** ou **des gnons** to get bashed* ◆ **il donnait des gnons à tout le monde** he was hitting out at everybody

gnose [gnoz] → SYN nf gnosis

gnoséologie [gnozeɔlɔʒi] nf gnosiology, gnoseology

gnoséologique [gnozeɔlɔʒik] adj gnosiological, gnoseological

gnosticisme [gnɔstisism] nm gnosticism

gnostique [gnɔstik] → SYN adj, nmf gnostic

gnou [gnu] nm gnu, wildebeest

gnouf‡ [ɲuf] nm (arg Crime) nick‡, the clink‡ ◆ **au gnouf** in the nick‡, in the clink‡

GO (abrév de **grandes ondes**) LW

Go abrév de **gigaoctet**

go [go] nm (jeu) go → **tout**

goal [gol] nm goalkeeper, goalie*

goal-average, pl **goal-averages** [golaveʀaʒ] nm (Ftbl) goal difference

gobelet [gɔblɛ] → SYN nm [enfant, pique-nique] beaker; (en étain, verre, argent) tumbler; [dés] cup ◆ **un gobelet en plastique / papier** a plastic / paper cup

gobeleterie [gɔblɛtʀi] nf (industrie) glassware industry

gobeletier, -ière [gɔbletje, jɛʀ] nm,f (fabricant) glassware maker; (vendeur) glassware seller

Gobelins [gɔb(ə)lɛ̃] nmpl ◆ **la manufacture des Gobelins** the Gobelins tapestry workshop

gobe-mouche, pl **gobe-mouches** [gɔbmuʃ] nm (Orn) flycatcher ◆ **gobe-mouche gris** spotted flycatcher

gober [gɔbe] → SYN ▸conjug 1◂ vt huître, œuf to swallow (whole); (fig) mensonge, histoire to swallow (hook, line and sinker) ◆ **je ne peux pas le gober*** I can't stand him ◆ **ne reste pas là à gober les mouches** don't just stand there gawping

goberger (se)* [gɔbɛʀʒe] → SYN ▸conjug 3◂ vpr (faire bonne chère) to indulge o.s.; (prendre ses aises) to pamper o.s.

gobeur, -euse* [gɔbœʀ, øz] → SYN nm,f (fig) sucker‡

gobie [gɔbi] nm goby

godailler [gɔdaje] ▸conjug 1◂ vi ⇒ **goder**

godasse* [gɔdas] nf shoe

Godefroi [gɔdfʀwa] nm ◆ **Godefroi de Bouillon** Godefroy de Bouillon

godelureau†, pl **godelureaux** [gɔd(ə)lyʀo] nm (young) dandy; (péj) ladies' man (péj)

godemiché [gɔdmiʃe] nm dildo

goder [gɔde] → SYN ▸conjug 1◂ vi [vêtement] to pucker, be puckered; [papier peint] to have bubbles ou bulges in it ◆ **sa jupe godait de partout** her skirt was all puckered

godet [gɔdɛ] → SYN nm **a** (gén: récipient) jar, pot; (à peinture) pot ◆ **viens boire un godet avec nous*** come and have a jar* (Brit) ou a drink with us
b (Couture) gore ◆ **jupe à godets** gored skirt
c (Tech) bucket

godiche [gɔdiʃ] → SYN adj lumpish, oafish ◆ **quelle godiche, ce garçon!** what an awkward lump ou what a clumsy oaf that boy is!

godille [gɔdij] → SYN nf **a** (Sport) scull; (Ski) wedeln ◆ **descendre en godille** to wedeln
b (*: péj) **à la godille** système dicky* (Brit), ropey* (Brit), cheesy* (US); jambe, bras dicky* (Brit), game

godiller [gɔdije] ▸conjug 1◂ vi (Sport) to scull; (Ski) to wedeln, use the wedeln technique

godilleur, -euse [gɔdijœʀ, øz] nm,f (Sport) sculler; (Ski) wedelner

godillot* [gɔdijo] **1** adj inv (péj: Pol) unquestioning (épith)
2 nm (soulier) clodhopper*, clumpy shoe; (†: péj, Pol) unquestioning ou ardent supporter

godiveau, pl **godiveaux** [gɔdivo] → SYN nm *boiled meatball*

godron [gɔdʀɔ̃] → SYN nm (ornement) gadroon, godroon

godronner [gɔdʀɔne] ▸conjug 1◂ vt (orner de godrons) to decorate with gadroons ou godroons

goéland [gɔelɑ̃] nm seagull, gull ◆ **goéland cendré** common gull ◆ **goéland argenté** herring gull

goélette [gɔelɛt] nf schooner

goémon [gɔemɔ̃] → SYN nm wrack

goétie [gɔesi] nf (Antiq) goety

goglu [gɔgly] nm (Can) bobolink, ricebird

gogo[1]* [gogo] → SYN nm (personne crédule) sucker*, mug‡ ◆ **c'est bon pour les gogos** it's a con‡, it's a mug's game‡

gogo[2]* [gogo] → SYN adv ◆ **à gogo** (en abondance) galore ◆ **on avait du vin à gogo** we had wine galore

goguenard, e [gɔg(ə)naʀ, aʀd] → SYN adj mocking

goguenardise [gɔg(ə)naʀdiz] → SYN nf mocking

goguenots‡ [gɔg(ə)no], **gogues‡** [gɔg] nmpl (toilettes) bog‡ (Brit), loo* (Brit), john‡ (US)

goguette* [gɔgɛt] nf ◆ **être en goguette** to be on the binge* (Brit), be on a spree

goinfre* [gwɛ̃fʀ] (glouton) **1** adj piggish* **2** nm pig*

goinfrer (se) [gwɛ̃fʀe] ▸conjug 1◂ vpr to make a pig of o.s.*, make a beast of o.s.* ◆ **se goinfrer de gâteaux** to guzzle cakes*, pig o.s. on cakes*

goinfrerie [gwɛ̃fʀəʀi] → SYN nf piggery*, piggishness*

goitre [gwatʀ] → SYN nm goitre ◆ **goitre exophtalmique** Graves' disease, exophtalmic goitre

goitreux, -euse [gwatʀø, øz] **1** adj goitrous **2** nm,f person suffering from goitre

golden [gɔldɛn] nf inv ◆ **(pomme) golden** Golden Delicious (apple)

gold point [gɔldpɔjnt] nm gold ou specie point

golem [gɔlɛm] nm golem

golf [gɔlf] nm (sport) golf; (terrain) golf course ou links ◆ **golf miniature** miniature golf ◆ **culottes** ou **pantalon de golf** plus fours → **joueur**

golfe [gɔlf] → SYN nm gulf; (petit) bay ◆ **le golfe de Botnie** the Gulf of Bothnia ◆ **le golfe de Gascogne** the Bay of Biscay ◆ **le golfe du Bengale** the Bay of Bengal ◆ **le golfe du Lion** the Gulf of Lions ◆ **le golfe du Mexique** the Gulf of Mexico ◆ **le golfe Arabique** the Arabian Gulf ◆ **le golfe Persique** the Persian Gulf ◆ **les États du Golfe** the Gulf States ◆ **la guerre du Golfe** the Gulf War

golfeur, -euse [gɔlfœʀ, øz] nm,f golfer

golfique [gɔlfik] adj golf (épith)

Golgotha [gɔlgɔta] nm ◆ **le Golgotha** Golgotha

Goliath [gɔljat] nm Goliath → **David**

golmotte [gɔlmɔt] nf (amanite) amanita; (lépiote) parasol mushroom

gombo [gɔ̃bo] nm gumbo, gombo, okra

gomina® [gɔmina] nf hair cream, Brylcreem®

gominer (se) [gɔmine] ▸conjug 1◂ vpr to put hair cream on, Brylcreem® ◆ **cheveux gominés** plastered-down hair, hair plastered down with Brylcreem®

gommage [gɔmaʒ] nm (→ **gommer**) rubbing-out; erasing; gumming; [peau] exfoliation ◆ **se faire un gommage** (visage) to use a facial scrub, exfoliate; (corps) to use a body scrub, exfoliate

gomme [gɔm] **1** nf (NonC: substance) gum; (Méd) gumma; (Bot) gummosis; (pour effacer) rubber (Brit), eraser (US) ◆ **mettre** ou **donner toute la gomme*** to step on the gas*, put one's foot right down* (Brit), give it full throttle* ◆ **à la gomme*** personne, outil, système, idée pathetic*, useless; renseignement useless, hopeless → **boule**
2 COMP ▷ **gomme adragante** tragacanth ▷ **gomme arabique** gum arabic ▷ **gomme à encre** ink rubber (Brit) ou eraser (US) ▷ **gomme laque** lac ▷ **gomme à mâcher** chewing gum

gommé, e [gɔme] adj (ptp de **gommer**) enveloppe, papier gummed

gomme-gutte, pl **gommes-guttes** [gɔmgyt] nf gamboge, cambogia

gommer [gɔme] → SYN ▸conjug 1◂ vt **a** (effacer) mot, trait to rub out, erase; (fig) ride, souvenir, différence to erase
b (enduire) to gum ◆ **papier gommé** gummed paper
c (nettoyer) peau to scrub

gomme-résine, pl **gommes-résines** [gɔmʀezin] nf gum resin

gommette [gɔmɛt] nf coloured sticky label

gommeux, -euse [gɔmø, øz] → SYN **1** adj arbre gum-yielding (épith); substance sticky, gummy; lésion gummatous
2 nm (*†: jeune prétentieux) pretentious (young) toff*† (Brit) ou dandy

gommier [gɔmje] nm gum tree

gommose [gɔmoz] nf gummosis

Gomorrhe [gɔmɔʀ] n Gomorrah → **Sodome**

gon [gɔ̃] nm (unité de mesure) grade

gonade [gɔnad] nf gonad

gonadique [gɔnadik] adj gonad(i)al, gonadic

gonadostimuline [gɔnadostimylin] nf gonadotrop(h)in

gonadotrope [gɔnadɔtʀɔp] adj gonadotropic

gonadotrophine [gɔnadɔtʀɔfin], **gonadotropine** [gɔnadɔtʀɔpin] nf gonadotropin

gond [gɔ̃] → SYN nm hinge → **hors, sortir**[1]

gondolage [gɔ̃dɔlaʒ] nm (→ **gondoler**) crinkling; warping; buckling

gondolant, e* [gɔ̃dɔlɑ̃, ɑ̃t] → SYN adj (amusant) side-splitting*, hilarious

gondole [gɔ̃dɔl] nf (bateau) gondola; (supermarché) supermarket shelf, gondola

gondolement [gɔ̃dɔlmɑ̃] nm ⇒ **gondolage**

gondoler [gɔ̃dɔle] → SYN ▸conjug 1◂ **1** vi [papier] to crinkle, go crinkly; [planche] to warp; [tôle] to buckle
2 **se gondoler** vpr **a** [papier] to crinkle; [planche] to warp; [tôle] to buckle
b (*: rire) to split one's sides laughing*, crease up*

gondolier, -ière [gɔ̃dɔlje, jɛʀ] nm,f (batelier) gondolier; (dans un supermarché) shelf stocker

gonfalon [gɔ̃falɔ̃] → SYN nm gonfalon

gonfalonier [gɔ̃falɔnje] nm gonfalonier

gonflable [gɔ̃flabl] adj inflatable

gonflage [gɔ̃flaʒ] nm inflating (NonC), inflation (NonC) ◆ **vérifier le gonflage des pneus** to check the air in the tyres

gonflant, e [gɔ̃flɑ̃, ɑ̃t] **1** adj **a** coiffure bouffant
b (*: irritant) bloody** (Brit) ou damned* irritating ◆ **il est gonflant avec ses histoires** he is a real pain (in the neck)* the way he goes on
2 nm ◆ **donner du gonflant à ses cheveux** to give one's hair (some) body

gonflé, e [gɔ̃fle] → SYN (ptp de **gonfler**) adj **a** yeux, visage, pieds, chevilles puffy, swollen; ventre (par la maladie) distended, swollen; (par un repas) blown-out, bloated ◆ **il a les joues bien gonflées** he has chubby ou plump cheeks ◆ **je me sens un peu gonflé** I feel a bit bloated
b (* fig) **il est gonflé!** (courageux) he's got some nerve!*; (impertinent) he's got a nerve!* ou a cheek!* ou some cheek!* ◆ **être gonflé à bloc** to be raring to go*

gonflement [gɔ̃fləmɑ̃] → SYN nm [ballon, pneu] inflation; [visage, ventre] swelling; [prix, résultats] inflation; [effectifs] (augmentation) swelling; (exagération) exaggeration ◆ **le gonflement de son estomac m'inquiétait** his swollen stomach worried me ◆ **le gonflement de la circulation des billets** the increase in the amount of money in circulation ◆ **le gonflement de la dette publique** the expansion of ou the increase in the public debt

gonfler [gɔ̃fle] → SYN ▸conjug 1◂ **1** vt **a** pneu, ballon (avec une pompe) to pump up, inflate; (en soufflant) to blow up, inflate; aérostat to inflate; joues, narines to puff out; poumons to fill (*de* with) ◆ **les pluies ont gonflé la rivière** the rain has swollen the river ou caused the river to swell ◆ **le vent gonfle les voiles** the wind fills (out) ou swells the sails ◆ **un paquet gonflait sa poche** his pocket was bulging with a package ◆ **un soupir gonflait sa poitrine** he heaved a great sigh ◆ **éponge gonflée d'eau** sponge swollen with water ◆ **la bière me gonfle** ou **me fait gonfler l'estomac** beer blows out my stomach, beer makes me feel bloated ou makes my stomach bloated ◆ **il avait les yeux gonflés par le manque de sommeil** his eyes were puffy ou swollen with lack of sleep
b (fig: dilater) to swell ◆ **ses succès l'ont gonflé d'orgueil** his successes have made his head swell ou made him puffed up (with pride) ◆ **l'orgueil gonfle son cœur** his heart is swollen with pride ◆ **l'espoir lui gonflait le cœur** his heart was swelling ou bursting with hope ◆ **le chagrin lui gonflait le cœur** his heart was heavy with sorrow ◆ **cœur gonflé de joie / d'indignation** heart bursting with joy / indignation ◆ **il nous les gonfle!*** he is a pain in the neck* ou butt!* (surtout US)
c (fig: grossir) prix, résultat to inflate; effectif (augmenter) to swell; (exagérer) to exaggerate; moteur to soup up* ◆ **on a gonflé l'importance de l'incident** the incident has been blown up out of (all) proportion, they have exaggerated the importance of the incident ◆ **chiffres gonflés** inflated ou exaggerated figures
2 vi (enfler) [genou, cheville] to swell (up); [bois] to swell; (Culin) [pâte] to rise ◆ **faire gonfler le riz / les lentilles** to leave the rice / lentils to swell (up) (in water), soak the rice / lentils ◆ **faire gonfler ses cheveux** to give one's hair (some) body
3 **se gonfler** vpr **a** [rivière] to swell; [poitrine] to swell, expand; [voiles] to swell, fill (out)
b (fig) **se gonfler (d'orgueil)** to be puffed up (with pride), be bloated with pride ◆ **son cœur se gonfle (de tristesse)** his heart is heavy (with sorrow) ◆ **son cœur se gonfle d'espoir** his heart is bursting with hope

gonflette* [gɔ̃flɛt] nf (péj) body building (exercises) ◆ **faire de la gonflette** (Sport) to pump iron*; (fig: Pol) to exaggerate, lay it on a bit thick*

gonfleur [gɔ̃flœʀ] nm air pump

gong [gɔ̃(g)] nm (Mus) gong; (Boxe) bell ◆ [candidat, projet de loi] **être sauvé par le gong** to be saved by the bell

gongorisme [gɔ̃gɔʀism] → SYN nm Gongorism

goniomètre [gɔnjɔmɛtʀ] nm goniometer

goniométrie [gɔnjɔmetʀi] nf goniometry

goniométrique [gɔnjɔmetʀik] adj goniometric(al)

gonnelle [gɔnɛl] nf gunnel, butterfish

gonochorique [gɔnɔkɔʀik] adj gonochorismal, gonochoristic

gonochorisme [gɔnɔkɔʀism] nm gonochorism

gonococcie [gɔnɔkɔksi] → SYN nf gonorrhoea (Brit), gonorrhea (US)

gonocoque [gɔnɔkɔk] nm gonococcus

gonozoïde [gɔnozɔid] nm gonozoid

gonzesse* [gɔ̃zɛs] nf (péj) bird* (Brit), chick* (US)

gord [gɔʀ] → SYN nm stake net

gordien [gɔʀdjɛ̃] adj m → **nœud**

goret [gɔʀɛ] → SYN nm piglet ◆ (à un enfant) **petit goret!** you mucky (little) pup!* (Brit), you dirty little pig!*

goretex® [gɔʀtɛks] nm Gore-Tex®

gorfou [gɔʀfu] nm rockhopper

gorge [gɔʀʒ] → SYN nf **a** [personne] (cou, gosier) throat; (littér: seins) breast, bosom (littér); [oiseau] (poitrine) breast; (gosier) throat ◆ (hum) **avoir la gorge sèche** ou **comme du buvard** to be parched ou dry ◆ **avoir la gorge serrée** ou **nouée** to have a lump in one's throat ◆ **rire à pleine gorge** ou **à gorge déployée** to roar with laughter, laugh heartily ◆ **chanter à pleine gorge** ou **à gorge déployée** to sing at the top of one's voice → **chat, couteau**
b (vallée, défilé) gorge ◆ **les gorges du Tarn** the gorges of the Tarn
c (rainure) [moulure, poulie] groove; [serrure] tumbler
d LOC **prendre qn à la gorge** [créancier] to put a gun to sb's head (fig); [agresseur] to grab sb by the throat; [fumée, odeur] to catch ou get in sb's throat; [peur] to grip sb by the throat (fig) ◆ **tenir qn à la gorge** (lit) to hold sb by the throat; (fig: avoir à sa merci) to have a stranglehold on sb, have sb by the throat ◆ **l'os lui est resté dans la** ou **en travers de la gorge** the bone (got) stuck in his throat ◆ (fig) **ça lui est resté dans la** ou **en travers de la gorge** (il n'a pas aimé) he found it hard to take, he couldn't swallow it; (il n'a pas osé le dire) it ou the words stuck in his throat ◆ **faire des gorges chaudes de qch** to laugh sth to scorn ◆ **je lui enfoncerai** ou **ferai rentrer ses mots dans la gorge** I'll make him eat his words → **rendre, tendre**[1]

gorge-de-pigeon [gɔʀʒ(ə)dəpiʒɔ̃] adj inv dapple-grey

gorgée [gɔʀʒe] → SYN nf mouthful ◆ **boire à petites gorgées** to take little sips ◆ **boire à**

grandes gorgées to drink in gulps ◆ **boire son vin à grandes/petites gorgées** to gulp down/sip one's wine ◆ **vider un verre d'une seule gorgée** to empty a glass in one gulp, down a glass in one*

gorger [gɔʀʒe] → SYN ▸conjug 3◂ 1 vt (gén) to fill (*de* with); animal to force-feed ◆ **gorger qn de pâtisseries** to fill sb up ou stuff* sb with cakes ◆ **terre/éponge gorgée d'eau** earth/sponge saturated with ou full of water ◆ **fruits gorgés de soleil** fruit bursting with sunshine
2 **se gorger** vpr ◆ **se gorger (de nourriture)** to gorge o.s., stuff o.s.* (with food) ◆ **se gorger de bananes** to gorge o.s. on ou with bananas ◆ **se gorger de bon air** to drink in ou soak up the fresh air ◆ **éponge qui se gorge d'eau** sponge which soaks up water

gorgerin [gɔʀʒəʀɛ̃] nm (Archit) necking, gorgerin

gorget [gɔʀʒɛ] → SYN nm (rabot) grooving plane

Gorgone [gɔʀgɔn] nf (Myth) Gorgon

gorgone [gɔʀgɔn] nf (Zool) gorgonia

gorgonzola [gɔʀgɔ̃zɔla] nm Gorgonzola (cheese)

gorille [gɔʀij] nm (Zool) gorilla; (*: garde du corps) bodyguard

Gorki [gɔʀki] nm Gorky

gosette [gozɛt] nf (Belg: Culin) turnover

gosier [gozje] → SYN nm (Anat) throat; (*: gorge) throat, gullet ◆ **avoir le gosier sec*** to be parched ou dry ◆ **ça m'est resté en travers du gosier*** (lit) it (got) stuck in my throat; (fig) I couldn't swallow it, I found it hard to take → **humecter, plein**

gospel [gɔspɛl] → SYN nm gospel (music)

gosse* [gɔs] nmf kid* ◆ **sale gosse** little brat* ◆ **elle est restée très gosse** she's still a kid at heart* ◆ (péj) **gosse de riches** spoilt rich brat* → **beau**

Goth [gɔt] nmf Goth

gotha* [gɔta] nm ◆ **le gotha de la finance/de la publicité** the financial/advertising bigwigs*

gothique [gɔtik] → SYN 1 adj architecture, style Gothic ◆ **écriture gothique** Gothic script
2 nm ◆ **le gothique** the Gothic ◆ **gothique flamboyant/perpendiculaire** Flamboyant/Perpendicular style

gotique [gɔtik] nm (Ling) Gothic

gouache [gwaʃ] nf (matière) gouache, poster paint; (tableau) gouache

gouacher [gwaʃe] ▸conjug 1◂ vt dessin, aquarelle to touch up with gouache ou poster paint

gouaille [gwɑj] → SYN nf cheeky ou cocky* humour

gouailler [gwɑje] → SYN ▸conjug 1◂ vi to have a cheeky ou cocky* sense of humour ◆ **en gouaillant** with cheeky ou cocky* humour

gouaillerie [gwɑjʀi] → SYN nf cheekiness, cockiness*

gouailleur, -euse [gwɑjœʀ, øz] → SYN adj cheeky, cocky*

gouape* [gwap] nf thug

gouda [guda] nm Gouda (cheese)

Goudjerate [gudʒeʀat] nm ⇒ **Guj(a)rât**

goudron [gudʀɔ̃] → SYN nm tar ◆ **goudron de houille** coal tar ◆ **goudron végétal** ou **de bois** wood tar ◆ (sur un paquet de cigarettes) **« goudrons: 15 mg »** ≃ "low tar"

goudronnage [gudʀɔnaʒ] nm tarring

goudronner [gudʀɔne] → SYN ▸conjug 1◂ vt route, toile to tar

goudronneur [gudʀɔnœʀ] nm tar worker

goudronneuse[1] [gudʀɔnøz] nf tarring machine

goudronneux, -euse[2] [gudʀɔnø, øz] adj tarry

gouet [gwɛ] → SYN nm (Bot) arum lily

gouffre [gufʀ] → SYN nm a (Géog) abyss, gulf, chasm ◆ **le gouffre du Maelström** the Maelstrom
b (fig) **le gouffre de l'oubli** the depths of oblivion ◆ **c'est un gouffre d'ignorance/de bêtise** he's abysmally ignorant/utterly stupid ◆ **un gouffre nous sépare** there's a gulf between us ◆ **cette entreprise est un vrai gouffre** this business just swallows up money ◆ **cette femme est un gouffre** this woman is a bottomless pit where money is concerned ◆ **nous sommes au bord du gouffre** we are on the brink of the abyss

gouge [guʒ] → SYN nf gouge

gouger [guʒe] ▸conjug 3◂ vt to gouge

gougère [guʒɛʀ] nf *puff pastry filled with cheese*

gougnafier* [guɲafje] nm bungling idiot‡

gouine‡ [gwin] nf dyke‡

goujat, e [guʒa, at] 1 adj boorish, churlish
2 nm boor, churl

goujaterie [guʒatʀi] → SYN nf boorishness

goujon [guʒɔ̃] nm (poisson) gudgeon; (Tech: cheville) pin, bolt

goujonner [guʒɔne] ▸conjug 1◂ vt (Techn) to pin, bolt

goujonnette [guʒɔnɛt] nf small fish fillet

goujonnière [guʒɔnjɛʀ] adj f ◆ **perche goujonnière** ruff(e), pope

goulache, goulasch [gulaʃ] nm ou f goulash

goulafre* [gulafʀ] 1 adj gluttonous ◆ **il est goulafre** he's a greedy pig*
2 nmf greedy pig*

goulag [gulag] nm Gulag ◆ **(Archipel** m **du) goulag** Gulag Archipelago

goule [gul] nf ghoul

goulée [gule] → SYN nf [liquide] gulp; [solide] big mouthful ◆ **prendre une goulée d'air frais** (gorgée) to take in a lungful of fresh air; (*: bol d'air) to get some fresh air

goulet [gulɛ] → SYN nm (Naut) narrows, bottleneck *(at entrance of harbour)*; (Géog) gully ◆ **goulet d'étranglement** bottleneck

gouleyant, e [gulɛjɑ̃, ɑ̃t] adj very drinkable

goulot [gulo] nm [bouteille] neck ◆ **boire au goulot** to drink straight from the bottle ◆ **goulot d'étranglement** bottleneck (fig)

goulotte [gulɔt] → SYN nf (Archit) channel; (Tech) chute, inclined channel

goulu, e [guly] → SYN 1 adj personne greedy, gluttonous; regards greedy
2 nm,f glutton

goulûment [gulymɑ̃] adv greedily, gluttonously

goum† [gum] nm *Moroccan unit in the French army*

goumier† [gumje] nm *Moroccan soldier in the French army*

goupil†† [gupi(l)] nm fox

goupille [gupij] → SYN nf (Tech) pin

goupillé, e* [gupije] (ptp de **goupiller**) adj ◆ (arrangé) **bien/mal goupillé** machine, plan, procédé well/badly thought out ◆ **comment est-ce goupillé, ce mécanisme?** how does this thing work?

goupiller [gupije] → SYN ▸conjug 1◂ 1 vt a (*: combiner) to fix* ◆ **il a bien goupillé son affaire** he fixed things nicely for himself*
b (Tech) to pin
2 **se goupiller*** vpr ◆ (s'arranger) **comment est-ce que ça se goupille pour demain?** what's the setup ou gen (Brit) ou dope (US) for tomorrow?* ◆ **ça s'est bien/mal goupillé, notre plan** our plan came off* (all right)/didn't come off* ◆ **ça se goupille plutôt mal cette histoire de déménagement** this removal business is a bit of a shambles* ou cock-up‡

goupillon [gupijɔ̃] → SYN nm (Rel) (holy water) sprinkler, aspergillum; (à bouteille) bottle brush → **sabre**

gourance‡ [guʀɑ̃s] nf, **gourante‡** [guʀɑ̃t] nf cock-up‡, boob‡ (Brit) ◆ **faire une gourance** to make a cock-up‡, boob‡ (Brit), goof up‡ (US)

gourbi [guʀbi] → SYN nm (arabe) shack; (*: taudis) slum

gourd, e[1] [guʀ, guʀd] → SYN adj (par le froid) numb (with cold); (fig: maladroit, mal à l'aise) awkward

gourde[2] [guʀd] → SYN 1 nf (Bot) gourd; (à eau, alcool) flask; (*: empoté) clot* (Brit), dumbbell* (US) ◆ **boire à la gourde** to drink straight from the flask
2 adj (*) doltish

gourdin [guʀdɛ̃] → SYN nm club, bludgeon ◆ **assommer qn à coups de gourdin** to club ou bludgeon sb

gourer (se)‡ [guʀe] → SYN ▸conjug 1◂ vpr to boob‡ (Brit), make a boob‡ ◆ **je me suis gouré de numéro** I've boobed‡ over the number (Brit), I got the wrong number ◆ **je me suis gouré dans mes calculs** I made a cock-up of ou I goofed up (US) my calculations‡

gourgandine*†† [guʀgɑ̃din] nf hussy*†

gourmand, e [guʀmɑ̃, ɑ̃d] → SYN 1 adj (lit, fig) personne greedy; moto, auto thirsty, greedy ◆ **gourmand comme un chat** greedy but fussy ou choos(e)y ◆ **être gourmand de** sucreries to be fond of, be partial to; nouveautés to be avid for ◆ (Bot) **branche gourmande** sucker
2 nm,f gourmand
3 nm (Agr) sucker

gourmander [guʀmɑ̃de] → SYN ▸conjug 1◂ vt (littér) to rebuke, berate (littér)

gourmandise [guʀmɑ̃diz] → SYN nf a greed, greediness ◆ **elle regardait le gâteau avec gourmandise** she looked greedily at the cake
b **gourmandises** delicacies, sweetmeats†

gourme [guʀm] → SYN nf (†: Méd) impetigo; (Zool) strangles (sg) → **jeter**

gourmé, e [guʀme] → SYN adj starchy, stiff

gourmet [guʀmɛ] → SYN nm gourmet, epicure → **fin**[1]

gourmette [guʀmɛt] → SYN nf [cheval] curb chain; [poignet] chain bracelet

gourou [guʀu] → SYN nm guru

gousse [gus] → SYN nf [vanille, petits pois] pod ◆ **gousse d'ail** clove of garlic

gousset [gusɛ] → SYN nm [gilet, pantalon] fob; [slip] gusset; (Tech: pièce d'assemblage) gusset → **montre**[1]

goût [gu] → SYN nm a (sens) taste ◆ **amer au goût** bitter to the taste ◆ **avoir le goût fin** to have a fine palate
b (saveur) taste ◆ **cela a un goût de moisi** it tastes mouldy ◆ **ça a bon goût** it tastes good, it has a nice taste ◆ **ça a mauvais goût** it has a bad taste, it tastes nasty ◆ **cette glace n'a pas vraiment un goût de fraise** this ice cream doesn't really taste like strawberry ou hasn't really got a strawberry taste ou flavour ◆ **la soupe a un goût** the soup tastes funny ou has a funny taste ◆ **un plat sans goût** a tasteless ou flavourless dish ◆ [épice, condiment] **donner du goût à qch** to add (a bit of) flavour to sth ◆ (fig) **la vie n'a plus de goût pour lui** he has no longer any taste for life, he has lost his taste for life ◆ (fig) **ses souvenirs ont un goût amer** he has bitter memories ◆ (fig) **cette rétrospective a un goût de nostalgie** this retrospective has a nostalgic feel ou flavour ◆ **ça a un goût de revenez-y*** it makes you want seconds, it's very more-ish* (Brit)
c (jugement) taste ◆ **(bon) goût** (good) taste ◆ **avoir du/manquer de goût** to have/lack taste ◆ **avoir un goût vulgaire** to have vulgar tastes ◆ **le goût ne s'apprend pas** taste is something you're born with ◆ **faire qch sans/avec goût** to do something tastelessly/tastefully ◆ **elle s'habille avec beaucoup de goût** she has very good ou a lot of taste in dress, she has very good dress sense ◆ **à mon/son goût** for my/his liking, for my/his taste(s) ◆ **un homme/une femme de goût** a man/woman of taste → **faute**
d vêtement, ameublement **de bon goût** tasteful, in good taste (attrib) ◆ bijoux, plaisanterie, meubles **de mauvais goût** tasteless, in bad ou poor taste (attrib) ◆ **garni d'un ameublement de bon/mauvais goût** furnished in good/bad taste, with tasteful/tasteless furnishings ◆ **c'est une plaisanterie de mauvais goût** this joke is in bad taste ou is bad form ◆ **il serait de mauvais goût/d'un goût douteux de faire** it would be in bad ou poor/doubtful taste to do ◆ (iro) **il serait de bon goût d'y aller/qu'il se mette à travailler** it would be as well to go/if he started doing some work
e (penchant) taste, liking (*de, pour* for) ◆ **salez à votre goût** salt (according) to taste

◆ **il a peu de goût pour ce genre de travail** this sort of work is not to his taste ou liking ou is not his cup of tea* ◆ **il n'a aucun goût pour les sciences** the sciences don't appeal to him, he has no taste for the sciences ◆ **il a le goût de l'ordre** he has a taste for order ◆ **il a le goût du risque** he likes taking risks ◆ **faire qch par goût** to do sth from inclination ou because one has a taste for it ◆ **prendre goût à qch** to get ou acquire a taste ou liking for sth, get to like sth ◆ **elle a repris goût à la vie / la danse** she has started to enjoy life / dancing again ◆ **il n'avait goût à rien** he didn't feel like (doing) anything ◆ **ce n'est pas du goût de chacun** it's not to everybody's taste ◆ **cela m'a mis en goût** that gave me a taste for it ◆ **c'est tout à fait à mon goût** this is very much to my taste ◆ **il la trouve à son goût** she suits his taste ◆ **faire passer le goût du pain à qn*** to wipe the smile off sb's face → **chacun**

f (tendances, penchants) **goûts** tastes ◆ **avoir des goûts de luxe** ou **dispendieux / modestes** to have expensive / simple tastes ◆ **avoir des goûts communs** to have (some) tastes in common ◆ **ses déclarations n'ont pas été du goût de ses alliés politiques** what he said didn't go down well with his political allies, his political allies didn't like the sound of what he said ◆ (Prov) **des goûts et des couleurs (on ne discute pas)** there's no accounting for taste(s) ◆ (Prov) **tous les goûts sont dans la nature** it takes all sorts to make a world

g (style) style ◆ **dans le goût classique / de X** in the classical style / the style of X ◆ **ou quelque chose dans ce goût-là*** or something of that sort ◆ **au goût du jour** in keeping with the style of the day ou with current tastes ◆ **il s'est mis au goût du jour** he has brought himself into line with current tastes ◆ **pièce de théâtre / chanson / robe remise au goût du jour** play / song / dress brought up to date

goûter [gute] → SYN ▸ conjug 1 ◂ **1** vt **a** aliment to taste ◆ **goûte-le, pour voir si c'est assez salé** taste it and see if there's enough salt

b repos, spectacle to enjoy, savour

c (littér) écrivain, œuvre, plaisanterie to appreciate ◆ **il ne goûte pas l'art abstrait** he doesn't appreciate abstract art, abstract art isn't to his taste

d (Belg) [aliment] to taste of

2 **goûter à** vt indir aliment, plaisir to taste, sample; indépendance, liberté to taste ◆ **il y a à peine goûté** he's hardly touched it ◆ **voulez-vous goûter à mon gâteau?** would you like to try ou sample my cake? ◆ **goûtez-y** (vin) have a sip ou taste, taste it; (plat) have a taste, taste it

3 **goûter de** vt indir (faire l'expérience de) to have a taste of, taste ◆ **il a goûté de la vie militaire / de la prison** he has had a taste of army / prison life, he has tasted army / prison life

4 vi **a** (faire une collation) to have tea (Brit), have an afterschool snack (US) ◆ **emporter à goûter** to take an afterschool snack ◆ **inviter des enfants à goûter** to ask children to tea (Brit), invite children for a snack (US)

b (Belg) [aliment] to taste good

5 nm (afterschool) snack ◆ **donner un goûter d'enfants** to give ou have a children's (tea) party (Brit), invite children for a snack (US)

goûteur, -euse[1] [gutœʀ, øz] nm,f ◆ **goûteur d'eau** etc water etc taster

goûteux, -euse[2] [gutø, øz] adj vin, viande flavourful (Brit), flavorful (US)

goutte [gut] → SYN **1** nf **a** (lit, fig) drop ◆ **goutte de rosée** dewdrop ◆ **goutte de sueur** bead of sweat ◆ **suer à grosses gouttes** to be streaming with sweat ◆ **pleuvoir à grosses gouttes** to rain heavily ◆ **il est tombé quelques gouttes** a few spots ou drops of rain have fallen ◆ **du lait? – une goutte** milk? – just a drop ◆ **savourer qch goutte à goutte** to savour sth drop by drop ◆ **il n'y en a plus une goutte** there's not a drop left ◆ **tomber goutte à goutte** to drip

b (Pharm) **gouttes** drops ◆ **gouttes pour les yeux / le nez** eye / nose drops

c (*: eau-de-vie) **on va prendre la goutte** ou **un verre de goutte** we'll have a dram* (Brit) ou a nip* (Brit) ou a drop (US)

d (††, hum: rien) **je n'y vois / entends goutte** I see / hear not a thing (††, hum)

e (Méd) gout

f LOC **il n'a pas une goutte de sang dans les veines** he doesn't have an ounce of character ◆ **avoir la goutte au nez** to have a dripping ou runny nose ◆ **c'est une goutte d'eau dans la mer** it's a drop in the ocean (Brit) ou bucket ◆ **c'est la goutte (d'eau) qui fait déborder le vase** it's the last straw (that breaks the camel's back) ◆ **passer entre les gouttes** (lit) to escape the rain; (fig) to come through without a scratch → **ressembler**

2 COMP ▷ **goutte d'eau** (Bijouterie) drop, droplet;

goutte-à-goutte [gutagut] nm inv (Méd) drip (Brit), IV (US) ◆ **alimenter qn au goutte-à-goutte** to put sb on a drip (Brit) ou an IV (US), drip-feed sb (Brit)

gouttelette [gut(ə)lɛt] nf droplet

goutter [gute] ▸ conjug 1 ◂ vi to drip (*de* from)

gouttereau, pl **gouttereaux** [gutʀo] adj m ◆ **mur gouttereau** wall bearing a gutter

goutteux, -euse [gutø, øz] → SYN adj gouty

gouttière [gutjɛʀ] → SYN nf (horizontale) gutter; (verticale) drainpipe; (Méd) (plaster) cast; (Anat: sur os) groove → **chat**

gouvernable [guvɛʀnabl] adj governable ◆ **difficilement gouvernable** difficult to govern, governed with difficulty

gouvernail [guvɛʀnaj] → SYN nm (pale) rudder; (barre) helm, tiller ◆ **gouvernail de direction** rudder ◆ **gouvernail de profondeur** elevator ◆ (fig) **tenir le gouvernail** to be at the helm

gouvernant, e [guvɛʀnɑ̃, ɑ̃t] → SYN **1** adj parti, classe ruling (épith), governing (épith) ◆ (Pol) **les gouvernants** those in power

2 **gouvernante** nf (institutrice) governess; (dame de compagnie) housekeeper

gouverne [guvɛʀn] → SYN nf **a** **pour ta gouverne** for your guidance

b (Naut) steering; (Aviat) control surface

gouverné [guvɛʀne] nm (gén pl) citizen ◆ **les gouvernés et les gouvernants** the governed and the governing

gouvernement [guvɛʀnəmɑ̃] → SYN nm (administration, régime) government; (cabinet) Cabinet, Government ◆ **former un gouvernement** to set up ou form a government ◆ **soutenir le gouvernement** to back the government ◆ **il est au gouvernement** he's a member of the government ◆ **les gens du gouvernement** members of the government, government members ◆ **sous un gouvernement socialiste** under socialist rule ou government ◆ **ça a eu lieu sous le gouvernement de X** it happened during the X government ou during X's government ◆ **gouvernement de cohabitation** cohabitation government

gouvernemental, e, mpl **-aux** [guvɛʀnəmɑ̃tal, o] adj député of the governing party; organe, politique government (épith), governmental (épith); journal pro-government; troupes government (épith) ◆ **le parti gouvernemental** the governing ou ruling party, the party in office ◆ **l'équipe gouvernementale** the government

gouverner [guvɛʀne] → SYN ▸ conjug 1 ◂ **1** vt **a** (Pol) to govern, rule ◆ **le parti qui gouverne** the party in power ou in office, the governing ou ruling party ◆ **peuple capable de se gouverner lui-même** nation capable of governing its own affairs ou of self-government ◆ **droit des peuples à se gouverner (eux-mêmes)** right of peoples to be self-governing

b (littér) to control ◆ **savoir gouverner son cœur** to have control over one's heart ◆ **se laisser gouverner par l'ambition / par qn** to let o.s. be ruled ou governed by ambition / by sb ◆ **il sait fort bien se gouverner** he is well able to control himself ◆ **l'intérêt gouverne le monde** self-interest rules the world

c (Naut) to steer, helm ◆ **gouverner vers tribord** to steer to(wards) starboard

d (Gram) to govern, take

2 vi (Naut) to steer ◆ **le bateau gouverne bien / mal** the boat steers well / badly ◆ **gouverner sur son ancre / sa bouée** to steer towards one's anchor / one's buoy

gouverneur [guvɛʀnœʀ] → SYN nm **a** (Admin, Pol) governor ◆ **le Gouverneur de la Banque de France** the Governor of the Bank of France ◆ **gouverneur (militaire)** commanding officer ◆ (Can) **gouverneur général** governor general ◆ (Can) **lieutenant-gouverneur** lieutenant-governor

b (précepteur) tutor

gouzi-gouzi* [guziguzi] nm tickle, tickle* ◆ **faire des gouzi-gouzis à qn** to tickle sb

goy [gɔj] → SYN **1** adj goyish

2 nmf goy

goyave [gɔjav] nf (fruit) guava

goyavier [gɔjavje] nm (arbre) guava

GPAO [ʒepeao] nf (abrév de **gestion de la production assistée par ordinateur**) → **gestion**

GPL [ʒepeɛl] nm (abrév de **gaz de pétrole liquéfié**) LPG

GQG [ʒekyʒe] nm (abrév de **Grand Quartier Général**) GHQ

GR [ʒeɛʀ] nm (abrév de **(sentier de) grande randonnée**) (registered) hiking trail

Graal [gʀal] nm Grail

grabat [gʀaba] → SYN nm pallet, mean bed

grabataire [gʀabatɛʀ] → SYN **1** adj bedridden

2 nmf bedridden invalid

graben [gʀabɛn] → SYN nm graben

grabuge* [gʀabyʒ] nm ◆ **il va y avoir du grabuge** there'll be ructions* (Brit) ou a ruckus* (US) ou a rumpus* ◆ **faire du grabuge** to create havoc ou mayhem

grâce [gʀɑs] → SYN GRAMMAIRE ACTIVE 17.1 nf **a** (charme) [personne, geste] grace; [chose, paysage] charm ◆ **plein de grâce** graceful ◆ **un visage sans grâce** a plain face ◆ **avec grâce** danser gracefully; s'exprimer elegantly ◆ **faire des grâces** to put on airs (and graces)

b (faveur) favour ◆ **demander une grâce à qn** to ask a favour of sb ◆ **accorder une grâce à qn** to grant sb a favour ◆ (frm, hum) **il nous a fait la grâce d'accepter** he did us the honour of accepting (frm, hum) ◆ **elle nous a fait la grâce de sa présence** ou **d'être présente** she graced ou honoured us with her presence ◆ **être dans les bonnes grâces de qn** to be in favour with sb, be in sb's good graces ou good books* ◆ **être en grâce** to be in favour ◆ **rentrer en grâce** to come back into favour, come in from the cold ◆ **chercher / gagner les bonnes grâces de qn** to seek / gain sb's favour ◆ **délai de grâce** days of grace ◆ **donner à qn une semaine de grâce** to give sb a week's grace → **trouver**

c **bonne grâce** (bonne volonté, affabilité) good grace ◆ **mauvaise grâce** (mauvaise volonté) bad grace ◆ **faire qch de** ou **avec bonne / mauvaise grâce** to do sth with (a) good / bad grace, do sth willingly / grudgingly ◆ **il y a mis de la mauvaise grâce** he did it with (a) bad grace ◆ **il a eu la bonne grâce de reconnaître ...** he had the grace to recognize ... ◆ **il aurait mauvaise grâce à refuser** it would be bad form ou in bad taste for him to refuse

d (miséricorde) mercy; (Jur) pardon ◆ **la grâce royale / présidentielle** the royal / presidential pardon ◆ **demander** ou **crier grâce** to beg ou cry for mercy ◆ **demander grâce pour qn** to appeal for clemency on behalf of sb ◆ **grâce!** (have) mercy! ◆ **de grâce, laissez-le dormir** for pity's sake ou for goodness' sake, let him sleep ◆ **je vous fais grâce des détails / du reste** I'll spare you the details / the rest ◆ **coup de grâce** coup de grâce, deathblow ◆ **donner / recevoir le coup de grâce** to give / receive the coup de grâce ou deathblow → **droit**[3], **recours, trouver**

e (reconnaissance) **dire les grâces** to give thanks *(after a meal)* ◆ **grâce à qn / qch** thanks to sb / sth ◆ **grâce à Dieu!** thank God!, thank goodness! → **action, jour, rendre**

f (Rel) grace; (fig: don) gift ◆ (Rel) **Marie, pleine de grâce** Mary, full of grace ◆ **avoir la grâce** to have a gift ◆ (fig) **il a été touché par la grâce** he has been inspired ◆ (fig) **c'est la grâce que nous lui souhaitons** that is what we wish for him ◆ **à la grâce de Dieu!** it's in

God's hands! ◆ **nous réussirons par la grâce de Dieu** with God's blessing we shall succeed ◆ **grâce efficace / suffisante / vivifiante** efficacious / sufficient / life-giving grace → **an, état**
g (déesse) **les trois Grâces** the three Graces
h (titre) **Sa Grâce ...** (homme) His Grace ... ; (femme) Her Grace ...

gracier [gʀasje] → SYN ▸ conjug 7 ◂ vt to pardon

gracieusement [gʀasjøzmɑ̃] adv (élégamment) gracefully ; (aimablement) amiably, kindly ; (gratuitement) free of charge ◆ **ceci vous est gracieusement offert par la société X** Messrs X offer you this with their compliments, please accept this with the compliments of Messrs X ◆ **documents gracieusement prêtés par l'Institut X** documentation kindly loaned by the X Institute

gracieuseté [gʀasjøzte] → SYN nf (frm) (amabilité) amiability ; (geste élégant) graceful gesture ; (cadeau) free gift ◆ (iro) **je vous remercie de vos gracieusetés** so kind of you to say so (iro)

gracieux, -ieuse [gʀasjø, jøz] → SYN adj **a** (élégant) gestes, silhouette, personne graceful
b (aimable) sourire, abord, personne amiable, kindly ; enfant amiable ◆ (frm) **notre gracieuse souveraine** our gracious sovereign (frm)
c (frm : gratuit) aide, service gratuitous (frm) → **recours, titre**

gracile [gʀasil] → SYN adj personne, corps, tige slender ; cou slender, swanlike

gracilité [gʀasilite] → SYN nf slenderness

gracioso [gʀasjozo] adv (Mus) grazioso

Gracques [gʀak] nmpl ◆ **les Gracques** the Gracchi

gradateur [gʀadatœʀ] nm dimmer switch

gradation [gʀadasjɔ̃] → SYN nf gradation ◆ **par gradation** gradually

grade [gʀad] → SYN nm **a** (dans la hiérarchie : Admin, Mil) rank ◆ **monter en grade** to be promoted ◆ **en prendre pour son grade*** to get a proper dressing-down*
b (titre : Univ) degree ◆ **le grade de licencié** the (first) degree, bachelor's degree
c (Math) grade
d (Tech) [huile] grade

gradé [gʀade] → SYN nm (Mil) (gén) officer ; (subalterne) NCO, non-commissioned officer ; (Police) officer, (police) sergeant (Brit)

grader [gʀadœʀ] → SYN nm (niveleuse) grader

gradient [gʀadjɑ̃] nm gradient

gradin [gʀadɛ̃] → SYN nm (Théât) tier ; [stade] step (of the terracing) ; (Agr) terrace ◆ [stade] **les gradins** the terraces ◆ **dans les gradins** on the terraces ◆ **en gradins** terraced ◆ **la colline s'élevait / descendait en gradins** the hill went up / down in steps ou terraces

gradualisme [gʀadɥalism] nm gradualism

gradualiste [gʀadɥalist] adj gradualist(ic)

graduat [gʀadɥa] nm (Belg) *non-university degree awarded for technical or administrative studies*

graduation [gʀadɥasjɔ̃] nf [instrument] graduation

gradué, e [gʀadɥe] (ptp de **graduer**) adj exercices graded ; règle, thermomètre graduated ◆ **verre gradué** calibrated (glass) beaker

graduel, -elle [gʀadɥɛl] → SYN **1** adj progression, amélioration, augmentation gradual ; difficultés progressive
2 nm (Rel) gradual

graduellement [gʀadɥɛlmɑ̃] → SYN adv gradually

graduer [gʀadɥe] → SYN ▸ conjug 1 ◂ vt exercices to increase in difficulty ; difficultés, efforts to step up ou increase gradually ; règle, thermomètre to graduate

gradus [gʀadys] nm gradus

graffiter [gʀafite] ▸ conjug 1 ◂ vt to write graffiti on

graffiteur, -euse [gʀafitœʀ, øz] nm,f (gén) graffitist ; (artiste) graffiti artist

graffiti [gʀafiti] nmpl graffiti ◆ **un graffiti** a piece of graffiti

graille* [gʀaj] nf grub*, nosh* (Brit), chow* (US)

grailler [gʀaje] → SYN ▸ conjug 1 ◂ vi **a** (* : manger) to nosh* (Brit), chow down* (US)
b [corneille] to caw
c (parler) to speak in a throaty ou hoarse voice

graillon¹ [gʀajɔ̃] → SYN nm (péj : déchet) bit of burnt fat ◆ **ça sent le graillon ici** there's a smell of burnt fat here

graillon²* [gʀajɔ̃] → SYN nm (crachat) lump of gob* (Brit), gob of spit*

graillonner¹ [gʀajɔne] ▸ conjug 1 ◂ vt to smell like burnt fat

graillonner²* [gʀajɔne] → SYN ▸ conjug 1 ◂ vi (tousser) to cough ; (parler) to speak in a throaty ou hoarse voice

grain [gʀɛ̃] → SYN **1** nm **a** [blé, riz, maïs, sel] grain ◆ (céréales) **le(s) grain(s)** (the) grain ◆ **donner du grain aux poules** to give grain to chickens ◆ **alcool** ou **eau-de-vie de grain(s)** grain alcohol ◆ **le commerce des grains** the grain trade ◆ (Rel) **le bon grain** the good seed ◆ (fig) **cela m'a donné du grain à moudre** it gave me food for thought → **poulet, séparer**
b [café] bean ; [moutarde] seed ◆ **grain de raisin** grape ◆ **grain de poivre** peppercorn ◆ **grain de groseille / cassis** red currant / blackcurrant (berry) ◆ **poivre en grains** whole pepper ou peppercorns ◆ **café en grains** unground coffee, coffee beans ◆ **mettre son grain de sel*** to put one's oar in*
c [collier, chapelet] bead ; (Méd : petite pilule) pellet
d (particule) [sable, farine, pollen] grain ; [poussière] speck ◆ (fig) **un grain de fantaisie** a touch of fantasy ◆ (fig) **ça a été le grain de sable dans l'engrenage** that upset the applecart ◆ **un grain de bon sens** a grain ou an ounce of commonsense ◆ **il n'y a pas un grain de vérité dans ce qu'il dit** there's not a grain ou scrap of truth in what he says ◆ **il a un (petit) grain*** he's a bit touched*, he's not quite all there* ◆ **il faut parfois un petit grain de folie** it sometimes helps to have a touch of madness ou to be a bit eccentric
e (texture) grain ◆ **à gros grains** coarse-grained ◆ **travailler dans le sens du grain** to work with the grain
f (averse brusque) heavy shower ; (Naut : bourrasque) squall → **veiller**
g (†† : poids) grain ; (Can) grain *(0,0647 gramme)*
2 COMP ▷ **grain de beauté** mole, beauty spot

graine [gʀɛn] → SYN nf (Agr) seed ◆ **graines de radis** radish seeds ◆ **graine de paradis** cardamom, cardamon ◆ **tu vois ce qu'a fait ton frère, prends-en de la graine*** you've seen what your brother has done so take a leaf out of his book* ◆ **c'est de la graine de voleur** he has the makings of a thief → **casser, mauvais, monter¹**

grainer [gʀene] ▸ conjug 1 ◂ ⇒ **grener**

graineterie [gʀɛntʀi] nf (commerce) seed trade ; (magasin) seed shop, seed merchant's (shop)

grainetier, -ière [gʀɛntje, jɛʀ] nm,f seed merchant ; (homme) seedsman

grainier, -ière [gʀenje, jɛʀ] **1** nm,f seed seller
2 nm seed storage room

graissage [gʀɛsaʒ] → SYN nm [machine] greasing, lubricating ◆ **faire faire un graissage complet de sa voiture** to take one's car in for a complete lubricating job

graisse [gʀɛs] → SYN **1** nf **a** [animal, personne] fat ; (Culin) fat ; [viande cuite] dripping (Brit), drippings (US) ; (lubrifiant) grease ◆ **graisse(s) végétale(s) / animale(s)** animal / vegetable fat ◆ [animal] **prendre de la graisse** to put on fat → **bourrelet**
b (Typ) weight
2 COMP ▷ **graisse de baleine** (whale) blubber ▷ **graisse de phoque** seal blubber ▷ **graisse de porc** lard ▷ **graisse à traire** milking grease ▷ **graisse de viande** dripping (Brit), drippings (US)

graisser [gʀese] → SYN ▸ conjug 1 ◂ vt (lubrifier) (gén) to grease, lubricate ; bottes to wax ; (salir) to get grease on, make greasy ◆ (fig) **graisser la patte à qn*** to grease ou oil sb's palm*

graisseur [gʀɛsœʀ] nm lubricator ◆ **dispositif graisseur** lubricating ou greasing device ◆ **(pistolet) graisseur** grease gun

graisseux, -euse [gʀɛsø, øz] → SYN adj main, objet greasy ; papiers grease-stained, greasy ; nourriture greasy, fatty ; bourrelet fatty, of fat ; tissu, tumeur fatty

gram [gʀam] nm inv Gram's method ou stain

gramen [gʀamɛn] nm (herbe) lawn grass ; (gazon) lawn

graminacée [gʀaminase] nf ⇒ **graminée**

graminée [gʀamine] → SYN adj f, nf ◆ **une (plante) graminée** a grass ◆ **les (plantes) graminées** (the) grasses, the graminae (spéc)

grammaire [gʀa(m)mɛʀ] → SYN nf (science, livre) grammar ◆ **faute de grammaire** grammatical mistake ◆ **règle de grammaire** grammatical rule, rule of grammar ◆ **exercice / livre de grammaire** grammar exercise / book ◆ **grammaire des cas** case grammar ◆ **grammaire (de structure) syntagmatique** phrase structure grammar ◆ **grammaire de surface** surface grammar

grammairien, -ienne [gʀa(m)mɛʀjɛ̃, jɛn] → SYN nm,f grammarian

grammatical, e, mpl **-aux** [gʀamatikal, o] adj (gén) grammatical ◆ **exercice grammatical** grammar exercise ◆ **phrase grammaticale** well-formed ou grammatical sentence → **analyse**

grammaticalement [gʀamatikalmɑ̃] adv grammatically

grammaticalisation [gʀamatikalizasjɔ̃] nf (Ling) grammaticalization

grammaticaliser [gʀamatikalize] ▸ conjug 1 ◂ vt to grammaticalize

grammaticalité [gʀamatikalite] nf grammaticality

gramme [gʀam] nm gramme ◆ **il n'a pas un gramme de jugeote** he hasn't an ounce of commonsense

gramophone ®† [gʀamɔfɔn] nm gramophone†

grand, e [gʀɑ̃, gʀɑ̃d] → SYN
1 adj **a** (de haute taille) personne, verre tall ; arbre, échelle high, big, tall
b (plus âgé, adulte) **son grand frère** his big ou older ou elder brother ◆ **il a un petit garçon et deux grandes filles** he has a little boy and two older ou grown-up daughters ◆ **ils ont deux grands enfants** they have two grown-up children ◆ **quand il sera grand** [enfant] when he's grown-up ; [chiot] when it's big, when it's fully grown ◆ **il est assez grand pour savoir** he's big enough ou old enough to know ◆ **tu es grand / grande maintenant** you're a big boy / girl now
c (en dimensions) (gén) big, large ; hauteur, largeur great ; bras, distance, voyage long ; pas, enjambées long ; (lit, fig) marge wide ◆ **aussi / plus grand que nature** as large as / larger than life ◆ **ouvrir de grands yeux** to open one's eyes wide ◆ **ouvrir la fenêtre / la bouche toute grande** to open the window / one's mouth wide
d (en nombre, quantité) vitesse, poids, valeur, puissance great ; nombre, quantité large, great ; famille large, big ; foule large, great, big ; dépense great ; fortune great, large ◆ **la grande majorité des gens** the great ou vast majority of people ◆ (Ciné) **"La Grande Évasion"** "The Great Escape" ◆ **une grande partie de ce qu'il a** a great ou large proportion of what he has
e (intense, violent) bruit, cri great, loud ; froid severe, intense ; chaleur intense ; vent strong, high ; effort, danger, plaisir, déception great ; pauvreté great, dire (épith) ; soupir deep, big ◆ **il fait une grande chaleur / un grand froid** it's extremely ou intensely hot / cold, we're having a particularly hot / cold spell, the heat / cold is intense ◆ **pendant les grands froids** during the cold season, in the depth of winter ◆ **pendant les grandes chaleurs** during the hot season, at the height of summer ◆ **grande marée** spring tide ◆ **l'incendie a causé de grands dégâts** the fire has caused extensive damage ou enormous damage ou a great

deal of damage ◆ **avec un grand rire** with a loud ou great laugh ◆ **grand chagrin** deep ou great sorrow ◆ **les grandes douleurs sont muettes** great sorrow is often silent → **frapper**

f (riche, puissant) pays, firme, banquier, industriel leading, big ◆ **les grands trusts** the big trusts ◆ **le grand capital** big investors ◆ **un grand personnage** an important person ◆ (lit) **un grand seigneur** a great ou powerful lord ◆ (fig) **faire le grand seigneur** to play ou act the grand ou fine gentleman ◆ **faire le grand seigneur avec qn** to lord it over sb ◆ **grande dame** great lady

g (important) aventure, nouvelle, progrès, intelligence great; difficulté, différence, appétit great, big; ville, travail big ◆ **c'est un grand jour / honneur pour nous** this is a great day / honour for us ◆ **son mérite est grand** it's greatly to his credit

h (principal) **la grande nouvelle / difficulté** the great ou main news / difficulty ◆ **il a eu le grand mérite d'avoir ...** to his great credit he has ..., his great merit was to have ... ◆ **le grand moment approche** the great moment is coming ◆ **le grand jour approche** the great day ou D-day is coming ◆ **le grand soir** the great evening ◆ **les grands points / les grandes lignes de son discours** the main points / lines of his speech ◆ **les grands fleuves du globe** the major ou main ou great rivers of the globe ◆ **c'est la grande question** (problème) it's the main ou major issue ou question; (interrogation) it's the big question ou the $64,000 question*

i (intensif) travailleur great, hard; collectionneur great, keen; buveur heavy, hard; mangeur big; fumeur heavy; ami, rêveur, menteur great ◆ **c'est un grand ennemi du bruit** he cannot abide noise, he's a sworn enemy of noise ◆ **un grand amateur de musique** a great music lover ◆ **grand lâche / sot!** you great coward / fool! ◆ **grande jeunesse** extreme youth ◆ **grand âge** great age, old age ◆ **grande vieillesse** extreme ou great age ◆ **un grand mois / quart d'heure** a good month / quarter of an hour ◆ **rester un grand moment** to stay a good while ◆ **un grand kilomètre** a good kilometre ◆ **un grand verre d'eau** a nice big ou long glass of water ◆ **un grand panier de champignons** a full basket of mushrooms ◆ **les grands malades** the very ill ou sick ◆ **un grand invalide** a badly ou seriously disabled person ◆ **à grand ahan††** with much striving

j (remarquable) champion, œuvre, savant, civilisation great ◆ **un grand vin / homme** a great wine / man ◆ **une grande année** a vintage ou great year ◆ **le grand Molière** the great Molière ◆ **c'est du (tout) grand art** it's (very) great art ◆ **c'est du (tout) grand Mozart*** it's Mozart at his best ou greatest ◆ **les grands esprits se rencontrent** great minds think alike → **couture, maison**

k (de gala) réception, dîner grand ◆ **en grande cérémonie / pompe** with great ceremony / pomp ◆ **en grande tenue** in full dress (uniform) ◆ **en grand apparat** in full regalia ◆ **de grand apparat** habit full-dress (épith)

l (noble) âme noble, great; pensée high, lofty; cœur noble, big ◆ **se montrer grand (et généreux)** to be big-hearted ou magnanimous

m (exagéré) **de grands mots** high-flown ou fancy words ◆ **tout de suite les grands mots!** you go off the deep end straight away!, you start using these high-sounding words straight away! ◆ **voilà le grand mot lâché!** you've come out with it at last!, that's the word I've (ou we've etc) been waiting for! ◆ **génie! c'est un bien grand mot!** genius! that's a big word! ◆ **faire de grandes phrases** to trot out high-flown sentences ◆ **prendre de grands airs** to put on airs, give oneself airs ◆ **faire de grands gestes** to wave one's arms about → **cheval**

n LOC **à ma grande surprise / honte** much to my surprise / embarrassment, to my great surprise / shame ◆ **de grande classe** produit high-class; œuvre, exploit admirable ◆ **de grand cœur** wholeheartedly ◆ **le groupe / bureau (était) au grand complet** the whole group / office (was there) ◆ **à grands cris** vociferously ◆ **à grande distance** détection long-range (épith), at long range; apercevoir from a long way off ou away ◆ **à grande eau: laver à grande eau** sol to wash ou sluice down; légumes to wash thoroughly ◆ **de grande envergure** opération large-scale (épith); auteur of great stature; réforme far-reaching ◆ **à grands frais** at great expense ◆ **au grand galop** at full gallop ◆ **au grand jamais** never ever ◆ **au grand jour** (lit) in broad daylight; (fig) in the open ◆ **employer les grands moyens** to use drastic ou extreme measures ◆ **de grand matin** very early in the morning ◆ **en grande partie** largely, in the main ◆ **marcher** ou **avancer à grands pas** to stride along ◆ **à grand-peine** with great difficulty ◆ **à grand renfort de** publicité with the help of much, having recourse to much; arguments with the help ou support of many ◆ **à grand spectacle** revue spectacular ◆ **boire qch à grands traits** to take big ou large gulps of sth ◆ **à grande vitesse** at great speed → **bandit**

o (loc verbales: beaucoup de) **avoir grand air, avoir grande allure** to look very impressive ◆ **grand bien: cela te fera (le plus) grand bien** that'll do you a great deal of ou the world of good ◆ **j'en pense le plus grand bien** I think most highly of it ◆ **grand bien vous fasse!** much good may it do you! ◆ **faire grand bruit** to cause quite a stir ◆ **il n'y a pas grand danger** there's no great danger ◆ **il n'y a pas grand mal** (après accident) (there's) no harm done ◆ **il n'y a pas grand mal à ce qu'il fasse** there's not much harm ou wrong in him doing ◆ **il n'y a pas grand monde** there aren't very many (people) here ◆ **cela lui fera grand tort** it'll do him a lot of harm → **train**

p (loc verbales: bien, très) **avoir grand avantage à** to be well advised to ◆ **il aurait grand avantage à** it would be very much to his advantage to, he would be well advised to ◆ **elle avait grande envie d'un bain / de faire** she very much wanted a bath / to do, she was longing for a bath / to do ◆ **avoir grand faim** to be very hungry ◆ **il aurait grand intérêt à ...** it would be very much in his (own) interest to ..., he would be well advised to ... ◆ **prendre grand intérêt à qch** to take great interest in sth ◆ **il fait grand jour** it's broad daylight ◆ **avoir grand peur** to be very frightened ou very much afraid ◆ **avoir grand peur que** to be very much afraid that ◆ **avoir grand soif / faim** to be very thirsty / hungry ◆ **il est grand temps de faire ceci** it's high time this was done ou we did this

2 adv ◆ **voir grand** to think big*, envisage things on a large scale ◆ **il a vu trop grand** he was over-ambitious ◆ **faire grand** to do things on a grand ou large scale ou in a big way ◆ **ces souliers chaussent grand** these shoes are big-fitting (Brit) ou run large (US) ◆ **faire qch en grand** to do sth on a large ou big scale ou in a big way ◆ **ouvrir (tout) grand la fenêtre** to open the window wide ◆ **la fenêtre était grand ouverte** the window was wide open ou was open wide

3 nm **a** (Scol) older ou bigger boy, senior boy ou pupil (frm) ◆ **jeu pour petits et grands** game for old and young alike ou for the young and the not-so-young ◆ **aller à l'école tout seul comme un grand** to go to school on one's own like a big boy

b (terme d'affection) **mon grand** son, my lad (Brit)

c **les grands de ce monde** men in high places ◆ **les grands de l'informatique** the big names in the computer industry ◆ (Pol) **les quatre Grands** the Big Four

d **Pierre / Alexandre / Frédéric le Grand** Peter / Alexander / Frederick the Great

4 **grande** nf **a** (Scol) older ou bigger girl, senior girl ou pupil (frm)

b (terme d'affection) **ma grande** (my) dear

5 COMP ▷ **le grand air** the open air ◆ **au grand air** in the open air, outside, outdoors ▷ **grand argentier** (Hum) Minister of Finance ▷ **la Grande Armée** (Hist) the Grande Armée *(army of Napoleon)* ▷ **grands axes** (Aut) (main) trunk roads (Brit), main highways (US) ▷ **la Grande Baie australienne** the Great Australian Bight ▷ **la grande banlieue** the outer suburbs ▷ **la Grande Barrière (de Corail)** the Great Barrier Reef ▷ **la grande Bleue** ou **bleue** the Med* ▷ **grand chantre** precentor ▷ **grand chef** big boss ▷ **les grandes classes** (Scol) the senior forms (Brit), the high school grades (US) ▷ **un grand commis de l'État** a top-ranking ou senior civil servant ▷ **grand coq de bruyère** capercaillie ▷ **les grands corps de l'État** senior branches of the civil service ▷ **grandes eaux** ◆ **les grandes eaux de Versailles** the fountains of Versailles ◆ **regarde-le pleurer, c'est les grandes eaux!** look at him crying, he's really turned on the waterworks! ▷ **le grand écart** (Danse, Gym) the splits ◆ **faire le grand écart** to do the splits ▷ **la grande échelle (des pompiers)** the (firemen's) big (turntable) ladder ▷ **grande école** (Univ) grande école, *prestigious school of university level with competitive entrance examination, eg École polytechnique* ◆ (Scol) **être à la grande école*** to be at primary school ▷ **le grand écran** (Ciné) the big screen ▷ **grand électeur** (en France) *elector who votes in the elections for the French Senate*; (aux USA) presidential elector ▷ **grand ensemble** housing scheme (Brit), high-density housing (project ou scheme ou development ou estate) (US) ◆ **la vie dans les grands ensembles** life in high-rise flats (Brit) ou in multi-storey ou tower blocks ▷ **grand escalier** main staircase ▷ **grand d'Espagne** Spanish grandee ▷ **les grands fauves** the big cats ▷ **le grand film*** the feature ou main film, the big picture ▷ **les grands fonds** (Naut) the ocean deeps ▷ **la Grande Guerre** (Hist) the Great War (Brit), World War I (US) ▷ **le grand huit** [fête foraine] the scenic railway ▷ **les Grands Lacs** (Géog) the Great Lakes ▷ **le grand large** (Naut) the high seas ▷ **les grandes lignes** (Rail, fig) the main lines ▷ **le Grand Londres** Greater London ▷ **grand magasin** department store ▷ **Grand Maître** (Franc-Maçonnerie) Grand Master ▷ **grand manitou*** big boss* ▷ **grand mât** mainmast ▷ **le grand monde** high society ▷ **la grande Muette** (Mil) the army ▷ **la Grande Muraille de Chine** the Great Wall of China ▷ **le Grand Nord** the far North ▷ **grand officier** Grand Officer ▷ **le Grand Orient** the Grand Lodge of France ▷ **les grands patrons** (gén) the big bosses; (Méd) ≃ the top consultants ▷ **grande personne** grown-up ▷ **les Grandes Plaines** the Great Plains ▷ **grand prêtre** high priest ▷ **le grand public** the general public ◆ **appareils électroniques grand public** consumer electronics ▷ **grande puissance** (Pol) major power, superpower ▷ **Grand Quartier Général** General Headquarters ▷ **la grande roue** [fête foraine] the big wheel (Brit), the Ferris Wheel (US) ▷ **le Grand Siècle** the 17th century *(in France)*, the grand siècle ▷ **les grands singes** the great apes ▷ **grande surface** hypermarket ▷ **grand teint** adj inv couleur fast; tissu colourfast, fastcolour (épith) ▷ **grand tétras** capercaillie ▷ **grand tourisme** ◆ **voiture de grand tourisme** GT saloon car (Brit), 4-door sedan (US) ▷ **le Grand Turc** the Sultan ▷ **les grandes vacances** the summer holidays (Brit) ou vacation (US); (Univ) the long vacation ▷ **grand veneur** master of the royal hounds ▷ **la grande vie** the good life ◆ **mener la grande vie** to live in style, live the good life ▷ **le grand voyage** (littér) the last great journey (littér)

grand-angle, pl **grands-angles** [grɑ̃tɑ̃gl, grɑ̃zɑ̃gl], **grand-angulaire,** pl **grands-angulaires** [grɑ̃tɑ̃gylɛʀ, grɑ̃zɑ̃gylɛʀ] nm wide-angle lens

grand-chose [grɑ̃ʃoz] **1** pron indéf ◆ **on ne sait pas grand-chose à son sujet** we don't know very much about him ◆ **cela ne vaut pas grand-chose** it's not worth much, it's not up to much* (Brit), it's no great shakes* ◆ **es-tu blessé? – ce n'est pas grand-chose** are you hurt? – it's nothing much ◆ **il n'y a pas grand-chose dans ce magasin** there isn't much ou there's nothing much in this shop ◆ **il n'y a pas grand-chose à dire** there's not a lot to say, there's nothing much to say ◆ **il n'en sortira pas grand-chose de bon** not much good will come (out) of this, I can't see much good coming out of this ◆ **tu y connais grand-chose?*** do you know much about it? → **pas²**

2 nmf inv ◆ (péj) **c'est un pas grand-chose** he's a good-for-nothing

grand-croix, pl **grands-croix** [gʀɑ̃kʀwa] **1** nm holder of the Grand Cross **2** nf inv Grand Cross *(of the Légion d'honneur)*

grand-duc, pl **grands-ducs** [gʀɑ̃dyk] nm (prince) grand duke → **tournée²**

grand-ducal, e, mpl **-aux** [gʀɑ̃dykal, o] adj (du grand-duc) grand-ducal; (du grand-duché de Luxembourg) of Luxembourg

grand-duché, pl **grands-duchés** [gʀɑ̃dyʃe] nm grand duchy ◆ **le grand-duché de Luxembourg** the grand duchy of Luxembourg

Grande-Bretagne [gʀɑ̃dbʀətaɲ] nf ◆ **la Grande-Bretagne** Great Britain

grande-duchesse, pl **grandes-duchesses** [gʀɑ̃ddyʃɛs] nf grand duchess

grandement [gʀɑ̃dmɑ̃] → SYN adv **a** (tout à fait) **se tromper grandement** to be greatly mistaken ◆ **avoir grandement raison / tort** to be absolutely right / wrong
b (largement) aider, contribuer a great deal, greatly ◆ **il a grandement le temps** he easily has time, he has plenty of time ou easily enough time ◆ **il y en a grandement assez** there's plenty of it ou easily enough (of it) ◆ **être grandement logé** to have plenty of room ou ample room (in one's house) ◆ **nous ne sommes pas grandement logés** we haven't (very) much room ◆ **je lui suis grandement reconnaissant** I'm deeply ou extremely grateful to him ◆ **il est grandement temps de partir** it's high time we went
c (généreusement) agir nobly ◆ **faire les choses grandement** to do things lavishly ou in grand style

grandesse [gʀɑ̃dɛs] nf Spanish grandeeship

grandeur [gʀɑ̃dœʀ] → SYN nf **a** (dimension) size ◆ **c'est de la grandeur d'un crayon** it's the size of ou as big as a pencil ◆ **ils sont de la même grandeur** they are the same size ◆ **grandeur nature** life-size → **haut, ordre¹**
b (importance) [œuvre, sacrifice, amour] greatness ◆ **avoir des idées de grandeur** to have delusions of grandeur → **délire**
c (dignité) greatness; (magnanimité) magnanimity ◆ **faire preuve de grandeur** to show magnanimity ◆ **la grandeur humaine** the greatness of man ◆ **grandeur d'âme** nobility of soul
d (gloire) greatness ◆ **grandeur et décadence de** rise and fall of ◆ **politique de grandeur** politics of grandeur
e (Astron, Math) magnitude ◆ (Math) **grandeur variable** variable magnitude ◆ (Astron) **étoile de première grandeur** star of first magnitude ◆ (fig) **gaffe de première grandeur** blunder of the first order
f († : titre) **Sa Grandeur l'évêque de X** (the) Lord Bishop of X ◆ **oui, Votre Grandeur** yes, my Lord
g (honneurs) **grandeurs** glory → **folie**

Grand-Guignol [gʀɑ̃giɲɔl] nm ◆ **c'est du Grand-Guignol** it's all blood and thunder

grand-guignolesque, pl **grand-guignolesques** [gʀɑ̃giɲɔlɛsk] → SYN adj situation, événement, pièce de théâtre gruesome, bloodcurdling

grandiloquence [gʀɑ̃dilɔkɑ̃s] → SYN nf grandiloquence, bombast

grandiloquent, e [gʀɑ̃dilɔkɑ̃, ɑ̃t] → SYN adj grandiloquent, bombastic

grandiose [gʀɑ̃djoz] → SYN adj œuvre, spectacle, paysage imposing, grandiose ◆ **le grandiose d'un paysage** the grandeur of a landscape

grandir [gʀɑ̃diʀ] → SYN ▸ conjug 2 ◂ **1** vi **a** [plante, enfant] to grow; [ombre portée] to grow (bigger) ◆ **il a grandi de 10 cm** he has grown 10 cm ◆ **je le trouve grandi** he has grown ou he's bigger since I last saw him ◆ **en grandissant tu verras que ...** as you grow up you'll see that ... ◆ (fig) **il a grandi dans mon estime** he's gone up in my estimation, he has grown ou risen in my esteem ◆ **enfant grandi trop vite** lanky ou gangling child
b [sentiment, influence, foule] to increase, grow; [bruit] to grow (louder), increase; [firme] to grow, expand ◆ **l'obscurité grandissait** (the) darkness thickened, it grew darker and darker ◆ **son pouvoir va grandissant** his power grows ever greater ou constantly increases ◆ **grandir en sagesse** to grow ou increase in wisdom
2 vt **a** (faire paraître grand) [microscope] to magnify ◆ **grandir les dangers / difficultés** to exaggerate the dangers / difficulties ◆ **ces chaussures te grandissent** those shoes make you (look) taller ◆ **il se grandit en se mettant sur la pointe des pieds** he made himself taller by standing on tiptoe
b (rendre prestigieux) **cette épreuve l'a grandi** this ordeal has made him grow in stature ◆ **il sort grandi de cette épreuve** he has come out of this ordeal with increased stature ◆ **sa conduite ne le grandit pas à mes yeux** his behaviour doesn't raise him in my eyes

grandissant, e [gʀɑ̃disɑ̃, ɑ̃t] adj foule, bruit, sentiment growing ◆ **nombre / pouvoir (sans cesse) grandissant** (ever-)growing ou (ever-)increasing number / power

grandissement† [gʀɑ̃dismɑ̃] nm (Opt) magnification

grandissime [gʀɑ̃disim] adj (hum : très grand) tremendous

grand-livre, pl **grands-livres** [gʀɑ̃livʀ] nm (Comm †) ledger

grand-maman, pl **grands-mamans** [gʀɑ̃mamɑ̃] nf granny*, grandma

grand-mère, pl **grands-mères** [gʀɑ̃mɛʀ] → SYN nf grandmother; (* : vieille dame) (old) granny*

grand-messe, pl **grands-messes** [gʀɑ̃mɛs] nf (Rel) high mass; (fig : Pol) powwow* ◆ **la grand-messe du journal de 20 heures*** the 8 o'clock TV news ritual

grand-oncle, pl **grands-oncles** [gʀɑ̃tɔ̃kl, gʀɑ̃zɔ̃kl] nm great-uncle

grand-papa, pl **grands-papas** [gʀɑ̃papa] nm grandpa, grandad*

grand-père, pl **grands-pères** [gʀɑ̃pɛʀ] → SYN nm grandfather; (* : vieux monsieur) old man ◆ (péj) **avance, grand-père !*** get a move on, grandad!*

grand-route, pl **grand-routes** [gʀɑ̃ʀut] nf main road

grand-rue, pl **grand-rues** [gʀɑ̃ʀy] nf ◆ **la grand-rue** the high ou main street

grands-parents [gʀɑ̃paʀɑ̃] → SYN nmpl grandparents

grand-tante, pl **grands-tantes** [gʀɑ̃tɑ̃t] nf great-aunt

grand-vergue, pl **grands-vergues** [gʀɑ̃vɛʀg] nf main yard

grand-voile, pl **grands-voiles** [gʀɑ̃vwal] nf mainsail

grange [gʀɑ̃ʒ] → SYN nf barn

grangée [gʀɑ̃ʒe] nf barnful

granit(e) [gʀanit] nm granite

granité, e [gʀanite] → SYN **1** adj granite-like (épith) ◆ **papier granité** grained paper
2 nm (tissu) pebbleweave (cloth); (glace) granita *(Italian ice cream)*

graniter [gʀanite] ▸ conjug 1 ◂ vt to give a granite look to

graniteux, -euse [gʀanitø, øz] adj (Minér) granitic

granitique [gʀanitik] adj (Minér) granite (épith), granitic

granito [gʀanito] nm terrazzo

granitoïde [gʀanitɔid] adj granitoid

granivore [gʀanivɔʀ] **1** adj grain-eating, granivorous (spéc)
2 nm grain-eater, granivore (spéc)

granny smith [gʀanismis] nf inv Granny Smith (apple)

granulaire [gʀanylɛʀ] adj (Sci) granular

granulat [gʀanyla] → SYN nm aggregate

granulation [gʀanylasjɔ̃] nf **a** (grain) grainy effect ◆ **granulations** granular ou grainy surface ◆ (Bio) **granulations cytoplasmiques** cytoplasmic granules
b (action : Tech) granulation
c (Phot) graininess

granule [gʀanyl] nm granule; (Pharm) small pill ◆ **granule homéopathique** homeopathic pill

granulé, e [gʀanyle] → SYN (ptp de **granuler**) **1** adj surface granular
2 nm granule

granuler [gʀanyle] ▸ conjug 1 ◂ vt métal, poudre to granulate

granuleux, -euse [gʀanylø, øz] adj (gén) granular; peau grainy

granulie [gʀanyli] nf granulitis

granulite [gʀanylit] nf granulite

granulocyte [gʀanylɔsit] nm granulocyte

granulome [gʀanylom] nm granuloma

granulométrie [gʀanylometʀi] nf granulometry

granulométrique [gʀanylometʀik] adj granulometric

grape(-)fruit, pl **grape(-)fruits** [gʀɛpfʀut] nm grapefruit

graphe [gʀaf] nm (Écon, Math) graph

graphème [gʀafɛm] nm grapheme

grapheur [gʀafœʀ] nm (Ordin) graphics application package, graphics software (NonC)

graphie [gʀafi] → SYN nf (Ling) written form ◆ **il y a plusieurs graphies pour ce mot** there are several written forms of this word ou several ways of spelling this word ◆ **une graphie phonétique** a phonetic spelling

graphiose [gʀafjoz] nf elm disease

graphique [gʀafik] → SYN **1** adj graphic ◆ (Ordin) **écran graphique** graphics screen
2 nm (courbe) graph

graphiquement [gʀafikmɑ̃] adv graphically

graphisme [gʀafism] nm **a** (technique) (Design) graphics (sg); (Art) graphic arts
b (style) [peintre, dessinateur] style of drawing
c (écriture individuelle) hand, handwriting; (alphabet) script

graphiste [gʀafist] nmf graphic designer

graphitage [gʀafitaʒ] nm (Tech) graphitization

graphite [gʀafit] → SYN nm graphite

graphiter [gʀafite] ▸ conjug 1 ◂ vt to graphitize ◆ **lubrifiant graphité** graphitic lubricant

graphiteux, -euse [gʀafitø, øz] adj graphitic

graphitique [gʀafitik] adj ⇒ **graphiteux**

graphologie [gʀafɔlɔʒi] nf graphology

graphologique [gʀafɔlɔʒik] adj of handwriting, graphological

graphologue [gʀafɔlɔg] nmf graphologist

graphomane [gʀafɔman] nmf graphomaniac

graphomanie [gʀafɔmani] nf graphomania

graphomètre [gʀafɔmɛtʀ] nm graphometer

grappa [gʀapa] nf grappa

grappe [gʀap] → SYN nf [fleurs] cluster ◆ **grappe de raisin** bunch of grapes ◆ **en** ou **par grappes** in clusters ◆ **grappes humaines** clusters of people

grappillage [gʀapijaʒ] nm (→ **grappiller**) gleaning; fiddling* (Brit); picking up; gathering; lifting ◆ **ses grappillages se montaient à quelques centaines de francs** his pickings amounted to several hundred francs

grappiller [gʀapije] → SYN ▸ conjug 1 ◂ **1** vi (après la vendange) to glean *(in vineyards)*; (faire de petits profits) to fiddle (a few pounds)* (Brit), pick up (a bit extra) on the side (US) ◆ **arrête de grappiller, prends la grappe** stop picking (at it) and take the whole bunch ◆ **il a beaucoup grappillé chez d'autres auteurs** he has lifted a lot from other authors ◆ **elle ne mange pas, elle grappille** she doesn't eat, she just nibbles
2 vt grains, fruits to gather; connaissances, nouvelles to pick up; renseignements, informations to glean; idées to lift ◆ **grappiller quelques sous** to fiddle (Brit) ou pick up a bit extra on the side (US)

grappillon [gʀapijɔ̃] nm small bunch of grapes

grappin [gʀapɛ̃] → SYN nm [bateau] grapnel; [grue] grab (Brit), drag (US) ◆ (attraper) **mettre le grappin sur qn*** to grab sb, collar sb* ◆ (pour l'épouser) **elle lui a mis le grappin dessus*** she's got her claws into him* ◆ **mettre le grappin sur qch*** to get one's claws on ou into sth*

gras, grasse [gʀɑ, gʀɑs] → SYN 1 adj a substance, aliment, bouillon fatty ◆ **fromage gras** full fat cheese ◆ **crème grasse pour la peau** rich moisturizing cream → **chou¹, corps, matière**
b (gros) personne, animal, visage, main fat; bébé podgy (Brit), pudgy (US); volaille plump ◆ **être gras comme un chanoine, être gras à lard** to be as round as a barrel ◆ (péj) **être gras du bide*** to have a gut* ou beer-belly* ◆ (péj) **un gras du bide*** a fat slob* → **tuer, vache**
c (graisseux, huileux) mains, cheveux, surface greasy; peinture oily; pavé, rocher slimy; boue, sol sticky, slimy → **houille**
d (épais) trait, contour thick → **caractère, crayon, plante¹**
e toux loose, phlegmy; voix, rire throaty
f (vulgaire) mot, plaisanterie coarse, crude
g (abondant) pâturage rich, luxuriant; récompense fat* (épith) ◆ **la paye n'est pas grasse** the pay is rather meagre, it's not much of a salary ◆ **j'ai touché 200 F, ce n'est pas gras*** I earned 200 francs, which is hardly a fortune ◆ **il n'y a pas gras à manger*** there's not much to eat
h LOC **faire la grasse matinée** to have a lie in ou a long lie (Brit) ou a sleep in (US)
2 nm a (Culin) fat; [baleine] blubber; (Théât) greasepaint ◆ **j'ai les mains couvertes de gras** my hands are covered in grease
b (partie charnue) [jambe, bras] **le gras de** the fleshy part of
c (Typ) **c'est imprimé en gras** it's printed in bold (type)
d (*: profit) clean up* ◆ **faire du gras** to clean up*, make a killing
3 adv a **manger gras** to eat fatty foods ◆ (Rel) **faire gras** to eat meat
b **il tousse gras** he has a loose ou phlegmy cough ◆ **parler/rire gras*** to speak/laugh coarsely

gras-double, pl **gras-doubles** [gʀadubl] nm (Culin) tripe

grassement [gʀɑsmɑ̃] → SYN adv a rétribuer generously, handsomely ◆ (péj) **vivre grassement** to live off the fat of the land ◆ **c'est grassement payé** it's highly paid, it's well paid
b parler, rire coarsely

grasserie [gʀɑsʀi] nf grasserie

grasset [gʀɑsɛ] nm stifle (joint)

grasseyant, e [gʀasɛjɑ̃, ɑ̃t] adj voix guttural

grasseyement [gʀasɛjmɑ̃] nm guttural pronunciation

grasseyer [gʀaseje] → SYN ▸conjug 1◂ vi to have a guttural pronunciation; (Ling) to use a fricative ou uvular (Parisian) R

grassouillet, -ette* [gʀɑsujɛ, ɛt] adj podgy (Brit), pudgy (US), plump

grateron [gʀatʀɔ̃] nm bedstraw

gratifiant, e [gʀatifjɑ̃, jɑ̃t] adj expérience, travail rewarding, gratifying

gratification [gʀatifikasjɔ̃] → SYN nf a (Admin) bonus ◆ **gratification de fin d'année** Christmas box ou bonus
b (Psych) gratification

gratifier [gʀatifje] → SYN ▸conjug 7◂ vt ◆ **gratifier qn de** récompense, avantage, (iro) amende to present sb with; sourire, bonjour to favour ou grace sb with; (iro) punition to reward sb with (iro) ◆ **il nous gratifia d'un long sermon sur l'obéissance** he favoured ou honoured us with a long sermon on obedience ◆ (Psych) **se sentir gratifié** to feel gratified

gratin [gʀatɛ̃] → SYN nm a (Culin) (plat) cheese(-topped) dish, gratin (spéc); (croûte) cheese topping, gratin (spéc) ◆ **au gratin** au gratin ◆ **gratin de pommes de terre** potatoes au gratin ◆ **chou-fleur au gratin** cauliflower cheese ◆ **gratin dauphinois** gratin Dauphinois
b **le gratin** (*: haute société) the upper crust*, the nobs* (Brit), the swells* (US) ◆ **tout le gratin de la ville était à sa réception** all the nobs* (Brit) ou swells* (US) of the town were at his reception

gratiné, e [gʀatine] → SYN (ptp de **gratiner**) 1 adj a (Culin) au gratin
b (*: intensif) épreuve, amende (really) stiff*; aventures, plaisanterie (really) wild* ◆ **il m'a passé une engueulade gratinée‡** he didn't half give me a telling-off*, he gave me a heck of a telling-off* ◆ **c'est un examen gratiné** it's a heck of an exam (to get through)*, it's a really stiff exam ◆ **comme film érotique, c'est plutôt gratiné** it's pretty hot stuff* ou spicy for an erotic film ◆ **comme imbécile il est gratiné** they don't come much dafter than him*
2 **gratinée** nf onion soup au gratin

gratiner [gʀatine] ▸conjug 1◂ 1 vt (Culin) pommes de terre to cook au gratin
2 vi (dorer) to brown, turn golden

gratiole [gʀasjɔl] nf gratiola

gratis [gʀatis] → SYN 1 adj free
2 adv free, for nothing

gratitude [gʀatityd] → SYN nf gratitude, gratefulness

gratos* [gʀatos] adj, adv ⇒ **gratis**

gratouiller* [gʀatuje] ▸conjug 1◂ vt a (démanger) **gratouiller qn** to make sb itch
b **gratouiller sa guitare** to strum on one's guitar

grattage [gʀataʒ] nm (→ **gratter**) scratching; scraping; scratching off; scratching out; scraping off

gratte [gʀat] → SYN nf a (*: petit bénéfice illicite) pickings ◆ **faire de la gratte** to make a bit on the side*
b (‡: guitare) guitar

gratte-ciel, pl **gratte-ciel(s)** [gʀatsjɛl] → SYN nm skyscraper

gratte-cul, pl **gratte-culs** [gʀatky] nm (Bot) rose hip

gratte-dos [gʀatdo] nm inv back-scratcher

grattement [gʀatmɑ̃] nm scratching

gratte-papier, pl **gratte-papier(s)** [gʀatpapje] → SYN nm (péj) penpusher (Brit), pencil pusher (US)

gratte-pieds [gʀatpje] nm inv shoe-scraper

gratter [gʀate] → SYN ▸conjug 1◂ 1 vt a surface (avec un ongle, une pointe) to scratch; (avec un outil) to scrape; guitare to strum; allumette to strike ◆ **gratte-moi le dos** scratch my back for me ◆ (fig) **si on gratte un peu on se rend compte qu'il n'est pas très cultivé** if one scratches the surface one will realise that he is not very cultured
b (enlever) tache to scratch off; inscription to scratch out; boue, papier peint to scrape off
c (irriter) **ce drap me gratte** this sheet is making me itch ◆ **ça (me) gratte** I've got an itch ◆ **il y a quelque chose qui me gratte la gorge** I've got a tickly throat, my throat's tickly ◆ (fig) **vin qui gratte la gorge** wine which catches in one's throat
d (*) **gratter quelques francs** to fiddle a few pounds* (Brit), pick up a bit extra on the side ◆ **gratter (de l'argent) sur la dépense** to scrimp on one's spending ◆ **gratter les fonds de tiroir** to raid the piggy bank (fig), scrape around to find enough money ◆ **il n'y a pas grand-chose à gratter** there's not much to be made on that
e (arg Sport: dépasser) to overtake
2 vi a [plume] to scratch ◆ **j'entends quelque chose qui gratte** I can hear something scratching
b [drap] (irriter) to be scratchy; (démanger) to itch, be itchy
c (*: économiser) to scrimp and save
d (*: travailler) to slog away* (Brit), slave away*
e (*: écrire) to scribble
f (frapper) **gratter à la porte** to tap quietly ou softly at the door
g (*: jouer de) **gratter du violon** to scrape (away at) one's violin ◆ **gratter de la guitare** to strum (away on) one's guitar
3 **se gratter** vpr to scratch (o.s.) ◆ (fig) **tu peux toujours te gratter!‡** you can whistle for it!*

gratteron [gʀatʀɔ̃] nm ⇒ **grateron**

gratteur, -euse [gʀatœʀ, øz] nm,f [guitare] strummer ◆ (péj) **gratteur de papier** penpusher (Brit), pencil pusher (US)

grattoir [gʀatwaʀ] → SYN nm scraper

gratton [gʀatɔ̃] nm a (*: aspérité) hold
b (Culin) **grattons** ≃ pork scratchings (Brit)

grattouiller [gʀatuje] vt ⇒ **gratouiller**

gratuit, e [gʀatɥi, ɥit] → SYN adj a (lit: sans payer) free ◆ **entrée gratuite** admission free ◆ **le premier exemplaire est gratuit** no charge is made for the first copy, the first copy is free (of charge) ◆ (frm) **à titre gratuit** free of charge
b (non motivé) supposition, affirmation unwarranted; cruauté, insulte wanton, gratuitous; geste gratuitous, unmotivated
c (littér: désintéressé) bienveillance disinterested

gratuité [gʀatɥite] nf a (lit: → **gratuit**) **la gratuité de l'éducation/des soins médicaux a permis le progrès** free education/medical care has allowed progress
b (non-motivation: → **gratuit**) unwarranted nature; wantonness; gratuitousness; unmotivated nature

gratuitement [gʀatɥitmɑ̃] → SYN adv a (gratis) entrer, participer, soigner free (of charge)
b (sans raison) détruire wantonly, gratuitously; agir gratuitously, without motivation ◆ **supposer gratuitement que** to make the unwarranted supposition that

gravatier [gʀavatje] nm rubble remover

gravats [gʀavɑ] → SYN nmpl (Constr) rubble

grave [gʀav] → SYN 1 adj a (posé) air, ton, personne grave, solemn; (digne) assemblée solemn
b (important) raison, opération serious; faute, avertissement, responsabilité serious, grave ◆ **c'est une grave question que vous me posez là** that is a serious question you are asking me
c (alarmant) maladie, nouvelle, situation, danger grave, serious; blessure, menace, résultat serious ◆ **blessé grave** seriously injured man, serious casualty ◆ **l'heure est grave** it is a serious ou grave moment ◆ **ne vous en faites pas, ce n'est pas (bien) grave** never mind – there's no harm done ou it's not serious
d note low; son, voix deep, low-pitched → **accent**
e (‡) (péj) **il est vraiment grave** he's the pits‡
2 nm (Ling) grave (accent); (Mus) low register ◆ (Rad) **« grave-aigu »** "bass-treble" ◆ (Rad) **appareil qui vibre dans les graves** set that vibrates at the bass tones ◆ (Mus) **les graves et les aigus** (the) low and high notes, the low and high registers

graveleux, -euse [gʀav(ə)lø, øz] → SYN adj a (grivois) smutty
b terre gravelly; fruit gritty

gravelle [gʀavɛl] nf (Méd ††) gravel††

gravelure [gʀavlyʀ] nf (rare) smut (NonC)

gravement [gʀavmɑ̃] → SYN adv a parler, regarder gravely, solemnly
b (de manière alarmante) blesser, offenser seriously ◆ **être gravement compromis** to be seriously compromised ◆ **être gravement menacé** to be under a serious threat ◆ **être gravement coupable** to be seriously involved in an offence ou crime ◆ **être gravement malade** to be gravely ou seriously ill

graver [gʀave] → SYN ▸conjug 1◂ vt signe, inscription (sur pierre, métal, papier) to engrave; (sur bois) to carve, engrave; (fig: dans la mémoire) to engrave, imprint (*dans* on); médaille, monnaie to engrave; disque to cut ◆ **graver à l'eau-forte** to etch ◆ **faire graver des cartes de visite** to get some visiting cards printed ◆ (fig) **c'est gravé sur son front** it's written all over his face ◆ (fig) **c'est gravé dans sa mémoire** it's imprinted ou engraved on his memory

graveur, -euse [gʀavœʀ, øz] → SYN 1 nm,f (sur pierre, métal, papier) engraver; (sur bois) (wood) engraver, woodcutter ◆ **graveur à l'eau-forte** etcher
2 nm (machine) embossed groove recorder

gravide [gʀavid] → SYN adj animal, utérus gravid (spéc) ◆ **truie gravide** sow in pig

gravidique [gʀavidik] adj gravidic

gravidité [gʀavidite] nf gravidity, gravidness (spéc)

gravier [gʀavje] → SYN nm a (caillou) (little) stone, bit of gravel
b (Géol, revêtement) gravel (NonC) ◆ **allée de ou en gravier** gravel ou gravelled path

gravifique [gʀavifik] adj (Phys) gravity (épith)

gravillon [gʀavijɔ̃] nm **a** (petit caillou) bit of grit ou gravel
b (revêtement) [route] (loose) chippings (Brit), gravel; [jardin etc] (fine) gravel (NonC) ◆ **du gravillon, des gravillons** loose chippings (Brit), gravel

gravillonner [gʀavijɔne] ▸ conjug 1 ◂ vt to gravel ◆ **gravillonner une route** to gravel a road, put loose chippings (Brit) on a road

gravimétrie [gʀavimetʀi] nf gravimetry

gravimétrique [gʀavimetʀik] adj gravimetric(al)

gravir [gʀaviʀ] ➝ SYN ▸ conjug 2 ◂ vt montagne to climb (up); escalier to climb ◆ **gravir péniblement une côte** to struggle up a slope ◆ **gravir les échelons de la hiérarchie** to climb the rungs of the hierarchical ladder

gravissime [gʀavisim] adj extremely ou most serious

gravitation [gʀavitasjɔ̃] ➝ SYN nf gravitation

gravitationnel, -elle [gʀavitasjɔnɛl] adj gravitational

gravité [gʀavite] ➝ SYN nf **a** (NonC : → **grave**) gravity, graveness; solemnity; seriousness; deepness ◆ regards, paroles **plein de gravité** very serious ou solemn ◆ **c'est un accident sans gravité** it was a minor accident, it wasn't a serious accident
b (Phys, Rail) gravity → **centre, force**

graviter [gʀavite] ➝ SYN ▸ conjug 1 ◂ vi **a** (tourner) [astre] to revolve (*autour de* round, about); [personne] to hover, revolve (*autour de* round) ◆ **cette planète gravite autour du Soleil** this planet revolves around ou orbits the Sun ◆ **il gravite dans les milieux diplomatiques** he moves in diplomatic circles ◆ **pays satellite qui gravite dans l'orbite d'une grande puissance** country that is the satellite of a major power
b (tendre vers) [astre] **graviter vers** to gravitate towards

gravois† [gʀavwa] nmpl ⇒ **gravats**

gravure [gʀavyʀ] ➝ SYN **1** nf **a** (→ **graver**) engraving; carving; imprinting; cutting
b (reproduction) (dans une revue) plate; (au mur) print
2 COMP ▷ **gravure sur bois** (technique) woodcutting, wood engraving; (dessin) woodcut, wood engraving ▷ **gravure en creux** intaglio engraving ▷ **gravure sur cuivre** copperplate (engraving) ▷ **gravure directe** hand-cutting ▷ **gravure à l'eau-forte** etching ▷ **gravure de mode** fashion plate ▷ **gravure à la pointe sèche** drypoint engraving ▷ **gravure en taille douce** line-engraving

gray [gʀɛ] nm (unité de mesure) gray

gré [gʀe] ➝ SYN nm **a** [personnes] **à mon / votre gré** (goût) to my / your liking ou taste; (désir) as I / you like ou please ou wish; (choix) as I / you like ou prefer ou please ◆ (avis) **c'est trop moderne, à mon gré** it's too modern for my liking ou to my mind ◆ **c'est à votre gré ?** is it to your liking? ou taste? ◆ **agir** ou **(en) faire à son gré** to do as one likes ou pleases ou wishes ◆ **venez à votre gré ce soir ou demain** come tonight or tomorrow, as you like ou prefer ou please ◆ **on a fait pour le mieux, au gré des uns et des autres** we did our best to take everyone's wishes into account ◆ **contre le gré de qn** against sb's will
b LOC **de gré à gré** by mutual agreement ◆ **il le fera de gré ou de force** he'll do it whether he likes it or not, he'll do it willy-nilly ◆ **de son plein gré** of one's own free will, of one's own accord ◆ **de bon gré** willingly ◆ **de mauvais gré** reluctantly, grudgingly → **bon¹, savoir**
c [choses] **au gré de : flottant au gré de l'eau** drifting wherever the water carries (ou carried) it, drifting (along) on ou with the current ◆ **volant au gré du vent** chevelure flying in the wind; plume, feuille carried along by the wind; planeur gliding wherever the wind carries (ou carried) it ◆ **au gré des événements** décider, agir according to how ou the way things go ou develop ◆ **ballotté au gré des événements** tossed about by events ◆ **il décorait sa chambre au gré de sa fantaisie** he decorated his room as the fancy took him ◆ **son humeur change au gré des saisons** his mood changes with ou according to the seasons

grèbe [gʀɛb] nm grebe

grec, grecque [gʀɛk] **1** adj île, personne, langue Greek; habit, architecture, vase Grecian, Greek; profil, traits Grecian → **renvoyer**
2 nm (Ling) Greek
3 nm,f ◆ **Grec(que)** Greek
4 **grecque** nf (décoration) (Greek) fret ◆ (Culin) **champignons** etc **à la grecque** mushrooms etc à la grecque

Grèce [gʀɛs] nf Greece

gréciser [gʀesize] ▸ conjug 1 ◂ vt to Graecize (Brit), Grecize (US)

grécité [gʀesite] nf Greekness

gréco-bouddhique [gʀekobudik] adj Graeco-Buddhist (Brit), Greco-Buddhist (US)

gréco-latin, e, mpl **gréco-latins** [gʀekolatɛ̃, in] adj Graeco-Latin (Brit), Greco-Latin (US)

gréco-romain, e, mpl **gréco-romains** [gʀekoʀɔmɛ̃, ɛn] adj Graeco-Roman (Brit), Greco-Roman (US)

gredin† [gʀədɛ̃] nm (coquin) scoundrel†, rascal†

gréement [gʀemɑ̃] ➝ SYN nm (Naut) rigging

green [gʀin] nm (Golf) green

gréer [gʀee] ▸ conjug 1 ◂ vt (Naut) to rig

greffage [gʀefaʒ] nm (Bot) grafting

greffe¹ [gʀɛf] ➝ SYN nf **a** (NonC : → **greffer**) transplanting; grafting
b (opération) (Méd) [organe] transplant; [tissu] graft; (Bot) graft ◆ **greffe du cœur / rein** heart / kidney transplant

greffe² [gʀɛf] ➝ SYN nm Clerk's Office *(of courts)*

greffé, e [gʀefe] (ptp de **greffer**) nm,f ◆ **greffé du cœur** (récent) heart transplant patient; (ancien) person who has had a heart transplant

greffer [gʀefe] ➝ SYN ▸ conjug 1 ◂ vt (Méd) organe to transplant; tissu to graft; (Bot) to graft ◆ **on lui a greffé un rein** he's been given a kidney transplant ◆ (fig) **là-dessus se sont greffées d'autres difficultés** further difficulties have added themselves to it

greffier, -ière [gʀefje, jɛʀ] ➝ SYN **1** nm,f (Jur) clerk (of the court)
2 nm (*: chat) malkin†

greffoir [gʀefwaʀ] nm budding knife

greffon [gʀefɔ̃] nm (→ **greffer**) transplant, transplanted organ; graft

grégaire [gʀegɛʀ] ➝ SYN adj gregarious ◆ **avoir l'instinct** ou **l'esprit grégaire** to like socialising, be the sociable type; (péj) to go with the crowd, be easily led

grégarine [gʀegaʀin] nf gregarine

grégarisme [gʀegaʀism] nm gregariousness

grège [gʀɛʒ] **1** adj soie raw; (couleur) dove-coloured, greyish-beige
2 nm raw silk

grégeois [gʀeʒwa] adj m → **feu¹**

Grégoire [gʀegwaʀ] nm Gregory

grégorien, -ienne [gʀegɔʀjɛ̃, jɛn] **1** adj Gregorian
2 nm ◆ **(chant) grégorien** Gregorian chant, plainsong

grêle¹ [gʀɛl] ➝ SYN adj jambes, silhouette, tige spindly; personne lanky; son, voix shrill → **intestin¹**

grêle² [gʀɛl] ➝ SYN nf hail ◆ **averse de grêle** hail storm ◆ (fig) **grêle de coups / de pierres** hail ou shower of blows / stones

grêlé, e [gʀele] ➝ SYN (ptp de **grêler**) adj pockmarked

grêler [gʀele] ▸ conjug 1 ◂ **1** vb impers ◆ **il grêle** it is hailing
2 vt ◆ **la tempête a grêlé les vignes** the storm has left the vines damaged by (the) hail ◆ **région qui a été grêlée** region where crops have been damaged by hail

grelin [gʀəlɛ̃] nm hawser

grêlon [gʀɛlɔ̃] ➝ SYN nm hailstone

grelot [gʀəlo] ➝ SYN nm (little spherical) bell ◆ (fig) **avoir les grelots*** to be shaking in one's shoes*

grelottant, e [gʀəlɔtɑ̃, ɑ̃t] adj personne shivering (*de* with)

grelottement [gʀəlɔtmɑ̃] nm (→ **grelotter**) shivering; jingling

grelotter [gʀəlɔte] ➝ SYN ▸ conjug 1 ◂ vi **a** (trembler) to shiver (*de* with) ◆ **grelotter de fièvre** to be shivery with fever, shiver with fever
b (tinter) to jingle

greluche‡ [gʀəlyʃ] nf (péj) bird‡ (Brit), chick‡ (US)

grémil [gʀemil] nm gromwell

grémille [gʀemij] nf ruff(e), pope

grenadage [gʀənadaʒ] nm (Mil) grenade attack

Grenade [gʀənad] **1** n (ville) Granada
2 nf (État) Grenada

grenade [gʀənad] nf **a** (Bot) pomegranate
b (explosif) grenade ◆ **grenade à fusil / main** rifle / hand grenade ◆ **grenade lacrymogène / fumigène** teargas / smoke grenade ◆ **grenade sous-marine** depth charge
c (insigne) badge *(on soldier's uniform etc)*

grenadeur [gʀənadœʀ] nm depth-charge launcher

grenadier [gʀənadje] ➝ SYN nm **a** (Bot) pomegranate tree
b (Mil) grenadier ◆ (fig) **c'est un vrai grenadier** (homme) he's a real giant; (femme) she's a real Amazon

grenadille [gʀənadij] nf granadilla

grenadin¹ [gʀənadɛ̃] nm **a** (Bot) grenadin(e)
b (Culin) **grenadin de veau** (small) veal medallion

grenadin², e¹ [gʀənadɛ̃, in] (Géog) **1** adj Grenadian
2 nm,f ◆ **Grenadin(e)** Grenadian

grenadine² [gʀənadin] nf (sirop) grenadine

grenaillage [gʀənajaʒ] nm shot-blasting

grenaille [gʀənaj] nf ◆ **de la grenaille** (projectiles) shot; (pour poules) middlings ◆ **grenaille de plomb** lead shot ◆ **grenaille de fer** iron filings

grenailler [gʀənaje] ▸ conjug 1 ◂ vt plomb to make into shot

grenaison [gʀənɛzɔ̃] nf seeding

grenat [gʀəna] ➝ SYN **1** nm garnet
2 adj inv dark red, garnet-coloured

grené, e [gʀəne] (ptp de **grener**) **1** adj cuir, peau grainy; dessin stippled
2 nm [gravure, peau] grain

greneler [gʀɛnle] ▸ conjug 4 ◂ vt (Tech) cuir, papier to grain

grener [gʀəne] ▸ conjug 5 ◂ **1** vt (Tech) sel, sucre to granulate, grain; métal, glace to grain
2 vi (Agr) [plante] to seed

grènetis [gʀɛnti] nm milling

greneur, -euse [gʀənœʀ, øz] nm,f grainer

grenier [gʀənje] ➝ SYN nm attic, garret; (pour conserver le grain etc) loft ◆ **grenier à blé** (lit) corn loft (Brit), wheat loft (US); (fig) granary ◆ **grenier à foin** hayloft ◆ **grenier à sel** salt storehouse

grenouillage [gʀənujaʒ] ➝ SYN nm (Pol péj) jiggery-pokery (Brit péj), hanky-panky (péj)

grenouille [gʀənuj] ➝ SYN nf frog ◆ (péj) **grenouille de bénitier** Holy Joe* (Brit péj), churchy old man (ou woman) (péj) ◆ **c'est une vraie grenouille de bénitier** he ou she is very pi* (Brit péj) ou a proper Holy Joe* (Brit péj) ou a fanatical churchgoer ◆ **manger** ou **bouffer la grenouille*** to make off with the takings ◆ (fig) **avoir des grenouilles dans le ventre*** to have a rumbling stomach

grenouiller* [gʀənuje] ▸ conjug 1 ◂ vi (péj) to indulge in ou be involved in shady dealings (esp in political sphere)

grenouillère [gʀənujɛʀ] nf (pyjama) sleepsuit

grenouillette [gʀənujɛt] nf **a** (Bot) frog-bit
b (Méd) ranula

grenu, e [gʀəny] ➝ SYN adj (épith) grainy; cuir, papier grained; (Géol) roche granular

grenure [gʀənyʀ] nf graining

grès [gʀɛ] nm a (Géol) sandstone b (Poterie) stoneware ◆ **cruche / pot de grès** stoneware pitcher / pot

gréser [gʀeze] ▸ conjug 6 ◂ vt to polish with sandstone

gréseux, -euse [gʀezø, øz] adj sandstone (épith)

grésière [gʀezjɛʀ] nf sandstone quarry

grésil [gʀezil] → SYN nm (Mét) (fine) hail

grésillement [gʀezijmɑ̃] → SYN nm (→ **grésiller**[1]) sizzling, sputtering; crackling; chirruping, chirping

grésiller[1] [gʀezije] → SYN ▸ conjug 1 ◂ vi (crépiter) [huile, friture] to sizzle, sputter; [poste de radio, téléphone] to crackle; [grillon] to chirrup, chirp

grésiller[2] [gʀezije] → SYN ▸ conjug 1 ◂ vb impers ◆ **il grésille** fine hail is falling, it's hailing

grésoir [gʀezwaʀ] nm polisher

gressin [gʀesɛ̃] nm (small) bread stick

grève [gʀɛv] → SYN 1 nf a (arrêt du travail) strike ◆ **se mettre en grève** to go on strike, strike, take industrial action ◆ **être en grève, faire grève** to be on strike, be striking ◆ **usine en grève** striking factory ◆ **entreprendre une grève** to take strike ou industrial action, go on strike ◆ **grève des cheminots / des transports** train / transport strike → **briseur, droit**[3], **piquet**
b (rivage) [mer] shore, strand (littér); [rivière] bank, strand (littér) ◆ (Hist) **la (place de) Grève** the Place de Grève
2 COMP ▷ **grève bouchon** partial strike *(in key areas of production)* ▷ **grève générale** general ou all-out strike ▷ **grève de la faim** hunger strike ◆ **faire la grève de la faim** to go (ou be) on hunger strike ▷ **grève de l'impôt** non-payment of taxes ▷ **grève patronale** lockout ▷ **grève perlée** ≃ go-slow (strike) (Brit), ≃ slowdown (strike) (US) ◆ **faire une grève perlée** ≃ to go slow (Brit), ≃ to slowdown (US) ▷ **grève sauvage** wildcat strike ▷ **grève de solidarité** sympathy strike ◆ **faire une grève de solidarité** to strike ou come out (Brit) in sympathy ▷ **grève surprise** lightning strike ▷ **grève sur le tas** sit-down strike ▷ **grève totale** all-out strike ▷ **grève tournante** strike by rota (Brit), staggered strike (US) ▷ **grève du zèle** ≃ work-to-rule ◆ **faire la grève du zèle** to work to rule

grever [gʀəve] → SYN ▸ conjug 5 ◂ vt budget to put a strain on; économie, pays to burden ◆ **la hausse des prix grève sérieusement le budget des ménagères** the rise in prices puts a serious strain on the housewife's budget ◆ **être grevé d'impôts** to be weighed down with ou crippled by taxes ◆ **une maison grevée d'hypothèques** a house mortgaged down to the last brick

gréviste [gʀevist] 1 adj mouvement strike (épith)
2 nmf striker ◆ **les employés grévistes** the striking employees ◆ **gréviste de la faim** hunger striker

gribiche [gʀibiʃ] adj ◆ **sauce gribiche** *vinaigrette sauce with chopped boiled eggs, gherkins, capers and herbs*

gribouillage [gʀibujaʒ] → SYN nm (écriture) scrawl (NonC), scribble; (dessin) doodle, doodling (NonC)

gribouille† [gʀibuj] nm short-sighted idiot (fig), rash fool

gribouiller [gʀibuje] → SYN ▸ conjug 1 ◂ 1 vt (écrire) to scribble, scrawl; (dessiner) to scrawl
2 vi (dessiner) to doodle

gribouilleur, -euse [gʀibujœʀ, øz] nm,f (péj) (écrivain) scribbler; (dessinateur) doodler

gribouillis [gʀibuji] nm ⇒ **gribouillage**

grièche [gʀijɛʃ] adj → **pie-grièche**

grief [gʀijɛf] → SYN nm grievance ◆ **faire grief à qn de qch** to hold sth against sb ◆ **ils me font grief d'être parti** ou **de mon départ** they reproach me ou they hold it against me for having left

grièvement [gʀijɛvmɑ̃] → SYN adv ◆ **grièvement blessé** (very) seriously injured

griffade [gʀifad] nf scratch

griffe [gʀif] → SYN nf a (Zool) [mammifère, oiseau] claw ◆ (Méd) **main en griffes** ape hand ◆ **le chat fait ses griffes** the cat is sharpening its claws ◆ (lit, fig) **sortir** ou **montrer / rentrer ses griffes** to show / draw in one's claws ◆ (fig) **elle l'attendait, toutes griffes dehors** she was waiting, ready to tear a strip off him (Brit) ou to pounce on him ◆ (fig) **tomber sous la griffe / arracher qn des griffes d'un ennemi** to fall into / snatch sb from the clutches of an enemy ◆ (fig) **les griffes de la mort** the jaws of death ◆ **coup de griffe** (lit) scratch; (fig) dig ◆ **donner un coup de griffe à qn** (lit) to scratch sb; (plus fort) to claw sb; (fig) to have a dig at sb
b (marque) [couturier] maker's label *(inside garment)*; (signature) [couturier] signature; [fonctionnaire] signature stamp; (fig: empreinte) [auteur, peintre] stamp (fig) ◆ **l'employé a mis sa griffe sur le document** the clerk stamped his signature on the document
c (Bijouterie) claw
d (Bot) tendril
e (Mus) **griffe à musique** musical staff tracer

griffé, e [gʀife] adj vêtement designer (épith), with a famous name ou label

griffer [gʀife] → SYN ▸ conjug 1 ◂ vt a [chat] to scratch; (avec force) to claw; [ronces] to scratch ◆ **attention, il griffe!** be careful – he scratches! ◆ **dans sa rage, elle lui griffa le visage** in her rage she clawed ou scratched his face
b (Haute Couture) chaussures to put one's name to

griffon [gʀifɔ̃] → SYN nm (chien) griffon; (vautour) griffon vulture; (Myth) griffin

griffonnage [gʀifɔnaʒ] → SYN nm (écriture) scribble; (dessin) hasty sketch

griffonner [gʀifɔne] → SYN ▸ conjug 1 ◂ 1 vt (écrire) to scribble, jot down; (dessiner) to sketch hastily
2 vi (écrire) to scribble; (dessiner) to sketch hastily

griffu, e [gʀify] adj ◆ (lit, péj) **pattes** ou **mains griffues** claws

griffure [gʀifyʀ] → SYN nf scratch, claw mark

grifton [gʀiftɔ̃] nm ⇒ **griveton**

grigne [gʀiɲ] nf (Tech) (couleur) golden colour; (fente) cut *(made in bread dough)*

grigner [gʀiɲe] → SYN ▸ conjug 1 ◂ vi to pucker, be puckered

grignotage [gʀiɲɔtaʒ] nm [salaires, espaces verts, majorité] (gradual) erosion, eroding, whittling away

grignotement [gʀiɲɔtmɑ̃] → SYN nm [souris] nibbling, gnawing

grignoter [gʀiɲɔte] → SYN ▸ conjug 1 ◂ 1 vt a [personne] to nibble (at); [souris] to nibble (at), gnaw (at)
b (fig) (réduire) salaires, espaces verts, libertés to eat away (at), erode gradually, whittle away; héritage to eat away (at); (obtenir) avantage, droits to win gradually ◆ **grignoter du terrain** to gradually gain ground ◆ **il a grignoté son adversaire*** he gradually made up on ou gained ground on his opponent ◆ **il n'y a rien à grignoter dans cette affaire** there's nothing much to be gained in that business
2 vi (manger peu) to nibble (at one's food), pick at one's food ◆ **grignoter entre les repas** to nibble between meals

grignoteuse [gʀiɲɔtøz] nf (Tech) nibbler

grigou* [gʀigu] nm (avare) penny-pincher*, skinflint

gri-gri [gʀigʀi] nm ⇒ **gris-gris**

gril [gʀil] → SYN nm a (Culin) steak pan, grill pan ◆ (supplice) **saint Laurent a subi le supplice du gril** Saint Laurence was roasted alive ◆ (fig) **être sur le gril*** to be on tenterhooks, be like a cat on hot bricks (Brit) ou on a hot tin roof (US) ◆ **faire cuire au gril** to grill
b (Anat) **gril costal** rib cage

grill [gʀil] → **grill-room**

grillade [gʀijad] → SYN nf (viande) grill; (morceau de porc) pork steak ◆ **grillade d'agneau / de thon** grilled lamb / tuna

grillage[1] [gʀijaʒ] nm (action: → **griller**[1]) toasting; grilling; roasting; singeing

grillage[2] [gʀijaʒ] nm (treillis métallique) (gén) wire netting (NonC); (très fin) wire mesh (NonC); [clôture] wire fencing (NonC)

grillager [gʀijaʒe] ▸ conjug 3 ◂ vt (→ **grillage**[2]) to put wire netting on; to put wire mesh on; to put wire fencing on ◆ **à travers la fenêtre grillagée on voyait le jardin** through the wire mesh covering the window we could see the garden ◆ **on va grillager le jardin** we're going to put wire fencing around the garden

grille [gʀij] → SYN nf a (clôture) railings; (portail) (metal) gate
b (claire-voie) [cellule, fenêtre] bars; [comptoir, parloir] grille; [château fort] portcullis; [égout, trou] (metal) grate, (metal) grating; [radiateur de voiture] grille, grid ◆ **grille de loto** lotto card; [poêle à charbon] grate
c (répartition) [salaires, tarifs] scale; [programmes de radio] schedule; [horaires] grid, schedule
d (codage) (cipher ou code) grid ◆ **grille de mots croisés** crossword puzzle (grid) ◆ **grille de loto** loto card ◆ **appliquer une grille de lecture freudienne / structuraliste à un roman** to interpret a novel from a Freudian / structuralist perspective
e (Élec) grid
f (Sport Aut) **grille de départ** starting grid

grillé, e [gʀije] (ptp de **griller**) adj ◆ (arg Crime) **il est grillé** his cover's been blown (arg) ◆ **je suis grillé avec Gilles / chez cet éditeur** my name is mud* with Gilles / at that publisher's

grille-pain [gʀijpɛ̃] nm inv toaster

griller[1] [gʀije] → SYN ▸ conjug 1 ◂ 1 vt a (Culin) pain, amandes to toast; poisson, viande to grill; café, châtaignes to roast
b (brûler) visage, corps to burn ◆ **se griller les pieds devant le feu** to toast one's feet in front of the fire ◆ **se griller au soleil** to roast in the sun
c [chaleur] to scorch ◆ [froid] **griller les bourgeons / plantes** to make the buds / plants shrivel up, blight the buds / plants
d (mettre hors d'usage) fusible, lampe (court-circuit) to blow; (trop de courant) to burn out; moteur to burn out
e (* LOC) **griller une cigarette, en griller une** to have a smoke* ◆ **griller un feu rouge** to jump the lights*, run a stoplight (US) ◆ **griller une étape** to cut out a stop ◆ **griller qn à l'arrivée** to pip sb at the post* (Brit), beat sb (out) by a nose (US) ◆ (gén, Sport) **se faire griller** to be outstripped
f (Tech) minerai to roast; coton to singe
2 vi a (Culin) **faire griller** pain to toast; viande to grill; café to roast ◆ **on a mis les steaks à griller** we've put the steaks on to grill ou on the grill
b (fig) **griller (d'impatience** ou **d'envie) de faire** to be burning ou itching to do
c (*: brûler) **on grille ici!** we're ou it's roasting ou boiling in here!* ◆ **ils ont grillé dans l'incendie** they were roasted in the fire

griller[2] [gʀije] ▸ conjug 1 ◂ vt fenêtre, porte to put bars on ◆ **fenêtre grillée** barred window

grilloir [gʀijwaʀ] nm grill

grillon [gʀijɔ̃] → SYN nm cricket

grill-room [gʀilʀum] → SYN nm ≃ steakhouse

grimaçant, e [gʀimasɑ̃, ɑ̃t] → SYN adj visage, bouche (de douleur, de colère etc) twisted, grimacing; (sourire figé) grinning unpleasantly ou sardonically

grimace [gʀimas] → SYN nf a (de douleur etc) grimace; (pour faire rire, effrayer) grimace, (funny) face ◆ **l'enfant me fit une grimace** the child made a face at me ◆ **s'amuser à faire des grimaces** to play at making ou pulling (funny) faces ou at making grimaces ◆ **il eut** ou **fit une grimace de dégoût / de douleur** he gave a grimace of disgust / pain, he grimaced with disgust / pain, his face twisted with disgust / pain ◆ **avec une grimace de dégoût / de douleur** with a disgusted / pained expression ◆ **il eut** ou **fit une grimace** he pulled a wry face, he grimaced ◆ **il fit la grimace quand il connut la décision** he pulled a long face when he learned of the decision → **apprendre, soupe**

b (hypocrisies) **grimaces** posturings ◆ **toutes leurs grimaces me dégoûtent** I find their posturings ou hypocritical façade quite sickening
c (arg Couture: faux pli) pucker ◆ **faire une grimace** to pucker

grimacer [gʀimase] → SYN ▸conjug 3◂ 1 vi a (par contorsion) **grimacer (de douleur)** to grimace with pain ◆ **grimacer (de dégoût)** to pull a wry face (in disgust) ◆ **grimacer (sous l'effort)** to grimace ou screw one's face up (with the effort) ◆ **le soleil le faisait grimacer** the sun made him screw his face up ◆ **à l'annonce de la nouvelle il grimaça** he pulled a wry face ou he grimaced when he heard the news
b (par sourire figé) [personne] to grin unpleasantly ou sardonically; [portrait] to wear a fixed grin
c (arg Couture) to pucker
2 vt ◆ (littér) **grimacer un sourire** to pull a sardonic smile ◆ **il grimaça des remerciements** he expressed his thanks with a sardonic smile

grimacier, -ière [gʀimasje, jɛʀ] → SYN adj (affecté) affected; (hypocrite) hypocritical

grimage [gʀimaʒ] → SYN nm (Théât) (action) making up; (résultat) (stage) make-up

grimer [gʀime] → SYN ▸conjug 1◂ 1 vt (Théât: maquiller) to make up ◆ **on l'a grimé en vieille dame** he was made up as an old lady
2 **se grimer** vpr to make (o.s.) up

grimoire [gʀimwaʀ] → SYN nm a (écrit inintelligible) piece of mumbo jumbo; (illisible) illegible scrawl (NonC), unreadable scribble
b (livre de magie) **un (vieux) grimoire** (magician's) book of magic spells

grimpant, e [gʀɛ̃pɑ̃, ɑ̃t] adj ◆ **plante grimpante** climbing plant, climber ◆ **rosier grimpant** climbing rose, rambling rose

grimpe* [gʀɛ̃p] nf rock-climbing

grimpée [gʀɛ̃pe] nf (montée) (steep) climb

grimper [gʀɛ̃pe] → SYN ▸conjug 1◂ 1 vi a [personne, animal] to climb (up); (avec difficulté) to clamber up; (fig: dans la société) to climb ◆ **grimper aux arbres** to climb trees ◆ **grimper à l'échelle** to climb (up) the ladder ◆ **grimper à la corde** to shin up ou climb a rope, pull o.s. up a rope ◆ **grimper sur** ou **dans un arbre** to climb onto ou into a tree ◆ [chat] **grimper aux rideaux** to climb up the curtains ◆ (*: fig) **ça le fait grimper aux rideaux** (de colère) it drives him up the wall*; (sexuellement) it makes him randy* (Brit) ou horny‡ (US) ◆ **grimper le long de la gouttière** to climb up the drain pipe ◆ **grimper dans un taxi*** to jump ou leap into a taxi ◆ (dans une voiture) **allez grimpe!** come on, get in! ◆ **grimpé sur la table/le toit** having climbed ou clambered onto the table/roof
b [route, plante] to climb ◆ **ça grimpe dur!** it's a hard ou stiff ou steep climb!
c (*) [fièvre] to soar; [prix] to rocket, soar
2 vt montagne, côte to climb (up), go up ◆ **grimper l'escalier** to climb (up) the stairs ◆ **grimper un étage** to climb up a ou one floor
3 nm (Athlétisme) (rope-)climbing (NonC)

grimpereau, pl **grimpereaux** [gʀɛ̃pʀo] nm ◆ **grimpereau (des bois)** tree creeper

grimpette* [gʀɛ̃pɛt] nf (steep little) climb

grimpeur, -euse [gʀɛ̃pœʀ, øz] → SYN 1 adj, nm ◆ **(oiseaux) grimpeurs** scansores (spéc)
2 nm,f (varappeur) (rock-)climber; (cycliste) hill-specialist, climber

grinçant, e [gʀɛ̃sɑ̃, ɑ̃t] adj ironie grating; ton, musique grating, jarring; charnière, essieux grating

grincement [gʀɛ̃smɑ̃] → SYN nm (→ **grincer**) grating; creaking; scratching ◆ (fig) **il ne l'a pas accepté sans grincements de dents** he accepted it only with much gnashing of teeth → **pleur**

grincer [gʀɛ̃se] → SYN ▸conjug 3◂ vi [objet métallique] to grate; [plancher, porte] to creak; [plume] to scratch; [craie] to squeak ◆ **grincer des dents (de colère)** to grind ou gnash one's teeth (in anger) ◆ (fig) **ce bruit vous fait grincer des dents** this noise sets your teeth on edge

grincheux, -euse [gʀɛ̃ʃø, øz] → SYN 1 adj (acariâtre) grumpy ◆ **humeur grincheuse** grumpiness
2 nm,f grumpy person, misery

gringalet [gʀɛ̃galɛ] → SYN 1 adj m (péj: chétif) puny
2 nm ◆ (péj) **(petit) gringalet** puny little chap (Brit), (little) runt

gringe [gʀɛ̃ʒ] adj (Helv) grumpy

gringo [gʀiŋgo] (péj) 1 nmf gringo
2 adj gringo (épith)

gringue* [gʀɛ̃g] nm ◆ **faire du gringue à qn** to chat sb up

griot [gʀijo] nm griot

griotte [gʀijɔt] nf (cerise) Morello cherry; (Géol) griotte

grip [gʀip] nm (Sport) (prise) grip; (revêtement) overgrip

grippage [gʀipaʒ] nm (Tech: → **gripper**) jamming; seizing up ◆ (fig) **grippage de l'économie** jamming ou seizing up of the economy

grippal, e, mpl **-aux** [gʀipal, o] adj flu-like, influenzal (spéc) ◆ **médicament pour état grippal** anti-flu drug

grippe [gʀip] → SYN nf flu, influenza (frm) ◆ **avoir la grippe** to have (the) flu, have influenza ◆ **il a une petite grippe** he's got a slight touch of flu ◆ **grippe intestinale** gastric flu ◆ (fig) **prendre qn/qch en grippe** to take a sudden dislike to sb/sth

grippé[1], e[1] [gʀipe] adj ◆ (Méd) **il est grippé** he's got (the) flu ◆ **rentrer grippé** to go home with (the) flu ◆ **les grippés** people with ou suffering from flu

grippé[2], e[2] [gʀipe] (ptp de **gripper**) adj (Tech) jammed

gripper [gʀipe] → SYN ▸conjug 1◂ 1 vt (Tech) to jam
2 vi [moteur] to jam, seize up; [tissu] to bunch up
3 **se gripper** vpr moteur to jam, seize up ◆ **le système judiciaire se grippe** the court system is seizing up

grippe-sou*, pl **grippe-sous** [gʀipsu] nm (avare) penny pincher*, skinflint

gris, e [gʀi, gʀiz] → SYN 1 adj a couleur, temps grey (Brit), gray (US) ◆ **gris acier/anthracite/ardoise/fer/perle/souris** steel/anthracite/slate/iron/pearl/squirrel grey ◆ **gris-bleu/-vert** blue-/green-grey ◆ **cheval gris pommelé** dapple-grey horse ◆ **gris de poussière** grey with dust, dusty ◆ **aux cheveux gris** grey-haired ◆ **il fait gris** it's a grey ou dull day → **ambre, éminence, matière**
b (morne) vie colourless, dull; pensées grey
c (éméché) tipsy*
d LOC **faire grise mine à qn** to give sb a cool reception ◆ **faire grise mine** to look rather surly ou grumpy
2 nm a (couleur) grey (Brit), gray (US)
b (tabac) shag
c (Équitation) grey (horse)

grisaille [gʀizaj] → SYN nf a [vie] colourlessness, dullness; [ciel, temps, paysage] greyness (Brit), grayness (US)
b (Art) grisaille ◆ **peindre qch en grisaille** to paint sth in grisaille

grisant, e [gʀizɑ̃, ɑ̃t] → SYN adj (stimulant) exhilarating; (enivrant) intoxicating

grisâtre [gʀizɑtʀ] adj greyish

grisbi [gʀizbi] nm (arg Crime) dough‡, lolly‡ (Brit), loot‡, moola(h)‡ (US)

grisé [gʀize] nm grey tint

griser [gʀize] → SYN ▸conjug 1◂ 1 vt [alcool] to intoxicate, make tipsy; (fig) [air, vitesse, parfum] to intoxicate ◆ **ce vin l'avait grisé** the wine had gone to his head ou made him tipsy* ◆ **l'air de la montagne grise** the mountain air goes to your head (like wine) ◆ **se laisser griser par le succès/des promesses** to let success/promises go to one's head ◆ **se laisser griser par l'ambition** to be carried away by ambition
2 **se griser** vpr [buveur] to get tipsy* (*avec*, *de* on) ◆ **se griser de** air, vitesse to get drunk on; émotion, paroles to allow o.s. to be intoxicated by ou carried away by

griserie [gʀizʀi] → SYN nf (lit, fig) intoxication

griset [gʀizɛ] → SYN nm a (Zool) cow ou six-gilled shark
b (Bot) *type of mushroom*

grisette [gʀizɛt] → SYN nf (Hist) grisette

gris-gris [gʀigʀi] nm [indigène] grigri; (gén) charm

grison[1]†† [gʀizɔ̃] → SYN nm (âne) ass

grison[2], -onne [gʀizɔ̃, ɔn] 1 adj of Graubünden
2 nm (Ling) Romansh of Graubünden
3 nm,f ◆ **Grison(ne)** native ou inhabitant of Graubünden

grisonnant, e [gʀizɔnɑ̃, ɑ̃t] → SYN adj greying (attrib) ◆ **il avait les tempes grisonnantes** he was greying ou going grey round ou at the temples

grisonnement [gʀizɔnmɑ̃] nm greying

grisonner [gʀizɔne] ▸conjug 1◂ vi to be greying, be going grey

Grisons [gʀizɔ̃] nmpl ◆ **les Grisons** the Graubünden

grisou [gʀizu] nm firedamp ◆ **coup de grisou** firedamp explosion

grisoumètre [gʀizumɛtʀ] nm firedamp detector

grisouteux, -euse [gʀizutø, øz] adj full of firedamp (attrib)

grive [gʀiv] → SYN nf (Orn) thrush ◆ **grive musicienne** song thrush → **faute**

grivelé, e [gʀiv(ə)le] adj speckled

grivèlerie [gʀivɛlʀi] → SYN nf (Jur) *offence of ordering food or drink in a restaurant and being unable to pay for it*

grivelure [gʀiv(ə)lyʀ] nf speckle

griveton* [gʀivtɔ̃] nm soldier

grivois, e [gʀivwa, waz] → SYN adj saucy

grivoiserie [gʀivwazʀi] → SYN nf (mot) saucy expression; (attitude) sauciness; (histoire) saucy story

grizzli, grizzly [gʀizli] nm grizzly bear

grœnendael [gʀɔ(n)ɛndal] nm Groenendael (sheepdog)

Groenland [gʀɔɛnlɑ̃d] nm Greenland

groenlandais, e [gʀɔɛnlɑ̃dɛ, ɛz] 1 adj of ou from Greenland, Greenland (épith)
2 nm,f ◆ **Groenlandais(e)** Greenlander

grog [gʀɔg] nm grog, ≃ (hot) toddy

groggy* [gʀɔgi] adj inv dazed; (Boxe) groggy

grognard [gʀɔɲaʀ] → SYN nm (Hist) *soldier of the old guard of Napoleon I*

grognasse‡ [gʀɔɲas] nf (péj) old bag‡ (péj), old sow‡ (péj)

grognasser* [gʀɔɲase] ▸conjug 1◂ vi to grumble ou moan on (and on)

grogne* [gʀɔɲ] nf ◆ **la grogne des étudiants/patrons** the rumbling ou simmering discontent of students/employers

grognement [gʀɔɲmɑ̃] nm [personne] grunt; [cochon] grunting (NonC), grunt; [sanglier] snorting (NonC), snort; [ours, chien] growling (NonC), growl

grogner [gʀɔɲe] → SYN ▸conjug 1◂ 1 vi [personne] to grumble, moan* (*contre* at); [cochon] to grunt; [sanglier] to snort; [ours, chien] to growl
2 vt insultes to growl (out), grunt (out)

grognon, -onne [gʀɔɲɔ̃, ɔn] → SYN adj air, expression, vieillard grumpy, gruff (épith); attitude surly; enfant grouchy ◆ **elle est grognon** ou **grognonne, quelle grognon!** what a grumbler! ou moaner!*

groin [gʀwɛ̃] → SYN nm [animal] snout; (péj) [personne] ugly ou hideous face

groisil [gʀwazi(l)] nm cullet

grolle‡ [gʀɔl] nf shoe

grommeler [gʀɔm(ə)le] → SYN ▸conjug 4◂ 1 vi [personne] to mutter (to o.s.), grumble to o.s.; [sanglier] to snort
2 vt insultes to mutter

grommellement [gʀɔmɛlmɑ̃] → SYN nm muttering, indistinct grumbling

grondement [gʀɔ̃dmɑ̃] → SYN nm (→ gronder) rumbling; growling; (angry) muttering ◆ **le grondement de la colère / de l'émeute** the rumbling of mounting anger / of the threatening riot ◆ **le train passa devant nous dans un grondement de tonnerre** the train thundered past us

gronder [gʀɔ̃de] → SYN ▸ conjug 1 ◂ **1** vt enfant to scold ◆ **il faut que je vous gronde* d'avoir fait ce cadeau** you're very naughty to have bought this present, I should scold you for buying this present

2 vi **a** [canon, train, orage, torrent] to rumble; [chien] to growl; [foule] to mutter (angrily)

b (fig) [colère, émeute] to be brewing (up)

c (littér: grommeler) to mutter

gronderie [gʀɔ̃dʀi] nf scolding

grondeur, -euse [gʀɔ̃dœʀ, øz] → SYN adj ton, humeur, personne grumbling; vent, torrent rumbling ◆ **d'une voix grondeuse** in a grumbling voice

grondin [gʀɔ̃dɛ̃] → SYN nm gurnard

groom [gʀum] → SYN nm bellboy

gros, grosse¹ [gʀo, gʀos] → SYN

1 adj **a** (dimension) (gén) big, large; peau, lèvres, corde thick; chaussures big, heavy; personne, ventre, bébé fat, big; pull, manteau thick, heavy ◆ **le gros bout** the thick end ◆ **il pleut à grosses gouttes** heavy ou great drops of rain are falling ◆ **de grosses pluies** heavy rainfalls ◆ **c'est gros comme une tête d'épingle / mon petit doigt** it's the size of ou it's no bigger than a pinhead / my little finger ◆ **être gros comme une vache** ou **une baleine** to be as fat as butter ◆ **être gros comme une barrique** ou **une tour** to be as fat as a pig ◆ **des tomates grosses comme le poing** tomatoes as big as your fist ◆ **un mensonge gros comme une maison*** a gigantic lie, a whopper* ◆ **je l'ai vu venir gros comme une maison*** I could see it coming a mile off*

b (important) travail big; problème, ennui, erreur serious, great, big; somme large, substantial; firme big, large; soulagement, progrès great; dégâts extensive, serious; (violent) averse heavy; fièvre high; rhume heavy, bad ◆ **une grosse affaire** a large business, a big concern ◆ **les grosses chaleurs** the height of summer, the hot season ◆ **un gros mensonge** a terrible lie, a whopper* ◆ (fig) **c'est un gros morceau*** (travail) it's a big job; (obstacle) it's a big hurdle (to clear) ou a big obstacle (to get over) ◆ **il a un gros appétit** he has a big appetite ◆ **la grosse industrie** heavy industry ◆ **acheter par** ou **en grosses quantités** to bulk-buy (Brit), buy in bulk

c (houleux) mer heavy ◆ (gonflé) **la rivière est grosse** the river is swollen

d (sonore) voix booming (épith); soupir deep, big ◆ **gros rire** guffaw

e (riche et important) big ◆ **un gros industriel / banquier** a big industrialist / banker

f (intensif) **un gros buveur** a heavy drinker ◆ **un gros mangeur** a big eater ◆ **un gros kilo / quart d'heure** a good kilo / quarter of an hour ◆ **tu es un gros fainéant / nigaud*** you're a big ou great lazybones / silly* (Brit) ou ninny*

g (rude) drap, laine, vêtement coarse; traits du visage thick, heavy ◆ **le gros travail, les gros travaux** the heavy work ◆ **son gros bon sens est réconfortant** his down-to-earth commonsense ou plain commonsense is a comfort ◆ **il aime la grosse plaisanterie** he likes obvious ou unsubtle ou inane jokes ◆ **oser nous dire cela, c'est vraiment un peu gros** it's a bit thick* ou a bit much* ou he's really pushing his luck*, daring to say that to us ◆ **une grosse vérité** an obvious truth

h gros de: avoir les yeux gros de larmes to have eyes filled ou brimming with tears ◆ **cœur gros de chagrin** heart heavy with sorrow ◆ **regard gros de menaces** threatening look, look charged with threats ◆ **l'incident est gros de conséquences** the incident is fraught with ou loaded with consequences

i († : enceinte) pregnant ◆ **grosse de 6 mois** 6 months pregnant

j LOC **jouer gros jeu** to play for big ou high stakes ◆ **avoir le cœur gros** to have a heavy heart, be sad at heart ◆ **le chat fait le gros dos** the cat is arching its back ◆ **faire les gros yeux (à un enfant)** to glower (at a child) ◆ **faire la grosse voix*** to speak gruffly ou sternly ◆ **c'est une grosse tête*** he's brainy*, he's a brainbox* (péj) ◆ (fig) **avoir la grosse tête*** to feel thick-headed ◆ **faire une grosse tête à qn**‡ to bash sb up*, smash sb's face in‡ ◆ (péj) **c'est une histoire de gros sous** there's big money involved ◆ **je la voyais venir, avec ses gros sabots*** you could tell what she was getting at a mile off*, it was pretty obvious what her little game was* ◆ **il me disait des « Monsieur » gros comme le bras** he was falling over himself to be polite to me and kept addressing me as "sir" ou kept calling me "sir" (at two second intervals)

2 nm **a** (personne) (corpulent) fat man; (riche) rich man ◆ **un petit gros*** a fat little man ou bloke* (Brit) ou guy* ◆ **mon gros*** old man*, old boy* ◆ (péj) **un gros plein de soupe**‡ a big fat lump‡ (péj) ◆ **les gros** the big bugs*, the big shots*

b (principal) **le gros de: le gros du travail est fait** the bulk of ou the main part of the work is done ◆ **le gros de l'armée / de l'assistance** the main body of the army / the audience ◆ **le gros de l'arbre** the main part of the tree ◆ **le gros de l'orage est passé** the worst of the storm is past ◆ **faites le plus gros d'abord** do the main things ou the essentials first ◆ **une évaluation en gros** a rough ou broad estimate ◆ **dites-moi, en gros, ce qui s'est passé** tell me roughly ou broadly what happened

c (milieu) **au gros de l'hiver** in the depth of winter ◆ **au gros de l'été / de la saison** at the height of summer / of the season

d (Comm) **le (commerce de) gros** the wholesale business ◆ **il fait le gros et le détail** he deals in ou trades in both wholesale and retail ◆ **maison / prix de gros** wholesale firm / prices ◆ **papetier en gros** wholesale stationer ◆ **commande en gros** bulk order ◆ **acheter / vendre en gros** to buy / sell wholesale → **marchand**

3 grosse nf (personne) fat woman ◆ **ma grosse*** old girl*, old thing* (Brit) ◆ (péj) **c'est une bonne grosse**‡ she's a good-natured lump of a girl* → aussi **grosse²**

4 adv ◆ **écrire gros** to write big, write in large letters ◆ **c'est écrit en gros** it's written in big ou large letters ◆ **il risque gros** he's risking a lot ou a great deal ◆ **ça peut nous coûter gros** it could cost us a lot ou a great deal ◆ **jouer gros** to play for high stakes ◆ **je donnerais gros pour ...** I'd give a lot ou a great deal to ... ◆ **il y a gros à parier que ...** it's a safe bet that ... ◆ **en avoir gros sur le cœur** ou **sur la patate**‡ to be upset ou peeved*

5 COMP ▷ **gros bétail** cattle ▷ **gros bonnet*** bigwig*, big shot* ▷ **gros bras*** muscleman ◆ **jouer les gros bras*** to play ou act the he-man* ▷ **grosse caisse** (Mus) big ou bass drum ▷ **(fusil de) gros calibre** large-bore shotgun ▷ **grosse cavalerie*** heavy stuff* ▷ **grosse cylindrée** big-engined car, car with a big engine ▷ **gros gibier** game ▷ **gros intestin** large intestine ▷ **grosse légume*** ⇒ **gros bonnet*** ▷ **gros lot** (lit, fig) jackpot ▷ **gros mot** vulgarity, coarse word ▷ **gros mots** bad language ▷ **gros œuvre** (Archit) shell *(of a building)* ▷ **gros orteil** big toe ▷ **gros pain** large (crusty) loaf ▷ **gros plan** (Phot) close-up ◆ **une prise de vue en gros plan** a shot in close-up, a close-up shot ◆ (fig: émission) **gros plan sur** programme devoted to ou all about ▷ **gros poisson*** ⇒ **gros bonnet*** ▷ **gros rouge (qui tache)*** (red) plonk* (Brit), rough (red) wine, Mountain Red (wine) (US) ▷ **gros sel** cooking salt ▷ **gros temps** rough weather ◆ **par gros temps** in rough weather ou conditions ▷ **gros titre** (Presse) headline

gros-bec, pl **gros-becs** [gʀobɛk] nm (Orn) hawfinch

groschen [gʀɔʃɛn] nm groschen

gros-cul‡**,** pl **gros-culs** [gʀoky] nm juggernaut (Brit), eighteen-wheeler* (US)

groseille [gʀozɛj] **1** nf ◆ **groseille (rouge)** red currant ◆ **groseille (blanche)** white currant ◆ **groseille à maquereau** gooseberry

2 adj inv (cherry-)red

groseillier [gʀozeje] nm currant bush ◆ **groseillier rouge / blanc** red / white currant bush ◆ **groseillier à maquereau** gooseberry bush

gros-grain, pl **gros-grains** [gʀogʀɛ̃] nm (Tex) petersham

Gros-Jean* [gʀoʒɑ̃] nm inv ◆ **il s'est retrouvé Gros-Jean comme devant** he found himself back at square one (Brit) ou back where he started

gros-porteur, pl **gros-porteurs** [gʀopɔʀtœʀ] nm ◆ **(avion) gros-porteur** wide-bodied aircraft ou jet, jumbo jet

grosse² [gʀos] → SYN nf (Jur) engrossment; (Comm) gross

grossesse [gʀosɛs] → SYN nf pregnancy ◆ **grossesse nerveuse** false pregnancy, phantom pregnancy ◆ **grossesse gémellaire** twin pregnancy ◆ **grossesse extra-utérine** extrauterine pregnancy ◆ **grossesse à risque** high-risk pregnancy → **robe**

grosseur [gʀosœʀ] → SYN nf **a** [objet] size; [fil, bâton] thickness; [personne] weight, fatness ◆ **être d'une grosseur maladive** to be unhealthily fat ◆ **as-tu remarqué sa grosseur?** have you noticed how fat he is?

b (tumeur) lump

grossier, -ière [gʀosje, jɛʀ] → SYN adj **a** matière, tissu coarse; vin rough; aliment unrefined; ornement, instrument crude

b (sommaire) travail superficially done, roughly done; imitation crude, poor; dessin rough; solution, réparation rough-and-ready; estimation rough ◆ **avoir une idée grossière des faits** to have a rough idea of the facts

c (lourd) manières unrefined, crude; esprit, être unrefined; traits du visage coarse, thick; ruse crude; plaisanterie unsubtle, inane; erreur stupid, gross (épith); ignorance crass (épith)

d (bas, matériel) plaisirs, jouissances base

e (insolent) personne rude; (vulgaire) plaisanterie, geste coarse; mot, propos coarse; personne coarse, uncouth ◆ **il s'est montré très grossier envers eux** he was very rude to them ◆ **grossier personnage!** uncouth individual! ◆ **il est grossier avec les femmes** he is coarse ou uncouth in his dealings with women

grossièrement [gʀosjɛʀmɑ̃] → SYN adv **a** (de manière sommaire) exécuter, réparer roughly, superficially; façonner crudely; dessiner, tisser roughly; imiter crudely ◆ **pouvez-vous me dire grossièrement combien ça va coûter?** can you tell me roughly how much that will cost?

b (de manière vulgaire) coarsely; (insolemment) rudely

c (lourdement) **se tromper grossièrement** to make a gross error

grossièreté [gʀosjɛʀte] → SYN nf **a** (NonC) (insolence) rudeness; (vulgarité) [personne] coarseness, uncouthness; [plaisanterie, geste] coarseness ◆ **dire des grossièretés** to use coarse language ou expressions

b (rusticité) [fabrication] crudeness; [travail, exécution] superficiality; [étoffe] coarseness

c (littér: manque de finesse) [personne] lack of refinement; [traits] coarseness ◆ **la grossièreté de ses manières** his unrefined ou crude manners

grossir [gʀosiʀ] → SYN ▸ conjug 2 ◂ **1** vi [personne] (signe de déficience) to get fat(ter), put on weight; (signe de santé) to put on weight; [fruit] to swell, grow; [rivière] to swell; [tumeur] to swell, get bigger; [foule] to grow (larger), swell; [somme, économies] to grow, get bigger; [rumeur, nouvelle] to spread; [bruit] to get louder, grow (louder), swell ◆ **l'avion grossissait dans le ciel** the plane grew larger ou bigger in the sky ◆ **grossir des cuisses / des hanches** to put on weight on the thighs / the hips ◆ **j'ai grossi de 3 kilos** I've put on 3 kilos

2 vt **a** (faire paraître plus gros) personne to make look fatter ◆ **ce genre de vêtement (vous) grossit** clothing of this sort ou kind makes one look fatter

b [microscope] to magnify; [lentille, lunettes] to enlarge, magnify; (fig) [imagination] dangers, importance to magnify, exaggerate

c (exagérer volontairement) fait, événement to exaggerate, blow up ◆ **ils ont grossi l'affaire à des fins politiques** they've blown up the issue for political reasons

d cours d'eau to swell; voix to raise
e somme to increase, add to; foule to swell ◆ **grossir les rangs / le nombre de** to add to ou swell the ranks / the numbers of

grossissant, e [grosisɑ̃, ɑ̃t] adj **a** lentille, verre magnifying, enlarging
b foule, bruit swelling, growing

grossissement [grosismɑ̃] → SYN nm **a** [tumeur] swelling, enlarging ◆ [personne] **pour empêcher un grossissement excessif** to prevent excessive weight-gain
b [objet] magnification, magnifying; (fig) [dangers etc] magnification, exaggeration; (fig) [faits] exaggeration, blowing up*; (pouvoir grossissant) [microscope] magnification, (magnifying) power; [imagination] magnification; (aspect grossi) [objet, dangers] magnification

grossiste [grosist] nmf wholesaler, wholesale dealer

grosso modo [grosomodo] adv **a** (sans entrer dans les détails) more or less, roughly ◆ **je vous explique ça grosso modo** I'll explain the broad ou rough outlines of it to you
b (tant bien que mal) after a fashion

grotesque [grɔtɛsk] → SYN **1** adj (risible) ludicrous; (difforme) grotesque ◆ **il est d'un grotesque incroyable** he's absolutely ridiculous
2 nm ◆ (Littérat) **le grotesque** the grotesque
3 nf (Art) grotesque

grotesquement [grɔtɛskəmɑ̃] adv (→ **grotesque**) ludicrously; grotesquely

grotte [grɔt] → SYN nf (naturelle) cave; (artificielle) grotto

grouillant, e [grujɑ̃, ɑ̃t] → SYN adj foule, masse milling, swarming ◆ **grouillant de** touristes, insectes swarming ou teeming ou crawling with; policiers bristling ou swarming with ◆ **boulevard / café grouillant (de monde)** street / café swarming ou teeming ou crawling with people, bustling street / café

grouillement [grujmɑ̃] → SYN nm [foule, touristes] milling, swarming; [vers, insectes] swarming

grouiller [gruje] → SYN ▸ conjug 1 ◂ **1** vi [foule, touristes] to mill about; [café, rue] to be swarming ou teeming ou bustling with people ◆ **grouiller de** touristes, insectes to be swarming ou teeming ou crawling with
2 **se grouiller** vpr (*) to get a move on*, stir one's stumps* (Brit), shake a leg* (US) ◆ **grouille-toi!** get your skates on!*, stir your stumps!*

grouillot [grujo] nm messenger (boy)

groupage [grupaʒ] → SYN nm **a** (Comm) [colis] bulking
b (Méd) **groupage sanguin** blood grouping ou typing ◆ **groupage tissulaire** tissue typing

groupe [grup] → SYN **1** nm **a** (Art, Écon, Math, Pol, Sociol) group ◆ **le groupe de la majorité** the M.P.s (Brit) ou Congressmen (US) of the majority party ◆ **psychologie de groupe** group psychology
b [personnes] group, knot; [touristes] party, group; [musiciens] band, group ◆ **des groupes se formaient dans la rue** groups (of people) ou knots of people were forming in the street ◆ **groupe de manifestants / de curieux** group of demonstrators / onlookers ◆ **par groupes de 3 ou 4** in groups of 3 or 4, in threes or fours ◆ **travailler / marcher en groupe** to work / walk in ou as a group ◆ **travail / billet de groupe** group work / ticket
c (club) group ◆ (Mus) **le groupe des Cinq** the Five ◆ (Mus) **le groupe des Six** Les Six ◆ (Écon) **le groupe des Sept (pays les plus industrialisés)** the Group of Seven (most industrialized countries)
d [objets] **groupe de maisons** cluster ou group of houses ◆ **groupe d'arbres** clump ou cluster ou group of trees
e (Ling) group, cluster ◆ **groupe nominal / verbal** nominal / verbal group ◆ **groupe consonantique** consonant cluster
2 COMP ▷ **groupe d'âge** age group ▷ **groupe de combat** fighter group ▷ **groupe électrogène** generating set, generator ▷ **groupe hospitalier** hospital complex ▷ **groupe d'intervention de la Gendarmerie nationale** crack force of the gendarmerie ▷ **groupe de mots** word group, phrase ▷ **groupe parlementaire** parliamentary group *(M.P.s of the same party)* ▷ **le groupe de la Pléiade** the (group of the) Pleiad ▷ **groupe de presse** publishing conglomerate ▷ **groupe de pression** pressure group, ginger group (Brit), special interest group (US) ▷ **groupe sanguin** blood group ▷ **groupe de saut** [parachutistes] stick ▷ **groupe scolaire** school complex ▷ **groupe de tête** (Sport) (group of) leaders; (Scol) top pupils (in the class); (Écon) (group of) leading firms ▷ **groupe tissulaire** tissue type ▷ **groupe de travail** working party

groupement [grupmɑ̃] → SYN nm **a** (action) [personnes, objets, faits] grouping ◆ **groupement de mots par catégories** grouping words by categories
b (groupe) group ◆ **groupement révolutionnaire** band of revolutionaries, revolutionary band ◆ (Mil) **groupement tactique** task force ◆ **groupement d'achats** (commercial) bulk-buying organization ◆ **groupement de gendarmerie** squad of Gendarmes ◆ **groupement professionnel** professional organization ◆ **groupement d'intérêt économique** economic interest group ◆ **groupement agricole d'exploitation en commun** farmers' economic interest group
c (Chim) group

grouper [grupe] → SYN ▸ conjug 1 ◂ **1** vt **a** personnes, objets, faits to group (together); (Comm) colis to bulk; efforts, ressources, moyens to pool ◆ **grouper des colis par destination** to bulk parcels according to their destination
b (Sport) genoux to tuck → **saut**
2 **se grouper** vpr [foule] to gather ◆ **groupez-vous par trois** get together in groups of three ◆ **les consommateurs doivent se grouper pour se défendre** consumers must band together to defend their interests ◆ **se grouper en associations** to form associations ◆ (fig) **se grouper autour d'un chef** to rally round a leader ◆ **le village groupé autour de l'église** the village clustered round the church → **habitat**

groupie [grupi] nmf [chanteur] groupie*; [*: parti] (party) faithful

groupusculaire [grupyskylɛr] adj small

groupuscule [grupyskyl] nm (Pol péj) small group

grouse [gruz] nf grouse

gruau[1], pl **gruaux** [gryo] nm (graine) hulled grain, groats ◆ **farine de gruau** fine wheat flour ◆ **pain de gruau** fine wheaten bread

gruau[2], pl **gruaux** [gryo] nm (Zool) baby crane

grue [gry] → SYN nf **a** (Tech, TV) crane ◆ **grue flottante** floating crane ◆ **grue de levage** wrecking crane
b (Orn) crane ◆ **grue cendrée** crane ◆ **grue couronnée** crowned crane → **pied**
c (*: péj: prostituée) tart* (Brit péj), hooker* (US péj)

gruger [gryʒe] → SYN ▸ conjug 3 ◂ **1** vt **a** (littér: duper) to dupe ◆ **se faire gruger** to be duped, be had*
b (Can) to nibble
2 vi (arg Scol) to cheat

grume [grym] nf (écorce) bark *(left on the stem)* ◆ **bois de** ou **en grume** undressed timber, rough lumber (US)

grumeau, pl **grumeaux** [grymo] → SYN nm [sel, sauce] lump ◆ **la sauce fait des grumeaux** the sauce is going lumpy

grumeler (se) [grym(ə)le] ▸ conjug 5 ◂ vpr [sauce] to go lumpy; [lait] to curdle

grumeleux, -euse [grym(ə)lø, øz] → SYN adj sauce lumpy; lait curdled; fruit gritty; peau bumpy, lumpy

grumelure [grym(ə)lyr] nf (Tech: défaut) pipe

gruon [gryɔ̃] nm ⇒ **gruau**[2]

gruppetto [grupeto], pl **gruppetti** [grupeti] nm (Mus) gruppetto, turn

grutier, -ière [grytje, jɛr] nm,f crane driver ou operator

gruyère [gryjɛr] → SYN nm gruyère (cheese) (Brit), Swiss (cheese) (US)

gryphée [grife] nf ◆ **les gryphées** the Gryphaea

Guadeloupe [gwadlup] nf Guadeloupe

guadeloupéen, -enne [gwadlupeɛ̃, ɛn] **1** adj Guadelupian
2 nm,f ◆ **Guadeloupéen(ne)** inhabitant ou native of Guadeloupe

guai, guais [gɛ] → SYN adj m shotten

Guam [gwam] nm Guam

guanaco [gwanako] nm guanaco

guanine [gwanin] nf guanine

guano [gwano] nm [oiseau] guano; [poisson] manure

guarani [gwarani] **1** adj Guarani (épith)
2 nm (Ling) Guarani; (monnaie) guarani
3 nmf ◆ **Guarani** Guarani

Guatemala [gwatemala] nm Guatemala

guatémaltèque [gwatemaltɛk] **1** adj Guatemalan
2 nmf ◆ **Guatémaltèque** Guatemalan

Guayaquil [gwajakil] n Guayaquil

gué[1] [ge] → SYN nm ford ◆ **passer (une rivière) à gué** to ford a river

gué[2] [ge] excl ◆ **ô gué!** hey!

guéable [geabl] adj fordable

guède [gɛd] nf (Bot) woad, pastel; (couleur) woad

guéer [gee] ▸ conjug 1 ◂ vt to ford

guéguerre* [gegɛr] nf squabble ◆ **c'est la guéguerre entre les représentants** the representatives are squabbling amongst themselves

guelfe [gɛlf] **1** adj Guelphic
2 nmf Guelph

guelte [gɛlt] → SYN nf (Comm) commission

guenille [gənij] → SYN nf (piece of) rag ◆ **guenilles** (old) rags ◆ **en guenilles** in rags (and tatters)

guenon [gənɔ̃] → SYN nf (Zool) female monkey; (péj: laideron) fright, (ugly) hag

guépard [gepar] nm cheetah ◆ (Ciné) **"Le Guépard"** "The Leopard"

guêpe [gɛp] → SYN nf wasp → **fou, taille**[1]

guêpier [gepje] → SYN nm **a** (Zool) bee-eater
b (piège) trap; (nid) wasp's nest ◆ **se fourrer dans un guêpier*** to land o.s. in the soup* ou in it* (Brit)

guêpière [gɛpjɛr] nf basque

guère [gɛr] → SYN adv **a** (avec adj ou adv: pas très, pas beaucoup) hardly, scarcely ◆ **elle ne va guère mieux** she's hardly ou scarcely any better ◆ **il n'est guère poli** he's not very polite, he's hardly ou scarcely polite ◆ **le chef, guère satisfait de cela, ...** the boss, little ou hardly satisfied with that, ... ◆ **il n'y a guère plus de 2 km** there is barely ou scarcely more than 2 km to go ◆ **ça ne fera guère moins de 100 F** that won't be (very) much less than 100 francs
b (avec vb) **ne ... guère** (pas beaucoup) not much ou really; (pas souvent) hardly ou scarcely ever; (pas longtemps) not (very) long ◆ **je n'aime guère qu'on me questionne** I don't much like ou really care for being questioned ◆ **cela ne te va guère** that doesn't really suit you ◆ **ce n'est plus guère à la mode** that's hardly ou scarcely fashionable at all nowadays ◆ **il ne vient guère nous voir** he hardly ou scarcely ever comes to see us ◆ **cela ne durera guère** that won't last (for) very long ◆ **il ne tardera guère** he won't be (very) long now ◆ (frm) **l'aimez-vous? – guère** do you like it? – not (very) much ou not really ou not particularly
c (avec de, que) **il n'y a guère de monde** there's hardly ou scarcely anybody there ◆ **il n'y a guère que lui qui ...** he's about the only one who ..., there's hardly ou scarcely anyone but he who ... ◆ **il n'y a guère que ceci que ...** there's hardly ou scarcely anything but this that ...

guéret [gerɛ] → SYN nm tillage (NonC)

guéridon [geridɔ̃] → SYN nm pedestal table

guérilla [gerija] → SYN nf guerrilla war ou warfare (NonC) ◆ **guérilla urbaine** urban guerrilla warfare

guérillero, guérilléro [geʀijeʀo] → SYN nm guerrilla

guérir [geʀiʀ] → SYN ▸ conjug 2 ◂ **1** vt (Méd: soigner) malade to cure, make better; maladie to cure; membre, blessure to heal ◆ (fig) **je ne peux pas le guérir de ses mauvaises habitudes** I can't cure ou break him of his bad habits
2 vi **a** (Méd: aller mieux) [malade, maladie] to get better, be cured; [blessure] to heal, mend ◆ **sa main guérie était encore faible** his hand although healed was still weak ◆ **il est guéri (de son angine)** he is cured (of his throat infection) ◆ **dépenser de telles sommes, j'en suis guéri!** you won't catch me spending money like that again!, that's the last time I spend money like that!
b (fig) [chagrin, passion] to heal
3 se guérir vpr [malade, maladie] to get better, be cured ◆ **se guérir d'une habitude** to cure ou break o.s. of a habit ◆ **se guérir par les plantes** to cure o.s. by taking herbs, cure o.s. with herbs ◆ **se guérir d'un amour malheureux** to get over ou recover from an unhappy love affair

guérison [geʀizɔ̃] → SYN nf [malade] recovery; [maladie] curing (NonC); [membre, plaie] healing (NonC) ◆ **sa guérison a été rapide** he made a rapid recovery ◆ **guérison par la foi** faith healing → **voie**

guérissable [geʀisabl] → SYN adj malade, maladie curable ◆ **sa jambe / blessure est guérissable** his leg / injury can be healed

guérisseur, -euse [geʀisœʀ, øz] → SYN nm,f healer; (péj) quack (doctor) (péj)

guérite [geʀit] → SYN nf **a** (Mil) sentry box
b (sur chantier etc) workman's hut; (servant de bureau) site office

Guernesey [gɛʀn(ə)zɛ] nf Guernsey

guernesiais, e [gɛʀnəzjɛ, ɛz] **1** adj of ou from Guernsey, Guernsey (épith)
2 nm,f ◆ **Guernesiais(e)** inhabitant ou native of Guernsey

guerre [gɛʀ] → SYN **1** nf **a** (conflit) war ◆ **de guerre** correspondant, criminel war (épith) ◆ **guerre civile / sainte / atomique** civil / holy / atomic war ◆ **guerre de religion / de libération** war of religion / of liberation ◆ (Littérat) **"Guerre et Paix"** "War and Peace" ◆ (Littérat) **"La Guerre de Troie n'aura pas lieu"** "Tiger at the Gates" ◆ **guerre scolaire** "school war" *(about Church and State schools)* ◆ **entre eux c'est la guerre (ouverte)** there's open war between them
b (technique) warfare ◆ **la guerre atomique / psychologique / chimique** atomic / psychological / chemical warfare
c LOC **en guerre** (lit, fig) at war (*avec, contre* with, against) ◆ **dans les pays en guerre** in the warring countries, in the countries at war ◆ (Mil) **faire la guerre à** to wage war on ou against ◆ **soldat qui a fait la guerre** soldier who was in the war ◆ **ton chapeau a fait la guerre*** your hat has been in the wars* (Brit) ou through the war (US) ◆ (fig) **elle lui fait la guerre pour qu'il s'habille mieux** she is constantly battling with him to get him to dress better ◆ **faire la guerre aux abus / à l'injustice** to wage war against ou on abuses / injustice ◆ **partir en guerre contre** (lit) to go to war against, wage war on; (fig) to wage war on ◆ **de guerre lasse elle finit par accepter** she grew tired of resisting and finally accepted ◆ (Prov) **à la guerre comme à la guerre** we'll just have to make the best of things, you must take things as you find them ou as they come → **bon¹, entrer**
2 COMP ▷ **guerre bactériologique** bacteriological warfare ▷ **guerre biologique** biological warfare ▷ **la guerre des Boers** the Boer war ▷ **la guerre de Cent Ans** the Hundred Years' War ▷ **guerre de conquête** war of conquest ▷ **la guerre des Deux-Roses** the Wars of the Roses ▷ **guerre éclair** blitzkrieg (Brit), lightning war (US) ▷ **guerre économique** economic warfare ▷ **guerre électronique** electronic warfare ▷ **guerre d'embuscade** guerrilla warfare ▷ **la guerre des étoiles** Star Wars ▷ **guerre d'extermination** war of extermination ▷ **guerre froide** cold war ▷ **la guerre du Golfe** the Gulf War ▷ **la guerre du Mexique** the Mexican War ▷ **guerre mondiale** world war ▷ **guerre de mouvement** war of movement ▷ **guerre NBC** NBC warfare ▷ **guerre des nerfs** war of nerves ▷ **guerre nucléaire** nuclear war ▷ **guerre des ondes** battle for the airwaves ▷ **guerre à outrance** all-out war ▷ **la guerre des pierres** the Palestinian uprising ▷ **guerre planétaire** global war ▷ **guerre de position** war of position ▷ **guerre presse-bouton** push-button war ▷ **guerre psychologique** psychological warfare ▷ **les guerres puniques** the Punic Wars ▷ **la guerre de quatorze** the 1914-18 war ▷ **la guerre de Sécession** the American Civil War ▷ **guerre de succession** war of succession ▷ **guerre totale** total warfare, all-out war ▷ **guerre de tranchées** trench warfare ▷ **la guerre de Trente Ans** the Thirty Years War ▷ **la guerre de Troie** the Trojan War ▷ **guerre d'usure** war of attrition

guerrier, -ière [gɛʀje, jɛʀ] → SYN **1** adj nation, air warlike; danse, chants, exploits war (épith)
2 nm,f warrior ◆ **le repos du guerrier** shore leave, RBR (US)

guerroyer [gɛʀwaje] → SYN ▸ conjug 8 ◂ vi (littér) to wage war (*contre* against, on)

guet [gɛ] → SYN nm **a faire le guet** to be on the watch ou lookout ◆ **avoir l'œil au guet** to keep one's eyes open ou skinned* ◆ **avoir l'oreille au guet** to keep one's ears open ◆ **guet aérien** aerial surveillance
b (Hist: patrouille) watch

guet-apens, pl **guets-apens** [gɛtapɑ̃] → SYN nm (lit) ambush, ambuscade; (fig) trap, ambush

guêtre [gɛtʀ] → SYN nf gaiter → **traîner**

guêtré, e [getʀe] adj (Hist, hum) wearing gaiters ou spats

guetter [gete] → SYN ▸ conjug 1 ◂ vt **a** (épier) victime, ennemi to watch (intently)
b (attendre) signal, personne to watch (out) for, be on the lookout for; (hostilement) to lie in wait for ◆ **guetter le passage / l'arrivée de qn** to watch (out) for sb (to pass) / (to come) ◆ (fig) **guetter l'occasion** to watch out for the opportunity, be on the lookout for the opportunity ◆ (fig) **la crise cardiaque le guette** there's a heart attack lying in wait for him ◆ (fig) **la faillite le guette** he is threatened by bankruptcy

guetteur [getœʀ] → SYN nm (Mil, Naut) lookout; (Hist) watch

gueulante‡ [gœlɑ̃t] nf ◆ **pousser une** ou **sa gueulante** (protestation) to shout one's head off‡; (acclamation) to give an almighty cheer ou yell*; (douleur) to give an almighty yell*

gueulard, e [gœlaʀ, aʀd] → SYN **1** adj **a** (‡: braillard) personne loud-mouthed; air, musique noisy ◆ **bébé gueulard** bawling brat ◆ **ce qu'il est gueulard!** isn't he a loud-mouth!*
b (‡: criard) couleur, vêtement gaudy, garish
c (gourmand) gourmet (épith)
2 nm,f **a** (‡: braillard) loud-mouth
b (gourmand) gourmet, foodie*
3 nm (Tech) throat

gueule [gœl] → SYN **1** nf **a** (‡: bouche) mouth ◆ **(ferme) ta gueule!** shut your trap!‡ ou face!‡ ◆ **ça vous emporte** ou **brûle la gueule** it takes the roof off your mouth ◆ **il dépense beaucoup d'argent pour la gueule** he spends a lot on feeding his face* ◆ **s'en mettre** ou **foutre plein la gueule** to stuff o.s. ou one's face* ◆ **il pue de la gueule** his breath stinks ◆ **tu peux crever la gueule ouverte** you can go to hell for all I care‡ ◆ **il nous laisserait bien crever la gueule ouverte** he wouldn't give a damn what happened to us‡ ◆ **donner un coup de gueule*** to shout one's head* off ◆ **il est connu pour ses coups de gueule*** he's well known to be a loud-mouth → **fin¹**
b (*: figure) face ◆ **il a une bonne / sale gueule** I like / I don't like the look of him ◆ **avoir la gueule de l'emploi** to look the part ◆ **faire la gueule** to sulk ◆ **faire la gueule à qn** to be in a huff* with sb ◆ **faire une gueule d'enterrement** to look a real misery (Brit) ou really miserable, look really down in the mouth* ◆ **il a fait une sale gueule quand il a appris la nouvelle**‡ he didn't half pull a face when he heard the news* ◆ **bien fait pour sa gueule!**‡ bully for him!‡ ◆ **un fort en gueule, une grande gueule** a loud-mouth* ◆ **cette bagnole a de la gueule** that's a great-looking car!*, that's some car!* ◆ **cette maison a une drôle de gueule** that's a weird-looking house ◆ **les vêtements achetés en boutique ont plus de gueule** boutique clothes look much nicer ou better ◆ (péj) **gueule de raie**‡ fish-face‡ ◆ (péj) **gueule d'empeigne**‡ shit-head*‡ → **casser, foutre¹, soûler**
c [animal] mouth ◆ (fig) **se jeter** ou **se mettre dans la gueule du loup** to throw o.s. into the lion's jaws
d (ouverture) [four] mouth; [canon] muzzle
2 COMP ▷ **gueule d'amour*** lover boy* ▷ **gueule de bois*** hangover ◆ **avoir la gueule de bois** to have a hangover, be feeling the effects of the night before* ▷ **gueule cassée** *war veteran with severe facial injuries* ▷ **gueule noire** miner

gueule-de-loup, pl **gueules-de-loup** [gœldəlu] nf (Bot) snapdragon

gueulement‡ [gœlmɑ̃] nm (cri) bawl ◆ **pousser des gueulements** (douleur) to yell one's head off*; (colère) to shout one's head off‡

gueuler‡ [gœle] ▸ conjug 1 ◂ **1** vi **a** (parler fort) to bawl, bellow; (chanter fort) to bawl; (hurler de douleur) to yell (one's head off) (*de* with); (protester) to shout, bellyache‡ (*contre* about) ◆ **ça va le faire gueuler** (de douleur) that'll make him yell*; (de mécontentement) that'll have him shouting his head off‡ ◆ **ça va gueuler** there'll be all hell let loose‡, there'll be one hell of a row‡
b [poste de radio] to blast out, blare out ◆ **faire gueuler sa télé** to turn one's TV up full blast*
2 vt ordres to bawl (out), bellow (out); chanson to bawl

gueules [gœl] nm (Hér) gules

gueuleton* [gœltɔ̃] nm blow-out* (Brit), nosh-up* (Brit), chow-down‡ (US) ◆ **faire un gueuleton** to have a blow-out* (Brit) ou a nosh-up* (Brit) ou a chow-down‡ (US)

gueuletonner* [gœltɔne] ▸ conjug 1 ◂ vi to have a blow-out* (Brit) ou a nosh-up* (Brit) ou a chow-down‡ (US)

gueuse [gøz] nf **a** (†, littér) (mendiante) beggar-woman; (coquine) rascally wench → **courir**
b [fonte] pig
c (bière) **gueuse(-lambic)** gueuse beer

gueux [gø] → SYN nm (†, littér) (mendiant) beggar; (coquin) rogue, villain

gugusse [gygys] nm (clown) ≃ Coco the clown; (*: type, personne) bloke* (Brit), guy*; (*: personne ridicule) twit* (Brit), nincompoop

gui [gi] nm **a** (Bot) mistletoe ◆ **s'embrasser sous le gui** to kiss under the mistletoe
b (Naut) boom

guibol(l)e* [gibɔl] nf (jambe) leg

guiche [giʃ] nf (accroche-cœur) kiss curl

guichet [giʃɛ] → SYN nm **a** (comptoir individuel) window ◆ (bureau) **guichet(s)** [banque, poste] counter; [théâtre] box office, ticket office; [gare] ticket office, booking office (Brit) ◆ **adressez-vous au guichet d'à côté** inquire at the next window ◆ **renseignez-vous au(x) guichet(s)** (banque, poste) go and ask at the counter; (théâtre, gare) go and ask at the ticket office ◆ (à la poste, à la banque) « **guichet fermé** » "position closed" ◆ **guichet automatique (de banque)** cash dispenser (Brit), automatic telling machine (US) → **jouer**
b [porte, mur] wicket, hatch; (grillagé) grille

guichetier, -ière [giʃ(ə)tje, jɛʀ] → SYN nm,f [banque] counter clerk

guidage [gidaʒ] nm (Min, Tech) guides; (Aviat) guidance → **radioguidage**

guidance [gidɑ̃s] nf (Psych) guidance

guide [gid] → SYN **1** nm **a** (personne) guide; (livre) guide(book); (fig: idée, sentiment) guide ◆ **l'ambition est son seul guide** ambition is his only guide ◆ **guide (de montagne)** (mountain) guide
b (Tech: glissière) guide ◆ **guide de courroie** belt-guide
c (Élec, Téléc) **guide d'ondes** waveguide
2 nfpl ◆ (rênes) **guides** reins

3 nf (éclaireuse) (Catholic) girl guide (Brit) ou girl scout (US)

guide-âne, pl **guide-ânes** [gidɑn] nm (papier réglé) line rule

guide-fil, pl **guide-fils** [gidfil] nm thread-guide

guider [gide] → SYN ▸conjug 1◂ vt (conduire) voyageur, embarcation, cheval to guide; (fig: moralement etc) to guide ◆ **l'ambition le guide** he is guided by (his) ambition, ambition is his guide ◆ **organisme qui guide les étudiants durant leur première année** organization that provides guidance for first-year students ◆ **il m'a guidé dans mes recherches** he guided me through ou in my research ◆ **se laissant guider par son instinct** letting himself be guided by (his) instinct, letting (his) instinct be his guide ◆ **se guidant sur les étoiles/leur exemple** guided by the stars/ their example, using the stars/ their example as a guide ◆ **missile guidé par infrarouge** heat-seeking missile → **visite**

guiderope [gidʀɔp] nm dragrope, dragline, guide rope

guidon [gidɔ̃] → SYN nm **a** [vélo] handlebars
b (drapeau) guidon
c [mire] foresight, bead

guigne¹ [giɲ] nf (cerise) *type of cherry* ◆ (fig) **il s'en soucie comme d'une guigne** he doesn't care a fig about it

guigne²* [giɲ] → SYN nf (malchance) rotten luck* ◆ **avoir la guigne** to be jinxed* ◆ **porter la guigne à qn** to put a jinx ou hoodoo on sb* ◆ **quelle guigne!** what rotten luck!*

guigner [giɲe] → SYN ▸conjug 1◂ vt femme to eye surreptitiously; héritage, place to have one's eye on, eye ◆ **il guignait du coin de l'œil** he was casting surreptitious ou sidelong glances

guignette [giɲɛt] → SYN nf (Naut) caulking-iron

guignier [giɲje] nm *type of cherry tree*

guignol [giɲɔl] → SYN nm **a** (Théât) (marionnette) puppet, *(name of popular French glove puppet)*; (spectacle) puppet show (≃ *Punch and Judy show)* ◆ **aller au guignol** to go to the puppet show ◆ **c'est du guignol!** it's a real farce!, it's burlesque!
b (péj: personne) clown ◆ **arrête de faire le guignol!** stop clowning about!, stop acting the clown!

guignolesque [giɲɔlɛsk] adj (péj: grotesque) farcical

guignolet [giɲɔlɛ] nm cherry liqueur

guignon [giɲɔ̃] nm ⇒ **guigne²**

guilde [gild] → SYN nf (Hist) guild; (Comm) club

guili-guili* [giliɡili] nm tickle, tickle* ◆ **faire guili-guili à qn** to tickle sb

Guillaume [gijom] nm William ◆ **Guillaume le Roux** William Rufus ◆ **Guillaume Tell** William Tell ◆ **Guillaume d'Orange** William of Orange ◆ **Guillaume le Conquérant** William the Conqueror

guillaume [gijom] nm rabbet plane

guilledou [gij(ə)du] nm → **courir**

guillemet [gijmɛ] nm inverted comma (Brit), quotation mark ◆ **ouvrez les guillemets** open (the) inverted commas ◆ **fermez les guillemets** close (the) inverted commas ◆ (iro) **sa digne épouse, entre guillemets** his noble spouse, quote unquote ou in inverted commas (Brit) ◆ **mettre un mot entre guillemets** to put a word in quotation marks ou inverted commas (Brit) ou quotes

guillemeter [gijmete] ▸conjug 4◂ vt to put in inverted commas, put in quotes

guillemot [gijmo] nm guillemot

guilleret, -ette [gijʀɛ, ɛt] → SYN adj **a** (enjoué) personne, air perky, bright ◆ **être tout guilleret** to be full of beans*
b (leste) propos saucy

guillochage [gijɔʃaʒ] nm ornamentation with guilloche

guilloche [gijɔʃ] nf burin, graver *(used for guilloche)*

guilloché, e [gijɔʃe] (ptp de **guillocher**) adj ornamented with guilloche

guillocher [gijɔʃe] ▸conjug 1◂ vt to ornament with guilloche

guillochis [gijɔʃi] nm guilloche

guillochure [gijɔʃyʀ] nf guilloche pattern

guillotine [gijɔtin] → SYN nf guillotine → **fenêtre**

guillotiner [gijɔtine] → SYN ▸conjug 1◂ vt to guillotine

guillotineur [gijɔtinœʀ] nm guillotiner

guimauve [gimov] nf (Bot) marsh mallow; (Culin) marshmallow ◆ (fig péj) **c'est de la guimauve** (mou) it's jelly; (sentimental) it's mush*, it's schmaltzy* ◆ **chanson (à la) guimauve** sloppy* (Brit) ou mushy* ou schmaltzy* song

guimbarde [gɛ̃baʀd] → SYN nf (Mus) Jew's harp ◆ (*: voiture) **(vieille) guimbarde** old banger* (Brit), old crock* (Brit), jalopy

guimpe [gɛ̃p] → SYN nf (Rel) wimple; (corsage) chemisette (Brit), dickey (US)

guincher* [gɛ̃ʃe] ▸conjug 1◂ vi (danser) to dance

guindage [gɛ̃daʒ] nm [mât] raising

guindant [gɛ̃dɑ̃] nm [voile] hoist

guindé, e [gɛ̃de] → SYN (ptp de **guinder**) adj personne, air stiff, starchy, uptight*; style stilted

guindeau, pl **guindeaux** [gɛ̃do] nm windlass

guinder [gɛ̃de] → SYN ▸conjug 1◂ **1** vt **a** style to make stilted ◆ **des vêtements qui le guindent** ou **qui guindent son allure** clothes that make him look stiff (and starchy)
b (hisser) mât, charge to raise
2 **se guinder** vpr [personne] to become starchy; [style] to become stilted

guinderesse [gɛ̃dʀɛs] → SYN nf mast rope

Guinée [gine] nf Guinea ◆ **Guinée-Équatoriale** Equatorial Guinea ◆ **Guinée-Bissau** Guinea-Bissau

guinée [gine] nf guinea

guinéen, -enne [gineɛ̃, ɛn] **1** adj Guinean
2 nm,f ◆ **Guinéen(ne)** native of Guinea, Guinean

guingois* [gɛ̃gwa] → SYN adv ◆ (de travers) **de guingois** askew, skew-whiff* (Brit) ◆ **le tableau est (tout) de guingois** the picture is askew ou skew-whiff* ou lop-sided ◆ **il se tient tout de guingois sur sa chaise** he's sitting lop-sidedly ou skew-whiff* in his chair ◆ **marcher de guingois** to walk lop-sidedly ◆ **tout va de guingois** everything's going haywire*

guinguette [gɛ̃gɛt] → SYN nf *open-air café* ou *dance hall*

guiper [gipe] ▸conjug 1◂ vt (Élec) to sheathe; (Tex) to twist a thread around

guipoir [gipwaʀ] nm twist machine

guipure [gipyʀ] → SYN nf guipure

guirlande [giʀlɑ̃d] → SYN nf [fleurs] garland ◆ **guirlande de Noël** tinsel garland ◆ **guirlande de papier** paper chain ◆ **guirlande lumineuse** string of fairy lights (Brit) ou Christmas tree lights

guise [giz] → SYN GRAMMAIRE ACTIVE 26.1 nf **a** **n'en faire qu'à sa guise** to do as one pleases ou likes ◆ **à ta guise!** as you wish! ou please! ou like!
b LOC **en guise de** by way of ◆ **en guise de remerciement il m'a offert un livre/il m'a flanqué une gifle** by way of thanks he gave me a book/he slapped me in the face ◆ **en guise de chapeau il portait un pot de fleurs** he was wearing a flowerpot by way of a hat ou for a hat

guitare [gitaʀ] → SYN nf guitar ◆ **guitare hawaïenne/électrique** Hawaiian/electric guitar ◆ **guitare basse** bass guitar ◆ **guitare sèche** acoustic guitar ◆ **à la guitare, Joe** on guitar, Joe

guitariste [gitaʀist] nmf guitarist, guitar player

guitoune* [gitun] nf tent

Guj(a)rât [gudʒ(a)ʀat] nm Gujarat

gulden [gyldɛn] nm guilder, gulden

Gulf Stream [gœlfstʀim] nm Gulf Stream

gunite [gynit] → SYN nf gunite

günz [gynz] nm ◆ **le günz** the Günz

guppy [gypi] nm guppy

guru [guʀu] nm ⇒ **gourou**

gus* [gys] nm (personne, type) guy*, bloke* (Brit)

gustatif, -ive [gystatif, iv] adj (Bio) gustative, gustatory → **nerf, papille**

gustation [gystasjɔ̃] nf (Bio) gustation

gutta-percha, pl **guttas-perchas** [gytapɛʀka] nf gutta-percha

guttural, e, mpl **-aux** [gytyʀal, o] → SYN **1** adj langue, son, consonne guttural; voix guttural, throaty
2 **gutturale** nf (Phonétique) guttural

guyanais, e [gɥijanɛ, ɛz] **1** adj Guyanese
2 nm,f ◆ **Guyanais(e)** Guyanese

Guyane [gɥijan] nf Guiana ◆ **Guyane française** French Guiana ◆ **Guyane britannique** Guyana

guyot¹ [gɥijo] nf (fruit) guyot pear

guyot² [gɥijo] nm (volcan) guyot

gym [ʒim] nf (abrév de **gymnastique**) gym, P.E.

gymkhana [ʒimkana] nm rally ◆ **gymkhana motocycliste** motorcycle scramble ◆ (fig) **quelle pagaille! il faut faire du gymkhana pour arriver à la fenêtre** what a mess! it's like an obstacle course to get to the window

gymnase [ʒimnɑz] → SYN nm (Sport) gymnasium, gym; (Helv: lycée) secondary school (Brit), high school (US)

gymnaste [ʒimnast] → SYN nmf gymnast

gymnastique [ʒimnastik] → SYN nf **a** (sport) gymnastics (sg); (Scol) physical education, gymnastics (sg) ◆ **de gymnastique** professeur, instrument physical education (épith), P.E. (épith) ◆ **gymnastique corrective** ou **médicale** remedial gymnastics ◆ **gymnastique oculaire** eye exercises ◆ **gymnastique orthopédique** orthopaedic (Brit) ou orthopedic (US) exercises ◆ **gymnastique au sol** floor gymnastics ◆ **gymnastique douce** stretching ◆ **gymnastique chinoise** t'ai chi (ch'uan) ◆ **gymnastique rythmique** eurhythmics (sg) ◆ **gymnastique acrobatique** acrobatics (sg) ◆ **gymnastique respiratoire** breathing exercises ◆ **gymnastique suédoise** Swedish movements ◆ **faire de la gymnastique** (sport) to do gymnastics; (au réveil etc) to do exercises ◆ (fig) **c'est toute une gymnastique pour attraper ce que l'on veut dans ce placard** it's a real juggling act ou you have to stand on your head to find what you want in this cupboard → **pas¹**
b (fig) gymnastics (sg) ◆ **gymnastique intellectuelle** ou **de l'esprit** mental gymnastics (sg) ◆ **j'ai dû me livrer à toute une gymnastique pour faire coïncider nos dates de vacances** I had to tie myself in knots ou stand on my head to get our holiday dates to coincide ◆ **quelle gymnastique il faut faire pour aller d'une banlieue à une autre** what a palaver* (Brit) ou a performance to get from one suburb to another

gymnique [ʒimnik] **1** adj gymnastic
2 nf gymnastics (sg)

gymnocarpe [ʒimnokaʀp] adj gymnocarpous

gymnosperme [ʒimnospɛʀm] **1** adj gymnospermous
2 nfpl ◆ **les gymnospermes** gymnosperms, the Gymnospermae (spéc)

gymnote [ʒimnɔt] nm electric eel

gynandromorphisme [ʒinɑ̃dʀomɔʀfism] nm gynandromorphism, gynandromorphy

gynécée [ʒinese] → SYN nm **a** (Hist) gynaeceum; (fig) den of females
b (Bot) gynoecium, gynecium (US)

gynéco* [ʒineko] nmf abrév de **gynécologue**

gynécologie [ʒinekɔlɔʒi] nf gynaecology (Brit), gynecology (US)

gynécologique [ʒinekɔlɔʒik] adj gynaecological (Brit), gynecological (US)

gynécologue [ʒinekɔlɔg] → SYN nmf gynaecologist (Brit), gynecologist (US) ◆ **gynécologue obstétricien** obstetrician-gynaecologist, ob-gyn* (US)

gynécomastie [ʒinekomasti] nf gynaecomastia (Brit), gynecomastia (US)

gynogenèse [ʒinoʒənɛz] nf gynogenesis

gypaète [ʒipaɛt] → SYN nm bearded vulture, lammergeyer

gypse [ʒips] → SYN nm gypsum

gypseux, -euse [ʒipsø, øz] adj gypseous

gypsophile [ʒipsɔfil] nf gypsophila

gyrin [ʒiʀɛ̃] nm whirligig beetle

gyrocompas [ʒiʀokɔ̃pɑ] nm gyrocompass

gyromètre [ʒiʀɔmɛtʀ] nm gyrometer

gyrophare [ʒiʀofaʀ] nm revolving ou flashing light *(on vehicle)*

gyroscope [ʒiʀɔskɔp] nm gyroscope

gyroscopique [ʒiʀɔskɔpik] adj gyroscopic

gyrostat [ʒiʀɔsta] nm gyrostat

H¹, h [aʃ] nm (lettre) H, h ◆ **h aspiré** aspirate h ◆ **h muet** silent ou mute h → **bombe, heure**

H² [aʃ] nm **a** (abrév de **hydrogène**) H **b** (✱: **abrév de hachisch**) H✱

ha¹ ['a, ha] excl oh ◆ (rire) **ha, ha!** ha-ha!

ha² (abrév de **hectare**) ['a; ha] ha

habanera ['abaneʀa] nf (danse) habanera

habeas corpus [abeaskɔʀpys] nm inv ◆ **l'habeas corpus** habeas corpus

habile [abil] [→ SYN] adj **a** (adroit) mains skilful, skilled, clever; ouvrier, chirurgien skilful, skilled; diplomate, tactique, démarche skilful, clever, smart; film, pièce de théâtre clever ◆ **il est habile de ses mains** he's good ou clever with his hands ◆ **être habile à (faire) qch** to be clever ou skilful ou good at (doing) sth ◆ **façonné d'une main habile** fashioned by a skilful ou skilled ou cunning hand ◆ **ce n'était pas bien habile de sa part** that wasn't very clever of him
b (Jur) fit (*à* to)

habilement [abilmɑ̃] adv (→ **habile**) skilfully; cleverly ◆ **habilement façonné** skilfully ou cunningly made

habileté [abilte] [→ SYN] nf **a** (adresse; → **habile**) skill, skilfulness; cleverness, smartness ◆ **habileté manuelle** manual skill ◆ **son habileté à travailler le bois** his talent for working with wood, his woodworking skills
b (artifice, truc) clever move, skilful move
c (Jur) ⇒ **habilité**

habilitation [abilitasjɔ̃] [→ SYN] nf (Jur) capacitation ◆ (Univ) **habilitation (à diriger des recherches)** authorization ou accreditation to supervise research

habilité [abilite] nf (Jur) fitness

habiliter [abilite] [→ SYN] ▸conjug 1◂ vt (Jur) to capacitate; (Univ) to authorize, accredit ◆ **être habilité à faire qch** (Jur, Pol) to be empowered to do sth; (gén) to be entitled to do sth ◆ (Jur, Fin) **représentant dûment habilité** duly authorized officer

habillable [abijabl] adj **a** [personne] **il n'est pas facilement habillable** it's hard to find clothes for him
b machine à laver etc *which can be adapted to a fitted kitchen*

habillage [abijaʒ] [→ SYN] nm **a** [acteur, poupée] dressing
b (Tech) [montre] assembly; [peaux] dressing; [bouteille] labelling and sealing; [marchandise] packaging and presentation; [machine] casing; [chaudière] lagging; [viande, volaille] dressing ◆ (Aut) **habillage intérieur** interior trim
c (fig) window-dressing

habillé, e [abije] [→ SYN] (ptp de **habiller**) adj **a** robe smart, dressy; chaussures dress (épith), smart; soirée dressy ◆ **trop habillé** costume too dressy, over-dressy, over-smart; personne overdressed, too dressed up ◆ **ça fait très habillé** it looks very smart ou dressy ou posh✱
b personne dressed ◆ **être bien/mal habillé** to be well/badly dressed ◆ **être habillé de noir/d'un complet** to be dressed in ou wearing black/a suit ◆ **se coucher tout habillé** to go to bed fully dressed ou with all one's clothes on

habillement [abijmɑ̃] [→ SYN] nm (action) clothing; (toilette, costume) clothes, dress (NonC), outfit; (Mil: uniforme) outfit; (profession) clothing trade, rag trade✱ (Brit), garment industry (US)

habiller [abije] [→ SYN] ▸conjug 1◂ **1** vt **a** poupée, enfant (vêtir) to dress (*de* in); (déguiser) to dress up (*en* as) ◆ **cette robe vous habille bien** that dress really suits you ou looks good on you ◆ **un rien l'habille** she looks good in the simplest thing, she can wear anything ◆ **habiller un enfant en Peau-Rouge** to dress a child up as a Red Indian
b (fournir en vêtements) enfant, miséreux to clothe; (Mil) recrues to provide with uniforms ◆ **elle habille entièrement ses enfants** she makes all her children's clothes ◆ (Couture) **elle se fait habiller par X, c'est X qui l'habille** she buys ou gets all her clothes from X's, X makes all her clothes ◆ **ce tissu habille bien** this is good dress material (ou suit etc material)
c (recouvrir, envelopper) mur, fauteuil, livre to cover (*de* with); bouteille to label and seal; marchandise to package; machine, radiateur to encase (*de* in); chaudière to lag (*de* with) ◆ **habiller un fauteuil d'une housse** to put a loose cover on a chair ◆ **tableau de bord habillé de bois** wooden dashboard ◆ (fig) **il faut habiller ce coin de la pièce qui est un peu nu** we must put something in ou do something with this rather bare corner of the room
d (Culin) viande, volaille to dress; (Horticulture) arbre to trim (for planting); (Typ) gravure to set the text around
e (Tech) montre to assemble; peaux to dress
f (fig: enjoliver) to adorn
2 **s'habiller** vpr **a** (mettre ses habits) to dress (o.s.), get dressed; (se déguiser) to dress up (*en* as) ◆ **aider qn à s'habiller** to help sb on with his clothes, help sb get dressed ◆ **elle s'habille trop jeune/vieux** she wears clothes that are too young/old for her ◆ **s'habiller en Arlequin/Peau-Rouge** to dress up as Harlequin/a Red Indian ◆ **elle s'habille long/court** she wears long/short skirts, she wears her skirts long/short ◆ **faut-il s'habiller pour la réception?** must we dress (up) for the reception? ◆ **comment t'habilles-tu ce soir?** what are you wearing tonight? ◆ **ne vous habillez pas, c'est en famille** don't (bother to) dress up – it's a family party ◆ **elle ne sait pas s'habiller** she has no clothes sense ou dress sense
b (Couture) **s'habiller chez un tailleur/en grand magasin** to buy ou get one's clothes from a tailor/a department store ◆ **s'habiller sur mesure** to have one's clothes made to measure

habilleur, -euse [abijœʀ, øz] [→ SYN] **1** nm (Tech) [peaux] dresser
2 nm,f (Théât) dresser

habit [abi] [→ SYN] **1** nm **a** **habits** clothes ◆ **mettre/ôter ses habits** to put on/take off one's clothes ou things ◆ **habits de travail/du dimanche/de deuil** working/Sunday/mourning clothes ◆ **il portait ses habits du dimanche** he was wearing his Sunday best ou Sunday clothes ◆ **il était encore en habits de voyage** he was still in his travelling clothes ou in the clothes he'd worn for the journey → **brosse**
b (costume) dress (NonC), outfit ◆ **habit d'arlequin** Harlequin suit ou costume ◆ (Prov) **l'habit ne fait pas le moine** appearances are (sometimes) deceptive, do not judge by appearances
c (jaquette) morning coat; (queue-de-pie) tail coat, tails ◆ **en habit (de soirée)** wearing tails, in evening dress ◆ **l'habit est de rigueur** formal ou evening dress must be worn; (sur carte d'invitation) "white tie", "dress: formal"
d (Rel) **prendre l'habit** [homme] to take (holy) orders; [femme] to take the veil ou habit ◆ **quitter l'habit** [homme] to leave the priesthood; [femme] to leave the Church
e (fig: apparence) look, appearance
2 COMP ▷ **habit de cheval** riding habit ▷ **habit de cour** (Hist) court dress (NonC) ▷ **habit ecclésiastique** clerical dress (NonC) ◆ (fig) **porter l'habit ecclésiastique** to be a cleric ▷ **habit de gala** formal ou evening dress (NonC) ▷ **habit de lumière** bullfighter's costume ▷ **habit militaire** military dress (NonC) ▷ **habit religieux** (monk's) habit ▷ **habit de soirée** ⇒ **habit de gala** ▷ **habit vert** *(green coat of) member of the Académie française*

habitabilité [abitabilite] [→ SYN] nf [maison] habitability; [voiture, ascenseur] capacity

habitable [abitabl] [→ SYN] adj (in)habitable ◆ **35 m² habitables** ou **de surface habitable** 35 m² living space

habitacle [abitakl] [→ SYN] nm **a** (Naut) binnacle; (Aviat) cockpit; (Aut) passenger cell; [véhicule spatial] cabin

b (Rel, littér) dwelling place (littér), abode (littér)

habitant, e [abitɑ̃, ɑ̃t] → SYN nm,f **a** [maison] occupant, occupier ; [ville, pays] inhabitant ◆ **pays / ville de 3 millions d'habitants** country / town of 3 million inhabitants ◆ **les habitants de la maison** the people who live in the house, the occupants of the house ◆ **les habitants du village / du pays** the people who live in the village / country, the inhabitants of the village / country ◆ **être** ou **loger chez l'habitant** [touristes] to stay with local people in their own homes ; [soldats] to be billeted on the locals ou local people ◆ **habitants des cavernes** cave dwellers ◆ (littér) **les habitants des bois** the inhabitants of the wood

b (Can*: fermier) farmer

habitat [abita] → SYN nm (Bot, Zool) habitat ; (conditions de logement) housing ou living conditions ; (Géog : mode de peuplement) settlement ◆ (Géog) **habitat rural / nomade / dispersé / groupé** rural / nomadic / scattered / grouped settlement

habitation [abitasjɔ̃] → SYN nf **a** (fait de résider) living, dwelling (littér) ◆ **locaux à usage d'habitation** dwelling houses ◆ **conditions d'habitation** housing ou living conditions ◆ **impropre à l'habitation** unfit for human habitation, uninhabitable

b (domicile) residence, home, dwelling place (littér) ◆ **la caravane qui lui sert d'habitation** the caravan that serves as his home ◆ **changer d'habitation** to change one's (place of) residence

c (logement, bâtiment) house ◆ **des habitations modernes** modern housing ou houses ◆ **groupe d'habitations** (immeuble) block of flats (Brit), apartment building (US) ; (lotissement) housing estate (Brit) ou development ◆ **habitation à loyer modéré** (Admin : appartement) ≃ council flat (Brit), public housing unit (US) ◆ **habitations à loyer modéré** (Admin : immeuble) ≃ (block of) council flats (Brit), public sector housing

habité, e [abite] → SYN (ptp de **habiter**) adj château, maison lived-in, occupied ; planète, région inhabited ; vol, engin, station orbitale manned

habiter [abite] → SYN ▸ conjug 1 ◂ **1** vt maison, appartement to live in, occupy ; zone, planète, région to inhabit ; (fig) [idée, sentiment] to dwell in ◆ **habiter la banlieue** to live in the suburbs ◆ **la maison n'a pas l'air habitée** the house doesn't look lived-in ou occupied ◆ **est-ce que cette maison est habitée ?** does anyone live in this house ?, is this house occupied ? ◆ (fig) **habité d'idées sombres** preoccupied by gloomy thoughts

2 vi to live (*en, dans* in) ◆ **habiter à la campagne / chez des amis / en ville** to live in the country / with friends / in (the) town ◆ **habiter (au) 17 (de la) rue Leblanc** to live at number 17 rue Leblanc

habituation [abitɥasjɔ̃] nf **a** (Psych) habituation

b (fait de s'habituer) **habituation à** growing ou getting accustomed to

habitude [abityd] → SYN nf **a** (accoutumance) habit ◆ **avoir / prendre l'habitude de faire** to be / get used to doing ◆ **avoir pour habitude** ou **l'habitude de faire** to be in the habit of doing ◆ **prendre de mauvaises habitudes** to pick up ou get into bad habits ◆ **perdre une habitude** to get out of a habit ◆ **faire perdre une habitude à qn** to break sb of a habit ◆ **avoir une longue habitude de** to have long experience of ◆ **ce n'est pas dans ses habitudes de faire cela** he doesn't usually do that, he doesn't make a habit of (doing) that ◆ **j'ai l'habitude !** I'm used to it ! ◆ **je n'ai pas l'habitude de me répéter** I'm not in the habit of repeating myself ◆ **je n'ai pas l'habitude de cette voiture / de ces méthodes** I'm not used to this car / to these methods ◆ **elle a une grande habitude des enfants** she's used to (dealing with) children ◆ (Prov) **l'habitude est une seconde nature** habit is second nature ◆ **avoir ses habitudes dans un restaurant** etc to be a regular customer ou an habitué at a restaurant etc ◆ **il a ses petites habitudes** he has his (pet) ways ou habits → **esclave, question**

b (coutume) **habitudes** customs ◆ **les habitudes d'un pays** the customs of a country ◆ **il a des habitudes de bourgeois** he has a middle-class way of life

c LOC **d'habitude** usually, as a rule ◆ **c'est meilleur que d'habitude** it's better than usual ◆ **par habitude** out of habit, from force of habit ◆ **comme d'habitude** as usual ◆ **selon** ou **suivant** ou **comme à son habitude** as he usually does, as is his wont (frm)

habitué, e [abitɥe] → SYN (ptp de **habituer**) nm,f [maison] regular visitor, habitué(e) ; [café] regular (customer), habitué(e) ◆ (hum) **c'est un habitué du chèque sans provision** he's a master of the rubber cheque* (Brit) ou check* (US)

habituel, -elle [abitɥɛl] → SYN adj comportement, geste usual, customary, habitual ; réjouissances, formule de politesse customary, usual ; fournisseur usual ◆ **d'un geste qui lui était habituel** with his usual gesture, with that typical gesture of his ◆ **c'est l'histoire habituelle** it's the usual story

habituellement [abitɥɛlmɑ̃] → SYN adv usually, generally, as a rule

habituer [abitɥe] → SYN ▸ conjug 1 ◂ **1** vt ◆ **habituer qn à qch / à faire** (accoutumer, endurcir) to accustom sb to sth / to doing, get sb used to sth / to doing ; (apprendre, entraîner) to teach sb sth / to do ◆ **on m'a habitué à obéir** I've been taught to obey ◆ **être habitué à qch / à faire** to be used ou accustomed to sth / to doing

2 **s'habituer** vpr ◆ **s'habituer à qch / à faire** to get ou grow used ou accustomed to sth / to doing, accustom o.s. to sth / to doing

habitus [abitys] nm habitus

hâblerie ['ɑbləʀi] → SYN nf (manière d'être) bragging, boasting ; (propos) boast, big talk* (NonC)

hâbleur, -euse ['ɑblœʀ, øz] → SYN **1** adj bragging, boasting, boastful

2 nm,f braggart, boaster

Habsbourg ['apsbuʀ] nmf Hapsburg

hach ['aʃ] nm ⇒ **hasch**

hachage ['aʃaʒ] nm (→ **hacher**) chopping ; mincing (Brit), grinding (US)

hache ['aʃ] → SYN nf axe, ax (US) ◆ **hache d'armes** battle-axe ◆ **hache du bourreau** executioner's axe ◆ **hache à main** hatchet ◆ (lit) **hache de guerre** hatchet, axe ◆ **périr sous la hache** to have one's head chopped off ◆ (fig) **déterrer / enterrer la hache de guerre** to take up / bury the hatchet ◆ (fig) **visage taillé à la hache** ou **à coups de hache** angular ou roughly-hewn face ◆ (Can) **mettre la hache dans les dépenses** to cut expenses drastically

haché, e ['aʃe] → SYN (ptp de **hacher**) **1** adj **a** viande minced (Brit), ground (US) ◆ **bifteck haché** minced beef ou steak (Brit), (beef ou steak) mince (Brit), ground beef (US), hamburger (US)

b style jerky ; phrases jerky, broken

2 nm mince (Brit), minced meat (Brit), ground beef (US)

hache-légumes ['aʃlegym] nm inv vegetable-chopper

hachement ['aʃmɑ̃] nm ⇒ **hachage**

hache-paille ['aʃpɑj] nm inv chaff-cutter

hacher ['aʃe] → SYN ▸ conjug 1 ◂ vt **a** (couper) (au couteau etc) to chop ; (avec un appareil) to mince (Brit), grind (US) ◆ **hacher menu** to mince, chop finely ◆ **hacher menu comme chair à pâté** to make mincemeat of

b (déchiqueter) récolte to slash to pieces ; soldats to cut to pieces ◆ **je me ferais plutôt hacher que d'accepter** I'd go through fire rather than accept ◆ **il se ferait hacher pour vous** he'd go through fire for you

c (interrompre) discours, phrases to break up → **haché**

d (Tech) planche to cut

e (Art) to hatch

hachereau, pl **hachereaux** ['aʃʀo] nm (hachette) hatchet ; (cognée) small felling axe

hachette ['aʃɛt] nf hatchet

hache-viande ['aʃvjɑ̃d] nm inv (meat-)mincer (Brit), grinder (US)

hachich ['aʃiʃ] → SYN nm ⇒ **hachisch**

hachis ['aʃi] → SYN nm [légumes] chopped vegetables ; [viande] mince (Brit) (NonC), minced meat (Brit), hamburger (US), ground meat (US) ; (farce) forcemeat (NonC) ◆ **hachis de porc** pork mince ◆ **hachis Parmentier** ≃ shepherd's ou cottage pie (Brit)

hachisch ['aʃiʃ] nm hashish

hachoir ['aʃwaʀ] → SYN nm (couteau) [viande] chopper, cleaver ; [légumes] chopper ; (planche) chopping board ; (appareil) (meat-)mincer (Brit), grinder (US)

hachure ['aʃyʀ] → SYN nf (Art) hatching (NonC), hachure ; (Cartographie) hachure

hachurer ['aʃyʀe] → SYN ▸ conjug 1 ◂ vt (Art) to hatch ; (Cartographie) to hachure

hacienda [asjɛnda] → SYN nf hacienda

HAD [aʃade] nf (abrév de **hospitalisation à domicile**) → **hospitalisation**

hadal, e, mpl **-aux** [adal, o] adj hadal

haddock ['adɔk] nm smoked haddock

Hadès [adɛs] nm Hades

hadith ['adit] nm Hadith

Hadj [adʒ] nm hajj, hadj

hadji ['adʒi] nm haj(j)i, hadji

Hadrien [adʀijɛ̃] nm Hadrian

hadron [adʀɔ̃] nm hadron

Haendel ['ɛndɛl] nm Handel

hafnium ['afnjɔm] nm hafnium

hagard, e ['agaʀ, aʀd] → SYN adj yeux wild ; visage, air, gestes distraught, frantic, wild

haggis ['agis] nm haggis

hagiographe [aʒjɔgʀaf] nmf hagiographer

hagiographie [aʒjɔgʀafi] → SYN nf hagiography

hagiographique [aʒjɔgʀafik] adj hagiographic(al)

haie ['ɛ] → SYN nf **a** (clôture) hedge ◆ **haie d'aubépines** hawthorn hedge ◆ **haie vive** quickset hedge

b (Sport : obstacle) [coureur] hurdle ; [chevaux] fence ◆ **course de haies** [coureur] hurdles (race) ; [chevaux] steeplechase ◆ **110 mètres haies** 110 metres hurdles

c (fig : rangée) [spectateurs, policiers] line, row ◆ **faire une haie d'honneur** to form a guard of honour ◆ **faire la haie** to form a line

haïk ['aik] nm hai(c)k

haïku ['ajku ; 'aiku] nm haiku, hokku

haillon ['ɑjɔ̃] → SYN nm rag ◆ **en haillons** in rags, in tatters

haillonneux, -euse ['ɑjɔnø, øz] → SYN adj (littér) in rags, in tatters, tattered and torn

Hainaut ['ɛno] nm ◆ **le Hainaut** Hainaut ou Hainault

haine ['ɛn] → SYN nf hatred (*de, pour* of, for) ◆ **cris / regards de haine** cries / looks of hatred ◆ **des haines mesquines** petty hatreds ou dislikes ◆ **prendre qn en haine** to take a violent dislike ou a strong aversion to sb ◆ **avoir de la haine pour** to feel hatred for, be filled with hate ou hatred for ◆ **par haine de** out of ou through hatred of ◆ **en haine de** out of hatred for ◆ **avoir la haine**‡ to be full of aggro* (Brit) ou hatred

haineusement ['ɛnøzmɑ̃] adv dire, regarder with hatred ; saisir malevolently

haineux, -euse ['ɛnø, øz] → SYN adj parole full of hatred ; caractère, joie malevolent ◆ **regard haineux** look of hate ou hatred, look full of hate ou hatred

haïr ['aiʀ] → SYN ▸ conjug 10 ◂ vt to detest, abhor, hate ◆ **elle me hait de l'avoir trompée** she hates me for having deceived her ◆ **je hais ses manières affectées** I can't stand ou I hate ou I loathe her affected ways ◆ **je hais d'être dérangé** I hate being disturbed ou to be disturbed ◆ **ils se haïssent cordialement** they cordially detest one another

haire ['ɛʀ] → SYN nf (chemise) hair shirt

haïssable ['aisabl] → SYN adj detestable, hateful

Haïti [aiti] nm Haiti

haïtien, -ienne [aisjɛ̃, jɛn] 1 adj Haitian
2 nm,f ◆ **Haïtien(ne)** Haitian

halage [ˈalaʒ] → SYN nm (Naut) towing; (Can) timber hauling ◆ **(chemin de) halage** towpath ◆ **cheval de halage** towhorse

halal [ˈalal] adj inv hal(l)al

halbran [ˈalbʀɑ̃] nm young wild duck

hâle [ˈɑl] nm (sun)tan, sunburn

hâlé, e [ˈɑle] → SYN (ptp de **hâler**) adj (sun) tanned, sunburnt (Brit)

haleine [alɛn] → SYN nf a (souffle) breath; (respiration) breathing (NonC) ◆ **avoir l'haleine courte** to be short of breath ou short-winded ◆ **retenir son haleine** to hold one's breath ◆ **être hors d'haleine** to be out of breath, be breathless ◆ **perdre haleine** to lose one's breath, get out of breath ◆ **reprendre haleine** (lit) to get one's breath ou wind back, regain one's breath; (fig) to get one's breath back, take a breather ◆ **d'une seule haleine** dire in one breath, in the same breath; faire (all) at one go ◆ **il respirait d'une haleine régulière** his breathing was regular
b (air expiré) breath ◆ **avoir l'haleine fraîche** to have fresh breath ◆ **avoir mauvaise haleine** ou **l'haleine forte** to have bad breath ◆ **j'ai senti à son haleine qu'il avait bu** I smelt ou could smell drink on his breath, I could tell from his breath that he'd been drinking ◆ (fig) **l'haleine glaciale de la crevasse / rivière** the icy breath of the crevasse / river
c LOC **tenir qn en haleine** (attention) to hold sb spellbound ou breathless; (incertitude) to keep sb in suspense ou on tenterhooks ◆ **travail de longue haleine** long-term job, long and exacting job ◆ **rire à perdre haleine** to laugh until one's sides ache ou until one is out of breath → **courir**

halener [alǝne, alene] → SYN ▸ conjug 5 ◂ vt to scent

haler [ˈale] → SYN ▸ conjug 1 ◂ vt corde, ancre to haul in; bateau to tow

hâler [ˈɑle] → SYN ▸ conjug 1 ◂ vt to (sun)tan, sunburn

haletant, e [ˈal(ǝ)tɑ̃, ɑ̃t] → SYN adj personne (essoufflé) panting, gasping for breath (attrib), out of breath (attrib); (assoiffé, effrayé) panting (*de* with); (curieux) breathless (*de* with); animal panting; poitrine heaving; voix breathless, gasping; (fig) roman policier suspenseful ◆ **sa respiration était haletante** he was panting, his breath came in gasps ◆ **être haletant d'impatience** to be gasping ou burning with impatience

halètement [ˈalɛtmɑ̃] → SYN nm (→ **haleter**) panting; gasping for breath; puffing; heaving

haleter [ˈal(ǝ)te] → SYN ▸ conjug 5 ◂ vi a [personne] (manquer d'air) to pant, gasp for breath, puff; (de soif, d'émotion) to pant (*de* with); [chien] to pant ◆ **son auditoire haletait** his audience listened with bated breath
b [poitrine] to heave; [moteur] to puff

haleur, -euse [ˈalœʀ, øz] 1 nm (remorqueur) tug (boat)
2 nm,f (personne) (boat) hauler

half-track, pl **half-tracks** [ˈalftʀak] nm half-track

halieutique [aljøtik] 1 adj halieutic(al)
2 nf halieutics (sg)

haligonien, -ienne [aligɔnjɛ̃, jɛn] 1 adj Haligonian
2 nm,f ◆ **Haligonien(ne)** Haligonian

haliotide [aljɔtid] nf ormer, abalone, ear shell

haliple [alipl] nm haliplus

hall [ˈol] → SYN nm [hôtel, immeuble] hall, foyer, lobby; [gare] arrival (ou departure) hall ◆ **hall d'accueil** reception hall ◆ **hall d'exposition** exhibition hall ◆ (fig) **c'est un vrai hall de gare!** it's like Piccadilly Circus (Brit) ou Grand Central Station (US) (here)!

hallal [ˈalal] adj inv ⇒ **halal**

hallali [alali] nm (Chasse) (mise à mort) kill; (sonnerie) mort ◆ **sonner l'hallali** (lit) to blow the mort; (fig) to go in for the kill

halle [ˈal] → SYN nf a (marché) (covered) market; (grande pièce) hall ◆ **halle au blé / aux vins** wheat / wine market ◆ (alimentation en gros) **halles** central food market ◆ (Hist) **les Halles (de Paris)** *formerly the central food market of Paris* → **fort**
b (Helv: gymnase) **halle de gymnastique** gymnasium, gym

hallebarde [ˈalbaʀd] → SYN nf halberd ◆ **il pleut** ou **tombe des hallebardes*** it's bucketing (down)*, it's raining cats and dogs*

hallebardier [ˈalbaʀdje] nm halberdier

hallier [ˈalje] → SYN nm thicket, brush (NonC), brushwood (NonC)

Halloween [alowin] nf (Can) Hallowe'en

hallstattien, -ienne [ˈalstatjɛ̃, jɛn] adj Hallstatt(ian)

hallucinant, e [a(l)lysinɑ̃, ɑ̃t] → SYN adj spectacle, ressemblance staggering*, incredible

hallucination [a(l)lysinasjɔ̃] → SYN nf hallucination ◆ **hallucinations auditives / olfactives / visuelles** auditory / olfactory / visual hallucinations ◆ **hallucination collective** group hallucination ◆ **avoir des hallucinations** to hallucinate ◆ **tu as des hallucinations!*** you must be seeing things!

hallucinatoire [a(l)lysinatwaʀ] adj hallucinatory

halluciné, e [a(l)lysine] → SYN (ptp de **halluciner**) 1 adj malade suffering from hallucinations ◆ **avoir un air halluciné** to look wild-eyed ou distracted
2 nm,f (Méd: malade, fou) hallucinated person; (*: fou, exalté) raving lunatic*, crackpot*

halluciner [a(l)lysine] → SYN ▸ conjug 1 ◂ 1 vt ◆ **halluciner qn** to make sb hallucinate
2 vi (*: avoir des visions) to hallucinate ◆ **j'hallucine** I must be seeing things

hallucinogène [a(l)lysinɔʒɛn] 1 adj drogue hallucinogenic, mind-expanding
2 nm hallucinogen, hallucinant

hallucinose [a(l)lysinoz] nf hallucinosis

halo [ˈalo] → SYN nm (Astron, Tech: auréole) halo; (Phot) halation ◆ (fig) **halo de gloire** cloud of glory

halogénation [alɔʒenasjɔ̃] nf halogenation

halogène [alɔʒɛn] (Chim) 1 adj (gén) halogenous; lampe halogen (épith)
2 nm halogen

halogéner [alɔʒene] ▸ conjug 6 ◂ vt to halogenate

halogénure [alɔʒenyʀ] nf halid(e)

halon ® [alɔ̃] nm halon

halophile [alɔfil] adj halophilic

halophyte [alɔfit] nf halophyte

halte [ˈalt] → SYN nf a (pause, repos) stop, break; (fig: répit) pause ◆ **faire halte** to (make a) stop
b (endroit) stopping place; (Rail) halt
c LOC **halte!** (gén: arrêtez-vous) stop!; (Mil) halt! ◆ **halte aux essais nucléaires!** an end to ou no more atomic tests! ◆ **dire halte à un conflit** to call for a stop ou an end to a conflict ◆ **halte-là!** (Mil) halt!, who goes there?; (fig) just a moment!, hold on! ◆ **halte-là! vous exagérez** hold on!, you're going too far

halte-garderie, pl **haltes-garderies** [alt(ǝ)gaʀdǝʀi] nf crèche, ≃ day nursery

haltère [altɛʀ] nm a (Sport) (à boules) dumbbell; (à disques) barbell ◆ **faire des haltères** to do weight lifting → **poids**
b [insecte] halter(e), balancer

haltérophile [alteʀɔfil] nmf weight lifter

haltérophilie [alteʀɔfili] nf weight lifting ◆ **faire de l'haltérophilie** to lift weights, do weight lifting

halva [ˈalva] nm halva(h), halavah

hamac [ˈamak] nm hammock

hamada [ˈamada] nf ham(m)ada

hamadryade [amadʀijad] nf a (Myth) hamadryad
b (Zool) king cobra, hamadryad

hamadryas [amadʀijɑs] nm hamadryas

hamamélis [amamelis] nm hamamelis

Hambourg [ˈɑ̃buʀ] n Hamburg

hamburger [ˈɑ̃buʀgœʀ] nm hamburger

hameau, pl **hameaux** [ˈamo] → SYN nm hamlet

hameçon [amsɔ̃] → SYN nm (fish) hook → **mordre**

hameçonner [amsɔne] ▸ conjug 1 ◂ vt (garnir d'hameçons) to affix hooks to; (prendre à l'hameçon) to hook

Hamilton [amiltɔn] n Hamilton

hammam [ˈamam] nm hammam

hammerless [ˈamɛʀlɛs] nm hammerless firearm

hampe[1] [ˈɑ̃p] → SYN nf [drapeau] pole; [lance] shaft; [lettre] downstroke, upstroke; (Bot) scape

hampe[2] [ˈɑ̃p] nf [cerf] breast; [bœuf] flank

hamster [ˈamstɛʀ] nm hamster

han [ˈɑ̃; hɑ̃] excl oof ◆ **il poussa un han et souleva la malle** he gave a grunt as he lifted the trunk

hanap [ˈanap] → SYN nm (Hist) (lidded) goblet

hanche [ˈɑ̃ʃ] → SYN nf a [personne] hip; [cheval] haunch; [insecte] coxa ◆ **balancer** ou **rouler des hanches** to wiggle one's hips → **tour**[2]
b (Naut) quarter

hanchement [ˈɑ̃ʃmɑ̃] nm sticking one's hip out

hancher [ˈɑ̃ʃe] vi to stick one's hip out

hand* [ˈɑ̃d] nm abrév de **hand-ball**

hand(-)ball [ˈɑ̃dbal] nm handball

handballeur, -euse [ˈɑ̃dbalœʀ, øz] nm,f handball player

Händel [ˈɛndɛl] nm Handel

handicap [ˈɑ̃dikap] → SYN nm (lit, fig) handicap

handicapant, e [ˈɑ̃dikapɑ̃, ɑ̃t] adj crippling

handicapé, e [ˈɑ̃dikape] (ptp de **handicaper**) 1 adj disabled, handicapped ◆ **très handicapé** severely handicapped
2 nm,f disabled ou handicapped person ◆ **handicapé mental / physique** mentally / physically handicapped person ◆ **handicapé moteur** spastic

handicaper [ˈɑ̃dikape] → SYN ▸ conjug 1 ◂ vt (lit, fig) to handicap

handicapeur [ˈɑ̃dikapœʀ] nm (Courses) handicapper

handisport [ˈɑ̃dispɔʀ] adj tennis, basket-ball wheelchair (épith); natation for the disabled ◆ **Jeux olympiques handisports** Paralympics

hangar [ˈɑ̃gaʀ] → SYN nm [matériel, machines] shed; [fourrage] barn; [marchandises] warehouse, shed; [avions] hangar ◆ **hangar de locomotives** engine shed

hanneton [ˈan(ǝ)tɔ̃] nm cockchafer, maybug → **piqué**

hannetonnage [ˈan(ǝ)tɔnaʒ] nf extermination of cockchafers ou maybugs

hannetonner [ˈan(ǝ)tɔne] ▸ conjug 1 ◂ vi to exterminate cockchafers ou maybugs

Hannibal [anibal] nm Hannibal

Hanoi [anɔj] n Hanoi

Hanoukka [anuka] nf Chanukah, Hanukkah

Hanovre [ˈanɔvʀ] n Hanover

hanovrien, -ienne [ˈanɔvʀjɛ̃, jɛn] 1 adj Hanoverian
2 nm,f ◆ **Hanovrien(ne)** Hanoverian

Hanse [ˈɑ̃s] nf ◆ (Hist) **la Hanse** Hanse

hanséatique [ɑ̃seatik] adj Hanseatic ◆ **la ligue hanséatique** the Hanseatic League

hanter [ˈɑ̃te] → SYN ▸ conjug 1 ◂ vt [fantôme, personne, souvenir] to haunt ◆ (fig) **hanter les mauvais lieux** to haunt places of ill repute ◆ **maison hantée** haunted house

hantise [ˈɑ̃tiz] → SYN nf obsessive fear ◆ **avoir la hantise de la maladie** to be haunted by the fear of illness, have an obsessive fear of illness

hapax [apaks] nm nonce word, hapax legomenon

haploïde [aplɔid] adj haploid(ic)

haplologie [aplɔlɔʒi] nf haplology

happement ['apmɑ̃] nm (→ **happer**) snapping (up); snatching (up); grabbing

happening ['ap(ə)niŋ] → SYN nm (Art, Théât) happening ◆ **happening politique** informal question-and-answer session

happer ['ape] → SYN ▸conjug 1◂ vt (avec la gueule, le bec) to snap up, snatch; (avec la main) to snatch (up), grab ◆ **se faire happer par une voiture** to be hit by a car ◆ **happé par l'abîme** dragged down into the abyss

happy end ['apiɛnd] → SYN nm, pl **happy ends** happy ending

happy few ['apifju] nmpl ◆ **les happy few** the privileged few

haptène ['aptɛn] nm hapten(e)

haptonomie [aptɔnɔmi] nf *communication with a foetus through sensory stimulation*

haquenée ['ak(ə)ne] → SYN nf hackney

haquet ['akɛ] → SYN nm dray

hara-kiri ['arakiri] → SYN nm hara-kiri, hari-kiri ◆ **(se) faire hara-kiri** to commit hara-kiri

harangue ['arɑ̃g] → SYN nf harangue

haranguer ['arɑ̃ge] → SYN ▸conjug 1◂ vt to harangue, hold forth to ou at

harangueur, -euse ['arɑ̃gœr, øz] → SYN nm,f haranguer

Harare [arare] n Harare

haras ['ara] → SYN nm stud farm

harassant, e ['arasɑ̃, ɑ̃t] → SYN adj exhausting, wearing

harassé, e ['arase] → SYN (ptp de **harasser**) adj exhausted, tired out, worn out ◆ **harassé de travail** overwhelmed with work

harassement ['arasmɑ̃] nm exhaustion

harasser ['arase] → SYN ▸conjug 1◂ vt to exhaust

harcelant, e ['arsəlɑ̃, ɑ̃t] → SYN adj créancier harassing (épith), pestering (épith), badgering (épith)

harcèlement ['arsɛlmɑ̃] → SYN nm (→ **harceler**) harassing; plaguing; pestering; badgering; harrying; worrying ◆ **harcèlement sexuel** sexual harassment

harceler ['arsəle] → SYN ▸conjug 5◂ vt personne (de critiques, d'attaques) to harass, plague (*de* with); (de questions, de réclamations) to plague, pester, badger (*de* with); (Mil) ennemi to harass, harry; animal to worry, harass; gibier to hunt down, harry ◆ **harceler qn pour obtenir qch** to pester sth out of sb, get sth by pestering ou plaguing ou badgering sb

hard* ['ard] **1** nm **a** (Mus) hard rock ◆ **le hard(-rock)** hard rock, ≃ heavy metal
b (pornographie) hard porn*
c (Ordin) hardware
2 adj **a** **film hard** blue movie, pornographic film
b (Mus) heavy

harde¹ ['ard] → SYN nf [cerfs] herd

harde² ['ard] nf (Chasse) (lien) leash; (chiens) set of hounds

harder ['arde] → SYN ▸conjug 1◂ vt to leash

hardes ['ard] → SYN nfpl (péj: vieux habits) old clothes, rags

hardi, e ['ardi] → SYN adj **a** (audacieux) bold, daring
b (effronté) décolleté daring; plaisanterie daring, audacious; fille bold, brazen; (†) mensonge brazen, barefaced (épith)
c (original) talent, imagination bold (épith)
d (loc excl) **hardi les gars!** go to it, lads! (Brit), come on, lads! (Brit) ou you guys! (US) ◆ **et hardi petit! les voilà qui poussent la voiture*** and heave-ho! there they are pushing the car

hardiesse ['ardjɛs] → SYN nf **a** (littér: audace) boldness, daring ◆ **avoir la hardiesse de** to be bold ou daring enough to, have the effrontery to ◆ **montrer une grande hardiesse** to show great boldness ou daring
b (effronterie) [personne] audacity, effrontery, impudence; [livre, plaisanterie] audacity ◆ **la hardiesse de son décolleté choqua tout le monde** everyone was shocked by her daring neckline
c (originalité) [style, tableau] boldness ◆ **des hardiesses de style** bold turns of phrase
d (libertés) **hardiesses** [livre, pamphlet] bold statements; [domestique, soupirant] liberties ◆ **hardiesses de langage** bold language (NonC)

hardiment ['ardimɑ̃] adv (→ **hardi**) boldly; daringly; audaciously; brazenly ◆ **ne vous engagez pas trop hardiment** don't commit yourself rashly

hard-top, pl **hard-tops** ['ardtɔp] nm hard-top

hardware ['ardwɛr] → SYN nm hardware

harem ['arɛm] → SYN nm harem ◆ **un professeur et son harem d'étudiantes** a professor and his clutch of (female) students

hareng ['arɑ̃] → SYN nm herring ◆ **hareng saur** smoked herring, kipper, bloater ◆ **hareng mariné** marinated herring → **sec, serré**

harengaison ['arɑ̃gɛzɔ̃] nf (pêche) herring fishing; (saison) herring season

harengère† ['arɑ̃ʒɛr] nf (péj) fishwife (péj)

harenguet ['arɑ̃gɛ] nm sprat

harenguier ['arɑ̃gje] nm (bateau) herring boat; (pêcheur) herring fisherman

haret ['arɛ] → SYN adj, nm ◆ **(chat) haret** cat gone wild

harfang ['arfɑ̃] → SYN nm snowy owl

hargne ['arɲ] → SYN nf spite (NonC) ◆ **j'étais dans une telle hargne!** I was so angry! ou mad!* ◆ **avec hargne** spitefully

hargneusement ['arɲøzmɑ̃] adv (→ **hargneux**) aggressively; belligerently; fiercely

hargneux, -euse ['arɲø, øz] → SYN adj personne, caractère, ton aggressive, belligerent; chien aggressive, fierce

haricot ['ariko] → SYN nm **a** (Bot) bean ◆ **des haricots!**⁑ nuts to that (ou him ou you etc)!⁑ ◆ **haricot beurre** *type of yellow French bean* ◆ **haricot blanc** haricot bean ◆ **haricot grimpant** ou **à rame** runner bean ◆ **haricot rouge** kidney bean ◆ **haricot vert** French bean ◆ **haricot sec** dried bean ◆ **haricots à écosser** fresh beans (for shelling) → **courir, fin²**
b (Culin) **haricot de mouton** haricot of mutton, mutton stew

haridelle ['aridɛl] → SYN nf (péj: cheval) nag, jade

harissa ['arisa, arisa] nf harissa, hot chilli sauce

harki ['arki] → SYN nm *Algerian soldier loyal to the French*

harle ['arl] nm ◆ **harle bièvre** goosander ◆ **harle huppé** red-breasted merganser

harmattan [armatɑ̃] nm harmattan

harmonica [armɔnika] nm harmonica, mouth organ

harmonie [armɔni] → SYN nf (Littérat, Mus, gén) harmony; (section de l'orchestre) wind section; (fanfare) wind band ◆ (Mus) **harmonies** harmonies ◆ (Littérat) **harmonie imitative** onomatopoeia ◆ **être en harmonie avec** to be in harmony ou in keeping with ◆ **vivre en bonne harmonie** to live together harmoniously ou in harmony → **table**

harmonieusement [armɔnjøzmɑ̃] adv harmoniously

harmonieux, -ieuse [armɔnjø, jøz] → SYN adj (gén) harmonious ◆ **couleurs harmonieuses** well-matched ou harmonizing colours ◆ **un couple harmonieux** a well-matched couple

harmonique [armɔnik] **1** adj (gén, Math, Mus, Phys) harmonic
2 nm (Mus) harmonic

harmoniquement [armɔnikmɑ̃] adv (Math, Mus) harmonically

harmonisation [armɔnizasjɔ̃] → SYN nf harmonization ◆ (Ling) **harmonisation vocalique** vowel harmony

harmoniser [armɔnize] → SYN ▸conjug 1◂ **1** vt to harmonize (*avec* with)
2 **s'harmoniser** vpr to harmonize ◆ **s'harmoniser avec** to be in harmony with, harmonize with

harmoniste [armɔnist] nmf (Rel) harmonist; (Mus) (spécialiste de l'harmonie) harmonist; [orgue] organ tuner

harmonium [armɔnjɔm] nm harmonium

harnachement ['arnaʃmɑ̃] → SYN nm [cheval, bébé, cascadeur] (action) harnessing; (objet) harness; [*: campeur etc] gear*, rig-out* (Brit), get-up*

harnacher ['arnaʃe] → SYN ▸conjug 1◂ **1** vt cheval, bébé, cascadeur to harness ◆ (fig péj) **il était drôlement harnaché** he was wearing the strangest gear* ou rig-out* (Brit) ou get-up*
2 **se harnacher** vpr [cascadeur, parachutiste] to put one's harness on; [*: campeur, etc] to put one's gear on*, rig o.s. out*

harnais ['arnɛ] → SYN nm, **harnois††** ['arnwa] nm [cheval, bébé, cascadeur] harness; (armure, équipement) equipment ◆ **harnais (de sécurité)** (safety) harness ◆ (Tech) **harnais d'engrenage** train of gear wheels ◆ (fig) **blanchi sous le harnais** worn down by hard work

haro ['aro] → SYN excl (Jur ††) harrow!, haro ◆ (fig) **crier haro sur** to inveigh ou rail against

Harold ['arɔld] nm Harold

harpagon [arpagɔ̃] → SYN nm Scrooge

harpail ['arpaj] → SYN nm [biches, cerfs] herd

harpe¹ ['arp] → SYN nf (Mus) harp ◆ **harpe éolienne** aeolian ou wind harp ◆ **harpe celtique** ou **irlandaise** Irish harp ◆ **harpe chromatique** chromatic harp

harpe² ['arp] nf (Constr) toothing stone

harpie ['arpi] → SYN nf (Myth, péj) harpy; (Zool) harpy eagle

harpiste ['arpist] nmf harpist

harpon ['arpɔ̃] → SYN nm (Pêche) harpoon; (Constr) toothing stone → **fusil, pêche²**

harponnage ['arpɔnaʒ], **harponnement** ['arpɔnmɑ̃] nm harpooning

harponner ['arpɔne] → SYN ▸conjug 1◂ vt baleine to harpoon; (⁑) malfaiteur to collar*, nab*; (⁑) passant, voisin to waylay, corner

harponneur ['arpɔnœr] nm harpooner

hasard ['azar] → SYN nm **a** (événement fortuit) **un hasard heureux / malheureux** a stroke ou piece of luck / bad luck, a stroke of good fortune / misfortune ◆ **quel hasard de vous rencontrer ici!** what a coincidence meeting you here!, fancy meeting you here!* ◆ **c'est un vrai** ou **pur hasard que je sois libre** it's quite by chance that I'm free, it's a pure coincidence that I'm free ◆ **par un curieux hasard** by a curious coincidence ◆ **on l'a retrouvé par le plus grand des hasards** it was quite by chance ou it was a piece of sheer luck that they found him ◆ **les hasards de la vie / de la carrière** the fortunes of life / one's career
b (destin) **le hasard** chance, fate, luck; (Statistique) chance ◆ **les caprices du hasard** the whims of fate ◆ **le hasard fait bien les choses: nous étions dans le même hôtel** as luck would have it ou by a stroke of good fortune we were ou we happened to be in the same hotel ◆ **faire confiance** ou **s'en remettre au hasard** to trust to luck ◆ **il ne laisse jamais rien au hasard** he never leaves anything to chance ◆ **faire la part du hasard** (événements futurs) to allow for chance (to play its part); (événements passés) to admit that chance had a hand in it ◆ **le hasard a voulu qu'il soit** ou (littér) **fût absent** as luck would have it he was not there, fate willed that he should be absent (littér) ◆ **c'est ça le hasard!*** that's the luck of the draw!* ◆ **c'est un fait du hasard** it's a matter of chance ◆ **les lois du hasard** the laws of fate → **jeu**
c (risques) **hasards** hazards ◆ **les hasards de la guerre** the hazards of war
d LOC **au hasard** aller aimlessly; agir haphazardly, in a haphazard way; tirer, choisir at random ◆ **j'ai répondu au hasard** I gave an answer off the top of my head* ◆ **voici des exemples au hasard** here are some random examples ou some examples taken at random ◆ **il a acheté ces livres au hasard des ventes / de ses voyages** he bought these books as he came across them by chance in the sales / on his trips ◆ **à tout hasard** (en cas de besoin) just in case; (espérant trouver ce

qu'on cherche) (just) on the off chance • **on avait emporté une tente à tout hasard** we had taken a tent just in case • **je suis entré à tout hasard** I looked in on the off chance • **par hasard** by chance, by accident • **nous nous sommes rencontrés tout à fait par hasard** we met quite by chance ou by accident • **je passais par hasard** I happened to be passing by • **tu n'aurais pas par hasard 100 F à me prêter?** you wouldn't by any chance have ou you wouldn't happen to have 100 francs to lend me? • **voudrais-tu par hasard m'apprendre mon métier?** you wouldn't be trying to teach me my job by any chance? • **comme par hasard!** what a coincidence! • **il est arrivé comme par hasard au moment où on débouchait les bouteilles** he turned up as if by chance as we were opening the bottles • **si par hasard tu le vois** if you happen to see him, if by chance you should see him

hasardé, e ['azaʀde] SYN (ptp de **hasarder**) adj ⇒ **hasardeux**

hasarder ['azaʀde] SYN ▸ conjug 1 ◂ **1** vt vie, réputation to risk; remarque, hypothèse, démarche to hazard, venture; argent to gamble, risk
2 **se hasarder** vpr • **se hasarder dans un endroit dangereux** to venture into a dangerous place • **se hasarder à faire** to risk doing, venture to do • **à votre place je ne m'y hasarderais pas** if I were you I wouldn't risk it

hasardeux, -euse ['azaʀdø, øz] SYN adj entreprise hazardous, risky; hypothèse dangerous, rash • **il serait bien hasardeux de** it would be dangerous ou risky to

has been ['azbin] SYN nm inv has-been*

hasch ['aʃ] nm (arg Drogue) hash (arg), pot (arg), grass (arg)

haschich ['aʃiʃ] SYN nm ⇒ **hachisch**

hase ['ɑz] SYN nf doe *(female hare)*

hassidim ['asidim] nmpl Chas(s)idim, Has(s)idim

hassidisme ['asidism] nm Chas(s)idism, Has(s)idism

hastaire [astɛʀ] SYN nm spearman

hasté, e [aste] adj hastate

hâte ['ɑt] SYN nf (empressement) haste; (impatience) impatience • **à la hâte** hurriedly, hastily • **en (grande** ou **toute) hâte** as fast as you (ou we etc) can, posthaste, with all possible speed • **elle est montée/descendue en toute hâte** she hurried up/down the stairs • **mettre de la hâte à faire qch** to do sth speedily ou in a hurry ou hurriedly • **avoir hâte de faire** to be eager ou anxious to do, be in a hurry to do • **je n'ai qu'une hâte, c'est d'avoir terminé ce travail** all I'm anxious to do is get this work finished • **sans hâte** unhurriedly

hâter ['ɑte] SYN ▸ conjug 1 ◂ **1** vt fin, développement to hasten; départ to bring forward, hasten; fruit to bring on, force • **hâter le pas** to quicken ou hasten one's pace ou step
2 **se hâter** vpr to hurry, hasten • **se hâter de faire** to hurry ou hasten ou make haste to do • **hâtez-vous** hurry up • **je me hâte de dire que** I hasten to say that • **hâte-toi lentement** more haste, less speed (Prov) • **ne nous hâtons pas de juger** let's not be in a hurry to judge ou too hasty in our judgments

hâtif, -ive ['ɑtif, iv] SYN adj développement precocious; fruit, saison early; travail hurried; décision, jugement hasty • **ne tirons pas de conclusions hâtives** let's not rush to conclusions

hâtivement ['ɑtivmɑ̃] adv hurriedly, hastily

hauban ['obɑ̃] SYN nm (Naut) shroud

haubanage ['obanaʒ] nm **a** (action) propping ou shoring up with shrouds
b (haubans) shrouds

haubaner ['obane] ▸ conjug 1 ◂ vt to prop ou shore up with shrouds

haubert ['obɛʀ] nm (Hist) coat of mail, hauberk

hausse ['os] SYN nf **a** [prix, niveau, température] rise, increase (*de* in); (Bourse) rise (*de* in) • **une hausse inattendue de la température/des prix** an unexpected increase ou rise in temperature/prices • **hausse de salaire** (pay) rise (Brit) ou raise (US) • **la hausse du coût de la vie** the rise in the cost of living • **être en hausse** [monnaie, prix] to be going up ou rising; [actions, marchandises] to be going up (in price) • (Bourse) **marché à la hausse** rising market • **tendance à la hausse** rising ou upward trend • (fig) **sa cote est ou ses actions sont en hausse** things are looking up for him, his popularity is increasing • [essence] **une hausse à la pompe** a rise in pump prices • **revoir** ou **réviser à la hausse** to scale up → **jouer**
b [fusil] backsight adjuster

haussement ['osmɑ̃] SYN nm • **haussement d'épaules** shrug • **il eut un haussement d'épaules** he shrugged (his shoulders)

hausser ['ose] SYN ▸ conjug 1 ◂ **1** vt **a** (élever) to raise • **hausser les épaules** to shrug (one's shoulders) • **hausser la voix** ou **le ton** to raise one's voice
b mur to heighten, raise; maison to heighten, make higher • **hausser une maison d'un étage** to add another floor to a house
2 **se hausser** vpr • **se hausser sur la pointe des pieds** to stand up on tiptoe • **se hausser au niveau de qn** to raise o.s. up to sb's level

haussier, -ière[1] ['osje, jɛʀ] **1** adj (Bourse) marché bullish • **tendance haussière** upward trend
2 nm (Bourse) bull

haussière[2] ['osjɛʀ] nf (Naut) hawser

haut, e ['o, 'ot] SYN
1 adj **a** mur, montagne high; herbe, arbre, édifice tall, high • **un mur haut de 3 mètres** a wall 3 metres high • **haut de plafond** with a high ceiling, high-ceilinged • **une haute silhouette** a tall figure • **de haute taille** tall • **des chaussures à hauts talons** high-heeled shoes • **un chien haut sur pattes** a long-legged dog • **il a le front haut** he has a high forehead • **haut comme trois pommes*** knee-high to a grasshopper*
b plafond, branche, nuage, plateau high • **le plus haut étage** the top floor • **dans les plus hautes branches de l'arbre** in the topmost branches of the tree • **pièce haute de plafond** room with a high ceiling • (lit, fig) **marcher la tête haute** ou **le front haut** to walk with one's head held high • (Naut) **les hautes voiles** the (flying) kites → **montagne, ville**
c rivière, température, prix high; (Élec) fréquence, voltage high; note, ton high, high-pitched • **c'est (la) marée haute, la mer est haute** it is high tide, the tide is in • **à marée haute** at high tide • **en haute mer** on the open sea, on the high seas • **pendant les hautes eaux du fleuve** while the river is high, during high water • **n'avoir jamais une parole plus haute que l'autre** to be even-spoken • **jeter** ou **pousser des** ou **les hauts cris** to exclaim in horror ou indignation, raise one's hands in horror • **à voix haute, à haute voix** aloud, out loud • **à haute et intelligible voix** loudly and clearly • **le prix de l'or est au plus haut** the price of gold has reached a peak ou maximum → **verbe**
d (gén avant n) (fig: élevé, supérieur) qualité, rang, précision high; âme, pensée lofty, noble • **avoir une haute idée** ou **opinion de soi-même** to have a high ou an exalted opinion of o.s. • **tenir qn en haute estime** to hold sb in high esteem • **c'est du plus haut comique** it's highly amusing ou comical, it's excruciatingly funny • **il m'ennuie au plus haut point** I find him incredibly irritating • **haut en couleur** (rougeaud) with a high colour ou a ruddy complexion; (coloré, pittoresque) colourful • **avoir la haute main sur qch** to have supreme control of sth • **discussions au plus haut niveau** top-level discussions • (hum) **hauts faits** heroic deeds • **de haut rang** high-ranking • **de haute naissance** of noble ou high birth • **les hautes cartes** the high cards, the picture cards • **la haute cuisine/couture/coiffure** haute cuisine/couture/coiffure • **les hautes mathématiques** higher mathematics • **la haute finance/société** high finance/society • **hauts revenus/salaires** large ou substantial income/salaries • **les hautes sphères du pouvoir/de la société** the highest levels of power/society • (Mil) **haut commandement** high command • **haut fonctionnaire** high- ou top-ranking civil servant • **haut personnage** high-ranking person • (Jur) **les hautes parties contractantes** the high contracting parties • **gagner qch de haute lutte** to win sth after a well-fought battle • (lit, fig) **de haute voltige** acrobatic • († : Méd) **le haut mal** grand mal
e (ancien) **dans la plus haute antiquité** in earliest antiquity • **le haut Moyen Âge** the Early Middle Ages • **le haut Empire** the Early (Roman) Empire • (Ling) **le haut allemand** Old High German
f (Géog) **la Haute-Égypte** Upper Egypt • **le Haut-Rhin** the Upper Rhine • **la Haute-Normandie** Upper Normandy • **les Hautes-Terres** the highlands • (Hist Can) **le Haut-Canada** Upper Canada • **la Haute-Volta** Upper Volta
2 nm **a** [arbre, colline, robe, armoire] top • **dans le haut** at the top, high up • **le mur a 3 mètres de haut** the wall is 3 metres high • **au** ou **en haut de l'arbre** at the top of the tree, high up in the tree • **le haut du visage** the top part of the face • **les pièces du haut** the rooms upstairs, the upstairs rooms • **les voisins du haut** the neighbours upstairs • **l'étagère du haut** the top shelf • **en haut de l'échelle sociale** high up the social ladder • **combien fait-il de haut?** how high is it? • (fig) **des hauts et des bas** ups and downs • **tenir le haut du pavé** to take pride of place
b **du haut de: du haut d'un arbre** from the top of a tree • **tomber du haut du 5ᵉ étage** to fall from the 5th floor • **parler du haut d'une tribune/d'un balcon** to speak from a platform/a balcony • (fig) **regarder qn du haut de sa grandeur** to look down at sb from one's lofty height (fig)
c (Géog) **les Hauts de Meuse/de Seine** the upper reaches of the Meuse/Seine • (Littérat) **"Les Hauts de Hurlevent"** "Wuthering Heights"
d (Mus) **le haut** the high registers
e (Naut) topside
f (vêtement) top; [robe] bodice
g LOC **voir les choses de haut** to take a detached view of things • **tomber de haut** (lit) to fall from a height; (fig) to have one's hopes dashed, come down with a crash • **tomber de tout son haut** to fall headlong, measure one's length (Brit) • **prendre qch de (très) haut** to take sth in a (very) high and mighty way, react (most) indignantly ou disdainfully to sth • **traiter qn de haut** to look down on sb • **regarder qn de haut en bas** to look sb up and down • **frapper de haut en bas** to strike downwards • **nettoyer/visiter une maison de haut en bas** to clean/to inspect a house from top to bottom • **en haut** at the top • **il habite en haut/tout en haut** he lives upstairs/right at the top • **manteau boutonné jusqu'en haut** coat buttoned right up ou (right) up to the top • **regarder par en haut** to look from upstairs ou above • **en haut de** at the top of • **les voleurs sont passés par en haut** the burglars came (in) from upstairs ou from above • (lit, fig) **d'en haut** from above • **des ordres qui viennent de** ou **d'en haut** orders from on high ou from above → **bas**[1], **là**
3 **haute** nf • **(les gens de) la haute**: the upper crust*, the toffs: (Brit), the swells†*
4 adv **a** monter, sauter, voler high • **mettez vos livres plus haut** put your books higher up • **il a sauté le plus haut** he jumped the highest • **haut perché** oiseau perched high; objet perched high up; voix high-pitched
b parler loudly • **lire/penser tout haut** to read/think aloud ou out loud • **mettez la radio plus haut** turn up the radio • **j'ose le dire bien haut** I'm not afraid of saying it out loud • **parle plus haut!** speak up! • (Mus) **monter haut** to hit the top notes • **chanter trop haut** to sing sharp
c (sur un colis) "top", "this way up", "this side up"
d (sur le plan social) **des gens haut placés** people in high places • **arriver haut** to reach a high position • **viser haut** to aim high
e (en arrière) **aussi haut qu'on peut remonter** as far back as we can go • **« voir plus haut »** "see above" • **comme je l'ai dit plus haut** as I said above ou previously

f LOC **haut les mains !** hands up !, stick 'em up !* ◆ **gagner haut la main** to win hands down ◆ **haut les cœurs !** take heart !

5 COMP ▷ **Haute Cour**† (Jur) high court *(for impeachment of French President or Ministers)* ▷ **haute définition** (TV) nf, adj high definition ▷ **haute école** (Équitation) haute école ◆ (fig) **c'est de la haute école** it's very advanced (stuff*) ▷ **haut fourneau** (four) blast ou smelting furnace ; (usine) ≃ steel factory ▷ **haut lieu** ◆ **le haut lieu de la culture / musique** the Mecca of culture / music ◆ **en haut lieu** in high places ▷ **haute précision** outillage etc high-precision (épith) ▷ **haute trahison** high treason ▷ **haut vol, haute volée** ◆ **de haut vol, de haute volée** personne high-flying ; projet far-reaching → **lutte, montagne**

hautain[1], **e** ['otɛ̃, ɛn] → SYN adj personne haughty ; air, manière haughty, lofty

hautain[2] ['otɛ̃] nm ⇒ **hautin**

hautainement ['otɛnmɑ̃] adv haughtily, loftily

hautbois ['obwa] nm (instrument) oboe ; (instrumentiste) oboist, oboe player ◆ **hautbois d'amour** oboe d'amore

hautboïste ['obɔist] nmf oboist, oboe player

haut-commissaire, pl **hauts-commissaires** ['okɔmisɛʀ] nm high commissioner (*à* of)

haut-commissariat, pl **hauts-commissariats** ['okɔmisaʀja] nm (ministère) high commission (*à* of) ; (grade) high commissionership

haut-de-chausse(s), pl **hauts-de-chausse(s)** ['od(ə)ʃos] nm (Hist) (knee) breeches, trunk-hose

haut-de-forme, pl **hauts-de-forme** ['od(ə)fɔʀm] → SYN nm top hat

haute-contre, pl **hautes-contre** ['otkɔ̃tʀ]
1 adj, nm counter tenor
2 nf counter tenor, alto

haute-fidélité, pl **hautes-fidélités** ['otfidelite]
1 adj chaîne, son high-fidelity
2 nf high-fidelity

hautement ['otmɑ̃] → SYN adv (extrêmement) highly ; (ouvertement) openly ◆ personnel **hautement qualifié** highly qualified

hauteur ['otœʀ] → SYN GRAMMAIRE ACTIVE 15.4, 16.4
nf a (élévation verticale) [tour, montagne, arche, personne] height ; [son] pitch ; (Aut) [châssis] ground clearance ◆ **il se redressa de toute sa hauteur** he drew himself up to his full height ◆ **d'une hauteur de 4 mètres** (dimension) 4 metres high ; (d'un point élevé) from a height of 4 metres ◆ (Aut) **hauteur maximum** ou **libre 3 mètres** headroom 3 metres ◆ **pièce de 3 mètres de hauteur sous plafond** room whose ceiling height is 3 metres ◆ **tomber de toute sa hauteur** [personne] to measure one's length (Brit), fall headlong ou flat ; [armoire] to come crashing down ◆ **perdre de la hauteur** to lose height ◆ **prendre de la hauteur** to climb, gain height ◆ **à hauteur d'appui** at leaning height ◆ **à hauteur des yeux** at eye level ◆ **à hauteur d'homme** at the right height ou level for a man ◆ (Astron) **hauteur d'un astre** height of a star ◆ (fig) **élever l'épargne à la hauteur d'une institution** to make saving a way of life → **saut**
b (Géom) perpendicular height ; (ligne) perpendicular ; (Astron) altitude
c (plan horizontal) **arriver à la hauteur de qn** to draw level with sb ◆ **la procession arrivait à sa hauteur** the procession was drawing level with him ◆ **nous habitons à la hauteur de la mairie** we live up by the town hall ◆ (Naut) **arriver à la hauteur d'un cap** to come abreast of a cape ◆ **un accident à la hauteur de Tours** an accident near Tours ou in the vicinity of ou neighbourhood of Tours
d (fig : digne de) **être à la hauteur de la situation** to be equal to the situation ◆ **il s'est vraiment montré à la hauteur*** he proved he was up to it* ◆ **ne pas se sentir à la hauteur*** not to feel up to it*, not to feel equal to the task
e (colline) height, hill ◆ **gagner les hauteurs** to make for the heights ou hills
f (fig : noblesse) loftiness, nobility ◆ **la hauteur de ses sentiments** his noble ou lofty sentiments, the loftiness ou nobility of his sentiments ◆ **hauteur de vues** loftiness of ideas
g (fig : arrogance) haughtiness, loftiness ◆ **parler avec hauteur** to speak haughtily ou loftily
h (Écon) **à (la) hauteur de 10 000 F** up to 10,000 francs

haut-fond, pl **hauts-fonds** ['ofɔ̃] → SYN nm shallow, shoal

hautin ['otɛ̃] nm climbing vine

Haut-Karabakh ['okaʀabak] n Nagorno-Karabakh

haut-le-cœur ['ol(ə)kœʀ] → SYN nm inv retch, heave ◆ **avoir un haut-le-cœur** to retch, heave

haut-le-corps ['ol(ə)kɔʀ] → SYN nm inv (sudden) start, jump ◆ **avoir un haut-le-corps** to start, jump

haut-parleur, pl **haut-parleurs** ['opaʀlœʀ] → SYN nm (loud)speaker ◆ **haut-parleur aigu** tweeter ◆ **haut-parleur grave** woofer

haut-relief, pl **hauts-reliefs** ['oʀəljɛf] nm high relief

hauturier, -ière ['otyʀje, jɛʀ] adj ◆ **navigation hauturière** ocean navigation ◆ **pêche hauturière** deep-sea fishing ◆ **pilote hauturier** deep-sea pilot

havage ['avaʒ] nm (mechanical) cutting

havanais, e ['avanɛ, ɛz] 1 adj of ou from Havana
2 nm,f ◆ **Havanais(e)** inhabitant ou native of Havana

Havane ['avan] nf ◆ **la Havane** Havana

havane ['avan] 1 nm (cigare) Havana
2 adj inv (couleur) tobacco (brown)

hâve ['ɑv] → SYN adj (émacié) gaunt, haggard ; (pâle) wan

haveneau, pl **haveneaux** ['av(ə)no], **havenet** ['av(ə)nɛ] nm shrimping net

haver ['ave] ▸ conjug 1 ◂ vt (Tech) to cut *(mechanically)*

haveur ['avœʀ] nm (Tech) cutter

haveuse ['avøz] nf cutting machine

havrais, e ['ɑvʀɛ, ɛz] 1 adj from ou of Le Havre
2 nm,f ◆ **Havrais(e)** inhabitant ou native of Le Havre

havre ['avʀ] → SYN nm (littér : lit, fig) haven ◆ **havre de paix** haven of peace

havresac ['ɑvʀəsak] → SYN nm haversack, knapsack

Hawaï, Hawaii [awai] n Hawaii ◆ **les îles Hawaï** the Hawaiian Islands

hawaïen, -ïenne [awajɛ̃, jɛn] 1 adj Hawaiian
2 nm (Ling) Hawaiian
3 nm,f ◆ **Hawaïen(ne)** Hawaiian

Haye ['ɛ] nf ◆ **La Haye** The Hague

hayon ['ɛjɔ̃] → SYN nm ◆ (Aut) **hayon (arrière)** hatchback, tailgate ◆ **modèle avec hayon arrière** hatchback (model) ◆ [camion] **hayon élévateur** fork-lift

hé ['e, he] excl (pour appeler) hey ! ; (pour renforcer) well ◆ **hé ! hé !** well, well !, ha-ha ! ◆ **hé non !** I should think not !

heaume ['om] → SYN nm (Hist) helmet

heaumier, -ière ['omje, jɛʀ] nm,f helmet maker, heaumer

hebdo* [ɛbdo] nm abrév de **hebdomadaire**

hebdomadaire [ɛbdɔmadɛʀ] adj, nm weekly ◆ **hebdomadaire d'actualité** news weekly → **repos**

hebdomadairement [ɛbdɔmadɛʀmɑ̃] adv weekly

hebdomadier, -ière [ɛbdɔmadje, jɛʀ] nm,f hebdomadary

hébéphrénie [ebefʀeni] nf hebephrenia

hébéphrénique [ebefʀenik] 1 adj hebephrenic
2 nmf person suffering from hebephrenia

hébergement [ebɛʀʒəmɑ̃] → SYN nm (→ **héberger**) accommodation ; lodging ; putting up ; taking in ; harbouring

héberger [ebɛʀʒe] → SYN ▸ conjug 3 ◂ vt touristes to accommodate, lodge ; ami to put up ; réfugiés to take in ; évadé to harbour, take in ◆ **les sinistrés ont été hébergés chez des voisins** the victims were taken in ou given shelter by neighbours ◆ **pouvez-vous nous héberger ?** can you put us up ?, can you accommodate us ?

hébertisme [ebɛʀtism] nm *method of physical education based on outdoor exercise*

hébété, e [ebete] → SYN (ptp de **hébéter**) adj a (étourdi) regard, air, personne dazed ◆ **être hébété de fatigue / de douleur** to be numbed with fatigue / pain ◆ **hébété par l'alcool** stupefied by ou besotted (Brit) with drink
b (* : stupide) regard, air dumb*, vacant

hébétement [ebɛtmɑ̃] nm stupor

hébéter [ebete] → SYN ▸ conjug 6 ◂ vt [alcool] to besot (Brit), stupefy ; [lecture, télévision] to daze, numb ; [fatigue, douleur] to numb

hébétude [ebetyd] → SYN nf (littér) stupor ; (Méd) hebetude

hébraïque [ebʀaik] → SYN adj Hebrew (épith), Hebraic

hébraïsant, e [ebʀaizɑ̃, ɑ̃t] 1 adj Hebraistic(al)
2 nm,f Hebraist, Hebrew scholar

hébraïser [ebʀaize] ▸ conjug 1 ◂ vt to assimilate into Jewish culture

hébraïsme [ebʀaism] nm Hebraism

hébraïste [ebʀaist] nmf ⇒ **hébraïsant**

hébreu, pl **hébreux** [ebʀø] 1 adj m Hebrew
2 nm (Ling) Hebrew ◆ **pour moi, c'est de l'hébreu*** it's all Greek ou double Dutch (Brit) to me !*
3 nm ◆ **Hébreu** Hebrew

Hébrides [ebʀid] nfpl ◆ **les (îles) Hébrides** the Hebrides

HEC ['aʃese] nf (abrév de (**école des) Hautes études commerciales**) *top French business college*

Hécate ['ekat] nf Hecate

hécatombe [ekatɔ̃b] → SYN nf (tuerie) slaughter, hecatomb ; (fig : à un examen etc) (wholesale) slaughter ou massacre ◆ **faire une hécatombe de** to slaughter

hectare [ɛktaʀ] nm hectare

hectique [ɛktik] adj (Méd) hectic

hecto [ɛkto] nm abrév de **hectogramme hectolitre**

hecto... [ɛkto] préf hecto...

hectogramme [ɛktɔgʀam] nm hectogram(me)

hectolitre [ɛktɔlitʀ] nm hectolitre ◆ **3 millions d'hectolitres** 300 million litres

hectomètre [ɛktɔmɛtʀ] nm hectometre

hectométrique [ɛktɔmetʀik] adj hectometre (épith)

hectopascal [ɛktopaskal] nm millibar

Hector ['ɛktɔʀ] nm Hector

hectowatt [ɛktɔwat] nm hectowatt, 100 watts (pl)

Hécube ['ekyb] nf Hecuba

hédonisme [edɔnism] → SYN nm hedonism

hédoniste [edɔnist] 1 adj hedonist(ic)
2 nmf hedonist

hédonistique [edɔnistik] adj ⇒ **hédoniste**

hégélianisme [egeljanism] nm Hegelianism

hégélien, -ienne [egeljɛ̃, jɛn] adj, nm,f Hegelian

hégémonie [eʒemɔni] → SYN nf hegemony

hégémonique [eʒemɔnik] adj hegemonic

hégire [eʒiʀ] nf ◆ **l'hégire** the Hegira

hein* ['ɛ̃, hɛ̃] excl (de surprise, pour faire répéter) eh ?*, what ? ◆ **qu'est-ce que tu feras, hein ?** what are you going to do (then), eh ?* ◆ **ça suffit, hein !** that's enough, O.K. ?* ou all right ?* ◆ **hein que je te l'ai dit ?** didn't I tell you so ?, I told you so, didn't I ? ◆ **arrête hein !** stop it will you !

hélas [elɑs] excl alas ◆ **hélas non !** I'm afraid not !, unfortunately not ◆ **hélas oui !** I'm afraid so !, yes unfortunately ◆ **hélas, trois fois hélas !** alas, what a shame ! ◆ **mais hélas, ils n'ont pas pu en profiter** but unfortunately ou sadly they were not able to reap the benefits of it

Hélène [elɛn] nf Helen, Helena, Ellen ◆ **Hélène de Troie** Helen of Troy

hélépole [elepɔl] nf helepole

héler [ˈele] ⇒ SYN ▸conjug 6◂ vt navire, taxi to hail; personne to call, hail

hélianthe [eljɑ̃t] nm helianthus, sunflower

hélianthème [eljɑ̃tɛm] nm rockrose, sunrose, helianthemum (spéc)

hélianthine [eljɑ̃tin] nf (Chim) helianthine, methyl orange

héliaque [eljak] adj heliacal

héliaste [eljast] nm heliast

hélice [elis] nf (Tech) propeller, screw(-propeller); (Archit, Géom) helix ◆ **escalier en hélice** spiral staircase ◆ **hélice double** double helix

héliciculteur, -trice [elisikyltœʀ, tʀis] nm,f snail farmer

héliciculture [elisikyltyʀ] nf snail farming

hélico* [eliko] nm (abrév de **hélicoptère**) whirlybird*, chopper*, copter*

hélicoïdal, e, mpl **-aux** [elikɔidal, o] adj (gén) helical; (Bot, Math) helicoid

hélicoïde [elikɔid] adj, nm helicoid

hélicon [elikɔ̃] nm helicon

hélicoptère [elikɔptɛʀ] ⇒ SYN nm helicopter ◆ **transporter en hélicoptère** to transport by helicopter, helicopter ◆ **amener / évacuer par hélicoptère** to take in / out by helicopter, helicopter in / out ◆ **plateforme pour hélicoptères** helipad

héligare [eligaʀ] nf heliport

hélio* [eljo] nf abrév de **héliogravure**

héliocentrique [eljɔsɑ̃tʀik] adj heliocentric

héliocentrisme [eljɔsɑ̃tʀism] nm heliocentricism

héliographe [eljɔgʀaf] nm heliograph

héliographie [eljɔgʀafi] nf (Astron, Typ) heliography

héliograveur, -euse [eljogʀavœʀ, øz] nm,f photogravure ou heliogravure worker

héliogravure [eljogʀavyʀ] nf photogravure, heliogravure†

héliomarin, e [eljomaʀɛ̃, in] adj cure of sun and sea-air ◆ **établissement héliomarin** seaside sanatorium specializing in heliotherapy

héliomètre [eljɔmɛtʀ] nm heliometer

hélion [eljɔ̃] nm helium nucleus

héliostat [eljɔsta] nm heliostat

héliothérapie [eljoteʀapi] nf heliotherapy

héliotrope [eljɔtʀɔp] nm (Bot, Minér) heliotrope

héliotropine [eljɔtʀɔpin] nf heliotropin

héliport [elipɔʀ] nm heliport

héliportage [elipɔʀtaʒ] nm helicopter transport

héliporté, e [elipɔʀte] adj transported by helicopter

hélistation [elistasjɔ̃] nf helipad

hélitreuillage [elitʀœjaʒ] nm winching up into a helicopter

hélitreuiller [elitʀœje] ▸conjug 1◂ vt to winch up into a helicopter

hélium [eljɔm] nm helium

hélix [eliks] nm (Anat, Zool) helix

hellébore [elebɔʀ] nm ⇒ **ellébore**

hellène [elɛn] 1 adj Hellenic
2 nmf ◆ **Hellène** Hellene

hellénique [elenik] adj Hellenic ◆ **la République hellénique** the Hellenic Republic

hellénisant, e [elenizɑ̃, ɑ̃t] adj, nm,f ◆ **(juif) hellénisant** hellenistic Jew ◆ **(savant) hellénisant** hellenist, Hellenic scholar

hellénisation [elenizasjɔ̃] nf hellenization

helléniser [elenize] ▸conjug 1◂ vt to hellenize

hellénisme [elenism] nm hellenism

helléniste [elenist] nmf ⇒ **hellénisant**

hellénistique [elenistik] adj Hellenistic

hello* [ˈɛllo] excl hello, hullo

helminthe [ɛlmɛ̃t] nm helminth

helminthiase [ɛlmɛ̃tjɑz] nf helminthiasis

helminthique [ɛlmɛ̃tik] adj helminthic

helminthologie [ɛlmɛ̃tɔlɔʒi] nf helminthology

hélodée [elɔde] nf ⇒ **élodée**

Helsinki [ɛlzinki] n Helsinki

helvelle [ɛlvɛl] nf helvella

helvète [ɛlvɛt] 1 adj Helvetian
2 nmf ◆ **Helvète** Helvetian

Helvétie [ɛlvesi] nf Helvetia

helvétique [ɛlvetik] adj Swiss, Helvetian *(rare)*

helvétisme [ɛlvetism] nm (Ling) Swiss idiom

hem [ˈɛm, hɛm] excl (gén) hem!, h'm!; (pour appeler) hey!

hémarthrose [emaʀtʀoz] nf haemarthrosis (Brit), hemarthrosis (US)

hématémèse [ematemɛz] nf haematemesis (Brit), hematemesis (US)

hématie [emasi] nf red (blood) corpuscle

hématine [ematin] nf haematin (Brit), hematin (US)

hématique [ematik] adj haematic (Brit), hematic (US)

hématite [ematit] nf h(a)ematite

hématocrite [ematokʀit] nm a (centrifugeuse) haematocrit (Brit), hematocrit (US)
b (examen) haematocrit (Brit), hematocrit (US), packed cell volume

hématologie [ematɔlɔʒi] nf haematology (Brit), hematology (US)

hématologique [ematɔlɔʒik] adj haematological (Brit), hematological (US)

hématologiste [ematɔlɔʒist], **hématologue** [ematɔlɔg] nmf haematologist (Brit), hematologist (US)

hématome [ematom] ⇒ SYN nm bruise, haematoma (Brit) (spéc), hematoma (US) (spéc)

hématopoïèse [ematopɔjɛz] nf hæmatopoiesis, hæmatosis, hæmatogenesis

hématopoïétique [ematopɔjetik] adj haematopoietic (Brit), hematopoietic (US)

hématose [ematoz] nf haematosis (Brit), hematosis (US)

hématurie [ematyʀi] nf haematuria (Brit), hematuria (US)

hème [ɛm] nm haem (Brit), heme (US)

héméralope [emeʀalɔp] 1 adj night-blind, nyctalopic (spéc)
2 nmf person suffering from night-blindness ou nyctalopia (spéc)

héméralopie [emeʀalɔpi] nf night-blindness, nyctalopia (spéc)

hémérocalle [emeʀɔkal] nf hemerocallis

hémicrânie [emikʀɑni] nf hemicrania

hémicycle [emisikl] ⇒ SYN nm semicircle, hemicycle; (salle) amphitheatre; (assemblée) (parliamentary) assembly ◆ **l'hémicycle (de l'Assemblée nationale)** the benches of the French National Assembly, ≃ the benches of the Commons (Brit) ou House of Representatives (US)

hémièdre [emiɛdʀ] adj hemihedral

hémiédrie [emiedʀi] nf hemihedrism, hemihedry

hémiédrique [emiedʀik] adj ⇒ **hémièdre**

hémine [emin] nf (Méd) haemin (Brit), hemin (US)

hémione [emjɔn] nm kiang

hémiplégie [emipleʒi] ⇒ SYN nf paralysis of one side, hemiplegia (spéc)

hémiplégique [emipleʒik] 1 adj paralyzed on one side, hemiplegic (spéc)
2 nmf person paralyzed on one side, hemiplegic (spéc)

hémiptères [emiptɛʀ] nmpl ◆ **les hémiptères** hemipteroid insects, the Hemiptera (spéc)

hémisphère [emisfɛʀ] ⇒ SYN nm (gén) hemisphere ◆ **hémisphère sud / nord** southern / northern hemisphere ◆ (Anat) **hémisphères cérébraux** cerebral hemispheres

hémisphérique [emisfeʀik] adj hemispheric(al)

hémistiche [emistiʃ] ⇒ SYN nm hemistich

hémitropie [emitʀɔpi] nf hemitropism

hémochromatose [emokʀomatoz] nf haemochromatosis (Brit), hemochromatosis (US)

hémoculture [emokyltyʀ] nf haemoculture (Brit), hemoculture (US)

hémocyanine [emosjanin] nf haemocyanin (Brit), hemocyanin (US)

hémodialyse [emodjaliz] nf haemodialysis (Brit), hemodialysis (US)

hémodynamique [emodinamik] adj haemodynamic (Brit), hemodynamic (US)

hémoglobine [emɔglɔbin] nf haemoglobin (Brit), hemoglobin (US) ◆ **dans ce film, l'hémoglobine coule à flots*** this film is full of blood and gore

hémoglobinopathie [emɔglɔbinɔpati] nf haemoglobinopathy (Brit), hemoglobinopathy (US)

hémogramme [emɔgʀam] nm haemogram (Brit), hemogram (US)

hémolymphe [emolɛ̃f] nf haemolymph (Brit), hemolymph (US)

hémolyse [emɔliz] nf haemolysis (Brit), hemolysis (US)

hémolysine [emɔlizin] nf haemolysin (Brit), hemolysin (US)

hémolytique [emɔlitik] adj haemolytic (Brit), hemolytic (US)

hémopathie [emɔpati] nf haemopathy (Brit), hemopathy (US)

hémophile [emɔfil] 1 adj haemophilic (Brit), hemophilic (US)
2 nmf haemophiliac (Brit), hemophiliac (US)

hémophilie [emɔfili] nf haemophilia (Brit), hemophilia (US)

hémoptysie [emɔptizi] nf haemoptysis (Brit), hemoptysis (US)

hémorragie [emɔʀaʒi] ⇒ SYN nf bleeding (NonC), haemorrhage (Brit), hemorrhage (US) ◆ **hémorragie cérébrale** cerebral haemorrhage ◆ **hémorragie interne** internal bleeding (NonC) ou haemorrhage ◆ (fig) **l'hémorragie due à la guerre** the dramatic loss of manpower through war, the sapping of a country's resources through war ◆ (fig) **hémorragie de capitaux** massive outflow ou drain of capital ◆ (fig) **l'hémorragie de cadres / main-d'œuvre** mass exodus of executives / labour ou manpower

hémorragique [emɔʀaʒik] adj haemorrhagic (Brit), hemorrhagic (US)

hémorroïdaire [emɔʀɔidɛʀ] adj malade with haemorrhoids (Brit) ou hemorrhoids (US) ◆ **remède hémorroïdaire** ointment etc for haemorrhoids

hémorroïdal, e, mpl **-aux** [emɔʀɔidal, o] adj haemorrhoidal (Brit), hemorrhoidal (US)

hémorroïde [emɔʀɔid] nf (gén pl) haemorrhoid (Brit), hemorrhoid (US), pile ◆ **avoir des hémorroïdes** to have haemorrhoids ou piles

hémostase [emɔstɑz] nf haemostasis (Brit), hemostasis (US)

hémostatique [emɔstatik] adj, nm haemostatic (Brit), hemostatic (US) → **crayon**

hendécagone [ɛ̃dekagɔn] (Géom) 1 adj hendecagonal
2 nm hendecagon

hendécasyllabe [ɛ̃dekasi(l)lab] 1 adj hendecasyllabic
2 nm hendecasyllable

hendiadyin [ɛ̃djadin], **hendiadys** [ɛ̃djadis] nm hendiadys

henné [ˈene] nm henna ◆ **se faire un henné** to henna one's hair

hennin [ˈenɛ̃] nm (Hist: bonnet) hennin

hennir [ˈeniʀ] ▸conjug 2◂ vi to neigh, whinny; (fig péj) to bray

hennissant, e [ˈenisɑ̃, ɑ̃t] adj cheval neighing (épith), whinnying (épith); (fig péj) braying (épith)

hennissement [ˈenismɑ̃] nm neigh, whinny; (fig péj) braying (NonC)

Henri [ɑ̃ʀi] nm Henry

henry [ɑ̃ʀi] nm henry

hep ['ɛp, hɛp] excl hey!

héparine [epaʀin] nf heparin

hépatalgie [epatalʒi] nf hepatalgia

hépatique [epatik] 1 adj (Méd) hepatic
2 nmf person suffering from a liver complaint
3 nf (Bot) liverwort, hepatic (spéc) ◆ **les hépatiques** the Hepaticae (spéc)

hépatisation [epatizasjɔ̃] nf hepatization

hépatisme [epatism] nm hepatic symptoms

hépatite [epatit] nf hepatitis ◆ **hépatite virale** viral hepatitis

hépatocèle [epatɔsɛl] nf hepatocele

hépatocyte [epatɔsit] nm hepatocyte

hépatologie [epatɔlɔʒi] nf hepatology

hépatomégalie [epatomegali] nf hepatomegaly

Héphaïstos [efaistos] nm Hephaestus, Hephaistos

heptaèdre [ɛptaɛdʀ(ə)] nm heptahedron

heptaédrique [ɛptaedʀik] adj heptahedral

heptagonal, e, mpl **-aux** [ɛptagɔnal, o] adj heptagonal

heptagone [ɛptagɔn] nm heptagon

heptamètre [ɛptamɛtʀ] 1 adj heptametrical
2 nm heptameter

heptane [ɛptan] nm heptane

heptarchie [ɛptaʀʃi] nf heptarchy

heptasyllabe [ɛptasi(l)lab] 1 adj heptasyllabic
2 nm heptasyllable

heptathlon [ɛptatlɔ̃] nm heptathlon

Héra [eʀa] nf Hera

Héraclite [eʀaklit] nm Heraclitus

héraldique [eʀaldik] 1 adj heraldic
2 nf heraldry

héraldiste [eʀaldist] nmf heraldist, expert on heraldry

héraut ['eʀo] → SYN nm a (Hist) **héraut (d'armes)** herald
b (fig littér) herald, harbinger (littér)

herbacé, e [ɛʀbase] adj herbaceous

herbage [ɛʀbaʒ] → SYN nm (herbe) pasture, pasturage; (pré) pasture

herbagement [ɛʀbaʒ(ə)mɑ̃] nm [bétail] putting out to graze

herbager¹ [ɛʀbaʒe] ▸conjug 3◂ vt to put out to graze

herbager², -ère [ɛʀbaʒe, ɛʀ] 1 adj pastoral
2 nm,f grazier

herbe [ɛʀb] → SYN nf a (plante) grass (NonC); (Bot: espèce) grass; (arg Drogue) grass (arg), pot (arg) ◆ **dans les hautes herbes** in the long ou tall grass ◆ **la moitié de leurs terres est en herbe** half their estate is under grass ◆ **arracher une herbe** to pull up a blade of grass ◆ **herbes folles** wild grasses ◆ **jardin envahi par les herbes** weed-infested garden, garden overrun with weeds ◆ **herbe-aux-chats** catmint, catnip ◆ **faire de l'herbe pour les lapins** to cut grass for rabbits → **déjeuner, mauvais** etc
b (Culin, Méd) herb ◆ **herbes médicinales / aromatiques / potagères** medicinal / aromatic / pot herbs ◆ **herbes de Provence** herbes de Provence ◆ **herbe aux chantres** sisymbrium, hedge mustard → **fin¹, omelette**
c LOC **en herbe** blé green, unripe; (fig) avocat, mécanicien budding (épith) ◆ **ce gamin est un avocat / un mécanicien en herbe** this boy is a budding lawyer / mechanic ou has the makings of a lawyer / mechanic ◆ **couper** ou **faucher l'herbe sous les pieds de qn** to cut the ground from under sb's feet → **manger**

herbeux, -euse [ɛʀbø, øz] → SYN adj grassy

herbicide [ɛʀbisid] 1 adj herbicidal
2 nm weed-killer, herbicide

herbier [ɛʀbje] nm (collection, planches) herbarium; (banc d'herbes ou d'algues) underwater plant community

herbivore [ɛʀbivɔʀ] → SYN 1 adj herbivorous
2 nm herbivore

herborisation [ɛʀbɔʀizasjɔ̃] nf (action) collection of plants

herboriser [ɛʀbɔʀize] ▸conjug 1◂ vi to collect plants, botanize

herboriste [ɛʀbɔʀist] nmf herbalist

herboristerie [ɛʀbɔʀistəʀi] nf (commerce) herb trade; (magasin) herbalist('s shop)

herbu, e¹ [ɛʀby] adj grassy

herbue² [ɛʀby] nf (Agr) grazing land

herchage ['ɛʀʃaʒ] nm (Mines) hauling

hercher ['ɛʀʃe] ▸conjug 1◂ vi (Mines) to haul

hercheur, -euse ['ɛʀʃœʀ, øz] nm,f (Mines) hauler

Hercule [ɛʀkyl] nm (Myth) Hercules ◆ (fig) **c'est un hercule** he's a real Hercules ◆ **hercule de foire** strong man

herculéen, -enne [ɛʀkyleɛ̃, ɛn] adj Herculean

hercynien, -ienne [ɛʀsinjɛ̃, jɛn] adj Armorican, Hercynian

herd-book, pl **herd-books** ['œʀdbuk] nm herdbook

hère¹ ['ɛʀ] → SYN nm ◆ **pauvre hère** poor ou miserable wretch

hère² ['ɛʀ] nm (Zool) young stag

héréditaire [eʀeditɛʀ] → SYN adj hereditary ◆ (hum) **c'est héréditaire dans la famille** it runs in the family

héréditairement [eʀeditɛʀmɑ̃] adv hereditarily

hérédité [eʀedite] → SYN nf a (Bio) heredity (NonC) ◆ **il a une lourde hérédité, il a une hérédité chargée** his family has a history of mental (ou physical) illness ◆ (fig: culturelle etc) **une hérédité catholique / royaliste** a Catholic / Royalist heritage
b (Jur) (droit) right of inheritance; (caractère héréditaire) hereditary nature

hérésiarque [eʀezjaʀk] nm heresiarch

hérésie [eʀezi] → SYN nf (Rel) heresy; (fig) sacrilege, heresy ◆ (hum) **servir du vin rouge avec le poisson est une véritable hérésie!** it's absolute sacrilege to serve red wine with fish!

hérétique [eʀetik] → SYN 1 adj heretical
2 nmf heretic

hérissé, e ['eʀise] → SYN (ptp de **hérisser**) adj a (dressé) poils, cheveux standing on end, bristling; barbe bristly
b (garni) **tête hérissée de cheveux roux** head bristling with red hair ◆ **hérissé de poils** bristling with hairs ◆ **hérissé d'épines / de clous** spiked with thorns / nails ◆ **hérissé d'obstacles / de fusils** bristling with obstacles / rifles
c (garni de pointes) cactus, tige prickly

hérisser ['eʀise] → SYN ▸conjug 1◂ 1 vt a [animal] **le chat hérisse ses poils** the cat bristles its coat ou makes its coat bristle ◆ **le porc-épic hérisse ses piquants** the porcupine bristles its spines ou makes its spines bristle ◆ **l'oiseau hérisse ses plumes** the bird ruffles its feathers
b [vent, froid] **le vent hérisse ses cheveux** the wind makes his hair stand on end
c (armer) **hérisser une planche de clous** to spike a plank with nails ◆ **hérisser une muraille de créneaux** to top ou crown a wall with battlements ◆ **hérisser un mur** to roughcast a wall ◆ **il avait hérissé la dictée de pièges** he had put a good sprinkling of tricky points into the dictation
d (garnir) **des clous hérissent la planche** the plank is spiked with nails ◆ **les créneaux qui hérissent la muraille** the battlements crowning the wall ◆ **de nombreuses difficultés hérissent le texte** numerous difficulties are scattered through the text
e (mettre en colère) **hérisser qn** to put ou get sb's back up*, ruffle sb's feathers ◆ **faites attention de ne pas le hérisser** be careful not to put his back up* ou to ruffle his feathers ◆ **il y a une chose qui me hérisse, c'est le mensonge** there's one thing that gets my back up* ou that makes me bristle and that's lying
2 **se hérisser** vpr a [poils, cheveux] to stand on end, bristle
b [animal] to bristle ◆ **le chat se hérissa** the cat's fur stood on end ou bristled, the cat bristled
c (se fâcher) to bristle, get one's back up*

hérisson ['eʀisɔ̃] → SYN nm a (Zool) hedgehog ◆ **hérisson de mer** sea urchin ou hedgehog
b (fig: mal coiffé) **c'est un vrai hérisson** his hair sticks out all over the place
c (Tech) (brosse) (chimney sweep's) brush; (égouttoir) draining rack *(for bottles)*
d (Constr) foundation block
e (Mil) **tactique des hérissons** hedgehog

hérissonne ['eʀisɔn] nf a (hérisson femelle) female hedgehog
b (chenille) hairy caterpillar

hérissonner ['eʀisɔne] ▸conjug 1◂ vt mur to roughcast

héritabilité [eʀitabilite] nf heritability

héritage [eʀitaʒ] → SYN nm a (action) inheritance
b (argent, biens) inheritance, legacy; (coutumes, système) heritage, legacy ◆ **faire un héritage** to come into an inheritance ◆ **laisser qch en héritage à qn** to leave sth to sb, bequeath sth to sb ◆ **obtenir une maison par héritage** to inherit a house ◆ (péj) **tante / oncle à héritage** wealthy ou rich aunt / uncle ◆ (fig) **l'héritage du passé** the heritage ou legacy of the past

hériter [eʀite] → SYN ▸conjug 1◂ vti ◆ **hériter (de) qch de qn** to inherit sth from sb ◆ **hériter de son oncle** to inherit ou come into one's uncle's property ◆ **hériter d'une maison** to inherit a house ◆ **hériter d'une fortune** to come into ou inherit a fortune ◆ **qui hériterait?** who would benefit from the will?, who would inherit? ◆ **impatient d'hériter** eager to come into ou to gain his inheritance ◆ **il a hérité d'un vieux chapeau*** he has fallen heir to ou he has inherited an old hat ◆ **il a hérité d'un rhume*** he's picked up a cold ◆ **elle a hérité des qualités de son père*** she inherited her father's qualities

héritier [eʀitje] → SYN nm heir ◆ **héritier naturel** heir-at-law ◆ **héritier testamentaire** legatee ◆ **héritier légitime** legitimate heir ◆ **il est l'héritier d'une grande fortune** he is heir to a large fortune ◆ (hum) **elle lui a donné un héritier** she produced him an heir ou a son and heir ◆ **héritier présomptif de la couronne** heir apparent (to the throne)

héritière [eʀitjɛʀ] nf heiress

hermaphrodisme [ɛʀmafʀɔdism] nm hermaphroditism

hermaphrodite [ɛʀmafʀɔdit] → SYN 1 adj hermaphrodite, hermaphroditic(al)
2 nm hermaphrodite

herméneutique [ɛʀmenøtik] → SYN 1 adj hermeneutic
2 nf hermeneutics (sg)

Hermès [ɛʀmɛs] nm Hermes

hermès [ɛʀmɛs] nm (Art) Hermes ◆ **buste en hermès** herm

hermétique [ɛʀmetik] → SYN 1 adj a (étanche) boîte, joint airtight, watertight, hermetic ◆ **cela assure une fermeture hermétique de la porte** this makes sure that the door closes tightly ou that the door is a tight fit
b (fig: impénétrable) barrage, secret impenetrable; mystère impenetrable ◆ **visage hermétique** closed ou impenetrable expression ◆ **être hermétique à** to be impervious to
c (obscur) écrivain, livre abstruse, obscure ◆ (Littérat) **poésie / poète hermétique** hermetic poetry / poet
d (Alchimie) hermetic
2 nf hermetism, hermetics (sg)

hermétiquement [ɛʀmetikmɑ̃] → SYN adv fermer, joindre tightly, hermetically; (fig) s'exprimer abstrusely, obscurely ◆ **joint hermétiquement soudé** hermetically soldered joint ◆ **emballage hermétiquement fermé** hermetically sealed package ◆ **local hermétiquement clos** sealed(-up) premises ◆ **secret hermétiquement gardé** closely guarded secret

hermétisme [ɛʀmetism] → SYN nm (péj: obscurité) abstruseness, obscurity; (Alchimie, Littérat) hermetism

hermétiste [ɛʀmetist] nmf hermetist

hermine [ɛʀmin] → SYN nf a (Zool) (brune) stoat; (blanche) ermine b (fourrure, Hér) ermine

herminette [ɛʀminɛt] nf adze

Hermione [ɛʀmjɔn] nf Hermione

herniaire [ˈɛʀnjɛʀ] adj hernial → **bandage**

hernie [ˈɛʀni] → SYN nf (Méd) hernia, rupture; [pneu] bulge ◆ **hernie discale** slipped disc ◆ **hernie étranglée** strangulated hernia ◆ **hernie hiatale** hiatus hernia

hernié, e [ˈɛʀnje] adj organe herniated

héro* [eʀo] nf abrév de **héroïne²**

Hérode [eʀɔd] nm Herod → **vieux**

Hérodiade [eʀɔdjad] nf Herodias

Hérodote [eʀɔdɔt] nm Herodotus

héroïcomique [eʀɔikɔmik] adj mock-heroic

héroïne¹ [eʀɔin] → SYN nf (femme) heroine

héroïne² [eʀɔin] → SYN nf (drogue) heroin

héroïnomane [eʀɔinɔman] 1 adj addicted to heroin, heroin-addicted (épith) 2 nmf heroin addict

héroïnomanie [eʀɔinɔmani] nf heroin addiction

héroïque [eʀɔik] → SYN adj heroic ◆ **l'époque héroïque** the pioneering days ◆ **les temps héroïques** the heroic age

héroïquement [eʀɔikmɑ̃] adv heroically

héroïsme [eʀɔism] → SYN nm heroism ◆ **boire ces médicaments si mauvais, c'est de l'héroïsme !*** taking such nasty medicines is nothing short of heroic! ou is nothing short of heroism!

héron [ˈeʀɔ̃] → SYN nm heron ◆ **héron cendré** grey heron

héronneau, pl **héronneaux** [ˈeʀɔno] nm baby heron

héronnière [ˈeʀɔnjɛʀ] nf (lieu de nidification) heron's nesting place

héros [ˈeʀo] → SYN nm hero ◆ **mourir en héros** to die the death of a hero ou a hero's death ◆ **héros national** national hero ◆ **héros de la Résistance** hero of the (French) Resistance ◆ **le héros du jour** the hero of the day

herpès [ɛʀpɛs] nm (gén) herpes; (autour de la bouche) cold sore ◆ **herpès génital** genital herpes

herpétique [ɛʀpetik] adj herpetic

herpétologie [ɛʀpetɔlɔʒi] nf ⇒ **erpétologie**

hersage [ˈɛʀsaʒ] nm (Agr) harrowing

herse [ˈɛʀs] → SYN nf (Agr) harrow; [château] portcullis; (Théât) batten; (Rel) hearse

herser [ˈɛʀse] → SYN ▸ conjug 1 ◂ vt (Agr) to harrow

herseur, -euse [ˈɛʀsœʀ, øz] 1 adj ◆ **rouleau herseur** disc harrow 2 nm,f harrower 3 **herseuse** nf (machine) (mechanical) harrow

hertz [ɛʀts] nm hertz

hertzien, -ienne [ɛʀtsjɛ̃, jɛn] adj Hertzian

hésitant, e [ezitɑ̃, ɑ̃t] → SYN adj personne, début hesitant; caractère wavering, hesitant; voix, pas hesitant, faltering

hésitation [ezitasjɔ̃] → SYN nf hesitation ◆ **marquer une hésitation** ou **un temps d'hésitation** to hesitate ◆ **sans hésitation** without hesitation, unhesitatingly ◆ **j'accepte sans hésitation** I accept without hesitation ou unhesitatingly ◆ **après bien des hésitations** after much hesitation ◆ **il eut un moment d'hésitation et répondit ...** he hesitated for a moment and replied ..., after a moment's hesitation he replied ... ◆ **je n'ai plus d'hésitations** I shall hesitate no longer ◆ **ses hésitations continuelles** his continual hesitations ou dithering

hésiter [ezite] → SYN ▸ conjug 1 ◂ GRAMMAIRE ACTIVE 9.2 vi a (balancer) to hesitate ◆ **tu y vas ? – j'hésite** are you going? – I'm not sure ou I'm in two minds ◆ **il n'y a pas à hésiter** there are no two ways about it ◆ **sans hésiter** without hesitating, unhesitatingly ◆ **hésiter à faire** to hesitate to do, be unsure whether to do ◆ **j'hésite à vous déranger** I don't like to disturb you, I hesitate to disturb you ◆ **il hésitait sur la route à prendre** he hesitated as to which road to take, he dithered over which road to take* (Brit) ◆ **hésiter sur une date** to hesitate over a date ◆ **hésiter entre plusieurs possibilités** to waver between several possibilities b (s'arrêter) to hesitate ◆ **hésiter dans ses réponses** to be hesitant in one's replies ◆ **hésiter en récitant sa leçon** to falter in reciting one's lesson, recite one's lesson falteringly ou hesitantly ◆ **hésiter devant l'obstacle** to falter ou hesitate before an obstacle

Hespérides [ɛspeʀid] nfpl ◆ **les Hespérides** the Hesperides

Hestia [ɛstja] nf Hestia

hétaïre [etaiʀ] → SYN nf (prostituée) courtesan; (Antiq) hetaera

hétéro* [eteʀo] adj, nmf (abrév de **hétérosexuel**) hetero* (épith), straight*

hétérocerque [eteʀɔsɛʀk] adj heterocercal

hétérochromosome [eteʀokʀomozom] nm sex chromosome, heterochromosome

hétéroclite [eteʀɔklit] → SYN adj (disparate) ensemble, roman, bâtiment heterogeneous; objets sundry, assorted; (bizarre) personne eccentric ◆ **pièce meublée de façon hétéroclite** room filled with an ill-assorted collection of furniture

hétérocycle [eteʀɔsikl] nm heterocycle

hétérocyclique [eteʀɔsiklik] adj heterocyclic

hétérodoxe [eteʀɔdɔks] → SYN 1 adj heterodox 2 nmf heterodox person

hétérodoxie [eteʀɔdɔksi] nf heterodoxy

hétérodyne [eteʀɔdin] 1 adj heterodyne 2 nf heterodyne oscillator

hétérogamie [eteʀɔgami] nf heterogamy

hétérogène [eteʀɔʒɛn] → SYN adj heterogeneous ◆ **c'est un groupe hétérogène** it's a very mixed group

hétérogénéité [eteʀɔʒeneite] → SYN nf heterogeneousness

hétérogreffe [eteʀogʀɛf] nf [organe] heterotransplant; [tissu] heterograft

hétéromorphe [eteʀɔmɔʀf] adj heteromorphic

hétéromorphisme [eteʀɔmɔʀfism] nm heteromorphism

hétéronome [eteʀɔnɔm] adj heteronomous

hétéronomie [eteʀɔnɔmi] nf heteronomy

hétéroplastie [eteʀɔplasti] nf heteroplasty

hétéroplastique [eteʀɔplastik] adj heteroplastic

hétéroprotéine [eteʀopʀotein] nf conjugate(d) protein

hétéroptères [eteʀɔptɛʀ] nmpl ◆ **les hétéroptères** true bugs, the Heteroptera (spéc)

hétérosexualité [eteʀosɛksɥalite] nf heterosexuality

hétérosexuel, -elle [eteʀosɛksɥɛl] adj, nm,f heterosexual

hétéroside [eteʀozid] nm heteroside

hétérotrophe [eteʀɔtʀɔf] 1 adj heterotrophic 2 nm heterotroph

hétérozygote [eteʀozigɔt] 1 adj heterozygous 2 nmf heterozygote

hetman [ɛtmɑ̃, ɛtman] nm hetman

hêtraie [ˈɛtʀɛ] nf beech grove

hêtre [ˈɛtʀ] → SYN nm (arbre) beech (tree); (bois) beech (wood)

heu [ˈø] excl (doute) h'm!, hem!; (hésitation) um!, er!

heur†† [œʀ] nm good fortune ◆ (littér, iro) **je n'ai pas eu l'heur de lui plaire** I did not have the good fortune to please him, I was not fortunate enough to please him

heure [œʀ] → SYN nf

a (mesure de durée) hour ◆ **l'heure tourne** time passes ◆ **les heures passaient vite / lentement** the hours went by quickly / slowly ◆ (Scol) **heure (de cours)** period, class ◆ **j'ai attendu une bonne heure / une petite heure** I waited (for) a good hour / just under an hour ◆ **j'ai attendu 2 heures d'horloge*** I waited 2 solid hours* ◆ **il a parlé des heures** he spoke for hours ◆ (Scol) **heure de libre** free period ◆ (Scol) **j'ai deux heures de français aujourd'hui** I've two periods of French today ◆ **pendant les heures de classe / de bureau** during school / office ou business hours ◆ (Admin) **heures de réception de 14 à 16 heures** consultations between 2 and 4 p.m. ◆ (Scol) **quelles sont vos heures de réception ?** when are you available to see parents? ◆ **gagner / coûter 80 F (de) l'heure** to earn / cost 80 francs an hour ou per hour ◆ (Aut) **faire du 100 (km) à l'heure** to do 60 miles ou 100 km an hour ou per hour ◆ **1 heure / 3 heures de travail** 1 hour's / 3 hours' work ◆ **cela représente 400 heures de travail** it represents 400 man-hours ou 400 hours of work ◆ **faire beaucoup d'heures** to put in long hours ◆ **lutter pour la semaine de 30 heures (de travail)** to fight for a 30-hour (working) week ◆ **faire des / 10 heures supplémentaires** to work ou do overtime / 10 hours' overtime ◆ **les heures supplémentaires sont bien payées** you get well paid for (doing) overtime, overtime hours are well-paid ◆ **fait dans les 24 heures** done within 24 hours

b (divisions de la journée) **savoir l'heure** to know what time it is, know the time ◆ **avez-vous l'heure ?** have you got the time? ◆ **quelle heure avez-vous ?** what time do you make it? ◆ **il est 6 heures / 6 heures 10 / 6 heures moins 10 / 6 heures et demie** it is 6 (o'clock) / 10 past 6 / 10 to 6 / half past 6 ◆ **10 heures du matin / du soir** 10 (o'clock) in the morning / at night, 10 a.m. / p.m. ◆ (frm) **à 16 heures 30** at 4.30 p.m., at 16.30 (frm) ◆ **il est 8 heures passées** ou **sonnées** it's gone 8 ◆ **il était 18 heures heure de Paris** it was 6 o'clock Paris time ◆ **à 4 heures pile** ou **sonnant(es)** ou **tapant(es)*** ou **pétant(es)*** at exactly 4 (o'clock), at dead on 4 (o'clock)* (Brit), at 4 (o'clock) on the dot* ◆ **à 4 heures juste(s)** at 4 sharp ◆ **les bus passent à l'heure** the buses come on the hour ◆ **à une heure avancée (de la nuit)** at a late hour (of the night), late on (in the night) ◆ **à une heure indue** at an ou some ungodly hour → **demander**

c (l'heure fixée) time ◆ **c'est l'heure** it's time ◆ **avant l'heure** before time, ahead of time, early ◆ **à l'heure (juste)** (right ou exactly) on time ◆ **après l'heure** late ◆ **venez quand vous voulez, je n'ai pas d'heure** come when you like, I have no fixed timetable ou schedule ou anytime suits me ◆ **heure de Greenwich** Greenwich mean time ◆ **heure légale / locale** standard / local time ◆ **il est midi, heure locale** it's noon, local time ◆ **nous venons de passer à l'heure d'hiver** we have just put the clocks back ◆ **l'heure d'été** daylight saving time, British Summer Time (Brit) ◆ (Can) **l'heure avancée** daylight saving time ◆ **passer à l'heure d'été** to go over ou change to summer time ◆ **l'heure militaire** the right ou exact time ◆ **votre heure sera la mienne** name ou say a time ◆ **être à l'heure** [personne] to be on time ◆ **ma montre / l'horloge est toujours à l'heure** my watch / the clock is always right ou keeps good time ◆ **ma montre n'est pas à l'heure** my watch is wrong ◆ **mettre sa montre à l'heure** to set ou put one's watch right ◆ **l'heure c'est l'heure** on time is on time ◆ **avant l'heure, ce n'est pas l'heure, après l'heure, ce n'est plus l'heure*** a minute late is a minute too late → **remettre**

d (moment) time, moment ◆ **je n'ai pas une heure à moi** I haven't a moment to myself ◆ (frm) **l'heure est venue** ou **a sonné** the time has come ◆ **nous avons passé ensemble des heures heureuses** we spent many happy hours together ◆ **l'heure du déjeuner** lunchtime, time for lunch ◆ **l'heure d'aller se coucher** bedtime, time for bed ◆ **l'heure du biberon** (baby's) feeding time ◆ **à l'heure** ou **aux heures des repas** at mealtime(s) ◆ **à heures fixes** at fixed times ◆ **heure d'affluence** ou **de pointe** (trains, circulation) rush hour, peak hour; (magasin) peak shopping period, busy period ◆ **heure de pointe** (téléphone) peak period ◆ **heures creuses** (gén) slack periods; (pour électricité, téléphone etc) off-peak periods ◆ [magasin] heures d'ouverture / de fermeture opening / closing hours ◆ (Can) heures d'affaires business hours ◆ l'heure de la sortie [écoliers, ouvriers] time to go home ◆ travailler / rester jusqu'à l'heure de la sortie to work / stay until it is time to go home ◆ les problèmes de l'heure the problems of the moment ◆ à l'heure H at zero hour ◆ combattant de la dernière heure final-hour fighter ◆ les combattants de la première heure the first wave of fighters ◆ l'heure est grave it is a grave moment ◆ à l'heure dite at the appointed ou prearranged time ◆ à l'heure du danger at the time of danger ◆ l'heure de vérité / de la mort the moment ou hour of truth / the hour of death ◆ l'heure est à la concertation it is now time for consultation and dialogue, dialogue is now the order of the day ◆ l'heure n'est pas à la rigolade this is no time to be having fun → bon¹, dernier, premier

e (avec adj poss) il est poète / aimable à ses heures he writes poetry / he can be quite pleasant when the fancy takes him ou when the mood is on him ou when he feels like it ◆ ce doit être Paul, c'est son heure it must be Paul – it's his (usual) time ◆ elle a eu son heure de gloire / de célébrité she has had her hour of glory / fame ◆ il aura son heure (de gloire etc) his hour ou time will come ◆ il attend son heure he is biding his time ou waiting for the right moment ◆ son heure viendra / est venue (de mourir) his time will come / has come ◆ sa dernière heure a sonné his (ou her) time has come ou is up

f (mesure de distance) hour ◆ Chartres est à plus d'une heure de Paris Chartres is more than an hour from Paris ou more than an hour's run from Paris ◆ c'est à 2 heures de route it's 2 hours away by road ◆ il y a 2 heures de route / train it's a 2-hour drive / train journey, it takes 2 hours by car / train (to get there)

g (Rel) heures canoniales canonical hours ◆ (Rel) Grandes / Petites Heures night / daylight offices → livre¹

h LOC se coucher à pas d'heure* to go to sleep at an impossible hour ◆ à l'heure qu'il est il doit être arrivé he must have arrived by now ◆ (fig : de nos jours) à l'heure qu'il est ou à cette heure at this moment in time ◆ à toute heure at any time (of the day) ◆ repas chaud à toute heure hot meals all day ◆ à toute heure du jour et de la nuit at every hour of the day and night ◆ 24 heures sur 24 round the clock, 24 hours a day ◆ d'heure en heure with each passing hour, hour by hour ◆ nous l'attendons d'une heure à l'autre we are expecting him any time now ◆ « Paris à l'heure écossaise » "Paris goes Scottish" ◆ la France à l'heure de l'ordinateur France in the computer age ◆ à l'heure du laitier at the crack of dawn, in the early hours ◆ pour l'heure for the time being ◆ (littér) sur l'heure at once ◆ tout à l'heure (passé récent) a short while ago, just now ; (futur proche) in a little while, shortly ◆ (Prov) il n'y a pas d'heure pour les braves there's no rest for the wicked (Prov)

heureusement [øʀøzmɑ̃] → SYN adv **a** (par bonheur) fortunately, luckily ◆ heureusement, il n'y avait personne fortunately, there was no one there

b (tant mieux) il est parti, heureusement ! he has gone, thank goodness ! ◆ heureusement pour lui ! fortunately ou luckily for him ! ◆ heureusement qu'il est parti* thank goodness he has gone

c (judicieusement) happily ◆ mot heureusement choisi happily chosen word ◆ phrase heureusement tournée cleverly turned sentence

d (favorablement) successfully ◆ l'entreprise fut heureusement menée à terme the task was successfully completed ◆ tout s'est heureusement terminé it all turned out well in the end

heureux, -euse [øʀø, øz] → SYN GRAMMAIRE ACTIVE 3, 11.1, 11.3, 24.2, 25.4 adj **a** (gén après n) (rempli de bonheur) personne, souvenir, vie happy ◆ il a tout pour être heureux he has everything he needs to be happy ou to make him happy ◆ ils vécurent heureux they lived happily ever after ◆ heureux comme un poisson dans l'eau ou comme un roi ou comme un pape happy as Larry* (Brit) ou a sandboy (Brit) ou a clam (US) ◆ heureux celui qui ... ! happy is he who ... ! ◆ ces jouets vont faire des heureux ! these toys will make some children very happy → bon¹, ménage

b (satisfait) je suis très heureux d'apprendre la nouvelle I am very glad ou happy ou pleased to hear the news ◆ M. et Mme X sont heureux de vous annoncer ... Mr and Mrs X are happy ou pleased to announce ... ◆ je suis heureux de ce résultat I am pleased ou happy with this result ◆ je suis heureux de cette rencontre I am pleased ou glad about this meeting ◆ il sera trop heureux de vous aider he'll be only too glad ou happy ou pleased to help you ◆ heureux de vous revoir nice ou good ou pleased to see you again ◆ (sexuellement) rendre son partenaire heureux to give one's partner pleasure

c (gén avant n) (qui a de la chance) personne fortunate, lucky ◆ heureux au jeu / en amour lucky at cards / in love ◆ (Prov) heureux au jeu, malheureux en amour lucky at cards, unlucky in love (Prov) ◆ tu peux t'estimer heureux que you can think yourself lucky ou fortunate that ◆ c'est heureux (pour lui) que it is fortunate ou lucky (for him) that ◆ il accepte de venir – (iro) c'est encore heureux ! he's willing to come – it's just as well ! ou I should think so too ! ◆ encore heureux que je m'en sois souvenu ! it's just as well ou it's lucky ou it's a good thing that I remembered ! → élu, main

d (gén avant n : optimiste, agréable) disposition, caractère happy, cheerful ◆ il a ou c'est une heureuse nature he has a happy ou cheerful nature

e (judicieux) décision, choix fortunate, happy ; formule, expression, effet, mélange happy, felicitous (frm)

f (favorable) présage propitious, happy ; résultat, issue happy ◆ par un heureux hasard by a fortunate coincidence ◆ attendre un heureux événement to be expecting a happy event

heuristique [øʀistik] → SYN **1** adj heuristic **2** nf heurism

heurt [ˈœʀ] → SYN nm (lit : choc) [voitures] collision ; [objets] hitting together ; (fig : conflit) clash ◆ sans heurts (adj) smooth ; (adv) smoothly ◆ leur amitié ne va pas sans quelques heurts their friendship has its ups and downs, their friendship goes through occasional rough patches ◆ il y a eu des heurts entre la police et les manifestants there were clashes between the police and the demonstrators

heurté, e [ˈœʀte] → SYN (ptp de heurter) adj couleurs clashing ; style, jeu jerky, uneven ; discours jerky, halting

heurter [ˈœʀte] → SYN ▸ conjug 1 ◂ **1** vt **a** (lit : cogner) objet to strike, hit ; personne to collide with ; (bousculer) to jostle ◆ heurter qch du coude / du pied to strike ou hit sth with one's elbow / foot ◆ sa tête heurta la table his head struck the table ◆ la voiture heurta un arbre the car ran into ou struck a tree

b (fig : choquer) préjugés to offend ; théorie, bon goût, bon sens, tradition to go against, run counter to ; amour-propre to upset ; opinions to conflict ou clash with ◆ heurter qn de front to clash head-on with sb

2 vi ◆ heurter à to knock at ou on ◆ heurter contre qch [personne] to stumble against sth ; [objet] to knock ou bang against sth

3 se heurter vpr **a** (s'entrechoquer) [passants, voitures] to collide (with each other) ; [objets] to hit one another ◆ ses idées se heurtaient dans sa tête his head was a jumble of ideas, ideas jostled about in his head

b (s'opposer) [personnes, opinions, couleurs] to clash (with each other)

c se heurter à ou contre qn / qch to collide with sb / sth ◆ se heurter à un refus to come up against a refusal, meet with a refusal ◆ se heurter à un problème to come up against a problem

heurtoir [ˈœʀtwaʀ] → SYN nm [porte] (door) knocker ; (Tech : butoir) stop ; (Rail) buffer

hévéa [evea] nm hevea

hexacoralliaires [ɛgzakɔʀaljɛʀ] nmpl ◆ les hexacoralliaires zoantharians, the Zoantharia (spéc), the Hexacorallia (spéc)

hexacorde [ɛgzakɔʀd] nm hexachord

hexadécimal, e, mpl **-aux** [ɛgzadesimal, o] adj hexadecimal

hexaèdre [ɛgzaɛdʀ] **1** adj hexahedral **2** nm hexahedron

hexaédrique [ɛgzaedʀik] adj hexahedral

hexafluorure [ɛgzaflyɔʀyʀ] nm hexafluoride

hexagonal, e, mpl **-aux** [ɛgzagɔnal, o] adj **a** (Géom) hexagonal

b (français) politique, frontière etc national ; (péj) conception chauvinistic

hexagone [ɛgzagɔn] nm **a** (Géom) hexagon

b (fig) l'Hexagone (metropolitan) France

hexamètre [ɛgzamɛtʀ] **1** adj hexameter (épith), hexametric(al)

2 nm hexameter

hexapode [ɛgzapɔd] adj, nm hexapod

hexose [ɛgzoz] nm hexose

HF (abrév de haute fréquence) HF, h.f.

hi [ˈi, hi] excl ◆ hi hi ! (rire) ha ha !, tee-hee ! ; (pleur) boohoo !

hiatal, e, mpl **-aux** [ˈjatal, o] adj hiatal, hiatus (épith) ◆ hernie hiatale hiatus hernia

hiatus [ˈjatys] → SYN nm (Anat, Ling) hiatus ; (fig) break, hiatus

hibernal, e, mpl **-aux** [ibɛʀnal, o] → SYN adj winter (épith), hibernal

hibernant, e [ibɛʀnɑ̃, ɑ̃t] adj hibernating (épith)

hibernation [ibɛʀnasjɔ̃] nf hibernation ◆ (Méd) hibernation artificielle induced hypothermia

hiberner [ibɛʀne] ▸ conjug 1 ◂ vi to hibernate

hibiscus [ibiskys] nm hibiscus

hibou, pl **hiboux** [ˈibu] → SYN nm owl ◆ (péj) (vieux) hibou* crusty old bird* ou beggar* ou devil*

hic* [ˈik] nm ◆ c'est là le hic that's the snag ou the trouble ◆ il y a un hic there's a snag ou slight problem

hic et nunc [ˈikɛtnɔ̃k] loc adv immediately, at once, there and then

hickory [ˈikɔʀi] nm hickory

hidalgo [idalgo] nm hidalgo

hideur [ˈidœʀ] → SYN nf (littér) hideousness (NonC)

hideusement [ˈidøzmɑ̃] adv hideously

hideux, -euse [ˈidø, øz] → SYN adj hideous

hie [ˈi] → SYN nf rammer

hièble [jɛbl] nf danewort

hiémal, e mpl **-aux** [jemal, o] → SYN adj hiemal

hier [jɛʀ] adv yesterday ◆ hier (au) soir yesterday evening, last night ou evening ◆ toute la matinée d'hier all yesterday morning ◆ toute la journée d'hier all day yesterday ◆ il avait tout hier pour se décider he had all (day) yesterday to make up his mind ◆ je m'en souviens comme si c'était hier I remember it as if it was yesterday → dater, naître

hiérarchie [ˈjeʀaʀʃi] → SYN nf hierarchy

hiérarchique [ˈjeʀaʀʃik] adj hierarchic(al) ◆ chef ou supérieur hiérarchique superior, senior in rank ou in the hierarchy → voie

hiérarchiquement [ˈjeʀaʀʃikmɑ̃] adv hierarchically

hiérarchisation [ˈjeʀaʀʃizasjɔ̃] nf (action) organization into a hierarchy ; (organisation) hierarchical organization

hiérarchiser [ˈjeʀaʀʃize] → SYN ▸ conjug 1 ◂ vt to organize into a hierarchy

hiérarque [ˈjeʀaʀk] nm (Pol, Rel) hierarch

hiératique [ˈjeʀatik] → SYN adj hieratic

hiératiquement [ˈjeʀatikmɑ̃] adv hieratically

hiératisme [ˈjeʀatism] → SYN nm hieratic quality

hiérodule [ˈjeʀɔdyl] nm hierodule

hiéroglyphe [ˈjeʀɔglif] → SYN nm (Ling) hieroglyph(ic) ◆ hiéroglyphes (plusieurs symboles) hieroglyph(ic)s ; (système d'écriture) hieroglyphics ; (fig péj) hieroglyphics (fig)

hiéroglyphique [ˈjeʀɔglifik] adj hieroglyphic(al)

iéronymite [ˈjeʀɔnimit] nm Hieronymite

iérophante [ˈjeʀɔfɑ̃t] nm hierophant

i-fi [ˈifi] adj, nf hi-fi

igh-tech [ˈajtɛk] adj inv, nm inv hi-tech, high-tech

i-han [ˈiɑ̃] excl heehaw!

i-hi [hihi] excl (rire) tee-hee!, hee-hee!; (pleurs) sniff-sniff!

ilaire [ˈilɛʀ] adj hilar

ilarant, e [ilaʀɑ̃, ɑ̃t] → SYN adj aventure hilarious, side-splitting → **gaz**

ilare [ilaʀ] → SYN adj personne smiling; visage beaming, smiling

ilarité [ilaʀite] → SYN nf great hilarity ou mirth

ile [ˈil] nm (Anat, Bot) hilum

ilote [ilɔt] nm ⇒ **ilote**

imalaya [imalaja] nm ◆ **l'Himalaya** the Himalayas ◆ **escalader un sommet de l'Himalaya** to climb one of the Himalayan peaks ou one of the peaks in the Himalayas

imalayen, -yenne [imalajɛ̃, jɛn] adj (lit, fig) Himalayan

imation [imatjɔn] → SYN nm himation

indi [indi] nm (Ling) Hindi

indou, e [ɛ̃du] **1** adj nationalité Indian; coutumes, dialecte Hindu, Hindoo
2 nm,f ◆ **Hindou(e)** (citoyen) Indian; (croyant) Hindu, Hindoo

indouisme [ɛ̃duism] nm Hinduism, Hindooism

indouiste [ɛ̃duist] adj, nmf Hindu, Hindoo

indou Kouch [ɛ̃dukuʃ] nm Hindu Kush

indoustan [ɛ̃dustɑ̃] nm Hindustan

indoustani [ɛ̃dustani] nm (Ling) Hindustani

interland [intɛʀlɑ̃d] nm hinterland

ip [ˈip, hip] excl ◆ **hip hip hip hourra!** hip hip hurray! ou hurrah!

ipparchie [ipaʀʃi] nf hipparchy

ipparion [ipaʀjɔ̃] nm hipparion

ipparque [ipaʀk] nm hipparch

ippie [ˈipi] → SYN adj, nmf hippy

ippique [ipik] adj horse (épith), equestrian ◆ **concours hippique** show-jumping event, horse show ◆ **course hippique** horse-race ◆ **chronique hippique** racing news ◆ **le sport hippique** equestrian sport

ippisme [ipism] nm (horse) riding, equestrianism

ippo* [ipo] nm (abrév de **hippopotame**) hippo*

ippocampe [ipɔkɑ̃p] nm (Anat, Myth) hippocampus; (poisson) sea horse

ippocrate [ipɔkʀat] nm Hippocrates

ippocratique [ipɔkʀatik] adj Hippocratic

ippocratisme [ipɔkʀatism] nm (Méd) (doctrine) Hippocratism ◆ **hippocratisme digital** Hippocratic ou clubbed fingers

ippodrome [ipodʀom] → SYN nm (champ de courses) racecourse (Brit), racetrack (US); (Antiq) hippodrome

ippogriffe [ipogʀif] nm hippogriff, hippogryph

ippologie [ipɔlɔʒi] nf hippology

ippologique [ipɔlɔʒik] adj hippological

ippolyte [ipɔlit] nm Hippolytus

ippomobile [ipomɔbil] adj horse-drawn

ippophagie [ipɔfaʒi] nf hippophagy

ippophagique [ipɔfaʒik] adj ◆ **boucherie hippophagique** horse(meat) butcher's

ippopotame [ipɔpɔtam] nm hippopotamus, hippo* ◆ **c'est un vrai hippopotame*** he (ou she) is (like) an elephant* ou a hippo*

ippopotamesque [ipɔpɔtamɛsk] adj hippopotamus-like (épith)

ippotechnie [ipotɛkni] nf horse breeding and training

ippurique [ipyʀik] adj ◆ **acide hippurique** hippuric acid

ippy, pl **hippies** [ˈipi] ⇒ **hippie**

hircin, e [iʀsɛ̃, in] adj hircine

hirondeau, pl **hirondeaux** [iʀɔ̃do] nm baby swallow

hirondelle [iʀɔ̃dɛl] → SYN nf **a** (Zool) swallow ◆ **hirondelle de fenêtre** house martin ◆ **hirondelle de rivage** sand martin ◆ **hirondelle de mer** tern ◆ (Prov) **une hirondelle ne fait pas le printemps** one swallow doesn't make a summer (Prov) → **nid**
b (*†: policier) (bicycle-riding) policeman

Hiroshima [ˈiʀɔʃima] n Hiroshima

hirsute [iʀsyt] → SYN adj **a** (ébouriffé) tête tousled; gamin shaggy-haired; barbe shaggy ◆ **un individu hirsute** a shaggy-haired ou hirsute individual
b (Bio) hirsute

hirsutisme [iʀsytism] → SYN nm (Méd) hirsutism

hirudine [iʀydin] nf hirudin

hirudinées [iʀydine] nfpl ◆ **les hirudinées** hirudineans, the Hirudineae (spéc)

hispanique [ispanik] adj Hispanic

hispanisant, e [ispanizɑ̃, ɑ̃t] nm,f hispanist, Spanish scholar

hispanisme [ispanism] nm hispanicism

hispaniste [ispanist] nmf ⇒ **hispanisant**

hispano-américain, e, pl **hispano-américains** [ispanoameʀikɛ̃, ɛn] **1** adj Spanish-American
2 nm,f ◆ **Hispano-Américain(e)** Spanish-American, Hispanic (US)
3 nm (Ling) Latin American Spanish

hispano-arabe, pl **hispano-arabes** [ispano aʀab] adj, **hispano-mauresque,** pl **hispano-mauresques** [ispanomɔʀɛsk] adj Hispano-Moresque

hispanophone [ispanɔfɔn] **1** adj Spanish-speaking; littérature etc Spanish-language (épith), in Spanish (attrib)
2 nmf Spanish-speaker

hispide [ispid] adj hispid

hisse [ˈis] ◆ excl: **oh hisse!** heave ho!

hisser [ˈise] → SYN ▸conjug 1◂ **1** vt (Naut) to hoist; (soulever) objet to hoist, haul up, heave up; personne to haul up, heave up ◆ **hisser les couleurs** to run up ou hoist the colours ◆ **hissez les voiles!** up sails! ◆ (fig) **hisser qn au pouvoir** to hoist sb into a position of power
2 **se hisser** vpr to heave o.s. up, haul o.s. up ◆ **se hisser sur un toit** to heave ou haul o.s. (up) onto a roof ◆ **se hisser sur la pointe des pieds** to stand up ou raise o.s. on tiptoe ◆ (fig) **se hisser à la première place / au pouvoir** to pull o.s. up to first place / a position of power

histamine [istamin] nf histamine

histaminique [istaminik] adj histaminic

histidine [istidin] nf histidine

histiocyte [istjɔsit] nm histiocyte

histochimie [istoʃimi] nf histochemistry

histocompatibilité [istokɔ̃patibilite] nf histocompatibility

histogénèse [istoʒenɛz] nf histogenesis

histogramme [istɔgʀam] nm histogram

histoire [istwaʀ] → SYN nf **a** (science, événements) **l'histoire** history ◆ **l'histoire jugera** posterity will be the judge ◆ **l'histoire est un continuel recommencement** history is constantly being remade ◆ **laisser son nom dans l'histoire** to find one's place in history ◆ **le cours** ou **la marche de l'histoire** the course of history ◆ **l'histoire ancienne / du Moyen Âge** ancient / medieval history ◆ **histoire naturelle†** natural history ◆ **l'histoire de France** French history, the history of France ◆ **l'histoire de l'art / de la littérature** art / literary history ◆ **l'histoire des sciences** the history of science ◆ **histoire événementielle** factual history ◆ **l'Histoire sainte** Biblical ou sacred history ◆ **la petite histoire** the footnotes of history ◆ **pour la petite histoire** anecdotally ◆ **histoire romancée** fictionalized history ◆ (fig) **tout cela, c'est de l'histoire ancienne*** all that's ancient history*
b (déroulement de faits) history, story ◆ **l'histoire du château de Windsor** the history of Windsor Castle ◆ **raconter l'histoire de sa vie** to tell one's life story ou the story of one's life
c (Scol) (livre) history book; (leçon) history (lesson) ◆ **une histoire de France / d'Angleterre** a history of France / England ◆ **on a Histoire à 2 heures** we have history at 2 o'clock
d (récit, conte) story; (*: mensonge) story*, fib* ◆ **une histoire vraie** a true story ◆ **histoires de pêche / de chasse** fishing / hunting stories ◆ **histoires de revenant** ghost stories ◆ **histoire d'amour** love story ◆ **histoire drôle** funny story, joke ◆ **histoire cochonne*** ou **de cul**‡ dirty story ◆ (péj) **histoire de corps de garde** locker-room joke ◆ **histoire marseillaise** tall story ou tale, fisherman's tale (Brit) ◆ **histoire de fous** shaggy-dog story ◆ (Littérat) **"Histoires extraordinaires"** "Tales of the Grotesque and Arabesque" ◆ **c'est une histoire à dormir debout** it's a cock-and-bull story ou a tall story ◆ **qu'est-ce que c'est que cette histoire?** what on earth is all this about?, just what is all this about? ◆ **tout ça, ce sont des histoires** that's just a lot of fibs*, you've made all that up ◆ **tu me racontes des histoires** you're pulling my leg, come off it!* ◆ **le plus beau** ou **curieux de l'histoire c'est que** the best part ou strangest part of it is that ◆ **c'est toute une histoire** it's a long story ◆ **l'histoire veut qu'il ait dit** the story goes that he said
e (*: affaire, incident) business ◆ **c'est une drôle d'histoire** it's a funny business ◆ **il vient de lui arriver une curieuse histoire / une drôle d'histoire** something odd / funny has just happened to him ◆ **pour une histoire d'argent / de femme** because of something to do with money / a woman ◆ **se mettre dans une sale histoire, se mettre une sale histoire sur le dos** to get mixed up in some nasty business ◆ **sa nomination va faire toute une histoire** his appointment will cause a lot of fuss ou a great to-do, there will be quite a fuss ou to-do over his appointment ◆ **c'est toujours la même histoire!** it's always the same old story! ◆ **ça, c'est une autre histoire!** that's (quite) another story! ◆ **j'ai pu avoir une place mais ça a été toute une histoire** I managed to get a seat but it was a real struggle ◆ **sans histoires** (adj) uneventful; (adv) uneventfully
f (*: ennui) **histoires** trouble ◆ **faire des histoires à qn** to make trouble for sb ◆ **elle veut nous faire des histoires*** she means to make trouble for us ◆ **cela ne peut lui attirer** ou **lui valoir que des histoires** that's bound to get him into trouble, that will cause him nothing but trouble
g (*: chichis) fuss, to-do, carry-on* (Brit) ◆ **faire un tas d'histoires** to make a whole lot of fuss ou a great to-do ◆ **quelle histoire pour si peu!** what a to-do ou fuss ou carry-on* (Brit) over so little! ◆ **allez, au lit, et pas d'histoires!** come along now, off to bed, and I don't want any fuss! ◆ **il fait ce qu'on lui demande sans (faire d') histoires** he does what he is told without (making) a fuss ◆ **je ne veux pas d'histoires** I don't want any fuss ou nonsense
h (loc) (*) **histoire de faire** just to do ◆ **histoire de prendre l'air** just for a breath of (fresh) air ◆ **histoire de rire** just for a laugh*, just for fun ◆ **il a essayé, histoire de voir / de faire quelque chose** he had a go just to see what it was like / just for something to do ou just to be doing something
i (*: machin) thingummyjig* (Brit), thingamajig* (US), whatsit*

histologie [istɔlɔʒi] → SYN nf histology

histologique [istɔlɔʒik] adj histological

histolyse [istoliz] nf histolysis

histone [istɔn] nf histone

histoplasmose [istoplasmoz] nf histoplasmosis

historicisme [istɔʀisism] nm historicism

historicité [istɔʀisite] nf historicity

historié, e [istɔʀje] adj (Art) historiated

historien, -ienne [istɔʀjɛ̃, jɛn] → SYN nm,f (savant) historian; (étudiant) history student, historian

historiette [istɔʀjɛt] → SYN nf little story, anecdote

historiographe [istɔʀjɔgʀaf] nmf historiographer

historiographie [istɔʀjɔgʀafi] nf historiography

historique [istɔʀik] → SYN 1 adj étude, vérité, roman, temps historical; personnage, événement, monument historic
2 nm history, review ◆ **faire l'historique de** problème, affaire to review, make a review of; institution, mot to examine the history of, give the historical background to

historiquement [istɔʀikmɑ̃] adv historically

histrion [istʀijɔ̃] → SYN nm a (Hist Théât) (wandering) minstrel, strolling player
b (péj) buffoon; (comédien) ham (actor)

histrionisme [istʀijɔnism] nm (Psych) histrionics

hit* [it] nm hit*

hitlérien, -ienne [itleʀjɛ̃, jɛn] → SYN adj, nm,f Hitlerian, Hitlerite

hitlérisme [itleʀism] → SYN nm Hitlerism

hit-parade, pl **hit-parades** ['itpaʀad] → SYN nm ◆ (Mus) **le hit-parade** the charts ◆ **premier au hit-parade** number one in the charts ◆ **être bien placé au hit-parade** to be high up in the charts ◆ **être** ou **figurer au hit-parade** to be in the charts ◆ **être en tête du hit-parade** to be at the top of the charts ◆ (fig) **être** ou **figurer au hit-parade du chômage** to be in the list of countries with high unemployment ◆ **être bien placé au hit-parade des hommes politiques** to be one of the most popular politicians ◆ **être bien placé au hit-parade de la criminalité** to be high up in the crime figures

hittite ['itit] 1 adj Hittite
2 nmf ◆ **Hittite** Hittite

HIV [aʃive] nm (abrév de **human immuno deficiency virus**) HIV

hiver [ivɛʀ] nm winter ◆ **il fait un temps d'hiver** it's like winter, it's wintry weather ◆ **jardin d'hiver** wintergarden ◆ **sports d'hiver** winter sports ◆ **hiver nucléaire** nuclear winter ◆ (littér) **à l'hiver de sa vie** in the twilight of his (ou her) life

hivernage [ivɛʀnaʒ] nm a [bateau, caravane] wintering
b (Mét) rainy season
c (Agr) (labour) winter ploughing; [bétail] wintering; (fourrage) winter fodder, winterfeed

hivernal, e, mpl **-aux** [ivɛʀnal, o] → SYN 1 adj (lit: de l'hiver) brouillard, pluies winter (épith), hibernal (littér); (fig: comme en hiver) atmosphère, température, temps wintry (épith) ◆ **il faisait une température hivernale** it was as cold as (in) winter, it was like winter
2 **hivernale** nf (Alpinisme) winter ascent

hivernant, e [ivɛʀnɑ̃, ɑ̃t] → SYN nm,f winter holiday-maker (Brit) ou visitor

hiverner [ivɛʀne] ▸ conjug 1 ◂ 1 vi to winter
2 vt bétail to winter; terre to plough before winter

HLA [aʃɛla] (abrév de **human leucocyte antigens**) adj HLA ◆ **système HLA** HLA system

HLM ['aʃɛlɛm] nm ou nf (abrév de **habitation à loyer modéré**) → **habitation**

ho ['o, ho] excl (appel) hey (there)!; (surprise, indignation) oh!

hobby, pl **hobbies** ['ɔbi] → SYN nm hobby

hobereau, pl **hobereaux** ['ɔbʀo] → SYN nm (Orn) hobby; (péj: seigneur) local (country) squire

hocco ['ɔko] nm curassow

hochement ['ɔʃmɑ̃] nm ◆ **hochement de tête** (affirmatif) nod (of the head); (négatif) shake (of the head)

hochequeue ['ɔʃkø] nm wagtail

hocher ['ɔʃe] → SYN ▸ conjug 1 ◂ vt ◆ **hocher la tête** (affirmativement) to nod (one's head); (négativement) to shake one's head

hochet ['ɔʃɛ] → SYN nm [bébé] rattle; (fig) toy

Hô Chi Minh-Ville [oʃiminvil] n Ho Chi Minh City

hockey ['ɔkɛ] nm hockey ◆ **hockey sur glace** ice hockey (Brit), hockey (US) ◆ **hockey sur gazon** hockey (Brit), field hockey (US)

hockeyeur, -euse ['ɔkɛjœʀ, øz] nm,f hockey player

hoirie [waʀi] nf (††) inheritance → **avancement**

Hokkaido [ɔkaido] n Hokkaido

holà ['ɔla, hɔla] 1 excl (pour attirer l'attention) hello!; (pour protester) whoa (there)!
2 nm ◆ **mettre le holà à qch** to put a stop ou an end to sth

holding ['ɔldiŋ] → SYN nm holding company

hold-up ['ɔldœp] → SYN nm inv hold-up ◆ **condamné pour le hold-up d'une banque** sentenced for having held up a bank ou for a bank hold-up

holisme ['ɔlism] nm holism

holiste [ɔlist], **holistique** [ɔlistik] adj holistic

hollandais, e ['ɔ(l)lɑ̃dɛ, ɛz] → SYN 1 adj Dutch → **sauce**
2 nm a **Hollandais** Dutchman ◆ **les Hollandais** the Dutch
b (Ling) Dutch
3 **hollandaise** nf a (Agr) Friesian (Brit), Holstein (US)
b (femme) **Hollandaise** Dutchwoman

Hollande ['ɔ(l)lɑ̃d] nf Holland

hollande ['ɔ(l)lɑ̃d] 1 nf (toile) holland; (pomme de terre) holland potato; (porcelaine) Dutch porcelain
2 nm (fromage) Dutch cheese; (papier) Holland

Hollywood ['ɔliwud] n Hollywood

hollywoodien, -ienne ['ɔliwudjɛ̃, jɛn] adj Hollywood (épith)

holmium ['ɔlmjɔm] nm holmium

holocauste [ɔlokost] → SYN nm a (Rel, fig: sacrifice) sacrifice, Holocaust ◆ (Hist) **l'holocauste, l'Holocauste** the Holocaust ◆ **offrir qch en holocauste** to offer sth up in sacrifice ◆ (littér) **se donner en holocauste** to make a total sacrifice of one's life
b (victime) sacrifice

holocène [ɔlɔsɛn] 1 adj Holocene
2 nm ◆ **l'holocène** the Holocene (period)

hologramme [ɔlɔgʀam] nm hologram

holographe [ɔlɔgʀaf] adj holograph (épith)

holographie [ɔlɔgʀafi] nf holography

holographier [ɔlɔgʀafje] ▸ conjug 7 ◂ vt to make a hologram of

holographique [ɔlɔgʀafik] adj holographic(al)

holophrastique ['ɔlɔfʀastik] adj holophrastic

holoprotéine [ɔlopʀotein] nf simple protein

holoside [ɔlozid] nm holoside

holothurie [ɔlɔtyʀi] → SYN nf holothurian

homard ['ɔmaʀ] nm lobster ◆ (Culin) **homard à l'armoricaine / à l'américaine / thermidor** lobster à l'armoricaine / à l'américaine / thermidor

homarderie ['ɔmaʀd(ə)ʀi] nf lobster bed

home ['om] → SYN nm ◆ **home d'enfants** children's home

homélie [ɔmeli] → SYN nf homily

homéomorphe [ɔmeɔmɔʀf] adj homeomorphic

homéomorphisme [ɔmeɔmɔʀfism] nm homeomorphism

homéopathe [ɔmeɔpat] nmf homoeopath(ist) ◆ **médecin homéopathe** homoeopathic doctor

homéopathie [ɔmeɔpati] nf homoeopathy

homéopathique [ɔmeɔpatik] adj homoeopathic ◆ (hum) **il aime la musique, mais à dose homéopathique** he likes music but in small doses

homéostasie [ɔmeɔstazi] nf homeostasis

homéostat [ɔmeɔsta] nm automatically controlled machine

homéostatique [ɔmeɔstatik] adj homeostatic

homéotherme [ɔmeɔtɛʀm] 1 adj homoiothermic, homothermal
2 nm homoiothermic ou homothermal animal

Homère [ɔmɛʀ] nm Homer

homérique [ɔmeʀik] → SYN adj Homeric → **rire**

homespun ['omspœn] nm homespun

home-trainer, pl **home-trainers** ['omtʀɛnœ nm exercise bike

homicide [ɔmisid] → SYN 1 adj (†, littér) homicidal
2 nmf (littér: criminel) homicide (littér), murderer (ou murderess)
3 nm (Jur: crime) homicide (US), murde ◆ **homicide volontaire** murder, voluntar manslaughter, first-degree murder (U ◆ **homicide involontaire** ou **par imprudenc** manslaughter, second-degree murder (U

hominidé [ɔminide] → SYN nm hominid ◆ **le hominidés** the Hominidae

hominien [ɔminjɛ̃] nm hominoid

hominoïdes [ɔminɔid] nmpl ◆ **les hominoïde** hominoids, the Homonoidae (spéc)

hommage [ɔmaʒ] → SYN nm a (marque d'estim tribute ◆ **rendre hommage à qn / au talent d qn** to pay homage ou tribute to sb / to sb talent ◆ **rendre hommage à Dieu** to pa homage to God ◆ **rendre un dernier hom mage à qn** to pay one's last respects t sb ◆ **recevoir l'hommage d'un admirateur** t accept the tribute paid by an admire ◆ **discours en hommage aux victimes de l guerre** speech paying homage ou tribute t the victims of the war
b (frm: civilités) **hommages** respects ◆ **m hommages, Madame** my humble respect Ma'am ◆ **présenter ses hommages à une dam** to pay one's respects to a lady ◆ **pr sentez mes hommages à votre femme** give m respects to your wife ◆ **daignez agréer me respectueux hommages** yours faithfully (Bri yours truly (US)
c (don) **acceptez ceci comme un hommage c en hommage de ma gratitude** please accep this as a mark ou token of my gratitud ◆ **faire hommage d'un livre** to give a pr sentation copy of a book ◆ **hommage d l'auteur / de l'éditeur** with the author's / pu lisher's compliments
d (Hist) homage ◆ **hommage lige** lieg homage

hommasse [ɔmas] → SYN adj mannish

homme [ɔm] → SYN 1 nm a (individu) ma ◆ (espèce) **l'homme** man, mankind ◆ **homme fossiles** fossil men ◆ **les premiers hommes** th first men on Earth ◆ **un homme fait** grown man ◆ **approche si tu es un homme** come on if you're man enough ou if yo dare! ◆ **l'enfant devient homme** the chil grows into ou becomes a man ◆ **des vêt ments d'homme** men's clothes ◆ (Comn **rayon hommes** men's ou menswear depar ment ◆ **voilà mon homme** (que je cherch there's my man; (qu'il me faut) that's th man for me; (*: mon mari) here comes th man of mine* ◆ **je suis votre homme** I'm th man you want, I'm the man for you ◆ **elle rencontré l'homme de sa vie** she has foun Mr Right ou the man for her ◆ **c'e l'homme de ma vie** he's the man of my lif ◆ **c'est l'homme du jour** he's the man of th moment ou hour ◆ **c'est un homme de poid** he's an important man, he's a man wh carries weight ◆ **c'est l'homme de la situatio** he's the right man for the job ◆ (fi **l'homme fort du régime** the muscleman c the régime → **abominable, âge, mémoire**[1] et
b LOC **parler d'homme à homme** to spea man to man, have a man-to-man talk ◆ **n'est pas homme à mentir** he's not one to li ou a man to lie ◆ **parole d'homme!** word c honour! ◆ **comme un seul homme** as on man ◆ **il a trouvé son homme** (un égal) he ha found his match ◆ (Prov) **un homme averti e vaut deux** forewarned is forearmed (Pro ◆ (Prov) **l'homme propose, Dieu dispose** ma proposes, God disposes (Prov) ◆ (Pro **l'homme est un loup pour l'homme** brothe will turn on brother, it's a dog-eat-do world ◆ (Naut) **un homme à la mer!** man ove board!
c (unité) **heure- / journée- / mois-** etc **homm** man-hour / -day / -month etc
2 COMP ▷ **homme d'action** man of a tion ▷ **homme d'affaires** businessma ▷ **homme d'armes**†† man-at-arms† ▷ **homme de barre** helmsman ▷ **homm de bien** man of property ou of mean ▷ **les hommes en blanc** (psychiatres) men i

white coats ; (médecins) doctors ▷ **homme à bonnes fortunes**† ladykiller, ladies' man ▷ **homme des cavernes** cave man ▷ **homme de confiance** right-hand man ▷ **l'homme de Cro-Magnon** Cro-Magnon man ▷ **homme d'Église** man of the Church ▷ **homme d'équipage** member of a ship's crew ◆ **navire avec 30 hommes d'équipage** ship with a crew of 30 (men) ▷ **homme d'esprit** man of wit ▷ **homme d'État** statesman ▷ **homme à femmes** womanizer, ladies' man ▷ **homme au foyer** househusband ▷ **homme de génie** man of genius ▷ **homme de lettres** man of letters ▷ **homme lige** liege man ▷ **homme de loi** man of law ▷ **homme de main** hired man, henchman ▷ **homme de ménage** (male) domestic help ▷ **homme du monde** man about town, socialite ◆ **c'est un parfait homme du monde** he's a real gentleman ▷ **l'homme de Neandertal** Neanderthal man ▷ **homme de paille** man of straw ▷ **homme de peine** workhand ▷ **homme du peuple** man of the people ▷ **homme de plume** man of letters, writer ▷ **homme politique** politician ▷ **homme de quart** man ou sailor on watch ▷ **homme de robe**†† legal man, lawyer ▷ **homme de la rue** the man in the street ▷ **homme de science** man of science ▷ **homme de terrain** (Pol) grassroots politician ; (Ind etc) man with a practical background ◆ **le nouveau P.D.G. est un homme de terrain** the new managing director has done his stint at the coalface (fig) ou has a practical rather than an academic background ▷ **homme à tout faire** odd-job man ▷ **homme de troupe** (Mil) private ▷ **homme de vigie** lookout

homme-grenouille, pl **hommes-grenouilles** [ɔmgʀənuj] nm frogman

homme-orchestre, pl **hommes-orchestres** [ɔmɔʀkɛstʀ] nm (Mus) one-man band ◆ (fig) **c'est l'homme-orchestre** he wears many hats

homme-sandwich, pl **hommes-sandwichs** [ɔmsɑ̃dwitʃ] nm sandwich man

homo* [omo] nm (abrév de **homosexuel**) gay

homocentre [ɔmɔsɑ̃tʀ] nm common centre

homocentrique [ɔmɔsɑ̃tʀik] adj homocentric

homocerque [ɔmɔsɛʀk] adj homocercal

homochromie [ɔmɔkʀomi] nf cryptic coloration

homocinétique [ɔmɔsinetik] adj uniform velocity (épith)

homogène [ɔmɔʒɛn] → SYN adj (gén, Chim, Math, Sociol) homogeneous ; (Culin) mélange, pâte of an even consistency ◆ (Scol) **c'est un groupe homogène** they are all about the same level ou standard in that group

homogénéifier [ɔmɔʒeneifje] ▸ conjug 7 ◂ vt ⇒ **homogénéiser**

homogénéisateur, -trice [ɔmɔʒeneizatœʀ, tʀis] **1** adj homogenizing (épith)
2 nm homogenizer

homogénéisation [ɔmɔʒeneizasjɔ̃] nf homogenization

homogénéiser [ɔmɔʒeneize] ▸ conjug 1 ◂ vt to homogenize ◆ **lait homogénéisé** homogenized milk

homogénéité [ɔmɔʒeneite] → SYN nf homogeneity, homogeneousness

homographe [ɔmɔgʀaf] **1** adj homographic
2 nm homograph

homographie [ɔmɔgʀafi] nf (Géom, Ling) homography

homographique [ɔmɔgʀafik] adj (Géom) homographic

homogreffe [omogʀɛf] nf [organe] homotransplant ; [tissu] homograft

homologation [ɔmɔlɔgasjɔ̃] → SYN nf (Sport) ratification ; (Jur) approval, sanction ; (Comm) authorization, approval

homologie [ɔmɔlɔʒi] nf (Sci) homology ; (gén) equivalence

homologue [ɔmɔlɔg] → SYN **1** adj (Sci) homologous ; (gén) equivalent, homologous (*de* to)
2 nm (Chim) homologue ; (personne) equivalent, counterpart, opposite number ◆ **le Premier ministre a rencontré son homologue britannique** the Prime Minister met his British counterpart

homologuer [ɔmɔlɔge] → SYN ▸ conjug 1 ◂ vt (Sport) to ratify ; (Jur) to approve, sanction ; (Comm) to authorize, approve ◆ **tarif homologué** approved ou sanctioned rate

homoncule [ɔmɔ̃kyl] → SYN nm ⇒ **homuncule**

homonyme [ɔmɔnim] **1** adj homonymous
2 nm (Ling) homonym ; (personne) namesake

homonymie [ɔmɔnimi] nf homonymy

homonymique [ɔmɔnimik] adj homonymic

homophile [ɔmɔfil] adj, nm homophile

homophone [ɔmɔfɔn] **1** adj (Ling) homophonous ; (Mus) homophonic
2 nm homophone

homophonie [ɔmɔfɔni] nf homophony

homosexualité [ɔmɔsɛksɥalite] → SYN nf homosexuality

homosexuel, -elle [ɔmɔsɛksɥɛl] adj, nm,f homosexual

homosphère [ɔmɔsfɛʀ] nf homogeneous atmosphere

homothermie [ɔmɔtɛʀmi] nf homoiothermy, homothermy

homothétie [ɔmɔtesi] nf homothety

homothétique [ɔmɔtetik] adj homothetic

homozygote [omozigɔt] **1** adj homozygous
2 nmf homozygote

homuncule [ɔmɔ̃kyl] nm homunculus

Honduras [ˈɔ̃dyʀas] nm ◆ **le Honduras** Honduras ◆ **le Honduras britannique** British Honduras

hondurien, -ienne [ˈɔ̃dyʀjɛ̃, jɛn] **1** adj Honduran
2 nm,f ◆ **Hondurien(ne)** Honduran

Hong-Kong [ˈɔ̃gkɔ̃g] n Hong Kong

hongre [ˈɔ̃gʀ] → SYN **1** adj gelded
2 nm gelding

hongrer [ˈɔ̃gʀe] ▸ conjug 1 ◂ vt to geld

Hongrie [ˈɔ̃gʀi] nf Hungary

hongrois, e [ˈɔ̃gʀwa, waz] **1** adj Hungarian
2 nm (Ling) Hungarian
3 nm,f ◆ **Hongrois(e)** Hungarian

hongroyage [ˈɔ̃gʀwajaʒ] nm tanning with alum and salt

hongroyer [ˈɔ̃gʀwaje] ▸ conjug 8 ◂ vt to tan with alum and salt

Honiara [ɔnjaʀa] n Honiara

honnête [ɔnɛt] → SYN **1** adj a (intègre) personne honest, decent ; juge honest, conduite decent ; procédés, intentions honest, honourable ◆ **ce sont d'honnêtes gens** they are decent people ou folk* ◆ **un vin honnête** an honest little wine
b (vertueux) femme honest, decent
c (juste) marché fair ; prix fair, reasonable
d (satisfaisant) résultats reasonable, fair ; repas reasonable ◆ **ce livre est honnête** this book isn't bad ou is reasonable ou is fair ◆ **rester dans une honnête moyenne** to maintain a fair average
e (franc) honest, frank ◆ **sois honnête, tu aimerais bien le renvoyer** be honest, you'd really love to sack him
2 COMP ▷ **honnête homme** (Hist) gentleman, man of breeding

honnêtement [ɔnɛtmɑ̃] adv (→ **honnête**) honestly ; decently ; honourably ; fairly ; reasonably ◆ **c'est honnêtement payé** it's reasonably paid, you get a fair ou reasonable wage for it ◆ **gagner honnêtement sa vie** (dignement) to earn an honest penny ou crust ; (bien) to make a good living ◆ **honnêtement, vous le saviez bien!** come now, you knew! ◆ **il s'en tire honnêtement** he's managing fairly ou reasonably well

honnêteté [ɔnɛtte] → SYN nf (→ **honnête**) honesty ; decency ; fairness ◆ **l'honnêteté ne paie pas** honesty doesn't pay ◆ **en toute honnêteté, je ne le crois pas** in all honesty, I don't believe it

honneur [ɔnœʀ] → SYN nm a (dignité morale, réputation) honour ◆ **mon honneur est en jeu** my honour is at stake ◆ **l'honneur m'oblige à le faire** I am in honour bound to do it ◆ **mettre son** ou **un point d'honneur à faire qch** to make it a point of honour to do sth ◆ **jurer / promettre sur l'honneur** to swear / promise on one's honour ◆ **homme / femme d'honneur** man / woman of honour, man / woman with a sense of honour ◆ **bandit d'honneur** outlaw *(because of a blood feud)* ◆ **il s'en est tiré avec honneur** he came out of it honourably → **dette, manquer, parole, point**[1], **tout** etc
b (mérite) credit ◆ **avec honneur** creditably ◆ **cette action est toute à son honneur** this act does him (great) credit ou is much to his credit ◆ **c'est à lui que revient l'honneur d'avoir inventé ...** the credit is his for having invented ... ◆ **faire honneur à** ou **être l'honneur de sa famille / sa profession** to be a credit ou an honour to one's family / one's profession ◆ **cette décision vous fait honneur** this decision does you credit ou is to your credit ◆ **c'est trop d'honneur que vous me faites** you're giving me too much credit → **tour**[2]
c (privilège, faveur) honour ◆ **faire (à qn) l'honneur de venir** etc to do sb the honour of coming etc ◆ **me ferez-vous l'honneur de danser avec moi?** may I have the pleasure of this dance? ◆ **avoir l'honneur de** to have the honour of ◆ **j'ai eu l'honneur de recevoir sa visite** he honoured me with a visit ◆ **je suis ravi de vous rencontrer – tout l'honneur est pour moi** delighted to meet you – the pleasure is (all) mine ou it is my pleasure ◆ **qui commence à jouer? – à toi l'honneur** who is it to start? – it's you (to start) ◆ (Admin : formule épistolaire) **j'ai l'honneur de solliciter ...** I am writing to ask ... ◆ **j'ai l'honneur de vous informer que** I am writing to inform you that, I beg to inform you that (frm) ◆ **garde / invité d'honneur** guard / guest of honour ◆ **président / membre d'honneur** honorary president / member → **baroud, champ**[1], **citoyen** etc
d (marques de distinction) **honneurs** honours ◆ **aimer / mépriser les honneurs** to be fond of / despise honours ◆ **couvert d'honneurs** covered in honours ◆ **avec tous les honneurs dus à son rang** with all the honour due to his rank ◆ **les derniers honneurs (funèbres)** the last tribute ◆ **honneurs militaires** military honours ◆ **se rendre avec** ou **obtenir les honneurs de la guerre** (Mil) to be granted the honours of war ; (fig) to suffer an honourable defeat ◆ (fig) **faire les honneurs de la maison** etc **à qn** to (do the honours and) show sb round the house etc ◆ **avoir les honneurs de la première page** to make the front page ◆ **avoir les honneurs de la cimaise** to have one's works exhibited → **rendre**
e (Cartes) honour
f (titre) **votre Honneur** Your Honour
g LOC **honneur aux vainqueurs!** honour to the conquerors! ◆ **honneur aux dames** ladies first ◆ **à vous l'honneur** after you ◆ **être à l'honneur** (personne) to have the place of honour ; [mode, style] to be to the fore, be much in evidence ◆ **être en honneur** [coutume etc] to be the done thing ; [style, mode] to be in favour ◆ **remettre en honneur** to reintroduce ◆ **en l'honneur de nos hôtes** in honour of our guests ◆ **en l'honneur de cet événement** in honour of this event ◆ **à qui ai-je l'honneur?** to whom do I have the honour of speaking? ◆ **que me vaut l'honneur de votre visite?** to what do I owe the honour of your visit? ◆ (iro) **en quel honneur toutes ces fleurs?*** what are all these flowers in aid of?* ◆ (iro) **en quel honneur t'appelle-t-il « mon bijou »?** what gives him the right to call you "my love"? ◆ **faire honneur à ses engagements / sa signature** to honour one's commitments / signature ◆ **faire honneur à une traite** to honour ou meet a bill ◆ **faire honneur à un repas** to do justice to a meal ◆ **il a fini la partie pour l'honneur** he gallantly finished the game (for its own sake) → **à, bras, rendre**

honnir [ˈɔniʀ] → SYN ▸ conjug 2 ◂ vt (frm) to hold in contempt ◆ **honni soit qui mal y pense** evil be to him who evil thinks

Honolulu [ɔnɔlyly] n Honolulu

honorabilité [ɔnɔʀabilite] → SYN nf [personne, sentiments] worthiness ◆ **soucieux d'honorabilité** anxious to be thought honourable

honorable [ɔnɔʀabl] [→ SYN] adj (lit : estimable) personne, buts honourable, worthy ; sentiments creditable, worthy ; (suffisant) salaire, résultats decent, respectable ◆ (frm, hum) **l'honorable compagnie** this worthy company (frm, hum) ◆ (frm, iro) **mon honorable collègue** my honourable ou esteemed colleague (frm, iro) ◆ **à cet âge honorable** at this grand old age → **amende**

honorablement [ɔnɔʀabləmɑ̃] adv (→ **honorable**) honourably ; worthily ; creditably ; decently ◆ **honorablement connu dans le quartier** known and respected in the district

honoraire [ɔnɔʀɛʀ] [→ SYN] **1** adj membre, président honorary ◆ **professeur honoraire** professor emeritus
2 nmpl ◆ **honoraires** fee, fees, honorarium

honorariat [ɔnɔʀaʀja] nm honorary status

honorer [ɔnɔʀe] [→ SYN] ▸ conjug 1 ◂ **1** vt **a** (glorifier) savant, Dieu to honour ◆ **honorer la mémoire de qn** to honour the memory of sb
b (littér : estimer) to hold in high regard ou esteem ◆ **je l'honore à l'égal de ...** I have the same regard ou esteem for him as I do for ... ◆ **mon honoré collègue** my esteemed ou respected colleague
c (gratifier) **honorer qn de qch** to honour sb with sth ◆ **il m'honorait de son amitié / de sa présence** he honoured me with his friendship / his presence ◆ (iro) **il ne m'a pas honoré d'un regard** he did not honour me with so much as a glance (iro), he did not (even) deign to look at me ◆ **je suis très honoré** I am highly ou greatly honoured
d (faire honneur à) to do credit to, be a credit to ◆ **cette franchise l'honore** this frankness does him credit ◆ **il honore sa profession / son pays** he's a credit ou an honour to his profession / country
e chèque, signature, promesse to honour ; traite to honour, meet ; médecin, notaire to settle one's account with ◆ († : lettre) **votre honorée du ...** yours of the ... ◆ (hum †) **honorer sa femme** to fulfil one's conjugal duties (hum)
2 **s'honorer** vpr ◆ **s'honorer de** to pride o.s. (up)on ◆ **pays qui s'honore de ses artistes** country which prides itself (up)on its artists

honorifique [ɔnɔʀifik] [→ SYN] adj fonction honorary, ceremonial (US) ◆ **à titre honorifique** honorary ◆ **fonction accordée à titre honorifique** honorary post ◆ **il a été nommé à titre honorifique** his appointment was an honorary one, he was appointed on an honorary basis

honoris causa [ɔnɔʀiskoza] adj ◆ **il a été nommé docteur honoris causa** he has been awarded an honorary doctorate ◆ **il est docteur honoris causa de l'université de X** he is an honorary doctor of the University of X

Honshu [ɔnʃu] nf Honshu

honte ['ɔ̃t] [→ SYN] nf **a** (déshonneur, humiliation) disgrace, shame ◆ **couvrir qn de honte** to bring disgrace ou shame on sb, disgrace sb ◆ **quelle honte** ou **c'est une honte pour la famille !** what a disgrace to the family !, he brings shame upon the family ! ◆ **faire la honte** ou **être la honte de la famille / profession** to be the disgrace of one's family / profession ◆ (littér) **honte à celui qui ...** shame upon him who ... (littér) ◆ **il n'y a aucune honte à être ...** there's no shame ou disgrace in being ... ◆ **c'est une honte !** that's disgraceful ! ou a disgrace ! ◆ **c'est la honte !*** it's pathetic !* ◆ **j'ai la honte !*** I'm pathetic !*
b (sentiment de confusion, gêne) shame ◆ **à ma (grande) honte** to my (great) shame ◆ **sans honte** shamelessly ◆ **sans fausse honte** quite openly ◆ **avoir honte (de qch / de faire)** to be ou feel ashamed (of sth / of doing) ◆ **faire honte à qn** to make sb (feel) ashamed ◆ **mourir de honte** to die of shame ◆ **elle n'a aucune honte†** she is utterly shameless, she has no shame ◆ **toute honte bue** dead to ou lost to shame ◆ **faire honte à qn de sa lenteur** to make sb (feel) ashamed of his slowness ◆ **il leur fait honte par sa rapidité** he puts them to shame with his speed → **court¹**

honteusement ['ɔ̃tøzmɑ̃] adv (→ **honteux**) shamefully ; disgracefully

honteux, -euse ['ɔ̃tø, øz] [→ SYN] adj **a** (déshonorant) shameful ; (confus) ashamed (*de* of) ◆ **c'est honteux !** it's a disgrace !, it's disgraceful ! ou shameful !
b (Anat) **nerf honteux** pudendal nerve ◆ **artère honteuse** pudendal artery → **maladie, partie²**
c (cachant ses opinions) **bourgeois / communiste honteux** apologetic bourgeois / communist

hooligan ['uligan] nm hooligan

hooliganisme ['uliganism] nm hooliganism

hop ['ɔp, hɔp] excl ◆ **hop (là) !** (pour faire sauter) hup ! ; (pour faire partir) off you go ! ; (après un geste maladroit) (w)oops !

hôpital, pl **-aux** [ɔpital, o] [→ SYN] nm hospital ◆ **être à l'hôpital** to be in hospital (Brit), be in the hospital (US) ◆ **hôpital militaire / psychiatrique** military / psychiatric hospital ◆ **hôpital de jour** day hospital (Brit), outpatient hospital (US) ◆ **hôpital de semaine** short-stay ward ou hospital ◆ **bateau- / navire-hôpital** hospital boat / ship ◆ **c'est l'hôpital qui se moque de la charité !** ≃ it's the pot calling the kettle black

hoplite [ɔplit] nm hoplite

hoquet ['ɔkɛ] [→ SYN] nm hiccough ◆ **avoir le hoquet** to have (the) hiccoughs ◆ **il a eu un hoquet de dégoût / peur** he gulped with distaste / fear

hoqueter ['ɔk(ə)te] ▸ conjug 4 ◂ vi to hiccough

hoqueton ['ɔk(ə)tɔ̃] [→ SYN] nm (Hist : veste) acton

Horace [ɔʀas] nm Horatio ; (le poète) Horace ◆ **les (trois) Horaces** the (three) Horatii

horaire [ɔʀɛʀ] [→ SYN] **1** adj **a** salaire, moyenne hourly ◆ **débit / vitesse horaire** rate / speed per hour
b (Astron) horary → **fuseau**
2 nm timetable, schedule ◆ **pratiquer l'horaire variable** ou **mobile** ou **flexible** ou **souple** ou **à la carte** to work flexitime, have flexible working hours
3 nmf employee paid by the hour

horde ['ɔʀd] [→ SYN] nf horde

hordéine [ɔʀdein] nf hordein

horion ['ɔʀjɔ̃] [→ SYN] nm († hum, gén pl) blow, punch ◆ **échanger des horions avec la police** to exchange blows with the police

horizon [ɔʀizɔ̃] [→ SYN] nm **a** (limite, ligne, Art) horizon ◆ **la ligne d'horizon** (gén, Art) the horizon ◆ **un bateau sur l'horizon** a boat on the horizon ou skyline ◆ **on voyait à l'horizon ...** one could see on the horizon ... ◆ **s'enfoncer / disparaître à l'horizon** to sink / disappear below the horizon
b (Astron) horizon ◆ (Aviat) **horizon artificiel** artificial horizon
c (Géol) horizon
d (paysage) landscape, view ◆ **un des plus beaux horizons qui soit** one of the most beautiful landscapes ou views ◆ **on découvre un vaste horizon / un horizon de collines** you come upon a vast panorama / a hilly landscape ◆ **changer d'horizon** to have a change of scenery ou scene ◆ **ce fond de vallon humide était tout son horizon** the bottom of this damp valley was all he ever saw ◆ **voyager vers de nouveaux horizons** to make for new horizons ◆ (fig) **venir d'horizons divers** to hail from different backgrounds
e (fig : perspective) horizon ◆ **ça lui a ouvert de nouveaux horizons** it opened (up) new horizons ou vistas for him ◆ **l'horizon politique / international** the political / international scene ◆ **faire des prévisions pour l'horizon 2020** to make forecasts for (the year) 2020 ◆ **à l'horizon 2020** by the year 2020 or so → **tour²**

horizontal, e, mpl **-aux** [ɔʀizɔ̃tal, o] [→ SYN]
1 adj horizontal ◆ **prendre la position horizontale** (se mettre au lit) to lie down ◆ **elle / il prend facilement la position horizontale*** she / he is an easy lay*
2 **horizontale** nf (gén, Géom) horizontal ◆ **placer qch à l'horizontale** to put sth horizontal ou in a horizontal position

horizontalement [ɔʀizɔ̃talmɑ̃] [→ SYN] adv horizontally

horizontalité [ɔʀizɔ̃talite] nf horizontality, horizontalness

horloge [ɔʀlɔʒ] [→ SYN] nf (gén, Ordin) clock ◆ **il a la régularité d'une horloge, il est réglé comme une horloge** he's as regular as clockwork ◆ **il est 2 heures à l'horloge de la chambre** it's 2 o'clock by ou according to the bedroom clock ◆ **l'horloge parlante** the speaking clock (Brit), Time (US) ◆ **horloge normande** ou **de parquet** grandfather clock ◆ **horloge pointeuse** time clock ◆ **horloge physiologique / interne** biological / internal clock → **heure**

horloger, -ère [ɔʀlɔʒe, ɛʀ] **1** adj industrie watch-making (épith), clock-making (épith)
2 nm,f watchmaker ; (horloges en particulier) clockmaker ◆ **horloger bijoutier** jeweller *(specializing in clocks and watches)*

horlogerie [ɔʀlɔʒʀi] nf (fabrication) watch-making ; (horloges en particulier) clock-making ; (objets) time-pieces ; (magasin) watchmaker's (shop) ; clockmaker's (shop) ; (technique, science) horology ◆ **horlogerie bijouterie** jeweller's shop *(specializing in clocks and watches)* ◆ **pièces d'horlogerie** clock components → **mouvement**

hormis ['ɔʀmi] [→ SYN] prép (frm) but, save

hormonal, e, mpl **-aux** [ɔʀmɔnal, o] adj hormonal, hormone (épith)

hormone [ɔʀmɔn] nf hormone ◆ **hormone de croissance / sexuelle** growth / sex hormone ◆ **poulet / veau aux hormones*** chicken / veal treated with hormones

hormoner* [ɔʀmɔne] ▸ conjug 1 ◂ vt to inject with hormones

hormonothérapie [ɔʀmɔnoteʀapi] nf hormone therapy

hornblende ['ɔʀnblɛ̃d] nf hornblende

horodaté, e [ɔʀɔdate] adj stationnement pay and display (épith) ; ticket stamped with the hour and date (attrib)

horodateur, -trice [ɔʀɔdatœʀ, tʀis] [→ SYN]
1 adj time-recording (épith)
2 nm [parking etc] ticket machine

horokilométrique [ɔʀɔkilɔmetʀik] adj ◆ **compteur horokilométrique** counter in kilometres per hour

horoscope [ɔʀɔskɔp] [→ SYN] nm horoscope ◆ **faire l'horoscope de qn** to cast sb's horoscope

horreur [ɔʀœʀ] [→ SYN] nf **a** (effroi, répulsion) horror ◆ **il était devenu pour elle un objet d'horreur** he had become a source of horror to her ◆ **frappé** ou **saisi d'horreur** horror-stricken, horror-struck ◆ **une vision d'horreur** a horrific ou horrendous ou horrifying sight ◆ **l'horreur d'agir / du risque qui le caractérise** the horror of acting / taking risks which is typical of him ◆ **son horreur de la lâcheté** his horror ou loathing of cowardice ◆ **je me suis aperçu avec horreur que ...** to my horror I realized that ...
b (laideur) [crime, guerre] horror ◆ **l'esclavage dans toute son horreur** slavery in all its horror
c (chose horrible, dégoûtante) **les horreurs de la guerre** the horrors of war ◆ **ce film / travail est une horreur*** this film / piece of work is terrible ou awful ou dreadful ◆ **ce chapeau est une horreur*** this hat is a fright ou is hideous ou ghastly* ◆ **c'est une horreur*** [femme] she's a fright, she's hideous ou ghastly* ; [tableau etc] it's hideous ou ghastly* ◆ [enfant] **c'est une petite horreur !** he (ou she) is a little horror ! ◆ **quelle horreur !** how dreadful ! ou awful ! → **film, musée**
d (* : actes ou propos dégoûtants) **horreurs** dreadful ou terrible things ◆ **débiter des horreurs sur qn** to say dreadful ou terrible things about sb
e LOC **cet individu me fait horreur** that individual disgusts me ◆ **le mensonge me fait horreur** I loathe ou detest lying, I have a horror of lying ◆ **la viande me fait horreur** I can't stand ou bear meat, I loathe ou detest meat ◆ **avoir qch / qn en horreur** to loathe ou detest sth / sb ◆ **j'ai ce genre de livre en horreur** I loathe ou detest this type of book, I have a horror of this type of book ◆ **prendre qch / qn en horreur** to come to loathe ou detest sth / sb ◆ **avoir horreur de qch / de faire qch** to loathe ou detest sth / doing sth

horrible [ɔʀibl] [→ SYN] adj (effrayant) crime, accident, blessure horrible ; (extrême) chaleur, peur terrible, dreadful; (très laid) chapeau, personne, tableau horrible, hideous, ghastly*; (très mauvais) temps terrible, ghastly*, dreadful; travail terrible, dreadful

horriblement [ɔʀibləmɑ̃] adv (de façon effrayante) horribly; (extrêmement) horribly, terribly, dreadfully

horrifiant, e [ɔʀifjɑ̃, jɑ̃t] → SYN adj horrifying

horrifier [ɔʀifje] → SYN ▸ conjug 7 ◂ vt to horrify ◆ **elle était horrifiée par la dépense** she was horrified at the expense

horrifique [ɔʀifik] adj horrific

horripilant, e [ɔʀipilɑ̃, ɑ̃t] adj trying, exasperating

horripilation [ɔʀipilasjɔ̃] nf horripilation

horripiler [ɔʀipile] → SYN ▸ conjug 1 ◂ vt ◆ **horripiler qn** to try sb's patience, exasperate sb

hors [ˈɔʀ] → SYN **1** prép **a** (excepté) except (for), apart from, save (littér), but (seulement avec no one, nothing etc) ◆ (littér) **hors que** save that (littér)
b (dans loc) **mettre qn hors la loi** to outlaw sb ◆ **jeter** ou **mettre qn hors de ses gonds** to make sb wild with rage ◆ **St-Paul hors les murs** St Paul's without ou outside the walls ◆ **théâtre hors les murs** suburban theatre
c (espace, temps) **hors de** (position) outside, out of, away from; (changement de lieu) out of ◆ **vivre hors de la ville** to live out of town ou outside the town ◆ **vivre hors de son pays** to live away from ou outside one's own country ◆ **le choc l'a projeté hors de la pièce / de la voiture** the impact threw him out of the room / car ◆ **il est plus agréable d'habiter hors du centre** it is pleasanter to live away from ou outside the centre ◆ **hors de chez lui / son milieu, il est malheureux comme un poisson hors de l'eau** he's like a fish out of water when he's away from (his) home / his familiar surroundings ◆ **vivre hors de son temps / la réalité** to live in a different age / in a dream world ◆ **hors de saison** (lit) out of season; (fig, †: inopportun) untimely, out of place ◆ **hors d'ici!** get out of here! ◆ (Prov) **hors de l'Église, point de salut** without the Church there is no salvation
d (fig) **il est hors d'affaire** he is out of the wood (Brit) ou woods (US), he's over the worst ◆ **un whisky hors d'âge** a very old fine whisky ◆ **hors d'atteinte** (lit) out of reach; (fig) beyond reach ◆ **hors d'atteinte de** projectiles out of range ou reach of ◆ **mettre hors de combat** to put out of the fight ou contest (Sport) ◆ **être hors de danger** to be out of danger, be safe ◆ **il est hors de doute qu'il a raison** he is undoubtedly right, it is beyond doubt that he is right ◆ **mettre qn hors d'état de nuire** to render sb harmless ◆ **hors d'haleine** out of breath ◆ **hors de mesure** ou **proportion** out of proportion (*avec* with) ◆ **hors de portée** (lit) out of reach; (fig) beyond reach ◆ **cette table est hors de prix** the price of this table is exorbitant ou outrageous ◆ **ce magasin est hors de prix** the prices in this shop are exorbitant ou outrageous ◆ **hors du commun** objet out of the ordinary; personne exceptional ◆ **hors de propos** untimely, inopportune ◆ **c'est hors de question** it is out of the question ◆ **être hors de soi** to be beside o.s. (with anger) ◆ **cette remarque l'a mise hors d'elle** she was beside herself at this remark, this remark infuriated her ◆ **hors d'usage** out of service ou action ◆ **mettre hors d'usage** to put out of action
2 COMP ▷ **hors antenne** adv off the air ▷ **hors barème** adj inv off the (salary) scale (attrib) ▷ **hors cadre** (Admin) adj inv detached, seconded ▷ **hors catégorie** adj inv exceptional, incomparable, outstanding ▷ **hors champ** (Ciné, TV) adj inv off-camera (attrib) ▷ **hors circuit** adj inv appareil disconnected; personne out of the reckoning (attrib) ◆ **mettre hors circuit** appareil to disconnect; personne to push aside ▷ **hors classe** adj inv exceptional ▷ **hors commerce** adj inv for restricted sale only (attrib) ▷ **hors compétition** adj inv out-of-competition; adv out of competition ▷ **hors concours** adj, adv ◆ **être présenté hors concours** to be shown outside the competition *(because of outstanding merit)* ◆ **être mis hors concours** to be declared ineligible to compete, be disqualified ◆ (fig) **il est hors concours** he's in a class of his own ▷ **hors cote** (Bourse) adj inv unlisted, not quoted on the Stock Exchange → aussi **hors-cote** ▷ **hors jeu** (Sport) adj inv joueur offside; ballon out of play → aussi **hors-jeu** ▷ **hors ligne** adj inv, **hors pair** adj inv outstanding, unparalleled, matchless ▷ **hors série** adj inv talent, don incomparable, outstanding ◆ **une table / machine hors série** a table / machine made to order, a custom-built table / machine ▷ **hors service** adj inv appareil out of order (attrib); (*) personne shattered*, done in* ▷ **hors sujet** adj inv ◆ **votre dissertation est hors sujet** your essay is irrelevant ◆ **faire du hors sujet** to go off the subject ▷ **hors taxe(s)** adj inv, adv boutique, article duty-free; (sur facture) exclusive of VAT; prix before tax (attrib) ▷ **hors tout** adj inv ◆ **longueur / largeur hors tout** overall length / width

hors-bord [ˈɔʀbɔʀ] nm inv (moteur) outboard motor; (bateau) speedboat *(with outboard motor)*

hors-cote [ˈɔʀkɔt] nm inv over-the-counter market, unofficial market, off-board market (US)

hors-d'œuvre [ˈɔʀdœvʀ] → SYN nm inv (Culin) hors d'œuvre ◆ **hors-d'œuvre variés** assorted cold meats and salads ◆ (fig) **son discours n'était qu'un hors-d'œuvre** his speech was just a taste of things to come

horse-power [ˈɔʀspowœʀ] nm inv horsepower

hors-jeu [ˈɔʀʒø] nm inv offside ◆ **être hors-jeu** ou **en position de hors-jeu** to be offside

hors-la-loi [ˈɔʀlalwa] → SYN nmf inv outlaw

hors-piste [ˈɔʀpist] **1** adv, adj inv off-piste
2 nm inv off-piste skiing ◆ **faire du hors-piste** to ski off piste

horst [ˈɔʀst] nm (Géog, Géol) horst

hors-texte [ˈɔʀtɛkst] nm inv plate

hortensia [ɔʀtɑ̃sja] nm hydrangea

horticole [ɔʀtikɔl] adj horticultural

horticulteur, -trice [ɔʀtikyltœʀ, tʀis] nm,f horticulturist

horticulture [ɔʀtikyltyʀ] → SYN nf horticulture

hortillonnage [ɔʀtijɔnaʒ] nm (marais) *marsh used for vegetable farming*

Horus [ɔʀys] nm Horus

hosanna [oza(n)na] nm hosanna

hospice [ɔspis] → SYN nm **a** (hôpital) home ◆ **hospice de vieillards** old people's home ◆ (péj) **mourir à l'hospice** to die in the poorhouse
b [monastère] hospice

hospitalier, -ière [ɔspitalje, jɛʀ] → SYN **1** adj **a** services, personnel, médecin, médecine hospital (épith) ◆ **établissement hospitalier** hospital
b (accueillant) hospitable
2 nm,f ◆ (religieux) **(frère) hospitalier, (sœur) hospitalière** hospitaller

hospitalisation [ɔspitalizasjɔ̃] nf hospitalization ◆ **hospitalisation à domicile** home (medical) care

hospitaliser [ɔspitalize] ▸ conjug 1 ◂ vt to hospitalize, send to hospital ◆ **malade hospitalisé** in-patient ◆ **10% des malades hospitalisés** 10% of hospital patients ou cases

hospitalisme [ɔspitalism] nm hospitalism

hospitalité [ɔspitalite] → SYN nf hospitality ◆ **donner l'hospitalité à qn** to give ou offer sb hospitality

hospitalo-universitaire, pl **hospitalo-universitaires** [ɔspitaloynivɛʀsitɛʀ] adj ◆ **centre hospitalo-universitaire** teaching hospital

hospodar [ɔspɔdaʀ] nm hospodar

hostellerie† [ɔstɛlʀi] nf hostelry†

hostie [ɔsti] → SYN nf (Rel) host; (††: victime) sacrificial victim

hostile [ɔstil] → SYN adj hostile (*à* to, towards) ◆ **hostile à** projet etc opposed ou hostile to

hostilement [ɔstilmɑ̃] adv hostilely

hostilité [ɔstilite] → SYN nf hostility (*à, envers* to, towards) ◆ (Mil) **les hostilités** hostilities ◆ **ouvrir / reprendre les hostilités** to open / re-open hostilities

hosto* [ɔsto] nm hospital

hot [ˈɔt] **1** adj inv jazz hot
2 nm inv hot jazz

hot(-)dog, pl **hot(-)dogs** [ˈɔtdɔg] nm hot dog

hôte [ot] → SYN **1** nm (maître de maison) host; (†: aubergiste) landlord, host; (Bio) host; (Ordin) host (computer) ◆ (†, littér: animal) **hôte d'un bois / d'un marais** inhabitant of a wood / marsh → **chambre, table**
2 nmf (invité) guest; (client) patron; (locataire) occupant ◆ **un hôte de marque** a distinguished guest ◆ **hôte payant** paying guest

hôtel [otɛl] → SYN **1** nm hotel ◆ **vivre / coucher à l'hôtel** to live / sleep in a hotel ◆ **aller** ou **descendre à l'hôtel** to put up at a hotel → **maître, rat**
2 COMP ▷ **hôtel des impôts** tax office ▷ **hôtel meublé** lodging house, residential hotel ▷ **l'hôtel de la Monnaie** ≃ the Mint (Brit) ▷ **hôtel (particulier)** (private) mansion ▷ **hôtel de passe** hotel used by prostitutes ▷ **hôtel de police** police station ▷ **hôtel de tourisme** tourist hotel ▷ **hôtel des ventes** saleroom, salesroom (US) ▷ **hôtel de ville** town hall

hôtel-Dieu, pl **hôtels-Dieu** [otɛldjø] nm general hospital

hôtelier, -ière [otəlje, jɛʀ] → SYN **1** adj industrie, profession hotel (épith) → **école**
2 nm,f hotelier, hotel-keeper

hôtellerie [otɛlʀi] nf (auberge) inn, hostelry†; (Rel) [abbaye] guest quarters, hospice†; (profession) hotel business; (matière enseignée) hotel management ◆ **hôtellerie de plein air** camping and caravanning

hôtel-restaurant, pl **hôtels-restaurants** [otɛlʀɛstɔʀɑ̃] nm hotel (with public restaurant)

hôtesse [otɛs] nf (maîtresse de maison) hostess; (†: aubergiste) landlady ◆ **hôtesse (de l'air)** air hostess (Brit), stewardess, flight attendant ◆ **hôtesse (d'accueil)** [hôtel, bureau] receptionist; [exposition, colloque] hostess

hotte [ˈɔt] → SYN nf (panier) basket *(carried on the back)*; [cheminée, laboratoire] hood ◆ [cuisine] **hotte aspirante** ou **filtrante** cooker (Brit) ou range (US) hood ◆ **la hotte du Père Noël** Father Christmas's sack

hottentot, e [ˈɔtɑ̃to, ɔt] **1** adj Hottentot
2 nm,f ◆ **Hottentot(e)** Hottentot

hou [ˈu, hu] excl [peur] boo!; [honte] tut-tut!

houache [ˈwaʃ], **houaiche** [ˈwɛʃ] nf (Naut) wake

houblon [ˈublɔ̃] nm (plante) hop; (comme ingrédient de la bière) hops

houblonnage [ˈublɔnaʒ] nm [bière] hopping

houblonner [ˈublɔne] ▸ conjug 1 ◂ vt bière to hop

houblonnier, -ière¹ [ˈublɔnje, jɛʀ] **1** adj industrie hop (épith); région hop-growing (épith)
2 nm,f hop grower

houblonnière² [ˈublɔnjɛʀ] nf (champ de houblon) hopfield

houdan [ˈudɑ̃] nf Houdan

houe [ˈu] → SYN nf hoe

houille [ˈuj] → SYN nf coal ◆ **houille blanche** hydroelectric power ◆ **houille bleue** wave and tidal power ◆ **houille grasse / maigre** bituminous / lean coal

houiller, -ère [ˈuje, ɛʀ] **1** adj bassin, industrie coal (épith); terrain coal-bearing
2 **houillère** nf coalmine

houka [ˈuka] nm hooka(h)

houle [ˈul] → SYN nf swell ◆ **une forte houle** a heavy swell

houlette [ˈulɛt] → SYN nf [pâtre, évêque] crook; [jardinier] trowel, spud ◆ (fig) **sous la houlette de** under the leadership of

houleux, -euse [ˈulø, øz] → SYN adj mer stormy; séance stormy, turbulent; salle, foule tumultuous, turbulent

houligan [ˈuligan] nm ⇒ **hooligan**

houliganisme ['uliganism] nm ⇒ **hooliganisme**

houlque ['ulk] nf velvet grass

houp ['up, hup] excl ⇒ **hop**

houppe ['up] → SYN nf [plumes, cheveux] tuft; [fils] tassel ◆ **houppe à poudrer** powder puff

houppelande ['uplɑ̃d] → SYN nf (loose-fitting) greatcoat

houpper ['upe] → SYN ▸ conjug 1 ◂ vt to tassel

houppette ['upɛt] nf powder puff

houque ['uk] nf ⇒ **houlque**

houri ['uʀi] → SYN nf houri

hourque ['uʀk] → SYN nf (Naut) hooker

hourra ['uʀa, huʀa] excl hurrah ◆ **pousser des hourras** to cheer, shout hurrah ◆ **salué par des hourras** greeted by cheers → **hip**

hourvari ['uʀvaʀi] → SYN nm (littér: tapage) hullabaloo*, row, racket

houspiller ['uspije] → SYN ▸ conjug 1 ◂ vt (réprimander) to scold, tell off, tick off* (Brit); (†: malmener) to hustle

houssaie ['usɛ] nf holly grove

housse ['us] → SYN nf (gén) cover; [meubles] (pour protéger temporairement) dust cover; (pour recouvrir à neuf) loose cover; (en tissu élastique) stretch cover ◆ **housse de couette** quilt cover ◆ [habits] **housse (penderie)** hanging wardrobe

housser ['use] ▸ conjug 1 ◂ vt fauteuil etc to cover

houssière ['usjɛʀ] nf ⇒ **houssaie**

houx ['u] nm holly

hovercraft [ɔvœʀkʀaft] → SYN nm hovercraft

hoverport [ɔvœʀpɔʀ] nm hoverport

hoyau, pl **hoyaux** ['ɔjo; 'wajo] → SYN nm mattock

H.P.* [aʃpe] nm (abrév de **hôpital psychiatrique**) → **hôpital**

H.S.* [aʃɛs] **1** adj inv (abrév de **hors service**) appareil, véhicule out of order (attrib), bust* (attrib) (Brit); personne beat* (attrib), shattered* (attrib) (Brit)
2 nf (abrév de **heure supplémentaire**) → **heure**

H.T., h.t. (abrév de **hors taxe**) → **hors**

huard*, huart ['ɥaʀ] nm (Can: oiseau) diver (Brit), loon (US)

hublot ['yblo] → SYN nm [bateau] porthole; [avion, machine à laver] window ◆ (lunettes) **hublots*** specs*

huche ['yʃ] → SYN nf (coffre) chest; (pétrin) dough ou kneading trough ◆ **huche à pain** bread bin

Hudson [ydsɔn] nm ◆ **l'Hudson** Hudson River ◆ **la baie d'Hudson** Hudson Bay

hue ['y, hy] excl gee up ◆ (fig) **ils tirent tous à hue et à dia** they are all pulling in the opposite direction

huée ['ɥe] → SYN nf (Chasse) hallooing ◆ (de dérision) **huées** boos, hoots ◆ **sous les huées de la foule** to the boos of the crowd

huer ['ɥe] → SYN ▸ conjug 1 ◂ **1** vt (Chasse) to halloo; (par dérision) to boo
2 vi [chouette] to hoot

huerta ['wɛʀta, 'ɥɛʀta] nf huerta

hugolien, -ienne [ygɔljɛ̃, jɛn] adj of Victor Hugo

huguenot, e ['yg(ə)no, ɔt] → SYN adj, nm,f Huguenot

Hugues ['yg] nm Hugh ◆ **Hugues Capet** Hugh ou Hugues Capet

huilage [ɥilaʒ] nm oiling, lubrication

huile [ɥil] → SYN nf **a** (liquide) oil; (Tech: pétrole) petroleum, crude (oil) ◆ (Culin) **cuit à l'huile** cooked in oil ◆ **huile vierge** unrefined olive oil ◆ **huile de ricin** castor oil ◆ **huile de table / de graissage / de bain / solaire** salad / lubricating / bath / sun(tan) oil ◆ **huile d'amandes douces** sweet almond oil ◆ **huile d'arachide** groundnut (Brit) ou peanut (US) oil ◆ **huile de maïs / d'olive / de tournesol** corn / olive / sunflower oil ◆ **huile de colza / de noix / de soja** rapeseed ou colza / walnut / soya oil ◆ **huile de foie de morue** cod-liver oil ◆ **huile de lin** linseed oil ◆ **huile de paraffine** ou **de vaseline** liquid paraffin ◆ **huile de coude*** elbow grease* ◆ **huile pour friture** cooking ou frying oil ◆ **sardines / thon à l'huile** sardines / tuna in oil ◆ **huile essentielle** essential oil ◆ (Aut) **vérifier le niveau d'huile** to check the oil ◆ (fig) **jeter** ou **verser de l'huile sur le feu** to add fuel to the flames ou fire ◆ (fig) **mettre de l'huile dans les rouages** to oil the wheels (fig) ◆ (fig) **une mer d'huile** a glassy sea ◆ (littér) **roman qui sent l'huile** novel where the author's work really shows → **lampe, saint, tache**
b (*: notabilité) bigwig*, big noise*, big shot*; (Mil) brass hat* (Brit), brass* ◆ **les huiles** the top brass*, the big shots*
c (Peinture) (tableau) oil painting; (technique) oil painting, oils ◆ **peint à l'huile** painted in oils → **peinture**

huiler [ɥile] → SYN ▸ conjug 1 ◂ vt machine, serrure to oil, lubricate ◆ **papier huilé** oil-paper ◆ **cuir huilé** oiled leather ◆ **salade trop huilée** oily salad ◆ (fig) **être bien huilé** to go ou run smoothly

huilerie [ɥilʀi] nf (usine) oil-works; (commerce) oil-trade; (moulin) oil-mill

huileux, -euse [ɥilø, øz] → SYN adj liquide, matière oily; aspect, surface oily, greasy

huilier, -ière [ɥilje, jɛʀ] **1** adj industrie oil (épith)
2 nm **a** (fabricant) oil manufacturer
b (ustensile de table) (oil and vinegar) cruet

huis [ɥi] nm (††) door ◆ (Jur) **à huis clos** in camera ◆ (Jur) **ordonner le huis clos** to order proceedings to be held in camera ◆ (fig) **les négociations se poursuivent à huis clos** the talks are continuing behind closed doors ◆ (Littérat) **"Huis clos"** "In Camera" (Brit), "No Exit" (US)

huisserie [ɥisʀi] nf [porte] doorframe; [fenêtre] window frame ◆ **les huisseries** the woodwork

huissier [ɥisje] → SYN nm **a** (appariteur) usher
b **huissier (de justice)** ≃ bailiff

huit ['ɥi(t)] **1** adj inv eight pour loc voir **six**
2 nm inv (chiffre, nombre, Cartes) eight; (Sport) (en patinage) figure of eight; (en aviron) eight ◆ **lundi / samedi en huit** a week on (Brit) ou from (US) Monday / Saturday, Monday / Saturday week* (Brit) → **grand**
3 COMP ▷ **huit jours** (une semaine) a week ◆ **dans huit jours** in a week ◆ **donner ses huit jours à un domestique** to give a servant a week's notice

huitain ['ɥitɛ̃] nm octet, octave

huitaine ['ɥitɛn] nf eight or so, about eight ◆ **dans une huitaine (de jours)** in a week or so ◆ (Jur) **son cas a été remis à huitaine** the hearing has been postponed for one week

huitante ['ɥitɑ̃t] adj inv (Helv) eighty

huitantième ['ɥitɑ̃tjɛm] adj (Helv) eightieth

huitième ['ɥitjɛm] **1** adj, nmf eighth ◆ **la huitième merveille du monde** the eighth wonder of the world; pour autres loc voir **sixième**
2 nf (Scol) class 8 *(penultimate class of primary school)*, fifth grade (US)
3 nmpl ◆ (Sport) **huitièmes de finale** second round in a five-round knock-out competition ◆ **être en huitièmes de finale** to be in the last sixteen ◆ **jouer les huitièmes de finale** to play the second round *(in a five-round knockout competition)*

huitièmement ['ɥitjɛmmɑ̃] adv eighthly

huître [ɥitʀ] → SYN nf oyster ◆ **huître perlière** pearl oyster ◆ **huître plate** Belon oyster ◆ **huître portugaise** Portuguese oyster ◆ **banc d'huîtres** oyster bed ◆ **couteau à huîtres** oyster knife ◆ (fig) **se (re)fermer comme une huître** to clam up

huit-reflets ['ɥiʀ(ə)flɛ] nm inv silk top hat

huîtrier, -ière [ɥitʀije, ijɛʀ] **1** nm (oiseau) oyster catcher
2 adj industrie oyster (épith)
3 **huîtrière** nf (banc d'huîtres) oyster bed; (élevage) oyster farm

hulotte ['ylɔt] → SYN nf tawny owl

hululement ['ylylmɑ̃] nm hooting, screeching

hululer ['ylyle] ▸ conjug 1 ◂ vi to hoot, screech

hum ['œm, hœm] excl hem!, h'm!

humain, e [ymɛ̃, ɛn] → SYN **1** adj (gén) human; (compatissant, compréhensif) humane ◆ **justice / espèce / condition humaine** human justice / race / condition ◆ **il n'avait plus figure humaine** he was disfigured beyond recognition ◆ **se montrer humain** to show humanity, act humanely (*envers* towards) ◆ **il s'est sauvé – c'est humain** he ran away – it's only human → **être, géographie, nature, respect, science, voix** etc
2 nm **a** (Philos) **l'humain** the human element
b (être humain) human (being) ◆ **les humains** humans, human beings

humainement [ymɛnmɑ̃] → SYN adv (avec bonté) humanely; (par l'homme) humanly ◆ **ce n'est pas humainement possible** it is not humanly possible ◆ **humainement, on ne peut pas le renvoyer** we can't in all humanity dismiss him

humanisation [ymanizasjɔ̃] → SYN nf humanization

humaniser [ymanize] → SYN ▸ conjug 1 ◂ **1** vt doctrine to humanize; conditions to make more humane, humanize
2 **s'humaniser** vpr [personne] to become more human; [architecture] to become less forbidding ou impersonal

humanisme [ymanism] → SYN nm humanism

humaniste [ymanist] → SYN **1** adj humanist, humanistic
2 nmf humanist

humanitaire [ymanitɛʀ] → SYN adj humanitarian

humanitarisme [ymanitaʀism] nm (péj) unrealistic humanitarianism

humanitariste [ymanitaʀist] **1** adj (péj) unrealistically humanitarian
2 nmf unrealistic humanitarian

humanité [ymanite] → SYN nf **a** (le genre humain) **l'humanité** humanity, mankind
b (bonté) humaneness, humanity ◆ **geste d'humanité** humane gesture
c (Philos, Rel) humanity
d (Scol) **les humanités** the classics, the humanities

humanoïde [ymanɔid] adj, nm humanoid

humble [œbl(ə)] → SYN adj (modeste, pauvre) humble; (obscur) humble, lowly ◆ **d'humble naissance** of humble ou lowly birth ou origins ◆ **à mon humble avis** in my humble opinion ◆ **« je suis votre humble serviteur† »** "I am your humble servant†"

humblement [œbləmɑ̃] adv humbly

humectage [ymɛktaʒ] nm (→ **humecter**) dampening; moistening

humecter [ymɛkte] → SYN ▸ conjug 1 ◂ vt linge, herbe to dampen; front to moisten, dampen ◆ **s'humecter le gosier*** to wet one's whistle* ◆ **s'humecter les lèvres** to moisten one's lips ◆ **ses yeux s'humectèrent** his eyes filled with tears, tears welled in his eyes

humecteur [ymɛktœʀ] nm (Tech) [étoffe, papier] dampener

humer ['yme] → SYN ▸ conjug 1 ◂ vt plat to smell; air, parfum to inhale, breathe in

huméral, e, mpl **-aux** [ymeʀal, o] adj humeral

humérus [ymeʀys] nm humerus

humeur [ymœʀ] → SYN nf **a** (disposition momentanée) mood, humour ◆ **mettre / être de bonne humeur** to put / be in a good mood ou humour, put / be in good spirits ◆ **travailler dans la bonne humeur** to work contentedly ◆ **la bonne humeur régnait dans la maison** contentment reigned in the house ◆ **être de mauvaise humeur** to be in a bad mood ◆ **se sentir d'humeur à travailler** to feel in the mood for working ou for work ou in the mood to work ◆ **il est d'(une) humeur massacrante, il est d'une humeur de dogue** ou **de chien** he's in a rotten* ou foul temper ou mood ◆ **humeur noire** black mood ◆ **de quelle humeur est le chef aujourd'hui?** what kind of mood is the boss in today? ◆ **roman / film plein de bonne humeur** good-humoured novel / film, novel / film full of good humour → **saute**
b (tempérament) temper, temperament ◆ **être d'humeur** ou **avoir l'humeur batailleuse** to be fiery-tempered ◆ **être d'humeur maussade** to be sullen, be a sullen type ◆ **il est d'humeur inégale / égale** he is

moody / even-tempered ◆ **il y a incompatibilité d'humeur entre eux** they are temperamentally unsuited ou incompatible ◆ **un enfant plein de bonne humeur** a sunny-natured child, a child with a cheerful ou sunny nature

c (irritation) bad temper, ill humour ◆ **passer son humeur sur qn** to take out ou vent one's bad temper ou ill humour on sb ◆ **accès** ou **mouvement d'humeur** fit of (bad) temper ou ill humour ◆ **geste d'humeur** bad-tempered gesture ◆ **agir par humeur** to act in a fit of (bad) temper ou ill humour ◆ **dire qch avec humeur** to say sth ill-humouredly ou testily (littér) ◆ (littér) **cela lui donne de l'humeur** that makes him ill-humoured ou bad-tempered

d (Méd) secretion ◆ **humeur aqueuse / vitreuse** ou **vitrée de l'œil** aqueous / vitreous humour of the eye ◆ **les humeurs††** the humours††

humide [ymid] → SYN adj mains, front, terre moist, damp; torchon, habits, mur, poudre, herbe damp; local, climat, région, chaleur humid; (plutôt froid) damp; tunnel, cave dank, damp; saison, route wet ◆ **yeux humides d'émotion** eyes moist with emotion ◆ **elle lui lança un regard humide** she looked at him with moist eyes ◆ **temps lourd et humide** muggy weather ◆ **mains humides et collantes** clammy hands

humidificateur [ymidifikatœʀ] nm [air] humidifier

humidification [ymidifikasjɔ̃] nf humidification

humidifier [ymidifje] → SYN ▸ conjug 7 ◂ vt air to humidify; terre to moisten; linge to moisten, dampen

humidifuge [ymidifyʒ] adj humidity-absorbing (épith)

humidité [ymidite] → SYN nf [air, climat] humidity; (plutôt froide) dampness; [sol, mur] dampness; [tunnel, cave] dankness, dampness ◆ **humidité (atmosphérique)** humidity (of the atmosphere) ◆ (Phys) **humidité absolue / relative** absolute / relative humidity ◆ **air saturé d'humidité** air saturated with moisture ◆ **dégâts causés par l'humidité** damage caused by (the) damp ◆ **traces d'humidité sur le mur** traces of moisture ou of damp on the wall ◆ **taches d'humidité** damp patches, patches of damp ◆ (sur emballage) **« craint l'humidité », « à protéger de l'humidité »** "to be kept dry", "keep in a dry place"

humiliant, e [ymiljɑ̃, jɑ̃t] → SYN adj humiliating

humiliation [ymiljasjɔ̃] → SYN nf (gén) humiliation; (Rel) humbling (NonC)

humilier [ymilje] → SYN ▸ conjug 7 ◂ vt (rabaisser) to humiliate; (††, Rel: rendre humble) to humble ◆ **s'humilier devant** to humble o.s. before

humilité [ymilite] → SYN nf (modestie) humility, humbleness ◆ **ton d'humilité** humble tone ◆ **en toute humilité** with all humility

humoral, e, mpl **-aux** [ymɔʀal, o] adj humoral

humorisme [ymɔʀism] nm humoral medicine

humoriste [ymɔʀist] → SYN **1** adj écrivain humorous

2 nmf humorist

humoristique [ymɔʀistik] → SYN adj humorous → **dessin**

humour [ymuʀ] → SYN nm humour ◆ **humour noir** black humour ◆ **humour à froid** deadpan humour ◆ **manquer d'humour** to have no sense of humour ◆ **avoir beaucoup d'humour** to have a good ou great sense of humour ◆ **faire de l'humour** to make jokes

humus [ymys] → SYN nm humus

Hun [ˈœ̃] nm (Hist) Hun

hune [ˈyn] nf top ◆ **mât de hune** topmast ◆ **grande hune** maintop

hunier [ˈynje] nm topsail ◆ **grand hunier** main topsail

huppe [ˈyp] → SYN nf (oiseau) hoopoe; (crête) crest

huppé, e [ˈype] → SYN adj (Orn) crested; (*: riche) posh*, classy*

hurdler [ˈœʀdlœʀ] nm hurdler

hure [ˈyʀ] → SYN nf (tête) head ◆ **hure de sanglier** boar's head ◆ (Charcuterie) **une tranche de hure** a slice of pork brawn

hurlant, e [ˈyʀlɑ̃, ɑ̃t] adj foule howling; sirène wailing; couleurs clashing ◆ **une confession hurlante de vérité** a confession which has the ring of truth in every line

hurlement [ˈyʀləmɑ̃] → SYN nm (→ **hurler**) roaring (NonC), roar; yelling (NonC), yell; howling (NonC), howl; bellowing (NonC), bellow; squealing (NonC), squeal; wailing (NonC), wail

hurler [ˈyʀle] → SYN ▸ conjug 1 ◂ **1** vi **a** [personne] (de peur) to shriek, scream; (de douleur) to scream, yell (out), howl; (de colère) to roar, bellow; [foule] to roar, yell (*de* with, in) ◆ **hurler de rire*** to roar ou bellow with laughter ◆ **hurler comme une bête qu'on égorge** to howl like a wounded animal

b [chien] to howl; [vent] to howl, roar; [freins] to squeal; [sirène] to wail; [radio] to blare ◆ **faire hurler sa télé** to have one's TV going full blast* ◆ **chien qui hurle à la lune** ou **à la mort** dog baying at the moon ◆ (fig) **hurler avec les loups** to follow the pack ou crowd (fig)

c (jurer) [couleurs] to clash ◆ **ce tableau bleu sur le mur vert, ça hurle!** that blue picture really clashes with the green wall

2 vt to yell, roar, bellow

hurleur, euse [ˈyʀlœʀ, øz] **1** adj (braillard) personne yelling (épith) ◆ (Zool) **singe hurleur** howler (monkey)

2 nm (Zool) howler (monkey)

hurluberlu, e [yʀlybɛʀly] → SYN nm,f crank

huron, -onne [ˈyʀɔ̃, ɔn] **1** adj Huron ◆ **le lac Huron** Lake Huron

2 nm (Ling) Huron

3 nm,f ◆ **Huron(ne)** Huron

hurrah [ˈuʀa, huʀa] excl ⇒ **hourra**

hurricane [ˈyʀikan] nm hurricane

husky, pl **huskies** [ˈœski] nm husky

hussard [ˈysaʀ] nm hussar

hussarde [ˈysaʀd] nf ◆ **à la hussarde** roughly

hussite [ˈysit] nm Hussite

hutte [ˈyt] → SYN nf hut

hyacinthe [jasɛ̃t] → SYN nf (pierre) hyacinth, jacinth; (†: fleur) hyacinth

hyades [jad] nfpl Hyad(e)s

hyalin, e [jalɛ̃, in] → SYN adj hyalin

hyalite [jalit] nf **a** (Minér) hyalite

b (Méd) hyalitis

hyaloïde [jalɔid] adj hyaloid

hybridation [ibʀidasjɔ̃] → SYN nf hybridization

hybride [ibʀid] → SYN adj, nm hybrid

hybrider [ibʀide] → SYN ▸ conjug 1 ◂ vt to hybridize

hybridisme [ibʀidism] nm hybridism

hybridité [ibʀidite] nf hybridity

hybridome [ibʀidom] nm hybridoma

hydarthrose [idaʀtʀoz] nf hydrarthrosis

hydatide [idatid] nf hydatid

hydatique [idatik] adj hydatid (épith)

hydne [idn] nm hydnum

hydracide [idʀasid] nm hydracid

hydramnios [idʀamnjos] nm hydramnios

hydrant [idʀɑ̃] nm, **hydrante** [idʀɑ̃t] nf (Helv) fire hydrant

hydrargyre [idʀaʀʒiʀ] nm hydrargyrum

hydrargyrisme [idʀaʀʒiʀism] nm hydrargyria, hydrargyrism

hydratable [idʀatabl] adj which can be hydrated

hydratant, e [idʀatɑ̃, ɑ̃t] **1** adj moisturizing

2 nm moisturizer

hydratation [idʀatasjɔ̃] nf (Chim, Méd) hydration; [peau] moisturizing

hydrate [idʀat] nm hydrate ◆ **hydrate de carbone** carbohydrate

hydrater [idʀate] → SYN ▸ conjug 1 ◂ **1** vt (gén) to hydrate; peau to moisturize

2 **s'hydrater** vpr to become hydrated

hydraulicien, -ienne [idʀolisjɛ̃, jɛn] nmf hydraulics specialist

hydraulique [idʀolik] **1** adj hydraulic ◆ **énergie hydraulique** hydraulic energy ◆ **presse hydraulique** hydraulic press ◆ **station hydraulique** waterworks (sg) ◆ (Aut) **circuit hydraulique** hydraulic circuit ◆ **freins hydrauliques** hydraulic brakes

2 nf hydraulics (sg)

hydravion [idʀavjɔ̃] nm seaplane, hydroplane

hydrazine [idʀazin] nf hydrazine

hydre [idʀ(ə)] → SYN nf **a** (Myth) **l'hydre de Lerne** the Lernaean Hydra ◆ (fig) **l'hydre du racisme** the hydra of racism

b (Zool) hydra ◆ **hydre d'eau douce** freshwater hydra

hydrique [idʀik] adj water (épith)

hydrocarbonate [idʀokaʀbɔnat] nm hydrocarbonate

hydrocarboné, e [idʀokaʀbɔne] adj (Chim) hydrocarbonic

hydrocarbure [idʀokaʀbyʀ] nm hydrocarbon ◆ **hydrocarbures saturés / insaturés** saturated / unsaturated hydrocarbons

hydrocèle [idʀɔsɛl] nf hydrocele

hydrocéphale [idʀɔsefal] **1** adj hydrocephalic, hydrocephalous

2 nmf person suffering from hydrocephalus

hydrocéphalie [idʀɔsefali] nf hydrocephalus

hydrocoralliaire [idʀokɔʀaljɛʀ] nm hydrocoralline

hydrocortisone [idʀokɔʀtizɔn] nf hydrocortisone

hydrocotyle [idʀɔkɔtil] nf marsh pennywort

hydrocraquage [idʀokʀakaʒ] nm hydrocracking

hydrocution [idʀɔkysjɔ̃] nf (Méd) immersion syncope

hydrodynamique [idʀodinamik] **1** adj hydrodynamic

2 nf hydrodynamics (sg)

hydro(-)électricité [idʀoelɛktʀisite] nf hydroelectricity

hydro(-)électrique [idʀoelɛktʀik] adj hydroelectric

hydrofoil [idʀofɔjl] nm hydrofoil *(boat)*

hydrofuge [idʀɔfyʒ] adj peinture waterproof, water-repellent

hydrofuger [idʀɔfyʒe] ▸ conjug 3 ◂ vt to waterproof

hydrogénation [idʀɔʒenasjɔ̃] nf hydrogenation

hydrogéné, e [idʀɔʒene] adj hydrogenated, hydrogenized

hydrogène [idʀɔʒɛn] nm hydrogen ◆ **hydrogène lourd** heavy hydrogen → **bombe**

hydrogéner [idʀɔʒene] ▸ conjug 6 ◂ vt to hydrogenate, hydrogenize

hydroglisseur [idʀoglisœʀ] nm hydroplane, jet-foil

hydrographe [idʀɔgʀaf] nm hydrographer

hydrographie [idʀɔgʀafi] → SYN nf hydrography

hydrographique [idʀɔgʀafik] adj hydrographic(al)

hydrolase [idʀɔlaz] nf hydrolase

hydrolat [idʀɔla] nm hydrol

hydrolithe [idʀɔlit] nf calcium hybride, hydrolith

hydrologie [idʀɔlɔʒi] nf hydrology

hydrologique [idʀɔlɔʒik] adj hydrologic(al)

hydrologiste [idʀɔlɔʒist] nmf, **hydrologue** [idʀɔlɔg] nmf hydrologist

hydrolysable [idʀɔlizabl] adj hydrolysable

hydrolyse [idʀɔliz] nf hydrolysis

hydrolyser [idʀɔlize] ▸ conjug 1 ◂ vt to hydrolyse

hydromécanique [idʀomekanik] adj hydromechanic

hydromel [idʀɔmɛl] nm mead

hydromètre [idʀɔmɛtʀ] 1 nm (Tech) hydrometer
2 nf (Zool) hydrometrid

hydrométrie [idʀɔmetʀi] nf hydrometry

hydrométrique [idʀɔmetʀik] adj hydrometric(al)

hydronéphrose [idʀonefʀoz] nf hydronephrosis

hydrophile [idʀɔfil] 1 adj lentilles cornéennes hydrophilic → **coton**
2 nm (Zool) great silver beetle

hydrophobe [idʀɔfɔb] adj, nmf hydrophobic

hydrophobie [idʀɔfɔbi] nf hydrophobia

hydrophone [idʀɔfɔn] nm hydrophone

hydropique [idʀɔpik] 1 adj dropsical, hydropic(al)
2 nmf person suffering from dropsy

hydropisie [idʀɔpizi] nf dropsy

hydropneumatique [idʀopnømatik] adj hydropneumatic

hydroponique [idʀɔpɔnik] adj hydroponic

hydroptère [idʀɔptɛʀ] nm hydrofoil *(boat)*

hydropulseur [idʀopylsœʀ] nm [dentiste] water sprayer

hydroquinone [idʀokinɔn] nf hydroquinone, hydroquinol

hydrosilicate [idʀosilikat] nm hydrosilicate

hydrosoluble [idʀosɔlybl] adj water-soluble

hydrosphère [idʀɔsfɛʀ] nf hydrosphere

hydrostatique [idʀɔstatik] 1 adj hydrostatic
2 nf hydrostatics (sg)

hydrothérapie [idʀoteʀapi] → SYN nf (traitement) hydrotherapy; (science) hydrotherapeutics (sg)

hydrothérapique [idʀoteʀapik] adj (→ **hydrothérapie**) hydrotherapic; hydrotherapeutic

hydrothermal, e, mpl **-aux** [idʀotɛʀmal, o] adj hydrothermal

hydrothorax [idʀotɔʀaks] nm hydrothorax

hydrotimètre [idʀɔtimɛtʀ] nm hydrotimeter

hydrotimétrie [idʀɔtimetʀi] nf hydrotimetry

hydroxyde [idʀɔksid] nm hydroxide

hydroxylamine [idʀɔksilamin] nf hydroxylamine

hydroxyle [idʀɔksil] nm hydroxyl

hydrozoaires [idʀozɔɛʀ] nmpl ◆ **les hydrozoaires** hydrozoans, the Hydrozoa (spéc)

hydrure [idʀyʀ] nm hydride

hyène [jɛn] nf hyena

Hygiaphone ® [iʒjafɔn] nm Hygiaphone ®

hygiène [iʒjɛn] → SYN nf hygiene; (science) hygienics (sg), hygiene; (Scol) health education ◆ **ça manque d'hygiène** it's unhygienic ◆ **hygiène corporelle** personal hygiene ◆ [femme] **hygiène intime** feminine hygiene ◆ **hygiène mentale / publique** mental / public health ◆ **hygiène du travail** industrial hygiene ◆ **hygiène alimentaire** food hygiene ◆ **pour une meilleure hygiène de vie** for a healthier life ◆ **avoir de l'hygiène** to be fastidious about one's personal hygiene ◆ **n'avoir aucune hygiène** to have no sense of hygiene

hygiénique [iʒjenik] → SYN adj hygienic ◆ **promenade hygiénique** constitutional (walk) → **papier, seau, serviette**

hygiéniquement [iʒjenikmɑ̃] → SYN adv hygienically

hygiéniste [iʒjenist] nmf hygienist

hygroma [igʀɔma] nm hygroma

hygromètre [igʀɔmɛtʀ] nm hygrometer ◆ **hygromètre à cheveu** hair hygrometer

hygrométrie [igʀɔmetʀi] nf hygrometry

hygrométrique [igʀɔmetʀik] adj hygrometric

hygrophile [igʀɔfil] adj hygrophilous

hygroscope [igʀɔskɔp] nm hygroscope

hygroscopie [igʀɔskɔpi] nf hygrometry

hygroscopique [igʀɔskɔpik] adj hygroscopic

hygrostat [igʀɔsta] nm hygrostat

hymen [imɛn] → SYN nm (littér: mariage) marriage; (Anat) hymen

hyménée [imene] nm marriage

hyménium [imenjɔm] nm hymenium

hyménomycètes [imenomisɛt] nmpl ◆ **les hyménomycètes** the Hymenochaete (spéc)

hyménoptère [imenɔptɛʀ] nm ◆ **hyménoptères** Hymenoptera

hymne [imn] → SYN nm (Littérat, Rel) hymn ◆ (fig) **son discours était un hymne à la liberté** his speech was a hymn to liberty ◆ **hymne national** national anthem ◆ (Mus) **"Hymne à la joie"** "Ode to Joy"

hyoïde [jɔid] adj, nm ◆ **(os) hyoïde** hyoid (bone)

hyoïdien, -ienne [jɔidjɛ̃, jɛn] adj hyoid(al), hyoidean

hypallage [ipa(l)laʒ] nf hypallage

hyper... [ipɛʀ] préf hyper...

hyperacidité [ipɛʀasidite] nf hyperacidity

hyperacousie [ipɛʀakuzi] nf hyperacusis, hyperacusia

hyperactif, -ive [ipɛʀaktif, iv] adj hyperactive

hyperactivité [ipɛʀaktivite] nf hyperactivity

hyperalgésie [ipɛʀalʒezi] nf hyperalg(es)ia

hyperalgésique [ipɛʀalʒezik] adj hyperalg(es)ic

hyperalgie [ipɛʀalʒi] nf hyperalg(es)ia

hyperalgique [ipɛʀalʒik] adj hyperalg(es)ic

hyperbare [ipɛʀbaʀ] adj hyperbaric

hyperbate [ipɛʀbat] nf hyperbaton

hyperbole [ipɛʀbɔl] → SYN nf (Math) hyperbola; (Littérat) hyperbole

hyperbolique [ipɛʀbɔlik] → SYN adj (Math, Littérat) hyperbolic

hyperboliquement [ipɛʀbɔlikmɑ̃] → SYN adv hyperbolically

hyperboloïde [ipɛʀbɔlɔid] 1 adj hyperboloidal
2 nm hyperboloid

hyperboréen, -enne [ipɛʀbɔʀeɛ̃, ɛn] → SYN adj hyperborean

hypercalcémie [ipɛʀkalsemi] nf hypercalcaemia (Brit), hypercalcemia (US)

hyperchlorhydrie [ipɛʀklɔʀidʀi] nf hyperchlorhydria

hypercholestérolémie [ipɛʀkɔlɛsteʀɔlemi] nf hypercholesterolaemia (Brit), hypercholesterolemia (US)

hypercholestérolémique [ipɛʀkɔlɛsteʀɔlemik] 1 adj hypercholesterolaemic (Brit), hypercholesterolemic (US)
2 nmf person suffering from hypercholesterolaemia

hyperchrome [ipɛʀkʀom] adj hyperchromic ◆ (Méd) **anémie hyperchrome** hyperchromic anaemia

hyperchromie [ipɛʀkʀɔmi] nf hyperchromia

hypercorrect, e [ipɛʀkɔʀɛkt] adj (Ling) hypercorrect

hypercorrection [ipɛʀkɔʀɛksjɔ̃] nf (Ling) hypercorrection

hyperdulie [ipɛʀdyli] nf hyperdulia

hyperémie [ipɛʀemi] nf hyperaemia (Brit), hyperemia (US)

hyperémotif, -ive [ipɛʀemɔtif, iv] adj excessively emotive

hyperémotivité [ipɛʀemɔtivite] nf excess emotionality

hyperespace [ipɛʀɛspas] nm hyperspace

hyperesthésie [ipɛʀɛstezi] → SYN nf hyperaesthesia (Brit), hyperesthesia (US)

hyperfocal, e, mpl **-aux** [ipɛʀfɔkal, o] adj hyperfocal

hyperfréquence [ipɛʀfʀekɑ̃s] nf very ou ultra high frequency

hyperglycémie [ipɛʀglisemi] nf hyperglycaemia (Brit), hyperglycemia (US)

hyperkaliémie [ipɛʀkaljemi] nf hyperkalaemia (Brit), hyperkalemia (US)

hyperkinétique [ipɛʀkinetik] adj hyperkinetic

hyperlipémie [ipɛʀlipemi], **hyperlipidémie** [ipɛʀlipidemi] nf hyperlipidaemia (Brit), hyperlipidemia (US)

hypermarché [ipɛʀmaʀʃe] → SYN nm hypermarket, superstore

hypermètre [ipɛʀmɛtʀ] adj hypermetric

hypermétrope [ipɛʀmetʀɔp] 1 adj long-sighted, far-sighted (US), hypermetropic (spéc)
2 nmf long-sighted ou far-sighted (US) ou hypermetropic (spéc) person

hypermétropie [ipɛʀmetʀɔpi] nf long-sightedness, far-sightedness (US), hypermetropia (spéc)

hypermnésie [ipɛʀmnezi] nf hypermnesia

hypernerveux, -euse [ipɛʀnɛʀvø, øz] adj over-excitable

hypernervosité [ipɛʀnɛʀvozite] nf over-excitability

hypéron [ipeʀɔ̃] nm hyperon

hyperonyme [ipeʀɔnim] nm superordinate

hyperplasie [ipɛʀplazi] nf hyperplasia

hyperréalisme [ipɛʀʀealism] nm hyperrealism

hyperréaliste [ipɛʀʀealist] adj, nmf hyperrealist

hypersécrétion [ipɛʀsekʀesjɔ̃] nf hypersecretion

hypersensibilité [ipɛʀsɑ̃sibilite] nf hypersensitivity, hypersensitiveness ◆ (Méd) **hypersensibilité immédiate / retardée** immediate / delayed hypersensitivity

hypersensible [ipɛʀsɑ̃sibl] adj hypersensitive

hypersomniaque [ipɛʀsɔmnjak] adj, nmf hypersomniac

hypersomnie [ipɛʀsɔmni] nf hypersomnia

hypersonique [ipɛʀsɔnik] adj hypersonic

hypersustentateur, -trice [ipɛʀsystɑ̃tatœʀ, tʀis] adj ◆ **système hypersustentateur** system of flaps

hypersustentation [ipɛʀsystɑ̃tasjɔ̃] nf increased lift

hypertendu, e [ipɛʀtɑ̃dy] 1 adj suffering from high blood pressure, suffering from hypertension (spéc)
2 nm,f hypertensive

hypertensif [ipɛʀtɑ̃sif] nm hypertensor

hypertension [ipɛʀtɑ̃sjɔ̃] nf high blood pressure, hypertension (spéc) ◆ **faire de l'hypertension** to suffer from ou have high blood pressure

hypertexte [ipɛʀtɛkst] nm hypertext

hyperthermie [ipɛʀtɛʀmi] nf hyperthermia

hyperthyroïdie [ipɛʀtiʀɔidi] nf hyperthyroidism

hypertonie [ipɛʀtɔni] nf (Chim, Méd) hypertonicity

hypertonique [ipɛʀtɔnik] adj (Méd) hypertonic

hypertrophie [ipɛʀtʀɔfi] → SYN nf hypertrophy

hypertrophié, e [ipɛʀtʀɔfje] adj (lit, fig) hypertrophied

hypertrophier vt, **s'hypertrophier** vpr [ipɛʀtʀɔfje] ▸ conjug 7 ◂ to hypertrophy

hypertrophique [ipɛʀtʀɔfik] adj hypertrophic

hypervitaminose [ipɛʀvitaminoz] nf hypervitaminosis

hyphe [if] nm hypha

hypnagogique [ipnagɔʒik] adj hypnagogic

hypne [ipn] nf plume moss, hypnum (spéc)

hypnoïde [ipnɔid] adj hypnoid

hypnose [ipnoz] → SYN nf hypnosis ◆ **sous hypnose, en état d'hypnose** under hypnosis

hypnotique [ipnɔtik] → SYN adj (lit) hypnotic; (fig) hypnotic, mesmeric, mesmerizing

hypnotiser [ipnɔtize] → SYN ▸ conjug 1 ◂ vt (lit) to hypnotize; (fig) to hypnotize, mesmerize

hypnotiseur [ipnɔtizœʀ] → SYN nm hypnotist

hypnotisme [ipnɔtism] nm hypnotism

hypo... [ipɔ] préf hypo...

hypoacousie [ipoakuzi] nf hypoacusis, hypoacusia

hypoalgésie [ipoalʒezi] nf hypoalgesia

hypoallergénique [ipoalɛʀʒenik] adj, **hypoallergique** [ipoalɛʀʒik] adj hypoallergenic

hypocagne [ipɔkaɲ] nf *first year of two-year preparatory course for the arts section of the École normale supérieure*

hypocalcémie [ipokalsemi] nf hypocalcaemia (Brit), hypocalcemia (US)

hypocalorique [ipokalɔʀik] adj aliment low-calorie (épith)

hypocauste [ipokost] nm hypocaust

hypocentre [iposɑ̃tʀ] nm hypocentre

hypochloreux [ipoklɔʀø] adj m ◆ **acide hypochloreux** hypochlorous acid

hypochlorhydrie [ipoklɔʀidʀi] nf hypochlorhydria

hypochlorite [ipoklɔʀit] nm hypochlorite

hypochrome [ipokʀom] adj hypochromic ◆ (Méd) **anémie hypochrome** hypochromic anaemia

hypochromie [ipokʀomi] nf hypochromia

hypocondre [ipɔkɔ̃dʀ] nm (Anat) hypochondrium

hypocondriaque [ipɔkɔ̃dʀijak] → SYN 1 adj (Méd) hypochondriac; (mélancolique) gloomy 2 nmf hypochondriac; gloomy type

hypocondrie [ipɔkɔ̃dʀi] → SYN nf hypochondria

hypocoristique [ipɔkɔʀistik] adj, nm hypocoristic

hypocras [ipɔkʀɑs] nm hippocras

hypocrisie [ipɔkʀizi] → SYN nf hypocrisy

hypocrite [ipɔkʀit] → SYN 1 adj hypocritical 2 nmf hypocrite

hypocritement [ipɔkʀitmɑ̃] adv hypocritically

hypocycloïde [iposiklɔid] nf hypocycloid

hypoderme [ipɔdɛʀm] nm (Anat) hypodermis ◆ (Zool) **les hypodermes** the Hypoderma (spéc)

hypodermique [ipɔdɛʀmik] adj hypodermic

hypodermose [ipɔdɛʀmoz] nf hypodermosis

hypogastre [ipɔgastʀ] nm hypogastrium

hypogastrique [ipɔgastʀik] adj hypogastric

hypogé, e[1] [ipɔʒe] → SYN adj (Bot, Zool) hypogeal, hypogeous

hypogée[2] [ipɔʒe] → SYN nm (Archéol) hypogeum

hypoglosse [ipɔglɔs] 1 adj hypoglossal 2 nm hypoglossus

hypoglycémie [ipoglisemi] nf hypoglycaemia (Brit), hypoglycemia (US)

hypoglycémique [ipoglisemik] 1 adj hypoglycaemic (Brit), hypoglycemic (US) 2 nmf person suffering from hypoglycaemia

hypogyne [ipɔʒin] adj hypogynous

hypokaliémie [ipokaljemi] nf hypokalaemia (Brit), hypokalemia (US)

hypokhâgne [ipɔkaɲ] nf ⇒ **hypocagne**

hyponyme [ipɔnim] nm hyponym

hypophosphite [ipofɔsfit] nm hypophosphite

hypophosphoreux, -euse [ipofɔsfɔʀø, øz] adj ◆ **acide hypophosphoreux** hypophosphorous acid

hypophosphorique [ipofɔsfɔʀik] adj ◆ **acide hypophosphorique** hypophosphoric acid

hypophysaire [ipɔfizɛʀ] adj pituitary, hypophyseal (spéc)

hypophyse [ipɔfiz] nf pituitary gland, hypophysis (spéc)

hyposcenium [ipɔsenjɔm] nm (mur) hyposcenium

hyposécrétion [iposekʀesjɔ̃] nf hyposecretion

hyposodé, e [iposɔde] adj low-salt (épith), low in salt (attrib)

hypostase [ipɔstɑz] nf (Méd, Rel) hypostasis

hypostatique [ipɔstatik] adj hypostatic

hypostyle [ipɔstil] adj hypostyle

hypotaupe [ipotop] nf *first year of two-year preparatory course for the science section of the Grandes Écoles*

hypotendu, e [ipotɑ̃dy] 1 adj suffering from low blood pressure, suffering from hypotension (spéc) 2 nm,f hypotensive

hypotenseur [ipotɑ̃sœʀ] 1 adj antihypertensive 2 nm antihypertensive medicine

hypotensif, -ive [ipotɑ̃sif, iv] adj hypotensive

hypotension [ipotɑ̃sjɔ̃] nf low blood pressure, hypotension (spéc)

hypoténuse [ipɔtenyz] nf hypotenuse

hypothalamique [ipɔtalamik] adj hypothalamic

hypothalamus [ipɔtalamys] nm hypothalamus

hypothécable [ipɔtekabl] adj mortgageable

hypothécaire [ipɔtekɛʀ] adj hypothecary ◆ **garantie hypothécaire** mortgage security ◆ **marché hypothécaire** mortgage market ◆ **prêt hypothécaire** mortgage loan

hypothénar [ipɔtenaʀ] nm hypothenar

hypothèque [ipɔtɛk] → SYN nf a (Jur) mortgage ◆ (fig) **prendre une hypothèque sur l'avenir** to mortgage the future b (obstacle) hurdle, obstacle ◆ (Pol) **lever l'hypothèque** to take away the obstacle

hypothéquer [ipɔteke] → SYN ▸ conjug 6 ◂ vt maison to mortgage; créance to secure (by mortgage); (fig) avenir to mortgage

hypothermie [ipɔtɛʀmi] nf hypothermia

hypothèse [ipɔtɛz] → SYN nf hypothesis, surmise, assumption ◆ **émettre l'hypothèse que ...** to theorize that ..., make the assumption that ... ◆ **l'hypothèse du suicide n'a pas été écartée** the possibility of suicide has not been ruled out ◆ **en toute hypothèse** in any case, no matter what happens ◆ **dans l'hypothèse où** on the assumption that ◆ **dans la meilleure des hypothèses** at an optimistic estimate ◆ **hypothèse de travail** working hypothesis ◆ **je le pense mais ce n'est qu'une hypothèse** I think so but it's only a hypothesis ou I'm just hypothesizing ◆ **en être réduit aux hypothèses** to be reduced to guessing ◆ **hypothèse d'école** purely hypothetical case

hypothéticodéductif, -ive [ipɔtetikodedyktif, iv] adj hypothetico-deductive

hypothétique [ipɔtetik] → SYN adj hypothetical ◆ (Jur) **cas hypothétique** moot case

hypothétiquement [ipɔtetikmɑ̃] adv hypothetically

hypothyroïdie [ipotiʀɔidi] nf hypothyroidism

hypotonie [ipɔtoni] nf (Chim, Méd) hypotonicity

hypotonique [ipɔtɔnik] adj (Chim) hypotonic

hypotrophie [ipɔtʀɔfi] nf hypotrophy

hypovitaminose [ipovitaminoz] nf hypovitaminosis

hypoxémie [ipɔksemi] nf (Méd, Physiol) hypoxaemia (Brit), hypoxemia (US)

hypoxie [ipɔksi] nf hypoxia

hypsomètre [ipsɔmɛtʀ] nm (Phys) hypsometer

hypsométrie [ipsɔmetʀi] nf (mesure) hypsometry; (représentation) hypsography

hypsométrique [ipsɔmetʀik] adj hypsometric(al)

hysope [izɔp] nf hyssop

hystérectomie [isteʀɛktɔmi] nf hysterectomy

hystérésis [isteʀezis] nf hysteresis

hystérie [isteʀi] → SYN nf hysteria ◆ **hystérie collective** mass hysteria

hystériforme [isteʀifɔʀm] adj hysteriform

hystérique [isteʀik] → SYN 1 adj hysterical 2 nmf (Méd) hysteric ◆ (péj) **c'est un hystérique** he's the hysterical sort

hystéro* [isteʀo] nf abrév de **hystérographie**

hystérographie [isteʀogʀafi] nf hysterography

hystérosalpingographie [isteʀɔsalpɛ̃gogʀafi] nf hysterosalpingography

hystérotomie [isteʀɔtɔmi] nf hysterotomy

Hz (abrév de **hertz**) Hz

I

I, i [i] nm (lettre) I, i → **droit**[2], **point**[1]

IA [ia] nf (abrév de **intelligence artificielle**) AI

IAC [iase] nf (abrév de **insémination artificielle entre conjoints**) AIH

IAD [iade] nf (abrév de **insémination artificielle avec donneur**) DI

iambe [jɑ̃b] → SYN nm (Littérat) (pied) iambus, iambic ; (vers, poème) iambic

iambique [jɑ̃bik] adj iambic

IAO [iao] nf (abrév de **ingénierie assistée par ordinateur**) CAE

iatrogène [jatʀɔʒɛn], **iatrogénique** [jatʀɔʒenik] adj iatrogenic

ibère [ibɛʀ] → SYN 1 adj Iberian
2 nmf ◆ **Ibère** Iberian

ibérique [ibeʀik] 1 adj Iberian ◆ **la péninsule Ibérique** the Iberian Peninsula
2 nmf ◆ **Ibérique** Iberian

ibéris [ibeʀis] nm iberis

ibid. [ibid], **ibidem** [ibidɛm] adv ibid., ibidem

ibis [ibis] → SYN nm ibis

Ibiza [ibiza] nf Ibiza

Icare [ikaʀ] nm Icarus

icarien, -ienne [ikaʀjɛ̃, jɛn] adj Icarian ◆ **mer icarienne** Icarian Sea ◆ **jeux icariens** Risley acts

ICBM [isebeɛm] nm inv (abrév de **intercontinental ballistic missile**) ICBM

iceberg [isbɛʀg, ajsbɛʀg] nm iceberg → **partie**[2]

icelui [isəlɥi], **icelle** [isɛl], pl **iceux** [isø], **icelles** [isɛl] pron (††, Jur, hum) ⇒ **celui-ci, celle-ci, ceux-ci, celles-ci** ; → **celui**

ichneumon [iknømɔ̃] nm ichneumon fly ou wasp

ichtyol® [iktjɔl] nm Ichtyol®

ichtyologie [iktjɔlɔʒi] nf ichthyology

ichtyologique [iktjɔlɔʒik] adj ichthyologic(al)

ichtyologiste [iktjɔlɔʒist] nmf ichthyologist

ichtyophage [iktjɔfaʒ] adj ichthyophagous

ichtyornis [iktjɔʀnis] nm ichthyornis

ichtyosaure [iktjozɔʀ] nm ichthyosaur

ichtyose [iktjoz] nf fishskin disease, ichthyosis (spéc)

ici [isi] → SYN adv **a** (spatial) here ◆ **ici !** (à un chien) here ! ◆ **loin / près d'ici** far from / near here ◆ **il y a 10 km d'ici à Paris** it's 10 km from here to Paris ◆ **c'est à 10 minutes d'ici** it's 10 minutes away (from here) ◆ **passez par ici** come this way ◆ **par ici s'il vous plaît** this way please ◆ **ici même** on this very spot, in this very place ◆ **c'est ici que** this is the place where, it is (ou was) here that ◆ **ici on est un peu isolé** we're a bit cut off (out) here ◆ **le bus vient jusqu'ici** ou **s'arrête ici** the bus comes as far as this ou this far
b (temporel) **d'ici demain / la fin de la semaine** by tomorrow / the end of the week ◆ **d'ici peu** before (very) long, shortly ◆ **d'ici là** between now and then, before then, in the meantime ◆ **jusqu'ici** (up) until now ; (dans le passé) (up) until then ◆ **d'ici à ce qu'il se retrouve en prison, ça ne va pas être long** it won't be long before he lands up in jail (again) ◆ **d'ici à ce qu'il accepte, ça risque de faire long** it might be (quite) some time before he says yes ◆ **le projet lui plaît, mais d'ici à ce qu'il accepte !** he likes the plan, but there's a difference between just liking it and actually agreeing to it ! ◆ **d'ici à l'an 2000** by the year 2000
c LOC **ils sont d'ici / ne sont pas d'ici** they are / aren't local ou from around here ou from this area ◆ **les gens d'ici** the local people ◆ **je vois ça d'ici !*** I can just see that ! ◆ **tu vois d'ici la situation / sa tête !*** you can (just) imagine the situation / the look on his face ! ◆ **vous êtes ici chez vous** please make yourself (quite) at home ◆ **ici présent** here present ◆ **« ici Alain Proviste »** (au téléphone) "Alain Proviste speaking ou here" ; (à la radio) "this is Alain Proviste" ◆ **« ici Radio Luxembourg »** "this is Radio Luxembourg" ◆ **ici et là** here and there ◆ **ici comme ailleurs** ou **partout** here as anywhere else ◆ (Rel, hum) **ici-bas** here below ◆ **les choses d'ici-bas** things of this world ou of this life ◆ **la vie d'ici-bas** life here below ◆ (au marché) **par ici, Mesdames, par ici les belles laitues !** this way, ladies, lovely lettuces this way ! ou over here ! ◆ **par ici la sortie** this way out ◆ **par ici la bonne soupe !*** roll up ! roll up ! and hand over your money ! ◆ (dans le coin) **par ici** around here

icone [ikon] nm icon, ikon

icône [ikon] nf (peinture, Ordin) icon

iconicité [ikɔnisite] nf iconicity

iconique [ikɔnik] adj iconic(al)

iconoclasme [ikɔnɔklasm] nm iconoclasm

iconoclaste [ikɔnɔklast] → SYN 1 nmf iconoclast
2 adj iconoclastic

iconographe [ikɔnɔgʀaf] nmf iconographer

iconographie [ikɔnɔgʀafi] → SYN nf (étude) iconography ; (images) (collection of) illustrations

iconographique [ikɔnɔgʀafik] adj iconographic(al)

iconolâtre [ikɔnɔlɑtʀ] → SYN nmf iconolater

iconolâtrie [ikɔnɔlɑtʀi] nf iconolatry

iconologie [ikɔnɔlɔʒi] nf iconology

iconologiste [ikɔnɔlɔʒist], **iconologue** [ikɔnɔlɔg] nmf iconologist

iconoscope [ikɔnɔskɔp] nm iconoscope

iconostase [ikɔnɔstɑz] nf iconostas(is)

icosaédral, e, mpl **-aux** [ikozaedʀal, o] adj icosahedral

icosaèdre [ikozaɛdʀ] nm icosahedron

ictère [iktɛʀ] → SYN nm icterus

ictérique [ikteʀik] 1 adj icteric
2 nmf person suffering from icterus

ictus [iktys] → SYN nm (Littérat, Méd) ictus

id. (abrév de **idem**) ditto, idem

Idaho [idao] nm Idaho

ide [id] → SYN nm ide

idéal, e, mpl **-als** ou **-aux** [ideal, o] → SYN 1 adj (imaginaire) ideal ; (rêvé, parfait) maison, vacances ideal ; perfection absolute
2 nm **a** (modèle, aspiration) ideal ; (valeurs morales) ideals ◆ **l'idéal démocratique** the democratic ideal ◆ **il n'a pas d'idéal** he has no ideal in life, he hasn't any ideals
b (le mieux) **l'idéal serait qu'elle l'épouse** the ideal thing ou solution would be for her to marry him, it would be ideal if she were to marry him ou if she married him ◆ **ce n'est pas l'idéal** it's not ideal ou great* ◆ **dans l'idéal c'est ce qu'il faudrait faire** ideally that's what we should do

idéalement [idealmɑ̃] adv ideally

idéalisateur, -trice [idealizatœʀ, tʀis] 1 adj idealizing
2 nm,f idealizer

idéalisation [idealizasjɔ̃] → SYN nf idealization

idéaliser [idealize] → SYN ▸ conjug 1 ◂ vt to idealize

idéalisme [idealism] → SYN nm idealism

idéaliste [idealist] → SYN 1 adj (gén) idealistic ; (Philos) idealist
2 nmf idealist

idéalité [idealite] nf ideality, idealness

idéation [ideasjɔ̃] → SYN nf ideation

idée [ide] → SYN GRAMMAIRE ACTIVE 1, 6.2, 26.1, 26.3, 26.5
1 nf **a** (concept) idea ◆ **l'idée de nombre / de beauté** the idea of number / of beauty ◆ **l'idée que les enfants se font du monde** the idea ou concept children have of the world ◆ **c'est lui qui a eu le premier l'idée d'un moteur à réaction** it was he who first thought of ou conceived the idea of the jet engine, he was the first to hit upon the idea of the jet engine

b (pensée) idea ◆ **il a eu l'idée** ou **l'idée lui est venue de faire** he had the idea ou hit upon the idea of doing, the idea occurred to him to do ◆ **l'idée ne lui viendrait jamais de nous aider** it would never occur to him to help us, he would never think of helping us ◆ **ça m'a donné l'idée qu'il ne viendrait pas** that made me think that he wouldn't come ◆ **à l'idée de faire qch / de qch** at the idea ou thought of doing sth / of sth ◆ **tout est dans l'idée qu'on s'en fait** it's all in the mind ◆ **avoir une idée derrière la tête** to have something at the back of one's mind ◆ **rassembler ses idées** to collect one's thoughts ◆ **perdre le fil de ses idées** to lose one's train of thought ◆ **sauter d'une idée à une autre** to change subject(s) abruptly ◆ **remettre les idées en place à qn** to teach sb a thing or two ◆ **idée directrice** driving principle → **changer, haut, ordre**[1] etc

c (illusion) idea ◆ **tu te fais des idées** you're imagining things ◆ **ne te fais pas des idées** don't get ideas into your head ◆ **ça pourrait lui donner des idées** it might give him ideas ou put ideas into his head ◆ **quelle idée !** the (very) idea !, what an idea ! ◆ **il a de ces idées !** the ideas he has !, the things he thinks up ! ◆ **on n'a pas idée (de faire des choses pareilles) !*** it's incredible (doing things like that) !

d (suggestion) idea ◆ **son idée est meilleure** his idea is better ◆ **quelques idées pour votre jardin / vos menus** a few ideas ou suggestions for your garden / for meals to make ◆ **de nouvelles idées-vacances / idées-rangement** some new holiday / storage tips ou hints ◆ **idée-cadeau** gift idea

e (vague notion) idea ◆ **donner à qn / se faire une idée des difficultés** to give sb / get an ou some idea of the difficulties ◆ **avez-vous une idée** ou **la moindre idée de l'heure / de son âge ?** have you got any idea of the time / of his age ? ◆ **je n'en ai pas la moindre idée** I haven't the faintest ou least ou slightest idea ◆ **vous n'avez pas idée de sa bêtise** you have no idea how stupid he is, you have no conception of his stupidity ◆ **j'ai (comme une) idée qu'il n'acceptera pas** I (somehow) have an idea ou a feeling ou I have a sort of feeling that he won't accept

f (opinion) **idées** ideas, views ◆ **idées politiques / religieuses** political / religious ideas ou views ◆ **avoir des idées avancées** to have progressive ideas ◆ **ce n'est pas dans ses idées** he doesn't hold with these views ◆ **avoir des idées larges / étroites** to be broad-minded / narrow-minded ◆ (péj) **avoir les idées courtes** to have limited ideas, not to think very deeply ◆ **j'ai mon idée** ou **ma petite idée sur la question** I have my own opinion on the subject

g (goût, conception personnelle) ideas ◆ **juger selon** ou **à son idée** to judge in accordance with one's own ideas ◆ **agir selon** ou **à son idée** to act ou do as one sees fit ◆ **il n'en fait qu'à son idée** he does just as he likes ◆ **pour être décorateur il faut de l'idée** ou **un peu d'idée** to be a decorator you have to have some imagination ou a few ideas ◆ **il y a de l'idée*** (dessin, projet) there's something in it ; (décoration intérieure) it's got (a certain) something

h (esprit) **avoir dans l'idée que** to have an idea that, have it in one's mind that ◆ **il a dans l'idée de partir au Mexique** he's thinking of going to Mexico ◆ **ça m'est sorti de l'idée** it went clean* ou right out of my mind ou head ◆ **cela ne lui viendrait jamais à l'idée** it would never occur to him ou enter his head ◆ **on ne m'ôtera pas de l'idée qu'il a menti** you won't get me to believe that he didn't lie ◆ **il s'est mis dans l'idée de faire** he took ou got it into his head to do

2 COMP ▷ **idée fixe** idée fixe, obsession ▷ **idée de génie, idée lumineuse** brilliant idea, brainwave ▷ **idées noires** black ou gloomy thoughts ▷ **idée reçue** generally accepted idea, received idea

idée-force, pl **idées-forces** [idefɔʀs] nf strong point, key idea

idéel, -elle [ideɛl] → SYN adj ideal

idem [idɛm] → SYN adv ditto, idem ◆ **il a mauvais caractère et son frère idem*** he's bad-tempered and so is his brother ou and his brother's the same ◆ **une bière – idem pour moi*** a beer – (the) same for me

identifiable [idɑ̃tifjabl] → SYN adj identifiable

identificateur, -trice [idɑ̃tifikatœʀ, tʀis] 1 adj identifying (épith), identity (épith) 2 nm a (à la morgue) morgue employee b (Ling, Ordin) identifier

identification [idɑ̃tifikasjɔ̃] → SYN nf identification (*à, avec* with)

identifier [idɑ̃tifje] → SYN ▸ conjug 7 ◂ 1 vt (reconnaître) to identify ◆ (assimiler à) **identifier qch / qn à** ou **avec** ou **et** to identify sth / sb with

2 **s'identifier** vpr ◆ **s'identifier à** (se mettre dans la peau de) personnage, héros to identify with ; (être l'équivalent de) to identify o.s. with, become identified with

identique [idɑ̃tik] → SYN adj identical (*à* to) ◆ **elle reste toujours identique à elle-même** she never changes, she's always the same ◆ **cette maison a été refaite à l'identique** this house was restored to its original state

identiquement [idɑ̃tikmɑ̃] adv identically

identitaire [idɑ̃titɛʀ] adj identity (épith)

identité [idɑ̃tite] → SYN nf a (similarité) identity, similarity ; (Math, Psych : égalité) identity ◆ **une identité de goûts les rapprocha** (their) similar tastes brought them together

b (Admin) identity ◆ **identité culturelle** cultural identity ◆ **identité d'emprunt** assumed ou borrowed identity ◆ **vérification / papiers d'identité** identity check / papers ◆ **l'Identité judiciaire** ≃ the Criminal Records Office → **carte, pièce**

idéogramme [ideɔgʀam] → SYN nm ideogram

idéographie [ideɔgʀafi] nf ideography

idéographique [ideɔgʀafik] adj ideographic(al)

idéologie [ideɔlɔʒi] → SYN nf ideology

idéologique [ideɔlɔʒik] adj ideological

idéologue [ideɔlɔg] → SYN nmf ideologist

idéomoteur, -trice [ideomɔtœʀ, tʀis] adj ideomotor

ides [id] nfpl (Antiq) ides ◆ **les ides de mars** the ides of March

id est [idɛst] loc conj id est

idiolecte [idjɔlɛkt] nm idiolect

idiomatique [idjɔmatik] adj idiomatic ◆ **expression idiomatique** idiom, idiomatic expression

idiome [idjom] → SYN nm (Ling) idiom

idiosyncrasie [idjosɛ̃kʀazi] → SYN nf idiosyncrasy

idiot, e [idjo, idjɔt] → SYN 1 adj action, personne, histoire, erreur idiotic, stupid ; accident stupid ; († : Méd) idiotic ◆ **dis-le moi, je ne veux pas mourir idiot*** tell me, I don't want to go to my grave without knowing ou I don't want to die in ignorance ◆ **bronzer / manger idiot*** to do nothing but sunbathe / eat

2 nm,f (gén) idiot, fool ; († : Méd) idiot ◆ **ne fais pas l'idiot*** (n'agis pas bêtement) don't be an idiot ou a fool ; (ne simule pas la bêtise) stop acting stupid* ◆ **l'idiot du village** the village idiot ◆ (Littérat) **"L'Idiot"** "The Idiot"

idiotement [idjɔtmɑ̃] adv idiotically, stupidly, foolishly

idiotie [idjɔsi] → SYN nf a [action, personne] idiocy, stupidity ; (Méd) idiocy

b (action) idiotic ou stupid ou foolish thing to do ; (parole) idiotic ou stupid ou foolish thing to say ; (livre, film) rubbish (NonC) (Brit), trash (NonC) ◆ **ne va pas voir cette idiotie** ou **de telles idioties** don't go and see such rubbish ou such an idiotic ou such a stupid film (ou play etc) ◆ **et ne dis / fais pas d'idioties** and don't say / do anything stupid ou idiotic

idiotisme [idjɔtism] → SYN nm idiom, idiomatic phrase

idoine [idwan] → SYN adj (Jur, hum : approprié) appropriate, fitting

idolâtre [idɔlɑtʀ] → SYN 1 adj (Rel, fig) idolatrous (*de* of)

2 nm (Rel) idolater

3 nf (Rel) idolatress

idolâtrer [idɔlɑtʀe] → SYN ▸ conjug 1 ◂ vt to idolize

idolâtrie [idɔlɑtʀi] → SYN nf (Rel, fig) idolatry

idolâtrique [idɔlɑtʀik] adj idolatrous

idole [idɔl] → SYN nf (Rel, fig) idol

IDS [idees] nf (abrév de **initiative de défense stratégique**) SDI

idylle [idil] → SYN nf (poème) idyll ; (amour) romance, idyll ◆ **ce n'est plus l'idylle entre les patrons et les syndicats** the honeymoon is over between management and unions

idyllique [idilik] → SYN adj idyllic

i.e. (abrév de **id est**) i.e.

Iéna [jena] n Jena

Ienisseï [jenisei] nm Yenisei, Yenisey

if [if] nm a (arbre) yew (tree) ; (bois) yew b (égouttoir à bouteilles) draining rack

IFOP [ifɔp] nm (abrév de **Institut français d'opinion publique**) *French public opinion research institute,* ≃ MORI

Ifremer [ifʀəmɛʀ] nm (abrév de **Institut français de Recherche pour l'exploitation de la mer**) *French institute which researches the exploitation of marine resources*

IGF [iʒeɛf] nm (abrév de **impôt sur les grandes fortunes**) → **impôt**

igloo, iglou [iglu] nm igloo

IGN [iʒeɛn] nm (abrév de **Institut géographique national**) → **institut**

Ignace [iɲas] nm Ignatius ◆ **saint Ignace de Loyola** (St) Ignatius Loyola

igname [iɲam] nf yam

ignare [iɲaʀ] → SYN (péj) 1 adj ignorant 2 nmf ignoramus

igné, e [igne, iɲe] adj a (littér) fiery b (Géol) igneous

ignifugation [iɲifygasjɔ̃] nf fireproofing

ignifuge [iɲifyʒ] → SYN 1 adj produit fireproofing (épith)

2 nm fireproofing material ou substance

ignifugé, e [iɲifyʒe] (ptp de **ignifuger**) adj fireproof(ed)

ignifugeant, e [iɲifyʒɑ̃, ɑ̃t] 1 adj fireproof 2 nm fireproofing material ou substance

ignifuger [iɲifyʒe] ▸ conjug 3 ◂ vt to fireproof

ignipuncture, ignipuncture [ignipɔ̃ktyʀ, iɲipɔ̃ktyʀ] nf ignipuncture

ignition [iɲisjɔ̃, ignisjɔ̃] → SYN nf ignition

ignoble [iɲɔbl] → SYN adj (abject) ignoble, vile, base ; (sens affaibli : dégoûtant) vile, revolting

ignoblement [iɲɔbləmɑ̃] adv ignobly, vilely, basely

ignominie [iɲɔmini] → SYN nf a (caractère) ignominy ; (acte) ignominious ou disgraceful act ; (conduite) ignominious ou disgraceful behaviour (NonC)

b (déshonneur) ignominy, disgrace

ignominieusement [iɲɔminjøzmɑ̃] adv ignominiously

ignominieux, -ieuse [iɲɔminjø, jøz] → SYN adj ignominious

ignorance [iɲɔʀɑ̃s] → SYN nf a (inculture) ignorance ◆ (méconnaissance) **ignorance de** ignorance of ◆ **tenir qn / être dans l'ignorance de qch** to keep sb / be in ignorance of sth ou in the dark about sth ◆ **dans l'ignorance des résultats** ignorant of the results ◆ **d'une ignorance crasse*** pig ignorant*

b (manque) **de graves ignorances en anglais / en matière juridique** serious gaps in his knowledge of English / of legal matters → **pécher**

ignorant, e [iɲɔʀɑ̃, ɑ̃t] → SYN 1 adj (ne sachant rien) ignorant (*en* about) ◆ (ne connaissant pas) **ignorant de** ignorant ou unaware of ◆ **ignorant des usages, il ...** ignorant ou unaware of the customs, he ..., not knowing the customs, he ...

2 nm,f ignoramus ◆ **quel ignorant tu fais !** what an ignoramus you are ! ◆ **ne fais pas l'ignorant** stop pretending you don't know what I mean (ou what he said etc) ◆ **parler en ignorant** to speak from ignorance

ignorantin [iɲɔʀɑ̃tɛ̃] → SYN adj m, nm (Rel) Ignorantine

ignoré, e [iɲɔʀe] → SYN (ptp de **ignorer**) adj travaux, chercheurs, événement unknown

◆ **ignoré de tous** (inconnu) unknown to anybody; (boudé) ignored by all ◆ **vivre ignoré** to live in obscurity

ignorer [iɲɔʀe] → SYN ▸ conjug 1 ◂ GRAMMAIRE ACTIVE 6.3, 16.1
1 vt **a** (ne pas connaître) affaire, incident to be unaware of, not to know about ou of; fait, artiste, écrivain not to know ◆ **ignorer que** not to know that, be unaware that ◆ **ignorer comment/si** not to know how/if ◆ **vous n'ignorez certainement pas que/comment** you (will) doubtless know that/how ◆ **j'ignore tout de cette affaire** I don't know anything ou I know nothing about this business ◆ **je n'ignorais pas ces problèmes** I was (fully) aware of these problems, I was not unaware of these problems ◆ **j'ignore avoir dit cela** I am not aware of having said that → **nul**
b (être indifférent à) personne, remarque, avertissement to ignore
c (être sans expérience de) plaisir, guerre, souffrance not to know, have had no experience of ◆ (hum) **des gosses qui ignorent le savon** kids who have never seen (a cake of) soap ou who are unaware of the existence of soap ◆ **des joues qui ignorent le rasoir** cheeks that never see a razor
2 s'ignorer vpr ◆ (se méconnaître) **une tendresse qui s'ignore** an unconscious tenderness ◆ **c'est un poète qui s'ignore** he's an unconscious poet

IGPN [iʒepeɛn] nm (abrév de **Inspection générale de la police nationale**) → **inspection**

IGR [iʒeɛʀ] nm (abrév de **impôt général sur le revenu**) → **impôt**

IGS [iʒeɛs] nf (abrév de **Inspection générale des services**) → **inspection**

iguane [igwan] → SYN nm iguana

iguanodon [igwanɔdɔ̃] nm iguanodon

ikebana [ikebana] nm ikebana

il [il] pron pers m **a** (personne) he; (bébé, animal) it, he; (chose) it; (bateau, nation) she, it ◆ **ils** they ◆ **il était journaliste** he was a journalist ◆ **prends ce fauteuil, il est plus confortable** have this chair – it's more comfortable ◆ **je me méfie de son chien, il mord** I don't trust his dog – it bites ◆ **l'insecte emmagasine la nourriture qu'il trouve** the insect stores the food it finds ◆ **le Japon/le Canada a décidé qu'il n'accepterait pas** Japan/Canada decided she ou they wouldn't accept → **avoir, fumée², jeunesse**
b (impers) it ◆ **il fait beau** it's a fine day ◆ **il y a un enfant/3 enfants** there is a child/are 3 children ◆ **il est vrai que** it is true that ◆ **il faut que j'y aille** I've got to go (there) ◆ (dans un conte) **il était une fois ...** once upon a time there was ... ◆ (Ciné) **"Il était une fois dans l'Ouest"** "Once Upon a Time in the West"
c (interrog, emphatique,*: non traduit) **Paul est-il rentré?** is Paul back? ◆ **le courrier est-il arrivé?** has the mail come? ◆ **les enfants sont-ils bien couverts?** are the children warmly wrapped up? ◆ **il est si beau cet enfant/cet arbre** this child/tree is so beautiful ◆ **tu sais, ton oncle, il est arrivé*** your uncle has arrived you know

ilang-ilang, pl **ilangs-ilangs** [ilɑ̃ilɑ̃] nm ylang-ylang, ilang-ilang

île [il] → SYN **1** nf island, isle (littér) ◆ **île corallienne** coral island ◆ **île déserte** desert island ◆ (Antilles) **les Îles** the (French) West Indies ◆ (Littérat) **"L'Île au trésor"** "Treasure Island"
2 COMP ▷ **les îles Anglo-Normandes** the Channel Islands ▷ **l'île de Beauté** Corsica ▷ **les îles Britanniques** the British Isles▷ **l'Île de la Cité** the Île de la Cité ▷ **l'île du Diable** Devil's Island ▷ **les îles Féroé** the Faroe Islands ▷ **île flottante** (Culin) île flottante, floating island ▷ **île de glace** (Géog) large ice floe ▷ **les îles Ioniennes** the Ionian Islands ▷ **les îles Mariannes** the Mariana Islands ▷ **les îles Marshall** the Marshall Islands ▷ **l'île Maurice** Mauritius ▷ **l'île de Pâques** Easter Island ▷ **les îles Scilly** the Scilly Isles, the Scillies ▷ **les îles Shetland** the Shetland Islands, Shetland ▷ **les îles de la Sonde** the Sunda Islands ▷ **les îles Sorlingues** ⇒ **les îles Scilly** ▷ **l'île de la Tortue** Tortuga, La Tortue ▷ **les îles du Vent/Sous-le-Vent** the Windward/Leeward Islands ▷ **les îles Vierges** the Virgin Islands ▷ **l'île de Wight** the Isle of Wight

iléal, e, mpl **-aux** [ileal, o] adj ileac

Île-de-France [ildəfʀɑ̃s] nf ◆ **l'Île-de-France** the Île-de-France

iléite [ileit] → SYN nf ileitis

iléocæcal, e, mpl **-aux** [ileosekal, o] adj ileocaecal (Brit), ileocecal (US)

iléon [ileɔ̃] nm ileum

iléus [ileys] → SYN nm ileus

Iliade [iljad] nf ◆ (Littérat) **"L'Iliade"** "The Iliad"

iliaque [iljak] adj iliac ◆ **os iliaque** hip bone, innominate bone (spéc)

îlien, îlienne [iljɛ̃, iljɛn] → SYN nm,f islander

ilion [iljɔ̃] nm ilium

illégal, e, mpl **-aux** [i(l)legal, o] → SYN adj illegal; (Admin) unlawful; organisation, société illegal, outlawed ◆ **c'est illégal** it's illegal, it's against the law

illégalement [i(l)legalmɑ̃] adv illegally; (Admin) unlawfully

illégalité [i(l)legalite] → SYN nf illegality; [action] illegality; (Admin) unlawfulness; (acte illégal) illegality ◆ **vivre dans l'illégalité** to live outside the law ◆ **être/se mettre dans l'illégalité** to break the law

illégitime [i(l)leʒitim] → SYN adj **a** (illégal) acte, enfant illegitimate
b (non fondé) optimisme, cruauté unwarranted, unwarrantable, unfounded; prétention, revendication illegitimate

illégitimement [i(l)leʒitimmɑ̃] adv (→ **illégitime**) illegitimately; unwarrantedly, unwarrantably

illégitimité [i(l)leʒitimite] → SYN nf (→ **illégitime**) illegitimacy; unwarrantableness

illettré, e [i(l)letʀe] → SYN adj, nm,f illiterate

illettrisme [i(l)letʀism] nm illiteracy ◆ **campagne contre l'illettrisme** literacy campaign

illicite [i(l)lisit] → SYN adj illicit

illicitement [i(l)lisitmɑ̃] adv illicitly

illico* [i(l)liko] adv ◆ (tout de suite) **illico (presto)** straightaway, right away, at once, pronto*

illimité, e [i(l)limite] → SYN adj moyen, domaine, ressource unlimited, limitless; confiance boundless, unbounded, limitless; congé, durée indefinite, unlimited

Illinois [ilinwa] nm Illinois

illisibilité [i(l)lizibilite] nf illegibility

illisible [i(l)lizibl] → SYN adj (indéchiffrable) illegible, unreadable; (mauvais) unreadable

illisiblement [i(l)liziblәmɑ̃] adv illegibly

illocutionnaire [i(l)lɔkysjɔnɛʀ] adj illocutionary

illogique [i(l)lɔʒik] → SYN adj illogical

illogiquement [i(l)lɔʒikmɑ̃] adv illogically

illogisme [i(l)lɔʒism] → SYN nm illogicality

illumination [i(l)lyminasjɔ̃] → SYN nf **a** (action: → **illuminer**) lighting; illumination; floodlighting
b (lumières) **illuminations** illuminations, lights ◆ **les illuminations de Noël** the Christmas lights ou illuminations
c (inspiration) flash of inspiration; (Rel) inspiration

illuminé, e [i(l)lymine] → SYN (ptp de **illuminer**)
1 adj (→ **illuminer**) lit up (attrib); illuminated; floodlit
2 nm,f (péj: visionnaire) visionary, crank (péj)

illuminer [i(l)lymine] → SYN ▸ conjug 1 ◂ **1** vt **a** (éclairer) to light up, illuminate ◆ **illuminer au moyen de projecteurs** to floodlight
b (fig) [joie, foi, colère] to light up; (Rel) prophète, âme to enlighten, illuminate ◆ **le bonheur illuminait son visage** his face shone ou was illuminated ou was aglow with happiness, happiness lit up his face ◆ **un sourire illumina son visage** a smile lit up her face ◆ **cela va illuminer ma journée** that will brighten up my day
2 s'illuminer vpr [visage, ciel] to light up (*de* with); [rue, vitrine] to be lit up

illuminisme [i(l)lyminism] nm (Rel) illuminism

illusion [i(l)lyzjɔ̃] → SYN nf illusion ◆ **illusion d'optique** optical illusion ◆ **ne te fais aucune illusion** don't be under any illusion, don't delude ou kid* yourself ◆ **tu te fais des illusions** you're deluding ou kidding* yourself ◆ (Littérat) **"Les Illusions perdues"** "Lost Illusions" ◆ **ça donne l'illusion de grandeur** it gives an illusion of size ◆ **ça lui donne l'illusion de servir à quelque chose** ou **qu'il sert à quelque chose** it gives him the illusion ou it makes him feel that he's doing something useful ◆ **cet imposteur/ce stratagème ne fera pas illusion longtemps** this impostor/tactic won't delude ou fool people for long → **bercer, jouet**

illusionner [i(l)lyzjɔne] → SYN ▸ conjug 1 ◂
1 s'illusionner vpr to delude o.s. (*sur qch* about sth) ◆ **s'illusionner sur qn** to delude o.s. ou be mistaken about sb
2 vt (induire en erreur) to delude

illusionnisme [i(l)lyzjɔnism] nm conjuring

illusionniste [i(l)lyzjɔnist] → SYN nmf conjurer, illusionist

illusoire [i(l)lyzwaʀ] → SYN adj (trompeur) illusory, illusive

illusoirement [i(l)lyzwaʀmɑ̃] adv deceptively, illusorily

illustrateur, -trice [i(l)lystʀatœʀ, tʀis] → SYN nm,f illustrator

illustratif, -ive [i(l)lystʀatif, iv] adj illustrative

illustration [i(l)lystʀasjɔ̃] → SYN nf **a** (gravure) illustration; (exemple) illustration; (iconographie) illustrations ◆ **à l'illustration abondante** copiously illustrated
b (action, technique) illustration ◆ **l'illustration par l'exemple** illustration by example

illustre [i(l)lystʀ] → SYN adj illustrious, renowned ◆ (frm, iro) **l'illustre M. X** the illustrious Mr X ◆ (hum) **un illustre inconnu** a distinguished person of whom no one has (ever) heard (hum), a person of obscure repute (hum)

illustré, e [i(l)lystʀe] → SYN **1** adj illustrated
2 nm (journal) comic

illustrer [i(l)lystʀe] → SYN ▸ conjug 1 ◂ GRAMMAIRE ACTIVE 26.5
1 vt **a** (avec images, notes) to illustrate (*de* with) ◆ **ce fait illustre bien son caractère** that's a good illustration of his (ou her) character
b (littér: rendre fameux) to bring fame to, render illustrious (littér)
2 s'illustrer vpr [personne] to win fame ou renown, become famous (*par, dans* through)

illustrissime [i(l)lystʀisim] adj (hum ou ††) most illustrious

illuvial, e, mpl **-iaux** [i(l)lyvjal, jo] adj illuvial

illuviation [i(l)lyvjasjɔ̃] → SYN nf illuviation

illuvium [i(l)lyvjɔm] nm illuvium

ILM [iɛlɛm] nm (abrév de **immeuble à loyer moyen** ou **modéré**) → **immeuble**

îlot [ilo] → SYN nm (île) small island, islet; (bloc de maisons) block; (Comm) gondola; (fig: petite zone) island ◆ **îlot de fraîcheur/de verdure** oasis ou island of coolness/of greenery ◆ **îlot de résistance** pocket of resistance ◆ **îlot directionnel** traffic island ◆ **îlot insalubre** condemned housing block ◆ (Anat) **îlots de Langerhans** islets of Langerhans

îlotage [ilɔtaʒ] → SYN nm community policing

ilote [ilɔt] → SYN nmf (Hist) Helot; (fig) slave, serf

îlotier [ilɔtje] nm ≃ community policeman

ilotisme [ilɔtism] → SYN nm (Hist) Helotism; (fig) slavery, serfdom

image [imaʒ] → SYN **1** nf **a** (dessin) picture ◆ **les images d'un film** the frames of a film ◆ (Audiovisuel) **l'image et le son** picture and sound ◆ (Ciné, TV) **l'image est nette/floue** the picture is clear/fuzzy ◆ **popularisé par l'image** popularized by the camera ◆ **en images** on film, in pictures ◆ (TV) **apparaître à l'image** to appear on screen → **chasseur, livre¹, sage**
b image de (représentation) picture of; (ressemblance) image of ◆ **l'image du père** the

father figure ◆ **une image fidèle de la France** an accurate picture of France ◆ **ils présentent l'image du bonheur** they are the picture of happiness ◆ **fait à l'image de** made in the image of ◆ **Dieu créa l'homme à son image** God created man in his own image ◆ **donner une image saisissante de la situation** to give a striking account of the situation

c (comparaison, métaphore) image ◆ **les images chez Blake** Blake's imagery ◆ **s'exprimer par images** to express o.s. in images

d (reflet) (gén) reflection, image ; (Phys) image ◆ **regarder son image dans l'eau** to gaze at one's reflection in the water ◆ **image réelle / virtuelle** real / virtual image

e (vision mentale) image, picture ◆ **image visuelle / auditive** visual / auditory image ◆ **image de soi** self-image ◆ **se faire une image fausse / idéalisée de qch** to have a false / an idealized picture of sth

2 COMP ▷ **images d'archives** library pictures ▷ **image d'Épinal** (lit) *popular 18th/19th century print depicting traditional scenes of French life* ◆ (fig) **cette réunion familiale était une touchante image d'Épinal** the family reunion was a touching scene of traditional family life ▷ **image de marque** [produit] brand image ; [parti, firme, politicien] public image ▷ **image pieuse** holy picture ▷ **image radar** radar image ▷ **image satellite** satellite picture ▷ **image de synthèse** computer-generated image ou picture ▷ **images de synthèse** (domaine) computer graphics ; (animées) computer animation

imagé, e [imaʒe] → SYN (ptp de **imager**) adj poème, texte full of imagery (attrib) ; (euph) langage colourful

imager [imaʒe] → SYN ▸ conjug 3 ◂ vt style, langage to embellish with images

imagerie [imaʒʀi] nf (Hist : commerce) coloured-print trade, (images, gravures) prints ; (Littérat : images) imagery ◆ **imagerie par résonance magnétique** magnetic resonance imaging ◆ **l'imagerie médicale** medical scanning

imagier [imaʒje] → SYN nm (Hist) (peintre) painter of popular pictures ; (sculpteur) sculptor of figurines ; (imprimeur) coloured-print maker ; (vendeur) print seller

imaginable [imaʒinabl] → SYN adj conceivable, imaginable ◆ **difficilement imaginable** hard to imagine ◆ **un tel comportement n'était pas imaginable il y a 50 ans** such behaviour was inconceivable 50 years ago → **possible**

imaginaire [imaʒinɛʀ] → SYN 1 adj (fictif) imaginary ; monde make-believe, imaginary ◆ **ces persécutés / incompris imaginaires** these people who (falsely) believe they are ou believe themselves persecuted / misunderstood → **malade, nombre**

2 nm ◆ **l'imaginaire** the imagination

imaginal, e, mpl **-aux** [imaʒinal, o] adj imaginal

imaginatif, -ive [imaʒinatif, iv] → SYN adj imaginative ◆ **c'est un grand imaginatif** he has a great imagination

imagination [imaʒinasjɔ̃] → SYN nf (faculté) imagination ; (chimère, rêve) imagination (NonC), fancy ◆ **tout ce qu'il avait vécu en imagination** everything he had experienced in his imagination ◆ **ce sont de pures imaginations** that's sheer imagination, those are pure fancies ◆ **monstres sortis tout droit de son imagination** monsters straight out of his imagination ◆ **en proie à ses imaginations** a prey to his fancies ou imaginings ◆ **avoir de l'imagination** to be imaginative, have a good imagination ◆ **avoir trop d'imagination** to imagine things ◆ **une imagination débordante** a lively ou wild imagination ◆ **avec un peu d'imagination ...** with a little imagination ... ◆ (slogan) **l'imagination au pouvoir** power to the imagination

imaginer [imaʒine] → SYN ▸ conjug 1 ◂ GRAMMAIRE ACTIVE 6.2

1 vt a (se représenter, supposer) to imagine ◆ **imaginer que** to imagine that ◆ **tu imagines la scène !** you can imagine ou picture the scene ! ◆ **on imagine mal leurs conditions de travail** their working conditions are hard to imagine ◆ **je l'imaginais plus vieux** I imagined him to be older, I pictured him as being older ◆ **qu'allez-vous imaginer là ?** what on earth are you thinking of ? ◆ (ton de défi) **et tu vas t'y opposer, j'imagine ?** and I imagine ou suppose you're going to oppose it ?

b (inventer) système, plan to devise, dream up ◆ **qu'est-il encore allé imaginer ?*** now what has he dreamed up ? ou thought up ? ◆ **il a imaginé d'ouvrir un magasin** he has taken it into his head to open up a shop, he has dreamed up the idea of opening a shop

2 **s'imaginer** vpr a (se figurer) to imagine ◆ **imagine-toi une île paradisiaque** imagine ou picture an island paradise ◆ **comme on peut se l'imaginer ...** as you can (well) imagine ...

b (se voir) to imagine o.s., picture o.s. ◆ **s'imaginer à 60 ans / en vacances** to imagine ou picture o.s. at 60 / on holiday

c (croire que) **s'imaginer que** to imagine ou think that ◆ **il s'imaginait pouvoir faire cela** he imagined ou thought he could do that ◆ **si tu t'imagines que je vais te laisser faire !** don't think I'm going to let you get away with that ! ◆ **imagine-toi que je n'ai pas que ça à faire !** look, I have got other things to do !

imago [imago] nm ou nf (Bio, Psych) imago

imam [imam] → SYN nm ima(u)m

imamat [imama] nm imamate

IMAO [imao] nm inv (abrév de **inhibiteur de la monoamine oxydase**) MAO inhibitor

imbattable [ɛ̃batabl] → SYN adj prix, personne, record unbeatable ◆ **il est imbattable aux échecs** he is unbeatable at chess

imbécile [ɛ̃besil] → SYN 1 adj (stupide) stupid, idiotic ; (†: Méd) imbecilic (spéc), idiotic

2 nmf a (idiot) idiot, imbecile ◆ **faire l'imbécile*** to act the fool ◆ **ne fais pas l'imbécile*** (n'agis pas bêtement) don't be an idiot* ou a fool ; (ne simule pas la bêtise) stop acting stupid* ◆ **le premier imbécile venu te le dira** any fool will tell you ◆ **c'est un imbécile heureux** he's living in a fool's paradise ◆ **les imbéciles heureux** the blissfully ignorant

b (†: Méd) imbecile, idiot

imbécilement [ɛ̃besilmɑ̃] adv stupidly, idiotically

imbécillité [ɛ̃besilite] → SYN nf a [action, personne] idiocy ; (†: Méd) imbecility, idiocy

b (action) idiotic ou stupid ou imbecile thing to do ; (propos) idiotic ou stupid ou imbecile thing to say ; (film, livre) rubbish (NonC) (Brit), trash (NonC) ◆ **tu racontes des imbécillités** you're talking rot* ou rubbish (Brit) ◆ **ne va pas voir de telles imbécillités** don't go and see such rubbish (Brit) ou such an idiotic ou such a stupid film (ou play etc)

imberbe [ɛ̃bɛʀb] → SYN adj personne beardless, smooth-cheeked ; visage beardless

imbiber [ɛ̃bibe] → SYN ▸ conjug 1 ◂ 1 vt ◆ (imprégner) **imbiber un tampon / une compresse etc de** to soak ou moisten ou impregnate a pad / compress etc with ◆ **imbibé d'eau** chaussures, étoffe saturated (with water), soaked ; terre saturated, waterlogged ◆ **gâteau imbibé de rhum** cake soaked in rum

2 **s'imbiber** vpr ◆ **s'imbiber de** to become saturated ou soaked with ◆ (fig) **s'imbiber de vin*** to soak up wine ◆ **être imbibé*** to be tipsy

imbibition [ɛ̃bibisjɔ̃] → SYN nf (action) soaking ; (Chim, Phys) imbibition

imbit(t)able*⁎ [ɛ̃bitabl] adj a fucking*⁎ hard to understand ◆ **cette équation est imbitable** I don't understand this fucking*⁎ equation

b (insupportable) **il est imbitable** he's a fucking pain in the arse*⁎ (Brit) ou ass*⁎ (US)

imbrication [ɛ̃bʀikasjɔ̃] → SYN nf [problèmes, souvenirs, parcelles] interweaving ; [plaques, tuiles] overlapping, imbrication (spéc)

imbriqué, e [ɛ̃bʀike] adj problèmes, souvenirs interwoven ; plaques, tuiles overlapping, imbricate(d) (spéc)

imbriquer [ɛ̃bʀike] → SYN ▸ conjug 1 ◂

1 **s'imbriquer** vpr [problèmes, affaires] to be linked ou interwoven ; [plaques] to overlap (each other), imbricate (spéc) ◆ **ça s'imbrique l'un dans l'autre** [cubes] they fit into each other ; [problèmes] they are linked ou interwoven ◆ **cette nouvelle question est venue s'imbriquer dans une situation déjà compliquée** this new issue has arisen to complicate an already complex situation

2 vt cubes to fit into each other ; plaques to overlap

imbroglio [ɛ̃bʀɔljo] → SYN nm (Théât, gén) imbroglio

imbrûlé, e [ɛ̃bʀyle] adj gaz unburnt

imbu, e [ɛ̃by] → SYN adj ◆ **imbu de lui-même** ou **de sa personne** full of himself, full of self-importance

imbuvable [ɛ̃byvabl] → SYN adj (lit) undrinkable ; (*: mauvais) personne unbearable, insufferable ; film, livre unbearably awful*

imidazole [imidazɔl] nm imidazole

imitable [imitabl] → SYN adj which can be imitated, imitable ◆ **facilement imitable** easy to imitate, easily imitated

imitateur, -trice [imitatœʀ, tʀis] → SYN 1 adj imitative

2 nm,f imitator ; (Théât) [voix, personne] impersonator ; [bruits etc] imitator

imitatif, -ive [imitatif, iv] adj imitative

imitation [imitasjɔ̃] → SYN nf a (action : → **imiter**) imitation ; impersonation ; mimicry ; copying ; forgery ◆ **avoir le don d'imitation** to have a gift for imitating people ou for mimicry, be good at taking people off* (Brit)

b (pastiche) imitation ; (sketch) impression, imitation, impersonation ; (bijou, fourrure) imitation ; (meuble, tableau) copy, reproduction

c (Mus) imitation

d LOC **à l'imitation de** in imitation of ◆ **d'imitation, en imitation** imitation (épith) ◆ **c'est en imitation cuir** it's imitation leather ◆ **un portefeuille imitation cuir** an imitation leather wallet

imiter [imite] → SYN ▸ conjug 1 ◂ vt a bruit to imitate ; personnage célèbre to imitate, impersonate, take off* (Brit) ; voix, geste to imitate, mimic ; modèle, héros, style to imitate, copy ; document, signature to forge ◆ **il se leva et tout le monde l'imita** he got up and everybody did likewise ou followed suit

b (avoir l'aspect de) [matière, revêtement] to look like ◆ **un lino qui imite le marbre** an imitation marble lino

immaculé, e [imakyle] → SYN adj linge, surface spotless, immaculate ; blancheur immaculate ; réputation spotless, unsullied, immaculate ; honneur unsullied ◆ **d'un blanc immaculé** spotlessly white ◆ (Rel) **l'Immaculée Conception** the Immaculate Conception

immanence [imanɑ̃s] → SYN nf immanence

immanent, e [imanɑ̃, ɑ̃t] → SYN adj immanent (*à* in) → **justice**

immanentisme [imanɑ̃tism] → SYN nm immanentism

immangeable [ɛ̃mɑ̃ʒabl] → SYN adj uneatable, inedible

immanquable [ɛ̃mɑ̃kabl] → SYN adj cible, but impossible to miss (attrib) ◆ **c'était immanquable !** it had to happen !, it was bound to happen !, it was inevitable !

immanquablement [ɛ̃mɑ̃kabləmɑ̃] → SYN adv inevitably, without fail

immarcescible, immarcessible [i(m)maʀsesibl] → SYN adj (Bot) immarcescible ; (fig littér) undying

immatérialisme [i(m)mateʀjalism] → SYN nm immaterialism

immatérialiste [i(m)mateʀjalist] nmf immaterialist

immatérialité [i(m)mateʀjalite] → SYN nf immateriality

immatériel, -elle [i(m)mateʀjɛl] → SYN adj légèreté, minceur, plaisir ethereal ; (Philos) immaterial

immatriculation [imatʀikylasjɔ̃] → SYN nf registration → **numéro, plaque**

immatriculer [imatʀikyle] → SYN ▸ conjug 1 ◂ vt véhicule, personne to register ◆ **faire immatriculer** véhicule to register ◆ **se faire immatriculer** to register (*à* with) ◆ **une voiture immatriculée dans le Vaucluse / CM 175** a car with a Vaucluse registration (number)/with (the) registration (Brit) ou license (US) number CM 175

immature [imatyʀ] → SYN adj immature

immaturité [imatyʀite] → SYN nf (littér) immaturity

immédiat, e [imedja, jat] → SYN **1** adj (Philos, gén) immediate; (Jur) successeur immediate; soulagement immediate, instant (épith) ◆ **c'est en contact immédiat avec le mur** it is in direct contact with the wall ◆ **dans l'avenir immédiat** in the immediate future ◆ **la mort fut immédiate** death was instantaneous

2 nm ◆ **dans l'immédiat** for the time being, for the moment

immédiatement [imedjatmɑ̃] → SYN adv immediately, at once, directly ◆ **immédiatement après** immediately after, straight after

immédiateté [imedjatte] nf (Philos) immediacy

immelmann [imɛlman] nm Immelmann (turn)

immémorial, e, mpl **-iaux** [i(m)memɔʀjal, jo] → SYN adj age-old ◆ (littér) **de temps immémorial** from time immemorial

immense [i(m)mɑ̃s] → SYN adj (gén) immense; mer, espace, horizon boundless, vast, immense; foule, fortune, pays vast, immense, huge; personne gigantic, extremely tall; avenir boundless; influence, avantage, succès immense, tremendous, huge ◆ (fig) **un immense acteur** a stupendous actor

immensément [i(m)mɑ̃semɑ̃] adv immensely, tremendously; hugely

immensité [i(m)mɑ̃site] → SYN nf (→ **immense**) immensity, immenseness; vastness; hugeness ◆ (littér) **le regard perdu dans l'immensité** gazing into infinity

immergé, e [imɛʀʒe] (ptp de **immerger**) adj terres submerged; plantes immersed; (Élec) câble laid under water ◆ **immergé par 100 mètres de fond** lying 100 metres down ◆ **rochers immergés** submerged ou underwater rocks, rocks under water ◆ **la partie immergée de la balise** the part of the buoy which is under water ou which is submerged ◆ **économie immergée** black economy → **partie²**

immerger [imɛʀʒe] → SYN ▸ conjug 3 ◂ **1** vt objet to immerse, submerge; fondations to build under water; déchets to dump at sea, dispose of at sea; câble to lay under water; corps to bury at sea; (Rel) catéchumène to immerse

2 s'immerger vpr [sous-marin] to dive, submerge

immérité, e [imeʀite] → SYN adj undeserved, unmerited

immersif, -ive [imɛʀsif, iv] adj immersive

immersion [imɛʀsjɔ̃] → SYN nf (→ **immerger**) **a** immersion; submersion; underwater building; dumping ou disposal at sea; underwater laying; burying at sea; diving

b (Astron) immersion, ingress

immettable [ɛ̃metabl] → SYN adj vêtement unwearable

immeuble [imœbl] → SYN **1** nm **a** (bâtiment) building; (à usage d'habitation) block of flats (Brit), apartment building (US) ◆ **immeuble de cinq / trente étages** five-/thirty-floor building

b (Jur) real estate (NonC)

2 adj (Jur) real, immovable

3 COMP ▹ **immeuble de bureaux** office block (Brit) ou building (US) ▹ **immeuble à loyer moyen** ou **modéré** ≃ block of council flats (Brit), low-rent building (US) ▹ **immeuble de rapport** residential property (for renting), investment property ▹ **immeuble tour** tower block (Brit), tower (US) ▹ **immeuble à usage locatif** block of rented flats (Brit), rental apartment building (US)

immigrant, e [imigʀɑ̃, ɑ̃t] adj, nm,f immigrant

immigration [imigʀasjɔ̃] → SYN nf immigration ◆ **(les services de) l'immigration** the immigration department ◆ **immigration clandestine** illegal immigration

immigré, e [imigʀe] → SYN (ptp de **immigrer**) adj, nm,f immigrant ◆ **immigré de la deuxième génération** second-generation immigrant ◆ **immigré clandestin** illegal immigrant

immigrer [imigʀe] ▸ conjug 1 ◂ vi to immigrate (*à, dans* into)

imminence [iminɑ̃s] → SYN nf imminence

imminent, e [iminɑ̃, ɑ̃t] → SYN adj danger, crise, départ imminent, impending (épith)

immiscer (s') [imise] → SYN ▸ conjug 3 ◂ vpr ◆ **s'immiscer dans** to interfere in ou with

immixtion [imiksjɔ̃] → SYN nf ◆ **immixtion dans** interference in ou with

immobile [i(m)mɔbil] → SYN adj personne, eau, air, arbre motionless, still; visage immobile; pièce de machine fixed; (littér, fig) dogme immovable; institutions unchanging, permanent ◆ **regard immobile** fixed stare ◆ **rester immobile** to stay ou keep still

immobilier, -ière [imɔbilje, jɛʀ] → SYN **1** adj (Comm) vente, crise property (épith); (Jur) biens, succession in real estate (attrib) ◆ **la situation immobilière est satisfaisante** the property situation is satisfactory, the state of the property market is satisfactory → **société, agence**

2 nm ◆ **l'immobilier** (Comm) the property business, the real-estate business; (Jur) real estate immovables

immobilisation [imɔbilizasjɔ̃] → SYN nf **a** [membre blessé, circulation, capitaux] immobilization ◆ **cela a entraîné l'immobilisation totale de la circulation / des affaires** that brought the traffic/brought business to a complete standstill, that brought about the complete immobilization of traffic/of business ◆ **attendez l'immobilisation totale du train / de l'avion** wait until the train is completely stationary/the aircraft has come to a complete standstill ou halt ou stop ◆ **l'immobilisation de la machine** (elle s'immobilise) the stopping of the machine; (on la stoppe) bringing the machine to a halt ou standstill, the stopping of the machine; (on l'empêche de fonctionner) the immobilization of the machine

b (Jur) [bien] conversion into an immovable

c (Fin) [capitaux] immobilization, tying up ◆ **immobilisations** fixed assets

d (Sport) hold

immobiliser [imɔbilize] → SYN ▸ conjug 1 ◂ **1** vt troupes, membre blessé to immobilize; file, circulation, affaires to bring to a standstill, immobilize; machine, véhicule (stopper) to stop, bring to a halt ou standstill; (empêcher de fonctionner) to immobilize; (Jur) biens to convert into immovables; (Fin) to immobilize, tie up ◆ **ça l'immobilise à son domicile** it keeps him housebound ◆ **avions immobilisés par la neige / le brouillard** aeroplanes grounded by snow/fog ◆ **la peur l'immobilisait** he was paralyzed with fear, he was rooted to the spot with fear

2 s'immobiliser vpr [personne] to stop, stand still; [machine, véhicule, échanges commerciaux] to come to a halt ou a standstill

immobilisme [imɔbilism] → SYN nm [gouvernement, firme] opposition to progress ou change ◆ **faire de / être partisan de l'immobilisme** to try to maintain/support the status quo

immobiliste [imɔbilist] adj politique designed to maintain the status quo ◆ **c'est un immobiliste** he is a supporter of the status quo, he is opposed to progress

immobilité [imɔbilite] → SYN **1** nf [personne, foule, eau, arbre] stillness, motionlessness; [visage] immobility; [regard] fixedness; [institutions] unchanging nature, permanence ◆ **le médecin lui ordonna l'immobilité complète** the doctor ordered him not to move (at all)

2 COMP ▹ **immobilité forcée** forced immobility ▹ **immobilité politique** lack of political change, political inertia

immodération [imɔdeʀasjɔ̃] → SYN nf immoderation

immodéré, e [imɔdeʀe] → SYN adj immoderate, inordinate

immodérément [imɔdeʀemɑ̃] adv immoderately, inordinately

immodeste [imɔdɛst] → SYN adj immodest

immodestie [imɔdɛsti] → SYN nf immodesty

immolateur†† [imɔlatœʀ] nm immolator (littér)

immolation [imɔlasjɔ̃] → SYN nf (→ **immoler**) (Hist, Rel) immolation; sacrifice; sacrificing; self-sacrifice

immoler [imɔle] → SYN ▸ conjug 1 ◂ **1** vt (Hist, Rel) to immolate (littér), sacrifice (*à* to); (gén) to sacrifice (*à* to); (littér: massacrer) to slay (littér)

2 s'immoler vpr to sacrifice o.s. (*à* to)

immonde [i(m)mɔ̃d] → SYN adj taudis squalid, foul; langage, action, personne base, vile; crime sordid, hideous; (*: laid) personne ugly, hideous; (Rel) unclean

immondice [i(m)mɔ̃dis] → SYN nf **a** (ordures) **immondices** refuse (NonC) ◆ (littér) **commettre / proférer des immondices** to do/say unspeakable things

b (littér ou †: saleté) filth (NonC)

immoral, e, mpl **-aux** [i(m)mɔʀal, o] → SYN adj immoral

immoralement [i(m)mɔʀalmɑ̃] adv immorally

immoralisme [i(m)mɔʀalism] → SYN nm immoralism

immoraliste [i(m)mɔʀalist] adj, nmf immoralist

immoralité [i(m)mɔʀalite] → SYN nf immorality

immortalisation [imɔʀtalizasjɔ̃] nf [personne] immortalization

immortaliser [imɔʀtalize] → SYN ▸ conjug 1 ◂ **1** vt to immortalize

2 s'immortaliser vpr to win immortality, win eternal fame

immortalité [imɔʀtalite] → SYN nf immortality

immortel, -elle [imɔʀtɛl] → SYN **1** adj immortal

2 nm ◆ **Immortel** *member of the Académie Française*

3 immortelle nf (fleur) everlasting flower

immotivé, e [i(m)mɔtive] → SYN adj action, crime unmotivated; réclamation, crainte groundless

immuabilité [imɥabilite] nf ⇒ **immutabilité**

immuable [imɥabl] → SYN adj lois, passion unchanging, immutable; paysage, routine unchanging; sourire unchanging, perpetual ◆ **il est resté immuable dans ses convictions** he remained unchanged in his convictions ◆ **vêtu de son immuable complet à carreaux** wearing that eternal checked suit of his

immuablement [imɥabləmɑ̃] adv fonctionner, se passer immutably; triste, grognon perpetually

immun, e [imœ̃, yn] adj immune ◆ **complexe immun** immune complex, immunocomplex

immunisant, e [imynizɑ̃, ɑ̃t] adj immunizing (épith)

immunisation [imynizasjɔ̃] → SYN nf immunization

immuniser [imynize] → SYN ▸ conjug 1 ◂ vt (Méd, fig) to immunize (*contre* against) ◆ **immunisé contre** (Méd) immunized against, immune from ou to; (fig) immune from ou to ◆ (fig) **être immunisé contre les tentations** to be immune to temptation ◆ (fig) **ça l'immunisera contre le désir de recommencer** this'll stop him ever ou this'll cure him of ever wanting to do it again

immunitaire [imynitɛʀ] adj immune ◆ **défenses immunitaires** immunological defences ◆ **réactions immunitaires** immune reactions

immunité [imynite] → SYN nf (Bio, Jur) immunity ◆ **immunité diplomatique** diplomatic immunity ◆ **immunité parlementaire** ≃ parliamentary privilege ◆ **immunité fiscale** immunity from taxation, tax immunity ◆ **immunité cellulaire** cell-mediated immunity

immunochimie [imynoʃimi] nf immunochemistry

immunocompétence [imynokɔ̃petɑ̃s] nf immunocompetence

immunocompétent, e [imynokɔ̃petɑ̃, ɑ̃t] adj immunocompetent

mmunodéficience [imynodefisjɑ̃s] nf immunodeficiency

mmunodéficitaire [imynodefisitɛʀ] adj immunodeficient → **syndrome**

mmunodépresseur [imynodepʀesœʀ] adj m, nm immunosuppressant, immunodepressant

mmunodépressif, -ive [imynodepʀesif, iv] adj immunosuppressive, immunodepressive

mmunodépression [imynodepʀesjɔ̃] nf immunosuppression, immunodepression

nmunodéprimé, e [imynodepʀime] adj immunocompromised

nmunofluorescence [imynoflyɔʀesɑ̃s] nf immunofluorescence

mmunogène [imynɔʒɛn] adj immunogenic

nmunoglobuline [imynoglɔbylin] nf immunoglobulin

nmunologie [imynɔlɔʒi] nf immunology

nmunologique [imynɔlɔʒik] adj immunological

mmunologiste [imynɔlɔʒist] nmf immunologist

mmunostimulant [imynostimylɑ̃] nm immunostimulant

nmunosuppresseur [imynosypʀesœʀ] nm immunosuppressive, immunosuppressant

mmunothérapie [imynoteʀapi] nf immunotherapy

mmunotolérance [imynotɔleʀɑ̃s] nf immunological tolerance

mmunotolérant, e [imynotɔleʀɑ̃, ɑ̃t] adj immunologically tolerant

mmutabilité [i(m)mytabilite] → SYN nf immutability

mpact [ɛ̃pakt] → SYN nm (lit, fig) impact ◆ **l'argument a de l'impact** the argument has some impact ◆ (Admin, Écon) **étude d'impact** impact study → **point**[1]

mpair, e [ɛ̃pɛʀ] → SYN 1 adj nombre odd, uneven; jour odd; vers irregular, *with uneven number of syllables*; organe unpaired

2 nm a (gaffe) blunder, faux pas ◆ **commettre un impair** to (make a) blunder, make a faux pas

b (Casino) **miser sur l'impair** to put one's money on the impair ou odd numbers ◆ **« impair et manque »** "impair et manque"

mpala [impala] → SYN nm impala

mpalpable [ɛ̃palpabl] → SYN adj impalpable

mpaludation [ɛ̃palydasjɔ̃] nf infection with malaria

mpaludé, e [ɛ̃palyde] adj malade suffering from malaria; région malaria-infected

mpanation [ɛ̃panasjɔ̃] → SYN nf impanation

mparable [ɛ̃paʀabl] → SYN adj coup, tir unstoppable ◆ (fig) **une riposte imparable** an unanswerable riposte

mpardonnable [ɛ̃paʀdɔnabl] → SYN adj faute unforgivable, unpardonable ◆ **vous êtes impardonnable (d'avoir fait cela)** you cannot be forgiven (for doing that), it is unforgivable of you (to have done that)

mparfait, e [ɛ̃paʀfɛ, ɛt] → SYN 1 adj (gén) imperfect

2 nm (Ling) imperfect tense ◆ **à l'imparfait** in the imperfect (tense)

mparfaitement [ɛ̃paʀfɛtmɑ̃] → SYN adv imperfectly ◆ **connaître imparfaitement qch** to have an imperfect knowledge of sth

mparidigité, e [ɛ̃paʀidiʒite] adj imparidigitate

mparipenné, e [ɛ̃paʀipene] adj imparipinnate

mparisyllabique [ɛ̃paʀisi(l)labik] adj, nm imparisyllabic

mparité [ɛ̃paʀite] nf [nombre] unevenness

mpartial, e, mpl **-iaux** [ɛ̃paʀsjal, jo] → SYN adj impartial, unbiased, unprejudiced

mpartialement [ɛ̃paʀsjalmɑ̃] adv impartially, without bias ou prejudice

mpartialité [ɛ̃paʀsjalite] → SYN nf impartiality ◆ **en toute impartialité** from a completely impartial standpoint ◆ **faire preuve d'impartialité dans ses jugements** to show impartiality in one's judgements

impartir [ɛ̃paʀtiʀ] → SYN ▸ conjug 2 ◂ vt ◆ (littér: attribuer à) **impartir des devoirs à** to assign duties to ◆ **impartir des pouvoirs à** to invest powers in ◆ **impartir des dons à** to bestow gifts upon, impart gifts to ◆ (Jur: accorder à) **impartir un délai à** to grant an extension to ◆ **dans les délais impartis** within the time allowed ◆ (Jeux) **le temps qui vous était imparti est écoulé** your time is up ◆ **les dons que Dieu nous a impartis** the gifts God has bestowed upon us ou has endowed us with ou has imparted to us

impasse [ɛ̃pɑs] → SYN 1 nf a (cul-de-sac) dead end, cul-de-sac; (sur panneau) "no through road"

b (fig) impasse ◆ **être dans l'impasse** [négociations] to have reached an impasse, have reached deadlock; [personne] to be at a dead end; [relation] to have reached a dead end

c (Scol, Univ) **j'ai fait 3 impasses en géographie** I missed out (Brit) ou skipped over 3 topics in my geography revision

d (Cartes) finesse ◆ **faire une impasse** to (make a) finesse ◆ **faire l'impasse au roi** to finesse against the king

2 COMP ▷ **impasse budgétaire** (Fin) budget deficit

impassibilité [ɛ̃pasibilite] → SYN nf impassiveness, impassivity

impassible [ɛ̃pasibl] → SYN adj impassive

impassiblement [ɛ̃pasibləmɑ̃] adv impassively

impatiemment [ɛ̃pasjamɑ̃] adv impatiently

impatience [ɛ̃pasjɑ̃s] → SYN nf impatience ◆ **signes d'impatience** signs of impatience ◆ **il était dans l'impatience de la revoir** he was impatient to see her again, he couldn't wait to see her again ◆ **il répliqua avec impatience que** he replied impatiently that ◆ (littér) **se rappelant leurs impatiences d'adolescents** remembering their impatient attitudes as teenagers ou the impatient moments of their adolescence ◆ **avoir des impatiences dans les jambes†** to have the fidgets*

impatiens [ɛ̃pasjɑ̃s] nf (Bot) Busy Lizzie, impatiens (spéc)

impatient, e [ɛ̃pasjɑ̃, jɑ̃t] → SYN 1 adj personne, geste, attente impatient ◆ **impatient de faire** impatient ou eager to do ◆ **je suis si impatient de vous revoir** I am longing to see you again, I am so impatient to see you again, I just can't wait to see you again* ◆ **quel impatient!** what an impatient character!

2 **impatiente** nf (Bot) ⇒ **impatiens**

impatienter [ɛ̃pasjɑ̃te] → SYN ▸ conjug 1 ◂ 1 vt to irritate, annoy

2 **s'impatienter** vpr to grow ou get impatient, lose patience (*contre* ou *de qn* with sb; *contre* ou *de qch* at sth)

impatroniser [ɛ̃patʀɔnize] → SYN ▸ conjug 1 ◂

1 vt règlement to impose

2 **s'impatroniser** vpr to impose one's authority

impavide [ɛ̃pavid] → SYN adj (littér) unruffled, impassive, cool ◆ **impavide devant le danger** cool ou unruffled in the face of danger

impayable* [ɛ̃pɛjabl] adj (drôle) priceless* ◆ **il est impayable!** he's priceless!*, he's a scream!*

impayé, e [ɛ̃peje] 1 adj unpaid

2 nm ◆ **impayés** outstanding payments

impeachment [impitʃmɛnt] nm (US Pol) impeachment

impec* [ɛ̃pɛk] adj abrév de **impeccable**

impeccable [ɛ̃pekabl] → SYN adj a (parfait) travail, style perfect, faultless, impeccable; employé perfect ◆ **(c'est) impeccable!*** great!*, brilliant!*

b (propre) personne impeccable, impeccably dressed; appartement, voiture spotless, spotlessly clean, impeccable

impeccablement [ɛ̃pekabləmɑ̃] adv (→ **impeccable**) perfectly; faultlessly; impeccably; spotlessly

impécunieux, -ieuse [ɛ̃pekynjø, jøz] → SYN adj (littér) impecunious

impécuniosité [ɛ̃pekynjozite] → SYN nf (littér) impecuniousness

impédance [ɛ̃pedɑ̃s] nf (Élec) impedance

impedimenta [ɛ̃pedimɛ̃ta] nmpl (Mil, fig) impedimenta

impénétrabilité [ɛ̃penetʀabilite] nf (→ **impénétrable**) impenetrability; unfathomableness; inscrutability

impénétrable [ɛ̃penetʀabl] → SYN adj forêt impenetrable (*à* to, by); mystère, desseins unfathomable, impenetrable; personnage, caractère inscrutable, impenetrable, unfathomable; visage inscrutable, impenetrable

impénitence [ɛ̃penitɑ̃s] → SYN nf unrepentance, impenitence

impénitent, e [ɛ̃penitɑ̃, ɑ̃t] → SYN adj unrepentant, impenitent ◆ **fumeur impénitent** unrepentant smoker

impensable [ɛ̃pɑ̃sabl] → SYN GRAMMAIRE ACTIVE 12.2 adj événement hypothétique unthinkable; événement arrivé unbelievable

imper* [ɛ̃pɛʀ] nm (abrév de **imperméable**) raincoat, mac* (Brit)

impératif, -ive [ɛ̃peʀatif, iv] → SYN 1 adj (obligatoire, urgent) besoin, consigne urgent, imperative; (impérieux) geste, ton imperative, imperious, commanding; (Jur) loi mandatory → **mandat**

2 nm a (Ling) imperative mood ◆ **à l'impératif** in the imperative (mood)

b (prescription) [fonction, charge] requirement; [mode] demand; (nécessité) [situation] necessity; (Mil) imperative ◆ **des impératifs d'horaire nous obligent à ...** we are obliged by the demands ou constraints of our timetable to ...

impérativement [ɛ̃peʀativmɑ̃] adv imperatively ◆ **je le veux impérativement pour demain** it is imperative that I have it for tomorrow, I absolutely must have it for tomorrow

impératrice [ɛ̃peʀatʀis] nf empress

imperceptibilité [ɛ̃pɛʀsɛptibilite] nf imperceptibility

imperceptible [ɛ̃pɛʀsɛptibl] → SYN adj a (non perceptible) son, détail, nuance imperceptible (*à* to)

b (à peine perceptible) son, sourire faint, imperceptible; détail, changement, nuance minute, imperceptible

imperceptiblement [ɛ̃pɛʀsɛptibləmɑ̃] adv imperceptibly

imperdable [ɛ̃pɛʀdabl] → SYN adj partie, match that cannot be lost

imperfectible [ɛ̃pɛʀfɛktibl] → SYN adj which cannot be perfected, unperfectible

imperfectif, -ive [ɛ̃pɛʀfɛktif, iv] 1 adj imperfective, continuous

2 nm imperfective

imperfection [ɛ̃pɛʀfɛksjɔ̃] → SYN nf (caractère imparfait) imperfection; (défaut) [personne, caractère] shortcoming, imperfection, defect; [ouvrage, dispositif, mécanisme] imperfection, defect, fault

imperforation [ɛ̃pɛʀfɔʀasjɔ̃] nf imperforation

impérial, e, mpl **-iaux** [ɛ̃peʀjal, jo] → SYN

1 adj imperial

2 **impériale** nf a [autobus] top ou upper deck ◆ **autobus à impériale** ≃ double-decker (bus) ◆ **monter à l'impériale** to go upstairs ou on top

b (barbe) imperial

c (Jeu) **(série) impériale** royal flush

impérialement [ɛ̃peʀjalmɑ̃] adv imperially

impérialisme [ɛ̃peʀjalism] → SYN nm imperialism

impérialiste [ɛ̃peʀjalist] 1 adj imperialist(ic)

2 nmf imperialist

impérieusement [ɛ̃peʀjøzmɑ̃] adv imperiously ◆ **avoir impérieusement besoin de qch** to need sth urgently, have urgent need of sth

impérieux, -ieuse [ɛ̃peʀjø, jøz] → SYN adj (autoritaire) personne, ton, caractère imperious;

(pressant) besoin, nécessité urgent, pressing; obligation pressing

impérissable [ɛ̃peʀisabl] → SYN adj œuvre imperishable; souvenir, gloire undying (épith), imperishable; monument, valeur undying (épith)

impéritie [ɛ̃peʀisi] → SYN nf (littér: incompétence) incompetence

imperméabilisation [ɛ̃pɛʀmeabilizasjɔ̃] nf waterproofing

imperméabiliser [ɛ̃pɛʀmeabilize] ▸ conjug 1 ◂ vt to waterproof

imperméabilité [ɛ̃pɛʀmeabilite] → SYN nf (lit) [terrain] impermeability; [tissu] waterproof qualities, impermeability ◆ (fig littér: insensibilité) **imperméabilité à** imperviousness to

imperméable [ɛ̃pɛʀmeabl] → SYN **1** adj (lit) terrain, roches impermeable; revêtement, tissu waterproof ◆ **imperméable à l'eau** waterproof ◆ **imperméable à l'air** airtight ◆ (fig: insensible) **imperméable à** impervious to

2 nm (manteau) raincoat, mackintosh (Brit)

impersonnalité [ɛ̃pɛʀsɔnalite] → SYN nf impersonality; (Ling) impersonal form

impersonnel, -elle [ɛ̃pɛʀsɔnɛl] → SYN **1** adj (gén, Ling) impersonal

2 nm (Ling) impersonal verb

impersonnellement [ɛ̃pɛʀsɔnɛlmɑ̃] adv impersonally

impertinemment [ɛ̃pɛʀtinamɑ̃] adv impertinently

impertinence [ɛ̃pɛʀtinɑ̃s] → SYN nf (caractère) impertinence; (propos) impertinent remark, impertinence ◆ **arrête tes impertinences!** that's enough impertinence!, that's enough of your impertinent remarks!

impertinent, e [ɛ̃pɛʀtinɑ̃, ɑ̃t] → SYN adj impertinent ◆ **c'est un petit impertinent!** he's an impertinent child!

imperturbabilité [ɛ̃pɛʀtyʀbabilite] → SYN nf imperturbability

imperturbable [ɛ̃pɛʀtyʀbabl] → SYN adj sang-froid, gaieté, sérieux unshakeable; personne, caractère imperturbable ◆ **rester imperturbable** to remain unruffled

imperturbablement [ɛ̃pɛʀtyʀbabləmɑ̃] adv imperturbably ◆ **il écouta imperturbablement** he listened imperturbably ou unperturbed ou unruffled

impesanteur [ɛ̃pəzɑ̃tœʀ] nf weightlessness

impétigo [ɛ̃petigo] nm impetigo

impétrant, e [ɛ̃petʀɑ̃, ɑ̃t] → SYN nm,f (Jur) applicant

impétueusement [ɛ̃petɥøzmɑ̃] adv (littér) impetuously

impétueux, -euse [ɛ̃petɥø, øz] → SYN adj (littér: fougueux) caractère, jeunesse impetuous, hotheaded; orateur fiery; rythme impetuous; torrent, vent raging

impétuosité [ɛ̃petɥozite] → SYN nf (littér) [rythme, personne] impetuousness, impetuosity ◆ **il faut se méfier de l'impétuosité des torrents de montagne** one must beware of raging mountain streams

impie [ɛ̃pi] → SYN **1** adj acte, parole impious, ungodly, irreligious

2 nmf ungodly ou irreligious person

impiété [ɛ̃pjete] → SYN nf (caractère) impiety, ungodliness, irreligiousness; (parole, acte) impiety

impitoyable [ɛ̃pitwajabl] → SYN adj (gén) merciless, pitiless, ruthless

impitoyablement [ɛ̃pitwajabləmɑ̃] adv mercilessly, pitilessly, ruthlessly

implacabilité [ɛ̃plakabilite] → SYN nf implacability

implacable [ɛ̃plakabl] adj (impitoyable) implacable

implacablement [ɛ̃plakabləmɑ̃] adv implacably

implant [ɛ̃plɑ̃] → SYN nm (Méd) implant ◆ **implant capillaire** hair graft ◆ **implant dentaire** implant

implantation [ɛ̃plɑ̃tasjɔ̃] → SYN nf (→ **implanter**) (action) introduction; settling; setting up; implanting; (résultat) introduction; settlement; establishment; implantation; [cheveux] distribution; [dents] arrangement

implanter [ɛ̃plɑ̃te] → SYN ▸ conjug 1 ◂ **1** vt (introduire) usage, mode to introduce; immigrants to introduce, settle; usine, industrie to set up, establish; idée, préjugé to implant; (Méd) to implant ◆ **implanter un produit sur le marché** to establish a product on the market

2 s'implanter vpr [établissements, usines] to be set up ou established; [immigrants] to settle; [idées] to become implanted; [parti politique] to establish itself, become established ◆ **il semble s'implanter chez eux** he seems to be making himself quite at home with them ◆ **des traditions solidement implantées** deeply-rooted ou deeply-entrenched traditions

implémentation [ɛ̃plemɑ̃tasjɔ̃] nf (Ordin) implementation

implémenter [ɛ̃plemɑ̃te] ▸ conjug 1 ◂ vt (Ordin) to implement

implication [ɛ̃plikasjɔ̃] → SYN nf **a** (conséquences, répercussions) **implications** implications

b (relation logique) implication

c **implication dans** (mise en cause) implication in; (participation à) implication ou involvement in

implicite [ɛ̃plisit] → SYN adj condition, foi, volonté implicit ◆ (Ling) **connaissance implicite** tacit knowledge

implicitement [ɛ̃plisitmɑ̃] adv implicitly

impliquer [ɛ̃plike] → SYN ▸ conjug 1 ◂ **1** vt **a** (supposer) to imply (*que* that)

b (nécessiter) to entail, involve

c **impliquer qn dans** (mettre en cause) to implicate sb in; (mêler à) to implicate ou involve sb in

2 s'impliquer vpr ◆ **s'impliquer dans son travail / un projet** to get involved in one's work / a project ◆ **s'impliquer beaucoup dans qch** to put a lot into sth, get heavily involved in sth

implorant, e [ɛ̃plɔʀɑ̃, ɑ̃t] → SYN adj imploring, beseeching ◆ **me regardant d'un air implorant** looking at me imploringly ou beseechingly, giving me a beseeching ou an imploring look

imploration [ɛ̃plɔʀasjɔ̃] → SYN nf entreaty

implorer [ɛ̃plɔʀe] → SYN ▸ conjug 1 ◂ vt (supplier) personne, Dieu to implore, beseech; (demander) faveur, aide to implore ◆ **implorer qn de faire** to implore ou beseech ou entreat sb to do

imploser [ɛ̃ploze] ▸ conjug 1 ◂ vi to implode

implosif, -ive [ɛ̃plozif, iv] adj implosive

implosion [ɛ̃plozjɔ̃] nf implosion

impluvium [ɛ̃plyvjɔm] → SYN nm impluvium

impoli, e [ɛ̃pɔli] → SYN adj impolite, rude (*envers* to)

impoliment [ɛ̃pɔlimɑ̃] adv impolitely, rudely

impolitesse [ɛ̃pɔlitɛs] → SYN nf (attitude) impoliteness, rudeness; (remarque) impolite ou rude remark; (acte) impolite thing to do, impolite action ◆ **répondre avec impolitesse** to answer impolitely ou rudely ◆ **c'est une impolitesse de faire** it is impolite ou rude to do

impolitique [ɛ̃pɔlitik] adj impolitic

impondérabilité [ɛ̃pɔ̃deʀabilite] nf imponderability

impondérable [ɛ̃pɔ̃deʀabl] → SYN adj, nm imponderable

impopulaire [ɛ̃pɔpylɛʀ] → SYN adj unpopular (*auprès de* with)

impopularité [ɛ̃pɔpylaʀite] → SYN nf unpopularity

import [ɛ̃pɔʀ] nm (abrév de **importation**) import ◆ **faire de l'import-export** to be in the import-export business

importable [ɛ̃pɔʀtabl] adj (Écon) importable; vêtement unwearable

importance [ɛ̃pɔʀtɑ̃s] → SYN nf **a** [problème, affaire, personne] importance; [événement, fait] importance, significance ◆ [personne, question] **avoir de l'importance** to be important, be of importance ◆ **ça a beaucoup d'importance pour moi** it is very important to me, matters a great deal to me ◆ **accorder** ou **attacher de l'importance à qch** to give ou lend importance to sth ◆ **sans importance** personne unimportant; problème, incident, détail unimportant, insignificant ◆ **c'est sans importance, ça n'a pas d'importance** it doesn't matter, it's of no importance ou consequence ◆ **(et alors,) quelle importance?** (so) does it really matter? ◆ **d'une certaine importance** problème, événement fairly ou rather important ◆ **de la plus haute importance, de la première importance** problème, affaire of paramount ou of the highest importance; événement momentous, of paramount ou of the highest importance

b (taille) [somme, effectifs, firme] size; (ampleur) [dégâts, désastre, retard] extent ◆ **d'une certaine importance** firme sizeable; dégâts considerable, extensive

c LOC **prendre de l'importance** [question] to gain in importance, become more important; [firme] to increase in size; [personne] to become more important ◆ (péj) **se donner de l'importance, prendre des airs d'importance** to act important ou in a self-important way ◆ (frm) **l'affaire est d'importance** this is no trivial matter, this is a matter of some seriousness ◆ (littér) **tancer / rosser qn d'importance** to give sb a thorough dressing down / trouncing (littér)

important, e [ɛ̃pɔʀtɑ̃, ɑ̃t] → SYN adj GRAMMAIRE ACTIVE 1.1, 26.1, 26.6

a personnage, question, rôle important; événement, fait important, significant ◆ **peu important** of little ou of no great importance, of little significance ◆ **rien d'important** nothing important ou of importance ◆ **l'important est de** the important thing is to

b (quantitativement) somme considerable, sizeable; retard considerable; dégâts extensive, considerable ◆ **la présence d'un important service d'ordre** the presence of a considerable number ou a large contingent of police

c (péj) airs (self-)important; personnage self-important ◆ **faire l'important** to act important ou in a self-important way

importateur, -trice [ɛ̃pɔʀtatœʀ, tʀis] → SYN **1** adj importing ◆ **pays importateur de blé** wheat-importing country

2 nm,f importer

importation [ɛ̃pɔʀtasjɔ̃] → SYN nf **a** (Comm) [marchandises] importing, importation ◆ **articles d'importation** imported articles

b [animal, plante, maladie] introduction ◆ **le tabac est d'importation récente** tobacco is a recent import

c (produit) import

importer[1] [ɛ̃pɔʀte] → SYN ▸ conjug 1 ◂ vt main-d'œuvre, marchandises, technologie to import; coutumes, danses to import, introduce (*de* from)

importer[2] [ɛ̃pɔʀte] → SYN ▸ conjug 1 ◂ GRAMMAIRE ACTIVE 7.5 vi **a** (être important) to matter ◆ **les conventions importent peu aux jeunes** conventions don't matter much ou aren't very important ou matter little to young people ◆ **ce qui importe, c'est d'agir vite** the important thing is ou what matters is to act quickly ◆ **que lui importe le malheur des autres?** what does he care about other people's unhappiness?, what does other people's unhappiness matter to him? ◆ (frm) **il importe de faire** it is important to do ◆ (frm) **il importe qu'elle connaisse les risques** it is important that she knows ou should know the risks

b **peu importe** ou (littér) **qu'importe qu'il soit absent** what does it matter if he is absent?, it matters little that he is absent (frm) ◆ **peu importe le temps, nous sortirons** we'll go out whatever the weather ou no matter what the weather is like ◆ **peu m'importe** (je n'ai pas de préférence) I don't mind; (je m'en moque) I don't care ◆ **achetez des pêches ou des poires, peu importe** buy peaches or pears – it doesn't matter which ◆ **quel fauteuil veux-tu? – oh, n'importe** which chair will you have? – it doesn't matter ou I don't mind ou any one will do ◆ **il ne veut pas? qu'importe!** doesn't he want to? what does it matter? ou it doesn't matter! ◆ **les maisons sont chères, n'importe, elles se ven-**

dent! houses are expensive, but no matter ou but never mind, they still sell

c **n'importe qui** anybody, anyone ◆ **ce n'est pas n'importe qui** he is not just anybody ◆ **n'importe quoi** anything ◆ **il fait/dit n'importe quoi!*** he has no idea what he's doing!/saying! ◆ **n'importe quoi!*** rubbish!, nonsense! ◆ **n'importe comment** anyhow ◆ **n'importe où** anywhere ◆ **n'importe quand** anytime ◆ **il a fait cela n'importe comment!** he did that anyhow ou any old how* (Brit) ◆ **n'importe comment, il part ce soir** he leaves tonight in any case ou anyhow ◆ **n'importe lequel** ou **laquelle d'entre nous/vous** etc any (one) of us/you etc ◆ **entrez dans n'importe quelle boutique** go into any shop ◆ **n'importe quel docteur vous dira la même chose** any doctor will tell you the same thing ◆ **venez à n'importe quelle heure** come (at) any time

import-export, pl **imports-exports** [ɛ̃pɔʀ ɛkspɔʀ] nm import-export ◆ **faire de l'import-export** to be in the import-export business ◆ **société d'import-export** import-export company

importun, e [ɛ̃pɔʀtœ̃, yn] [→ SYN] **1** adj (frm) curiosité, présence, pensée, plainte troublesome, importunate (frm); arrivée, visite inopportune, ill-timed; personne importunate (frm), irksome ◆ **je ne veux pas être importun** (déranger) I don't wish to disturb you ou to intrude; (irriter) I don't wish to be importunate (frm) ou irksome ◆ **se rendre importun par** to make o.s. objectionable by

2 nm,f (gêneur) irksome individual; (visiteur) intruder

importunément [ɛ̃pɔʀtynemɑ̃] adv (frm) (de façon irritante) importunately (frm); (à un mauvais moment) inopportunely

importuner [ɛ̃pɔʀtyne] [→ SYN] ▸ conjug 1 ◂ vt (frm) [représentant, mendiant] to importune (frm), bother; [insecte, bruit] to trouble, bother; [interruptions, remarques] to bother ◆ **je ne veux pas vous importuner** I don't wish to put you to any trouble ou to bother you

importunité [ɛ̃pɔʀtynite] [→ SYN] nf (frm) [démarche, demande] importunity (frm) ◆ (sollicitations) **importunités** importunities

imposable [ɛ̃pozabl] [→ SYN] adj personne, revenu taxable

imposant, e [ɛ̃pozɑ̃, ɑ̃t] [→ SYN] adj (majestueux) personnage, stature imposing; allure stately; (considérable) majorité, mise en scène, foule imposing, impressive ◆ **imposante paysanne** (iro: gros) peasant woman with an imposing figure ◆ **la présence d'un imposant service d'ordre** the presence of an imposing number ou a large contingent of police

imposé, e [ɛ̃poze] [→ SYN] (ptp de **imposer**) **1** adj (Fin) personne, revenu taxable; (Sport) exercices, figures compulsory ◆ (Comm) **prix imposé** set price ◆ **tarif imposé** set rate

2 nm (Sport) (exercice) compulsory exercise

3 nm,f (contribuable) taxpayer

imposer [ɛ̃poze] [→ SYN] ▸ conjug 1 ◂ **1** vt **a** (prescrire) tâche, travail, date to set; règle, conditions to impose, lay down; punition, taxe to impose (à on); prix to set, fix ◆ **imposer ses idées/sa présence à qn** to impose ou force one's ideas/one's company on sb ◆ **imposer des conditions à qch** to impose ou place conditions on sth ◆ **imposer un travail/une date à qn** to set sb a piece of work/a date ◆ **imposer un régime à qn** to put sb on a diet ◆ **la décision leur a été imposée par les événements** the decision was forced ou imposed (up)on them by events ◆ **il nous a imposé son candidat** he has imposed his candidate on us ◆ **on lui a imposé le silence** silence has been imposed upon him

b (faire connaître) **imposer son nom** [candidat] to come to the fore; [artiste] to make o.s. known, compel recognition; [firme] to establish itself, become an established name ◆ **il m'impose/sa conduite impose le respect** he commands/his behaviour compels respect

c (Fin: taxer) marchandise, revenu, salariés to tax ◆ **imposer insuffisamment** to undertax

d (Typ) to impose

e (Rel) **imposer les mains** to lay on hands

f **en imposer à qn** to impress sb ◆ **il en impose** he's an imposing individual ◆ **sa présence/son intelligence en impose** his presence/his intelligence is imposing ◆ **ne vous en laissez pas imposer par ses grands airs** don't let yourself be impressed by his haughty manner

2 **s'imposer** vpr **a** (être nécessaire) [décision, action] to be essential ou vital ou imperative ◆ **dans ce cas, le repos s'impose** in this case rest is essential ou vital ou imperative ◆ **ces mesures ne s'imposaient pas** these measures were unnecessary ◆ **quand on est à Paris une visite au Louvre s'impose** when in Paris, a visit to the Louvre is imperative ou is a must*

b (se contraindre à) **s'imposer une tâche** to set o.s. a task ◆ **s'imposer de faire** to make it a rule to do

c (montrer sa supériorité) to assert o.s.; (avoir une personnalité forte) to be assertive; (Sport) to dominate ◆ **s'imposer par ses qualités** to stand out ou to compel recognition because of one's qualities ◆ **il s'est imposé dans sa branche** he has made a name for himself in his branch ◆ **il s'est imposé comme le seul susceptible d'avoir le prix** he emerged ou he established himself as the only one likely to get the prize

d (imposer sa présence à) **s'imposer à qn** to impose (o.s.) upon sb ◆ **impose-toi!** go ahead! ◆ **je ne voudrais pas m'imposer** I do not want to impose ◆ **le soleil s'imposera peu à peu sur tout le pays** gradually sunshine will spread across the whole country

imposeur [ɛ̃pozœʀ] nm (Typ) imposer

imposition [ɛ̃pozisjɔ̃] [→ SYN] nf (Fin) taxation; (Typ) imposition ◆ (Rel) **l'imposition des mains** the laying on of hands ◆ (Fin) **double imposition** double taxation

impossibilité [ɛ̃pɔsibilite] [→ SYN] GRAMMAIRE ACTIVE 16.4 nf impossibility ◆ **l'impossibilité de réaliser ce plan** the impossibility of carrying out this plan ◆ **y a-t-il impossibilité à cela?** is that impossible? ◆ **y a-t-il impossibilité à ce que je vienne?** is it impossible for me to come? ◆ **être dans l'impossibilité de faire qch** to be unable to do sth ◆ **l'impossibilité dans laquelle il se trouvait de ...** the fact that he was unable to ..., the fact that he found it impossible to ... ◆ **se heurter à des impossibilités** to come up against insuperable obstacles

impossible [ɛ̃pɔsibl] [→ SYN] GRAMMAIRE ACTIVE 12.3, 16.3, 26.1, 26.3

1 adj **a** (irréalisable, improbable) impossible ◆ **impossible à faire** impossible to do ◆ **il est impossible de/que** it is impossible to/that ◆ **il est impossible qu'il soit déjà arrivé** he cannot possibly have arrived yet ◆ **il m'est impossible de le faire** it's impossible for me to do it, I can't possibly do it ◆ **pouvez-vous venir lundi? – non, cela m'est impossible** can you come on Monday? – no, I can't ou no, it's impossible ◆ (Prov) **impossible n'est pas français** there's no such word as "can't"

b (pénible, difficile) enfant, situation impossible ◆ **rendre l'existence impossible à qn** to make sb's life impossible ou a misery ◆ **elle a des horaires impossibles** she has impossible ou terrible hours ◆ **il mène une vie impossible** he leads an incredible life

c (invraisemblable) nom, titre ridiculous, impossible ◆ **se lever à des heures impossibles** to get up at an impossible ou a ridiculous time ou hour ◆ **il lui arrive toujours des histoires impossibles** impossible things are always happening to him

2 nm **a** **l'impossible** the impossible ◆ **tenter l'impossible** to attempt the impossible ◆ **je ferai l'impossible (pour venir)** I'll do my utmost (to come) ◆ (Prov) **à l'impossible nul n'est tenu** no one can be expected to do the impossible

b LOC **par impossible** by some miracle, by some remote chance ◆ **si par impossible je terminais premier ...** if by some miracle ou some remote chance I were to finish first ...

imposte [ɛ̃pɔst] [→ SYN] nf **a** (Archit: moulure) impost

b (fenêtre) fanlight (Brit), transom (window) (US)

imposteur [ɛ̃pɔstœʀ] [→ SYN] nm impostor

imposture [ɛ̃pɔstyʀ] [→ SYN] nf imposture, deception

impôt [ɛ̃po] [→ SYN] **1** nm (taxe) tax; (taxes) taxes, taxation; (gén: contributions) (income) tax ◆ **les impôts** (gén) taxes; (service local) the tax office; (service national) the Inland Revenue (Brit), the Internal Revenue Service (US) ◆ **les impôts me réclament 10 000 F** the taxman* wants 10,000 francs from me ◆ **payer des impôts** to pay tax ◆ **je paye plus de 10 000 F d'impôts** I pay more than 10,000 francs in tax ou 10,000 francs tax ◆ **frapper d'un impôt** to put a tax on ◆ **impôt direct/indirect/déguisé** direct/indirect/hidden tax ◆ **impôt retenu à la source** tax deducted at source ◆ **bénéfices avant impôt** pre-tax profits ◆ **faire un bénéfice de 10 000 F avant impôt** to make a profit ou profits of 10,000 francs → **assiette, déclaration, feuille** etc

2 COMP ▷ **impôt sur les bénéfices** tax on profits, ≃ corporation tax ▷ **impôt sur le chiffre d'affaires** tax on turnover ▷ **impôt foncier** ≃ land tax ▷ **impôt (de solidarité) sur la fortune, impôt sur les grandes fortunes**† wealth tax ▷ **impôts locaux** rates, local taxes (US), ≃ council tax (Brit) ▷ **impôt sur les plus-values** ≃ capital gains tax ▷ **impôt sur le revenu (des personnes physiques)** income tax ▷ **impôt du sang** (littér, †) blood tribute ▷ **impôt sécheresse** *tax levied to help farmers in case of drought* ▷ **impôt sur les sociétés** corporate tax ▷ **impôt sur le transfert des capitaux** capital transfer tax

impotence [ɛ̃pɔtɑ̃s] [→ SYN] nf disability

impotent, e [ɛ̃pɔtɑ̃, ɑ̃t] [→ SYN] **1** adj disabled, crippled ◆ **l'accident l'a rendu impotent** the accident has disabled ou crippled him

2 nm,f disabled person, cripple

impraticable [ɛ̃pʀatikabl] [→ SYN] adj idée impracticable, unworkable; tâche impracticable; (Sport) terrain unfit for play, unplayable; route, piste impassable ◆ **impraticable pour les** ou **aux véhicules à moteur** unfit ou unsuitable for motor vehicles, impassable to motor vehicles

imprécation [ɛ̃pʀekasjɔ̃] [→ SYN] nf imprecation, curse

imprécatoire [ɛ̃pʀekatwaʀ] adj (littér) imprecatory (littér)

imprécis, e [ɛ̃pʀesi, iz] [→ SYN] adj (gén) imprecise; tir inaccurate

imprécision [ɛ̃pʀesizjɔ̃] [→ SYN] nf (→ **imprécis**) imprecision; inaccuracy

imprédictible [ɛ̃pʀediktibl] adj impredictable

imprégnation [ɛ̃pʀeɲasjɔ̃] [→ SYN] nf (→ **imprégner**) (gén) impregnation; permeation; imbuing ◆ **taux d'imprégnation alcoolique** level of alcohol in the blood ◆ **pour apprendre une langue, rien ne vaut une lente imprégnation** to learn a language, there's nothing to beat slow immersion in it ou there's nothing to beat gradually immersing oneself in it

imprégner [ɛ̃pʀeɲe] [→ SYN] ▸ conjug 6 ◂ **1** vt tissu, matière (de liquide) to impregnate, soak (*de* with); (d'une odeur, de fumée) to impregnate (*de* with); pièce, air to permeate, fill (*de* with); esprit to imbue, impregnate (*de* with) ◆ **cette odeur imprégnait toute la rue** the smell filled ou pervaded the whole street ◆ **l'amertume qui imprégnait ses paroles** the bitterness which pervaded his words ◆ **maison imprégnée de lumière** house flooded with light ◆ **imprégné des préjugés de sa caste** imbued with ou impregnated with the prejudices of his class

2 **s'imprégner** vpr ◆ **s'imprégner de** [tissu, substance] (de liquide) to become impregnated ou soaked with; (d'une odeur, de fumée) to become impregnated with; [local, air] to become permeated ou filled with; [esprits, élèves] to become imbued with, absorb ◆ **séjourner à l'étranger pour s'imprégner de la langue étrangère** to live abroad to immerse o.s. in ou to absorb the foreign language ◆ (fig) **s'imprégner d'alcool** to soak up alcohol

imprenable [ɛ̃pʀənabl] [→ SYN] adj forteresse impregnable ◆ **vue imprenable** unrestricted view

impréparation [ɛ̃pʀepaʀasjɔ̃] nf lack of preparation

imprésario [ɛ̃pʀesaʀjo] nm [acteur, chanteur] manager; [troupes] impresario, manager

imprescriptibilité [ɛ̃pʀɛskʀiptibilite] nf (Jur) imprescriptibility

imprescriptible [ɛ̃pʀɛskʀiptibl] → SYN adj (Jur) imprescriptible

impression [ɛ̃pʀesjɔ̃] → SYN GRAMMAIRE ACTIVE 6.2, 18.4 nf **a** (sensation physique) feeling, impression; (sentiment, réaction) impression ◆ **se fier à sa première impression** to trust one's first impression ◆ **ils échangèrent leurs impressions (de voyage)** they exchanged their impressions (of the journey) ◆ **l'impression que j'ai de lui** the impression I have of him, my impression of him ◆ **ça m'a fait peu d'impression / une grosse impression** that made little / a great impression upon me ◆ **faire bonne / mauvaise impression** to make ou create a good / bad impression ◆ **avoir l'impression que** to have a feeling that, get ou have the impression that ◆ **j'ai comme l'impression* qu'il ne me dit pas toute la vérité** I have a feeling ou a hunch* that he's not telling me the whole truth ◆ **créer / donner une impression de** to create / give an impression of ◆ **il ne me donne** ou **fait pas l'impression d'(être) un menteur** I don't get the impression that he is a liar, he doesn't give me the impression of being a liar ◆ **faire impression** [film, orateur] to make an impression, have an impact
b [livre, tissu, motif] printing ◆ **impression en couleur** colour printing ◆ **ce livre en est à sa 3e impression** this book is at its 3rd impression ou printing ◆ **le livre est à l'impression** the book is with the printers ◆ **l'impression de ce livre est soignée** this book is beautifully printed → **faute**
c (motif) pattern ◆ **tissu à impressions florales** floral pattern(ed) fabric, fabric with a floral pattern
d (Phot) [image] exposure ◆ **temps d'impression** exposure (time) ◆ **technique de double impression** technique of double exposure
e (Peinture) **(couche d') impression** undercoat
f (†: empreinte, pas) imprint

impressionnabilité [ɛ̃pʀesjɔnabilite] → SYN nf (émotivité) impressionability, impressionableness

impressionnable [ɛ̃pʀesjɔnabl] → SYN adj personne impressionable

impressionnant, e [ɛ̃pʀesjɔnɑ̃, ɑ̃t] → SYN adj (imposant) somme, spectacle, monument impressive; (bouleversant) scène, accident upsetting ◆ **elle était impressionnante de calme** her calmness was impressive

impressionner [ɛ̃pʀesjɔne] → SYN ▸ conjug 1 ◂ vt **a** (frapper) to impress; (bouleverser) to upset ◆ **ne te laisse pas impressionner** don't let yourself be overawed ◆ **cela risque d'impressionner les enfants** this may upset children
b (Opt, Phot) rétine to show up on ◆ **impressionner la pellicule** [image, sujet] to show up on; [photographe] to expose ◆ **la pellicule n'a pas été impressionnée** the film hasn't been exposed

impressionnisme [ɛ̃pʀesjɔnism] nm impressionism

impressionniste [ɛ̃pʀesjɔnist] **1** adj impressionistic; (Art, Mus) impressionist
2 nmf impressionist

imprévisibilité [ɛ̃pʀevizibilite] → SYN nf unpredictability

imprévisible [ɛ̃pʀevizibl] → SYN adj unforeseeable, unpredictable ◆ **elle est assez imprévisible dans ses réactions** her reactions are quite unpredictable

imprévision [ɛ̃pʀevizjɔ̃] → SYN nf (littér) lack of foresight

imprévoyance [ɛ̃pʀevwajɑ̃s] → SYN nf (négligence) lack of foresight; (en matière d'argent) improvidence

imprévoyant, e [ɛ̃pʀevwajɑ̃, ɑ̃t] → SYN adj (→ **imprévoyance**) lacking (in) foresight; improvident

imprévu, e [ɛ̃pʀevy] → SYN **1** adj événement, succès, réaction unforeseen, unexpected; courage, geste unexpected; dépense(s) unforeseen ◆ **de manière imprévue** unexpectedly
2 nm **a** **l'imprévu** the unexpected, the unforeseen ◆ **j'aime l'imprévu** I like the unexpected, I like not to foresee everything in advance, I like not knowing what's going to happen ◆ **un peu d'imprévu** an element of surprise ou of the unexpected ou of the unforeseen ◆ **vacances pleines d'imprévu** holidays full of surprises ◆ **en cas d'imprévu** if anything unexpected ou unforeseen crops up ◆ **sauf imprévu** barring any unexpected ou unforeseen circumstances, unless anything unexpected ou unforeseen crops up
b (incident, ennui) something unexpected ou unforeseen, unexpected ou unforeseen event ◆ **il y a un imprévu** something unexpected ou unforeseen has cropped up ◆ **tous ces imprévus nous ont retardés** all these unexpected ou unforeseen events have delayed us

imprimable [ɛ̃pʀimabl] adj printable

imprimant, e [ɛ̃pʀimɑ̃, ɑ̃t] **1** adj printing (épith)
2 **imprimante** nf printer ◆ **imprimante matricielle / ligne par ligne / à jet d'encre / à marguerite / à laser** dot-matrix / line / ink-jet / daisywheel / laser printer

imprimatur [ɛ̃pʀimatyʀ] → SYN nm inv imprimatur

imprimé, e [ɛ̃pʀime] → SYN (ptp de **imprimer**)
1 adj tissu, feuille printed
2 nm **a** (formulaire) printed form ◆ (Poste) **« imprimés »** "printed matter" ◆ **envoyer qch au tarif imprimés** to send sth at the printed paper rate ◆ **catalogue / section des imprimés** catalogue / department of printed books ◆ **imprimé publicitaire** leaflet
b (tissu) **l'imprimé** printed material ou fabrics, prints ◆ **imprimé à fleur** floral print (fabric ou material) ◆ **l'imprimé et l'uni** printed and plain fabrics ou material

imprimer [ɛ̃pʀime] → SYN ▸ conjug 1 ◂ vt **a** livre, foulard, billets de banque, dessin to print; (Peinture) surface to prime
b (apposer) visa, cachet to stamp (*dans* on, in)
c (marquer) rides, traces, marque to imprint (*dans* in, on) ◆ **une scène imprimée dans sa mémoire** a scene imprinted on his memory
d (publier) texte, ouvrage to publish; auteur to publish the work of ◆ **la joie de se voir imprimé** the joy of seeing o.s. ou one's work in print
e (communiquer) **imprimer un mouvement / une impulsion à** to impart ou transmit a movement / an impulse to ◆ **imprimer une direction à** to give a direction to

imprimerie [ɛ̃pʀimʀi] → SYN nf (firme, usine) printing works; (atelier) printing house; (section) printery; (pour enfants) printing outfit ou kit ◆ (technique) **l'imprimerie** printing ◆ **l'Imprimerie nationale** ≃ the Government Printing Office ◆ **écrire en caractères** ou **lettres d'imprimerie** to write in block capitals

imprimeur [ɛ̃pʀimœʀ] nm (directeur) printer ◆ **(ouvrier) imprimeur** printer ◆ **imprimeur-éditeur** printer and publisher ◆ **imprimeur-libraire** printer and bookseller

improbabilité [ɛ̃pʀɔbabilite] → SYN nf unlikelihood, improbability

improbable [ɛ̃pʀɔbabl] → SYN adj unlikely, improbable

improbité [ɛ̃pʀɔbite] → SYN nf (littér) lack of integrity

improductif, -ive [ɛ̃pʀɔdyktif, iv] → SYN **1** adj unproductive
2 nm,f *inactive member of society*

improductivité [ɛ̃pʀɔdyktivite] → SYN nf unproductiveness, lack of productivity

impromptu, e [ɛ̃pʀɔ̃pty] → SYN **1** adj (improvisé) départ sudden (épith); visite surprise (épith); repas, exposé impromptu (épith) ◆ **faire un discours impromptu sur un sujet** to speak off the cuff ou make an impromptu speech on a subject, extemporize on a subject
2 nm (Littérat, Mus) impromptu
3 adv (à l'improviste) arriver impromptu; (de chic) répondre off the cuff, impromptu ◆ **il arriva impromptu, un soir de juin** he arrived impromptu ou (quite) out of the blue one evening in June

imprononçable [ɛ̃pʀɔnɔ̃sabl] → SYN adj unpronounceable

impropre [ɛ̃pʀɔpʀ] → SYN adj **a** terme inappropriate
b **impropre à** outil, personne unsuitable for, unsuited to ◆ **eau impropre à la consommation** water unfit for (human) consumption

improprement [ɛ̃pʀɔpʀəmɑ̃] → SYN adv nommer incorrectly, improperly ◆ **s'exprimer improprement** to express o.s. incorrectly, not to express o.s. properly

impropriété [ɛ̃pʀɔpʀijete] → SYN nf [forme] incorrectness, inaccuracy ◆ **impropriété (de langage)** (language) error, mistake

improuvable [ɛ̃pʀuvabl] adj unprovable

improvisateur, -trice [ɛ̃pʀɔvizatœʀ, tʀis] nm,f improviser

improvisation [ɛ̃pʀɔvizasjɔ̃] → SYN nf improvisation ◆ **faire une improvisation** to improvise ◆ (Jazz) **improvisation collective** jam session

improvisé, e [ɛ̃pʀɔvize] (ptp de **improviser**) adj (de fortune) équipe scratch (épith); réforme, table improvised, makeshift; cuisinier, infirmier acting, temporary; (impromptu) piquenique, discours, leçon improvised; excuse improvised, invented ◆ **avec des moyens improvisés** with whatever means are available ou to hand

improviser [ɛ̃pʀɔvize] → SYN ▸ conjug 1 ◂ **1** vt **a** discours, réunion, pique-nique to improvise; excuse to improvise, invent ◆ **il a dû improviser** [organisateur] he had to improvise; [musicien] he had to extemporize ou improvise; [acteur, orateur] he had to improvise ou extemporize ou ad-lib*
b **improviser qn cuisinier / infirmier** to get sb to act as cook / nurse
2 **s'improviser** vpr **a** [secours, réunion] to be improvised
b **s'improviser cuisinier / infirmier** to act as cook / nurse ◆ **on ne s'improvise pas menuisier** you don't just suddenly become a carpenter, you don't become a carpenter just like that

improviste [ɛ̃pʀɔvist] → SYN nm ◆ **à l'improviste** unexpectedly, without warning ◆ **je lui ai fait une visite à l'improviste** I dropped in on him unexpectedly ou without warning ◆ **prendre qn à l'improviste** to catch sb unawares

imprudemment [ɛ̃pʀydamɑ̃] adv circuler, naviguer carelessly; parler unwisely, imprudently ◆ **un inconnu qu'il avait imprudemment suivi** a stranger whom he had foolishly ou imprudently ou unwisely followed ◆ **s'engager imprudemment sur la chaussée** to step out carelessly onto the road

imprudence [ɛ̃pʀydɑ̃s] → SYN nf **a** (caractère: → **imprudent**) carelessness; imprudence; foolishness; foolhardiness ◆ **il a eu l'imprudence de mentionner ce projet** he was foolish ou unwise ou imprudent enough to mention the project ◆ (Jur) **blessures par imprudence** injuries through negligence → **homicide**
b (action imprudente) **commettre une imprudence** to do something foolish ou imprudent ◆ **ne faites pas d'imprudences** don't do anything foolish

imprudent, e [ɛ̃pʀydɑ̃, ɑ̃t] → SYN **1** adj conducteur, geste, action careless; alpiniste careless, imprudent; remarque imprudent, unwise, foolish; projet foolish, foolhardy ◆ **il est imprudent de se baigner tout de suite après un repas** it's unwise ou not wise to swim immediately after a meal ◆ **il se montra imprudent en refusant de porter un gilet de sauvetage** he was unwise ou foolish to refuse to wear a life jacket
2 nm,f imprudent ou careless person ◆ **il faut punir ces imprudents** (conducteurs) these careless drivers must be punished

impubère [ɛ̃pybɛʀ] → SYN **1** adj below the age of puberty
2 nmf (Jur) ≃ minor

impubliable [ɛ̃pyblijabl] → SYN adj unpublishable

impudemment [ɛ̃pydamɑ̃] adv (frm : → **impudent**) impudently; brazenly, shamelessly

impudence [ɛ̃pydɑ̃s] → SYN nf (frm) **a** (caractère : → **impudent**) impudence; brazenness, shamelessness • **quelle impudence!** what impudence!
b (acte) impudent action; (parole) impudent remark • **je ne tolérerai pas ses impudences** I won't put up with ou tolerate his impudent behaviour ou his impudence

impudent, e [ɛ̃pydɑ̃, ɑ̃t] → SYN adj (frm) (insolent) impudent; (cynique) brazen, shameless

impudeur [ɛ̃pydœʀ] → SYN nf (→ **impudique**) immodesty; shamelessness

impudicité [ɛ̃pydisite] → SYN nf (→ **impudique**) immodesty; shamelessness

impudique [ɛ̃pydik] → SYN adj personne immodest, shameless; regard, pose, décolleté immodest; propos shameless

impudiquement [ɛ̃pydikmɑ̃] adv (→ **impudique**) immodestly; shamelessly

impuissance [ɛ̃pɥisɑ̃s] → SYN nf **a** (faiblesse) powerlessness, helplessness • **impuissance à faire** powerlessness ou incapacity to do • **réduire qn à l'impuissance** to render sb powerless
b (sexuelle) impotence

impuissant, e [ɛ̃pɥisɑ̃, ɑ̃t] → SYN **1** adj **a** personne powerless, helpless • **impuissant à faire** powerless to do, incapable of doing
b (sexuellement) impotent
2 nm impotent man

impulser [ɛ̃pylse] → SYN • conjug 1 • vt (Écon) secteur to boost, stimulate; mouvement revendicatif to boost, spur

impulsif, -ive [ɛ̃pylsif, iv] → SYN **1** adj impulsive
2 nm,f impulsive person

impulsion [ɛ̃pylsjɔ̃] → SYN nf **a** (mécanique, électrique) impulse
b (fig : élan) impetus • **l'impulsion donnée à l'économie** the boost ou impetus given to the economy • **sous l'impulsion de leurs chefs / des circonstances** through the impetus given by their leaders / by circumstances • **sous l'impulsion de la vengeance / de la colère** driven ou impelled by a spirit of revenge / by anger, under the impulse of revenge / anger
c (mouvement, instinct) impulse • **cédant à des impulsions morbides** yielding to morbid impulses → **achat**

impulsivement [ɛ̃pylsivmɑ̃] adv impulsively

impulsivité [ɛ̃pylsivite] → SYN nf impulsiveness

impunément [ɛ̃pynemɑ̃] adv with impunity • **on ne se moque pas impunément de lui** one can't make fun of him with impunity, you can't make fun of him and (expect to) get away with it

impuni, e [ɛ̃pyni] adj unpunished

impunité [ɛ̃pynite] → SYN nf impunity • **en toute impunité** with complete impunity

impur, e [ɛ̃pyʀ] → SYN adj **a** (altéré) liquide, air impure; race mixed; (Rel) animal unclean
b (immoral) geste, pensée, personne impure

impureté [ɛ̃pyʀte] → SYN nf (gén) impurity • **vivre dans l'impureté** to live in a state of impurity • **impuretés** impurities

imputabilité [ɛ̃pytabilite] → SYN nf (Jur) imputability

imputable [ɛ̃pytabl] → SYN adj **a** **imputable à** faute, accident imputable to, ascribable to, attributable to
b (Fin) **imputable sur** chargeable to

imputation [ɛ̃pytasjɔ̃] → SYN nf **a** (accusation) imputation (frm), charge
b (Fin) [somme] **imputation à** charging to

imputer [ɛ̃pyte] → SYN • conjug 1 • vt **a** (attribuer à) **imputer à** to impute to, attribute to, ascribe to
b (Fin) **imputer à** ou **sur** to charge to

imputrescibilité [ɛ̃pytʀesibilite] nf rotproof nature, imputrescibity (spéc)

imputrescible [ɛ̃pytʀesibl] → SYN adj rotproof, imputrescible (spéc)

in* [in] adj trendy* • **les bottes sont in cette année** boots are in* this year • **la boîte de nuit in en ce moment** the in* nightclub at the moment

INA [ina] nm (abrév de **Institut national de l'audiovisuel**) → **institut**

inabordable [inabɔʀdabl] → SYN adj personne unapproachable; lieu inaccessible; prix prohibitive • **maintenant, le beurre est inabordable** butter is a prohibitive price these days

inabrité, e [inabʀite] adj unsheltered, unprotected

inabrogeable [inabʀɔʒabl] → SYN adj (Jur) unrepealable

in absentia [inapsɑ̃sja] adv in absentia

in abstracto [inapstʀakto] adv in the abstract

inaccentué, e [inaksɑ̃tɥe] adj unstressed, unaccented, unaccentuated

inacceptable [inaksɛptabl] → SYN adj (non recevable) offre, plan unacceptable; (inadmissible) comportement, conduite, propos unacceptable • **c'est inacceptable** it's unacceptable

inaccessibilité [inaksesibilite] → SYN nf inaccessibility

inaccessible [inaksesibl] → SYN adj **a** montagne, personne, but inaccessible; objet inaccessible, out of reach (attrib) • **une éducation inaccessible aux plus défavorisés** an education out of reach of the underprivileged
b texte, littérature (obscur) obscure; (incompréhensible) incomprehensible (à to)
c **inaccessible à** (insensible à) impervious to

inaccompli, e [inakɔ̃pli] → SYN adj (littér) vœux unfulfilled; tâche unaccomplished

inaccomplissement [inakɔ̃plismɑ̃] → SYN nm (littér) [vœux] non-fulfilment; [tâche] non-execution

inaccoutumé, e [inakutyme] → SYN adj unusual • (littér) **inaccoutumé à** unaccustomed to, unused to

inachevé, e [inaʃ(ə)ve] → SYN adj unfinished, uncompleted • **une impression d'inachevé** a feeling of incompleteness ou incompletion

inachèvement [inaʃɛvmɑ̃] → SYN nm incompletion

inactif, -ive [inaktif, iv] → SYN **1** adj **a** vie, personne, capitaux, machine inactive, idle; (Bourse) marché slack; population non-working; volcan inactive, dormant
b (inefficace) remède ineffective, ineffectual
2 nmpl • **les inactifs** the non-working ou inactive population, those not in active employment

inaction [inaksjɔ̃] → SYN nf (oisiveté) inactivity, idleness

inactivation [inaktivasjɔ̃] nf inactivation

inactiver [inaktive] • conjug 1 • vt to inactivate

inactivité [inaktivite] nf (non-activité) inactivity • (Admin, Mil) **être en inactivité** to be out of active service

inactuel, -elle [inaktɥɛl] → SYN adj irrelevant to the present day

inadaptable [inadaptabl] adj roman impossible to adapt

inadaptation [inadaptasjɔ̃] → SYN nf maladjustment • **inadaptation à** failure to adjust to ou adapt to • **inadaptation d'un enfant à la vie scolaire** a child's inability to cope with school life

inadapté, e [inadapte] → SYN **1** adj personne, enfance maladjusted; outil, moyens unsuitable (à for) • **inadapté à** not adapted ou adjusted to • **un genre de vie complètement inadapté à ses ressources** a way of life quite unsuited to his resources • **enfant inadapté (à la vie scolaire)** maladjusted child, child with (school) behavioural problems
2 nm,f (péj : adulte) misfit; (Admin, Psych) maladjusted person

inadéquat, e [inadekwa(t), kwat] → SYN adj inadequate

inadéquation [inadekwasjɔ̃] → SYN nf inadequacy

inadmissibilité [inadmisibilite] nf (Jur) inadmissibility

inadmissible [inadmisibl] → SYN adj **a** conduite, négligence inadmissible, intolerable
b (Jur) témoignage, preuve inadmissible

inadvertance [inadvɛʀtɑ̃s] → SYN nf oversight • **par inadvertance** inadvertently, by mistake

inaliénabilité [inaljenabilite] → SYN nf inalienability

inaliénable [inaljenabl] → SYN adj inalienable

inaltérabilité [inalteʀabilite] → SYN nf (→ **inaltérable**) **a** stability; fastness; fade-resistance; permanence • **inaltérabilité à l'air** stability in air, ability to resist exposure to the atmosphere • **inaltérabilité à la chaleur** heat-resistance, ability to withstand heat • (littér) **l'inaltérabilité du ciel** the unvarying blueness of the sky
b unchanging nature; unfailing nature; unshakeable nature; steadfastness • **l'inaltérabilité de son calme** his unchanging ou unshakeable calmness

inaltérable [inalteʀabl] → SYN adj **a** métal, substance stable; couleur (au lavage) fast; (à la lumière) fade-resistant; vernis, encre permanent; (littér) ciel, cycle unchanging • **inaltérable à l'air / à la chaleur** unaffected by air / heat
b humeur, sentiments unchanging, unfailing, unshakeable; santé unfailing; principes, espoir steadfast, unshakeable, unfailing • **leur amitié est restée inaltérable** their friendship remained unaltered ou steadfast

inaltéré, e [inalteʀe] → SYN adj unchanged, unaltered

inamical, e, mpl **-aux** [inamikal, o] → SYN adj unfriendly

inamissible [inamisibl] → SYN adj inamissable • **grâce inamissible** inamissable grace

inamovibilité [inamɔvibilite] → SYN nf (Jur) [fonction] permanence; [juge, fonctionnaire] irremovability

inamovible [inamɔvibl] → SYN adj **a** (Jur) juge, fonctionnaire irremovable; fonction, emploi from which one is irremovable
b (fixe) plaque, panneau, capuche fixed • **cette partie est inamovible** this part is fixed ou cannot be removed
c (hum) casquette, sourire eternal • **il travaille toujours chez X? il est vraiment inamovible** is he still with X? – he's a permanent fixture ou he's built in with the bricks (Brit hum)

inanalysable [inanalizabl] adj unanalysable (Brit), unanalyzable (US)

inanimé, e [inanime] → SYN adj matière inanimate; personne, corps (évanoui) unconscious, senseless; (mort) lifeless; (Ling) inanimate • **tomber inanimé** to fall senseless to the ground, fall to the ground unconscious

inanité [inanite] → SYN nf [conversation] inanity; [querelle, efforts] futility, pointlessness; [espoirs] vanity, futility • **dire des inanités** to talk trivialities

inanition [inanisjɔ̃] → SYN nf exhaustion through lack of nourishment • **tomber / mourir d'inanition** to faint with / die of hunger

inapaisable [inapɛzabl] → SYN adj colère, chagrin, besoin unappeasable; soif unquenchable

inapaisé, e [inapeze] → SYN adj (→ **inapaisable**) unappeased; unquenched

inaperçu, e [inapɛʀsy] → SYN adj unnoticed • **passer inaperçu** to pass ou go unnoticed • **le geste ne passa pas inaperçu** the gesture did not go unnoticed ou unremarked

inappétence [inapetɑ̃s] → SYN nf (manque d'appétit) lack of appetite; (fig littér) lack of desire

inapplicable [inaplikabl] → SYN adj loi unenforceable • **dans ce cas, la règle est inapplicable** in this case, the rule cannot be applied ou is inapplicable (à to)

inapplication [inaplikasjɔ̃] → SYN nf **a** [élève] lack of application
b [loi] non-application, non-enforcement

inappliqué, e [inaplike] → SYN adj **a** écolier lacking in application (attrib) • **cet écolier est**

inappliqué this pupil lacks application, this pupil does not apply himself
b méthode not applied (attrib); loi, règlement not enforced (attrib)

inappréciable [inapʀesjabl] SYN adj a (précieux) aide, service invaluable; avantage, bonheur inestimable
b (difficilement décelable) nuance, différence inappreciable, imperceptible

inapprivoisable [inapʀivwazabl] adj untameable

inapproprié, e [inapʀɔpʀije] adj terme, mesure, équipement inappropriate

inapte [inapt] SYN adj (incapable) incapable ◆ **inapte aux affaires/à certains travaux** unsuited to ou unfitted for business/certain kinds of work ◆ **un accident l'a rendu inapte au travail** an accident has made him unfit for work ◆ **inapte à faire** incapable of doing ◆ (Mil) **inapte (au service)** unfit (for military service)

inaptitude [inaptityd] SYN nf (mentale) inaptitude, incapacity; (physique) unfitness (*à qch* for sth, *à faire qch* for doing sth) ◆ (Mil) **inaptitude (au service)** unfitness (for military service)

inarrangeable [inaʀɑ̃ʒabl] adj querelle beyond reconciliation (attrib); appareil, outil beyond repair (attrib)

inarticulé, e [inaʀtikyle] SYN adj mots, cris inarticulate

inassimilable [inasimilabl] SYN adj notions, substance, immigrants that cannot be assimilated

inassimilé, e [inasimile] adj notions, immigrants, substance unassimilated

inassouvi, e [inasuvi] SYN adj haine, colère, désir unappeased; faim unsatisfied, unappeased; soif (lit, fig) unquenched; personne unfulfilled ◆ **vengeance inassouvie** unappeased desire for revenge, unsated lust for revenge (littér) ◆ **soif inassouvie de puissance** unappeased ou unquenched lust for power

inassouvissable [inasuvisabl] SYN adj faim insatiable, unappeasable; désir, soif unquenchable, insatiable

inassouvissement [inasuvismɑ̃] SYN nm ◆ **l'inassouvissement de sa faim/son désir** (action) the failure to appease his hunger/quench his desire; (résultat) his unappeased hunger/unquenched desire

inattaquable [inatakabl] SYN adj poste, position unassailable; preuve irrefutable; argument unassailable, irrefutable; conduite, réputation irreproachable, unimpeachable; personne (par sa qualité) beyond reproach (attrib); (par sa position) unassailable; métal corrosion-proof, rustproof

inatteignable [inateɲabl] adj unattainable

inattendu, e [inatɑ̃dy] SYN 1 adj événement, réaction unexpected, unforeseen; visiteur, remarque unexpected
2 nm ◆ **l'inattendu** the unexpected, the unforeseen ◆ **l'inattendu d'une remarque** the unexpectedness of a remark

inattentif, -ive [inatɑ̃tif, iv] SYN adj inattentive ◆ **inattentif à** (ne prêtant pas attention à) inattentive to; (se souciant peu de) dangers, détails matériels heedless of, unmindful of

inattention [inatɑ̃sjɔ̃] SYN nf a (distraction) lack of attention, inattention
b **(instant d') inattention** moment of inattention, moment's inattention ◆ **(faute d') inattention** careless mistake
c (littér: manque d'intérêt pour) **inattention à** convenances, détails matériels lack of concern for

inaudible [inodibl] SYN adj (non ou peu audible) inaudible; (péj: mauvais) unbearable

inaugural, e, mpl **-aux** [inogyʀal, o] adj séance, cérémonie inaugural; vol, voyage maiden (épith) ◆ **discours inaugural** [député] maiden ou inaugural speech; (lors d'une inauguration) inaugural speech; (lors d'un congrès) opening ou inaugural speech

inauguration [inogyʀasjɔ̃] SYN nf (→ **inaugurer**) a (action) unveiling; inauguration; opening ◆ **cérémonie/discours d'inauguration** inaugural ceremony/lecture ou speech
b (cérémonie) opening ceremony; inauguration; unveiling ceremony

inaugurer [inogyʀe] SYN ▸ conjug 1 ◂ vt a monument, plaque to unveil; route, bâtiment to inaugurate, open; manifestation, exposition to open ◆ (fig) **inaugurer les chrysanthèmes*** to be a mere figurehead
b (fig: commencer) politique, période to inaugurate ◆ **nous inaugurions une période de paix** we were entering a time of peace
c (fig: utiliser pour la première fois) raquette, bureau, chapeau to christen*; procédé to pioneer

inauthenticité [inotɑ̃tisite] SYN nf inauthenticity

inauthentique [inotɑ̃tik] SYN adj document, fait not authentic (attrib); (Philos) existence unauthentic

inavouable [inavwabl] SYN adj procédé, motifs, mœurs shameful, too shameful to mention (attrib); bénéfices undisclosable

inavoué, e [inavwe] adj crime unconfessed; sentiments unconfessed, unavowed

in-bord [inbɔʀ(d)] 1 adj inv moteur inboard (épith)
2 nm inv inboard motorboat

INC [iɛnse] nm (abrév de **Institut national de la consommation**) ≃ CA (Brit), ≃ CPSC (US) → **institut**

inca [ɛ̃ka] 1 adj Inca
2 nmf ◆ **Inca** Inca

incalculable [ɛ̃kalkylabl] SYN adj (gén) incalculable ◆ **un nombre incalculable de** countless numbers of, an incalculable number of

incandescence [ɛ̃kɑ̃desɑ̃s] SYN nf incandescence ◆ **en incandescence** white-hot, incandescent ◆ **porter qch à incandescence** to heat sth white-hot ou to incandescence → **lampe, manchon**

incandescent, e [ɛ̃kɑ̃desɑ̃, ɑ̃t] SYN adj substance, filament incandescent, white-hot; (fig) imagination burning

incantation [ɛ̃kɑ̃tasjɔ̃] SYN nf incantation

incantatoire [ɛ̃kɑ̃tatwaʀ] adj incantatory → **formule**

incapable [ɛ̃kapabl] SYN GRAMMAIRE ACTIVE 16.4
1 adj a (inapte) incapable, incompetent, useless*
b **incapable de faire** (par incompétence, impossibilité morale) incapable of doing; (impossibilité physique, physiologique) unable to do, incapable of doing ◆ **j'étais incapable de bouger** I was unable to move, I was incapable of movement ou of moving ◆ **elle est incapable de mentir** she's incapable of lying, she can't tell a lie
c **incapable d'amour** incapable of loving, unable to love ◆ **incapable de malhonnêteté** incapable of dishonesty ou of being dishonest ◆ **incapable du moindre effort** unable to make the least effort, incapable of making the least effort
d (Jur) incapable
2 nmf a (incompétent) incompetent ◆ **c'est un incapable** he's useless* ou incapable, he's an incompetent
b (Jur) incapable person

incapacitant, e [ɛ̃kapasitɑ̃, ɑ̃t] SYN 1 adj incapacitating (épith)
2 nm incapacitant

incapacité [ɛ̃kapasite] SYN nf a (incompétence) incompetence, incapability
b (impossibilité) **incapacité de faire** incapacity ou inability to do ◆ **être dans l'incapacité de faire** to be unable to do, be incapable of doing
c (invalidité) disablement, disability ◆ **incapacité totale/partielle/permanente** total/partial/permanent disablement ou disability ◆ **incapacité de travail** industrial disablement ou disability
d (Jur) incapacity ◆ **incapacité de jouissance** incapacity *(by exclusion from a right)* ◆ **incapacité d'exercice** incapacity *(by restriction of a right)* ◆ **incapacité civile** civil incapacity

incarcération [ɛ̃kaʀseʀasjɔ̃] SYN nf incarceration, imprisonment

incarcérer [ɛ̃kaʀseʀe] SYN ▸ conjug 6 ◂ vt to incarcerate, imprison

incarnadin, e [ɛ̃kaʀnadɛ̃, in] SYN adj, nm incarnadine

incarnat, e [ɛ̃kaʀna, at] 1 adj teint rosy, pink; teinture crimson
2 nm rosy hue, rosiness; crimson tint

incarnation [ɛ̃kaʀnasjɔ̃] SYN nf (Myth, Rel) incarnation ◆ (fig: image) **être l'incarnation de** to be the incarnation ou embodiment of

incarné, e [ɛ̃kaʀne] (ptp de **incarner**) adj a (Rel) incarnate; (fig: personnifié) incarnate, personified ◆ **cette femme est la méchanceté incarnée** this woman is wickedness incarnate ou personified, this woman is the embodiment of wickedness
b ongle ingrown

incarner [ɛ̃kaʀne] SYN ▸ conjug 1 ◂ 1 vt (représenter) [personne] to embody, personify, incarnate; [œuvre] to embody; (Théât) [acteur] to play; (Rel) to incarnate
2 **s'incarner** vpr a (être représenté par) **s'incarner dans** ou **en** to be embodied in ◆ **tous nos espoirs s'incarnent en vous** you embody all our hopes, you are the embodiment of all our hopes
b (Rel) **s'incarner dans** to become ou be incarnate in
c [ongle] to become ingrown

incartade [ɛ̃kaʀtad] SYN nf a (écart de conduite) prank, escapade ◆ **ils étaient punis à la moindre incartade** they were punished for the slightest prank ◆ **faire une incartade** to go on an escapade
b (Équitation: écart) swerve ◆ **faire une incartade** to shy

incasique [ɛ̃kazik] adj Inca (épith)

incassable [ɛ̃kɑsabl] SYN adj unbreakable

incendiaire [ɛ̃sɑ̃djɛʀ] SYN 1 nmf fire-raiser, arsonist
2 adj balle, bombe incendiary; discours, article inflammatory, incendiary; lettre d'amour, œillade passionate → **blond**

incendie [ɛ̃sɑ̃di] SYN 1 nm a (sinistre) fire, blaze, conflagration (littér) ◆ **un incendie s'est déclaré dans ...** a fire broke out in ... → **assurance, foyer, pompe**[1]
b (fig littér) **l'incendie du couchant** the blaze of the sunset, the fiery glow of the sunset ◆ **l'incendie de la révolte/de la passion** the fire of revolt/of passion
2 COMP ▷ **incendie criminel** arson (NonC), case of arson ▷ **incendie de forêt** forest fire

incendié, e [ɛ̃sɑ̃dje] (ptp de **incendier**) adj ◆ **les fermiers incendiés ont tout perdu** the farmers who were the victims of the fire have lost everything

incendier [ɛ̃sɑ̃dje] SYN ▸ conjug 7 ◂ vt a (mettre le feu à) to set fire to, set on fire, set alight; (brûler complètement) bâtiment to burn down; voiture to burn; ville, récolte, forêt to burn (to ashes)
b (fig) désir, passion to kindle, inflame; imagination to fire; bouche, gorge to burn, set on fire ◆ **la fièvre lui incendiait le visage** (sensation) fever made his face burn; (apparence) his cheeks were burning ou glowing with fever ◆ (littér) **le soleil incendie le couchant** the setting sun sets the sky ablaze
c (*: réprimander) **incendier qn** to give sb a rocket* (Brit) ou a stiff telling-off*, tear a strip off sb* ◆ **tu vas te faire incendier** you'll catch it*, you'll get a rocket* (Brit) ◆ **elle l'a incendié du regard** she looked daggers at him, she shot him a baleful look

incertain, e [ɛ̃sɛʀtɛ̃, ɛn] SYN 1 adj a personne uncertain, unsure (*de qch* about ou as to sth) ◆ **incertain de savoir la vérité, il ...** uncertain ou unsure as to whether he knew the truth, he ... ◆ **encore incertain sur la conduite à suivre** still undecided ou uncertain about which course to follow
b démarche uncertain, hesitant
c temps uncertain, unsettled; contour indistinct, blurred; allusion vague; lumière dim, vague ◆ **il est incertain pour le match de demain** he's doubtful for tomorrow's match
d succès, entreprise, origine uncertain, doubtful; avenir uncertain; date, durée uncertain, unspecified; fait uncertain, doubtful

2 nm ◆ (Fin) **l'incertain** the exchange rate

incertitude [ɛ̃sɛʀtityd] → SYN GRAMMAIRE ACTIVE 16.1 nf **a** (NonC) [personne, résultat, fait] uncertainty ◆ **être dans l'incertitude** to be in a state of uncertainty, feel uncertain ◆ **être dans l'incertitude sur ce qu'on doit faire** to be uncertain as to the best course to follow
b (Math, Phys) uncertainty ◆ **principe d'incertitude de Heisenberg** (Heisenberg) uncertainty principle
c **incertitudes** (hésitations) doubts, uncertainties; (impondérables) [avenir, entreprise] uncertainties

incessamment [ɛ̃sesamɑ̃] → SYN adv (sans délai) (very) shortly ◆ **il doit arriver incessamment** he'll be here any minute now ou very shortly ◆ (en plaisantant) **incessamment sous peu** any second now

incessant, e [ɛ̃sesɑ̃, ɑ̃t] → SYN adj pluie incessant, unceasing; efforts, activité ceaseless, incessant, unremitting; bruit, réclamations, coups de téléphone incessant, unceasing, continual

incessibilité [ɛ̃sesibilite] → SYN nf nontransferability

incessible [ɛ̃sesibl] → SYN adj nontransferable

inceste [ɛ̃sɛst] → SYN nm incest

incestueux, -euse [ɛ̃sɛstɥø, øz] → SYN **1** adj relations, personne incestuous; enfant born of incest
2 nm,f (Jur) person guilty of incest

inchangé, e [ɛ̃ʃɑ̃ʒe] adj unchanged, unaltered ◆ **la situation / son expression reste inchangée** the situation / his expression remains unchanged ou the same ou unaltered

inchangeable [ɛ̃ʃɑ̃ʒabl] adj unchangeable

inchantable [ɛ̃ʃɑ̃tabl] → SYN adj unsingable

inchauffable [ɛ̃ʃofabl] adj impossible to heat (attrib)

inchavirable [ɛ̃ʃaviʀabl] adj uncapsizable, self-righting

inchoatif, -ive [ɛ̃kɔatif, iv] adj inchoative, inceptive

incidemment [ɛ̃sidamɑ̃] → SYN adv incidentally, in passing

incidence [ɛ̃sidɑ̃s] → SYN nf (conséquence) effect; (Écon, Méd, Phys) incidence ◆ **avoir une incidence sur** to affect, have an effect (up)on ◆ (Méd) **incidence et prévalence** incidence and prevalence → **angle**

incident, e [ɛ̃sidɑ̃, ɑ̃t] → SYN **1** adj (frm, Jur: accessoire) incidental; (Phys) incident ◆ **puis-je vous demander, de manière toute incidente?** may I ask you, quite incidentally? ◆ **je désirerais poser une question incidente** I'd like to ask a question in connection with this matter, I'd like to interpose a question
2 nm (gén) incident; (Jur) point of law ◆ **la vie n'est qu'une succession d'incidents** life is just a series of minor incidents ◆ **incident imprévu** unexpected incident, unforeseen event ◆ **c'est un incident sans gravité** ou **sans importance** this incident is of minimal importance ◆ **l'incident est clos** that's an end of the matter ◆ **voyage sans incident(s)** uneventful journey ◆ **se dérouler sans incident(s)** to go off without incident ou smoothly
3 **incidente** nf ◆ (Ling) **(proposition) incidente** parenthesis, parenthetical clause
4 COMP ▷ **incident diplomatique** diplomatic incident ▷ **incident de frontière** border incident ▷ **incident de parcours** (gén) (minor ou slight) setback, hitch; (santé) (minor ou slight) setback ▷ **incident technique** (lit, hum fig) technical hitch

incinérateur [ɛ̃sineʀatœʀ] → SYN nm incinerator ◆ **incinérateur à ordures** refuse incinerator

incinération [ɛ̃sineʀasjɔ̃] → SYN nf (→ **incinérer**) incineration; cremation

incinérer [ɛ̃sineʀe] → SYN ▸ conjug 6 ◂ vt ordures, cadavre to incinerate; (au crématorium) to cremate ◆ **se faire incinérer** to be cremated

incipit [ɛ̃sipit] nm inv incipit

incirconcis, e [ɛ̃siʀkɔ̃si, iz] → SYN **1** adj uncircumcised
2 nm uncircumcised male

incise [ɛ̃siz] nf (Mus) phrase ◆ (Ling) **(proposition) incise** interpolated clause ◆ **il m'a dit, en incise, que** he told me in passing ou in parenthesis that

inciser [ɛ̃size] → SYN ▸ conjug 1 ◂ vt écorce, arbre to incise, make an incision in; peau to incise; abcès to lance ◆ **inciser un arbre pour en extraire la résine** to tap a tree

incisif, -ive [ɛ̃sizif, iv] → SYN **1** adj ton, style, réponse cutting, incisive; regard piercing ◆ **il était très incisif dans ses questions** he was very incisive in his questioning, his questions were very incisive
2 **incisive** nf (dent) incisor ◆ **incisive supérieure / inférieure** upper / lower incisor

incision [ɛ̃sizjɔ̃] → SYN nf **a** (→ **inciser**) incising; incision; lancing
b (entaille) incision ◆ **faire une incision dans** to make an incision in, incise

incisive [ɛ̃siziv] → **incisif**

incisure [ɛ̃sizyʀ] → SYN nf (Bot) incisure

incitant, e [ɛ̃sitɑ̃, ɑ̃t] **1** adj stimulating
2 nm stimulant

incitateur, -trice [ɛ̃sitatœʀ, tʀis] → SYN nm,f inciter

incitatif, -ive [ɛ̃sitatif, iv] adj ◆ **mesure incitative** incentive ◆ **aide incitative** incentive aid ◆ **prix incitatif** incentive ou attractive price

incitation [ɛ̃sitasjɔ̃] nf (au meurtre, à la révolte) incitement (*à* to); (à l'effort, au travail) incentive (*à* to; *à faire* to do)

inciter [ɛ̃site] → SYN ▸ conjug 1 ◂ vt ◆ **inciter qn à faire qch** to encourage sb to do sth ◆ **cela m'incite à la méfiance** that prompts me to be on my guard, that puts me on my guard ◆ **cela les incite à la violence / la révolte** that incites them to violence / revolt ◆ **ça n'incite pas au travail** it doesn't (exactly) encourage one to work, it's no incentive to work ◆ **ça vous incite à la paresse** it encourages laziness (in one), it encourages one to be lazy

incivil, e [ɛ̃sivil] → SYN adj (frm) uncivil, rude

incivilement [ɛ̃sivilmɑ̃] adv (frm) uncivilly, rudely

incivilité [ɛ̃sivilite] → SYN nf (frm) [attitude, ton] incivility, rudeness; (propos impoli) uncivil ou rude remark ◆ **ce serait commettre une incivilité que de ...** it would be uncivil to ...

inclassable [ɛ̃klasabl] → SYN adj which cannot be categorized, unclassifiable

inclémence [ɛ̃klemɑ̃s] → SYN nf inclemency

inclément, e [ɛ̃klemɑ̃, ɑ̃t] → SYN adj inclement

inclinable [ɛ̃klinabl] adj dossier de siège reclining; lampe adjustable

inclinaison [ɛ̃klinɛzɔ̃] → SYN **1** nf **a** (déclivité) [plan, pente] incline; [route, voie ferrée] incline, gradient; [toit] slope, slant, pitch; [barre, tuyau] slope, slant ◆ **l'inclinaison exceptionnelle de la route** the exceptionally steep gradient of the road, the exceptional steepness of the road ◆ **toit à faible / forte inclinaison** gently-sloping / steeply-sloping roof
b (aspect) [mur] lean; [mât, tour] lean, tilt; [chapeau] slant, tilt; [appareil, tête] tilt; [navire] list ◆ **l'inclinaison comique de son chapeau sur l'oreille gauche** the comic way in which his hat was cocked ou tilted over his left ear ◆ **accentuez l'inclinaison de la tête** tilt your head further forward ou back ou sideways ◆ **régler l'inclinaison d'un siège** to adjust the angle of a seat
c (Géom) [droite, surface] angle; (Astron) inclination → **angle**
2 COMP ▷ **inclinaison magnétique** (Phys) magnetic declination

inclination [ɛ̃klinasjɔ̃] → SYN nf **a** (penchant) inclination ◆ **suivre son inclination** to follow one's (own) inclination ◆ **son inclination naturelle au bonheur** his natural inclination ou tendency towards happiness ◆ **inclinations altruistes** altruistic tendencies ◆ **une certaine inclination à mentir** a certain inclination ou tendency ou propensity to tell lies ◆ **avoir de l'inclination pour la littérature** to have a strong liking ou a penchant for literature ◆ **inclination pour qn†** liking for sb
b **inclination de (la) tête** (acquiescement) nod; (salut) inclination of the head ◆ **inclination (du buste)** bow

incliné, e [ɛ̃kline] → SYN (ptp de **incliner**) adj **a** (raide) toit steep, sloping
b (penché) tour, mur leaning; récipient tilted; (Géol) inclined → **plan¹**
c (fig: enclin) **incliné à** inclined to

incliner [ɛ̃kline] → SYN ▸ conjug 1 ◂ **1** vt **a** (pencher) appareil, mât, bouteille to tilt; (littér: courber) arbre to bend (over); [architecte] toit, surface to slope; dossier de chaise to tilt ◆ **le vent incline le navire** the wind heels the boat over ◆ **incliner la tête** ou **le front** (pour saluer) to give a slight bow, incline one's head; (pour acquiescer) to nod (one's head), incline one's head ◆ **incliner la tête de côté** to tilt ou incline one's head on one side ◆ **incliner le buste** ou **le corps** (saluer) to bow, give a bow ◆ **inclinez le corps plus en avant** lean ou bend forward more
b (littér) **incliner qn à l'indulgence** to encourage sb to be indulgent ◆ **ceci m'incline à penser que** that makes me inclined to think that, that leads me to believe that
2 vi **a** **incliner à** (tendre à) to tend towards; (pencher pour) to be ou feel inclined towards ◆ **il incline à l'autoritarisme / à l'indulgence** he tends towards authoritarianism / indulgence, he tends to be authoritarian / indulgent ◆ **dans ce cas, il inclinait à la clémence / sévérité** in this instance he felt inclined to be merciful / severe ou he inclined towards clemency / severity ◆ **le ministre inclinait vers des mesures très sévères** the minister inclined towards (taking) strong measures ◆ **incliner à penser / croire que** to be inclined to think / believe that ◆ **j'incline à accepter cette offre / rejeter cette solution** I'm inclined to accept this offer / reject this solution
b (littér) [mur] to lean; [arbre] to bend ◆ **la colline inclinait doucement vers la mer** the hill sloped gently (down) towards the sea
c (bifurquer) **incliner vers** to veer (over) towards ou to
3 **s'incliner** vpr **a** (se courber) to bow (*devant* before) ◆ **s'incliner jusqu'à terre** to bow to the ground
b (rendre hommage à) **s'incliner devant qn** ou **devant la supériorité de qn** to bow before sb's superiority ◆ **devant tant de talent / de noblesse, je m'incline** I bow before such a wealth of talent / such nobleness ◆ **devant un tel homme, on ne peut que s'incliner** one can only bow (down) before such a man ◆ **il est venu s'incliner devant la dépouille mortelle du président** he came to pay his last respects at the coffin of the president
c (céder) **s'incliner devant l'autorité de qn** to yield ou bow to sb's authority ◆ **s'incliner devant un ordre** to accept an order ◆ **puisque vous me le commandez, je n'ai plus qu'à m'incliner et obéir** since you order me to do it, I can only accept it and obey
d (s'avouer battu) to admit defeat ◆ **le boxeur s'inclina (devant son adversaire) à la 3ᵉ reprise** the boxer admitted defeat in the 3rd round ◆ **il dut s'incliner devant un adversaire plus fort que lui** faced with an opponent stronger than himself, he was forced to give in ou to admit defeat, he had to bow to his opponent who was stronger than him ◆ (Sport) **Marseille s'est incliné devant Saint-Étienne (par) 2 buts à 3** Marseilles lost to Saint-Étienne by 2 goals to 3
e [arbre] to bend over; [mur] to lean; [navire] to heel (over); [chemin, colline] to slope; [toit] to be sloping ◆ **le soleil s'incline à l'horizon** the sun is sinking (down) towards the horizon

inclinomètre [ɛ̃klinɔmɛtʀ] nm inclinometer

inclure [ɛ̃klyʀ] → SYN ▸ conjug 35 ◂ vt **a** (insérer) clause to insert (*dans* in); nom to include (*dans* in); (joindre à un envoi) billet, chèque to enclose (*dans* in)
b (contenir) to include ◆ **ce récit en inclut un autre** this is a story within a story

inclus, e [ɛ̃kly, yz] → SYN (ptp de **inclure**) adj **a** (joint à un envoi) enclosed
b (compris) frais included ◆ **eux inclus** including them ◆ **jusqu'au 10 mars inclus** until March 10th inclusive, up to and including March 10th ◆ **jusqu'au 3ᵉ chapitre inclus**

up to and including the 3rd chapter ◆ **les frais sont inclus dans la note** the bill is inclusive of expenses, expenses are included in the bill

c (Math) (ensemble) **inclus dans** included in ◆ **A est inclus dans B** A is the subset of B

d (Bot) étamines included ◆ (Méd) **dent incluse** impacted tooth

inclusif, -ive [ɛ̃klyzif, iv] adj (Gram, Logique) inclusive

inclusion [ɛ̃klyzjɔ̃] → SYN nf **a** (gén, Math) inclusion (*dans* in)

b (Méd) [dent] impaction

c (objet de décoration) *ornament set in acrylic*

inclusivement [ɛ̃klyzivmɑ̃] → SYN adv ◆ **jusqu'au 16e siècle inclusivement** up to and including the 16th century ◆ **jusqu'au 1er janvier inclusivement** until January 1st inclusive, up to and including January 1st

incoagulable [ɛ̃kɔagylabl] adj nonclotting, noncoagulating

incoercibilité [ɛ̃kɔɛʀsibilite] nf uncontrollability, irrepressibility

incoercible [ɛ̃kɔɛʀsibl] → SYN adj toux uncontrollable; besoin, désir, rire uncontrollable, irrepressible

incognito [ɛ̃kɔɲito] → SYN **1** adv incognito

2 nm ◆ **garder l'incognito, rester dans l'incognito** to remain incognito ◆ **l'incognito lui plaisait** he liked being incognito ◆ **l'incognito dont il s'entourait** the secrecy with which he surrounded himself

incohérence [ɛ̃kɔeʀɑ̃s] → SYN nf **a** (caractère: → **incohérent**) incoherency, incoherence; inconsistency ◆ **l'incohérence entre les différentes parties du discours** the inconsistency of the different parts of the speech

b (dans un texte etc) inconsistency, discrepancy; (propos, acte etc) inconsistency ◆ **les incohérences de sa conduite** the inconsistency of his behaviour, the inconsistencies in his behaviour

incohérent, e [ɛ̃kɔeʀɑ̃, ɑ̃t] → SYN adj **a** geste, langage, texte incoherent; comportement inconsistent

b (Phys) lumière, vibration incoherent

incollable [ɛ̃kɔlabl] → SYN adj **a** (qui ne colle pas) **riz incollable** non-stick rice

b (*: imbattable) unbeatable ◆ **il est incollable (en histoire)** you can't catch him out* (on history) (Brit), he's got all the answers (on history)

incolore [ɛ̃kɔlɔʀ] → SYN adj liquide, style colourless; verre, vernis clear; cirage neutral ◆ **incolore, inodore et sans saveur** personne without an ounce of personality; film (totally) bland

incomber [ɛ̃kɔ̃be] → SYN ▸conjug 1◂ **incomber à** vt indir (frm) [devoirs, responsabilité] to be incumbent (up)on; [frais, réparations, travail] to be sb's responsibility ◆ **il m'incombe de faire** it falls to me to do, it is my responsibility to do, it is incumbent upon me to do, the onus is on me to do ◆ **ces frais leur incombent entièrement** these costs are to be paid by them in full ou are entirely their responsibility

incombustibilité [ɛ̃kɔ̃bystibilite] nf incombustibility

incombustible [ɛ̃kɔ̃bystibl] → SYN adj incombustible

incommensurabilité [ɛ̃kɔmɑ̃syʀabilite] nf incommensurability

incommensurable [ɛ̃kɔmɑ̃syʀabl] → SYN adj **a** (immense) immeasurable

b (sans commune mesure: Math, littér) incommensurable (*avec* with)

incommensurablement [ɛ̃kɔmɑ̃syʀabləmɑ̃] adv (→ **incommensurable**) immeasurably; incommensurably

incommodant, e [ɛ̃kɔmɔdɑ̃, ɑ̃t] → SYN adj odeur unpleasant, offensive; bruit annoying, unpleasant; chaleur uncomfortable

incommode [ɛ̃kɔmɔd] → SYN adj **a** pièce, appartement inconvenient; heure awkward, inconvenient; armoire, outil impractical, awkward

b siège uncomfortable; (fig) position, situation awkward, uncomfortable

incommodément [ɛ̃kɔmɔdemɑ̃] → SYN adv installé, assis awkwardly, uncomfortably; logé inconveniently; situé inconveniently, awkwardly

incommoder [ɛ̃kɔmɔde] → SYN ▸conjug 1◂ vt ◆ **incommoder qn** [bruit] to disturb ou bother sb; [odeur, chaleur] to bother sb; [comportement] to make sb feel ill at ease ou uncomfortable ◆ **être incommodé par** to be bothered by ◆ **se sentir incommodé** to feel indisposed ou unwell

incommodité [ɛ̃kɔmɔdite] → SYN nf (→ **incommode**) inconvenience; awkwardness; impracticability; lack of comfort

incommunicabilité [ɛ̃kɔmynikabilite] nf incommunicability

incommunicable [ɛ̃kɔmynikabl] → SYN adj incommunicable

incommutabilité [ɛ̃kɔmytabilite] → SYN nf inalienability

incommutable [ɛ̃kɔmytabl] → SYN adj inalienable

incomparable [ɛ̃kɔ̃paʀabl] → SYN adj (remarquable) incomparable, matchless; (dissemblable) not comparable ◆ **est-ce plus confortable? – c'est incomparable!** is it more comfortable? – there's no comparison!

incomparablement [ɛ̃kɔ̃paʀabləmɑ̃] → SYN adv ◆ **incomparablement plus/mieux** incomparably more/better ◆ **chanter** etc **incomparablement** to sing etc exceptionally well

incompatibilité [ɛ̃kɔ̃patibilite] → SYN nf (gén, Sci) incompatibility ◆ (Jur) **incompatibilité d'humeur** (mutual) incompatibility ◆ **il y a incompatibilité d'humeur entre les membres de cette équipe** the members of this team are (temperamentally) incompatible ◆ **incompatibilité de groupes sanguins** incompatibility of blood groups ◆ **incompatibilité médicamenteuse** incompatibility of medications

incompatible [ɛ̃kɔ̃patibl] → SYN adj incompatible (*avec* with) ◆ (Ordin) **systèmes incompatibles** incompatible systems

incompétence [ɛ̃kɔ̃petɑ̃s] → SYN nf (incapacité) incompetence; (ignorance) lack of knowledge; (Jur) incompetence ◆ **il reconnaît volontiers son incompétence en musique** he freely admits to his lack of knowledge of music ou that he knows nothing about music ◆ **il a atteint son seuil d'incompétence** he's reached his level of incompetence

incompétent, e [ɛ̃kɔ̃petɑ̃, ɑ̃t] → SYN **1** adj (incapable) incompetent; (ignorant) ignorant, inexpert; (Jur) incompetent ◆ **en ce qui concerne la musique/les maths, je suis incompétent** as far as music goes/maths go I'm not competent ou I'm incompetent to judge

2 nm,f incompetent

incomplet, -ète [ɛ̃kɔ̃plɛ, ɛt] → SYN adj incomplete

incomplètement [ɛ̃kɔ̃plɛtmɑ̃] → SYN adv renseigné incompletely; rétabli, guéri not completely

incomplétude [ɛ̃kɔ̃pletyd] → SYN nf (littér: insatisfaction) non-fulfilment

incompréhensibilité [ɛ̃kɔ̃pʀeɑ̃sibilite] nf incomprehensibility

incompréhensible [ɛ̃kɔ̃pʀeɑ̃sibl] → SYN adj (gén) incomprehensible

incompréhensif, -ive [ɛ̃kɔ̃pʀeɑ̃sif, iv] → SYN adj unsympathetic ◆ **il s'est montré totalement incompréhensif** he (just) refused to understand, he was totally unsympathetic ◆ **ses parents se montrent totalement incompréhensifs** his parents show a total lack of understanding

incompréhension [ɛ̃kɔ̃pʀeɑ̃sjɔ̃] → SYN nf **a** (→ **incompréhensif**) lack of understanding (*envers* of); unwillingness to understand

b l'incompréhension d'un texte the failure to understand a text, the lack of understanding ou comprehension of a text

incompressibilité [ɛ̃kɔ̃pʀesibilite] nf (Phys) incompressibility ◆ **l'incompressibilité du budget** the irreducibility of the budget

incompressible [ɛ̃kɔ̃pʀesibl] → SYN adj (Phys) incompressible ◆ **nos dépenses sont incompressibles** our expenses cannot be reduced ou cut down

incompris, e [ɛ̃kɔ̃pʀi, iz] → SYN adj misunderstood ◆ **X fut un grand incompris à son époque** X was never understood by his contemporaries

inconcevable [ɛ̃kɔ̃s(ə)vabl] → SYN GRAMMAIRE ACTIVE 16.3 adj (gén) inconceivable ◆ **avec un toupet inconcevable** with unbelievable ou incredible cheek (Brit) ou nerve

inconcevablement [ɛ̃kɔ̃s(ə)vabləmɑ̃] adv inconceivably, incredibly

inconciliable [ɛ̃kɔ̃siljabl] → SYN adj irreconcilable

inconditionnalité [ɛ̃kɔ̃disjɔnalite] nf unreservedness, whole-heartedness ◆ **l'inconditionnalité de son soutien au gouvernement** his wholehearted ou unreserved support for the government

inconditionné, e [ɛ̃kɔ̃disjɔne] adj unconditioned

inconditionnel, -elle [ɛ̃kɔ̃disjɔnɛl] → SYN **1** adj acceptation, ordre, soumission unconditional; appui wholehearted, unconditional, unreserved; partisan, foi unquestioning

2 nm,f [homme politique, doctrine] unquestioning ou ardent supporter (*de* of); [écrivain, chanteur] ardent admirer (*de* of) ◆ **les inconditionnels des sports d'hiver** winter sports enthusiasts ou fanatics ◆ **c'est un inconditionnel de l'informatique** he's a fanatic about computers

inconditionnellement [ɛ̃kɔ̃disjɔnɛlmɑ̃] adv (→ **inconditionnel**) unconditionally; wholeheartedly; unreservedly; unquestioningly

inconduite [ɛ̃kɔ̃dɥit] → SYN nf (débauche) wild ou loose ou shocking behaviour (NonC)

inconfort [ɛ̃kɔ̃fɔʀ] → SYN nm [logement] lack of comfort, discomfort; [situation, position] unpleasantness ◆ **l'inconfort lui importait peu** discomfort didn't matter to him in the least ◆ **vivre dans l'inconfort** to live in uncomfortable surroundings

inconfortable [ɛ̃kɔ̃fɔʀtabl] → SYN adj maison, meuble uncomfortable; (lit, fig) position uncomfortable, awkward

inconfortablement [ɛ̃kɔ̃fɔʀtabləmɑ̃] adv (→ **inconfortable**) uncomfortably; awkwardly

incongelable [ɛ̃kɔ̃ʒ(ə)labl] adj non-freezable, unsuitable for freezing

incongru, e [ɛ̃kɔ̃gʀy] → SYN adj attitude, bruit unseemly; remarque incongruous, ill-placed, ill-chosen; (†, littér) personne uncouth

incongruité [ɛ̃kɔ̃gʀyite] → SYN nf **a** (caractère) incongruity, unseemliness

b (propos) unseemly ou ill-chosen ou ill-placed remark; (acte) unseemly action, unseemly behaviour (NonC)

incongrûment [ɛ̃kɔ̃gʀymɑ̃] adv agir, parler in an unseemly way

inconjugable [ɛ̃kɔ̃ʒygabl] adj verbe which cannot be conjugated

inconnaissable [ɛ̃kɔnɛsabl] → SYN **1** adj unknowable

2 nm ◆ **l'inconnaissable** the unknowable

inconnu, e [ɛ̃kɔny] → SYN **1** adj destination, fait unknown; odeur, sensation new, unknown; ville, personne unknown, strange (*à*, *de* to) ◆ **son visage m'était inconnu** his face was new ou unknown to me, I didn't know his face ◆ **une joie inconnue l'envahit** he was seized with a strange joy ou a joy that was (quite) new to him ◆ **on se sent très seul en pays inconnu** one feels very lonely in a strange country ou in a foreign country ou in strange surroundings ◆ **s'en aller vers des contrées inconnues** to set off in search of unknown ou unexplored ou uncharted lands ◆ **né de père inconnu** of an unknown father ◆ **inconnu à cette adresse** not known at this address ◆ (fig) **il est inconnu au bataillon*** no one's ever heard of him → **soldat**

2 nm,f stranger, unknown person ◆ **pour moi, ce peintre-là, c'est un inconnu** I don't know this painter, this painter is unknown to me ◆ **le malfaiteur n'était pas un inconnu pour la police** the culprit was known ou was not unknown ou was no stranger to the police • **ne parle pas à des inconnus** don't talk to strangers → **illustre**

3 nm • (ce qu'on ignore) **l'inconnu** the unknown

4 **inconnue** nf (élément inconnu) unknown factor ou quantity; (Math) unknown • **dans cette entreprise, il y a beaucoup d'inconnues** there are lots of unknowns ou unknown factors in this venture

inconsciemment [ɛ̃kɔ̃sjamɑ̃] → SYN adv (involontairement) unconsciously, unwittingly; (à la légère) thoughtlessly, recklessly, rashly

inconscience [ɛ̃kɔ̃sjɑ̃s] → SYN nf **a** (physique) unconsciousness • **sombrer dans l'inconscience** to lose consciousness, sink into unconsciousness

b (morale) thoughtlessness, recklessness, rashness • **mais c'est de l'inconscience!** that's sheer madness! ou stupidity!

c [événements extérieurs] unawareness

inconscient, e [ɛ̃kɔ̃sjɑ̃, jɑ̃t] → SYN **1** adj (évanoui) unconscious; (échappant à la conscience) sentiment subconscious; (machinal) mouvement unconscious, automatic; (irréfléchi) décision, action, personne thoughtless, reckless, rash; (*: fou) mad*, crazy • **inconscient de** événements extérieurs unaware of, not aware of; conséquence, danger unaware of, not aware of, oblivious to

2 nm • (Psych) **l'inconscient** the subconscious, the unconscious • **l'inconscient collectif** the collective unconscious

3 nm,f reckless person • **c'est un inconscient** he's completely reckless

inconséquence [ɛ̃kɔ̃sekɑ̃s] → SYN nf (manque de logique) inconsistency, inconsequence; (légèreté) thoughtlessness (NonC), fecklessness (NonC)

inconséquent, e [ɛ̃kɔ̃sekɑ̃, ɑ̃t] → SYN adj (illogique) comportement, personne inconsistent, inconsequent; (irréfléchi) démarche, décision, personne thoughtless

inconsidéré, e [ɛ̃kɔ̃sideʀe] → SYN adj ill-considered, thoughtless, rash

inconsidérément [ɛ̃kɔ̃sideʀemɑ̃] → SYN adv thoughtlessly, rashly, without thinking

inconsistance [ɛ̃kɔ̃sistɑ̃s] → SYN nf (→ **inconsistant**) flimsiness; weakness; colourlessness; runniness; watery ou thin consistency

inconsistant, e [ɛ̃kɔ̃sistɑ̃, ɑ̃t] → SYN adj **a** preuve, idée, espoir flimsy; argumentation, intrigue de roman flimsy, weak; personne colourless; caractère colourless, weak

b crème runny; bouillie, soupe watery, thin

inconsolable [ɛ̃kɔ̃sɔlabl] → SYN adj personne disconsolate, inconsolable; chagrin inconsolable

inconsolé, e [ɛ̃kɔ̃sɔle] adj personne disconsolate; chagrin unconsoled

inconsommable [ɛ̃kɔ̃sɔmabl] → SYN adj unfit for consumption (attrib)

inconstance [ɛ̃kɔ̃stɑ̃s] → SYN nf [conduite, temps, fortune] fickleness; [amour] inconstancy, fickleness • (littér) **inconstances** (dans le comportement) inconsistencies; (en amour) infidelities, inconstancies

inconstant, e [ɛ̃kɔ̃stɑ̃, ɑ̃t] → SYN adj (→ **inconstance**) fickle; inconstant

inconstatable [ɛ̃kɔ̃statabl] → SYN adj impossible to ascertain (attrib), unascertainable

inconstitutionnalité [ɛ̃kɔ̃stitysjɔnalite] → SYN nf unconstitutionality

inconstitutionnel, -elle [ɛ̃kɔ̃stitysjɔnɛl] → SYN adj unconstitutional

inconstitutionnellement [ɛ̃kɔ̃stitysjɔnɛlmɑ̃] adv unconstitutionally

incontestabilité [ɛ̃kɔ̃tɛstabilite] → SYN nf incontestability

incontestable [ɛ̃kɔ̃tɛstabl] → SYN GRAMMAIRE ACTIVE 15.1 adj (indiscutable) incontestable, unquestionable, indisputable • **il a réussi, c'est incontestable** he's succeeded, there is no doubt about that, it's undeniable that he has succeeded • **il est incontestable qu'elle est la meilleure** she is incontestably ou indisputably ou unquestionably the best

incontestablement [ɛ̃kɔ̃tɛstabləmɑ̃] → SYN adv incontestably, unquestionably, indisputably • **c'est prouvé? – incontestablement** is it proved? – beyond any shadow of doubt

incontesté, e [ɛ̃kɔ̃tɛste] → SYN adj autorité, principe, fait uncontested, undisputed • **le chef/maître incontesté** the undisputed chief/master • **le gagnant incontesté** the undisputed ou outright winner

incontinence [ɛ̃kɔ̃tinɑ̃s] → SYN **1** nf **a** (Méd) incontinence • **incontinence urinaire** incontinence, enuresis (spéc) • **incontinence nocturne** bedwetting, enuresis (spéc)

b (†, littér: luxure) incontinence

2 COMP ▷ **incontinence de langage** lack of restraint in speech ▷ **incontinence verbale** garrulousness, verbal diarrhoea*

incontinent¹, e [ɛ̃kɔ̃tinɑ̃, ɑ̃t] → SYN **1** adj **a** (Méd) personne incontinent, enuretic (spéc); vessie weak

b (†, littér: débauché) incontinent (†, littér)

2 nm,f person suffering from incontinence ou enuresis (spéc)

incontinent² [ɛ̃kɔ̃tinɑ̃] → SYN adv (†, littér: sur-le-champ) forthwith (†, littér)

incontournable [ɛ̃kɔ̃tuʀnabl] → SYN adj réalité, fait inescapable; argument, problème, artiste that can't be ignored

incontrôlable [ɛ̃kɔ̃tʀolabl] → SYN adj (non vérifiable) unverifiable; (irrépressible) uncontrollable

incontrôlé, e [ɛ̃kɔ̃tʀole] adj (→ **incontrôlable**) unverified; uncontrolled • **un groupe incontrôlé de manifestants** an uncontrolled ou undisciplined group of demonstrators

inconvenance [ɛ̃kɔ̃v(ə)nɑ̃s] → SYN nf **a** (caractère) impropriety, unseemliness

b (acte) impropriety, indecorous ou unseemly behaviour (NonC); (remarque) impropriety, indecorous ou unseemly language (NonC)

inconvenant, e [ɛ̃kɔ̃v(ə)nɑ̃, ɑ̃t] → SYN adj comportement, parole improper, indecorous, unseemly; question improper; personne ill-mannered

inconvénient [ɛ̃kɔ̃venjɑ̃] → SYN GRAMMAIRE ACTIVE 9.2, 26.3, 26.4 nm **a** (désavantage) [situation, plan] disadvantage, drawback, inconvenience • **les avantages et inconvénients** the advantages and disadvantages (*de* of)

b (conséquences fâcheuses) **inconvénients** (unpleasant) consequences, drawbacks • **il subit maintenant les inconvénients d'une situation qu'il a lui-même créée** he now has to put up with the consequences ou drawbacks of a situation which he himself created • **tu feras ce que tu voudras mais nous ne voulons pas en supporter les inconvénients** you can do what you like but we don't want to have to suffer the consequences

c (risque) **n'y a-t-il pas d'inconvénient à mettre ce plat en faïence au four?** isn't there a risk in putting this earthenware plate in the oven? • **peut-on sans inconvénient prendre ces deux médicaments ensemble?** can one safely take these two medicines together?, is there any danger in taking these two medicines together? • **on peut modifier sans inconvénient notre itinéraire** we can easily change our route, we can change our route without any difficulty ou inconvenience

d (obstacle, objection) **l'inconvénient c'est que je ne serai pas là** the snag ou the annoying thing ou the one drawback is that I won't be there • **pouvez-vous sans inconvénient vous libérer jeudi?** would it be convenient for you to get away on Thursday?, will you be able to get away on Thursday without any difficulty? • **voyez-vous un inconvénient** ou **y a-t-il un inconvénient à ce que je parte ce soir?** have you ou is there any objection to my leaving this evening? • **si vous n'y voyez pas d'inconvénient ...** if you have no objections ...

inconvertibilité [ɛ̃kɔ̃vɛʀtibilite] nf inconvertibility

inconvertible [ɛ̃kɔ̃vɛʀtibl] → SYN adj (Fin) inconvertible

incoordination [ɛ̃kɔɔʀdinasjɔ̃] nf [idées, opération] lack of coordination; (Méd) incoordination, lack of coordination

incorporable [ɛ̃kɔʀpɔʀabl] adj incorporable (*dans* in, into)

incorporalité [ɛ̃kɔʀpɔʀalite] → SYN nf incorporeality

incorporation [ɛ̃kɔʀpɔʀasjɔ̃] → SYN nf **a** (→ **incorporer**) mixing; blending; incorporation; insertion; integration

b (Mil) (appel) enlistment (*à* into); (affectation) posting → **sursis**

c (Psych) incorporation

incorporéité [ɛ̃kɔʀpɔʀeite] nf ⇒ **incorporalité**

incorporel, -elle [ɛ̃kɔʀpɔʀɛl] → SYN adj (immatériel) incorporeal; (Fin) intangible

incorporer [ɛ̃kɔʀpɔʀe] → SYN ▸ conjug 1 ◂ vt **a** substance, aliment to mix (*à, avec* with, into), blend (*à, avec* with)

b territoire to incorporate (*dans, à* into); chapitre to incorporate (*dans* in, into), insert (*dans* in) • **appareil photo avec flash incorporé** camera with a built-in flash

c personne to incorporate, integrate (*dans, à* into) • **il a très bien su s'incorporer à notre groupe** he was very easily incorporated into our group, he fitted very easily into our group

d (Mil) (appeler) to recruit • (affecter) **incorporer qn dans** to enrol ou enlist sb into • **on l'a incorporé dans l'infanterie** he was recruited ou drafted into the infantry

incorrect, e [ɛ̃kɔʀɛkt] → SYN adj **a** (fautif) réglage, interprétation faulty; solution incorrect, wrong

b (inconvenant) terme, langage improper, impolite; tenue incorrect, indecent

c (mal élevé) personne discourteous, impolite

d (déloyal) personne, procédé underhand • **être incorrect avec qn** to treat sb in an underhand way, behave in an underhand way towards sb

incorrectement [ɛ̃kɔʀɛktəmɑ̃] → SYN adv (→ **incorrect**) faultily; incorrectly; wrongly; improperly; impolitely; indecently; discourteously; in an underhand way

incorrection [ɛ̃kɔʀɛksjɔ̃] → SYN nf **a** (NonC) (impropriété) [terme] impropriety; (inconvenance) [tenue, personne, langage] impropriety, incorrectness; (déloyauté) [procédés, concurrent] dishonesty, underhand nature

b (terme impropre) impropriety; (action inconvenante) incorrect ou improper ou impolite behaviour (NonC); (remarque inconvenante) impolite ou improper remark

incorrigible [ɛ̃kɔʀiʒibl] → SYN adj enfant, distraction incorrigible • **cet enfant est incorrigible!** this child is incorrigible!, this child will never learn! • **être d'une incorrigible paresse** to be incorrigibly lazy

incorrigiblement [ɛ̃kɔʀiʒibləmɑ̃] adv incorrigibly

incorruptibilité [ɛ̃kɔʀyptibilite] → SYN nf incorruptibility

incorruptible [ɛ̃kɔʀyptibl] → SYN **1** adj incorruptible

2 nmf incorruptible person • **c'est un incorruptible** he's incorruptible

incorruptiblement [ɛ̃kɔʀyptibləmɑ̃] adv incorruptibly

incoterms [ɛ̃kotɛʀm] nmpl (abrév de **International Commercial Terms**) incoterms

incrédibilité [ɛ̃kʀedibilite] → SYN nf incredibility

incrédule [ɛ̃kʀedyl] → SYN **1** adj (sceptique) incredulous; (Rel) unbelieving

2 nmf (Rel) unbeliever, non-believer

incrédulité [ɛ̃kʀedylite] → SYN nf (→ **incrédule**) incredulity; unbelief, lack of belief • **avec incrédulité** incredulously, with incredulity

incréé, e [ɛ̃kʀee] → SYN adj uncreated

incrément [ɛ̃kʀemɑ̃] → SYN nm (Ordin) increment

incrémentation [ɛ̃kʀemɑ̃tasjɔ̃] nf (Ordin) incrementation

incrémenter [ɛ̃kʀemɑ̃te] ▸ conjug 1 ◂ vt (Ordin) to increment

incrémentiel, -elle [ɛ̃kʀemɑ̃sjɛl] adj (Ordin) incremental

increvable [ɛ̃kʀəvabl] → SYN adj ballon which cannot be burst, unburstable; pneu unpuncturable, puncture-proof; (*: infatigable) animal, travailleur tireless; moteur which will never wear out ou pack in* (Brit)

incriminer [ɛ̃kʀimine] → SYN ▸ conjug 1 ◂ vt (mettre en cause) personne to incriminate, accuse; action, conduite to bring under attack; (mettre en doute) honnêteté, bonne foi to call into question ◆ **après avoir analysé la clause incriminée du contrat ...** after having analysed the offending clause ou the clause in question ou at issue in the contract ... ◆ **il cherche à m'incriminer dans cette affaire** he's trying to incriminate ou implicate me in this business

incristallisable [ɛ̃kʀistalizabl] adj which cannot crystallize

incrochetable [ɛ̃kʀɔʃ(ə)tabl] adj serrure burglar-proof, which cannot be picked

incroyable [ɛ̃kʀwajabl] → SYN 1 adj (invraisemblable) incredible, unbelievable; (inouï) incredible, amazing ◆ **incroyable mais vrai** incredible ou unbelievable but true ◆ **c'est incroyable ce qu'il fait chaud** it's unbelievably ou incredibly hot ◆ **il est incroyable d'arrogance** he is incredibly ou unbelievably arrogant ◆ **il est incroyable, ce type!*** the guy is unreal* ou something else*
2 nm ◆ **l'incroyable** the unbelievable
3 nmf ◆ (Hist) **les incroyables** the Incroyables, *young dandies of the Directoire*

incroyablement [ɛ̃kʀwajabləmɑ̃] adv (étonnamment) incredibly, unbelievably, amazingly

incroyance [ɛ̃kʀwajɑ̃s] → SYN nf (Rel) unbelief ◆ **être dans l'incroyance** to be in a state of unbelief, be a non-believer

incroyant, e [ɛ̃kʀwajɑ̃, ɑ̃t] → SYN 1 adj unbelieving
2 nm,f unbeliever, non-believer

incrustant, e [ɛ̃kʀystɑ̃, ɑ̃t] → SYN adj incrustant

incrustation [ɛ̃kʀystasjɔ̃] → SYN nf a (Art) (technique) inlaying; (ornement) inlay ◆ **des incrustations d'ivoire** inlaid ivory work, ivory inlays ◆ **table à incrustations d'ivoire** table inlaid with ivory ◆ **incrustations de dentelle** lace panels
b (TV) superimposition
c (croûte) (dans un récipient) fur (Brit), residue (US); (dans une chaudière) scale; (sur une roche) incrustation ◆ **pour empêcher l'incrustation** to prevent furring (Brit), to prevent the formation of scale

incruster [ɛ̃kʀyste] → SYN ▸ conjug 1 ◂ 1 vt a (Art) (insérer) **incruster qch dans** to inlay sth into ◆ (décorer) **incruster qch de** to inlay sth with ◆ **incrusté de** inlaid with
b (TV) nom, numéro to superimpose
c chaudière to coat with scale, scale up; récipient to fur up (Brit), become coated with residue (US)
2 **s'incruster** vpr a [corps étranger, caillou] **s'incruster dans** to become embedded in ◆ (travail de marqueterie) **l'ivoire s'incruste dans l'ébène** the ivory is inlaid in ebony
b (fig) [invité] to take root (fig) ◆ **il va s'incruster chez nous** he'll get himself settled down in our house and we'll never move him
c [radiateur, conduite] to become incrusted (*de* with), fur up (Brit)
d (TV) [nom, numéro] to be superimposed

incubateur, -trice [ɛ̃kybatœʀ, tʀis] → SYN
1 adj incubating
2 nm incubator

incubation [ɛ̃kybasjɔ̃] → SYN nf (Méd) incubation; [œuf] incubation; (fig) [révolte] incubation, hatching ◆ **période d'incubation** incubation period ◆ **incubation artificielle** artificial incubation ◆ **une incubation de 21 jours** 3 weeks' incubation, an incubation period of 3 weeks

incube [ɛ̃kyb] → SYN nm incubus

incuber [ɛ̃kybe] → SYN ▸ conjug 1 ◂ vt to hatch, incubate

inculcation [ɛ̃kylkasjɔ̃] → SYN nf inculcation, instilling

inculpation [ɛ̃kylpasjɔ̃] → SYN nf (chef d'accusation) charge (*de* of); (action) charging ◆ **sous l'inculpation de** on a charge of ◆ **notifier à qn son inculpation** to inform sb of the charge against him ◆ **la police a procédé à plusieurs inculpations** the police have charged several people

inculpé, e [ɛ̃kylpe] → SYN (ptp de **inculper**) nm,f ◆ **l'inculpé** ≃ the accused ◆ **les deux inculpés** the two accused, the two men accused

inculper [ɛ̃kylpe] → SYN ▸ conjug 1 ◂ vt to charge (*de* with), accuse (*de* of)

inculquer [ɛ̃kylke] → SYN ▸ conjug 1 ◂ vt ◆ **inculquer à qn** principes, politesse, notions to inculcate in sb, instil into sb

inculte [ɛ̃kylt] → SYN adj terre uncultivated; chevelure, barbe unkempt; esprit, personne uneducated

incultivable [ɛ̃kyltivabl] → SYN adj unfarmable, unworkable

inculture [ɛ̃kyltyʀ] → SYN nf [personne] lack of education; [terre] lack of cultivation

incunable [ɛ̃kynabl] 1 adj incunabular
2 nm incunabulum ◆ **les incunables** incunabula

incurabilité [ɛ̃kyʀabilite] nf incurability, incurableness

incurable [ɛ̃kyʀabl] → SYN 1 adj (Méd) incurable; (fig) bêtise, ignorance incurable (épith), hopeless (épith) ◆ **les malades incurables** the incurably ill
2 nmf (Méd) incurable

incurablement [ɛ̃kyʀabləmɑ̃] adv incurably; (fig) hopelessly, incurably

incurie [ɛ̃kyʀi] → SYN nf (frm: négligence) carelessness, negligence

incurieux, -euse [ɛ̃kyʀjø, jøz] adj incurious

incuriosité [ɛ̃kyʀjozite] → SYN nf (littér) incuriosity

incursion [ɛ̃kyʀsjɔ̃] → SYN nf (lit) incursion, foray (*en, dans* into); (fig: intrusion) intrusion (*dans* into) ◆ **faire une incursion dans** (lit) to make an incursion ou a foray into

incurvé, e [ɛ̃kyʀve] → SYN (ptp de **incurver**) adj curved

incurver [ɛ̃kyʀve] → SYN ▸ conjug 1 ◂ 1 vt pied de chaise, fer forgé to form ou bend into a curve, curve
2 **s'incurver** vpr a [barre] to bend, curve; [poutre] to sag
b [ligne, profil, route] to curve

incuse [ɛ̃kyz] adj f, nf incuse

indatable [ɛ̃databl] adj undatable

Inde[1] [ɛ̃d] nf India ◆ **les Indes** the Indies ◆ (†† Pol: Antilles) **les Indes occidentales** the West Indies ◆ (††: Indonésie) **les Indes orientales** the East Indies → **cochon**[1]

inde[2] [ɛ̃d] nm (couleur) indigo (blue)

indéboulonnable* [ɛ̃debulɔnabl] adj personne unbudgeable*, impossible to budge ◆ **il est complètement indéboulonnable** they just can't get rid of him*

indébrouillable [ɛ̃debʀujabl] → SYN adj affaire almost impossible to sort out (attrib)

indécelable [ɛ̃des(ə)labl] adj undetectable, indiscernible

indécemment [ɛ̃desamɑ̃] adv indecently

indécence [ɛ̃desɑ̃s] → SYN nf a (caractère: → **indécent**) indecency; obscenity; impropriety
b (action) act of indecency, indecency; (propos) obscenity, indecency ◆ **se livrer à des indécences** to indulge in indecent behaviour ou acts of indecency

indécent, e [ɛ̃desɑ̃, ɑ̃t] → SYN adj (impudique) indecent; (grivois) chanson obscene, dirty*; (déplacé) improper, indecent; (insolent) chance disgusting ◆ **il a une chance indécente** he's disgustingly lucky ◆ **habille-toi, tu es indécent!** get dressed, you're indecent! ou you're not decent!

indéchiffrable [ɛ̃deʃifʀabl] → SYN adj (illisible) texte, partition indecipherable; (incompréhensible) traité, pensée incomprehensible; (impénétrable) personne, regard inscrutable

indéchirable [ɛ̃deʃiʀabl] → SYN adj tear-proof

indécidable [ɛ̃desidabl] → SYN adj undecidable

indécis, e [ɛ̃desi, iz] → SYN 1 adj a personne (par nature) indecisive; (temporairement) undecided ◆ **indécis sur** ou **devant** ou **quant à** undecided ou uncertain about
b (douteux) temps, paix unsettled; bataille indecisive; problème undecided, unsettled; victoire undecided ◆ **le résultat est encore indécis** the result is as yet undecided
c (vague) réponse, sourire vague; pensée undefined, vague; forme, contour indecisive, indistinct
2 nm,f (gén) indecisive person; (Sondages) "don't know"; (dans une élection) floating voter

indécision [ɛ̃desizjɔ̃] → SYN nf (irrésolution chronique) indecisiveness; (temporaire) indecision, uncertainty (*sur* about) ◆ **je suis dans l'indécision quant à nos projets pour l'été** I'm uncertain ou undecided about our plans for the summer

indéclinable [ɛ̃deklinabl] adj indeclinable

indécollable [ɛ̃dekɔlabl] → SYN adj objet that won't come unstuck ou come off, that cannot be unstuck ◆ **ces invités sont indécollables*** you can't get rid of these guests

indécomposable [ɛ̃dekɔ̃pozabl] adj (gén) that cannot be broken down (*en* into)

indécrochable [ɛ̃dekʀɔʃabl] → SYN adj (lit) that won't come unhooked ou come off; (* fig) diplôme which it's impossible to get

indécrottable* [ɛ̃dekʀɔtabl] adj (borné) hopelessly thick* (Brit), dumb* ◆ (incorrigible) **c'est un paresseux indécrottable** he's hopelessly lazy

indéfectibilité [ɛ̃defɛktibilite] → SYN nf (frm) indestructibility

indéfectible [ɛ̃defɛktibl] → SYN adj foi, confiance indestructible, unshakeable; soutien, attachement unfailing

indéfectiblement [ɛ̃defɛktibləmɑ̃] adv unfailingly

indéfendable [ɛ̃defɑ̃dabl] → SYN GRAMMAIRE ACTIVE 26.3 adj (lit, fig) indefensible

indéfini, e [ɛ̃defini] → SYN adj (vague) sentiment undefined; (indéterminé) quantité, durée indeterminate, indefinite; (Ling) indefinite

indéfiniment [ɛ̃definimɑ̃] adv indefinitely

indéfinissable [ɛ̃definisabl] → SYN adj mot, charme, saveur indefinable

indéformable [ɛ̃defɔʀmabl] → SYN adj that will keep its shape

indéfrisable† [ɛ̃defʀizabl] nf perm, permanent (US)

indéhiscence [ɛ̃deisɑ̃s] nf indehiscence

indéhiscent, e [ɛ̃deisɑ̃, ɑ̃t] adj indehiscent

indélébile [ɛ̃delebil] → SYN adj (lit, fig) indelible

indélébilité [ɛ̃delebilite] → SYN nf indelibility

indélicat, e [ɛ̃delika, at] → SYN adj a (mufle) indelicate, tactless
b (malhonnête) employé dishonest; procédé dishonest, underhand

indélicatement [ɛ̃delikatmɑ̃] adv (→ **indélicat**) indelicately, tactlessly; dishonestly

indélicatesse [ɛ̃delikatɛs] → SYN nf a (→ **indélicat**) indelicacy, tactlessness (NonC); dishonesty (NonC)
b (acte malhonnête) indiscretion ◆ **commettre des indélicatesses** to commit indiscretions

indémaillable [ɛ̃demajabl] → SYN adj ladderproof (Brit), run-resistant, run-proof ◆ **en indémaillable** vêtement in run-resistant ou run-proof material; jersey, bas run-resistant, run-proof

indemne [ɛ̃dɛmn] → SYN adj (sain et sauf) unharmed, unhurt, unscathed ◆ **il est sorti indemne de l'accident** he came out of the accident unharmed ou unscathed

indemnisable [ɛ̃dɛmnizabl] adj personne entitled to compensation (attrib); dommage indemnifiable

indemnisation [ɛ̃dɛmnizasjɔ̃] → SYN nf (action) indemnification; (somme) indemnity, compensation ◆ **l'indemnisation a été fixée à 100 F** the indemnity ou compensation was fixed at 100 francs ◆ **100 F d'indemnisation** 100 francs compensation

indemniser [ɛ̃dɛmnize] → SYN ▸ conjug 1 ◂ vt (dédommager) to indemnify (*de* for); (d'une perte) to compensate (*de* for); (de frais) to indemnify, reimburse (*de* for) ◆ **se faire indemniser** to get indemnification ou compensation, get reimbursed ◆ **indemniser qn en argent** to pay sb compensation in cash ◆ **indemniser qn de ses frais** to reimburse sb for his expenses

indemnitaire [ɛ̃dɛmnitɛʀ] → SYN 1 adj compensational, compensatory
2 nmf (suite à une perte) person receiving compensation; (suite à des frais) person receiving an allowance

indemnité [ɛ̃dɛmnite] → SYN nf (dédommagement) [perte] compensation (NonC), indemnity; [frais] allowance ◆ **indemnité de guerre** war indemnity ◆ **indemnité journalière** daily allowance (of sickness benefit) ◆ **indemnité de logement / de transport / de résidence** housing / travel / weighting allowance ◆ **indemnité de licenciement** redundancy payment ou money ◆ **indemnité parlementaire** MP's salary ◆ **indemnité de vie chère** cost of living allowance

indémodable [ɛ̃demɔdabl] adj vêtement, mobilier, livre classic, that will never go out of fashion

indémontable [ɛ̃demɔ̃tabl] → SYN adj which cannot be taken apart ou dismantled; (fixé à une paroi etc) which cannot be taken down; (fig) argument unanswerable, watertight

indémontrable [ɛ̃demɔ̃tʀabl] → SYN adj indemonstrable, unprovable

indéniable [ɛ̃denjabl] → SYN GRAMMAIRE ACTIVE 26.1, 26.6 adj undeniable, indisputable, unquestionable ◆ **vous avez grossi, c'est indéniable** there's no doubt that ou it's undeniable that you have put on weight

indéniablement [ɛ̃denjabləmɑ̃] GRAMMAIRE ACTIVE 26.6 adv undeniably, indisputably, unquestionably

indentation [ɛ̃dɑ̃tasjɔ̃] → SYN nf indentation

indépassable [ɛ̃depɑsabl] → SYN adj limite impassable ◆ **en plongée sous-marine, 800 mètres est la limite indépassable** in deep-sea diving 800 metres is the very deepest one can go ◆ **au 100 mètres, 9 secondes est la limite indépassable** in the 100 metres race, 9 seconds cannot be bettered ou is unbeatable

indépendamment [ɛ̃depɑ̃damɑ̃] → SYN adv a (abstraction faite de) **indépendamment de** irrespective ou regardless of
b (outre) **indépendamment de** apart from, over and above
c († : de façon indépendante) independently

indépendance [ɛ̃depɑ̃dɑ̃s] → SYN nf (gén) independence (*de, par rapport à* from) ◆ **indépendance d'esprit** independence of mind ◆ **guerre / proclamation d'indépendance** war / declaration of independence

indépendant, e [ɛ̃depɑ̃dɑ̃, ɑ̃t] → SYN adj (gén) independent (*de* of); (Pol) député independent ◆ **pour des causes** ou **raisons indépendantes de notre volonté** for reasons beyond ou outside our control ◆ **« à louer : chambre indépendante »** "to let: self-contained bed-sitter" ◆ **maison indépendante** detached house ◆ **travailleur indépendant** (non salarié) freelance worker, freelancer; (qui est son propre patron) self-employed worker ◆ **travailler en indépendant** to work freelance, be self-employed

indépendantisme [ɛ̃depɑ̃dɑ̃tism] nm (pression politique) struggle for independence; (sentiment) desire for independence

indépendantiste [ɛ̃depɑ̃dɑ̃tist] → SYN 1 adj ◆ **mouvement indépendantiste** independence movement
2 nmf member of an independence movement, freedom fighter ◆ **les indépendantistes (corses) ont revendiqué l'attentat** the (Corsican) independence movement claimed responsibility for the attack

indéracinable [ɛ̃deʀasinabl] → SYN adj préjugé ineradicable

indéréglable [ɛ̃deʀeglabl] → SYN adj foolproof, totally reliable

Indes [ɛ̃d] → **Inde**[1]

indescriptible [ɛ̃dɛskʀiptibl] → SYN adj panique, désordre, joie indescribable

indésirable [ɛ̃deziʀabl] → SYN adj, nmf undesirable

indestructibilité [ɛ̃dɛstʀyktibilite] → SYN nf indestructibility

indestructible [ɛ̃dɛstʀyktibl] → SYN adj objet, sentiment, matériau indestructible; (fig) marque, impression indelible

indestructiblement [ɛ̃dɛstʀyktibləmɑ̃] adv (→ **indestructible**) indestructibly; indelibly

indétectable [ɛ̃detɛktabl] adj avion, erreur, présence undetectable

indéterminable [ɛ̃detɛʀminabl] → SYN adj indeterminable

indétermination [ɛ̃detɛʀminasjɔ̃] → SYN nf a (imprécision) vagueness
b (irrésolution) (chronique) indecisiveness; (temporaire) indecision, uncertainty
c (Math) indetermination

indéterminé, e [ɛ̃detɛʀmine] → SYN adj a (non précisé) date, cause, nature unspecified; forme, longueur, quantité indeterminate ◆ **pour des raisons indéterminées** for reasons which were not specified ◆ **à une date encore indéterminée** at a date to be specified ou as yet unspecified ou as yet undecided
b (imprécis) impression, sentiment vague; contours, goût indeterminable, vague
c (irrésolu) **je suis encore indéterminé sur ce que je vais faire** I'm still undecided ou uncertain about what I'm going to do
d (Math) indeterminate

indéterminisme [ɛ̃detɛʀminism] → SYN nm indeterminism

indéterministe [ɛ̃detɛʀminist] nmf indeterminist

indétrônable [ɛ̃detʀonabl] adj (Pol) unassailable, impossible to topple; (Sport) champion invincible

index [ɛ̃dɛks] → SYN nm a (doigt) forefinger, index finger; (repère) [instrument] pointer; (aiguille) [cadran] needle, pointer; (liste alphabétique) index; (indice) index
b (Rel) **l'Index** the Index ◆ (fig) **mettre qn / qch à l'index** to blacklist sb / sth

indexation [ɛ̃dɛksasjɔ̃] → SYN nf (Écon) indexing, indexation; (Ordin) indexing ◆ **indexation sur le coût de la vie** cost-of-living indexation ou adjustment

indexé, e [ɛ̃dɛkse] (ptp de **indexer**) adj prix indexed (*sur* to); prêt index-linked, index-tied ◆ **salaire indexé sur l'inflation** salary index-linked to inflation

indexer [ɛ̃dɛkse] → SYN ▸ conjug 1 ◂ vt a (Écon) to index (*sur* to)
b document, mot to index
c (Ordin) to index

Indiana [ɛ̃djana] nm Indiana

Indianapolis [indjanapɔlis] n Indianapolis

indianisme [ɛ̃djanism] nm (Ling) Indian word (ou expression)

indianiste [ɛ̃djanist] nmf specialist of India

indic* [ɛ̃dik] nm (arg Police) (abrév de **indicateur**) (copper's) nark (arg Brit), grass (arg), informer, fink* (US)

indican [ɛ̃dikɑ̃] nm indican

indicateur, -trice [ɛ̃dikatœʀ, tʀis] → SYN
1 adj → **panneau, poteau**
2 nm,f ◆ **indicateur (de police)** (police) informer
3 nm a (guide) guide; (horaire) timetable
b (Tech : compteur, cadran) gauge, indicator
c (Chim : substance) **indicateur (coloré)** indicator
d (Ling) **indicateur (de sens)** (semantic) indicator
e (Zool) honey guide
4 COMP ▷ **indicateur d'altitude** altimeter ▷ **indicateur des chemins de fer** railway timetable ▷ **indicateur de conjoncture** (Écon) economic indicator ▷ **indicateur de direction** (Naut) direction finder; [voitures] (direction) indicator ▷ **indicateur économique** ou **de conjoncture** (Écon) economic indicator ▷ **indicateur immobilier** property gazette ▷ **indicateur de niveau de carburant** fuel ou petrol (Brit) gauge ▷ **indicateur de niveau d'eau** water(-level) gauge ▷ **indicateur de pression** pressure gauge ▷ **indicateur des rues** street directory ▷ **indicateurs sociaux** social indicators ▷ **indicateur de tendance** (Bourse) economic indicator ▷ **indicateur de vitesse** (Aut) speedometer; (Aviat) airspeed indicator

indicatif, -ive [ɛ̃dikatif, iv] → SYN GRAMMAIRE ACTIVE 27.1
1 adj indicative (*de* of); (Ling) indicative → **titre**
2 nm a (Rad : mélodie) theme ou signature tune
b [Télex] answer-back code ◆ [poste émetteur] **indicatif (d'appel)** call sign ◆ (Téléc) **indicatif téléphonique** (dialling) code (Brit), (dial) code (US) ◆ (Téléc) **indicatif départemental** area code
c (Ling) **l'indicatif** the indicative ◆ **à l'indicatif** in the indicative

indication [ɛ̃dikasjɔ̃] → SYN 1 nf a (renseignement) piece of information, information (NonC) ◆ **qui vous a donné cette indication ?** who gave you that (piece of) information?, who told you that?
b (mention) **quelle indication porte la pancarte ?** what does the notice say?, what has the notice got on it? ◆ **sans indication de date / de prix** with no indication of the date / price, without a date stamp / price label ◆ **les indications du compteur** the reading on the meter
c (notification) [prix, danger, mode d'emploi] indication ◆ **l'indication du virage dangereux a permis d'éviter les accidents** signposting the dangerous bend has prevented accidents ◆ **l'indication d'une date est impérative** a date stamp must be shown, the date must be indicated ◆ **l'indication de l'heure vous sera fournie ultérieurement** you will be given the time ou informed of the time later ◆ **rendre obligatoire l'indication des prix** to make it compulsory to mark ou show prices
d (indice) indication (*de* of) ◆ **c'est une indication suffisante de sa culpabilité** that's a good enough indication of his guilt
e (directive) instruction, direction ◆ **sauf indication contraire** unless otherwise stated ou indicated ◆ **sur son indication** on his instruction
2 COMP ▷ **indication d'origine** (Comm) place of origin ▷ **indications scéniques** (Théât) stage directions ▷ **indication (thérapeutique)** (Méd) [remède, traitement] indication

indice [ɛ̃dis] → SYN nm a (signe) indication, sign ◆ **être l'indice de** to be an indication ou a sign of ◆ **il n'y avait pas le moindre indice de leur passage** there was no sign ou evidence ou indication that they had been there
b (élément d'information) clue; (Jur : preuve) piece of evidence ◆ **rechercher des indices du crime** to look for clues about the crime
c (Math) suffix; (degré de racine) index; (Écon, Opt, Phys) index; [fonctionnaire] rating, grading ◆ (Math) **« a » indice 2** a (suffix) two ◆ **indice des prix / du coût de la vie** price / cost of living index ◆ **l'indice de l'INSEE** ≃ the retail price index ◆ **indice Dow Jones / Nikkei / Footsie** Dow Jones / Nikkei / Footsie index ◆ (Phys) **indice de réfraction** refractive index ◆ (Méd) **indice thérapeutique** therapeutic index ◆ **indices anthropométriques** anthropometric indications ◆ (TV, Rad) **indice d'écoute** audience rating ◆ (TV, Rad) **avoir un excellent indice d'écoute** to have a high rating, get good ratings ◆ (Aut) **indice d'octane** octane rating ◆ (Admin) **indice de traitement** salary grading ◆ (Phot) **indice de lumination** ou **de pose** exposure value ou index

indiciaire [ɛ̃disjɛʀ] adj traitement grade-related ◆ **classement indiciaire d'un fonctionnaire** grading of a civil servant

indicible [ɛ̃disibl] → SYN adj joie, peur inexpressible; souffrance unspeakable; beauté indescribable

indiciblement [ɛ̃disibləmɑ̃] adv inexpressibly, unspeakably

indiciel, -elle [ɛ̃disjɛl] adj (Écon) indexed ◆ **grille indicielle** salary index ◆ (TV, Rad) **émission à rentabilité indicielle insuffisante** programme with an insufficient audience rating

indiction [ɛ̃diksjɔ̃] → SYN nf indiction

indien, -ienne [ɛ̃djɛ̃, jɛn] 1 adj Indian → **chanvre, file, océan**
2 nm,f ◆ **Indien(ne)** [Inde] Indian; [Amérique] American Indian, Native American
3 **indienne** nf a (Hist: tissu) printed calico
b (nage) overarm sidestroke ◆ **nager (à)** ou **faire (de) l'indienne** to swim sidestroke

indifféremment [ɛ̃difeʀamɑ̃] → SYN adv a (indistinctement) indiscriminately, equally ◆ **supporter indifféremment le froid et le chaud** to stand heat and cold equally well, stand either heat or cold ◆ **fonctionner indifféremment au gaz ou à l'électricité** to run on either gas or electricity, run equally well on gas or electricity ◆ **manger de tout indifféremment** to eat indiscriminately, eat (just) anything ◆ **il est impoli indifféremment avec ses chefs et ses subordonnés** he is equally impolite to those above him and to those below him
b (littér: avec indifférence) indifferently

indifférence [ɛ̃difeʀɑ̃s] → SYN nf a (désintérêt) indifference (*à l'égard de, pour* to, towards), lack of concern (*à l'égard de* for) ◆ **avec indifférence** indifferently ◆ **il les a regardés se battre en jouant l'indifférence** he watched them fight with an air of indifference ◆ **il a été renvoyé dans l'indifférence générale** everyone was completely indifferent to his dismissal
b (froideur) indifference (*envers* to, towards)

indifférenciable [ɛ̃difeʀɑ̃sjabl] adj which cannot be differentiated

indifférenciation [ɛ̃difeʀɑ̃sjasjɔ̃] nf lack of differentiation

indifférencié, e [ɛ̃difeʀɑ̃sje] → SYN adj (Bio, Sci) undifferentiated

indifférent, e [ɛ̃difeʀɑ̃, ɑ̃t] → SYN GRAMMAIRE ACTIVE 7.5
1 adj a (sans importance) **il est indifférent de faire ceci ou cela** it doesn't matter ou it's immaterial whether one does this or that ◆ **elle m'est/ne m'est pas indifférente** I am/am not indifferent to her ◆ **son sort m'est indifférent** his fate is of no interest to me ou is a matter of indifference to me ◆ **il m'est indifférent de partir ou de rester** it is indifferent ou immaterial to me ou it doesn't matter to me whether I go or stay ◆ **parler de choses indifférentes** to talk of this and that ◆ (dans une annonce) **« quartier indifférent »** "any district (Brit) ou neighborhood (US)" ◆ **« âge indifférent »** "any age"
b (peu intéressé) spectateur indifferent (*à* to, towards), unconcerned (*à* about) ◆ **il était indifférent à tout ce qui ne concernait pas sa spécialité** he was indifferent to ou unconcerned about everything outside his own speciality ◆ **ça le laisse indifférent** it doesn't touch him in the least, he is quite unconcerned about it ◆ **leur pauvreté/souffrance ne peut laisser personne indifférent** it's impossible to remain indifferent to their poverty/suffering ◆ **son charme ne peut laisser personne indifférent** no-one is immune to his charm
c (Sci) indifferent
2 nm,f unconcerned person

indifférentisme [ɛ̃difeʀɑ̃tism] → SYN nm indifferentism

indifférer [ɛ̃difeʀe] → SYN ▸conjug 6◂ vt ◆ **ceci/mon opinion l'indiffère totalement** he's quite indifferent to this/my opinion, he couldn't care less about this/my opinion

indigénat [ɛ̃diʒena] nm *administrative system applying to indigenous populations of French colonies before 1945*

indigence [ɛ̃diʒɑ̃s] → SYN nf (misère) poverty, destitution, indigence (frm); (fig) [style] poverty ◆ **tomber/être dans l'indigence** to become/be destitute ◆ **indigence intellectuelle** intellectual penury, poverty of intellect ◆ **indigence d'idées** poverty ou paucity of ideas

indigène [ɛ̃diʒɛn] → SYN 1 nmf (aux colonies) native; (personne du pays) local
2 adj a (des non-colons) coutume native; population native, indigenous; (Bot, Zool: non importé) indigenous, native ◆ **visitez la ville indigène** visit the old town
b (des gens du pays) main-d'œuvre, population local

indigéniste [ɛ̃diʒenist] adj *supporting indigenous populations in Latin America*

indigent, e [ɛ̃diʒɑ̃, ɑ̃t] → SYN 1 adj personne destitute, poverty-stricken, indigent (frm); imagination poor; film, roman poor; végétation poor, sparse
2 nm,f pauper ◆ **les indigents** the destitute, the poor, the indigent (frm)

indigeste [ɛ̃diʒɛst] → SYN adj (lit, fig) indigestible, difficult to digest (attrib)

indigestion [ɛ̃diʒɛstjɔ̃] → SYN nf attack of indigestion, indigestion (NonC) ◆ **il s'est donné une indigestion de pâtisseries** (lit) he gave himself ou he got indigestion from eating too many cakes; (fig: manger à satiété) he sickened himself of cakes, he had a surfeit of cakes ◆ (fig) **avoir/se donner une indigestion de romans policiers** to be sick of/sicken o.s. of detective stories ◆ **j'en ai une indigestion, de toutes ces histoires*** I'm sick (and tired) of all these complications*, I'm fed up with all these complications*

indigète [ɛ̃diʒɛt] → SYN adj ◆ **dieu indigète** indigete

indignation [ɛ̃diɲasjɔ̃] → SYN nf indignation ◆ **avec indignation** indignantly ◆ **à l'indignation générale** to everyone's indignation

indigne [ɛ̃diɲ] → SYN adj a (pas digne de) **indigne de** amitié, confiance, personne unworthy of, not worthy of ◆ **il est indigne de ton amitié** he is unworthy of ou does not deserve your friendship ◆ **il est indigne de vivre** he doesn't deserve to live, he's not fit to live ◆ **ce livre est indigne de figurer dans ma bibliothèque** this book is not worthy of a place in my library ◆ **c'est indigne de vous** (travail, emploi) it is beneath you; (conduite, attitude) it is unworthy of you
b (abject) acte shameful; (lit, fig) personne unworthy ◆ **mère/époux indigne** unworthy mother/husband ◆ **c'est un père indigne** he's not fit to be a father

indigné, e [ɛ̃diɲe] → SYN (ptp de **indigner**) adj indignant (*par* at)

indignement [ɛ̃diɲmɑ̃] adv shamefully

indigner [ɛ̃diɲe] → SYN ▸conjug 1◂ 1 vt ◆ **indigner qn** to make sb indignant
2 **s'indigner** vpr (se fâcher) to become ou get indignant ou annoyed (*de* about, at; *contre* with, about, at) ◆ (être écœuré) **s'indigner que/de, être indigné que/de** to be indignant that/about ou at ◆ **je l'écoutais s'indigner contre les spéculateurs** I listened to him waxing indignant ou going on* ou sounding off* indignantly about speculators ◆ **je m'indigne de penser/voir que** it makes me indignant ou it fills me with indignation ou it infuriates me to think/see that

indignité [ɛ̃diɲite] → SYN nf a (caractère) [personne] unworthiness; [conduite] baseness, shamefulness
b (acte) shameful act ◆ **c'est une indignité!** it's a disgrace!, it's shameful!

indigo [ɛ̃digo] 1 nm (matière, couleur) indigo
2 adj inv indigo (blue)

indigotier [ɛ̃digɔtje] nm (Bot) indigo-plant

indiqué, e [ɛ̃dike] (ptp de **indiquer**) adj a (conseillé) advisable ◆ **ce n'est pas très indiqué** it's not really advisable, it's really not the best thing to do
b (adéquat) **prenons ça, c'est tout indiqué** let's take that – it's just the thing ou it's just what we need ◆ **pour ce travail M. X est tout indiqué** Mr X is the obvious choice ou is just the man we need for that job ◆ **c'est le moyen indiqué** it's the best ou right way to do it ◆ **c'était un sujet tout indiqué** it was obviously an appropriate ou a suitable subject
c (prescrit) médicament, traitement appropriate ◆ **le traitement indiqué dans ce cas est ...** the appropriate ou correct ou prescribed treatment in this case is ... ◆ **ce remède est particulièrement indiqué dans les cas graves** this drug is particularly appropriate ou suitable for serious cases

indiquer [ɛ̃dike] → SYN ▸conjug 1◂ vt a (désigner) to point out, indicate ◆ **indiquer qch/qn du doigt** to point sth/sb out (*à qn* to sb), point to sth/sb, indicate sth/sb ◆ **indiquer qch de la main/tête** to indicate sth with one's hand/with a nod ◆ **il m'indiqua du regard le coupable** his glance ou look directed me towards the culprit ◆ **indiquer le chemin à qn** to give directions to sb, show sb the way ◆ **indiquer la réception/les toilettes à qn** to direct sb to ou show sb the way to the reception desk/the toilets
b (montrer) [flèche, aiguille, voyant, écriteau] to show, indicate ◆ [montre] **indiquer l'heure** to give ou show ou tell the time ◆ **la petite aiguille indique les heures** the small hand shows ou marks the hours ◆ **l'horloge indiquait 2 heures** the clock said ou showed it was 2 o'clock ◆ **qu'indique la pancarte?** what does the sign say?
c (recommander) **indiquer à qn** livre, hôtel, médecin to tell sb of, suggest to sb
d (dire) [personne] heure, solution to tell; dangers, désavantages to point out, show ◆ **il m'indiqua comment le réparer** he told me how to mend it ◆ **il m'en indiqua le mode d'emploi** he told me how to use it
e (fixer) heure, date, rendez-vous to give, name ◆ **à l'heure indiquée, je ...** at the time indicated ou stated, I ...; at the agreed ou appointed time, I ... ◆ **à la date indiquée** on the given ou agreed day ◆ **au lieu indiqué** at the given ou agreed place
f (faire figurer) [étiquette, plan, cartographe] to show; [table, index] to give, show ◆ **est-ce indiqué sur la facture/dans l'annuaire?** is it given ou mentioned on the invoice/in the directory? ◆ **il a sommairement indiqué les fenêtres sur le plan** he quickly marked ou drew in the windows on the plan ◆ **quelques traits pour indiquer les spectateurs/ombres** a few strokes to give an impression of spectators/shadows ◆ **quelques rapides croquis pour indiquer le jeu de scène** a few rapid sketches to give a rough idea of the action
g (dénoter) to indicate, point to ◆ **tout indique que les prix vont augmenter** everything indicates that prices are going to rise, everything points to a forthcoming rise in prices ◆ **cela indique une certaine négligence/hésitation de sa part** that shows ou points to a certain carelessness/hesitation on his part

indirect, e [ɛ̃diʀɛkt] → SYN adj (gén) indirect; (Jur) ligne, héritier collateral ◆ **d'une manière indirecte** in a roundabout ou an indirect way ◆ **apprendre qch de manière indirecte** to hear of sth in a roundabout way → **discours, éclairage, impôt**

indirectement [ɛ̃diʀɛktəmɑ̃] adv (gén) indirectly; (de façon détournée) faire savoir, apprendre in a roundabout way

indiscernable [ɛ̃disɛʀnabl] → SYN adj indiscernible, imperceptible

indiscipline [ɛ̃disiplin] → SYN nf (insubordination) indiscipline, lack of discipline ◆ **faire preuve d'indiscipline** to behave in an undisciplined ou unruly manner

indiscipliné, e [ɛ̃disipline] → SYN adj troupes, écolier undisciplined; cheveux unmanageable, unruly

indiscret, -ète [ɛ̃diskʀɛ, ɛt] → SYN adj a (trop curieux) personne inquisitive; question, curiosité indiscreet; regard, yeux inquisitive, prying ◆ **à l'abri des regards indiscrets/des oreilles indiscrètes** out of the reach of ou away from prying ou inquisitive eyes/of inquisitive eavesdroppers ◆ **serait-ce indiscret de vous demander?** would it be indiscreet to ask you? ◆ **mettre des documents à l'abri des indiscrets** to put documents out of the reach of inquisitive people
b (qui divulgue) personne, bavardage indiscreet ◆ **secret révélé par des langues indiscrètes** secret revealed by wagging tongues ou indiscreet prattlers ◆ **ne confiez rien aux indiscrets** don't entrust anything to people who can't keep quiet

indiscrètement [ɛ̃diskʀɛtmɑ̃] → SYN adv (→ **indiscret**) indiscreetly; inquisitively

indiscrétion [ɛ̃diskʀesjɔ̃] → SYN nf a (curiosité: → **indiscret**) indiscreetness, indiscretion; inquisitiveness ◆ **excusez mon indiscrétion** forgive my indiscretion; (suivi d'une question) forgive me for asking ◆ **elle pousse l'indiscrétion jusqu'à lire mon courrier** her inquisi-

tiveness is such that she even reads my mail ◆ **sans indiscrétion, peut-on savoir si ...** without wanting to be ou without being indiscreet, may we ask whether ...
b (tendance à divulguer) indiscretion ◆ **il est d'une telle indiscrétion !** he's so indiscreet !
c (action ou parole indiscrète) indiscreet word ou act, indiscretion ◆ **commettre une indiscrétion** to commit an indiscretion ◆ **son sort dépend d'une indiscrétion** it needs only one indiscreet remark to seal his fate ◆ **la moindre indiscrétion vous perdrait** the slightest indiscretion would finish you

indiscutable [ɛ̃diskytabl] → SYN adj indisputable, unquestionable

indiscutablement [ɛ̃diskytabləmɑ̃] → SYN GRAMMAIRE ACTIVE 26.6 adv indisputably, unquestionably

indiscuté, e [ɛ̃diskyte] → SYN adj undisputed

indispensable [ɛ̃dispɑ̃sabl] → SYN GRAMMAIRE ACTIVE 10.1
1 adj essential ◆ **cette lecture est indispensable** it's essential reading ◆ **ces outils / précautions sont indispensables** these tools / precautions are essential ◆ **ce collaborateur m'est indispensable** this collaborator is indispensable to me, I cannot do without this collaborator ◆ **il est indispensable que / de faire** it is essential ou absolutely necessary ou vital that / to do ◆ **je crois qu'il est indispensable qu'ils y aillent** I think it's vital ou essential that they (should) go ◆ **emporter les vêtements indispensables (pour le voyage)** to take the clothes which are essential ou indispensable (for the journey) ◆ **prendre les précautions indispensables** to take the necessary precautions ◆ **crédits / travaux indispensables à la construction d'un bâtiment** funds / work essential ou vital for the construction of a building ◆ **l'eau est un élément indispensable à la vie** water is an indispensable ou essential element for life ◆ **savoir se rendre indispensable** to make o.s. indispensable
2 nm ◆ **nous n'avions que l'indispensable** we only had what was absolutely essential ou necessary ou indispensable ◆ **faire l'indispensable d'abord** to do what is essential ou absolutely necessary first ◆ **l'indispensable est de ...** it is absolutely necessary ou essential to ...

indisponibilité [ɛ̃disponibilite] → SYN nf unavailability

indisponible [ɛ̃disponibl] → SYN adj (gén) not available (attrib), unavailable ; (Jur) unavailable

indisposé, e [ɛ̃dispoze] → SYN (ptp de **indisposer**) adj (fatigué, malade) indisposed, unwell ; (euph) femme indisposed

indisposer [ɛ̃dispoze] → SYN ▸conjug 1◂ vt (rendre malade) [aliment, chaleur] to upset, indispose ; (mécontenter) [personne, remarque] to antagonize ◆ **il a des allures qui m'indisposent** his way of behaving irritates me ou puts me off him* (Brit) ◆ **indisposer qn contre soi** to antagonize sb, set sb against one, alienate sb ◆ **tout l'indispose !** anything annoys him, he takes a dislike to everything ! ◆ **cette scène trop violente risque d'indisposer les spectateurs** this very violent scene is likely to alienate ou antagonize the audience

indisposition [ɛ̃dispozisjɔ̃] → SYN nf (malaise) (slight) indisposition, upset ; (euph : règles) period

indissociable [ɛ̃disɔsjabl] → SYN adj problèmes indissociable

indissociablement [ɛ̃disɔsjabləmɑ̃] adv indissociably

indissolubilité [ɛ̃disɔlybilite] → SYN nf indissolubility

indissoluble [ɛ̃disɔlybl] → SYN adj indissoluble

indissolublement [ɛ̃disɔlybləmɑ̃] adv indissolubly ◆ **indissolublement liés** problèmes indissolubly linked (à to)

indistinct, e [ɛ̃distɛ̃(kt), ɛ̃kt] → SYN adj forme, idée, souvenir indistinct, vague ; rumeur, murmure indistinct, confused ; lumière faint ; couleurs vague ◆ **des voix indistinctes** a confused murmur of voices

indistinctement [ɛ̃distɛ̃ktəmɑ̃] → SYN adv **a** (confusément : → **indistinct**) indistinctly ; vaguely ◆ **des bruits qui me provenaient indistinctement du jardin** confused noises which reached my ears from the garden
b (ensemble) indiscriminately ◆ **confondus indistinctement dans la réprobation générale** indiscriminately included in the general criticism ◆ **tuant indistinctement femmes et enfants** killing women and children indiscriminately ou without distinction
c (indifféremment) **cette cuisinière marche indistinctement au gaz ou à l'électricité** this cooker runs either on gas or on electricity ou runs equally well on gas or on electricity ◆ **sa haine se portait indistinctement sur les Blancs et les Noirs** his hatred was directed indiscriminately at ou was directed at Whites and Blacks alike

indium [ɛ̃djɔm] nm indium

individu [ɛ̃dividy] → SYN nm **a** (gén, Bio : unité) individual
b (hum : anatomie) **fort occupé de son individu** very taken up with himself, very preoccupied with his own little self ◆ **dans la partie la plus charnue de son individu** in the fleshiest part of his anatomy
c (péj : homme) fellow, individual, character ◆ **un individu l'aborda** a fellow came up to him ◆ **il aperçut un drôle d'individu / un individu chevelu** he noticed an odd-looking / a long-haired character ou individual

individualisation [ɛ̃dividɥalizasjɔ̃] → SYN nf **a** (→ **individualiser**) individualization ; personalization ; tailoring to (suit) individual ou particular requirements ◆ (Jur) **l'individualisation d'une peine** sentencing according to the characteristics of the offender
b (→ **s'individualiser**) individualization

individualisé, e [ɛ̃dividɥalize] (ptp de **individualiser**) adj caractères, groupe distinctive ; objet personnel, voiture personalized ; enseignement individualized ◆ **groupe fortement individualisé** highly distinctive group, group with a distinctive identity ◆ **des solutions individualisées selon les différents besoins** solutions which are tailored to suit individual ou particular requirements

individualiser [ɛ̃dividɥalize] → SYN ▸conjug 1◂
1 vt (caractériser) to individualize ; (personnaliser) objet personnel, voiture to personalize ; solutions, horaire to tailor to (suit) individual ou particular requirements ; (Jur) peine to match with the characteristics of the offender
2 **s'individualiser** vpr [personne, groupe, région] to acquire an identity of one's ou its own, become more individual

individualisme [ɛ̃dividɥalism] → SYN nm individualism

individualiste [ɛ̃dividɥalist] → SYN **1** adj individualistic
2 nmf individualist

individualité [ɛ̃dividɥalite] → SYN nf (caractère individuel) individuality ; (personne) individual ; (personnalité) personality

individuation [ɛ̃dividɥasjɔ̃] → SYN nf individuation

individuel, -elle [ɛ̃dividɥɛl] → SYN adj **a** (propre à l'individu) (gén) individual ; responsabilité, défaut, contrôle, livret personal, individual ; ordinateur personal ; caractères distinctive, individual ◆ **propriété individuelle** personal ou private property ◆ **liberté individuelle** personal freedom, freedom of the individual ◆ [hôtel] **chambre individuelle** single room ◆ **parler à titre individuel** to speak in a personal capacity
b (isolé) fait individual, isolated ; sachet individual ◆ **les cas individuels seront examinés** individual cases ou each individual case will be examined
c (Sport) **épreuve individuelle** individual event

individuellement [ɛ̃dividɥɛlmɑ̃] → SYN adv individually

indivis, e [ɛ̃divi, iz] → SYN adj (Jur) propriété, succession undivided, joint (épith) ; propriétaires joint (épith) ◆ **par indivis** posséder jointly ; transmettre to be held in common

indivisaire [ɛ̃divizɛʀ] → SYN nmf (Jur) tenant in common

indivisément [ɛ̃divizemɑ̃] → SYN adv (Jur) jointly ◆ **posséder qch indivisément** to have joint ownership of sth, own sth jointly

indivisibilité [ɛ̃divizibilite] → SYN nf indivisibility

indivisible [ɛ̃divizibl] → SYN adj indivisible

indivisiblement [ɛ̃divizibləmɑ̃] adv indivisibly

indivision [ɛ̃divizjɔ̃] → SYN nf (Jur) joint possession ou ownership ◆ **propriété en indivision** jointly-held property

in-dix-huit [indizɥit] **1** adj inv eighteenmo (épith), octodecimo (épith)
2 nm inv eighteenmo, octodecimo

Indochine [ɛ̃dɔʃin] nf Indo-China

indochinois, e [ɛ̃dɔʃinwa, waz] **1** adj Indo-Chinese
2 nm,f ◆ **Indochinois(e)** Indo-Chinese

indocile [ɛ̃dɔsil] → SYN adj enfant unruly, recalcitrant, intractable ; mémoire intractable

indocilité [ɛ̃dɔsilite] → SYN nf (→ **indocile**) unruliness, recalcitrance ; intractability

indo-européen, -enne [ɛ̃doøʀɔpeɛ̃, ɛn] **1** adj Indo-European
2 nm (Ling) Indo-European
3 nm,f ◆ **Indo-Européen(ne)** Indo-European

indo-gangétique [ɛ̃dogɑ̃ʒetik] adj Indo-Gangetic

indole [ɛ̃dɔl] nm indole

indolemment [ɛ̃dɔlamɑ̃] adv indolently

indolence [ɛ̃dɔlɑ̃s] → SYN nf [élève] idleness, indolence ; [pouvoirs publics] apathy, lethargy ; [air, geste, regard] indolence, languidness

indolent, e [ɛ̃dɔlɑ̃, ɑ̃t] → SYN adj (→ **indolence**) idle ; indolent ; apathetic ; lethargic ; languid

indolore [ɛ̃dɔlɔʀ] → SYN adj painless

indomptable [ɛ̃dɔ̃(p)tabl] → SYN adj animal, adversaire, peuple, (hum) personne untameable, which (ou who) cannot be tamed ; cheval untameable, which cannot be broken ou mastered ; enfant unmanageable, uncontrollable ; caractère, courage, volonté indomitable, invincible ; passion, haine ungovernable, invincible, uncontrollable

indompté, e [ɛ̃dɔ̃(p)te] → SYN adj enfant, animal, peuple untamed, wild ; cheval unbroken, untamed ; courage undaunted ; énergie unharnessed, untamed ; passion ungoverned, unsuppressed

Indonésie [ɛ̃donezi] nf Indonesia

indonésien, -ienne [ɛ̃donezjɛ̃, jɛn] **1** adj Indonesian
2 nm (Ling) Indonesian
3 nm,f ◆ **Indonésien(ne)** Indonesian

indophénol [ɛ̃dofenɔl] nm indophenol

indou, e [ɛ̃du] ⇒ **hindou**

in-douze [induz] **1** adj inv duodecimo (épith), twelvemo (épith)
2 nm inv duodecimo, twelvemo

Indra [indʀa] nm Indra

indri [ɛ̃dʀi] nm indri(s)

indu, e [ɛ̃dy] → SYN **1** adj (hum, littér : déplacé) joie unseemly ; dépenses unwarranted, unjustified ◆ **sans optimisme indu** without undue optimism → **heure**
2 nm (Fin) unowed sum

indubitable [ɛ̃dybitabl] → SYN adj preuve indubitable, undoubted ◆ **c'est indubitable** there is no doubt about it, it's beyond doubt, it's indubitable ◆ **il est indubitable qu'il a tort** he is undoubtedly wrong, there's no doubt (that) he's wrong

indubitablement [ɛ̃dybitabləmɑ̃] adv (assurément) undoubtedly, indubitably ◆ **vous vous êtes indubitablement trompé** you have undoubtedly made a mistake

inductance [ɛ̃dyktɑ̃s] nf inductance

inducteur, -trice [ɛ̃dyktœʀ, tʀis] **1** adj (gén, Phys) inductive
2 nm (aimant, Chim) inductor

inductif, -ive [ɛ̃dyktif, iv] → SYN adj (gén, Phys) inductive

induction [ɛ̃dyksjɔ̃] → SYN nf (gén, Bio, Élec, Phys) induction ◆ **raisonnement par induction**

reasoning by induction ◆ **induction magnétique** magnetic induction ◆ **bobine d'induction** induction coil

induire [ɛ̃dɥiʀ] → SYN ▸ conjug 38 ◂ vt **a** **induire qn en erreur** to mislead sb, lead sb astray
b († : inciter) **induire qn à** péché, gourmandise to lead sb into ◆ **induire qn à faire** to induce sb to do
c (inférer) to infer, induce (*de* from) ◆ **j'en induis que** I infer from it that
d (occasionner) to lead to, result in
e (Élec) to induce

induit, e [ɛ̃dɥi, it] **1** adj (Élec) induced
2 nm (Élec) armature

indulgence [ɛ̃dylʒɑ̃s] → SYN nf **a** (caractère : → **indulgent**) indulgence ; leniency ◆ **une erreur qui a rencontré l'indulgence du jury** a mistake for which the jury made allowances ou which the jury was prepared to overlook ou be lenient about ◆ **il a demandé l'indulgence du jury pour son client** he asked the jury to make allowances for ou to show leniency towards his client ◆ **avec indulgence** leniently, with leniency, indulgently ◆ **sans indulgence** juge, jugement not at all lenient ; portrait, critique brutally frank ; punir without leniency ; critiquer with brutal frankness ◆ **regard plein d'indulgence** indulgent look
b (Rel) indulgence

indulgent, e [ɛ̃dylʒɑ̃, ɑ̃t] → SYN adj parent indulgent (*avec* with) ; juge, examinateur lenient (*envers* towards) ; critique, commentaire indulgent ; regard indulgent ◆ **15, c'est une note trop indulgente** 15 is (far) too lenient ou kind a mark ◆ **se montrer indulgent** [juge] to show leniency ; [examinateur] to be lenient

induline [ɛ̃dylin] nf indulin(e)

indult [ɛ̃dylt] → SYN nm (Rel) indult

indûment [ɛ̃dymɑ̃] adv protester unduly ; détenir without due cause ou reason, wrongfully ◆ **s'ingérer indûment dans les affaires de qn** to interfere unnecessarily in sb's business

induration [ɛ̃dyʀasjɔ̃] nf induration (spéc), hardening

induré, e [ɛ̃dyʀe] (ptp de **indurer**) adj indurate (spéc), hardened

indurer [ɛ̃dyʀe] ▸ conjug 1 ◂ **1** vt to indurate (spéc), harden
2 **s'indurer** vpr to indurate (spéc), become indurate (spéc), harden

Indus [ɛ̃dys] nm ◆ **l'Indus** the Indus

indusie [ɛ̃dyzi] nf (Bot) indusium

industrialisation [ɛ̃dystʀijalizasjɔ̃] nf industrialization

industrialiser [ɛ̃dystʀijalize] → SYN ▸ conjug 1 ◂ **1** vt to industrialize
2 **s'industrialiser** vpr to become industrialized

industrialisme [ɛ̃dystʀijalism] nm industrialism

industrialiste [ɛ̃dystʀijalist] adj politique which favours ou encourages industrialization

industrie [ɛ̃dystʀi] → SYN **1** nf **a** (activité, secteur, branche) industry ◆ **industrie légère / lourde** light / heavy industry ◆ **industrie chimique / automobile** chemical / car ou automobile (US) industry ◆ **industrie pharmaceutique** pharmaceutical ou drug industry ◆ **industrie naissante** infant industry ◆ **doter un pays d'une industrie** to provide a country with an industrial structure → **ministère, pointe**
b (entreprise) industry, industrial concern → **capitaine**
c (littér, †) (ingéniosité) ingenuity ; (ruse) cunning
d (activité) **exerçant sa coupable industrie** practising his disreputable business ou trade → **chevalier**
2 COMP ▹ **industrie alimentaire** food (processing) industry ▹ **industries de la langue** language industries ▹ **industries du livre** book-related industries ▹ **industrie de luxe** luxury goods industry ▹ **industrie de précision** precision tool industry ▹ **l'industrie du spectacle** the entertainment business, show business ▹ **industrie de transformation** processing industry

industriel, -elle [ɛ̃dystʀijɛl] → SYN **1** adj industrial ◆ **pain industriel** factory-baked bread ◆ **équipement à usage industriel** heavy-duty equipment ◆ **élevage industriel** (système) factory farming ; (ferme) factory farm → **quantité, zone**
2 nm (chef d'industrie) industrialist, manufacturer ◆ **les industriels du textile / de l'automobile** textile / car ou automobile (US) manufacturers

industriellement [ɛ̃dystʀijɛlmɑ̃] adv industrially ◆ **géré industriellement** run on ou along industrial lines

industrieux, -ieuse [ɛ̃dystʀijø, ijøz] → SYN adj (littér : besogneux) industrious

inébranlable [inebʀɑ̃labl] → SYN adj **a** adversaire, interlocuteur steadfast, unwavering ; personne, foi, résolution unshakeable, steadfast, unwavering ; certitude unshakeable, unwavering ◆ **il était inébranlable dans sa conviction que ...** he was steadfast ou unshakeable ou unwavering in his belief that
b objet massif, monumental solid ; objet fixé ou encastré immovable, solidly ou firmly fixed ◆ **il avait si bien enfoncé le pieu qu'il était maintenant inébranlable** he had hammered the post in so hard that it was now as firm ou solid as a rock ou that it was now quite immovable

inébranlablement [inebʀɑ̃labləmɑ̃] adv unshakeably

inéchangeable [ineʃɑ̃ʒabl] adj (Comm) article not exchangeable (attrib)

inécoutable [inekutabl] → SYN adj musique unbearable, unbearable to listen to (attrib)

inécouté, e [inekute] adj avis unheeded ; prophète, expert unlistened to (attrib), unheeded

inédit, e [inedi, it] → SYN **1** adj **a** (non publié) texte, auteur (previously ou hitherto) unpublished ◆ **ce film est inédit en France** this film has never been released ou distributed in France
b (nouveau) méthode, trouvaille novel, new, original ; spectacle new ◆ **c'est de l'inédit** that's novel
2 nm (texte inédit) (previously ou hitherto) unpublished material (NonC) ou work

inéducable [inedykabl] adj ineducable

ineffable [inefabl] → SYN adj ineffable

ineffablement [inefabləmɑ̃] adv ineffably

ineffaçable [inefasabl] → SYN adj indelible, ineffaceable

ineffaçablement [inefasabləmɑ̃] adv indelibly, ineffaceably

inefficace [inefikas] → SYN adj remède, mesure ineffective, ineffectual, inefficacious ; machine, employé inefficient

inefficacement [inefikasmɑ̃] adv (→ **inefficace**) ineffectively, ineffectually, inefficaciously ; inefficiently

inefficacité [inefikasite] nf (→ **inefficace**) ineffectiveness, ineffectualness, inefficacy ; inefficiency

inégal, e, mpl **-aux** [inegal, o] → SYN adj **a** (différent) unequal ◆ **d'inégale grosseur** of unequal size ◆ **de force inégale** of unequal strength ◆ **les hommes sont inégaux** men are not equal
b (irrégulier) sol, pas, rythme, mouvement uneven ; pouls irregular, uneven ; artiste, sportif erratic ; œuvre, jeu uneven ; étalement, répartition uneven ; humeur, caractère uneven, changeable ; conduite changeable ◆ **d'intérêt inégal** of varying ou mixed interest ◆ **de qualité inégale** of varying quality
c (disproportionné) lutte, partage unequal

inégalable [inegalabl] → SYN adj incomparable, matchless

inégalé, e [inegale] → SYN adj record unequalled, unbeaten ; charme, beauté unrivalled

inégalement [inegalmɑ̃] adv (différemment, injustement) unequally ; (irrégulièrement) unevenly ◆ **livre inégalement apprécié** book which met (ou meets) with varying approval

inégalitaire [inegalitɛʀ] adj inegalitarian

inégalité [inegalite] → SYN nf **a** (différence) [hauteurs, volumes] difference (*de* between) ; [sommes, parts] difference, disparity (*de* between) ◆ **l'inégalité de l'offre et de la demande** the difference ou disparity between supply and demand ◆ **les inégalités sociales** social inequalities
b (Math) inequality ◆ **inégalité stricte** strict inequality
c (injustice) inequality
d (irrégularité) [sol, pas, rythme, répartition] unevenness ; [humeur, caractère] unevenness, changeability ; [conduite] changeability ◆ **dans ce livre il y a des inégalités** there are weak parts in this book, the book is a bit patchy (Brit) ◆ **inégalités de terrain** unevenness of the ground, bumps in the ground ◆ **inégalités d'humeur** unevenness of temper

inélégamment [inelegamɑ̃] adv inelegantly

inélégance [inelegɑ̃s] → SYN nf (→ **inélégant**) inelegance ; ungainliness ; discourtesy

inélégant, e [inelegɑ̃, ɑ̃t] → SYN adj **a** (sans grâce) geste, toilette, femme inelegant ; allure inelegant, ungainly
b (indélicat) procédés discourteous ◆ **c'était très inélégant de sa part d'agir ainsi** it was very poor taste on his part to behave like this

inéligibilité [ineliʒibilite] nf (Pol) ineligibility

inéligible [ineliʒibl] adj (Pol) ineligible

inéluctabilité [inelyktabilite] nf inescapability, ineluctability (frm)

inéluctable [inelyktabl] → SYN GRAMMAIRE ACTIVE 26.4 adj, nm inescapable, ineluctable (frm)

inéluctablement [inelyktabləmɑ̃] adv inescapably, ineluctably (frm)

inémotivité [inemɔtivite] nf unemotionalism

inemployable [inɑ̃plwajabl] → SYN adj procédé unusable ; personnel unemployable

inemployé, e [inɑ̃plwaje] → SYN adj (sans utilisation présente) méthode, outil, argent, talent unused ; (gâché) dévouement, énergie unchannelled, unused

inénarrable [inenaʀabl] → SYN adj **a** (désopilant) incident, scène hilarious, priceless*, too funny for words (attrib) ; vêtement, démarche incredibly funny, priceless* ◆ **son inénarrable mari** her incredible husband*
b (incroyable) péripéties, aventure incredible

inentamé, e [inɑ̃tame] → SYN adj réserve d'essence, d'argent intact (attrib) ; victuailles intact (attrib), untouched ; bouteille unopened ; énergie, moral (as yet) intact (attrib)

inenvisageable [inɑ̃vizaʒabl] adj which cannot be considered, unthinkable

inéprouvé, e [inepʀuve] → SYN adj méthode, vertu, procédé untested, untried, not yet put to the test (attrib) ; émotion not yet experienced (attrib)

inepte [inɛpt] → SYN adj personne inept, useless*, hopeless* ; histoire, raisonnement inept

ineptie [inɛpsi] → SYN nf **a** (caractère : gén) ineptitude
b (acte, propos) ineptitude ; (idée, œuvre) nonsense (NonC), rubbish (Brit) (NonC) ◆ **dire des inepties** to talk nonsense ◆ **ce qu'il a fait est une ineptie** what he did was utterly stupid

inépuisable [inepɥizabl] → SYN adj inexhaustible ◆ **il est inépuisable sur ce sujet** he could talk for ever on that subject

inépuisablement [inepɥizabləmɑ̃] adv inexhaustibly

inépuisé, e [inepɥize] → SYN adj (littér) not (yet) exhausted

inéquation [inekwasjɔ̃] nf (Math) inequation

inéquitable [inekitabl] → SYN adj inequitable

inerme [inɛʀm] adj inerm

inerte [inɛʀt] → SYN adj (immobile) corps, membre lifeless ; visage expressionless ; (sans réaction) personne passive, inert ; esprit, élève apathetic ; (Sci) inert ◆ **réagis, ne reste pas inerte sur ta chaise, à ne rien faire** do something – don't just sit there passively as if you've got nothing to do

inertie [inɛʀsi] → SYN nf [personne] inertia, passivity, apathy ; [service administratif] apathy, inertia ; [élève] apathy ; (Phys) inertia ◆ (Aviat) **navigation par inertie** inertial guidance ou navigation → **force**

inertiel, -ielle [inɛʀsjɛl] adj inertial

inescomptable [inɛskɔ̃tabl] adj (Fin) undiscountable

inescompté, e [inɛskɔ̃te] adj unexpected, unhoped-for

inespéré, e [inɛspeʀe] → SYN adj unexpected, unhoped-for

inesthétique [inɛstetik] → SYN adj pylône, usine, cicatrice unsightly; démarche, posture ungainly

inestimable [inɛstimabl] → SYN adj aide inestimable, invaluable; valeur priceless, incalculable, inestimable; dommages incalculable

inétendu, e [inetɑ̃dy] adj unextended

inévitable [inevitabl] → SYN adj obstacle, accident unavoidable; (fatal) résultat inevitable, inescapable; (hum) chapeau, cigare inevitable ◆ **c'était inévitable!** it was inevitable!, it was bound to happen!, it had to happen! ◆ **l'inévitable** the inevitable

inévitablement [inevitabləmɑ̃] GRAMMAIRE ACTIVE 15.1 adv inevitably

inexact, e [inɛgza(kt), akt] → SYN GRAMMAIRE ACTIVE 26.6 adj a renseignement, calcul, traduction, historien inaccurate, inexact ◆ **non, c'est inexact** no, that's not correct ou that's wrong
b (sans ponctualité) unpunctual ◆ **être inexact à un rendez-vous** to be late for an appointment

inexactement [inɛgzaktəmɑ̃] adv traduire, relater inaccurately, incorrectly

inexactitude [inɛgzaktityd] → SYN nf a (manque de précision) inaccuracy
b (erreur) inaccuracy
c (manque de ponctualité) unpunctuality (NonC)

inexaucé, e [inɛgzose] adj prière (as yet) unanswered; vœu (as yet) unfulfilled

inexcitabilité [inɛksitabilite] nf (Physiol) unexcitability

inexcitable [inɛksitabl] adj (Physiol) unexcitable

inexcusable [inɛkskyzabl] → SYN adj faute, action inexcusable, unforgivable ◆ **vous êtes inexcusable (d'avoir fait cela)** you had no excuse (for doing that), it was inexcusable ou unforgivable of you (to have done that)

inexcusablement [inɛkskyzabləmɑ̃] adv inexcusably, unforgivably

inexécutable [inɛgzekytabl] → SYN adj projet impractical, impracticable, unworkable, not feasible (attrib); travail which cannot be carried out, impractical, impracticable; musique unplayable; ordre which cannot be carried out ou executed

inexécution [inɛgzekysjɔ̃] → SYN nf [contrat, obligation] nonfulfilment

inexercé, e [inɛgzɛʀse] → SYN adj soldats inexperienced, untrained; oreille unpractised, untrained

inexigibilité [inɛgziʒibilite] → SYN nf ◆ **l'inexigibilité de la dette** the fact that the debt is not due

inexigible [inɛgziʒibl] adj dette not due

inexistant, e [inɛgzistɑ̃, ɑ̃t] → SYN adj (absent) service d'ordre, réseau téléphonique, aide nonexistent; (imaginaire) difficultés imaginary, nonexistent ◆ (péj) **quant à son mari, il est inexistant** as for her husband, he's a (complete) nonentity ou cipher

inexistence [inɛgzistɑ̃s] → SYN nf non-existence

inexorabilité [inɛgzɔʀabilite] → SYN nf (→ **inexorable**) inexorability; inflexibility

inexorable [inɛgzɔʀabl] → SYN adj destin, vieillesse inexorable; arrêt, loi inflexible, inexorable (littér); juge unyielding, inflexible, inexorable (littér) ◆ **il fut inexorable à leurs prières** he was unmoved by their entreaties ◆ **elle va échouer, c'est inexorable** she'll fail, it's inevitable

inexorablement [inɛgzɔʀabləmɑ̃] adv inexorably

inexpérience [inɛkspeʀjɑ̃s] → SYN nf inexperience, lack of experience

inexpérimenté, e [inɛkspeʀimɑ̃te] → SYN adj personne inexperienced; mouvements, gestes inexpert; arme, produit untested

inexpert, e [inɛkspɛʀ, ɛʀt] adj inexpert

inexpiable [inɛkspjabl] → SYN adj inexpiable

inexpié, e [inɛkspje] adj unexpiated

inexplicable [inɛksplikabl(ə)] → SYN 1 adj inexplicable
2 nm ◆ **l'inexplicable** the inexplicable

inexplicablement [inɛksplikabləmɑ̃] adv inexplicably

inexpliqué, e [inɛksplike] adj unexplained

inexploitable [inɛksplwatabl] → SYN adj unexploitable

inexploité, e [inɛksplwate] → SYN adj unexploited; (Fin) ressources untapped

inexplorable [inɛksplɔʀabl] adj unexplorable

inexploré, e [inɛksplɔʀe] → SYN adj unexplored

inexplosible [inɛksplozibl] adj non-explosive

inexpressif, -ive [inɛkspʀesif, iv] → SYN adj visage, regard expressionless, inexpressive, blank; style, mots inexpressive

inexpressivité [inɛkspʀesivite] nf inexpressiveness, expressionlessness

inexprimable [inɛkspʀimabl] → SYN adj, nm inexpressible

inexprimé, e [inɛkspʀime] → SYN adj sentiment unexpressed; reproches, doutes unspoken

inexpugnable [inɛkspygnabl] → SYN adj citadelle impregnable, unassailable

inextensible [inɛkstɑ̃sibl] → SYN adj matériau that does not stretch, unstretchable; étoffe non-stretch

in extenso [inɛkstɛ̃so] → SYN 1 loc adv écrire, publier, lire in full
2 loc adj texte, discours full (épith)

inextinguible [inɛkstɛ̃gibl] → SYN adj (littér) feu inextinguishable; passion inextinguishable; haine undying; besoin, soif unquenchable; rire uncontrollable

inextirpable [inɛkstiʀpabl] → SYN adj (lit) deep-rooted; (fig) ineradicable, inextirpable

in extremis [inɛkstʀemis] → SYN 1 loc adv sauver, arriver at the last minute
2 loc adj sauvetage, succès last-minute (épith) ◆ **faire un mariage / testament in extremis** to marry / to make a will on one's deathbed

inextricable [inɛkstʀikabl] → SYN adj inextricable

inextricablement [inɛkstʀikabləmɑ̃] adv inextricably

infaillibilité [ɛ̃fajibilite] → SYN nf (gén, Rel) infallibility

infaillible [ɛ̃fajibl] → SYN adj méthode, remède, personne infallible; instinct unerring, infallible ◆ **nul n'est infaillible** no one is infallible

infailliblement [ɛ̃fajibləmɑ̃] → SYN adv (à coup sûr) inevitably, without fail; (sans erreur) infallibly

infaisable [ɛ̃fəzabl] → SYN adj impossible, impracticable, not feasible (attrib) ◆ **ce n'est pas infaisable** it's not impossible, it's (just about) feasible

infalsifiable [ɛ̃falsifjabl] → SYN adj passeport etc impossible to forge

infamant, e [ɛ̃famɑ̃, ɑ̃t] → SYN adj acte infamous, ignominious; accusation libellous; propos defamatory; terme derogatory; (Jur) peine infamous *(involving exile or deprivation of civil rights)*

infâme [ɛ̃fɑm] → SYN adj (gen) vile, loathsome; métier, action, trahison unspeakable, vile, loathsome; traître infamous, vile; complaisance, servilité shameful, vile; entremetteur, spéculateur despicable; nourriture, odeur, taudis revolting, vile, disgusting

infamie [ɛ̃fami] → SYN nf a (honte) infamy ◆ **couvert d'infamie** covered with infamy
b (caractère infâme) [personne, acte] infamy
c (insulte) vile abuse (NonC); (action infâme) infamous ou vile ou loathsome deed; (ragot) slanderous gossip (NonC) ◆ **c'est une infamie** it's absolutely scandalous, it's an absolute scandal ◆ **dire des infamies sur le compte de qn** to make slanderous remarks about sb

infant [ɛ̃fɑ̃] nm infante

infante [ɛ̃fɑ̃t] nf infanta

infanterie [ɛ̃fɑ̃tʀi] → SYN nf infantry ◆ **avec une infanterie de 2 000 hommes** with 2,000 foot, with an infantry of 2,000 men ◆ **infanterie légère** light infantry ◆ **infanterie lourde** ou **de ligne** heavy infantry ◆ **infanterie de marine** marines ◆ **d'infanterie** bataillon etc infantry (épith)

infanticide [ɛ̃fɑ̃tisid] → SYN 1 adj infanticidal
2 nmf (personne) infanticide, child-killer
3 nm (acte) infanticide

infantile [ɛ̃fɑ̃til] → SYN adj (Méd, Psych) maladie infantile; médecine, clinique child (épith); (puéril) infantile, childish, babyish → **mortalité**

infantilisant, e [ɛ̃fɑ̃tilizɑ̃, ɑ̃t] adj émission, livre infantile, childish

infantilisation [ɛ̃fɑ̃tilizasjɔ̃] nf ◆ **l'infantilisation des femmes / des personnes âgées** treating women / old people like children

infantiliser [ɛ̃fɑ̃tilize] → SYN ▸ conjug 1 ◂ vt to treat like a child (ou children)

infantilisme [ɛ̃fɑ̃tilism] → SYN nm (Méd, Psych) infantilism; (puérilité) infantile ou childish ou babyish behaviour ◆ **c'est de l'infantilisme!** how childish!

infarctus [ɛ̃faʀktys] nm (Méd) infarction (spéc), infarct (spéc) ◆ **infarctus pulmonaire** pulmonary infarction (spéc) ◆ **infarctus du myocarde** coronary thrombosis, myocardial infarction (spéc) ◆ **il a eu** ou **fait trois infarctus** he has had three coronaries

infatigable [ɛ̃fatigabl] → SYN adj indefatigable, tireless, untiring

infatigablement [ɛ̃fatigabləmɑ̃] adv indefatigably, tirelessly, untiringly

infatuation [ɛ̃fatɥasjɔ̃] → SYN nf (frm: vanité) self-conceit, self-importance

infatué, e [ɛ̃fatɥe] → SYN (ptp de **s'infatuer**) adj air, personne conceited, vain ◆ **être infatué de son importance** to be full of one's own importance ◆ **être infatué de son physique** to be vain ou conceited about one's looks ◆ **infatué de sa personne** ou **de lui-même** full of himself ou of self conceit, self-important

infatuer (s') [ɛ̃fatɥe] → SYN ▸ conjug 1 ◂ vpr a (s'engouer de) **s'infatuer de** personne, choses to become infatuated with
b (tirer vanité de) **s'infatuer de son importance** to become full of one's own importance ◆ **s'infatuer de son physique** to become vain ou conceited about one's looks ◆ **s'infatuer (de soi-même)** to become full of o.s. ou of self-conceit

infécond, e [ɛ̃fekɔ̃, ɔ̃d] → SYN adj terre, femme, animal barren, sterile, infertile; esprit infertile, sterile

infécondité [ɛ̃fekɔ̃dite] → SYN nf (→ **infécond**) barrenness; sterility; infertility

infect, e [ɛ̃fɛkt] → SYN adj (gén) vile, loathsome; goût, nourriture, vin, attitude, revolting; personne obnoxious; temps filthy, foul; taudis, chambre revolting, disgusting; livre, film (très mauvais) rotten*, appalling; (scandaleux) revolting ◆ **odeur infecte** stench, vile ou foul ou loathsome smell

infectant, e [ɛ̃fɛktɑ̃, ɑ̃t] adj (Méd) infective, infectious

infecter [ɛ̃fɛkte] → SYN ▸ conjug 1 ◂ 1 vt (gén) atmosphère, eau to contaminate; (Méd) personne, plaie to infect; (fig littér) to poison, infect
2 **s'infecter** vpr [plaie] to become infected, turn septic

infectieux, -ieuse [ɛ̃fɛksjø, jøz] → SYN adj (Méd) infectious

infection [ɛ̃fɛksjɔ̃] → SYN nf (Méd) infection; (puanteur) stench ◆ **infection généralisée** systemic infection ◆ **infection microbienne / virale** bacterial / viral infection ◆ **quelle infection!, c'est une infection!** what a stench!

inféodation [ɛ̃feɔdasjɔ̃] → SYN nf (Pol) allegiance (*à* to); (Hist) infeudation, enfeoffment

inféoder [ɛ̃feɔde] → SYN ▸ conjug 1 ◂ 1 vt (Hist) to enfeoff
2 **s'inféoder** vpr ◆ **s'inféoder à** to give one's allegiance to, pledge allegiance ou o.s. to ◆ **être inféodé à** to be pledged to

infère [ɛ̃fɛʀ] adj (Bot) inferior

inférence [ɛ̃feʀɑ̃s] → SYN nf inference

inférer [ɛ̃feʀe] → SYN ▸ conjug 6 ◂ vt to infer, gather (*de* from) ◆ **j'infère de ceci que ..., j'en infère que ...** I infer ou gather from this that ..., this leads me to conclude that ...

inférieur, e [ɛ̃feʀjœʀ] → SYN GRAMMAIRE ACTIVE 5.3
1 adj a (dans l'espace) (gén) lower; mâchoire, lèvre lower, bottom; planètes inferior ◆ **la partie inférieure de l'objet** the bottom part of the object ◆ **le feu a pris dans les étages inférieurs** fire broke out on the lower floors ◆ **descendez à l'étage inférieur** go down to the next floor ou the floor below, go to the next floor down ◆ **le cours inférieur d'un fleuve** the lower course ou stretches of a river
b (dans une hiérarchie) classes sociales, animaux, végétaux lower ◆ **à l'échelon inférieur** on the next rung down ◆ **d'un rang inférieur** of a lower rank, lower in rank
c qualité inferior, poorer; vitesse lower; nombre smaller, lower; quantité smaller; intelligence, esprit inferior ◆ **forces inférieures en nombre** forces inferior ou smaller in number(s)
d **inférieur à** nombre less ou lower ou smaller than, below; somme smaller ou less than; production inferior to, less ou lower than ◆ **note inférieure à 20** mark below 20 ou less than 20 ◆ **intelligence / qualité inférieure à la moyenne** below average ou lower than average intelligence / quality ◆ **travail d'un niveau inférieur à ...** work of a lower standard than ... ou below the standard of ... ◆ **roman / auteur inférieur à un autre** novel / author inferior to another ◆ **tu ne lui es inférieur en rien** you're in no way inferior to him ◆ **être hiérarchiquement inférieur à qn** to be lower (down) than sb ou be below sb in the hierarchy ◆ (fig) **il est inférieur à sa tâche** he isn't equal to his task, he isn't up to his task
2 nm,f inferior

inférieurement [ɛ̃feʀjœʀmɑ̃] adv (moins bien) less well ◆ **inférieurement équipé** armée, laboratoire, bateau less well-equipped

infériorisation [ɛ̃feʀjɔʀizasjɔ̃] → SYN nf (→ **inférioriser**) (sous-estimation) underestimating ◆ **l'infériorisation des malades** making patients feel inferior

inférioriser [ɛ̃feʀjɔʀize] → SYN ▸ conjug 1 ◂ vt (sous-estimer) to underestimate; (complexer) to make feel inferior

infériorité [ɛ̃feʀjɔʀite] → SYN nf inferiority ◆ **infériorité en nombre** numerical inferiority, inferiority in numbers ◆ **en état ou position d'infériorité** in an inferior position, in a position of inferiority → **comparatif, complexe**

infermentescible [ɛ̃fɛʀmɑ̃tesibl] → SYN adj which cannot be fermented

infernal, e, mpl **-aux** [ɛ̃fɛʀnal, o] → SYN adj a (intolérable) bruit, allure, cadence, chaleur infernal ◆ **cet enfant est infernal** this child is absolutely poisonous ou a little fiend
b (satanique) caractère, personne, complot diabolical, infernal, devilish
c (effrayant) vision, supplice diabolical ◆ **pris dans ce cycle infernal** caught in this vicious circle → **machine**
d (Myth) divinité infernal

inférovarié, e [ɛ̃feʀɔvaʀje] adj (Bot) having an inferior ovary

infertile [ɛ̃fɛʀtil] → SYN adj (lit, fig) infertile

infertilité [ɛ̃fɛʀtilite] nf (littér : lit, fig) infertility

infestation [ɛ̃fɛstasjɔ̃] → SYN nf (Méd) infestation

infester [ɛ̃fɛste] → SYN ▸ conjug 1 ◂ vt (gén) to infest, overrun; (Méd) to infest ◆ **infesté de moustiques** infested with mosquitoes, mosquito-infested ou -ridden ◆ **infesté de souris / pirates** infested with ou overrun with ou by mice / pirates

infeutrable [ɛ̃føtʀabl] adj textile which does not mat ou felt

infibulation [ɛ̃fibylasjɔ̃] nf infibulation

infichu, e* [ɛ̃fiʃy] adj ◆ **infichu de faire qch** totally incapable of doing sth ◆ **je suis infichu de me rappeler où je l'ai mis** I can't remember where the hell I put it*

infidèle [ɛ̃fidɛl] → SYN 1 adj a ami unfaithful, disloyal (*à qn* to sb); époux unfaithful (*à qn* to sb) ◆ (littér) **être infidèle à une promesse** to be untrue ou unfaithful (littér) to one's promise
b récit, traduction, traducteur unfaithful, inaccurate; mémoire unreliable
c (Rel) infidel
2 nmf (Rel) infidel

infidèlement [ɛ̃fidɛlmɑ̃] adv traduire, raconter unfaithfully, inaccurately

infidélité [ɛ̃fidelite] → SYN nf a (inconstance) [ami] disloyalty, unfaithfulness; [époux] infidelity, unfaithfulness (*à* to) ◆ (littér) **infidélité à une promesse** faithlessness (littér) to a promise
b (acte déloyal) [époux] **elle lui pardonna ses infidélités** she forgave him his infidelities ◆ **faire une infidélité à qn** to be unfaithful to sb ◆ **il a fait bien des infidélités à sa femme** he has been unfaithful (to his wife) on many occasions, he has been guilty of infidelity (to his wife) on many occasions ◆ (hum) **faire des infidélités à son boucher / éditeur** to be unfaithful to ou forsake one's butcher / publisher (hum)
c (manque d'exactitude) [description, historien] inaccuracy; [mémoire] unreliability
d (erreur) [description, traducteur] inaccuracy ◆ **on trouve beaucoup d'infidélités dans cette traduction** we find many inaccuracies in this translation

infiltrat [ɛ̃filtʀa] nm (Méd) infiltrate

infiltration [ɛ̃filtʀasjɔ̃] → SYN nf [hommes, idées] infiltration; [liquide] percolation, infiltration; (Méd) infiltration ◆ **il y a une infiltration ou des infiltrations dans la cave** there are leaks in the cellar, water is leaking into the cellar ◆ (Méd) **se faire faire des infiltrations** to have injections

infiltrer (s') [ɛ̃filtʀe] → SYN ▸ conjug 1 ◂ vpr [hommes, idées] to infiltrate; [liquide] to percolate (through), seep in, infiltrate; [lumière] to filter through ◆ **s'infiltrer dans** [personne] to infiltrate; [idées] to filter into, infiltrate (into); [liquide] to percolate (through), seep through, infiltrate; [lumière] to filter into ◆ **s'infiltrer dans un groupe / chez l'ennemi** to infiltrate a group / the enemy

infime [ɛ̃fim] → SYN adj (minuscule) tiny, minute, minuscule; (inférieur) lowly, inferior

in fine [infine] loc adv in fine

infini, e [ɛ̃fini] → SYN 1 adj a (Math, Philos, Rel) infinite
b (sans limites) espace infinite, boundless; patience, bonté infinite, unlimited, boundless; douleur immense; prudence, soin infinite, immeasurable; quantité infinite, unlimited; bêtise infinite, immeasurable ◆ **avec d'infinies précautions** with infinite ou endless precautions
c (interminable) luttes, propos interminable, never-ending ◆ **un temps infini me parut s'écouler** an eternity seemed to pass
2 nm ◆ **l'infini** (Philos) the infinite; (Math, Phot) infinity ◆ (Phot) **faire la mise au point à ou sur l'infini** to focus to infinity ◆ **l'infini des cieux** heaven's immensity, the infinity of heaven ◆ **à l'infini** discourir ad infinitum, endlessly; multiplier to infinity; se diversifier, faire varier infinitely ◆ **les blés s'étendaient à l'infini** the corn stretched away endlessly into the distance ◆ **droite prolongée à l'infini** straight line tending towards infinity

infiniment [ɛ̃finimɑ̃] → SYN adv a (immensément) infinitely
b (sens affaibli : beaucoup) infinitely ◆ **infiniment long / grand** immensely ou infinitely long / large ◆ **je vous suis infiniment reconnaissant** I am immensely ou extremely ou infinitely grateful (to you) ◆ **je regrette infiniment** I'm extremely sorry ◆ **ça me plaît infiniment** I like it immensely ◆ **infiniment meilleur / plus intelligent** infinitely better / more intelligent ◆ **avec infiniment de soin / de tendresse** with infinite care / tenderness
c **l'infiniment grand** the infinitely great ◆ **l'infiniment petit** the infinitesimal

infinité [ɛ̃finite] → SYN nf (littér) infinity ◆ (quantité infinie) **une infinité de** an infinite number of

infinitésimal, e, mpl **-aux** [ɛ̃finitezimal, o] → SYN adj (Math, gén) infinitesimal

infinitif, -ive [ɛ̃finitif, iv] adj, nm infinitive ◆ **infinitif de narration** historic infinitive ◆ **à l'infinitif** in the infinitive

infinitude [ɛ̃finityd] → SYN nf infiniteness, infinitude

infirmatif, -ive [ɛ̃fiʀmatif, iv] adj (Jur) invalidating ◆ **infirmatif de** invalidating, annulling, quashing (*de* of)

infirmation [ɛ̃fiʀmasjɔ̃] → SYN nf (Jur) invalidation, annulment, quashing (*de* of)

infirme [ɛ̃fiʀm] → SYN 1 adj personne crippled, disabled; (avec l'âge) infirm ◆ **l'accident l'avait rendu infirme** the accident had left him crippled ou disabled ◆ **il est infirme du bras droit** he's crippled in his right arm, he has a crippled ou disabled right arm ◆ **être infirme de naissance** to be disabled from birth, be born disabled
2 nmf cripple, disabled person ◆ **les infirmes** the crippled ou disabled ◆ **infirme mental / moteur** mentally / physically handicapped ou disabled person ◆ **infirme du travail** industrially disabled person ◆ **infirme de guerre** war cripple (Brit), handicapped veteran (US)

infirmer [ɛ̃fiʀme] → SYN ▸ conjug 1 ◂ vt (démentir) to invalidate; (Jur) décision, jugement to invalidate, annul, quash

infirmerie [ɛ̃fiʀməʀi] → SYN nf (gén) infirmary; [école] sickroom, sick bay, infirmary; (Univ) health centre (Brit), health service (US); [navire] sick bay

infirmier, -ière[1] [ɛ̃fiʀmje, jɛʀ] → SYN 1 adj nursing (épith) ◆ **personnel infirmier** nursing staff ◆ **élève infirmier** student nurse
2 nm (male) nurse ◆ **infirmier en chef** charge nurse (Brit), head nurse (US)

infirmière[2] [ɛ̃fiʀmjɛʀ] → SYN nf nurse; [internat] matron (Brit), nurse (US) ◆ **infirmière chef** (nursing) sister (Brit), charge nurse (Brit), head nurse (US) ◆ **infirmière diplômée** registered nurse ◆ **infirmière diplômée d'État** ≃ state registered nurse ◆ (Mil) **infirmière-major** matron ◆ **infirmière visiteuse** visiting nurse, ≃ district nurse (Brit) → **élève**

infirmité [ɛ̃fiʀmite] → SYN nf a (invalidité) disability ◆ **infirmité motrice cérébrale** physical disability ◆ **les infirmités de la vieillesse** the infirmities of old age
b (†: imperfection) weakness, failing

infixe [ɛ̃fiks] nm (Ling) infix

inflammabilité [ɛ̃flamabilite] nf inflammability, inflammableness, flammability

inflammable [ɛ̃flamabl] → SYN adj inflammable, flammable

inflammation [ɛ̃flamasjɔ̃] → SYN nf (Méd) inflammation

inflammatoire [ɛ̃flamatwaʀ] adj (Méd) inflammatory

inflation [ɛ̃flasjɔ̃] → SYN nf (Écon) inflation; (fig) (excessive) growth ou increase (*de* in) ◆ **inflation galopante** galloping ou runaway inflation ◆ **inflation rampante** creeping inflation ◆ **taux d'inflation** rate of inflation, inflation rate ◆ **l'inflation par la demande / les salaires** demand-pull / cost-push ou cost-induced inflation

inflationniste [ɛ̃flasjɔnist] 1 adj tendance, danger inflationary; politique, économie inflationist
2 nmf inflationist

infléchi, e [ɛ̃fleʃi] → SYN (ptp de **infléchir**) adj voyelle inflected

infléchir [ɛ̃fleʃiʀ] → SYN ▸ conjug 2 ◂ 1 vt (lit) rayon to inflect, bend; (fig) politique to reorientate, bend
2 **s'infléchir** vpr [route] to bend, curve round; [poutre] to sag; (fig) [politique] to shift, move

infléchissement [ɛ̃fleʃismɑ̃] → SYN nm (→ **infléchir**) (fig) reorientation; (→ **s'infléchir**) (fig) (slight) shift (*de* in)

inflexibilité [ɛ̃flɛksibilite] → SYN nf (→ **inflexible**) inflexibility; rigidity

inflexible [ɛ̃flɛksibl] → SYN adj caractère, personne inflexible, rigid, unyielding; volonté inflexible; règle inflexible, rigid ◆ **il demeura inflexible dans sa résolution** he remained inflexible ou unyielding ou unbending in his resolution

inflexiblement [ɛ̃flɛksibləmɑ̃] adv (→ **inflexible**) inflexibly; rigidly

inflexion [ɛ̃flɛksjɔ̃] → SYN nf **a** (inclinaison) bend ◆ **d'une légère inflexion de la tête / du corps** with a slight nod / bow
b [voix] inflexion, modulation
c (Ling) **inflexion vocalique** vowel inflexion
d (déviation) [route, direction] bend, curve (*de* in); (Phys) [rayon] deflection; (Math) [courbe] inflexion
e (fig) [politique] reorientation (*de* of), shift (*de* in)

infliger [ɛ̃fliʒe] → SYN ▸ conjug 3 ◂ vt défaite, punition, supplice, tâche to inflict (*à* on); amende to impose (*à* on); affront to deliver (*à* to) ◆ **infliger de lourdes pertes à l'ennemi** to inflict heavy losses on the enemy ◆ **infliger sa présence à qn** to inflict one's presence ou o.s. on sb ◆ (Scol) **infliger un avertissement** ou **un blâme à qn** to give sb an order mark (Brit) ou a bad mark (Brit) ou a demerit point (US)

inflorescence [ɛ̃flɔʀesɑ̃s] → SYN nf inflorescence

influençable [ɛ̃flyɑ̃sabl] → SYN adj easily influenced

influence [ɛ̃flyɑ̃s] → SYN nf influence (*sur* on, upon) ◆ **c'est quelqu'un qui a de l'influence** he's a person of influence, he's an influential person ◆ **avoir une influence bénéfique / néfaste sur** [climat, médicament] to have a beneficial / harmful effect on ◆ **être sous l'influence de l'alcool** to be under the influence of alcohol ◆ (alcool, drogue) **être sous influence** to be under the influence ◆ **être sous l'influence de la colère** to be in the grip of anger ◆ **zone / sphère d'influence** zone / sphere of influence ◆ **ces fréquentations ont une mauvaise influence sur ses enfants** these friends are a bad influence on her children → **trafic**

influencer [ɛ̃flyɑ̃se] → SYN ▸ conjug 3 ◂ vt (gén) to influence; (agir sur) to act upon ◆ **il ne faut pas se laisser influencer par lui** you mustn't let yourself be influenced by him, you mustn't let him influence you

influent, e [ɛ̃flyɑ̃, ɑ̃t] → SYN adj influential

influenza [ɛ̃flyɑ̃za] → SYN nf influenza

influer [ɛ̃flye] → SYN ▸ conjug 1 ◂ vi ◆ **influer sur** to influence, have an influence on

influx [ɛ̃fly] → SYN nm **a** (Méd) **influx nerveux** (nerve) impulse ◆ **il manque d'influx nerveux** he lacks go ou drive
b (fig: fluide) influx††, inflow††

info * [ɛ̃fo] nf (abrév de **information**) (Presse, TV) news item, piece of news ◆ (Presse, TV) **les infos** the news ◆ (renseignements) **infos** info‡ (NonC)

infographie ® [ɛ̃fɔgʀafi] nf computer graphics

infographiste [ɛ̃fɔgʀafist] nmf computer graphics artist

in-folio [infɔljo] → SYN adj inv, nm inv folio

infondé, e [ɛ̃fɔ̃de] adj critique, crainte unfounded, groundless

informateur, -trice [ɛ̃fɔʀmatœʀ, tʀis] → SYN nm,f (gén) informant; (Police) informer

informaticien, -ienne [ɛ̃fɔʀmatisjɛ̃, jɛn] → SYN nm,f computer scientist, computerist (US); (pupitreur) computer ou keyboard operator, keyboarder

informatif, -ive [ɛ̃fɔʀmatif, iv] adj brochure informative ◆ **campagne de publicité informative pour un produit / une chaîne d'hôtels** advertising campaign giving information on a product / a hotel chain

information [ɛ̃fɔʀmasjɔ̃] → SYN GRAMMAIRE ACTIVE 19.3 nf **a** (renseignement) piece of information; (Presse, TV: nouvelle) piece of news, news (sg) ◆ **voilà une information intéressante** here's an interesting piece of information ou some interesting information ◆ **recueillir des informations sur** to gather information on ◆ **voici nos informations** here ou this is the news ◆ **informations politiques** political news ◆ **informations télévisées** television news ◆ **écouter / regarder les informations** to listen to / watch the news (bulletins) ◆ **c'était aux informations de 10 heures** it was on the 10 o'clock news ◆ **nous recevons une information de dernière minute** we've just received some last-minute ou late news ◆ **bulletin / flash d'informations** news bulletin / flash ◆ **aller aux informations** to (go and) find out the news
b (diffusion de renseignements) information ◆ **pour votre information, sachez que** for your (own) information you should know that ◆ **pour l'information des voyageurs** for the information of travellers ◆ **assurer l'information du public en matière d'impôts** to ensure that the public is informed ou has information on the subject of taxation ◆ **réunion d'information** briefing ◆ **l'opposition a la main sur l'information** the opposition has got hold of the information network ◆ **journal / presse d'information** serious newspaper / press
c (Ordin, Sci) **l'information** information ◆ **traitement de l'information** data processing, processing of information ◆ **théorie de l'information** information theory ◆ **unité d'information** unit of information ◆ **information génétique** genetic information
d (Jur) **information judiciaire** (judicial) inquiry ◆ **ouvrir une information** to start an initial ou a preliminary investigation ◆ **information contre X** inquiry against person or persons unknown

informationnel, -elle [ɛ̃fɔʀmasjɔnɛl] adj informational

informatique [ɛ̃fɔʀmatik] → SYN **1** nf (science) computer science, computing; (techniques) data processing ◆ **il est dans l'informatique** he's in computers ◆ **l'ère de l'informatique** the age of the computer
2 adj computer (épith)

informatiquement [ɛ̃fɔʀmatikmɑ̃] adv ◆ **traiter qch informatiquement** to use a computer to solve sth, process sth on a computer

informatisation [ɛ̃fɔʀmatizasjɔ̃] nf computerization

informatiser [ɛ̃fɔʀmatize] ▸ conjug 1 ◂ **1** vt to computerize
2 **s'informatiser** vpr to become computerized

informe [ɛ̃fɔʀm] → SYN adj masse, tas shapeless, formless; vêtement shapeless; visage, être misshapen, ill-shaped, ill-formed; projet rough, undefined

informé [ɛ̃fɔʀme] → **jusque**

informel, -elle [ɛ̃fɔʀmɛl] adj (gén, Art) informal

informer [ɛ̃fɔʀme] → SYN ▸ conjug 1 ◂ **1** vt **a** (d'un fait) to inform, tell (*de* of, about); (au sujet d'un problème) to inform (*sur* about) ◆ **m'ayant informé de ce fait** having informed ou told me of this fact, having acquainted me with this fact ◆ **nous vous informons que nos bureaux ouvrent à 8 heures** we are pleased to inform you that ou for your information our offices open at 8 a.m. ◆ **informez-vous s'il est arrivé** find out ou ascertain whether he has arrived ◆ **s'il vient, vous voudrez bien m'en informer** if he comes, please let me know ou inform me ou tell me ◆ **on vous a mal informé** (faussement) you've been misinformed ou wrongly informed; (imparfaitement) you've been badly informed ou ill-informed ◆ **nous ne sommes pas assez informés** we don't have enough information ◆ **journaux / milieux bien informés** well-informed ou authoritative newspapers / circles
b (Philos) **les concepts informent la matière** concepts impart ou give form to matter
2 vi ◆ (Jur) **informer sur un crime** to inquire into ou investigate a crime ◆ **informer contre X** to start inquiries concerning X
3 **s'informer** vpr (d'un fait) to inquire, find out, ask (*de* about); (dans une matière) to inform o.s. (*sur* about) ◆ **où puis-je m'informer de l'heure / à ce sujet / si ?** where can I inquire ou find out ou ask about the time / about this matter / whether? ◆ **s'informer de la santé de qn** to ask after ou inquire after ou about sb's health ◆ **la nécessité pour l'homme moderne de s'informer (sur certains sujets)** the necessity for modern man to inform himself (about certain topics)

informulé, e [ɛ̃fɔʀmyle] adj unformulated

infortune [ɛ̃fɔʀtyn] → SYN nf (revers) misfortune; (adversité) ill fortune, misfortune ◆ **infortunes conjugales** marital misfortunes ◆ **le récit de ses infortunes** the tale of his woes ou misfortunes ◆ **compagnon / frère / sœur d'infortune** companion / brother / sister in misfortune

infortuné, e [ɛ̃fɔʀtyne] → SYN **1** adj personne hapless (épith), ill-fated, luckless, wretched; démarche, décision ill-fated, wretched
2 nm,f (poor) wretch

infoutu, e‡ [ɛ̃futy] adj ◆ **infoutu de faire quoi que ce soit** totally bloody (Brit) ou damn incapable of doing anything‡

infra [ɛ̃fʀa] adv ◆ **voir infra** see below

infraction [ɛ̃fʀaksjɔ̃] → SYN nf (délit) offence ◆ (Aut) **être en infraction** to be committing an offence, be in breach of the law ◆ **infraction à la loi** breach ou violation ou infraction of the law ◆ **infraction au code de la route** offence against the Highway Code ◆ **infraction à la coutume** breach ou violation of custom ◆ **infraction fiscale** breach of the tax code ◆ **règle qui ne souffre aucune infraction** rule which suffers ou allows no infringement ◆ **toute infraction sera punie** all offenders will be prosecuted

infraliminaire [ɛ̃fʀaliminɛʀ], **infraliminal, e,** mpl **-aux** [ɛ̃fʀaliminal, o] adj subliminal

infranchissable [ɛ̃fʀɑ̃ʃisabl] → SYN adj (lit) impassable; (fig) insurmountable, insuperable

infrangible [ɛ̃fʀɑ̃ʒibl] → SYN adj (littér) infrangible (littér)

infrarouge [ɛ̃fʀaʀuʒ] adj, nm infrared ◆ **missile guidé par infrarouge** heat-seeking missile

infrason [ɛ̃fʀasɔ̃] nm infrasonic vibration

infrasonore [ɛ̃fʀasɔnɔʀ] adj infrasonic

infrastructure [ɛ̃fʀastʀyktyʀ] → SYN nf (Constr) substructure, understructure; (Écon, fig) infrastructure; (Aviat) ground installations

infréquentable [ɛ̃fʀekɑ̃tabl] → SYN adj not to be associated with ◆ **ce sont des gens infréquentables** they're people you just don't associate with ou mix with

infroissable [ɛ̃fʀwasabl] → SYN adj uncrushable, crease-resistant

infructueux, -euse [ɛ̃fʀyktɥø, øz] → SYN adj fruitless, unfruitful, unsuccessful

infule [ɛ̃fyl] → SYN nf (Hist) [prêtre romain] infula

infumable [ɛ̃fymabl] adj unsmokable

infundibuliforme [ɛ̃fɔ̃dibylifɔʀm] adj infundibuliform

infundibulum [ɛ̃fɔ̃dibylɔm] → SYN nm infundibulum

infus, e [ɛ̃fy, yz] → SYN adj (littér) innate, inborn (*à* in) → **science**

infuser [ɛ̃fyze] → SYN ▸ conjug 1 ◂ vt **a** (plus gén **faire infuser**) tisane to infuse; thé to brew, infuse ◆ **laisser infuser le thé quelques minutes** leave the tea to brew ou infuse ou draw a few minutes ◆ **le thé est-il assez infusé ?** has the tea brewed ou infused (long) enough?
b (fig) to infuse (*à* into) ◆ **infuser un sang nouveau à qch / à qn** to infuse ou inject ou instil new life into sth / sb

infusette ® [ɛ̃fyzɛt] nf (tea ou coffee etc) bag

infusibilité [ɛ̃fyzibilite] nf infusibility

infusible [ɛ̃fyzibl] adj infusible

infusion [ɛ̃fyzjɔ̃] → SYN nf **a** (tisane) infusion, herb tea ◆ **infusion de tilleul** lime tea ◆ **boire une infusion** to drink some herb tea ou an infusion ◆ **la verveine se boit en infusion** verbena is drunk as an infusion
b (action) infusion ◆ **préparé par infusion** prepared by infusion

ingagnable [ɛ̃gaɲabl] → SYN adj unwinnable

ingambe [ɛ̃gɑ̃b] → SYN adj spry, nimble

ingénier (s') [ɛ̃ʒenje] → SYN ▸ conjug 7 ◂ vpr ◆ **s'ingénier à faire** to strive (hard) to do, try hard to do ◆ (iro) **chaque fois qu'on range ses affaires, il s'ingénie à les remettre en désordre** every time you tidy up his belongings, he goes out of his way ou he contrives to mess them up again

ingénierie [ɛ̃ʒeniʀi] nf engineering ◆ **ingénierie assistée par ordinateur** computer-assisted engineering ◆ **ingénierie des systèmes** systems engineering ◆ **ingénierie génétique** genetic engineering

ingénieur [ɛ̃ʒenjœʀ] nm engineer ◆ **ingénieur chimiste / des mines / agronome** chemical / mining / agricultural engineer ◆ **ingénieur électricien / en génie civil** electrical / civil engineer ◆ **ingénieur système** system(s) engineer ◆ **ingénieur conseil** engineering consultant ◆ **ingénieur conseil en organisation** management consultant ◆ **ingénieur du son** sound engineer ◆ **ingénieur des eaux et forêts** forestry expert ◆ **ingénieur des travaux publics** construction ou civil engineer

ingénieusement [ɛ̃ʒenjøzmɑ̃] adv ingeniously, cleverly

ingénieux, -ieuse [ɛ̃ʒenjø, jøz] → SYN adj ingenious, clever

ingéniosité [ɛ̃ʒenjozite] → SYN nf ingenuity, cleverness

ingénu, e [ɛ̃ʒeny] → SYN **1** adj ingenuous, artless, naïve

2 nm,f ingenuous ou artless ou naïve person

3 ingénue nf (Théât) ingénue ◆ **jouer les ingénues** to play ingénue roles

ingénuité [ɛ̃ʒenɥite] → SYN nf ingenuousness, artlessness, naïvety

ingénument [ɛ̃ʒenymɑ̃] adv ingenuously, artlessly, naïvely

ingérable [ɛ̃ʒeʀabl] adj unmanageable

ingérence [ɛ̃ʒeʀɑ̃s] → SYN nf interference, interfering (NonC), meddling (NonC) (*dans* in) ◆ (Pol) **le devoir d'ingérence** the duty to interfere

ingérer [ɛ̃ʒeʀe] → SYN ▸ conjug 6 ◂ **1** vt to ingest

2 s'ingérer vpr ◆ **s'ingérer dans** to interfere in ou with, meddle in

ingestion [ɛ̃ʒɛstjɔ̃] → SYN nf ingestion

ingouvernable [ɛ̃guvɛʀnabl] adj (Pol) ungovernable; (fig) haine, peur uncontrollable

ingrat, e [ɛ̃gʀa, at] → SYN **1** adj personne ungrateful (*envers* to, towards); tâche, métier, sujet thankless (épith), unrewarding; sol stubborn, barren, sterile; visage unprepossessing, unattractive; contrée bleak, hostile; mémoire unreliable, treacherous → **âge**

2 nm,f ungrateful person ◆ **tu es un ingrat** you're an ungrateful person ou so-and-so* ◆ **vous n'aurez pas affaire à un ingrat** I won't forget what you've done (for me)

ingratement [ɛ̃gʀatmɑ̃] adv (littér) ungratefully

ingratitude [ɛ̃gʀatityd] → SYN nf ingratitude, ungratefulness (*envers* to, towards) ◆ **avec ingratitude** ungratefully

ingrédient [ɛ̃gʀedjɑ̃] → SYN nm ingredient; (fig) ingredient, component

inguérissable [ɛ̃geʀisabl] → SYN adj (lit) incurable; (fig) habitude, paresse incurable; chagrin, amour inconsolable

inguinal, e, mpl **-aux** [ɛ̃gɥinal, o] adj inguinal

ingurgitation [ɛ̃gyʀʒitasjɔ̃] → SYN nf ingurgitation

ingurgiter [ɛ̃gyʀʒite] → SYN ▸ conjug 1 ◂ vt nourriture to swallow, ingurgitate (frm); vin to gulp (down), swill (péj); (fig) to ingest, ingurgitate ◆ **faire ingurgiter de la nourriture / une boisson à qn** to make sb swallow food / a drink, force food / a drink down sb ◆ **faire ingurgiter des connaissances à qn** to force sb to take in facts, force ou stuff knowledge into sb ◆ **ingurgiter des connaissances pour un examen** to cram ou stuff one's head with facts for an exam

inhabile [inabil] → SYN adj **a** politicien, discours inept; manœuvre inept, clumsy ◆ **se montrer inhabile dans la conduite des négociations** to mishandle the conduct of the negotiations, show a certain ineptitude in the handling of the negotiations

b (manuellement) ouvrier unskilful, clumsy; gestes, mains, dessin, travail clumsy

c (Jur) incapable ◆ **inhabile à tester** incapable of making a will

inhabileté [inabilte] → SYN nf (littér: → **inhabile**) ineptitude; clumsiness; unskilfulness

inhabilité [inabilite] → SYN nf (Jur) incapacity (*à* to)

inhabitable [inabitabl] → SYN adj uninhabitable ◆ **cette maison est inhabitable** it's impossible to live in this house, this house is uninhabitable

inhabité, e [inabite] → SYN adj région uninhabited; maison uninhabited, unoccupied ◆ **la maison a l'air inhabitée** the house looks uninhabited ou unoccupied ou unlived-in

inhabituel, -elle [inabitɥɛl] → SYN adj unusual, unaccustomed

inhalateur, -trice [inalatœʀ, tʀis] **1** nm inhaler ◆ (Aviat) **inhalateur d'oxygène** oxygen mask

2 adj inhaling

inhalation [inalasjɔ̃] → SYN nf (Méd) inhalation ◆ **faire** ou **prendre une** ou **des inhalation(s)** to have ou use an inhalation bath

inhaler [inale] → SYN ▸ conjug 1 ◂ vt (Méd) to inhale; (littér) to inhale, breathe (in)

inharmonieux, -ieuse [inaʀmɔnjø, jøz] → SYN adj (littér) inharmonious

inharmonique [inaʀmɔnik] adj **a** (Mus) inharmonic

b (inharmonieux) inharmonious

inhérence [ineʀɑ̃s] → SYN nf (Philos) inherence

inhérent, e [ineʀɑ̃, ɑ̃t] → SYN adj inherent (*à* in, to)

inhibé, e [inibe] → SYN (ptp de **inhiber**) **1** adj inhibited

2 nm,f inhibited person

inhiber [inibe] → SYN ▸ conjug 1 ◂ vt (Physiol, Psych) to inhibit

inhibiteur, -trice [inibitœʀ, tʀis] **1** adj inhibitory, inhibitive

2 nm (Chim, Méd) inhibitor

inhibition [inibisjɔ̃] → SYN nf (Chim, Physiol, Psych) inhibition

inhospitalier, -ière [inɔspitalje, jɛʀ] → SYN adj inhospitable

inhumain, e [inymɛ̃, ɛn] → SYN adj inhuman

inhumainement [inymɛnmɑ̃] adv (littér) inhumanly

inhumanité [inymanite] → SYN nf (littér) inhumanity

inhumation [inymasjɔ̃] → SYN nf burial, interment, inhumation (frm)

inhumer [inyme] → SYN ▸ conjug 1 ◂ vt to bury, inter → **permis**

inimaginable [inimaʒinabl] → SYN adj unimaginable, unbelievable

inimitable [inimitabl] → SYN adj inimitable

inimité, e [inimite] adj ◆ **artiste qui est resté inimité** artist who has never been imitated

inimitié [inimitje] → SYN nf enmity ◆ **avoir de l'inimitié pour** ou **contre qn** to have feelings of enmity for sb

ininflammable [inɛ̃flamabl] → SYN adj nonflammable, noninflammable

inintelligemment [inɛ̃teliʒamɑ̃] adv unintelligently

inintelligence [inɛ̃teliʒɑ̃s] → SYN nf [personne, esprit] lack of intelligence, unintelligence ◆ (incompréhension) **l'inintelligence du problème** the failure to understand the problem, the lack of understanding of the problem

inintelligent, e [inɛ̃teliʒɑ̃, ɑ̃t] → SYN adj unintelligent

inintelligibilité [inɛ̃teliʒibilite] nf unintelligibility

inintelligible [inɛ̃teliʒibl] → SYN adj unintelligible

inintelligiblement [inɛ̃teliʒibləmɑ̃] adv unintelligibly

inintéressant, e [inɛ̃teʀesɑ̃, ɑ̃t] → SYN adj uninteresting

ininterrompu, e [inɛ̃teʀɔ̃py] → SYN adj suite, ligne unbroken; file de voitures unbroken, steady (épith), uninterrupted; flot, vacarme steady (épith), uninterrupted, nonstop; effort, travail unremitting, continuous, steady (épith) ◆ **12 heures de sommeil ininterrompu** 12 hours' uninterrupted ou unbroken sleep ◆ **programme de musique ininterrompue** programme of continuous music

inique [inik] → SYN adj iniquitous

iniquement [inikmɑ̃] adv iniquitously

iniquité [inikite] → SYN nf (gén, Rel) iniquity

initial, e, mpl **-iaux** [inisjal, jo] → SYN **1** adj initial ◆ (Bot) **cellules initiales** initial cells → **vitesse**

2 initiale nf initial ◆ **mettre ses initiales sur qch** to put one's initials on sth, initial sth

initialement [inisjalmɑ̃] → SYN adv initially

initialisation [inisjalisasjɔ̃] nf (Ordin) initialization

initialiser [inisjalize] ▸ conjug 1 ◂ vt (Ordin) to initialize

initiateur, -trice [inisjatœʀ, tʀis] → SYN **1** adj innovatory

2 nm,f (maître, précurseur) initiator; [mode, technique] innovator, pioneer; [idée] initiator, originator

initiation [inisjasjɔ̃] → SYN nf initiation (*à* into) ◆ (titre d'ouvrage) **initiation à la linguistique / philosophie** introduction to linguistics / philosophy ◆ **rites d'initiation** initiation rites

initiatique [inisjatik] → SYN adj rite, voyage initiatory

initiative [inisjativ] → SYN nf (gén, Pol) initiative ◆ **prendre l'initiative d'une action / de faire** to take the initiative for an action / in doing ◆ **garder l'initiative** to keep the initiative ◆ **avoir de l'initiative** to have ou show initiative ou enterprise ◆ **à** ou **sur l'initiative de qn** on sb's initiative ◆ **de sa propre initiative** on one's own initiative ◆ **elle manque d'initiative** she lacks initiative ou enterprise ◆ **initiative de paix** peace initiative ◆ **conférence à l'initiative des USA** conference initiated by the USA ◆ **initiative de défense stratégique** Strategic Defense Initiative ◆ **à l'initiative de la France ...** following France's initiative ... → **droit**[3], **syndicat**

initié, e [inisje] → SYN (ptp de **initier**) **1** adj initiated ◆ **le lecteur initié / non initié** the initiated / uninitiated reader

2 nm,f initiated person, initiate (frm) ◆ **les initiés** the initiated ou initiates (frm) ◆ **les non-initiés** the uninitiated ◆ **art réservé aux initiés** art accessible only to the initiated

initier [inisje] → SYN ▸ conjug 7 ◂ **1** vt to initiate (*à* into) ◆ **initier qn aux joies de la voile** to introduce sb to the joys of sailing ◆ **initier une enquête** to initiate an investigation

2 s'initier vpr to become initiated, initiate o.s. (*à* into) ◆ **j'ai besoin d'un peu de temps pour m'initier à l'informatique** I need some time to learn a bit about computers

injectable [ɛ̃ʒɛktabl] adj injectable

injecté, e [ɛ̃ʒɛkte] (ptp de **injecter**) adj (Méd, Tech) injected (*de* with); visage congested ◆ **yeux injectés de sang** bloodshot eyes

injecter [ɛ̃ʒɛkte] → SYN ▸ conjug 1 ◂ vt (Méd, Tech) to inject ◆ (Astronautique) **injecter un engin spatial sur orbite** to inject a spacecraft into orbit ◆ **injecter des fonds dans une entreprise** to pump money into a project

injecteur, -trice [ɛ̃ʒɛktœʀ, tʀis] **1** adj injection (épith)

2 nm (Astronautique, Tech) injector

injection [ɛ̃ʒɛksjɔ̃] → SYN nf (action, produit, piqûre) injection; (avec une poire etc) douche; (Géol, Tech) injection; (Astronautique, Écon, Math) injection ◆ **à injections** seringue, tube injection (épith) ◆ **à injection** moteur, système fuel injection (épith) ◆ **à injection électronique** moteur electronic fuel injection (épith)

injoignable [ɛ̃ʒwaɲabl] adj impossible to contact; incommunicado (frm, hum)

injonctif, -ive [ɛ̃ʒɔ̃ktif, iv] adj injunctive

injonction [ɛ̃ʒɔ̃ksjɔ̃] → SYN nf injunction, command, order ◆ **sur son injonction** on his orders ou command

injouable [ɛ̃ʒwabl] → SYN adj musique unplayable; pièce unperformable; (Sport) coup, match, terrain unplayable

injure [ɛ̃ʒyʀ] → SYN nf **a** (insulte) abuse (NonC), insult ◆ **« espèce de salaud » est une injure** "bastard" is a swearword ou an insult ◆ **bordée d'injures** string of abuse ou insults ◆ (Jur) **l'injure et la diffamation** abuse and slander
b (littér: affront) **faire injure à qn** to wrong sb, affront sb ◆ **il m'a fait l'injure de ne pas venir** he insulted ou affronted me by not coming
c (littér: dommage) **l'injure des ans / du sort** the injury ou assault of years / of fate (littér)

injurier [ɛ̃ʒyʀje] → SYN ▸ conjug 7 ◂ vt to abuse, insult, revile (frm)

injurieusement [ɛ̃ʒyʀjøzmɑ̃] adv (→ **injurieux**) abusively; offensively; insultingly

injurieux, -ieuse [ɛ̃ʒyʀjø, jøz] → SYN adj termes, propos abusive, offensive; (littér) attitude, article insulting, offensive (*pour, à l'égard de* to)

injuste [ɛ̃ʒyst] → SYN adj (contraire à la justice, manquant d'équité) unjust; (partial, tendancieux) unfair (*avec, envers* to, towards)

injustement [ɛ̃ʒystəmɑ̃] adv (→ **injuste**) unjustly; unfairly

injustice [ɛ̃ʒystis] → SYN nf **a** (caractère: → **injuste**) injustice; unfairness
b (acte) injustice

injustifiable [ɛ̃ʒystifjabl] → SYN adj unjustifiable

injustifié, e [ɛ̃ʒystifje] GRAMMAIRE ACTIVE 26.3 adj unjustified, unwarranted

inlandsis [inlɑ̃dsis] → SYN nm (calotte glaciaire) icecap

inlassable [ɛ̃lasabl] → SYN adj personne tireless, untiring; zèle unflagging, tireless; patience inexhaustible

inlassablement [ɛ̃lasabləmɑ̃] adv (→ **inlassable**) tirelessly; untiringly; unflaggingly

inlay [inlɛ] → SYN nm (Dentisterie) inlay

inné, e [i(n)ne] → SYN adj innate, inborn ◆ **idées innées** innate ideas

innéisme [i(n)neism] → SYN nm innatism

innéité [i(n)neite] nf innateness

innervation [inɛʀvasjɔ̃] nf innervation

innerver [inɛʀve] ▸ conjug 1 ◂ vt to innervate

innocemment [inɔsamɑ̃] → SYN adv innocently

innocence [inɔsɑ̃s] → SYN nf (gén) innocence ◆ **l'innocence de ces farces** the innocence ou harmlessness of these pranks ◆ **il l'a fait en toute innocence** he did it in all innocence, he meant no harm (by it) ◆ **tu n'as tout de même pas l'innocence de croire que ...** come on, you're not so naive as to believe that ...

Innocent [inɔsɑ̃] nm Innocent

innocent, e [inɔsɑ̃, ɑ̃t] → SYN GRAMMAIRE ACTIVE 18.2
1 adj (Jur, Rel, gén) innocent ◆ **être innocent de qch** to be innocent of sth ◆ **remarque / petite farce bien innocente** quite innocent ou harmless remark / little prank ◆ **il est vraiment innocent!** he is a real innocent! ◆ **innocent comme l'enfant** ou **l'agneau qui vient de naître** as innocent as a newborn babe
2 nm,f **a** (Jur) innocent person
b (candide) innocent (person); (niais) simpleton ◆ **ne fais pas l'innocent** don't act ou play the innocent, don't come the innocent with me* (Brit), don't put on an air of innocence ◆ **quel innocent tu fais!** how innocent can you be?*, how innocent you are! ◆ **l'innocent du village** the village simpleton ou idiot ◆ (Prov) **aux innocents les mains pleines** fortune favours the innocent → **massacre**

innocenter [inɔsɑ̃te] → SYN ▸ conjug 1 ◂ vt (Jur: disculper) to clear, prove innocent (*de* of); (fig: excuser) to excuse, justify

innocuité [inɔkɥite] → SYN nf (frm) innocuousness (frm), harmlessness

innombrable [i(n)nɔ̃bʀabl] → SYN adj détails, péripéties, variétés innumerable, countless; foule vast

innomé, e [i(n)nɔme] adj ⇒ **innommé**

innommable [i(n)nɔmabl] → SYN adj conduite, action unspeakable, loathsome, unmentionable; nourriture, ordures foul, vile

innommé, e [i(n)nɔme] adj (non dénommé) unnamed; (obscur, vague) nameless

innovant, e [inɔvɑ̃, ɑ̃t] adj innovative

innovateur, -trice [inɔvatœʀ, tʀis] → SYN
1 adj innovatory, innovative
2 nm,f innovator

innovation [inɔvasjɔ̃] → SYN nf innovation

innover [inɔve] → SYN ▸ conjug 1 ◂ vi to innovate ◆ **innover en matière de mode / d'art** etc to break new ground ou innovate in the field of fashion / art etc ◆ **ce peintre innove par rapport à ses prédécesseurs** this painter is breaking new ground compared with his predecessors

inobservable [inɔpsɛʀvabl] adj unobservable

inobservance [inɔpsɛʀvɑ̃s] → SYN nf (littér) inobservance, non-observance

inobservation [inɔpsɛʀvasjɔ̃] nf (littér, Jur) nonobservance, inobservance

inobservé, e [inɔpsɛʀve] adj (littér, Jur) unobserved

inoccupation [inɔkypasjɔ̃] nf (littér) inoccupation (littér), inactivity

inoccupé, e [inɔkype] → SYN adj **a** (vide) appartement unoccupied, empty; siège, emplacement, poste vacant, unoccupied, empty
b (oisif) unoccupied, idle

in-octavo [inɔktavo] → SYN adj inv, nm inv octavo

inoculable [inɔkylabl] adj inoculable

inoculation [inɔkylasjɔ̃] → SYN nf (Méd: volontaire) inoculation; (accidentelle) infection ◆ **l'inoculation (accidentelle) d'un virus / d'une maladie dans l'organisme par blessure** the (accidental) infection of the organism by a virus / by disease as a result of an injury

inoculer [inɔkyle] → SYN ▸ conjug 1 ◂ vt **a** **inoculer un virus / une maladie à qn** (Méd: volontairement) to inoculate sb with a virus / a disease; (accidentellement) to infect sb with a virus / a disease ◆ **inoculer un malade** to inoculate a patient (*contre* against)
b (fig: communiquer) **inoculer une passion** etc **à qn** to infect ou imbue sb with a passion etc ◆ **inoculer un vice / des opinions à qn** to inoculate sb with a vice / ideas

inodore [inɔdɔʀ] → SYN adj gaz odourless; fleur scentless; (fig) personne, film, livre insipid

inoffensif, -ive [inɔfɑ̃sif, iv] → SYN adj personne, plaisanterie inoffensive, harmless, innocuous; piqûre, animal, remède harmless, innocuous

inondable [inɔ̃dabl] adj liable to flooding

inondation [inɔ̃dasjɔ̃] → SYN nf **a** (→ **inonder**) flooding; swamping; inundation
b (lit) flood; (fig: afflux) flood, deluge (NonC)

inonder [inɔ̃de] → SYN ▸ conjug 1 ◂ vt **a** (lit: d'eau) to flood; (fig: de produits) to flood, swamp, inundate (*de* with) ◆ **les populations inondées** the flood victims ◆ **tu as inondé toute la cuisine*** you've flooded the whole kitchen, you've literally swamped the kitchen ◆ **nous sommes inondés de lettres** we have been inundated with letters, we have received a flood of letters ◆ **inondé de soleil** bathed in sunlight ◆ **inondé de lumière** suffused ou flooded with light ◆ **la joie inonda son cœur** joy flooded into his heart
b (tremper) to soak, drench ◆ **se faire inonder (par la pluie)** to get soaked ou drenched (by the rain) ◆ **je suis inondé** I'm soaked (through) ou drenched ou saturated* ◆ **inonder ses cheveux de parfum** to saturate one's hair with scent ◆ **la sueur inondait son visage** sweat was streaming down his face, his face was bathed in sweat ◆ **inondé de larmes** joues streaming with tears; yeux full of tears

inopérable [inɔpeʀabl] → SYN adj inoperable

inopérant, e [inɔpeʀɑ̃, ɑ̃t] → SYN adj ineffectual, ineffective, inoperative

inopiné, e [inɔpine] → SYN adj rencontre unexpected ◆ **mort inopinée** sudden death

inopinément [inɔpinemɑ̃] → SYN adv unexpectedly

inopportun, e [inɔpɔʀtœ̃, yn] → SYN adj demande, remarque ill-timed, inopportune, untimely ◆ **le moment est inopportun** it is not the right ou best moment, it's not the most opportune moment

inopportunément [inɔpɔʀtynemɑ̃] → SYN adv inopportunely

inopportunité [inɔpɔʀtynite] → SYN nf (littér) inopportuneness, untimeliness

inopposabilité [inɔpozabilite] nf (Jur) noninvocability

inopposable [inɔpozabl] adj (Jur) non-invocable

inorganique [inɔʀganik] adj inorganic

inorganisable [inɔʀganizabl] adj unorganizable

inorganisation [inɔʀganizasjɔ̃] → SYN nf lack of organization

inorganisé, e [inɔʀganize] adj compagnie, industrie unorganized; personne disorganized, unorganized; (Sci) unorganized

inoubliable [inublijabl] → SYN adj unforgettable, never to be forgotten

inouï, e [inwi] → SYN adj événement, circonstances unprecedented, unheard-of; nouvelle extraordinary, incredible; vitesse, audace, force incredible, unbelievable ◆ **c'est / il est inouï!*** it's / he's incredible! ou unbelievable!

inox [inɔks] adj, nm (abrév de **inoxydable**) stainless steel ◆ **couteau / évier (en) inox** stainless steel knife / sink

inoxydable [inɔksidabl] **1** adj acier, alliage stainless; couteau stainless steel (épith)
2 nm stainless steel

in pace, in-pace [inpase, inpatʃe] nm inv (cachot) dungeon *(in a convent)*

in partibus [inpaʀtibys] loc adj (Rel) in partibus

in petto [inpeto] → SYN loc adv in petto, privately

in-plano [inplano] → SYN **1** adj inv broadside (épith)
2 nm inv broadside

input [input] → SYN nm (Écon, Ordin) input

inqualifiable [ɛ̃kalifjabl] → SYN adj conduite, propos unspeakable ◆ **d'une inqualifiable bassesse** unspeakably low

inquart [ɛ̃kaʀ] nm quartation

in-quarto [inkwaʀto] → SYN adj inv, nm inv quarto

inquiet, inquiète [ɛ̃kjɛ, ɛ̃kjɛt] → SYN adj personne (momentanément) worried, anxious; (par nature) anxious; gestes uneasy; attente, regards uneasy, anxious; sommeil uneasy, troubled; (littér) curiosité, amour restless ◆ **je suis inquiet de son absence** I'm worried at his absence, I'm worried ou anxious that he's not here ◆ **je suis inquiet de ne pas le voir** I'm worried ou anxious at not seeing him, I'm worried not to be able to see him ◆ **je suis inquiet qu'il ne m'ait pas téléphoné** I'm worried that he hasn't phoned me ◆ **c'est un (éternel) inquiet** he's a (perpetual) worrier

inquiétant, e [ɛ̃kjetɑ̃, ɑ̃t] → SYN adj (gén) disturbing, worrying, disquieting; personne disturbing

inquiéter [ɛ̃kjete] → SYN ▸ conjug 6 ◂ **1** vt **a** (alarmer) to worry, disturb ◆ **la santé de mon fils m'inquiète** my son's health worries ou disturbs me, I'm worried ou bothered about my son's health ◆ **le champion commence à inquiéter son adversaire** the champion is starting to get his opponent worried
b (harceler) ville, pays to harass ◆ **l'amant de la victime ne fut pas inquiété (par la police)** the victim's lover wasn't troubled ou bothered by the police
2 **s'inquiéter** vpr **a** (s'alarmer) to worry ◆ **ne t'inquiète pas** don't worry ◆ **il n'y a pas de quoi s'inquiéter** there's nothing to worry about ou get worried about ◆ **t'inquiète!**:

none of your business!*, mind your own business!*, keep your nose out of it!*
b (s'enquérir) **s'inquiéter de** to inquire about ◆ **s'inquiéter de l'heure / de la santé de qn** to inquire what time it is / about sb's health
c (se soucier) **s'inquiéter de** to worry about, trouble (o.s.) about, bother about ◆ **ne t'inquiète pas de ça, je m'en occupe** don't (you) trouble yourself ou worry ou bother about that – I'll see to it ◆ **sans s'inquiéter des circonstances / conséquences** without worrying ou bothering about the circumstances / consequences ◆ **sans s'inquiéter de savoir si ...** without troubling ou bothering to find out if ... ◆ **je ne m'inquiète pas pour elle, elle se débrouille toujours** I'm not worried about her ou I'm not fretting about her, she always manages somehow

inquiétude [ɛ̃kjetyd] → SYN nf anxiety; (littér: agitation) restlessness ◆ **donner de l'inquiétude** ou **des inquiétudes à qn** to worry sb, give sb cause for worry ou anxiety ◆ **avoir** ou **éprouver des inquiétudes au sujet de** to feel anxious ou worried about, feel some anxiety about ◆ **sujet d'inquiétude** cause for concern ◆ **soyez sans inquiétude** have no fear ◆ **fou d'inquiétude** mad with worry

inquisiteur, -trice [ɛ̃kizitœʀ, tʀis] → SYN
1 adj inquisitive, prying
2 nm inquisitor ◆ (Hist) **le Grand Inquisiteur** the Grand Inquisitor

inquisition [ɛ̃kizisjɔ̃] → SYN nf **a** (Hist) **l'Inquisition, la Sainte Inquisition** the Inquisition, the Holy Office
b (péj: enquête) inquisition

inquisitoire [ɛ̃kizitwaʀ] adj ◆ (Jur) **procédure inquisitoire** proceeding presided over by an interrogating judge

inquisitorial, e, mpl **-iaux** [ɛ̃kizitɔʀjal, jo] → SYN adj inquisitorial

INRA [inʀa] nm (abrév de **Institut national de la recherche agronomique**) → **institut**

inracontable [ɛ̃ʀakɔ̃tabl] → SYN adj (trop osé) unrepeatable; (trop compliqué) unrecountable

inratable* [ɛ̃ʀatabl] adj ◆ **ce plat / cet examen est inratable** you'd have to be an idiot to make a mess* of this dish / this exam

INRI (abrév de **Iesus Nazarenus Rex Iudaeorum**) INRI

insaisissabilité [ɛ̃sezisabilite] nf (Jur) nonseizability

insaisissable [ɛ̃sezisabl] → SYN adj fugitif, ennemi elusive; nuance, différence imperceptible, indiscernible; (Jur) biens nonseizable

insalissable [ɛ̃salisabl] adj dirt-proof

insalivation [ɛ̃salivasjɔ̃] nf insalivation

insalubre [ɛ̃salybʀ] → SYN adj climat insalubrious, unhealthy; bâtiment insalubrious; industrie insalubrious

insalubrité [ɛ̃salybʀite] nf (→ **insalubre**) insalubrity; unhealthiness

insane [ɛ̃san] → SYN adj (littér: insensé) insane

insanité [ɛ̃sanite] → SYN nf (caractère) insanity, madness; (acte) insane act; (propos) insane talk (NonC) ◆ **proférer des insanités** to talk insanely

insaponifiable [ɛ̃sapɔnifjabl] adj which cannot be saponified

insatiabilité [ɛ̃sasjabilite] → SYN nf insatiability

insatiable [ɛ̃sasjabl] → SYN adj insatiable

insatiablement [ɛ̃sasjabləmɑ̃] adv insatiably

insatisfaction [ɛ̃satisfaksjɔ̃] → SYN nf dissatisfaction

insatisfaisant, e [ɛ̃satisfəzɑ̃, ɑ̃t] adj unsatisfactory

insatisfait, e [ɛ̃satisfɛ, ɛt] → SYN adj personne (non comblé) unsatisfied; (mécontent) dissatisfied (de with); désir, passion unsatisfied ◆ **c'est un éternel insatisfait** he's never satisfied, he's perpetually dissatisfied

insaturé, e [ɛ̃satyʀe] adj (Chim) unsaturated

inscriptible [ɛ̃skʀiptibl] adj (gén) inscribable; (Ordin) writable

inscription [ɛ̃skʀipsjɔ̃] → SYN **1** nf **a** (écrit) (gravée, imprimée, officielle) inscription; (manuscrite) writing (NonC), inscription ◆ **mur couvert d'inscriptions** wall covered in writing ou inscriptions
b (action) **l'inscription du texte n'est pas comprise dans le prix** the inscription ou engraving of the text is not included in the price ◆ **l'inscription d'une question à l'ordre du jour** putting ou placing a question on the agenda ◆ **cela a nécessité l'inscription de nouvelles dépenses au budget** this necessitated adding further expenditure to the budget
c (immatriculation) enrolment, registration, admission; (à l'université) matriculation (Brit), registration (à at); (à un concours) enrolment (à in), entering (à for) ◆ **l'inscription à un parti / club** joining a party / club ◆ **l'inscription des enfants à l'école est obligatoire** it is compulsory to enrol ou register children for school ◆ **il y a déjà 20 inscriptions pour la sortie de jeudi** 20 people have already signed on ou enrolled for Thursday's outing ◆ **les inscriptions (en faculté) seront closes le 30 octobre** the closing date for enrolment ou matriculation (Brit) ou registration (at the university) is October 30th ◆ (Univ) **dossier d'inscription** admission forms, ≃ UCCA form (Brit) ◆ **votre inscription sur la liste dépend de ...** the inclusion of your name on the list depends on ... ◆ **faire son inscription** ou **prendre ses inscriptions en faculté** to register (o.s.) ou enrol (o.s.) at the university ◆ **les inscriptions sont en baisse de 5%** the intake is down by 5% ◆ **droits d'inscription** enrolment ou registration fees ◆ **inscription électorale** registration on the electoral roll (Brit), voter registration (US)
d (Math) inscribing
2 COMP ▷ **inscription de faux** (Jur) challenge *(to validity of document)* ▷ **inscription hypothécaire** (Jur) mortgage registration ▷ **inscription maritime** registration of sailors ▷ **l'Inscription maritime** (service) the Register of Sailors

inscrire [ɛ̃skʀiʀ] → SYN ▸ conjug 39 ◂ **1** vt **a** (marquer) nom, date to note down, write down; (Ftbl) but to score, notch up ◆ **inscrire des dépenses au budget** to list expenses in the budget ◆ **inscrire une question à l'ordre du jour** to put ou place a question on the agenda ◆ **ce n'est pas inscrit à l'ordre du jour** it isn't (down) on the agenda ◆ **inscrire qch dans la pierre / le marbre** to inscribe ou engrave sth on stone / marble ◆ (fig) **c'est demeuré inscrit dans ma mémoire** it has remained inscribed ou etched on my memory ◆ (fig) **sa culpabilité est inscrite sur son visage** his guilt is written all over his face ou on his face ◆ **greffier, inscrivez (sous ma dictée)** clerk, take ou note this down ◆ **son nom est** ou **il est inscrit sur la liste des gagnants** his name is (written) on the list of winners
b (enrôler) client to put down; soldat to enlist; étudiant to register, enrol ◆ **inscrire qn sur une liste d'attente / pour un rendez-vous** to put sb down ou put sb's name down on a waiting list / for an appointment ◆ **je ne peux pas vous inscrire avant le 3 août, le docteur est en vacances** I can't put you down for an appointment ou I can't give you an appointment before August 3rd as the doctor is on holiday ◆ **(faire) inscrire un enfant à l'école** to put a child ou child's name down for school, enrol ou register a child for school ◆ **(faire) inscrire qn à la cantine / pour une vaccination** to register sb at the canteen / for a vaccination
c (Math) to inscribe
2 **s'inscrire** vpr **a** (s'enrôler) (gén) to join; (sur la liste électorale) to put one's name down (*sur* on); (à l'université) to register, enrol (à at); (à un examen) to register, enrol, enter (à for); (à une épreuve sportive) to put o.s. down, put one's name down, enter (à for) ◆ **s'inscrire à un parti / club** to join a party / club ◆ **je me suis inscrit pour des cours du soir** I've enrolled in ou for some evening classes ◆ **s'inscrire avant le 9 octobre** to enrol ou register before October 9th
b (s'insérer dans) **ces réformes s'inscrivent dans le cadre de notre nouvelle politique** these reforms lie ou come within the scope ou framework of our new policy ◆ **cette décision s'inscrit dans le cadre de la lutte contre le chômage** this decision fits in with ou is in line ou in keeping with the general struggle against unemployment
c (Math) to be inscribed ◆ (fig) **l'avion ennemi s'inscrivit dans le viseur** the enemy aircraft came up on the viewfinder ◆ **la tour Eiffel s'inscrivait tout entière dans la fenêtre** the Eiffel Tower was framed in its entirety by the window
d (Jur) **s'inscrire en faux** to lodge a challenge ◆ **je m'inscris en faux contre de telles assertions** I strongly deny such assertions

inscrit, e [ɛ̃skʀi, it] (ptp de **inscrire**) **1** adj **a** étudiant registered, enrolled; candidat, électeur registered
b (Math) inscribed
2 nm,f (membre d'un parti etc) registered member; (étudiant) registered student; (concurrent) (registered) entrant; (candidat) registered candidate; (électeur) registered elector ◆ **inscrit maritime** registered sailor

inscrivant, e [ɛ̃skʀivɑ̃, ɑ̃t] nm,f applicant for mortgage registration

insculper [ɛ̃skylpe] ▸ conjug 1 ◂ vt to stamp (with a die)

insécabilité [ɛ̃sekabilite] → SYN nf indivisibility, undividability

insécable [ɛ̃sekabl] → SYN adj indivisible, undividable

insectarium [ɛ̃sɛktaʀjɔm] → SYN nm insectarium

insecte [ɛ̃sɛkt] → SYN nm insect

insecticide [ɛ̃sɛktisid] **1** nm insecticide
2 adj insecticide (épith), insecticidal

insectivore [ɛ̃sɛktivɔʀ] → SYN **1** nm insectivore ◆ **insectivores** insectivores, Insectivora (spéc)
2 adj insectivorous

insécurité [ɛ̃sekyʀite] → SYN nf insecurity

INSEE [inse] nm (abrév de **Institut national de la statistique et des études économiques**) *French national institute of economic and statistical information* ◆ **numéro d'INSEE** INSEE number

in-seize [insɛz] → SYN **1** adj inv sixteenmo (épith), sextodecimo (épith)
2 nm inv sixteenmo, sextodecimo

inselberg [insɛlbɛʀg] → SYN nm inselberg

inséminateur, -trice [ɛ̃seminatœʀ, tʀis]
1 adj inseminating (épith)
2 nm,f inseminator

insémination [ɛ̃seminasjɔ̃] → SYN nf insemination ◆ **insémination artificielle** artificial insemination ◆ **insémination artificielle entre conjoints** artificial insemination by husband ◆ **insémination artificielle avec donneur** donor insemination

inséminer [ɛ̃semine] → SYN ▸ conjug 1 ◂ vt to inseminate

insensé, e [ɛ̃sɑ̃se] → SYN adj **a** (fou) projet, action, espoir insane; personne, propos insane, demented ◆ **vouloir y aller seul, c'est insensé!** it's insane ou crazy to want to go alone! ◆ **c'est un insensé!** he's demented! ou insane!, he's a madman! ◆ **cela demande un travail insensé!** it takes an incredible ou a ridiculous amount of work
b (bizarre) architecture, arabesques weird, extravagant
c (incroyable) somme enormous, extravagant; embouteillage impossible; personne, soirée crazy

insensibilisation [ɛ̃sɑ̃sibilizasjɔ̃] → SYN nf anaesthesia

insensibiliser [ɛ̃sɑ̃sibilize] → SYN ▸ conjug 1 ◂ vt to anaesthetize ◆ (fig) **nous sommes insensibilisés aux atrocités de la guerre** we've become insensitive to the atrocities of war

insensibilité [ɛ̃sɑ̃sibilite] → SYN nf (morale) insensitivity, insensibility; (physique) numbness ◆ **insensibilité au froid / à la douleur / aux reproches** insensitivity ou insensibility to cold / pain / blame

insensible [ɛ̃sɑ̃sibl] → SYN adj **a** (moralement) insensible, insensitive (à to); (physiquement) numb ◆ **insensible au froid / à la douleur / à la poésie** insensible ou insensitive to cold / pain / poetry ◆ **il n'est pas resté insensible à ses avances / à son charme** her advances / her charms didn't go unnoticed by him

b (imperceptible) imperceptible, insensible

insensiblement [ɛ̃sɑ̃sibləmɑ̃] → SYN adv imperceptibly, insensibly

inséparable [ɛ̃sepaʀabl] → SYN **1** adj inseparable (*de* from) ◆ **ils sont inséparables** they are inseparable

2 nm ◆ (Zool) **inséparables** lovebirds

inséparablement [ɛ̃sepaʀabləmɑ̃] adv inseparably

insérable [ɛ̃seʀabl] adj insertable (*dans* into)

insérer [ɛ̃seʀe] → SYN ▸ conjug 6 ◂ **1** vt feuillet, clause to insert (*dans* into); annonce to put, insert (*dans* in)

2 **s'insérer** vpr **a** (faire partie de) **s'insérer dans** to fit into ◆ **ces changements s'insèrent dans le cadre d'une restructuration de notre entreprise** these changes come within ou lie within ou fit into our overall plan for restructuring the firm

b (s'introduire dans) **s'insérer dans** to filter into ◆ **le rêve s'insère parfois dans la réalité** sometimes dreams invade reality

c (s'attacher) to be inserted ou attached

INSERM [insɛʀm] nm (abrév de **Institut national de la santé et de la recherche médicale**) ≃ MRC (Brit), ≃ NIH (US) → **institut**

insermenté [ɛ̃sɛʀmɑ̃te] adj m non-juring (épith)

insert [ɛ̃sɛʀ] → SYN nm (Ciné, Rad, TV) insert, cut-in

insertion [ɛ̃sɛʀsjɔ̃] → SYN nf (action) insertion, inserting; (résultat) insertion ◆ **insertion sociale** social integration

insidieusement [ɛ̃sidjøzmɑ̃] adv insidiously

insidieux, -ieuse [ɛ̃sidjø, jøz] → SYN adj maladie, question insidious

insigne[1] [ɛ̃siɲ] → SYN adj (éminent) honneur distinguished; services notable, distinguished; faveur signal (épith), notable; (iro) maladresse, mauvais goût remarkable

insigne[2] [ɛ̃siɲ] → SYN nm (cocarde) badge ◆ (frm: emblème) **l'insigne de, les insignes de** the insignia of ◆ **portant les insignes de sa fonction** wearing the insignia of his office

insignifiance [ɛ̃siɲifjɑ̃s] → SYN nf (→ **insignifiant**) insignificance; triviality

insignifiant, e [ɛ̃siɲifjɑ̃, jɑ̃t] → SYN adj personne, visage, œuvre insignificant; affaire, somme insignificant, trivial, trifling; paroles insignificant, trivial

insincère [ɛ̃sɛ̃sɛʀ] → SYN adj insincere

insincérité [ɛ̃sɛ̃seʀite] → SYN nf insincerity

insinuant, e [ɛ̃sinɥɑ̃, ɑ̃t] → SYN adj façons, ton, personne ingratiating

insinuation [ɛ̃sinɥasjɔ̃] → SYN nf insinuation, innuendo

insinuer [ɛ̃sinɥe] → SYN ▸ conjug 1 ◂ **1** vt to insinuate, imply ◆ **que voulez-vous insinuer?** what are you insinuating? ou implying? ou suggesting?

2 **s'insinuer** vpr ◆ **s'insinuer dans** [personne] to worm one's way into, insinuate o.s. into; [eau, odeur] to seep ou creep into ◆ **l'humidité s'insinuait partout** the dampness was creeping in everywhere ◆ **les idées qui s'insinuent dans mon esprit** the ideas that steal ou creep into my mind ◆ **ces arrivistes s'insinuent partout** these opportunists worm their way in everywhere ◆ **s'insinuer dans les bonnes grâces de qn** to worm one's way into ou insinuate o.s. into sb's favour

insipide [ɛ̃sipid] → SYN adj plat, boisson insipid, tasteless; conversation, style insipid, wishy-washy*, vapid; écrivain, film, œuvre insipid, wishy-washy*

insipidité [ɛ̃sipidite] → SYN nf (→ **insipide**) insipidness, insipidity; tastelessness; vapidity

insistance [ɛ̃sistɑ̃s] → SYN nf insistence (*sur qch* on sth; *à faire* on doing) ◆ **avec insistance** répéter, regarder insistently

insistant, e [ɛ̃sistɑ̃, ɑ̃t] → SYN adj insistent

insister [ɛ̃siste] → SYN ▸ conjug 1 ◂ vi **a** **insister sur** sujet, détail to stress, lay stress on; syllabe, note to accentuate, emphasize, stress ◆ **j'insiste beaucoup sur la ponctualité** I lay great stress upon punctuality ◆ **frottez en insistant (bien) sur les taches** rub hard, paying particular attention to stains ◆ **c'est une affaire louche, enfin n'insistons pas!** it's a shady business – however let us not dwell on it ou don't let us keep on about it* ◆ **je préfère ne pas insister là-dessus!** I'd rather not dwell on it, I'd rather let the matter drop ◆ **j'ai compris, inutile d'insister!** I understand, no need to dwell on it!

b (s'obstiner) to be insistent (*auprès de* with), insist ◆ **il insiste pour vous parler** he is insistent about wanting to talk to you ◆ **comme ça ne l'intéressait pas, je n'ai pas insisté** since it didn't interest him I didn't push the matter ou I didn't insist ◆ **sonnez encore, insistez, elle est un peu sourde** ring again and keep (on) trying because she's a little deaf ◆ **bon, je n'insiste pas, je m'en vais*** OK, I won't insist – I'll go

in situ [insity] adv in situ

insociable [ɛ̃sɔsjabl] → SYN adj unsociable

insolation [ɛ̃sɔlasjɔ̃] → SYN nf **a** (malaise) sunstroke (NonC), insolation (spéc) ◆ **attraper une insolation** to get sunstroke ◆ **j'ai eu une insolation** I had a touch of sunstroke

b (ensoleillement) (period of) sunshine ◆ **ces stations ont malheureusement une insolation très faible** unfortunately these resorts get very little sun(shine) ◆ **cette région reçoit habituellement une insolation de 1 000 heures par an** this region regularly has 1,000 hours of sunshine a year

c (exposition au soleil) [personne] exposure to the sun; [pellicule] exposure (to the light), insolation (spéc)

insolemment [ɛ̃sɔlamɑ̃] adv (→ **insolent**) insolently; arrogantly; unashamedly; blatantly; brazenly

insolence [ɛ̃sɔlɑ̃s] → SYN nf (caractère: impertinence) insolence; (littér: morgue) arrogance; (remarque) insolent remark ◆ **il a eu l'insolence de la contredire** he was insolent enough to contradict her, he had the insolence to contradict her ◆ **encore une insolence comme celle-ci et je te renvoie** one more insolent remark like that ou any more of your insolence and I'll send you out

insolent, e [ɛ̃sɔlɑ̃, ɑ̃t] → SYN adj **a** (impoli) personne, attitude, réponse insolent; (littér) parvenu, vainqueur arrogant ◆ **tu es un insolent** you're an insolent fellow

b (inouï) luxe, succès unashamed; joie brazen, unashamed ◆ **il a une chance insolente!** he has the luck of the devil!

insoler [ɛ̃sɔle] → SYN ▸ conjug 1 ◂ vt to expose to light, insolate (spéc)

insolite [ɛ̃sɔlit] → SYN **1** adj unusual, out of the ordinary (attrib)

2 nm ◆ **aimer l'insolite** to like things which are out of the ordinary, like unusual things

insolubiliser [ɛ̃sɔlybilize] ▸ conjug 1 ◂ vt to make insoluble

insolubilité [ɛ̃sɔlybilite] nf (→ **insoluble**) insolubility; insolvability

insoluble [ɛ̃sɔlybl] → SYN adj problème insoluble, insolvable ◆ **insoluble (dans l'eau)** substance insoluble (in water)

insolvabilité [ɛ̃sɔlvabilite] → SYN nf insolvency

insolvable [ɛ̃sɔlvabl] → SYN adj insolvent

insomniaque [ɛ̃sɔmnjak] adj, nmf insomniac ◆ **c'est un insomniaque, il est insomniaque** he's an insomniac

insomnie [ɛ̃sɔmni] → SYN nf insomnia (NonC) ◆ **ses nuits d'insomnie** his sleepless nights ◆ **ses insomnies** his (periods of) insomnia

insondable [ɛ̃sɔ̃dabl] → SYN adj gouffre, mystère, douleur unfathomable; stupidité immense, unimaginable

insonore [ɛ̃sɔnɔʀ] adj soundproof

insonorisation [ɛ̃sɔnɔʀizasjɔ̃] → SYN nf soundproofing

insonoriser [ɛ̃sɔnɔʀize] → SYN ▸ conjug 1 ◂ vt to soundproof ◆ **immeuble mal insonorisé** badly soundproofed building

insonorité [ɛ̃sɔnɔʀite] nf lack of sonority

insortable* [ɛ̃sɔʀtabl] adj ◆ **tu es insortable!** I (ou we etc) can't take you anywhere!*

insouciance [ɛ̃susjɑ̃s] → SYN nf (nonchalance) unconcern, lack of concern; (manque de prévoyance) heedless ou happy-go-lucky attitude ◆ **vivre dans l'insouciance** to live a carefree life

insouciant, e [ɛ̃susjɑ̃, jɑ̃t] → SYN adj (sans souci) personne, vie, humeur carefree, happy-go-lucky; rire, paroles carefree; (imprévoyant) heedless, happy-go-lucky ◆ **quel insouciant (tu fais)!** what a heedless ou happy-go-lucky person you are! ◆ **insouciant du danger** heedless of (the) danger

insoucieux, -ieuse [ɛ̃susjø, jøz] adj carefree ◆ **insoucieux du lendemain** unconcerned about the future, not caring about what tomorrow may bring

insoumis, e [ɛ̃sumi, iz] → SYN **1** adj caractère, enfant refractory, rebellious, insubordinate; tribu, peuple, région undefeated, unsubdued; (Mil) soldat absent without leave *(failing to report as instructed)*

2 nm (Mil) absentee

insoumission [ɛ̃sumisjɔ̃] → SYN nf insubordination, rebelliousness; (Mil) absence without leave

insoupçonnable [ɛ̃supsɔnabl] → SYN adj personne above ou beyond suspicion (attrib); cachette impossible to find; desseins unsuspected ◆ **il a trouvé une cachette insoupçonnable pour les bijoux** no one will ever suspect where he has hidden the jewels

insoupçonné, e [ɛ̃supsɔne] → SYN adj unsuspected, undreamt-of (*de* by)

insoutenable [ɛ̃sut(ə)nabl] → SYN adj spectacle, douleur, chaleur unbearable; théorie untenable ◆ **d'une violence insoutenable** unbearably violent

inspecter [ɛ̃spɛkte] → SYN ▸ conjug 1 ◂ vt (contrôler) to inspect; (scruter) to inspect, examine

inspecteur, -trice [ɛ̃spɛktœʀ, tʀis] → SYN nm,f (gén) inspector ◆ **inspecteur des finances** ou **des impôts** ≃ tax inspector ◆ **inspecteur de police** police inspector, ≃ detective constable (Brit), detective sergeant (Brit), lieutenant (US) ◆ **inspecteur de police principal** detective chief inspector (Brit), lieutenant (US) ◆ **inspecteur de police judiciaire** police inspector from the criminal investigation department ◆ **inspecteur du travail** factory inspector ◆ (hum ou péj) **voilà l'inspecteur des travaux finis!*** you've arrived a bit late to start offering your advice! ◆ **inspecteur primaire** primary school inspector ◆ **inspecteur d'Académie** chief education officer ◆ **inspecteur pédagogique régional** ≃ inspector of schools (Brit), accreditation officer (US) ◆ **inspecteur général de l'instruction publique** ≃ chief inspector of schools

inspection [ɛ̃spɛksjɔ̃] → SYN nf **a** (examen) inspection ◆ **faire l'inspection de** to inspect ◆ **soumettre qch à une inspection en règle** to give sth a good ou thorough inspection ou going-over*

b (inspectorat) inspectorship; (inspecteurs) inspectorate ◆ (service) **inspection académique** school inspectorate, ≃ education authority (Brit) ◆ **inspection du Travail / des Finances** ≃ factory / tax inspectorate ◆ (Police) **l'Inspection générale des services** the police monitoring service, ≃ the Police Complaints Board (Brit) ◆ **Inspection générale de la police nationale** police disciplinary body, ≃ Complaints and Discipline Branch (Brit), ≃ Internal Affairs (US)

inspectorat [ɛ̃spɛktɔʀa] nm inspectorship

inspirant, e [ɛ̃spiʀɑ̃, ɑ̃t] → SYN adj inspiring

inspirateur, -trice [ɛ̃spiʀatœʀ, tʀis] → SYN **1** adj idée, force inspiring; (Anat) inspiratory

2 nm,f (animateur) inspirer; (instigateur) instigator ◆ **le poète et son inspiratrice** the poet and the woman who inspires him

inspiration [ɛ̃spiʀasjɔ̃] → SYN nf **a** (divine, poétique etc) inspiration ◆ **avoir de l'inspiration** to have inspiration, be inspired ◆ **selon l'inspiration du moment** according to the mood of the moment, as the mood takes me (ou you etc) ◆ **Julie fut une source d'inspiration pour lui** Julie was an inspiration to him

b (idée) inspiration, brainwave* ◆ **par une heureuse inspiration** thanks to a flash of inspiration ◆ **j'eus la bonne / mauvaise inspiration de refuser** I had the bright idea / bad idea of refusing

c (instigation) instigation; (influence) inspiration ◆ **sous l'inspiration de qn** at sb's instigation, prompted by sb ◆ **style / tableau d'inspiration romantique** style / picture of romantic inspiration

d (respiration) inspiration

inspiratoire [ɛ̃spiʀatwaʀ] adj inspiratory

inspiré, e [ɛ̃spiʀe] → SYN (ptp de **inspirer**) adj **a** poète, œuvre, air inspired ◆ (iro) **qu'est-ce que c'est que cet inspiré?** whoever's this cranky fellow? ou this weirdo?* (péj)

b (*: avisé) **il serait bien inspiré de partir** he'd be well advised ou he'd do well to leave ◆ **j'ai été bien / mal inspiré de refuser son chèque** ou **quand j'ai refusé son chèque** I was truly inspired / ill inspired when I refused his cheque

c **inspiré de** inspired by ◆ **une tragédie inspirée des poèmes antiques** a tragedy inspired by the ancient poems ◆ **une mode inspirée des années cinquante** a style inspired by the Fifties

inspirer [ɛ̃spiʀe] → SYN ▸ conjug 1 ◂ **1** vt **a** poète, prophète to inspire ◆ **sa passion lui a inspiré ce poème** his passion inspired him to write this poem ◆ **cette idée ne m'inspire pas beaucoup*** I'm not very taken with that idea, I'm not all that keen on this idea* (Brit) ◆ **le sujet de dissertation ne m'a pas vraiment inspiré*** I didn't think the essay subject very inspiring*

b (susciter) acte, personne to inspire ◆ **inspirer un sentiment** to inspire sb with a feeling ◆ **inspirer le respect à qn** to command sb's respect ◆ **sa santé m'inspire des inquiétudes** his health gives me cause for concern ◆ **il ne m'inspire pas confiance** he doesn't inspire confidence in me, he doesn't inspire me with confidence, I don't really trust him ◆ **cela ne m'inspire rien de bon** I don't like the sound (ou look) of it ◆ **toute l'opération était inspirée par un seul homme** the whole operation was inspired by one man ◆ **l'horreur qu'il m'inspire** the horror he fills me with

c (insuffler) **inspirer de l'air dans qch** to breathe air into sth

2 vi (respirer) to breathe in, inspire (spéc)

3 **s'inspirer** vpr ◆ **s'inspirer d'un modèle** [artiste] to draw one's inspiration from a model, be inspired by a model; [mode, tableau, loi] to be inspired by a model

instabilité [ɛ̃stabilite] → SYN nf (→ **instable**) instability; (emotional) instability; unsteadiness ◆ **l'instabilité du temps** the unsettled (nature of the) weather ◆ **l'instabilité d'une population nomade** the unsettled pattern of life of a nomadic population

instable [ɛ̃stabl] → SYN adj (Chim, Phys) unstable; opinions, situation, régime politique, prix unstable; personne, caractère (emotionally) unstable; temps unsettled, unstable; population nomade unsettled; meuble, échafaudage unsteady → **équilibre**

installateur [ɛ̃stalatœʀ] nm fitter ◆ **installateur en chauffage central** central heating installation engineer ◆ **installateur de cuisine** kitchen-fitter

installation [ɛ̃stalasjɔ̃] → SYN nf **a** (→ **installer**) installation, installing; putting in; putting up; pitching; fitting out ◆ **il lui fallait maintenant songer à l'installation de son fils** he now had to think about setting his son up ◆ **l'installation du téléphone devrait être gratuite pour les retraités** the telephone should be put in ou installed free for pensioners ◆ **ils s'occupent aussi de l'installation du mobilier** they also take care of moving the furniture in ou of installing the furniture ◆ **frais / travaux d'installation** installation costs / work

b (→ **s'installer**) setting up, setting up shop; settling; settling in ◆ **il voulait fêter son installation** he wanted to celebrate moving in ◆ **leur installation terminée** when they had finally settled in

c (appareils etc: gén pl) fittings, installations; [usine] plant (NonC) ◆ **l'installation électrique est défectueuse** the wiring is faulty ◆ **installation(s) sanitaire(s) / électrique(s)** sanitary / electrical fittings ou installations ◆ **les installations industrielles d'une région** the industrial installations ou plant of a region ◆ **installations nucléaires** nuclear plant ◆ **installations portuaires** port installations ◆ **le camping est doté de toutes les installations nécessaires** the camping site is equipped with all the necessary facilities

d (ameublement etc) living arrangements, setup* ◆ **ils ont une installation provisoire** they have temporary living arrangements ou a temporary setup* ◆ **installation de fortune** makeshift setup* ◆ **qu'est-ce que vous avez comme installation?** what kind of a setup* do you have?

e (Art) installation

installé, e [ɛ̃stale] (ptp de **installer**) adj (aménagé) ◆ **bien / mal installé** appartement well / badly fitted out; atelier, cuisine well / badly equipped ou fitted out ◆ **ils sont très bien installés** they have a comfortable ou nice home ◆ **c'est un homme installé†** he is well-established

installer [ɛ̃stale] → SYN ▸ conjug 1 ◂ **1** vt **a** (poser) électricité, chauffage central, téléphone, eau courante to install, put in; usine to set up ◆ **faire installer le gaz / le téléphone** to have (the) gas / the telephone put in ou installed

b (accrocher) rideaux, étagère to put up; (placer, fixer) applique to put in; meuble to put in, install; (monter) tente to put up, pitch ◆ **où va-t-on installer le lit?** where shall we put the bed?

c (aménager) pièce, appartement to fit out ◆ **ils ont très bien installé leur petit appartement** they've got their flat well fitted out ◆ **ils ont installé leur bureau dans le grenier, ils ont installé le grenier en bureau** they've turned the attic into a study, they've made a study in the attic ◆ **comment la cuisine est-elle installée?** how is the kitchen laid out? ou fitted out?

d malade, jeune couple etc to get settled, settle ◆ **ils installèrent leurs hôtes dans une aile du château** they installed their guests in a wing of the château, they put their guests in a wing of the château ◆ **il a installé son fils dentiste / à son compte** he set his son up as a dentist / in his own business

e (Admin: nommer) fonctionnaire, évêque to install ◆ **il a été officiellement installé dans ses fonctions** he has been officially installed in his post

f (Ordin) to install

2 **s'installer** vpr **a** [artisan, commerçant, médecin] to set o.s. up (*comme* as), set up shop (*comme* as) ◆ **s'installer à son compte** to set up on one's own, set up one's own business ◆ **un dentiste s'est installé dans l'immeuble** a dentist has set himself up ou opened up in the building

b (se loger) to settle; (emménager) to settle in ◆ **laisse-leur le temps de s'installer** give them time to settle in ◆ **ils se sont installés à la campagne / à Lyon** they've settled ou set up house in the country / in Lyons ◆ **pendant la guerre ils s'étaient installés chez des amis** during the war they moved in ou lived with friends ◆ **s'installer dans une maison abandonnée** to set up home ou make one's home in an empty house ◆ **ils sont bien installés dans leur nouvelle maison** they have made themselves very comfortable in their new house

c (sur un siège, à un emplacement) to settle down ◆ **s'installer commodément** to settle (down) comfortably ◆ **s'installer par terre / dans un fauteuil** to settle down on the floor / in an armchair ◆ **installe-toi comme il faut** (confortablement) make yourself comfortable; (tiens-toi bien) sit properly ◆ **installons-nous près de cet arbre** let's sit down near this tree ◆ **partout où il va il s'installe comme chez lui** wherever he goes he makes himself at home ◆ **les forains se sont installés sur un terrain vague** the fairground people have set themselves up ou have parked on a piece of wasteland ◆ **la fête s'est installée sur la place du marché** the fair has set up ou has been set up in the marketplace

d (fig) [grève, maladie] to take a firm hold, become firmly established ◆ [personne] **s'installer dans** inertie to sink into, be sunk in; malhonnêteté to entangle o.s. in, get entangled in ◆ **s'installer dans la guerre** to settle into ou become accustomed to the state of war ◆ **le doute s'installa dans mon esprit** my mind was gripped by doubt ◆ **la peur s'était installée dans la ville** the town was gripped by fear

instamment [ɛ̃stamɑ̃] adv insistently, earnestly

instance [ɛ̃stɑ̃s] → SYN nf **a** (autorité) authority ◆ **les instances internationales** the international authorities ◆ **les instances communautaires** the EEC authorities ◆ **les plus hautes instances du parti** the party's highest authorities ◆ **le conflit devra être tranché par l'instance supérieure** the dispute will have to be resolved by a higher authority

b (Jur) (legal) proceedings ◆ **introduire une instance** to institute (legal) proceedings ◆ **en seconde instance** on appeal → **juge, tribunal**

c (prière, insistance) **demander qch avec instance** to ask for something with insistence ou earnestness ◆ **instances** entreaties ◆ **sur** ou **devant les instances de ses parents** in the face of his parents' entreaties

d (en cours) **l'affaire est en instance** the matter is pending ◆ **être en instance de divorce** to be waiting for a divorce ◆ **le train est en instance de départ** the train is on the point of departure ou about to leave ◆ **courrier en instance** mail ready for posting ou due to be dispatched ◆ **en dernière instance** in the final analysis, ultimately

e (Psych) agency

instant[1] [ɛ̃stɑ̃] → SYN nm **a** (moment) moment, instant ◆ **des instants de tendresse** tender moments, moments of tenderness ◆ **j'ai cru (pendant) un instant que** I thought for a moment ou a second ou one instant that ◆ **(attendez) un instant!** wait ou just a moment!, wait one instant! ◆ **l'instant fatal** the final moment

b (le présent) **il faut vivre dans l'instant** you must live in the present (moment)

c LOC **je l'ai vu à l'instant** I've just this instant ou minute ou second seen him ◆ **il faut le faire à l'instant** we must do it this instant ou minute ◆ **on me l'apprend à l'instant** I've just been told ou I've just heard about it ◆ **à l'instant (présent)** at this very instant ou moment ou minute ◆ **à l'instant où je vous parle** as I'm speaking to you now ◆ **à l'instant (même) où il sortit** just as he went out, (just) at the very moment ou instant he went out ◆ **à chaque instant, à tout instant** (d'un moment à l'autre) at any moment ou minute; (tout le temps) all the time, every minute ◆ **d'un instant à l'autre** any minute now ◆ **au même instant** at the (very) same moment ou instant ◆ **d'instant en instant** from moment to moment, every moment ◆ **dans l'instant (même)** the next instant, in (next to) no time (at all) ◆ **dans un instant** in a moment ou minute ◆ **en un instant** in an instant, in no time (at all) ◆ **de tous les instants** surveillance perpetual, constant; dévouement, attention constant ◆ **par instants** at times ◆ **pour l'instant** for the moment, for the time being ◆ **je n'en doute pas un (seul) instant** I don't doubt it for a (single) moment ◆ **dès l'instant où** ou **que vous êtes d'accord** (puisque) since you agree ◆ **dès l'instant où je l'ai vu** (dès que) as soon as I saw him, from the moment I saw him

instant[2], **e** [ɛ̃stɑ̃, ɑ̃t] → SYN adj (littér: pressant) insistent, pressing, earnest

instantané, e [ɛ̃stɑ̃tane] → SYN **1** adj lait, café, soupe instant; mort, réponse, effet instantaneous; (littér: bref) vision momentary

2 nm (Phot) snapshot, snap*; (fig) snapshot

instantanéité [ɛ̃stɑ̃taneite] → SYN nf instantaneousness, instantaneity

instantanément [ɛ̃stɑ̃tanemɑ̃] → SYN adv instantaneously ◆ **dissoudre dans de l'eau pour préparer instantanément un bon café** dissolve in water to make good coffee instantly

instar [ɛ̃staʀ] → SYN nm ◆ **à l'instar de** following the example of, after the fashion of

instaurateur, -trice [ɛ̃stɔʀatœʀ, tʀis] → SYN nm,f (→ **instaurer**) institutor; introducer

instauration [ɛ̃stɔʀasjɔ̃] → SYN nf institution

instaurer [ɛ̃stɔʀe] → SYN ▸ conjug 1 ◂ vt usage, pratique to institute ; méthode to introduce ; couvre-feu to impose ◆ **la révolution a instauré la république** the revolution established the republic ◆ **le doute s'est instauré dans les esprits** doubts began to creep into ou be raised in people's minds

instigateur, -trice [ɛ̃stigatœʀ, tʀis] → SYN nm,f instigator

instigation [ɛ̃stigasjɔ̃] → SYN nf instigation ◆ **à l'instigation de qn** at sb's instigation

instiguer [ɛ̃stige] → SYN ▸ conjug 1 ◂ vt ◆ (Belg) **instiguer qn à faire qch** to incite ou urge sb to do sth

instillation [ɛ̃stilasjɔ̃] nf instillation

instiller [ɛ̃stile] → SYN ▸ conjug 1 ◂ vt (Méd, littér) to instil (*dans* in, into) ◆ **il m'a instillé la passion du jeu** he instilled the love of gambling in ou into me

instinct [ɛ̃stɛ̃] → SYN nm (gén) instinct ◆ **instinct maternel** maternal instinct ◆ **instinct de vie / de mort** life / death instinct ◆ **instinct grégaire** gregarious ou herd instinct ◆ **instinct de conservation** instinct of self-preservation ◆ **il a l'instinct des affaires** he has an instinct for business ◆ **faire qch d'instinct** ou **par instinct** to do sth instinctively ◆ **d'instinct, il comprit la situation** intuitively ou instinctively he understood the situation ◆ **mon instinct me dit que** (my) instinct tells me that ◆ **céder à ses (mauvais) instincts** to yield to one's (bad) instincts

instinctif, -ive [ɛ̃stɛ̃ktif, iv] → SYN adj (gén) instinctive, instinctual ◆ **c'est un instinctif** he (always) acts on instinct

instinctivement [ɛ̃stɛ̃ktivmɑ̃] → SYN adv instinctively

instinctuel, -elle [ɛ̃stɛ̃ktɥɛl] adj instinctive, instinctual

instit* [ɛ̃stit] nmf abrév de **instituteur, -trice**

instituer [ɛ̃stitɥe] → SYN ▸ conjug 1 ◂ **1** vt règle, pratique, organisation to institute ; relations commerciales to establish ; impôt to introduce ; (Rel) évêque to institute ; (Jur) héritier to appoint, institute

2 **s'instituer** vpr [relations commerciales] to start up, be (ou become) established

institut [ɛ̃stity] → SYN **1** nm institute ; (Univ) institute, school (Brit) ◆ **membre de l'Institut** member of the Institut, ≃ Fellow of the Royal Society (Brit) ◆ **institut de beauté** beauty salon ou parlor (US) ◆ **institut de sondage** polling institute ◆ **institut médico-légal** mortuary

2 COMP ▷ **l'Institut (de France)** the Institut de France *(the five French Academies)*, ≃ the Royal Society (Brit) ▷ **Institut géographique national** *French geographical institute*, ≃ Ordnance Survey (Brit), ≃ United States Geological Survey (US), ≃ USGS (US) ▷ **Institut du Monde Arabe** *Arab cultural centre in Paris* ▷ **Institut national de l'audiovisuel** *library of radio and television archives* ▷ **Institut national de la consommation** *consumer research organization*, ≃ Consumers' Association (Brit), ≃ Consumer Product Safety Commission (US) ▷ **Institut national de la recherche agronomique** *national institute for agronomic research* ▷ **Institut national de la santé et de la recherche médicale** *national institute for health and medical research*, ≃ Medical Research Council (Brit), National Institute of Health (US) ▷ **Institut Pasteur** Pasteur Institute ▷ **Institut de retraite complémentaire des agents non titulaires de l'État et des collectivités publiques** *pension-awarding body for certain state employees* ▷ **Institut universitaire de formation des maîtres** *teacher training college* ▷ **Institut universitaire de technologie** ≃ polytechnic (Brit), ≃ technical school ou institute (US)

instituteur, -trice [ɛ̃stitytœʀ, tʀis] → SYN **1** nm,f (primary school) teacher ◆ **instituteur spécialisé** teacher in special school (for the handicapped) (Brit), EMH teacher (US)

2 **institutrice** nf (Hist : gouvernante) governess

institution [ɛ̃stitysjɔ̃] → SYN **1** nf (gén) institution ; (école) private school ◆ (Pol) **nos institutions sont menacées** our institutions are threatened ◆ (iro) **la mendicité est ici une véritable institution !*** begging is a real institution here !* ◆ **en volcanologie, Haroun Tazieff est une véritable institution*** Haroun Tazieff is a veritable institution* in volcanology

2 COMP ▷ **institution canonique** (Rel) institution ▷ **institution d'héritier** (Jur) appointment of an heir ▷ **institution religieuse** (gen) denominational school ; (catholique) Catholic school

institutionnalisation [ɛ̃stitysjɔnalizasjɔ̃] → SYN nf institutionalization

institutionnaliser [ɛ̃stitysjɔnalize] → SYN ▸ conjug 1 ◂ **1** vt to institutionalize

2 **s'institutionnaliser** vpr to become institutionalized

institutionnel, -elle [ɛ̃stitysjɔnɛl] → SYN adj institutional

institutrice [ɛ̃stitytʀis] nf → **instituteur**

instructeur [ɛ̃stʀyktœʀ] → SYN **1** nm instructor

2 adj ◆ (Jur) **juge** ou **magistrat instructeur** examining magistrate ◆ (Mil) **capitaine / sergent instructeur** drill captain / sergeant

instructif, -ive [ɛ̃stʀyktif, iv] → SYN adj instructive

instruction [ɛ̃stʀyksjɔ̃] → SYN nf **a** (enseignement) education ◆ **l'instruction que j'ai reçue** the teaching ou education I received ◆ **niveau d'instruction** academic standard ◆ **instruction civique** civics (sg) ◆ **instruction militaire** army training ◆ **instruction religieuse** religious instruction, religious education ou studies ◆ **l'instruction publique / privée / primaire / secondaire** state / private / primary / secondary education

b (culture) education ◆ **avoir de l'instruction** to be well educated ◆ **être sans instruction** to have no education

c (Jur) *pretrial investigation of a case* ◆ **ouvrir une instruction** to initiate an investigation into a crime → **juge**

d (Admin : circulaire) directive ◆ **instruction ministérielle / préfectorale** ministerial / prefectural directive

e (ordres) **instructions** instructions ; (mode d'emploi) instructions, directions ◆ (étiquette) **instructions de lavage** care label, washing instructions ; (Informatique) instruction ◆ **suivre les instructions données sur le paquet** to follow the instructions ou directions given on the packet ◆ **conformément / contrairement à vos instructions** in accordance with / contrary to your instructions

f (Ordin) instruction ◆ **instructions d'entrée-sortie** input-output instructions

instruire [ɛ̃stʀɥiʀ] → SYN ▸ conjug 38 ◂ **1** vt **a** (former) to teach, educate ; recrue to train ◆ **l'école où elle instruit ces enfants** the school where she teaches those children ◆ **instruire qn dans l'art oratoire** to educate ou instruct sb in the art of oratory ◆ **c'est la vie qui m'a instruit** life has educated me, life has been my teacher ◆ **instruire qn par l'exemple** to teach ou educate sb by example ◆ **instruit par son exemple** having learnt from his example ◆ **ces émissions ne visent pas à instruire mais à divertir** these broadcasts are not intended to teach ou educate ou instruct but to entertain

b (informer) **instruire qn de qch** to inform ou advise sb of sth ◆ **on ne nous a pas instruits des décisions à prendre** we haven't been informed ou advised of the decisions to be taken

c (Jur) affaire to conduct the investigation for ◆ **instruire contre qn** to conduct investigations concerning sb

2 **s'instruire** vpr (apprendre) to educate o.s. ◆ (hum) **c'est comme ça qu'on s'instruit !** that's how you improve your knowledge ! ◆ **s'instruire de qch** (frm : se renseigner) to obtain information about sth, find out about sth ◆ **s'instruire auprès de qn des heures d'arrivée** to obtain information ou find out from sb about the times of arrival

instruit, e [ɛ̃stʀɥi, it] → SYN (ptp de **instruire**) adj educated ◆ **peu instruit** uneducated

instrument [ɛ̃stʀymɑ̃] → SYN nm (lit, fig) instrument ◆ **instrument de musique / de chirurgie / de mesure / à vent** musical / surgical / measuring / wind instrument ◆ **instruments aratoires** ploughing implements ◆ **instrument de travail** tool ◆ (Aviat) **les instruments de bord** the controls ◆ **naviguer aux instruments** to fly on instruments ◆ (fig) **être l'instrument de qn** to be sb's tool ◆ **le président fut l'instrument de / servit d'instrument à la répression** the president was the instrument ou tool of / served as an ou the instrument of repression ◆ **elle a été l'instrument de sa vengeance** she was ou served as the instrument of his revenge ◆ **elle a été l'instrument de sa réussite** she was instrumental in his success

instrumentaire [ɛ̃stʀymɑ̃tɛʀ] adj ◆ **témoin instrumentaire** witness to an official document

instrumental, e, mpl **-aux** [ɛ̃stʀymɑ̃tal, o] **1** adj (Ling, Mus) instrumental

2 nm (Ling) instrumental

instrumentalisme [ɛ̃stʀymɑ̃talism] → SYN nm instrumentalism

instrumentaliste [ɛ̃stʀymɑ̃talist] adj, nmf instrumentalist

instrumentation [ɛ̃stʀymɑ̃tasjɔ̃] → SYN nf **a** (Mus) instrumentation, orchestration

b (Tech) instrumentation

instrumenter [ɛ̃stʀymɑ̃te] → SYN ▸ conjug 1 ◂ **1** vi (Jur) to draw up a formal document (deed, contract etc)

2 vt **a** (Mus) to orchestrate

b (Tech) to instrument

instrumentiste [ɛ̃stʀymɑ̃tist] → SYN nmf **a** (Mus) instrumentalist

b (Chirurgie) theatre nurse

insu [ɛ̃sy] → SYN nm **a** (en cachette de) **à l'insu de qn** without sb's knowledge, without sb's knowing

b (inconsciemment) **à mon** (ou **ton** etc) **insu** without my ou me (ou your ou you etc) knowing it ◆ **je souriais à mon insu** I was smiling without knowing it

insubmersible [ɛ̃sybmɛʀsibl] adj insubmersible, unsinkable

insubordination [ɛ̃sybɔʀdinasjɔ̃] → SYN nf (gén) insubordination, rebelliousness ; (Mil) insubordination

insubordonné, e [ɛ̃sybɔʀdɔne] → SYN adj (gén) insubordinate, rebellious ; (Mil) insubordinate

insuccès [ɛ̃syksɛ] → SYN nm failure

insuffisamment [ɛ̃syfizamɑ̃] → SYN adv (→ **insuffisant**) insufficiently ; inadequately ◆ **tu dors insuffisamment** you're not getting adequate ou sufficient sleep ◆ **pièce insuffisamment éclairée** room with insufficient ou poor lighting, poorly-lit room, inadequately-lit room

insuffisance [ɛ̃syfizɑ̃s] → SYN nf **a** (médiocrité) inadequacy ; (manque) insufficiency, inadequacy ◆ **l'insuffisance de nos ressources** the inadequacy of our resources, the shortfall in our resources, our inadequate ou insufficient resources ◆ **nous souffrons d'une (grande) insuffisance de moyens** we are suffering from a (great) inadequacy ou insufficiency ou shortage of means ◆ **une insuffisance de personnel** a shortage of staff

b (faiblesses) **insuffisances** inadequacies ◆ **avoir des insuffisances en maths** to be weak in ou at maths ◆ **il y a des insuffisances dans son travail** there are inadequacies in his work, his work has shortcomings

c (Méd) **insuffisance(s) cardiaque(s) / thyroïdienne(s)** cardiac / thyroid insufficiency (NonC)

insuffisant, e [ɛ̃syfizɑ̃, ɑ̃t] → SYN adj (en quantité) insufficient ; (en qualité, intensité, degré) inadequate ; (Scol) (sur une copie) poor ◆ **ce qu'il nous donne est insuffisant** what he gives us is insufficient ou inadequate ou not enough ◆ **il est insuffisant en maths** he's weak in ou at maths, he's not up to standard in maths ◆ **nous travaillons avec un personnel insuffisant** we're working with inadequate staffing ou with insufficient staff ◆ **nous sommes en nombre insuffisant** we are insufficient in number ◆ **lumière insuffisante** insufficient ou inadequate ou poor lighting ◆ (Méd) **les insuffisants cardiaques / respiratoires**

people with cardiac/respiratory insufficiency

insufflateur [ɛ̃syflatœʀ] nm (Méd) insufflator

insufflation [ɛ̃syflasjɔ̃] nf (Méd) insufflation

insuffler [ɛ̃syfle] → SYN ▸ conjug 1 ◂ vt **a insuffler le courage / le désir à qn** to inspire sb with courage/desire, breathe courage/desire into sb ◆ (Rel) **insuffler la vie à** to breathe life into

b (Méd) air to blow, insufflate (spéc) (*dans* into) ◆ **se faire insuffler** to be insufflated (spéc)

insulaire [ɛ̃sylɛʀ] → SYN **1** adj administration, population island (épith); conception, attitude insular

2 nmf islander

insularité [ɛ̃sylaʀite] nf insularity

insulinase [ɛ̃sylinɑz] nf insulinase

insuline [ɛ̃sylin] nf insulin

insulino-dépendance [ɛ̃sylinɔdepɑ̃dɑ̃s] nf insulin-dependent diabetes

insulino-dépendant, e [ɛ̃sylinɔdepɑ̃dɑ̃, ɑ̃t] adj diabète, diabétique insulin-dependent

insulinothérapie [ɛ̃sylinoteʀapi] nf insulin therapy

insultant, e [ɛ̃syltɑ̃, ɑ̃t] → SYN adj insulting (*pour* to)

insulte [ɛ̃sylt] → SYN nf (grossièreté) abuse (NonC), insult; (affront) insult ◆ (frm) **c'est me faire insulte que de ne pas me croire** you insult me by not believing me ◆ (fig) **c'est une insulte** ou **c'est faire insulte à son intelligence** it's an insult ou affront to his intelligence

insulté, e [ɛ̃sylte] (ptp de **insulter**) **1** adj insulted

2 nm (en duel) injured party

insulter [ɛ̃sylte] → SYN ▸ conjug 1 ◂ vt (faire affront à) to insult; (injurier) to abuse, insult ◆ (fig littér) **insulter à** to be an insult to

insulteur [ɛ̃syltœʀ] → SYN nm insulter

insupportable [ɛ̃sypɔʀtabl] → SYN adj douleur, bruit, personne, spectacle unbearable, intolerable, insufferable

insupportablement [ɛ̃sypɔʀtabləmɑ̃] adv unbearably, intolerably, insufferably

insupporter [ɛ̃sypɔʀte] → SYN ▸ conjug 1 ◂ vt ◆ (hum) **cela m'insupporte / l'insupporte** I/he can't stand this

insurgé, e [ɛ̃syʀʒe] → SYN (ptp de **s'insurger**) adj, nm,f rebel, insurgent

insurger (s') [ɛ̃syʀʒe] → SYN ▸ conjug 3 ◂ vpr (lit, fig) to rebel, rise up, revolt (*contre* against)

insurmontable [ɛ̃syʀmɔ̃tabl] → SYN adj difficulté, obstacle insurmountable, insuperable; peur, dégoût unconquerable

insurpassable [ɛ̃syʀpɑsabl] → SYN adj unsurpassable, unsurpassed

insurrection [ɛ̃syʀɛksjɔ̃] → SYN nf (lit) insurrection, revolt, uprising; (fig) revolt ◆ **mouvement / foyer d'insurrection** movement/nucleus of revolt

insurrectionnel, -elle [ɛ̃syʀɛksjɔnɛl] → SYN adj mouvement, gouvernement, force insurrectionary

intact, e [ɛ̃takt] → SYN adj objet, réputation, argent intact (attrib)

intaille [ɛ̃tɑj] → SYN nf intaglio

intangibilité [ɛ̃tɑ̃ʒibilite] → SYN nf inviolability

intangible [ɛ̃tɑ̃ʒibl] → SYN adj (impalpable) intangible; (sacré) inviolable

intarissable [ɛ̃taʀisabl] → SYN adj (lit, fig) inexhaustible ◆ **il est intarissable** he could talk for ever (*sur* about)

intarissablement [ɛ̃taʀisabləmɑ̃] adv inexhaustibly

intégrable [ɛ̃tegʀabl] adj integrable

intégral, e, mpl **-aux** [ɛ̃tegʀal, o] → SYN **1** adj complete ◆ **le remboursement intégral de qch** the repayment in full of sth, the full ou complete repayment of sth ◆ **publier le texte intégral d'un discours** to publish the text of a speech in full ou the complete text of a speech ◆ (Ciné) **version intégrale** uncut version ◆ (Presse) **texte intégral** unabridged version ◆ **«texte intégral»** "unabridged" ◆ **le nu intégral** complete ou total nudity ◆ **bronzage intégral** all-over suntan ◆ **casque intégral** full-face helmet → **calcul**

2 intégrale nf (Math) integral; (Mus) (série) complete series; (œuvre) complete works ◆ **l'intégrale des symphonies de Sibelius** the complete set of the symphonies of Sibelius

intégralement [ɛ̃tegʀalmɑ̃] → SYN adv in full, fully ◆ **le concert sera retransmis intégralement** the concert will be broadcast in full

intégralité [ɛ̃tegʀalite] → SYN nf whole ◆ **l'intégralité de la somme vous sera remboursée** the whole of the sum will be repaid to you, the whole ou entire ou full sum ou amount will be repaid to you ◆ **la somme vous sera remboursée dans son intégralité** the sum will be repaid to you in its entirety ou in toto ou in full ◆ **le match sera retransmis dans son intégralité** the match will be broadcast in full ◆ **l'intégralité de mon salaire** the whole of my salary, my whole ou entire salary ◆ **votre salaire vous sera versé en intégralité en francs français** you will be paid the whole of your salary ou your entire salary in French francs

intégrant, e [ɛ̃tegʀɑ̃, ɑ̃t] adj → **partie**[2]

intégrateur [ɛ̃tegʀatœʀ] nm integrator

intégration [ɛ̃tegʀasjɔ̃] → SYN nf (→ **intégrer**) (gén) integration (*à, dans* into) ◆ **politique d'intégration des immigrés** policy favouring the integration of immigrants ◆ (arg Univ) **après son intégration à Polytechnique** after getting into the École polytechnique ◆ (Ordin) **intégration à très grande échelle** very large-scale integration

intégrationniste [ɛ̃tegʀasjɔnist] adj, nmf integrationist

intègre [ɛ̃tɛgʀ] → SYN adj upright, honest

intégré, e [ɛ̃tegʀe] (ptp de **intégrer**) adj circuit, système integrated ◆ (Ordin) **traitement intégré (des données)** integrated data processing ◆ **cuisine intégrée** fitted kitchen ◆ **populations bien intégrées** well-assimilated populations

intégrer [ɛ̃tegʀe] → SYN ▸ conjug 6 ◂ **1** vt (Math) to integrate; (incorporer) idées, personne to integrate (*à, dans* into) ◆ **intégrer une entreprise / un club / une association** to join a company/a club/an association

2 vi ◆ (arg Univ) **intégrer à Polytechnique** etc to get into the École polytechnique etc

3 s'intégrer vpr to become integrated (*à, dans* into) ◆ **bien s'intégrer dans une société** to integrate well into a society ◆ **cette maison s'intègre mal dans le paysage** this house doesn't really fit into the surrounding countryside

intégrisme [ɛ̃tegʀism] → SYN nm fundamentalism

intégriste [ɛ̃tegʀist] → SYN adj, nmf fundamentalist

intégrité [ɛ̃tegʀite] → SYN nf (totalité) integrity; (honnêteté) integrity, honesty, uprightness

intellect [ɛ̃telɛkt] → SYN nm intellect

intellection [ɛ̃telɛksjɔ̃] → SYN nf intellection

intellectualisation [ɛ̃telɛktɥalizasjɔ̃] → SYN nf intellectualization

intellectualiser [ɛ̃telɛktɥalize] → SYN ▸ conjug 1 ◂ vt to intellectualize

intellectualisme [ɛ̃telɛktɥalism] → SYN nm intellectualism

intellectualiste [ɛ̃telɛktɥalist] adj, nmf intellectualist

intellectualité [ɛ̃telɛktɥalite] nf (littér) intellectuality

intellectuel, -elle [ɛ̃telɛktɥɛl] → SYN **1** adj facultés, effort, supériorité mental, intellectual; fatigue mental; personne, mouvement, œuvre, vie intellectual; (péj) highbrow (péj), intellectual ◆ **activité intellectuelle** mental ou intellectual activity, brainwork* ◆ **les travailleurs intellectuels** non-manual workers → **quotient**

2 nm,f intellectual; (péj) highbrow (péj), intellectual ◆ **un intellectuel de gauche** a left-wing intellectual

intellectuellement [ɛ̃telɛktɥɛlmɑ̃] → SYN adv (→ **intellectuel**) mentally; intellectually

intelligemment [ɛ̃teliʒamɑ̃] adv (→ **intelligent**) intelligently; cleverly

intelligence [ɛ̃teliʒɑ̃s] → SYN nf **a** (aptitude, ensemble des facultés mentales) intelligence ◆ **avoir l'intelligence vive** to have a sharp ou quick mind, be sharp ou quick ◆ **faire preuve d'intelligence** to show intelligence ◆ **avoir l'intelligence de faire** to have the intelligence ou the wit to do, be intelligent enough to do ◆ **travailler avec intelligence / sans intelligence** to work intelligently/unintelligently ◆ **il met beaucoup d'intelligence dans ce qu'il fait** he applies great intelligence to what he does ◆ **c'est une intelligence exceptionnelle** he has a great intellect ou mind ou brain, he is a person of exceptional intelligence ◆ **les grandes intelligences** the great minds ou intellects ◆ **intelligence artificielle** artificial intelligence

b (compréhension) **intelligence de** understanding of ◆ **pour l'intelligence du texte** for a clear understanding of the text, in order to understand the text ◆ **avoir l'intelligence des affaires** to have a good grasp ou understanding of business matters, have a good head for business

c (complicité) secret agreement ◆ **agir d'intelligence avec qn** to act in (secret) agreement with sb ◆ **signe / sourire d'intelligence** sign/smile of complicity ◆ **être d'intelligence avec qn** to have a (secret) understanding ou agreement with sb ◆ **vivre en bonne / mauvaise intelligence avec qn** to be on good/bad terms with sb

d (relations secrètes) **intelligences** secret relations ◆ **avoir des intelligences dans la place** to have secret relations ou contacts in the place ◆ **entretenir des intelligences avec l'ennemi** to have secret dealings with the enemy

intelligent, e [ɛ̃teliʒɑ̃, ɑ̃t] → SYN adj **a** (doué d'intellect) intelligent; (à l'esprit vif, perspicace) intelligent, clever, bright ◆ **peu intelligent** unintelligent ◆ **ce chien est (très) intelligent** this dog is (very) clever ◆ **son livre est intelligent** his book shows intelligence

b (Ordin) intelligent ◆ **terminal intelligent** intelligent terminal

intelligentsia [ɛ̃teliʒɛnsja] → SYN nf ◆ **l'intelligentsia** the intelligentsia

intelligibilité [ɛ̃teliʒibilite] → SYN nf intelligibility

intelligible [ɛ̃teliʒibl] → SYN adj intelligible ◆ **à haute et intelligible voix** loudly and clearly ◆ **s'exprimer de façon peu intelligible** to express o.s. unintelligibly ou in an unintelligible manner ◆ **rendre qch intelligible à qn** to make sth intelligible to sb

intelligiblement [ɛ̃teliʒibləmɑ̃] adv intelligibly

intello* [ɛ̃telo] adj, nmf (péj) highbrow (péj), intellectual

intempérance [ɛ̃tɑ̃peʀɑ̃s] → SYN nf (→ **intempérant**) intemperance; overindulgence ◆ **intempérances** excesses ◆ **une telle intempérance de langage** such excessive language ◆ **de telles intempérances de langage** such excesses of language

intempérant, e [ɛ̃tɑ̃peʀɑ̃, ɑ̃t] → SYN adj (immodéré) intemperate; (sensuel) overindulgent, intemperate

intempéries [ɛ̃tɑ̃peʀi] nfpl bad weather ◆ **nous allons affronter les intempéries** we're going to brave the (bad) weather

intempestif, -ive [ɛ̃tɑ̃pɛstif, iv] → SYN adj untimely ◆ **pas de zèle intempestif!** no misplaced ou excessive zeal!

intempestivement [ɛ̃tɑ̃pɛstivmɑ̃] adv at an untimely moment

intemporalité [ɛ̃tɑ̃pɔʀalite] → SYN nf (→ **intemporel**) timelessness; immateriality

intemporel, -elle [ɛ̃tɑ̃pɔʀɛl] → SYN adj (littér) (sans durée) timeless; (immatériel) immaterial

intenable [ɛ̃t(ə)nabl] → SYN adj (intolérable) chaleur, situation intolerable, unbearable; personne unruly; (indéfendable) position, théorie untenable

intendance [ɛ̃tɑ̃dɑ̃s] → SYN nf (Mil) (service) Supply Corps; (bureau) Supplies office; (Scol) (métier) school management, financial administration; (bureau) bursar's office;

[propriété] (métier) estate management; (bureau) estate office; (Hist: province) intendancy ◆ **les problèmes d'intendance** (Mil) the problems of supply; (gén) the day-to-day problems of running a school (ou a company etc) ◆ (fig) **l'intendance suivra** all material support will be provided

intendant [ɛ̃tɑ̃dɑ̃] → SYN nm (Mil) quartermaster; (Scol) bursar; (Hist) intendant; (régisseur) steward

intendante [ɛ̃tɑ̃dɑ̃t] nf **a** (épouse) intendant's wife
b (Scol) bursar; (régisseur) stewardess
c (Rel) Superior

intense [ɛ̃tɑ̃s] → SYN adj lumière, moment etc intense; froid, douleur severe, intense; circulation dense, heavy

intensément [ɛ̃tɑ̃semɑ̃] adv intensely

intensif, -ive [ɛ̃tɑ̃sif, iv] **1** adj (gén, Agr, Ling) intensive → **cours, culture**
2 nm (Ling) intensive

intensification [ɛ̃tɑ̃sifikasjɔ̃] → SYN nf intensification

intensifier vt, **s'intensifier** vpr [ɛ̃tɑ̃sifje] → SYN ▸ conjug 7 ◂ to intensify

intensité [ɛ̃tɑ̃site] → SYN nf **a** (force: → **intense**) intensity; severity; density, heaviness ◆ **l'intensité de la lumière me força à fermer les yeux** the intensity of the light forced me to shut my eyes ◆ **mesurer l'intensité d'une source lumineuse** to measure the intensity of a light source ◆ **moment d'une grande intensité** moment of great intensity ou feeling
b (Ling) **accent d'intensité** stress accent
c (Élec) [courant] strength; (Phys) [force] intensity

intensivement [ɛ̃tɑ̃sivmɑ̃] adv intensively

intenter [ɛ̃tɑ̃te] → SYN ▸ conjug 1 ◂ vt ◆ **intenter un procès contre** ou **à qn** to start ou institute proceedings against sb ◆ **intenter une action contre** ou **à qn** to bring an action against sb

intention [ɛ̃tɑ̃sjɔ̃] → SYN GRAMMAIRE ACTIVE 8, 18.1, 18.4 nf **a** intention ◆ **quelles sont vos intentions?** what are your intentions?, what do you intend to do? ◆ **agir dans une bonne intention** to act with good intentions ◆ **elle l'a fait sans mauvaise intention** she didn't mean any harm ◆ **c'est l'intention qui compte** it's the thought that counts ◆ **elle est pleine de bonnes intentions** she's full of good intentions ◆ **il n'entre** ou **n'est pas dans ses intentions de démissionner** it's not his intention to resign, he has no intention of resigning ◆ **à cette intention** with this intention, to this end ◆ **avoir l'intention de faire** to intend ou mean to do, have the intention of doing ◆ **je n'ai pas l'intention de le faire** I don't intend to do it, I have no intention of doing it ◆ **avec** ou **dans l'intention de faire** with the intention of doing, with a view to doing ◆ **avec** ou **dans l'intention de tuer** with intent to kill ◆ (Pol) **intention de vote** voting intention ◆ (Pol) **déclaration d'intention** declaration of intent → **enfer, procès**
b **à l'intention de qn** collecte for the benefit of sb, in aid of sb; renseignement for the benefit of sb, for the information of sb; cadeau, prières, messe for sb; fête in sb's honour ◆ **livre / film à l'intention des enfants / du grand public** book / film aimed at children / the general public ◆ **je l'ai acheté à votre intention** I bought it just ou specially for you

intentionnalité [ɛ̃tɑ̃sjɔnalite] → SYN nf intentionality

intentionné, e [ɛ̃tɑ̃sjɔne] → SYN adj ◆ **bien intentionné** well-meaning, well-intentioned ◆ **mal intentionné** ill-intentioned

intentionnel, -elle [ɛ̃tɑ̃sjɔnɛl] → SYN adj intentional, deliberate

intentionnellement [ɛ̃tɑ̃sjɔnɛlmɑ̃] → SYN adv intentionally, deliberately

inter [ɛ̃tɛʀ] nm (†: Téléc) ⇒ **interurbain** ◆ (Sport) **inter gauche / droit** inside-left / -right

inter... [ɛ̃tɛʀ] préf inter...

interactif, -ive [ɛ̃tɛʀaktif, iv] adj interactive

interaction [ɛ̃tɛʀaksjɔ̃] → SYN nf interaction (*entre* between) ◆ **interaction faible / forte** weak / strong interaction

interactivement [ɛ̃tɛʀaktivmɑ̃] adv (gén, Ordin) interactively

interactivité [ɛ̃tɛʀaktivite] nf interactivity

interagir [ɛ̃tɛʀaʒiʀ] → SYN ▸ conjug 2 ◂ vi to interact

interallié, e [ɛ̃tɛʀalje] adj inter-Allied

interarmées [ɛ̃tɛʀaʀme] adj inv (Mil) interservice

interarmes [ɛ̃tɛʀaʀm] adj inv opération combined arms (épith), interservice (épith)

interbancaire [ɛ̃tɛʀbɑ̃kɛʀ] adj relations, marché interbank

intercalaire [ɛ̃tɛʀkalɛʀ] → SYN **1** adj ◆ **feuillet intercalaire** inset, insert ◆ **fiche intercalaire** divider ◆ **jour intercalaire** intercalary day
2 nm (feuillet) inset, insert; (fiche) divider

intercalation [ɛ̃tɛʀkalasjɔ̃] → SYN nf (→ **intercaler**) insertion; interpolation; intercalation

intercaler [ɛ̃tɛʀkale] → SYN ▸ conjug 1 ◂ **1** vt mot, exemple to insert, interpolate; feuillet to inset, insert; jour d'année bissextile to intercalate ◆ **intercaler quelques jours de repos dans un mois de stage** to fit a few days' rest into a month of training ◆ **on a intercalé dans le stage des visites d'usines** the training course was interspersed with ou broken by visits to factories
2 **s'intercaler** vpr ◆ **s'intercaler entre** [coureur, voiture, candidat] to come in between

intercéder [ɛ̃tɛʀsede] → SYN ▸ conjug 6 ◂ vi to intercede (*en faveur de* on behalf of; *auprès de* with)

intercellulaire [ɛ̃tɛʀselylɛʀ] adj intercellular

intercensitaire [ɛ̃tɛʀsɑ̃sitɛʀ] adj intercensal

intercepter [ɛ̃tɛʀsɛpte] → SYN ▸ conjug 1 ◂ vt ballon, message, ennemi to intercept; lumière, chaleur to cut ou block off

intercepteur [ɛ̃tɛʀsɛptœʀ] → SYN nm interceptor (plane)

interception [ɛ̃tɛʀsɛpsjɔ̃] → SYN nf (→ **intercepter**) interception; cutting ou blocking off ◆ (Mil) **avion** ou **chasseur d'interception** interceptor(-plane)

intercesseur [ɛ̃tɛʀsesœʀ] → SYN nm (Rel, littér) intercessor

intercession [ɛ̃tɛʀsesjɔ̃] → SYN nf (Rel, littér) intercession

interchangeabilité [ɛ̃tɛʀʃɑ̃ʒabilite] → SYN nf interchangeability

interchangeable [ɛ̃tɛʀʃɑ̃ʒabl] → SYN adj interchangeable

intercirculation [ɛ̃tɛʀsiʀkylasjɔ̃] nf (Rail) connection *(between carriages)*

interclasse [ɛ̃tɛʀklɑs] → SYN nm (Scol) break (between classes)

interclasser [ɛ̃tɛʀklɑse] ▸ conjug 1 ◂ vt to collate

interclasseuse [ɛ̃tɛʀklɑsøz] nf collator

interclubs [ɛ̃tɛʀklœb] adj inv tournoi, rencontre interclub

intercommunal, e, mpl **-aux** [ɛ̃tɛʀkɔmynal, o] adj décision, stade ≃ intervillage, ≃ intermunicipal *(shared by several French communes)*

intercommunication [ɛ̃tɛʀkɔmynikasjɔ̃] nf intercommunication

interconnectable [ɛ̃tɛʀkɔnɛktabl] adj which can be interconnected

interconnecter [ɛ̃tɛʀkɔnɛkte] ▸ conjug 1 ◂ vt (Élec) to interconnect

interconnexion [ɛ̃tɛʀkɔnɛksjɔ̃] nf interconnection

intercontinental, e, mpl **-aux** [ɛ̃tɛʀkɔ̃tinɑ̃tal, o] adj intercontinental

intercostal, e, mpl **-aux** [ɛ̃tɛʀkɔstal, o] **1** adj intercostal
2 nmpl intercostal muscles, intercostals

intercotidal, e, mpl **-aux** [ɛ̃tɛʀkɔtidal, o] adj ◆ (Géog) **zone intercotidale** intercotidal zone

intercours [ɛ̃tɛʀkuʀ] nm (Scol) break *(between classes)*

interculturel, -elle [ɛ̃tɛʀkyltyʀɛl] adj cross-cultural, intercultural

intercurrent, e [ɛ̃tɛʀkyʀɑ̃, ɑ̃t] → SYN adj intercurrent

interdépartemental, e, mpl **-aux** [ɛ̃tɛʀdepaʀtəmɑ̃tal, o] adj *shared by several French departments*

interdépendance [ɛ̃tɛʀdepɑ̃dɑ̃s] → SYN nf interdependence

interdépendant, e [ɛ̃tɛʀdepɑ̃dɑ̃, ɑ̃t] adj interdependent

interdiction [ɛ̃tɛʀdiksjɔ̃] → SYN nf **a** **interdiction de** banning of, ban on ◆ **l'interdiction du col roulé / des cheveux longs dans cette profession** the ban on polo necks / long hair in this profession ◆ **l'interdiction de coller des affiches / de servir de l'alcool** the ban on the posting of bills / the serving of alcohol, the ban on posting bills / serving alcohol ◆ **« interdiction de coller des affiches »** "(stick ou post) no bills", "bill-sticking (Brit) ou bill-posting prohibited" ◆ **« interdiction (formelle ou absolue) de fumer »** "(strictly) no smoking", "smoking (strictly) prohibited" ◆ **« interdiction de tourner à droite »** "no right turn" ◆ **« interdiction de stationner »** "no parking" ◆ **« interdiction de déposer des ordures »** "no dumping" ◆ **interdiction d'en parler à quiconque / de modifier quoi que ce soit** it is (strictly) forbidden to talk to anyone / to alter anything ◆ **malgré l'interdiction d'entrer** despite the fact that it was forbidden to enter ou that there was a "no entry" sign ◆ **renouveler à qn l'interdiction de faire** to reimpose a ban on sb's doing ◆ **interdiction lui a été faite de sortir** he has been forbidden to go out ◆ **l'interdiction faite aux fonctionnaires de cumuler plusieurs emplois** the banning of civil servants from holding several positions
b (interdit) ban ◆ **enfreindre / lever une interdiction** to break / lift a ban ◆ **écriteau portant une interdiction** notice prohibiting ou forbidding something ◆ **un jardin public plein d'interdictions** a park full of notices ou signs forbidding this and that
c (suspension) [livre, film] banning (*de* of), ban (*de* on); [fonctionnaire] banning from office; [prêtre] interdiction ◆ (Jur) **interdiction légale** *suspension of a convict's civic rights* ◆ **interdiction de séjour** *order denying former prisoner access to specified places* ◆ **interdiction bancaire** suspension of banking privileges ◆ **interdiction de chéquier** withdrawal of chequebook facilities

interdigital, e, mpl **-aux** [ɛ̃tɛʀdiʒital, o] adj interdigital

interdire [ɛ̃tɛʀdiʀ] → SYN ▸ conjug 37 ◂ GRAMMAIRE ACTIVE 9.3, 10.4
1 vt **a** (prohiber) to forbid; (Admin) stationnement, circulation to prohibit, ban ◆ **interdire l'alcool / le tabac à qn** to forbid sb alcohol / tobacco, forbid sb to drink / smoke ◆ **interdire à qn de faire qch** to tell sb not to do sth, forbid sb to do sth, prohibit (frm) sb from doing sth ◆ **elle nous a interdit d'y aller seuls, elle a interdit que nous y allions seuls** she forbade us to go on our own ◆ **on a interdit les camions dans le centre de la ville** lorries have been barred from ou banned from ou prohibited in the centre of the town
b (empêcher) [contretemps, difficulté] to preclude, prevent; [obstacle physique] to block ◆ **son état de santé lui interdit tout travail / effort** his state of health does not allow ou permit him to do any work / to make any effort ◆ **sa maladie ne lui interdit pas le travail** his illness does not prevent him from working ◆ **la gravité de la crise (nous) interdit tout espoir** the gravity of the crisis leaves us no hope, the gravity of the crisis precludes all hope ◆ **leur attitude interdit toute négociation** their attitude precludes ou prevents any possibility of negotiation ◆ **une porte blindée interdisait le passage** an armoured door blocked ou barred the way
c (frapper d'interdiction) fonctionnaire, prêtre to ban from office; film, réunion, journal to ban ◆ (fig) **on lui a interdit le club** he has been barred ou banned from the club ◆ **interdire sa porte aux intrus** to bar one's door to intruders

d († : interloquer) to dumbfound, take aback, disconcert

2 **s'interdire** vpr ◆ **s'interdire toute remarque** to refrain ou abstain from making any remark ◆ **nous nous sommes interdit d'intervenir** we have not allowed ourselves to intervene, we have refrained from intervening ◆ **s'interdire la boisson / les cigarettes** to abstain from drink ou drinking / smoking ◆ **il s'interdit d'y penser** he doesn't let himself think about it ou allow himself to think about it ◆ **il s'est interdit toute possibilité de revenir en arrière** he has (deliberately) denied himself ou not allowed himself any chance of going back on his decision

interdisciplinaire [ɛ̃tɛʀdisiplinɛʀ] → SYN adj interdisciplinary

interdisciplinarité [ɛ̃tɛʀdisiplinaʀite] nf interdisciplinarity

interdit, e[1] [ɛ̃tɛʀdi, it] → SYN GRAMMAIRE ACTIVE 10.4 (ptp de **interdire**) **1** adj film, livre banned ◆ **prêtre interdit** interdicted priest ◆ **film interdit aux moins de dix-huit ans** ≃ X film†, ≃ 18 film (Brit), ≃ NC-17 film (US) ◆ **film interdit aux moins de treize ans** ≃ A film†, ≃ PG film (Brit), ≃ PG-13 film (US) ◆ **passage / stationnement interdit** no entry / parking ◆ **il est strictement interdit de faire** it is strictly forbidden ou prohibited to do ◆ **(il est) interdit de fumer** no smoking, smoking (is) prohibited ◆ (Rad, TV) **être interdit d'antenne** to be banned from the air waves ◆ **être interdit bancaire** to have one's banking privileges suspended ◆ **être interdit de chéquier** to have chequebook facilities withdrawn ◆ (Aviat) **interdit de vol** grounded ◆ (Comm) **interdit de vente** banned ◆ (slogan) **il est interdit d'interdire** forbidding is forbidden → **reproduction**

2 nm,f adj ◆ **interdit de séjour** *person under interdiction de séjour*

3 nm (interdiction) (Rel) interdict ; (social) prohibition ◆ (fig) **jeter l'interdit sur** ou **contre qn** to bar sb ◆ (Psych) **transgresser les interdits** to break taboos ◆ (Comm, Écon) **frapper d'interdit** to boycott ◆ **lever l'interdit** to lift the boycott

interdit, e[2] [ɛ̃tɛʀdi, it] → SYN adj dumbfounded, taken aback (attrib), disconcerted ◆ **la réponse le laissa interdit** the answer took him aback, he was dumbfounded ou disconcerted by ou at the answer

intéressant, e [ɛ̃teʀesɑ̃, ɑ̃t] → SYN GRAMMAIRE ACTIVE 26.6 adj **a** (captivant) livre, détail, visage interesting ◆ **peu intéressant** (ennuyeux) conférencier uninteresting, dull ; (négligeable) personne not worth bothering about (attrib) ◆ (péj) **un personnage peu intéressant** a worthless individual, an individual of little consequence ◆ (péj) **il faut toujours qu'il cherche à se rendre intéressant** ou **qu'il fasse son intéressant** he always has to be the centre of attraction ou focus of attention → **position**

b (avantageux) offre, affaire attractive, worthwhile ; prix favourable, attractive ◆ **ce n'est pas très intéressant pour nous** it's not really worth our while, it's not really worth it for us ◆ **c'est une personne intéressante à connaître** he's someone worth knowing

intéressé, e [ɛ̃teʀese] → SYN (ptp de **intéresser**) adj **a** (qui est en cause) concerned, involved ◆ **les intéressés, les parties intéressées** the interested parties, the parties involved ou concerned ◆ **dans cette affaire, c'est lui le principal intéressé** in this matter, he is the person ou party principally involved ou concerned

b (qui cherche son intérêt personnel) personne self-seeking, self-interested ; motif interested ◆ **une visite intéressée** a visit motivated by self-interest ◆ **rendre un service intéressé** to do a good turn out of self-interest ◆ **ce que je vous propose, c'est très intéressé** my suggestion to you is strongly motivated by self-interest

intéressement [ɛ̃teʀesmɑ̃] → SYN nm (Écon : système) profit-sharing (scheme) ◆ **l'intéressement des travailleurs aux bénéfices de l'entreprise** (action) the workers' participation in ou sharing of the firm's profits

intéresser [ɛ̃teʀese] → SYN ▸ conjug 1 ◂ **1** vt **a** (captiver) to interest ◆ **intéresser qn à qch** to interest sb in sth ◆ **cela m'intéresserait de faire** I would be interested to do ou in doing, it would interest me to do ◆ **ça ne m'intéresse pas** I'm not interested, it doesn't interest me ◆ **rien ne l'intéresse** he is not interested ou takes no interest in anything ◆ **le film l'a intéressé** he found the film interesting, the film interested him ◆ **ça pourrait vous intéresser** this might interest you ou be of interest to you ◆ **cette question n'intéresse pas (beaucoup) les jeunes** this matter is of no (great) interest to ou doesn't (greatly) interest young people ◆ **il ne sait pas intéresser son public** he doesn't know how to interest his audience ◆ (iro) **continue, tu m'intéresses !** do go on – I find that very interesting ou I'm all ears !* ◆ **tes petites histoires n'intéressent personne** no one cares about your little problems

b (concerner) to affect, concern ◆ **la nouvelle loi intéresse les petits commerçants** the new law affects ou concerns the small shopkeeper (Brit) ou merchant

c (Comm, Fin) **intéresser le personnel de l'usine aux bénéfices** to give the factory employees a share ou an interest in the profits, operate a profit-sharing scheme in the factory ◆ **être intéressé dans une affaire** to have a stake ou a financial interest in a business

d (Jeu) **intéresser une partie** to stake money on a game

2 **s'intéresser** vpr ◆ **s'intéresser à qch / qn** to be interested in sth / sb, take an interest in sth / sb ◆ **il s'intéresse vivement / activement à cette affaire** he is taking a keen / an active interest in this matter ◆ **il ne s'intéresse pas à nos activités** he is not interested in our activities, he doesn't concern himself with our activities ◆ **il mérite qu'on s'intéresse à lui** he deserves one's ou people's interest ◆ **il s'intéresse beaucoup à cette jeune fille** he is very interested in ou he is taking ou showing a great deal of interest in that girl

intérêt [ɛ̃teʀɛ] → SYN GRAMMAIRE ACTIVE 1.1, 2.2 nm **a** (attention) interest ◆ **écouter avec intérêt / (un) grand intérêt** to listen with interest / with great interest ◆ **prendre intérêt à qch** to take an interest in sth ◆ **il a perdu tout intérêt à son travail** he has lost all interest in his work

b (bienveillance) interest ◆ **porter / témoigner de l'intérêt à qn** to take / show an interest in sb

c (originalité) interest ◆ **film dénué d'intérêt** ou **sans aucun intérêt** film devoid of interest ◆ **tout l'intérêt réside dans le dénouement** the interest is all in the ending

d (importance) significance, importance, relevance ◆ **l'intérêt des recherches spatiales** the significance ou importance ou relevance of space research ◆ **après quelques considérations sans intérêt** after a few unimportant ou minor considerations ou considerations of minor interest ou importance ◆ **c'est sans intérêt pour la suite de l'histoire** it's of no relevance ou consequence ou importance for the rest of the story ◆ **une découverte du plus haut intérêt** a discovery of the greatest ou utmost importance ou significance ou relevance ◆ **la nouvelle a perdu beaucoup de son intérêt** the news has lost much of its significance ou interest ◆ **être déclaré d'intérêt public** to be officially recognized as of benefit to the country, be officially declared a national asset

e (avantage) interest ◆ **ce n'est pas (dans) leur intérêt de le faire** it is not in their interest to do it ◆ **agir dans / contre son intérêt** to act in / against one's own interests ◆ **dans l'intérêt général** in the general interest ◆ **il y trouve son intérêt** he finds it to his (own) advantage, he finds it worth his while ◆ **il sait où est son intérêt** he knows where his interest lies, he knows which side his bread is buttered ◆ **avoir tout intérêt à faire qch** to be well advised to do sth ◆ **il a (tout) intérêt à accepter** it's in his interest to accept, he'd be well advised to accept, he'd do well to accept ◆ **tu aurais plutôt intérêt à te taire !*** you'd be well advised ou you'd do very well to keep quiet ! ◆ **est-ce qu'il faut que je lui en parle ? – (il) y a intérêt !*** should I talk to him about it ? – you'd better !* ◆ **y a-t-il (un) intérêt quelconque à se réunir ?** is there any point at all in getting together ?

f (Fin) interest ◆ **7% d'intérêt** 7% interest ◆ **prêt à intérêt élevé** high-interest loan ◆ **prêter à** ou **avec intérêt** to lend at ou with interest ◆ **intérêts simples / composés** simple / compound interest ◆ **intérêts courus** accrued interest → **taux**

g (recherche d'avantage personnel) self-interest ◆ **agir par intérêt** to act out of self-interest → **mariage**

h **intérêts** interest(s) ◆ **la défense de nos intérêts** the defence of our interests ◆ (Écon, Fin) **il a des intérêts dans l'affaire** he has a stake ou an interest ou a financial interest in the deal

interethnique [ɛ̃tɛʀɛtnik] adj conflit among ethnic groups

interface [ɛ̃tɛʀfas] nf interface ◆ **interface utilisateur** user interface

interfacer vt, **s'interfacer** vpr [ɛ̃tɛʀfase] ▸ conjug 3 ◂ to interface (*avec* with)

interfécond, e [ɛ̃tɛʀfekɔ̃, ɔ̃d] adj interfertile

interfécondité [ɛ̃tɛʀfekɔ̃dite] nf interfertility

interférence [ɛ̃tɛʀfeʀɑ̃s] nf (Phys) interference ; (fig) (conjonction) conjunction ; (immixtion) [problème] intrusion (*dans* into) ; [personne, pays] interference (NonC) (*dans* in) ◆ **l'interférence des problèmes économiques et politiques** the conjunction of economic and political problems ◆ **l'interférence des problèmes économiques dans la vie politique** the intrusion of economic problems into political life ◆ **il se produit des interférences entre les deux services gouvernementaux** there's interference between the two government services

interférent, e [ɛ̃tɛʀfeʀɑ̃, ɑ̃t] adj (Phys) interfering

interférentiel, -ielle [ɛ̃tɛʀfeʀɑ̃sjɛl] adj (Phys) interferential

interférer [ɛ̃tɛʀfeʀe] → SYN ▸ conjug 6 ◂ vi to interfere (*avec* with ; *dans* in) ◆ **les deux procédures interfèrent** the two procedures interfere with each other

interféromètre [ɛ̃tɛʀfeʀɔmɛtʀ] nm interferometer

interférométrie [ɛ̃tɛʀfeʀɔmetʀi] nf interferometry

interférométrique [ɛ̃tɛʀfeʀɔmetʀik] adj interferometric

interféron [ɛ̃tɛʀfeʀɔ̃] nm interferon ◆ **interféron humain** human interferon

interfluve [ɛ̃tɛʀflyv] → SYN nm interfluve

interfoliage [ɛ̃tɛʀfɔljaʒ] nm [manuscrit] interleaving

interfolier [ɛ̃tɛʀfɔlje] ▸ conjug 7 ◂ vt manuscrit to interleave

intergalactique [ɛ̃tɛʀgalaktik] adj intergalactic

interglaciaire [ɛ̃tɛʀglasjɛʀ] adj interglacial

intergouvernemental, e, mpl **-aux** [ɛ̃tɛʀguvɛʀnəmɑ̃tal, o] adj intergovernmental ◆ (Québec) **Affaires intergouvernementales** Intergovernmental Affairs

intergroupe [ɛ̃tɛʀgʀup] → SYN nm (Pol) [plusieurs partis] joint committee ; [deux partis] bipartisan committee

intérieur, e [ɛ̃teʀjœʀ] → SYN **1** adj paroi, escalier inner, interior, inside ; cour inner ; (fig) vie, monde, voix inner ; sentiment inner, inward ; (Écon, Pol) politique, dette domestic, internal ; marché home (épith), domestic, internal ; (Transport) communication, réseau, navigation inland ; (Aviat) vol domestic ◆ **le commerce intérieur** domestic trade ◆ **les affaires intérieures** internal ou domestic affairs ◆ **mer intérieure** inland sea ◆ **la poche intérieure de son manteau** the inside pocket of his coat ◆ (Géom) **angle / point intérieur à un cercle** angle / point interior to a circle → **conduite, for**

2 nm **a** [tiroir, piste, champ de course] inside ; [maison] inside, interior ◆ **l'intérieur de la maison était lugubre** the house was gloomy inside, the inside ou the interior of the house was gloomy ◆ **l'intérieur de la ville** the inner town ◆ **écrin avec un intérieur de satin** case with a satin lining ◆ **fermé de l'inté-**

rieur locked from the inside ◆ **à l'intérieur** (lit) inside; (fig) within ◆ **je vous attends à l'intérieur** I'll wait for you inside ◆ **à l'intérieur de la ville** inside the town ◆ **à l'intérieur de l'entreprise** promotion, corruption within the company; stage, formation in-house ◆ (fig) **à l'intérieur de lui-même, il pensait que** he thought inwardly ou within himself that ◆ **rester à l'intérieur** (gén) to stay inside; (de la maison) to stay inside ou indoors ◆ **vêtement / veste d'intérieur** indoor garment / jacket ◆ **chaussures d'intérieur** indoor ou house shoes ◆ (Ciné) **scènes tournées en intérieur** interior scenes, interiors → **femme**

b [pays] interior ◆ **l'intérieur (du pays) est montagneux** the interior (of the country) is mountainous, the inland part of the country is mountainous ◆ **les villes de l'intérieur** the inland cities ou towns, the cities ou towns of the interior ◆ **la côte est riante mais l'intérieur est sauvage** the coast is pleasant, but it's wild further inland ou the hinterland is wild ◆ **en allant vers l'intérieur** going inland ◆ **les ennemis de l'intérieur** the enemies within (the country) ◆ (Mil) **le moral de l'intérieur** the morale at home, the country's morale, the morale within the country ◆ **à l'intérieur de nos frontières** within ou inside our frontiers → **ministère, ministre**

c (décor, mobilier) interior ◆ **un intérieur bourgeois / douillet** a comfortable middle-class / cosy interior ◆ **tableau d'intérieur** interior (painting)

d (Ftbl) **intérieur gauche / droit** inside-left / -right

intérieurement [ɛ̃teʀjœʀmɑ̃] adv inwardly ◆ **rire intérieurement** to laugh inwardly ou to o.s.

intérim [ɛ̃teʀim] → SYN nm **a** (période) interim period ◆ **il prendra toutes les décisions dans** ou **pendant l'intérim** he will make all the decisions in the interim ◆ **il assure l'intérim en l'absence du directeur** he deputizes for the manager in his absence ou in the interim ◆ **diriger une firme par intérim** to run a firm temporarily ou in a temporary capacity ◆ **président / ministre par intérim** acting ou interim president ou chairman / minister

b (travail à temps partiel) temporary work, temping ◆ **agence** ou **société d'intérim** temping agency, temporary employment office (US) ◆ **faire de l'intérim** to temp*

intérimaire [ɛ̃teʀimɛʀ] → SYN **1** adj directeur, ministre acting (épith), interim (épith); secrétaire, personnel, fonctions temporary; mesure, solution interim (épith), temporary; (Pol) gouvernement, chef de parti caretaker (épith)

2 nmf (secrétaire) temporary secretary, temp* (Brit), Kelly girl (US); (fonctionnaire) deputy; (médecin, prêtre) locum (tenens) ◆ **travailler comme intérimaire** to temp*

interindividuel, -elle [ɛ̃tɛʀɛ̃dividɥɛl] adj interpersonal ◆ **psychologie interindividuelle** psychology of interpersonal relationships

intériorisation [ɛ̃teʀjɔʀizasjɔ̃] → SYN nf (→ **intérioriser**) internalization; interiorization

intérioriser [ɛ̃teʀjɔʀize] → SYN ▸ conjug 1 ◂ vt conflit, émotion to internalize, interiorize; (Ling) règles to internalize

intériorité [ɛ̃teʀjɔʀite] nf interiority

interjectif, -ive [ɛ̃tɛʀʒɛktif, iv] adj interjectional

interjection [ɛ̃tɛʀʒɛksjɔ̃] nf (Ling) interjection; (Jur) lodging of an appeal

interjeter [ɛ̃tɛʀʒəte] → SYN ▸ conjug 4 ◂ vt ◆ (Jur) **interjeter appel** to lodge an appeal

interleukine [ɛ̃tɛʀløkin] nf interleukin

interlignage [ɛ̃tɛʀliɲaʒ] nm (Typ) interline spacing

interligne [ɛ̃tɛʀliɲ] **1** nm (espace) space between the lines; (annotation) insertion between the lines; (Mus) space ◆ **double interligne** double spacing ◆ **écrire qch dans l'interligne** to write ou insert sth between the lines ou in the space between the lines ◆ **taper un texte en double interligne** to type a text in double spacing

2 nf (Typ) lead

interligner [ɛ̃tɛʀliɲe] ▸ conjug 1 ◂ vt (espacer) to space; (inscrire) to write between the lines

interlock [ɛ̃tɛʀlɔk] nm interlock

interlocuteur, -trice [ɛ̃tɛʀlɔkytœʀ, tʀis] → SYN nm,f speaker, interlocutor (frm) ◆ **son / mon interlocuteur** the person he / I was speaking to ◆ (Pol) **interlocuteur valable** valid negotiator ou representative ◆ **les syndicats sont les interlocuteurs privilégiés d'un gouvernement de gauche** the unions have a privileged relationship with ou tend to have the ear of a left-wing government

interlocutoire [ɛ̃tɛʀlɔkytwaʀ] **1** adj interlocutory

2 nm interlocutory decree

interlope [ɛ̃tɛʀlɔp] → SYN adj **a** (équivoque) shady

b (illégal) illicit, unlawful ◆ **navire interlope** *ship carrying illicit merchandise*

interloqué, e [ɛ̃tɛʀlɔke] → SYN adj (ptp de **interloquer**) taken aback

interloquer [ɛ̃tɛʀlɔke] → SYN ▸ conjug 1 ◂ vt to take aback

interlude [ɛ̃tɛʀlyd] → SYN nm (Mus, TV) interlude

intermariage [ɛ̃tɛʀmaʀjaʒ] nm intermarriage

intermède [ɛ̃tɛʀmɛd] nm (Théât, interruption) interlude

intermédiaire [ɛ̃tɛʀmedjɛʀ] → SYN **1** adj niveau, choix, position intermediate, middle (épith), intermediary ◆ **une solution / couleur intermédiaire entre** a solution / colour halfway between ◆ **une date intermédiaire entre le 25 juillet et le 3 août** a date midway between 25th July and 3rd August

2 nm ◆ **sans intermédiaire** vendre, négocier directly ◆ **par l'intermédiaire de qn** through (the intermediary ou agency of) sb ◆ **par l'intermédiaire de la presse** through the medium of the press

3 nmf (médiateur) intermediary, mediator, go-between; (Comm, Écon) middleman

intermédiation [ɛ̃tɛʀmedjasjɔ̃] nf (Fin) intermediation

intermétallique [ɛ̃tɛʀmetalik] adj intermetallic

intermezzo [ɛ̃tɛʀmɛdzo] nm intermezzo

interminable [ɛ̃tɛʀminabl] → SYN adj conversation, série endless, interminable, never-ending; (hum) jambes, mains extremely long

interminablement [ɛ̃tɛʀminabləmɑ̃] adv endlessly, interminably

interministériel, -elle [ɛ̃tɛʀministeʀjɛl] adj interdepartmental

intermission [ɛ̃tɛʀmisjɔ̃] → SYN nf (Méd) intermission

intermittence [ɛ̃tɛʀmitɑ̃s] → SYN nf **a** **par intermittence** travailler in fits and starts, sporadically, intermittently; pleuvoir on and off, sporadically, intermittently ◆ **le bruit nous parvenait par intermittence** the noise reached our ears at (sporadic) intervals

b (Méd) (entre deux accès) remission; [pouls, cœur] irregularity

c (littér) intermittence, intermittency

intermittent, e [ɛ̃tɛʀmitɑ̃, ɑ̃t] → SYN **1** adj fièvre, lumière intermittent; douleur sporadic, intermittent; travail, bruit sporadic, periodic; pouls irregular, intermittent; fontaine, source intermittent ◆ **pluies intermittentes sur le nord** scattered showers in the north

2 nm,f ◆ **les intermittents du spectacle** *workers in the entertainment industry without steady employment*

intermoléculaire [ɛ̃tɛʀmɔlekylɛʀ] adj intermolecular

intermusculaire [ɛ̃tɛʀmyskylɛʀ] adj intermuscular

internat [ɛ̃tɛʀna] → SYN nm **a** (Scol) (établissement) boarding school; (système) boarding; (élèves) boarders → **maître**

b (Méd) (concours) entrance examination (for hospital work); (stage) hospital training *(as a doctor)*, period ou time as a houseman (Brit) ou an intern (US), internship (US)

international, e, mpl **-aux** [ɛ̃tɛʀnasjɔnal, o] → SYN **1** adj international

2 nm,f (Ftbl, Tennis etc) international player; (Athlétisme) international athlete

3 **Internationale** nf (association) International; (hymne) Internationale

4 **internationaux** nmpl (Sport) internationals ◆ **les internationaux de France (de tennis)** the French Open

internationalement [ɛ̃tɛʀnasjɔnalmɑ̃] adv internationally

internationalisation [ɛ̃tɛʀnasjɔnalizasjɔ̃] nf internationalization

internationaliser [ɛ̃tɛʀnasjɔnalize] ▸ conjug 1 ◂ vt to internationalize

internationalisme [ɛ̃tɛʀnasjɔnalism] nm internationalism

internationaliste [ɛ̃tɛʀnasjɔnalist] nmf internationalist

internationalité [ɛ̃tɛʀnasjɔnalite] nf internationality

internaute [ɛ̃tɛʀnot] nmf Internet surfer ou user, net surfer

interne [ɛ̃tɛʀn] → SYN **1** adj partie, politique, organe, hémorragie internal; oreille inner; angle interior ◆ **médecine interne** internal medicine

2 nmf **a** (Scol) boarder ◆ **être interne** to be at boarding school

b (Méd) **interne (des hôpitaux)** house doctor (Brit), houseman (Brit), intern (US) ◆ **interne en médecine / chirurgie** house physician / surgeon

c **en interne: travail réalisé en interne** work carried out in-house

interné, e [ɛ̃tɛʀne] → SYN (ptp de **interner**) nm,f (Pol) internee; (Méd) inmate (of a mental hospital)

internement [ɛ̃tɛʀnəmɑ̃] → SYN nm (Pol) internment; (Méd) confinement (to a mental hospital)

interner [ɛ̃tɛʀne] → SYN ▸ conjug 1 ◂ vt (Pol) to intern ◆ (Méd) **interner qn (dans un hôpital psychiatrique)** to confine sb to a mental hospital, institutionalize sb (US) ◆ **on devrait l'interner** he ought to be locked up ou certified* (Brit), he should be put away* (Brit)

Internet [ɛ̃tɛʀnɛt] nm Internet ◆ **sur (l')Internet** on the Internet

internonce [ɛ̃tɛʀnɔ̃s] → SYN nm internuncio

interocéanique [ɛ̃tɛʀɔseanik] adj interoceanic

intéroceptif, -ive [ɛ̃teʀɔsɛptif, iv] → SYN adj interoceptive

interosseux, -euse [ɛ̃tɛʀɔsø, øz] adj interosseous

interparlementaire [ɛ̃tɛʀpaʀləmɑ̃tɛʀ] adj interparliamentary

interpellateur, -trice [ɛ̃tɛʀpelatœʀ, tʀis] → SYN nm,f (→ **interpeller**) interpellator; questioner; heckler

interpellation [ɛ̃tɛʀpelasjɔ̃] → SYN nf (→ **interpeller**) hailing (NonC); interpellation; questioning (NonC); heckling (NonC) ◆ (Police) **il y a eu une dizaine d'interpellations** about ten people were detained ou taken in for questioning

interpeller [ɛ̃tɛʀpəle] → SYN ▸ conjug 1 ◂ vt **a** (appeler) to call out to, shout out to, hail; (apostropher) to shout at; (à la Chambre) to interpellate, question; (dans une réunion) to question; (avec insistance) to heckle; (Police) to question ◆ **les automobilistes se sont interpellés grossièrement** the motorists shouted insults at each other

b (*: concerner) [problème, situation] to concern, be of concern to ◆ (hum) **ça m'interpelle (quelque part)** that really speaks to me, I can relate to that*

c (*: plaire à) [chose, idée] to appeal to

interpénétration [ɛ̃tɛʀpenetʀasjɔ̃] → SYN nf interpenetration

interpénétrer (s') [ɛ̃tɛʀpenetʀe] → SYN ▸ conjug 6 ◂ vpr to interpenetrate

interpersonnel, -elle [ɛ̃tɛʀpɛʀsɔnɛl] adj interpersonal

interphase [ɛ̃tɛʀfɑz] nf interphase

interphone [ɛ̃tɛʀfɔn] nm intercom, interphone; [immeuble] entry phone

interplanétaire [ɛ̃tɛʀplanetɛʀ] → SYN adj interplanetary

Interpol [ɛ̃tɛʀpɔl] nm (abrév de **International Criminal Police Organization**) Interpol

interpolation [ɛ̃tɛʀpɔlasjɔ̃] nf interpolation

interpoler [ɛ̃tɛʀpɔle] → SYN ▸ conjug 1 ◂ vt to interpolate

interposé, e [ɛ̃tɛʀpoze] (ptp de **interposer**) adj ◆ **par personne interposée** through an intermediary ou a third party ◆ **par service interposé** through another department ◆ **par journaux interposés** through the press

interposer [ɛ̃tɛʀpoze] ▸ conjug 1 ◂ 1 vt (lit, fig) to interpose (*entre* between)
2 **s'interposer** vpr to intervene, interpose o.s. (frm) (*dans* in) ◆ **elle s'interposa entre le père et le fils** she intervened ou came between ou interposed herself (frm) between father and son

interposition [ɛ̃tɛʀpozisjɔ̃] → SYN nf (→ **interposer**) interposition; intervention; (Jur) fraudulent representation of one's identity *(by use of a third party's identity)* ◆ (Pol) **force d'interposition** intervention force

interprétable [ɛ̃tɛʀpʀetabl] → SYN adj interpretable

interprétariat [ɛ̃tɛʀpʀetaʀja] nm interpreting ◆ **école d'interprétariat** interpreting school

interprétatif, -ive [ɛ̃tɛʀpʀetatif, iv] adj interpretative

interprétation [ɛ̃tɛʀpʀetasjɔ̃] → SYN nf (→ **interpréter**) rendering, interpretation ◆ **donner de qch une interprétation fausse** to give a false interpretation of sth, misinterpret sth ◆ **l'interprétation des rêves** the interpretation of dreams ◆ **c'est une erreur d'interprétation** it's a mistake in interpretation ◆ **interprétation simultanée** simultaneous translation → **prix**

interprète [ɛ̃tɛʀpʀɛt] → SYN nmf a (Mus, Théât) performer, interpreter; (gén) player (ou singer etc) ◆ (Théât) **les interprètes par ordre d'entrée en scène ...** the cast in order of appearance ... ◆ **un interprète de Molière / Bach** a performer ou an interpreter of Molière / Bach ◆ **un interprète de Macbeth** a performer ou an interpreter of Macbeth, a Macbeth ◆ **Paul était l'interprète de cette sonate** Paul played this sonata ◆ **Paul était l'interprète de cette chanson** Paul was the singer of ou sang this song
b (traducteur) interpreter ◆ **interprète de conférence** conference interpreter ◆ **faire l'interprète, servir d'interprète** to act as an interpreter
c (porte-parole) **servir d'interprète à qn / aux idées de qn** to act ou serve as a spokesman for sb / for sb's ideas ◆ **je me ferai votre interprète auprès du ministre** I'll speak to the minister on your behalf ◆ (fig) **les gestes et les yeux sont les interprètes de la pensée** gestures and the look in one's eyes express ou interpret one's thoughts
d (exégète) [texte] interpreter, exponent; [rêves, signes] interpreter

interpréter [ɛ̃tɛʀpʀete] → SYN ▸ conjug 6 ◂ GRAMMAIRE ACTIVE 26.6 vt a (Mus, Théât) to perform, interpret ◆ **il va (vous) interpréter Hamlet / une sonate** he's going to play Hamlet / a sonata (for you) ◆ **il va (vous) interpréter une chanson** he's going to sing (you) a song
b (comprendre) to interpret ◆ **comment interpréter son silence?** what does his silence mean? ◆ **il a mal interprété mes paroles** he misinterpreted my words ◆ **interpréter qch en bien / mal** to take sth the right / wrong way ◆ **son attitude peut s'interpréter de plusieurs façons** there are several ways of interpreting his attitude
c (traduire) to interpret
d (Ordin) to interpret ◆ **langage interprété** interpreted language

interpréteur [ɛ̃tɛʀpʀetœʀ] nm (Ordin) interpreter

interprofessionnel, -elle [ɛ̃tɛʀpʀɔfesjɔnɛl] adj réunion interprofessional → **salaire**

interracial, e, mpl **-iaux** [ɛ̃tɛʀʀasjal, jo] adj interracial

interrégional, e, mpl **-aux** [ɛ̃tɛʀʀeʒjɔnal, o] adj interregional

interrègne [ɛ̃tɛʀʀɛɲ] → SYN nm interregnum

interro* [ɛ̃teʀo] nf (abrév de **interrogation**) (Scol) test

interrogateur, -trice [ɛ̃teʀɔgatœʀ, tʀis] → SYN 1 adj air, regard, ton questioning (épith), inquiring (épith) ◆ **d'un air** ou **ton interrogateur** questioningly, inquiringly
2 nm,f (oral) examiner
3 nm ◆ (Téléc) **interrogateur à distance** remote control, remote interrogator

interrogatif, -ive [ɛ̃teʀɔgatif, iv] 1 adj air, regard questioning (épith), inquiring (épith); (Ling) interrogative
2 nm interrogative (word) ◆ **mettre à l'interrogatif** to put into the interrogative
3 **interrogative** nf interrogative clause

interrogation [ɛ̃teʀɔgasjɔ̃] → SYN nf a (→ **interroger**) questioning; interrogation; examination; consultation; testing ◆ (Ordin, Téléc) **système d'interrogation à distance** remote control system
b (question) question ◆ (Scol) **interrogation (écrite)** short (written) test (Brit), quiz (US) ◆ (Scol) **il y a 15 minutes d'interrogation (orale)** there's a 15-minute oral (test) ◆ (Gram) **interrogation directe / indirecte** direct / indirect question ◆ **les sourcils levés, en signe d'interrogation** his eyebrows raised questioningly ou inquiringly ◆ **les yeux pleins d'une interrogation muette** his eyes silently questioning → **point¹**
c (réflexions) **interrogations** questioning ◆ **ces interrogations continuelles sur la destinée humaine** this continual questioning about human destiny

interrogativement [ɛ̃teʀɔgativmɑ̃] adv questioningly, interrogatingly

interrogatoire [ɛ̃teʀɔgatwaʀ] nm (Police) questioning; (au tribunal) cross-examination, cross-questioning (NonC); (compte rendu) statement; (fig: série de questions) cross-examination, interrogation ◆ **subir un interrogatoire en règle** to undergo a thorough ou detailed interrogation

interrogeable [ɛ̃teʀɔʒabl] adj interrogable ◆ **répondeur interrogeable à distance** answering machine with remote control

interroger [ɛ̃teʀɔʒe] → SYN ▸ conjug 3 ◂ 1 vt (gén) to question; (pour obtenir un renseignement) to ask; (Police) to interview, question; (de manière serrée, prolongée) to interrogate (*sur* about); ciel, conscience to examine; mémoire to search; (sondage) to poll; (Ordin) données to interrogate ◆ **interroger un élève** to test ou examine a pupil (orally) ◆ **interroger par écrit les élèves** to give a written test to the pupils ◆ **interroger qn du regard** to give sb a questioning ou an inquiring look, look questioningly ou inquiringly at sb ◆ **elle a été interrogée sur un sujet difficile** she was examined ou questioned on a difficult subject ◆ (sondage) **personne interrogée** respondent
2 **s'interroger** vpr (sur un problème) to question o.s., wonder (*sur* about) ◆ **s'interroger sur la conduite à tenir** to ponder over ou ask o.s. (about) ou wonder what course to follow

interrompre [ɛ̃teʀɔ̃pʀ] → SYN ▸ conjug 41 ◂ 1 vt a (arrêter) voyage, circuit électrique to break, interrupt; conversation (gén) to interrupt, break off; (pour s'interposer) to break into, cut into; études to break off, interrupt; émission to interrupt; négociations to break off ◆ **il a interrompu la conversation pour téléphoner** he broke off ou interrupted his conversation to telephone ◆ **le match a été interrompu par la pluie** the match was stopped by rain ◆ **sans interrompre sa lecture** without looking up (from his ou her book etc) ◆ (Méd) **interrompre une grossesse** to terminate a pregnancy
b (couper la parole à, déranger) **interrompre qn** to interrupt sb ◆ **je ne veux pas qu'on m'interrompe (dans mon travail)** I don't want to be interrupted (in my work) ◆ **je ne veux pas interrompre mais ...** I don't want to cut in ou interrupt but ...
2 **s'interrompre** vpr [personne, conversation] to break off ◆ (TV) **nos émissions s'interrompront à 23 h 50** we will be closing down (Brit) ou we will close our broadcasting day (US) at 11.50 pm

interrupteur, -trice [ɛ̃teʀyptœʀ, tʀis] → SYN
1 nm (Élec) switch
2 nm,f interrupter

interruption [ɛ̃teʀypsjɔ̃] → SYN nf (action) interruption (*de* of); (état) break (*de* in), interruption (*de* of, in); (Jur) interruption of prescription ◆ **une interruption de deux heures / trois mois** a break ou an interruption of two hours / three months ◆ **interruption (volontaire) de grossesse** termination (of pregnancy) ◆ **il y a eu une interruption de courant** there has been a power cut ◆ **après l'interruption des hostilités** after hostilities had ceased ◆ **sans interruption** parler without a break ou an interruption, uninterruptedly, continuously; pleuvoir without stopping, without a break, continuously ◆ **un moment d'interruption** a moment's break

intersaison [ɛ̃tɛʀsɛzɔ̃] nf (Sport) close season; (Tourisme) low season ◆ **à** ou **pendant l'intersaison** (Sport) during the close season; (Tourisme) out of season

interscolaire [ɛ̃tɛʀskɔlɛʀ] adj inter-schools

intersecté, e [ɛ̃tɛʀsɛkte] adj intersected

intersection [ɛ̃tɛʀsɛksjɔ̃] → SYN nf [lignes] intersection; [routes] intersection, junction → **point¹**

intersession [ɛ̃tɛʀsesjɔ̃] nf (Pol) recess

intersexualité [ɛ̃tɛʀsɛksɥalite] nf intersexuality

intersexuel, -elle [ɛ̃tɛʀsɛksɥɛl] → SYN adj intersexual

intersidéral, e, mpl **-aux** [ɛ̃tɛʀsideʀal, o] → SYN adj intersidereal

intersigne [ɛ̃tɛʀsiɲ] → SYN nm mysterious sign

interspécifique [ɛ̃tɛʀspesifik] adj interspecific

interstellaire [ɛ̃tɛʀstelɛʀ] adj interstellar

interstice [ɛ̃tɛʀstis] → SYN nm (gén) crack, chink, interstice; [volet, cageot] slit ◆ **à travers les interstices des rideaux** through the chinks in the curtains

interstitiel, -ielle [ɛ̃tɛʀstisjɛl] adj (Anat, Méd) interstitial

intersubjectif, -ive [ɛ̃tɛʀsybʒɛktif, iv] adj intersubjective

intersubjectivité [ɛ̃tɛʀsybʒɛktivite] → SYN nf intersubjectivity

intersyndical, e, mpl **-aux** [ɛ̃tɛʀsɛ̃dikal, o]
1 adj interunion
2 **intersyndicale** nf interunion association

intertextualité [ɛ̃tɛʀtɛkstɥalite] nf intertextuality

intertextuel, -elle [ɛ̃tɛʀtɛkstyɛl] adj intertextual

intertidal, e, mpl **-aux** [ɛ̃tɛʀtidal, o] adj intertidal

intertitre [ɛ̃tɛʀtitʀ] nm (Presse) subheading; (Ciné) subtitle, title

intertrigo [ɛ̃tɛʀtʀigo] → SYN nm intertrigo

intertropical, e, mpl **-aux** [ɛ̃tɛʀtʀɔpikal, o] adj intertropical

interurbain, e [ɛ̃teʀyʀbɛ̃, ɛn] 1 adj a relations interurban
b (Téléc) communication trunk (Brit, épith), long-distance; téléphone long-distance (épith)
2 nm ◆ **l'interurbain** the trunk call service (Brit), the long-distance telephone service

intervalle [ɛ̃tɛʀval] → SYN nm a (espace) space, distance; (entre 2 mots, 2 lignes) space; (temps) interval; (Mus) interval; (Math) interval ◆ **intervalle fermé / ouvert** closed / open interval
b LOC **c'est arrivé à 2 jours / mois d'intervalle** it happened after a space ou an interval of two days / months ◆ **ils sont nés à 3 mois d'intervalle** they were born 3 months apart ◆ **à intervalles réguliers / rapprochés** at regular / close intervals ◆ **à intervalles de 5 mètres, à 5 mètres d'intervalle** 5 metres apart ◆ **par intervalles** at intervals ◆ **dans l'intervalle** (temporel) in the meantime, meanwhile; (spatial) in between

intervenant, e [ɛ̃tɛʀvənɑ̃, ɑ̃t] → SYN nm,f (Jur) intervener; (conférencier) contributor; (Écon) participant ◆ **inviter un intervenant extérieur** to invite an outside contributor

intervenir [ɛ̃tɛʀvəniʀ] → SYN ▸conjug 22◂ vi **a** (entrer en action) to intervene; (contribuer) to play a part ◆ (dans une discussion) **puis-je intervenir?** may I interrupt?, can I say something (here)?* ◆ **intervenir auprès de qn pour** to intercede ou intervene with sb (in order) to ◆ **il est intervenu en notre faveur** he interceded ou intervened on our behalf ◆ **intervenir militairement dans un pays** to intervene militarily in the affairs of a country ◆ **on a dû faire intervenir l'armée** the army had to be brought in ou called in ◆ **les pompiers n'ont pas pu intervenir** the firemen were unable to help
b (Méd) to operate
c (survenir) [fait, événement] to take place, occur; [accord] to be reached, be entered into; [décision, mesure] to be taken; [élément nouveau] to arise, come up ◆ **cette mesure intervient au moment où ...** this measure is being taken ou comes at a time when ...
d (Jur) to intervene

intervention [ɛ̃tɛʀvɑ̃sjɔ̃] → SYN nf (gén, Jur) intervention; (Méd) operation; (discours) speech ◆ **cela a nécessité l'intervention de la police** the police had to be brought in, the police had to intervene ◆ **son intervention en notre faveur** his intercession ou intervention on our behalf ◆ **intervention chirurgicale** surgical operation ◆ **intervention armée** armed intervention ◆ **intervention de l'État** state intervention ◆ **politique d'intervention** policy of intervention, interventionist policy ▪ (Écon) **prix d'intervention** intervention price ◆ **beurre d'intervention** (EEC) subsidized butter → **force**

interventionnisme [ɛ̃tɛʀvɑ̃sjɔnism] nm interventionism

interventionniste [ɛ̃tɛʀvɑ̃sjɔnist] adj, nmf interventionist

interversion [ɛ̃tɛʀvɛʀsjɔ̃] → SYN nf inversion ◆ **interversion des rôles** reversal ou inversion of roles

intervertébral, e, mpl **-aux** [ɛ̃tɛʀvɛʀtebʀal, o] adj intervertebral

intervertir [ɛ̃tɛʀvɛʀtiʀ] → SYN ▸conjug 2◂ vt to invert ou reverse the order of, invert ◆ **intervertir les rôles** to reverse ou invert roles

interview [ɛ̃tɛʀvju] → SYN nf (Presse, TV) interview

interviewé, e [ɛ̃tɛʀvjuve] (ptp de **interviewer**[1]) nm,f (Presse, TV) interviewee

interviewer[1] [ɛ̃tɛʀvjuve] → SYN ▸conjug 1◂ vt (Presse, TV) to interview

interviewer[2] [ɛ̃tɛʀvjuvœʀ] → SYN nmf (journaliste) interviewer

intervocalique [ɛ̃tɛʀvɔkalik] adj intervocalic

intestat [ɛ̃tɛsta] **1** adj ◆ (Jur) **mourir intestat** to die intestate
2 nmpl intestates

intestin[1] [ɛ̃tɛstɛ̃] → SYN nm intestine ◆ **intestins** intestines, bowels ◆ **intestin grêle** small intestine ◆ **gros intestin** large intestine ◆ **avoir l'intestin fragile** ou **les intestins fragiles** to have irritable bowels

intestin[2]**, e** [ɛ̃tɛstɛ̃, in] → SYN adj (fig) querelle, guerre internal

intestinal, e, mpl **-aux** [ɛ̃tɛstinal, o] → SYN adj intestinal → **grippe**

inti [inti] nm inti

intifada [intifada] nf intifada

intimation [ɛ̃timasjɔ̃] → SYN nf (Jur) (assignation) summons (sg) *(before an appeal court)*; (signification) notification

intime [ɛ̃tim] → SYN **1** adj **a** (privé) hygiène personal, intimate; vie private; chagrin, confidences intimate; secret close, intimate; cérémonie, mariage quiet; salon, atmosphère intimate, cosy ◆ **carnet** ou **journal intime** intimate ou private diary ◆ **un dîner intime** (entre amis) a dinner with (old) friends; (entre amoureux) a romantic dinner
b (étroit) mélange, relation, rapport intimate; union close; ami close, intimate, bosom (épith) ◆ **être intime avec qn** to be intimate with ou close to sb ◆ **avoir des relations** ou **rapports intimes avec qn** to be on intimate terms with sb, have close relations with sb
c (profond) nature, structure intimate, innermost; sens, sentiment, conviction inner(most), inmost, intimate
2 nmf close friend ◆ **seuls les intimes sont restés dîner** only those who were close friends stayed to dinner ◆ (hum) **Jo pour les intimes*** Jo to his friends ou buddies* (hum)

intimé, e [ɛ̃time] → SYN (ptp de **intimer**) nm,f (Jur) respondent, appellee

intimement [ɛ̃timmɑ̃] adj intimately ◆ **intimement persuadé** deeply ou firmly convinced

intimer [ɛ̃time] → SYN ▸conjug 1◂ vt **a** **intimer à qn (l'ordre) de faire** to order sb to do
b (Jur) (assigner) to summon (before an appeal court); (signifier) to notify

intimidable [ɛ̃timidabl] adj easily intimidated

intimidant, e [ɛ̃timidɑ̃, ɑ̃t] → SYN adj intimidating

intimidateur, -trice [ɛ̃timidatœʀ, tʀis] adj intimidating

intimidation [ɛ̃timidasjɔ̃] → SYN nf intimidation ◆ **manœuvre / moyens d'intimidation** device / means of intimidation ◆ **on l'a fait parler en usant d'intimidation** they scared ou frightened him into talking

intimider [ɛ̃timide] → SYN ▸conjug 1◂ vt to intimidate ◆ **ne te laisse pas intimider par lui** don't let him intimidate you, don't let yourself be intimidated by him

intimisme [ɛ̃timism] nm (Art, Littérat) intimism

intimiste [ɛ̃timist] → SYN adj, nmf (Art, Littérat) intimist

intimité [ɛ̃timite] → SYN nf **a** (vie privée) privacy ◆ **dans l'intimité c'est un homme très simple** in private life, he's a man of simple tastes ◆ **nous serons dans l'intimité** there will only be a few of us ou a few close friends or relatives ◆ **se marier dans l'intimité** to have a quiet wedding ◆ **la cérémonie a eu lieu dans la plus stricte intimité** the ceremony took place in the strictest privacy ◆ **pénétrer dans l'intimité de qn** to be admitted into sb's private life ◆ **vivre dans l'intimité de qn** to share sb's private life
b (familiarité) intimacy ◆ **dans l'intimité conjugale** in the intimacy of one's married life ◆ **vivre dans la plus grande intimité avec qn** to live on very intimate terms with sb
c (confort) [atmosphère, salon] cosiness, intimacy
d (littér: profondeur) depths ◆ **dans l'intimité de sa conscience** in the depths of ou innermost recesses of one's conscience

intitulé [ɛ̃tityle] → SYN nm [livre, loi, jugement] title; [chapitre] heading, title; [sujet de dissertation] wording; [compte en banque] (type de compte) type; (coordonnées du titulaire) name, address and account number

intituler [ɛ̃tityle] → SYN ▸conjug 1◂ **1** vt to entitle, call
2 **s'intituler** vpr [livre, chapitre] to be entitled ou called; [personne] to call o.s., give o.s. the title of

intolérable [ɛ̃tɔleʀabl] → SYN GRAMMAIRE ACTIVE 7.3 adj intolerable

intolérablement [ɛ̃tɔleʀabləmɑ̃] adv intolerably

intolérance [ɛ̃tɔleʀɑ̃s] → SYN nf intolerance ◆ **intolérance à un médicament, intolérance médicamenteuse** inability to tolerate a drug

intolérant, e [ɛ̃tɔleʀɑ̃, ɑ̃t] → SYN adj intolerant

intonation [ɛ̃tɔnasjɔ̃] → SYN nf (Ling, Mus) intonation ◆ **voix aux intonations douces** soft-toned voice

intouchable [ɛ̃tuʃabl] → SYN adj, nmf untouchable

intox(e)* [ɛ̃tɔks] nf (Pol) (abrév de **intoxication**) brainwashing ◆ **il nous fait de l'intox(e) pour avoir un magnétoscope** he's trying to brainwash us into getting (him) a video recorder

intoxication [ɛ̃tɔksikasjɔ̃] → SYN nf (→ **intoxiquer**) poisoning (NonC); brainwashing, indoctrination ◆ **intoxication alimentaire** food poisoning (NonC)

intoxiqué, e [ɛ̃tɔksike] (ptp de **intoxiquer**) nm,f (par la drogue) drug addict; (par l'alcool) alcoholic

intoxiquer [ɛ̃tɔksike] → SYN ▸conjug 1◂ **1** vt (lit) to poison; (fig) (Pol) to brainwash, indoctrinate; (corrompre) to poison the mind of ◆ **être intoxiqué par le tabac / l'alcool / la drogue** to be poisoned by the effects of tobacco / alcohol / drugs ◆ **intoxiqué par la publicité** brainwashed by publicity
2 **s'intoxiquer** vpr to poison o.s.

intra-atomique, pl **intra-atomiques** [ɛ̃tʀaatɔmik] adj intra-atomic

intracardiaque [ɛ̃tʀakaʀdjak] adj intracardiac

intracellulaire [ɛ̃tʀaselylɛʀ] adj intracellular

intracérébral, e, mpl **-aux** [ɛ̃tʀaseʀebʀal, o] adj intracerebral

intracommunautaire [ɛ̃tʀakɔmynotɛʀ] adj (Pol CE) intra-Community (épith)

intracrânien, -ienne [ɛ̃tʀakʀɑnjɛ̃, jɛn] adj intracranial

intradermique [ɛ̃tʀadɛʀmik] adj intradermal, intradermic, intracutaneous

intradermo* [ɛ̃tʀadɛʀmo] nf abrév de **intradermo-réaction**

intradermo(-)réaction [ɛ̃tʀadɛʀmoʀeaksjɔ̃] nf inv skin test

intrados [ɛ̃tʀado] nm **a** (Archit) intrados
b (Aviat) lower surface *(of a wing)*

intraduisible [ɛ̃tʀadɥizibl] → SYN adj texte untranslatable; sentiment, idée inexpressible ◆ **il eut une intonation intraduisible** his intonation was impossible to reproduce

intraitable [ɛ̃tʀɛtabl] → SYN adj uncompromising, inflexible ◆ **il est intraitable sur la discipline** he's a stickler for discipline, he's uncompromising ou inflexible about discipline

intramoléculaire [ɛ̃tʀamɔlekylɛʀ] adj intramolecular

intra-muros [ɛ̃tʀamyʀos] → SYN adv ◆ **habiter intra-muros** to live inside the town (ou city etc) ◆ **Paris intra-muros comprend environ 2 millions d'habitants** the inner-city area of Paris has about 2 million inhabitants

intramusculaire [ɛ̃tʀamyskylɛʀ] adj intramuscular

intransigeance [ɛ̃tʀɑ̃ziʒɑ̃s] → SYN nf intransigence ◆ **faire preuve d'intransigeance** to be uncompromising ou intransigent

intransigeant, e [ɛ̃tʀɑ̃ziʒɑ̃, ɑ̃t] → SYN adj personne uncompromising, intransigent, hard-nosed*; morale uncompromising ◆ **se montrer intransigeant** ou **adopter une ligne (de conduite) intransigeante envers qn** to take a hard line with sb ◆ **les intransigeants** the intransigents

intransitif, -ive [ɛ̃tʀɑ̃zitif, iv] adj, nm intransitive

intransitivement [ɛ̃tʀɑ̃zitivmɑ̃] adv intransitively

intransitivité [ɛ̃tʀɑ̃zitivite] nf intransitivity, intransitiveness

intransmissibilité [ɛ̃tʀɑ̃smisibilite] → SYN nf intransmissibility; (Jur) untransferability, non-transferability

intransmissible [ɛ̃tʀɑ̃smisibl] → SYN adj intransmissible; (Jur) untransferable, non-transferable

intransportable [ɛ̃tʀɑ̃spɔʀtabl] → SYN adj objet untransportable; malade who is unfit ou unable to travel

intrant [ɛ̃tʀɑ̃] nm (Écon) input

intranucléaire [ɛ̃tʀanykleɛʀ] adj (Bio, Phys) intranuclear

intra-utérin, e [ɛ̃tʀayteʀɛ̃, in] adj intra-uterine

intraveineux, -euse [ɛ̃tʀavɛnø, øz] **1** adj intravenous
2 **intraveineuse** nf intravenous injection

in-trente-deux [intʀɑ̃tdø] → SYN **1** adj inv thirty-twomo (épith)
2 nm inv thirty-twomo

intrépide [ɛ̃tʀepid] → SYN adj (courageux) intrepid, dauntless, bold; (résolu) dauntless; bavard unashamed; menteur barefaced (épith), unashamed

intrépidement [ɛ̃tʀepidmɑ̃] adv intrepidly, dauntlessly, boldly

intrépidité [ɛ̃tʀepidite] → SYN nf intrepidity, dauntlessness, boldness • **avec intrépidité** intrepidly, dauntlessly, boldly

intrication [ɛ̃tʀikasjɔ̃] → SYN nf intrication, intricacy

intrigant, e [ɛ̃tʀigɑ̃, ɑ̃t] → SYN **1** adj scheming
2 nm,f schemer, intriguer

intrigue [ɛ̃tʀig] → SYN nf (manœuvre) intrigue, scheme; (liaison) (love) affair, intrigue; (Ciné, Littérat, Théât) plot

intriguer [ɛ̃tʀige] → SYN ▸ conjug 1 ◂ **1** vt to intrigue, puzzle
2 vi to scheme, intrigue

intrinsèque [ɛ̃tʀɛ̃sɛk] → SYN adj intrinsic

intrinsèquement [ɛ̃tʀɛ̃sɛkmɑ̃] → SYN adv intrinsically

intriquer [ɛ̃tʀike] → SYN ▸ conjug 1 ◂ vt to intricate

introducteur, -trice [ɛ̃tʀɔdyktœʀ, tʀis] → SYN nm,f (initiateur) initiator (*à* to)

introductif, -ive [ɛ̃tʀɔdyktif, iv] adj (gén) introductory, opening (épith)

introduction [ɛ̃tʀɔdyksjɔ̃] → SYN GRAMMAIRE ACTIVE 26.1 nf **a** (début) introduction (*à, auprès de* to) • **paroles / chapitre d'introduction** introductory words / chapter • **lettre / mot d'introduction** letter / note of introduction • [dissertation, exposé] **introduction, développement et conclusion** introduction, exposition, conclusion
b (→ **introduire**) insertion; introduction; launching; smuggling; institution
c (→ **s'introduire**) admission, introduction
d (Rugby) put-in
e (Bourse) **introduction en Bourse** stock market listing ou floatation

introduire [ɛ̃tʀɔdɥiʀ] → SYN ▸ conjug 38 ◂ **1** vt **a** (faire entrer) objet to place (*dans* in), insert, introduce (*dans* into); liquide to introduce (*dans* into); visiteur to show in; mode to launch, introduce; idées nouvelles to bring in, introduce; (Ling) mot to introduce (*dans* into) • **il introduisit sa clef dans la serrure** he placed his key in the lock, he introduced ou inserted his key into the lock • **on m'introduisit dans le salon / auprès de la maîtresse de maison** I was shown into ou ushered into the lounge / shown in ou ushered in to see the mistress of the house • **introduire des marchandises en contrebande** to smuggle in goods • (Rugby) **introduire la balle en mêlée** to put the ball into the scrum
b (présenter) ami, protégé to introduce • **il m'introduisit auprès du directeur / dans le groupe** he put me in contact with ou introduced me to the manager / the group
c (Jur) instance to institute
d (Écon) **introduire un produit sur le marché** to launch a product on the market • (Bourse) **introduire des valeurs en Bourse** to list ou float shares on the stock market
2 **s'introduire** vpr **a** (lit) **s'introduire dans un groupe** to work one's way into a group, be ou get o.s. admitted ou accepted into a group • **s'introduire chez qn par effraction** to break into sb's home • **s'introduire dans une pièce** to get into ou enter a room • **les prisonniers s'introduisaient un à un dans le tunnel** one by one the prisoners worked ou wriggled their way into the tunnel • **l'eau / la fumée s'introduisait partout** the water / smoke was getting in ou penetrating everywhere
b (fig) [usage, mode, idée] to be introduced (*dans* into)

introduit, e [ɛ̃tʀɔdɥi, it] (ptp de **introduire**) adj • (frm) **être bien introduit dans un milieu** to be well received in a certain milieu

introït [ɛ̃tʀɔit] nm introit

introjection [ɛ̃tʀɔʒɛksjɔ̃] nf introjection

intromission [ɛ̃tʀɔmisjɔ̃] → SYN nf intromission

intron [ɛ̃tʀɔ̃] nm intron

intronisation [ɛ̃tʀɔnizasjɔ̃] → SYN nf (→ **introniser**) enthronement; establishment

introniser [ɛ̃tʀɔnize] → SYN ▸ conjug 1 ◂ vt roi, pape to enthrone; (fig) to establish

introrse [ɛ̃tʀɔʀs] adj introrse

introspectif, -ive [ɛ̃tʀɔspɛktif, iv] adj introspective

introspection [ɛ̃tʀɔspɛksjɔ̃] → SYN nf introspection

introuvable [ɛ̃tʀuvabl] → SYN adj which (ou who) cannot be found • **ma clef est introuvable** I can't find my key anywhere, my key is nowhere to be found • **l'évadé demeure toujours introuvable** the escaped prisoner has still not been found ou discovered, the whereabouts of the escaped prisoner remain unknown • **ces meubles sont introuvables aujourd'hui** furniture like this is unobtainable ou just cannot be found these days • **l'accord reste introuvable entre les deux pays** the two countries are still unable to reach an agreement

introversion [ɛ̃tʀɔvɛʀsjɔ̃] → SYN nf introversion

introverti, e [ɛ̃tʀɔvɛʀti] → SYN **1** adj introverted
2 nm,f introvert

intrus, e [ɛ̃tʀy, yz] → SYN **1** adj intruding, intrusive
2 nm,f intruder • (jeu) **cherchez l'intrus** find the odd one out

intrusion [ɛ̃tʀyzjɔ̃] → SYN nf (gén, Géol) intrusion • **intrusion dans les affaires de qn** interference ou intrusion in sb's affairs • (Géol) **roches d'intrusion** intrusive rocks

intubation [ɛ̃tybasjɔ̃] nf (Méd) intubation

intuber [ɛ̃tybe] ▸ conjug 1 ◂ vt (Méd) to intubate

intuitif, -ive [ɛ̃tɥitif, iv] → SYN **1** adj intuitive
2 nm,f intuitive person • **c'est un intuitif** he's very intuitive

intuition [ɛ̃tɥisjɔ̃] → SYN nf intuition • **avoir de l'intuition** to have intuition • **l'intuition féminine** feminine intuition • **elle eut l'intuition que / de** she had an intuition that / of • **mon intuition me dit que** instinct ou my intuition tells me that

intuitionnisme [ɛ̃tɥisjɔnism] → SYN nm intuition(al)ism

intuitionniste [ɛ̃tyisjɔnist] **1** adj intuitionist(ic)
2 nmf intuition(al)ist

intuitivement [ɛ̃tɥitivmɑ̃] → SYN adv intuitively

intumescence [ɛ̃tymesɑ̃s] → SYN nf (Anat) intumescence

intumescent, e [ɛ̃tymesɑ̃, ɑ̃t] → SYN adj intumescent

intussusception [ɛ̃tyssysɛpsjɔ̃] nf intussusception

inuit [inɥit] **1** adj inv Inuit
2 nmf • **Inuit** Inuit

inuline [inylin] nf inulin

inusable [inyzabl] → SYN adj vêtement hard-wearing

inusité, e [inyzite] → SYN adj mot uncommon, not in (common) use (attrib) • **ce mot est pratiquement inusité** this word is practically never used

inusuel, -elle [inyzɥɛl] adj (littér) unusual

in utero [inyteʀo] adj, adv in utero

inutile [inytil] → SYN adj **a** (qui ne sert pas) objet useless; effort, parole pointless • **amasser des connaissances inutiles** to gather a lot of useless knowledge • **sa voiture lui est inutile maintenant** his car is (of) no use ou is no good ou is useless to him now • **c'est inutile (d'insister) !** it's useless ou no use ou no good (insisting)!, there's no point ou it's pointless (insisting)! • **c'est un inutile** he's a useless character, he's useless ou no use
b (superflu) paroles, crainte, travail, effort needless, unnecessary • **inutile de vous dire que je ne suis pas resté** needless to say I didn't stay, I hardly need tell you I didn't stay → **bouche**

inutilement [inytilmɑ̃] → SYN adv needlessly, unnecessarily

inutilisable [inytilizabl] → SYN adj unusable

inutilisé, e [inytilize] → SYN adj unused

inutilité [inytilite] → SYN nf (→ **inutile**) uselessness; pointlessness; needlessness

invagination [ɛ̃vaʒinasjɔ̃] nf (Bio) invagination • **invagination intestinale** intestinal intussusception

invaginer (s') [ɛ̃vaʒine] → SYN ▸ conjug 1 ◂ vpr to invaginate

invaincu, e [ɛ̃vɛ̃ky] adj unconquered, unvanquished; (Sport) unbeaten

invalidant, e [ɛ̃validɑ̃, ɑ̃t] → SYN adj maladie incapacitating, disabling

invalidation [ɛ̃validasjɔ̃] → SYN nf [contrat, élection] invalidation; [député] removal (from office)

invalide [ɛ̃valid] → SYN **1** nmf disabled person • **invalide de guerre** disabled ex-serviceman, invalid soldier • **invalide du travail** industrially disabled person • **l'hôtel des Invalides, les Invalides** the Invalides
2 adj (Méd) disabled; (Jur) invalid

invalider [ɛ̃valide] → SYN ▸ conjug 1 ◂ vt (Jur) to invalidate; (Pol) député to remove from office; élection to invalidate; (Méd) to disable

invalidité [ɛ̃validite] → SYN nf disablement, disability → **assurance**

invar ® [ɛ̃vaʀ] nm Invar ®

invariabilité [ɛ̃vaʀjabilite] → SYN nf invariability

invariable [ɛ̃vaʀjabl] → SYN adj (gén, Ling) invariable; (littér) unvarying

invariablement [ɛ̃vaʀjabləmɑ̃] → SYN adv invariably

invariance [ɛ̃vaʀjɑ̃s] → SYN nf invariance, invariancy

invariant, e [ɛ̃vaʀjɑ̃, jɑ̃t] → SYN adj, nm invariant

invasif, -ive [ɛ̃vazif, iv] adj (Méd) invasive

invasion [ɛ̃vazjɔ̃] → SYN nf invasion • **c'est l'invasion !** it's an invasion!

invective [ɛ̃vɛktiv] → SYN nf invective • **invectives** abuse, invectives • **se répandre en invectives contre qn** to let out a torrent of abuse against sb, pour out a stream of abuse against sb

invectiver [ɛ̃vɛktive] → SYN ▸ conjug 1 ◂ **1** vt to hurl ou shout abuse at • **ils se sont violemment invectivés** they hurled ou shouted violent abuse at each other
2 vi to inveigh, rail (*contre* against)

invendable [ɛ̃vɑ̃dabl] → SYN adj (gén) unsaleable; (Comm) unmarketable

invendu, e [ɛ̃vɑ̃dy] **1** adj unsold
2 nm unsold article • **retourner les invendus** (magazines etc) to return (the) unsold copies

inventaire [ɛ̃vɑ̃tɛʀ] → SYN nm (gén, Jur) inventory; (Comm) (liste) stocklist; (opération) stocktaking; (fig: recensement) [monuments, souvenirs] survey • (gén, Jur) **faire un inventaire** to make an inventory; (Comm) to take stock, do the stocktaking • **« fermé pour cause d'inventaire »** "closed for stocktaking" • (fig) **faire l'inventaire de** to assess, make an assessment of, take stock of → **bénéfice**

inventer [ɛ̃vɑ̃te] → SYN ▸ conjug 1 ◂ vt **a** (créer, découvrir) (gén) to invent; moyen, procédé to devise; mot to coin • **il n'a pas inventé la poudre** ou **le fil à couper le beurre** ou **l'eau chaude** he'll never set the Thames (Brit) ou the world on fire, he's no bright spark*
b (imaginer, trouver) jeu to think up, make up; mot to make up; excuse, histoire fausse to invent, make ou think up • **il ne sait plus quoi inventer pour échapper à l'école** he doesn't know what to think up ou dream up next to get out of school • **ils avaient inventé de faire entrer les lapins dans le salon** they hit upon the idea ou they had the bright idea of bringing the rabbits into the drawing room • **je n'invente rien** I'm not making anything up, I'm not inventing a thing • **ce sont des choses qui ne s'inventent pas** those are things people just don't make up → **pièce**
c (Jur) trésor to find

inventeur, -trice [ɛ̃vɑ̃tœʀ, tʀis] → SYN nm,f inventor; (Jur) finder

inventif, -ive [ɛ̃vɑ̃tif, iv] → SYN adj esprit inventive; personne resourceful, inventive

invention [ɛ̃vɑ̃sjɔ̃] → SYN nf (gén, péj) invention; (ingéniosité) inventiveness, spirit of invention; (Jur) [trésor] finding ◆ **cette excuse est une pure** ou **de la pure invention** that excuse is a pure invention ou fabrication ◆ **l'histoire est de son invention** the story was made up ou invented by him ou was his own invention ◆ **un cocktail de mon invention** a cocktail of my own creation → **brevet**

inventivité [ɛ̃vɑ̃tivite] → SYN nf (→ **inventif**) inventiveness; resourcefulness

inventorier [ɛ̃vɑ̃tɔʀje] → SYN ▸ conjug 7 ◂ vt (gén, Jur) to make an inventory of; (Comm) to make a stocklist of

invérifiable [ɛ̃veʀifjabl] → SYN adj unverifiable

inversable [ɛ̃vɛʀsabl] adj tasse etc which cannot be knocked over

inverse [ɛ̃vɛʀs] → SYN **1** adj (gén) opposite; (Logique, Math) inverse ◆ **arriver en sens inverse** to arrive from the opposite direction ◆ **l'image apparaît en sens inverse dans le miroir** the image is reversed in the mirror ◆ **dans l'ordre inverse** in (the) reverse order ◆ **dans le sens inverse des aiguilles d'une montre** anticlockwise, counterclockwise

2 nm ◆ **l'inverse** (gén) the opposite, the reverse; (Philos) the converse ◆ **tu as fait l'inverse de ce que je t'ai dit** you did the opposite to ou of what I told you ◆ **t'a-t-il attaqué ou l'inverse?** did he attack you or vice versa?, did he attack you or was it the other way round? ◆ **à l'inverse** conversely ◆ **cela va à l'inverse de nos prévisions** that goes contrary to our plans ◆ **à l'inverse de sa sœur, il est très timide** unlike his sister, he is very shy

inversé, e [ɛ̃vɛʀse] → SYN (ptp de **inverser**) adj image reversed; relief inverted

inversement [ɛ̃vɛʀsəmɑ̃] → SYN adv (gén) conversely; (Math) inversely ◆ **inversement proportionnel à** inversely proportional to ◆ **... et/ou inversement** ... and/or vice versa

inverser [ɛ̃vɛʀse] → SYN ▸ conjug 1 ◂ vt ordre to reverse, invert; courant électrique to reverse; rôles to reverse

inverseur [ɛ̃vɛʀsœʀ] nm (Élec, Tech) reverser ◆ (Aéronautique) **inverseur de poussée** thrust reverser

inversible [ɛ̃vɛʀsibl] adj ◆ (Phot) **film inversible** reversal film

inversion [ɛ̃vɛʀsjɔ̃] → SYN nf (gén, Anat, Ling, Psych) inversion; (Élec) reversal; (Psych) homosexuality, inversion (spéc) ◆ (Mét) **inversion thermique** temperature inversion ◆ (Aéronautique) **inversion de poussée** thrust reversal ◆ (Chim) **inversion du sucre** inversion of sucrose

invertase [ɛ̃vɛʀtaz] nf sucrase

invertébré, e [ɛ̃vɛʀtebʀe] adj, nm invertebrate ◆ **invertébrés** invertebrates, Invertebrata (spéc)

inverti, e [ɛ̃vɛʀti] (ptp de **invertir**) **1** adj ◆ (Chim) **sucre inverti** invert sugar

2 nm,f homosexual, invert (spéc)

invertir† [ɛ̃vɛʀtiʀ] ▸ conjug 2 ◂ vt to invert

investigateur, -trice [ɛ̃vɛstigatœʀ, tʀis] → SYN **1** adj technique investigative; esprit inquiring (épith); regard searching (épith), scrutinizing (épith)

2 nm,f investigator

investigation [ɛ̃vɛstigasjɔ̃] → SYN nf investigation ◆ **investigations** investigations ◆ **après une minutieuse investigation** ou **de minutieuses investigations le médecin diagnostiqua du diabète** after a thorough examination the doctor diagnosed diabetes ◆ **au cours de ses investigations le savant découvrit que ...** in the course of his research ou investigations the scientist discovered that ...

investir [ɛ̃vɛstiʀ] → SYN ▸ conjug 2 ◂ **1** vt **a** (Fin) capital to invest ◆ **investir dans des ordinateurs/une nouvelle paire de chaussures** to invest in some computers/a new pair of shoes

b fonctionnaire to induct; évêque to invest ◆ **investir qn de pouvoirs/droits** to invest ou vest sb with powers/rights, vest powers/rights in sb ◆ **investir qn de sa confiance** to place one's trust in sb

c (Mil) ville, forteresse to surround, besiege; (Police) to surround, encircle

2 s'investir vpr ◆ **s'investir dans son travail/une relation** to put a lot into one's work/a relationship ◆ **s'investir beaucoup pour faire qch** to put a lot of effort into doing sth

investissement [ɛ̃vɛstismɑ̃] → SYN nm (Écon, Méd, Psych) investment; (Mil) investing; (efforts) contribution

investisseur, -euse [ɛ̃vɛstisœʀ, øz] **1** adj investing (épith)

2 nm investor ◆ **les investisseurs institutionnels** institutional investors

investiture [ɛ̃vɛstityʀ] → SYN nf [candidat] nomination; [président du Conseil] appointment; [évêché] investiture

invétéré, e [ɛ̃veteʀe] → SYN adj fumeur, joueur, menteur inveterate, confirmed; habitude inveterate, deep-rooted

invincibilité [ɛ̃vɛ̃sibilite] → SYN nf [adversaire, nation] invincibility

invincible [ɛ̃vɛ̃sibl] → SYN adj adversaire, nation invincible, unconquerable; courage invincible, indomitable; charme irresistible; difficultés insurmountable, insuperable; argument invincible, unassailable

invinciblement [ɛ̃vɛ̃sibləmɑ̃] adv invincibly

in-vingt-quatre [invɛ̃tkatʀ] **1** adj inv twenty-fourmo (épith)

2 nm inv twenty-fourmo

inviolabilité [ɛ̃vjɔlabilite] → SYN nf [droit] inviolability; [serrure] impregnability; [parlementaire, diplomate] immunity

inviolable [ɛ̃vjɔlabl] → SYN adj droit inviolable; serrure impregnable, burglar-proof; parlementaire, diplomate immune (épith)

inviolablement [ɛ̃vjɔlabləmɑ̃] adv inviolably

inviolé, e [ɛ̃vjɔle] → SYN adj inviolate, unviolated

invisibilité [ɛ̃vizibilite] nf invisibility

invisible [ɛ̃vizibl] → SYN **1** adj (impossible à voir) invisible; (minuscule) barely visible (à to); (Écon) invisible ◆ **invisible à l'œil nu** invisible to the naked eye ◆ **la maison était invisible derrière les arbres** the house was invisible ou couldn't be seen behind the trees ◆ **danger invisible** unseen ou hidden danger ◆ **il est invisible pour l'instant** he can't be seen ou he's unavailable at the moment ◆ **il est invisible depuis 2 mois** he hasn't been seen (around) for 2 months

2 nm ◆ **l'invisible** the invisible ◆ (Écon) **les invisibles** invisibles

invisiblement [ɛ̃vizibləmɑ̃] adv invisibly

invitant, e [ɛ̃vitɑ̃, ɑ̃t] → SYN adj (littér) inviting ◆ (Pol) **les puissances invitantes** host countries

invitation [ɛ̃vitasjɔ̃] → SYN GRAMMAIRE ACTIVE 25.1, 25.4 nf invitation, invite* (à to) ◆ **carte** ou **carton d'invitation** invitation card ◆ **lettre d'invitation** letter of invitation ◆ **« sur invitation (uniquement) »** "by invitation only" ◆ **invitation à dîner** invitation to dinner ◆ **faire une invitation à qn** to invite sb, extend an invitation to sb ◆ **venir sans invitation** to come uninvited ou without (an) invitation ◆ **à** ou **sur son invitation** at his invitation ◆ (fig) **une invitation à déserter** etc an (open) invitation to desert etc

invite [ɛ̃vit] nf (littér) invitation ◆ **à son invite** at his invitation

invité, e [ɛ̃vite] → SYN (ptp de **inviter**) nm,f guest ◆ **invité de marque** distinguished guest ◆ **invité d'honneur** guest of honour

inviter [ɛ̃vite] → SYN ▸ conjug 1 ◂ GRAMMAIRE ACTIVE 25.1, 25.4 vt **a** (convier) to invite, ask (à to) ◆ **inviter qn chez soi/à dîner** to invite ou ask sb to one's house/to ou for dinner ◆ **elle ne l'a pas invité à entrer/monter** she didn't invite ou ask him (to come) in/up ◆ **il s'est invité** he invited himself ◆ **aujourd'hui, c'est moi qui invite** today, it's my treat ou it's on me*

b (engager) **inviter à** to invite to ◆ **inviter qn à démissionner** to invite sb to resign ◆ **il l'invita de la main à s'approcher** he beckoned ou motioned (to) her to come nearer ◆ **ceci invite à croire que ...** this induces ou leads us to believe that ..., this suggests that ... ◆ **la chaleur invitait au repos** the heat tempted one to rest

in vitro [invitʀo] adj, adv in vitro

invivable [ɛ̃vivabl] → SYN adj unbearable

in vivo [invivo] adj, adv in vivo

invocation [ɛ̃vɔkasjɔ̃] → SYN nf invocation (à to)

invocatoire [ɛ̃vɔkatwaʀ] adj (littér) invocatory (littér)

involontaire [ɛ̃vɔlɔ̃tɛʀ] → SYN adj sourire, mouvement involuntary; peine, insulte unintentional, unwitting; témoin, complice unwitting

involontairement [ɛ̃vɔlɔ̃tɛʀmɑ̃] → SYN adv sourire involuntarily; bousculer qn unintentionally, unwittingly ◆ **l'accident dont je fus (bien) involontairement le témoin** the accident to ou of which I was an ou the unwitting witness

involucre [ɛ̃vɔlykʀ] nm involucre

involuté, e [ɛ̃vɔlyte] adj involute

involutif, -ive [ɛ̃vɔlytif, iv] adj (Bio, Math) involute ◆ (Méd) **(processus) involutif** involution

involution [ɛ̃vɔlysjɔ̃] nf (Bio, Méd, Math) involution ◆ (Méd) **involution utérine** involution of the uterus

invoquer [ɛ̃vɔke] → SYN ▸ conjug 1 ◂ vt **a** (alléguer) argument to put forward; témoignage to call upon; excuse, jeunesse, ignorance to plead; loi, texte to cite, refer to ◆ (Jur) **invoquer les règles de compétence** to avail o.s. of the rules of jurisdiction ◆ **les arguments de fait et de droit invoqués** the points of fact and law relied on

b (appeler à l'aide) Dieu to invoke, call upon ◆ **invoquer le secours de qn** to call upon sb for help ◆ **invoquer la clémence de qn** to beg sb ou appeal to sb for clemency

invraisemblable [ɛ̃vʀɛsɑ̃blabl] → SYN adj (improbable) fait, nouvelle unlikely, improbable; argument implausible; (extravagant) insolence, habit incredible

invraisemblablement [ɛ̃vʀɛsɑ̃blabləmɑ̃] adv (→ **invraisemblable**) improbably; implausibly; incredibly

invraisemblance [ɛ̃vʀɛsɑ̃blɑ̃s] → SYN nf (→ **invraisemblable**) unlikelihood (NonC), unlikeliness (NonC), improbability; implausibility ◆ **plein d'invraisemblances** full of improbabilities ou implausibilities

invulnérabilité [ɛ̃vylneʀabilite] → SYN nf invulnerability

invulnérable [ɛ̃vylneʀabl] → SYN adj (lit) invulnerable ◆ (fig) **invulnérable à** not vulnerable to, immune to

Io [jo] nf Io

iodate [jɔdat] nm iodate

iode [jɔd] nm iodine → **phare, teinture**

iodé, e [jɔde] adj iodized, iodated

ioder [jɔde] ▸ conjug 1 ◂ vt to iodize

iodhydrique [jɔdidʀik] adj m ◆ **acide iodhydrique** hydriodic acid

iodique [jɔdik] adj ◆ **acide iodique** iodic acid

iodisme [jɔdism] nm iodism

iodler [jɔdle] ▸ conjug 1 ◂ vt ⇒ **jodler**

iodoforme [jɔdɔfɔʀm] nm iodoform

iodure [jɔdyʀ] nm iodide

ioduré, e [jɔdyʀe] adj iodized

ion [jɔ̃] nm ion

Ionie [jɔni] nf Ionia

ionien, -ienne [jɔnjɛ̃, jɛn] **1** adj Ionian ◆ **la mer Ionienne** the Ionian Sea ◆ **les îles Ioniennes** the Ionian Islands

2 nm (Ling) Ionic

3 nmpl (peuple) Ionians

ionique [jɔnik] **1** adj (Archit) Ionic; (Sci) ionic

2 nm ◆ (Archit) **l'ionique** the Ionic

ionisant, e [jɔnizɑ̃, ɑ̃t] adj ionizing

ionisation [jɔnizasjɔ̃] nf ionization

ioniser [jɔnize] ▸ conjug 1 ◂ vt to ionize

ionogramme [jɔnɔgʀam] nm ionogram

ionone [jɔnɔn] nf ionone

ionosphère [jɔnɔsfɛʀ] nf ionosphere

ionosphérique [jɔnɔsfeʀik] adj ionospheric

iota [jɔta] nm iota ◆ **je n'y ai pas changé un iota** I didn't change it one iota, I didn't change one ou an iota of it ◆ (lit, fig) **il n'a pas bougé d'un iota** he didn't move an inch, he didn't budge

iotacisme [jɔtasism] nm iotacism

iourte [juʀt] nf ⇒ **yourte**

Iowa [ajɔwa] nm Iowa

IPC [ipese] nm (abrév de **indice des prix à la consommation**) CPI

ipéca [ipeka] nm ipecacuanha, ipecac (US)

Iphigénie [ifiʒeni] nf Iphigenia ◆ (Littérat) **Iphigénie à Aulis** ou **en Aulide** Iphigenia in Aulis ◆ (Littérat) **"Iphigénie en Tauride"** "Iphigenia in Tauris"

ipomée [ipɔme] nf ipomoea

IPR [ipeɛʀ] nm (abrév de **inspecteur pédagogique régional**) → **inspecteur**

ipso facto [ipsofakto] adv ipso facto

IRA [iʀa] nf (abrév de **Irish Republican Army**) IRA

Irak [iʀak] nm Iraq, Irak

irakien, -ienne [iʀakjɛ̃, jɛn] 1 adj Iraqi
2 nm (Ling) Iraqi
3 nm,f ◆ **Irakien(ne)** Iraqi

Iran [iʀɑ̃] nm Iran

iranien, -ienne [iʀanjɛ̃, jɛn] 1 adj Iranian
2 nm (Ling) Iranian
3 nm,f ◆ **Iranien(ne)** Iranian

Iraq [iʀak] nm ⇒ **Irak**

iraqien, -ienne [iʀakjɛ̃, jɛn] ⇒ **irakien**

irascibilité [iʀasibilite] → SYN nf short- ou quick-temperedness, irascibility

irascible [iʀasibl] → SYN adj ◆ **(d'humeur) irascible** short- ou quick-tempered, irascible

IRCANTEC [iʀkɑ̃tɛk] nm (abrév de **Institut de retraite complémentaire des agents non titulaires de l'État et des collectivités publiques**) → **institut**

ire [iʀ] → SYN nf (littér) ire (littér)

irénique [iʀenik] adj irenic(al), eirenic(al)

irénisme [iʀenism] nm irenicism

iridacées [iʀidase] nf pl ◆ **les iridacées** iridaceous plants, the Iridaceae (spéc)

iridectomie [iʀidɛktɔmi] nf iridectomy

iridescent, e [iʀidesɑ̃, ɑ̃t] → SYN adj iridescent

iridié, e [iʀidje] adj iridic → **platine**[1]

iridien, -ienne [iʀidjɛ̃, jɛn] adj iridic

iridium [iʀidjɔm] nm iridium

iridologie [iʀidɔlɔʒi] nf iridology

iridologue [iʀidɔlɔg] nmf iridologist

irien, -ienne [iʀjɛ̃, jɛn] adj iridic

iris [iʀis] nm (Anat, Phot) iris; (Bot) iris, flag

irisation [iʀizasjɔ̃] → SYN nf iridescence, irisation

irisé, e [iʀize] → SYN (ptp de **iriser**) adj iridescent

iriser [iʀize] → SYN ▸ conjug 1 ◂ 1 vt to make iridescent
2 **s'iriser** vpr to become iridescent

iritis [iʀitis] nf iritis

irlandais, e [iʀlɑ̃dɛ, ɛz] 1 adj Irish
2 nm a (Ling) Irish
b **Irlandais** Irishman ◆ **les Irlandais** the Irish ◆ **les Irlandais du Nord** the Northern Irish;
3 **Irlandaise** nf Irishwoman

Irlande [iʀlɑ̃d] nf (pays) Ireland; (État) Irish Republic, Republic of Ireland, Eire ◆ **l'Irlande du Nord** Northern Ireland, Ulster ◆ **de l'Irlande du Nord** Northern Irish ◆ **Irlande du Sud** Southern Ireland ◆ **la mer d'Irlande** the Irish Sea

IRM [iɛʀɛm] nf (abrév de **imagerie par résonance magnétique**) MRI

Iroise [iʀwaz] nf ◆ **la mer d'Iroise** the Iroise

iroko [iʀɔko] nm iroko

irone [iʀɔn] nf irone

ironie [iʀɔni] → SYN nf (lit, fig) irony ◆ **par une curieuse ironie du sort** by a strange irony of fate ◆ **ironie grinçante** bitter irony ◆ **il sait manier l'ironie** he is a master of irony ◆ **je le dis sans ironie** I mean what I say

ironique [iʀɔnik] → SYN adj ironic(al)

ironiquement [iʀɔnikmɑ̃] adv ironically

ironiser [iʀɔnize] → SYN ▸ conjug 1 ◂ vi to be ironic(al) (*sur* about) ◆ **ce n'est pas la peine d'ironiser** there's no need to be ironic(al) (about it)

ironiste [iʀɔnist] → SYN nmf ironist

iroquois, e [iʀɔkwa, waz] 1 adj peuplade Iroquoian; (Hist) Iroquois
2 nm a (Ling) Iroquoian
b (coiffure) Mohican (haircut) (Brit), Mohawk (US)
3 nm,f ◆ **Iroquois(e)** Iroquoian; Iroquois

IRPP [iɛʀpepe] nm (abrév de **impôt sur le revenu des personnes physiques**) → **impôt**

irradiant, e [iʀadjɑ̃, jɑ̃t] adj douleur radiant

irradiation [iʀadjasjɔ̃] → SYN nf (action) irradiation; (halo) irradiation; (rayons) radiation, irradiation; (Méd) radiation

irradier [iʀadje] → SYN ▸ conjug 7 ◂ 1 vt to irradiate ◆ **les personnes irradiées** the people who were irradiated ou exposed to radiation
2 vi [lumière etc] to radiate, irradiate; [douleur] to radiate; (fig) to radiate

irraisonné, e [iʀɛzɔne] → SYN adj mouvement irrational; crainte irrational, unreasoning

irrationalisme [iʀasjɔnalism] → SYN nm irrationalism

irrationalité [iʀasjɔnalite] nf irrationality

irrationnel, -elle [iʀasjɔnɛl] 1 adj (gén, Math) irrational
2 nm ◆ **l'irrationnel** the irrational

irrationnellement [iʀasjɔnɛlmɑ̃] adv irrationally

irrattrapable [iʀatʀapabl] → SYN adj bévue irretrievable

irréalisable [iʀealizabl] → SYN adj (gén) unrealizable, unachievable; projet impracticable, unworkable ◆ **c'est irréalisable** it's unfeasible ou unworkable

irréalisé, e [iʀealize] adj (littér) unrealized, unachieved

irréalisme [iʀealism] → SYN nm lack of realism, unrealism

irréaliste [iʀealist] adj unrealistic

irréalité [iʀealite] → SYN nf unreality

irrecevabilité [iʀəs(ə)vabilite] nf (→ **irrecevable**) inadmissibility; unacceptability

irrecevable [iʀəs(ə)vabl] → SYN adj (Jur) inadmissible ◆ **témoignage irrecevable** inadmissible evidence

irréconciliable [iʀekɔ̃siljabl] → SYN adj irreconcilable, unreconcilable (*avec* with)

irrécouvrable [iʀekuvʀabl] adj irrecoverable

irrécupérable [iʀekypeʀabl] → SYN adj (gén) irretrievable; ferraille, meubles unreclaimable; voiture beyond repair (attrib) ◆ **il est irrécupérable** he's beyond redemption

irrécusable [iʀekyzabl] → SYN adj témoin, juge unimpeachable; témoignage, preuve incontestable, indisputable

irrédentisme [iʀedɑ̃tism] nm irredentism

irrédentiste [iʀedɑ̃tist] adj, nmf irredentist

irréductibilité [iʀedyktibilite] → SYN nf (→ **irréductible**) irreducibility; insurmountability, invincibility; indomitability; implacability

irréductible [iʀedyktibl] → SYN adj fait, élément irreducible; (Chim, Math, Méd) irreducible; (invincible) obstacle insurmountable, invincible; volonté indomitable, invincible; (farouche) opposition, ennemi out-and-out (épith), implacable ◆ **les irréductibles du parti** the hard core of the party

irréductiblement [iʀedyktibləmɑ̃] adv implacably ◆ **être irréductiblement opposé à une politique** etc to be in out-and-out opposition to ou implacably opposed to a policy etc

irréel, -elle [iʀeɛl] → SYN adj unreal ◆ (Ling) **(mode) irréel** *mood expressing unreal condition*

irréfléchi, e [iʀefleʃi] → SYN adj geste, paroles, action thoughtless, unconsidered; personne unthinking, hasty; enfant impulsive, hasty; courage, audace reckless, impetuous

irréflexion [iʀeflɛksjɔ̃] → SYN nf thoughtlessness

irréformable [iʀefɔʀmabl] → SYN adj irreformable

irréfragable [iʀefʀagabl] → SYN adj irrefragable

irréfutabilité [iʀefytabilite] nf irrefutability

irréfutable [iʀefytabl] adj irrefutable

irréfutablement [iʀefytabləmɑ̃] adv irrefutably

irréfuté, e [iʀefyte] adj unrefuted

irrégularité [iʀegylaʀite] → SYN nf a (→ **irrégulier**) irregularity; unevenness; variation; fitfulness; erratic performance; dubiousness
b (action, caractéristique: gén pl) irregularity ◆ **les irrégularités du terrain / de ses traits** the irregularities of the land / in his features ◆ **des irrégularités ont été commises lors du scrutin** irregularities occurred during the ballot

irrégulier, -ière [iʀegylje, jɛʀ] → SYN 1 adj a (non symétrique etc) polygone, façade, traits irregular; écriture, terrain irregular, uneven
b (non constant) développement, accélération irregular; rythme, courant, vitesse irregular, varying (épith); sommeil, pouls, respiration irregular, fitful; vent fitful; travail, effort, qualité uneven; élève, athlète erratic
c (en fréquence) horaire, service, visites, intervalles irregular
d (peu honnête ou légal) tribunal, troupes, opération, situation irregular; vie unorthodox, irregular; agent, homme d'affaires dubious ◆ (Jur) **absence irrégulière** unauthorized absence ◆ **étranger en situation irrégulière** foreigner whose papers are not in order
e (Ling) verbe, construction irregular
2 nm (Mil: gén pl) irregular

irrégulièrement [iʀegyljɛʀmɑ̃] adv (→ **irrégulier**) irregularly; unevenly; fitfully; erratically; dubiously

irréligieux, -ieuse [iʀeliʒjø, jøz] → SYN adj irreligious

irréligion [iʀeliʒjɔ̃] → SYN nf irreligiousness, irreligion

irréligiosité [iʀeliʒjozite] nf irreligiousness

irrémédiable [iʀemedjabl] → SYN adj dommage, perte irreparable; mal, vice incurable, irremediable, beyond remedy (attrib) ◆ **essayer d'éviter l'irrémédiable** to try to avoid reaching the point of no return

irrémédiablement [iʀemedjabləmɑ̃] adv (→ **irrémédiable**) irreparably; incurably, irremediably

irrémissible [iʀemisibl] → SYN adj (littér) irremissible

irrémissiblement [iʀemisibləmɑ̃] adv (littér) irremissibly

irremplaçable [iʀɑ̃plasabl] → SYN adj irreplaceable ◆ (Prov) **nul** ou **personne n'est irremplaçable** everyone is replaceable

irréparable [iʀepaʀabl] → SYN adj objet irreparable, unmendable, beyond repair (attrib); dommage, perte, gaffe irreparable; désastre irretrievable ◆ **la voiture est irréparable** the car is beyond repair ou is a write-off

irréparablement [iʀepaʀabləmɑ̃] adv (→ **irréparable**) irreparably; irretrievably

irrépréhensible [iʀepʀeɑ̃sibl] → SYN adj (littér) irreprehensible

irrépressible [iʀepʀesibl] → SYN adj irrepressible

irréprochable [iʀepʀɔʃabl] → SYN adj personne, conduite, vie irreproachable, beyond reproach (attrib); tenue impeccable, faultless

irréprochablement [iʀepʀɔʃabləmɑ̃] adv (→ **irréprochable**) (littér) irreproachably; impeccably, faultlessly

irrésistible [iʀezistibl] → SYN adj femme, charme, plaisir, force irresistible; besoin, désir, preuve, logique compelling ◆ **il est irrésistible!** (amusant) he's hilarious!

irrésistiblement [iʀezistibləmɑ̃] adv irresistibly

irrésolu, e [iʀezɔly] [→ SYN] adj personne irresolute, indecisive; problème unresolved, unsolved

irrésolution [iʀezɔlysjɔ̃] [→ SYN] nf irresolution, irresoluteness, indecisiveness

irrespect [iʀɛspɛ] [→ SYN] nm disrespect

irrespectueusement [iʀɛspɛktɥøzmɑ̃] adv disrespectfully

irrespectueux, -euse [iʀɛspɛktɥø, øz] [→ SYN] adj disrespectful (*envers* to, towards)

irrespirable [iʀɛspiʀabl] [→ SYN] adj air unbreathable; (fig: étouffant) oppressive, stifling; (dangereux) unsafe, unhealthy ◆ (fig) **c'était irrespirable, l'air** ou **l'atmosphère était irrespirable** you could have cut the atmosphere with a knife*, the atmosphere was oppressive ou stifling

irresponsabilité [iʀɛspɔ̃sabilite] [→ SYN] nf irresponsibility

irresponsable [iʀɛspɔ̃sabl] [→ SYN] adj irresponsible (*de* for) ◆ **c'est un irresponsable!** he's (totally) irresponsible! ◆ **notre pays est entre les mains d'irresponsables** this country is in irresponsible hands

irrétrécissable [iʀetʀesisabl] adj (sur étiquette, publicité) unshrinkable, nonshrink

irrévérence [iʀeveʀɑ̃s] [→ SYN] nf (caractère) irreverence; (propos) irreverent word; (acte) irreverent act

irrévérencieusement [iʀeveʀɑ̃sjøzmɑ̃] adv irreverently

irrévérencieux, -ieuse [iʀeveʀɑ̃sjø, jøz] [→ SYN] adj irreverent

irréversibilité [iʀevɛʀsibilite] [→ SYN] nf irreversibility

irréversible [iʀevɛʀsibl] [→ SYN] adj irreversible

irréversiblement [iʀevɛʀsibləmɑ̃] adv irreversibly

irrévocabilité [iʀevɔkabilite] nf (Jur, littér) irrevocability

irrévocable [iʀevɔkabl] adj (gén) irrevocable; temps, passé beyond ou past recall (attrib), irrevocable ◆ **l'irrévocable** the irrevocable

irrévocablement [iʀevɔkabləmɑ̃] adv irrevocably

irrigable [iʀigabl] adj irrigable

irrigateur, -trice [iʀigatœʀ, tʀis] 1 adj irrigating (épith)
2 nm (Agr, Méd) (machine) irrigator

irrigation [iʀigasjɔ̃] [→ SYN] nf (Agr, Méd) irrigation

irriguer [iʀige] [→ SYN] ▸ conjug 1 ◂ vt (Agr, Méd) to irrigate

irritabilité [iʀitabilite] [→ SYN] nf irritability

irritable [iʀitabl] [→ SYN] adj irritable

irritant, e [iʀitɑ̃, ɑ̃t] [→ SYN] 1 adj irritating, annoying, irksome; (Méd) irritant
2 nm irritant

irritatif, -ive [iʀitatif, iv] adj irritative

irritation [iʀitasjɔ̃] [→ SYN] nf (colère) irritation, annoyance; (Méd) irritation

irrité, e [iʀite] [→ SYN] (ptp de **irriter**) adj gorge irritated, inflamed; geste, regard irritated, annoyed, angry ◆ **être irrité contre qn** to be annoyed ou angry with sb

irriter [iʀite] [→ SYN] ▸ conjug 1 ◂ 1 vt a (agacer) to irritate, annoy, irk
b (enflammer) œil, peau, blessure to make inflamed, irritate ◆ **il avait la gorge irritée par la fumée** the smoke irritated his throat
c (littér: aviver) intérêt, curiosité to arouse
2 **s'irriter** vpr a (s'agacer) **s'irriter de qch / contre qn** to get annoyed ou angry at sth / with sb, feel irritated at sth / with sb
b [œil, peau, blessure] to become inflamed ou irritated

irruption [iʀypsjɔ̃] [→ SYN] nf (entrée subite ou hostile) irruption (NonC) ◆ **faire irruption (chez qn)** to burst in (on sb) ◆ **les eaux firent irruption dans les bas quartiers** the waters swept into ou flooded the low-lying parts of the town

Isaac [izak] nm Isaac

Isabelle [izabɛl] nf Isabel

isabelle [izabɛl] [→ SYN] 1 adj light-tan
2 nm light-tan horse

Isaïe [isai] nm Isaiah ◆ **(le livre d') Isaïe** (the Book of) Isaiah

isallobare [iza(l)lɔbaʀ] nf isallobar

isard [izaʀ] [→ SYN] nm izard

isatis [izatis] [→ SYN] nm a (Bot) woad, isatis (spéc)
b (Zool) (renard polaire) polar fox; (renard bleu) blue fox

isba [izba] [→ SYN] nf isba

ISBN [iɛsbeɛn] adj, nm (abrév de **International Standard Book Number**) ISBN

ischémie [iskemi] nf ischaemia (Brit), ischemia (US)

ischémique [iskemik] 1 adj ischaemic (Brit), ischemic (US)
2 nmf person suffering from ischaemia

ischiatique [iskjatik] adj ischial, ischiatic

ischion [iskjɔ̃] nm ischium

isentropique [izɑ̃tʀɔpik] adj isentropic

Iseu(l)t [isø] nf Isolde → **Tristan**

ISF [iɛsɛf] nm (abrév de **impôt de solidarité sur la fortune**) → **impôt**

Ishtar [iʃtaʀ] nm Ishtar

isiaque [izjak] adj Isiac

Isis [izis] nf Isis

Islam [islam] nm ◆ **l'Islam** Islam

Islamabad [islamabad] n Islamabad

islamique [islamik] [→ SYN] adj Islamic ◆ **la République islamique de ...** the Islamic Republic of ...

islamisation [islamizasjɔ̃] nf Islamization

islamiser [islamize] ▸ conjug 1 ◂ vt to Islamize

islamisme [islamism] nm Islamism

islamiste [islamist] 1 adj Islamitic
2 nmf Islamist

islandais, e [islɑ̃dɛ, ɛz] 1 adj Icelandic
2 nm (Ling) Icelandic
3 nm,f ◆ **Islandais(e)** Icelander

Islande [islɑ̃d] nf Iceland

ismaélien, -ienne [ismaeljɛ̃, jɛn] nm,f Ismaili, Ismailian

ismaélisme [ismaelism], **ismaïlisme** [ismailism] nm Ismailism, Ismaili

ISO [izo] nm inv (abrév de **International Standardization Organization**) ◆ **degré ISO** ISO rating

isobare [izobaʀ] 1 adj isobaric
2 nf isobar

isobathe [izobat] 1 adj isobathic
2 nf isobath

isocèle [izɔsɛl] adj isosceles

isochore [izɔkɔʀ] adj isochoric

isochromatique [izɔkʀɔmatik] adj isochromatic

isochrone [izɔkʀɔn], **isochronique** [izɔkʀɔnik] [→ SYN] adj isochronal, isochronous

isochronisme [izɔkʀɔnism] nm isochronism

isoclinal, e, mpl **-aux** [izoklinal, o] adj isoclinal, isoclinic

isocline [izɔklin] 1 adj isoclinal, isoclinic
2 nf isocline

isodynamie [izodinami] nf isodynamic quality

isodynamique [izodinamik] adj isodynamic

isoélectrique [izoelɛktʀik] adj isoelectric

isoète [izɔɛt] nm quillwort

isogame [izɔgam] adj isogamous

isogamie [izɔgami] nf (Bio) [champignons] isogamy

isoglosse [izɔglɔs] 1 adj isoglossal, isoglottic
2 nf isogloss

isogone [izɔgɔn, izogon] adj isogonic, isogonal

isogreffe [izogʀɛf] nf [organe] isotransplant; [tissu] isograft

isohyète [izɔjɛt] adj ◆ **ligne isohyète** isohyet

isoionique [izojɔnik] adj isoionic

isolable [izɔlabl] adj isolable

isolant, e [izɔlɑ̃, ɑ̃t] 1 adj (Constr, Élec) insulating; (insonorisant) soundproofing, sound-insulating; (Ling) isolating
2 nm insulator, insulating material ◆ **isolant thermique / électrique** heat / electrical insulator

isolat [izɔla] nm (Bio, Chim, Ling) isolate

isolateur [izɔlatœʀ] nm (support) insulator

isolation [izɔlasjɔ̃] [→ SYN] nf (Élec) insulation ◆ **isolation phonique** ou **acoustique** soundproofing, sound insulation ◆ **isolation thermique** thermal ou heat insulation

isolationnisme [izɔlasjɔnism] nm isolationism

isolationniste [izɔlasjɔnist] adj, nmf isolationist

isolé, e [izɔle] [→ SYN] (ptp de **isoler**) 1 adj cas, personne, protestation isolated; lieu isolated, lonely, remote; philosophe, tireur, anarchiste lone (épith); (Élec) insulated ◆ **se sentir isolé** to feel isolated ◆ **vivre isolé** to live in isolation ◆ **phrase isolée de son contexte** sentence (taken) out of context
2 nm,f (théoricien) loner; (personne délaissée) lonely person ◆ **le problème des isolés** the problem of the lonely ou isolated ◆ **on a rencontré quelques isolés** we met a few isolated people

isolement [izɔlmɑ̃] [→ SYN] nm [personne délaissée, maison] loneliness, isolation; [théoricien, prisonnier, malade] isolation; (Pol) [pays] isolation; (Élec) [câble] insulation ◆ **sortir de son isolement** to come out of one's isolation

isolément [izɔlemɑ̃] adv in isolation, individually ◆ **chaque élément pris isolément** each element considered separately ou individually ou in isolation

isoler [izɔle] [→ SYN] ▸ conjug 1 ◂ 1 vt a prisonnier to place in solitary confinement; malade, citation, fait, mot to isolate; ville to cut off, isolate ◆ **ville isolée du reste du monde** town cut off from the rest of the world ◆ **ses opinions l'isolent** his opinions isolate him ou set him apart
b (contre le froid, Élec) to insulate; (contre le bruit) to soundproof, insulate; (Bio, Chim) to isolate
2 **s'isoler** vpr (dans un coin, pour travailler) to isolate o.s. ◆ **s'isoler du reste du monde** to cut o.s. off ou isolate o.s. from the rest of the world ◆ **ils s'isolèrent quelques instants** they stood aside for a few seconds

isoleucine [izoløsin] nf isoleucine

isoloir [izɔlwaʀ] nm polling booth

isomère [izɔmɛʀ] 1 adj isomeric
2 nm isomer

isomérie [izɔmeʀi] nf isomerism

isomérique [izɔmeʀik] adj isomeric

isomérisation [izɔmeʀizasjɔ̃] nf isomerization

isométrie [izɔmetʀi] nf isometry

isométrique [izɔmetʀik] adj (Math, Sci) isometric

isomorphe [izɔmɔʀf] [→ SYN] adj (Chim) isomorphic, isomorphous; (Math, Ling) isomorphic

isomorphisme [izɔmɔʀfism] nm isomorphism

isoniazide [izɔnjazid, izɔniazid] nf isoniazid

isopodes [izɔpɔd] nmpl ◆ **les isopodes** isopods, the Isopoda (spéc)

isoprène [izɔpʀɛn] nm (Chim) isoprene

isoprénique [izɔpʀenik] adj isoprenoid

isoptères [izɔptɛʀ] nmpl ◆ **les isoptères** isopterous insects, the Isoptera (spéc)

Isorel ® [izɔʀɛl] nm hardboard

isostasie [izɔstazi] nf isostasy

isostatique [izɔstatik] adj isostatic

isotherme [izɔtɛʀm] 1 adj isothermal ◆ **camion isotherme** refrigerated lorry (Brit) ou truck (US)
2 nf isotherm

isotonie [izɔtɔni] nf isotonicity

isotonique [izɔtɔnik] adj isotonic

isotope [izɔtɔp] **1** adj isotopic
2 nm isotope

isotopie [izɔtɔpi] nf isotopy

isotopique [izɔtɔpik] adj isotopic

isotron [izɔtʀɔ̃] nm isotron

isotrope [izɔtʀɔp] adj isotropic, isotropous

isotropie [izɔtʀɔpi] nf isotropy

Israël [isʀaɛl] nm Israel ◆ **en Israël** in Israel ◆ **l'État d'Israël** the state of Israel

israélien, -ienne [isʀaeljɛ̃, jɛn] **1** adj Israeli
2 nm,f ◆ **Israélien(ne)** Israeli

israélite [isʀaelit] → SYN **1** adj Jewish
2 nm (gén) Jew; (Hist) Israelite
3 nf Jewess; Israelite

ISSN [iɛsɛsɛn] adj, nm (abrév de **International Standard Serial Number**) ISSN

issu, e[1] [isy] → SYN adj ◆ **issu de** (résultant de) stemming from; (né de) descended from, born of ◆ **être issu de** (résulter de) to stem from; (être né de) to be descended from ou born of

issue[2] [isy] → SYN nf **a** (sortie) exit; [eau, vapeur] outlet ◆ **voie sans issue** (lit, fig) dead end; (panneau) "no through road" ◆ **issue de secours** emergency exit ◆ (fig) **il a su se ménager une issue** he has managed to leave himself a way out
b (solution) way out, solution ◆ **la situation est sans issue** there is no way out of ou no solution to the situation ◆ **un avenir sans issue** a future which has no prospect ou which leads nowhere ou without prospects
c (fin) outcome ◆ **heureuse issue** happy outcome ou issue ◆ **issue fatale** fatal outcome ◆ **à l'issue de** at the conclusion ou close of

Istanbul [istɑ̃bul] n Istanbul

isthme [ism] nm (Anat, Géog) isthmus ◆ **l'isthme de Corinthe / de Panama / de Suez** the Isthmus of Corinth / Panama / Suez

isthmique [ismik] adj isthmian

Istrie [istʀi] nf Istria

italianisant, e [italjanizɑ̃, ɑ̃t] **1** adj œuvre Italianate, Italianesque; artiste Italianizing (épith)
2 nm,f (Univ) Italianist; (artiste) Italianizer

italianiser [italjanize] ▸ conjug 1 ◂ vt to Italianize

italianisme [italjanism] nm (Ling) Italianism

Italie [itali] nf Italy

italien, -ienne [italjɛ̃, jɛn] → SYN **1** adj Italian
2 nm (Ling) Italian
3 nm,f ◆ **Italien(ne)** Italian

italique [italik] **1** nm **a** (Typ) italics ◆ **mettre un mot en italique(s)** to put a word in italics, italicize a word
b (Hist, Ling) Italic
2 adj (Typ) italic; (Hist, Ling) Italic

item [itɛm] **1** adv (Comm) ditto
2 nm (Ling, Psych) item

itératif, -ive [iteʀatif, iv] → SYN adj (gén, Gram) iterative; (Jur) reiterated, repeated

itération [iteʀasjɔ̃] → SYN nf iteration

itérativement [iteʀativmɑ̃] adv iteratively, repeatedly

itérer [iteʀe] ▸ conjug 6 ◂ vt to iterate

Ithaque [itak] nf Ithaca

ithyphallique [itifalik] adj ithyphallic

itinéraire [itineʀɛʀ] → SYN nm (chemin) route, itinerary; (Alpinisme) route ◆ (fig) **son itinéraire philosophique / religieux** his philosophical / religious path ◆ **itinéraire bis** ou **de délestage** diversion ◆ **faire** ou **tracer un itinéraire** to map out a route ou an itinerary

itinérant, e [itineʀɑ̃, ɑ̃t] → SYN adj itinerant, travelling ◆ **ambassadeur itinérant** roving ambassador ◆ **troupe itinérante** (band of) strolling players ◆ **exposition itinérante** travelling exhibition ◆ **bibliothèque itinérante** mobile library

itou*† [itu] adv likewise ◆ **et moi itou!** (and) me too!*

IUFM [iyɛfɛm] nm (abrév de **Institut universitaire de formation des maîtres**) → **institut**

IUT [iyte] nm (abrév de **Institut universitaire de technologie**) polytechnic (Brit), technical institute (US)

Ivan [ivɑ̃] nm Ivan ◆ **Ivan le Terrible** Ivan the Terrible

IVG [iveʒe] nf (abrév de **interruption volontaire de grossesse**) → **interruption**

ivoire [ivwaʀ] → SYN nm **a** [éléphant etc] (matière, objet) ivory ◆ **en** ou **d'ivoire** ivory (épith) ◆ (Tech) **ivoire végétal** vegetable ivory, ivory nut → **côte, tour**[1]
b (Anat) dentine

ivoirerie [ivwaʀʀi] nf (art) ivory sculpture (objets) ivories, ivory sculptures

ivoirien, -ienne [ivwaʀjɛ̃, jɛn] **1** adj of or from the Ivory Coast
2 nm,f ◆ **Ivoirien(ne)** inhabitant ou native of the Ivory Coast

ivoirier [ivwaʀje] nm ivory sculptor

ivraie [ivʀɛ] → SYN nf (Bot) rye grass → **séparer**

ivre [ivʀ] → SYN adj drunk, intoxicated ◆ **ivre de colère / de vengeance / d'espoir** wild with anger / vengeance / hope ◆ **ivre de joie** wild with joy, beside o.s. with joy ◆ **ivre mort** dead ou blind drunk ◆ **légèrement ivre** slightly drunk, tipsy

ivresse [ivʀɛs] → SYN nf (ébriété) drunkenness, intoxication ◆ **dans l'ivresse du combat / de la victoire** in the exhilaration of the fight / of victory ◆ **l'ivresse du plaisir** the (wild) ecstasy of pleasure ◆ **avec ivresse** rapturously, ecstatically ◆ **instants / heures d'ivresse** moments / hours of rapture ou (wild) ecstasy ◆ **ivresse chimique** drug dependence ◆ **ivresse des profondeurs** staggers → **état**

ivrogne [ivʀɔɲ] → SYN **1** nmf drunkard → **serment**
2 adj drunken (épith)

ivrognerie [ivʀɔɲʀi] → SYN nf drunkenness

ivrognesse* [ivʀɔɲɛs] nf lush‡

ixage [iksaʒ] nm giving an X rating to

ixer [ikse] ▸ conjug 1 ◂ vt to give an X rating to

ixia [iksja] nf ixia

ixième [iksjɛm] adj nth, umpteenth ◆ **je te le dis pour la ixième fois** I'm telling you for the nth ou umpteenth time

ixode [iksɔd] → SYN nm (Zool) tick

J

J[1], **j** [ʒi] nm (lettre) J, j → **jour**

J[2] (abrév de **Joule**) [ʒi] J

j' [ʒ] → **je**

jabiru [ʒabiʀy] nm jabiru, saddlebill

jable [ʒabl] nm (rainure) croze

jabler [ʒable] ▸conjug 1◂ vt to croze

jablière [ʒabljɛʀ] nf, **jabloir** [ʒablwaʀ] nm, **jabloire** [ʒablwaʀ] nf (outil) croze

jaborandi [ʒaboʀɑ̃di] nm jaborandi

jabot [ʒabo] → SYN nm **a** (oiseau) crop **b** (Habillement) jabot

JAC [ʒak] nf (abrév de **Jeunesse agricole chrétienne**) *young Christian farmers' association*

jacaranda [ʒakaʀɑ̃da] nm jacaranda

jacasse [ʒakas] nf (Zool) magpie

jacassement [ʒakasmɑ̃] → SYN nm (pie) chatter (NonC); (péj) (personnes) jabber(ing) (NonC), chatter(ing) (NonC)

jacasser [ʒakase] → SYN ▸conjug 1◂ vi (pie) to chatter; (péj) (personne) to jabber, chatter

jacasserie [ʒakasʀi] nf ⇒ **jacassement**

jacasseur, -euse [ʒakasœʀ, øz] → SYN **1** adj jabbering, prattling **2** nm,f chatterbox, prattler

jacée [ʒase] nf brown knapweed

jachère [ʒaʃɛʀ] → SYN nf fallow; (procédé) practice of fallowing land ◆ **laisser une terre en jachère** to leave a piece of land fallow, let a piece of land lie fallow ◆ **rester en jachère** to lie fallow

jacinthe [ʒasɛ̃t] → SYN nf hyacinth ◆ **jacinthe sauvage** ou **des bois** bluebell

jaciste [ʒasist] nmf *member of the JAC*

jack [(d)ʒak] nm (Téléc, Tex) jack

jackpot [(d)ʒakpɔt] nm (combinaison) jackpot; (machine) slot machine ◆ (lit, fig) **gagner** ou **ramasser le jackpot** to hit the jackpot

Jacob [ʒakɔb] nm Jacob ◆ **l'échelle de Jacob** Jacob's ladder

jacobée [ʒakɔbe] nf ragwort

jacobin, e [ʒakɔbɛ̃, in] → SYN **1** adj Jacobinic(al) **2** nm ◆ (Hist) **Jacobin** Jacobin

jacobinisme [ʒakɔbinism] nm Jacobinism

jacobite [ʒakɔbit] nm Jacobite

jacobus [ʒakɔbys] nm jacobus

Jacot [ʒako] nm ⇒ **Jacquot**

jacquard [ʒakaʀ] **1** adj pull Fair Isle **2** nm (métier) Jacquard loom; (tissu) Jacquard (weave)

Jacqueline [ʒaklin] nf Jacqueline

jacquerie [ʒakʀi] → SYN nf jacquerie ◆ (Hist) **Jacquerie** Jacquerie

Jacques [ʒak] nm James ◆ **faire le Jacques*** to play ou act the fool, fool about → **maître**

jacquet [ʒakɛ] nm backgammon

Jacquot [ʒako] nm (personne) Jimmy; (perroquet) Polly

jactance [ʒaktɑ̃s] → SYN nf **a** (‡: bavardage) chat ◆ **il a de la jactance!** he's got the gift of the gab!* **b** (littér: vanité) conceit

jacter‡ [ʒakte] ▸conjug 1◂ vi to jabber, gas*; (arg Police) to talk, come clean‡

jacuzzi ® [ʒakyzi] nm Jacuzzi ®

jade [ʒad] nm (pierre) jade; (objet) jade object ou ornament ◆ **de jade** jade

jadéite [ʒadeit] nf jadeite

jadis [ʒadis] → SYN **1** adv in times past, formerly, long ago ◆ **mes amis de jadis** my friends of long ago ou of old ◆ **jadis on se promenait dans ces jardins** in olden days ou long ago they used to walk in these gardens **2** adj ◆ **dans le temps jadis, au temps jadis** in days of old, in days gone by, once upon a time ◆ **du temps jadis** of times gone by, of olden days

Jaffa [ʒafa] n Jaffa

jaguar [ʒagwaʀ] **1** nm (animal) jaguar **2** nf (voiture) ◆ **Jaguar** ® Jaguar ®

jaillir [ʒajiʀ] → SYN ▸conjug 2◂ vi **a** (liquide, sang) (par à-coups) to spurt out; (abondamment) to gush forth; (larmes) to flow; (geyser) to spout up, gush forth; (vapeur, source) to gush forth; (flammes) to shoot up, spurt out; (étincelles) to fly out; (lumière) to flash on (*de* from, out of) ◆ **faire jaillir des étincelles** to make sparks fly ◆ **un éclair jaillit dans l'obscurité** a flash of lightning split the darkness, lightning flashed in the darkness **b** (apparaître) **des soldats jaillirent de tous côtés** soldiers sprang out ou leapt out from all directions ◆ **le train jaillit du tunnel** the train shot ou burst out of the tunnel ◆ **des montagnes jaillissaient au-dessus de la plaine** mountains reared up over the plain ou towered above the plain ◆ **des immeubles-tours qui jaillissent de terre** tower blocks which soar up (from ground level) ◆ **des monstres jaillis de son imagination** monsters sprung from his imagination **c** (cris, rires, réponses) to burst forth ou out **d** (idée) to spring up; (vérité, solution) to spring (*de* from)

jaillissant, e [ʒajisɑ̃, ɑ̃t] adj (→ **jaillir**) spurting; gushing; spouting

jaillissement [ʒajismɑ̃] → SYN nm (liquide, vapeur) spurt, gush; (idées) springing up, outpouring

jaïn [ʒain], **jaïna** [ʒaina] **1** adj Jain, Jainist **2** nmf Jain(a)

jaïnisme [ʒainism] nm Jainism

jais [ʒɛ] → SYN nm (Minér) jet ◆ **perles de jais** jet beads ◆ **bijoux en jais** jet jewellery ◆ **des cheveux de jais** jet-black hair → **noir**

Jakarta [dʒakaʀta] n Jakarta

jalap [ʒalap] nm jalap, jalop

jalon [ʒalɔ̃] → SYN nm (lit) ranging-pole; (arpenteur) (surveyor's) staff; (fig) landmark, milestone ◆ (fig) **planter** ou **poser les premiers jalons de qch** to prepare the ground for sth, pave the way for sth ◆ **il commence à poser des jalons** he's beginning to prepare the ground

jalonnement [ʒalɔnmɑ̃] → SYN nm (route) marking out

jalonner [ʒalɔne] → SYN ▸conjug 1◂ vt **a** (déterminer un tracé) route, chemin de fer to mark out ou off ◆ **il faut d'abord jalonner** first the ground must be marked out **b** (border, s'espacer sur) to line, stretch along ◆ **des champs de fleurs jalonnent la route** fields of flowers line the road ◆ (fig) **carrière jalonnée de succès / d'obstacles** career punctuated with successes / obstacles

jalousement [ʒaluzmɑ̃] adv jealously

jalouser [ʒaluze] → SYN ▸conjug 1◂ vt to be jealous of

jalousie [ʒaluzi] → SYN nf **a** (entre amants) jealousy; (envie) jealousy, envy ◆ **des petites jalousies mesquines entres femmes** petty jealousies between women ◆ **être malade de jalousie, crever de jalousie*** to be green with envy **b** (persienne) slatted blind, jalousie

jaloux, -ouse [ʒalu, uz] → SYN adj **a** (en amour) jealous; (envieux) jealous, envious ◆ **jaloux de qn / de la réussite de qn** jealous of sb / of sb's success ◆ **jaloux de son autorité** jealous of his authority ◆ **jaloux comme un tigre** madly jealous ◆ **observer qn d'un œil jaloux** to keep a jealous eye on sb, watch sb jealously ◆ **faire des jaloux** to make people jealous **b** (littér: désireux) **jaloux de** intent upon, eager for ◆ **jaloux de perfection** eager for perfection

jamaïcain, e, jamaïquain, e [ʒamaikɛ̃, ɛn] **1** adj Jamaican **2** nm,f ◆ **Jamaïcain(e), Jamaïquain(e)** Jamaican

Jamaïque [ʒamaik] nf Jamaica

jamais [ʒamɛ] → SYN GRAMMAIRE ACTIVE 12.3 adv

a (avec ou sans ne : négatif) never, not ever ◆ **il n'a jamais avoué** he never confessed ◆ **n'a-t-il jamais avoué ?** did he never confess ?, didn't he ever confess ? ◆ **il travaille comme jamais il n'a travaillé** he's working as he's never worked before ◆ **il n'a jamais autant travaillé** he has never worked as hard (before), he has never done so much work (before) ◆ **jamais je n'ai vu un homme si égoïste** I have never met ou seen such a selfish man (before), never (before) have I met ou seen such a selfish man ◆ **jamais mère ne fut plus heureuse** there was never a happier mother ◆ **il n'est jamais trop tard** it's never too late ◆ **il ne lui a jamais plus écrit** he never wrote to her again, he has never ou he hasn't ever written to her since ◆ **on ne l'a jamais encore entendu se plaindre** he's never yet been heard to complain ◆ **ne dites jamais plus cela !** never say that again !, don't you ever say that again ! ◆ **il partit pour ne jamais plus revenir** he departed never (more) to return ◆ **jamais plus** ou **jamais au grand jamais on ne me prendra à le faire** you'll never ou you won't ever catch me doing it again ◆ **nous sommes restés 2 ans sans jamais recevoir de nouvelles** we were ou went 2 years without ever hearing any news, for 2 years we never (once) heard any news ◆ **elle sort souvent mais jamais sans son chien** she often goes out but never without her dog ◆ **il n'a jamais fait que critiquer (les autres)** he's never done anything but criticize (others) ◆ **ça ne fait jamais que deux heures qu'il est parti** it's no more than 2 hours since he left ◆ **ce n'est jamais qu'un enfant** he is only a child (after all) ◆ **je n'ai jamais de ma vie vu un chien aussi laid** never in my life have I ou I have never in my life seen such an ugly dog ◆ **accepterez-vous ? – jamais de la vie !** will you accept ? – never ! ou not on your life !* ◆ **le ferez-vous encore ? – jamais plus !** ou **plus jamais !** will you do it again ? – never (again) ! ◆ **c'est ce que vous avez dit – jamais !** that's what you said – never ! ou I never did !* ou I never said that ! ◆ **presque jamais** hardly ou scarcely ever, practically never ◆ **c'est maintenant ou jamais, c'est le moment ou jamais** it's now or never ◆ **c'est le moment ou jamais d'acheter** now is the time to buy, if ever there was a time to buy it's now ◆ **une symphonie jamais jouée / terminée** an unplayed / unfinished symphony ◆ **jamais deux sans trois !** (gén) there's always a third time ! ; (malheur) it never rains but it pours ! ◆ (iro) **alors, jamais on ne dit « merci » ?*** did nobody ever teach you to say "thank you" ? (iro) → **mieux, savoir**

b (sans ne : temps indéfini) ever ◆ **a-t-il jamais avoué ?** did he ever confess ? ◆ **si jamais vous passez par Londres venez nous voir** if ever you're passing ou if ever you should pass ou should you ever pass through London come and see us ◆ **si jamais j'avais un poste pour vous je vous préviendrais** if ever I had ou if I ever had a job for you I'd let you know ◆ **si jamais tu rates le train, reviens** if by (any) chance you miss ou if you (should) happen to miss the train, come back ◆ **si jamais tu recommences, gare !** watch out if you ever start that again ! ◆ **les œufs sont plus chers que jamais** eggs are more expensive than ever (before) ◆ **c'est pire que jamais** it's worse than ever ◆ **avez-vous jamais vu ça ?** have you ever seen ou did you ever see such a thing ? ◆ **c'est le plus grand que j'aie jamais vu** it's the biggest I've ever seen ◆ **il désespère d'avoir jamais de l'avancement** he despairs of ever getting promotion ou of ever being promoted ◆ **à jamais** for good, for ever ◆ **à tout jamais, pour jamais** for ever (and ever), for good and all*, for evermore (littér) ◆ **je renonce à tout jamais à le lui faire comprendre** I've given up ever trying to make him understand it ◆ **leur amitié est à jamais compromise** their friendship will never be the same again

jambage [ʒɑ̃baʒ] nm **a** [lettre] downstroke, descender

b (Archit) jamb

jambe [ʒɑ̃b] → SYN nf **a** (Anat, Habillement, Zool) leg ◆ **fille aux longues jambes** ou **toute en jambes** girl with long legs, long-legged ou leggy* girl ◆ **remonte ta jambe (de pantalon)** roll up your trouser leg ◆ (Méd) **jambe de bois / artificielle / articulée** wooden / artificial / articulated leg

b LOC **avoir les jambes comme du coton** ou **en coton** to have legs like ou of jelly ou cotton wool ◆ **avoir les jambes brisées, n'avoir plus de jambes, en avoir plein les jambes*** to be worn out ou on one's last legs* ou on one's knees* ◆ **avoir 20 km dans les jambes** to have walked 20 km ◆ **je n'ai plus mes jambes de 20 ans !** I'm not as quick on my feet as I used to be ! ◆ **la peur / l'impatience lui donnait des jambes** fear / impatience lent new strength to his legs ou lent him speed ◆ (Sport) **se mettre en jambes** to warm up, limber up ◆ **tirer** ou **traîner la jambe** (par fatigue) to drag one's steps ; (boiter) to limp along ◆ **elle ne peut plus (se) tenir sur ses jambes** her legs are giving way under her, she can hardly stand ◆ **prendre ses jambes à son cou** to take to one's heels ◆ **traiter qn par-dessous** ou **par-dessus la jambe*** to treat sb offhandedly ◆ **faire qch par-dessous** ou **par-dessus la jambe*** to do sth carelessly ou in a slipshod way ◆ **il m'a tenu la jambe pendant des heures*** he kept me hanging about talking for hours* ◆ **tirer dans les jambes de qn*** to make life difficult for sb ◆ **il s'est jeté dans nos jambes*** he got under our feet ◆ **elle est toujours dans mes jambes*** she's always getting in my way ou under my feet ◆ **j'en ai eu les jambes coupées !** it knocked me sideways* ou it knocked me for six* (Brit) ◆ **c'est un cautère** ou **un emplâtre sur une jambe de bois** it's as much use as a poultice on a wooden leg → **beau, dégourdir, partie**[2] etc

c (Tech) [compas] leg ; (étai) prop, stay ◆ **jambe de force** (Constr) strut ; (Aut) torque rod

jambette [ʒɑ̃bɛt] nf (Tech) pointing sill

jambier, -ière[1] [ʒɑ̃bje, jɛʀ] adj, nm ◆ **(muscle) jambier** leg muscle

jambière[2] [ʒɑ̃bjɛʀ] → SYN nf (gén) legging, gaiter ; (Sport) pad ; (armure) greave ◆ (en laine) **jambières** leg-warmers

jambon [ʒɑ̃bɔ̃] → SYN nm **a** (Culin) ham ◆ **jambon cru salé / fumé** salted / smoked (raw) ham ◆ **jambon blanc** ou **de Paris** boiled ou cooked ham ◆ **jambon de pays** ⇒ **jambon cru** ◆ **jambon de Parme / d'York** Parma / boiled ham ◆ **jambon à l'os** ham on the bone ◆ **jambon au torchon** top-quality cooked ham

b (*: cuisse) thigh

jambonneau, pl **jambonneaux** [ʒɑ̃bɔno] nm knuckle of ham

jamboree [ʒɑ̃bɔʀe] nm (Scoutisme) jamboree

jambose [ʒɑ̃boz] nf rose apple

jambosier [ʒɑ̃bozje] nm rose apple (tree)

jamerose [ʒamʀoz] nf ⇒ **jambose**

jamerosier [ʒamʀozje] nm ⇒ **jambosier**

jam-session, pl **jam-sessions** [dʒamsesjɔ̃] nf jam session

jan [ʒɑ̃] nm [trictrac] table

jangada [ʒɑ̃gada] nf jangada

janissaire [ʒanisɛʀ] nm janissary

jansénisme [ʒɑ̃senism] → SYN nm Jansenism ; (fig) austere code of morals

janséniste [ʒɑ̃senist] → SYN 1 adj Jansenist

2 nmf ◆ **Janséniste** Jansenist

jante [ʒɑ̃t] nf [bicyclette, voiture] rim ◆ (Aut) **jantes alu** alloy wheels

Janus [ʒanys] nm Janus

janvier [ʒɑ̃vje] nm January ; pour loc voir **septembre**

Japon [ʒapɔ̃] nm Japan

japonais, e [ʒapɔnɛ, ɛz] → SYN 1 adj Japanese

2 nm (Ling) Japanese

3 nm,f ◆ **Japonais(e)** Japanese

japonaiserie [ʒapɔnɛzʀi] nf, **japonerie** [ʒapɔnʀi] nf Japanese curio

japonisant, e [ʒapɔnizɑ̃, ɑ̃t] 1 adj décor, style Japanese-inspired

2 nm,f expert on Japan

jappement [ʒapmɑ̃] → SYN nm yap, yelp

japper [ʒape] → SYN ▸ conjug 1 ◂ vi to yap, yelp

jappeur, -euse [ʒapœʀ, øz] adj yappy, yelping (épith)

jaquemart [ʒakmaʀ] nm (clock) jack

jaquette [ʒakɛt] → SYN nf [homme] morning coat ; [femme] jacket ; [livre] (dust) jacket (dust) cover ; [cassette vidéo] (plastic) cover [dent] crown ◆ **il est de la jaquette (flottante)** he's a poof‡ (Brit) ou a fag‡ (US)

jaquier [ʒakje] nm jackfruit (tree), jack (tree

jardin [ʒaʀdɛ̃] → SYN nm garden, yard (US ◆ **rester au** ou **dans le jardin** to stay in the garden ◆ **siège / table de jardin** garden seat / table ◆ **jardin d'acclimatation** zoological garden(s) ◆ **jardin d'agrément** pleasure garden ◆ **jardin anglais** ou **à l'anglaise** landscape garden ◆ **jardin botanique** botanical garden(s) ◆ **jardin de curé** *small enclosed garden* ◆ **jardin d'enfants** kindergarten, ≃ playschool (Brit) ◆ **jardin à la française** formal garden ◆ (Myth) **le jardin des Hespérides** the garden of Hesperides ◆ **jardin d'hiver** winter garden ◆ **jardin japonais** Japanese garden ◆ (Bible) **le jardin des Oliviers** the Garden of Gethsemane ◆ **jardins ouvriers** allotments (Brit) ◆ **jardin potager** vegetable ou kitchen garden ◆ **jardin public** (public) park, public gardens ◆ **jardin de rapport** market garden ◆ **jardins suspendus** terraced gardens, hanging gardens ◆ **les jardins suspendus de Babylone** the hanging gardens of Babylon ◆ **jardin zoologique** ⇒ **jardin d'acclimatation** ◆ (fig) **c'est mon jardin secret** it's my secret garden → **côté, cultiver, pierre**

jardinage [ʒaʀdinaʒ] → SYN nm (gén) gardening ; (Sylviculture) selective harvesting, selection ◆ **faire du jardinage** to garden, do some gardening

jardiner [ʒaʀdine] → SYN ▸ conjug 1 ◂ 1 vi to garden, do some gardening

2 vt bois to select

jardinerie [ʒaʀdinʀi] nf garden centre

jardinet [ʒaʀdinɛ] nm small garden ◆ **les jardinets des pavillons de banlieue** the small gardens ou the little patches of garden round suburban houses

jardinier, -ière [ʒaʀdinje, jɛʀ] → SYN 1 adj garden (épith) ◆ **culture jardinière** horticulture ◆ **plantes jardinières** garden plants

2 nm,f gardener

3 **jardinière** nf **a** (caisse à fleurs) window box ; (d'intérieur) jardinière

b (Culin) **jardinière (de légumes)** mixed vegetables, jardinière

c (Scol) **jardinière d'enfants** kindergarten teacher, ≃ playschool supervisor (Brit)

jargon[1] [ʒaʀgɔ̃] → SYN nm **a** (baragouin) gibberish (NonC), double Dutch* (NonC) (Brit)

b (langue professionnelle) jargon (NonC) lingo*† (NonC) ◆ **il ne connaît pas encore le jargon** he doesn't know the jargon yet ◆ **jargon administratif** officialese (NonC), official jargon ◆ **jargon informatique** computerese* (NonC) ◆ **jargon journalistique** journalese (NonC) ◆ **jargon de la médecine** medical jargon ◆ **jargon de métier** trade jargon or slang ◆ (Jur) **jargon du palais** legal jargon legalese (NonC)

jargon[2] [ʒaʀgɔ̃] nm (Minér) jargon

jargonaphasie [ʒaʀgɔnafazi] nf jargon aphasia

jargonner [ʒaʀgɔne] ▸ conjug 1 ◂ vi to jabber (utiliser un jargon) to talk (professional etc jargon

jargonneux, -euse [ʒaʀgɔnø, øz] adj texte full of jargon

Jarnac [ʒaʀnak] n ◆ **coup de Jarnac** stab in the back

jarre[1] [ʒaʀ] → SYN nf (pot) (earthenware) jar

jarre[2] [ʒaʀ] nm [fourrure] overhair, guard hair

jarret [ʒaʀɛ] nm **a** (Anat) [homme] back of the knee, ham ; [animal] hock ◆ **avoir des jarrets d'acier** to have strong legs

b (Culin) **jarret de veau** knuckle ou shin of veal, veal shank (US)

jarretelle [ʒaʀtɛl] → SYN nf suspender (Brit) garter (US)

arretière [ʒaʀtjɛʀ] nf garter → **ordre**[1]

ars [ʒaʀ] → SYN nm (animal) gander

as[1] [ʒa] nm (Naut) anchor stock

as[2] [ʒa] nm (dial) sheepfold

aser [ʒɑze] → SYN ▸ conjug 1 ◂ vi **a** [enfant] to chatter, prattle; [personne] to chat away, chat on*; [oiseau] to twitter; [jet d'eau, ruisseau] to babble, sing ◆ **on entend jaser la pie / le geai** you can hear the magpie / jay chattering
b (arg Police) to talk, give the game away* ◆ **essayer de faire jaser qn** to try to make sb talk
c (médire) to gossip ◆ **cela va faire jaser les gens** that'll set tongues wagging, that'll set people talking ou gossiping

aseur, -euse [ʒɑzœʀ, øz] → SYN **1** adj enfant chattering (épith), prattling (épith); oiseau chattering (épith), twittering (épith); ruisseau, jet d'eau singing (épith), babbling (épith); personne (médisant) tittle-tattling (épith), gossipy
2 nm (bavard) gasbag*, chatterbox; (médisant) gossip, tittle-tattle; (Zool) waxwing

asmin [ʒasmɛ̃] nm (arbuste) jasmine ◆ (parfum) **(essence de) jasmin** jasmine (perfume)

ason [ʒazɔ̃] nm Jason

aspe [ʒasp] nm (matière) jasper; (objet) jasper ornament ◆ **jaspe sanguin** bloodstone

aspé, e [ʒaspe] → SYN adj mottled, marbled

asper [ʒaspe] ▸ conjug 1 ◂ vt to mottle, marble

aspiner⁑ [ʒaspine] ▸ conjug 1 ◂ vi to natter* (Brit), chatter

aspure [ʒaspyʀ] → SYN nf mottling, marbling

atte [ʒat] → SYN nf (shallow) bowl, basin

auge [ʒoʒ] → SYN nf **a** (instrument) gauge ◆ **jauge d'essence** petrol gauge ◆ **jauge (de niveau) d'huile** (oil) dipstick
b (capacité) [réservoir] capacity; [navire] tonnage, burden; (Tex) tension
c (Agr) trench ◆ **mettre en jauge** ≃ to heel in

augeage [ʒoʒaʒ] nm [navire, réservoir] gauging

auger [ʒoʒe] → SYN ▸ conjug 3 ◂ **1** vt **a** (lit) réservoir to gauge the capacity of; navire to measure the tonnage of
b (fig) personne to size up ◆ **il le jaugea du regard** he gave him an appraising look ◆ **jauger qn d'un coup d'œil** to size sb up at a glance
2 vi to have a capacity of ◆ **navire qui jauge 500 tonneaux** ship with a tonnage of 500, ship of 500 tonnes ou tons burden

augeur [ʒoʒœʀ] nm gauger

aumière [ʒomjɛʀ] nf rudder hole

aunasse* [ʒonas] adj (péj) yellowish, dirty yellow (épith) (péj)

aunâtre [ʒonɑtʀ] adj lumière couleur yellowish; teint sallow, yellowish

aune [ʒon] → SYN **1** adj couleur, race yellow; (littér) blés golden ◆ **il a le teint jaune** (mauvaise mine) he looks yellow ou sallow; (basané) he has a sallow complexion ◆ **dents jaunes** yellow teeth ◆ **jaune citron** lemon, lemon-yellow ◆ **jaune moutarde** mustard-yellow ◆ **jaune d'or** golden yellow ◆ **jaune paille** straw-coloured ◆ (péj) **jaune pipi*** pee-yellow*, piss-yellow⁑ ◆ **jaune serin** ou **canari** canary-yellow ◆ **jaune safran** saffron-yellow ◆ **jaune comme un citron** ou **un coing** as yellow as a lemon → **corps, fièvre, nain, péril** etc
2 nm **a** (⁑: péj) **Jaune** Asian (man); (Chinois) Chink⁑; (Japonais) Jap⁑, Nip⁑ ◆ **les Jaunes** the yellow races
b (couleur) yellow
c (Culin) **jaune (d'œuf)** (egg) yolk
d (péj: non-gréviste) blackleg (Brit), scab⁑
3 nf **a** (⁑: péj) **Jaune** Asian woman; (Chinoise) Chink⁑; (Japonaise) Jap⁑, Nip⁑
b (péj: non-gréviste) blackleg (Brit), scab⁑

aunet, -ette [ʒonɛ, ɛt] **1** adj slightly yellow, yellowish
2 nm (††) gold coin

aunir [ʒoniʀ] → SYN ▸ conjug 2 ◂ **1** vt feuillage, vêtements to turn yellow ◆ **doigts jaunis par la nicotine** fingers yellowed ou discoloured with nicotine
2 vi to yellow, turn ou become yellow

jaunissant, e [ʒonisɑ̃, ɑ̃t] adj (littér) papier, feuillage yellowing; blé ripening, yellowing (littér)

jaunisse [ʒonis] → SYN nf (Méd) jaundice ◆ **en faire une jaunisse*** (de dépit) to have one's nose put out of joint, be pretty miffed*; (de jalousie) to be ou turn green with envy

jaunissement [ʒonismɑ̃] nm yellowing

Java [ʒava] nf Java

java [ʒava] → SYN nf (danse) popular waltz ◆ (fig) **faire la java**⁑ to live it up*, have a rave-up⁑ (Brit) ◆ **ils ont fait une de ces javas** they had a really wild time* ou a real rave-up⁑

javanais, e [ʒavanɛ, ɛz] **1** adj Javanese
2 nm (Ling) Javanese; (argot) "av" slang; (charabia) double Dutch* (Brit), gibberish
3 nm,f ◆ **Javanais(e)** Javanese ◆ **les Javanais** the Javanese

Javel [ʒavɛl] nf ◆ **(eau de) Javel** bleach

javelage [ʒav(ə)laʒ] nm (→ **javeler**) laying in swathes, swathing

javeler [ʒav(ə)le] ▸ conjug 4 ◂ vt to lay in swathes, swathe

javeleur, -euse [ʒav(ə)lœʀ, øz] nm,f swather

javeline [ʒavlin] → SYN nf javelin

javelle [ʒavɛl] nf [céreales] swath ◆ **mettre en javelles** to lay in swathes

javellisation [ʒavelizasjɔ̃] nf chlorination

javelliser [ʒavelize] ▸ conjug 1 ◂ vt to chlorinate ◆ **cette eau est trop javellisée** there's too much chlorine in this water ◆ **eau très javellisée** heavily chlorinated water

javelot [ʒavlo] nm (Mil, Sport) javelin → **lancement**

jazz [dʒɑz] nm jazz ◆ **la musique (de) jazz** jazz (music)

jazzman [dʒɑzman], pl **jazzmen** [dʒɑzmɛn] nm jazzman, jazz player

jazzy [dʒɑzi] adj inv (Mus) jazzy

J.-C. abrév de **Jésus-Christ**

je, j' [ʒə] **1** pron pers I
2 nm ◆ **le je** (Ling) the I-form, the 1st person; (Philos) the I

Jean [ʒɑ̃] nm John ◆ **(saint) Jean-Baptiste** (St) John the Baptist ◆ **(saint) Jean de la Croix** St John of the Cross ◆ (Hist) **Jean sans Terre** John Lackland

jean [dʒin] nm (tissu) denim; (vêtement) (pair of) jeans, (pair of) denims ◆ **jean (de** ou **en) velours** cord(uroy) jeans ◆ **blouson en jean vert** green denim jacket

jean-foutre [ʒɑ̃futʀ] nm inv (péj) jackass (péj)

jean-le-blanc [ʒɑ̃ləblɑ̃] nm inv short-toed eagle

Jeanne [ʒan] nf Jane, Joan, Jean ◆ **Jeanne d'Arc** Joan of Arc ◆ **coiffure à la Jeanne d'Arc** bobbed hair with a fringe (Brit) ou with bangs (US)

jeannette [ʒanɛt] nf **a** **(croix à la) jeannette** gold cross *(worn around neck)*
b (planche à repasser) sleeve-board
c (prénom) **Jeannette** Janet, Jenny
d (Scoutisme) Brownie (Guide)

Jeannot [ʒano] nm Johnny ◆ **Jeannot lapin** bunny (rabbit), Mr Rabbit

jeans [dʒins] nm, pl inv ⇒ **jean**

Jeep ® [(d)ʒip] nf Jeep ®

Jéhovah [ʒeova] nm Jehovah → **témoin**

jéjunal, e, mpl **-aux** [ʒeʒynal, o] adj jejunal

jéjunum [ʒeʒynɔm] nm jejunum

je-m'en-fichisme* [ʒ(ə)mɑ̃fiʃism] nm (I-)couldn't-care-less attitude*

je-m'en-fichiste*, pl **je-m'en-fichistes** [ʒ(ə)mɑ̃fiʃist] **1** adj (I-)couldn't-care-less* (épith)
2 nmf couldn't-care-less type*

je-m'en-foutisme⁑ [ʒ(ə)mɑ̃futism] nm (I-)couldn't-give-a-damn attitude⁑

je-m'en-foutiste⁑, pl **je-m'en-foutistes** [ʒ(ə)mɑ̃futist] **1** adj (I-)couldn't-give-a-damn⁑ (épith)
2 nmf couldn't-give-a-damn type⁑

je-ne-sais-quoi, je ne sais quoi [ʒən(ə)sɛkwa] nm inv (certain) something ◆ **elle a un je-ne-sais-quoi qui attire** there's (a certain) something about her that is very attractive

jennérien, -ienne [ʒeneʀjɛ̃, jɛn] adj Jennerian

jenny [ʒeni] nf spinning jenny

jérémiades* [ʒeʀemjad] nfpl moaning, whining

Jérémie [ʒeʀemi] nm Jeremy; (prophète) Jeremiah

jerez [xeʀɛs] nm ⇒ **xérès**

Jéricho [ʒeʀiko] n Jericho

jerk [(d)ʒɛʀk] nm (danse) jerk

jerker [(d)ʒɛʀke] ▸ conjug 1 ◂ vi (danser) to jerk

Jéroboam [ʒeʀɔbɔam] nm Jeroboam ◆ **jéroboam** (bouteille) jeroboam *(bottle containing 3 litres)*

Jérôme [ʒeʀom] nm Jerome

jerrican(e) nm, **jerrycan** [(d)ʒeʀikan] nm jerry can

Jersey [ʒɛʀzɛ] nf Jersey

jersey [ʒɛʀzɛ] nm **a** (vêtement) jersey top (ou garment etc), jumper (Brit), sweater
b (tissu) jersey (cloth) ◆ **jersey de laine / de soie** jersey wool / silk ◆ **point de jersey** stocking stitch ◆ **tricoter un pull en jersey** to knit a jumper in stocking stitch

jersiais, e [ʒɛʀzjɛ, jɛz] **1** adj Jersey (épith), of ou from Jersey ◆ (Agr) **race jersiaise** Jersey breed ◆ **(vache) jersiaise** Jersey, Jersey cow
2 nm,f ◆ **Jersiais(e)** inhabitant ou native of Jersey

Jérusalem [ʒeʀyzalɛm] n Jerusalem ◆ **la Jérusalem nouvelle / céleste** the New / Heavenly Jerusalem

jésuite [ʒezɥit] **1** nm (Rel) Jesuit
2 adj (lit, péj) Jesuit

jésuitique [ʒezɥitik] adj (lit, péj) Jesuitical

jésuitiquement [ʒezɥitikmɑ̃] adv Jesuitically

jésuitisme [ʒezɥitism] → SYN nm (lit, péj) Jesuitism, Jesuitry

jésus [ʒezy] → SYN nm **a** **Jésus** Jesus ◆ **Jésus-Christ** Jesus Christ ◆ **en 300 avant / après Jésus-Christ** in 300 BC / AD
b **(papier) jésus** super royal (printing paper) ◆ **(papier) petit jésus** super royal (writing paper)
c (statue) statue of the infant Jesus
d (terme d'affection) **mon jésus** (my) darling
e (saucisson) *kind of pork sausage*

jet[1] [ʒɛ] → SYN **1** nm **a** (jaillissement) [eau, gaz, flamme] jet; [sang] spurt, gush; [salive] stream; [pompe] flow ◆ **jet de lumière** beam of light
b [pierre, grenade] (action) throwing; (résultat) throw ◆ **à un jet de pierre** at a stone's throw, a stone's throw away ◆ **un jet de 60 mètres au disque** a 60-metre discus throw ◆ (Boxe) **il a gagné par jet de l'éponge au 3e round** he won because his opponent's corner threw in the towel in the third round → **arme**
c LOC **premier jet** first sketch, rough outline ◆ **du premier jet** at the first attempt ou shot ou go ◆ **écrire d'un (seul) jet** to write in one go ◆ **à jet continu** in a continuous ou an endless stream
d (Tech) (coulage) casting; (masselotte) head ◆ **couler une pièce d'un seul jet** to produce a piece in a single casting
e (Bot) (pousse) main shoot; (rameau) branch
2 COMP ▷ **jet d'eau** (fontaine) fountain; (gerbe) spray; (au bout d'un tuyau) nozzle; (Archit) weathering ▷ **jet à la mer** (Naut) jettison(ing)

jet[2] [dʒɛt] → SYN nm (Aviat) jet

jetable [ʒ(ə)tabl] adj briquet, mouchoir, rasoir disposable

jetage [ʒ(ə)taʒ] nm (gén) nasal discharge; [lapin] snuffle

jeté, e[1] [ʒ(ə)te] **1** adj (⁑: fou) mad*, crazy*
2 nm **a** (Danse) **jeté (simple)** jeté ◆ **jeté battu** grand jeté
b (Sport) snatch → **épaulé**
c (Tricot) **jeté (simple)** yarn over ou round needle once ◆ **faire un jeté** to pass yarn over ou round needle

3 COMP ▷ **jeté de lit** bedspread ▷ **jeté de table** table runner

jetée² [ʒ(ə)te] → SYN nf jetty; (grande) pier ◆ **jetée flottante** floating bridge

jeter [ʒ(ə)te] → SYN ▸ conjug 4 ◂

1 vt **a** (lancer) to throw; (avec force) to fling, hurl, sling; dés to throw ◆ **jeter qch à qn** (pour qu'il l'attrape) to throw sth to sb; (agressivement) to throw ou fling ou hurl sth at sb ◆ **jeter qch par terre / par la fenêtre** to throw sth on the ground ou down / out of the window ◆ **jeter dehors** ou **à la porte** visiteur to throw out, chuck out‡ (Brit); employé to fire, sack (Brit), give the push to* (Brit) ◆ **jeter qn en prison** to throw ou sling* (Brit) sb into prison ◆ **il a jeté son agresseur à terre** he threw his attacker to the ground ◆ **jeter bas qch** to throw sth down ◆ [cheval] **jeter qn à terre** ou **à bas** to throw sb ◆ **elle lui a jeté son cadeau à la tête** she threw ou hurled his present at him ◆ (Naut) **jeter à la mer** personne to throw overboard; objet to throw overboard, jettison ◆ (Naut) **le navire a été jeté à la côte** the ship was driven towards the coast → **ancre**

b (mettre au rebut) papiers, objets to throw away ou out; (Cartes) to discard ◆ **jeter qch au panier / à la poubelle / au feu** to throw sth into the wastepaper basket / in the dustbin / in ou on the fire ◆ **jette l'eau sale dans l'évier** pour ou tip (away) the dirty water down the sink ◆ **se faire jeter‡** (d'une réunion) to get chucked‡ out (Brit), get thrown out; (lors d'une requête, déclaration d'amour) to be sent packing* → **bon¹**

c (construire) pont to throw (*sur* over, across); fondations to lay ◆ **jeter un pont sur une rivière** to bridge a river, throw a bridge over a river ◆ (fig) **jeter les bases d'une nouvelle Europe** to lay the foundations of a new Europe ◆ (Naut) **jetez la passerelle!** set up the gangway!

d (émettre) lueur to give, give out, cast, shed; son to let out, give out ◆ **le diamant jette mille feux** the diamond flashes ou sparkles brilliantly ◆ **ce nouveau tapis dans le salon, ça jette (du jus)‡** this new carpet really does something for the sitting room*, the new carpet in the sitting room is really quite something* ◆ **elle (en) jette, cette voiture!*** that's a really smart car!, that's some car!*

e (*: mettre rapidement) **jeter des vêtements dans un sac** to sling ou throw some clothes into a bag ◆ **va jeter cette carte à la boîte** go and slip ou pop* this card into the postbox ◆ **jeter une veste sur ses épaules** to slip a jacket over ou round one's shoulders ◆ **jeter une idée sur le papier** to jot down an idea

f (fig: mettre, plonger) to plunge, throw ◆ **jeter qn dans le désespoir** to plunge sb into despair ◆ **jeter qn dans les frais** to plunge sb into ou involve sb in a lot of expense ◆ **jeter qn dans l'embarras** to throw sb into confusion

g (répandre) to cast ◆ **jeter l'effroi chez / parmi** to sow alarm and confusion in / among ◆ **jeter le trouble chez qn** to disturb ou trouble sb ◆ **jeter le discrédit sur qn / qch** to cast discredit on sb / sth ◆ **jeter un sort à qn** to cast a spell on sb ◆ **sa remarque a jeté un froid** his remark cast a chill

h (dire) to say (*à* to) ◆ **il me jeta en passant que c'était commencé** he said to me as he went by that it had begun ◆ **jeter des remarques dans la conversation** to throw in ou toss in remarks ◆ **jeter un cri** to let out ou give ou utter a cry ◆ **jeter des cris** to cry out, scream ◆ **jeter des insultes / menaces** to hurl insults / threats ◆ **je lui ai jeté la vérité / l'accusation à la figure** ou **à la tête** I hurled ou flung the truth / accusation at him ◆ **il lui jeta à la tête qu'il n'était qu'un imbécile** he burst out at him that he was nothing but a fool ◆ **ils se jetèrent des injures à la tête** they hurled insults at each other

i (prendre une attitude) **jeter les épaules / la tête en avant** to throw ou thrust one's shoulders / head forward ◆ **jeter les bras autour du cou de qn** to throw ou fling one's arms round sb's neck ◆ **elle lui jeta un regard plein de mépris** she cast a withering look at him, she looked ou glanced witheringly at him ◆ **elle lui jeta un coup d'œil ironique** she flashed ou threw him an ironical glance, she glanced at him ironically

j LOC **jeter les yeux sur qn** (frm: regarder) to cast a glance at sb; (fig: vouloir épouser) to have one's eye on sb ◆ **jeter un coup d'œil sur un livre** to glance at a book, take a quick look at a book ◆ **jeter un coup d'œil sur les enfants** to take a look at ou check up on the children ◆ **jeter un œil (sur qch)*** to take a look (at sth) ◆ **jeter son bonnet par-dessus les moulins** to kick over the traces, have one's fling ◆ **jeter la première pierre** to cast the first stone ◆ **je ne veux pas lui jeter la pierre** I don't want to be too hard on him ◆ **jeter son dévolu sur qch / qn** to set one's heart on sth / sb ◆ (boisson) **on va s'en jeter un (derrière la cravate)‡** we'll have a quick one* ◆ **n'en jetez plus (la cour est pleine)!*** (après compliments) don't! ou stop it! you're embarrassing me; (après injures etc) cut it out!*, pack it in!* (Brit) ◆ **jeter l'argent par les fenêtres** to spend money like water, throw money down the drain ◆ **jeter la soutane** ou **le froc aux orties** to unfrock o.s., leave the priesthood ◆ **jeter sa gourme** to sow one's wild oats ◆ **jeter le manche après la cognée** to throw in one's hand ◆ **jeter de la poudre aux yeux de qn** to impress sb ◆ (Boxe, fig) **jeter l'éponge** to throw in the sponge ou towel → **huile, lest, masque**

2 **se jeter** vpr **a** (s'élancer) **se jeter par la fenêtre** to throw o.s. out of the window ◆ **se jeter dans les bras / aux pieds de qn** to throw o.s. into sb's arms / at sb's feet ◆ **se jeter à la tête de qn** to throw o.s. at sb ◆ **se jeter du douzième étage** to throw o.s. off the twelfth floor ◆ **se jeter à genoux** to throw o.s. down on one's knees ◆ **se jeter sur qn** to launch o.s. at sb, rush at sb ◆ **se jeter sur sa proie** to swoop down ou pounce on one's prey ◆ **il se jette sur la nourriture comme un affamé** he falls (up)on ou goes at the food like a starving man ◆ **un chien s'est jeté sous les roues de notre voiture** a dog rushed out under the wheels of our car ◆ **sa voiture s'est jetée contre un arbre** his car crashed into a tree ◆ **se jeter à l'eau** (lit) to launch o.s. ou plunge into the water; (fig) to take the plunge ◆ (fig) **se jeter à corps perdu dans une entreprise / dans la mêlée** to throw o.s. wholeheartedly into an enterprise / into the fray ◆ (fig) **se jeter dans la politique / les affaires** to launch out into politics / business

b [rivière] to flow (*dans* into) ◆ **le Rhône se jette dans la Méditerranée** the Rhone flows into the Mediterranean

jeteur [ʒ(ə)tœʀ] nm ◆ **jeteur de sort** wizard

jeteuse [ʒ(ə)tøz] nf ◆ **jeteuse de sort** witch

jeton [ʒ(ə)tɔ̃] → SYN nm **a** (pièce) (gén) token; (Jeux) counter; (Roulette) chip ◆ **jeton de téléphone** telephone token ◆ **jeton (de présence)** (argent) director's fees; (objet) token ◆ (somme) **toucher ses jetons** to draw one's fees → **faux²**

b (‡) (coup) bang; (marque) dent ◆ **recevoir un jeton** to get a bang ◆ **avoir les jetons** to have the jitters* ou the willies‡ ◆ **ça lui a fichu les jetons** he got the wind up* (Brit), it gave him the jitters* ou the willies‡

jet-set, pl **jet-sets** [dʒɛtsɛt] → SYN nm ou f, **jet-society** [dʒɛtsɔsajti] nf jet set ◆ **membre de la jet-set** jet setter

jet-stream, pl **jet-streams** [dʒɛtstʀim] → SYN nm jet stream

jeu, pl **jeux** [ʒø] → SYN

1 nm **a** (amusement, divertissement) **le jeu** play ◆ **le jeu fait partie de l'éducation du jeune enfant** play forms part of the young child's education ◆ **elle ne prend jamais part au jeu de ses camarades** she never joins in her friends' play ◆ (fig) **le jeu du soleil sur l'eau** the play of the sun on the water

b (gén avec règles) game ◆ **jeu d'intérieur / de plein air** indoor / outdoor game ◆ **jeu d'adresse** game of skill ◆ **jeu de cartes** card game ◆ **le jeu d'échecs / de boules / de quilles** the game of chess / bowls / skittles → **règle**

c (Sport: partie) game ◆ (Tennis) **il mène (par) 5 jeux à 2** he leads (by) 5 games to 2 ◆ **jeu blanc** love game ◆ **« jeu, set et match »** "game, set and match" ◆ **jeu décisif** tie-break(er) ◆ **la pluie a ralenti le jeu** the rai slowed down play (in the game) ◆ (Rugb **jouer un jeu ouvert** to keep the game ope

d (Sport: limites du terrain) **en jeu** in play ◆ **ho jeu** (Tennis) out (of play); (Rugby, Ftbl) offsid ◆ **la balle est sortie du jeu** the ball has gon out of play ◆ **mettre** ou **remettre en jeu** t throw in ◆ **remise en jeu** throw-in ◆ (Rugb Ftbl) **mettre qn hors jeu** to put sb offside

e (Casino) gambling ◆ **il a perdu toute s fortune au jeu** he has gambled away hi entire fortune, he lost his fortune (a gambling → **heureux, jouer**

f (ensemble des pions, boîte) game, set ◆ **je d'échecs / de boules / de quilles** chess, bowls / skittle set ◆ **jeu de 52 cartes** pack o deck (US) of 52 cards

g (lieu) **jeu de boules** bowling green ◆ **jeu d quilles** skittle alley

h (série complète) [clefs, aiguilles] set ◆ **je d'orgue(s)** organ stop

i (Cartes) hand ◆ **il laisse voir son jeu** h shows his hand ◆ **je n'ai jamais de jeu** never have a good hand ◆ (fig **cacher / dévoiler son jeu** to conceal / show one's hand

j (façon de jouer) (Sport) game; (Mus) tech nique, (manner of) playing; (Ciné, Théâ acting ◆ (Sport) **il a un jeu rapide / lent / effi cace** he plays a fast / a slow / an effectiv game ◆ (Mus) **elle a un jeu saccadé / du** she plays jerkily / harshly, her playin is jerky / harsh

k (Admin, Pol etc: fonctionnement) working interaction, interplay ◆ **le jeu de alliances / des institutions** the interplay o alliances / of institutions → **mise²**

l (manège) **j'observais le jeu de l'enfant** watched the child's little game ◆ **j'ai com pris son petit jeu!** I know his little game o what he's up to! ◆ **à quel jeu joues-tu?** wha ARE you playing at? ◆ **c'est un jeu de dupe** it's a fool's ou mug's* (Brit) game ◆ **le je muet de deux complices** the silent exchange of two accomplices

m (Tech) play ◆ **le jeu des pistons** the play o the pistons ◆ **donner du jeu à qch** to loose sth up a bit ◆ **la vis a pris du jeu** the screv has worked loose ◆ **la porte ne ferme pa bien – il y a du jeu** the door doesn't shu tight – there's a bit of play

n LOC **le jeu n'en vaut pas la chandelle** th game is not worth the candle ◆ **il a beau je de protester maintenant** it's easy for him t complain now ◆ **les forces en jeu** the force at work ◆ **être en jeu** to be at stak ◆ **entrer / mettre en jeu** to come / bring int play ◆ **entrer dans le jeu de qn** to play sb's game, join in sb's game ◆ **faire** ou **jouer l jeu de qn** to play into sb's hands ◆ **faire je égal avec qn** to be evenly matched ◆ **il s'es fait un jeu de résoudre la difficulté** he made light work ou easy work of the problem ◆ **c'est le jeu** it's fair (play) ◆ **ce n'est pas d jeu*** that's not (playing) fair ◆ **c'est un je d'enfant** it's child's play, it's a snap* (US ◆ **ce n'est qu'un jeu** it's just a game ◆ **par je** for fun ◆ **se piquer / se prendre au jeu** to ge excited over / get caught up in ou involve in the game ◆ **être pris à son propre jeu** to be caught out at one's own game, be hois with one's own petard ◆ **il mettra tout en je pour nous aider** he'll risk everything to help us ◆ **jeux de main, jeux de vilain!** stop fooling around or it will end in tears! ◆ (Casino **« faites vos jeux »** "place your bets" ◆ **les jeu sont faits** (Casino) "les jeux sont faits"; (fig the die is cast → **beau, double, entrée** etc

2 COMP ▷ **jeu d'arcade** video game ▷ **jeu du cirque** (Hist) circus games ▷ **jeu de construction** building ou construction se ▷ **jeux d'eau** fountains ▷ **jeu d'écriture** (Comm) dummy entry ▷ **jeu d'essai** (Ordin benchmark ▷ **jeu de hasard** game o chance ▷ **jeu de jambes** (Sport) footwork leg movement ▷ **jeux de lumière** (artificiels) lighting effects; (naturels) play of ligh (NonC) ▷ **jeu de mains** [pianiste] playing technique ▷ **jeu de massacre** (à la foire Aunt Sally; (fig) wholesale massacre ou slaughter ▷ **jeu de mots** play on words (NonC), pun ▷ **jeu de l'oie** ≃ snakes and ladders ▷ **Jeux olympiques** Olympic games ◆ **Jeux olympiques d'hiver** Winter Olympics ◆ **Jeux olympiques handisports** ou **pour handicapés** Paralympics ▷ **jeu de**

patience puzzle ▹ **jeu de physionomie** facial expressions ▹ **jeu de piste** treasure hunt ▹ **jeu radiophonique** radio game ▹ **jeu de rôles** role play ▹ **jeu de scène** (Théât) stage business (NonC) ▹ **jeu de société** parlour game ▹ **jeux du stade** (Hist) (ancient) Olympic games ▹ **jeu de stratégie** game of strategy ▹ **jeu télévisé** television game ; (avec questions) (television) quiz ▹ **jeu vidéo** video game

jeu-concours, pl **jeux-concours** [ʒøkɔ̃kuʀ] nm (Presse, Rad, TV) competition ; (avec questions) quiz, competition

jeudi [ʒødi] nm Thursday • **le jeudi de l'Ascension** Ascension Day • **le jeudi saint** Maundy Thursday ; pour autres loc voir **samedi**

jeun [ʒœ̃] → SYN adv • **à jeun** with ou on an empty stomach • **être à jeun** (n'avoir rien mangé/bu) to have eaten/drunk nothing, have let nothing pass one's lips ; (ne pas être ivre) to be sober • **rester à jeun** to remain without eating anything, not to eat anything • **boire à jeun** to drink on an empty stomach • (Méd) **à prendre à jeun** to be taken on an empty stomach

jeune [ʒœn] → SYN **1** adj **a** (âge) young • **c'est un homme jeune** he's a young man • **mes jeunes années** my youth, the years of my youth • **dans mon jeune âge** ou **temps** in my younger days, when I was younger • **vu son jeune âge** in view of his youth • **il n'est plus tout** ou **très jeune** he's not as young as he was, he's not the young man he was, he's not in his first youth • **il est plus jeune que moi de 5 ans** he's 5 years younger than me, he's 5 years my junior • **jeune chien** puppy, pup

b (qualité) (après nom) new, young ; industrie new ; (dynamique) forward-looking ; vin young ; apparence, visage youthful ; couleur, vêtement young, which makes one look young • **soyez/restez jeunes !** be/stay young ! ou youthful !

c **être jeune d'allure** to be young-looking, be youthful in appearance, have a youthful look about one • **être jeune de caractère** ou **d'esprit** (puéril) to have a childish outlook, be immature ; (dynamique) to have a youthful ou fresh outlook • **être jeune de cœur** to be young at heart • **être jeune de corps** to have a youthful figure

d (avoir l'air jeune) **ils font jeune(s)** they look young • **Il fait plus jeune que son âge** he looks younger than his age, he doesn't look his age • **qu'est-ce que ça le fait paraître jeune, ce costume !** how youthful ou young that suit makes him look !

e (inexpérimenté) raw, inexperienced, green* • **il est encore bien jeune** he's still very inexperienced • **être jeune dans le métier** to be new ou a newcomer to the trade

f (cadet) junior • **mon jeune frère** my younger brother • **mon plus jeune frère** my youngest brother • **Durand jeune** Durand junior

g (* : insuffisant) short, skimpy • **ça fait jeune, c'est un peu jeune** [temps] it's cutting it a bit short ou fine ; [argent] that's not much ; [tissu] it's not (going to be) enough ; [boisson, nourriture] that's not much ou enough to go round

2 nm **a** (personne) youngster, youth, young man • **jeune (homme)** young man • **les jeunes de maintenant** young people ou the young ou the youth of today • **club** ou **maison de jeunes** youth club

b (animal) young

3 nf girl

4 adv • **s'habiller jeune** to dress young for one's age ou younger than one's years • **se coiffer jeune** to have a young ou modern hairstyle

5 COMP ▹ **jeune femme** young woman ▹ **jeune fille** girl ▹ **jeune garçon** boy, young lad ou fellow ▹ **jeune génération** younger generation ▹ **jeunes gens** (gén) young people ; (garçons) boys ▹ **jeune homme** young man ▹ **jeune loup** (fig) young Turk ▹ **jeune marié** bridegroom • **les jeunes mariés** the newlyweds ▹ **jeune mariée** bride • **ils sont jeunes mariés** they are young marrieds ou newlyweds • **un couple de jeunes mariés** a couple of newlyweds ▹ **jeune premier** (Ciné, Théât) leading man ▹ **jeune première** leading lady

jeûne [ʒøn] → SYN nm fast • **rompre le jeûne** to break one's fast • **jour de jeûne** fast day

jeûner [ʒøne] → SYN ▸ conjug 1 ◂ vi (gén) to go without food ; (Rel) to fast • **faire jeûner un malade** to make a sick person go without food • **laisser jeûner ses enfants** to let one's children go hungry

jeunesse [ʒœnɛs] → SYN nf **a** (période) youth • (littér) **la jeunesse du monde** the dawn of the world • **en pleine jeunesse** in the prime of youth • **dans ma jeunesse** in my youth, in my younger days • **folie/erreur/péché de jeunesse** youthful prank/mistake/indiscretion • **je n'ai pas eu de jeunesse** I didn't have much of a childhood • **en raison de son extrême jeunesse** owing to his extreme youth • (Prov) **il faut que jeunesse se passe** youth must have its fling → **fou, œuvre, premier** etc

b (qualité) youth, youthfulness • **jeunesse de cœur** youthfulness of heart • **la jeunesse de son visage/de son corps peut vous tromper** his youthful face/figure may mislead you • **étant donné la jeunesse de ce vin** because this wine is so young, because of the immaturity of this wine • **avoir un air de jeunesse** to have a youthful look (about one) • **sa jeunesse d'esprit** his youthfulness of mind

c (personnes jeunes) youth, young people • **la jeunesse dorée** the young jet set • **la jeunesse ouvrière** (the) young workers • **la jeunesse étudiante/des écoles** young people at university/at school • **livres pour la jeunesse** books for the young ou for young people • **la jeunesse est partie devant** the young ones ou the young people have gone on ahead • (Prov) **si jeunesse savait, si vieillesse pouvait** if youth but knew, if old age but could → **auberge, voyage**

d (*† : jeune fille) (young) girl

e (gén pl : groupe) youth • **les jeunesses communistes** the Communist Youth Movement

jeunet, -ette* [ʒœnɛ, ɛt] adj (péj) rather young • **il est un peu jeunet pour lire ce roman** he's rather young ou he's a bit on the young side to be reading this novel

jeûneur, -euse [ʒønœʀ, øz] nm,f person who fasts ou is fasting

jeunot, -otte* [ʒœno, ɔt] **1** adj ⇒ **jeunet***

2 nm (péj) young fellow*

Jézabel [ʒezabɛl] nf Jezebel

jf (abrév de **jeune fille, jeune femme**) → **jeune**

jh (abrév de **jeune homme**) → **jeune**

jihad [ʒi(j)ad] nm ⇒ **djihad**

jiu-jitsu [ʒjyʒitsy] → SYN nm jujitsu

JO [ʒio] **1** nmpl (abrév de **Jeux olympiques**) Olympics

2 nm (abrév de **Journal officiel**) → **journal**

joaillerie [ʒɔajʀi] nf **a** (travail) jewelling ; (commerce) jewel trade • **travailler dans la joaillerie** to work in jewellery ou in the jewel trade

b (marchandise) jewellery

c (magasin) jeweller's (shop)

joaillier, -ière [ʒɔaje, jɛʀ] → SYN nm,f jeweller

Job [ʒɔb] nm (Rel) Job → **pauvre**

job [dʒɔb] **1** nm (* : travail) (temporary) job

2 nf (Can) job

jobard, e* [ʒɔbaʀ, aʀd] → SYN **1** adj gullible

2 nm,f (dupe) sucker*, mug* (Brit), wally⁑

jobarderie* [ʒɔbaʀd(ə)ʀi] nf, **jobardise*** [ʒɔbaʀdiz] nf gullibility

jocasse [ʒɔkas] nf fieldfare

Jocaste [ʒɔkast] nf Jocasta

jockey [ʒɔkɛ] nm jockey • (hum) **je suis au régime jockey*** I'm on a crash diet

Joconde [ʒɔkɔ̃d] nf • **la Joconde** the Mona Lisa

jocrisse† [ʒɔkʀis] nm (niais) simpleton

jodhpurs [dʒɔdpyʀ] nmpl jodhpurs

jodler [jɔdle] ▸ conjug 1 ◂ vt to yodel

Joël [ʒɔɛl] nm Joel

Joëlle [ʒɔɛl] nf Joelle

jogger [dʒɔge] ▸ conjug 1 ◂ vi to jog, go jogging

joggeur, -euse [dʒɔgœʀ, øz] nm,f jogger

jogging [dʒɔgiŋ] nm (sport) jogging ; (survêtement) jogging ou sweat (esp US) suit • **faire du jogging** to go jogging

Johannesburg [ʒɔanɛsbuʀ] n Johannesburg

johannique [ʒɔanik] adj Johannine

johannite [ʒɔanit] nmf Johannite

joice⁑ [ʒwas] adj ⇒ **jouasse⁑**

joie [ʒwa] → SYN GRAMMAIRE ACTIVE 24.1 nf **a** (sentiment) joy ; (sens diminué) pleasure • **à ma grande joie** to my great joy ou delight • **fou** ou **ivre de joie** wild with joy ou delight • **la nouvelle le mit au comble de la joie** he was overjoyed at hearing the news ou to hear the news • **accueillir une nouvelle avec une joie bruyante** to greet the news with great shouts of joy • **ses enfants sont sa plus grande joie** his children are his greatest delight ou joy • **c'était une joie de le regarder** it was a joy ou delight to look at him, he was a joy to look at • **quand aurons-nous la joie de vous revoir ?** when shall we have the pleasure of seeing you again? • **il accepta avec joie** he accepted with delight • **sauter** ou **bondir de joie** to jump for joy • (souvent iro) **on travaille dans la joie et la bonne humeur ici** it's a real joy to work here → **cœur, feu¹, fille**

b **les joies de la vie** the joys of life • (Rel) **les joies du monde** ou **de la terre** worldly ou earthly pleasures ou joys • **les joies du mariage** the joys of marriage • (iro) **encore une panne, ce sont les joies de la voiture** another breakdown, that's one of the joys ou delights of motoring (iro)

c LOC **joie de vivre** joy in life, joie de vivre • **être plein de joie de vivre** to be full of joie de vivre ou the joys of life • **cela le mit en joie** he was overjoyed at this • **ce livre a fait la joie de tous** this book has delighted ou has given great pleasure to everyone • **le clown tomba pour la plus grande joie des enfants** the clown fell over to the (great) delight of the children • **il se faisait une telle joie d'y aller** he was so looking forward to going • **je me ferai une joie de le faire** I shall be delighted ou only too pleased to do it • **c'est pas la joie !*** it's no fun, I'm (ou we're ou they're etc) not exactly ecstatic (about it)*, I'm (ou we're ou they're etc) feeling pretty down*

joignable [ʒwaɲabl] adj • **être difficilement joignable** to be difficult to reach ou contact

joindre [ʒwɛ̃dʀ] → SYN ▸ conjug 49 ◂ GRAMMAIRE ACTIVE 25.2

1 vt **a** (mettre ensemble) to join, put together • **joindre 2 tables/planches** to put 2 tables/planks together • **joindre 2 bouts de ficelle** to join 2 pieces of string • **joindre un bout de ficelle à un autre** to join one piece of string to another • **joindre les mains** to put ou bring one's hands together, clasp one's hands • **joindre les talons/les pieds** to put one's heels/feet together • **il se tenait debout les talons joints** he was standing with his heels together

b (relier) to join, link • **une digue/un câble joint l'île au continent** a dyke/a cable links the island with the mainland

c (unir) efforts etc to combine, join ; personnes (en mariage) to join • **joindre l'utile à l'agréable** to combine business with pleasure • **elle joint l'intelligence à la beauté** she combines intelligence and beauty • **joindre le geste à la parole** to suit the action to the word • (fig) **joindre les deux bouts*** to make (both) ends meet

d (ajouter) to add, attach (*à* to) ; (inclure) timbre, chèque etc to enclose (*à* with) • **les avantages joints à ce poste** the advantages attached to this post, the fringe benefits of this post • **carte jointe à un bouquet/cadeau** card attached to a bouquet/a gift • [lettre] **pièces jointes** enclosures

e (communiquer avec) personne to get in touch with, contact • **essayez de le joindre par téléphone** try to get in touch with ou try to get hold of ou try to contact him by telephone

2 vi [fenêtre, porte] to shut, close • **ces fenêtres joignent mal** these windows don't shut ou close properly • [planches etc] **est-ce**

que ça joint bien ? does it make a good join ?, does it join well ?
3 **se joindre** vpr **a** (s'unir à) **se joindre à** to join ◆ **se joindre à la procession** to join the procession ◆ **se joindre à la foule** to mingle ou mix with the crowd ◆ **voulez-vous vous joindre à nous ?** would you like to join us ? ◆ **se joindre à la discussion** to join in the discussion ◆ **mon mari se joint à moi pour vous exprimer notre sympathie** my husband and I wish to express our sympathy, my husband joins me in offering our sympathy (frm)
b [mains] to join

joint[1] [ʒwɛ̃] → SYN nm **a** (Anat, Géol, Tech : assemblage, articulation) joint ; (ligne de jonction) join ; (en ciment, mastic) pointing ◆ **joint de robinet** washer ◆ **joint de cardan** cardan joint ◆ **joint de culasse** cylinder head gasket ◆ **joint d'étanchéité** seal
b LOC **faire le joint*** [provisions] to last ou hold out ; [argent] to bridge the gap (*jusqu'à* until) ◆ **chercher / trouver le joint*** to look (around) for / come up with the solution

joint[2] [ʒwɛ̃] → SYN nm (arg Drogue) joint, reefer, spliff ◆ **se faire un joint** to roll (o.s.) a joint ou a reefer ou a spliff

jointé, e [ʒwɛ̃te] adj ◆ **cheval court-jointé / long-jointé** short- / long-pasterned horse, horse with short / long pasterns

jointif, -ive [ʒwɛ̃tif, iv] adj joined, contiguous ; planches butt-jointed ◆ **(cloison) jointive** butt-jointed partition

jointoiement [ʒwɛ̃twamɑ̃] nm (Tech) pointing

jointoyer [ʒwɛ̃twaje] → SYN ▸ conjug 8 ◂ vt (Tech) to point

jointure [ʒwɛ̃tyʀ] nf **a** (Anat) joint ◆ **jointure du genou** knee joint ◆ **à la jointure du poignet** at the wrist (joint) ◆ **faire craquer ses jointures** to crack one's knuckles ◆ **à la jointure de 2 os** at the joint between 2 bones ◆ **les jointures du cheval** fetlock-joints, pastern-joints
b (Tech) (assemblage) joint ; (ligne de jonction) join

joint(-)venture, pl **joint(-)ventures** [dʒɔjntvɛn tʃœʀ] nf joint venture

jojo* [ʒoʒo] **1** adj ◆ [personne, objet] **il est pas jojo** he is ou it is not much to look at
2 nm ◆ **c'est un affreux jojo** (enfant) he's a cheeky little rascal ou beggar (Brit) ; (adulte) he's a nasty piece of work* (Brit), he's a bad one

jojoba [ʒɔʒɔba] nm jojoba

joker [(d)ʒɔkɛʀ] nm (Cartes) joker ◆ **jouer** ou **sortir son joker** (lit) to play one's joker ; (fig) to play one's trump card

joli, e [ʒɔli] → SYN adj **a** enfant, femme pretty, attractive ; chanson, objet pretty, nice ; pensée, promenade, appartement nice ◆ **d'ici la vue est très jolie** you get a very nice ou attractive view from here ◆ **joli comme un cœur** pretty as a picture ◆ **il est joli garçon** he is (quite) good-looking ◆ **le joli et le beau sont deux choses bien différentes** prettiness and beauty are two very different things
b (* : non négligeable) revenu, profit nice (épith), good, handsome (épith) ; résultat nice (épith), good ◆ **ça fait une jolie somme** it's quite a tidy sum of money, it's a handsome sum of money, it's a good bit of money ◆ **il a une jolie situation** he has a good position
c (iro : déplaisant) nasty, unpleasant, fine (iro), nice (iro) ◆ **embarquez tout ce joli monde !** take the whole nasty bunch ou crew* away ! ◆ **un joli gâchis** a fine mess (iro) ◆ **un joli coco*** ou **monsieur** a nasty character, a nasty piece of work* (Brit) ◆ **être dans un joli pétrin** ou **de jolis draps** to be in a fine mess (iro)
d LOC **tout ça c'est bien joli mais** that's all very well but ◆ **le plus joli (de l'histoire) c'est que** the best bit of it all ou about it all is that ◆ **vous avez fait du joli !** you've made a fine mess of things ! ◆ **tu as encore menti, c'est du joli !** you've lied again – shame on you !* ◆ **faire le joli cœur** to play the lady-killer ◆ **ce n'est pas joli de mentir** it's not nice to tell lies ◆ **ce n'était pas joli à voir** it wasn't a pleasant ou pretty sight ◆ (iro) **elle est jolie, votre idée !** that's a nice ou great* idea ! (iro) ◆ (iro) **c'est joli de dire du mal des gens !** that's nice spreading nasty gossip about people !
◆ **c'est pas joli-joli !*** (laid) it's not a pretty sight* ; (méchant) that was a mean thing to do*

joliesse [ʒɔljɛs] → SYN nf (littér) [personne] prettiness ; [gestes] grace

joliment [ʒɔlimɑ̃] adv **a** (d'une manière jolie) nicely ◆ **pièce joliment décorée** attractively ou nicely decorated room ◆ **enfant joliment habillé** prettily ou attractively dressed child ◆ (iro) **il l'a joliment arrangé** he sorted him out nicely ou good and proper*
b (* : très, beaucoup) pretty*, jolly* (Brit) ◆ **il a joliment raison** he's quite right, he's dead right* (Brit) ◆ **il était joliment content / en retard** he was pretty* ou jolly* (Brit) glad / late

Jonas [ʒɔnas] nm Jonah, Jonas

Jonathan [ʒɔnatɑ̃] nm Jonathan

jonc [ʒɔ̃] → SYN nm **a** (plante) rush, bulrush ; (canne) cane, rattan ◆ **corbeille** ou **panier de jonc** rush basket
b (Aut) trim
c (bijou) **jonc (d'or)** (plain gold) bangle ou ring

joncer [ʒɔ̃se] ▸ conjug 3 ◂ vt siège to cane

jonchaie [ʒɔ̃ʃɛ] → SYN nf reed bed

jonché, e [ʒɔ̃ʃe] (ptp de **joncher**) **1** adj ◆ **jonché de** littered ou strewn with
2 **jonchée** nf spray ou swath of flowers ou leafy branches *(for strewing)* ◆ **des jonchées de feuilles mortes couvraient la pelouse** dead leaves lay in drifts on ou lay scattered ou strewn over the lawn

joncher [ʒɔ̃ʃe] → SYN ▸ conjug 1 ◂ vt ◆ **joncher qch de** to strew sth with

joncheraie [ʒɔ̃ʃʀɛ], **jonchère** [ʒɔ̃ʃɛʀ] nf ⇒ **jonchaie**

jonchets [ʒɔ̃ʃɛ] nmpl jackstraws, spillikins

jonction [ʒɔ̃ksjɔ̃] → SYN nf (action) joining, junction ; (état) junction ; (Élec) junction ◆ **à la jonction des 2 routes** at the junction of the 2 roads, where the 2 roads meet ◆ (Mil) **opérer une jonction** to effect a junction, link up ◆ **point de jonction** junction, meeting point ◆ (Jur) **jonction d'instance** joinder

joncture [ʒɔ̃ktyʀ] nf (Ling) juncture

jongler [ʒɔ̃gle] → SYN ▸ conjug 1 ◂ vi (lit) to juggle (*avec* with) ◆ (fig) **jongler avec** chiffres to juggle with, play with ; difficultés to juggle with

jonglerie [ʒɔ̃gləʀi] → SYN nf jugglery, juggling

jongleur, -euse [ʒɔ̃glœʀ, øz] → SYN nm,f
a (gén) juggler
b (Hist) (wandering) minstrel, jongleur

jonque [ʒɔ̃k] nf (Naut) junk

jonquille [ʒɔ̃kij] **1** nf daffodil, jonquil
2 adj inv (bright) yellow

Jordanie [ʒɔʀdani] nf Jordan

jordanien, -ienne [ʒɔʀdanjɛ̃, jɛn] **1** adj Jordanian
2 nm,f ◆ **Jordanien(ne)** Jordanian

Joseph [ʒozɛf] nm Joseph

Joséphine [ʒozefin] nf Josephine

Josué [ʒozɥe] nm Joshua

jota [xɔta] nf jota

jottereau, pl **jottereaux** [ʒɔtʀo] nm (Naut) hound

jouable [ʒwabl] adj playable ◆ (projet etc) **ce sera difficile, mais c'est jouable** it'll be difficult, but it's worth a try ou a go

joual, e [ʒwal] adj, nm joual

joualisant, e [ʒwalizɑ̃, ɑ̃t] **1** adj joual-speaking (épith)
2 nm,f joual speaker

joualiser [ʒwalize] ▸ conjug 1 ◂ vi to speak joual

jouasse‡ [ʒwas] adj chuffed* (Brit), pleased as Punch* ◆ **il n'était pas jouasse !** he wasn't thrilled !

joubarbe [ʒubaʀb] nf houseleek, hen-and-chickens

joue [ʒu] → SYN nf **a** (Anat) cheek ◆ **joue contre joue** cheek to cheek ◆ **tendre la joue** to offer one's cheek ◆ **présenter** ou **tendre l'autre joue** to turn the other cheek ◆ (Culin) **joue de bœuf** ox cheek
b (Mil) **en joue !** take aim ! ◆ **coucher** ou **mettre une cible / une personne en joue** to aim at ou take aim at a target / a person ◆ **coucher** ou **mettre en joue un fusil** to take aim with a rifle, aim a rifle
c (Naut) **joues d'un navire** bows of a ship
d [fauteuil] side panel

jouée [ʒwe] → SYN nf (Archit) reveal

jouer [ʒwe] → SYN ▸ conjug 1 ◂
1 vi **a** (s'amuser) to play (*avec* with) ◆ **arrête, je ne joue plus** stop it, I'm not playing any more ◆ **elle jouait avec son crayon / son collier** she was toying ou fiddling with her pencil / necklace ◆ (fig) **jouer avec les sentiments de qn** to play ou trifle with sb's feelings ◆ (fig) **jouer avec sa vie / sa santé** to gamble with one's life / health ◆ (fig) **on ne joue pas avec ces choses-là** matters like these are not to be treated lightly
b **jouer à la poupée** to play with one's dolls ◆ **jouer aux soldats / aux cowboys et aux Indiens** to play (at) soldiers / (at) cowboys and Indians ◆ **jouer au docteur (et au malade)** to play (at) doctors and nurses ◆ **jouer à qui sautera le plus loin** to play at seeing who can jump the furthest ◆ **jouer à faire des bulles de savon** to play at making ou blowing soap bubbles ◆ **jouer aux cartes / aux échecs** to play cards / chess ◆ **jouer au chat et à la souris (avec qn)** to play cat and mouse with sb ◆ **il joue bien (au tennis)** he is a good (tennis) player, he plays (tennis) well, he plays a good game (of tennis) ◆ **il a demandé à jouer avec** ou **contre X aux échecs** he asked to play X at chess ◆ (fig) **jouer au héros / à l'aristocrate** to play the hero / the aristocrat → **bille** etc
c (Mus) to play ◆ **jouer du piano / de la guitare** to play the piano / the guitar ◆ **l'orchestre joue ce soir à l'opéra** the orchestra is playing at the opera this evening ◆ **ce pianiste joue bien / mal** this pianist plays well / badly
d (Casino) to gamble ◆ **jouer à la Bourse** to speculate ou gamble on the Stock Exchange ◆ **jouer sur les valeurs minières** to speculate in mining stock ◆ **jouer sur la hausse / la baisse d'une matière première** to gamble on the rise / the fall of a commodity ◆ **jouer à la roulette** to play roulette ◆ **jouer pair / impair** to play (on) the even / odd numbers ◆ **jouer aux courses** to bet on the horses ◆ **ils ont joué sur la faiblesse / la pauvreté des paysans** they reckoned on ou were banking ou relying on the peasants' weakness / poverty
e (Ciné, Théât, TV) to act ◆ **il joue dans « Hamlet »** he is acting ou he is in "Hamlet" ◆ **il joue au théâtre X** he is playing ou acting at the X theatre ◆ **elle joue très bien** she is a very good actress, she acts very well ◆ **on joue à guichets fermés** the performance is fully booked ou is booked out (Brit)
f (fonctionner) to work ◆ **la clef joue mal dans la serrure** the key doesn't fit (in) the lock very well ◆ **faire jouer un ressort** to activate ou trigger a spring ◆ **la barque jouait sur son ancre** the boat bobbed about at anchor
g (joindre mal) to fit loosely, be loose ; [bois] (travailler) to warp ◆ **la clef joue dans la serrure** the key fits loosely in the lock
h [soleil, lumière etc] to play ◆ **la lumière jouait au plafond** the light played ou danced on the ceiling
i (intervenir, s'appliquer) to apply (*pour* to) ◆ **l'âge ne joue pas** age doesn't come into it ou is of no consequence ◆ **cet argument joue à plein** this argument is entirely applicable ◆ **cette augmentation joue pour tout le monde** this rise applies to ou covers everybody ◆ **l'augmentation joue depuis le début de l'année** the rise has been operative from ou since the beginning of the year ◆ **les préférences des uns et des autres jouent finalement** different people's preferences are what matter ou what count in the end ◆ **cet élément a joué en ma faveur** this factor worked in my favour ◆ **il a fait jouer ses appuis politiques pour obtenir ce poste** he made use of his political connections to get this post ◆ **le temps joue contre lui** time is against him ou is not on his side
j LOC **jouer sur les mots** to play with words ◆ (fig) **à quoi joues-tu ?** what are you playing at ? ◆ **faire qch pour jouer** to do sth for fun ◆ **jouer serré** to play (it) tight, play a

close game ◆ **jouer perdant / gagnant** to play a losing / winning game ◆ (Tennis) **jouer petit bras** to play underarm ◆ **n'essaie pas de jouer au plus fin** ou **malin avec moi** don't try to outsmart me ◆ **jouer à qui perd gagne** to play so that the winner is the one who loses ◆ **jouer au petit soldat** to throw one's weight around (Brit) ◆ **faire jouer la corde sensible** to appeal to the emotions ◆ **jouer de malheur** ou **de malchance** to be dogged by ill luck ◆ (lit, fig) **à vous** (ou **moi** etc) **de jouer!** your (ou my etc) go! ou turn!; (Échecs) your (ou my etc) move! ◆ **bien joué!** (lit) well played!; (lit, fig) well done! ◆ **jouer avec le feu** to play with fire ◆ **il joue sur du** ou **le velours** it's plain sailing for him ◆ (fig) **jouer dans la cour des grands** to play with the big boys (fig) ou in the major league (fig)

2 vt a (Ciné, Théât) rôle to play, act; (représenter) pièce, film to put on, show ◆ **on joue « Macbeth » ce soir** "Macbeth" is on ou is being played this evening ◆ **elle joue toujours les soubrettes** she always has the maid's part ◆ (fig) [personne] **jouer un rôle** to play a part (*dans* in), put on an act; [fait, circonstance] to play a part (*dans* in) ◆ (fig) **jouer la comédie** to put on an act, put it on* ◆ **il a joué un rôle ridicule dans cette affaire** he acted like a fool ou he made himself look ridiculous in that business ◆ **la pièce se joue au théâtre X** the play is on at the X theatre ◆ (fig) **le drame s'est joué très rapidement** the tragedy happened very quickly

b (simuler) **jouer les héros / les victimes** to play the hero / the victim ◆ **jouer la surprise / le désespoir** to affect ou feign surprise / despair ◆ **il nous l'a joué macho hier*** he gave us the macho routine yesterday*, he put on the macho act yesterday*

c (Mus) concerto, valse to play ◆ **il va jouer du Bach** he is going to play (some) Bach ◆ **il joue très mal Chopin** he plays Chopin very badly

d (Jeux, Sport) partie d'échecs, de tennis to play; carte to play; pion to play, move ◆ (Ftbl) **il est interdit de jouer le ballon à la main** it is forbidden to handle the ball ◆ (Rugby) **préférer jouer le ballon à la main** to prefer to throw the ball ◆ **jouez le ballon plutôt que l'adversaire** play the ball, not your opponent ◆ **jouer atout** to play trumps ◆ **jouer un coup facile / difficile** (Sport) to play an easy / a difficult shot; (Échecs) to make an easy / a difficult move ◆ (fig) **la partie est / n'est pas jouée** it (ou things etc) has / hasn't been decided ◆ (fig) **jouer la montre** to play for time, kill the clock (US)

e (Casino) argent to stake, wager; (Courses) argent to bet, stake (*sur* on); cheval to back, bet on; (fig) fortune, possessions, réputation to wager ◆ **jouer gros jeu** ou **un jeu d'enfer** to play for high stakes ◆ **il ne joue que des petites sommes** he only places small bets ou plays for small stakes ◆ **il a joué et perdu une fortune** he gambled away a fortune ◆ **jouer sa réputation sur qch** to stake ou wager one's reputation on sth ◆ (Pol) **jouer son mandat / ministère sur qch** to stake one's re-election prospects / one's ministerial position on sth ◆ (fig: décidé) **rien n'est encore joué** nothing is settled ou decided yet ◆ **tout va se jouer demain** everything will be settled ou decided tomorrow

f (frm: tromper) personne to deceive, dupe

g (opter pour) **jouer la prudence / la sécurité** to be cautious / play safe ◆ (Pol) **jouer la carte de la solidarité / de l'alliance** to play the solidarity / alliance card

h LOC **il faut jouer le jeu** you've got to play the game ◆ **jouer franc jeu** to play fair ◆ **jouer un double jeu** to play a double game ◆ **jouer son va-tout** ou **le tout pour le tout** to stake one's all ◆ **jouer un (mauvais) tour / une farce à qn** to play a (dirty) trick / a joke on sb ◆ **cela te jouera un mauvais** ou **vilain tour** you'll get your comeuppance*, you'll be sorry for it ◆ **jouer sa dernière carte** to play one's last card ◆ **jouer la fille de l'air** to vanish into thin air

3 **jouer de** vt indir a (manier) to make use of, use ◆ **ils durent jouer du couteau / du revolver pour s'enfuir** they had to use knives / revolvers to get away ◆ **ils jouent trop facilement du couteau** they are too quick with their knives, they use knives ou the knife too readily ◆ (hum) **jouer de la fourchette** to tuck in* (Brit), dig in* ◆ **jouer des jambes*** ou **des gambettes*** ou **des flûtes**‡ to run away, take to one's heels ◆ (hum) **jouer de l'œil** ou **de la prunelle** to wink ◆ **jouer des coudes pour parvenir au bar / pour entrer** to elbow one's way to the bar / one's way in

b (utiliser) to make use of ◆ **il joue de sa maladie pour ne rien faire** he plays on his illness to get out of doing anything ◆ **jouer de son influence pour obtenir qch** to use ou make use of one's influence to get sth

4 **se jouer** vpr ◆ (frm) **se jouer de**: (tromper) **se jouer de qn** to deceive sb, dupe sb ◆ (moquer) **se jouer des lois / de la justice** to scoff at the law / at justice ◆ (triompher facilement de) **se jouer des difficultés** to make light of the difficulties ◆ **il fait tout cela en se jouant** he does it all without trying

jouet [ʒwɛ] → SYN nm a (lit) toy, plaything

b (fig) **navire qui est le jouet des vagues** ship which is the plaything of the waves ◆ **être le jouet d'une illusion / hallucination** to be the victim of an illusion / a hallucination ◆ **être / devenir le jouet du hasard** to be / become a hostage to fortune

jouette [ʒwɛt] adj (Belg) playful

joueur, joueuse [ʒwœʀ, ʒwøz] → SYN nm,f (Échecs, Mus, Sport) player; (Jeux) gambler ◆ **joueur de golf** golfer ◆ **joueur de cornemuse** (bag)piper ◆ **joueur de cartes** card player ◆ **être beau / mauvais joueur** to be a good / bad loser ◆ **sois beau joueur!** be a good sport!, be gracious in defeat! ◆ **il a un tempérament joueur, il est très joueur** [enfant, animal] he loves to play, he's very playful; [parieur] he's very keen on gambling (Brit), he's a keen gambler

joufflu, e [ʒufly] → SYN adj personne chubby-cheeked, round-faced; visage chubby

joug [ʒu] → SYN nm a (Agr, fig) yoke ◆ **tomber sous le joug de** to come under the yoke of ◆ **mettre sous le joug** to yoke, put under the yoke

b [balance] beam

c (Antiq) yoke

jouir [ʒwiʀ] → SYN ▸ conjug 2 ◂ 1 **jouir de** vt indir (frm: savourer, posséder) to enjoy ◆ **il jouissait de leur embarras évident** he delighted at ou enjoyed their evident embarrassment ◆ **jouir de toutes ses facultés** to be in full possession of one's faculties ◆ **cette pièce jouit d'une vue sur le jardin** this room commands a view of the garden ◆ **le Midi jouit d'un bon climat** the South of France has a good climate

2 vi (‡) (plaisir sexuel) to come*‡; (douleur) to suffer agonies ◆ **on va jouir!** we're going to have a hell of a time!‡, we aren't half going to have fun!* ◆ **ça me fait jouir de les voir s'empoigner** I get a great kick out of seeing them at each other's throats‡

jouissance [ʒwisɑ̃s] → SYN nf a (volupté) pleasure, enjoyment, delight; (sensuelle) sensual pleasure; (*: orgasme) climax ◆ (frm) **cela lui a procuré une vive jouissance** this afforded him intense pleasure

b (Jur: usage) use, possession; [propriété, bien] use, enjoyment ◆ **avoir la jouissance de certains droits** to enjoy certain rights

jouisseur, -euse [ʒwisœʀ, øz] → SYN 1 adj sensual

2 nm,f sensualist

jouissif, -ive‡ [ʒwisif, iv] → SYN adj great*, brilliant*

joujou, pl **joujoux** [ʒuʒu] nm (langage enfantin) toy; (*: revolver) gun ◆ **faire joujou avec une poupée** to play with a doll ◆ **elle ne l'aime pas, elle fait joujou avec lui** she's not in love with him, she's just playing with him ◆ **cette voiture est son nouveau joujou** this car is his new toy

joule [ʒul] nm joule

jour [ʒuʀ] → SYN

1 nm a (lumière) day(light); (période) day(time) ◆ **il fait jour** it is daylight ◆ **je fais ça le jour** I do it during the day ou in the daytime ◆ **voyager de jour** to travel by day ◆ **service de jour** day service ◆ (Mil) **être de jour** to be on day duty ◆ **jour et nuit** day and night ◆ **se lever avant le jour** to get up ou rise before dawn ou daybreak ◆ **un faible jour filtrait à travers les volets** a faint light filtered through the shutters ◆ **le jour entra à flots** daylight streamed ou flooded in ◆ **le jour tombe** it's getting dark ◆ **avoir le jour dans les yeux** to have the light in one's eyes ◆ (fig) **ces enfants sont le jour et la nuit** these children are as different as chalk and cheese (Brit) ou night and day ◆ (fig) **ça va mieux avec le nouveau produit? – c'est le jour et la nuit!** is it better with this new product? – there's absolutely no comparison! → **demain, grand, lumière** etc

b (espace de temps) day ◆ **quinze jours** a fortnight (Brit), two weeks ◆ **dans huit jours** in a week, in a week's time ◆ **tous les jours** every day ◆ **tous les deux jours** every other day, every two days ◆ **tous les jours que (le bon) Dieu fait** every blessed day, day in day out ◆ **c'était il y a 2 jours** it was 2 days ago ◆ **des poussins d'un jour** day-old chicks ◆ (fig) **d'un jour** célébrité, joie short-lived, fleeting ◆ **c'est à 2 jours de marche / de voiture de ...** it is a 2 days' walk / drive from ... ◆ **faire 30 jours (de prison)** to do 30 days (in jail ou inside*) ◆ **dans 2 jours** in 2 days' time, in 2 days ◆ (Prov) **les jours se suivent et ne se ressemblent pas** time goes by and every day is different, the days go by and each is different from the last

c (époque précise) day ◆ **un jour viendra où ...** a day will come when ... ◆ **le jour n'est pas loin où ...** the day is not far off when ... ◆ **un de ces jours** one of these (fine) days ◆ **à un de ces jours!** see you again sometime!, be seeing you!* ◆ **un jour il lui écrivit** one day he wrote to her ◆ **par un jour de pluie / de vent** on a rainy / windy day ◆ **le jour d'avant** the day before, the previous day ◆ **le jour d'après** the day after, the next day, the following day ◆ **le jour de Noël / de Pâques** Christmas / Easter Day ◆ **le jour du marché** market day ◆ **il m'a téléphoné l'autre jour** he phoned me the other day ◆ **prendre jour avec qn** to fix a day with sb, make a date with sb ◆ (iro) **décidément c'est mon jour!** I'm having a real day of it today! (iro), really it's just not my day today! ◆ **ce n'est vraiment pas le jour!** you (ou we etc) have picked the wrong day! (*de* ou *pour faire* to do) ◆ **le goût / la mode du jour** the style / the fashion of the day ◆ **l'homme du jour** the man of the moment ◆ **nouvelles du jour** news of the day, the day's news ◆ **un œuf du jour** a new laid egg, a freshly-laid egg ◆ **dès le premier jour** from day one, from the outset ou beginning → **cours, grand, plat**[2]

d (époque indéterminée, vie) **jours** time, days, life ◆ **la fuite des jours** the swift passage of time ◆ **finir ses jours à l'hôpital** to end one's days in hospital ◆ **attenter à / mettre fin à ses jours** to make an attempt on / put an end to one's life ◆ **nous gardons cela pour nos vieux jours / pour les mauvais jours** we're keeping that for our old age / for a rainy day ou for hard times ◆ **il faut attendre des jours meilleurs** we must wait for better times ou days ◆ **nous connaissons des jours bien anxieux** this is an anxious time for us, we're going through an anxious time ◆ **être dans un bon / mauvais jour** to be in a good / bad mood ◆ **il est dans (un de) ses bons jours / ses mauvais jours** he's having a good spell / a bad spell, it's one of his good / bad days → **beau, couler**

e (éclairage: lit, fig) light ◆ **le tableau est dans un mauvais jour** the picture is in a bad light ◆ **montrer / présenter / voir qch sous un jour favorable / flatteur** to show / present / see sth in a favourable / flattering light ◆ **jeter un jour nouveau sur** to throw (a) new light on ◆ **se présenter sous un jour favorable** [projet] to look promising ou hopeful; [personne] to show o.s. to advantage ou in a favourable light ◆ **nous le voyons maintenant sous son véritable jour** now we see him in his true colours ou see what he is really like → **faux**[2]

f (ouverture) [mur] gap, chink; [haie] gap ◆ **clôture à jour** openwork fence

g (Couture) **jour simple** openwork, drawn-threadwork ◆ **drap à jour** sheet with an openwork border ◆ **faire des jours dans un drap / dans un mouchoir** to hemstitch a sheet / handkerchief

h LOC **donner le jour à** to give birth to, bring into the world ◆ **voir le jour** [enfant] to be born, come into the world; [projet] to be born, come into being • [enfant] **venir au jour** to be born, come into the world • (révéler) **mettre au jour** to bring to light • **se faire jour** to become clear, come out* • **il se fit jour dans mon esprit** it all became clear to me, the light dawned on me • **vivre au jour le jour** (sans soucis) to live from day to day; (pauvrement) to live from hand to mouth • **(être / mettre / tenir) à jour** (to be/ bring/keep) up to date • **mise à jour** (action) updating; (résultat) update • **la mise à jour d'un compte / dossier** the updating of an account / a file • **la mise à jour d'un dictionnaire** the revision ou updating of a dictionary • **de jour en jour** day by day, from day to day • **on l'attend d'un jour à l'autre** he is expected any day (now) • **jour après jour** day after day • **(il change d'avis) d'un jour à l'autre** (he changes his mind) from one day to the next • **un jour ou l'autre** sometime or other, sooner or later • **du jour au lendemain** overnight • **cela arrive tous les jours** it happens every day, it's an everyday occurrence • **de tous les jours** everyday (épith), ordinary • **de nos jours** these days, nowadays, in this day and age • **à ce jour nous n'avons rien reçu** to date we have received nothing • (†, hum) **au jour d'aujourd'hui** in this day and age • **(à prendre) 3 fois par jour** (to be taken) 3 times a day • **il y a 2 ans jour pour jour** 2 years ago to the day

2 COMP ▷ **jour d'action de grâce(s)** Thanksgiving Day ▷ **le jour de l'An** New Year's Day ▷ **jour d'arrêt** (Mil) day of detention • **donner 8 jours d'arrêt** to give a week's detention ▷ **jour de congé** day off, holiday ▷ **jour de deuil** day of mourning ▷ **jour férié** public ou Bank holiday ▷ **jour de fête** feastday, holiday ▷ **le jour du Grand Pardon** the Day of Atonement ▷ **le jour J** D-day ▷ **jour mobile** discretionary holiday *(granted by company, boss etc)* ▷ **le jour des Morts** All Souls' Day ▷ **jour ouvrable** weekday, working day ▷ **jour ouvré** working day ▷ **le jour de la Pentecôte** Whit Sunday ▷ **jour des prix** (Scol) prize (-giving) day ▷ **jour de réception** (Admin) day of opening (to the public); [dame du monde] "at home" day • **le jour de réception du directeur est le lundi** the director is available to see people on Mondays ▷ **jour de repos** [ouvrier] day off ▷ **le jour des Rois** Epiphany, Twelfth Night ▷ **le jour du Seigneur** Sunday, the Sabbath† ▷ **jour de sortie** [domestique] day off, day out; [élève] day out ▷ **jour de travail** working day

Jourdain [ʒuʀdɛ̃] nm (fleuve) (river) Jordan

journal, pl -aux [ʒuʀnal, o] → SYN **1** nm **a** (Presse) (news)paper; (magazine) magazine; (bulletin) journal • (bureaux) **je suis passé au journal** I dropped by at the office ou paper • **dans** ou **sur le journal** in the (news)paper • **elle travaille pour le journal local** she works on ou for the local paper • **un grand journal** a big ou national (Brit) paper ou daily* • **journal du matin / du soir** morning / evening paper → **papier**

b (TV, Rad) news (bulletin) • **c'était au journal de 20 h** it was on the 8-o'clock news *(in the evening)*

c (intime) diary, journal • **tenir son journal intime** to keep a private ou personal diary

2 COMP ▷ **journal de bord** (Naut) (ship's) log; (Aviat) flight log ▷ **journal électronique** ⇒ **journal lumineux** ▷ **journal d'enfants** ou **pour enfants** children's comic ou paper ▷ **journal interne d'entreprise** in-house newsletter ▷ **journal littéraire** literary journal ▷ **journal lumineux** electronic bulletin board ▷ **journal de mode** fashion magazine ▷ **le Journal officiel (de la République française)** *bulletin issued by the French Republic giving details of laws and official announcements,* ≃ the gazette (Brit) ▷ **journal parlé** (Rad) radio news ▷ **journal sportif** sporting magazine ▷ **journal télévisé** (TV) television news

journaleux* [ʒuʀnalø] nm (péj) hack, journo*

journalier, -ière [ʒuʀnalje, jɛʀ] → SYN **1** adj (de chaque jour) travail, trajet daily (épith); (banal) existence everyday (épith), humdrum (épith) • **c'est journalier** it happens every day

2 nm (Agr) day labourer

journalisme [ʒuʀnalism] nm (métier, style) journalism • **faire du journalisme** to be in journalism, be a journalist • **journalisme d'investigation** investigative journalism

journaliste [ʒuʀnalist] → SYN nmf journalist • **journaliste sportif / parlementaire** sports / parliamentary correspondent • **journaliste d'investigation** investigative journalist • **journaliste de radio / de télévision** radio / television reporter ou journalist • **journaliste de (la) presse écrite** newspaper ou print (US) journalist • **il est journaliste à la radio** he's a reporter on the radio, he's a radio reporter

journalistique [ʒuʀnalistik] adj journalistic • **style journalistique** journalistic style; (péj) journalese (NonC)

journée [ʒuʀne] → SYN nf **a** (jour) day • **dans** ou **pendant la journée** during the day, in the daytime • **dans la journée d'hier** yesterday, in the course of yesterday • **passer sa journée / toute sa journée à faire qch** to spend the day / one's entire day doing sth • **passer des journées entières à rêver** to daydream for whole days on end • (grève) **journée d'action** day of action • **journée portes ouvertes** open day

b [ouvrier] **journée (de travail)** day's work • **journée (de salaire)** day's wages ou pay • **faire de dures journées** to put in a heavy day's work • **faire des journées** ou **aller en journée chez les autres** to work as a domestic help ou daily help • **il se fait de bonnes journées** he gets a good daily wage, he makes good money (every day) • **travailler / être payé à la journée** to work / be paid by the day • **homme de journée** day labourer • **faire la journée continue** [bureau, magasin] to remain open over lunch ou all day; [personne] to work over lunch • **la journée de 8 heures** the 8-hour day • **journée de repos** day off, rest day

c (événement) day • **journées historiques** historic days • **journées d'émeute** days of rioting • (Mil) **la journée a été chaude, ce fut une chaude journée** it was a hard struggle ou a stiff fight • **journées d'études** seminar

d (distance) **à 3 journées de voyage / de marche** 3 days' journey / walk away • **voyager à petites journées†** to travel in short ou easy stages

journellement [ʒuʀnɛlmɑ̃] adv (quotidiennement) daily; (souvent) every day

joute [ʒut] → SYN nf **a** (Hist, Naut) joust, tilt

b (fig) duel, joust, tilt • **joutes oratoires** verbal sparring match • **joutes d'esprit** battle of wits • **joutes nautiques** water tournament

jouter [ʒute] → SYN ▸ conjug 1 ◂ vi (Hist) to joust, tilt; (fig) to joust (*contre* against), spar (*contre* with)

jouteur [ʒutœʀ] → SYN nm jouster, tilter

jouvence [ʒuvɑ̃s] → SYN nf • **Fontaine de Jouvence** Fountain of Youth • **eau de jouvence** waters of youth → **bain**

jouvenceau, pl jouvenceaux [ʒuvɑ̃so] → SYN nm (††, hum) stripling††, youth

jouvencelle [ʒuvɑ̃sɛl] nf (††, hum) damsel (††, hum)

jouxter [ʒukste] → SYN ▸ conjug 1 ◂ vt to adjoin, be next to, abut on

jovial, e, mpl -iaux ou **jovials** [ʒɔvjal, jo] → SYN adj jovial, jolly • **d'humeur joviale** in a jovial mood • **avoir la mine joviale** to look jolly ou jovial

jovialement [ʒɔvjalmɑ̃] adv jovially

jovialité [ʒɔvjalite] → SYN nf joviality, jollity

jovien, -ienne [ʒɔvjɛ̃, jɛn] adj Jovian

joyau, pl joyaux [ʒwajo] → SYN nm (lit, fig) gem, jewel • **les joyaux de la couronne** the crown jewels • **c'est un joyau de l'art gothique** it's a jewel of gothic art

joyeusement [ʒwajøzmɑ̃] adv célébrer merrily, joyfully; accepter gladly, gaily

joyeuseté [ʒwajøzte] → SYN nf • (littér ou iro) **ce sont les joyeusetés de la vie en couple** these are just some of the joys ou pleasures of living together

joyeux, -euse [ʒwajø, øz] → SYN GRAMMAIRE ACTIVE 23.2, 23.3 adj **a** personne, groupe merry, joyful, joyous; repas cheerful; cris joyful, merry; musique joyful, joyous; visage joyful • **c'est un joyeux luron** ou **drille** he's a great one for laughs*, he is a jolly fellow • (Littérat) **"Les Joyeuses Commères de Windsor"** "The Merry Wives of Windsor" • **être en joyeuse compagnie** to be in merry company ou with a merry group • **mener joyeuse vie** to lead a merry life • **être d'humeur joyeuse** to be in a joyful mood • **ils étaient partis joyeux** they had set out merrily ou in a merry group • **Il était tout joyeux à l'idée de partir** he was overjoyed ou (quite) delighted at the idea of going • (iro) **c'est joyeux !*** fantastic!* (iro), brilliant!* (iro) • **ce n'est pas joyeux !*** (film etc) it's not a bundle of laughs (Brit), it's not very funny; [histoire triste etc] it's no joke!

b nouvelle joyful • **joyeux Noël !** merry ou happy Christmas! • **joyeuse fête !** many happy returns!

JT [ʒite] nm (abrév de **journal télévisé**) → **journal**

jubarte [ʒybaʀt] nf humpback whale

jubé [ʒybe] → SYN nm (clôture) jube; rood screen; (galerie) jube, rood-loft

jubilaire [ʒybilɛʀ] adj (Rel) jubilee (épith)

jubilation [ʒybilasjɔ̃] → SYN nf jubilation, exultation

jubilatoire [ʒybilatwaʀ] adj extremely enjoyable

jubilé [ʒybile] nm jubilee

jubiler* [ʒybile] ▸ conjug 1 ◂ vi to be jubilant, exult, gloat (péj)

juchée [ʒyʃe] → SYN nf (pheasant) perch

jucher vt, **se jucher** vpr [ʒyʃe] → SYN ▸ conjug 1 ◂ to perch (*sur* on, upon)

juchoir [ʒyʃwaʀ] → SYN nm perch

Juda [ʒyda] nm Judah

judaïcité [ʒydaisite] nf Jewishness

judaïque [ʒydaik] adj (loi) Judaic; (religion) Jewish

judaïser [ʒydaize] ▸ conjug 1 ◂ vt to Judaize

judaïsme [ʒydaism] nm Judaism

judaïté [ʒydaite] nf Jewishness

judas [ʒyda] → SYN nm (fourbe) Judas; (Archit) judas hole • (Bible) **Judas** Judas • **le baiser de Judas** the kiss of Judas

Jude [ʒyd] nm Jude

Judée [ʒyde] nf Judaea ou Judea

judéité [ʒydeite] nf ⇒ **judaïté**

judéo-allemand, e, mpl **judéo-allemands** [ʒydeoalmɑ̃, ɑ̃d] adj, nm Yiddish

judéo-arabe, pl **judéo-arabes** [ʒydeoaʀab] adj, nmf Judaeo-Arab (Brit), Judeo-Arab (US)

judéo-chrétien, -ienne, mpl **judéo-chrétiens** [ʒydeokʀetjɛ̃, jɛn] adj, nmf Judaeo-Christian (Brit), Judeo-Christian (US)

judéo-christianisme [ʒydeokʀistjanism] nm Judaeo-Christianity (Brit), Judeo-Christianity (US)

judéo-espagnol, e mpl **judéo-espagnols** [ʒydeoɛspaɲɔl] adj, nm Judaeo-Spanish (Brit) Judeo-Spanish (US)

judicature [ʒydikatyʀ] nf judicature

judiciaire [ʒydisjɛʀ] → SYN **1** adj judicial • **pouvoir judiciaire** judicial power • **poursuites judiciaires** judicial ou legal proceedings • **vente judiciaire** sale by order of the court • **enquête judiciaire** judicial inquiry legal examination • **actes judiciaires et extrajudiciaires** judicial and extrajudicial documents → **casier, erreur**

2 nm • **le judiciaire** the judiciary

judiciairement [ʒydisjɛʀmɑ̃] adv judicially

judicieusement [ʒydisjøzmɑ̃] adv judiciously

judicieux, -ieuse [ʒydisjø, jøz] → SYN adj judicious • **faire un emploi judicieux de son temps** to use one's time judiciously, make judicious use of one's time

Judith [ʒydit] nf Judith

judo [ʒydo] → SYN nm judo

judoka [ʒydɔka] nmf judoka

jugal, e mpl **-aux** [ʒygal, o] adj jugal

juge [ʒyʒ] → SYN **1** nm (Jur, Rel, Sport, fig) judge ◆ **oui, Monsieur le Juge** yes, your Honour ◆ **(madame) / (monsieur) le juge X** Mrs / Mr Justice X ◆ **prendre qn pour juge** to appeal to sb's judgment, ask sb to be (the) judge ◆ **être bon / mauvais juge** to be a good / bad judge (*en matière de* of) ◆ **être à la fois juge et partie** to be both judge and judged ◆ **je vous fais juge (de tout ceci)** I'll let you be the judge (of it all) ◆ **se faire juge de ses propres actes / de qch** to be the judge of one's own actions / of sth ◆ **il est seul juge en la matière** he is the only one who can judge ◆ **aller devant le juge** to go before the judge ◆ (Bible) **le livre des Juges** the Book of Judges

2 COMP ▷ **juge de l'application des peines** *judge responsible for overseeing the terms and conditions of a prisoner's sentence* ▷ **juge d'arrivée** (Sport) finishing judge ▷ **juge aux affaires matrimoniales** divorce court judge ▷ **juge consulaire** *judge in a commercial court* ▷ **juge de fond** (Tennis) foot-fault judge ▷ **juge des** ou **pour enfants** children's judge, ≃ juvenile magistrate (Brit) ▷ **juge de filet** (Tennis) net-call judge ▷ **juge d'instance** justice of the peace, magistrate ▷ **juge d'instruction** examining judge ou magistrate (Brit), committing magistrate (US) ▷ **juge de ligne** (Tennis) line judge, linesman ▷ **juge de paix**† ⇒ **juge d'instance** ◆ (fig) **cette épreuve sera le juge de paix** this test will be the determining factor ou will determine the outcome ▷ **juge de touche** (Rugby) touch judge, linesman ; (Ftbl) linesman

jugé [ʒyʒe] nm ◆ **au jugé** (lit, fig) by guesswork ◆ **tirer au jugé** to fire blind ◆ **faire qch au jugé** to do sth by guesswork

jugeable [ʒyʒabl] adj (Jur) subject to judgment in court ◆ (évaluable) **difficilement jugeable** difficult to judge

juge-arbitre, pl **juges-arbitres** [ʒyʒaʀbitʀ] nm referee

juge-commissaire, pl **juges-commissaires** [ʒyʒkɔmisɛʀ] nm Official Receiver

jugement [ʒyʒmɑ̃] → SYN nm **a** (Jur : décision, verdict) [affaire criminelle] sentence ; [affaire civile] decision, award ◆ **prononcer** ou **rendre un jugement** to pass sentence ◆ **passer en jugement** to be brought for ou stand trial ◆ **faire passer qn en jugement** to put sb on trial ◆ **poursuivre qn en jugement** to sue sb, take legal proceedings against sb ◆ **on attend le jugement du procès** we (ou they) are awaiting the verdict ◆ **jugement par défaut** judgment by default ◆ **jugement déclaratoire** declaratory judgment ◆ **détention sans jugement** detention without trial

b (opinion) judgment, opinion ◆ **jugement de valeur** value judgment ◆ **exprimer / formuler un jugement** to express / formulate an opinion ◆ **porter un jugement (sur)** to pass judgment (on) ◆ **s'en remettre au jugement de qn** to defer to sb's judgment ◆ **jugement préconçu** prejudgment, preconception

c (discernement) judgment ◆ **avoir du / manquer de jugement** to have / lack (good) judgment ◆ **on peut faire confiance à son jugement** you can trust his judgment ◆ **il a une grande sûreté de jugement** he has very sound judgment

d (Rel) judgment ◆ **le jugement de Dieu** the will of the Lord ; (Hist) the Ordeal ◆ **le Jugement dernier** the Last Judgment, Doomsday ◆ **le jugement de Salomon** the wisdom of Solomon

jugeote* [ʒyʒɔt] nf commonsense, gumption* (Brit) ◆ **ne pas avoir deux sous de jugeote** to have not an ounce of commonsense, have no gumption* (Brit) ◆ **(aie) un peu de jugeote !** use your head ! ou loaf !*, wise up !⁑ (surtout US)

juger [ʒyʒe] → SYN ▸ conjug 3 ◂ **1** vt **a** (Jur) affaire to judge, try ; accusé to try ◆ **le tribunal jugera** the court will decide ◆ **être jugé pour meurtre** to be tried for murder ◆ **le jury a jugé qu'il n'était pas coupable** the jury found him not guilty ◆ **l'affaire doit se juger à l'automne** the case is to come before the court ou is to be heard in the autumn

b (décider, statuer) to judge, decide ◆ **à vous de juger (ce qu'il faut faire / si c'est nécessaire)** it's up to you to decide ou to judge (what must be done / whether ou if it is necessary) ◆ **juger un différend** to arbitrate in a dispute

c (apprécier) livre, film, personne, situation to judge ◆ **juger qn sur la mine / d'après les résultats** to judge sb by his appearance / by ou on his results ◆ **il ne faut pas juger d'après les apparences** you must not judge from ou go by appearances ◆ **juger qch / qn à sa juste valeur** to judge sth / sb at its / his real value ◆ **juger bien / mal les gens** to be a good / bad judge of character ◆ **jugez combien j'étais surpris** ou **si ma surprise était grande** imagine how surprised I was ou what a surprise I got

d (estimer) **juger qch / qn ridicule** to consider ou find ou think sth / sb ridiculous ◆ **juger que** to think ou consider that ◆ **nous la jugeons stupide** we consider her stupid, we think she's stupid ◆ **pourquoi est-ce que vous me jugez mal ?** why do you think badly of me?, why do you have a low opinion of me ? ◆ **si vous le jugez bon** if you think it's a good idea ou it's advisable ◆ **juger bon / malhonnête de faire** to consider it a good thing ou advisable / dishonest to do ◆ **il se jugea perdu** he thought ou considered himself lost ◆ **il se juge capable de le faire** he thinks ou reckons he is capable of doing it ◆ **je n'ai pas jugé utile de la prévenir** I didn't think it was worth telling her (about it)

2 **juger de** vt indir to appreciate, judge ◆ **si j'en juge par mon expérience / mes sentiments** judging by ou if I (can) judge by my experience / my feelings ◆ **à en juger par** judging by, to judge by ◆ **à en juger par ce résultat, il ...** if this result is any indication, he ... ◆ **lui seul peut juger de l'urgence** only he can appreciate the urgency, only he can tell how urgent it is ◆ **autant que je puisse en juger** as far as I can judge ◆ **jugez de ma surprise !** imagine my surprise !

3 nm ◆ **au juger** ⇒ **au jugé** ; → **jugé**

jugulaire [ʒygylɛʀ] → SYN **1** adj veines, glandes jugular ◆ (hum) **il est jugulaire jugulaire*** he's a stickler for the rules

2 nf **a** (Mil) chin strap

b (Anat) jugular vein

juguler [ʒygyle] → SYN ▸ conjug 1 ◂ vt maladie to arrest, halt ; envie, désirs to suppress, repress ; inflation to curb, stamp out ; révolte to put down, quell, repress ; personne to stifle, sit upon*

juif, juive [ʒɥif, ʒɥiv] → SYN **1** adj Jewish

2 nm Jew ◆ (Littérat) **le Juif errant** the Wandering Jew

3 **juive** nf Jew, Jewish woman, Jewess† (péj)

juillet [ʒɥijɛ] nm July ◆ **la révolution / monarchie de Juillet** the July revolution / monarchy ; pour autres loc voir **septembre** et **quatorze**

juilletiste [ʒɥijɛtist] nmf July holiday-maker (Brit) ou vacationer (US)

juin [ʒɥɛ̃] nm June ; pour loc voir **septembre**

juive [ʒɥiv] → **juif**

juiverie [ʒɥivʀi] nf ◆ (péj) **la juiverie** the Jews, the Jewish people

jujube [ʒyʒyb] nm (fruit, pâte) jujube

jujubier [ʒyʒybje] nm jujube (tree)

juke-box, pl **juke-boxes** [ʒykbɔks] nm jukebox

julep [ʒylɛp] nm julep

jules [ʒyl] nm **a** (nom) **Jules** Julius ; (* : amoureux) man, bloke* (Brit), guy* ; (⁑ : proxénète) pimp, ponce⁑ ◆ **Jules César** Julius Caesar

b (* : vase de nuit) chamberpot, jerry⁑ (Brit)

julien, -ienne [ʒyljɛ̃, jɛn] **1** adj (Astron) Julian

2 nm ◆ **Julien** Julian

3 **julienne** nf **a** **Julienne** Juliana, Gillian

b (Culin) (légumes) julienne ; (poisson) ling

c (Bot) rocket

Juliette [ʒyljɛt] nf Juliet

jumeau, -elle, mpl **jumeaux** [ʒymo, ɛl] → SYN

1 adj lit, frère, sœur twin ◆ **c'est mon frère jumeau** he is my twin (brother) ◆ **fruits jumeaux** double fruits ◆ **maisons jumelles** semidetached houses ◆ **muscles jumeaux** gastrocnemius (sg)

2 nm,f **a** (personne) twin ◆ **vrais / faux jumeaux, vraies / fausses jumelles** identical / fraternal twins

b (sosie) double ◆ **c'est mon jumeau / ma jumelle** he's / she's my double ◆ **j'aimerais trouver le jumeau de ce vase ancien** I'd like to find the partner to this antique vase

3 nm (Culin) clod of beef

4 **jumelle** nf **a** (Optique) binoculars ◆ **jumelles de spectacle** ou **théâtre / de campagne** opera / field glasses ◆ **jumelle marine** binoculars

b [mât] fish ◆ (Aut) **jumelle de ressort** shackle

jumelage [ʒym(ə)laʒ] → SYN nm twinning

jumelé, e [ʒym(ə)le] (ptp de **jumeler**) adj ◆ **colonnes jumelées** twin pillars ◆ **roues jumelées** double wheels ◆ (loterie) **billets jumelés** double series ticket ◆ **vergue jumelée** twin yard ◆ **mât jumelé** twin mast ◆ **villes jumelées** twin towns ◆ [deux villes] **être jumelé** to be twin towns ◆ **cette ville est jumelée avec ...** this town is twinned with ... ◆ (Course) **pari jumelé** dual forecast *(for first and second place in the same race)*

jumeler [ʒym(ə)le] → SYN ▸ conjug 4 ◂ vt villes to twin ; efforts to join ; mâts, poutres to double up, fish (spéc)

jumelle [ʒymɛl] → SYN → **jumeau**

jument [ʒymɑ̃] → SYN nf mare

jumping [dʒœmpiŋ] nm (gén) jumping ; (concours équestre) show jumping

jungle [ʒœ̃gl] nf (lit, fig) jungle ◆ **la jungle des affaires** the jungle of the business world, the rat race of business → **loi**

junior [ʒynjɔʀ] → SYN **1** adj (Comm, Sport, hum) junior ◆ **Dupont junior** Dupont junior ◆ **équipe junior** junior team ◆ **mode junior** young ou junior fashion

2 nmf (Sport) junior

junkie [dʒœnki] adj, nmf (arg Drogue) junkie

Junon [ʒynɔ̃] nf Juno

junonien, -ienne [ʒynɔnjɛ̃, jɛn] adj Junonian

junte [ʒœ̃t] nf junta

jupe [ʒyp] → SYN **1** nf (Habillement, Tech) skirt ◆ **jupe plissée / droite** pleated / straight skirt ◆ **jupes** skirts ◆ (fig) **être toujours dans les jupes de sa mère** to cling to one's mother's apron strings ◆ **il est toujours dans mes jupes** he's always under my feet

2 COMP ▷ **jupe portefeuille** wrap-around skirt

jupe-culotte, pl **jupes-culottes** [ʒypkylɔt] nf culotte, culottes, divided skirt

jupette [ʒypɛt] nf (short) skirt

Jupiter [ʒypitɛʀ] **1** nm (Myth) Jove, Jupiter → **cuisse**

2 nf (Astron) Jupiter

jupitérien, -ienne [ʒypiteʀjɛ̃, jɛn] adj (Astron) Jovian

jupon [ʒypɔ̃] nm **a** (Habillement) waist petticoat ou slip, underskirt

b (fig † : femme) bit of skirt* ◆ **aimer le jupon** to love anything in a skirt → **courir**

juponné, e [ʒypɔne] (ptp de **juponner**) adj robe with an underskirt

juponner [ʒypɔne] ▸ conjug 1 ◂ vt jupe, robe to fit with an underskirt

Jura [ʒyʀa] nm ◆ **le Jura** the Jura (Mountains)

jurassien, -ienne [ʒyʀasjɛ̃, jɛn] **1** adj of the Jura Mountains, Jura (épith)

2 nm,f ◆ **Jurassien(ne)** inhabitant ou native of the Jura Mountains

jurassique [ʒyʀasik] adj, nm Jurassic

juré, e [ʒyʀe] → SYN (ptp de **jurer**) **1** adj (qui a prêté serment) sworn ◆ (fig) **ennemi juré** sworn enemy

2 nm juror, juryman ◆ **Messieurs les jurés apprécieront** the members of the jury will bear that in mind ◆ **être convoqué comme juré** to have to report for jury duty

3 **jurée** nf juror, jurywoman

jurer [ʒyʀe] → SYN ▸ conjug 1 ◂ **1** vt **a** (promettre, prêter serment) to swear, vow ◆ **jurer fidélité / obéissance / amitié à qn** to swear ou pledge loyalty / obedience / friendship to sb ◆ **jurer la perte de qn** to swear to ruin sb ou bring about sb's downfall ◆ **je jure que je me vengerai** I swear ou vow I'll get ou have my revenge ◆ **faire jurer à qn de garder le**

secret to swear ou pledge sb to secrecy ◆ **jure-moi que tu reviendras** swear (to me) you'll come back ◆ **« levez la main droite et dites je le jure »** "raise your right hand and say I swear" ◆ **jurer sur la Bible / sur la croix / (devant) Dieu** to swear on the Bible / on the cross / to God ◆ **jurer sur la tête de ses enfants** ou **de sa mère** to swear by all that one holds dearest ou with one's hand on one's heart ◆ **il jurait ses grands dieux qu'il n'avait rien fait** he swore blind* ou by all the gods† ou to heaven that he hadn't done anything ◆ **je vous jure que ce n'est pas facile** I can tell you ou assure you that it isn't easy ◆ **ah ! je vous jure !** honestly ! ◆ **il faut de la patience, je vous jure, pour la supporter !** it takes ou you need patience, I can assure you, to put up with her

b (admiration) **on ne jure plus que par lui** everyone swears by him ◆ **on ne jure plus que par ce nouveau remède** everyone swears by this new medicine

2 **jurer de** vt indir to swear to ◆ **j'en jurerais** I could swear to it, I'd swear to it ◆ **je suis prêt à jurer de son innocence** I'm willing to swear to his innocence ◆ (Prov) **il ne faut jurer de rien** you never can tell

3 vi a (pester) to swear, curse ◆ **jurer après** ou **contre qch / qn** to swear ou curse at sth / sb ◆ **jurer comme un charretier** to swear like a trooper

b (couleurs) to clash, jar ; (propos) to jar

4 **se jurer** vpr a (à soi-même) to vow to o.s., promise o.s. ◆ **il se jura bien que c'était la dernière fois** he vowed it was the last time

b (réciproquement) to pledge (to) each other, swear, vow ◆ **ils se sont juré un amour éternel** they pledged ou vowed ou swore (each other) eternal love

juridiction [ʒyʀidiksjɔ̃] → SYN nf a (compétence) jurisdiction ◆ **hors de / sous sa juridiction** beyond / within his jurisdiction ◆ **exercer sa juridiction** to exercise one's jurisdiction ◆ **tombant sous la juridiction de** falling ou coming within the jurisdiction of

b (tribunal) court(s) of law

juridictionnel, -elle [ʒyʀidiksjɔnɛl] adj jurisdictional

juridique [ʒyʀidik] → SYN adj legal, juridical ◆ **études juridiques** law ou legal studies

juridiquement [ʒyʀidikmɑ̃] adv juridically, legally

juridisme [ʒyʀidism] → SYN nm legalism

jurisconsulte [ʒyʀiskɔ̃sylt] → SYN nm jurisconsult

jurisprudence [ʒyʀispʀydɑ̃s] → SYN nf ◆ **la jurisprudence** (source de droit) ≃ case law, jurisprudence ; (décisions) precedents, judicial precedent ◆ **faire jurisprudence** to set a precedent ◆ **cas qui fait jurisprudence** test case

jurisprudentiel, -ielle [ʒyʀispʀydɑ̃sjɛl] adj jurisprudential

juriste [ʒyʀist] → SYN nm (compagnie) lawyer ; (auteur, légiste) jurist ◆ **un esprit de juriste** a legal turn of mind

juron [ʒyʀɔ̃] → SYN nm oath, curse, swearword ◆ **dire des jurons** to swear, curse

jury [ʒyʀi] → SYN nm (Jur) jury ; (Art, Sport) panel of judges ; (Scol) board of examiners, jury ◆ (Jur) **président du jury** foreman of the jury ◆ (Jur) **membre du jury** member of the jury, juror ◆ (Univ) **jury de thèse** Ph.D. examining board ou committee (US)

jus [ʒy] → SYN nm a (liquide) juice ◆ **jus de fruit** fruit juice ◆ **jus de raisin** grape juice ◆ **jus de viande** juice(s) from the meat, ≃ gravy ◆ **plein de jus** juicy ◆ **jus de la treille*** juice of the vine (hum), wine → **cuire, jeter, mijoter** etc

b (*) (café) coffee ; (courant) juice* ; (discours, article) talk ◆ **c'est un jus infâme** it's a foul brew* ◆ **au jus !** coffee's ready!, coffee's up!* ◆ (péj) **jus de chaussette** dishwater (fig)

c (*loc) **jeter / tomber au jus** ou **dans le jus** to throw / fall into the water ou drink* ◆ **au jus !** (en poussant qn) into the water with him!, in he goes! ; (en y allant) here I come !

d (arg Mil) **soldat de 1er jus** ≃ lance corporal (Brit) ◆ **soldat de 2e jus** ≃ private ◆ **c'est du 8 au jus** only a week to go (to the end of military service)

jusant [ʒyzɑ̃] → SYN nm ebb tide

jusqu'au-boutisme [ʒyskobutism] → SYN nm (politique) hard-line policy ; (attitude) extremist attitude

jusqu'au-boutiste, pl **jusqu'au-boutistes** [ʒyskobutist] nmf extremist, hard-liner ◆ **c'est un jusqu'au-boutiste** he takes things to the bitter end, he always goes the whole hog*

jusque [ʒysk(ə)] → SYN

1 prép a (lieu) **jusqu'à la, jusqu'au** to, as far as, (right) up to, all the way to ◆ **j'ai couru jusqu'à la maison / l'école** I ran all the ou right the way home / to school ◆ **j'ai marché jusqu'au village puis j'ai pris le car** I walked to ou as far as the village then I took the bus ◆ **ils sont montés jusqu'à 2 000 mètres** they climbed up to 2,000 metres ◆ **il s'est avancé jusqu'au bord du précipice** he walked (right) up to the edge of the precipice ◆ **il a rampé jusqu'à nous** he crawled up to us ◆ **il avait de la neige jusqu'aux genoux** he had snow up to his knees, he was knee-deep in snow ◆ **la nouvelle est venue jusqu'à moi** the news has reached me ◆ (fig) **il menace d'aller jusqu'au ministre** he's threatening to go right to the minister

b (temps) **jusqu'à, jusqu'en** until, till, up to ◆ **jusqu'en mai** until May ◆ **jusqu'à samedi** until Saturday ◆ **du matin jusqu'au soir** from morning till night ◆ **jusqu'à 5 ans il vécut à la campagne** he lived in the country until ou up to the age of 5 ◆ **les enfants restent dans cette école jusqu'à (l'âge de) 10 ans** (the) children stay at this school until they are 10 ou until the age of 10 ◆ **marchez jusqu'à ce que vous arriviez à la mairie** walk until you reach the town hall, walk as far as the town hall ◆ **rester jusqu'au bout** ou **à la fin** to stay till ou to the end ◆ **de la Révolution jusqu'à nos jours** from the Revolution (up) to the present day

c (limite) **jusqu'à 20 kg** up to 20 kg, not exceeding 20 kg ◆ **véhicule transportant jusqu'à 15 personnes** vehicle which can carry up to ou as many as 15 people ◆ **pousser l'indulgence jusqu'à la faiblesse** to carry indulgence to the point of weakness ◆ **aller jusqu'à dire / faire** to go so far as to say / do ◆ **j'irai bien jusqu'à lui prêter 50 F** I am prepared to lend him ou I'll go as far as to lend him 50 francs ◆ **j'irai jusqu'à 100** I'll go as far as ou up to 100 ◆ **je n'irais pas jusqu'à faire ça** I wouldn't go so far as to do that

d (y compris) even ◆ **il a mangé jusqu'aux arêtes** he ate everything including ou even the bones, he ate the lot – bones and all ◆ **ils ont regardé jusque sous le lit** they even looked under the bed ◆ **tous jusqu'au dernier l'ont critiqué** they all criticized him to a man, every single ou last one of them criticized him

e (avec prép ou adv) **accompagner qn jusque chez lui** to take ou accompany sb (right) home ◆ **veux-tu aller jusque chez le boucher pour moi ?** would you go (along) to the butcher's for me ? ◆ **jusqu'où ?** how far ? ◆ **jusqu'à quand ?** until when ?, how long ? ◆ **jusqu'à quand restez-vous ?** how long ou till when are you staying ? ◆ **jusqu'ici** (temps présent) so far, until now ; (au passé) until then ; (lieu) up to ou as far as here ◆ **jusque-là** (temps) until then ; (lieu) up to there ◆ **jusqu'alors, jusques alors** until then ◆ **en avoir jusque-là*** to be sick and tired (*de* of), be fed up to the (back) teeth* (*de* with) (Brit) ◆ **j'en ai jusque-là !** I'm sick and tired of it !, I've had about as much as I can take ! ◆ **s'en mettre jusque-là*** to stuff o.s. to the gills* ◆ **jusqu'à maintenant, jusqu'à présent** until now, so far ◆ **jusque (très) tard** until (very) late ◆ **jusque vers 9 heures** until about 9 o'clock

f LOC **jusqu'au bout** to the (very) end ◆ **jusqu'à concurrence de 100 F** to the amount of 100 francs ◆ **vrai jusqu'à un certain point** true up to a certain point ◆ **jusqu'au fond** to the (very) bottom ◆ **elle a été touchée jusqu'au fond du cœur** she was most deeply touched ◆ **rougir jusqu'aux oreilles** to blush to the roots of one's hair ◆ **il avait un sourire jusqu'aux oreilles** he was grinning ou beaming from ear to ear

◆ (Admin) **jusqu'à nouvel ordre** until furthe notice ◆ **jusqu'à plus ample informé** unti further information is available, pendin further information ◆ **tu vois jusqu'à que point tu t'es trompé** you see how wrong yo were ◆ **jusqu'au moment où** until, till ◆ **fair qch jusqu'à plus soif*** to do sth until one ha had more than enough ◆ **jusqu'à la gauche** to the (bitter) end

2 adv ◆ **jusque(s) et y compris** up to an including ◆ **jusqu'à** (même) even ◆ **j'ai v jusqu'à des enfants tirer sur des soldats** I ever saw children shooting at soldiers ◆ **il n'es pas jusqu'au paysage qui n'ait changé** the very landscape ou even the landscape has changed

3 conj ◆ **jusqu'à ce que, jusqu'à tant que** unti ◆ **sonnez jusqu'à ce que l'on vienne ouvri** ring until someone answers the door ◆ **i faudra le lui répéter jusqu'à ce** ou **jusqu'à tan qu'il ait compris** you'll have to keep on tell ing him until he has understood

jusques [ʒysk(ə)] (†, littér) ⇒ **jusque**

jusquiame [ʒyskjam] nf henbane

jussiée [ʒysje] nf primrose willow

justaucorps [ʒystokɔʀ] nm (Hist) jerkin ; [gymnaste] leotard

juste [ʒyst] → SYN GRAMMAIRE ACTIVE 26.3, 26.6

1 adj a (équitable) personne, notation just, fair ; sentence, guerre, cause just ◆ **être juste pour** ou **envers** ou **à l'égard de qn** to be fair to sb ◆ **c'est un homme juste** he is a just man ◆ **il faut être juste** one must be fair ◆ **pour être juste envers lui** in fairness to him, to be fair to him ◆ **il n'est pas juste de l'accuser** it is unfair to accuse him ◆ **par un juste retour des choses** by a fair ou just twist of fate

b (légitime) revendication, vengeance, fierté just ; colère righteous, justifiable ◆ **à juste titre** justly, rightly ◆ **il en est fier, et à juste titre** he's proud of it and rightly ou understandably so ◆ **la juste récompense de son travail** the just reward for his work

c (exact) addition, réponse, heure right, exact ◆ **à l'heure juste** right on time, dead on time* (Brit) ◆ **à 6 heures justes** on the stroke of 6, dead on 6 o'clock* ◆ **apprécier qch à son juste prix / sa juste valeur** to appreciate the true price / the true worth of sth ◆ **le juste milieu** the happy medium, the golden mean ; (Pol) the middle course ou way

d (pertinent, vrai) idée, raisonnement sound ; remarque, expression apt ◆ **il a dit des choses très justes** he made some pertinent points, he said some very sound things ◆ **très juste !** good point !, quite right ! ◆ **c'est juste** that's right, that's a fair point

e (qui apprécie avec exactitude) appareil, montre accurate, right (attrib) ; esprit sound ; balance accurate, true ; coup d'œil appraising ; oreille good

f (Mus) note right, true ; voix true ; instrument in tune (attrib), well-tuned ◆ **il a une voix juste** he has a true voice, he sings in tune ◆ **quinte juste** perfect fifth

g (trop court, étroit) vêtement, chaussure tight ; (longueur, hauteur) on the short side ◆ (quantité) **1 kg pour 6 – c'est un peu juste** 1 kg for 6 people – it's barely enough ou it's a bit on the short ou skimpy side ◆ **3 heures pour faire cette traduction – c'est juste** 3 hours to do that translation – it's barely (allowing) enough ◆ **elle n'a pas raté son train mais c'était juste** she didn't miss her train but it was a close thing

h (excl) **juste ciel !†** heavens (above) ! ◆ **juste Dieu !†** almighty God !, ye Gods !

2 adv a (avec exactitude) compter, viser accurately ; raisonner soundly ; deviner rightly, correctly ; chanter in tune ◆ **tomber juste** (deviner) to say just the right thing, hit the nail on the head ◆ **division qui tombe juste** division which works out exactly ◆ **la pendule va juste** the clock is keeping good time

b (exactement) just, exactly ◆ **juste au-dessus** just above ◆ **juste au coin** just on ou round the corner ◆ **il a dit juste ce qu'il fallait** he said exactly ou just what was needed ◆ **c'est juste le contraire** it's exactly ou just the opposite ◆ **juste au moment où j'entrais, il sortait** (just) at the very moment when I was coming in, he was going out ◆ **je suis arrivé juste quand / comme il sortait** I arrived

just when/as he was leaving ◆ **j'ai juste assez** I have just enough ◆ **3 kg juste** 3 kg exactly
c (seulement) only, just ◆ **j'ai juste à passer un coup de téléphone** I only ou just have to make a telephone call ◆ **il est parti il y a juste un moment** he left just ou only a moment ago
d **(un peu) juste** compter, prévoir not quite enough, too little ◆ **il est arrivé un peu juste** ou **bien juste** he cut it a bit too fine* (Brit) ou close, he arrived at the last minute ◆ **il a mesuré trop juste** he didn't allow quite enough, he cut it a bit too fine* (Brit)
e LOC **que veut-il au juste ?** what exactly does he want? ou is he after?*, what does he actually want? ◆ **au plus juste prix** at the lowest ou minimum price ◆ **calculer au plus juste** to work things out to the minimum ◆ **comme de juste*** as usual, of course, naturally ◆ **comme de juste il pleuvait !** and of course ou inevitably it was raining! ◆ **tout juste** (seulement) only just; (à peine) hardly, barely; (exactement) exactly ◆ **c'est tout juste s'il ne m'a pas frappé** he almost hit me ◆ **son livre vaut tout juste la peine qu'on le lise** his book is barely worth reading ◆ **c'est tout juste passable** it's just ou barely passable ◆ **avoir la conscience du juste** to have a clear ou an untroubled conscience
3 nm (Rel) just man ◆ **les justes** (gén) the just; (Rel) the righteous → **dormir**

justement [ʒystəmɑ̃] adv **a** (précisément) exactly, just, precisely ◆ **il ne sera pas long, justement, il arrive** he won't be long, in fact he's just coming ◆ **on parlait justement de vous** we were just talking about you
b (à plus forte raison) **puisque vous me l'interdisez ... eh bien, justement je le lui dirai** since you forbid me to ... just for that I'll tell him
c (avec justesse, justice) raisonner, remarquer rightly, justly, soundly ◆ **justement puni** justly punished ◆ **justement inquiet / fier** justifiably anxious/proud ◆ **comme l'a rappelé fort justement l'orateur précédent** as the previous speaker has quite rightly pointed out

justesse [ʒystɛs] → SYN nf **a** (exactitude) [appareil, montre, balance, tir] accuracy, precision; [calcul] accuracy, correctness; [réponse, comparaison, observation] exactness; [coup d'œil, oreille] accuracy
b [note, voix, instrument] accuracy
c (pertinence) [idée, raisonnement] soundness; [remarque, expression] aptness, appropriateness ◆ **on est frappé par la justesse de son esprit** one is struck by the soundness of his judgment ou by how sound his judgment is
d LOC **de justesse** just, barely ◆ **gagner de justesse** to win by a narrow margin ◆ **j'ai évité l'accident de justesse** I barely ou only just escaped an accident, I avoided the accident by a hair's breadth, I had a narrow escape ◆ **il s'en est tiré de justesse** he got out of it by the skin of his teeth ◆ **il a eu son examen de justesse** he only just passed his exam, he scraped through his exam

justice [ʒystis] → SYN nf **a** (équité) fairness, justice ◆ **en bonne** ou **toute justice** in all fairness ◆ **on lui doit cette justice que ...** it must be said in fairness to him that ... ◆ **ce n'est que justice qu'il soit récompensé** it's only fair ou just that he should have his reward ◆ **il a la justice pour lui** justice is on his side ◆ **traiter qn avec justice** to treat sb justly ou fairly ◆ **justice sociale** social justice
b (fait de juger) justice ◆ **exercer la justice** to exercise justice ◆ **passer en justice** to stand trial ◆ **les décisions de la justice** judicial ou juridical decisions ◆ **aller en justice** to take a case to court ◆ **demander / obtenir justice** to demand/obtain justice ◆ **être traduit en justice** to be brought before the court(s) ◆ **justice de paix†** court of first instance ◆ (Rel, Philos) **justice immanente** immanent justice ◆ (fig) **sans le vouloir, il s'est puni lui-même, il y a une sorte de justice immanente** there's a sort of poetic justice in the fact that, without meaning to, he punished himself → **déni, palais,** etc
c (loi) **la justice** the law ◆ **la justice le recherche** he is wanted by the law ◆ **il a eu des démêlés avec la justice** he's had a brush ou he's had dealings with the law ◆ **la justice de notre pays** the law of our country ◆ **c'est du ressort de la justice militaire** it comes under military law
d **rendre justice à qn** to do sb justice ◆ **rendre la justice** to dispense justice ◆ **faire justice de qch** (récuser) to refute sth; (réfuter) to disprove sth ◆ **il a pu faire justice des accusations** he was able to refute the accusations ◆ **se faire justice** (se venger) to take the law into one's own hands, take (one's) revenge; (se suicider) to take one's life ◆ **il faut lui rendre cette justice qu'il n'a jamais cherché à nier** we must do him justice in one respect and that is that he's never tried to deny it, in fairness to him it must be said that he's never tried to deny it ◆ **on n'a jamais rendu justice à son talent** his talent has never had fair ou due recognition

justiciable [ʒystisjabl] **1** adj ◆ **criminel justiciable de la cour d'assises** criminal subject to the criminal court ou to trial in the assizes ◆ (fig) **l'homme politique est justiciable de l'opinion publique** politicians are answerable to public opinion ◆ (fig) **situation justiciable de mesures énergiques** situation where strong measures are indicated ou required, situation requiring strong measures
2 nmf (Jur) *person subject to trial* ◆ **les justiciables** those to be tried

justicier, -ière [ʒystisje, jɛʀ] → SYN nm,f **a** (gén) upholder of the law, dispenser of justice
b (Jur ††) dispenser of justice

justifiable [ʒystifjabl] → SYN adj justifiable ◆ **cela n'est pas justifiable** that is unjustifiable, that can't be justified

justificateur, -trice [ʒystifikatœʀ, tʀis] adj raison, action justificatory, justifying

justificatif, -ive [ʒystifikatif, iv] → SYN **1** adj démarche, document supporting, justificatory ◆ **pièce justificative** written proof ou evidence
2 nm (preuve) written proof, documentary evidence

justification [ʒystifikasjɔ̃] → SYN nf **a** (explication) justification ◆ **justification de la guerre** justification of war ◆ **fournir des justifications** to give some justification
b (preuve) proof
c (Typ) justification

justifier [ʒystifje] → SYN ▸ conjug 7 ◂ **1** vt **a** (légitimer) personne, attitude, action to justify ◆ **rien ne justifie cette colère** such anger is quite unjustified
b (donner raison) opinion to justify, bear out, vindicate; espoir to justify ◆ **ça justifie mon point de vue** it bears out ou vindicates my opinion ◆ **justifier qn d'une erreur** to clear sb of having made a mistake ◆ **les faits ont justifié son inquiétude** events justified his anxiety ◆ **des craintes parfaitement justifiées** perfectly ou quite justified fears
c (prouver) to prove, justify ◆ **pouvez-vous justifier ce que vous affirmez ?** can you justify ou prove your assertions? ◆ **cette quittance justifie du paiement** this invoice is evidence ou proof of payment
d (Typ) to justify ◆ **justifier à droite / gauche** to justify right/left, right(-)/left(-)justify
2 **justifier de** vt indir to prove ◆ **justifier de son identité** to prove one's identity ◆ **justifier de sa domiciliation** to show proof of one's address
3 **se justifier** vpr to justify o.s. ◆ **se justifier d'une accusation** to clear o.s. of an accusation

jute [ʒyt] nm jute → **toile**

juter [ʒyte] → SYN ▸ conjug 1 ◂ vi **a** [fruit] to be juicy, drip with juice ◆ **pipe qui jute*** dribbling pipe
b (*: faire un discours etc) to spout*, hold forth

juteux, -euse [ʒytø, øz] → SYN **1** adj fruit juicy; (*) affaire lucrative
2 nm (arg Mil : adjudant) adjutant

Juvénal [ʒyvenal] nm Juvenal

juvénile [ʒyvenil] → SYN adj allure young, youthful ◆ **plein de fougue juvénile** full of youthful enthusiasm

juvénilité [ʒyvenilite] → SYN nf (littér) youthfulness

juxtalinéaire [ʒykstalineɛʀ] adj ◆ (littér) **traduction juxtalinéaire** line by line translation

juxtaposable [ʒykstapozabl] adj which can be juxtaposed

juxtaposer [ʒykstapoze] → SYN ▸ conjug 1 ◂ vt to juxtapose, place side by side ◆ **propositions juxtaposées** juxtaposed clauses ◆ **son français se réduit à des mots juxtaposés** his French is little more than a string of unconnected words

juxtaposition [ʒykstapozisjɔ̃] → SYN nf juxtaposition

K

K¹, k¹ [kɑ] nm (lettre) K, k ; (Ordin) K ◆ [magnétophone, vidéo] **K 7** cassette

K² (abrév de **Kelvin**) K

k² (abrév de **kilo**) k

kabbale [kabal] nf ⇒ **cabale**

kabbaliste [kabalist] nmf ⇒ **cabaliste**

kabbalistique [kabalistik] adj ⇒ **cabalistique**

kabig [kabik] nm *type of lightweight duffle coat*

Kaboul, Kabul [kabul] n Kabul

kabuki [kabuki] nm kabuki

kabyle [kabil] → SYN 1 adj Kabyle
2 nm (Ling) Kabyle
3 nmf ◆ **Kabyle** Kabyle

Kabylie [kabili] nf Kabylia

kafkaïen, -ïenne [kafkajɛ̃, jɛn] adj (digne de Kafka) Kafkaesque ◆ (de Kafka) **l'œuvre kafkaïenne** Kafka's work

kaïnite [kainit] nf kainite

kaiser [kɛzɛʀ, kajzɛʀ] nm Kaiser

kakatoès [kakatɔɛs] nm ⇒ **cacatoès**

kakémono [kakemɔno] nm kakemono

kaki [kaki] → SYN 1 adj khaki, olive drab (US)
2 nm **a** (couleur) khaki, olive drab (US)
b (Agr) persimmon, sharon fruit

kala-azar [kalaazaʀ] nm kala-azar

kalachnikov [kalaʃnikɔf] nf kalashnikov

Kalahari [kalaaʀi] n ◆ **désert du Kalahari** Kalahari Desert

kaléidoscope [kaleidɔskɔp] nm kaleidoscope

kaléidoscopique [kaleidɔskɔpik] adj kaleidoscopic

kali [kali] nm saltwort, glasswort, kali

kaliémie [kaljemi] nf kal(i)emia

kalmouk [kalmuk] nm (Ling) Kalmuck, Kalmyk

kamala [kamala] nm kamala

kami [kami] nm kami

kamichi [kamiʃi] nm horned screamer

kamikaze [kamikaz] nm kamikaze ◆ (fig) **être kamikaze*** [personne] to have a death wish, be suicidal ; [projet] to be kamikaze ou suicidal ◆ **c'est un vrai kamikaze au volant*** he drives like a maniac ◆ **mission / opération kamikaze*** suicide mission / operation

Kampala [kɑ̃pala] n Kampala

Kampuchéa [kɑ̃putʃea] nm ◆ **Kampuchéa (démocratique)** Democratic Kampuchea

kampuchéen, -enne [kɑ̃putʃeɛ̃, ɛn] 1 adj Kampuchean
2 nm,f ◆ **Kampuchéen(ne)** Kampuchean

kanak, e [kanak] adj, nm,f ⇒ **canaque**

kandjar [kɑ̃dʒaʀ] → SYN nm khanjar

kangourou [kɑ̃guʀu] → SYN nm kangaroo ◆ **sac** ou **poche kangourou** baby carrier

Kansas [kɑ̃sas] nm Kansas

kantien, -ienne [kɑ̃sjɛ̃, jɛn] adj Kantian

kantisme [kɑ̃tism] nm Kantianism

kaoliang [kaɔljɑ̃(g)] nm kaoliang

kaolin [kaɔlɛ̃] nm kaolin(e)

kaolinisation [kaɔlinizasjɔ̃] nf kaolinization

kaon [kaɔ̃] nm kaon, K-meson

kapo [kapo] nm kapo, capo

kapok [kapɔk] nm kapok

kapokier [kapɔkje] nm kapok tree, silk cotton tree

kappa [kapa] nm kappa

kaput* [kaput] adj personne shattered*, bushed*, dead(-beat)* ; machine kaput*

Karachi [kaʀaʃi] n Karachi

karaté [kaʀate] nm karate

karatéka [kaʀateka] nmf karateka, person who practises karate

karbau, pl **karbaux** [kaʀbo] nm water buffalo, carabao

Karisimbi [kaʀisimbi] nm Mount Karisimbi

karité [kaʀite] nm shea(-tree) ◆ **beurre de karité** shea butter

karma [kaʀma] nm karma

Karnak [kaʀnak] n Karnak

karst [kaʀst] nm karst

karstique [kaʀstik] adj karstic

kart [kaʀt] nm go-cart, kart

karting [kaʀtiŋ] nm go-carting, karting ◆ **faire du karting** to go-cart, go karting

kascher [kaʃɛʀ] adj kosher

kata [kata] nm kata

kathakali [katakali] nm Kathakali

Katmandou [katmɑ̃du] n Katmandu

kava [kava] nm kava

kawa* [kawa] nm (café) (cup of) coffee, java* (US)

kayak [kajak] → SYN nm [esquimau] kayak ; (Sport) canoe, kayak ◆ **faire du kayak** to go canoeing

kayakiste [kajakist] nmf kayaker

kazakh [kazak] 1 adj kazakh
2 nm (langue) Kazakh
3 nmf ◆ **Kazakh** Kazakh

Kazakhstan [kazakstɑ̃] n Kazakhstan

kebab [kebab] nm kebab

keffieh, kéfié [kefje] nm keffiyeh, kaffiyeh, kufiyah

kelvin [kɛlvin] nm kelvin

kendo [kɛndo] nm kendo

kénotron [kenɔtʀɔ̃] nm kenetron

kentia [kɛ̃tja] nm kentia

Kentucky [kɛntyki] nm Kentucky

Kenya [kenja] nm Kenya ◆ **le mont Kenya** Mount Kenya

kényan, -ane [kenjɑ̃, jan] 1 adj Kenyan
2 nm,f ◆ **Kényan(e)** Kenyan

képi [kepi] → SYN nm kepi

kérabau, pl **kérabaux** [keʀabo] nm ⇒ **karbau**

kératine [keʀatin] nf keratin

kératinisation [keʀatinizasjɔ̃] nf keratinization

kératiniser [keʀatinize] ▸ conjug 1 ◂ 1 vt to keratinize
2 **se kératiniser** vpr to keratinize, become keratinized

kératite [keʀatit] nf keratitis

kératocône [keʀatokon] nm keratoconus

kératome [keʀatom] nm keratoma

kératoplastie [keʀatoplasti] nf keratoplasty

kératose [keʀatoz] nf keratosis

kératotomie [keʀatɔtɔmi] nf keratotomy ◆ **kératotomie radiaire** radial keratotomy

Kerguelen [kɛʀgelɛn] nfpl ◆ **les îles Kerguelen** the Kerguelen Islands

kerma [kɛʀma] nm kerma

kermès [kɛʀmɛs] nm **a** (Zool) scale insect
b (Bot) kermes

kermesse [kɛʀmɛs] → SYN nf (fête populaire) fair ; (fête de charité) bazaar, charity fête ◆ **kermesse paroissiale** church fête ou bazaar

kérogène [keʀɔʒɛn] nm kerogen

kérosène [keʀozɛn] → SYN nm [avion] aviation fuel, kerosene (US) ; [jet] (jet) fuel ; [fusée] (rocket) fuel

kerrie [keʀi] nm kerria

ketch [kɛtʃ] → SYN nm ketch

ketchup [kɛtʃœp] nm ketchup, catsup (US)

ketmie [kɛtmi] nf Chinese hibiscus

keuf‡ [kœf] nm cop*, pig‡

kevlar ® [kɛvlaʀ] nm kevlar ®

keynésien, -ienne [kenezjɛ̃, jɛn] adj Keynesian

kF [kaɛf] nm (abrév de **kilofranc**) ≃ K ◆ (salaires) **240 kF** ≃ £24 K, ≃ $48 K

kg (abrév de **kilogramme**) kg

KGB [kaʒebe] nm (abrév de **Komitet Gosudarstvennoy Bezopasnosti**) (comité pour la sécurité de l'État) KGB

khâgne [kaɲ] nf ⇒ **cagne**

khâgneux, -euse [kaɲø, øz] nm,f ⇒ **cagneux**[2]

khalifat [kalifa] nm ⇒ **califat**

khalife [kalif] nm ⇒ **calife**

khamsin [xamsin] nm k(h)amsin, kamseen

khan [kɑ̃] [→ SYN] nm khan

khanat [kana] nm khanate

kharidjisme [kaʀidʒism] nm Khariji philosophy

kharidjite [kaʀidʒit] nmf Kharijite

Khartoum [kaʀtum] n Khartoum

khat [kat] nm k(h)at

khédival, e, mpl **-aux** [kedival, o] adj khediv(i)al

khédivat [keddiva] nm khediv(i)ate

khédive [kediv] nm khedive

khédivial, e, mpl **-iaux** [kedival, o] adj ⇒ **khédival**

khi [ki] nm chi

khmer, -ère [kmɛʀ] 1 adj Khmer ◆ **République khmère** Khmer Republic
2 nmpl ◆ **les Khmers** the Khmers ◆ **Khmer rouge** Khmer Rouge

khôl [kol] nm kohl

Khonsou [kɔnsu] nm Khonsu

kibboutz [kibuts] [→ SYN] nm inv kibbutz

kibboutznik [kibutsnik] nmf kibbutznik, kibbutz member

Kichinev [kitʃinɛv] n Kichinev

kick [kik] nm kick-starter ◆ **démarrer au kick** to use the kick-starter

kidnappage [kidnapaʒ] nm ⇒ **kidnapping**

kidnapper [kidnape] [→ SYN] ▸ conjug 1 ◂ vt to kidnap, abduct

kidnappeur, -euse [kidnapœʀ, øz] nm,f kidnapper, abductor

kidnapping [kidnapiŋ] [→ SYN] nm kidnapping, abduction

kieselguhr [kizɛlguʀ], **kieselgur** [kizɛlgyʀ] nm kieselguhr

kiesérite [kjezeʀit] nf kieserite

Kiev [kjev] n Kiev

kif[1] [kif] [→ SYN] nm kif, kef

kif[2] * [kif] nm ◆ **c'est du kif** it's all the same, it's all one, it makes no odds* (Brit)

kif-kif * [kifkif] adj inv ◆ **c'est kif-kif** it's all the same, it's all one, it makes no odds* (Brit)

Kigali [kigali] n Kigali

kiki * [kiki] nm ◆ **serrer le kiki à qn** [personne] to throttle sb, grab sb by the throat; [cravate, encolure] to choke sb → **partir**[1]

kil ‡ [kil] nm ◆ **kil de rouge** bottle of plonk* (Brit) ou cheap (red) wine

kilim [kilim] nm kilim

Kilimandjaro [kilimɑ̃dʒaʀo] nm ◆ **le Kilimandjaro** Mount Kilimanjaro

kilo [kilo] nm kilo ◆ (fig) **en faire des kilos*** to go over the top*

kilo... [kilo] préf kilo...

kilobar [kilɔbaʀ] nm kilobar

kilocalorie [kilokalɔʀi] nf kilocalorie

kilocycle [kilosikl] nm kilocycle

kilofranc [kilofʀɑ̃] nm thousand francs ◆ **10 kilofrancs** 10,000 francs

kilogramme [kilɔgʀam] nm kilogramme

kilogrammètre [kilɔgʀammɛtʀ] nm kilogrammeter

kilohertz [kiloɛʀts] nm kilohertz

kilojoule [kiloʒul] nm kilojoule

kilométrage [kilɔmetʀaʒ] nm [voiture, distance] ≃ mileage; [route] ≃ marking with milestones ◆ [voiture] **peu / beaucoup de kilométrage** ≃ low / high mileage

kilomètre [kilɔmɛtʀ] [→ SYN] nm kilometre ◆ **manger** ou **bouffer du kilomètre*** ≃ to eat up the miles* ◆ **j'ai 20 kilomètres dans les jambes*** I've walked (ou run) 20 kilometres ◆ **kilomètre-passager** passenger kilometre, ≃ passenger mile ◆ (Sport) **kilomètre lancé** speed-record trial ◆ **d'ici à ce qu'il ne vienne pas du tout il n'y a pas des kilomètres*** I wouldn't be surprised if he didn't turn up at all ◆ **des kilomètres de pellicule** rolls and rolls of film

kilométrer [kilɔmetʀe] ▸ conjug 6 ◂ vt route ≃ to mark with milestones

kilométrique [kilɔmetʀik] adj ◆ **distance kilométrique** distance in kilometres ◆ **borne kilométrique** ≃ milestone ◆ **indemnité kilométrique** mileage allowance

kilo-octet [kilooktɛ] nm kilobyte

kilotonne [kilotɔn] nf kiloton

kilowatt [kilowat] nm kilowatt

kilowatt-heure, pl **kilowatts-heures** [kilowatœʀ] nm kilowatt-hour

kilt [kilt] nm kilt; (pour femme) pleated ou kilted skirt

kimberlite [kɛ̃bɛʀlit] nf kimberlite

kimono [kimɔno] nm kimono → **manche**[1]

kinase [kinɑz] nf kinase

kiné(si) * [kine(zi)] nmf (abrév de **kinésithérapeute**) physio*

kinésithérapeute [kineziteʀapøt] [→ SYN] nmf physiotherapist (Brit), physical therapist (US)

kinésithérapie [kineziteʀapi] nf physiotherapy (Brit), physical therapy (US)

kinesthésie [kinɛstezi] nf kinaesthesia (Brit), kinesthesia (US)

kinesthésique [kinɛstezik] adj kinaesthetic (Brit), kinesthetic (US)

king-charles [kiŋʃaʀl] nm inv King Charles spaniel

Kingston [kiŋstɔn] n Kingston

Kingstown [kiŋstaun] n Kingstown

kinkajou [kɛ̃kaʒu] nm kinkajou, honey bear, potto

Kinshasa [kinʃasa] n Kinshasa

kiosque [kjɔsk] [→ SYN] nm [fleurs etc] kiosk, stall; [jardin] pavilion, summerhouse; [sous-marin] conning tower; [bateau] wheelhouse ◆ **kiosque à musique** bandstand ◆ **kiosque à journaux** newsstand, newspaper kiosk ◆ **kiosque télématique**® *information service provided by Minitel* ◆ **en vente en kiosque** on sale at newsstands

kiosquier, -ière [kjɔskje, jɛʀ] nm,f newspaper seller *(at kiosk)*

kippa [kipa] nf kippa

kipper [kipœʀ] [→ SYN] nm kipper

kir [kiʀ] nm kir *(white wine with blackcurrant liqueur)* ◆ **kir royal** kir royal *(champagne with blackcurrant liqueur)*

kirghiz [kiʀgiz] 1 adj Kirghiz
2 nm (langue) Kirghiz
3 nmf ◆ **Kirghiz** Kirghiz

Kirghizstan [kiʀgistɑ̃] nm Kirghizia

kirsch [kiʀʃ] nm kirsch

kit [kit] [→ SYN] nm kit ◆ **en kit** in kit form ◆ **kit de test de grossesse** pregnancy testing kit

kitchenette [kitʃənɛt] [→ SYN] nf kitchenette

kit(s)ch [kitʃ] adj inv, nm kitsch

kiwi [kiwi] [→ SYN] nm a (oiseau) kiwi
b (arbre) kiwi tree; (fruit) kiwi (fruit), Chinese gooseberry

klaxon, Klaxon® [klaksɔn] [→ SYN] nm (Aut) horn

klaxonner [klaksɔne] ▸ conjug 1 ◂ vt (fort) to hoot (one's horn), sound one's horn; (doucement) to toot (the horn) ◆ **klaxonne, il ne t'a pas vu** give a hoot ou toot on your horn ou give him a toot*, he hasn't seen you

Kleenex® [klinɛks] nm tissue, paper hanky, Kleenex®

kleptomane [klɛptɔman] [→ SYN] adj, nmf kleptomaniac

kleptomanie [klɛptɔmani] nf kleptomania

klystron [klistʀɔ̃] nm klystron

km (abrév de **kilomètre(s)**) km

km / h (abrév de **kilomètres / heure**) km/h, kph, ≃ mph

knickerbockers [knikɛʀbɔkɛʀs, nikœʀbɔkœʀ] nmpl knickerbockers

knock-out [(k)nɔkaut] [→ SYN] (Boxe, ‡) 1 adj knocked out, out for the count* ◆ **mettre qn knock-out** to knock sb out ◆ **il est complètement knock-out** he's out cold*
2 nm knockout

knout [knut] [→ SYN] nm knout

K.-O. [kao] (abrév de **knock out**) 1 nm (Boxe) KO ◆ **K.-O. technique** technical knockout ◆ **perdre par K.-O.** to be knocked out ◆ **gagner par K.-O.** to win by a knockout ◆ **mettre K.-O.** to KO*, knock out ◆ **il a été mis K.-O. au 5e round** he was knocked out in round 5 ◆ **être K.-O.** to be out for the count
2 adj (*: fatigué) shattered*, knackered‡ ◆ **être K.-O. debout** to be on one's last legs

Ko (abrév de **kilo-octet**) kb

koala [kɔala] [→ SYN] nm koala (bear)

kobold [kɔbɔld] [→ SYN] nm kobold

koheul [kɔœl], **kohol** [kɔɔl] nm ⇒ **khôl**

koinè [kɔine, kɔinɛ] nf koine

kola [kɔla] nm ⇒ **cola**

kolatier [kɔlatje] nm ⇒ **colatier**

kolinski [kɔlɛ̃ski] nm kolinsky

kolkhoze [kɔlkoz] nm kolkhoz, Russian collective farm

kolkhozien, -ienne [kɔlkozjɛ̃, jɛn] adj, nm,f kolkhozian

kommandantur [kɔmɑ̃dɑ̃tuʀ] nf German military command

komsomol [kɔmsɔmɔl] nmf member of the Komsomol

kopeck [kɔpɛk] nm kopeck ◆ **je n'ai plus un kopeck**† * I haven't got a sou†

koran [kɔʀɑ̃] nm ⇒ **coran**

korê [kɔʀe, kɔʀɛ] nf kore

korrigan, e [kɔʀigɑ̃, an] nm,f Breton goblin

koubba [kuba] nf kubba, qubba

kouglof [kuglɔf] nm kugelhopf, *kind of bun*

koulak [kulak] nm kulak

koulibiac [kulibjak] nm koulibiaca, coulibiaca

koumis, koumys [kumi(s)] nm koumis, kumiss

Kouriles [kuʀil] nfpl ◆ **l'archipel des Kouriles** the Kuril Islands

kouros [kuʀos] nm kouros

Koweït [kɔwɛt] nm Kuwait

koweitien, -ienne [kɔwɛtjɛ̃, jɛn] 1 adj Kuwaiti
2 nm,f ◆ **Koweitien(ne)** Kuwaiti

kraal [kʀal] nm kraal

krach [kʀak] [→ SYN] nm (Bourse) crash ◆ **krach boursier** stock market crash

kraft [kʀaft] nm → **papier**

kraken [kʀakɛn] nm kraken

Kremlin [kʀɛmlɛ̃] nm ◆ **le Kremlin** the Kremlin

kremlinologie [kʀɛmlinɔlɔʒi] nf Kremlinology

kremlinologique [kʀɛmlinɔlɔʒik] adj Kremlinological

kremlinologue [kʀɛmlinɔlɔg] nmf Kremlinologist

kreutzer [kʀøtsɛʀ, kʀødzɛʀ] nm kreu(t)zer

krill [kʀil] nm krill

Krishna [kʀiʃna] nm Krishna

krypton [kʀiptɔ̃] nm krypton

ksar [ksaʀ], pl **ksour** [ksuʀ] nm North African fortress

ksi [ksi] nm xi

Kuala Lumpur [kwalalumpuʀ] n Kuala Lumpur

kufique [kufik] adj ⇒ **coufique**

Ku Klux Klan [kyklyksklɑ̃] nm Ku Klux Klan

kummel [kymɛl] nm kümmel

kumquat [kɔmkwat] nm kumquat

kung-fu [kuŋfu] nm inv kung fu

kurde [kyʀd] 1 adj Kurdish
2 nm (Ling) Kurdish
3 nmf • **Kurde** Kurd

Kurdistan [kyʀdistɑ̃] nm Kurdistan

kuru [kuʀu] nm kuru

kvas [kvɑs] nm kvas(s), quass

kW (abrév de **kilowatt**) kW

kwas [kvɑs] nm ⇒ **kvas**

kwashiorkor [kwaʃjɔʀkɔʀ] nm kwashiorkor

K-way ® [kawɛ] nm windcheater (Brit), Windbreaker ® (US)

kWh (abrév de **kilowatt heure**) kWh

kymographe [kimɔgʀaf] nm kymograph, cymograph

kymographie [kimɔgʀafi] nf kymography, cymography

kymrique [kimʀik] 1 adj Cymric, Kymric
2 nm (Ling) Cymric, Kymric

Kyoto [kjɔto] n Kyoto, Kioto

kyrie [kiʀ(i)je], **kyrie eleison** [kiʀ(i)jeeleisɔn] nm inv (Rel, Mus) Kyrie (eleison)

kyrielle [kiʀjɛl] → SYN nf [injures, réclamations] string, stream; [personnes, enfants] crowd stream; [objets] pile

kyste [kist] → SYN nm cyst

kystique [kistik] adj cystic

kyu [kju] nm kyu

Kyushu [kjuʃu] nf Kyushu, Kiushu

L

L, l [ɛl] nm ou nf (lettre) L, l

l abrév de **litre(s)**

l' [l] → **le¹, le²**

la¹ [la] → **le¹, le²**

la² [la] nm inv (Mus) A ; (en chantant la gamme) lah ◆ **donner le la** (lit) to give an A ; (fig) to set the tone ou the fashion

là [la] [→ SYN] adv

a (par opposition à ici) there ; (là-bas) over there ◆ **là, on s'occupera bien de vous** you will be well looked after there ◆ **je le vois là, sur la table** I can see it (over) there, on the table ◆ **c'est là où** ou **que je suis né** that's where I was born ◆ **il est allé à Paris, et de là à Londres** he went to Paris, and from there to London ou and then (from there) on to London ◆ **c'est à 3 km de là** it's 3 km away (from there) ◆ **quelque part par là** somewhere around there ou near there ◆ **passez par là** go that way → **çà**

b (ici) here, there ◆ **ne restez pas là au froid** don't stand here ou there in the cold ◆ **M. X n'est pas là** Mr X isn't here ou in ◆ **c'est là qu'il est tombé** that's ou this is where he fell ◆ **déjà là!** (are) you here already? ◆ **qu'est-ce que tu fais là?** (lit) what are you doing here? ; (fig : manigancer) what are you up to? ◆ **les faits sont là** there's no getting away from the facts, those are the facts

c (dans le temps) then, (at) this ou that moment ◆ **c'est là qu'il comprit qu'il était en danger** that was when he realized ou it was then that he realized he was in danger ◆ **à partir de là** from then on, after that ◆ **jusque-là** until then, until that moment ou time ◆ **à quelques jours de là** a few days later ou after(wards) → **ici**

d (dans cette situation) **tout cela pour en arriver** ou **en venir là!** all that effort just for this! ◆ **il faut s'en tenir** ou **en rester là** we'll have to leave it at that ou stop there ◆ **la situation en est là** that's how the situation stands at the moment, that's the state of play at present ◆ **ils en sont là** (lit) that's how far they've got up to, that's the stage they've reached ; (péj) that's how low they've sunk ◆ **j'en étais là de mes réflexions lorsqu'il est entré** such was my state of mind when he walked in ◆ **ils n'en sont pas encore là** they haven't got that far yet ou reached that stage yet ; (péj) they haven't reached that stage yet ou come to that yet ◆ **là est la difficulté, c'est là qu'est la difficulté** that's where the difficulty lies ◆ **il a bien fallu en passer par là** it had to come (to that) in the end ◆ **c'est bien là qu'on voit les paresseux!** that's where ou when you see who the lazy ones are! ◆ **c'est là où** ou **que nous ne sommes plus d'accord** that's where I take issue ou start to disagree with you

e (intensif) that ◆ **ce jour-là** that day ◆ **en ce temps-là** in those days ◆ **cet homme-là est détesté par tout le monde** everybody hates that man ◆ **je veux celui-là** I want that one ◆ **celui- / celle-là alors!** (irritation) oh, that one!, oh him / her! ; (surprise) how does he / she manage!, he / she is a wonder! ◆ **c'est à ce point-là?** it's as bad as that, is it? ◆ **ce qu'il dit là n'est pas bête** what he has just said isn't a bad idea ◆ **la question n'est pas là** that's not the point ◆ **ne croyez pas là qu'on ne veuille pas de vous** don't get the idea that you're not wanted ◆ **il y a là une contradiction** there's a contradiction in that ◆ **il est entré dans une rage, mais là, une de ces rages!** he flew into a rage, and what a rage!

f LOC **de là son désespoir** hence his despair ◆ **de là vient que nous ne le voyons plus** that's why we no longer see him ◆ **de là à croire qu'il ment, il n'y a qu'un pas** there isn't much difference between saying that and thinking he's lying, that's tantamount to saying he's a liar ◆ **de là à prétendre qu'il a tout fait seul, il y a loin** there's a big difference between saying that and claiming that he did it all himself ◆ **il n'a pas travaillé, de là son échec** he didn't work, hence his failure ou which explains his failure ◆ **qu'entendez-vous par là?** what do you mean by that? ◆ **loin de là** far from it ◆ **tout est là** that's the whole question ◆ **il est (là et) un peu là*** you can't miss him, he makes his presence felt ◆ **comme menteur, il se pose là et un peu là** he's an absolutely shameless liar, he's some liar*, he isn't half a liar* (Brit) ◆ **fiche-moi la paix là!*** leave me in peace, will you!* ◆ **oh là** ou **alors là, ça ne me surprend pas** (oh) now, that doesn't surprise me ◆ **hé là!** (appel) hey! ; (surprise) good grief! ◆ **là là du calme!** now now calm down!, there there calm down! ◆ **oh là là (là là)** oh dear! oh dear!, dear ou dearie me!

là-bas [laba] adv (over) there, yonder (†, littér) ◆ **là-bas aux USA** over in the USA ◆ **là-bas dans le nord** up (there) in the north

labbe [lab] nm skua ◆ **labbe parasite** Arctic skua

labdanum [labdanɔm] nm ⇒ **ladanum**

label [labɛl] [→ SYN] nm (Comm) stamp, seal ; (Ordin) label ◆ **label d'origine / de qualité** stamp ou seal of origin / quality ◆ **label d'exportation** export label ◆ (fig) **c'est un label de qualité** it is a guarantee of quality ◆ (fig) **label politique** political label

labelle [labɛl] nm [corolle] labellum ; [coquillage] lip

labelliser [labelize] ▸ conjug 1 ◂ vt to label, put a label on

labeur [labœʀ] [→ SYN] nm (littér) labour, toil (NonC) ◆ **c'est un dur labeur** it's hard work

labiacées [labjase] nfpl ◆ **les labiacées** labiate plants, the Labiatae (spéc)

labial, e, mpl **-iaux** [labjal, jo] **1** adj consonne labial ; muscle lip (épith), labial (spéc)
2 labiale nf labial

labialisation [labjalizasjɔ̃] nf (→ **labialiser**) labialization ; rounding

labialiser [labjalize] ▸ conjug 1 ◂ vt consonne to labialize ; voyelle to labialize, round

labié, e [labje] **1** adj labiate
2 labiées nfpl ◆ **les labiées** labiate plants, the Labiatae (spéc)

labile [labil] [→ SYN] adj labile

labilité [labilite] nf lability

labiodental, e, mpl **-aux** [labjodɑ̃tal, o] adj, nf labiodental

labium [labjɔm] nm labium

labo* [labo] nm (abrév de **laboratoire**) lab*

laborantin, e [labɔʀɑ̃tɛ̃, in] nm,f laboratory ou lab* assistant

laboratoire [labɔʀatwaʀ] [→ SYN] nm **a** (Sci) laboratory ◆ **laboratoire de recherches** research laboratory ◆ **laboratoire d'analyses (médicales)** (medical) analysis laboratory ◆ **produit en laboratoire** produced in a laboratory ou under laboratory conditions

b (Phot) **laboratoire (de photo)** (photo) laboratory ◆ (Scol, Univ) **laboratoire de langue(s)** language laboratory

c (Métal) hearth

laborieusement [labɔʀjøzmɑ̃] adv laboriously, with much effort ◆ **gagner laborieusement sa vie** to earn a ou one's living by the sweat of one's brow

laborieux, -ieuse [labɔʀjø, jøz] [→ SYN] adj **a** (pénible) laborious, painstaking ; entreprise, recherches laborious ; style, récit laboured, laborious ; digestion heavy ◆ **il s'exprimait dans un français laborieux** he spoke a laboured French ◆ **il a enfin fini, ça a été laborieux!*** he has finished at long last, it has been heavy going ou he made heavy weather of it

b (travailleur) hard-working, industrious ◆ **les classes laborieuses** the working ou labouring classes ◆ **les masses laborieuses** the toiling masses ◆ **une vie laborieuse** a life of toil ou hard work

labour [labuʀ] [→ SYN] nm (avec une charrue) ploughing (Brit), plowing (US) ; (avec une bêche) digging (over) ◆ **cheval de labour** plough-horse ◆ **bœuf de labour** ox ◆ **champ**

en labour ploughed field ◆ **terre de labour** ploughland ◆ **marcher dans les labours** to walk in the ploughed fields

labourable [labuʀabl] adj (→ **labour**) ploughable (Brit), plowable (US), which can be ploughed; which can be dug

labourage [labuʀaʒ] nm (→ **labour**) ploughing (Brit), plowing (US); digging

labourer [labuʀe] → SYN ▸ conjug 1 ◂ vt a (avec une charrue) to plough (Brit), plow (US); (avec une bêche) to dig (over) ◆ **terre qui se laboure bien** land which ploughs well ou is easy to plough ◆ (Naut) **labourer le fond** [navire] to scrape ou graze the bottom; [ancre] to drag ◆ **terrain labouré par les sabots des chevaux** ground churned ou ploughed up by the horses' hooves
b visage to make deep gashes in, rip ou slash into ◆ **la balle lui avait labouré la jambe** the bullet had ripped into ou gashed his leg ◆ **labouré de rides** lined ou furrowed with wrinkles ◆ **ce corset me laboure les côtes** this corset is digging into my sides ◆ **se labourer le visage / les mains** to gash ou lacerate one's face / hands

laboureur [labuʀœʀ] → SYN nm ploughman (Brit), plowman (US); (Hist) husbandman

Labrador [labʀadɔʀ] nm (Géog) Labrador

labrador[1] [labʀadɔʀ] nm (chien) Labrador

labrador[2] [labʀadɔʀ] nm (Minér) labradorite

labre [lɑbʀ] nm (poisson) labroid, labrid; [insecte] labrum

labrit [labʀi] nm ≃ Pyrenean sheepdog

labyrinthe [labiʀɛ̃t] → SYN nm (lit, fig) maze, labyrinth; (Anat) labyrinth

labyrinthique [labiʀɛ̃tik] adj labyrinthine

labyrinthodonte [labiʀɛ̃tɔdɔ̃t] nm labyrinthodont

lac [lak] → SYN nm lake ◆ **le lac Ladoga** Lake Ladoga ◆ **le lac de Genève** Lake Geneva ◆ **le lac Majeur** Lake Maggiore ◆ **les lacs écossais** the Scottish lochs ◆ (Mus) **"Le Lac des Cygnes"** "Swan Lake" ◆ (fig) **être (tombé) dans le lac*** to have fallen through, have come to nothing

laçage [lasaʒ] nm lacing(-up)

laccolithe [lakɔlit] nf laccolith, laccolite

Lacédémone [lasedemɔn] n Lacedaemonia

lacédémonien, -ienne [lasedemɔnjɛ̃, jɛn] adj, nm,f Lacedaemonian

lacement [lasmɑ̃] nm ⇒ **laçage**

lacer [lase] → SYN ▸ conjug 3 ◂ vt chaussure to tie (up); [botte] bootlace; corset to lace up; (Naut) voile to lace ◆ **lace tes chaussures** ou **tes lacets** do up ou tie your shoelaces ◆ **ça se lace (par) devant** it laces up at the front

lacération [laseʀasjɔ̃] → SYN nf (→ **lacérer**) ripping up, tearing up; ripping ou tearing to shreds; laceration; shredding ◆ **détruire des documents par lacération** to put documents through the shredder, shred documents

lacérer [laseʀe] → SYN ▸ conjug 6 ◂ vt vêtement to tear ou rip up, tear to shreds; corps, visage to lacerate; papier to tear up, shred

lacerie [lasʀi] nf (en paille) basketry; (en osier) wickerwork

lacertiens [lasɛʀtjɛ̃] nmpl ◆ **les lacertiens** lacertilian reptiles, the Lacertilia (spéc)

lacet [lasɛ] → SYN nm a [chaussure] (shoe) lace; [botte] (boot)lace; [corset] lace ◆ **chaussures à lacets** lace-up shoes, shoes with laces
b [route] (sharp) bend, twist ◆ **en lacet** winding, twisty ◆ **la route fait des lacets** ou **monte en lacets** the road twists ou winds steeply up(wards)
c (piège) snare ◆ **prendre des lièvres au lacet** to trap ou snare hares
d (Couture) braid

laceur, -euse [lasœʀ, øz] nm,f net-maker

lâchage* [lɑʃaʒ] nm (abandon) desertion ◆ **écœuré par le lâchage de ses amis** disgusted at the way his friends had deserted him ou run out on him

lâche [lɑʃ] → SYN 1 adj a (détendu) corde, ressort slack; nœud loose; vêtement loose(-fitting); tissu loosely-woven, open-weave (épith); discipline, morale lax; règlement, canevas loose; style, expression loose, woolly ◆ **dans ce roman, l'intrigue est lâche** the plot is loose ou rather diffuse in this novel
b (couard) personne, fuite, attitude cowardly, craven (littér) ◆ **se montrer lâche** to show o.s. a coward ◆ **c'est assez lâche de sa part d'avoir fait ça** it was pretty cowardly of him to do that
c (bas, vil) attentat vile, despicable; procédés low
d (littér: faible) weak, feeble
2 nmf coward

lâchement [lɑʃmɑ̃] adv (→ **lâche**) loosely; in a cowardly way ◆ **il a lâchement refusé** like a coward, he refused

lâcher [lɑʃe] → SYN ▸ conjug 1 ◂ 1 vt a ceinture to loosen, let out, slacken ◆ **lâcher la taille d'une jupe** to let a skirt out at the waist ◆ (Pêche) **lâcher du fil** to let out some line
b main, proie to let go of; bombes to drop, release; pigeon, ballon to release; chien de garde to unleash, set loose; frein to release, let out; (Naut) amarres to cast off; (Chasse) chien, faucon to slip ◆ **lâche-moi!** let ou leave go (of me)! ◆ **attention! tu vas lâcher le verre** careful, you're going to drop the glass ◆ **le professeur nous a lâchés à 4 heures*** the teacher let us go ou out at 4 ◆ **lâcher un chien sur qn** to set a dog on sb ◆ **s'il veut acheter ce tableau, il va falloir qu'il les lâche*** ou **qu'il lâche ses sous*** if he wants this picture, he'll have to part with the cash* ◆ **il les lâche difficilement*** he hates to part with his money
c bêtise, juron to come out with; pet to let out; (†) coup de fusil to fire ◆ **voilà le grand mot lâché!** there's the fatal word! ◆ **lâcher un coup de poing / pied à qn†** to deal ou fetch (Brit) sb a blow with one's fist / foot, let fly at sb with one's fist / foot
d (*: abandonner) époux to leave, walk out on; amant to throw over*, jilt, drop*, chuck‡ (Brit); copain to throw over*, drop*; études, métier to give up, throw up*, pack in* (Brit), chuck in‡ (Brit); avantage to give up ◆ (Sport) **lâcher le peloton** to leave the rest of the field behind, build up a good lead (over the rest of the pack) ◆ **ne pas lâcher qn** [poursuivant, créancier] to stick to sb; [importun, représentant] not to leave sb alone; [mal de tête] not to let up on* ou leave sb ◆ **il nous a lâchés en plein milieu du travail** he walked out on us right in the middle of the work ◆ **il ne m'a pas lâché d'une semelle** he stuck close all the time, he stuck (to me) like a leech ◆ **ma voiture m'a lâché en pleine campagne** my car gave up on me* in the middle of the countryside ◆ **une bonne occasion, ça ne se lâche pas** ou **il ne faut pas la lâcher** you don't miss ou pass up* an opportunity like that
e LOC **lâcher prise** (lit) to let go; (fig) to loosen one's grip ◆ **lâcher pied** to fall back, give way ◆ **lâcher la proie pour l'ombre** to chase shadows, give up what one has (already) for some uncertain ou fanciful alternative ◆ **lâcher le morceau*** ou **le paquet*** to come clean*, sing‡ ◆ **lâcher la bride** ou **les rênes à un cheval** to give a horse its head ◆ (fig) **lâcher la bride à qn** to give ou let sb have his head ◆ **lâche-moi les baskets*** ou **la grappe*‡** get off my back* ◆ **il les lâche avec des élastiques‡** he's as stingy as hell‡, he's a tight-fisted so-and-so* → **lest**
2 vi [corde] to break, give way; [frein] to fail ◆ (fig) **ses nerfs ont lâché** he broke down, he couldn't take the strain
3 nm ◆ **lâcher de ballons** release of balloons ◆ **lâcher de pigeons** release of pigeons

lâcheté [lɑʃte] → SYN nf a (couardise) cowardice, cowardliness; (bassesse) lowness ◆ **par lâcheté** through ou out of cowardice
b (acte) cowardly act, act of cowardice; low deed
c (littér: faiblesse) weakness, feebleness

lâcheur, -euse* [lɑʃœʀ, øz] nm,f unreliable ou fickle so-and-so* ◆ **alors, tu n'es pas venu, lâcheur!** so you didn't come then – you're a dead loss!*, so you deserted us ou you let us down, you old so-and-so!* ◆ **c'est une lâcheuse, ta sœur** your sister's a right one for letting people down*, your sister's a so-and-so the way she lets people down*

lacinié, e [lasinje] adj laciniate(d)

lacis [lasi] → SYN nm [ruelles] maze; [veines] network; [soie] web

laconique [lakɔnik] → SYN adj personne, réponse, style laconic, terse

laconiquement [lakɔnikmɑ̃] adv laconically, tersely

laconisme [lakɔnism] → SYN nm terseness

lacryma-christi [lakʀimakʀisti] nm inv (vin) lachryma Christi

lacrymal, e, mpl **-aux** [lakʀimal, o] adj lacrimal (spéc), lachrymal (spéc), tear (épith)

lacrymogène [lakʀimɔʒɛn] adj → **gaz, grenade**

lacs [lɑ] → SYN nmpl (††, littér) snare ◆ **lacs d'amour** lover's ou love knot

lactaire [laktɛʀ] 1 adj (Anat) lacteal
2 nm (Bot) milk cap

lactalbumine [laktalbymin] nf lactalbumin

lactarium [laktaʀjɔm] nm milk bank

lactase [laktɑz] nf lactase

lactate [laktat] nm lactate

lactation [laktasjɔ̃] nf lactation

lacté, e [lakte] adj sécrétion milky, lacteal (spéc); couleur, suc milky; régime milk (épith) → **voie**

lactescence [laktesɑ̃s] nf lactescence

lactescent, e [laktesɑ̃, ɑ̃t] adj lactescent

lactifère [laktifɛʀ] adj lactiferous

lactique [laktik] adj lactic ◆ **acide lactique** lactic acid

lactobacille [laktobasil] nm lactobacillus

lactodensimètre [laktodɑ̃simɛtʀ] nm lactometer, galactometer

lactoflavine [laktoflavin] nf lactoflavin

lactogène [laktɔʒɛn] adj lactogenic

lactose [laktoz] nm lactose

lactosérum [laktoseʀɔm] nm whey

lacunaire [lakynɛʀ] → SYN adj (Bio) tissu lacunary, lacunal; documentation incomplete, deficient

lacune [lakyn] → SYN nf a [texte, mémoire] gap, blank; [manuscrit] lacuna; [connaissances] gap, deficiency ◆ **il y a de sérieuses lacunes dans ce livre** this book has some serious deficiencies ou leaves out ou overlooks some serious points
b (Anat, Bot) lacuna

lacuneux, -euse [lakynø, øz] adj ⇒ **lacunaire**

lacustre [lakystʀ] adj lake (épith), lakeside (épith) ◆ **cité lacustre** lakeside village (on piles)

lad [lad] nm (Équitation) stable-lad

ladanum [ladanɔm] nm la(b)danum

là-dedans [lad(ə)dɑ̃] adv (lit) inside, in there ◆ **je ne comprends rien là-dedans** I don't understand a thing about it ◆ **il n'a rien à voir là-dedans** it's nothing to do with him ◆ **il a voulu mettre de l'argent là-dedans** he wanted to put some money into it ◆ **quand il s'est embarqué là-dedans** when he got involved in that ou in it

là-dessous [lad(ə)su] adv underneath, under there, under that ◆ (fig) **il y a quelque chose là-dessous** there's something odd about it ou that, there's more to it than meets the eye

là-dessus [lad(ə)sy] adv (lieu) on that, on there; (sur ces mots) at that point, thereupon (frm); (à ce sujet) about that, on that point ◆ **vous pouvez compter là-dessus** you can count on that

ladin [ladɛ̃] nm Ladin

ladino [ladino] nm Ladino

ladite [ladit] adj → **ledit**

Ladoga [ladɔga] nm ◆ **le lac Ladoga** Lake Ladoga

ladre [lɑdʀ] → SYN 1 adj (littér: avare) mean, miserly
2 nmf (littér) miser

ladrerie [lɑdʀəʀi] → SYN nf a (littér: avarice) meanness, miserliness
b (Hist: hôpital) leper-house

lady [ledi] nf ◆ (titre) Lady Lady ◆ **c'est une vraie lady** she's a real lady

lagomorphes [lagɔmɔʀf] nmpl ◆ **les lagomorphes** lagomorphs, the Lagomorpha (spéc)

lagon [lagɔ̃] nm lagoon

lagopède [lagɔpɛd] nm ◆ **lagopède d'Écosse** (red) grouse ◆ **lagopède blanc** willow grouse ◆ **lagopède des Alpes** ptarmigan

Lagos [lagos] n Lagos

lagotriche [lagɔtʀiʃ] nm woolly monkey

lagunaire [lagynɛʀ] adj lagoon (épith), of a lagoon

lagune [lagyn] → SYN nf lagoon

là-haut [lao] adv up there; (dessus) up on to; (à l'étage) upstairs; (fig: au ciel) on high, in heaven above

lai[1] [lɛ] → SYN nm (Poésie) lay

lai[2], **e** [lɛ] → SYN adj (Rel) lay ◆ **frère lai** lay brother

laïc [laik] → SYN adj, nm ⇒ **laïque**

laïcat [laika] nm laity

laîche [lɛʃ] → SYN nf sedge

laïcisation [laisizasjɔ̃] nf secularization, laicization

laïciser [laisize] ▸ conjug 1 ◂ vt institutions to secularize, laicize ◆ **l'enseignement est aujourd'hui laïcisé** education is now under secular control

laïcisme [laisism] nm secularism

laïcité [laisite] → SYN nf (caractère) secularity; (Pol: système) secularism ◆ **préserver la laïcité de l'enseignement** to maintain the non-religious nature of the education system, keep religion out of education

laid, e [lɛ, lɛd] → SYN adj **a** (physiquement) personne, visage, animal ugly(-looking); ville, région ugly, unattractive; bâtiment, meubles, dessin ugly, unattractive, unsightly, awful* ◆ **laid comme un singe** ou **un pou** ou **les sept péchés capitaux** ou **à faire peur** ugly as sin ◆ **il est très laid de visage** he's got a terribly ugly face

b (frm: moralement) action despicable, disgusting, wretched, low, mean; vice ugly, loathsome ◆ **c'est laid de montrer du doigt** it's rude ou not nice to point ◆ **c'est laid, ce que tu as fait** that was a nasty ou disgusting thing to do

laidement [lɛdmɑ̃] adv (sans beauté) in an ugly way; (littér: bassement) despicably, disgustingly, wretchedly, meanly

laideron [lɛdʀɔ̃] → SYN nm ugly girl ou woman ◆ **c'est un vrai laideron** she's a real ugly duckling

laideur [lɛdœʀ] → SYN nf (→ **laid**) **a** (caractère) ugliness; unattractiveness; unsightliness; wretchedness, lowness, meanness ◆ **la guerre / l'égoïsme dans toute sa laideur** the full horror of war / selfishness, war / selfishness in all its ugliness

b **les laideurs de la vie** the ugly side of life, the ugly things in life ◆ **les laideurs de la guerre** the ugliness of war

laie[1] [lɛ] adj f → **lai**[2]

laie[2] [lɛ] → SYN nf (Zool) wild sow

laie[3] [lɛ] → SYN nf (sentier) forest track ou path

lainage [lɛnaʒ] → SYN nm **a** (vêtement) woollen (garment), woolly* ◆ **la production des lainages** the manufacture of woollens ou of woollen goods

b (étoffe) woollen material ou fabric ◆ **un beau lainage** fine quality woollen material

laine [lɛn] → SYN **1** nf (matière) wool ◆ **de laine** vêtement, moquette wool, woollen ◆ **tapis de haute laine** deep ou thick pile wool carpet ◆ (vêtement) **il faut mettre une petite laine** you'll need a woolly* ou a cardigan → **bas**[2]

2 COMP ▷ **laine de bois** wood-wool ▷ **laine à matelas** flock ▷ **laine peignée** [pantalon, veston] worsted wool; [pull] combed wool ▷ **laine à tricoter** knitting wool ▷ **laine de verre** glass wool ▷ **laine vierge** new ou virgin wool

lainer [lene] ▸ conjug 1 ◂ vt to nap, teasel

laineur, -euse [lɛnœʀ, øz] **1** nm,f (personne) napper, teaseller

2 **laineuse** nf (machine) napper, teaseller

laineux, -euse [lɛnø, øz] → SYN adj tissu, plante woolly

lainier, -ière [lɛnje, jɛʀ] **1** adj industrie woollen (épith); région wool-producing

2 nm,f (marchand) wool merchant; (ouvrier) wool worker

laïque [laik] → SYN **1** adj tribunal lay, civil; vie secular; habit ordinary; collège non-religious ◆ **l'enseignement** ou **l'école laïque** state education *(in France)*

2 nm layman ◆ **les laïques** laymen, the laity

3 nf laywoman

lais [lɛ] nmpl (Jur) foreshore

laisse [lɛs] → SYN nf **a** (attache) leash, lead ◆ **tenir en laisse** chien to keep on a leash ou lead; (fig) personne to keep on a lead ou in check

b (Géog) foreshore ◆ **laisse de mer** tide mark ◆ **laisse de haute / basse mer** high- / low-water mark

c (Poésie) laisse

laissées [lese] nfpl wild boar droppings

laissé-pour-compte, f **laissée-pour-compte,** mpl **laissés-pour-compte** [lesepuʀkɔ̃t] **1** adj **a** (Comm) (refusé) rejected, returned; (invendu) unsold, left over

b (fig) personne rejected; chose rejected, discarded

2 nm (Comm) (refusé) reject; (invendu) unsold article ◆ **vendre à bas prix les laissés-pour-compte** to sell off old ou leftover stock cheaply ◆ (fig) **les laissés-pour-compte de la société** society's rejects ◆ (fig) **les ouvriers ne veulent pas être des laissés-pour-compte maintenant que la mécanisation supprime de la main-d'œuvre** workers don't want to find themselves left on the scrap heap ou cast to one side now that mechanization is replacing manual labour ◆ (fig) **ce sont les laissés-pour-compte du progrès** these people are the casualties of progress, progress has left these people out in the cold ou on the scrap heap

laisser [lese] → SYN ▸ conjug 1 ◂ GRAMMAIRE ACTIVE 9.3

1 vt **a** (abandonner) place, fortune, femme, objet to leave ◆ **laisser sa clef au voisin** to leave one's key with the neighbour, leave the neighbour one's key ◆ **laisse-lui du gâteau** leave ou save him some cake, leave ou save some cake for him ◆ **il m'a laissé ce vase pour 10 F** he let me have this vase for 10 francs ◆ **laisse-moi le soin de le lui dire** leave it to me to tell him ◆ **laissez, je vais le faire / c'est moi qui paie** leave that, I'll do it / I'm paying ◆ **laisse-moi le temps d'y réfléchir** give me time to think about it ◆ **laisse-moi devant la banque** drop ou leave me at the bank ◆ **il a laissé un bras / la vue dans l'accident** he lost an arm / his sight in the accident ◆ **l'expédition était dangereuse: il y a laissé sa vie** it was a dangerous expedition and it cost him his life ◆ **elle l'a laissé de meilleure humeur** she left him in a better mood ◆ **au revoir, je vous laisse** good-bye, I must leave you ◆ **laisse-moi!** leave me alone! ◆ **je l'ai laissé à son travail** I left him to get on with his work

b (faire demeurer) trace, regrets, goût to leave ◆ **laisser qn indifférent / dans le doute** to leave sb unmoved / in doubt ◆ **laisser qn debout** to keep sb standing (up) ◆ **on lui a laissé ses illusions, on l'a laissé à ses illusions** we didn't disillusion him ◆ **elle m'a laissé une bonne impression** she left ou made a good impression on me ◆ **on l'a laissé dans l'erreur** we didn't tell him that he was mistaken ◆ **il vaut mieux le laisser dans l'ignorance de nos projets** it is best to leave him in the dark ou not to tell him about our plans ◆ **laisser un enfant à ses parents** (gén) to leave a child with his parents; (Jur) to leave a child in the custody of his parents ◆ **vous laissez le village sur votre droite** you go past the village on your right ◆ **laisser la vie à qn** to spare sb's life ◆ **laisser qn en liberté** to allow sb to stay free ◆ **cette opération ne doit pas laisser de séquelles** this operation should leave ou have no aftereffects

c LOC **laisser la porte ouverte** (lit, fig) to leave the door open ◆ **il ne laisse jamais rien au hasard** he never leaves anything to chance ◆ **c'était à prendre ou à laisser** it was a case of take it or leave it ◆ **avec lui il faut en prendre et en laisser** you can only believe half of what he says, you must take what he tells you with a pinch of salt ◆ **on l'a laissé pour mort** he was left for dead ◆ **il laisse tout le monde derrière lui pour le** ou **par son talent / courage** he puts everyone else in the shade with his talent / courage ◆ **il laisse tout le monde derrière en math** he is head and shoulders above ou streets* (Brit) ou miles ahead of the others in maths ◆ **laisser le meilleur pour la fin** to leave the best till last ◆ (littér) **il n'a pas laissé de me le dire** he didn't fail to tell me, he could not refrain from telling me ◆ (littér) **cela n'a pas laissé de me surprendre** I couldn't fail to be surprised by ou at that ◆ (littér) **cela ne laisse pas d'être vrai** it is true nonetheless ◆ **je le laisse à penser combien il était content** you can imagine ou I don't need to tell you how pleased he was → **champ, désirer, plan**[1]

2 vb aux ◆ **laisser (qn) faire qch** to let sb do sth ◆ **laisse-le entrer / partir** let him in / go ◆ **laisse-le monter / descendre** let him come ou go up / down ◆ **laissez-moi rire** don't make me laugh ◆ **laisser voir ses sentiments** to let one's feelings show ◆ **il n'en a rien laissé voir** he showed no sign of it, he gave no inkling of it ◆ **laisse-le faire** (sans l'aider) let him alone, let him do it himself; (à sa manière) let him do it his own way; (ce qui lui plaît) let him do (it) as he likes ou wants ◆ **il faut laisser faire le temps** we must let things take their course ◆ **laisse faire!** oh, never mind!, don't bother! ◆ **j'ai été attaqué dans la rue et les gens ont laissé faire** I was attacked in the street and people did nothing ou people just stood by → **courir, penser, tomber**

3 **se laisser** vpr ◆ **se laisser persuader / exploiter / duper** to let o.s. be persuaded / exploited / fooled ◆ **il s'est laissé attendrir par leur pauvreté** he was moved by their poverty ◆ **il ne faut pas se laisser décourager / abattre** you mustn't let yourself become ou allow yourself to become discouraged / downhearted ◆ **je me suis laissé surprendre par la pluie** I got caught in the rain ◆ **il se laisse mener par le bout du nez** he lets himself be led by the nose ou be pushed around ◆ **ce petit vin se laisse boire*** this wine goes down well ou nicely ◆ **se laisser aller** to let o.s. go ◆ **se laisser aller à mentir** to stoop to telling lies ◆ **je me suis laissé faire*** I let myself be persuaded, I let myself be talked into it ◆ **je n'ai pas l'intention de me laisser faire** I'm not going to let myself be pushed around ◆ **laisse-toi faire!** (à qn que l'on soigne, habille etc) oh come on, it won't hurt (you)! ou let me do it!; (en offrant une liqueur etc) oh come on, be a devil!* ou it won't do you any harm! ◆ **laisse-toi faire, je vais te peigner** just let me comb your hair, keep still while I comb your hair → **conter, dire, vivre**

laisser-aller [leseale] → SYN nm inv (gén) casualness, carelessness; [travail, langage, vêtements] slovenliness, carelessness

laisser-faire [lesefɛʀ] nm inv (Écon) laissez-faire policy

laissez-passer [lesepɑse] → SYN nm inv (gén) pass; (Douane) transire

lait [lɛ] **1** nm milk ◆ **lait de vache / de chèvre / d'ânesse** cow's / goat's / ass's milk ◆ **lait concentré / condensé non sucré / écrémé** condensed / (unsweetened) evaporated / skimmed milk ◆ **lait entier** fullcream ou whole milk ◆ **lait cru** milk straight from the cow ◆ **mettre qn au lait** to put sb on a milk diet ◆ (fig) **boire du (petit) lait** to lap it up (fig) ◆ **cela se boit comme du petit lait** you don't notice you're drinking it ◆ **frère / sœur de lait** foster brother / sister ◆ **chocolat au lait** milk chocolate → **café, cochon**[1], **dent**

2 COMP ▷ **lait d'amande** almond oil ▷ **lait de beauté** beauty lotion ▷ **lait caillé** curds ▷ **lait de chaux** lime water ▷ **lait de coco** coconut milk ▷ **lait démaquillant** cleansing milk ▷ **lait longue conservation** UHT milk ▷ **lait maternel** mother's milk, breast milk ▷ **lait maternisé** formula, baby milk (Brit) ▷ **lait en poudre** dried ou powdered milk ▷ **lait de poule** (Culin) eggflip, eggnog ▷ **lait solaire** sun cream ▷ **lait végétal** latex

laitage [lɛtaʒ] nm (lait) milk; (produit laitier) dairy product

laitance [lɛtɑ̃s] nf soft roe

laite [lɛt] nf soft roe

laité, e [lete] adj poisson with soft roe

laiterie [lɛtʀi] nf (usine, magasin) dairy; (industrie) dairy industry

laiteron [lɛtʀɔ̃] nm sow-thistle

laiteux, -euse [lɛtø, øz] → SYN adj couleur, liquide, teint milky; huître milky; chair creamy

laitier, -ière [letje, jɛʀ] → SYN **1** adj industrie, produit dairy (épith); production, vache milk (épith), dairy (épith)
2 nm **a** (livreur) milkman; (vendeur) dairyman
b (Ind) slag
3 **laitière** nf (vendeuse) dairywoman ◆ (Art) **"La Laitière"** "The Kitchen-Maid" ◆ (vache) **une (bonne) laitière** a (good) milker

laiton [lɛtɔ̃] → SYN nm (alliage) brass; (fil) brass wire

laitonner [lɛtɔne] ▸ conjug 1 ◂ vt métal to cover with brass; (couvrir de fils de laiton) to cover with brass wire

laitue [lety] nf lettuce ◆ **laitue romaine** cos lettuce (Brit), romaine lettuce (US)

laïus* [lajys] nm inv (discours) long-winded speech; (verbiage) verbiage (NonC), padding (NonC) ◆ **faire un laïus** to hold forth at great length, give a long-winded speech

laïusser* [lajyse] ▸ conjug 1 ◂ vi to expatiate, hold forth, spout* (*sur* on)

laïusseur, euse* [lajysœʀ, øz] nm,f (péj) windbag*

laize [lɛz] nf (Tex) width

Lakshmî [laksmi] nf Lakshmi

lallation [la(l)lasjɔ̃] → SYN nf (lambdacisme) lallation; (enfant) lallation, lalling

lama [lama] → SYN nm (Zool) llama; (Rel) lama

lamaïsme [lamaism] nm Lamaism

lamaïste [lamaist] adj, nm,f Lamaist

lamantin [lamɑ̃tɛ̃] nm manatee

lamarckisme [lamaʀkism] → SYN nm Lamarckism

lamaserie [lamazʀi] nf lamasery

lambada [lɑ̃bada] nf lambada

lambda [lɑ̃bda] nm lambda ◆ **le citoyen lambda** the uninformed citizen

lambdacisme [lɑ̃bdasism] nm lambdacism

lambeau, pl **lambeaux** [lɑ̃bo] → SYN nm [papier, tissu] scrap; (Chirurgie) flap ◆ **lambeaux de chair** strips of flesh ◆ **en lambeaux** vêtements in tatters ou rags, tattered; affiche in tatters, tattered ◆ **mettre en lambeaux** to tear to shreds ou bits ◆ **tomber** ou **partir en lambeaux** to fall to pieces ou bits ◆ (fig) **lambeaux de conversation** scraps of conversation ◆ **lambeaux du passé** fragments ou remnants of the past

lambic(k) [lɑ̃bik] nm *kind of strong Belgian beer* → **gueuse**

lambin, e* [lɑ̃bɛ̃, in] → SYN **1** adj slow ◆ **que tu es lambin** what a dawdler ou slowcoach* (Brit) ou slowpoke* (US) you are
2 nm,f dawdler*, slowcoach* (Brit), slowpoke* (US)

lambiner* [lɑ̃bine] ▸ conjug 1 ◂ vi to dawdle, dillydally*

lambliase [lɑ̃blijɑz] nf lambliasis

lambourde [lɑ̃buʀd] nf (pour parquet) backing strip *(on joists)*; (pour solive) wall-plate

lambrequin [lɑ̃bʀəkɛ̃] nm [fenêtre] pelmet, lambrequin; [ciel de lit] valance; (ornement) lambrequin ◆ (Hér) **lambrequins** lambrequin, mantling

lambris [lɑ̃bʀi] nm (gén) panelling (NonC); (bois) panelling (NonC), wainscoting (NonC)

lambrisser [lɑ̃bʀise] ▸ conjug 1 ◂ vt (→ **lambris**) to panel; to wainscot ◆ **lambrissé de pin** pine-panelled

lambswool [lɑ̃bswul] nm lamb's wool

lame [lam] → SYN **1** nf **a** [métal, verre] strip; [bois] strip, lath; (Aut) [ressort] leaf; [store] slat; (pour microscope) slide
b [poignard, tondeuse, scie] blade ◆ (fig) **visage en lame de couteau** hatchet face
c (fig) (épée) sword; (escrimeur) swordsman (ou swordswoman) ◆ **bonne** ou **fine lame** a good swordsman (ou swordswoman)
d (vague) wave
e (partie de la langue) blade
2 COMP ▹ **lame de fond** ground swell (NonC) ▹ **lame de parquet** floorboard, strip of parquet flooring ▹ **lame de rasoir** razor blade

lamé, e [lame] → SYN **1** adj lamé (épith) ◆ **robe lamée (d')** or gold lamé dress
2 nm lamé

lamellaire [lamelɛʀ] adj lamellar, lamellate

lamelle [lamɛl] → SYN nf (gén: de métal, plastique) (small) strip; [persiennes] slat; [champignon] gill; (pour microscope) coverglass ◆ **lamelle de mica** mica flake ◆ **couper en lamelles** légumes to cut into thin strips ou slices

lamellé, e [lamele] → SYN adj lamellated

lamellé-collé, pl **lamellés-collés** [lamelekɔle] nm lamellated wood

lamellibranches [lamelibʀɑ̃ʃ] nmpl lamellibranchia

lamelliforme [lamelifɔʀm] adj lamelliform

lamellirostres [lameliʀɔstʀ] nmpl ◆ **les lamellirostres** lamellirostral ou lamellirostrate birds

lamentable [lamɑ̃tabl] → SYN adj résultat, état lamentable, appalling, awful; concurrent appalling, awful; sort, spectacle miserable, pitiful; cri pitiful, woeful; histoire dreadful, appalling

lamentablement [lamɑ̃tabləmɑ̃] adv échouer miserably, lamentably

lamentation [lamɑ̃tasjɔ̃] → SYN nf (cri de désolation) lamentation, wailing (NonC); (péj: jérémiade) moaning (NonC) ◆ (Bible) **le livre des Lamentations** (the Book of) Lamentations → **mur**

lamenter (se) [lamɑ̃te] → SYN ▸ conjug 1 ◂ vpr to moan, lament ◆ **se lamenter sur qch** to moan over sth, bemoan sth ◆ **se lamenter sur son sort** to bemoan ou bewail ou lament one's fate ◆ **arrête de te lamenter sur ton propre sort** stop feeling sorry for yourself ◆ **il se lamente d'avoir échoué** he is moaning over his failure

lamento [lamɛnto] → SYN nm lament

lamer [lame] ▸ conjug 1 ◂ vt broderie to embroider with lamé; (Tech) to spot-face

lamiacées [lamjase] nfpl ⇒ **labiées**

lamie [lami] → SYN nf (monstre) lamia; (requin) porbeagle

lamier [lamje] nm dead-nettle

laminage [laminaʒ] → SYN nm (Tech) lamination

laminaire¹ [laminɛʀ] → SYN nf (Bot) laminaria

laminaire² [laminɛʀ] → SYN adj (Minér, Phys) laminar

laminé [lamine] nm rolled metal

laminectomie [laminɛktɔmi] nf laminectomy, rachiotomy

laminer [lamine] → SYN ▸ conjug 1 ◂ vt métal to laminate ◆ (fig) **ses marges bénéficiaires ont été laminées par les hausses** his profit margins have been eaten away ou eroded by price rises ◆ (fig) **les petites formations politiques ont été laminées aux dernières élections** the small political groupings were wiped out ou obliterated at the last election

lamineur, -euse [laminœʀ, øz] **1** adj m ◆ **cylindre lamineur** roller
2 nm,f rolling mill operator

lamineux, -euse [laminø, øz] adj laminose

laminoir [laminwaʀ] → SYN nm rolling mill ◆ (fig) **passer / mettre qn au laminoir** to go / put sb through the mill ou through it*

lampadaire [lɑ̃padɛʀ] → SYN nm [intérieur] standard lamp; [rue] street lamp ◆ **(pied du) lampadaire** [intérieur] lamp standard; [rue] lamppost

lampant [lɑ̃pɑ̃] adj m → **pétrole**

lamparo [lɑ̃paʀo] → SYN nm lamp ◆ **pêche au lamparo** fishing by lamplight *(in the Mediterranean)*

lampas [lɑ̃pɑ(s)] → SYN nm lampas

lampe [lɑ̃p] → SYN **1** nf lamp, light; (ampoule) bulb; (Rad) valve ◆ **éclairé par une lampe** lit by lamplight ou by the light of a lamp → **mettre**
2 COMP ▹ **lampe à acétylène** acetylene lamp (Brit) ou torch (US) ▹ **lampe à alcool** spirit lamp ▹ **lampe à arc** arc light ou lamp ▹ **lampe d'architecte** Anglepoise lamp® ▹ **lampe Berger®** Berger lamp® ▹ **lampe à bronzer** sun lamp ▹ **lampe de bureau** desk lamp ou light ▹ **lampe à carbure** carbide lamp ▹ **lampe de chevet** bedside lamp ou light ▹ **lampe électrique** torch (Brit), flashlight ▹ **lampe halogène** ou **à iode** halogen lamp ▹ **lampe à huile** oil lamp ▹ **lampe à incandescence** incandescent lamp ▹ **lampe de lecture** reading lamp ▹ **lampe de mineur** (miner's) safety lamp ▹ **lampe au néon** neon light ▹ **lampe à pétrole** paraffin (Brit) ou kerosene (US) ou oil lamp ▹ **lampe pigeon** (small) paraffin (Brit) ou kerosene (US) ou oil lamp ▹ **lampe de poche** torch (Brit), flashlight ▹ **lampe solaire** sun lamp ▹ **lampe à souder** (lit) blowlamp (Brit), blow-torch; (arg Mil) machine gun ▹ **lampe témoin** (gén) warning light; [magnétoscope etc] light *(showing power is on)*

lampée* [lɑ̃pe] nf gulp, swig* ◆ **boire qch à grandes lampées** to gulp ou swig* sth down

lampe-éclair, pl **lampes-éclair** [lɑ̃peklɛʀ] nf flashlight

lamper*† [lɑ̃pe] ▸ conjug 1 ◂ vt to gulp down, swig (down)*

lampe-tempête, pl **lampes-tempête** [lɑ̃ptɑ̃pɛt] nf storm lantern, hurricane lamp

lampion [lɑ̃pjɔ̃] → SYN nm Chinese lantern → **air³**

lampiste [lɑ̃pist] → SYN nm (lit) light (maintenance) man; (* hum: subalterne) underling, dogsbody* (Brit), toady* (US) ◆ **c'est toujours la faute du lampiste*** it's always the underling who gets the blame

lampourde [lɑ̃puʀd] nf cocklebur

lamprillon [lɑ̃pʀijɔ̃] nm (poisson) river lamprey; (larve) ammocoetes

lamproie [lɑ̃pʀwa] → SYN nf ◆ **lamproie (de mer)** lamprey ◆ **lamproie de rivière** river lamprey, lampern

lampyre [lɑ̃piʀ] → SYN nm glow-worm

Lancastre [lɑ̃kastʀ(ə)] n Lancaster

lance [lɑ̃s] → SYN nf **a** (arme) spear; [tournoi] lance ◆ **donner un coup de lance à qn, frapper qn d'un coup de lance** to hit sb with one's lance → **fer, rompre**
b (tuyau) hose ◆ **lance à eau** water hose ◆ **lance d'arrosage** garden hose ◆ **lance d'incendie** fire hose

lance-amarre, pl **lance-amarre(s)** [lɑ̃samaʀ] nm line-throwing device

lance-balles [lɑ̃sbal] nm inv ball-throwing machine

lance-bombes [lɑ̃sbɔ̃b] nm inv bomb launcher

lancée [lɑ̃se] → SYN nf ◆ **être sur sa lancée** to be ou have got under way ◆ **continuer sur sa lancée** to keep going, forge ahead ◆ **il a encore travaillé 3 heures sur sa lancée** once he was under way ou he'd got going he worked for another 3 hours ◆ **je peux encore courir 2 km sur ma lancée** now I'm in my stride I can run another 2 km ◆ **je ne voulais pas t'interrompre sur ta lancée** I didn't want to interrupt you in full flow

lance-engins [lɑ̃sɑ̃ʒɛ̃] nm inv missile launcher

lance-flammes [lɑ̃sflɑm] nm inv flamethrower

lance-fusées [lɑ̃sfyze] nm inv rocket launcher

lance-grenades [lɑ̃sgʀənad] nm inv grenade launcher

lancement [lɑ̃smɑ̃] → SYN nm **a** (→ **lancer** 1d et e) launching; sending up; starting up; issuing; floating
b (Sport) throwing ◆ **lancement du disque / du javelot / du marteau** throwing the dis-

cus / javelin / hammer, discus / javelin / hammer throwing ◆ **lancement du poids** putting the shot, shot put ◆ (Espace) **fenêtre** ou **créneau de lancement** launch window

lance-missiles [lɑ̃smisil] nm inv missile launcher

lancéolé, e [lɑ̃seɔle] adj (Bot) lanceolate; (Archit) lanceted

lance-pierre, pl **lance-pierres** [lɑ̃spjɛʀ] nm catapult ◆ (fig) **manger avec un lance-pierre*** to grab a quick bite (to eat)* ◆ **payer qn avec un lance-pierre*** to pay sb peanuts*

lancer [lɑ̃se] → SYN ▸ conjug 3◂

[1] vt a (jeter) (gén) to throw (*à* to); bombes to drop (*sur* on); (Sport) disque, marteau, javelot to throw ◆ **lancer une balle / son chapeau en l'air** to throw ou toss a ball / one's hat into the air ou up in the air ◆ **lance-moi mes clefs** throw me my keys ◆ (Pêche) **lancer sa ligne** to cast one's line ◆ (agressivement) **lancer une pierre à qn** to hurl ou fling a stone at sb ◆ **il lança sa voiture dans la foule** he smashed his car into the crowd, he drove his car straight at the crowd ◆ **lancer son chien contre qn** to set one's dog on sb ◆ (Mil) **lancer ses hommes contre l'ennemi / à l'assaut** to launch one's men against the enemy / into the assault ◆ **lancer les jambes en avant** to fling one's legs forward ◆ **lancer son poing dans la figure de qn** to thump sb in the face ◆ **lancer un coup de poing** to lash out with one's fist, throw a punch ◆ **lancer un coup de pied** to kick out, lash out with one's foot ◆ (Sport) **lancer le poids** to put the shot ◆ **il lance à 15 mètres** he can throw 15 metres ◆ (fig) **lancer un pont sur une rivière** to throw a bridge across a river ◆ **la tour lance ses flèches de béton vers le ciel** the concrete spires of the tower thrust up into the sky

b (projeter) fumée to send up ou out; flammes, lave to throw out ◆ [yeux, bijoux] **lancer des éclairs** to sparkle

c (émettre) accusations to level; menaces, injures to hurl, fling; avertissement, proclamation, mandat d'arrêt to issue, put out; théorie to put forward, advance; S.O.S. to send out; fausse nouvelle to put out; invitation to send off; hurlement to give out ◆ **lancer un cri** to cry out ◆ **lancer une plaisanterie** to crack a joke ◆ **elle lui lança un coup d'œil furieux** she flashed ou darted a furious glance at him ◆ **« je refuse » lança-t-il fièrement** "I refuse" he retorted proudly ◆ **« salut » me lança-t-il du fond de la salle** "hello" he called out to me from the far end of the room

d (faire démarrer) fusée to launch, send up; obus to launch; torpille to fire, launch; navire, attaque, campagne électorale to launch; souscription, idée to launch, float; affaire, entreprise to launch, start up; emprunt to issue, float ◆ **lancer une idée en l'air** to toss out an idea ◆ **il a lancé son parti dans une aventure dangereuse** he has launched his party into ou set his party off on a dangerous venture ◆ **ne le lancez pas sur son sujet favori*** don't set him off on ou don't let him get launched on his pet subject ◆ **une fois lancé*, on ne peut plus l'arrêter!** once he gets the bit between his teeth ou once he gets warmed up ou launched there's no stopping him!

e (mettre en renom) vedette to launch; produit to launch, bring out ◆ **lancer une nouvelle mode** to launch ou start a new fashion ◆ **lancer qn dans la politique / les affaires / le monde** to launch sb into politics / in business / in society ◆ **ce chanteur est lancé maintenant** this singer has made a name for himself ou has made his mark now

f (donner de l'élan) moteur to open up; voiture to get up to full speed; balançoire to set going ◆ **lancer un cheval** to give a horse its head ◆ **lance le balancier de l'horloge** set the pendulum in the clock going ◆ **la voiture lancée à fond dévala la pente** the car roared away at top speed and hurtled down the slope ◆ **la voiture une fois lancée** once the car gets up speed ou builds up speed

g (faire mal à) **ça me lance (dans le bras** etc) I've got shooting pains (in my arm etc)

[2] **se lancer** vpr a (prendre de l'élan) to build up ou get up momentum ou speed ◆ **il recula pour se lancer** he moved back to get up speed ou momentum ◆ **pour faire de la balançoire, il faut bien se lancer** to get a swing going you have to give yourself a good push forward

b (sauter) to leap, jump; (se précipiter) to dash, rush ◆ **se lancer dans le vide** to leap ou jump into space ◆ **se lancer contre un obstacle** to dash ou rush at an obstacle ◆ **se lancer en avant** to dash ou rush ou run forward ◆ **se lancer à l'assaut d'une forteresse** to launch an assault on a fortress ◆ **se lancer à l'assaut** to leap to the attack ◆ **se lancer dans la bagarre** to pitch into the fight ◆ **n'hésite pas, lance-toi** don't hesitate, off you go ou let yourself go

c (s'engager) **se lancer dans** discussion to launch (forth) into, embark on; aventure to embark on, set off on; dépenses to embark on, take on; passe-temps to take up ◆ **se lancer dans la politique / les affaires** (essayer) to launch out into politics / business; (comme métier) to take up politics / business ◆ **se lancer dans la lecture d'un roman** to set about ou begin reading a novel ◆ **il construit un bateau – il se lance*** he's building a boat – he's aiming high! ou he's thinking big!* ◆ **lance-toi!*** on you go!*, go for it!*

d (*: se faire une réputation) **il cherche à se lancer** he's trying to make a name for himself

[3] nm a (Sport) (gén) throw ◆ **il a droit à 3 lancers** he is allowed 3 attempts ou throws ◆ **lancer annulé** no throw ◆ (Basketball) **lancer franc** free throw, charity toss (US) ◆ (Alpinisme) **lancer de corde** lassoing (NonC), lasso ◆ **le lancer du poids** etc → **lancement**

b (Pêche) (attirail) rod and reel ◆ **(pêche au) lancer** rod and reel fishing

lance-roquettes [lɑ̃sʀɔkɛt] nm inv rocket launcher

lance-satellites [lɑ̃ssatelit] nm inv satellite launcher

lance-torpilles [lɑ̃stɔʀpij] nm inv torpedo tube

lancette [lɑ̃sɛt] nf (Archit, Méd) lancet

lanceur, -euse [lɑ̃sœʀ, øz] [1] nm,f a [disque, javelot, marteau] thrower; (Cricket) bowler; (Base-ball) pitcher ◆ **lanceur de poids** shot putter

b [entreprise, actrice] promoter

[2] nm (Espace, sous-marin) launcher ◆ **lanceur de satellites** satellite launcher

lancier [lɑ̃sje] nm (Mil) lancer ◆ (danse) **les lanciers** the lancers

lancinant, e [lɑ̃sinɑ̃, ɑ̃t] → SYN adj a douleur shooting (épith), piercing (épith)

b (obsédant) souvenir haunting; musique insistent, monotonous ◆ **ce que tu peux être lancinant à toujours réclamer*** you are a real pain* ou you get on my nerves the way you're always asking for things

lanciner [lɑ̃sine] → SYN ▸ conjug 1◂ [1] vi to throb

[2] vt [pensée] to obsess, trouble, haunt, plague; (*) [enfant] to torment, plague ◆ **il nous a lancinés pendant 3 jours pour aller au cirque** he tormented ou plagued us ou he went on at us* for 3 days about going to the circus

lançon [lɑ̃sɔ̃] → SYN nm sand-eel

landais, e [lɑ̃dɛ, ɛz] adj from the Landes (region) *(south-west France)*

landau [lɑ̃do] → SYN nm (voiture d'enfant) pram (Brit), baby carriage (US); (carrosse) landau

lande [lɑ̃d] → SYN nf moor, heath ◆ **les Landes** (Géog) the Landes (region) *(south-west France)*; (Admin) the Landes department

landerneau, pl **landerneaux** [lɑ̃dɛʀno] nm ◆ (hum) **dans le landerneau littéraire / universitaire** in literary / university circles

landgrave [lɑ̃dgʀav] nm (Hist) landgrave

landolphia [lɑ̃dɔlfja] nf landolphia, Congo rubber

laneret [lanʀɛ] nm lanneret

langage [lɑ̃gaʒ] → SYN [1] nm (Ling, style) language ◆ **le langage de l'amour / des fleurs** the language of love / of flowers ◆ **en langage administratif / technique** in administrative / technical jargon ou language ◆ **quel langage!** what language! ◆ **son langage est incompréhensible** what he says ou the language he uses is incomprehensible ◆ **je n'aime pas que l'on me tienne ce langage** I don't like being spoken to like that ◆ **il m'a tenu un drôle de langage** he said some odd things to me ◆ **quel langage me tenez-vous là?** what do you mean by saying that? ◆ **tenir un double langage** to use double talk ◆ **changer de langage** to change one's tune

[2] COMP ▷ **le langage des animaux** animal language ▷ **langage argotique** slang ▷ **langage chiffré** cipher, code (language) ▷ **langage de contrôle de travaux** (Ordin) job control language ▷ **langage enfantin** childish ou children's language, [bébé] baby talk ▷ **langage évolué** (Ordin) high-level language ▷ **langage de haut / bas niveau** (Ordin) high- / low-level language ▷ **langage intérieur** (Philos) inner language ▷ **langage machine** (Ordin) machine language ▷ **langage naturel** (Ordin) natural language ▷ **langage parlé** spoken language, speech ▷ **langage populaire** popular speech ▷ **langage de programmation** (Ordin) programming language

langagier, -ière [lɑ̃gaʒje, jɛʀ] adj linguistic, of language (épith) ◆ **tic langagier** verbal tic

lange [lɑ̃ʒ] → SYN nm (baby's) small flannel blanket ◆ **langes**†† swaddling clothes†† ◆ (fig) **dans les langes** in (its) infancy

langer [lɑ̃ʒe] ▸ conjug 3◂ vt bébé to change (the nappy (Brit) ou diaper (US) of); (††) to wrap an extra blanket round ◆ **table / matelas à langer** changing table / mat

langoureusement [lɑ̃guʀøzmɑ̃] adv languorously, languishingly

langoureux, -euse [lɑ̃guʀø, øz] → SYN adj languorous

langouste [lɑ̃gust] nf crayfish (Brit), spiny ou rock lobster

langoustier [lɑ̃gustje] nm (filet) crayfish net; (bateau) fishing boat *(for crayfish)*

langoustine [lɑ̃gustin] nf Dublin bay prawn ◆ (Culin) **langoustines (frites)** (fried) scampi

langue [lɑ̃g] → SYN [1] nf a (Anat) tongue ◆ **langue de bœuf / veau** ox / veal tongue ◆ **avoir la langue blanche** ou **chargée** ou **pâteuse** to have a coated ou furred tongue ◆ **tirer la langue** (au médecin) to stick out ou put out one's tongue (*à qn* for sb); (par impolitesse) to stick out ou put out one's tongue (*à qn* at sb); (*: être dans le besoin) to have a rough time of it*; (*: être frustré) to be green with envy ◆ (*: avoir soif) **il tirait la langue** his tongue was hanging out*, he was dying of thirst* ◆ **coup de langue** lick ◆ **le chien lui a donné un coup de langue** the dog licked him

b (organe de la parole) tongue ◆ **avoir la langue déliée** ou **bien pendue** to have a ready tongue ◆ **avoir la langue bien affilée** to have a quick ou sharp tongue ◆ (hum) **avoir la langue fourchue** to speak with a forked tongue ◆ **il a la langue trop longue** he talks too much, he doesn't know how to keep his mouth shut ◆ **il ne sait pas tenir sa langue** he can't hold his tongue, he doesn't know when to hold his tongue ◆ **mettre sa langue dans sa poche** to bite one's tongue ◆ **il n'a pas la langue dans sa poche** he's never at a loss for words ◆ **perdre / retrouver sa langue** to lose / find one's tongue ◆ **délier** ou **dénouer la langue à qn** to loosen sb's tongue ◆ **donner sa langue au chat** to give in ou up ◆ **j'ai le mot sur (le bout de) la langue** the word is on the tip of my tongue ◆ **il faut tourner sept fois sa langue dans sa bouche avant de parler** you should think carefully before you speak ◆ **prendre langue avec qn**† to make contact with sb ◆ (hum) **les langues vont aller bon train** tongues will start wagging ou will wag

c (personne) **mauvaise** ou **méchante langue** spiteful ou malicious gossip ◆ (iro) **les bonnes langues diront que ...** worthy ou upright folk will remark earnestly that ...

d (Ling) language, tongue (frm) ◆ **la langue française / anglaise** the French / English language ◆ **les gens de langue anglaise / française** English-speaking / French-speaking people ◆ **langue maternelle** mother tongue ◆ **langue mère** parent language ◆ **une langue vivante / morte / étrangère** a living / dead / foreign language ◆ **langue officielle** official language ◆ **la langue écrite / parlée** the written / spoken language ◆ (en traduction) **langue source** ou **de départ / cible** ou **d'arrivée** source / target language ◆ **langue vernaculaire** vernacular language ◆ **la langue de Blake** the language of Blake ◆ **il parle une langue très pure** his use of the language is very pure, his spoken language is very pure ◆ (lit, fig) **nous ne parlons pas la même langue** we don't speak the same language

e (Géog) **langue glaciaire** spur of ice ◆ **langue de terre** strip ou spit of land

2 COMP ▷ **la langue du barreau** legal parlance, the language of the courts ▷ **langue de bois** (péj) set language, stereotyped formal language ▷ **la langue diplomatique** the language of diplomacy ▷ **langue de feu** tongue of fire ▷ **la langue journalistique** journalistic language, journalese (péj) ▷ **langue d'oc** langue d'oc ▷ **langue d'oïl** langue d'oïl ▷ **langue populaire** (idiome) popular language; (usage) popular speech ▷ **langue de serpent** (Bot) adder's tongue, ophioglossum (spéc) ▷ **langue de spécialité** specialist language ▷ **langue de travail** working language ▷ **langue verte** slang ▷ **langue de vipère** spiteful gossip

langué, e [lɑ̃ge] adj langued

langue-de-bœuf, pl **langues-de-bœuf** [lɑ̃gdəbœf] nf (Bot) beef-steak mushroom

langue-de-chat, pl **langues-de-chat** [lɑ̃gdəʃa] nf (flat) finger biscuit, langue de chat

Languedoc [lɑ̃gdɔk] nm ◆ **le Languedoc** (the) Languedoc

languedocien, -ienne [lɑ̃gdɔsjɛ̃, jɛn] **1** adj of ou from (the) Languedoc

2 nm,f ◆ **Languedocien(ne)** inhabitant ou native of (the) Languedoc

languette [lɑ̃gɛt] nf [bois, cuir] tongue; [papier] (narrow) strip; (Mus) [orgue] languet(te), languid; [instrument à vent] metal reed; [balance] pointer

langueur [lɑ̃gœʀ] [→ SYN] nf languidness, languor; (fig) [style] languidness ◆ **regard plein de langueur** languid ou languishing look → **maladie**

languide [lɑ̃gid] [→ SYN] adj (littér) languid, languishing

languir [lɑ̃giʀ] [→ SYN] ▸ conjug 2 ◂ vi **a** (dépérir) to languish ◆ **languir dans l'oisiveté / d'ennui** to languish in idleness / in boredom ◆ **(se) languir d'amour pour qn** to be languishing with love for sb

b (fig) [conversation, affaires, intrigue] to flag

c (littér : désirer) **languir après qn / qch** to languish for ou pine for ou long for sb / sth

d (* : attendre) to wait, hang around* ◆ **je ne languirai pas longtemps ici** I'm not going to hang around here for long* ◆ **faire languir qn** to keep sb waiting ◆ **ne nous fais pas languir, raconte!** don't keep us in suspense, tell us about it!

languissamment [lɑ̃gisamɑ̃] adv (littér) languidly

languissant, e [lɑ̃gisɑ̃, ɑ̃t] [→ SYN] adj personne languid, listless; regard languishing (épith); conversation, industrie flagging (épith); récit, action dull; affaires slack, flat

lanice [lanis] adj ◆ **bourre lanice** wool wadding, flock of wool

lanier [lanje] nm lanner

lanière [lanjɛʀ] [→ SYN] nf [cuir] thong, strap; [étoffe] strip; [fouet] lash; [appareil photo] strap

laniste [lanist] nm (Antiq) lanista

lanoline [lanɔlin] nf lanolin

lansquenet [lɑ̃skənɛ] nm (Cartes, Hist) lansquenet

lantanier [lɑ̃tanje] nm wayfaring tree, lantana

lanterne [lɑ̃tɛʀn] [→ SYN] **1** nf lantern; (électrique) lamp, light; (Hist : réverbère) street lamp; (Archit) lantern ◆ (Aut) **se mettre en lanternes, allumer ses lanternes** to switch on one's (side)lights ◆ (fig) **éclairer la lanterne de qn** to enlighten sb ◆ **les aristocrates à la lanterne!** string up the aristocracy! → **vessie**

2 COMP ▷ **lanterne d'Aristote** Aristotle's lantern ▷ **lanterne arrière** (Aut) rear light ▷ **lanterne de bicyclette** bicycle lamp ▷ **lanterne magique** magic lantern ▷ **lanterne de projection** slide projector ▷ **lanterne rouge** [convoi] rear ou tail light; [maison close] red light; (fig : dernier) tail-ender ▷ **lanterne sourde** dark lantern ▷ **lanterne vénitienne** Chinese lantern

lanterneau, pl **lanterneaux** [lɑ̃tɛʀno] nm [coupole] lantern; [escalier, atelier] skylight

lanterner [lɑ̃tɛʀne] [→ SYN] ▸ conjug 1 ◂ vi (traîner) to dawdle ◆ **sans lanterner!** be quick about it! ◆ **(faire) lanterner qn** to let sb cool his heels, keep sb hanging about (Brit) ou waiting around

lanternon [lɑ̃tɛʀnɔ̃] nm ⇒ **lanterneau**

lanthane [lɑ̃tan] nm lanthanum

lanthanides [lɑ̃tanid] nmpl lanthanide series (sg), lanthanides, lanthanons

lanugineux, -euse [lanyʒinø, øz] adj lanuginous

lao [lao] nm ⇒ **laotien** 2

Laos [laɔs] nm Laos

laotien, -ienne [laɔsjɛ̃, jɛn] **1** adj Laotian

2 nm (Ling) Laotian

3 nm,f ◆ **Laotien(ne)** Laotian

Lao-Tseu [laɔtsø] nm Lao-tze

La Palice [lapalis] n → **vérité**

lapalissade [lapalisad] [→ SYN] nf statement of the obvious ◆ **c'est une lapalissade de dire que ...** it's stating the obvious to say that ...

laparoscopie [lapaʀɔskɔpi] nf laparoscopy

laparotomie [lapaʀɔtɔmi] nf laparotomy

La Paz [lapaz] n La Paz

lapement [lapmɑ̃] nm lapping (NonC); (gorgée) lap

laper [lape] [→ SYN] ▸ conjug 1 ◂ **1** vt to lap up

2 vi to lap

lapereau, pl **lapereaux** [lapʀo] nm young rabbit

lapicide [lapisid] nmf lapidary engraver

lapidaire [lapidɛʀ] [→ SYN] **1** adj (lit) lapidary; (fig : concis) style, formule succinct, terse

2 nm (artisan) lapidary

lapidation [lapidasjɔ̃] nf stoning

lapider [lapide] [→ SYN] ▸ conjug 1 ◂ vt (tuer) to stone (to death); (attaquer) to stone, throw ou hurl stones at

lapidification [lapidifikasjɔ̃] nf lapidification

lapidifier [lapidifje] ▸ conjug 7 ◂ vt to lapidify

lapilli [lapi(l)li] nmpl lapilli

lapin [lapɛ̃] [→ SYN] nm (animal) (buck) rabbit, cony (US); (fourrure) rabbit(skin), cony(skin) (US) ◆ **manteau en lapin** rabbitskin coat ◆ **lapin domestique / de garenne** domestic / wild rabbit ◆ **c'est un fameux lapin*** he's quite a lad* ◆ (terme d'affection) **mon petit lapin** my lamb, my sweetheart ◆ **coup du lapin*** rabbit punch; (dans un accident de voiture) whiplash ◆ **faire le coup du lapin à qn*** to give sb a rabbit punch → **chaud, courir, poser**

lapine [lapin] nf (doe) rabbit ◆ (péj) **c'est une vraie lapine** she's a real baby-machine (péj)

lapiner [lapine] ▸ conjug 1 ◂ vi to litter, give birth ◆ (péj) [femme] **elle n'arrête pas de lapiner** she churns out babies one after another (péj)

lapinière [lapinjɛʀ] nf rabbit hutch

lapinisme* [lapinism] nm (péj) breeding like rabbits

lapis(-lazuli) [lapis(lazyli)] nm inv lapis lazuli

lapon, e [lapɔ̃, ɔn] [→ SYN] **1** adj Lapp, Lappish

2 nm (Ling) Lapp, Lappish

3 nm,f ◆ **Lapon(e)** Lapp, Laplander

Laponie [lapɔni] nf Lapland

laps [laps] [→ SYN] nm ◆ **laps de temps** lapse of time

lapsus [lapsys] [→ SYN] nm (parlé) slip of the tongue; (écrit) slip of the pen ◆ **lapsus révélateur** Freudian slip ◆ **faire un lapsus** to make a slip of the tongue (ou of the pen)

laquage [lakaʒ] nm [support] lacquering ◆ (Méd) **laquage du sang** laking of the blood

laquais [lakɛ] [→ SYN] nm lackey, footman; (fig, péj) lackey (péj), flunkey (péj)

laque [lak] [→ SYN] **1** nf (produit brut) lac, shellac; (vernis) lacquer; (pour les cheveux) (hair) lacquer, hair spray ◆ (peinture) **laque (brillante)** gloss paint

2 nm ou f (de Chine) lacquer

3 nm (objet d'art) piece of lacquer ware

laqué, e [lake] (ptp de **laquer**) adj lacquered ◆ **meuble (en) laqué blanc** piece of furniture with a white gloss finish ◆ **murs laqués blanc** walls painted in white gloss ◆ (Culin) **canard laqué** Peking duck

laquelle [lakɛl] → **lequel**

laquer [lake] [→ SYN] ▸ conjug 1 ◂ vt support to lacquer ◆ (Méd) **sang laqué** laked blood

laqueur, -euse [lakœʀ, øz] nm,f lacquerer

laraire [laʀɛʀ] nm lararium

larbin* [laʀbɛ̃] nm (péj) servant, flunkey (péj)

larcin [laʀsɛ̃] [→ SYN] nm (littér) (vol) theft; (butin) spoils, booty ◆ **dissimuler son larcin** to hide one's spoils ou what one has stolen

lard [laʀ] [→ SYN] nm (gras) fat (*of pig*); (viande) bacon ◆ **lard fumé** ≃ smoked bacon ◆ **lard maigre, petit lard** ≃ streaky bacon *(usually diced or in strips)* ◆ (fig) **(se) faire du lard**⁑ to lie back ou sit around and grow fat ◆ (fig) **un gros lard**⁑ a fat lump⁑ (Brit), a clod⁑ (US) ◆ **on ne sait jamais avec lui si c'est du lard ou du cochon*** you never know where you are with him* ou whether or not he's being serious → **rentrer, tête**

larder [laʀde] [→ SYN] ▸ conjug 1 ◂ vt (Culin) viande to lard ◆ (fig) **larder qn de coups de couteau** to hack at sb with a knife ◆ (fig) **texte lardé de citations** text larded ou loaded with quotations

lardoire [laʀdwaʀ] [→ SYN] nm (Culin) larding-needle, larding-pin; (* : épée) sword, steel

lardon [laʀdɔ̃] [→ SYN] nm (Culin) (pour larder) lardon ou lardoon; (* : enfant) kid*

lares [laʀ] nmpl, adj pl ◆ **(dieux) lares** lares

largable [laʀgabl] adj releasable

largage [laʀgaʒ] [→ SYN] nm [amarres] casting off; [étage de fusée] staging; [parachutiste, bombe, travailleurs] dropping

large [laʀʒ] [→ SYN] **1** adj **a** (gén, dans la mensuration) wide; (impression visuelle d'étendue) broad; pantalon, meuble wide; dos, lame broad, wide; visage, main broad ◆ **à cet endroit, le fleuve est le plus large** at this point the river is at its widest ◆ **le large ruban d'argent du Rhône** the broad silver ribbon of the Rhône ◆ **trop large de 3 mètres** 3 metres too wide ◆ **chapeau à larges bords** broad-brimmed ou wide-brimmed hat ◆ **décrire un large cercle** to describe a big ou wide circle ◆ **ouvrir une large bouche** to open one's mouth wide ◆ **d'un geste large** with a broad ou sweeping gesture ◆ **avec un large sourire** with a broad smile, smiling broadly ◆ **ce veston est trop large** this jacket is too big ou wide ◆ **cette robe est trop juste, avez-vous quelque chose d'un peu plus large?** this dress is too tight, do you have anything slightly looser? ou fuller? ◆ **pantalon large** baggy trousers (Brit) ou pants (US) ◆ **être large d'épaules** [personne] to be broad-shouldered; [vêtements] to be wide ou broad at the shoulders ◆ **être large de dos / de hanches** [personne] to have a broad back / wide hips; [vêtement] to be wide at the back / the hips

b (important) concession, amnistie broad, wide; pouvoirs, diffusion wide, extensive ◆ **retransmettre de larges extraits d'un match** to show extensive (recorded) extracts of a match ◆ **faire une large part à qch** to give great weight to sth ◆ **dans une large mesure** to a great ou large extent ◆ **il a une large part de responsabilité dans l'affaire** he must take a large share of the responsibility ou blame in this matter

c (généreux) personne generous ◆ **1 kg de viande pour 4, c'est large** 1 kg of meat for 4 is ample ou plenty ◆ **une vie large** a life of ease

d (non borné) opinion, esprit broad (épith); conscience accommodating ◆ **larges vues** liberal views ◆ **il est large d'idées** he is broad-minded ◆ **dans son acception** ou **sens large** in the broad sense of the term

2 adv ◆ **voir large** to think big ◆ **prends un peu plus d'argent, il vaut mieux prévoir large** take a bit more money, it's better to be on the generous side ou to allow a bit extra ou too much (than too little) ◆ **calculer / mesurer large** to be generous ou allow a bit extra in one's calculations / measurements ◆ (Aut) **prendre un virage large** to take a bend wide ◆ **cette marque taille** ou **habille large** the sizes in this brand tend to be on the large side

3 nm a (largeur) width ◆ **une avenue de 8 mètres de large** an avenue 8 metres wide ou 8 metres in width ◆ **être au large** (avoir de la place) to have plenty of room ou space; (avoir de l'argent) to be well-provided for, have plenty of money ◆ **acheter une moquette en 2 mètres de large** to buy a carpet 2 metres wide ◆ **cela se fait en 2 mètres et 4 mètres de large** that comes in 2-metre and 4-metre widths → **long, mener**

b (Naut) **le large** the open sea ◆ **se diriger vers le / gagner le large** to head for / reach the open sea ◆ **au large de Calais** off Calais ◆ (fig) **se tenir au large de qch** to stay clear of sth ◆ **l'appel du large** the call of the sea ◆ (fig) **prendre le large*** to clear off*, hop it* (Brit), make o.s. scarce ◆ **ils ont pris le large avec les bijoux** they made off with the jewels

largement [laʀʒəmɑ̃] → SYN adv a (lit) écarter widely ◆ **largement espacés** arbres, maisons widely spaced, wide apart ◆ **fenêtre largement ouverte** wide open window ◆ **robe largement décolletée** dress with a very open ou very scooped neckline

b (sur une grande échelle) répandre, diffuser widely ◆ **amnistie largement accordée** wide ou widely-extended amnesty ◆ **idée largement répandue** widespread ou widely held view ◆ **bénéficier de pouvoirs largement étendus** to hold greatly increased powers

c (de loin) considerably, greatly ◆ **succès qui dépasse largement nos prévisions** success which greatly exceeds our expectations ou is far beyond our expectations ◆ **ce problème dépasse largement ses compétences** this problem is altogether beyond ou is way beyond* his capabilities ◆ **vous débordez largement le sujet** you are greatly overstepping the subject, you are going well beyond the limits of the subject ◆ **elle vaut largement son frère** she's every bit as ou at least as good (ou as bad) as her brother

d (amplement) **vous avez largement le temps** you have ample time ou plenty of time ◆ **il y en a largement (assez)** there's more than enough ◆ **c'est largement suffisant** that's plenty, that's more than enough ◆ **cela me suffit largement** that's plenty ou ample ou more than enough for me ◆ **il est largement temps de commencer** it's high time we started ◆ **j'ai été largement récompensé de ma patience** my patience has been amply rewarded ◆ **ça vaut largement la peine / la visite** it's well worth the trouble / the visit

e (généreusement) payer, donner generously ◆ **ils nous ont servis / indemnisés largement** they gave us generous ou ample helpings / compensation ◆ **vivre largement** to live handsomely

f (au moins) easily, at least ◆ **il gagne largement 15 000 F par mois** he earns easily ou at least 15,000 francs a month ◆ **il est largement 2 heures** it's well past 2 o'clock ◆ **il a largement 50 ans** he is well past 50, he is well into his fifties ◆ **c'est à 5 minutes / 5 km d'ici, largement** it's easily ou a good 5 minutes / 5 km from here

largesse [laʀʒɛs] → SYN nf a (caractère) generosity ◆ **avec largesse** generously

b (dons) **largesses** liberalities ◆ **faire des largesses** to make generous gifts

largeur [laʀʒœʀ] → SYN nf a (gén: → **large**) width; breadth; [voie ferrée] gauge ◆ **sur toute la largeur** right across, all the way across ◆ **dans le sens de la largeur** widthways, widthwise ◆ **quelle est la largeur de la fenêtre?** what is the width of the window?, how wide is the window? ◆ **tissu en grande / petite largeur** double-width / single-width material

b [idées] broadness ◆ **largeur d'esprit** broad-mindedness ◆ **largeur de vues** broadness of outlook

c (* loc) **dans les grandes largeurs** with a vengeance, well and truly ◆ **il s'est trompé dans les grandes largeurs** he has slipped up with a vengeance, he has boobed this time, and how!‡ ◆ **cette fois on les a eus dans les grandes largeurs** we didn't half put one over on them this time‡ (Brit), we had them well and truly this time*

larghetto [laʀgeto] adv, nm larghetto

largo [laʀgo] adv, nm largo

largue [laʀg] adj cordage slack; vent quartering

largué, e [laʀge] (ptp de **larguer**) adj ◆ **être largué*** to be all at sea

larguer [laʀge] → SYN ▸ conjug 1 ◂ vt a (Naut) cordage to loose, release; voile to let out, unfurl; amarres to cast off, slip

b parachutiste, bombe to drop; carburant to jettison; cabine spatiale to release

c (*: se débarrasser de) ami, emploi to throw over*, chuck‡; amant to ditch*, chuck‡; collaborateur to drop, get rid of, dump*; objet to chuck out‡, get rid of; principes to jettison, chuck (out)‡

larigot [laʀigo] nm → **tire-larigot**

larme [laʀm] → SYN 1 nf a tear ◆ **en larmes** in tears ◆ **au bord des larmes** on the verge of tears ◆ **larmes de joie / de rage** tears of joy / rage ◆ **verser des larmes sur qch / qn** to shed tears over sth / sb ◆ **verser toutes les larmes de son corps** to cry one's eyes out ◆ **avec des larmes dans la voix** with tears in his voice, with a tearful voice ◆ **avoir les larmes aux yeux** to have tears in one's eyes ◆ **ça lui a fait venir les larmes aux yeux** it brought tears to his eyes ◆ **elle a la larme facile** she is easily moved to tears, tears come easily to her ◆ **y aller de sa larme*** to have a good cry ◆ **avoir toujours la larme à l'œil** to be a real cry-baby ou weeper → **fondre, rire, vallée** etc

b (*: goutte) [vin] drop

2 COMP ▷ **larmes de crocodile** crocodile tears ▷ **larmes de sang** tears of blood

larme-de-Job, pl **larmes-de-Job** [laʀmdəʒɔb] nf Job's-tears (sg)

larmier [laʀmje] nm (Archit) dripstone; [cerf] tear pit; [cheval] temple

larmoiement [laʀmwamɑ̃] nm (→ **larmoyer**) watering (of the eyes); whimpering (NonC), snivelling (NonC)

larmoyant, e [laʀmwajɑ̃, ɑ̃t] → SYN adj yeux tearful, watery; personne tearful; ton snivelling, whining; voix tearful, whimpering; récit maudlin ◆ (Théât) **comédie larmoyante** sentimental comedy

larmoyer [laʀmwaje] → SYN ▸ conjug 8 ◂ vi a (involontairement) [yeux] to water, run

b (pleurnicher) to whimper, snivel

larron [laʀɔ̃] → SYN nm (†, Bible) thief ◆ **s'entendre comme larrons en foire** to be as thick as thieves → **occasion, troisième**

larsen [laʀsɛn] nm ◆ **(effet) Larsen** interference ◆ **il y a du larsen dans les micros*** there's interference in the mikes*

larvaire [laʀvɛʀ] adj (Zool) larval; (fig) embryonic

larve [laʀv] → SYN nf (Zool) larva; (asticot) grub ◆ (péj) **larve (humaine)** worm (péj), creature

larvé, e [laʀve] → SYN adj guerre, dictature latent, (lurking) below the surface (attrib); (Méd) fièvre, maladie larvate (spéc) ◆ **inflation larvée** creeping inflation

larvicide [laʀvisid] 1 adj larvicidal

2 nm larvicide

laryngé, e [laʀɛ̃ʒe] adj, **laryngien, -ienne** [laʀɛ̃ʒjɛ̃, jɛn] adj laryngeal

laryngectomie [laʀɛ̃ʒɛktɔmi] nf laryngectomy

laryngectomiser [laʀɛ̃ʒɛktɔmize] ▸ conjug 1 ◂ vt to perform a laryngectomy on

laryngite [laʀɛ̃ʒit] nf laryngitis

laryngologie [laʀɛ̃gɔlɔʒi] nf laryngology

laryngologiste [laʀɛ̃gɔlɔʒist] nmf, **laryngologue** [laʀɛ̃gɔlɔg] nmf throat specialist, laryngologist

laryngoscope [laʀɛ̃gɔskɔp] nm laryngoscope

laryngoscopie [laʀɛ̃gɔskɔpi] nf laryngoscopy

laryngotomie [laʀɛ̃gɔtɔmi] nf laryngotomy

larynx [laʀɛ̃ks] nm larynx, voice-box*

las[1], lasse [lɑ, lɑs] → SYN adj (frm) weary, tired ◆ **las de qn / de faire qch / de vivre** tired ou weary of sb / of doing sth / of life → **guerre**

las[2]†† [lɑs] excl alas!

lasagne [lazaɲ] nf lasagne

lascar†* [laskaʀ] nm (type louche) character; (malin) rogue; (hum: enfant) terror ◆ **drôle de lascar** (louche) shady character*; (malin) real rogue, smart customer* ◆ **je vous aurai, mes lascars!** (à des adultes) I'll have you yet, you old rogues!*; (à des enfants) I'll have you yet, you little ou young rascals!*

lascif, -ive [lasif, iv] → SYN adj lascivious, lustful

lascivement [lasivmɑ̃] adv lasciviously, lustfully

lasciveté [lasivte], **lascivité** [lasivite] → SYN nf lasciviousness, lustfulness

laser [lazɛʀ] nm laser ◆ **disque / rayon laser** laser disc / beam

Las Palmas [laspalmas] n Las Palmas

lassant, e [lasɑ̃, ɑ̃t] adj (frm) wearisome, tiresome

lasser [lɑse] → SYN ▸ conjug 1 ◂ 1 vt (frm) auditeur, lecteur to weary, tire ◆ **lasser la patience / bonté de qn** to try ou tax sb's patience / goodness ◆ **sourire lassé** weary smile ◆ **lassé de tout** weary of everything

2 **se lasser** vpr ◆ **se lasser de qch / de faire qch** to (grow) weary of sth / of doing sth, tire ou grow tired of sth / of doing sth ◆ **parler sans se lasser** to speak without tiring ou flagging

lassis [lɑsi] nm (bourre) silk wadding, flock of silk

lassitude [lɑsityd] → SYN nf (frm) weariness (NonC), lassitude (NonC) ◆ **avec lassitude** wearily

lasso [laso] nm lasso ◆ **prendre au lasso** to lasso

lastex ® [lastɛks] nm Lastex ®

lasting [lastiŋ] nm (Tex) lasting

lasure [lazyʀ] nf tint, stain

lasuré, e [lazyʀe] adj tinted, stained

latanier [latanje] nm latania

latence [latɑ̃s] → SYN nf latency ◆ **temps de latence** (gén) latent period; (Comm) lead time ◆ **période de latence** latency period

latent, e [latɑ̃, ɑ̃t] → SYN adj (gén) latent ◆ **à l'état latent** latent, in the latent state

latéral, e, mpl **-aux** [lateʀal, o] 1 adj side (épith), lateral (frm)

2 **latérale** nf lateral (consonant)

latéralement [lateʀalmɑ̃] adv (gén) laterally; être situé on the side; arriver, souffler from the side; diviser sideways

latéralisation [lateʀalizasjɔ̃] nf lateralization

latéralisé, e [lateʀalize] adj lateralized

latéralité [lateʀalite] nf laterality

latérite [lateʀit] nf laterite

latéritique [lateʀitik] adj lateritic

latex [latɛks] nm inv latex

laticifère [latisifɛʀ] adj laticiferous, lactiferous

latifundium [latifɔ̃djɔm], pl **latifundia** [latifɔ̃dja] nm latifundium

latin, e [latɛ̃, in] 1 adj (gén) Latin; (Rel) croix, église, rite Latin ◆ (Ling) **les langues latines** the romance ou latin languages → **Amérique, quartier, voile[1]**

2 nm (Ling) Latin ◆ **latin vulgaire** vulgar Latin ◆ (péj) **latin de cuisine** dog Latin → **bas[1], perdre**

3 nm,f ◆ **Latin(e)** Latin ◆ **les Latins** the Latin people, the Latins

latinisant, e [latinizɑ̃, ɑ̃t] nm,f (Ling) Latinist; (Rel) Latinizer

latinisation [latinizasjɔ̃] nf latinization

latiniser [latinize] ▸ conjug 1 ◂ vti to latinize

latinisme [latinism] nm latinism

latiniste [latinist] nmf (spécialiste) latinist, Latin scholar; (enseignant) Latin teacher; (étudiant) Latin student

latinité [latinite] nf (Ling: caractère) latinity; (civilisation) Latin world

latino [latino] adj, nmf Latino

latino-américain, e [latinoameʀikɛ̃, ɛn] 1 adj Latin-American, Hispanic
2 nm,f ◆ **Latino-Américain(e)** Latin-American, Hispanic

latitude [latityd] → SYN nf a (Astron, Géog) latitude ◆ **Paris est à 48° de latitude Nord** Paris is situated at latitude 48° north
b (région: gén pl) latitude ◆ **sous toutes les latitudes** in all latitudes, in all parts of the world ◆ **sous nos latitudes** in our part of the world
c (fig) latitude, scope ◆ **avoir toute latitude de faire qch** to be quite free ou at liberty to do sth ◆ **laisser / donner toute latitude à qn** to allow / give sb full scope ◆ **on a une certaine latitude** we have some latitude ou some freedom of movement

latitudinaire [latitydinɛʀ] → SYN adj, nmf (littér) latitudinarian

latomies [latɔmi] → SYN nfpl latomies

lato sensu [latosɛ̃sy] loc adv in the broader sense of the word

latrie [latʀi] → SYN nf (Rel) latria

latrines [latʀin] → SYN nfpl latrines

lattage [lataʒ] nm lathing

latte [lat] → SYN nf (gén) lath; [plancher] board ◆ (Ski) **lattes*** boards* ◆ **donner un coup de latte à qn*** to give sb a kick

latté, e [late] (ptp de **latter**) adj lathed

latter [late] ▸ conjug 1 ◂ vt to lath

lattis [lati] → SYN nm lathing (NonC), lathwork (NonC)

laudanum [lodanɔm] nm laudanum

laudateur, -trice [lodatœʀ, tʀis] → SYN nm,f (littér) adulator, laudator (frm)

laudatif, -ive [lodatif, iv] → SYN adj laudatory ◆ **parler de qn en termes laudatifs** to speak highly ou in laudatory terms of sb, be full of praise for sb

laudes [lod] → SYN nfpl (Rel) lauds

Laure [lɔʀ] nf Laura

laure [lɔʀ] → SYN nf (Rel) laura

lauréat, e [lɔʀea, at] → SYN 1 adj (prize) winning
2 nm,f (prize) winner, award winner ◆ **les lauréats du prix Nobel** the Nobel prizewinners ◆ (Ciné) **"Le Lauréat"** "The Graduate"

Laurence [lɔʀɑ̃s] nf Laurence

Laurent [lɔʀɑ̃] nm Lawrence, Laurence ◆ **Laurent le Magnifique** Lorenzo the Magnificent

laurier [lɔʀje] nm bay-tree, (sweet) bay ◆ (Culin) **feuille de laurier** bay leaf ◆ (Culin) **mettre du laurier** to put in some bay leaves ◆ (fig) **lauriers** laurels ◆ **s'endormir** ou **se reposer sur ses lauriers** to rest on one's laurels ◆ **être couvert de lauriers** to be showered with praise

laurier-cerise, pl **lauriers-cerises** [lɔʀjesəʀiz] nm cherry laurel

laurier-rose, pl **lauriers-roses** [lɔʀjeʀoz] nm oleander

laurier-sauce, pl **lauriers-sauce** [lɔʀjesos] nm (sweet) bay, bay-tree

laurier-tin, pl **lauriers-tins** [lɔʀjetɛ̃] nm laurustinus

Lausanne [lozan] n Lausanne

LAV [ɛlave] nm inv (abrév de **Lymphadenopathy Associated Virus**) LAV

lavable [lavabl] adj washable ◆ **vêtement lavable en machine** machine-washable garment ◆ **papier peint lavable (et lessivable)** washable wallpaper

lavabo [lavabo] → SYN nm washbasin ◆ (euph) **lavabos** toilets, loo* (Brit)

lavage [lavaʒ] → SYN 1 nm a [plaie] bathing; [corps, cheveux] washing ◆ (Méd) **lavage d'intestin** intestinal wash ◆ **on lui a fait un lavage d'estomac** he had his stomach pumped out
b [mur, vêtement, voiture] washing (NonC); [tache] washing off ou out (NonC) ◆ **après le lavage vient le rinçage** after the wash comes the rinse ◆ **pour un meilleur lavage, utilisez ...** for a better wash, use ... ◆ **« lavage à la main »** "hand wash only" ◆ **« lavage en machine »** "machine wash" ◆ **le lavage des sols à la brosse / à l'éponge** scrubbing / sponging (down) floors ◆ **on a dû faire 3 lavages: c'était si sale!** it had to be washed 3 times ou it had to have 3 washes, it was so dirty! ◆ **le lavage de la vaisselle** dish-washing, washing-up (Brit) ◆ **au lavage** in the wash ◆ **ça a rétréci au lavage** it shrunk in the wash ◆ **ton chemisier est au lavage** your blouse is in the wash ou in the laundry
c (Tech) [gaz, charbon, laine] washing
2 COMP ▷ **lavage de cerveau** brainwashing ◆ **on lui a fait subir un lavage de cerveau** he was brainwashed ▷ **lavage de tête*** telling-off*, dressing down*

Laval [laval] n Laval

La Valette [lavalɛt] n Valletta

lavallière [lavaljɛʀ] nf ◆ **(cravate) lavallière** lavallière

lavande [lavɑ̃d] → SYN nf lavender ◆ **(eau de) lavande** lavender water ◆ **(bleu) lavande** lavender (blue)

lavandière [lavɑ̃djɛʀ] → SYN nf (laveuse) washerwoman; (oiseau) wagtail

lavandin [lavɑ̃dɛ̃] nm hybrid lavender

lavaret [lavaʀɛ] nm (poisson) pollan

lavasse* [lavas] nf dishwater* (fig) ◆ **ce café, c'est de la lavasse** ou **une vraie lavasse** this coffee tastes like dishwater*

lave [lav] nf lava (NonC) → **coulé**

lavé, e [lave] (ptp de **laver**) adj couleur watery, washy, washed-out; (Art) wash (épith); (fig) ciel, yeux pale, colourless

lave-auto, pl **lave-autos** [lavoto] nm (Can) car wash

lave-glace, pl **lave-glaces** [lavglas] nm windscreen (Brit) ou windshield (US) washer, screen wash(er) (Brit)

lave-linge [lavlɛ̃ʒ] nm inv washing machine ◆ **lave-linge séchant** washer-dryer

lave-mains [lavmɛ̃] nm inv wash-stand

lavement [lavmɑ̃] → SYN nm (Méd) enema, rectal injection ◆ **lavement baryté** barium enema ◆ (Bible) **le lavement des pieds** the washing of the feet

laver [lave] → SYN ▸ conjug 1 ◂ 1 vt a (gén) to wash; mur to wash (down); plaie to bathe, cleanse; tache to wash out ou off; (Méd) intestin to wash out ◆ **laver avec une brosse** to scrub (down) ◆ **laver avec une éponge** to wash with a sponge ◆ **laver à grande eau** sol to swill down, sluice down; légume to wash thoroughly ◆ **laver la vaisselle** to wash the dishes, wash up (Brit), do the washing-up (Brit) ◆ (fig) **il faut laver son linge sale en famille** it doesn't do to wash one's dirty linen in public ◆ (fig) **laver la tête à qn** to haul sb over the coals, give sb a dressing down* → **machine**
b (emploi absolu) [personne] to do the washing ◆ **ce savon lave bien** this soap washes well
c (fig) affront, injure to avenge; péchés, honte to cleanse, wash away ◆ **laver qn d'une accusation / d'un soupçon** to clear sb of an accusation / of suspicion
d (Art) couleur to dilute; dessin to wash
2 **se laver** vpr a to wash, have a wash ◆ **se laver la figure / les mains** to wash one's face / hands ◆ **se laver les dents** to clean ou brush one's teeth ◆ **se laver dans un lavabo / une baignoire** to have a stand-up wash / a bath, wash (o.s.) at the basin / in the bath ◆ **ce tissu se lave bien** this material washes well ◆ **le cuir ne se lave pas** leather isn't washable ou won't wash
b **se laver de** accusation to clear o.s. of; affront to avenge o.s. of ◆ (fig) **je m'en lave les mains** I wash my hands of the matter

laverie [lavʀi] nf a laundry ◆ **laverie (automatique)** Launderette ® (Brit), Laudromat ® (US)
b (Ind) washing ou preparation plant

lavette [lavɛt] → SYN nf (chiffon) dish cloth; (brosse) dish mop; (Belg, Helv: gant de toilette) (face) flannel; (fig, péj: homme) wimp*, weak-kneed individual, drip*

laveur [lavœʀ] nm a (personne) washer ◆ **laveur de carreaux** ou **de vitres** window cleaner ◆ **laveur de voitures** car washer → **raton**
b (Tech) washer

laveuse [lavøz] → SYN nf ◆ (personne) **laveuse (de linge)** washerwoman; (Can) washing machine

lave-vaisselle [lavvɛsɛl] nm inv dishwasher

lavis [lavi] nm (procédé) washing ◆ **(dessin au) lavis** wash drawing ◆ **colorier au lavis** to wash-paint

lavoir [lavwaʀ] → SYN nm (dehors) washing-place; (édifice) wash house; (bac) washtub; (Tech) (machine) washer; (atelier) washing plant

lavure [lavyʀ] nf a (lit, fig) **lavure (de vaisselle)** dishwater
b (Min) [minerai] washing ◆ **lavures** washings

lawrencium [lɔʀɑ̃sjɔm] nm lawrencium

laxatif, -ive [laksatif, iv] → SYN adj, nm laxative

laxisme [laksism] → SYN nm (Rel) latitudinarianism; (indulgence) laxness ◆ **le gouvernement est accusé de laxisme à l'égard des syndicats** the government is accused of being too soft ou lax with ou too easy on the trade unions

laxiste [laksist] → SYN 1 adj (Rel) latitudinarian; (indulgent) lax, overliberal
2 nmf (Rel) latitudinarian; (indulgent) lax person

laxité [laksite] nf laxity, laxness

layer [leje] ▸ conjug 8 ◂ vt forêt to blaze a trail ou a path through

layette [lɛjɛt] → SYN nf baby clothes, layette ◆ **rayon layette d'un grand magasin** babywear department in a large store ◆ **couleurs layette** baby ou pastel colours ◆ **bleu / rose layette** baby blue / pink

layon [lɛjɔ̃] → SYN nm (forest) track ou trail

Lazare [lazaʀ] nm Lazarus

lazaret [lazaʀɛ] → SYN nm lazaret

lazariste [lazaʀist] nm Lazarist

lazulite [lazylit] nf lazulite

lazurite [lazyʀit] nf lazurite

lazzi [la(d)zi] → SYN nm gibe ◆ **être l'objet des lazzi(s) des spectateurs** to be gibed at by the onlookers

le[1] [lə], **la** [la], **les** [le] art déf (contraction avec *à*, *de* **au, aux, du, des**) a (détermination) the; (devant nom propre: sg) non traduit; (pl) the ◆ **le propriétaire de l'auto bleue** the owner of the blue car ◆ **la femme de l'épicier** the grocer's wife ◆ **les commerçants de la ville sont en grève** the town's tradesmen are on strike ◆ **je suis inquiète, les enfants sont en retard** I'm worried because the children are late ◆ **le thé / le café que je viens d'acheter** the tea / coffee I have just bought ◆ **allons à la gare / à l'église ensemble** let's go to the station / to the church together ◆ **il n'a pas le droit / l'intention de le faire** he has no right to do it / no intention of doing it ◆ **il n'a pas eu la patience / l'intelligence d'attendre** he didn't have the patience / the sense to wait ◆ **il a choisi le tableau le plus original de l'exposition** he chose the most original picture in the exhibition ◆ **le plus petit des deux frères est le plus solide** the smaller of the two brothers is the more robust ou the stronger ◆ **l'Italie de Mussolini** Mussolini's Italy ◆ **l'Angleterre que j'ai connue** the England (that) I knew
b (détermination: temps) the (souvent omis) ◆ **le dimanche de Pâques** Easter Sunday ◆ **venez le dimanche de Pâques** come on Easter Sunday ◆ **ne venez pas le jour de la lessive** don't come on wash(ing) day ◆ **l'hiver dernier / prochain** last / next winter ◆ **l'hiver 1973** the winter of 1973 ◆ **le premier / dernier lundi du mois** the first / last Monday of ou

in the month ◆ **il ne travaille pas le samedi** he doesn't work on Saturdays ou on a Saturday ◆ **il ne sort jamais le matin** he never goes out in the morning ◆ **elle travaille le matin** she works mornings ou in the morning ◆ **vers les 5 heures** at about 5 o'clock ◆ **il est parti le 5 mai** he left on the 5th of May ou on May the 5th (style parlé); he left on May 5th (style écrit) ◆ **il n'a pas dormi de la nuit** he didn't sleep (a wink) all night

c (distribution) a, an ◆ **20 F le mètre / le kg / le litre / la pièce** 20 francs a metre / a kg / a litre / each ou a piece ◆ **60 km à l'heure** 60 km an ou per hour ◆ **deux fois la semaine / l'an** twice a week / year

d (fraction) a, an ◆ **le tiers / quart** a third / quarter ◆ **j'en ai fait à peine la moitié / le dixième** I have barely done (a) half / a tenth of it

e (généralisation, abstraction) gén non traduit ◆ **le hibou vole surtout la nuit** owls fly ou the owl flies mainly at night ◆ **l'homme est un roseau pensant** man is a thinking reed ◆ **les femmes détestent la violence** women hate violence ◆ **les enfants sont méchants avec les animaux** children are cruel to animals ◆ **l'enfant n'aime pas** ou **les enfants n'aiment pas l'obscurité** children don't like the dark ◆ **la tuberculose** tuberculosis ◆ **la grippe** flu ◆ **la jeunesse est toujours pressée** youth is ou the young are always in a hurry ◆ **les prix montent en flèche** prices are rocketing ◆ **le thé et le café sont chers** tea and coffee are expensive ◆ **il apprend l'histoire et l'anglais** he is learning history and English ◆ **j'aime la musique / la poésie / la danse** I like music / poetry / dancing ◆ **le beau / le grotesque** the beautiful / grotesque ◆ **les riches** the rich ◆ **il aime la bagarre*** he loves a fight ◆ **aller au concert / au restaurant** to go to a concert / out for a meal

f (possession) gén adj poss, parfois art indéf ◆ **elle ouvrit les yeux / la bouche** she opened her eyes / mouth ◆ **elle est sortie le manteau sur le bras** she went out, with her coat over her arm ◆ **la tête baissée, elle pleurait** she hung her head and wept ◆ **assis, (les) jambes pendantes** sitting with one's legs dangling ◆ **j'ai mal à la main droite / au pied** I've a pain in my right hand / in my foot, my right hand / my foot hurts ◆ **il a la jambe cassée** he has got a broken leg ◆ **avoir mal à la tête / à la gorge** to have a headache / a sore throat ◆ **croisez les bras** cross your arms ◆ **levez tous la main** all put your hands up, hands up everyone ◆ **il a le visage fatigué / le regard malin** he has a tired look / a mischievous look ◆ **il a les cheveux noirs / le cœur brisé** he has black hair / a broken heart ◆ **il n'a pas la conscience tranquille** he has a guilty conscience ◆ **il a l'air hypocrite** he looks a hypocrite

g (valeur démonstrative) **il ne faut pas agir de la sorte** you must not do that kind of thing ou things like that ◆ **que pensez-vous de la pièce / de l'incident?** what do you think of the play / incident? ◆ **faites attention, les enfants!** be careful children! ◆ **oh le beau chien!** what a lovely dog!, (just) look at that lovely dog!

le[2] [l(ə)], **la** [la], **les** [le] pron m,f,pl **a** (homme) him; (femme, nation, bateau) her; (animal, bébé) it, him, her; (chose) it ◆ **les** them ◆ **je ne le / la / les connais pas** I don't know him / her / them ◆ **regarde-le / -la / -les** look at him ou it / her ou it / them ◆ **ce sac / cette écharpe est à vous, je l'ai trouvé(e) par terre** this bag / scarf is yours, I found it on the floor ◆ **voulez-vous ces fraises? je les ai apportées pour vous** would you like these strawberries? I brought them for you ◆ **le Canada demande aux USA de le soutenir** Canada is asking the USA to give them their support

b (emphatique) **il faut le féliciter ce garçon!** you must congratulate this boy! ◆ **cette femme-là, je la déteste** I can't bear that woman ◆ **cela vous le savez aussi bien que moi** you know that as well as I ◆ **vous l'êtes, beau** you really do look smart

c (neutre: souvent non traduit) **vous savez qu'il est malade? – je l'ai entendu dire** did you know he's ill? – I have heard it said ou I had heard ◆ **elle n'est pas heureuse, mais elle ne l'a jamais été et elle ne le sera jamais** she is not happy but she never has been and never will be ◆ **pourquoi il n'est pas venu? – demande-le-lui / je me le demande** why hasn't he come? – ask him / I wonder ◆ **il était ministre, il ne l'est plus** he was a minister but he isn't (one) any longer ◆ **elle sera punie comme elle le mérite** she'll be punished as she deserves, she'll get her just deserts

lé [le] → SYN nm [étoffe] width; [papier peint] length, strip

LEA [ɛlea] nm (abrév de (**département de**) **langues étrangères appliquées**) department of modern languages

leader [lidœʀ] → SYN nm (Pol, Écon, Sport) leader; (Presse) leader, leading article ◆ (Comm) **produit leader** leader, leading product

leadership [lidœʀʃip] → SYN nm [personne] leadership; [entreprise] leading position

leasing [liziŋ] → SYN nm leasing ◆ **acheter qch en leasing** to buy sth leasehold

lécanore [lekanɔʀ] nf (Bot) manna

léchage [leʃaʒ] nm (gén) licking ◆ **léchage (de bottes)*** bootlicking*, toadying

lèche‡ [lɛʃ] nf bootlicking*, toadying ◆ **faire de la lèche** to be a bootlicker* ◆ **faire de la lèche à qn** to suck up to sb‡, lick sb's boots*

lèche-botte*, pl **lèche-bottes** [lɛʃbɔt] nmf bootlicker*, toady

lèche-cul, pl **lèche-culs** [lɛʃky] → SYN nmf arse-licker** (Brit), ass-kisser** (US), brown nose‡ (US)

lèchefrite [lɛʃfʀit] nf dripping-pan (Brit), broiler pan (US)

lécher [leʃe] → SYN ▸ conjug 6 ◂ vt **a** (gén) to lick; assiette to lick clean ◆ **se lécher les doigts** to lick one's fingers ◆ **lécher la confiture d'une tartine** to lick the jam off a slice of bread → **ours**

b [flammes] to lick; [vagues] to wash against, lap against

c (*: fignoler) to polish up ◆ **un article bien léché** a polished article ◆ **trop léché** overdone (attrib), overpolished

d LOC **lécher les bottes de qn*** to suck up to sb‡, lick sb's boots* ◆ **lécher le cul à** ou **de qn**** to lick sb's arse** (Brit), kiss sb's ass** (US) ◆ **lécher les vitrines*** to go window-shopping ◆ **s'en lécher les doigts / babines** to lick one's lips / chops over it

lécheur, -euse* [leʃœʀ, øz] nm,f bootlicker*, toady ◆ **il est du genre lécheur** he's the bootlicking type*, he's always sucking up to someone‡

lèche-vitrines* [lɛʃvitʀin] nm inv ◆ **faire du lèche-vitrines** to go window-shopping

lécithine [lesitin] nf lecithin

leçon [l(ə)sɔ̃] → SYN nf **a** (Scol) (cours) lesson, class; (à apprendre) lesson, homework (NonC) ◆ **leçon de danse / de français / de piano** dancing / French / piano lesson ◆ **leçons particulières** private lessons ou tuition (Brit) ◆ **leçons de choses** general science ◆ **en matière de tact, je pourrais te donner des leçons** I could teach you a thing or two about being tactful ◆ **faire la leçon** to teach ◆ **réciter sa leçon** (lit) to recite one's lesson; (fig) to repeat something parrot fashion, rattle something off ◆ **elle a bien appris sa leçon** (lit) she's learnt her subject well; (fig hum) she's learnt her script ou lines well ◆ (fig) **il peut vous donner des leçons** he could teach you a thing or two

b (conseil) advice, teaching ◆ **suivre les leçons de qn** to heed sb's advice, take a lesson from sb ◆ **je n'ai pas de leçon à recevoir de toi** I don't need your advice ◆ **en matière de tact, je pourrais te donner des leçons** I could teach you a thing or two about being tactful ◆ **faire la leçon à qn** (endoctriner) to tell sb what he must do, give sb instructions; (réprimander) to give sb a lecture ◆ **faire des leçons de morale à qn** to sit in judgment on sb ◆ **je n'ai pas besoin de tes leçons de morale** I don't need your moralizing

c (enseignement) [fable, parabole] lesson ◆ **les leçons de l'expérience** the lessons of experience ou that experience teaches ◆ **que cela te serve de leçon** let that be a lesson to you, that will teach you a lesson ◆ **cela m'a servi de leçon** that taught me a lesson ◆ **nous avons tiré la leçon de notre échec** we learnt a lesson from our failure ◆ **maintenant que notre plan a échoué, il faut en tirer la leçon** now that our plan has failed we should draw a lesson from it ◆ **cela lui donnera une leçon** that'll teach him a lesson

d [manuscrit, texte] reading

lecteur, -trice [lɛktœʀ, tʀis] → SYN **1** nm,f **a** (gén) reader ◆ **c'est un grand lecteur de poésie** he's a great poetry-reader ◆ **« avis au lecteur »** foreword, "to the reader" ◆ **le nombre de lecteurs de ce journal a doublé** the readership of this paper has doubled ◆ **lecteur correcteur** proofreader

b (Univ) university assistant (Brit), lector (Brit), (foreign language) assistant, (foreign) teaching assistant (US)

2 nm (Audiovisuel) player; (Ordin) reader

3 COMP ▷ **lecteur de cartes** (Aut) map-light ▷ **lecteur de cartes perforées** (Ordin) card reader ▷ **lecteur de cassettes** cassette deck ou player ▷ **lecteur de disques compacts** CD player, compact disc player ▷ **lecteur de disquettes** (Ordin) disk drive ▷ **lecteur de document** (Ordin) document reader ▷ **lecteur optique** (Ordin) optical character reader, optical scanner ▷ **lecteur de son** (reading) head

lectorat [lɛktɔʀa] nm **a** (Univ) assistantship

b [magazine] readership

lecture [lɛktyʀ] → SYN nf **a** [carte, texte] reading; (interprétation) reading, interpretation ◆ **la lecture de Proust est difficile** reading Proust is difficult, Proust is difficult to read ◆ **aimer la lecture** to like reading ◆ **d'une lecture facile** easy to read, very readable ◆ **livre d'une lecture agréable** book that makes pleasant reading ◆ **lecture à haute voix** reading aloud ◆ **faire la lecture à qn** to read to sb ◆ (frm) **donner** ou **faire lecture de qch** to read sth out (*à qn* to sb) ◆ **faire une lecture marxiste de Balzac** to do a Marxist reading of Balzac, read Balzac from a Marxist perspective ◆ (Mus) **lecture à vue** sight-reading ◆ **méthode de lecture** method of teaching reading ◆ **lecture rapide** speed reading ◆ **nous n'avons pas la même lecture des événements** we have a different interpretation of the events → **cabinet, livre**[1]

b (livre) reading (NonC), book ◆ **c'est une lecture à recommander** it is recommended reading ou it's a book to be recommended (*à* for) ◆ **apportez-moi de la lecture** bring me something to read ou some reading matter ◆ **lectures pour la jeunesse** books for children ◆ **quelles sont vos lectures favorites?** what do you like reading best? ◆ **enrichi par ses lectures** enriched by his reading ou by what he has read ◆ **elle a de mauvaises lectures** she reads the wrong things

c [projet de loi] reading ◆ **examiner un projet en première lecture** to give a bill its first reading ◆ **le projet a été accepté en seconde lecture** the bill passed its second reading

d (Tech) [disque] reading ◆ (Ordin) **lecture optique** optical character recognition, optical scanning ◆ (Ordin) **procédé de lecture-écriture** read-write cycle → **tête**

lécythe [lesit] nm lecythus

Léda [leda] nf (Myth) Leda

ledit [lədi], **ladite** [ladit], m,fpl **lesdit(e)s** [ledi(t)] adj (frm) the aforementioned (frm), the aforesaid (frm), the said (frm)

légal, e, mpl **-aux** [legal, o] → SYN adj âge, dispositions, formalité legal; armes, moyens legal, lawful; adresse registered, official ◆ **cours légal d'une monnaie** official rate of exchange of a currency ◆ **monnaie légale** legal tender, official currency ◆ **recourir aux moyens légaux contre qn** to take legal action against sb → **fête, heure, médecine**

légalement [legalmɑ̃] → SYN adv legally, lawfully

légalisation [legalizasjɔ̃] nf (→ **légaliser**) legalization; authentication

légaliser [legalize] → SYN ▸ conjug 1 ◂ vt (rendre légal) to legalize; (certifier) to authenticate

légalisme [legalism] → SYN nm legalism

légaliste [legalist] → SYN 1 adj legalist(ic)
2 nmf legalist

légalité [legalite] → SYN nf [régime, acte] legality, lawfulness ◆ (loi) **la légalité** the law ◆ **rester dans / sortir de la légalité** to keep within / step outside the law ◆ **en toute légalité** quite legally

légat [lega] → SYN nm ◆ **légat (du Pape)** (papal) legate

légataire [legatɛʀ] → SYN nmf legatee, devisee ◆ **légataire universel** sole legatee

légation [legasjɔ̃] → SYN nf (Diplomatie) legation

legato [legato] adv, nm legato

lège [lɛʒ] adj (Naut) light

légendaire [leʒɑ̃dɛʀ] → SYN adj (gén) legendary

légende [leʒɑ̃d] → SYN nf a (histoire, mythe) legend ◆ **entrer dans la légende** to go down in legend, become legendary ◆ **entrer vivant dans la légende** to become a legend in one's own lifetime
b (inscription) [médaille] legend; [dessin] caption; [liste, carte] key ◆ (dessin) **« sans légende »** "no caption"
c (péj : mensonge) fairy tale

légender [leʒɑ̃de] ▸ conjug 1 ◂ vt to caption

léger, -ère [leʒe, ɛʀ] → SYN 1 adj a (lit) objet, poids, repas, gaz light; (délicat) parfum, mousseline, style light ◆ **arme / industrie légère** light weapon / industry ◆ **construction légère** light ou flimsy (péj) building ◆ **cuisine légère** light cooking ◆ **léger comme une plume** as light as a feather ◆ **se sentir plus léger** (fig : être soulagé) to feel a great weight off one's mind ◆ (hum) **je me sens plus léger de 100 F** I feel 100 francs lighter ◆ (fig) **faire qch d'un cœur léger** to do sth with a light heart → **poids, sommeil**
b (agile, souple) personne, geste, allure light, nimble ◆ **se sentir léger (comme un oiseau)** to feel as light as a bird ◆ **il partit d'un pas léger** he walked away with a light ou springy step ◆ **avec une grâce légère** with an airy gracefulness → **main**
c (faible) (gén) slight; brise gentle, slight; bruit slight, faint; couche thin, light; thé weak; vin light; alcool not very strong; tabac mild; coup light; maladie, châtiment mild, slight ◆ **une légère pointe de sel / d'ironie** a (light) touch of salt / irony ◆ **un blessé léger** a slightly injured person ◆ **il y a un léger mieux** there's a slight improvement ◆ (Mus) **soprano / tenor léger** light soprano / tenor ◆ **il a été condamné à une peine légère** he was given a mild ou light (prison) sentence
d (superficiel) personne light-minded, thoughtless; preuve, argument lightweight, flimsy; jugement, propos thoughtless, flippant, careless ◆ **se montrer léger dans ses actions** to act without proper thought ◆ **pour une thèse, c'est un peu léger** it's rather lightweight ou a bit on the flimsy side for a thesis ◆ **parler / agir à la légère** to speak / act rashly ou thoughtlessly ou without giving the matter proper consideration ◆ **il prend toujours tout à la légère** he never takes anything seriously
e (frivole) personne, caractère, humeur fickle; propos, plaisanterie ribald, broad ◆ **femme légère** ou **de mœurs légères** loose woman, woman of easy virtue ◆ **avoir la cuisse légère** to be free with one's favours → **musique**
2 adv voyager light ◆ **manger léger** (non gras) to eat low-fat foods, avoid fatty foods; (peu) to eat lightly

légèrement [leʒɛʀmɑ̃] → SYN adv a habillé, armé, poser lightly ◆ **il a mangé légèrement** he ate a light meal, he didn't eat much
b courir lightly, nimbly
c blesser, bouger, surprendre slightly ◆ **légèrement plus grand** slightly bigger
d agir thoughtlessly, rashly, without thinking (properly) ◆ **parler légèrement de la mort de qn** to speak flippantly ou lightly of sb's death, speak of sb's death in an offhand way ou a flippant way

légèreté [leʒɛʀte] → SYN nf a [objet, tissu, style, repas] lightness
b [démarche] lightness, nimbleness ◆ **légèreté de main** light-handedness ◆ **avec une légèreté d'oiseau** with the lightness of a bird ◆ **marcher / danser avec légèreté** to walk / dance lightly ou with a light step
c [punition, coup] lightness, mildness; [tabac] mildness; [thé] weakness; [vin] lightness
d (superficialité) [conduite, personne, propos] thoughtlessness; [preuves, argument] flimsiness ◆ **faire preuve de légèreté** to speak (ou behave) rashly ou irresponsibly ou without due thought
e (frivolité) [personne] fickleness, flightiness; [propos] flippancy; [plaisanterie] ribaldry ◆ **sa légèreté est bien connue** she is well-known for her free-and-easy morals

leggins, leggings [legins] nfpl leggings

légiférer [leʒifeʀe] → SYN ▸ conjug 6 ◂ vi (lit) to legislate, make legislation; (fig) to lay down the law

légion [leʒjɔ̃] → SYN nf (Hist, fig) legion ◆ **légion de gendarmerie** corps of gendarmes ◆ **la Légion (étrangère)** the Foreign Legion ◆ **Légion d'honneur** Legion of Honour ◆ **ils sont légion** they are legion, there are any number of them

légionellose [leʒjɔneloz] nf legionnaire's ou legionnaires' disease

légionnaire [leʒjɔnɛʀ] → SYN 1 nm (Hist) legionary; [Légion étrangère] legionnaire → **maladie**
2 nmf [Légion d'honneur] holder of the Legion of Honour

législateur, -trice [leʒislatœʀ, tʀis] → SYN nm,f legislator, lawmaker ◆ (la loi) **le législateur a prévu ce cas** the law has allowed for ou foreseen this case

législatif, -ive [leʒislatif, iv] 1 adj legislative ◆ **les (élections) législatives** the elections to the legislature, ≃ the general election (Brit)
2 nm legislature

législation [leʒislasjɔ̃] → SYN nf legislation ◆ **législation fiscale** fiscal ou tax legislation, tax laws ◆ **législation du travail** labour laws, industrial ou job legislation

législature [leʒislatyʀ] → SYN nf (Parl) (durée) term (of office); (corps) legislature

légiste [leʒist] → SYN nm legist, jurist → **médecin**

légitimation [leʒitimasjɔ̃] nf [enfant] legitimization; [pouvoir] recognition; (littér) [action, conduite] legitimatization, legitimization, justification

légitime [leʒitim] → SYN 1 adj a (légal) droits legitimate, lawful; union, femme lawful; enfant legitimate ◆ **j'étais en état de légitime défense** I was acting in self-defence
b (juste) excuse legitimate; colère justifiable, justified; revendication legitimate, rightful; récompense just, legitimate ◆ **rien de plus légitime que ...** nothing could be more justified than ...
2 nf (†*) missus* ◆ **ma légitime** the missus*, the wife*

légitimement [leʒitimmɑ̃] → SYN adv (gén) rightfully; (Jur) legitimately

légitimer [leʒitime] → SYN ▸ conjug 1 ◂ vt enfant to legitimate, legitimize; conduite, action to legitimate, legitimize, justify; titre, pouvoir to recognize

légitimisme [leʒitimism] nm (Hist) legitimism

légitimiste [leʒitimist] → SYN (Hist) nmf, adj legitimist

légitimité [leʒitimite] → SYN nf (gén) legitimacy

Lego ® [lego] nm Lego ® ◆ **en Lego** Lego (épith)

Le Greco [ləgʀekɔ] nm El Greco

legs [lɛg] → SYN nm (Jur) legacy, bequest; (fig : héritage) legacy, heritage ◆ **faire un legs à qn** to leave sb a legacy ◆ **legs (de biens immobiliers)** devise ◆ **legs (de biens mobiliers)** legacy ◆ **legs à titre universel** general legacy

léguer [lege] → SYN ▸ conjug 6 ◂ vt (Jur) to bequeath; tradition, vertu, tare to hand down ou on, pass on ◆ **léguer qch à qn par testament** to bequeath sth to sb (in one's will) ◆ (fig) **la mauvaise gestion qu'on nous a léguée** the bad management which we inherited

légume [legym] → SYN 1 nm (lit, fig) vegetable ◆ **légumes secs** pulses ◆ **légumes verts** green vegetables, greens* → **bouillon**
2 nf (personne importante) ◆ **grosse légume*** bigwig*, big shot*

légumier, -ière [legymje, jɛʀ] 1 adj vegetable (épith)
2 nm (plat) vegetable dish; (Belg : commerçant) greengrocer

légumine [legymin] nf legumin

légumineuse [legyminøz] nf legume, leguminous plant

Le Havre [ləɑvʀ] n Le Havre

leibnizien, -ienne [lajbnitsjɛ̃, jɛn] adj, nm,f Leibnitzian

léiomyome [lejomjom] nm leiomyoma

Leipzig [lɛpzig, lajpsig] n Leipzig

leishmania [lɛʃmanja] **leishmanie** [lɛʃmani] nf leishmania

leishmaniose [lɛʃmanjoz] nf leishmaniasis, leishmaniosis

leitmotiv [lɛtmɔtiv, lajtmɔtif] → SYN nm (lit, fig) leitmotiv, leitmotif

Léman [lemɑ̃] nm ◆ **le (lac) Léman** Lake Geneva

lemmatisation [lematizasjɔ̃] nf lemmatization

lemmatiser [lematize] ▸ conjug 1 ◂ vt to lemmatize

lemme [lɛm] nm lemma

lemming [lemiŋ] nm lemming

lemniscate [lɛmniskat] nf lemniscate

lémur [lemyʀ] nm (Zool) lemur

lémure [lemyʀ] → SYN nm (Antiq) lemures

lémurien [lemyʀjɛ̃] nm lemuroid, lemurine

lendemain [lɑ̃dmɛ̃] → SYN nm a (jour suivant) **le lendemain** the next ou following day, the day after ◆ **le lendemain de son arrivée / du mariage** the day after he arrived / after the marriage, the day following his arrival / the marriage ◆ **le lendemain matin / soir** the next ou following morning / evening ◆ **lendemain de fête** day after a holiday ◆ **au lendemain d'un si beau jour** on the morrow of such a glorious day (littér) ◆ **au lendemain de la défaite / de son mariage** soon after ou in the days following the defeat / his marriage → **jour, remettre**
b (avenir) **le lendemain** tomorrow, the future ◆ **penser au lendemain** to think of tomorrow ou the future, take thought for the morrow (littér) ◆ **bonheur / succès sans lendemain** short-lived happiness / success
c **lendemains** (conséquences) consequences, repercussions; (perspectives) prospects, future ◆ **cette affaire a eu de fâcheux lendemains** this business had unfortunate consequences ou repercussions ◆ **des lendemains qui chantent** a brighter ou better future ◆ **ça nous promet de beaux lendemains** the future looks very promising for us

lénifiant, e [lenifjɑ̃, jɑ̃t] → SYN adj (apaisant) médicament, propos soothing; (péj : amollissant) atmosphère languid, enervating; discours enervating, dull; climat enervating, draining (attrib)

lénifier [lenifje] → SYN ▸ conjug 7 ◂ vt (apaiser) to soothe; (péj : amollir) to enervate

Lénine [lenin] nm Lenin

Leningrad [leningʀad] n Leningrad

léninisme [leninism] nm Leninism

léniniste [leninist] adj, nmf Leninist

lénitif, -ive [lenitif, iv] adj, nm lenitive

lent, e[1] [lɑ̃, lɑ̃t] → SYN adj (gén) slow; poison slow, slow-acting; mort slow, lingering; (Fin) croissance sluggish, slow ◆ **à l'esprit lent** slow-witted, dim-witted ◆ **il est lent à comprendre** he is slow to understand ou slow on the uptake* ◆ **elle est lente à manger** she's a slow eater, she eats slowly ◆ **marcher d'un pas lent** to walk at a slow pace ou slowly ◆ **« véhicules lents »** "crawler lane" (Brit), "slow-moving vehicles" (US)

lente[2] [lɑ̃t] → SYN nf (Zool) nit

lentement [lɑ̃tmɑ̃] → SYN adv slowly ◆ **progresser lentement** to make slow progress ◆ **lentement mais sûrement** slowly but surely

lenteur [lɑ̃tœʀ] → SYN nf slowness ◆ **avec lenteur** slowly ◆ **lenteur d'esprit** slow-wittedness ◆ **la lenteur de la construction** the slow progress of the building ◆ **les lenteurs du procès** the slowness of the trial

lenticelle [lɑ̃tisɛl] nf lenticel

lenticulaire [lɑ̃tikylɛʀ] adj lenticular, lentoid

lenticule [lɑ̃tikyl] nf water lentil

lenticulé, e [lɑ̃tikyle] adj ⇒ **lenticulaire**

lentiforme [lɑ̃tifɔʀm] adj lentiform, lentoid

lentigo [lɑ̃tigo] nm lentigo

lentille [lɑ̃tij] → SYN nf (Bot, Culin) lentil; (Opt) lens ◆ **gros comme une lentille** as big as a small pea ◆ **lentilles (cornéennes** ou **de contact)** contact lenses ◆ **lentilles (cornéennes** ou **de contact) dures / souples** hard / soft contact lenses ◆ **lentille micro-cornéenne** microcorneal lens ◆ **lentilles d'eau** duckweed

lentisque [lɑ̃tisk] nm mastic tree

lento [lɛnto] adv, nm lento

Léon [leɔ̃] nm Leo

Léonard [leɔnaʀ] nm Leonard ◆ **Léonard de Vinci** Leonardo da Vinci

Léonie [leɔni] nf Leonie

léonin, e [leɔnɛ̃, in] → SYN adj mœurs, aspect, rime leonine; (fig) contrat, partage one-sided

Léonore [leɔnɔʀ] nf Leonora

léonure [leɔnyʀ] nm motherwort

léopard [leɔpaʀ] nm leopard ◆ **manteau de léopard** leopard-skin coat ◆ (Mil) **tenue léopard** camouflage (uniform)

Léopold [leɔpɔl(d)] nm Leopold

LEP [lɛp] nm **a** (abrév de **livret d'épargne populaire**) → **livret**
b (abrév de **lycée d'enseignement professionnel**) → **lycée**

lépidodendron [lepidɔdɛ̃dʀɔ̃] nm Lepidodendron

lépidolite [lepidɔlit] nm lepidolite

lépidoptère [lepidɔptɛʀ] **1** adj lepidopterous
2 nm lepidopteran, lepidopterous insect ◆ **les lépidoptères** the Lepidoptera

lépidosirène [lepidosiʀɛn] nm lepidosiren

lépidostée [lepidɔste] nm gar (pike), garfish

lépiote [lepjɔt] nf parasol mushroom

lépisme [lepism] nm silverfish

lèpre [lɛpʀ] → SYN nf (Méd) leprosy; (fig: mal) plague ◆ **mur rongé de lèpre** flaking ou scaling ou peeling wall

lépreux, -euse [lepʀø, øz] → SYN **1** adj (lit) leprous, suffering from leprosy; mur flaking, scaling, peeling; quartier rundown
2 nm,f (lit, fig) leper

léprologie [lepʀɔlɔʒi] nf study of leprosy

léprologiste [lepʀɔlɔʒist] nmf leprosy specialist

léprome [lepʀom] nm leproma

léproserie [lepʀozʀi] → SYN nf leper-house

leptocéphale [lɛptɔsefal] nm leptocephalus

leptoméninges [lɛptomenɛ̃ʒ] nfpl leptomeninges

lepton [lɛptɔ̃] nm lepton

leptospirose [lɛptɔspiʀoz] nf leptospirosis

lequel [ləkɛl], **laquelle** [lakɛl], mfpl **lesquel(le)s** [lekɛl] (contraction avec *à*, *de* **auquel, auxquels, auxquelles, duquel, desquels, desquelles**) **1** pron **a** (relatif) (personne: sujet) who; (personne: objet) whom; (chose) which ◆ **j'ai écrit au directeur de la banque, lequel n'a jamais répondu** I wrote to the bank manager, who has never answered ◆ **la patience avec laquelle il écoute** the patience with which he listens ◆ **le règlement d'après lequel ...** the ruling whereby ... ◆ **la découverte sur laquelle on a tant parlé** the discovery which has been so much talked about ou about which there has been so much talk ◆ **la femme à laquelle j'ai acheté mon chien** the woman from whom I bought my dog ◆ **c'est un problème auquel je n'avais pas pensé** that's a problem I hadn't thought of ou which hadn't occurred to me ◆ **le pont sur lequel vous êtes passé** the bridge you came over ou over which you came ◆ **le docteur / le traitement sans lequel elle serait morte** the doctor without whom / the treatment without which she would have died ◆ **cette société sur le compte de laquelle on dit tant de mal** this society about which so much ill is spoken ◆ **la plupart desquels** (personnes) most of whom; (choses) most of which ◆ **les gens chez lesquels j'ai logé** the people at whose house I stayed → **importer²**
b (interrogatif) which ◆ **lequel des deux acteurs préférez-vous?** which of the two actors do you prefer? ◆ **dans lequel de ces hôtels avez-vous logé?** in which of these hotels did you stay? ◆ **laquelle des sonates de Mozart avez-vous entendue?** which of Mozart's sonatas ou which Mozart sonata did you hear? ◆ **laquelle des chambres est la sienne?** which is his room?, which of the rooms is his? ◆ **je ne sais à laquelle des vendeuses m'adresser** I don't know which saleswoman I should speak to ou which saleswoman to speak to ◆ **devinez lesquels de ces tableaux elle aimerait avoir** guess which of these pictures she would like to have ◆ **donnez-moi 1 melon / 2 melons – lequel? / lesquels?** give me 1 melon / 2 melons – which one? / which ones? ou which (2)? ◆ **va voir ma sœur – laquelle?** go and see my sister – which one?
2 adj ◆ **son état pourrait empirer, auquel cas je reviendrais** his condition could worsen, in which case I would come back ◆ (littér, iro) **il écrivit au ministre, lequel ministre ne répondit jamais** he wrote to the minister but the said (littér, iro) minister never replied

lerch(e)* [lɛʀʃ] adv ◆ **pas lerch(e)** not much ◆ **il n'y en a pas lerch(e)** there's not much of it ◆ **c'est pas lerch(e)** that's not much

lérot [leʀo] → SYN nm lerot, garden dormouse

les [le] → **le¹, le²**

lesbianisme [lɛsbjanism] nm lesbianism

lesbien, -ienne [lɛsbjɛ̃, jɛn] **1** adj lesbian
2 **lesbienne** nf lesbian

lèse-majesté [lɛzmaʒɛste] nf lese-majesty → **crime¹**

léser [leze] → SYN ▸ conjug 6 ◂ vt **a** (Jur: frustrer) personne to wrong; intérêts to damage ◆ **la partie lésée** the injured party ◆ **léser les droits de qn** to infringe on sb's rights
b (Méd: blesser) organe to injure

lésine [lezin] → SYN nf (littér) miserliness

lésiner [lezine] → SYN ▸ conjug 1 ◂ vi to skimp (*sur qch* on sth) ◆ **ne pas lésiner sur les moyens** (gén) to use all the means at one's disposal; (pour mariage, repas etc) to push the boat out*, pull out all the stops*

lésinerie [lezinʀi] nf (avarice) stinginess; (action avare) stingy act

lésion [lezjɔ̃] → SYN nf (Jur, Méd) lesion ◆ (Méd) **lésions internes** internal injuries

lésionnel, -elle [lezjɔnɛl] adj trouble caused by a lesion; syndrome of a lesion

Lesotho [lezɔto] nm ◆ **le royaume du Lesotho** the kingdom of Lesotho

lessivable [lesivabl] adj papier peint washable

lessivage [lesivaʒ] nm (gén) washing; (Chim, Géol) leaching

lessive [lesiv] → SYN nf **a** (produit) (en poudre) washing powder (Brit), soap powder; (liquide) liquid detergent; (Tech: soude) lye
b (lavage) washing, wash ◆ **mon jour de lessive** my wash ou washing day ◆ **faire la lessive** to do the washing ◆ **faire 4 lessives par semaine** to do 4 washes a week ◆ **mettre une chemise à la lessive** to put a shirt in the wash ou in the laundry
c (linge) washing (NonC) ◆ **porter sa lessive à la blanchisserie** to take one's washing to the laundry

lessiver [lesive] → SYN ▸ conjug 1 ◂ vt **a** (lit) mur, plancher, linge to wash
b (Chim, Géol) to leach
c (*: battre) (au jeu) to clean out*; adversaire to lick*
d (*: fatiguer) to tire out, exhaust ◆ **être lessivé** to be dead-beat* ou all-in* ou tired out

lessiveuse [lesivøz] → SYN nf boiler *(for washing laundry)*

lessiviel [lesivjɛl] adj m ◆ **produit lessiviel** detergent product

lessivier [lesivje] nm (fabricant) detergent manufacturer

lest [lɛst] → SYN nm ballast ◆ (Naut) **sur son lest** in ballast ◆ **garnir un bateau de lest** to ballast a ship ◆ **jeter** ou **lâcher du lest** (lit) to dump ballast; (fig) to make concessions

lestage [lɛstaʒ] nm ballasting

leste [lɛst] → SYN adj **a** animal nimble, agile; personne sprightly, agile; démarche sprightly, light, nimble → **main**
b (grivois) plaisanterie risqué; (cavalier) ton, réponse offhand

lestement [lɛstəmɑ̃] → SYN adv (→ **leste**) nimbly, agilely; in a sprightly manner; lightly; offhandedly ◆ **plaisanter lestement** to make (rather) risqué jokes ◆ **mener lestement une affaire** to conduct a piece of business briskly

lester [lɛste] → SYN ▸ conjug 1 ◂ vt **a** (garnir de lest) to ballast
b (*: remplir) portefeuille, poches to fill, cram ◆ **lester son estomac, se lester (l'estomac)** to fill one's stomach ◆ **lesté d'un repas copieux** weighed down with a heavy meal

let [lɛt] nm (Tennis) let ◆ **faire un let** to play a let

létal, e, mpl **-aux** [letal, o] → SYN adj dose, gène lethal

létalité [letalite] nf lethality

letchi [lɛtʃi] nm → **litchi**

léthargie [letaʀʒi] → SYN nf (apathie, Méd) lethargy ◆ **tomber en léthargie** to fall into a state of lethargy

léthargique [letaʀʒik] adj lethargic ◆ **état léthargique** lethargic state, state of lethargy

lette [lɛt] **1** adj Latvian
2 nm (Ling) Latvian
3 nmf ◆ **Lette** Latvian

letton, -onne [letɔ̃, ɔn] **1** adj Latvian, Lett, Lettish
2 nm (Ling) Latvian, Lett, Lettish
3 nm,f ◆ **Letton(ne)** Latvian, Lett

Lettonie [lɛtɔni] nf Latvia

lettrage [lɛtʀaʒ] nm lettering

lettre [lɛtʀ] → SYN GRAMMAIRE ACTIVE 21.1
1 nf **a** (caractère) letter ◆ **lettre majuscule** ou **capitale / minuscule** capital / small letter ◆ **c'est en toutes lettres dans les journaux** it's there in black and white ou it's there for all to read in the newspapers ◆ **c'est en grosses lettres dans les journaux** it's splashed across the newspapers, it has made headlines in the papers ◆ **écrire un nom en toutes lettres** to write (out) a name in full ◆ **écrivez la somme en (toutes) lettres** write out the sum in words ◆ **un mot de 6 lettres** a 6-letter word, a word of 6 letters ◆ **c'est écrit en toutes lettres sur sa figure** it's written all over his face ◆ **c'est à écrire en lettres d'or** it is a momentous event, it is something to celebrate ◆ **inscrit** ou **gravé en lettres de feu** written in letters of fire ◆ **cette lutte est écrite en lettres de sang** this gory struggle will remain engraved on people's minds → **cinq**
b (missive) letter ◆ **lettres** (courrier) letters, mail ◆ **jeter** ou **mettre une lettre à la boîte** ou **à la poste** to post ou mail (US) a letter ◆ **est-ce qu'il y avait des lettres aujourd'hui?** were there any letters today?, was there any mail ou post today? ◆ **écris-lui donc une petite lettre** write him a note, drop him a line* ◆ **il a reçu une lettre d'injures** he got a rude letter ou an abusive letter ◆ **lettre de condoléances / de félicitations / de réclamation** letter of condolence / of congratulations / of complaint ◆ **lettre d'amour / d'affaires** love / business letter ◆ (Littérat) **"La Lettre écarlate"** "The Scarlet Letter" ◆ (Littérat) **"Les Lettres de mon moulin"** "Letters from my Mill" ◆ (Littérat) **"Les Lettres persanes"** "Persian Letters"
c (sens strict) **prendre qch au pied de la lettre** to take sth literally ◆ **suivre la lettre de la loi** to follow the letter of the law ◆ **exécuter des ordres à la lettre** to carry out orders to the letter

d **les lettres, les belles lettres** (culture littéraire) literature ◆ **femme / homme / gens de lettres** woman / man / men of letters ◆ **le monde des lettres** the literary world ◆ **avoir des lettres** to be well-read

e (Scol, Univ) arts (subjects) ◆ **il est très fort en lettres** he's very good at arts subjects ◆ **il fait des lettres** he's doing an arts degree ◆ **professeur de lettres** teacher of French, French teacher *(in France)* ◆ **lettres classiques** classics (sg) → **faculté, licence**

f LOC **rester lettre morte** [remarque, avis, protestation] to go unheeded ◆ **devenir lettre morte** [loi, traité] to become a dead letter ◆ **c'est passé comme une lettre à la poste*** it went off smoothly ou without a hitch → **avant**

2 COMP ▹ **lettre de cachet** (Hist) lettre de cachet ▹ **lettre de change** (Comm) bill of exchange ▹ **lettre de château** thank-you letter ou note ▹ **lettre circulaire** (Admin) circular ▹ **lettre de complaisance** (Fin) accommodation bill ▹ **lettres de créance** credentials ▹ **lettre de crédit** (Fin) letter of credit ▹ **lettre exprès** express letter ▹ **lettre de faire-part (de mariage)** formal announcement of a wedding, ≃ wedding invitation ▹ **lettre d'intention** (Fin) letter of intent ▹ **lettre missive** (Admin) letter(s) missive ▹ **lettres modernes : section de lettres modernes** (Univ) French department, department of French (language and literature) ▹ **lettres de noblesse** (lit) letters patent of nobility ◆ (fig) **gagner ses lettres de noblesse** to win acclaim, establish one's pedigree ▹ **lettre ouverte** (Presse) open letter ▹ **lettres patentes** letters (of) patent ▹ **lettre de recommandation** letter of recommendation, reference ▹ **lettre recommandée** (attestant sa remise) recorded delivery letter ; (assurant sa valeur) registered letter ▹ **lettre de service** notification of command ▹ **lettres supérieures** (Scol) *preparatory class (after the baccalauréat) leading to the École Normale Supérieure* ▹ **lettre de voiture** (Comm) consignment note, waybill

lettré, e [letʀe] → SYN adj well-read

lettre-transfert, pl **lettres-transferts** [lɛt(ʀə)tʀɑ̃sfɛʀ] nf letterpress

lettrine [letʀin] → SYN nf a [dictionnaire] headline

b [chapitre] dropped initial

lettrisme [letʀism] nm lettrism

lettriste [letʀist] nmf lettrist

leu[1] [lø], pl **lei** [lɛ] nm (Fin) leu

leu[2] [lø] nm → **queue**

leucanie [løkani] nf leucania

leucémie [løsemi] nf leukaemia

leucémique [løsemik] 1 adj leukaemic

2 nmf person suffering from leukaemia

leucine [løsin] nf leucin(e)

leucite [løsit] nf (Minér) leucite

leucocytaire [løkositɛʀ] adj leucocytic, leukocytic (US)

leucocyte [løkɔsit] nm leucocyte, leukocyte (US) ◆ **leucocyte mononucléaire** monocyte ◆ **leucocyte polynucléaire** polymorphonuclear leucocyte

leucocytose [løkɔsitoz] nf leucocytosis, leukocytosis (US)

leucome [løkom] nm leucoma, leukoma (US)

leucopénie [løkɔpeni] nf leucopenia, leukopenia (US)

leucoplasie [løkɔplazi] nf leucoplasia, leukoplasia (US)

leucopoïèse [løkɔpɔjɛz] nf leucopoiesis, leukopoiesis (US)

leucopoïétique [løkɔpɔjetik] adj leucopoietic, leukopoietic (US)

leucorrhée [løkɔʀe] nf leucorrhoea

leucotomie [løkɔtɔmi] nf leucotomy

leur [lœʀ] 1 pron pers mf them ◆ **je le leur ai dit** I told them ◆ **il leur est facile de le faire** it is easy for them to do it ◆ **elle leur serra la main** she shook their hand, she shook them by the hand ◆ **je leur en ai donné** I gave them some, I gave some to them

2 adj poss a their ◆ **leur jardin à eux est une vraie forêt vierge** their own garden is a real jungle ◆ **à leur vue** at the sight of them, on seeing them ◆ **leur maladroite de sœur** that clumsy sister of theirs ◆ **ils ont passé tout leur dimanche à travailler** they spent the whole of ou all Sunday working ◆ **ils ont leurs petites manies** they have their little fads

b (littér) theirs, their own ◆ **un leur cousin** a cousin of theirs ◆ **ils ont fait leurs ces idées** they made theirs these ideas, they made these ideas their own ◆ **ces terres qui étaient leurs** these estates of theirs ou which were theirs

3 pron poss ◆ **le leur, la leur, les leurs** theirs, their own ◆ **ces sacs sont les leurs** these bags are theirs, these are their bags ◆ **ils sont partis dans une voiture qui n'était pas la leur** they left in a car which wasn't theirs ou their own ◆ **à la (bonne) leur!** their good health !, here's to them ! ; pour autres exemples voir **sien**

4 nm a **ils ont mis du leur** they pulled their weight, they did their bit* → aussi **sien**

b **les leurs** (famille) their family, their (own) folks* ; (partisans) their own people ◆ **ils ont encore fait des leurs*** they've (gone and) done it again*, they've been at it again* ◆ **nous étions des leurs** we were with them

leurre [lœʀ] → SYN nm (illusion) delusion, illusion ; (duperie) deception ; (piège) trap, snare ; (Fauconnerie, Pêche : appât) lure ; (Chasse, Mil) decoy, lure

leurrer [lœʀe] → SYN ▸ conjug 1 ◂ vt (gén) to deceive, delude ; (Fauconnerie, Pêche) to lure ◆ **ils nous ont leurrés par des promesses fallacieuses** they deluded us with false promises ◆ **ils se sont laissé leurrer** they let themselves be taken in ou deceived ◆ **ne vous leurrez pas** don't delude yourself ◆ **ne nous leurrons pas sur leurs intentions** we should not delude ourselves about their intentions

levage [ləvaʒ] nm (Tech) lifting ; (Culin) rising, raising → **appareil**

levain [ləvɛ̃] → SYN nm leaven ◆ **sans levain** unleavened ◆ **pain au levain** leavened bread ◆ (fig) **levain de haine / de vengeance** seed of hate / of vengeance

levalloisien, -ienne [ləvalwazjɛ̃, jɛn] adj Levalloisian

levant [ləvɑ̃] → SYN 1 adj ◆ **soleil levant** rising sun ◆ **au soleil levant** at sunrise

2 nm ◆ **du levant au couchant** from the rising to the setting sun ◆ **les chambres sont au levant** the bedrooms are on the east side ◆ **le Levant** the Levant

levantin, -ine [ləvɑ̃tɛ̃, in] 1 adj Levantine

2 nm,f ◆ **Levantin(e)** Levantine

levé[1] [l(ə)ve] nm (plan) survey ◆ **un levé de terrain** a land survey ◆ **faire un levé de terrain** to survey a piece of land

levé[2]**, e**[1] [l(ə)ve] (ptp de **lever**) 1 adj ◆ **être levé** to be up ◆ **sitôt levé** as soon as he is (ou was etc) up ◆ **il n'est pas encore levé** he is not up yet ◆ **toujours le premier levé** always the first up → **pierre**

2 nm (Mus) up-beat

levée[2] [l(ə)ve] → SYN 1 nf a [blocus, siège] raising ; [séance] closing ; [interdiction, punition] lifting ◆ **ils ont voté la levée de son immunité parlementaire** they voted to take away ou to withdraw his parliamentary immunity

b (Poste) collection ◆ **la levée du matin est faite** the morning collection has been made, the morning post has gone (Brit) ◆ **dernière levée à 19 heures** last collection (at) 7 p.m.

c (Cartes) trick ◆ **faire une levée** to take a trick

d [impôts] levying ; [armée] raising, levying

e (remblai) levee

2 COMP ▹ **levée de boucliers** (fig) general outcry, hue and cry ▹ **levée du corps** ◆ **la levée du corps aura lieu à 10 heures** the funeral will start from the house at 10 o'clock ▹ **levée d'écrou** (Jur) release (from prison) ▹ **levée de jugement** (Jur) transcript (of a verdict) ▹ **levée en masse** (Mil) levy en masse ▹ **levée des scellés** (Jur) removal of the seals ▹ **levée de terre** levee

lève-glace, pl **lève-glaces** [lɛvglas] nm (window) winder

lever [l(ə)ve] → SYN ▸ conjug 5 ◂ 1 vt a (soulever, hausser) poids, objet to lift ; vitre to put up, raise ; tête to raise, lift up ; main, bras (pour prendre qch, saluer, voter, prêter serment) to raise ; (en classe) to put up ◆ **lève ton coude, je veux prendre le papier** lift ou raise your elbow, I want to take the paper away ◆ **lever les yeux** to lift up ou raise one's eyes, look up (*de* from) ◆ **lever les yeux sur qn** (lit : regarder) to look at sb ; (fig : vouloir épouser) to set one's heart on marrying sb ◆ **lever le visage vers qn** to look up at sb ◆ **lever un regard suppliant / éploré vers qn** to look up imploringly / tearfully at sb ◆ (en classe) **levez le doigt pour répondre** put up your hand to answer

b (faire cesser, supprimer) blocus to raise ; séance, audience to close ; obstacle, difficulté to remove ; interdiction, punition to lift ; ambiguïté to clear up ; immunité parlementaire to withdraw, take away ; (Comm, Jur) option to exercise, take up ◆ **lever les scellés** to remove the seals ◆ **cela a levé tous ses scrupules** that has removed all his scruples ◆ **on lève la séance ?*** shall we break up ?, shall we call it a day ?

c (ramasser) impôts to levy ; armée to raise, levy ; (Cartes) pli to take ; [facteur] lettres to collect

d (Chasse) lièvre to start ; perdrix to flush ; (* fig) femme to pick up*, pull* (US) ◆ (fig) **lever un lièvre** to uncover sth by chance

e (établir) plan to draw (up) ; carte to draw

f († : prélever) to cut off

g (sortir du lit) enfant, malade to get up ◆ **le matin, pour le faire lever, il faut se fâcher** in the morning, you have to get angry before he'll get up ou to get him out of bed

h (prélever) morceau de viande etc to take off, remove

i LOC **lever l'ancre** (Naut) to weigh anchor ; (fig) to make tracks* ◆ **lever les bras au ciel** to throw one's arms up in the air ◆ **lever les yeux au ciel** to raise one's eyes heavenwards ◆ **lever le camp** (lit) to strike ou break camp ; (fig : partir) to clear off* ◆ **lever le siège** (lit) to lift ou raise the siege ; (fig : partir) to clear off* ◆ **il lève bien le coude*** he enjoys a drink, he drinks a fair bit* ◆ **il n'a pas levé le petit doigt pour m'aider** he didn't lift a finger to help me ◆ **lever l'étendard de la révolte** to raise the standard of revolt ◆ **il ne lève jamais le nez de ses livres** he never takes his nose out of his books ◆ **il ne lève jamais le nez de son travail / son pupitre** he never lifts his nose from his work / his desk ◆ [chien] **lever la patte** (pour pisser) to cock ou lift its leg ; (pour dire bonjour) to give a paw ◆ **lever le pied** (disparaître) to vanish ; (Aut : ralentir) to slow down ◆ **lever le poing** to raise one's fist ◆ **lever la main sur qn** to raise one's hand to sb ◆ (Théât) **lever le rideau** to raise the curtain ◆ **lever le voile** to reveal the truth (*sur* about) ◆ **lever le masque** to unmask o.s. ◆ **lever son verre à la santé de qn** to raise one's glass to sb, drink to sb's health → **main, pied**

2 vi a [plante, blé] to come up

b (Culin) to rise ◆ **faire lever la pâte** to make the dough rise, leave the dough to rise

3 **se lever** vpr a [rideau, main] to go up ◆ **toutes les mains se levèrent** every hand went up

b (se mettre debout) to get up ◆ **se lever de table / de sa chaise** to get up from the table / from one's chair ◆ **le maître les fit se lever** the teacher made them stand up ou get up ou get to their feet

c (sortir du lit) to get up ◆ **se lever tôt** to get up early, rise early ◆ **le convalescent commence à se lever** the convalescent is starting to get up (and about) ◆ **ce matin, il s'est levé du pied gauche** this morning he got out of bed on the wrong side ◆ **se lever sur son séant** to sit up

d [Soleil, Lune] to rise ; [jour] to break ◆ **le soleil n'était pas encore levé** the sun had not yet risen ou was not yet up

e (Mét) [vent, orage] to get up, rise ; [brume] to lift, clear ; [mer] to swell ◆ **le temps se lève, cela se lève** the weather ou it is clearing

f (se révolter) to rise up

4 nm a **lever de soleil** sunrise, sunup* ◆ **lever du jour** daybreak, dawn

b (au réveil) **prenez 3 comprimés au lever** take 3 tablets when you get up ou on rising ◆ **au lever, à son lever** (présent) when he gets up; (passé) when he got up ◆ **le lever du roi** the levee of the king
c (Théât) **le lever du rideau** (commencement d'une pièce) curtain up; (action de lever le rideau) the raising of the curtain ◆ (pièce, match) **un lever de rideau** a curtain-raiser ◆ **en lever de rideau, nous avons ...** as a curtain-raiser ou to start with, we have ...
d ⇒ **levé**[1]

lève-tard [lɛvtaʀ] nmf inv late riser

lève-tôt [lɛvto] nmf inv early riser

lève-vitre, pl **lève-vitres** [lɛvvitʀ] nm (window) winder

Léviathan [levjatɑ̃] nm (Bible) Leviathan

levier [ləvje] → SYN nm lever ◆ **levier de commande** control lever ◆ **levier de changement de vitesse** gear lever (Brit), gearshift (US), stick shift* ◆ **levier de frein** handbrake (lever) ◆ **faire levier sur qch** to lever sth up (ou off etc) ◆ (fig) **être aux leviers de commande** to be in control ou command ◆ (fig) **l'argent est un puissant levier** money is a powerful lever ◆ (Fin) **capital à faible effet de levier** low-geared capital

lévigation [levigasjɔ̃] nf levigation

léviger [leviʒe] ▸ conjug 3 ◂ vt to levigate

lévitation [levitasjɔ̃] nf levitation

lévite [levit] nm Levite

léviter [levite] ▸ conjug 1 ◂ vi to levitate

Lévitique [levitik] nm Leviticus

lévogyre [levoʒiʀ] adj laevogyrate, laevogyrous

levraut [ləvʀo] nm leveret

lèvre [lɛvʀ] → SYN nf (gén) lip; [plaie] edge; [vulve] lip, labium (spéc); (Géog) [faille] side ◆ (Géog) **lèvre soulevée / abaissée** upthrow / downthrow side ◆ **le sourire aux lèvres** with a smile on one's lips ◆ **la cigarette aux lèvres** with a cigarette between one's lips ◆ **son nom est sur toutes les lèvres** his name is on everyone's lips ◆ (fig) **j'ai les lèvres scellées** my lips are sealed ◆ **petites / grandes lèvres** labia minora / majora (spéc) → **bout, pincer, rouge** etc

levrette [ləvʀɛt] nf (femelle) greyhound bitch; (variété de lévrier) Italian greyhound ◆ (position sexuelle) **en levrette** doggie-style, doggie-fashion

lévrier [levʀije] → SYN nm greyhound ◆ **courses de lévriers** greyhound racing ◆ **lévrier afghan** Afghan (hound) ◆ **lévrier italien** Italian greyhound

levron, -onne [ləvʀɔ̃, ɔn] nm,f (jeune) young greyhound; (lévrier italien) Italian greyhound

lévulose [levyloz] nm l(a)evulose

levure [l(ə)vyʀ] → SYN nf (ferment) yeast ◆ **levure de bière** brewers' yeast ◆ **levure chimique** baking powder ◆ **levure déshydratée** dried yeast

lexème [lɛksɛm] nm lexeme

lexical, e, mpl **-aux** [lɛksikal, o] adj lexical

lexicalisation [lɛksikalizasjɔ̃] nf lexicalization

lexicaliser [lɛksikalize] ▸ conjug 1 ◂ vt to lexicalize

lexicographe [lɛksikɔgʀaf] nmf lexicographer

lexicographie [lɛksikɔgʀafi] nf lexicography

lexicographique [lɛksikɔgʀafik] adj lexicographical

lexicologie [lɛksikɔlɔʒi] nf lexicology

lexicologique [lɛksikɔlɔʒik] adj lexicological

lexicologue [lɛksikɔlɔg] nmf lexicologist

lexie [lɛksi] nf lexical item

lexique [lɛksik] → SYN nm vocabulary, lexis; (glossaire) lexicon

lézard [lezaʀ] → SYN nm (animal) lizard; (peau) lizardskin ◆ **lézard vert** green lizard ◆ **sac / gants en lézard** lizardskin bag / gloves ◆ **faire le lézard (au soleil)*** to bask in the sun ◆ **il n'y a pas de lézard*!** no problem*! ou no prob*! (Brit)

lézarde [lezaʀd] → SYN nf (fissure) crack

lézarder*[1] [lezaʀde] → SYN ▸ conjug 1 ◂ vi to bask in the sun

lézarder[2] vt, **se lézarder** vpr [lezaʀde] → SYN ▸ conjug 1 ◂ (craquer) to crack

Lhassa [lasa] n Lhasa, Lassa

liage [ljaʒ] nm binding, tying up

liais [ljɛ] nm hard limestone

liaison [ljɛzɔ̃] → SYN nf a (fréquentation) **liaison (amoureuse)** (love) affair, liaison ◆ **liaison (d'affaires)** business relationship ou connection ◆ **avoir / rompre une liaison** to have / break off an affair ou a love affair ◆ **avoir une** ou **être en liaison d'affaires avec qn** to have business relations with sb ◆ (Littérat) **"Les Liaisons dangereuses"** "Dangerous Acquaintances"
b (contact) **entrer / être en liaison étroite avec qn** to get / be in close contact with sb ◆ **travailler en liaison étroite avec qn** to work closely with ou in close collaboration with sb ◆ **en liaison (étroite) avec nos partenaires, nous avons décidé de ...** in (close) collaboration with ou after close consultation with our partners, we have decided to ... ◆ **assurer la liaison entre les différents services** to liaise between the different departments ◆ (péj) **avoir des liaisons avec** to have links ou dealings with ◆ (Mil) **se tenir en liaison avec l'état-major** to keep in contact with headquarters, liaise with headquarters ◆ (Mil) **officier** ou **agent de liaison** liaison officer ◆ **j'espère que nous allons rester en liaison** I hope that we shall remain in contact ou in touch
c (Radio, Téléc) **liaison radio** radio contact ◆ **les liaisons téléphoniques avec le Japon** telephone links with Japan ◆ **je suis en liaison avec notre envoyé spécial à Moscou** I have our special correspondent on the line from Moscow
d (rapport, enchaînement) connection ◆ **manque de liaison entre deux idées** lack of connection between two ideas ◆ **il n'y a aucune liaison entre les deux idées / événements** there is no connection ou link between the two ideas / events ◆ **la liaison des idées n'est pas évidente** the connection of ideas isn't obvious
e (Phon) liaison ◆ **consonne de liaison** linking consonant ◆ (Gram) **mot** ou **terme de liaison** link-word ◆ **en français il ne faut pas faire la liaison devant un h aspiré** in French one mustn't make a liaison before an aspirate h
f (Transport) link ◆ **liaison aérienne / routière / ferroviaire / maritime** air / road / rail / sea link
g (Culin) liaison
h (Ordin) **liaison de transmission** data link
i (Mus) (même hauteur) tie; (hauteurs différentes) slur
j (Chim) bond
k (Constr) (action) bonding; (mortier) bond

liaisonner [ljɛzɔne] ▸ conjug 1 ◂ vt (Constr) to bond

liane [ljan] nf creeper, liana

liant, liante [ljɑ̃, ljɑ̃t] → SYN 1 adj sociable
2 nm a (littér: affabilité) sociable disposition ◆ **il a du liant** he has a sociable disposition ou nature, he is sociable
b (Métal: souplesse) flexibility
c (substance) binder

liard [ljaʀ] nm (Hist) farthing ◆ (fig) **je n'ai pas un liard** I haven't (got) a farthing

lias [ljɑs] nm (Géol) Lias

liasique [ljɑzik] adj (Geol) Liassic

liasse [ljas] → SYN nf [billets, papiers] bundle, wad

Liban [libɑ̃] nm ◆ **(le) Liban** (the) Lebanon

libanais, e [libanɛ, ɛz] 1 adj Lebanese
2 nm,f ◆ **Libanais(e)** Lebanese

libanisation [libanizasjɔ̃] nf ◆ (Pol) **la libanisation du pays** the fragmentation of the country

libations [libasjɔ̃] nfpl (Antiq) libations ◆ (fig) **faire de copieuses libations** to indulge in great libations (hum)

libelle [libɛl] → SYN nm (satire) lampoon ◆ **faire des libelles contre qn** to lampoon sb

libellé [libele] → SYN nm (gén) wording; (Fin) description, particulars

libeller [libele] → SYN ▸ conjug 1 ◂ vt acte to draw up; chèque to make out (*au nom de* to); lettre, demande, réclamation to word ◆ **sa lettre était ainsi libellée** so went his letter, his letter was worded thus

libelliste [libelist] nm (littér) lampoonist

libellule [libelyl] → SYN nf dragonfly

liber [libɛʀ] nm (Bot) phloem

libérable [libeʀabl] adj militaire dischargeable ◆ **permission libérable** leave in hand *(allowing early discharge)*

libéral, e, mpl **-aux** [libeʀal, o] → SYN 1 adj
a (Pol) liberal
b (Écon) **économie libérale** free-market economy → **profession**
c (tolérant) liberal, open-minded
2 nm,f (Pol) Liberal

libéralement [libeʀalmɑ̃] → SYN adv liberally

libéralisation [libeʀalizasjɔ̃] nf [lois, régime] liberalization ◆ **la libéralisation du commerce** the easing of restrictions on trade

libéraliser [libeʀalize] ▸ conjug 1 ◂ vt (→ **libéralisation**) to liberalize

libéralisme [libeʀalism] nm (tous sens) liberalism ◆ **être partisan du libéralisme économique** to be a supporter of economic liberalism ou of free enterprise

libéralité [libeʀalite] → SYN nf (littér) (générosité) liberality; (gén pl: don) generous ou liberal gift, liberality ◆ **vivre des libéralités d'un ami** to live off a friend's generosity

libérateur, -trice [libeʀatœʀ, tʀis] → SYN
1 adj ◆ (Pol) **guerre / croisade libératrice** war / crusade of liberation ◆ (Psych) **rire libérateur** liberating laugh ◆ **expérience libératrice** liberating experience
2 nm,f liberator

libération [libeʀasjɔ̃] → SYN nf (→ **libérer**) discharge; release; freeing; liberation; decontrolling ◆ **libération anticipée** early release ◆ **libération conditionnelle** release on parole ◆ **la libération de la femme** Women's Liberation ◆ (Hist) **la Libération** the Liberation ◆ (Fin) **libération de capital** paying up of capital, payment in full of capital → **vitesse**

libératoire [libeʀatwaʀ] adj ◆ (Fin) **paiement libératoire** payment in full discharge ◆ **prélèvement libératoire** levy at source *(on share dividends)*

libéré, e [libeʀe] (ptp de **libérer**) adj liberated

libérer [libeʀe] → SYN ▸ conjug 6 ◂ 1 vt a (relâcher) prisonnier to discharge, release (*de* from); soldat to discharge (*de* from); élèves, employés to let go ◆ (Jur) **être libéré sous caution / sur parole** to be released on bail / on parole
b (délivrer) pays, peuple to free, liberate; (fig) esprit, personne (de soucis etc) to free (*de* from); (d'inhibitions etc) to liberate (*de* from) ◆ **libérer qn de** liens to release ou free sb from; promesse to release sb from; dette to free sb from
c (rendre disponible) appartement to move out of, vacate; étagère to clear; tiroir to empty ◆ **nous libérerons la salle à 11 h** we'll clear the room at 11 o'clock ◆ **libérer le passage** to free ou unblock the way
d (Tech) levier, cran d'arrêt to release; (Écon) échanges commerciaux to ease restrictions on; prix to decontrol; (Méd) intestin to unblock
e (soulager) **libérer son cœur / sa conscience** to unburden one's heart / conscience ◆ **libérer ses instincts** to give free rein to one's instincts
f (Sci) énergie, électrons to release; gaz to release, give off
2 **se libérer** vpr a [personne] (de ses liens) to free o.s. (*de* from); (d'une promesse) to release o.s. (*de* from); (d'une dette) to clear o.s. (*de* of) ◆ **se libérer d'un rendez-vous** to get out of a meeting ◆ **désolé, jeudi je ne peux pas me libérer** I'm sorry I can't be free ou I'm not free on Thursday ◆ **se libérer du joug de l'oppresseur** to free o.s. from the yoke of one's oppressor
b [appartement] to become vacant; [place] to become available ou vacant [poste]

Libéria [libeʀja] nm Liberia

libérien, -ienne [libeʀjɛ̃, jɛn] 1 adj Liberian
2 nm,f ◆ **Libérien(ne)** Liberian

libériste [libeʀist] 1 nmf hang-glider
2 adj hang-gliding

libéro [libeʀo] nm (Ftbl) libero (spéc), ≃ sweeper

libertaire [libɛʀtɛʀ] → SYN adj, nmf libertarian

liberté [libɛʀte] → SYN 1 nf a (gén, Jur) freedom, liberty ◆ **mettre en liberté** to free, release, set free ◆ [prisonnier] **mise en liberté** discharge, release ◆ **être en liberté** to be free ◆ **animaux en liberté** animals in the wild ou natural state ◆ **les animaux sont en liberté dans le parc** the animals roam free in the park ◆ **le voleur est encore en liberté** the thief is still at large ◆ **rendre la liberté à un prisonnier** to free ou release a prisoner, set a prisoner free ◆ **remettre un animal en liberté** to set an animal free (again) ◆ **elle a quitté son mari et repris sa liberté** she has left her husband and regained her freedom ou her independence ◆ **agir en toute** ou **pleine liberté** to act with complete freedom, act quite freely ◆ **sans la liberté de critiquer / de choisir aucune opinion n'a de valeur** without the freedom to criticize / to choose any opinion is valueless ◆ **avoir toute liberté pour agir** to have full liberty ou freedom to act ◆ **donner à qn toute liberté d'action** to give sb complete freedom of action, give sb a free hand to act, give sb carte blanche
b (gén, Pol : indépendance) freedom ◆ **liberté de la presse / d'opinion / de conscience** etc freedom of the press / of thought / of conscience etc ◆ **liberté du culte / d'expression** freedom of worship / of expression ◆ **liberté individuelle** personal freedom ◆ **liberté d'information** freedom of information ◆ **liberté religieuse** religious freedom, freedom of worship ◆ **vive la liberté!** long live freedom! ◆ **liberté, égalité, fraternité** liberty, equality, fraternity ◆ **la Statue de la Liberté** The Statue of Liberty ◆ (Art) **"La Liberté guidant le peuple"** "Liberty Leading the People"
c (loisir) **heures / moments de liberté** free hours / moments ◆ **ils ont droit à 2 jours de liberté par semaine** they are allowed 2 free days a week ou 2 days off each week ◆ **son travail ne lui laisse pas beaucoup de liberté** his work doesn't leave him much free time
d (absence de retenue, de contrainte) liberty ◆ **liberté d'esprit / de jugement** independence of mind / judgment ◆ **liberté de langage / de mœurs** freedom of language / morals ◆ **s'exprimer avec (grande) liberté** to express o.s. very freely ◆ (formule) **prendre la liberté de faire** to take the liberty of doing ◆ **prendre** ou **se permettre des libertés avec** personne, texte, grammaire, règlement to take liberties with
e (droit) **la liberté du travail** the right ou freedom to work ◆ **liberté d'association / de réunion** right of association / to meet ou hold meetings ◆ **les libertés syndicales** union rights ◆ (Hist) **libertés des villes** borough franchises
2 COMP ▷ **liberté sous caution** (Jur) release on bail ◆ **mise en liberté sous caution** release on bail ▷ **liberté conditionnelle** (Jur) parole ◆ **mettre en liberté conditionnelle** to release on parole ◆ **être mis en liberté conditionnelle** to be granted parole, be released on parole ◆ **mise en liberté conditionnelle** release on parole ▷ **liberté provisoire** (Jur) bail ◆ **être mis en liberté provisoire** to be granted bail, be released on bail ▷ **liberté surveillée** (Jur) release on probation ◆ **être mis en liberté surveillée** to be put on probation

liberticide [libɛʀtisid] adj liberticidal

libertin, e [libɛʀtɛ̃, in] → SYN 1 adj (littér) (dissolu) personne libertine, dissolute; (grivois) roman licentious; (Hist : irréligieux) philosophe libertine
2 nm,f (littér : dévergondé) libertine
3 nm (Hist : libre-penseur) libertine, freethinker

libertinage [libɛʀtinaʒ] → SYN nm (littér) (débauche) [personne] debauchery, dissoluteness; (grivoiserie) [roman] licentiousness; (Hist : impiété) [philosophe] libertine outlook ou philosophy

liberty ® [libɛʀti] nm inv Liberty fabric ®

libidinal, e, mpl **-aux** [libidinal, o] adj libidinal

libidineux, -euse [libidinø, øz] → SYN adj (littér, hum) libidinous, lustful

libido [libido] → SYN nf libido

libouret [libuʀɛ] nm trolling line

libraire [libʀɛʀ] → SYN nmf bookseller ◆ **libraire-éditeur** publisher and bookseller

librairie [libʀeʀi] → SYN nf a (magasin) bookshop ◆ **librairie d'art** art bookshop ◆ **librairie-papeterie** bookseller's and stationer's ◆ **ça ne se vend plus en librairie** it's no longer in the bookshops, the bookshops no longer sell it ◆ **ce livre va bientôt paraître en librairie** this book will soon be on sale (in the shops) ou will soon be published ou out*
b **la librairie** (activité) bookselling (NonC); (corporation) the book trade

libration [libʀasjɔ̃] nf libration

libre [libʀ] → SYN GRAMMAIRE ACTIVE 25.3
1 adj a (gén, Pol : sans contrainte) personne, presse, commerce, prix free; vente unrestricted; (Sport) figure, programme free ◆ **médicament en vente libre** medicine on open sale ou on unrestricted sale ou on sale without prescription, over-the-counter medicine ◆ **il est difficile de garder l'esprit** ou **la tête libre quand on a des ennuis** it's difficult to keep one's mind free of worries ou to keep a clear mind when one is in trouble ◆ **être libre comme l'air** to be as free as a bird ◆ **être / rester libre** (non marié) to be / remain unattached ◆ **je ne suis pas libre** I'm not free ou available ◆ **il n'est plus libre (de lui-même)** he is no longer a free agent ◆ **être libre de ses mouvements** to be free to do what one pleases ◆ (Jur) **avoir la libre disposition de ses biens** to have free disposal of one's goods ◆ **un partisan de la libre entreprise** ou **concurrence** a supporter of the free-market economy ou of free enterprise ◆ (Pol) **le monde libre** the free world
b **libre de** free from ◆ **libre de tout engagement / préjugé** free from any commitment / all prejudice ◆ **libre de faire** free to do ◆ **libre à vous de poser vos conditions** you are free to ou it's (entirely) up to you to state your conditions ◆ **vous êtes parfaitement libre de refuser l'invitation** you're quite free ou at liberty to refuse the invitation
c (non occupé) passage, voie clear; taxi empty; personne, place free; salle free, available ◆ **appartement libre à la vente** flat for sale with vacant possession ou immediate entry ◆ (Téléc) **la ligne n'est pas libre** the line ou number is engaged (Brit) ou busy ◆ (Téléc) **ça ne sonne pas libre** the engaged tone (Brit) ou busy signal (US) is ringing, it's giving ou I'm getting the engaged tone (Brit) ou busy signal (US) ◆ **est-ce que cette place est libre?** is this seat free? ou empty? ou vacant? ◆ **avoir du temps (de) libre** to have some spare ou free time ◆ **avoir des journées libres** to have some free days ◆ **êtes-vous libre ce soir?** are you free this evening? ◆ **vous ne pouvez pas voir M. X, il n'est pas libre aujourd'hui** you can't see Mr X, he is not free ou available today ◆ **le jeudi est son jour libre** Thursday is his free day ou his day off ◆ **je vais essayer de me rendre libre pour demain** I'm going to try to make myself free tomorrow ou to keep tomorrow free → **air**[1], **champ**[1]
d (Scol : non étatisé) enseignement private and Roman Catholic ◆ **école libre** private ou independent Roman Catholic school
e (autorisé, non payant) entrée, accès free ◆ **« entrée libre »** (exposition etc) "entrance free"; (galerie d'artisanat, magasin d'exposition-vente etc) "please walk round", "please come in and look around" ◆ (Univ) **auditeur libre** non-registered student, auditor (US)
f (lit, fig : non entravé) mouvement, respiration free; traduction, improvisation, adaptation free; (Tech) pignon, engrenage disengaged ◆ **robe qui laisse le cou libre** dress which leaves the neck bare ou which shows the neck ◆ **robe qui laisse la taille libre** dress which is not tight-fitting round the waist ou which fits loosely at the waist ◆ **avoir les cheveux libres** to have one's hair loose ◆ **de nos jours on laisse les jambes libres aux bébés** nowadays we leave babies' legs free ◆ **le sujet de la dissertation est libre** the subject of this essay is left open → **main, roue, vers**[2]
g (sans retenue) personne free ou open in one's behaviour; plaisanteries broad ◆ **tenir des propos assez libres sur la politique du gouvernement** to be fairly plain-spoken ou make fairly candid remarks about the policies of the government ◆ **être très libre avec qn** to be very free with sb ◆ **donner libre cours à sa colère / son indignation** to give free rein ou vent to one's anger / indignation
2 COMP ▷ **libre arbitre** free will ▷ **libre entreprise** free enterprise ▷ **libre pensée** freethinking ▷ **libre penseur, -euse** freethinker

libre-échange, pl **libres-échanges** [libʀeʃɑ̃ʒ] nm free trade

libre-échangisme [libʀeʃɑ̃ʒism] nm free trade

libre-échangiste, pl **libres-échangistes** [libʀeʃɑ̃ʒist] 1 adj free-market (épith), free-trade (épith)
2 nmf free-trader

librement [libʀəmɑ̃] → SYN adv freely

libre-service, pl **libres-services** [libʀəsɛʀvis] → SYN nm (restaurant) self-service restaurant; (magasin) self-service store

librettiste [libʀetist] → SYN nmf librettist

libretto† [libʀeto], pl **librettos** ou **libretti** [libʀeti] nm libretto

Libreville [libʀəvil] n Libreville

Libye [libi] nf Libya

libyen, -enne [libjɛ̃, ɛn] 1 adj Libyan
2 nm,f ◆ **Libyen(ne)** Libyan

lice[1] [lis] → SYN nf (Hist) lists ◆ (fig) **entrer en lice** to enter the lists ◆ **les candidats encore en lice** candidates still in contention

lice[2] [lis] nf (Tex) heddle ◆ **tapisserie de haute / de basse lice** high / low-warp tapestry

lice[3] [lis] → SYN nf (Zool) female hound

licence [lisɑ̃s] → SYN nf a (Univ) degree, ≃ bachelor's degree ◆ **licence ès lettres** Arts degree, ≃ B.A. ◆ **licence ès sciences** Science degree, ≃ B.Sc. ◆ **faire une licence d'anglais** to do a degree course in English
b (autorisation) permit; (Comm, Jur) licence (Brit), license (US); (Sport) permit *(showing membership of a federation and giving the right of entry into competitions)* ◆ **produit sous licence** licensed product ◆ **fabriqué sous licence française** manufactured under French licence (Brit) ou license (US)
c (littér : liberté) **licence (des mœurs)** licentiousness (NonC) ◆ **avoir toute** ou **pleine licence pour faire qch** to have a free hand to do sth ◆ **prendre des licences avec qn** to take liberties with sb ◆ (Littérat) **licence poétique** poetic licence ◆ **écrire « encor » au lieu de « encore » est une licence orthographique** writing "encor" instead of "encore" is an example of the liberties one can take with spelling

licencié, e [lisɑ̃sje] 1 adj ◆ **professeur licencié** graduate teacher ◆ **elle est licenciée** she is a graduate (Brit) ou a college graduate
2 nm,f a (Univ) **licencié ès lettres / ès sciences / en droit** Bachelor of Arts / of Science / of Law, arts / science / law graduate
b (Sport) permit-holder
c (Jur) licensee

licenciement [lisɑ̃simɑ̃] → SYN nm (→ **licencier**) making redundant (Brit), redundancy (Brit), lay-off; dismissal ◆ **il y a eu des centaines de licenciements** hundreds of people were made redundant (Brit) ou were laid off, there were hundreds of redundancies ◆ **licenciement abusif** unfair dismissal ◆ **licenciement collectif** mass redundancy ou redundancies (Brit) ou lay-offs* ◆ **licenciement (pour raison) économique** lay-off, redundancy (Brit) ◆ **licenciement sec** compulsory redundancy *(without any compensation)* ◆ **lettre de licenciement** letter of dismissal, pink slip* (US)

licencier [lisɑ̃sje] → SYN ▸conjug 7◂ vt (débaucher) to make redundant (Brit), lay off*; (renvoyer) to dismiss

licencieusement [lisɑ̃sjøzmɑ̃] adv licentiously

licencieux, -ieuse [lisɑ̃sjø, jøz] → SYN adj (littér) licentious

lichen [likɛn] nm (Bot, Méd) lichen ◆ **lichen foliacé** foliose lichen ◆ **lichen plan** lichen planus

licher* [liʃe] ▸conjug 1◂ vt (boire) to drink; (lécher) to lick

lichette* [liʃɛt] nf **a** (morceau) **lichette de pain / de fromage** nibble of bread / cheese ◆ **tu en veux une lichette?** do you want a nibble? ◆ **il n'en restait qu'une lichette** there was only a (tiny) taste left
b (Belg: attache) loop

licier [lisje] nm heddle setter

licitation [lisitasjɔ̃] nf auctioning *(of jointly-owned property)*

licite [lisit] → SYN adj lawful, licit

licitement [lisitmɑ̃] → SYN adv lawfully, licitly

liciter [lisite] ▸conjug 1◂ vt to auction *(jointly-owned property)*

licol† [likɔl] nm halter

licorne [likɔʀn] nf unicorn ◆ **licorne de mer** narwhal, sea unicorn

licou [liku] nm halter

licteur [liktœʀ] nm lictor

lidar [lidaʀ] nm (abrév de **Light Detecting And Ranging**) lidar, light radar

lido [lido] nm offshore bar

lie [li] → SYN **1** nf [vin] dregs, sediment ◆ (fig) **la lie (de la société)** the dregs of society → **boire**
2 COMP ▷ **lie(-)de(-)vin** adj inv wine(-coloured)

lié, e [lje] (ptp de **lier**) adj ◆ **être très lié avec qn** to be very friendly with sb ◆ **ils sont très liés** they're very close ou friendly, they're very close friends ◆ (Mus) **note liée** tied note ◆ (Ling) **morphème lié** bound morpheme

Liechtenstein [liʃtɛnʃtajn] nm Liechtenstein

liechtensteinois, e [liʃtɛnʃtajnwa, waz] **1** adj of Liechtenstein
2 nm,f ◆ **Liechtensteinois(e)** inhabitant ou native of Liechtenstein

lied [lid], pl **lieder** [lidœʀ] ou **lieds** nm Lied

liégé, e [ljeʒe] adj cadre decorated with cork

liège [ljɛʒ] nm cork ◆ **semelle** etc **de liège** cork sole etc → **bout**

liégeois, e [ljeʒwa, waz] **1** adj of ou from Liège ◆ **café / chocolat liégeois** coffee / chocolate ice cream with crème Chantilly ou whipped cream
2 nm,f ◆ **Liégeois(e)** inhabitant ou native of Liège

lien [ljɛ̃] → SYN nm **a** (lit, fig: attache) bond ◆ **le prisonnier se libéra de ses liens** the prisoner freed himself from his bonds ◆ **de solides liens de cuir** strong leather straps ◆ (fig) **les liens du serment** the bonds of an oath ◆ **un lien très fort l'attache à son pays** he has a very strong bond with his home country
b (corrélation) link, connection ◆ **il y a un lien entre les 2 événements** there's a link ou connection between the 2 events ◆ **servir de lien entre 2 personnes** to act as a link between 2 people ◆ **idées sans lien** unconnected ou unrelated ideas
c (relation) tie ◆ **liens affectifs** emotional ties ou bonds ◆ **liens de parenté / de sang** family / blood ties ◆ **avoir un lien de parenté avec qn** to be related to sb ◆ **liens d'amitié** bonds of friendship ◆ **lien qui unit 2 personnes** bond which unites 2 people ◆ **liens du mariage** marriage bonds ou ties

lier [lje] → SYN ▸conjug 7◂ **1** vt **a** (attacher) mains, pieds to bind, tie up; fleurs, bottes de paille to tie up ◆ **elle lui a lié les pieds et les mains** she bound him hand and foot ◆ **lier la paille en bottes** to bind ou tie the straw into bales ◆ **lier qn à un arbre / une chaise** to tie sb to a tree / chair ◆ **lier avec une ficelle** to tie with a piece of string → **fou, partie²**, **pied**
b (relier) mots, phrases to link up, join up ◆ **lier la cause à l'effet** to link cause to effect ◆ **tous ces événements sont étroitement liés** all these events are closely linked ou connected ◆ **cette maison est liée à tout un passé** this house has a whole history ◆ **tout est lié** everything links up ou ties up ◆ (Mus) **lier les notes** to slur the notes
c (unir) personnes to bind, unite ◆ **l'amitié qui nous lie à lui** the friendship which binds us to him ◆ **l'amitié qui les lie** the friendship which unites them ◆ **un goût / un mépris commun pour le théâtre les liait** they were united by a common liking / scorn for the theatre
d [contrat] to bind ◆ **lier qn par un serment / une promesse** to bind sb with an oath / a promise
e (Culin) sauce to thicken ◆ (Constr) **lier des pierres avec du mortier** to bind stones with mortar
f LOC **lier amitié / conversation** to strike up a friendship / conversation ◆ **lier la langue à qn** to make sb tongue-tied
2 **se lier** vpr to make friends (*avec qn* with sb) ◆ **se lier d'amitié avec qn** to strike up a friendship with sb ◆ **il ne se lie pas facilement** he doesn't make friends easily ◆ **se lier par un serment** to bind o.s. by an oath

lierne [ljɛʀn] nf (Archit) lierne; (Constr) intertie

lierre [ljɛʀ] nm ivy ◆ **lierre terrestre** ground ivy

liesse [ljɛs] → SYN nf (littér: joie) jubilation ◆ **en liesse** jubilant

lieu¹, pl **lieux** [ljø] → SYN GRAMMAIRE ACTIVE 15.2, 17.2
1 nm **a** (gén: endroit) place; [événement] scene ◆ (Gram) **adverbe de lieu** adverb of place ◆ **lieu de pèlerinage / résidence / retraite / travail** place of pilgrimage / residence / retreat / work ◆ **en quelque lieu qu'il soit** wherever he (may) be, wherever he is ◆ **en tous lieux** everywhere ◆ **en aucun lieu (du monde)** nowhere (in the world) ◆ **cela varie avec le lieu** it varies from place to place ◆ **en lieu sûr** in a safe place → **haut, nom**
b **sur les lieux: se rendre sur les lieux du crime** to go to the scene of the crime ◆ **être sur les lieux de l'accident** to be at ou on the scene of the accident ◆ **notre envoyé est sur les lieux** our special correspondent is on the spot ou at the scene
c (locaux) **les lieux** the premises ◆ **quitter** ou **vider les lieux** (gén) to get out, leave; (Admin) to vacate the premises → **état**
d (avec notion temporelle) **en premier / second lieu** in the first / second place, firstly / secondly ◆ **en dernier lieu** lastly ◆ **ce n'est pas le lieu d'en parler** this isn't the place to speak about it ◆ **en son lieu** in due course → **temps¹**
e **au lieu de qch** instead of sth, in place of sth ◆ **tu devrais téléphoner au lieu d'écrire** you should telephone instead of writing ◆ **il devrait se réjouir, au lieu de cela, il se plaint** he should be glad, instead of which he complains ou (but) instead he complains ◆ **signer en lieu et place de qn** to sign for and on behalf of sb ◆ **au lieu que nous partions** instead of us leaving
f LOC **avoir lieu** (se produire) to take place ◆ **avoir lieu d'être inquiet / de se plaindre** to have (good) grounds for being worried / for complaining, have (good) reason to be worried / to complain ◆ **il y a lieu d'être inquiet** there is cause ou good reason for anxiety ◆ **il y a tout lieu de s'étonner** we have every reason to be surprised ◆ **vos craintes / critiques n'ont pas lieu d'être** your fears / criticisms are groundless ◆ **vous appellerez le docteur, s'il y a lieu** you must send for the doctor if necessary ◆ **donner lieu à des critiques / désagréments** to give rise to criticism / trouble ◆ **ça donne lieu de craindre le pire** that tends to make one fear the worst ou leads one to fear the worst ◆ **tenir lieu de** to take the place of ◆ **elle lui a tenu lieu de mère** she took the place of his mother ◆ **ce vieux manteau tient lieu de couverture** this old overcoat serves as a blanket ou does instead of a blanket
2 COMP ▷ **lieux d'aisances†** lavatory ▷ **lieu commun** commonplace ▷ **lieu de débauche** († ou **hum**) den of iniquity ▷ **lieu géométrique** (Math, fig) locus ▷ **lieu de naissance** (gén) birthplace; (Admin) place of birth ▷ **lieu de passage** (entre régions) crossing point; (entre villes) stopping-off place; (dans un bâtiment) place where people are constantly coming and going ▷ **lieu de perdition** den of iniquity ▷ **lieu de promenade** place ou spot for walking ▷ **lieu public** public place ▷ **les Lieux saints** the Holy Places ▷ **lieu de vacances** (gén) place ou spot for (one's) holidays (Brit) ou vacation (US); (ville) holiday (Brit) ou vacation (US) resort

lieu² [ljø] nm ◆ (poisson) **lieu jaune** pollack, pollock ◆ **lieu noir** saithe, coley, coalfish

lieu-dit, pl **lieux-dits** [ljødi] nm locality

lieue [ljø] nf league ◆ **j'étais à mille lieues de penser à vous** I was far from thinking of you, you were far from my mind ◆ **j'étais à mille lieues de penser qu'il viendrait** it never occurred to me ou I never dreamt for a moment that he'd come ◆ **j'étais à cent lieues de supposer cela** that never occurred to me ◆ **il sent son marin d'une lieue** you can tell he's a sailor a mile off*, the fact that he's a sailor sticks out a mile ◆ **à 20 lieues à la ronde** for 20 leagues round about

lieuse [ljøz] nf (Agr) binder

lieutenant [ljøt(ə)nɑ̃] → SYN **1** nm (armée de terre) lieutenant (Brit), first lieutenant (US); (armée de l'air) flying officer (Brit), first lieutenant (US); (marine marchande) mate; (gén: second) lieutenant, second in command
2 COMP ▷ **lieutenant de vaisseau** (marine nationale) lieutenant

lieutenant-colonel, pl **lieutenants-colonels** [ljøt(ə)nɑ̃kɔlɔnɛl] nm (armée de terre) lieutenant colonel; (armée de l'air) wing commander (Brit), lieutenant colonel (US)

lièvre [ljɛvʀ] → SYN nm (Zool) hare; (Sport) pacemaker ◆ (fig) **courir** ou **chasser deux lièvres à la fois** to try to keep two pots on the boil ◆ (fig) **lever** ou **soulever un lièvre** to stumble (up)on sth important

LIFO [lifo] (abrév de **last in first out**) LIFO

lift [lift] nm topspin

lifter [lifte] ▸conjug 1◂ **1** vt **a** (Sport) to put topspin on ◆ **balle liftée** ball with topspin ◆ **elle a un jeu très lifté** she uses a lot of topspin
b personne, bâtiment, image de marque to give a face lift to
2 vi to put topspin on the ball

liftier, -ière [liftje, jɛʀ] nm,f lift (Brit) ou elevator (US) attendant

lifting [liftiŋ] → SYN nm (lit, fig) face lift ◆ **se faire faire un lifting** to have a face lift

ligament [ligamɑ̃] → SYN nm ligament

ligamentaire [ligamɑ̃tɛʀ] adj ligamentary

ligamenteux, -euse [ligamɑ̃tø, øz] adj ligamentous, ligamentary

ligand [ligɑ̃] nm (Chim) ligand

ligase [ligɑz] nf ligase

ligature [ligatyʀ] → SYN nf **a** (Méd: opération, lien) ligature ◆ **ligature des trompes** tying of the Fallopian tubes
b (Agr) (opération) tying up; (lien) tie
c (Typ) ligature
d (Mus) ligature, tie

ligaturer [ligatyʀe] → SYN ▸conjug 1◂ vt (Méd) to ligature, tie up; (Agr) to tie up ◆ (Méd) **se faire ligaturer les trompes** to have one's Fallopian tubes tied

lige [liʒ] adj liege ◆ **homme lige** (Hist) liegeman ◆ (fig) **être l'homme lige de qn** to be sb's faithful henchman

light [lajt] adj inv (gén) light; boisson sans alcool diet (épith), low-calorie, light

lignage [liɲaʒ] → SYN nm **a** (extraction) lineage ◆ **de haut lignage** of noble lineage
b (Typ) linage, lineage

ligne¹ [liɲ] → SYN GRAMMAIRE ACTIVE 27.3, 27.5, 27.7
1 nf **a** (trait, limite) line; (Mil) line ◆ **ligne droite / brisée** straight / broken line ◆ **ligne discontinue** ou **pointillée** dotted line ◆ **ligne de départ / d'arrivée / de partage** starting / finishing / dividing line ◆ (Rugby) **la ligne des 10/22 mètres** the 10/22-metre line ◆ **ligne**

de fortifications line of fortifications ◆ **ligne de tranchées** trench line ◆ **les lignes de la main** the lines of the hand ◆ **ligne de vie / de cœur** life / love line ◆ **la ligne des collines dans le lointain** the line of hills in the distance ◆ (Math) **la ligne des x / des y** the X / Y axis ◆ (Math) **la ligne des abscisses** the abscissa ◆ (Math) **la ligne des ordonnées** the ordinate axis ◆ (Mus) **ligne supplémentaire** ledger line ◆ **passer la ligne (de l'équateur)** to cross the line ◆ **courir en ligne droite** to run in a straight line ◆ **en ligne droite, la ville est à 10 km** the town is 10 km from here as the crow flies ◆ (Aut) **ligne droite** stretch of straight road ◆ (lit, fig) **la dernière ligne droite avant l'arrivée** the final ou home straight

b (contour) [meuble, voiture] line(s); (silhouette) [femme] figure ◆ **avoir la ligne** to have a slim figure ◆ **garder / perdre la ligne** to keep / lose one's figure ◆ **elle mange peu pour (garder) la ligne** she doesn't eat much because she's watching her figure ◆ **la ligne lancée par la dernière mode** the look launched by the most recent collections ◆ **voiture aux lignes aérodynamiques** streamlined car, car built on aerodynamic lines

c (règle) line ◆ **ligne de conduite / d'action** line of conduct / of action ◆ **ligne politique** political line ◆ **la ligne du devoir** the path of duty ◆ **la ligne du parti** the party line ◆ **ne pas dévier de la ligne droite** to keep to the straight and narrow ◆ **les grandes lignes d'un programme** the broad lines ou outline of a programme

d (suite de personnes, de choses, Mil) line; (rangée) row; [cocaïne] line ◆ (Sport) **la ligne d'avants** ou **des avants / d'arrières** ou **des arrières** (Rugby) the front / back row; (Ftbl) the forwards / backs ◆ (Rugby) **la première / deuxième / troisième ligne (de mêlée)** the front / second / back row (of the scrum) ◆ **un premier ligne** a man in the front row ◆ **enfants placés en ligne** children in a line ou lined up ◆ **coureurs en ligne pour le départ** runners lined up for the start ou on the starting line ◆ **une ligne d'arbres le long de l'horizon** a line ou row of trees on the horizon ◆ **mettre des personnes en ligne** to line people up, get people lined up ◆ **se mettre en ligne** to line up, get lined up, get into line ◆ (Mil) **monter en ligne** to go off to war ou to fight ◆ (Ordin) **en ligne** on line ◆ (Mil, fig) **en première ligne** on the front line

e (Rail) line ◆ (Aut) **ligne d'autobus** (service) bus service; (parcours) bus route ◆ (Aviat, Naut) **ligne d'aviation** ou **aérienne / de navigation** (compagnie) air / shipping line; (service) (air / shipping) service; (trajet) (air / shipping) route ◆ **ligne de chemin de fer / de métro** railway / underground ou subway line ◆ **la ligne d'autobus passe dans notre rue** the bus (route) goes along our street ◆ **quelle ligne faut-il prendre?** which train (ou bus) should I take? ◆ **il faut prendre la ligne (d'autobus) numéro 12 pour y aller** you have to take the number 12 bus to go there ◆ **ligne secondaire** branch line ◆ **ligne de banlieue** suburban line → **avion, grand, pilote**

f (Élec, Téléc) (gén) line; (câbles) wires; (TV: définition) line ◆ **la ligne est occupée** the line is engaged (Brit) ou busy (US) ◆ **être en ligne** to be connected ◆ **vous êtes en ligne** you're connected ou through now, I am connecting you now ◆ **je suis encore en ligne** I'm still holding ◆ **M. X est en ligne** (il est occupé) Mr X's line is engaged (Brit) ou busy (US); (il veut vous parler) I have Mr X on the line for you ◆ **la ligne passe dans notre jardin** the wires go through our garden

g [texte écrit] line ◆ (dictée) **« à la ligne »** "new paragraph", "new line" ◆ **aller à la ligne** to start on the next line, begin a new paragraph ◆ **écrire quelques lignes** to write a few lines ◆ **donner 100 lignes à faire à un élève** to give a pupil 100 lines to do ◆ (Presse) **tirer à la ligne** to pad out an article ◆ **je vous envoie ces quelques lignes** I'm sending you these few lines ou this short note → **lire**[1]

h (Comm) **ligne de produits** (product) line

i (Pêche) fishing line → **pêche**[2]

j (série de générations) **ligne directe / collatérale** direct / collateral line ◆ **descendre en ligne directe de ...** to be a direct descendant of ...

k (Fin) **ligne de crédit** credit line, line of credit

l LOC **mettre sur la même ligne** to put on the same level ◆ **entrer en ligne de compte** to be taken into account ou consideration ◆ **mettre** ou **faire entrer en ligne de compte** to take into account ou consideration ◆ **votre vie privée n'entre pas en ligne de compte** your private life doesn't come ou enter into it ◆ **sur toute la ligne** from start to finish

[2] COMP ▷ **ligne de ballon mort** (Rugby) dead-ball line ▷ **ligne blanche** (Aut) white line *(in the centre of the road)* ◆ **ligne blanche continue / discontinue** solid / broken ou dotted white line ◆ **franchir la ligne blanche** (lit) to cross the white line; (fig) to overstep the mark ▷ **ligne de but** goal line ▷ **lignes de côté** (Tennis) sidelines, tramlines (Brit) ▷ **ligne de crête** ⇒ **ligne de faîte** ▷ **ligne de démarcation** (gén) boundary; (Mil) line of demarcation, demarcation line ▷ **ligne directrice** (Géom) directrix; (fig) guiding line ▷ **ligne de faille** fault line ▷ **ligne de faîte** watershed ▷ **ligne de feu** line of fire ▷ **ligne de flottaison** water line ▷ **ligne de flottaison en charge** load line, Plimsoll line ▷ **ligne de fond** (Pêche) ledger line; (Basket-ball) end line; (Tennis) baseline ▷ **lignes de force** (Phys) lines of force; (fig) [discours, politique] main themes ▷ **ligne à haute tension** high-tension line ▷ **ligne d'horizon** skyline ▷ **ligne jaune** (Aut) ⇒ **ligne blanche** ▷ **ligne médiane** (Ftbl, Rugby etc) halfway line; (Tennis) centre line ▷ **ligne de mire** line of sight ▷ **ligne de partage des eaux** watershed, height of land (US) ▷ **ligne de service** (Tennis) service line ▷ **ligne de tir** ⇒ **ligne de feu** ▷ **ligne de touche** (gén) sideline; (Ftbl, Rugby) touchline; (Basket-ball) boundary line ▷ **ligne de visée** ⇒ **ligne de mire**

ligne[2] [liɲ] nf (Can) line *(3,175 mm)*

lignée [liɲe] → SYN nf (postérité) descendants; (race, famille) line, lineage ◆ **laisser une nombreuse lignée** to leave a lot of descendants ◆ **le dernier d'une longue lignée** the last (one) of a long line ◆ **de bonne lignée irlandaise** of good Irish stock ou lineage ◆ (fig) **dans la lignée des grands romanciers** in the tradition of the great novelists

ligner [liɲe] ▸ conjug 1 ◂ vt papier to line

lignerolle [liɲ(ə)ʀɔl] nf (Naut) twine

ligneux, -euse [liɲø, øz] adj woody, ligneous (spéc)

lignicole [liɲikɔl] adj lignicolous, lignicole

lignification [liɲifikasjɔ̃] nf lignification

lignifier (se) [liɲifje] ▸ conjug 1 ◂ vpr to lignify

lignine [liɲin] nf lignin

lignite [liɲit] nm lignite, brown coal

lignomètre [liɲɔmɛtʀ] nm line gauge

ligot [ligo] nm kindling (NonC)

ligoter [ligɔte] → SYN ▸ conjug 1 ◂ vt personne to bind hand and foot ◆ **ligoter à un arbre** to tie to a tree

ligue [lig] → SYN nf league ◆ **la Ligue des droits de l'homme** the League of Human Rights ◆ **la Ligue arabe** the Arab League ◆ (Rel) **la (Sainte) Ligue** the Catholic Holy League

liguer [lige] → SYN ▸ conjug 1 ◂ [1] vt to unite (*contre* against) ◆ **être ligué avec** to be in league with

[2] **se liguer** vpr to league, form a league (*contre* against) ◆ **tout se ligue contre moi** everything is in league ou is conspiring against me

ligueur, -euse [ligœʀ, øz] → SYN nm,f member of a league

ligule [ligyl] nf ligule, ligula

ligulé, e [ligyle] adj ligulate

liguliflores [ligyliflɔʀ] nfpl ◆ **les liguliflores** ligulate flowers

ligure [ligyʀ] (Hist) [1] adj Ligurian

[2] nm (Ling) Ligurian

[3] nmf ◆ **Ligure** Ligurian

Ligurie [ligyʀi] nf Liguria

ligurien, -ienne [ligyʀjɛ̃, jɛn] [1] adj Ligurian

[2] nm,f ◆ **Ligurien(ne)** Ligurian

lilas [lila] nm, adj inv lilac

liliacées [liljase] nfpl ◆ **les liliacées** liliaceous plants, the Liliaceae (spéc)

lilliputien, -ienne [lilipysjɛ̃, jɛn] → SYN [1] adj Lilliputian

[2] nm,f ◆ **Lilliputien(ne)** Lilliputian

lillois, e [lilwa, waz] [1] adj of ou from Lille

[2] nm,f ◆ **Lillois(e)** inhabitant ou native of Lille

Lilongwe [lilɔ̃gwe] n Lilongwe

Lima [lima] n Lima

limace [limas] → SYN nf (Zool) slug; (*: chemise) shirt ◆ (fig) **quelle limace!** (personne) what a sluggard! ou slowcoach! (Brit); (train etc) this train is just crawling along!, what a dreadfully slow train!

limaçon [limasɔ̃] → SYN nm (††: escargot) snail; (Anat) cochlea ◆ (Math) **limaçon de Pascal** limaçon

limage [limaʒ] nm (→ **limer**) filing down; filing off

limaille [limɑj] nf filings ◆ **limaille de fer** iron filings

liman [limɑ̃] nm (Géog) liman

limande [limɑ̃d] nf (poisson) dab ◆ **limande-sole** lemon sole ◆ **fausse limande** flatfish → **plat**[1]

limbe [lɛ̃b] → SYN nm **a** (Astron, Bot, Math) limb

b (Rel) **les limbes** limbo ◆ **dans les limbes** (Rel) in limbo ◆ (fig) [projet, science] **c'est encore dans les limbes** it is still in the air

limbique [lɛ̃bik] adj limbic

lime [lim] → SYN nf **a** (Tech) file ◆ **lime douce** smooth file ◆ **lime à ongles** nail file (Brit), fingernail file (US)

b (Zool) lima

c (Bot) (fruit) lime; (arbre) lime (tree)

limer [lime] → SYN ▸ conjug 1 ◂ vt ongles to file; métal to file (down); aspérité to file off ◆ **le prisonnier avait limé un barreau pour s'échapper** the prisoner had filed through a bar to escape

limerick [limʀik] nm limerick

limette [limɛt] nf (Tahiti) lime

limettier [limetje] nm (Tahiti) lime tree

limicole [limikɔl] adj limicolous

limier [limje] → SYN nm (Zool) bloodhound; (fig) sleuth, detective ◆ **c'est un fin limier** he's a really good sleuth

liminaire [liminɛʀ] → SYN adj discours, note introductory

liminal, e nmpl **-aux** [liminal, o] adj liminal

limitable [limitabl] adj capable of being limited (attrib)

limitatif, -ive [limitatif, iv] → SYN adj restrictive ◆ **liste limitative / non limitative** open / closed list

limitation [limitasjɔ̃] → SYN nf limitation, restriction ◆ **limitation des prix / des naissances** price / birth control ◆ **un accord sur la limitation des armements** an agreement on arms limitation ou control ◆ **sans limitation de temps** without a ou with no time limit ◆ (Aut) **une limitation de vitesse (à 60 km / h)** a (60 km / h) speed limit ◆ **l'introduction de limitations de vitesse** the introduction of speed restrictions ou limits

limite [limit] → SYN [1] nf **a** [pays, jardin] boundary; [pouvoir, période] limit ◆ **limite d'âge / de poids** age / weight limit ◆ **limite des arbres** tree line ◆ **limite des neiges** snow line ◆ **sans limite** boundless, limitless ◆ **homme qui connaît ses limites** man who knows his limits ◆ **ma patience a des limites!** there's a limit to my patience! ◆ **la bêtise a des limites!** foolishness has its limits! ◆ **sa joie ne connaissait pas de limites** his joy knew no bounds ◆ **sa colère ne connaît pas de limites** his anger knows no limits ◆ **son ambition est sans limite** his ambition knows no bounds ou limits ◆ **ce crime atteint les limites de l'horreur** this crime is too horrible to imagine ◆ **il franchit** ou **dépasse les limites!** he's going a bit too far!

b (Math) limit

c LOC **à la limite on croirait qu'il le fait exprès** you'd almost think he is doing it on purpose ◆ **à la limite, j'accepterais ces conditions, mais pas plus** if pushed ou if absolutely necessary, I'd accept those conditions, but no more ◆ **à la limite tout roman**

est réaliste ultimately ou at a pinch you could say any novel is realistic ◆ **c'est à la limite de l'insolence** it borders on insolence ◆ **dans une certaine limite** up to a point, to a certain extent ou degree ◆ **dans les limites du possible / du sujet** within the limits of what is possible / of the subject ◆ **l'entrée est gratuite dans la limite des places disponibles** there's free admission subject to availability ◆ **dans les limites de mes moyens** (aptitude) within (the limits of) my capabilities; (argent) within my means ◆ **tu peux t'inscrire jusqu'à demain dernière limite** you can register until tomorrow at the latest ◆ **jusqu'à la dernière limite** rester, résister to the bitter end, till the end; se battre to the death ◆ **jusqu'à la limite de ses forces** to the point of exhaustion, until his strength is (ou was etc) exhausted ◆ (Boxe) **avant la limite** inside ou within the distance ◆ (Boxe) **aller** ou **tenir jusqu'à la limite** to go the distance

2 adj ◆ **cas limite** borderline case ◆ **prix limite** upper price limit ◆ (Bourse) **cours limite** limit price ◆ **valeur limite** limiting value ◆ **vitesse / âge limite** maximum speed / age ◆ **date limite** (pour s'inscrire) deadline, closing date; (pour finir) deadline ◆ **hauteur / longueur / charge limite** maximum height / length / load ◆ **elle a réussi son examen / à attraper la balle, mais c'était limite*** she passed her exam / managed to catch the ball – but only just ◆ **ils ne se sont pas injuriés / battus, mais c'était limite*** they didn't insult each other / come to blows – but they very nearly did ◆ **sa remarque était vraiment limite*** her remark was really pushing it* ◆ **l'acoustique était limite*** the acoustics were (just) OK and no more

3 COMP ▷ **limite d'élasticité** elastic limit ▷ **limite de rupture** breaking point

limité, e [limite] → SYN (ptp de **limiter**) adj durée, choix, portée limited; nombre limited, restricted ◆ **je n'ai qu'une confiance limitée en ce remède** I've got limited confidence in this cure ◆ (intellectuellement) **il est un peu limité*** he's not very bright ◆ **comme romancier, il est un peu limité** as a novelist, he's a bit limited → **société, tirage**

limiter [limite] → SYN ▸conjug 1◂ 1 vt a (restreindre) dépenses, pouvoirs, temps to limit, restrict ◆ **ils en étaient à s'arracher les cheveux quand je suis intervenu pour limiter les dégâts*** they were practically tearing each other's hair out when I intervened before things got even worse ou to stop things getting any worse ◆ **ils ont dû liquider leur affaire pour limiter les dégâts** they had to sell up the business to cut ou minimize their losses ◆ **l'équipe du Brésil menait par 5 à 0, heureusement on a réussi à limiter les dégâts en marquant 3 buts à la fin du match** the Brazilian team was leading by 5 to nil but fortunately we managed to limit the damage ou avert disaster by scoring 3 goals at the end of the match ◆ **nous limiterons notre étude à quelques cas généraux** we'll limit ou restrict our study to a few general cases

b (délimiter) [frontière, montagnes] to border ◆ **les collines qui limitent l'horizon** the hills which bound the horizon

2 **se limiter** vpr ◆ [personne] **se limiter (à qch / à faire)** to limit ou confine o.s. (to sth / to doing) ◆ **il faut savoir se limiter** you have to know when to stop ◆ [chose] **se limiter à** to be limited to

limiteur [limitœʀ] nm limiter ◆ (Rail) **limiteur de vitesse** speed controller

limitrophe [limitʀɔf] → SYN adj département, population border (épith) ◆ **provinces limitrophes de la France** (françaises) border provinces of France; (étrangères) provinces bordering on France

limnée [limne] nf great pond snail

limnologie [limnɔlɔʒi] nf limnology

limnologique [limnɔlɔʒik] adj limnologic(al)

limogeage [limɔʒaʒ] → SYN nm dismissal

limoger [limɔʒe] → SYN ▸conjug 3◂ vt (destituer) to dismiss, fire*

limon [limɔ̃] → SYN nm a (Géog) alluvium; (gén) silt

b [attelage] shaft; (Constr) string-board

limonade [limɔnad] → SYN nf a (gazeuse) (fizzy) lemonade (Brit), Seven-Up ® (US), Sprite ® (US)

b († : citronnade) (home-made) lemonade ou lemon drink

limonadier, -ière [limɔnadje, jɛʀ] → SYN nm,f a (fabricant) soft drinks manufacturer

b (commerçant) café owner

limonage [limɔnaʒ] nm liming

limonaire [limɔnɛʀ] nm barrel organ, hurdy-gurdy

limonène [limɔnɛn] nm limonene

limoneux, -euse [limɔnø, øz] adj silt-laden, muddy

limonière [limɔnjɛʀ] nf (brancard) shafts

limonite [limɔnit] nf limonite

limoselle [limozɛl] nf mudwort

limousin, e[1] [limuzɛ̃, in] 1 adj of ou from Limousin

2 nm a (Ling) Limousin dialect

b (région) Limousin

3 nm,f ◆ **Limousin(e)** inhabitant ou native of Limousin

limousinage [limuzinaʒ] nm rubble work

limousine[2] [limuzin] nf (pèlerine) cloak; (voiture) limousine

limpide [lɛ̃pid] → SYN adj eau, air, ciel, regard limpid; explication lucid; style lucid, limpid; affaire clear, straightforward

limpidité [lɛ̃pidite] → SYN nf [eau, air, ciel] clearness; [regard] limpidity; [explication] clarity, lucidity; [style] lucidity, limpidity; [affaire] clarity, straightforwardness

limule [limyl] nm ou f limulus

lin [lɛ̃] nm (plante, fibre) flax; (tissu) linen → **huile, toile**

linaigrette [linɛgʀɛt] nf cotton grass

linaire [linɛʀ] nf toadflax, butter-and-eggs

linceul [lɛ̃sœl] → SYN nm (lit, fig) shroud

lindane [lɛ̃dan] nm lindane

linéaire [lineɛʀ] 1 adj linear

2 nm (Comm) shelf space ◆ (Ling) **le linéaire A / B** Linear A / B

linéairement [lineɛʀmɑ̃] adv linearly

linéal, e, mpl **-aux** [lineal, o] adj linear

linéament [lineamɑ̃] → SYN nm (littér, gén pl) a (ligne) [visage] lineament, feature; [forme] line, outline

b (ébauche) outline

linéarisation [lineaʀizasjɔ̃] nf linearization

linéarité [lineaʀite] nf linearity

linéature [lineatyʀ] nf (TV) number of scanning lines

linette [linɛt] nf linseed, flaxseed

linge [lɛ̃ʒ] → SYN 1 nm a **le linge, du linge** (draps, serviettes) linen; (sous-vêtements) underwear ◆ **le gros linge** the household linen, the main items of linen ◆ **le petit linge** the small ou light items for washing, the small items of linen ◆ (fig) **il y avait du beau linge à leur mariage** all the right people were at their wedding

b (lessive) **le linge** the washing ◆ **laver / tendre le** ou **son linge** to wash / hang out the ou one's washing ◆ (fig) **il faut laver son linge sale en famille** it doesn't do to wash one's dirty linen in public

c (morceau de tissu) cloth ◆ **essuyer avec un linge** to wipe with a cloth ◆ **blanc** ou **pâle comme un linge** as white as a sheet

d (Helv : serviette de toilette) towel

2 COMP ▷ **linges d'autel** (Rel) altar cloths ▷ **linge de corps** body linen ▷ **linge de maison** household linen ▷ **linge de table** table linen ▷ **linge de toilette** bathroom linen

lingère [lɛ̃ʒɛʀ] nf (personne) linen maid; (meuble) linen cupboard

lingerie [lɛ̃ʒʀi] nf a (local) linen room

b (sous-vêtements féminins) lingerie, (women's) underwear ◆ **lingerie fine** fine lingerie ◆ **rayon lingerie** lingerie department

lingot [lɛ̃go] nm [métal] ingot; (Typ) slug ◆ **lingot d'or** gold ingot

lingotière [lɛ̃gɔtjɛʀ] nf ingot mould

lingual, e, pl **-aux** [lɛ̃gwal, o] adj lingual

linguatule [lɛ̃gwatyl] nf tongue-worm

lingue [lɛ̃g] nf (poisson) ling

linguet [lɛ̃gɛ] nm (Ciné) capstan idler; (Aut) breaker arm

linguette [lɛ̃gɛt] nf lozenge, pastille

linguiforme [lɛ̃gɥifɔʀm] adj linguiform

linguiste [lɛ̃gɥist] nmf linguist, specialist in linguistics

linguistique [lɛ̃gɥistik] → SYN 1 nf linguistics (sg)

2 adj linguistic ◆ **communauté linguistique** speech community

linguistiquement [lɛ̃gɥistikmɑ̃] adv linguistically

linier, -ière[1] [linje, jɛʀ] adj linen (épith)

linière[2] [linjɛʀ] nf flax field

liniment [linimɑ̃] → SYN nm liniment

linkage [liŋkaʒ] nm linkage

links [liŋks] nmpl (Golf) links

linnéen, -enne [lineɛ̃, ɛn] adj Linn(a)ean

lino* [lino] nm (abrév de **linoléum**) lino

linogravure [linogʀavyʀ] nf (gravure) linocut

linoléique [linɔleik] adj ◆ **acide linoléique** linoleic acid

linoléum [linɔleɔm] nm linoleum

linon [linɔ̃] → SYN nm (tissu) lawn

linotte [linɔt] → SYN nf linnet → **tête**

Linotype ® [linɔtip] nf Linotype ®

linotypie [linɔtipi] nf Linotype composition

linotypiste [linɔtipist] nmf Linotypist

linsang [lɛ̃sɑ̃g, linsɑ̃ŋ] nm linsang

linteau, pl **linteaux** [lɛ̃to] → SYN nm lintel

linter [lintɛʀ] nm linter

lion [ljɔ̃] nm (Zool, fig) lion ◆ (Astron) **le Lion** Leo, the Lion ◆ **être (du) Lion** to be (a) Leo ◆ **lion de mer** sea lion ◆ (fig) **tu as mangé** ou **bouffé* du lion !** YOU'RE lively! → **fosse, part**

lionceau, pl **lionceaux** [ljɔ̃so] nm lion cub

lionne [ljɔn] nf lioness

liparis [lipaʀis] nm (insecte) tussock moth; (fleur) fen orchid

lipase [lipɑz] nf lipase

lipide [lipid] nm lipid

lipidémie [lipidemi] nf lipaemia (Brit), lipemia (US)

lipidique [lipidik] adj lipid (épith)

lipo-aspiration [lipoaspiʀasjɔ̃] nf liposuction

lipochrome [lipokʀom] nm lipochrome

lipogenèse [lipoʒənɛz] nf lipogenesis

lipogramme [lipɔgʀam] nm lipogram

lipoïde [lipɔid] adj lipoid

lipolyse [lipɔliz] nf lipolysis

lipome [lipom] nm lipoma

lipophile [lipɔfil] adj lipophilic

lipoprotéine [lipopʀɔtein] nf lipoprotein

liposarcome [liposaʀkom] nm liposarcoma

liposoluble [liposɔlybl] adj fat-soluble

liposome [lipozom] nm liposome

liposuccion [liposy(k)sjɔ̃] nf liposuction

lipothymie [lipɔtimi] nf lipothymia, lipothymy

lipotrope [lipɔtʀɔp] adj lipotropic

lipovaccin [lipovaksɛ̃] nm lipovaccine

lippe [lip] → SYN nf (littér) (fleshy) lower lip ◆ **faire la lippe** (bouder) to sulk; (faire la moue) to pout; (faire la grimace) to make ou pull a face

lippu, e [lipy] adj thick-lipped

liquation [likwasjɔ̃] nf liquation

liquéfacteur [likefaktœʀ] nm (Tech) liquefier

liquéfaction [likefaksjɔ̃] → SYN nf (Chim) liquefaction

liquéfiable [likefjabl] adj liquefiable

liquéfiant, e [likefjɑ̃, jɑ̃t] adj (Chim) liquefying; atmosphère, chaleur draining (attrib), exhausting

liquéfier [likefje] → SYN ▸conjug 7◂ 1 vt (Chim) to liquefy; (*: amollir) to drain, exhaust ◆ **je suis liquéfié*** I'm dead beat* ou dog-tired* 2 **se liquéfier** vpr (lit) to liquefy; (fig) (*: avoir peur) to turn to jelly

liquette* [likɛt] nf shirt

liqueur [likœʀ] → SYN nf (boisson) liqueur; (††: liquide) liquid ◆ (Pharm) **liqueur titrée / de Fehling** standard / Fehling's solution

liquidambar [likidɑ̃baʀ] nm liquidambar

liquidateur, -trice [likidatœʀ, tʀis] nm,f (Jur) ≃ liquidator, receiver ◆ **liquidateur judiciaire** ou **de faillite** ≃ official liquidator ◆ **placer une entreprise entre les mains d'un liquidateur** to put a company into the hands of a receiver ou into receivership

liquidatif, -ive [likidatif, iv] adj ◆ **valeur liquidative** market price ou value

liquidation [likidasjɔ̃] → SYN nf a (règlement légal) [dettes, compte] settlement, payment; [société] liquidation; [biens, stock] selling off, liquidation; [succession] settlement; (fig) [problème] elimination; (fig) [compte] settling ◆ **liquidation judiciaire** compulsory liquidation ◆ **mettre une compagnie en liquidation** to put a company into liquidation ou receivership, liquidate a company ◆ **la liquidation de vos impôts doit se faire avant la fin de l'année** your taxes must be paid before the end of the year ◆ **afin de procéder à la liquidation de votre retraite** in order to commence payment of your pension ◆ **« 50% de rabais jusqu'à liquidation du stock »** "stock clearance, 50% discount" → **bilan**
b (vente) selling (off), sale
c (‡: meurtre) liquidation, elimination
d (Bourse) **liquidation de fin de mois** (monthly) settlement

liquide [likid] → SYN 1 adj corps, son liquid ◆ **sauce trop liquide** sauce which is too runny ou too thin ◆ **argent liquide** cash
2 nm a (substance) liquid ◆ **liquide de frein** brake fluid ◆ **liquide correcteur** correction fluid ◆ **liquide de refroidissement** coolant ◆ **liquide vaisselle*** washing-up liquid (Brit), (liquid) dish soap (US) ◆ (Méd) **liquide amniotique / céphalorachidien** amniotic / cerebrospinal fluid
b (argent) **du liquide** cash ◆ **je n'ai pas beaucoup de liquide** I haven't much ready money ou ready cash ◆ **payer** ou **régler en liquide** to pay (in) cash
3 nf (Ling) liquid

liquider [likide] → SYN ▸conjug 1◂ vt a (Jur: régler légalement) succession, dettes, compte to settle, pay; société to liquidate; biens, stock to liquidate, sell off; (fig) problème to eliminate; (fig) compte to settle
b (vendre) to sell (off)
c (‡) (tuer) to liquidate, eliminate; (se débarrasser de) to get rid of; (finir) to finish off ◆ **c'est liquidé maintenant** it is all finished ou over now

liquidien, -ienne [likidjɛ̃, jɛn] adj liquid (épith)

liquidité [likidite] nf (Chim, Jur) liquidity ◆ **liquidités** liquid assets

liquoreux, -euse [likɔʀø, øz] → SYN adj vin syrupy, sweet and cloying

lire¹ [liʀ] → SYN ▸conjug 43◂ vt a roman, journal, partition, carte géographique to read ◆ **à 5 ans, il ne lit pas encore** ou **il ne sait pas encore lire** he's 5 and he still can't read ◆ **lire sur les lèvres** to lip-read ◆ **lire ses notes avant un cours** to read over ou read through ou go over one's notes before a lecture ◆ **lire un discours / un rapport devant une assemblée** to read (out) a speech / a report at a meeting ◆ **il l'a lu dans le journal** he read (about) it in the paper ◆ **chaque soir, elle lit des histoires à ses enfants** every night she reads stories to her children ◆ **à le lire, on croirait que ...** from what he writes ou from reading what he writes one would think that ... ◆ (erratum) **là où il y a 634, lire** ou **lisez 643** for 634 read 643 ◆ **ce roman se lit bien** ou **se laisse lire** this novel is very readable ◆ **ce roman se lit facilement / très vite** this novel makes easy / quick reading ◆ **ce roman mérite d'être lu** ou **est à lire** this novel is worth reading ◆ **elle a continué à lire malgré le bruit** she continued to read ou she went on reading despite the noise ◆ **elle est beaucoup lue par les jeunes** young people read her books a lot ◆ (fig) **lire entre les lignes** to read between the lines ◆ **lire à livre ouvert** auteur étranger to read in the original ◆ (fig) **je lis en lui à livre ouvert** I can read him like a book → **lu**
b (fig: deviner) to read ◆ **lire dans le cœur de qn** to see into sb's heart ◆ **la peur se lisait** ou **on lisait la peur sur son visage / dans ses yeux** you could see ou read fear in her face / eyes, fear showed on her face / in her eyes ◆ **lire l'avenir dans les lignes de la main de qn** to read the future in sb's hand ◆ **lire l'avenir dans le marc de café** ≃ to read (the future in) tea leaves ◆ (lit) **lire dans une boule de cristal** to read a crystal ball ◆ (fig) **je ne lis pas dans les boules de cristal!** I don't have a crystal ball! ◆ **elle m'a lu les lignes de la main** she read my hand ◆ **lire dans le jeu de qn** to see sb's (little) game, see what sb is up to
c (formule de lettre) **nous espérons vous lire bientôt** we hope to hear from you soon ◆ **à bientôt de vous lire** hoping to hear from you soon
d (interpréter) statistiques, événement to read, interpret

lire² [liʀ] nf lira

lis [lis] nm lily ◆ **blanc comme un lis, d'une blancheur de lis** lily-white → **fleur**

Lisbonne [lisbɔn] n Lisbon

liserage [liz(ə)ʀaʒ], **lisérage** [lizeʀaʒ] nm ornamental edging

liseré [liz(ə)ʀe], **liséré** [lizeʀe] nm (bordure) border, edging ◆ **un liseré de ciel bleu** a strip of blue sky

liserer [liz(ə)ʀe], **lisérer** [lizeʀe] ▸conjug 6◂ vt to edge with ribbon

liseron [lizʀɔ̃] → SYN nm bindweed, convolvulus

liseur, -euse [lizœʀ, øz] → SYN 1 nm,f reader
2 **liseuse** nf (couvre-livre) binder, folder, book-cover; (vêtement) bed jacket; (lampe) reading light; (signet) paper knife(-cum-bookmark)

lisibilité [lizibilite] nf (→ **lisible**) legibility; readability

lisible [lizibl] → SYN adj écriture legible; livre (facile) which reads easily, readable; (intéressant) worth reading

lisiblement [lizibləmɑ̃] adv legibly

lisier [lizje] nm liquid manure

lisière [lizjɛʀ] → SYN nf (Tex) selvage; [bois, village] edge

LISP [lisp] nm (abrév de **List Processing**) LISP

lissage [lisaʒ] nm smoothing

lisse¹ [lis] → SYN adj peau, surface smooth; cheveux sleek, smooth; (Anat) muscle smooth

lisse² [lis] → SYN nf (Naut) (rambarde) handrail; (de la coque) ribband

lisse³ [lis] nf (Tex) ⇒ **lice²**

lisser [lise] → SYN ▸conjug 1◂ vt cheveux to smooth (down); moustache to smooth, stroke; papier, drap froissé to smooth out; vêtement to smooth (out) ◆ **l'oiseau lisse ses plumes** ou **se lisse les plumes** the bird is preening itself ou its feathers ◆ **fromage blanc lissé** creamy fromage blanc

lisseur, -euse [lisœʀ, øz] nm,f (personne, machine) smoother

lissier [lisje] nm ⇒ **licier**

lissoir [liswaʀ] nm [papier, cuir, étoffe] smoother

listage [listaʒ] nm (action) listing; (liste) list; (Ordin) print-out

liste¹ [list] → SYN GRAMMAIRE ACTIVE 27.1
1 nf a (gén) list ◆ **en tête / en fin de liste** at the top ou head / at the bottom ou foot of the list ◆ **faire** ou **dresser une liste** to make a list ◆ **faire la liste de** to make out a list of, list ◆ **s'il fallait faire la liste de tous ses défauts!** if one had to list ou make out a list of all his faults! ◆ **faites-moi la liste des absents** make me out a list of those absent ◆ **liste des courses** shopping list ◆ **liste nominative des élèves** class roll ou list
b [candidats] (list of) candidates ◆ (Pol) **liste électorale** electoral roll ◆ **être inscrit sur les listes électorales** to be on the electoral roll, be registered to vote ◆ **la liste de la gauche** the list of the left-wing candidates ◆ **il se présente sur la liste des démocrates** he's running as a Democrat ◆ **leurs partis présentent une liste commune** their parties are putting forward a joint list (of candidates) → **scrutin**
2 COMP ▷ **liste d'attente** waiting list ▷ **liste civile** civil list ▷ **liste de contrôle** ⇒ **liste de vérification** ▷ **liste d'envoi** mailing list ▷ **liste de mariage** wedding list ▷ **liste noire** blacklist; (pour élimination) hit list ▷ **liste de publipostage** mailing list ▷ **liste rouge** ◆ **demander à être sur la liste rouge** (Téléc) (to ask) to go ex-directory (Brit) ou unlisted (US) ▷ **liste de vérification** check list

liste² [list] nf [cheval] list

listel, pl **listels** ou **-eaux** [listɛl, o] nm (Archit) listel, fillet; [monnaie] rim

lister [liste] → SYN ▸conjug 1◂ vt to list

listeria [listeʀja] nf inv listeria

listériose [listeʀjoz] nf listeriosis

listing [listiŋ] nm ⇒ **listage**

lit [li] → SYN 1 nm a [personne, rivière] bed ◆ **lit d'une / de deux personne(s)** single / double bed ◆ **lit de fer / de bois** iron / wooden bedstead ◆ **lit d'hôpital / d'hôtel** hospital / hotel bed ◆ **aller** ou **se mettre au lit** to go to bed ◆ **garder le lit** to stay in bed ◆ **mettre un enfant au lit** to put a child to bed ◆ **être / lire au lit** to be / read in bed ◆ **faire le lit** to make the bed ◆ (fig) **faire le lit de** (renforcer) to bolster; (préparer le terrain pour) to pave the way for ◆ **faire lit à part** to sleep in separate beds ◆ **le lit n'avait pas été défait** the bed had not been slept in, the bedclothes hadn't been disturbed ◆ **au lit les enfants!** bedtime ou off to bed children! ◆ **arracher** ou **sortir** ou **tirer qn du lit** to drag ou haul sb out of bed ◆ (littér, †) **sur son lit de misère** in childbed†† ◆ **les pluies ont fait sortir le fleuve de son lit** the river has burst ou overflowed its banks because of the rains → **comme, saut** etc
b (couche, épaisseur) bed, layer ◆ **lit d'argile** bed ou layer of clay ◆ **lit de cendres** ou **de braises** bed of hot ashes ◆ (Culin) **lit de salade** bed of lettuce
c (Jur: mariage) **enfants du premier / deuxième lit** children of the first / second marriage ◆ **enfants d'un autre lit** children of a previous marriage
d (Constr) **lit (de pose)** bearing surface
e (Naut) [vent, marée, courant] set
2 COMP ▷ **lit à baldaquin** canopied fourposter bed ▷ **lit bateau** cabin bed ▷ **lit breton** box bed ▷ **lit de camp** campbed ▷ **lit clos** box bed ▷ **lit de coin** bed (standing) against the wall ▷ **lit à colonnes** fourposter bed ▷ **lit conjugal** marriage bed ▷ **lit de douleur** bed of pain ▷ **lit d'enfant** cot ▷ **lit gigogne** pullout ou stowaway bed ▷ **lits jumeaux** twin beds ▷ **lit de justice** bed of justice ▷ **lit de milieu** bed (standing) away from the wall ou in the middle of a room ▷ **lit de mort** deathbed ▷ **lit nuptial** wedding-bed ▷ **lit de parade** ◆ **sur un lit de parade** lying in state ▷ **lit pliant** folding bed ▷ **lit en portefeuille** apple pie bed ▷ **lit de repos** couch ▷ **lit de sangle** trestle bed ▷ **lits superposés** bunk beds ▷ **le lit du vent** (Naut) the set of the wind

litanie [litani] → SYN nf (Rel, fig péj) litany

lit-cage, pl **lits-cages** [likaʒ] nm (folding metal) cot

litchi [litʃi] nm litchi

liteau¹, pl **liteaux** [lito] → SYN nm (pour toiture) batten; (pour tablette) bracket; (dans tissu) stripe

liteau², pl **liteaux** [lito] nm [loup] haunt

litée [lite] nf (jeunes animaux) litter

liter [lite] ▸conjug 1◂ vt poissons to layer

literie [litʀi] nf bedding

litham [litam] nm litham

litharge [litaʀʒ] nf (Minér) litharge

lithiase [litjɑz] nf lithiasis

lithine [litin] nf lithium hydroxide

lithiné, e [litine] 1 adj ◆ **eau lithinée** lithia water
2 nmpl ◆ **lithinés** lithium salts

lithinifère [litinifɛʀ] adj containing lithium

lithique [litik] adj lithic

lithium [litjɔm] nm lithium

litho* [lito] nf (abrév de **lithographie**) litho

lithodome [litɔdɔm, litodom] nm lithodomus

lithographe [litɔgʀaf] nmf lithographer

lithographie [litɔgʀafi] nf (technique) lithography; (image) lithograph

lithographier [litɔgʀafje] ▸conjug 7◂ vt to lithograph

lithographique [litɔgʀafik] adj lithographic

lithophage [litɔfaʒ] adj lithophagous

lithophanie [litɔfani] nf lithophany

lithosphère [litɔsfɛʀ] nf lithosphere

lithothamnium [litotamnjɔm] nm lithothamnion

lithotripteur [litɔtʀiptœʀ], **lithotriteur** [litɔtʀitœʀ] nm lithotripter

lithotritie [litɔtʀisi] nf lithotrity

lithuanien, -ienne [litɥanjɛ̃, jɛn] adj, nm,f ⇒ **lituanien, -ienne**

litière [litjɛʀ] → SYN nf (couche de paille) litter (NonC); (Hist: palanquin) litter ◆ **il s'était fait une litière avec de la paille** he had made himself a bed of sorts in some straw ◆ **litière pour chats** cat litter (Brit), Kitty Litter ® (US) ◆ (littér) **faire litière de qch** to scorn ou spurn sth

litige [litiʒ] → SYN nm (gén) dispute; (Jur) lawsuit ◆ **être en litige** (gén) to be in dispute; (Jur) to be at law ou in litigation ◆ (Jur) **les parties en litige** the litigants, the disputants (US) ◆ **point/objet de litige** point/object of contention

litigieux, -ieuse [litiʒjø, jøz] → SYN adj litigious, contentious

litispendance [litispɑ̃dɑ̃s] nf (Jur) pendency *(of a case)*

litorne [litɔʀn] nf fieldfare

litote [litɔt] → SYN nf (Littérat) litotes, understatement ◆ (hum) **quand je dis pas très beau, c'est une litote** when I say it's not very beautiful, I'm not exaggerating ou that's putting it mildly ou that's an understatement

litre [litʀ] → SYN nm (mesure) litre; (récipient) litre bottle

litron‡ [litʀɔ̃] nm ◆ **litron (de vin)** litre of wine

littéraire [liteʀɛʀ] → SYN 1 adj (gén) literary; personne, esprit with a literary bent; souffrance, passion affected ◆ **faire des études littéraires** to study literature
2 nmf (par don, goût) literary ou arts person; (étudiant) arts student; (enseignant) arts teacher, teacher of arts subjects

littérairement [liteʀɛʀmɑ̃] adv in literary terms

littéral, e, mpl **-aux** [liteʀal, o] → SYN adj (littér, Math) literal ◆ **arabe littéral** written Arabic

littéralement [liteʀalmɑ̃] → SYN adv (lit, fig) literally

littéralité [liteʀalite] nf literality, literalness

littérarité [liteʀaʀite] nf literariness

littérateur [liteʀatœʀ] → SYN nm (péj: écrivain) literary hack

littérature [liteʀatyʀ] → SYN nf a **la littérature** (art) literature; (profession) writing ◆ **faire de la littérature** to go in for writing, write ◆ (péj) **tout cela, c'est de la littérature** it's of trifling importance ◆ **écrire de la littérature alimentaire** to write potboilers ◆ **littérature de colportage** chapbooks
b (manuel) history of literature; (ensemble d'ouvrages) literature; (bibliographie) literature ◆ **il existe une abondante littérature sur ce sujet** there's a wealth of literature ou material on this subject

littoral, e, mpl **-aux** [litɔʀal, o] → SYN 1 adj coastal, littoral (spéc) → **cordon**
2 nm coast, littoral (spéc)

littorine [litɔʀin] nf peri(winkle)

Lituanie [litɥani] nf Lithuania

lituanien, -ienne [litɥanjɛ̃, jɛn] 1 adj Lithuanian
2 nm (Ling) Lithuanian
3 nm,f ◆ **Lituanien(ne)** Lithuanian

liturgie [lityʀʒi] → SYN nf liturgy

liturgique [lityʀʒik] adj liturgical

liturgiste [lityʀʒist] nmf liturgist

livarde [livaʀd] nf sprit

livèche [livɛʃ] nf (Bot) lovage

livedo, livédo [livedo] nm ou f livedo

livide [livid] → SYN adj (pâle) pallid; (littér: bleuâtre) livid

lividité [lividite] nf lividness

living [liviŋ] nm, **living-room,** pl **living-rooms** [liviŋʀum] nm (pièce) living room; (meuble) living room unit

Livourne [livuʀn] n Leghorn, Livorno

livrable [livʀabl] adj which can be delivered ◆ **cet article est livrable dans les 10 jours/à domicile** this article will be delivered within 10 days/can be delivered to your home

livraison [livʀɛzɔ̃] → SYN GRAMMAIRE ACTIVE 20 nf a (marchandise) delivery ◆ (avis) **« livraison à domicile »** "we deliver", "home deliveries" ◆ **payable à la livraison** payable on delivery, cash on delivery ◆ **la livraison à domicile est comprise dans le prix** the price includes (the cost of) delivery ◆ **faire une livraison** to make a delivery ◆ **faire la livraison de qch** to deliver sth ◆ **prendre livraison de qch** to take (Brit) ou receive (US) delivery of sth
b (revue) part, number, issue, fascicule

livre[1] [livʀ] → SYN 1 nm a (ouvrage) book ◆ (commerce) **le livre** the book trade (Brit), the book industry ◆ **livre de géographie** geography book ◆ (Scol) **livre du maître/de l'élève** teacher's/pupil's text book ◆ (Littérat) **"Le Livre de la jungle"** "The Jungle Book" ◆ **il a toujours le nez dans les livres, il vit dans les livres** he's always got his nose in a book ◆ **je ne connais l'Australie que par les livres** I only know Australia through ou from books ◆ **ça n'arrive que dans les livres** that only happens in books ◆ **écrire/faire un livre sur** to write/do a book on ◆ **traduire l'anglais à livre ouvert** to translate English off the cuff ou at sight → **parler**
b (partie: volume) book ◆ **le livre 2** ou **le second livre de la Genèse** book 2 of Genesis, the second book of Genesis
2 COMP ▷ **livre blanc** official report *(published by independent organization, following war, famine etc)* ▷ **livre de bord** (Naut) logbook ▷ **livre de caisse** (Comm) cashbook ▷ **livre de chevet** bedside book ▷ **livre de classe** schoolbook ▷ **livres de commerce** (Comm) the books ▷ **livre de comptes** account(s) book ▷ **livre de cuisine** cookery book (Brit), cookbook ▷ **livre d'enfant** children's book ▷ **livre d'heures** book of hours ▷ **livre d'images** picture book ▷ **livre journal** (Comm) daybook ▷ **livre de lecture** reader, reading book ▷ **livre de messe** mass book, missal, prayer book ▷ **livre d'or** visitors' book ▷ **livre de poche** paperback ▷ **livre de prières** prayer book ▷ **livre scolaire** schoolbook, textbook ▷ **livre à succès** bestseller

livre[2] [livʀ] nf a (poids) ≃ pound, half a kilo; (Can) pound *(0,453 kg)*
b (monnaie) pound; (Hist française) livre ◆ **livre sterling** pound sterling ◆ **livre égyptienne** Egyptian pound ◆ **ce chapeau coûte 6 livres** this hat costs £6

livre-cassette, pl **livres-cassettes** [livʀkasɛt] nm talking book, book on cassette ou on tape

livrée [livʀe] → SYN nf a (uniforme) livery ◆ **en livrée** in livery (attrib), liveried
b (animal, oiseau) markings (pl)

livre-jeu, pl **livres-jeux** [livʀʒø] nm book-game

livrer [livʀe] → SYN ▸conjug 1◂ 1 vt a (Comm) commande, marchandises to deliver ◆ **livrer un paquet à domicile** to deliver a packet to the home ◆ **livrer qn** to deliver to sb ◆ **vous serez livrés demain** you will take (Brit) ou receive (US) delivery tomorrow
b (abandonner) (à la police, à l'ennemi) to hand over (à to) ◆ **livrer qn à la mort** to send sb to his death ◆ **livrer qn au bourreau** to deliver sb up ou hand sb over to the executioner ◆ **ce pays a été livré au pillage/à l'anarchie** this country was given over to pillage/to anarchy ◆ **livrer son âme au diable** to give one's soul to the devil ◆ **être livré à soi-même** to be left to o.s. ou to one's own devices
c (confier) **livrer les secrets de son cœur** to give away the secrets of one's heart ◆ **il m'a livré un peu de lui-même** he revealed a bit of himself to me
d LOC **livrer bataille** to do ou join battle (à with) ◆ **livrer passage à qn** to let sb pass
2 **se livrer** vpr a (se laisser aller à) **se livrer à** destin to abandon o.s. to; plaisir, excès, douleur to give o.s. over to ◆ **se livrer à des pratiques répréhensibles** to indulge in undesirable practices ◆ **se livrer à la police** to give o.s. up to the police ◆ **elle s'est livrée à son amant** she gave herself to her lover ◆ **se livrer à un ami** to bare one's heart to a friend ◆ **il ne se livre pas facilement** he doesn't unburden himself easily, he doesn't open up easily
b (se consacrer à) **se livrer à** sport to practise; occupation to be engaged in; recherches to do, engage in; enquête to hold, set up ◆ **se livrer à l'étude** to study, devote o.s. to study

livresque [livʀɛsk] adj (gén péj) bookish

livret [livʀɛ] → SYN 1 nm a (Mus) libretto
b (†: petit livre) booklet; (catalogue) catalogue ◆ **livret d'épargne populaire** (carnet) ≃ National Savings Bank passbook (Brit); (compte) ≃ National Savings Plan account (Brit) ◆ **livret de caisse d'épargne** (carnet) (savings) bankbook; (compte) savings account ◆ **livret de famille** (official) family record book *(containing registration of births and deaths in a family)* ◆ **livret militaire** military record ◆ **livret scolaire** (school) report book, (school) report
2 COMP ▷ **livret matricule** (Mil) army file

livreur [livʀœʀ] → SYN nm delivery man (ou boy)

livreuse [livʀøz] nf delivery girl (ou woman)

lixiviation [liksivjasjɔ̃] nf lixiviation

llanos [ljanos] nmpl llanos

loader [lodœʀ] → SYN nm (Tech) loader

lob [lɔb] nm (Tennis) lob ◆ **faire un lob** to hit a lob

lobaire [lɔbɛʀ] adj lobar

lobby, pl **lobbies** [lɔbi] → SYN nm lobby

lobbying [lɔbiiŋ] nm, **lobbyisme** [lɔbiism] nm lobbying

lobbyiste [lɔbiist] nmf lobbyist

lobe [lɔb] nm a (Anat, Bot) lobe ◆ **lobe de l'oreille** ear lobe
b (Archit) foil

lobé, e [lɔbe] (ptp de **lober**) adj (Bot) lobed; (Archit) foiled ◆ (Tennis) **balle lobée** lob

lobectomie [lɔbɛktɔmi] nf lobectomy

lobélie [lɔbeli] nf lobelia

lobéline [lɔbelin] nf lobeline

lober [lɔbe] ▸conjug 1◂ 1 vi (Tennis) to lob
2 vt (Ftbl, Tennis) to lob (over)

lobotomie [lɔbɔtɔmi] nf lobotomy

lobotomiser [lɔbɔtɔmize] ▸conjug 1◂ vt to perform a lobotomy on

lobulaire [lɔbylɛʀ] adj lobular, lobulate

lobule [lɔbyl] nm lobule

lobulé, e [lɔbyle] adj lobulated

lobuleux, -euse [lɔbylø, øz] adj lobulose

local, e, mpl **-aux** [lɔkal, o] → SYN 1 adj local ◆ **éclaircies locales** bright spells in places ◆ **averses locales** scattered ou local showers, rain in places ◆ **anesthésie locale** local anaesthetic → **couleur, impôt**
2 nm a (salle) premises ◆ **local à usage commercial** shop ou commercial premises

◆ **local d'habitation** domestic premises, private (dwelling) house ◆ **le club cherche un local** the club is looking for premises, the club is looking for a place in which to meet ◆ **il a un local au fond de la cour qui lui sert d'atelier** he has got a place ou room at the far end of the yard which he uses as a workshop
b (bureaux) **locaux** offices, premises ◆ **dans les locaux de la police** on police premises ◆ **les locaux de la compagnie sont au deuxième étage** the company's offices ou premises are on the second floor

localement [lɔkalmɑ̃] adv (ici) locally; (par endroits) in places

localier [lɔkalje] nm local affairs correspondent

localisable [lɔkalizabl] adj localizable

localisation [lɔkalizasjɔ̃] → SYN nf localization ◆ **localisations graisseuses** fatty patches ou areas

localisé, e [lɔkalize] (ptp de **localiser**) adj conflit, douleur localized

localiser [lɔkalize] → SYN ▸ conjug 1 ◂ vt **a** (circonscrire) (gén) to localize; épidémie, incendie to confine ◆ **l'épidémie s'est localisée dans cette région** the epidemic was confined to this district
b (repérer) to locate

localité [lɔkalite] → SYN nf (ville) town; (village) village

locataire [lɔkatɛʀ] → SYN nmf (gen) tenant; (habitant avec le propriétaire) lodger, roomer (US) ◆ **locataire à bail** lessee, leaseholder ◆ **les locataires de mon terrain** the people who rent land from me, the tenants of my land ◆ **nous sommes locataires de nos bureaux** we rent our office space ◆ **avoir / prendre des locataires** to have / take in tenants

locatif, -ive [lɔkatif, iv] **1** adj **a** **local à usage locatif** premises for letting (Brit) ou renting (US) ◆ **risques locatifs** tenant's risks ◆ **réparations locatives** repairs incumbent upon the tenant ◆ **valeur locative** rental value → **charge**
b (Gram) **préposition locative** preposition of place
2 nm (Gram) locative (case)

location [lɔkasjɔ̃] → SYN **1** nf **a** (par le locataire) [maison, terrain] renting; [voiture] hiring (Brit), renting (US) ◆ **prendre en location** maison to rent; bateau to hire (Brit), rent (US) ◆ **c'est pour un achat ou pour une location?** is it to buy or to rent?
b (par le propriétaire) [maison, terrain] renting (out), letting (Brit); [voiture] hiring (out) (Brit), renting (US) ◆ **donner en location** maison to rent out, let (Brit); véhicule to hire out (Brit), rent (US) ◆ **location de voitures** (écriteau) "cars for hire", "car-hire" (Brit), "car rental" (US); (métier) car rental, car hiring (Brit) ◆ **« location de voitures sans chauffeur »** "self-drive car hire (Brit) ou rental" (US) ◆ **c'est pour une vente ou pour une location?** is it to sell or to let? (Brit) ou to rent? (US)
c (bail) lease ◆ **contrat de location** lease
d (maison) **il a 3 locations dans la région** he has got 3 properties (for letting) in the nearby region ◆ **il a pris une location pour un mois au bord de la mer** he has taken ou rented a house by the sea for a month ◆ **habiter en location** to live in rented accommodation
e (réservation) **bureau de location** (advance) booking office; (Théât) box office, booking office
f **location d'utérus** womb-leasing
2 COMP ▹ **location avec option d'achat** leasing, lease-option agreement ▹ **location saisonnière** holiday let (Brit), vacation rental (US), summer rental (US)

location-gérance, pl **locations-gérances** [lɔkasjɔ̃ʒeʀɑ̃s] nf ≃ management agreement ◆ [entreprise] **être en location-gérance** to be run by a manager

location-vente, pl **locations-ventes** [lɔkasjɔ̃vɑ̃t] nf hire purchase (Brit), installment plan (US) ◆ **acheter un appartement en location-vente** to buy a flat on instalments

loch [lɔk] → SYN nm (Naut) log; (lac) loch

loche [lɔʃ] nf **a** (poisson) **loche (de rivière)** loach ◆ **loche de mer** rockling
b (limace) grey slug

lochies [lɔʃi] nfpl lochia (sg)

loci [lɔki] nmpl de **locus**

lockout, lock-out [lɔkaut] nm inv lockout

lockouter, lock-outer [lɔkaute] ▸ conjug 1 ◂ vt to lock out

loco* [lɔko] nf abrév de **locomotive**

locomobile [lɔkɔmɔbil] nf locomotive (engine)

locomoteur, -trice[1] [lɔkɔmɔtœʀ, tʀis] adj locomotive ◆ **ataxie locomotrice** locomotor ataxia

locomotion [lɔkɔmosjɔ̃] → SYN nf locomotion → **moyen**

locomotive [lɔkɔmɔtiv] → SYN nf (Rail) locomotive, engine; (fig) (personnalité mondaine) pacesetter; (leader, groupe ou région de pointe) dynamo, pacemaker, powerhouse; (coureur) pacer ◆ (Rail) **locomotive haut le pied** light engine (Brit), wildcat (US)

locomotrice[2] [lɔkɔmɔtʀis] nf motive ou motor unit

locorégional, e mpl **-aux** adj [lɔkoʀeʒjɔnal, o] anesthésie regional

locotracteur [lɔkotʀaktœʀ] nm (locomotive) shunter

loculaire [lɔkylɛʀ], **loculé, e** [lɔkyle], **loculeux, -euse** [lɔkylø, øz] adj locular, loculate

locus [lɔkys] nm, pl **locus** ou **loci** (Bio) locus

locuste [lɔkyst] nf locust

locuteur, -trice [lɔkytœʀ, tʀis] nm,f (Ling) speaker ◆ **locuteur natif** native speaker

locution [lɔkysjɔ̃] → SYN nf phrase, locution, idiom ◆ **locution figée** set phrase ◆ **locution verbale / adverbiale** verbal / adverbial phrase

loden [lɔdɛn] nm (tissu) loden; (manteau) loden coat

lœss [løs] nm loess

lof [lɔf] nm (Naut) windward side ◆ **aller** ou **venir au lof** to luff ◆ **virer lof pour lof** to wear (ship)

lofer [lɔfe] ▸ conjug 1 ◂ vi (Naut) to luff

loft [lɔft] nm warehouse (ou studio etc) conversion, loft (US)

log [lɔg] nm (abrév de **logarithme**) log

logarithme [lɔgaʀitm] nm logarithm

logarithmique [lɔgaʀitmik] adj logarithmic

loge [lɔʒ] → SYN nf **a** [concierge, francs-maçons] lodge; (†) [bûcheron] hut ◆ **La Grande Loge de France** the Grand Lodge of France
b (Théât) [artiste] dressing room; (spectateur) box ◆ **secondes loges** boxes in the upper circle ◆ **premières loges** boxes in the grand (Brit) ou dress circle ◆ (fig) **être aux premières loges** to have a ringside seat (fig)
c (Scol: salle de préparation) (individual) exam room *(for Prix de Rome)*
d (Archit) loggia
e (Bot) locule, loculus

logé, e [lɔʒe] (ptp de **loger**) adj ◆ **être logé rue X** to live in X street ◆ **être logé, nourri, blanchi** to have board and lodging and one's laundry done ◆ **être bien / mal logé** (appartement etc) to have good ou comfortable / poor lodgings ou accommodation; (maison) to be well ou comfortably / badly housed ◆ (fig) **être logé à la même enseigne** to be in the same boat (fig)

logeable [lɔʒabl] → SYN adj (habitable) habitable, fit to live in (attrib); (spacieux, bien conçu) roomy

logement [lɔʒmɑ̃] → SYN nm **a** (hébergement) housing ◆ **le logement était un gros problème en 1950** housing was a great problem in 1950 ◆ **trouver un logement provisoire chez des amis** to find temporary accommodation ou lodging with friends
b (appartement) flat (Brit), apartment (US), accommodation (NonC), lodgings ◆ **construire des logements ouvriers** to build flats (Brit) ou apartments (US) ou accommodation for workers ◆ **logement de fonction** free (ou subsidized) accommodation (NonC) ◆ **avoir un logement de fonction** to have free (ou subsidized) accommodation with one's job ◆ **logements sociaux** ≃ council houses (ou flats) (Brit), local authority housing (NonC) (Brit), housing project (US) ◆ **il a réussi à trouver un logement** he managed to find lodgings
c (Mil) [troupes] (à la caserne) quartering; (chez l'habitant) billeting ◆ **logements** (à la caserne) quarters; (chez l'habitant) billet
d (Tech) housing, case

loger [lɔʒe] → SYN ▸ conjug 3 ◂ **1** vi **a** [personne] to live (*dans* in; *chez* with, at) ◆ **loger à l'hôtel / rue X** to live in a hotel / in X street ◆ (Mil) **loger chez l'habitant** to be billeted on the local inhabitants
b [meuble, objet] to belong, go
2 vt **a** amis to put up; clients, élèves to accommodate; objet to put; soldats (chez l'habitant) to billet ◆ **loger les malles dans le grenier** to put ou store the trunks in the loft
b (contenir) to accommodate ◆ **hôtel qui peut loger 500 personnes** hotel which can accommodate ou take (in) 500 people ◆ **salle qui loge beaucoup de monde** room which can hold ou accommodate a lot of people
c (envoyer) **loger une balle / une bille dans** to lodge a bullet / a marble in ◆ **il s'est logé une balle dans la tête** he shot himself in the head, he put a bullet through his head
3 **se loger** vpr **a** (habiter) [jeunes mariés] to find a house (ou flat etc), find somewhere to live; [touristes] to find accommodation; [étudiant, saisonnier] to find lodgings ou accommodation ◆ **il n'a pas trouvé à se loger** he hasn't found anywhere to live ou any accommodation ◆ **il a trouvé à se loger chez un ami** he found accommodation with a friend, he was put up by a friend ◆ **il a trouvé à se loger dans un vieil immeuble** he found lodgings ou accommodation in an old block of flats ◆ (fig) **la haine se logea dans son cœur** hatred filled his heart
b (tenir) **crois-tu qu'on va tous pouvoir se loger dans la voiture?** do you think that we'll all be able to fit into the car?
c (se ficher ou coincer dans) [balle, ballon] **se loger dans / entre** to lodge itself in / between ◆ **le ballon alla se loger entre les barreaux de la fenêtre** the ball went and lodged itself ou got stuck between the bars of the window ◆ **le chat est allé se loger sur l'armoire** the cat sought refuge on top of the cupboard ◆ [objet tombé] **où est-il allé se loger?** where has it gone and hidden itself?, where has it got to?

logeur [lɔʒœʀ] → SYN nm landlord *(who lets furnished rooms)*

logeuse [lɔʒøz] nf landlady

loggia [lɔdʒja] nf loggia

logiciel, -ielle [lɔʒisjɛl] → SYN **1** adj software (épith)
2 nm software (NonC), application program ou package ◆ **acheter un logiciel** to buy software ou an application program ◆ **logiciel d'application** application software ou program ◆ **logiciel intégré** integrated software

logicien, -ienne [lɔʒisjɛ̃, jɛn] nm,f logician

logicisme [lɔʒisism] nm (Logique) logicism

logicopositivisme [lɔʒikopozitivism] nm logical positivism

logique [lɔʒik] → SYN GRAMMAIRE ACTIVE 26.4
1 nf **a** (rationalité) logic ◆ **cela manque un peu de logique** that's not very logical ◆ **cela est dans la logique des choses** it's in the nature of things
b (façon de raisonner) logic ◆ **logique déductive** deductive reasoning
c (science) **la logique** logic
2 adj logical ◆ **sois logique avec toi-même** don't contradict yourself ◆ **sa candidature s'inscrit dans la suite logique des choses** it is quite logical that he'd become a candidate ◆ **c'est toujours moi qui fais tout, ce n'est pas logique!*** I'm the one who does everything, it's not fair! → **analyse**
3 COMP ▹ **logique formelle** formal logic ▹ **logique moderne** (Math) modern logic ▹ **logique pure** ⇒ **logique formelle**

logiquement [lɔʒikmɑ̃] GRAMMAIRE ACTIVE 26.4 adv logically

logis [lɔʒi] → SYN nm (littér) dwelling, abode (littér) ◆ **rentrer au logis** to return to one's abode (littér) ◆ **quitter le logis paternel** to leave the paternal home → **corps, fée, fou, maréchal**

logiste [lɔʒist] nmf *student allowed to sit in a loge for the Prix de Rome*

logisticien, -ienne [lɔʒistisjɛ̃, jɛn] nm,f logistician

logistique [lɔʒistik] 1 adj logistic
2 nf logistics (sg)

logithèque [lɔʒitɛk] nf software library

logo [lɔgo] nm logo

logogramme [lɔgɔgʀam] nm logogram

logographe [lɔgɔgʀaf] nm logographer

logographie [lɔgɔgʀafi] nf logography

logogriphe [lɔgɔgʀif] → SYN nm logogriph

logomachie [lɔgɔmaʃi] → SYN nf (verbiage) overweening verbosity

logomachique [lɔgɔmaʃik] adj verbose

logopédie [lɔgɔpedi] → SYN nf logopaedics (sg) (Brit), logopedics (sg) (US)

logorrhée [lɔgɔʀe] nf logorrhoea (Brit), logorrhea (US)

logotype [lɔgɔtip] nm ⇒ **logo**

loi [lwa] → SYN 1 nf a **la loi** the law ◆ **la loi du plus fort** the law of the strongest ◆ **c'est la loi de la jungle** it's the law of the jungle ◆ **la loi naturelle** ou **de la nature** natural law ◆ **dicter** ou **imposer sa loi** to lay down the law ◆ (frm) **subir la loi de qn** to be ruled by sb ◆ (frm) **se faire une loi de faire** to make a point ou rule of doing, make it a rule to do ◆ **avoir la loi pour soi** to have the law on one's side ◆ **il n'a pas la loi chez lui !*** he's not the boss in his own house !* ◆ **tu ne feras pas la loi ici !*** you're not going to lay down the law here ! ◆ **ce qu'il dit fait loi** his word is law, what he says goes* ◆ (fig) **c'est la loi et les prophètes** it's taken as gospel ◆ [activité, acte] **tomber sous le coup de la loi** to be an offence ou a criminal offence → **force, nom** etc
b (décret) law, act ◆ **voter une loi** to pass a law ou an act ◆ **les lois de la République** the laws of the Republic
c (vérité d'expérience) law ◆ **la loi de la gravité** the law of gravity ◆ **la loi de Faraday** Faraday's law
d (fig : code humain) **les lois de la mode** the dictates of fashion ◆ **les lois de l'honneur** the code of honour ◆ **les lois de l'hospitalité** the laws of hospitality ◆ **la loi du milieu** the law of the underworld ◆ **la loi du silence** the law of silence ◆ **les lois de l'étiquette** the rules of etiquette ◆ (Comm) **la loi de l'offre et de la demande** the law of supply and demand
2 COMP ▷ **loi d'engagement** ⇒ **loi-programme** ▷ **loi de finances** finance law ▷ **loi informatique et liberté** ≃ data protection act (Brit) ▷ **loi martiale** martial law ▷ **loi d'orientation** blueprint law ▷ **loi salique** salic law ▷ **loi du talion** (Hist) lex talionis ◆ (fig) **appliquer la loi du talion** to demand an eye for an eye

loi-cadre, pl **lois-cadres** [lwakɑdʀ] nf framework law

loin [lwɛ̃] → SYN adv a (distance) far, a long way ◆ **est-ce loin ?** is it far ? ◆ **ce n'est pas très loin** it's not very far ◆ **c'est assez loin d'ici** it's quite a long way from here ◆ **plus loin** further, farther ◆ **moins loin** not so far ◆ **la gare n'est pas loin du tout** the station is no distance at all ou isn't far at all ◆ **vous nous gênez, mettez-vous plus loin** you're in our way, go further away ou move away ◆ **il est loin derrière / devant** he's a long way behind / in front, he's far behind / ahead ◆ **aussi loin que vous alliez, vous ne trouverez pas d'aussi beaux jardins** however far you go ou wherever you go, you won't find such lovely gardens ◆ **au loin** in the distance, far off ◆ **partir au loin** to leave for distant parts ou places ◆ **de loin** from a distance ◆ **de très loin** from a great distance, from afar (littér) ◆ **il voit mal de loin** he can't see distant objects very easily ◆ **d'aussi loin** ou **de plus loin qu'elle le vit, elle courut vers lui** seeing him from afar ou seeing him a long way off ou seeing him a long way in the distance she ran towards him ◆ **de loin en loin brillaient quelques lumières** a few lights shone at distant intervals ou here and there ◆ **nous n'avons pas loin à aller** we don't have far to go, we have no distance to go ◆ **il ne doit pas y avoir loin de 5 km d'ici à la gare** there can't be much less than 5 km ou it can't be far off 5 km ou far short of 5 km from here to the station → **aller, pousser**
b (temps) **le temps est loin où cette banlieue était un village** it's a long time since this suburb was a village ◆ **c'est loin tout cela !, comme c'est loin !** (passé) that was a long time ago !, what a long time ago that was ! ; (futur) that's a long way in the future !, that's (still) a long way off ! ◆ **l'été n'est plus loin maintenant** summer's not far off now, summer's just around the corner ◆ **Noël est encore loin** Christmas is still a long way off ◆ **en remontant plus loin encore dans le passé** (by) looking even further back into the past ◆ **loin dans le passé** in the remote past, in far-off times, a long time ago ◆ **voir** ou **prévoir loin** to see a long way ou far ahead, see far ou a long way into the future ◆ **d'aussi loin que je me rappelle** for as long as I can remember ◆ **en remontant loin dans le temps** if you go back a long way in time ◆ **de loin en loin** every now and then, every now and again, at scattered intervals ◆ **il n'est pas loin de 10 heures** it's not far off 10 o'clock, it's getting on for 10 o'clock ◆ **il n'y a pas loin de 5 ans qu'ils sont partis** it's not far off 5 years since they left
c (fig) far ◆ **il faudrait aller** ou **chercher (très) loin pour trouver un si bon secrétaire** you'd have to look far and wide ou far afield to find such a good secretary ◆ **j'irais même plus loin** I would go even further ◆ **une histoire** ou **une affaire qui peut mener (très) loin** a matter that could lead us (ou them etc) a long way ou which could have unforeseen repercussions ◆ **il est de (très) loin le meilleur** he is by far the best, he is far and away the best ◆ **le directeur voit ces problèmes pratiques de très loin** the manager sees these practical problems from a great distance ou from afar ◆ **suivre de loin les événements** to follow events from a distance ◆ **d'ici à l'accuser de vol il n'y a pas loin** it's tantamount to an accusation of theft, it's practically an accusation of theft ◆ **il leur doit pas loin de 1 000 F** he owes them little short of ou not far off 1,000 francs
d **loin de** far from, a long way from, far away from ◆ **loin de là** (lieu) far from there ; (fig) far from it ◆ **non loin de là** not far from there ◆ **il n'est pas loin de minuit** it isn't far off ou far from midnight ◆ **leur maison est loin de toute civilisation** their house is far ou remote from all civilization ◆ **on est encore loin de la vérité / d'un accord** we're still a long way from the truth / from reaching an agreement ◆ (fig) **on est loin du compte** it falls far short of the target ou of what is needed ◆ **être très loin du sujet** to be way off the subject ◆ **loin de moi / de lui la pensée de vous blâmer !** far be it from me / him to blame you ! ◆ (littér, hum) **loin de moi / de nous !** begone from me / us ! (littér, hum) ◆ **elle est loin d'être certaine de réussir** she is far from being certain of success, she is by no means assured of success ◆ **ils ne sont pas loin de le croire coupable** they almost believe him to be guilty ◆ **ceci est loin de lui plaire** he's far from pleased with this ◆ **c'est très loin de ce que nous attendions de lui** this is a far cry from what we expected of him
e (Prov) **loin des yeux, loin du cœur** out of sight, out of mind (Prov) ◆ (Prov) **il y a loin de la coupe aux lèvres** there's many a slip 'twixt (the) cup and (the) lip (Prov)

lointain, e [lwɛ̃tɛ̃, ɛn] → SYN 1 adj a (espace) région faraway, distant, remote ; musique faraway, distant ; horizons, exil distant
b (temps) passé distant, remote ; avenir distant ◆ **les jours lointains** far-off days
c (vague) parent remote, distant ; regard faraway ; cause indirect, distant ; rapport distant, remote ; ressemblance remote
2 nm a **au lointain, dans le lointain** in the distance
b (Peinture) background

loi-programme, pl **lois-programmes** [lwapʀɔgʀam] nf *act providing framework for government programme (financial, social etc)*

loir [lwaʀ] → SYN nm dormouse → **dormir**

Loire [lwaʀ] nf ◆ **la Loire** (fleuve, département) the Loire

loisible [lwazibl] → SYN adj ◆ (frm) **s'il vous est loisible de vous libérer quelques instants** if you could spare a few moments ◆ **il vous est tout à fait loisible de refuser** you are perfectly at liberty to refuse

loisir [lwaziʀ] → SYN nm a (gén pl : temps libre) leisure (NonC), spare time (NonC) ◆ **pendant mes heures de loisir** in my spare ou free time, in my leisure hours ou time ◆ **que faites-vous pendant vos loisirs ?** what do you do in your spare ou free time ?
b (activités) **loisirs** leisure ou spare-time activities ◆ **quels sont vos loisirs préférés ?** what are your favourite leisure(-time) activities ?, what do you like doing best in your spare ou free time ? ◆ **loisirs dirigés** (organized) leisure activities
c (loc frm) **avoir (tout) le loisir de faire** to have leisure (frm) ou time to do ◆ **je n'ai pas eu le loisir de vous écrire** I have not had the leisure ou time to write to you ◆ **(tout) à loisir** (en prenant son temps) at leisure ; (autant que l'on veut) at will, at one's pleasure (frm), as much as one likes ◆ **donner** ou **laisser à qn le loisir de faire** to allow sb (the opportunity) to do

lolita* [lɔlita] nf nymphet

lolo [lolo] nm a (langage enfantin) milk
b (✱: sein) tit✱, boob✱

lombago [lɔ̃bago] nm ⇒ **lumbago**

lombaire [lɔ̃bɛʀ] 1 adj lumbar → **ponction**
2 nf lumbar vertebra

lombalgie [lɔ̃balʒi] nf lumbago

lombard, e [lɔ̃baʀ, aʀd] 1 adj Lombard
2 nm (Ling) Lombard dialect
3 nm,f ◆ **Lombard(e)** Lombard

Lombardie [lɔ̃baʀdi] nf Lombardy

lombarthrose [lɔ̃baʀtʀoz] nf lumbar spondylosis

lombes [lɔ̃b] nmpl loins

lombosacré, e [lɔ̃bosakʀe] adj lumbosacral

lombostat [lɔ̃bɔsta] nm lumbar support

lombric [lɔ̃bʀik] nm earthworm

lombricoïde [lɔ̃bʀikɔid] adj earthworm-like

Lomé [lɔme] n Lomé

londonien, -ienne [lɔ̃dɔnjɛ̃, jɛn] 1 adj London (épith), of London
2 nm,f ◆ **Londonien(ne)** Londoner

Londres [lɔ̃dʀ] n London

long, longue [lɔ̃, lɔ̃g] → SYN 1 adj a (dans l'espace) cheveux, liste, robe long ◆ **un pont long de 30 mètres** a 30-metre bridge, a bridge 30 metres long ◆ **2 cm plus long / trop long** 2 cm longer / too long ◆ **plus long / trop long de 2 cm** 2 cm longer / too long by 2 cm ◆ **elle avait de longues jambes maigres** she had long skinny legs ◆ **la mode est aux jupes longues** long skirts are the fashion ou in fashion → **chaise, culotte**
b (dans le temps) voyage etc long, lengthy ; amitié, habitude long-standing ◆ (Ciné) **version longue** uncut version ◆ **il écouta (pendant) un long moment le bruit** he listened to the noise for a long while ◆ **l'attente fut longue** there was a long ou lengthy wait, I (ou they etc) waited a long time ◆ **la conférence lui parut longue** he found the lecture long ◆ **les heures lui paraissaient longues** the hours seemed long to him ou seemed to drag by ◆ **faire de longues phrases** to produce long-winded sentences ◆ **avoir une longue habitude de qch / de faire** to be long accustomed to sth / to doing ◆ **ce travail est long à faire** this work takes a long time ◆ **il fut long à se mettre en route / à s'habiller** he took a long time ou it took him a long time to get started / to get dressed ◆ **il / la réponse était long / longue à venir** he / the reply was a long time coming ◆ **5 heures, c'est long** 5 hours is a long time ◆ **ne sois pas trop long** don't be too long ◆ **nous pouvons vous avoir ce livre, mais ce sera long** we can get you the

book, but it will take some time ou a long time
c (Culin) sauce thin ◆ **vin long en bouche** wine which lingers long on the palate
d LOC **au long cours** voyage ocean (épith); navigation deep-sea (épith), ocean (épith); capitaine seagoing (épith), ocean-going (épith) ◆ **ils se connaissent de longue date** they have known each other for a very long time ◆ **un ami de longue date** a long-standing friend ◆ **à longue échéance, à long terme** prévoir in the long term ou run; projet, emprunt long-term ◆ **à plus ou moins longue échéance, à plus ou moins long terme** sooner or later ◆ **faire long feu** [projet] to fall through ◆ **ce pot de confiture n'a pas fait long feu** that jar of jam didn't last long ◆ **de longue haleine** travail long-term ◆ **préparé de longue main** prepared well beforehand ou in advance ◆ **les chômeurs de longue durée** the long-term unemployed ◆ **à longue portée** canon long-range ◆ **boire qch à longs traits** to drink sth in long draughts ou big gulps ◆ **respirer l'air à longs traits** to breathe the air in deeply ◆ **il est long comme un jour sans pain** he's like a beanpole
2 adv ◆ **s'habiller long** to wear long clothes ◆ **s'habiller trop long** to wear one's clothes too long ◆ **en savoir long / trop long / plus long** to know a lot / too much / more (*sur* about) ◆ [attitude etc] **en dire long** to speak volumes ◆ **regard qui en dit long** meaningful ou eloquent look, look that speaks volumes ◆ **cela en dit long sur ses intentions** that tells you a good deal ou speaks volumes about his intentions
3 nm a **un bateau de 7 mètres de long** a boat 7 metres long ◆ **en long** lengthways, lengthwise
b (vêtements) long clothes
c LOC **tomber de tout son long** to measure one's length, go full length ◆ **étendu de tout son long** spread out at full length ◆ **(tout) le long du fleuve / de la route** (all) along the river / the road ◆ **tout le long du jour / de la nuit** all ou the whole day / night long ◆ **tout au long de sa carrière / son récit** throughout his career / his story ◆ **l'eau coule le long de la gouttière** the water flows down ou along the gutter ◆ **grimper le long d'un mât** to climb up a mast ◆ **tirer un trait tout du long (de la page)** to draw a line right along the page ◆ **tout du long** throughout the whole time, all along ◆ **tout au long du parcours** all along the route, the whole way along the route ◆ **de long en large** back and forth, to and fro, up and down ◆ **en long et en large** in great detail, at great length ◆ **écrire qch au long** to write sth in full
4 **longue** nf (Ling: voyelle) long vowel; (Poésie: syllabe) long syllable; (Mus: note) long note ◆ (Cartes) **avoir une longue à carreaux** to have a long suit of diamonds ◆ **à la longue: à la longue il s'est calmé** at long last ou in the end he calmed down ◆ **à la longue, ça a fini par coûter cher** in the long run ou in the end it turned out very expensive ◆ **à la longue ça s'arrangera / ça s'usera** it will sort itself out / wear out in time ou eventually
5 COMP ▷ **long métrage** full-length film

longane [lɔ̃gan] nm longan, lungan

longanimité [lɔ̃ganimite] → SYN nf (littér) long suffering, forbearance

long-courrier, pl **long-courriers** [lɔ̃kuʀje]
1 adj (Naut) ocean-going (épith); (Aviat) long-haul (épith), long-distance (épith)
2 nm (Naut) ocean liner, ocean-going ship; (Aviat) long-haul ou long-distance aircraft

longe [lɔ̃ʒ] → SYN nf a (pour attacher) tether; (pour mener) lead
b (Boucherie) loin

longer [lɔ̃ʒe] → SYN ▸ conjug 3 ◂ vt [mur, bois] to border; [sentier, voie ferrée] to border, run along(side); [personne] to go along, walk along ou alongside; [voiture, train] to go ou pass along ou alongside ◆ **le bois longe la voie ferrée** the wood borders the railway line ◆ **la voie ferrée longe la nationale** the railway line runs along(side) the main road ◆ **naviguer en longeant la côte** to sail along ou hug the coast ◆ **longer les murs pour ne pas se faire voir** to keep close to the walls to stay out of sight

longeron [lɔ̃ʒʀɔ̃] → SYN nm a [pont] (central) girder
b [châssis] side frame; [fuselage] longeron; [aile] spar

longévité [lɔ̃ʒevite] → SYN nf longevity ◆ **il attribue sa longévité à la pratique de la bicyclette** he attributes his long life ou longevity to cycling ◆ **étudier la longévité de certaines espèces / races** to study the longevity of certain species / races ◆ **tables de longévité** life-expectancy tables

longicorne [lɔ̃ʒikɔʀn] adj, nm ◆ **(insecte) longicorne** longicorn insect

longiligne [lɔ̃ʒiliɲ] adj forme, silhouette rangy

longitude [lɔ̃ʒityd] nf longitude ◆ **à** ou **par 50° de longitude ouest / est** at 50° longitude west / east

longitudinal, e, mpl **-aux** [lɔ̃ʒitydinal, o] adj section, coupe longitudinal; vallée, poutre, rainure running lengthways ◆ **moteur longitudinal** front-to-back engine

longitudinalement [lɔ̃ʒitydinalmɑ̃] adv (→ **longitudinal**) longitudinally; lengthways

longrine [lɔ̃gʀin] → SYN nf (Constr) piece of frame ou long timber

longtemps [lɔ̃tɑ̃] → SYN adv a parler, attendre etc (for) a long time, (dans phrase nég ou interrog) (for) long ◆ **pendant longtemps** (for) a long time; (for) long ◆ **absent pendant longtemps** absent (for) a long time ◆ **pendant longtemps ils ne sont pas sortis** for a long time ou a long while they didn't go out ◆ **avant longtemps** (sous peu) before long ◆ (dans phrase nég) **pas avant longtemps** not for a long time ◆ **longtemps avant / après** long before / after ◆ **on ne le verra pas de longtemps** we won't see him for a long time ou for ages ◆ **il ne reviendra pas d'ici longtemps** he won't be back for a long time ou for ages yet ◆ **il vivra encore longtemps** he'll live (for) a long time yet ◆ **il n'en a plus pour longtemps** (pour finir) he hasn't much longer to go ou he won't take much longer now; (avant de mourir) he can't hold out ou last much longer now ◆ **y a-t-il longtemps à attendre?** is there long to wait?, is there a long wait?, will it be long? ◆ **je n'en ai pas pour longtemps** I won't be long, it won't take me long ◆ **il a mis** ou **été* longtemps, ça lui a pris longtemps** it took him a long time, he was a long time over it ou doing it ◆ **il arrivera dans longtemps?** will it be long before he gets here? ◆ **rester assez longtemps quelque part** (trop) to stay somewhere (for) quite ou rather a long time ou (for) quite a while; (suffisamment) to stay somewhere long enough ◆ **tu es resté si longtemps!** you've stayed so long! ou (for) such a long time! ◆ **tu peux le garder aussi longtemps que tu veux** you can keep it as long as you want
b (avec depuis, il y a etc) (indiquant une durée) (for) a long time, (for) long; (indiquant une action terminée) a long time ago, long ago ◆ **il habite ici depuis longtemps, il y a** ou **cela fait** ou **voilà longtemps qu'il habite ici** he has been living here (for) a long time ◆ **il n'était pas là depuis longtemps quand je suis arrivé** he hadn't been here (for) long when I arrived ◆ **c'était il y a longtemps / il n'y a pas longtemps** that was a long time ago / not long ago ◆ **j'ai fini depuis longtemps** I finished a long time ago ou long ago ◆ **il y a** ou **cela fait** ou **voilà longtemps que j'ai fini** I have been finished for a long time ou for ages now ◆ **ça fait longtemps qu'il n'est plus venu** it's (been) a long time now since he came, he hasn't been coming for a long time ou for ages now ◆ **je n'y mangeais plus depuis longtemps** I had given up eating there long before then ou ages ago

longue [lɔ̃g] → **long**

longuement [lɔ̃gmɑ̃] adv (longtemps) regarder, parler for a long time; (en détail) expliquer, étudier, raconter at length ◆ **plus longuement** for longer; (en plus grand détail) at greater length ◆ **plan longuement médité** long-considered plan, plan pondered over at length

longuet, -ette* [lɔ̃gɛ, ɛt] 1 adj film, discours a bit long (attrib), a bit on the long side* (attrib) ◆ **tu as été longuet!** you took your time! ◆ **il est longuet à manger** he's a bit of a slow eater
2 nm (pain) bread stick

longueur [lɔ̃gœʀ] → SYN nf a (espace) length ◆ **mesures / unités de longueur** measures / units of length, linear measures / units ◆ **la pièce fait 3 mètres de** ou **en longueur** the room is 3 metres in length ou 3 metres long ◆ **la plage s'étend sur une longueur de 7 km** the beach stretches for 7 km ◆ **dans le sens de la longueur** lengthways, lengthwise ◆ **s'étirer en longueur** to stretch out lengthways ◆ **pièce tout en longueur** long narrow room ◆ (lit, fig) **longueur d'onde** wavelength ◆ (fig) **nous ne sommes pas sur la même longueur d'onde** we're not on the same wavelength
b (durée) length ◆ **à longueur de journée / de semaine / d'année** all day / week / year long ◆ **à longueur de temps** all the time ◆ **traîner** ou **tirer en longueur** to drag on ◆ **tirer les choses en longueur** to drag things out ◆ **attente qui tire** ou **traîne en longueur** long-drawn-out wait ◆ **les longueurs de la justice** the slowness of the judicial process
c (courses, natation) length ◆ **saut en longueur** long jump ◆ **l'emporter de plusieurs longueurs** to win by several lengths ◆ **prendre 2 longueurs d'avance** to go into a 2-length lead ◆ (Alpinisme) **longueur de corde** (passage) pitch; (distance) rope-length
d (remplissage) **longueurs** boringly long moments ou passages, overlong passages ◆ **ce film / livre a des longueurs** there are some episodes which are overlong ou which are too dragged out in this film / book

longue-vue, pl **longues-vues** [lɔ̃gvy] nf telescope

looch [lɔk] → SYN nm linctus

loofa [lufa] nm ⇒ **luffa**

look* [luk] nm (style, allure) [personne] look, image; [chose] look, style ◆ **soigner son look** to pay great attention to one's look ou one's image

looké, e* [luke] adj personne stylish, chic; produit sexy*

looping [lupiŋ] → SYN nm (Aviat) looping the loop ◆ **faire des loopings** to loop the loop

looser [luzœʀ] nm ⇒ **loser**

lope‡ [lɔp] nf, **lopette** [lɔpɛt] nf queer‡ (péj), fag‡ (péj, surtout US)

lophobranche [lɔfɔbʀɑ̃ʃ] nm lophobranch

lophophore [lɔfɔfɔʀ] nm (oiseau, panache) lophophore

lopin [lɔpɛ̃] → SYN nm ◆ **lopin (de terre)** patch of land, plot (of land)

loquace [lɔkas] → SYN adj talkative, loquacious (frm)

loquacité [lɔkasite] → SYN nf talkativeness, loquacity (frm)

loque [lɔk] → SYN nf a (vêtements) **loques** rags, rags and tatters ◆ **être en loques** to be in rags ◆ **vêtu de loques** dressed in rags ◆ **tomber en loques** to be in tatters ou all tattered
b (fig péj) **une loque (humaine)** a (human) wreck ◆ **je suis une vraie loque ce matin** I feel a wreck ou like a wet rag this morning

loquet [lɔkɛ] → SYN nm latch

loqueteau, pl **loqueteaux** [lɔk(ə)to] nm (small) latch, catch

loqueteux, -euse [lɔk(ə)tø, øz] → SYN adj personne ragged, (dressed) in rags ou in tatters; vêtement, livre tattered, ragged

loran [lɔʀɑ̃] nm loran

lord-maire, pl **lords-maires** [lɔʀ(d)mɛʀ] nm Lord Mayor

lordose [lɔʀdoz] nf hollow-back (NonC), lordosis (spéc)

lorgner* [lɔʀɲe] ▸ conjug 1 ◂ 1 vt objet to peer at, eye; femme to ogle, eye up* (Brit); poste, décoration, héritage to have one's eye on ◆ **lorgner qch du coin de l'œil** to look ou peer at sth out of the corner of one's eye, cast sidelong glances at sth
2 vi ◆ **lorgner sur** journal, copie to sneak a look at; personne to ogle, eye up* (Brit)

lorgnette [lɔʀɲɛt] → SYN nf opera glasses ◆ (fig) **regarder les choses par le petit bout de la**

lorgnette to take a very limited ou narrow view of things

lorgnon [lɔʀɲɔ̃] → SYN nm (face-à-main) lorgnette; (pince-nez) pince-nez

lori [lɔʀi] → SYN nm (oiseau) lory

loricaire [lɔʀikɛʀ] → SYN nm loricarian, loricarioid

loriot [lɔʀjo] → SYN nm ◆ **loriot jaune** golden oriole

loris [lɔʀi] → SYN nm loris

lorrain, e [lɔʀɛ̃, ɛn] 1 adj of ou from Lorraine → **quiche**

2 nm (Ling) Lorraine dialect

3 nm,f ◆ **Lorrain(e)** inhabitant ou native of Lorraine

4 **Lorraine** nf (région) Lorraine

lorry, pl **lorries, lorrys** [lɔʀi] → SYN nm (Rail) lorry

lors [lɔʀ] → SYN adv ◆ **lors de** at the time of ◆ **lors de sa mort** at the time of his death ◆ **lors même que** even though ou if ◆ **lors même que la terre croulerait** even though ou if the earth should crumble ◆ **pour lors** for the time being, for the moment → **dès**

lorsque [lɔʀsk(ə)] → SYN conj when ◆ **lorsqu'il entra / entrera** when ou as he came / comes in

losange [lɔzɑ̃ʒ] → SYN nm diamond, lozenge ◆ **en forme de losange** diamond-shaped ◆ **dallage en losanges** diamond tiling

losangé, e [lɔzɑ̃ʒe] adj morceau diamond-shaped; dessin, tissu with a diamond pattern

Los Angeles [lɔsɑ̃ʒəlɛs] n Los Angeles

loser* [luzœʀ] nm loser*

Lot [lɔt] nm Lot

lot [lo] → SYN nm a (Loterie) prize ◆ **le gros lot** the first prize, the jackpot ◆ **lot de consolation** consolation prize

b (portion) share ◆ **lot (de terre)** plot (of land)

c (assortiment) [livres, chiffons] batch; [draps, vaisselle] set; (aux enchères) lot ◆ **lot de 10 chemises** set of 10 shirts ◆ **dans le lot, il n'y avait que 2 candidats valables** in the whole batch there were only 2 worthwhile applicants ◆ **se détacher du lot** [personne] to be in a class of one's own; [produit] to be in a class of its own

d (fig littér: destin) lot (littér), fate

loterie [lɔtʀi] → SYN nf (lit, fig) lottery; (avec billets) raffle, tombola, lottery ◆ **mettre qch en loterie** to put sth up to be raffled ◆ **la Loterie nationale** the French national lottery ou sweepstake ◆ **jouer à la loterie** to buy tickets for the raffle ou lottery ou tombola ◆ **gagner à la loterie** to win on the raffle ou lottery ou tombola ◆ (fig) **c'est une vraie loterie** it's (all) the luck of the draw ◆ **la vie est une loterie** life is a game of chance, life is a lottery

Loth [lɔt] nm Lot

loti, e [lɔti] (ptp de **lotir**) adj ◆ **être bien / mal loti** to be well- / badly off ◆ (iro) **on est bien loti avec une secrétaire comme ça!** with a secretary like her who could ask for more? (iro)

lotier [lɔtje] nm bird's-foot trefoil

lotion [losjɔ̃] nf lotion ◆ **lotion capillaire** hair lotion ◆ **lotion après rasage** after-shave lotion ◆ **lotion avant rasage** preshave lotion

lotionner [losjɔne] → SYN ▸ conjug 1 ◂ vt to apply (a) lotion to

lotir [lɔtiʀ] → SYN ▸ conjug 2 ◂ vt terrain (diviser) to divide into plots; (vendre) to sell by lots; (Jur) succession to divide up, share out ◆ **lotir qn de qch** to allot sth to sb, provide sb with sth

lotissement [lɔtismɑ̃] → SYN nm a (terrains à bâtir) housing estate ou site; (terrains bâtis) (housing) development ou estate; (parcelle) plot, lot

b (action: → **lotir**) division; sale (by lots); sharing out

lotisseur, -euse [lɔtisœʀ, øz] nm,f [terrain] property developer

loto [lɔto] nm (jeu traditionnel) lotto; (matériel pour ce jeu) lotto set; (loterie à numéros) *national bingo game* ◆ **le loto sportif** ≃ the pools

lotte [lɔt] → SYN nf (de rivière) burbot; (de mer) angler (fish), devilfish, monkfish

lotus [lɔtys] nm lotus

louable [lwabl] → SYN adj a praiseworthy, commendable, laudable

b maison rentable ◆ **appartement difficilement louable à cause de sa situation** flat that is hard to let (Brit) ou rent (US) because of its situation

louablement [lwabləmɑ̃] adv commendably

louage [lwaʒ] → SYN nm hiring ◆ **(contrat de) louage** rental contract ◆ **louage de services** work contract

louange [lwɑ̃ʒ] → SYN nf praise ◆ **il méprise les louanges** he despises praise ◆ **chanter les louanges de qn** to sing sb's praises ◆ **faire un discours à la louange de qn** to make a speech in praise of sb ◆ **je dois dire, à sa louange, que ...** I must say, to his credit ou in his praise, that ...

louanger [lwɑ̃ʒe] → SYN ▸ conjug 3 ◂ vt (littér) to praise, extol, laud

louangeur, -euse [lwɑ̃ʒœʀ, øz] → SYN adj (littér) laudatory, laudative

loubar(d) [lubaʀ] nm hooligan, thug

louche¹ [luʃ] → SYN adj a affaire, manœuvre, milieu, passé shady; individu shifty, shady, dubious; histoire dubious, fishy*; conduite, acte, établissement dubious, suspicious, shady; réaction, attitude dubious, suspicious ◆ **j'ai entendu du bruit, c'est louche** I heard a noise, that's funny ou odd ◆ **il y a du louche dans cette affaire** this business is a bit shady ou fishy* ou isn't quite above board

b (†) liquide cloudy; couleur, éclairage murky

c œil, personne squinting (épith)

louche² [luʃ] → SYN nf (ustensile) ladle; (quantité) ladleful ◆ **serrer la louche à qn**: to shake hands with sb, shake sb's hand ◆ **il y en a environ 3 000, à la louche*** there are about 3,000 of them, roughly

loucher [luʃe] → SYN ▸ conjug 1 ◂ vi (lit) to squint, have a squint ◆ (fig) **loucher sur*** objet to eye; personne to ogle, eye up* (Brit); poste, héritage to have one's eye on

loucheur, euse [luʃœʀ, øz] → SYN nm,f squinter

louer¹ [lwe] → SYN ▸ conjug 1 ◂ 1 vt to praise ◆ **louer qn de** ou **pour qch** to praise sb for sth ◆ **on ne peut que le louer d'avoir agi ainsi** he deserves only praise ou one can only praise him for acting in that way ◆ (Rel) **louons le Seigneur!** (let us) praise the Lord! ◆ (fig) **Dieu soit loué!** thank God!

2 **se louer** vpr ◆ **se louer de** employé, appareil to be very happy ou pleased with; action, mesure to congratulate o.s. on ◆ **se louer d'avoir fait qch** to congratulate o.s. on ou for having done sth ◆ **n'avoir qu'à se louer de** employé, appareil to have every cause for satisfaction with, be completely satisfied with, have nothing but praise for ◆ **nous n'avons qu'à nous louer de ses services** we have nothing but praise for the service he gives, we have every cause for satisfaction with his services

louer² [lwe] → SYN ▸ conjug 1 ◂ vt a [propriétaire] maison, chambre to let (out) (Brit), rent out; voiture, tente, téléviseur to hire out (Brit), rent (out) ◆ **louer une maison au mois** to let (Brit) ou to rent out a house by the month ◆ **louer ses services** ou **se louer à un fermier** to hire o.s. (out) to a farmer

b [locataire] maison, chambre to rent; voiture, tente to hire (Brit), rent; place to book ◆ **ils ont loué une maison au bord de la mer** they took ou rented a house by the sea ◆ **à louer** chambre etc to let (Brit), to rent (US); voiture etc for hire (Brit), for rent (US) ◆ **cet appartement doit se louer cher** that flat must be expensive to rent

loueur, -euse [lwœʀ, øz] nm,f (propriétaire) hirer out (Brit), renter out ◆ **c'est un loueur de chevaux** he hires out (Brit) ou rents out horses

louf* [luf] adj ⇒ **loufoque***

loufiat: [lufja] nm waiter

loufoque* [lufɔk] adj wild, crazy, barmy* (Brit)

loufoquerie [lufɔkʀi] → SYN nf a (caractère) craziness, barminess*

b (acte) bit of daftness*, crazy goings-on (pl)

louftingue* [luftɛ̃g] adj ⇒ **loufoque***

lougre [lugʀ] nm (Naut) lugger

Louis [lwi] nm Lewis; (Hist française) Louis

louis [lwi] nm ◆ **louis (d'or)** (gold) louis

louise-bonne, pl **louises-bonnes** [lwizbɔn] nf louise-bonne pear

Louisiane [lwizjan] nf Louisiana

louis-philippard, e [lwifilipaʀ, aʀd] adj (péj) of ou relating to the reign of Louis Philippe

loukoum [lukum] nm Turkish delight (NonC) ◆ **manger 3 loukoums** to eat 3 pieces of Turkish delight

loulou¹ [lulu] nm (chien) spitz ◆ **loulou de Poméranie** Pomeranian dog, Pom

loulou²* [lulu] → SYN nm, **loulout(t)e*** [lulut] nf a (terme affectueux) darling; (péj) fishy customer*, oddball*, nasty bit of work (Brit)

b ⇒ **loubar(d)**

loup [lu] → SYN 1 nm a (carnassier) wolf; (poisson) bass; (masque) (eye) mask ◆ **mon (gros** ou **petit) loup*** (my) pet* ou love ◆ (Prov) **les loups ne se mangent pas** ou **ne se dévorent pas entre eux** dog does not eat dog, there is honour among thieves (Prov) ◆ **l'homme est un loup pour l'homme** brother will turn on brother ◆ **enfermer** ou **mettre le loup dans la bergerie** to set the fox to mind the geese ◆ **crier au loup** to cry wolf → **gueule, hurler, jeune** etc

b (malfaçon) flaw

2 COMP ▷ **loup de mer** (*: marin) old salt*, old seadog*; (vêtement) (short-sleeved) jersey

loupage* [lupaʒ] nm (→ **louper**) missing; messing up*; flunking*; spoiling ◆ **après plusieurs loupages** after several failures

loup-cervier, pl **loups-cerviers** [lusɛʀvje] nm lynx

loupe [lup] → SYN nf (Opt) magnifying glass; (Méd) wen; (sur un arbre) burr ◆ **regarder qch à la loupe** (lit) to look at sth with a magnifying glass; (fig) to put sth under a microscope ◆ **table en loupe de noyer** table in burr walnut

loupé* [lupe] (ptp de **louper**) nm (échec) failure; (défaut) defect, flaw

louper* [lupe] ▸ conjug 1 ◂ 1 vt (rater) occasion, train, personne to miss; travail, gâteau to mess up*, make a mess of; examen to flunk* ◆ **ma sauce est loupée** my sauce hasn't come off, I spoilt my sauce ◆ **ma soirée est loupée** my party is spoilt ou is a flop* ◆ **loupé!** missed! ◆ (iro) **il n'en loupe pas une!** he's forever putting his big foot in it!* ◆ **la prochaine fois je ne te louperai pas** I'll get you next time ◆ **louper son entrée** to fluff* ou bungle one's entrance ◆ **il a loupé son coup / suicide** he bungled ou botched* it / his suicide bid

2 vi ◆ **je t'ai dit qu'il ferait une erreur; ça n'a pas loupé!** I told you that he'd make a mistake and sure enough he did! ◆ **ça va tout faire louper** that'll put everything up the spout* (Brit), that'll muck everything up*

3 **se louper*** vpr (rater son suicide) to bungle one's suicide attempt ◆ (accident) **elle ne s'est pas loupée!** she made a good job of it!*

loup-garou, pl **loups-garous** [lugaʀu] nm (Hist) werewolf ◆ **le loup-garou va te manger!** the Bogeyman will get you!

loupiot, -iotte* [lupjo, jɔt] nm,f kid*

loupiote* [lupjɔt] nf (lampe) (small) light

lourd, e¹ [luʀ, luʀd] → SYN adj a (lit, fig: pesant) objet, poids, vêtement heavy; silence, sommeil heavy, deep; chagrin deep; ciel, nuage heavy; temps, chaleur sultry, close; parfum, odeur heavy, strong; aliment, vin heavy; repas heavy, big; paupières heavy; (Bourse) marché slack, sluggish; chirurgie extensive; artillerie, industrie heavy (épith); infrastructure cumbersome; dispositif unwieldy ◆ **terrain lourd** heavy ou soft ground ◆ **marcher d'un pas lourd** to tread heavily, walk with a heavy step ◆ **yeux lourds de sommeil / de fatigue**

eyes heavy with sleep / tiredness ◆ **c'est lourd (à digérer)** it's heavy (on the stomach ou the digestion) ◆ **se sentir lourd, avoir l'estomac lourd** to feel bloated ◆ **j'ai** ou **je me sens les jambes lourdes** my legs feel heavy ◆ **j'ai** ou **je me sens la tête lourde** my head feels fuzzy, I feel a bit headachy ◆ **3 enfants à élever, c'est lourd / trop lourd (pour elle)** bringing up 3 children is a lot / too much (for her) ou is a big responsibility / is too heavy a responsibility (for her) → **eau, franc², hérédité**

b (important) dettes, impôts, tâche heavy, weighty; pertes heavy, severe, serious; faute serious, grave; responsabilité, charge heavy, weighty ◆ **de lourdes présomptions pèsent sur lui** suspicion falls heavily on him

c (massif, gauche) construction ponderous (frm), inelegant, monolithic; silhouette heavy; démarche heavy, cumbersome; mouvement, style heavy, ponderous; plaisanterie unsubtle; compliment clumsy ◆ **oiseau au vol lourd** bird with a heavy ou clumsy flight ◆ **avoir l'esprit lourd** to be slow-witted ou dull-witted ◆ (à un plaisantin) **tu es un peu lourd*** you're just not funny

d LOC **le silence était lourd de menaces** the silence was heavy with threat, there was a threatening ou an ominous silence ◆ **le silence était lourd de sous-entendus** the silence was heavy with insinuations ◆ **décision lourde de conséquences** decision charged ou fraught with consequences ◆ **en avoir lourd sur la conscience** to have a heavy conscience (about sth) ◆ **il n'y a pas lourd de pain*** there isn't much bread ◆ **du bon sens, il n'en a pas lourd!*** he hasn't got much common sense, he isn't overendowed with common sense ◆ **il n'en sait / ne fait pas lourd** he doesn't know / do much ◆ (Mét) **il fait lourd** the weather is close, it's sultry → **main, peser**

lourdaud, e* [luʀdo, od] → SYN **1** adj oafish, clumsy
2 nm,f oaf

lourde²: [luʀd] nf (porte) door

lourdement [luʀdəmɑ̃] → SYN adv (gén) heavily ◆ **marcher lourdement** to walk with a heavy tread ◆ **se tromper lourdement** to be sadly mistaken, commit a gross error (frm), make a big mistake ◆ **insister lourdement sur qch / pour faire** to insist strenuously on sth / on doing

lourder: [luʀde] ▸ conjug 1 ◂ vt to kick out*, boot out: ◆ **se faire lourder** to get kicked out* ou booted out:

lourdeur [luʀdœʀ] → SYN nf **a** (pesanteur) [objet, fardeau] heaviness, weight; [bureaucratie, infrastructure] cumbersomeness; [tâche, responsabilité] weight; (Bourse) [marché] slackness, sluggishness
b [édifice] heaviness, massiveness; [démarche] heaviness; [style, forme] heaviness, ponderousness ◆ **lourdeur d'esprit** dullwittedness, slow-wittedness ◆ **s'exprimer avec lourdeur** to express o.s. clumsily ou ponderously ◆ **avoir des lourdeurs de tête** to have a fuzzy head, feel headachy ◆ **avoir des lourdeurs d'estomac** to have indigestion, feel a bit bloated
c [temps] sultriness, closeness

lourdingue* [luʀdɛ̃g] adj plaisanterie predictable; personne oafish, clumsy; construction hefty-looking*; phrase laboured (Brit), labored (US), clumsy

loustic* [lustik] nm (enfant) kid*; (taquin) villain* (hum); (type) (funny) chap* (Brit) ou fellow* ou guy*, oddbod* (Brit) ◆ **faire le loustic** to act the goat*, play the fool ◆ **un drôle de loustic** (type) an oddball*, an oddbod* (Brit); (enfant) a little villain* (hum) ou rascal

loutre [lutʀ] nf (animal) otter; (fourrure) otterskin ◆ **loutre de mer** sea otter

louve [luv] → SYN nf **a** (Zool) she-wolf
b (levier) lewis(son)

louveteau, pl **louveteaux** [luv(ə)to] nm (Zool) (wolf) cub; (scout) cub scout, cub

louveter [luv(ə)te] ▸ conjug 4 ◂ vi [louve] to whelp

louvoiement [luvwamɑ̃] → SYN nm (Naut) tacking (NonC); (fig) hedging (NonC), evasion ◆ **assez de louvoiements** stop hedging, stop beating about the bush

louvoyer [luvwaje] → SYN ▸ conjug 8 ◂ vi (Naut) to tack; (fig) to hedge, evade the issue, beat about the bush

Louvre [luvʀ] nm ◆ **le Louvre** the Louvre

Louxor [luksɔʀ] n Luxor

lover [lɔve] → SYN ▸ conjug 1 ◂ **1** vt to coil
2 **se lover** vpr [serpent] to coil up

loxodromie [lɔksɔdʀɔmi] nf rhumb line

loxodromique [lɔksɔdʀɔmik] adj loxodromic(al)

loyal, e, mpl **-aux** [lwajal, o] → SYN adj **a** (fidèle) sujet, ami loyal, faithful, trusty ◆ **après 50 ans de bons et loyaux services** after 50 years of good and faithful service
b (honnête) personne, procédé fair, honest; conduite upright, fair; jeu fair, straight* ◆ **se battre à la loyale*** to fight cleanly

loyalement [lwajalmɑ̃] adv agir fairly, honestly; servir loyally, faithfully; se battre cleanly ◆ **accepter loyalement une défaite** to take a defeat sportingly ou in good part ou like a gentleman

loyalisme [lwajalism] → SYN nm loyalty

loyaliste [lwajalist] **1** adj loyal
2 nmf loyal supporter

loyauté [lwajote] → SYN nf **a** (fidélité) loyalty, faithfulness
b (honnêteté) honesty, fairness; [conduite] fairness, uprightness ◆ **avec loyauté** fairly

loyer [lwaje] → SYN nm rent ◆ **loyer commercial** office rent ◆ (Fin) **loyer de l'argent** rate of interest, interest rate ◆ **loyer matriciel** ≃ rateable value

LP [ɛlpe] nm (abrév de **lycée professionnel**) → **lycée**

LSD [ɛlɛsde] nm (abrév de **Lysergsäurediäthylamid**) *(acide lysergique diéthylamide)* LSD

lu, e [ly] (ptp de **lire¹**) adj ◆ **lu et approuvé** read and approved ◆ **elle est très lue en Europe** she is widely read in Europe

Luanda [luɑ̃nda] n Luanda

lubie [lybi] → SYN nf whim, craze, fad ◆ **avoir des lubies** to have ou get whims ou crazes ou fads ◆ **il lui a pris la lubie de ne plus manger de pain** he has taken it into his head not to eat bread any more, he has got the mad idea of not eating bread any more ◆ **c'est sa dernière lubie** it's his latest craze

lubricité [lybʀisite] → SYN nf [personne] lustfulness, lechery; [propos, conduite] lewdness

lubrifiant, e [lybʀifjɑ̃, jɑ̃t] → SYN **1** adj lubricating
2 nm lubricant

lubrification [lybʀifikasjɔ̃] → SYN nf lubrication

lubrifier [lybʀifje] → SYN ▸ conjug 7 ◂ vt to lubricate

lubrique [lybʀik] → SYN adj personne lustful, lecherous; propos lewd, libidinous; danse lewd; amour lustful, carnal ◆ **regarder qch d'un œil lubrique** to gaze at sth with a lustful eye

lubriquement [lybʀikmɑ̃] adv (→ **lubrique**) lustfully; lecherously; lewdly; libidinously

Luc [lyk] nm Luke

lucane [lykan] nm stag beetle

lucarne [lykaʀn] → SYN nf [toit] skylight; (en saillie) dormer window ◆ (Ftbl) **envoyer la balle dans la lucarne** to send the ball into the top corner of the net ◆ (fig: télévision) **la petite lucarne, les étranges lucarnes** the small screen

lucernaire [lysɛʀnɛʀ] nf (Zool) lucernarian

Lucerne [lysɛʀn] n Lucerne

lucide [lysid] → SYN adj **a** (conscient) malade, vieillard lucid; accidenté conscious
b (perspicace) personne lucid, clear-minded, clear-headed; esprit, analyse, raisonnement lucid, clear ◆ **le témoin le plus lucide de son temps** the most clear-sighted ou perceptive observer of the times he lived in ◆ **juger qch d'un œil lucide** to judge sth with a lucid ou clear eye

lucidement [lysidmɑ̃] adv lucidly, clearly

lucidité [lysidite] → SYN nf (→ **lucide**) lucidity; consciousness; clear-mindedness, clear-headedness; clearness ◆ **un vieillard qui a gardé sa lucidité** an old man who has retained (the use of) his faculties ou has remained quite clear-thinking

Lucie [lysi] nf Lucy

Lucien [lysjɛ̃] nm Lucian

Lucifer [lysifɛʀ] nm Lucifer

lucifuge [lysifyʒ] **1** adj lucifugous
2 nm lucifugous termite

lucilie [lysili] nf greenbottle

lucimètre [lysimɛtʀ] nm lucimeter, photometer

luciole [lysjɔl] nf firefly

lucite [lysit] nf polymorphous light eruption

lucratif, -ive [lykʀatif, iv] → SYN adj entreprise lucrative, profitable; emploi lucrative, well-paid ◆ **association créée dans un but lucratif / non lucratif** profit-making / non-profit-making organization

lucrativement [lykʀativmɑ̃] adv lucratively

lucre [lykʀ] → SYN nm (péj) lucre (péj)

Lucrèce [lykʀɛs] **1** nm Lucretius
2 nf Lucretia

ludiciel [lydisjɛl] nm computer game ◆ **ludiciels** computer games, game software (NonC)

ludion [lydjɔ̃] nm Cartesian diver

ludique [lydik] adj (Psych) play (épith) ◆ **activité ludique** play activity

ludisme [lydism] nm play activities

ludothèque [lydɔtɛk] nf games library

luette [lɥɛt] → SYN nf uvula

lueur [lɥœʀ] → SYN nf **a** [flamme] glimmer (NonC); [étoile, lune, lampe] (faint) light; [braises] glow (NonC) ◆ **à la lueur d'une bougie** by candlelight ou candle-glow ◆ **les lueurs de la ville** the city lights, the glow of the city ◆ **les premières lueurs de l'aube / du jour** the first light of dawn / of day ◆ **les lueurs du couchant** the glow of sunset, the sunset glow
b (fig) [désir, colère] gleam; [raison, intelligence] glimmer ◆ **une lueur malicieuse dans le regard** a malicious gleam in one's eyes ◆ **pas la moindre lueur d'espoir** not the faintest glimmer of hope
c (gén hum: connaissances) **il a quelques lueurs sur le sujet** he knows a bit about the subject ◆ **peux-tu apporter quelques lueurs sur le fonctionnement de cette machine?** can you shed some light on the working of this machine?

luffa [lufa] nm (plante) luffa, dishcloth gourd; (éponge) loofa(h), luffa (US)

luge [lyʒ] → SYN nf sledge (Brit), sled (US), toboggan ◆ **faire de la luge** to sledge (Brit), sled (US), toboggan

luger [lyʒe] ▸ conjug 3 ◂ vi to sledge (Brit), sled (US), toboggan

lugeur, -euse [lyʒœʀ, øz] nm,f tobogganist

lugubre [lygybʀ] → SYN adj personne, pensée, ambiance, récit lugubrious, gloomy, dismal; prison, paysage gloomy, dismal

lugubrement [lygybʀəmɑ̃] adv lugubriously, gloomily, dismally

lui [lɥi] **1** pron pers mf (objet indirect) (homme) him; (femme) her; (animal, bébé) it, him, her; (bateau, nation) her, it; (insecte, chose) it ◆ **je le lui ai dit** (à un homme) I told him; (à une femme) I told her ◆ **tu lui as donné de l'eau?** (à un animal) have you given it ou him ou her some water?; (à une plante) have you watered it? ◆ **je ne le lui ai jamais caché** I have never kept it from him ou her ◆ **il lui est facile de le faire** it's easy for him ou her to do it ◆ **elle lui serra la main** she shook his ou her hand, she shook him ou her by the hand ◆ **je ne lui connais pas de défauts** I know of no faults in him ou her ◆ **je lui ai entendu dire que** I heard him ou her say that ◆ **la tête lui a tourné et elle est tombée** her head spun and she fell ◆ **le bateau est plus propre depuis qu'on lui a donné un coup de peinture**

the boat is cleaner now they've given her ou it a coat of paint
2 pron m **a** (fonction objet) (personne) him; (animal) him, her, it; (chose) it; (pays, bateau) her, it ◆ **elle n'admire que lui** she only admires him ◆ **à lui, elle n'a pas dit un mot** she never said a word to him ◆ **lui, le revoir? jamais!** see him again? never! ◆ **c'est lui, je le reconnais** it's him, I recognize him ◆ **je l'ai bien vu, lui!** I saw him all right!, I definitely saw him! ◆ **si j'étais lui, j'accepterais** if I were him ou he (frm) I would accept → aussi **même, non, seul**
b (sujet, gén emphatique) (personne) he; (chose) it; (animal) it, he, she ◆ **elle est vendeuse, lui est maçon** she's a saleswoman and he's a mason ◆ **lui, furieux, a refusé** furious, he refused ◆ **le Japon, lui, serait d'accord** Japan, for its ou her part, would agree ◆ **l'enfant, lui, avait bien vu les bonbons** the child had seen the sweets all right ◆ **qu'est-ce qu'ils ont dit? – lui rien** what did they say? – he said nothing ◆ **elle est venue mais pas lui** she came but not him ou but he didn't ◆ **mon frère et lui sont partis ensemble** my brother and he went off together ◆ **lui parti, j'ai pu travailler** with him gone ou after he had gone I was able to work ◆ **lui(, il) n'aurait jamais fait ça, il n'aurait jamais fait ça lui** he would never have done that ◆ **est-ce qu'il le sait lui?, est-ce que lui(, il) le sait?** does he know about it? ◆ **lui, se marier?, pas si bête!** him get married?, not likely!
c (emphatique avec qui, que) **c'est lui que nous avions invité** it's ou it was him we had invited ◆ **c'est à lui que je veux parler** it's him I want to speak to, I want to speak to him ◆ **il y a un hibou dans le bois, c'est lui que j'ai entendu** there is an owl in the wood – that's what I heard ◆ **c'est lui qui me l'a dit** he told me himself, it's he who told me ◆ (iro) **c'est lui qui le dit!** that's his story!, that's what he says! ◆ (frm) **ce fut lui qui le premier découvrit ...** it was he ou he it was (frm) who first discovered ... ◆ **chasse le chien, c'est lui qui m'a mordu** chase that dog away – it's the one that bit me ◆ **de tous les arbres c'est lui qui a le bois le plus dur** of all the trees it's this one that has the hardest wood ◆ **ils ont 3 chats et lui qui ne voulait pas d'animaux!** they have 3 cats and to think that he didn't want any animals!
d (avec prép) (personne) him; (animal) him, it; (chose) it ◆ **ce livre est à lui** this book belongs to him ou is his ◆ **il a un appartement à lui** he has a flat of his own ◆ **c'est gentil à lui d'avoir écrit** it was kind of him to write ◆ **un ami à lui** a friend of his, one of his friends ◆ **il ne pense qu'à lui** he only thinks of himself ◆ **qu'est-ce qu'elle ferait sans lui!** what would she do without him! ◆ **ce poème n'est pas de lui** this poem is not one of his ou not one he wrote ◆ **elle veut une photo de lui** she wants a photo of him ◆ **vous pouvez avoir toute confiance en lui** (homme) he is thoroughly reliable, you can have complete confidence in him; (machine etc) it is thoroughly reliable
e (dans comparaisons) (sujet) he, him*; (objet) him ◆ **elle est plus mince que lui** she is slimmer than he is ou than him* ◆ **j'ai mangé plus / moins que lui** I ate more / less than he did ou than him* ◆ **ne fais pas comme lui** don't do as he does ou did, don't do like him* ou the same as he did ◆ **je ne la connais pas aussi bien que lui** (que je le connais) I don't know her as well as (I know) him; (qu'il la connaît) I don't know her as well as he does ou as him*

luire [lɥiʀ] → SYN ▸ conjug 38 ◂ vi (gén) to shine, gleam; [surface mouillée] to glisten; [reflet intermittent] to glint; (en scintillant) to glimmer, shimmer; (en rougeoyant) to glow ◆ **l'herbe couverte de rosée / l'étang luisait au soleil du matin** the dew-covered grass / the pond glistened in the morning sunlight ◆ **yeux qui luisent de colère / d'envie** eyes which gleam with anger / desire ◆ **le lac luisait sous la lune** the lake shimmered ou glimmered ou gleamed in the moonlight ◆ **l'espoir luit encore** there is still a gleam ou glimmer of hope

luisant, e [lɥizɑ̃, ɑ̃t] → SYN **1** adj (→ **luire**) gleaming; shining; glowing ◆ **front luisant de sueur** forehead gleaming ou glistening with sweat ◆ **vêtements luisants d'usure** clothes shiny with wear ◆ **yeux luisants de fièvre** eyes bright with fever → **ver**
2 nm [étoffe] sheen; [poil d'animal] gloss

lulu [lyly] nm woodlark

lumachelle [lymaʃɛl] nf lumachella

lumbago [lɔ̃bago] nm lumbago

lumen [lymɛn] nm lumen

lumière [lymjɛʀ] → SYN **1** nf **a** (Phys, gén) light ◆ **la lumière du jour** daylight ◆ **la lumière du soleil l'éblouit** he was dazzled by the sunlight ◆ **à la lumière des étoiles** by the light of the stars, by starlight ◆ **à la lumière artificielle / électrique** by artificial / electric light ◆ **la lumière entrait à flots dans la pièce** daylight streamed into the room ◆ **il n'y a pas beaucoup / ça ne donne guère de lumière** there isn't / it doesn't give much light ◆ **donne-nous de la lumière** switch ou put the light on, will you? ◆ **il y a de la lumière dans sa chambre** there's a light on in his room ◆ (Bible) **Il dit «que la lumière soit» et la lumière fut** He said "let there be light" and there was light ◆ **les lumières de la ville** the lights of the town ◆ (Ciné) **"Les Lumières de la ville"** "City Lights" → **effet, habit**
b (fig) light ◆ (littér) **avoir / acquérir quelque lumière sur qch** to have / gain some knowledge of sth, have / gain some insight into sth ◆ **avoir des lumières sur une question** to have some ideas ou some knowledge on a question, know something about a question ◆ **aidez-nous de vos lumières** give us the benefit of your wisdom ou insight ◆ **mettre qch en lumière** to bring sth to light, bring sth out ◆ **jeter une nouvelle lumière sur qch** to throw ou shed new light on sth ◆ **à la lumière des récents événements** in the light of recent events ◆ **faire (toute) la lumière sur qch** to get right to the bottom of sth ◆ **la lumière de la foi / de la raison** the light of faith / reason ◆ **entrevoir la lumière au bout du tunnel** to see the light at the end of the tunnel → **siècle**[1]
c (personne) light ◆ **il fut une des lumières de son siècle** he was one of the (shining) lights of his age ◆ **le pauvre garçon, ce n'est pas une lumière** the poor boy, he's no bright spark*
d (Tech) [machine à vapeur] port; [canon] sight ◆ (Aut) **lumière d'admission / d'échappement** inlet / exhaust port ou valve
2 COMP ▷ **lumière blanche** (Phys) white light ▷ **lumière cendrée** (Astron) earth-light, earthshine ▷ **lumière noire** (Phys) black light ▷ **lumière stroboscopique** strobe lighting ▷ **lumière de Wood** (Phys) ⇒ **lumière noire**

lumignon [lymiɲɔ̃] nm (lampe) (small) light; (bougie) candle-end

luminaire [lyminɛʀ] → SYN nm (gén) light, lamp; (cierge) candle ◆ **magasin de luminaires** lighting shop, shop selling lighting fitments

luminance [lyminɑ̃s] nf luminance

lumination [lyminasjɔ̃] nf ◆ (Phot) **indice de lumination** exposure value

luminescence [lyminesɑ̃s] → SYN nf luminescence

luminescent, e [lyminesɑ̃, ɑ̃t] → SYN adj luminescent

lumineusement [lyminøzmɑ̃] adv expliquer lucidly, clearly

lumineux, -euse [lyminø, øz] → SYN adj **a** corps, intensité luminous; fontaine, enseigne illuminated; rayon, faisceau, source of light; cadran, aiguille luminous ◆ **onde / source lumineuse** light wave / source ◆ **intensité lumineuse** luminous intensity → **flèche**[1]
b teint, regard radiant; ciel, couleur luminous; pièce, appartement bright, light
c (littér: pur, transparent) luminous (littér), lucid; (iro) exposé limpid, brilliant ◆ **j'ai compris, c'est lumineux** I understand, it's as clear as daylight ou it's crystal clear → **idée**

luministe [lyminist] nmf luminist

luminosité [lyminozite] → SYN nf **a** [teint, regard] radiance; [ciel, couleur] luminosity ◆ **il y a beaucoup de luminosité** the light is very bright
b (Phot, Sci) luminosity

lump [lœp] nm lumpfish, lump-sucker → **œuf**

lunaire[1] [lynɛʀ] → SYN adj (Astron) paysage lunar; roche moon (épith); (fig) visage moonlike

lunaire[2] [lynɛʀ] nf (Bot) honesty

lunaison [lynɛzɔ̃] nf lunar month

lunapark [lynapaʀk] nm (fun)fair

lunatique [lynatik] → SYN adj quirky, whimsical, temperamental

lunch, pl **lunch(e)s** [lœntʃ] → SYN nm buffet

lundi [lœdi] nm Monday ◆ **le lundi de Pâques / de Pentecôte** Easter / Whit Monday; pour autres loc voir **samedi**

lune [lyn] → SYN nf **a** (lit) moon ◆ **pleine / nouvelle lune** full / new moon ◆ **nuit sans lune** moonless night ◆ **lune rousse** April moon ◆ **croissant / quartier de lune** crescent / quarter moon → **clair**[1]
b (*: derrière) bottom*, backside*
c (Zool) **lune de mer** moonfish
d LOC **lune de miel** honeymoon ◆ **être dans la lune** to have one's head in the clouds, be in a dream ◆ **demander** ou **vouloir la lune** to ask ou cry for the moon ◆ **il décrocherait la lune pour elle** he'd move heaven and earth to please her ◆ **promettre la lune** to promise the moon ou the earth ◆ **elle veut lui faire voir la lune en plein midi** she's trying to pull the wool over his eyes ◆ **il y a (bien) des lunes**† many moons ago ◆ **vieilles lunes** outdated notions → **face**

luné, e * [lyne] adj ◆ **être bien / mal luné** to be in a good / bad mood ◆ **comment est-elle lunée ce matin?** what sort of (a) mood is she in this morning?

lunetier, -ière [lyn(ə)tje, jɛʀ] **1** adj spectacle ou eyeglasses (US) manufacturing
2 nm,f spectacle ou eyeglasses (US) manufacturer

lunette [lynɛt] → SYN **1** nf **a** **lunettes** (correctives) glasses, eyeglasses (US), specs*, spectacles†; (de protection) goggles, glasses ◆ (fig) **mets tes lunettes!** put your specs* on!
b (Astron: télescope) telescope; [fusil] sight(s) ◆ **fusil à lunette** rifle equipped with sights
c (Archit) lunette
2 COMP ▷ **lunette d'approche** telescope ▷ **lunette arrière** (Aut) rear window ▷ **lunette astronomique** astronomical telescope ▷ **lunette des cabinets** (cuvette) toilet bowl; (siège) toilet rim ▷ **lunettes d'écaille** horn-rimmed spectacles ▷ **lunette méridienne** meridian circle ▷ **lunettes noires** dark glasses ▷ **lunettes de plongée** swimming ou diving goggles ▷ **lunettes de soleil** sunglasses, shades* ▷ **lunettes de vue** prescription ou corrective glasses

lunetterie [lynɛtʀi] nf spectacle trade

lunisolaire [lynisɔlɛʀ] adj lunisolar

lunule [lynyl] nf [ongle] half-moon, lunula (spéc); (Math) lune

lupanar [lypanaʀ] → SYN nm (littér) brothel

lupin [lypɛ̃] nm lupin

lupulin [lypylɛ̃] nm lupulin

lupuline [lypylin] → SYN nf (luzerne) black medick, nonesuch; (alcaloïde) lupulin(e)

lupus [lypys] → SYN nm lupus

lurette [lyʀɛt] nf → **beau**

lurex [lyʀɛks] nm lurex

luron * [lyʀɔ̃] nm ◆ **(joyeux** ou **gai) luron** gay dog ◆ **c'est un (sacré) luron**† he's a great one for the girls*, he's quite a lad*

luronne * [lyʀɔn] nf ◆ **(gaie) luronne** (lively) lass ◆ **c'est une (sacrée) luronne**† she's a great one for the men*, she's quite a lass*

Lusaka [lusaka] n Lusaka

lusin [lyzɛ̃] nm marline, marlin(g)

lusitanien, -ienne [lyzitanjɛ̃, jɛn] **1** adj Lusitanian
2 nm,f ◆ **Lusitanien(ne)** Lusitanian

lusophone [lyzɔfɔn] **1** adj Portuguese-speaking
2 nmf Portuguese speaker

lustrage [lystʀaʒ] nm (Tech) [étoffe, peaux, fourrures] lustring; [glace] shining

lustral, e, mpl **-aux** [lystʀal, o] adj (littér) lustral (littér)

lustre [lystʀ] [→ SYN] nm **a** [objet, peaux, vernis] lustre, shine ; (fig) [personne, cérémonie] lustre ◆ **redonner du lustre à une institution** to give new lustre to an institution
b (luminaire) centre light *(with several bulbs)*
c (littér : 5 ans) lustrum (littér) ◆ (fig) **depuis des lustres** for ages, for aeons

lustré, e [lystʀe] [→ SYN] (ptp de **lustrer**) adj cheveux, fourrure, poil glossy ; manche usée shiny

lustrer [lystʀe] [→ SYN] ▸ conjug 1 ◂ vt (Tech) étoffe, peaux, fourrures to lustre ; glace to shine ; (gén : faire briller) to shine, put a shine on ; (par l'usure) to make shiny ◆ **le chat lustre son poil** the cat is licking its fur ◆ **la pluie lustrait le feuillage** the rain put a sheen on the leaves ◆ **tissu qui se lustre facilement** fabric that soon becomes shiny

lustrerie [lystʀəʀi] nf lighting (appliance) trade

lustrine [lystʀin] nf (Tex) lustre

lut [lyt] [→ SYN] nm lute, luting

Lutèce [lytɛs] nf Lutetia

lutécien, -ienne [lytesjɛ̃, jɛn] **1** adj Lutetian
2 nm,f ◆ **Lutécien(ne)** Lutetian

lutécium [lytesjɔm] nm lutetium, lutecium

lutéine [lytein] nf lutein

luter [lyte] [→ SYN] ▸ conjug 1 ◂ vt to lute

lutétium [lytesjɔm] nm lutetium

luth [lyt] [→ SYN] nm lute

Luther [lytɛʀ] nm Luther

luthéranisme [lyteʀanism] nm Lutheranism

lutherie [lytʀi] nf (fabrication) (stringed-)instrument making ; (instruments) (stringed-)instruments

luthérien, -ienne [lyteʀjɛ̃, jɛn] [→ SYN] **1** adj Lutheran
2 nm,f ◆ **Luthérien(ne)** Lutheran

luthier, -ière [lytje, jɛʀ] nm,f (stringed-)instrument maker

luthiste [lytist] nm lutanist

lutin, e [lytɛ̃, in] [→ SYN] **1** adj impish, mischievous
2 nm (esprit) imp, sprite, goblin ◆ (fig) **(petit) lutin** (little) imp

lutiner [lytine] [→ SYN] ▸ conjug 1 ◂ vt femme to fondle, tickle ◆ **il aimait lutiner les servantes** he enjoyed a bit of slap and tickle (Brit) ou fooling around with the serving girls

lutrin [lytʀɛ̃] nm lectern

lutte [lyt] [→ SYN] **1** nf **a** (gén : combat) struggle, fight (*contre* against) ◆ **les luttes politiques qui ont déchiré le pays** the political struggles which have torn the country apart ◆ **lutte antipollution** fight against pollution ◆ **lutte biologique** biological (pest) control ◆ **lutte contre l'alcoolisme** struggle ou fight against alcoholism ◆ **lutte contre le crime** crime prevention ◆ **lutte antidrogue** battle ou fight against drugs ◆ **lutte pour la vie** (Bio, fig) struggle for existence, struggle ou fight for survival ◆ **aimer la lutte** to enjoy a struggle ◆ **entrer / être en lutte (contre qn)** to enter into / be in conflict (with sb) ◆ **en lutte ouverte contre sa famille** in open conflict with his family ◆ **travailleurs en lutte** (en grève) striking workers ◆ **engager / abandonner la lutte** to take up / give up the struggle ou fight ◆ **nous soutenons une lutte inégale** we're fighting an uneven battle, it's an unequal struggle ◆ **après plusieurs années de lutte** after several years of struggling ◆ (Mil) **le pays en lutte** the country at war ◆ (Pol) **les partis en lutte** the opposing parties ◆ **gagner** ou **conquérir qch de haute lutte** to win sth by a hard-fought struggle ou after a brave fight ou struggle ◆ **lutte entre le bien et le mal** conflict ou struggle between good and evil ◆ **lutte de l'honneur et de l'intérêt** conflict between honour and self-interest
b (Sport) wrestling ◆ **lutte libre / gréco-romaine** all-in / Graeco-Roman wrestling
2 COMP ▷ **lutte armée** armed struggle ◆ **en lutte armée** in armed conflict ▷ **lutte des classes** class struggle ou war ▷ **lutte d'intérêts** conflict ou clash of interests

lutter [lyte] [→ SYN] ▸ conjug 1 ◂ vi **a** (se battre) to struggle, fight ◆ **lutter contre un adversaire** to struggle ou fight against an opponent ◆ **lutter contre le vent** to fight against ou battle with the wind ◆ **lutter contre l'ignorance / un incendie** to fight ignorance / a fire ◆ **lutter contre l'adversité / le sommeil** to fight off adversity / sleep ◆ **lutter contre la mort** to fight ou struggle for one's life ◆ **lutter pour ses droits / la liberté** to fight for one's rights / freedom ◆ **lutter avec sa conscience** to struggle ou wrestle with one's conscience ◆ **les deux navires luttaient de vitesse** the two ships were racing each other
b (Sport) to wrestle

lutteur, -euse [lytœʀ, øz] [→ SYN] nm,f (Sport) wrestler ; (fig) fighter

lux [lyks] nm lux

luxation [lyksasjɔ̃] [→ SYN] nf dislocation, luxation (spéc)

luxe [lyks] [→ SYN] nm **a** (richesse) wealth, luxury ; [maison, objet] luxuriousness, sumptuousness ◆ **vivre dans le luxe** to live in (the lap of) luxury ◆ **de luxe** voiture, appartement luxury (épith) ◆ (Aut) **modèle (de) grand luxe** de luxe model ; (Comm) produits de luxe ◆ **boutique de luxe** shop selling luxury goods ◆ **2 salles de bain dans un appartement, c'est du luxe !** 2 bathrooms in a flat, it's the height of luxury ! ou what luxury ! ◆ **je me suis acheté un nouveau manteau, ce n'était pas du luxe** I bought myself a new coat – I had to have one ou I really needed one ou it was a basic necessity ◆ **j'ai lavé la cuisine, ce n'était pas du luxe !** I washed the kitchen floor, it had to be done
b (plaisir coûteux) luxury ◆ **il s'est offert** ou **payé le luxe d'aller au casino** he allowed himself the indulgence ou luxury of a trip to the casino ◆ **je ne peux pas me payer le luxe d'être malade / d'aller au restaurant** I can't afford the luxury of being ill / eating out
c (fig : profusion) wealth, host ◆ **un luxe de détails / précautions** a host ou wealth of details / precautions

Luxembourg [lyksɑ̃buʀ] nm ◆ **(le grand-duché de) Luxembourg** (the Grand Duchy of) Luxembourg ◆ (Pol) **le palais du Luxembourg** *the seat of the French Senate*

luxembourgeois, e [lyksɑ̃buʀʒwa, waz] **1** adj of ou from Luxembourg
2 nm,f ◆ **Luxembourgeois(e)** inhabitant ou native of Luxembourg

luxer [lykse] [→ SYN] ▸ conjug 1 ◂ vt to dislocate, luxate (spéc) ◆ **se luxer un membre** to dislocate a limb ◆ **avoir l'épaule luxée** to have a dislocated shoulder

luxueusement [lyksɥøzmɑ̃] adv luxuriously

luxueux, -euse [lyksɥø, øz] [→ SYN] adj luxurious

luxure [lyksyʀ] [→ SYN] nf lust

luxuriance [lyksyʀjɑ̃s] [→ SYN] nf luxuriance

luxuriant, e [lyksyʀjɑ̃, jɑ̃t] [→ SYN] adj végétation luxuriant, lush ; (fig) imagination fertile, luxuriant (littér)

luxurieux, -ieuse [lyksyʀjø, jøz] [→ SYN] adj lustful, lascivious, sensual

luzerne [lyzɛʀn] [→ SYN] nf medick ◆ **luzerne (cultivée)** lucerne

luzernière [lyzɛʀnjɛʀ] nf lucerne ou alfalfa field

luzule [lyzyl] nf woodrush

LV [ɛlve] nf (abrév de **langue vivante**) modern language

lycanthrope [likɑ̃tʀɔp] nmf lycanthrope

lycanthropie [likɑ̃tʀɔpi] nf lycanthropy

lycée [lise] [→ SYN] nm lycée, ≃ secondary school (Brit), high school (US) ◆ **lycée technique, lycée professionnel** *secondary school for vocational training*

lycéen [liseɛ̃] [→ SYN] nm secondary school (Brit) ou high-school (US) boy ou pupil ◆ **lorsque j'étais lycéen** when I was at secondary school ◆ **quelques lycéens étaient attablés à la terrasse** some boys from the secondary school were sitting at a table outside the café ◆ **les lycéens sont en grève** pupils at secondary schools are on strike

lycéenne [liseɛn] nf secondary school (Brit) ou high-school (US) girl ou pupil

lychee [litʃi] nm ⇒ **litchi**

lychnis [liknis] nm lychnis

lycope [likɔp] nm gipsywort

lycoperdon [likɔpɛʀdɔ̃] nm puffball

lycopode [likɔpɔd] nm lycopod, club moss

lycose [likoz] nf wolf ou hunting spider

Lycra ® [likʀa] nm Lycra ® ◆ **en Lycra** Lycra (épith)

lyddite [lidit] nf lyddite

lydien, -ienne [lidjɛ̃, jɛn] adj Lydian

lymphangite [lɛ̃fɑ̃ʒit] nf lymphangitis

lymphatique [lɛ̃fatik] [→ SYN] adj (Bio) lymphatic ; (fig) lethargic, sluggish, lymphatic (frm)

lymphatisme [lɛ̃fatism] nm lethargy, sluggishness

lymphe [lɛ̃f] [→ SYN] nf lymph

lymphocytaire [lɛ̃fɔsitɛʀ] adj lymphocytic

lymphocyte [lɛ̃fɔsit] nm lymphocyte

lymphocytopénie [lɛ̃fɔsitopeni] nf ⇒ **lymphopénie**

lymphocytose [lɛ̃fɔsitoz] nf lymphocytosis

lymphogranulomatose [lɛ̃fogʀanylomatoz] nf lymphogranulomatosis

lymphographie [lɛ̃fɔgʀafi] nf lymphography

lymphoïde [lɛ̃fɔid] adj lymphoid

lymphokine [lɛ̃fɔkin] nf lymphokine

lymphopénie [lɛ̃fɔpeni] nf lymphopenia, lymphocytopenia

lymphosarcome [lɛ̃fosaʀkom] nm lymphosarcoma

lynchage [lɛ̃ʃaʒ] nm (→ **lyncher**) execution without trial ; lynching ; tearing to pieces ◆ **il a fait l'objet d'un lynchage médiatique** he was torn to pieces by the media

lyncher [lɛ̃ʃe] [→ SYN] ▸ conjug 1 ◂ vt (exécuter sommairement) to execute without trial, lynch ; (pendre) to lynch ; (battre) to tear to pieces ◆ (fig) **je vais me faire lyncher si je rentre en retard*** they'll lynch ou kill me if I come home late

lyncheur, -euse [lɛ̃ʃœʀ, øz] nm,f (gén) aggressor ; (bourreau) lyncher

lynx [lɛ̃ks] [→ SYN] nm lynx → **œil**

Lyon [ljɔ̃] n Lyons

lyonnais, e [ljɔnɛ, ɛz] **1** adj of ou from Lyons ; (Culin) Lyonnaise
2 nm,f ◆ **Lyonnais(e)** inhabitant ou native of Lyons

lyophile [ljɔfil] adj lyophilic

lyophilisation [ljɔfilizasjɔ̃] nf lyophilization

lyophiliser [ljɔfilize] [→ SYN] ▸ conjug 1 ◂ vt to freeze-dry, lyophilize (spéc) ◆ **café lyophilisé** freeze-dried coffee

lyre [liʀ] [→ SYN] nf (Mus) lyre

lyrique [liʀik] [→ SYN] adj **a** (Poésie) lyric
b (Mus, Théât) **art lyrique** opera ◆ **artiste / théâtre lyrique** opera singer / house ◆ **ténor / soprano lyrique** lyric tenor / soprano ◆ **drame lyrique** lyric drama, opera ◆ **comédie lyrique** comic opera
c (enthousiaste) lyrical

lyriquement [liʀikmɑ̃] adv lyrically

lyrisme [liʀism] [→ SYN] nm lyricism ◆ **s'exprimer avec lyrisme sur** to wax lyrical about, enthuse over

lys [lis] nm ⇒ **lis**

lysat [liza] nm lysate

lyse [liz] nf lysis

lyser [lize] ▸ conjug 1 ◂ vt to lyse

lysergamide [lizɛʀgamid] nm lysergamide

lysergide [lizɛʀʒid] nm lysergide

lysergique [lizɛʀʒik] adj ◆ **acide lysergique diéthylamide** lysergic acid diethylamide

lysine [lizin] nf (acide aminé) lysine ; (anticorps) lysin

lysosome [lizozom] nm lysosome

lysozyme [lizozim] nm lysozyme

lytique [litik] adj lytic ◆ **cocktail lytique** lethal cocktail

M

M¹, m¹ [ɛm] nm (lettre) M, m

M² [ɛm] **a** (abrév de **Maxwell**) M
b **M.** (abrév de **Monsieur**) Mr ◆ **M. Martin** Mr Martin

m² [ɛm] (abrév de **mètre**) m ◆ **m²** (abrév de **mètre carré**) m^2, sq. m. ◆ **m³** (abrév de **mètre cube**) m^3, cu. m

m' [m] → **me**

MA [ɛma] nmf (abrév de **maître auxiliaire**) → **maître**

ma [ma] adj poss → **mon**

Maastricht [mastʀiʃt] n ◆ **le traité de Maastricht** the Maastricht Treaty

maboul, e*† [mabul] → SYN adj, nm,f (fou) loony*, crackpot*

mac‡ [mak] nm (souteneur) pimp, ponce‡

macabre [makabʀ] → SYN adj histoire, découverte macabre, gruesome; goûts, humour macabre, ghoulish

macache‡† [makaʃ] adv ◆ **macache! tu ne l'auras pas** not flipping likely!‡ (Brit) ou nothing doing!* you're not getting it ◆ **macache (bono)! il n'a pas voulu** nothing doing!* ou not a chance!* he wouldn't have it

macadam [makadam] → SYN nm **a** (substance) [pierres] macadam; [goudron] Tarmac(adam)® ◆ **macadam goudronné** Tarmac(adam)®
b (fig: rue, route) road

macadamisage [makadamizaʒ] → SYN nm, **macadamisation** [makadamizasjɔ̃] nf (→ **macadamiser**) macadamization, macadamizing; tarmacking

macadamiser [makadamize] → SYN ▸ conjug 1 ◂ vt (empierrer) to macadamize; (goudronner) to tarmac ◆ **chaussée** ou **route macadamisée** macadamized road; tarmac road

Macao [makao] n Macao

macaque [makak] → SYN nm (Zool) macaque ◆ **macaque rhésus** rhesus monkey ◆ (fig) **qui est ce (vieux) macaque?*** who's that ugly (old) ape?‡

macareux [makaʀø] → SYN nm puffin

macaron [makaʀɔ̃] → SYN nm **a** (Culin) macaroon
b (insigne) (round) badge; (autocollant) (round) sticker; (*: décoration) medal, gong* ◆ **macaron publicitaire** publicity badge; (sur voiture) advertising sticker
c (Coiffure) **macarons** coils, earphones*
d (‡: coup) blow, cuff, clout* (Brit)

macaroni, pl macaroni(s) [makaʀɔni] → SYN nm **a** (Culin) piece of macaroni ◆ **manger des macaroni(s)** to eat macaroni ◆ **macaroni(s) au gratin** macaroni cheese (Brit), macaroni and cheese (US)
b (péj: Italien) **(mangeur de) macaroni**‡* Eyeti(e)‡ (péj), wop‡ (péj)

macaronique [makaʀɔnik] → SYN adj vers etc macaronic

Maccabées [makabe] nmpl ◆ **les Maccabées** the Maccabees

maccarthysme [makkaʀtism] nm McCarthyism

macchabée‡ [makabe] nm stiff‡

macédoine [masedwan] → SYN nf **a** (Culin) **macédoine de légumes** mixed vegetables, macedoine (of vegetables) ◆ **macédoine de fruits** (gén) fruit salad; (en boîte) fruit cocktail
b (* fig: mélange) jumble, hotchpotch
c (Géog) **Macédoine** Macedonia

macédonien, -ienne [masedɔnjɛ̃, jɛn] **1** adj Macedonian
2 nm,f ◆ **Macédonien(ne)** Macedonian

macérateur [maseʀatœʀ, tʀis] nm macerater

macération [maseʀasjɔ̃] → SYN nf (→ **macérer**)
a (procédé) maceration, steeping, soaking ◆ **pendant leur macération dans le vinaigre** while they are soaking in vinegar
b (Rel: mortification) mortification, scourging (of the flesh) ◆ **s'infliger des macérations** to scourge one's body ou flesh

macérer [maseʀe] → SYN ▸ conjug 6 ◂ **1** vt **a** (aussi **faire** ou **laisser macérer**) to macerate, steep, soak
b (Rel: mortifier) **macérer sa chair** to mortify one's ou the flesh
2 vi **a** [aliment] to macerate, steep, soak
b (fig péj) **macérer dans son ignorance** to wallow in one's ignorance ◆ (faire attendre) **laisser macérer qn (dans son jus)*** to keep sb hanging about*, keep sb waiting

macfarlane [makfaʀlan] → SYN nm (manteau) Inverness cape

Mach [mak] nm mach ◆ **voler à Mach 2** to fly at mach 2 ◆ **nombre de Mach** mach (number)

machaon [makaɔ̃] → SYN nm swallowtail butterfly

mâche [mɑʃ] → SYN nf corn salad, lambs' lettuce

mâchefer [mɑʃfɛʀ] nm clinker (NonC), cinders

mâcher [mɑʃe] → SYN ▸ conjug 1 ◂ vt [personne] to chew; (avec bruit) to munch; [animal] to chomp; (Tech) to chew up ◆ **il faut lui mâcher tout le travail** you have to do half his work for him ou to spoon-feed him* ◆ **il ne mâche pas ses mots** he doesn't mince his words → **papier**

machette [maʃɛt] → SYN nf machete

Machiavel [makjavɛl] nm Machiavelli

machiavélique [makjavelik] → SYN adj Machiavellian

machiavélisme [makjavelism] → SYN nm Machiavell(ian)ism

mâchicoulis [mɑʃikuli] → SYN nm machicolation ◆ **à mâchicoulis** machicolated

machin* [maʃɛ̃] nm **a** (chose, truc) (dont le nom échappe) thingummyjig* (Brit), thingamajig* (US), whatsit*, what-d'you-call-it*; (qu'on n'a jamais vu avant) thing, contraption; (tableau, statue etc) thing ◆ **passe-moi ton machin** give me your whatsit* ◆ **les antibiotiques! il faut te méfier de ces machins-là** antibiotics! you should beware of those things ◆ **espèce de vieux machin!** you doddering old fool!*
b (personne) **Machin (chouette), Machin (chose)** what's-his-name*, what-d'you-call him*, thingumabob‡ ◆ **hé! Machin!** hey (you), what's-your-name!* ◆ **le père / la mère Machin** Mr / Mrs what's-his- / her-name*; → aussi **Machine**

machinal, e, mpl **-aux** [maʃinal, o] → SYN adj (automatique) mechanical, automatic; (involontaire) automatic, unconscious

machinalement [maʃinalmɑ̃] → SYN adv (→ **machinal**) mechanically; automatically; unconsciously ◆ **j'ai fait ça machinalement** I did it automatically ou without thinking

machination [maʃinasjɔ̃] → SYN nf (frm: complot) plot, machination; (coup monté) put-up job*, frame-up ◆ **être l'objet d'odieuses machinations** to be the victim of foul machinations ou schemings

Machine* [maʃin] nf (personne) what's-her-name*, what-d'you-call-her* ◆ **hé! Machine!** hey! (you) what's-your-name!*; → aussi **machin**

machine [maʃin] → SYN **1** nf **a** (Tech) machine; (locomotive) engine, locomotive; (avion) plane, machine; (*: bicyclette, moto) bike*, machine ◆ (fig) **il n'est qu'une machine à penser** he's nothing more than a sort of thinking machine ◆ (* fig: corps) **la machine est usée / fatiguée** the old body is wearing out / getting tired ◆ **le siècle de la machine** the century of the machine ◆ (Littérat) **"La Machine à explorer le temps"** "The Time Machine" → **salle**
b (structure) machine; (processus) machinery ◆ **la machine politique / parlementaire** the political / parliamentary machine ◆ **la machine de l'État** the machinery of state ◆ **la machine humaine** the human body ◆ **la machine administrative** the bureaucratic machine ou machinery
c **faire qch à la machine** to machine sth, do sth on a machine ◆ **fait à la machine** machine-made, done ou made on a machine ◆ **cousu / tricoté à la machine** machine-sewn / -knitted → **taper¹**
d (Naut) engine ◆ **faire machine arrière** (lit) to go astern; (fig) to back-pedal, draw back,

retreat ◆ **le gouvernement a dû faire machine arrière** the government was forced to retreat → **salle**

2 COMP ▷ **machine à adresser** addressing machine ▷ **machine à affranchir** franking machine ▷ **machine agricole** agricultural machine ▷ **machine de bureau** business ou office machine ▷ **machine à café** coffee machine ▷ **machine à calculer** calculating machine ▷ **machine comptable** adding machine, calculating machine ▷ **machine à coudre** sewing machine ▷ **machine à écrire** typewriter ▷ **machine de guerre** (gén) machine of war, instrument of warfare ▷ **machine infernale†** time bomb, (explosive) device ▷ **machine à laver** washing machine ◆ **machine à laver séchante** washer-dryer ▷ **machine à laver la vaisselle** dishwasher▷ **machine simple** simple machine ▷ **machine à sous** (pour parier de l'argent) one-armed bandit, fruit machine (Brit); (distributeur automatique) slot machine ▷ **machine à timbrer** ⇒ **machine à affranchir** ▷ **machine à tisser** power loom ▷ **machine à traitement de texte (dédiée)** (dedicated) word processor ▷ **machine à tricoter** knitting machine ▷ **machine à vapeur** steam engine ◆ **machine à vapeur à simple effet** simple steam engine ◆ **machine à vapeur à double effet** double-acting engine

machine-outil, pl **machines-outils** [maʃinuti] nf machine tool

machiner [maʃine] ⇒ SYN ▸ conjug 1 ◂ vt trahison to plot; complot to hatch ◆ **tout était machiné d'avance** the whole thing was fixed beforehand ou was prearranged, it was all a put-up job* ◆ **c'est lui qui a tout machiné** he engineered the whole thing ◆ **qu'est-ce qu'il est en train de machiner?** what is he hatching?*

machinerie [maʃinʀi] nf **a** (équipement) machinery, plant (NonC)

b (salle) (Naut) engine room; (atelier) machine room

machine-transfert, pl **machines-transferts** [maʃintʀɑ̃sfɛʀ] nf automated machine tool

machinisme [maʃinism] ⇒ SYN nm mechanization

machiniste [maʃinist] ⇒ SYN nm (Théât) scene shifter, stagehand; (Ciné) grip; (Transport) driver ◆ **« faire signe au machiniste »** ≃ "request stop"

machisme [ma(t)ʃism] ⇒ SYN nm **a** (phallocratie) male chauvinism

b (virilité) machismo

machiste [ma(t)ʃist] adj (male) chauvinist

machmètre [makmɛtʀ] nm Machmeter

macho* [matʃo] nm **a** (phallocrate) male chauvinist (pig)* ◆ **il est macho, c'est un macho** he's a male chauvinist pig*

b (viril) macho

mâchoire [mɑʃwaʀ] ⇒ SYN nf (Anat, Tech, Zool) jaw ◆ (Aut) **mâchoires de frein** brake shoes → **bâiller**

mâchonnement [mɑʃɔnmɑ̃] nm chewing; (Méd) bruxism (spéc)

mâchonner [mɑʃɔne] ⇒ SYN ▸ conjug 1 ◂ vt **a** (*) [personne] to chew (at); [cheval] to munch ◆ **mâchonner son crayon** to chew ou bite one's pencil

b (fig: marmonner) to mumble, mutter

mâchouiller* [mɑʃuje] ▸ conjug 1 ◂ vt to chew (away) at ou on

mâchure [mɑʃyʀ] ⇒ SYN nf [drap, velours] flaw

mâchurer [mɑʃyʀe] ⇒ SYN ▸ conjug 1 ◂ vt **a** (salir) papier, habit to stain (black); visage to blacken; (Typ) to mackle, blur

b (Tech: écraser) to dent

c (mâcher) to chew

macle¹ [makl] ⇒ SYN nf water chestnut

macle² [makl] nf (cristal) twin, macle; (Hér) mascle

maclé, e [makle] adj cristal twinned, hemitrope

mâcon [mɑkɔ̃] nm Mâcon (wine)

maçon [masɔ̃] ⇒ SYN nm **a** (gén) builder; (qui travaille la pierre) (stone) mason; (qui pose les briques) bricklayer ◆ **ouvrier** ou **compagnon maçon** bricklayer's mate

b ⇒ **franc-maçon**

maçonnage [masɔnaʒ] nm (travail) building; (en briques) bricklaying; (ouvrage) masonry, stonework; brickwork; (revêtement) facing

maçonne [masɔn] adj f → **abeille, fourmi**

maçonner [masɔne] ⇒ SYN ▸ conjug 1 ◂ vt (construire) to build; (consolider) to build up; (revêtir) to face; (boucher) (avec briques) to brick up; (avec pierres) to block up (with stone)

maçonnerie [masɔnʀi] ⇒ SYN nf **a** [pierres] masonry, stonework; [briques] brickwork ◆ **maçonnerie de béton** concrete ◆ **maçonnerie en blocage** ou **de moellons** rubble work

b (travail) building; (avec briques) bricklaying ◆ **entrepreneur / entreprise de maçonnerie** building contractor / firm ◆ **grosse maçonnerie** erection of the superstructure ◆ **petite maçonnerie** finishing and interior building

c ⇒ **franc-maçonnerie**

maçonnique [masɔnik] adj masonic, Masonic

macramé [makʀame] nm macramé ◆ **en macramé** macramé (épith)

macre [makʀ] nf ⇒ **macle¹**

macreuse [makʀøz] nf (Culin) shoulder of beef; (Orn) scoter

macro ... [makʀɔ] préf macro ...

macrobiote [makʀɔbjɔt] adj practising macrobiotics

macrobiotique [makʀɔbjɔtik] ⇒ SYN **1** adj macrobiotic

2 nf macrobiotics (sg)

macrocéphale [makʀosefal] adj macrocephalic

macrocéphalie [makʀosefali] nf macrocephaly, macrocephalia

macrocosme [makʀɔkɔsm] ⇒ SYN nm macrocosm

macrocosmique [makʀɔkɔsmik] adj macrocosmic

macrocyste [makʀosist], **macrocystis** [makʀosistis] nm (Bot) macrocystis

macrocyte [makʀɔsit] nm macrocyte

macrodécision [makʀodesizjɔ̃] nf large-scale decision

macroéconomie [makʀoekɔnɔmi] nf macroeconomics (sg)

macroéconomique [makʀoekɔnɔmik] adj macroeconomic

macroglobuline [makʀoglɔbylin] nf macroglobulin

macroglobulinémie [makʀoglɔbylinemi] nf macroglobulinaemia (Brit), macroglobulinemia (US)

macrographie [makʀɔgʀafi] nf macrography

macrographique [makʀɔgʀafik] adj macrographic

macro-instruction, pl **macro-instructions** [makʀoɛ̃stʀyksjɔ̃] nf macro instruction

macromoléculaire [makʀomɔlekylɛʀ] adj macromolecular

macromolécule [makʀomɔlekyl] nf macromolecule

macrophage [makʀɔfaʒ] **1** adj macrophagic

2 nm macrophage

macrophotographie [makʀofɔtɔgʀafi] nf macrophotography

macropode [makʀɔpɔd] **1** adj macropodous

2 nm paradise fish

macroscélide [makʀɔselid] nm elephant shrew

macroscopique [makʀɔskɔpik] adj macroscopic

macroséisme [makʀoseism] nm major earthquake, macroseism (spéc)

macrosporange [makʀospɔʀɑ̃ʒ] nm megasporangium, macrosporangium

macrospore [makʀospɔʀ] nf megaspore, macrospore

macrostructure [makʀostʀyktyʀ] nf macrostructure

macroure [makʀuʀ] ⇒ SYN nm macruran

macula [makyla] nf macula

maculage [makylaʒ] nm, **maculation** [makylasjɔ̃] nf **a** (gén) maculation

b (Typ) (action) offsetting; (tache) offset, set-off

maculature [makylatyʀ] nf (Typ) spoil (sheets), waste (sheets); (feuille intercalaire) interleaf

macule [makyl] ⇒ SYN nf [encre] mackle, smudge; (Astron, Méd) macula; (Typ) smudge, set-off, blot, mackle; (papier) rough brown (wrapping) paper

maculer [makyle] ⇒ SYN ▸ conjug 1 ◂ vt to stain (*de* with); (Typ) to mackle, blur ◆ **une chemise maculée de boue** a shirt spattered ou covered with mud

Madagascar [madagaskaʀ] nf Madagascar ◆ **République démocratique de Madagascar** Malagasy Republic

Madame [madam], pl **Mesdames** [medam] nf **a** (s'adressant à qn) **bonjour Madame** (courant) good morning; (nom connu) good morning, Mrs X; (frm) good morning, Madam ◆ **bonjour Mesdames** good morning (ladies) ◆ **Madame, vous avez oublié quelque chose** excuse me ou Madam (frm) you've forgotten something ◆ (devant un auditoire) **Mesdames** ladies ◆ **Mesdames, Mesdemoiselles, Messieurs** ladies and gentlemen ◆ **Madame la Présidente** [société, assemblée] Madam Chairman; [gouvernement] Madam President ◆ **oui Madame la Générale / la Marquise** yes Mrs X / Madam ◆ (Scol) **Madame!** please Mrs X!, please Miss! ◆ (au restaurant) **et pour (vous) Madame?** and for (you) madam? ◆ (frm) **Madame est servie** dinner is served (Madam) ◆ (iro) **Madame n'est pas contente!** her ladyship ou Madam isn't pleased! (iro)

b (parlant de qn) **Madame X est malade** Mrs X is ill ◆ **Madame votre mère†** your dear ou good mother ◆ (frm) **Madame est sortie** Madam ou the mistress is not at home ◆ **je vais le dire à Madame** (parlant à un visiteur) I will inform Madam (frm) ou Mrs X; (parlant à un autre domestique) I'll tell Mrs X ou the missus*† ◆ **Madame dit que c'est à elle** the lady says it belongs to her ◆ **Madame la Présidente** the chairperson, the chairman ◆ **veuillez vous occuper de Madame** please attend to this lady('s requirements)

c (sur une enveloppe) **Madame X** Mrs X ◆ (Admin) **Madame veuve X** Mrs X, widow of the late John etc X ◆ **Mesdames X** the Mrs X ◆ **Mesdames X et Y** Mrs X and Mrs Y ◆ **Monsieur X et Madame** Mr and Mrs X ◆ **Madame la Maréchale X** Mrs X ◆ **Madame la Marquise de X** the Marchioness of X ◆ **Mesdames les employées du service de comptabilité** (the ladies on) the staff of the accounts department

d (en-tête de lettre) Dear Madam ◆ **Chère Madame** Dear Mrs X ◆ (Admin) **Madame, Mademoiselle, Monsieur** Dear Sir or Madam ◆ **Madame la Maréchale / Présidente / Duchesse** Dear Madam

e (Hist: parente du roi) Madame

f (sans majuscule, pl madames) (* ou péj) lady ◆ **jouer à la madame** to play the fine lady, put on airs and graces ◆ **toutes ces (belles) madames** all these fine ladies ◆ **c'est une petite madame maintenant** she's quite a (grown-up) young lady now

madapolam [madapɔlam] ⇒ SYN nm madpol(l)am

made in [mɛdin] loc adj (Comm) made in ◆ (fig) **des habitudes made in USA** typically American habits

Madeleine [madlɛn] nf Magdalen(e), Madel(e)ine → **pleurer**

madeleine [madlɛn] ⇒ SYN nf (Culin) madeleine ◆ (fig) **c'est la madeleine de Proust** it brings back a flood of memories

Madelinot, e [madlino, ɔt] nm,f inhabitant ou native of the Magdalen Islands

Madelon [madlɔ̃] nf dim de ◆ **Madeleine.**

Mademoiselle [madmwazɛl], pl **Mesdemoiselles** [medmwazɛl] nf **a** (s'adressant à qn) **bonjour Mademoiselle** (courant) good morning; (nom connu: frm) good morning, Miss X ◆ **bonjour Mesdemoiselles** good morning ladies; (jeunes filles) good morning young ladies ◆ **Mademoiselle, vous avez oublié quelque chose** excuse me miss, you've forgotten something ◆ (au restaurant) **et pour vous Mademoiselle?** and for the young lady?, and for you, miss? ◆ (devant un auditoire) **Mesdemoiselles** ladies ◆ (iro) **Mademoiselle n'est pas contente!** her ladyship isn't pleased!

b (parlant de qn) **Mademoiselle X est malade** Miss X is ill ◆ **Mademoiselle votre sœur†** your dear sister ◆ (frm) **Mademoiselle est sortie** the young lady (of the house) is out ◆ **je vais le dire à Mademoiselle** I shall tell Miss X ◆ **Mademoiselle dit que c'est à elle** the young lady says it's hers

c (sur une enveloppe) **Mademoiselle X** Miss X ◆ **Mesdemoiselles X** the Misses X ◆ **Mesdemoiselles X et Y** Miss X and Miss Y

d (en-tête de lettre) Dear Madam ◆ **Chère Mademoiselle** Dear Miss X

e (Hist: parente du roi) Mademoiselle

Madère [madɛʀ] nf ◆ **(l'île de) Madère** Madeira

madère [madɛʀ] nm Madeira (wine) → **sauce**

madériser (se) [madeʀize] ▸conjug 1◂ vpr [eau-de-vie, vin] to oxidize

Madone [madɔn] nf **a** (Art, Rel) Madonna

b (fig) **madone** beautiful woman, madonna-like woman ◆ **elle a un visage de madone** she has the face of a madonna

madrague [madʀag] → SYN nf madrague

madras [madʀas] → SYN **1** nm (étoffe) madras (cotton); (foulard) (madras) scarf

2 n ◆ **Madras** Madras

madré, e [madʀe] → SYN adj **a** paysan crafty, wily, sly ◆ (hum) **c'est une petite madrée!** she is a crafty ou fly* (Brit) one! (hum)

b bois whorled

madréporaires [madʀepɔʀɛʀ] nmpl ◆ **les madréporaires** madreporians, the Madrepora (spéc)

madrépore [madʀepɔʀ] nm madrepore ◆ **madrépores** Madrepora

madréporique [madʀepɔʀik] adj madreporal, madreporic

Madrid [madʀid] n Madrid

madrier [madʀije] → SYN nm beam

madrigal, pl -aux [madʀigal, o] → SYN nm (Littérat, Mus) madrigal; († : propos galant) compliment

madrigaliste [madʀigalist] nmf madrigalist

madrilène [madʀilɛn] **1** adj of ou from Madrid

2 nmf ◆ **Madrilène** inhabitant ou native of Madrid

maelström [malstʀøm], **maelstrom** [malstʀɔm] → SYN nm (lit, fig) maelstrom

maestoso [maɛstozo] → SYN adv maestoso

maestria [maɛstʀija] → SYN nf (masterly) skill, mastery (*à faire qch* in doing sth) ◆ **avec maestria** brilliantly, in a masterly fashion, with consummate skill

maestro [maɛstʀo] → SYN nm (Mus) maestro

maf(f)ia [mafja] nf **a** **la Maf(f)ia** the Maf(f)ia

b (fig) [bandits, trafiquants] gang, ring ◆ **maf(f)ia d'anciens élèves** old boys' network ◆ **c'est une vraie maf(f)ia!** what a bunch* ou shower⁑ (Brit) of crooks!

maf(f)ieux, -ieuse [mafjø, jøz]

1 adj Mafia (épith)

2 nm,f maf(f)ioso

maf(f)ioso [mafjozo], pl **maf(f)iosi** [mafjozi] nm maf(f)ioso

mafflu, e [mafly] adj (littér) visage, joues round, full

magasin [magazɛ̃] → SYN **1** nm **a** (boutique) shop, store; (entrepôt) warehouse ◆ **faire** ou **courir les magasins** to go shopping, go (a) round ou do* the shops ◆ **nous ne l'avons pas en magasin** we haven't got it in stock → **chaîne, grand**

b (Tech) [fusil, appareil-photo] magazine

2 COMP ▷ **magasin des accessoires** (Théât) prop room ▷ **magasin d'alimentation** grocery store ▷ **magasin d'armes** (Mil) armoury ▷ **magasin (d'articles) de sport** sports shop (Brit), sporting goods store (US) ▷ **magasin de confection** (ready-to-wear) dress shop ou tailor's (Brit), clothing store (US) ▷ **magasin des décors** (Théât) scene dock ▷ **magasins généraux** (Comm, Jur) bonded warehouse ▷ **magasin à grande surface** hypermarket (Brit), supermarket ▷ **magasin d'habillement** (Mil) quartermaster's stores ▷ **magasin (à) libre service** self-service store ▷ **magasin à prix unique** one-price store, dime store (US), ten-cent store (US) ▷ **magasin à succursales (multiples)** chain store ▷ **magasin d'usine** factory shop ▷ **magasin de vivres** (Mil) quartermaster's stores

magasinage [magazinaʒ] nm **a** (Comm) warehousing ◆ **frais de magasinage** storage costs

b (Can) shopping ◆ **faire son magasinage** to do one's shopping

magasiner [magazine] → SYN ▸conjug 1◂ vi (Can) to go shopping

magasinier [magazinje] nm [usine] storekeeper, storeman; [entrepôt] warehouseman

magazine [magazin] → SYN nm (Presse) magazine ◆ (Rad, TV) **magazine féminin / pour les jeunes** woman's / children's hour ◆ **magazine d'actualités** news magazine ◆ **magazine hebdomadaire / mensuel** weekly / monthly (magazine) ◆ **magazine de luxe** glossy* (magazine)

magdalénien, -ienne [magdalenjɛ̃, jɛn] **1** adj Magdalenian

2 nm ◆ **le Magdalénien** the Magdalenian

mage [maʒ] → SYN nm (Antiq, fig) magus; (devin, astrologue) witch ◆ (Rel) **les (trois) Rois mages** the Magi, the (Three) Wise Men

Magellan [maʒelɑ̃] nm Magellan ◆ **le détroit de Magellan** the Strait of Magellan

magenta [maʒɛ̃ta] adj inv, nm magenta

Maghreb [magʀɛb] nm ◆ **le Maghreb** the Maghreb, North Africa

maghrébin, e [magʀebɛ̃, in] → SYN **1** adj of ou from the Maghreb ou North Africa

2 nm,f ◆ **Maghrébin(e)** North African

magicien, -ienne [maʒisjɛ̃, jɛn] → SYN nm,f (sorcier, illusionniste) magician; (fig) wizard, magician

magie [maʒi] → SYN nf magic ◆ **magie blanche / noire** white / black magic ◆ **la magie du verbe** the magic of words ◆ **comme par magie** like magic, (as if) by magic ◆ **c'est de la magie** it's (like) magic ◆ [prestidigitateur] **faire de la magie** to perform ou do magic tricks

Maginot [maʒino] n ◆ **la ligne Maginot** the Maginot Line

magique [maʒik] → SYN adj mot, baguette, pouvoir magic; (enchanteur) spectacle magical → **lanterne**

magiquement [maʒikmɑ̃] adv magically

magister† [maʒistɛʀ] nm (village) schoolmaster; (péj) pedant

magistère [maʒistɛʀ] → SYN nm **a** (Univ) *diploma taken over 3 years after completing 2 years at university, usually in vocational subjects,* ≃ master's degree

b (Rel) magisterium

c (Alchimie) magistery

magistral, e, mpl -aux [maʒistʀal, o] → SYN adj **a** (éminent) œuvre masterly, brilliant; réussite brilliant, magnificent; adresse masterly

b (hum: gigantesque) claque, raclée thorough, colossal, sound

c (doctoral) ton authoritative, masterful ◆ (Univ) **cours magistral** lecture ◆ **enseignement magistral** lecturing

d (Pharm) magistral

e (Tech) **ligne magistrale** magistral line

magistralement [maʒistʀalmɑ̃] → SYN adv (→ **magistral**) in a masterly manner; brilliantly; magnificently

magistrat [maʒistʀa] → SYN nm (Jur) (gén) magistrate; (juge) judge ◆ **magistrat du parquet** public prosecutor (Brit), prosecuting ou district attorney (US) ◆ (Admin) **magistrat municipal** town councillor ◆ **c'est le premier magistrat de France / du département** he holds the highest public office in France / the department ◆ **magistrat militaire** judge advocate

magistrature [maʒistʀatyʀ] → SYN nf **a** (Jur) magistracy, magistrature ◆ **la magistrature assise** ou **du siège** the judges, the bench ◆ **la magistrature debout** the state prosecutors

b (Admin, Pol) public office ◆ **la magistrature suprême** the supreme ou highest office

magma [magma] → SYN nm (Chim, Géol) magma; (fig: mélange) jumble, muddle

magmatique [magmatik] adj magmatic

magnanerie [maɲanʀi] nf (local) magnanerie, silk-worm breeding establishment; (sériciculture) silk-worm breeding

magnanier, -ière [maɲanje, jɛʀ] nm,f silk-worm breeder

magnanime [maɲanim] → SYN adj magnanimous ◆ **se montrer magnanime** to show magnanimity

magnanimement [maɲanimmɑ̃] adv magnanimously

magnanimité [maɲanimite] → SYN nf magnanimity

magnat [magna] → SYN nm tycoon, magnate ◆ **magnat de la presse / du textile** press / textile baron ou lord ou tycoon ◆ **magnat du pétrole** oil tycoon

magner (se)⁑ [maɲe] → SYN ▸conjug 1◂ vpr to get a move on*, hurry up ◆ **magne-toi (le train** ou **le popotin)!** get a move on!*, get moving!*, hurry up!

magnésie [maɲezi] nf magnesia

magnésien, -ienne [maɲezjɛ̃, jɛn] adj magnesian, magnesic

magnésium [maɲezjɔm] nm magnesium → **éclair**

magnétique [maɲetik] adj (Phys, fig) magnetic ◆ **champ / pôle magnétique** magnetic field / pole → **bande¹**

magnétisable [maɲetizabl] adj (→ **magnétiser**) magnetizable; hypnotizable

magnétisant, e [maɲetizɑ̃, ɑ̃t] adj magnetizing

magnétisation [maɲetizasjɔ̃] → SYN nf (→ **magnétiser**) magnetization; mesmerization, hypnotization

magnétiser [maɲetize] → SYN ▸conjug 1◂ vt **a** (Phys, fig) to magnetize

b (hypnotiser) to mesmerize, hypnotize

magnétiseur, -euse [maɲetizœʀ, øz] → SYN nm,f hypnotizer

magnétisme [maɲetism] → SYN nm (Phys, charme) magnetism; (hypnotisme) hypnotism, mesmerism ◆ **magnétisme terrestre** terrestrial magnetism ◆ **le magnétisme d'un grand homme** the magnetism ou charisma of a great man

magnétite [maɲetit] nf lodestone, magnetite

magnéto¹ [maɲeto] nm abrév de **magnétophone**

magnéto² [maɲeto] nf (Élec) magneto

magnétocassette [maɲetokasɛt] nm cassette player ou recorder

magnétodynamique [maɲetodinamik] adj fixed-magnet (épith)

magnétoélectrique [maɲetoelɛktʀik] adj magnetoelectric

magnétohydrodynamique [maɲetoidʀodinamik] nf magnetohydrodynamics (sg)

magnétomètre [maɲetɔmɛtʀ] nm magnetometer

magnétomoteur, -trice [maɲetomɔtœʀ, tʀis] adj force magnetomotive

magnéton [maɲetɔ̃] nm magneton

magnétophone [maɲetɔfɔn] nm tape recorder ◆ **magnétophone à cassette(s)** cassette recorder ◆ **enregistré au magnétophone** (tape-)recorded, taped

magnétoscope [maɲetɔskɔp] nm (appareil) video (tape ou cassette) recorder; (bande) video-tape ◆ **enregistrer au magnétoscope** to video, video-tape, take a video (recording) of

magnétoscoper [maɲetɔskɔpe] ▸conjug 1◂ vt to video, video-tape, take a video (recording) of

magnétoscopique [maɲetɔskɔpik] adj ◆ **enregistrement magnétoscopique** video (tape ou cassette) recording

magnétosphère [maɲetɔsfɛʀ] nf magnetosphere

magnétostriction [maɲetostʀiksjɔ̃] nf magnetostriction

magnétron [maɲetʀɔ̃] nm magnetron

magnificat [maɲifikat] nm inv magnificat

magnificence [maɲifisɑ̃s] → SYN nf (littér) **a** (faste) magnificence, splendour
b (prodigalité) munificence (littér), lavishness

magnifier [maɲifje] → SYN ▸ conjug 7 ◂ vt (littér : louer) to magnify (littér), glorify ; (idéaliser) to idealize

magnifique [maɲifik] → SYN adj **a** (somptueux) appartement, repas magnificent, sumptuous ; cortège splendid, magnificent ; cadeau, réception magnificent, lavish
b (splendide) femme, fleur gorgeous, superb ; paysage, temps magnificent, glorious, gorgeous ; projet, situation magnificent, marvellous ◆ **magnifique !*** fantastic !*, great !* ◆ **il a été magnifique hier soir !** he was magnificent ou fantastic* ou great* last night !
c **Soliman le Magnifique** Soliman the Magnificent ◆ (Littérat) **"Gatsby le Magnifique"** "The Great Gatsby"

magnifiquement [maɲifikmɑ̃] → SYN adv (→ **magnifique**) magnificently ; sumptuously ; lavishly ; gorgeously ; superbly ; marvellously

magnitude [maɲityd] nf (Astron, Géol) magnitude ◆ **séisme de magnitude 7 sur l'échelle de Richter** earthquake measuring 7 ou of magnitude 7 on the Richter scale

magnolia [maɲɔlja] → SYN nm, **magnolier** [maɲɔlje] nm magnolia

magnum [magnɔm] → SYN nm magnum

magot [mago] → SYN nm **a** (Zool) Barbary ape, magot
b (Sculp) magot
c (*) (somme d'argent) pile (of money)*, packet* ; (économies) savings, nest egg ◆ **ils ont amassé un joli magot** they've made a nice little pile* ou packet*, they've got a tidy sum put by ou a nice little nest egg

magouillage* [magujaʒ] nm, **magouille*** [maguj] nf (péj) scheming (péj), fiddle* ◆ **c'est le roi de la magouille** he's a born schemer ◆ **magouillage électoral** pre-election scheming ◆ **sombre magouille** dirty bit of business

magouiller* [maguje] ▸ conjug 1 ◂ **1** vi (péj) to scheme (péj)
2 vt ◆ **qu'est-ce qu'il magouille ?** what is he up to ?*

magouilleur, -euse* [magujœʀ, øz] **1** adj (péj) fly* (Brit), crafty*
2 nm,f (péj) schemer (péj), crafty operator* (Brit)

magret [magʀɛ] nm ◆ **magret (de canard)** fillet of duck breast

magyar, e [magjaʀ] **1** adj Magyar
2 nm,f ◆ **Magyar(e)** Magyar

Mahabharata [maabaʀata] nm ◆ **le Mahabharata** the Mahabharata

mahara(d)jah [maaʀa(d)ʒa] nm Maharajah

maharani [ma(a)ʀani], **maharané** [maaʀane] nf Maharanee

mahatma [maatma] nm mahatma

mahdi [madi] nm Mahdi

mahdisme [madism] nm Mahdism

mahdiste [madist] adj, nmf Mahdist

mah-jong [maʒɔ̃g] nm mah-jong(g)

Mahomet [maɔmɛt] nm Mahomet, Mohammed

mahométan, -ane† [maɔmetɑ̃, an] → SYN adj Mahometan, Mohammedan

mahométisme† [maɔmetism] nm Mohammedanism

mahonia [maɔnja] nm mahonia

mahous* [maus] adj ⇒ **maous***

mai [mɛ] → SYN nm May ; pour loc voir **septembre** et **premier**

maïa [maja] → SYN nm spider crab, maia (spéc)

maie [mɛ] → SYN nf (huche) bread box ; (pour pétrir) dough trough

maïeutique [majøtik] → SYN nf maieutics (sg)

maigre [mɛgʀ] → SYN **1** adj **a** personne thin, skinny (péj) ; animal thin, scraggy ; visage, joue thin, lean ; membres thin, scrawny (péj), skinny (péj) ◆ **maigre comme un clou** ou **un chat de gouttière*** ou **un coucou** as thin as a rake ou a lath (Brit) ou a rail (US)
b (Culin : après n) bouillon clear ; viande lean ; fromage low-fat
c (Rel) **repas maigre** meal without meat ◆ **faire maigre (le vendredi)** (gén) to abstain from meat (on Fridays) ; (manger du poisson) to eat fish (on Fridays) ◆ **le vendredi est un jour maigre** people don't eat meat on Fridays
d (peu important) profit, revenu meagre, small, slim, scanty ; ration, salaire meagre, poor ; résultat poor ; exposé, conclusion sketchy, skimpy, slight ; espoir, chance slim, slight ◆ **comme dîner, c'est un peu maigre** it's a bit of a skimpy ou meagre dinner, it's not much of a dinner
e (peu épais) végétation thin, sparse ; récolte, terre poor ◆ **un maigre filet d'eau** a thin trickle of water ◆ **maigre eau** shallow water ◆ (hum) **avoir le cheveu maigre** to be a bit thin on top
f (Typ) **caractère maigre** light-faced letter
2 nmf ◆ **grand / petit maigre** tall / small thin person ◆ **les gros et les maigres** fat people and thin people ◆ **c'est une fausse maigre** she looks deceptively thin
3 nm **a** (Culin) (viande) lean meat ; (jus) thin gravy
b (Géog) [fleuve] **maigres** shallows
c (Typ) light face
d (Zool) meagre

maigrelet, -ette [mɛgʀəlɛ, ɛt] adj thin, scrawny, skinny ◆ **un gamin maigrelet** a skinny little kid* ◆ **un petit maigrelet** a skinny little chap ou fellow ou man

maigrement [mɛgʀəmɑ̃] adv poorly, meagrely ◆ **être maigrement payé** to be badly ou poorly paid

maigreur [mɛgʀœʀ] → SYN nf [personne] thinness, leanness ; [animal] thinness, scrawniness, scragginess ; [membre] thinness, scrawniness, skinniness ; [végétation] thinness, sparseness ; [sol] poverty ; [profit] meagreness, smallness, scantiness ; [salaire] meagreness, poorness ; [réponse, exposé] sketchiness, poverty ; [preuve, sujet, auditoire] thinness ; [style] thinness, baldness ◆ **il est d'une maigreur !** he's so thin ! ou skinny !

maigrichon, -onne* [megʀiʃɔ̃, ɔn] adj, **maigriot, -iotte*** [megʀijo, ijɔt] adj ⇒ **maigrelet**

maigrir [megʀiʀ] → SYN ▸ conjug 2 ◂ **1** vi to grow ou get thinner, lose weight ◆ **je l'ai trouvé maigri** I thought he had got thinner ou he was thinner ou he had lost weight ◆ **il a maigri de visage** his face has got thinner ◆ **il a maigri de 5 kg** he has lost 5 kg ◆ **régime / pastilles pour maigrir** slimming (Brit) ou reducing (US) diet / tablets ◆ **se faire maigrir** to slim (Brit), diet (to lose weight) ◆ **faire maigrir qn** [médecin] to make sb take off ou lose weight ; [maladie, régime] to make sb lose weight
2 vt **a** **maigrir qn** [vêtement] to make sb look slim(mer) ; [maladie, régime] to make sb lose weight
b (Tech) to thin

mail [maj] → SYN nm **a** (promenade) mall†, (riverside) tree-lined walk
b (††) (jeu, terrain) (pall-)mall ; (maillet) mall

mailing [meliŋ] → SYN nm mailing ◆ **faire un mailing** to do a mailing ou a mailshot

maillage [mɑjaʒ] nm [filet] meshing ; (réseau) network

maille [mɑj] → SYN nf **a** (Couture) stitch ◆ [tissu, tricot] **maille qui a filé** stitch which has run ◆ [bas] **maille filée** ladder (Brit), run ◆ **maille (à l') endroit** plain (stitch) ◆ **maille (à l') envers** purl (stitch) ◆ **une maille à l'endroit, une maille à l'envers** knit one, purl one ◆ **tissu à fines mailles** fine-knit material ◆ **la maille** (tissu) tricot ; (secteur économique) the knitwear industry
b [filet] mesh ◆ (lit, fig) **passer entre** ou **à travers les mailles (du filet)** to slip through the net ◆ **à larges / fines mailles** wide / fine mesh (épith)
c [armure, grillage] link → **cotte**
d LOC **avoir maille à partir avec qn** to get into trouble with sb, have a brush with sb
e [oiseau] speckle

maillé, e [maje] (ptp de **mailler**) adj oiseau speckled ; poisson netted

maillechort [majʃɔʀ] nm nickel silver

mailler [mɑje] → SYN ▸ conjug 1 ◂ **1** vt **a** (Naut) chaîne to shackle ; filet to net
b (Helv : tordre) to twist ◆ **se mailler de rire** to be doubled up ou bent double with laughter
2 vi **a** [poisson] to get netted
b [oiseau] to show speckles

maillet [majɛ] → SYN nm mallet

mailloche [majɔʃ] nf (Tech) beetle, maul ; (Mus) bass drumstick

maillon [mɑjɔ̃] → SYN nm **a** (anneau) link ◆ (fig) **il n'est qu'un maillon de la chaîne** he's just one link in the chain
b (petite maille) small stitch

maillot [majo] → SYN **1** nm **a** (gén) vest ; (Danse) leotard ; [footballeur] (football) shirt ou jersey ; [coureur] vest, singlet ◆ (Sport) **porter le maillot jaune, être maillot jaune** to wear the yellow jersey, be leader of the Tour (de France etc) ◆ **s'épiler le maillot** to remove unwanted hair from one's bikini line
b [bébé] swaddling clothes (Hist), baby's wrap ◆ **enfant** ou **bébé au maillot**† babe in arms
2 COMP ▹ **maillot de bain** [homme] swimming ou bathing trunks, bathing suit† ; [femme] swimming ou bathing costume, swimsuit ◆ **maillot de bain une pièce / deux pièces** one-piece / two-piece swimsuit ▹ **maillot de corps** vest (Brit), undershirt (US)

main [mɛ̃] → SYN
1 nf **a** hand ◆ **serrer la main à** ou **de qn** to shake hands with sb ◆ **se donner** ou **se serrer la main** to shake hands ◆ **tendre la main à qn** to hold out one's hand to sb ◆ **donner la main à qn, tenir la main à** ou **de qn** to hold sb's hand ◆ **donne-moi la main pour traverser** give me your hand ou let me hold your hand to cross the street ◆ **ils se tenaient (par) la main** ou **se donnaient la main** they were holding hands ◆ **il me salua de la main** he waved to me ◆ **il me fit adieu de la main** he waved goodbye to me ◆ **il entra le chapeau à la main** he came in with his hat in his hand ◆ **être adroit / maladroit de ses mains** to be clever / clumsy with one's hands ◆ **d'une main experte** with an expert hand ◆ (Méd) **main en griffe** ape hand ◆ **à mains nues** boxer without gloves, with bare fists ou hands ◆ **les mains nues** (sans gants) with bare hands ◆ **prendre des deux mains / de la main gauche** to take with both hands / with one's left hand ◆ (Ftbl) **il y a main !** hands !, hand ball ! ◆ **de main en main** from hand to hand ◆ **la main dans la main** promeneurs hand in hand ; escrocs hand in glove ◆ **regarde, sans les mains !** look, no hands ! ◆ **les mains en l'air !** hands up !, stick 'em up !*
b (symbole d'autorité, de possession, d'aide) hand ◆ **la main de Dieu / de la fatalité** the hand of God / of fate ◆ **trouver une main secourable** to find a helping hand ◆ (aider) **donner la main à qn** to give sb a hand ◆ (s'aider) **se donner la main** to give one another a helping hand ◆ **tu es aussi maladroit que moi, on peut se donner la main** you're as clumsy as me, we're two of a kind ◆ **il lui faut une main ferme** he needs a firm hand ◆ **une main de fer dans un gant de velours** an iron hand in a velvet glove ◆ **dans des mains indignes** in unworthy hands ◆ [affaire, dossier] **être entre les mains de qn** to be in sb's hands ◆ **ma vie est entre vos mains** my life is in your hands ◆ **tomber aux** ou **dans les mains de l'ennemi** to fall into the hands of the enemy ◆ **porter la main sur qn** to lay a hand on sb ◆ **obtenir la main d'une jeune fille (en mariage)** to win a girl's hand (in marriage) ◆ **accorder la main de sa fille à**

qn to give sb one's daughter's hand in marriage → **haut, opération**

c (manière, habileté) **de la main de Cézanne** by Cézanne ◆ **reconnaître la main de l'artiste / de l'auteur** to recognize the artist's / writer's stamp ◆ **de main de maître** with a master's hand ◆ **perdre la main** to lose one's touch ◆ **garder la main** to keep one's hand in ◆ **se faire la main** to get one's hand in

d (Cartes) **avoir / perdre la main** to have / lose the lead ◆ (Baccara) **faire la main, être à la main** to have the deal; → aussi k

e (écriture) hand(writing) ◆ **c'était (écrit) de sa main** it was in his hand(writing)

f (couturière) **petite main** apprentice seamstress

g (Comm) [papier] ≃ quire (25 sheets)

h (Imprimerie) bulk

i (Afrique) [bananes] hand, bunch

j LOC **à main droite / gauche** on the right- / left-hand side ◆ **ce livre est en main** this book is in use ou is out ◆ **l'affaire est en main** the matter is being dealt with ou attended to ◆ **en mains sûres** in(to) safe hands ◆ (Fin) **en main tierce** in escrow ◆ **avoir une voiture bien en main** to have the feel of a car ◆ **avoir la situation bien en main** to have the situation well in hand ou well under control ◆ **de la main à la main** directly (without receipt) ◆ **préparé de longue main** prepared long beforehand ◆ **de première / seconde main** information, ouvrage first-hand / secondhand ◆ (Comm) **de première main** secondhand (only one previous owner) ◆ **fait (à la) main** handmade, done ou made by hand ◆ **cousu (à la) main** hand-sewn ◆ **vol / attaque à main armée** armed robbery / attack ◆ **(pris) la main dans le sac** caught red-handed, caught in the act ◆ **(en) sous main** négocier, agir secretly ◆ **les mains vides** empty-handed ◆ (fig : sans rien préparer) **les mains dans les poches** unprepared ◆ **avoir tout sous la main** to have everything to hand ou at hand ou handy ◆ **on prend ce qui tombe sous la main** we take whatever comes to hand ◆ **ce papier m'est tombé sous la main** I came across this paper ◆ **à main levée** vote on ou by a show of hands; dessin freehand ◆ **un coup de main*** (aide) a (helping) hand, help; (raid) a raid ◆ **donne-moi un coup de main*** give me a hand

k (loc verbales) **il a eu la main heureuse : il a choisi le numéro gagnant** it was a lucky shot his picking the winning number ◆ **en engageant cet assistant on a vraiment eu la main heureuse** when we took on that assistant we really picked a winner ◆ **avoir la main malheureuse** to be heavy-handed ou clumsy ◆ **avoir la main lourde** [commerçant] to be heavy-handed ou over-generous; [juge] to mete out justice with a heavy hand ◆ **ce boucher a toujours la main lourde** this butcher always gives ou cuts you more than you ask for ◆ **le juge a eu la main lourde** the judge gave him a stiff sentence ◆ **j'ai eu la main lourde avec le sel** I overdid it with ou on the salt* ◆ **avoir la main légère** to rule with a light hand ◆ **avoir la main leste** to be free ou quick with one's hands ◆ (fig) **avoir les mains liées** to have one's hands tied ◆ **il faudrait être à sa main pour réparer ce robinet** you'd have to be able to get at this tap properly to mend it ◆ **je ne suis pas à ma main** I can't get a proper hold ou grip, I'm not in the right position ◆ **faire main basse sur qch*** to run off ou make off with sth, help o.s. to sth ◆ **ils font main basse sur nos plus beaux hôtels** they're buying up all our best hotels ◆ **laisser les mains libres à qn** to give sb a free hand ou rein ◆ **mettre la main au collet de qn** to arrest sb, collar* sb ◆ **en venir aux mains** to come to blows ◆ **mettre la main sur** objet, livre to lay (one's) hands on; coupable to arrest, lay hands on, collar* ◆ **je ne peux pas mettre la main sur mon passeport** I can't lay hands on my passport ◆ **mettre la main à la pâte** to lend a hand, muck in* ◆ **mettre la dernière main à** to put the finishing ou crowning touches to ◆ **passer la main** to stand down, make way for someone else ◆ **se passer la main dans le dos** to pat one another on the back ◆ **tu n'as qu'à te prendre par la main** you (will) just have to go for it ◆ **prendre qch / qn en main** to take sth / sb in hand ◆ **il me l'a remis en mains propres** he handed ou gave it to me personally ◆ **prendre qn / qch en main** to take sb / sth in hand ◆ **prends-toi par la main*** **si tu n'es pas content** do it yourself if you're not happy ◆ **il n'y va pas de main morte** (exagérer) he doesn't do things by halves; (frapper) he doesn't pull his punches ◆ **j'en mettrais ma main au feu** ou **à couper** I'd stake my life on it → **lever, salir**

2 COMP ▷ **la main chaude** (Jeux) hot cockles ▷ **main courante** (câble) handrail; (Comm) rough book, daybook ◆ **faire établir une main courante** (Police) to notify the police of a complaint ▷ **main de Fatma** hand of Fatima ▷ **main de ressort** (Aut) dumb iron

mainate [mɛnat] → SYN nm myna(h) bird

main-d'œuvre, pl **mains-d'œuvre** [mɛ̃dœvʀ] nf labour, manpower, labour force, workforce ◆ **main-d'œuvre qualifiée** skilled labour ◆ **il m'a compté 2 heures de main-d'œuvre** he charged me 2 hours' labour

Maine [mɛn] nm Maine

main-forte [mɛ̃fɔʀt] nf inv ◆ **prêter** ou **donner main-forte à qn** to come to sb's assistance, come to help sb

mainlevée [mɛ̃l(ə)ve] nf (Jur) withdrawal ◆ (Fin) **mainlevée d'hypothèque** release of mortgage

mainmise [mɛ̃miz] → SYN nf (Jur) seizure; (Pol) takeover ◆ **la mainmise de l'État sur cette entreprise** the seizure of this company by the state

mainmorte [mɛ̃mɔʀt] → SYN nf (Jur) mortmain

maint, mainte [mɛ̃, mɛ̃t] → SYN adj (littér) (a great ou good) many (+ npl), many a (+ nsg) ◆ **maint étranger** many a foreigner ◆ **maints étrangers** many foreigners ◆ **à maintes reprises, (maintes et) maintes fois** time and (time) again, many a time

maintenance [mɛ̃t(ə)nɑ̃s] → SYN nf maintenance, servicing

maintenant [mɛ̃t(ə)nɑ̃] → SYN GRAMMAIRE ACTIVE 26.2 adv a (en ce moment) now ◆ **que fait-il maintenant ?** what's he doing now? ◆ **il doit être arrivé maintenant** he must have arrived by now ◆ **maintenant qu'il est grand** now that he's bigger → **dès, jusque, partir**[1]

b (à ce moment) now, by now ◆ **ils devaient maintenant chercher à se nourrir** they had now to try and find something to eat ◆ **Ils étaient maintenant très fatigués** by now they were very tired ◆ **ils marchaient maintenant depuis 2 heures** (by) now they had been walking for 2 hours

c (actuellement) today, nowadays ◆ **les jeunes de maintenant** young people nowadays ou today

d (ceci dit) now (then) ◆ **maintenant ce que j'en dis c'est pour ton bien** now (then) what I say is for your own good ◆ **il y a un cadavre, certes : maintenant, y a-t-il un crime ?** we're agreed there's a corpse, now the question is, is there a crime?

e (à partir de ce moment) from now on ◆ **il l'ignorait ? maintenant il le saura** he didn't know that? he will from now on

maintenir [mɛ̃t(ə)niʀ] → SYN ▸ conjug 22 ◂ 1 vt a (soutenir, contenir) édifice to hold ou keep up, support; cheville, os to give support to, support; cheval to hold in ◆ **maintenir qch fixe / en équilibre** to keep ou hold sth in position / balanced ◆ **les oreillers le maintiennent assis** the pillows keep him in a sitting position ou keep him sitting up ◆ **maintenir la tête hors de l'eau** to keep one's head above water (lit) ◆ **maintenir les prix** to keep prices steady ou in check

b (garder) (gén) to keep; statu quo, tradition to maintain, preserve, uphold; régime to uphold, support; décision to maintain, stand by, uphold; candidature to maintain ◆ **maintenir qn en vie** to keep sb alive ◆ **maintenir des troupes en Europe** to keep troops in Europe ◆ **maintenir l'ordre / la paix** to keep ou maintain law and order / the peace ◆ **maintenir qn en poste** to keep sb on, keep sb at ou in his job

c (affirmer) to maintain ◆ **je l'ai dit et je le maintiens !** I've said it and I'm sticking to it! ou I'm standing by it! ◆ **maintenir que** to maintain ou hold that

2 **se maintenir** vpr [temps] to stay fair; [amélioration] to persist; [préjugé] to live on, persist, remain; [malade] to hold one's own ◆ **se maintenir en bonne santé** to keep in good health, manage to keep well ◆ **les prix se maintiennent** prices are keeping ou holding steady ◆ **cet élève devrait se maintenir dans la moyenne** this pupil should be able to keep up with the middle of the class ◆ **comment ça va ? – ça se maintient*** how are you getting on? – bearing up* ou so-so* ou not too badly ◆ **se maintenir en équilibre sur un pied / sur une poutre** to balance on one foot / on a beam ◆ **se maintenir sur l'eau pendant plusieurs minutes sans bouée** to stay afloat for several minutes without a lifebelt ◆ **se maintenir au pouvoir** to keep o.s. in power

maintien [mɛ̃tjɛ̃] → SYN nm a (sauvegarde) [tradition] preservation, upholding, maintenance; [régime] upholding ◆ **assurer le maintien de** tradition to maintain, preserve, uphold; régime to uphold, support ◆ **ce soutien-gorge assure un bon maintien de la poitrine** this bra supports the breasts well ◆ **le maintien de troupes / de l'ordre** the maintenance of troops / of law and order ◆ **ils veulent le maintien du pouvoir d'achat** they want to keep ou maintain their purchasing power ◆ **qu'est-ce qui a pu justifier le maintien de sa décision / candidature ?** what(ever) were his reasons for standing by his decision / for maintaining his candidature?

b (posture) bearing, deportment ◆ **leçon de maintien** lesson in deportment ◆ **professeur de maintien** teacher of deportment

maire [mɛʀ] → SYN nm mayor ◆ (hum) **passer devant (monsieur) le maire** to get hitched*, get married → **adjoint, écharpe**

mairesse† [mɛʀɛs] nf mayoress

mairie [mɛʀi] → SYN nf (bâtiment) town hall, city hall; (administration) town council, municipal corporation; (charge) mayoralty, office of mayor ◆ **la mairie a décidé que ...** the (town) council has decided that ... → **secrétaire**

mais[1] [mɛ] → SYN GRAMMAIRE ACTIVE 26.3

1 conj a (objection, restriction, opposition) but ◆ **ce n'est pas bleu mais (bien) mauve** it isn't blue, it's (definitely) mauve ◆ **non seulement il boit mais (encore** ou **en outre) il bat sa femme** not only does he drink but on top of that ou even worse he beats his wife ◆ **il est peut-être le patron mais tu as quand même des droits** he may be the boss but you've still got your rights ◆ **il est parti ? mais tu m'avais promis qu'il m'attendrait !** he has left? but you promised he'd wait for me!

b (renforcement) **je n'ai rien mangé hier, mais vraiment rien** I ate nothing at all yesterday, absolutely nothing ◆ **tu me crois ? – mais oui** ou **bien sûr** ou **certainement** do you believe me? – (but) of course ou of course I do ◆ **mais je te jure que c'est vrai !** but I swear it's true! ◆ **mais si je veux bien !** but of course I agree!, sure, I agree! ◆ **mais ne te fais pas de soucis !** don't you worry!

c (transition, surprise) **mais qu'arriva-t-il ?** but what happened (then)? ◆ **mais alors qu'est-ce qui est arrivé ?** well then ou for goodness' sake what happened? ◆ **mais dites-moi, c'est intéressant tout ça !** well, well ou well now that's all very interesting! ◆ **mais j'y pense, vous n'avez pas déjeuné** by the way I've just thought, you haven't had any lunch ◆ **mais, vous pleurez** good Lord ou gracious, you're crying ◆ **mais enfin, tant pis !** well, too bad!

d (protestation, indignation) **ah mais ! il verra de quel bois je me chauffe** I can tell you he'll soon see what I have to say about it ◆ **non mais (des fois) !** ou **(alors) !*** hey look here!*, for goodness sake!* ◆ **non mais (des fois)‡ tu me prends pour un imbécile ?** I ask you!* ou come off it!‡, do you think I'm a complete idiot? ◆ **mais enfin tu vas te taire ?‡** look here, are you going to ou will you shut up?*

2 nm (sg) objection, snag; (pl) buts ◆ **je ne veux pas de mais** I don't want any buts ◆ **il n'y a pas de mais qui tienne** there's no but about it ◆ **il y a un mais** there's one snag ou objection ◆ **il va y avoir des si et des mais** there are sure to be some ifs and buts

mais² [mɛ] adv ◆ (littér, †) **il n'en pouvait mais** (impuissant) he could do nothing about it; (épuisé) he was exhausted ou worn out

maïs [mais] nm (gén) maize (Brit), Indian corn (Brit), corn (US); (en conserve) sweet corn ◆ **maïs en épi** corn on the cob ◆ **papier maïs** corn paper *(used for rolling cigarettes)*; → **farine**

maïserie [maisʀi] nf corn-processing factory

maison [mɛzɔ̃] → SYN **1** nf **a** (bâtiment) house; (immeuble) building; (locatif) block of flats (Brit), apartment building (US) ◆ **maison (d'habitation)** dwelling house, private house ◆ **une maison de 5 pièces** a 5-roomed house ◆ **maison individuelle** house *(as opposed to apartment)* ◆ (secteur) **la maison individuelle** private housing ◆ **ils ont une petite maison à la campagne** they have a cottage in the country

b (logement, foyer) home ◆ **être/rester à la maison** to be/stay at home ou in ◆ **rentrer à la maison** to go (back) home ◆ **quitter la maison** to leave home ◆ **tenir la maison de qn** to keep house for sb ◆ **les dépenses de la maison** household expenses ◆ **fait à la maison** home-made ◆ **c'est la maison du bon Dieu, c'est une maison accueillante** they keep open house, their door is always open → **linge, maître, train**

c (famille, maisonnée) family ◆ **quelqu'un de la maison m'a dit** someone in the family told me ◆ **un ami de la maison** a friend of the family ◆ **il n'est pas heureux à la maison** he doesn't have a happy home life ou family life ◆ **nous sommes 7 à la maison** there are 7 of us at home

d (entreprise commerciale) firm, company; (magasin de vente) (grand) store, (petit) shop ◆ **il est dans la maison depuis 15 ans, il a 15 ans de maison** he's been ou he has worked with the firm for 15 years ◆ **la maison n'est pas responsable de ...** the company ou management accepts no responsibility for ... ◆ **c'est offert par la maison** it's on the house ◆ **la maison ne fait pas crédit** no credit (given) ◆ **« la Maison du Cerf-volant »** "your specialist in kites" → **confiance**

e (famille royale) House ◆ **la maison de Hanovre/de Bourbon** the House of Hanover/of Bourbon

f (place de domestiques, domesticité) household ◆ **la maison du Roi/du président de la République** the Royal/Presidential Household ◆ **maison civile/militaire** civil/military household ◆ **gens†** ou **employés de maison** servants, domestic staff

g (Astrol) house, mansion; (Rel) house

2 adj inv **a** (fait à la maison) gâteau home-made; personne (*: formé sur place) trained by the firm; (*: travaillant exclusivement pour l'entreprise) in-house (épith) ◆ (Comm: spécialité) **pâté maison** pâté maison, chef's own pâté

b (*: intensif) first-rate ◆ **il y a eu une bagarre maison** ou **une bagarre quelque chose de maison** there was an almighty* ou a stand-up row ◆ **il avait une bosse maison sur la tête** he had a hell of a bump on his head‡, he had a bump on his head, a real beaut* (US) ◆ **il s'est fait engueuler, quelque chose (de) maison!** he got a hell of a talking to‡, he got a talking to, a real beaut‡ (US)

3 COMP ⊳ **maison d'arrêt** prison ⊳ **la Maison Blanche** the White House ⊳ **maison bourgeoise** large impressive house ⊳ **maison de campagne** (grande) house in the country; (petite) (country) cottage ⊳ **maison centrale** prison, (state) penitentiary (US) ⊳ **maison close** brothel ⊳ **maison de commerce** (commercial) firm ⊳ **maison de correction†** (Jur) reformatory† (Brit), industrial training school† ⊳ **maison de couture** couture house ⊳ **maison de la culture** (community) arts centre ⊳ **la Maison de Dieu** ⇒ **la Maison du Seigneur** ⊳ **maison de disques** record company ⊳ **maison d'édition** publishing house ⊳ **maison d'éducation surveillée** ≃ approved school (Brit), reform school (US) ⊳ **maison de fous*** (lit, fig) ≃ madhouse ⊳ **maison de gros** wholesaler's ⊳ **maison de jeu** gambling ou gaming club ⊳ **maison des jeunes et de la culture** ≃ community arts centre, youth club and arts centre ⊳ **maison jumelle** semi-detached (house) (Brit), duplex (US) ⊳ **maison de maître** family mansion ⊳ **maison mère** (Comm) parent company; (Rel) mother house ⊳ **maison de passe** *hotel used as a brothel* ⊳ **maison de poupée** doll's house ⊳ **maison de la presse** ≃ newsagent's (Brit), ≃ newsdealer (US) ⊳ **maison de rapport** block of flats for letting (Brit), rental apartment building (US) ⊳ **maison de redressement†** reformatory† (Brit), industrial training school† ⊳ **maison religieuse** convent ⊳ **maison de rendez-vous** *house used by lovers as a discreet meeting-place* ⊳ **maison de repos** convalescent home ⊳ **maison de retraite** old people's home ⊳ **maison de santé** (clinique) nursing home; (asile) mental home ⊳ **la Maison du Seigneur** the House of God ⊳ **maison de titres** securities firm ou house ⊳ **maison de tolérance** ⇒ **maison close**

maisonnée [mɛzɔne] → SYN nf household, family

maisonnette [mɛzɔnɛt] → SYN nf small house, maisonette; (rustique) cottage

maistrance [mɛstʀɑ̃s] nf petty officers

maître, maîtresse [mɛtʀ, mɛtʀɛs] → SYN

1 adj **a** (principal) branche main; pièce, œuvre main, major; qualité chief, main, major; (Cartes) atout, carte master (épith) ◆ **c'est une œuvre maîtresse** it's a major work ◆ **c'est la pièce maîtresse de la collection** it's the major ou main ou principal piece in the collection ◆ **poutre maîtresse** main beam ◆ **position maîtresse** major ou key position ◆ **idée maîtresse** principal ou governing idea ◆ **c'est le maître mot** it's the key word ou THE word

b (avant n: intensif) **un maître filou** ou **fripon** an arrant ou out-and-out rascal ◆ **une maîtresse femme** a managing woman

2 nm **a** (gén) master; (Art) master; (Pol: dirigeant) ruler ◆ **parler/agir en maître** to speak/act authoritatively ◆ **ils se sont installés en maîtres dans ce pays** they have set themselves up as the ruling power in the country, they have taken command of the country ◆ **d'un ton de maître** in an authoritative ou a masterful tone ◆ **je vais t'apprendre qui est le maître ici!** I'll teach you who is the boss* round here! ou who's in charge round here! ◆ **la main/l'œil du maître** the hand/eye of a master ◆ (fig) **le grand maître des études celtiques** the greatest authority on Celtic studies ◆ **le maître de céans** the master of the house ◆ (Naut) **seul maître à bord après Dieu** sole master on board under God ◆ **les maîtres du monde** the masters of the world ◆ (Échecs) **grand maître** grandmaster → **chauffeur, toile**

b (Scol) **maître (d'école)** teacher, (school-)master ◆ **maître de piano/d'anglais** piano/English teacher ◆ (Mus) **"Les Maîtres chanteurs de Nuremberg"** "The Mastersingers of Nuremberg"

c (artisan) **maître charpentier/maçon** master carpenter/mason ou builder

d (titre) **Maître** *term of address given to lawyers, artists, professors etc*; (dans la marine) petty officer ◆ **mon cher Maître** Dear Mr ou Professor etc X; (Art) maestro ◆ (Jur) **Maître X** Mr X

e LOC **coup de maître** masterstroke ◆ (Cartes) **être maître à cœur** to have ou hold the master ou best heart ◆ **le roi de cœur est maître** the king of hearts is master, the king is the master ou best heart ◆ **être maître chez soi** to be master in one's own home ◆ **être son (propre) maître** to be one's own master ◆ **être maître de refuser/de faire** to be free to refuse/do ◆ **rester maître de soi** to retain ou keep one's self-control ◆ **être maître de soi** to be in control ou have control of o.s. ◆ **être/rester maître de la situation** to be/remain in control of the situation, have/keep the situation under control ◆ **être/rester maître de sa voiture** to be/remain in control of one's car ◆ **être maître de sa destinée** to be the master of one's fate ◆ **être/rester maître du pays** to be/remain in control ou command of the country ◆ **être maître d'un secret** to be in possession of a secret ◆ **être maître de son sujet** to have a mastery of one's subject ◆ **se rendre maître de** ville, pays to gain control ou possession of; personne, animal, incendie, situation to bring ou get under control ◆ **il est passé maître dans l'art de mentir** he's a past master in the art of lying

3 **maîtresse** nf **a** (gén) mistress; (amante, petite amie) mistress

b (Scol) **maîtresse (d'école)** teacher, (school-)mistress ◆ **maîtresse!** (please) Miss!

c LOC **être/rester/se rendre/passer maîtresse (de)** → 2e

4 COMP ⊳ **maître d'armes** (Sport) fencing master ⊳ **maître assistant** (Univ) ≃ (senior) lecturer (Brit), assistant professor (US) ⊳ **maître auxiliaire** (Scol) supply teacher (Brit), substitute teacher (US) ⊳ **maître/maîtresse de ballet** (Danse) ballet master/mistress ⊳ **maître des cérémonies** master of ceremonies ⊳ **maître chanteur** blackmailer; (Mus) Meistersinger, mastersinger ⊳ **maître de chapelle** (Mus) choirmaster, precentor ⊳ **maître de conférences** nmf (Univ) ≃ (senior) lecturer (Brit), assistant professor (US) ⊳ **maître d'équipage** boatswain ⊳ **maître/maîtresse d'études** (Scol) master/mistress in charge of homework preparation ⊳ **maître de forges†** ironmaster ⊳ **maître d'hôtel** [maison] butler; [hôtel, restaurant] head waiter, maître d'(hôtel) (US); (Naut) chief steward ◆ (Culin) **pommes de terre maître d'hôtel** maître d'hôtel potatoes ⊳ **maître/maîtresse d'internat** house master/mistress ⊳ **maître Jacques** jack-of-all-trades ⊳ **maître de maison** host ⊳ **maîtresse de maison** housewife; (hôtesse) hostess ⊳ **maître nageur** swimming teacher ou instructor ⊳ **maître d'œuvre** (Constr) project manager ◆ **la mairie est maître d'œuvre de ce projet** the town council is in charge of the project ⊳ **maître d'ouvrage** (Constr) contractor ⊳ **maître à penser** intellectual guide ou leader ⊳ **maître queux** (Culin) chef ⊳ **maître des requêtes** (Admin) counsel of the Conseil d'État ⊳ **maître titulaire** permanent teacher *(in primary school)*

maître-autel, pl **maîtres-autels** [mɛtʀotɛl] nm (Rel) high altar

maître-chien, pl **maîtres-chiens** [mɛtʀəʃjɛ̃] nm dog handler

maîtrisable [mɛtʀizabl] adj **a** (contrôlable) controllable ◆ **difficilement** ou **guère maîtrisable** almost uncontrollable, scarcely controllable

b langue, technique which can be mastered

maîtrise [metʀiz] → SYN nf **a** (sang-froid) **maîtrise (de soi)** self-control, self-command, self-possession

b (contrôle) mastery, command, control ◆ (Mil) **avoir la maîtrise de la mer** to have control ou mastery of the sea, control the sea ◆ (Comm) **avoir la maîtrise d'un marché** to control ou have control of a market ◆ **sa maîtrise du français** his mastery ou command of the French language ◆ **avoir la maîtrise de l'atome** to have mastered the atom ◆ **la maîtrise des dépenses de santé** the control of health expenditures

c (habileté) skill, mastery, expertise ◆ **faire** ou **exécuter qch avec maîtrise** to do sth with skill ou skilfully

d (Ind) supervisory staff → **agent**

e (Rel) (école) choir school; (groupe) choir

f (Univ) *research degree*, ≃ master's degree ◆ **maîtrise de conférences** ≃ senior lectureship

maîtriser [metʀize] → SYN ▸ conjug 1 ◂ **1** vt **a** (soumettre) cheval, feu, foule, forcené to control, bring under control; adversaire to overcome, overpower; émeute, révolte to suppress, bring under control; problème, difficulté to master, overcome; inflation to curb

b langue, technique to master

c (contenir) émotion, geste, passion to control, master, restrain; larmes, rire to force back, restrain, control ◆ **il ne peut plus maîtriser ses nerfs** he can no longer control ou contain his temper

2 **se maîtriser** vpr to control o.s. ◆ **elle ne sait pas se maîtriser** she has no self-control

maïzena ® [maizena] nf cornflour (Brit), cornstarch (US)

majesté [maʒɛste] → SYN nf **a** (dignité) majesty; (splendeur) majesty, grandeur ◆ **la majesté divine** divine majesty ◆ (Art) **de** ou **en majesté** in majesty, enthroned

b **Votre Majesté** Your Majesty ◆ **Sa Majesté** (roi) His Majesty; (reine) Her Majesty → **lèse-majesté, pluriel**

majestueusement [maʒɛstɥøzmɑ̃] adv majestically, in a stately way

majestueux, -euse [maʒɛstɥø, øz] → SYN adj (solennel) personne, démarche majestic, stately; (imposant) taille imposing, impressive; (beau) fleuve, paysage majestic, magnificent

majeur, e [maʒœʀ] → SYN **1** adj **a** ennui, empêchement (très important) major; (le plus important) main, major, greatest ◆ **ils ont rencontré une difficulté majeure** they came up against a major ou serious difficulty ◆ **sa préoccupation majeure** his major ou main ou greatest concern ◆ **pour des raisons majeures** for reasons of the greatest importance ◆ **en majeure partie** for the most part ◆ **la majeure partie de** the greater ou major part of, the bulk of ◆ **la majeure partie des gens sont restés** most of ou the majority of the people have stayed on ◆ **le lac Majeur** Lake Maggiore → **cas**

b (Jur) of age (attrib) ◆ **il sera majeur en l'an 2000** he will come of age in the year 2000 ◆ **il n'est pas encore majeur** he's not 18 yet, he's under 18 ◆ (hum) **il est majeur et vacciné** he's old enough to look after himself ◆ (fig) **peuple majeur** responsible ou adult nation ◆ (fig) **électorat majeur** adult electorate

c (Mus) intervalle, mode major ◆ **en sol majeur** in G major

d (Logique) terme, prémisse major

e (Rel) **ordres majeurs** major orders ◆ **causes majeures** causae majores

f (Cartes) **tierce / quarte majeure** tierce / quart major

2 nm,f person who has come of ou who is of age, person who has attained his (ou her) majority, major (spéc)

3 nm middle finger

4 **majeure** nf **a** (Logique) major premise

b (Univ: matière) main subject (Brit), major (US)

c (Écon) major company

majolique [maʒɔlik] → SYN nf majolica, maiolica

major [maʒɔʀ] **1** nm **a** (Mil) sergeant-major (Brit), ≃ adjutant ◆ (Mil) **(médecin) major** medical officer, M.O. ◆ **major général** (Mil) ≃ deputy chief of staff (Brit), major general (US); (Naut) ≃ rear admiral

b (Univ etc) **être major de promotion** ≃ to be ou come first in one's year

2 nf (Écon) major company

3 adj inv → **état-major, infirmière²**, **sergent¹**

majorant [maʒɔʀɑ̃] nm (Math) upper bound

majoration [maʒɔʀasjɔ̃] → SYN nf (hausse) rise, increase (*de* in); (supplément) surcharge, additional charge; (surestimation) overvaluation, overestimation ◆ **majoration sur une facture** surcharge on a bill ◆ **majoration pour retard de paiement** surcharge ou additional charge for late payment

majordome [maʒɔʀdɔm] → SYN nm majordomo

majorer [maʒɔʀe] → SYN ▸ conjug 1 ◂ vt **a** (accroître) impôt, prix to increase, raise, put up (*de* by); facture to increase, put a surcharge on

b (surestimer) to overestimate

c (accorder trop d'importance à) problème to lend ou give too much importance to

majorette [maʒɔʀɛt] nf (drum) majorette

majoritaire [maʒɔʀitɛʀ] **1** adj actionnaire, groupe, motion majority (épith) ◆ **actionnaire majoritaire** majority shareholder ◆ **vote majoritaire** majority vote ◆ **les femmes sont majoritaires dans cette profession** women are in the majority in this profession ◆ **les socialistes sont majoritaires dans le pays** the socialists are the majority ou largest party in the country ◆ **ils sont majoritaires à l'assemblée** they are the majority party ou in the majority in Parliament ◆ **dans ce vote, nous serons sûrement majoritaires** we shall certainly have a majority on this vote → **scrutin**

2 nmf (Pol) member of the majority party

majoritairement [maʒɔʀitɛʀmɑ̃] adv choisir, voter by a majority

majorité [maʒɔʀite] → SYN nf **a** (électorale) majority ◆ **majorité absolue / relative / simple** absolute / relative / simple majority ◆ **majorité qualifiée** ou **renforcée** qualified majority ◆ **élu à une majorité de** elected by a majority of ◆ **avoir la majorité** to have the majority

b (parti majoritaire) government, party in power ◆ **député de la majorité** member of the governing party ou of the party in power, ≃ government backbencher (Brit), majority party Representative (US) ◆ **la majorité et l'opposition** the government (Brit) ou the majority party and the opposition

c (majeure partie) majority ◆ **la majorité silencieuse** the silent majority ◆ **être en majorité** to be in (the) majority ◆ **la majorité est d'accord** the majority agree ◆ **les hommes dans leur grande majorité** the great majority of mankind ◆ **dans la majorité des cas** in the majority of cases, in most cases ◆ **groupe composé en majorité de** group mainly ou mostly composed of ◆ **les enseignants sont en majorité des femmes** teachers are, in the majority, women

d (Jur) **atteindre sa majorité** to come of age, reach one's majority ◆ **jusqu'à sa majorité** until he comes of age ou reaches his majority ◆ **majorité pénale** legal majority ◆ **atteindre la majorité civile** to reach voting age

Majorque [maʒɔʀk] nf Majorca

majorquin, e [maʒɔʀkɛ̃, in] **1** adj Majorcan

2 nm,f ◆ **Majorquin(e)** Majorcan

Majuro [maʒyʀo] n Majuro

majuscule [maʒyskyl] → SYN **1** adj capital; (Typ) upper case ◆ **A majuscule** capital A

2 nf ◆ **(lettre) majuscule** capital letter; (Typ) upper case letter ◆ **en majuscules d'imprimerie** in block ou capital letters ◆ **écrivez votre nom en majuscules (d'imprimerie)** please print your name in block letters ◆ **mettre une majuscule à qch** (gén) to write sth with a capital; (Typ) to capitalize sth

makaire [makɛʀ] nm (poisson) marlin

makémono [makemɔno], **makimono** [makimɔno] → SYN nm makimono

maki [maki] → SYN nm ring-tailed lemur

mal [mal] → SYN

1 adv **a** (de façon défectueuse) jouer, dormir badly; fonctionner not properly, badly ◆ **cette porte ferme mal** this door shuts badly ou doesn't shut properly ◆ **il parle mal l'anglais** he speaks English badly ◆ **elle est mal coiffée aujourd'hui** her hair's a mess today, her hair is not well ou nicely done today ◆ **ce travail est mal fait** this work is badly done ◆ **c'est du travail mal fait** this is poor ou shoddy work ◆ **nous sommes mal nourris / logés à l'hôtel** the food / accommodation is poor ou bad at the hotel, we don't find the food good at the hotel / the hotel comfortable ◆ **ils vivent très mal avec une seule paye** they live very meagrely on ou off just one wage ◆ **redresse-toi, tu te tiens mal** stand up straight, you're not holding yourself properly ◆ **il a mal pris ce que je lui ai dit** he took exception ou did not take kindly to what I said to him ◆ **il s'y est mal pris (pour le faire)** he set about (doing) it ou he went about it the wrong way ◆ **tu le connais mal** you don't know him ◆ **de mal en pis** from bad to worse

b **mal choisi / informé / inspiré** etc ill-chosen / -informed / -advised etc ◆ **mal acquis** ill-gotten ◆ **mal à l'aise** ill-at-ease ◆ **mal avisé** ill-advised ◆ **mal embouché** coarse, ill-spoken ◆ **mal famé** of ill fame, disreputable ◆ **mal pensant** heretical, unorthodox ◆ **mal en point** in a bad ou sorry state, in a poor condition ◆ **mal à propos** at the wrong moment ◆ **avoir l'esprit mal tourné** to have a low ou dirty mind ou that sort of mind ◆ **il est mal venu de se plaindre** he is scarcely in a position to complain, he should be the last (one) to complain → **ours, vu²**

c **mal comprendre** to misunderstand ◆ **mal interpréter** to misinterpret ◆ **mal renseigner** to misinform ◆ **il comprend mal ce qu'on lui dit** he doesn't understand properly what he is told ◆ **il a mal compris ce qu'ils lui ont dit** he didn't understand properly ou he misunderstood what they told him ◆ **j'ai été mal renseigné** I was misinformed ou given (the) wrong information ◆ **phrase mal formée** ill-formed sentence → **juger** etc

d (avec difficulté) with difficulty ◆ **il respire mal** he has difficulty in breathing, he can't breathe properly ◆ **on s'explique** ou **comprend mal pourquoi** it is not easy ou it is difficult to understand why ◆ **nous voyons très mal comment ...** we fail to see how ...

e (de façon répréhensible) se conduire badly, wrongly ◆ **il ne pensait pas mal faire** he didn't think he was doing the wrong thing ou doing wrong ◆ **il ne pense qu'à mal faire** he's always looking for trouble, he's always thinking up some nasty trick ◆ **se tenir mal à table** to have bad table manners, behave badly at table ◆ **trouves-tu mal qu'il y soit allé?** do you think it was wrong of him to go? ◆ **ça lui va mal d'accuser les autres** who is he to accuse others?, it ill becomes him to accuse others (littér)

f (malade) **se sentir mal** to feel ill ou unwell ou sick, not to feel very well ◆ **aller** ou **se porter mal, être mal portant** to be in poor health ◆ **elle s'est trouvée mal à cause de la chaleur / en entendant la nouvelle** she fainted ou passed out in the heat / on hearing the news

g **pas mal** (assez bien) not badly, rather well ◆ **c'est pas mal*** it's quite good, it's not bad* ◆ **on n'est pas mal (assis) dans ces fauteuils** these armchairs are quite comfortable ◆ **il n'a pas mal travaillé ce trimestre** he's worked quite well this term ◆ **vous (ne) vous en êtes pas mal tirés** you haven't done ou come off badly, you've done rather well ◆ **vous (ne) feriez pas mal de le surveiller** you would be well-advised to keep ou it wouldn't be a bad thing if you kept an eye on him ◆ **ça va? – pas mal** how are you? – not (too) bad* ou pretty good* ou pretty well*

h **pas mal (de)*** (beaucoup) quite a lot (of) ◆ **il y a pas mal de temps qu'il est parti** it's quite a time since he left, he's been away for quite a time ◆ **on a pas mal travaillé aujourd'hui** we've done quite a lot of work today, we've worked pretty hard today* ◆ **il est pas mal fatigué** he is rather ou pretty* tired ◆ **je m'en fiche pas mal!** I couldn't care less!, I don't give a damn!‡

2 adj inv **a** (contraire à la morale) wrong, bad ◆ **il est** ou **c'est mal de mentir / de voler** it is bad ou wrong to lie / to steal ◆ (iro) **(pour elle) il ne peut rien faire de mal** (in her eyes) he can do no wrong ◆ **c'est mal à lui de dire cela** it's bad ou wrong of him to say this

b (malade) ill ◆ **il va** ou **est (très) mal ce soir** he is (very) ill tonight ◆ **il est au plus mal** he is very close to death, he's on the point of death

c (mal à l'aise) uncomfortable ◆ **vous devez être mal sur ce banc** you must be uncomfortable on that seat, that seat can't be comfortable (for you) ◆ **je marche beaucoup, je ne m'en suis jamais trouvé mal** I walk a lot and I'm none the worse for it ou and it's never done me any harm ◆ **il est mal dans sa peau** he's at odds with himself

d **être mal avec qn** to be on bad terms with sb, be in sb's bad books* ◆ **se mettre mal avec qn** to get on the wrong side of sb, get into sb's bad books* ◆ **ils sont au plus mal** they are at daggers drawn

e **pas mal** (bien) not bad, quite ou rather good; (assez beau) quite attractive; (compétent) quite competent ◆ **vous n'êtes pas mal sur cette photo** this photo is not bad of you ou is rather good of you → **bon¹**

3 nm, pl **maux** [mo] **a** (ce qui est contraire à la morale) **le mal** evil ◆ **le bien et le mal** good and evil, right and wrong ◆ **faire le mal pour le mal** to do ou commit evil for its own sake ou for evil's sake

b (souffrance morale) sorrow, pain ◆ **le mal du siècle** (fléau) the scourge of the age; (littér) world-weariness ◆ **mal du pays** homesickness ◆ **des paroles qui font du mal** words that hurt, hurtful words ◆ (fig) **journaliste en mal de copie** journalist short of copy ◆ **en mal d'argent** short of money ◆ **être en mal de tendresse** to yearn for a little tenderness ◆ **être en mal d'inspiration** to be lacking in inspiration, have no inspiration

c (travail pénible, difficulté) difficulty, trouble ◆ **ce travail / cet enfant m'a donné du mal** this work / child gave me some trouble ◆ **se**

donner du mal à faire qch to take trouble ou pains over sth, go to great pains to do sth ◆ **se donner un mal de chien à faire qch*** to bend over backwards ou go to great lengths to do sth ◆ **avoir du mal à faire qch** to have trouble ou difficulty doing sth ◆ **ne vous donnez pas le mal de faire ça** don't bother to do that ◆ **on n'a rien sans mal** you get nothing without (some) effort ◆ **faire qch sans trop de mal / non sans mal** to do sth without undue difficulty / not without difficulty ◆ **il a dû prendre son mal en patience** (attendre) he had to put up with the delay; (supporter) he had to grin and bear it
d (ce qui cause un dommage, de la peine) harm ◆ **mettre qn à mal** to harm sb ◆ **faire du mal à** to harm, hurt ◆ **il ne ferait pas de mal à une mouche** he wouldn't hurt ou harm a fly ◆ **excusez-moi – il n'y a pas de mal** I'm sorry – no harm done ◆ **il n'y a pas de mal à cela** there's no harm in that ◆ **mal lui en a pris!** he's had cause to rue it! ◆ **mal m'en a pris de sortir** going out was a grave mistake (on my part) ◆ **ça va faire mal!*** (match) it's going to be a real ding-dong match* (Brit) ou a real cracker* (Brit) ou a hell of a match‡; (produit) it's going to be a big hit! ◆ **ça me ferait mal!** it would make me sick!, it would madden me! → **vouloir**
e (ce qui est mauvais) evil, ill ◆ **les maux dont souffre notre société** the ills ou evils afflicting our society ◆ **c'est un mal nécessaire** it's a necessary evil ◆ **de deux maux, il faut choisir le moindre** one must choose the lesser of two evils ◆ **penser / dire du mal de qn / qch** to think / speak ill of sb / sth ◆ **sans penser** ou **songer à mal** without meaning any harm ◆ **accuser qn de tous les maux** to accuse sb of all the evils in the world ◆ (Prov) **aux grands maux les grands remèdes** big problems demand big solutions → **peur**
f (douleur physique) pain, ache; (maladie) illness, disease, sickness ◆ **prendre mal**† to be taken ill, feel unwell ◆ **avoir mal partout** to be aching all over ◆ **où avez-vous mal?** where does it hurt?, where is the pain? ◆ **le mal s'aggrave** (lit) the disease is getting worse, he (ou she etc) is getting worse; (fig) the situation is deteriorating, things are getting worse ◆ **j'ai mal dans le dos / à l'estomac** I've got a pain in my back / in my stomach, my back / stomach hurts ou aches ◆ **avoir un mal de tête, avoir mal à la tête** to have a headache ou a bad head* ◆ **avoir mal à la gorge** to have a sore throat ◆ **avoir mal aux dents / aux oreilles** to have toothache / earache ◆ **avoir mal au pied** to have a sore foot ◆ **des maux d'estomac** stomach pains, an upset stomach ◆ **un mal blanc** a whitlow ◆ **il s'est fait (du) mal en tombant** he hurt himself in falling ou when he fell ◆ **se faire mal au genou** to hurt one's knee ◆ **ces chaussures me font mal (au pied)** these shoes hurt ou pinch (my feet) ◆ **avoir le mal de mer / de l'air / de la route** to be seasick / airsick / carsick ◆ **contre le mal de mer / de l'air / de la route** against seasickness / airsickness / carsickness ◆ **mal des montagnes / de l'espace** mountain / space sickness ◆ **mal des transports** travel ou motion (US) sickness ◆ **pilule contre le mal des transports** travel-sickness pill, anti-motion-sickness pill (US) ◆ **mal des grands ensembles** depression resulting from life in a high-rise flat ◆ (hum) **le mal joli** the pains of (giving) birth → **cœur, ventre**

Malabar [malabaʀ] nm ◆ **le Malabar, la côte de Malabar** the Malabar (Coast)

malabar* [malabaʀ] nm muscle man*, hefty fellow*

Malabo [malabo] n Malabo

malabsorption [malapsɔʀpsjɔ̃] nf malabsorption

Malachie [malaʃi] nm Malachi

malachite [malaʃit] nf malachite

malacologie [malakɔlɔʒi] nf malacology

malacostracés [malakɔstʀase] nmpl ◆ **les malacostracés** malacostracans, the Malacostraca (spéc)

malade [malad] → SYN **1** adj **a** (atteint) homme ill, sick, unwell (attrib); organe diseased; plante diseased; dent, poitrine bad; jambe, bras bad, game* (épith), gammy* (Brit) (épith) ◆ **être bien / gravement / sérieusement malade** to be really / gravely / seriously ill ◆ **être malade du cœur, avoir le cœur malade** to have heart trouble ou a bad heart ou a heart condition ◆ **être malade des reins** to have kidney trouble ◆ **tomber malade** to fall ill ou sick ◆ **se faire porter malade** to report ou go sick ◆ **je me sens (un peu) malade** I feel (a bit) peculiar* ou sick, I don't feel very well ◆ **être malade comme un chien** ou **une bête** (gén) to be dreadfully ill; (euph: vomir) to be as sick as a dog ◆ **être malade à crever‡** to be dreadfully ill, feel ghastly* ou like death (warmed up (Brit) ou warmed over (US))* ◆ **j'ai été malade après avoir mangé des huîtres** I was ill after eating oysters
b (fou) mad ◆ **tu n'es pas (un peu) malade?‡** are you quite right in the head?*, are you out of your mind? ◆ **être malade d'inquiétude** to be sick ou ill with worry ◆ **être malade de jalousie** to be mad ou sick with jealousy ◆ **rien que d'y penser j'en suis malade, ça me rend malade rien que d'y penser*** the very thought of it makes me sick ou ill, I'm sick at the very thought of it
c (en mauvais état) objet in a sorry state ◆ **l'entreprise étant malade ils durent licencier** the business was failing ou was in a dicky* (Brit) ou shaky state and they had to pay people off ◆ **le gouvernement est trop malade pour durer jusqu'aux élections** the government is too shaky to last till the elections ◆ **notre économie est bien malade** our economy is in bad shape
2 nmf **a** (Méd) (gén) invalid, sick person; (d'un médecin) patient ◆ **grand malade** seriously ill person ◆ **faux malade** malingerer ◆ **malade imaginaire** hypochondriac ◆ (Littérat) **"Le Malade imaginaire"** "The Hypochondriac" ◆ **malade mental** mentally sick ou ill person ◆ **les malades** the sick ◆ **les grands malades** the seriously ou critically ill ◆ **le médecin et ses malades** the doctor and his patients
b (*: fanatique) **un malade de la moto** a (motor)bike freak‡ ◆ **un malade de la vitesse** a speed merchant*
c (*: fou) maniac*, madman* ◆ **il conduit comme un malade** he drives like a maniac* ou madman* ◆ **frapper comme un malade** to knock like mad* ou like a madman*

maladie [maladi] → SYN **1** nf **a** (Méd) illness, disease; [plante, vin] disease ◆ **maladie bénigne** minor ou slight illness, minor complaint ◆ **maladie grave** serious illness ◆ **maladie de cœur / foie** heart / liver complaint ou disease ◆ **ces enfants ont eu une maladie après l'autre** these children have had one sickness ou illness after another ◆ **le cancer est la maladie du siècle** cancer is the disease of this century ◆ **il a fait une petite maladie*** he's been slightly ill, he's had a minor illness ◆ **elle est en maladie*** she's off sick* ◆ **en longue maladie** (off) on extended sick leave ◆ (* fig) **il en a fait une maladie** he got into a terrible state about it, he had a fit* ◆ (* fig) **tu ne vas pas en faire une maladie!** don't you get in (such) a state over it!, don't make a song and dance about it!* ◆ **mes rosiers ont la maladie*** my rose bushes are in a bad way*
b **la maladie** sickness, illness, ill health, disease → **assurance**
c (Vét) **la maladie** distemper
d (*: obsession) mania ◆ **avoir la maladie de la vitesse** to be a speed maniac ◆ **quelle maladie as-tu de toujours intervenir!** what a mania you have for interfering! ◆ **c'est une maladie chez lui** it's a mania with him
2 COMP ▷ **maladie d'Alzheimer** Alzheimer's (disease) ▷ **la maladie bleue** the blue disease ▷ **maladie de Carré** (canine) distemper ▷ **maladie contagieuse** contagious illness ou disease ▷ **maladie de Hodgkin** Hodgkin's disease ▷ **maladie honteuse**† ⇒ **maladie vénérienne** ▷ **maladie infantile** ou **d'enfant** childhood ou infantile disease ou complaint ▷ **maladie infectieuse** infectious disease ▷ **maladie de langueur** wasting disease ▷ **maladie du légionnaire** legionnaires' disease ▷ **maladie mentale** mental illness ▷ **maladie mortelle** fatal illness ou disease ▷ **maladie de Parkinson** Parkinson's disease ▷ **maladie de peau** skin disease ou complaint ▷ **maladie professionnelle** occupational disease ▷ **maladie sexuellement transmissible** sexually transmitted disease, STD ▷ **la maladie du sommeil** sleeping sickness ▷ **maladie tropicale** tropical disease ▷ **maladie vénérienne** venereal disease, VD

maladif, -ive [maladif, iv] → SYN adj personne sickly, weak; air, pâleur sickly, unhealthy; obsession, peur pathological (fig) ◆ **il faut qu'il mente, c'est maladif chez lui** he has to lie, it's compulsive with him, he has a pathological need to lie

maladivement [maladivmɑ̃] adv (→ **maladif**) unhealthily; pathologically

maladrerie† [maladʀəʀi] nf lazarett†, lazar house†

maladresse [maladʀɛs] → SYN nf **a** (caractère: → **maladroit**) clumsiness; awkwardness; tactlessness
b (gaffe) blunder, gaffe ◆ **maladresses de style** awkward ou clumsy turns of phrase

maladroit, e [maladʀwa, wat] → SYN **1** adj **a** (inhabile) personne, geste, expression clumsy, awkward; ouvrage, style clumsy; intervention, initiative clumsy ◆ **il est vraiment maladroit de ses mains** he's really useless with his hands
b (indélicat) personne, remarque clumsy, tactless ◆ **ce serait maladroit de lui en parler** it would be tactless ou ill-considered to mention it to him
2 nm,f (inhabile) clumsy person ou oaf*; (qui fait tout tomber) butterfingers; (indélicat) tactless person ou blunderer*

maladroitement [maladʀwatmɑ̃] → SYN adv marcher, dessiner clumsily, awkwardly; agir clumsily, tactlessly

malaga [malaga] nm (vin) Malaga (wine); (raisin) Malaga grape

mal-aimé, e, mpl **mal-aimés** [maleme] nm,f outcast

malaire [malɛʀ] adj malar

malais, e[1] [malɛ, ɛz] **1** adj Malay(an)
2 nm (Ling) Malay
3 nm,f ◆ **Malais(e)** Malay(an)

malaise[2] [malɛz] → SYN nm **a** (Méd) feeling of sickness ou faintness; (gén) feeling of general discomfort ou ill-being ◆ **être pris d'un malaise, avoir un malaise** to feel faint ou dizzy, come over faint ou dizzy
b (fig: trouble) uneasiness, disquiet ◆ **éprouver un malaise** to feel uneasy, feel a sense of disquiet ◆ **le malaise étudiant / politique** student / political discontent ou unrest

malaisé, e [maleze] → SYN adj difficult

malaisément [malezemɑ̃] adv with difficulty

Malaisie [malɛzi] nf Malaysia

malaisien, -ienne [malɛzjɛ̃, jɛn] **1** adj Malaysian
2 nm,f ◆ **Malaisien(ne)** Malaysian

malandre [malɑ̃dʀ] nf (Vét) mal(l)anders (sg), mallenders (sg)

malandrin [malɑ̃dʀɛ̃] → SYN nm (†: littér) brigand (littér), bandit

malappris, e [malapʀi, iz] → SYN **1** adj ill-mannered, boorish
2 nm ill-mannered lout, boor, yob‡ (Brit)

malard [malaʀ] → SYN nm drake; (sauvage) mallard

malaria [malaʀja] → SYN nf malaria (NonC)

malavisé, e [malavize] → SYN adj personne, remarque ill-advised, injudicious, unwise

Malawi [malawi] nm Malawi

malawien, -ienne [malawjɛ̃, jɛn] **1** adj Malawian
2 nm,f ◆ **Malawien(ne)** Malawian

malaxage [malaksaʒ] nm (→ **malaxer**) kneading; massaging; creaming; blending; mixing

malaxer [malakse] → SYN ▸ conjug 1 ◂ vt **a** (triturer) argile, pâte to knead; muscle to massage ◆ **malaxer du beurre** to cream butter
b (mélanger) plusieurs substances to blend, mix; ciment, plâtre to mix

malaxeur [malaksœʀ] → SYN **1** adj m mixing
2 nm mixer

malayalam [malajalam] nm Malayal(a)am

malayo-polynésien, -ienne, mpl **malayo-polynésiens** [malɛjopɔlinezjɛ̃, jɛn] adj langue Malayo-Polynesian, Austronesian

malchance [malʃɑ̃s] → SYN nf (déveine) bad ou ill luck, misfortune; (mésaventure) misfortune, mishap ◆ **il a eu beaucoup de malchance** he's had a lot of bad luck ◆ **j'ai eu la malchance de** I had the misfortune to, I was unlucky enough to ◆ **par malchance** unfortunately, as ill luck would have it ◆ **il a joué de malchance** he had one piece of bad luck after another

malchanceux, -euse [malʃɑ̃sø, øz] → SYN adj unlucky

malcommode [malkɔmɔd] → SYN adj objet, vêtement impractical, unsuitable; horaire awkward, inconvenient; outil, meuble inconvenient, impractical ◆ **ça m'est vraiment très malcommode** it's really most inconvenient for me, it really doesn't suit me at all

Maldives [maldiv] nfpl ◆ **les Maldives** the Maldives

maldonne [maldɔn] → SYN nf (Cartes) misdeal ◆ **faire (une) maldonne** to misdeal, deal the cards wrongly ◆ **il y a maldonne** (lit) there's been a misdeal, the cards have been dealt wrongly; (fig) there's been a misunderstanding ou a mistake somewhere

Malé [male] n Malé

mâle [mɑl] → SYN **1** adj **a** (Bio, Tech) male **b** (viril) voix, courage manly; style, peinture virile, strong, forceful

2 nm male ◆ (Jur) **titre de noblesse transmis par les mâles** noble title handed down through the male line ◆ **c'est un mâle ou une femelle?** is it a he or a she?*, is it a male or a female? ◆ **c'est un beau mâle*** he's a real he-man* (hum) ◆ **(éléphant) mâle** bull (elephant) ◆ **(lapin) mâle** buck (rabbit) ◆ **(moineau) mâle** cock (sparrow) ◆ **(ours) mâle** he-bear ◆ **souris mâle** male mouse

malédiction [malediksjɔ̃] → SYN **1** nf (Rel: imprécation, adversité) curse, malediction (littér) ◆ **la malédiction divine** the curse of God ◆ **n'écoute pas les malédictions de cette vieille folle** don't listen to the curses of that old fool ◆ **la malédiction pèse sur nous** a curse hangs over us ◆ **appeler la malédiction sur qn** to call down curses upon sb

2 excl (††, hum) curse it!*, damn!* ◆ **malédiction! j'ai perdu la clef** curse it!* I've lost the key

maléfice [malefis] → SYN nm evil spell

maléfique [malefik] → SYN adj étoile malefic (littér), unlucky; charme, signe, pouvoir evil, baleful ◆ **les puissances maléfiques** the evil forces

malemort [malmɔʀ] nf (††, littér) cruel death ◆ **mourir de malemort** to die a cruel ou violent death

malencontreusement [malɑ̃kɔ̃tʀøzmɑ̃] → SYN adv arriver at the wrong moment, inopportunely, inconveniently; faire tomber inadvertently ◆ **faire malencontreusement remarquer que** to make the unfortunate remark that

malencontreux, -euse [malɑ̃kɔ̃tʀø, øz] → SYN adj **a** (malheureux) erreur, incident unfortunate; geste awkward; remarque awkward, unfortunate

b (déplacé) allusion inopportune

c (à contretemps) événement untimely

malentendant, e [malɑ̃tɑ̃dɑ̃, ɑ̃t] nm,f person who is hard of hearing ◆ **les malentendants** hearing-impaired people, people who are hard of hearing

malentendu [malɑ̃tɑ̃dy] → SYN nm misunderstanding ◆ **il y a un malentendu entre nous** we are at cross purposes

mal-être [malɛtʀ] nm inv disquiet, ill-being (US)

malfaçon [malfasɔ̃] → SYN nf fault, defect (due to bad workmanship)

malfaisant, e [malfəzɑ̃, ɑ̃t] → SYN adj personne evil, wicked, harmful; influence evil, harmful, baleful; animal, théories harmful

malfaiteur [malfɛtœʀ] → SYN nm (gén) criminal; (gangster) gangster; (voleur) burglar, thief ◆ **dangereux malfaiteur** dangerous criminal

malformation [malfɔʀmasjɔ̃] → SYN nf malformation

malfrat [malfʀa] → SYN nm (escroc) crook; (bandit) thug, gangster

malgache [malgaʃ] **1** adj Malagasy, Madagascan

2 nm (Ling) Malagasy

3 nmf ◆ **Malgache** Malagasy, Madagascan

malgracieux, -ieuse [malgʀasjø, jøz] → SYN adj (littér) silhouette ungainly, clumsy; (†) caractère loutish, churlish, boorish

malgré [malgʀe] → SYN **1** prép **a** (en dépit de) in spite of, despite ◆ **malgré son père/l'opposition de son père, il devint avocat** despite his ou in spite of his father/his father's objections he became a barrister ◆ **malgré son intelligence, il n'a pas réussi** in spite of ou for all ou notwithstanding (frm) his undoubted intelligence he hasn't succeeded ◆ **j'ai signé ce contrat malgré moi** (en hésitant) I signed the contract reluctantly ou against my better judgment; (contraint et forcé) I signed the contract against my will ◆ **j'ai fait cela presque malgré moi** I did it almost in spite of myself

b LOC **malgré tout** (en dépit de tout) in spite of everything, despite everything; (concession: quand même) all the same, even so, after all ◆ **malgré tout, c'est dangereux** all the same ou after all it's dangerous ◆ **il a continué malgré tout** he went on in spite of ou despite everything ◆ **je le ferai malgré tout** I'll do it all the same ou come what may

2 conj ◆ **malgré que*** in spite of the fact that, despite the fact that, although ◆ (littér) **malgré qu'il en ait** whether he likes it or not

malhabile [malabil] → SYN adj clumsy, awkward ◆ **malhabile à (faire) qch** unskilful ou bad at (doing) sth

malhabilement [malabilmɑ̃] adv clumsily, awkwardly, unskilfully

malheur [malœʀ] → SYN nm **a** (événement pénible) misfortune; (très grave) calamity; (épreuve) ordeal, hardship; (accident) accident, mishap ◆ **il a supporté ses malheurs sans se plaindre** he suffered his misfortunes ou his hardships without complaint ◆ **cette famille a eu beaucoup de malheurs** this family has had a lot of misfortune ou hard ship ◆ **un malheur est si vite arrivé** accidents ou mishaps happen so easily ◆ (Prov) **un malheur ne vient jamais seul** troubles never come singly, it never rains but it pours (Prov) ◆ **cela a été le grand malheur de sa vie** it was the great tragedy of his life ◆ **ce n'est pas un gros malheur!, c'est un petit malheur!** it's not such a calamity! ou tragedy! ou disaster!

b **le malheur** (adversité) adversity; (malchance) ill luck, misfortune ◆ **ils ont eu le malheur de perdre leur mère** they had the misfortune to lose their mother ◆ **une famille qui est dans le malheur** a family in misfortune ou faced with adversity ◆ **le malheur des uns fait le bonheur des autres** one man's joy is another man's sorrow ◆ **c'est dans le malheur qu'on connaît ses amis** a friend in need is a friend indeed (Prov) ◆ **le malheur a voulu qu'un agent le voie** as ill luck would have it a policeman saw him → **arriver**

c **de malheur*** (maudit) wretched ◆ **cette pluie de malheur a tout gâché** this wretched rain has spoilt everything → **oiseau**

d LOC **malheur!** oh, lord!*, hell!‡ ◆ **malheur à (celui) qui**† woe betide him who ◆ **malheur à toi si tu y touches!** woe betide you if you touch it! ◆ **par malheur** unfortunately, as ill luck would have it ◆ **le malheur c'est que ..., il n'y a qu'un malheur, c'est que ...** the trouble ou snag is that ... ◆ **son malheur c'est qu'il boit** his trouble is that he drinks ◆ **faire le malheur de ses parents** to bring sorrow to one's parents, cause one's parents nothing but unhappiness ◆ **faire un malheur** (avoir un gros succès) [spectacle] to be a big hit; [artiste, joueur] to make a great hit, be a sensation ◆ **s'il continue à m'ennuyer je fais un malheur*** if he carries on annoying me I'll do something violent ou I shall go wild ◆ **quel malheur qu'il ne soit pas venu** what a shame ou pity he didn't come ◆ **il a eu le malheur de dire que cela ne lui plaisait pas** he made the big mistake of saying he didn't like it ◆ **pour son malheur** for his sins ◆ (Bible) **malheur à l'homme ou à celui par qui le scandale arrive** woe to that man by whom the offence cometh → **comble, jouer**

malheureusement [maløʀøzmɑ̃] GRAMMAIRE ACTIVE 12, 20.4, 25.5 adv unfortunately

malheureux, -euse [maløʀø, øz] → SYN **1** adj **a** (infortuné) unfortunate ◆ **les malheureuses victimes des bombardements** the unfortunate ou unhappy victims of the bombings

b (regrettable, fâcheux) résultat, jour, geste unfortunate ◆ **pour un mot malheureux** because of an unfortunate remark ◆ **c'est bien malheureux qu'il ne puisse pas venir** it's very unfortunate ou it's a great shame ou it's a great pity that he can't come ◆ **si c'est pas malheureux d'entendre ça!*** it makes you sick to hear that!* ◆ **ah te voilà enfin, c'est pas malheureux!*** oh there you are at last and about time too!*

c (triste, qui souffre) enfant, vie unhappy, miserable ◆ **on a été très malheureux pendant la guerre** we had a miserable life during the war ◆ **il était très malheureux de ne pouvoir nous aider** he was most distressed ou upset at not being able to help us ◆ **prendre un air malheureux** to look unhappy ou distressed ◆ **rendre qn malheureux** to make sb unhappy ◆ **être malheureux comme les pierres** to be wretchedly unhappy ou utterly wretched

d (après n) (malchanceux) candidat unsuccessful, unlucky; tentative unsuccessful ◆ **il prit une initiative malheureuse** he took an unfortunate step ◆ **X a été félicité par ses adversaires malheureux** X was congratulated by his defeated opponents ◆ **être malheureux au jeu/en amour** to be unlucky at gambling/in love ◆ **amour malheureux** unhappy love affair → **heureux, main**

e (*: avant n: insignifiant) wretched, miserable ◆ **toute une histoire pour un malheureux billet de 100 F/pour une malheureuse erreur** such a to-do for a wretched ou mouldy* (Brit) ou measly* 100-franc note/for a miserable mistake ◆ **il y avait 2 ou 3 malheureux spectateurs** there was a miserable handful of spectators ◆ **sans même un malheureux coup de fil** without so much as a phone call

2 nm,f (infortuné) poor wretch ou soul ou devil*; (indigent) needy person ◆ **il a tout perdu? le malheureux!** did he lose everything? the poor man! ◆ **un malheureux de plus** another poor devil* ◆ **ne fais pas cela, malheureux!** don't do that, you fool! ◆ **aider les malheureux** (indigents) to help the needy ou those who are badly off ◆ **la malheureuse a agonisé pendant des heures** the poor woman suffered for hours before she died

malhonnête [malɔnɛt] → SYN **1** adj **a** (déloyal) personne, procédé dishonest; (crapuleux) crooked

b (†: impoli) rude → **proposition**

2 nmf (personne déloyale) dishonest person; (escroc) crook

malhonnêtement [malɔnɛtmɑ̃] adv (→ **malhonnête**) dishonestly, crookedly; rudely

malhonnêteté [malɔnɛtte] → SYN nf **a** (improbité) dishonesty, crookedness ◆ **faire des malhonnêtetés** to carry on dishonest ou crooked dealings

b (†: manque de politesse) rudeness ◆ **dire des malhonnêtetés** to make rude remarks, say rude things

Mali [mali] nm Mali

malice [malis] → SYN nf **a** (espièglerie) mischief, mischievousness; roguishness (littér) ◆ **dit-il non sans malice** he said somewhat mischievously ◆ **petites malices**† mischievous little ways ◆ **boîte ou sac à malice** box ou bag of tricks

b (méchanceté) malice, spite ◆ **par malice** out of malice ou spite ◆ **il est sans malice** he is quite guileless ◆ **il n'y voit ou entend pas malice** he means no harm by it

malicieusement [malisjøzmɑ̃] adv mischievously, roguishly

malicieux, -ieuse [malisjø, jøz] → SYN adj personne, remarque mischievous, roguish (littér); sourire mischievous, impish, roguish (littér) ◆ **notre oncle est très malicieux** our uncle is a great tease ◆ **petit malicieux!** little imp ou monkey!

malien, -enne [maljɛ̃, ɛn] **1** adj of ou from Mali, Malian
2 nm,f ◆ **Malien(ne)** Malian, inhabitant ou native of Mali

maligne [maliɲ] → **malin**

malignement [maliɲmɑ̃] adv (rare) maliciously, spitefully

malignité [maliɲite] → SYN nf **a** (malveillance) malice, spite
b (Méd) malignancy

malin, maligne [malɛ̃, maliɲ], **maline*** [malin] → SYN **1** adj **a** (intelligent) personne, air smart, shrewd, cunning ◆ **sourire malin** cunning ou knowing ou crafty smile ◆ **il est malin comme un singe** (gén) he is as artful as a cartload of monkeys; [enfant] he is an artful little monkey ◆ **bien malin qui le dira** it'll take a clever man to say that ◆ **il n'est pas bien malin** he isn't very bright ◆ (iro) **c'est malin!** that's clever ou bright, isn't it? (iro) ◆ **si tu te crois malin de faire ça!** do you think it's ou you're clever to do that? → **jouer**
b (*: difficile) **ce n'est pourtant pas bien malin** but it isn't so difficult ou tricky ◆ **ce n'est pas plus malin que ça** it's as easy ou simple as that, it's as easy as pie*, that's all there is to it
c (mauvais) influence malignant, baleful, malicious ◆ **prendre un malin plaisir à** to take a malicious pleasure in ◆ **l'esprit malin** the devil
d (Méd) malignant
2 nm,f ◆ **c'est un (petit) malin** he's a crafty one, he knows a thing or two, there are no flies on him (Brit) ◆ (iro) **gros malin!** you're a bright one! (iro) ◆ **ne fais pas ton** ou **le malin*** don't try to show off ◆ **à malin, malin et demi** there's always someone cleverer than you ◆ **le Malin** the Devil

malines [malin] nf Mechlin lace, malines (sg)

malingre [malɛ̃gʀ] → SYN adj personne sickly, puny; corps puny

malinois [malinwa] → SYN nm police dog, ≃ Alsatian (Brit), German shepherd

malintentionné, e [malɛ̃tɑ̃sjɔne] → SYN adj ill-intentioned, malicious, spiteful (*envers* towards)

malique [malik] adj ◆ **acide malique** malic acid

malle [mal] → SYN nf **a** (valise) trunk ◆ **faire sa malle** ou **ses malles** to pack one's trunk ◆ (fig) **il est parti avec ça dans ses malles** he took it with him ◆ **ils se sont fait la malle**‡ they've hightailed it*, they've scarpered‡ (Brit), they've done a bunk‡ (Brit) ◆ **on a intérêt à se faire la malle**‡ we'd better scarper‡ (Brit) ou make ourselves scarce* ◆ **il a quitté sa famille avec sa malle à quatre nœuds**† he left home with all his worldly possessions tied up in a bundle
b (Aut) **malle (arrière)** boot (Brit), trunk (US)
c (Hist) **la Malle des Indes** the Indian Mail

malléabiliser [maleabilize] ▸ conjug 1 ◂ vt to make (more) malleable

malléabilité [maleabilite] → SYN nf [métal] malleability; [caractère] malleability, pliability, flexibility

malléable [maleabl] → SYN adj métal malleable; caractère malleable, pliable, flexible

malléolaire [maleɔlɛʀ] adj malleolar

malléole [maleɔl] nf malleolus

malle-poste, pl **malles-poste** [malpɔst] nf (Hist: diligence) mail coach

mallette [malɛt] → SYN nf **a** (valise) (small) suitcase; (porte-documents) briefcase, attaché case ◆ **mallette de voyage** overnight case, grip
b (Belg: cartable) school bag, satchel

mal-logé, e [mallɔʒe] nm,f *person with insufficient housing*

malmener [malmәne] → SYN ▸ conjug 5 ◂ vt (brutaliser) personne to manhandle, handle roughly; (Mil, Sport) adversaire to give a rough time ou handling to ◆ (fig) **être malmené par la critique** to be given a rough ride ou handling by the critics

malnutrition [malnytʀisjɔ̃] → SYN nf malnutrition

malodorant, e [malɔdɔʀɑ̃, ɑ̃t] → SYN adj personne, pièce foul- ou ill-smelling, malodorous (frm), smelly; haleine foul (Brit), bad

malotru, e [malɔtʀy] → SYN nm,f lout, boor, yob‡ (Brit)

malouin, e [malwɛ̃, in] **1** adj of ou from Saint-Malo
2 nm,f ◆ **Malouin(e)** inhabitant ou native of Saint-Malo
3 nfpl ◆ **les (îles) Malouines** the Falkland Islands, the Falklands

mal-pensant, e, mpl **mal-pensants** [malpɑ̃sɑ̃, ɑ̃t] nm,f naysayer

malpoli, e [malpɔli] → SYN adj impolite, discourteous

malposition [malpozisjɔ̃] nf malposition

malpropre [malpʀɔpʀ] → SYN **1** adj **a** (sale) personne, objet dirty, grubby, grimy; travail shoddy, slovenly, sloppy
b (indécent) allusion, histoire smutty, dirty, unsavoury
c (indélicat) conduite, personne, action unsavoury, dishonest, despicable
2 nmf (hum) swine (pl inv) ◆ **se faire chasser comme un malpropre*** to be thrown ou kicked* out, be sent packing

malproprement [malpʀɔpʀәmɑ̃] adv in a dirty way ◆ **manger malproprement** to be a messy eater

malpropreté [malpʀɔpʀәte] → SYN nf **a** **la malpropreté** dirtiness, grubbiness, griminess
b (acte) low ou shady ou despicable trick; (parole) low ou unsavoury remark ◆ **raconter** ou **dire des malpropretés** to talk smut, tell dirty stories

malsain, e [malsɛ̃, ɛn] → SYN adj logement unhealthy; influence, littérature, curiosité unhealthy, unwholesome; esprit, mentalité nasty, unhealthy ◆ (* fig) **sauvons-nous, ça devient malsain** let's get out of here, things are turning nasty ou things aren't looking too healthy*

malséant, e [malseɑ̃, ɑ̃t] → SYN adj (littér) unseemly, unbecoming, improper

malsonnant, e [malsɔnɑ̃, ɑ̃t] adj (littér) propos offensive

malstrom [malstʀɔm] nm ⇒ **maelström**

malt [malt] nm malt ◆ **whisky pur malt** malt (whisky)

maltage [maltaʒ] nm malting

maltais, e [maltɛ, ɛz] **1** adj Maltese ◆ **(orange) maltaise** *type of juicy orange*
2 nm (Ling) Maltese
3 nm,f ◆ **Maltais(e)** Maltese

maltase [maltɑz] nf maltase

Malte [malt] nf Malta

malter [malte] ▸ conjug 1 ◂ vt to malt

malterie [malt(ә)ʀi] nf (usine) malt factory; (magasin) malt warehouse; (commerce) malt trade

malteur [maltœʀ] nm malt preparer

malthusianisme [maltyzjanism] → SYN nm (Sociol) Malthusianism ◆ **malthusianisme économique** Malthusian economics (sg)

malthusien, -ienne [maltyzjɛ̃, jɛn] **1** adj (Écon, Sociol) Malthusian
2 nm,f Malthusian

maltose [maltoz] nm maltose, malt sugar

maltraitance [maltʀɛtɑ̃s] nf ◆ **maltraitance d'enfant** child abuse

maltraitant, e [maltʀɛtɑ̃, ɑ̃t] adj abusive

maltraiter [maltʀete] → SYN ▸ conjug 1 ◂ vt **a** (brutaliser) to manhandle, handle roughly, ill-treat; enfant to abuse
b (mal user de) langue, grammaire to misuse
c (critiquer) œuvre, auteur to slate* (Brit), pan, run down*

malus [malys] → SYN nm (car insurance) surcharge

malveillance [malvɛjɑ̃s] → SYN nf (méchanceté) spite, malevolence; (désobligeance) ill will (*pour, envers* towards) ◆ (Jur) **avoir agi sans malveillance** to have acted without malicious intent ◆ **acte de malveillance** spiteful ou malevolent action ◆ **propos dus à la malveillance publique** spiteful ou malicious public rumour ◆ **regarder qn avec malveillance** to look at sb malevolently ◆ **je dis cela sans malveillance à son égard** I say that without wishing to be spiteful to him ◆ **c'est pa[r] pure malveillance qu'il a agi ainsi** he did tha[t] out of sheer spite ou malevolence

malveillant, e [malvɛjɑ̃, ɑ̃t] → SYN adj personne, regard, remarque malevolent, maliciou[s], spiteful

malvenu, e [malvәny] → SYN adj (déplacé) ou[t] of place (attrib), out-of-place (épith); (mal déve[loppé]) malformed; → aussi **mal** 1b

malversation [malvɛʀsasjɔ̃] → SYN nf (gén p[l]) embezzlement, misappropriation of fund[s]

malvoisie [malvwazi] nm (vin) malmse[y] (wine); (cépage) malvasia

malvoyant, e [malvwajɑ̃, ɑ̃t] nm,f person wh[o] is partially sighted ◆ **les malvoyants** the par[tially] sighted

maman [mamɑ̃] nf mummy, mother, mum (Brit), mom* (US), mommy* (US) ◆ **« maman »** **« Maman »** "mummy", mum* (Brit), mom (US) ◆ **les mamans attendaient devant l'écol[e]** the mothers ou mums* (Brit) were wai[t]ing outside the school → **futur**

mambo [mɑ̃(m)bo] → SYN nm mambo

mamelle [mamɛl] → SYN nf **a** (Zool) teat; (pis) udder, dug
b (†) [femme] breast; (péj) tit‡; [homme] breast ◆ **à la mamelle** at the breast ◆ (fig) **dè[s] la mamelle** from infancy ◆ (fig) **les deu[x] mamelles de** the lifeblood of

mamelon [mam(ә)lɔ̃] → SYN nm **a** (Anat) nipple
b (Géog) knoll, hillock

mamelonné, e [mam(ә)lɔne] → SYN adj hil[l]ocky

mamelu, e [mam(ә)ly] adj (péj ou hum) big[-]breasted, well-endowed (hum)

mamel(o)uk [mamluk] nm Mameluke

mamie[1] [mami] nf (grand-mère) granny*, gran[*]

mamie[2]**, m'amie** [mami] nf (††) ⇒ **ma mie** → **mie**[2]

mamillaire [mamilɛʀ] **1** adj mamillary (Brit) mammillary (US)
2 nf (Bot) nipple cactus

mammaire [mamɛʀ] adj mammary

mammalien, -ienne [mamaljɛ̃, jɛn] adj mam[m]alian

mammalogie [mamalɔʒi] nf mammalogy

mammectomie [mamɛktɔmi] nf mastectomy

mammifère [mamifɛʀ] → SYN **1** nm mamma[l] ◆ **les mammifères** mammals
2 adj mammalian

mammite [mamit] nf (Méd) mastitis

mammographie [mamɔgʀafi] nf mammo[]graphy

Mammon [mamɔ̃] nm Mammon

mammoplastie [mamɔplasti] nf mamma[]plasty

mammouth [mamut] nm mammoth

mamours* [mamuʀ] nmpl ◆ (hum) **faire de[s] mamours à qn** to caress ou fondle sb ◆ **se faire des mamours** to bill and coo

mam'selle*, mam'zelle* [mamzɛl] nf abré[v] de **mademoiselle**

mammy [mami] nf ⇒ **mamie**[1]

Man [mɑ̃] nf ◆ **l'île de Man** the Isle of Man

mana [mana] nm mana

manade [manad] → SYN nf (en Provence) [tau]reaux] herd of bulls; [chevaux] herd of horses

management [manaʒmɑ̃, manadʒmɛnt] → SYN nm management

manager[1] [manadʒɛʀ] → SYN nm (Écon, Sport) manager; (Théât) agent

manager[2] [mana(d)ʒe] → SYN ▸ conjug 3 ◂ v[t] to manage

manageur, -euse [manadʒœʀ, øz] nm,f = **manager**[1]

Managua [managwa] n Managua

Manama [manama] n Manama

manant [manɑ̃] → SYN nm a (†, littér) churl†† b (Hist : villageois) yokel ; (vilain) villein

Manaus [manaos] n Manaus, Manáos

manceau, -elle, mpl **manceaux** [mɑ̃so, ɛl] 1 adj of ou from Le Mans
2 nm,f ◆ **Manceau, Mancelle** inhabitant ou native of Le Mans

mancenille [mɑ̃s(ə)nij] nf manchineel fruit

mancenillier [mɑ̃s(ə)nije] nm manchineel (tree)

Manche [mɑ̃ʃ] nf ◆ **la Manche** (mer) the English Channel ; (département français) the Manche ; (en Espagne) la Mancha

manche[1] [mɑ̃ʃ] → SYN 1 nf a (Habillement) sleeve ◆ **à manches courtes/longues** short-/long-sleeved ◆ **sans manches** sleeveless ◆ **se mettre en manches** to roll up one's sleeves ◆ (fig) **avoir qn dans sa manche** to be well in with sb*, have sb in one's pocket ◆ (fig) **relever** ou **retrousser ses manches** to roll up one's sleeves (fig) ◆ **faire la manche**; to pass the hat round → **autre, chemise, effet**
b (partie) (gén, Pol, Sport) round (fig) ; (Bridge) game ; (Tennis) set ◆ **manche décisive** tie-break(er) ◆ (fig) **pour obtenir ce contrat on a gagné la première manche** we've won the first round in the battle for this contract
c (Aviat) [ballon] neck
2 COMP ▷ **manche à air** (Aviat) wind sock ; (Naut) airshaft ▷ **manche ballon** puff sleeve ▷ **manche à crevés** slashed sleeve ▷ **manche gigot** leg-of-mutton sleeve ▷ **manche kimono** kimono ou loose sleeve ▷ **manche montée** set-in sleeve ▷ **manche raglan** raglan sleeve ▷ **manche trois-quarts** three-quarter sleeve ▷ **manche à vent** airshaft

manche[2] [mɑ̃ʃ] 1 nm a (gén) handle ; (long) shaft ; (Mus) neck ◆ (fig) **être du côté du manche** to have the whip hand → **branler, jeter**
b (*: incapable) clumsy fool ou oaf, clot (Brit) ◆ **conduire comme un manche** to be a hopeless ou rotten* driver ◆ **s'y prendre comme un manche pour faire qch** to set about (doing) sth in a ham-fisted* ou ham-handed* way
2 COMP ▷ **manche à balai** (gén) broomstick, broomshaft (Brit), (Aviat, Ordin) joystick ▷ **manche à gigot** leg-of-mutton holder ▷ **manche de gigot** knuckle (of a leg-of-mutton)

mancheron[1] [mɑ̃ʃʀɔ̃] nm [vêtement] short sleeve

mancheron[2] [mɑ̃ʃʀɔ̃] nm [charrue] handle

manchette [mɑ̃ʃɛt] → SYN nf a [chemise] cuff ; (protectrice) oversleeve
b (Presse) (titre) headline ◆ **mettre en manchette** to headline, put in headlines
c (note) marginal note ◆ **en manchette** in the margin
d (coup) forearm blow

manchon [mɑ̃ʃɔ̃] → SYN nm a (Habillement) (pour les mains) muff ; (guêtre) snow gaiter → **chien**
b **manchon à incandescence** incandescent (gas) mantle
c (Culin) conserve of poultry wing
d (Tech) [tuyaux] coupler
e (fabrication du papier) muff

manchot, e [mɑ̃ʃo, ɔt] → SYN 1 adj (d'un bras) one-armed ; (des deux bras) armless ; (d'une main) one-handed ; (des deux mains) with no hands, handless ◆ **être manchot du bras droit/gauche** to have the use of only one's left/right arm ◆ (fig) **il n'est pas manchot!*** (adroit) he's clever ou he's no fool with his hands ! ; (courageux) he's no lazybones !*
2 nm,f (d'un bras) one-armed person ; (des deux bras) person with no arms
3 nm (Orn) penguin ◆ **manchot royal/empereur** king/emperor penguin

manchou, e [mɑ̃dʃu] adj, nm,f ⇒ **mandchou**

mandala [mɑ̃dala] nm mandala

mandale; [mɑ̃dal] nf biff*, clout (Brit), cuff

mandant, e [mɑ̃dɑ̃, ɑ̃t] → SYN nm,f (Jur) principal ◆ (Pol frm) **je parle au nom de mes mandants** I speak on behalf of those who have given me a mandate ou of my electors ou of my constituents

mandarin [mɑ̃daʀɛ̃] → SYN nm (Hist, péj) mandarin ; (Ling) Mandarin (Chinese) ; (Orn) mandarin duck

mandarinal, e, mpl **-aux** [mɑ̃daʀinal, o] adj mandarin

mandarinat [mɑ̃daʀina] → SYN nm (Hist) mandarinate ; (péj) academic Establishment (péj)

mandarine [mɑ̃daʀin] → SYN 1 nf mandarin (orange), tangerine
2 adj inv tangerine

mandarinier [mɑ̃daʀinje] nm mandarin (orange) tree

mandat [mɑ̃da] → SYN 1 nm a (gén, Pol) mandate ◆ **donner à qn mandat de faire** to mandate sb to do, give sb a mandate to do ◆ **obtenir le renouvellement de son mandat** to be re-elected, have one's mandate renewed ◆ **la durée du mandat présidentiel est de 5 ans** the president's term in office is 5 years ◆ **territoires sous mandat** mandated territories, territories under mandate
b (Comm : aussi **mandat-poste**) postal order (Brit), money order
c (Jur : procuration) power of attorney, proxy ; (Police etc) warrant
2 COMP ▷ **mandat d'amener** (Jur) ≃ summons ▷ **mandat d'arrêt** (Jur) ≃ warrant for arrest ▷ **mandat de comparution** (Jur) ≃ summons (to appear), subpoena ▷ **mandat de dépôt** (Jur) ≃ committal order ◆ **placer qn sous mandat de dépôt** ~ to place sb under a committal order ▷ **mandat d'expulsion** eviction order ▷ **mandat international** (Fin) international money order ▷ **mandat de perquisition** (Jur) search warrant

mandataire [mɑ̃datɛʀ] → SYN nmf (Jur) proxy, attorney ; (représentant) representative ◆ **je ne suis que son mandataire** I'm only acting as a proxy for him ◆ **mandataire aux Halles** (sales) agent (at the Halles)

mandat-carte, pl **mandats-cartes** [mɑ̃dakaʀt] nm (Comm) money order *(in postcard form)*

mandatement [mɑ̃datmɑ̃] nm a [somme] payment (by money order)
b [personne] appointment, commissioning

mandater [mɑ̃date] → SYN ▸ conjug 1 ◂ vt a (donner pouvoir à) personne to appoint, commission ; (Pol) député to give a mandate to, elect
b (Fin) **mandater une somme** (écrire) to write out a money order for a sum ; (payer) to pay a sum by money order

mandat-lettre, pl **mandats-lettres** [mɑ̃dalɛtʀ] nm (Comm) money order *(with space for correspondence)*

mandature [mɑ̃datyʀ] nf (Pol) term (of office)

mandchou, e [mɑ̃tʃu] 1 adj Manchu(rian)
2 nm (Ling) Manchu
3 nm,f ◆ **Mandchou(e)** Manchu

Mandchourie [mɑ̃tʃuʀi] nf Manchuria

mandement [mɑ̃dmɑ̃] → SYN nm a (Rel) pastoral
b (Hist : ordre) mandate, command ; (Jur : convocation) subpoena

mander [mɑ̃de] → SYN ▸ conjug 1 ◂ vt a (††) (ordonner) to command ; (convoquer) to summon
b (littér : dire par lettre) **mander qch à qn** to send ou convey the news of sth to sb, inform sb of sth

mandibulaire [mɑ̃dibylɛʀ] adj mandibular

mandibule [mɑ̃dibyl] → SYN nf mandible ◆ (fig) **jouer des mandibules*** to nosh* (Brit), chow down* (US)

mandoline [mɑ̃dɔlin] → SYN nf mandolin(e)

mandoliniste [mɑ̃dɔlinist] → SYN nmf mandolinist, mandolin-player

mandorle [mɑ̃dɔʀl] → SYN nf mandorla, vesica

mandragore [mɑ̃dʀagɔʀ] nf mandrake

mandrill [mɑ̃dʀil] → SYN nm mandrill

mandrin [mɑ̃dʀɛ̃] nm (pour serrer) chuck ; (pour percer, emboutir) punch ; (pour élargir, égaliser des trous) drift ; [tour] mandrel

manducation [mɑ̃dykasjɔ̃] → SYN nf manducation

manécanterie [manekɑ̃tʀi] → SYN nf (parish) choir school

manège [manɛʒ] → SYN nm a **manège (de chevaux de bois)** roundabout (Brit), merry-go-round, carousel (US) → **tour**[2]
b (Équitation) (piste, salle) ring, school ◆ **manège couvert** indoor school ◆ **faire du manège** to do exercises in the indoor school
c (fig : agissements) game, ploy ◆ **j'ai deviné son petit manège** I guessed what he was up to, I saw through his little game

mânes [man] → SYN nmpl (Antiq Rel) manes ◆ (littér, fig) **les mânes de ses ancêtres** the shades of his ancestors (littér), the spirits of the dead

maneton [man(ə)tɔ̃] nm (Aut) clankpin

manette [manɛt] → SYN nf lever, tap ◆ (Aut) **manette des gaz** throttle lever ◆ (Ordin) **manette de jeux** joystick

manganate [mɑ̃ganat] nm manganate

manganèse [mɑ̃ganɛz] nm manganese

manganeux [mɑ̃ganø] adj m manganous

manganique [mɑ̃ganik] adj manganic

manganite [mɑ̃ganit] nm manganese dioxide

mangeable [mɑ̃ʒabl] → SYN adj (lit, fig) edible, eatable

mangeaille [mɑ̃ʒaj] → SYN nf (péj) (nourriture mauvaise) pigswill, disgusting food ; (grande quantité de nourriture) mounds of food ◆ **il nous venait des odeurs de mangeaille** we were met by an unappetizing smell of food (cooking)

mange-disques [mɑ̃ʒdisk] nm inv slot-in record player *(for singles)*

mangeoire [mɑ̃ʒwaʀ] → SYN nf (gén) trough, manger ; [oiseaux] feeding dish

mangeotter* [mɑ̃ʒɔte] ▸ conjug 1 ◂ vt to nibble

manger [mɑ̃ʒe] → SYN ▸ conjug 3 ◂ 1 vt a to eat ; soupe to drink, eat ◆ **manger dans une assiette/dans un bol** to eat off ou from a plate/out of a bowl ◆ **il mange peu** he doesn't eat much ◆ **il ne mange pas** ou **rien en ce moment** he's off his food at present, he is not eating at all at present ◆ **ils ont mangé tout ce qu'elle avait (à la maison)** they ate her out of house and home ◆ **vous mangerez bien un morceau avec nous?*** won't you have a bite (to eat) with us? ◆ **il a mangé tout ce qui restait** he has eaten (up) all that was left ◆ **cela se mange?** can you eat it?, is it edible? ◆ **ce plat se mange très chaud** this dish should be eaten piping hot ◆ **ils leur ont fait** ou **donné à manger un excellent poisson** they served ou gave them some excellent fish (to eat) ◆ **faire manger qn** to feed sb ◆ **faire manger qch à qn** to give sb sth to eat, make sb eat sth ◆ **donner à manger à un bébé/un animal** to feed a baby/an animal ◆ **manger goulûment** to wolf down one's food, eat greedily ◆ **manger salement** to be a messy eater ◆ **manger comme un cochon*** to eat like a pig* ◆ **finis de manger!, mange!** eat up! ◆ **on mange bien/mal à cet hôtel** the food is good/bad at this hotel ◆ **les enfants ne mangent pas à leur faim à l'école** the children don't get ou are not given enough to eat at school
b (emploi absolu : faire un repas) **manger dehors** ou **au restaurant** to eat out, have a meal out ◆ **c'est l'heure de manger** (midi) it's lunchtime ; (soir) it's dinnertime ◆ **inviter qn à manger** to invite sb for a meal ◆ **boire en mangeant** to drink with a meal ◆ **manger sur le pouce** to have a (quick) snack, snatch a bite (to eat) → **carte**
c (fig : dévorer) **manger qn des yeux** to gaze hungrily at sb, devour sb with one's eyes ◆ **manger qn de baisers** to smother sb with kisses ◆ **allez le voir, il ne vous mangera pas** go and see him, he won't eat you ◆ **il va te manger tout cru** he'll make mincemeat of you, he'll swallow you whole ◆ **se faire manger par les moustiques** to get eaten alive ou bitten to death by mosquitoes ◆ (iro) **manger du curé/du communiste** to be violently anti-clerical/anti-communist
d (ronger) to eat (away) ◆ **mangé par les mites** ou **aux mites** moth-eaten ◆ **la grille (de fer) a été mangée par la rouille** the (iron) railing is eaten away with ou by rust ◆ **le soleil**

a mangé la couleur the sun has taken out ou faded the colour

e (faire disparaître, consommer) **ce poêle mange beaucoup de charbon** this stove gets through ou uses a lot of coal ou is heavy on coal ◆ **toutes ces activités lui mangent son temps** all these activities take up his time ◆ (avaler) **manger ses mots** to swallow one's words ◆ **de nos jours les grosses entreprises mangent les petites** nowadays the big firms swallow up the smaller ones ◆ **une barbe touffue lui mangeait le visage** his face was half hidden under a bushy beard ◆ **des yeux énormes lui mangeaient le visage** his face seemed to be just two great eyes

f (dilapider) fortune, capital, économies to go through, squander ◆ **l'entreprise mange de l'argent** the business is eating money ◆ **dans cette affaire il mange de l'argent** he's spending more than he earns ou his outgoings are more than his income in this business

g LOC **manger la consigne** ou **la commission** to forget one's errand ◆ **manger comme quatre / comme un oiseau** to eat like a horse / like a bird ◆ **manger du bout des dents** to pick ou nibble at one's food ◆ (fig) **manger le morceau**⁑ to spill the beans⁑, talk, come clean* ◆ **manger son pain blanc le premier** to have it easy at the start ◆ **je ne mange pas de ce pain-là!** I'm having nothing to do with that!, I'm not stooping to anything like that! ◆ **ça ne mange pas de pain!** it doesn't cost much!, you won't have to do much! ◆ **il faut manger pour vivre et non pas vivre pour manger** one must eat to live and not live to eat ◆ **manger de la vache enragée** to have a very lean time of it ◆ **manger son blé en herbe** to spend one's money in advance ou before one gets it ◆ **manger à tous les rateliers** to cash in* on all sides ◆ **se laisser** ou **se faire manger la laine sur le dos*** to let oneself be taken advantage of ◆ **manger la soupe sur la tête de qn*** to tower over sb → **sang**

2 nm food ◆ **préparer le manger des enfants*** to get the children's food ou meal ready ◆ **« ici on peut apporter son manger »*** "customers may consume their own food on the premises" ◆ **à prendre après manger** to be taken after meals ◆ **je rentrerai avant manger** I'll be back before lunch (ou dinner) → **perdre**

mange-tout [mɑ̃ʒtu] nm inv ◆ **pois mange-tout** mange-tout peas ◆ **haricots mange-tout** runner beans, string beans

mangeur, -euse [mɑ̃ʒœʀ, øz] nm,f eater ◆ **être gros** ou **grand / petit mangeur** to be a big / small eater ◆ **c'est un gros mangeur de pain** he eats a lot of bread, he's a big bread-eater* ◆ **mangeur d'hommes** man-eater

manglier [mɑ̃glije] nm mangrove tree

mangoustan [mɑ̃gustɑ̃], **mangoustanier** [mɑ̃gustanje], **mangoustier** [mɑ̃gustje] nm mangosteen

mangouste [mɑ̃gust] nf (animal) mongoose; (fruit) mangosteen

mangrove [mɑ̃gʀɔv] nf mangrove swamp

mangue [mɑ̃g] nf mango (fruit)

manguier [mɑ̃gje] nm mango (tree)

maniabilité [manjabilite] nf [objet] handiness, manageability; [voiture] driveability; [avion] manoeuvrability ◆ **appareil d'une grande maniabilité** implement which is very easy to handle, very handy implement ◆ **c'est un véhicule d'une étonnante maniabilité** this vehicle is incredibly easy to handle ou drive

maniable [manjabl] → SYN adj **a** objet, taille handy, manageable, easy to handle (attrib); véhicule easy to handle ou drive (attrib); avion easy to manoeuvre (attrib)

b (influençable) électeur easily swayed ou influenced (attrib)

c (accommodant) homme, caractère accommodating, amenable

d (Naut) temps good; vent moderate

maniacodépressif, -ive [manjakodepʀesif, iv] adj manic-depressive

maniaque [manjak] → SYN **1** adj personne finicky, fussy, pernickety ◆ **faire qch avec un soin maniaque** to do sth with almost fanatical care

2 nmf **a** (†: Admin, Presse: fou) maniac, lunatic ◆ **maniaque sexuel** sex maniac

b (méticuleux) fusspot; (fanatique) fanatic, enthusiast ◆ **c'est un maniaque de la propreté** he's fanatical about cleanliness, cleanliness is an obsession with him ◆ **c'est un maniaque de l'exactitude** he is fanatical about punctuality, he's a stickler for punctuality ◆ **c'est un maniaque de la voile** he's sailing mad ou a sailing fanatic

maniaquerie [manjakʀi] nf fussiness, pernicketiness

manichéen, -enne [manikeɛ̃, ɛn] adj, nm,f Manich(a)ean

manichéisme [manikeism] → SYN nm (Philos) Maniche(an)ism; (péj) over-simplification ◆ (fig) **il fait du manichéisme** he sees everything in black and white, everything is either good or bad to him

manichéiste [manikeist] adj, nm,f ⇒ **manichéen, -enne**

manicle [manikl] → SYN nf (protection) protective glove

manie [mani] → SYN nf **a** (habitude) odd ou queer habit ◆ **elle est pleine de (petites) manies** she's got all sorts of funny little ways ou habits ◆ **mais quelle manie tu as de te manger les ongles!** you've got a terrible habit of biting your nails! ◆ **elle a la manie de tout nettoyer** she's a compulsive ou obsessive cleaner

b (obsession) mania ◆ (Méd) **manie de la persécution** persecution mania

maniement [manimɑ̃] → SYN nm **a** handling ◆ **d'un maniement difficile** difficult to handle ◆ **le maniement de cet objet est pénible** this object is difficult to handle ◆ **il possède à fond le maniement de la langue** he has a thorough understanding of how to use ou handle the language

b (Mil) **maniement d'armes** arms drill (Brit), manual of arms (US)

manier [manje] → SYN ▸conjug 7◂ **1** vt objet, langue, foule to handle; épée, outil to wield, handle; pâte to knead; personne to handle; (péj) to manipulate ◆ **manier l'aviron** to pull ou ply (littér) the oars ◆ **manier de grosses sommes d'argent** to handle large sums of money ◆ **cheval / voiture facile à manier** horse / car which is easy to handle ◆ **il sait manier le pinceau, il manie le pinceau avec adresse** he knows how to handle a brush, he's a painter of some skill ◆ **savoir manier la plume** to be a good writer ◆ **savoir manier l'ironie** to handle irony skilfully

2 **se manier** vpr ⇒ **se magner**

manière [manjɛʀ] → SYN nf **a** (façon) way ◆ **sa manière d'agir / de parler** the way he behaves / speaks ◆ **il le fera à sa manière** he'll do it (in) his own way ◆ **manière de vivre** way of life ◆ **manière de voir (les choses)** outlook (on things) ◆ **c'est sa manière d'être habituelle** that's just the way he is, that's just how he usually is ◆ **ce n'est pas la bonne manière de s'y prendre** this is not the right ou best way to go about it ◆ **d'une manière efficace** in an efficient way ◆ **de quelle manière as-tu fait cela?** how did you do that? ◆ **à la manière d'un singe** like a monkey, as a monkey would do

b (savoir-faire) **avec les animaux / les enfants, il a la manière** he's good with animals / children

c (Art: style) **c'est un Matisse dernière manière** it's a late Matisse ou an example of Matisse's later work ◆ **dans la manière classique** in the classical style ◆ **à la manière de Racine** in the style of Racine

d (Gram) **adverbe / complément de manière** adverb / adjunct of manner

e LOC **employer la manière forte** to use strong measures ou strong-arm tactics, take a tough line* ◆ **il l'a giflé de belle manière!** he gave him a sound ou good slap ◆ **en manière d'excuse** by way of (an) excuse ◆ **d'une certaine manière, il a raison** in a way ou in some ways he is right ◆ **d'une manière générale** generally speaking, as a general rule ◆ **de toute(s) manière(s)** in any case, at any rate, anyway ◆ **de cette manière** (in) this way ◆ **de telle manière que** in such a way that ◆ **d'une manière ou d'une autre** somehow or other ◆ **d'une certaine manière** in a way ◆ (frm) **en quelque manière** in a certain way ◆ **en aucune manière** in no way, under no circumstances ◆ **je n'accepterai en aucune manière** I shall not agree on any account ◆ **de manière à faire** so as to do ◆ **de manière (à ce) que nous arrivions à l'heure, de manière à arriver à l'heure** so that we get there on time

f **manières**: **avoir de bonnes / mauvaises manières** to have good / bad manners ◆ **apprendre les belles manières** to learn good manners ◆ **il n'a pas de manières, il est sans manières** he has no manners ◆ **ce ne sont pas des manières!** that's no way to behave! ◆ **en voilà des manières!** what a way to behave! ◆ **je n'aime pas ces manières!** I don't like this kind of behaviour! ◆ **faire des manières** (minauderies) to be affected, put on airs; (chichis) to make a fuss

g (†: genre) **une manière de pastiche** a kind of pastiche ◆ **quelle manière d'homme est-ce?** what kind ou sort of a man is he?, what manner of man is he?†

maniéré, e [manjeʀe] → SYN adj **a** (péj: affecté) personne, style, voix affected

b (Art) genre mannered ◆ **les tableaux très maniérés de ce peintre** the mannered style of this painter

maniérisme [manjeʀism] → SYN nm (Art) mannerism

maniériste [manjeʀist] **1** adj manneristic(al)

2 nmf mannerist

manieur, -ieuse [manjœʀ, jøz] nm,f ◆ **manieur d'argent** ou **de fonds** big businessman

manif* [manif] nf (abrév de **manifestation**) demo*

manifestant, e [manifɛstɑ̃, ɑ̃t] → SYN nm,f demonstrator, protester

manifestation [manifɛstasjɔ̃] → SYN nf **a** (Pol) demonstration

b (expression) [opinion, sentiment] expression; [maladie] (apparition) appearance; (symptômes) outward sign ou symptom ◆ **manifestation de mauvaise humeur** show of bad temper ◆ **manifestation de joie** demonstration ou expression of joy ◆ **accueillir qn avec de grandes manifestations d'amitié** to greet sb with great demonstrations of friendship

c [Dieu, vérité] revelation

d (réunion, fête) event ◆ **manifestation artistique / culturelle / sportive** artistic / cultural / sporting event ◆ **le maire assistait à cette sympathique manifestation** the mayor was present at this happy gathering ou on this happy occasion

manifeste [manifɛst] → SYN **1** adj vérité manifest, obvious, evident; sentiment, différence obvious, evident ◆ **erreur manifeste** glaring error ◆ **il est manifeste que vous n'y avez pas réfléchi** obviously you haven't ou it is quite obvious ou evident that you haven't given it much thought

2 nm (Littérat, Pol) manifesto; (Aviat, Naut) manifest

manifestement [manifɛstəmɑ̃] → SYN adv (→ **manifeste**) manifestly; obviously, evidently

manifester [manifɛste] → SYN ▸conjug 1◂ **1** vt opinion, intention, sentiment to show, indicate; courage to show, demonstrate ◆ **il m'a manifesté son désir de** he indicated to me his wish to, he signified his wish to ◆ (frm) **par ce geste la France tient à nous manifester son amitié** France intends this gesture as a demonstration ou an indication of her friendship towards us

2 vi (Pol) to demonstrate, hold a demonstration

3 **se manifester** vpr **a** (se révéler) [émotion] to show itself, express itself; [difficultés] to emerge, arise ◆ **en fin de journée une certaine détente se manifesta** at the end of the day there was evidence of ou there were indications of a certain thaw in the atmosphere, at the end of the day a more relaxed atmosphere could be felt ◆ **la crise se manifeste par des troubles sociaux** the crisis shows itself in social unrest ◆ (Rel) **Dieu s'est manifesté aux hommes** God revealed himself to mankind

b (se présenter) [personne] to appear, turn up; (par téléphone) to get in touch ou contact; [candidat, témoin] to come forward ◆ **depuis son échec il n'ose pas se manifester ici** since his defeat he dare not show his face here

c (se faire remarquer) [personne] to make o.s. known, come to the fore ◆ **cette situation difficile lui a permis de se manifester** this difficult situation gave him the chance to make himself known ou to come to the fore ou to make his mark ◆ **il n'a pas eu l'occasion de se manifester dans le débat** he didn't get a chance to assert himself ou to make himself heard in the discussion ◆ **il s'est manifesté par une déclaration fracassante** he came to public notice ou he attracted attention with a sensational statement

manifold [manifɔld] nm (carnet) duplicate book; (tuyaux) manifold

manigance [manigɑ̃s] → SYN nf (gén pl) scheme, trick, ploy ◆ **encore une de ses manigances** another of his little schemes ou tricks ou ploys

manigancer [manigɑ̃se] → SYN ▸ conjug 3 ◂ vt to plot, devise ◆ **qu'est-ce qu'il manigance maintenant?** what's he up to now?, what's his latest little scheme? ◆ **c'est lui qui a tout manigancé** he set the whole thing up*, he engineered it all

manille¹ [manij] **1** nm Manila cigar

2 n ◆ **Manille** Manila

manille² [manij] nf **a** (Cartes) (jeu) manille; (dix) ten

b (Tech) shackle

manillon [manijɔ̃] nm ace *(in game of manille)*

manioc [manjɔk] nm manioc, cassava

manip* [manip] nf abrév de **manipulation**

manipulateur, -trice [manipylatœʀ, tʀis] → SYN **1** nm,f **a** (technicien) technician ◆ **manipulateur de laboratoire** laboratory technician

b (péj) manipulator

c (prestidigitateur) conjurer

2 nm (Téléc) key

manipulation [manipylasjɔ̃] → SYN nf **a** (maniement) handling ◆ **ces produits chimiques sont d'une manipulation délicate** these chemicals should be handled with great care, great care should be taken in handling these chemicals

b (Scol: Chim, Phys) experiment

c (Pol: fig, péj) manipulation (NonC) ◆ **il y a eu des manipulations électorales** there was rigging of the elections, some elections were rigged ◆ **pour éviter la manipulation des chiffres** to avoid tampering with the figures

d (prestidigitation) sleight of hand

e (Méd: gén pl) manipulation (NonC) ◆ **obtenu par manipulation génétique** genetically engineered ◆ **les manipulations génétiques posent des problèmes éthiques** genetic engineering poses ethical problems

manipule [manipyl] nm (Antiq, Rel) maniple

manipuler [manipyle] → SYN ▸ conjug 1 ◂ vt **a** objet, produit to handle

b (fig, péj) électeurs to manipulate; statistiques to doctor, tamper with ◆ **manipuler une élection** to rig an election ◆ **manipuler les écritures** to rig ou fiddle* (Brit) the accounts, cook the books* (Brit)

manique [manik] nf [ouvrier] protective glove; [cuisinier] oven glove

Manitoba [manitɔba] nm Manitoba

manitobain, e [manitɔbɛ̃, ɛn] **1** adj Manitoban

2 nm,f ◆ **Manitobain(e)** Manitoban

manitou [manitu] nm **a** **grand manitou*** big shot*, big noise* (Brit) ◆ **le grand manitou de la firme** the big shot* in the firm

b (Rel) manitou

manivelle [manivɛl] nf (gén) crank; (pour changer une roue) wheel crank; (pour démarrer) crank, starting handle ◆ **faire partir à la manivelle** to crank, give a crankstart to → **retour, tour²**

manne [man] → SYN nf **a** (Rel) **la manne** manna ◆ **recevoir la manne (céleste)** (la bonne parole) to receive the word from on high

b (fig) (aubaine) godsend, manna ◆ **ça a été pour nous une manne (providentielle** ou **céleste)** that was a godsend for us, it was heaven-sent

c (Bot) manna

d (panier) large wicker basket

mannequin [mankɛ̃] → SYN nm **a** (personne) model, mannequin† → **défilé, taille¹**

b (objet) [couturière] dummy; [vitrine] model, dummy; [peintre] model; (fig: pantin) stuffed dummy

c (panier) small (gardener's) basket

mannite [manit] nf, **mannitol** [manitɔl] nm mannite, mannitol

mannose [manoz] nm mannose

manœuvrabilité [manœvʀabilite] nf (gén) manoeuvrability; (Aut) driveability

manœuvrable [manœvʀabl] adj (gén) manoeuvrable, easy to handle; voiture easy to handle ou drive

manœuvre [manœvʀ] → SYN **1** nf **a** (opération) manoeuvre, operation; (Rail) shunting ◆ **diriger / surveiller la manœuvre** to control / supervise the manoeuvre ou operation ◆ **la manœuvre d'un bateau n'est pas chose facile** manoeuvring a boat is no easy thing to do, it's not easy to manoeuvre a boat ◆ (Aut, Naut) **faire une manœuvre** to do a manoeuvre ◆ **il a manqué sa manœuvre** he mishandled ou muffed* the manoeuvre ◆ **il a réussi sa manœuvre** he carried off the manoeuvre successfully ◆ **fausse manœuvre** mistake ◆ (Rail) **faire la manœuvre** to shunt

b (Mil) **manœuvre** ◆ **champ** ou **terrain de manœuvres** parade ground ◆ **manœuvre d'encerclement** encircling movement ◆ **les grandes manœuvres de printemps** spring army manoeuvres ou exercises ◆ **être en manœuvres, faire des manœuvres** to be on manoeuvres

c (agissement, combinaison) manoeuvre; (machination, intrigue) manoeuvring, ploy ◆ **il a toute liberté de manœuvre** he has complete freedom to manoeuvre ◆ **manœuvres électorales** vote-catching manoeuvres ou ploys ◆ **manœuvres frauduleuses** fraudulent schemes ou devices ◆ **manœuvre d'obstruction** obstructive move ◆ **manœuvre boursière** stockmarket manipulation ◆ **il a été victime d'une manœuvre de l'adversaire** he was caught out by a clever move ou trick on the part of his opponents

d (Naut) **manœuvres dormantes / courantes** standing / running rigging

2 nm (gén) labourer; (en usine) unskilled worker ◆ **c'est un travail de manœuvre** it's unskilled labour ou work ◆ **manœuvre agricole** farm labourer ou hand

manœuvrer [manœvʀe] → SYN ▸ conjug 1 ◂ **1** vt véhicule to manoeuvre; machine to operate, work; (fig: manipuler) personne to manipulate ◆ **se laisser manœuvrer par sa femme** to allow o.s. to be manipulated by one's wife

2 vi (gén) to manoeuvre ◆ (fig) **il a manœuvré habilement** he moved ou manoeuvred skilfully

manœuvrier, -ière [manœvʀije, ijɛʀ] → SYN **1** adj manoeuvring

2 nm,f (Mil) tactician; (Pol) manoeuvrer

manoir [manwaʀ] → SYN nm manor ou country house

manomètre [manɔmɛtʀ] → SYN nm gauge, manometer

manométrie [manɔmetʀi] nf manometry

manométrique [manɔmetʀik] adj manometric

manostat [manɔsta] nm manostat

manouche* [manuʃ] nmf (péj) gipsy, gippo*‡

manouvrier, -ière† [manuvʀije, ijɛʀ] nm,f (casual) labourer

manquant, e [mɑ̃kɑ̃, ɑ̃t] **1** adj missing → **chaînon**

2 nm,f missing one

manque [mɑ̃k] → SYN nm **a** **manque de** (pénurie) lack of, shortage of, want of; (faiblesse) lack of, want of ◆ **manque de nourriture / d'argent** lack ou shortage ou want of food / money ◆ **manque d'intelligence / de goût** lack ou want of intelligence / taste ◆ **son manque de sérieux** his lack of seriousness, his flippancy ◆ **par manque de** through lack ou shortage of, for want of ◆ **quel manque de chance!** ou **de pot!‡** what bad ou hard luck! ◆ **manque à gagner** loss of profit ou earnings ◆ **cela représente un sérieux manque à gagner pour les cultivateurs** that means a serious loss of income ou a serious drop in earnings ou income for the farmers

b **manques** (défauts) [roman] faults; [personne] failings, shortcomings; [mémoire, connaissances] gaps

c (vide) gap, emptiness; (Drogue) withdrawal ◆ **je ressens comme un grand manque** it's as if there were a great emptiness inside me ◆ **un manque que rien ne saurait combler** a gap which nothing could fill ◆ **symptômes de manque** withdrawal symptoms ◆ **être en état de manque** to be experiencing withdrawal symptoms

d (Tex) flaw ◆ **il faut faire un raccord (de peinture), il y a des manques** we'll have to touch up the paintwork, there are bare patches

e (Roulette) manque

f (‡) **à la manque: un chanteur à la manque** a crummy‡ ou second-rate singer ◆ **lui et ses idées à la manque** him and his half-baked* ou crummy‡ ideas

manqué, e [mɑ̃ke] → SYN (ptp de **manquer**) adj essai failed, abortive; rendez-vous missed; photo spoilt, vie wasted; (Tech) pièce faulty ◆ **occasion manquée** lost ou wasted opportunity ◆ **un roman manqué** a novel which doesn't quite succeed ou come off* ◆ **c'est un écrivain manqué** (mauvais écrivain) he is a failure as a writer; (il aurait dû être écrivain) he should have been a writer ◆ (Culin) **(gâteau) manqué** ≃ sponge cake → **garçon**

manquement [mɑ̃kmɑ̃] → SYN nm ◆ (frm) **manquement à** discipline, règle breach of ◆ **manquement au devoir** dereliction of duty ◆ **au moindre manquement** at the slightest lapse ◆ (Jur) **manquement (à des obligations contractuelles)** default

manquer [mɑ̃ke] → SYN ▸ conjug 1 ◂ GRAMMAIRE ACTIVE 10.1

1 vt **a** (ne pas atteindre ou saisir) but, occasion, train to miss; (ne pas tuer; ne pas atteindre ou rencontrer) personne to miss ◆ **manquer une marche** to miss a step ◆ **manquer qn de peu** (en lui tirant dessus) to miss sb by a fraction, just to miss sb; (à un rendez-vous) just to miss sb ◆ **je l'ai manqué de 5 minutes** I missed him by 5 minutes ◆ **c'est un film / une pièce à ne pas manquer** this film / play is a must*, it's a film / play that shouldn't be missed ◆ (iro) **il n'en manque jamais une!*** he blunders ou boobs‡ every time!, he puts his foot in it every time!* ◆ **vous n'avez rien manqué (en ne venant pas)** you didn't miss anything (by not coming) ◆ **je ne le manquerai pas** (je vais lui donner une leçon) I won't let him get away with it → **coche**

b (ne pas réussir) photo, gâteau to spoil, make a mess of*, botch*; examen to fail ◆ **il a manqué sa vie** he has wasted his life ◆ **ils ont (complètement) manqué leur coup** their attempt failed completely, they completely botched* the attempt ou the job*

c (être absent de) to be absent from, miss ◆ **manquer l'école** to be absent from ou miss school ◆ **il a manqué deux réunions** he missed two meetings

2 vi **a** (faire défaut) to be lacking ◆ **l'argent / la nourriture vint à manquer** money / food ran out ou ran short ◆ **rien ne manque** nothing is lacking ◆ **les occasions ne manquent pas (de faire)** there is no lack of ou there are endless opportunities (to do)

b (être absent) to be absent; (avoir disparu) to be missing ◆ **il ne manque jamais** he's never absent, he never misses ◆ **rien ne manque** nothing is missing ◆ (fig) **il ne manque pas un bouton de guêtre** everything's in apple-pie order, there's not a thing out of place

c (échouer) [expérience etc] to fail

d **manquer à** (faire défaut à): **ce qui lui manque, c'est l'argent** what he lacks ou what he hasn't got is (the) money ◆ **les mots me manquent pour exprimer** I can't find the words to express, I am at a loss for words to express ◆ **le temps me manque pour m'étendre sur ce sujet** there's no time for me to enlarge on this theme ◆ **ce n'est pas**

l'envie ou **le désir qui me manque d'y aller** it's not that I don't want to go, it's not that I am unwilling to go ◆ **le pied lui manqua** his foot slipped, he missed his footing ◆ **la voix lui manqua** words failed him, he stood speechless ◆ **un carreau manquait à la fenêtre** there was a pane missing in ou from the window ◆ (hum) **qu'est-ce qui manque à ton bonheur?** is there something not to your liking?, what are you unhappy about?

3 **manquer à** vt indir **a** (ne pas respecter) **manquer à son honneur / son devoir** to fail in one's honour / duty ◆ **manquer à ses promesses** to renege on one's promises, fail to keep one's word ◆ **manquer à tous les usages** to flout every convention ◆ **il manque à tous ses devoirs** he neglects all his duties ◆ **sa femme lui a manqué, il l'a battue†** his wife wronged him so he beat her ◆ **manquer à qn†** (être impoli envers qn) to be disrespectful to sb

b (être absent de) réunion to be absent from, miss ◆ **manquer à l'appel** (lit) to be absent from roll call; (fig) to be missing

c (être regretté) **manquer à qn : il nous manque, sa présence nous manque** we miss him ◆ **la campagne nous manque** we miss the country

4 **manquer de** vt indir **a** (être dépourvu de) intelligence, générosité to lack; argent, main-d'œuvre to be short of, lack ◆ **ils ne manquent de rien** they want for nothing, they lack nothing ◆ **le pays ne manque pas d'un certain charme** the country is not without a certain charm ◆ **on manque d'air ici** there's no air in here ◆ (fig) **tu ne manques pas d'audace** ou **d'air*** ou **de culot*!** you've got a ou some nerve!* ◆ **nous manquons de personnel** we're short-staffed, we're short of staff, we lack staff

b (faillir) **elle a manqué (de) se faire écraser** she nearly got run over ◆ **il a manqué mourir** he nearly ou almost died

c (formules nég) **ne manquez pas de le remercier pour moi** don't forget to thank him for me, be sure to thank him for me ◆ **je ne manquerai pas de le lui dire** I'll be sure to tell him ◆ **nous ne manquerons pas de vous en informer** we shall inform you without fail ◆ **il n'a pas manqué de le lui dire** he made sure he told him ◆ **remerciez-la – je n'y manquerai pas** thank her – I won't forget ◆ **on ne peut manquer d'être frappé par** one cannot fail to marvel at, one cannot help but be struck by ◆ **ça ne va pas manquer (d'arriver)*** it's bound to happen ◆ **ça n'a pas manqué (d'arriver)*!** sure enough it was bound to happen!

5 vb impers ◆ **il manque un pied à la chaise** there's a leg missing from the chair ◆ **il (nous) manque 10 personnes / 2 chaises** (elles ont disparu) there are 10 people / 2 chairs missing; (on en a besoin) we are 10 people / 2 chairs short, we are short of 10 people / 2 chairs ◆ **il ne manquera pas de gens pour dire** there'll be no shortage ou lack of people to say ◆ **il ne lui manque que d'être intelligent** the only thing he's lacking in is intelligence ◆ **il ne manquait plus que ça** that's all we needed, that beats all*, that's the last straw* ◆ **il ne manquerait plus qu'il parte sans elle!** it would be the last straw if he went off without her!*

6 **se manquer** vpr **a** (rater son suicide) to fail (in one's attempt to commit suicide)

b (à un rendez-vous) **ils se sont manqués à la gare** they missed each other at the station

mansarde [mɑ̃saʀd] → SYN nf (pièce) attic, garret

mansardé, e [mɑ̃saʀde] adj chambre, étage attic (épith) ◆ **la chambre est mansardée** the room has a sloping ceiling, it is an attic room

mansion [mɑ̃sjɔ̃] → SYN nf (Hist) mansion

mansuétude [mɑ̃sɥetyd] → SYN nf leniency, indulgence

manta [mɑ̃ta] nf (Zool) manta (ray), devilfish, devil ray

mante [mɑ̃t] nf **a** (Zool) (insecte) mantis; (poisson) manta (ray), devilfish, devil ray ◆ **mante religieuse** (lit) praying mantis; (fig) man-eater (fig hum)

b (†: manteau) (woman's) mantle, cloak

manteau, pl **manteaux** [mɑ̃to] → SYN **1** nm **a** (Habillement) coat ◆ **manteau de pluie** raincoat ◆ **manteau trois-quarts** three-quarter length coat ◆ LOC **sous le manteau** clandestinely, on the sly

b (fig littér) [neige] mantle, blanket; [ombre, hypocrisie] cloak ◆ **sous le manteau de la nuit** under cover of night, under the cloak of darkness

c (Zool) [mollusque] mantle

d (Hér) mantle, mantling

e (Géol) mantle

2 COMP ▷ **manteau d'Arlequin** proscenium arch ▷ **manteau de cheminée** mantelpiece

mantelé, e [mɑ̃t(ə)le] adj saddle-backed

mantelet [mɑ̃t(ə)lɛ] nm (Habillement) short cape, mantelet; (Naut) deadlight

mantille [mɑ̃tij] → SYN nf mantilla

mantique [mɑ̃tik] nf manticism

mantisse [mɑ̃tis] nf mantissa

Mantoue [mɑ̃tu] n Mantua

mantra [mɑ̃tʀa] nm mantra

manubrium [manybʀijɔm] nm manubrium

manucure [manykyʀ] **1** nmf (personne) manicurist

2 nm ou f (soins) manicure

manucurer [manykyʀe] ▸ conjug 1 ◂ vt to manicure ◆ **se faire manucurer** to have a manicure

manuel, -elle [manɥɛl] → SYN **1** adj manual ◆ (Aviat) **passer en manuel** to switch over to manual (control)

2 nm,f (travailleur manuel) manual worker; (qui a du sens pratique) practical man (ou woman)

3 nm (livre) manual, handbook ◆ **manuel de lecture** reader ◆ **manuel scolaire** textbook ◆ **manuel d'entretien** service manual

manuellement [manɥɛlmɑ̃] → SYN adv fabriquer by hand, manually; fonctionner manually ◆ **être bon manuellement** to be good with one's hands

manufacturable [manyfaktyʀabl] adj manufacturable

manufacture [manyfaktyʀ] → SYN nf **a** (usine) factory ◆ **manufacture d'armes / de porcelaine / de tabac** munitions / porcelain / tobacco factory ◆ **manufacture de tapisserie** tapestry workshop

b (fabrication) manufacture

manufacturer [manyfaktyʀe] → SYN ▸ conjug 1 ◂ vt to manufacture → **produit**

manufacturier, -ière [manyfaktyʀje, jɛʀ] → SYN **1** adj manufacturing (épith)

2 nm (†) factory owner

manu militari [manymilitaʀi] adv by (main) force

manumission [manymisjɔ̃] nf manumission

manuscrit, e [manyskʀi, it] → SYN **1** adj (écrit à la main) handwritten ◆ **pages manuscrites** manuscript pages

2 nm manuscript; (dactylographié) manuscript, typescript ◆ **les manuscrits de la mer Morte** the Dead Sea Scrolls

manutention [manytɑ̃sjɔ̃] → SYN nf (opération) handling; (local) storehouse ◆ (Comm) **frais de manutention** handling charges

manutentionnaire [manytɑ̃sjɔnɛʀ] → SYN nmf packer

manutentionner [manytɑ̃sjɔne] ▸ conjug 1 ◂ vt to handle, pack

manuterge [manytɛʀʒ] nm manutergium

manzanilla [mɑ̃dzanija] nm ou f manzanilla

maoïsme [maɔism] nm Maoism

maoïste [maɔist] adj, nmf Maoist

Mao (Tsê-toung) [mao(tsetung)] nm Mao (Tse Tung)

maori, e [maɔʀi] **1** adj Maori

2 nm (Ling) Maori

3 nm, f ◆ **Maori(e)** Maori

maous, -ousse* [maus] adj personne hefty; animal, objet whacking great‡ (Brit, épith), colossal

mappemonde [mapmɔ̃d] → SYN nf (carte) map of the world (in two hemispheres); (sphère) globe

Maputo [maputo] n Maputo

maquer (se)‡ [make] → SYN ▸ conjug 1 ◂ vpr ◆ **se maquer avec qn** to (go and) live with sb, be shacked up with sb‡ (péj) ◆ **elle est maquée avec lui** she's living with him, she's shacked up with him‡ (péj)

maquereau[1], pl **maquereaux** [makʀo] → SYN nm (poisson) mackerel → **groseille**

maquereau[2]‡, pl **maquereaux** [makʀo] → SYN nm (proxénète) pimp, ponce‡ (Brit)

maquerelle‡ [makʀɛl] nf madam*

maquette [makɛt] → SYN nf **a** (à échelle réduite) (Archit, Ind) (scale) model; (Art, Théât) model

b (grandeur nature) (Ind) mock-up, model (livre) dummy

c (Peinture : carton) sketch

d (Typ) (mise en page) layout; (couverture) artwork

maquetter [makete] ▸ conjug 1 ◂ vt livre to dummy; page to lay out

maquettisme [maketism] nm [modèles réduits] model making

maquettiste [maketist] nmf [modèles réduits] model maker; [livre] dummy maker

maquignon [makiɲɔ̃] → SYN nm (lit) horse dealer; (péj) shady ou crooked dealer

maquignonnage [makiɲɔnaʒ] → SYN nm (lit) horse dealing; (fig, péj) sharp practice, underhand dealings

maquignonner [makiɲɔne] → SYN ▸ conjug 1 ◂ vt (péj) animal to sell by shady methods; affaire to rig, fiddle

maquillage [makijaʒ] nm **a** (résultat) make-up ◆ **passer du temps à son maquillage** to spend a long time putting on one's make-up or making up

b (péj) [voiture] disguising, doing over* [document, vérité, faits] faking, doctoring

maquiller [makije] → SYN ▸ conjug 1 ◂ **1** vt **a** visage, personne to make up ◆ **très maquillé** heavily made-up

b (fig) document, vérité, faits to fake, doctor; résultats, chiffres to juggle (with), fiddle* (Brit); voiture to do over*, disguise ◆ **meurtre maquillé en accident** murder faked up to look like an accident

2 **se maquiller** vpr to make up, put on one's make-up ◆ **elle est trop jeune pour se maquiller** she is too young to use make-up ◆ **se maquiller les yeux** to put eye make-up on

maquilleur [makijœʀ] nm make-up artist, make-up man

maquilleuse [makijøz] nf make-up artist, make-up girl

maquis [maki] → SYN nm **a** (Géog) scrub, bush ◆ **le maquis corse** the Corsican scrub ◆ **prendre le maquis** to take to the bush

b (fig : labyrinthe) tangle, maze ◆ **le maquis de la procédure** the minefield ou jungle of legal procedure

c (Hist : 2e Guerre mondiale) maquis ◆ **prendre le maquis** to take to the maquis, go underground

maquisard [makizaʀ] → SYN nm maquis, member of the Resistance

marabout [maʀabu] → SYN nm (Orn) marabou(t); (Rel) marabout

marabouter [maʀabute] ▸ conjug 1 ◂ vt (Afrique) to bewitch, put ou cast a spell on

maraca [maʀaka] nf maraca

Maracaibo [maʀakaibo] n Maracaibo ◆ **le lac Maracaibo** Lake Maracaibo

maracuja [maʀakyʒa] nm passion fruit

maraîchage [maʀɛʃaʒ] nm market gardening (Brit), truck farming (US) ◆ **maraîchage sous verre** glasshouse cultivation

maraîcher, -ère [maʀeʃe, ɛʀ] → SYN **1** nm,f market gardener (Brit), truck farmer (US)

2 adj ◆ **culture maraîchère** market gardening (NonC) (Brit), truck farming (NonC) (US) ◆ **produit maraîcher** market garden produce (NonC) (Brit), truck (NonC) (US) ◆ **jardin maraîcher** market garden (Brit), truck farm (US)

maraîchin, e [maʀɛʃɛ̃, in] **1** adj of ou from the marshland *(of Poitou or Brittany)*

2 nm,f inhabitant of the marshland *(of Poitou or Brittany)*

marais [maʀɛ] → SYN nm **a** marsh, swamp • **marais salant** (gén) salt marsh; (exploité) saltern → **gaz**
b **le Marais** the Marais *(district of Paris)*

maranta [maʀɑ̃ta] nm maranta

marasme [maʀasm] → SYN nm **a** (Écon, Pol) stagnation, slump, paralysis • **les affaires sont en plein marasme** business is completely stagnant, there is a complete slump in business
b (accablement) dejection, depression
c (Méd) marasmus

marasque [maʀask] nf marasca cherry

marasquin [maʀaskɛ̃] nm maraschino

marathon [maʀatɔ̃] nm (Sport, fig) marathon • (ville) **Marathon** Marathon • **marathon de danse** dance marathon • **visite- / négociations-marathon** marathon visit / talks

marathonien, -ienne [maʀatɔnjɛ̃, jɛn] nm,f marathon runner

marâtre [maʀɑtʀ] → SYN nf (mauvaise mère) cruel ou unnatural mother; (††: belle-mère) stepmother

maraud, e†† [maʀo, od] → SYN nm,f rascal, rogue, scoundrel

maraudage [maʀodaʒ] → SYN nm pilfering, thieving *(of poultry, crops etc)*

maraude[2] [maʀod] nf **a** (vol) thieving, pilfering *(of poultry, crops etc)*; pillaging *(from farms, orchards)*
b **taxi en maraude** ou **qui fait la maraude** cruising ou prowling taxi, taxi cruising ou prowling for fares • **vagabond en maraude** tramp on the prowl

marauder [maʀode] → SYN ▸ conjug 1 ◂ vi [personne] to thieve, pilfer; [taxi] to cruise ou prowl for fares

maraudeur, -euse [maʀodœʀ, øz] → SYN
1 nm,f (voleur) prowler; (soldat) marauder
2 adj • **oiseau maraudeur** thieving bird • **taxi maraudeur** cruising ou prowling taxi

marbre [maʀbʀ] → SYN nm **a** (Géol) marble • **de** ou **en marbre** marble • **marbre de Carrare** Carrara marble • **peindre un mur en faux marbre** to marble a wall • (fig) **rester de marbre, garder un visage de marbre** to remain stonily indifferent • **ça l'a laissé de marbre** it left him cold • **avoir un cœur de marbre** to have a heart of stone • (Aut) **passer une voiture au marbre** to check a car for structural damage → **froid**
b (surface) marble top; (statue) marble (statue)
c (Typ) stone, bed • **être sur le marbre** [journal] to be put to bed, be on the stone; [livre] to be on the press • **rester sur le marbre** to be excess copy

marbré, e [maʀbʀe] → SYN (ptp de **marbrer**) adj papier, cuir marbled • **(gâteau) marbré** marble cake

marbrer [maʀbʀe] ▸ conjug 1 ◂ vt **a** (Tech) papier, cuir to marble
b peau [froid] to blotch, mottle; [coup] to mark, leave marks on; [coup violent] to mottle • **peau naturellement marbrée** naturally mottled skin • **visage marbré par le froid** face blotchy ou mottled with cold
c (gén: veiner) bois, surface to vein, mottle

marbrerie [maʀbʀəʀi] nf (atelier) marble mason's workshop ou yard; (industrie) marble industry • **travailler dans la marbrerie** to be a marble mason; (funéraire) to be a monumental mason

marbreur, -euse [maʀbʀœʀ, øz] nm,f marbler

marbrier, -ière [maʀbʀije, ijɛʀ] **1** adj industrie marble (épith)
2 nm (funéraire) monumental mason
3 **marbrière** nf marble quarry

marbrure [maʀbʀyʀ] → SYN nf (gén pl) (→ **marbrer**) marbling; blotch; mottling; mark; vein

Marc [maʀk] nm Mark • **Marc Aurèle** Marcus Aurelius • **Marc-Antoine** Mark Antony

marc[1] [maʀ] nm (poids, monnaie) mark • (Jur) **au marc le franc** pro rata, proportionally

marc[2] [maʀ] → SYN nm [raisin, pomme] marc • **marc (de café)** (coffee) grounds ou dregs • **(eau de vie de) marc** marc brandy

marcassin [maʀkasɛ̃] → SYN nm young wild boar

marcassite [maʀkasit] nf marcasite

marcescence [maʀsesɑ̃s] → SYN nf marcescence

marcescent, e [maʀsesɑ̃, ɑ̃t] → SYN adj marcescent

marchand, e [maʀʃɑ̃, ɑ̃d] → SYN **1** adj valeur market (épith); prix trade (épith); rue shopping (épith) • **navire marchand** merchant ship → **galerie, marine**[2]
2 nm,f (boutiquier) shopkeeper, tradesman (*ou* tradeswoman); (sur un marché) stallholder; [vins, fruits, charbon, grains] merchant; [meubles, bestiaux, cycles] dealer • **marchand au détail** retailer • **marchand en gros** wholesaler • **la marchande de chaussures me l'a dit** the woman in the shoeshop ou the shoeshop owner told me • **rapporte-le chez le marchand / chez le marchand de fromages** take it back to the shop ou shopkeeper / to the cheese merchant's • (hum, péj) **c'est un marchand de vacances** he is in the holiday business ou racket (péj) • **jouer au marchand** (ou **à la marchande**) to play shop (Brit) ou store (US) • (Littérat) **"Le Marchand de Venise"** "The Merchant of Venice"
3 COMP ▷ **marchand ambulant** hawker, pedlar (Brit), peddler (US), door-to-door salesman ▷ **marchande d'amour** (hum) lady of pleasure (hum) ▷ **marchand de biens** property agent ▷ **marchand de canons** (péj) arms dealer ▷ **marchand de couleurs** ironmonger (Brit), hardware dealer ▷ **marchand de fromages** cheesemonger (Brit), cheese merchant ▷ **marchand de fruits** fruiterer (Brit), fruit merchant ▷ **marchand d'illusions** purveyor of illusions, illusionmonger ▷ **marchand de journaux** newsagent (Brit), newsdealer ▷ **marchand de légumes** greengrocer, produce dealer (US) ▷ **marchand de marée** fish merchant ▷ **marchand de marrons** chestnut seller ▷ **marchand de poissons** fishmonger (Brit), fish merchant ▷ **marchand des quatre saisons** costermonger (Brit), street merchant (selling fresh fruit and vegetables) ▷ **marchand de rêves** dream-merchant ▷ **marchand de sable** (fig) sandman ▷ **marchand de sommeil** (péj) slum landlord, slumlord (US) ▷ **marchand de soupe** (péj) (restaurateur) low-grade restaurateur, profiteering café owner; (Scol) money-grubbing ou profit-minded headmaster (of a private school) ▷ **marchand de tableaux** art dealer ▷ **marchand de tapis** carpet dealer • (péj) **c'est un vrai marchand de tapis** he drives a really hard bargain, he haggles over everything • **des discussions de marchand de tapis** fierce bargaining, endless haggling ▷ **marchand de voyages** tour operator

marchandage [maʀʃɑ̃daʒ] → SYN nm **a** (au marché) bargaining, haggling; (péj: aux élections) bargaining • **se livrer à de sordides marchandages** to get down to some sordid bargaining
b (Jur) **le marchandage** ≃ the lump, *illegal subcontracting of labour*

marchander [maʀʃɑ̃de] → SYN ▸ conjug 1 ◂ vt **a** objet to haggle over, bargain over • **il a l'habitude de marchander** he is used to haggling ou bargaining
b (fig) **il ne marchande pas sa peine** he spares no pains, he grudges no effort • **il ne m'a pas marchandé ses compliments** he wasn't sparing of his compliments
c (Jur) to subcontract

marchandeur, -euse [maʀʃɑ̃dœʀ, øz] nm,f
a haggler
b (Jur) subcontractor (of labour)

marchandisage [maʀʃɑ̃dizaʒ] nm merchandizing

marchandise [maʀʃɑ̃diz] → SYN GRAMMAIRE ACTIVE 20.3 nf **a** (article, unité) commodity • **marchandises** goods, merchandise (NonC), wares† • **train / gare de marchandises** goods (Brit) ou freight (US) train / station • **marchandises en gros / au détail** wholesale / retail goods • **il a de la bonne marchandise** he has ou sells good stuff
b (cargaison, stock) **la marchandise** the goods, the merchandise • **la marchandise est dans l'entrepôt** the goods are ou the merchandise is in the warehouse • **faire valoir** ou **vanter la marchandise*** to show o.s. off ou to show off one's wares to advantage, make the most of o.s. ou one's wares • **tromper** ou **rouler qn sur la marchandise*** to sell sb a pup* (Brit) ou a dud* • **elle étale la marchandise**‡ she displays her charms (hum), she shows you all she's got*

marchandiseur [maʀʃɑ̃dizœʀ] nm merchandizer

marchante [maʀʃɑ̃t] adj f → **aile**

marchantia [maʀʃɑ̃tja], **marchantie** [maʀʃɑ̃ti] nf liverwort

marche[1] [maʀʃ] → SYN **1** nf **a** (action, Sport) walking • **il fait de la marche** he goes in for walking, he does quite a bit of walking • **poursuivre sa marche** to walk on • **chaussures de marche** walking shoes
b (allure, démarche) walk, step, gait; (allure, rythme) pace, step • **une marche pesante** a heavy step ou gait • **régler sa marche sur celle de qn** to adjust one's pace ou step to sb else's
c (trajet) walk • **faire une longue marche** to go for a long walk • (Hist) **La Longue Marche** the Long March • **le village est à 2 heures / à 10 km de marche d'ici** the village is a 2-hour walk / a 10-km walk from here • **une marche de 10 km** a 10-km walk
d (mouvement d'un groupe, Mil, Pol) march • **air / chanson de marche** marching tune / song • **fermer la marche** to bring up the rear • **ouvrir la marche** to lead the way • **faire marche sur** to march upon • **marche victorieuse sur la ville** victorious march on the town • **en avant, marche!** quick march!, forward march! → **ordre**[1]
e (mouvement, déplacement d'un objet) (Aut, Rail) [véhicule] running; (Tech) [machine] running, working; (Naut) [navire] sailing; (Astron) [étoile] course; [horloge] working; (Admin) [usine, établissement] running, working, functioning • **dans le sens de la marche** facing the engine • **dans le sens contraire de la marche** with one's back to the engine • **ne montez pas dans un véhicule en marche** do not board a moving vehicle • **j'ai pris le bus en marche** I jumped onto the bus while it was moving • **en (bon) état de marche** in (good) working order • **régler la marche d'une horloge** to adjust the workings ou movement of a clock • **assurer la bonne marche d'un service** to ensure the smooth running of a service • (Tech) **marche – arrêt** on – off
f (développement) [maladie] progress; [affaire, événements, opérations] course; [histoire, temps, progrès] march • **la marche de l'intrigue** the unfolding ou development of the plot
g LOC **être en marche** [personnes, armées] to be on the move; [moteur] to be running; [machine] to be (turned) on • **se mettre en marche** [personne] to make a move, get moving; [machine] to start • **mettre en marche** moteur, voiture to start (up); machine to put on, turn on, set going; pendule to start going → **train**
h (Mus) march • **marche funèbre / militaire / nuptiale** funeral ou dead / military / wedding march
2 COMP ▷ **marche arrière** (Aut) reverse • **entrer / sortir en marche arrière** to reverse in / out, back in / out • **faire marche arrière** (Aut) to reverse; (fig) to back-pedal, backtrack ▷ **marche avant** forward ▷ **marche forcée** (Mil) forced march • **se rendre vers un lieu à marche(s) forcée(s)** to get to a place by forced marches ▷ **marche à suivre** (correct) procedure (*pour* for); (mode d'emploi) directions (for use)

marche[2] [maʀʃ] nf [véhicule] step; [escalier] step, stair • **manquer une marche** to miss a step • **attention à la marche** mind the step • **sur les marches** (de l'escalier) on the stairs; (de l'escalier extérieur, de l'escabeau) on the steps • (lit, fig) **monter sur la plus haute marche du podium** to get first prize • **marche palière** last step before the landing, ≃ top step • **marche dansante** winder

marche[3] [maʀʃ] nf (gén pl) (Géog, Hist) march ◆ **les marches** the Marches

marché [maʀʃe] → SYN **1** nm **a** (lieu) market; (ville) trading centre ◆ **marché aux bestiaux / aux fleurs / aux poissons** cattle / flower / fish market ◆ **marché couvert / en plein air** covered / open-air market ◆ **aller au marché, aller faire le marché** to go to (the) market ◆ **aller faire son marché** to go to the market; (plus gén) to go shopping ◆ [marchand, acheteur] **faire les marchés** to go round ou do the markets ◆ **vendre / acheter au marché** ou **sur les marchés** to buy / sell at the market ◆ **Lyon, le grand marché des soieries** Lyons, the great trading centre for silk goods

b (Comm, Écon : débouchés, opérations) market ◆ **marché monétaire** money market ◆ **marché libre / des valeurs** open / securities market ◆ **le marché unique européen** the single European market ◆ **marché gris** grey market ◆ (Pétrole) **le marché libre de Rotterdam** the Rotterdam spot market ◆ **acquérir** ou **trouver de nouveaux marchés (pour)** to find new markets (for) ◆ **lancer / offrir qch sur le marché** to launch / put sth on the market ◆ **analyse / étude de marché** market analysis / research ◆ **le marché de l'immobilier** the real estate market ◆ **le marché du travail** the labour market ◆ **il n'y a pas de marché pour ces produits** there is no market for these goods

c (transaction, contrat) bargain, transaction, deal ◆ **faire un marché avantageux** to make ou strike a good bargain ◆ **un marché de dupes** a fool's bargain ou deal ◆ **conclure** ou **passer un marché avec qn** to make a deal with sb ◆ **marché conclu !** it's a deal! ◆ **marché ferme** firm deal ◆ **marché de gré à gré** mutual agreement, private contract ◆ **marché public** procurement contract ◆ (fig) **mettre le marché en main à qn** to give sb an ultimatum → **bon**[1]

d (Bourse) market ◆ **le marché est animé** the market is lively ◆ **le marché des valeurs** the stock market ◆ **le marché des changes** ou **des devises** the foreign exchange market ◆ **marché financier** financial market ◆ **marché obligataire** bond market ◆ **marché à prime** option (bargain) ◆ **marché au comptant / à terme** ou **à règlement mensuel** spot ou cash / forward market ◆ **marché à terme d'instruments financiers, marché à terme international de France** *French financial futures market*, ≃ LIFFE (Brit)

2 COMP ▷ **Marché commun** Common Market ▷ **marché international du disque et de l'édition musicale** *music industry trade fair* ▷ **marché d'intérêt national** *wholesale market for perishable food and horticultural products* ▷ **marché noir** black market ◆ **faire du marché noir** to buy and sell on the black market ▷ **marché aux puces** flea market

marchéage [maʀʃeaʒ] nm marketing

marché-gare, pl **marchés-gares** [maʀʃegaʀ] nm *wholesale market for perishable food and horticultural products*

marchepied [maʀʃəpje] nm (Rail) step; (Aut) running board; (fig) stepping stone ◆ **servir de marchepied à qn** to be sb's stepping stone

marcher [maʀʃe] → SYN ▸ conjug 1 ◂ vi **a** to walk; [soldats] to march ◆ **marcher à grandes enjambées** ou **à grands pas** to stride (along) ◆ **il marche en boitant** he walks with a limp ◆ **marcher en canard** to walk like a duck ◆ **marcher sur les mains / à quatre pattes** to walk on one's hands / on all fours ◆ **venez, on va marcher un peu** come on, let's have a walk ou let's go for a walk ◆ **il marchait lentement par les rues** he strolled ou wandered along the streets ◆ **il marchait sans but** he walked (along) aimlessly ◆ (fig) **marcher sur des œufs** to act with caution ◆ **faire marcher un bébé** to get a baby to walk, help a baby walk ◆ **c'est marche ou crève !**‡ it's sink or swim! → **pas**[1]

b (mettre le pied sur, dans) **marcher dans une flaque d'eau** to step in a puddle ◆ **défense de marcher sur les pelouses** keep off the grass ◆ (lit) **marcher sur les pieds de qn / sur sa robe** to stand ou tread on sb's toes / on one's dress ◆ (fig) **ne te laisse pas marcher sur les pieds** don't let anyone tread on your toes ◆ (fig) **marcher sur qn** to walk all over sb ◆ (fig) **marcher sur les plates-bandes** ou **les brisées de qn*** to poach ou intrude on sb's territory ou preserves ◆ **marcher sur les pas** ou **les traces** ou **dans le sillage de qn** to follow in sb's footsteps → **côté**

c (fig : progresser) **marcher à la conquête de la gloire / vers le succès** to be on the road to fame / success, step out ou stride towards fame / success ◆ **marcher au supplice** to walk to one's death ou to the stake ◆ **marcher au combat** to march into battle ◆ (Mil) **marcher sur une ville / sur un adversaire** to advance on ou march against a town / an enemy

d (fig : obéir) to toe the line; (*: consentir) to agree, play* ◆ (*: croire naïvement) **il marche à tous les coups** he is taken in ou falls for it* every time ◆ **on lui raconte n'importe quoi et il marche** you can tell him anything and he'll swallow it* ◆ **il n'a pas voulu marcher dans la combine** he did not want to be involved in the affair ◆ **faire marcher qn** (taquiner) to pull sb's leg; (tromper) to take sb for a ride*, lead sb up the garden path* ◆ **il sait faire marcher sa grand-mère** he knows how to get round his grandmother ◆ **son père saura le faire marcher (droit)** his father will soon have him toeing the line

e (avec véhicule) **le train a / nous avons bien marché jusqu'à Lyon** the train / we made good time as far as Lyons ◆ **nous marchions à 100 à l'heure** we were doing a hundred

f (fonctionner) [appareil] to work; [ruse] to work, come off; [usine] to work (well); [affaires, études] to go (well) ◆ **faire marcher** appareil to work, operate; entreprise to run ◆ **ça fait marcher les affaires** it's good for business ◆ **ça marche à l'électricité** it works by ou on electricity ◆ **est-ce que le métro marche aujourd'hui ?** is the underground running today? ◆ **ces deux opérations marchent ensemble** these two procedures go ou work together ◆ **les affaires marchent mal** things are going badly, business is bad ◆ **il marche au whisky*** whisky keeps him going ◆ **les études, ça marche ?*** how's studying going? ◆ **rien ne marche** nothing's going right, nothing's working ◆ **« ça marche ! »** (dans un restaurant) "coming up!"; (c'est d'accord) great!‡, OK!* ◆ **ça marche pour 20 h / lundi** 8 o'clock / Monday is fine → **roulette**

marcheur, -euse [maʀʃœʀ, øz] → SYN **1** adj oiseau flightless

2 nm,f (gén) walker; (Pol etc) marcher

3 **marcheuse** nf (figurante) walk-on

Marco Polo [maʀkopolo] nm Marco Polo

marcottage [maʀkotaʒ] nm (Bot) layering

marcotte [maʀkɔt] → SYN nf (Bot) layer, runner

marcotter [maʀkɔte] ▸ conjug 1 ◂ vt (Bot) to layer

mardi [maʀdi] nm Tuesday ◆ **Mardi gras** Shrove ou Pancake* (Brit) Tuesday, Mardi Gras ◆ (hum) **elle se croit à mardi gras !** she's dressed up like a dog's dinner!; pour autres loc voir **samedi**

mare [maʀ] → SYN nf **a** (étang) pond ◆ **mare aux canards** duck pond ◆ (péj) **c'est la mare aux grenouilles** it's a shady milieu → **pavé**

b (flaque) pool ◆ **mare de sang / d'huile** pool of blood / oil

marécage [maʀekaʒ] → SYN nm (Géog) marsh, swamp, bog; (fig péj) quagmire

marécageux, -euse [maʀekaʒø, øz] → SYN adj terrain marshy, swampy, boggy; plante marsh (épith)

maréchal, pl **-aux** [maʀeʃal, o] nm (armée française) marshal (of France); (armée britannique) field marshal ◆ (Hist) **maréchal de camp** brigadier ◆ **Maréchal de France** Marshal of France ◆ **maréchal des logis** sergeant *(artillery, cavalry etc)* ◆ **maréchal des logis-chef** battery ou squadron sergeant-major → **bâton**

maréchalat [maʀeʃala] nm rank of marshal, marshalcy

maréchale [maʀeʃal] nf marshal's wife → **Madame**

maréchalerie [maʀeʃalʀi] nf (atelier) smithy, blacksmith's (shop); (métier) blacksmith's trade

maréchal-ferrant [maʀeʃalfeʀɑ̃], pl **maréchaux-ferrants** → SYN nm blacksmith, farrier

maréchaussée [maʀeʃose] → SYN nf (hum) constabulary, police (force); (Hist) mounted constabulary

marée [maʀe] → SYN nf **a** tide ◆ **marée montante / descendante** flood ou rising / ebb tide ◆ **à (la) marée montante / descendante** when the tide goes in / out, when the tide is rising / ebbing ou falling ◆ **(à) marée haute** (at) high tide ou water ◆ **(à) marée basse** (at) low tide ou water ◆ **grande marée** spring tide ◆ **faible** ou **petite marée** neap tide ◆ **marée noire** oil slick, black tide

b (fig) [bonheur, colère] surge, wave; [nouveaux immeubles, supermarchés] flood ◆ **marée humaine** great flood ou surge ou influx of people

c (Comm : poissons de mer) **la marée** fresh catch, fresh (sea) fish → **marchand**

marégraphe [maʀegʀaf] nm marigraph, self-registering tide gauge

marelle [maʀɛl] nf (jeu) hopscotch; (dessin) (drawing of a) hopscotch game

marémoteur, -trice [maʀemɔtœʀ, tʀis] adj (Élec) énergie tidal ◆ **usine marémotrice** tidal power station

marengo [maʀɛ̃go] **1** adj inv ◆ (Culin) **poulet / veau (à la) marengo** chicken / veal marengo

2 nm *black flecked cloth*

marennes [maʀɛn] nf Marennes oyster

mareyage [maʀɛjaʒ] nm fish trade

mareyeur, -euse [maʀɛjœʀ, øz] nm,f wholesale fish merchant

margarine [maʀgaʀin] nf margarine, marge* (Brit) ◆ **margarine de régime** low-fat margarine

margay [maʀgɛ] nm margay

marge [maʀʒ] → SYN **1** nf (gén) margin ◆ **faire des annotations en marge** to make notes in the margin ◆ **donner de la marge à qn** (temps) to give sb a reasonable margin of time; (latitude) to give sb some leeway ou latitude ou scope ◆ **je ne suis pas pressé, j'ai encore de la marge** I'm not in a hurry, I still have time to spare ◆ **en marge (de la société)** on the fringe (of society) ◆ **il a décidé de vivre en marge de la société** he has opted out (of society) ◆ **vivre en marge du monde / des affaires** to live cut off from the world / from business ◆ **activités en marge du festival** fringe activities ◆ **en marge de cette affaire, on peut aussi signaler que** with the ou this subject, one might also point out that

2 COMP ▷ **marge (bénéficiaire)** (profit) margin, mark-up ▷ **marge brute d'autofinancement** cash flow ▷ **marge commerciale** gross margin ou profit, trading margin ▷ **marge continentale** (Géog) continental terrace ▷ **marge d'erreur** margin of error ▷ **marge de garantie** (Fin) margin ▷ **marge de manœuvre** room to manoeuvre ◆ **leur attitude ne nous laisse pas une grande marge de manœuvre** their attitude doesn't leave us much room for manoeuvre ▷ **marge de sécurité** safety margin ▷ **marge de tolérance** tolerance

margelle [maʀʒɛl] → SYN nf ◆ **margelle (de puits)** coping (of a well)

marger [maʀʒe] ▸ conjug 3 ◂ vt machine à écrire, feuille to set the margins on; (Typ) to feed (in)

margeur [maʀʒœʀ] nm [machine à écrire] margin stop

marginal, e, mpl **-aux** [maʀʒinal, o] → SYN **1** adj (gén, Écon) marginal; coût incremental ◆ **groupe marginal** fringe group ◆ **récifs marginaux** fringing reefs ◆ **notes marginales** marginal notes, marginalia (pl)

2 nm (excentrique) freak*, eccentric; (artiste, homme politique) independent; (déshérité) dropout ◆ (contestataires) **les marginaux** the dissident minority ou fringe

marginalement [maʀʒinalmɑ̃] adv marginally

marginalisation [maʀʒinalizasjɔ̃] nf marginalization

marginaliser [marʒinalize] ▸conjug 1◂ **1** vt to marginalize, edge out*
2 se marginaliser vpr to put o.s. on the fringe

marginalisme [marʒinalism] nm (Écon) marginalism

marginalité [marʒinalite] [→ SYN] nf marginality

marginer [marʒine] ▸conjug 1◂ vt to write in the margins of

margis [marʒi] nm (arg Mil) (abrév de **maréchal des logis**) sarge (arg)

Margot [margo] nf (dim de **Marguerite**) Maggie

margouillat [marguja] nm agama, agamid

margoulette‡ [margulɛt] nf (mâchoires, visage) face, mug‡

margoulin [margulɛ̃] [→ SYN] nm (péj) swindler, shark (fig)

margrave [margrav] [→ SYN] nm (Hist) margrave

margraviat [margravja] nm margraviate

Marguerite [margərit] nf Margaret

marguerite [margərit] nf **a** (Bot) marguerite, (oxeye) daisy → **effeuiller**
b (Typ) daisywheel ◆ **imprimante à marguerite** daisywheel printer

marguillier [margije] [→ SYN] nm (Hist) churchwarden

mari [mari] [→ SYN] nm husband ◆ **son petit mari** her hubby*

mariable [marjabl] adj marriageable

mariage [marjaʒ] [→ SYN] GRAMMAIRE ACTIVE 24.3
1 nm **a** (institution, union) marriage; (Rel) matrimony ◆ **50 ans de mariage** 50 years of married life ou of marriage ◆ **ils ont fêté leurs 20 ans de mariage** they celebrated their 20th (wedding) anniversary ◆ **au début de leur mariage** when they were first married, at the beginning of their marriage ◆ **son mariage avec son cousin** her marriage to her cousin ◆ **on parle de mariage entre eux** there is talk of their getting married ◆ **il avait un enfant d'un premier mariage** he had a child from his first marriage ◆ **né hors du mariage** born out of wedlock ◆ **promettre / donner qn en mariage à** to promise / give sb in marriage to ◆ **elle lui a apporté beaucoup d'argent en mariage** she brought him a lot of money when she married him ◆ **faire un riche mariage** to marry into money ◆ (Littérat) **"Le Mariage de Figaro"** "The Marriage of Figaro" → **acte, demande**
b (cérémonie) wedding ◆ **grand mariage** society wedding ◆ **cadeau / faire-part / messe de mariage** wedding present / invitation / service → **corbeille, liste**[1]
c (fig) [couleurs, parfums, matières] marriage, blend; [entreprises] merger, amalgamation ◆ **c'est le mariage de la carpe et du lapin** [couple] they make an odd couple; [associés] they are strange ou unlikely bedfellows
d (Cartes) **avoir le mariage à cœur** to have ou hold (the) king and queen ou king / queen of hearts ◆ **faire des mariages** to collect kings and queens
2 COMP ▷ **mariage d'amour** love match ◆ **faire un mariage d'amour** to marry for love, make a love match ▷ **mariage d'argent** marriage for money, money match ▷ **mariage blanc** (non consommé) unconsummated marriage; (de convenance) marriage of convenience ▷ **mariage en blanc** white wedding ▷ **mariage civil** civil wedding ▷ **mariage de convenance** marriage of convenience ▷ **mariage à l'essai** trial marriage ▷ **mariage d'intérêt** money ou social match ◆ **faire un mariage d'intérêt** to marry for money ▷ **mariage mixte** mixed marriage ▷ **mariage politique** political alliance ▷ **mariage de raison** marriage of convenience ▷ **mariage religieux** church wedding

marial, e, mpl **marials** [marjal] adj (Rel) culte Marian

Marianne [marjan] nf (prénom) Marion; (Pol) Marianne, *symbol of the French Republic*

Mariannes [marjan] nfpl ◆ **les (îles) Mariannes** the Mariana Islands

Marie [mari] nf Mary ◆ **Marie Stuart** Mary Stuart, Mary Queen of Scots

marié, e [marje] (ptp de **marier**) **1** adj married ◆ **non marié** unmarried, single
2 nm (bride) groom ◆ **les mariés** (jour du mariage) the bride and (bride)groom; (après le mariage) the newly-weds → **jeune, nouveau**
3 mariée nf bride ◆ **trouver** ou **se plaindre que la mariée est trop belle** to object that everything's too good to be true ◆ **couronne / robe / voile** etc **de mariée** wedding headdress / dress / veil etc → **jeune**

marie-couche-toi-là‡† [marikuʃtwala] nf inv (prostituée) harlot†, strumpet†

Marie-Galante [marigalɑ̃t] nf Marie Galante

marie-jeanne [mariʒan] nf inv (marijuana) Mary Jane (arg), pot (arg)

marie-louise, pl **maries-louises** [marilwiz] nf [assiette] inner surface; [encadrement] inner frame

Marie-Madeleine [marimad(ə)lɛn] nf Mary Magdalene

marier [marje] [→ SYN] ▸conjug 7◂ GRAMMAIRE ACTIVE 24.3
1 vt **a** [maire, prêtre] to marry ◆ **il a marié sa fille à un homme d'affaires** he married his daughter to a businessman ◆ **il a fini par marier sa fille** he finally got his daughter married, he finally married off his daughter ◆ (hum) **demain, je marie mon frère** tomorrow I see my brother (get) married ◆ **nous sommes mariés depuis 15 ans** we have been married for 15 years ◆ **il a encore 2 filles à marier** he still has 2 unmarried daughters, he still has 2 daughters to marry off ◆ **fille à marier** daughter of marriageable age, marriageable daughter ◆ (fig) **on n'est pas mariés avec lui !*** we don't have to suit him all the time!, we're not obliged to do as he says!
b couleurs, goûts, parfums, styles to blend, harmonize; entreprises to merge, amalgamate
2 se marier vpr **a** [personne] to get married ◆ **se marier à** ou **avec qn** to marry sb, get married to sb ◆ **se marier à la mairie / l'église** to get married at a registry office / in church ◆ **se marier de la main gauche** to live as man and wife
b [couleurs, goûts, parfums, styles] to blend, harmonize

marie-salope, pl **maries-salopes** [marisalɔp] [→ SYN] nf (bateau) mud dredger; (‡: souillon) slut

marieur, -ieuse [marjœr, jøz] nm,f matchmaker

marigot [marigo] [→ SYN] nm backwater, cutoff, oxbow lake

marihuana [mariɥana] nf, **marijuana** [marirwana] nf marijuana

marimba [marimba] nm marimba

marin, e[1] [marɛ̃, in] [→ SYN] **1** adj air sea (épith); carte maritime (épith), navigational (épith); faune, flore marine (épith), sea (épith) ◆ **bateau (très) marin** seaworthy ship ◆ **missile marin** sea-based missile ◆ **sciences marines** marine science ◆ **costume marin** sailor suit → **mille**[2], **pied** etc
2 nm sailor ◆ (grade) **(simple) marin** ordinary seaman ◆ **marin pêcheur** fisherman ◆ **marin d'eau douce** landlubber ◆ **un peuple de marins** a seafaring nation, a nation of seafarers ◆ **béret / tricot de marin** sailor's hat / jersey → **fusilier**

marina [marina] nf marina

marinade [marinad] nf **a** marinade ◆ **marinade de viande** meat in (a) marinade, marinaded meat
b (Can) **marinades** pickles

marine[2] [marin] [→ SYN] **1** nf **a** (flotte, administration) navy ◆ **terme de marine** nautical term ◆ **au temps de la marine à voiles** in the days of sailing ships ◆ **marine (de guerre)** navy ◆ **marine marchande** merchant navy → **lieutenant, officier**[1]
b (tableau) seascape
2 nm (soldat) (britannique) Royal Marine; (américain) US Marine ◆ **les marines** (britanniques) the Marines; (américains) the Marine Corps
3 adj inv (couleur) navy (blue) → **bleu**

mariner [marine] [→ SYN] ▸conjug 1◂ **1** vt (Culin: aussi **faire mariner**) to marinade, marinate
2 vi **a** (Culin) to marinade, marinate ◆ **harengs marinés** soused (Brit) ou pickled herrings
b (*: attendre) to hang about* ◆ **mariner en prison** to stew* in prison ◆ **faire** ou **laisser mariner qn** (à un rendez-vous) to keep sb hanging about* ou kicking his heels (Brit); (pour une décision) to let sb stew* for a bit

maringouin [marɛ̃gwɛ̃] [→ SYN] nm (Can) mosquito

marinier [marinje] [→ SYN] nm bargee (Brit), bargeman (US) → **officier**[1]

marinière [marinjɛr] nf (Habillement) overblouse, smock; (Nage) sidestroke → **moule**[2]

mariol(le)* [marjɔl] nm ◆ **c'est un mariol(le)** (malin) he is a crafty ou sly one; (peu sérieux) he's a bit of a joker ou a waster*; (incompétent) he's a bungling idiot* ◆ **(ne) fais pas le mariol(le)** stop trying to be clever ou smart*, stop showing off

marionnette [marjɔnɛt] [→ SYN] nf (lit, fig: pantin) puppet ◆ (spectacle) **marionnettes** puppet show ◆ **marionnette à fils** marionette ◆ **marionnette à gaine** glove puppet ◆ **faire les marionnettes** to move one's hands *(to amuse a baby)* → **montreur, théâtre**

marionnettiste [marjɔnetist] nmf puppeteer, puppet-master (ou -mistress)

marisque [marisk] nf marisca

mariste [marist] [→ SYN] nmf Marist ◆ **frère / sœur mariste** Marist brother / sister

marital, e, mpl **-aux** [marital, o] adj ◆ (Jur) **autorisation maritale** husband's permission ou authorization ◆ **la vie maritale** living together, cohabitation

maritalement [maritalmɑ̃] [→ SYN] adv ◆ **vivre maritalement** to live as husband and wife, cohabit

maritime [maritim] [→ SYN] adj **a** localisation maritime; ville seaboard, coastal, seaside; province seaboard, coastal, maritime → **gare**[1], **pin, port**[1]
b navigation maritime; commerce, agence shipping; droit shipping, maritime; assurance marine ◆ **affecté à la navigation maritime** sea-going → **arsenal**

maritorne† [maritɔrn] nf (souillon) slut, slattern

marivaudage [marivodaʒ] [→ SYN] nm (littér: badinage) light-hearted gallantries; (Littérat) sophisticated banter in the style of Marivaux

marivauder [marivode] [→ SYN] ▸conjug 1◂ vi (littér) to engage in lively sophisticated banter; (†: Littérat) to write in the style of Marivaux

marjolaine [marʒɔlɛn] [→ SYN] nf marjoram

mark [mark] nm (Fin) mark

marketing [marketiŋ] [→ SYN] nm marketing

marli [marli] [→ SYN] nm [assiette] inner border

marlin [marlɛ̃] nm marlin

marlou‡ [marlu] nm (souteneur) pimp; (voyou) wide boy‡ (Brit), punk‡ (US)

marmaille* [marmaj] nf gang ou horde of kids* ou brats* (péj) ◆ **toute la marmaille était là** the whole brood was there

marmelade [marməlad] [→ SYN] nf **a** (Culin) stewed fruit, compote ◆ **marmelade de pommes / poires** stewed apples / pears, compote of apples / pears ◆ **marmelade d'oranges** (orange) marmalade
b (*) **en marmelade** légumes, fruits (cuits) cooked to a mush; (crus) reduced to a pulp ◆ **avoir le nez en marmelade** to have one's nose reduced to a pulp ◆ **réduire qn en marmelade** to smash sb to pulp, reduce sb to a pulp
c (fig: gâchis) mess

marmite [marmit] [→ SYN] **1** nf (Culin) (cooking) pot; (arg Mil) heavy shell ◆ **une marmite de soupe** a pot of soup → **bouillir, nez**
2 COMP ▷ **marmite (de géants)** (Géog) pothole ▷ **marmite norvégienne** ≃ haybox

marmiton [marmitɔ̃] [→ SYN] nm kitchen boy

marmonnement [maʀmɔnmɑ̃] ⇒ SYN nm mumbling, muttering

marmonner [maʀmɔne] ⇒ SYN ▸ conjug 1 ◂ vti to mumble, mutter ◆ **marmonner dans sa barbe** to mutter into one's beard, mutter to o.s.

marmoréen, -éenne [maʀmɔʀeɛ̃, ɛn] ⇒ SYN adj (littér) marble (épith), marmoreal (littér)

marmot* [maʀmo] nm kid*, brat* (péj) → **croquer**

marmotte [maʀmɔt] ⇒ SYN nf (Zool) marmot; (fig) sleepyhead, dormouse; (cerise) *type of bigarreau cherry* → **dormir**

marmottement [maʀmɔtmɑ̃] nm mumbling, muttering

marmotter [maʀmɔte] ▸ conjug 1 ◂ vti to mumble, mutter ◆ **qu'est-ce que tu as à marmotter ?*** what are you mumbling (on) about? ou muttering about?

marmouset [maʀmuzɛ] ⇒ SYN nm **a** (Sculp) quaint ou grotesque figure; (*†: enfant) pipsqueak*
b (Zool) marmoset

marnage¹ [maʀnaʒ] nm (Agr) marling

marnage² [maʀnaʒ] nm (Naut) tidal range

marne [maʀn] nf (Géol) marl, calcareous clay

marner [maʀne] ⇒ SYN ▸ conjug 1 ◂ **1** vt (Agr) to marl
2 vi (*: travailler dur) to slog* ◆ **faire marner qn** to make sb slog*

marneux, -euse [maʀnø, øz] adj marly

marnière [maʀnjɛʀ] ⇒ SYN nf marlpit

Maroc [maʀɔk] nm Morocco

marocain, e [maʀɔkɛ̃, ɛn] ⇒ SYN **1** adj Moroccan
2 nm,f ◆ **Marocain(e)** Moroccan

maronite [maʀɔnit] **1** adj Maronite
2 nmf ◆ **Maronite** Maronite

maronner* [maʀɔne] ▸ conjug 1 ◂ vi **a** (grommeler) to grouse*, moan*
b (attendre et enrager) **faire maronner qn** to leave sb to kick ou cool one's heels

maroquin [maʀɔkɛ̃] ⇒ SYN nm **a** (cuir) morocco (leather) ◆ **relié en maroquin** morocco-bound
b (fig: portefeuille) (minister's) portfolio ◆ **obtenir un maroquin** to be made a minister

maroquinerie [maʀɔkinʀi] nf (boutique) shop selling fancy ou fine leather goods; (atelier) tannery; (Ind) fine leather craft; (préparation) tanning ◆ **(articles de) maroquinerie** fancy ou fine leather goods ◆ **il travaille dans la maroquinerie** (artisan) he does fine leatherwork; (commerçant) he is in the (fine) leather trade

maroquinier [maʀɔkinje] nm (marchand) dealer in fine leather goods; (fabricant) leather worker ou craftsman

marotte [maʀɔt] ⇒ SYN nf **a** (dada) hobby, craze ◆ **c'est sa marotte !** it's his pet craze! ◆ **il a la marotte des jeux de patience** he has a craze for jigsaw puzzles ◆ **le voilà lancé sur sa marotte !** there he goes on his pet hobby-horse!
b (Hist: poupée) fool's bauble; (Coiffure, Habillement: tête) (milliner's, hairdresser's) dummy head, (milliner's, hairdresser's) model

marouette¹ [maʀwɛt] nf ⇒ **maroute**

marouette² [maʀwɛt] nf (Zool) spotted crake

marouflage [maʀuflaʒ] nm (action) mounting; (toile) backing

maroufler [maʀufle] ▸ conjug 1 ◂ vt toile to mount

maroute [maʀut] nf stinking chamomile

marquage [maʀkaʒ] nm **a** [linge, marchandises] marking; [animal] branding; [arbre] blazing
b (Aut: sur la chaussée) road-marking
c (Sport) [joueur] marking
d (Sci) labelling ◆ **marquage radioactif** radioactive tracing

marquant, e [maʀkɑ̃, ɑ̃t] ⇒ SYN adj personnage, événement outstanding; souvenir vivid ◆ **je n'ai rien vu de très marquant** I saw nothing very striking ou nothing worth talking about ◆ **le fait le plus marquant** the most significant ou striking fact

marque [maʀk] ⇒ SYN nf **a** (repère, trace) mark; (signe) (lit, fig) mark, sign; (fig) token; [livre] bookmark; [linge] name tab ◆ **marques de doigts** fingermarks, fingerprints ◆ **marques de pas** footmarks, footprints ◆ **marques d'une blessure / de coups / de fatigue** marks of a wound / of blows / of fatigue ◆ **il porte encore les marques de son accident** he still bears the scars from his accident ◆ **faites une marque au crayon devant chaque nom** put a pencil mark beside each name ◆ (fig) **marque de confiance / de respect** sign ou token ou mark of confidence / respect ◆ **porter la marque du pluriel** to be in the plural (form)
b (estampille) [or, argent] hallmark; [meubles, œuvre d'art] mark; [viande, œufs] stamp ◆ (fig) **la marque du génie** the hallmark ou stamp of genius
c (Comm) [nourriture, produits chimiques] brand; [automobiles, produits manufacturés] make ◆ **marque de fabrique** ou **de fabrication** ou **du fabricant** trademark, trade name, brand name ◆ **marque d'origine** maker's mark ◆ **marque déposée** registered trademark ou trade name ou brand name ◆ **une grande marque de vin / de voiture** a well-known brand of wine / make of car ◆ **produits de marque** high-class products ◆ (fig) **un personnage de marque** a distinguished person, a VIP ◆ **visiteur de marque** important ou distinguished visitor → **image**
d (insigne) [fonction, grade] badge ◆ (frm) **les marques de sa fonction** the insignia ou regalia of his office
e (décompte de points) **la marque** the score ◆ **tenir la marque** to keep (the) score ◆ **mener à la marque** to lead on the scoresheet, be ahead on goals, be in the lead ◆ **ouvrir la marque** to open the scoring
f (Sport: empreinte) marker ◆ **à vos marques ! prêts ! partez !** (athlètes) on your marks!, get set!, go!; (enfants) ready, steady, go! ◆ **prendre ses marques** to place one's marker *(for one's run-up)* ◆ (Rugby) **marque !** mark! ◆ (fig) **il cherche encore ses marques** he's still trying to find his bearings

marqué, e [maʀke] ⇒ SYN (ptp de **marquer**) adj **a** (accentué) marked, pronounced; (Ling) marked
b (signalé) **le prix marqué** the price on the label ◆ **au prix marqué** at the labelled price, at the price shown on the label ◆ (fig) **c'est un homme marqué** he's a marked man ◆ **il est très marqué politiquement** politically he's very partisan

marque-page, pl **marque-pages** [maʀk(ə)paʒ] nm bookmark

marquer [maʀke] ⇒ SYN ▸ conjug 1 ◂ **1** vt **a** (par un signe distinctif) objet personnel to mark (*au nom de qn* with sb's name); animal, criminel to brand; arbre to blaze; marchandise to label, stamp
b (indiquer) limite, position to mark; (sur une carte) village, accident de terrain to mark, show, indicate; [horloge] to show; [thermomètre] to show, register; [balance] to register; [isotope radioactif] to trace ◆ **marquez la longueur voulue d'un trait de crayon** mark off the length required with a pencil ◆ **l'animal marque son territoire** the animal marks out its territory ◆ **j'ai marqué ce jour-là d'une pierre blanche / noire** I'll remember it as a red-letter day / black day ◆ **marquez d'une croix l'emplacement du véhicule** mark the position of the vehicle with a cross ◆ **la pendule marque 6 heures** the clock points to ou shows ou says 6 o'clock ◆ (Couture) **des pinces marquent / une ceinture marque la taille** darts emphasize / a belt emphasizes the waist(line) ◆ **une robe qui marque la taille** a dress which shows off the waistline ◆ **cela marque (bien) que le pays veut la paix** that definitely indicates ou shows that the country wants peace, that's a clear sign that the country wants peace
c événement to mark ◆ **un bombardement a marqué la reprise des hostilités** a bomb attack marked the renewal ou resumption of hostilities ◆ **des réjouissances populaires ont marqué la prise de pouvoir par la junte** the junta's takeover was marked by public celebrations ◆ **pour marquer cette journée on a distribué ...** to mark ou commemorate this day they distributed ...
d (écrire) nom, rendez-vous, renseignement to write down, note down, make a note of ◆ **marquer les points** ou **les résultats** to keep or note the score ◆ **on l'a marqué absent** he was marked absent ◆ **j'ai marqué 3 heures sur mon agenda** I've got 3 o'clock (noted down in my diary ◆ **il a marqué qu'il fallait prévenir les élèves** he noted down that the pupils should be told, he made a note to tell the pupils ◆ **qu'y a-t-il de marqué ?** what does it say?, what's written (on it)?
e (endommager) glace, bois to mark; (fig affecter) personne to mark ◆ (influencer) **marquer qn de son époque** to put one's mark ou stamp on one's time ◆ **la souffrance l'a marqué** suffering has left its mark on him ◆ **il est marqué par la vie** life has left its mark on him ◆ **visage marqué par la maladie** face marked by illness ◆ **visage marqué par la petite vérole** face pitted ou scarred with smallpox ◆ **la déception se marquait sur son visage** disappointment showed in his face ou was written all over his face
f (manifester, montrer) désapprobation, fidélité intérêt to show
g (Sport) joueur to mark; but, essai to score ◆ **marquer qn de très près** ou **à la culotte** to mark sb very closely ou tightly
h LOC **marquer le coup*** (fêter un événement etc) to mark the occasion; (accuser le coup) to react ◆ **j'ai risqué une allusion, mais il n'a pas marqué le coup*** I made an allusion to it, but he showed no reaction ◆ **marquer un point / des points (sur qn)** to score a point / several points (against sb) ◆ **marquer la mesure** to keep the beat ◆ **marquer le pas** (lit) to beat ou mark time; (fig) to mark time ◆ **marquer une pause** ou **un temps d'arrêt** to pause momentarily
2 vi **a** [événement, personnalité] to stand out, be outstanding; [coup] to reach home, tell ◆ **cet incident a marqué dans sa vie** that particular incident stood out in ou had a great impact on his life
b [crayon] to write; [tampon] to stamp ◆ **ne pose pas le verre sur ce meuble, ça marque** don't put the glass down on that piece of furniture, it will leave a mark

marqueté, e [maʀkəte] ⇒ SYN adj bois inlaid

marqueterie [maʀkɛtʀi] ⇒ SYN nf (Art) marquetry, inlaid work; (fig) mosaic ◆ **table en marqueterie** inlaid table

marqueteur [maʀkətœʀ] nm inlayer

marqueur, -euse [maʀkœʀ, øz] **1** nm,f [bétail] brander; (Sport, Jeux) [points] score-keeper, scorer; (buteur) scorer
2 nm **a** (stylo) felt-tip pen; (indélébile) marker pen; (Méd) tracer
b (Ling) marker ◆ (Ling) **marqueur syntagmatique** phrase marker
3 **marqueuse** nf (Comm: appareil) (price) labeller

marquis [maʀki] nm marquis, marquess

marquisat [maʀkiza] nm marquisate

marquise [maʀkiz] nf **a** (noble) marchioness → **Madame**
b (auvent) glass canopy ou awning; (tente de jardin) marquee (Brit), garden tent (US)
c **les (îles) Marquises** the Marquesas Islands
d (Culin) **marquise au chocolat** *type of chocolate ice-cream*
e (siège) marquise
f (bague) marquise

marquoir [maʀkwaʀ] nm marker

marraine [maʀɛn] ⇒ SYN nf [enfant] godmother; [navire] christener, namer; (dans un club) sponsor, proposer ◆ **marraine de guerre** *(woman) penfriend to soldier etc on active service*

Marrakech [maʀakɛʃ] n Marrakech, Marrakesh

marrane [maʀan] nmf Marrano

marrant, e* [maʀɑ̃, ɑ̃t] ⇒ SYN adj **a** (amusant) funny, killing* ◆ **c'est un marrant, il est marrant** he's a scream* ou a great laugh* ◆ **ce n'est pas marrant** it's not funny, it's no joke ◆ **il n'est pas marrant** (ennuyeux, triste) he's pretty dreary*, he's not much fun; (sévère)

he's pretty grim*; (empoisonnant) he's a pain in the neck*
b (étrange) funny, odd

marre‡ [maʀ] adv ◆ **en avoir marre** to be fed up* ou cheesed off‡ (Brit) (*de* with), be sick* (*de* of) ◆ **j'en ai marre de toi** I've just about had enough of you*, I am fed up with you* ◆ **c'est marre!, il y en a marre!** that'll be enough, that'll do!

marrer (se)‡ [maʀe] → SYN ▸ conjug 1 ◂ vpr to laugh, have a good laugh* ◆ **il se marrait comme un fou** he was in fits* ou kinks‡ (Brit) ◆ **on ne se marre pas tous les jours au boulot!** work isn't always fun and games* ou a laugh a minute ◆ **tu me fais marrer avec ta démocratie!** you make me laugh with all your talk about democracy!

marri, e [maʀi] → SYN adj (littér, †) (triste) sad, doleful (*de* about); (désolé) sorry, grieved† (*de* about)

marron¹ [maʀɔ̃] → SYN **1** nm **a** (Bot, Culin) chestnut ◆ **marron d'Inde** horse chestnut ◆ **marrons chauds** roast chestnuts ◆ **marron glacé** marron glacé ◆ **tirer les marrons du feu** (être le bénéficiaire) to reap the benefits; (être la victime) to be sb's cat's paw → **purée**
b (couleur) brown
c (‡: coup) blow, thump, cuff, clout (Brit) ◆ **tu veux un marron?** do you want a thick ear?* (Brit) ou a cuff?
2 adj inv **a** (couleur) brown
b (‡) **être marron** (être trompé) to be the sucker‡, be had*

marron², -onne [maʀɔ̃, ɔn] → SYN adj ◆ (sans titres) **médecin marron** quack, unqualified doctor ◆ (sans scrupule) **notaire / avocat marron** crooked notary / lawyer ◆ (Hist) **esclave marron** runaway ou fugitive slave

marronnier [maʀɔnje] nm **a** (Bot) chestnut tree ◆ **marronnier (d'Inde)** horse chestnut tree
b (arg Presse) chestnut (arg)

marrube [maʀyb] → SYN nm horehound ◆ **marrube noir** black horehound

Mars [maʀs] **1** nm (Myth) Mars → **champ¹**
2 nf (planète) Mars

mars [maʀs] nm (mois) March ◆ **arriver** ou **venir** ou **tomber comme mars en carême** to come ou happen as sure as night follows day; pour loc voir **septembre**

marseillais, e [maʀsɛjɛ, ɛz] → SYN **1** adj of ou from Marseilles → **histoire**
2 nm,f ◆ **Marseillais(e)** inhabitant ou native of Marseilles
3 nf ◆ **la Marseillaise** the Marseillaise, *French national anthem*

Marseille [maʀsɛj] n Marseilles

Marshall [maʀʃal] n ◆ **les îles Marshall** the Marshall Islands

marshmallow [maʀʃmalo] nm marshmallow

marsouin [maʀswɛ̃] nm (Zool) porpoise; (Mil †) marine

marsupial, e, mpl **-iaux** [maʀsypjal, jo] adj, nm marsupial ◆ **poche marsupiale** marsupium

martagon [maʀtagɔ̃] nm martagon (lily), Turk's-cap lily

marte [maʀt] nf ⇒ **martre**

marteau, pl **marteaux** [maʀto] → SYN **1** nm **a** (Menuiserie, Mus, Sport) hammer; [enchères, médecin] hammer; [président, juge] gavel; [horloge] striker; [porte] knocker; [forgeron] (sledge) hammer ◆ **il l'a cassé à coups de marteau** he broke it with a hammer ◆ **donner un coup de marteau sur qch** to hit sth with a hammer ◆ **enfoncer qch à coups de marteau** to hammer sth in, drive sth in with a hammer ◆ **passer sous le marteau du commissaire-priseur** to be put up for auction, go under the (auctioneer's) hammer ◆ (fig) **entre le marteau et l'enclume** between the devil and the deep blue sea ◆ (fig) **être marteau*** to be nuts* ou bats* ou cracked* → **faucille, requin**
b (Anat) hammer, malleus (spéc)
2 COMP ▷ **marteau pneumatique** pneumatic drill

marteau-perforateur, pl **marteaux-perforateurs** [maʀtopɛʀfɔʀatœʀ] nm hammer drill

marteau-pilon, pl **marteaux-pilons** [maʀtopilɔ̃] nm power hammer

marteau-piolet, pl **marteaux-piolets** [maʀtopjɔlɛ] nm ice-hammer, north-wall hammer

marteau-piqueur, pl **marteaux-piqueurs** [maʀtopikœʀ] nm pneumatic drill

martel [maʀtɛl] nm ◆ **se mettre martel en tête** to worry o.s. sick, get worked up*

martelage [maʀtəlaʒ] nm (Métal) hammering, planishing

martelé, e [maʀtəle] (ptp de **marteler**) adj ◆ **cuivre martelé** planished ou beaten copper ◆ (Mus) **notes martelées** martelé notes

martèlement [maʀtɛlmɑ̃] → SYN nm [bruit, obus] hammering, pounding; [pas] pounding, clanking; [mots] hammering out, rapping out

marteler [maʀtəle] → SYN ▸ conjug 5 ◂ vt [marteau, obus, coups de poings] to hammer, pound; objet d'art to planish, beat ◆ **marteler ses mots** to hammer out ou rap out one's words ◆ **ce bruit qui me martèle la tête** that noise hammering ou pounding through my head ◆ **ses pas martelaient le sol gelé** his footsteps were pounding on the frozen ground

marteleur [maʀtəlœʀ] nm hammerer

martellement [maʀtɛlmɑ̃] nm ⇒ **martèlement**

martensite [maʀtɛ̃sit] nf martensite

martensitique [maʀtɛ̃sitik] adj martensitic

Marthe [maʀt] nf Martha

martial, e, mpl **-iaux** [maʀsjal, jo] → SYN adj (hum, littér) peuple, discours martial, warlike, soldier-like; allure soldierly, martial ◆ **arts martiaux** martial arts → **cour, loi**

martialement [maʀsjalmɑ̃] adv (hum, littér) martially, in a soldierly manner

martien, -ienne [maʀsjɛ̃, jɛn] adj, nm,f Martian

Martin [maʀtɛ̃] nm Martin; (âne) Neddy

martin-chasseur, pl **martins-chasseurs** [maʀtɛ̃ʃasœʀ] nm arboreal kingfisher

martinet [maʀtinɛ] → SYN nm **a** small whip (*used on children*), strap
b (Orn) swift
c (Tech) tilt hammer

martingale [maʀtɛ̃gal] → SYN nf (Habillement) half belt; (Équitation) martingale; (Roulette) (combinaison) winning formula; (mise double) doubling-up

martini ® [maʀtini] nm (vermouth) Martini ®; (cocktail) martini

martiniquais, e [maʀtinikɛ, ɛz] **1** adj of ou from Martinique
2 nm,f ◆ **Martiniquais(e)** inhabitant ou native of Martinique

Martinique [maʀtinik] nf Martinique

martin-pêcheur, pl **martins-pêcheurs** [maʀtɛ̃pɛʃœʀ] nm kingfisher

martre [maʀtʀ] nf marten ◆ **martre zibeline** sable

martyr, e¹ [maʀtiʀ] → SYN **1** adj soldats, peuple martyred ◆ **mère martyre** stricken mother ◆ **enfant martyr** battered child
2 nm,f martyr (*d'une cause* in ou to a cause) ◆ **ne prends pas ces airs de martyr!** stop acting the martyr, it's no use putting on your martyred look ◆ **c'est le martyr de la classe** he's always being bullied ou baited by the class

martyre² [maʀtiʀ] → SYN nm (Rel) martyrdom; (fig: souffrance) martyrdom, agony ◆ **le martyre de ce peuple** the martyrdom ou suffering of this people ◆ **sa vie fut un long martyre** his life was one long agony ◆ **cette longue attente est un martyre** it's agony waiting so long ◆ **mettre au martyre** to martyrize, torture ◆ **souffrir le martyre** to suffer agonies, go through torture

martyriser [maʀtiʀize] → SYN ▸ conjug 1 ◂ vt **a** (faire souffrir) personne, animal to torture, martyrize; élève to bully, bait; enfant, bébé to batter
b (Rel) to martyr

martyrologe [maʀtiʀɔlɔʒ] nm martyrology

marxien, -ienne [maʀksjɛ̃, jɛn] adj Marxian

marxisant, e [maʀksizɑ̃, ɑ̃t] adj leaning towards Marxism

marxisme [maʀksism] → SYN nm Marxism ◆ **marxisme-léninisme** nm Marxism-Leninism

marxiste [maʀksist] adj, nmf Marxist ◆ **marxiste-léniniste** Marxist-Leninist

maryland [maʀilɑ̃(d)] nm *type of Virginia tobacco*, ≃ virginia ◆ (État) **le Maryland** Maryland

mas [mɑ(s)] nm mas, *house or farm in South of France*

mascabina [maskabina] nm (Can) service tree

mascara [maskaʀa] nm mascara

mascarade [maskaʀad] → SYN nf **a** (péj: tromperie) farce, masquerade ◆ **ce procès est une mascarade** this trial is a farce
b (réjouissance, déguisement) masquerade

Mascareignes [maskaʀɛɲ] nfpl ◆ **l'archipel des Mascareignes** the Mascarene Islands

mascaret [maskaʀɛ] → SYN nm (tidal) bore

mascaron [maskaʀɔ̃] nm (Archit) grotesque figure

mascotte [maskɔt] → SYN nf mascot

masculin, e [maskylɛ̃, in] → SYN **1** adj mode, hormone, population, sexe male; force, courage manly; (péj: hommasse) femme, silhouette mannish, masculine; (Gram) masculine ◆ **voix masculine** [homme] male voice; [femme] masculine ou gruff voice; (virile) manly voice ◆ (Sport) **l'équipe masculine** the men's team → **rime**
2 nm (Gram) masculine ◆ **« fer » est (du) masculin** "fer" is masculine

masculiniser [maskylinize] → SYN ▸ conjug 1 ◂ vt **a** **masculiniser qn** to make sb look mannish ou masculine
b (Bio) to make masculine

masculinité [maskylinite] → SYN nf masculinity; (virilité) manliness; [femme] mannishness ◆ (Démographie) **taux de masculinité** male population rate

maser [mazɛʀ] nm maser

Maseru [mazeʀu] n Maseru

maskinongé [maskinɔ̃ʒe] nm (Can: brochet) muskellunge, muskie* (Can), maskinonge

maso* [mazo] adj, nmf abrév de **masochiste**

masochisme [mazɔʃism] → SYN nm masochism

masochiste [mazɔʃist] **1** adj masochistic
2 nmf masochist

masquage [maskaʒ] nm masking

masque [mask] → SYN **1** nm **a** (objet, Méd, Ordin) mask ◆ **masque de saisie** data entry form ◆ (Phys) **effet de masque** masking effect
b (faciès) mask-like features, mask; (expression) mask-like expression
c (cosmétique) **masque (de beauté)** face pack ◆ **masque nettoyant** cleansing mask ◆ **se faire un masque** to put on a face pack ou mask
d (fig: apparence) mask, façade, front ◆ **ce n'est qu'un masque** it's just a mask ou front ou façade ◆ **présenter un masque d'indifférence** to put on an air ou appearance of indifference ◆ **sous le masque de la respectabilité** beneath the façade of respectability ◆ **lever** ou **jeter le masque** to unmask o.s., reveal o.s. in one's true colours ◆ **arracher son masque à qn** to unmask sb
e (Hist: personne déguisée) mask, masker
f [larve] mask
2 COMP ▷ **masque de carnaval** carnival mask ▷ **masque funéraire** funeral mask ▷ **masque à gaz** gas mask ▷ **masque de grossesse** chloasma ▷ **masque mortuaire** death mask ▷ **masque à oxygène** oxygen mask ▷ **masque de plongée** diving mask

masqué, e [maske] (ptp de **masquer**) adj bandit masked; enfant wearing ou in a mask ◆ (Aut) **sortie masquée** concealed exit ◆ (Aut) **virage masqué** blind corner ou bend ◆ (Naut) **tous feux masqués** with all lights obscured → **bal**

masquer [maske] → SYN ▸ conjug 1 ◂ **1** vt (lit, fig: cacher) to hide, mask, conceal (*à qn* from sb) ◆ **masquer un goût** (exprès) to hide ou disguise ou mask a taste; (involontairement) to obscure a flavour ◆ **masquer la lumière** to screen ou shade the light ◆ **masquer la vue** to block (out) the view ◆ (Mil) **masquer des troupes** to screen ou mask troops ◆ **ces questions secondaires ont masqué l'essentiel** these questions of secondary importance masked ou obscured the essential point ◆ **avec un mépris à peine masqué** with barely concealed contempt

2 **se masquer** vpr **a** (mettre un masque) to put on a mask

b (se cacher) [sentiment] to be hidden; [personne] to hide, conceal o.s. (*derrière* behind)

Massachusetts [masaʃysɛts] nm Massachusetts

massacrante [masakʀɑ̃t] adj f → **humeur**

massacre [masakʀ] → SYN nm **a** (tuerie) [personnes] slaughter (NonC), massacre; [animaux] slaughter (NonC) ◆ [prisonniers] **c'est un véritable massacre** it is an absolute massacre ◆ [gibier] **c'est du massacre** it is sheer butchery ◆ **échapper au massacre** to escape the massacre ou slaughter ◆ **le massacre des bébés phoques** seal cull(ing) ◆ **c'est un massacre écologique** it's an ecological disaster ou massacre ◆ (Bible) **le massacre des innocents** the massacre of the innocents ◆ **le Massacre de la Saint-Barthélemy** Saint Bartholomew's Day Massacre → **jeu**

b (*: sabotage) **quel massacre!, c'est un vrai massacre!*** it's a complete botch-up!*; it's a real mess!; (Sport) what a massacre!* ◆ **arrête le massacre!*** stop before you do any more damage!

c (Chasse) stag's head, stag's antlers

d (Hér) attire

massacrer [masakʀe] → SYN ▸ conjug 1 ◂ vt **a** (tuer) personnes to slaughter, massacre; animaux to slaughter, butcher ◆ **se massacrer** to massacre ou slaughter one another

b (*) (saboter) opéra, pièce to murder, botch up; travail to make a mess ou hash* of; (mal découper, scier) viande, planche to hack to bits, make a mess of

c (*: vaincre) adversaire to massacre, slaughter, make mincemeat of* ◆ **il s'est fait massacrer par son adversaire** he was massacred by his opponent, his opponent made mincemeat* of him

d (*: éreinter) œuvre, auteur to slate* (Brit), slam*, tear to pieces

massacreur, -euse [masakʀœʀ, øz] → SYN nm,f (*: saboteur) bungler, botcher; (tueur) slaughterer, butcher

massage [masaʒ] → SYN nm massage ◆ **faire un massage cardiaque à qn** to give sb cardiac massage

masse [mas] → SYN nf **a** (volume, Phys) mass; (forme) massive shape ou bulk ◆ **masse d'eau** [lac] body ou expanse of water; [chute] mass of water ◆ **masse de nuages** bank of clouds ◆ (Mét) **masse d'air** air mass ◆ **la masse de l'édifice** the massive structure of the building ◆ **pris** ou **taillé dans la masse** carved from the block ◆ **la masse instrumentale / vocale** the massed instruments / voices ◆ **s'écrouler** ou **tomber comme une masse** to slump down ou fall in a heap ◆ (Phys) **masse spécifique** specific mass

b (foule) **les masses (laborieuses)** the (working) masses ◆ **les masses populaires** the masses ◆ **les masses paysannes** the agricultural work force; (†) the peasantry ◆ **la (grande) masse des lecteurs** the (great) majority of readers ◆ (péj) **c'est ce qui plaît à la masse** ou **aux masses** that's the kind of thing that appeals to the masses ◆ **éducation / psychologie des masses** education / psychology of the masses ◆ **culture / manifestation** etc **de masse** mass culture / demonstration etc

c **une masse de*, des masses* de** masses of, loads of* ◆ **des masses de touristes*** crowds ou masses of tourists ◆ **des gens comme lui, je n'en connais pas des masses*** I don't know many people like him, you don't meet his sort every day ◆ **tu as aimé ce film? – pas des masses!**⁑ did you like that film? – not desperately!* ou not all that much! ◆ **il n'y en a pas des masses*** [eau, argent] there isn't much; [chaises, spectateurs] there aren't many

d (Élec) earth (Brit), ground (US) ◆ **mettre à la masse** to earth (Brit), ground (US) ◆ **faire masse** to act as an earth (Brit) ou a ground (US) ◆ (fig) **être à la masse*** (fou) to be nuts⁑ ou crazy*; (fatigué) to be out of it*

e (Fin) (caisse commune) kitty; (Mil) fund; (Prison) prisoner's earnings ◆ (Fin) **masse monétaire** money supply ◆ (Comm) **masse salariale** wage bill ◆ (Jur) **masse active** assets ◆ **masse passive** liabilities

f (maillet) sledgehammer, beetle; [huissier] mace ◆ (Hist) **masse d'armes** mace ◆ (fig) **ça a été le coup de masse!** (choc émotif) it was quite a blow!; (prix excessif) it cost a bomb!*

g **en masse: exécutions / production** etc **en masse** mass executions / production etc ◆ **fabriquer** ou **produire en masse** to mass-produce ◆ **acheter / vendre en masse** to buy / sell in bulk ◆ **manifester / protester en masse** to hold a mass demonstration / protest ◆ **venir en masse** to come in a large body, come en masse ◆ **il en a en masse** he has masses ou lots ou loads* (of them)

massé [mase] nm (Billard) massé (shot) ◆ **faire un massé** to play a massé shot

masselotte [mas(ə)lɔt] nf (Aut) lead (for wheel balancing); (Tech) burr

massepain [maspɛ̃] nm marzipan

masser¹ [mase] → SYN ▸ conjug 1 ◂ **1** vt **a** (grouper) gens to assemble, bring ou gather together; choses to put ou gather together; troupes to mass ◆ **les cheveux massés en (un) chignon / derrière la tête** hair gathered in a chignon / at the back of the head

b (Art) to group

2 **se masser** vpr [foule] to mass, gather, assemble

masser² [mase] → SYN ▸ conjug 1 ◂ vt **a** (frotter) personne to massage ◆ **se faire masser** to have a massage, be massaged ◆ **masse-moi le dos!** massage ou rub my back!

b (Billard) **masser la bille** to play a massé shot

massette [masɛt] nf **a** (Tech) sledgehammer

b (Bot) bulrush, reed mace

masseur [masœʀ] → SYN nm (personne) masseur; (machine) vibrator ◆ **masseur kinésithérapeute** physiotherapist

masseuse [masøz] nf masseuse

massicot [masiko] nm (Typ) guillotine; (Chim) massicot

massicoter [masikɔte] ▸ conjug 1 ◂ vt papier to guillotine

massif, -ive [masif, iv] → SYN **1** adj **a** (d'aspect) meuble, bâtiment, porte massive, solid, heavy; personne sturdily built; visage large, heavy ◆ **front massif** massive forehead ◆ **homme de carrure massive** big strong man

b (pur) **or / argent / chêne massif** solid gold / silver / oak

c (intensif) bombardements, dose, vote massive, heavy; refus massive ◆ **manifestation massive** mass demonstration ◆ **départs massifs** mass exodus (sg)

d (Ling) **terme massif** mass noun

2 nm **a** (Géog) massif ◆ **le Massif central** the Massif Central

b (Bot) [fleurs] clump, bank; [arbres] clump

c (Archit) pillar

massique [masik] adj ◆ **puissance massique** power-weight ratio ◆ **volume massique** mass volume

massivement [masivmɑ̃] adv démissionner, partir, répondre en masse; injecter, administrer in massive doses ◆ **ils ont massivement approuvé le projet** the overwhelming ou massive majority was in favour of the project

mass(-)media [masmedja] → SYN nmpl mass media

massorah [masɔʀa], **massore** [masɔʀ] nf Masora(h), Massora(h)

massorète [masɔʀɛt] nm Mas(s)orete, Masorite

massue [masy] → SYN nf club, bludgeon ◆ **massue de gymnastique** (Indian) club ◆ **coup de massue** (lit) blow with a club (ou bludgeon) ◆ **ça a été le coup de massue*** (très cher) it cost a bomb*; (inattendu) it was a bolt from the blue* → **argument**

mastaba [mastaba] nm mastaba(h)

mastectomie [mastɛktɔmi] nf ⇒ **mammectomie**

mastère [mastɛʀ] nm *diploma awarded by grande école for a year's advanced study or research*

mastic [mastik] → SYN **1** nm **a** [vitrier] putty; [menuisier] filler, mastic

b (Bot) mastic

c (Typ) [caractères, pages] (faulty) transposition

2 adj putty-coloured ◆ **imperméable (couleur) mastic** light-coloured ou off-white raincoat

masticage [mastikaʒ] nm [vitre] puttying; [fissure] filling

masticateur, -trice [mastikatœʀ, tʀis] adj chewing (épith), masticatory

mastication [mastikasjɔ̃] → SYN nf chewing, mastication

masticatoire [mastikatwaʀ] **1** adj chewing, masticatory

2 nm masticatory

mastiff [mastif] nm mastiff

mastiquer¹ [mastike] → SYN ▸ conjug 1 ◂ vt (mâcher) to chew, masticate

mastiquer² [mastike] ▸ conjug 1 ◂ vt (Tech) vitre to putty, apply putty to; fissure to fill, apply filler to

mastite [mastit] nf mastitis

mastoc* [mastɔk] adj inv personne hefty*, strapping (épith); chose large and cumbersome ◆ **c'est un (type) mastoc** he's a big hefty bloke⁑ (Brit) ou guy* (US), he's a great strapping fellow* ◆ **une statue mastoc** a great hulking statue

mastodonte [mastɔdɔ̃t] nm (Zool) mastodon; (fig hum) (personne, animal) colossus, mountain of a man (ou of an animal); (véhicule) great bus (hum) ou tank (hum); (camion) huge vehicle, juggernaut (Brit)

mastoïde [mastɔid] nf (os) mastoid

mastoïdien, -ienne [mastɔidjɛ̃, jɛn] adj mastoid

mastoïdite [mastɔidit] nf mastoiditis

mastroquet*† [mastʀɔkɛ] nm (bar) pub, bar; (tenancier) publican

masturbation [mastyʀbasjɔ̃] → SYN nf masturbation ◆ (péj) **c'est de la masturbation intellectuelle** it's mental masturbation

masturber vt, **se masturber** vpr [mastyʀbe] → SYN ▸ conjug 1 ◂ to masturbate

m'as-tu-vu, e* [matyvy] → SYN **1** nm,f (pl inv) show-off*, swank* ◆ **il est du genre m'as-tu-vu** he's a real show-off*

2 adj inv mobilier, style showy

masure [mazyʀ] → SYN nf tumbledown ou dilapidated cottage ou house, hovel

mat¹ [mat] **1** adj inv (Échecs) checkmated ◆ **être mat** to be checkmate ◆ **faire mat** to checkmate ◆ **(tu es) mat!** (you're) checkmate! ◆ **tu m'as fait mat en 10 coups** you've (check)mated me in 10 moves

2 nm checkmate → **échec²**

mat², e [mat] → SYN adj (sans éclat) métal mat(t), unpolished, dull; couleur mat(t), dull, flat; peinture, papier mat(t) ◆ **bruit mat** dull noise, thud ◆ **teint mat** mat(t) complexion

mat'* [mat] nm (abrév de **matin**) morning ◆ **à 2 / 6 heures du mat'** at 2 / 6 in the morning

mât [mɑ] → SYN **1** nm (Naut) mast; (pylône, poteau) pole, post; (hampe) flagpole; (Sport) climbing pole → **grand**

2 COMP ▷ **mât d'artimon** mizzenmast ▷ **mât de charge** derrick ▷ **mât de cocagne** greasy pole ▷ **mât de misaine** foremast

matador [matadɔʀ] nm matador, bullfighter

mataf [mataf] nm (arg Marine) sailor

matage [mataʒ] nm [dorure, verre] matting; [soudure] caulking

matamore [matamɔʀ] → SYN nm (fanfaron) bully boy ◆ **faire le matamore** to throw one's weight around

Mata Utu [matautu] n Mata-Utu

match [matʃ] → SYN nm (Sport) match (surtout Brit), game (US) ◆ **match aller** first leg ◆ **match retour** return match, second leg ◆ **match amical** friendly (match) ◆ **match nul** draw, tie (US) ◆ **match sur terrain adverse** ou **à l'extérieur** away match ◆ **match sur son propre terrain** ou **à domicile** home match ◆ **faire un match de tennis / volley-ball** to play a tennis / volleyball match ◆ **ils ont fait match nul** they drew (Brit), they tied (US) → **disputer**

maté [mate] nm maté

matefaim [matfɛ̃] nm ≃ pancake

matelas [mat(ə)la] → SYN nm mattress ◆ **matelas de laine / à ressorts** wool / (interior-)spring mattress ◆ **matelas de** ou **en mousse** foam mattress ◆ (Constr) **matelas d'air** air space ou cavity ◆ **matelas (de billets)*** wad of notes ◆ **il a un joli petit matelas*** he's got a cosy sum put by* ◆ **dormir sur un matelas de feuilles mortes** to sleep on a carpet of dead leaves ◆ **matelas pneumatique** air mattress ou bed, Lilo® → **toile**

matelassé, e [mat(ə)lase] (ptp de **matelasser**)
[1] adj veste quilted, padded
[2] nm quilting

matelasser [mat(ə)lase] → SYN ▸conjug 1◂ vt meuble, porte to pad, upholster; tissu to quilt; vêtement (rembourrer) to pad; (doubler) to line; (avec tissu matelassé) to quilt

matelassier, -ière [mat(ə)lasje, jɛʀ] nm,f mattress maker

matelassure [mat(ə)lasyʀ] nf (rembourrage) padding; (doublure) quilting, lining

matelot [mat(ə)lo] → SYN nm a (gén: marin) sailor, seaman; (dans la Marine de guerre) ordinary rating (Brit), seaman recruit (US) ◆ **matelot de première / deuxième / troisième classe** leading / able / ordinary seaman ◆ **matelot breveté** able rating (Brit), seaman apprentice (US)
b (navire) **matelot d'avant / d'arrière** (next) ship ahead / astern

matelote [mat(ə)lɔt] → SYN nf a (plat) matelote; (sauce) matelote sauce *(made with wine)* ◆ **matelote d'anguille** eels stewed in wine sauce
b (danse) hornpipe

mater¹ [mate] → SYN ▸conjug 1◂ vt a rebelles to bring to heel, subdue; terroristes to bring ou get under control; enfant to take in hand, curb; révolution to put down, quell, suppress; incendie to bring under control, check
b (Échecs) to checkmate, mate

mater²‡ [mate] ▸conjug 1◂ vt (regarder) to eye up*, ogle; (épier) to spy on ◆ **mate si le prof arrive!** keep an eye out for the teacher coming!

mater³ [mate] ▸conjug 1◂ vt a (marteler) to caulk *(riveted joint)*
b ⇒ **matir**

mater⁴‡ [matɛʀ] nf mum* (Brit), mom* (US) ◆ **ma mater** my old woman ou mum‡ (Brit) ou mom* (US)

mâter [mɑte] ▸conjug 1◂ vt (Naut) to mast

mater dolorosa [matɛʀdɔlɔʀoza] nf inv mater dolorosa

mâtereau, pl **mâtereaux** [mɑtʀo] nm (Naut) small mast

matérialisation [mateʀjalizasjɔ̃] → SYN nf [projet, promesse, doute] materialization; (Phys) mass energy conversion; (Spiritisme) materialization

matérialiser [mateʀjalize] → SYN ▸conjug 1◂
[1] vt (concrétiser) projet, promesse, doute to make materialize; (symboliser) vertu, vice to embody; (Philos) to materialize ◆ **matérialiser au sol un passage clouté** to mark a pedestrian crossing ◆ **« chaussée non matérialisée »** "unmarked road"
[2] **se matérialiser** vpr to materialize

matérialisme [mateʀjalism] → SYN nm materialism ◆ **matérialisme dialectique** dialectic materialism

matérialiste [mateʀjalist] → SYN [1] adj materialistic
[2] nmf materialist

matérialité [mateʀjalite] → SYN nf materiality

matériau, pl **matériaux** [mateʀjo] → SYN
[1] nm (Constr, fig) material ◆ **un matériau moderne** a modern (building) material
[2] **matériaux** nmpl a (Constr) material(s) ◆ **matériaux de construction** building material → **résistance**
b (documents) material (NonC)

matériel, -elle [mateʀjɛl] → SYN [1] adj a (gén, Philos: effectif) monde, preuve material ◆ **être matériel** material ou physical being ◆ **dégâts matériels** material damage ◆ **j'ai la preuve matérielle de son crime** I have tangible ou material proof of his crime ◆ **je suis dans l'impossibilité matérielle de le faire** it's materially impossible for me to do it ◆ **je n'ai pas le temps matériel de le faire** I simply have not the time to do it
b bien-être, confort material; (du monde) plaisirs, biens, préoccupations material; (terre à terre) esprit material, down-to-earth ◆ **sa vie matérielle est assurée** she is provided for materially, her material needs are provided for
c (financier) gêne, problèmes financial; (pratique) organisation, obstacles practical ◆ **aide matérielle** material aid ◆ **de nombreux avantages matériels** a number of material advantages
[2] nm (Agr, Mil) equipment (NonC), materials; (Tech) equipment (NonC), plant (NonC); (attirail) gear (NonC), kit (NonC); (fig: corpus, donnée) material (NonC) ◆ (Ordin) **le matériel** the hardware ◆ **matériel de bureau / d'imprimerie** etc office / printing etc equipment ◆ **tout son matériel d'artiste** all his artist's materials ou gear*
[3] COMP ▷ **matériel d'enregistrement** recording equipment ▷ **matériel d'exploitation** plant (NonC) ▷ **matériel de guerre** weaponry (NonC) ▷ **matériel humain** human material, labour force ▷ **matériel de pêche** fishing tackle ▷ **matériel pédagogique** teaching equipment ou aids ▷ **matériel roulant** (Rail) rolling stock ▷ **matériel scolaire** (livres, cahiers) school (reading ou writing) materials; (pupitres, projecteurs) school equipment

matériellement [mateʀjɛlmɑ̃] adv (→ **matériel**) materially; financially; practically ◆ **c'est matériellement impossible** it's materially impossible

maternage [matɛʀnaʒ] nm (→ **materner**) mothering, babying*, cosseting; spoonfeeding

maternel, -elle [matɛʀnɛl] adj a (d'une mère) instinct, amour maternal, motherly; (comme d'une mère) geste, soin motherly
b (de la mère) of the mother, maternal ◆ (Généalogie) **du côté maternel** on the maternal side ◆ **grand-père maternel** maternal grandfather ◆ **il avait gardé les habitudes maternelles** he had retained his mother's habits ◆ **écoute les conseils maternels!** listen to your mother's advice! ◆ (Admin) **la protection maternelle et infantile** ≃ mother and infant welfare → **allaitement, lait, langue**
c **(école) maternelle** (state) nursery school

maternellement [matɛʀnɛlmɑ̃] adv maternally, like a mother

materner [matɛʀne] ▸conjug 1◂ vt to mother, baby*, cosset; (mâcher le travail) to spoonfeed ◆ **se faire materner** to be babied*; to be spoonfed

maternisé, e [matɛʀnize] adj → **lait**

maternité [matɛʀnite] → SYN nf a (bâtiment) maternity hospital ou home
b (Bio) pregnancy ◆ **fatiguée par plusieurs maternités** tired after several pregnancies ou after having had several babies
c (état de mère) motherhood, maternity ◆ **la maternité l'a mûrie** motherhood ou being a mother has made her more mature → **allocation**
d (Art) *painting of mother and child or children*

mateur, -euse‡ [matœʀ, øz] nm,f ogler

math* [mat] nfpl (abrév de **mathématiques**) maths* (Brit), math* (US) ◆ **être en math sup / spé** *to be in the first / second year advanced maths class preparing for the Grandes Écoles*

mathématicien, -ienne [matematisjɛ̃, jɛn] nm,f mathematician

mathématique [matematik] → SYN [1] adj problème, méthode, (fig) précision, rigueur mathematical ◆ **c'est mathématique!*** it's bound to happen!, it's logical!, it's a dead cert!‡ (Brit)
[2] nfpl ◆ **les mathématiques** mathematics (sg) ◆ **mathématiques modernes** new maths (Brit) ou math (US) ◆ **mathématiques appliquées** applied maths (Brit) ou math (US) ◆ **mathématiques supérieures** *first year advanced maths class preparing for the Grandes Écoles* ◆ **mathématiques spéciales** *second year advanced maths class preparing for the Grandes Écoles*

mathématiquement [matematikmɑ̃] → SYN adv (Math, fig) mathematically ◆ **mathématiquement, il n'a aucune chance** logically he hasn't a hope

mathématiser [matematize] ▸conjug 1◂ vt to express mathematically

matheux, -euse* [matø, øz] nm,f mathematician, maths (Brit) ou math (US) specialist; (arg Scol) maths (Brit) ou math (US) student ◆ **leur fille, c'est la matheuse de la famille** their daughter is the mathematician ou maths expert in the family

Mathieu [matjø] nm Matthew → **fesse**

Mathilde [matild] nf Matilda

maths* [mat] nfpl ⇒ **math***

Mathusalem [matyzalɛm] nm Methuselah ◆ **ça date de Mathusalem*** [situation] it goes back a long way; [objet] it's as old as the hills

matière [matjɛʀ] → SYN [1] nf a (Philos, Phys) **la matière** matter ◆ **la matière vivante** living matter
b (substance(s)) matter (NonC), material ◆ **matière combustible / inflammable** combustible / inflammable material ◆ **matière organique** organic matter ◆ **matières colorantes** [aliments] colouring (matter); [tissus] dye stuff ◆ **matière précieuse** precious substance ◆ (Méd) **matières (fécales)** faeces
c (fond, sujet) material, matter, subject matter; (Scol) subject ◆ **cela lui a fourni la matière de son dernier livre** that gave him the material ou the subject matter for his latest book ◆ (Scol) **il est bon dans toutes les matières** he is good at all subjects ◆ **il est très ignorant en la matière** he is completely ignorant on the subject, it's a matter ou subject he knows nothing about ◆ (Univ) **matière principale** main subject (Brit), major (US) ◆ **matière secondaire** subsidiary (Brit), second subject (Brit), minor (US) → **entrée, option, table**
d LOC **en matière poétique / commerciale** where ou as far as poetry / commerce is concerned, in the matter of poetry / commerce (frm) ◆ **en matière d'art / de jardinage** as regards art / gardening ◆ **donner matière à plaisanter** to give cause for laughter ◆ **il y a là matière à réflexion** this is a matter for serious thought ◆ **ça lui a donné matière à réflexion** it gave him food for thought ◆ **il n'y a pas là matière à rire** this is no laughing matter ◆ **il n'y a pas là matière à se réjouir** this is no matter for rejoicing
[2] COMP ▷ **matière(s) grasse(s)** fat content, fat ▷ **matière grise** (lit, fig) grey matter ◆ **faire travailler sa matière grise** to use one's grey matter ▷ **matière imposable** (Fin) object of taxation ▷ **matière plastique** plastic ▷ **matière première** raw material

MATIF [matif] nm (abrév de **marché à terme d'instruments financiers** ou **de marché à terme international de France**) ≃ LIFFE (Brit)

Matignon [matiɲɔ̃] nm ◆ **(l'hôtel) Matignon** the Hotel Matignon, *the offices of the Prime Minister of the French Republic* ◆ **les accords Matignon** The Matignon Agreements *(which outlined workers and union rights)*

matin [matɛ̃] → SYN [1] nm a morning ◆ **par un matin de juin** on a June morning, one June morning ◆ **le 10 au matin, le matin du 10** on the morning of the 10th ◆ **2h du matin** 2 a.m., 2 in the morning ◆ **du matin au soir** from morning till night, morning noon and night ◆ **je ne travaille que le matin** I only work mornings* ou in the morning ◆ (Méd) **à prendre matin midi et soir** to be taken

three times a day ◆ **jusqu'au matin** until morning ◆ **de bon** ou **de grand matin** early in the morning ◆ **au petit matin** at dawn ou daybreak ◆ (se lever tôt) **être du matin** to be an early riser, be ou get up early → **quatre**
b (littér) **au matin de sa vie** in the morning of one's life
2 adv ◆ **partir / se lever matin** to leave / get up very early ou at daybreak

mâtin, e [mɑtɛ̃, in] → SYN **1** nm,f (†: coquin) cunning devil*, sly dog* ◆ (hum) **mâtine** hussy, minx
2 nm (chien) (de garde) (big) watchdog; (de chasse) hound
3 excl † by Jove!, my word!

matinal, e, mpl **-aux** [matinal, o] → SYN adj tâches, toilette morning (épith) ◆ **gelée matinale** early morning frost ◆ **heure matinale** early hour ◆ **être matinal** to be an early riser, get up early ◆ **il est bien matinal aujourd'hui** he's up early today

matinalement [matinalmɑ̃] adv (littér) early (in the morning), betimes (littér)

mâtiné, e [mɑtine] → SYN (ptp de **mâtiner**) adj animal crossbred ◆ **chien mâtiné** mongrel (dog) ◆ **mâtiné de** (Zool) crossed with; (fig) mixed with ◆ **il parle un français mâtiné d'espagnol** he speaks a mixture of French and Spanish ◆ (péj) **il est mâtiné cochon d'Inde*** he's a bit of a half-breed (péj)

matinée [matine] → SYN nf **a** (matin) morning ◆ **je le verrai demain dans la matinée** I'll see him sometime (in the course of) tomorrow morning ◆ **en début / en fin de matinée** at the beginning / at the end of the morning ◆ **après une matinée de chasse** after a morning's hunting → **gras**
b (Ciné, Théât) matinée, afternoon performance ◆ **j'irai en matinée** I'll go to the matinée ◆ **une matinée dansante** an afternoon dance ◆ **matinée enfantine** children's matinée

mâtiner [mɑtine] ▸ conjug 1 ◂ vt chien to cross

matines [matin] nfpl matins

matir [matiʀ] ▸ conjug 2 ◂ vt verre, argent to mat(t), dull

matité [matite] nf [peinture, teint] mat(t) aspect; [son] dullness ◆ (Méd) **matité pulmonaire** flatness

matois, e [matwa, waz] → SYN adj (littér: rusé) wily, sly, crafty ◆ **c'est un(e) matois(e)** he's (she's) a sly character ou a crafty one ou a sly one

maton, -onne [matɔ̃, ɔn] → SYN nm,f (arg Prison) screw (arg)

matos* [matos] nm equipment (NonC)

matou [matu] nm tomcat, tom

matraquage [matʀakaʒ] → SYN nm **a** (par la police) beating (up) *(with a truncheon)*
b (Presse, Rad) plugging ◆ **le matraquage publicitaire** media hype* ou overkill ◆ **mettre fin au matraquage du public par la chanson** to stop bombarding the public with songs

matraque [matʀak] → SYN nf [police] truncheon (Brit), billy (US), night stick (US); [malfaiteur] cosh (Brit), club ◆ (lit) **coup de matraque** blow from ou with a truncheon ou cosh (Brit) ou club ◆ (fig) **ça a été le coup de matraque*** (cher) it cost a bomb*; (inattendu) it was a bolt from the blue

matraquer [matʀake] → SYN ▸ conjug 1 ◂ vt **a** [police] to beat up *(with a truncheon)*; [malfaiteur] to cosh (Brit), club ◆ (*: fig) **matraquer le client** to soak* (US) ou overcharge customers ◆ (*: fig) **se faire matraquer** to get ripped off* ou fleeced* ou done*
b (Presse, Rad) chanson, publicité to plug, hype*; public to bombard (*de* with)

matraqueur [matʀakœʀ] nm (arg Sport) dirty player, hatchet-man*; (policier, malfaiteur) dirty worker*

matras¹ [matʀɑ] nm (Archéol) quarrel

matras² [matʀɑ] nm (vase) mat(t)rass

matriarcal, e, mpl **-aux** [matʀijaʀkal, o] adj matriarchal

matriarcat [matʀijaʀka] nm matriarchy

matriarche [matʀijaʀʃ] nf matriarch

matriçage [matʀisaʒ] nm moulding, die-cutting

matricaire [matʀikɛʀ] nf mayweed

matrice [matʀis] → SYN nf **a** (utérus) womb
b (Tech) mould, die; (Typ, Ordin) matrix; [disque] matrix
c (Ling, Math) matrix ◆ **matrice réelle / complexe** matrix of real / complex numbers
d (Admin) register ◆ **matrice cadastrale** cadastre ◆ **matrice du rôle des contributions** ≃ original of register of taxes

matricer [matʀise] ▸ conjug 3 ◂ vt to mould, die-cut

matricide [matʀisid] **1** adj matricidal
2 nmf matricide
3 nm (crime) matricide

matriciel, -ielle [matʀisjɛl] adj (Math) matrix (épith), done with a matrix; (Admin) pertaining to assessment of taxes ◆ **loyer matriciel** rent assessment *(to serve as basis for calculation of rates* (Brit) ou *taxes* (US)*)* ◆ **imprimante matricielle** dot-matrix printer

matriclan [matʀiklɑ̃] nm matrilineal clan

matricule [matʀikyl] → SYN **1** nm (Mil) regimental number; (Admin) administrative ou official ou reference number ◆ **dépêche-toi sinon ça va barder pour ton matricule!*** hurry up or your number'll be up!* ou you'll really get yourself bawled out!*
2 nf roll, register
3 adj ◆ **numéro matricule** ⇒ **matricule** 1 ◆ **registre matricule** ⇒ **matricule** 2; → **livret**

matrilinéaire [matʀilineɛʀ] adj matrilineal

matrilocal, e, mpl **-aux** [matʀilɔkal, o] adj matrilocal

matrimonial, e, mpl **-iaux** [matʀimɔnjal, jo] → SYN adj matrimonial, marriage (épith) → **agence, régime¹**

matrone [matʀɔn] → SYN nf (péj) (mère de famille) matronly woman; (grosse femme) stout woman; (Antiq) *wife of a Roman citizen*

matronyme [matʀɔnim] nm metronymic, matronymic

matronymique [matʀɔnimik] adj metronymic, matronymic

matte [mat] → SYN nf matte

Matthieu [matjø] nm Matthew

matthiole [matjɔl] nf stock, gillyflower

maturation [matyʀasjɔ̃] → SYN nf (Bot, Méd) maturation; (Tech) [fromage] maturing, ripening

mature [matyʀ] adj (mûr) mature

mâture [mɑtyʀ] → SYN nf masts ◆ **dans la mâture** aloft

maturité [matyʀite] → SYN nf **a** (Bio, Bot, fig) maturity ◆ **venir à maturité** [fruit] to become ripe; [idée] to come to maturity ◆ **manquer de maturité** to be immature ◆ **un homme en pleine maturité** a man in his prime ou at the height of his powers ◆ **maturité d'esprit** maturity of mind ◆ **enfant d'une grande maturité** very mature child
b (en Suisse = baccalauréat) *secondary school examination giving university entrance qualification,* ≃ A-levels (Brit), ≃ high school diploma (US)

matutinal, e, mpl **-aux** [matytinal, o] adj matutinal

maubèche [mobɛʃ] nf (Zool) knot

maudire [modiʀ] → SYN ▸ conjug 2 ◂ vt to curse

maudit, e [modi, it] → SYN (ptp de **maudire**) **1** adj **a** (*) (avant n) blasted*, beastly* (Brit), confounded*
b (littér: réprouvé) (après n) (ac)cursed *(by God, society)* ◆ (Littérat) **poète / écrivain maudit** accursed poet / writer
c (littér) **maudite soit la guerre!, la guerre soit maudite!** cursed be the war! ◆ **maudit soit le jour où ...** cursed be the day on which ..., a curse ou a plague on the day on which ... ◆ **soyez maudit!** curse you!, a plague on you!
2 nm,f damned soul ◆ **les maudits** the damned
3 nm ◆ **le Maudit** the Devil

maugréer [mogʀee] → SYN ▸ conjug 1 ◂ vi to grouse, grumble (*contre* about, at)

maul [mol] nm (Rugby) maul ◆ **faire un maul** to maul

maurandie [mɔʀɑ̃di] nf maurandia

maure, mauresque [mɔʀ, mɔʀɛsk] → SYN **1** adj Moorish
2 nm ◆ **Maure** Moor
3 **Mauresque** nf Moorish woman

maurelle [mɔʀɛl] nf turnsole

Maurice [mɔʀis] nm Maurice, Morris ◆ **(l'île) Maurice** Mauritius

mauricien, -ienne [mɔʀisjɛ̃, jɛn] **1** adj Mauritian
2 nm,f ◆ **Mauricien(ne)** Mauritian

Mauritanie [mɔʀitani] nf Mauritania

mauritanien, -ienne [mɔʀitanjɛ̃, jɛn] **1** adj Mauritanian
2 nm,f ◆ **Mauritanien(ne)** Mauritanian

mauser [mozɛʀ] nm Mauser®

mausolée [mozɔle] → SYN nm mausoleum

maussade [mosad] → SYN adj personne sullen, glum, morose; ciel, temps, paysage gloomy, sullen

maussadement [mosadmɑ̃] adv sullenly, glumly, morosely

maussaderie [mosadʀi] nf sullenness, glumness, moroseness

mauvais, e [movɛ, ɛz] → SYN **1** adj **a** (défectueux) appareil, instrument bad, faulty; marchandise inferior, shoddy, bad; route bad, in bad repair; santé, vue, digestion, mémoire poor, bad; roman, film poor, bad, feeble ◆ **elle a de mauvais yeux** her eyes are ou her eyesight is bad, she has bad eyes ◆ **mauvaise excuse** poor ou bad ou lame excuse ◆ (Élec) **un mauvais contact** a faulty contact ◆ (Tennis) **la balle est mauvaise** the ball is out ◆ **son français est bien mauvais** his French is very bad ou poor
b (inefficace, incapable) père, élève, acteur, ouvrier poor, bad ◆ **il est mauvais en géographie** he's bad ou weak at geography ◆ (Prov) **les mauvais ouvriers ont toujours de mauvais outils** a bad workman always blames his tools (Prov)
c (erroné) méthode, moyens, direction, date wrong ◆ **le mauvais numéro / cheval** the wrong number / horse ◆ **il roulait sur le mauvais côté de la route** he was driving on the wrong side of the road ◆ **c'est un mauvais calcul de sa part** he's badly misjudged it ou things ◆ **il ne serait pas mauvais de se renseigner** ou **que nous nous renseignions** it wouldn't be a bad idea ou it would be no bad thing if we found out more about this
d (inapproprié) jour, heure awkward, bad, inconvenient ◆ **il a choisi un mauvais moment** he picked an awkward ou a bad time ◆ **il a choisi le mauvais moment** he picked the wrong time
e (dangereux, nuisible) maladie, blessure nasty, bad ◆ **il a fait une mauvaise grippe / rougeole** he's had a bad ou nasty ou severe attack ou bout of flu / measles ◆ **la mer est mauvaise** the sea is rough ◆ **c'est mauvais pour la santé** it's bad for one's ou the health ◆ **il est mauvais de se baigner en eau froide** it's bad ou it's a bad idea to bathe in cold water ◆ **vous jugez mauvais qu'il sorte le soir?** do you think it's a bad thing his going out at night? ◆ **être en mauvaise posture** to be in a dangerous ou tricky ou nasty position
f (défavorable) rapport, critique unfavourable, bad; (Scol) bulletin, note bad
g (désagréable) temps bad, unpleasant, nasty; nourriture, repas bad, poor; odeur bad, unpleasant, offensive; (pénible) nouvelle, rêve bad ◆ **la soupe a un mauvais goût** the soup has an unpleasant ou a nasty taste, the soup tastes nasty ◆ **ce n'est qu'un mauvais moment à passer** it's just a bad spell ou patch you've got to get through → **caractère, gré, volonté**
h (immoral, nuisible) instincts, action, fréquentations, livre, film bad ◆ **il n'a pas un mauvais fond** he's not bad at heart → **génie**
i (méchant) sourire, regard etc nasty, malicious, spiteful; personne, joie malicious, spiteful ◆ **être mauvais comme la gale*** to be perfectly poisonous (fig) ◆ **ce n'est pas un mauvais garçon** he's not a bad boy ◆ **ce n'est pas un mauvais bougre*** ou **le mauvais type*** ou **le mauvais cheval*** he's not a bad guy*

1 LOC **ce n'est pas mauvais!** it's not bad!, it's quite good! ◆ **quand on l'a renvoyé, il l'a trouvée** ou **eue mauvaise*** when he was dismissed he didn't appreciate it one little bit ou he was very put out about it ou he took it very badly ◆ **aujourd'hui il fait mauvais** today the weather is bad ◆ **il fait mauvais le contredire** it is not advisable to contradict him ◆ **prendre qch en mauvaise part** to take sth in bad part, take sth amiss ◆ **faire contre mauvaise fortune bon cœur** to make the best of it ◆ **se faire du mauvais sang** to worry, get in a state

2 nm **a** **enlève le mauvais et mange le reste** cut out the bad part and eat the rest ◆ **la presse ne montre que le mauvais** the press only shows the bad side (of things)

b (personnes) **les mauvais** the wicked → **bon**[1]

3 COMP ▷ **mauvais coucheur** awkward customer ▷ **mauvais coup** ◆ **recevoir un mauvais coup** to get a nasty blow ◆ **un mauvais coup porté à nos institutions** a blow to ou an attack on our institutions ◆ **faire un mauvais coup** to play a mean ou dirty trick (*à qn* on sb) ▷ **mauvais esprit** troublemaker ◆ **faire du mauvais esprit** to make snide remarks ▷ **mauvais garçon** tough ▷ **mauvaise graine** ◆ **c'est de la mauvaise graine** he's (ou she's ou they're) a bad lot ▷ **mauvaise herbe** weed ◆ **enlever** ou **arracher les mauvaises herbes du jardin** to weed the garden ◆ (hum) **la mauvaise herbe, ça pousse!** kids grow like weeds! (hum) ▷ **mauvaise langue** gossip, scandalmonger ◆ **je ne voudrais pas être mauvaise langue mais ...** I don't want to tittle-tattle ou to spread scandal but ... ▷ **mauvais lieu** place of ill repute ▷ **mauvais œil** ◆ **avoir le mauvais œil** to have the evil eye ▷ **mauvais pas** ◆ **tirer qn d'un mauvais pas** to get sb out of a tight spot ou corner ▷ **mauvais plaisant** hoaxer ▷ **mauvaise plaisanterie** rotten trick ▷ **mauvais rêve** bad dream, nightmare ▷ **mauvaise saison** rainy season ▷ **mauvais sort** misfortune, ill fate ▷ **mauvais sujet** bad lot ▷ **mauvaise tête** ◆ **c'est une mauvaise tête** he's headstrong ◆ **faire la** ou **sa mauvaise tête** to sulk ▷ **mauvais traitement** ill treatment ◆ **subir de mauvais traitements** to be ill-treated ◆ **mauvais traitements à enfants** child abuse, child battering ◆ **faire subir de mauvais traitements à** to ill-treat → **passe**[1]

mauve [mov] **1** adj, nm (couleur) mauve

2 nf (Bot) mallow

mauvéine [movein] nf mauveine, mauve dye

mauviette [movjɛt] → SYN nf (péj) wimp*, weakling

mauvis [movi] nm redwing

max* [maks] (abrév de **maximum**) **1** adj max*

2 nm ◆ **un max**‡ coûter, dépenser a hell of a lot‡ ◆ **il m'agace un max**‡ he really drives me up the wall*, he bugs me no end‡

maxi [maksi] **1** préf ◆ **maxi ...** maxi ... ◆ **maxi-jupe** maxi-skirt ◆ **maxi-bouteille/-paquet** giant-size bottle/packet

2 adj inv **a** (*: maximum) maximum

b (long) **manteau/jupe maxi** maxi-coat/-skirt ◆ **la mode maxi** the maxi-length fashion

3 nm (mode) maxi ◆ **elle s'habille en maxi** she wears maxis ◆ **la mode est au maxi** maxis are in (fashion)

4 adv (*: maximum) at the maximum, at the most

maxillaire [maksilɛʀ] **1** adj maxillary ◆ **os maxillaire** jawbone

2 nm jaw, maxilla (spéc) ◆ **maxillaire supérieur/inférieur** upper/lower maxilla (spéc) ou jawbone

maxille [maksil] nf (Zool) maxilla

maxima [maksima] → **appel, maximum**

maximal, e, mpl **-aux** [maksimal, o] adj maximum, maximal ◆ **condamné à la peine maximale** given the maximum sentence ◆ **la température maximale aujourd'hui a été de 33 °C** the top temperature was 33 °C today, there was a high of 33 °C today (US)

maximalisation [maksimalizasjɔ̃] nf maximization

maximaliser [maksimalize] ▸ conjug 1 ◂ vt to maximize

maximalisme [maksimalism] nm Maximalism

maximaliste [maksimalist] → SYN adj maximalist

Maxime [maksim] nm Maximus

maxime [maksim] → SYN nf maxim

maximisation [maksimizasjɔ̃] nf maximization

maximiser [maksimize] ▸ conjug 1 ◂ vt to maximize

maximum [maksimɔm], f **maximum** ou **maxima** [maksima], pl **maximum(s)** ou **maxima** → SYN **1** adj maximum ◆ **la température maximum** the maximum ou highest temperature ◆ **j'attends de vous une aide maximum** I expect a maximum of help ou maximum help from you ◆ **j'en ai pour 2 heures maximum** I'll be 2 hours maximum

2 nm **a** (gén, Math) maximum; (Jur) maximum sentence ◆ **faire le** ou **son maximum** to do one's level best (*pour* to) ◆ **avec le maximum de profit** with the maximum (of) profit, with the highest profit, with the greatest possible profit ◆ **il faut travailler au maximum** one must work to the utmost of one's ability ◆ **être au maximum de ses possibilités** to be stretched to one's limits ◆ **sa radio était au maximum** his radio was on full ◆ **atteindre son maximum** [production] to reach its maximum, reach an all-time high*; [valeur] to reach its highest ou maximum point ◆ **il y a un maximum de frais sur un bateau*** boats cost a fortune to run* ◆ **il m'a fait payer un maximum*** he charged me a fortune* ◆ **ça consomme un maximum, ces voitures*** these cars are really heavy on petrol → **thermomètre**

b LOC **au (grand) maximum** at the (very) maximum, at the (very) most ◆ **il faut rester au** ou **le maximum à l'ombre** one must stay as much as possible in the shade

3 adv at the maximum, at the most ◆ **à six heures maximum** at 6 o'clock at the latest

maya [maja] **1** adj Mayan

2 nm (Ling) Maya(n)

3 nmf ◆ **Maya** Maya(n)

mayday [mɛdɛ] nm (Naut) Mayday

maye [mɛ] → SYN nf oil-press trough

mayen [majɛ̃] nm (Helv) summer and autumn pasture

Mayence [majɑ̃s] n Mainz

mayonnaise [majɔnɛz] nf mayonnaise ◆ **poisson/œufs (à la) mayonnaise** fish/eggs (with ou in) mayonnaise ◆ **la mayonnaise n'a pas pris** (lit) the mayonnaise didn't set; (*: fig) the mix was all wrong

mazagran [mazagʀɑ̃] nm pottery goblet (for coffee)

mazdéen, -enne [mazdeɛ̃, ɛn] adj Mazdean

mazdéisme [mazdeism] nm Mazdaism

mazette† [mazɛt] **1** excl (admiration, étonnement) my!, my goodness!

2 nf (incapable) weakling

mazot [mazo] nm (Helv) ≃ small farmhouse

mazout [mazut] → SYN nm heating oil ◆ **chaudière/poêle à mazout** oil-fired boiler/stove ◆ **chauffage central au mazout** oil-fired central heating

mazoutage [mazutaʒ] nm polluting with oil

mazouté, e [mazute] adj mer, plage oil-polluted (épith), polluted with oil (attrib); oiseaux oil-covered (épith), covered in oil (attrib)

mazurka [mazyʀka] nf maz(o)urka

Mbabane [mbaban] n Mbabane

MCM [ɛmseɛm] nmpl (abrév de **Montants compensatoires monétaires**) MCA

Me (abrév de **Maître**) *barrister's title* ◆ **Me Martin** ≃ Mr (*ou* Mrs) Martin Q.C. (Brit)

me, m' [mə] pron pers (objet direct ou indirect) me; (réfléchi) myself ◆ **me voyez-vous?** can you see me? ◆ **elle m'attend** she is waiting for me ◆ **il me l'a dit** he told me (it), he told me about it ◆ **il m'en a parlé** he spoke to me about it ◆ **il me l'a donné** he gave it to me, he gave it me ◆ **je ne me vois pas dans ce rôle-là** I can't see myself in that part ◆ (*: intensif) **va me fermer cette porte!** shut the door, would you!

mea-culpa* [meakylpa] excl my fault!, my mistake ◆ **faire son mea-culpa** (lit) to say one's mea culpa; (fig) to blame oneself

méandre [meɑ̃dʀ] → SYN nm (Art, Géog) meander; (fig) [politique] twists and turns ◆ **les méandres de sa pensée** the twists and turns ou ins and outs ou complexities of his thought

méandrine [meɑ̃dʀin] nf *type of brain coral,* meandrine (spéc)

méat [mea] → SYN nm (Anat) meatus; (Bot) lacuna

méatoscopie [meatɔskɔpi] nf meatoscopy

mec‡ [mɛk] nm **a** (homme) guy*, bloke* (Brit) ◆ **ça va les mecs?** how's it going guys? ◆ **ça c'est un mec!** he's a real man!

b (compagnon) **son mec** her man*

mécanicien, -ienne [mekanisjɛ̃, jɛn] → SYN **1** adj civilisation mechanistic

2 nm,f **a** (Aut) (garage ou motor) mechanic ◆ **ouvrier mécanicien** garage hand ◆ **c'est un bon mécanicien** he is a good mechanic, he is good with cars ou with machines

b (Naut, Aviat) engineer ◆ (Aviat) **mécanicien navigant, mécanicien de bord** flight engineer

c (Rail) train ou engine driver (Brit), engineer (US)

d (†: Méd) **mécanicien-dentiste** dental technician ou mechanic

mécanique [mekanik] → SYN **1** adj **a** (Tech, gén) mechanical; dentelle, tapis machine-made; jouet clockwork (épith) ◆ **les industries mécaniques** mechanical engineering industries ◆ (Aut, Aviat) **avoir des ennuis mécaniques** to have engine trouble → **escalier, piano, rasoir, tuile**

b (machinal) geste, réflexe mechanical

c (Philos, Sci) mechanical ◆ **énergie mécanique** mechanical energy ◆ **lois mécaniques** laws of mechanics

2 nf **a** (Sci) (mechanical) engineering; (Aut, Tech) mechanics (sg) ◆ **la mécanique, ça le connaît*** he knows what he's doing in mechanics ◆ **mécanique céleste/ondulatoire** celestial/wave mechanics ◆ **mécanique hydraulique** hydraulics (sg)

b (mécanisme) **la mécanique d'une horloge** the mechanism of a clock ◆ **cette voiture, c'est de la** ou **une belle mécanique** this car is a fine piece of engineering ◆ **je ne marche plus aussi vite qu'avant, la mécanique est rouillée** ou **usée*** I don't walk as fast I used to, the old bones* aren't what they used to be

mécaniquement [mekanikmɑ̃] → SYN adv mechanically ◆ **objet fait mécaniquement** machine-made object

mécanisation [mekanizasjɔ̃] nf mechanization

mécaniser [mekanize] → SYN ▸ conjug 1 ◂ vt to mechanize

mécanisme [mekanism] → SYN nm (Bio, Philos, Psych, Tech) mechanism ◆ **les mécanismes psychologiques/biologiques** psychological/biological workings ou mechanisms ◆ **le mécanisme administratif** the administrative mechanism ◆ **mécanisme(s) politique(s)** political machinery, mechanism of politics ◆ **le mécanisme d'une action** the mechanics of an action

mécaniste [mekanist] adj mechanistic

mécano* [mekano] nm (abrév de **mécanicien**) mechanic, grease monkey‡ (US)

mécanographe [mekanɔgʀaf] nmf comptometer operator, punch card operator

mécanographie [mekanɔgʀafi] nf (procédé) (mechanical) data processing; (service) comptometer department

mécanographique [mekanɔgʀafik] adj classement mechanized, automatic ◆ **service mécanographique** comptometer department, (mechanical) data processing department ◆ **machine mécanographique** calculator

mécanothérapie [mekanoteʀapi] nf mechanotherapy

Meccano ® [mekano] nm Meccano ®

mécénat [mesena] → SYN nm (Art) patronage ◆ **mécénat d'entreprise** corporate philanthropy ou sponsorship

mécène [mesɛn] → SYN nm (Art) patron ◆ (Antiq) **Mécène** Maecenas

méchage [meʃaʒ] nm (Tech) sulphuring; (Méd) packing with gauze

méchamment [meʃamɑ̃] adv **a** (cruellement) rire, agir spitefully, nastily, wickedly
b (*: très) fantastically*, terrifically* ◆ **c'est méchamment bon** it's fantastically* ou bloody*̣* (Brit) good ◆ **c'est méchamment abîmé** it's really badly damaged ◆ **ça fait méchamment mal** it's terribly painful, it hurts like mad* ◆ **il a été méchamment surpris** he got one hell ou heck of a surprise*

méchanceté [meʃɑ̃ste] → SYN nf **a** (caractère) [personne, action] nastiness, spitefulness, wickedness ◆ **faire qch par méchanceté** to do sth out of spite ◆ **soit dit sans méchanceté il n'est pas à la hauteur** I don't mean to be mean but he's not up to it
b (action, parole) mean ou spiteful ou nasty ou wicked action ou remark ◆ **méchanceté gratuite** unwarranted piece of unkindness ou spitefulness ◆ **dire des méchancetés à qn** to say spiteful things to sb

méchant, e [meʃɑ̃, ɑ̃t] → SYN **1** adj **a** (malveillant) personne, intention spiteful, nasty, wicked; enfant naughty ◆ **devenir méchant** to turn ou get nasty ◆ **la mer est méchante** the sea is rough ◆ **arrête, tu es méchant** stop it, you're wicked ou you're (being) horrid ou nasty ◆ **ce n'est pas un méchant homme** he's not such a bad fellow → **chien**
b (dangereux, désagréable) **ce n'est pas bien méchant*** [blessure, difficulté, dispute] it's nothing to worry about; [examen] it's not too difficult ou stiff* ◆ **s'attirer une méchante affaire** (dangereuse) to get mixed up in a nasty business; (désagréable) to get mixed up in an unpleasant ou unsavoury (bit of) business ◆ **de méchante humeur** in a foul ou rotten mood
c (†: médiocre, insignifiant) (avant n) miserable, pathetic*, mediocre, sorry-looking ◆ **méchant vers/poète** poor ou second-rate verse/poet ◆ **un méchant morceau de fromage** one miserable ou sorry-looking bit of cheese ◆ **que de bruit pour une méchante clef perdue** what a fuss over one wretched lost key
d (*̣: sensationnel) (avant n) **il avait (une) méchante allure** he looked terrific* ◆ **il a une méchante moto** he's got a fantastic* ou bloody marvellous*̣* (Brit) bike ◆ **une méchante cicatrice** a hell of a scar*̣ ◆ **un méchant cigare** a bloody great (big) cigar*̣ (Brit), a hell of a big cigar*̣
2 nm,f ◆ **tais-toi, méchant!** be quiet you naughty boy! ◆ **les méchants** the wicked; (dans un film) the baddies*, the bad guys* (US) ◆ **faire le méchant*** to be difficult, be nasty

mèche [mɛʃ] → SYN nf **a** (inflammable) [bougie, briquet, lampe] wick; [bombe, mine] fuse; [canon] match ◆ **mèche fusante** safety fuse → **vendre**
b [cheveux] tuft of hair, lock; (sur le front) forelock, lock of hair ◆ **mèche postiche, fausse mèche** hairpiece ◆ **mèches folles** straggling locks ou wisps of hair ◆ **mèche rebelle** cowlick ◆ **se faire faire des mèches** to have highlights put in, have one's hair streaked (blond)
c (Méd) pack, dressing; [fouet] lash; [perceuse] bit
d (Naut) main piece
e (Tex) rove
f (*) LOC **être de mèche avec qn*** to be hand in glove with sb*, be in collusion ou league with sb ◆ **y a pas mèche*̣** nothing doing*, it's no go*, you're not on*̣

mécher [meʃe] ▸conjug 6◂ vt (Tech) to sulphurize; (Méd) to pack with gauze

méchoui [meʃwi] nm (repas) barbecue of a whole roast sheep

mécompte [mekɔ̃t] → SYN nm (frm) **a** (désillusion) (gén pl) disappointment
b (erreur de calcul) miscalculation, miscount

méconduire (se) [mekɔ̃dɥiʀ] ▸conjug 38◂ vpr (Belg) to misbehave, behave badly

méconduite [mekɔ̃dɥit] nf (Belg) misbehaviour

méconium [mekɔnjɔm] nm meconium

méconnaissable [mekɔnɛsabl] → SYN adj (impossible à reconnaître) unrecognizable; (difficile à reconnaître) hardly recognizable

méconnaissance [mekɔnɛsɑ̃s] → SYN nf (ignorance) lack of knowledge (*de* about), ignorance (*de* of); (littér: mauvais jugement) lack of comprehension, misappreciation (*de* of); (refus de reconnaître) refusal to take into consideration

méconnaître [mekɔnɛtʀ] → SYN ▸conjug 57◂ vt (frm) **a** (ignorer) faits to be unaware of, not to know ◆ **je ne méconnais pas que** I am fully ou quite aware that, I am alive to the fact that
b (mésestimer) situation, problème to misjudge; mérites, personne to underrate
c (ne pas tenir compte de) lois, devoirs to ignore

méconnu, e [mekɔny] → SYN (ptp de **méconnaître**) adj talent, génie unrecognized; musicien, écrivain underrated ◆ **il se prend pour un méconnu** he sees himself as a misunderstood man

mécontent, e [mekɔ̃tɑ̃, ɑ̃t] → SYN **1** adj (insatisfait) discontented, displeased, dissatisfied (*de* with); (contrarié) annoyed (*de* with, at) ◆ **il a l'air très mécontent** he looks very annoyed ou displeased ◆ **il n'est pas mécontent de** he is not altogether dissatisfied ou displeased with
2 nm,f malcontent, grumbler* ◆ (Pol) **les mécontents** dissatisfied people ◆ **cette décision va faire des mécontents** this decision is going to make some people very unhappy

mécontentement [mekɔ̃tɑ̃tmɑ̃] → SYN nm (Pol) discontent; (déplaisir) dissatisfaction, displeasure; (irritation) annoyance

mécontenter [mekɔ̃tɑ̃te] → SYN ▸conjug 1◂ vt to displease, annoy

Mecque [mɛk] nf ◆ **la Mecque** (lit) Mecca; (fig) the Mecca

mécréant, e [mekʀeɑ̃, ɑ̃t] → SYN adj, nm,f **a** (†, hum: non-croyant) infidel, non-believer
b († péj: bandit) scoundrel, miscreant†

médaille [medaj] → SYN GRAMMAIRE ACTIVE 26.3 nf **a** (pièce, décoration) medal; (*: tache) stain, mark ◆ **médaille militaire** military decoration ◆ **médaille pieuse** medal *(of a saint etc)* ◆ **médaille du travail** long-service medal *(in industry etc)* ◆ **elle est médaille d'argent de biathlon** she has a silver medal in the biathlon ◆ **il a un profil de médaille** he has a perfect profile → **revers**
b (insigne d'identité) [employé] badge; [chien] identification disc, name tag; [volaille] guarantee tag

médaillé, e [medaje] (ptp de **médailler**) **1** adj (Admin, Mil) decorated *(with a medal)*; (Sport) holding a medal
2 nm,f medal-holder ◆ **il est** ou **c'est un médaillé olympique** he is an Olympic medallist, he is the holder of an Olympic medal

médailler [medaje] ▸conjug 1◂ vt (Admin, Sport etc) to award a medal to; (Mil) to decorate, award a medal to ◆ (se tacher) **se médailler*** to get a stain ou mark on one's clothing

médaillier [medaje] nm (meuble) medal cabinet; (collection) medal collection

médailliste [medajist] nmf (amateur) medal collector; (fabricant) medal maker

médaillon [medajɔ̃] → SYN nm (Art) medallion; (bijou) locket; (Culin) médaillon, *thin, round slice of meat etc*

mède [mɛd] **1** adj of Media
2 nmf ◆ **Mède** Mede

médecin [med(ə)sɛ̃] → SYN nm doctor, physician (frm) ◆ (fig) **médecin de l'âme** confessor ◆ (Naut) **médecin de bord** ship's doctor ◆ **médecin-chef** head doctor ◆ **médecin-conseil** medical adviser ◆ **médecin de famille** family practitioner ou doctor ◆ **médecin d'hôpital** ou **des hôpitaux** ≃ consultant, doctor ou physician with a hospital appointment ◆ **médecin légiste** forensic scientist, expert in forensic medicine, medical examiner (US) ◆ **médecin généraliste** ou **de médecine générale** general practitioner, G.P. ◆ **médecin militaire** army medical officer ◆ **médecin scolaire** school doctor, schools medical officer (Brit Admi ◆ **médecin traitant** attending physicia ◆ **votre médecin traitant** your (usual c family) doctor ◆ **médecin du travail** company doctor ◆ **médecin de ville** doctor *(working in a town)* ◆ (Littérat) **"Le Médecin malgré lui"** "The Doctor in Spite of Himself"

médecine [med(ə)sin] → SYN nf **a** (Sci) medcine ◆ **médecine alternative** ou **douce** ou **naturelle** alternative medicine ◆ **médecine curative** remedial medicine ◆ **médecine général** general medicine ◆ **médecine hospitalièr** *medicine practised in hospitals* ◆ **médecine infantile** paediatrics (sg) ◆ **médecine légal** forensic medicine ou science ◆ **médecin libérale** *medicine of doctors who have the own practice* ◆ **médecine opératoire** surger ◆ **médecine parallèle** alternative medicin ◆ **médecine préventive** preventive medicin ◆ **médecine du travail** occupational ou industrial medicine ◆ **médecine du sport** sport medicine ◆ **médecine spécialisée** specialize branches of medicine ◆ **médecine de vill** general medicine *(as practised in towns* ◆ **médecine d'urgence** (soins) emergency treatment; (service) casualty (department ◆ **faire des études de médecine, faire (sa médecine** to study ou do medicine ◆ **pratiquer une médecine révolutionnaire** to practise a revolutionary type of medicine ◆ **i exerçait la médecine dans un petit village** he had a (medical) practice ou he was a doctor in a small village → **docteur, étudiant faculté**
b (†: médicament) medicine

medecine-ball, pl **medecine-balls** [medsir bol] nm medicine ball

Médée [mede] nf Medea

Medellín [medelin] n Medellín

média [medja] nm medium ◆ **les médias** the media ◆ **dans les médias** in the media

médial, e, mpl **-aux** [medjal, o] adj medial

médian, e [medjɑ̃, jan] **1** adj (Math, Statistique) median; (Ling) medial
2 **médiane** nf (Math, Statistique) median; (Ling) medial sound, mid vowel → **ligne**[1]

médiante [medjɑ̃t] nf (Mus) mediant

médiastin [medjastɛ̃] nm mediastinum

médiat, e [medja, jat] → SYN adj mediate

médiateur, -trice [medjatœʀ, tʀis] → SYN **1** adj (gén, Pol) mediatory, mediating; (Ind) arbitrating
2 nm,f (gén) mediator; (Ind) arbitrator; (Pol) ≃ Parliamentary Commissioner (Brit), Ombudsman ◆ (Méd) **médiateur chimique** transmitter substance
3 **médiatrice** nf (Géom) median

médiathèque [medjatɛk] nf reference library *(with multi-media collections and facilities)*

médiation [medjasjɔ̃] → SYN nf **a** (gén, Philos, Pol) mediation; (Ind) arbitration ◆ **offrir sa médiation dans un conflit** (Pol) to offer to mediate in a conflict; (Ind) to offer to arbitrate ou intervene in a dispute
b (Logique) mediate inference

médiatique [medjatik] adj **a** (concernant les médias) media (épith)
b (par ou dans les médias) couverture, exploitation, battage media (épith)
c (passant bien dans les médias) **c'est une personnalité très médiatique** he (ou she) comes across really well in the media ◆ **c'est un sport très médiatique** that sport lends itself to media coverage

médiatisation [medjatizasjɔ̃] nf (→ **médiatiser**) mediatization; promotion through the media

médiatiser [medjatize] ▸conjug 1◂ vt (Hist, Philos) to mediatize; (à la TV) to give ou devote media coverage to

médiator [medjatɔʀ] → SYN nm plectrum

médiatrice [medjatʀis] → **médiateur**

médical, e, mpl **-aux** [medikal, o] → SYN adj medical ◆ **délégué** ou **visiteur médical** medical representative ou rep* → **examen, visite**

médicalement [medikalmɑ̃] adv medically

médicalisation [medikalizasjɔ̃] nf (→ **médicaliser**) medicalization; bringing medical care to ◆ **la médicalisation des populations touchées par la faim** the provision of medical care for the famine victims

médicaliser [medikalize] ▸conjug 1◂ vt région, population to provide with medical care ◆ **médicaliser la maternité** to medicalize childbirth ◆ **résidence médicalisée** nursing home

médicament [medikamɑ̃] → SYN nm medicine, drug ◆ **médicament de confort** pain-relieving (ou fortifying) medicine *(without recognized therapeutic effects)*

médicamenteux, -euse [medikamɑ̃tø, øz] adj plante, substance medicinal

médicastre [medikastʀ] nm (†, hum) medical charlatan, quack

médication [medikasjɔ̃] → SYN nf (medical) treatment, medication

médicinal, e, mpl **-aux** [medisinal, o] → SYN adj plante, substance medicinal

medicine-ball, pl **medicine-balls** [medisinbol] nm medicine ball

médicinier [medisinje] nm officinal

Médicis [medisis] nmf Medici ◆ **les Médicis** the Medicis

médico- [mediko] préf ◆ **médicolégal** medicolegal, forensic ◆ **médicosocial** medicosocial ◆ **branche médicosportive** branch of medicine concerned with sports injuries → **institut**

médicochirurgical, e, mpl **-aux** [medikoʃiʀyʀʒikal, o] adj medicosurgical

Médie [medi] nf Media

médiéval, e, mpl **-aux** [medjeval, o] adj medieval

médiévisme [medjevism] nm medi(a)evalism

médiéviste [medjevist] nmf medievalist

médina [medina] nf medina

Médine [medin] n Medina

médiocratie [medjɔkʀasi] nf mediocracy

médiocre [medjɔkʀ] → SYN **1** adj travail, roman, élève mediocre, indifferent, second-rate; (sur copie d'élève) poor; intelligence, qualité poor, mediocre, inferior; revenu, salaire meagre, poor; vie, existence mediocre, narrow ◆ **il occupe une situation médiocre** he holds some second-rate position ◆ **gagner un salaire médiocre** to earn a mere pittance ou a poor ou meagre wage ◆ **il a montré un intérêt médiocre pour ce projet** he showed little or no interest in the project ◆ **génie incompris par les esprits médiocres** genius misunderstood by the petty-minded ou those with small minds
2 nmf nonentity, second-rater*

médiocrement [medjɔkʀəmɑ̃] adv ◆ **gagner médiocrement sa vie** to earn a poor living ◆ **être médiocrement intéressé par** not to be particularly interested in ◆ **médiocrement intelligent** not very ou not particularly intelligent ◆ **médiocrement satisfait** barely satisfied, not very well satisfied ◆ **il joue médiocrement du piano** he plays the piano indifferently, he's not very good at (playing) the piano

médiocrité [medjɔkʀite] → SYN nf [travail] poor quality, mediocrity; [élève, homme politique] mediocrity; [copie d'élève] poor standard; [revenu, salaire] meagreness, poorness; [intelligence] mediocrity, inferiority; [vie] narrowness, mediocrity ◆ **les politiciens de maintenant, quelle médiocrité!** what mediocrity ou poor quality in present-day politicians! ◆ **étant donné la médiocrité de ses revenus** given the slimness of his resources, seeing how slight ou slim his resources are (ou were) ◆ **cet homme, c'est une (vraie) médiocrité** this man is a complete mediocrity ou second-rater

médique [medik] adj (Antiq) Median

médire [mediʀ] → SYN ▸conjug 37◂ vi ◆ **médire de qn** to speak ill of sb; (à tort) to malign sb ◆ **elle est toujours en train de médire** she's always running people down ◆ **je ne voudrais pas médire mais ...** I don't want to tittle-tattle ou to spread scandal, but ...

médisance [medizɑ̃s] → SYN nf **a** (diffamation) scandalmongering ◆ **être en butte à la médisance** to be made a target for scandalmongering ou for malicious gossip
b (propos) piece of scandal ◆ **médisances** scandal (NonC), gossip (NonC) ◆ **ce sont des médisances!** that's just scandal! ou malicious gossip! ◆ **arrête de dire des médisances** stop spreading scandal ou gossip

médisant, e [medizɑ̃, ɑ̃t] → SYN **1** adj paroles slanderous; personne scandal mongering (épith) ◆ **les gens sont médisants** people say nasty things ou spread scandal ◆ **sans vouloir être médisant, il faut reconnaître que ...** I don't want to sound nasty but we have to admit that ...
2 nm,f scandalmonger, slanderer

méditatif, -ive [meditatif, iv] → SYN adj caractère meditative, thoughtful; air musing, thoughtful

méditation [meditasjɔ̃] → SYN nf (pensée) meditation; (recueillement) meditation (NonC) ◆ **après de longues méditations sur le sujet** after giving the subject much ou deep thought, after lengthy meditation on the subject ◆ **il était plongé dans la méditation** ou **une profonde méditation** he was sunk in deep thought, he was deep in thought

méditer [medite] → SYN ▸conjug 1◂ **1** vt pensée to meditate on, ponder (over); livre, projet, vengeance to meditate ◆ **méditer de faire qch** to contemplate doing sth, plan to do sth
2 vi to meditate ◆ **méditer sur qch** to ponder ou muse over sth

Méditerranée [mediteʀane] nf ◆ **la mer Méditerranée, la Méditerranée** the Mediterranean (Sea)

méditerranéen, -enne [mediteʀaneɛ̃, ɛn] **1** adj Mediterranean
2 nm,f ◆ **Méditerranéen(ne)** (gén) inhabitant ou native of a Mediterranean country; (en France) (French) Southerner

médium [medjɔm] → SYN nm (Spiritisme) medium; (Mus) middle register; (Logique) middle term

médiumnique [medjɔmnik] adj dons, pouvoir of a medium

médiumnité [medjɔmnite] nf powers of a medium

médius [medjys] nm middle finger

médoc [medɔk] nm Médoc (wine) ◆ (région) **le Médoc** the Médoc

médullaire [medylɛʀ] adj medullary

médulleux, -euse [medylø, øz] adj (Bot) medullary

médullosurrénale [medylosyʀenal] nf adrenal glands

méduse [medyz] nf jellyfish ◆ (Myth) **Méduse** Medusa

méduser [medyze] → SYN ▸conjug 1◂ vt (gén pass) to dumbfound, paralyze ◆ **je suis resté médusé par ce spectacle** I was rooted to the spot ou dumbfounded by this sight

meeting [mitiŋ] → SYN nm (Pol, Sport) meeting ◆ **meeting aérien** ou **d'aviation** air show ou display ◆ **meeting d'athlétisme** athletics meeting

méfait [mefɛ] → SYN nm **a** (ravage) (gén pl) [temps, drogue] damage (NonC), ravages; [passion, épidémie] ravages, damaging effect ◆ **l'un des nombreux méfaits de l'alcoolisme** one of the numerous damaging ou ill effects of alcoholism
b (acte) wrongdoing; (hum) misdeed

méfiance [mefjɑ̃s] → SYN nf distrust, mistrust, suspicion ◆ **avoir de la méfiance envers qn** to mistrust ou distrust sb ◆ **apaiser / éveiller la méfiance de qn** to allay / arouse sb's suspicion(s) ◆ **être sans méfiance** (avoir toute confiance) to be completely trusting; (ne rien soupçonner) to be quite unsuspecting ◆ **ce projet paraît peu sérieux: méfiance!** this project doesn't seem very serious: we'd better be careful!

méfiant, e [mefjɑ̃, jɑ̃t] → SYN adj personne distrustful, mistrustful, suspicious ◆ **air** ou **regard méfiant** distrustful ou mistrustful ou suspicious look, look of distrust ou mistrust ou suspicion

méfier (se) [mefje] → SYN ▸conjug 7◂ vpr **a se méfier de qn / des conseils de qn** to mistrust ou distrust sb / sb's advice ◆ **je me méfie de lui** I mistrust him, I do not trust him, I'm suspicious of him ◆ **méfiez-vous de lui, il faut vous méfier de lui** do not trust him, beware of him, be on your guard against him ◆ **je ne me méfie pas assez de mes réactions** I should be more wary of my reactions
b (faire attention) **se méfier de qch** to be careful about sth ◆ **il faut vous méfier** you must be careful, you've got to be on your guard ◆ **méfie-toi de cette marche** mind (Brit) ou watch the step, look out for that step* ◆ **méfie-toi, tu vas tomber** look out* ou be careful or you'll fall

méforme [mefɔʀm] nf (Sport) lack of fitness, unfitness ◆ **traverser une période de méforme** to be (temporarily) off form

méga [mega] préf mega ◆ (*) **méga-dissertation** essay and a half* ◆ **un méga-cigare à la bouche** a whopping great cigar in his mouth‡ ◆ **recevoir une méga-dérouillée** to get a hell of a thrashing‡, get a thrashing and a half* ◆ **méga-entreprise** huge ou enormous company ◆ **méga-institution** huge ou enormous institution

mégacéros [megaseʀɔs] nm Irish elk, megaceros (spéc)

mégacôlon [megakolɔ̃] nm megacolon

mégacycle [megasikl] nm megacycle

mégahertz [megaɛʀts] nm megahertz

mégalithe [megalit] nm megalith

mégalithique [megalitik] adj megalithic

mégalo* [megalo] adj, nmf abrév de **mégalomane**

mégalomane [megalɔman] → SYN adj, nmf megalomaniac

mégalomanie [megalɔmani] → SYN nf megalomania

mégalopole [megalɔpɔl] nf megalopolis

Mégalopolis [megalɔpɔlis] n Megalopolis

mégaoctet [megaɔktɛ] nm megabyte

mégaphone† [megafɔn] nm (porte-voix) megaphone

mégapole [megapɔl] nf ⇒ **mégalopole**

mégaptère [megaptɛʀ] nm humpback whale

mégarde [megaʀd] → SYN nf ◆ **par mégarde** (accidentellement) accidentally, by accident; (par erreur) by mistake, inadvertently; (par négligence) accidentally ◆ **un livre que j'avais emporté par mégarde** a book which I had accidentally ou inadvertently taken away with me

mégatonne [megatɔn] nf megaton

mégère [meʒɛʀ] → SYN nf (péj: femme) shrew ◆ (Théât) **"La Mégère apprivoisée"** "The Taming of the Shrew"

mégir [meʒiʀ] ▸conjug 2◂ vt to taw

mégis [meʒi] adj m tawed

mégisser [meʒise] ▸conjug 1◂ vt ⇒ **mégir**

mégisserie [meʒisʀi] nf (lieu) tawery

mégissier [meʒisje] nm tawer

mégohm [megom] nm megohm

mégot* [mego] nm [cigarette] cigarette butt ou end, fag end‡ (Brit); [cigare] stub, butt

mégotage* [megɔtaʒ] nm cheeseparing ou miserly attitude

mégoter* [megɔte] ▸conjug 1◂ vi to skimp ◆ **le patron mégote sur des détails et dépense des fortunes en repas d'affaires** the boss is cheeseparing over ou skimps over small items and spends a fortune on business lunches ◆ **pour marier leur fille ils n'ont pas mégoté** they really went to town* for ou they spent a small fortune on their daughter's wedding

méharée [meaʀe] nf mehari journey

méhari [meaʀi] nm fast dromedary, mehari

méhariste [meaʀist] nm meharist, *rider of mehari or soldier of French Camel corps*

meilleur, e [mɛjœʀ] → SYN **1** adj (compar, superl de **bon**) better ◆ **le meilleur des deux** the better of the two ◆ **le meilleur de tous, la meilleure de toutes** the best of the lot ◆ **c'est le meilleur des hommes, c'est le meilleur homme du monde** he is the best of men, he's the best man in the world ◆ (plus charitable) **il est meilleur que moi** he's a better person than I am ◆ (plus doué) **il est meilleur que moi (en)** he's better than I am (at) ◆ [aliment] **avoir meilleur goût** to taste better ◆ **ce gâteau est (bien) meilleur avec du rhum** this cake tastes ou is (much) better with rum ◆ **il est meilleur chanteur que compositeur** he makes a better singer than (a) composer, he is better at singing than (at) composing ◆ **de meilleure qualité** of better ou higher quality ◆ **tissu de la meilleure qualité** best quality material ◆ **les meilleurs spécialistes** the best ou top specialists ◆ **son meilleur ami** his best ou closest friend ◆ **servir les meilleurs mets / vins** to serve the best ou finest dishes / wines ◆ **information tirée des meilleures sources** information from the most reliable sources ◆ **meilleur marché** cheaper ◆ **le meilleur marché** the cheapest ◆ (Comm) **acheter au meilleur prix** to buy at the lowest price ◆ **être en meilleure santé** to be better, be in better health ◆ (Sport) **faire un meilleur temps au deuxième tour** to put up ou do a better time on the second lap ◆ **partir de meilleure heure** to leave earlier ◆ **prendre (une) meilleure tournure** to take a turn for the better ◆ **meilleurs vœux** best wishes ◆ **ce sera pour des jours / des temps meilleurs** that will be for better days / happier times ◆ **il n'y a rien de meilleur** there is nothing better, there's nothing to beat it

2 adv ◆ **il fait meilleur qu'hier** it's better ou nicer (weather) than yesterday ◆ **sentir meilleur** to smell better ou nicer

3 nm,f ◆ (celui qui est meilleur) **le meilleur, la meilleure** the best one ◆ **ce ne sont pas toujours les meilleurs qui sont récompensés** it is not always the best (people) who win ou who reap the rewards ◆ **que le meilleur gagne** may the best man win → **raison**

4 nm ◆ (ce qui est meilleur) **le meilleur** the best ◆ **il a choisi le meilleur** he took the best (one) ◆ **pour le meilleur et pour le pire** for better or for worse ◆ **donner le meilleur de soi-même** to give of one's best ◆ (Littérat) **"Le Meilleur des mondes"** "Brave New World" ◆ **passer le meilleur de sa vie à faire** to spend the best days ou years of one's life doing ◆ **le meilleur de notre pays fut tué pendant la guerre** the finest ou best men of our country were killed during the war ◆ (Sport) **prendre le meilleur sur qn** to get the better of sb ◆ **garder** ou **réserver le meilleur pour la fin** to keep the best (bit ou part) till ou for the end ◆ **et le meilleur dans tout ça, c'est qu'il avait raison!** and the best bit about it all was that he was right! ◆ **tu le laisses faire? mais c'est le meilleur!*** I can't believe you're letting him do that!

5 **meilleure*** nf ◆ **ça alors, c'est la meilleure!** that's a good one!*, get out of here (US)!* ◆ **j'en passe et des meilleures!** and that's not all – I could go on!, and that's the least of them! ◆ **tu connais la meilleure? il n'est même pas venu!** haven't you heard the best (bit) though? he didn't even come!

méiose [mejoz] nf meiosis

méiotique [mejotik] adj meiotic

meistre [mɛstʀ] nm ⇒ **mestre**

méjuger [meʒyʒe] → SYN ▸conjug 3◂ (littér) 1 vt to misjudge

2 **méjuger de** vt ind to underrate, underestimate

3 **se méjuger** vpr to underestimate o.s.

Mékong [mekɔ̃g] nm Mekong

mélæna [melena] nm malaena (Brit), melena (US)

mélamine [melamin] nf melamine

mélaminé, e [melamine] adj melamine-coated

mélampyre [melɑ̃piʀ] nm cow wheat

mélancolie [melɑ̃kɔli] → SYN nf melancholy, gloom; (Méd) melancholia → **engendrer**

mélancolique [melɑ̃kɔlik] → SYN adj personne, paysage, musique melancholy; (Méd) melancholic

mélancoliquement [melɑ̃kɔlikmɑ̃] adv with a melancholy air, melancholically

Mélanésie [melanezi] nf Melanesia

mélanésien, -ienne [melanezjɛ̃, jɛn] 1 adj Melanesian

2 nm (Ling) Melanesian

3 nm,f ◆ **Mélanésien(ne)** Melanesian

mélange [melɑ̃ʒ] → SYN nm a (opération) [produits] mixing; [vins, tabacs] blending ◆ **faire un mélange de** substances to make a mixture of; idées to mix up ◆ **quand on boit il ne faut pas faire de mélanges** you shouldn't mix your drinks

b (résultat) (gén, Chim, fig) mixture; (vins, tabacs, cafés) blend ◆ **mélange détonant** explosive mixture ◆ **mélange réfrigérant** freezing mixture ◆ (Aut etc) **mélange pauvre / riche** weak / rich mixture ◆ **joie sans mélange** unalloyed ou unadulterated joy ◆ (littér) **sans mélange de** free from, unadulterated by ◆ (Littérat) **mélanges** miscellanies, miscellany

mélanger [melɑ̃ʒe] → SYN ▸conjug 3◂ 1 vt (gén, Chim, Culin) to mix; salade to toss; couleurs, vins, parfums, tabacs to blend; dates, idées to mix (up), muddle up, confuse; documents to mix up, muddle up ◆ **mélanger du beurre et de la farine** to rub butter in with flour, mix butter and flour together ◆ **tu mélanges tout!** you're getting it all mixed up! ou muddled up! ◆ **un public très mélangé** a very varied ou mixed public ◆ (fig) **il ne faut pas mélanger les torchons et les serviettes** we (ou you etc) must divide ou separate the sheep from the goats

2 **se mélanger** vpr [produits] to mix; [vins] to mix, blend; [personnes] to mix ◆ **les dates se mélangent dans ma tête** I'm confused about the dates, I've got the dates mixed up ou in a muddle ◆ **se mélanger les pieds*** ou **les pédales*** ou **les pinceaux*** ou **les crayons*** to get into a muddle

mélangeur [melɑ̃ʒœʀ] nm (appareil) mixer; (Plomberie) mixer tap (Brit), mixing faucet (US); (Ciné, Rad) mixer

mélanine [melanin] nf melanin

mélanocyte [melanɔsit] nm melanocyte

mélanoderme [melanodɛʀm] adj dark-skinned, melanodermic (spéc)

mélanodermie [melanodɛʀmi] nf melanoderma

mélanome [melanom] nm melanoma

mélasse [melas] → SYN nf (Culin) treacle (Brit), molasses (US); (péj: boue) muck; (brouillard) murk ◆ (fig) **quelle mélasse!** what a mess! ◆ **être dans la mélasse*** (avoir des ennuis) to be in the soup*, be in a sticky situation*; (être dans la misère) to be down and out, be on one's beam ends* (Brit)

Melba [mɛlba] adj inv Melba ◆ **pêche / ananas Melba** peach / pineapple Melba

Melbourne [mɛlbuʀn] n Melbourne

melchite [mɛlkit] nmf Melchite

mêlé, e [mele] → SYN (ptp de **mêler**) 1 adj a sentiments mixed, mingled; couleurs, tons mingled, blending; monde, société mixed

b **mêlé de** mingled with ◆ **joie mêlée de remords** pleasure mixed with ou tinged with remorse ◆ **vin mêlé d'eau** wine mixed with water

2 **mêlée** nf a (bataille) mêlée; (fig hum) fray, kerfuffle* (Brit) ◆ **mêlée générale** free-for-all ◆ **la mêlée devint générale** it developed into a free-for-all, scuffles broke out all round ou on all sides ◆ (lit, fig) **se jeter dans la mêlée** to plunge into the fray ◆ (fig) **rester au-dessus de** ou **à l'écart de la mêlée** to stay ou keep aloof, keep out of the fray

b (Rugby) scrum, scrummage ◆ **mêlée ordonnée** set scrum ◆ **mêlée ouverte** ou **spontanée** ruck, loose scrum ◆ **dans la mêlée ouverte** in the loose

méléagrine [meleagʀin] nf pearl oyster

mêlé-cassis† [melekɑs] nm blackcurrant and brandy cocktail

mêlée [mele] → SYN → **mêlé**

méléna [melena] nm ⇒ **mélæna**

mêler [mele] → SYN ▸conjug 1◂ 1 vt a (unir, mettre ensemble) substances to mingle, mix together; races to mix; (Vét) to cross; (Culin: mélanger) to mix, blend; (joindre, allier) to combine, mingle ◆ **les deux fleuves mêlent leurs eaux** the two rivers mingle their waters ◆ **elles mêlèrent leurs larmes / leurs soupirs** their tears / their sighs mingled

b (mettre en désordre, embrouiller) papiers, dossiers to muddle (up), mix up; (battre) cartes to shuffle ◆ **mêler la réalité et le rêve** to confuse reality and dream

c **mêler à** ou **avec** (ajouter) to mix ou mingle with ◆ **mêler la douceur à la fermeté** to combine gentleness with firmness ◆ **mêler du feuillage à un bouquet** to put some greenery in with a bouquet ◆ **un récit mêlé de détails comiques** a story interspersed with comic(al) details

d (impliquer) **mêler à** to involve in ◆ (fig) **mêler qn à une affaire** to involve sb in some business, get sb mixed up ou involved in an affair ◆ **j'y ai été mêlé contre mon gré** I was dragged into it against my wishes, I got mixed up ou involved in it against my will ◆ **mêler qn à la conversation** to bring ou draw sb into the conversation

2 **se mêler** vpr a to mix, mingle, combine ◆ **ces deux races ne se mêlent jamais** these two races never mix

b **se mêler à** (se joindre à) to join; (s'associer à) to mix with; [cris, sentiments] to mingle with ◆ **il se mêla à la foule** he joined the crowd, he mingled with the crowd ◆ **il ne se mêle jamais aux autres enfants** he never mixes with other children ◆ **se mêler à une querelle** to get mixed up ou involved in a quarrel ◆ **il se mêlait à toutes les manifestations** he got involved ou took part in all the demonstrations ◆ **des rires se mêlaient aux applaudissements** there was laughter mingled with the applause ◆ **se mêler à la conversation** to join in ou come in on* the conversation

c **se mêler à** ou **de** (s'occuper de) to meddle with, get mixed up in ◆ **se mêler des affaires des autres** to meddle ou interfere in other people's business ou affairs ◆ **ne vous mêlez pas d'intervenir!** don't you take it into your head to interfere!, just you keep out of it! ◆ **mêle-toi de ce qui te regarde!** ou **de tes affaires!** ou **de tes oignons!*** mind your own business! ◆ (iro) **de quoi je me mêle!*** what business is it of yours?, what's it got to do with you? ◆ **se mêler de faire qch** to take it upon o.s. to do sth, make it one's business to do sth ◆ **voilà qu'il se mêle de nous donner des conseils!** who is he to give us advice!, look at him butting in with his advice!

mêle-tout [mɛltu] nm inv (Belg) nosy parker*

mélèze [melɛz] nm larch

mélia [melja] nm ◆ **mélia azedarach** China tree

mélilot [melilo] nm melilot, sweet clover

méli-mélo*, pl **mélis-mélos** [melimelo] nm [situation] muddle; [objets] jumble ◆ **cette affaire est un véritable méli-mélo!** what a terrible muddle this business is!

mélinite [melinit] nf melinite

mélioratif, -ive [meljɔʀatif, iv] 1 adj meliorative

2 nm meliorative adjective

mélique [melik] adj melic

mélisse [melis] nf (Bot) balm, melissa (spéc)

mélitte [melit] nf bastard balm

melkite [mɛlkit] nmf ⇒ **melchite**

mellifère [melifɛʀ] adj melliferous

mellification [melifikasjɔ̃] nf mellification

melliflu, e, melliflue [melifly] adj (littér) mellifluous, mellifluent

mellite [melit] nm mellitum oxymel

mélo* [melo] 1 adj film, roman (abrév de **mélodramatique**) soppy*, sentimental ◆ **feuilleton mélo** (gén) sentimental serial; (TV) soap (opera)

2 nm abrév de **mélodrame**

mélodie [melɔdi] → SYN nf a (motif, chanson) melody, tune ◆ **les mélodies de Debussy** Debussy's melodies ou songs ◆ **une petite mélodie entendue à la radio** a little tune heard on the radio

b (qualité) melodiousness

mélodieusement [melɔdjøzmɑ̃] adv melodiously, tunefully

mélodieux, -ieuse [melɔdjø, jøz] → SYN adj melodious, tuneful

mélodique [melɔdik] adj melodic

mélodiste [melɔdist] nmf melodist

mélodramatique [melɔdʀamatik] adj (Littérat, péj) melodramatic

mélodrame [melɔdʀam] → SYN nm (Littérat, péj) melodrama

méloé [melɔe] nm oil beetle

mélomane [melɔman] 1 adj music-loving (épith), keen on music (attrib), musical
2 nmf music lover

melon [m(ə)lɔ̃] → SYN nm a (Bot) (musk)melon ◆ **melon d'Espagne** ≃ honeydew melon ◆ **melon (cantaloup)** cantaloup(e) ◆ **melon d'eau** watermelon
b (Habillement) **(chapeau) melon** bowler (hat)

melonnière [m(ə)lɔnjɛʀ] nf melon field

mélopée [melɔpe] → SYN nf a (gén : chant monotone) monotonous chant, threnody (littér)
b (Hist Mus) recitative

mélophage [melɔfaʒ] nm sheep ked ou tick

membranaire [mɑ̃bʀanɛʀ] adj membrane (épith)

membrane [mɑ̃bʀan] → SYN nf membrane ◆ (Anat) **fausse membrane** false membrane ◆ (Bio) **membrane cellulaire** plasma ou cell membrane ◆ [haut-parleur] **membrane vibrante** vibrating diaphragm

membraneux, -euse [mɑ̃bʀanø, øz] adj membran(e)ous

membre [mɑ̃bʀ] → SYN nm a (Anat, Zool) limb ◆ **membre inférieur / supérieur / antérieur / postérieur** lower / upper / fore / rear limb ◆ **membre (viril)** male member ou organ
b [famille, groupe, société savante] member ; [académie] fellow ◆ **membre fondateur** founder member ◆ **membre perpétuel** life member ◆ **membre actif / associé** active / associate member ◆ **un membre de la société / du public** a member of society / of the public ◆ **les membres du gouvernement** the members of the government ◆ **être membre de** to be a member of ◆ **devenir membre d'un club** to become a member of a club, join a club ◆ **ce club a 300 membres** this club has a membership of 300 ou has 300 members ◆ **pays / États membres (de la Communauté)** member countries / states (of the Community)
c (Math) member ◆ **premier / second membre** left-hand / right-hand member
d (Ling) **membre de phrase** (sentence) member
e (Archit) member
f (Naut) timber, rib

membré, e [mɑ̃bʀe] adj limbed ◆ **bien / mal membré** strong- / weak-limbed

membru, e [mɑ̃bʀy] adj (littér) strong-limbed

membrure [mɑ̃bʀyʀ] nf (Anat) limbs, build ; (Naut) rib ; (collectif) frame ◆ **homme à la membrure puissante** strong-limbed ou powerfully built man

même [mɛm] → SYN GRAMMAIRE ACTIVE 5.4, 26.5
1 adj a (identique, semblable : avant n) same, identical ◆ **des bijoux de même valeur** jewels of equal ou of the same value ◆ **ils ont la même taille / la même couleur, ils sont de même taille / de même couleur** they are the same size / the same colour ◆ **j'ai exactement la même robe qu'hier** I am wearing the very same dress I wore yesterday ou exactly the same dress as yesterday ◆ **nous sommes du même avis** we are of the same mind ou opinion, we agree ◆ **ils ont la même voiture que nous** they have the same car as we have ou as us* ◆ **que vous veniez ou non c'est la même chose** whether you come or not it's all one, it makes no odds whether you come or not ◆ **c'est toujours la même chose !** it's always the same (old story) ! ◆ (c'est équivalent) **c'est la même chose** it's six of one and half a dozen of the other* ◆ **arriver en même temps (que)** to arrive at the same time (as) ◆ **en même temps qu'il le faisait l'autre s'approchait** as ou while he was doing it the other drew nearer
b (après n ou pron) very, actual ◆ **ce sont ses paroles mêmes** those are his very ou actual words ◆ **il est la générosité / gentillesse même** he is generosity / kindness itself, he is the (very) soul of generosity / kindness ◆ **il est la méchanceté / bêtise même** he's wickedness / stupidity itself ◆ **la grande maison, celle-là même que vous avez visitée** the big house, the very one you visited ou precisely the one you visited
c **moi-même** myself ◆ **toi-même** yourself ◆ **lui-même** himself ◆ **elle-même** herself ◆ **nous-mêmes** ourselves ◆ **vous-même** yourself ◆ **vous-mêmes** yourselves ◆ **eux-** ou **elles-mêmes** themselves ◆ **on est soi-même conscient de ses propres erreurs** one is aware (oneself) of one's own mistakes ◆ **nous devons y aller nous-mêmes** we must go ourselves ◆ **s'apitoyer sur soi-même** to feel sorry for oneself ◆ **tu n'as aucune confiance en toi-même** you have no confidence in yourself ◆ **c'est lui-même qui l'a dit, il l'a dit lui-même** he said it himself, he himself said it ◆ **au plus profond d'eux-mêmes / de nous-mêmes** in their / our heart of hearts ◆ **elle fait ses habits elle-même** she makes her own clothes, she makes her clothes herself ◆ **c'est ce que je me dis en** ou **à moi-même** that's what I tell myself (inwardly), that's what I think to myself ◆ **elle se disait en elle-même que ...** she thought to herself that ..., she thought privately ou inwardly that ... ◆ **faire qch de soi-même** to do sth on one's own initiative ou off one's own bat* (Brit) ◆ **faire qch (par) soi-même** to do sth (by) oneself
2 pron indéf ◆ (avec le, la, les) **ce n'est pas le même** it's not the same (one) ◆ **la réaction n'a pas été la même qu'à Paris** the reaction was not the same as in Paris ◆ **elle est bien toujours la même !** she's just the same as ever ! ◆ (fig) **ce sont toujours les mêmes qui se font prendre** it's always the same ones who catch it* → **pareil, revenir**
3 adv a even ◆ **ils sont tous sortis, même les enfants** they are all out, even the children ◆ **il n'a même pas de quoi écrire** ou **pas même de quoi écrire** he hasn't even got anything to write with ◆ **il est intéressant et même amusant** he is interesting and amusing too ou besides ◆ **elle ne me parle même plus** she no longer even speaks to me, she doesn't even speak to me anymore ◆ **même lui ne sait pas** even he doesn't know ◆ **personne ne sait, même pas lui** nobody knows, not even him ◆ **même si** even if, even though ◆ **c'est vrai, même que je peux le prouver !*** it's true, and what's more I can prove it !
b (précisément) **aujourd'hui même** this very day ◆ **ici même** in this very place, on this very spot ◆ **c'est celui-là même qui** he's the very one who ◆ **c'est cela même** that's just ou exactly it
c LOC **boire à même la bouteille** to drink (straight) from the bottle ◆ **coucher à même le sol** to lie on the bare ground ◆ **à même la peau** next to the skin ◆ **mettre qn à même de faire** to enable sb to do ◆ **être à même de faire** to be able ou to be in a position to do ◆ **je ne suis pas à même de juger** I am in no position to judge ◆ **il fera de même** he'll do the same, he'll do likewise, he'll follow suit ◆ **vous le détestez ? moi de même** you hate him ? so do I ou I do too ou me too* ou same here* ◆ **de même qu'il nous a dit que ...** just as he told us that ... ◆ **il en est** ou **il en va de même pour moi** it's the same for me, same here* ◆ **quand même, tout de même** all the same, for all that, even so ◆ **tout de même** ou **quand même, il aurait pu nous prévenir** all the same ou even so he might have warned us ◆ **il exagère tout de même !** well really he's going too far ! ◆ **il a tout de même réussi à s'échapper** he managed to escape nevertheless ou all the same

mémé* [meme] 1 nf (langage enfantin : grand-mère) gran(ny)*, grandma ; (vieille dame) old girl*, old dear* ; (péj) old lady, old hag* (péj)
2 adj inv ◆ **ça fait mémé*** it looks dowdy ◆ **tu fais mémé avec cette robe** that dress makes you look like an old lady ou makes you look dowdy

mêmement [mɛmmɑ̃] adv (frm) likewise

mémento [memɛ̃to] → SYN nm (agenda) appointments diary ou book, engagement diary ; (Scol : aide-mémoire) summary ◆ (Rel) **mémento des vivants / des morts** prayers for the living / the dead ◆ **le mémento de l'homme d'affaires / de l'étudiant** the businessman's / student's handbook ou guide

mémère* [memɛʀ] nf (langage enfantin) granny*, grandma ; (péj : vieille dame) old girl* ou dear* ◆ (hum) **le petit chien à sa mémère** mummy's little doggy (hum) ◆ **elle fait mémère avec ce chapeau** she looks ancient in that hat*

mémo* [memo] nm (abrév de **mémorandum**) memo

mémoire[1] [memwaʀ] → SYN nf a (Psych) memory ◆ **citer de mémoire** to quote from memory ◆ **de mémoire d'homme** in living memory ◆ **de mémoire de Parisien, on n'avait jamais vu ça !** no one could remember such a thing happening in Paris before ◆ **pour mémoire** (gén) as a matter of interest ; (Comm) for the record ◆ **mémoire associative** associative memory ◆ **mémoire auditive / visuelle / olfactive** aural / visual / olfactory memory → **effort, rafraîchir, trou**
b LOC **avoir la mémoire des noms** to have a good memory for names ◆ **je n'ai pas la mémoire des dates** I have no memory for dates, I can never remember dates ◆ **si j'ai bonne mémoire** if I remember rightly, if my memory serves me right ◆ **avoir la mémoire courte** to have a short memory ◆ **avoir une mémoire d'éléphant** to have a memory like an elephant('s) ◆ **j'ai gardé (la) mémoire de cette conversation** I remember ou recall this conversation, this conversation remains in my memory ◆ **il n'a pas de mémoire, il n'a aucune mémoire** he can never remember anything ◆ **perdre la mémoire** to lose one's memory ◆ **garder qch en mémoire** to remember sth ◆ **chercher un nom dans sa mémoire** to try to recall a name, rack one's brains to remember a name ◆ **ça me revient en mémoire** it comes back to me ◆ **il me l'a remis en mémoire** he reminded me of it, he brought it back to me ◆ **son nom restera (gravé) dans notre mémoire** his name will remain (engraved) in our memories
c (réputation) memory, good name ; (renommée) memory, fame, renown ◆ **soldat de glorieuse mémoire** soldier of blessed memory ◆ **de sinistre mémoire** of evil memory, remembered with fear ou horror ; (hum) fearful, ghastly ◆ **salir la mémoire de qn** to sully the memory of sb ◆ **à la mémoire de** in memory of, to the memory of
d (Ordin) memory, store, storage ◆ **mémoire à bulles** bubble memory ◆ **mémoire externe** external storage ◆ **mémoire vive** RAM, random access memory ◆ **mémoire morte** ROM, read only memory ◆ **mémoire volatile** volatile memory ◆ **mémoire de masse, mémoire auxiliaire** mass memory ◆ **mémoire centrale** ou **principale** main memory ◆ **avoir 512 K de mémoire centrale** to have 512 K of main memory ◆ **mémoire tampon** buffer memory ◆ **capacité de mémoire** storage capacity, memory size ◆ **machine à écrire à mémoire** memory typewriter

mémoire[2] [memwaʀ] → SYN nm (requête) memorandum ; (rapport) report ; (exposé) dissertation, paper ; (facture) bill ; (Jur) statement of case ◆ (souvenirs) **mémoires** memoirs ◆ (hum) **tu écris tes mémoires ?** are you writing your life story ? (hum) ◆ (Univ) **mémoire de maîtrise** dissertation (Brit), master's paper ou essay ou thesis (US)

mémorable [memɔʀabl] → SYN adj memorable, unforgettable

mémorablement [memɔʀabləmɑ̃] adv memorably

mémorandum [memɔʀɑ̃dɔm] → SYN nm (Pol) memorandum ; (Comm) order sheet, memorandum ; (carnet) notebook, memo book

mémorial, pl **-iaux** [memɔʀjal, jo] → SYN nm (Archit) memorial ◆ (Littérat) **Mémorial** Chronicles

mémorialiste [memɔʀjalist] → SYN nmf memorialist, writer of memoirs

mémoriel, -ielle [memɔʀjɛl] adj memory (épith)

mémorisation [memɔʀizasjɔ̃] nf memorization, memorizing ; (Ordin) storage

mémoriser [memɔʀize] ▸ conjug 1 ◂ vt to memorize, commit to memory ; (Ordin) to store

menaçant, e [mənasɑ̃, ɑ̃t] → SYN adj geste, paroles, foule, orage threatening, menacing; regard, ciel lowering (épith), threatening, menacing

menace [mənas] → SYN nf **a** (intimidation) threat ◆ **il eut un geste de menace** he made a threatening gesture ◆ **il eut des paroles de menace** he said some threatening words ◆ **par / sous la menace** by / under threat ◆ **menace en l'air** idle threat ◆ **il y a des menaces de grève** there's a threat of strike action
b (danger) imminent ou impending danger ou threat ◆ **menace d'épidémie** impending epidemic, threat of an epidemic ◆ **être sous la menace d'une expulsion** to be menaced ou threatened with expulsion
c (Jur) **menaces** intimidation, threats ◆ **recevoir des menaces de mort** to receive death threats ou threats on one's life

menacer [mənase] → SYN ▸ conjug 3 ◂ vt **a** to threaten, menace (gén pass) ◆ **menacer qn de mort / d'un revolver** to threaten sb with death / with a gun ◆ **menacer qn du poing / de sa canne** to shake one's fist / stick at sb ◆ **menacer de faire qch** to threaten to do sth ◆ **ses jours sont menacés** his life is threatened ou in danger ◆ **la guerre menaçait le pays** the country was threatened ou menaced by ou with war ◆ **espèces menacées** threatened ou endangered species ◆ **la paix est menacée** peace is endangered
b (fig) **orage qui menace d'éclater** storm which is about to break ou is threatening to break ◆ **la pluie menace** it looks like rain, it is threatening rain ◆ **le temps menace** the weather looks threatening ◆ **chaise qui menace de se casser** chair which is showing signs of ou looks like breaking (Brit) ou looks like it will break ◆ **pluie / discours qui menace de durer** rain / speech which threatens to last some time ◆ **la maison menace ruine** the house is in danger of falling down

ménade [menad] nf m(a)enad

ménage [menaʒ] → SYN nm **a** (entretien d'une maison) housekeeping; (nettoyage) housework ◆ **les soins du ménage** the housework, the household duties ◆ **s'occuper de son ménage, tenir son ménage** to look after one's house, keep house ◆ **faire du ménage** to do some housework ou cleaning ◆ **faire le ménage** (lit: nettoyer) to do the housework; (fig: licencier) to get rid of the deadwood; (fig: Pol) to get rid of the lame ducks; (fig: Sport) to sort out the opposition ◆ **faire le ménage à fond** to clean the house from top to bottom, do the housework thoroughly ◆ **faire des ménages** to go out charring (Brit), work as a cleaning woman ◆ (Can) **le grand ménage** the spring-cleaning → **femme**
b (couple, communauté familiale) married couple, household; (Écon) household ◆ **ménage sans enfant** childless couple ◆ **ménage à trois** ménage à trois ◆ **jeune / vieux ménage** young / old couple ◆ **ils font un gentil petit ménage** they make a nice (young) couple ◆ **cela ne va pas dans le ménage** they don't get on* in that household, their marriage is a bit shaky ou isn't really working ◆ **être heureux / malheureux en ménage** to have a happy / an unhappy married life ◆ **se mettre en ménage avec qn** to set up house with sb, move in with sb* ◆ **querelles / scènes de ménage** domestic quarrels / rows ◆ **il lui a fait une scène de ménage** he had a row* with her ◆ (fig) **faire bon / mauvais ménage avec qn** to get on well / badly with sb, hit it off / not hit it off with sb* ◆ **notre chat et la perruche font très bon ménage** our cat and the budgie get on famously ou like a house on fire* → **paix**
c (†: ordinaire) **de ménage** chocolat for ordinary ou everyday consumption; pain homemade

ménagement [menaʒmɑ̃] → SYN nm **a** (douceur) care; (attention) attention ◆ **traiter qn avec ménagement** to treat sb considerately ou tactfully ◆ (brutaliser) **traiter qn sans ménagement** to manhandle sb ◆ **il les a congédiés sans ménagement** he dismissed them without further ado ou with scant ceremony ◆ **annoncer qch sans ménagement à qn** to break the news of sth bluntly to sb, tell sb sth bluntly ◆ **il lui annonça la nouvelle avec ménagement** he broke the news to her gently ou cautiously ◆ **elle a besoin de ménagement car elle est encore très faible** being still very weak she needs care and attention
b (égards) **ménagements** (respectful) consideration (NonC) ou attention

ménager[1], **-ère** [menaʒe, ɛʀ] → SYN **1** adj ustensiles, appareils household (épith), domestic (épith) ◆ **travaux ménagers** housework, domestic chores ◆ **école / collège d'enseignement ménager** school / college of domestic science → **art, eau, ordure**
2 **ménagère** nf **a** (femme d'intérieur) housewife
b (couverts) canteen of cutlery

ménager[2] [menaʒe] → SYN ▸ conjug 3 ◂ vt **a** (traiter avec prudence) personne puissante, adversaire to handle carefully, treat tactfully ou considerately, humour; sentiments to spare, show consideration for ◆ **elle est très sensible, il faut la ménager** she is very sensitive, you must treat her gently ◆ **ménager les deux partis** to humour both parties ◆ **afin de ménager les susceptibilités** so as not to offend people's susceptibilities ou sensibilities ◆ (fig) **ménager la chèvre et le chou** (rester neutre) to sit on the fence; (être conciliant) to keep both parties sweet*
b (utiliser avec économie ou modération) réserves to use carefully ou sparingly; vêtement to use carefully, treat with care; argent, temps to be sparing in the use of, use carefully, economize; expressions to moderate, tone down ◆ **c'est un homme qui ménage ses paroles** he is a man of few words ◆ **ménager ses forces** to conserve one's strength ◆ **ménager sa santé** to take great care of one's health, look after o.s. ◆ **il faut** ou **vous devriez vous ménager un peu** you should take things easy, you should try not to overtax yourself ◆ **l'athlète se ménage pour la finale** the athlete is conserving his energy ou is saving himself for the final ◆ **il n'a pas ménagé ses efforts** he spared no effort ◆ **nous n'avons rien ménagé pour vous plaire** we have spared no pains to please you ◆ **il ne lui a pas ménagé les reproches** he didn't spare him his complaints
c (préparer) entretien, rencontre to arrange, organize, bring about; transition to contrive, bring about ◆ **ménager l'avenir** to prepare for the future ◆ **il nous ménage une surprise** he has a surprise in store for us ◆ **se ménager une revanche** to plan one's revenge
d (disposer, pratiquer) porte, fenêtre to put in; chemin to cut ◆ **ménager un espace entre** to make a space between ◆ **ménager une place pour** to make room for ◆ (fig) **se ménager une porte de sortie** to leave o.s. a way out ou a loophole

ménagère [menaʒɛʀ] → **ménager**[1]

ménagerie [menaʒʀi] → SYN nf (lit) menagerie; (*: fig) zoo

ménagiste [menaʒist] nmf (fabricant) (household-)appliance maker; (vendeur) (household-)appliance seller

menchevik [mɛnʃevik] **1** adj Menshevik (épith)
2 nmf Menshevik

mendélévium [mɛ̃delevjɔm] nm mendelevium

mendélien, -ienne [mɛ̃deljɛ̃, jɛn] adj Mendelian

mendélisme [mɛ̃delism] nm Mendel(ian)ism

mendiant, e [mɑ̃djɑ̃, jɑ̃t] → SYN nm,f beggar, mendicant (†, littér) ◆ (Culin) **mendiant, (quatre) mendiants** mixed dried fruit(s) and nuts *(raisins, hazelnuts, figs, almonds)* → **frère, ordre**[1]

mendicité [mɑ̃disite] → SYN nf begging ◆ **arrêter qn pour mendicité** to arrest sb for begging ◆ **être réduit à la mendicité** to be reduced to beggary ou begging ◆ **la mendicité est interdite** it is forbidden to beg, no begging allowed

mendier [mɑ̃dje] → SYN ▸ conjug 7 ◂ **1** vt argent, nourriture, caresse to beg (for); (Pol) voix to solicit, canvass ◆ **mendier qch à qn** to beg sb for sth, beg sth from sb ◆ **mendier des compliments** to fish for compliments
2 vi to beg (for alms)

mendigot [mɑ̃digo] nm (péj) beggar

mendigote* [mɑ̃digɔt] nf (péj) beggar woman

mendigoter* [mɑ̃digɔte] ▸ conjug 1 ◂ vti to beg ◆ **toujours à mendigoter (quelque chose)** always begging (for something)

mendole [mɑ̃dɔl] nf picarel

Mendoza [mɛndoza] nm Mendoza

meneau, pl **meneaux** [məno] nm (horizontal) transom; (vertical) mullion → **fenêtre**

menée [məne] nf **a** (Vénerie) stag's track *(in flight)*
b (Helv: amas de neige) snowdrift
c **menées** (machinations) intrigues, manoeuvres, machinations ◆ **déjouer les menées de qn** to foil sb's manoeuvres ou little game* ◆ **menées subversives** subversive activities

Ménélas [menelas] nm Menelaus

mener [m(ə)ne] → SYN ▸ conjug 5 ◂ vt **a** (conduire) personne to take, lead; (en voiture) to drive, take (*à* to, *dans* into) ◆ **mener un enfant à l'école / chez le médecin** to take a child to school / to the doctor ◆ **mener la voiture au garage** to take the car to the garage ◆ **mène ton ami à sa chambre** show ou take ou see your friend to his room ◆ **mener promener le chien** to take the dog for a walk ◆ (fig) **mener qn en bateau*** to take sb for a ride*, lead sb up the garden path*, have sb on*
b [véhicule] personne to take; [route etc] to lead, go, take; [profession, action etc] to lead, get (*à* to, *dans* into) ◆ **c'est le chemin qui mène à la mer** this is the path (leading) to the sea ◆ **le car vous mène à Chartres en 2 heures** the bus will take ou get you to Chartres in 2 hours ◆ **cette route vous mène à Chartres** this road will take you to Chartres, you'll get to Chartres on this road ◆ **où tout cela va-t-il nous mener?** where's all this going to get us?, where does all this lead us? ◆ **cela ne (nous) mène à rien** this won't get us anywhere, this will get us nowhere ◆ **ces études les mènent à de beaux postes** this training will get them good jobs ◆ **le journalisme mène à tout** all roads are open to you in journalism ◆ **de telles infractions pourraient le mener loin** offences such as these could get him into trouble ou into deep water ◆ **mener qn à faire ...** to lead sb to do ... → **tout**
c (commander) personne, cortège to lead; pays to run, rule; entreprise to manage, run; navire to command ◆ **il sait mener les hommes** he knows how to lead men, he is a good leader ◆ **mener qn par le bout du nez** to lead sb by the nose ◆ **il est mené par le bout du nez par sa femme** his wife has got him on a string ◆ **mener qn à la baguette** ou **au doigt et à l'œil** to have sb under one's thumb ◆ **elle se laisse mener par son frère** she lets herself be led ou (péj) bossed about* by her brother ◆ **l'argent mène le monde** money rules the world, money makes the world go round ◆ **mener le jeu** ou **la danse** to call the tune, say what goes* ◆ **mener les débats** to chair the discussion
d (Sport, gén: être en tête) to lead; (emploi absolu) to lead, be in the lead ◆ **il mène par 3 jeux à 1** he is leading by 3 games to 1 ◆ **la France mène (l'Écosse par 2 buts à 1)** France is in the lead (by 2 goals to 1 against Scotland), France is leading (Scotland 2 goals to 1)
e (orienter) vie to lead, live; négociations, lutte, conversation to carry on; enquête to carry out, conduct; affaires to manage, run; carrière to handle, manage ◆ **mener les choses rondement** to manage things efficiently, make short work of things ◆ **mener qch à bien** ou **à bonne fin** ou **à terme** to see sth through, carry sth through to a successful conclusion ◆ (fig) **il mène bien sa barque** he manages his affairs efficiently ◆ **il mène 2 affaires de front** he runs ou manages 2 businesses at once ◆ **mener la vie dure à qn** to rule sb with an iron hand, keep a firm hand on sb ◆ **il n'en menait pas large** his heart was in his boots ◆ **mener grand bruit** ou **tapage autour d'une affaire** to give an affair a lot of publicity, make a great hue and cry about an affair
f (Math) **mener une parallèle à une droite** to draw a line parallel to a straight line

ménestrel [menɛstʀɛl] → SYN nm minstrel

ménétrier† [menetʀije] nm (strolling) fiddler

meneur, -euse [mənœʀ, øz] → SYN nm,f (chef) (ring) leader; (agitateur) agitator ◆ **meneur d'hommes** born leader, popular leader ◆ **meneur de jeu** [spectacles, variétés] compère (Brit), master of ceremonies; [jeux-concours] quizmaster; (Sport) team leader ◆ (Music-hall) **meneuse de revue** captain *(of chorus girls)*

menhir [meniʀ] → SYN nm menhir, standing stone

menin [menɛ̃] → SYN nm (Hist) (en Espagne) young nobleman; (en France) *young nobleman attached to the Dauphin*

menine [menin] nf (Hist) young noblewoman

méninge [menɛ̃ʒ] nf **a** (*) **méninges** brain ◆ **se creuser les méninges** to rack one's brains ◆ **tu ne t'es pas fatigué les méninges!** you didn't strain yourself!*, you didn't overtax your brain!
b (Méd) meninx ◆ **méninges** meninges

méningé, e [menɛ̃ʒe] adj meningeal

méningiome [menɛ̃ʒjom] nm meningioma

méningite [menɛ̃ʒit] → SYN nf meningitis ◆ **faire une méningite** to have meningitis ◆ **ce n'est pas lui qui attrapera une méningite*!** he's not one to strain himself!* (iro), there's no fear of his getting brain fever!

méningitique [menɛ̃ʒitik] adj meningitic

méningocoque [menɛ̃gɔkɔk] nm meningococcus

méniscal, e, mpl **-aux** [meniskal, o] adj meniscus (épith)

méniscite [menisit] nf meniscitis

ménisque [menisk] nm (Anat, Opt, Phys) meniscus; (Bijouterie) *crescent-shaped jewel*

mennonite [menɔnit] → SYN adj, nmf Mennonite

ménopause [menopoz] → SYN nf menopause

ménopausée [menopoze] [1] adj f post-menopausal
[2] nf post-menopausal woman, woman past the menopause

ménopausique [menɔpozik] adj troubles menopausal

menotte [mənɔt] → SYN nf **a** **menottes** handcuffs ◆ **mettre** ou **passer les menottes à qn** to handcuff sb
b (langage enfantin) little ou tiny hand, handy (langage enfantin)

mensonge [mɑ̃sɔ̃ʒ] → SYN nm **a** (contre-vérité) lie, fib*, falsehood (frm), untruth ◆ **faire** ou **dire un mensonge** to tell a lie ◆ **pieux mensonge** white lie ◆ (hum) **c'est vrai, ce mensonge?** sure you're telling the truth? ◆ **tout ça, c'est des mensonges*** it's all a pack of lies → **détecteur**
b **le mensonge** lying, untruthfulness ◆ **je hais le mensonge** I hate untruthfulness ou lies ◆ **il vit dans le mensonge** his whole life is a lie
c (littér: illusion) illusion

mensonger, -ère [mɑ̃sɔ̃ʒe, ɛʀ] → SYN adj (faux) rapport, nouvelle untrue, false; promesse deceitful, false; (littér: trompeur) bonheur illusory, delusive, deceptive

mensongèrement [mɑ̃sɔ̃ʒɛʀmɑ̃] adv untruthfully, falsely, deceitfully

menstruation [mɑ̃stʀyasjɔ̃] → SYN nf menstruation

menstruel, -elle [mɑ̃stʀyɛl] adj menstrual

menstrues [mɑ̃stʀy] nfpl menses

mensualisation [mɑ̃sɥalizasjɔ̃] nf [salaires, impôts, factures] monthly payment ◆ **effectuer la mensualisation des salaires** to put workers on monthly salaries, pay salaries monthly ◆ **la mensualisation de l'impôt** the monthly payment of tax

mensualiser [mɑ̃sɥalize] ▸ conjug 1 ◂ vt salaires, employés, impôts, factures to pay on a monthly basis ◆ **être mensualisé** [salaire] to be paid monthly ou on a monthly basis; [employé] to be on a monthly salary; [contribuable] to pay income tax monthly, ≃ be on PAYE (Brit)

mensualité [mɑ̃sɥalite] nf (traite) monthly payment ou instalment; (salaire) monthly salary ◆ **payer par mensualités** to pay monthly ou in monthly instalments

mensuel, -elle [mɑ̃sɥɛl] [1] adj monthly
[2] nm,f employee paid by the month
[3] nm (Presse) monthly (magazine)

mensuellement [mɑ̃sɥɛlmɑ̃] adv payer monthly, every month ◆ **être payé mensuellement** to be paid monthly ou every month

mensuration [mɑ̃syʀasjɔ̃] → SYN nf (mesure, calcul) mensuration ◆ (mesures) **mensurations** measurements ◆ [femme] **quelles sont ses mensurations?** what are her measurements ou vital statistics* (hum)?

mental, e, mpl **-aux** [mɑ̃tal, o] → SYN [1] adj maladie, âge, processus mental → **calcul, malade**
[2] nm ◆ (état d'esprit) **le mental** the mental state

mentalement [mɑ̃talmɑ̃] adv mentally ◆ **calculer qch mentalement** to calculate sth ou work sth out in one's head

mentalité [mɑ̃talite] → SYN nf mentality ◆ **les mentalités ont changé** people think differently now ◆ **faire changer les mentalités** to change the way people think ◆ (iro) **quelle mentalité!, jolie mentalité!** what an attitude of mind!, nice mind you've (ou he's etc) got!* (iro) ◆ **avoir une sale mentalité*** to be a nasty piece of work*, be evil-minded ◆ (péj) **il a une mentalité de fonctionnaire** he's got a nine-to-five mentality ou attitude

menterie [mɑ̃tʀi] → SYN nf (†: mensonge) untruth, falsehood ◆ (hum) **ce sont des menteries** it's all a pack of lies

menteur, -euse [mɑ̃tœʀ, øz] → SYN [1] adj proverbe fallacious, false; rêve, espoir delusive, illusory, false; enfant untruthful, lying ◆ **il est très menteur** he is a great liar
[2] nm,f liar, fibber*
[3] nm (Cartes) cheat

menthe [mɑ̃t] → SYN nf **a** (Bot) mint ◆ **menthe poivrée** peppermint ◆ **menthe verte** spearmint, garden mint ◆ **de menthe, à la menthe** mint (épith) → **alcool, pastille, thé**
b (boisson fraîche) peppermint cordial; (infusion) mint tea ◆ **une menthe à l'eau** a glass of peppermint cordial → **diabolo**

menthol [mɑ̃tɔl] nm menthol

mentholé, e [mɑ̃tɔle] adj mentholated, menthol (épith)

mention [mɑ̃sjɔ̃] → SYN nf **a** (note brève) mention ◆ **faire mention de** to mention, make mention of ◆ **il n'y a pas mention de son nom dans la liste** there's no reference to his name on the list, he isn't mentioned on the list ◆ **faire l'objet d'une mention** to be mentioned
b (annotation) note, comment ◆ **le paquet est revenu avec la mention « adresse inconnue »** the parcel was returned marked "address unknown" ◆ (Admin) **« rayer la mention inutile »** "delete as appropriate"
c (Scol, Univ) **mention très honorable** [doctorat] with distinction ◆ **être reçu avec mention** to pass with distinction ou honours ◆ **être reçu sans mention** to get a pass ◆ **mention passable** ≃ pass (mark (Brit) ou grade (US)), ≃ (grade) C ◆ **mention assez bien** (Scol) ≃ (grade) B; (Univ) ≃ lower second class (Brit) ◆ **mention bien** (Scol) ≃ B^+ (ou A^-); (Univ) ≃ upper second class (Brit), cum laude (US) ◆ **mention très bien** (Scol) ≃ A (ou A^+); (Univ) ≃ first class (Brit), magna cum laude (US)
d (Ling) mention

mentionner [mɑ̃sjɔne] → SYN ▸ conjug 1 ◂ GRAMMAIRE ACTIVE 26.2 vt to mention ◆ **la personne mentionnée ci-dessus** the above-mentioned person ◆ **l'île n'est pas mentionnée sur la carte** the island doesn't appear on the map

mentir [mɑ̃tiʀ] → SYN ▸ conjug 16 ◂ [1] vi **a** [personne] to lie (*à qn* to sb, *sur* about); [photo, apparences] to be deceptive ◆ **tu mens!** you're a liar!, you're lying! ◆ **mentir effrontément** to lie boldly, be a barefaced liar ◆ **je t'ai menti** I lied to you, I told you a lie ◆ **sans mentir** (quite) honestly ◆ **il ment comme il respire** ou **comme un arracheur de dents** he's a compulsive liar, he lies in ou through his teeth* ◆ (Prov) **a beau mentir qui vient de loin** long ways long lies (Prov)
b **faire mentir: ne me fais pas mentir!** don't prove me wrong! ◆ **faire mentir le proverbe** to give the lie to the proverb, disprove the proverb → **bon¹**
c (littér) **mentir à** (manquer à) to betray; (démentir) to belie ◆ **il ment à sa réputation** he belies ou does not live up to his reputation ◆ (†, hum) **vous en avez menti** you told an untruth
[2] **se mentir** vpr [personnes] to lie to each other ◆ **se mentir à soi-même** to fool o.s. ◆ **il se ment à lui-même** he's not being honest with himself, he's fooling himself

mentisme [mɑ̃tism] nm mentism

menton [mɑ̃tɔ̃] nm (Anat) chin; (Zool) mentum ◆ **menton en galoche** protruding ou jutting chin ◆ **menton fuyant** receding chin, weak chin ◆ **double / triple menton** double / treble chin

mentonnier, -ière [mɑ̃tɔnje, jɛʀ] adj mental, genial

mentonnière [mɑ̃tɔnjɛʀ] nf [coiffure] (chin) strap; (Hist) [casque] chin piece; (Mus) chin rest; (Méd) chin bandage

mentor [mɛ̃tɔʀ] → SYN nm (littér) mentor

menu¹ [məny] → SYN nm **a** (repas) meal; (carte) menu ◆ **faites votre menu à l'avance** plan your meal in advance ◆ **quel est le** ou **qu'y a-t-il au menu?** what's on the menu? ◆ **vous prenez le menu (à prix fixe) ou la carte?** are you having the set menu or the (menu) à la carte? ◆ **menu du jour** today's menu ◆ **menu touristique** economy(-price) ou standard menu ◆ **menu gastronomique** gourmet's menu ◆ **quel est le menu de la réunion?*** what's the agenda ou what's up for the meeting?*
b (Ordin) menu

menu², e [məny] → SYN [1] adj **a** (fin) doigt, tige, taille slender, slim; personne slim, slight; herbe fine; écriture, pas small, tiny; voix thin ◆ **en menus morceaux** in tiny pieces
b (peu important) difficultés, incidents, préoccupations minor, petty, trifling ◆ **dire / raconter dans les menus détails** to tell / relate in minute detail ◆ **menus frais** incidental ou minor expenses ◆ (lit, fig) **menu fretin** small fry ◆ **menu gibier** small game ◆ **menue monnaie** small ou loose change ◆ **menu peuple** humble folk ◆ (Hist) **Menus Plaisirs** (royal) entertainment (NonC) ◆ **se réserver de l'argent pour ses menus plaisirs** to keep some money by for (one's) amusements ◆ **menus propos** small talk (NonC)
c LOC **par le menu** in detail ◆ **raconter qch par le menu** to relate sth in great detail ◆ **on fit par le menu la liste des fournitures** they made a detailed list of the supplies
[2] adv couper, hacher, piler fine ◆ **écrire menu** to write small

menuet [mənɥɛ] nm minuet

menuiser [mənɥize] ▸ conjug 1 ◂ vt bois to work

menuiserie [mənɥizʀi] → SYN nf **a** (métier) joinery, carpentry ◆ **menuiserie d'art** cabinetwork ◆ **spécialiste en menuiserie métallique** specialist in metal (door and window etc) fittings ◆ (passe-temps) **faire de la menuiserie** to do woodwork ou carpentry ou joinery
b (atelier) joiner's workshop
c (ouvrage) (piece of) woodwork (NonC) ou joinery (NonC) ou carpentry (NonC)

menuisier [mənɥizje] → SYN nm [meubles] joiner; [bâtiment] carpenter ◆ **menuisier d'art** cabinet-maker

ménure [menyʀ] nm menura, lyrebird

ményanthe [menjɑ̃t] nm buckbean

Méphistophélès [mefistɔfelɛs] nm Mephistopheles

méphistophélique [mefistɔfelik] adj Mephistophelean

méphitique [mefitik] → SYN adj noxious, noisome†, mephitic

méphitisme [mefitism] nm sulphurous (air) pollution

méplat [mepla] nm (Anat, Archit) plane

méprendre (se) [mepʀɑ̃dʀ] → SYN ▸ conjug 58 ◂ vpr (littér) to make a mistake, be mistaken (*sur* about) ◆ **se méprendre sur qn** to misjudge sb, be mistaken about sb ◆ **se**

méprendre sur qch to make a mistake about sth, misunderstand sth ◆ **ils se ressemblent tellement que c'est à s'y méprendre** ou **qu'on pourrait s'y méprendre** they are so alike that you can't tell them apart ou that it's difficult to tell which is which

mépris [mepʀi] [→ SYN] nm **a** (mésestime) contempt, scorn ◆ **avoir** ou **éprouver du mépris pour qn** to despise sb, feel contempt for sb ◆ **sourire / regard de mépris** scornful ou contemptuous smile / look ◆ **avec mépris** contemptuously, scornfully, with contempt, with scorn

b (indifférence) **mépris de** contempt for, disregard for ◆ **avoir le mépris des convenances / traditions** to have no regard for conventions / traditions ◆ **au mépris du danger / des lois** regardless ou in defiance of danger / the law

méprisable [mepʀizabl] [→ SYN] adj contemptible, despicable

méprisant, e [mepʀizɑ̃, ɑ̃t] [→ SYN] adj contemptuous, scornful; (hautain) disdainful

méprise [mepʀiz] [→ SYN] nf (erreur) mistake, error; (malentendu) misunderstanding ◆ **par méprise** by mistake

mépriser [mepʀize] [→ SYN] ▸conjug 1◂ vt personne to scorn, despise (Brit), look down on; danger, conseil, offre to scorn, spurn; vice, faiblesse to scorn, despise (Brit) ◆ **mépriser les conventions** to scorn ou spurn convention

mer [mɛʀ] [→ SYN] **1** nf **a** (océan, aussi fig) sea ◆ **mer fermée** ou **intérieure** inland ou landlocked sea ◆ **mer de glace** glacier ◆ **mer de sable** sea of sand ◆ **naviguer sur une mer d'huile** to sail on a glassy sea ou on a sea as calm as a millpond ◆ **aller en vacances à la mer** to go to the seaside for one's holidays ◆ **il a navigué sur toutes les mers** he has sailed the seven seas ◆ **vent / port** etc **de mer** sea breeze / harbour etc ◆ **gens de mer** sailors, seafarers, seafaring men ◆ **coup de mer** heavy swell ◆ (Mét Naut) **mer calme / peu agitée** calm / moderate sea → **bras, mal** etc

b (marée) tide ◆ **la mer est haute** ou **pleine / basse** the tide is high ou in / low ou out ◆ **c'est la haute** ou **pleine / basse mer** it is high / low tide

c LOC **en mer** at sea ◆ **les pêcheurs sont en mer aujourd'hui** the fishermen are out today ou at sea today ◆ **en haute** ou **pleine mer** out at sea, on the open sea ◆ **prendre la mer** to put out to sea ◆ **mettre (une embarcation) à la mer** to bring ou get out a boat ◆ **bateau qui tient bien la mer** good seagoing boat ◆ **aller / voyager par mer** to go / travel by sea ◆ (fig) **ce n'est pas la mer à boire!** it's no great hardship!, it's not asking the impossible! ◆ **j'avalerais** ou **je boirais la mer et les poissons** I could drink gallons (and gallons)

2 COMP ▷ **la mer des Antilles** ou **des Caraïbes** the Caribbean (Sea) ▷ **la mer de Chine** the China Sea ▷ **la mer Égée** the Aegean Sea ▷ **la mer Icarienne** the Icarian Sea ▷ **la mer d'Irlande** the Irish Sea ▷ **la mer d'Iroise** the Iroise Sea ▷ **la mer de Marmara** the Marmara Sea ▷ **la mer Morte** the Dead Sea ▷ **la mer Noire** the Black Sea ▷ **la mer du Nord** the North Sea ▷ **la mer Rouge** the Red Sea ▷ **la mer des Sargasses** the Sargasso Sea ▷ **les mers du Sud** the South Seas ▷ **la mer Tyrrhénienne** the Tyrrhenian Sea

mercanti [mɛʀkɑ̃ti] [→ SYN] nm (péj) profiteer, swindler, shark*; (marchand oriental ou africain) bazaar merchant

mercantile [mɛʀkɑ̃til] [→ SYN] adj (péj) mercenary, venal

mercantilisme [mɛʀkɑ̃tilism] nm (péj) mercenary ou venal attitude; (Écon, Hist) mercantile system, mercantilism

mercantiliste [mɛʀkɑ̃tilist] adj, nm mercantilist

mercaticien, -ienne [mɛʀkatisjɛ̃, jɛn] nm,f marketer

mercatique [mɛʀkatik] nf marketing

mercenaire [mɛʀsənɛʀ] [→ SYN] **1** adj (péj) attitude mercenary; soldat hired

2 nm (Mil) mercenary; (fig péj: salarié) hireling

mercerie [mɛʀsəʀi] nf (boutique) haberdasher's shop (Brit), notions store (US); (articles) haberdashery (Brit), notions (US), dry goods (US) ◆ (profession) **la mercerie** the haberdashery (Brit) ou notions (US) (trade)

merceriser [mɛʀsəʀize] ▸conjug 1◂ vt to mercerize ◆ **coton mercerisé** mercerized cotton

merchandising [mɛʀʃɑ̃dajziŋ, mɛʀʃɑ̃diziŋ] [→ SYN] nm merchandising

merci [mɛʀsi] [→ SYN] GRAMMAIRE ACTIVE 21.1, 22, 25.4

1 excl **a** (pour remercier) thank you ◆ **merci bien** thank you, many thanks ◆ **merci beaucoup** thank you very much, thanks a lot* ◆ **merci mille fois** thank you (ever) so much ◆ **merci de** ou **pour votre carte** thank you for your card ◆ **merci d'avoir répondu** thank you for replying ◆ **sans même me dire merci** without even thanking me, without even saying thank you ◆ (iro) **merci du compliment!** thanks for the compliment! ◆ **merci mon chien!*** thank you too! (iro), there's no need to thank! (iro) → **dieu**

b (pour accepter) **du lait?** – **(oui) merci** some milk? – (yes) please

c (pour refuser) **Cognac?** – **(non,) merci** Cognac? – no thank you ◆ **y retourner? merci (bien), pour me faire traiter comme un chien!** go back there? what, and be treated like a dog?, no thank you!

2 nm thank-you ◆ **je n'ai pas eu un merci** I didn't get ou hear a word of thanks ◆ **nous vous devons / nous devons vous dire un grand merci pour** we owe you / we must say a big thank-you for ◆ **et encore un grand merci pour votre cadeau** and once again thank you so much ou many thanks for your present ◆ **mille mercis** (very) many thanks

3 nf **a** (pitié) mercy ◆ **crier / implorer merci** to cry / beg for mercy ◆ **sans merci** combat etc merciless, ruthless

b (risque, éventualité, pouvoir) **à la merci de qn** at the mercy of sb, in sb's hands ◆ **tout le monde est à la merci d'une erreur** anyone can make a mistake ◆ **chaque fois que nous prenons la route nous sommes à la merci d'un accident** every time we go on the road we expose ourselves ou lay ourselves open to accidents ou we run the risk of an accident ◆ **exploitable à merci** liable to be ruthlessly exploited, open to ruthless exploitation → **taillable**

mercier, -ière [mɛʀsje, jɛʀ] nm,f haberdasher (Brit), notions dealer (US)

mercredi [mɛʀkʀədi] **1** nm Wednesday ◆ **mercredi des Cendres** Ash Wednesday; pour autres loc voir **samedi**

2 excl ◆ **mercredi!*** sugar!*, shoot!* (US)

mercure [mɛʀkyʀ] [→ SYN] **1** nm **a** (Chim) mercury

b (Myth) **Mercure** Mercury

2 nf ◆ (Astron) **Mercure** Mercury

mercureux [mɛʀkyʀø] adj m mercurous

mercuriale¹ [mɛʀkyʀjal] [→ SYN] nf (littér: reproche) reprimand, rebuke

mercuriale² [mɛʀkyʀjal] nf (Bot) mercury

mercuriale³ [mɛʀkyʀjal] nf (Comm) market price list

mercuriel, -ielle [mɛʀkyʀjɛl] adj mercurial

mercurique [mɛʀkyʀik] adj mercuric

Mercurochrome ® [mɛʀkyʀokʀom] nm Mercurochrome ® (NonC)

merde [mɛʀd] [→ SYN] **1** nf (**) (excrément) shit**; (étron) turd**; (livre, film) crap** ◆ **il y a une merde (de chien) devant la porte** there's some dog('s) shit** ou a dog turd** in front of the door ◆ **tu le veux, oui ou merde?** do you want it, yes or no?, do you want it or don't you? ◆ **son dernier bouquin est de la vraie** ou **une vraie merde** his most recent book is a load of crap** ◆ **quelle voiture de merde!** what a fucking awful car!**, what a shitty car!** ◆ (fig) **il ne se prend pas pour de la** ou **une merde** he thinks the sun shines out of his arse!**, he thinks he's one hell of a big nob* (Brit) ◆ (fig) **on est dans la merde** we're in a bloody mess** (Brit) ou one hell of a mess* ◆ **mettre** ou **foutre** qn **dans la merde** to land sb in the shit** ◆ **tu as de la merde dans les yeux!** are you blind or what?* ◆ **il ne m'arrive que des merdes** I've had one fucking problem after another**

◆ **je te dis merde!** (insulte) you can go to hell!**; (bonne chance) good luck!, break a leg!*

2 excl (*) (impatience, contrariété) hell!*, shit!**; (indignation, surprise) bloody hell!** (Brit), shit!** ◆ **merde alors!** hell's bells*! ◆ **merde pour X!** to hell with X!*

merder** [mɛʀde] ▸conjug 1◂ vti to cock up**, fuck up**

merdeux, -euse** [mɛʀdø, øz] [→ SYN] **1** adj shitty**, filthy

2 nm,f squirt*, twerp*

merdier** [mɛʀdje] nm muck-up*, shambles (sg) ◆ **être dans un beau merdier** to be in a fine bloody mess** (Brit) ou one hell of a mess*

merdique* [mɛʀdik] adj film, discours, idée pathetic, moronic, crappy** ◆ **c'était merdique, cette soirée** that party was the pits* ou was bloody awful** (Brit)

merdoyer** [mɛʀdwaje] ▸conjug 8◂ vi to be ou get in a hell of a mess*, be ou get all tied up

mère [mɛʀ] [→ SYN] **1** nf **a** (génitrice) mother ◆ **elle est mère de 4 enfants** she is a ou the mother of 4 (children) ◆ (fig hum) **tu es une mère pour moi** you are like a mother to me ◆ (littér) **la France, mère des arts** France, mother of the arts ◆ **frères par la mère** half-brothers (on the mother's side) ◆ **devenir mère** to become a mother → **Madame, reine** etc

b (fig: femme) (péj) **la mère X*** old mother X, old Ma X (péj) ◆ **allons la petite mère, dépêchez-vous*!** come on missis, hurry up!* ◆ (affectueux: à une enfant, un animal) **ma petite mère** my little pet ou love ◆ (dial) **bonjour, mère Martin** good day to you, Mrs Martin

c (Rel) mother ◆ **(la) Mère Catherine** Mother Catherine ◆ **oui, ma mère** yes, Mother

d (Tech: moule) mould

e (apposition: après n) cellule, compagnie parent ◆ (Comm) **maison mère** parent company, head office ◆ (Ordin) **disquette mère** master disk ◆ (Ordin) **carte mère** motherboard ◆ **fichier mère** mother file ◆ (Ling) **langue mère** mother tongue ou language

2 COMP ▷ **Mère abbesse** (Rel) mother abbess ▷ **mère d'accueil** ⇒ **mère porteuse** ▷ **mère biologique** natural ou biological mother ▷ **mère célibataire** (Admin) unmarried mother ▷ **mère de famille** mother, housewife ▷ **mère génétique** ⇒ **mère biologique** ▷ **mère patrie** motherland ▷ **mère porteuse** surrogate mother ▷ **mère poule*** motherly mum* (Brit) ou mom* (US) ◆ **c'est une vraie mère poule*, elle est très mère poule*** she's a real mother hen, she's a very motherly type ▷ **mère de remplacement** ou **de substitution** ⇒ **mère porteuse** ▷ **Mère supérieure** (Rel) Mother Superior ▷ **mère de vinaigre** (Chim) mother of vinegar

mère-grand†, pl **mères-grand** [mɛʀgʀɑ̃] nf grandmama†

merguez [mɛʀgɛz] nf merguez sausage, *type of spicy sausage from North Africa*

mergule [mɛʀgyl] nm ◆ **mergule (nain)** little auk

méridien, -ienne [meʀidjɛ̃, jɛn] **1** adj (Sci) meridian; (littér) meridian (littér), midday (épith)

2 nm (Astron, Géog) meridian ◆ **méridien d'origine** prime meridian

3 **méridienne** nf **a** (Astron) meridian line; (Géodésie) line of triangulation points

b (fauteuil) meridienne

c (littér: sieste) siesta

méridional, e, mpl **-aux** [meʀidjɔnal, o] [→ SYN]

1 adj (du Sud) southern; (du sud de la France) Southern (French)

2 nm,f ◆ **Méridional(e)** (du Sud) Southerner; (du sud de la France) Southern Frenchman ou Frenchwoman, Southerner

meringue [məʀɛ̃g] nf meringue ◆ **un dessert avec de la meringue / des petites meringues** a dessert with meringue / little meringues

meringuer [məʀɛ̃ge] ▸conjug 1◂ vt (gén ptp) to coat ou cover with meringue ◆ **tarte au citron meringuée** lemon meringue pie

mérinos [meʀinos] nm merino → **pisser**

merise [məʀiz] nf wild cherry

merisier [məʀizje] nm (arbre) wild cherry (tree); (bois) cherry

mérisme [meʀism] nm distinctive feature

méristème [meʀistɛm] nm meristem

méritant, e [meʀitɑ̃, ɑ̃t] → SYN adj deserving

mérite [meʀit] → SYN nm **a** (vertu intrinsèque) merit; (respect accordé) credit ◆ **le mérite de cet homme est grand** that man has great merit, he is a man of great merit ◆ **il n'en a que plus de mérite** he deserves all the more credit, it's all the more to his credit ◆ **il n'y a aucun mérite à cela** there's no merit in that, one deserves no credit for that ◆ **tout le mérite lui revient** all the credit is due to him, he deserves all the credit ◆ **il a le grand mérite d'avoir réussi** it's greatly to his credit that ou his great merit is that he succeeded ◆ **il a au moins le mérite d'être franc** there's one thing to his credit ou in his favour that at least he's frank ◆ **elle a bien du mérite de le supporter** she deserves a lot of credit to put up with him
b (valeur) merit, worth; (qualité) quality ◆ **de grand mérite** of great worth ou merit ◆ **ce n'est pas sans mérite** it's not without merit ◆ **si nombreux que soient ses mérites** however many qualities he may have ◆ **son intervention n'a eu d'autre mérite que de faire suspendre la séance** the only good point about ou merit in his intervention was that the sitting was adjourned
c (décoration) **l'ordre national du Mérite** the national order of merit, *French decoration*
d (Rel) **mérite(s) du Christ** merits of Christ

mériter [meʀite] → SYN ▸ conjug 1 ◂ vt **a** louange, châtiment to deserve, merit ◆ **tu mériterais qu'on t'en fasse autant** you deserve (to get) the same treatment ◆ **cette action mérite des louanges / une punition** this action deserves ou merits ou warrants praise / punishment ◆ **mériter l'estime de qn** to be worthy of ou deserve ou merit sb's esteem ◆ **tu n'as que ce que tu mérites** you've got (just) what you deserved, it serves you right ◆ **il mérite la prison / la corde** he deserves to go to prison / to be hanged ◆ **repos / blâme bien mérité** well-deserved rest / reprimand ◆ **on a les amis qu'on mérite** you have the friends you deserve ◆ **une augmentation, ça se mérite!** you have to earn your pay rise (Brit) ou raise (US)
b (valoir) to merit, deserve, be worth; (exiger) to call for, require ◆ **le fait mérite d'être noté** the fact is worth noting, the fact is worthy of note ◆ **ceci mérite réflexion** ou **qu'on y réfléchisse** this calls for ou requires careful thought; (valoir) this merits ou deserves careful thought ◆ **ça lui a mérité le respect de tous** this earned him everyone's respect
c il a bien mérité de la patrie (frm) he deserves well of his country; (hum) he deserves a medal for that (iro)

méritocratie [meʀitɔkʀasi] nf meritocracy

méritoire [meʀitwaʀ] → SYN adj meritorious, praiseworthy, commendable

merlan [mɛʀlɑ̃] → SYN nm **a** (Zool) whiting
b (†*: coiffeur) barber, hairdresser
c (Boucherie) ≃ topside (Brit), ≃ top round (US)

merle [mɛʀl] nm **a** (Orn) blackbird ◆ **merle à plastron** ring ouzel ◆ **elle cherche le merle blanc** (gén) she's asking for the impossible; (mari) she's looking for her Prince Charming
b (péj) **vilain** ou (iro) **beau merle** nasty customer
c (Can Orn) (American) robin

merlette [mɛʀlɛt] nf female blackbird, she-blackbird

merlin [mɛʀlɛ̃] nm **a** [bûcheron] axe; (Boucherie) cleaver
b (Naut) marline

merlot [mɛʀlo] nm (raisin) merlot, *type of red grape*

merlu [mɛʀly] nm hake

merluche [mɛʀlyʃ] nf **a** (Culin) dried cod, stockfish
b ⇒ **merlu**

merluchon [mɛʀlyʃɔ̃] nm small hake

mérostomes [meʀɔstɔm] nmpl ◆ **les mérostomes** merostomes, the Merostomata (spéc)

mérou [meʀu] nm grouper

mérovingien, -ienne [meʀɔvɛ̃ʒjɛ̃, jɛn] **1** adj Merovingian
2 nm,f ◆ **Mérovingien(ne)** Merovingian

merrain [mɛʀɛ̃] nm [cerf] beam

merveille [mɛʀvɛj] → SYN nf **a** marvel, wonder ◆ **les merveilles de la technique moderne** the wonders ou marvels of modern technology ◆ **cette montre est une merveille de précision** this watch is a marvel of precision ◆ **les merveilles de la nature** the wonders of nature ◆ **cette machine est une (petite) merveille** this machine is a (little) marvel
b LOC **à merveille** perfectly, wonderfully, marvellously ◆ **cela te va à merveille** it suits you perfectly ou to perfection ◆ **se porter à merveille** to be in excellent health, be in the best of health ◆ **ça s'est passé à merveille** it went off like a dream ou without a single hitch ◆ **ça tombe à merveille** this comes at an ideal moment ou just at the right time ◆ **faire merveille** ou **des merveilles** to work wonders ◆ **c'est merveille que vous soyez vivant** it's a wonder ou a marvel that you are alive ◆ **on en dit merveille** ou **des merveilles** it's praised to the skies ou said to be marvellous → **huitième, sept**

merveilleusement [mɛʀvɛjøzmɑ̃] adv marvellously, wonderfully

merveilleux, -euse [mɛʀvɛjø, øz] → SYN **1** adj
a (magnifique) paysage, bijoux etc wonderful
b (sensationnel) nouvelle, événement heureux, personne wonderful, fantastic ◆ **il est merveilleux de dévouement** he's wonderfully devoted
c (après n: surnaturel) magic
2 nm **a le merveilleux** the supernatural; (Art, Littérat) the fantastic element
b (Hist) coxcomb††, fop†
3 merveilleuse nf (Hist) fine lady, belle

mérycisme [meʀisism] nm merycism

mes [me] adj poss → **mon**

mesa [meza] nf mesa

mésalliance [mezaljɑ̃s] → SYN nf misalliance, marriage beneath one's station† ◆ **faire une mésalliance** to marry beneath o.s. ou one's station†

mésallier (se) [mezalje] → SYN ▸ conjug 7 ◂ vpr to marry beneath o.s. ou one's station†

mésange [mezɑ̃ʒ] nf tit(mouse) ◆ **mésange bleue** blue tit ◆ **mésange charbonnière** great tit ◆ **mésange huppée** crested tit ◆ **mésange à longue queue** long-tailed tit ◆ **mésange noire** coal tit

mésaventure [mezavɑ̃tyʀ] → SYN nf misadventure, misfortune

mescal [mɛskal] nm mescal

mescaline [mɛskalin] nf mescaline

mesclun [mɛsklœ̃] nm mixed green salad

Mesdames [medam] nfpl → **Madame**

Mesdemoiselles [medmwazɛl] nfpl → **Mademoiselle**

mésencéphale [mezɑ̃sefal] nm midbrain, mesencephalon (spéc)

mésenchyme [mezɑ̃ʃim] nm mesenchyme

mésentente [mezɑ̃tɑ̃t] → SYN nf dissension, disagreement ◆ **la mésentente règne dans leur famille** there is constant disagreement in their family, they are always at loggerheads (with each other) in that family

mésentère [mezɑ̃tɛʀ] nm mesentery

mésentérique [mezɑ̃teʀik] adj mesenteric

mésestimation [mezɛstimasjɔ̃] nf (littér) [chose] underestimation

mésestime [mezɛstim] → SYN nf (littér) [personne] low regard, low esteem ◆ **tenir qn en mésestime** to have little regard for sb

mésestimer [mezɛstime] → SYN ▸ conjug 1 ◂ vt (littér: sous-estimer) difficulté, adversaire to underestimate, underrate; opinion to set little store by, have little regard for; personne to have little regard for

mésintelligence [mezɛ̃teliʒɑ̃s] → SYN nf disagreement (*entre* between), dissension, discord

mesmérisme [mɛsmeʀism] nm mesmerism

mésoblaste [mezɔblast] nm [embryon] mesoblast

mésoblastique [mezɔblastik] adj mesoblastic

mésocarpe [mezɔkaʀp] nm mesocarp

mésoderme [mezɔdɛʀm] nm mesoderm, mesoblast

mésodermique [mezɔdɛʀmik] adj mesodermal, mesodermic

mésolithique [mezɔlitik] **1** adj Mesolithic
2 nm ◆ **le mésolithique** the Mesolithic

mésomorphe [mesɔmɔʀf] adj mesomorphic

méson [mezɔ̃] nm meson

Mésopotamie [mezɔpɔtami] nf Mesopotamia

mésopotamien, -ienne [mezɔpɔtamjɛ̃, jɛn]
1 adj Mesopotamian
2 nm,f ◆ **Mésopotamien(ne)** Mesopotamian

mésosphère [mezɔsfɛʀ] nf mesosphere

mésothérapeute [mezoteʀapøt] nmf *person specialized in treating patients with injections from several small needles*

mésothérapie [mezoteʀapi] nf *method of treatment with injections from several small needles*

mésothorax [mezotɔʀaks] nm mesothorax

mésozoïque [mezɔzɔik] **1** adj Mesozoic
2 nm ◆ **le mésozoïque** the Mesozoic (era)

mesquin, e [mɛskɛ̃, in] → SYN adj (avare) mean, stingy; (vil) mean, petty ◆ **c'est un esprit mesquin** he is a mean-minded ou small-minded ou petty person ◆ **le repas faisait un peu mesquin** the meal was a bit stingy

mesquinement [mɛskinmɑ̃] adv agir meanly, pettily; distribuer stingily

mesquinerie [mɛskinʀi] → SYN nf [personne, procédé] (étroitesse) meanness, pettiness; (avarice) stinginess, meanness; (procédé) mean ou petty trick

mess [mɛs] → SYN nm (Mil) mess

message [mesaʒ] → SYN GRAMMAIRE ACTIVE 27.6 nm (gén, Jur, Littérat, Tech) message ◆ **message chiffré** coded message, message in code ou cipher ◆ **message publicitaire** ou **commercial** commercial, advertisement ◆ **message téléphoné** telegram *(dictated by telephone)* ◆ **film / chanson à message** film / song with a message ◆ **il a fait passer un message dans son roman** he put a message across in his novel ◆ **j'ai compris le message** I got the message

messager, -ère [mesaʒe, ɛʀ] → SYN nm,f messenger ◆ (littér) **messager de bonheur / du printemps** harbinger of glad tidings / of spring (littér) ◆ **messager de malheur** bearer of bad tidings

messagerie [mesaʒʀi] → SYN nf **a** (Transport) **(service de) messageries** parcel service ou post ◆ (entreprise) **messageries aériennes / maritimes** air freight / shipping company ◆ **messageries de presse** press distributing service ◆ (Hist) **les messageries royales** the royal mail-coach service
b (Ordin, Téléc) **messagerie électronique** electronic mail, E-mail ◆ **messagerie vocale** voice mail ◆ **messagerie rose** ≃ sex chatline *(on Minitel)*

Messaline [mesalin] nf Messal(l)ina

messe [mɛs] → SYN **1** nf (Mus, Rel) mass ◆ **aller à la messe** to go to mass ◆ **célébrer la messe** to celebrate mass → **entendre, livre**[1] etc
2 COMP ▹ **messe basse** (Rel) low mass ◆ (fig péj) **messes basses** muttering, muttered conversation ou talk ◆ **finissez vos messes basses** stop muttering ou whispering together ▹ **messe chantée** sung mass ▹ **messe de minuit** midnight mass ▹ **messe des morts** mass for the dead ▹ **messe noire** (Spiritisme) black mass

Messeigneurs [mesɛɲœʀ] nmpl → **Monseigneur**

messeoir [meswaʀ] ▸ conjug 26 ◂ vi (††, littér) (moralement) to be unseemly (*à* for) (littér), ill befit (littér); (pour l'allure) to ill become (littér), be unbecoming (à to) (littér) ◆ **avec un air qui ne lui messied pas** with a look that does not ill become him ou that is not unbecoming to him ◆ **il vous messiérait de le faire** it would be unseemly for you to do it

messianique [mesjanik] → SYN adj messianic

messianisme [mesjanism] nm (Rel) messianism ◆ (fig) **la tendance au messianisme de certains révolutionnaires** the messianic tendencies of certain revolutionaries

messidor [mesidɔʀ] nm Messidor, *tenth month in the French Republican Calendar*

messie [mesi] → SYN nm messiah ◆ **le Messie** the Messiah ◆ **ils l'ont accueilli comme le Messie** they welcomed him like a saviour ou the Messiah

Messieurs [mesjø] nmpl → **Monsieur**

messin, e [mesɛ̃, in] **1** adj of ou from Metz
2 nm,f ◆ **Messin(e)** inhabitant ou native of Metz

Messine [mɛsin] n Messina

messire†† [mesiʀ] nm (noblesse) my lord; (bourgeoisie) Master ◆ **oui messire** yes my lord, yes sir ◆ **messire Jean** my lord John, master John

mestrance [mɛstʀɑ̃s] nf ⇒ **maistrance**

mestre [mɛstʀ] nm (Naut) mainmast

mesurable [məzyʀabl] → SYN adj grandeur measurable; quantité measurable ◆ **c'est difficilement mesurable** it is hard to measure

mesurage [məzyʀaʒ] nm measuring, measurement

mesure [m(ə)zyʀ] → SYN GRAMMAIRE ACTIVE 16.4, 26.6 nf **a** (évaluation, dimension) measurement ◆ **appareil de mesure** gauge ◆ **système de mesure** system of measurement ◆ **prendre les mesures de qch** to take the measurements of sth → **poids**
b (fig: taille) **la mesure de ses forces / sentiments** the measure of his strength / feelings ◆ **monde / ville à la mesure de l'homme** world / town on a human scale ◆ **il est à ma mesure** [travail] it's within my capabilities, I am able to do it; [adversaire] he's a match for me ◆ **le résultat n'est pas à la mesure de nos espérances** the result is not up to our expectations ◆ **prendre la (juste) mesure de qn / qch** to size sb / sth up (exactly), get the measure of sb / sth ◆ **donner (toute) sa mesure** to show one's worth, show what one is capable of ou made of ◆ **elle a donné toute la mesure de son talent** she showed the (full) extent of her talent
c (unité, récipient, quantité) measure ◆ **mesure de capacité** (pour liquides) liquid measure; (pour poudre, grains) dry measure ◆ **mesure de superficie / volume** square / cubic measure ◆ **mesure de longueur** measure of length ◆ **mesure à grains / à lait** corn / milk measure ◆ **mesure graduée** measuring jug ◆ **mesure d'un demi-litre** half-litre measure ◆ **donne-lui 2 mesures d'avoine** give him 2 measures of oats ◆ **faire bonne mesure** to give good measure ◆ (fig) **pour faire bonne mesure** for good measure ◆ (Littérat) **"Mesure pour mesure"** "Measure for Measure"
d (quantité souhaitable) **la juste** ou **bonne mesure** the happy medium ◆ **la mesure est comble** that's the limit ◆ **dépasser** ou **excéder** ou **passer la mesure** to overstep the mark, go too far ◆ **boire outre mesure** to drink immoderately ou to excess ◆ **cela ne me gêne pas outre mesure** that doesn't bother me overmuch, I'm not too bothered
e (modération) moderation ◆ **le sens de la mesure** a sense of moderation ◆ **il n'a pas le sens de la mesure** he has no sense of moderation, he knows no measure ◆ **avec mesure** with ou in moderation ◆ **il a beaucoup de mesure** he's very moderate ◆ **orgueil sans mesure** immoderate ou measureless pride, pride beyond measure ◆ **se dépenser sans mesure** (se dévouer) to give one's all; (se fatiguer) to overtax one's strength ou o.s.
f (disposition, moyen) measure, step ◆ **prendre des mesures d'urgence** to take emergency action ou measures ◆ **mesures d'ordre social** social measures ◆ **mesures de soutien à l'économie** measures to bolster the economy ◆ **mesures de rétorsion** reprisals, retaliatory measures ◆ **j'ai pris mes mesures pour qu'il vienne** I have made arrangements for him to come, I have taken steps to ensure that he comes ◆ **par mesure de restriction** as a restrictive measure
g (Mus) (cadence) time, tempo; (division) bar; (Poésie) metre ◆ **en mesure** in time ou tempo ◆ **mesure composée / simple / à deux temps / à quatre temps** compound / simple / duple / common ou four-four time ◆ **être / ne pas être en mesure** to be in / out of time ◆ **jouer quelques mesures** to play a few bars ◆ **2 mesures pour rien** 2 bars for nothing → **battre**
h (Habillement) measure, measurement ◆ **prendre les mesures de qn** to take sb's measurements ◆ **est-ce que ce costume est bien à ma mesure?** ou **à mes mesures?** is this suit my size?, will this suit fit me? ◆ **acheter** ou **s'habiller sur mesure** to have one's clothes made to measure ◆ **costume fait à la mesure** ou **sur mesure** made-to-measure suit ◆ **tailleur à la mesure** bespoke tailor ◆ (fig) **j'ai un emploi du temps / un patron sur mesure** my schedule / boss suits me down to the ground ◆ (fig) **c'est un rôle / emploi (fait) sur mesure** it's a role / job that was tailor-made for me (ou him etc)
i (Escrime) (fencing) measure
j LOC **dans la mesure de ses forces** ou **capacités** as far as ou insofar as one is able, to the best of one's ability ◆ **dans la mesure de ses moyens** as far as one's circumstances permit, as far as one is able ◆ **dans la mesure du possible** as far as possible ◆ **dans la mesure où** inasmuch as, insofar as ◆ **dans une certaine mesure** to some ou a certain extent ◆ **dans une large mesure** to a large extent, to a great extent ◆ **être en mesure de faire qch** to be in a position to do sth ◆ **(au fur et) à mesure que** as ◆ **il les pliait et me les passait (au fur et) à mesure** he folded them and handed them to me one by one ou as he went along → **commun**

mesuré, e [məzyʀe] → SYN (ptp de **mesurer**) adj ton steady; pas measured; personne moderate ◆ **il est mesuré dans ses paroles / ses actions** he is moderate ou temperate in his language / actions

mesurément [məzyʀemɑ̃] adv with ou in moderation

mesurer [məzyʀe] → SYN ▸ conjug 1 ◂ **1** vt **a** chose to measure; personne to take the measurements of, measure (up); (par le calcul) distance, pression, volume to calculate; longueur à couper to measure off ou out ◆ **il mesura 3 cl d'acide** he measured out 3 cl of acid ◆ **il me mesura 3 mètres de tissu** he measured me off ou out 3 metres of fabric ◆ (fig) **mesurer les autres à son aune** to judge others by one's own standards
b (évaluer, juger) risque, efficacité to assess, weigh up; valeur d'une personne to assess, rate ◆ **vous n'avez pas mesuré la portée de vos actes!** you did not weigh up ou consider the consequences of your actions! ◆ **on n'a pas encore mesuré l'étendue des dégâts** the extent of the damage has not yet been assessed ◆ **mesurer les efforts aux** ou **d'après les résultats (obtenus)** to gauge ou assess the effort expended by ou according to the results (obtained) ◆ **mesurer ses forces avec qn** to pit oneself against sb, measure one's strength with sb ◆ **mesurer qn du regard** to look sb up and down ◆ **se mesurer des yeux** to weigh ou size each other up
c (avoir pour mesure) to measure ◆ **cette pièce mesure 3 mètres sur 10** this room measures 3 metres by 10 ◆ **il mesure 1 mètre 80** [personne] he's 1 metre 80 tall; [objet] it's 1 metre 80 long ou high, it measures 1 metre 80
d (avec parcimonie) to limit ◆ **elle leur mesure la nourriture** she rations them on food, she limits their food ◆ **le temps nous est mesuré** our time is limited, we have only a limited amount of time ◆ **ne pas mesurer sa peine** to spare no effort
e (avec modération) **mesurer ses paroles** (savoir rester poli) to moderate one's language; (être prudent) to weigh one's words
f (proportionner) to match (*à, sur* to), gear (*à, sur* to) ◆ **mesurer le travail aux forces de qn** to match ou gear the work to sb's strength ◆ **mesurer le châtiment à l'offense** to make the punishment fit the crime, match the punishment to the crime → **brebis**
2 **se mesurer** vpr ◆ **se mesurer à** ou **avec** personne to have a confrontation with, pit o.s. against; difficulté to confront, tackle

mesureur [məzyʀœʀ] **1** nm (personne) measurer; (appareil) gauge, measure
2 adj m ◆ **verre mesureur** measuring cup (ou glass ou jug)

mésuser [mezyze] → SYN ▸ conjug 1 ◂ **mésuser de** vt indir (littér) (gén) to misuse ◆ **mésuser de son pouvoir** to abuse one's power

métabole [metabɔl] **1** adj metabolous
2 nm metabolian

métabolique [metabɔlik] adj metabolic

métaboliser [metabɔlize] ▸ conjug 1 ◂ vt (Physiol) to metabolize

métabolisme [metabɔlism] nm metabolism

métabolite [metabɔlit] nm metabolite

métacarpe [metakaʀp] nm metacarpus

métacarpien, -ienne [metakaʀpjɛ̃, jɛn] **1** adj metacarpal
2 nmpl ◆ **métacarpiens** metacarpals, metacarpal bones

métacentre [metasɑ̃tʀ] nm metacentre

métairie [meteʀi] → SYN nf smallholding, farm *(held on a métayage agreement)* → **métayage**

métal, pl -aux [metal, o] → SYN nm **a** (gén, Chim, Fin, Min) metal ◆ **métal blanc** white metal ◆ (Fin) **le métal jaune** gold ◆ **les métaux précieux comme l'or et l'argent** precious metals such as gold and silver ◆ couverts **en métal argenté / doré** silver- / gold-plated
b (littér) metal (littér), stuff

métalangue [metalɑ̃g] nf, **métalangage** [metalɑ̃gaʒ] nm metalanguage

métaldéhyde [metaldeid] nm ou f metaldehyde

métalinguistique [metalɛ̃gɥistik] **1** adj metalinguistic
2 nf metalinguistics (sg)

métallifère [metalifɛʀ] adj metalliferous (spéc), metal-bearing

métallique [metalik] → SYN adj **a** (gén, Chim) metallic; voix, couleur metallic; objet (en métal) metal (épith); (qui ressemble au métal) metallic ◆ **bruit** ou **son métallique** [clefs] jangle, clank; [épée] clash
b (Fin) → **encaisse, monnaie**

métallisation [metalizasjɔ̃] nf [métal] plating; [miroir] silvering

métallisé, e [metalize] (ptp de **métalliser**) adj bleu, gris metallic; peinture, couleur metallic, with a metallic finish; miroir silvered; papier metallic, metallized

métalliser [metalize] ▸ conjug 1 ◂ vt **a** (couvrir) surface to plate, metallize; miroir to silver
b (donner un aspect métallique à) to give a metallic finish to

métallo* [metalo] nm (abrév de **métallurgiste**) steelworker, metalworker

métallochromie [metalɔkʀomi] nf metallochromy

métallographie [metalɔgʀafi] nf metallography

métallographique [metalɔgʀafik] adj metallographic

métalloïde [metalɔid] nm metalloid

métallophone [metalɔfɔn] nm metallophone

métalloplastique [metaloplastik] adj copper asbestos (épith)

métallurgie [metalyʀʒi] nf (industrie) metallurgical industry; (technique, travail) metallurgy

métallurgique [metalyʀʒik] adj metallurgic

métallurgiste [metalyʀʒist] → SYN nm **a** **(ouvrier) métallurgiste** steelworker, metalworker
b **(industriel) métallurgiste** metallurgist

métalogique [metalɔʒik] **1** adj metalogical
2 nf metalogic

métamathématique [metamatematik] nf metamathematics (sg)

métamère [metamɛʀ] **1** adj (Chim) metameric

2 nm (Zool) metamere

métamérie [metameri] nf (Chim, Zool) metamerism

métamorphique [metamɔrfik] adj metamorphic, metamorphous

métamorphiser [metamɔrfize] ▸conjug 1◂ vt (Géol) to metamorphose

métamorphisme [metamɔrfism] nm metamorphism

métamorphosable [metamɔrfozabl] adj that can be transformed (*en* into)

métamorphose [metamɔrfoz] → SYN nf (Bio, Myth) metamorphosis; (fig) transformation, metamorphosis

métamorphoser [metamɔrfoze] → SYN ▸conjug 1◂ 1 vt (Myth, fig) to transform, metamorphose (gén pass) (*en* into) ◆ **son succès l'a métamorphosé** his success has transformed him ou made a new man of him
2 **se métamorphoser** vpr (Bio) to be metamorphosed; (Myth, fig) to be transformed (*en* into)

métaphore [metafɔr] → SYN nf metaphor

métaphorique [metafɔrik] → SYN adj expression, emploi, valeur metaphorical, figurative; style metaphorical

métaphoriquement [metafɔrikmɑ̃] adv metaphorically, figuratively

métaphosphorique [metafɔsfɔrik] adj ◆ **acide métaphosphorique** metaphosphoric acid

métaphyse [metafiz] nf metaphysis

métaphysicien, -ienne [metafizisjɛ̃, jɛn] 1 adj metaphysical
2 nm,f metaphysician, metaphysicist

métaphysique [metafizik] → SYN 1 adj (Philos) metaphysical; amour spiritual; (péj) argument abstruse, obscure
2 nf (Philos) metaphysics (sg)

métaphysiquement [metafizikmɑ̃] adv metaphysically

métaplasie [metaplazi] nf metaplasia

métapsychique [metapsiʃik] → SYN adj psychic ◆ **recherches métapsychiques** psychic(al) research

métapsychologie [metapsikɔlɔʒi] nf parapsychology, metapsychology

métastable [metastabl] adj metastable

métastase [metastɑz] nf metastasis ◆ **métastases** metastases

métastaser [metastaze] ▸conjug 1◂ vi to metastasize

métastatique [metastatik] adj metastatic

métatarse [metatars] nm metatarsus

métatarsien, -ienne [metatarsjɛ̃, jɛn] 1 adj metatarsal
2 nmpl ◆ **métatarsiens** metatarsals, metatarsal bones

métathèse [metatɛz] → SYN nf (Ling) metathesis

métathorax [metatɔraks] nm metathorax

métayage [metɛjaʒ] nm métayage system *(farmer pays rent in kind)*, sharecropping (US)

métayer [meteje] → SYN nm (tenant) farmer *(paying rent in kind)*, sharecropper (tenant) (US)

métayère [metɛjɛr] nf (épouse) farmer's ou sharecropper's (US) wife; (paysanne) (woman) farmer ou sharecropper (US)

métazoaire [metazɔɛr] nm metazoan ◆ **métazoaires** Metazoa

méteil [metɛj] nm *mixed crop of wheat and rye*

métempsycose [metɑ̃psikoz] → SYN nf metempsychosis

météo [meteo] 1 adj abrév de **météorologique**
2 nf a (Sci, services) ⇒ **météorologie**
b (bulletin) (weather) forecast, weather report ◆ **la météo est bonne / mauvaise** the weather forecast is good / bad ◆ **la météo marine** the shipping forecast

météore [meteɔr] → SYN nm (lit) meteor ◆ (fig) **passer comme un météore** to have a brief but brilliant career

météorique [meteɔrik] adj (Astron) meteoric

météorisme [meteɔrism] nm (Méd) meteorism

météorite [meteɔrit] nm ou f meteorite

météorologie [meteɔrɔlɔʒi] nf (Sci) meteorology ◆ (services) **la météorologie nationale** the Meteorological Office (Brit), the Met Office* (Brit), the Weather Bureau (US)

météorologique [meteɔrɔlɔʒik] adj phénomène, observation meteorological; carte, prévisions, station weather (épith) → **bulletin**

météorologiste [meteɔrɔlɔʒist], **météorologue** [meteɔrɔlɔg] nmf meteorologist

métèque [metɛk] → SYN nmf a (péj) wog** (Brit péj), wop** (péj)
b (Hist) metic

méthacrylique [metakrilik] adj ◆ **acide méthacrylique** methacrylic acid

méthane [metan] nm methane

méthanier [metanje] nm (liquefied) gas carrier ou tanker

méthanol [metanɔl] nm methanol

méthémoglobine [metemɔglɔbin] nf methaemoglobin (Brit), methemoglobin (US)

méthionine [metjɔnin] nf methionine

méthode [metɔd] → SYN nf a (moyen) method ◆ **de nouvelles méthodes d'enseignement du français** new methods of ou for teaching French, new teaching methods for French ◆ **avoir une bonne méthode de travail** to have a good way ou method of working ◆ **avoir sa méthode pour faire qch** to have one's own way of ou method for ou of doing sth
b (ordre) **il a beaucoup de méthode** he's very methodical, he's a man of method ◆ **il n'a aucune méthode** he's not in the least methodical, he has no (idea of) method ◆ **faire qch avec / sans méthode** to do sth methodically ou in a methodical way / unmethodically
c (livre) manual, tutor ◆ **méthode de piano** piano manual ou tutor ◆ **méthode de latin** latin primer

méthodique [metɔdik] → SYN adj methodical

méthodiquement [metɔdikmɑ̃] adv methodically

méthodisme [metɔdism] nm Methodism

méthodiste [metɔdist] adj, nmf Methodist

méthodologie [metɔdɔlɔʒi] nf methodology

méthodologique [metɔdɔlɔʒik] adj methodological

méthyle [metil] nm methyl

méthylène [metilɛn] nm (Comm) methyl alcohol; (Chim) methylene → **bleu**

méthylique [metilik] adj methyl

méticuleusement [metikyløzmɑ̃] adv meticulously

méticuleux, -euse [metikylø, øz] → SYN adj soin, propreté meticulous, scrupulous; personne meticulous

méticulosité [metikylozite] nf meticulousness

métier [metje] → SYN nm a (gén: travail) job; (Admin) occupation; (commercial) trade; (artisanal) craft; (intellectuel) profession ◆ **les métiers manuels** (the) manual occupations ◆ **donner un métier à son fils** to have one's son learn a job (ou trade ou craft ou profession) ◆ **enseigner son métier à son fils** to teach one's son one's trade ◆ **il a fait tous les métiers** he has tried his hand at everything, he has been everything ◆ **après tout ils font leur métier** they are (only) doing their job after all ◆ **les métiers du livre / de la communication** the publishing / communications industry ◆ **prendre le métier des armes** to become a soldier, join the army ◆ **apprendre son métier de roi** to learn one's job as king → **corps, gâcher** etc
b (technique, expérience) (acquired) skill, (acquired) technique, experience ◆ **avoir du métier** to have practical experience ◆ **manquer de métier** to be lacking in expertise ou in practical technique ◆ **avoir 2 ans de métier** to have been 2 years in the job (ou trade ou profession)
c LOC **homme de métier** expert, professional, specialist ◆ **il est plombier de son métier** he is a plumber by ou to trade ◆ (euph) **le plus vieux métier du monde** the oldest profession ◆ **il est du métier** he is in the trade ou profession ou business ◆ **il connaît son métier** he knows his job (all right)* ◆ **je connais mon métier!, tu ne vas pas m'apprendre mon métier!** I know what I'm doing!, you're not going to teach me my job! ◆ **ce n'est pas mon métier** it's not my job ou line ◆ **quel métier!*** what a job! ◆ (hum) **c'est le métier qui rentre*** it's just learning the hard way
d (Tech: machine) loom ◆ **métier à tisser** (weaving) loom ◆ **métier à filer** spinning frame ◆ **métier (à broder)** embroidery frame ◆ (fig, littér) **remettre qch sur le métier** to make some improvements to sth

métis, -isse [metis] → SYN 1 adj personne half-caste, half-breed; animal crossbreed, mongrel; plante hybrid; tissu, toile made of cotton and linen
2 nm,f (personne) half-caste, half-breed; (animal, plante) mongrel
3 nm ◆ (Tex) **(toile / drap de) métis** fabric / sheet made of cotton and linen mixture

métissage [metisaʒ] → SYN nm [gens] interbreeding; [animaux] crossbreeding, crossing; [plantes] crossing

métisser [metise] ▸conjug 1◂ vt to crossbreed, cross

métonymie [metɔnimi] nf metonymy

métonymique [metɔnimik] adj metonymical

métope [metɔp] nf metope

métrage [metraʒ] → SYN nm a (Couture) length, yardage ◆ **grand métrage** long length ◆ **petit métrage** short length ◆ **quel métrage vous faut-il, Madame?** what yardage do you need, madam?
b (mesure) measurement, measuring (in metres) ◆ **procéder au métrage de qch** to measure sth out
c (Ciné) footage, length → **court¹, long, moyen**

mètre [mɛtr] → SYN nm a (Math) metre ◆ **mètre carré / cube** square / cubic metre ◆ **vendre qch au mètre linéaire** to sell sth by the metre
b (instrument) (metre) rule ◆ **mètre étalon** standard metre ◆ **mètre pliant** folding rule ◆ **mètre à ruban** tape measure, measuring tape
c (Athlétisme) **un 100 mètres** a 100-metre race ◆ **le 100 / 400 mètres** the 100 / 400 metres, the 100- / 400-metre race
d (Ftbl, Rugby) **les 22 / 50** etc **mètres** the 22 metre / halfway etc line
e (Littérat) metre

métré [metre] → SYN nm (métier) quantity surveying; (mesure) measurement; (devis) estimate of cost

métrer [metre] → SYN ▸conjug 6◂ vt (Tech) to measure (in metres); [vérificateur] to survey

métreur, -euse [metrœr, øz] 1 nm,f ◆ **métreur (vérificateur)** quantity surveyor
2 **métreuse** nf (Ciné) footage counter

métricien, -ienne [metrisjɛ̃, jɛn] nm,f metrist

métrique [metrik] 1 adj (Littérat) metrical, metric; (Mus) metrical; (Math) système, tonne metric ◆ **géométrie métrique** metrical geometry
2 nf (Littérat) metrics (sg); (Math) metric theory

métro [metro] 1 nm underground, subway (US) ◆ **métro aérien** elevated railway ◆ **le métro de Paris** the Paris metro ou underground ◆ **le métro de Londres** the London tube ou underground ◆ **j'irai en métro** I'll go by underground ou tube ◆ **le premier métro** the first ou milk train ◆ **le dernier métro** the last train ◆ **c'est métro, boulot, dodo*** it's the same old routine day in day out, it's work work work ◆ **il a pris le rythme métro, boulot, dodo** he's got used to having the same old routine day in day out ◆ **il a toujours un métro de retard*** he's always one step behind
2 nmf (*: de la métropole) person from metropolitan France

métrologie [metrɔlɔʒi] nf (Sci) metrology; (traité) metrological treatise, treatise on metrology

métrologique [metʀɔlɔʒik] adj metrological

métrologiste [metʀɔlɔʒist] nmf metrologist

métronome [metʀɔnɔm] nm metronome ◆ (fig) **avec la régularité d'un métronome** with clockwork regularity, like clockwork

métropole [metʀɔpɔl] → SYN nf **a** (ville) metropolis ◆ **la Métropole** (metropolitan) France ◆ **quand est prévu votre retour en métropole?** when do you go back home? ou back to the home country? ◆ **en métropole comme à l'étranger** at home and abroad
b (Rel) metropolis

métropolitain, e [metʀɔpɔlitɛ̃, ɛn] **1** adj (Admin, Rel) metropolitan ◆ **la France métropolitaine** metropolitan France ◆ **troupes métropolitaines** home troops
2 nm **a** (Rel) metropolitan
b († : métro) underground, subway (US)

métropolite [metʀɔpɔlit] nm metropolitan, metropolite

métrorragie [metʀɔʀaʒi] nf metrorrhagia

mets [mɛ] → SYN nm dish (Culin)

mettable [metabl] → SYN adj (gén nég) wearable, decent ◆ **ça n'est pas mettable** this is not fit to wear ou to be worn ◆ **je n'ai rien de mettable** I've got nothing (decent) to wear ou nothing that's wearable ◆ **ce costume est encore mettable** you can still wear that suit, that suit is still decent ou wearable

metteur [metœʀ] nm ◆ (Bijouterie) **metteur en œuvre** mounter ◆ (Rad) **metteur en ondes** producer ◆ (Typ) **metteur en pages** person responsible for laying out ou making up pages ◆ (Tech) **metteur au point** adjuster ◆ (Théât, Ciné) **metteur en scène** director ◆ (Rad) **metteur en ondes** (radio) producer

mettre [mɛtʀ] → SYN ▸ conjug 56 ◂
1 vt **a** (placer) to put (*dans* in, into, *sur* on); (fig : classer) to rank, rate ◆ **mettre une assiette / une carte sur une autre** to put one ou a plate / card on top of another ◆ **où mets-tu tes verres?** where do you keep your glasses?, where are your glasses kept? ◆ **elle lui mit la main sur l'épaule** she put ou laid her hand on his shoulder ◆ **elle met son travail avant sa famille** she puts her work before her family ◆ **je mets Molière parmi les plus grands écrivains** I rank ou rate Molière among the greatest writers ◆ **mettre qch debout** to stand sth up ◆ **mettre qn sur son séant / sur ses pieds** to sit / stand sb up ◆ **mettre qch à** ou **par terre** to put sth down (on the ground) ◆ **mettre qch à l'ombre / au frais** to put sth in the shade / in a cool place ◆ **mettre qch à plat** to lay sth down (flat) ◆ **mettre qch droit** to put ou set sth straight ou to rights, straighten sth out ou up ◆ **mettre qn au** ou **dans le train** to put sb on the train ◆ **mettez-moi à la gare*, s'il vous plaît** take me to ou drop me at the station please ◆ **elle a mis la tête à la fenêtre** she put ou stuck her head out of the window ◆ **mettez les mains en l'air** put your hands up, put your hands in the air ◆ **mets le chat dehors** ou **à la porte** put the cat out
b (ajouter) **mettre du sucre dans son thé** to put sugar in one's tea ◆ **mettre une pièce à un drap** to put a patch in ou on a sheet, patch a sheet ◆ **mettre une idée dans la tête de qn** to put an idea into sb's head ◆ **ne mets pas d'encre sur la nappe** don't get ink on the tablecloth
c (placer dans une situation) **mettre un enfant à l'école** to send a child to school ◆ **mettre qn au régime** to put sb on a diet ◆ **mettre qn dans la nécessité** ou **l'obligation de faire** to oblige ou compel sb to do ◆ **mettre au désespoir** to throw into despair ◆ **cela m'a mis dans une situation difficile** that has put me in ou got me into a difficult position ◆ **on l'a mis* à la manutention / aux réclamations** he was put in the handling / complaints department ◆ **mettre qn au pas** to bring sb into line, make sb toe the line ◆ (Gram) **mettre à l'infinitif / au futur** to put in(to) the infinitive / the future tense → **aise, contact, présence**
d (revêtir) vêtements, lunettes to put on ◆ **mettre une robe / du maquillage** to put on a dress / some make-up ◆ **depuis qu'il fait chaud je ne mets plus mon gilet** since it has got warmer I've stopped wearing ou I've left off my cardigan ◆ **elle n'a plus rien à mettre sur elle** she's got nothing (left) to wear ◆ **mets-lui son chapeau et on sort** put his hat on (for him) and we'll go ◆ **il avait mis un manteau** he was wearing a coat, he had a coat on ◆ **elle avait mis du bleu** she was wearing blue, she was dressed in blue
e (consacrer) **j'ai mis 2 heures à le faire** I took 2 hours to do it ou 2 hours over it, I spent 2 hours on ou over it ou 2 hours doing it ◆ **le train met 3 heures** it takes 3 hours by train, the train takes 3 hours ◆ **mettre toute son énergie à faire** to put all one's effort ou energy into doing ◆ **mettre tous ses espoirs dans** to pin all one's hopes on ◆ **mettre beaucoup de soin à faire** to take great care in doing, take great pains to do ◆ **mettre de l'ardeur à faire qch** to do sth eagerly ou with great eagerness ◆ **il y a mis le temps!** he's taken his time (about it)!, he's taken an age ou long enough! → **cœur**
f (faire fonctionner) **mettre la radio / le chauffage** to put ou switch ou turn the radio / heating on ◆ **mettre les informations** to put ou turn the news on ◆ **mettre le réveil (à 7 heures)** to set the alarm (for 7 o'clock) ◆ **mettre le réveil à l'heure** to put the alarm clock right ◆ **mettre le verrou** to bolt ou lock the door ◆ **mets France Inter / la 2ᵉ chaîne** put on France Inter / the 2nd channel ◆ **mettre une machine en route** to start up a machine
g (installer) eau to lay on; placards to put in, build, install; étagères to put up ou in, build; moquette to fit, lay; rideaux to put up ◆ **mettre du papier peint** to hang some wallpaper ◆ **mettre de la peinture** to put on a coat of paint
h (avec à + infin) **mettre qch à cuire / à chauffer** to put sth on to cook / heat ◆ **mettre du linge à sécher** (à l'intérieur) to put ou hang washing up to dry; (à l'extérieur) to put ou hang washing out to dry
i (écrire) **mettre en anglais / au pluriel** to put into English / the plural ◆ **mettre des vers en musique** to set verse to music ◆ **mettre sa signature (à)** to put ou append one's signature (to) ◆ **mettre un mot à qn*** to drop a line to sb ◆ **mets 100 F, ils ne vérifieront pas** put (down) 100 francs, they'll never check up ◆ **mettez bien clairement que** put (down) quite clearly that ◆ **il met qu'il est bien arrivé** he says in his letter ou writes that he arrived safely
j (dépenser) **mettre de l'argent sur un cheval** to lay money (down) ou put money on a horse ◆ **mettre de l'argent dans une affaire** to put money into a business ◆ **combien avez-vous mis pour cette table?** how much did you give for that table? ◆ **mettre de l'argent sur son compte** to put money into one's account ◆ **je suis prêt à mettre 500 F** I'm willing to give ou I don't mind giving 500 francs ◆ **si on veut du beau il faut y mettre le prix** if you want something nice you have to pay the price ou pay for it → **caisse**
k (lancer) **mettre la balle dans le filet** to put the ball into the net ◆ **mettre une balle dans la peau de qn**⁑ to put a bullet through sb ou in sb's hide* ◆ **mettre son poing dans** ou **sur la figure de qn** to punch sb in the face, give sb a punch in the face
l (supposer) **mettons que je me suis** ou **sois trompé** let's say ou (just) suppose ou assume I've got it wrong ◆ **nous arriverons vers 10 heures, mettons, et après?** say we arrive about 10 o'clock then what?, we'll arrive about 10 o'clock, say, then what?
m (⁑ loc) **mettre les bouts** ou **les voiles, les mettre** to clear off⁑, beat it⁑, scarper⁑ (Brit) ◆ **qu'est-ce qu'ils nous ont mis!** what a licking* ou hiding* they gave us! ◆ **va te faire mettre!**⁑ get lost⁑, take a hike!⁑ (US)
2 se mettre vpr **a** (se placer) [personne] to put o.s. [objet] to go ◆ **mets-toi là** (debout) (go and) stand there; (assis) (go and) sit there ◆ **se mettre au piano / dans un fauteuil** to sit down at the piano / in an armchair ◆ **se mettre au chaud / à l'ombre** to come ou go into the warmth / into the shade ◆ (fig) **elle ne savait plus où se mettre** she didn't know where to hide herself ou what to do with herself ◆ **il s'est mis dans une situation délicate** he's put himself in ou got himself into an awkward situation ◆ **se mettre une idée dans la tête** to get an idea into one's head ◆ **il s'est mis de l'encre sur les doigts** he's got ink on his fingers ◆ **il s'en est mis partout*** he's covered in it, he's got it all over him ◆ **se mettre autour (de)** to gather round ◆ **ces verres se mettent dans le placard** these glasses go in the cupboard ◆ **l'infection s'y est mise** it has become infected ◆ **les vers s'y sont mis** the maggots have got at it ◆ **il y a un bout de métal qui s'est mis dans l'engrenage** a piece of metal has got caught in the works ◆ **se mettre au vert** to lie low for a while → **poil, rang, table**
b [temps] **se mettre au froid / au chaud / à la pluie** to turn cold / warm / wet ◆ **on dirait que ça se met à la pluie** it looks like rain, it looks as though it's turning to rain
c (s'habiller) **se mettre en robe / en short, se mettre une robe / un short** to put on a dress / a pair of shorts ◆ **se mettre en bras de chemise** to take off one's jacket ◆ **se mettre nu** to strip (off ou naked), take (all) one's clothes off ◆ **comment je me mets?** what (sort of thing) should I wear? ◆ **elle s'était mise très simplement** she was dressed very simply ◆ **elle s'était mise en robe du soir** she was wearing ou she had on an evening dress ◆ **se mettre une veste / du maquillage** to put on a jacket / some make-up ◆ **elle n'a plus rien à se mettre** she's got nothing (left) to wear
d se mettre à: se mettre à rire / à manger to start laughing / eating, start ou begin to laugh / eat ◆ **se mettre au régime** to go on a diet ◆ **se mettre au travail** to set to work, get down to work, set about one's work ◆ **se mettre à une traduction** to start ou set about (doing) a translation ◆ **se mettre à traduire** to start to translate, start translating, set about translating ◆ **il est temps de s'y mettre** it's (high) time we got down to it ou got on with it ◆ **se mettre à boire** to take to drink ou the bottle* ◆ **se mettre à la peinture** ou **à peindre** to take up painting, take to painting ◆ **se mettre au latin** to take up Latin ◆ **il s'est bien mis à l'anglais** he's really taken to English ◆ **voilà qu'il se met à pleuvoir!** and now it's coming on to (Brit) ou beginning ou starting to rain! ◆ **qu'est-ce que tu es énervant quand tu t'y mets!*** you can be a real pain when you get going* ou once you get started!*
e (se grouper) **ils se sont mis à plusieurs / 2 pour pousser la voiture** several of them / the 2 of them joined forces to push the car ◆ **se mettre avec qn** (faire équipe) to team up with sb; (prendre parti) to side with sb; (* : en ménage) to move in with sb*, shack up⁑ (péj) with sb ◆ **se mettre bien / mal avec qn** to get on the right / wrong side of sb ◆ **se mettre d'un parti / d'une société** to join a party / a society → **partie²**
f LOC **on s'en est mis jusque-là** ou **plein la lampe*** we had a real blow-out⁑ ◆ **qu'est-ce qu'ils se sont mis!*** they didn't half (Brit) lay into each other!* ou have a go at each other!*, they really laid into each other!* ou had a go at each other!* → **dent**

meublant, e [mœblɑ̃, ɑ̃t] adj papier, étoffe decorative, effective ◆ **ce papier est très meublant** this paper finishes off the room nicely, this paper really makes* the room → **meuble**

meuble [mœbl] → SYN **1** nm **a** (objet) piece of furniture ◆ **(les) meubles** (the) furniture ◆ **se cogner à** ou **dans un meuble** to bump into a ou some piece of furniture ◆ **meuble de rangement** cupboard, storage unit ◆ **faire la liste des meubles** to make a list ou an inventory of the furniture, list each item of furniture ◆ **nous sommes dans nos meubles** we have our own home ◆ (péj) **il fait partie des meubles** he's part of the furniture
b (ameublement) **le meuble** furniture ◆ **le meuble de jardin** garden furniture
c (Jur) movable ◆ **meubles meublants** furniture, movables ◆ **en fait de meubles possession vaut titre** possession is 90% of the law, possession of chattels amounts to title
d (Hér) charge
2 adj **a** terre, sol loose, soft; roche soft, crumbly
b (Jur) **biens meubles** movables, personal estate, personalty

meublé, e [mœble] → SYN (ptp de **meubler**)
1 adj furnished ◆ **non meublé** unfurnished

2 nm (pièce) furnished room; (appartement) furnished flat (Brit) ou apartment (US) ◆ **être** ou **habiter en meublé** to be ou live in furnished accommodation ou rooms

meubler [mœble] → SYN ▸conjug 1◂ 1 vt pièce, appartement to furnish (*de* with); pensée, mémoire, loisirs to fill (*de* with); dissertation to fill out, pad out (*de* with) ◆ **meubler la conversation** to keep the conversation going ◆ **une table et une chaise meublaient la pièce** the room was furnished with a table and a chair ◆ **étoffe / papier qui meuble bien** decorative ou effective material / paper
2 **se meubler** vpr to buy ou get (some) furniture, furnish one's home ◆ **ils se sont meublés dans ce magasin / pour pas cher** they got ou bought their furniture from this shop / for a very reasonable price

meuf‡ [mœf] nf bird‡ (esp Brit), chick‡

meuglement [møgləmɑ̃] nm mooing (NonC), lowing† (NonC)

meugler [møgle] → SYN ▸conjug 1◂ vi to moo, low†

meuh [mø] excl, nm moo ◆ **faire meuh** to moo, go moo

meulage [mølaʒ] nm grinding

meule¹ [møl] → SYN nf a (à moudre) millstone; (à polir) buff wheel ◆ **meule (à aiguiser)** grindstone ◆ **meule courante** ou **traînante** upper (mill)stone ◆ (Culin) **meule (de gruyère)** round of gruyère
b (‡ motocyclette) bike*, hog‡

meule² [møl] → SYN nf (Agr) stack, rick; (champignonnière) mushroom bed ◆ **meule de foin** haystack, hayrick ◆ **meule de paille** stack of straw ◆ **mettre en meules** to stack, rick

meuler [møle] → SYN ▸conjug 1◂ vt (Tech) to grind down

meulière [møljɛʀ] nf ◆ **(pierre) meulière** millstone, buhrstone

meunerie [mønʀi] → SYN nf (industrie) flour trade; (métier) milling ◆ **opérations de meunerie** milling operations

meunier, -ière [mønje, jɛʀ] → SYN 1 adj milling
2 nm miller
3 **meunière** nf miller's wife ◆ (Culin) **sole / truite meunière** sole / trout meunière

meurette [mœʀɛt] nf red wine sauce ◆ **œufs en meurette** eggs in (a) red wine sauce

meurt-de-faim† [mœʀdəfɛ̃] nmf inv pauper

meurtre [mœʀtʀ] → SYN nm murder ◆ **au meurtre!** murder! ◆ (fig) **crier au meurtre** to cry blue murder

meurtrier, -ière [mœʀtʀije, ijɛʀ] → SYN 1 adj intention, fureur murderous; arme deadly, lethal, murderous; combat bloody, deadly; épidémie fatal; (†) personne murderous ◆ **week-end meurtrier** weekend of carnage on the roads ◆ **cette route est meurtrière** this road is lethal ou a deathtrap
2 nm murderer
3 **meurtrière** nf a (criminelle) murderess
b (Archit) loophole

meurtrir [mœʀtʀiʀ] → SYN ▸conjug 2◂ vt a (lit) chair, fruit to bruise ◆ **être tout meurtri** to be covered in bruises, be black and blue all over
b (fig littér) personne, âme to wound, bruise (littér)

meurtrissure [mœʀtʀisyʀ] → SYN nf a (lit) [chair, fruit] bruise
b (fig littér) [âme] scar, bruise ◆ **les meurtrissures laissées par la vie / le chagrin** the scars ou bruises left by life / sorrow

Meuse [møz] nf ◆ **la Meuse** the Meuse, the Maas

meute [møt] → SYN nf (Chasse, fig) pack

mévente [mevɑ̃t] → SYN nf a slump ◆ **une période de mévente** a period of poor sales ◆ **à cause de la mévente** because of the slump in sales
b (†: vente à perte) sale ou selling at a loss

mexicain, e [mɛksikɛ̃, ɛn] 1 adj Mexican
2 nm,f ◆ **Mexicain(e)** Mexican

Mexico [mɛksiko] n Mexico City

Mexique [mɛksik] nm Mexico

mézail [mezaj] nm mesail

mézigue‡ [mezig] pron pers me, yours truly*, number one* ◆ **c'est pour mézigue** it's for yours truly*

mezzanine [mɛdzanin] → SYN nf (Archit) (étage) mezzanine (floor); (fenêtre) mezzanine window; (Théât) mezzanine

mezza-voce [mɛdzavɔtʃe] adv (littér) in an undertone

mezzo [mɛdzo] 1 nm mezzo (voice)
2 nf mezzo

mezzo-soprano, pl **mezzo-sopranos** [mɛdzo sɔpʀano] 1 nm mezzo-soprano (voice)
2 nf mezzo-soprano

mezzo-tinto [mɛdzotinto] nm inv mezzotint

MF a (abrév de **modulation de fréquence**) FM
b abrév de **millions de francs**

mg (abrév de **milligramme**) mg

Mgr (abrév de **Monseigneur**) *title given to French bishops*

mi [mi] → SYN nm (Mus) E; (en chantant la gamme) mi, me

mi- [mi] préf (le préfixe reste invariable dans les mots composés à trait d'union) half, mid- ◆ **la mi-janvier** etc the middle of January etc, mid-January etc ◆ **pièce mi-salle à manger mi-salon** room which is half dining room half lounge, dining room cum living room, lounge-diner* (Brit) ◆ **mi-riant mi-pleurant** half-laughing half-crying, halfway between laughing and crying

MIAGE [mjaʒ] nf (abrév de **maîtrise d'informatique appliquée à la gestion des entreprises**) *master's degree in business data processing*

miam-miam* [mjammjam] excl yum-yum!* ◆ **faire miam-miam** to eat

miaou [mjau] excl, nm miaow ◆ **faire miaou** to miaow

miasmatique [mjasmatik] adj (littér) miasmic, miasmatic

miasme [mjasm] → SYN nm (gén pl) miasma ◆ **miasmes** putrid fumes, miasmas

miaulement [mjolmɑ̃] nm (→ **miauler**) mewing; caterwaul(ing)

miauler [mjole] ▸conjug 1◂ vi to mew; (fortement) to caterwaul

miauleur, -euse [mjolœʀ, øz] adj mewing (épith)

mi-bas [mibɑ] nm inv pop socks (Brit), knee-highs (US)

mica [mika] nm (roche) mica; (vitre) Muscovy glass

micacé, e [mikase] adj couleur mica-tinted; substance mica-bearing

mi-carême [mikaʀɛm] nf ◆ **la mi-carême** the third Thursday in Lent

micaschiste [mikaʃist] nm mica-schist

micellaire [misɛlɛʀ] adj micellar

micelle [misɛl] → SYN nf micell(e), micella

miche [miʃ] nf a [pain] round loaf, cob loaf (Brit)
b (‡) **miches** (fesses) bum‡ (Brit), butt‡; (seins) boobs‡

Michel [miʃɛl] nm Michael

Michel-Ange [mikɛlɑ̃ʒ] nm Michelangelo

Michèle [miʃɛl] nf Michel(l)e

micheline [miʃlin] nf railcar

Michelle [miʃɛl] nf ⇒ **Michèle**

mi-chemin [miʃ(ə)mɛ̃] loc adv ◆ **je l'ai rencontré à mi-chemin** I met him halfway there ◆ **la poste est à mi-chemin** the post office is halfway there ou is halfway ou midway between the two ◆ **à mi-chemin entre** (lit, fig) halfway ou midway between

micheton‡ [miʃtɔ̃] nm (arg Crime) punter‡ (Brit), John‡ (US)

Michigan [miʃigɑ̃] nm Michigan ◆ **le lac Michigan** Lake Michigan

mi-clos, e [miklo, kloz] adj half-closed ◆ **les yeux mi-clos** with half-closed eyes, with one's eyes half-closed

micmac* [mikmak] nm (péj) (intrigue) (little) game* (péj), funny business* (péj); (complications) fuss*, carry-on‡ (Brit péj) ◆ **je devine leur petit micmac** I can guess their little game* ou what they're playing at* ◆ **tu parles d'un micmac!** what a carry-on!‡ (Brit péj) ou fuss!* ou mix-up!

micocoulier [mikɔkulje] nm nettle tree, European hackberry

mi-combat [mikɔ̃ba] loc adv ◆ **à mi-combat** halfway through the match

mi-corps [mikɔʀ] loc adv ◆ **à mi-corps** up to ou down to the waist ◆ **portrait à mi-corps** half-length portrait

mi-côte [mikot] loc adv ◆ **à mi-côte** halfway up ou down the hill

mi-course [mikuʀs] loc adv ◆ **à mi-course** halfway through the race, at the halfway mark

micro [mikʀo] 1 nm a (abrév de **microphone**) microphone, mike* ◆ (Rad, TV) **dites-le au micro** ou **devant le micro** say it in front of the mike*
b abrév de **micro-ordinateur**
2 nf abrév de **micro-informatique**

micro ... [mikʀo] préf micro ...

microampère [mikʀoɑ̃pɛʀ] nm microamp

microanalyse [mikʀoanaliz] nf microanalysis

microbalance [mikʀobalɑ̃s] nf microbalance

microbe [mikʀɔb] → SYN nm a (Méd) germ, microbe (spéc)
b (*: enfant) tiddler*, tich‡ (Brit); (péj: nabot) little runt‡ (péj)

microbicide [mikʀɔbisid] 1 adj germ-killing
2 nm germ-killer, microbicide (spéc)

microbien, -ienne [mikʀɔbjɛ̃, jɛn] adj culture microbial, microbic; infection bacterial ◆ **maladie microbienne** bacterial disease

microbiologie [mikʀobjɔlɔʒi] nf microbiology

microbiologique [mikʀobjɔlɔʒik] adj microbiological

microbiologiste [mikʀobjɔlɔʒist] nmf microbiologist

microbus [mikʀobys] nm minibus

microcalorimètre [mikʀokalɔʀimɛtʀ] nm microcalorimeter

microcalorimétrie [mikʀokalɔʀimetʀi] nf microcalorimetry

microcéphale [mikʀosefal] adj, nmf microcephalic

microchimie [mikʀoʃimi] nf microchemistry

microchirurgie [mikʀoʃiʀyʀʒi] nf microsurgery

microcircuit [mikʀosiʀkɥi] nm microchip

microclimat [mikʀoklima] nm microclimate

microcoque [mikʀɔkɔk] nm micrococcus

microcosme [mikʀɔkɔsm] nm microcosm ◆ **en microcosme** in microcosm

microcosmique [mikʀɔkɔsmik] adj microcosmic

microcoupure [mikʀokupyʀ] nf (Ordin) power dip

micro-cravate, pl **micros-cravates** [mikʀo kʀavat] nm clip-on microphone, clip-on mike*

microculture [mikʀokyltyʀ] nf (Bio) microculture

microdissection [mikʀodisɛksjɔ̃] nf microdissection

microéconomie [mikʀoekɔnɔmi] nf microeconomics (sg)

microéconomique [mikʀoekɔnɔmik] adj microeconomic

microédition [mikʀoedisjɔ̃] nf desktop publishing, DTP

microélectronique [mikʀoelɛktʀɔnik] nf microelectronics (sg)

microfiche [mikʀofiʃ] nf microfiche

microfilm [mikʀofilm] nm microfilm

microfilmer [mikʀofilme] ▸conjug 1◂ vt to microfilm

microflore [mikʀoflɔʀ] nf microflora

microforme [mikʀofɔʀm] nf microform

micrographie [mikʀɔgʀafi] nf micrography

micrographique [mikʀɔgʀafik] adj micrographic

micro-informatique [mikʀoɛ̃fɔʀmatik] nf microcomputing

microlit(h)e [mikʀolit] nm (outil) microlith

micromètre [mikʀɔmɛtʀ] nm micrometer

micrométrie [mikʀɔmetʀi] nf micrometry

micrométrique [mikʀɔmetʀik] adj micrometric(al)

micron [mikʀɔ̃] nm micron

Micronésie [mikʀonezi] nf Micronesia

micro-onde, pl **micro-ondes** [mikʀoɔ̃d] nf microwave → **four**

micro-ordinateur, pl **micro-ordinateurs** [mikʀoɔʀdinatœʀ] nm microcomputer

micro-organisme, pl **micro-organismes** [mikʀoɔʀganism] nm microorganism

microphage [mikʀɔfaʒ] nm microphagous animal

microphone [mikʀɔfɔn] → SYN nm microphone

microphonique [mikʀɔfɔnik] adj microphonic

microphotographie [mikʀofɔtɔgʀafi] nf (procédé) photomicrography; (image) photomicrograph

microphysique [mikʀofizik] nf microphysics (sg)

micropilule [mikʀopilyl] nf minipill

microplaquette [mikʀoplakɛt] nf (Ordin) microchip

microprisme [mikʀopʀism] nm microprism

microprocesseur [mikʀopʀɔsesœʀ] nm microprocessor

microprogrammation [mikʀopʀɔgʀamasjɔ̃] nf microprogramming

micropyle [mikʀɔpil] nm micropyle

microscope [mikʀɔskɔp] → SYN nm microscope ◆ **examiner au microscope** (lit) to study under ou through a microscope; (fig) to study in microscopic detail, subject to a microscopic examination ◆ **microscope électronique** electron microscope ◆ **microscope (électronique) à balayage (par transmission)** scanning electron microscope

microscopique [mikʀɔskɔpik] → SYN adj microscopic

microseconde [mikʀos(ə)gɔ̃d] nf microsecond

microsillon [mikʀosijɔ̃] nm (sillon) microgroove ◆ **(disque) microsillon** record

microsociologie [mikʀosɔsjɔlɔʒi] nf microsociology

microsonde [mikʀosɔ̃d] nf microprobe

microsporange [mikʀospɔʀɑ̃ʒ] nm microsporangium

microspore [mikʀospɔʀ] nf microspore

microstructure [mikʀostʀyktyʀ] nf microstructure

microtome [mikʀotom, mikʀɔtɔm] nm microtome

microtracteur [mikʀotʀaktœʀ] nm small tractor

micro-trottoir, pl **micros-trottoirs** [mikʀotʀɔtwaʀ] nm ◆ **faire un micro-trottoir** to interview people in the street

microtubule [mikʀotybyl] nm microtubule

miction [miksjɔ̃] nf micturition

mi-cuisses [mikɥis] loc adv ◆ **les bottes qui lui venaient à mi-cuisses** boots that came up to his thighs ou over his knees ◆ **ils avaient de l'eau (jusqu') à mi-cuisses** they were thigh-deep in water, they were up to their thighs in water

MIDEM [midɛm] nm (abrév de **marché international du disque et de l'édition musicale**) → **marché**

midi [midi] → SYN 1 nm a (heure) midday, 12 (o'clock), noon ◆ **midi dix** 10 past 12 ◆ **de midi à 2 heures** from 12 ou (12) noon to 2 ◆ **entre midi et 2 heures** between 12 ou (12) noon and 2 ◆ **hier à midi** yesterday at 12 o'clock ou at noon ou at midday ◆ **pour le ravoir, c'est midi (sonné)*** there isn't a hope in hell* of getting it back, as for getting it back not a hope* ou you've had it* → **chacun, chercher, coup**

b (période du déjeuner) lunchtime, lunch hour; (période de la plus grande chaleur) midday, middle of the day ◆ **à / pendant midi** at / during lunchtime, at / during the lunch hour ◆ **demain midi** tomorrow lunchtime ◆ **tous les midis** every lunchtime ou lunch hour ◆ **que faire ce midi?** what shall we do at lunchtime? ou midday?, what shall we do this lunch hour? ◆ **le repas de midi** the midday meal, lunch ◆ **qu'est-ce que tu as eu à midi?** what did you have for lunch? ◆ **à midi on va au café Duval** we're going to the Café Duval for lunch (today) ◆ **ça s'est passé en plein midi** it happened right in the middle of the day ◆ **en plein midi on étouffe de chaleur** at midday ou in the middle of the day it's stiflingly hot → **démon**

c (Géog: sud) south ◆ **exposé au** ou **en plein midi** facing south ◆ **le midi de la France, le Midi** the South of France, the Midi → **accent**

2 adj inv chaîne, slip midi

midinette [midinɛt] → SYN nf (†: vendeuse) shopgirl *(in the dress industry)*; (†: ouvrière) dressmaker's apprentice ◆ (péj) **elle a des goûts de midinette** she has the tastes of a sixteen-year-old office girl

mi-distance [midistɑ̃s] loc adv ◆ **à mi-distance** halfway (along), midway

midship [midʃip] nm (Naut) midshipman, middy*

mie[1] [mi] nf soft part of the bread, crumb (of the loaf); (Culin) bread with crusts removed ◆ **il a mangé la croûte et laissé la mie** he's eaten the crust and left the soft part ou the inside (of the bread) ◆ **faire une farce avec de la mie de pain** to make stuffing with breadcrumbs → **pain**

mie[2] [mi] nf (††, littér: bien-aimée) lady-love†, beloved (littér)

mie[3]†† [mi] adv not ◆ **ne le croyez mie** believe it not††

miel [mjɛl] 1 nm honey ◆ **bonbon / boisson au miel** honey sweet (Brit) ou candy (US) / drink ◆ (personne) **être tout miel (et tout sucre)** to be syrupy, have a rather unctuous manner ◆ **miel rosat** rose honey ◆ (fig) **faire son miel de qch** to have a field day with sth → **gâteau, lune**

2 excl (euph*) sugar!*

miellat [mjela] nm honeydew

miellé, e[1] [mjele] adj (littér) honeyed

miellée[2] [mjele] nf (Bot) honeydew

mielleusement [mjɛløzmɑ̃] adv (péj) unctuously

mielleux, -euse [mjelø, øz] → SYN adj (péj) personne unctuous, syrupy, smooth-faced, smooth-tongued; paroles honeyed, smooth; ton honeyed, sugary; sourire sugary, sickly sweet; saveur sickly sweet

mien, mienne [mjɛ̃, mjɛn] 1 pron poss ◆ **le mien, la mienne, les miens, les miennes** mine, my own ◆ **ce sac n'est pas le mien** this bag is not mine, this is not my bag ◆ **ton prix / ton jour sera le mien** name your price / the day ◆ **vos fils / filles sont sages comparé(e)s aux miens / miennes** your sons / daughters are well-behaved compared to mine ou my own

2 nm a (possession) **il n'y a pas à distinguer le mien du tien** what's mine is yours; pour autres exemples → **sien**

b (famille) **les miens** my family, my (own) folks*

3 adj poss ◆ († ou littér) **un mien cousin** a cousin of mine ◆ **je fais miennes vos observations** I agree wholeheartedly (with you) → **sien**

miette [mjɛt] → SYN nf [pain, gâteau] crumb ◆ (Culin) **miettes de crabe / de thon** crab / tuna meat ◆ **en miettes** verre in bits ou pieces; gâteau in crumbs ou pieces; (fig) bonheur in pieces ou shreds ◆ **sa voiture est en miettes** there's nothing left of his (ou her) car, his (ou her) car is totaled* (US) ◆ (fig) **les miettes de sa fortune** the (tattered) remnants of his fortune ◆ **je n'en prendrai qu'une miette** I'll just have a tiny bit ou a sliver ◆ **il n'en a pas laissé une miette** (repas) he didn't leave a scrap; (fortune) he didn't leave a ha'penny (Brit) ou cent (US) ◆ **mettre** ou **réduire en miettes** to break ou smash to bits ou to smithereens ◆ **il ne s'en fait pas une miette†** he doesn't care a jot ◆ **il ne perdait pas une miette de la conversation / du spectacle** he didn't miss a scrap of the conversation / the show

mieux [mjø] → SYN (compar, superl de **bien**)

1 adv a better ◆ **aller** ou **se porter mieux** to be better ◆ **il ne s'est jamais mieux porté** he's never been in such fine form, he's never been ou felt better in his life ◆ **plus il s'entraîne mieux il joue** the more he practises the better he plays ◆ **elle joue mieux que lui** she plays better than he does ◆ **c'est (un peu / beaucoup) mieux expliqué** it's (slightly / much) better explained ◆ **il n'écrit pas mieux qu'il ne parle** he writes no better than he speaks ◆ **s'attendre à mieux** to expect better ◆ **espérer mieux** to hope for better (things) ◆ **il peut faire mieux** he can do ou is capable of better ◆ **tu ferais mieux de te taire** you'd better shut up* → **reculer, tant, valoir** etc

b **le mieux, la mieux, les mieux** (the) best; (de deux) (the) better ◆ **c'est à Paris que les rues sont le mieux éclairées** it is Paris that has the best street lighting, it is in Paris that the streets are (the) best lit ◆ **en rentrant je choisis les rues les mieux éclairées** when I come home I choose the better ou best lit streets ◆ **c'est ici qu'il dort le mieux** he sleeps best here, this is where he sleeps best ◆ **tout va le mieux du monde** everything's going beautifully ◆ **un lycée des mieux conçus / aménagés** one of the best planned / best equipped schools ◆ **un dîner des mieux réussis** a most ou highly successful dinner ◆ **j'ai fait le mieux** ou **du mieux que j'ai pu** I did my best ou the best I could ◆ **des deux, elle est la mieux habillée** of the two, she is the better dressed

c LOC **mieux que jamais** better than ever ◆ (Prov) **mieux vaut tard que jamais** better late than never (Prov) ◆ (Prov) **mieux vaut prévenir que guérir** prevention is better than cure (Prov) ◆ (Prov) **mieux vaut plier que rompre** adapt and survive! ◆ **il va de mieux en mieux** he's getting better and better, he goes from strength to strength ◆ (iro) **de mieux en mieux! maintenant il s'est mis à boire** that's great ou terrific (iro), now he has even taken to the bottle* ◆ **il nous a écrit, mieux il est venu nous voir** he wrote to us, and better still he came to see us ◆ **ils criaient à qui mieux mieux** they vied with each other in shouting, each tried to outdo the other in shouting ◆ **c'est on ne peut mieux** it's (just) perfect

2 adj inv a (plus satisfaisant) better ◆ **le mieux, la mieux, les mieux** (de plusieurs) (the) best; (de deux) (the) better ◆ **c'est la mieux de nos secrétaires*** (de toutes) she is the best of our secretaries, she's our best secretary; (de deux) she's the better of our secretaries ◆ **il est mieux qu'à son arrivée** he's improved since he (first) came, he's better than when he (first) came ou arrived ◆ **c'est beaucoup mieux ainsi** it's (much) better this way ◆ **le mieux serait de** the best (thing ou plan) would be to ◆ **c'est ce qu'il pourrait faire de mieux** it's the best thing he could do

b (en meilleure santé) better; (plus à l'aise) better, more comfortable ◆ **le mieux, la mieux, les mieux** (the) best, (the) most comfortable ◆ **être mieux / le mieux du monde** to be better / in perfect health ou excellent form ◆ **je le trouve mieux aujourd'hui** I think he is looking better ou he seems better today ◆ **ils seraient mieux à la campagne qu'à la ville** they would be better (off) in the country than in (the) town ◆ **c'est à l'ombre qu'elle sera le mieux** she'll be best ou most comfortable in the shade → **sentir**

c (plus beau) better looking, more attractive ◆ **le mieux, la mieux, les mieux** (de plusieurs) (the) best looking, (the) most attractive; (de deux) (the) better looking, (the) more attractive ◆ **elle est mieux les cheveux longs** she looks better with her hair long ou with long hair, long hair suits her better • **c'est avec les cheveux courts qu'elle est le mieux** she looks best with her hair short ou with short hair, short hair suits her best • **il est mieux que son frère** he's better looking than his brother

d LOC **au mieux** (gén) at best; (pour le mieux) for the best • **en mettant les choses au mieux** at (the very) best • **faites pour le mieux** ou **au mieux** do what you think best ou whatever is best • (Fin) **acheter / vendre au mieux** to buy / sell at the best price • **être le mieux du monde** ou **au mieux avec qn** to be on the best of terms with sb • **c'est ce qui se fait de mieux** it's the best there is ou one can get • **tu n'as rien de mieux à faire que (de) traîner dans les rues?** haven't you got anything better to do than hang around the streets? • **partez tout de suite, c'est le mieux** it's best (that) you leave immediately, the best thing would be for you to leave immediately • **c'est son frère, en mieux** he's (just) like his brother only better looking • **ce n'est pas mal, mais il y a mieux** it's not bad, but I've seen better • **qui mieux est** even better, better still • **au mieux de sa forme** in peak condition • **au mieux de nos intérêts** in our best interests

3 nm **a** best • (Prov) **le mieux est l'ennemi du bien** (it's better to) let well alone • LOC **faire de son mieux** to do one's best ou the best one can • **aider qn de son mieux** to do one's best to help sb, help sb the best one can ou to the best of one's ability → **changer, faute**

b (amélioration, progrès) improvement • **il y a un mieux** ou **du mieux** there's (been) some improvement

mieux-être [mjøzɛtʀ] nm inv greater welfare; (matériel) improved standard of living

mieux-vivre [mjøvivʀ] nm inv improved standard of living

mièvre [mjɛvʀ] → SYN adj roman, genre precious, sickly sentimental; tableau pretty-pretty; sourire mawkish; charme vapid • **elle est un peu mièvre** she's a bit colourless ou insipid

mièvrerie [mjɛvʀəʀi] → SYN nf **a** (caractère: → **mièvre**) preciousness, sickly sentimentality; pretty-prettiness; mawkishness; vapidity; colourlessness, insipidness

b (œuvre d'art) insipid creation; (comportement) childish ou silly behaviour (NonC); (propos) insipid ou sentimental talk (NonC)

mi-figue mi-raisin [mifigmiʀɛzɛ̃] adj inv sourire wry; remarque half-humorous, wry • **on leur fit un accueil mi-figue mi-raisin** they received a mixed reception

mi-fil, mi-coton [mifilmikɔtɔ̃] adj inv 50% linen 50% cotton, half-linen half-cotton

mi-fin [mifɛ̃] adj medium

migmatite [migmatit] nf migmatite

mignard, e [miɲaʀ, aʀd] → SYN adj style mannered, precious; décor pretty-pretty, over-ornate; musique pretty-pretty, over-delicate; manières precious, dainty, simpering (péj)

mignardise [miɲaʀdiz] → SYN nf **a** [tableau, poème, style] preciousness; [décor] ornateness; [manières] preciousness (péj), daintiness, affectation (péj)

b (fleur) **de la mignardise, des œillets mignardise** pinks

mignon, -onne [miɲɔ̃, ɔn] → SYN **1** adj (joli) enfant, objet sweet, cute*; bras, pied, geste dainty; femme sweet, pretty; (gentil, aimable) nice, sweet • **donne-le-moi, tu seras mignonne*** give it to me there's a dear* ou love* (Brit), be a dear* and give it to me • **c'est mignon chez vous** you've got an adorable little place → **péché**

2 nm,f (little) darling, poppet* (Brit), cutie* (US) • **mon mignon, ma mignonne** sweetheart, pet*, lovie* (Brit)

3 nm **a** (†† : favori) minion

b (Boucherie) **(filet) mignon** fillet (Brit) ou filet (US) mignon

mignonnement† [miɲɔnmɑ̃] adv prettily

mignonnet, -ette [miɲɔnɛ, ɛt] **1** adj enfant, objet sweet, cute* • **c'est mignonnet chez eux** they've got a cute little place*

2 **mignonnette** nf **a** (bouteille) miniature

b (Bot) (œillet) wild pink; (saxifrage) Pyrenean saxifrage

c (poivre) coarse-ground pepper

d (gravier) fine gravel

migraine [migʀɛn] → SYN nf (gén) headache; (Méd) migraine, sick headache • **j'ai la migraine** I've got a bad headache, my head aches

migraineux, -euse [migʀɛnø, øz] adj migrainous

migrant, e [migʀɑ̃, ɑ̃t] adj, nm,f migrant

migrateur, -trice [migʀatœʀ, tʀis] **1** adj migratory

2 nm migrant, migratory bird

migration [migʀasjɔ̃] → SYN nf (gén) migration; (Rel) transmigration • **oiseau en migration** migrating bird

migratoire [migʀatwaʀ] adj migratory

migrer [migʀe] ▸ conjug 1 ◂ vi to migrate (*vers* to)

mi-hauteur [mihotœʀ] loc adv • **à mi-hauteur** halfway up (ou down)

mihrab [miʀab] nm mihrab

mi-jambes [miʒɑ̃b] loc adv • **à mi-jambes** (up ou down) to the knees

mijaurée [miʒɔʀe] → SYN nf pretentious ou affected woman ou girl • **faire la mijaurée** to give oneself airs (and graces) • **regardemoi cette mijaurée!** just look at her with her airs and graces! • **petite mijaurée!** little madam!

mijoter [miʒɔte] → SYN ▸ conjug 1 ◂ **1** vt **a** (Culin : cuire) plat, soupe to simmer; (préparer avec soin) to cook ou prepare lovingly • **un plat mijoté** a dish which has been slow-cooked ou simmered • **(faire) mijoter un plat** to simmer a dish, allow a dish to simmer • **elle lui mijote des petits plats** she cooks (up) ou concocts tempting ou tasty dishes (for him)

b (* fig : tramer) to plot, scheme, cook up* • **mijoter un complot** to hatch a plot • **il mijote un mauvais coup** he's cooking up* ou plotting some mischief • **qu'est-ce qu'il peut bien mijoter?** what's he up to?*, what's he cooking up?* • **il se mijote quelque chose** something's brewing ou cooking*

c **laisser qn mijoter (dans son jus)*** to leave sb to stew*, let sb stew in his own juice

2 vi [plat, soupe] to simmer; [complot] to be brewing

mijoteuse ® [miʒɔtøz] nf slow cooker

mikado [mikado] nm (jeu) jackstraws, spillikins

mil[1] [mil] nm (dans une date) a ou one thousand

mil[2] [mij, mil] nm ⇒ **millet**

milady [miledi] nf (titled English) lady • **oui milady** yes my lady

Milan [milɑ̃] n Milan

milan [milɑ̃] nm (Orn) kite

milanais, e [milanɛ, ɛz] **1** adj Milanese • (Culin) **escalope** etc **(à la) milanaise** escalope etc milanaise

2 nm,f • **Milanais(e)** Milanese

mildiou [mildju] nm (Agr) mildew

mildiousé, e [mildjuze] adj (Agr) mildewed

mile [majl] nm mile (*1 609 m*)

milice [milis] → SYN nf **a** (corps paramilitaire) militia • (Hist France) **la Milice** *collaborationist militia during the German occupation*

b (Belg) (armée) army; (service militaire) military service

milicien [milisjɛ̃] nm militiaman

milicienne [milisjɛn] nf woman serving in the militia

milieu, pl **milieux** [miljø] → SYN nm **a** (centre) middle • **casser / couper / scier qch en son milieu** ou **par le milieu** to break / cut / saw sth down ou through the middle • **le bouton / la porte du milieu** the middle ou centre knob / door • **je prends celui du milieu** I'll take the one in the middle ou the middle one • **tenir le milieu de la chaussée** to keep to the middle of the road • (Ftbl) **milieu de terrain** midfield player • (Ftbl) **le milieu du terrain** the midfield • **il est venu vers le milieu de l'après-midi / la matinée** he came towards the middle of the afternoon / morning, he came about mid-afternoon / mid-morning • **vers / depuis le milieu du 15e siècle** towards / since the mid-15th century, towards / since the mid-1400s → **empire**

b **au milieu de** (au centre de) in the middle of; (parmi) amid, among, in the midst of, amidst (littér) • **il est là au milieu de ce groupe** he's over there in the middle of that group • **au beau milieu (de), en plein milieu (de)** right ou slap bang* in the middle (of), in the very middle (of) • **au milieu de toutes ces difficultés / aventures** in the middle ou midst of ou amidst all these difficulties / adventures • **au milieu de son affolement** in the middle ou midst of his panic • **elle n'est heureuse qu'au milieu de sa famille / de ses enfants** she's only happy when she's among ou surrounded by her family / children ou with her family / children around her • **au milieu de la journée** in the middle of the day • **au milieu de la nuit** in the middle of the night, at dead of night • **comment travailler au milieu de ce vacarme?** how can anyone work in ou surrounded by this din? • **au milieu de la descente** halfway down (the hill) • **au milieu de la page** in the middle of the page, halfway down the page • **au milieu / en plein milieu de l'hiver** in mid-winter / the depth of winter • **au milieu de l'été** in mid-summer, at the height of summer • **il est parti au beau milieu de la réception** he left when the party was in full swing, he left right in the middle of the party

c (état intermédiaire) middle course ou way • **il n'y a pas de milieu (entre)** there is no middle course ou way (between) • **c'est tout noir ou tout blanc, il ne connaît pas de milieu** he sees everything as either black or white, he knows no mean (frm) ou there's no happy medium (for him) • **le juste milieu** the happy medium, the golden mean • **un juste milieu** a happy medium • **il est innocent ou coupable, il n'y a pas de milieu** he is either innocent or guilty, he can't be both • **tenir le milieu** to steer a middle course

d (Bio, Géog) environment; (Chim, Phys) medium • **milieu physique / géographique / humain** physical / geographical / human environment • **les animaux dans leur milieu naturel** animals in their natural surroundings ou environment ou habitat

e (entourage social, moral) milieu, environment; (groupe restreint) set, circle; (provenance) background • **le milieu familial** the family circle; (Sociol) the home ou family background, the home environment • **s'adapter à un nouveau milieu** to adapt to a different milieu ou environment • **il ne se sent pas dans son milieu** he feels out of place, he doesn't feel at home • **elle se sent** ou **est dans son milieu chez nous** she feels (quite) at home with us • **de quel milieu sort-il?** what is his (social) background? • **les milieux littéraires / financiers** literary / financial circles • **dans les milieux autorisés / bien informés** in official / well-informed circles • **c'est un milieu très fermé** it is a very closed circle ou exclusive set

f (Crime) **le milieu** the underworld • **les gens du milieu** (people of) the underworld • **membre du milieu** gangster, mobster

militaire [militɛʀ] → SYN **1** adj military, army (épith) • **la vie militaire** military ou army life • **camion militaire** army lorry (Brit) ou truck (US) → **attaché, service**

2 nm serviceman • **il est militaire** he is in the forces ou services • **militaire de carrière** (terre) regular (soldier); (air) (serving) airman

militairement [militɛʀmɑ̃] adv mener une affaire, saluer in military fashion ou style • **la ville a été occupée militairement** the town was occupied by the army • **occuper militairement une ville** to (send in the army to) occupy a town

militant, e [militɑ̃, ɑ̃t] → SYN adj, nm,f militant • **militant de base** rank and file ou grassroots militant

militantisme [militɑ̃tism] nm militancy

militarisation [militaʀizasjɔ̃] nf militarization

militariser [militaʀize] ▸ conjug 1 ◂ vt to militarize

militarisme [militaʀism] → SYN nm militarism

militariste [militaʀist] 1 adj militaristic
2 nmf militarist

militer [milite] → SYN ▸ conjug 1 ◂ vi a [personne] to be a militant ◆ **il milite au parti communiste** he is a communist party militant, he is a militant in the communist party ◆ **militer pour les droits de l'homme** to campaign for human rights
b [arguments, raisons] **militer en faveur de** ou **pour** to militate in favour of, argue for ◆ **militer contre** to militate ou tell against

millage [milaʒ] nm (Can) mileage

mille[1] [mil] → SYN 1 adj inv a a ou one thousand ◆ **mille un** a ou one thousand and one ◆ **trois mille** three thousand ◆ **deux mille neuf cents** two thousand nine hundred ◆ **page mille** page a ou one thousand ◆ (dans les dates: aussi **mil**) **l'an mille** the year one thousand ◆ **un billet de mille**†* a thousand-franc note → **donner**
b (nombreux) **mille regrets** I'm (ou we're) terribly ou extremely sorry ◆ **mille baisers** fondest love ◆ **je lui ai dit mille fois** I've told him a thousand times ◆ **c'est mille fois trop grand** it's far too big
c LOC **mille et un problèmes / exemples** a thousand and one problems / examples ◆ (Littérat) **"Les Mille et Une Nuits"** "The Thousand and One Nights", "The Arabian Nights" ◆ **les contes des Mille et Une Nuits** tales from the Arabian Nights ◆ **je vous le donne en mille*** you'll never guess ◆ (hum) **mille sabords!*** blistering barnacles!*
2 nm inv a (Comm, Math) a ou one thousand ◆ **5 pour mille d'alcool** 5 parts of alcohol to a thousand ◆ **5 enfants sur mille** 5 children out of ou in every thousand ◆ **vendre qch au mille** to sell sth by the thousand ◆ (Comm) **2 mille de boulons** 2 thousand bolts ◆ **ouvrage qui en est à son centième mille** book which has sold 100,000 copies → **gagner**
b (Sport) [cible] bull (Brit), bull's-eye ◆ **mettre** ou **taper (en plein) dans le mille** (lit) to hit the bull (Brit) ou bull's-eye, hit the spot*; (fig) to score a bull's-eye, be bang on target* ◆ **tu as mis dans le mille en lui faisant ce cadeau** you were bang on target with the present you gave him*

mille[2] [mil] nm a **mille (marin)** nautical mile
b (Can) mile *(1 609 m)*

millefeuille[1] [milfœj] nm (Culin) mille feuilles, cream ou vanilla slice (Brit), napoleon (US)

millefeuille[2] [milfœj] nf (Bot) milfoil, yarrow

millénaire [milenɛʀ] → SYN 1 nm (période) millennium, a thousand years; (anniversaire) thousandth anniversary, millennium ◆ **nous entrons dans le deuxième millénaire** we're beginning the second millennium
2 adj (lit) thousand-year-old (épith), millenial; (fig: très vieux) ancient, very old ◆ **des rites plusieurs fois millénaires** rites several thousand years old, age-old rites ◆ **ce monument millénaire** this thousand-year-old monument

millénarisme [milenaʀism] nm millenarianism

millénariste [milenaʀist] adj, nmf millenarian

millénium [milenjɔm] nm millennium

mille-pattes [milpat] nm inv centipede

mille(-)pertuis [milpɛʀtɥi] nm St.-John's-wort

millépore [mi(l)lepɔʀ] nm millepore

mille-raies [milʀɛ] nm inv (tissu) finely-striped material ◆ **velours mille-raies** needlecord

millésime [milezim] nm (Admin, Fin: date) year, date; [vin] year, vintage ◆ **vin d'un bon millésime** vintage wine ◆ **quel est le millésime de ce vin?** what is the vintage ou year of this wine?

millésimé, e [milezime] adj vintage ◆ **bouteille millésimée** bottle of vintage wine ◆ **un bordeaux millésimé** a vintage Bordeaux

millet [mijɛ] nm (Agr) millet ◆ **donner des grains de millet aux oiseaux** to give the birds some millet ou (bird)seed

milli ... [mili] préf milli ...

milliaire [miljɛʀ] adj (Antiq) milliary ◆ **borne milliaire** milliary column

milliampère [miliɑ̃pɛʀ] nm milliamp

milliampèremètre [miliɑ̃pɛʀmɛtʀ] nm milliamp(ere)meter

milliard [miljaʀ] → SYN nm thousand million, billion, milliard† (Brit) ◆ **un milliard de gens** a thousand million ou a billion people ◆ **10 milliards de francs** 10 thousand million francs, 10 billion francs ◆ **des milliards de** thousands of millions of, billions of

milliardaire [miljaʀdɛʀ] 1 nmf multimillionaire (Brit), billionaire
2 adj ◆ **il est milliardaire** he's a multimillionaire (Brit), he's worth millions ◆ **une société plusieurs fois milliardaire en dollars** a company worth (many) millions of dollars

milliardième [miljaʀdjɛm] adj, nm thousand millionth, billionth

millibar [milibaʀ] nm millibar

millième [miljɛm] adj, nm thousandth ◆ **c'est la millième fois que je te le dis!** I've told you a thousand times! ◆ (Théât) **la millième (représentation)** the thousandth performance

millier [milje] nm thousand ◆ **un millier de têtes** a thousand (or so) heads, (about) a thousand heads ◆ **par milliers** in (their) thousands, by the thousand ◆ **il y en a des milliers** there are thousands (of them)

milligramme [miligʀam] nm milligram(me)

millilitre [mililitʀ] nm millilitre

millimètre [milimɛtʀ] nm millimetre

millimétré, e [milimetʀe] adj papier graduated *(in millimetres)*; (fig: précis) passe, tir right on target

millimétrique [milimetʀik] adj millimetric

million [miljɔ̃] nm million ◆ **2 millions de francs** 2 million francs ◆ **être riche à millions** to be a millionaire, have millions, be worth millions

millionième [miljɔnjɛm] adj, nmf millionth

millionnaire [miljɔnɛʀ] → SYN 1 nmf millionaire
2 adj ◆ **la société est millionnaire** the company is worth millions ou worth a fortune ◆ **il est plusieurs fois millionnaire** he's a millionaire several times over

millivolt [milivɔlt] nm millivolt

millivoltmètre [milivɔltmɛtʀ] nm millivoltmeter

mi-long, mi-longue [milɔ̃, milɔ̃g] adj manteau, jupe calf-length; manche elbow-length; cheveux shoulder-length

milord†* [milɔʀ] nm (noble anglais) lord, nobleman; (riche étranger) immensely rich foreigner ◆ **oui milord!** yes my lord!

milouin [milwɛ̃] nm pochard

mi-lourd [miluʀ] nm, adj (Boxe) light heavyweight

mime [mim] → SYN nm a (personne) (Théât: professionnel) mimer, mime; (gén: imitateur) mimic
b (Théât: art) (action) mime, miming; (pièce) mime ◆ **le mime est un art difficile** miming is a difficult art ◆ **il fait du mime** he is a mime ◆ **aller voir un spectacle de mime** to go to watch ou see a mime

mimer [mime] → SYN ▸ conjug 1 ◂ vt (Théât) to mime; (singer) to mimic, imitate; (pour ridiculiser) to take off

mimétique [mimetik] adj mimetic

mimétisme [mimetism] → SYN nm (Bio) (protective) mimicry; (fig) unconscious mimicry, mimetism ◆ **par un mimétisme étrange, il en était venu à ressembler à son chien** through some strange process of imitation he had grown to look just like his dog ◆ **le mimétisme qui finit par faire se ressembler l'élève et le maître** the unconscious imitation through which the pupil grows like his master

mimi* [mimi] 1 nm a (langage enfantin) (chat) pussy(cat), puss*; (baiser) little kiss
b (terme affectueux) **mon mimi** darling, sweetie*
2 adj inv (mignon) cute, lovely

mimique [mimik] → SYN nf a (grimace comique) comical expression, funny face ◆ **ce singe a de drôles de mimiques!** this monkey makes such funny faces!
b (signes, gestes) gesticulations (pl), sign language (NonC) ◆ **il eut une mimique expressive pour dire qu'il avait faim** his gestures ou gesticulations made it quite clear that he was hungry

mimodrame [mimɔdʀam] nm (Théât) mimodrama

mimolette [mimɔlɛt] nf *type of Dutch cheese*

mi-mollet [mimɔlɛ] loc adv ◆ **(arrivant à) mi-mollet** jupe calf-length, below-the-knee (épith)

mimologie [mimɔlɔʒi] nf mimicry

mimosa [mimoza] nm mimosa → **œuf**

mi-moyen [mimwajɛ̃] nm, adj (Boxe) welterweight

MIN [min] nm (abrév de **marché d'intérêt national**) → **marché**

min (abrév de **minimum**) min

minable [minabl] → SYN 1 adj (décrépit) lieu, aspect, personne shabby(-looking), seedy(-looking); (médiocre) devoir, film, personne hopeless*, useless*, pathetic*; salaire, vie miserable, wretched ◆ **l'histoire minable de cette veuve avec 15 enfants à nourrir** the sorry ou dismal tale of that widow with 15 children to feed ◆ **habillé de façon minable** seedily dressed
2 nmf (péj) dead loss*, second-rater*, washout* ◆ **c'est un minable** he's a dead loss*, he's (just) hopeless* ou pathetic* ◆ **une bande de minables** a pathetic ou useless bunch*

minablement [minabləmɑ̃] adv (→ **minable**) shabbily; hopelessly*, uselessly*, pathetically*; miserably, wretchedly

minage [minaʒ] nm [pont, tranchée] mining

minahouet [minawɛ] nm serving mallet

minaret [minaʀɛ] nm minaret

minauder [minode] → SYN ▸ conjug 1 ◂ vi to simper, put on simpering airs ◆ **oh oui, dit-elle en minaudant** oh yes, she simpered ◆ **je n'aime pas sa façon de minauder** I don't like her (silly) simpering ways

minauderie [minodʀi] → SYN nf ◆ **minauderies** simpering (airs) ◆ **faire des minauderies** to put on simpering airs, simper

minaudier, -ière [minodje, jɛʀ] → SYN adj affected, simpering (épith)

minbar [minbaʀ] nm minbar

mince [mɛ̃s] → SYN 1 adj a (peu épais) thin; (svelte, élancé) slim, slender ◆ **tranche mince** [pain] thin slice; [saucisson, jambon] sliver, thin slice ◆ **elle est mince comme un fil** she's as thin as a rake ◆ **mince comme une feuille de papier à cigarette** ou **comme une pelure d'oignon** paper-thin, wafer-thin ◆ **avoir la taille mince** to be slim ou slender
b (fig: faible, insignifiant) profit slender; salaire meagre, small; prétexte lame, weak, slight; preuve, chances slim, slender, slight; connaissances, rôle, mérite slight, small ◆ **l'intérêt du film est bien mince** the film is decidedly lacking in interest ou is of very little interest ◆ **le prétexte est bien mince** it's a very weak ou lame pretext ◆ **ce n'est pas une mince affaire que de faire** it's quite a job ou business doing, it's no easy task to do ◆ **c'est un peu mince comme réponse** that's a rather lame ou feeble reply, that's not much of an answer
2 adv couper thinly, in thin slices
3 excl ◆ (*) **mince (alors)!** (contrariété) drat (it)!*, blow (it)!* (Brit); (surprise) you don't say!; (admiration) wow!*

minceur [mɛ̃sœʀ] → SYN nf (→ **mince**) thinness; slimness, slenderness ◆ **elle est d'une minceur remarquable** she's remarkly thin ou slim ◆ **la minceur des preuves** the slimness ou the insufficiency of the evidence ◆ **cuisine minceur** cuisine minceur

mincir [mɛ̃siʀ] ▸ conjug 2 ◂ 1 vi to get slimmer, get thinner
2 vt ◆ **cette robe te mincit** this dress makes you look slimmer

Mindanao [mindanao] nf Mindanao

mine¹ [min] → SYN nf a (physionomie) expression, look ◆ dit-il, la mine réjouie he said with a cheerful ou delighted expression ◆ ne fais pas cette mine-là stop making ou pulling that face ◆ elle avait la mine longue she was pulling a long face ◆ avoir ou faire triste mine, avoir ou faire piètre mine to cut a sorry figure, look a sorry sight ◆ faire triste mine à qn to give sb a cool reception, greet sb unenthusiastically → gris

b mines [femme] simpering airs ; [bébé] expressions ◆ faire des mines to put on simpering airs, simper ◆ [bébé] il fait ses petites mines he makes (funny) little faces, he gives you these funny looks

c (allure) exterior, appearance ◆ ne vous fiez pas à sa mine affairée / tranquille don't be taken in by his busy / calm exterior ou appearance ◆ tu as la mine de quelqu'un qui n'a rien compris you look as if you haven't understood a single thing ◆ il cachait sous sa mine modeste un orgueil sans pareil his appearance of modesty ou his modest exterior concealed an overweening pride ◆ votre poulet / rôti a bonne mine your chicken / roast looks good ou lovely ou inviting ◆ (iro) tu as bonne mine maintenant ! now you look an utter ou a right* idiot ! (Brit) ou a fine fool ! → juger, payer

d (teint) avoir bonne mine to look well ◆ il a mauvaise mine he doesn't look well, he looks unwell ou poorly ◆ avoir une sale mine to look awful* ou dreadful ◆ avoir une mine de papier mâché / de déterré to look washed out / like death warmed up* (Brit) ou warmed over* (US) ◆ il a meilleure mine qu'hier he looks better than (he did) yesterday

e LOC faire mine de faire to make a show ou pretence of doing, go through the motions of doing ◆ j'ai fait mine de le croire I acted as if I believed it, I made a show ou pretence of believing it ◆ j'ai fait mine de lui donner une gifle I made as if to slap him ◆ il n'a même pas fait mine de résister he didn't even put up a token resistance, he didn't offer even a show of resistance ◆ il est venu nous demander comment ça marchait, mine de rien* he came and asked us with a casual air ou all casually* ou all casual like* how things were going ◆ mine de rien, tu sais qu'il n'est pas bête* though you wouldn't think it to look at him, he's not daft* ou he's no dummy* you know

mine² [min] → SYN nf a (gisement) deposit, mine ; (exploité) mine ◆ (lit, fig) mine d'or gold mine ◆ région de mines mining area ou district ◆ mine à ciel ouvert opencast mine ◆ la nationalisation des mines (gén) the nationalization of the mining industry ; (charbon) the nationalization of coal ou of the coalmining industry ◆ mine de charbon (gén) coalmine ; (puits) pit, mine ; (entreprise) colliery ◆ descendre dans la mine to go down the mine ou pit → carreau, galerie, puits

b (Admin) les Mines ≃ the (National) Mining and Geological service ◆ École des Mines ≃ (National) School of Mining Engineering ◆ ingénieur des Mines (state qualified) mining engineer ◆ le service des Mines ≃ MOT (Brit), *the French government vehicle testing service*

c (fig : source) mine, source, fund (*de* of) ◆ mine de renseignements mine of information ◆ une mine inépuisable de documents an inexhaustible source of documents

d mine (de crayon) lead (of pencil) ◆ crayon à mine dure / tendre hard / soft pencil, pencil with a hard / soft lead ◆ mine de plomb black lead, graphite

e (Mil) (galerie) gallery, sap, mine ; (explosif) mine ◆ mine dormante unexploded mine ◆ mine terrestre landmine → champ¹, détecteur

miner [mine] → SYN ▸ conjug 1 ◂ vt a (garnir d'explosifs) to mine ◆ ce pont est miné this bridge has been mined

b (ronger) falaise, fondations to undermine, erode, eat away ; (fig) société, autorité, santé to undermine, erode ; force, énergie to sap, drain, undermine ◆ la maladie l'a miné his illness has left him drained (of energy) ou has sapped his strength ◆ être miné par le chagrin / l'inquiétude to be worn down by grief / anxiety ◆ miné par la jalousie wasting away ou consumed with jealousy ◆ (fig) c'est un sujet / terrain miné it's a highly sensitive subject / area

minerai [minʀɛ] nm ore ◆ minerai de fer / cuivre iron / copper ore

minéral, e, mpl **-aux** [mineʀal, o] 1 adj huile, sel mineral ; (Chim) inorganic → chimie, eau

2 nm mineral

minéralier [mineʀalje] nm ore tanker

minéralisateur, -trice [mineʀalizatœʀ, tʀis] 1 adj mineralizing

2 nm mineralizer

minéralisation [mineʀalizasjɔ̃] nf mineralization

minéraliser [mineʀalize] ▸ conjug 1 ◂ vt to mineralize ◆ eau faiblement minéralisée water low in mineral content

minéralogie [mineʀalɔʒi] nf mineralogy

minéralogique [mineʀalɔʒik] adj (Géol) mineralogical ◆ (Aut) numéro minéralogique registration (Brit) ou license (US) number ◆ (Aut) plaque minéralogique number (Brit) ou license (US) plate

minéralogiste [mineʀalɔʒist] nmf mineralogist

minerval [minɛʀval] nm (Belg) school fees (Brit), tuition (US)

minerve [minɛʀv] nf (Méd) (surgical) collar ; (Typ) platen machine ◆ (Myth) Minerve Minerva

minet, -ette [minɛ, ɛt] → SYN 1 nm,f (langage enfantin : chat) puss*, pussy(-cat) (langage enfantin) ◆ (terme affectif) mon minet, ma minette (my) pet*, sweetie(-pie)*

2 nm (péj : jeune élégant) young dandy ou trendy* (Brit)

3 minette nf (* : jeune fille) dollybird* (Brit), (cute) chick* (US)

mineur¹, e [minœʀ] → SYN 1 adj a (Jur) minor ◆ enfant mineur minor ◆ être mineur to be under age, be a minor

b (peu important) soucis, œuvre, artiste minor → Asie

c (Mus) gamme, intervalle, mode minor ◆ en do mineur in C minor

d (Logique) minor ◆ terme mineur minor term ◆ proposition mineure minor premise

2 nm,f (Jur) minor, young person under 18 (years of age) ◆ établissement interdit aux mineurs no person under 18 allowed on the premises → détournement

3 nm (Mus) minor ◆ en mineur in a minor key

4 mineure nf a (Logique) minor premise

b (Univ : matière) subsidiary (Brit), second subject (Brit), minor (US)

mineur² [minœʀ] → SYN nm a (Ind) miner ; [houille] (coal) miner ◆ mineur de fond pitface ou underground worker, miner at the pitface ◆ village de mineurs mining village

b (Mil) sapper *(who lays mines)*

Ming [miŋ] nm ◆ la dynastie Ming the Ming Dynasty

mini [mini] 1 préf ◆ mini ... mini ... ◆ on va faire un mini repas we'll have a snack lunch

2 adj inv ◆ la mode mini the mini-length fashion ◆ c'est mini chez eux* they've got a minute ou tiny (little) place ◆ partir en vacances avec un mini budget ou un budget mini to go off on holiday on a tiny budget

3 nm inv a (Mode) elle s'habille (en) mini she wears minis ◆ la mode est au mini minis are in (fashion)

b ⇒ mini-ordinateur

miniature [minjatyʀ] → SYN 1 nf a (gén) miniature ◆ en miniature in miniature ◆ cette province, c'est la France en miniature this province is a miniature France ou France in miniature

b (Art) miniature ; (lettre) miniature

c (* : nabot) (little) shrimp* ou tich* (Brit), tiddler* ◆ tu as vu cette miniature ? did you see that little shrimp ?*

2 adj miniature ◆ train / lampes miniature(s) miniature train / lights

miniaturé, e [minjatyʀe] adj livre illustrated with miniatures

miniaturisation [minjatyʀizasjɔ̃] nf miniaturization

miniaturiser [minjatyʀize] → SYN ▸ conjug 1 ◂ vt to miniaturize ◆ transistor miniaturisé miniaturized transistor

miniaturiste [minjatyʀist] → SYN nmf miniaturist

minibar [minibaʀ] nm (réfrigérateur) minibar ; (chariot) refreshments trolley (Brit) ou cart

mini-boom, pl **mini-booms** [minibum] nm mini boom

minibus [minibys] nm minibus

minicassette ® [minikasɛt] nf minicassette

minichaîne [miniʃɛn] nf mini system

miniclub [miniklœb] nm children's club

minier, -ière [minje, jɛʀ] adj mining

minigolf [minigɔlf] nm crazy golf

minijupe [miniʒyp] nf miniskirt

minima [minima] → a minima, minimum

minimal, e, mpl **-aux** [minimal, o] adj température, pension minimal, minimum ◆ (Phon) paire minimale minimal pair ◆ (Art) art minimal minimal art

minimalisme [minimalism] nm (Art) minimalism

minimaliste [minimalist] adj, nmf minimalist

minime [minim] → SYN 1 adj dégât, rôle, différence minor, minimal ; fait trifling, trivial ; salaire, somme paltry

2 nmf a (Sport) junior *(13-15 years)*

b (Rel) Minim

minimisation [minimizasjɔ̃] nf minimization

minimiser [minimize] → SYN ▸ conjug 1 ◂ vt risque, rôle to minimize ; incident to play down

minimum [minimɔm], f **minimum** ou **minima** [minima], pl **minimum(s)** ou **minima** → SYN 1 adj minimum ◆ vitesse / âge minimum minimum speed / age ◆ la température minimum a été de 6 °C aujourd'hui the lowest temperature was 6 °C today, there was a low of 6 °C today (US) ◆ la SNCF garantit un service minimum the SNCF guarantees a minimum number of trains → revenu, salaire

2 nm a (gén, Math) minimum ; (Jur) minimum sentence ◆ dans le minimum de temps in the shortest time possible ◆ il faut un minimum de temps / d'intelligence pour le faire you need a minimum amount of time / a modicum of intelligence to be able to do it ◆ il faut quand même travailler un minimum you still have to do a minimum (amount) of work ◆ avec un minimum d'efforts il aurait réussi with a minimum of effort he would have succeeded ◆ il n'a pris que le minimum de précautions he took only minimum ou minimal precautions ◆ la production / la valeur des marchandises a atteint son minimum the production / the value of the goods has sunk to its lowest level (yet) ou an all-time low ◆ dépenses réduites au / à un minimum expenditure cut (down) to the / a minimum ◆ avoir tout juste le minimum vital (salaire) to earn barely a living wage ; (subsistance) to be ou live at subsistence level, be on the bread line* ◆ il faut rester le minimum (de temps) au soleil you must stay in the sun as little as possible ◆ (Jur) minimum vieillesse basic old age pension

b LOC au minimum at least, at a minimum ◆ ça coûte au minimum 100 F it costs at least 100 francs ou a minimum of 100 francs

3 adv at least, at the minimum ◆ ça dure 15 jours minimum it lasts at least 15 days

mini-ordinateur, pl **mini-ordinateurs** [miniɔʀdinatœʀ] nm minicomputer

minipilule [minipilyl] nf minipill

ministère [ministɛʀ] → SYN 1 nm a (département) ministry (Brit), department (surtout US) ◆ employé de ministère government ou Crown (Brit) employee ◆ ministère de l'Agriculture / de l'Éducation (nationale) etc ministry (Brit) ou department (US) of Agriculture / Education etc ; → aussi 2

b (cabinet) government, cabinet ◆ sous le ministère (de) Pompidou under the premiership of Pompidou, under Pompidou's government ◆ **le premier ministère Poincaré** Poincaré's first government ou cabinet ◆ **former un ministère** to form a government ou a cabinet ◆ **ministère de coalition** coalition government

c (Jur) **le ministère public** (partie) the Prosecution; (service) *the public prosecutor's office* ◆ **par ministère d'huissier** served by a bailiff

d (Rel) ministry ◆ **exercer son ministère à la campagne** to have a country parish

e (littér: entremise) agency ◆ **proposer son ministère à qn** to offer to act for sb

2 COMP ▷ **ministère des Affaires étrangères** Ministry of Foreign Affairs, Foreign Office (Brit), Department of State (US), State Department (US) ▷ **ministère des Affaires européennes** Ministry of European Affairs ▷ **ministère des Affaires sociales** Social Services Ministry ▷ **ministère des Anciens Combattants** *Ministry responsible for ex-servicemen*, ≃ Veterans Administration (US) ▷ **ministère du Budget** Ministry of Finance, ≃ Treasury (Brit), ≃ Treasury Department (US) ▷ **ministère du Commerce** Ministry of Trade, Department of Trade and Industry (Brit), Department of Commerce (US) ▷ **ministère du Commerce extérieur** Ministry of Foreign Trade, Board of Trade (Brit) ▷ **ministère de la Culture et de la Communication** Ministry for the Arts ▷ **ministère de la Défense nationale** Ministry of Defence (Brit), Department of Defense (US) ▷ **ministère des Départements et Territoires d'outre-mer** *Ministry for French overseas territories* ▷ **ministère de l'Économie et des Finances** Ministry of Finance, ≃ Treasury (Brit), ≃ Treasury Department (US) ▷ **ministère de l'Environnement** Ministry of the Environment, ≃ Department of the Environment (Brit), ≃ Environmental Protection Agency (US) ▷ **ministère de l'Industrie** ≃ Department of Trade and Industry (Brit), ≃ Department of Commerce (US) ▷ **ministère de l'Intérieur** Ministry of the Interior, ≃ Home Office (Brit) ▷ **ministère de la Jeunesse et des Sports** Ministry of Sport ▷ **ministère de la Justice** Ministry of Justice, Lord Chancellor's Office (Brit), Department of Justice (US) ▷ **ministère de la Santé** Ministry of Health, ≃ Department of Health and Social Security (Brit), ≃ Department of Health and Human Services (US) ▷ **ministère des Transports** Ministry of Transport (Brit), Department of Transportation (US) ▷ **ministère du Travail** Ministry of Employment (Brit), Department of Labor (US)

ministériel, -elle [ministerjɛl] → SYN adj fonction, circulaire ministerial; crise, remaniement cabinet (épith) ◆ **solidarité ministérielle** ministerial solidarity ◆ **département ministériel** ministry (Brit), department (surtout US) ◆ **journal ministériel** pro-government newspaper, newspaper which backs ou supports the government → **arrêté, officier**[1]

ministrable [ministʀabl] adj, nmf ◆ **il est ministrable, c'est un ministrable** he's a potential minister ou likely to be appointed minister, he's in line for a ministerial post

ministre [ministʀ] → SYN **1** nm **a** [gouvernement] minister (Brit), secretary (surtout US) ◆ **pourriez-vous nous dire Monsieur** (ou **Madame**) **le ministre ...** could you tell us Minister (Brit), could you tell us Mr (ou Madam) Secretary (US) ... ◆ **les ministres** the members of the cabinet ◆ **ministre de l'Agriculture / de l'Éducation (nationale)** etc minister (Brit) ou secretary (surtout US) of Agriculture/Education etc, Agriculture/Education etc minister (Brit) ou secretary (surtout US) ◆ **ministre délégué** minister of state (*auprès de* to) ◆ **ministre d'État** (sans portefeuille) minister without portfolio; (de haut rang) senior minister ◆ **ministre sans portefeuille** minister without portfolio; → aussi 2 et **bureau, conseil, papier, premier**

b (envoyé, ambassadeur) envoy ◆ **ministre plénipotentiaire** (minister) plenipotentiary (Brit), ambassador plenipotentiary (US)

c (Rel) (protestant) minister, clergyman; (catholique) priest ◆ **ministre du culte** minister of religion ◆ **ministre de Dieu** minister of God

d (littér: représentant) agent

2 COMP ▷ **ministre des Affaires étrangères** Minister of Foreign Affairs, ≃ Foreign Secretary (Brit), ≃ Secretary of State (US), ≃ State Secretary (US) ▷ **ministre des Affaires européennes** Minister of European Affairs ▷ **ministre des Affaires sociales** Social Services Minister ▷ **ministre du Budget** Finance Minister ou Secretary, ≃ Chancellor of the Exchequer (Brit), ≃ Secretary of the Treasury (US) ▷ **ministre du Commerce** Minister of Trade (Brit), Secretary of Commerce (US) ▷ **ministre de la Culture et de la Communication** ≃ Minister for Arts ▷ **ministre de la Défense nationale** Defence Minister (Brit), Defense Secretary (US) ▷ **ministre des Départements et Territoires d'outre-mer** *Minister for French overseas territories* ▷ **ministre de l'Économie et des Finances** Finance Minister ou Secretary, ≃ Chancellor of the Exchequer (Brit), ≃ Secretary of the Treasury (US) ▷ **ministre de l'Environnement** ≃ Minister of the Environment (Brit), ≃ Director of the Environmental Protection Agency (US) ▷ **ministre de l'Industrie** Secretary of State for Trade and Industry (Brit), Secretary of Commerce (US) ▷ **ministre de l'Intérieur** Minister of the Interior, Home Secretary (Brit) ▷ **ministre de la Jeunesse et des Sports** Sports Minister ▷ **ministre de la Justice** Minister of Justice, ≃ Lord Chancellor (Brit), ≃ Attorney General (US) ▷ **ministre de la Santé** ≃ Minister of Health and Social Security (Brit), ≃ Secretary of Health and Human Services (US) ▷ **ministre des Transports** Minister of Transport (Brit), Transportation Secretary (US) ▷ **ministre du Travail** Minister of Employment (Brit), Labor Secretary (US)

ministresse [ministʀɛs] nf (femme de ministre) minister's wife (Brit), secretary's wife (surtout US); (ministre femme) woman minister (Brit), woman secretary (surtout US)

minitel ® [minitɛl] nm *home terminal of the French telecommunications system* ◆ **obtenir un renseignement par (le) minitel** to get information on minitel ® ◆ **minitel rose** ≃ sex chatline

minitéliste [minitelist] nmf minitel user

minium [minjɔm] nm (Chim) red lead, minium; (Peinture) red lead paint

minivague [minivag] nf soft perm ◆ **se faire faire une minivague** to have a soft perm

Minnesota [minezɔta] nm Minnesota

minoen, -enne [minɔɛ̃, ɛn] adj, nm Minoan

minois [minwa] → SYN nm (visage) little face ◆ **son joli minois** her pretty little face

minorant [minɔʀɑ̃] nm (Math) lower bound

minoratif, -ive [minɔʀatif, iv] → SYN adj minorating

minoration [minɔʀasjɔ̃] nf cut, reduction (*de* in)

minorer [minɔʀe] ▸ conjug 1 ◂ vt **a** taux, impôts to cut, reduce (*de* by)

b incident to play down (the importance of)

minoritaire [minɔʀitɛʀ] → SYN **1** adj minority (épith) ◆ **groupe minoritaire** minority group ◆ **ils sont minoritaires** they are a minority ou in the minority

2 nmf member of a minority party (ou group etc) ◆ **les minoritaires** the minority (party)

minorité [minɔʀite] → SYN nf **a** (âge) (gén) minority; (Jur) minority, (legal) infancy, nonage ◆ **pendant sa minorité** while he is ou was under age, during his minority ou infancy (Jur) ◆ (Jur) **minorité pénale** ≃ legal infancy

b (groupe) minority, minority group ◆ **minorité ethnique / nationale** racial ou ethnic / national minority ◆ **minorité opprimée** oppressed minority ◆ **minorité agissante** active minority ◆ (Écon) **minorité de blocage** minority vote sufficient to block a motion

c minorité de minority of ◆ **dans la minorité des cas** in the minority of cases ◆ **je m'adresse à une minorité d'auditeurs** I'm addressing a minority of listeners

d être en minorité to be in the minority, be a minority ◆ **le gouvernement a été mis en minorité sur la question du budget** the government was defeated on the budget

Minorque [minɔʀk] nf Minorca

minorquin, e [minɔʀkɛ̃, in] **1** adj Minorcan **2** nm,f ◆ **Minorquin(e)** Minorcan

Minos [minɔs] nm Minos

Minotaure [minɔtɔʀ] nm Minotaur

minoterie [minɔtʀi] → SYN nf (industrie) flour-milling (industry); (usine) (flour-)mill

minotier [minɔtje] nm miller

minou [minu] nm (langage enfantin) pussy(cat), puss* ◆ (terme d'affection) **oui mon minou** yes sweetie(-pie)* ou (my) pet*

Minsk [minsk] n Minsk

minuit [minɥi] nm midnight, twelve (o'clock) (at night), twelve midnight ◆ **minuit vingt** twenty past twelve ou midnight ◆ (hum) **il est minuit, l'heure du crime** it's midnight, the bewitching hour ◆ **bain / messe / soleil de minuit** midnight bath / mass / sun

minus [minys] nmf (péj) dead loss*, second-rater*, washout* ◆ **minus habens** moron ◆ **leur fils est un minus** their son is a useless specimen* ou a waster

minuscule [minyskyl] → SYN **1** adj **a** (très petit) minute, tiny, minuscule

b (Écriture) small; (Typ) lower case ◆ **h minuscule** small h

2 nf ◆ **(lettre) minuscule** small letter; (Typ) lower case letter

minutage [minytaʒ] nm minute by minute timing, (strict ou precise) timing

minutaire [minytɛʀ] adj minute (épith)

minute [minyt] → SYN nf **a** (division de l'heure, d'un degré) minute; (moment) minute, moment ◆ **je n'ai pas une minute à moi / à perdre** I don't have a minute ou moment to myself / to lose ◆ **une minute d'inattention a suffi** a moment's inattention was enough ◆ **minute (papillon)!*** not so fast!, hey, just a minute!*, hold ou hang on (a minute)!* ◆ **une minute, j'arrive!** just a second, I'm coming! ◆ **il n'y a plus une minute à perdre** we don't have a second to waste ◆ **elle va arriver d'une minute à l'autre** she'll be here any minute now ◆ **une minute de silence** a minute's silence, a minute of silence ◆ **la minute de vérité** the moment of truth ◆ **steak** ou **entrecôte minute** minute steak ◆ **« talons minute »** heel bar, on-the-spot shoe repairs, "shoes repaired while you wait" ◆ **« clé minute »** "keys cut while you wait" → **cocotte**

b à la minute: on me l'a apporté à la minute it has just this instant ou moment been brought to me ◆ **avec toi il faut toujours tout faire à la minute** you always have to have things done there and then ou on the spot ◆ **on n'est pas à la minute près** there's no rush ◆ **réparations à la minute** on the spot repairs, repairs while you wait ◆ **elle arrive toujours à la minute (près)** she's always there on the dot*, she always arrives to the minute ou right on time*

c (Jur) minute ◆ **les minutes de la réunion** the minutes of the meeting ◆ **rédiger les minutes de qch** to minute sth

minuter [minyte] → SYN ▸ conjug 1 ◂ vt **a** (organiser) to time (carefully ou to the last minute); (chronométrer, limiter) to time ◆ **dans son emploi du temps tout est minuté** everything's worked out ou timed down to the last second in his timetable ◆ **emploi du temps minuté** strict schedule ou timetable

b (Jur) to draw up, draft

minuterie [minytʀi] nf [lumière] time switch; [horloge] regulator; [four] timer ◆ **allumer la minuterie** to switch on the (automatic) light *(on stairs, in passage etc)*

minuteur [minytœʀ] nm [horloge, four] timer

minutie [minysi] → SYN nf **a** [personne, travail] meticulousness; [ouvrage, inspection] minute detail ◆ **j'ai été frappé par la minutie de son inspection** I was amazed by the detail of his inspection, I was amazed how detailed his inspection was ◆ **l'horlogerie demande beaucoup de minutie** clock-making requires a great deal of precision ◆ **avec minutie**

(avec soin) meticulously; (dans le détail) in minute detail
b (détails: péj) **minuties** trifles, trifling details, minutiae

minutier [minytje] nm (registre) minute book

minutieusement [minysjøzmɑ̃] adv (avec soin) meticulously; (dans le détail) in minute detail

minutieux, -ieuse [minysjø, jøz] → SYN adj personne, soin meticulous; ouvrage, dessin minutely detailed; description, inspection minute ◆ **il s'agit d'un travail minutieux** it's a job that demands painstaking attention to detail ◆ **c'est une opération minutieuse** it's an operation demanding great care, it's an extremely delicate ou finicky operation ◆ **il est très minutieux** he is very meticulous ou careful of detail

miocène [mjɔsɛn] adj, nm Miocene

mioche [mjɔʃ] → SYN nmf (*: gosse) kid*, nipper* (Brit); (péj) brat* ◆ **sale mioche!** dirty ou horrible little brat!*

mi-pente [mipɑ̃t] loc adv ◆ **à mi-pente** halfway up ou down the hill

mirabelle [miʀabɛl] nf (prune) (cherry) plum; (alcool) plum brandy

mirabellier [miʀabelje] nm cherry-plum tree

mirabilis [miʀabilis] nm (Bot) four-o'clock

miracle [miʀakl] → SYN 1 nm a (lit) miracle; (fig) miracle, marvel ◆ **miracle économique** economic miracle ◆ **son œuvre est un miracle d'équilibre** his work is a miracle ou marvel of balance ◆ **cela tient du miracle** it's a miracle ◆ **faire** ou **accomplir des miracles** (lit) to work ou do ou accomplish miracles; (fig) to work wonders ou miracles ◆ **c'est miracle qu'il résiste dans ces conditions** it's a wonder ou a miracle he manages to cope in these conditions ◆ **par miracle** miraculously, by a ou by some miracle ◆ (iro) **comme par miracle** by some miracle → **crier**
b (Hist, Littérat) miracle (play)
2 adj inv ◆ **le remède / la solution miracle** the miracle cure / solution ◆ **il n'y a pas de recette miracle** there's no miracle solution

miraculé, e [miʀakyle] adj, nm,f ◆ **(malade) miraculé** (person) who has been miraculously cured ou who has been cured by a miracle ◆ **les 3 miraculés de la route** the 3 (people) who miraculously ou who by some miracle survived the accident ◆ (hum) **voilà le miraculé!** here comes the miraculous recovery!

miraculeusement [miʀakyløzmɑ̃] adv miraculously, (as if) by a miracle

miraculeux, -euse [miʀakylø, øz] → SYN adj guérison miraculous; progrès, réussite wonderful ◆ **traitement** ou **remède miraculeux** miracle cure ◆ **ça n'a rien de miraculeux** there's nothing so miraculous ou extraordinary about that

mirador [miʀadɔʀ] nm (Mil) watchtower, mirador; (Archit) mirador

mirage [miʀaʒ] → SYN nm a (lit, fig) mirage ◆ **tu rêves! c'est un mirage*** you're dreaming! you're seeing things!
b [œufs] candling

miraud, e* [miʀo, od] adj (myope) short-sighted ◆ **tu es miraud!** you need glasses!

mirbane [miʀban] nf nitrobenzene

mire [miʀ] → SYN nf (TV) test card; (Arpentage) surveyor's rod ◆ (viser) **prendre sa mire** to take aim → **cran, ligne**[1], **point**[1]

mire-œufs [miʀø] nm inv light *(for testing eggs)*

mirer [miʀe] → SYN ▸ conjug 1 ◂ 1 vt a œufs to candle
b (littér) to mirror
2 **se mirer** vpr (littér) [personne] to gaze at o.s. *(in the mirror, water etc)*; [chose] to be mirrored ou reflected *(in the water etc)*

mirettes* [miʀɛt] nfpl eyes, peepers* (hum)

mireur, -euse [miʀœʀ, øz] nm,f candler

mirifique [miʀifik] → SYN adj (hum) wonderful, fantabulous*, fantastic

mirliflore†† [miʀliflɔʀ] nm fop†, coxcomb†† ◆ (péj) **faire le mirliflore** to put on foppish airs†, play the fine fellow

mirliton [miʀlitɔ̃] → SYN nm (Mus) reed pipe, mirliton; [carnaval] novelty whistle, kazoo → **vers**[2]

mirmidon [miʀmidɔ̃] nm ⇒ **myrmidon**

mirmillon [miʀmijɔ̃] nm mirmillon

miro* [miʀo] adj ⇒ **miraud, e***

mirobolant, e* [miʀɔbɔlɑ̃, ɑ̃t] → SYN adj (hum) fabulous, fantastic

miroir [miʀwaʀ] → SYN nm (lit) mirror; (fig) mirror, reflection ◆ (littér) **le miroir des eaux** the glassy waters ◆ **ce roman est-il bien le miroir de la réalité?** is this novel a true reflection of reality?, does this novel really mirror reality? ◆ **miroir déformant** distorting mirror ◆ **miroir grossissant** magnifying mirror ◆ (frm) **miroir d'eau** ornamental pond ◆ **miroir aux alouettes** (lit) decoy; (fig) lure ◆ (Aut) **miroir de courtoisie** vanity mirror ◆ **écriture / image en miroir** mirror writing / image

miroitant, e [miʀwatɑ̃, ɑ̃t] → SYN adj (étincelant) sparkling, gleaming; (chatoyant) shimmering

miroité, e [miʀwate] (ptp de **miroiter**) adj cheval dappled

miroitement [miʀwatmɑ̃] → SYN nm (→ **miroiter**) sparkling (NonC), gleaming (NonC); shimmering (NonC)

miroiter [miʀwate] → SYN ▸ conjug 1 ◂ vi (étinceler) to sparkle, gleam; (chatoyer) to shimmer ◆ (fig) **il lui fit miroiter les avantages qu'il aurait à accepter ce poste** he painted in glowing colours the advantages ou he painted an enticing picture of the advantages he would gain from taking the job

miroiterie [miʀwatʀi] nf a (Comm) mirror trade; (Ind) mirror industry
b (usine) mirror factory

miroitier, -ière [miʀwatje, jɛʀ] → SYN nm,f (vendeur) mirror dealer; (fabricant) mirror manufacturer; (artisan) mirror cutter, silverer

mironton* [miʀɔ̃tɔ̃], **miroton** [miʀɔtɔ̃] nm ◆ **(bœuf) mironton** boiled beef in onion sauce

MIRV [miʀv] nm inv (abrév de **Multiple Independently Targetable Reentry Vehicle**) MIRV

mis, e[1] [mi, miz] → SYN (ptp de **mettre**) adj (†: vêtu) attired†, clad ◆ **bien mis** nicely turned out

misaine [mizɛn] nf ◆ **(voile de) misaine** foresail → **mât**

misandre [mizɑ̃dʀ] 1 adj misandrous, misandrist
2 nmf misandrist

misandrie [mizɑ̃dʀi] nf misandry

misanthrope [mizɑ̃tʀɔp] → SYN nmf misanthropist, misanthrope ◆ **il est devenu très misanthrope** he's come to dislike everyone ou to hate society, he's turned into a real misanthropist ◆ **une attitude (de) misanthrope** a misanthropic attitude

misanthropie [mizɑ̃tʀɔpi] → SYN nf misanthropy

misanthropique [mizɑ̃tʀɔpik] adj (littér) misanthropic, misanthropical

miscellanées [miselane] → SYN nfpl miscellanea

miscible [misibl] adj miscible

mise[2] [miz] → SYN 1 nf a (action de mettre) putting, setting ◆ **mise en bouteilles** bottling ◆ **mise en sacs** packing ◆ **mise en gage** pawning ◆ **la mise en service des nouveaux autobus est prévue pour le mois prochain** the new buses are due to be put into service next month ◆ **la mise en pratique ne sera pas aisée** putting it into practice won't be easy, it won't be easy to put it into practice ou to carry it out in practice ◆ **la mise à jour de leurs registres sera longue** it will be a lengthy business updating their registers, the updating of their registers will take a long time ◆ **lire les instructions avant la mise en marche de l'appareil** read the instructions before starting the machine; → aussi 2 et **accusation, bière**[2], **condition**
b (enjeu) stake, ante; (Comm) outlay ◆ **récupérer sa mise** to recoup one's outlay ◆ **gagner 1 000 F pour une mise de 100 F** to make 1,000 francs on an outlay of 100 francs → **sauver**
c (habillement) attire, clothing, garb (hum) ◆ **avoir une mise débraillée** to be untidily dressed, have an untidy appearance ◆ **juger qn sur** ou **à sa mise** to judge sb by his clothes ou by what he wears ◆ **soigner sa mise** to take pride in one's appearance
d **être de mise** (†† Fin) to be in circulation, be legal currency; (fig) to be acceptable, be in place ou season (fig) ◆ **ces propos ne sont pas de mise** those remarks are out of place
2 COMP ▷ **mise bas** (Vét) dropping, birth ▷ **mise en boîte** (lit) canning ◆ (fig) **la mise en boîte* du gouvernement par les journaux satiriques** the ridiculing of the government by the satirical press ◆ **il ne supporte pas la mise en boîte*** he can't stand having his leg pulled, he can't stand being made a joke of ▷ **mise en demeure** formal demand, notice ▷ **mise à exécution** [projet, idée] implementation, implementing, execution; [loi] implementation, enforcement ▷ **mise à feu** (Espace) firing ▷ **mise de fonds** (Fin) capital outlay ◆ (Fin) **mise de fonds initiale** seed money, venture capital ◆ **faire une mise de fonds** to lay out capital ▷ **mise en forme** (Typ) imposition; (Sport) warm-up ou limbering-up exercises ▷ **mise en jeu** involvement, bringing into play ▷ **mise en ligne** (Mil) alignment ▷ **mise au monde** birth ▷ **mise à mort** kill ▷ **mise en ondes** (Rad) production ▷ **mise en page** (Typ) make-up, layout ▷ **mise à pied** (Ind) dismissal ▷ **mise sur pied** setting up ▷ **mise en plis** (Coiffure) set ◆ **se faire faire une mise en plis** to have a set, have one's hair set ▷ **mise au point** (Aut) tuning; (Phot) focusing; (Tech) adjustment; (Ordin) debugging; [affaire] finalizing, settling; [procédé technique] perfecting; (fig: explication, correction) clarification ◆ **publier une mise au point** to issue a statement (setting the record straight ou clarifying a point) ▷ **mise à prix** (enchères) reserve price (Brit), upset price (US) (→ aussi **prix**) ▷ **mise en scène** (Ciné, Théât) production ◆ (fig) **son indignation n'est qu'une mise en scène** his indignation is just for show ou is just put on ◆ (fig) **toute cette mise en scène pour nous faire croire que ...** this great build-up ou performance just to make us believe that ... ▷ **mise en valeur** [terre] development; [maison] improvement; [meuble, tableau] setting-off ▷ **mise en vigueur** enforcement

miser [mize] → SYN ▸ conjug 1 ◂ vt a argent to stake, bet (*sur* on) ◆ **miser sur un cheval** to bet on a horse, put money on a horse ◆ **miser à 8 contre 1** to bet at ou accept odds of 8 to 1, take 8 to 1 ◆ (fig) **il a misé sur le mauvais cheval** he backed the wrong horse (fig) → **tableau**
b (*: compter sur) **miser sur** to bank on, count on
c (Helv) (vendre) to sell by auction; (acheter) to buy by auction ◆ **miser sur qn** to overbid sb

misérabilisme [mizeʀabilism] nm (Littérat) preoccupation with the sordid aspects of life

misérabiliste [mizeʀabilist] adj (Littérat) who ou which concentrates on the sordid aspects of life

misérable [mizeʀabl] → SYN 1 adj a (pauvre) famille, personne destitute, poverty-stricken; région impoverished, poverty-stricken; logement seedy, mean, shabby, dingy; vêtements shabby ◆ **d'aspect misérable** of mean appearance, seedy-looking
b (pitoyable) existence, conditions miserable, wretched, pitiful; personne, famille pitiful, wretched
c (sans valeur, minable) somme d'argent paltry, miserable ◆ **un salaire misérable** a pittance, a miserable salary ◆ **ne te mets pas en colère pour un misérable billet de 20 F** don't get angry about a measly* ou mouldy* 20-franc note
d (††, littér: méprisable) vile†, base†, contemptible
2 nmf (†, littér: méchant) wretch, scoundrel; (pauvre) poor wretch ◆ **petit misérable!** you (little) rascal! ou wretch!

misérablement [mizeʀabləmɑ̃] adv (pitoyablement) miserably, wretchedly; (pauvrement) in great ou wretched poverty

misère [mizɛʀ] → SYN nf **a** (pauvreté) (extreme) poverty, destitution (frm) ◆ **la misère en gants blancs** ou **en faux-col** genteel poverty ◆ **être dans la misère** to be destitute ou poverty-stricken ◆ **vivre dans la misère** to live in poverty ◆ **tomber dans la misère** to fall on hard ou bad times, become impoverished ou destitute ◆ **crier** ou **pleurer misère** to bewail ou bemoan one's poverty ◆ **traitement** ou **salaire de misère** starvation wage ◆ **misère dorée** splendid poverty ◆ **misère noire** utter destitution ◆ **réduire qn à la misère** to make sb destitute, reduce sb to a state of (dire) poverty
b (carence) **misère culturelle** lack of culture ◆ **misère physiologique** malnutrition ◆ **misère sexuelle** sex deprivation
c (malheur) **misères** woes, miseries, misfortunes ◆ (*: ennuis) **petites misères** little troubles ou adversities, mild irritations ◆ **faire des misères à qn*** to be nasty to sb ◆ **les misères de la guerre** the miseries of war ◆ **c'est une misère de la voir s'anémier** it's pitiful ou wretched to see her growing weaker ◆ **quelle misère!** what a wretched shame! ◆ (†, hum) **misère!, misère de nous!** woe is me! (†, hum), misery me! (†, hum) ◆ (Rel) **la misère de l'homme** man's wretchedness → **collier, lit**
d (somme négligeable) **il l'a eu pour une misère** he got it for a song ou for next to nothing ◆ **c'est une misère pour eux** that's nothing ou a trifle to them
e (plante) wandering sailor

miserere, miséréré [mizeʀeʀe] nm (psaume, chant) Miserere

miséreux, -euse [mizeʀø, øz] → SYN **1** adj poverty-stricken
2 nm,f ◆ **un miséreux** a down-and-out, a poverty-stricken man ◆ **les miséreux** the down-and-out(s), the poverty-stricken

miséricorde [mizeʀikɔʀd] → SYN **1** nf **a** (pitié) mercy, forgiveness ◆ **la miséricorde divine** divine mercy → **péché**
b (Constr) misericord
2 excl (†) mercy me!†, mercy on us!†

miséricordieusement [mizeʀikɔʀdjøzmɑ̃] adv mercifully

miséricordieux, -ieuse [mizeʀikɔʀdjø, jøz] → SYN adj merciful, forgiving

miso* [mizo] adj, nmf (abrév de **misogyne**)

misogyne [mizɔʒin] **1** adj misogynous
2 nmf misogynist, woman-hater

misogynie [mizɔʒini] nf misogyny

mispickel [mispikɛl] nm arsenopyrite, mispickel

miss [mis] nf **a** [concours de beauté] beauty queen ◆ **Miss France** Miss France
b (nurse) English ou American governess ◆ **2 enfants et leur miss** 2 children and their (English) governess
c (vieille demoiselle) **miss anglaise** old English spinster

missel [misɛl] → SYN nm missal

missile [misil] → SYN nm (Aviat) missile ◆ **missile antichar / antiaérien** antitank / antiaircraft missile ◆ **missile antimissile** antimissile missile ◆ **missile autoguidé / balistique** self-guiding / ballistic missile ◆ **missile sol-sol / sol-air** etc ground-to-ground / ground-(to-)air etc missile ◆ **missile de moyenne portée** intermediate-range weapon ou missile ◆ **missile tactique / de croisière** tactical / cruise missile

missilier [misilje] nm missileman, missileer

mission [misjɔ̃] → SYN nf **a** (charge, tâche) (gén, Rel) mission; (Pol) mission, assignment; [intérimaire] brief, assignment ◆ **mission lui fut donnée de** he was commissioned to ◆ **partir / être en mission** (Admin, Mil) to go / be on an assignment; [prêtre] to go / be on a mission ◆ **mission accomplie** mission accomplished ◆ (Mil) **mission de reconnaissance** reconnaissance (mission), recce* ◆ **mission diplomatique / scientifique** diplomatic / scientific mission ◆ **mission impossible** (lit) impossible task; (hum) mission impossible → **chargé, ordre²**
b (but, vocation) task, mission ◆ **la mission de la littérature** the task of literature ◆ **il s'est donné pour mission de faire** he set himself the task of doing, he has made it his mission (in life) to do
c (Rel) (bâtiment) mission (station); (groupe) mission

missionnaire [misjɔnɛʀ] → SYN adj, nmf missionary

Mississippi [misisipi] nm Mississippi

missive [misiv] → SYN adj, nf missive

Missouri [misuʀi] nm Missouri

mistigri [mistigʀi] nm **a** (†*: chat) malkin†
b (Cartes) jack of clubs ◆ (fig) **repasser** ou **refiler* le mistigri à qn** to leave sb holding the baby

mistoufle†* [mistufl] nf ◆ **être dans la mistoufle** to be on one's beam ends* (Brit), have hit hard ou bad times, be on one's uppers* (Brit) ◆ **faire des mistoufles à qn** to play (nasty) tricks on sb

mistral [mistʀal] nm mistral

mitaine [mitɛn] → SYN nf (fingerless) mitten ou mitt

mitan [mitɑ̃] → SYN nm (†† ou dial) middle, centre ◆ **dans le mitan de** in the middle of

mitard [mitaʀ] nm (arg Crime) solitary* ◆ **il a fait 15 jours de mitard** he did 2 weeks (in) solitary*

mite [mit] → SYN nf clothes moth ◆ **mangé aux mites** moth-eaten ◆ **mite du fromage** cheesemite ◆ **avoir la mite à l'œil†*** to have sleep in one's eyes (fig)

mité, e [mite] (ptp de **se miter**) adj moth-eaten

mi-temps [mitɑ̃] → SYN nf inv **a** (Sport) (période) half; (repos) half-time ◆ **à la mi-temps** at half-time ◆ **première / seconde mi-temps** first / second half ◆ **l'arbitre a sifflé la mi-temps** the referee blew (the whistle) for half-time
b LOC **à mi-temps** part-time ◆ **le travail à mi-temps** part-time work ◆ **travailler à mi-temps** to work part-time, do part-time work ◆ **elle est dactylo à mi-temps** she's a part-time typist

miter (se) [mite] ▸ conjug 1 ◂ vpr to be ou become moth-eaten ◆ **pour éviter que les vêtements se mitent** to stop the moths getting at the clothes

miteux, -euse [mitø, øz] → SYN adj lieu seedy, dingy, grotty‡ (Brit); vêtement shabby, tatty*, grotty‡ (Brit); personne shabby(-looking), seedy(-looking) ◆ **un miteux*** a seedy(-looking) character

mithracisme [mitʀasism], **mithriacisme** [mitʀijasism] nm Mithra(ic)ism

mithriaque [mitʀijak] adj Mithraic, Mithraistic

Mithridate [mitʀidat] nm Mithridates

mithridatisation [mitʀidatizasjɔ̃] nf ⇒ **mithridatisme**

mithridatiser [mitʀidatize] ▸ conjug 1 ◂ vt to mithridatize

mithridatisme [mitʀidatism] nm mithridatism

mitigation [mitigasjɔ̃] → SYN nf (Jur) mitigation

mitigé, e [mitiʒe] (ptp de **mitiger**) adj ardeur mitigated; convictions, enthousiasme lukewarm, reserved ◆ **sentiments mitigés** mixed feelings ◆ **joie mitigée de regrets** joy mixed ou mingled with regret

mitiger† [mitiʒe] ▸ conjug 3 ◂ vt to mitigate

mitigeur [mitiʒœʀ] nm mixer tap (Brit) ou faucet (US) ◆ **mitigeur thermostatique** temperature control tap (Brit) ou faucet (US)

mitochondrie [mitɔkɔ̃dʀi] nf mitochondrion

miton [mitɔ̃] nm miton

mitonner [mitɔne] → SYN ▸ conjug 1 ◂ **1** vt **a** (Culin) (à feu doux) to simmer, cook slowly; (avec soin) to prepare ou cook with loving care ◆ **elle (lui) mitonne des petits plats** she cooks (up) ou concocts tempting ou tasty dishes (for him)
b (*) affaire, revanche to cook up*; personne to cosset
2 vi to simmer, cook slowly

mitose [mitoz] nf mitosis ◆ **se reproduire par mitose** to replicate ◆ **reproduction par mitose** replication

mitotique [mitɔtik] adj mitotic

mitoyen, -yenne [mitwajɛ̃, jɛn] → SYN adj ◆ **mur mitoyen** party ou common wall ◆ **le mur est mitoyen** it is a party wall ◆ **cloison mitoyenne** partition wall ◆ **maisons mitoyennes** (deux) semi-detached houses (Brit), duplex houses (US); (plus de deux) terraced houses (Brit), town houses (US) ◆ **notre jardin est mitoyen avec le leur** our garden adjoins theirs

mitoyenneté [mitwajɛnte] → SYN nf [mur] common ownership ◆ **la mitoyenneté des maisons** the (existence of a) party wall between the houses

Mitra [mitʀa] nf Mitra

mitraillade [mitʀajad] nf **a** (coups de feu) (volley of) shots; (échauffourée) exchange of shots
b ⇒ **mitraillage**

mitraillage [mitʀajaʒ] nm machine-gunning; (Scol etc) quick-fire questioning ◆ **mitraillage au sol** strafing

mitraille [mitʀaj] nf **a** (Mil) (†: projectiles) grapeshot; (décharge) volley of shots, hail of bullets ◆ **fuir sous la mitraille** to flee under a hail of bullets
b (*: petite monnaie) loose ou small change

mitrailler [mitʀaje] → SYN ▸ conjug 1 ◂ vt **a** (Mil) to machine-gun ◆ **mitrailler au sol** to strafe ◆ **mitrailler qn avec des élastiques*** to pelt sb with rubber bands
b (*: Phot) monument to take shot after shot of ◆ **les touristes mitraillaient la cathédrale** the tourists' cameras were clicking away madly at the cathedral ◆ **être mitraillé par les photographes** to be bombarded by the photographers
c (fig) **mitrailler qn de questions** to bombard sb with questions, fire questions at sb

mitraillette [mitʀajɛt] → SYN nf submachine gun, tommy gun*

mitrailleur [mitʀajœʀ] nm (Mil) machine gunner; (Aviat) air gunner

mitrailleuse [mitʀajøz] nf machine gun ◆ **mitrailleuse légère / lourde** light / heavy machine gun

mitral, e, mpl **-aux** [mitʀal, o] adj (Anat) mitral ◆ **valvule mitral** mitral valve

mitre [mitʀ] nf **a** (Rel) mitre ◆ **recevoir** ou **coiffer la mitre** to be appointed bishop, be mitred
b (Tech) [cheminée] cowl

mitré, e [mitʀe] adj mitred → **abbé**

mitron [mitʀɔ̃] nm **a** (boulanger) baker's boy; (pâtissier) pastrycook's boy
b [cheminée] chimney top

mi-vitesse [mivitɛs] loc adv ◆ **à mi-vitesse** at half speed

mi-voix [mivwa] loc adv ◆ **à mi-voix** in a low ou hushed voice, in an undertone

mixage [miksaʒ] nm (Ciné, Rad) (sound) mixing

mixer¹ [mikse] ▸ conjug 1 ◂ vt (Ciné, Rad) to mix; (Culin) to blend

mixer², mixeur [miksœʀ] nm (Culin) mixer, liquidizer, blender, juicer (US)

mixité [miksite] nf (Scol) coeducation, coeducational system; [équipe, groupe] mix

mixte [mikst] → SYN adj **a** (deux sexes) équipe mixed; classe, école, enseignement mixed, coeducational, coed* → **double**
b (comportant éléments divers) mariage, train mixed (épith); équipe combined (épith); tribunal, commission joint; rôle dual (épith); appareil électrique dual voltage; radio, électrophone battery-mains (operated) (Brit), electrically-operated (US); (Chim, Géog) roche, végétation mixed ◆ **outil à usage mixte** dual-purpose tool ◆ **peau mixte** mixed ou combination skin ◆ **navire** ou **cargo mixte** cargo-passenger ship ou vessel ◆ **cuisinière mixte** combined gas and electric cooker (Brit) ou stove ◆ **l'opéra-bouffe est un genre mixte** comic opera is a mixture of genres

mixtion [mikstjɔ̃] → SYN nf (Chim, Pharm) (action) blending, compounding; (médicament) mixture

mixture [mikstyʀ] → SYN nf (Chim, Pharm) mixture; (Culin) mixture, concoction; (péj, fig) concoction

MJC [ɛmʒise] nf (abrév de **maison des jeunes et de la culture**) → **maison**

MKSA [ɛmkaɛsa] adj (abrév de **mètre, kilogramme, seconde, ampère**) ◆ **système MKSA** Giorgi ou MKSA system

ml (abrév de **millilitre**) ml

MLF [ɛmɛlɛf] nm (abrév de **Mouvement de libération de la femme**) Women's Liberation Movement, Women's Lib*

Mlle (abrév de **Mademoiselle**) ◆ **Mlle Martin** Miss Martin

Mlles abrév de **Mesdemoiselles**

MM (abrév de **Messieurs**) Messrs

mm (abrév de **millimètre**) mm

Mme (abrév de **Madame**) ◆ **Mme Martin** Mrs Martin

Mmes abrév de **Mesdames**

mn (abrév de **minute**) min

mnémonique [mnemɔnik] adj mnemonic

mnémotechnique [mnemotɛknik] 1 adj mnemonic
2 nf mnemonics (sg), mnemotechnics (sg)

mnésique [mnezik] adj mnesic

Mo (abrév de **mégaoctet**) Mb, MB

mob* [mɔb] nf abrév de **mobylette**®

mobile [mɔbil] → SYN 1 adj a pièce de moteur moving; élément de meuble, casier, panneau movable; feuillets (de cahier, calendrier) loose → **échelle, fête**
b main-d'œuvre, population mobile
c reflet changing; traits mobile, animated; regard, yeux mobile, darting (épith); esprit nimble, agile
d troupes mobile ◆ **boxeur très mobile** boxer who is very quick on his feet, nimble-footed boxer ◆ **avec la voiture on est très mobile** you can really get around ou about with a car, having a car makes you very mobile → **garde¹, garde²**
2 nm a (impulsion) motive (*de* for) ◆ **quel était le mobile de son action?** what was the motive for ou what prompted his action? ◆ **chercher le mobile du crime** to look for the motive for the crime
b (Art) mobile
c (Phys) moving object ou body

mobile-home, pl **mobile-homes** [mɔbilom] → SYN nm mobile home

mobilier, -ière [mɔbilje, jɛʀ] → SYN 1 adj (Jur) propriété, bien movable, personal; valeurs transferable ◆ **saisie/vente mobilière** seizure/sale of personal ou movable property ◆ **contribution** ou **cote mobilière**† property tax
2 nm a (ameublement) furniture ◆ **le mobilier du salon** the lounge furniture ◆ **nous avons un mobilier Louis XV** our furniture is Louis XV, our house is furnished in Louis XV (style) ◆ (fig hum) **il fait partie du mobilier** he's part of the furniture (hum) ◆ **le Mobilier national** state-owned furniture *(used to furnish buildings of the State)* ◆ **mobilier urbain** street furniture
b (Jur) personal ou movable property

mobilisable [mɔbilizabl] adj soldat who can be called up ou mobilized; énergie, ressources that can be mobilized, that can be summoned up, summonable; capitaux mobilizable ◆ (Mil) **il n'est pas mobilisable** he cannot be called up

mobilisateur, -trice [mɔbilizatœʀ, tʀis] → SYN adj ◆ **slogan mobilisateur** rallying call ou cry, slogan which will stir people into action ◆ **projet mobilisateur** plan which will stir people into action ◆ **politique peu mobilisatrice** policies which do not attract much support

mobilisation [mɔbilizasjɔ̃] → SYN nf a [citoyens] mobilization, calling up; [troupes, ressources] mobilization; (Physiol) mobilization ◆ **mobilisation générale/partielle** general/partial mobilization ◆ **la mobilisation de la gauche contre le racisme** the mobilization ou rallying of the left against racism
b (Fin) [fonds] mobilization, raising ◆ **mobilisation d'actif** conversion into movable property, mobilization of realty

mobiliser [mɔbilize] → SYN ▸conjug 1◂ vt a (faire appel à) citoyens to call up, mobilize; troupes, ressources, adhérents to mobilize; fonds to raise, mobilize ◆ **mobiliser les enthousiasmes** to summon up ou mobilize people's enthusiasm ◆ **mobiliser les esprits (en faveur d'une cause)** to rally people's interest (in a cause) ◆ **les (soldats) mobilisés** the mobilized troops ◆ (fig) **tout le monde était mobilisé pour la servir** everyone was put to work attending to her needs, everyone had to jump to (it) and attend to her needs ◆ **il faut se mobiliser contre le chômage** we must take action ou mobilize to fight unemployment
b (Méd: faire bouger) articulation, muscle to control

mobilité [mɔbilite] → SYN nf (gén) mobility ◆ **mobilité professionnelle** professional mobility ◆ **mobilité sociale** social mobility ◆ **mobilité sociale ascendante** upward (social) mobility ◆ **la mobilité de son regard** his darting eyes ◆ **la voiture nous permet une plus grande mobilité** having the car means we can get around more easily ou makes us more mobile ou gives us greater mobility

Mobylette® [mɔbilɛt] nf Mobylette®, moped

mocassin [mɔkasɛ̃] nm moccasin

mochard, e* [mɔʃaʀ, aʀd] adj ugly

moche* [mɔʃ] adj a (laid) ugly, awful, ghastly* ◆ **elle est moche comme un pou** she's got a face like the back of a bus* (Brit), she's as ugly as sin
b (mauvais) rotten*, lousy‡; (méchant) rotten*, nasty ◆ **tu es moche avec elle** you're rotten* to her ◆ **il a la grippe, c'est moche pour lui** he's got flu, that's hard on him ou that's rotten for him*

mocheté* [mɔʃte] nf a (laideur) ugliness
b (personne) fright; (objet) eyesore ◆ **c'est une vraie mocheté!** she's an absolute fright! ou as ugly as sin!

modal, e, mpl **-aux** [mɔdal, o] 1 adj modal
2 nm (verbe) modal (verb)

modalité [mɔdalite] → SYN nf a (forme) form, mode ◆ **modalité d'application de la loi** mode of enforcement of the law ◆ **modalités de paiement** methods ou modes of payment ◆ (Jur) **modalités de mise en œuvre** details of implementation ◆ (Scol) **modalités de contrôle** methods of assessment
b (Ling, Mus, Philos) modality ◆ **adverbe de modalité** modal adverb
c (Jur: condition) clause

mode¹ [mɔd] → SYN 1 nf a fashion ◆ **suivre la mode** to keep in fashion, keep up with the fashions ◆ (péj) **une de ces nouvelles modes** one of these new fads ou crazes ◆ **à la mode** fashionable, in fashion ◆ **une femme très à la mode** a very fashionable woman ◆ **c'est la mode des boucles d'oreilles, les boucles d'oreilles sont à la mode** earrings are in fashion ou are in* ou are all the rage* ◆ **être habillé très à la mode** (gén) to be very fashionably dressed; [jeunes] to be very trendily* dressed ◆ **habillé à la dernière mode** dressed in the latest fashion ou style ◆ **mettre qch à la mode** to make sth fashionable, bring sth into fashion ◆ **revenir à la mode** to come back into fashion ou vogue, to come back (in)* ◆ **passer de mode** to go out of fashion ◆ **marchande de modes**†† milliner
b (Comm, Ind: Habillement) fashion industry ou business ◆ **travailler dans la mode** to work ou be in the fashion world ou industry ou business ◆ **journal/présentation de mode** fashion magazine/show → **gravure**
c (†: mœurs) custom; (goût, style) style, fashion ◆ **selon la mode de l'époque** according to the custom of the day ◆ **(habillé) à l'ancienne mode** (dressed) in the old style ◆ (hum) **cousin à la mode de Bretagne** distant cousin, cousin six times removed (hum) ◆ (Jur, hum) **oncle** ou **neveu à la mode de Bretagne** first cousin once removed ◆ **à la mode du 18ᵉ siècle** in the style of ou after the fashion of the 18th century, in 18th century style → **bœuf, tripe**
2 adj inv ◆ **tissu mode** fashion fabric ◆ **coloris mode** fashion ou fashionable colours

mode² [mɔd] → SYN nm a (méthode) form, mode, method; (genre) way ◆ **quel est le mode d'action de ce médicament?** how does this medicine work? ◆ **mode de gouvernement/de transport** form ou mode of government/of transport ◆ **mode de scrutin** voting system ◆ **mode de pensée/de vie** way of thinking/of life ◆ **mode de paiement** method ou mode of payment ◆ **mode d'emploi** directions for use
b (Gram, Ling) mood; (Ordin, Mus, Philos) mode ◆ **au mode subjonctif** in the subjunctive mood ◆ (Ordin) **mode synchrone/asynchrone/interactif** synchronous/asynchronous/interactive mode ◆ (Ordin) **fonctionner en mode local** to operate in local mode

modelage [mɔd(ə)laʒ] nm (activité) modelling; (ouvrage) (piece of) sculpture; piece of pottery

modèle [mɔdɛl] → SYN 1 nm a (chose) (gén, Écon) model; (Tech) pattern; (type) type; (Habillement) design, style; (exemple) example, model; (Ling) model, pattern; (Scol: corrigé) fair copy ◆ **nous avons tous nos modèles en vitrine** our full range is ou all our models are in the window ◆ **petit/grand modèle** small/large version ou model ◆ (boîte) **voulez-vous le petit ou le grand modèle?** do you want the small or the big size (box)? ◆ (voiture) **il a le modèle 5 portes** he has the 5-door hatchback model ou version ◆ (Mode) **X présente ses modèles d'automne** X presents his autumn models ou styles ◆ **fabriquer qch d'après le modèle** to make sth from the model ou pattern ◆ **faire qch sur le modèle de** to model sth on, make sth on the pattern ou model of ◆ (Gram) **modèle de conjugaison/déclinaison** conjugation/declension pattern ◆ **son courage devrait nous servir de modèle** his courage should be a model ou an example to us ◆ **cette anthologie est un modèle du genre** this anthology is a model of the genre
b (personne) (gén) model, example; (Art) model ◆ **modèle de vertu** paragon of virtue ◆ **X est le modèle du bon élève/ouvrier** X is a model pupil/workman, X is the epitome of the good pupil/workman ◆ **elle est un modèle de loyauté** she is a model of ou the very model of loyalty ◆ **il restera pour nous un modèle** he will remain an example to us ◆ **prendre qn pour modèle** to model ou pattern o.s. upon sb
2 adj (parfait) conduite, ouvrier, usine model (épith); (de référence) appartement show (épith) ◆ **c'est une petite fille modèle** she's a perfect little girl
3 COMP ▷ **modèle courant** ou **de série** standard ou production model ▷ **modèle déposé** registered design ▷ **modèle de fabrique** factory model ▷ **modèle réduit** small-scale model ◆ **modèle réduit au 1/100** model on the scale (of) 1 to 100 ◆ **modèle réduit d'avion, avion modèle réduit** scale model of an aeroplane ◆ **il aime monter des modèles réduits d'avions/de bateaux** he likes to build model aircraft/ships

modelé [mɔd(ə)le] → SYN nm [peinture] relief; [sculpture, corps] contours; (Géog) relief

modeler [mɔd(ə)le] → SYN ▸conjug 5◂ vt a (façonner) statue, poterie, glaise to model, fashion, mould; intelligence, caractère to shape, mould ◆ **l'exercice physique peut modeler les corps jeunes** exercise can shape young bodies ◆ (Géol) **le relief a été modelé par la glaciation** the ground ou the terrain was moulded ou shaped by glaciation ◆ **cuisse bien modelée** shapely ou well-shaped ou nicely shaped thigh → **pâte**
b (conformer) **modeler ses attitudes/réactions sur** to model one's attitudes/reactions on ◆ **se modeler sur qn/qch** to model ou pattern o.s. (up)on sb/sth

modeleur, -euse [mɔd(ə)lœʀ, øz] nm,f (Art) modeller; (Tech) pattern maker

modélisation [mɔdelizasjɔ̃] nf modelling

modéliser [mɔdelize] ▸conjug 1◂ vt to model

modélisme [mɔdelism] nm model building

modéliste [mɔdelist] SYN nmf **a** [mode] (dress) designer ◆ **ouvrière modéliste** dress designer's assistant
b [maquette] model builder

modem [mɔdɛm] nm (abrév de **modulateur-démodulateur**) modem ◆ **modem courte distance** limited-distance modem ◆ **modem longue distance** long-haul modem

Modène [mɔdɛn] n Modena

modérantisme [mɔdeʀɑ̃tism] nm (Hist) moderantism

modérantiste [mɔdeʀɑ̃tist] adj, nmf (Hist) moderantist

modérateur, -trice [mɔdeʀatœʀ, tʀis] SYN
1 adj action, influence moderating (épith), restraining (épith)
2 nm **a** (Tech) regulator; (Nucl Phys) moderator → **ticket**
b (fig) **jouer un rôle de modérateur** to have a moderating influence

modération [mɔdeʀasjɔ̃] SYN nf **a** (retenue) moderation, restraint ◆ **avec modération** in moderation
b (gén, Sci: diminution) reduction, diminution, lessening
c (Jur: diminution) [peine] mitigation; [impôt] reduction

moderato [mɔdeʀato] adv, nm moderato

modéré, e [mɔdeʀe] SYN (ptp de **modérer**) adj personne (dans ses opinions, idées) moderate; (dans ses sentiments, désirs) moderate, restrained; (Pol) moderate (*dans* in); prix reasonable, moderate; chaleur, vent moderate ◆ (Pol) **les modérés** the moderates ◆ **il a tenu des propos très modérés** he took a very moderate line in the discussion, he was very restrained in what he said → **habitation**

modérément [mɔdeʀemɑ̃] adv boire, manger in moderation, a moderate amount ◆ **être modérément satisfait** to be moderately satisfied ◆ **je n'apprécie que modérément ses plaisanteries** I find his jokes only half funny

modérer [mɔdeʀe] SYN ▸conjug 6◂ **1** vt colère, passion to restrain; ambitions, exigences to moderate; dépenses, désir, appétit to curb; vitesse to reduce; impact négatif to reduce, limit ◆ **modérez vos expressions!** moderate ou mind your language!
2 se modérer vpr (s'apaiser) to calm down, control o.s.; (montrer de la mesure) to restrain o.s.

moderne [mɔdɛʀn] SYN **1** adj (gén) modern; cuisine, équipement up-to-date, modern; méthode, idées progressive, modern; (opposé à classique) études modern ◆ **le héros moderne** the modern-day hero ◆ **la femme moderne** the woman of today, today's woman ◆ **à l'époque moderne** in modern times → **confort, lettre**
2 nm (style) modern style; (meubles) modern furniture ◆ **aimer le moderne** to like modern (style) furniture ou the contemporary style of furniture ◆ **meublé en moderne** with modern furniture, furnished in contemporary style ◆ **ce peintre / romancier est un moderne** he is a modern painter / novelist → **ancien**

modernisateur, -trice [mɔdɛʀnizatœʀ, tʀis]
1 adj modernizing
2 nm,f modernizer

modernisation [mɔdɛʀnizasjɔ̃] SYN nf modernization

moderniser [mɔdɛʀnize] SYN ▸conjug 1◂
1 vt to modernize, bring up to date
2 se moderniser vpr to modernize, be modernized

modernisme [mɔdɛʀnism] nm modernism

moderniste [mɔdɛʀnist] **1** nmf modernist
2 adj modernistic

modernité [mɔdɛʀnite] SYN nf modernity

modern style [mɔdɛʀnstil] adj inv, nm ≃ Art Nouveau

modeste [mɔdɛst] SYN adj **a** (simple) vie, appartement, salaire, tenue modest ◆ **c'est un cadeau bien modeste** it's a very modest gift ou thing, it's not much of a present ◆ **un train de vie modeste** an unpretentious ou a modest way of life ◆ **je ne suis qu'un modeste ouvrier** I'm only a simple ou modest working man ◆ **être d'un milieu** ou **d'origine modeste** to have ou come from a modest ou humble background ◆ **il est modeste dans ses ambitions** his ambitions are modest, he has modest ambitions
b (sans vanité) héros, attitude modest ◆ **faire le modeste** to put on ou make a show of modesty ◆ **tu fais le modeste** you're just being modest ◆ **avoir le triomphe modeste** to be a modest winner, be modest about one's triumphs ou successes
c (réservé, effacé) personne, air modest, unassuming, self-effacing
d († ou littér: pudique) modest

modestement [mɔdɛstəmɑ̃] adv (→ **modeste**) modestly; unassumingly, self-effacingly

modestie [mɔdɛsti] SYN nf (absence de vanité) modesty; (réserve, effacement) self-effacement; (littér: pudeur) modesty ◆ **en toute modestie** with all due modesty ◆ **fausse modestie** false modesty

modicité [mɔdisite] SYN nf [prix] lowness; [salaire] lowness, smallness

modifiable [mɔdifjabl] SYN adj modifiable

modifiant, e [mɔdifjɑ̃, ɑ̃t] adj modifying

modificateur, -trice [mɔdifikatœʀ, tʀis]
1 adj modifying, modificatory
2 nm modifier

modificatif, -ive [mɔdifikatif, iv] adj modifying

modification [mɔdifikasjɔ̃] SYN nf modification, alteration ◆ (Psych) **modification du comportement** behaviour modification ◆ **apporter des modifications à** to modify, alter

modifier [mɔdifje] SYN ▸conjug 7◂ **1** vt (gén, Gram) to modify, alter
2 se modifier vpr to alter, be modified

modillon [mɔdijɔ̃] SYN nm modillion

modique [mɔdik] SYN adj salaire, prix modest ◆ **pour la modique somme de** for the modest sum of ◆ **il ne recevait qu'une pension modique** he received only a modest ou meagre pension

modiquement [mɔdikmɑ̃] adv poorly, meagrely

modiste [mɔdist] nf milliner

modulable [mɔdylabl] adj tarif, mesure, siège adjustable; espace adaptable

modulaire [mɔdylɛʀ] adj modular

modulant, e [mɔdylɑ̃, ɑ̃t] adj modulative

modulateur, -trice [mɔdylatœʀ, tʀis] **1** adj modulating (épith)
2 nm (Rad, Élec) modulator ◆ **modulateur démodulateur** modulator-demodulator

modulation [mɔdylasjɔ̃] SYN nf (Ling, Mus, Rad) modulation; [tarif, mesure] adjustment ◆ **modulation d'amplitude** amplitude modulation ◆ **modulation de fréquence** frequency modulation ◆ **poste à modulation de fréquence** VHF ou FM radio ◆ **écouter une émission sur** ou **en modulation de fréquence** to listen to a programme on VHF ou on FM

module [mɔdyl] nm (Archit, Espace, étalon) module; (Math, Phys) modulus; (Univ) module, unit; (éléments d'un ensemble) unit ◆ **module lunaire** lunar module, mooncraft ◆ **acheter une cuisine par modules** to buy a kitchen in separate units

moduler [mɔdyle] SYN ▸conjug 1◂ **1** vt voix to modulate, inflect; air to warble; son to modulate; tarif, mesure to adjust; (Mus, Rad) to modulate ◆ **les cris modulés des marchands** the singsong cries of the tradesmen ◆ **moduler les peines en fonction des délits** to make the punishment to fit the crime
2 vi (Mus) to modulate

modulo [mɔdylo] prép modulo

modulor [mɔdylɔʀ] nm Modulor

modus vivendi [mɔdysvivɛ̃di] SYN nm inv modus vivendi, working arrangement ◆ **trouver un modus vivendi avec qn** to set up a modus vivendi with sb

moelle [mwal] SYN nf (Anat) marrow, medulla (spéc); (Bot) pith; (fig) pith, core ◆ **moelle osseuse** bone marrow ◆ **moelle jaune / rouge** yellow / red marrow ◆ **moelle épinière** spinal cord ◆ (Culin) **moelle (de bœuf)** beef marrow ◆ (fig) **être transi jusqu'à la moelle (des os)** to be frozen to the marrow ◆ **frissonner jusqu'à la moelle** to tremble to the very depths of one's being → **os, substantifique**

moelleusement [mwaløzmɑ̃] adv étendu luxuriously

moelleux, -euse [mwalø, øz] SYN **1** adj forme, tapis, lit soft; couleur mellow; aliment creamy, smooth; son, vin mellow
2 nm [lit, tapis] softness; [vin] mellowness; [aliment] smoothness

moellon [mwalɔ̃] SYN nm (Constr) rubble stone

mœurs [mœʀ(s)] SYN nfpl **a** (morale) morals ◆ **avoir des mœurs sévères** to have high morals ou strict moral standards ◆ **soupçonner les mœurs de qn** to have doubts about sb's morals ou standards of behaviour ◆ (euph) **il a des mœurs particulières** he has certain tendencies (euph) ◆ **contraire aux bonnes mœurs** contrary to accepted standards of (good) behaviour ◆ **femme de mœurs légères** ou **faciles** woman of easy virtue ◆ **femme de mauvaises mœurs** loose woman ◆ (Jur, Presse) **affaire** ou **histoire de mœurs** sex case ◆ **la police des mœurs, les Mœurs*** ≃ the vice squad → **attentat, certificat, outrage**
b (coutumes, habitudes) [peuple, époque] customs, habits; [abeilles, fourmis] habits ◆ **c'est (entré) dans les mœurs** it's (become) normal practice, it's (become) a standard ou an everyday feature of life ◆ **il faut vivre avec les mœurs de son temps** one must keep up with present-day customs ou habits ◆ **les mœurs politiques / littéraires de notre siècle** the political / literary practices ou usages of our century ◆ **avoir des mœurs simples / aristocratiques** to lead a simple / an aristocratic life, have a simple / an aristocratic life style → **autre**
c (manières) manners, ways; (Littérat) manners ◆ **ils ont de drôles de mœurs** they have some peculiar ways ou manners ◆ **quelles mœurs!, drôles de mœurs!** what a way to behave! ou carry on!, what manners! ◆ **peinture / comédie de mœurs** portrayal / comedy of manners

mofette [mɔfɛt] SYN nf **a** (Zool) skunk
b (Géol) mofette gas

Mogadiscio [mogadiʃjo] n Mogadishu

mohair [mɔɛʀ] nm mohair

Mohammed [mɔamɛd] nm Mohammed

Mohicans [moikɑ̃] nmpl Mohicans ◆ (Littérat) **"Le Dernier des Mohicans"** "The Last of the Mohicans"

moi [mwa] SYN **1** pron pers **a** (objet direct ou indirect) me ◆ **aide-moi** help me, give me a hand ◆ **donne-moi ton livre** give me your book, give your book to me ◆ **donne-le-moi** give it to me, give me it*, give it me* ◆ **si vous étiez moi que feriez vous?** if you were me ou in my shoes what would you do? ◆ **il nous a regardés ma femme et moi** he looked at my wife and me ◆ **écoute-moi ça!*** just listen to that! ◆ **elle me connaît bien, moi** she knows me all right! ◆ **il n'obéit qu'à moi** he only obeys me, I'm the only one he obeys ◆ **moi, elle me déteste** she hates me; → aussi **même, non, seul**
b (sujet) I (emphatique), I myself (emphatique), me* ◆ **qui a fait cela? – (c'est) moi / (ce n'est) pas moi** who did this? – I did / I didn't ou me* / not me* ◆ **moi, le saluer?, jamais!** me, greet him?, never! ◆ **mon mari et moi (nous) refusons** my husband and I refuse ◆ **moi parti / malade que ferez-vous?** when I'm gone / ill what will you do?, what will you do with me away / ill? ◆ **et moi de rire de plus belle!** and so I (just) laughed all the more! ◆ **je ne l'ai pas vu, moi** I didn't see him myself, I myself didn't see him ◆ **moi, je ne suis pas d'accord** (for my part) I don't agree ◆ **alors moi, je ne compte pas?** hey, what about me? ou where do I come in?*
c (emphatique avec qui, que) **c'est moi qui vous le dis!** you can take it from me!, I'm telling you! ◆ **merci – c'est moi (qui vous remercie)** thank you – thank YOU ◆ **et moi qui n'avais pas le sou!** there was me with-

out a penny!*, and to think I didn't have a penny! ◆ **moi qui vous parle, je l'ai vu** I saw him personally ◆ **c'est moi qu'elle veut voir** it's me she wants to see ◆ **il me dit cela à moi qui l'ai tant aidé** he says that to me after I've helped him so much ◆ **et moi qui avais espéré gagner!** and to think that I had hoped to win! ◆ **moi que le théâtre passionne, je n'ai jamais vu cette pièce** even I, with all my great love for the theatre, have never seen this play

d (avec prép) **à moi!** (au secours) help (me)!; (passe au rugby etc) over here! ◆ **à moi il le dira** he'll tell me (all right) ◆ **avec/sans moi** with/without me ◆ **sans moi il ne les aurait jamais retrouvés** but for me ou had it not been for me, he would never have found them ◆ **venez chez moi** come to my place ◆ **le poème n'est pas de moi** the poem isn't one I wrote ou isn't one of mine ◆ **un élève à moi** a pupil of mine ◆ **j'ai un appartement à moi** I have a flat of my own ◆ **ce livre est à moi** this book belongs to me ou is mine ◆ **mes livres à moi sont bien rangés** my books are arranged tidily ◆ **elle l'a appris par moi** she heard about it from me ou through me ◆ **cette lettre ne vient pas de moi** this letter isn't from me ou isn't one I wrote ◆ **il veut une photo de moi** he wants a photo of me ◆ **c'est à moi de décider** it's up to me to decide

e (dans comparaisons) I, me ◆ **il est plus grand que moi** he is taller than I (am) ou than me ◆ **il mange plus/moins que moi** he eats more/less than I (do) ou than me ◆ **fais comme moi** do as I do, do like me*, do the same as me ◆ **il l'aime plus que moi** (plus qu'il ne m'aime) he loves her more than (he loves) me; (plus que je ne l'aime) he loves her more than I do

2 nm ◆ **le moi** the self, the ego ◆ **le moi est haïssable** the ego ou the self is detestable ◆ **notre vrai moi** our true self

moignon [mwaɲɔ̃] [→ SYN] nm stump ◆ **il n'avait plus qu'un moignon de bras** he had just the ou a stump of an arm left

moi-même [mwamɛm] pron → **autre, même**

moindre [mwɛ̃dʀ] [→ SYN] adj **a** (compar) (moins grand) less, lesser; (inférieur) lower, poorer ◆ **les dégâts sont bien** ou **beaucoup moindres** the damage is much less ◆ **à un moindre degré, à un degré moindre** to a lesser degree ou extent ◆ **à moindre prix** at a lower price ◆ **de moindre qualité, de qualité moindre** of lower ou poorer quality ◆ **enfant de moindre intelligence** child of lower intelligence ◆ **une épidémie de moindre étendue** a less widespread epidemic ◆ **c'est un inconvénient moindre** it's less of a drawback, it's a lesser drawback → **mal**

b (superl) **le moindre, la moindre, les moindres** the least, the slightest; (de deux) the lesser ◆ **le moindre bruit** the slightest noise ◆ **la moindre chance/idée** the slightest ou remotest chance/idea ◆ **jusqu'au moindre détail** down to the smallest detail ◆ **le moindre de deux maux** the lesser of two evils ◆ **sans se faire le moindre souci** without worrying in the slightest ◆ **c'est la moindre de mes difficultés** that's the least of my difficulties ◆ **merci – c'est la moindre des choses!** thank you – it's a pleasure! ou you're welcome! ou not at all! ◆ **remerciez-le de m'avoir aidé – c'était la moindre des choses** thank him for helping me – it was the least he could do ◆ **certains spécialistes et non des moindres disent que** some specialists and important ones at that say that ◆ **la moindre des politesses veut que ...** common politeness demands that ... ◆ **il n'a pas fait le moindre commentaire** he didn't make a single comment ◆ **la loi du moindre effort** the line of least resistance ou effort, the law of least effort ◆ **c'est un des problèmes et non le moindre** ou **des moindres** it is by no means the least of our problems

moindrement [mwɛ̃dʀəmɑ̃] adv ◆ (littér) (avec nég) **il n'était pas le moindrement surpris** he was not in the least surprised, he was not surprised in the slightest ◆ **sans l'avoir le moindrement voulu** without having in any way wanted this

moine [mwan] [→ SYN] nm **a** (Rel) monk, friar ◆ **moine bouddhiste** buddhist monk → **habit**

b (Zool) monk seal; (vautour) black vulture; (macareux) puffin

c (Hist: chauffe-lit) bedwarmer

moineau, pl **moineaux** [mwano] [→ SYN] nm (Orn) sparrow ◆ **moineau domestique** house sparrow ◆ (péj) **sale** ou **vilain moineau** dirty dog (péj) ◆ **manger comme un moineau, avoir un appétit de moineau** to eat like a sparrow, eat like a bird (US)

moinillon [mwanijɔ̃] nm (hum) little monk (hum)

moins [mwɛ̃]

1 adv emploi comparatif **a** (avec adj ou adv) less ◆ **moins que ...** less ... than, not so ... as ◆ **beaucoup/un peu moins** much/a little less ◆ **tellement moins** so much less ◆ **encore moins** even less ◆ **3 fois moins** 3 times less ◆ **il est moins grand/intelligent que son frère/que nous/que je ne pensais** he is not as ou so tall/intelligent as his brother/as us ou as we are/as I thought, he is less tall/intelligent than his brother/than us ou than we are/than I thought ◆ **rien n'est moins sûr, il n'y a rien de moins sûr** nothing is less certain ◆ **c'est tellement moins cher** it's so much cheaper ou less expensive ◆ **il ressemble à son père, en moins grand** he looks like his father only he's not so tall, he looks like a smaller version of his father ◆ **c'est le même genre de livre, en moins bien** it's the same kind of book, only (it's) not so good ou but not so good ◆ **je suis tolérante mais je n'en suis pas moins choquée par leur attitude** I'm tolerant but that doesn't mean I'm not shocked by their behaviour

b (avec vb) less ◆ **exiger/donner moins** to demand/give less ◆ **je gagne (un peu) moins que lui** I earn (a little) less than him ou than he does ◆ **cela m'a coûté moins que rien** it cost me next to nothing ◆ **vous ne l'obtiendrez pas à moins** you won't get it for less ◆ **cela coûtait trois fois moins** it was one-third as expensive ◆ **il travaille moins/moins vite que vous** he works less/less quickly than you (do), he does not work as hard/as quickly as you do ◆ **il a fait encore moins beau en août qu'en juillet** the weather was even worse in August than in July ◆ **sortez moins (souvent)** go out less often, don't go out so often ou so much ◆ **j'aime moins la campagne en hiver (qu'en été)** I don't like the country as ou so much in winter (as in summer), I like the country less in winter (than in summer)

c **moins de** (quantité) less, not so much; (nombre) fewer, not so many; (heure) before, not yet; (durée, âge, distance) less than, under ◆ **mange moins de bonbons et de chocolat** eat fewer sweets and less chocolate ◆ **il y a moins de 2 ans qu'il vit ici** he has been living here (for) less than 2 years ◆ **les enfants de moins de 4 ans voyagent gratuitement** children under 4 ou of less than 4 years of age travel free ◆ **il est moins de minuit** it is not yet midnight ◆ **il était un peu moins de 6 heures** it was a little before 6 o'clock ◆ **vous ne pouvez pas lui donner moins de 100 F** you can't give him less than 100 francs ◆ **vous ne trouverez rien à moins de 100 F** you won't find anything under 100 francs ou for less than 100 francs ◆ **il a eu moins de mal que nous à trouver une place** he had less trouble than we had ou than us (in) finding a seat ◆ **ils ont moins de livres que de jouets** they have fewer books than toys ◆ **nous l'avons fait en moins de 5 minutes** we did it in less than ou in under 5 minutes ◆ **en moins de deux*** in a flash ou a trice, in the twinkling of an eye ◆ **il y aura moins de monde demain** there will be fewer people tomorrow, there will not be so many people tomorrow ◆ **il devrait y avoir moins de 100 personnes** there should be under 100 people ou less than 100 people ◆ **en moins de rien** in less than no time

d **de moins, en moins: il gagne 500 F de moins qu'elle** he earns 500 francs less than she does ◆ **vous avez 5 ans de moins qu'elle** you are 5 years younger than her ou than she is ◆ **il y a 3 verres en moins** (qui manquent) there are 3 glasses missing; (trop peu) we are 3 glasses short ◆ **c'est le même climat, le brouillard en moins** it's the same climate except for the fog ou minus the fog

e **moins ... moins** the less ... the less ◆ **moins ... plus** the less ... the more ◆ **moins je mange, moins j'ai d'appétit** the less I eat the less hungry I feel ◆ **moins je fume, plus je mange** the less I smoke the more I eat

f LOC **à moins qu'il ne vienne** unless he comes ◆ **à moins de faire une bêtise il devrait gagner** unless he does something silly he should win ◆ **à moins d'un accident ça devrait marcher** barring accidents ou accidents apart it should work ◆ **c'est de moins en moins bon** it's less and less good → **autant, plus**

2 adv emploi superlatif **a** (avec adj ou adv) **le moins, la moins** (de plusieurs) the least; (de deux) the less ◆ **c'est la moins douée de mes élèves** she's the least gifted of my pupils ◆ **c'est le moins doué des deux** he's the less gifted of the two ◆ **la température la moins haute de l'été** the lowest temperature of the summer ◆ **ce sont les fleurs les moins chères** they are the least expensive ou the cheapest flowers

b (avec vb) **le moins** (the) least ◆ **c'est celui que j'aime le moins** it's the one I like (the) least ◆ **l'émission que je regarde le moins souvent** the programme I watch (the) least often ◆ **de nous tous c'est lui qui a bu le moins (d'alcool)** he's the one who drank the least (alcohol) of us all, of all of us he drank the least (alcohol)

c LOC **c'est bien le moins que l'on puisse faire** it's the least one can do ◆ **c'est le moins que l'on puisse dire!** that's the least one can say! ◆ **si vous êtes le moins du monde soucieux** if you are in the slightest bit ou in the least bit ou in the least worried ◆ **au moins** at (the) least ◆ **elle a payé cette robe au moins 3 000 F** she paid at least 3,000 francs for this dress ◆ **600 au moins** at least 600, fully 600 ◆ **la moitié au moins** at least half, fully half ◆ **cela fait au moins 10 jours qu'il est parti** it is at least 10 days since he left ◆ **vous avez (tout) au moins appris la nouvelle** you must at least have heard the news ◆ **à tout le moins, pour le moins** to say the least, at the very least ◆ **sa décision est pour le moins bizarre** his decision is odd to say the least ◆ **du moins** (restriction) at least ◆ **il ne pleuvra pas, du moins c'est ce qu'annonce la radio** it's not going to rain, at least that's what it says on the radio ou at least so the radio says ◆ **si du moins** that is if ◆ **laissez-le sortir, si du moins il ne fait pas froid** let him go out, that is (only) if it is not cold

3 prép **a** (soustraction) **6 moins 2 font 4** 6 minus 2 equals 4, 2 from 6 makes 4 ◆ **j'ai retrouvé mon sac, moins le portefeuille** I found my bag, minus the wallet

b (heure) to ◆ **il est 4 heures moins 5 (minutes)** it is 5 (minutes) to 4 ◆ **nous avons le temps, il n'est que moins 10*** we have plenty of time, it's only 10 to* ◆ (fig) **il s'en est tiré, mais il était moins cinq*** ou **moins une*** he got out of it but it was a close shave* ou a near thing*

c (température) below ◆ **il fait moins 5°** it is 5° below freezing ou minus 5°

4 nm ◆ (Math) **(le signe) moins** the minus sign

5 COMP ▷ **moins que rien*** nmf (péj: minable) dead loss*, second-rater*, washout*, schlemiel‡ (US)

moins-disant, e [mwɛ̃dizɑ̃, ɑ̃t] adj ◆ (enchères) **personne moins-disante** lowest bidder

moins-perçu, pl **moins-perçus** [mwɛ̃pɛʀsy] nm amount not drawn, short payment

moins-value, pl **moins-values** [mwɛ̃valy] nf (Comm) depreciation

moirage [mwaʀaʒ] nm (procédé) watering; (reflet) watered effect

moire [mwaʀ] [→ SYN] nf (tissu) moiré, watered fabric; (procédé) watering ◆ **on voit la moire du papier** you can see the mottled effect in the paper

moiré, e [mwaʀe] (ptp de **moirer**) **1** adj (Tech) watered, moiré; (fig) shimmering

2 nm (Tech) moiré, water; (littér) shimmering ripples

moirer [mwaʀe] [→ SYN] ▸ conjug 1 ◂ vt (Tech) to water ◆ (littér) **la lune moirait l'étang de reflets argentés** the moon cast a shimmering silvery light over the pool

Moires [mwaʀ] nfpl ◆ **les Moires** the Moirai

moireur [mwaʀœʀ] nm (Tech) waterer

moirure [mwaʀyʀ] nf (Tech) moiré ; (littér) shimmering ripples

mois [mwa] SYN nm **a** (période) month ◆ (Rel) **le mois de Marie** the month of Mary ◆ (Culin) **les mois en R** when there is an R in the month ◆ **au mois de janvier** in (the month of) January ◆ **dans un mois** in a month('s time) ◆ (Comm) **le 10 de ce mois** the 10th inst(ant) (Brit), the 10th of this month ◆ **être payé au mois** to be paid monthly ◆ **louer au mois** to rent by the month ◆ **30 F par mois** 30 francs a ou per month ◆ (Comm) **billet à 3 mois** bill at 3 months ◆ **un bébé de 6 mois** a 6-month(-old) baby ◆ **tous les 4 mois** every 4 months ◆ **devoir 3 mois de loyer** to owe 3 months' rent ◆ **devoir 3 mois de factures** to be 3 months behind with one's bills → **enceinte¹**, **tout**
b (salaire) monthly pay, monthly salary ◆ **toucher son mois*** to draw one's pay ou salary for the month ou one's month's pay ou salary ◆ **mois double** extra month's pay *(as end-of-year bonus)* ◆ **treizième / quatorzième mois** one month's / two months' extra pay → **fin²**

moise [mwaz] nf (Tech) tie

Moïse [mɔiz] nm (Bible) Moses

moïse [mɔiz] SYN nm (berceau) Moses basket

moiser [mwaze] ▸conjug 1◂ vt to tie

moisi, e [mwazi] (ptp de **moisir**) **1** adj mouldy, mildewed
2 nm mould (NonC), mildew (NonC) ◆ **odeur de moisi** musty ou fusty smell ◆ **goût de moisi** musty taste ◆ **ça sent le moisi** it smells musty ou fusty

moisir [mwaziʀ] SYN ▸conjug 2◂ **1** vt to make mouldy
2 vi **a** to go mouldy, mould
b (fig) **moisir en province** to stagnate in the country ◆ **moisir dans un cachot** to rot in a dungeon ◆ **on ne va pas moisir ici jusqu'à la nuit !*** we're not going to hang around here till night-time !*

moisissure [mwazisyʀ] SYN nf (gén) mould (NonC) ; (par l'humidité) mould (NonC), mildew (NonC) ◆ **enlever les moisissures sur un fromage** to scrape the mould off a piece of cheese

moissine [mwasin] nf [grappe de raisin] stem

moisson [mwasɔ̃] SYN nf (saison, travail) harvest ; (récolte) harvest ; (fig) wealth, crop ◆ **à l'époque de la moisson** at harvest time ◆ **la moisson est en avance / en retard** the harvest is early / late ◆ **rentrer la moisson** to bring in the harvest ◆ **faire la moisson** to harvest, reap ◆ (fig) **faire (une) ample moisson de renseignements / souvenirs** to gather ou amass a wealth ou a good crop of information / memories ◆ (fig) **faire une ample moisson de lauriers** to carry off a fine crop of prizes

moissonner [mwasɔne] SYN ▸conjug 1◂ vt (Agr) céréale to harvest, reap, gather in ; champ to reap ; († ou littér) récompenses to collect, carry off ; renseignements, souvenirs to gather, collect ◆ (littér) **cette génération moissonnée par la guerre** this generation cut down by the war

moissonneur, -euse [mwasɔnœʀ, øz] **1** nm,f harvester, reaper († ou littér)
2 **moissonneuse** nf (machine) harvester

moissonneuse-batteuse(-lieuse), pl **moissonneuses-batteuses(-lieuses)** [mwasɔnøzbatøz(ljøz)] nf combine harvester

moissonneuse-lieuse, pl **moissonneuses-lieuses** [mwasɔnøzljøz] nf self-binder

moite [mwat] SYN adj peau, mains sweaty, sticky ; atmosphère sticky, muggy ; chaleur sticky

moiteur [mwatœʀ] SYN nf (→ **moite**) sweatiness ; stickiness ; mugginess ◆ **essuyer la moiteur de ses paumes** to wipe the sweatiness ou stickiness from one's hands

moitié [mwatje] SYN nf **a** (partie) half ◆ **partager qch en deux moitiés** to halve sth, divide sth in half ou into (two) halves ◆ **quelle est la moitié de 40 ?** what is half of 40 ? ◆ **donne-m'en la moitié** give me half (of it) ◆ **faire la moitié du chemin avec qn** to go halfway ou half of the way with sb ◆ **la moitié des habitants a été sauvée** ou **ont été sauvés** half (of) the inhabitants were rescued ◆ **la moitié du temps** half the time ◆ **il en faut moitié plus / moins** you need half as much again / half (of) that ◆ **moitié anglais, moitié français** half English, half French
b (milieu) halfway mark, half ◆ **parvenu à la moitié du trajet** having completed half the journey, having reached halfway ou the halfway mark ◆ **parvenu à la moitié de la vie** when one reaches the middle of one's life, when one has completed half one's lifespan ◆ **arrivé à la moitié du travail** having done half the work ou got halfway through the work, having reached the halfway point ou mark in the work
c (hum : épouse) **ma / sa moitié** my / his better half* (hum) ◆ **ma tendre moitié** my ever-loving wife (hum)
d **à moitié** half ◆ **il a fait le travail à moitié** he has (only) half done the work ◆ **il a mis la table à moitié** he has half set the table ◆ **il ne fait jamais rien à moitié** he never does things by halves ◆ **à moitié plein / mûr** half-full / -ripe ◆ **à moitié chemin** (at) halfway, at the halfway mark ◆ **à moitié prix** (at) half-price
e LOC **de moitié** by half ◆ **réduire de moitié** trajet, production, coût to cut ou reduce by half, halve ◆ **plus grand de moitié** half as big again, bigger by half ◆ **être / se mettre de moitié dans une entreprise** to have half shares / go halves in a business ◆ **par moitié** in two, in half ◆ **diviser qch par moitié** to divide sth in two ou in half ◆ **il est pour moitié dans cette faillite** he is half responsible ou half to blame for this bankruptcy ◆ **on a partagé le pain moitié moitié** we halved the bread between us, we shared the bread half-and-half ou fifty-fifty* ◆ **ils ont partagé** ou **fait moitié moitié** they went halves ◆ **ça a marché ? – moitié moitié*** how did it go ? – so-so*

moka [mɔka] nm (gâteau à la crème) cream gâteau ; (gâteau au café) mocha (Brit) ou coffee gâteau ; (café) mocha coffee

mol [mɔl] adj m → **mou¹**

molaire¹ [mɔlɛʀ] nf (dent) molar

molaire² [mɔlɛʀ] adj (Chim) molar

molarité [mɔlaʀite] nf molarity

molasse [mɔlas] SYN nf ⇒ **mollasse²**

moldave [mɔldav] **1** adj Moldavian
2 nmf ◆ **Moldave** Moldavian

Moldavie [mɔldavi] nf Moldavia

mole [mɔl] nf (Chim) mole, mol

môle¹ [mol] SYN nm (digue) breakwater, mole, jetty ; (quai) pier, jetty

môle² [mol] nf (poisson) sunfish

môle³ [mol] nf (Méd) (hydatidiform) mole

moléculaire [mɔlekylɛʀ] adj molecular

molécule [mɔlekyl] SYN nf molecule ◆ **molécule-gramme** gram molecule

moleskine [mɔlɛskin] nf imitation leather ◆ **il avait usé ses pantalons sur la moleskine des cafés** he had spent half his life sitting around in cafés

molester [mɔlɛste] SYN ▸conjug 1◂ vt to manhandle, maul (about) ◆ **molesté par la foule** mauled by the crowd

moleté, e [mɔlte] adj roue, vis milled, knurled

moleter [mɔl(ə)te] ▸conjug 4◂ vt to (k)nurl

molette [mɔlɛt] SYN nf **a** (Tech) toothed wheel, cutting wheel → **clef**
b [briquet, clef] knurl ; [éperon] rowel

moliéresque [mɔljeʀɛsk] adj Molieresque

molinisme [mɔlinism] nm Molinism

moliniste [mɔlinist] **1** adj Molinistic
2 nmf Molinist

mollah [mɔ(l)la] nm mulla(h)

mollard ⁑ [mɔlaʀ] nm (crachat) gob of spit ⁑

mollasse¹* [mɔlas] SYN **1** adj (péj) (léthargique) sluggish, lethargic ; (flasque) flabby, flaccid ◆ **une grande fille mollasse** a great lump* (Brit) ou pudding* of a girl
2 nmf lazy lump* (Brit), lazybones

mollasse² [mɔlas] nf (Géol) molasse

mollasserie [mɔlasʀi] nf sluggishness, lethargy

mollasson, -onne* [mɔlasɔ̃, ɔn] (péj) **1** adj sluggish, lethargic
2 nm,f lazy lump* (Brit), lazybones

molle [mɔl] adj f → **mou¹**

mollement [mɔlmɑ̃] adv (doucement) tomber softly ; couler gently, sluggishly ; (paresseusement) travailler half-heartedly, lethargically, unenthusiastically, languidly ; (faiblement) réagir, protester feebly, weakly ◆ **les jours s'écoulaient mollement** one day turned into the next

mollesse [mɔlɛs] SYN nf **a** (au toucher) [substance, oreiller] softness ; [poignée de main] limpness, flabbiness
b (à la vue) [contours, lignes] softness ; [relief] softness, gentleness ; [traits du visage] flabbiness, sagginess ; (Peinture) [dessin, traits] lifelessness, weakness
c (manque d'énergie) [geste] lifelessness, feebleness ; [protestations, opposition] weakness, feebleness ; (†) [vie] indolence, softness ; [style] woolliness ; (Mus) [exécution] lifelessness, dullness ; [personne] (indolence) sluggishness, lethargy ; (manque d'autorité) spinelessness ; (grande indulgence) laxness ◆ **vivre dans la mollesse** to live the soft life ◆ **la mollesse de la police face aux manifestants** the feebleness of the police's response to the demonstrators

mollet¹, -ette [mɔlɛ, ɛt] SYN adj lit soft → **œuf**

mollet² [mɔlɛ] nm (Anat) calf ◆ (fig) **mollets de coq** wiry legs

molletière [mɔltjɛʀ] SYN nf ◆ **(bande) molletière** puttee

molleton [mɔltɔ̃] nm (tissu) flannelette, swansdown ; (pour table etc) felting

molletonner [mɔltɔne] ▸conjug 1◂ vt to line with flannelette, put a warm lining in ◆ **gants molletonnés** fleece-lined gloves ◆ **anorak molletonné** quilted anorak, anorak with a warm lining

molletonneux, -euse [mɔltɔnø, øz] adj fleecy

mollir [mɔliʀ] SYN ▸conjug 2◂ vi **a** (fléchir) [sol] to give (way), yield ; [ennemi] to yield, give way, give ground ; [père, créancier] to come round, relent ; [courage, personne] to flag ◆ **nos prières l'ont fait mollir** our pleas softened his attitude ou made him relent ◆ **ce n'est pas le moment de mollir** you (ou we etc) can't give in now ! ◆ (fig) **il a senti ses jambes / genoux mollir sous lui** he felt his legs / knees give way beneath him
b [substance] to soften, go soft
c [vent] to abate, die down

mollo ⁑ [mɔlo] adv ◆ **(vas-y) mollo !*** take it easy !*, (go) easy !*, easy does it !

molluscum [mɔlyskɔm] nm molluscum

mollusque [mɔlysk] SYN nm (Zool) mollusc, mollusk (US) ; (* : péj) lazy lump* (Brit), lazybones

moloch [mɔlɔk] nm moloch

molosse [mɔlɔs] nm (littér) big (ferocious) dog, huge hound

Molotov [mɔlɔtɔf] nm → **cocktail**

molybdène [mɔlibdɛn] nm molybdenum

molybdénite [mɔlibdenit] nf molybdenite

molybdique [mɔlibdik] adj molybdic

Mombasa, Mombassa [mɔ̃basa] n Mombasa

môme [mom] SYN nmf (* : enfant) kid* ; (péj) brat* ; (⁑ : fille) bird ⁑ (Brit), chick ⁑ (US) ◆ **belle môme** ⁑ nice-looking piece ⁑ (Brit) ou chick ⁑ (US)

moment [mɔmɑ̃] SYN nm **a** (long instant) while, moment ◆ **pendant un court moment elle le crut** for a moment ou a few moments she believed him ◆ **je ne l'ai pas vu depuis un (bon) moment** I haven't seen him for a (good) while ou for quite a time ou while ◆ **cette réparation va prendre un moment** this repair job will take some time ou a good while ◆ **elle en a pour un petit moment** (lit) she won't be long ou a moment, it'll only take her a moment ; (iro) she'll be some ou a little while
b (court instant) moment ◆ **il réfléchit un moment** he thought for a moment ◆ **c'est**

l'affaire d'un moment it won't take a minute ou moment, it will only take a minute, it'll be done in a jiffy* ◆ **ça ne dure qu'un moment** it doesn't last long, it (only) lasts a minute ◆ **un moment de silence** a moment of silence, a moment's silence ◆ **j'ai eu un moment de panique** I had a moment's panic, for a moment I panicked ◆ **en un moment** in a matter of minutes ◆ **dans un moment de colère** in a moment of anger, in a momentary fit of anger ◆ **dans un moment** in a little while, in a moment ◆ **un moment, il arrive!** just a moment ou a minute ou a mo'* (Brit), he's coming!

c (période) time ◆ **à quel moment est-ce arrivé?** at what point in time ou when exactly did this occur? ◆ **connaître / passer de bons moments** to have / spend (some) happy times ◆ **les moments que nous avons passés ensemble** the times we spent together ◆ **il a passé un mauvais** ou **sale moment*** he went through ou had a difficult time, he had a rough time ou passage ◆ **je n'ai pas un moment à moi** I haven't a moment to myself ◆ **le moment présent** the present time ◆ **à ses moments perdus** in his spare time ◆ **les grands moments de l'histoire** the great moments of history ◆ **il a ses bons et ses mauvais moments** he has his good times and his bad (times) ◆ **il est dans un de ses mauvais moments** it's one of his off ou bad spells, he's having one of his off ou bad spells ◆ **la célébrité / le succès du moment** the celebrity / success of the moment ou day ◆ **n'attends pas le dernier moment pour réviser ta leçon** don't wait till the last minute to revise your lesson

d (occasion) **il faut profiter du moment** you must take advantage of ou seize the opportunity ◆ **ce n'est pas le moment (de protester)** this is no time ou not the time (to protest ou for protesting), this is not the (right) moment (to protest) ◆ **tu arrives au bon moment** you've come just at the right time ◆ **c'était le moment de réagir** it was time to react, a reaction was called for ◆ **le moment psychologique** the psychological moment → **jamais**

e (Tech) moment; (Phys) momentum

f LOC **en ce moment** at the moment, at present, just now ◆ **au moment de l'accident** at the time of the accident, when the accident happened ◆ **au moment de partir** just as I (ou he etc) was about to leave, just as I (ou he etc) was on the point of leaving ◆ **au moment où elle entrait, lui sortait** as she was going in he was coming out ◆ **au moment où il s'y attendait le moins** (at a time) when he was least expecting it ◆ **à un moment donné il cesse d'écouter** at a certain point he stops listening ◆ **il se prépare afin de savoir quoi dire le moment venu** he's getting ready so that he'll know what to say when the time comes ◆ **le moment venu ils s'élancèrent** when the time came they hurled themselves forward ◆ **des voitures arrivaient à tout moment** ou **à tous moments** cars were constantly ou continually arriving, cars kept on arriving ◆ **il peut arriver à tout moment** he may arrive (at) any time (now) ou any moment (now) ◆ **à ce moment-là** (temps) at that point ou time; (circonstance) in that case, if that's the case, if that's so ◆ **à aucun moment je n'ai dit que** I never at any time said that, at no point did I say that ◆ **on l'attend d'un moment à l'autre** he is expected any moment now ou (at) any time now ◆ **du moment où** ou **que** since, seeing that ◆ **dès le moment que** ou **où** as soon as, from the moment ou time when ◆ **par moments** now and then, at times, every now and again ◆ **pour le moment** for the time being ou the moment, at present ◆ **sur le moment** at the time

momentané, e [mɔmɑ̃tane] [→ SYN] adj gêne, crise, arrêt momentary (épith); espoir, effort short-lived, brief ◆ **cette crise n'est que momentanée** this is only a momentary crisis

momentanément [mɔmɑ̃tanemɑ̃] [→ SYN] adv (en ce moment) at ou for the moment, at present; (un court instant) for a short while, momentarily

momeries [mɔmʀi] nfpl (littér) mumbo jumbo

mômeries* [momʀi] nfpl childish behaviour ◆ **arrête tes mômeries!** stop your silly nonsense!*, stop acting like a big baby!*

momie [mɔmi] nf mummy ◆ (* fig) **ne reste pas là comme une momie** don't stand there like a stuffed dummy*

momification [mɔmifikasjɔ̃] [→ SYN] nf mummification

momifier [mɔmifje] [→ SYN] ▸ conjug 7 ◂ **1** vt to mummify

2 se momifier vpr [esprit] to atrophy, fossilize

momordique [mɔmɔʀdik] nf ◆ **momordique balsamique** balsam apple (plant)

mon [mɔ̃], **ma** [ma], **mes** [me] adj poss **a** (possession, relation) my, my own (emphatique) ◆ **mon fils et ma fille** my son and (my) daughter ◆ **j'ai mon idée là-dessus** I have my own ideas ou views about that; pour autres exemples → **son**[1]

b (valeur affective, ironique, intensive) **alors voilà mon type / mon François qui se met à m'injurier*** and then the fellow / our François starts bawling insults at me ◆ **voilà mon mal de tête qui me reprend** that's my headache back again ◆ **on a changé mon Paris** they've changed the Paris I knew ou what I think of as Paris ◆ **j'ai mon samedi cette année*** I've got Saturday(s) off this year, I have my Saturdays free this year → **son**[1]

c (dans termes d'adresse) my ◆ **viens mon petit / ma chérie** come along lovie* / (my) darling ◆ **mon cher ami** my dear friend ◆ **mon cher Monsieur** my dear sir ◆ **mon vieux** my dear fellow ◆ **ma vieille** my dear girl ◆ **eh bien mon vieux, si j'avais su!*** well I can tell you old chap* (Brit) ou fellow*, if I'd known! ◆ (Rel) **oui mon père / ma sœur / ma mère** yes Father / Sister / Mother ◆ (Rel) **mes (bien chers) frères** my (dear) brethren ◆ (Rel) **mon Dieu, ayez pitié de nous** dear Lord ou O God, have mercy upon us ◆ (Mil) **oui mon lieutenant / général** yes sir / sir ou general ◆ **eh bien mon salaud** ou **cochon, tu as du toupet!*** you so-and-so ou you old devil, you've got some nerve!* ◆ **mon Dieu, j'ai oublié mon portefeuille** oh dear, ou heavens, I've forgotten my wallet

monacal, e, mpl **-aux** [mɔnakal, o] [→ SYN] adj (lit, fig) monastic

monachisme [mɔnaʃism] nm monachism

Monaco [mɔnako] nm ◆ **(la principauté de) Monaco** (the principality of) Monaco

monade [mɔnad] nf monad

monadelphe [mɔnadɛlf] adj monadelphous

monadisme [mɔnadism] nm, **monadologie** [mɔnadɔlɔʒi] nf monadism, monadology

monandre [mɔnɑ̃dʀ] adj monandrous

monarchie [mɔnaʀʃi] [→ SYN] nf monarchy ◆ **monarchie absolue / constitutionnelle / élective** absolute / constitutional / elective monarchy ◆ (Hist) **la Monarchie de Juillet** the July Monarchy

monarchique [mɔnaʀʃik] adj monarchistic, monarchial

monarchisme [mɔnaʀʃism] nm monarchism

monarchiste [mɔnaʀʃist] [→ SYN] adj, nmf monarchist

monarque [mɔnaʀk] [→ SYN] nm monarch ◆ **monarque absolu** absolute monarch ◆ **monarque de droit divin** monarch ou king by divine right

monastère [mɔnastɛʀ] [→ SYN] nm monastery

monastique [mɔnastik] [→ SYN] adj monastic

monaural, e, mpl **-aux** [mɔnɔʀal, o] adj monophonic, monaural

monazite [mɔnazit] nf monazite

monceau, pl **monceaux** [mɔ̃so] [→ SYN] nm ◆ **un monceau de** (amoncellement) a heap ou pile of; (accumulation) a heap ou load* of ◆ **des monceaux de** heaps ou piles of; heaps ou loads* ou stacks* of

mondain, e [mɔ̃dɛ̃, ɛn] [→ SYN] **1** adj **a** réunion, vie society (épith); public fashionable ◆ **plaisirs mondains** pleasures of society ◆ **mener une vie mondaine** to lead a busy social life, be in the social round, move in fashionable circles ◆ **goût pour la vie mondaine** taste for society life ou living ◆ **carnet / romancier mondain** society column / novelist ◆ **soirée mondaine** evening reception *(with people from high society)* ◆ **chronique mondaine** society gossip column ◆ **leurs obligations mondaines** their social obligations ◆ **ils sont très mondains** they are great society people ou great socialites, they like moving in fashionable society ou circles

b politesse, ton refined, urbane, sophisticated ◆ **il a été très mondain avec moi** he treated me with studied politeness ou courtesy

c (Philos) mundane; (Rel) worldly, earthly

d la police ou **brigade mondaine, la Mondaine*** ≃ the vice squad

2 nm,f society man (ou woman), socialite

mondanité [mɔ̃danite] [→ SYN] nf **a mondanités** (divertissements, soirées) society life; (politesses, propos) society ou polite small talk; (Presse: chronique) society gossip column ◆ **toutes ces mondanités sont fatigantes** we are exhausted by this social whirl ou round

b (goût) taste for society life, love of society life; (habitude, connaissance des usages) savoir-faire

c (Rel) worldliness

monde [mɔ̃d] [→ SYN] nm **a** (univers, terre) world ◆ **dans le monde entier,** (littér) **de par le monde** all over the world, the world over, throughout the world ◆ **le monde entier s'indigna** the whole world was outraged ◆ **le monde des vivants** the land of the living ◆ **il se moque** ou **se fiche*** ou **se fout*** **du monde** he's got a nerve* ou cheek* (Brit), he's got a damn* ou bloody** (Brit) nerve ◆ **venir au monde** to come into the world ◆ **mettre un enfant au monde** to bring a child into the world ◆ **si je suis encore de ce monde** if I'm still here ou in the land of the living ◆ **depuis qu'il est de ce monde** since he was born ◆ **elle n'est plus de ce monde** she is no longer with us, she has departed this life ◆ **rêver à un monde meilleur** to dream of a better world ◆ **où va le monde?** whatever is the world coming to? ◆ **dans ce (bas) monde** here below, in this world ◆ **l'Ancien / le Nouveau Monde** the Old / New World → **depuis, unique**

b (ensemble, groupement spécifique) world ◆ **le monde végétal / animal** the vegetable / animal world ◆ **le monde des affaires / du théâtre** the world of business / (the) theatre, the business / theatre world ◆ **le monde chrétien / communiste / capitaliste** the Christian / communist / capitalist world

c (domaine) world, realm ◆ **le monde de l'illusion / du rêve** the realm of illusion / dreams ◆ **le monde de la folie** the world ou realm of madness

d (intensif) **du monde, au monde** in the world, on earth ◆ **produit parmi les meilleurs au** ou **du monde** product which is among the best in the world ou among the world's best ◆ (littér) **au demeurant, le meilleur homme du** ou **au monde** otherwise, the finest man alive ◆ **tout s'est passé le mieux du monde** everything went (off) perfectly ou like a dream* ◆ **il n'était pas le moins du monde anxieux** he was not the slightest ou least bit worried, he wasn't worried in the slightest ou least ◆ **je ne m'en séparerais pour rien au monde, je ne m'en séparerais pas pour tout l'or du monde** I wouldn't part with it for anything (in the world) ou for all the world ou for all the tea in China ◆ **nul au monde ne peut ...** nobody in the world can ... ◆ **j'en pense tout le bien du monde** I have the highest opinion of him ou her ou it

e LOC **c'est le monde à l'envers** ou **renversé** the world's gone crazy ◆ **comme le monde est petit!** it's a small world! ◆ **se faire (tout) un monde de qch** to make a (great deal of) fuss about ou a (great) song and dance about sth ◆ **se faire un monde de rien** to make a mountain out of a molehill, make a fuss over nothing ◆ **se faire un monde de tout** to make a fuss over everything, make everything into a great issue ◆ **c'est un monde!*** it's (just) not on!* ◆ **il y a un monde entre ces deux personnes / conceptions** these two people / concepts are worlds apart, there is a world of difference between these two people / concepts

f (gens) **j'entends du monde à côté** I can hear people in the next room ◆ **est-ce qu'il**

y a du monde ? (qn est-il présent ?) is there anybody there ?; (y a-t-il foule ?) are there many there ?, are there a lot of people there ? ◆ il y a du monde (ce n'est pas vide) there are some people there ; (il y a foule) there's quite a crowd ◆ il y a beaucoup de monde there's a real crowd, there are a lot of people ◆ il y avait un monde ! ou un monde fou !* there were crowds !, the place was packed ! ◆ ils voient beaucoup de monde they have a busy social life ◆ ils reçoivent beaucoup de monde they entertain a lot, they do a lot of entertaining ◆ ce week-end nous avons du monde we have people coming ou visitors ou company this weekend ◆ (fig) il y a du monde au balcon !‡ what a pair !‡, what a frontage‡ she's got ! (Brit) ◆ elle promène tout son petit monde she's out with all her brood ◆ tout ce petit monde s'est bien amusé ? and did everyone have a nice time ?, did we all enjoy ourselves ? ◆ il connaît son monde he knows the people he deals with ◆ je n'ai pas encore tout mon monde my set ou group ou lot* (Brit) isn't all here yet → Monsieur, tout

g (Rel) le monde the world ◆ les plaisirs du monde worldly pleasures, the pleasures of the world

h (milieu social) set, circle ◆ (la bonne société) le (grand ou beau) monde (high) society ◆ aller dans le monde to mix with high society ◆ appartenir au meilleur monde to move in the best circles ◆ il n'est pas de notre monde he is from a different set, he's not one of our set ou crowd* ◆ nous ne sommes pas du même monde we don't move in ou belong to the same circles (of society) ◆ cela ne se fait pas dans le monde that isn't done in the best of circles ou in polite society ◆ homme / femme / gens du monde society man / woman / people → beau, grand

monder [mɔ̃de] → SYN ▸conjug 1◂ vt orge to hull ; amandes to blanch ; pistaches, noisettes to shell

mondial, e, mpl **-iaux** [mɔ̃djal, jo] → SYN adj world (épith), world-wide ◆ guerre / population / production mondiale world war / population / production ◆ influence / crise mondiale world-wide influence / crisis ◆ à l'échelle mondiale on a world-wide scale, world-wide ◆ une célébrité mondiale a world-famous personality ou celebrity

mondialement [mɔ̃djalmɑ̃] adv throughout the world, the (whole) world over ◆ il est mondialement connu he is known the (whole) world over ou throughout the world, he is world-famous

mondialisation [mɔ̃djalizasjɔ̃] nf [technique] internationalization ◆ redoutant la mondialisation du conflit fearing that the conflict will (ou would) spread throughout the world, fearing the spread of the conflict worldwide ou throughout the world

mondialiser [mɔ̃djalize] → SYN ▸conjug 1◂
1 vt to make world-wide
2 se mondialiser vpr to become world-wide

mondialisme [mɔ̃djalism] nm internationalism

mondialiste [mɔ̃djalist] adj, nmf internationalist

mond(i)ovision [mɔ̃d(j)ɔvizjɔ̃] nf worldwide (satellite) television broadcast ◆ retransmis en mond(i)ovision broadcast (by satellite) worldwide

monégasque [mɔnegask] **1** adj Monegasque, Monacan
2 nmf ◆ Monégasque Monegasque, Monacan

monel ® [mɔnɛl] nm Monel(l) metal ®

monème [mɔnɛm] nm moneme

monétaire [mɔnetɛʀ] adj valeur, unité, système, politique monetary ◆ la circulation monétaire the circulation of currency ◆ le marché monétaire the money market → masse

monétarisme [mɔnetaʀism] nm monetarism

monétariste [mɔnetaʀist] adj, nmf monetarist

monétique [mɔnetik] nf electronic banking (services)

monétisation [mɔnetizasjɔ̃] nf monetization

monétiser [mɔnetize] ▸conjug 1◂ vt to monetize

mongol, e [mɔ̃gɔl] → SYN **1** adj Mongol, Mongolian ◆ République populaire mongole Mongolian People's Republic
2 nm (Ling) Mongolian
3 nm,f ◆ (Géog) Mongol(e) (gén) Mongol, Mongoloid ; (habitant ou originaire de la Mongolie) Mongolian

Mongolie [mɔ̃gɔli] nf Mongolia ◆ République populaire de Mongolie Mongolian People's Republic, People's Republic of Mongolia ◆ Mongolie-Extérieure Outer Mongolia ◆ Mongolie-Intérieure Inner Mongolia

mongolien, -ienne [mɔ̃gɔljɛ̃, jɛn] (Méd) **1** adj mongol†, with Down's syndrome (attrib), Down's syndrome (épith)
2 nm,f (bébé, enfant) mongol†, Down's syndrome baby (ou boy ou girl) ; (adulte) mongol†, person with Down's syndrome

mongolique [mɔ̃gɔlik] adj (Géog) Mongol(ic), Mongolian

mongolisme [mɔ̃gɔlism] nm mongolism†, Down's syndrome

moniale [mɔnjal] nf cloistered nun

Monique [mɔnik] nf Monica

monisme [mɔnism] nm monism

moniste [mɔnist] **1** adj monistic
2 nmf monist

moniteur [mɔnitœʀ] → SYN nm **a** (Sport) instructor, coach ; [colonie de vacances] supervisor (Brit), (camp) counsellor (US) ◆ moniteur de ski skiing instructor ◆ moniteur d'auto-école driving instructor
b (Tech, Ordin : appareil) monitor ◆ moniteur cardiaque heart-rate monitor
c (Univ) graduate assistant

monition [mɔnisjɔ̃] nf monition

monitoire [mɔnitwaʀ] → SYN adj, nm monitory

monitorage [mɔnitɔʀaʒ] nm ⇒ monitoring

monitorat [mɔnitɔʀa] nm (formation) training to be an instructor ; (fonction) instructorship

monitoring [mɔnitɔʀiŋ] → SYN nm (gén) monitoring

monitrice [mɔnitʀis] nf (Sport) instructress ; [colonie de vacances] supervisor (Brit), (camp) counsellor (US) ; (Univ) graduate assistant

monnaie [mɔnɛ] → SYN **1** nf **a** (Écon, Fin : espèces, devises) currency ◆ une monnaie forte a strong currency ◆ monnaie d'or / d'argent gold / silver currency ◆ monnaie décimale decimal coinage ou currency ◆ (Bourse) la monnaie américaine the American dollar → battre, faux[2]
b (pièce, médaille) coin ◆ une monnaie d'or a gold coin ◆ émettre / retirer une monnaie to issue / withdraw a coin
c (pièces inférieures à l'unité, appoint) change ; (petites pièces) (loose) change ◆ petite ou menue monnaie small change ◆ vous n'avez pas de monnaie ? (pour payer) haven't you got (the) change ? ou any change ? ◆ auriez-vous de la monnaie ?, pourriez-vous me faire de la monnaie ? could you give me some change ? ◆ faire de la monnaie to get (some) change ◆ faire la monnaie de 100 F to get change for ou to change a 100-franc note ou 100 francs ◆ faire ou donner à qn la monnaie de 50 F to change 50 francs for sb, give sb change for 50 francs ◆ elle m'a rendu la monnaie sur 50 F she gave me the change out of ou from 50 francs ◆ passez la monnaie !* let's have the money !, cough up* everyone !
d (bâtiment) la Monnaie, l'hôtel des monnaies the mint, the Mint (Brit)
e LOC c'est monnaie courante [faits, événements] it's common ou widespread, it's a common occurrence ; [actions, pratiques] it's common practice ◆ (fig) donner ou rendre à qn la monnaie de sa pièce to pay sb back in the same ou in his own coin, repay sb in kind ◆ à l'école les billes servent de monnaie d'échange at school marbles are used as money ou as a currency ◆ otages qui servent de monnaie d'échange hostages who are used as bargaining counters ◆ payer qn en monnaie de singe to fob sb off with empty promises
2 COMP ▷ monnaie de banque ⇒ monnaie scripturale ▷ monnaie divisionnaire fractional currency ▷ monnaie électronique plastic money ▷ monnaie fiduciaire fiduciary currency, paper money ▷ monnaie légale legal tender ▷ monnaie locale local currency ▷ monnaie métallique coin (NonC) ▷ monnaie de papier paper money ▷ monnaie plastique plastic money ▷ monnaie scripturale representative ou bank money ▷ monnaie unique (européenne) single (European) currency ▷ monnaie verte green currency

monnaie-du-pape, pl **monnaies-du-pape** [mɔnɛdypap] nf honesty

monnayable [mɔnɛjabl] adj terres, titres convertible into cash ◆ c'est un diplôme facilement monnayable you can easily make money with that diploma

monnayer [mɔneje] → SYN ▸conjug 8◂ vt terres, titres to convert into cash ◆ (fig) monnayer son talent / ses capacités to make money from one's talents / abilities ◆ monnayer son silence to sell one's silence ◆ ce genre de service, ça se monnaie you have to pay to get that kind of help

monnayeur [mɔnɛjœʀ] nm (machine) (pour fabriquer la monnaie) minting machine ; (pour changer) (automatic) change maker ; (système à pièces) coin-operated device ; (ouvrier) minter, coiner

mono [mɔno] **1** nm (arg Scol) abrév de moniteur
2 nf (abrév de monophonie) ◆ en mono in mono
3 adj disque, électrophone mono

mono ... [mɔnɔ] préf mono ...

monoacide [mɔnoasid] adj mon(o)acid

monobasique [mɔnobazik] adj monobasic

monobloc [mɔnoblɔk] adj inv cast in one piece

monocaméral, pl **-aux** [mɔnokameʀal, o] adj m unicameral

monocaméralisme [mɔnokameralism], **monocamérisme** [mɔnokameʀism] nm unicameralism

monochromateur [mɔnɔkʀɔmatœʀ] nm monochromator

monochromatique [mɔnɔkʀɔmatik] adj monochromatic

monochrome [mɔnokʀom] adj monochrome, monochromatic

monochromie [mɔnɔkʀɔmi] nf monochromaticity

monocinétique [mɔnosinetik] adj monokinetic

monocle [mɔnɔkl] nm monocle, eyeglass

monoclinal, e, mpl **-aux** [mɔnɔklinal, o] adj, nm monoclinal

monoclinique [mɔnoklinik] adj monoclinic

monoclonal, e, mpl **-aux** [mɔnoklonal, o] adj ◆ anticorps monoclonaux monoclonal antibodies

monocoque [mɔnɔkɔk] **1** adj voiture, avion monocoque ◆ voilier monocoque monohull ou single-hull sailing dinghy
2 nm (voilier) monohull

monocorde [mɔnɔkɔʀd] → SYN **1** adj instrument with a single chord ; voix, timbre, discours monotonous
2 nm monochord

monocotylédone [mɔnɔkɔtiledɔn] **1** adj monocotyledon
2 nfpl ◆ les monocotylédones monocotyledons, the Monocotyledonae (spéc)

monocratie [mɔnɔkʀasi] nf monocracy

monoculaire [mɔnɔkylɛʀ] adj monocular

monoculture [mɔnokyltyʀ] nf single-crop farming, monoculture

monocycle [mɔnosikl] nm unicycle

monocyclique [mɔnosiklik] adj monocyclic

monocylindre [mɔnosilɛ̃dʀ] nm single-cylinder engine

monocylindrique [mɔnosilɛ̃dʀik] adj single-cylinder (épith)

monocyte [mɔnɔsit] nm monocyte

monodie [mɔnɔdi] nf monody

monœcie [mɔnesi] nf monoeciousness

monogame [mɔnɔgam] adj monogamous ◆ (Zool) **union monogame** pair-bonding

monogamie [mɔnɔgami] nf monogamy

monogamique [mɔnɔgamik] adj monogamistic

monogramme [mɔnɔgʀam] → SYN nm monogram

monographie [mɔnɔgʀafi] → SYN nf monograph

monoï [mɔnɔj] nm inv perfumed oil *(made from coconut and Tahitian flowers)*

monoïdéique [mɔnoideik] adj monoide(ist)ic

monoïdéisme [mɔnoideism] nm monoideism

monoïque [mɔnɔik] adj mon(o)ecious

monokini [mɔnɔkini] nm topless swimsuit, monokini

monolingue [mɔnɔlɛ̃g] adj monolingual

monolinguisme [mɔnɔlɛ̃gɥism] nm monolingualism

monolithe [mɔnɔlit] **1** nm monolith
2 adj monolithic

monolithique [mɔnɔlitik] adj (lit, fig) monolithic

monolithisme [mɔnɔlitism] nm (Archit, Constr) monolithism

monologue [mɔnɔlɔg] → SYN nm monologue, soliloquy ◆ (Littérat) **monologue intérieur** stream of consciousness

monologuer [mɔnɔlɔge] → SYN ▸ conjug 1 ◂ vi to soliloquize ◆ (péj) **il monologue pendant des heures** he talks away ou holds forth for hours

monomane [mɔnɔman] nmf, **monomaniaque** [mɔnɔmanjak] nmf monomaniac

monomanie [mɔnɔmani] → SYN nf monomania

monôme [monom] nm (Math) monomial; (arg Scol) students' rag procession *(in single file through the streets)*

monomère [mɔnɔmɛʀ] **1** adj monomeric
2 nm monomer

monométallisme [mɔnometalism] nm (Écon) monometallism

monomoteur, -trice [mɔnomɔtœʀ, tʀis]
1 adj single-engined
2 nm single-engined aircraft

mononucléaire [mɔnonykleɛʀ] **1** adj (Bio) mononuclear
2 nm mononuclear (cell), mononucleate

mononucléose [mɔnonykleoz] nf mononucleosis (spéc) ◆ **mononucléose infectieuse** glandular fever (Brit), infectious mononucleosis (spéc)

monoparental, e, mpl **-aux** [mɔnopaʀɑ̃tal, o] adj ◆ **familles monoparentales** single-parent ou one-parent families

monophasé, e [mɔnɔfɑze] **1** adj single-phase (épith)
2 nm single-phase current

monophonie [mɔnɔfɔni] nf monaural ou monophonic reproduction

monophonique [mɔnɔfɔnik] adj monaural, monophonic

monophtongue [mɔnɔftɔ̃g] nf monophthong

monophysisme [mɔnɔfizism] nm Monophysitism

monophysite [mɔnɔfizit] adj, nmf Monophysite

monoplace [mɔnoplas] **1** adj single-seater (épith), one-seater (épith)
2 nmf (Aut, Aviat) single-seater, one-seater

monoplan [mɔnoplɑ̃] nm monoplane

monoplégie [mɔnopleʒi] nf monoplegia

monopole [mɔnɔpɔl] → SYN nm (Écon, fig) monopoly ◆ **avoir le monopole de** to have the monopoly of ◆ **avoir un monopole sur** to have a monopoly in ◆ **monopole d'achat** monopsony ◆ **monopole d'État** state ou public monopoly ◆ **monopole fiscal** tax monopoly

monopoleur, -euse [mɔnɔpɔlœʀ, øz] nm,f monopoly holder ◆ **trust monopoleur** monopoly trust

monopolisateur, -trice [mɔnɔpɔlizatœʀ, tʀis] nm,f monopolizer

monopolisation [mɔnɔpɔlizasjɔ̃] nf monopolization

monopoliser [mɔnɔpɔlize] → SYN ▸ conjug 1 ◂ vt (lit, fig) to monopolize

monopoliste [mɔnɔpɔlist] adj, **monopolistique** [mɔnɔpɔlistik] adj monopolistic

monoprix ® [mɔnɔpʀi] nm department store *(for inexpensive goods),* ≃ five and ten (US), ≃ Woolworth's ®

monoptère [mɔnɔptɛʀ] adj, nm ◆ **(temple) monoptère** monopteral temple, monopteros

monorail [mɔnɔʀɑj] nm (voie) monorail; (voiture) monorail coach

monorime [mɔnɔʀim] **1** adj monorhymed
2 nm monorhyme, monorime

monosaccharide [mɔnɔsakaʀid] nm monosaccharide

monosémique [mɔnosemik] adj monosemic

monosépale [mɔnosepal] adj gamosepalous, monosepalous

monoski [mɔnoski] nm monoski ◆ **faire du monoski** to go monoskiing

monoskieur, -ieuse [mɔnoskjœʀ, jøz] nm,f monoskier

monospace [mɔnɔspas] nm people carrier (Brit), minivan (US)

monosperme [mɔnɔspɛʀm] adj monospermous, monospermal

monosyllabe [mɔnosi(l)lab] nm (lit, fig) monosyllable

monosyllabique [mɔnosi(l)labik] adj (lit, fig) monosyllabic

monosyllabisme [mɔnosil(l)abism] nm monosyllabism

monothéique [mɔnɔteik] adj monotheistic

monothéisme [mɔnɔteism] nm monotheism

monothéiste [mɔnɔteist] **1** adj monotheistic
2 nmf monotheist

monotone [mɔnɔtɔn] → SYN adj son, voix monotonous; spectacle, style, discours monotonous, dull, dreary, drab; existence, vie monotonous, humdrum, dull, dreary, drab; (Math) monotone

monotonie [mɔnɔtɔni] → SYN nf [son, voix] monotony; [discours, spectacle, vie] monotony, dullness, dreariness, drabness

monotrace [mɔnotʀas] adj single-track (épith)

monotrème [mɔnɔtʀɛm] **1** adj monotrematous
2 nmpl ◆ **les monotrèmes** monotremes, the Monotremata (spéc)

monotrope [mɔnɔtʀɔp] nm (Bot) pinesap, monotropa (spéc)

Monotype ® [mɔnɔtip] nm Monotype ®

monotype [mɔnɔtip] nm (Art) monotype; (Naut) one-design sailboat

monovalent, e [mɔnɔvalɑ̃, ɑ̃t] → SYN adj (Chim) monovalent, univalent

monoxyde [mɔnɔksid] nm monoxide ◆ **monoxyde de carbone** carbon monoxide

monoxyle [mɔnɔksil] adj monoxylic, monoxylous

monozygote [mɔnɔzigɔt] adj monozygotic

Monrovia [mɔ̃ʀɔvja] n Monrovia

Monseigneur [mɔ̃sɛɲœʀ], pl **Messeigneurs** [mesɛɲœʀ] nm **a** (formule d'adresse) (à archevêque, duc) Your Grace; (à cardinal) Your Eminence; (à évêque) Your Grace, Your Lordship, My Lord (Bishop); (à prince) Your (Royal) Highness
b (à la troisième personne) His Grace; His Eminence; His Lordship; His (Royal) Highness

Monsieur [məsjø], pl **Messieurs** [mesjø] nm **a** (s'adressant à qn) **bonjour Monsieur** (courant) good morning; (nom connu) good morning Mr X; (nom inconnu) good morning, good morning sir (frm) ◆ **bonjour Messieurs** good morning (gentlemen) ◆ (hum) **(bonjour) Messieurs Dames*** morning all ou everyone* ◆ **Monsieur, vous avez oublié quelque chose** excuse me, you've forgotten something ◆ (au restaurant) **et pour (vous) Monsieur / Messieurs?** and for you, sir / gentlemen? ◆ (devant un auditoire) **Messieurs** gentlemen ◆ **Messieurs et chers collègues** gentlemen ◆ **Monsieur le Président** [gouvernement] Mr President; [compagnie] Mr Chairman ◆ **oui, Monsieur le juge** ≃ yes, Your Honour ou My Lord ou Your Worship ◆ **Monsieur l'abbé** Father ◆ **Monsieur le curé** Father ◆ **Monsieur le ministre** Minister ◆ **Monsieur le duc** Your Grace ◆ **Monsieur le comte** etc Your Lordship, my Lord ◆ (frm) **Monsieur devrait prendre son parapluie** I suggest you take your umbrella, sir (frm) ◆ (frm) **Monsieur est servi** dinner is served, sir (frm) ◆ (iro) **Monsieur n'est pas content?** is something not to Your Honour's (iro) ou Your Lordship's (iro) liking? ◆ **mon bon** ou **pauvre Monsieur*** my dear sir → **Madame**
b (parlant de qn) **Monsieur X est malade** Mr X is ill ◆ († ou iro) **Monsieur votre fils** your dear son ◆ (frm) **Monsieur est sorti** Mr X ou the Master (of the house) is not at home ◆ **Monsieur dit que c'est à lui** the gentleman says it's his ◆ **Monsieur le Président** the President; the Chairman ◆ **Monsieur le juge X** ≃ (His Honour) Judge X ◆ **Monsieur le duc de X** (His Grace) the Duke of X ◆ **Monsieur l'abbé (X)** Father X ◆ **Monsieur le curé** the parish priest ◆ **Monsieur le curé X** Father X ◆ **Monsieur tout le monde** the average man ◆ [cirque] **Monsieur loyal** ringmaster
c (sur une enveloppe) **Monsieur John X** Mr John X, John X Esq.; (à un enfant) Master John X ◆ **Messieurs Dupont** Messrs Dupont and Dupont ◆ **Messieurs J. et P. Dupont** Messrs J and P Dupont ◆ (Comm) **MM. Dupont et fils** Messrs Dupont and Son ◆ **Messieurs X et Y** Messrs X and Y → **Madame**
d (en-tête de lettre) **Monsieur** (gén) Dear Sir; (personne connue) Dear Mr X ◆ **cher Monsieur** Dear Mr X ◆ **Monsieur et cher collègue** My dear Sir, Dear Mr X ◆ **Monsieur le Président** Dear Mr President; Dear Mr Chairman
e (Hist: parent du roi) Monsieur
f (sans majuscule) gentleman; (personnage important) great man ◆ **ces messieurs désirent?** what would you like, gentlemen?, what is it for you, gentlemen? ◆ **maintenant il se prend pour un monsieur** he thinks he's quite the gentleman now, he fancies himself as a (proper) gentleman now (Brit) ◆ **c'est un grand monsieur** he is a great man, he's quite someone ◆ (langage enfantin) **un méchant monsieur** a nasty man
g (représentant) **Monsieur Tout-le-Monde** the man in the street ◆ **Monsieur Muscles** Muscleman ◆ (responsable) **Monsieur Immigration / Drogue** the immigration / drug csar

monstre [mɔ̃stʀ] → SYN **1** nm **a** (Bio, Zool) (par la difformité) freak (of nature), monster; (par la taille) monster
b (Myth) monster
c (fig péj) monster, brute ◆ **c'est un monstre de laideur** he is monstrously ou hideously ugly, he is a hideous brute ◆ **c'est un monstre (de méchanceté)** he is a wicked ou an absolute monster ◆ **quel monstre d'égoïsme / d'orgueil!** what fiendish ou monstrous egoism / pride!
d (*: affectueux) **viens ici, petit monstre!** come here, you little monster* ou horror!*
e (Ciné, Théât) **monstre sacré** superstar, public idol
2 adj (*) monstrous, colossal, mammoth ◆ **rabais monstres** gigantic ou colossal ou mammoth reductions ◆ **succès monstre** runaway ou raving* success ◆ **manifestation monstre** massive demonstration ◆ **elle a un culot monstre** she's got fantastic cheek* ◆ **faire une publicité monstre à qch** to launch a massive publicity campaign for sth ◆ **j'ai un travail monstre** I've got loads* of work to do ou a monstrous amount of work to do ◆ **un dîner monstre** a whacking* great dinner (Brit), a colossal dinner

monstrueusement [mɔ̃stʀyøzmɑ̃] adv laid monstrously, hideously; intelligent prodigiously, stupendously; riche enormously

monstrueux, -euse [mɔ̃stʀyø, øz] → SYN adj (difforme) monstrous, freakish, freak (épith);

(abominable) monstrous, outrageous; (*: gigantesque) monstrous

monstruosité [mɔ̃stʀyozite] → SYN nf a (caractère criminel) monstrousness, monstrosity
b (acte) outrageous ou monstrous act, monstrosity; (propos) monstrous ou horrifying remark ◆ **dire des monstruosités** to say monstrous ou horrifying things, make monstrous ou horrifying remarks
c (Méd) deformity

mont [mɔ̃] → SYN 1 nm a (montagne: littér) mountain ◆ (avec un nom propre) **le mont X** Mount X ◆ (littér) **par monts et par vaux** up hill and down dale ◆ **être toujours par monts et par vaux*** to be always on the move* → **promettre**
b (Voyance) [main] mount
2 COMP ▷ **les monts d'Auvergne** the mountains of Auvergne, the Auvergne mountains ▷ **le mont Blanc** Mont Blanc ▷ **le mont Carmel** Mount Carmel ▷ **le mont des Oliviers** the Mount of Olives ▷ **le mont Sinaï** Mount Sinai ▷ **mont de Vénus** (Anat) mons veneris

montage [mɔ̃taʒ] → SYN nm a (assemblage) [appareil, montre] assembly; [bijou] mounting, setting; [manche] setting in; [tente] pitching, putting up ◆ **le montage d'une opération publicitaire** the mounting ou organization of an advertising campaign ◆ **trouver un montage financier pour développer un produit en commun** to set up a financial deal ou arrangement to enable (the) joint development of a product → **chaîne**
b (Ciné) (opération) editing ◆ **ce film est un bon montage** this film has been well edited ou is a good piece of editing ◆ **montage réalisé par** edited by, editing by ◆ **montage photographique** photomontage ◆ **montage audiovisuel** slide show with sound
c (Élec) wiring (up); (Rad etc) assembly ◆ **montage en parallèle / en série** connection in parallel / series
d (Typ) paste-up

montagnard, e [mɔ̃taɲaʀ, aʀd] 1 adj mountain (épith), highland (épith); (Hist) Mountain (épith)
2 nm,f a mountain dweller ◆ **montagnards** mountain people ou dwellers
b (Hist) **Montagnard(e)** Montagnard

montagne [mɔ̃taɲ] → SYN 1 nf a (sommet) mountain ◆ (région montagneuse) **la montagne** the mountains ◆ **vivre à** ou **habiter la montagne** to live in the mountains ◆ **haute / moyenne / basse montagne** high / medium / low mountains ◆ **plantes des montagnes** mountain plants → **chaîne, guide**
b (fig) **une montagne de** a mountain of, masses* ou mountains of ◆ **une montagne de travail l'attendait** a mountain of work was waiting for him, there was masses* of work waiting for him ◆ **recevoir une montagne de lettres / cadeaux** to receive a whole stack of ou a (great) mountain of letters / presents
c LOC **se faire une montagne de rien** to make a mountain out of a molehill ◆ **il se fait une montagne de cet examen** he's making a great song and dance ou a great fuss over this exam ◆ (Prov) **il n'y a que les montagnes qui ne se rencontrent pas** there are none so distant that fate cannot bring them together ◆ **déplacer** ou **soulever des montagnes** to move mountains ◆ **c'est la montagne qui accouche d'une souris** after all that it's (a bit of) an anticlimax, what a great to-do with precious little to show for it
d (Hist) **la Montagne** the Mountain
2 COMP ▷ **les montagnes Rocheuses** the Rocky Mountains, the Rockies ▷ **montagnes russes** roller-coaster, big dipper ▷ **montagne à vaches** ◆ **nous ne faisons que de la montagne à vaches*, mais pas d'escalade** (hum) we only go hill walking, not rock climbing

montagneux, -euse [mɔ̃taɲø, øz] → SYN adj (gén, Géog) mountainous; (basse montagne: accidenté) hilly

montaison [mɔ̃tɛzɔ̃] nf [saumon] ascent, upstream migration

Montana [mɔ̃tana] nm Montana

montanisme [mɔ̃tanism] nm Montanism

montaniste [mɔ̃tanist] 1 adj Montanist(ic)
2 nmf Montanist

montant, e [mɔ̃tɑ̃, ɑ̃t] → SYN 1 adj mouvement upward, rising; bateau (travelling) upstream; col high; robe, corsage high-necked; chemin uphill ◆ **chaussures montantes** ankle boots ◆ **train / voie montant(e)** up train / line → **colonne, garde**[1]
2 nm a (portant) [échelle] upright; [lit] post ◆ **les montants de la fenêtre** the uprights of the window frame ◆ (Ftbl) **montant (de but)** (goal) post
b (somme) (sum) total, total amount ◆ **le montant s'élevait à** the total added up to, the total (amount) came to ou was ◆ (Marché Commun) **montant compensatoire** subsidy ◆ **supprimer les montants compensatoires en matière agricole** to eliminate farming subsidies ◆ **montants compensatoires monétaires** monetary compensation amounts ◆ (Fin, Jur) **montant dû / forfaitaire** outstanding / flat-rate amount ◆ (Fin, Jur) **montant nominal** par value ◆ (Jur) **montant net d'une succession** residuary estate
c (Équitation) cheek-strap

mont-blanc, pl **monts-blancs** [mɔ̃blɑ̃] nm (Culin) chestnut cream dessert *(topped with cream)*

mont-de-piété, pl **monts-de-piété** [mɔ̃d(ə)pjete] → SYN nm (state-owned) pawnshop ou pawnbroker's ◆ **mettre qch au mont-de-piété** to pawn sth

monte [mɔ̃t] → SYN nf a (Équitation) horsemanship
b (Vét) **station / service de monte** stud farm / service ◆ **mener une jument à la monte** to take a mare to be covered

monte- [mɔ̃t] → **monter**[1]

Monte-Carlo [mɔ̃tekaʀlo] n Monte Carlo

monte-charge, pl **monte-charges** [mɔ̃tʃaʀʒ] nm goods lift (Brit), hoist, service elevator (US)

montée [mɔ̃te] → SYN nf a (escalade) climb, climbing ◆ **la montée de la côte** the ascent of the hill, the climb up the hill, climbing ou going up the hill ◆ **la montée de l'escalier** climbing the stairs ◆ **c'est une montée difficile** it's a hard ou difficult climb ◆ **en escalade, la montée est plus facile que la descente** when you're climbing, going up is easier than coming down ◆ **la côte était si raide qu'on a fait la montée à pied** the hill was so steep that we walked up ou we went up on foot
b (ascension) [ballon, avion] ascent ◆ **pendant la montée de l'ascenseur** while the lift is (ou was) going up
c (mouvement ascendant) [eaux] rise, rising; [lait] inflow; [sève, homme politique, colère, hostilités] rise ◆ **la soudaine montée des prix / de la température** the sudden rise in prices / (the) temperature ◆ **la montée du mécontentement populaire** the rise of ou growth in popular discontent ◆ **la montée des périls en Europe** the rising ou growing danger in Europe, the rising threat of war in Europe ◆ **montée en puissance** [pays, parti] rise in power; [secteur] rise in importance
d (côte, pente) hill, uphill slope ◆ **la maison était en haut de la montée** the house stood at the top of the hill ou rise ◆ **une petite montée mène à leur maison** there is a little slope leading up to their house

monte-en-l'air [mɔ̃tɑ̃lɛʀ] nm inv (*: voleur) cat burglar

Monténégro [mɔ̃tenegʀo] nm Montenegro

monte-plats [mɔ̃tpla] nm inv service lift (Brit), dumbwaiter

monter[1] [mɔ̃te] → SYN ▸ conjug 1 ◂
1 vi (avec auxiliaire être) a (gén) to go up (*à* to, *dans* into); [oiseau] to fly up; [avion] to climb ◆ **monter à pied / à bicyclette / en voiture** to walk / cycle / drive up ◆ **monter en courant / en titubant** to run / stagger up ◆ **monter en train / par l'ascenseur** to go up by train / in the lift ◆ **monter dans** ou **à sa chambre** to go up(stairs) to one's room ◆ **monter sur la colline** to go up ou climb up ou walk up the hill ◆ **j'ai dû monter en courant de la cave au grenier** I had to run upstairs from the cellar (up) to the attic ◆ **monte me voir** come up and see me ◆ **monte le prévenir** go up and tell him ◆ **monter à Paris** (en voyage) to go up to Paris; (pour travailler) to go to work in Paris
b **monter sur** table, rocher, toit to climb (up) on ou on to ◆ **monté sur une chaise, il accrochait un tableau** he was standing on a chair hanging a picture ◆ **monter sur une échelle** to climb up a ladder ◆ **monté sur un cheval gris** riding ou on a grey horse
c (moyen de transport) **monter en voiture** to get into a car ◆ **monter dans un train / un avion** to get on ou into a train / an aircraft, board a train / an aircraft ◆ **beaucoup de voyageurs sont montés à Lyon** a lot of people got on at Lyons ◆ (Naut) **monter à bord (d'un navire)** to go on board ou aboard (a ship) ◆ **monter à cheval** (se mettre en selle) to get on ou mount a horse; (faire du cheval) to ride, go riding ◆ **monter à bicyclette** to get on a bicycle; to ride a bicycle ◆ **je n'ai jamais monté** I've never been on a horse ◆ **elle monte bien** she's a good horsewoman, she rides well
d (progresser) [vedette] to be on the way up; [réputation] to rise, go up ◆ **monter en grade** to be promoted ◆ **artiste qui monte** up-and-coming artist ◆ **les générations montantes** the rising generations
e [eau, vêtements] **monter à** ou **jusqu'à** to come up to ◆ **robe qui monte jusqu'au cou** high-necked dress ◆ **la vase lui montait jusqu'aux genoux** the mud came right up to his knees, he was knee-deep in the mud
f (s'élever) [colline, route] to go up, rise; [soleil, flamme, brouillard] to rise ◆ **monter en pente douce** to slope gently upwards, rise gently ◆ **le chemin monte en lacets** the path winds ou twists upwards ◆ **de nouveaux gratte-ciel montent chaque jour** new skyscrapers are going ou springing up every day ◆ **notre maison monte très lentement** building is progressing very slowly on our house, our house is going up very slowly ◆ **un bruit / une odeur montait de la cave** there was a noise / a smell coming from (down) in the cellar, noise was drifting up / a smell was wafting up from the cellar
g (hausser de niveau) [mer, marée] to come in; [fleuve] to rise; [prix, température, baromètre] to rise, go up; (Mus) [voix, note] to go up ◆ **le lait monte** (sur le feu) the milk is on the boil; (dans le sein) the milk is coming in ◆ **monter dans l'estime de qn** to go up ou rise in sb's estimation ◆ **les prix montent en flèche** prices are rocketing (up) ou soaring ◆ **ça a fait monter les prix** it sent ou put ou pushed prices up ◆ **la colère monte** tempers are rising ◆ **le ton monte** (colère) the discussion is getting heated, voices are beginning to be raised; (animation) voices are rising, the conversation is getting noisier ◆ **le tricot monte vite avec cette laine*** this wool knits up quickly, the knitting grows quickly with this wool ◆ (Culin) **les blancs montent / n'arrivent pas à monter** the egg whites are whipping up / won't whip up ou are going stiff / won't go stiff
h (exprimant des émotions) **le sang** ou **le rouge lui monta au visage** the blood rushed to his face ◆ **elle sentait la colère / la peur monter en elle** she could feel (the) anger / fear well up inside her ◆ **les larmes lui montent aux yeux** tears are welling up in her eyes, tears come into her eyes ◆ **le succès / le vin lui monte à la tête** success / wine goes to his head ◆ **un cri lui monta à la gorge** a cry rose (up) in his throat ◆ **ça lui a fait monter le rouge aux joues** it made him blush ◆ **ça lui a fait monter les larmes aux yeux** it brought tears to his eyes → **moutarde**
i (Agr) [plante] to bolt, go to seed ◆ **monter en graine** [salade] to bolt, go to seed; [*: enfant] to shoot up, grow like a weed ◆ **la salade est (toute) montée** the lettuce has (all) bolted
2 vt (avec auxiliaire avoir) a to go up ◆ **monter l'escalier** ou **les marches précipitamment** to rush upstairs ou up the steps ◆ **monter l'escalier** ou **les marches quatre à quatre** to go upstairs ou up the steps four at a time ◆ **monter la rue** to walk ou go ou come up the street; (en courant) to run up the street ◆ (Mus) **monter la gamme** to go up the scale
b (porter) valise, meuble to take ou carry ou bring up ◆ **montez-lui son petit déjeuner** take

his breakfast up to him ◆ **faire monter ses valises** to have one's luggage brought ou taken ou sent up

c **monter un cheval** to ride a horse ◆ **ce cheval n'a jamais été monté** this horse has never been ridden

d (exciter) **monter qn contre qn** to set sb against sb ◆ **être monté contre qn** to be dead set against sb ◆ **quelqu'un lui a monté la tête** someone has put the wrong idea into his head ◆ **il se monte la tête pour un rien** he gets het up* ou worked up over nothing

e (Vét: couvrir) to cover, serve

f **monter la garde** (Mil) to mount guard, go on guard; [chien] to be on guard

g (Culin) **(faire) monter les blancs en neige** to whip ou beat ou whisk (up) the egg whites (until they are stiff)

3 **se monter** vpr **a** [prix, frais] **se monter à** to come to, amount to ◆ **ça va se monter à 2 000 F** it will come to ou amount to ou add up to 2,000 francs

b **se monter la tête** ou **le bourrichon*** to get (all) worked up ou het up*

monter² [mɔ̃te] → SYN ▸ conjug 1 ◂ vt (avec auxiliaire avoir) **a** (assembler) machine to assemble; tente to pitch, put up; film to edit, cut; robe to assemble, sew together ◆ **monter des mailles** to cast on stitches ◆ (Élec, Rad) **monter en parallèle / en série** to connect in parallel / in series

b (organiser) pièce de théâtre to put on, produce, stage; opération, campagne publicitaire to mount, organize, set up; affaire to set up; farce, canular to play ◆ **monter un coup** to plan a job ◆ **monter le coup à qn**⁑ to take sb for a ride⁑ ◆ **monter un bateau (à qn)** to play a practical joke (on sb) ◆ **coup monté** put-up job*, frame-up* ◆ **monter un complot** to hatch a plot ◆ **monter une histoire pour déshonorer qn** to cook up* ou fix* a scandal to ruin sb's good name

c (pourvoir, équiper) to equip ◆ **monter son ménage** ou **sa maison** to set up house ◆ **se monter en linge** to equip o.s. with linen ◆ **se monter** to get o.s. (well) set up ◆ **être bien / mal monté en qch** to be well- / ill-equipped with sth ◆ **tu es bien montée, avec deux garnements pareils*** you're well set up with that pair of rascals!* ◆ **il est bien monté**⁑ he's well-hung⁑ ou well-endowed*

d (fixer) diamant, perle to set, mount; pneu to put on ◆ (fig) **monter qch en épingle** to blow sth up out of all proportion, make a thing of sth*

monte-sac, pl **monte-sacs** [mɔ̃tsak] nm sack hoist

monteur, -euse [mɔ̃tœʀ, øz] nm,f **a** (Tech) fitter

b (Ciné) (film) editor

c (Typ) paste-up artist

Montevideo [mɔ̃tevideo] n Montevideo

montgolfière [mɔ̃gɔlfjɛʀ] nf montgolfier, hot air balloon

monticule [mɔ̃tikyl] → SYN nm (colline) hillock, mound; (tas) mound, heap

montmartrois, e [mɔ̃maʀtʀwa, waz] **1** adj of ou from Montmartre

2 nm,f ◆ **Montmartrois(e)** inhabitant ou native of Montmartre

montmorency [mɔ̃mɔʀɑ̃si] nf inv morello cherry

montrable [mɔ̃tʀabl] adj fit to be seen (attrib)

montre¹ [mɔ̃tʀ] → SYN nf **a** watch ◆ **montre analogique** analogue watch ◆ **montre-bracelet** wrist watch ◆ **montre digitale** ou **à affichage numérique** digital watch ◆ **montre de gousset** fob watch ◆ **montre de plongée** diver's watch ◆ **montre de précision** precision watch ◆ **montre à quartz** quartz watch ◆ **montre à remontoir** stem-winder, stem-winding watch ◆ **montre à répétition** repeating ou repeater watch

b LOC **il est 2 heures à ma montre** it is 2 o'clock by my watch ◆ (fig) **j'ai mis 2 heures montre en main** it took me exactly ou precisely 2 hours, it took me 2 hours exactly by the clock → **chaîne, course, sens**

montre² [mɔ̃tʀ] → SYN nf **a** **faire montre de** courage, ingéniosité to show, display

b (littér: ostentation) **pour la montre** for show, for the sake of appearances

c (Comm †: en vitrine) display, show ◆ **publication interdite à la montre** publication banned from public display ◆ **un ouvrage qu'il avait en montre** a work that he had on display ou show

Montréal [mɔ̃ʀeal] n Montreal

montréalais, e [mɔ̃ʀealɛ, ɛz] **1** adj of ou from Montreal

2 nm,f ◆ **Montréalais(e)** Montrealer

montrer [mɔ̃tʀe] → SYN ▸ conjug 1 ◂ GRAMMAIRE ACTIVE 26.4

1 vt **a** (gén) to show (à to); (par un geste) to point to; (faire remarquer) détail, personne, faute to point out (à to); (avec ostentation) to show off, display (à to) ◆ (faire visiter) **je vais vous montrer le jardin** I'll show you (round) the garden ◆ **montrer un enfant au docteur** to let the doctor see a child ◆ **l'aiguille montre le nord** the needle points north

b (laisser voir) to show ◆ **jupe qui montre le genou** skirt which leaves the knee uncovered ou bare ◆ **elle montrait ses jambes en s'asseyant** she showed her legs as she sat down ◆ (hum) **elle montre ses charmes** she's showing off ou displaying her charms (hum)

c (mettre en évidence) to show, prove ◆ **il a montré que l'histoire était fausse** he has shown ou proved the story to be false ou that the story was false ◆ **l'avenir montrera qui avait raison** the future will show ou prove who was right ◆ **montrer la complexité d'un problème** to show how complex a problem is, demonstrate the complexity of a problem ◆ **l'auteur montre un pays en décadence** the author shows ou depicts a country in decline ◆ **ce qui montre bien que j'avais raison** which just goes to show that I was right

d (manifester) humeur, surprise, courage to show, display ◆ **son visage montra de l'étonnement** his face registered (his) surprise

e (apprendre) **montrer à qn à faire qch, montrer à qn la manière de faire qch** to show sb how ou the way to do sth

f LOC **c'est l'avocat / le maître d'école qui montre le bout de l'oreille** it's the lawyer / the schoolteacher coming out in him, it's the lawyer / the schoolteacher in him showing through ◆ **je lui montrerai de quel bois je me chauffe** I'll show him (what I'm made of), I'll give him something to think about ◆ (lit, fig) **montrer les dents** to bare one's teeth ◆ **montrer qn du doigt** (lit) to point sb out; (fig) to point the finger at sb ◆ **montrer le bon exemple** to set a good example ◆ (lit, fig) **montrer le chemin** to show the way ◆ **montrer le** ou **son nez, montrer le bout du nez** to put in an appearance, show one's face ◆ **montrer patte blanche** to show one's credentials ◆ **montrer le poing** to shake one's fist ◆ **montrer la porte à qn** to show sb the door

2 **se montrer** vpr **a** [personne] to appear, show o.s. [chose] to appear ◆ **se montrer à son avantage** to show o.s. (off) to advantage ◆ (fig) **ton père devrait se montrer davantage** your father should assert himself more ou show his authority more ◆ **sa lâcheté s'est montrée au grand jour** his cowardice was plain for all to see

b (s'avérer) [personne] to show o.s. (to be), prove (o.s.) (to be); [chose] to prove (to be) ◆ **se montrer digne de sa famille** to show o.s. (to be) ou prove o.s. worthy of one's family ◆ **il s'est montré très désagréable** he was very unpleasant, he behaved very unpleasantly ◆ **il s'est montré intraitable avec les fautifs** he was ou he showed himself quite unrelenting with the culprits ◆ **le traitement s'est montré efficace** the treatment proved (to be) effective ◆ **se montrer d'une lâcheté révoltante** to show ou display despicable cowardice ◆ **si les circonstances se montrent favorables** if conditions prove (to be) ou turn out to be favourable ◆ **il faut se montrer ferme** you must appear firm, you must show firmness

montreur, -euse [mɔ̃tʀœʀ, øz] nm,f ◆ **montreur de marionnettes** puppet master (ou mistress), puppeteer ◆ **montreur d'ours** bear leader

Mont-Saint-Michel [mɔ̃sɛ̃miʃɛl] nm ◆ **le Mont-Saint-Michel** the Mont-Saint-Michel

Montserrat [mɔ̃seʀa] nm Montserrat

montueux, -euse [mɔ̃tɥø, øz] → SYN adj (littér) (very) hilly

monture [mɔ̃tyʀ] → SYN nf **a** (cheval) mount → **qui**

b (Tech) mounting; [lunettes] frame; [bijou, bague] setting

monument [mɔnymɑ̃] → SYN nm **a** (statue, ouvrage commémoratif) monument, memorial ◆ **monument élevé à la gloire d'un grand homme** monument ou memorial erected in remembrance of a great man ◆ **monument (funéraire)** monument ◆ **monument aux morts** war memorial

b (bâtiment, château) monument, building ◆ **monument historique** ancient monument, historic building ◆ **classer un monument historique** to list a building (Brit), put a building on a historical register (US) ◆ **monument public** public building ◆ **visiter les monuments de Paris** to go sight-seeing in Paris, see the sights of Paris

c (fig) (roman, traité scientifique) monument ◆ **la « Comédie humaine » est un monument de la littérature française** the "Comédie Humaine" is one of the monuments of French literature ◆ **ce buffet est un monument, on ne peut pas le soulever** this sideboard is colossal, we can't shift it* ◆ **c'est un monument de bêtise!*** what colossal ou monumental stupidity!

monumental, e, mpl **-aux** [mɔnymɑ̃tal, o] → SYN adj **a** taille, erreur monumental, colossal; œuvre monumental ◆ **être d'une bêtise monumentale** to be incredibly ou monumentally ou unbelievably stupid

b (Archit) monumental

monumentalité [mɔnymɑ̃talite] nf monumentality

moquer [mɔke] → SYN ▸ conjug 1 ◂ **1** vt († ou littér) to mock ◆ **j'ai été moqué** I was laughed at ou mocked

2 **se moquer** vpr **se moquer de** **a** (ridiculiser) to make fun of, laugh at, poke fun at ◆ **tu vas te faire moquer de toi, on va se moquer de toi** people will laugh at you ou make fun of you, you'll make yourself a laughing stock ◆ († ou frm) **vous vous moquez, j'espère** I trust that you are not in earnest (frm)

b (tromper) **non mais, vous vous moquez du monde!** really you've got an absolute nerve! ou a damn⁑ cheek! (Brit) ou nerve! ◆ **je n'aime pas qu'on se moque de moi!** I don't like being made a fool of ◆ **il ne s'est pas moqué de toi, c'est superbe!** he obviously thinks a lot of you, it's lovely!

c (mépriser) conseils, autorité to scorn ◆ **il se moque bien de nous maintenant qu'il est riche** he looks down on us ou looks down his nose at us now that he's rich

d (être indifférent) **je m'en moque** I don't care ◆ **je m'en moque pas mal*** I couldn't care less* ◆ **je m'en moque comme de l'an quarante** ou **comme de ma première chemise*** I don't care twopence (Brit) ou a damn⁑ ou a hoot* ◆ **il se moque du tiers comme du quart*** he doesn't care about anything or anybody ◆ **elle se moque du qu'en-dira-t-on** she doesn't care what people say (about her)

moquerie [mɔkʀi] → SYN nf **a** (caractère) mockery, mocking

b (quolibet, sarcasme) mockery (NonC), barracking (NonC) ◆ **en butte aux moqueries continuelles de sa sœur** the target of constant mockery from his sister ou of his sister's constant mockery

moquette [mɔkɛt] nf (tapis) fitted carpet (Brit), wall-to-wall carpeting (NonC); (Tex) moquette ◆ **faire poser une moquette** ou **de la moquette** to have a fitted (Brit) ou a wall-to-wall carpet laid ◆ **moquette murale** (heavy) fabric wall covering

moquetter [mɔkete] ▸ conjug 1 ◂ vt to carpet (with a fitted (Brit) ou wall-to-wall carpet) ◆ **chambre moquettée** bedroom with (a) fitted carpet ou a wall-to-wall carpet

moqueur, -euse [mɔkœʀ, øz] → SYN adj **a** remarque, sourire mocking ◆ **il est très moqueur, c'est un moqueur** he's always making fun of people

b **(oiseau) moqueur** mocking bird

moqueusement [mɔkøzmɑ̃] adv mockingly

moraillon [mɔʀajɔ̃] nm (Tech) hasp

moraine [mɔʀɛn] nf moraine

morainique [mɔʀenik] adj morainic, morainal

moral, e, mpl **-aux** [mɔʀal, o] → SYN 1 adj a (éthique) valeurs, problème moral ◆ **j'ai pris l'engagement moral de le faire** I'm morally committed to doing it ◆ **avoir l'obligation morale de faire** to be under a moral obligation ou be morally obliged to do ◆ **sens / conscience moral(e)** moral sense / conscience ◆ **conduite morale** moral ou ethical behaviour
b (mental, psychologique) courage, support, victoire moral ◆ **il a fait preuve d'une grande force morale** he showed great moral fibre ◆ **j'ai la certitude morale que** I am morally certain that, I feel deep down that ◆ **les douleurs morales et physiques** mental and physical pain
2 nm a **au moral comme au physique** mentally as well as physically ◆ **au moral il est irréprochable** morally he is beyond reproach
b (état d'esprit) morale ◆ **avoir un moral d'acier** to have a fighting spirit ◆ **les troupes ont bon / mauvais moral** the morale of the troops is high / low ◆ **avoir le moral*, avoir (un) bon moral*** to be in good spirits ◆ **il a mauvais moral, il n'a pas la moral** he is in low ou poor spirits ◆ **avoir le moral à zéro*** to be (feeling) down in the dumps* ◆ **le moral est atteint** it has shaken ou undermined his morale ou his confidence ◆ **garder le moral** to keep one's spirits up → **remonter**
3 **morale** nf a (doctrine) moral doctrine ou code, ethic (Philos); (mœurs) morals; (valeurs traditionnelles) morality, moral standards, ethic (Philos) ◆ (Philos) **la morale** moral philosophy, ethics ◆ **action conforme à la morale** act in keeping with morality ou moral standards ◆ **faire la morale à qn** to lecture sb, preach at sb ◆ **avoir une morale relâchée** to have loose morals ◆ **morale protestante** Protestant ethic
b [fable] moral ◆ **la morale de cette histoire** the moral of this story

moralement [mɔʀalmɑ̃] adv a (selon l'éthique) agir, se conduire morally
b (psychiquement) emotionally ◆ **soutenir qn moralement** to give emotional support to sb ◆ **il était moralement vainqueur** he scored a moral victory

moralisant, e [mɔʀalizɑ̃, ɑ̃t] adj moralizing

moralisateur, -trice [mɔʀalizatœʀ, tʀis] 1 adj discours, ton moralizing, sententious, sanctimonious; histoire edifying, elevating
2 nm,f moralizer

moralisation [mɔʀalizasjɔ̃] nf raising of moral standards

moraliser [mɔʀalize] → SYN ▸ conjug 1 ◂ 1 vi to moralize, sermonize (péj)
2 vt a (sermonner) **moraliser qn** to preach at sb, lecture sb
b (rendre plus moral) société to moralize, improve the morals of; vie politique, profession to make more ethical

moralisme [mɔʀalism] nm moralism

moraliste [mɔʀalist] 1 adj moralistic
2 nmf moralist

moralité [mɔʀalite] → SYN nf a (mœurs) morals, morality, moral standards ◆ **d'une moralité douteuse** personne of doubtful morals; film of dubious morality ◆ **d'une haute moralité** personne of high moral standards; discours of a high moral tone ◆ **la moralité publique** public morality → **témoin**
b (valeur) [attitude, action] morality
c (enseignement) [fable] moral ◆ **moralité : il ne faut jamais mentir!** the moral is: never tell lies! ◆ **moralité, j'ai eu une indigestion*** the result was (that) I had indigestion
d (Littérat) morality play

morasse [mɔʀas] nf (Typ) final ou foundry proof

moratoire[1] [mɔʀatwaʀ] adj moratory ◆ **intérêts moratoires** interest on arrears

moratoire[2] [mɔʀatwaʀ], **moratorium**† [mɔʀatɔʀjɔm] → SYN nm (Jur) moratorium

morave [mɔʀav] 1 adj Moravian
2 nmf ◆ **Morave** Moravian

Moravie [mɔʀavi] nf Moravia

morbide [mɔʀbid] → SYN adj curiosité, goût, imagination morbid, unhealthy; littérature, personne morbid; (Méd) morbid

morbidement [mɔʀbidmɑ̃] adv morbidly

morbidité [mɔʀbidite] nf morbidity

morbier [mɔʀbje] nm (fromage) *cow's milk cheese from the Jura*; (Helv: comtoise) grandfather clock

morbilleux, -euse [mɔʀbijø, øz] adj morbillous

morbleu†† [mɔʀblø] excl zounds!††, gadzooks!††

morceau, pl **morceaux** [mɔʀso] → SYN nm a (comestible) [pain] piece, bit; [sucre] lump; [viande] (à table) piece, bit; (chez le boucher) piece, cut ◆ **morceau de choix** choice piece ou morsel ◆ **c'était un morceau de roi** ou **de prince** it was fit for a king ◆ **manger un morceau** to have a bite (to eat) ou a snack ◆ (fig) **manger** ou **lâcher** ou **cracher le morceau**⁑ to spill the beans*, come clean*, talk* ◆ (fig: gagner) **il a emporté le morceau*** he carried it off → **bas**[1], **sucre**
b (gén) piece; [bois] piece, lump; [fer] lump; [ficelle] bit, piece; [terre] piece, patch, plot; [tissu] piece, length ◆ **en morceaux** in pieces ◆ **couper en morceaux** to cut into pieces ◆ **mettre qch en morceaux** to pull sth to bits ou pieces ◆ **essayant d'assembler les morceaux du vase** trying to piece together the bits of the vase ou the broken vase ◆ **le miroir est en mille morceaux** the mirror is in a thousand pieces
c (Littérat) passage, extract, excerpt; (Art, Mus) piece, item, passage; (poème) piece ◆ **(recueil de) morceaux choisis** (collection of) selected extracts ou passages ◆ **un beau morceau d'éloquence** a fine piece of eloquence ◆ **c'est un véritable morceau d'anthologie** it's destined to become a classic ◆ **morceau de bravoure** purple passage ◆ **morceau de concours** competition piece ◆ **morceau pour piano / violon** piece for piano / violin
d (*: personne) **beau morceau** (femme) nice bit of stuff⁑ (Brit), nice chick⁑ (US) ◆ **c'est un sacré morceau** he (ou it etc) is a hell of a size*

morcelable [mɔʀsəlabl] adj domaine, héritage dividable

morceler [mɔʀsəle] → SYN ▸ conjug 4 ◂ vt domaine, terrain to parcel out, break up, divide up; héritage to divide up; troupes, territoire to divide up, split up

morcellement [mɔʀsɛlmɑ̃] → SYN nm (→ **morceler**) (action) parcelling (out); division; dividing (up); splitting (up); (état) division

mordache [mɔʀdaʃ] nf (Tech) temporary jaws

mordacité [mɔʀdasite] → SYN nf (littér) causticity

mordancer [mɔʀdɑ̃se] ▸ conjug 3 ◂ vt to give mordant to

mordant, e [mɔʀdɑ̃, ɑ̃t] → SYN 1 adj a (caustique) ton, réplique cutting, scathing, mordant, caustic; pamphlet scathing, cutting; polémiste, critique scathing ◆ **avec une ironie mordante** with caustic ou biting ou mordant irony
b froid biting (épith)
2 nm a (dynamisme, punch) [personne] spirit, drive; [troupe, équipe] spirit, keenness; [style, écrit] bite, punch ◆ **discours plein de mordant** speech full of bite ou punch
b [scie] bite
c (Tech) mordant
d (Mus) mordent

mordicus* [mɔʀdikys] adv soutenir, affirmer obstinately, stubbornly

mordieu†† [mɔʀdjø] excl 'sdeath!††

mordillage [mɔʀdijaʒ] nm, **mordillement** [mɔʀdijmɑ̃] nm nibble, nibbling (NonC)

mordiller [mɔʀdije] ▸ conjug 1 ◂ vt to chew at, nibble at

mordoré, e [mɔʀdɔʀe] (ptp de **mordorer**) adj, nm (lustrous) bronze ◆ **les tons mordorés de l'automne** the glowing bronze tones ou the browns and golds of autumn

mordorer [mɔʀdɔʀe] ▸ conjug 1 ◂ vt (littér) to bronze

mordorure [mɔʀdɔʀyʀ] nf (littér) bronze ◆ **les mordorures de l'étoffe** the bronze lustre of the cloth

mordre [mɔʀdʀ] → SYN ▸ conjug 41 ◂ 1 vt a [animal, insecte, personne] to bite; [oiseau] to peck ◆ **mordre qn à la main** to bite sb's hand ◆ **un chien l'a mordu à la jambe, il s'est fait mordre à la jambe par un chien** a dog bit him on the leg, he was bitten on the leg by a dog ◆ **mordre une pomme (à belles dents)** to bite (deeply) into an apple ◆ **mordre un petit bout de qch** to bite off a small piece of sth, take a small bite (out) of sth ◆ **le chien l'a mordu (jusqu') au sang** the dog bit him and drew blood ◆ **approche, il ne mord pas** come closer, he doesn't ou won't bite ◆ (fig) **mordre la poussière** to bite the dust ◆ **faire mordre la poussière à qn** to make sb bite the dust
b [lime, vis] to bite into; [acide] to bite (into), eat into; [froid] to bite, nip ◆ **les crampons mordaient la glace** the crampons gripped the ice ou bit into the ice ◆ **l'inquiétude / la jalousie lui mordait le cœur** worry / jealousy was eating at ou gnawing at his heart
c (empiéter sur) **la balle a mordu la ligne** the ball (just) touched the line ◆ **mordre la ligne de départ** to be touching the starting line ◆ **mordre la ligne continue** to stray onto the (solid) white line
2 **mordre sur** vt indir (empiéter sur) to cut into, go over into, overlap into; (corroder) to bite into ◆ **ça va mordre sur l'autre semaine** that will go over into ou overlap into ou cut into the following week ◆ **mordre sur la marge** to go over into the margin ◆ **ils mordent sur notre clientèle** they're eating into our customer base ◆ (Aut) **il a mordu sur la ligne blanche** he crossed the white line
3 vi a **mordre dans une pomme** to bite into an apple ◆ (Naut) [ancre] **mordre dans le sable** to grip ou hold the sand
b (Pêche, fig) to bite ◆ (lit, fig) **mordre (à l'hameçon** ou **à l'appât)** to bite, rise (to the bait) ◆ (Pêche) **ça mord aujourd'hui?** are the fish biting ou rising today? ◆ (fig) **il a mordu au latin / aux maths*** he's taken to Latin / maths
c (Gravure) to bite; (Tex) [étoffe] to take the dye; [teinture] to take
d (Tech) **l'engrenage ne mord plus** the gear won't mesh any more
4 **se mordre** vpr ◆ **se mordre la langue** (lit) to bite one's tongue; (fig) (se retenir) to hold one's tongue; (se repentir) to bite one's tongue ◆ (fig) **se mordre** ou **s'en mordre les doigts** to kick o.s.* (fig) ◆ **maintenant il s'en mord les doigts** he could kick himself now* ◆ **tu t'en mordras les doigts** you'll live to regret it, you'll rue the day ◆ **se mordre la queue** [chien] to chase its tail; (*: fig) to go round in circles

mordu, e [mɔʀdy] → SYN (ptp de **mordre**) 1 adj a (*: amoureux) madly in love (*de* with) ◆ **il en est bien mordu** he is mad* ou wild* about her, he is crazy* over ou about her
b (*: fanatique) **mordu de football / jazz** crazy* ou mad* about ou mad keen* on football / jazz
2 nm,f (*: fanatique) enthusiast, buff*, fan ◆ **un mordu de la voile** a sailing enthusiast ◆ **un mordu de la musique** a great music lover ◆ **un mordu de l'ordinateur** a computer buff* ou freak* ◆ **il aime le sport, c'est un mordu** he loves sport, he's an enthusiast ◆ **c'est un mordu du football** he is a great one for football, he is a great football fan ou buff*

more, moresque [mɔʀ, mɔʀɛsk] ⇒ **maure, mauresque**

moreau, -elle[1], mpl **moreaux** [mɔʀo, ɛl] adj shiny black

morelle[2] [mɔʀɛl] nf (Bot) golanum

morfal, e, mpl **morfals**⁑ [mɔʀfal] nm,f greedy guts⁑, pig⁑

morfil [mɔʀfil] nm [acier] wire edge

morfler⁑ [mɔʀfle] ▸ conjug 1 ◂ 1 vi (souffrir) to go through it* (Brit), have a hard time of it; (se faire battre) to cop it⁑ (Brit), catch it* ◆ **j'ai une rage de dents, qu'est-ce que je morfle!** I have a toothache, it's agony* ou it's killing me!*
2 vt ◆ **morfler une beigne** to get a wallop*

morfondre (se) [mɔʀfɔ̃dʀ] → SYN ▸conjug 41◂ vpr (après une déception) to mope, fret; (dans l'attente de qch) to fret ◆ **il se morfondait en attendant le résultat des examens** he fretted as he waited for the exam results

morfondu, e [mɔʀfɔ̃dy] → SYN (ptp de **se morfondre**) adj dejected, crestfallen

morganatique [mɔʀganatik] adj morganatic

morgeline [mɔʀʒəlin] nf common chickweed

morgue[1] [mɔʀg] → SYN nf (littér: orgueil) pride, haughtiness ◆ **il me répondit plein de morgue que** he answered me haughtily that

morgue[2] [mɔʀg] → SYN nf (Police) morgue; [hôpital] mortuary

moribond, e [mɔʀibɔ̃, ɔ̃d] → SYN 1 adj (lit, fig) dying, moribund
2 nm,f ◆ **un moribond** a dying man ◆ **les moribonds** the dying

moricaud, e⁑ [mɔʀiko, od] 1 adj dark(-skinned)
2 nm,f darkie⁑, wog⁑

morigéner [mɔʀiʒene] → SYN ▸conjug 6◂ vt (littér) to take to task, reprimand, sermonize ◆ **il faut le morigéner** he will have to be taken to task (over it) ou reprimanded (for it)

morille [mɔʀij] nf morel

morillon [mɔʀijɔ̃] nm a (Zool) tufted duck
b (raisin) *kind of black grape*
c (pierre) small rough emerald

morion [mɔʀjɔ̃] nm morion

mormon, e [mɔʀmɔ̃, ɔn] adj, nm,f Mormon ◆ **la secte mormone** the Mormon sect

mormonisme [mɔʀmɔnism] nm Mormonism

morne[1] [mɔʀn] → SYN adj personne, visage doleful, glum, gloomy; ton, temps gloomy, dismal; silence mournful, gloomy, dismal; conversation, vie, paysage, ville dismal, dreary ◆ **passer un après-midi morne** to spend a dreary ou dismal afternoon

morne[2] [mɔʀn] → SYN nm (Géog: aux Antilles etc) hill

mornifle⁑ [mɔʀnifl] nf clout*, clip* on the ear ◆ **donner** ou **filer une mornifle à qn** to give sb a clip round the ear, clip sb round the ear

Moroni [mɔʀɔni] n Moroni

morose [mɔʀoz] → SYN adj humeur, personne, ton sullen, morose → **délectation**

morosité [mɔʀozite] → SYN nf sullenness, moroseness ◆ **climat de morosité économique / sociale** gloomy ou depressed economic / social climate

morphe [mɔʀf] nm morph

Morphée [mɔʀfe] nm Morpheus

morphème [mɔʀfɛm] nm morpheme ◆ **morphème libre / lié** free / bound morpheme

morphémique [mɔʀfemik], **morphématique** [mɔʀfematik] nf morphemics (sg)

morphine [mɔʀfin] nf morphine ◆ **morphine-base** base-morphium

morphinisme [mɔʀfinism] nm morphinism

morphinomane [mɔʀfinɔman] 1 adj addicted to morphine
2 nmf morphine addict

morphinomanie [mɔʀfinɔmani] nf morphine addiction, morphinomania

morphisme [mɔʀfism] nm homomorphism, homomorphy

morphogène [mɔʀfɔʒɛn] adj morphogenic

morphogenèse [mɔʀfɔʒənɛz] nf morphogenesis

morphologie [mɔʀfɔlɔʒi] nf morphology

morphologique [mɔʀfɔlɔʒik] adj morphological

morphologiquement [mɔʀfɔlɔʒikmɑ̃] adv morphologically

morphophonémique [mɔʀfɔfɔnemik] nf morphophonemics (sg)

morphophonologie [mɔʀfɔfɔnɔlɔʒi] nf morphophonology

morphosyntaxe [mɔʀfosɛ̃taks] nf morphosyntax

morphosyntaxique [mɔʀfosɛ̃taksik] adj morphosyntactical

morpion [mɔʀpjɔ̃] nm a (Jeux) ≃ noughts and crosses (Brit), tic tac toe (US)
b (⁑: pou du pubis) crab⁑
c (* péj: gamin) brat*

mors [mɔʀ] → SYN nm a (Équitation) bit ◆ **prendre le mors aux dents** [cheval] to take the bit between its teeth; (fig) (agir) to take action; (s'emporter) to fly off the handle*, blow one's top* (Brit) ou stack* (US); (prendre l'initiative) to take the matter into one's own hands
b (Tech) jaw; (Reliure) joint

morse[1] [mɔʀs] nm (Zool) walrus

morse[2] [mɔʀs] nm (code) Morse (code) ◆ **en morse** Morse (code) (épith)

morsure [mɔʀsyʀ] → SYN nf bite

mort[1] [mɔʀ] → SYN GRAMMAIRE ACTIVE 24.4 nf a death ◆ **mort relative, mort cérébrale** ou **clinique** brain death ◆ **mort absolue, mort définitive** clinical death ◆ **mort apparente** apparent death ◆ **mort naturelle** natural death ◆ **trouver la mort dans un accident** to die ou be killed in an accident ◆ **souhaiter la mort** to long for death, long to die ◆ **souhaiter la mort de qn** to wish death upon sb (littér), wish sb (were) dead ◆ **donner la mort (à qn)** to kill (sb) ◆ **se donner la mort** to take one's own life, kill o.s. ◆ **il est en danger** ou **en péril de mort** he is in danger of dying ou of his life ◆ **périr** ou **mourir de mort violente / accidentelle** to die a violent / accidental death ◆ **mort subite du nourrisson** cot (Brit) ou crib (US) death, sudden infant death syndrome ◆ **mort volontaire** suicide ◆ **mourir dans son sommeil, c'est une belle mort** dying in one's sleep is a good way to go ◆ **à la mort de sa mère** on the death of his mother, when his mother died ◆ **il a vu la mort de près** he came close to death, he has been face to face with death ◆ **il n'y a pas eu mort d'homme** no one was killed, there was no loss of life ◆ **être à la mort** to be at death's door ◆ (littér) **la petite mort** orgasm, petite mort (littér) ◆ (Mus) **"Mort et Transfiguration"** "Death and Transfiguration" ◆ **ce n'est pas la mort!*** it won't kill you (ou me etc)!* → **hurler, pâle** etc
b **de mort: silence de mort** deathly ou deathlike hush ◆ **d'une pâleur de mort** deathly ou deadly pale ◆ **engin de mort** lethal ou deadly weapon ◆ **arrêt / peine de mort** death warrant / penalty ◆ (fig) **il avait signé son arrêt de mort** he had signed his own death warrant ◆ **menaces de mort** threats of death ◆ **proférer des menaces de mort (contre qn)** to threaten (sb with) death
c **à mort: lutte à mort** fight to the death ◆ **détester qn à mort** to hate sb like poison ◆ **blessé à mort** (dans un combat) mortally wounded; (dans un accident) fatally injured ◆ **condamnation à mort** death sentence ◆ **frapper qn à mort** to strike sb dead ◆ **mettre à mort** personne to deliver the death blow to; taureau to put to death ◆ (fig) **nous sommes fâchés à mort** we're at daggers drawn (with each other) ◆ (fig) **en vouloir à qn à mort** to be bitterly resentful of sb ◆ **il m'en veut à mort** he hates me ou my guts⁑ (for it) ◆ (fig) **défendre qch à mort** to defend sth to the bitter end ◆ **freiner à mort*** to jam on the brakes ou the anchors* (Brit) ◆ **s'ennuyer à mort** to be bored to death ◆ **visser qch à mort*** to screw sth right home, screw sth tight → **mise[2]**
d (destruction, fin) death, end ◆ **c'est la mort de ses espoirs** that puts paid to his hopes (Brit), that puts an end to ou is the end of his hopes ◆ **le supermarché sera la mort du petit commerce** supermarkets will mean the end of ou the death of ou will put an end to small businesses ◆ **notre secrétaire est la mort des machines à écrire*** our secretary is lethal to ou the ruin of typewriters ◆ **cet enfant sera ma mort!*** this child will be the death of me!*
e (douleur) **souffrir mille morts** to suffer agonies, be in agony ◆ **la mort dans l'âme** with an aching ou a heavy heart, grieving inwardly ◆ **il avait la mort dans l'âme** his heart ached
f **mort au tyran!, à mort le tyran!** down with the tyrant!, death to the tyrant! ◆ **mort aux vaches!⁑** down with the cops!* ou pigs!⁑ → **mort[2]**

mort[2], e [mɔʀ, mɔʀt] → SYN (ptp de **mourir**)
1 adj a être animé, arbre, feuille dead ◆ **il est mort depuis 2 ans** he's been dead (for) 2 years, he died 2 years ago ◆ **laissé pour mort** left for dead ◆ **il est mort et bien mort, il est mort et enterré** he's dead and gone, he's dead and buried ◆ **ramenez-les morts ou vifs** bring them back dead or alive ◆ (Mil) **mort au champ d'honneur** killed in action ◆ **il était comme mort** he looked (as though he were) dead ◆ **tu es un homme mort!*** you're a dead man!* ◆ **la mer Morte** the Dead Sea
b (fig) **je suis mort (de fatigue)!** I'm dead (tired)! ou dead beat!*, I'm all in!* ◆ **il était mort de peur** ou **plus mort que vif** he was frightened to death ou scared stiff* ◆ **ils étaient morts de rire** they killed themselves laughing → **ivre**
c (inerte, sans vie) chair, peau dead; pied, doigt etc dead, numb; (yeux) lifeless, dull; (Fin) marché dead ◆ **la ville est morte le dimanche** the town is dead on a Sunday → **poids, point[1], temps[1]** etc
d (qui n'existe plus) civilisation extinct, dead; langue dead ◆ **leur vieille amitié est morte** their old friendship is dead ◆ **le passé est bien mort** the past is over and done with ou is dead and gone
e (*: usé, fini) pile, radio, moteur dead
2 nm a dead man ◆ **les morts** the dead ◆ **les morts de la guerre** those ou the men killed in the war, the war dead ◆ **il y a eu un mort** one person was killed ◆ **il y a eu de nombreux morts** many (people) were killed, there were many killed ◆ **l'accident a fait 5 morts** 5 (people) were killed in the accident ◆ **jour** ou **fête des morts** All Souls' Day ◆ (Rel) **office / messe / prière des morts** office / mass / prayer for the dead ◆ **cet homme est un mort vivant / un mort en sursis** this man is more dead than alive / is living on borrowed time ◆ **faire le mort** (lit) to pretend to be dead, sham death; (fig: ne pas se manifester) to lie low ◆ (Aut) **la place du mort** the (front) seat next to the driver → **monument, tête**
b (Cartes) dummy ◆ **être le mort** to be dummy
3 **morte** nf dead woman

mortadelle [mɔʀtadɛl] nf mortadella

mortaisage [mɔʀtɛzaʒ] nm mortising

mortaise [mɔʀtɛz] nf (Menuiserie, de gâche) mortise

mortaiser [mɔʀteze] ▸conjug 1◂ vt to mortise

mortalité [mɔʀtalite] → SYN nf mortality, death rate ◆ **taux de mortalité** death rate, mortality (rate) ◆ **mortalité infantile** infant mortality ◆ **régression de la mortalité** fall in the death rate

mort-aux-rats [mɔʀ(t)oʀa] nf inv rat poison

morte-eau, pl **mortes-eaux** [mɔʀto] nf neap tide

mortel, -elle [mɔʀtɛl] → SYN 1 adj a (sujet à la mort) mortal → **dépouille**
b (entraînant la mort) chute, maladie fatal; blessure, plaie fatal, mortal, lethal; poison deadly, lethal ◆ **danger mortel** mortal danger ◆ **coup mortel** lethal ou fatal ou mortal blow, death-blow ◆ **cette révélation lui serait mortelle** such a discovery would kill him ou would be fatal to him
c (intense) frayeur, jalousie mortal; pâleur, silence deadly, deathly; ennemi, haine mortal, deadly ◆ **il fait un froid mortel** it is deathly cold, it is as cold as death ◆ **cette attente mortelle se prolongeait** this deadly wait dragged on ◆ **allons, ce n'est pas mortel!*** come on, it's not all that bad! ou it's not the end of everything!*
d (*: ennuyeux) livre, soirée deadly*, deadly boring ou dull ◆ **il est mortel** he's a deadly* ou crashing* bore
2 nm,f (littér, hum) mortal ◆ **heureux mortel!*** lucky chap!* (Brit) ou fellow!* → **commun**

mortellement [mɔʀtɛlmɑ̃] → SYN adv blesser fatally, mortally; (fig) offenser, vexer mortally, deeply ◆ **mortellement pâle** deadly ou deathly pale ◆ (fig) **c'est mortellement ennuyeux** it's deadly boring ou dull

morte-saison, pl **mortes-saisons** nf [mɔʀt(ə)sɛzɔ̃] slack ou off season

mortier [mɔʀtje] → SYN nm (Constr, Culin, Mil, Pharm) mortar; (toque) cap *(worn by certain French judges)*

mortifère [mɔʀtifɛʀ] adj (hum) ambiance, discours deadly*

mortifiant, e [mɔʀtifjɑ̃, jɑ̃t] adj mortifying

mortification [mɔʀtifikasjɔ̃] → SYN nf mortification

mortifier [mɔʀtifje] → SYN ▸ conjug 7 ◂ vt (Méd, Rel, aussi vexer) to mortify

mortinatalité [mɔʀtinatalite] nf rate of stillbirths

mort-né, mort-née, pl **mort-nés, mort-nées** [mɔʀne] adj enfant stillborn; projet abortive, stillborn

mortuaire [mɔʀtɥɛʀ] → SYN adj chapelle mortuary (épith); rites mortuary (épith), funeral (épith); cérémonie funeral (épith) ◆ **acte / avis mortuaire** death certificate / announcement ◆ **drap mortuaire** pall ◆ (Can) **salon mortuaire** funeral home ou parlor (US, Can) ◆ **la chambre mortuaire** the death chamber ◆ **la maison mortuaire** the house of the departed ou deceased → **couronne**

morue [mɔʀy] → SYN nf **a** (Zool) cod ◆ **morue fraîche / séchée / salée** fresh / dried / salted cod ◆ **morue verte** undried salted cod → **brandade, huile**

b (‡: prostituée) tart‡, whore

morula [mɔʀyla] nf morula

morutier, -ière [mɔʀytje, jɛʀ] **1** adj cod-fishing

2 nm (pêcheur) cod-fisherman; (bateau) cod-fishing boat

morvandeau, -elle, mpl **morvandeaux** [mɔʀvɑ̃do, ɛl] **1** adj of ou from the Morvan region

2 nm,f ◆ **Morvandeau(-elle)** inhabitant ou native of the Morvan region

morve [mɔʀv] → SYN nf snot‡, (nasal) mucus; (Vét) glanders (sg)

morveux, -euse [mɔʀvø, øz] → SYN **1** adj **a** enfant snotty(-nosed)‡ → **qui**

b (Zool) glandered

2 nm,f (‡: personne) (little) jerk‡

MOS [mos] nm (abrév de **Metal Oxyde Semiconductor**) MOS

mosaïque¹ [mɔzaik] → SYN nf (Art, Bot) mosaic; [États, champs] chequered pattern, patchwork; [idées, peuples] medley ◆ **de** ou **en mosaïque** mosaic (épith)

mosaïque² [mɔzaik] adj (Bible) Mosaic(al), of Moses

mosaïqué, e [mɔzaike] adj mosaic (épith)

mosaïsme [mɔzaism] nm Mosaism

mosaïste [mɔzaist] nmf mosaicist

mosan, e [mɔzɑ̃, an] adj Mosan

Moscou [mɔsku] n Moscow

moscovite [mɔskɔvit] **1** adj of ou from Moscow, Moscow (épith), Muscovite

2 nmf ◆ **Moscovite** Muscovite

Moselle [mɔzɛl] nf Moselle

mosette [mɔzɛt] nf moz(z)etta

mosquée [mɔske] nf mosque

mot [mo] → SYN GRAMMAIRE ACTIVE 21.1

1 nm **a** (gén) word ◆ **le mot (d')orange** the word "orange" ◆ **les mots me manquent pour exprimer** words fail me when I try to express, I can't find the words to express ◆ **ce ne sont que des mots** it's just (so many) empty words ◆ **je n'en crois pas un (traître) mot** I don't believe a (single) word of it ◆ **qu'il soit paresseux, c'est bien le mot!** lazybones is the right word to describe him! ◆ **ça alors, c'est bien le mot!** you've said it!, you never spoke ou said a truer word! ◆ **à / sur ces mots** at / with these words ◆ **à mots couverts** in veiled terms ◆ **en d'autres mots** in other words ◆ **en un mot** in a word ◆ **en un mot comme en cent** in a nutshell, in brief ◆ **faire du mot à mot, traduire mot à mot** to translate word for word ◆ **c'est du mot à mot** it's a word for word rendering ou translation ◆ **rapporter une conversation mot pour mot** to give a word for word ou a verbatim report of a conversation ◆ (Ling) **mot apparenté** cognate

b (message) word; (courte lettre) note, line ◆ (Scol) **mot d'excuse** excuse note ◆ **en dire** ou **en toucher un mot à qn** to have a word with sb about it ◆ **glisser un mot à qn** to have a word in sb's ear ◆ **se donner** ou **se passer le mot** to send ou pass the word round, pass the word on ◆ **mettez-lui un petit mot** drop him a line ou note, write him a note ◆ **il ne m'a même pas dit un mot de remerciements** he didn't even thank me

c (expression frappante) saying ◆ **mots célèbres / historiques** famous / historic sayings ◆ **bon mot** witticism, witty remark

d (Ordin) word ◆ **mot machine** machine word

e LOC **avoir des mots avec qn** to have words with sb ◆ **avoir toujours le mot pour rire** to be a born joker ◆ **le mot de l'énigme** the key to the mystery ◆ **avoir le mot de la fin** to have the last word ◆ **sans mot dire** without saying a ou one word ◆ **vous n'avez qu'un mot à dire et je le ferai** (you have only to) say the word and I'll do it ◆ **j'estime avoir mon mot à dire dans cette affaire** I think I'm entitled to have my say in this matter ◆ **je vais lui dire deux mots** I'll give him a piece of my mind ◆ **prendre qn au mot** to take sb at his word ◆ **il ne sait pas le premier mot de sa leçon** he doesn't know a word of his lesson ◆ **il ne sait pas un (traître) mot d'allemand** he doesn't know a (single) word of German ◆ **je n'ai pas pu lui tirer un mot** I couldn't get a word out of him ◆ **il lui a dit le mot de Cambronne** ≃ he said a four-letter word to him ◆ **pas un mot à qui que ce soit** mum's the word, don't breathe a word of this to anyone ◆ **il n'a jamais un mot plus haut que l'autre** he's very even-tempered ◆ **j'ai dû dire un mot de travers** I must have said something wrong → **dernier**

2 COMP ▷ **mot d'auteur** revealing ou witty remark from the author ◆ **c'est un mot d'auteur** it's the author having his say ▷ **mot composé** compound ▷ **mots croisés** crossword (puzzle) ◆ **faire les mots croisés** (gén) to do crosswords; [journal particulier] to do the crossword (puzzle) ▷ **mot d'emprunt** loanword ▷ **mot d'enfant** child's (funny) remark ou saying ▷ **mot d'esprit** witticism, witty remark ▷ **mot d'excuse** (Scol) (absence) note ▷ **mot d'ordre** watchword, slogan ▷ **mot de passe** password ▷ **mot souche** root-word

motard, -arde [mɔtaʀ, aʀd] **1** nm,f motorcyclist, biker*

2 nm (Police) motorcycle policeman ou cop*; (Mil: dans l'armée) motorcyclist ◆ **les motards de l'escorte** the motorcycle escort

mot-clé, pl **mots-clés** [mokle] nm keyword ◆ **c'est ça le mot-clé** that's the operative ou keyword

motel [mɔtɛl] nm motel

motet [mɔtɛ] → SYN nm motet, anthem

moteur¹ [mɔtœʀ] → SYN nm **a** (gén) engine; (électrique) motor ◆ **moteur atmosphérique** atmospheric engine ◆ **moteur à combustion interne, moteur à explosion** internal combustion engine ◆ **moteur diesel** diesel engine ◆ **moteur électrique** electric motor ◆ **moteur à injection** fuel injection engine ◆ **moteur à réaction** jet engine ◆ **moteur turbo** turbo(-charged) engine ◆ **moteur à 2 / 4 temps** 2- / 4-stroke engine ◆ **à moteur** power-driven, motor (épith) ◆ (Ciné) **moteur!** action! → **frein**

b (fig) mover, mainspring ◆ (littér) **le grand moteur de l'univers** the prime mover of the universe ◆ **être le moteur de qch** to be the mainspring of sth, be the driving force behind sth

moteur², -trice¹ [mɔtœʀ, tʀis] adj **a** (Anat) muscle, nerf, troubles motor (épith)

b (Tech), force (lit, fig) driving ◆ **arbre moteur** driving shaft ◆ **voiture à roues motrices avant / arrière** front- / rear-wheel drive car ◆ (Rail) **engin moteur** power unit

moteur-fusée, pl **moteurs-fusées** [mɔtœʀfyze] nm rocket engine ou motor

motif [mɔtif] → SYN nm **a** (raison) motive (*de* for), grounds (*de* for); (but) purpose (*de* of) ◆ **quel est le motif de votre visite?** what is the motive for ou the purpose of your visit? ◆ **quel motif as-tu de te plaindre?** what grounds have you got for complaining? ◆ **il a de bons motifs pour le faire** he has good grounds for doing it ◆ († ou hum) **fréquenter une jeune fille pour le bon motif** to court a girl with honourable intentions ◆ **faire qch sans motif** to have no motive for doing sth ◆ **colère sans motif** groundless ou irrational anger

b (ornement) motif, design, pattern; (Peinture, Mus) motif ◆ **papier peint à motif de fleurs** floral wallpaper, wallpaper with a floral design

c (Jur) [jugement] grounds (*de* for)

motion [mosjɔ̃] → SYN nf motion ◆ **déposer une motion de censure** to table a censure motion ou a motion of censure ◆ **voter la motion de censure** to pass a vote of no confidence ou of censure

motivant, e [mɔtivɑ̃, ɑ̃t] → SYN adj rewarding, satisfying ◆ **rémunération motivante** attractive salary

motivation [mɔtivasjɔ̃] → SYN nf (justification) motivation (*de* for); (dynamisme) motivation ◆ (raisons personnelles) **quelles sont ses motivations?** what are his motives? (*pour* for) ◆ **études** ou **recherche de motivation** motivational research ◆ **lettre de motivation** letter in support of one's application

motivé, e [mɔtive] (ptp de **motiver**) adj **a** action (dont on donne les motifs) reasoned, justified; (qui a des motifs) well-founded, motivated ◆ **non motivé** unexplained, unjustified ◆ (Scol) **absence motivée** legitimate ou genuine absence ◆ **refus motivé** justified refusal

b personne (well-)motivated ◆ **non motivé** unmotivated

motiver [mɔtive] → SYN ▸ conjug 1 ◂ vt **a** (justifier, expliquer) action, attitude, réclamation to justify, account for ◆ **il a motivé sa conduite en disant que** he justified his behaviour by saying that ◆ **rien ne peut motiver une telle conduite** nothing can justify ou warrant such behaviour

b (fournir un motif à) refus, intervention, jugement to motivate, found; (Psych) to motivate

c (pousser à agir) [personne, salaire] to motivate

moto [moto] → SYN (abrév de **motocyclette**) nf **a** (véhicule) motorbike, motorcycle, bike* ◆ **je viendrai à** ou **en moto** I'll come by bike* ou on my bike* ◆ **moto de course** racing motorcycle ◆ **moto de route** (standard) motorcycle ◆ **moto de trial** trail bike (Brit), dirt bike (US)

b (activité) motorcycling, biking* ◆ **moto verte** scrambling

moto(-)cross [motokʀɔs] nm inv motocross, scrambling (Brit)

motoculteur [mɔtɔkyltœʀ] nm (motorized) cultivator

motocycle [mɔtɔsikl] nm (Admin) motor bicycle

motocyclette [mɔtɔsiklɛt] nf motorcycle, motorbike

motocyclisme [mɔtɔsiklism] nm motorcycle racing

motocycliste [mɔtɔsiklist] **1** nmf motorcyclist

2 adj course motorcycle (épith) ◆ **le sport motocycliste** motorcycle racing

motonautique [motonotik] adj ◆ **sport motonautique** speedboat ou motorboat racing

motonautisme [motonotism] nm speedboat ou motorboat racing

motoneige [motonɛʒ] nf snow-bike, skidoo ® (Can)

motoneigiste [motonɛʒist] nmf snow-bike ou skidoo (Can) rider

motopaver [motopavœʀ] nm paver

motopompe [motopɔ̃p] nf motor-pump, power-driven pump

motopropulseur [motopʀɔpylsœʀ] adj m ◆ **groupe motopropulseur** power unit

motor-home, pl **motor-homes** [mɔtɔʀom] → SYN nm motor home

motorisation [mɔtɔʀizasjɔ̃] nf (Tech) motorization; (type de moteur) engine type

motoriser [mɔtɔʀize] → SYN ▸ conjug 1 ◂ vt (Mil, Tech) to motorize ◆ **être motorisé*** to have transport, have one's ou a car, be car-borne*

motoriste [mɔtɔʀist] nm (mécanicien) car ou auto (US) mechanic; (constructeur) engine manufacturer

motorship [mɔtɔʀʃip] nm motor vessel ou ship

motoski [motoski] nm ⇒ **motoneige**

mot-outil, pl **mots-outils** [mouti] nm grammatical word

motrice[1] [mɔtʀis] [→ SYN] adj → **moteur**[2]

motrice[2] [mɔtʀis] [→ SYN] nf power unit

motricité [mɔtʀisite] [→ SYN] nf motivity

motte [mɔt] nf **a** (Agr) **motte (de terre)** lump of earth, clod (of earth) ◆ **motte de gazon** turf, sod ◆ plante **en motte** balled
b (Culin) **motte de beurre** lump ou block of butter ◆ **acheter du beurre en** ou **à la motte** to buy a slab of butter *(from a large block, not prewrapped)*

motter (se) [mɔte] ▸conjug 1◂ vpr [animal] to take cover *(behind a clod)*

motteux [mɔtø] nm wheatear

motu proprio [mɔtypʀɔpʀijo] **1** loc adv of one's (own) accord
2 nm inv (Rel) motu proprio

motus* [mɔtys] excl ◆ **motus (et bouche cousue)!** mum's the word!*, keep it under your hat!, don't breathe a word!

mot-valise, pl **mots-valises** nm [movaliz] portmanteau word

mou[1]**, molle** [mu, mɔl] [→ SYN] (masculin: **mol** [mɔl] devant voyelle ou h muet) **1** adj **a** (au toucher) substance, oreiller soft; tige, tissu limp; chair, visage flabby ◆ **ce melon est tout mou** this melon has gone all soft ou mushy → **chapeau**
b (à la vue) contours, lignes, relief, collines soft, gentle; traits du visage, (Art) dessin, trait weak, slack
c (à l'oreille) **bruit mou** muffled noise, soft thud ◆ **voix aux molles inflexions** gently lilting voice
d (sans énergie) geste, poignée de main limp, lifeless; protestations, opposition weak, feeble; (†) vie soft, indolent; (Littérat) style feeble, dull, woolly; (Mus) exécution dull, lifeless ◆ **personne molle** (apathique) indolent ou lethargic ou sluggish person; (sans autorité) spineless character; (trop indulgent) lax ou soft person ◆ **dépêche-toi, c'est mou tout ça!** hurry up, you're a bit sluggish! ◆ **il est mou comme une chiffe** ou **chique, c'est un mou** he is spineless ou a spineless character
e temps muggy; tiédeur languid
2 adv ◆ **jouer/dessiner mou** to play/draw without energy, play/draw languidly ◆ **vas-y mou**‡ go easy*, take it easy*
3 nm **a** (qualité) softness
b [corde] **avoir du mou** to be slack ou loose ◆ **donner du mou** to slacken, loosen ◆ (Aut) **il y a du mou dans la pédale de frein** the brakes are soft ou spongy ◆ **donne un peu de mou pour que je puisse faire un nœud** let the rope out a bit ou give a bit of play on the rope so that I can make a knot

mou[2] [mu] [→ SYN] nm **a** (Boucherie) lights, lungs → **rentrer**
b (‡ loc) **bourrer le mou à qn** to have sb on* (Brit), take sb in

moucharabié, moucharabieh [muʃaʀabje] nm (Archit) moucharaby, moucharabieh

mouchard, e [muʃaʀ, aʀd] [→ SYN] **1** nm,f (*) (Scol) sneak*
2 nm **a** (arg Police) grass (arg Brit), fink (US arg), informer
b (Tech: enregistreur) [avion, train] black box; [camion] tachograph; [veilleur de nuit] control clock; (Mil) spy plane

mouchardage* [muʃaʀdaʒ] nm (→ **moucharder**) sneaking*; grassing (arg Brit), informing

moucharder* [muʃaʀde] ▸conjug 1◂ vt (Scol) to split on*, sneak on*; (arg Police) to grass on (arg Brit), inform on ◆ **arrête de moucharder!** stop sneaking!*

mouche [muʃ] [→ SYN] **1** nf **a** (Zool, Pêche) fly ◆ **quelle mouche t'a piqué?** what has bitten you?*, what has got into you? ◆ **il faut toujours qu'il fasse la mouche du coche** he's always fussing around as if he's indispensable ◆ **mourir/tomber comme des mouches** to die (off)/fall like flies ◆ **prendre la mouche** to get into ou go into a huff* (Brit), get huffy* (Brit), get the sulks ◆ (Prov) **on ne prend pas les mouches avec du vinaigre** if you pay peanuts, you get monkeys → **entendre, fin**[1]**, mal**
b (Sport) (Escrime) button; (Pêche) fly ◆ **faire mouche** (Tir) to score a ou hit the bull's-eye; (fig) to score, hit home → **poids**
c (en taffetas) patch, beauty spot; (touffe de poils sous la lèvre) short goatee
d (Opt) **mouches** specks, spots
2 COMP ▷ **mouche bleue** ⇒ **mouche de la viande** ▷ **mouche d'escadre** (Naut) advice boat ▷ **mouche à feu** (Can) firefly ▷ **mouche à merde*** dung fly ▷ **mouche à miel** honey bee ▷ **mouche tsé-tsé** tsetse fly ▷ **mouche à vers** blowfly ▷ **mouche de la viande** bluebottle ▷ **mouche du vinaigre** fruit fly

moucher [muʃe] [→ SYN] ▸conjug 1◂ **1** vt **a** **moucher (le nez de) qn** to blow sb's nose ◆ **mouche ton nez** blow your nose ◆ **il mouche du sang** there are traces of blood (in his handkerchief) when he blows his nose
b (* fig: remettre à sa place) **moucher qn** to put sb in his place ◆ **se faire moucher** to get put in one's place
c chandelle to snuff (out)
2 **se moucher** vpr to blow one's nose ◆ **mouche-toi** blow your nose ◆ LOC **il ne se mouche pas du coude*** ou **du pied*** (il est prétentieux) he thinks he's it* ou the cat's whiskers*, he thinks himself no small beer; (il ne se refuse rien) he doesn't deny himself anything → **qui**

moucheron [muʃʀɔ̃] nm (Zool) midge, gnat; (*: enfant) kid*, nipper* (Brit)

moucheté, e [muʃ(ə)te] [→ SYN] (ptp de **moucheter**) adj œuf speckled; poisson spotted; laine flecked; fleuret buttoned

moucheter [muʃ(ə)te] ▸conjug 4◂ vt (tacheter: → **moucheté**) to speckle; to spot; to fleck (*de* with); to button

mouchetis [muʃ(ə)ti] nm (Constr) roughcast

mouchette [muʃɛt] nf **a** (Archit) [larmier] lip; [fenêtrage] outer fillet
b **mouchettes** (Hist) snuffers

moucheture [muʃ(ə)tyʀ] nf (sur les habits) speck, spot, fleck; (sur un animal) spot, patch ◆ (Hér) **mouchetures d'hermine** ermine tips

mouchoir [muʃwaʀ] [→ SYN] nm (dans la poche) handkerchief; (†: autour du cou) neckerchief ◆ **mouchoir en papier** tissue, paper hanky ◆ **jardin grand comme un mouchoir de poche** garden as big as ou the size of ou no bigger than a pocket handkerchief ◆ **cette pièce est grande comme un mouchoir de poche** there's no room to swing a cat in this room ◆ (fig) **ils sont arrivés dans un mouchoir** it was a close finish → **nœud**

moudjahidin [mudʒa(j)idin] nmpl mujaheddin, mujahedeen

moudre [mudʀ] [→ SYN] ▸conjug 47◂ vt blé to mill, grind; café, poivre to grind; (†: Mus) air to grind out ◆ **moudre qn de coups†** to thrash sb, give sb a drubbing → **moulu**

moue [mu] [→ SYN] nf pout ◆ **faire la moue** (gén: tiquer) to pull a face; [enfant gâté] to pout ◆ **faire une moue de dédain/de dégoût** to give a disdainful pout/a pout of disgust ◆ **il a fait la moue à notre proposition** our proposition didn't do much for him*

mouette [mwɛt] [→ SYN] nf (sea) gull ◆ **mouette rieuse** black-headed gull ◆ **mouette tridactyle** kittiwake

mouf(e)ter‡ [mufte] ▸conjug 1 et 4◂ vi to blink ◆ **il n'a pas moufté** he didn't bat an eyelid

mou(f)fette [mufɛt] nf skunk

moufle [mufl] [→ SYN] **1** nf (gant) mitt, mitten
2 nm ou f (Tech) (poulie) pulley block; [four] muffle

mouflet, -ette* [muflɛ, ɛt] nm,f brat* (péj), kid*

mouflon [muflɔ̃] nm mouf(f)lon

mouillage [mujaʒ] [→ SYN] nm **a** (Naut: action) [navire] anchoring, mooring; [ancre] casting; [mine] laying
b (Naut: abri, rade) anchorage, moorage
c (Tech) [cuir, linge] moistening, damping; [vin, lait] watering(-down)

mouillant, e [mujɑ̃, ɑ̃t] **1** adj wetting (épith)
2 nm wetting agent

mouille [muj] nf flood ou water damage

mouillé, e [muje] [→ SYN] (ptp de **mouiller**) adj **a** herbe, vêtement, personne wet; regard watery, tearful; voix tearful ◆ **tout mouillé, mouillé comme une soupe** ou **jusqu'aux os** soaked through (and through), soaked ou drenched to the skin ◆ (hum) **il pèse 50 kilos tout mouillé** he weighs 50 kilos with his socks on (hum) ◆ **tu sens le chien mouillé** you smell like a wet dog ◆ **ne marche pas dans le mouillé** don't walk in the wet → **poule**[1]
b (Ling) **l mouillé** palatalized l, palatal l

mouillement [mujmɑ̃] nm (Ling) palatalization

mouiller [muje] [→ SYN] ▸conjug 1◂ **1** vt **a** (gén) to wet ◆ **mouiller son doigt pour tourner la page** to moisten one's finger to turn the page ◆ (fig) **mouiller sa chemise** ou **son maillot*** to put in some hard graft* (Brit) ou work
b [pluie] route to wet; personne to wet; (complètement) to drench, soak ◆ **se faire mouiller** to get wet ou drenched ou soaked ◆ **un sale brouillard qui mouille** a horrible wetting (Brit) ou wet fog
c (Culin) vin, lait to water (down); viande to cover with stock ou wine etc, add stock ou wine etc to
d (Naut) mine to lay; sonde to heave ◆ **mouiller l'ancre** to cast ou drop anchor
e (‡: compromettre) personne to drag (*dans* into), mix up (*dans* in)
f (Ling) to palatalize
2 vi **a** (Naut) to lie ou be at anchor ◆ **ils mouillèrent 3 jours à Papeete** they anchored ou they lay at anchor at Papeete for 3 days
b (‡‡: avoir peur) to be scared out of one's mind, be shit-scared‡‡
c (‡: sexuellement) to be wet
3 **se mouiller** vpr **a** (au bord de la mer: se tremper) (accidentellement) to get o.s. wet; (pour un bain rapide) to have a quick dip ◆ **se mouiller les pieds** (sans faire exprès) to get one's feet wet; (exprès) to dabble one's feet in the water, have a little paddle
b [yeux] to fill ou brim with tears
c (‡ : fig) (prendre des risques) to get one's feet wet, commit o.s.; (se compromettre) to get mixed up ou involved (*dans* in)

mouillette [mujɛt] nf finger of bread, sippet†, soldier* (Brit)

mouilleur [mujœʀ] nm **a** [timbres] (stamp) sponge
b (Naut) [ancre] tumbler ◆ **mouilleur de mines** minelayer

mouillure [mujyʀ] nf **a** (trace) wet mark
b (Ling) palatalization

mouise‡ [mwiz] nf ◆ **être dans la mouise** (misère) to be flat broke*, be on one's beam-ends* (Brit); (ennuis) to be in a (bit of a) fix ◆ **c'est la mouise chez eux** they've hit hard times

moujik [muʒik] nm mujik, muzhik

moujingue‡ [muʒɛ̃g] nmf brat* (péj), kid*

moukère [mukɛʀ] nf Arab woman; (†‡) woman, female

moulage[1] [mulaʒ] nm **a** (→ **mouler**) moulding; casting ◆ **le moulage d'un bas-relief** making ou taking a cast of a bas-relief
b (objet) cast ◆ **sur la cheminée il y avait le moulage en plâtre d'une statue** there was a plaster (of Paris) figure on the mantelpiece ◆ **prendre un moulage de** to take a cast of ◆ (Art) **ce n'est qu'un moulage** it is only a copy

moulage[2] [mulaʒ] nm [grain] milling, grinding

moulant, e [mulɑ̃, ɑ̃t] adj robe figure-hugging; pantalon tight(-fitting)

moule[1] [mul] [→ SYN] **1** nm (lit, fig) mould; (Typ) matrix ◆ **il n'a jamais pu sortir du moule étroit de son éducation** he has never been able to free himself from the straitjacket of his education ◆ (lit, fig) **fait sur** ou **coulé dans le**

même moule cast in the same mould ◆ (être beau) **être fait au moule** to be shapely
2 COMP ▷ **moule à briques** brick mould ▷ **moule à beurre** butter print ▷ **moule à gâteaux** cake tin (for baking) (Brit), cake pan (US) ▷ **moule à gaufre** waffle-iron ▷ **moule à manqué** (deep) sandwich tin (Brit), deep cake pan (US) ▷ **moule à pisé** clay mould ▷ **moule à soufflé** soufflé dish ▷ **moule à tarte** pie plate, flan dish

moule² [mul] → SYN nf **a** (Zool) mussel ◆ **moules marinières** moules marinières, *mussels cooked in their own juice with white wine and shallots*
b (*: idiot) idiot, twit*

mouler [mule] → SYN ▸conjug 1◂ vt **a** (faire) briques, pain to mould; caractères d'imprimerie to cast; statue, buste to cast ◆ **mouler un buste en plâtre** to cast a bust in plaster ◆ (Méd) **selles moulées** solid stools
b (reproduire) bas-relief, buste to make ou take a cast of ◆ **mouler en plâtre** visage, buste to make a plaster cast of
c (écrire avec soin) lettre, mot to shape ou form with care
d (conformer à) **mouler son style / sa conduite sur** to model one's style / conduct on
e (coller à) cuisses, hanches to hug, fit closely round ◆ **une robe qui moule** a figure-hugging dress ◆ **des pantalons qui moulent** tight(-fitting) trousers ◆ **une robe qui lui moulait les hanches** a dress which clung to ou around her hips, a dress which fitted closely round her hips ◆ **son corps se moulait au sien** her body pressed closely against his

mouleur [mulœʀ] nm caster, moulder

moulière [muljɛʀ] nf mussel bed

moulin [mulɛ̃] → SYN nm **a** (instrument, bâtiment) mill ◆ **moulin à eau** water mill ◆ **moulin à vent** windmill ◆ **moulin à café / poivre** coffee / pepper mill ◆ **moulin à légumes** vegetable mill ◆ (fig) **moulin à paroles** chatterbox ◆ **moulin à prières** prayer wheel → **entrer**
b (*: moteur) engine

mouliner [muline] ▸conjug 1◂ **1** vt (Culin) to put through a vegetable mill; (Pêche) to reel in; (*: Ordin) to process; soie to throw
2 vi [cycliste] to pedal rapidly *(without any effort)*

moulinet [mulinɛ] → SYN nm (Pêche) reel; (Tech) winch; (Escrime) flourish; (Danse) moulinet ◆ **faire des moulinets avec une canne** to twirl ou whirl a walking stick ◆ **faire des moulinets avec les bras** to whirl one's arms about ou round

moulinette ® [mulinɛt] nf vegetable mill ◆ **passer qch à la moulinette** (Culin) to put sth through the vegetable mill; (Ordin, fig) to process sth

moulineur, -euse [mulinœʀ, øz] nm,f [soie] thrower

moult [mult] **1** adv (†† ou hum) (beaucoup) many; (très) very ◆ **moult gens** many people, many a person ◆ **moult fois** oft(en)times (hum), many a time
2 adj many, numerous

moulu, e [muly] → SYN (ptp de **moudre**) adj **a** café, poivre ground (épith)
b (†: meurtri) bruised, black and blue ◆ **moulu (de fatigue)*** dead-beat*, worn-out, all-in*

moulure [mulyʀ] → SYN nf moulding

moulurer [mulyʀe] ▸conjug 1◂ vt to decorate with mouldings ◆ **machine à moulurer** moulding machine ◆ **panneau mouluré** moulded panel

moumoute* [mumut] nf **a** (hum) (perruque) wig; (postiche) (pour hommes) hairpiece, toupee; (pour femmes) hairpiece
b (veste) fleece-lined ou fleecy jacket

mound [maund, mund] nm mound

mouquère [mukɛʀ] nf ⇒ **moukère**

mourant, e [muʀɑ̃, ɑ̃t] → SYN **1** adj **a** personne dying; voix faint; regard languishing; feu, jour dying
b (*: lent, ennuyeux) rythme, allure, soirée deadly* (dull)
2 nm,f ◆ **un mourant** a dying man ◆ **les mourants** the dying

mourir [muʀiʀ] → SYN ▸conjug 19◂ vi **a** [être animé, plante] to die ◆ **mourir dans son lit** to die in one's bed ◆ **mourir de sa belle mort** to die a natural death ◆ **mourir avant l'âge** to die young ou before one's time ◆ **mourir à la peine** ou **à la tâche** to die in harness (fig) ◆ **mourir assassiné** to be murdered ◆ **mourir empoisonné** (crime) to be poisoned (and die); (accident) to die of poisoning ◆ **mourir en héros** to die a hero's death ◆ **il est mort très jeune** he died very young, he was very young when he died ◆ **faire mourir qn** to kill sb ◆ (fig) **cet enfant me fera mourir** this child will be the death of me ◆ **c'est une simple piqûre, tu n'en mourras pas!** it's only a little injection, it won't kill you! ◆ **je l'aime à (en) mourir** I love him more than life itself ◆ **s'ennuyer à mourir** to be bored to death ou to tears ◆ **ennuyeux à mourir** deadly boring ◆ **il attend que le patron meure pour prendre sa place** he is waiting to step into his dead boss's shoes ◆ (Prov) **on ne meurt qu'une fois** you only die once (Prov) ◆ (littér) **se mourir** to be dying ◆ **plus bête que lui, tu meurs!*** you can't possibly be more stupid than he is, he's as stupid as they come*
b [civilisation, empire, coutume] to die out; [bruit] to die away; [jour] to fade, die; [feu] to die out, die down ◆ **la vague vint mourir à ses pieds** the wave died away at his feet ◆ **le ballon vint mourir à ses pieds** the ball came to rest at his feet
c **mourir de qch: mourir de vieillesse / chagrin** etc to die of old age / grief etc ◆ **mourir d'une maladie / d'une blessure** to die of a disease / from a wound ◆ **mourir de froid** (lit) to die of exposure ◆ (fig) **on meurt de froid ici** it's freezing ou perishing (Brit) cold in here ◆ **je meurs de sommeil** I'm so sleepy I could die ◆ **mourir de faim** (lit) to starve to death, die of hunger; (fig: avoir faim) to be starving ou famished ou ravenous ◆ **faire mourir qn de faim** to starve sb to death ◆ **mourir de soif** (lit) to die of thirst; (fig: avoir soif) to be parched ◆ (fig) **mourir de tristesse** to be weighed down with sadness ◆ **mourir d'inquiétude** to be worried to death ◆ **il me fera mourir d'inquiétude** he'll drive me to my death with worry ◆ **mourir de honte** to die of shame ◆ **mourir** ou **être mort de peur** to be scared to death, be dying of fright ◆ **il me fera mourir de peur** he'll frighten the life out of me ◆ **mourir d'ennui** to be bored to death ou to tears ◆ **il meurt d'envie de le faire** he's dying to do it ◆ **faire mourir qn d'impatience** to keep sb on tenterhooks ◆ **c'est à mourir de rire** it would make you die laughing, it's hilarious ◆ **faire mourir qn à petit feu** (lit) to kill sb slowly ou by inches; (fig) to torment the life out of sb ◆ (littér) **(se) mourir d'amour pour qn** to pine for sb

mouroir [muʀwaʀ] nm (péj) (pour vieillards) old people's home ◆ **le camp / l'hôpital est devenu un mouroir** the camp / the hospital has become a place for people to die

mouron [muʀɔ̃] → SYN nm pimpernel ◆ **mouron rouge** scarlet pimpernel ◆ **mouron blanc** ou **des oiseaux** chickweed ◆ (fig) **se faire du mouron*** to worry o.s. sick*

mouscaille* [muskɑj] nf ◆ **être dans la mouscaille** (misère) to be down and out, be stony broke*, be on one's beam-ends* (Brit); (ennuis) to be up the creek*

mousmé [musme] nf mousmee

mousquet [muskɛ] → SYN nm musket

mousquetaire [muskətɛʀ] nm musketeer ◆ **col / poignet mousquetaire** mousquetaire collar / cuff

mousqueton [muskətɔ̃] nm (boucle) snap hook, clasp; (fusil) carbine; (Alpinisme) crab, karabiner ◆ **coup de mousqueton** musket shot

moussaillon* [musajɔ̃] nm ship's boy ◆ **par ici moussaillon!** over here, (my) boy!

moussaka [musaka] nf moussaka

moussant, e [musɑ̃, ɑ̃t] adj savon, crème à raser foaming, lathering ◆ **bain moussant** bubble bath

mousse¹ [mus] → SYN **1** nf **a** (Bot) moss → **pierre, vert**
b (écume) [bière, eau] froth, foam; [savon] lather; [champagne] bubbles ◆ **la mousse sur le verre de bière** the head on the beer
c (*: bière) pint*
d (Culin) mousse ◆ **mousse au chocolat** chocolate mousse
e (caoutchouc) **balle (en) mousse** rubber ball ◆ (nylon) **collant / bas mousse** stretch tights (Brit) ou pantyhose (US) / stockings ◆ **mousse de caoutchouc** foam rubber
f **se faire de la mousse*** to worry o.s. sick*, get all het up*
2 COMP ▷ **mousse carbonique** (fire-fighting) foam ▷ **mousse coiffante** styling mousse ▷ **mousse de nylon** (tissu) stretch nylon; (pour rembourrer) foam ▷ **mousse de platine** platinum sponge ▷ **mousse à raser** shaving cream → **point²**

mousse² [mus] → SYN nm ship's boy

mousse³ [mus] → SYN adj pointe blunt

mousseline [muslin] → SYN nf (Tex) (coton) muslin; (soie, tergal) chiffon ◆ **verre mousseline** muslin glass → **pomme, sauce**

mousser [muse] ▸conjug 1◂ vi **a** [bière, eau] to froth, foam; [champagne] to bubble, sparkle; [détergent] to foam, lather; [savon] to lather ◆ **faire mousser** savon, détergent to lather up
b **faire mousser qn*** (vanter) to boost sb*, puff sb up* (US); (mettre en colère) to make sb mad* ou wild* ◆ **se faire mousser*** (gén) to blow one's own trumpet, sing one's own praises (*auprès* to); (auprès d'un supérieur) to sell o.s. hard* (*auprès de* to)

mousseron [musʀɔ̃] nm meadow mushroom

mousseux, -euse [musø, øz] → SYN **1** adj vin sparkling (épith); bière, chocolat frothy ◆ **eau mousseuse** soapy water
2 nm sparkling wine

mousson [musɔ̃] → SYN nf monsoon

Moussorgski [musɔʀgski] nm Mussorgsky

moussu, e [musy] adj sol, arbre mossy; banc moss-covered

moustache [mustaʃ] → SYN nf [homme] moustache, mustache (US) ◆ [animal] **moustaches** whiskers ◆ **porter la moustache** ou **des moustaches** to have ou wear a moustache ◆ [femme] **avoir de la moustache** to have a moustache, have hair on one's upper lip ◆ **il s'était fait une moustache blanche en buvant du lait** he had a white moustache from drinking the milk ◆ **moustache en brosse** toothbrush moustache ◆ **moustache en croc** ou **en guidon de vélo** handlebar moustache ◆ **moustache (à la) gauloise** walrus moustache

moustachu, e [mustaʃy] adj with a moustache ◆ **c'est un moustachu** he has a moustache ◆ **elle est un peu moustachue** she's got a bit of a moustache

moustérien, -ienne [musteʀjɛ̃, jɛn] **1** adj Mousterian
2 nm ◆ **le Moustérien** the Mousterian

moustiquaire [mustikɛʀ] nf (rideau) mosquito net; [fenêtre, porte] screen; (Can) (window ou door) screen

moustique [mustik] → SYN nm (Zool) mosquito; (*: enfant) tich* (Brit), (little) kid*, nipper* (Brit)

moût [mu] → SYN nm [raisin etc] must; [bière] wort

moutard* [mutaʀ] nm brat* (péj), kid*

moutarde [mutaʀd] → SYN **1** nf mustard ◆ **moutarde (extra-)forte** English mustard ◆ **moutarde à l'estragon** ou **aux aromates** French mustard ◆ (fig) **la moutarde me monta au nez** I flared up, I lost my temper ◆ (fig) **il sentit la moutarde lui monter au nez** he felt his temper flaring, he felt he was going to flare up
2 adj inv mustard(-coloured) → **gaz, sauce**

moutardier [mutaʀdje] nm (pot) mustard pot; (fabricant) mustard maker ou manufacturer

mouton¹ [mutɔ̃] → SYN **1** nm **a** (animal) sheep; (peau) sheepskin ◆ **doublé de mouton** lined with sheepskin ◆ **relié en mouton** bound in sheepskin, sheepskin-bound ◆ (fig) **mais revenons** ou **retournons à nos moutons** but let's get back to the subject, but to get back to the subject → **compter**

b (viande) mutton ◆ **côte de mouton** mutton chop
c (*: personne) (grégaire, crédule) sheep; (doux, passif) sheep, lamb ◆ **c'est un mouton** (grégaire) he is easily led, he goes with the crowd; (doux) he is as mild ou gentle as a lamb ◆ **il m'a suivi comme un mouton** he followed me like a lamb ◆ **se conduire en moutons de Panurge** to behave like a lot of sheep, follow one another (around) like sheep
d (arg Police: dans une prison) stool pigeon (arg), grass (Brit arg)
e **moutons** (sur la mer) white horses (Brit), caps (US); (sur le plancher) (bits of) fluff; (dans le ciel) fluffy ou fleecy clouds
f (Constr) ram, monkey
2 COMP ▷ **mouton à cinq pattes** rara avis (littér), world's wonder ▷ **mouton à laine** sheep reared for wool ▷ **mouton retourné** sheep skin ▷ **mouton à viande** sheep reared for meat

mouton[2]**, -onne** [mutɔ̃, ɔn] adj sheeplike

moutonnant, e [mutɔnɑ̃, ɑ̃t] adj mer flecked with white horses (Brit) ou with caps (US); (littér) collines rolling (épith)

moutonné, e [mutɔne] (ptp de **moutonner**) adj ciel flecked with fleecy ou fluffy clouds ◆ (Géol) **roche moutonnée** roche moutonnée

moutonnement [mutɔnmɑ̃] nm [mer] breaking into ou becoming flecked with white horses (Brit) ou with caps (US) ou foam ◆ (littér) **le moutonnement des collines** the rolling hills

moutonner [mutɔne] → SYN ▸ conjug 1 ◂ **1** vi [mer] to be covered in white horses (Brit) ou in caps (US), be flecked with foam; (littér) [collines] to roll
2 **se moutonner** vpr [ciel] to be flecked with fleecy ou fluffy clouds

moutonnerie [mutɔnʀi] nf (péj) sheeplike behaviour

moutonneux, -euse [mutɔnø, øz] adj mer flecked with white horses (Brit) ou with caps (US); ciel flecked with fleecy ou fluffy clouds

moutonnier, -ière [mutɔnje, jɛʀ] → SYN adj (fig) sheeplike

mouture [mutyʀ] nf **a** (action) [blé] milling, grinding; [café] grinding
b (résultat) [café] **une mouture fine** finely ground coffee ◆ [article, rapport] **c'est la première mouture** it's the first draft ◆ (fig péj) **c'est la 3**[e] **mouture du même livre** it's the 3rd rehash of the same book

mouvance [muvɑ̃s] → SYN nf **a** (Hist) tenure; (Philos) mobility; (fig littér) (domaine d'influence) sphere of influence ◆ **entraîner qn dans sa mouvance** to draw sb into one's sphere of influence
b (péj) [pensée, situation] ever-changing nature ◆ **la mouvance politique / sociale** the ever-changing political / social scene ◆ **une culture en perpétuelle mouvance** an ever-changing culture

mouvant, e [muvɑ̃, ɑ̃t] → SYN adj situation unsettled, fluid; ombre, flamme moving, changing; pensée, univers changing; terrain unsteady, shifting ◆ (fig) **être en terrain mouvant** to be on shaky ou uncertain ground → **sable**[1]

mouvement [muvmɑ̃] → SYN nm **a** (geste) movement, motion ◆ **mouvements de gymnastique** (physical) exercises ◆ **il a des mouvements très lents** he is very slow in his movements ◆ **il approuva d'un mouvement de tête** he nodded his approval, he gave a nod of approval ◆ **elle refusa d'un mouvement de tête** she shook her head in refusal, she refused with a shake of her head ◆ **elle eut un mouvement de recul** she started back ◆ **un mouvement de dégoût** etc a movement of disgust etc ◆ **le mouvement des lèvres** the movement of the lips → **temps**[1]
b (impulsion, réaction) impulse, reaction ◆ **avoir un bon mouvement** to make a nice ou kind gesture ◆ **allons, un bon mouvement!** come on, just a small gesture! ◆ **dans un bon mouvement** on a kindly impulse ◆ **dans un mouvement de colère / d'indignation** in a fit ou a burst ou an upsurge of anger / indignation ◆ **les mouvements de l'âme** the impulses of the soul ◆ **des mouvements dans l'auditoire** a stir in the audience ◆ **discours accueilli avec des mouvements divers** speech which got a mixed reception ◆ **son premier mouvement fut de refuser** his first impulse was to refuse ◆ **agir de son propre mouvement** to act of one's own accord
c (activité) [ville, entreprise] activity, bustle ◆ **une rue pleine de mouvement** a busy ou lively street ◆ **il aime le mouvement** he likes to be on the go
d (déplacement) (Astron, Aviat, Naut, Mil) movement ◆ **être sans cesse en mouvement** to be constantly on the move ou on the go ◆ **mettre qch en mouvement** to set sth in motion, set sth going ◆ **se mettre en mouvement** to set off, get going ◆ **suivre le mouvement** to go along with the majority, follow the crowd ◆ (lit, fig) **presser le mouvement** to step up the pace ◆ **le mouvement perpétuel** perpetual motion ◆ **mouvement de foule** movement ou sway in the crowd ◆ (Sociol) **mouvements de population** shifts in population ◆ **d'importants mouvements de troupes à la frontière** large-scale troop movements at ou along the frontier ◆ (Mil) **mouvement de repli** withdrawal ◆ **mouvement tournant** (out)flanking movement ◆ (Écon) **mouvement de marchandises / de capitaux** ou **de fonds** movement of goods / capital ◆ (Admin) **mouvement de personnel** changes in staff ou personnel → **guerre**
e (Philos, Pol etc: évolution) **le mouvement des idées** the evolution of ideas ◆ **le parti du mouvement** the party in favour of change, the party of progress ◆ **être dans le mouvement** to keep up-to-date ◆ **un mouvement d'opinion se dessine en faveur de** one can detect a trend of opinion in favour of ◆ (Fin) **le mouvement des prix** the trend of prices ◆ (Fin) **mouvement de baisse / de hausse (sur les ventes)** downward / upward movement ou trend (in sales) ◆ **mouvement(s) de grève** strike action (NonC)
f (rythme) [phrase] rhythm; [tragédie] movement, action; [mélodie] tempo
g (Pol, Sociol: groupe) movement ◆ **mouvement politique / de jeunesse** political / youth movement ◆ **le mouvement ouvrier** the labour movement ◆ **Mouvement de libération de la femme** Women's Liberation Movement, Women's Lib* ◆ **le mouvement syndical** the trade-union ou labor-union (US) movement
h (Mus) [symphonie etc] (section) movement; (style) movement, motion
i (Tech: mécanisme) movement ◆ **par un mouvement d'horlogerie** by clockwork ◆ **fermeture à mouvement d'horlogerie** time lock
j (ligne, courbe) [sculpture] contours; [draperie, étoffe] drape; [collines] undulations, rise and fall (NonC)

mouvementé, e [muvmɑ̃te] → SYN adj vie, poursuite, récit eventful; séance turbulent, stormy; terrain rough

mouvoir [muvwaʀ] → SYN ▸ conjug 27 ◂ **1** vt (gén ptp) **a** machine to drive, power; bras, levier to move ◆ **faire mouvoir** to drive, power; to move ◆ **il se leva comme mû par un ressort** he sprang up as if propelled by a spring ou like a Jack-in-the-box
b [motif, sentiment] to drive, prompt
2 **se mouvoir** vpr to move

Moviola ® [mɔvjɔla] nf Moviola ®

moyen, -yenne [mwajɛ̃, jɛn] → SYN GRAMMAIRE ACTIVE 17.1
1 adj **a** (qui tient le milieu) taille medium (épith), average; prix moderate, medium (épith) ◆ **de taille moyenne** of medium height ◆ **une maison de dimensions moyennes** a medium-sized ou moderate-sized house ◆ (Comm) **il ne reste plus de tailles moyennes** there are no medium sizes left ◆ **les régions de la Loire moyenne** the middle regions of the Loire, the mid-Loire regions ◆ **la solution moyenne** the middle-of-the-road solution ◆ **une moyenne entreprise** a medium-sized company → **cours, onde, poids**
b (du type courant) average ◆ **le Français / le lecteur moyen** the average Frenchman / reader
c (ni bon ni mauvais) résultats, intelligence average; (Scol) (sur copie d'élève) fair, average ◆ **nous avons eu un temps moyen** we had mixed weather, the weather was so-so* ◆ **un élève qui est moyen en géographie** a pupil who is average at geography ◆ **bien moyen** mediocre ◆ **très moyen** pretty poor*
d (d'après des calculs) température average, mean (épith); âge, prix etc average
e (Ling) **voyelle moyenne** mid ou central vowel
2 nm **a** (possibilité, manière) means, way ◆ **il y a toujours un moyen** there's always a way, there are ways and means ◆ **par quel moyen allez-vous le convaincre?** how will you manage to convince him? ◆ **connaissez-vous un bon moyen pour ...?** do you know a good way to ...? ◆ **c'est le meilleur moyen de rater ton examen!** it's the best way to fail your exam! ◆ (péj) **par tous les moyens** by fair means or foul, by hook or by crook ◆ **j'ai essayé par tous les moyens de le convaincre** I've done everything to try and convince him ◆ **tous les moyens lui sont bons** he'll stop at nothing ou he'll do anything to get what he wants ◆ **tous les moyens seront mis en œuvre pour réussir** we shall use all possible means to succeed ◆ **c'est l'unique moyen de s'en sortir** it's the only way out, it's the only way we can get out of it ◆ **employer les grands moyens** to have to resort to drastic means ou measures ◆ **se débrouiller avec les moyens du bord** to get by as best one can, make do and mend ◆ **au moyen de, par le moyen de** by means of, with the help of → **fin**[2]
b **est-ce qu'il y a moyen de lui parler?** is it possible to speak to him? ◆ **il n'y a pas moyen de sortir par ce temps** you can't get out in this weather ◆ **pas moyen d'obtenir la communication** I can't get through, the number is unobtainable ◆ **pas moyen d'avoir une réponse claire!** there's no way to get a clear answer! ◆ **le moyen de dire autre chose!** what else could I say! ◆ **le moyen de lui refuser!** how could I possibly refuse! ◆ **non, il n'y a pas moyen!** no, nothing doing!* ◆ **il n'y a jamais moyen qu'il fasse attention** you will never get him to take care, he'll never take care → **trouver**
c (capacités intellectuelles, physiques) **il a de grands moyens (intellectuels)** he has great powers of intellect ou intellectual powers ◆ **ça lui a enlevé** ou **fait perdre tous ses moyens** it left him completely at a loss, it completely threw him* ◆ **il était en (pleine) possession de tous ses moyens** his powers were at their peak ◆ **c'est au-dessus de ses moyens** it's beyond him ◆ **par ses propres moyens** all by himself, on his own ◆ **ils ont dû rentrer par leurs propres moyens** they had to go home under their own steam*, they had to make their own way home → **perdre**
d (ressources financières) **moyens** means ◆ **c'est dans mes moyens** I can afford it ◆ **il n'a pas les moyens de s'acheter une voiture** he can't afford to buy a car ◆ **c'est au-dessus de ses moyens** he can't afford it, it's beyond his means ◆ **il a les moyens** he's got the means, he can afford it ◆ **avoir de gros / petits moyens** to have a large / small income, be well / badly off ◆ **il vit au-dessus de ses moyens** he lives beyond his means ou income
3 adv (*) so-so*, fair to middling*
4 **moyenne** nf **a** (gén) average; (Aut) average speed ◆ **au-dessus / au-dessous de la moyenne** above / below average ◆ **faites-moi la moyenne de ces chiffres** work out the average of these figures ◆ **la moyenne d'âge** the average age ◆ **la moyenne des températures** the mean ou average temperature ◆ **la moyenne des gens pensent que** most people think that, the broad mass of people think that ◆ **faire du 100 de moyenne** to average 100 km / h, drive at an average speed of 100 km / h, do 100 km / h on average ◆ (Math) **moyenne géométrique / arithmétique** geometric / arithmetic mean ◆ **en moyenne** on (an) average
b (Scol) **avoir la moyenne** (devoir) to get fifty per cent, get half marks (Brit); (examen) to get a pass ou a passmark (Brit) ◆ **moyenne générale (de l'année)** average (for the year) ◆ **cet élève est dans la moyenne / la bonne moyenne** this pupil is about / above average ◆ **améliorer** ou **remonter sa moyenne** to improve one's marks ou grades

5 COMP ▷ **moyen d'action** measures, means of action ▷ **le Moyen Âge** the Middle Ages (→ **haut**) ▷ **moyenâgeux, -euse** ville, costumes medieval, historic; (péj) attitudes, théories antiquated, outdated, old-fashioned ▷ **moyen anglais** Middle English ▷ **moyens audiovisuels** audiovisual aids ▷ **moyen de défense** means of defence ▷ **moyen d'existence** means of existence ▷ **moyen d'expression** means of expression ▷ **moyen de fortune** makeshift device ou means ▷ **moyen de locomotion** means of transport ▷ **moyen métrage** (Ciné) medium-length film ▷ **le Moyen-Orient** the Middle East ▷ **moyen de pression** means of applying pressure ◆ **nous n'avons aucun moyen de pression sur lui** we have no means of applying pressure on him ou no hold on him ▷ **moyen de production** means of production ▷ **moyen terme** (gén) middle course; (Logique) middle term ▷ **moyen de transport** means of transport ▷ **moyens de trésorerie** *means of raising revenue*

moyen-courrier, pl **moyens-courriers** [mwajɛ̃kuʀje] nm (Aviat) medium-haul (aeroplane)

moyennant [mwajɛnɑ̃] → SYN prép argent for; service in return for; travail, effort with ◆ **moyennant finance** for a fee ou a consideration ◆ **moyennant quoi** in return for which, in consideration of which

moyenne [mwajɛn] → SYN → **moyen**

moyennement [mwajɛnmɑ̃] adv bon, satisfaisant fairly, moderately; s'entendre, travailler fairly well, moderately well ◆ **ça va? – moyennement*** how are things? – so-so* ou not too bad* ou average

moyen-oriental, e, mpl **moyen-orientaux** [mwajɛ̃ɔʀjɑ̃tal, o] adj Middle Eastern

moyeu, pl **moyeux** [mwajø] nm [roue] hub; [hélice] boss

mozambicain, e [mɔzɑ̃bikɛ̃, ɛn] 1 adj Mozambican
2 nm,f ◆ **Mozambicain(e)** Mozambican

Mozambique [mɔzɑ̃bik] nm Mozambique

mozarabe [mɔzaʀab] 1 adj Mozarabic
2 nmf Mozarab

Mozart [mɔzaʀ] nm Mozart

mozartien, -ienne [mɔzaʀtjɛ̃, jɛn] adj Mozartian, of Mozart

mozette [mɔzɛt] nf ⇒ **mosette**

mozzarella [mɔdzaʀela] nf mozzarella

MRAP [mʀap] nm (abrév de **mouvement contre le racisme et pour l'amitié entre les peuples**) *French anti-racist and peace movement*

MRG [ɛmɛʀʒe] nm (abrév de **Mouvement des radicaux de gauche**) *French political party*

ms (abrév de **manuscrit**) MS

MST [ɛmɛste] nf a (abrév de **maladie sexuellement transmissible**) STD
b (abrév de **maîtrise de sciences et techniques**) *master's degree in science and technology*

mu [my] nm mu

mû, mue¹ [my] ptp de **mouvoir**

mucilage [mysilaʒ] nm mucilage

mucosité [mykozite] → SYN nf (gén pl) mucus (NonC)

mucoviscidose [mykovisidoz] nf cystic fibrosis, mucoviscidosis

mucron [mykʀɔ̃] nm mucro

mucus [mykys] nm mucus (NonC)

mudéjar [mudexaʀ, mydeʒaʀ] adj, nmf Mudéjar

mue² [my] nf a (transformation) [oiseau] moulting; [serpent] sloughing; [mammifère] shedding, moulting; [cerf] casting; [voix] breaking (Brit), changing (US) ◆ **la mue (de la voix) intervient vers 14 ans** the voice breaks (Brit) ou changes (US) at round about 14 years of age
b (époque) moulting etc season
c (peau, plumes) [serpent] slough; [mammifère] moulted ou shed hair; [oiseau] moulted ou shed feathers
d (Agr: cage) coop

muer [mɥe] → SYN ▸ conjug 1 ◂ 1 vi [oiseau] to moult; [serpent] to slough, shed its skin; [mammifère] to moult, shed hair ou skin etc ◆ **sa voix mue, il mue** his voice is breaking (Brit) ou changing (US)
2 vt ◆ (littér) **muer qch en** to transform ou change ou turn sth into
3 **se muer** vpr ◆ (littér) **se muer en** to transform ou change ou turn into

müesli [myysli] nm muesli

muet, muette [mɥɛ, mɥɛt] → SYN 1 adj a (infirme) dumb → **sourd**
b (silencieux) colère, prière, personne silent, mute; (littér) forêt silent ◆ **muet de colère / surprise** speechless with anger / surprise ◆ **muet de peur** dumb with fear ◆ **le code est muet à ce sujet** the law is silent on this matter ◆ **en rester muet (d'étonnement)** to stand speechless, be struck dumb (with astonishment) ◆ **muet comme une tombe** (as) silent as the grave ◆ **il est resté muet comme une carpe** he never opened his mouth
c (Ciné, Théât) film, cinéma silent; rôle non-speaking (épith); scène with no dialogue ◆ (au restaurant) **carte muette** menu without prices *(given to guests)* → **jeu**
d (Ling) mute, silent
e (Scol) (Géog) carte, clavier de machine à écrire blank ◆ (Mus) **clavier muet** dummy keyboard
2 nm a (infirme) mute, dumb man
b (Ciné) **le muet** the silent cinema
3 **muette** nf mute, dumb woman → **grand**

muezzin [mɥɛdzin] nm muezzin

mufle [myfl] → SYN nm a (Zool: museau) [bovin] muffle; [chien, lion] muzzle
b (*: goujat) boor, lout, yob‡ (Brit) ◆ **ce qu'il est mufle alors!** what a yob‡ (Brit) ou lout he is!, what a boorish fellow he is!

muflerie [myfləʀi] → SYN nf boorishness (NonC), loutishness (NonC)

muflier [myflije] nm antirrhinum, snapdragon

mufti [myfti] nm (Rel) mufti

muge [myʒ] nm grey mullet

mugir [myʒiʀ] → SYN ▸ conjug 2 ◂ vi a [vache] to low, moo; [bœuf] to bellow
b (littér) [vent] to howl, roar, bellow; [mer] to howl, roar, boom; [sirène] to howl

mugissant, e [myʒisɑ̃, ɑ̃t] adj (littér) flots howling, roaring, booming

mugissement [myʒismɑ̃] → SYN nm (→ **mugir**) lowing, mooing; bellowing; howling; roaring; booming

muguet [mygɛ] nm (Bot) lily of the valley; (Méd) thrush; (†: élégant) fop, coxcomb††, popinjay††

muid [mɥi] → SYN nm (†: tonneau) hogshead

mulassier, -ière [mylasje, jɛʀ] adj mule (épith)

mulâtre, mulâtresse [mylɑtʀ, mylɑtʀɛs] → SYN nm,f, **mulâtre** adj inv mulatto

mule [myl] → SYN nf a (Zool) (she-)mule → **tête, têtu**
b (pantoufle) mule ◆ **la mule du pape** the Pope's slipper
c (arg Drogue) small-time dealer

mule-jenny, pl **mule-jennys** [mylʒeni] nf mule(-jenny)

mulet [mylɛ] → SYN nm a (Zool) (he-)mule; (poisson) mullet
b (arg Aut) spare ou replacement car

muleta [muleta, myleta] nf muleta

muletier, -ière [myl(ə)tje, jɛʀ] 1 adj ◆ **sentier** ou **chemin muletier** mule track
2 nm,f mule-driver, muleteer

mulette [mylɛt] nf freshwater mussel, unio (spéc)

mullah [myla] nm ⇒ **mollah**

Müller [mylœʀ] n ◆ **canaux de Müller** Mullerian ducts

mulon [mylɔ̃] nm salt pile

mulot [mylo] nm field mouse

mulsion [mylsjɔ̃] nf milking

multi ... [mylti] préf multi ...

multibrin [myltibʀɛ̃] adj having multiple wires

multicâble [myltikɑbl] 1 adj multicabled
2 nm [mine] multicabled skip (ou cage)

multicarte [myltikaʀt] adj → **représentant**

multicellulaire [myltiselylɛʀ] adj multicellular

multicolore [myltikɔlɔʀ] → SYN adj multicoloured, many-coloured

multicoque [myltikɔk] adj, nm ◆ **(voilier) multicoque** multihull

multicouche [myltikuʃ] adj revêtement multilayered ◆ (Phot) **objectif multicouche** lens with multiple coatings

multiculturalisme [myltikyltyʀalism] nm multiculturalism

multiculturel, -elle [myltikyltyʀɛl] adj multicultural

multidimensionnel, -elle [myltidimɑ̃sjɔnɛl] adj multidimensional

multidisciplinaire [myltidisiplinɛʀ] → SYN adj multidisciplinary

multifenêtre [myltifənɛtʀ] adj (Ordin) multiwindow (épith)

multifilaire [myltifilɛʀ] adj vis multiple-threaded (épith)

multiflore [myltiflɔʀ] adj multiflora

multifonction [myltifɔ̃ksjɔ̃] adj (gén) multifunction (épith); (Ordin) multiprocessing (épith), multitasking (épith)

multifonctionnel, -elle [myltifɔ̃ksjɔnɛl] adj multipurpose (épith)

multiforme [myltifɔʀm] → SYN adj apparence multiform; problème many-sided

multigrade [myltigʀad] adj ◆ **huile multigrade** multigrade oil

multilatéral, e, mpl **-aux** [myltilateʀal, o] adj multilateral

multilingue [myltilɛ̃g] adj multilingual

multilinguisme [myltilɛ̃gɥism] nm multilingualism

multilobé, e [myltilɔbe] adj multilobed

multiloculaire [myltilɔkylɛʀ] adj multilocular

multimédia [myltimedja] adj multimedia ◆ **campagne de publicité multimédia** multimedia advertising campaign

multimilliardaire [myltimiljaʀdɛʀ], **multimillionnaire** [myltimiljɔnɛʀ] adj, nmf multimillionaire

multinational, e, mpl **-aux** [myltinasjɔnal, o] → SYN 1 adj multinational
2 **multinationale** nf multinational (company)

multiniveaux [myltinivo] adj multilevel

multipare [myltipaʀ] 1 adj multiparous
2 nf (femme) multipara; (animal) multiparous animal

multiparité [myltipaʀite] nf multiparity

multipartisme [myltipaʀtism] nm (Pol) multiparty system

multipartite [myltipaʀtit] adj (Pol) multiparty (épith)

multiplace [myltiplas] adj, nm ◆ **cet avion est (un) multiplace** it's a passenger aircraft

multiple [myltipl] → SYN 1 adj a (nombreux) numerous, multiple, many; (Méd) fracture, blessures multiple ◆ **dans de multiples cas** in numerous ou many instances ◆ **en de multiples occasions** on numerous ou many multiple occasions ◆ **pour des raisons multiples** ou **de multiples raisons** for multiple reasons ◆ **à de multiples reprises** time and again, repeatedly ◆ **à têtes multiples** missile multiple-warhead; outil with (a range of) attachments ◆ **outil à usages multiples** multi-purpose tool ◆ **choix multiple** multiple choice → **magasin, pris**
b (variés) activités, aspects many, multifarious, manifold
c (complexe) pensée, problème, homme many-sided, multifaceted; monde complex, mixed
d (Math) **100 est multiple de 10** 100 is a multiple of 10
2 nm multiple ◆ **plus petit commun multiple** lowest common multiple

multiplet [myltiplɛ] nm (Phys) multiplet; (Ordin) byte

multiplex [myltiplɛks] adj, nm (Téléc) multiplex ◆ **émission (réalisée) en multiplex** multiplex programme

multiplexage [myltiplɛksaʒ] nm (Téléc) multiplexing

multiplexeur [myltiplɛksœʀ] nm (Téléc) multiplexer

multipliable [myltiplijabl] adj multipli(c)able

multiplicande [myltiplikɑ̃d] nm multiplicand

multiplicateur, -trice [myltiplikatœʀ, tʀis] 1 adj multiplying ◆ **effet multiplicateur** multiplier effect
2 nm multiplier

multiplicatif, -ive [myltiplikatif, iv] adj (Math) multiplying; (Gram) multiplicative

multiplication [myltiplikasjɔ̃] → SYN nf a (prolifération) increase in the number of ◆ (Bible) **la multiplication des pains** the miracle of the loaves and fishes
b (Bot, Math) multiplication ◆ (Math) **faire une multiplication** to do a multiplication
c (Tech) gear ratio

multiplicité [myltiplisite] → SYN nf multiplicity

multiplier [myltiplije] → SYN ▸ conjug 7 ◂ 1 vt (Math) to multiply (*par* by); attaques, difficultés, avertissements to multiply, increase ◆ **malgré nos efforts multipliés** in spite of our increased efforts
2 **se multiplier** vpr a [incidents, attaques, difficultés] to multiply, increase, grow in number
b (se reproduire) [animaux] to multiply → **croître**
c (fig: se donner à fond) [infirmier, soldat] to do one's utmost, give of one's best (*pour faire* in order to do)

multipolaire [myltipɔlɛʀ] adj multipolar

multiposte [myltipɔst] adj → **configuration**

multiprise [myltipʀiz] nf adaptor

multiprocesseur [myltipʀɔsesœʀ] nm (Ordin) multiprocessor

multiprogrammation [myltipʀɔgʀamasjɔ̃] nf (Ordin) multiprogramming

multipropriété [myltipʀɔpʀijete] nf timesharing ◆ **acheter un studio en multipropriété** to buy a timeshare in a flatlet

multiracial, e, mpl **-iaux** [myltiʀasjal, jo] adj multiracial

multirisque [myltiʀisk] adj multiple-risk (épith)

multisalle(s) [myltisal] adj ◆ **(cinéma** ou **complexe) multisalle(s)** film centre, cinema complex

multistandard [myltistɑ̃daʀ] adj ◆ **(téléviseur) multistandard** multistandard television

multitâche [myltitaʃ] adj (Ordin) multitask(ing) (épith)

multitraitement [myltitʀɛtmɑ̃] nm (Ordin) multiprocessing

multitubulaire [myltitybylɛʀ] adj multitubular

multitude [myltityd] → SYN nf a (grand nombre) **(toute) une multitude de** personnes a multitude of, a vast number of; objets, idées a vast number of ◆ **la multitude des gens** the (vast) majority of people
b (ensemble, masse) mass ◆ **on pouvait voir d'en haut la multitude des champs** from the air you could see the mass of fields
c († ou littér: foule de gens) multitude, throng

mumuse* [mymyz] nf ◆ **faire mumuse** to play (*avec* with)

Munich [mynik] n Munich

munichois, e [mynikwa, waz] 1 adj of ou from Munich, Munich (épith) ◆ **bière munichoise** Munich beer
2 nm,f ◆ **Munichois(e)** inhabitant ou native of Munich ◆ (Pol) **les munichois** the men of Munich

municipal, e, mpl **-aux** [mynisipal, o] → SYN adj élection, taxe, théâtre, stade municipal; conseil, conseiller local, town (épith), borough (épith) ◆ **arrêté municipal** local by-law ou ordinance ◆ **piscine / bibliothèque municipale** public swimming pool / library

municipalité [mynisipalite] → SYN nf a (ville) town
b (conseil) town council, corporation, municipality (Admin)

munificence [mynifisɑ̃s] → SYN nf (littér) munificence

munificent, e [mynifisɑ̃, ɑ̃t] → SYN adj (littér) munificent

munir [myniʀ] → SYN ▸ conjug 2 ◂ 1 vt ◆ **munir de: munir un objet de** to provide ou fit an object with ◆ **munir une machine de** to equip ou fit a machine with ◆ **munir un bâtiment de** to equip ou fit up ou fit out a building with ◆ **munir qn de** to provide ou supply ou equip sb with ◆ **canne munie d'un bout ferré** walking stick with an iron tip ◆ **muni de ces conseils** armed with this advice ◆ **muni d'un bon dictionnaire** equipped with a good dictionary ◆ (Rel) **muni des sacrements de l'Église** fortified with the rites of the Church
2 **se munir** vpr ◆ **se munir de** papiers, imperméable to arm o.s. with; argent, nourriture to take a supply of ◆ **se munir de patience** to arm o.s. with patience ◆ **se munir de courage** to pluck up one's courage ◆ **munissez-vous de votre passeport** take your passport (with you)

munitions [mynisjɔ̃] nfpl a ammunition (NonC), munitions ◆ **dépôt de munitions** munitions ou ammunition dump
b († : ressources) supplies

munster [mœ̃stɛʀ] nm Munster (cheese)

muntjac [mœ̃tʒak] nm muntjac, montjak, barking deer

muon [myɔ̃] nm muon

muphti [myfti] nm ⇒ **mufti**

muqueux, -euse [mykø, øz] 1 adj mucous
2 **muqueuse** nf mucous membrane

mur [myʀ] → SYN 1 nm a (gén) wall ◆ **leur jardin est entouré d'un mur** their garden is walled ou is surrounded by a wall ◆ **une maison aux murs de brique** a brick house ◆ **mur d'appui** parapet ◆ **mettre / pendre qch au mur** to put / hang sth on the wall ◆ **sauter** ou **faire le mur*** to leap over ou jump the wall ◆ (Sport) **faire le mur** to make a wall ◆ **ils n'ont laissé que les (quatre) murs** they left nothing but the bare walls ◆ **rester entre quatre murs** [prisonnier] to stay within the confines of one's cell; (chez soi) to stay indoors ou inside ◆ **ils l'ont collé au mur** they stuck him up against a wall and put a bullet in him ◆ **l'ennemi est dans nos murs** the enemy is within our gates ◆ **M. X est dans nos murs aujourd'hui** we have Mr X with us today ◆ **maintenant que nous sommes dans nos murs** now (that) we're in our new house (ou flat etc), now we have our own four walls ◆ (Jur) **être propriétaire des murs** to own the premises ◆ (fig) **les murs ont des oreilles** walls have ears ◆ (Mil, Pol) **le mur de Berlin / de l'Atlantique** the Berlin / the Atlantic Wall ◆ **le mur d'Hadrien** Hadrian's Wall ◆ **mur-rideau** curtain wall
b (obstacle) (Ski) wall; [feu, pluie] wall; [silence, hostilité] barrier, wall ◆ **il y a un mur entre nous** there is a barrier between us ◆ **se heurter à** ou **se trouver devant un mur** to come up against a stone ou a brick wall ◆ **être** ou **avoir le dos au mur** to have one's back to the wall ◆ **on parle à un mur** it's like talking to a brick wall → **pied**
c (Aviat) **mur du son / de la chaleur** sound / heat barrier ◆ **passer** ou **franchir le mur du son** to break the sound barrier
2 COMP ▹ **mur artificiel** ⇒ **mur d'escalade** ▹ **mur de clôture** enclosing wall ▹ **mur d'enceinte** outer wall(s) ▹ **mur d'escalade** climbing wall ▹ **le Mur des Lamentations** the Wailing Wall ▹ **mur mitoyen** party wall ▹ **mur de pierres sèches** dry-stone wall ▹ **mur porteur** load-bearing wall ▹ **mur de refend** supporting (partition) wall ▹ **mur de séparation** dividing wall ▹ **mur de soutènement** retaining ou breast wall

mûr, e[1] [myʀ] → SYN adj a fruit, projet ripe; toile, tissu worn ◆ **fruit pas mûr / trop mûr** unripe / overripe fruit
b personne (sensé) mature; (âgé) middle-aged ◆ **il est mûr pour le mariage** he is ready for marriage ◆ **il n'est pas encore assez mûr** he's not yet mature enough, he's still rather immature ◆ **une femme assez mûre** a woman of mature years ◆ **leur pays est-il mûr pour la démocratie?** is their country ripe for democracy?
c (‡: ivre) tight*, plastered‡
d **après mûre réflexion** after mature reflection, after (giving the subject) much thought, after careful consideration (of the subject)

murage [myʀaʒ] nm [ouverture] walling up, bricking up, blocking up

muraille [myʀɑj] → SYN nf (high) wall ◆ **la Grande Muraille de Chine** the Great Wall of China ◆ **muraille de glace / roche** wall of ice / rock, ice / rock barrier ◆ **couleur (de) muraille** (stone) grey

mural, e, mpl **-aux** [myʀal, o] adj (gén) wall (épith); (Art) mural

mûre[2] [myʀ] → SYN nf [ronce] blackberry, bramble; [mûrier] mulberry

mûrement [myʀmɑ̃] adv ◆ **ayant mûrement réfléchi** ou **délibéré** after giving it much thought, after mature reflection ou lengthy deliberation

murène [myʀɛn] nf moray (eel), muraena (Brit), murena (US)

murénidés [myʀenide] nmpl ◆ **les murénidés** morays, the Murenidae (spéc)

murer [myʀe] → SYN ▸ conjug 1 ◂ 1 vt a ouverture to wall up, brick up, block up; lieu, ville to wall (in)
b personne (lit) to wall in, wall up; (fig) to isolate
2 **se murer** vpr (chez soi) to shut o.s. away ◆ **se murer dans sa douleur / son silence** to immure o.s. in one's grief / in silence

muret [myʀɛ] nm, **muretin** [myʀ(ə)tɛ̃] nm, **murette** [myʀɛt] nf low wall

murex [myʀɛks] nm murex

muridés [myʀide] nmpl ◆ **les muridés** murines, the Muridae (spéc)

mûrier [myʀje] nm (arbre) mulberry tree; (ronce) blackberry bush, bramble bush

mûrir [myʀiʀ] → SYN ▸ conjug 2 ◂ 1 vi [fruit] to ripen; [idée] to mature, develop; [personne] to mature; [abcès, bouton] to come to a head
2 vt fruit to ripen; idée, projet to nurture; personne to (make) mature ◆ **faire mûrir** fruit to ripen

mûrissage [myʀisaʒ] → SYN nm [fruits] ripening

mûrissant, e [myʀisɑ̃, ɑ̃t] adj fruit ripening; personne of mature years

mûrissement [myʀismɑ̃] nm [fruit] ripening; [idée] maturing, development; [projet] nurturing

mûrisserie [myʀisʀi] nf [bananes] ripening room

murmel [myʀmɛl] nm marmot fur

murmure [myʀmyʀ] → SYN nm a (chuchotement) [personne] murmur; [ruisseau] murmur(ing), babble; [vent] murmur(ing); [oiseaux] twitter(ing)
b (commentaire) murmur ◆ **murmure d'approbation / de protestation** murmur of approval / of protest ◆ **obéir sans murmure** to obey without a murmur ◆ **murmures** (protestations) murmurings, mutterings, grumblings; (objections) objections
c (Méd) **murmure vésiculaire** vesicular murmur

murmurer [myʀmyʀe] → SYN ▸ conjug 1 ◂ 1 vt to murmur ◆ **on murmure que ...** it's whispered that ..., rumour has it that ...
2 vi a (chuchoter) [personne, vent] to murmur; [ruisseau] to murmur, babble; [oiseaux] to twitter
b (protester) to mutter, complain, grumble (*contre* about) ◆ **il a consenti sans murmurer** he agreed without a murmur (of protest)

murrhin, e [myʀɛ̃, in] adj ◆ **vases murrhins** murr(h)ine vases

musaraigne [myzaʀɛɲ] nf (Zool) shrew

musarder [myzaʀde] → SYN ▸ conjug 1 ◂ vi (littér) (en se promenant) to dawdle (along); (en perdant son temps) to idle (about)

musardise [myzaʀdiz] nf (→ **musarder**) (littér) dawdling; idling

musc [mysk] nm musk

muscade [myskad] nf **a** (Culin) nutmeg → **noix**
b (conjurer's) ball ◆ **passez muscade!** (lit) [jongleur] hey presto!; (fig) quick as a flash!

muscadet [myskadɛ] nm muscadet (wine)

muscadier [myskadje] nm nutmeg (tree)

muscadin [myskadɛ̃] [→ SYN] nm (Hist ††: élégant) fop, coxcomb††, popinjay††

muscardin [myskaʀdɛ̃] nm dormouse

muscardine [myskaʀdin] nf calcino

muscari [myskaʀi] nm grape hyacinth

muscarine [myskaʀin] nf muscarine

muscat [myska] [→ SYN] nm (raisin) muscat grape; (vin) muscatel (wine)

muscidés [myside] nmpl ◆ **les muscidés** muscids, the Muscidae (spéc)

muscle [myskl] [→ SYN] nm muscle ◆ (Anat) **muscles lisses / striés** smooth / striated muscles ◆ **il est tout en muscle** he's all muscle ◆ **il a des muscles** ou **du muscle*** he is brawny, he's got plenty of beef*

musclé, e [myskle] [→ SYN] (ptp de **muscler**) adj **a** corps, membre muscular; homme brawny
b (fig) style sinewy; pièce de théâtre powerful; régime, appariteur strong-arm (épith); discours forceful ◆ **une intervention musclée de la police** a forceful intervention by the police ◆ (arg Scol) **un problème musclé** a stinker‡ of a problem, a stiff problem

muscler [myskle] ▸ conjug 1 ◂ **1** vt **a** membre to develop the muscle(s) of
b (fig) force de vente to reinforce, beef up‡
2 se muscler vpr [personne] to develop one's muscles ◆ **pour que vos jambes se musclent** to develop your leg muscles

muscu* [mysky] nf abrév de **musculation**

musculaire [myskylɛʀ] adj force muscular ◆ **fibre musculaire** muscle fibre

musculation [myskylasjɔ̃] nf body building ◆ **exercices de musculation** muscle-development exercises ◆ **faire de la musculation** to do body building

musculature [myskylatyʀ] nf muscle structure, musculature (spéc) ◆ **il a une musculature imposante** he has an impressive set of muscles

musculeux, -euse [myskylø, øz] adj corps, membre muscular; homme muscular, brawny

muse [myz] [→ SYN] nf (Littérat, Myth) Muse ◆ **les (neuf) muses** the Muses ◆ (hum) **cultiver** ou **taquiner la muse** to court the Muse (hum)

museau, pl **museaux** [myzo] [→ SYN] nm **a** [chien, bovin] muzzle; [porc] snout; [souris] nose
b (Culin) brawn (Brit), headcheese (US)
c (*: visage) face, snout*

musée [myze] [→ SYN] nm (art, peinture) art gallery; (technique, scientifique) museum ◆ **le musée du Louvre** the Louvre ◆ **le musée des Offices** the Uffizi (Gallery) ◆ **musée de cire** waxworks (sg) ◆ **Nîmes est une ville-musée** Nîmes is a historical town, Nîmes is a town of great historical interest ◆ (hum) **musée des horreurs** junkshop (hum) ◆ **elle ferait bien dans un musée des horreurs** she should be in a chamber of horrors ◆ (lit, fig) **objet** ou **pièce de musée** museum piece

museler [myz(ə)le] [→ SYN] ▸ conjug 4 ◂ vt (lit) animal to muzzle; (fig) personne, liberté, presse to muzzle, gag, silence

muselet [myz(ə)lɛ] nm cork wire

muselière [myzəljɛʀ] nf muzzle ◆ **mettre une muselière à** to muzzle

musellement [myzɛlmɑ̃] nm (lit) [animal] muzzling; (fig) [personne, liberté, presse] muzzling, gagging, silencing

muséobus [myzeobys] nm mobile museum

muséographie [myzeɔgʀafi] nf museography

muséologie [myzeɔlɔʒi] nf museology

muser [myze] [→ SYN] ▸ conjug 1 ◂ vi († ou littér) (en se promenant) to dawdle (along); (en perdant son temps) to idle (about)

musette [myzɛt] [→ SYN] **1** nf **a** (sac) [ouvrier] lunchbag; (††) [écolier] satchel; [soldat] haversack; [cheval] nosebag
b (Mus: instrument, air) musette
c (Zool) common shrew
2 nm (bal) popular dance *(to the accordion)* ◆ (genre) **le musette** accordion music
3 adj inv genre, style musette; orchestre accordion (épith) → **bal**

muséum [myzeɔm] [→ SYN] nm ◆ **muséum (d'histoire naturelle)** (natural history) museum

musical, e, mpl **-aux** [myzikal, o] [→ SYN] adj musical ◆ **avoir l'oreille musicale** to have a good ear for music → **comédie**

musicalement [myzikalmɑ̃] adv musically

musicalité [myzikalite] nf musicality, musical quality

music-hall, pl **music-halls** [myzikol] nm (salle) variety theatre, music hall ◆ **faire du music-hall** to be in ou do variety ◆ **spectacle / numéro de music-hall** variety show / turn ou act ou number

musicien, -ienne [myzisjɛ̃, jɛn] [→ SYN] **1** adj musical
2 nm,f musician

musicographe [myzikɔgʀaf] nmf musicographer

musicographie [myzikɔgʀafi] nf musicography

musicologie [myzikɔlɔʒi] nf musicology

musicologue [myzikɔlɔg] nmf musicologist

musicothérapie [myzikoteʀapi] nf music therapy

musique [myzik] [→ SYN] **1** nf **a** (art, harmonie, notations) music ◆ **musique militaire / sacrée** military / sacred music ◆ **musique pour piano** piano music ◆ (Rad) **programme de musique variée** programme of selected music ◆ **la musique adoucit les mœurs** music has a civilizing influence ◆ **elle fait de la musique** she does music, she plays an instrument ◆ **si on faisait de la musique** let's make some music ◆ **mettre un poème en musique** to set a poem to music ◆ **déjeuner en musique** to lunch against a background of music ◆ **travailler en musique** to work to music ◆ **je n'aime pas travailler en musique** I don't like working against music ou with music playing ◆ **la musique du film** the soundtrack ◆ **il compose beaucoup de musiques de film** he composes a lot of music for films ◆ (Prov) **la musique adoucit les mœurs** music soothes the savage beast ◆ (fig) **c'est toujours la même musique*** it's always the same old refrain ou song → **boîte, connaître, papier**
b (orchestre, fanfare) band ◆ **musique militaire** military band ◆ (Mil) **marcher** ou **aller musique en tête** to march with the band leading → **chef**[1]
2 COMP ▷ **musique d'ambiance** background ou ambient music ▷ **musique d'ascenseur** (péj) wallpaper music* ▷ **musique de ballet** ballet music ▷ **musique de chambre** chamber music ▷ **musique classique** classical music ▷ **musique concrète** concrete music, musique concrète ▷ **musique douce** soft music ▷ **musique folklorique** folk music ▷ **musique de fond** background music ▷ **musique légère** light music ▷ **musique noire** negro music ▷ **musique pop** pop music ▷ **musique de scène** incidental music ▷ **musique de supermarché** (péj) wallpaper music*

musiquette [myzikɛt] nf muzak

musli [mysli] nm ⇒ **müesli**

musoir [myzwaʀ] [→ SYN] nm (Naut) pierhead

musqué, e [myske] [→ SYN] adj odeur, goût musky ◆ **rat musqué** muskrat ◆ **bœuf musqué** musk ox ◆ **rose musquée** musk rose

mussif [mysif] adj m ◆ **or mussif** mosaic gold

mussitation [mysitasjɔ̃] nf mussitation

must* [mœst] nm ◆ (film, livre etc) **c'est un must** it's a must*

mustang [mystɑ̃g] nm mustang

mustélidés [mystelide] nmpl ◆ **les mustélidés** mustelines, the Mustelidae (spéc)

musulman, e [myzylmɑ̃, an] [→ SYN] adj, nm Moslem, Muslim

mutabilité [mytabilite] nf (Bio, Jur etc) mu tability

mutable [mytabl] adj mutable

mutage [mytaʒ] nm mutage

mutagène [mytaʒɛn] adj mutagenic

mutagenèse [mytaʒənɛz] nf mutagenesis

mutant, e [mytɑ̃, ɑ̃t] adj, nm,f mutant

mutation [mytasjɔ̃] [→ SYN] nf **a** (transfer [employé] transfer
b (changement) (gén) transformation; (Bi mutation ◆ **société en mutation** changin society ◆ **entreprise en pleine mutation** com pany undergoing massive changes
c (Jur) transfer; (Mus) mutation ◆ (Lin **mutation consonantique / vocalique / phoné tique** consonant / vowel / sound shift

mutationnisme [mytasjɔnism] [→ SYN] nr mutationism

mutationniste [mytasjɔnist] adj, nmf mutatic nist

muter[1] [myte] ▸ conjug 1 ◂ vt moût to mute

muter[2] [myte] [→ SYN] ▸ conjug 1 ◂ vt (Admin) t transfer, move

mutilant, e [mytilɑ̃, ɑ̃t] adj opération mutila ing, mutilative

mutilateur, -trice [mytilatœʀ, tʀis] (litté **1** adj mutilating, mutilative
2 nm,f mutilator

mutilation [mytilasjɔ̃] [→ SYN] nf [corps] mutila tion, maiming; [texte, statue, arbre] mutilatio ◆ **mutilation volontaire** self-inflicted injury

mutilé, e [mytile] (ptp de **mutiler**) nm,f (infirme cripple, disabled person ◆ **les (grands mutilés** the (badly ou severely) disablec ◆ **mutilé de la face** disfigured perso ◆ **mutilé de guerre** disabled ex-servicemai ◆ **mutilé du travail** disabled worker

mutiler [mytile] [→ SYN] ▸ conjug 1 ◂ vt personn to mutilate, maim; tableau, statue, paysage arbre to mutilate, deface; texte to mutilate ◆ **gravement mutilé** badly disabled ◆ **êtr mutilé des deux jambes** to have lost both legs ◆ **se mutiler (volontairement)** to injure o.s. (on purpose), inflict an injury on o.s.

mutin, e [mytɛ̃, in] [→ SYN] **1** adj (espiègle) mis chievous, impish
2 nm (Mil, Naut) mutineer; (gén: révolté) rebe

mutiné, e [mytine] (ptp de **se mutiner**) **1** ad marin, soldat mutinous
2 nm (Mil, Naut) mutineer; (gén) rebel

mutiner (se) [mytine] [→ SYN] ▸ conjug 1 ◂ vp (Mil, Naut) to mutiny; (gén) to rebel, revolt

mutinerie [mytinʀi] [→ SYN] nf (Mil, Naut) mutiny; (gén) rebellion, revolt

mutique [mytik] adj mutist(ic)

mutisme [mytism] [→ SYN] nm **a** silence ◆ **la presse observe un mutisme total** the press is maintaining a complete silence ou black out on the subject
b (Méd) dumbness, muteness; (Psych) mut ism

mutité [mytite] [→ SYN] nf (Méd) muteness

mutualiser [mytɥalize] ▸ conjug 1 ◂ vt to mutua lize

mutualisme [mytɥalism] nm mutual (benefit) insurance system

mutualiste [mytɥalist] **1** adj mutualistic ◆ **société (d'assurances) mutualiste** mutual benefit society, mutual (benefit) insurance company, ≃ Friendly Society (Brit)
2 nmf mutualist

mutualité [mytɥalite] nf **a** (système d'entraide) mutual (benefit) insurance system
b (réciprocité) mutuality

mutuel, -elle [mytɥɛl] [→ SYN] **1** adj (réciproque) mutual → **pari**
2 mutuelle nf mutual benefit society, mutual (benefit) insurance company, ≃ Friendly Society (Brit) ◆ **payer sa cotisation à la mutuelle** ≃ to pay one's insurance premium *(for back-up health cover)*

mutuellement [mytɥɛlmɑ̃] [→ SYN] adv one another, each other ◆ **mutuellement ressenti**

mutually felt ◆ **s'aider mutuellement** to give each other mutual help, help one another

mutule [mytyl] nf mutule

myalgie [mjalʒi] nf myalgia

myalgique [mjalʒik] adj myalgic

myasthénie [mjasteni] nf myasthenia

myasthénique [mjastenik] adj myasthenic

mycélien, -ienne [miseljɛ̃, jɛn] adj mycelial

mycélium [miseljɔm] nm mycelium

Mycènes [misɛn] n Mycenae

mycénien, -ienne [misenjɛ̃, jɛn] 1 adj Mycenaean
2 nm,f ◆ **Mycénien(ne)** Mycenaean

mycoderme [mikɔdɛʀm] nm mycoderma

mycologie [mikɔlɔʒi] nf mycology

mycologique [mikɔlɔʒik] adj mycologic(al)

mycologue [mikɔlɔg] nmf mycologist

mycoplasme [mikɔplasm] nm mycoplasma

mycorhize [mikɔʀiz] nm myco(r)rhiza

mycose [mikoz] nf mycosis ◆ **la mycose du pied** athlete's foot

mycosique [mikɔsik] adj mycotic

mydriase [midʀijɑz] nf mydriasis

mydriatique [midʀijatik] adj mydriatic

mye [mi] nf (Zool) gaper

myéline [mjelin] nf myelin

myélite [mjelit] nf myelitis

myéloblaste [mjelɔblast] nm myeloblast

myélocyte [mjelɔsit] nm myelocyte

myélographie [mjelɔgʀafi] nf myelography, myelogram

myélome [mjelom] nm myeloma

mygale [migal] → SYN nf trap-door spider

myiase [mijɑz] nf myiasis

Mykérinos [mikeʀinɔs] nm Menkaure, Mykerinos

myocarde [mjɔkaʀd] nm myocardium → **infarctus**

myogramme [mjɔgʀam] nm myogram

myographe [mjɔgʀaf] nm myograph

myologie [mjɔlɔʒi] nf myology

myologique [mjɔlɔʒik] adj myological

myome [mjom] nm myoma

myopathe [mjɔpat] nmf myopathic

myopathie [mjɔpati] nf myopathy

myope [mjɔp] → SYN 1 adj short-sighted (Brit), near-sighted (US), myopic (spéc) ◆ **myope comme une taupe*** (as) blind as a bat*
2 nmf short-sighted (Brit) ou near-sighted (US) person, myope (spéc)

myopie [mjɔpi] nf short-sightedness, near-sightedness, myopia (spéc)

myopotame [mjɔpɔtam] nm coypu, nutria

myosine [mjɔzin] nf myosin

myosis [mjɔzis] nm miosis, myosis

myosotis [mjɔzɔtis] nm forget-me-not

myriade [miʀjad] → SYN nf myriad

myriapodes [miʀjapɔd] nmpl ◆ **les myriapodes** myriapods, the Myriapoda (spéc)

myriophylle [miʀjɔfil] nm water milfoil

myrmécophile [miʀmekɔfil] 1 adj myrmecophilous
2 nmf myrmecophile

myrmidon [miʀmidɔ̃] → SYN nm († péj : nabot) pipsqueak*

myrosine [miʀozin] nf myrosin

myroxyle [miʀɔksil], **myroxylon** [miʀɔksilɔ̃] nm myroxylon

myrrhe [miʀ] → SYN nf myrrh

myrte [miʀt] nm myrtle

myrtiforme [miʀtifɔʀm] adj myrtiform

myrtille [miʀtij] → SYN nf bilberry (Brit), blueberry (US), whortleberry

mystère [mistɛʀ] → SYN nm a (énigme, dissimulation) mystery ◆ **pas tant de mystère(s)!** don't be so mysterious! ou secretive! ◆ **faire (un) mystère de** to make a mystery out of ◆ **elle en fait grand mystère** she makes a big mystery of it ◆ **il restera un mystère pour moi** he'll always be a mystery ou a closed book to me ◆ **mystère (et boule de gomme*)!** who knows!, search me!* ◆ **ce n'est un mystère pour personne** it's no secret ◆ **y a pas de mystère!*** there's no two ways about it!*
b (Littérat, Rel) mystery, mystery play ◆ **les mystères du Moyen Âge** the mediaeval mystery plays ◆ **le mystère de la passion** the Mystery of the Passion
c (®: glace) *ice-cream with a meringue centre, decorated with chopped hazelnuts*

mystérieusement [misteʀjøzmɑ̃] adv mysteriously

mystérieux, -ieuse [misteʀjø, jøz] → SYN adj (secret, bizarre) mysterious; (cachottier) secretive

mysticisme [mistisism] → SYN nm mysticism

mystifiant, e [mistifjɑ̃, jɑ̃t] adj deceptive

mystificateur, -trice [mistifikatœʀ, tʀis] → SYN 1 adj ◆ **j'ai reçu un coup de fil mystificateur** I had a phone call which was a hoax ◆ **tenir des propos mystificateurs à qn** to say things to trick sb
2 nm,f (farceur) hoaxer, practical joker

mystification [mistifikasjɔ̃] → SYN nf (farce) hoax, practical joke; (péj : mythe) myth

mystifier [mistifje] → SYN ▸ conjug 7 ◂ vt to fool, take in, deceive

mystique [mistik] → SYN 1 adj mystic(al)
2 nmf (personne) mystic
3 nf (science, pratiques) mysticism; (péj : vénération) blind belief (*de* in) ◆ **avoir la mystique du travail** to have a blind belief in work

mystiquement [mistikmɑ̃] adv mystically

mythe [mit] → SYN nm (gén) myth

mythification [mitifikasjɔ̃] nf mythicization

mythifier [mitifje] ▸ conjug 7 ◂ vt to mythicize

mythique [mitik] → SYN adj mythical

mytho* [mito] adj, nmf abrév de **mythomane**

mythologie [mitɔlɔʒi] nf mythology

mythologique [mitɔlɔʒik] adj mythological

mythologue [mitɔlɔg] nmf mythologist

mythomane [mitɔman] → SYN adj, nmf mythomaniac

mythomanie [mitɔmani] nf mythomania

mytiliculteur, -trice [mitilikyltœʀ, tʀis] nm,f mussel breeder

mytiliculture [mitilikyltyʀ] nf mussel breeding

mytilotoxine [mitilotɔksin] nf mytilotoxine

myxœdémateux, -euse [miksedematø, øz] 1 adj myxoedemic (Brit), myxoedematous (Brit), myxedemic (US), myxedematous (US)
2 nm,f person suffering from myxoedema

myxœdème [miksedɛm] nm myxoedema (Brit), myxedema (US)

myxomatose [miksomatoz] nf myxomatosis

myxomycètes [miksomisɛt] nmpl ◆ **les myxomycètes** slime moulds, mycetozoans (spéc), the Myxomycetes (spéc)

N

N¹, n [ɛn] nm (lettre) N, n ; (Math) n

N² (abrév de **Nord**) N

n' [n] → **ne**

na [na] excl (langage enfantin) so there ♦ **je n'en veux pas, na !** I don't want any, so there !

nabab [nabab] → SYN nm (Hist ou † ou littér) nabob

nabi [nabi] nm (Art) Nabi

nabla [nabla] nm del, nabla

nabot, e [nabo, ɔt] → SYN 1 adj dwarfish, tiny
2 nm,f (péj) dwarf, midget

Nabucco [nabuko] nm (Mus) Nabucco

nabuchodonosor [nabykɔdɔnɔzɔʀ] nm (bouteille) nebuchadnezzar ♦ **Nabuchodonosor** Nebuchadnezzar

nacelle [nasɛl] → SYN nf [ballon] nacelle ; [landau] carriage ; [engin spatial] pod ; [ouvrier] cradle ; (littér : bateau) skiff

nacre [nakʀ] nf mother-of-pearl

nacré, e [nakʀe] → SYN (ptp de **nacrer**) adj iridescent, nacreous (littér) ; vernis à ongles pearlized

nacrer [nakʀe] ▸ conjug 1 ◂ vt (iriser) to cast a pearly sheen over ; (Tech) to give a pearly gloss to

nadir [nadiʀ] nm nadir

nævo-carcinome, pl **nævo-carcinomes** [ne vokaʀsinom] nm naevocarcinoma (Brit), nevocarcinoma (US)

nævus [nevys], pl **nævi** [nevi] → SYN nm naevus

Nagasaki [nagazaki] n Nagasaki

nage [naʒ] → SYN nf a (activité) swimming ; (manière) stroke, style of swimming ♦ **nage sur le dos** backstroke ♦ **nage indienne** sidestroke ♦ **nage libre** freestyle ♦ **faire un 100 m nage libre** to swim a 100 m (in) freestyle ♦ **nage sous-marine** underwater swimming, skin diving ♦ **nage de vitesse** speed stroke ♦ **nage synchronisée** synchronized swimming
b **à la nage : se sauver à la nage** to swim away ou off ♦ **gagner la rive / traverser une rivière à la nage** to swim to the bank / across a river ♦ **faire traverser son chien à la nage** to get one's dog to swim across ♦ (Culin) **homard / écrevisses** etc **à la nage** lobster / crayfish etc (cooked) in a court-bouillon
c **il était tout en nage** he was pouring with sweat ou bathed in sweat ♦ **cela m'a mis en nage** that made me sweat ♦ **ne te mets pas en nage** don't get yourself in a lather
d (Naut) **nage à couple / en pointe** rowing two abreast / in staggered pairs → **chef¹, banc**

nageoire [naʒwaʀ] nf [poisson] fin ; [phoque etc] flipper ♦ **nageoire anale / dorsale / ventrale** anal / dorsal / ventral fin ♦ **nageoire caudale** [poisson] caudal fin ; [baleine] tail flukes

nager [naʒe] → SYN ▸ conjug 3 ◂ 1 vi a [personne, poisson] to swim ; [objet] to float ♦ **elle nage bien** she's a good swimmer ♦ **nager comme un fer à repasser* / comme un poisson** to swim like a brick / like a fish ♦ (fig) **nager entre deux eaux** to sit on the fence ♦ **la viande nage dans la graisse** the meat is swimming in fat ♦ **attention, tes manches nagent dans la soupe** look out, your sleeves are dipping ou getting in the soup ♦ **on nageait dans le sang** the place was swimming in ou with blood, the place was awash with blood → **apprendre, savoir**
b (fig) **il nage dans la joie** he is overjoyed, his joy knows no bounds ♦ **nager dans l'opulence** to be rolling in money* ♦ **il nage dans ses vêtements** his clothes drown him ♦ **on nage dans l'absurdité / le grotesque dans ce film** this film is totally ridiculous / grotesque ♦ **en allemand, je nage complètement*** I'm completely at sea* ou lost in German
c (Naut) to row ♦ **nager à couple** to row two abreast ♦ **nager en pointe** to row in staggered pairs
2 vt to swim ♦ **nager la brasse / le 100 mètres** to swim breast-stroke / the 100 metres

nageur, -euse [naʒœʀ, øz] nm,f swimmer ; (rameur) rower ♦ (Mil) **nageur de combat** naval frogman

Nagorno-Karabakh [nagɔʀnokaʀabak] n Nagorno-Karabakh

Nagoya [nagɔja] n Nagoya

naguère [nagɛʀ] → SYN adv (frm) (il y a peu de temps) not long ago, a short while ago, of late ; (autrefois) formerly

naïade [najad] → SYN nf (Bot, Myth) naïad ; (hum, littér) nymph

naïf, naïve [naif, naiv] → SYN GRAMMAIRE ACTIVE 26.1
1 adj personne (ingénu) innocent, naïve ; (crédule) naïve, gullible ; réponse, foi, gaieté naïve ♦ (Art) **peintre / art naïf** naïve painter / art
2 nm,f gullible fool, innocent ♦ **vous me prenez pour un naïf** you must think I'm a gullible fool ou a complete innocent
3 nm (Art) naïve painter

nain, e [nɛ̃, nɛn] → SYN 1 adj dwarfish, dwarf (épith) ♦ **chêne / haricot nain** dwarf oak / runner bean ♦ (Astron) **(étoile) naine** dwarf star
2 nm,f dwarf ♦ (Cartes) **le nain jaune** pope Joan

Nairobi [neʀobi] n Nairobi

naissain [nɛsɛ̃] nm spat

naissance [nɛsɑ̃s] → SYN GRAMMAIRE ACTIVE 24.1 nf
a [personne, animal] birth ♦ **à la naissance** at birth ♦ **il est aveugle / muet / sourd de naissance** he has been blind / dumb / deaf from birth, he was born blind / dumb / deaf ♦ **français de naissance** French by birth ♦ **chez lui, c'est de naissance*** he was born like that ♦ **nouvelle naissance** new arrival ou baby ♦ **naissance double** birth of twins ♦ **naissance multiple** multiple birth ♦ (Art) **"La Naissance de Vénus"** "The Birth of Venus" → **contrôle, extrait, limitation** etc
b (frm : origine, source) **de naissance obscure / illustre** of obscure / illustrious birth ♦ **de haute** ou **bonne naissance** of high birth ♦ **peu importe sa naissance** no matter what his birth ou parentage (is)
c (point de départ) [rivière] source ; [langue, ongles] root ; [cou, colonne] base ♦ **à la naissance des cheveux** at the roots of the hair
d (littér : commencement) [printemps, monde, idée, amour] dawn, birth ♦ **la naissance du jour** daybreak
e LOC **prendre naissance** [projet, idée] to originate, take form ; [rivière] to rise, originate ; [soupçon, sentiment] to arise, take form ♦ **donner naissance à** enfant to give birth to ; rumeurs, sentiment to give rise to

naissant, e [nɛsɑ̃, ɑ̃t] adj (littér, Chim) nascent

naître [nɛtʀ] → SYN ▸ conjug 59 ◂ 1 vi a [personne, animal] to be born ♦ **quand l'enfant doit-il naître ?** when is the child to be born ? when is the child due ? ♦ **il vient tout juste de naître** he has only just been born, he is just newly born ♦ **X est né** ou **X naquit** (frm) **le 4 mars** X was born on March 4th ♦ **l'homme naît libre** man is born free ♦ **il est né poète** he is a born ou natural poet ♦ **l'enfant qui naît aveugle / infirme** the child who is born blind / disabled ou a cripple ♦ **l'enfant qui va naître, l'enfant à naître** the unborn child ♦ **l'enfant qui vient de naître** the newborn child ♦ **en naissant** at birth ♦ **prématuré né à 7 mois** baby born prematurely at 7 months, premature baby born at 7 months ♦ **né sous le signe du Verseau** born under (the sign of) Aquarius ♦ **enfant né de père inconnu** child of an unknown father ♦ **Mme Durand, née Dupont** Mme Durand, née Dupont ♦ **être né de parents français** to be of French parentage, be born of French parents ♦ **être né d'une mère anglaise** to be born of an English mother ♦ (Bible) **un sauveur nous est né** a saviour is born to us ♦ (Méd) **être né coiffé** to be born with a caul ♦ (fig) **être né coiffé** ou **sous une bonne étoile** to be born lucky ou under a lucky star ♦ (fig) **il est né avec une cuiller d'argent dans la bouche** he was born with a silver spoon in his mouth ♦ (fig) **il n'est pas né d'hier** ou **de la**

dernière pluie ou **de la dernière couvée** he wasn't born yesterday, he is not as green as he looks → **terme**

b (fig) [sentiment, craintes] to arise, be born ; [idée, projet] to be born ; [ville, industrie] to spring up ; [jour] to break ; [difficultés] to arise ; [fleur, plante] to burst forth ◆ **la rivière naît au pied de ces collines** the river has its source ou rises at the foot of these hills ◆ **je vis naître un sourire sur son visage** I saw the beginnings of a smile on his face, I saw a smile creep over ou dawn on his face ◆ **faire naître une industrie / des difficultés** to create an industry / difficulties ◆ **faire naître des soupçons / le désir** to arouse suspicions / desire

c **naître de** (résulter de) to spring from, arise from ◆ **la haine née de ces querelles** the hatred arising from ou which sprang from these quarrels ◆ **de cette rencontre naquit le mouvement qui ...** from this meeting sprang the movement which ...

d (être destiné à) **il était né pour commander / pour la magistrature** he was born to command / to be a magistrate ◆ **ils sont nés l'un pour l'autre** they were made for each other

e (littér : s'éveiller à) **naître à l'amour / la poésie** to awaken to love / poetry

2 vb impers ◆ **il naît plus de filles que de garçons** there are more girls born than boys, more girls are born than boys ◆ (littér) **il vous est né un fils** a son has been born to you (littér) ; → aussi **né**

naïvement [naivmɑ̃] adv (→ **naïf**) innocently ; naïvely

naïveté [naivte] → SYN nf (→ **naïf**) innocence ; naïvety, gullibility ◆ **il a eu la naïveté de le croire** he was naïve enough to believe him (ou it)

naja [naʒa] nm cobra

Namibie [namibi] nf Namibia

namibien, -ienne [namibjɛ̃, jɛn] 1 adj Namibian

2 nm,f ◆ **Namibien(ne)** Namibian

nana* [nana] nf (femme) bird‡ (Brit), chick‡

nanan* [nanɑ̃] nm ◆ **c'est du nanan** (agréable) it's a bit of all right* ; (facile) it's a walkover* ou a doddle* (Brit) ; (succulent) it's scrumptious*

nanar* [nanaʀ] nm (péj) (objet invendable) piece of junk ◆ (film démodé) **nanar des années 30** second-rate film from the 1930s

nandou [nɑ̃du] nm rhea, nandu

nanifier [nanifje] ▸ conjug 7 ◂ vt to dwarf

nanisme [nanism] → SYN nm dwarfism, nanism (spéc)

Nankin [nɑ̃kɛ̃] n (ville) Nanking

nankin [nɑ̃kɛ̃] nm (tissu) nankeen

nano ... [nano] préf nano ...

nanomètre [nanɔmɛtʀ] nm nanometre

nanoréseau, pl **nanoréseaux** [nanoʀezo] nm nanonetwork

nanoseconde [nanos(ə)gɔ̃d] nf nanosecond

nansouk [nɑ̃zuk] nm nainsook

nantais, e [nɑ̃tɛ, ɛz] 1 adj of ou from Nantes

2 nm,f ◆ **Nantais(e)** inhabitant ou native of Nantes

Nantes [nɑ̃t] n Nantes

nanti, e [nɑ̃ti] → SYN (ptp de **nantir**) adj rich, affluent, well-to-do ◆ **les nantis** the rich, the affluent, the well-to-do

nantir [nɑ̃tiʀ] → SYN ▸ conjug 2 ◂ 1 vt († Jur) créancier to secure ◆ (fig, littér : munir) **nantir qn de** to provide sb with

2 **se nantir** vpr († Jur) to secure o.s. ◆ (fig, littér) **se nantir de** to provide o.s. with, equip o.s. with

nantissement [nɑ̃tismɑ̃] → SYN nm (Jur) security

nanzouk [nɑ̃zuk] nm ⇒ **nansouk**

naos [naos, naɔs] nm naos

NAP [nap] adj inv (abrév de **Neuilly, Auteuil, Passy**) Sloane (épith) (Brit), preppy (US)

napalm [napalm] nm napalm

napel [napɛl] nm monkshood

naphtalène [naftalɛn] nm naphthalene, naphthalin(e)

naphtaline [naftalin] nf (antimite) mothballs

naphte [naft] nm naphtha

naphtol [naftɔl] nm naphthol

Naples [napl] n Naples

Napoléon [napɔleɔ̃] nm Napoleon

napoléon[1] [napɔleɔ̃] nm (Fin) napoleon

napoléon[2] [napɔleɔ̃] nf (cerise) *type of bigaroon cherry*

napoléonien, -ienne [napɔleɔnjɛ̃, jɛn] adj Napoleonic

napolitain, e [napɔlitɛ̃, ɛn] 1 adj Neapolitan

2 nm,f ◆ **Napolitain(e)** Neapolitan

nappage [napaʒ] nm (Culin) topping

nappe [nap] → SYN 1 nf a [table] tablecloth ; (Tex) lap ◆ **nappe de gaz / de pétrole** etc layer of gas / oil etc ◆ **nappe d'eau** sheet ou expanse of water ◆ **mettre la nappe** to put the tablecloth on

b (Géom) nappe

2 COMP ▷ **nappe d'autel** altar cloth ▷ **nappe de brouillard** blanket ou layer of fog ◆ **des nappes de brouillard** fog patches ▷ **nappe de charriage** nappe ▷ **nappe de feu** sheet of flame ▷ **nappe de mazout** oil slick ▷ **nappe phréatique** ground water

napper [nape] → SYN ▸ conjug 1 ◂ vt (Culin) to top (*de* with) ◆ **nappé de chocolat** topped with chocolate, with a chocolate topping

napperon [napʀɔ̃] → SYN nm doily, tablemat ; (pour vase, lampe etc) mat

narcéine [naʀsein] nf narceine, narceen

narcisse [naʀsis] nm (Bot) narcissus ; (péj : égocentrique) narcissus, narcissistic individual ◆ (Myth) **Narcisse** Narcissus

narcissique [naʀsisik] 1 adj narcissistic

2 nmf narcissist

narcissisme [naʀsisism] → SYN nm narcissism

narcoanalyse [naʀkoanaliz] nf narcoanalysis

narcodollars [naʀkodɔlaʀ] nmpl drug money *(usually in dollars)* ◆ **3 000 000 de narcodollars** 3,000,000 dollars' worth of drug money

narcolepsie [naʀkɔlɛpsi] nf narcolepsy

narcose [naʀkoz] → SYN nf narcosis

narcothérapie [naʀkoteʀapi] nf narcotherapy

narcotine [naʀkɔtin] nf narcotine

narcotique [naʀkɔtik] → SYN adj, nm narcotic

narcotrafic [naʀkotʀafik] nm drug trafficking

narcotrafiquant, e [naʀkotʀafikɑ̃, ɑ̃t] nm,f drug trafficker

nard [naʀ] nm (valérianacée) valerian ◆ **nard (indien)** nard, spikenard ◆ **nard raide** mat grass

narghileh [naʀgilɛ] nm hookah, nargileh, narghile

narguer [naʀge] → SYN ▸ conjug 1 ◂ vt danger, traditions to flout, thumb one's nose at ; personne to deride, scoff at

narguilé [naʀgile] nm ⇒ **narghileh**

narine [naʀin] → SYN nf nostril

narquois, e [naʀkwa, waz] → SYN adj (railleur) derisive, sardonic, mocking

narquoisement [naʀkwazmɑ̃] adv derisively, sardonically, mockingly

narrateur, -trice [naʀatœʀ, tʀis] → SYN nm,f narrator

narratif, -ive [naʀatif, iv] adj narrative

narration [naʀasjɔ̃] → SYN nf a (NonC) narration → **infinitif, présent**[1]

b (récit) narration, narrative, account ; (Scol : rédaction) essay, composition ; (Rhétorique) narration

narrer [naʀe] → SYN ▸ conjug 1 ◂ vt (frm) to narrate, relate

narthex [naʀtɛks] nm narthex

narval [naʀval] nm narwhal

NASA [naza] nf (abrév de **National Aeronautics and Space Administration**) NASA

nasal, e, mpl **-aux** [nazal, o] 1 adj nasal

2 **nasale** nf nasal → **fosse**

nasalisation [nazalizasjɔ̃] nf nasalization

nasaliser [nazalize] ▸ conjug 1 ◂ vt to nasalize

nasalité [nazalite] nf nasality

nasard [nazaʀ] nm nazard, nasard

nase[1]‡ [nɑz] nm (nez) conk‡ (Brit), hooter‡ (Brit), schnozzle‡ (US)

nase[2]‡ [nɑz] adj a (hors d'usage) bust* (attrib), kaput* (attrib) ◆ **ma télé est nase** my TV has conked out‡ ou is bust* ◆ **je suis nase** (exténué) I'm knackered‡ ou shattered* ; (psychologiquement) I'm out of it*

b (fou) cracked* (attrib), touched* (attrib)

naseau, pl **naseaux** [nazo] → SYN nm [cheval, bœuf] nostril

nasillard, e [nazijaʀ, aʀd] adj voix, instrument nasal ; gramophone whiny

nasillement [nazijmɑ̃] → SYN nm [voix] (nasal) twang ; [microphone, gramophone] whine ; [instrument] nasal sound ; [canard] quack

nasiller [nazije] → SYN ▸ conjug 1 ◂ 1 vt to say (ou sing ou intone) with a (nasal) twang

2 vi [personne] to have a (nasal) twang, speak with ou in a nasal voice ; [instrument] to give a whiny ou twangy sound ; [microphone, gramophone] to whine ; [canard] to quack

nasique [nazik] nm (singe) proboscis monkey

nasonnement [nazɔnmɑ̃] nm rhinophonia

Nassau [naso] n Nassau

nasse [nɑs] → SYN nf hoop net

Natal [natal] nm Natal

natal, e, mpl **natals** [natal] adj native ◆ **ma maison natale** the house where I was born ◆ **ma terre natale** my native soil

nataliste [natalist] adj politique which supports a rising birth rate

natalité [natalite] nf ◆ **(taux de) natalité** birth rate

natation [natasjɔ̃] → SYN nf swimming ◆ **natation artistique** ou **synchronisée** synchronized swimming

natatoire [natatwaʀ] adj swimming (épith) → **vessie**

natif, -ive [natif, iv] → SYN adj, nm,f (gén) native ◆ **natif de Nice** native of Nice ◆ **locuteur natif** native speaker

nation [nasjɔ̃] → SYN nf (pays, peuple) nation ◆ **les Nations Unies** the United Nations → **société**

national, e, mpl **-aux** [nasjɔnal, o] → SYN 1 adj (gén) national ; économie, monnaie domestic ◆ **au plan national et international** at home and abroad, at the national and international level ◆ (Écon) **entreprise nationale** state-owned company ◆ **grève nationale** nationwide ou national strike ◆ **obsèques nationales** state funeral ◆ **(route) nationale** ≃ "A" ou trunk road (Brit), state highway (US) → **assemblée, éducation, fête**

2 **nationaux** nmpl (citoyens) nationals

nationalement [nasjɔnalmɑ̃] adv nationally

nationalisable [nasjɔnalizabl] adj targetted for nationalization

nationalisation [nasjɔnalizasjɔ̃] → SYN nf nationalization

nationaliser [nasjɔnalize] → SYN ▸ conjug 1 ◂ vt to nationalize ◆ **les (entreprises) nationalisées** the nationalized companies

nationalisme [nasjɔnalism] → SYN nm nationalism

nationaliste [nasjɔnalist] → SYN adj, nmf nationalist

nationalité [nasjɔnalite] nf nationality ◆ **les personnes de nationalité française** French citizens

national-socialisme [nasjɔnalsɔsjalism] nm national socialism

national-socialiste, mpl **nationaux-socialistes** [nasjɔnalsɔsjalist] adj, nmf national socialist

nativisme [nativism] nm (Philos) nativism

nativiste [nativist] adj (Philos) nativistic

nativité [nativite] → SYN nf nativity; (Art) (painting of the) nativity, nativity scene

natrémie [natʀemi] nf plasma sodium level

natron [natʀɔ̃], **natrum** [natʀɔm] nm natron

natte [nat] → SYN nf (tresse) plait, braid; (paillasse) mat, matting (NonC) ◆ **se faire des nattes** to plait ou braid one's hair, put one's hair in plaits ou braids ◆ **nattes africaines** corn rows

natté [nate] nm (Tex) natte

natter [nate] → SYN ▸ conjug 1 ◂ vt cheveux to plait, braid; laine etc to weave

nattier, -ière [natje, jɛʀ] nm,f mat maker

naturalisation [natyʀalizasjɔ̃] → SYN nf (Bot, Ling, Pol) naturalization; [animaux morts] stuffing; [plantes séchées] pressing, drying

naturalisé, e [natyʀalize] (ptp de **naturaliser**) 1 adj ◆ **Français naturalisé** naturalized Frenchman ◆ **il est naturalisé (français)** he's a naturalized Frenchman
2 nm,f naturalized person

naturaliser [natyʀalize] → SYN ▸ conjug 1 ◂ vt (Bot, Ling, Pol) to naturalize; animal mort to stuff; plante coupée to preserve *(with glycerine)* ◆ **se faire naturaliser français** to become a naturalized Frenchman

naturalisme [natyʀalism] → SYN nm naturalism

naturaliste [natyʀalist] → SYN 1 adj naturalistic
2 nmf (Littérat, Sci) naturalist; (empailleur) taxidermist; (pour les plantes) flower-preserver

nature [natyʀ] → SYN 1 nf a (caractère) [personne, substance, sentiment] nature ◆ **la nature humaine** human nature ◆ **c'est une** ou **il est de** ou **d'une nature arrogante** he has an ou he is of an arrogant nature ◆ **il est arrogant de** ou **par nature** he is naturally arrogant ou arrogant by nature ◆ **ce n'est pas dans sa nature** it is not (in) his nature (*d'être* to be) ◆ **c'est / ce n'est pas de nature à arranger les choses** it's liable to / not likely to make things easier ◆ **il n'est pas de nature à accepter** he's not the sort of person who would agree ◆ **avoir une heureuse nature** to have a happy nature, be of a happy disposition ◆ **tu es une petite nature!** you're so delicate! ◆ **c'est dans la nature des choses** it's in the nature of things → **habitude, second**
b (monde physique, principe fondamental) **la nature** nature ◆ **vivre (perdu) dans la nature** to live (out) in the country ou in the wilds ou at the back of beyond (Brit) ou in the boondocks (US) ◆ **en pleine nature** in the middle of nowhere ◆ **la nature a horreur du vide** nature abhors a vacuum ◆ **laisser agir la nature** to leave it to nature, let nature take its course ◆ **la nature fait bien les choses** nature works wonder ◆ **lâcher qn dans la nature*** (sans indication) to send sb off without any directions; (pour commettre un crime) to let sb loose ◆ **disparaître dans la nature*** [personne] to vanish into thin air; [ballon] to disappear into the undergrowth ou bushes ◆ **actions / crimes / vices / goûts contre nature** unnatural acts / crimes / vices / tastes, acts / crimes / vices / tastes which go against nature ou which are contrary to nature → **force, retour**
c (sorte) nature, kind, sort ◆ **de toute(s) nature(s)** of all kinds, of every kind
d (Art) **peindre d'après nature** to paint from life ◆ **plus grand que nature** more than life-size, larger than life ◆ **nature morte** still life → **grandeur**
e (Fin) **en nature** payer, don in kind
2 adj inv a **café nature** black coffee ◆ **eau nature** plain water ◆ **thé nature** tea without milk, plain tea ◆ **omelette / crêpe nature** plain omelette / pancake ◆ **yaourt nature** natural yoghurt ◆ **riz nature** (plain) boiled rice ◆ **boire le whisky nature** to drink whisky neat ou straight ◆ **manger les fraises** etc **nature** to eat strawberries etc without anything on them
b **il est nature!*** he is so natural!, he is completely uninhibited!

naturel, -elle [natyʀɛl] → SYN 1 adj a caractère, frontière, produit, phénomène natural; besoins, fonction bodily (épith); soie, laine pure ◆ **aliments / produits naturels** natural ou organic foods / products
b (inné) natural ◆ **son intelligence naturelle** his natural intelligence, his native wit ◆ **elle a un talent naturel pour le piano** playing the piano comes naturally to her, she has a natural talent for the piano
c (normal, habituel) natural ◆ **avec sa voix naturelle** in his normal voice ◆ **c'est un geste naturel chez lui** it's a natural gesture ou quite a normal gesture for him, this gesture comes (quite) naturally to him ◆ **votre indignation est bien naturelle** your indignation is quite ou very natural ou understandable ◆ **je vous remercie! – c'est (tout) naturel** thank you! – don't mention it ou you're welcome ◆ **ne me remerciez pas, c'est bien** ou **tout naturel** don't thank me, anybody would have done the same ou it was the obvious thing to do ◆ **il est bien naturel qu'on en vienne à cette décision** it's only natural that this decision should have been reached ◆ **il trouve ça tout naturel** he finds it the most natural thing in the world ou perfectly normal
d (simple, spontané) voix, style, personne natural, unaffected ◆ **elle sait rester très naturelle** she manages to stay very natural ◆ **être naturel sur les photos** to be very natural in photos, take a good photo
e (Mus) natural
f (Math) **(nombre entier) naturel** natural number
2 nm a (caractère) nature, disposition ◆ **être d'un** ou **avoir un bon naturel** to have a good ou happy nature ou disposition → **chasser**
b (absence d'affectation) naturalness ◆ **avec (beaucoup de) naturel** (completely) naturally ◆ **il manque de naturel** he's not very natural, he has a rather self-conscious manner
c (indigène) native
d LOC **au naturel** (Culin: sans assaisonnement) water-packed ◆ (en réalité) **elle est mieux en photo qu'au naturel** she's better in photos than in real life

naturellement [natyʀɛlmɑ̃] → SYN adv a (sans artifice, normalement) naturally; (avec aisance) naturally, unaffectedly
b (bien sûr) naturally, of course

naturisme [natyʀism] nm (nudisme) naturism; (Philos) naturism; (Méd) naturopathy

naturiste [natyʀist] → SYN adj, nmf (nudiste) naturist; (Philos) naturist; (Méd) naturopath

naucore [nokɔʀ] nf water bug, saucerbug

naufrage [nofʀaʒ] → SYN nm a [bateau] wreck ◆ **le naufrage de ce navire** the wreck of this ship ◆ **un naufrage** a shipwreck ◆ **faire naufrage** [bateau] to be wrecked; [marin etc] to be shipwrecked
b (fig: déchéance) [ambitions, réputation] ruin, ruination; [projet, pays] foundering, ruination ◆ **sauver du naufrage** personne to save from disaster; argent, biens to salvage (from the wreckage)

naufragé, e [nofʀaʒe] 1 adj marin shipwrecked; bateau wrecked
2 nm,f shipwrecked person; (sur une île) castaway ◆ (fig) **les naufragés de la croissance économique** the casualties of economic growth

naufrageur, -euse [nofʀaʒœʀ, øz] → SYN nm,f (lit, fig) wrecker

naumachie [nomaʃi] nf naumachia, naumachy

naupathie [nopati] nf seasickness

nauplius [noplijys] nm nauplius

nauséabond, e [nozeabɔ̃, ɔ̃d] → SYN adj (lit) putrid, evil-smelling, foul-smelling, nauseating, sickening; (fig) nauseating, sickening

nausée [noze] → SYN nf (sensation) nausea (NonC); (haut-le-cœur) bout of nausea ◆ **avoir la nausée** to feel sick ou nauseous ou queasy ◆ **avoir des nausées** to have bouts of nausea ◆ (lit, fig) **ça me donne la nausée** it makes me (feel) sick, it nauseates me

nauséeux, -euse [nozeø, øz] → SYN adj personne nauseous, queasy; odeur, goût nauseating, nauseous ◆ **je me sens un peu nauséeux** I'm feeling a bit queasy ou nauseous

nautile [notil] nm (Zool) nautilus

nautique [notik] → SYN adj science nautical ◆ **sports nautiques** water sports ◆ **fête nautique** water festival ◆ **ballet nautique** synchronized swimming ◆ **club nautique** water-sports club → **ski**

nautisme [notism] nm water sport(s)

naval, e, mpl **navals** [naval] → SYN adj combat, base naval; industrie shipbuilding ◆ **école navale** naval college → **chantier, construction, force**

navarin [navaʀɛ̃] nm navarin, ≃ mutton stew (Brit)

navarrais, e [navaʀɛ, ɛz] 1 adj Navarrian
2 nm,f ◆ **Navarrais(e)** Navarrian

Navarre [navaʀ] nf Navarre

navel [navɛl] nf navel orange

navet [navɛ] → SYN nm a (légume) turnip ◆ **navet fourrager** fodder beet → **sang**
b (péj) (film) rubbishy ou third-rate film; (roman) rubbishy ou third-rate novel; (tableau) daub ◆ **c'est un navet** it's (a piece of) rubbish, it's tripe, it's a turkey* (US)

navette[1] [navɛt] → SYN nf a (Tex) shuttle; (aiguille) netting ou meshing needle ◆ **navette volante** flying shuttle
b (service de transport) shuttle (service) ◆ **navette diplomatique** diplomatic shuttle ◆ **faire la navette entre** [banlieusard, homme d'affaires] to commute between; [véhicule] to operate a shuttle (service) between; [bateau] to ply between; [projet de loi, circulaire] to be sent backwards and forwards between ◆ **elle fait la navette entre la cuisine et la chambre** she comes and goes between the kitchen and the bedroom ◆ **faire faire la navette à qn / qch** to have sb / sth going back and forth (*entre* between)
c (Espace) **navette spatiale** space shuttle
d (à encens) incense holder

navette[2] [navɛt] nf (Bot) rape

navetteur, -euse [navetœʀ, øz] nm,f (Admin, Belg) commuter

navetteur, -euse [navetœʀ, øz] nm,f (Admin, Belg) commuter

navicert [navisɛʀ] nm navicert

naviculaire [navikylɛʀ] adj navicular

navicule [navikyl] nf navicula

navigabilité [navigabilite] nf [rivière] navigability; [bateau] seaworthiness; [avion] airworthiness

navigable [navigabl] adj rivière navigable

navigant, e [navigɑ̃, ɑ̃t] adj, nm ◆ **le personnel navigant, les navigants** (Aviat) flying personnel; (Naut) seagoing personnel

navigateur, -trice [navigatœʀ, tʀis] → SYN nm,f (littér, Naut: marin) navigator, sailor; (Aut, Aviat: copilote) navigator ◆ **navigateur solitaire** single-handed sailor

navigation [navigasjɔ̃] → SYN nf a (Naut) sailing (NonC), navigation (NonC); (trafic) (sea) traffic (NonC); (pilotage) navigation, sailing (NonC) ◆ **les récifs rendent la navigation dangereuse / difficile** the reefs make sailing ou navigation dangerous / difficult ◆ **canal ouvert / fermé** ou **interdit à la navigation** canal open / closed to shipping ou ships ◆ **navigation côtière / intérieure** coastal / inland navigation ◆ **navigation de plaisance** (pleasure) sailing ◆ **navigation à voiles** sailing, yachting ◆ **compagnie de navigation** shipping company ◆ **terme de navigation** nautical term
b (Aviat) (trafic) (air) traffic (NonC); (pilotage) navigation, flying (NonC) ◆ **navigation aérienne** aerial navigation ◆ **compagnie de navigation aérienne** airline company ◆ **navigation spatiale** space navigation

naviguer [navige] → SYN ▸ conjug 1 ◂ vi a (voyager) [bateau, passager, marin] to sail; [avion, passager, pilote] to fly ◆ **naviguer à la voile** to sail ◆ **ce bateau / marin a beaucoup / n'a jamais navigué** this ship / sailor has been to sea a lot ou has done a lot of sailing / has never been to sea ou has never sailed ◆ **bateau en état de naviguer** seaworthy ship ◆ **naviguer à 800 mètres d'altitude** to fly at an altitude of 800 metres
b (piloter) [marin] to navigate, sail; [aviateur] to navigate, fly ◆ **naviguer au compas / aux**

instruments / à l'estime to navigate by (the) compass / by instruments / by dead reckoning ◆ **naviguer à travers Glasgow** (en voiture) to find one's way through ou make one's way across Glasgow ◆ (fig) **pour réussir ici, il faut savoir naviguer** to succeed here you need to know how to get around ou you need to know the ropes

c (*: errer) **c'est un type qui a beaucoup navigué** he's a guy* who has been around a lot ou who has knocked about quite a bit* ◆ **après avoir navigué pendant une heure entre les rayons du supermarché** after having spent an hour finding one's way around the supermarket shelves ◆ **le dossier a navigué de bureau en bureau** the file found its way from office to office, the file went the rounds of the offices

naviplane [naviplan] → SYN nm hovercraft

navire [naviʀ] → SYN nm (bateau) ship; (Jur) vessel ◆ **navire amiral** flagship ◆ **navire-citerne** tanker ◆ **navire marchand** ou **de commerce** merchant ship, merchantman ◆ **navire-école** training ship ◆ **navire de guerre** warship ◆ **navire-hôpital** hospital ship ◆ **navire-jumeau** sister ship ◆ **navire-usine** factory ship

navrant, e [navʀɑ̃, ɑ̃t] → SYN adj (→ **navrer**) distressing, upsetting; (most) annoying ◆ **tu es navrant!** you're hopeless! ◆ **ce film est d'une médiocrité navrante** this film is appallingly dull

navré, e [navʀe] GRAMMAIRE ACTIVE 18.3 (ptp de **navrer**) adj sorry (*de* to) ◆ **je suis (vraiment) navré** I'm (so ou terribly) sorry ◆ **navré de vous décevoir mais ...** sorry to disappoint you but ... ◆ **avoir l'air navré** (pour s'excuser, compatir) to look sorry; (d'une nouvelle) to look distressed ou upset ◆ **d'un ton navré** (pour s'excuser) in an apologetic tone, apologetically; (pour compatir) in a sympathetic tone; (par l'émotion) in a distressed ou an upset voice

navrer [navʀe] → SYN ▸ conjug 1 ◂ vt (désoler) [spectacle, conduite, nouvelle] to grieve, distress, upset; [contretemps, malentendu] to annoy

nazaréen, -enne [nazaʀeɛ̃, ɛn] 1 adj Nazarene
2 nm,f ◆ **Nazaréen(ne)** Nazarene

Nazareth [nazaʀɛt] n Nazareth

naze[1]* [nɑz] nm ⇒ **nase**[1]*

naze[2]* [nɑz] adj ⇒ **nase**[2]*

nazi, e [nazi] → SYN adj, nm,f Nazi

nazisme [nazism] → SYN nm Nazism

N.B. [ɛnbe] nm (abrév de **nota bene**) N.B.

NBC [ɛnbese] adj inv (abrév de **Nucléaire-Biologique-Chimique**) NBC

N.-D. (abrév de **Notre-Dame**) → **notre**

N'Djamena [nʒamena] n Ndjamena

N.D.L.R. (abrév de **note de la rédaction**) → **note**

ne [nə] adv nég a (valeur nég: avec nég avant ou après) **il n'a rien dit** he didn't say anything, he said nothing ◆ **elle ne nous a pas vus** she didn't ou did not see us, she hasn't ou has not seen us ◆ **personne** ou (frm) **nul n'a compris** nobody ou no one ou not a soul understood ◆ **il n'y a aucun mal à ça** there's no harm ou there's nothing wrong in that ◆ **il n'est pas du tout** ou **nullement idiot** he's no fool, he is by no means stupid ◆ **s'il n'est jamais monté en avion ce n'est pas qu'il n'en ait jamais eu l'occasion** if he has never been up in an aeroplane it's not that he has never had the opportunity ou it's not for lack of opportunities ◆ **je n'ai pas** ou († ou hum) **point d'argent** I have no money, I haven't (got) any money ◆ **il ne sait plus ce qu'il dit** he no longer knows what he's saying ◆ **plus rien ne l'intéresse, rien ne l'intéresse plus** nothing interests him any more, he's not interested in anything any more ◆ **ne me dérangez pas** don't ou do not disturb me ◆ **je ne connais ni son fils ni sa fille** I know neither his son nor his daughter, I don't know (either) his son or his daughter ◆ **je n'ai pas du tout** ou **aucunement l'intention de refuser** I have not the slightest ou least intention of refusing ◆ **je n'ai guère le temps** I have scarcely ou hardly the time ◆ **il ne sait pas parler** he can't ou cannot speak ◆ **pas un seul ne savait sa leçon** not (a single) one (of them) knew his lesson

b (valeur nég: sans autre nég: gén littér) **il ne cesse de se plaindre** he's constantly complaining, he keeps on complaining, he does not stop complaining ◆ **je ne sais qui a eu cette idée** I do not know who had that idea ◆ **elle ne peut jouer du violon sans qu'un voisin (ne) proteste** she cannot play her violin without some neighbour's objecting ◆ **il n'a que faire de vos conseils** he has no use for your advice, he's not interested in your advice ◆ **que n'a-t-il songé à me prévenir** if only he had thought to warn me ◆ **n'était la situation internationale, il serait parti** had it not been for ou were it not for the international situation he would have left ◆ **il n'est de paysage qui ne soit maintenant gâché** nowadays not a patch of countryside remains unspoilt ou there is no unspoilt countryside left ◆ **il n'est de jour qu'elle ne se plaigne** not a day goes by but she complains (about something), not a day goes by without her complaining ◆ **cela fait des années que je n'ai été au cinéma** it's years since I (last) went to the cinema ◆ **il a vieilli depuis que je ne l'ai vu** he has aged since I (last) saw him ◆ **si je ne me trompe** if I'm not mistaken → **cure**[2], **empêcher**, **importer**[2]

c **ne ... que** only ◆ **elle n'a confiance qu'en nous** she trusts only us, she only has confidence in us ◆ **c'est mauvais de ne manger que des conserves** it is bad to eat only tinned foods ou nothing but tinned foods ◆ **il n'a que trop d'assurance** he is only too self-assured ◆ **il n'a d'autre idée en tête que de se lancer dans la politique** his (one and) only thought is to embark upon politics ◆ **il n'y a que lui pour dire des choses pareilles!** only he ou nobody but he would say such things! ◆ **il n'y a pas que vous qui le dites!** you're not the only one who says so! ou to say this! ◆ **et il n'y a pas que ça!** and that's not all! → **demander**

d (explétif sans valeur nég, gén omis dans la langue parlée) **je crains** ou **j'ai peur** ou **j'appréhende qu'il ne vienne** I am afraid ou I fear (that) he is coming ou (that) he will come ◆ **je ne doute pas / je ne nie pas qu'il ne soit compétent** I don't doubt / deny that he is competent ◆ **empêche que les enfants ne touchent aux animaux** stop the children touching ou prevent the children from touching the animals ◆ **mangez avant que la viande ne refroidisse** do eat before the meat gets cold ◆ **j'irai la voir avant qu'il / à moins qu'il ne pleuve** I shall go and see her before / unless it rains ◆ **il est parti avant que je ne l'aie remercié** he left before I had thanked him ◆ **il est parti sans que je ne l'aie remercié** he left without my having thanked him ◆ **peu s'en faut qu'il n'ait oublié la réunion** he all but ou he very nearly forgot the meeting ◆ **il est plus / moins malin qu'on ne pense** he is more cunning than / not as cunning as you think

né, e [ne] → SYN (ptp de **naître**) adj, nm,f born; (fig: causé) caused (*de* by), due (*de* to) ◆ **orateur- / acteur-né** born orator / actor ◆ **bien / mal né** of noble ou high / humble ou low birth ◆ **Paul est son premier- / dernier-né** Paul is her first- / last-born ou her first / last child ◆ **Mme Durand, née Dupont** Mme Durand née Dupont → **naître**

néanmoins [neɑ̃mwɛ̃] → SYN adv (pourtant) nevertheless, yet ◆ **il était malade, il est néanmoins venu** he was ill, (and) nevertheless ou (and) yet he came ◆ **c'est incroyable mais néanmoins vrai** it's incredible but nonetheless true ou but it's true nevertheless ◆ **il est agressif et néanmoins patient** he is aggressive yet patient, he is aggressive but nevertheless patient

néant [neɑ̃] → SYN nm ◆ **le néant** nothingness (NonC) ◆ **le néant de la vie / de l'homme** the emptiness of life / man ◆ **et après c'est le néant** then there's a total blank ◆ **signes particuliers: néant** distinguishing marks: none → **réduire**

Nebraska [nebʀaska] nm Nebraska

nébuleuse[1] [nebyløz] nf (Astron) nebula ◆ (fig) **c'est encore à l'état de nébuleuse** it's still very vague

nébuleusement [nebyløzmɑ̃] adv nebulously, vaguely

nébuleux, -euse[2] [nebylø, øz] → SYN adj (lit) ciel cloudy, overcast; (fig) écrivain nebulous, obscure; projet, idée, discours nebulous, vague, woolly

nébulisation [nebylizasjɔ̃] nf nebulization

nébuliseur [nebylizœʀ] nm nebulizer

nébulosité [nebylozite] → SYN nf [ciel] cloud covering, nebulosity (spéc); [discours] obscureness, vagueness, woolliness

nécessaire [nesesɛʀ] → SYN GRAMMAIRE ACTIVE 10, 17.2

1 adj a (gén, Math, Philos) necessary ◆ **il est nécessaire de le faire** it needs to be done, it has (got) to be done, it must be done, it's necessary to do it ◆ **il est nécessaire qu'on le fasse** we need to do it, we have (got) to do it, we must do it, it's necessary ou essential for us to do it ◆ **est-ce (bien) nécessaire (de le faire)?** have we (really) got to (do it)?, do we (really) need ou have to (do it)?, is it (really) necessary (for us to do it)? ◆ **non, ce n'est pas nécessaire (de le faire)** no, there's no need to (do it), no, you don't need ou have to (do it), it's not (really) necessary (for you to do it) ◆ **l'eau est nécessaire à la vie / aux hommes / pour vivre** water is necessary for life / to man / to live ◆ **un bon repos vous est nécessaire** you need a good rest ◆ **cette attitude lui est nécessaire pour réussir** he has to have ou maintain this attitude to succeed ◆ **cette attitude est nécessaire pour réussir** this is a necessary attitude ou this attitude is necessary ou needed if one wants to get on ◆ **c'est une condition nécessaire** it's a necessary condition (*pour faire* for doing; *de qch* for sth) ◆ **c'est une conséquence nécessaire** it's a necessary consequence (*de qch* of sth) ◆ **avoir le talent / le temps / l'argent nécessaire (pour qch / pour faire)** to have the (necessary ou requisite) talent / time / money (for sth / to do), have the talent / time / money (required) (for sth / to do) ◆ **a-t-il les moyens nécessaires?** does he have the necessary ou requisite means?, does he have the means required? ◆ **faire les démarches nécessaires** to take the necessary ou requisite steps

b personne indispensable (*à* to) ◆ **se sentir nécessaire** to feel indispensable

2 nm a (l'indispensable) **as-tu emporté le nécessaire?** have you got all ou everything we need? ◆ **je n'ai pas le nécessaire pour le faire** I haven't got what's needed ou the necessary stuff to do it ◆ **il peut faire froid, prenez le nécessaire** it may be cold so take the necessary clothes ou so take what's needed to keep warm ◆ **emporter le strict nécessaire** to take the bare ou absolute necessities ou essentials ◆ **il faut d'abord penser au nécessaire** one must first consider the essentials ◆ **manquer du nécessaire** to lack the (basic) necessities of life ◆ **faire le nécessaire** to do what is necessary ou what has to be done ◆ **j'ai fait le nécessaire** I've settled it ou seen to it, I've done what was necessary ◆ **je vais faire le nécessaire (pour que)** I'll see to it (that), I'll make the necessary arrangements (so that), I'll do the necessary* (so that)

b (Philos) **le nécessaire** the necessary

3 COMP ▷ **nécessaire à couture** (pocket) sewing kit ▷ **nécessaire à ongles** manicure set ▷ **nécessaire à ouvrage** ⇒ **nécessaire à couture** ▷ **nécessaire de toilette** travel pack (of toiletries) ▷ **nécessaire de voyage** overnight bag, grip

nécessairement [nesesɛʀmɑ̃] → SYN adv necessarily ◆ **dois-je nécessairement m'en aller?** is it (really) necessary for me to go?, must I (really) go?, do I (really) have to go? ◆ **passeras-tu par Londres? – oui, nécessairement** will you go via London? – yes, it's unavoidable ou you have to ◆ **il devra nécessairement s'y faire** he will (just) have to get used to it ◆ **il ne m'a pas nécessairement vu** I (ou we etc) can't be sure (that) he saw me ◆ **il y a nécessairement une raison** there must (needs) be a reason ◆ **ce n'est pas nécessairement faux** it isn't necessarily wrong ◆ **s'il s'y prend ainsi, il va nécessairement échouer** if he sets about it this way, he's bound to fail ou he'll inevitably fail ◊ (Philos) **causes et effets sont liés nécessairement** causes and effects are necessarily linked ou are of necessity linked

nécessité [nesesite] → SYN nf a (obligation) necessity ◊ **c'est une nécessité absolue** it's an absolute necessity ◊ **sévère sans nécessité** unnecessarily severe ◊ **je ne vois pas la nécessité de le faire** I don't see the necessity of doing that ou the need for (doing) that ◊ **se trouver** ou **être dans la nécessité de faire qch** to have no choice ou alternative but to do sth ◊ **mettre qn dans la nécessité de faire** to make it necessary for sb to do ◊ **la nécessité où je suis de faire cela** having no choice ou alternative but to do that ◊ **la nécessité d'être le lendemain à Paris nous fit partir de très bonne heure** the need to be ou our having to be in Paris the next day made us leave very early ◊ (Jur) **état de nécessité** necessity
b **les nécessités de la vie** the necessities ou essentials of life ◊ **les nécessités du service** the demands ou requirements of the job ◊ **nécessités financières** (financial) liabilities ◊ **articles de première nécessité** bare necessities ou essentials
c (Philos) **la nécessité** necessity ◊ **la nécessité de mourir** the inevitability of death
d (††: pauvreté) destitution ◊ **être dans la nécessité** to be in need, be poverty-stricken
e LOC **je l'ai fait par nécessité** I did it because I had to ou because I had no choice ◊ **faire de nécessité vertu** to make a virtue of necessity ◊ (Prov) **nécessité fait loi** necessity knows no law (Prov)

nécessiter [nesesite] → SYN ▸conjug 1◂ vt (requérir) to require, necessitate, make necessary, call for

nécessiteux, -euse [nesesitø, øz] → SYN
1 adj needy, necessitous
2 nm,f needy person ◊ **les nécessiteux** the needy, the poor

neck [nɛk] nm (Géol) neck

nec plus ultra [nɛkplysyltʀa] nm ◊ **c'est le nec plus ultra** it's the last word (*de* in)

nécrobie [nekʀɔbi] nf necrobia

nécrologe [nekʀɔlɔʒ] nm necrology

nécrologie [nekʀɔlɔʒi] nf (liste) obituary column; (notice biographique) obituary

nécrologique [nekʀɔlɔʒik] adj obituary (épith)

nécrologue [nekʀɔlɔg] nm necrologist, obituarist

nécromancie [nekʀɔmɑ̃si] nf necromancy

nécromancien, -ienne [nekʀɔmɑ̃sjɛ̃, jɛn] → SYN nm,f necromancer

nécrophage [nekʀɔfaʒ] adj necrophagous

nécrophile [nekʀɔfil] 1 adj necrophilic
2 nmf necrophiliac

nécrophilie [nekʀɔfili] nf necrophilia

nécrophore [nekʀɔfɔʀ] nm burying beetle

nécropole [nekʀɔpɔl] → SYN nf necropolis

nécrose [nekʀoz] nf necrosis

nécroser vt, **se nécroser** vpr [nekʀoze] ▸conjug 1◂ to necrose, necrotize

nécrosique [nekʀozik], **nécrotique** [nekʀɔtik] adj necrotic

nectaire [nɛktɛʀ] nm nectary

nectar [nɛktaʀ] → SYN nm (Bot, Myth, boisson, fig) nectar

nectarine [nɛktaʀin] → SYN nf nectarine

necton [nɛktɔ̃] nm nekton

néerlandais, e [neɛʀlɑ̃dɛ, ɛz] 1 adj Dutch, of the Netherlands
2 nm a **Néerlandais** Dutchman ◊ **les Néerlandais** the Dutch
b (Ling) Dutch
3 **Néerlandaise** nf Dutchwoman

nef [nɛf] → SYN nf a (Archit) nave ◊ **nef latérale** side aisle
b (†† ou littér: bateau) vessel, ship

néfaste [nefast] → SYN adj (nuisible) harmful (*à* to); (funeste) ill-fated, unlucky ◊ **cela lui fut néfaste** it had disastrous consequences for him

Néfertiti [nefɛʀtiti] nf Nefertiti

nèfle [nɛfl] nf medlar ◊ **des nèfles!*** nothing doing!*, not likely!*

néflier [neflije] nm medlar (tree)

négateur, -trice [negatœʀ, tʀis] (littér) 1 adj given to denying, contradictory
2 nm,f denier

négatif, -ive [negatif, iv] → SYN 1 adj attitude, réponse negative; quantité, nombre negative, minus (épith) ◊ **particule négative** negative particle
2 nm (Phot, Ling) negative ◊ **au négatif** in the negative
3 adv ◊ **vous êtes prêts? – négatif!*** are you ready? – negative!*
4 **négative** nf ◊ **répondre par la négative** to reply in the negative ◊ **dans la négative** if not

négation [negasjɔ̃] → SYN nf (gén) negation; (Ling) negative ◊ **double négation** double negative

négationniste [negasjɔnist] adj, nmf revisionist

négativement [negativmɑ̃] adv negatively ◊ **répondre négativement** to reply in the negative

négativisme [negativism] nm negativism, negativity

négativité [negativite] nf (Phys) negativity; [attitude] negativeness, negativity

négaton [negatɔ̃] nm negatron

négatoscope [negatɔskɔp] nm negatoscope

négligé, e [negliʒe] → SYN (ptp de **négliger**)
1 adj épouse, ami neglected; personne, tenue slovenly, sloppy; ongles uncared-for, neglected; travail slapdash, careless; style slipshod; occasion missed (épith) ◊ **un rhume négligé peut dégénérer en bronchite** a cold that's not treated can turn into bronchitis
2 nm (laisser-aller) slovenliness; (vêtement) négligée ◊ **je suis en négligé** I'm not smartly dressed ◊ **il était en négligé** he was casually dressed ou wearing casual clothes ◊ **le négligé de sa tenue** the slovenliness of his dress

négligeable [negliʒabl] → SYN adj (gén) negligible; détail unimportant, trivial, trifling; adversaire insignificant ◊ **qui n'est pas négligeable, non négligeable** facteur, élément not inconsiderable; adversaire, aide, offre which (ou who) is not to be sneezed at; détail, rôle not insignificant → **quantité**

négligemment [negliʒamɑ̃] adv (sans soin) carelessly, negligently, in a slovenly way; (nonchalamment) casually

négligence [negliʒɑ̃s] → SYN nf (manque de soin) negligence, slovenliness; (faute, erreur) omission, act of negligence; (Jur) criminal negligence ◊ **il est d'une (telle) négligence!** he's so careless! ◊ **c'est une négligence de ma part** it's an oversight ou a careless mistake on my part ◊ **par négligence** out of carelessness ◊ **négligence (de style)** stylistic blunder, carelessness (NonC) of style

négligent, e [negliʒɑ̃, ɑ̃t] → SYN adj (sans soin) negligent, careless; (nonchalant) casual

négliger [negliʒe] → SYN ▸conjug 3◂ 1 vt a (gén) to neglect; style, tenue to be careless about; conseil to neglect, pay no attention ou no heed to, disregard; occasion to miss, fail to grasp, pass up*; rhume, plaie to ignore ◊ **il néglige ses amis** he neglects his friends ◊ **une plaie négligée peut s'infecter** a wound if neglected ou if left unattended can become infected, if you don't attend to a wound it can become infected ◊ **ce n'est pas à négliger** (offre) it's not to be sneezed at; (difficulté) it mustn't be overlooked ◊ **rien n'a été négligé** nothing has been missed, no stone has been left unturned, nothing has been left to chance (*pour* to) ◊ **ne rien négliger pour réussir** to leave no stone unturned ou leave nothing to chance in an effort to succeed
b (ne pas prendre la peine de) **négliger de** to neglect to ◊ **il a négligé de le faire** he did not bother ou he neglected to do it ◊ **ne négligez pas de prendre vos papiers** be sure to ou don't neglect to take your papers
2 **se négliger** vpr (santé) to neglect o.s., not to look after o.s.; (tenue) to neglect ou not to look after one's appearance

négoce [negɔs] → SYN nm (†: commerce) trade, commerce, business ◊ **faire du négoce** to be in business ◊ **faire du négoce avec un pays** to trade with a country ◊ **dans mon négoce** in my trade ou business ◊ **il fait le négoce de** he trades ou deals in ◊ **il tenait un négoce de fruits et légumes** he had a greengrocery business, he dealt in fruit and vegetables

négociabilité [negɔsjabilite] nf negotiability

négociable [negɔsjabl] → SYN adj negotiable

négociant, e [negɔsjɑ̃, jɑ̃t] → SYN nm,f merchant ◊ **négociant en gros** wholesaler ◊ **négociant en vin** wine merchant

négociateur, -trice [negɔsjatœʀ, tʀis] → SYN nm,f (Comm, Pol) negotiator

négociation [negɔsjasjɔ̃] → SYN nf (Comm, Pol) negotiation ◊ **engager des négociations** to enter into negotiations ◊ **négociations commerciales** trade talks

négocier [negɔsje] → SYN ▸conjug 7◂ 1 vi (Pol) to negotiate; (†† Comm) to trade
2 vt (Fin, Pol) to negotiate ◊ **négocier un virage** to negotiate a bend

négondo [negɔ̃do] nm box elder, ash-leaved maple

nègre [nɛgʀ] → SYN 1 nm († * indigène) Negro*; (péj: écrivain) ghost (writer) ◊ **travailler comme un nègre*** to work like a slave, slave away ◊ **nègre blanc*** white Negro* ◊ (Culin) **nègre en chemise** chocolate and cream dessert
2 adj a († *) tribu, art Negro* (épith)
b couleur nigger brown (Brit), dark brown

négresse*† [negʀɛs] nf Negress* ◊ **négresse blanche** white Negress* ◊ **négresse à plateaux** Negress* with lip disc

négrier, -ière [negʀije, jɛʀ] 1 adj slave (épith) ◊ **(bateau) négrier** slave ship ◊ **(capitaine) négrier** slave-ship captain
2 nm (marchand d'esclaves) slave trader; (fig péj: patron) slave driver*

négrillon* [negʀijɔ̃] nm piccaninny†*, Negro boy*

négrillonne* [negʀijɔn] nf piccaninny†*, Negro girl*

négritude [negʀityd] nf negritude

négro†* [negʀo] nm nigger*, negro*

négro-africain, e, mpl **négro-africains** [negʀoafʀikɛ̃, ɛn] adj littérature of Sub-Saharan Africa and the African diaspora

négro-américain, e, mpl **négro-américains** [negʀoamerikɛ̃, ɛn] adj, nm,f African-American, Afro-American

négroïde* [negʀɔid] adj negroid*

negro-spiritual, pl **negro-spirituals** [negʀospiʀitɥɔl] → SYN nm Negro spiritual

Néguev [negɛv] nm ◊ **le désert du Néguev** the Negev desert

négus [negys] nm (titre) Negus

neige [nɛʒ] 1 nf (Mét) snow; (arg Drogue: cocaïne) snow (arg) ◊ **le temps est à la neige** it looks like (it's going to) snow ◊ **aller à la neige*** to go to the ski resorts, go on a skiing holiday ◊ **cheveux/teint de neige** snow-white hair/complexion
2 COMP ▷ **neige artificielle** artificial snow ▷ **neige carbonique** dry ice ▷ **neiges éternelles** eternal ou everlasting snow(s) ▷ **neige fondue** (pluie) sleet; (par terre) slush ▷ **neige poudreuse** powder snow ▷ **neige pourrie** slush ▷ **neige de printemps** spring snow → **bonhomme, œuf, train,** etc

neiger [neʒe] → SYN ▸conjug 3◂ vb impers to snow, be snowing

neigeux, -euse [nɛʒø, øz] adj sommet snow-covered, snow-clad; temps snowy; aspect snowy

nélombo [nelɔ̃bo] nm nelumbo

nem [nɛm] nm (Vietnamese) small spring roll

némale [nemal] nm nemalion

némathelminthes [nematɛlmɛ̃t] nmpl ◊ **les némathelminthes** nemathelminths, the Nemathelminthes (spéc)

nématocyste [nematɔsist] nm nematocyst

nématodes [nematɔd] nmpl ◆ **les nématodes** nematodes, the Nematoda (spéc)

némésis [nemezis] nf Nemesis

néné: [nene] nm boob:, tit:*

nénette* [nenɛt] nf (jeune femme) chick:, bird: (Brit)

nenni [neni] adv (†† ou dial : non) nay

nénuphar [nenyfaʀ] → SYN nm water lily

néo- [neo] préf neo-

néoblaste [neɔblast] nm neoblast

néo-calédonien, -ienne [neokaledɔnjɛ̃, jɛn]
1 adj New Caledonian
2 nm,f ◆ **Néo-Calédonien(ne)** New Caledonian

néo-canadien, -ienne [neokanadjɛ̃, jɛn]
1 adj New Canadian
2 nm,f ◆ **Néo-Canadien(ne)** New Canadian

néocapitalisme [neokapitalism] nm neocapitalism

néocapitaliste [neokapitalist] adj neocapitalist

néoclassicisme [neoklasisism] nm neoclassicism

néoclassique [neoklasik] adj neoclassic(al)

néocolonialisme [neokɔlɔnjalism] nm neocolonialism

néocolonialiste [neokɔlɔnjalist] adj neocolonialist

néocomien, -ienne [neokɔmjɛ̃, jɛn] 1 adj Neocomian
2 nm ◆ **le néocomien** the Neocomian (division)

néocortex [neokɔʀtɛks] nm neocortex, isocortex

néodarwinisme [neodaʀwinism] nm Neo-Darwinism

néodyme [neɔdim] nm neodymium

Néo-Écossais, e [neoekɔsɛ, ɛz] nm,f Nova Scotian

néofascisme [neofaʃism] nm neofascism

néofasciste [neofaʃist] adj, nmf neofascist

néoformation [neofɔʀmasjɔ̃] nf (Méd) neoplasm ; (Bot) neoformation, new growth

néoformé, e [neofɔʀme] adj (Méd) neoplastic ; (Bot) newly grown

néogène [neɔʒɛn] nm ◆ **le néogène*** the Neocene

néoglucogenèse [neoglykoʒənɛz] nf gluconeogenesis, glyconeogenesis

néogothique [neogɔtik] adj, nm neogothic

néogrec, néogrecque [neogʀɛk] adj Neo-Greek

néo-impressionnisme [neoɛ̃pʀesjɔnism] nm neoimpressionism

néokantisme [neokɑ̃tism] nm Neo-Kantianism

néolibéralisme [neolibeʀalism] nm neoliberalism

néolithique [neɔlitik] adj, nm neolithic

néologie [neɔlɔʒi] nf neology

néologique [neɔlɔʒik] adj neological

néologisme [neɔlɔʒism] → SYN nm neologism

néomycine [neɔmisin] nf neomycin

néon [neɔ̃] nm (gaz) neon ; (éclairage) neon lighting (NonC)

néonatal, e, mpl **néonatals** [neonatal] adj neonatal

néonatologie [neonatɔlɔʒi] nf neonatology

néonazi, e [neonazi] adj, nm,f neo-Nazi

néonazisme [neonazism] nm neo-Nazism

néophyte [neɔfit] → SYN 1 adj neophytic
2 nmf (Rel) neophyte ; (fig) novice, neophyte (frm)

néoplasique [neɔplazik] adj neoplastic

néoplasme [neɔplasm] nm neoplasm

néoplatonicien, -ienne [neoplatɔnisjɛ̃, jɛn]
1 adj neoplatonic
2 nm,f neoplatonist

néoplatonisme [neoplatɔnism] nm Neo-Platonism

néopositivisme [neopozitivism] nm logical positivism

néopositiviste [neopozitivist] adj, nmf logical positivist

néoprène [neɔpʀɛn] nm ◆ **colle au néoprène** neoprene glue

néoprotectionnisme [neopʀɔtɛksjɔnism] nm neoprotectionism

Néo-Québécois, e [neokebekwa, waz] nm,f New-Quebec(k)er, New Québécois

néoréalisme [neoʀealism] nm neorealism

néoréaliste [neoʀealist] adj neorealist

néoténie [neɔteni] nf neoteny

néothomisme [neotɔmism] nm Neo-Thomism

néottie [neɔti] nf bird's-nest orchid

néo-zélandais, e [neoʒelɑ̃dɛ, ɛz] 1 adj New Zealand (épith)
2 nm,f ◆ **Néo-Zélandais(e)** New Zealander

Népal [nepal] nm Nepal

népalais, e [nepalɛ, ɛz] 1 adj Nepalese, Nepali
2 nm (Ling) Nepalese, Nepali
3 nm,f ◆ **Népalais(e)** Nepalese, Nepali

nèpe [nɛp] nf water scorpion

népenthès [nepɛ̃tɛs] nm a (Hist) nepenthe
b (Bot) pitcher plant

népérien, -ienne [nepeʀjɛ̃, jɛn] adj Nap(i)erian ◆ **logarithmes népériens** natural ou Nap(i)erian logarithms

népète [nepɛt] nf nepeta

néphélométrie [nefelɔmetʀi] nf nephelometry

néphrectomie [nefʀɛktɔmi] nf nephrectomy

néphrétique [nefʀetik] adj, nmf nephritic → **colique**

néphridie [nefʀidi] nf nephridium

néphrite [nefʀit] nf a (Méd) nephritis ◆ **avoir une néphrite** to have nephritis
b (jade) nephrite

néphrographie [nefʀɔgʀafi] nf nephrography

néphrologie [nefʀɔlɔʒi] nf nephrology

néphrologue [nefʀɔlɔg] nmf nephrologist, kidney specialist

néphron [nefʀɔ̃] nm nephron

néphropathie [nefʀopati] nf nephropathy

néphrose [nefʀoz] nf nephrosis

népotisme [nepɔtism] → SYN nm nepotism

Neptune [nɛptyn] 1 nm Neptune
2 nf (Astron) Neptune

neptunium [nɛptynjɔm] nm neptunium

néréide [neʀeid] nf (Myth, Zool) nereid

nerf [nɛʀ] → SYN 1 nm a (Anat) nerve
b **nerfs : avoir les nerfs malades** to suffer with one's nerves ou from nerves ◆ **avoir les nerfs fragiles** to have sensitive nerves ◆ **avoir les nerfs à vif** to be very nervy (Brit) ou edgy, be on edge ◆ **avoir les nerfs à fleur de peau** to be nervy (Brit) ou excitable ◆ **avoir les nerfs en boule*** ou **en pelote*** to be very tensed up ou tense ou edgy, be in a nervy (Brit) state ◆ **avoir les nerfs à toute épreuve** ou **des nerfs d'acier** to have nerves of steel ◆ **avoir ses nerfs** to have an attack ou a fit of nerves, have a temperamental outburst ◆ **être sur les nerfs** to be all keyed up* ◆ **vivre sur les nerfs** to live on one's nerves ◆ **porter** ou **taper* sur les nerfs de qn** to get on sb's nerves ◆ **passer ses nerfs sur qn** to take it out on sb ◆ **ça me met les nerfs à vif** that gets on my nerves ◆ **ça va te calmer les nerfs** that will calm you down, that will calm ou settle your nerves ◆ **ses nerfs ont été ébranlés** that shook him ou his nerve ◆ **ses nerfs ont craqué*** ou **lâché*** his nerves have gone to pieces, he has cracked up* → **bout, crise, guerre**
c (vigueur) **allons du nerf !** ou **un peu de nerf !** come on, buck up!* ou show some spirit! ◆ **ça a du nerf** it has really got some go* about it ◆ **ça manque de nerf** it has got no go* about it ◆ **l'argent est le nerf de la guerre** money is the sinews of war
d (*: tendon) nerve ◆ (viande) **nerfs** gristle (NonC)
e (Reliure) cord
2 COMP ▷ **nerf de bœuf** cosh (Brit), ≃ blackjack (US) ▷ **nerf centrifuge** centrifugal nerve ▷ **nerf centripète** centripetal nerve ▷ **nerf gustatif** gustatory nerve ▷ **nerf moteur** motor nerve ▷ **nerf optique** optic nerve ▷ **nerf pneumogastrique** vagus ▷ **nerf sensitif** sensory nerve ▷ **nerf vague** vagus

néritique [neʀitik] adj neritic

néroli [neʀɔli] nm neroli

Néron [neʀɔ̃] nm Nero

nerprun [nɛʀpʀœ̃] nm buckthorn

nervation [nɛʀvasjɔ̃] nf venation, nervation

nerveusement [nɛʀvøzmɑ̃] adv (d'une manière excitée) nervously, tensely ; (de façon irritable) irritably, touchily, nervily ; (avec vigueur) energetically, vigorously ◆ **ébranlé nerveusement** shaken, with shaken nerves

nerveux, -euse [nɛʀvø, øz] → SYN adj a (Méd) tension, dépression, fatigue nervous ; (Anat) cellule, centre, tissu nerve (épith) ◆ **système nerveux** nervous system ◆ **grossesse nerveuse** false pregnancy, phantom pregnancy
b (agité) personne, animal, rire nervous, tense ; (irritable) irritable, touchy, nervy (Brit), nervous ◆ **ça me rend nerveux** it makes me nervous ◆ **c'est un grand nerveux** he's very highly strung
c (vigoureux) corps energetic, vigorous ; animal spirited, energetic, skittish ; moteur, voiture responsive ; style energetic, vigorous ◆ **il n'est pas très nerveux dans ce qu'il fait** he's not very energetic in what he does, he doesn't do anything with very much dash ou spirit
d (sec) personne, main wiry ; viande gristly

nervi [nɛʀvi] → SYN nm (gén pl) bully boy, hatchet man

nervosité [nɛʀvozite] → SYN nf a (agitation) (permanente) nervousness, excitability ; (passagère) agitation, tension ◆ **dans un état de grande nervosité** in a state of great agitation ou tension
b (irritabilité) (permanente) irritability ; (passagère) irritability, nerviness, touchiness
c (moteur) responsiveness ◆ **manque de nervosité** sluggishness

nervure [nɛʀvyʀ] → SYN nf (Bot, Zool) nervure, vein ; (Archit, Tech) rib ; (Typ) raised band

nervuré, e [nɛʀvyʀe] adj feuille veined, nervate (spéc) ; aile veined ; couvercle, voûte ribbed

Nescafé ® [nɛskafe] nm Nescafé ®, instant coffee

n'est-ce pas [nɛspɑ] adv a (appelant l'acquiescement) isn't it?, doesn't he? etc (selon le verbe qui précède) ◆ **il est fort, n'est-ce pas ?** he is strong, isn't he? ◆ **c'est bon, n'est-ce pas ?** it's nice, isn't it? ou don't you think? ◆ **il n'est pas trop tard, n'est-ce pas ?** it's not too late, is it?
b (intensif) **n'est-ce pas que c'est bon / difficile ?** it is nice / difficult, isn't it? ◆ (iro) **eux, n'est-ce pas, ils peuvent se le permettre** of course THEY can afford to do it ◆ **le problème, n'est-ce pas, c'est qu'il s'en fiche** the problem is (that) he doesn't care, you see

nestorianisme [nɛstɔʀjanism] nm Nestorianism

nestorien, -ienne [nɛstɔʀjɛ̃, jɛn] nm,f Nestorian

Net [nɛt] nm (abrév de **Internet**) ◆ **le Net** the Net

net[1]**, nette** [nɛt] → SYN 1 adj a (propre) (après nom) surface, ongles, mains clean ; intérieur, travail, copie clean, neat, tidy ◆ **elle est toujours très nette (dans sa tenue)** she is always neatly dressed ou turned out, she is always very neat and tidy ◆ **avoir la conscience nette** to have a clear conscience ◆ **mettre au net** rapport, devoir to copy out, make a neat ou fair copy of ; plan, travail to tidy up ◆ **mise au net** copying out ; tidying up → **cœur, place**
b (Comm, Fin) (après nom) bénéfice, prix, poids net ◆ **net de** free of ◆ **emprunt net de tout impôt** tax-free loan ◆ **revenu net** disposable income
c (clair, précis) (après nom) idée, explication, esprit clear ; (sans équivoque) réponse straight,

clear, plain; refus flat (épith); situation, position clear-cut ◆ **je serai net avec vous** I shall be (quite) plain ou straight ou candid ou frank with you ◆ **sa conduite** ou **son attitude dans cette affaire n'est pas très nette** his behaviour ou attitude in this matter is slightly questionable ◆ **ce type n'est pas très net*** (bizarre) this guy is slightly odd ou strange*; (fou) this guy is slightly mad*

d (marqué, évident) différence, amélioration etc marked, distinct, sharp; distinction marked, sharp, clear(-cut) ◆ **il y a une très nette odeur** ou **une odeur très nette de brûlé** there's a distinct ou a very definite smell of burning ◆ **il est très net qu'il n'a aucune intention de venir** it is quite clear ou obvious ou plain that he does not intend to come ou has no intention of coming

e (distinct) (après nom) dessin, écriture clear; ligne, contour, (Phot) image sharp; voix, son clear, distinct; cassure, coupure clean ◆ **j'ai un souvenir très net de sa visite** I have a very clear ou vivid memory of his visit

2 adv **a** (brusquement) s'arrêter dead ◆ **se casser net** to snap ou break clean through ◆ **il a été tué net** he was killed outright

b (franchement, carrément) bluntly; dire, parler frankly, bluntly; refuser flatly ◆ **il (m') a dit tout net que** he made it quite clear (to me) that, he told me frankly ou bluntly that ◆ **je vous le dis tout net** I'm telling you ou I'm giving it to you straight*, I'm telling you bluntly ou frankly ◆ **pour vous** ou **à parler net** to be blunt ou frank with you

c (Comm) net ◆ **il reste 200 F net** there remains 200 francs net ◆ **cela pèse 2 kg net** it weighs 2 kg net

net² [nɛt] **1** adj inv (Tennis) net (épith)
2 nm net shot

nettement [nɛtmɑ̃] adv **a** (clairement, sans ambiguïté) expliquer, répondre clearly ◆ **il refusa nettement** he flatly refused, he refused point-blank ◆ **je lui ai dit nettement ce que j'en pensais** I told him bluntly ou frankly ou plainly ou straight* what I thought of it ◆ **il a nettement pris position contre nous** he has clearly ou quite obviously taken up a stance against us

b (distinctement) apercevoir, entendre clearly, distinctly; se détacher, apparaître clearly, distinctly, sharply; se souvenir clearly, distinctly

c (incontestablement) s'améliorer, se différencier markedly, decidedly, distinctly; mériter decidedly, distinctly ◆ **j'aurais nettement préféré ne pas venir** I would have definitely ou distinctly preferred not to come ◆ **ça va nettement mieux** things are going decidedly ou distinctly better ◆ **nettement fautif** distinctly ou decidedly faulty ◆ **nettement meilleur / plus grand** markedly ou decidedly ou distinctly better / bigger

netteté [nɛtte] → SYN nf **a** (propreté) [tenue, travail] neatness

b (clarté) [explication, expression, esprit, idées] clearness, clarity

c (caractère distinct) [dessin, écriture] clearness; [contour, image] sharpness, clarity, clearness; [souvenir, voix, son] clearness, clarity; [cassure] cleanness

nettoiement [netwamɑ̃] → SYN nm [rues] cleaning; (Agr) [terre] clearing ◆ **service du nettoiement** refuse disposal ou collection service, cleansing department

nettoyable [netwajabl] adj surfaces washable; vêtement cleanable ◆ **nettoyable à sec** dry-cleanable

nettoyage [netwajaʒ] nm (gén) cleaning; (Mil, Police) cleaning up, cleaning out ◆ **faire le nettoyage par le vide*** to throw everything out ◆ **nettoyage de printemps** spring-cleaning ◆ **nettoyage à sec** dry cleaning ◆ **un nettoyage complet** a thorough cleanup ◆ (Mil) **opération de nettoyage** mopping-up operation ◆ **entreprise de nettoyage** cleaning firm ◆ **produit de nettoyage** cleaning agent ◆ (fig) **ils ont fait du nettoyage dans cette entreprise** they've got rid of the deadwood in this company

nettoyant, e [netwajɑ̃, ɑ̃t] **1** adj cleaning (épith)
2 nm cleaner

nettoyer [netwaje] → SYN ▸ conjug 8 ◂ vt **a** (gén) objet to clean; plaie to cleanse, clean; jardin to clear; canal etc to clean up ◆ **nettoyer au chiffon** ou **avec un chiffon** to dust ◆ **nettoyer au balai** to sweep (out) ◆ **nettoyer à l'eau / avec du savon** to wash in water / with soap ◆ **nettoyer à la brosse** to brush (out) ◆ **nettoyer à l'éponge** to sponge (down) ◆ **nettoyer à sec** to dry-clean ◆ **nettoyer une maison à fond** to clean a house from top to bottom ◆ **nettoyez-vous les mains au robinet** wash ou run your hands under the tap, give your hands a rinse under the tap ◆ (hum) **nettoyer son assiette** to clean one's plate ◆ (hum) **le chien avait nettoyé le réfrigérateur*** the dog had cleaned out ou emptied the fridge ◆ **l'orage a nettoyé le ciel** the storm has cleared away the clouds

b (*) personne (tuer) to kill, finish off*; (ruiner) to clean out; (fatiguer) to wear out ◆ **il a été nettoyé en 15 jours par la grippe** the flu finished him off* ou did for him* in a fortnight ◆ **nettoyer son compte en banque** to clear one's bank account ◆ **se faire nettoyer au jeu** to be cleaned out at gambling

c (Mil, Police) to clean out ou up

nettoyeur, -euse [netwajœʀ, øz] → SYN nm,f cleaner

Neuchâtel [nøʃatɛl] n Neuchâtel ◆ **le lac de Neuchâtel** Neuchâtel Lake

neuf¹ [nœf] adj inv, nm inv (chiffre) nine ◆ (Myth) **les Neuf Sœurs** the (nine) Muses; pour loc voir **six** et **preuve**

neuf², neuve [nœf, nœv] → SYN **1** adj (gén) new; vision, esprit, pensée fresh, new, original; pays young, new ◆ **quelque chose de neuf** something new ◆ **regarder qch avec un œil neuf** to look at sth with a new ou fresh eye ◆ **être neuf dans le métier / en affaires** to be new to the trade / to business ◆ **à l'état neuf, comme neuf** as good as new, as new → **flambant, peau, tout**

2 nm new ◆ **il y a du neuf** something new has turned up, there has been a new development ◆ **quoi de / rien de neuf?** what's / nothing new? ◆ **faire du neuf** (politique) to introduce new ou fresh ideas; (artisanat) to make new things ◆ **être vêtu** ou **habillé de neuf** to be dressed in new clothes, be wearing new clothes, have new clothes on ◆ **son appartement est meublé de neuf** all the furniture in his flat is new ◆ **remettre** ou **refaire à neuf** to do up like new ou as good as new ◆ **repeindre un appartement à neuf** to redecorate a flat ◆ **on ne peut pas faire du neuf avec du vieux** you can't make new things out of old

neufchâtel [nøʃatɛl] nm *type of soft cream cheese*

neural, e, pl **-aux** [nøʀal, o] adj neural

neurasthénie [nøʀasteni] → SYN nf (gén) depression; (Méd) neurasthenia (spéc) ◆ **faire de la neurasthénie** to be depressed, be suffering from depression

neurasthénique [nøʀastenik] **1** adj depressed, depressive; (Méd) neurasthenic (spéc)
2 nmf depressed person, depressive; (Méd) neurasthenic (spéc)

neuro ... [nøʀɔ] préf neuro ...

neurobiologie [nøʀobjɔlɔʒi] nf neurobiology

neurobiologiste [nøʀobjɔlɔʒist] nmf neurobiologist

neuroblaste [nøʀoblast] nm neuroblast

neurochimie [nøʀoʃimi] nf neurochemistry

neurochirurgical, e, mpl **-aux** [nøʀoʃiʀyʀʒikal, o] adj neurosurgical

neurochirurgie [nøʀoʃiʀyʀʒi] nf neurosurgery

neurochirurgien, -ienne [nøʀoʃiʀyʀʒjɛ̃, jɛn] nm,f neurosurgeon

neuroendocrinien, -ienne [nøʀoɑ̃dɔkʀinjɛ̃, jɛn] adj neuroendocrine

neuroendocrinologie [nøʀoɑ̃dɔkʀinɔlɔʒi] nf neuroendocrinology

neuroleptique [nøʀɔlɛptik] → SYN adj, nm neuroleptic

neurolinguistique [nøʀolɛ̃gɥistik] nf neurolinguistics (sg)

neurologie [nøʀɔlɔʒi] nf neurology

neurologique [nøʀɔlɔʒik] adj neurological

neurologiste [nøʀɔlɔʒist] nmf, **neurologue** [nøʀɔlɔg] nmf neurologist

neuromédiateur [nøʀomedjatœʀ] nm neurotransmitter

neuromusculaire [nøʀomyskylɛʀ] adj neuromuscular

neuronal, e, mpl **-aux** [nøʀɔnal, o] adj neuronic ◆ **réseau neuronal** neural network ◆ **ordinateur neuronal** neurocomputer neural computer

neurone [nøʀɔn] nm neuron

neuropathie [nøʀopati] nf neuropathy

neuropathologie [nøʀopatɔlɔʒi] nf neuropathology

neuropeptide [nøʀopɛptid] nm neuropeptide

neurophysiologie [nøʀofizjɔlɔʒi] nf neurophysiology

neurophysiologique [nøʀofizjɔlɔʒik] adj neurophysiological

neurophysiologiste [nøʀofizjɔlɔʒist] nmf neurophysiologist

neuroplégique [nøʀopleʒik] adj, nm neuroplegic

neuropsychiatre [nøʀopsikjatʀ] nmf neuropsychiatrist

neuropsychiatrie [nøʀopsikjatʀi] nf neuropsychiatry

neuropsychiatrique [nøʀopsikjatʀik] adj neuropsychiatric

neuropsychologie [nøʀopsikɔlɔʒi] nf neuropsychology

neuropsychologue [nøʀopsikɔlɔg] nmf neuropsychologist

neurosciences [nøʀosjɑ̃s] nfpl neuroscience

neurotoxine [nøʀotɔksin] nf neurotoxin

neurotoxique [nøʀotɔksik] adj neurotoxic

neurotransmetteur [nøʀotʀɑ̃smetœʀ] nm neurotransmitter

neurotrope [nøʀɔtʀɔp] adj neurotropic

neurovégétatif, -ive [nøʀoveʒetatif, iv] adj neurovegetative

neurula [nøʀyla] nf neurula

neutralisant, e [nøtʀalizɑ̃, ɑ̃t] adj neutralizing

neutralisation [nøtʀalizasjɔ̃] nf neutralization

neutraliser [nøtʀalize] → SYN ▸ conjug 1 ◂ vt (Mil, Pol, Sci) to neutralize ◆ **les deux influences / produits se neutralisent** the two influences / products neutralize each other ou cancel each other out

neutralisme [nøtʀalism] nm neutralism

neutraliste [nøtʀalist] adj, nmf neutralist

neutralité [nøtʀalite] → SYN nf neutrality ◆ **rester dans la neutralité** to remain neutral

neutre [nøtʀ] → SYN **1** adj (gén, Chim, Élec, Pol, Phon) neutral; (Ling, Zool) neuter; style neutral, colourless; (sans excès) solution middle-of-the-road ◆ **rester neutre (dans)** to remain neutral (in), not to take sides (in)
2 nm (Ling) (genre) neuter; (nom) neuter noun; (Élec) neutral; (Zool) neuter (animal); (Pol) neutral (country) ◆ **les neutres** the neutral nations

neutrino [nøtʀino] nm neutrino

neutrographie [nøtʀɔgʀafi] nf neutron radiography

neutron [nøtʀɔ̃] nm neutron ◆ **bombe à neutrons** neutron bomb

neutronique [nøtʀɔnik] adj neutron (épith)

neutrophile [nøtʀɔfil] **1** adj neutrophil(e)
2 nm neutrophil(e), polymorph

neuvain [nœvɛ̃] nm nine-line poem

neuvaine [nœvɛn] → SYN nf novena ◆ **faire une neuvaine** to make a novena

neuvième [nœvjɛm] adj, nmf ninth; pour loc voir **sixième**

neuvièmement [nœvjɛmmɑ̃] adv ninthly, in the ninth place; pour loc voir **sixièmement**

Nevada [nevada] nm Nevada

ne varietur [nevaʀjetyʀ] **1** loc adj definitive
2 loc adv definitively

évé [neve] nm névé, firn

eveu, pl **neveux** [n(ə)vø] ⊡ SYN nm nephew; (††: descendant) descendant ◆ **un peu, mon neveu!*** you bet!*, of course!, and how!*

évralgie [nevʀalʒi] ⊡ SYN nf neuralgia ◆ **névralgie dentaire** dental neuralgia ◆ **avoir des névralgies** to suffer from neuralgia

évralgique [nevʀalʒik] adj neuralgic ◆ **centre** ou **point névralgique** (Méd) nerve centre; (fig) (point sensible) sensitive spot; (point capital) nerve centre

évraxe [nevʀaks] nm neuraxis

évrite [nevʀit] nf neuritis

évritique [nevʀitik] adj neuritic

évrodermite [nevʀodɛʀmit] nf neurodermatitis, neurodermatosis

évroglie [nevʀɔgli] nf neuroglia

évropathe [nevʀɔpat] **1** adj neuropathic, neurotic
2 nmf neuropath, neurotic

évropathie [nevʀɔpati] nf neuropathy

évrose [nevʀoz] ⊡ SYN nf neurosis ◆ **névrose obsessionnelle** obsessional neurosis ◆ **névrose phobique** phobia

évrosé, e [nevʀoze] ⊡ SYN adj, nm,f neurotic

évrotique [nevʀɔtik] adj neurotic

ew Delhi [njudɛli] n New Delhi

ew Hampshire [njuɑ̃pʃɚ] nm New Hampshire

ew Jersey [njuʒɛʀze] nm New Jersey

ew-look* [njuluk] ⊡ SYN adj, nm inv new look

ewton [njutɔn] nm (savant) Newton ◆ (unité) **newton** newton

ewtonien, -ienne [njutɔnjɛ̃, jɛn] adj Newtonian

ew York [njujɔʀk] **1** n (ville) New York
2 nm ◆ **l'État de New York** New York State

ew-yorkais, e [njujɔʀkɛ, ɛz] **1** adj of ou from New York
2 nm,f ◆ **New-Yorkais(e)** New Yorker

ez [ne] ⊡ SYN nm **a** (organe) nose ◆ **avoir le nez grec / aquilin** to have a Grecian / an aquiline nose ◆ **nez épaté** ou **écrasé** ou **aplati** flat nose ◆ **nez en trompette** turned-up nose ◆ **nez en pied de marmite** bulbous turned-up nose ◆ **ton nez remue, tu mens** I can tell by looking at you that you're fibbing* ◆ **parler du nez** to talk through one's nose ◆ **cela se voit comme le nez au milieu du visage** ou **de la figure** it's as plain as the nose on your face ou as a pikestaff, it sticks out a mile ◆ **cela sent le brûlé à plein nez** there's a strong smell of burning
b (visage, face) **le nez en l'air** ou **au vent** with one's nose in the air ◆ **où est mon sac? – tu as le nez dessus!** ou **sous ton nez!** where's my bag? – under your nose! ◆ **baisser / lever le nez** to bow / raise one's head ◆ **il ne lève jamais le nez de son travail** he never looks up from his work ◆ **mettre le nez** ou **son nez à la fenêtre / au bureau** to show one's face at the window / at the office ◆ **je n'ai pas mis le nez dehors hier** I didn't put my nose outside the door yesterday ◆ **il fait un temps à ne pas mettre le nez dehors** it's weather you wouldn't put a dog out in ◆ **rire / fermer la porte au nez de qn** to laugh / shut the door in sb's face ◆ (au téléphone) **elle m'a raccroché au nez** (couper la communication) she hung up on me; (avec colère) she slammed the phone down on me ◆ **faire qch au nez et à la barbe de qn** to do sth under sb's very nose ◆ **regarder qn sous le nez** to stare sb in the face ◆ **sous son nez** (right) under his nose, under his (very) nose ◆ **se trouver nez à nez avec qn** to find o.s. face to face with sb ◆ **faire un (drôle de) nez** to pull a (funny) face
c (flair) flair ◆ **avoir du nez, avoir le nez fin** to have flair ◆ **j'ai eu le nez creux de m'en aller*** I was quite right to leave, I did well to leave → **vue²**
d (Aviat, Naut) nose ◆ (Naut) **sur le nez** down at the bows → **piquer**
e (créateur de parfums, Œnologie) nose
f LOC **avoir qn dans le nez*** to have something against sb ◆ **il m'a dans le nez*** he can't stand me*, he has got something against me ◆ **avoir un verre** ou **un coup dans le nez*** to have had one too many*, have had a drop too much* ◆ **se manger** ou **se bouffer le nez*** to be at each others' throats ◆ **mettre** ou **fourrer* le** ou **son nez dans qch** to poke ou stick* one's nose into sth, nose ou pry into sth ◆ **l'affaire lui est passée sous le nez*** the bargain slipped through his fingers ◆ **se promener le nez au vent** to walk along aimlessly ◆ **je vais lui mettre le nez dans sa crotte‡** ou **son caca‡** ou **sa merde‡*** I'll rub his (ou her) nose in it‡ ◆ **montrer (le bout de) son nez*** to put in an appearance, show up ◆ **je n'ai pas mis le nez dehors aujourd'hui** I haven't gone out today → **casser, doigt, mener**

NF **a** (abrév de **norme française**) ◆ **avoir le label NF** to have the mark of the approved French standard of manufacture, ≃ have the Kite mark (Brit)
b abrév de **nouveau(x) franc(s)**

ni [ni] conj (après la négation) nor, or ◆ **ni ... ni ...** neither ... nor ... ◆ **il ne boit ni ne fume** he doesn't drink or smoke, he neither drinks nor smokes ◆ **il ne pouvait (ni) parler ni entendre** he could neither speak nor hear, he couldn't speak or hear ◆ **il ne pouvait pas parler ni son frère entendre** he couldn't speak nor could his brother hear ◆ **personne ne l'a (jamais) aidé ni (même) encouragé** nobody (ever) helped or (even) encouraged him ◆ **je ne veux ni ne peux accepter** I neither wish to nor can accept, I don't wish to accept, nor can I ◆ **elle est secrétaire, ni plus ni moins** she's just a secretary, no more no less ◆ **il n'est ni plus bête ni plus paresseux qu'un autre** he is neither more stupid nor lazier than anyone else, he's no more stupid and no lazier than anyone else ◆ **il ne veut pas, ni moi non plus** he doesn't want to and neither do I ou and nor do I ◆ **ni lui ni moi** neither he nor I, neither of us, neither him nor me* ◆ **ni l'un ni l'autre** neither one nor the other, neither of them ◆ **ni d'un côté ni de l'autre** on neither one side nor the other, on neither side ◆ **il n'a dit ni oui ni non** he didn't say either yes or no ◆ **ni vu ni connu (je t'embrouille)*** no one'll be any the wiser* ◆ **cela ne me fait ni chaud ni froid** it makes no odds to me, I don't feel strongly (about it) one way or the other → **feu¹, foi**

niable [njabl] adj deniable ◆ **cela n'est pas niable** that cannot be denied, you can't deny that

Niagara [njagaʀa] nm Niagara ◆ **le Niagara** the Niagara (river) → **chute**

niais, niaise [njɛ, njɛz] ⊡ SYN **1** adj personne silly, simple; air, sourire simple; rire silly, inane
2 nm,f simpleton ◆ **pauvre niais** poor innocent ou fool

niaisement [njɛzmɑ̃] adv rire inanely

niaiserie [njɛzʀi] ⊡ SYN nf (→ **niais**) silliness; simpleness; inaneness; (action) foolish ou inane behaviour (NonC); (parole) foolish ou inane talk (NonC) ◆ **dire des niaiseries** to talk rubbish ou twaddle (Brit) ou nonsense

niaiseux, -euse [njɛzø, øz] (Can) **1** adj stupid, idiotic
2 nm,f idiot

Niamey [niamɛ] n Niamey

Nicaragua [nikaʀagwa] nm Nicaragua

nicaraguayen, -yenne [nikaʀagwajɛ̃, jɛn]
1 adj Nicaraguan
2 nm,f ◆ **Nicaraguayen(ne)** Nicaraguan

niche [niʃ] ⊡ SYN nf **a** (alcôve) niche, recess; [chien] kennel ◆ **à la niche!** (à un chien) (into your) kennel!; (* hum: d'une personne) scram!‡, make yourself scarce!*
b (farce) trick, hoax ◆ **faire des niches à qn** to play tricks on sb
c (Comm, Écol) niche

nichée [niʃe] ⊡ SYN nf [oiseaux] brood ◆ **nichée de chiens** litter of puppies ◆ **une nichée de pinsons** a nest ou brood of chaffinches ◆ **la mère / l'instituteur et toute sa nichée (d'enfants)*** the mother / teacher and her / his entire brood

nicher [niʃe] ⊡ SYN ▸ conjug 1 ◂ **1** vi [oiseau] to nest; (*) [personne] to hang out‡
2 **se nicher** vpr [oiseau] to nest; (littér: se blottir) [village etc] to nestle (*dans* in); (*: se cacher) [personne] to stick* ou put o.s.; [objet] to lodge itself ◆ (hum) **où la vertu va-t-elle se nicher!** of all the unlikely places to find such virtue! ◆ **les cerises nichées dans les feuilles** the cherries nestling among the leaves

nichet [niʃɛ] nm (Agr) nest egg

nichon‡ [niʃɔ̃] nm tit‡*, boob‡

nichrome® [nikʀom] nm Nichrome®

nickel [nikɛl] **1** nm nickel
2 adj ◆ (*: impeccable) **chez eux, c'est nickel** their home is always spick and span

nickelage [niklaʒ] nm nickel-plating

nickelé, e [nikle] adj nickelled, nickel-plated

nickeler [nikle] ▸ conjug 4 ◂ vt to nickel-plate ◆ **en acier nickelé** nickel-plated steel

nickélifère [nikelifɛʀ] adj nickeliferous

Nicodème [nikɔdɛm] nm Nicodemus

niçois, e [niswa, waz] **1** adj of ou from Nice → **salade**
2 nm,f ◆ **Niçois(e)** inhabitant ou native of Nice ◆ (Culin) **à la niçoise** with tomatoes and garlic (attrib)

nicol [nikɔl] nm Nicol prism

Nicolas [nikɔla] nm Nicholas

Nicosie [nikɔzi] n Nicosia

nicotine [nikɔtin] nf nicotine

nicotinique [nikɔtinik] adj ◆ **amide nicotinique** nicotinamide

nictation [niktasjɔ̃] nf nict(it)ation

nictitant, e [niktitɑ̃, ɑ̃t] adj ◆ **paupière nictitante** nictitating membrane

nictitation [niktitasjɔ̃] nf ⇒ **nictation**

nid [ni] ⊡ SYN **1** nm **a** (Zool) nest ◆ **nid d'oiseau / de guêpes** bird's / wasps' nest
b (fig: abri) (foyer) cosy little nest; (repaire) den ◆ **trouver le nid vide** to find the bird has ou the birds have flown, find the nest empty ◆ **surprendre qn au nid, trouver l'oiseau au nid** to find ou catch sb at home ou in
2 COMP ▹ **nid(s) d'abeilles** (point) honeycomb stitch; (tissu) waffle cloth ◆ **radiateur en nid(s) d'abeilles** cellular radiator ▹ **nid d'aigle** (Zool, fig) eyrie ▹ **nid d'amoureux** love nest ▹ **nid d'ange** ≃ (baby) nest ▹ **nid de brigands** robbers' den ▹ **nids d'hirondelles** (Culin) birds' nest ◆ **potage aux nids d'hirondelles** birds' nest soup ▹ **nid de mitrailleuses** nest of machine guns ▹ **nid de pie** (Naut) crow's-nest ▹ **nid de poule** pothole ▹ **nid à poussière** dust trap ▹ **nid de résistance** (Mil) pocket of resistance ▹ **nid de vipères** (lit, fig) nest of vipers

nidation [nidasjɔ̃] nf nidation, implantation

nidification [nidifikasjɔ̃] nf nesting

nidifier [nidifje] ▸ conjug 7 ◂ vi to nest

nièce [njɛs] nf niece

niellage [njelaʒ] nm nielloing

nielle [njɛl] ⊡ SYN **1** nf (Agr) (plante) corn-cockle ◆ (maladie) **nielle (du blé)** blight
2 nm (incrustation) niello

nieller [njele] ▸ conjug 1 ◂ vt (Agr) to blight; (Tech) to niello

nielleur [njelœʀ] nm niellist

niellure [njelyʀ] nf (Agr) blight; (Tech) niello

n-ième [ɛnjɛm] adj nth ◆ **x à la n-ième puissance** x to the power (of) n, x to the nth power ◆ **je te le dis pour la n-ième fois** I'm telling you for the nth ou umpteenth time

nier [nje] ⊡ SYN ▸ conjug 7 ◂ vt (gén) to deny; (Jur ††: désavouer) dette, fait to repudiate ◆ **il nie l'avoir fait** he denies having done it ◆ **nier l'évidence** to deny the obvious ◆ **je ne (le) nie pas** I'm not denying it, I don't deny it ◆ **on ne peut nier que** one cannot deny that ◆ **l'accusé nia** the accused denied the charges

nietzschéen, -enne [nitʃeɛ̃, ɛn] adj, nm,f Nietzschean

nigaud, e [nigo, od] ⊡ SYN **1** adj silly, simple
2 nm,f simpleton ◆ **grand** ou **gros nigaud!** big silly!, big ninny!*

nigauderie [nigodʀi] → SYN nf (caractère) silliness, simpleness; (action) silly action

nigelle [niʒɛl] nf nigella

Niger [niʒɛʀ] nm ◆ **le Niger** the Niger

Nigéria, Nigeria [niʒeʀja] nm ou f Nigeria

nigérian, e [niʒeʀjɑ̃, an] 1 adj Nigerian
2 nm,f ◆ **Nigérian(e)** Nigerian

nigérien, -ienne [niʒeʀjɛ̃, jɛn] 1 adj of ou from Niger
2 nm,f ◆ **Nigérien(ne)** inhabitant ou native of Niger

night-club, pl **night-clubs** [najtklœb] → SYN nm nightclub

nihilisme [niilism] → SYN nm nihilism

nihiliste [niilist(ə)] → SYN 1 adj nihilistic
2 nmf nihilist

Nil [nil] nm ◆ **le Nil** the Nile ◆ **le Nil Blanc/Bleu** the White/Blue Nile

nilgaut [nilgo] nm nilgai, nilghau, nylghau

nille [nij] nf crank handle

nilotique [nilɔtik] adj of ou from the Nile, Nile (épith)

nimbe [nɛ̃b] → SYN nm (Rel, fig) nimbus, halo

nimber [nɛ̃be] → SYN ▸ conjug 1 ◂ vt (auréoler) to halo ◆ **nimbé de lumière** radiant ou suffused with light

nimbostratus [nɛ̃bostʀatys] nm nimbostratus

nimbus [nɛ̃bys] nm (Mét) nimbus

n'importe [nɛ̃pɔʀt(ə)] → **importer**²

ninas [ninas] nm small cigar

niobium [njɔbjɔm] nm niobium

niôle* [njol] nf ⇒ **gnôle***

nippe* [nip] nf (old) thing* ou rag* ◆ **nippes** togs* (Brit), gear* ◆ **de vieilles nippe** old togs* (Brit), old clothes

nipper* [nipe] ▸ conjug 1 ◂ 1 vt (habiller) to tog out* (Brit), deck out ◆ **bien/mal nippé** well/badly got up*, in a nice/an awful getup* ou rig-out*
2 **se nipper** vpr to get togged up* (Brit), get decked out

nippon, e ou **-onne** [nipɔ̃, ɔn] → SYN 1 adj Japanese, Nippon(ese)
2 nm,f ◆ **Nippon(e), Nippon(ne)** Japanese, Nippon(ese)
3 nm ◆ (pays) **Nippon** Nippon

nique [nik] → SYN nf ◆ (†: lit, fig) **faire la nique à qn** to thumb one's nose at sb, cock a snook at sb

niquedouille* [nik(ə)duj] ⇒ **nigaud**

niquer*** [nike] vt (sexuellement) to fuck***, screw***; (abîmer) machine, ordinateur to bugger***, knacker*** ◆ (fig) **se faire niquer** to get screwed***

nirvana [niʀvana] nm nirvana

nitouche [nituʃ] nf → **saint**

nitratation [nitʀatasjɔ̃] nf (Tech) nitration

nitrate [nitʀat] nm nitrate ◆ **nitrate d'argent** silver nitrate

nitrater [nitʀate] ▸ conjug 1 ◂ vt (Tech) to nitrate

nitration [nitʀasjɔ̃] nf (Chim) nitration

nitré, e [nitʀe] adj ◆ **dérivés nitrés** nitro compounds

nitrer [nitʀe] ▸ conjug 1 ◂ vt (Chim) to nitrate

nitreux, -euse [nitʀø, øz] adj nitrous

nitrification [nitʀifikasjɔ̃] nf nitrification

nitrifier [nitʀifje] ▸ conjug 1 ◂ vt to nitrify

nitrile [nitʀil] nm nitrile

nitrique [nitʀik] adj nitric

nitrite [nitʀit] nm nitrite

nitrobactérie [nitʀobakteʀi] nf nitrobacterium

nitrobenzène [nitʀobɛ̃zɛn] nm nitrobenzene

nitrocellulose [nitʀoselyloz] nf nitrocellulose

nitrogénase [nitʀoʒenaz] nf nitrogenase

nitroglycérine [nitʀogliseʀin] nf nitroglycerine

nitrophile [nitʀɔfil] adj nitrophilous

nitrosation [nitʀozasjɔ̃] nf nitrozation

nitrotoluène [nitʀotɔlɥɛn] nm nitrotoluene

nitruration [nitʀyʀasjɔ̃] nf nitriding

nitrure [nitʀyʀ] nm nitride

nitrurer [nitʀyʀe] ▸ conjug 1 ◂ vt to nitride

nival, e, mpl **-aux** [nival, o] adj nival

nivéal, e, mpl **-aux** [niveal, o] → SYN adj nival

niveau, pl **niveaux** [nivo] → SYN GRAMMAIRE ACTIVE 5.3
1 nm a (hauteur) [huile, eau] level; [bâtiment] level, floor ◆ **le niveau de l'eau** the water level ◆ **au niveau de l'eau/du sol** at water/ground level ◆ **niveau de la mer** sea level ◆ **cent mètres au-dessus du niveau de la mer** a hundred metres above sea level ◆ **l'eau est arrivée au niveau du quai** the water has risen to the level of the embankment ◆ **la neige m'arrivait au niveau des genoux** the snow came up to my knees ou was knee-deep ◆ **une tache au niveau du coude** a mark at the elbow ◆ **serré au niveau de la taille** tight at the waist ◆ **il avait une cicatrice sur la joue au niveau de la bouche** he had a scar on his cheek about level with his mouth ◆ **au niveau du village, il s'arrêta** once level with the village, he stopped ◆ **de niveau avec, au même niveau que** level with ◆ **les deux vases sont au même niveau** the two vases are level ou at the same height ◆ **de niveau** level ◆ **mettre qch de** ou **à niveau** to make sth level ◆ **le plancher n'est pas de niveau** the floor isn't level ◆ **les deux pièces ne sont pas de niveau** the two rooms are not on a level → **courbe, passage**
b (degré) [connaissances, études] standard; [intelligence, qualité] level ◆ **le niveau des études en France** the standard of French education ◆ **le niveau d'instruction baisse** educational standards are falling ◆ **cet élève est d'un bon niveau** this pupil keeps up a good level of attainment ou a good standard ◆ **son anglais est d'un bon niveau** his English is of a good standard ◆ **ils ne sont pas du même niveau** they're not (of) the same standard, they're not on a par ou on the same level ◆ **le niveau intellectuel de la classe moyenne** the intellectual level of the lower middle class ◆ **le franc a atteint son niveau le plus haut/bas depuis 3 ans** the franc has reached its highest/lowest point for 3 years ◆ **la production littéraire a atteint son niveau le plus bas** literary production has reached its lowest ebb ou level ◆ (Scol) **au niveau** up to standard ◆ **les cours ne sont pas à son niveau** the classes aren't up to his standard ◆ **il faut se mettre au niveau des enfants** you have to put yourself on the same level as the children ◆ (Écon, Pol) **au niveau de l'usine/des gouvernements** at factory/government level ◆ **au niveau européen** at the European level ◆ **à tous les niveaux** at all levels ◆ **négociations au plus haut niveau** top-level negotiations ◆ **cela exige un haut niveau de concentration** it demands a high level ou degree of concentration ◆ **athlète/cadre de haut niveau** top athlete/executive ◆ **des candidats (ayant le) niveau bac + 2** candidates with 2 years' higher education
c (objet) (Constr) level; (Aut: jauge) gauge
2 COMP ▷ **niveau de base** (Géog) base level ▷ **niveau à bulle (d'air)** (Tech) spirit level ▷ **niveau d'eau** (Tech) water level ▷ **niveau d'énergie** (Phys) energy level ▷ **niveau hydrostatique** water table ▷ **niveau de langue** (Ling) register ▷ **niveau à lunette** dumpy level ▷ **niveau de maçon** (Constr) plumb level ▷ **niveau mental** (Psych) mental age ▷ **niveau social** (Écon) social standing ou rank ▷ **niveau de vie** (Écon) standard of living ◆ **le niveau de vie a monté/baissé** the standard of living has gone up ou risen/gone down ou dropped

nivelage [niv(ə)laʒ] nm (→ **niveler**) levelling; levelling out, evening out, equalizing

niveler [niv(ə)le] → SYN ▸ conjug 4 ◂ vt a (égaliser) surface to level; fortunes, conditions sociales to level ou even out, equalize ◆ **l'érosion nivelle les montagnes** erosion wears down ou wears away the mountains ◆ **sommets nivelés** mountain tops worn down ou worn away by erosion ◆ **niveler par le bas/le haut** to level down/up
b (mesurer avec un niveau) to measure with a spirit level, level

niveleur, -euse¹ [niv(ə)lœʀ, øz] nm,f (personne) leveller

niveleuse² [niv(ə)løz] nf (Constr) grader

nivelle [nivɛl] nf spirit level

nivellement [nivɛlmɑ̃] → SYN nm a (→ niveler) levelling; levelling out, evening out, equalizing ◆ **nivellement par le bas** levelling down
b (mesure) surveying

nivéole [niveɔl] nf (Bot) snowflake

nivoglaciaire [nivoglasjɛʀ] adj snow and ice (épith)

nivopluvial, e, mpl **-iaux** [nivoplyvjal, jo] adj snow and rain (épith)

nivôse [nivoz] nm Nivôse, *fourth month of French Republican calendar*

nixe [niks] nf nix(ie)

NN (abrév de **nouvelles normes**) *revised standard of hotel classification*

N° (abrév de **numéro**) no, # (US)

nô [no] nm No(h)

Nobel [nɔbɛl] nm ◆ **le (prix) Nobel** the Nobel prize

nobélisable [nɔbelizabl] 1 adj potential Nobel prize-winning (épith)
2 nmf potential Nobel prize-winner

nobélium [nɔbeljɔm] nm nobelium

nobiliaire [nɔbiljɛʀ] → SYN 1 adj nobiliary
2 nm (livre) peerage list

noble [nɔbl] → SYN 1 adj a (de haute naissance) noble
b (généreux, digne) ton, attitude noble, dignified; cause noble, worthy ◆ **une âme/un cœur noble** a noble spirit/heart ◆ **le noble art (de la boxe)** the noble art (of boxing)
c (supérieur) matière, métal, vin noble
2 nm a (personne) nobleman ◆ **les nobles** the nobility
b (monnaie) noble
3 nf noblewoman

noblement [nɔbləmɑ̃] adv (généreusement) nobly; (dignement) with dignity

noblesse [nɔblɛs] → SYN nf a (générosité, dignité) nobleness, nobility ◆ **noblesse d'esprit/de cœur** nobleness ou nobility of spirit/heart
b (caste) **la noblesse** the nobility ◆ **la noblesse d'épée** the old nobility ou aristocracy ◆ **la noblesse de robe** the noblesse de robe ◆ **la noblesse de cour** the courtiers, the nobility at court ◆ **la haute noblesse** the nobility ◆ **noblesse oblige** noblesse oblige ◆ (Ciné) **"Noblesse oblige"** "Kind Hearts and Coronets" ◆ **la petite noblesse** minor nobility ◆ **noblesse terrienne** landed gentry

nobliau, pl **nobliaux** [nɔblijo] nm (péj) one of the lesser nobility, petty noble

noce [nɔs] → SYN nf a (cérémonie) wedding; (cortège, participants) wedding party ◆ (frm) **noces** wedding, nuptials (frm) ◆ **être de la noce** to be a member of the wedding party, be among the wedding guests ◆ **être de noce** to be invited to a wedding ◆ **aller à la noce de qn** to go to sb's wedding ◆ **repas/robe/nuit** etc **de noce(s)** wedding banquet/dress/night etc ◆ **noces d'argent/d'or/de diamant** silver/golden/diamond wedding ◆ (Bible) **les noces de Cana** the wedding at Cana ◆ (Mus) **"Les Noces de Figaro"** "The Marriage of Figaro" ◆ **il l'avait épousée en premières/secondes noces** she was his first/second wife → **convoler, voyage**
b LOC **faire la noce*** to live it up*, have a wild time ◆ **je n'étais pas à la noce*** I wasn't exactly enjoying myself, I was having a pretty uncomfortable time ◆ **il n'avait jamais été à pareille noce** he'd never been so happy, he was having the time of his life

noceur, -euse* [nɔsœʀ, øz] → SYN nm,f fast liver, reveller ◆ **il est assez noceur** he likes to live it up*

nocif, -ive [nɔsif, iv] → SYN adj noxious, harmful

nocivité [nɔsivite] → SYN nf noxiousness, harmfulness

noctambule [nɔktɑ̃byl] → SYN 1 adj ◆ **il est noctambule** (gén) he's a night owl ou night hawk; (††: somnambule) he's a sleepwalker ◆ **des viveurs noctambules** night revellers

2 nmf (noceur) night reveller; (qui veille la nuit) night bird, night owl; (††: somnambule) noctambulist†

noctambulisme [nɔktɑ̃bylism] nm (rare: débauche) night-time revelling, night revels; (habitudes nocturnes) nocturnal habits; (††: somnambulisme) noctambulism†

noctiluque [nɔktilyk] 1 adj noctilucent
2 nf (Zool) noctiluca

noctuelle [nɔktɥɛl] nf noctuid

noctule [nɔktyl] nf noctule

nocturne [nɔktyʀn] 1 adj nocturnal, night (épith) → **tapage**
2 nm a (oiseau) night hunter
b (Rel) nocturn
c (Mus) nocturne; (Peinture) nocturne, night scene
3 nf (Sport) evening fixture; [magasin] late night opening ◆ **réunion en nocturne** evening meeting ◆ (Sport) **la rencontre sera jouée en nocturne** the game will be played under floodlights ◆ **le magasin fait nocturne** ou **est ouvert en nocturne le vendredi** the shop is open ou the shop opens late on Fridays

nocuité [nɔkɥite] → SYN nf noxiousness, harmfulness

nodal, e, mpl **-aux** [nɔdal, o] adj (Phys, Ling) nodal

nodosité [nɔdozite] → SYN nf (corps dur) node, nodule; (état) knottiness, nodosity (spéc)

nodulaire [nɔdylɛʀ] adj nodular

nodule [nɔdyl] nm nodule ◆ **nodule polymétallique** polymetallic nodule

Noé [nɔe] nm Noah

Noël [nɔɛl] GRAMMAIRE ACTIVE 23.2 nm (fête) Christmas; (chant) (Christmas) carol ◆ (cadeau) **noël** Christmas present ◆ **à la (fête de) Noël** at Christmas (time) ◆ **que faites-vous pour (la) Noël?** what are you doing for ou at Christmas? ◆ **pendant la période de Noël** during Christmas ou the Christmas period ◆ **que veux-tu pour ton (petit) noël?** what would you like for Christmas? ◆ **joyeux Noël!** merry ou happy Christmas! ◆ **Noël au balcon, Pâques au tison** a warm Christmas means a cold Easter → **bûche, sapin, veille**

noème [nɔɛm] nm noema

Noémi [nɔemi] nf Naomi

noèse [nɔɛz] nf noesis

noétique [nɔetik] adj noetic

nœud [nø] → SYN 1 nm a (gén: pour attacher etc) knot; (ornemental: de ruban) bow ◆ **faire/défaire un nœud** to make ou tie/untie ou undo a knot ou bow ◆ **la fillette avait des nœuds dans les cheveux** the little girl had bows ou ribbons in her hair ◆ **fais un nœud à ton mouchoir!** tie ou make a knot in your hanky! ◆ (fig) **avoir un nœud dans la gorge** to have a lump in one's throat ◆ (fig) **il y a un nœud!*** there's a hitch! ou snag! ◆ **les nœuds d'un serpent** the coils of a snake ◆ **nœud de perles/de diamants** pearl/diamond knot → **corde**
b (Naut: vitesse) knot → **filer**
c (protubérance) [planche, canne] knot; [branche, tige] knot, node
d (fig) **le nœud de** problème, débat the crux ou nub of ◆ (Littérat, Théât) **le nœud de l'intrigue** the knot of the intrigue
e (littér: lien) **le (saint) nœud du mariage** the bonds of (holy) wedlock ◆ **les nœuds de l'amitié** the bonds ou ties of friendship
f (Astron, Élec, Géog, Ling, Phys, Tech) node
g (‡: pénis) cock**‡**, dick**‡**, prick**‡**
2 COMP ▷ **nœud autoroutier** interchange ▷ **nœud coulant** slipknot, running knot ▷ **nœud de cravate** tie knot ◆ **faire son nœud de cravate** to knot one's tie ▷ **nœud ferroviaire** (ville) rail junction ▷ **nœud gordien** Gordian knot ◆ **couper** ou **trancher le nœud gordien** to cut the Gordian knot ▷ **nœud pap***, **nœud papillon** bow tie ▷ **nœud plat** reef knot ▷ **nœud routier** (ville) crossroad(s) ▷ **nœud de vache** granny knot ▷ **nœud de vipères** (lit, fig) nest of vipers ▷ **nœud vital** nerve centre

noir, e [nwaʀ] → SYN 1 adj a (couleur) black; peau, personne (par le soleil) tanned; (par les coups etc) black and blue (attrib); yeux, cheveux dark; fumée, mer, ciel, nuage, temps black, dark ◆ **noir comme du jais/de l'encre** jet/ink(y) black, black as jet/ink ◆ **noir comme du cirage** as black as boot-polish ou as soot ◆ **noir comme l'ébène** jet-black ◆ **mets-moi ça noir sur blanc** put it down in black and white for me ◆ **je l'ai vu/c'est écrit noir sur blanc** I saw it/it is (down) in black and white ◆ **les murs étaient noirs de saleté/suie** the walls were black with dirt/soot ◆ **avoir les mains noires** to have dirty ou grubby hands → **beurre, blé, lunette**
b personne, race black, coloured ◆ **l'Afrique noire** black Africa ◆ **le problème noir** the colour problem → **musique**
c (obscur) dark ◆ **il faisait noir comme dans un four*** it was as black as pitch ◆ **il faisait nuit noire** it was pitch-dark ou pitch-black ◆ **dans/à la nuit noire** in the/at dead of night ◆ (fig) **rue noire de monde** street teeming ou swarming with people → **chambre**
d (fig) désespoir black, deep; humeur, pressentiment, colère black; idée gloomy, sombre; (macabre) film macabre ◆ **faire un tableau assez noir de la situation** to paint a rather black ou gloomy picture of the situation ◆ **plongé dans le plus noir désespoir** ou **le désespoir le plus noir** plunged in the depths of despair ◆ **être dans la misère noire** to be in utter ou abject poverty → **bête, humour, série**
e (hostile, mauvais) âme, ingratitude, trahison black; regard black ◆ **regarder qn d'un œil noir** to give sb a black look ◆ **il se trame un noir complot** some dark plot is being hatched → **magie, messe**
f (*: ivre) drunk, sloshed‡, tight
2 nm a (couleur) black, blackness; (matière colorante) black ◆ **photo/télévision en noir et blanc** black and white ou monochrome photo/television (set) ◆ **film en noir et blanc** black and white film ◆ **le noir et blanc** black and white ou monochrome photography ◆ (Casino) **le noir** black ◆ **le noir de ses cheveux accentuait sa pâleur** her dark ou black hair accentuated her pallor, the blackness of her hair accentuated her pallor ◆ **la mer était d'un noir d'encre** the sea was inky black ◆ **elle avait du noir sur le menton** she had a black mark ou smudge on her chin ◆ **se mettre du noir aux yeux** to put on eye make-up ◆ **noir de fumée** lampblack
b (Habillement) **elle ne porte jamais de noir, elle n'est jamais en noir** she never wears black ◆ **elle est en noir** she is in ou is wearing black; (en deuil) she is in mourning
c (obscurité) dark, darkness ◆ **avoir peur du noir** to be afraid of the dark ◆ **dans le noir** (lit) in the dark ou darkness; (fig) in the dark
d (pessimisme) **peindre les choses en noir** to paint things black, paint a black picture ◆ **voir les choses en noir** to look on the black side (of things) → **broyer, pousser, voir**
e (*: café) black coffee
f (illégalement) **acheter/vendre au noir** to buy/sell on the black market ◆ **travailler au noir** to work on the side, moonlight* ◆ **le travail au noir** moonlighting*
g **Noir** black ◆ **les Noirs d'Amérique** the blacks of America
h (Agr) smut
3 **noire** nf a (personne) **Noire** black, black woman
b (Mus) crotchet (Brit), quarter note (US)

noirâtre [nwaʀɑtʀ] → SYN adj blackish

noiraud, e [nwaʀo, od] 1 adj dark, swarthy
2 nm,f dark ou swarthy person

noirceur [nwaʀsœʀ] → SYN nf (littér) a (NonC: → **noir**) blackness; darkness
b (acte perfide) black ou evil deed

noircir [nwaʀsiʀ] → SYN ▸ conjug 2 ◂ 1 vt a (salir) [fumée] to blacken; [encre, charbon] to dirty ◆ (fig) **noircir du papier** to write page after page
b (colorer) to blacken; (à la cire, peinture) to darken ◆ **le soleil l'a noirci/lui a noirci le visage** the sun has tanned him/his face
c (fig) réputation to blacken ◆ **noircir qn** to blacken sb's reputation ou name ◆ **noircir la situation** to paint a black picture of the situation
2 vi [personne, peau] to tan; [fruit] (se tacher) to go black; [ciel] to darken, grow black ou dark; [couleur] to darken
3 **se noircir** vpr [ciel] to darken, grow black ou dark; [temps] to turn stormy; [couleur, bois] to darken; (‡: s'enivrer) to get plastered‡

noircissement [nwaʀsismɑ̃] nm (→ **noircir**) blackening; dirtying; darkening

noircissure [nwaʀsisyʀ] nf black smudge

noise [nwaz] → SYN nf ◆ **chercher noise** ou **des noises à qn** to try to pick a quarrel with sb

noisetier [nwaz(ə)tje] → SYN nm hazel tree

noisette [nwazɛt] → SYN 1 adj inv hazel
2 nf (fruit) hazel(nut) ◆ (morceau) **noisette de beurre** knob of butter ◆ (Culin) **noisette d'agneau** noisette of lamb

noix [nwa] → SYN 1 nf (fruit) walnut; (‡: idiot) nut*; (Culin) [côtelette] eye ◆ **à la noix*** rubbishy, crummy‡ → **brou, coquille, gîte**[1]
2 COMP ▷ **noix de beurre** knob of butter ▷ **noix du Brésil** Brazil nut ▷ **noix de cajou** cashew nut ▷ **noix de coco** coconut ▷ **noix de galle** oak apple, oak-gall ▷ **noix (de) muscade** nutmeg ▷ **noix de pacane** pecan nut ▷ **noix pâtissière** cushion of veal ▷ **noix de pécan** pecan nut ▷ **noix de veau** cushion of veal ▷ **noix vomique** nux vomica

noli me tangere [nɔlimetɑ̃ʒeʀe] nm inv (Bot) noli-me-tangere

nolisement [nɔlizmɑ̃] → SYN nm chartering

noliser [nɔlize] → SYN ▸ conjug 1 ◂ vt to charter ◆ **avion nolisé** charter plane

nom [nɔ̃] → SYN
1 nm a (nom propre) name ◆ **vos nom et prénom?** your surname and first name, please? ◆ **Henri le troisième du nom** Henry III ◆ **un homme du nom de Dupont** ou **qui a (pour) nom Dupont** a man called Dupont, a man with ou by the name of Dupont ◆ **il porte le nom de sa mère** he was named after his mother ◆ **il ne connaît pas ses élèves par leur nom** he doesn't know his pupils by (their) name ◆ **je le connais de nom** I know him by name ◆ **il écrit sous le nom de X** he writes under the name of X ◆ **c'est un nom** ou **ce n'est qu'un nom pour moi!** he ou it is just a name to me! ◆ **je n'arrive pas à mettre un nom sur son visage** I can't put a name to his (ou her) face ◆ (* péj) **un nom à coucher dehors** an unpronounceable ou an impossible-sounding name ◆ (péj) **nom à charnière** ou **à rallonge** ou **à tiroirs** double-barrelled name ◆ **sous un nom d'emprunt** under an assumed name → **faux**[2], **petit, répondre**
b (désignation) name ◆ **quel est le nom de cet arbre?** what is the name of this tree?, what's this tree called? ◆ **c'est une sorte de fascisme qui n'ose pas dire son nom** it's fascism of a kind hiding under ou behind another name ◆ **c'est du dirigisme qui n'ose pas dire son nom** it's covert ou disguised state control ◆ **comme son nom l'indique** as is indicated by its ou his name, as the name indicates ◆ **il appelle les choses par leur nom** he's not afraid to call a spade a spade ou to call things by their proper name ◆ **le nom ne fait rien à la chose** what's in a name? ◆ **les beaux noms de justice, de liberté** these fine-sounding words of justice and liberty ◆ **il n'est spécialiste que de nom** he is only nominally a specialist, he is a specialist in name only ◆ **un crime sans nom** an unspeakable crime ◆ **ce qu'il a fait n'a pas de nom** what he did was unspeakable
c (célébrité) name; (noblesse) name ◆ **se faire un nom** to make a name for o.s. ◆ **laisser un nom** to make one's mark ◆ **c'est un (grand) nom dans l'histoire** he's one of the great names of history
d (Gram) noun → **complément**
e LOC **en mon/votre nom** in my/your name ◆ **il a parlé au nom de tous les employés** he spoke for all ou on behalf of all the employees ◆ **au nom de la loi, ouvrez** open up in the name of the law ◆ **au nom de quoi vous permettez-vous ...?** whatever gives you the right to ...? ◆ **au nom du Père, du Fils ...** in the name of the Father and of the Son ... ◆ **au nom du ciel!** in heaven's name! ◆ **au nom de ce que vous avez de plus cher** in the name of everything you hold most

dear ◆ **nom de Dieu!*** bloody hell!** (Brit), God damn it!* ◆ **nom de nom** ou **d'un chien** ou **d'une pipe** ou **d'un petit bonhomme*** jings!* (Brit), heck!*, blimey!* (Brit), strewth!* (Brit) ◆ **donner à qn des noms d'oiseaux** to call sb names ◆ **traiter qn de tous les noms** to call sb everything under the sun

2 COMP ▷ **nom de baptême** Christian name, given name (US) ▷ **nom de chose** concrete noun ▷ **nom commercial** (company) name ▷ **nom commun** common noun ▷ **nom composé** compound (word ou noun) ▷ **nom déposé** (registered) trade name ▷ **nom d'emprunt** (gén) alias, assumed name; [écrivain] pen name, nom de plume ▷ **nom de famille** surname ▷ **nom de femme mariée** married name ▷ **nom de fille/garçon** girl's/boy's name ▷ **nom de guerre** nom de guerre ▷ **nom de jeune fille** maiden name ▷ **nom de lieu** place name ▷ **nom de marque** trade name ▷ **nom de plume** nom de plume, pen name ▷ **nom propre** proper noun ▷ **nom de rue** street name ▷ **nom de scène** ou **de théâtre** stage name

nomade [nɔmad] → SYN 1 adj nomadic; (Zool) migratory
2 nmf nomad

nomadisme [nɔmadism] nm nomadism

no man's land [nomanslɑ̃d] nm no-man's-land

nombrable [nɔ̃bʀabl] adj countable, numerable ◆ **difficilement nombrable** difficult to count

nombre [nɔ̃bʀ] → SYN 1 nm a (Ling, Sci) number ◆ **loi des grands nombres** law of large numbers ◆ (Bible) **les Nombres** (the Book of) Numbers ◆ **nombres rationnels/réels** rational/real numbers ◆ (Gram) **s'accorder en nombre** to agree in number

b (quantité) number ◆ **le nombre des victimes** the number of victims ◆ **un certain/grand nombre de** a certain/great number of ◆ **(un) bon nombre de** a good ou fair number of ◆ **je lui ai dit nombre de fois que ...** I've told him many ou a number of times that ... ◆ **depuis nombre d'années** for many years, for a number of years ◆ **les gagnants sont au nombre de 3** there are 3 winners, the winners are 3 in number ◆ **être supérieur en nombre** to be superior in numbers ◆ **être en nombre suffisant** to be in sufficient number ou sufficient in number ◆ **ils sont en nombre égal** their numbers are equal ou even, they are equal in number ◆ **des ennemis sans nombre** innumerable ou countless enemies

c (masse) numbers ◆ **être/venir en nombre** to be/come in large numbers ◆ **faire nombre** to make up the numbers ◆ **être submergé par le nombre, succomber sous le nombre** to be overcome by sheer weight of ou force of numbers ◆ **il y en avait dans le nombre qui riaient** there were some among them who were laughing ◆ **ça ne se verra pas dans le nombre** it won't be seen among all the rest ou when they're all together ◆ **le (plus) grand nombre** the (great) majority (of people) ◆ **le plus grand nombre d'entre eux** the great majority, most of them

d **au nombre de, du nombre de** (parmi): **je le compte au nombre de mes amis** I count him as ou consider him one of my friends, I number him among my friends ◆ **il n'est plus du nombre des vivants** he is no longer of this world ◆ **est-il du nombre des reçus?** is he among those who passed?, he is one of the ones who passed?

2 COMP ▷ **nombre aléatoire** (Ordin) random number ▷ **nombre atomique** atomic number ▷ **nombre d'Avogadro** Avogadro number ou constant ▷ **nombre complexe** complex number ▷ **nombre entier** whole number, integer ▷ **nombre au hasard** (Ordin) random number ▷ **nombre imaginaire** imaginary number ▷ **nombre de Mach** Mach number ▷ **nombre d'or** golden section ▷ **nombre parfait** perfect number ▷ **nombre premier** prime number

nombrer [nɔ̃bʀe] → SYN ▸ conjug 1 ◂ vt (†, littér) to number†, count

nombreux, -euse [nɔ̃bʀø, øz] → SYN adj a (en grand nombre) **être nombreux** [exemples, visiteurs] to be numerous; [accidents] to be numerous ou frequent ◆ **nombreux furent ceux qui ...** there were many who ... ◆ **les gens étaient venus nombreux** a great number of people had come, people had come in great numbers ◆ **venez nombreux!** all welcome! ◆ **certains, et ils sont nombreux** certain people, and there are quite a few of them ◆ **peu nombreux** few ◆ **le public était moins/plus nombreux hier** there were fewer/more spectators yesterday ◆ **nous ne sommes pas si nombreux** there aren't so many of us ◆ **les visiteurs arrivaient sans cesse plus nombreux/de plus en plus nombreux** visitors kept on arriving in greater ou increasing numbers/in greater and greater ou in ever-increasing numbers ◆ **ils étaient plus nombreux que nous** they outnumbered us, there were more of them

b (le grand nombre de) numerous, many ◆ **parmi les nombreuses personnalités** amongst the numerous ou many personalities

c (un grand nombre de) **de nombreux** many, numerous ◆ **de nombreux accidents se sont produits** many ou numerous accidents have occurred ◆ **ça se voit à de nombreux exemples** many ou numerous examples illustrate this

d (important) foule, assistance, collection large

e (littér: harmonieux) vers, style harmonious, rounded, rich

nombril [nɔ̃bʀi(l)] → SYN nm [personne] navel, belly button* ◆ **il se prend pour le nombril du monde*** he thinks he is the cat's whiskers* ou God's gift to mankind ◆ **se regarder le nombril*** to contemplate one's navel

nombrilisme* [nɔ̃bʀilism] nm (péj) navel-gazing ◆ **faire du nombrilisme** to contemplate one's navel

nombriliste* [nɔ̃bʀilist] adj, nmf ◆ **être nombriliste** to spend one's time contemplating one's navel

nome [nɔm] nm nome

nomenclateur, -trice [nɔmɑ̃klatœʀ, tʀis] nm,f nomenclator

nomenclature [nɔmɑ̃klatyʀ] → SYN nf (gén: liste) list; (Ling, Sci) nomenclature; [dictionnaire] word list

nomenklatura [nɔmɛnklatuʀa] nf (Pol) nomenklatura

nominal, e, mpl **-aux** [nɔminal, o] → SYN 1 adj a (gén) nominal; (Ling) groupe, phrase noun (épith) ◆ **liste nominale** list of names ◆ **procéder à l'appel nominal** to call the register ou the roll, do the roll call ◆ **expression nominale** nominal expression ◆ **syntagme nominal** noun phrase

b (sans réalité) autorité, pouvoir nominal

c (Écon, Fin) salaire nominal ◆ **valeur nominale** face ou nominal value, face amount (US)

d (Tech) puissance, vitesse rated

2 nm (Ling) pronoun

nominalement [nɔminalmɑ̃] adv (gén, Ling) nominally ◆ **appeler qn nominalement** to call sb by name

nominalisation [nɔminalizasjɔ̃] nf nominalization

nominaliser [nɔminalize] ▸ conjug 1 ◂ vt to nominalize

nominalisme [nɔminalism] nm nominalism

nominaliste [nɔminalist] adj, nmf nominalist

nominatif, -ive [nɔminatif, iv] 1 adj (Fin) titre, action registered ◆ (Comm) **état nominatif** list of items ◆ **liste nominative** list of names ◆ **l'invitation n'est pas nominative** the invitation doesn't specify a name
2 nm (Ling) nominative

nomination [nɔminasjɔ̃] → SYN nf a (promotion) appointment, nomination (*à* to); (titre, acte) appointment ou nomination papers ◆ **obtenir sa nomination** to be nominated ou appointed (*au poste de* to the post of)

b (Ling, Philos) naming

nominativement [nɔminativmɑ̃] adv by name

nominé, e [nɔmine] adj film, acteur, auteur nominated ◆ **être nominé à qch** to be nominated ou shortlisted for sth

nommément [nɔmemɑ̃] adv a (par son nom) by name

b (spécialement) notably, especially, particularly

nommer [nɔme] → SYN ▸ conjug 1 ◂ 1 vt a (promouvoir) fonctionnaire to appoint; candidat to nominate ◆ **nommer qn à un poste** to appoint ou nominate sb to a post ◆ **nommer qn son héritier** to name ou appoint sb (as) one's heir ◆ **il a été nommé gérant/ministre** he was appointed ou made manager/minister

b (appeler) personne to call, name; (dénommer) découverte, produit to name, give a name to ◆ **ils l'ont nommé Richard** they called ou named him Richard, they gave him the name of Richard ◆ **un homme nommé Martin** a man named ou called ou by the name of Martin ◆ **le nommé Martin** the man named ou called Martin ◆ **ce que nous nommons le bonheur** what we name ou call happiness → **point**[1]

c (citer) fleuves, batailles, auteurs, complices to name, give the name(s) of ◆ (hum) **M. Sartin, pour ne pas le nommer, ...** without mentioning any names, Mr Sartin ... ◆ **quelqu'un que je ne nommerai pas** somebody who shall remain nameless, somebody whose name I shall not mention

2 **se nommer** vpr a (s'appeler) to be called ◆ **comment se nomme-t-il?** what is he called?, what is his name? ◆ **il se nomme Paul** he's called Paul, his name is Paul

b (se présenter) to introduce o.s. ◆ **il entra et se nomma** he came in and gave his name ou introduced himself

nomogramme [nɔmɔgʀam] nm nomogram, nomograph

nomographie [nɔmɔgʀafi] nf nomography

nomologie [nɔmɔlɔʒi] nf nomology

non [nɔ̃] → SYN
1 adv a (réponse négative) no ◆ **le connaissez-vous?** – **non** do you know him? – no (I don't) ◆ **est-elle chez elle?** – **non** is she at home? – no (she isn't ou she's not) ◆ **je vais ouvrir la fenêtre** – **non il y aura des courants d'air** I'll open the window – no (don't), it'll make a draught ◆ **il n'a pas encore dit non!** he hasn't said no yet!, he hasn't refused (as) yet ◆ **je ne dis pas non** (ce n'est pas de refus) I wouldn't say no; (je n'en disconviens pas) I don't disagree ◆ **ah ça non!** certainly ou definitely not!, I should say not! ◆ **non et non!** no, no, no!, absolutely not! ◆ **que non!** I should say not!, definitely not! ◆ **non merci!** no thank you! ◆ **certes non!** most certainly ou definitely not!, indeed no!, no indeed! ◆ **vous n'y allez pas?** – **mais non!** ou **bien sûr que non!** aren't you going? – of course not! ou I (most) certainly shall not! ou I should think not! ◆ **répondre (par) non à toutes les questions** to answer no ou answer in the negative to all the questions ◆ **faire non de la tête** to shake one's head ◆ **dire/répondre que non** to say/answer it isn't (ou it won't etc, selon le contexte)

b (remplaçant une proposition) not ◆ **faire signe que non** (de la main) to make a gesture of refusal (ou disagreement ou disapproval); (de la tête) to shake one's head ◆ **est-ce que c'est nécessaire?** – **je pense** ou **crois que non** is that necessary? – I don't think so ou I don't think it is ou I think not ◆ **je crains que non** I fear not, I am afraid not ◆ **il nous quitte?** – **j'espère que non** is he leaving us? – I hope not ou I hope he isn't ◆ **je le crois** – **moi non** I believe him – I (emphatique) don't ou not me* ◆ **vous avez aimé le film?** – **moi non mais les autres oui** did you like the film? – (no) I didn't ou not me* but the others did ◆ **il l'aime bien, moi non** he likes him but I don't ou not me* ◆ **j'ai demandé si elle était venue, lui dit que non** I asked if she had been – he says not ou he says no ou he says she hasn't ◆ **ah non?** really?, no? ◆ **partez-vous ou non?** are you going or not?, are you going or aren't you? ◆ **il se demandait s'il irait ou non** he wondered whether to go or not ◆ **erreur ou non/qu'il l'ait voulu ou non le mal est fait** mistake or no mistake/whether he meant it or not the damage is done

c (frm: pas) not ◆ **c'est par paresse et non (pas) par prudence que ...** it is through laziness and not caution that ... ◆ **je veux bien de leur aide mais non (pas) de leur argent** I am willing to accept their help but not their money ou but I want none of their money ◆ **c'est mon avis non (pas) le vôtre** it's my opinion not yours ◆ **non (pas) que ...** not that ... ◆ **non (pas) qu'il eût peur mais ...** not that he was frightened but ... ◆ **il n'a pas reculé, non plus qu'eux d'ailleurs** he didn't go back any more than they did in fact

d (exprimant l'impatience, l'indignation) **tu vas cesser de pleurer non?** will you stop crying?, just stop that crying (will you?) ◆ **non par exemple!** for goodness sake!, good gracious! ◆ **non mais alors!*, non mais (des fois)!*** for goodness sake!*, honestly! ◆ **non mais (des fois)*, tu me prends pour qui?** look here* ou for God's sake‡ what do you take me for?

e (exprimant le doute) no? ◆ **il me l'a dit lui-même – non?** he told me so himself – no? ◆ **c'est bon non?** it's good isn't it?

f non plus neither, not either ◆ **il ne l'a pas vu ni moi non plus** he didn't see him – (and) neither did I ou (and) I didn't either ◆ **nous ne l'avons pas vu – nous non plus** we didn't see him – neither did we ou we didn't either ◆ **nous non plus nous ne l'avons pas vu** we didn't see him either ◆ **il n'a pas compris lui non plus** he didn't understand either ◆ **il parle non plus en médecin mais en ami** he is talking now not as a doctor but as a friend

g (modifiant adv) not ◆ **non loin de là il y a ...** not far from there there's ... ◆ **c'est une expérience non moins intéressante** it's an experience that is no less interesting ◆ **je l'aime non moins que toi** I love him no less than you (do), I do not love him less than you (do) ◆ **un homme non pas érudit mais instruit** a man (who is) not (at all) erudite but well-informed ◆ **il a continué non plus en auto mais en train** he continued on his way not by car (any more) but by train ◆ **il l'a fait non sans raison / non sans peine** he did it not without reason / difficulty ◆ **il y est allé non sans protester** he went (but) not without protest ou protesting ◆ **non seulement il est impoli mais ...** not only is he ou he is not only impolite but ... ◆ **non seulement il ne travaille pas mais (encore) il empêche les autres de travailler** not only does he not work but he (also) stops the others working too ◆ **non seulement le directeur mais aussi ou encore les employés** not only the manager but the employees too ou as well

h (modifiant adj ou participe) **les objets non réclamés** unclaimed items ◆ **une quantité non négligeable** an appreciable amount ◆ **toutes les places non réservées** all the unreserved seats, all seats not reserved ◆ **les travaux non terminés** the unfinished work ◆ **non coupable** not guilty

2 nm inv no ◆ **répondre par un non catégorique** to reply with a categorical no ◆ **il y a eu 30 non** there were 30 votes against ou 30 noes → **oui**

3 non(-) préf (le préfixe reste invariable dans les mots composés à trait d'union) non-, un ..., in ... ◆ **non ferreux / gazeux** non-ferrous / -gaseous ◆ **non vérifié** unverified ◆ **non spécialisé** unspecialized, non-specialized

4 COMP ▷ **non accompli, e** (Ling) continuous ▷ **non arrondi, e** (Phon) spread ▷ **non dénombrable** (Ling) uncountable ▷ **non directif, -ive** entretien, questionnaire nondirective, with no leading questions; thérapie nondirective ▷ **non existant, e** nonexistent ▷ **non lucratif, -ive** ◆ **à but non lucratif** non-profit-making ▷ **non marqué, e** (Ling) unmarked ▷ **non polluant, e** nonpolluting (épith) ▷ **non voisé, e** (Phon) unvoiced, voiceless

non-activité [nɔnaktivite] → SYN nf inactivity

nonagénaire [nɔnaʒenɛʀ] adj, nmf nonagenarian, ninety-year-old

nonagésime [nɔnaʒezim] adj nonagesimal

non-agression [nɔnagʀesjɔ̃] nf nonaggression

non-aligné, e [nɔnaliɲe] adj nonaligned

non-alignement [nɔnaliɲmɑ̃] nm nonalignment

nonante [nɔnɑ̃t] adj (Belg, Helv) ninety

nonantième [nɔnɑ̃tjɛm] adj (Belg, Helv) ninetieth

non-appartenance [nɔnapaʀtənɑ̃s] nf nonmembership

non-assistance [nɔnasistɑ̃s] nf ◆ (Jur) **non-assistance à personne en danger** failure to assist a person in danger

non-belligérance [nɔ̃beliʒeʀɑ̃s] nf nonbelligerence

non-belligérant, e [nɔ̃beliʒeʀɑ̃, ɑ̃t] adj, nm,f nonbelligerent

nonce [nɔ̃s] → SYN nm nuncio ◆ **nonce apostolique** apostolic nuncio

nonchalamment [nɔ̃ʃalamɑ̃] adv nonchalantly

nonchalance [nɔ̃ʃalɑ̃s] → SYN nf nonchalance

nonchalant, e [nɔ̃ʃalɑ̃, ɑ̃t] → SYN adj nonchalant

nonciature [nɔ̃sjatyʀ] nf nunciature

non-combattant, e [nɔ̃kɔ̃batɑ̃, ɑ̃t] adj, nm,f noncombatant

non-comparant, e [nɔ̃kɔ̃paʀɑ̃, ɑ̃t] adj (Jur) defaulting (épith)

non-comparution [nɔ̃kɔ̃paʀysjɔ̃] nf (Jur) nonappearance

non-conciliation [nɔ̃kɔ̃siljasjɔ̃] nf refusal to settle out of court

non-conformisme [nɔ̃kɔ̃fɔʀmism] nm nonconformism

non-conformiste [nɔ̃kɔ̃fɔʀmist] → SYN adj, nm,f nonconformist

non-conformité [nɔ̃kɔ̃fɔʀmite] nf nonconformity

non-contradiction [nɔ̃kɔ̃tʀadiksjɔ̃] nf ◆ **principe de non-contradiction** law of noncontradiction

non-croyant, e [nɔ̃kʀwajɑ̃, ɑ̃t] nm,f unbeliever, non-believer

non-cumul [nɔ̃kymyl] nm ◆ (Jur) **il y a non-cumul de peines** sentences run concurrently ◆ **le principe du non-cumul des fonctions** the rule prohibiting anyone from holding more than one post at a time

non-discrimination [nɔ̃diskʀiminasjɔ̃] nf nondiscrimination

non-dit [nɔ̃di] nm what is unspoken, unspoken ou unvoiced comment

none [nɔn] nf nones

non-engagé, e [nɔnɑ̃gaʒe] adj artiste with no political commitment; pays neutral, nonaligned

non-engagement [nɔnɑ̃gaʒmɑ̃] nm [artiste] lack of political commitment; [pays] nonalignment

non-être [nɔnɛtʀ] nm (Philos) non-being

non-euclidien, -ienne [nɔnøklidjɛ̃, jɛn] adj non-Euclidean

non-événement [nɔnevɛnmɑ̃] nm nonevent

non-exécution [nɔnɛgzekysjɔ̃] nf [contrat] noncompletion

non-existence [nɔnɛgzistɑ̃s] nf nonexistence

non-figuratif, -ive [nɔ̃figyʀatif, iv] adj nonrepresentational

non-fumeur, -euse [nɔ̃fymœʀ, øz] **1** adj no-smoking (épith)
2 nm,f non-smoker

non-ingérence [nɔnɛ̃ʒeʀɑ̃s] nf noninterference

non-initié, e [nɔninisje] nm,f lay person

non-inscrit, e [nɔnɛ̃skʀi, it] **1** adj (Pol) independent
2 nm,f independent (member)

non-intervention [nɔnɛ̃tɛʀvɑ̃sjɔ̃] nf nonintervention

non-interventionniste [nɔnɛ̃tɛʀvɑ̃sjɔnist] adj, nmf noninterventionist

non-jouissance [nɔ̃ʒwisɑ̃s] nf (Jur) nonenjoyment

non-lieu, pl **non-lieux** [nɔ̃ljø] nm ◆ (Jur) **bénéficier d'un non-lieu** to be discharged ou have one's case dismissed for lack of evidence

non-lucratif, -ive [nɔ̃lykʀatif, iv] adj ◆ **à but non-lucratif** non-profit-making

non-moi [nɔ̃mwa] nm inv (Philos) nonego

nonne [nɔn] → SYN nf (††, hum) nun

nonnette [nɔnɛt] nf (Culin) spiced bun *(made of pain d'épice)*

nonobstant [nɔnɔpstɑ̃] → SYN **1** prép († ou Jur: malgré) notwithstanding, despite, in spite of
2 adv (†: néanmoins) notwithstanding†, nevertheless

non-paiement [nɔ̃pɛmɑ̃] nm nonpayment

nonpareil, -eille†† [nɔ̃paʀɛj] adj nonpareil, peerless

non-partant [nɔ̃paʀtɑ̃] nm (Sport) non-runner

non-parution [nɔ̃paʀysjɔ̃] nf failure to appear ou be published

non-prolifération [nɔ̃pʀɔlifeʀasjɔ̃] nf nonproliferation

non-recevoir [nɔ̃ʀ(ə)səvwaʀ] nm → **fin²**

non-résident, e [nɔ̃ʀezidɑ̃, ɑ̃t] nm,f nonresident

non-retour [nɔ̃ʀətuʀ] nm no return → **point¹**

non-rétroactivité [nɔ̃ʀetʀɔaktivite] nf (Jur) nonretroactivity

non-salarié, e [nɔ̃salaʀje] nm,f self-employed person

non-sens [nɔ̃sɑ̃s] → SYN nm inv (absurdité) (piece of) nonsense; (erreur de traduction) meaningless word (ou phrase etc)

non-stop [nɔnstɔp] adj inv, nm ou f inv nonstop

non-syndiqué, e [nɔ̃sɛ̃dike] **1** adj nonunion(ized)
2 nm,f nonunion member, nonmember (of a ou the union)

non-tissé, pl **non-tissés** [nɔ̃tise] nm nonwoven

non-usage [nɔnyzaʒ] nm non-use

non-valeur [nɔ̃valœʀ] → SYN nf (Jur) unproductiveness; (Fin) bad debt; (fig) nonproductive asset, wasted asset

non-viable [nɔ̃vjabl] adj (Méd) non-viable; situation, projet not viable

non-violence [nɔ̃vjɔlɑ̃s] → SYN nf nonviolence

non-violent, e [nɔ̃vjɔlɑ̃, ɑ̃t] **1** adj nonviolent
2 nm,f advocate ou supporter of nonviolence

non-voyant, e [nɔ̃vwajɑ̃, ɑ̃t] nm,f visually handicapped person

noologique [nɔɔlɔʒik] adj noological

noosphère [nɔɔsfɛʀ] nf noosphere

nopal [nɔpal] nm nopal

noradrénaline [nɔʀadʀenalin] nf noradrenalin(e) (Brit), norepinephrine (US)

nord [nɔʀ] → SYN **1** nm **a** (point cardinal) north ◆ **nord géographique / magnétique** true / magnetic north ◆ **le vent du nord** the north wind ◆ **un vent du nord** (gén) a north(erly) wind, (Naut) a northerly ◆ **le vent tourne / est au nord** the wind is veering north(-wards) ou towards the north / is blowing from the north ◆ **regarder vers le nord** ou **dans la direction du nord** to look north(wards) ou towards the north ◆ **au nord** (situation) in the north; (direction) to the north, north(wards) ◆ **au nord de** north of, to the north of ◆ **l'appartement est (exposé) au nord / en plein nord** the flat faces (the) north ou northwards / due north, the flat looks north(wards) / due north ◆ **l'Europe / l'Italie / la Bourgogne du Nord** Northern Europe / Italy / Burgundy ◆ **la mer du Nord** the North Sea → **perdre**

b (partie, régions septentrionales) north ◆ **pays / peuples du nord** northern countries / peoples, countries / peoples of the north ◆ **le nord de la France, le Nord** the North (of France) → **grand**

2 adj inv région, partie northern (épith); entrée, paroi north (épith); versant, côte north(ern) (épith); côté north(ward) (épith); direction northward (épith), northerly (Mét) → **hémisphère, latitude, pôle**

nord-africain, e, mpl **nord-africains** [nɔʀafʀikɛ̃, ɛn] → SYN **1** adj North African
2 nm,f ◆ **Nord-Africain(e)** North African

nord-américain, e, mpl **nord-américains** [nɔʀameʀikɛ̃, ɛn] → SYN **1** adj North American
2 nm,f ◆ **Nord-Américain(e)** North American

nord-coréen, -enne, mpl **nord-coréens** [nɔʀkɔʀeɛ̃, ɛn] **1** adj North Korean

2 nm,f ◆ **Nord-Coréen (-enne)** North Korean

nord-est [nɔʀɛst] adj inv, nm north-east

nordet [nɔʀdɛ] nm (vent) northeaster(ly)

nordique [nɔʀdik] → SYN 1 adj pays, race Nordic; langues Scandinavian, Nordic → **ski**
2 nmf ◆ **Nordique** Nordic

nordir [nɔʀdiʀ] ▸conjug 2◂ vi [vent] to turn northwards

nordiste [nɔʀdist] (Hist USA) 1 adj Northern, Yankee
2 nmf ◆ **Nordiste** Northerner, Yankee

nord-nord-est [nɔʀnɔʀɛst] adj inv, nm north-north-east

nord-nord-ouest [nɔʀnɔʀwɛst] adj inv, nm north-north-west

nord-ouest [nɔʀwɛst] adj inv, nm north-west

nord-vietnamien, -ienne, mpl **nord-vietnamiens** [nɔʀvjɛtnamjɛ̃, jɛn] 1 adj North Vietnamese
2 nm,f ◆ **Nord-Vietnamien(ne)** North Vietnamese

noria [nɔʀja] → SYN nf noria, bucket waterwheel ◆ (fig) **une noria d'hélicoptères a transporté les blessés vers les hôpitaux** a fleet of helicopters shuttled ou ferried the wounded to the hospitals

normal, e, mpl **-aux** [nɔʀmal, o] → SYN 1 adj (gén, Chim, Math, Méd) normal; (courant, habituel) normal, usual ◆ **de dimension normale** normal-sized, standard-sized ◆ **c'est une chose très normale, ça n'a rien que de très normal** that's quite usual ou normal, it's quite the usual thing, it's the normal thing ◆ **rien à signaler, tout est normal** nothing to report, everything is the same as usual ◆ **il n'est pas normal** he's not normal, there's something wrong with him ◆ **c'est normal!** it's (quite) natural! ◆ **ce n'est pas normal** there must be something wrong → **école, état, temps**[1]
2 **normale** nf a **s'écarter de la normale** to diverge from the norm ◆ **revenir à la normale** to return to normality, get back to normal ◆ **au-dessus de la normale** above average ◆ **température voisine des normales saisonnières** temperature close to the seasonal average
b (Math) normal (*à* to)
c **Normale (sup)** (abrév de **École normale supérieure**) → **école**

normalement [nɔʀmalmɑ̃] adv (comme prévu) normally; (habituellement) normally, usually, ordinarily ◆ **normalement, il devrait être là demain** normally he'd be there tomorrow, in the usual ou ordinary course of events he'd be there tomorrow ◆ **normalement il vient le jeudi** as a rule ou normally ou generally he comes on a Thursday

normalien, -ienne [nɔʀmaljɛ̃, jɛn] nm,f (instituteur) student at teachers' training college; (professeur) *student at the École normale supérieure*

normalisation [nɔʀmalizasjɔ̃] → SYN nf (→ **normaliser**) normalization; standardization

normaliser [nɔʀmalize] → SYN ▸conjug 1◂ vt situation, relations to normalize; produit to standardize

normalité [nɔʀmalite] nf normality

normand, e [nɔʀmɑ̃, ɑ̃d] 1 adj (de Normandie) Norman; (Hist: scandinave) Norse → **armoire, trou**
2 nm a (Ling) Norman (French)
b **Normand** (de Normandie) Norman; (Hist: Scandinave) Norseman, Northman → **réponse**
3 nf ◆ **Normande** Norman; Norsewoman

Normandie [nɔʀmɑ̃di] nf Normandy

normatif, -ive [nɔʀmatif, iv] → SYN adj prescriptive, normative

normativisme [nɔʀmativism] nm prescriptivism

norme [nɔʀm] → SYN nf (Math, gén) norm; (Tech) standard ◆ **normes de fabrication** standards of manufacture, manufacturing standards ◆ **normes de sécurité** safety standards ◆ **ce produit n'est pas conforme aux normes françaises/allemandes** this product doesn't conform to French/German standards ◆ **tant que ça reste dans la norme** as long as it is kept within limits ◆ **pourvu que vous restiez dans la norme** provided you do not overdo it ou you don't overstep the limits, provided you keep within the norm

normé, e [nɔʀme] adj (Math) normed

normographe [nɔʀmɔgʀaf] nm stencil

norois, e [nɔʀwa, waz] → SYN adj, nm Old Norse

noroît [nɔʀwa] nm (vent) northwester

norrois, e [nɔʀwa, waz] → SYN adj, nm Old Norse

Norvège [nɔʀvɛʒ] nf Norway

norvégien, -ienne [nɔʀveʒjɛ̃, jɛn] 1 adj Norwegian → **marmite, omelette**
2 nm (Ling) Norwegian
3 nm,f ◆ **Norvégien(ne)** Norwegian

nos [no] adj poss → **notre**

nosocomial, e, mpl **-iaux** [nozɔkɔmjal, jo] adj nosocomial

nosographie [nozɔgʀafi] nf nosography

nosologie [nozɔlɔʒi] nf nosology

nostalgie [nɔstalʒi] → SYN nf nostalgia ◆ **avoir la nostalgie de** to feel nostalgia for ◆ **garder la nostalgie de** to retain a nostalgia for

nostalgique [nɔstalʒik] → SYN 1 adj nostalgic
2 nmf ◆ **les nostalgiques du nazisme** those who long for the return of the Nazis

nostoc [nɔstɔk] nm nostoc

nota (bene) [nɔta (bene)] nm inv nota bene

notabilité [nɔtabilite] → SYN nf notability

notable [nɔtabl] → SYN 1 adj fait notable, noteworthy; changement, progrès notable ◆ **c'est quelqu'un de notable** he's somebody of note
2 nm notable, worthy

notablement [nɔtabləmɑ̃] adv notably

notaire [nɔtɛʀ] → SYN nm ≃ lawyer, solicitor (Brit)

notamment [nɔtamɑ̃] → SYN adv (entre autres) notably, among others; (plus particulièrement) notably, in particular, particularly

notarial, e, mpl **-iaux** [nɔtaʀjal, jo] adj notarial

notariat [nɔtaʀja] nm (fonction) profession of (a) notary (public); (corps des notaires) body of notaries (public)

notarié, e [nɔtaʀje] adj drawn up by a notary (public) ou by a solicitor, notarized (spéc)

notation [nɔtasjɔ̃] → SYN nf a (symboles, système) notation
b (touche, note) [couleurs] touch; [sons] variation ◆ (Littérat) **une notation intéressante** an interesting touch ou variation
c (transcription) [sentiment, geste, son] expression
d (jugement) [devoir] marking, grading; [employé] assessment

note [nɔt] → SYN 1 nf a (remarque, communication) note ◆ **note diplomatique/officielle** diplomatic/official note ◆ **prendre des notes** to take notes ◆ **prendre (bonne) note de qch** to take (good) note of sth ◆ **prendre qch en note** to make a note of sth, write sth down; (hâtivement) to jot sth down ◆ **relire ses notes** to read over one's notes ou jottings ◆ **remarque en note** marginal comment, comment in the margin ◆ **c'est écrit en note** it's written in the margin
b (appréciation chiffrée) mark, grade ◆ **mettre une note à** dissertation to mark, grade (US); élève to give a mark to (Brit), grade (US); employé to assess ◆ **avoir de bonnes/mauvaises notes** to have good/bad marks ou grades ◆ **avoir une bonne/mauvaise note à un devoir/en histoire** to have a good/bad mark for a homework exercise/for ou in history ◆ (fig) **c'est une mauvaise note pour lui** it's a black mark against him
c (compte) [gaz, blanchisserie] bill, account; [restaurant, hôtel] bill, check (US) ◆ **demander/présenter/régler la note** to ask for/present/settle the bill (Brit) ou check (US) ◆ **vous me donnerez la note, s'il vous plaît** may I have the bill (Brit) ou check (US) please?, I'd like my bill (Brit) ou check (US) please ◆ **je vais vous faire la note** I'll make out the bill (Brit) ou check (US) for you ◆ **mettez-le sur ma note** put it on my bill (Brit) ou check (US) ◆ **note de frais** (bulletin) claim form (for expenses); (argent dépensé) expenses ◆ **note d'honoraires** (doctor's ou lawyer's) account
d (Mus, fig) note ◆ **donner la note** (Mus) to give the key; (fig) to set the tone ◆ **la note juste** the right note ◆ **c'est tout à fait dans la note** it fits in perfectly with the rest ◆ **ses paroles étaient tout à fait dans la note/n'étaient pas dans la note** his words struck exactly the right note/struck the wrong note (altogether) ◆ **ce n'est pas dans la note** it doesn't strike the right note at all → **faux**[2], **force**
e (trace, touche) note, touch ◆ **mettre une note triste** ou **de tristesse dans qch** to lend a touch ou note of sadness to sth ◆ **une note d'anxiété/de fierté perçait sous ses paroles** a note of anxiety/pride was discernible in his words ◆ [parfum] **une note de santal** a hint of sandalwood
2 COMP ▷ **note de l'auteur** author's note ▷ **note en bas de page** footnote ▷ **note marginale** marginal note, note in the margin ▷ **note de passage** (Mus) passing note ▷ **note de la rédaction** editor's note ▷ **note de service** memorandum

noter [nɔte] → SYN ▸conjug 1◂ vt a (inscrire) adresse, rendez-vous to write down, note down, make a note of; idées to jot down, write down, note down; (Mus) air to write down, take down ◆ **si vous pouviez le noter quelque part** could you make a note of it ou write it down somewhere ◆ **notez que nous serons absents** note that we'll be away
b (remarquer) faute, progrès to notice ◆ **notez la précision du bas-relief** note the fine bas relief work ◆ **notez (bien) que je n'ai rien dit, je n'ai rien dit notez-le** ou **notez (bien)** note that I didn't say anything, mark you, I didn't say anything ◆ **il faut noter qu'il a des excuses** admittedly he has an excuse, he has an excuse mark you ou mind you ◆ **ceci est à noter** ou **mérite d'être noté** this is worth noting, this should be noted
c (cocher, souligner) citation, passage to mark ◆ **noter d'une croix** to mark with a cross, put a cross against (Brit), check off
d (juger) devoir to mark, grade (US); élève to give a mark to, grade (US); employé to assess ◆ **noter sur 10/20** to mark out of 10/20 ◆ **devoir bien/mal noté** homework with a good/bad mark ou grade ◆ **employé bien/mal noté** highly/poorly rated employee, employee with a good/bad record ◆ **elle note sévèrement/large** she is a strict/lenient marker

notice [nɔtis] → SYN nf (préface) note; (résumé) note; (mode d'emploi) directions, instructions ◆ **notice biographique/bibliographique** biographical/bibliographical note ◆ **notice explicative** ou **d'emploi** directions for use, explanatory leaflet ◆ **notice nécrologique** obituary

notificatif, -ive [nɔtifikatif, iv] adj notifying ◆ **lettre notificative** letter of notification

notification [nɔtifikasjɔ̃] → SYN nf (Admin) notification ◆ **notification vous a été envoyée de vous présenter** notification has been sent to you to present yourself ◆ **recevoir notification de** to be notified of, receive notification of ◆ (Jur) **notification d'actes** service of documents

notifier [nɔtifje] → SYN ▸conjug 7◂ vt to notify ◆ **notifier qch à qn** to notify sb of sth, notify sth to sb ◆ **on lui a notifié que ...** he was notified that ..., he received notice that ... ◆ **notifier une citation à qn** to serve a summons ou a writ to sb

notion [nosjɔ̃] → SYN nf a (conscience) notion ◆ **je n'ai pas la moindre notion de** I haven't the faintest notion of ◆ **perdre la notion du temps** ou **de l'heure** to lose all notion ou idea of time
b (connaissances) **notions** notion, elementary knowledge ◆ **avoir quelques notions de grammaire** to have some notion of grammar, have a smattering of grammar ◆ (titre) **notions d'algèbre/d'histoire** algebra/history primer

notionnel, -elle [nosjɔnɛl] adj notional

notocorde [nɔtɔkɔʀd] nf notochord

notoire [nɔtwaʀ] → SYN adj criminel, méchanceté notorious; fait, vérité well-known, acknowledged (épith) ◆ **il est notoire que** it is common ou public knowledge that, it's an acknowledged fact that

notoirement [nɔtwaʀmɑ̃] adv ◆ **c'est notoirement reconnu** it's generally recognized, it's well known ◆ **il est notoirement malhonnête** he's notoriously dishonest

notonecte [nɔtɔnɛkt] nm ou f (Zool) water boatman, common backswimmer

notoriété [nɔtɔʀjete] → SYN nf [fait] notoriety; (renommée) fame ◆ **c'est de notoriété publique** that's common ou public knowledge

notre [nɔtʀ], pl **nos** [no] adj poss **a** (possession, relation) our; (emphatique) our own; (majesté ou modestie de convention = **mon, ma, mes**) our; (emphatique) our own ◆ **notre fils et notre fille** our son and daughter ◆ **nous avons tous laissé notre manteau et notre chapeau au vestiaire** we have all left our coats and hats in the cloakroom ◆ **notre bonne ville de Tours est en fête** our fine city of Tours is celebrating ◆ **car tel est notre bon plaisir** for such is our wish, for so it pleases us ◆ **dans cet exposé notre intention est de ...** in this essay we intend to ...; pour autres exemples voir **son¹**

b (valeur affective, ironique, intensive) **et comment va notre malade aujourd'hui?** and how's the ou our patient today? ◆ **notre héros décide alors ...** and so our hero decides ... ◆ **notre homme a filé sans demander son reste** the chap ou fellow has run off without asking for his due ◆ **voilà notre bon Martin!** here's good old Martin! ◆ (dial) **notre maître** the master → **son¹**

c (représentant la généralité des hommes) **notre planète** our planet ◆ **notre corps / esprit** our bodies / minds ◆ **notre maître à tous** our master, the master of us all ◆ **Notre Seigneur / Père** Our Lord / Father ◆ **Notre-Dame** Our Lady; (église) Notre Dame, Our Lady ◆ (Littérat) **"Notre-Dame de Paris"** "The Hunchback of Notre Dame" ◆ **Notre-Dame de Chartres / Lourdes** Our Lady of Chartres / Lourdes ◆ **le Notre Père** the Lord's Prayer, Our Father

nôtre [notʀ] **1** pron poss ◆ **le nôtre, la nôtre, les nôtres** ours, our own ◆ **cette voiture n'est pas la nôtre** this car is not ours, this is not our car ◆ **leurs enfants sont sortis avec les nôtres** their children are out with ours ou our own ◆ **à la (bonne) nôtre!** our good health!, here's to us!; pour autres exemples voir **sien**

2 nm **a** **nous y mettrons du nôtre** we'll pull our weight, we'll do our bit*; → aussi **sien**

b **les nôtres** (famille) our family, our (own) folks*; (partisans) our own people ◆ **j'espère que vous serez des nôtres ce soir** I hope you will join our party ou join us tonight

3 adj poss (littér) ours, our own ◆ **ces idées ne sont plus exclusivement nôtres** these ideas are no longer ours alone ou exclusively ◆ **ces principes, nous les avons faits nôtres** we have made these principles our own

notule [nɔtyl] nf short note

nouage [nwaʒ] nm (Tex) splicing

Nouakchott [nwakʃɔt] n Nouakchott

nouba* [nuba] nf ◆ **faire la nouba** to live it up*, have a rave-up*

nouer [nwe] → SYN ▸conjug 1◂ **1** vt **a** (faire un nœud avec) ficelle to tie, knot; ceinture to fasten; lacets, foulard to tie; cravate to knot, fasten ◆ **nouer les bras autour de la taille de qn** to put one's arms round sb's waist ◆ **l'émotion lui nouait la gorge** his throat was tight with emotion ◆ **avoir la gorge nouée (par l'émotion)** to have a lump in one's throat ◆ **j'ai l'estomac noué** my stomach is in knots

b (entourer d'une ficelle) bouquet, paquet to tie up, do up; cheveux to tie up ou back

c (former) complot to hatch; alliance to make, form; relations to strike up; amitié to form, build up ◆ **nouer conversation avec qn** to start (up) ou strike up a conversation with sb

d (Tex) **nouer la chaîne / la trame** to splice the warp / weft

e (Littérat) action, intrigue to build up, bring to a head ou climax

2 vi (Bot) to set

3 **se nouer** vpr **a** (s'unir) [mains] to join together ◆ **sa gorge se noua** a lump came to his throat

b (se former) [complot] to be hatched; [alliance] to be made, be formed; [amitié] to be formed, build up; [conversation] to start, be started

c (pièce de théâtre) **c'est là où l'intrigue se noue** it's at that point that the plot takes shape

noueux, -euse [nwø, øz] → SYN adj branche knotty, gnarled; main gnarled; vieillard wizened

nougat [nuga] → SYN nm (Culin) nougat ◆ (pieds) **nougats*** feet ◆ **c'est du nougat*** it's dead easy* (Brit), it's a cinch* ou a piece of cake* (Brit) ◆ **c'est pas du nougat*** it's not so easy

nougatine [nugatin] → SYN nf nougatine

nouille [nuj] → SYN nf **a** (Culin) piece ou bit of pasta ◆ **nouilles** pasta, noodles ◆ (Art) **style nouille** Art Nouveau

b (*) (imbécile) noodle* (Brit), idiot; (mollasson) big lump* ◆ **ce que c'est nouille*** how idiotic (it is)

Nouméa [numea] n Nouméa

noumène [numɛn] → SYN nm noumenon

nounou* [nunu] nf nanny

nounours [nunuʀs] nm teddy (bear)

nourrain [nuʀɛ̃] → SYN nm (fretin) alevin; (cochon) piglet

nourri, e [nuʀi] → SYN (ptp de **nourrir**) adj fusillade heavy; applaudissements hearty, prolonged; conversation lively; style rich

nourrice [nuʀis] → SYN nf **a** (gardienne) childminder, nanny; (qui allaite) wet nurse ◆ **nourrice sèche†** dry nurse ◆ **mettre un enfant en nourrice** to put a child out to nurse ou in the care of a nurse ◆ **prendre un enfant en nourrice** to look after a child → **épingle**

b (bidon) jerrycan (Brit), can (US)

c (abeille) nurse bee

nourricier, -ière [nuʀisje, jɛʀ] → SYN **1** adj (Anat) canal, artère nutrient; (Bot) suc, sève nutritive; († : adoptif) mère, père foster (épith) ◆ (littér) **la terre nourricière** the nourishing earth

2 nm († : père adoptif) foster father ◆ **les nourriciers** the foster parents

nourrir [nuʀiʀ] → SYN ▸conjug 2◂ **1** vt **a** (alimenter) animal, personne to feed; feu to stoke; récit, devoir to fill out; cuir, peau to nourish ◆ **nourrir au biberon** to bottle-feed ◆ **nourrir au sein** to breast-feed, nurse ◆ **nourrir à la cuiller** to spoon-feed ◆ **nourrir un oiseau au grain** to feed a bird (on) seed ◆ **les régions qui nourrissent la capitale** the areas which provide food for the capital ou provide the capital with food ◆ **bien / mal nourri** well- / poorly-fed → **logé**

b (faire vivre) famille, pays to feed, provide for ◆ **cette entreprise nourrit 10 000 ouvriers** this firm gives work to ou provides work for 10,000 workers ◆ **ce métier ne nourrit pas son homme** this job doesn't earn a man his bread ou doesn't give a man a living wage

c (fig : caresser) projet to nurse; désir, espoir, illusion to nourish, nurture, cherish, foster; haine to nourish, harbour a feeling of; vengeance to nourish, harbour thoughts of

d (littér : former) **être nourri dans les bons principes** to be nurtured on good principles ◆ **la lecture nourrit l'esprit** reading improves the mind

2 vi to be nourishing

3 **se nourrir** vpr to eat ◆ **se nourrir de** aliments to feed (o.s.) on, eat; illusions to feed on, live on ◆ (fig) **il se nourrit de romans** novels are his staple diet

nourrissant, e [nuʀisɑ̃, ɑ̃t] → SYN adj aliment nourishing, nutritious; crème, cosmétique nourishing (épith)

nourrisseur [nuʀisœʀ] nm (personne) feeder; (récipient) trough

nourrisson [nuʀisɔ̃] → SYN nm (unweaned) infant, nursling (littér)

nourriture [nuʀityʀ] → SYN nf **a** (aliments, fig) food ◆ **assurer la nourriture de qn** to provide sb's meals ou sb with food

b (alimentation) food ◆ **il lui faut une nourriture saine** he needs a healthy diet ◆ **la nourriture des poissons se compose de ...** the food of fish is made up of ... ◆ **la lecture est une bonne nourriture pour l'esprit** reading is good nourishment for the mind ◆ (Littérat) **"Les Nourritures terrestres"** "Fruits of the Earth"

nous [nu] **1** pron pers **a** (sujet) we ◆ **nous vous écrirons** we'll write to you ◆ **nous avons bien ri tous les deux** the two of us had a good laugh, we both had a good laugh ◆ **eux ont accepté, nous non** ou **pas nous** they accepted but we didn't, they accepted but not us* ◆ **c'est enfin nous, nous voilà enfin** here we are at last ◆ **qui l'a vu? – nous / pas nous** who saw him? – we did / we didn't ou us / not us* ◆ **nous accepter?, jamais!** us accept that?, never!, you expect us to accept that?, never!; → aussi **même**

b (objet dir ou indir, complément) us ◆ **aide-nous** help us, give us a hand ◆ **donne-nous ton livre** give us your book, give your book to us ◆ **si vous étiez nous que feriez-vous?** if you were us ou if you were in our shoes what would you do? ◆ **donne-le-nous** give it to us, give us it ◆ **écoutez-nous** listen to us ◆ **il n'obéit qu'à nous** we are the only ones he obeys, he obeys only us

c (emphatique : insistance) (sujet) we, we ourselves; (objet) us ◆ **nous, nous le connaissons bien – mais nous aussi** we know him well ourselves – but so do we ou we do too ◆ **pourquoi ne le ferait-il pas?, nous l'avons bien fait, nous** why shouldn't he do it?, we did it (all right) ◆ **alors nous, nous restons pour compte?** and what about us, are we to be left out? ◆ **nous, elle nous déteste** she hates us ◆ **elle nous connaît bien, nous** she knows us all right

d (emphatique avec qui, que) (sujet) we; (objet) us ◆ **c'est nous qui sommes fautifs** we are the culprits, we are the ones to blame ◆ **merci – c'est nous qui vous remercions** thank you – it's we who should thank you ◆ **et nous (tous) qui vous parlons l'avons vu** we (all) saw him personally ◆ **est-ce nous qui devons vous le dire?** do we have to tell you? ◆ **et nous qui n'avions pas le sou!** and there were we without a penny!, and to think we didn't have a penny! ◆ **nous que le théâtre passionne, nous n'avons jamais vu cette pièce** great theatre lovers that we are we have still never seen that play, even we with all our great love for the theatre have never seen that play ◆ **il nous dit cela à nous qui l'avons tant aidé** and that's what he says to us who have helped him so much ◆ **c'est nous qu'elle veut voir** it's us she wants to see

e (avec prép) us ◆ **à nous cinq, nous devrions pouvoir soulever ça** between the 5 of us we should be able to lift that ◆ **cette maison est à nous** this house belongs to us ou is ours ◆ **nous avons une maison à nous** we have a house of our own, we have our own house ◆ **avec / sans nous** with / without us ◆ **c'est à nous de décider** it's up to us ou to ourselves to decide ◆ **elle l'a appris par nous** she heard about it through ou from us ◆ **un élève à nous** one of our pupils ◆ **l'un de nous** ou **d'entre nous doit le savoir** one of us must know (it) ◆ **nos enfants à nous** our children ◆ **l'idée vient de nous** the idea comes from us ou is ours ◆ **elle veut une photo de nous tous** she wants a photo of us all ou of all of us

f (dans comparaisons) we, us ◆ **il est aussi fort que nous** he is as strong as we are ou as us* ◆ **il mange plus / moins que nous** he eats more / less than we do ou than us* ◆ **faites comme nous** do as we do, do like us*, do the same as us* ◆ **il vous connaît aussi bien que nous** (aussi bien que nous vous connaissons) he knows you as well as we do ou as us*; (aussi bien qu'il nous connaît) he knows you as well as (he knows ou does) us

g (avec vpr) **nous nous sommes bien amusés** we had a good time, we thoroughly enjoyed ourselves ◆ **(lui et moi) nous nous connaissons depuis le lycée** we have known each other since we were at school ◆ **nous nous détestons** we hate (the sight of) each other ◆ **asseyons-nous donc** let's sit down, shall we sit down? ◆ **nous nous écrirons** we'll write to each other

h (pl de majesté, modestie etc = **moi**) we ◆ **nous, préfet de X, décidons que** we, (the) prefect of X, decide that ◆ **dans cet exposé, nous essaierons d'expliquer** in this paper, we shall try to explain
2 nm ◆ **le nous de majesté** the royal we

nous-même, pl **nous-mêmes** [numɛm] pron → **même**

nouveau, nouvelle [nuvo, nuvɛl], **nouvel** [nuvɛl] devant nm commençant par une voyelle ou h muet, mpl **nouveaux** [nuvo] → SYN GRAMMAIRE ACTIVE 21.1, 21.2
1 adj **a** (gén après nom : qui apparaît pour la première fois) new ◆ **pommes de terre nouvelles** new potatoes ◆ **vin nouveau** new wine ◆ **carottes nouvelles** spring carrots ◆ **la mode nouvelle** the latest fashion ◆ **la mode nouvelle du printemps** the new spring fashion(s) ◆ **un sentiment si nouveau pour moi** such a new feeling for me ◆ **montrez-moi le chemin, je suis nouveau ici** show me the way, I'm new here ◆ **ce rôle est nouveau pour lui** this is a new role for him → **art, quoi, tout**
b (après nom : original) idée novel, new, original ; style new, original ; (moderne) méthode new, up-to-date, new-fangled (péj) ◆ **le dernier de ses romans, et le plus nouveau** his latest and most original novel ◆ **présenter qch sous un jour nouveau** to present sth in a new light ◆ **c'est tout nouveau, ce projet** this project is brand-new ◆ **il n'y a rien de / ce n'est pas nouveau !** there's / it's nothing new ! ◆ (Littérat) **le nouveau roman** the nouveau roman
c (inexpérimenté) new (*en, dans* to) ◆ **il est nouveau en affaires** he's new to business
d (avant nom : qui succède) new ; (qui s'ajoute) new, fresh ◆ **le nouveau président** the new president, the newly-elected president ◆ **le nouvel élu** the newly-elected representative ◆ **nous avons un nouveau président / une nouvelle voiture** we have a new president / car ◆ **avez-vous lu son nouveau livre ?** have you read his new ou latest book ? ◆ **un nouveau Napoléon** a second Napoleon ◆ **les nouveaux philosophes** the new philosophers ◆ **les nouveaux pauvres** the new poor ◆ **les nouveaux parents** today's parents, the parents of today ◆ **il y a eu un nouveau tremblement de terre** there has been a further ou a new ou a fresh earthquake ◆ **c'est là une nouvelle preuve que** it's fresh proof ou further proof that ◆ **je ferai un nouvel essai** I'll make another ou a new ou a fresh attempt ◆ **avec une ardeur / énergie nouvelle** with renewed ardour / energy ◆ **il y eut un nouveau silence** there was another silence ◆ (fig) **c'est la nouvelle mode maintenant** it's the new fashion now, it's the latest thing ou fashion → **jusque**
2 nm **a** (homme, ouvrier etc) new man ; (Scol) new boy
b **du nouveau : y a-t-il du nouveau à ce sujet ?** is there anything new on this ? ◆ **il y a du nouveau dans cette affaire** there has been a fresh ou new ou further development in this business ◆ **le public veut sans cesse du nouveau** the public always wants something new ◆ **il n'y a rien de nouveau sous le soleil** there's nothing new under the sun
c LOC **de nouveau** again ◆ **faire qch de nouveau** to do sth again, repeat sth ◆ **à nouveau** (d'une manière différente) anew, afresh, again ; (encore une fois) again ◆ **nous examinerons la question à nouveau** we'll examine the question anew ou afresh ou again
3 **nouvelle** nf **a** (femme, ouvrière etc) new woman ou girl ; (Scol) new girl
b (écho) news (NonC) ◆ **une nouvelle** a piece of news ◆ **une bonne / mauvaise nouvelle** some good / bad news ◆ **ce n'est pas une nouvelle !** that's not news !, that's nothing new ! ◆ **vous connaissez la nouvelle ?** have you heard the news ? ◆ **quelles nouvelles ?*** what's new ?, what's been happening ? ◆ **la nouvelle de cet événement nous a surpris** we were surprised by the news of this event ◆ **annoncer / apprendre la nouvelle de la mort de qn** to announce / hear the news of sb's death ◆ **aller aux nouvelles** to go and find out what is (ou was etc) happening → **dernier, faux², premier**
c **nouvelles** news (NonC) ◆ **avez-vous de ses nouvelles ?** (de sa propre main) have you heard from him ?, have you had any news from him ? ; (par un tiers) have you heard anything about ou of him ?, have you had any news of him ? ◆ **j'irai prendre de ses nouvelles** I'll go and see how he's getting on (Brit) ou how he's doing ◆ **il a fait prendre de mes nouvelles (par qn)** he asked for news of me (from sb) ◆ **il ne donne plus de ses nouvelles** you never hear from him any more ◆ **je suis sans nouvelles (de lui) depuis huit jours** I haven't heard anything (of him) for a week, I've had no news (of him) for a week ◆ **pas de nouvelles, bonnes nouvelles** no news is good news ◆ **il aura** ou **entendra de mes nouvelles !*** I'll give him a piece of my mind !*, I'll give him what for !* ◆ **(goûtez mon vin) vous m'en direz des nouvelles*** (taste my wine,) I'm sure you'll like it
d (Presse, Rad, TV) **les nouvelles** the news (NonC) ◆ **écouter / entendre les nouvelles** to listen to / hear the news ◆ **voici les nouvelles** here is the news ◆ **les nouvelles sont bonnes** the news is good
e (court récit) short story
4 COMP ▷ **Nouvel An, Nouvelle Année** New Year ◆ **pour le / au Nouvel An** for / at New Year ◆ **le Nouvel An juif** the Jewish New Year ▷ **nouvelle cuisine** nouvelle cuisine ▷ **nouvelle lune** new moon ▷ **nouveaux mariés** newlyweds, newly married couple ▷ **Nouveau Monde** New World ▷ **nouveaux pays industrialisés** newly industrialized countries ▷ **nouveau riche** nouveau riche ▷ **le Nouveau Testament** the New Testament ▷ **nouvelle vague** adj inv (gén) with-it* ; (Ciné) nouvelle vague ; nf (nouvelle génération) new generation ; (Ciné) nouvelle vague ▷ **nouveau venu, nouvelle venue** nm,f newcomer (*à, dans* to)

Nouveau-Brunswick [nuvobʀœsvik] nm New Brunswick

Nouveau-Mexique [nuvomeksik] nm New Mexico

nouveau-né, nouveau-née, pl **nouveau-nés, nouveau-nées** [nuvone] **1** adj newborn
2 nm,f newborn child ; (voiture) new ou latest model ; (produit) new ou latest addition

nouveauté [nuvote] → SYN nf **a** (actualité) novelty, newness ; (originalité) novelty ; (chose) new thing, something new ◆ **il n'aime pas la nouveauté** he hates anything new ou new ideas, he hates change ◆ **il travaille ? c'est une nouveauté !** he's working ? that's new ! ou that's a new departure ! ◆ **il est paresseux – ce n'est pas une nouveauté** he's lazy – that's nothing new !
b (Habillement) **nouveautés de printemps** new spring fashions ◆ **le commerce de la nouveauté†** the fashion trade ◆ **magasin de nouveautés†** draper's shop (Brit), fabric store (US)
c (objet) new thing ou article ◆ **les nouveautés du mois** (disque) the month's new releases ; (livre) the month's new titles ◆ (machine, voiture) **les nouveautés du salon** the new models of the show ◆ **la grande nouveauté de cet automne** the latest thing this autumn ◆ **une nouveauté en matière électronique** a new thing in electronics, a new electronic invention

nouvel [nuvɛl] adj m → **nouveau**

Nouvelle-Amsterdam [nuvɛlamstɛʀdam] nf New Amsterdam

Nouvelle-Angleterre [nuvɛlɑ̃glətɛʀ] nf New England

Nouvelle-Calédonie [nuvɛlkaledɔni] nf New Caledonia

Nouvelle-Écosse [nuvɛlekɔs] nf Nova Scotia

Nouvelle-Guinée [nuvɛlgine] nf New Guinea

nouvellement [nuvɛlmɑ̃] → SYN adv recently, newly

Nouvelle-Orléans [nuvɛlɔʀleɑ̃] nf New Orleans

Nouvelles-Galles du Sud [nuvɛlgaldysyd] nf New South Wales

Nouvelles-Hébrides [nuvɛlzebʀid] nfpl New Hebrides

Nouvelle-Zélande [nuvɛlzelɑ̃d] nf New Zealand

Nouvelle-Zemble [nuvɛlzɑ̃bl] nf Novaya Zemlya

nouvelliste [nuvelist] → SYN nmf short story writer, writer of short stories

nova [nɔva], pl **novæ** [nɔve] nf nova

novateur, -trice [nɔvatœʀ, tʀis] → SYN **1** adj innovatory, innovative
2 nm,f innovator

novation [nɔvasjɔ̃] nf novation

novelette [nɔvlɛt] nf novelette

novélisation [nɔvelizasjɔ̃] nf novelization

novéliser [nɔvelize] ▸ conjug 1 ◂ vt to novelize

novembre [nɔvɑ̃bʀ] nm November ; pour loc voir **septembre** et **onze**

nover [nɔve] ▸ conjug 1 ◂ vt to novate

novice [nɔvis] → SYN **1** adj inexperienced (*dans* in), green* (*dans* at)
2 nmf (débutant) novice, beginner, greenhorn* ; (Rel) novice, probationer

noviciat [nɔvisja] → SYN nm (bâtiment, période) noviciate, novitiate ◆ (Rel) **de noviciat** probationary

Novocaïne ® [nɔvɔkain] nf Novocaine ®

Novossibirsk [novosibiʀsk] n Novosibirsk

novotique [nɔvɔtik] nf new technology

noyade [nwajad] → SYN nf drowning ; (événement) drowning accident, death by drowning ◆ **il y a eu de nombreuses noyades à cet endroit** there have been many drowning accidents ou many deaths by drowning ou many people drowned at this spot ◆ **sauver qn de la noyade** to save sb from drowning

noyau, pl **noyaux** [nwajo] → SYN nm **a** (lit) [fruit] stone, pit ; (Astron, Bio, Phys) nucleus ; (Géol) core ; (Ling) kernel, nucleus ; (Ordin) kernel ; (Art) centre, core ; (Élec) core *(of induction coil etc)* ; (Constr) newel ◆ **enlevez les noyaux** remove the stones (from the fruit), pit the fruit
b (fig) [personnes] (cellule originelle) nucleus ; (groupe de fidèles) circle ; (groupe de manifestants) small group ; (groupe d'opposants) cell, small group ◆ **il ne restait maintenant qu'un noyau d'opposants** now there only remained a hard core of opponents ou a pocket of resistance ◆ **noyau dur** (Écon) hard core shareholders ; [groupe] (irréductibles) hard core ; (éléments essentiels) kernel ◆ **noyau de résistance** centre of resistance

noyautage [nwajotaʒ] → SYN nm (Pol) infiltration

noyauter [nwajote] → SYN ▸ conjug 1 ◂ vt (Pol) to infiltrate

noyé, e [nwaje] (ptp de **noyer²**) **1** adj **a** (fig : ne pas comprendre) **être noyé** to be out of one's depth, be all at sea (*en* in)
b **avoir le regard noyé** to have a faraway ou vague look in one's eyes ◆ **regard noyé de larmes** tearful look, eyes swimming with tears
2 nm,f drowned person ◆ **il y a eu beaucoup de noyés ici** a lot of people have drowned here

noyer¹ [nwaje] → SYN nm (arbre) walnut (tree) ; (bois) walnut

noyer² [nwaje] ▸ conjug 8 ◂ **1** vt **a** (gén) personne, animal, flamme to drown ; (Aut) moteur to flood ◆ **la crue a noyé les champs riverains** the high water has flooded ou drowned ou swamped the riverside fields ◆ **il avait les yeux noyés de larmes** his eyes were brimming ou swimming with tears ◆ **la nuit noyait la campagne** darkness shrouded the countryside ◆ **noyer une révolte dans le sang** to put down a revolt violently, spill blood in quelling a revolt ◆ (Mil) **noyer la poudre** to wet the powder ◆ **noyer son chagrin dans l'alcool** to drown one's sorrows ◆ (fig) **noyer le poisson** to duck ou sidestep the question, introduce a red herring into the discussion
b (gén pass : perdre) **noyer qn sous un déluge d'explications** to swamp sb with explanations ◆ **quelques bonnes idées noyées dans des détails inutiles** a few good ideas lost in ou buried in ou swamped by a mass of irrelevant detail ◆ **être noyé dans l'obscurité** to be shrouded in darkness ◆ **être noyé dans la foule** to be lost in the crowd ◆ **noyé**

dans la masse, cet écrivain n'arrive pas à percer because he's (just) one amongst (so) many, this writer can't manage to make a name for himself ◆ **cette dépense ne se verra pas, noyée dans la masse** this expense won't be noticed when it's lumped ou put together with the rest ◆ **ses paroles furent noyées par** ou **dans le vacarme** his words were drowned in the din

c (Culin) alcool, vin to water down; sauce to thin too much, make too thin

d (Tech) clou to drive right in; pilier to embed ◆ **noyé dans la masse** embedded

e (effacer) contours, couleur to blur

2 **se noyer** vpr **a** (lit) (accidentellement) to drown; (volontairement) to drown o.s. ◆ **une personne qui se noie** a drowning person ◆ **il s'est noyé** (accidentellement) he drowned ou was drowned; (volontairement) he drowned himself

b (fig) **se noyer dans un raisonnement** to become tangled up ou bogged down in an argument ◆ **se noyer dans les détails** to get bogged down in details ◆ **se noyer dans un verre d'eau** to make a mountain out of a molehill, make heavy weather of the simplest thing ◆ **se noyer l'estomac** to overfill one's stomach *(by drinking too much liquid)*

NPI [ɛnpei] nmpl (abrév de **nouveaux pays industriels**) NIC

N.-S. J.-C. abrév de **Notre-Seigneur Jésus-Christ**

NTSC [ɛnteɛsse] nm (abrév de **National Television System Committee**) NTSC

NU (abrév de **Nations Unies**) UN

nu[1], **e**[1] [ny] → SYN **1** adj **a** (sans vêtement) personne naked, nude, bare; torse, membres naked, bare; crâne bald ◆ **nu-pieds, (les) pieds nus** barefoot, with bare feet ◆ **nu-tête, (la) tête nue** bareheaded ◆ **nu-jambes, (les) jambes nues** barelegged, with bare legs ◆ **(les) bras nus** barearmed, with bare arms ◆ **(le) torse nu, nu jusqu'à la ceinture** stripped to the waist, naked from the waist up ◆ **à moitié nu, à demi nu** half-naked ◆ **il est nu comme un ver** ou **comme la main** he is as naked as the day he was born ◆ **tout nu** stark naked ◆ **se mettre nu** to strip (off), take one's clothes off ◆ **se montrer nu à l'écran** to appear in the nude on the screen → **épée, main, œil**

b (sans ornement) mur, chambre bare; arbre, pays, plaine bare, naked; style plain; vérité plain, naked; (non protégé) fil électrique bare

c (Bot, Zool) naked

d LOC **à nu: mettre à nu** fil électrique to strip; erreurs, vices to expose, lay bare ◆ **mettre son cœur à nu** to lay bare one's heart ou soul ◆ **monter un cheval à nu** to ride bareback

2 nm (Peinture, Phot) nude

nu[2] [ny] nm inv (Ling) nu

nuage [nɥaʒ] → SYN nm (lit, fig) cloud ◆ **nuage de grêle/de pluie** hail/rain cloud ◆ **nuage de fumée/de tulle/de poussière/de sauterelles** cloud of smoke/tulle/dust/locusts ◆ **nuage radioactif** radioactive cloud ◆ (Math) **nuage de points** scatter of points ◆ (lit, fig) **il y a des nuages noirs à l'horizon** there are dark clouds on the horizon ◆ **le ciel se couvre de nuages/est couvert de nuages** the sky is clouding over/is cloudy ou overcast ou has clouded over ◆ **juste un nuage (de lait)** just a drop (of milk) ◆ (fig) **il est (perdu) dans les nuages** he has his head ou he is in the clouds ◆ **sans nuages** ciel cloudless; bonheur unmarred, unclouded ◆ **une amitié qui n'est pas sans nuages** a friendship which is not entirely untroubled ou is not entirely quarrelfree

nuageux, -euse [nɥaʒø, øz] → SYN adj **a** temps cloudy; ciel cloudy, overcast; zone, bande cloud (épith) ◆ **système nuageux** cloud system

b (vague) nebulous, hazy

nuance [nɥɑ̃s] → SYN nf **a** [couleur] shade, hue; (Littérat, Mus) nuance ◆ **nuance de sens** shade of meaning, nuance ◆ **nuance de style** nuance of style ◆ **d'une nuance politique différente** of a different shade of political opinion ◆ **de toutes les nuances politiques** of all shades of political opinion

b (différence) slight difference ◆ **il y a une nuance entre mentir et se taire** there's a slight difference between lying and keeping quiet ◆ **je ne lui ai pas dit non, nuance! je lui ai dit peut-être** I didn't say no to him, understand, I said perhaps, I didn't say no to him, I said perhaps and there's a difference between the two ◆ **tu vois** ou **saisis la nuance?** do you see the difference?

c (subtilité, variation) **les nuances du cœur/de l'amour** the subtleties of the heart/of love ◆ **apporter des nuances à une affirmation** to qualify a statement ◆ **faire ressortir les nuances** to bring out the finer ou subtler points ◆ **tout en nuances** esprit, discours, personne very subtle, full of nuances ◆ **sans nuance** discours unsubtle, cut and dried; esprit, personne unsubtle

d (petit élément) touch ◆ **avec une nuance de tristesse** with a touch ou a slight note of sadness

nuancé, e [nɥɑ̃se] → SYN (ptp de **nuancer**) adj tableau finely shaded; opinion qualified; attitude balanced; (Mus) nuanced ◆ **une ironie nuancée d'amertume** irony with a tinge ou a note ou a hint of bitterness

nuancer [nɥɑ̃se] → SYN ▸ conjug 3 ◂ vt tableau to shade; couleur to shade; opinion to qualify; (Mus) to nuance

nuancier [nɥɑ̃sje] nm colour chart

Nubie [nybi] nf Nubia

nubile [nybil] → SYN adj nubile

nubilité [nybilite] → SYN nf nubility

nubuck [nybyk] nm nubuck

nucal, e, mpl **-aux** [nykal, o] adj nuchal

nucelle [nysɛl] nm nucellus

nucléaire [nykleɛʀ] **1** adj nuclear

2 nm ◆ **le nucléaire** (énergie) nuclear energy; (technologie) nuclear technology

nucléarisation [nykleaʀizasjɔ̃] nf [pays] equipping with nuclear weapons

nucléariser [nykleaʀize] ▸ conjug 1 ◂ vt pays to equip with nuclear weapons; ressources énergétiques to apply nuclear energy to the production of

nucléase [nykleɑz] nf nuclease

nucléé, e [nyklee] adj nucleate(d)

nucléide [nykleid] nm nuclide

nucléine [nyklein] nf nuclein

nucléique [nykleik] adj nucleic

nucléocapside [nykleokapsid] nf nucleocapsid

nucléole [nykleɔl] nm nucleolus

nucléon [nykleɔ̃] nm nucleon

nucléonique [nykleɔnik] adj nucleonic

nucléophile [nykleɔfil] **1** adj nucleophilic

2 nm nucleophile

nucléoprotéine [nykleopʀɔtein] nf nucleoprotein

nucléoside [nykleozid] nm nucleoside

nucléosome [nykleozom] nm nucleosome

nucléosynthèse [nykleosɛ̃tɛz] nf nucleosynthesis

nucléotide [nykleɔtid] nm nucleotide

nudisme [nydism] → SYN nm nudism ◆ **faire du nudisme** to practise nudism

nudiste [nydist] → SYN adj, nmf nudist

nudité [nydite] → SYN nf [personne] nakedness, nudity; (fig) [mur] bareness; (Art) nude ◆ **la laideur des gens s'étale dans toute sa nudité** people are exposed in all their ugliness, people's ugliness is laid bare for all to see

nue[2] [ny] → SYN nf **a** (†† ou littér) (nuage) **nue, nues** clouds ◆ (ciel) **la nue, les nues** the skies

b **porter** ou **mettre qn aux nues** to praise sb to the skies ◆ **tomber des nues** to be completely taken aback ou flabbergasted ◆ **je suis tombé des nues** you could have knocked me down with a feather, I was completely taken aback

nuée [nɥe] nf **a** (littér: nuage) thick cloud ◆ **nuées d'orage** storm clouds ◆ **nuée ardente** nuée ardente, glowing cloud

b (multitude) [insectes] cloud, horde; [flèches] cloud; [photographes, spectateurs, ennemis] horde, host ◆ (fig) **comme une nuée de sauterelles** like a plague ou swarm of locusts

nue-propriété [nypʀɔpʀijete] nf ◆ **avoir un bien en nue-propriété** to have property without usufruct

nuer [nɥe] → SYN ▸ conjug 1 ◂ vt (littér) couleurs to blend ou match the different shades of

nuire [nɥiʀ] → SYN ▸ conjug 38 ◂ **1** **nuire à** vt indir (desservir) personne to harm, injure; santé, réputation to damage, harm, injure; action to prejudice ◆ **sa laideur lui nuit beaucoup** his ugliness is very much against him ou is a great disadvantage to him ◆ **il a voulu le faire mais ça va lui nuire** he wanted to do it, but it will go against him ou it will do him harm ◆ **chercher à nuire à qn** to try to harm sb, try to do ou run sb down ◆ **cela risque de nuire à nos projets** there's a risk that it will damage ou harm our plans ◆ **c'est pratique et, ce qui ne nuit pas, très bon marché** it's practical and what's more it's very cheap

2 **se nuire** vpr (à soi-même) to do o.s. a lot of harm; (l'un l'autre) to work against each other's interests, harm each other

nuisance [nɥizɑ̃s] → SYN nf (gén pl) (environmental) pollution (NonC) ou nuisance (NonC) ◆ **les nuisances (sonores)** noise pollution

nuisette [nɥizɛt] nf very short nightdress ou nightie*

nuisible [nɥizibl] → SYN adj climat, temps harmful, injurious (*à* to); influence, gaz harmful, noxious (*à* to) ◆ **animaux nuisibles** vermin, pests ◆ **insectes nuisibles** pests ◆ **nuisible à la santé** harmful ou injurious to (the) health

nuit [nɥi] → SYN **1** nf **a** (obscurité) darkness, night ◆ **il fait nuit** it is dark ◆ **il fait nuit à 5 heures** it gets dark at 5 o'clock ◆ **il fait nuit noire** it's pitch dark ou black ◆ **une nuit d'encre** a pitch dark ou black night ◆ **la nuit tombe** it's getting dark, night is falling ◆ **à la nuit tombante** at nightfall, at dusk ◆ **pris** ou **surpris par la nuit** overtaken by darkness ou night ◆ **rentrer avant la nuit** to come home before dark ◆ **rentrer à la nuit** to come home in the dark ◆ **la nuit polaire** the polar night ou darkness ◆ (Ciné) **"Nuit et Brouillard"** "Night and Fog" ◆ (Prov) **la nuit tous les chats sont gris** every cat in the twilight is grey

b (espace de temps) night ◆ **cette nuit** (passée) last night; (qui vient) tonight ◆ **j'ai passé la nuit chez eux** I spent the night at their house ◆ **dans la nuit de jeudi** during Thursday night ◆ **dans la nuit de jeudi à vendredi** during Thursday night, during the night of Thursday to Friday ◆ (Mus) **"Une nuit sur le mont chauve"** "Night on the Bare Mountain" ◆ **souhaiter (une) bonne nuit à qn** to wish sb goodnight ◆ (Prov) **la nuit porte conseil** let's (ou let them etc) sleep on it ◆ **une nuit blanche** ou **sans sommeil** a sleepless night ◆ **faire sa nuit*** to go through the night ◆ **nuit et jour** night and day ◆ **au milieu de la nuit, en pleine nuit** in the middle of the night, at dead of night ◆ **elle part cette nuit** ou **dans la nuit** she's leaving tonight ◆ **ouvert la nuit** open at night ◆ **sortir/travailler la nuit** to go out/work at night ◆ **rouler** ou **conduire la nuit** ou **de nuit** to drive at night ◆ **conduire la nuit ne me gêne pas** I don't mind night-driving ou driving at night ◆ **de nuit** service, travail, garde, infirmière etc night (épith)

c (littér) darkness ◆ **dans la nuit de ses souvenirs** in the darkness of his memories ◆ **ça se perd dans la nuit des temps** it is lost in the mists of time ◆ **ça remonte à la nuit des temps** that goes back to the dawn of time, that's as old as the hills ◆ **la nuit du tombeau/de la mort** the darkness of the grave/of death

2 COMP ▷ **nuit américaine** day for night ▷ **nuit bleue** night of terror ▷ **nuit d'hôtel** night spent in a hotel room, overnight stay in a hotel ◆ **payer sa nuit (d'hôtel)** to pay one's hotel bill ▷ **nuit de noces** wedding night ▷ **nuit de Noël** Christmas Eve ▷ **la nuit des Rois** Twelfth Night

nuitamment [nɥitamɑ̃] adv by night

nuitée [nɥite] nf ◆ (gén pl) **nuitées** overnight stays, beds occupied *(in statistics for tourism)* ◆ **3 nuitées** 3 nights (in a hotel room)

nul, nulle [nyl] → SYN **1** adj indéf **a** (aucun: devant nom) no ◆ **il n'avait nul besoin/nulle envie de sortir** he had no need/no desire to

go out at all ◆ **nul doute qu'elle ne l'ait vu** there is no doubt (whatsoever) that she saw him ◆ **nul autre que lui (n'aurait pu le faire)** no one (else) but he (could have done it) ◆ **il ne l'a trouvé nulle part** he couldn't find it anywhere, he could find it nowhere ◆ **nulle part ailleurs** nowhere else ◆ **sans nul doute / nulle exception** without any doubt / any exception
b (après nom) (proche de zéro) résultat, différence, risque nil (attrib); (invalidé) testament, élection null and void (attrib); (inexistant) récolte etc non-existent ◆ (Sport) **le résultat** ou **le score est nul** (zéro à zéro) the result is a goalless ou a nil draw; (2 à 2 etc) the result is a draw, the match ended in a draw ◆ (Math) **pour toute valeur non nulle de x** where x is not equal to zero ◆ (Jur) **nul et non avenu** invalid, null and void ◆ (Jur) **rendre nul** to annul, nullify ◆ **nombre nul / non-nul** zero / non-zero number → **match**
c (qui ne vaut rien) film, livre, personne useless, hopeless; intelligence nil; travail worthless, useless ◆ **être nul en géographie** to be hopeless ou useless at geography ◆ **il est nul pour** ou **dans tout ce qui est manuel** he's hopeless ou useless at anything manual ◆ **ce devoir est nul** this piece of work is worth nothing ou doesn't deserve any marks ◆ **c'est nul de lui avoir dit ça*** it was really stupid to tell him that
2 pron indéf (sujet sg: personne, aucun) no one ◆ (Prov) **nul n'est prophète en son pays** no man is a prophet in his own country ◆ **nul n'est censé ignorer la loi** ignorance of the law is no excuse ◆ **nul d'entre vous n'ignore que ...** none of you is ignorant of the fact that ... ◆ **à nul autre pareil** peerless (littér épith), unrivalled, unmatched

nullard, e* [nylaʀ, aʀd] **1** adj hopeless, useless (*en* at)
2 nm,f dunce, numskull ◆ **c'est un nullard** he's a complete numskull, he's a dead loss*

nullement [nylmɑ̃] → SYN adv not at all, not in the least

nullipare [nylipaʀ] **1** adj nulliparous
2 nf nullipara

nullité [nylite] → SYN nf **a** (Jur) nullity; [personne] uselessness; incompetence; [raisonnement, objection] invalidity → **entacher**
b (personne) nonentity, wash-out*

nûment [nymɑ̃] → SYN adv (littér) (sans fard) plainly, frankly; (crûment) bluntly ◆ **dire (tout) nûment que ...** to say (quite) frankly that ...

numéraire [nymeʀɛʀ] → SYN **1** adj ◆ **pierres numéraires** milestones ◆ **espèces numéraires** legal tender ou currency ◆ **valeur numéraire** face value
2 nm specie (spéc), cash ◆ **paiement en numéraire** cash payment, payment in specie (spéc)

numéral, e, mpl **-aux** [nymeʀal, o] adj, nm numeral

numérateur [nymeʀatœʀ] nm numerator

numération [nymeʀasjɔ̃] nf (comptage) numeration; (code) notation ◆ (Méd) **numération globulaire** blood count ◆ (Méd) **numération formulaire sanguine** full blood count ◆ (Math, Ordin) **numération binaire** binary notation

numérique [nymeʀik] adj (gén, Math) numerical; (Ordin) affichage, son digital

numériquement [nymeʀikmɑ̃] adv numerically

numérisation [nymeʀizasjɔ̃] nf digitization

numériser [nymeʀize] ▸ conjug 1 ◂ vt to digitize

numériseur [nymeʀizœʀ] nm digitizer

numéro [nymeʀo] → SYN GRAMMAIRE ACTIVE 27 nm **a** (gén, Aut, Phys) number ◆ **j'habite au numéro 6** I live at number 6 ◆ **numéro atomique** atomic number ◆ **numéro d'ordre** queue ticket (Brit), number ◆ **numéro minéralogique** ou **d'immatriculation** ou **de police** registration (Brit) ou license (US) number, car number ◆ **numéro d'immatriculation à la Sécurité sociale** National Insurance number (Brit), Social Security number (US) ◆ **numéro (de téléphone), numéro d'appel** (tele)phone number ◆ **numéro vert** ou **d'appel gratuit** Freefone ® (Brit) ou toll-free (US) number ◆ **faire** ou **composer un numéro** to dial a number ◆ (Helv) **numéro postal** post code, zip code (US) ◆ **pour eux, je ne suis qu'un numéro** I'm just (another) number to them ◆ **notre ennemi / problème numéro un** our number one enemy / problem ◆ **le numéro un / deux du textile** the number one / two textile producer ou manufacturer ◆ **le numéro un soviétique** the Soviet number one
b [billet de loterie] number ◆ **tirer le bon numéro** (lit) to draw the lucky number; (fig) to strike lucky ◆ (fig) **tirer le mauvais numéro** to draw the short straw ◆ **numéro gagnant** winning number
c (Presse) issue, number ◆ **le numéro du jour** the day's issue ◆ **vieux numéro** back number, back issue ◆ **numéro spécial** special issue → **suite**
d (spectacle) [chant, danse] number; [cirque, music-hall] act, turn, number ◆ (fig) **il nous a fait son numéro habituel** ou **son petit numéro** he gave us ou put on his usual (little) act
e (personne) **quel numéro !*, c'est un drôle de numéro !*, c'est un sacré numéro !*** what a character!
f (Tex) count of yarn

numérologie [nymeʀɔlɔʒi] nf numerology

numérotage [nymeʀɔtaʒ] nm numbering, numeration

numérotation [nymeʀɔtasjɔ̃] nf numbering, numeration ◆ **numérotation téléphonique** telephone number system

numéroter [nymeʀɔte] → SYN ▸ conjug 1 ◂ vt to number ◆ **si tu continues, tu as intérêt à numéroter tes abattis !*** if you go on like this you'll get what's coming to you !*

numéroteur [nymeʀɔtœʀ] nm (e)numerator

numerus clausus [nymeʀysklozys] nm restricted intake

numide [nymid] **1** adj Numidian
2 nmf ◆ **Numide** Numidian

Numidie [nymidi] nf Numidia

numismate [nymismat] nmf numismatist

numismatique [nymismatik] **1** adj numismatic
2 nf numismatics (NonC), numismatology

nummulaire [nymylɛʀ] adj (Méd) nummular

nummulite [nymylit] nf nummulite

nummulitique [nymylitik] **1** adj nummulitic
2 nm ◆ **le nummulitique** the Nummulitic formation

nunatak [nynatak] nm nunatak

nunchaku [nunʃaku] nm nunchaku

nunuche* [nynyʃ] adj namby-pamby*

nu-pieds [nypje] nmpl (sandales) beach sandals, flip-flops (Brit)

nu-propriétaire, nue-propriétaire, pl **nus-propriétaires, nues-propriétaires** [nypʀɔpʀijetɛʀ] nm,f (Jur) owner without usufruct

nuptial, e, mpl **-iaux** [nypsjal, jo] → SYN adj bénédiction, messe nuptial (littér); robe, marche, anneau, cérémonie wedding (épith); lit, chambre bridal, nuptial (littér); (Zool) mœurs, vol nuptial

nuptialité [nypsjalite] nf ◆ **(taux de) nuptialité** marriage rate

nuque [nyk] nf nape of the neck, nucha (spéc)

nuraghe [nyʀag], pl **nuraghi** [nyʀagi] nm nuraghe

Nuremberg [nyʀɛ̃bɛʀ] n Nuremberg

nursage [nœʀsaʒ] nm nursing care

nurse [nœʀs] → SYN nf nanny, (children's) nurse

nursery, pl **nurserys** ou **nurseries** [nœʀsəʀi] → SYN nf nursery

nutation [nytasjɔ̃] nf nutation

nutriment [nytʀimɑ̃] nm nutriment

nutritif, -ive [nytʀitif, iv] → SYN adj (nourrissant) nourishing, nutritious; (Méd) besoins, fonction, appareil nutritive ◆ (Bio) **qualité** ou **valeur nutritive** food value, nutritional value

nutrition [nytʀisjɔ̃] → SYN nf nutrition

nutritionnel, -elle [nytʀisjɔnɛl] adj nutritional

nutritionniste [nytʀisjɔnist] → SYN nmf nutritionist

Nuuk [nyk] n Nuuk

Nyasaland, Nyassaland [njasalɑ̃d] nm Nyasaland

nyctalope [niktalɔp] **1** adj day-blind, hemeralopic (spéc)
2 nmf day-blind ou hemeralopic (spéc) person ◆ **les chats sont nyctalopes** cats see well in the dark

nyctalopie [niktalɔpi] nf day blindness, hemeralopia (spéc)

nycthémère [niktemɛʀ] nm nychthemeron

nycturie [niktyʀi] nf nycturia, nocturia

nylon ® [nilɔ̃] nm nylon ◆ **bas (de) nylon** (pl) nylons, nylon stockings

nymphe [nɛ̃f] → SYN nf (Myth, fig) nymph; (Zool) nymph, nympha, pupa; (Anat) nymphae, labia minora

nymphéa [nɛ̃fea] → SYN nm white water lily

nymphéacées [nɛ̃fease] nfpl ◆ **les nymphéacées** nymphaeaceous plants, the Nymphaeaceae (spéc)

nymphée [nɛ̃fe] nm ou f nymphaeum

nymphette [nɛ̃fɛt] nf nymphet

nymphomane [nɛ̃fɔman] adj, nf nymphomaniac

nymphomanie [nɛ̃fɔmani] nf nymphomania

nymphose [nɛ̃foz] nf nymphosis

nystagmus [nistagmys] nm nystagmus

O¹, o [o] nm (lettre) O, o

O² (abrév de **Ouest**) W

ô [o] excl oh!, O!

OAS [oaɛs] nf (abrév de **Organisation de l'armée secrète**) OAS, *illegal military organization supporting French rule of Algeria*

oasien, -ienne [ɔazjɛ̃, jɛn] 1 adj oasis (épith)
2 nm,f oasis dweller

oasis [ɔazis] → SYN nf (lit) oasis; (fig) oasis, haven ◆ **oasis de paix** haven of peace

obédience [ɔbedjɑ̃s] → SYN nf a (appartenance) **d'obédience communiste** of Communist allegiance ◆ **de même obédience religieuse** of the same religious persuasion
b (Rel, littér: obéissance) obedience

obéir [ɔbeiʀ] → SYN ▸ conjug 2 ◂ **obéir à** vt indir
a personne to obey; ordre to obey, comply with; loi, principe to obey ◆ **il sait se faire obéir de ses élèves** he knows how to command ou exact obedience from his pupils ou how to get his pupils to obey him ou how to make his pupils obey him ◆ **on lui obéit** ou **il est obéi au doigt et à l'œil** he commands strict obedience ◆ **je lui ai dit de le faire mais il n'a pas obéi** I told him to do it but he took no notice ou didn't obey (me) ◆ **ici, il faut obéir** you have to toe the line ou obey orders here
b (fig) **obéir à** conscience, mode to follow the dictates of ◆ **obéir à une impulsion** to act on an impulse ◆ **obéissant à un sentiment de pitié** prompted ou moved by a feeling of pity ◆ **obéir à ses instincts** to submit to ou obey one's instincts
c [voilier, moteur, monture] to respond to ◆ **le cheval obéit au mors** the horse responds to the bit ◆ **le moteur/voilier obéit bien** the engine/boat responds well

obéissance [ɔbeisɑ̃s] → SYN nf [animal, personne] obedience (à to) ◆ **le refus d'obéissance est puni** any refusal to obey will be punished

obéissant, e [ɔbeisɑ̃, ɑ̃t] → SYN adj obedient (à to, towards)

obel, obèle [ɔbɛl] → SYN nm (marque) obelus

obélisque [ɔbelisk] nm (monument) obelisk

obérer [ɔbeʀe] → SYN ▸ conjug 6 ◂ vt (frm) to burden with debt ◆ **obéré (de dettes)** burdened with debt

obèse [ɔbɛz] → SYN 1 adj obese
2 nmf obese person

obésité [ɔbezite] → SYN nf obesity

obi [ɔbi] → SYN nf (ceinture) obi

obier [ɔbje] → SYN nm guelder-rose

obit [ɔbit] → SYN nm memorial service

obituaire [ɔbitɥɛʀ] → SYN nm obituary

objectal, e, mpl **-aux** [ɔbʒɛktal, o] adj object (épith)

objecter [ɔbʒɛkte] → SYN ▸ conjug 1 ◂ vt a (à une suggestion ou opinion) **objecter une raison à un argument** to put forward a reason against an argument ◆ **il m'objecta une très bonne raison, à savoir que ...** against that he argued convincingly that ..., he gave me ou he put forward a very sound reason against (doing) that, namely that ... ◆ **objecter que ...** to object that ... ◆ **il m'objecta que ...** he objected to me that ..., the objection he mentioned ou raised to me was that ... ◆ **je n'ai rien à objecter** I have no objection (to make) ◆ **elle a toujours quelque chose à objecter** she always has some objection or other (to make), she always raises some objection or other
b (à une demande) **il objecta le manque de temps/la fatigue pour ne pas y aller** he pleaded lack of time/tiredness to save himself going ◆ **quand je lui ai demandé de m'emmener, il m'a objecté mon manque d'expérience/le manque de place** when I asked him to take me with him, he objected on the grounds of my lack of experience/on the grounds that there was not enough space ou he objected that I lacked experience/that there was not enough space

objecteur [ɔbʒɛktœʀ] → SYN nm ◆ **objecteur (de conscience)** conscientious objector

objectif, -ive [ɔbʒɛktif, iv] → SYN 1 adj a article, jugement, observateur objective, unbiased
b (Ling, Philos) objective; (Méd) symptôme objective
2 nm a (but) objective, purpose; (Mil: cible) objective, target ◆ **objectif de vente** sales target
b [télescope, lunette] objective, object glass, lens; [caméra] lens, objective ◆ **objectif grand-angulaire** ou **(à) grand angle** wide-angle lens ◆ **objectif traité** coated lens ◆ **braquer son objectif sur** to train one's camera on

objection [ɔbʒɛksjɔ̃] → SYN GRAMMAIRE ACTIVE 1.1, 9.2, 11 nf objection ◆ **faire une objection** to raise ou make an objection, object ◆ **si vous n'y voyez aucune objection** if you have no objection (to that) ◆ (Jur) **objection (votre Honneur)!** objection (your Honour)! ◆ **objection de conscience** conscientious objection

objectivement [ɔbʒɛktivmɑ̃] adv objectively

objectiver [ɔbʒɛktive] → SYN ▸ conjug 1 ◂ vt to objectivize

objectivisme [ɔbʒɛktivism] nm objectivism

objectivité [ɔbʒɛktivite] → SYN nf objectivity

objet [ɔbʒɛ] → SYN 1 nm a (article) object, thing ◆ **emporter quelques objets de première nécessité** to take a few basic essentials ou a few essential items ou things ◆ **femme-/homme-objet** woman/man as a sex object ◆ **objet sexuel** sex object → **bureau**
b (sujet) [méditation, rêve, désir] object; [discussion, recherches, science] subject ◆ **l'objet de la psychologie est le comportement humain** human behaviour forms the subject matter of psychology, psychology is the study of human behaviour
c (cible) **un objet de raillerie/de grande admiration** an object of fun/great admiration ◆ **il était l'objet de la curiosité/de l'envie des autres** he was an object of curiosity/an object of envy to (the) others
d **faire** ou **être l'objet de** discussion, recherches to be ou form the subject of; surveillance, enquête to be subjected to; soins, dévouement to be given ou shown ◆ **les prisonniers font l'objet d'une surveillance constante** the prisoners are subject ou subjected to constant supervision ◆ **le malade fit** ou **fut l'objet d'un dévouement de tous les instants** the patient was shown ou was given every care and attention ◆ **les marchandises faisant l'objet de cette facture** goods covered by this invoice
e (but) [visite, réunion, démarche] object, purpose ◆ **cette enquête a rempli son objet** the investigation has achieved its purpose ou object ou objective ◆ **craintes sans objet** unfounded ou groundless fears ◆ **votre plainte est dès lors sans objet** your complaint therefore no longer applies ou is no longer applicable
f (Ling, Philos) object → **complément**
g (Jur) [procès, litige] **l'objet du litige** the matter at issue, the subject of the case
2 COMP ▷ **l'objet aimé** (†† ou hum) the beloved one ▷ **objet d'art** objet d'art ▷ **objet social** (Comm) business ▷ **objets de toilette** toilet requisites ou articles ▷ **objets trouvés** lost property (office) (Brit), lost and found (US) ▷ **objets de valeur** valuables ▷ **objet volant non identifié** unidentified flying object

objurgations [ɔbʒyʀgasjɔ̃] nfpl (littér) (exhortations) objurgations (frm); (prières) pleas, entreaties

oblat, e [ɔbla, at] → SYN nm,f oblate

oblatif, -ive [ɔblatif, iv] → SYN adj selfless

oblation [ɔblasjɔ̃] → SYN nf oblation

obligataire [ɔbligatɛʀ] 1 adj marché debenture (épith)
2 nmf debenture holder

obligation [ɔbligasjɔ̃] → SYN nf a (devoir moral ou réglementaire) obligation ◆ **il faudrait les**

inviter – ce n'est pas une obligation we should invite them – we don't have to ◆ **avoir l'obligation de faire** to be under an obligation to do, be obliged to do ◆ **il se fait une obligation de cette visite / lui rendre visite** he feels himself obliged ou he feels he is under an obligation to make this visit / to visit him ◆ **être** ou **se trouver dans l'obligation de faire** to be obliged to do ◆ **sans obligation d'achat** with no ou without obligation to buy ◆ **c'est sans obligation de votre part** there's no obligation on your part, you're under no obligation ◆ **obligation de réserve** duty to preserve secrecy

b (gén pl : devoirs) obligation, duty ◆ **obligations sociales / professionnelles** social / professional obligations ◆ **obligations de citoyen / de chrétien** one's obligations ou responsibilities ou duties as a citizen / Christian ◆ **obligations militaires** military obligations ou duties, duties ou obligations as a soldier ◆ **être dégagé des obligations militaires** to have completed one's military service ◆ **obligation scolaire** *legal obligation to provide an education for children* ◆ **obligations scolaires** [professeur] teaching obligations ; [élève] obligations ou duties as a pupil ◆ **obligations familiales** family obligations ou responsibilities ◆ **avoir des obligations envers une autre firme** to have a commitment to another firm ◆ (Pol) **remplir ses obligations vis-à-vis d'un autre pays** to discharge one's commitments towards another country

c (littér : devoir de reconnaissance) **obligation(s)** obligation ◆ **avoir de l'obligation à qn** to be under an obligation to sb

d (Jur) obligation ; (dette) obligation ◆ **faire face à ses obligations (financières)** to meet one's liabilities ◆ **obligation légale** legal obligation ◆ **obligation alimentaire** maintenance obligation ◆ **contracter une obligation envers qn** to contract an obligation towards sb

e (Fin : titre) bond, debenture ◆ **obligation cautionnée** guaranteed bond ◆ **obligation d'État** government bond

obligatoire [ɔbligatwaʀ] → SYN GRAMMAIRE ACTIVE 10.1 adj a compulsory, obligatory, mandatory ◆ **le service militaire est obligatoire pour tous** military service is obligatory ou compulsory for all

b (* : inévitable) **il est arrivé en retard ? – c'était obligatoire !** he arrived late ? – he was bound to ! ou it was inevitable ! ◆ **c'était obligatoire qu'il rate son examen** it was inevitable ou a foregone conclusion that he would fail his exam, he was bound to fail his exam

obligatoirement [ɔbligatwaʀmɑ̃] → SYN adv a (nécessairement) necessarily, obligatorily (frm) ◆ **devoir obligatoirement faire** to be obliged to do ◆ **la réunion se tiendra obligatoirement ici** the meeting will have to be held here ◆ **pas obligatoirement** not necessarily

b (* : sans doute) inevitably ◆ **il aura obligatoirement des ennuis s'il continue comme ça** he's bound to ou he'll be bound to ou he'll inevitably make trouble for himself if he carries on like that

obligé, e [ɔbliʒe] → SYN GRAMMAIRE ACTIVE 10, 18.4 (ptp de **obliger**) 1 adj a (forcé de) **obligé de faire** obliged ou compelled to do ◆ **j'étais bien obligé** I was forced to, I had to

b (frm : redevable) **être obligé à qn** to be (most) obliged to sb, be indebted to sb (*de qch* for sth ; *d'avoir fait* for having done, for doing)

c (inévitable) conséquence inevitable ◆ **c'est obligé !** it's inevitable ! ◆ **c'était obligé** it had to happen !, it was sure ou bound to happen !

d (indispensable) necessary, required ◆ **le parcours obligé pour devenir ministre** the track record necessary ou required in order to become a (government) minister, the required track record of a (government) minister

2 nm,f a (Jur) obligee, debtor ◆ (Jur) **le principal obligé** the principal obligee

b (frm) **être l'obligé de qn** to be under an obligation to sb

obligeamment [ɔbliʒamɑ̃] adv obligingly

obligeance [ɔbliʒɑ̃s] → SYN nf ◆ **ayez l'obligeance de vous taire pendant que je parle** (kindly) oblige me by keeping quiet while I'm speaking, have the goodness ou be good enough to keep quiet while I'm speaking ◆ **il a eu l'obligeance de me reconduire en voiture** he was obliging ou kind enough to take me back in the car ou to drive me back

obligeant, e [ɔbliʒɑ̃, ɑ̃t] → SYN adj offre kind, helpful ; personne, paroles, termes kind, obliging, helpful

obliger [ɔbliʒe] → SYN ▸ conjug 3 ◂ vt a (forcer) **obliger qn à faire** [règlement, autorités] to require sb to do, make it compulsory for sb to do ; [principes moraux] to oblige ou obligate (US) sb to do ; [circonstances, parents, agresseur] to force ou oblige ou obligate (US) sb to do ◆ **le règlement vous y oblige** you are required to by the regulation ◆ **mes principes m'y obligent** I'm bound by my principles (to do it) ◆ **l'honneur m'y oblige** I'm honour bound to do it ◆ **quand le temps l'y oblige, il travaille dans sa chambre** when forced ou obliged to by the weather, he works in his room ◆ **ses parents l'obligent à aller à la messe** her parents make her go ou force her to go to mass ◆ **rien ne l'oblige à partir** nothing's forcing him to leave, he's under no obligation to leave ◆ **le manque d'argent l'a obligé à emprunter** lack of money obliged ou compelled ou forced him to borrow ◆ **je suis obligé de vous laisser** I have to ou I must leave you, I'm obliged to leave you ◆ **il va accepter ? – il (y) est bien obligé** is he going to accept ? – he has no choice ! ou alternative ! ou he jolly* (Brit) ou damned‡ well has to ! ◆ **tu vas m'obliger à me mettre en colère** you'll force me to lose my temper ◆ **crise économique / compétitivité oblige** given the constraints of the economic crisis / of competitiveness → **noblesse**

b (Jur) to bind

c (rendre service à) to oblige ◆ **vous m'obligeriez en acceptant** ou **si vous acceptiez** you would greatly oblige me by accepting ou if you accepted ◆ (formule de politesse) **je vous serais très obligé de bien vouloir** I should be greatly obliged if you would kindly ◆ **nous vous serions obligés de bien vouloir nous répondre dans les plus brefs délais** we should appreciate an early reply, we should be grateful to receive an early reply ◆ **entre voisins, il faut bien s'obliger** neighbours have to help each other ou be of service to each other

oblique [ɔblik] → SYN 1 adj (gén, Ling, Math) oblique ◆ **regard oblique** sidelong ou side glance ◆ (Méd) **(muscle) oblique** oblique muscle ◆ **en oblique** obliquely ◆ **il a traversé la rue en oblique** he crossed the street diagonally

2 nf (Math) oblique line

obliquement [ɔblikmɑ̃] → SYN adv planter, fixer at an angle, slantwise, obliquely ; se diriger, se mouvoir obliquely ◆ **regarder qn obliquement** to look sideways ou sidelong at sb, give sb a sidelong look ou glance

obliquer [ɔblike] ▸ conjug 1 ◂ vi ◆ **obliquez juste avant l'église** turn off just before the church ◆ **obliquer à droite** to turn off ou bear right ◆ **obliquez en direction de la ferme** (à travers champs) cut across towards the farm ; (sur un sentier) turn off towards the farm

obliquité [ɔblik(ɥ)ite] → SYN nf [rayon] (Math) obliqueness, obliquity ; (Astron) obliquity

oblitérateur [ɔbliteʀatœʀ] nm canceller

oblitération [ɔbliteʀasjɔ̃] → SYN nf (→ **oblitérer**) cancelling, cancellation ; obliteration ; obstruction ◆ (Poste) **cachet d'oblitération** postmark

oblitérer [ɔbliteʀe] → SYN ▸ conjug 6 ◂ vt a timbre to cancel

b († ou littér : effacer) to obliterate

c (Méd) artère to obstruct

oblong, -ongue [ɔblɔ̃, ɔ̃g] → SYN adj oblong

obnubilation [ɔbnybilasjɔ̃] → SYN nf (gén) obsession ; (Méd) obnubilation

obnubiler [ɔbnybile] → SYN ▸ conjug 1 ◂ vt to obsess ◆ **se laisser obnubiler par** to become obsessed by ◆ **elle a l'esprit obnubilé par l'idée que** her mind is obsessed with the idea that, she is possessed with the idea that

obole [ɔbɔl] → SYN nf a (contribution) mite, offering ◆ **verser** ou **apporter son obole à qch** to make one's small (financial) contribution to sth

b (monnaie française) obole ; (monnaie grecque) obol

obscène [ɔpsɛn] → SYN adj film, propos, geste obscene, lewd ◆ **il est si riche que ça en est obscène !*** he's so rich it's obscene ou disgusting ou sickening !

obscénité [ɔpsenite] → SYN nf a (caractère : → **obscène**) obscenity, lewdness

b (propos, écrit) obscenity ◆ **dire des obscénités** to make obscene remarks

obscur, e [ɔpskyʀ] → SYN adj a (sombre) dark → **salle**

b (fig) (incompréhensible) obscure ; (vague) malaise vague ; pressentiment vague, dim ; (méconnu) œuvre, auteur obscure ; (humble) vie, situation, besogne obscure, humble, lowly ◆ **des gens obscurs** humble folk ◆ **de naissance obscure** of obscure ou lowly ou humble birth

obscurantisme [ɔpskyʀɑ̃tism] → SYN nm obscurantism

obscurantiste [ɔpskyʀɑ̃tist] adj, nmf obscurantist

obscurcir [ɔpskyʀsiʀ] → SYN ▸ conjug 2 ◂ 1 vt a (rendre obscur) to darken ◆ **ce tapis obscurcit la pièce** this carpet makes the room (look) dark ou darkens the room ◆ **des nuages obscurcissent le ciel** clouds darken the sky

b (rendre inintelligible) to obscure ◆ **ce critique aime obscurcir les choses les plus simples** this critic likes to obscure ou cloud the simplest issues ◆ **cela obscurcit encore plus l'énigme** that deepens the mystery even more ◆ **le vin obscurcit les idées** wine muddles one's brain

2 **s'obscurcir** vpr a [ciel] to darken, grow dark ; [temps, jour] to grow dark

b [style] to become obscure ; [esprit] to become confused ; [vue] to grow dim

obscurcissement [ɔpskyʀsismɑ̃] → SYN nm (→ **obscurcir, s'obscurcir**) darkening ; obscuring ; confusing ; dimming

obscurément [ɔpskyʀemɑ̃] adv obscurely ◆ **il sentait obscurément que** he felt in an obscure way ou a vague (sort of) way that, he felt obscurely that

obscurité [ɔpskyʀite] → SYN nf a (→ **obscur**) darkness ; obscurity ◆ (lit) **dans l'obscurité** in the dark, in darkness ◆ (fig) **vivre / travailler dans l'obscurité** to live / work in obscurity ◆ **il a laissé cet aspect du problème dans l'obscurité** he did not cast ou throw any light on that aspect of the problem, he passed over ou neglected that aspect of the problem

b (littér : passage peu clair) obscurity

obsécration [ɔpsekʀasjɔ̃] → SYN nf obsecration

obsédant, e [ɔpsedɑ̃, ɑ̃t] → SYN adj musique, souvenir haunting, obsessive ; question, idée obsessive

obsédé, e [ɔpsede] → SYN (ptp de **obséder**) nm,f obsessive ◆ **un obsédé (sexuel)** a sex maniac ◆ (hum) **un obsédé du tennis / de l'alpinisme** a tennis / climbing fanatic

obséder [ɔpsede] → SYN ▸ conjug 6 ◂ vt a (obnubiler) to haunt, obsess ◆ **le remords l'obsédait** he was haunted ou obsessed by remorse ◆ **être obsédé par** souvenir, peur to be haunted ou obsessed by ; idée, problème to be obsessed with ou by ◆ (sexuellement) **il est obsédé** he's obsessed (with sex), he's got a one-track mind*

b (littér : importuner) **obséder qn de ses assiduités** to pester ou importune sb with one's attentions

obsèques [ɔpsɛk] → SYN nfpl funeral ◆ **obsèques civiles / religieuses / nationales** civil / religious / state funeral

obséquieusement [ɔpsekjøzmɑ̃] adv obsequiously

obséquieux, -ieuse [ɔpsekjø, jøz] → SYN adj obsequious

obséquiosité [ɔpsekjozite] → SYN nf obsequiousness

observable [ɔpsɛʀvabl] adj observable

observance [ɔpsɛʀvɑ̃s] → SYN nf observance

observateur, -trice [ɔpsɛʀvatœʀ, tʀis] → SYN
1 adj personne, esprit, regard observant, perceptive
2 nm,f observer ◆ **avoir des talents d'observateur** to have a talent for observation ◆ **observateur des Nations Unies** United Nations observer

observation [ɔpsɛʀvasjɔ̃] → SYN nf a (obéissance) [règle] observance
b (examen, surveillance) observation ◆ (Méd) **être / mettre en observation** to be / put under observation ◆ (Mil) **observation aérienne** aerial observation ◆ (Sport) **round / set d'observation** round / set in which one plays a guarded ou a wait-and-see game → **poste²**, **satellite**
c (chose observée) [savant, auteur] observation ◆ **il consignait ses observations dans son carnet** he noted down his observations ou what he had observed in his notebook
d (remarque) observation, remark; (objection) remark; (reproche) reproof; (Scol) warning ◆ **il fit quelques observations judicieuses** he made one or two judicious remarks ou observations ◆ **je lui en fis l'observation** I pointed it out to him ◆ **ce film appelle quelques observations** this film calls for some comment ◆ **pas d'observations je vous prie** no remarks ou comments please ◆ **faire une observation à qn** to reprove sb ◆ (Scol) **observations** teacher's comments

observationnel, -elle [ɔpsɛʀvasjɔnɛl] adj observational

observatoire [ɔpsɛʀvatwaʀ] nm a (Astron) observatory
b (Mil, gén: lieu) observation ou look-out post ◆ **observatoire économique** economic research institute

observer [ɔpsɛʀve] → SYN ▸conjug 1◂ 1 vt a (gén: regarder) to observe, watch; adversaire, proie to watch; (Sci) phénomène, réaction to observe; (au microscope) to examine ◆ **les invités s'observaient avec hostilité** the guests examined ou observed each other hostilely ◆ **se sentant observée, elle se retourna** feeling she was being watched ou observed she turned round ◆ **il ne dit pas grand-chose mais il observe** he doesn't say much but he observes what goes on around him ou he watches keenly what goes on around him
b (contrôler) **observer ses manières / ses gestes** to be mindful of ou watch one's manners / one's gestures
c (remarquer) to notice, observe ◆ **elle n'observe jamais rien** she never notices anything ◆ **faire observer que** to point out ou remark ou observe that ◆ **faire observer un détail à qn** to point out a detail to sb, bring a detail to sb's attention ◆ **je vous ferai observer que vous n'avez pas le droit de fumer ici** I should like to ou I must point out (to you) that you're not allowed to smoke here
d (dire) to observe, remark ◆ **vous êtes en retard, observa-t-il** you're late, he observed ou remarked
e (respecter) règlement to observe, abide by; fête, jeûne to keep, observe; coutume to observe ◆ **observer une minute de silence** to observe a minute's silence
f (littér) attitude, maintien to keep (up), maintain
2 **s'observer** vpr (surveiller sa tenue, son langage) to keep a check on o.s., be careful of one's behaviour ◆ **il ne s'observe pas assez en public** he's not careful enough of his behaviour in public, he doesn't keep sufficient check on himself in public

obsession [ɔpsesjɔ̃] → SYN nf obsession ◆ **il avait l'obsession de la mort / l'argent** he had an obsession with death / money, he was obsessed by death / money ◆ **je veux aller à Londres – c'est une obsession!** I want to go to London – you're obsessed!

obsessionnel, -elle [ɔpsesjɔnɛl] 1 adj obsessional, obsessive ◆ **névrose obsessionnelle** obsessional neurosis
2 nm,f obsessive

obsidienne [ɔpsidjɛn] nf obsidian, volcanic glass

obsolescence [ɔpsɔlesɑ̃s] → SYN nf (Tech, littér) obsolescence

obsolescent, e [ɔpsɔlesɑ̃, ɑ̃t] adj (Tech, littér) obsolescent

obsolète [ɔpsɔlɛt] → SYN adj obsolete

obstacle [ɔpstakl] → SYN nm (gén) obstacle; (Hippisme) fence; (Équitation) jump, fence ◆ **course d'obstacles** obstacle race ◆ **faire obstacle à la lumière** to block (out) ou obstruct the light ◆ (fig) **faire obstacle à un projet** to hinder a plan, put obstacles ou an obstacle in the way of a plan ◆ **tourner l'obstacle** (Équitation) to go round ou outside the jump; (fig) to get round the obstacle ou difficulty ◆ (lit, fig) **progresser sans rencontrer d'obstacles** to make progress without meeting any obstacles ou hitches ◆ **son âge n'est pas un obstacle pour s'engager dans ce métier** his age is no impediment ou obstacle to his taking on this job → **refuser**

obstétrical, e, mpl **-aux** [ɔpstetʀikal, o] adj obstetric(al)

obstétricien, -ienne [ɔpstetʀisjɛ̃, jɛn] nm,f obstetrician

obstétrique [ɔpstetʀik] 1 adj obstetric(al) ◆ **clinique obstétrique** obstetric clinic
2 nf obstetrics (sg)

obstination [ɔpstinasjɔ̃] → SYN nf [personne, caractère] obstinacy, stubbornness ◆ **obstination à faire** obstinate ou stubborn determination to do ◆ **son obstination au refus** his persistency in refusing, his persistent refusal

obstiné, e [ɔpstine] → SYN (ptp de **s'obstiner**) adj personne, caractère obstinate, stubborn, unyielding, mulish (péj); efforts, résistance obstinate, dogged, persistent; refus stubborn; travail, demandes persistent, obstinate; (fig) brouillard, pluie, malchance persistent, unyielding, relentless

obstinément [ɔpstinemɑ̃] adv (→ **obstiné**) obstinately; stubbornly; doggedly; persistently; relentlessly

obstiner (s') [ɔpstine] → SYN ▸conjug 1◂ vpr to insist, dig one's heels in (fig) ◆ **s'obstiner sur un problème** to keep working ou labour away stubbornly at a problem ◆ **s'obstiner dans une opinion** to cling stubbornly ou doggedly to an opinion ◆ **s'obstiner dans son refus (de faire qch)** to refuse categorically ou absolutely (to do sth) ◆ **s'obstiner à faire** to persist obstinately ou stubbornly in doing, obstinately ou stubbornly insist on doing ◆ **s'obstiner au silence** to remain obstinately silent, maintain an obstinate ou a stubborn silence ◆ **j'ai dit non mais il s'obstine!** I said no but he insists!

obstructif, -ive [ɔpstʀyktif, iv] adj (gén) obstructive; (Méd) obstruent

obstruction [ɔpstʀyksjɔ̃] → SYN nf a (blocage: → **obstruer**) obstruction, blockage
b (tactique) obstruction ◆ **faire de l'obstruction** (Pol) to obstruct (the passage of) legislation; (gén) to use obstructive tactics, be obstructive; (Ftbl) to obstruct ◆ **faire de l'obstruction parlementaire** to filibuster

obstructionnisme [ɔpstʀyksjɔnism] nm obstructionism, filibustering

obstructionniste [ɔpstʀyksjɔnist] 1 adj obstructionist, filibustering (épith)
2 nmf obstructionist, filibuster, filibusterer

obstruer [ɔpstʀye] → SYN ▸conjug 1◂ 1 vt passage, circulation, artère to obstruct, block ◆ **obstruer la vue / le passage** to block ou obstruct the view / the way
2 **s'obstruer** vpr [passage] to get blocked up; [artère] to become blocked

obtempérer [ɔptɑ̃peʀe] → SYN ▸conjug 6◂ **obtempérer à** vt indir to obey, comply with ◆ **il refusa d'obtempérer** he refused to comply ou obey

obtenir [ɔptəniʀ] → SYN ▸conjug 22◂ vt a permission, explication, diplôme to obtain, get ◆ **obtenir satisfaction** to obtain satisfaction ◆ **obtenir la main de qn** to gain ou win sb's hand ◆ **je peux vous obtenir ce livre rapidement** I can get you this book promptly, I can obtain this book promptly for you ◆ **il m'a fait obtenir** ou **il m'a obtenu de l'avancement** he got promotion for me, he got me promoted ◆ **il obtint de lui parler** he was (finally) allowed to speak to him ◆ **elle a obtenu qu'il paie** she got him to pay up, she managed to make him pay up ◆ **j'ai obtenu de lui qu'il ne dise rien** I managed to induce him ou to get him to agree not to say anything
b résultat, température to achieve, obtain; total to reach, arrive at ◆ **obtenir un corps à l'état gazeux** to obtain a body in the gaseous state ◆ **obtenir un succès aux élections** to have ou achieve a success in the elections ◆ **cette couleur s'obtient par un mélange** this colour is obtained through ou by mixing ◆ **en additionnant ces quantités, on obtient 2 000** when you add these amounts together you arrive at ou get 2,000

obtention [ɔptɑ̃sjɔ̃] nf (→ **obtenir**) obtaining; achievement ◆ **pour l'obtention du visa** to obtain the visa ◆ (Culin) **mélangez le tout jusqu'à (l') obtention d'une pâte onctueuse** mix everything together until the mixture is smooth

obturateur, -trice [ɔptyʀatœʀ, tʀis] → SYN
1 adj (Tech) plaque obturating; membrane, muscle obturator (épith)
2 nm a (Phot) shutter ◆ **obturateur à secteur** rotary shutter ◆ **obturateur à rideau** focal plane shutter ◆ **obturateur à tambour** ou **à boisseaux** drum shutter
b (Tech) obturator; [fusil] gas check

obturation [ɔptyʀasjɔ̃] → SYN nf a (→ **obturer**) closing (up), sealing; filling ◆ **faire une obturation (dentaire)** to fill a tooth, do a filling
b (Phot) **vitesse d'obturation** shutter speed

obturer [ɔptyʀe] → SYN ▸conjug 1◂ vt conduit, ouverture to close (up), seal; fuite to seal ou block off; dent to fill

obtus, e [ɔpty, yz] → SYN adj (Math) angle obtuse; (fig: stupide) dull-witted, obtuse

obtusangle [ɔptyzɑ̃gl] adj (Géom) obtuse

obus [ɔby] → SYN nm shell ◆ **obus explosif** high-explosive shell ◆ **obus fumigène** smoke bomb ◆ **obus incendiaire** incendiary ou fire bomb ◆ **obus de mortier** mortar shell ◆ **obus perforant** armour-piercing shell → **éclat**, **trou**

obusier [ɔbyzje] nm howitzer ◆ **obusier de campagne** field howitzer

obvenir [ɔbvəniʀ] ▸conjug 22◂ vi ◆ (Jur) **obvenir à qn** to revert ou pass to sb

obvie [ɔbvi] adj sens obvious

obvier [ɔbvje] → SYN ▸conjug 7◂ **obvier à** vt indir (littér) danger, mal to take precautions against, obviate (frm); inconvénient to overcome, obviate (frm)

OC (abrév de **ondes courtes**) SW

oc [ɔk] nm → **langue**

ocarina [ɔkaʀina] → SYN nm ocarina

occase* [ɔkɑz] nf abrév de **occasion.** a (article usagé) second-hand buy; (achat avantageux) bargain, snip* (Brit) ◆ **d'occase** voiture etc second-hand, used (surtout US); acheter, vendre second-hand
b (conjoncture favorable) (lucky) chance

occasion [ɔkazjɔ̃] → SYN nf a (circonstance) occasion; (conjoncture favorable) opportunity, chance ◆ **avoir l'occasion de faire** to have the ou a chance ou the ou an opportunity of doing ou to do ◆ **sauter sur*** ou **saisir l'occasion** to jump at ou seize ou grab* the opportunity ou chance ◆ **laisser échapper** ou **passer l'occasion** to let the opportunity pass one by ou slip ◆ (iro) **tu as manqué une belle occasion de te taire** you should have held your tongue, why couldn't you have kept quiet ou kept your mouth shut ◆ **cela a été l'occasion d'une grande discussion** it gave rise to ou occasioned a great discussion ◆ **à l'occasion de** on the occasion of ◆ **à cette occasion** on that occasion ◆ **à l'occasion de son anniversaire** on the occasion of his birthday, for his birthday ◆ **si l'occasion se présente** if the opportunity arises, should the opportunity arise ◆ **je l'ai rencontré à plusieurs occasions** I've met him on several occasions ◆ **dans / pour les grandes occasions** on / for important ou special occasions ◆ **la bouteille / la robe des grandes occasions** the

bottle put by / the dress kept for special ou great occasions
b (Comm) second-hand buy; (*: acquisition très avantageuse) bargain, snip* (Brit) ◆ **(le marché de) l'occasion** the second-hand market ◆ **faire le neuf et l'occasion** to deal in new and second-hand goods ◆ **d'occasion** voiture etc second-hand, used (surtout US); acheter, vendre second-hand
c LOC **à l'occasion** sometimes, on occasions ◆ **à l'occasion venez dîner** come and have dinner some time ◆ **à la première occasion** at the earliest ou first opportunity ◆ **d'occasion** amitié, rencontre casual ◆ **par la même occasion** at the same time ◆ **j'irai à Paris et, par la même occasion, je leur rendrai visite** I'll go to Paris and while I'm about it* I'll go and visit them ◆ (Prov) **l'occasion fait le larron** opportunity makes the thief

occasionnalisme [ɔkazjɔnalism] nm occasionalism

occasionnel, -elle [ɔkazjɔnɛl] → SYN adj **a** (non régulier) rencontres, disputes occasional (épith); client, visiteur casual, occasional (épith); (fortuit) incidents, rencontre chance (épith)
b (Philos) occasional

occasionnellement [ɔkazjɔnɛlmɑ̃] → SYN adv occasionally, from time to time

occasionner [ɔkazjɔne] → SYN ▸ conjug 1 ◂ vt frais, dérangement to occasion, cause; accident to cause, bring about ◆ **en espérant ne pas vous occasionner trop de dérangement** hoping not to put you to ou to cause you a great deal of trouble ◆ **cet accident va m'occasionner beaucoup de frais** this accident is going to involve me in ou to cause me a great deal of expense

occident [ɔksidɑ̃] → SYN nm (littér: ouest) west ◆ **l'Occident** the West, the Occident (littér) → **empire**

occidental, e, mpl **-aux** [ɔksidɑ̃tal, o] **1** adj (littér: d'ouest) western; (Pol) pays, peuple Western, Occidental (littér) ◆ **les Indes occidentales** the West Indies
2 nm,f ◆ **Occidental(e)** Westerner, Occidental (littér)

occidentalisation [ɔksidɑ̃talizasjɔ̃] nf westernization

occidentaliser [ɔksidɑ̃talize] ▸ conjug 1 ◂ vt to westernize

occipital, e, mpl **-aux** [ɔksipital, o] **1** adj occipital ◆ **trou occipital** occipital foramen, foramen magnum
2 nm occipital (bone)

occiput [ɔksipyt] nm back of the head, occiput (spéc)

occire [ɔksiʀ] → SYN vt (†† ou hum) to slay

occitan, e [ɔksitɑ̃, an] adj, nm Occitan

Occitanie [ɔksitani] nf *region in France where Occitan is spoken*

occitanisme [ɔksitanism] nm *movement defending Occitan and its culture*

occitaniste [ɔksitanist] nmf specialist in Occitan

occlure [ɔklyʀ] ▸ conjug 35 ◂ vt (Chim, Méd) to occlude

occlusif, -ive [ɔklyzif, iv] adj (gén) occlusive; (Ling) occlusive, plosive ◆ **(consonne) occlusive** occlusive, stop (consonant)

occlusion [ɔklyzjɔ̃] → SYN nf (Ling, Méd, Mét, Tech) occlusion ◆ (Méd) **occlusion intestinale** intestinal blockage, obstruction of the bowels ou intestines, ileus (spéc)

occultation [ɔkyltasjɔ̃] nf (Astron) occultation; (fig) overshadowing, eclipse ◆ **l'occultation du problème du chômage pendant la campagne électorale** the temporary eclipse of the issue of unemployment during the election campaign

occulte [ɔkylt] → SYN adj **a** (surnaturel) supernatural, occult ◆ **les sciences occultes** the occult, the occult sciences
b (secret) hidden, secret

occulter [ɔkylte] → SYN ▸ conjug 1 ◂ vt (Astron, Tech) to occult; (fig) to overshadow, eclipse ◆ **n'essayez pas d'occulter le problème** don't try to mask the problem

occultisme [ɔkyltism] → SYN nm occultism

occultiste [ɔkyltist] adj, nmf occultist

occupant, e [ɔkypɑ̃, ɑ̃t] → SYN **1** adj (Pol) autorité, puissance occupying ◆ **l'armée occupante** the army of occupation, the occupying army
2 nm,f [maison] occupant, occupier; [place, compartiment, voiture] occupant ◆ (gén, Jur) **le premier occupant** the first occupier
3 nm ◆ **l'occupant** the occupying forces

occupation [ɔkypasjɔ̃] → SYN nf **a** (Mil, Pol) occupation ◆ **les forces / l'armée d'occupation** the forces / army of occupation, the occupying forces / army ◆ **durant l'Occupation** during the Occupation ◆ **grève avec occupation des locaux** sit-in, sit-down strike
b (Jur) [logement] occupancy, occupation
c (passe-temps) occupation; (emploi) occupation, job ◆ **vaquer à ses occupations** to go about one's business, attend to one's affairs ◆ **une occupation fixe / temporaire** a permanent / temporary job ou occupation

occupationnel, -elle [ɔkypasjɔnɛl] adj maladie, psychologie occupational

occupé, e [ɔkype] → SYN GRAMMAIRE ACTIVE 27.3 (ptp de **occuper**) adj **a** (affairé) busy; (non disponible) busy, engaged ◆ **je suis très occupé en ce moment** I'm very busy at present ◆ **il ne peut pas vous recevoir, il est occupé** he cannot see you as he is busy ou engaged
b ligne téléphonique engaged (Brit) (attrib), busy (US) (attrib); toilettes engaged (attrib) (Brit), occupied; places, sièges taken (attrib) ◆ **c'est occupé** it's engaged; it's taken
c (Mil, Pol) zone, usine occupied

occuper [ɔkype] → SYN ▸ conjug 1 ◂ **1** vt **a** endroit, appartement to occupy; place, surface to occupy, take up ◆ **le bureau occupait le coin de la pièce** the desk stood in ou occupied the corner of the room ◆ **leurs bureaux occupent tout l'étage** their offices take up ou occupy the whole floor ◆ **le piano occupe très peu / trop de place** the piano takes up very little / too much room ◆ **l'appartement qu'ils occupent est trop exigu** the flat they are living in ou occupying is too small
b moment, période (prendre) to occupy, fill, take up; (faire passer) to occupy, spend, employ ◆ **cette besogne occupait le reste de la journée** this task took (up) ou occupied the rest of the day ◆ **la lecture occupe une trop petite / très grande part de mon temps** reading takes up ou fills ou occupies far too little / a great deal of my time ◆ **comment occuper ses loisirs?** how should one spend ou occupy ou employ one's free time?
c poste, fonction to hold, occupy; rang to hold, have
d (absorber) personne, enfant to occupy, keep occupied; (employer) main d'œuvre to employ ◆ **mon travail m'occupe beaucoup** my work keeps me very busy ◆ **la ganterie occupait naguère un millier d'ouvriers dans cette région** the glove industry used to employ ou give employment to about a thousand workers in this area ◆ **le sujet qui nous occupe aujourd'hui** the matter which concerns us today, the matter we are dealing with today, the matter before us today
e (Mil, Pol) (envahir) to take over, occupy; (être maître de) to occupy ◆ **ils ont occupé tout le pays / l'immeuble** they took over ou occupied the whole country / the whole building ◆ **les forces qui occupaient le pays** the forces occupying the country ◆ (Comm) **occuper le terrain (avec un produit)** to be present in the market (with a product)
2 **s'occuper** vpr **a** **s'occuper de qch** (se charger de) to deal with sth, take care ou charge of sth; (être chargé de) to be in charge of sth, be dealing with ou taking care of sth; (s'intéresser à) to take an interest in sth, interest o.s. in sth ◆ **je vais m'occuper de ce problème / cette affaire** I'll deal with ou take care of this problem / this matter ◆ **c'est lui qui s'occupe de cette affaire** he's the one in charge of ou who is dealing with this matter ◆ **il s'occupe de vous trouver un emploi** he is undertaking to find you a job, he'll see about finding you a job ◆ **je vais m'occuper de rassembler les documents nécessaires** I'll set about ou see about gathering (together) the necessary documents, I'll undertake to get the necessary documents together ◆ **il s'occupe un peu de politique** he takes a bit of an interest ou he dabbles a bit in politics ◆ **je m'occupe de tout** I'll see to everything, I'll take care of everything ◆ **il veut s'occuper de trop de choses à la fois** he tries to take on ou to do too many things at once ◆ **ne t'occupe pas de ça, c'est leur problème** don't worry about it, that's their problem ◆ **occupe-toi de tes affaires*** ou **oignons*** mind your own business ◆ **t'occupe (pas)!**‡ none of your business!‡, mind your own business!‡, keep your nose out of it!‡
b **s'occuper de** (se charger de) enfants, malades to take charge ou care of, look after; client to attend to; (être responsable de) enfants, malades to be in charge of, look after ◆ **je vais m'occuper des enfants** I'll take charge ou care of ou I'll look after the children ◆ **qui s'occupe des malades?** who is in charge of ou looks after the patients? ◆ **un instant et je m'occupe de vous** one moment and I'll attend to you ou and I'll be with you ◆ **est-ce qu'on s'occupe de vous Madame?** is someone serving you?, are you being attended to? ou served?
c (s'affairer) to occupy o.s., keep o.s. busy ◆ **s'occuper à faire qch / à qch** to busy o.s. doing sth / with sth ◆ **il a trouvé à s'occuper** he has found something to do ou to occupy his time ou to fill his time with ◆ **il y a de quoi s'occuper** there is plenty to do ou to keep one busy ou occupied ◆ **je ne sais pas à quoi m'occuper** I don't know what to do with myself ou how to keep myself busy ou occupied ◆ **s'occuper l'esprit** to keep one's mind occupied

occurrence [ɔkyʀɑ̃s] → SYN nf **a** (frm) instance, case ◆ **en cette / toute autre occurrence** in this / in any other instance ◆ **en l'occurrence** in this case ◆ **en pareille occurrence** in such circumstances, in such a case ◆ (frm) **suivant** ou **selon l'occurrence** according to the circumstances
b (Ling) occurrence, token

OCDE [ɔsedeə] nf (abrév de **Organisation de coopération et de développement économique**) OECD

océan [ɔseɑ̃] → SYN nm (lit) ocean ◆ (comparé à la Méditerranée) **l'Océan** the Atlantic (Ocean) ◆ **un océan de verdure / de sable** a sea of greenery / sand ◆ **l'océan Antarctique** ou **Austral** the Antarctic (Ocean) ◆ **l'océan Arctique** the Arctic (Ocean) ◆ **l'océan Atlantique** the Atlantic (Ocean) ◆ **l'océan glacial** the polar sea ◆ **l'océan Indien** the Indian Ocean ◆ **l'océan Pacifique** the Pacific (Ocean) ◆ (Myth) **Océan** Oceanus

océanaute [ɔseanot] → SYN nm deep-sea diver

océanide [ɔseanid] nf Oceanid

Océanie [ɔseani] nf ◆ **l'Océanie** Oceania, the South Sea Islands

océanien, -ienne [ɔseanjɛ̃, jɛn] **1** adj Oceanian, Oceanic
2 nm,f Oceanian, South Sea Islander

océanique [ɔseanik] adj oceanic

océanographe [ɔseanɔgʀaf] → SYN nm,f oceanographer

océanographie [ɔseanɔgʀafi] nf oceanography

océanographique [ɔseanɔgʀafik] adj oceanographical

océanologie [ɔseanɔlɔʒi] nf oceanology

océanologique [ɔseanɔlɔʒik] adj oceanological

océanologue [ɔseanɔlɔg] nmf oceanologist

ocelle [ɔsɛl] nm ocellus

ocellé, e [ɔsele, ɔsɛlle] → SYN adj ocellate(d)

ocelot [ɔs(ə)lo] → SYN nm (Zool) ocelot; (fourrure) ocelot fur

ocre [ɔkʀ] nf, adj inv ochre

ocré, e [ɔkʀe] adj ochred

ocreux, -euse [ɔkʀø, øz] adj (littér) ochreous

octaèdre [ɔktaɛdʀ] **1** adj octahedral
2 nm octahedron

octaédrique [ɔktaedʀik] adj octahedral

octal, e, mpl **-aux** [ɔktal, o] adj octal ◆ **système octal** octal notation

octane [ɔktan] nm octane → **indice**

octant [ɔktɑ̃] nm (Géom) octant

octante [ɔktɑ̃t] adj inv (dial) eighty

octave [ɔktav] nf **a** (Mus) octave ◆ **jouer à l'octave** to play an octave higher (ou lower)
b (Escrime, Rel) octave

octet [ɔktɛ] → SYN nm byte

octobre [ɔktɔbʀ] nm October; pour loc voir **septembre**

octocoralliaire [ɔktokɔʀaljɛʀ] nm octocorallia

octogénaire [ɔktɔʒenɛʀ] adj, nmf octogenarian

octogonal, e, mpl **-aux** [ɔktɔgɔnal, o] adj octagonal, eight-sided

octogone [ɔktɔgɔn] nm octagon

octopode [ɔktɔpɔd] **1** adj (Zool) octopod
2 nm octopod ◆ **octopodes** Octopoda

octostyle [ɔktostil] adj octastyle

octosyllabe [ɔktosi(l)lab] **1** adj octosyllabic
2 nm octosyllable

octosyllabique [ɔktosi(l)labik] adj octosyllabic

octroi [ɔktʀwa] → SYN nm **a** (→ **octroyer**) granting; bestowing
b (Hist) octroi, city toll

octroyer [ɔktʀwaje] → SYN ▸ conjug 8 ◂ **1** vt (frm) charte to grant (*à* to); faveur, pardon to bestow (*à* on, upon), grant (*à* to); répit, permission to grant (*à* to)
2 **s'octroyer** vpr répit, vacances to treat o.s. to, grant o.s.

octuor [ɔktɥɔʀ] nm (Mus) octet

octuple [ɔktypl] **1** adj quantité, rangée, nombre octuple ◆ **une quantité octuple de l'autre** a quantity eight times (as great as) the other
2 nm (Math, gén) octuple ◆ **je l'ai payé l'octuple (de l'autre)** I paid eight times as much (as the other) for it

octupler [ɔktyple] ▸ conjug 1 ◂ vti to octuple, increase eightfold ou eight times

oculaire [ɔkylɛʀ] **1** adj (Anat) ocular → **globe, témoin**
2 nm (Opt) eyepiece, ocular (spéc)

ocularriste [ɔkylaʀist] nmf ocularist

oculiste [ɔkylist] → SYN nmf eye specialist, oculist, eye doctor (US)

oculomoteur, -trice [ɔkylɔmɔtœʀ, tʀis] adj oculomotor ◆ **nerf oculomoteur** oculomotor nerve

oculus [ɔkylys] → SYN nm (Archit) (small) round window, oculus, œil-de-bœuf

ocytocine [ɔsitɔsin] nf oxytocin

odalisque [ɔdalisk] nf odalisque

ode [ɔd] → SYN nf ode

odelette [ɔd(ə)lɛt] nf short ode

odéon [ɔdeɔ̃] nm odeon

Odessa [ɔdesa] n Odessa

odeur [ɔdœʀ] → SYN nf **a** (gén: bonne ou mauvaise) smell, odour (frm); (agréable) [fleurs etc] fragrance, scent ◆ **sans odeur** odourless, which has no smell ◆ **produit qui combat les (mauvaises) odeurs** air freshener ◆ **mauvaise odeur** bad ou unpleasant smell ◆ **odeur suave / délicieuse** sweet / delicious smell ou scent ◆ **à l'odeur fétide** stinking, evil-smelling ◆ **odeur de brûlé / de moisi** smell of burning / of damp ◆ **odeur de renfermé** musty ou fusty smell ◆ **avoir une bonne / une mauvaise odeur** to smell nice / bad → **argent**
b LOC **être en odeur de sainteté auprès de qn** to be in sb's good graces ◆ **ne pas être en odeur de sainteté auprès de qn** not to be well looked upon by sb, be out of favour with sb ◆ (Rel) **mourir en odeur de sainteté** to die in the odour of sanctity

odieusement [ɔdjøzmɑ̃] adv (→ **odieux**) hatefully; obnoxiously; odiously

odieux, -ieuse [ɔdjø, jøz] → SYN adj **a** (infâme) personne, caractère, tâche hateful, obnoxious, odious; conduite odious, obnoxious, crime heinous, odious ◆ **tu as été odieux avec elle** you were obnoxious ou horrible to her
b (insupportable) gamin, élève obnoxious, unbearable ◆ **la vie m'est odieuse** life is unbearable to me ◆ **cette personne m'est odieuse** I cannot bear this person, I find this person (quite) unbearable

Odin [ɔdɛ̃] nm Odin

odomètre [ɔdɔmɛtʀ] → SYN nm [voiture] mil(e)ometer (Brit), odometer (US); [piéton] pedometer

odonates [ɔdɔnat] nmpl ◆ **les odonates** odonates, the Odonata (spéc)

odontalgie [ɔdɔ̃talʒi] nf toothache (NonC), odontalgia (spéc)

odontocètes [ɔdɔ̃tɔsɛt] nmpl ◆ **les odontocètes** odontocetes, the Odontoceti (spéc)

odontoïde [ɔdɔ̃tɔid] adj odontoid

odontologie [ɔdɔ̃tɔlɔʒi] nf odontology

odontologique [ɔdɔ̃tɔlɔʒik] adj odontological

odontologiste [ɔdɔ̃tɔlɔʒist] nmf odontologist

odontostomatologie [ɔdɔ̃tostɔmatɔlɔʒi] nf odontology and stomatology

odorant, e [ɔdɔʀɑ̃, ɑ̃t] → SYN adj (gén) scented; (plus agréable) fragrant, sweet-smelling, odorous (littér)

odorat [ɔdɔʀa] → SYN nm (sense of) smell ◆ **avoir l'odorat fin** to have a keen sense of smell

odoriférant, e [ɔdɔʀifeʀɑ̃, ɑ̃t] → SYN adj sweet-smelling, fragrant, odoriferous (littér)

odyssée [ɔdise] → SYN nf odyssey ◆ (Littérat) **"L'Odyssée"** "the Odyssey" ◆ (Ciné) **"2001 : Odyssée de l'espace"** "2001 : A Space Odyssey"

OEA [ɔəa] nf (abrév de **Organisation des États américains**) OAS

OECE [ɔəseə] nf (abrév de **Organisation européenne de coopération économique**) OEEC

œcuménicité [ekymenisite] nf (o)ecumenicality

œcuménique [ekymenik] → SYN adj (o)ecumenical → **concile**

œcuménisme [ekymenism] nm (o)ecumenicalism, (o)ecumenism

œcuméniste [ekymenist] adj, nmf (o)ecumenist

œdémateux, -euse [edematø, øz] adj oedematous, oedematose

œdème [edɛm] → SYN nm oedema ◆ **œdème du poumon** pulmonary oedema

Œdipe [edip] nm Oedipus → **complexe**

œdipien, -ienne [edipjɛ̃, jɛn] adj œdipal, œdipean

œil [œj], pl **yeux** [jø] → SYN
1 nm **a** (Anat) eye ◆ **avoir les yeux bleus / bridés** to have blue / slit ou slant(ing) eyes ◆ **il a les yeux bleus** he has blue eyes, his eyes are blue ◆ **aux yeux bleus** blue-eyed, with blue eyes ◆ **avoir les yeux faits** to have make-up on one's eyes ◆ **aux grands yeux** wide-eyed, with big eyes ◆ **des yeux de biche** ou **de gazelle** doe eyes ◆ **je vois mal de cet œil** I don't see well with this eye ◆ **avoir de bons / mauvais yeux** to have good / bad eyes ou eyesight ◆ **regarde-moi dans les yeux** look me in the eye ◆ (fig) **les yeux lui sortaient de la tête** his eyes were (nearly) popping out of his head, his eyes were out on stalks* (Brit) ◆ **je l'ai vu de mes (propres) yeux** I saw it with my own eyes ◆ **visible à l'œil nu** visible to the naked eye ◆ **avoir des yeux en boutons de bottine** to have small, round eyes ◆ **avoir un œil au beurre noir** ou **un œil poché*** to have a black eye ◆ **avoir un œil qui dit zut*** ou **merde*; à l'autre, avoir les yeux qui se croisent (les bras)*** to be cross-eyed* ou boss-eyed*, have a squint
b (fig: expression) look ◆ **il a un œil malin / spirituel / méchant** there's a mischievous / humorous / malicious look in his eye ◆ **il a l'œil vif** he has a lively look about him ou a lively expression ◆ **il le regardait l'œil méchant** ou **d'un œil méchant** he fixed him with a threatening stare ou look, he looked ou stared at him threateningly
c (fig: jugement) **considérer** ou **voir qch d'un bon / mauvais œil** to look on ou view sth favourably / unfavourably, view sth in a favourable / unfavourable light ◆ **je ne l'ai vu** ou **considéré que d'un œil** I just took ou had (Brit) a glance ou a quick look at it ◆ **considérer qch d'un œil critique** to consider sth with a critical eye, look at sth critically ◆ **il ne voit pas cela du même œil qu'elle** he doesn't see ou view that in the same light as she does, he doesn't take the same view of that as she does
d (fig: coup d'œil) **avoir l'œil du spécialiste / du maître** to have a trained / an expert eye, have the eye of a specialist / an expert ◆ **il a l'œil** he has sharp ou keen eyes ◆ **avoir l'œil américain** to have a quick eye ◆ **jeter un œil* à qn / qch** to have a squint at sb / sth* ◆ **avoir un œil** ou **des yeux de lynx** ou **d'aigle** (avoir une très bonne vue) to have eyes like a hawk; (fig) to be eagle-eyed ◆ **risquer un œil au dehors / par-dessus la barrière** to take a peep ou a quick look outside / over the fence, poke one's nose outside / over the fence → **compas**
e (fig: regard) **se consulter de l'œil** to exchange glances, glance questioningly at one another ◆ **attirer** ou **tirer l'œil (de qn)** to catch the eye (of sb) ◆ **sous l'œil (vigilant / inquiet) de** under the (watchful / anxious) eye ou gaze of ◆ **ils jouaient sous l'œil de leur mère** they played under the watchful eye of their mother ou with their mother looking on ◆ **faire qch aux yeux de tous** to do sth in full view of everyone ◆ **sous les yeux de** before the very eyes of ◆ **cela s'est passé devant** ou **sous nos yeux** it happened in front of ou before our very eyes ◆ **vous avez l'article sous les yeux** you have the article there before you ou right in front of you ou your eyes ◆ **couver / dévorer qn des yeux** to gaze devotedly / hungrily at sb, fix sb with a devoted / hungry look ◆ **chercher qn des yeux** to glance ou look (a)round for sb ◆ **suivre qn des yeux** to watch sb ◆ **n'avoir d'yeux que pour qch / qn** to have eyes only for sth / sb, have eyes for nothing / nobody else but sth / sb ◆ **se regarder les yeux dans les yeux** to gaze into each other's eyes
f [aiguille, marteau] eye; [porte d'entrée] spyglass, (Typ) [caractère] (pl **œils**) face; [fromage, pain] eye, hole; [pomme de terre] eye; (Bot: bourgeon) bud; (Naut: boucle) eye, loop ◆ **les yeux du bouillon** the globules ou droplets of fat in the stock ◆ **l'œil du cyclone** (Mét) the eye of the cyclone ou hurricane; (fig) the eye of the storm
g **coup d'œil** glance, quick look ◆ **il y a un beau coup d'œil d'ici** there's a lovely view from here ◆ **ça vaut le coup d'œil** it's worth seeing ◆ **jeter** ou **lancer un coup d'œil à qn** to glance at sb, look quickly at sb ◆ **jeter un coup d'œil à** texte, objet to glance at, have (Brit) ou take a glance ou quick look at ◆ **allons jeter un coup d'œil** let's go and take ou have (Brit) a look ◆ (fig) **avoir le coup d'œil pour** to have an eye for
h (loc avec **œil**) **à l'œil*** (gratuitement) for nothing, for free* ◆ **mon œil!*** (je n'y crois pas) my eye!*, my foot!*; (je ne le donnerai pas) nothing doing!*, not likely!* ◆ **avoir l'œil à qch** to keep an eye on sth ◆ **garder l'œil ouvert** to keep one's eyes open, stay on the alert ◆ **avoir** ou **tenir qn à l'œil** to keep a watch ou an eye on sb ◆ **je vous ai à l'œil!** I've got my eye on you! ◆ **faire de l'œil à qn** to make eyes at sb, give sb the eye* ◆ (Prov) **œil pour œil, dent pour dent** an eye for an eye, a tooth for a tooth (Prov) → **clin, coin, rincer** etc
i (loc avec **yeux**) **être tout yeux*** to be all eyes* ◆ **à ses yeux, cela n'a aucune valeur** in his eyes that has no value ◆ **faire** ou **ouvrir de grands yeux** to look surprised, stare in amazement ◆ **coûter / payer les yeux de la tête** to cost / pay the earth ou a (small) fortune ◆ (fig) **faire / acheter qch les yeux fermés** to do / buy sth with one's eyes closed ou shut ◆ **il a les yeux plus grands** ou **gros que le ventre** [affamé] his eyes are bigger than his belly ou stomach; [ambitieux] he has bitten off more than he can chew ◆ **voir avec** ou **avoir les yeux de la foi** to see with the eyes of a believer ◆ **ne pas avoir les yeux dans sa poche** to be very observant ◆ **il n'a pas les yeux en face des trous** he's half asleep, he's not thinking straight ◆ **faire des yeux de**

velours à qn, faire les yeux doux à qn to make sheep's eyes at sb ◆ **faire** ou **ouvrir des yeux comme des soucoupes** to stare with eyes like saucers ◆ **faire** ou **ouvrir des yeux ronds** to stare round-eyed ou wide-eyed ◆ **avoir les yeux battus** to have blue rings under one's eyes ◆ **regarder qn avec des yeux de merlan frit*** ou **de crapaud mort d'amour*** to look at sb like a lovesick puppy ◆ **entre quatre yeux*, entre quat-z-yeux*** (directement) face to face; (en privé) in private

[2] COMP ▷ **œil cathodique** cathode eye, magic eye ▷ **œil électrique** electric eye ▷ **œil magique†** ⇒ **œil cathodique** ▷ **œil de verre** glass eye

œil-de-bœuf, pl **œils-de-bœuf** [œjdəbœf] → SYN nm bull's-eye (window), œil-de-bœuf

œil-de-chat, pl **œils-de-chat** [œjdəʃa] nm (Minér) tiger's eye (stone)

œil-de-perdrix, pl **œils-de-perdrix** [œjdəpɛrdri] → SYN nm (cor au pied) soft corn

œil-de-pie, pl **œils-de-pie** nm [œjdəpi] (Naut) eyelet

œil-de-tigre, pl **œils-de-tigre** nm ⇒ **œil-de-chat**

œillade [œjad] → SYN nf wink ◆ **faire des œillades à qn** to make eyes at sb, give sb the eye* ◆ **jeter** ou **décocher une œillade à qn** to wink at sb, give sb a wink

œillard [œjar] nm millstone eye

œillère [œjɛr] → SYN nf [a] **œillères** [cheval] blinkers ◆ (fig péj) **avoir des œillères** to wear blinkers, be blinkered

[b] (Méd) eyebath, eyecup

œillet [œjɛ] → SYN nm [a] [fleur] carnation ◆ **œillet d'Inde** French marigold ◆ **œillet mignardise** pink ◆ **œillet de poète** sweet william

[b] (petit trou) eyelet; (bordure) grommet

œilleton [œjtɔ̃] nm [télescope] eyepiece; [porte] peephole; (Bot) bud

œilletonner [œjtɔne] ▸conjug 1◂ vt (ébourgeonner) to disbud; (multiplier) to bud

œillette [œjɛt] nf (pavot) oil poppy; (huile) poppy(seed) oil

œkoumène [ekumɛn] nm ecumene

œnanthe [enɑ̃t] nf water dropwort

œnanthique [enɑ̃tik] adj oenanthic

œnolique [enɔlik] adj ◆ **acide œnolique** oenolic acid

œnolisme [enɔlism] nm wine addiction

œnologie [enɔlɔʒi] nf oenology

œnologique [enɔlɔʒik] adj oenological

œnologue [enɔlɔg] nmf oenologist

œnométrie [enɔmetri] nf alcoholometry

œnométrique [enɔmetrik] adj alcoholometric

œrsted [œrstɛd] nm oersted

œsophage [ezɔfaʒ] nm oesophagus (Brit), esophagus (US)

œsophagien, -ienne [ezɔfaʒjɛ̃, jɛn], **œsophagique** [ezɔfaʒik] adj oesophageal (Brit), esophageal (US)

œsophagite [ezɔfaʒit] nf inflammation of the oesophagus

œsophagoscope [ezɔfagɔskɔp] nm oesophagoscope (Brit), esophagoscope (US)

œsophagoscopie [ezɔfagɔskɔpi] nf oesophagoscopy (Brit), esophagoscopy (US)

œstradiol [ɛstradjɔl] nm oestradiol (Brit), estradiol (US)

œstral, e, mpl **-aux** [ɛstral, o] adj ◆ **cycle œstral** oestrous (Brit) ou estrous (US) cycle

œstre [ɛstr] nm sheep-nostril fly

œstrogène [ɛstrɔʒɛn] nm oestrogen (Brit), estrogen (US)

œstrone [ɛstrɔn] nf oestrone (Brit), estrone (US)

œstrus [ɛstrys] → SYN nm oestrus (Brit), estrus (US)

œuf, pl **œufs** [œf, ø] → SYN [1] nm [a] (Bio, Culin) egg ◆ **œuf du jour / frais** new-laid / fresh egg ◆ **en (forme d') œuf** egg-shaped ◆ **œufs de marbre / de faïence** marble / china eggs → **blanc, jaune**

[b] (idiot) **quel œuf ce type!** what a blockhead* this fellow is!

[c] (télécabine) cablecar (egg-shaped)

[d] LOC **étouffer** ou **écraser** ou **détruire qch dans l'œuf** to nip sth in the bud ◆ **mettre tous ses œufs dans le même panier** to put all one's eggs in one basket ◆ **c'est comme l'œuf de Colomb (fallait y penser)!** it's simple when you know how!, it's easy once you think of it! ◆ **c'est l'histoire de l'œuf et de la poule** it's a chicken and egg situation ou story ◆ **va te faire cuire un œuf!*** (go and) take a running jump!*, get stuffed!* → **marcher, omelette**

[2] COMP ▷ **œufs brouillés** scrambled eggs ▷ **œuf en chocolat** chocolate egg ▷ **œuf à la coque** (soft-)boiled egg ▷ **œuf dur** hard-boiled egg ▷ **œuf en gelée** egg in aspic ou jelly ▷ **œufs au lait** ≃ egg custard ▷ **œufs de lump** lumpfish roe ▷ **œufs mimosa** eggs mimosa *(hors d'œuvre made with chopped egg yolks)* ▷ **œuf (au) miroir** ⇒ **œuf sur le plat** ou **au plat** ▷ **œuf mollet** soft-boiled egg ▷ **œufs à la neige** œufs à la neige, floating islands ▷ **œufs montés** ou **battus en neige** beaten ou stiff egg whites ◆ **battre des œufs en neige** to whip (up) ou beat (up) egg whites until they are stiff ▷ **œuf de Pâques** Easter egg ▷ **œuf de pigeon*** bump (on the head) ▷ **œuf sur le plat** ou **au plat** fried egg ◆ (fig) **elle n'a que deux œufs sur le plat*** she's as flat as a pancake* ou as a board* ▷ **œuf poché** poached egg ▷ **œuf à repriser** darning egg

œufrier [œfrije] nm [réfrigérateur] egg compartment ou rack

œuvé, e [œve] adj with eggs

œuvre [œvr] → SYN [1] nf [a] (livre, tableau etc) work; (production artistique ou littéraire) works ◆ **c'est une œuvre de jeunesse** it's an early work ◆ **toute l'œuvre de Picasso** Picasso's entire works ◆ **les œuvres complètes / choisies de Victor Hugo** the complete / selected works of Victor Hugo ◆ **l'œuvre romanesque de Balzac** the novels of Balzac, Balzac's works of fiction

[b] (tâche) undertaking, task; (travail achevé) work ◆ **ce sera une œuvre de longue haleine** it will be a long-term task ou undertaking ◆ **admirant leur œuvre** admiring their work ◆ **la satisfaction de l'œuvre accomplie** the satisfaction of seeing the ou a task complete ou well done ◆ **ce beau gâchis, c'est l'œuvre des enfants** this fine mess is the children's doing ou work ◆ **ces formations sont l'œuvre du vent et de l'eau** these formations are the work of wind and water → **maître, pied**

[c] (acte) **œuvre(s)** deed, work ◆ **être jugé selon ses œuvres** to be judged by one's works ou deeds ◆ (frm, hum) **enceinte de ses œuvres** with child by him, bearing his child ◆ **(bonnes) œuvres** good ou charitable works ◆ (littér) **faire œuvre pie** to do a pious deed ◆ **aide-le, ce sera une bonne œuvre** help him, that will be a kind act ou an act of kindness → **fils**

[d] (organisation) **œuvre (de bienfaisance** ou **de charité)** charitable organization, charity ◆ **les œuvres** charity, charities

[e] LOC **être / se mettre à l'œuvre** to be at / get down to work ◆ **voir qn à l'œuvre** (lit) to see sb at work; (iro) to see sb in action ◆ **faire œuvre utile** to do something worthwhile ou useful ◆ **faire œuvre de pionnier / médiateur** to act as a pioneer / mediator ◆ **la mort avait fait son œuvre** death had (already) claimed its own ◆ **le feu avait fait son œuvre** the fire had wrought its havoc ou had done its work ◆ **faire œuvre durable** to create a work of lasting significance ou importance ◆ **mettre en œuvre** moyens to implement, make use of, bring into play ◆ **il avait tout mis en œuvre pour éviter la dévaluation / pour les aider** he had done everything possible ou had taken all possible steps to avoid devaluation / to help them ◆ **la mise en œuvre d'importants moyens** the implementation ou the bringing into play of considerable resources ◆ (Prov) **à l'œuvre on** ou **c'est à l'œuvre qu'on connaît l'ouvrier** a man is judged ou known by his works ou by the work he does

[2] nm ◆ (littér) **l'œuvre gravé / sculpté de Picasso** the etchings / sculptures of Picasso → **grand, gros**

[3] COMP ▷ **œuvre d'art** (lit, fig) work of art ▷ **œuvres mortes** (Naut) deadwork ▷ **œuvres sociales** (Jur) company benefit scheme ▷ **œuvres vives** (Naut) quickwork; (fig littér) vitals

œuvrer [œvre] → SYN ▸conjug 1◂ vi (littér ou hum) to strive (*à* for) ◆ **œuvrer pour qch** to work for sth

off [ɔf] adj inv (Ciné) voix, son off; concert, festival fringe, alternative ◆ **dire qch en voix off** to say sth in a voice off

offensant, e [ɔfɑ̃sɑ̃, ɑ̃t] → SYN adj insulting, offensive

offense [ɔfɑ̃s] → SYN nf [a] (frm: affront) insult ◆ **faire offense à** to offend, insult ◆ (hum) **il n'y a pas d'offense*** no offence (taken) ◆ (frm) **soit dit sans offense** let this not be taken amiss

[b] (Rel: péché) transgression, trespass, offence ◆ **pardonnez-nous nos offenses** forgive us our trespasses ◆ **offense à** ou **envers** chef d'État libel against; Dieu offence against

offensé, e [ɔfɑ̃se] (ptp de **offenser**) [1] adj offended, hurt, insulted

[2] nm,f offended ou injured party

offenser [ɔfɑ̃se] → SYN ▸conjug 1◂ [1] vt [a] personne to offend, hurt (the feelings of), insult, give offence to ◆ **je n'ai pas voulu vous offenser** I didn't mean to give offence (to you) ou to offend you ◆ **offenser Dieu** to offend ou trespass against God

[b] (littér) sentiments, souvenir to offend, insult; personne, bon goût to offend; règles, principes to offend against

[2] **s'offenser** vpr to take offence (*de qch* at sth)

offenseur [ɔfɑ̃sœr] → SYN nm offender

offensif, -ive [ɔfɑ̃sif, iv] → SYN [1] adj (Mil) offensive ◆ (Sport) **ils sont très offensifs, ils ont un jeu très offensif** they're always on the attack

[2] **offensive** nf offensive ◆ **prendre l'offensive** to take the offensive ◆ **passer à l'offensive** to go onto the attack ou offensive ◆ **lancer une offensive** to launch an offensive (*contre* against) ◆ **elle a lancé une offensive de charme** she turned on the charm ◆ (fig) **l'offensive de l'hiver / du froid** the onslaught of winter / of the cold ◆ **offensive diplomatique / de paix** diplomatic / peace offensive ◆ **une offensive commerciale de grande envergure** a large-scale commercial offensive

offensivement [ɔfɑ̃sivmɑ̃] adv (Mil) offensively ◆ (Sport) **jouer offensivement** to be always on the attack

offert, e [ɔfɛr, ɛrt] (ptp de **offrir**) adj (Bourse) cours offered

offertoire [ɔfɛrtwar] → SYN nm (Rel) offertory

office [ɔfis] → SYN [1] nm [a] (littér: tâche) duties, office; (Hist) charge, office; (Admin) office ◆ **remplir l'office de directeur / chauffeur** to hold the office ou post of manager / chauffeur ◆ **office ministériel** ministerial office ◆ **office d'avoué** office of solicitor ◆ **le bourreau a fait** ou **rempli son office** the executioner carried out his duties

[b] (usage) **faire office de** to act ou serve as ◆ **faire office de chauffeur** to act as (a) chauffeur ◆ [appareil, loi] **remplir son office** to fulfil its function, do its job*

[c] (bureau) office, bureau, agency ◆ **office national / départemental** national / regional office ◆ **office de publicité** advertising agency ou organization ◆ **office des changes** foreign exchange bureau ◆ **office de commerce** trade organization ◆ **office du tourisme** tourist information (centre), tourist office ◆ **Office national des forêts** ≃ Forestry Commission (Brit), ≃ Forestry Service (US) ◆ **le musée des Offices** the Uffiti (Gallery)

[d] (Rel) (messe) (church) service; (prières) prayers ◆ **l'office (divin)** the (divine) office ◆ **l'office des morts** the office ou service for the dead ◆ **aller à / manquer l'office** to go to / miss church ou the church service

[e] LOC **d'office: être nommé / mis à la retraite d'office** to be appointed / retired automati-

cally ou as a matter of course ◆ **faire qch d'office** (Admin) to do sth automatically; (gén) to do sth as a matter of course ou automatically ◆ **avocat / expert (commis) d'office** officially appointed lawyer / expert
f (littér: service) office ◆ (Pol) **bons offices** good offices ◆ **Monsieur bons offices*** mediator
2 nm ou nf (cuisine) pantry, staff dining quarters

officialisation [ɔfisjalizasjɔ̃] nf officializing, officialization

officialiser [ɔfisjalize] ▸ conjug 1 ◂ vt to make official, officialize

officiant, e [ɔfisjɑ̃, jɑ̃t] → SYN (Rel) **1** adj m, nm ◆ **(prêtre) officiant** officiant, officiating priest
2 adj f, nf ◆ **(sœur) officiante** officiating sister

officiel, -elle [ɔfisjɛl] → SYN **1** adj (gén) official ◆ **(c'est) officiel !*** it's no joke!, it's for sure!* ◆ **rendre officiel** to make official ou public → **journal**
2 nm,f official

officiellement [ɔfisjɛlmɑ̃] → SYN adv officially

officier[1] [ɔfisje] → SYN nm officer ◆ **officier subalterne / supérieur / général** junior / field / general officer ◆ **officier de garde** duty officer ◆ **officier de marine** naval officer ◆ **officier marinier** petty officer ◆ **officier mécanicien** engineer officer ◆ **officier d'ordonnance** aide-de-camp ◆ **officier de paix** (police) inspector (Brit), lieutenant (US) ◆ **officier de police** senior police officer ◆ **officier de police judiciaire** *official empowered to make arrests and act as a policeman* ◆ **officier de semaine** ≃ orderly officer ◆ **officier ministériel** member of the legal profession ◆ **officier de l'état civil** (mayor considered in his capacity as) registrar ◆ **officier de la Légion d'honneur** officer of the Legion of Honour ◆ **officier technicien** technical officer → **col**

officier[2] [ɔfisje] → SYN ▸ conjug 7 ◂ vi (Rel, hum) to officiate

officieusement [ɔfisjøzmɑ̃] → SYN adv unofficially

officieux, -ieuse [ɔfisjø, jøz] → SYN adj unofficial ◆ **à titre officieux** unofficially, in an unofficial capacity

officinal, e, mpl **-aux** [ɔfisinal, o] → SYN adj plante medicinal

officine [ɔfisin] → SYN nf [pharmacie] dispensary; (Admin, Jur: pharmacie) pharmacy; (péj: repaire) headquarters, agency

offrande [ɔfʀɑ̃d] → SYN nf (don) offering ◆ (Rel: cérémonie) **l'offrande** the offertory

offrant [ɔfʀɑ̃] nm (Jur, Fin) offerer, bidder ◆ **au plus offrant** to the highest bidder ◆ (petites annonces) **« au plus offrant »** "highest offer secures sale"

offre [ɔfʀ] → SYN GRAMMAIRE ACTIVE 19.5 nf (gén) offer; (aux enchères) bid; (Admin: soumission) tender ◆ (Écon) **l'offre et la demande** supply and demand ◆ **appel d'offres** invitation to tender ◆ **il m'a fait une offre (de prix ou d'emploi)** he made me an offer ◆ **as-tu regardé les offres d'emploi ?** have you checked the situations vacant column? ou the job ads?* ◆ **il y avait plusieurs offres d'emploi pour des ingénieurs** there were several jobs advertised for engineers, there were several advertisements ou ads* for engineering jobs ◆ (Fin) **offre publique d'achat** takeover bid (Brit), tender offer (US) ◆ (Fin) **offre publique d'échange** public offer of exchange ◆ **offre publique de vente** offer for sale ◆ (frm) **offre(s) de service** offer of service ◆ (Comm) **offre spéciale** special offer (Brit), special (US) ◆ (Pol) **offres de paix** peace overtures ◆ (Écon) **théorie de l'offre** supply-side economics

offreur, -euse [ɔfʀœʀ, øz] nm,f offerer, offeror

offrir [ɔfʀiʀ] → SYN ▸ conjug 18 ◂ GRAMMAIRE ACTIVE 3
1 vt **a** (donner) to give (*à* to); (acheter) to buy (*à* for) ◆ **c'est pour offrir ?** is it for a present? ou a gift? ◆ **la joie d'offrir** the joy of giving ◆ **il lui a offert un bracelet** he gave her a bracelet, he presented her with a bracelet ◆ **il nous a offert à boire** (chez lui) he gave us a drink; (au café) he bought ou stood us a drink
b (proposer) aide, marchandise, excuse to offer; sacrifice to offer up; choix, possibilité to offer, give; démission to tender, offer ◆ **puis-je vous offrir à boire / une cigarette ?** can I offer you a drink / a cigarette? ◆ **offrir l'hospitalité à qn** to offer sb hospitality ◆ **offrir le mariage à qn** to offer to marry sb ◆ **il m'offrit un fauteuil** he offered me a chair ◆ **offrir son bras à qn** to offer sb one's arm ◆ **offrir ses services à qn** (gén, Comm) to offer sb one's services ◆ **offrir de faire** to offer to do ◆ **combien m'en offrez-vous ?** how much will you give me for it? ou will you offer for it? ◆ **offrir sa vie à la patrie / à Dieu** to offer up one's life to the homeland / to God
c (présenter) spectacle, image to present, offer; vue to offer ◆ **offrir son corps aux regards** to reveal ou expose one's body to the world at large ◆ **offrir sa poitrine aux balles** to proffer (frm) ou present one's chest to the bullets ◆ **le paysage n'offrait rien de particulier** the countryside had no particular features
d (apporter) avantage, inconvénient to offer, present; exemple, explication to provide, afford (frm); analogie to offer, have; échappatoire to offer ◆ **offrir de la résistance** [coffre-fort] to resist, offer resistance; [personne] to put up ou offer resistance (*à* to)
2 s'offrir vpr **a** [femme] to offer o.s. ◆ **s'offrir à Dieu** to offer o.s. (up) to God ◆ **s'offrir aux regards** [personne] to expose ou reveal o.s. to the public gaze; [spectacle] to present itself to the gaze, meet ou greet our (*ou* your etc) eyes ◆ **la première idée qui s'est offerte à mon esprit** the first idea that occurred to me ou that came into my mind ◆ **s'offrir comme guide** to volunteer to act as a guide ◆ **s'offrir aux coups** to let the blows rain down on one, submit to the blows
b repas, vacances to treat o.s. to; disque to buy o.s., treat o.s. to
c s'offrir à faire qch to offer ou volunteer to do sth

offset [ɔfsɛt] nm, adj inv (Typ) offset ◆ **journal tiré en offset** offset (litho)printed newspaper

offsettiste [ɔfsetist] nmf offset machine operator

offshore [ɔfʃɔʀ] → SYN **1** adj inv plateforme, exploitation, pétrole offshore; (Fin) fonds offshore
2 nm inv (Sport) (bateau) powerboat; (activité) powerboat racing ◆ **faire du offshore** to go powerboat racing

offusquer [ɔfyske] → SYN ▸ conjug 1 ◂ **1** vt to offend ◆ **ses manières offusquent beaucoup de gens** his manners offend many people
2 s'offusquer vpr to take offence ou umbrage (*de* at), be offended (*de* at, by)

oflag [ɔflag] nm oflag

ogham [ɔgam] nm og(h)am

oghamique [ɔgamik] adj ◆ **écriture oghamique** og(h)am

ogival, e, mpl **-aux** [ɔʒival, o] adj voûte rib (épith), ogival (spéc); arc pointed, ogival (spéc); architecture, art gothic *(medieval)*

ogive [ɔʒiv] → SYN nf **a** (Archit) diagonal rib ◆ **croisée d'ogives** intersection of the ribs *(of a vault)* ◆ **arc d'ogives** pointed ou equilateral arch ◆ **voûte en ogive** rib vault ◆ **arc en ogive** lancet arch
b (Mil) [fusée etc] nose cone ◆ **ogive nucléaire** nuclear warhead

ogre [ɔgʀ] → SYN nm ogre ◆ **manger comme un ogre, être un vrai ogre** to eat like a horse

ogresse [ɔgʀɛs] nf ogress ◆ **elle a un appétit d'ogresse** she's got an appetite like a horse

oh [o] excl oh ◆ **pousser des oh** to exclaim

ohé [ɔe] excl hey (there) ◆ **ohé du bateau !** ahoy (there)!, hey (there)!, hullo (there)!

Ohio [ɔjo] nm Ohio

ohm [om] nm ohm

ohmmètre [ommɛtʀ] nm ohmmeter

oïdium [ɔidjɔm] nm powdery mildew

oie [wa] → SYN nf (Zool) goose; (péj: niaise) silly goose ◆ **oie cendrée** greylag goose ◆ **oie sauvage** wild goose ◆ **oie des neiges** snow goose ◆ (péj) **oie blanche** innocent young thing → **caca, jeu** etc

oignon [ɔɲɔ̃] → SYN nm (légume) onion; [tulipe etc] bulb; (Méd) bunion; (montre) turnip watch ◆ **petits oignons** pickling onions ◆ (Culin) **aux petits oignons** with (pickling) onions ◆ (fig) **être soigné aux petits oignons** to be looked after really well ◆ (fig) **c'était aux petits oignons*** it was topflight;* ◆ **ce n'est pas** ou **ce ne sont pas mes oignons**‡ it's no business of mine, it's nothing to do with me ◆ **mêle-toi** ou **occupe-toi de tes oignons**‡ mind your own business → **pelure, rang**

oignonière [ɔɲɔnjɛʀ] nf onion field

oïl [ɔjl] nm → **langue**

oindre [wɛ̃dʀ] → SYN ▸ conjug 49 ◂ vt to anoint

oint, ointe [wɛ̃, wɛ̃t] (ptp de **oindre**) adj, nm,f anointed ◆ **l'oint du Seigneur** the Lord's anointed

oiseau, pl **oiseaux** [wazo] → SYN **1** nm (Zool) bird; (gén péj: personne) customer*, fellow* ◆ **être comme l'oiseau sur la branche** to be here today and gone tomorrow, be very unsettled *(in a place)* ◆ **trouver l'oiseau rare** to find the man (ou woman) in a million ◆ (fig) **l'oiseau s'est envolé** the bird has flown ◆ **drôle d'oiseau** queer fish* (Brit) ou bird* ou customer* ◆ (Mus) **"L'Oiseau de feu"** "The Firebird" → **appétit, cervelle, petit, vol**[1]
2 COMP ▷ **oiseau chanteur** songbird ▷ **oiseau des îles** exotic bird ▷ **oiseau de malheur** ou **de mauvais augure** (fig) bird of ill omen ▷ **oiseau migrateur** migratory bird, migrant ▷ **oiseau de nuit** bird of the night, night-bird ▷ **oiseau de paradis** bird of paradise ▷ **oiseau de proie** bird of prey

oiseau-lyre, pl **oiseaux-lyres** [wazoliʀ] → SYN nm lyrebird

oiseau-mouche, pl **oiseaux-mouches** [wazomuʃ] → SYN nm hummingbird

oiseler [waz(ə)le] ▸ conjug 4 ◂ vi to catch birds

oiselet [waz(ə)lɛ] nm fledgling

oiseleur [waz(ə)lœʀ] nm bird-catcher

oiselier, -ière [wazəlje, jɛʀ] → SYN nm,f bird-seller

oiselle [wazɛl] → SYN nf (littér: oiseau) female bird; (†: jeune fille) silly little goose*

oisellerie [wazɛlʀi] nf (magasin) birdshop; (commerce) bird-selling

oiseux, -euse [wazø, øz] → SYN adj dispute, digression, commentaire pointless; propos idle (épith), pointless; question trivial, trifling

oisif, -ive [wazif, iv] → SYN **1** adj idle ◆ **une vie oisive** a life of leisure, an idle life
2 nm,f man (ou woman) of leisure ◆ **les oisifs** (gén) the idle; (Écon: non-actifs) those not in active employment

oisillon [wazijɔ̃] → SYN nm young bird, fledgling

oisivement [wazivmɑ̃] adv idly ◆ **vivre oisivement** to live a life of leisure ou idleness

oisiveté [wazivte] → SYN nf idleness ◆ (Prov) **l'oisiveté est la mère de tous les vices** idleness is the root of all evil (Prov) ◆ **oisiveté forcée** forced idleness ou inactivity

oison [wazɔ̃] nm gosling

OIT [ɔite] nf (abrév de **Organisation internationale du travail**) ILO

OK* [oke] **1** excl O.K.!*, right-oh!
2 adj inv OK, fine (attrib)

okapi [ɔkapi] → SYN nm okapi

Oklahoma [ɔklaɔma] nm Oklahoma

okoumé [ɔkume] nm gaboon (mahogany)

OL (abrév de **ondes longues**) LW

olé [ɔle] **1** excl olé!
2 adj inv ◆ **olé olé*** (excentrique) personne wacky‡; (osé) film, livre risqué; vêtement, personne OTT*, over the top*

oléacée [ɔlease] nf member of the Oleaceae family ◆ **oléacées** Oleaceae

oléagineux, -euse [ɔleaʒinø, øz] → SYN **1** adj oil-producing, oleaginous (spéc)
2 nm oil-producing ou oleaginous (spéc) plant

oléastre [ɔleastʀ] nm Russian olive, oleaster (spéc)

oléate [ɔleat] nm oleate

olécrane [ɔlekʀan] nm olecranon

oléfiant, e [ɔlefjɑ̃, jɑ̃t] adj olefiant ◆ **gaz oléfiant** olefiant gas

oléfine [ɔlefin] nf olefine, alkene

oléiculteur, -trice [ɔleikyltœʀ, tʀis] nm olive grower

oléiculture [ɔleikyltyʀ] nf olive growing

oléifère [ɔleifɛʀ] adj oil-producing, oleiferous (spéc)

oléiforme [ɔleifɔʀm] adj oil-like (épith)

oléine [ɔlein] nf olein, triolein

oléique [ɔleik] adj ◆ **acide oléique** oleic acid

oléoduc [ɔleɔdyk] nm oil pipeline

oléomètre [ɔleɔmɛtʀ] nm oleometer

oléorésine [ɔleoʀezin] nf oleoresin

oléum [ɔleɔm] nm oleum

olfactif, -ive [ɔlfaktif, iv] adj olfactory

olfaction [ɔlfaksjɔ̃] → SYN nf olfaction

olibrius [ɔlibʀijys] → SYN nm (péj) (queer) customer* ou fellow*

olifant [ɔlifɑ̃] → SYN nm (ivory) horn

oligarchie [ɔligaʀʃi] → SYN nf oligarchy

oligarchique [ɔligaʀʃik] adj oligarchic

oligarque [ɔligaʀk] nm oligarch

oligiste [ɔliʒist] adj, nm ◆ **(fer) oligiste** oligist iron

oligocène [ɔligɔsɛn] 1 adj Oligocene
2 nm ◆ **l'oligocène** the Oligocene

oligochètes [ɔligɔkɛt] nmpl ◆ **les oligochètes** oligochaetes

oligoclase [ɔligɔklaz] nf oligoclase

oligoélément [ɔligoelemɑ̃] nm trace element

oligomère [ɔligɔmɛʀ] nm oligomer

oligopeptide [ɔligopɛptid] nm oligopeptide

oligophrénie [ɔligɔfʀeni] → SYN nf mental deficiency, oligophrenia (spéc)

oligopole [ɔligɔpɔl] → SYN nm oligopoly

oligopolistique [ɔligɔpɔlistik] adj oligopolistic

oligosaccharide [ɔligosakaʀid] nm oligosaccharide

oligurie [ɔligyʀi] nf oliguria, oliguresis

olivacé, e [ɔlivase] adj olive (green)

olivaie [ɔlivɛ] → SYN nf ⇒ **oliveraie**

olivâtre [ɔlivɑtʀ] adj (gén) olive-greenish; teint sallow

olive [ɔliv] → SYN 1 nf a (fruit) olive ◆ **olive noire / verte** black / green olive → **huile**
b (ornement) bead ou pearl moulding; (interrupteur) switch
c (Anat) olivary body
d (Zool) olive(-shell)
2 adj inv olive(-green)

oliveraie [ɔlivʀɛ] nf olive grove

olivette [ɔlivɛt] nf plum tomato

Olivier [ɔlivje] nm Oliver

olivier [ɔlivje] nm (arbre) olive tree; (bois) olive (wood) ◆ **le mont des Oliviers** the Mount of Olives → **jardin, rameau**

olivine [ɔlivin] nf olivine

ollaire [ɔlɛʀ] adj ◆ **pierre ollaire** potstone

olographe [ɔlɔgʀaf] adj → **testament**

OLP [ɔɛlpe] nf (abrév de **Organisation de libération de la Palestine**) PLO

Olympe[1] [ɔlɛ̃p] nm (mont) Mount Olympus

Olympe[2] [ɔlɛ̃p] nf Olympia

olympiade [ɔlɛ̃pjad] nf Olympiad

Olympie [ɔlɛ̃pi] n Olympia

olympien, -ienne [ɔlɛ̃pjɛ̃, jɛn] → SYN adj ◆ (Myth) **les dieux olympiens** the Olympic gods ◆ (fig) **un calme olympien** an Olympian calm ◆ (fig) **un air olympien** an air of Olympian aloofness

olympique [ɔlɛ̃pik] adj Olympic ◆ **piscine olympique** Olympic-size swimming pool ◆ **il est dans une forme olympique** he's in top form ou great shape → **jeu**

olympisme [ɔlɛ̃pism] nm (organisation) organization of the Olympic games; (principe) Olympic spirit

OM (abrév de **ondes moyennes**) MW

Oman [ɔman] nm ◆ **(le Sultanat d') Oman** (the Sultanate of) Oman

omanais, e [ɔmanɛ, ɛz] 1 adj Omani
2 nm,f ◆ **Omanais(e)** Omani

ombelle [ɔ̃bɛl] nf umbel ◆ **en ombelle** umbellate (spéc), parasol-shaped

ombellé, e [ɔ̃bele] adj umbellated

ombellifère [ɔ̃belifɛʀ] 1 adj umbelliferous
2 nf member of the Umbelliferae family ◆ **ombellifères** Umbelliferae

ombilic [ɔ̃bilik] → SYN nm a (nombril) umbilicus, navel
b (plante) navelwort
c (Bot) hilum; (renflement) [bouclier etc] boss; (Math) umbilic

ombilical, e, mpl **-aux** [ɔ̃bilikal, o] adj (Anat) umbilical; (Sci, Tech) navel-like → **cordon**

ombiliqué, e [ɔ̃bilike] adj umbilicate

omble [ɔ̃bl(ə)] nm char(r) ◆ **omble-chevalier** arctic char(r)

ombrage [ɔ̃bʀaʒ] → SYN nm a (ombre) shade ◆ (feuillage) **sous les ombrages (du parc)** in the shade of the trees (in the park), in the leafy shade (of the park)
b (loc frm) **prendre ombrage de qch** to take umbrage ou offence at sth ◆ **porter ombrage à qn,** († ou littér) **causer** ou **donner de l'ombrage à qn** to offend sb

ombragé, e [ɔ̃bʀaʒe] (ptp de **ombrager**) adj shaded, shady

ombrager [ɔ̃bʀaʒe] → SYN ▸ conjug 3 ◂ vt [arbres] to shade ◆ (fig littér) **une mèche ombrageait son front** a lock of hair shaded his brow

ombrageux, -euse [ɔ̃bʀaʒø, øz] → SYN adj a personne touchy, prickly, quick to take offence (attrib), easily offended; caractère touchy, prickly
b âne, cheval skittish, nervous

ombre[1] [ɔ̃bʀ] → SYN 1 nf a (lit) shade (NonC); (ombre portée) shadow; (littér: obscurité) darkness ◆ **25° à l'ombre** 25° in the shade ◆ **dans l'ombre de l'arbre / du vestibule** in the shade of the tree / of the hall ◆ **ces arbres font de l'ombre** these trees give (us) shade ◆ **enlève-toi, tu me fais de l'ombre** get out of my light, move – you're in my light ◆ **places sans ombre / pleines d'ombre** shadeless / shady squares ◆ **tapi dans l'ombre** crouching in the darkness ou in the shadows → **théâtre**
b (forme vague) shadow, shadowy figure ou shape
c (fig) (anonymat) obscurity; (secret, incertitude) dark ◆ **laisser une question dans l'ombre** to leave a question in the dark, deliberately ignore a question ◆ **tramer quelque chose dans l'ombre** to plot something in the dark ◆ **travailler dans l'ombre** to work behind the scenes ◆ **sortir de l'ombre** [auteur] to emerge from one's obscurity; [terroriste] to come out into the open ◆ **rester dans l'ombre** [artiste] to remain in obscurity; [meneur] to keep in the background; [détail] to be still obscure, remain unclear
d (soupçon) **une ombre de moustache** a hint ou suspicion of a moustache ◆ **il n'y a pas l'ombre d'un doute** there's not the (slightest) shadow of a doubt ◆ **tu n'as pas l'ombre d'une chance** you haven't got a ghost of a chance ◆ (littér) **une ombre de tristesse passa sur son visage** a shadow of sadness passed over his face ◆ (littér) **il y avait dans sa voix l'ombre d'un reproche** there was a hint of reproach in his voice
e (fantôme) shade
f LOC **à l'ombre de** (tout près de) in the shadow of, close beside; (à l'abri de) in the shade of ◆ (Littérat) **"À l'Ombre des jeunes filles en fleurs"** "Within a Budding Grove" ◆ **vivre dans l'ombre de qn** to live in the shadow of sb ◆ **être l'ombre de qn** to be sb's (little) shadow ◆ (fig) **faire de l'ombre à qn** to overshadow sb ◆ **mettre qn à l'ombre*** to put sb behind bars, lock sb up ◆ **il y a une ombre au tableau** there's a fly in the ointment ◆ **n'être plus que l'ombre de soi-même** to be the mere shadow of one's former self ◆ (hum) **plus vite que son ombre*** in the blink of an eye → **peur, proie, suivre**
2 COMP ▷ **ombres chinoises** (improvisées) shadowgraphs; (spectacle) shadow show ou pantomime ▷ **ombre méridienne** noonday shadow ▷ **ombre à paupières** eye shadow ▷ **ombre portée** shadow

ombre[2] [ɔ̃bʀ] nm (poisson) grayling

ombre[3] [ɔ̃bʀ] nf (terre, couleur) umber ◆ **terre d'ombre** umber

ombrelle [ɔ̃bʀɛl] → SYN nf (parasol) parasol, sunshade; (Zool) [méduse] umbrella

ombrer [ɔ̃bʀe] → SYN ▸ conjug 1 ◂ vt dessin to shade ◆ **ombrer ses paupières** to put eye shadow on

ombrette [ɔ̃bʀɛt] → SYN nf umbrette, hammerkop

ombreux, -euse [ɔ̃bʀø, øz] → SYN adj (littér) pièce, forêt shady

Ombrie [ɔ̃bʀi] nf Umbria

ombrien, -ienne [ɔ̃bʀijɛ̃, ijɛn] adj Umbrian

ombrine [ɔ̃bʀin] → SYN nf (poisson) umbra

ombudsman [ɔmbydsman] → SYN nm (Can) ombudsman

OMC [ɔɛmse] nf (abrév de **Organisation mondiale du commerce**) WTO

oméga [ɔmega] nm omega → **alpha**

omelette [ɔmlɛt] nf omelette ◆ **omelette aux fines herbes** omelette with herbs ◆ **omelette aux champignons / au fromage** mushroom / cheese omelette ◆ **omelette baveuse** runny omelette ◆ **omelette norvégienne** baked Alaska ◆ (Prov) **on ne fait pas d'omelette sans casser des œufs** you can't make an omelette without breaking eggs

omerta [ɔmɛʀta] nf code of silence, omertà

omettre [ɔmɛtʀ] → SYN ▸ conjug 56 ◂ vt to leave out, miss out, omit ◆ **omettre de faire qch** to fail ou omit ou neglect to do sth

OMI [ɔɛmi] nf (abrév de **Organisation maritime internationale**) IMO

omicron [ɔmikʀɔn] nm omicron

omis, e [ɔmi, iz] (ptp de **omettre**) 1 adj omitted
2 nm (Mil) *man left out of conscription by mistake*

omission [ɔmisjɔ̃] → SYN nf (action) omission; (chose oubliée) omission, oversight ◆ **pécher par omission** to commit the sin of omission

OMM [ɔɛmɛm] nf (abrév de **Organisation météorologique mondiale**) WMO

omnibus [ɔmnibys] → SYN nm ◆ **(train) omnibus** slow ou local train; (Hist: bus) omnibus ◆ **le train est omnibus jusqu'à Paris** the train stops at every station before ou until Paris ◆ (Élec) **barre omnibus** busbar

omnicolore [ɔmnikɔlɔʀ] adj many-coloured

omnidirectif, -ive [ɔmnidiʀɛktif, iv] adj omnidirectional

omnidirectionnel, -elle [ɔmnidiʀɛksjɔnɛl] adj omnidirectional

omnipotence [ɔmnipɔtɑ̃s] → SYN nf omnipotence

omnipotent, e [ɔmnipɔtɑ̃, ɑ̃t] → SYN adj omnipotent, all-powerful

omnipraticien, -ienne [ɔmnipʀatisjɛ̃, jɛn] → SYN nm,f general practitioner

omniprésence [ɔmnipʀezɑ̃s] → SYN nf omnipresence

omniprésent, e [ɔmnipʀezɑ̃, ɑ̃t] adj omnipresent

omniscience [ɔmnisjɑ̃s] → SYN nf omniscience

omniscient, e [ɔmnisjɑ̃, jɑ̃t] → SYN adj omniscient

omnisports [ɔmnispɔʀ] adj inv terrain general-purpose (épith) ◆ **association omnisports** (general) sports club ◆ **salle omnisports** games hall ◆ **palais omnisports** sports centre

omnium [ɔmnjɔm] nm a (Cyclisme) prime; (Courses) open handicap
b (Comm) corporation

omnivore [ɔmnivɔʀ] 1 adj omnivorous
2 nm omnivorous creature, omnivore (spéc)

omoplate [ɔmɔplat] nf shoulder blade, scapula (spéc)

OMS [oɛmɛs] nf (abrév de **Organisation mondiale de la santé**) WHO

OMT [oɛmte] nf (abrév de **Organisation mondiale du tourisme**) WTO

on [ɔ̃] pron a (indétermination : souvent traduit par pass) **on les interrogea sans témoins** they were questioned without (any) witnesses ♦ **on va encore augmenter l'essence** (the price of) petrol is going up again, they are putting up the price of petrol again ♦ (annonce) **on demande jeune fille** young girl wanted ou required ♦ **on ne nous a pas demandé notre avis** nobody asked our opinion, our opinion wasn't asked ♦ **on ne devrait pas poser des questions si ambiguës** you ou one shouldn't ask such ambiguous questions ♦ **dans cet hôtel on ne vous permet pas d'avoir des chiens** you aren't allowed to ou they won't let you keep a dog in this hotel ♦ **on prétend que** they say that, it is said that ♦ **on se précipita sur les places vides** there was a rush for the empty seats ♦ (Prov) **on n'est jamais si bien servi que par soi-même** a job is never so well done as when you do it yourself → **dire**
b (quelqu'un) someone, anyone ♦ **on a déposé ce paquet pendant que vous étiez sorti** someone left this parcel ou this parcel was left while you were out ♦ **qu'est-ce je dis si (l') on demande à vous parler?** what shall I say if someone ou anyone asks to speak to you? ♦ **on vous demande au téléphone** you're wanted on the phone, there's someone on the phone for you ♦ **on frappa à la porte** there was a knock at the door ♦ **est-ce qu'on est venu réparer la porte?** has anyone ou someone been to repair the door? ♦ **on peut très bien aimer la pluie** some people may well like the rain ♦ **je n'admets pas qu'on** ou **que l'on ne sache pas nager** I can't understand how (some) people can't swim
c (indéf : celui qui parle) you, one, we ♦ **on ne dort pas par cette chaleur** you (ou one) can't sleep in this heat ♦ **est-ce qu'on est censé s'habiller pour le dîner?** is one ou are we expected to dress for dinner? ♦ **on aimerait être sur que ...** one ou we would like to be sure that ... ♦ **de nos fenêtres, on voit les collines** from our windows you (ou we) can see the hills ♦ **on a trop chaud ici** it's too hot here ♦ **quand on est inquiet rien ne peut vous distraire** when you are (ou one is) worried nothing can take your (ou one's) mind off it ♦ **on comprend difficilement pourquoi** it is difficult to understand why ♦ **on ne pense jamais à tout** one (ou you) can't think of everything ♦ **on ne lui donnerait pas 70 ans** you wouldn't think she was 70 ♦ **on ne dirait pas que** you wouldn't think that
d (éloignement dans temps, espace) they, people ♦ **autrefois, on se préoccupait peu de l'hygiène** years ago, they (ou people) didn't worry about hygiene ♦ **en Chine on mange avec des baguettes** in China they eat with chopsticks ♦ **dans aucun pays on ne semble pouvoir arrêter l'inflation** it doesn't seem as if inflation can be stopped in any country, no country seems (to be) able to stop inflation
e (*: nous) we ♦ **on a décidé tous les trois de partir chacun de son côté** the three of us decided to go (each) our separate ways ♦ **chez nous on mange beaucoup de pain** we eat a lot of bread in our family ♦ **lui et moi on n'est pas d'accord** we don't see eye to eye, him and me* ♦ **nous, on a amené notre chien** we've brought along the dog ♦ **nous, on a tous réclamé une augmentation** we all (of us) demanded a rise ♦ **on fait ce qu'on peut** ou **de son mieux** you can only do your best ♦ **il faut bien qu'on vive** a fellow (ou a girl) has got to eat* ♦ **dans ce chapitre on essaiera de prouver** in this chapter we (frm) shall attempt to prove
f (gén langue parlée : familiarité, reproche etc) **on est bien sage aujourd'hui!** aren't we a good boy (ou girl) today!, we are a good boy (ou girl) today! ♦ **alors on ne dit plus bonjour aux amis!** don't we say hello to our friends any more? ♦ **alors, on est content?** well, are you pleased? ♦ (iro) **on n'a pas un sou mais on s'achète une voiture!** he hasn't (ou they haven't etc) a penny to his (ou their etc) name but he goes and buys (ou they go and buy etc) a car! ♦ **on parle on parle et puis on finit par dire des sottises** talk, talk, talk and it's all nonsense in the end
g (intensif) **c'est on ne peut plus beau / ridicule** it couldn't be lovelier / more ridiculous ♦ **je suis on ne peut plus heureux de vous voir** I couldn't be more delighted to see you, I'm absolutely delighted to see you

onagracée [ɔnagʀase] nf onagraceous plant

onagre[1] [ɔnagʀ] → SYN nm (Archéol, Zool) onager

onagre[2] [ɔnagʀ] nf (Bot) oenothera (spéc), evening primrose

onanisme [ɔnanism] → SYN nm onanism

onc†† [ɔ̃k] adv ⇒ **oncques**

once[1] [ɔ̃s] nf (mesure, aussi Can) ounce ♦ **il n'a pas une once de bon sens** he hasn't an ounce of common sense

once[2] [ɔ̃s] nf (Zool) ounce, snow leopard

onchocercose [ɔ̃kosɛʀkoz] nf river blindness, onchocerciasis (spéc)

oncial, e, mpl **-iaux** [ɔ̃sjal, jo] 1 adj uncial
2 **onciale** nf uncial

oncle [ɔ̃kl] nm uncle ♦ (fig) **oncle d'Amérique** rich uncle ♦ **l'Oncle Sam** Uncle Sam ♦ **l'Oncle Tom** Uncle Tom → **héritage**

oncogène [ɔ̃kɔʒɛn] 1 adj oncogenic, oncogenous
2 nm oncogene

oncologie [ɔ̃kɔlɔʒi] nf oncology

oncologiste [ɔ̃kɔlɔʒist] nmf, **oncologue** [ɔ̃kɔlɔg] nmf oncologist

oncotique [ɔ̃kɔtik] adj oncotic

oncques†† [ɔ̃k] adv never

onction [ɔ̃ksjɔ̃] → SYN nf (Rel, fig) unction ♦ **onction des malades** anointing of the sick

onctueusement [ɔ̃ktɥøzmɑ̃] adv couler unctuously; parler with unction, suavely

onctueux, -euse [ɔ̃ktɥø, øz] → SYN adj crème smooth, creamy, unctuous; manières, voix unctuous, smooth

onctuosité [ɔ̃ktɥozite] → SYN nf (→ **onctueux**) unctuousness, smoothness, creaminess

ondatra [ɔ̃datʀa] → SYN nm muskrat

onde [ɔ̃d] → SYN nf a (gén, Phys) wave ♦ **ondes hertziennes** ou **radioélectriques / sonores** Hertzian ou radio / sound waves ♦ (Rad) **ondes courtes** short waves ♦ **petites ondes, ondes moyennes** medium waves ♦ **grandes ondes** long waves ♦ **transmettre sur ondes courtes / petites ondes / grandes ondes** to broadcast on short / medium / long wave ♦ (lit, fig) **onde de choc** shock wave → **longueur**
b (loc Rad) **sur les ondes et dans la presse** on the radio and in the press ♦ **nous espérons vous retrouver sur les ondes demain à 6 heures** we hope to join you again on the air tomorrow at 6 o'clock ♦ **il passe sur les ondes demain** he's going on the air tomorrow ♦ **mettre en ondes** pièce etc to produce for the radio ♦ **par ordre d'entrée en ondes** in order of appearance
c (littér : lac, mer) **l'onde** the waters ♦ **l'onde amère** the briny deep (littér)

ondé, e[1] [ɔ̃de] → SYN adj (littér) tissu watered; cheveux wavy

ondée[2] [ɔ̃de] → SYN nf shower *(of rain)*

ondemètre [ɔ̃dmɛtʀ] nm wavemeter

ondin, e [ɔ̃dɛ̃, in] nm,f water sprite

on-dit [ɔ̃di] → SYN nm inv rumour, hearsay (NonC) ♦ **ce ne sont que des on-dit** it's only hearsay

ondoiement [ɔ̃dwamɑ̃] → SYN nm a (littér) [blés, surface moirée] undulation
b (Rel) provisional baptism

ondoyant, e [ɔ̃dwajɑ̃, ɑ̃t] → SYN adj a eaux, blés undulating; flamme wavering; reflet shimmering; démarche swaying, supple
b († ou littér) caractère, personne unstable, changeable

ondoyer [ɔ̃dwaje] → SYN ▸ conjug 8 ◂ 1 vi [blé] to undulate, ripple; [drapeau] to wave, ripple
2 vt (Rel) to baptize *(in an emergency)*

ondulant, e [ɔ̃dylɑ̃, ɑ̃t] adj a démarche swaying, supple; ligne, profil, surface undulating
b (Méd) pouls uneven

ondulation [ɔ̃dylasjɔ̃] → SYN nf [vagues, blés, terrain] undulation ♦ **ondulations** [sol] undulations; [cheveux] waves

ondulatoire [ɔ̃dylatwaʀ] adj (Phys) undulatory, wave (épith) → **mécanique**

ondulé, e [ɔ̃dyle] → SYN (ptp de **onduler**) adj surface undulating; chevelure wavy; carton, tôle corrugated

onduler [ɔ̃dyle] → SYN ▸ conjug 1 ◂ 1 vi (gén) to undulate; [drapeau] to ripple, wave; [route] to snake up and down, undulate; [cheveux] to be wavy, wave
2 vt (†) cheveux to wave

onduleur [ɔ̃dylœʀ] nm inverter

onduleux, -euse [ɔ̃dylø, øz] → SYN adj courbe, ligne wavy; plaine undulating; silhouette, démarche sinuous, swaying, supple

onéreux, -euse [ɔneʀø, øz] → SYN adj expensive, costly → **titre**

ONF [oɛnɛf] nm (abrév de **Office national des forêts**) ≃ Forestry Commission (Brit), ≃ Forestry Office (US)

ONG [oɛnʒe] nf (abrév de **organisation non gouvernementale**) NGO

ongle [ɔ̃gl] → SYN nm [personne] (finger)nail; [animal] claw ♦ **ongle des pieds** toenail ♦ **ongle incarné** ingrowing ou ingrown nail ♦ **porter** ou **avoir les ongles longs** to have long nails ♦ **vernis / ciseaux à ongles** nail varnish / scissors ♦ **avoir les ongles en deuil*** to have dirty (finger)nails ♦ **avoir bec et ongles** ou **dents et ongles** to be well-equipped to hit back ♦ **avoir les ongles faits** to have painted nails → **bout, payer**

onglée [ɔ̃gle] → SYN nf ♦ **avoir l'onglée** to have fingers numb with cold

onglet [ɔ̃glɛ] → SYN nm a [tranche de livre] (dépassant) tab; (en creux) thumb index ♦ **dictionnaire à onglets** dictionary with a thumb index
b [lame de canif] (thumbnail) groove
c (Menuiserie) mitre, mitred angle ♦ **boîte à onglets** mitre box
d (Math) ungula; (Bot) unguis; (Reliure) guard
e (Boucherie) prime cut of beef

onglette [ɔ̃glɛt] → SYN nf graver

onglier [ɔ̃glije] 1 nm manicure set
2 nmpl ♦ **ongliers** nail scissors

onglon [ɔ̃glɔ̃] nm unguis

onguent [ɔ̃gɑ̃] → SYN nm a (Pharm) ointment, salve
b († : parfum) unguent

onguiculé, e [ɔ̃g(ɥ)ikyle] adj (Bot, Zool) unguiculate

onguiforme [ɔ̃g(ɥ)ifɔʀm] adj unguiform

ongulé, e [ɔ̃gyle] 1 adj hoofed, ungulate (spéc)
2 nm hoofed ou ungulate (spéc) animal ♦ **ongulés** ungulata

onguligrade [ɔ̃gyligʀad] adj unguligrade

onirique [ɔniʀik] → SYN adj (Art, Littérat) dreamlike, dream (attrib)

onirisme [ɔniʀism] nm (Psych) hallucinosis; (Littérat) fantasizing

oniromancie [ɔniʀɔmɑ̃si] nf oneiromancy

oniromancien, -ienne [ɔniʀɔmɑ̃sjɛ̃, jɛn] adj oneiromancer

onirothérapie [ɔniʀɔteʀapi] nf *therapy through dream interpretation*

onomasiologie [ɔnɔmazjɔlɔʒi] nf onomasiology

onomastique [ɔnɔmastik] 1 adj onomastic
2 nf onomastics (sg)

onomatopée [ɔnɔmatɔpe] → SYN nf onomatopoeia

onomatopéique [ɔnɔmatɔpeik] adj onomatopoeic

onques†† [ɔ̃k] adv ⇒ **onques††**

ontarien, -ienne [ɔ̃taʀjɛ̃, jɛn] 1 adj Ontarian 2 nm,f ◆ **Ontarien(ne)** Ontarian

Ontario [ɔ̃taʀjo] nm Ontario ◆ **le lac Ontario** Lake Ontario

ontogenèse [ɔ̃tɔʒənɛz] nf, **ontogénie** [ɔ̃tɔʒeni] nf ontogeny, ontogenesis

ontogénétique [ɔ̃tɔʒenetik] adj, **ontogénique** [ɔ̃tɔʒenik] adj ontogenetic, ontogenic

ontologie [ɔ̃tɔlɔʒi] nf ontology

ontologique [ɔ̃tɔlɔʒik] adj ontological

ONU [ɔny] nf (abrév de **Organisation des Nations Unies**) UNO ◆ **l'ONU** the UN, the UNO

onusien, -ienne [ɔnyzjɛ̃, jɛn] 1 adj of the UN ◆ **la diplomatie onusienne** UN diplomacy 2 nm,f UN official

onychophagie [ɔnikɔfaʒi] nf nail-biting

onyx [ɔniks] nm onyx

onyxis [ɔniksis] nm onyxis

onzain [ɔ̃zɛ̃] nm eleven-line stanza

onze ['ɔ̃z] 1 adj inv eleven ◆ **le onze novembre** Armistice Day; pour autres loc voir **six** 2 nm inv ◆ (Sport) **le onze de France** the French eleven ou team; pour autres loc voir **six**

onzième ['ɔ̃zjɛm] adj, nmf eleventh ◆ (péj) **les ouvriers de la onzième heure** last-minute helpers; pour autres loc voir **sixième**

onzièmement [ɔ̃zjɛmmɑ̃] adv in the eleventh place; pour loc voir **sixièmement**

oocyte [ɔɔsit] nm ⇒ **ovocyte**

oogone [ɔɔgɔn] nf oogonium

oolithe [ɔɔlit] nm oolite

oolithique [ɔɔlitik] adj oolitic

oosphère [ɔɔsfɛʀ] nf oosphere

oospore [ɔɔspɔʀ] nf oospore

oothèque [ɔɔtɛk] nf ootheca

OPA [ɔpea] nf (abrév de **offre publique d'achat**) → **offre**

opacifiant [ɔpasifjɑ̃] nm (Méd) contrast medium

opacification [ɔpasifikasjɔ̃] nf opacification

opacifier [ɔpasifje] → SYN ▸conjug 7◂ vt to make opaque

opacimétrie [ɔpasimetʀi] nf opacimetry

opacité [ɔpasite] → SYN nf (→ **opaque**) opaqueness; impenetrableness

opale [ɔpal] nf opal

opalescence [ɔpalesɑ̃s] nf opalescence

opalescent, e [ɔpalesɑ̃, ɑ̃t] → SYN adj opalescent

opalin, e[1] [ɔpalɛ̃, in] adj opaline

opaline[2] [ɔpalin] nf opaline

opaliser [ɔpalize] ▸conjug 1◂ vt to opalize

opaque [ɔpak] → SYN adj verre, corps opaque (*à* to); brouillard, nuit impenetrable; (fig) opaque

op' art [ɔpaʀt] nm op art

op. cit. (abrév de **opere citato**) op. cit

OPE [ɔpeə] nf (abrév de **offre publique d'échange**) → **offre**

ope [ɔp] → SYN nf ou m ope

opéable [ɔpeabl] 1 adj liable to be taken over (attrib) 2 nf firm liable to be taken over

open [ɔpɛn] adj inv, nm open ◆ (Sport) **(tournoi) open** open (tournament)

OPEP [ɔpɛp] nf (abrév de **Organisation des pays exportateurs de pétrole**) OPEC

opéra [ɔpeʀa] → SYN nm (œuvre, genre, spectacle) opera; (édifice) opera house ◆ **opéra bouffe** opéra bouffe, comic opera ◆ **grand opéra** grand opera ◆ **opéra-ballet** opéra ballet ◆ **opéra-comique** light opera, opéra comique ◆ (Littérat) **"L'Opéra de quat'sous"** "The Threepenny Opera"

opérable [ɔpeʀabl] adj operable ◆ **le malade est-il opérable?** can the patient be operated on? ◆ **ce cancer n'est plus opérable** this cancer is too far advanced for an operation ou to be operable

opérande [ɔpeʀɑ̃d] nm (Math, Ordin) operand

opérant, e [ɔpeʀɑ̃, ɑ̃t] → SYN adj (efficace) effective

opérateur, -trice [ɔpeʀatœʀ, tʀis] → SYN 1 nm,f a (sur machine) operator ◆ **opérateur (de prise de vue)** cameraman ◆ **opérateur de saisie** keyboard operator, keyboarder b (Bourse) dealer, trader, operator 2 nm a (Math, Ordin) operator b [calculateur] processing unit c (Bourse, Fin) operator

opération [ɔpeʀasjɔ̃] → SYN nf a (Méd) operation ◆ **opération à cœur ouvert** open-heart surgery (NonC) ◆ **salle / table d'opération** operating theatre / table b (Math) operation ◆ **les opérations fondamentales** the fundamental operations ◆ **ça peut se résoudre en 2 ou 3 opérations** that can be solved in 2 or 3 calculations ou operations c (Mil, gén) operation ◆ **opération de police / de sauvetage** police / rescue operation → **théâtre** d (Comm) (campagne) campaign, drive; (action) operation ◆ **opération promotionnelle** promotional campaign ◆ **« opération baisse des prix »** "cut-price sale" ◆ **opération mains propres** anti-corruption operation ◆ **opération ville morte** one-day strike by small shopkeepers ◆ **opération portes ouvertes** open house ◆ **opération escargot** go-slow (Brit), slow-down (US) ◆ **faire une opération coup de poing sur** prix to slash; trafic to crack down on e (tractation) (Comm) deal; (Bourse) deal, transaction, operation ◆ **opération financière / commerciale** financial / commercial deal ◆ **opération bancaire** ou **de banque** bank operation ou transaction ◆ **opérations de Bourse** stock-exchange dealings ◆ **notre équipe a réalisé une bonne opération** our team got a good deal f (Tech, gén) process, operation ◆ **les diverses opérations de la fabrication du papier** the different operations ou processes in the making of paper ◆ **l'opération de la digestion** the operation of the digestive system ◆ **les opérations de la raison** the processes of thought ◆ **par l'opération du Saint-Esprit** (Rel) through the workings of the Holy Spirit; (iro) by magic

opérationnel, -elle [ɔpeʀasjɔnɛl] → SYN adj operational

opératique [ɔpeʀatik] adj convention, musique, version operatic ◆ **le marché opératique mondial** the world opera market

opératoire [ɔpeʀatwaʀ] adj (Méd) méthodes, techniques operating; maladie, commotion, dépression post-operative → **bloc**

opercule [ɔpɛʀkyl] → SYN nm (Bot, Zool) operculum; (Tech) protective cap ou cover

operculé, e [ɔpɛʀkyle] adj (Bot, Zool) operculate

opéré, e [ɔpeʀe] (ptp de **opérer**) nm,f (Méd) patient *(who has undergone an operation)*

opérer [ɔpeʀe] → SYN ▸conjug 6◂ 1 vt a (Méd) malade, organe to operate on (*de* for); tumeur to remove ◆ **on l'a opéré d'une tumeur** he had an operation for a tumour ou to remove a tumour ◆ **opérer qn de l'appendicite** to operate on sb for appendicitis, take sb's appendix out ◆ **se faire opérer** to have an operation, have surgery ◆ **se faire opérer des amygdales** to have one's tonsils removed ou out* ◆ **il faut opérer** we'll have to operate b (exécuter) transformation, réforme to carry out, implement; choix to make ◆ **la Bourse a opéré un redressement spectaculaire** the Stock Exchange made a spectacular recovery ◆ **cette méthode a opéré des miracles** this method has worked wonders ◆ **seule la foi peut opérer le salut des fidèles** faith alone can bring about the salvation of the faithful ◆ **ce traitement a opéré sur lui un changement remarquable** this treatment has brought about an amazing change in him ◆ **un changement considérable s'était opéré** a major change had taken place ou occurred 2 vi (agir) [remède] to act, work, take effect; [charme] to work, take effect; (procéder) [photographe, technicien etc] to proceed ◆ **comment faut-il opérer pour nettoyer le moteur?** how does one go about ou what's the procedure for cleaning the engine?, how does one proceed to clean the engine?

opérette [ɔpeʀɛt] → SYN nf operetta, light opera

opéron [ɔpeʀɔ̃] nm (Bio) operator

Ophélie [ɔfeli] nf Ophelia

ophicléide [ɔfikleid] → SYN nm ophicleide

ophidien [ɔfidjɛ̃] nm ophidian ◆ **ophidiens** Ophidia

ophioglosse [ɔfjɔglɔs] nm ophioglossum

ophite [ɔfit] → SYN nm ophite

ophiure [ɔfjyʀ] nf ophiuran

ophrys [ɔfʀis] nm ou f ophrys

ophtalmie [ɔftalmi] nf ophthalmia ◆ **ophtalmie des neiges** snow blindness

ophtalmique [ɔftalmik] adj ophthalmic

ophtalmo* [ɔftalmo] nmf abrév de **ophtalmologiste**

ophtalmologie [ɔftalmɔlɔʒi] nf ophthalmology

ophtalmologique [ɔftalmɔlɔʒik] adj ophthalmological

ophtalmologiste [ɔftalmɔlɔʒist], **ophtalmologue** [ɔftalmɔlɔg] → SYN nmf ophthalmologist

ophtalmomètre [ɔftalmɔmɛtʀ] nm ophthalmometer

ophtalmoscope [ɔftalmɔskɔp] nm ophthalmoscope

ophtalmoscopie [ɔftalmɔskɔpi] nf ophthalmoscopy

opiacé, e [ɔpjase] adj médicament, substance opiate, opium-containing ◆ **odeur opiacée** smell of ou like opium

opimes [ɔpim] → SYN adj pl ◆ (hum, littér) **dépouilles opimes** rich booty ou spoils

opinel ® [ɔpinɛl] nm (wooden-handled) penknife

opiner [ɔpine] → SYN ▸conjug 1◂ vi ◆ (littér) (se prononcer) **opiner pour / contre qch** to come out in favour of / come out against sth, pronounce o.s. in favour of / against sth ◆ (acquiescer) **opiner de la tête** to nod one's agreement, nod assent ◆ (hum) **opiner du bonnet** ou **du chef** to nod (in agreement) ◆ **opiner à qch** to give one's consent to sth

opiniâtre [ɔpinjɑtʀ] → SYN adj personne, caractère stubborn, obstinate; efforts, haine unrelenting, persistent; résistance stubborn, dogged (épith), obstinate, persistent; fièvre persistent; toux persistent, stubborn

opiniâtrement [ɔpinjɑtʀəmɑ̃] → SYN adv (→ **opiniâtre**) stubbornly; obstinately; unrelentingly; persistently; doggedly

opiniâtrer (s') [ɔpinjɑtʀe] → SYN ▸conjug 1◂ vpr ◆ († ou littér) **s'opiniâtrer dans son erreur / dans un projet** to persist in one's mistaken belief / in pursuing a project

opiniâtreté [ɔpinjɑtʀəte] → SYN nf (→ **opiniâtre**) stubbornness; obstinacy; unrelentingness; persistency; doggedness

opinion [ɔpinjɔ̃] → SYN GRAMMAIRE ACTIVE 6, 12.1, 14, 26.1, 26.3 nf a (jugement, conviction, idée) opinion (*sur* on, about) ◆ **opinions politiques / religieuses** political / religious beliefs ou convictions ◆ **avoir une opinion / des opinions** to have an opinion ou a point of view / (definite) opinions ou views ou points of view ◆ **se faire une opinion** to form an opinion (*sur* on), make up one's mind (*sur* about) ◆ **mon opinion est faite sur son compte** I've made up my mind about him ◆ **c'est une affaire d'opinion** it's a matter of opinion ◆ **j'ai la même opinion** I hold ou I am of the same opinion ou view, I agree with your (ou their etc) views ◆ **être de l'opinion du dernier qui a parlé** to agree with whoever spoke last ◆ **avoir bonne / mauvaise opinion de qn / de soi** to have a good / bad opinion of sb / o.s. ◆ **j'ai piètre opinion de lui** I've a very low ou poor opinion of him ◆ **opinions toutes faites** cut-and-dried opinions, uncritical opinions b (manière générale de penser) **l'opinion publique** public opinion ◆ **l'opinion ouvrière**

working-class opinion ◆ **l'opinion française** French public opinion ◆ **informer l'opinion** to inform the public ◆ **braver l'opinion** to defy public opinion ◆ **l'opinion est unanime / divisée** opinion is unanimous / divided ◆ **il se moque de l'opinion des autres** he doesn't care what (other) people think ◆ **avoir l'opinion pour soi** to have public opinion on one's side → **presse**

c (dans les sondages) **le nombre d'opinions favorables** those who agreed ou said yes ◆ **les sans-opinion** the don't knows

opiomane [ɔpjɔman] nmf opium addict

opiomanie [ɔpjɔmani] nf opium addiction

opisthobranches [ɔpistɔbʀɑ̃ʃ] nmpl ◆ **les opisthobranches** opisthobranches, the Opisthobranchia (spéc)

opisthodome [ɔpistɔdɔm] nm opisthodomos, opisthodome

opisthographe [ɔpistɔgʀaf] adj opisthographic(al)

opium [ɔpjɔm] → SYN nm opium ◆ (fig) **l'opium du peuple** the opium of the people

oponce [ɔpɔ̃s] nm opuntia

opopanax [ɔpɔpanaks] nm opopanax

opossum [ɔpɔsɔm] → SYN nm opossum

opothérapie [ɔpɔteʀapi] nf opotherapy

oppidum [ɔpidɔm] → SYN nm oppidum

opportun, e [ɔpɔʀtœ̃, yn] → SYN adj démarche, visite, remarque timely, opportune ◆ **il serait opportun de faire** it would be appropriate ou advisable to do ◆ **nous le ferons en temps opportun** we shall do it at the appropriate ou right time

opportunément [ɔpɔʀtynemɑ̃] adv opportunely ◆ **il est arrivé opportunément** his arrival was timely ou opportune, he arrived opportunely ou just at the right time

opportunisme [ɔpɔʀtynism] → SYN nm opportunism

opportuniste [ɔpɔʀtynist] → SYN **1** adj personne opportunist; maladie, infection opportunistic

2 nmf opportunist

opportunité [ɔpɔʀtynite] → SYN nf [mesure, démarche] (qui vient au bon moment) timeliness, opportuneness; (qui est approprié) appropriateness

opposabilité [ɔpozabilite] nf (Jur) opposability

opposable [ɔpozabl] → SYN adj opposable (à to)

opposant, e [ɔpozɑ̃, ɑ̃t] → SYN **1** nm,f opponent (à of)

2 adj **a** minorité, (Jur) partie opposing (épith)

b (Anat) muscle opponent

opposé, e [ɔpoze] → SYN (ptp de **opposer**) **1** adj **a** rive, direction opposite; parti, équipe opposing (épith) ◆ **venant en sens opposé** coming in the opposite ou other direction ◆ **garé en sens opposé** parked facing the wrong way, parked on the wrong side of the road ◆ **la maison opposée à la nôtre** the house opposite ou facing ours ◆ **l'équipe opposée à la nôtre** the team playing against ours

b (contraire) intérêts conflicting, opposing; opinions conflicting; caractères opposite; forces, pressions opposing; couleurs, styles contrasting; (Math) nombres, angles opposite ◆ **opposé à** conflicting ou contrasting with, opposed to ◆ **opinions totalement opposées** totally conflicting ou opposed opinions, opinions totally at variance ◆ **ils sont d'un avis opposé** (au nôtre) they are of a different ou the opposite opinion; (l'un à l'autre) they are of conflicting opinions, their opinions are at variance with each other ◆ (Math) **angles opposés par le sommet** vertically opposite angles → **diamétralement**

c (hostile à) **opposé à** opposed to, against ◆ **je suis opposé à la publicité / à ce mariage** I am opposed to ou I am against advertising / this marriage

2 nm **a** (contraire) **l'opposé** the opposite, the reverse ◆ **il fait tout l'opposé de ce qu'on lui dit** he does the opposite ou the reverse of what he is told ◆ **à l'opposé, il serait faux de dire ...** on the other hand ou conversely it would be wrong to say ... ◆ **ils sont vraiment à l'opposé l'un de l'autre** they are totally unalike ◆ **à l'opposé de Paul, je pense que ...** contrary to ou unlike Paul, I think that ...

b (direction) **à l'opposé** (dans l'autre direction) the other ou opposite way (*de* from); (de l'autre côté) on the other ou opposite side (*de* from)

opposer [ɔpoze] → SYN ▸ conjug 1 ◂ GRAMMAIRE ACTIVE 12.3, 14

1 vt **a** équipes, boxeurs to bring together; rivaux, pays to bring into conflict (*à* with); idées, personnages to contrast (*à* with); couleurs to contrast (*à* with); objets, meubles to place opposite each other ◆ **le match opposant l'équipe de Lyon et** ou **à celle de Reims** the match bringing together the team from Lyons and the team from Rheims ◆ **on m'a opposé à un finaliste olympique** they pitted me ou put me against an Olympic finalist ◆ **des questions d'intérêts les ont opposés / les opposent** matters of personal interest have brought them into conflict / divide them ◆ **quel orateur peut-on opposer à Cicéron?** what orator could be put ou set beside Cicero? ◆ **opposer un vase à une statue** to place ou set a vase opposite a statue

b (utiliser comme défense contre) **opposer à qn / qch** armée, tactique to set against sb / sth ◆ **opposer son refus le plus net** to give an absolute refusal (*à* to) ◆ **opposer de véhémentes protestations à une accusation** to protest vehemently at an accusation ◆ **opposant son calme à leurs insultes** setting his calmness against their insults ◆ **il nous opposa une résistance farouche** he put up a fierce resistance to us ◆ **il n'y a rien à opposer à cela** there's nothing you can say (ou do) against that, there's no answer to that ◆ **opposer la force à la force** to match strength with strength

c (objecter) **opposer des raisons à** to put forward objections to, raise objections to ◆ **opposer des prétextes à** to put forward pretexts for ◆ **que va-t-il opposer à notre proposition / nous opposer?** what objections will he make ou raise to our proposals / to us? ◆ **il nous opposa que cela coûtait cher** he objected that it was expensive

2 s'opposer vpr **a** [équipes, boxeurs] to confront each other, meet; [rivaux, partis] to clash (*à* with); [opinions, théories] to conflict; [couleurs, styles] to contrast (*à* with); [immeubles] to face each other ◆ **haut s'oppose à bas** high is the opposite of low ◆ (dans un combat) **il s'est opposé à plus fort que lui** he took on ou he pitted himself against an opponent who was stronger than him

b (se dresser contre) **s'opposer à** parents to rebel against; mesure, mariage, progrès to oppose ◆ **je m'oppose à lui en tout** I am opposed to him in everything ◆ **rien ne s'oppose à leur bonheur** nothing stands in the way of their happiness ◆ **je m'oppose formellement à ce que vous y alliez** I am strongly opposed to ou I am strongly against your going there ◆ **ma conscience s'y oppose** it goes against my conscience ◆ **sa religion s'y oppose** it is against his religion, his religion doesn't allow it ◆ **votre état de santé s'oppose à tout excès** your state of health makes any excess extremely inadvisable

opposite [ɔpozit] → SYN nm ◆ (frm) **à l'opposite** on the other ou opposite side (*de* from)

opposition [ɔpozisjɔ̃] → SYN GRAMMAIRE ACTIVE 5.1

1 nf **a** (résistance) opposition (*à* to) ◆ **faire de l'opposition systématique (à tout ce qu'on propose)** to oppose systematically (everything that is put forward) ◆ (Jur, Pol) **loi passée sans opposition** law passed unopposed

b (conflit, contraste) (gén) opposition; [idées, intérêts] conflict; [couleurs, styles, caractères] contrast ◆ **l'opposition des 2 partis en cette circonstance ...** (divergence de vue) the opposition between the 2 parties on that occasion ...; (affrontement) the clash ou confrontation between the 2 parties on that occasion ... ◆ **l'opposition du gris et du noir a permis de ...** contrasting grey with ou and black has made it possible to ... ◆ **mettre 2 styles / théories en opposition** to oppose ou contrast 2 styles / theories

c (Pol) **l'Opposition** the opposition ◆ **les partis de l'opposition** the opposition parties ◆ **les élus de l'opposition** the members of the opposition parties (surtout Brit), opposition MPs ◆ **l'opposition parlementaire** the parliamentary opposition, the opposition in parliament

d LOC **entrer en opposition sur un point** to come into conflict over a point ◆ **en opposition avec** (contraste, divergence) in opposition to, at variance with; (résistance, rébellion) in conflict with; (situation dans l'espace) in opposition to ◆ **agir en opposition avec ses principes** to act contrary to one's principles ◆ **ceci est en opposition avec les faits** this conflicts with the facts ◆ **faire** ou **mettre opposition à** loi, décision to oppose; chèque to stop ◆ **par opposition** in contrast ◆ **par opposition à** as opposed to, in contrast with

2 COMP ▷ **opposition à mariage** (Jur) objection to a marriage ▷ **opposition à paiement** (Jur) *objection by unpaid creditor to payment being made to debtor*

oppositionnel, -elle [ɔpozisjɔnɛl] **1** adj oppositional

2 nm,f oppositionist

oppressant, e [ɔpʀesɑ̃, ɑ̃t] → SYN adj temps, souvenirs, ambiance, chaleur oppressive

oppresser [ɔpʀese] → SYN ▸ conjug 1 ◂ vt [chaleur, ambiance, souvenirs] to oppress; [poids, vêtement serré] to suffocate; [remords, angoisse] to oppress, weigh heavily on, weigh down ◆ **avoir une respiration oppressée** to have difficulty with one's breathing ◆ **se sentir oppressé** to feel suffocated

oppresseur [ɔpʀesœʀ] → SYN **1** nm oppressor

2 adj oppressive

oppressif, -ive [ɔpʀesif, iv] → SYN adj oppressive

oppression [ɔpʀesjɔ̃] → SYN nf (asservissement) oppression; (gêne, malaise) feeling of suffocation ou oppression

opprimer [ɔpʀime] → SYN ▸ conjug 1 ◂ vt **a** peuple to oppress; opinion, liberté to suppress, stifle ◆ **les opprimés** (gén) the oppressed; (socialement) the downtrodden, the oppressed classes

b (oppresser) [chaleur etc] to suffocate, oppress

opprobre [ɔpʀɔbʀ] → SYN nm (littér: honte) opprobrium (littér), obloquy (littér), disgrace ◆ **accabler** ou **couvrir qn d'opprobre** to cover sb with opprobrium ◆ **jeter l'opprobre sur** to heap opprobrium on ◆ **être l'opprobre de la famille** to be a source of shame to the family ◆ **vivre dans l'opprobre** to live in infamy

opsine [ɔpsin] nf opsin

opsonine [ɔpsɔnin] nf opsonin

optatif, -ive [ɔptatif, iv] adj, nm optative

opter [ɔpte] → SYN ▸ conjug 1 ◂ vi ◆ (se décider) **opter pour** carrière, solution to opt for, decide upon ◆ (choisir) **opter entre** nationalité to choose ou decide between

opticien, -ienne [ɔptisjɛ̃, jɛn] nm,f (dispensing) optician

optimal, e, mpl **-aux** [ɔptimal, o] → SYN adj optimal, optimum (épith)

optimalisation [ɔptimalizasjɔ̃] nf ⇒ **optimisation**

optimaliser [ɔptimalize] ▸ conjug 1 ◂ vt ⇒ **optimiser**

optimisation [ɔptimizasjɔ̃] → SYN nf optimization

optimiser [ɔptimize] → SYN ▸ conjug 1 ◂ vt to optimize

optimisme [ɔptimism] → SYN nm optimism

optimiste [ɔptimist] → SYN **1** adj optimistic

2 nmf optimist

optimum, pl **optimums** ou **optima** [ɔptimɔm, a] → SYN **1** nm optimum

2 adj optimum (épith), optimal

option [ɔpsjɔ̃] → SYN **1** nf (littér: choix) option, choice; (Comm, Jur, Scol) option; (accessoire auto) optional extra ◆ (Scol) **matière à option** optional subject (Brit), option (Brit), elective (US) ◆ **texte à option** optional text ◆ (Scol) **avec option mathématique(s)** with a mathematical option, with optional mathematics ◆ (Fin) prendre une option sur to take (out) an option on ◆ (Pol) **l'option zéro** the zero option ◆ (Aut) **boîte 5 vitesses (vendue) en option** 5-speed gearbox available as an optional extra

2 COMP ▷ **option d'achat** (Fin) option to buy ou call ▷ **option de vente** (Fin) option to sell ou put

optionnel, -elle [ɔpsjɔnɛl] → SYN adj optional ◆ **matière optionnelle** optional subject (Brit), option (Brit), elective (US)

optique [ɔptik] → SYN 1 adj verre optical; nerf optic ◆ **une bonne qualité optique** a good optical quality → **angle, télégraphie**

2 nf a (science, technique, commerce) optics (sg) ◆ **optique médicale / photographique** medical / photographic optics ◆ **instrument d'optique** optical instrument → **illusion**

b (lentilles etc) [caméra, microscope] optics (pl)

c (manière de voir) perspective ◆ **il faut situer ses arguments dans une optique sociologique** we must situate his arguments in a sociological perspective ◆ **voir qch avec** ou **dans une certaine optique** to look at sth from a certain angle ou viewpoint ◆ **j'ai une tout autre optique que la sienne** my way of looking at things is quite different from his, I have a completely different perspective from his

optoélectronique [ɔptoelɛktʀɔnik] 1 adj optoelectronic

2 nf optoelectronics (sg)

optomètre [ɔptɔmɛtʀ] nm optometer

optométrie [ɔptɔmetʀi] nf optometry

optométriste [ɔptɔmetʀist] nmf optometrist

optronique [ɔptʀɔnik] nf optronics (sg)

opulence [ɔpylɑ̃s] → SYN nf a (richesse) (→ **opulent**) wealthiness; richness; opulence ◆ **vivre dans l'opulence** to live an opulent life

b **opulence des formes** richness ou fullness of form ◆ **l'opulence de sa poitrine** the ampleness of her bosom

opulent, e [ɔpylɑ̃, ɑ̃t] → SYN adj a (riche) province, région, pays wealthy, rich; prairie rich; personne opulent, wealthy, rich; luxe, vie opulent

b femme buxom; poitrine ample, generous

opuntia [ɔpɔ̃sja] nm opuntia

opus [ɔpys] nm opus

opuscule [ɔpyskyl] → SYN nm (pamphlet) opuscule

OPV [ɔpeve] nf (abrév de **offre publique de vente**) → **offre**

or¹ [ɔʀ] → SYN nm a (métal) gold; (dorure) gilt, gilding, gold ◆ **or blanc** ou **gris** white gold ◆ **or fin** fine gold ◆ **or massif** solid gold ◆ **bijoux en or massif** solid gold jewellery, jewellery in solid gold ◆ **or jaune / rouge** yellow / red gold ◆ (fig: pétrole) **or noir** oil, black gold ◆ (fig: agriculture) **or vert** agricultural wealth ◆ **en lettres d'or** in gilt ou gold lettering ◆ **ses cheveux d'or** his golden hair ◆ **les blés d'or** the golden cornfields ◆ **les ors des coupoles / de l'automne** the golden tints of the cupolas / of autumn ◆ **peinture / étalon / franc or** gold paint / standard / franc ◆ (Mus) **"L'Or du Rhin"** "The Rhine Gold" → **cœur, cousu, étalon², lingot** etc

b LOC **en or** objet gold; occasion golden (épith); mari, enfant, sujet marvellous, wonderful ◆ **c'est une affaire en or** (achat) it's a real bargain!; (commerce, magasin) it's a gold mine ◆ **c'est de l'or en barre** (commerce, investissement) it's a rock-solid investment, it's as safe as houses (Brit) ◆ **pour (tout) l'or du monde** for all the money in the world, for all the tea in China (hum) ◆ **faire des affaires d'or** to run a gold mine → **pesant, pont, rouler** etc

or² [ɔʀ] conj (gén) now ◆ (dans un syllogisme) non traduit. **ceci n'aurait pas manqué de provoquer des jalousies, or nous ne désirions nullement nous brouiller avec eux** this would unfailingly have led to jealousy, when in fact ou whereas we had not the slightest wish to quarrel with them ◆ († ou frm) **or donc** thus, therefore

oracle [ɔʀɑkl] → SYN nm (gén) oracle ◆ **rendre un oracle** to pronounce an oracle ◆ (hum) **l'oncle Jean était l'oracle de la famille** Uncle John was the oracle of the family ◆ **il parlait en oracle** ou **comme un oracle** he talked like an oracle

orage [ɔʀaʒ] → SYN 1 nm a (tempête) thunderstorm, (electric) storm ◆ **pluie / temps d'orage** thundery ou stormy shower / weather ◆ **vent d'orage** stormy wind ◆ **il va y avoir de l'orage** ou **un orage** there's going to be a (thunder)storm

b (fig: dispute) upset ◆ **laisser passer l'orage** to let the storm blow over ◆ **elle sentait venir l'orage** she could sense the storm brewing

c (fig littér: tumulte) **les orages de la vie** the turmoils of life ◆ **les orages des passions** the tumult ou storm of the passions

d LOC **il y a de l'orage dans l'air** (lit) there is a (thunder)storm brewing; (fig) there is trouble ou a storm brewing ◆ **le temps est à l'orage** there's thunder in the air, the weather is thundery ◆ **sa voix est à l'orage** his tone is ominous

2 COMP ▷ **orage de chaleur** heat storm ▷ **orage magnétique** magnetic storm

orageusement [ɔʀaʒøzmɑ̃] adv (fig) tempestuously

orageux, -euse [ɔʀaʒø, øz] → SYN adj a (lit) ciel stormy, lowering (épith); région, saison stormy; pluie, chaleur, atmosphère thundery ◆ **temps orageux** thundery weather, threatening weather

b (fig: mouvementé) époque, vie, adolescence, discussion turbulent, stormy, tempestuous

oraison [ɔʀɛzɔ̃] → SYN nf orison, prayer ◆ **l'oraison dominicale** the Lord's Prayer ◆ **oraison funèbre** funeral oration

oral, e, mpl **-aux** [ɔʀal, o] → SYN 1 adj tradition, littérature, épreuve oral; confession, déposition verbal, oral; (Ling, Méd, Psych) oral → **stade, voie**

2 nm (Scol) oral, viva (voce)

oralement [ɔʀalmɑ̃] adv transmettre des contes, des rumeurs orally, by word of mouth; conclure un accord, confesser verbally, orally; (Méd, Scol) orally

oraliser [ɔʀalize] ▸ conjug 1 ◂ vt to say aloud ◆ **sourd oralisé** deaf person with speech

oralité [ɔʀalite] nf oral character

Oran [ɔʀɑ̃] n Oran

Orange [ɔʀɑ̃ʒ] n Orange

orange [ɔʀɑ̃ʒ] → SYN 1 nf (fruit) orange ◆ (hum) **je t'apporterai des oranges** I'll come and visit you in prison ou in hospital. (Littérat) **"Orange mécanique"** "A Clockwork Orange"

2 nm (couleur) orange ◆ (feu de signalisation) **l'orange** amber (Brit), the amber light (Brit), yellow (US) ◆ **le feu était à l'orange** the lights were at amber (Brit) ou yellow (US)

3 adj inv orange; feu de signalisation amber (Brit), yellow (US)

4 COMP ▷ **orange amère** bitter orange ▷ **orange douce** sweet orange ▷ **orange sanguine** blood orange

orangé, e [ɔʀɑ̃ʒe] → SYN 1 adj orangey, orange-coloured

2 nm orangey colour ◆ **l'orangé de ces rideaux ...** the orangey shade of these curtains ...

orangeade [ɔʀɑ̃ʒad] nf orangeade

oranger [ɔʀɑ̃ʒe] nm orange tree → **fleur**

orangeraie [ɔʀɑ̃ʒʀɛ] nf orange grove

orangerie [ɔʀɑ̃ʒʀi] nf (serre) orangery

orangette [ɔʀɑ̃ʒɛt] nf *orange used for preserving*

Orangiste [ɔʀɑ̃ʒist] (Hist, Pol) 1 nm Orangeman

2 nf Orangewoman

orang-outan(g), pl **orangs-outan(g)s** [ɔʀɑ̃utɑ̃] nm orang-outang

orant, e [ɔʀɑ̃, ɑ̃t] → SYN nm,f praying figure

orateur, -trice [ɔʀatœʀ, tʀis] → SYN nm,f (homme politique, tribun) orator, speaker; (à un banquet etc) speaker; (Can) Speaker (of House of Commons)

oratoire [ɔʀatwaʀ] → SYN 1 adj art, morceau oratorical, of oratory; ton, style oratorical → **joute, précaution**

2 nm (lieu, chapelle) oratory, small chapel; (au bord du chemin) (wayside) shrine

oratorien [ɔʀatɔʀjɛ̃] → SYN nm Oratorian

oratorio [ɔʀatɔʀjo] → SYN nm oratorio

orbe¹ [ɔʀb] → SYN nm (littér: globe) orb; (Astron) (surface) plane of orbit; (orbite) orbit

orbe² [ɔʀb] → SYN adj ◆ **mur orbe** blind wall

orbiculaire [ɔʀbikylɛʀ] adj orbicular

orbitaire [ɔʀbitɛʀ] adj orbital

orbital, e, mpl **-aux** [ɔʀbital, o] adj orbital

orbite [ɔʀbit] → SYN nf a (Anat) (eye-)socket, orbit (spéc) ◆ **aux yeux enfoncés dans les orbites** with sunken eyes

b (Astron, Phys) orbit ◆ **mettre** ou **placer sur orbite, mettre en orbite** satellite to put into orbit ◆ **la mise en** ou **sur orbite d'un satellite** the putting into orbit of a satellite, putting a satellite into orbit ◆ **être sur** ou **en orbite** [satellite] to be in orbit

c (fig: sphère d'influence) sphere of influence, orbit ◆ **être / entrer dans l'orbite de** to be in / enter the sphere of influence of ◆ **vivre dans l'orbite de** to live in the sphere of influence of ◆ **attirer qn dans son orbite** to draw sb into one's orbit

d LOC **mettre** ou **placer sur orbite** auteur, projet, produit to launch ◆ **être sur orbite** [auteur, produit, méthode, projet] to be successfully launched ◆ **se mettre** ou **se placer sur orbite** [auteur, région] to launch o.s. ou itself

orbitèle [ɔʀbitɛl] → SYN nf orbitele

orbiter [ɔʀbite] ▸ conjug 1 ◂ vt [satellite] to orbit

orbiteur [ɔʀbitœʀ] nm orbiter

Orcades [ɔʀkad] nfpl ◆ **les Orcades** Orkney, the Orkneys, the Orkney Islands

orcanète, orcanette [ɔʀkanɛt] nf orcanet

orchestral, e, mpl **-aux** [ɔʀkɛstʀal, o] adj orchestral

orchestrateur, -trice [ɔʀkɛstʀatœʀ, tʀis] → SYN nm,f orchestrator

orchestration [ɔʀkɛstʀasjɔ̃] → SYN nf (→ **orchestrer**) orchestration; scoring; organization ◆ (Mus) **une bonne orchestration** good scoring, a good orchestration

orchestre [ɔʀkɛstʀ] → SYN 1 nm a (musiciens) [grande musique, bal] orchestra; [jazz, danse] band ◆ **grand orchestre** full orchestra → **chef¹**

b (Ciné, Théât) (emplacement) stalls (Brit), orchestra (section) (US); (fauteuil) seat in the (orchestra) stalls (Brit), seat in the orchestra (section) (US) ◆ **l'orchestre applaudissait** applause came from the stalls (Brit) ou orchestra (section) (US) → **fauteuil, fosse**

2 COMP ▷ **orchestre de chambre** chamber orchestra ▷ **orchestre à cordes** string orchestra ▷ **orchestre de danse** dance band ▷ **orchestre de jazz** jazz band ▷ **orchestre symphonique** symphony orchestra

orchestrer [ɔʀkɛstʀe] → SYN ▸ conjug 1 ◂ vt a (Mus) (composer) to orchestrate; (adapter) to orchestrate, score

b (fig) couleurs to orchestrate; manifestation, propagande to organize, orchestrate ◆ **l'opération a été bien orchestrée** the operation was well organized

orchidacées [ɔʀkidase] nfpl ◆ **les orchidacées** the Orchidaceae (spéc)

orchidée [ɔʀkide] nf orchid

orchis [ɔʀkis] nm orchis

orchite [ɔʀkit] nf orchitis

ordalie [ɔʀdali] nf (Hist) ordeal

ordinaire [ɔʀdinɛʀ] → SYN 1 adj a (habituel) ordinary, normal; (Jur) session ordinary ◆ **avec sa maladresse ordinaire** with his customary ou usual clumsiness ◆ **personnage / fait peu ordinaire** unusual character / fact ◆ **avec un courage pas** ou **peu ordinaire*** with incredible ou extraordinary courage ◆ **ça alors, ce n'est pas ordinaire!*** that's (really) unusual ou out of the ordinary

b (courant) vin ordinary; vêtement ordinary, everyday (épith); service de table everyday (épith); qualité standard; essence two-star (Brit), 2-star (Brit), regular (US)

c (péj: commun) personne, manière common; conversation ordinary, run-of-the-mill ◆ **un**

vin très ordinaire a very indifferent wine ◆ **mener une existence très ordinaire** to lead a humdrum existence
2 nm a (la banalité) **l'ordinaire** the ordinary ◆ **qui sort de l'ordinaire** which is out of the ordinary
b (nourriture, menu ordinaire) **l'ordinaire** ordinary ou everyday fare
c (loc) (littér) **à l'ordinaire** usually, ordinarily ◆ **comme à l'ordinaire** as usual ◆ **d'ordinaire** ordinarily, usually, normally, as a rule ◆ **il fait plus chaud que d'ordinaire** ou **qu'à l'ordinaire** it's warmer than usual ◆ **il a une intelligence très au-dessus de l'ordinaire** he is of far higher than average ou of much above average intelligence ◆ **(comme) à son/mon ordinaire** in his/my usual way, as was his/my wont (littér, hum)
3 COMP ▷ **l'ordinaire de la messe** the ordinary of the Mass

ordinairement [ɔʀdinɛʀmɑ̃] → SYN adv ordinarily, usually, normally, as a rule

ordinal, e, mpl **-aux** [ɔʀdinal, o] 1 adj ordinal 2 nm ordinal number

ordinand [ɔʀdinɑ̃] nm ordinand

ordinant [ɔʀdinɑ̃] nm ordinant

ordinateur[1] [ɔʀdinatœʀ] → SYN nm (Rel) ordainer

ordinateur[2] [ɔʀdinatœʀ] → SYN nm (Ordin) computer ◆ **ordinateur individuel** ou **personnel** personal computer ◆ **ordinateur portable** portable ou laptop (computer) ◆ **ordinateur familial** ou **domestique** home computer ◆ **ordinateur central** mainframe computer ◆ **ordinateur de première/seconde génération** first-/second-generation computer ◆ **mettre sur ordinateur** to computerize, put onto a computer ◆ **mise sur ordinateur** computerization ◆ **la facturation est faite à l'ordinateur** the invoicing is computerized ou done by computer

ordination [ɔʀdinasjɔ̃] nf (Rel) ordination

ordinogramme [ɔʀdinɔgʀam] nm flow chart ou sheet

ordo [ɔʀdo] → SYN nm inv ordo

ordonnance [ɔʀdɔnɑ̃s] → SYN 1 nf a (Méd) prescription ◆ **préparer une ordonnance** to make up a prescription ◆ **ce médicament n'est délivré que sur ordonnance** this medicine is only available on prescription
b (Jur : arrêté) [gouvernement] order, edict ; [juge] (judge's) order, ruling ◆ **par ordonnance du 2-2-92** in the edict of 2/2/92
c (disposition) [poème, phrase, tableau] organization, layout ; [bâtiment] plan, layout ; [cérémonie] organization ; [repas] order
2 nm ou nf (Mil) a (subalterne) orderly, batman (Brit)
b **d'ordonnance** revolver, tunique regulation (épith) → **officier**[1]
3 COMP ▷ **ordonnance de paiement** authorization of payment ▷ **ordonnance de police** police regulation ▷ **ordonnance royale** royal decree ou edict

ordonnancement [ɔʀdɔnɑ̃smɑ̃] → SYN nm a (Fin) order to pay
b (disposition) [phrase, tableau] organization, layout ; [cérémonie] organization

ordonnancer [ɔʀdɔnɑ̃se] ▸ conjug 3 ◂ vt a (Fin) dépense to authorize
b (agencer) phrase, tableau to put together ; cérémonie to organize

ordonnancier [ɔʀdɔnɑ̃sje] nm (registre) prescription book ; (bloc) prescription pad

ordonnateur, -trice [ɔʀdɔnatœʀ, tʀis] nm,f a [fête, cérémonie] organizer, arranger ◆ **ordonnateur des pompes funèbres** funeral director *(in charge of events at the funeral itself)*
b (Fin) official with power to authorize expenditure ◆ (Hist Mil) **commissaire ordonnateur** ≃ ordnance officer

ordonné, e [ɔʀdɔne] → SYN (ptp de **ordonner**) 1 adj a (méthodique) enfant tidy ; employé methodical
b (bien arrangé) maison orderly, tidy ; vie (well-)ordered, orderly ; idées, discours well-ordered → **charité**
c (Math) ordered ◆ **couple ordonné** ordered pair
2 **ordonnée** nf (Math) ordinate, Y-coordinate ◆ **axe des ordonnées** Y-axis

ordonner [ɔʀdɔne] → SYN ▸ conjug 1 ◂ 1 vt a (arranger) espace, idées, éléments to arrange, organize ; discours, texte to organize ; (Math) polynôme to arrange in *(ascending* ou *descending)* order ◆ **il avait ordonné sa vie de telle façon que ...** he had arranged ou organized his life in such a way that ...
b (commander) (Méd) traitement, médicament to prescribe ; (Jur) huis-clos etc to order ◆ **ordonner à qn de faire qch** to order sb to do sth, give sb orders to do sth ◆ **il nous ordonna le silence** he ordered us to be quiet ◆ **ils ordonnèrent la fermeture des cafés** ou **qu'on fermât les cafés** they ordered the closure of the cafés ou that the cafés be closed ◆ **le travail qui m'a été ordonné** the work which I've been ordered to do ◆ **je vais ordonner que cela soit fait immédiatement** I'm going to order that that be done immediately
c (Rel) prêtre to ordain ◆ **être ordonné prêtre** to be ordained priest
2 **s'ordonner** vpr [idées, faits] to organize themselves ◆ **les idées s'ordonnaient dans sa tête** the ideas began to organize themselves ou sort themselves out in his head

ordre[1] [ɔʀdʀ] → SYN nm a (succession régulière) order ◆ (Ling) **l'ordre des mots** word order ◆ **par ordre alphabétique** in alphabetical order ◆ **par ordre d'ancienneté/de mérite** in order of seniority/of merit ◆ **alignez-vous par ordre de grandeur** line up in order of height ou size ◆ **par ordre d'importance** in order of importance ◆ **dans l'ordre** in order ◆ **dans le bon ordre** in the right order ◆ **par ordre** ou **dans l'ordre d'entrée en scène** in order of appearance ◆ (Sport) **ordre de départ/d'arrivée** order (of competitors) at the starting/finishing line ou post ◆ (Mil) **en ordre de bataille/de marche** in battle/marching order ◆ **en ordre dispersé** (Mil) in extended order ; (fig) without a common line ou plan of action ◆ (Jur) **ordre des descendants** ou **héritiers** order of descent → **numéro, procéder**
b (Archit, Bio : catégorie) order ◆ (Archit) **l'ordre ionique/dorique** Ionic/Doric order
c (nature, catégorie) **dans le même ordre d'idées** similarly ◆ **dans un autre ordre d'idées** in a different ou another connection ◆ **pour des motifs d'ordre personnel/différent** for reasons of a personal/different nature ◆ **c'est dans l'ordre des choses** it's in the nature ou order of things ◆ **une affaire/un chiffre du même ordre** a matter/figure of the same nature ou order ◆ **un chiffre de l'ordre de 2 millions** a figure in the region of ou of the order of 2 million ◆ **avec une somme de cet ordre** with a sum of this order ◆ (prix) **donnez-nous un ordre de grandeur** give us a rough estimate ou a rough idea ◆ **dans cet ordre de grandeur** in this region ◆ **de premier/deuxième/troisième ordre** first-/second-/third-rate ◆ **de dernier ordre** third-rate ◆ **considérations d'ordre pratique/général** considerations of a practical/general nature
d (légalité) **l'ordre** order ◆ **l'ordre établi** the established order ◆ **l'ordre public** law and order ◆ **le maintien de l'ordre (public)** the maintenance of law and order ou of public order ◆ **quand tout fut rentré dans l'ordre** when order had been restored, when all was back to order ◆ **le parti de l'ordre** the party of law and order ◆ **un partisan de l'ordre** a supporter of law and order ◆ **la remise en ordre du pays** restoring the country to order → **force, rappeler, service**
e (méthode, bonne organisation) [personne, chambre] tidiness, orderliness ◆ **sans ordre** untidy, disorderly ◆ **avoir de l'ordre** (rangements) to be tidy ou orderly ; (travail) to have method, be systematic ou methodical ◆ **manquer d'ordre** to be untidy ou disorderly ; to have no method, be unsystematic ou unmethodical ◆ **en ordre** tiroir, maison, bureau tidy, orderly ; comptes in order ◆ **tenir en ordre** chambre to keep tidy ; comptes to keep in order ◆ **(re)mettre en ordre, (re)mettre de l'ordre dans** affaires to set ou put in order, tidy up ; papiers, bureau to tidy (up), clear up ◆ **mettre bon ordre à qch** to put sth to rights, sort out sth ◆ **défiler en ordre** to go past in an orderly manner ◆ **travailler avec ordre et méthode** to work in an orderly ou a methodical ou systematic way ◆ **un homme d'ordre** a man of order → **rentrer**
f (condition, état) **en ordre de marche** in (full) working order
g (association, congrégation) order ; [profession libérale] ≃ professional association ◆ **les ordres de chevalerie** the orders of knighthood ◆ **les ordres monastiques** the monastic orders ◆ **les ordres mendiants** the mendicant orders ◆ **l'ordre de la jarretière/du mérite** the Order of the Garter/of Merit ◆ (Rel) **les ordres** (holy) orders ◆ (Rel) **les ordres majeurs/mineurs** major/minor orders ◆ (Rel) **entrer dans les ordres** to take (holy) orders, go into the Church ◆ **l'ordre des architectes** etc the association of architects etc ◆ **l'ordre des avocats** the association of barristers, ≃ the Bar (Brit), ≃ the American Bar Association (US) ◆ **l'ordre des médecins** the medical association, ≃ the British Medical Association (Brit), ≃ the American Medical Association (US) ◆ [dentiste etc] **être rayé de l'ordre** to be struck off the list ou register
h **ordre du jour** [conférence etc] agenda ◆ (en fin de programme) **« autres questions à l'ordre du jour »** "any other business" ◆ (Admin) **l'ordre du jour de l'assemblée** the business before the meeting ◆ **passons à l'ordre du jour** let us turn to the business of the day ◆ **inscrit à l'ordre du jour** on the agenda ◆ **être à l'ordre du jour** (lit) to be on the agenda ; (fig : être d'actualité) to be (very) topical ; → aussi **ordre**[2]

ordre[2] [ɔʀdʀ] → SYN 1 nm a (commandement, directive) (gén) order ; (Mil) order, command ◆ **donner (l') ordre de** to give an order ou the order to, give orders to ◆ **par ordre** ou **sur les ordres du ministre** by order of the minister, on the orders of the minister ◆ **j'ai reçu des ordres formels** I have formal instructions ◆ **j'ai reçu l'ordre de ...** I've been given orders to ... ◆ **je n'ai d'ordre à recevoir de personne** I don't take orders from anyone ◆ **être aux ordres de qn** to be at sb's disposal ◆ (formule de politesse) **je suis à vos ordres** I am at your service ◆ **dis donc, je ne suis pas à tes ordres!** you can't give me orders!, I don't take orders from you!, I'm not at your beck and call! ◆ (Mil) **à vos ordres!** yes sir! ◆ **être/combattre sous les ordres de qn** to be/fight under sb's command → **désir, jusque, mot**
b (Comm, Fin) order ◆ **à l'ordre de** payable to, to the order of ◆ **chèque à mon ordre** cheque made out to me → **billet, chèque, citer**
2 COMP ▷ **ordre d'achat** (Fin) buying order ▷ **ordre d'appel** (Mil) call-up papers (Brit), draft notice (US) ▷ **ordre de Bourse** (Fin) Stock Exchange order ▷ **ordre de grève** strike call ▷ **ordre du jour** (Mil) order of the day ◆ **citer qn à l'ordre du jour** to mention sb in dispatches ▷ **ordre au mieux** (Fin) order at best ▷ **ordre de mission** (Mil) orders *(for a mission)* ▷ **ordre de route** (Mil) marching orders (pl) ▷ **ordre de vente** (Fin) sale order ▷ **ordre de virement** (Fin) transfer order

ordure [ɔʀdyʀ] → SYN nf a (saleté, immondices) dirt (NonC), filth (NonC) ◆ **les chiens qui font leurs ordures sur le trottoir** dogs which leave their dirt ou messes on the pavement
b (détritus) **ordures** rubbish (NonC) (Brit), refuse (NonC), garbage (NonC) (US) ◆ **ordures ménagères** household refuse ◆ **l'enlèvement** ou **le ramassage des ordures** refuse ou rubbish (Brit) ou garbage (US) collection ◆ **jeter** ou **mettre qch aux ordures** to throw ou put sth into the dustbin (Brit) ou rubbish bin (Brit) ou garbage can (US) ◆ **c'est juste bon à mettre aux ordures** it's fit for the dustbin (Brit) ou rubbish bin (Brit) ou garbage can (US) → **boîte**
c (✱: chose, personne abjecte) **ce film est une ordure** this film is pure filth ◆ **ce type est une belle ordure** this guy is a real bastard✱ ◆ **cette ordure a fait tirer dans la foule** this bastard✱ had them shoot into the crowd
d (grossièretés) **ordures** obscenities, filth ◆ **dire des ordures** to utter obscenities, talk filth ◆ **écrire des ordures** to write filth
e (littér : abjection) mire (littér) ◆ **il aime à se vautrer dans l'ordure** he likes to wallow in filth

ordurier, -ière [ɔʀdyʀje, jɛʀ] [→ SYN] adj lewd, filthy

orée [ɔʀe] [→ SYN] nf (littér) [bois] edge

Oregon [ɔʀegɔ̃] nm Oregon

oreillard [ɔʀɛjaʀ] nm (gén) long-eared animal; (chauve-souris) long-eared bat

oreille [ɔʀɛj] [→ SYN] nf **a** (Anat) ear ◆ **l'oreille moyenne / interne** the middle / inner ear ◆ **l'oreille externe** the outer ou external ear, the auricle (spéc) ◆ **oreilles décollées** protruding ou sticking-out ears ◆ **oreilles en feuille de chou** big flappy ears ◆ **oreille en choux-fleur** cauliflower ears ◆ **le béret sur l'oreille** his beret cocked over one ear ou tilted to one side ◆ (fig hum) **les oreilles ont dû lui tinter** ou **siffler** his ears must have been burning ◆ **animal aux longues oreilles** long-eared animal ◆ **aux oreilles pointues** with pointed ears → **boucher¹, boucle, dresser** etc
b (ouïe) hearing, ear ◆ **avoir l'oreille fine** to be sharp of hearing, have a sharp ear ◆ **avoir de l'oreille** to have a good ear (for music) ◆ **ne pas avoir d'oreille** to have no ear for music → **casser, écorcher, écouter**
c (comme organe de communication) ear ◆ **avoir l'oreille de qn** to have sb's ear ◆ **écouter de toutes ses oreilles** to be all ears ◆ **porter qch / venir aux oreilles de qn** to let sth be / come to be known to sb, bring sth / come to sb's attention ◆ **dire qch à l'oreille de qn, dire qch à qn dans le creux** ou **dans le tuyau de l'oreille** to have a word in sb's ear about sth ◆ **cela entre par une oreille et ressort par l'autre** it goes in (at) one ear and out (at) the other ◆ **n'écouter que d'une oreille, écouter d'une oreille distraite** to only half listen, listen with (only) one ear → **bouche, prêter, sourd**
d [écrou, fauteuil] wing; [soupière] handle; [casquette] earflap
e (Zool) **oreille de mer** abalone
f LOC **avoir les oreilles rebattues de qch** to have heard enough of sth, be sick of hearing sth ◆ **tirer les oreilles à qn** (lit) to pull ou tweak sb's ears; (fig) to give sb a (good) telling off*, tell sb off* ◆ (fig) **se faire tirer l'oreille** to take ou need a lot of persuading ◆ **ouvre tes oreilles** (will you) listen to what you are told ◆ **l'oreille basse** crestfallen, (with) one's tail between one's legs ◆ **ferme tes oreilles** don't (you) listen! → **échauffer, montrer, puce**

oreiller [ɔʀeje] [→ SYN] nm pillow ◆ **se raccommoder sur l'oreiller** to make it up in bed → **confidence, taie**

oreillette [ɔʀɛjɛt] nf **a** [cœur] auricle ◆ **orifice de l'oreillette** atrium
b [casquette] earflap
c (écouteur) earphone

oreillon [ɔʀɛjɔ̃] [→ SYN] nm **a** [abricot] (apricot) half
b (Méd) **les oreillons** (the) mumps

Orénoque [ɔʀenɔk] nm Orinoco

ores [ɔʀ] [→ SYN] adv ◆ **d'ores et déjà** already

Oreste [ɔʀɛst] nm Orestes

orfèvre [ɔʀfɛvʀ] [→ SYN] nm silversmith, goldsmith ◆ (fig) **M. X, qui est orfèvre en la matière, va nous éclairer** Mr X, who's an expert (on the subject) is going to enlighten us

orfèvrerie [ɔʀfɛvʀəʀi] [→ SYN] nf (art, commerce) silversmith's (ou goldsmith's) trade; (magasin) silversmith's (ou goldsmith's) shop; (ouvrage) (silver) plate, (gold) plate

orfraie [ɔʀfʀɛ] [→ SYN] nf white-tailed eagle

orfroi [ɔʀfʀwa] [→ SYN] nm orphrey, orfreis

organdi [ɔʀgɑ̃di] nm organdie

organe [ɔʀgan] [→ SYN] **1** nm **a** (Anat, Physiol) organ ◆ **organes des sens / sexuels** sense / sexual organs → **fonction, greffe¹**
b (fig) (véhicule, instrument) instrument, medium, organ; (institution, organisme) organ ◆ **le juge est l'organe de la loi** the judge is the instrument of the law ◆ **la parole est l'organe de la pensée** speech is the medium ou vehicle of thought ◆ **un des organes du gouvernement** one of the organs of government
c (porte-parole) (magistrat, fonctionnaire) representative, spokesman; (journal) mouthpiece, organ
d († ou littér: voix) voice
2 COMP ▷ **organes de commande** controls ▷ **organes de transmission** transmission system

organeau, pl organeaux [ɔʀgano] [→ SYN] nm mooring ou anchoring ring

organelle [ɔʀganɛl] nm organelle

organicien, -ienne [ɔʀganisjɛ̃, jɛn] nm,f specialist in organic chemistry

organicisme [ɔʀganisism] [→ SYN] nm organicism

organigramme [ɔʀganigʀam] [→ SYN] nm (tableau hiérarchique, structurel) organization chart; (tableau des opérations, de synchronisation, Ordin) flow chart ou diagram ou sheet

organique [ɔʀganik] [→ SYN] adj (Chim, Jur, Méd) organic → **chimie**

organiquement [ɔʀganikmɑ̃] adv organically

organisable [ɔʀganizabl] adj organizable

organisateur, -trice [ɔʀganizatœʀ, tʀis] [→ SYN] **1** adj faculté, puissance organizing (épith)
2 nm,f organizer ◆ **organisateur-conseil** management consultant
3 nm (agenda) personal organizer

organisation [ɔʀganizasjɔ̃] [→ SYN] **1** nf **a** (action) (→ **organiser**) organization; arranging; getting up; setting up; setting out ◆ **il a l'esprit d'organisation** he has an organizing mind ou a mind for organization
b (arrangement) [soirée, manifestation] organization
c (structure) [service] organization, setup; [armée, travail] organization; [texte] organization, layout ◆ **une organisation sociale encore primitive** a still primitive social setup ◆ **l'organisation infiniment complexe du corps humain** the infinitely complex organization of the human body ◆ **organisation scientifique du travail** scientific management
d (parti, syndicat) organization ◆ **organisation non gouvernementale** nongovernmental organization ◆ **organisation humanitaire** humanitarian organization ◆ **organisation syndicale** trade(s) union
2 COMP ▷ **Organisation de coopération et de développement économique** Organization for Economic Cooperation and Development ▷ **Organisation des États américains** Organization of American States ▷ **Organisation européenne de coopération économique** Organization for European Economic Cooperation ▷ **Organisation internationale du travail** International Labour Organization ▷ **Organisation de libération de la Palestine** Palestine Liberation Organization ▷ **Organisation maritime internationale** International Maritime Organization ▷ **Organisation météorologique mondiale** World Meteorological Organization ▷ **Organisation mondiale du commerce** World Trade Organization ▷ **Organisation mondiale de la santé** World Health Organization ▷ **Organisation mondiale du tourisme** World Tourism Organization ▷ **Organisation des Nations Unies** United Nations Organization ▷ **Organisation des pays exportateurs de pétrole** Organization of Petroleum Exporting Countries ▷ **Organisation du Traité de l'Atlantique Nord** North Atlantic Treaty Organization ▷ **Organisation des territoires de l'Asie du Sud-Est** South-East Asia Treaty Organization ▷ **Organisation de l'unité africaine** Organization of African Unity

organisationnel, -elle [ɔʀganizasjɔnɛl] adj problème, moyens organizational

organisé, e [ɔʀganize] (ptp de **organiser**) adj foule, groupe, citoyens organized; travail, affaire organized; esprit organized, methodical ◆ **personne bien organisée** well-organized person ◆ (fig) **c'est du vol organisé!** it's organized robbery! → **voyage**

organiser [ɔʀganize] [→ SYN] ▸ conjug 1 ◂ GRAMMAIRE ACTIVE 25.2
1 vt **a** (préparer) voyage, fête, réunion to organize, arrange; campagne to organize; pétition to organize, get up; service, coopérative to organize, set up
b (structurer) travail, opérations, armée, parti to organize; emploi du temps to organize, set out; journée to organize
2 **s'organiser** vpr [personne, société] to organize o.s. (ou itself), get (o.s. ou itself) organized ◆ **il ne sait pas s'organiser** he does not know how to organize himself, he can't get (himself) organized

organisme [ɔʀganism] [→ SYN] nm **a** (organes, corps) body, organism (spéc) ◆ **les besoins / les fonctions de l'organisme** the needs / functions of the body ou organism, bodily needs / functions
b (Zool: individu) organism ◆ **un pays est un organisme vivant** a country is a living organism
c (institution, bureaux) body, organism ◆ **un organisme nouvellement mis sur pied** a recently established body ou organism ◆ **organisme de droit public** statutory body

organiste [ɔʀganist] [→ SYN] nmf organist

organite [ɔʀganit] nm organelle

organogenèse [ɔʀganoʒenɛz] nf organogenesis

organoleptique [ɔʀganɔlɛptik] adj organoleptic

organométallique [ɔʀganometalik] adj organometallic

organsin [ɔʀgɑ̃sɛ̃] nm organzine

orgasme [ɔʀgasm] [→ SYN] nm orgasm, climax

orgasmique [ɔʀgasmik], **orgastique** [ɔʀgastik] adj orgasmic, orgastic, climactic(al)

orge [ɔʀʒ] nf barley → **sucre**

orgeat [ɔʀʒa] nm orgeat → **sirop**

orgelet [ɔʀʒəlɛ] [→ SYN] nm (Méd) sty(e)

orgiaque [ɔʀʒjak] [→ SYN] adj orgiastic

orgie [ɔʀʒi] [→ SYN] nf **a** (Hist, repas) orgy; (beuverie) drinking orgy ◆ **faire une orgie** to have an orgy ◆ **faire des orgies de gâteaux** to have an orgy of cakes ou of cake-eating
b (fig) **orgie de** profusion of ◆ **orgie de fleurs** profusion of flowers ◆ **orgie de couleurs** riot of colour

orgue [ɔʀg] nm (→ aussi **orgues**) organ ◆ **tenir l'orgue** to play the organ ◆ **orgue de chœur / de cinéma / électrique / portatif** choir / theatre / electric / portable organ ◆ **orgue de Barbarie** barrel organ, hurdy-gurdy → **point¹**

orgueil [ɔʀgœj] [→ SYN] nm **a** (défaut: fierté exagérée) pride, arrogance; (justifiable: amour-propre) pride ◆ **gonflé d'orgueil** puffed up ou bursting with pride ◆ **orgueil démesuré** overweening pride ou arrogance ◆ **il a l'orgueil de son rang** he has all the arrogance associated with his rank ◆ **avec l'orgueil légitime du vainqueur** with the victor's legitimate pride ◆ **par orgueil il ne l'a pas fait** it was his pride which stopped him doing it ◆ **le péché d'orgueil** the sin of pride
b LOC **ce tableau, orgueil de la collection** this picture, pride of the collection ◆ **l'orgueil de se voir confier les clefs lui fit oublier sa colère** his pride at being entrusted with the keys made him forget his anger ◆ **avoir l'orgueil de qch** to take pride in sth, pride o.s. on sth ◆ **tirer orgueil de qch** to take pride in sth ◆ **mettre son orgueil à faire qch** to take a pride in doing sth

orgueilleusement [ɔʀgøjøzmɑ̃] adv (→ **orgueilleux**) proudly, arrogantly

orgueilleux, -euse [ɔʀgøjø, øz] [→ SYN] adj (défaut) proud, arrogant; (qualité) proud ◆ **orgueilleux comme un paon** as proud as a peacock ◆ **c'est un orgueilleux** he's a (very) proud man ◆ **c'est une orgueilleuse** she's a (very) proud woman ◆ (littér) **un chêne orgueilleux** a proud oak

orgues [ɔʀg] nfpl **a** (Mus) organ ◆ **les grandes orgues** the great organs ◆ **les petites orgues** the small pipe organ
b (Géol) **orgues basaltiques** basalt columns
c (Mil) **orgues de Staline** rocket launcher *(mounted on truck)*

oriel [ɔʀjɛl] [→ SYN] nm oriel window

orient [ɔʀjɑ̃] [→ SYN] nm **a** (littér: est) orient (littér), east ◆ **l'Orient** the Orient (littér), the East ◆ **les pays d'Orient** the countries of the Orient (littér), the oriental countries
b [perle] orient
c → **grand**

orientable [ɔʀjɑ̃tabl] adj bras d'une machine swivelling, rotating; lampe, antenne, lamelles de store adjustable

oriental, e, mpl **-aux** [ɔʀjɑ̃tal, o] 1 adj côte, frontière, région eastern; langue, produits oriental; musique, arts oriental, eastern → **Inde**[1]
2 nm ◆ **Oriental** Oriental
3 nf ◆ **Orientale** Oriental woman

orientalisme [ɔʀjɑ̃talism] nm orientalism

orientaliste [ɔʀjɑ̃talist] nmf, adj orientalist

orientation [ɔʀjɑ̃tasjɔ̃] → SYN nf **a** (→ **orienter**) positioning; adjusting, adjustment; directing; orientating, orientation ◆ (Scol) **l'orientation** advice ou guidance on careers and on courses ◆ **l'orientation professionnelle** careers advising ou guidance (Brit) ◆ **l'orientation scolaire** guidance (Brit) ou advice on courses to be followed → **conseiller**[2], **course, cycle**[1]
b (→ **s'orienter**) ◆ **orientation vers** [science] trend towards; [parti] move towards; [étudiant] specializing in, turning to → **sens, table**
c (position) [maison] aspect; [phare, antenne] direction ◆ **l'orientation du jardin au sud** the garden's southern aspect ou the fact that the garden faces south
d (tendance, direction) (Bourse) trend; [science] trends, orientation; [magazine] leanings, (political) tendencies ◆ **l'orientation générale de notre enquête / de ses recherches** the general direction ou orientation of our inquiry / of his research ◆ **orientation à la hausse** upward trend, upturn ◆ **orientation à la baisse** downward trend, downturn

orienté, e [ɔʀjɑ̃te] (ptp de **orienter**) adj **a** (disposé) **orienté à l'est / au sud** maison facing east / south, with an eastern / a southern aspect; antenne directed ou turned towards the east / the south ◆ **bien / mal orienté** maison well / badly positioned; antenne properly / badly directed
b (tendancieux, partial) article, question slanted, biased
c (marqué) plan, carte orientated; (Math) droite, vecteur oriented
d (Bourse) marché on a rising / falling trend ◆ **valeurs bien orientées** shares which are on the up

orienter [ɔʀjɑ̃te] → SYN ▸conjug 1◂ 1 vt **a** (disposer) maison to position; lampe, phare to adjust; miroir, bras de machine to position, adjust; antenne to direct, adjust, turn ◆ **orienter un transistor pour améliorer la réception** to turn a transistor round to get better reception ◆ **orienter vers** to turn (on)to ◆ **orienter une maison vers le** ou **au sud** to build a house facing south ◆ **orienter une antenne vers le** ou **au nord** to turn ou direct an aerial towards the north ◆ **orienter la lampe** ou **la lumière vers** ou **sur son livre** to turn ou direct the light onto one's book ◆ **la lampe peut s'orienter dans toutes les positions** the lamp can be put into any position, the light can be turned in all directions
b (guider) touristes, voyageurs to direct (*vers* to); science, recherches to direct (*vers* towards) ◆ **orienter un élève** to advise a pupil on what courses to follow ou what subjects to specialize in ◆ **le patient a été orienté vers un service de cardiologie** the patient was referred to a cardiology unit ◆ **orienter la conversation vers un sujet** to turn the conversation onto a subject
c (marquer) carte to orientate; (Math) droite to orient
d (Naut) voiles to trim
2 **s'orienter** vpr **a** (trouver son chemin) [touriste,voyageur] to find one's bearings
b (se diriger vers) **s'orienter vers** (lit) to turn towards; (fig) [science, goûts] to turn towards; [chercheur, parti, société] to move towards ◆ [étudiant] **s'orienter vers les sciences** to specialize in science, turn to science
c (Bourse) **le marché s'oriente à la hausse / la baisse** the market is on a rising / falling trend, the market is trending upward / downward (US)

orienteur, -euse [ɔʀjɑ̃tœʀ, øz] → SYN 1 nm,f (Scol) careers adviser
2 nm (Tech) orientator

orifice [ɔʀifis] → SYN nm [mur de caverne, digue] opening, orifice, aperture; [puits, gouffre, four, tuyau, canalisation] opening, mouth; [organe] orifice; (Phon) cavity ◆ (Tech) **orifice d'admission / d'échappement (des gaz)** intake / exhaust port

oriflamme [ɔʀiflɑm] → SYN nf (bannière) banner, standard; (Hist) oriflamme

origami [ɔʀigami] nm origami, (Japanese) paper-folding

origan [ɔʀigɑ̃] → SYN nm oregano

originaire [ɔʀiʒinɛʀ] → SYN adj **a** **originaire de** (natif de) famille, personne originating from; (provenant de) plante, coutume, mets native to ◆ **il est originaire de** he is a native of, he was born in
b (originel) titulaire, propriétaire original, first; vice, défaut innate, inherent

originairement [ɔʀiʒinɛʀmɑ̃] adv originally, at first

original, e, mpl **-aux** [ɔʀiʒinal, o] → SYN 1 adj (premier, originel) original; (neuf, personnel) idée, décor original, novel; artiste, talent original; (péj: bizarre) eccentric, odd, freaky* ◆ **édition originale** original ou first edition → **version**
2 nm,f (péj: excentrique) eccentric; (fantaisiste) clown*, joker* ◆ **c'est un original** he's a (real) character ou a bit of an eccentric
3 nm (exemplaire premier) (ouvrage, tableau) original; (document) original (copy); (texte dactylographié) top copy, original (US) ◆ **l'original de ce personnage** the model for ou the original of this character

originalement [ɔʀiʒinalmɑ̃] adv (de façon personnelle) originally, in an original way; (originellement) originally

originalité [ɔʀiʒinalite] → SYN nf **a** (caractère: → **original**) originality; novelty; eccentricity, oddness
b (élément, caractéristique) original aspect ou feature; (action) eccentric behaviour (NonC)

origine [ɔʀiʒin] → SYN GRAMMAIRE ACTIVE 17.2 nf **a** (gén) origin; (commencement) origin, beginning ◆ **les origines de la vie** the origins of life ◆ **tirer son origine de, avoir son origine dans** to have one's origins in, originate in ◆ (titre d'ouvrage) **« l'Automobile, des origines à nos jours »** "the Motor Car, from its Origins to the Present Day" ◆ **ce coup de chance, ainsi que ses relations, sont à l'origine de sa fortune** this lucky break, as well as his connections, are at the origin ou root of his wealth ◆ **quelle est l'origine de ce coup de téléphone?** who made this phonecall?
b **d'origine** nationalité, pays, appellation, région de production of origin; pneus, garniture original; (Sci) méridien prime, zero ◆ **d'origine française / noble** of French / noble origin ou extraction ◆ **être d'origine paysanne / ouvrière** to come of farming / working-class stock ◆ **mot d'origine française** word of French origin ◆ **coutume d'origine ancienne** long-standing custom, custom of long standing
c LOC **à l'origine** originally, to begin with ◆ **dès l'origine** at ou from the outset, at ou from the very beginning ◆ **à l'origine de** maladie, évolution at the origin of ◆ **souvent de telles rencontres sont à l'origine d'une vocation** such encounters are often the origin of a vocation

originel, -elle [ɔʀiʒinɛl] → SYN adj innocence, pureté, beauté original, primeval; état, sens original → **péché**

originellement [ɔʀiʒinɛlmɑ̃] → SYN adv (primitivement) originally; (dès le début) from the (very) beginning, from the outset

orignal, pl **-aux** [ɔʀiɲal, o] → SYN nm moose, Canadian elk

orin [ɔʀɛ̃] → SYN nm buoy rope

Orion [ɔʀjɔ̃] nm Orion ◆ **le Baudrier d'Orion** Orion's Belt

oripeaux [ɔʀipo] nmpl (haillons) rags; (guenilles clinquantes) showy ou flashy rags

ORL [oɛʀɛl] 1 nf (abrév de **oto-rhino-laryngologie**) ENT
2 nmf (abrév de **oto-rhino-laryngologiste**) ENT doctor ou specialist

orle [ɔʀl] nm (Archit) orlo; (Hér) orle

orléaniste [ɔʀleanist] adj, nmf Orleanist

Orlon ® [ɔʀlɔ̃] nm Orlon ®

ormaie [ɔʀmɛ] nf elm grove

orme [ɔʀm] nm elm → **attendre**

ormeau, pl **ormeaux** [ɔʀmo] → SYN nm (Bot) (young) elm; (Zool) ormer, abalone, ear shell

ormoie [ɔʀmwa] nf ⇒ **ormaie**

Ormuz [ɔʀmuz] n Hormuz, Ormuz ◆ **le détroit d'Ormuz** the Strait of Hormuz ou Ormuz

orné, e [ɔʀne] (ptp de **orner**) adj style ornate, florid ◆ **lettres ornées** illuminated letters

ornemaniste [ɔʀnəmanist] → SYN nmf ornamentalist

ornement [ɔʀnəmɑ̃] → SYN nm (gén) ornament; (Archit, Art) embellishment, adornment; (Mus) grace note(s), ornament ◆ **sans ornement(s)** élégance, toilette, style plain, unadorned ◆ **d'ornement** arbre, jardin ornamental ◆ **les ornements du style** the ornaments ou ornamentation of style ◆ (Rel) **ornements sacerdotaux** vestments

ornemental, e, mpl **-aux** [ɔʀnəmɑ̃tal, o] → SYN adj style, plante ornamental; motif decorative

ornementation [ɔʀnəmɑ̃tasjɔ̃] nf ornamentation

ornementer [ɔʀnəmɑ̃te] → SYN ▸conjug 1◂ vt to ornament

orner [ɔʀne] ▸conjug 1◂ vt **a** (décorer) chambre, vêtement to decorate (*de* with); (embellir) discours, récit to embellish (*de* with) ◆ **orner une rue de drapeaux** to deck out a street with flags ◆ **sa robe était ornée d'un galon** her dress was trimmed with braid ◆ **discours orné de citations** speech embellished with quotations ◆ **livre orné de dessins** book illustrated with drawings ◆ (littér) **orner la vérité** to adorn ou embellish the truth ◆ (littér) **orner son esprit** to enrich one's mind
b (servir d'ornement à) to adorn, decorate, embellish ◆ **la fleur qui ornait sa boutonnière** the flower which adorned ou decorated his buttonhole ◆ **les sculptures qui ornaient la façade** the sculpture which adorned ou decorated ou embellished the façade

ornière [ɔʀnjɛʀ] → SYN nf (lit) rut ◆ (fig) **il est sorti de l'ornière maintenant** he's out of the wood(s) now

ornithogale [ɔʀnitɔgal] nm star-of-Bethlehem

ornithologie [ɔʀnitɔlɔʒi] nf ornithology

ornithologique [ɔʀnitɔlɔʒik] adj ornithological

ornithologiste [ɔʀnitɔlɔʒist] nmf, **ornithologue** [ɔʀnitɔlɔg] nmf ornithologist

ornithomancie [ɔʀnitɔmɑ̃si] nf ornithomancy

ornithorynque [ɔʀnitɔʀɛ̃k] nm duck-billed platypus, ornithorhynchus (spéc)

ornithose [ɔʀnitoz] nf ornithosis

orobanche [ɔʀɔbɑ̃ʃ] nf broomrape

orobe [ɔʀɔb] nm bitter-vetch

orogenèse [ɔʀɔʒənɛz] nf (processus) orogenesis; (période) orogeny

orogénie [ɔʀɔʒeni] nf orogeny

orogénique [ɔʀɔʒenik] adj orogenic, orogenetic

orographie [ɔʀɔgʀafi] nf or(e)ography

orographique [ɔʀɔgʀafik] adj or(e)ographic(al)

oronge [ɔʀɔ̃ʒ] → SYN nf agaric ◆ **oronge vraie** imperial mushroom ◆ **fausse oronge** fly agaric

oropharynx [ɔʀofaʀɛ̃ks] nm oropharynx

orpaillage [ɔʀpajaʒ] nm gold washing

orpailleur [ɔʀpajœʀ] nm gold washer

Orphée [ɔʀfe] nm Orpheus ◆ (Myth) **Orphée et Eurydice** Orpheus and Eurydice ◆ (Mus) **"Orphée aux enfers"** "Orpheus in the Underworld"

orphelin, e [ɔʀfəlɛ̃, in] → SYN 1 adj orphan(ed)
2 nm,f orphan ◆ **être orphelin de père / de mère** to be fatherless / motherless, have lost one's father / mother → **veuf**

orphelinat [ɔʀfəlina] nm (lieu) orphanage; (orphelins) children of the orphanage

orphéon [ɔʀfeɔ̃] → SYN nm (fanfare) (village ou town) band

orphéoniste [ɔʀfeɔnist] → SYN nmf [fanfare] member of a (village ou town) band

orphie [ɔʀfi] → SYN nf garfish

orpiment [ɔʀpimɑ̃] nm orpiment

orpin [ɔʀpɛ̃] nm (Bot) stonecrop

orque [ɔʀk] → SYN nf killer whale

ORSEC [ɔʀsɛk] nf (abrév de **Organisation des secours**) → **plan**[1]

orseille [ɔʀsɛj] nf (Bot, pâte) orchil, archil

orteil [ɔʀtɛj] nm toe ◆ **gros / petit orteil** big / little toe

ORTF† [ɔɛʀteɛf] nf (abrév de **Office de radiodiffusion-télévision française**) *French broadcasting service*

orthocentre [ɔʀtosɑ̃tʀ] nm orthocentre

orthochromatique [ɔʀtokʀɔmatik] adj orthochromatic

orthodontie [ɔʀtodɔ̃ti] nf orthodontics (sg), dental orthopaedics (sg)

orthodontique [ɔʀtodɔ̃tik] adj orthodontic

orthodontiste [ɔʀtodɔ̃tist] nmf orthodontist

orthodoxe [ɔʀtɔdɔks] → SYN 1 adj **a** (Rel, gén) orthodox → **église**
b **peu orthodoxe, pas très orthodoxe** rather unorthodox, not very orthodox
2 nmf (Rel) orthodox; (Pol) one who follows the orthodox (party) line ◆ **les orthodoxes grecs / russes** the Greek / Russian orthodox

orthodoxie [ɔʀtɔdɔksi] → SYN nf orthodoxy

orthodromie [ɔʀtɔdʀɔmi] → SYN nf orthodromy

orthogenèse [ɔʀtoʒənɛz] nf orthogenesis

orthogénie [ɔʀtoʒeni] → SYN nf family planning ◆ **centre d'orthogénie** family planning ou birth control centre

orthogénisme [ɔʀtoʒenism] nm study of family planning

orthogonal, e, mpl **-aux** [ɔʀtɔgɔnal, o] adj orthogonal

orthogonalement [ɔʀtɔgɔnalmɑ̃] adv orthogonally

orthographe [ɔʀtɔgʀaf] nf (gén) spelling, orthography (spéc); (forme écrite correcte) spelling; (système) spelling (system) ◆ **réforme de l'orthographe** spelling ou orthographical reform, reform of the spelling system ◆ **quelle est l'orthographe de votre nom?** how is your name spelt?, what is the spelling of your name? ◆ **ce mot a 2 orthographes** this word has 2 different spellings ou can be spelt 2 (different) ways ◆ **orthographe d'usage** spelling ◆ **orthographe d'accord** *spelling of grammatical agreements*; → **faute**

orthographier [ɔʀtɔgʀafje] → SYN ▸ conjug 7 ◂ vt to spell *(in writing)* ◆ **un mot mal orthographié** a word incorrectly ou wrongly spelt

orthographique [ɔʀtɔgʀafik] adj (Ling) spelling (épith), orthographical ◆ **signe orthographique** orthographical sign

orthonormé, e [ɔʀtonɔʀme] adj orthonormal

orthopédie [ɔʀtɔpedi] nf orthopaedics (sg)

orthopédique [ɔʀtɔpedik] adj orthopaedic

orthopédiste [ɔʀtɔpedist] nmf orthopaedic specialist, orthopaedist ◆ **chirurgien orthopédiste** orthopaedic surgeon

orthophonie [ɔʀtɔfɔni] → SYN nf (Ling: prononciation correcte) correct pronunciation; (Méd: traitement) speech therapy

orthophoniste [ɔʀtɔfɔnist] nmf speech therapist

orthopnée [ɔʀtɔpne] → SYN nf orthopn(o)ea

orthoptère [ɔʀtɔptɛʀ] 1 adj orthopterous, orthopteran
2 nm orthopteran, orthopteron

orthoptie [ɔʀtɔpsi] nf orthoptics (sg)

orthoptique [ɔʀtɔptik] 1 adj orthoptic
2 nf orthoptics (sg)

orthoptiste [ɔʀtɔptist] nmf orthoptist

orthorhombique [ɔʀtoʀɔ̃bik] adj orthorhombic

orthoscopique [ɔʀtɔskɔpik] adj orthoscopic

orthose [ɔʀtoz] nm orthose

orthostatique [ɔʀtostatik] adj orthostatic

orthosympathique [ɔʀtosɛ̃patik] adj sympathetic

ortie [ɔʀti] nf (stinging) nettle ◆ **ortie blanche** white dead-nettle → **jeter, piqûre**

ortolan [ɔʀtɔlɑ̃] → SYN nm ortolan (bunting) ◆ (littér) **à l'époque, je ne mangeais pas d'ortolans** those were lean days for me

orvale [ɔʀval] nf clary

orvet [ɔʀvɛ] → SYN nm slow worm

oryctérope [ɔʀikteʀɔp] → SYN nm aardvark

oryx [ɔʀiks] nm oryx

os [ɔs], pl **os** [o] → SYN 1 nm **a** (Anat) bone ◆ **avoir de petits / gros os** to be small-boned / big-boned ◆ **viande avec os** meat on the bone ◆ **viande sans os** boned ou boneless meat, meat off the bone ◆ **fait en os** made of bone ◆ **jetons / manche en os** bone counters / handle ◆ **à manche en os** bone-handled
b LOC **c'est un paquet** ou **sac d'os** he's a bag of bones, he's (mere) skin and bone(s) ◆ **mouillé** ou **trempé jusqu'aux os** soaked to the skin, wet through ◆ **donner** ou **jeter un os à ronger à qn** to give sb something to keep him occupied ou quiet ◆ **ils t'ont eu** ou **possédé jusqu'à l'os**‡ they had you good and proper* ◆ **l'avoir dans l'os**‡ (être roulé) to be done‡ (Brit) ou had‡; (être bredouille) to get egg all over one's face‡ ◆ **il y a un os*** there's a snag ou hitch ◆ **il va trouver un** ou **tomber sur un os*** he'll come across ou hit* a snag → **chair, rompre, vieux**
2 COMP ▷ **os à moelle** marrowbone ▷ **os de seiche** cuttlebone

OS [oɛs] nm (abrév de **ouvrier spécialisé**) → **ouvrier**

Osaka [ozaka] n Osaka

oscabrion [ɔskabʀijɔ̃] → SYN nm chiton, coat-of-mail shell

oscar [ɔskaʀ] nm (Ciné) Oscar; (autres domaines) prize, award (*de* for) ◆ **l'oscar du meilleur film / scénario** the Oscar for best film / screenplay

oscillaire [ɔsilɛʀ] nf oscillatoria

oscillant, e [ɔsilɑ̃, ɑ̃t] adj oscillating

oscillateur [ɔsilatœʀ] nm (Phys) oscillator

oscillation [ɔsilasjɔ̃] → SYN nf (Élec, Phys) oscillation; [pendule] swinging (NonC), oscillation; [navire] rocking (NonC); [température, grandeur variable, opinion] fluctuation, variation (*de* in) ◆ **les oscillations de son esprit** his (mental) fluctuations

oscillatoire [ɔsilatwaʀ] adj (Sci) oscillatory; mouvement swinging, oscillatory (spéc)

osciller [ɔsile] → SYN ▸ conjug 1 ◂ vi (Sci) to oscillate; [pendule] to swing, oscillate; [navire] to rock ◆ **le vent fit osciller la flamme / la statue** the wind made the flame flicker / made the statue rock ◆ **sa tête oscillait de droite à gauche** his head rocked from side to side ◆ **il oscillait sur ses pieds** he rocked on his feet ◆ (fig) **osciller entre** [personne] to waver ou oscillate between; [prix, température] to fluctuate ou vary between

oscillogramme [ɔsilɔgʀam] nm oscillogram

oscillographe [ɔsilɔgʀaf] nm oscillograph

oscillomètre [ɔsilɔmɛtʀ] nm oscillometer

oscilloscope [ɔsilɔskɔp] nm oscilloscope

osculateur, -trice [ɔskylatœʀ, tʀis] adj osculatory

osculation [ɔskylasjɔ̃] nf osculation

oscule [ɔskyl] nm oscule

ose [oz] nm monosaccharide

osé, e [oze] → SYN (ptp de **oser**) adj tentative, démarche, toilette bold, daring; sujet, plaisanterie risqué, daring

Osée [oze] nm Hosea

oseille [ozɛj] → SYN nf **a** (Bot) sorrel
b (‡: argent) dough‡, dosh‡ (surtout Brit), lolly‡ (Brit), bread‡ ◆ **avoir de l'oseille** to be in the money*, have plenty of dough‡ ou dosh (surtout Brit) ou bread‡

oser [oze] → SYN ▸ conjug 1 ◂ vt **a** to dare ◆ **il faut oser!** one must take risks ◆ **oser faire qch** to dare (to) do sth ◆ (littér) **oser qch** to dare sth ◆ **il n'osait (pas) bouger** he did not dare (to) move ◆ **je voudrais bien mais je n'ose pas** I'd like to but I don't dare ou I daren't ◆ **ose le répéter!** I dare you to repeat it! ◆ **approche si tu l'oses!** come over here if you dare! ◆ **il a osé m'insulter** he dared ou presumed to insult me ◆ **comment osez-vous!** how dare you! → **qui**
b LOC **si j'ose dire** if I may say so, if I may make so bold ◆ **si j'ose m'exprimer ainsi** if I can put it that way, if you'll pardon the expression ◆ **j'ose espérer / croire que** I like to hope / think that ◆ **j'ose l'espérer** I like to hope so ◆ **je n'ose y croire** I dare not ou daren't ou don't dare believe it ◆ **j'oserais même dire que** I'd even venture to ou go as far as to say that

oseraie [ozʀɛ] nf osier plantation

oside [ozid] nm (Chim) oside

osier [ozje] nm (Bot) willow, osier; (fibres) wicker (NonC) ◆ **corbeille en osier** wicker(work) basket ◆ **fauteuil en osier** wicker(work) chair, basket chair → **brin**

osiériculture [ozjeʀikyltyʀ] nf willow growing

Osiris [oziʀis] nm Osiris

Oslo [ɔslo] n Oslo

osmique [ɔsmik] adj ◆ **acide osmique** osmic acid

osmium [ɔsmjɔm] nm osmium

osmomètre [ɔsmɔmɛtʀ] nm osmometer

osmonde [ɔsmɔ̃d] nf osmund

osmose [ɔsmoz] → SYN nf (lit, fig) osmosis ◆ **vivre en osmose avec** to live in harmony with

osmotique [ɔsmɔtik] adj osmotic

ossature [ɔsatyʀ] → SYN nf [corps] frame, skeletal structure (spéc); [tête, visage] bone structure; [machine, appareil, immeuble] framework; [voûte] frame(work); (fig) [société, texte, discours] framework, structure ◆ **à ossature grêle / robuste** slender- / heavy-framed

osséine [ɔsein] nf ossein

osselet [ɔslɛ] nm **a** (jeu) **osselets** knucklebones
b (Anat) [oreille] ossicle
c (Vét) osselet

ossements [ɔsmɑ̃] → SYN nmpl (squelettes) bones

osseux, -euse [ɔsø, øz] adj **a** (Anat) tissu bone (épith), osseous (spéc); charpente, carapace bony; (Bio) poisson bony; (Méd) greffe bone (épith); maladie bone (épith), of the bones
b (maigre) main, visage bony

Ossian [ɔsjɑ̃] n Ossian

ossianique [ɔsjanik] adj Ossianic

ossification [ɔsifikasjɔ̃] → SYN nf ossification (Méd)

ossifier vt, **s'ossifier** vpr [ɔsifje] ▸ conjug 7 ◂ (lit, fig) to ossify

osso buco [ɔsobuko] nm inv osso bucco

ossu, e [ɔsy] adj (littér) large-boned

ossuaire [ɔsɥɛʀ] → SYN nm (lieu) ossuary

ostéalgie [ɔstealʒi] nf ostalgia

ostéichtyens [ɔsteiktjɛ̃] nmpl ◆ **les ostéichtyens** the Osteichthyes

ostéite [ɔsteit] nf osteitis

Ostende [ɔstɑ̃d] n Ostend

ostensible [ɔstɑ̃sibl] → SYN adj (bien visible) mépris, indifférence conspicuous, patent; charité, compassion, attitude, geste conspicuous ◆ **de façon ostensible** conspicuously

ostensiblement [ɔstɑ̃sibləmɑ̃] adv conspicuously

ostensoir [ɔstɑ̃swaʀ] nm monstrance

ostentation [ɔstɑ̃tasjɔ̃] → SYN nf ostentation ◆ **il détestait toute ostentation** he hated all ostentation ou show, he hated all manner of ostentation ou display ◆ **agir avec ostentation** to act with ostentation ou ostentatiously ◆ **courage / élégance sans ostentation** unostentatious courage / elegance ◆ **faire qch sans ostentation** to do sth without ostentation ou unostentatiously ◆ (littér) **faire**

ostentation de qch to make a display ou show of sth, parade sth

ostentatoire [ɔstɑ̃tatwaʀ] adj (littér) ostentatious

ostéoblaste [ɔsteɔblast] nm osteoblast

ostéochondrose [ɔsteɔkɔ̃dʀoz] nf osteochondrosis

ostéoclasie [ɔsteɔklazi] nf osteoclasis

ostéoclaste [ɔsteɔklast] nm osteoclast

ostéocyte [ɔsteɔsit] nm osteocyte

ostéogenèse [ɔsteoʒənɛz] nf, **ostéogénie** [ɔsteoʒeni] nf osteogenesis

ostéologie [ɔsteɔlɔʒi] nf osteology

ostéologique [ɔsteɔlɔʒik] adj osteological

ostéomalacie [ɔsteomalasi] nf osteomalacia

ostéomyélite [ɔsteomjelit] nf osteomyelitis

ostéopathe [ɔsteɔpat] nmf osteopath

ostéopathie [ɔsteɔpati] nf (maladie) bone disease; (pratique) osteopathy

ostéophyte [ɔsteɔfit] nm osteophyte

ostéoplastie [ɔsteɔplasti] nf osteoplasty

ostéoporose [ɔsteɔpɔʀoz] nf osteoporosis

ostéosarcome [ɔsteosaʀkom] nm osteosarcoma

ostéosynthèse [ɔsteosɛ̃tɛz] nf osteosynthesis

ostéotomie [ɔsteɔtɔmi] nf osteotomy

ostiak [ɔstjak] nm Ostyak

ostiole [ɔstjɔl] [→ SYN] nm ostiole

osto* [ɔsto] nm ⇒ **hosto***

ostraciser [ɔstʀasize] [→ SYN] ▸conjug 1◂ vt to ostracize

ostracisme [ɔstʀasism] [→ SYN] nm ostracism ◆ **être frappé d'ostracisme** to be ostracized ◆ **leur ostracisme m'était indifférent** being ostracized by them didn't bother me

ostréicole [ɔstʀeikɔl] adj oyster-farming (épith)

ostréiculteur, -trice [ɔstʀeikyltœʀ, tʀis] nm,f oyster-farmer, ostreiculturist (spéc)

ostréiculture [ɔstʀeikyltyʀ] nf oyster-farming, ostreiculture (spéc)

ostréidés [ɔstʀeide] nmpl oysters

ostrogot(h), e [ɔstʀogo, gɔt]
1 adj Ostrogothic
2 nm,f ◆ **Ostrogot(h)(e)** Ostrogoth
3 nm († ou hum) (mal élevé) barbarian; (original, olibrius) queer fish* ou fellow

ostyak [ɔstjak] nm ⇒ **ostiak**

otage [ɔtaʒ] [→ SYN] nm hostage ◆ **prendre qn en ou comme otage** to take sb hostage → **pris**

otalgie [ɔtalʒi] nf otalgia

OTAN [ɔtɑ̃] nf (abrév de **Organisation du Traité de l'Atlantique Nord**) NATO

otarie [ɔtaʀi] nf sea-lion, otary (spéc), eared seal (spéc)

OTASE [ɔtaz] nf (abrév de **Organisation des territoires de l'Asie du Sud-Est**) SEATO

ôter [ote] [→ SYN] ▸conjug 1◂ 1 vt a (enlever) ornement to take away, remove (*de* from); lunettes, vêtement to take off, remove; arêtes, épine to take out (*de* of), remove (*de* from); tache to take out (*de* of), remove (*de* from), lift (*de* from); hésitation, scrupule to remove, take away; remords to take away ◆ **ôte les assiettes (de la table)** clear the table, clear the dishes off the table ◆ **un produit qui ôte l'acidité (à une ou d'une substance)** a product which removes the acidity (from a substance) ◆ **ôte tes mains de la porte!** take your hands off the door! ◆ **ôte tes pieds de là!** get your feet off there! ◆ **cela lui a ôté un gros poids (de dessus la poitrine)** that took a great weight off his chest ou lifted a great weight from his chest ◆ **comment est-ce que ça s'ôte?** how do you remove it? ou take it off? ◆ **on lui ôta ses menottes** they took his handcuffs off, they unhandcuffed him
b (retrancher) somme to take away; paragraphe to remove, cut out (*de* from) ◆ **ôter un nom d'une liste** to remove a name from a list, take a name off a list ◆ **5 ôté de 8 égale 3** 5 (taken away) from 8 equals ou leaves 3
c (prendre) **ôter qch à qn** to take sth (away) from sb ◆ **ôter un enfant à sa mère** to take a child (away) from its mother ◆ **s'ôter la vie** to take one's (own) life ◆ **ôter à qn ses illusions** to rid ou deprive sb of his illusions ◆ **ôter à qn ses forces / son courage** to deprive sb of his strength / courage ◆ **ça lui ôtera toute envie de recommencer** that will stop him wanting to do it again, that will rid him of any desire to do it again ◆ **ôte-lui le couteau, ôte-lui le couteau des mains** take the knife (away) from him, take the knife out of ou from his hands ◆ **on ne m'ôtera pas de l'idée que ..., je ne peux m'ôter de l'idée que ...** I can't get it out of my mind ou head that ... ◆ **il faut absolument lui ôter cette idée de la tête** we must get this idea out of his head → **pain**
2 **s'ôter** vpr ◆ **ôtez-vous de là** move yourself!, get out of there! ◆ **ôtez-vous de la lumière,** (hum) **ôte-toi de mon soleil** get out of my light ◆ (pousse-toi) (hum) **ôte-toi de là (que je m'y mette)!*** (get) out of the way!, move ou shift* out of the way (and give me some room)!

Othon [ɔtɔ̃] nm ⇒ **Otton**

otique [ɔtik] adj otic

otite [ɔtit] nf ear infection, otitis (spéc) ◆ **otite moyenne / interne** otitis media / interna

otocyon [ɔtɔsjɔ̃] nm long-eared fox, otocyon (spéc)

otocyste [ɔtɔsist] nm otocyst

otolithe [ɔtɔlit] nm otolith

otologie [ɔtɔlɔʒi] nf otology

oto-rhino, pl **oto-rhinos** [ɔtɔʀino] nmf ⇒ **oto-rhino-laryngologiste**

oto-rhino-laryngologie [ɔtɔʀinolaʀɛ̃gɔlɔʒi] nf oto(rhino)laryngology

oto-rhino-laryngologiste, pl **oto-rhino-laryngologistes** [ɔtɔʀinolaʀɛ̃gɔlɔʒist] nmf ear, nose and throat specialist, oto(rhino)laryngologist

otorragie [ɔtɔʀaʒi] nf bleeding from the ear, otorrhagia (spéc)

otorrhée [ɔtɔʀe] nf otorrhoea (Brit), otorrhea (US)

otoscope [ɔtɔskɔp] nm otoscope

Ottawa [ɔtawa] n Ottawa

ottoman, e [ɔtɔmɑ̃, an] 1 adj Ottoman
2 nm a (personne) **Ottoman** Ottoman
b (tissu) ottoman
3 **ottomane** nf a (personne) **Ottomane** Ottoman woman
b (canapé) ottoman

Otton [ɔtɔ̃] nm Otto

ou [u] conj a (alternative) or ◆ **est-ce qu'il doit venir aujourd'hui ou demain?** is he coming today or tomorrow? ◆ **il faut qu'il vienne aujourd'hui ou demain** he must come (either) today or tomorrow ◆ **vous le préférez avec ou sans sucre?** do you prefer it with or without sugar? ◆ **que vous alliez chez cet épicier ou chez l'autre, c'est le même prix** it's the same price whether you go to this grocer or (to) the other one ◆ **un kilo de plus ou de moins, cela ne se sent pas** one kilo more or less doesn't show up ◆ **que vous le vouliez ou non** whether you like it or not ◆ **jolie ou non elle plaît** (whether she's) pretty or not, she's attractive ◆ **est-ce qu'elle veut se lever ou préfère-t-elle attendre demain?** does she want to get up or does she prefer to wait until tomorrow? ◆ **il nous faut 3 pièces, ou plutôt / ou même 4** we need 3 rooms, or preferably / or even 4 ◆ **apportez-moi une bière, ou plutôt non, un café** bring me a beer, or rather a coffee, bring me a beer or no, a coffee instead ◆ **ou pour mieux dire** or rather, or I should say
b (approximation) or ◆ **à 5 ou 6 km d'ici** 5 or 6 km from here ◆ **ils étaient 10 ou 12 (à vouloir parler à la fois)** there were (some) 10 or 12 of them (wanting to speak at the same time)
c (alternative avec exclusion) **ou ... ou** either ... or ◆ **ou il est malade ou (bien) il est fou** he's either sick or mad, either he's sick or (else) he's mad ◆ **ou (bien) tu m'attends ou (bien) alors tu pars à pied** either you wait for me or (else) you'll have to walk, you (can) either wait for me or (else) go on foot ◆ **il faut qu'il travaille ou (bien) il échouera à son examen** he'll have to work or (else) ou otherwise he'll fail his exam ◆ **donne-moi ça ou je me fâche** give me that or I'll get cross → **tôt**

où [u] 1 pron a (lit: situation, direction) where ◆ **l'endroit où je vais / je suis** the place where I'm going / I am, the place I'm going to / I'm in ◆ **l'endroit idéal où s'établir** the ideal place to settle ◆ **je cherche un endroit où m'asseoir** I'm looking for a place to sit down ou for somewhere to sit ◆ **la ville où j'habite** the town I live in ou where I live ◆ **la maison où j'habite** the house I live in ◆ **le mur où il est accoudé** the wall he's leaning against ◆ **le tiroir où tu as rangé le livre** the drawer you put the book in ou where you put the book ◆ **le tiroir où tu a pris le livre** the drawer (where) you took the book from ◆ **le livre où il a trouvé ce renseignement** the book where ou in which he found this piece of information ◆ **le livre où il a copié ceci** the book he copied this from ou from which he copied this ◆ **le chemin par où il est passé** the road he went along ou he took ◆ **le village par où il est passé** the village he went through ◆ **l'endroit d'où je viens** the place I've come from ◆ **la pièce d'où il sort** the room he's come out of ◆ **la crevasse d'où on l'a retiré** the crevasse they pulled him out of ◆ **une chambre d'où s'échappent des gémissements** a room from which moans are coming ◆ **l'endroit jusqu'où ils ont grimpé** the place (where) they have climbed to ou to which they've climbed → **là, partout**
b (antécédent abstrait: institution, groupe, état, condition) **la famille où il est entré** the family he has become part of, the family he has joined ◆ **la famille / la firme d'où il sort** the family / firm he comes ou has come from ◆ **la ville d'où il vient** (origine) the town he comes from ◆ **l'école où il est inscrit** the school where ou in which he is enrolled ◆ **les mathématiques, branche où je ne suis guère compétent** mathematics, a branch in which I have little skill ◆ **dans l'état où il est** in the state he is in ou in which he is ◆ **la colère où il est entré** the rage he went into ◆ **l'obligation où il se trouve de partir** the fact that he finds himself obliged to leave ◆ **dans l'embarras où j'étais** in the embarrassed state I was in ◆ **les conditions où ils travaillent** the conditions they work in ou in which they work ◆ **la rêverie où il est plongé / d'où je l'ai tiré** the daydream he's in / from which I roused him ◆ **les extrêmes où il s'égare** the extremes into which he is straying ◆ **le but où tout homme tend** the goal towards which all men strive ◆ **la mélancolie où il se complaît** the melancholy in which he wallows ◆ **au rythme / train où ça va** at the speed / rate it's going ◆ **au prix où c'est** at the price it is ◆ **au tarif où ils font payer ça** at the rate they charge for it ◆ **à l'allure où ils vont** at the rate they're going ◆ **voilà où nous en sommes** that's the position to date ou so far, that's where we're at* → **prix, train** et pour autres constructions voir verbes appropriés.
c (temporel) **le siècle où se passe cette histoire** the century in which this story takes place ◆ **le jour où je l'ai rencontré** the day (on which) I met him ◆ **à l'instant où il est arrivé** the moment he arrived ◆ **mais là où je me suis fâché c'est quand il a recommencé** but what (finally) made me explode was when he started doing it again → **moment**
2 adv rel a (situation et direction) where ◆ **j'irai où il veut** I'll go where ou wherever he wants ◆ **s'établir où l'on veut** to settle where one likes ◆ **je ne sais pas d'où il vient** I don't know where he comes from ◆ **on ne peut pas passer par où on veut** you can't just go where you like ◆ **d'où je suis on voit la mer** you can see the sea from where I am ◆ **où que l'on aille / soit** wherever one goes / is ◆ **d'où que l'on vienne** wherever one comes from ◆ **par où que l'on passe** wherever one goes
b (abstrait) **où cela devient grave, c'est lorsqu'il prétend que ...** where it gets serious is when he claims that ... ◆ **savoir où s'arrêter** to know where ou when to stop

◆ **d'où l'on peut conclure que ...** from which one may conclude that ... ◆ **d'où son silence / ma méfiance** hence his silence / my wariness ◆ (titre de chapitre) **« où l'on voit que ... »** "in which the reader sees ou learns that ..." ◆ (littér) **les récriminations sont vaines où les malheurs viennent de notre propre incurie** recrimination is in vain when misfortune comes of our own negligence ◆ (Prov) **où il y a de la gêne, il n'y a pas de plaisir** comfort comes first, there's no sense in being uncomfortable; (péj) talk about making yourself at home!, some people think only of their own comfort

3 adv interrog **a** (situation et direction) where ◆ **où vas-tu / es-tu / l'as-tu mis ?** where are you going / are you / did you put it? ◆ **d'où viens-tu ?** where have you come from? ◆ **par où y aller ?** which way should we (ou I etc) go? ◆ **où aller ?** where should I (ou he etc) go? ◆ **où ça ?*** where's that?

b (abstrait) **où en étais-je ?** where was I?, where had I got to? ◆ **où en êtes-vous ?** where are you up to? ◆ **où allons-nous ?** where are we going? ◆ **d'où vient cette attitude ?** what's the reason for this attitude? ◆ **d'où vient qu'il n'a pas répondu ?** how come he hasn't replied?*, what's the reason for his not having replied? ◆ **d'où le tenez-vous ?** where did you hear that? ◆ **où voulez-vous en venir ?** what are you leading up to? ou getting at?

OUA [ɔya] nf (abrév de **Organisation de l'unité africaine**) OAU

ouabaïne [wabain] nf ouabain

Ouagadougou [wagadugu] n Ouagadougou

ouah* ['wa] excl wow!*, ooh!*

ouailles [waj] nfpl (Rel, hum) flock ◆ **l'une de ses ouailles** one of his flock

ouais* ['wɛ] excl (oui) yeah*, yep*; (sceptique) oh yeah?*

ouananiche [wananiʃ] → SYN nm (Can) fresh water salmon

ouaouaron* [wawaʀɔ̃] nm (Can) bull frog

ouate ['wat, wat] **1** nf **a** (pour pansement) cotton wool (Brit), cotton (US) ◆ (fig) **élever un enfant dans de la ouate** ou **dans l'ouate** to keep a child (wrapped up) in cotton wool (Brit) ou in cotton (US)

b (pour rembourrage) padding, wadding ◆ **doublé d'ouate** quilted

2 COMP ▷ **ouate hydrophile** cotton wool (Brit), absorbent cotton (US) ▷ **ouate thermogène** Thermogene ®

ouaté, e [wate] (ptp de **ouater**) adj **a** (lit) pansement cotton-wool (épith) (Brit), cotton (US); vêtement quilted

b (fig) pas, bruit muffled; ambiance cocoon-like

ouater ['wate, wate] ▸ conjug 1 ◂ vt manteau, couverture to quilt ◆ **les collines ouatées de neige** the hills covered ou blanketed in snow

ouatine [watin] nf wadding, padding

ouatiner [watine] ▸ conjug 1 ◂ vt to quilt

oubli [ubli] → SYN nm **a** (→ **oublier**) forgetting; leaving behind; missing; leaving-out; neglecting ◆ **l'oubli de cette date / cet objet a eu des conséquences graves** forgetting this date / forgetting ou leaving behind this thing has had serious repercussions ◆ **l'oubli de soi(-même)** self-effacement, self-negation ◆ **l'oubli de tout problème matériel** disregard for all material problems

b (trou de mémoire, omission) lapse of memory ◆ **ses oublis répétés m'inquiètent** his constant lapses of memory worry me, his constant forgetfulness worries me ◆ **réparer un oubli** to make up for having forgotten something ou for a lapse of memory ◆ **cet oubli lui coûta la vie** this omission ou oversight cost him his life ◆ **il y a des oublis dans ce récit** there are gaps ou things missed out in this account

c **l'oubli** oblivion, forgetfulness ◆ **tirer qch de l'oubli** to bring sth out of oblivion ◆ **tomber dans l'oubli** to sink into oblivion ◆ **l'oubli guérit toutes les blessures** oblivion ou forgetfulness heals all wounds

oublier [ublije] → SYN ▸ conjug 7 ◂ GRAMMAIRE ACTIVE 26.1 vt **a** (ne pas se souvenir de) to forget; (ne plus penser à) soucis, chagrin, client, visiteur to forget (about) ◆ **oublier de faire / pourquoi** to forget to do / why ◆ **ça s'oublie facilement** it's easily forgotten ◆ **j'ai oublié qui je dois prévenir** I can't remember who (it is) ou I've forgotten who (it is) I should warn ◆ **j'ai complètement oublié l'heure** I completely forgot about the time ◆ **j'ai oublié si j'ai bien éteint le gaz** I forget ou I can't remember if I turned off the gas ◆ **n'oublie pas que nous sortons ce soir** remember ou don't forget we're going out tonight ◆ **il oubliera avec le temps** he'll forget in time, time will help him forget ◆ **oublions le passé** let's forget about the past, let's let bygones be bygones ◆ **j'avais complètement oublié sa présence** I had completely forgotten that he was there ou forgotten his presence ◆ **sa gentillesse fait oublier sa laideur** his niceness makes you forget (about) his ugliness ◆ **il essaie de se faire oublier** he's trying to keep out of the limelight ◆ **mourir oublié** to die forgotten

b (laisser) chose to forget, leave behind; fautes d'orthographe to miss; virgule, phrase to leave out ◆ **tu as oublié (de laver) une vitre** you forgot ou have forgotten (to wash) one of the panes

c (négliger) famille, devoir, travail, promesse to forget, neglect ◆ **oublier les règles de la politesse** to forget ou neglect the rules of etiquette ◆ **n'oubliez pas le guide !** don't forget the guide! ◆ **il ne faut pas oublier que c'est un pays pauvre** we must not lose sight of the fact ou forget that it's a poor country ◆ **oublier qn dans son testament** to leave sb out of one's will, forget (to include) sb in one's will ◆ **oublier qn dans ses pensées** to forget (to include) sb in one's thoughts, forget to think about sb ◆ **il ne vous oublie pas** he hasn't forgotten (about) you ◆ **on l'a oublié sur la liste** he's been left off the list ◆ (iro) **il ne s'est pas oublié (dans le partage)** he didn't forget himself (in the share-out) ◆ **vous vous oubliez !** you're forgetting yourself! ◆ **le chat s'est oublié sur la moquette** the cat had an accident on the carpet

oubliettes [ublijɛt] nfpl oubliettes ◆ (fig) **jeter** ou **mettre aux oubliettes** projet to shelve ◆ (fig) **tomber dans les oubliettes (de l'histoire)** [déclaration, procès] to sink into oblivion ◆ **ce livre / projet est tombé aux oubliettes** this book / plan has been forgotten

oublieux, -ieuse [ublijø, ijøz] → SYN adj deliberately forgetful ◆ **oublieux de** bienfaits quick to forget; obligations, devoirs neglectful of

oued [wɛd] → SYN nm wadi

ouest [wɛst] → SYN **1** nm **a** (point cardinal) west ◆ **le vent d'ouest** the west wind ◆ **un vent d'ouest** a west(erly) wind, a westerly (spéc) ◆ **le vent tourne / est à l'ouest** the wind is veering west(wards) ou towards the west / is blowing from the west ◆ **regarder vers l'ouest** ou **dans la direction de l'ouest** to look west(wards) ou towards the west ◆ **à l'ouest** (situation) in the west; (direction) to the west, west(wards) ◆ **le soleil se couche à l'ouest** the sun sets in the west ◆ **à l'ouest de** west of, to the west of ◆ **la maison est (exposée) à l'ouest / exposée plein ouest** the house faces (the) west ou westwards / due west, the house looks west(wards) / due west ◆ **l'Europe / la France / la Bourgogne de l'ouest** Western Europe / France / Burgundy → **Allemagne**

b (partie, régions occidentales) west ◆ (Pol) **l'Ouest** the West ◆ **l'ouest de la France, l'Ouest** the West of France ◆ **les rapports entre l'Est et l'Ouest** East-West relations, relations between the East and the West ◆ (Littérat) **"À l'ouest rien de nouveau"** "All Quiet on the Western Front"

2 adj inv région, partie western; entrée, paroi west; versant, côte west(ern); côté west(ward); direction westward, westerly → **longitude**

ouest-allemand, e [wɛstalmɑ̃, ɑ̃d] **1** adj West German

2 nm,f ◆ **Ouest-Allemand(e)** West German

ouest-nord-ouest [wɛstnɔʀwɛst] adj inv, nm west-north-west

ouest-sud-ouest [wɛstsydwɛst] adj inv, nm west-south-west

ouf ['uf] excl, nm phew, whew ◆ **pousser un ouf de soulagement** to breathe ou give a sigh of relief ◆ **ils ont dû repartir sans avoir le temps de dire ouf*** they had to leave again before they had time to catch their breath ou before they knew where they were

Ouganda [ugɑ̃da] nm Uganda

ougandais, e [ugɑ̃dɛ, ɛz] **1** adj Ugandan

2 nm,f ◆ **Ougandais(e)** Ugandan

ougrien, -ienne [ugʀijɛ̃, ijɛn] → **finno-ougrien**

oui ['wi] → SYN **1** adv **a** (réponse affirmative) yes, aye (Naut, régional), yea (†† ou littér) ◆ **le connaissez-vous ?** – **oui** do you know him? – yes (I do) ◆ **est-elle chez elle ?** – **oui** is she at home? – yes (she is) ◆ **vous avez aimé le film ?** – **oui et non** did you like the film? – yes and no ou I did and I didn't ◆ **je vais ouvrir la fenêtre** – **oui cela fera un peu d'air** I'll open the window – yes (do), we could do with some fresh air ◆ **il n'a pas encore dit oui !** he hasn't said yes yet, he hasn't agreed ou accepted (as) yet ◆ (mariage) **dire oui** to say "I do" ◆ **ah, ça oui !** you can say that again!*, and how!* ◆ **que oui !** rather! (Brit), I should say so! ◆ **certes oui !** (yes) most definitely ou certainly, yes indeed ◆ **vous en voulez ?** – **mais oui !** ou **bien sûr que oui** ou **oui, bien sûr** do you want some? – of course (I do) ou I most certainly do ◆ **oui, mais il y a un obstacle** yes but there is a difficulty ◆ **eh bien oui, j'avoue** all right (then), I confess ◆ **contraception oui, avortement non** yes to contraception, no to abortion, contraception – yes, abortion – no ◆ **répondre (par) oui à toutes les questions** to answer yes ou answer in the affirmative to all the questions ◆ **répondez par oui ou par non** answer yes or no ◆ **faire oui de la tête, faire signe que oui** to nod (one's head) ◆ **ah oui ?** really?, yes? ◆ (†, hum) **oui-da** yes indeed, absolutely ◆ (Naut) **oui, capitaine** aye aye captain

b (remplaçant une proposition) **est-il chez lui ? / est-ce qu'il travaille ?** – **je pense** ou **crois que oui** is he at home? / is he working? – (yes) I think so ou believe he is ◆ **il nous quitte ?** – **je crains bien / j'espère que oui** is he leaving us? – I am afraid so ou I am afraid he is / I hope so ou I hope he is ◆ **est-ce qu'elle sort souvent ?** – **j'ai l'impression que oui** does she often go out? – I have an idea ou the impression that she does ◆ **tu as aimé ce film ?** – **moi oui / moi non** did you like the film? – I did / I didn't ◆ **j'ai demandé si elle était venue, lui dit que oui** I asked if she had been and he says she has

c (intensif) **je suis surprise, oui très surprise** I'm surprised – indeed very surprised ◆ **c'est un escroc, oui, un escroc** he's a rogue, an absolute rogue ◆ **oui vraiment, il a répondu ça ?** (really), did he really answer that? ◆ **tu vas cesser de pleurer, oui ?** have you quite finished crying?, will you stop crying? ◆ **oui (évidemment), c'est toujours bien facile de critiquer** of course it's always easy enough to criticize ◆ **c'est bon, oui ?** isn't that good? ◆ **il va accepter, oui ou non ?** is he or isn't he going to accept? ◆ **tu te presses, oui ou non ?** will you please hurry up, will you hurry up? ◆ **tu te décides oui ou merde !**‡ are you going to damn well decide or not?‡, make up your bloody mind!‡ (Brit)

2 nm inv yes, aye ◆ **il y a eu 30 oui** there were 30 votes for, there were 30 ayes ◆ **j'aimerais un oui plus ferme** I should prefer a more definite yes ◆ **il ne dit ni oui ni non** he's not saying either yes or no, he's not committing himself either way ◆ **pleurer / réclamer / se disputer pour un oui (ou) pour un non** to cry / complain / quarrel over the slightest thing

ouï-dire ['widiʀ] → SYN nm inv ◆ **par ouï-dire** by hearsay

ouïe[1] [wi] excl ⇒ **ouille**

ouïe[2] [wi] → SYN nf hearing (NonC) ◆ **avoir l'ouïe fine** to have sharp hearing, have a keen sense of hearing ◆ **être tout ouïe** to be all ears

ouïes [wi] → SYN nfpl (Zool) gills; (Mus) sound holes

ouïghour, ouïgour [uiguʀ] nm Uig(h)ur

ouille ['uj] excl ouch!

ouiller [uje] [→ SYN] ▸conjug 1◂ vt to ullage

ouïr [wiʀ] [→ SYN] ▸conjug 10◂ vt (††, littér, hum) to hear; (Jur) témoins to hear ◆ **j'ai ouï dire à mon père que ...** I've heard my father say that ... ◆ **j'ai ouï dire que** it has come to my ears that, I've heard it said that ◆ (hum) **oyez!** hark! (†† ou hum), hear ye! (†† ou hum)

ouistiti ['wistiti] [→ SYN] nm (Zool) marmoset ◆ (type) **un drôle de ouistiti*** a queer bird*

oukase [ukaz] nm ⇒ **ukase**

Oulan-Bator [ulanbatɔʀ] n Ulan Bator

ouléma [ulema] nm ⇒ **uléma**

ouolof [wɔlɔf] adj, nmf ⇒ **wolof**

ouragan [uʀagɑ̃] [→ SYN] nm **a** (Mét) hurricane **b** (fig) storm ◆ **cet homme est un véritable ouragan** he's like a whirlwind, he's a human tornado ◆ **ce livre va déchaîner un ouragan** this book is going to create a storm ◆ **arriver en** ou **comme un ouragan** to arrive like a whirlwind ou tornado ◆ (Ciné) **"Ouragan sur le Caine"** "The Caine Mutiny"

Oural [uʀal] nm ◆ (fleuve) **l'Oural** the Ural ◆ **l'Oural, les monts Oural** the Urals, the Ural Mountains

ouralien, -ienne [uʀaljɛ̃, jɛn] [1] adj Uralic [2] nm (Ling) Uralic

ouralo-altaïque [uʀalɔaltaik] adj, nm Ural-Altaic

ourdir [uʀdiʀ] [→ SYN] ▸conjug 2◂ vt **a** (Tex) to warp **b** (littér) complot to hatch; intrigue to weave

ourdissoir [uʀdiswaʀ] nm warp beam

ourdou [uʀdu] [1] adj inv Urdu [2] nm (Ling) Urdu

ourlé, e [uʀle] (ptp de **ourler**) adj hemmed ◆ **oreilles délicatement ourlées** delicately rimmed ears ◆ **lèvres bien ourlées** well-defined lips

ourler [uʀle] [→ SYN] ▸conjug 1◂ vt (Couture) to hem ◆ (fig littér) **ourler de** to fringe with

ourlet [uʀlɛ] [→ SYN] nm **a** (Couture) hem ◆ **faux ourlet** false hem ◆ **faire un ourlet à** to hem **b** (Tech) hem **c** (Anat) [oreille] rim, helix (spéc)

ourlien, -ienne [uʀljɛ̃, jɛn] adj parotitic

ours [uʀs] [→ SYN] [1] nm **a** (Zool) bear ◆ **être** ou **tourner comme un ours en cage** to pace up and down like a caged animal → **fosse, montreur, vendre** **b** (jouet) **ours (en peluche)** teddy bear **c** (péj: misanthrope) (old) bear ◆ **vivre comme un** ou **en ours** to live at odds with the world ◆ **elle est un peu ours** she's a bit of a bear ou a gruff individual **d** (arg Presse) ≃ credits *(for written publication)* [2] COMP ▷ **ours blanc** polar bear ▷ **ours brun** brown bear ▷ **ours mal léché** (péj) uncouth fellow ▷ **ours marin** fur-seal ▷ **ours polaire** ⇒ **ours blanc** ▷ **ours savant** trained ou performing bear

ourse [uʀs] nf **a** (Zool) she-bear **b** (Astron) **la Petite Ourse** the Little Bear, Ursa Minor, the Little Dipper (US) ◆ **la Grande Ourse** the Great Bear, Ursa Major, the Plough (Brit), the Big Dipper (US)

oursin [uʀsɛ̃] nm sea urchin, sea hedgehog

ourson [uʀsɔ̃] nm bear cub ◆ (Littérat) **"Winnie l'Ourson"** "Winnie-the-Pooh"

oust(e)* ['ust] excl hop it!* (Brit), buzz off!*, off with you!

out ['aut] adj inv personne out of touch* (attrib); (Tennis) out

outarde [utaʀd] [→ SYN] nf bustard; (Can: bernache) Canada goose

outil [uti] [→ SYN] nm (lit, fig) tool; (agricole, de jardin) implement, tool ◆ **outil de travail** tool ◆ **outil pédagogique** teaching aid ◆ (Ordin) **outil de programmation** programming tool → **machine, mauvais**

outillage [utijaʒ] [→ SYN] nm [mécanicien, bricoleur] (set of) tools; [fermier, jardinier] implements (pl), equipment (NonC); [atelier, usine] equipment (NonC)

outiller [utije] [→ SYN] ▸conjug 1◂ vt ouvrier to supply ou provide with tools, equip, kit out (Brit), outfit (US); atelier to fit out, equip ◆ **je suis bien / mal outillé pour ce genre de travail** I'm well- / badly-equipped for this kind of work ◆ **pour ce travail, il faudra qu'on s'outille** to do this job, we'll have to kit ourselves out (Brit) ou equip ourselves properly ◆ **les ouvriers s'outillent à leurs frais** the workers buy their own tools

outilleur [utijœʀ] nm tool-maker

outrage [utʀaʒ] [→ SYN] [1] nm insult ◆ **accabler qn d'outrages** to heap insults on sb ◆ **faire outrage à** réputation, mémoire to dishonour; pudeur, honneur to outrage, be an outrage to ◆ (fig) **outrage au bon sens / à la raison** insult to common sense / reason ◆ (fig littér) **les outrages du temps** the ravages of time → **dernier** [2] COMP ▷ **outrage à agent** (Jur) insulting behaviour *(to police officer)* ▷ **outrage aux bonnes mœurs** (Jur) outrage ou affront to public decency ▷ **outrage à magistrat** (Jur) contempt of court ▷ **outrage public à la pudeur** (Jur) indecent exposure (NonC)

outragé, e [utʀaʒe] (ptp de **outrager**) adj air, personne gravely offended

outrageant, e [utʀaʒɑ̃, ɑ̃t] [→ SYN] adj offensive

outrager [utʀaʒe] [→ SYN] ▸conjug 3◂ vt (littér) personne to offend gravely; mœurs, morale to outrage; bon sens, raison to insult ◆ **outragée dans son honneur** with outraged honour

outrageusement [utʀaʒøzmɑ̃] [→ SYN] adv (excessivement) outrageously, excessively

outrageux, -euse [utʀaʒø, øz] adj (excessif) outrageous, excessive ◆ **de manière outrageuse** outrageously, excessively

outrance [utʀɑ̃s] [→ SYN] nf **a** (caractère) extravagance ◆ **pousser le raffinement jusqu'à l'outrance** to take refinement to extremes ou to excess **b** (excès) excess ◆ **il y a des outrances dans ce roman** there are some extravagant passages in this novel ◆ **ses outrances de langage** his outrageous language **c à outrance: raffiner à outrance** to refine excessively ou to excess ◆ **dévot / méticuleux à outrance** excessively pious / meticulous, pious / meticulous in the extreme ou to excess → **guerre**

outrancier, -ière [utʀɑ̃sje, jɛʀ] [→ SYN] adj personne, propos extreme ◆ **son caractère outrancier** the extreme nature of his character, the extremeness of his character

outre[1] [utʀ] [→ SYN] nf goatskin, wine ou water skin ◆ **gonflé** ou **plein comme une outre** full to bursting

outre[2] [utʀ] [→ SYN] GRAMMAIRE ACTIVE 26.5 prép **a** (en plus de) as well as, besides ◆ **outre sa cargaison, le bateau transportait des passagers** besides ou as well as its cargo the boat was carrying passengers ◆ **outre son salaire, il a des pourboires** on top of ou in addition to his salary, he gets tips ◆ **outre le fait que** as well as ou besides the fact that **b** LOC **en outre** moreover, besides, further(more) ◆ **en outre de** over and above, on top of ◆ **outre mesure** to excess, overmuch, inordinately ◆ **manger / boire outre mesure** to eat / drink to excess ou immoderately ◆ **cela ne lui plaît pas outre mesure** he doesn't like that overmuch, he's not overkeen on that (Brit) ◆ **cet auteur a été louangé outre mesure** this author has been praised overmuch ou unduly ◆ **passer outre** to carry on regardless, let it pass ◆ **passer outre à un ordre** to disregard an order, carry on regardless of an order ◆ **outre qu'il a le temps, il a les capacités pour le faire** not only does he have the time but he also has the ability to do it, apart from having the time he also has the ability to do it ◆ (†) **d'outre en outre** through and through ◆ **les pays d'outre-rideau de fer** the iron curtain countries, the countries behind the iron curtain

outré, e [utʀe] [→ SYN] (ptp de **outrer**) adj **a** (littér: exagéré) éloges, flatterie excessive, exaggerated, overdone (attrib); description exaggerated, extravagant, overdone (attrib) **b** (indigné) outraged *(de, par* at, by)

outre-Atlantique [utʀatlɑ̃tik] adv across the Atlantic

outrecuidance [utʀəkɥidɑ̃s] [→ SYN] nf **a** (littér: présomption) presumptuousness ◆ **parler avec outrecuidance** to speak presumptuously **b** (effronterie) impertinence ◆ **répondre à qn avec outrecuidance** to answer sb impertinently ◆ **outrecuidances** impudence (NonC), impertinences

outrecuidant, e [utʀəkɥidɑ̃, ɑ̃t] [→ SYN] adj **a** (présomptueux) presumptuous **b** (effronté) attitude, réponse impertinent

outre-Manche [utʀəmɑ̃ʃ] adv across the Channel

outremer [utʀəmɛʀ] [→ SYN] [1] nm (pierre) lapis lazuli; (couleur) ultramarine [2] adj inv ultramarine

outre-mer [utʀəmɛʀ] [→ SYN] adv overseas ◆ **les territoires d'outre-mer** overseas territories

outrepassé [utʀəpase] (ptp de **outrepasser**) adj → **arc**

outrepasser [utʀəpase] [→ SYN] ▸conjug 1◂ vt droits to go beyond; pouvoir, ordres to exceed; limites to go beyond, overstep

outrer [utʀe] [→ SYN] ▸conjug 1◂ vt **a** (littér) (exagérer) to exaggerate ◆ **cet acteur outre son jeu** this actor overacts **b** (indigner) to outrage ◆ **votre ingratitude m'a outré** your ingratitude has outraged me, I am outraged at ou by your ingratitude

outre-Rhin [utʀəʀɛ̃] adv across the Rhine

outre-tombe [utʀətɔ̃b] adv beyond the grave ◆ **d'une voix d'outre-tombe** in a lugubrious voice

outrigger [autʀigœʀ] [→ SYN] nm outrigger canoe ou skiff

outsider [autsajdœʀ] [→ SYN] nm (Sport, fig) outsider

ouvert, e [uvɛʀ, ɛʀt] [→ SYN] (ptp de **ouvrir**) adj **a** porte, magasin, valise, lieu, espace open; voiture open, unlocked; (Ling) voyelle, syllabe open; angle wide; série, ensemble open-ended; robinet on, running; col, chemise open, undone (attrib) ◆ **la bouche ouverte** open mouthed, with open mouth ◆ **entrez, c'est ouvert!** come in, the door isn't locked! ou the door's open! ◆ **ouvert au public** open to the public ◆ **bibliothèque ouverte à tous** library open to all members of the public ◆ **le magasin restera ouvert pendant les travaux** the shop will remain open (for business) during the alterations ◆ (Comm) **je suis ouvert jusqu'à Noël*** I'm open till Christmas ◆ **ouvert à la circulation** open to traffic ◆ **le col du Simplon est ouvert** the Simplon pass is open (to traffic) ◆ **ouvert à la navigation** open to ships ou for sailing ◆ **une rose trop ouverte** a rose which is too (far) open ◆ **elle est partie en laissant le robinet / gaz ouvert** she went away leaving the tap ou the water on ou running / the gas on → **bras, ciel** etc **b** (commencé) open ◆ **la chasse / pêche est ouverte** the shooting season / fishing season is open → **pari** **c** (percé, incisé) plaie open ◆ **il a le crâne / le bras ouvert** he has a gaping wound in his head / arm → **cœur, fracture** **d** débat, (Sport) compétition open ◆ **une partie très ouverte** an open-ended game ◆ **pratiquer un jeu ouvert** to play an open game **e** (déclaré, non dissimulé) guerre, haine open ◆ **de façon ouverte** openly, overtly **f** (communicatif, franc) personne, caractère open, frank; visage, physionomie open; (éveillé, accessible) esprit, intelligence, milieu, marché open ◆ **à l'esprit ouvert** open-minded ◆ **je suis ouvert à toute discussion / négociation** I'm open to discussion / negotiation

ouvertement [uvɛʀtəmɑ̃] [→ SYN] adv dire, avouer openly; agir openly, overtly

ouverture [uvɛʀtyʀ] [→ SYN] nf **a** (action: → **ouvrir**) opening; unlocking; opening up; opening out; unfastening; cutting open; starting up; turning on; switching on ◆ (Comm) **jours d'ouverture** days of opening ◆ (Comm) **heures d'ouverture** [magasin] opening hours, hours of business ou of opening; [musée] opening hours, hours of opening ◆ **le client était là dès l'ouverture** the

customer was there as soon as the shop opened ◆ **« ouverture de 10 h à 15 h »** "open from 10 till 3" ◆ **à l'heure d'ouverture, à l'ouverture** at opening time ◆ **l'ouverture de la porte est automatique** the door opens ou is operated automatically ◆ **cérémonie d'ouverture** opening ceremony ◆ **c'est demain l'ouverture de la chasse** tomorrow sees the opening of ou the first day of the shooting season ◆ (Chasse) **faire l'ouverture** to go on ou be at the first shoot ◆ **en ouverture du festival** to open the festival
b (passage, issue, accès) opening; [puits] mouth, opening ◆ **toutes les ouvertures sont gardées** all the openings ou all means of access (ou exit) are guarded, all the access points (ou exit points) are guarded
c (avances) **ouvertures** overtures ◆ **faire des ouvertures à qn** to make overtures to sb ◆ **faire des ouvertures de paix / conciliation** to make peace / conciliatory overtures ◆ **faire des ouvertures de négociation** to make steps towards instigating negotiations
d (fig : largeur, compréhension) open-mindedness ◆ (Pol) **l'ouverture** the opening up of the political spectrum ◆ **il a une grande ouverture d'esprit** he is extremely open-minded ◆ (Pol) **être partisan de l'ouverture au centre** to be in favour of an alliance with the centre ◆ **adopter une politique de plus grande ouverture avec l'Est** to develop a more open relationship with the East ◆ **le besoin d'(une) ouverture sur le monde** the need for an opening onto the world
e (Mus) overture
f (Math) [angle] magnitude; [compas] degree of opening; (Phot) aperture
g (Cartes) opening ◆ (Échecs) **avoir l'ouverture** to have the first ou opening move
h (Ftbl) through-ball; (Rugby) pass *(by the stand-off half to the three-quarter backs)* ◆ **faire une ouverture** (Ftbl) to hit ou play a through-ball; (Rugby) to pass the ball to the three-quarter backs → **demi²**

ouvrable [uvʀabl] adj ◆ **jour ouvrable** weekday, working day ◆ **heures ouvrables** business hours

ouvrage [uvʀaʒ] → SYN **1** nm **a** (travail) work (NonC) ◆ **se mettre à l'ouvrage** to set to ou get (down) to ou start work ◆ (littér) **l'ouvrage du temps / du hasard** the work of time / chance → **cœur**
b (objet produit) piece of work; (Couture) work (NonC) ◆ **ouvrage d'orfèvrerie** piece of goldwork ◆ **ouvrage à l'aiguille** (piece of) needlework → **boîte, corbeille, panier** etc
c (livre) (œuvre, écrit) work; (volume) book
d (Constr) work
2 nf ◆ (†, hum : travail) **de la belle ouvrage** a nice piece of work
3 COMP ▷ **ouvrage d'art** (Génie Civil) structure *(bridge or tunnel etc)* ▷ **ouvrage avancé** (Mil) outwork ▷ **ouvrage de dames** fancy work (NonC) ▷ **ouvrage défensif** (Mil) defences, defence work(s) ▷ **ouvrage de maçonnerie** masonry work ▷ **ouvrage militaire** fortification

ouvragé, e [uvʀaʒe] adj meuble, bois (finely) carved; napperon (finely) embroidered; signature elaborate; métal, bijou finely worked

ouvrant, e [uvʀɑ̃, ɑ̃t] adj panneau which opens (attrib) → **toit**

ouvré, e [uvʀe] adj **a** (Tech, littér) meuble, bois (finely) carved; napperon (finely) embroidered; métal, bijou finely worked
b **jour ouvré** working day

ouvreau, pl **ouvreaux** [uvʀo] nm tapping spout

ouvre-boîte, pl **ouvre-boîtes** [uvʀəbwat] nm tin-opener (Brit), can-opener

ouvre-bouteille, pl **ouvre-bouteilles** [uvʀəbutɛj] nm bottle opener

ouvre-huître, pl **ouvre-huîtres** [uvʀ(ə)ɥitʀ] nm oyster knife

ouvrer [uvʀe] → SYN ▸ conjug 1 ◂ vt bois to craft; linge to work

ouvreur, -euse [uvʀœʀ, øz] **1** nm,f (Cartes) opener; (Ski) forerunner
2 **ouvreuse** nf [cinéma, théâtre] usherette

ouvrier, -ière [uvʀije, ijɛʀ] → SYN **1** adj enfance, éducation, quartier working-class; conflit, agitation, législation industrial (épith), labour (épith); questions, mouvement labour (épith) ◆ **association ouvrière** workers' ou working men's association → **cité, classe, syndicat**
2 nm (gén, Pol, Sociol) worker; (membre du personnel) workman ◆ **les revendications des ouvriers** the workers' claims ◆ **il a 15 ouvriers** he has 15 workmen, he has 15 men working for him ◆ **des mains d'ouvrier** workman's hands ◆ **150 ouvriers ont été mis en chômage technique** 150 men ou workers have been laid off ◆ **comme ouvrier, dans un petit atelier, il ...** as a workman ou worker in a small workshop, he ... ◆ (fig) **l'ouvrier de cette réforme** the author of this reform → **mauvais, œuvre**
3 **ouvrière** nf **a** (gén, Admin) female worker ◆ **ouvrière (d'usine)** female factory worker ou factory hand; (jeune) factory girl, young factory hand ◆ **il allait à l'usine attendre la sortie des ouvrières** he went to the factory to wait for the women ou girls to come out
b (Zool) **(abeille) ouvrière** worker (bee)
4 COMP ▷ **ouvrier agricole** agricultural ou farm worker, farm labourer, farmhand ▷ **ouvrier de chantier** labourer ▷ **ouvrier à façon** pieceworker, jobber ▷ **ouvrier hautement qualifié** highly-skilled worker ▷ **ouvrier à la journée** day labourer ▷ **ouvrier qualifié** skilled workman ▷ **ouvrier spécialisé** unskilled ou semi-skilled worker ▷ **ouvrier d'usine** factory worker ou hand

ouvriérisme [uvʀijeʀism] nm worker control, worker power

ouvriériste [uvʀijeʀist] **1** adj doctrine, attitude which gives power to the workers ou supports control by the workers
2 nmf supporter of control by the workers

ouvrir [uvʀiʀ] → SYN ▸ conjug 18 ◂
1 vt **a** fenêtre, porte, tiroir, paquet, bouteille, magasin, chambre, frontière to open; rideaux to open, draw back; verrou, porte fermée à clef to unlock; huîtres, coquillages to open (up) ◆ **ouvrir par** ou **avec effraction** porte, coffre to break open ◆ **ouvrir la porte toute grande / le portail tout grand** to open the door / gate wide ◆ **il a ouvert brusquement la porte** he opened the door abruptly, he threw ou flung the door open ◆ (fig) **ouvrir sa porte** ou **sa maison à qn** to throw open one's doors ou one's house to sb ◆ (fig) **ça lui a ouvert toutes les portes** this opened all doors to him ◆ (fig) **ouvrir la porte toute grande aux abus / excès** to throw the door wide open to abuses / excesses ◆ **on a frappé : va ouvrir !** there was a knock : go and open ou answer the door ! ◆ **ouvrez, au nom de la loi !** open up, in the name of the law ! ◆ **n'ouvre à personne !** don't open the door to anybody ! ◆ **fais-toi ouvrir par la concierge** ask ou get the caretaker to let you in ◆ **le boulanger ouvre de 7 heures à 19 heures** the baker('s shop) is open ou opens from 7 a.m. till 7 p.m. ◆ **ils ouvrent leur maison au public tous les étés** they open up their house to the public every summer, they throw their house open to the public every summer → **parenthèse**
b bouche, yeux, paupières to open ◆ **ouvrir le bec, l'ouvrir**‡ to open one's trap‡ ◆ **ouvrir la** ou **sa gueule***‡ to open one's gob*‡ (Brit) ou trap‡ ◆ (fig) **ouvrir l'œil** to keep one's eyes open (fig) ◆ (lit) **ouvrir les yeux** to open one's eyes ◆ (fig) **ce voyage en Asie m'a ouvert les yeux** this trip through Asia opened my eyes ou was an eye-opener (to me) ◆ **ouvre l'œil, et le bon !*** keep your eyes peeled !* ◆ **ouvrir les oreilles** to pin back one's ears ◆ **elle m'a ouvert son cœur** she opened her heart to me ◆ **ça m'a ouvert l'appétit** that whetted my appetite ◆ **ce séjour à l'étranger lui a ouvert l'esprit** this spell abroad has enlarged ou widened his horizons
c journal, couteau to open; parapluie to open (out), put up; éventail, bras, ailes, main to open (out); manteau, gilet to undo, unfasten, open; lit, drap to turn down ◆ (Mil) **ouvrez les rangs !** dress ! ◆ (fig) **ouvrir ses rangs à qn** to welcome sb among one's ranks ◆ (fig) **ouvrir sa bourse (à qn)** to put one's hand in one's pocket (to help sb)
d (faire un trou dans) chaussée, mur to open up; membre, ventre to open up, cut open ◆ **les roches lui ont ouvert la jambe** he has cut his leg open on the rocks ◆ **le médecin pense qu'il faudra ouvrir*** the doctor thinks that they will have to open him (ou her etc) up*
e (faire, construire) porte, passage to open up, make; autoroute to build; (fig) horizons, perspectives to open up ◆ **il a fallu ouvrir une porte dans ce mur** a doorway had to be opened up ou made in this wall ◆ **ouvrir un passage dans le roc à la dynamite** to open up ou blast a passage in the rock with dynamite ◆ **cette autoroute a été ouverte pour desservir la nouvelle banlieue** this motorway has been built to serve the new suburb ◆ **ils lui ont ouvert un passage** ou **le passage dans la foule** they made way for him through the crowd ◆ **s'ouvrir un passage à travers la forêt** to open up ou cut a path for o.s. through the forest ◆ (fig) **ouvrir des horizons à qn** to open up new horizons for sb
f (débloquer) chemin, passage to open ◆ **le chasse-neige a ouvert la route** the snow-plough opened up the road ◆ (Sport) **ouvrir le jeu** to open up the game ◆ (fig) **ouvrir la voie (à qn)** to lead the way (for sb)
g (autoriser l'accès de) route, col, frontière to open (up)
h (commencer l'exploitation de) restaurant, théâtre, magasin to open (up), start up; école, succursale to open (up)
i (constituer) souscription, compte bancaire, enquête to open; emprunt to take out; (inaugurer) festival, exposition, bal to open ◆ **ouvrir un compte à un client** to open an account for a customer ou in a customer's name ◆ **ouvrir les hostilités** to start up ou begin hostilities ◆ **ouvrir le feu** to open fire, open up ◆ (Ski) **ouvrir la piste** to open the piste ou run ◆ (Cartes) **ouvrir le jeu** to open play ◆ (Cartes) **il a ouvert à pique** he opened on ou with spades ◆ (Ftbl) **ouvrir la marque à la 16ᵉ minute du jeu** to open the scoring after 16 minutes of play ◆ (Ftbl, Rugby) **il ouvre toujours sur un joueur faible** he always passes to a weak player
j (être au début de) liste, œuvre to head; procession to lead ◆ **ouvrir la marche** to take the lead, walk in front ◆ **ouvrir la danse** to lead off the dance
k électricité, gaz, radio to turn on, switch on, put on; eau, robinet to turn on; vanne to open
2 vi **a** [fenêtre, porte] to open ◆ **cette fenêtre ouvre sur la cour** this window opens onto the yard ◆ **la porte de derrière n'ouvre pas** the back door doesn't open
b [magasin] to open ◆ **ça ouvre de 2 à 5** they open ou are open from 2 to 5
c (commencer) to open ◆ **la pièce ouvre par un discours du vainqueur** the play opens with a speech from the victor
3 **s'ouvrir** vpr **a** [porte, fenêtre, parapluie, livre] to open; [fleur, coquillage] to open (out); [bouche, yeux] to open; [bras, main, ailes] to open (out); [esprit] to open out; [gouffre] to open ◆ **robe qui s'ouvre par devant** dress that undoes ou unfastens at the front ◆ **sa robe s'est ouverte** her dress came undone ou unfastened ◆ **la fenêtre s'ouvre sur une cour** the window opens (out) onto a courtyard ◆ **la foule s'ouvrit pour le laisser passer** the crowd parted to let him through ◆ **la porte s'ouvrit violemment** the door flew open ou was flung open ou was thrown open ◆ **la porte / boîte a dû s'ouvrir** the door / box must have come open
b (commencer) [récit, séance, exposition] to open (*par* with) ◆ **la séance s'ouvrit par un chahut** the meeting opened in (an) uproar ou with an uproar
c (se présenter) **s'ouvrir devant** [paysage, vie] to open in front of ou before ◆ **un chemin poussiéreux s'ouvrit devant eux** a dusty path opened in front of ou before them ◆ **la vie qui s'ouvre devant elle est pleine d'embûches** the life which is opening in front of ou before her is full of pitfalls
d (béer) to open (up) ◆ **la terre s'ouvrit devant eux** the ground opened up before them ◆ **le gouffre s'ouvrait à leurs pieds** the chasm lay open ou gaped at their feet
e (devenir sensible à) **s'ouvrir à** amour, art, problèmes économiques to open one's mind to, become aware of ◆ **pays qui s'ouvre sur le monde extérieur** country which is opening up to the outside world ◆ **son esprit s'est ouvert aux souffrances d'autrui** his mind

opened to ou he became aware of others' suffering

f (se confier) **s'ouvrir à qn de** to open one's heart to sb about ◆ **il s'en est ouvert à son confesseur** he opened his heart to his confessor about it

g (se blesser) to cut open ◆ **elle s'est ouvert les veines** she slashed ou cut her wrists ◆ **il s'ouvrit la jambe en tombant sur une faux** he cut open his leg by falling on a scythe

ouvroir [uvʀwaʀ] → SYN nm [couvent] workroom; [paroisse] sewing room

ouzbek [uzbɛk] 1 adj Uzbek
2 nm (Ling) Uzbek
3 nmf ◆ **Ouzbek** Uzbek

Ouzbékistan [uzbekistɑ̃] nm Uzbekistan

ouzo [uzo] nm ouzo

ovaire [ɔvɛʀ] nm ovary

ovalbumine [ɔvalbymin] nf ovalbumen, ovalbumin

ovale [ɔval] → SYN 1 adj table, surface oval; volume egg-shaped → **ballon[1]**
2 nm oval ◆ **l'ovale du visage** the oval of the face ◆ **en ovale** oval(-shaped)

ovariectomie [ɔvaʀjɛktɔmi] nf ovariectomy, oophorectomy

ovarien, -ienne [ɔvaʀjɛ̃, jɛn] adj ovarian

ovariotomie [ɔvaʀjɔtɔmi] nf ovariotomy

ovarite [ɔvaʀit] nf ovaritis, oophoritis

ovation [ɔvasjɔ̃] → SYN nf ovation ◆ **faire une ovation à qn** to give sb an ovation ◆ **ils se levèrent pour lui faire une ovation** they gave him a standing ovation ◆ **sous les ovations du public** to the rapturous applause of the audience (ou crowd etc)

ovationner [ɔvasjɔne] → SYN ▸conjug 1◂ vt ◆ **ovationner qn** to give sb an ovation

ove [ɔv] nm ovum (Archit)

ové, e [ɔve] adj egg-shaped

overdose [ɔvœʀdoz] → SYN nf (Méd) (drug) overdose; [*: musique, informations] overdose ◆ **c'est l'overdose*!** it's overkill!*

overdrive [ɔvœʀdʀajv] nm overdrive

ovibos [ɔvibɔs] nm musk ox

Ovide [ɔvid] nm Ovid

oviducte [ɔvidykt] nm oviduct

ovin, e [ɔvɛ̃, in] → SYN 1 adj ovine
2 nm ◆ **les ovins** the ovine race

ovinés [ɔvine] nmpl ovines

ovipare [ɔvipaʀ] 1 adj oviparous
2 nm oviparous animal ◆ **ovipares** ovipara

oviparité [ɔvipaʀite] nf oviparity

ovipositeur [ɔvipozitœʀ] nm ovipositor

ovni [ɔvni] nm (abrév de **objet volant non identifié**) UFO

ovocyte [ɔvɔsit] nm oocyte

ovogenèse [ovoʒənɛz] nf ovogenesis

ovogonie [ovogɔni] nf oogonium

ovoïde [ɔvɔid] adj egg-shaped, ovoid (spéc)

ovotestis [ovotɛstis] nm ovotestis

ovotide [ovotid] nm ovum

ovovivipare [ovovivipaʀ] adj ovoviviparous

ovoviviparité [ovovivipaʀite] nf ovoviviparity

ovulaire [ɔvylɛʀ] adj ovular

ovulation [ɔvylasjɔ̃] nf ovulation

ovulatoire [ɔvylatwaʀ] adj ovulatory

ovule [ɔvyl] → SYN nm (Physiol) ovum; (Bot) ovule; (Pharm) pessary

ovuler [ɔvyle] ▸conjug 1◂ vi to ovulate

oxacide [ɔksasid] nm oxyacid, oxygen acid

oxalate [ɔksalat] nm oxalate

oxalide [ɔksalid] nf wood sorrel

oxalique [ɔksalik] adj ◆ **acide oxalique** oxalic acid

oxer [ɔksɛʀ] nm oxer, ox-fence

Oxford [ɔksfɔʀd] n Oxford

oxford [ɔksfɔʀ(d)] nm (Tex) oxford

oxfordien, -ienne [ɔksfɔʀdjɛ̃, jɛn] 1 adj Oxonian
2 nm,f ◆ **Oxfordien(ne)** Oxonian

oxhydrique [ɔksidʀik] adj oxyhydrogen (épith)

oxime [ɔksim] nf oxime

oxonien, -ienne [ɔksɔnjɛ̃, jɛn] 1 adj Oxonian
2 nm,f ◆ **Oxonien(ne)** Oxonian

oxyacétylénique [ɔksiasetilenik] adj oxyacetylene (épith)

oxycarboné, e [ɔksikaʀbɔne] adj ◆ **hémoglobine oxycarbonée** carbonylhaemoglobin (Brit), carbonylhemoglobin (US)

oxychlorure [ɔksiklɔʀyʀ] nm oxychloride

oxycoupage [ɔksikupaʒ] nm oxyhydrogen ou oxyacetylene cutting

oxydable [ɔksidabl] adj liable to rust, oxidizible (spéc)

oxydant, e [ɔksidɑ̃, ɑ̃t] 1 adj oxidizing
2 nm oxidizer, oxidizing agent

oxydase [ɔksidɑz] nf oxidase

oxydation [ɔksidasjɔ̃] nf oxidization, oxidation

oxyde [ɔksid] nm oxide ◆ **oxyde de carbone** carbon monoxide ◆ **oxyde de plomb** lead oxide ou monoxide ◆ **oxyde de cuivre / de fer** copper / iron oxide

oxyder [ɔkside] → SYN ▸conjug 1◂ 1 vt to oxidize
2 **s'oxyder** vpr to become oxidized

oxydoréduction [ɔksidoʀedyksjɔ̃] nf oxidation-reduction

oxydorurgie [ɔksidɔʀyʀʒi] nf oxygen metallurgy

oxygénation [ɔksiʒenasjɔ̃] nf oxygenation

oxygène [ɔksiʒɛn] nm oxygen ◆ **masque / tente à oxygène** oxygen mask / tent

oxygéner [ɔksiʒene] ▸conjug 6◂ vt (Chim) to oxygenate; cheveux to peroxide, bleach ◆ **s'oxygéner (les poumons)*** to get some fresh air (into one's lungs) → **blond, eau**

oxygénothérapie [ɔksiʒenoteʀapi] nf oxygen therapy

oxyhémoglobine [ɔksiemɔglɔbin] nf oxyhaemoglobin

oxymore [ɔksimɔʀ] nm, **oxymoron** [ɔksimɔʀɔ̃] nm oxymoron

oxysulfure [ɔksisylfyʀ] nm oxysulphide

oxyton [ɔksitɔ̃] nm oxytone

oxyure [ɔksjyʀ] nm oxyuris

oyat [ɔja] nm beachgrass

oyez [ɔje] → **ouïr**

ozalid [ozalid] nm ozalid

ozène [ozɛn] nm ozena

ozocérite [ozoseʀit], **ozokérite** [ozokeʀit] nf ozocerite, ozokerite

ozone [ozon] nm ozone ◆ **la couche d'ozone** the ozone layer ◆ (sur emballage) **« préserve la couche d'ozone »** "ozone-friendly"

ozonisation [ozonizasjɔ̃] nf ozonization

ozoniser [ozonize] ▸conjug 1◂ vt to ozonize

ozoniseur [ozonizœʀ] nm ozonizer

ozonosphère [ozonosfɛʀ] nf ozonosphere

P

P, p [pe] nm **a** (lettre) P, p
b (abrév de **page**) p

Pa (abrév de **pascal**[2]) Pa

PAC [pak] nf (abrév de **politique agricole commune**) CAP

pacage [pakaʒ] → SYN nm pasture ou grazing (land)

pacager [pakaʒe] → SYN ▸conjug 3◂ **1** vt to pasture, graze
2 vi to graze

pacane [pakan] nf ◆ **(noix de) pacane** pecan (nut)

pacanier [pakanje] nm pecan (tree)

pacemaker [pɛsmɛkœʀ] → SYN nm pacemaker

pacfung [pakfɔ̃] nm pakfong

pacha [paʃa] nm pasha ◆ **mener une vie de pacha, faire le pacha** (vivre richement) to live like a lord; (se prélasser) to live a life of ease

pachyderme [paʃidɛʀm] nm (éléphant) elephant; (ongulé) pachyderm (spéc) ◆ (fig) **de pachyderme** elephantine, heavy

pachydermie [paʃidɛʀmi] nf pachydermia

pacificateur, -trice [pasifikatœʀ, tʀis] → SYN
1 adj pacificatory
2 nm,f (personne) peacemaker; (chose) pacifier

pacification [pasifikasjɔ̃] nf pacification ◆ **mesures de pacification** pacification ou pacificatory measures

pacifier [pasifje] → SYN ▸conjug 7◂ vt pays to pacify, bring peace to; (fig) esprits to pacify

pacifique [pasifik] → SYN **1** adj **a** coexistence, manifestation, règlement peaceful; humeur peaceable; personne, peuple peace-loving, peaceable; mesure, intention pacific ◆ **utilisé à des fins pacifiques** used for peaceful purposes
b (Géog) Pacific
2 nm ◆ (Géog) **le Pacifique** the Pacific ◆ **le Pacifique Sud** the South Pacific ◆ **îles du Pacifique** Pacific Islands

pacifiquement [pasifikmɑ̃] adv (→ **pacifique**) peacefully; peaceably; pacifically

pacifisme [pasifism] → SYN nm pacifism

pacifiste [pasifist] → SYN **1** nmf pacifist
2 adj doctrine pacifistic, pacifist ◆ **manifestation pacifiste** (en faveur de la paix) peace march ou demonstration

pack [pak] nm **a** (Rugby) pack
b (Comm) pack ◆ **pack de bière / yaourts** pack of beer / yoghurts
c (Géog) pack

pacotille [pakɔtij] → SYN nf **a** (de mauvaise qualité) cheap junk ou trash, cheap and nasty goods; (clinquant) showy stuff ◆ (péj) **c'est de la pacotille** it's rubbishy stuff, it's cheap rubbish ◆ **meubles / bijoux de pacotille** cheap(-jack) furniture / jewellery
b (Hist) *goods carried free of freightage*

pacquer [pake] ▸conjug 1◂ vt to pack in barrels

pacson‡ [paksɔ̃] nm packet

pacte [pakt] → SYN nm pact, treaty ◆ **pacte d'alliance** treaty of alliance ◆ **pacte de non-agression** non-aggression pact ◆ **le pacte de Varsovie** the Warsaw Pact ◆ **faire** ou **conclure** ou **signer un pacte avec** to sign a pact ou treaty with ◆ **il a signé un pacte avec le Diable** he made a pact with the Devil

pactiser [paktize] → SYN ▸conjug 1◂ vi (péj) (se liguer) to take sides (*avec* with); (transiger) to come to terms (*avec* with) ◆ **c'est pactiser avec le crime** it amounts to supporting

pactole [paktɔl] → SYN nm (fig: source de richesses) gold mine; (*: argent) fortune ◆ **un bon pactole** a tidy sum* ou packet* ◆ **un petit pactole** a tidy little sum*, a small fortune ◆ (Géog) **le Pactole** the Pactolus

paddock [padɔk] nm **a** [champ de courses] paddock
b (‡: lit) bed ◆ **aller au paddock** to hit the sack* ou the hay*, turn in*

paddy [padi] nm inv (riz) paddy

padine [padin] nf peacock's tail

Padoue [padu] n Padua

paella [paela] nf paella

PAF [paf] **1** nm (abrév de **paysage audiovisuel français**) → **paysage**
2 nf (abrév de **police de l'air et des frontières**) → **police**[1]

paf [paf] **1** excl (chute) bam!; (gifle) slap!, wham!
2 adj inv (‡: ivre) tight* ◆ **complètement paf** plastered‡

pagaie [pagɛ] → SYN nf paddle

pagaille, pagaïe [pagaj] → SYN nf **a** (objets en désordre) mess, shambles (NonC); (cohue, manque d'organisation) chaos (NonC) ◆ **quelle pagaille dans la pièce!** what a mess this room is in!, what a shambles in this room! ◆ **c'est la pagaille sur les routes / dans le gouvernement!** there is (complete) chaos on the roads / in the government! ◆ **il a mis** ou **semé la pagaille dans mes affaires / dans la réunion** he has messed up all my things / the meeting
b (beaucoup) **il y en a en pagaille*** there are loads* ou masses of them

paganiser [paganize] ▸conjug 1◂ vt to paganize, heathenize

paganisme [paganism] → SYN nm paganism, heathenism

pagaye [pagaj] nf ⇒ **pagaille**

pagayer [pageje] ▸conjug 8◂ vi to paddle

pagayeur, -euse [pagɛjœʀ, øz] nm,f paddler

page[1] [paʒ] → SYN **1** nf **a** (feuillet) page; (fig) (passage) passage, page; (événement) page, chapter, episode ◆ **(à la) page 35** (on) page 35 ◆ (Typ) **belle / fausse page** right-hand / left-hand page ◆ **une page d'écriture** a page of writing ◆ **les plus belles pages de Corneille** the finest passages of Corneille ◆ **une page glorieuse de l'histoire de France** a glorious page ou chapter in the history of France ◆ **une page est tournée** a page has been turned ◆ (Typ) **mettre en page** to lay out, make up (into pages) ◆ (Ordin) **page suivante / précédente** page down / up → **mise**[2], **tourner**
b LOC **être à la page** (mode) to be up-to-date ou with it*; (actualité) to keep in touch ou up-to-date, keep up with what's new ◆ **ne plus être à la page** to be out of touch ou behind the times ◆ **mettre qn à la page** to put sb in the picture
2 COMP ▷ **page blanche** blank page ▷ **page de garde** flyleaf ▷ **pages jaunes (de l'annuaire)** yellow pages (Brit) ▷ **page des petites annonces** (Presse) small-ads page ▷ **page de publicité** (TV, Radio) commercial break, commercials ▷ **page de titre** title page

page[2] [paʒ] nm (Hist) page (boy)

page[3]‡ [paʒ] nm bed ◆ **se mettre au page** to hit the sack* ou the hay*, turn in*

page-écran, pl **pages-écrans** [paʒekʀɑ̃] nf (Ordin) screenful

pagel [paʒɛl] nm, **pagelle** [paʒɛl] nf (Zool) red sea bream

pageot[1]‡ [paʒo] nm ⇒ **page**[3]

pageot[2] [paʒo] nm ◆ (Zool) **pageot rouge** pandora

pageoter (se)‡ [paʒɔte] ▸conjug 1◂ vpr to turn in*, hit the sack* ou the hay*

pager, pageur [paʒœʀ] nm (Téléc) pager

pagination [paʒinasjɔ̃] nf (gén) pagination; (Ordin) paging

paginer [paʒine] → SYN ▸conjug 1◂ vt (gén) to paginate; (Ordin) to page

pagne [paɲ] → SYN nm (en tissu) loincloth; (en paille etc) grass skirt

pagnoter (se) [paɲɔte] ▸conjug 1◂ vpr to turn in*, hit the sack* ou the hay*

pagode [pagɔd] → SYN nf pagoda ◆ **manche pagode** pagoda sleeve

pagre [pagʀ] nm (Zool) porgy

pagure [pagyʀ] → SYN nm hermit crab

paie [pɛ] → SYN nf [militaire] pay; [ouvrier] pay, wages ◆ **jour de paie** payday ◆ **bulletin** ou **feuille de paie** payslip ◆ **toucher sa paie** to be paid, get one's wages ◆ (fig) **il y a** ou **ça fait une paie que nous ne nous sommes pas vus*** it's ages ou donkey's years* (Brit) since we last saw each other, we haven't seen each other for yonks‡

paiement [pɛmɑ̃] → SYN nm payment (*de* for) ◆ **faire un paiement** to make a payment ◆ **paiement à la commande** payment ou cash with order ◆ **paiement à la livraison** cash on delivery ◆ **paiement comptant** payment in full ◆ **paiement échelonné** payment by ou in instalments ◆ **paiement en liquide** cash payment ◆ **paiement par chèque / d'avance** payment by cheque / in advance ◆ **paiement électronique** electronic payment → **facilité**

païen, païenne [pajɛ̃, pajɛn] → SYN adj, nm,f pagan, heathen

paierie [pɛʀi] nf ◆ **paierie (générale)** local office of the treasury *(paying salaries, state bills etc)*

paillage [pajaʒ] nm (Agr) mulching

paillard, e* [pajaʀ, aʀd] → SYN adj personne bawdy, coarse; histoire bawdy, lewd, dirty ◆ **chanson paillarde** bawdy song

paillardise [pajaʀdiz] → SYN nf (débauche) bawdiness; (plaisanterie) dirty ou lewd joke (ou story ou remark etc)

paillasse[1] [pajas] → SYN nf a (matelas) straw mattress ◆ **crever la paillasse à qn*** to do sb in*
b [évier] draining board (Brit), drainboard (US); [laboratoire] (tiled) work surface
c (†: prostituée) trollop†

paillasse[2] [pajas] → SYN nm (clown) clown

paillasson [pajasɔ̃] → SYN nm [porte] doormat; (péj: personne) doormat (fig); (Agr) matting → **clef**

paillassonner [pajasɔne] ▸ conjug 1 ◂ vt to mat

paille [paj] → SYN 1 nf a straw; (pour boire) (drinking) straw ◆ **chapeau / panier de paille** straw hat / basket ◆ **botte de paille** bale of straw ◆ **boire avec une paille** to drink through a straw
b LOC **être sur la paille** to be penniless ◆ **mettre sur la paille** to reduce to poverty ◆ **mourir sur la paille** to die penniless ou in poverty ◆ **voir la paille dans l'œil du prochain (mais pas la poutre dans le sien)** to see the mote in one's neighbour's ou one's brother's eye (but not the beam in one's own) ◆ **c'est la paille et la poutre** it's the pot calling the kettle black ◆ **2 millions de francs ? une paille !*** 2 million francs? that's peanuts!* → **court**[1], **feu**[1], **homme**
c (Tech: défaut) flaw
2 adj inv straw-coloured
3 COMP ▷ **paille de fer** steel wool ▷ **paille de riz** straw ◆ **balai en paille de riz** straw broom

paillé, e [paje] → SYN (ptp de **pailler**[1]) adj acier flawed; chaise straw-bottomed (épith)

paille-en-queue, pl **pailles-en-queue** [pajɑ̃kø] nm (Zool) tropicbird

pailler[1] [paje] ▸ conjug 1 ◂ vt chaise to put a straw bottom in; arbre, fraisier to mulch

pailler[2] [paje] → SYN nm (meule) stack of straw; (hangar) straw shed

pailleté, e [paj(ə)te] (ptp de **pailleter**) adj robe sequined ◆ **yeux noisette pailletés d'or** hazel eyes speckled with gold

pailleter [paj(ə)te] ▸ conjug 4 ◂ vt (gén) to spangle; robe to sew sequins on

pailleteur [paj(ə)tœʀ] nm gold washer

paillette [pajɛt] → SYN nf a (Habillement) sequin, spangle ◆ **corsage à paillettes** sequined blouse, blouse with sequins ou spangles on it
b [or] speck; [mica, lessive] flake ◆ **savon en paillettes** soapflakes
c [maquillage] **paillettes** glitter (NonC)

pailleux, -euse [pajø, øz] adj acier flawed; fumier strawy

paillis [paji] nm mulch

paillon [pajɔ̃] nm [bouteille] straw case ou wrapping; [métal] small strip

paillote [pajɔt] → SYN nf straw hut

pain [pɛ̃] → SYN 1 nm a (substance) bread (NonC) ◆ **du gros pain** bread sold by weight ◆ **du pain frais / dur / rassis** fresh / dry / stale bread ◆ **pain de ménage / de boulanger** home-made / baker's bread ◆ (Rel) **le pain et le vin** the bread and wine ◆ **notre pain quotidien** our daily bread ◆ **mettre qn au pain sec** to put sb on dry bread ◆ **je vais au pain*** I'm going to the baker's ou to get some bread
b (miche) loaf ◆ **un pain (de 2 livres)** a (2-lb) loaf ◆ **un pain long / rond** a long / round loaf ◆ **2 pains** two loaves (of bread)
c (en forme de pain) [cire] bar; [savon] bar, cake ◆ (Culin) **pain de poisson / de légumes** etc fish / vegetable etc loaf ◆ **pain de glace** block of ice ◆ **le liquide s'est pris en pain (dans le congélateur)** the liquid has frozen into a block of ice (in the deep-freeze) ◆ **pain dermatologique** hypoallergenic cleansing bar
d (*: gifle) clip on the ear*
e LOC **avoir du pain sur la planche*** to have a lot to do, have a lot on one's plate (Brit) ◆ **il reste du pain sur la planche** there's still a lot to do ou to be done ◆ **ôter** ou **retirer le pain de la bouche de qn** to take the bread out of sb's mouth ◆ **ôter** ou **faire passer le goût du pain à qn*** to do sb in* → **bouchée**[2], **manger**, **petit** etc
2 COMP ▷ **pain azyme** unleavened bread ▷ **pain bénit** consecrated bread ◆ (fig) **c'est pain bénit** it's a godsend (*pour* for) ▷ **pain bis** brown bread ▷ **pain brioché** brioche bread; (miche) brioche loaf ▷ **pain brûlé** adj inv deep golden brown ▷ **pain à cacheter** bar of sealing wax, sealing wafer ▷ **pain de campagne** farmhouse bread; (miche) farmhouse loaf ▷ **pain au chocolat** chocolate-filled pastry ▷ **pain complet** wholemeal (Brit) ou wholewheat bread; (miche) wholemeal (Brit) ou wholewheat loaf ▷ **pain d'épice(s)** *kind of cake made with honey, rye, aniseed etc*, ≃ gingerbread ▷ **pain de Gênes** sponge cake ▷ **pain grillé** toast ▷ **pain de gruau** ⇒ **pain viennois** ▷ **pain au lait** *kind of sweet bun* ▷ **pain au levain** leavened bread ▷ **pain de mie** sandwich bread; (miche) sandwich loaf ▷ **pain parisien** *long loaf of bread* ▷ **pain perdu** French toast ▷ **pain de plastic** stick of gelignite ▷ **pain aux raisins** currant (Brit) ou raisin bun ▷ **pain de seigle** rye bread; (miche) rye loaf ▷ **pain de son** ⇒ **pain complet** ▷ **pain de sucre** sugar loaf ◆ **montagne en pain de sucre** sugar-loaf mountain ◆ **tête en pain de sucre** egg-shaped head ▷ **pain viennois** Vienna bread; (miche) Vienna loaf

pair[1] [pɛʀ] → SYN nm a (dignitaire) peer
b (égaux) **pairs** peers
c (Fin) par ◆ **valeur remboursée au pair** stock repayable at par ◆ **cours au pair** par rate
d **travailler au pair** to work in exchange for board and lodging ◆ **jeune fille / jeune homme au pair** au pair girl / boy
e **ces deux conditions / qualités vont** ou **marchent de pair** these two conditions / qualities go hand in hand ou go together ◆ **ça va de pair avec** it goes hand in hand with → **hors**

pair[2]**, e**[1] [pɛʀ] adj nombre even ◆ **le côté pair de la rue** the even-numbers side of the street ◆ **jours pairs** even dates ◆ **jouer pair** to bet on the even numbers

paire[2] [pɛʀ] → SYN nf a [ciseaux, lunettes, tenailles, chaussures] pair; [bœufs] yoke; [pistolets, pigeons] brace; (Cartes) pair ◆ **ils forment une paire d'amis** the two of them are great friends ◆ **une belle paire d'escrocs** a real pair of crooks ◆ **donner une paire de gifles à qn** to box sb's ears ◆ **avoir une bonne paire de joues** to be chubby-cheeked
b LOC **les deux font la paire** they're two of a kind ◆ **ils font la paire ces deux-là !*** they're a right pair!* ◆ **c'est une autre paire de manches*** that's another story ◆ **se faire la paire‡** to clear off‡, beat it‡

pairesse [pɛʀɛs] nf peeress

pairie [peʀi] nf peerage

pairle [pɛʀl] nm (Hér) pall

paisible [pezibl] → SYN adj a (sans remous) peaceful, calm, quiet; (sans agressivité) peaceful, peaceable, quiet ◆ **dormir d'un sommeil paisible** to be sleeping peacefully
b (Jur) untroubled

paisiblement [peziblәmɑ̃] adv (→ **paisible**) peacefully; calmly; quietly; peaceably

paissance [pɛsɑ̃s] nf (Jur) grazing on common land

paître [pɛtʀ] → SYN ▸ conjug 57 ◂ 1 vi to graze ◆ **le pâturage où ils font paître leur troupeau pendant l'été** the pasture where they graze their herd in the summer ◆ **envoyer paître qn‡** to send sb packing*
2 vt herbe to graze on; feuilles, fruits to feed on ◆ **paître l'herbe d'un pré** to graze in a meadow

paix [pɛ] → SYN nf a (Mil, Pol) peace ◆ **paix armée** armed peace ◆ **paix séparée** separate peace agreement ◆ **demander la paix** to sue for peace ◆ **signer la paix** to sign the ou a peace treaty ◆ **en temps de paix** in peacetime ◆ **traité / pourparlers de paix** peace treaty / talks ◆ **soldats de la paix** peacekeeping force ◆ **Mouvement pour la paix** Peace Movement ◆ (Prov) **si tu veux la paix, prépare la guerre** if you wish to have peace, prepare for war
b (état d'accord) peace ◆ **ramener la paix entre** to make peace between ◆ **il a fait la paix avec son frère** he has made his peace with his brother, he and his brother have made it up (Brit) ou made up (US) ◆ (hum) **être pour la paix des ménages** to believe in domestic harmony → **baiser**, **gardien**, **juge**
c (tranquillité) peace, quiet; (silence) stillness, peacefulness ◆ **tout le monde est sorti, quelle paix dans la maison !** how peaceful ou quiet it is in the house now everyone has gone out! ◆ **est-ce qu'on pourrait avoir la paix ?** could we have a bit of peace and quiet? ou a bit of hush?* (Brit)
d (calme intérieur) peace ◆ **la paix de l'âme** inner peace ◆ (Rel) **allez** ou **partez en paix** go in peace ◆ (hum) **paix à sa mémoire** ou **à son âme** ou **à ses cendres** God rest his soul ◆ (Bible) **paix sur la terre aux hommes de bonne volonté** peace on Earth and good will to all (men) ◆ **avoir la conscience en paix, être en paix avec sa conscience** to have a clear conscience, be at peace with one's conscience ◆ **qu'il repose en paix** may he rest in peace ◆ **laisser qn en paix, laisser la paix à qn** to leave sb alone ou in peace ◆ **fous-moi‡** ou **fiche-moi* la paix !** stop pestering me!, clear off!‡ ◆ **la paix !** shut up!*, quiet!

pajot‡ [paʒo] nm ⇒ **page**[3]

Pakistan [pakistɑ̃] nm Pakistan

pakistanais, e [pakistanɛ, ɛz] 1 adj Pakistani
2 nm,f ◆ **Pakistanais(e)** Pakistani

PAL [pal] nm (abrév de **Phase Alternative Line**) PAL

pal, pl **pals** [pal] → SYN nm (Hér) pale; (pieu) stake ◆ **le (supplice du) pal** torture by impalement

palabrer [palabʀe] → SYN ▸ conjug 1 ◂ vi (parlementer) to palaver, argue endlessly; (bavarder) to chat, waffle on* (Brit)

palabres [palabʀ] nmpl ou nfpl palaver, never-ending discussions

palace [palas] → SYN nm luxury hotel

paladin [paladɛ̃] → SYN nm paladin

palafitte [palafit] nm palafitte

palais [palɛ] → SYN 1 nm a (édifice) palace → **révolution**
b (Jur) **le Palais** the law courts ◆ **en argot du Palais, en termes de Palais** in legal parlance ◆ **les gens du Palais** lawyers
c (Anat) palate ◆ **palais dur / mou** hard / soft palate ◆ **avoir le palais desséché** to be parched, be dying of thirst ◆ (fig) **avoir le palais fin** to have a delicate palate ◆ (Méd) **palais fendu** cleft palate → **flatter**, **voile**[2]
2 COMP ▷ **le Palais Brongniart** the Paris Stock Exchange ▷ **le Palais de l'Élysée** the Élysée palace ▷ **palais des expositions** exhibition centre ▷ **le palais de Justice** the Law Courts ▷ **le palais du Luxembourg** *the seat of the French Senate* ▷ **palais des sports** sports stadium

Palais-Bourbon [palɛburbɔ̃] nm ◆ **le Palais-Bourbon** the seat of the French National Assembly

palan [palɑ̃] → SYN nm hoist

palanche [palɑ̃ʃ] nf (tige) yoke

palançon [palɑ̃sɔ̃] nm [torchis] lath

palangre [palɑ̃gʀ] nf trawl (line)

palanque [palɑ̃k] nf stockade

palanquer [palɑ̃ke] ▸ conjug 1 ◂ vt (Naut) to hoist

palanquin [palɑ̃kɛ̃] nm palanquin, palankeen

palastre [palastʀ] nm [serrure] box

palatal, e, mpl **-aux** [palatal, o] 1 adj (Ling) consonne palatal (épith); voyelle front (épith); (Anat) palatal
2 **palatale** nf (consonne) palatal consonant; (voyelle) front vowel

palatalisation [palatalizasjɔ̃] nf palatalization

palataliser [palatalize] ▸ conjug 1 ◂ vt to palatalize

palatin, e [palatɛ̃, in] 1 adj a (Hist) Palatine ◆ **le comte / l'électeur palatin** the count / elector Palatine
b (Géog) **le (mont) Palatin** the Palatine Hill
c (Anat) palatine
2 nm (Hist, Anat) palatine

Palatinat [palatina] nm ◆ **le Palatinat** the Palatinate

palâtre [palɑtʀ] nm ⇒ **palastre**

pale¹ [pal] nf [hélice, rame] blade; [roue, écluse] paddle

pale² [pal] nf (Rel) pall

palé, e [pale] adj (Hér) paly

pâle [pɑl] → SYN adj a teint, personne pale; (maladif) pallid, pale ◆ **pâle comme un linge** as white as a sheet ◆ **pâle comme la mort** deathly pale ou white ◆ **pâle de peur** white with fear ◆ **pâle de colère** white ou livid with anger ◆ **se faire porter pâle*** to report ou go* sick → **visage**
b lueur pale, weak, faint; couleur, soleil, ciel pale
c style weak; imitation pale, poor; sourire faint, wan ◆ (péj) **un pâle crétin** a downright ou an utter fool

palefrenier [palfʀənje] → SYN nm [auberge] ostler; [château] groom

palefroi [palfʀwa] → SYN nm (Hist) palfrey

palémon [palemɔ̃] nm (crevette) prawn

paléobiologie [paleobjɔlɔʒi] nf palaeobiology (Brit), paleobiology (US)

paléobotanique [paleobɔtanik] nf palaeobotany (Brit), paleobotany (US)

paléochrétien, -ienne [paleokʀetjɛ̃, jɛn] adj early Christian

paléogène [paleɔʒɛn] nm ◆ **le paléogène** the Palaeogene (Brit), the Paleogene (US)

paléogéographie [paleɔʒeɔgʀafi] nf palaeogeography (Brit), paleogeography (US)

paléographe [paleɔgʀaf] nmf palaeographer (Brit), paleographer (US)

paléographie [paleɔgʀafi] nf palaeography (Brit), paleography (US)

paléographique [paleɔgʀafik] adj palaeographic(al) (Brit), paleographic(al) (US)

paléohistologie [paleoistɔlɔʒi] nf palaeohistology (Brit), paleohistology (US)

paléolithique [paleɔlitik] 1 adj Palaeolithic (Brit), Paleolithic (US)
2 nm ◆ **le paléolithique** the Palaeolithic (Brit) ou Paleolithic (US) (age)

paléomagnétisme [paleomaɲetism] nm palaeomagnetism (Brit), paleomagnetism (US)

paléontologie [paleɔ̃tɔlɔʒi] nf palaeontology (Brit), paleontology (US)

paléontologique [paleɔ̃tɔlɔʒik] adj palaeontologic(al) (Brit), paleontologic(al) (US)

paléontologiste [paleɔ̃tɔlɔʒist], **paléontologue** [paleɔ̃tɔlɔg] nmf palaeontologist (Brit), paleontologist (US)

paléosol [paleosɔl] nm Palaeozoic (Brit) ou Paleozoic (US) soil

paléothérium [paleɔteʀjɔm] nm palaeothere (Brit), paleothere (US)

paléozoïque [paleozɔik] 1 adj Palaeozoic (Brit), Paleozoic (US)
2 nm ◆ **le paléozoïque** the Palaeozoic (Brit), the Paleozoic (US)

paléozoologie [paleozɔɔlɔʒi] nf palaeozoology (Brit), paleozoology (US)

Palerme [palɛʀm] n Palermo

paleron [palʀɔ̃] nm (Boucherie) chuck (steak)

Palestine [palɛstin] nf Palestine

palestinien, -ienne [palɛstinjɛ̃, jɛn] 1 adj Palestinian
2 nm,f ◆ **Palestinien(ne)** Palestinian

palet [palɛ] nm (gén) (metal ou stone) disc; [hockey] puck

paletot [palto] → SYN nm (thick) cardigan ◆ **il m'est tombé** ou **m'a sauté sur le paletot*** he jumped on me

palette [palɛt] nf a (Peinture : lit, fig) palette
b (Boucherie) shoulder
c (aube de roue) paddle; (battoir à linge) beetle; (Manutention, Constr) pallet
d [produits, prestations] range

palettiser [paletize] ▸ conjug 1 ◂ vt to palletize

palétuvier [paletyvje] nm mangrove

pâleur [pɑlœʀ] → SYN nf [teint] paleness; (maladive) pallor, paleness; [couleur, ciel] paleness

pali [pali] nm (Ling) Pali

pâlichon, -onne* [pɑliʃɔ̃, ɔn] adj personne (a bit) pale ou peaky* (Brit); soleil sorry-looking, weakish, watery

palier [palje] → SYN nm a [escalier] landing ◆ **être voisins de palier, habiter sur le même palier** to live on the same floor ◆ **palier de repos** half landing
b (fig : étape) stage; [graphique] plateau ◆ **les prix ont atteint un nouveau palier** prices have found a ou risen to a new level ◆ **procéder par paliers** to proceed in stages
c [route, voie] level, flat ◆ (Aviat) **voler en palier** to fly level
d (Tech) bearing ◆ **palier de butée** thrust bearing

palière [paljɛʀ] adj f → **marche², porte**

palilalie [palilali] nf palilalia

palimpseste [palɛ̃psɛst] nm palimpsest

palindrome [palɛ̃dʀom] nm palindrome

palinodie [palinɔdi] → SYN nf (Littérat) palinode ◆ (fig) **palinodies** recantations

pâlir [pɑliʀ] → SYN ▸ conjug 2 ◂ 1 vi [personne] to turn ou go pale; [lumière, étoiles] to grow dim; [ciel] to grow pale; [couleur, encre] to fade; (fig) [souvenir] to fade (away), dim; [gloire] to dim, fade ◆ **pâlir de colère** to go ou turn pale ou white ou livid with anger ◆ **pâlir de crainte** to turn pale ou white with fear, blench (with fear) ◆ **faire pâlir qn (d'envie)** to make sb green with envy
2 vt to turn pale

palis [pali] → SYN nm (pieu) picket; (clôture) picket fence

palissade [palisad] → SYN nf [pieux] fence; [planches] boarding; (Mil) stockade

palissader [palisade] ▸ conjug 1 ◂ vt to fence in

palissandre [palisɑ̃dʀ] nm rosewood

pâlissant, e [pɑlisɑ̃, ɑ̃t] adj teinte, lumière wan, fading

palisser [palise] ▸ conjug 1 ◂ vt to espalier

palladien, -ienne [paladjɛ̃, jɛn] adj Palladian

palladium [paladjɔm] → SYN nm (Chim, fig) palladium

Pallas Athena [palasatena] nf Pallas Athena

palliatif, -ive [paljatif, iv] → SYN 1 adj (Méd) palliative
2 nm (Méd) palliative (*à* to, for); (mesure) palliative, stopgap measure; (réparation sommaire) makeshift repair

pallidectomie [palidɛktɔmi] nf pallidectomy

pallidum [palidɔm] nm pallidum

pallier [palje] → SYN ▸ conjug 7 ◂ 1 vt difficulté to overcome, get round; manque to offset, compensate for, make up for; (littér) défaut to palliate, disguise
2 **pallier à** vt indir (usage critiqué) difficulté, manque ⇒ **pallier**

pallium [paljɔm] nm a (Rel) pallium
b (Zool) pallium, mantle

palmarès [palmaʀɛs] → SYN nm (Scol) prize list; (Sport) (list of) medal winners; [athlète etc] record (of achievements) ◆ **il a de nombreux exploits à son palmarès** he has a number of exploits to his credit ◆ **tu peux ajouter cela à ton palmarès** you can add that to your record of achievements ◆ **le palmarès des universités françaises** *the list of top French universities* ◆ **le palmarès des émissions les plus écoutées** (the list of) the most popular programmes

palmature [palmatyʀ] nf palmation

palme [palm] → SYN nf a (Archit, Bot) palm leaf; (symbole) palm (*de* of) ◆ **vin / huile de palme** palm wine / oil ◆ **palmes académiques** *decoration for services to education in France* ◆ (lit, fig) **la palme revient à ...** the prize goes to ... ◆ **disputer la palme à qn** to compete with sb ◆ **remporter la palme** to win, be the winner ◆ **pour ce qui est des bêtises il remporte la palme** when it comes to being silly he wins hands down ou he takes the biscuit* (Brit) ou the cake* (US) ◆ (Ciné) **la Palme d'or** the Palme d'or ◆ **la palme du martyre** the crown of martyrdom ◆ (Mil) **décoration avec palme** ≃ decoration with a bar
b [nageur] flipper

palmé, e [palme] adj feuille palmate (spéc); patte webbed; oiseau webfooted, palmate (spéc) ◆ (hum) **il les a palmées*** he's bone-idle*

palmer [palmɛʀ] nm (Tech) micrometer

palmeraie [palməʀɛ] nf palm grove

palmette [palmɛt] nf (Archit) palmette

palmier [palmje] nm a (Bot) palm tree ◆ **palmier-dattier** date palm
b (gâteau) *heart-shaped biscuit made of flaky pastry*

palmifide [palmifid] adj palmatifid

palmilobé, e [palmilɔbe] adj palmatilobate(d)

palmipède [palmipɛd] → SYN 1 nm palmiped (spéc)
2 adj webfooted

palmiste [palmist] adj m → **chou¹**

palmitine [palmitin] nf tri(palmitin)

palmitique [palmitik] adj m ◆ **acide palmitique** palmitic acid

palmure [palmyʀ] nf (Zool) web; (Méd) palmature

palois, e [palwa, waz] 1 adj of ou from Pau
2 nm,f ◆ **Palois(e)** inhabitant ou native of Pau

palombe [palɔ̃b] → SYN nf woodpigeon, ringdove

palonnier [palɔnje] → SYN nm (Aviat) rudder bar; (Aut) compensator; [cheval] swingletree; (en ski nautique) handle; [appareil de levage] crosspiece

palot* [palo] nm (baiser) kiss

pâlot, -otte* [pɑlo, ɔt] adj personne (a bit) pale ou peaky* (Brit)

palourde [paluʀd] nf clam

palpable [palpabl] → SYN adj (lit, fig) palpable

palpation [palpasjɔ̃] nf palpation

palpe [palp] nm palp(us)

palpébral, e, mpl **-aux** [palpebʀal, o] adj palpebral

palper [palpe] → SYN ▸ conjug 1 ◂ vt objet to feel, finger; (Méd) to palpate; (*) argent (recevoir) to get; (gagner) to make ◆ **qu'est-ce qu'il a dû palper (comme argent) !*** he must have made a fortune ou a mint out of it!*

palpeur [palpœʀ] nm [chaleur, lumière] sensor

palpitant, e [palpitɑ̃, ɑ̃t] → SYN 1 adj a (passionnant) livre, moment thrilling, exciting; vie exciting ◆ **d'un intérêt palpitant, palpitant d'intérêt** terribly exciting, thrilling ◆ **être palpitant d'émotion** to be quivering with emotion
b chair quivering (épith), wobbly; blessure throbbing (épith)
2 nm (*: cœur) ticker*

palpitation [palpitasjɔ̃] → SYN nf [cœur] racing (NonC); [paupières] fluttering (NonC); [lumière, flamme] quivering (NonC) ◆ (Méd) **avoir des palpitations** to have palpitations ◆ (fig) **ça m'a donné des palpitations** it gave me quite a turn

palpiter [palpite] → SYN ▸ conjug 1 ◂ vi [cœur] (battre) to beat; (battre rapidement) to race; [paupières] to flutter; [cadavre] to twitch; [chair] to quiver; [blessure] to throb; [narines, lumière, flamme] to quiver

paltoquet [paltɔkɛ] → SYN nm (littér péj) (rustre) boor; (freluquet) pompous fool

palu * [paly] nm abrév de **paludisme**

paluche ‡ [palyʃ] nf (main) hand, paw* ◆ **serrer la paluche à qn** to shake hands with sb, shake sb's hand

paludéen, -enne [palydeɛ̃, ɛn] adj (gén, Méd) paludal

paludier, -ière [palydje, jɛʀ] → SYN nm,f salt-marsh worker

paludique [palydik] 1 adj (gén) paludial, malarial; personne suffering from paludism (spéc) ou malaria
2 nmf person suffering from paludism (spéc) ou malaria

paludisme [palydism] nm paludism (spéc), malaria

paludologie [palydɔlɔʒi] nf study of paludism (spéc) ou of malaria

paludologue [palydɔlɔg] nmf paludism (spéc) ou malaria specialist

palustre [palystʀ] adj (gén, Méd) paludal

palynologie [palinɔlɔʒi] nf palynology

pâmer (se) [pɑme] → SYN ▸ conjug 1 ◂ vpr (littér) to swoon† ◆ (fig) **se pâmer** ou **être pâmé devant qch** to swoon ou be in raptures ou be ecstatic over sth ◆ **se pâmer d'admiration / d'amour** to be overcome with admiration / love ◆ **se pâmer de rire** to be convulsed with laughter

pâmoison [pɑmwazɔ̃] → SYN nf (littér, hum) swoon ◆ (lit) **tomber en pâmoison** to swoon† ◆ (fig) **tomber en pâmoison devant un tableau** to swoon over ou go into raptures over a painting

pampa [pɑ̃pa] nf pampas (pl)

pamphlet [pɑ̃flɛ] → SYN nm satirical tract, lampoon

pamphlétaire [pɑ̃fletɛʀ] → SYN nmf lampoonist

pampille [pɑ̃pij] nf [lustre] pendant

pamplemousse [pɑ̃pləmus] → SYN nm grapefruit

pamplemoussier [pɑ̃pləmusje] nm grapefruit tree

pampre [pɑ̃pʀ] → SYN nm (littér) vine branch

Pan [pɑ̃] nm Pan ◆ **flûte de Pan** panpipes, Pan's pipes

pan[1] [pɑ̃] → SYN 1 nm (lit, fig: morceau) piece; (basque) tail; (face, côté) side, face; [toit] side; [nappe] overhanging part ◆ **pan de rideau** curtain ◆ **un pan de ma vie s'est écroulé** a chapter of my life has come to an end
2 COMP ▷ **pan de chemise** shirt tail ◆ **se promener en pans de chemise** to wander about in (one's) shirt-tails ou with just one's shirt on ▷ **pan de ciel** patch of sky ▷ **pan coupé** cut-off corner *(of room)* ◆ **maison en pan coupé** house with a slanting ou cut-off corner ◆ **mur en pan coupé** wall with a cut-off corner ▷ **pan de mur** (section of) wall

pan[2] [pɑ̃] excl [coup de feu] bang!; [gifle] slap!, whack! ◆ (langage enfantin) **je vais te faire pan pan (les fesses)** you'll get your bottom smacked

panacée [panase] → SYN nf panacea, cure-all

panachage [panaʃaʒ] → SYN nm a (Pol) *voting for candidates from different parties instead of for the set list of one party*
b (mélange) [couleurs] combination; [programmes, plats] selection

panache [panaʃ] → SYN nm a (plumet) plume, panache ◆ (fig) **panache de fumée** plume of smoke
b (héroïsme) gallantry ◆ **se battre avec panache** to fight gallantly, put up a spirited resistance
c (éclat) [discours, style] panache

panaché, e [panaʃe] → SYN (ptp de **panacher**)
1 adj a fleur, feuilles variegated, many-coloured ◆ **pétunias blancs panachés de rouge** white petunias with splashes of red ou with red stripes
b foule, assortiment motley; glace two- ou mixed-flavour (épith); salade mixed ◆ **bière panachée** shandy
2 nm (boisson) shandy

panacher [panaʃe] → SYN ▸ conjug 1 ◂ vt (mélanger) couleurs, fleurs to put together; genres to mix, combine; plantes to cross; biscuits, bonbons to make an assortment ou a selection of; (varier) programmes, exercices to vary ◆ **dois-je prendre l'un des menus ou puis-je panacher (les plats)?** do I have to take a set menu or can I make my own selection (of courses)? ◆ **panacher une liste électorale** *to vote for candidates from different parties instead of for the set list of one party*

panachure [panaʃyʀ] nf (gén pl) motley colours

panade [panad] → SYN nf bread soup ◆ (fig) **être dans la panade** ‡ (avoir des ennuis) to be in the soup*, be in a sticky situation; (avoir des ennuis d'argent) to be on one's beam-ends* (Brit), be down to one's last dollar (US)

panafricain, e [panafʀikɛ̃, ɛn] adj Pan-African

panafricanisme [panafʀikanism] nm Pan-Africanism

panais [panɛ] nm parsnip

panama [panama] nm a (Géog) **Panama** Panama
b (chapeau) Panama hat

panaméen, -enne [panameɛ̃, ɛn] 1 adj Panamanian
2 nm,f ◆ **Panaméen(ne)** Panamanian

panaméricain, e [panameʀikɛ̃, ɛn] adj Pan-American ◆ **route panaméricaine** Pan-American Highway

panaméricanisme [panameʀikanism] nm Pan-Americanism

panarabe [panaʀab] adj Pan-Arab(ic)

panarabisme [panaʀabism] → SYN nm Pan-Arabism

panard ‡ [panaʀ] nm foot, hoof‡ ◆ **panards** plates of meat‡ (Brit), hooves‡ ◆ **c'est le panard!** it's magic‡ ou ace‡!

panaris [panaʀi] nm whitlow

panax [panaks] nm panax

pan-bagnat, pl **pans-bagnats** [pɑ̃baɲa] nm open sandwich *(with tomatoes, lettuce, hard-boiled eggs, tuna and anchovies, seasoned with olive oil)*

panca [pɑ̃ka] nm punka(h)

pancarte [pɑ̃kaʀt] → SYN nf (gén) sign, notice; (Aut) (road)sign; [manifestant] placard

panchromatique [pɑ̃kʀɔmatik] adj panchromatic

pancréas [pɑ̃kʀeas] nm pancreas

pancréatectomie [pɑ̃kʀeatɛktɔmi] nf pancreatectomy

pancréatine [pɑ̃kʀeatin] nf pancreatin

pancréatique [pɑ̃kʀeatik] adj pancreatic

pancréatite [pɑ̃kʀeatit] nf pancreatitis

panda [pɑ̃da] nm panda ◆ **grand panda** giant panda

pandanus [pɑ̃danys] nm pandanus

pandémie [pɑ̃demi] nf pandemic (disease)

pandémonium [pɑ̃demɔnjɔm] nm ◆ **le Pandémonium** Pandemonium; (littér) pandemonium

pandit [pɑ̃di(t)] nm pandit, pundit

Pandore [pɑ̃dɔʀ] nf (Myth) Pandora ◆ **boîte de Pandore** Pandora's box

pandore *† [pɑ̃dɔʀ] nm (gendarme) cop*, gendarme

panégyrique [paneʒiʀik] → SYN nm (frm) panegyric ◆ **faire le panégyrique de qn** to extol sb's merits ◆ (fig hum) **quel panégyrique de sa belle-mère il a fait!** what a tribute to pay to his mother-in-law!

panégyriste [paneʒiʀist] nmf panegyrist

panel [panɛl] → SYN nm (jury) panel; (échantillon) sample group

paner [pane] ▸ conjug 1 ◂ vt to coat ou dress with breadcrumbs ◆ **escalope panée** escalope (coated) with breadcrumbs, breaded escalope

paneterie [pan(ə)tʀi, panɛtʀi] nf (lieu) bread room

panetière [pan(ə)tjɛʀ] → SYN nf breadbin (Brit), breadbox (US)

paneton [pan(ə)tɔ̃] nm bread basket

paneuropéen, -enne [panøʀɔpeɛ̃, ɛn] adj Pan-European

pangermanisme [pɑ̃ʒɛʀmanism] nm Pan-Germanism

pangermaniste [pɑ̃ʒɛʀmanist] 1 adj Pan-German(ic)
2 nmf Pan-German

pangolin [pɑ̃gɔlɛ̃] nm pangolin, scaly ant-eater

panhellénique [panelenik] adj Panhellenic

panhellénisme [panelenism] nm Panhellenism

panic [panik] nm panic grass

panicaut [paniko] nm sea holly

panicule [panikyl] nf panicle

panier [panje] → SYN 1 nm a (gén, Sport) basket; (contenu) basket(ful) ◆ (fig) **ils sont tous à mettre dans le même panier** they are all much of a muchness (Brit), there's not much to choose between them ◆ (fig) **ne les mets pas tous dans le même panier** don't lump them all together ◆ **mettre** ou **jeter au panier** to throw out, throw in the wastepaper basket ◆ (Sport) **réussir** ou **marquer un panier** to score ou make a basket → **anse, dessus, œuf**
b (Phot: pour diapositives) magazine ◆ **panier circulaire** rotary magazine
c (vêtement) pannier ◆ **robe à paniers** dress with panniers
2 COMP ▷ **panier à bouteilles** bottle-carrier ▷ **panier de crabes** ◆ (fig) **c'est un panier de crabes** they're always fighting among themselves, they're always at each other's throats ▷ **panier à frites** chip basket (Brit), fry basket (US) ▷ **panier à linge** linen basket ▷ **le panier de la ménagère** (Écon) the housewife's shopping basket ▷ **panier de monnaies** (Fin) basket of currencies ▷ **panier à ouvrage** workbasket ▷ **panier percé** ◆ (fig) **c'est un panier percé** he's a spendthrift ▷ **panier à provisions** shopping basket ▷ **panier à salade** (Culin) salad shaker ou basket; (* fig) police van, Black Maria* (Brit), paddy waggon‡ (US)

panière [panjɛʀ] nf large basket

panier-repas, pl **paniers-repas** [panjeʀəpa] nm packed lunch

panifiable [panifjabl] adj (suitable for) bread-making (épith)

panification [panifikasjɔ̃] nf bread-making

panifier [panifje] ▸ conjug 7 ◂ vt to make bread from

paniquant, e * [panikɑ̃, ɑ̃t] adj scary*

paniquard * [panikaʀ] nm (péj) coward, yellow belly‡

panique [panik] → SYN 1 nf panic ◆ **pris de panique** panic-stricken ◆ **un vent de panique** a wave of panic ◆ **c'est la panique!** everything's in a state of panic ou chaos! ◆ **pas de panique!** * no need to panic! ◆ **c'était la panique générale** * it was panic stations* ou panic all round*
2 adj panic ◆ **terreur** ou **peur panique** panic fear

paniquer * [panike] ▸ conjug 1 ◂ 1 vt ◆ **paniquer qn** to put the wind up sb*, give sb a scare ◆ **il a essayé de me paniquer** he tried to put the wind up me*
2 vi, **se paniquer** vpr to panic, get the wind up* ◆ **commencer à paniquer** ou **à se paniquer** to get panicky ◆ **il n'a pas paniqué, il ne s'est**

pas paniqué he didn't panic, he kept his head ◆ **être paniqué** to be in a panic ◆ **être paniqué à l'idée de faire qch** to be scared stiff at the idea of doing sth

panislamique [panislamik] adj Panislamic

panislamisme [panislamism] SYN nm Panislamism

panka [pɑ̃ka] nm ⇒ **panca**

panne[1] [pan] SYN nf **a** (incident) breakdown ◆ [machine] **être** ou **tomber en panne** to break down ◆ **je suis tombé en panne (de moteur)** my car has broken down ◆ **je suis tombé en panne sèche** ou **en panne d'essence** I have run out of petrol (Brit) ou gas (US) ◆ **je suis en panne de réfrigérateur / radio** my refrigerator / radio is broken ◆ **« en panne »** "out of order" ◆ **panne de courant** ou **d'électricité** power ou electrical failure ◆ **panne de secteur** local mains failure ◆ [avion, voiture de course] **panne de moteur** engine failure ◆ **il n'a pas trouvé la panne** he couldn't find the fault ou problem ◆ (hum : sexuellement) **il a eu une panne** he couldn't rise to the occasion (hum) ◆ **il m'a fait le coup de la panne** he tried on the old trick about the car breaking down
b (* fig) **être en panne** [orateur] to be out of words, be ou get stuck ◆ **je suis en panne de cigarettes / d'idées** I've run out of ou I'm out of* cigarettes / ideas ◆ **rester en panne devant une difficulté** to be stumped* (by a problem), stick at a difficulty ◆ **les travaux sont en panne** work has come to a halt ◆ **ce projet est en panne** work is at a standstill ou has come to a halt on this project ◆ **laisser qn en panne** to leave sb in the lurch, let sb down
c (Naut) **mettre en panne** to bring to, heave to
d (Théât : rôle mineur) bit part

panne[2] [pan] SYN nf **a** (graisse) fat
b (étoffe) panne
c (poutre) purlin
d [marteau] peen ; [piolet] adz(e)

panneau, pl **panneaux** [pano] SYN **1** nm (Art, Couture, Menuiserie) panel ; (écriteau) sign, notice ; (Constr) prefabricated section ; (Basketball) backboard ◆ **les panneaux qui ornent la salle** the panelling round the room ◆ **à panneaux** panelled ◆ (fig) **tomber** ou **donner dans le panneau*** to fall ou walk (right) into the trap, fall for it*
2 COMP ▷ **panneau d'affichage** (pour résultats etc) notice board (Brit), bulletin board (US) ; (pour publicité) hoarding (Brit), billboard (US) ▷ **panneau d'écoutille** (Naut) hatch cover ▷ **panneaux électoraux** *notice boards for election posters* ▷ **panneau indicateur** signpost ▷ **panneau de particules** chipboard (NonC) ▷ **panneau publicitaire** hoarding (Brit), billboard (US) ▷ **panneau de signalisation** roadsign, traffic sign ▷ **panneau solaire** solar panel ▷ **panneau de stop** stop sign ▷ **panneau vitré** glass panel

panneton [pan(ə)tɔ̃] nm [clé] bit

pannicule [panikyl] nm ◆ **pannicule adipeux** panniculus adiposus

panonceau, pl **panonceaux** [panɔ̃so] SYN nm (plaque de médecin) plaque ; (écriteau publicitaire) sign

panophtalmie [panɔftalmi] nf panophthalmitis

panoplie [panɔpli] SYN nf **a** (jouet) outfit ◆ **panoplie d'Indien** Red Indian outfit ◆ **panoplie d'armes** (sur un mur) display of weapons ; [gangster, policier] armoury ◆ (hum : instruments) **il a sorti toute sa panoplie** he brought out all his equipment
b (fig : gamme) [arguments, médicaments, sanctions] range ; [mesures] package, range

panoptique [panɔptik] adj panoptic

panorama [panɔʀama] SYN nm (lit, fig) panorama

panoramique [panɔʀamik] **1** adj vue panoramic ; restaurant with a panoramic view ; carrosserie with panoramic ou wraparound windows ; car, voiture with wraparound windscreen ◆ (Ciné) **écran panoramique** wide ou panoramic screen ◆ **wagon panoramique** observation car
2 nm (Ciné, TV) panoramic shot

panorpe [panɔʀp] nf scorpion fly

pansage [pɑ̃saʒ] nm [cheval] grooming

panse [pɑ̃s] SYN nf [ruminant] paunch ; (*) [personne] paunch, belly‡ ; (fig) [bouteille] belly ◆ **s'en mettre plein la panse*** to stuff o.s.* ou one's face* ◆ **je me suis bien rempli la panse*** I've eaten my fill, I'm full to busting* ◆ **manger à s'en faire crever** ou **éclater la panse*** to eat until one's fit to burst, stuff o.s.* ou one's face*

pansement [pɑ̃smɑ̃] SYN nm (→ **panser**) dressing ; bandage ; plaster ◆ **faire un pansement** to dress a wound ◆ **refaire un pansement** to put a clean dressing on a wound ◆ **(tout) couvert de pansements** (all) bandaged up ◆ **pansement adhésif** sticking ou adhesive plaster (Brit), Band Aid ® (US)

panser [pɑ̃se] SYN ▸ conjug 1 ◂ vt **a** (Méd) dent to fill temporarily ; plaie to dress ; bras, jambe to put a dressing on ; (avec un bandage) to bandage ; (avec du sparadrap) to put a plaster (Brit) ou a Band Aid ® (US) on ; blessé to dress the wounds of ◆ (fig) **le temps panse les blessures (du cœur)** time heals (the wounds of the heart) ◆ (fig) **panser ses blessures** to lick one's wounds
b cheval to groom

panseur, euse [pɑ̃sœʀ, øz] nm,f *nurse who applies bandages etc*

panslavisme [pɑ̃slavism] nm Pan-Slavism

panslaviste [pɑ̃slavist] **1** adj Pan-Slav(onic)
2 nmf Pan-Slavist

pansu, e [pɑ̃sy] adj personne potbellied, paunchy ; vase potbellied

pantagruélique [pɑ̃tagʀyelik] SYN adj pantagruelian

pantalon [pɑ̃talɔ̃] SYN nm **a** (Habillement) [homme] (pair of) trousers (Brit), (pair of) pants (US) ; [femme] (pair of) trousers (Brit) ou pants (US) ou slacks ; († : sous-vêtement) knickers ◆ **un pantalon neuf** a new pair of trousers (Brit) ou pants (US), new trousers (Brit) ou pants (US) ◆ **10 pantalons** 10 pairs of trousers (Brit) ou pants (US) ◆ **pantalon court** short trousers ou pants ◆ **pantalon de golf** plus fours ◆ **pantalon de pyjama** pyjama (Brit) ou pajama (US) bottoms ◆ **pantalon de ski** ski pants → **porter**
b (Théât) **Pantalon** Pantaloon

pantalonnade [pɑ̃talɔnad] SYN nf (Théât) knockabout farce (Brit), slapstick comedy ; (péj) tomfoolery (NonC)

pantelant, e [pɑ̃t(ə)lɑ̃, ɑ̃t] SYN adj personne gasping for breath (attrib), panting (attrib) ; gorge heaving ; cadavre, animal twitching ; chair throbbing, heaving ◆ **pantelant de peur** panting with fear

pantène, pantenne [pɑ̃tɛn] nf (Chasse) net ◆ (Naut) **en pantène** in disorder

panthéisme [pɑ̃teism] nm pantheism

panthéiste [pɑ̃teist] **1** adj pantheistic
2 nmf pantheist

panthéon [pɑ̃teɔ̃] nm pantheon

panthère [pɑ̃tɛʀ] nf panther ◆ **sa femme est une vraie panthère** his wife is a real hellcat* ◆ (Zool) **panthère noire** black panther ◆ (Hist US) **Panthères noires** Black Panthers

pantière [pɑ̃tjɛʀ] nf (bird) net

pantin [pɑ̃tɛ̃] SYN nm (jouet) jumping jack ; (péj : personne) puppet

pantographe [pɑ̃tɔgʀaf] nm pantograph

pantois [pɑ̃twa] SYN adj m stunned ◆ **j'en suis resté pantois** I was stunned

pantomètre [pɑ̃tɔmɛtʀ] nm pantometer

pantomime [pɑ̃tɔmim] SYN nf (art) mime (NonC) ; (spectacle) mime show ; (fig) pantomime, scene, fuss (NonC) ◆ **il nous a fait la pantomime pour avoir un vélo** he made a great pantomime ou fuss about having a bike

pantothénique [pɑ̃tɔtenik] adj ◆ **acide pantothénique** pantothenic acid

pantouflard, e* [pɑ̃tuflaʀ, aʀd] SYN **1** adj personne, caractère stay-at-home (épith) ; vie quiet, uneventful, humdrum
2 nm,f stay-at-home

pantoufle [pɑ̃tufl] SYN nf slipper ◆ **il était en pantoufles** he was in his slippers

pantoufler [pɑ̃tufle] ▸ conjug 1 ◂ vi **a** (arg Fonctionnaire) to transfer to the private sector
b (* : paresser) to laze ou lounge around (at home)

pantoum [pɑ̃tum] nm pantoum

panure [panyʀ] SYN nf breadcrumb dressing, breadcrumbs

Panurge [panyʀʒ] nm → **mouton**[1]

PAO [peao] nf (abrév de **publication assistée par ordinateur**) DTP

paon [pɑ̃] SYN nm peacock ◆ **fier** ou **vaniteux comme un paon** proud as a peacock → **parer**[1]

paonne [pan] nf peahen

PAP [pap] nm (abrév de **prêt aidé d'accession à la propriété**) → **prêt**[2]

papa [papa] SYN nm (gén) dad ; (langage enfantin) daddy ; (langage de bébé) dada ◆ **la musique / les voitures de papa*** old-fashioned music / cars ◆ **c'est vraiment l'usine de papa !*** this factory is really antiquated ! ou behind the times ! ◆ **conduire à la papa*** to potter along, drive at a snail's pace ◆ **alors papa, tu avances ?*** come on grandad, get a move on* ◆ **jouer au papa et à la maman** to play mummy (Brit) ou mommy (US) and daddy, ≃ play house ◆ **c'est un papa gâteau** he spoils his (grand)children ◆ **papa-poule** doting father → **fils**

papaïne [papain] nf papain

papal, e, mpl **-aux** [papal, o] SYN adj papal

papamobile [papamɔbil] nf popemobile

paparazzi [papaʀadzi] nmpl paparazzi

papas [papas] nm [Église grecque] papa

papauté [papote] SYN nf papacy

papaver [papavɛʀ] nm poppy

papavéracées [papaveʀase] nfpl ◆ **les papavéracées** papaveraceous plants, the Papaveraceae (spéc)

papavérine [papaveʀin] nf papaverine

papaye [papaj] nf pawpaw, papaya

papayer [papaje] nm pawpaw ou papaya (tree)

pape [pap] SYN nm pope ; (fig) [école littéraire etc] leading light ◆ **le pape Jean XXIII** Pope John XXIII ◆ **du pape** papal

Papeete [papɛt] n Papeete

papelard[1] * [paplaʀ] nm (feuille) (bit of) paper ; (article de journal) article ; (journal) paper ◆ (papiers d'identité) **papelards** papers

papelard[2], **e** [paplaʀ, aʀd] SYN adj (littér) suave, smarmy (Brit)

papelardise [paplaʀdiz] SYN nf (littér) suavity, suaveness, smarminess (Brit)

paperasse [papʀas] nf ◆ (péj) **paperasse(s)** (wretched) papers ; (à remplir) forms ◆ **je n'ai pas le temps de lire toutes les paperasses** ou **toute la paperasse qu'on m'envoie** I've no time to read all the bumf‡ (Brit) ou stuff* that people send me ◆ **j'ai des paperasses** ou **de la paperasse à faire** I've some (wretched) paperwork to do

paperasserie [papʀasʀi] nf (péj) (à lire) bumf‡ (Brit) ; (à remplir) forms ; (tracasserie, routine) red tape ◆ **il y a trop de paperasserie à faire dans ce travail** there's too much paperwork in this job

paperassier, -ière [papʀasje, jɛʀ] SYN (péj) **1** adj personne fond of red tape ou paperwork ; administration cluttered with red tape (attrib), obsessed with form filling (attrib)
2 nm,f (bureaucrate) penpusher (péj) ◆ **quel paperassier !** he's forever poring over his old papers ou scribbling away on his papers

papesse [papɛs] nf female pope ◆ **la papesse Jeanne** Pope Joan

papeterie [papɛtʀi] nf (magasin) stationer's (shop) ; (fourniture) stationery ; (fabrique) paper mill ; (fabrication) paper-making industry ; (commerce) stationery trade

papetier, -ière [pap(ə)tje, jɛʀ] nm,f (vendeur) stationer ; (fabricant) paper-maker ◆ **papetier-libraire** stationer and bookseller

papi [papi] nm (langage enfantin) grandad*, grandpa*; (*: vieil homme) old guy*

papier [papje] → SYN **1** nm **a** (matière) paper ♦ **morceau/bout de papier** piece/bit ou slip of paper ♦ **de** ou **en papier** paper (épith) ♦ **mets-moi cela sur papier** (pour ne pas oublier) write that down for me; (pour confirmation écrite) let me have that in writing ♦ **sur le papier** (en projet, théoriquement) on paper ♦ **jeter une idée sur le papier** to jot down an idea → **noircir, pâte**

b (feuille écrite) paper; (feuille blanche) sheet ou piece of paper; (Presse: article) article ♦ **papier personnels/d'affaires** personal/business papers ♦ **un papier à signer/à remplir** a form to be signed/filled in ♦ (Presse: article) **faire un papier sur qn** to do an article on sb

c (emballage) paper; [bonbon] paper, wrapper

d **papiers (d'identité)** (identity) papers ♦ **vos papiers, s'il vous plaît!** could I see your identity papers, please?; (Aut) may I see your driving licence (Brit) ou driver's license (US), please? ♦ **ses papiers ne sont pas en règle** his papers are not in order ♦ (fig) **rayez cela de vos papiers!** you can forget about that! → **petit**

2 COMP ▷ **papier alu*, papier aluminium** aluminium (Brit) ou aluminum (US) foil, tinfoil ▷ **papier d'argent** silver foil ou paper, tinfoil ▷ **papier d'Arménie** incense paper ▷ **papier bible** bible paper, India paper ▷ **papier (de) brouillon** rough paper ▷ **papier buvard** blotting paper ▷ **papier cadeau** gift wrap, wrapping paper ▷ **papier calque** tracing paper ▷ **papier carbone** carbon paper ▷ **papier chiffon** rag paper ▷ **papier à cigarettes** cigarette paper ▷ **papier collant** gummed paper; (transparent) Sellotape® (Brit), Scotch tape (US), sticky tape ▷ **papier collé** (Art) (paper) collage ▷ **papier en continu** (Ordin) continuous stationery ▷ **papier couché** art paper ▷ **papier crépon** crêpe paper ▷ **papier cul*** bogpaper* (Brit), TP* (US) ▷ **papier à dessin** drawing paper ▷ **papier doré** gold paper ▷ **papier d'emballage** wrapping paper ▷ **papier émeri** emery paper ▷ **papier à en-tête** headed notepaper, letterhead (Comm) ▷ **papier d'étain** tinfoil, silver paper ▷ **papier filtre** filter paper ▷ **papier glacé** glazed paper ▷ **papiers gras** (ordures) litter, rubbish ▷ **papier hygiénique** toilet paper ▷ **papier journal** newspaper ▷ **papier kraft**® brown wrapping paper ▷ **papier à lettres** writing paper, notepaper ▷ **papier libre** plain unheaded paper ▷ **papier mâché** papier-mâché ♦ (fig) **mine de papier mâché** pasty complexion ▷ **papier machine** typing paper ▷ **papiers militaires** army papers ▷ **papier millimétré** graph paper ▷ **papier ministre** official paper *(approx quarto size)* ♦ **écrit sur papier ministre** written on official paper ▷ **papier monnaie** paper money ▷ **papier à musique** manuscript (Brit) ou music (US) paper ▷ **papier paraffiné** (gén) wax paper; (Culin) greaseproof (Brit) ou wax (US) paper ▷ **papier peint** wallpaper ▷ **papier pelure** India paper ▷ **papier sensible** (Phot) bromide paper ▷ **papier de soie** tissue paper ▷ **papier sulfurisé** ⇒ **papier paraffiné** ▷ **papier timbré** stamped paper ▷ **papier toilette** toilet paper ▷ **papier de tournesol** litmus paper ▷ **papier de verre** glasspaper, sandpaper

papilionacé, e [papiljɔnase] **1** adj papilionaceous

2 **les papilionacées** nfpl papilionaceous plants, the Papilionacileae (spéc)

papillaire [papilɛʀ] adj papillary, papillate

papille [papij] nf papilla ♦ **papilles gustatives** taste buds

papillon [papijɔ̃] → SYN nm (insecte) butterfly; (fig: personne) fickle person; (Tech: écrou) wing ou butterfly nut; (*: contravention) (parking) ticket; (autocollant) sticker ♦ (nage) **(brasse) papillon** butterfly (stroke) ♦ **papillon de nuit** moth ♦ (Aut) **papillon des gaz** throttle valve → **minute, nœud**

papillonnant, e [papijɔnɑ̃, ɑ̃t] adj personne fickle(-minded) ♦ **esprit papillonnant** butterfly mind

papillonnement [papijɔnmɑ̃] nm (→ **papillonner**) flitting about ou around; chopping and changing (Brit), hopping around (from one thing to another)

papillonner [papijɔne] → SYN ▸ conjug 1 ◂ vi (entre personnes, objets) to flit about ou around (*entre* between); (entre activités diverses) to chop and change (Brit) (*entre* between), hop around from one thing to another ♦ **papillonner d'un sujet/d'une femme à l'autre** to flit from one subject/woman to another ♦ **papillonner autour d'une femme** to hover round a woman

papillotage [papijɔtaʒ] nm (→ **papilloter**) twinkling; sparkling; fluttering, flickering; blinking

papillote [papijɔt] → SYN nf (bigoudi) curlpaper; [bonbon] (sweet (Brit) ou candy (US)) paper, (sweet) wrapper (Brit); [gigot] frill; (papier beurré) buttered paper; (papier aluminium) tinfoil ♦ **poisson en papillote** fish cooked in tinfoil ou en papillote ♦ (fig) **tu peux en faire des papillotes** you can make paper aeroplanes out of it*, you can put it in the circular file* (US)

papillotement [papijɔtmɑ̃] nm [lumières] flickering

papilloter [papijɔte] → SYN ▸ conjug 1 ◂ vi [lumière, étoiles] to twinkle; [reflets] to sparkle; [paupières] to flutter, flicker; [yeux] to blink

papion [papjɔ̃] nm baboon, papio (spéc)

papisme [papism] nm papism, popery

papiste [papist] nmf papist

papotage [papɔtaʒ] → SYN nm (action) chattering (NonC); (propos) (idle) chatter (NonC)

papoter [papɔte] → SYN ▸ conjug 1 ◂ vi to chatter, have a natter* (Brit)

papou, e [papu] **1** adj Papuan

2 nm (Ling) Papuan

3 nm,f ♦ **Papou(e)** Papuan

papouan-néo-guinéen, -enne [papwɑ̃neoginee̜, ɛn] **1** adj Papua-New-Guinean, (of) Papua New Guinea

2 nm,f ♦ **Papouan-Néo-Guinéen(ne)** Papua-New-Guinean

Papouasie-Nouvelle-Guinée [papwazinuvɛlgine] nf Papua New Guinea

papouille* [papuj] nf tickling (NonC) ♦ **faire des papouilles à qn** to tickle sb

paprika [papʀika] nm paprika (pepper)

papule [papyl] nf papule, papula

papuleux, -euse [papylø, øz] adj (couvert de papules) papuliferous; (formé de papules) papular

papy [papi] nm ⇒ **papi**

papyrologie [papiʀɔlɔʒi] nf papyrology

papyrologue [papiʀɔlɔg] nmf papyrologist

papyrus [papiʀys] nm papyrus

paqson* [paksɔ̃] nm ⇒ **pacson**

pâque [pɑk] nf ♦ **la pâque** Passover → aussi **Pâques**

paquebot [pak(ə)bo] → SYN nm liner, (steam)ship

pâquerette [pɑkʀɛt] nf daisy

Pâques [pɑk] **1** nm Easter ♦ (fig) **à Pâques ou à la Trinité** some fine day (iro) ♦ **le lundi/la semaine de Pâques** Easter Monday/week ♦ **l'île de Pâques** Easter Island → **dimanche, œuf**

2 nfpl ♦ **bonnes ou joyeuses Pâques** Happy Easter ♦ **faire ses Pâques** to go to Easter mass (and take communion)

paquet [pakɛ] → SYN nm **a** (pour emballer etc) [sucre, café] bag; [cigarettes] packet, pack (US); [cartes] pack; [linge] bundle ♦ **il fume deux paquets par jour** he smokes forty a day (Brit), he smokes two packs a day (US) ♦ (fig) **porter qn comme un paquet de linge sale** to carry sb like a sack of potatoes ♦ **paquet-cadeau** gift-wrapped parcel ♦ **faites moi un paquet-cadeau** put it in gift-wrapping for me, gift-wrap it for me ♦ (fig) **c'est un vrai paquet de nerfs** he's a bag ou bundle of nerves ♦ **c'est un vrai paquet d'os** he's a bag of bones

b (colis) parcel ♦ **mettre en paquet** to parcel up, bundle up ♦ **faire un paquet** to make up a parcel

c (fig: tas) **paquet de** neige pile ou mass of; boue lump of; billets, actions wad of; eau masses of ♦ **par paquets** in waves

d (Rugby) **paquet (d'avants)** pack (of forwards)

e (Naut) **paquet de mer** heavy sea (NonC), big wave

f (* loc) **faire son paquet** ou **ses paquets** to pack one's bags ♦ **y mettre le paquet** (argent) to spare no expense; (efforts) to give all one has got ♦ **lâcher son paquet à qn** to tell sb a few home truths ♦ **gagner/coûter un paquet** to win/cost a small fortune ♦ **il a touché un bon paquet** he got a tidy sum* ♦ **ils lui ont donné un bon petit paquet pour qu'il se taise** they gave him a tidy little sum to keep him quiet ♦ **600 F par personne, ça fait un paquet** 600 francs each, that's a fortune → **risquer**

paquetage [pak(ə)taʒ] → SYN nm (Mil) pack, kit ♦ **faire son paquetage** to get one's pack ou kit ready

par[1] [paʀ] GRAMMAIRE ACTIVE 17.1 prép

a (agent, cause) by ♦ **le carreau a été cassé par l'orage/un enfant** the pane was broken by the storm/a child ♦ **accablé par le désespoir** overwhelmed with despair ♦ **elle nous a fait porter des fraises par son jardinier** she got her gardener to bring us some strawberries, she had her gardener bring us some strawberries ♦ **il a appris la nouvelle par le journal/par un ami** he learned the news from the paper/from ou through a friend ♦ **elle veut tout faire par elle-même** she wants to do everything (for) herself ♦ **la découverte par Fleming de la pénicilline** Fleming's discovery of penicillin, the discovery of penicillin by Fleming

b (manière, moyen) by, with, through ♦ **obtenir qch par la force/la torture/la persuasion/la ruse** to obtain sth by force/by torture/with persuasion/by ou through cunning ♦ **essayer par tous les moyens** to try every possible means ♦ **arriver par l'intelligence/le travail** to succeed through intelligence/hard work ♦ **la porte ferme par un verrou** the gate is locked with a bolt ou by means of a bolt ♦ **prendre qn par le bras/la main/la taille** to take sb by the arm/hand/waist ♦ **payer par chèque** to pay by cheque ♦ **prendre qn par les sentiments** to appeal to sb's feelings ♦ **par le train/l'avion** by rail ou train/air ou plane ♦ **par la poste** by post ou mail, through the post ♦ **ils se ressemblent par leur sens de l'humour** they are alike in their sense of humour ♦ **il descend des Bourbons par sa mère** he is descended from the Bourbons through his mother ou on his mother's side ♦ **ils diffèrent par bien des côtés** they are different ou they differ in many ways ou aspects ♦ **il est honnête par nature** he is honest by nature, he is naturally honest ♦ **il ne jure que par elle** he swears by her alone → **cœur, excellence, mégarde** etc

c (gén sans art: cause, motif etc) through, out of, from, by ♦ **étonnant par son érudition** amazing for his learning ♦ **par manque de temps** owing to lack of time, because time is (ou was) short ou lacking ♦ **par habitude** by ou out of ou from (sheer) habit ♦ **faire qch par plaisir/pitié** to do sth for pleasure/out of pity ♦ **par souci d'exactitude** for the sake of accuracy, out of a concern for accuracy ♦ **par hasard/erreur** by chance/mistake ♦ **par pure bêtise/négligence** through ou out of sheer stupidity/negligence → **principe**

d (lit, fig: lieu, direction) by (way of), through, across, along ♦ **il est sorti par la fenêtre** he went out by (way of) ou through the window ♦ **il est venu par le chemin le plus court** he came (by) the shortest way ♦ **je dois passer par le bureau avant de rentrer** I must drop in at the office on my way home ♦ **nous sommes venus par la côte/par Lyon/par l'Espagne** we came along (by) the coast/via ou by way of Lyons/via ou through Spain ♦ **par terre ou par mer** by land or (by) sea ♦ **se promener par les rues/les champs** to walk through the streets/through ou across the fields ♦ **par**

tout le pays throughout ou all over the (entire) country ◆ **il habite par ici** he lives (a)round here ou here somewhere ◆ **sortez par ici / là** go out this / that way ◆ **par où sont-ils entrés ?** which way ou how did they get in? ◆ **par où est-il venu ?** which way did he come (by)? ◆ **passer par de dures épreuves** to go through some very trying times ◆ **la rumeur s'était répandue par la ville** the rumour had spread (a)round the town ◆ **elle est passée par toutes les couleurs de l'arc-en-ciel** she went through all the colours of the rainbow ◆ **par 5 mètres de fond** at a depth of 5 metres ◆ **par 10º de latitude sud** at a latitude of 10° south ◆ **arriver par le nord / la gauche / le haut** ou **en haut** to arrive from the north / the left / the top → **ailleurs, mont** etc et aussi **par-devant** etc

e (distribution, mesure) a, per, by ◆ **marcher deux par deux / trois par trois** to walk two by two / three by three ou in twos / threes ◆ **faites-les entrer un par un** let them in one at a time ou one by one ◆ **nous avons payé 90 F par personne** we paid 90 francs per person ou a head ou apiece ◆ **3 fois par jour / semaine / mois** 3 times daily ou a day / weekly ou a week / monthly ou a month ◆ **6 étudiants par appartement** 6 students to a flat ou per flat ◆ **gagner tant par semaine / mois** to earn so much a ou per week / month ◆ **par an** a ou per year, per annum ◆ **ils déduisent 20 F par enfant** they take off 20 francs for each child ou per child ◆ **par moments** ou **instants, je crois rêver** at times I think I'm dreaming ◆ **ils s'abattirent sur les plantes par milliers** they swooped down onto the plants in their thousands ◆ **il y en avait par milliers** there were thousands of them ◆ **par poignées / charretées** in handfuls / cartloads, by the handful / cartload ◆ **par 3 fois, on lui a demandé** 3 times he has been asked

f (atmosphère) in, on ; (moment) on ◆ **par une belle nuit d'été** on a beautiful summer('s) night ◆ **il partit par une pluvieuse journée de mars** he left on a rainy ou wet March day ◆ **ne restez pas dehors par ce froid / cette chaleur** don't stay out in this cold / heat ◆ **évitez cette route par temps de pluie / de brouillard** avoid that road in wet weather / in fog ou when it's wet / foggy ◆ **sortir par moins 10º** to go out when it's minus 10° ◆ **par les temps qui courent** these days

g (avec finir, commencer etc) with, by ◆ **commencer par qch / par faire** to begin with sth / by doing ◆ **il a fini par ennuyer tout le monde** he ended up ou finished up boring everyone ◆ **par où allons-nous commencer ?** where shall we begin? ◆ **on a clôturé la séance par des élections** elections brought the meeting to a close, the meeting closed with elections ◆ **il finit par m'agacer avec ses plaisanteries !** I've really had enough of his jokes!

h (dans exclamations, serments) by ◆ **par tous les dieux du ciel** by ou in the name of heaven ◆ **par tout ce que j'ai de plus cher, je vous promets** I promise you by all that I hold most dear → **jurer, pitié** etc

i (loc frm) **par trop** far too, excessively ◆ **de par le roi** in the name of the king, by order of the king ◆ **de par le monde** throughout the world, the world over

par² [paʀ] nm (Golf) par

para* [paʀa] nm (abrév de **parachutiste**) para*

parabase [paʀabɑz] nf (Antiq) parabasis

parabellum [paʀabelɔm] nm big automatic pistol

parabiose [paʀabjoz] nf parabiosis

parabole [paʀabɔl] → SYN nf (Math) parabola ; (Rel) parable ; (TV) dish aerial, satellite dish, dish antenna (US)

parabolique [paʀabɔlik] **1** adj parabolic ◆ **antenne parabolique** satellite dish, dish aerial, dish antenna (US)

2 nm (radiateur) electric fire

paraboloïde [paʀabɔlɔid] nm paraboloid

paracentèse [paʀasɛ̃tɛz] nf paracentesis

paracétamol [paʀasetamɔl] nm paracetamol

parachèvement [paʀaʃɛvmɑ̃] nm perfection, perfecting

parachever [paʀaʃ(ə)ve] → SYN ▸ conjug 5 ◂ vt to perfect, put the finishing touches to

parachronisme [paʀakʀɔnism] nm parachronism

parachutage [paʀaʃytaʒ] nm parachuting, dropping ou landing by parachute ◆ **les électeurs n'ont pas apprécié le parachutage d'un ministre dans leur département** the voters in that region didn't like the way a minister was suddenly landed on them

parachute [paʀaʃyt] nm parachute ◆ **parachute ventral / dorsal** lap-pack / back-type parachute ◆ **descendre en parachute** to parachute down ◆ **faire du parachute ascensionnel** (tiré par une voiture) to go parascending ; (tiré par un bateau) to go parasailing

parachuter [paʀaʃyte] → SYN ▸ conjug 1 ◂ vt **a** (Mil, Sport) to parachute, drop ou land by parachute

b (*: désigner) **parachuter qn à un poste** to pitchfork sb into a job ◆ **parachuter qn dans une circonscription** to dispatch sb to an area ◆ **ils nous ont parachuté un nouveau directeur de Paris** a new manager from Paris has suddenly been landed on us

parachutisme [paʀaʃytism] nm parachuting ◆ **parachutisme ascensionnel** parascending ◆ **faire du parachutisme** to go parachuting ◆ **faire du parachutisme en chute libre** to skydive, do skydiving

parachutiste [paʀaʃytist] **1** nmf (Sport) parachutist ; (Mil) paratrooper ◆ **nos unités de parachutistes** our paratroops

2 adj unité paratrooper (épith)

paraclet [paʀaklɛ] nm ◆ **le Paraclet** the Paraclete

parade [paʀad] → SYN nf **a** (ostentation) show, ostentation ◆ **faire parade de** érudition to parade, display, show off ; relations to boast about, brag about ◆ **de parade** uniforme, épée ceremonial ◆ (péj) **afficher une générosité de parade** to make an outward ou a superficial show ou display of generosity ◆ **ce n'est que de la parade** it's just done for show

b (spectacle) parade ◆ **parade militaire / foraine** military / circus parade ◆ **les troupes s'avancèrent comme à la parade** the troops moved forward as if they were (still) on the parade ground ou on parade

c (Équitation) pulling up

d (Escrime) parry, parade ; (Boxe) parry ; (Ftbl) dummy ; (fig) answer, reply ; (orale) riposte, rejoinder ◆ **trouver la (bonne) parade (à une attaque / un argument)** to find the (right) answer ou reply (to an attack / an argument) ◆ **on n'a pas encore trouvé la parade contre cette maladie** an answer to this disease has still to be found

parader [paʀade] → SYN ▸ conjug 1 ◂ vi (péj) to strut about, show off ; (Mil) to parade

paradigmatique [paʀadigmatik] **1** adj paradigmatic

2 nf study of paradigmatic relationships

paradigme [paʀadigm] → SYN nm paradigm

paradis [paʀadi] → SYN nm **a** (lit, fig) paradise, heaven ◆ **le Paradis terrestre** (Bible) the Garden of Eden ; (fig) heaven on earth ◆ **aller au** ou **en paradis** to go to heaven ◆ **c'est le paradis des enfants / chasseurs ici** it's a children's / hunters' paradise here ◆ (fig) **il s'est cru au paradis** he was over the moon, he was in (seventh) heaven ◆ **paradis fiscal** tax haven ◆ (Littérat) **"Le Paradis perdu"** "Paradise Lost" → **emporter, oiseau**

b (†: Théât) **le paradis** the gods* (Brit), the gallery

paradisiaque [paʀadizjak] → SYN adj heavenly, paradisiacal

paradisier [paʀadizje] nm bird of paradise

paradoxal, e, mpl **-aux** [paʀadɔksal, o] → SYN GRAMMAIRE ACTIVE 26.3 adj paradoxical

paradoxalement [paʀadɔksalmɑ̃] adv paradoxically

paradoxe [paʀadɔks] → SYN nm paradox

parafe [paʀaf] nm ⇒ **paraphe**

parafer [paʀafe] ▸ conjug 1 ◂ vt ⇒ **parapher**

parafeur [paʀafœʀ] nm ⇒ **parapheur**

paraffinage [paʀafinaʒ] nm paraffining

paraffine [paʀafin] nf (gén : solide) paraffin wax ; (Chim) paraffin

paraffiner [paʀafine] ▸ conjug 1 ◂ vt to paraffin(e) → **papier**

parafiscal, e, mpl **-aux** [paʀafiskal, o] adj ◆ **taxe parafiscale** special tax *(road-fund tax, stamp duty etc)*

parafiscalité [paʀafiskalite] nf (système) special taxation ; (impôts) special taxes

parafoudre [paʀafudʀ] nm lightning conductor (Brit), lightning rod (US)

parages [paʀaʒ] nmpl **a** **dans les parages** (dans la région) in the area, in the vicinity ; (*: pas très loin) round about ◆ **dans ces parages** in these parts ◆ **dans les parages de** near, round about, in the vicinity of

b (Naut) waters, region

paragraphe [paʀagʀaf] → SYN nm paragraph ; (Typ) section (mark)

paragrêle [paʀagʀɛl] adj anti-hail (épith)

Paraguay [paʀagwɛ] nm Paraguay

paraguayen, -enne [paʀagwajɛ̃, ɛn] **1** adj Paraguayan

2 nm,f ◆ **Paraguayen(ne)** Paraguayan

paraître [paʀɛtʀ] → SYN ▸ conjug 57 ◂ **1** vi **a** (se montrer) (gén) to appear ; [personne] to appear, make one's appearance ◆ **paraître en scène / à** ou **sur l'écran / au balcon** to appear on stage / on the screen / on the balcony ◆ **il n'a pas paru de la journée** I (ou we etc) haven't seen him all day, he hasn't shown up* ou appeared all day ◆ **il n'a pas paru à la réunion** he didn't appear ou turn up ou show up* at the meeting ◆ **paraître en public** to appear in public, make a public appearance ◆ **un sourire parut sur ses lèvres** a smile appeared on his lips

b (Presse) to appear, be published, come out ◆ **faire paraître qch** [éditeur] to bring out ou publish sth ; [auteur] to have sth published ◆ **« vient de paraître »** "just out", "just published" ◆ **« à paraître »** "forthcoming"

c (briller) to be noticed ◆ **chercher à paraître** to show off ◆ **le désir de paraître** the desire to be noticed ou to show off

d (être visible) to show (through) ◆ **il en paraît toujours quelque chose** one can always see some sign of it ou traces of it ◆ **il n'y paraîtra bientôt plus** (tache, cicatrice) there will soon be no trace left of it ou nothing left to show (of it) ; (maladie) soon no one will ever know you've had it ◆ **laisser paraître ses sentiments / son irritation** to let one's feelings / one's annoyance show ◆ **sans qu'il n'y paraisse rien** without anything being obvious, without letting anything show ◆ **sans qu'il y paraisse, elle a obtenu ce qu'elle voulait** without it appearing so, she got what she wanted

e (sembler) to look, seem, appear ◆ **elle paraît heureuse** she seems (to be) happy ◆ **cela me paraît être une erreur** it looks ou seems like a mistake to me ◆ **elle paraissait l'aimer** she seemed ou appeared to love him ◆ **il paraît 20 ans** (il est plus jeune) he looks (at least) 20 ; (il est plus âgé) he only looks 20 ◆ **le voyage a paru long** the journey seemed long ◆ **cette robe la fait paraître plus grande** that dress makes her look taller ◆ **essayer de paraître ce que l'on n'est pas** to try to appear to be what ou something one isn't

2 vb impers **a** (il semble) **il me paraît difficile qu'elle puisse venir** it seems to me that it will be difficult for her to come ◆ **il ne lui paraît pas essentiel qu'elle sache** he doesn't think it essential for her to know ◆ **il lui paraissait impossible de refuser** he didn't see how he could refuse ◆ **il paraîtrait ridicule de s'offenser** it would seem stupid to take offence

b (le bruit court) **il va se marier, paraît-il** ou **à ce qu'il paraît** he's apparently getting married ◆ **il paraît** ou **il paraîtrait qu'on va construire une autoroute** apparently ou it seems they're going to build a motorway, they're going to build a motorway, so they say ◆ **il paraît que oui** so it seems ou appears, apparently so

3 nm ◆ **le paraître** appearance(s)

paralangage [paʀalɑ̃gaʒ] nm paralanguage

paralinguistique [paʀalɛ̃gɥistik] adj paralinguistic

aralittéraire [paʀaliteʀɛʀ] adj (concernant la littérature) related to literature ; (concernant la paralittérature) of marginal literature

aralittérature [paʀaliteʀatyʀ] nf marginal literature

arallactique [paʀalaktik] adj parallactic

arallaxe [paʀalaks] nf parallax

arallèle [paʀalɛl] → SYN **1** adj **a** (Math) parallel (*à* to) • (fig : dans un couple) **nous menons des vies parallèles** we lead two separate lives → **barre**
b (fig) (comparable) parallel, similar ; (indépendant) separate ; (non officiel) marché, cours, police unofficial ; énergie, société alternative • **mener une action parallèle** to take similar action, act on ou along the same lines • (Comm) **circuits parallèles de distribution** parallel distribution circuits
2 nf (Math) parallel (line) • (Élec) **monté en parallèle** wired (up) in parallel
3 nm (Géog, fig) parallel • **parallèle de latitude** parallel of latitude • **établir un parallèle entre 2 textes** to draw a parallel between 2 texts • **faire** ou **mettre en parallèle** choses opposées to compare ; choses semblables to parallel • **mettre en parallèle deux problèmes** to parallel one problem with another • [projets] **avancer en parallèle** to move along at the same pace

arallèlement [paʀalɛlmɑ̃] adv (lit) parallel (*à* to) ; (fig) (ensemble) at the same time ; (similairement) in the same way

arallélépipède [paʀalelepipɛd] nm parallelepiped

arallélépipédique [paʀalelepipedik] adj parallelepipedal, parallelepipedic

arallélisme [paʀalelism] → SYN nm (lit, fig) parallelism ; (Aut) wheel alignment • **faire vérifier le parallélisme de ses roues** to have one's wheels aligned

arallélogramme [paʀalelɔgʀam] nm parallelogram

aralogisme [paʀalɔʒism] → SYN nm paralogism

aralysant, e [paʀalizɑ̃, ɑ̃t] → SYN adj paralyzing

aralysé, e [paʀalize] → SYN (ptp de **paralyser**) **1** adj paralyzed • **rester paralysé** to be left paralyzed • **il est paralysé des jambes** his legs are paralyzed • [aéroport] **paralysé par le brouillard** fogbound • **paralysé par la neige** snowbound • **paralysé par la grève** [gare] strike-bound ; [hôpital] crippled by the strike
2 nm,f paralytic

aralyser [paʀalize] → SYN ▸ conjug 1 ◂ vt (Méd, fig) to paralyze

aralysie [paʀalizi] → SYN nf (Méd, fig) paralysis ; (Bible) palsy • **paralysie infantile** infantile paralysis • **paralysie générale (progressive)** general paralysis of the insane • **être frappé de paralysie** to be struck down with paralysis

aralytique [paʀalitik] → SYN adj, nmf paralytic

aramagnétique [paʀamaɲetik] adj paramagnetic

aramagnétisme [paʀamaɲetism] nm paramagnetism

aramaribo [paʀamaʀibo] n Paramaribo

aramécie [paʀamesi] nf paramecium

aramédical, e, mpl **-aux** [paʀamedikal, o] adj paramedical

aramètre [paʀamɛtʀ] nm parameter

arametrer [paʀametʀe] ▸ conjug 6 ◂ vt to parametrize

arametrique [paʀametʀik] adj parametric(al)

aramilitaire [paʀamilitɛʀ] adj paramilitary

aramnésie [paʀamnezi] nf paramnesia

arangon [paʀɑ̃gɔ̃] → SYN nm paragon • **parangon de vertu** paragon of virtue

arangonner [paʀɑ̃gɔne] ▸ conjug 1 ◂ vt (Typ) to line up

arano* [paʀano] **1** adj abrév de **paranoïaque**
2 nf abrév de **paranoïa**

paranoïa [paʀanɔja] nf paranoia

paranoïaque [paʀanɔjak] adj, nmf paranoiac, paranoid

paranoïde [paʀanɔid] adj paranoid

paranormal, e, mpl **-aux** [paʀanɔʀmal, o] adj paranormal • **le paranormal** the paranormal

parapente [paʀapɑ̃t] nm paragliding • **faire du parapente** to go paragliding • **parapente à ski** paraskiing, parapenting

parapentiste [paʀapɑ̃tist] nmf paraglider • **parapentiste à ski** paraskier

parapet [paʀapɛ] → SYN nm parapet

parapharmacie [paʀafaʀmasi] nf personal hygiene products *(sold in pharmacies)*

paraphasie [paʀafazi] nf paraphasia

paraphe [paʀaf] → SYN nm (trait) paraph, flourish ; (initiales) initials ; (littér : signature) signature

parapher [paʀafe] ▸ conjug 1 ◂ vt (Admin) to initial ; (littér : signer) to sign

parapheur [paʀafœʀ] nm signature book

paraphimosis [paʀafimozis] nm paraphimosis

paraphrase [paʀafʀɑz] → SYN nf paraphrase • **faire de la paraphrase** to paraphrase

paraphraser [paʀafʀɑze] → SYN ▸ conjug 1 ◂ vt to paraphrase

paraphraseur, -euse [paʀafʀɑzœʀ, øz] nm,f paraphraser

paraphrastique [paʀafʀastik] adj paraphrastic

paraphrénie [paʀafʀeni] nf paraphrenia

paraphyse [paʀafiz] nf paraphysis

paraplégie [paʀapleʒi] nf paraplegia

paraplégique [paʀapleʒik] adj, nmf paraplegic

parapluie [paʀaplɥi] → SYN nm umbrella • **parapluie atomique** ou **nucléaire** nuclear shield ou umbrella • (fig) **ouvrir le parapluie** to take cover *(from criticism)*

parapsychique [paʀapsiʃik] adj parapsychological

parapsychologie [paʀapsikɔlɔʒi] → SYN nf parapsychology

parapsychologue [paʀapsikɔlɔg] nmf parapsychologist

parapublic, -ique [paʀapyblik] adj semipublic

parascève [paʀasɛv] nf parasceve

parascolaire [paʀaskɔlɛʀ] adj extracurricular

parasexualité [paʀasɛksɥalite] nf (Bio) parasexuality

parasismique [paʀasismik] adj earthquake-resistant

parasitaire [paʀazitɛʀ] adj parasitic(al)

parasite [paʀazit] → SYN **1** nm **a** (Bot, Vét) parasite ; (fig : personne) parasite, sponger*, scrounger*
b parasites (électricité statique) atmospherics, static ; (Rad, TV) interference • **la machine à laver fait des parasites dans la télévision** the washing machine causes interference on the television
2 adj parasitic(al) • (Rad, TV) **bruits parasites** interference ; (électricité statique) atmospherics, static

parasiter [paʀazite] ▸ conjug 1 ◂ vt (Bot, Vét) to live as a parasite on ; (Rad, TV) to cause interference on

parasiticide [paʀazitisid] **1** adj parasiticidal
2 nm parasiticide

parasitique [paʀazitik] adj parasitic(al)

parasitisme [paʀazitism] nm parasitism

parasitologie [paʀazitɔlɔʒi] nf parasitology

parasitose [paʀazitoz] nf parasitosis

parasol [paʀasɔl] → SYN nm [plage] beach umbrella, parasol ; [café, terrasse] sunshade, parasol ; († : ombrelle) parasol, sunshade → **pin**

parasympathique [paʀasɛ̃patik] adj parasympathetic

parasynthétique [paʀasɛ̃tetik] **1** adj parasynthetic
2 nm parasynthesis

parataxe [paʀataks] nf parataxis

parathormone [paʀatɔʀmɔn] nf parathyroid hormone

parathyroïde [paʀatiʀɔid] nf parathyroid (gland)

paratonnerre [paʀatɔnɛʀ] → SYN nm lightning conductor

paratyphique [paʀatifik] adj paratyphoid

paratyphoïde [paʀatifɔid] nf paratyphoid fever

paravalanche [paʀavalɑ̃ʃ] nm ⇒ **pare-avalanches**

paravent [paʀavɑ̃] → SYN nm folding screen ou partition ; (fig) screen

parbleu†† [paʀblø] excl of course!

parc [paʀk] → SYN **1** nm (jardin public) park ; (jardin de château) grounds ; (Mil : entrepôt) depot ; (fig, Écon : ensemble) stock • **le parc français des ordinateurs individuels** the total number of personal computers owned in France
2 COMP ▷ **parc à l'anglaise** landscaped garden ▷ **parc animalier** safari park ▷ **parc d'attractions** amusement park ▷ **parc automobile** [pays] number of vehicles on the road ; [entreprise] car (ou bus etc) fleet ▷ **parc à bébé** playpen ▷ **parc à bestiaux** cattle pen ou enclosure ▷ **parc ferroviaire** rolling stock ▷ **parc à la française** formal garden (in the French style) ▷ **parc à huîtres** oyster bed ▷ **parc industriel** (Can) industrial estate (Brit) ou park (US) ▷ **parc de loisirs** leisure park ▷ **parc à moules** mussel bed ▷ **parc à moutons** sheep pen, sheepfold ▷ **parc national** national park ▷ **parc naturel** nature reserve ▷ **parc récréatif** amusement park ▷ **parc régional** country park ▷ **parc scientifique** science park ▷ **parc de stationnement** car park (Brit), parking lot (US) ▷ **parc à thème** theme park ▷ **parc zoologique** zoological gardens

parcage [paʀkaʒ] nm [moutons] penning ; [voitures] parking

parcellaire [paʀselɛʀ] → SYN adj (fig : fragmentaire) plan, travail fragmented, bitty* (Brit)

parcelle [paʀsɛl] → SYN nf fragment, particle, bit ; (sur un cadastre) parcel (of land) • **parcelle de terre** plot of land • **parcelle de vérité / bon sens** grain of truth / commonsense • **pas la moindre parcelle de vérité** not a grain ou scrap of truth • **une parcelle de bonheur / gloire** a bit of happiness / fame

parcellisation [paʀselizasjɔ̃] nf [tâche] break down into individual operations ; [terrain] dividing up, division

parcelliser [paʀselize] → SYN ▸ conjug 1 ◂ vt tâche to break down into individual operations ; terrain to divide up

parce que [paʀs(ə)kə] → SYN conj because • **Robert, de mauvaise humeur parce que fatigué, répondit que ...** Robert, being tired, was in a temper and replied that ... • **pourquoi n'y vas-tu pas ? – parce que !** why aren't you going? – (just) because (I'm not!)

parchemin [paʀʃəmɛ̃] → SYN nm parchment ; (fig : Univ) diploma, degree

parcheminé, e [paʀʃəmine] → SYN (ptp de **parcheminer**) adj peau wrinkled ; visage wizened

parcheminer [paʀʃəmine] ▸ conjug 1 ◂ **1** vt to give a parchment finish to
2 se parcheminer vpr to wrinkle up

parcimonie [paʀsimɔni] → SYN nf parsimony, parsimoniousness • **distribuer qch avec parcimonie** (par économie) to dole sth out sparingly ou parsimoniously ; (à contrecœur) to dole sth out grudgingly

parcimonieusement [paʀsimɔnjøzmɑ̃] adv (→ **parcimonie**) parsimoniously ; sparingly ; grudgingly

parcimonieux, -ieuse [paʀsimɔnjø, jøz] → SYN adj personne parsimonious ; distribution miserly, ungenerous

par-ci par-là [paʀsipaʀla] adv (espace) here and there ; (temps) now and then, from time to time • **il m'agace avec ses bien sûr par-ci, bien sûr par-là** he gets on my nerves saying of course, right, left and centre

parcmètre [paʀkmɛtʀ] → SYN nm, **parcomètre** [paʀkɔmɛtʀ] nm (parking) meter

parcotrain [paʀkotʀɛ̃] nm train users' car park (Brit) ou parking lot (US)

parcourir [paʀkuʀiʀ] → SYN ▸conjug 11◂ vt **a** trajet, distance to cover, travel; (en tous sens) lieu to go all over; pays to travel up and down • **ils ont parcouru toute la région en un mois** they travelled the length and breadth of the region ou they've covered the whole region in a month • **parcourir la ville à la recherche de qch** to search for sth all over (the) town, scour the town for sth • **les navires parcourent les mers** ships sail all over the seas • **un frisson parcourut tout son corps** a shiver ran through his body • **le ruisseau parcourt toute la vallée** the stream runs along ou through the whole valley ou right along the valley • **l'obus parcourut le ciel** the shell flew through ou across the sky
b (regarder rapidement) lettre, livre to glance ou skim through • **il parcourut la foule des yeux** he ran his eye over the crowd

parcours [paʀkuʀ] → SYN nm **a** (distance) distance; (trajet) journey; (itinéraire) route; [fleuve] course • **le prix du parcours** the fare
b (Sport) course • **sur un parcours difficile** over a difficult course • **parcours de golf** (terrain) golf course; (partie, trajet) round of golf • **faire un parcours sans faute** (Équitation, Trial) to have a clear round; (dans un jeu) to get round; (dans une carrière) to have a model career • **parcours du combattant** (Mil) assault course; (fig) obstacle course • (Mil) **faire le parcours du combattant** to go round an assault course → **accident, incident**
c [carrière] route, path • **nous avons eu le même parcours scolaire** we followed the same path at school

par-delà [paʀdəla] prép beyond • **par-delà les montagnes / les mers** beyond the mountains / the seas • **par-delà les querelles, la solidarité demeure** there is a feeling of solidarity which goes beyond the quarrels, underneath the quarrelling there remains a feeling of solidarity

par-derrière [paʀdɛʀjɛʀ] **1** prép (round) behind, round the back of
2 adv passer round the back; attaquer, emboutir from behind, from the rear; être endommagé at the back ou rear; se boutonner at the back • **dire du mal de qn par-derrière** to speak ill of sb behind his back

par-dessous [paʀd(ə)su] prép, adv under (-neath) → **jambe**

pardessus [paʀdəsy] → SYN nm overcoat

par-dessus [paʀd(ə)sy] **1** prép over (the top of) • **il a mis un pullover par-dessus sa chemise** he has put a pullover over ou on top of his shirt • **sauter par-dessus une barrière / un mur** to jump over a barrier / a wall • **par-dessus tout** above all • **j'en ai par-dessus la tête de toutes ces histoires** I'm sick and tired of all this business • **par-dessus le marché** into the bargain, on top of all that • **par-dessus bord** overboard → **jambe**
2 adv over (the top)

par-devant [paʀd(ə)vɑ̃] **1** prép • (Jur) **par-devant notaire** in the presence of ou before a lawyer
2 adv passer round the front; attaquer, emboutir from the front; être abîmé, se boutonner at the front

par-devers [paʀdəvɛʀ] prép (Jur) before • (frm) **par-devers soi** (en sa possession) in one's possession; (fig : dans son for intérieur) to ou within oneself

pardi† [paʀdi] excl of course!

pardieu†† [paʀdjø] excl of course!

pardon [paʀdɔ̃] → SYN nm **a** (grâce) forgiveness, pardon (frm, Jur)
b (en Bretagne) pardon *(religious festival)* • (fête juive) **Grand pardon, jour du Pardon** Day of Atonement
c (intensif) **et puis pardon!* il travaille dur** he works hard, I'm telling you ou I can tell you ou you can take it from me* • **je suis peut-être un imbécile mais alors lui, pardon!*** maybe I'm stupid but he's even worse! ou he takes the biscuit!* (Brit) ou cake!* (US) • **j'ai une belle voiture mais alors celle de mon frère pardon!*** I've got a nice car but wow* - you should see my brother's! • **elle a un œil au beurre noir, pardon!*** she's got one hell of a black eye!*
d LOC **demander pardon à qn d'avoir fait qch** to apologize to sb for doing ou having done sth • **demande pardon!** say you're sorry! • **(je vous demande) pardon** (I'm) sorry, I beg your pardon, excuse me • **c'est Martin – pardon?** it's Martin – pardon?, (I'm) sorry?, what did you say? • **pardon Monsieur, avez-vous l'heure?** excuse me, have you got the time? • **tu n'y es pas allé – (je te demande bien) pardon, j'y suis allé ce matin** you didn't go – oh yes I did ou excuse me, I went this morning ou I certainly did go this morning

pardonnable [paʀdɔnabl] → SYN adj pardonable, forgivable, excusable • **il l'a oublié mais c'est pardonnable** he can be forgiven ou excused for forgetting it, he has forgotten it but you have to forgive ou excuse him

pardonner [paʀdɔne] → SYN ▸conjug 1◂ GRAMMAIRE ACTIVE 18.1
1 vt péché to forgive, pardon; indiscrétion to forgive, excuse • **pardonner (à) qn** to forgive sb, let sb off • **pardonner qch à qn / à qn d'avoir fait qch** to forgive sb for sth / for doing sth • **pour se faire pardonner son erreur** to try to win forgiveness for his mistake, so as to be forgiven for his mistake • **pardonnez-moi de vous avoir dérangé** I'm sorry to have disturbed you, excuse me for disturbing you, excuse my disturbing you • **vous êtes tout pardonné** I'll let you off, you're forgiven (hum) • **on lui pardonne tout** he gets away with everything • **je ne me le pardonnerai jamais** I'll never forgive myself • **ce genre d'erreur ne se pardonne pas** this is an unforgivable ou inexcusable mistake • **pardonnez-moi, mais je crois que ...** excuse me but I think that ... • (Bible) **pardonnez-leur, car ils ne savent pas ce qu'ils font** forgive them, for they know not what they do → **faute**
2 vi to forgive • **il faut savoir pardonner** you have to forgive and forget • (fig) **c'est une maladie / une erreur qui ne pardonne pas** it's a fatal illness / mistake

paré, e [paʀe] (ptp de **parer**²) adj (prêt) ready, all set; (préparé) prepared • **être paré contre le froid** to be prepared for the cold weather

pare-avalanches [paʀavalɑ̃ʃ] nm inv avalanche barrier

pare-balles [paʀbal] **1** adj inv bulletproof
2 nm inv bullet shield

pare-boue [paʀbu] nm inv mud flap

parebrise, pare-brise [paʀbʀiz] nm inv windscreen (Brit), windshield (US)

parechoc, pare-chocs [paʀʃɔk] nm inv (Aut) bumper (Brit), fender (US)

pare-douche, pl **pare-douches** [paʀduʃ] nm shower screen

pare-étincelles [paʀetɛ̃sɛl] → SYN nm inv fireguard

pare-feu [paʀfø] nm inv [forêt] firebreak; [foyer] fireguard • **porte pare-feu** fire door

parégorique [paʀegɔʀik] adj, nm paregoric → **élixir**

pareil, -eille [paʀɛj] → SYN GRAMMAIRE ACTIVE 5.4
1 adj **a** (identique) the same, similar, alike (attrib) • **il n'y en a pas deux pareils** there aren't two the same ou alike • **pareil que, pareil à** the same as, similar to, just like • **comment va-t-elle? – c'est toujours pareil** how is she? – (she's) just the same (as ever) ou there's no change (in her) • **c'est toujours pareil, il ne peut pas être à l'heure** it's always the same, he never manages to be on time • **il est pareil à lui-même** he doesn't change, he's the same as ever • **tu as vu son sac? j'en ai un pareil / presque pareil** have you seen her bag? I've got one the same ou one just like it / one very similar ou almost identical • (littér) **à nul autre pareil** peerless (littér, épith), unrivalled, unmatched • **l'an dernier à pareille époque** this time last year
b (tel) such (a), of the sort • **je n'ai jamai[s] entendu pareil discours** ou **un discours pare[il]** I've never heard such a speech ou a speech like it ou a speech of the sort (pé[j]) • **en pareil cas** in such a case • **en pareill[e] occasion** on such an occasion • **à pareill[e] heure, il devrait être debout** he ought to be up at this hour • **se coucher à une heur[e] pareille!** what a time to be going to bed (at)!
2 nm,f • **nos pareils** (semblables) our fellow men; (égaux) our equals ou peers • **je n[e] retrouverai jamais son pareil** (chose) I'll never find another one like it; (employé) I'll never find another one like him ou to match him • **ne pas avoir son pareil** (ou **sa pareille**) to be second to none • **il n'a pas son pareil pou[r] faire la mayonnaise** no-one can beat his mayonnaise, no-one makes mayonnaise as well as he does • **vous et vos pareils** you and your kind, people like you • **sans parei[l]** unparalleled, unequalled, without compare (attrib) • **c'est du pareil au même*** it doesn't make the slightest difference, it comes to the same thing, it makes no odds, it's six (of one) and half-a-dozen (of the other) → **rendre**
3 adv (*) s'habiller the same, in the same way, alike • **faire pareil** to do the same thing (*que* as)

pareillement [paʀɛjmɑ̃] → SYN GRAMMAIRE ACTIVE 26.5 adv (de la même manière) s'habiller in the same way (*à* as); (également) likewise also, equally • **cela m'a pareillement surpris** it surprised me also ou too • **pareillement heureux** equally happy • **mon père va bien et ma mère pareillement** my father is well and so is my mother ou and my mother too • **à vous pareillement!** the same to you!

parélie [paʀeli] nm ⇒ **parhélie**

parement [paʀmɑ̃] → SYN nm (Constr, Couture) facing

parementer [paʀmɑ̃te] ▸conjug 1◂ vt (Constr) to face

parementure [paʀmɑ̃tyʀ] nf (Couture) facing

parenchymateux, -euse [paʀɑ̃ʃimatø, øz] adj parenchymal, parenchymatic

parenchyme [paʀɑ̃ʃim] nm parenchyma

parent, e [paʀɑ̃, ɑ̃t] → SYN **1** adj related (*de* to)
2 nm,f **a** relative, relation • **être parent de qn** to be related to ou a relative of sb • **nous sommes parents par alliance / par ma mère** we are related by marriage / on my mother's side • **parents en ligne directe** blood relations • **parents proches** close relations ou relatives • **parents et amis** friends and relations ou relatives • **nous ne sommes pas parents** we aren't related • (fig) **parent pauvre** poor relation (*de* to)
b (Bio) parent • **parent unique** single ou lone parent
3 nmpl • **parents** (père et mère) parents; (littér : ancêtres) ancestors, forefathers • **les devoirs des parents** parental duties • **accompagné de l'un de ses parents** accompanied by one parent ou one of his parents • **nos premiers parents** our first parents, Adam and Eve

parental, e, mpl **-aux** [paʀɑ̃tal, o] adj parental • **retrait d'autorité parentale** loss of parental rights • **participation parentale** parental involvement

parenté [paʀɑ̃te] → SYN nf (rapport) relationship, kinship; (ensemble des parents) relations, relatives, kith and kin (pl) • **ces deux langues n'ont aucune parenté** these two languages are not in any way related ou have no common roots

parentéral, e, mpl **-aux** [paʀɑ̃teʀal, o] adj parenteral

parenthèse [paʀɑ̃tɛz] → SYN nf (digression) parenthesis, digression; (signe) bracket (Brit), parenthesis • (lit) **ouvrir / fermer la parenthèse** to open / close the brackets (Brit) ou parentheses • **mettre qch entre parenthèses** to put sth in ou between brackets (Brit) ou parentheses • **entre parenthèses** (lit) in brackets (Brit) ou parentheses; (fig) incidentally, in parenthesis • **il vaut mieux mettre cet aspect**

entre parenthèses it would be better to leave that aspect aside ◆ **par parenthèse** incidentally, in passing ◆ **soit dit par parenthèse, elle aurait mieux fait de rester** it could be said incidentally ou in passing that she would have done better to stay ◆ (fig) **ouvrir une parenthèse** to digress, make a digression ◆ **je me permets d'ouvrir une parenthèse pour dire ...** may I interrupt ou digress for a moment to say ... ◆ (fig) **je ferme la parenthèse** (but) to get back to the subject

parenthétisation [paʀɑ̃tetizasjɔ̃] nf bracketing (Brit), parenthesizing

paréo [paʀeo] nm pareo

parer¹ [paʀe] [→ SYN] ▸ conjug 1 ◂ [1] vt [a] (orner) chose to adorn, bedeck; personne to adorn, deck out (*de* with) ◆ **robe richement parée** richly trimmed ou ornamented dress ◆ (fig) **parer qn de toutes les vertus** to attribute every virtue to sb
[b] (préparer) viande to dress, trim; cuir to dress
[2] **se parer** vpr (littér: se faire beau) to put on all one's finery ◆ **se parer de** bijoux to adorn o.s. with; robe to attire o.s. in; (péj) faux titre to assume, invest o.s. with ◆ (fig) **se parer des plumes du paon** to take all the credit (for o.s.)

parer² [paʀe] [→ SYN] ▸ conjug 1 ◂ [1] vt (se protéger de) coup to ward off, stave off, fend off; (Boxe, Escrime) to parry; (Ftbl) tir to deflect; (fig) attaque to stave off, parry
[2] **parer à** vt indir [a] (remédier) inconvénient to deal with, remedy, overcome; danger to ward off
[b] (pourvoir à) éventualité to prepare for, be prepared for ◆ **parer au plus pressé** to attend to the most urgent things first ◆ **il faut parer au plus pressé** first things first ◆ (Naut) **paré à virer!** about ship! ◆ **paré? alors on s'en va!** ready? off we go!

parésie [paʀezi] [→ SYN] nf paresis

pare-soleil [paʀsɔlɛj] nm inv sun visor

paresse [paʀɛs] [→ SYN] nf (→ **paresseux**) laziness; idleness; slowness; sluggishness; (défaut) laziness; (péché) sloth ◆ **paresse intellectuelle** ou **d'esprit** laziness ou sluggishness of mind ◆ **paresse intestinale** sluggishness of the digestive system

paresser [paʀese] [→ SYN] ▸ conjug 1 ◂ vi to laze about ou around ◆ **paresser au lit** to laze in bed

paresseusement [paʀesøzmɑ̃] adv (→ **paresseux**) lazily; idly; sluggishly

paresseux, -euse [paʀesø, øz] [→ SYN] [1] adj personne lazy, idle; esprit slow; allure, pose lazy; estomac, intestin sluggish; fleuve lazy, sluggish ◆ **solution paresseuse** easy way out, line of least resistance ◆ **paresseux comme une couleuvre*** ou **un loir*** ou **un lézard*** bone-idle* (Brit), lazy ◆ **il est paresseux pour se lever** he's not very good at getting up, he's a bit of a lie-abed*
[2] nm,f lazy ou idle person, lazybones*
[3] nm (Zool) sloth

paresthésie [paʀɛstezi] nf paraesthesia (Brit), paresthesia (US)

pareur, -euse [paʀœʀ, øz] nm,f (Tech) finisher

parfaire [paʀfɛʀ] [→ SYN] ▸ conjug 60 ◂ vt travail to perfect, bring to perfection; connaissances to perfect, round off; décor, impression to complete, put the finishing touches to; somme to make up

parfait, e [paʀfɛ, ɛt] [→ SYN] (ptp de **parfaire**) [1] adj [a] (impeccable) (gén) travail, condition, exemple, crime perfect; exécution, raisonnement perfect, flawless; manières perfect, faultless → **filer**
[b] (absolu) bonne foi, tranquillité complete, total, perfect; ressemblance perfect ◆ **il a été d'une discrétion parfaite** ou (frm) **parfait de discrétion** he has shown absolute discretion, he has been the soul of discretion ◆ **dans la plus parfaite ignorance** in total ou utter ou complete ignorance ◆ **en parfait accord avec** in perfect ou total agreement with ◆ **en parfaite harmonie** in perfect harmony
[c] (accompli, achevé) élève, employé perfect; (péj) crétin, crapule utter, downright, perfect ◆ **le type même du parfait mari** the epitome of the perfect husband ◆ **parfait homme du monde** perfect gentleman
[d] (à son plein développement) fleur, insecte perfect → **accord, gaz, nombre**
[e] (très bon) **(c'est) parfait!** (that's) perfect! ou excellent! ou great!*; (iro) (that's) marvellous! ou great!* ◆ **vous refusez? (voilà qui est) parfait, vous l'aurez voulu!** you won't? (that's) fine – it's your own affair! ◆ **vous avez été parfait!** you were fantastic!
[2] nm [a] (Culin) parfait ◆ **parfait au café** coffee parfait
[b] (Ling) perfect

parfaitement [paʀfɛtmɑ̃] [→ SYN] adv [a] (très bien) connaître perfectly ◆ **je comprends parfaitement** I quite understand, I understand perfectly
[b] (tout à fait) heureux, clair, exact perfectly, quite; hermétique, étanche completely; idiot utterly, absolutely, perfectly ◆ **cela m'est parfaitement égal** that makes absolutely no difference to me, it's all the same to me ◆ **vous avez parfaitement le droit de le garder** you have a perfect right to keep it, you're perfectly entitled to keep it
[c] (certainement) (most) certainly, oh yes ◆ **tu as fait ce tableau tout seul? – parfaitement!** you did this picture all on your own? – I (most) certainly did! ou I did indeed! ◆ **tu ne vas pas partir sans moi! – parfaitement!** you're not going to leave without me! – oh yes ou indeed I am! ◆ **je refuse d'obéir, parfaitement, et j'en suis fier** I'm refusing to obey, most certainly ou definitely, and I'm proud of it

parfois [paʀfwa] [→ SYN] adv (dans certains cas) sometimes; (de temps en temps) sometimes, occasionally, at times ◆ **parfois je lis, parfois je sors** sometimes I (may) read, other times I (may) go out ◆ **il y a parfois du brouillard en hiver** occasionally ou sometimes there's fog in winter

parfum [paʀfœ̃] [→ SYN] nm [a] (substance) perfume, scent, fragrance
[b] (odeur) [fleur, herbe] scent, fragrance; [tabac, vin, café] aroma; [glace] flavour (Brit), flavor (US); [savon] scent, fragrance; [fruit] smell; (fig littér) [louanges, vertu] odour ◆ (fig) **ceci a un parfum de scandale / d'hérésie** that has a whiff of scandal / heresy about it
[c] LOC **être au parfum** to be in the know* ◆ **mettre qn au parfum** to put sb in the picture*, give sb the lowdown (on sth)*, gen sb up* (Brit)

parfumé, e [paʀfyme] [→ SYN] (ptp de **parfumer**) adj papier à lettres, savon scented; air, fleur scented, fragrant, sweet-smelling; vin fragrant; effluves aromatic ◆ **femme trop parfumée** woman wearing too much scent ◆ **parfumé au citron** glace lemon-flavour(ed) (Brit), lemon-flavor(ed) (US); savon lemon-scented ◆ **fraises très parfumées** very sweet-smelling strawberries

parfumer [paʀfyme] [→ SYN] ▸ conjug 1 ◂ [1] vt pièce, air [fleurs] to perfume, scent; [café, tabac] to fill with its aroma; mouchoir to put scent ou perfume on; (Culin) to flavour (Brit), ou flavor (US) (*à* with) ◆ **pour parfumer son linge** to make one's linen smell nice
[2] **se parfumer** vpr to use ou wear perfume ou scent ◆ **elle se parfuma rapidement** she quickly put ou dabbed some scent ou perfume on

parfumerie [paʀfymʀi] nf (usine, industrie) perfumery; (boutique) perfume shop; (rayon) perfumery (department); (produits) perfumery, perfumes, fragrances

parfumeur, -euse [paʀfymœʀ, øz] nm, f perfumer

parhélie [paʀeli] nm parhelion, mock sun, sun dog

pari [paʀi] [→ SYN] nm bet, wager; (Sport) bet; (activité) betting ◆ **faire / tenir un pari** to make ou lay / take up a bet ◆ **pari mutuel (urbain)** ≃ tote, parimutuel ◆ (fig) **les paris sont ouverts** there's no knowing, it's anyone's bet* ◆ (fig) **c'est un pari sur l'avenir** it's a gamble on the future

paria [paʀja] [→ SYN] nm (social) outcast, pariah; (en Inde) Pariah

pariade [paʀjad] nf (saison) pairing season; (couple) pair

parian [paʀjɑ̃] nm Parian (porcelain)

paridés [paʀide] nmpl ◆ **les paridés** titmice, the Paridae (spéc)

paridigitidé, e [paʀidiʒitide] [1] adj paridigitate
[2] nm paridigitate animal

parier [paʀje] [→ SYN] ▸ conjug 7 ◂ vt [a] (gager) to bet, wager ◆ **je (te) parie que c'est lui / tout ce que tu veux** I bet you it's him / anything you like ◆ **tu ne le feras pas – qu'est-ce que tu paries?** you won't do it – what do you bet? ◆ **il y a gros à parier que ...** the odds are that ..., ten to one it's ... ◆ **je l'aurais parié** I might have known ◆ **tu as faim, je parie** I bet you're hungry
[b] (Courses) argent to bet, lay, stake ◆ **parier 100 F sur le favori** to bet ou lay 100 francs on the favourite ◆ **parier gros sur un cheval** to bet heavily on ou lay a big bet on a horse ◆ (emploi absolu) **parier sur un cheval** to bet on a horse, back a horse ◆ **parier aux courses** to bet on the races

pariétaire [paʀjetɛʀ] nf (wall) pellitory, pellitory-of-the-wall

pariétal, e, mpl **-aux** [paʀjetal, o] [→ SYN] [1] adj (Anat) parietal; (Art) wall (épith)
[2] nm parietal bone

parieur, -ieuse [paʀjœʀ, jøz] [→ SYN] nm,f punter, better

parigot, e* [paʀigo, ɔt] [1] adj Parisian
[2] nm,f ◆ **Parigot(e)** Parisian

paripenné, e [paʀipene] adj paripinnate

Paris [paʀi] n Paris

Pâris [paʀis] nm (Myth) Paris

paris-brest, pl **paris-brests** [paʀibʀɛst] nm *pastry filled with praline-flavoured cream*

parisette [paʀizɛt] nf herb Paris

parisianisme [paʀizjanism] nm (habitude) Parisian habit; (façon de parler) Parisian way of speaking; (importance donnée à Paris) Paris bias ◆ **faire du parisianisme** to focus excessively on Paris

parisien, -ienne [paʀizjɛ̃, jɛn] [1] adj (gén) Paris (épith), of Paris; société, goûts, ambiance Parisian ◆ **le Bassin parisien** the Paris basin ◆ **la région parisienne** the Paris region ou area, the region ou area around Paris ◆ **la vie parisienne** Paris ou Parisian life, life in Paris
[2] nm,f ◆ **Parisien(ne)** Parisian
[3] nm (pain) *long loaf of bread*

parisyllabique [paʀisi(l)labik] adj parisyllabic

paritaire [paʀitɛʀ] [→ SYN] adj commission joint (épith), with equal representation of both sides; représentation equal

parité [paʀite] [→ SYN] nf parity ◆ **la parité des changes** exchange parity ◆ **réclamer la parité des** ou **entre les salaires** to demand equal pay

parjure [paʀʒyʀ] [→ SYN] [1] adj personne faithless, disloyal; serment false
[2] nm (violation de serment) betrayal
[3] nmf traitor

parjurer (se) [paʀʒyʀe] ▸ conjug 1 ◂ vpr (→ **parjure**) to be faithless ou a traitor to one's oath ou promise

parka [paʀka] nm ou f parka

parkérisation ® [paʀkeʀizasjɔ̃] nf Parkerizing ®

parking [paʀkiŋ] [→ SYN] [1] nm (lieu) car park (Brit), parking lot (US); (action) parking ◆ **parking souterrain / à étages** underground / multistorey car park (Brit) ou parking lot (US) ◆ **parking payant** paying car park (Brit) ou parking lot (US)
[2] adj (péj) dead-end (épith), which leads nowhere (attrib) ◆ **section-parking** dead-end department ◆ **stage-parking** dead-end training course, training course which leads nowhere

Parkinson [paʀkinsɔn] nm ◆ **la maladie de Parkinson** Parkinson's disease

parkinsonien, -ienne [paʀkinsɔnjɛ̃, jɛn] [1] adj associated with Parkinson's disease
[2] nm,f patient suffering from Parkinson's disease

parlant, e [paʀlɑ̃, ɑ̃t] [→ SYN] [1] adj [a] (doué de parole) speaking (épith), talking (épith) ◆ **il n'est pas très parlant** he's not very talkative → **cinéma**

b (fig) portrait lifelike; comparaison, description graphic, vivid; geste, regard eloquent, meaningful ◆ **les chiffres sont parlants** the figures speak for themselves
2 adv ◆ **scientifiquement / économiquement** etc **parlant** scientifically / economically etc speaking

parlé, e [paʀle] (ptp de **parler**) 1 adj langue spoken → **chaîne, journal**
2 nm (Théât) spoken part

parlement [paʀləmɑ̃] → SYN nm (Hist Jur) parliament ◆ (Pol) **Parlement** Parliament ◆ **le Parlement britannique / européen** the British / European Parliament

parlementaire [paʀləmɑ̃tɛʀ] → SYN 1 adj (Pol) parliamentary
2 nmf a (Pol) member of Parliament; (aux USA) member of Congress; (Brit Hist: partisan) Parliamentarian
b (négociateur) negociator, mediator

parlementairement [paʀləmɑ̃tɛʀmɑ̃] adv parliamentarily

parlementarisme [paʀləmɑ̃taʀism] nm parliamentary government

parlementer [paʀləmɑ̃te] → SYN ▸ conjug 1 ◂ vi (négocier) to parley; (*: discuter) to argue things over ◆ (hum: palabrer) **parlementer avec qn** to argue endlessly with sb

parler [paʀle] → SYN ▸ conjug 1 ◂ GRAMMAIRE ACTIVE 19.2, 26.2
1 vi a (faculté physique) to talk, speak ◆ **il a commencé à parler à 2 ans** he started talking when he was 2 ◆ **votre perroquet parle?** can your parrot talk? ◆ **parler du nez** to talk through one's nose ◆ **parler distinctement** to speak distinctly ◆ **il parle entre ses dents** he talks between his teeth, he mumbles ◆ **je n'aime pas sa façon de parler** I don't like the way he talks ou speaks ◆ **parlez plus fort!** talk ou speak louder!, speak up! → **façon**
b (exprimer sa pensée) to speak; (bavarder) to talk ◆ **parler franc / crûment** to speak frankly / bluntly ◆ **parler bien / mal** to be a good / not to be a (very) good speaker ◆ **parler d'or** to speak words of wisdom ◆ **parler avec les mains** to speak with one's hands ◆ (péj) **parler comme un livre** to talk like a book ◆ **parler par paraboles** ou **par énigmes** to talk ou speak in riddles ◆ **il aime s'écouter parler** he likes the sound of his own voice ◆ **parlons peu mais parlons bien** let's get straight to the point ◆ **parler pour qn** to speak for sb ◆ (iro) **parle pour toi!** speak for yourself! ◆ (Cartes) **c'est à vous de parler** it's your bid ◆ **au lieu de parler en l'air, renseigne-toi / agis** instead of coming out with a lot of vague talk, find out / do something ◆ **plutôt que de parler en l'air, allons lui demander** instead of talking (wildly) let's go and ask him ◆ **parler à tort et à travers** to blether, talk drivel*, talk through one's hat ◆ **parler pour ne rien dire** to talk for the sake of talking ou say nothing at great length ◆ **voilà qui est (bien) parlé!** hear hear!, well said!
c (converser) **parler à qn** to talk ou speak to sb ◆ **il faut que je lui parle** I must talk to him ou have a word with him ◆ **nous ne nous parlons pas** we're not on speaking terms ◆ **moi qui vous parle** I myself ◆ **mais je parle, je parle et toi, comment vas-tu?** but that's enough about me – how are you (doing)? ◆ (fig) **trouver à qui parler** to meet one's match ◆ (fig) **c'est parler à un mur** it's like talking to a (brick) wall ◆ **se parler à soi-même** to talk to o.s.
d (s'entretenir) **parler de qch / qn** to talk about sth / sb ◆ (fig) **parler de la pluie et du beau temps, parler de choses et d'autres** to talk about the weather (fig), talk of this and that ◆ **faire parler de soi** to get o.s. talked about ◆ **parler mal de qn** to speak ill of sb ◆ **on parle beaucoup de lui comme ministre** he is being talked about ou spoken of as a possible ou future minister, he's tipped as a likely minister ◆ **on ne parle que de ça** it's the only topic of conversation, it's the only thing people are talking about ◆ **tout le monde en parle** everybody's talking about it ◆ **toute la ville en parle** it's the talk of the town ◆ **il n'en parle jamais** he never mentions it ou refers to it ou talks about it ◆ **nous recevrons un immense acteur, je veux parler bien sûr de X** we'll be welcoming a great actor, I am, of course, referring to X ◆ **et je ne parle pas de ...** not to mention ..., to say nothing of ... ◆ **quand on parle du loup (on en voit la queue)** talk (Brit) ou speak of the devil (and he will appear)
e (entretenir) **parler de qch à qn** to tell sb about sth ◆ **parlez-nous de vos vacances / projets** tell us about your holidays / plans ◆ **on m'avait parlé d'une vieille maison** I had been told about an old house ◆ **je lui parlerai de cette affaire** I'll speak to him ou I'll have a word with him about this business ◆ (soutenir) **il a parlé de moi au patron** he put in a word for me with the boss ◆ **on m'a beaucoup parlé de vous** I've heard a lot about you
f (annoncer l'intention) **parler de faire qch** to talk of doing sth ◆ **elle a parlé d'aller voir un docteur** she has talked of going to see a doctor ◆ **on parle de construire une route** they're talking of building a road, there is talk of a road being built ou of building a road
g (fig) **parler par gestes** to use sign language ◆ **parler aux yeux / à l'imagination** to appeal to the eye / the imagination ◆ **parler au cœur** to speak to the heart ◆ **ce tableau / cette œuvre me parle** this painting / work really speaks to me ◆ **les faits parlent (d'eux-mêmes)** the facts speak for themselves ◆ **faire parler la poudre** (se battre) to start a gunfight; (faire la guerre) to resort to war ◆ **de quoi ça parle, ton livre? – ça parle de bateaux** what is your book about? – it's about ships ◆ **le jardin lui parlait de son enfance** the garden brought back memories of his childhood (to him) ◆ **tout ici me parle de toi** everything here reminds me of you ◆ **le devoir a parlé** I (ou he etc) heard the call of duty, duty called ◆ **son cœur a parlé** he heeded the call of his heart
h (révéler les faits) to talk ◆ **faire parler** suspect to make talk, loosen the tongue of; introverti, timide to draw out
i LOC **tu parles (Charles)!*, vous parlez!*** (bien sûr) you're telling me!*, you bet!*; (iro) no chance!*, you must be joking!* ◆ **tu as été dédommagé, non? – parlons-en!** (ça ne change rien) you've been compensated, haven't you? – some good ou a lot of use that is (to me)!*; (pas du tout) you've been compensated, haven't you? – not likely!* ou you must be joking!* ◆ **tu parles** ou **vous parlez d'une brute!** talk about a brute! ◆ **leur proposition, tu parles si on s'en fiche!*** a fat lot we think of their idea!* ◆ (iro) **tu parles si ça nous aide / c'est pratique*** that helps us / it's very helpful and I don't think!* ◆ **ne m'en parlez pas!** you're telling me!*, I don't need telling!* ◆ **n'en parlons plus!** let's forget (about) it, let's not mention it again ◆ **sans parler de ...** not to mention ..., to say nothing of ..., let alone ... ◆ **tu peux parler!*** you can talk!* ◆ **vous n'avez qu'à parler** just say the word, you've only to say the word
2 vt a langue to speak ◆ **parler (l') anglais** to speak English
b **parler politique / affaires** to talk politics / business ◆ **parler chiffon* / boutique*** to talk clothes / shop ◆ (hum) **si nous parlions finances?** how about talking cash?*
3 nm a (manière de parler) speech ◆ **le parler vrai** straight talking ◆ **le parler de tous les jours** everyday speech, common parlance ◆ **il a un parler vulgaire** he has a coarse way of speaking → **franc**[1]
b (langue régionale) dialect

parleur [paʀlœʀ] nm → **beau**

parloir [paʀlwaʀ] nm [école, prison] visiting room; [couvent] parlour

parlot(t)e* [paʀlɔt] nf chitchat* (NonC) ◆ **toutes ces parlot(t)es ne mènent à rien** all this chitchat* is a waste of time ◆ **c'est de la parlot(t)e tout ça** that's all just talk

Parme [paʀm] 1 n (ville) Parma
2 nm ◆ **(jambon de) Parme** Parma ham
3 adj ◆ (couleur) **parme** violet

Parmentier [paʀmɑ̃tje] adj inv → **hachis**

parmenture [paʀmɑ̃tyʀ] nf ⇒ **parementure**

parmesan [paʀməzɑ̃] nm (Culin) Parmesan (cheese)

parmi [paʀmi] → SYN prép among(st) ◆ **parmi la foule** among ou in the crowd ◆ **venez ici parmi nous** come over here with us ◆ **c'est un cas parmi d'autres** it's one case among many, it's one of many cases ◆ **allant parmi les ruelles désertes** going through the deserted alleys

Parnasse [paʀnɑs] nm Parnassus ◆ **le Mont Parnasse** (Mount) Parnassus

parnassien, -ienne [paʀnasjɛ̃, jɛn] 1 adj, nm, Parnassian
2 nm (papillon) apollo

parodie [paʀɔdi] → SYN nf parody ◆ (fig) **une parodie de procès** a parody ou travesty of a trial ◆ (fig) **une parodie de démocratie / d'élection** a travesty of a democracy / an election

parodier [paʀɔdje] → SYN ▸ conjug 7 ◂ vt to parody

parodique [paʀɔdik] adj style parodic(al)

parodiste [paʀɔdist] → SYN nmf parodist

parodontal, e, mpl **-aux** [paʀɔdɔ̃tal, o] adj periodontal

parodonte [paʀɔdɔ̃t] nm periodontium

paroi [paʀwa] → SYN nf (gén, Anat, Bot) wall; [récipient] (inside) surface, (inner) wall; [véhicule, baignoire] side; (cloison) partition ◆ **paroi rocheuse** rock face

paroisse [paʀwas] → SYN nf parish

paroissial, e, mpl **-iaux** [paʀwasjal, jo] adj parish (épith) ◆ **salle paroissiale** church hall ◆ **à l'échelon paroissial** at the parochial ou parish level

paroissien, -ienne [paʀwasjɛ̃, jɛn] → SYN
1 nm,f parishioner ◆ (fig) **un drôle de paroissien*** a funny customer*
2 nm (missel) prayer book, missal

parole [paʀɔl] → SYN nf a (mot) word ◆ **comprenez-vous le sens de ses paroles?** can you understand (the meaning of) what he says? ◆ **assez de paroles, des actes!** enough talking, now it's time to act! ◆ **il n'a pas dit une parole de la soirée** he didn't say a word ou open his mouth all evening ◆ (Prov) **les paroles s'envolent, les écrits restent** verba volant, scripta manent ◆ (hum) **voilà une bonne parole!** sound thinking!, that's what I like to hear! ◆ **la parole de Dieu** the word of God ◆ **c'est parole d'évangile** it's the gospel truth, it's gospel* ◆ (iro) **de belles paroles** fair ou fine words! (iro) ◆ **parole célèbre** famous words ou saying ◆ **prononcer une parole historique** to make a historic remark ◆ **ce sont des paroles en l'air** it's just idle talk ◆ **il est surtout courageux en paroles** he's brave enough when it's just a matter of words ou talking about it ◆ **tout cela est bien joli en paroles mais ...** this sounds all very well but ... → **boire, moulin, payer**
b (texte) **paroles** [chanson] words, lyrics; [dessin] words ◆ **histoire sans paroles** wordless cartoon ◆ (légende) **« sans paroles »** "no caption"
c (promesse) word ◆ **tenir parole** to keep one's word ◆ **il a tenu parole** he kept his word, he was as good as his word ◆ **c'est un homme de parole, il est de parole, il n'a qu'une parole** he's a man of his word, his word is his bond ◆ **il n'a aucune parole** you (just) can't trust a word he says ◆ **je l'ai cru sur parole** I took his word for it ◆ **(je vous donne** ou **vous avez ma) parole d'honneur!** I give you ou you have my word (of honour), cross my heart!* ◆ **parole de scout / marin** etc scout's / sailor's etc honour ◆ **manquer à sa parole** to fail to keep one's word, go back on one's word ◆ (fig) **ma parole!*** (upon) my word! ◆ **tu es fou ma parole!** heavens – you're mad! ◆ **prisonnier sur parole** prisoner on parole
d (faculté d'expression) speech ◆ **l'homme est doué de parole** man is endowed with speech ◆ **avoir la parole facile** to be a fluent speaker, have the gift of the gab* ◆ **avoir le don de la parole** to be a gifted speaker ◆ (Prov) **la parole est d'argent, le silence est d'or** speech is silver, silence is golden ◆ [animal] **il ne lui manque que la parole** it ou he does everything but talk ◆ **perdre / retrouver la parole** to lose / recover one's speech; (fig) to lose / find one's

tongue* ◆ **il n'a jamais droit à la parole** he's never allowed to get a word in edgeways

e (Ling) speech, parole (spéc) ◆ **acte de parole** speech act

f (Cartes) **parole !** (I) pass !

g (dans un débat) **droit de parole** right to speak ◆ **temps de parole** speaking time ◆ **vous avez la parole** you have the floor, over to you* ◆ **la parole est à la défense** it is the turn of the defence to speak ◆ **passer** ou **céder la parole à qn** to hand over to sb ◆ **prendre la parole** to speak ◆ **prendre la parole pour dire** to take the floor to say

parolier, -ière [paʀɔlje, jɛʀ] [→ SYN] nm,f [chanson] lyric writer

paronomase [paʀɔnɔmɑz] nf paronomasia

paronyme [paʀɔnim] [→ SYN] nm paronym

paronymie [paʀɔnimi] nf paronymy

paronymique [paʀɔnimik] adj paronymic

paros [paʀos, paʀɔs] nm Parian (marble)

parotide [paʀɔtid] nf ◆ **(glande) parotide** parotid gland

parotidite [paʀɔtidit] nf parotiditis

parousie [paʀuzi] nf parousia, Second Coming

paroxysmal, e, mpl **-aux** [paʀɔksismal, o] adj ⇒ **paroxysmique**

paroxysme [paʀɔksism] [→ SYN] nm [maladie] crisis (point), paroxysm (spéc) ; [crise, sensation, sentiment] paroxysm, height ◆ **être au paroxysme de la joie / colère** to be in a paroxysm of joy / anger, be beside o.s. with joy / anger ◆ **le bruit était à son paroxysme** the noise was at its height ◆ **son désespoir était à son paroxysme** he was at the height of his despair ◆ **l'incendie / la douleur avait atteint son paroxysme** the fire / pain was at its height ou at its fiercest ◆ **le combat avait atteint son paroxysme** the fight had reached fever pitch ou its height ou a climax

paroxysmique [paʀɔksismik] adj paroxysmal, paroxysmic

paroxystique [paʀɔksistik] adj (Méd, frm) paroxysmal, paroxysmic

paroxyton [paʀɔksitɔ̃] adj m paroxytone

parpaillot, e [paʀpajo, ɔt] [→ SYN] nm,f (Hist, péj) Protestant

parpaing [paʀpɛ̃] [→ SYN] nm (pierre pleine) perpend, parpen (US) ; (aggloméré) breeze-block

Parque [paʀk] nf (Myth) Fate ◆ **les Parques** the Parcae, the Fates

parquer [paʀke] [→ SYN] ▸ conjug 1 ◂ [1] vt voiture, artillerie to park ; moutons, bétail to pen (in ou up) ; huîtres, moules to put in a bed (ou beds) ; (fig) personnes to pen ou pack in ; (à l'intérieur) to pack in, shut up

[2] **se parquer** vpr (Aut) to park

parquet [paʀkɛ] [→ SYN] nm **a** (plancher) (wooden ou parquet) floor, floorboards

b (Jur) public prosecutor's department ou office

c (Bourse) **le parquet** (enceinte) the (dealing) floor ; (agents) the stock exchange ou market

parqueter [paʀkəte] ▸ conjug 4 ◂ vt to lay a wooden ou parquet floor in ◆ **pièce parquetée** room with a (polished) wooden ou parquet floor

parqueteur [paʀkətœʀ] nm wooden ou parquet floor layer

parqueur, -euse [paʀkœʀ, øz], **parquier, -ière** [paʀkje, jɛʀ] nm,f [bétail] pen hand ; [huîtres] oyster bed worker

parrain [paʀɛ̃] [→ SYN] nm **a** (Rel, fig) godfather ◆ **accepter d'être le parrain d'un enfant** to agree to be a child's godfather ou to stand godfather to a child ◆ **un parrain de la Mafia** a godfather in the Mafia

b (dans un cercle, une société) (qui introduit) proposer ; (qui aide financièrement) sponsor ; [navire] christener, namer ; [entreprise, initiative] promoter ; [œuvre, fondation] patron

parrainage [paʀɛnaʒ] [→ SYN] nm (→ **parrain**) sponsorship, proposing (for membership) ; christening, naming ; promoting ; patronage ◆ **parrainage publicitaire** advertising sponsorship

parrainer [paʀene] [→ SYN] ▸ conjug 1 ◂ vt (→ **parrain**) to sponsor, propose (for membership) ; to christen, name ; to promote ; to patronize ◆ **se faire parrainer par qn** [personne] to be proposed by sb ; [association] to be sponsored by sb

parricide [paʀisid] [1] adj parricidal

[2] nmf parricide

[3] nm (crime) parricide

parsec [paʀsɛk] nm parsec

parsemer [paʀsəme] [→ SYN] ▸ conjug 5 ◂ vt **a** (répandre) **parsemer de** to sprinkle with, strew with ◆ **parsemer le sol de fleurs** to scatter flowers over the ground, strew the ground with flowers ◆ **parsemer un tissu de paillettes d'or** to sprinkle material with gold sequins, strew gold sequins over material ◆ (fig) **parsemer un texte de citations** to scatter quotations through a text

b (être répandu sur) to be scattered ou sprinkled over ◆ **les feuilles qui parsèment le gazon** the leaves which are scattered ou which lie scattered over the lawn ◆ **ciel parsemé d'étoiles** sky sprinkled ou strewn ou studded with stars ◆ **champ parsemé de fleurs** field dotted with flowers ◆ (fig) **parsemé de difficultés / de fautes** riddled with difficulties / mistakes

parsi, e [paʀsi] [→ SYN] [1] adj Parsee

[2] nm (Ling) Parsee

[3] nm,f ◆ **Parsi(e)** Parsee

parsisme [paʀsism] nm Parseeism

part [paʀ] [→ SYN] GRAMMAIRE ACTIVE 26.5 nf **a** (dans un partage) share ; (portion) portion ; (tranche) slice ◆ **part d'héritage / de soucis** his share of the inheritance / of worries ◆ **faire 8 parts dans un gâteau** to cut a cake into 8 (slices) ◆ **c'est 12 F la part de gâteau** it's 12 francs a slice ◆ (fig) **vouloir sa part du gâteau** to want one's slice ou share of the cake, want one's share of the spoils ◆ **la part du lion** the lion's share ◆ **part à deux !** share and share alike ! ◆ **chacun paie sa part** everyone pays his share, everyone chips in* ◆ **la part du pauvre** (repas) share kept apart for a poor visitor ; (fig) the worst deal

b (participation) part ◆ **prendre part à** travail to take part in, join in, collaborate in ; frais to share in, contribute to ; manifestation to join in, take part in ◆ **cela prend une grande part dans sa vie** it plays a great part in his life ◆ **il a pris une part importante dans l'élaboration du projet** he played an important part in the development of the project ◆ **prendre part à un débat** to participate in ou take part in a debate ◆ **« prenez part au développement de votre ville ! »** "help to develop your town !" ◆ **je prends part à vos soucis** I share (in) your worries ◆ **avoir part à** to have a share in ◆ **faire la part de la fatigue / du hasard** to take tiredness / chance into account ou consideration, allow for ou make allowance(s) for tiredness / chance ◆ **il faut faire la part du vrai et du faux dans ce qu'elle dit** you can't believe everything she says ◆ **faire la part des choses** to take things into account ou consideration, make allowances ◆ (fig) **faire la part du feu** to cut one's losses ◆ **faire la part belle à qn** to give sb more than his (ou her) due ◆ (Sécurité sociale) **part patronale / salariale** employer's / worker's contribution

c (partie) part, portion ◆ **c'est une toute petite part de sa fortune** it's only a tiny fraction ou part of his fortune ◆ **pour une bonne** ou **large part** largely, to a great extent ◆ **pour une part** partly, to some extent ◆ **pour une petite part** in a small way ◆ (Écon) **part de marché** market share

d (Fin) ≃ share *(giving right to participate in profits but not running of firm)* ; (Impôts) ≃ tax unit ◆ **part de fondateur** founder's share ◆ **part d'intérêt** ou **sociale** partner's ou partnership share

e **à part** (de côté) aside, on one side ; (séparément) separately, on its (ou their) own ; (excepté) except for, apart from, aside from (surtout US) ; (exceptionnel) special, extraordinary ; (Théât : en aparté) aside ◆ **nous mettrons ces livres à part pour vous** we'll put these books aside ou on one side for you ◆ **prendre qn à part** to take sb aside ◆ **étudier chaque problème à part** to study each problem separately ou on its own ◆ **à part vous, je ne connais personne ici** apart from ou aside from ou except for you I don't know anyone here ◆ **à part cela** apart ou aside from that, otherwise ◆ **plaisanterie à part** joking apart ou aside ◆ **c'est un homme à part** he's an extraordinary man, he's in a class of his own ◆ **un cas / une place à part** a special case / place ◆ **il est vraiment à part*** there aren't many like him around, he's one on his own* ◆ (littér) **garder qch à part soi** to keep sth to o.s. ◆ (littér) **je pensais à part moi** I thought within ou to myself → **bande²**, **chambre**

f LOC **faire part de qch à qn** to announce sth to sb, inform sb of sth, let sb know ou tell sb about sth ◆ **de la part de** (provenance) from ; (au nom de) on behalf of ◆ **il vient de la part de X** he has been sent by X ◆ **cette machine demande un peu de bon sens de la part de l'utilisateur** this machine requires a little commonsense on the part of the user ou from the user ◆ **cela m'étonne de sa part** I'm surprised at that (coming) from him ◆ **pour ma part** as for me, for my part (frm), as far as I'm concerned ◆ **dites-lui bonjour de ma part** give him my regards ◆ **c'est gentil de sa part** that's nice of him ◆ (Téléc) **c'est de la part de qui ?** who's calling ? ou speaking ? ◆ **prendre qch en bonne part** to take sth in good part ◆ **prendre qch en mauvaise part** to take sth amiss, take offence at sth ◆ **de toute(s) part(s)** from all sides ou quarters ◆ **d'autre part** (de plus) moreover ◆ **d'une part ..., d'autre part** on the one hand ... on the other hand ◆ **de part et d'autre** on both sides, on either side ◆ **de part en part** right through ◆ **membre / citoyen à part entière** full member / citizen ◆ **Français à part entière** person with full French citizenship, fully-fledged French citizen ◆ **artiste à part entière** artist in his (ou her) own right ◆ **l'Europe sera le partenaire à part entière des USA** Europe will be a fully-committed partner with the USA → **nul**, **quelque**

partage [paʀtaʒ] [→ SYN] nm **a** (fractionnement, division) [terrain, surface] dividing up, division ; [gâteau] cutting ; (Math) [nombre] factorizing ◆ **faire le partage de qch** to divide sth up ◆ **le partage du pays en 2 camps** the division of the country into 2 camps ◆ (Ordin) **partage de temps** time sharing → **ligne¹**

b (distribution) [butin, héritage] sharing out ◆ **procéder au partage de qch** to share sth out ◆ **le partage n'est pas juste** the way it's shared out isn't fair, it isn't fairly shared out ◆ **j'ai été oublié dans le partage** I've been forgotten in the share-out ◆ **quel a été le partage des voix entre les candidats ?** how were the votes divided among the candidates ? ◆ (Pol) **en cas de partage des voix** in the event of a tie in the voting

c (participation) sharing ◆ **l'enquête a conclu au partage des responsabilités** the inquiry came to the conclusion that the responsibility was shared ◆ **le partage du pouvoir avec nos adversaires** the sharing of power with our opponents ◆ (fig) **fidélité sans partage** undivided loyalty

d (part) share ; (fig : sort) portion, lot ◆ **donner / recevoir qch en partage** to give / receive sth in a will ◆ **la maison lui échut en partage** the house came to him in the will ◆ (fig) **le bon sens qu'il a reçu en partage** the common sense with which he has been endowed

partagé, e [paʀtaʒe] [→ SYN] (ptp de **partager**) adj **a** (divisé) avis, opinions divided ◆ **les experts sont partagés sur la question** the experts are divided on the question

b (littér : doté) endowed ◆ **il est bien / mal partagé par le sort** fate has been / has not been kind to him → **temps¹**

c (Ordin) **logiciel partagé** shareware

partageable [paʀtaʒabl] [→ SYN] adj divisible, which can be shared out ou divided up ◆ **frais partageables entre tous** costs that are shared by all ◆ **votre gaieté est difficilement partageable** it is difficult to share (in) your merriment

partager [paʀtaʒe] [→ SYN] ▸ conjug 3 ◂ GRAMMAIRE ACTIVE 11.1, 13.1

[1] vt **a** (fractionner) terrain, feuille, gâteau to divide up ◆ **partager en 2 / en 2 bouts / par moitié** to divide in 2 / into 2 pieces ou bits / in half

b (distribuer, répartir) butin, gâteau to share (out) (*entre 2/plusieurs personnes* between 2/among several people); frais to share ◆ **il partage son temps entre son travail et sa famille** he divides his time between his work and his family ◆ **il partage son affection entre plusieurs personnes** several people have to share his affections

c (avoir une part de, avoir en commun) héritage, gâteau, appartement, sort to share (*avec* with) ◆ **voulez-vous partager notre repas?** will you share our meal? ◆ **partager le lit de qn** to share sb's bed ◆ **il n'aime pas partager** he doesn't like sharing ◆ **les torts sont partagés** both (ou all) parties are at fault, there are faults on both (ou all) sides

d (s'associer à) sentiments, bonheur, goûts to share (in); opinion, idée to share, agree with ◆ **je partage votre douleur/bonheur/surprise** I share your sorrow/happiness/surprise ◆ **amour partagé** mutual love

e (fig: diviser) [problème, conflit] to divide ◆ **partagé entre l'amour et la haine** torn between love and hatred

f (frm: douer) to endow ◆ **la nature l'a bien partagé** Nature has been generous to him

2 se partager vpr **a** (se fractionner) to be divided ◆ **ça peut facilement se partager en 3/en 3 morceaux** it can easily be divided (up) ou cut in 3/into 3 pieces ou bits ◆ [vote] **se partager entre diverses tendances** to be divided between different groups ◆ **le monde se partage en deux: les bons et les méchants** the world falls ou can be divided into two groups: the good and the wicked ◆ **à l'endroit où les branches se partagent** where the branches fork ou divide ◆ **le reste des voix s'est partagé entre les autres candidats** the remaining votes are distributed ou shared among the other candidates ◆ **le pouvoir ne se partage pas** power is not something which can be shared ◆ **il se partage entre son travail et son jardin** he divides his time between his work and his garden

b (se distribuer) **se partager qch** to share ou divide sth between them ou among themselves ◆ (fig) **se partager le gâteau** to share out the cake ◆ **ils se sont partagé le butin** they shared the booty between them ◆ **nous nous sommes partagé le travail** we shared the work between us ◆ **les 3 candidats se sont partagé les suffrages** the votes were divided among the 3 candidates ◆ **se partager les faveurs du public** to vie for the public's favour

partageur, -euse [paʀtaʒœʀ, øz] adj ready ou willing to share ◆ **il n'est pas partageur** he doesn't like sharing (his things), he's not a good sharer

partageux, -euse† [paʀtaʒø, øz] nm,f distributionist

partance [paʀtɑ̃s] → SYN nf ◆ **en partance** train due to leave; avion outward bound; bateau sailing (attrib), outward bound ◆ **en partance pour Londres** train, avion for London, London (épith); bateau bound ou sailing for London (attrib); (passager) (bound) for London (attrib)

partant[1], **e** [paʀtɑ̃, ɑ̃t] GRAMMAIRE ACTIVE 11.1

1 nm,f **a** (coureur) starter; (cheval) runner ◆ **tous partants** all horses running ◆ **non-partant** non-runner

b (personne) person leaving, departing traveller ou visitor etc ◆ **les partants et les arrivants** the departures and arrivals

2 adj ◆ **je suis partant** I'm quite prepared to join in ◆ **il est toujours partant pour un bon repas*** he's always ready for a good meal ◆ **si c'est comme ça, je ne suis plus partant** if that's how it is (you can) count me out

partant[2] [paʀtɑ̃] → SYN conj (littér) hence, therefore, consequently

partenaire [paʀtənɛʀ] → SYN nmf partner ◆ **partenaires sociaux** ≃ unions and management, management and labour ◆ **partenaires commerciaux** trading partners

partenariat [paʀtənaʀja] nm partnership

parterre [paʀtɛʀ] → SYN nm **a** (plate-bande) border, (flower)bed; (*: plancher) floor

b (Théât) (emplacement) stalls (Brit), orchestra (US); (public) (audience in the) stalls (Brit) ou orchestra (US)

Parthe [paʀt] nm Parthian → **flèche**[1]

parthénogenèse [paʀtenoʒənɛz] nf parthenogenesis

parthénogénétique [paʀtenoʒenetik] adj parthenogenetic

parthénogénétiquement [paʀtenoʒenetikmɑ̃] adv parthenogenetically

Parthénon [paʀtenɔ̃] nm ◆ **le Parthénon** the Parthenon

parti[1] [paʀti] → SYN **1** nm **a** (groupe) (gén, Pol) party ◆ **le parti des mécontents** the malcontents ◆ **le parti de la défaite** the defeatists ◆ **le parti (communiste)** the Communist party

b (solution) option, course of action ◆ **hésiter entre 2 partis** to wonder which of 2 courses ou which course to follow ◆ **prendre un parti** to come to ou make a decision, make up one's mind ◆ **prendre le parti de faire** to make up one's mind to do, decide ou resolve to do ◆ **mon parti est pris** my mind is made up ◆ **crois-tu que c'est le meilleur parti (à prendre)?** do you think that's the best course (to take)? ou the best idea? ◆ **prendre le parti de qn, prendre parti pour qn** (se mettre du côté de qn) to side with sb, take sb's side; (donner raison à qn) to stand up for sb ◆ **prendre parti (dans une affaire)** (se rallier) to take sides (on ou in a matter); (dire ce qu'on pense) to take a stand (on a matter) ◆ **prendre son parti de qch** to come to terms with sth, reconcile o.s. to sth ◆ **il faut bien en prendre son parti** you just have to come to terms with it ou put up with it

c (personne à marier) match ◆ **beau** ou **bon** ou **riche parti** good match

d LOC **tirer parti de** situation, occasion, information to take advantage of, turn to (good) account; outil, ressources to put to (good) use; victoire to take advantage of ◆ **tirer le meilleur parti possible d'une situation** to turn a situation to best account, get the most one can out of a situation ◆ **il sait tirer parti de tout** (situation) he can turn anything to his advantage, he can make capital out of anything; (objets) he can put everything to good use ◆ **faire un mauvais parti à qn** to beat sb up, give sb rough treatment

2 COMP ▷ **parti pris** prejudice, bias ◆ **je crois, sans parti pris ...** I think without bias (on my part) ... ou being quite objective about it ... ◆ **juger sans parti pris** to take an unbiased ou objective view ◆ **être de/éviter le parti pris** to be/avoid being prejudiced ou biased

parti[2], **e**[1] [paʀti] (ptp de **partir**[1]) adj **a** (*: ivre) tipsy, tight* ◆ **il est bien parti** he's well away*

b (Hér) party

partial, e, mpl **-iaux** [paʀsjal, jo] → SYN adj biased, prejudiced, partial ◆ **être partial envers qn** to be biased ou prejudiced against sb

partialement [paʀsjalmɑ̃] adv in a biased way ◆ **juger qch partialement** to take a biased view of sth

partialité [paʀsjalite] → SYN nf ◆ **partialité (envers** ou **contre qn)** bias (against sb) ◆ **faire preuve de partialité envers** ou **contre qn** to be unfair to sb, be biased against sb, show bias against sb ◆ **elle a montré dans cette affaire une regrettable partialité** her attitude was dreadfully biased in that business

participant, e [paʀtisipɑ̃, ɑ̃t] → SYN **1** adj participant, participating

2 nm,f (à un concours, une course) entrant (*à* in); (à un débat, un projet) participant, person taking part (*à* in); (à une association) member (*à* of); (à une cérémonie, un complot) person taking part (*à* in) ◆ **participants aux bénéfices** those sharing in the profits ◆ **les participants à la manifestation/au concours** those taking part in the demonstration/competition

participatif, ive [paʀtisipatif, iv] adj ◆ **gestion participative** participative management ◆ **prêt participatif** participating capital loan ◆ **titre participatif** non-voting share *(in a public sector company)*

participation [paʀtisipasjɔ̃] → SYN nf **a** (action: → **participer**) **participation à** taking part in; participation in; joining in; appearance in; involvement in ◆ **la réunion aura lieu sans leur participation** the meeting will take place without their taking part ou without them ◆ **peu importe l'habileté: c'est la participation qui compte** skill doesn't really matter: what counts is taking part ou joining in ◆ **nous nous sommes assurés la participation de 2 équilibristes** we have arranged for 2 tightrope walkers to appear ◆ **c'est la participation de X qui va attirer les spectateurs** it's X (performing) who'll draw the crowds, it's the fact that X is appearing ou performing that will draw the crowds ◆ **ce soir grand gala avec la participation de plusieurs vedettes** tonight, grand gala with appearances by several stars ◆ (Ciné) **avec la participation de X** with guest appearance by X, with (special) guest star X ◆ **participation électorale** turnout at the polls (Brit), voter turnout (US) ◆ **fort/faible taux de participation électorale** high/low turnout at the polls

b (Écon) (détention d'actions) interest ◆ **prendre une participation majoritaire dans une firme** to acquire a majority interest in a firm ◆ **la participation (ouvrière)** worker participation ◆ **participation aux bénéfices** profit-sharing ◆ **participation du personnel à la marche d'une entreprise** staff participation ou involvement in the running of a firm

c (financière) contribution ◆ **participation aux frais: 50 F** contribution towards costs: 50 francs ◆ **nous demandons une petite participation (de 15 F)** we request a small donation (of 15 francs)

participe [paʀtisip] nm participle ◆ **participe passé/présent** past/present participle

participer [paʀtisipe] → SYN ▸ conjug 1 ◂

1 participer à vt indir **a** (prendre part à) concours, colloque, cérémonie to take part in ◆ **je compte participer au concours/à l'épreuve de fond** I intend to take part in ou enter the competition/the long-distance event ◆ **peu d'électeurs ont participé au scrutin** there was a low turnout at the polls, there was a low poll (Brit), there was a low voter turnout (US)

b (prendre une part active à) entreprise, discussion, jeu to participate in, take part in, join in; spectacle [artiste] to appear in; aventure, complot, escroquerie to take part in, be involved in ◆ **en sport, l'important n'est pas de gagner mais de participer** in sport the important thing is not winning but taking part ou but joining in ◆ **participer à la joie/au chagrin de qn** to share sb's joy/sorrow ◆ **ils ont participé à l'allégresse générale** they joined in the general mood of joyfulness ◆ **on demande aux élèves de participer davantage pendant le cours** pupils are asked to be more actively involved during the class

c (payer sa part de) frais, dépenses to share in, contribute to ◆ **participer (financièrement) à** entreprise, projet to cooperate in

d (avoir part à) profits, pertes, succès to share (in)

2 participer de vt indir (littér: tenir de) to partake of (frm), have something of the nature of

participial, e, mpl **-iaux** [paʀtisipjal, jo] **1** adj participial

2 participiale nf participial phrase ou clause

particularisation [paʀtikylaʀizasjɔ̃] nf particularization

particulariser [paʀtikylaʀize] → SYN ▸ conjug 1 ◂ **1** vt to particularize

2 se particulariser vpr to be distinguished ou characterized (*par* by)

particularisme [paʀtikylaʀism] → SYN nm **a** (Pol: attitude) sense of identity ◆ (particularité) **particularisme(s)** specific (local) character (NonC), specific characteristic(s) ◆ (Pol, Sociol) **particularismes régionaux** regional idiosyncracies

b (Rel) particularism

particularité [paʀtikylaʀite] → SYN nf **a** (caractéristique) [individu, caractère, religion] particularity, (distinctive) characteristic; [texte, paysage] (distinctive) characteristic ou feature; [appareil, modèle] (distinctive) feature ◆ **ces modèles ont en commun la particularité d'être ...** these models all have the distinctive feature of being ..., these models are all distinguished by being ... ◆ **cet**

animal présente la particularité d'être herbivore a distinctive feature ou characteristic of this animal is that it is herbivorous

b (†, littér: détail) particular

c (littér: unicité) particularity

particule [paʀtikyl] → SYN nf (Ling, Phys) particle ◆ **particule (nobiliaire)** nobiliary particle ◆ **nom à particule** ≃ name with a handle, *name with a "de" usually belonging to a noble family* ◆ **il a un nom à particule** he has a handle to his name

particulier, -ière [paʀtikylje, jɛʀ] → SYN GRAMMAIRE ACTIVE 26.1

1 adj **a** (spécifique) aspect, point, exemple particular, specific; trait, style, manière de parler characteristic, distinctive ◆ **dans ce cas particulier** in this particular case ◆ **il n'avait pas d'aptitudes particulières** he had no particular ou special aptitudes ◆ **cette habitude lui est particulière** this habit is peculiar to him ◆ **signes particuliers** (gén) distinctive signs; (sur un passeport) distinguishing marks

b (spécial) exceptional, special, particular ◆ **la situation est un peu particulière** the situation is rather exceptional ◆ **ce que j'ai à dire est un peu particulier** what I have to say is slightly unusual ◆ **cela constitue un cas particulier** this is a special ou an unusual ou an exceptional case ◆ **rien de particulier à signaler** nothing in particular, nothing unusual to report ◆ **je l'ai préparé avec un soin tout particulier** I prepared it with very special care ou with particular care

c (étrange) mœurs peculiar, odd; goût, odeur strange, odd ◆ **il a toujours été un peu particulier** he has always been a bit peculiar ou odd

d (privé) voiture, secrétaire, conversation, intérêt private ◆ **l'entreprise a son service particulier de livraison** the company has its own delivery service ◆ **intervenir à titre particulier** to intervene in a private capacity → **hôtel, leçon**

e en particulier (en privé) parler in private; (séparément) examiner separately; (surtout) in particular, particularly, especially; (entre autres choses) in particular

2 nm **a** (personne) person; (Admin, Comm) private individual ◆ **comme un simple particulier** like any ordinary person ◆ (petites annonces) **vente / location de particulier à particulier** private sale / let (Brit) ou rental (US) ◆ (petite annonce) **« particulier vend »** "for sale privately", "for private sale"

b (*: individu) individual, character ◆ **un drôle de particulier** an odd character ou individual

c (chose) **le particulier** the particular ◆ **du général au particulier** from the general to the particular

particulièrement [paʀtikyljɛʀmɑ̃] → SYN adv particularly, especially, specially ◆ **particulièrement bon / évolué** particularly ou specially good / developed ◆ **je ne le connais pas particulièrement** I don't know him very ou particularly well ◆ **il aime tous les arts et tout particulièrement la peinture** he is keen on all the arts, especially ou specially painting ◆ **une tâche particulièrement difficile** a particularly ou specially difficult task ◆ **je voudrais plus particulièrement vous faire remarquer ce détail** I'd particularly like to draw your attention to this detail ◆ **voulez-vous du café? – je n'y tiens pas particulièrement** would you like a coffee? – not particularly ou specially

partie² [paʀti] → SYN **1** nf **a** (portion, fraction) part; (quantité) part, amount ◆ **diviser en trois parties** to divide into three parts ◆ **il y a des parties amusantes dans le film** the film is funny in parts, the film has its funny moments ◆ **il ne possède qu'une partie du terrain** he only owns (one) part of the land ◆ (Constr) **parties communes / privatives** communal parts / privately-owned / areas ◆ **une petite partie de l'argent** a small part ou amount of the money ◆ **une grande** ou **bonne partie du travail** a large ou good part of ou a good deal of the work ◆ **la majeure** ou **plus grande partie du temps / du pays** most of ou the greater ou the best part of the time / the country ◆ **la majeure partie des gens** the majority of people, most people ◆ **la plus grande partie de ce que l'on vous a dit** the greater part ou most of what you were told ◆ **tout ou partie de** all or part of ◆ **en partie** partly, in part ◆ **en grande** ou **majeure partie** largely, in large part, mainly, for the most part ◆ **faire partie de** ensemble, obligations, risques to be part of; club, association to belong to, be a member of; catégorie, famille to belong to; élus, gagnants to be among, be one of ◆ **la rivière fait partie du domaine** the river is part of the estate ◆ **les villes faisant partie de ma circonscription** the towns that make up my constituency ◆ **elle fait partie de notre groupe** she belongs to our group, she's one of our group ◆ **faire partie intégrante de** to be an integral part of, be part and parcel of

b (spécialité) field, subject ◆ **moi qui suis de la partie** knowing the field ou subject as I do ◆ **il n'est pas dans** ou **de la partie** it's not his line ou field ◆ **quand on lui parle électricité, il est dans sa partie** when it's a matter of electricity, he knows what he's talking about ◆ **demande à ton frère, c'est sa partie** ou **il est de la partie** ask your brother – it's his field ou his line

c (Cartes, Sport) game; (Golf) round; (fig: lutte) struggle, fight ◆ **faisons une partie de ...** let's have a game of ... ◆ **on a fait une bonne partie** we had a good game ◆ (fig) **abandonner la partie** to give up the fight ◆ **la partie est délicate** it's a tricky situation ou business ◆ **la partie n'est pas égale** it's an unequal ou uneven match, it's not a fair match

d (Jur) [contrat] party; [procès] litigant; (Mil: adversaire) opponent ◆ **la partie adverse** the opposing party ◆ **les parties en présence** the parties ◆ **les parties belligérantes** the warring factions ◆ **avoir affaire à forte partie** to have no mean opponent ou a tough opponent to contend with ◆ **être partie prenante dans une négociation** to be a party to a negotiation → **juge**

e (Mus) part

f (Anat euph) **parties sexuelles** ou **génitales, parties honteuses†** private parts ◆ **parties viriles** male organs ◆ **les parties*** the privates*

g LOC **avoir la partie belle** to be sitting pretty* ◆ **se mettre de la partie** to join in ◆ **je veux être de la partie** I don't want to miss this, I want to be in on this* ◆ (littér) **avoir partie liée (avec qn)** to be hand in glove (with sb) ◆ **ce n'est que partie remise** it will be for another time, we'll take a raincheck on it* (US) ◆ **prendre qn à partie** (apostropher) to take sb to task; (malmener) to set on sb ◆ (lit, fig) **la partie immergée** ou **cachée de l'iceberg** the invisible part of the iceberg ◆ (Comm) **comptabilité en partie simple / double** single- / double-entry book-keeping

2 COMP ▷ **partie de campagne** day ou outing in the country ▷ **partie carrée** wife-swapping party ▷ **partie de chasse** shooting party ou expedition ▷ **partie civile** (Jur) *private party associating in a court action with public prosecutor* ◆ **se porter** ou **se constituer partie civile** *to associate in a court action with the public prosecutor* ▷ **partie du discours** (Ling) part of speech ▷ **partie fine** pleasure party ▷ **partie de jambes en l'air: tout ce qui l'intéresse, c'est une partie de jambes en l'air*** all he's interested in is getting his leg over‡ ▷ **partie de pêche** fishing party ou trip ▷ **partie de plaisir:** (fig) ce n'est pas une partie de plaisir! it's no picnic! (Brit) ou vacation! (US), it's not my idea of fun!

partiel, -elle [paʀsjɛl] → SYN **1** adj (gén) partial ◆ **paiement partiel** part payment ◆ **les (élections) partielles** by(e)-elections

2 nm (Univ) class exam

partiellement [paʀsjɛlmɑ̃] → SYN adv partially, partly

partir¹ [paʀtiʀ] → SYN ▸ conjug 16 ◂ vi

a (quitter un lieu) to go, leave; (se mettre en route) to leave, set off, set out; (s'éloigner) to go away ou off; (disparaître) to go ◆ **pars, tu vas être en retard** go ou off you go, you're going to be late ◆ **pars, tu m'embêtes** go away, you're annoying me ◆ **es-tu prêt à partir?** are you ready to go? ◆ **allez, je pars** I'm off now ◆ **il est parti sans laisser d'adresse** he left without leaving an address ◆ **nos voisins sont partis il y a 6 mois** our neighbours left ou moved ou went (away) 6 months ago ◆ (euph: mourir) **depuis que mon pauvre mari est parti** since my poor husband passed on, since the departure of my poor husband ◆ **ma lettre ne partira pas ce soir** my letter won't go this evening ◆ **quand partez-vous (pour Paris)?** when are you going off (to Paris)? ou leaving (for Paris)?, when are you off (to Paris)?* ◆ **partir pour le bureau** to leave ou set off for the office ◆ **elle est partie de Nice à 9 heures** she left Nice ou set off from Nice at 9 o'clock ◆ **sa femme est partie de la maison** his wife has left home ◆ **sa femme est partie avec un autre** his wife has gone off with another man ◆ **le mauvais temps a fait partir les touristes** the bad weather has driven the tourists away ◆ **j'espère que je ne vous fais pas partir** I hope I'm not chasing you away ◆ **ceux-là, quand ils viennent bavarder, c'est dur de les faire partir** when that lot come round to talk, it's a hard job to get rid of them* ◆ **partir, c'est mourir un peu** to leave is to die a little ◆ **fais partir le chat de ma chaise** get the cat off my chair

b (aller) to go ◆ **il est parti dans sa chambre / acheter du pain** he has gone to his room / to buy some bread ◆ **partir faire des courses / se promener** to go (out) shopping / for a walk ◆ **pars devant acheter les billets** go on ahead and buy the tickets ◆ **partir à la chasse / à la pêche** to go shooting / fishing ◆ **partir en vacances / en voyage** to go (off) on holiday / on a journey ◆ **partir à pied** to set off on foot ◆ **tu pars en avion ou en voiture?** are you flying or driving?, are you going by plane or by car? ◆ **partir à la guerre / au front** to go (off) to the war / to the front

c (démarrer) [moteur] to start; [avion] to take off; [train] to leave; [coureur] to be off; [plante] to take ◆ **la voiture partit sous son nez** the car started up ou drove off and left him standing ◆ **il partit en courant** he dashed ou ran off ◆ **il partit en trombe** ou **comme une flèche** he was off ou set off like a shot ◆ **attention, le train va partir** look out, the train's leaving ◆ **l'avion va partir dans quelques minutes** the plane is taking off in a few minutes ◆ **ce cheval est bien / mal parti** that horse got off to a good / bad start ◆ **partir gagnant** to begin as if one is sure of success ◆ **les voilà partis!** they're off! ◆ **attention, prêts? partez!** ready, steady, go!, on your marks, get set, go! ◆ (fig) **il faut partir du bon pied** one must set off on the right foot ◆ **c'est parti mon kiki!*** here we go!* ◆ **faire partir une voiture / un moteur** to start (up) a car / an engine

d (être lancé) [fusée] to go off ou up; [fusil, coup de feu] to go off; [bouchon] to pop ou shoot out ◆ **le coup est parti tout seul** the gun went off on its own ◆ **le coup ne partit pas** the shot didn't go off, the shot misfired ◆ **le bouchon est parti au plafond** the cork shot up to the ceiling ◆ **ces cris partaient de la foule** these cries came from the crowd ◆ **l'obus qui part du canon** the shell fired from the gun ◆ **le pétard n'a pas voulu partir** the banger wouldn't go off ◆ **le mot partit malgré lui** the word came out before he could stop it ◆ **le ballon partit comme un boulet de canon** the ball shot off like a bullet ◆ **faire partir** fusée to launch; pétard to set off, light

e (être engagé) **partir sur une idée fausse / une mauvaise piste** to start off with the wrong idea / on the wrong track ◆ **partir bien / mal** to be ou get off to a good / bad start, start (off) well / badly ◆ **le pays est mal parti** the country is in a bad way ou in a mess ou in a sorry state ◆ **nous sommes mal partis pour arriver à l'heure** we've made a bad start as far as arriving on time is concerned ◆ **son affaire est bien partie** his business has got off to a good start ◆ **il est bien parti pour gagner** he's all set to win ◆ **partir dans des digressions sans fin** to wander off ou launch into endless digressions ◆ **quand ils sont partis à discuter, il y en a pour des heures*** once they're off* ou launched on one of their discussions, they'll be at it for hours* ◆ **partir à rire*** ou **d'un éclat de rire** to burst out laughing ◆ **il est (bien) parti pour parler deux heures** the way he's going, he'll be talking for ou he looks all set to talk for two hours ◆ **la pluie est partie pour (durer) toute la journée** the rain has set in for the day ◆ **on est parti pour ne pas déjeuner** at this rate ou the way things are going, we won't get any lunch

f (commencer) **partir de** [contrat, vacances] to begin on, run from; [course, excursion] to start ou leave from ◆ **l'autoroute part de Lille** the motorway starts at Lille ◆ **un chemin qui part de l'église** a path going from ou leaving the church ◆ **les branches qui partent du tronc** the branches going out from the trunk ◆ **cet industriel est parti de rien** ou **de zéro** this industrialist started from scratch ou from ou with nothing ◆ **cette rumeur est partie de rien** this rumour grew up out of nothing ◆ **notre analyse part de cette constatation** our analysis is based on this observation ou takes this observation as its starting point ◆ **partons de l'hypothèse que** let's assume that ◆ **si tu pars du principe que tu as toujours raison / qu'ils ne peuvent pas gagner** if you start from the notion that ou if you start off by assuming that you're always right / that they can't win, if you take as your starting point the idea that you're always right / that they can't win ◆ **en partant de ce principe, rien n'est digne d'intérêt** on that basis, nothing's worthy of interest ◆ **en partant de là, on peut faire n'importe quoi** looking at things that way, one can do anything

g (provenir) **partir de** to come from ◆ **mot qui part du cœur** word which comes from the heart ◆ **cela part d'un bon sentiment / d'un bon naturel** that comes from his (*ou* her etc) kindness / good nature

h (disparaître) [tache] to go, come out; [bouton, crochet] to go, come off; [douleur] to go; [rougeurs, boutons] to go, clear up; [odeur] to go, clear ◆ **la tache est partie au lavage** the stain has come out in the wash ou has washed out ◆ **toute la couleur est partie** all the colour has gone ou faded ◆ **faire partir** tache to remove; odeur to clear, get rid of ◆ **lessive qui fait partir la couleur** washing powder which fades ou destroys the colours

i LOC **à partir de** from ◆ **à partir d'aujourd'hui** (as) from today, from today onwards ◆ **à partir de maintenant** from now on ◆ **à partir de 4 heures** from 4 o'clock on(wards) ◆ **à partir d'ici le pays est plat** from here on(wards) the land is flat ◆ **à partir de** ou **en partant de la gauche, c'est le troisième** it is (the) third along from the left ◆ **pantalons à partir de 300 F** trousers from 300 francs (upwards) ◆ **lire à partir de la page 5** to start reading at page 5 ◆ **allez jusqu'à la poste et, à partir de là, c'est tout droit** go as far as the post office and after that it's straight ahead ◆ **à partir de ces 3 couleurs vous pouvez obtenir toutes les nuances** with ou from these 3 colours you can get any shade ◆ **c'est fait à partir de produits chimiques** it's made from chemicals ◆ **à partir de ce moment-là, ça ne sert à rien de discuter plus longtemps** once you've reached that stage, it's no use discussing things any further

partir² [partiʀ] vt → **maille**

partisan, e [partizɑ̃, an] [→ SYN] 1 adj a (partial) partisan

b **être partisan de qch / de faire qch** to be in favour of sth / of doing sth ◆ **être partisan du moindre effort** to be a believer in (taking) the line of least resistance

2 nm,f [personne, thèse, régime] supporter; [action] supporter, advocate, proponent; [doctrine, réforme] partisan, supporter, advocate; (Mil) partisan ◆ **c'est un partisan de la fermeté** he's an advocate of ou a believer in firm measures, he supports ou advocates firm measures

partita [partita] nf (Mus) partita

partitif, -ive [partitif, iv] 1 adj partitive

2 nm partitive (article)

partition [partisjɔ̃] [→ SYN] nf a (Mus) score ◆ **as-tu ta partition?** have you got your score? ou music?* ◆ **grande partition** full score

b (frm, gén Pol: division) partition

parton [partɔ̃] nm parton

partousard, e* [partuzaʀ, aʀd] nm,f orgy lover

partouse* [partuz] nf orgy

partouser* [partuze] ▸ conjug 1 ◂ vi to have an orgy (ou orgies)

partout [partu] [→ SYN] adv everywhere, everyplace (US) ◆ **partout où** everywhere (that), wherever ◆ **avoir mal partout** to ache all over ◆ **tu as mis des papiers partout** you've put papers all over the place ◆ (Sport) **2 / 15 partout** 2 / 15 all ◆ (Tennis) **40 partout** deuce

partouzard, e* [partuzaʀ, aʀd] nm,f ⇒ **partousard, e**

partouze* [partuz] nf ⇒ **partouse***

parturiente [partyʀjɑ̃t] adj f parturient

parturition [partyʀisjɔ̃] [→ SYN] nf parturition

parulie [paʀyli] nf gumboil, parulis

parure [paʀyʀ] [→ SYN] nf a (toilette) costume, finery (NonC); (bijoux) jewels; (sous-vêtements) set of lingerie; (fig littér) finery, livery (littér) ◆ **parure de table / de lit** set of table / bed linen ◆ **parure de berceau** cot (Brit) ou crib (US) set ◆ **parure de diamants** set of diamonds, diamond ornament ◆ (littér) **les arbres ont revêtu leur parure de feuilles** the trees have put on their leafy finery (littér)

b (déchet) trimming

parurerie [paʀyʀʀi] nf (fabrication) finery making; (commerce) finery trade

parurier, -ière [paʀyʀje, jɛʀ] nm,f (fabricant) finery maker; (vendeur) finery seller

parution [paʀysjɔ̃] [→ SYN] nf appearance, publication

parvenir [paʀvəniʀ] [→ SYN] ▸ conjug 22 ◂ 1 **parvenir à** vt indir a (arriver) sommet to get to, reach; honneurs to achieve; état, âge to reach ◆ **parvenir aux oreilles de qn** to reach sb's ears ◆ **ma lettre lui est parvenue** my letter reached him, he got my letter ◆ **ses ordres nous sont parvenus** his orders reached us ◆ **faire parvenir qch à qn** to send sth to sb ◆ **parvenir à ses fins** to achieve one's ends ◆ **sa renommée est parvenue jusqu'à notre époque** ou **nous** his fame has come down to our own day ou to us

b (réussir) **parvenir à faire qch** to manage to do sth, succeed in doing sth ◆ **il y est parvenu** he managed it ◆ **il n'y parvient pas tout seul** he can't manage on his own

2 vi (parfois péj: faire fortune) to succeed ou get on in life, arrive

parvenu, e [paʀvəny] [→ SYN] (ptp de **parvenir**) 1 adj upstart

2 adj, nm,f (péj) parvenu, upstart

parvis [paʀvi] [→ SYN] nm square *(in front of church* ou *public building)*

PAS [peaɛs] nm (abrév de **acide para-amino-salicylique**) PAS

pas¹ [pɑ] [→ SYN] 1 nm a (gén) step; (bruit) footstep; (trace) footprint ◆ **faire un pas en arrière / en avant, reculer / avancer d'un pas** to step back / forward, take a step ou a pace back / forward ◆ **faire de grands / petits pas** to take long strides / short steps ◆ **la politique des petits pas** the policy of taking things one step at a time ◆ **marcher à grands pas** to stride along ◆ **il reconnut son pas dans le couloir** he recognized his footsteps ou his step in the corridor ◆ **revenir** ou **retourner sur ses pas** to retrace one's steps ou path ◆ **je vais là où me conduisent mes pas** I am going where my steps take me ◆ **à pas mesurés** ou **comptés** with measured steps ◆ (lit, fig) **pas à pas** step by step ◆ (lit, fig) **à chaque pas** at every step ◆ **il ne peut pas faire un pas sans elle / sans la rencontrer** he can't go anywhere without her / without meeting her ◆ **ne le quittez pas d'un pas** follow him wherever he goes ◆ **arriver sur les pas de qn** to arrive just after sb, follow close on sb's heels → **marcher**

b (distance) pace ◆ **à 20 pas** at 20 paces ◆ **c'est à deux pas d'ici** it's only a minute away, it's just a stone's throw from here

c (vitesse) pace; (Mil) step; [cheval] walk ◆ **aller bon pas, aller** ou **marcher d'un bon pas** to walk at a good ou brisk pace ◆ **marcher d'un pas lent** to walk slowly ◆ **changer de pas** to change step ◆ **allonger** ou **hâter** ou **presser le pas** to hurry on, quicken one's step ou pace ◆ **ralentir le pas** to slow down ◆ **marcher au pas** to march ◆ **se mettre au pas** to get in step ◆ **mettre son cheval au pas** to walk one's horse ◆ (Aut) **rouler** ou **aller au pas** to crawl along, go dead slow (Brit), go at a walking pace ◆ **au pas cadencé** in quick time ◆ **au pas de charge** at the charge ◆ **au pas de course** at a run ◆ **au pas de gymnastique** at a jog trot ◆ **au pas redoublé** in double time, double-quick

d (démarche) tread ◆ **d'un pas lourd** ou **pesant** with a heavy tread ◆ **pas d'éléphant** elephantine tread

e (Danse) step ◆ **pas de danse / valse** dance / waltz step → **esquisser**

f (Géog: passage) [montagne] pass; [mer] strait

g (Tech) [vis, écrou] thread; [hélice] pitch

h LOC **faire un grand pas en avant** to take a big step ou a great leap forward ◆ **la science avance à grands pas / à pas de géant** science is taking great / gigantic steps forward, science is striding forward / advancing by leaps and bounds ◆ **à pas de loup, à pas feutrés** stealthily, with (a) stealthy tread ◆ **d'un pas léger** (agilement) with an airy tread; (avec insouciance) airily, blithely; (joyeusement) with a spring in one's step ◆ **j'y vais de ce pas** I'll go straightaway ou at once ◆ **mettre qn au pas** to bring sb to heel, make sb toe the line ◆ **avoir le pas sur qn** to rank before sb ◆ **prendre le pas sur** considérations, préoccupations to override; théorie, méthode to supplant; personne to steal a lead over ◆ **franchir** ou **sauter le pas** to take the plunge ◆ **du mensonge à la calomnie il n'y a qu'un pas** it's a short ou small step from lies to slander → **céder, cent¹, faux², premier** etc

2 COMP ▷ **pas battu** (Danse) pas battu ▷ **le pas de Calais** (détroit) the Straits of Dover ▷ **pas de clerc** (littér) blunder ▷ **pas de deux** (Danse) pas de deux ▷ **pas de l'oie** (Mil) goose-step ◆ (Mil) **faire le pas de l'oie** to goose-step ▷ **pas de la porte** doorstep ◆ **sur le pas de la porte** (lit) on the doorstep, in the doorway ▷ **pas de tir** [champ de tir] shooting range; (Espace) launching pad ▷ **pas de vis** thread

pas² [pɑ] [→ SYN] 1 adv nég a (avec ne: formant nég verbale) not, n't (dans la langue courante) ◆ **je ne vais pas à l'école** (aujourd'hui) I'm not ou I am not going to school; (habituellement) I don't ou I do not go to school ◆ **ce n'est pas vrai, c'est pas vrai*** it isn't ou it's not ou it is not true ◆ **je ne suis pas / il n'est pas allé à l'école** I / he didn't ou did not go to school ◆ **je ne trouve pas mon sac** I can't ou cannot find my bag ◆ **je ne vois pas** I can't ou cannot ou don't see ◆ **c'est pas vrai!*** no kidding!*, you don't say!* ◆ **je ne prends pas / je ne veux pas de pain** I won't have / I don't want any bread ◆ **ils n'ont pas de voiture / d'enfants** they don't have ou haven't got a car / any children, they have no car / children ◆ **il m'a dit de (ne) pas le faire** he told me not to do it ◆ **ça me serait insupportable de ne pas le voir, ne pas le voir me serait insupportable** it would be unbearable not to see him, not to see him would be unbearable ◆ **je pense qu'il ne viendra pas** I don't think he'll come ◆ **ce n'est pas sans peine que je l'ai convaincu** it was not without (some) difficulty that I convinced him ◆ **non pas** ou **ce n'est pas qu'il soit bête** (it's) not that he's a fool ◆ **ce n'est pas que je refuse** it's not that I refuse ◆ **il n'y a pas que ça** it's not just that ◆ **il n'y a pas que lui** he's not the only one ◆ **je n'en sais pas plus que vous** I know no more ou I don't know any more about it than you (do) ◆ **il n'y avait pas plus de 20 personnes** there weren't ou were not more than 20 people ◆ **il n'est pas plus / moins intelligent que vous** he is no more / no less intelligent than you

b (indiquant ou renforçant opposition) **elle travaille, (mais) lui pas** she works, but he doesn't ◆ **il aime ça, pas toi?** he likes it, don't you? ◆ **ils sont 4 et non (pas) 3** there are 4 of them, not 3 ◆ **vient-il ou (ne vient-il) pas?** is he coming or (is he) not?, is he coming or isn't he? ◆ **leur maison est chauffée, la nôtre pas** their house is heated but ours isn't ou is not

c (dans réponses négatives) not ◆ **pas de sucre, merci!** no sugar, thanks! ◆ **pas du tout** not at all, not a bit ◆ **il t'a remercié, au moins?**

– **pas du tout** ou **absolument pas** he did at least thank you? – he certainly didn't ou did not ◆ **pas encore** not yet ◆ **pas plus que ça** so-so* ◆ **pas tellement*, pas tant que ça** not (all) that much*, not so very much ◆ **pas des masses*** not a lot*, not an awful lot* ◆ **qui l'a prévenu ?** – **pas moi/elle** etc who told him? – not me/she etc ou I didn't/she didn't etc

d (devant adj, n, dans excl, souvent*) **ce sont des gens pas fiers** they're not proud people ◆ **il est dans une situation pas banale** ou **ordinaire** he's in an unusual situation ◆ **pas un n'est venu** not one ou none (of them) came ◆ **pas possible !** no!, you don't say!* ◆ **pas de chance*** hard ou bad luck*!, too bad* ◆ **pas vrai ?*** isn't that so?, (isn't that) right? ◆ **tu es content, pas vrai ? !*** you're pleased, aren't you? ou admit it ◆ **t'es pas un peu fou ?*** you must be ou you are off (Brit) ou out of (US) your head!* ◆ **pas d'histoires** ou **de blagues, il faut absolument que j'arrive à l'heure** (now) no nonsense, I absolutely must be on time ◆ **(c'est) pas bête, cette idée !** that's not a bad idea (at all)! ◆ **si c'est pas malheureux !*** ou **honteux !*** isn't that ou it a shame! ◆ **tu viendras, pas ?*** you're coming, aren't you?, you'll come, won't you? ◆ **pas de ça !** we'll have none of that! → **falloir, fou**

2 COMP ▷ **pas grand-chose** (péj) nmf inv good-for-nothing

pascal¹, e, mpl **-aux** [paskal, o] adj agneau paschal; messe Easter

pascal², pl **pascals** [paskal] nm (Phys) pascal; (*: billet) 500 francs note

pascal³ [paskal] nm (Ordin) Pascal

pascalien, -ienne [paskaljɛ̃, jɛn] adj of Pascal

Pas-de-Calais [padkalɛ] nm ◆ **le Pas-de-Calais** (département) the Pas-de-Calais

pas-de-porte [padpɔʀt] nm inv (Jur) ≃ key money *(for shop etc)*

pasionaria [pasjɔnaʀja] nf passionate (female) militant

Pasiphaé [pazifae] nf Pasiphaë

paso doble [pasodɔbl] nm paso doble

passable [pasabl] → SYN adj passable, tolerable; (sur copie d'élève) fair ◆ (Univ) **mention passable** ≃ pass(mark) ◆ **à peine passable** barely passable, not so good (attrib)

passablement [pasabləmɑ̃] adv (moyennement) jouer, travailler tolerably ou reasonably well; (assez) irritant, long rather, fairly, pretty*; (beaucoup) quite a lot ou a bit* ◆ **il faut passablement de courage pour ...** it requires a fair amount of courage to ...

passacaille [pasakaj] nf passacaglia

passade [pasad] → SYN nf passing fancy, whim, fad; (amoureuse) passing fancy

passage [pasaʒ] → SYN 1 nm a (venue) **guetter le passage du facteur** to watch for the postman to come by, be on the look-out for the postman ◆ **attendre le passage de l'autobus** to wait for the bus to come ◆ **agrandir une voie pour permettre le passage de gros camions** to widen a road to allow heavy vehicles to use it ou to allow heavy vehicles through ◆ **observer le passage des oiseaux dans le ciel** to watch the birds fly by ou over ◆ **pour empêcher le passage de l'air sous la porte** to stop draughts (coming in) under the door ◆ **lors de votre passage à la douane** when you go ou pass through customs ◆ **lors d'un récent passage à Paris** when I (ou he etc) was in ou visiting Paris recently, on a recent trip to Paris ◆ **la navette d'autobus fait 4 passages par jour** the bus goes past ou does a shuttle service 4 times a day ◆ **prochain passage de notre représentant le 8 mai** our representative will call next ou will next be in the area on May 8th ◆ **« passage de troupeaux »** "cattle crossing" ◆ **« passage interdit »** "no entry", "no thoroughfare" ◆ **livrer passage** to make way ◆ **il y a beaucoup de passage l'été** there are a lot of people passing ou coming through here in the summer ◆ **commerçant qui travaille avec le passage** ou **les clients de passage** shopkeeper catering for passing trade ou the casual trade ◆ **il est de passage à Paris** he is in ou visiting ou passing through Paris at the moment ◆ **amours/amants de passage** casual ou passing affairs/lovers ◆ **je l'ai saisi au passage** (je passais devant) I grabbed him as I went by ou past; (il passait devant) I grabbed him as he went by ou past → **lieu¹**

b (transfert) **le passage de l'état solide à l'état gazeux** the change from the solid to the gaseous state ◆ **le passage de l'enfance à l'adolescence** the transition ou passage from childhood to adolescence ◆ **le passage du jour à la nuit** the change from day to night ◆ **le passage du grade de capitaine à celui de commandant** promotion from captain to major ◆ **le passage de l'alcool dans le sang** the entry of alcohol into the bloodstream ◆ **son passage en classe supérieure est problématique** there are problems about his moving up (Brit) ou promotion (US) to the next class (Brit) ou grade (US) ◆ **passage à l'acte** taking action, acting → **examen**

c (lieu) passage; (chemin) way, passage; (itinéraire) route; (rue) passage(way), alley (-way) ◆ **un passage dangereux sur la falaise** a dangerous section on the cliff ◆ **il faut trouver un passage dans ces broussailles** we must find a way through this undergrowth ◆ **on a mis des barrières sur le passage de la procession** barriers have been put up along the route of the procession ou taken by the procession ◆ **on se retourne sur son passage** people turn round and look when he goes past ◆ **l'ennemi dévasta tout sur son passage** the enemy left total devastation in their wake ◆ **barrer le passage à qn** to block sb's way ◆ **laisser le passage à qn** to let sb pass ou past ◆ **va plus loin, tu gênes le passage** move along, you're in the way ◆ **ne laissez pas vos valises dans le passage** don't leave your cases in the passage ◆ **passage du Nord-Ouest** North-West Passage → **frayer**

d (Naut) **payer son passage** to pay for one's passage, pay one's fare

e (fragment) [livre, symphonie] passage

f (traversée) [rivière, limite, montagnes] crossing ◆ (Naut) **le passage de la ligne** crossing the Line

g LOC **il a eu un passage à vide** (syncope) he felt a bit faint; (baisse de forme) he went through a bad patch ou spell ◆ **j'ai toujours un petit passage à vide vers 16 h** I always start to lose concentration ou have a short lapse of concentration around 4 o'clock

2 COMP ▷ **passage clouté** pedestrian crossing (Brit), ≃ zebra crossing (Brit), crosswalk (US) ▷ **passage à niveau** level crossing (Brit), grade crossing (US) ▷ **passage (pour) piétons** pedestrian walkway ▷ **passage protégé** (Aut) priority ou right of way over secondary roads ▷ **passage souterrain** subway (Brit), underpass ▷ **passage à tabac** beating up

passager, -ère [pasaʒe, ɛʀ] → SYN 1 adj a (de courte durée) malaise passing (épith), brief; inconvénient temporary; bonheur, beauté passing (épith), transient, ephemeral ◆ **j'avais cru à un malaise passager** I thought this malaise would quickly pass over, I thought this would be a temporary malaise ◆ **pluies passagères** intermittent ou occasional showers ou rain

b rue busy

2 nm,f passenger ◆ **passager clandestin** stowaway

passagèrement [pasaʒɛʀmɑ̃] → SYN adv for a short while, temporarily

passant, e [pasɑ̃, ɑ̃t] → SYN 1 adj rue busy

2 nm,f passer-by

3 nm [ceinture] loop

passation [pasasjɔ̃] → SYN nf [contrat] signing; (Comm) [écriture] entry ◆ **passation de pouvoirs** handing over of office ou power, transfer of power

passavant [pasavɑ̃] → SYN nm a (Comm, Jur) transire, carnet

b (Naut) catwalk

passe¹ [pas] → SYN 1 nf a (Escrime, Ftbl, Tauromachie) pass ◆ **faire une passe** to pass (*à* to) ◆ **passe en retrait/en avant** back/forward pass ◆ (Ftbl) **passe croisée** cross ◆ **faire une passe croisée à qn** to cross to sb

b [magnétiseur] pass

c (Roulette) passe

d (Naut: chenal) pass, channel

e [prostituée] **c'est 200 F la passe** it is 200 francs a time ou go ◆ **faire 20 passes par jour** to have 20 clients ou customers a day → **hôtel, maison**

f (Imprimerie) **(main de) passe** surplus paper ◆ **exemplaire de passe** over, surplus copy

g LOC **être en passe de faire** to be on one's ou the way to doing ◆ **il est en passe de réussir** he is poised to succeed ◆ **cette espèce est en passe de disparaître** this species is on the way to dying out ou looks likely to die out ◆ **être dans une bonne passe** to be in a healthy situation ◆ **être dans** ou **traverser une mauvaise passe** (gén) to be going through a bad patch (Brit), be having a rough time; (santé) to be in a poor state ◆ **est-ce qu'il va sortir de cette mauvaise passe ?** will he manage to pull through (this time)? → **mot**

2 COMP ▷ **passe d'armes** (fig) heated exchange ▷ **passe de caisse** (Comm) *sum allowed for cashier's errors* ▷ **passes magnétiques** hypnotic passes

passe²* [pas] → SYN nm (abrév de **passe-partout**)

passé, e [pase] → SYN (ptp de **passer**) 1 adj a (dernier) last ◆ **c'est arrivé le mois passé/l'année passée** it happened last month/last year ◆ **au cours des semaines/années passées** over these last ou the past (few) weeks/years

b (révolu) action, conduite past ◆ **passé de mode** out of fashion, out of date ◆ **songeant à sa gloire/ses angoisses passée(s)** thinking of his past ou former glory/distress ◆ **regrettant sa jeunesse/sa beauté passée** yearning for her departed ou vanished youth/beauty ◆ **si l'on se penche sur les événements passés** if one looks back over past events ◆ **cette époque est passée maintenant** that era is now over ◆ **ce qui est passé est passé** what is past is dead and gone, what is over is over ◆ **il a 60 ans passés** he's over 60 ◆ **où sont mes années passées ?** where has my life gone? ◆ **il se rappelait le temps passé** he was thinking back to days ou time gone by

c (fané) couleur, fleur faded ◆ **tissu passé de ton** material that has lost its colour, faded material

d (plus de) **il est 8 heures passées** it's past ou gone (Brit) 8 o'clock ◆ **il est rentré à 9 heures passées** it was past ou gone (Brit) 9 o'clock when he got back ◆ **ça fait une heure passée que je t'attends** I've been waiting for you for more than ou over an hour

2 nm a **le passé** the past ◆ **il faut oublier le passé** the past should be forgotten ◆ **c'est du passé, n'en parlons plus** it's (all) in the past now, let's not say any more about it ◆ **il est revenu nous voir comme par le passé** he came back to see us as he used to in the past ◆ **il a eu plusieurs condamnations dans le passé** he had several previous convictions

b (vie écoulée) past ◆ **pays fier de son passé** country proud of its past ◆ **bandit au passé chargé** gangster with a past ◆ **son passé m'est inconnu** I know nothing of his past

c (Gram) past tense ◆ **les temps du passé** the past tenses ◆ **mettez cette phrase au passé** put this sentence into the past (tense) ◆ **passé antérieur** past anterior ◆ **passé composé** perfect ◆ **passé simple** past historic, preterite

3 prép after ◆ **passé 6 heures on ne sert plus les clients** after 6 o'clock we stop serving (customers) ◆ **passé cette maison, on quitte le village** after this house, you are out of the village

passe-bande [pasbɑ̃d] adj inv filtre band-pass (épith)

passe-bas [pasba] adj inv filtre low-pass (épith)

passe-boule, pl **passe-boules** [pasbul] nm ≃ Aunt Sally

passe-crassane, pl **passe-crassanes** [paskʀasan] nf *type of winter pear*

passe-droit, pl **passe-droits** [pasdʀwa] → SYN nm (undeserved) privilege, favour ◆ **il a eu un passe-droit** he got preferential treatment

passée [pase] → SYN nf (trace) track; (vol) flight

passe-haut [pasəo] adj inv filtre high-pass (épith)

passéisme [paseism] nm (péj) attachment to the past

passéiste [paseist] → SYN 1 adj (péj) backward-looking

2 nmf (péj) devotee of the past

passe-lacet, pl **passe-lacets** [paslasɛ] nm bodkin → **raide**

passement [pasmɑ̃] → SYN nm braid (NonC)

passementer [pasmɑ̃te] ▸ conjug 1 ◂ vt to braid

passementerie [pasmɑ̃tʀi] nf (objets) braid (NonC), trimmings; (commerce) sale of furnishing etc trimmings ◆ **rayon de passementerie** department selling furnishing etc trimmings

passementier, -ière [pasmɑ̃tje, jɛʀ] 1 adj ◆ **industrie passementière** furnishing trimmings industry

2 nm,f (fabricant) manufacturer of furnishing etc trimmings; (vendeur) salesman (ou woman) specializing in furnishing trimmings

passe-montagne, pl **passe-montagnes** [pasmɔ̃taɲ] nm balaclava

passe-partout [paspaʀtu] → SYN nm inv (clef) master ou skeleton key; (photographie) passe-partout; (scie) crosscut saw; tenue for all occasions, all-purpose (épith); formule all-purpose (épith), catch-all (épith)

passe-passe [paspas] → SYN nm inv → **tour**[2]

passe-pierre, pl **passe-pierres** [paspjɛʀ] nf ⇒ **perce-pierre**

passe-plat, pl **passe-plats** [paspla] nm serving hatch

passepoil [paspwal] nm piping (NonC)

passepoilé, e [paspwale] adj piped

passeport [paspɔʀ] → SYN nm passport ◆ (ambassadeur) **demander ses passeports** to withdraw one's credentials

passer [pase] → SYN ▸ conjug 1 ◂ GRAMMAIRE ACTIVE 27.1, 27.4, 27.5

1 vi (avec aux être) a to pass, go ou come past ◆ **passer en courant** to run past ◆ **passer à pas lents** to go slowly past ◆ **les camions ne passent pas dans notre rue** lorries don't come along ou down our street ◆ **il passait dans la rue avec son chien / en voiture** he was walking down the street with his dog / driving down the street ◆ **le train va bientôt passer** the train will soon come past ◆ **où passe la route?** where does the road go? ◆ **la Seine passe à Paris** the Seine flows through Paris ◆ **la balle / flèche n'est pas passée loin** the bullet / arrow didn't miss by much ◆ **le fil passe dans ce tuyau** the wire goes down ou through this pipe ◆ **faire passer les piétons** to let the pedestrians cross ◆ **une lueur cruelle passa dans son regard** a cruel gleam came into his eyes → **bouche, coup, main**

b (faire une halte rapide) **passer au bureau / chez un ami** to call (in ou by) ou drop in ou by at the office / at a friend's ◆ **je ne fais que passer** I'm not stopping*, I can't stay, I'm just calling in ◆ **passer à la radio / à la visite médicale** to go for an X-ray / one's medical ou physical (examination) ◆ **passer à la douane** to go ou pass through customs, clear customs ◆ **passer chercher** ou **prendre qn** to call for sb, (go ou come and) pick sb up ◆ **passer voir qn** ou **rendre visite à qn** to call (in) on sb, call to see sb ◆ **puis-je passer te voir en vitesse?** can I pop round (to see you)? ◆ **le facteur est passé** the postman has been ◆ **à quelle heure passe le laitier?** what time does the milkman come? ◆ **le releveur du gaz passera demain** the gasman will call tomorrow ◆ **j'irai le voir en passant** I'll call to see him ou I'll call in and see him on my way

c (changer de lieu, d'attitude, d'état) to go ◆ **passer d'une pièce dans une autre** to go from one room to another ◆ **si nous passions au salon?** shall we go into the sitting room? ◆ **passer à table** to sit down to eat ◆ **passer en Belgique** to go over to Belgium ◆ **passer à l'ennemi / l'opposition** to go over ou defect to the enemy / the opposition ◆ **la photo passa de main en main** the photo was passed ou handed round ◆ **passer d'un extrême à l'autre** to go from one extreme to the other ◆ **passer de l'état solide à l'état liquide** to pass ou change from the solid to the liquid state ◆ **passer du rire aux larmes** to switch from laughter to tears ◆ **passer à un ton plus sévère** to take a harsher tone ◆ **passer à l'action, passer aux actes** to go into action ◆ **passer aux ordres** to collect one's orders ◆ **passer dans les mœurs / les habitudes** to become the custom / the habit ◆ **passer dans la langue** to pass ou come into the language ◆ **passer en proverbe** to become proverbial ◆ **son argent de poche passe en bonbons** ou **dans les bonbons** his pocket money (all) goes on sweets ◆ **l'alcool passe dans le sang** alcohol enters the bloodstream ◆ **le restant des légumes est passé dans le potage** the left-over vegetables went into the soup

d (franchir un obstacle) [véhicule] to get through; [cheval, sauteur] to get over; (Alpinisme) to get up ◆ (Aut: en manœuvrant) **ça passe?** can I make it?, do I have enough room (to turn etc)?

e [temps] to go by, pass ◆ **comme le temps passe (vite)!** how time flies! ◆ **cela fait passer le temps** it passes the time

f [liquide] to go ou come through, seep through; [café] to go through; [courant électrique] to get through

g (être digéré, avalé) to go down ◆ **mon déjeuner ne passe pas** my lunch won't settle ◆ **prendre un cachet pour faire passer le déjeuner** to take a tablet to help one's lunch down ◆ **prends de l'eau pour faire passer le gâteau** have some water to wash down the cake ◆ **ce vin passe bien** this wine goes down nicely

h (être accepté) [demande, proposition] to pass ◆ **je ne pense pas que ce projet de loi passera** I don't think this bill will be passed ou will go through ◆ **cette plaisanterie ne passe pas dans certains milieux** that joke doesn't go down well ou isn't appreciated in some circles ◆ **il y a des plaisanteries / des erreurs qui passent dans certaines circonstances mais pas dans d'autres** there are some jokes / mistakes which are all right in some circumstances but not in others ◆ **le gouvernement se demande comment faire passer les hausses de prix** the government is concerned at how to get (an) acceptance of the price increases ou how to get the price increases through ◆ **il est passé de justesse à l'examen** he only just scraped through ou passed the exam ◆ **il est passé dans la classe supérieure** he's moved up to the next class (Brit), he's passed ou been promoted to the next grade (US) ◆ (Sport) **l'équipe est passée en 2e division** (progrès) the team were promoted to the second division; (recul) the team have been relegated to the second division ◆ **ça passe ou ça casse** it'll make us (ou him etc) or break us (ou him etc)

i (devenir) to become ◆ **passer directeur / président** to become ou be appointed director / president

j (Ciné) [film] to be showing, be on; (TV) [émission] to be on; [personne] to be on, appear ◆ **passer à la radio / à la télé*** to be on the radio / on TV* ◆ **passer à l'antenne** to go on the air

k (dépasser) **le panier est trop petit, la queue du chat passe** the basket is too small – the cat's tail is sticking out ◆ **son manteau est trop court, la robe passe** her coat is too short – her dress shows underneath ou below (it) ◆ **ne laisse pas passer ton bras par la portière** don't put your arm out of the window

l (disparaître) [couleur] to fade; [mode] to die out; [douleur] to pass (off), wear off; [colère] to die down; (lit, fig) [orage] to blow over, die down; [beauté] to fade; [jeunesse] to pass; (mourir) [personne] to pass on ou away ◆ **faire passer à qn le goût** ou **l'envie de faire** to cure sb of doing, make sb give up doing ◆ **il voulait être pompier mais ça lui a passé** he wanted to be a fireman but he got over it ◆ **cela fera passer votre rhume** that will get you over your cold ou get rid of your cold for you ◆ **le plus dur est passé** the worst is over now ◆ (fig) **ça lui passera (avant que ça me reprenne)!*** (habitude) he'll get over it!; (sentiment) he'll grow out of it!

m (Cartes) to pass

n (Jur, Parl: être présenté) to come up ◆ **le projet de loi va passer devant la Chambre** the bill will come ou be put before Parliament ◆ **il est passé devant le conseil de discipline de l'école** he came up ou was brought up before the school disciplinary committee ◆ **passer en justice** to (come) up before the courts

o (Aut) **passer en première / marche arrière** to go into first / reverse ◆ **passer en seconde / quatrième** to change into second / fourth ◆ **les vitesses passent mal** the gears are stiff

p **passer par** lieu to go ou come through; intermédiaire to go through; expérience to go through, undergo ◆ **je passe par Amiens pour y aller** I go ou pass through Amiens to get there, I go there via Amiens ◆ **par où êtes-vous passé?** which way did you go? ou come? ◆ **le chien est trop gros pour passer par le trou** the dog is too big to get through the hole ◆ **passer par l'université / par un collège technique** to go through university / technical school ◆ **pour lui parler, j'ai dû passer par sa secrétaire** I had to go through ou via his secretary ou I had to see his secretary before I could speak to him ◆ **pour téléphoner, il faut passer par le standard** you have to go through the switchboard to make a call ◆ **passer par des difficultés** to have difficulties ou a difficult time ◆ **il est passé par des moments difficiles** he had some hard times ◆ **nous sommes tous passés par là** we've all been through that, that's happened to all of us ◆ **il faudra bien en passer par là** there's no way round it ◆ **il faudra bien en passer par ce qu'il demande** we'll have to give him what he wants, we'll have to comply with ou give in to his request ◆ **une idée m'est passée par la tête** an idea occurred to me ◆ **elle dit tout ce qui lui passe par la tête** she says whatever comes into her head ◆ **ça fait du bien par où ça passe!‡** that's just what the doctor ordered!*

q **passer pour**: **je ne voudrais pas passer pour un imbécile** I wouldn't like to be taken for a fool ◆ **il pourrait passer pour un Allemand** you could take him for a German, he could pass as a German ◆ **auprès de ses amis, il passait pour un séducteur / un excentrique** he was regarded by his friends as (being) a lady's man / an eccentric ◆ **il passe pour intelligent** he is thought of as intelligent, he's supposed to be intelligent ◆ **il passe pour beau auprès de certaines femmes** some women think ou find him good-looking, he's considered good-looking by some women ◆ **cela passe pour vrai** it's thought to be true ◆ **se faire passer pour** to pass o.s. off as ◆ **il s'est fait passer pour fou pour se faire réformer** he pretended to be mad so he could be declared unfit for service ◆ **faire passer qn pour** to make sb out to be ◆ **tu veux me faire passer pour un idiot!** do you want to make me look stupid or what?

r **passer sous / sur / devant / derrière** etc to go under / over / in front of / behind etc ◆ **passer devant la maison / sous les fenêtres de qn** to pass ou go past sb's house / sb's window ◆ **l'air passe sous la porte** a draught comes in under the door ◆ **la voie ferrée passe le long du fleuve** the railway line runs alongside the river ◆ **je passe devant vous pour vous montrer le chemin** I'll go in front to show you the way ◆ **passez donc devant** you go first ◆ **l'autobus lui est passé dessus, il est passé sous l'autobus** he was run over by the bus ◆ **le travail passe avant tout / avant les loisirs** work comes first / before leisure ◆ **passer devant un jury** to go before a jury ◆ (fig) **passer devant Monsieur le maire** to get married or hitched* ◆ **ma famille passe en premier** my family comes first ◆ **le confort, ça passe après** comfort is less important ou comes second ◆ **les poissons sont passés au travers du filet** the fish slipped through the net ◆ (fig) **passer sur** faute to pass over, overlook; détail inutile ou scabreux to pass over ◆ **je veux bien passer sur cette erreur** I'm willing to pass over ou overlook this mistake ◆ **je passe sur les détails** I shall pass over ou leave out ou skip the details → **corps, côté, nez, ventre**

s **y passer***: **on a eu la grippe, tout le monde y est passé** we've had the flu and everybody got it ou nobody escaped it ◆ **si tu conduis comme ça, on va tous y passer** if you go on driving like that, we've all had it* ◆ **toute sa fortune y est passée** he spent all his fortune on it, his whole fortune went on it

t **laisser passer** air, lumière to let in; personne, procession to let through (ou past, in, out etc); erreur to overlook, miss; occasion to let slip, miss ◆ **s'écarter pour laisser passer qn** to move back to let sb (get) through ou past ◆ **nous ne pouvons pas laisser passer cette affaire sans protester** we cannot let this matter pass without a protest, we can't let this matter rest there – we must make a protest

u LOC **en passant** (accessoirement) in passing, by the way ◆ **soit dit en passant** let me say in passing ◆ **qu'il soit menteur, passe (encore), mais voleur c'est plus grave** he may be a liar, that's one thing but a thief, that's more serious ◆ **passe pour cette erreur, mais une malhonnêteté, c'est impardonnable** a mistake is one thing, but being dishonest is unforgivable ◆ **passons** let's say no more (about it)

2 vt (avec aux avoir) a rivière, frontière, seuil to cross; porte to go through; haie to jump ou get over ◆ **passer une rivière à la nage / en bac** to swim across/take the ferry across a river

b examen to sit, take; douane to go through, clear ◆ **passer son permis (de conduire)** to take one's driving test ◆ **passer une visite médicale** to have a medical (examination) ◆ **passer un examen avec succès** to pass an exam

c temps, vacances to spend ◆ **passer le temps / sa vie à faire** to spend the time/one's life doing ◆ **passer son temps à ne rien faire** to idle one's time away ◆ **(faire qch) pour passer le temps** (to do sth) to while away ou pass the time ◆ **passer la soirée chez qn** to spend the evening at sb's (house) → **mauvais**

d (assouvir) **passer sa colère / sa mauvaise humeur sur qn** to work off ou vent one's anger/one's bad temper on sb ◆ **passer son envie de gâteaux** to satisfy one's urge for cakes

e (omettre) mot, ligne to miss out (Brit), leave out ◆ **passer son tour** to miss one's turn ◆ **et j'en passe !** and that's not all! ◆ **j'en passe, et des meilleures !** and that's not all – I could go on!, and that's the least of them! → **silence**

f (permettre) **passer une faute à qn** to overlook sb's mistake ◆ **passer un caprice à qn** to humour ou indulge sb's whim ◆ **on lui passe tout** bêtises he gets away with anything; désirs he gets everything he wants ◆ **il faut bien se passer quelques fantaisies** you've got to allow yourself a few ou indulge in a few extravagances ◆ **passez-moi l'expression** (if you'll) pardon the expression

g (transmettre) consigne, message, maladie to pass on; (Sport) ballon to pass ◆ **passer qch à qn** to give ou hand sth to sb ◆ **tu (le) fais passer** pass ou hand it round ◆ **passer une affaire / un travail à qn** to hand a matter/a job over to sb ◆ **passe-moi une cigarette** pass ou give me a cigarette ◆ **passez-moi du feu** give me a light ◆ **il m'a passé un livre** he's lent me a book ◆ **je suis fatigué, je vous passe le volant** I am tired, you take the wheel ou you drive ◆ (au téléphone) **je vous passe M. X** (standard) I'm putting you through to Mr X; (je lui passe l'appareil) here's Mr X ◆ **passe-lui un coup de fil** give him a ring (Brit) ou call, phone ou ring (Brit) ou call him (up) ◆ **passez-moi tous vos paquets** let me have all your parcels

h (Douane) **passer des marchandises en transit** to carry goods in transit ◆ **passer qch en fraude** to smuggle sth (in, out, through etc) ◆ **passer des faux billets** to pass forged notes

i (enfiler) pull to slip on; robe to slip into ◆ **passer une bague au doigt de qn** to slip a ring on sb's finger ◆ **passer un lacet dans qch** to thread a lace through sth ◆ **passer la corde au cou de qn** to put the rope round sb's neck

j **passer la tête à la porte** to poke one's head round the door ◆ **passer la main / la tête à travers les barreaux** to stick one's hand/head through the bars

k (dépasser) gare, maison to pass, go past ◆ **passer le poteau** to pass the post, cross the finishing line ◆ **passer les limites** ou **les bornes** to go too far (fig) ◆ **tu as passé l'âge (de ces jeux)** you are too old (for these games) ◆ **il ne passera pas la nuit / la semaine** he won't last the night/the week ou see the night/week out → **cap**

l (Culin) thé to strain; café to pour the water on ◆ **passer la soupe** (à la passoire) to strain the soup; (au mixer) to blend the soup, put the soup through the blender

m (Aut) **passer la seconde / la troisième** to go ou change (up ou down) into second/third (gear)

n film, diapositives to show; disque to put on, play ◆ **que passent-ils au cinéma ?** what's on ou showing at the cinema?

o (Comm) écriture to enter; commande to place; marché, accord to reach, come to; contrat to sign ◆ (lit, fig) **passer qch aux profits et pertes** to write sth off

p (faire subir une action) **passer le balai / l'aspirateur / le chiffon** to sweep up/hoover® (Brit) ou vacuum/dust ◆ **passe le chiffon dans le salon** dust the sitting room, give the sitting room a dust ◆ **passer une pièce à l'aspirateur** to hoover® (Brit) vacuum a room, go over a room with the vacuum cleaner ◆ **passer la serpillière dans la cuisine, passer la cuisine à la serpillière** to wash (down) the kitchen floor ◆ **passer une couche de peinture sur qch** to give sth a coat of paint ◆ **passer un mur à la chaux** to whitewash a wall ◆ **passer qch sous le robinet** to rinse ou run sth under the tap ◆ **elle lui passa la main dans les cheveux** she ran her hand through his hair ◆ **se passer les mains à l'eau** to rinse one's hands ◆ **passe-toi de l'eau sur le visage** give your face a (quick) wash ◆ **qu'est-ce qu'il lui a passé (comme savon) !*** he gave him a really rough time!*, he really laid into him!* → **arme, éponge, menotte, revue, tabac**

3 **se passer** vpr a (avoir lieu) to take place; (arriver) to happen ◆ **la scène se passe à Paris** the scene takes place in Paris ◆ **qu'est-ce qui s'est passé ?** what (has) happened? ◆ **que se passe-t-il ?, qu'est-ce qu'il se passe ?** what's going on? ◆ **ça ne s'est pas passé comme je l'espérais** it didn't work out as I'd hoped ◆ **tout s'est bien passé** everything went off smoothly ◆ **ça s'est mal passé** it turned out badly, it went off badly ◆ **je ne sais pas ce qui se passe en lui** I don't know what's the matter with him ou what's come over him ou what's got into him ◆ **cela ne se passera pas ainsi !** I shan't stand for that!, I shan't let it rest at that! ◆ **il ne se passe pas un seul jour sans qu'il ne pleuve** not a day goes by ou passes without it ou its raining

b (finir) to pass off, be over ◆ **il faut attendre que ça se passe** you'll have to wait till it passes off ou is over

c **se passer de qch** to do without sth ◆ **on peut se passer d'aller au théâtre** we can do without going to the theatre ◆ **se passer de qn** to manage without sb ◆ **je peux me passer de ta présence** I can manage without you around ◆ **je me passerais bien d'y aller !** I could do without having to go ◆ **s'il n'y en a plus, je m'en passerai** if there isn't any more, I'll do without ◆ **nous nous voyons dans l'obligation de nous passer de vos services** we find ourselves obliged to dispense with your services ◆ **je me passe de tes conseils !** I can do without your advice! ◆ **il se passerait de manger plutôt que de faire la cuisine** he'd go without eating ou without food rather than cook ◆ (iro) **tu pourrais te passer de fumer** you could refrain from smoking ◆ **la citation se passe de commentaires** the quotation needs no comment ou speaks for itself

passereau, pl **passereaux** [pasʀo] → SYN nm (Orn) passerine; (†: moineau) sparrow

passerelle [pasʀɛl] → SYN nf (pont) footbridge; (Naut: pont supérieur) bridge; (Aviat, Naut: voie d'accès) gangway; (fig: passage) (inter)link ◆ (Scol) **(classe) passerelle** reorientation class *(facilitating change of course at school)*

passériformes [paseʀifɔʀm] nmpl ◆ **les passériformes** passerines, the Passeriformes (spéc)

passerine [pasʀin] nf (plante) sparrow wort; (oiseau) bunting

passe(-)rose, pl **passe(-)roses** [pasʀoz] nf hollyhock

passe-temps [pastɑ̃] → SYN nm inv pastime ◆ **ses passe-temps préférés** his favourite outside interests ou pastimes

passe-thé [paste] nm inv tea strainer

passette [pasɛt] nf (small) tea strainer

passeur [pasœʀ] → SYN nm [rivière] ferryman, boatman; [frontière] smuggler *(of drugs, refugees etc)*

passe-vue, pl **passe-vues** [pasvy] nm slide changer

passible [pasibl] → SYN adj ◆ **passible d'une amende / peine** personne liable to a fine/penalty; délit punishable by a fine/penalty ◆ **passible d'un impôt** liable for (a) tax ◆ (Comm) **passible de droits** liable to duty

passif, -ive [pasif, iv] → SYN 1 adj (gén) passive ◆ **rester passif devant une situation** to remain passive in the face of a situation → **défense**[1]

2 nm a (Ling) passive ◆ **au passif** in the passive voice

b (Fin) liabilities ◆ **le passif d'une succession** the liabilities on an estate ◆ (fig) **mettre qch au passif de qn** to add sth to sb's list of weak points

passifloracées [pasiflɔʀase] nfpl ◆ **les passifloracées** passifloraceous plants, the Passifloraceae (spéc)

passiflore [pasiflɔʀ] nf passionflower

passim [pasim] → SYN adv passim

passing-shot, pl **passing-shots** [pasiŋʃɔt] nm passing shot ◆ **faire un passing-shot** to play a passing shot

passion [pasjɔ̃] → SYN nf a (goût) passion ◆ **avoir la passion du jeu / des voitures** to have a passion for gambling/cars ◆ **le sport est sa passion** ou **est une passion chez lui** he is mad* ou crazy* about sport, his one passion is sport

b (amour) passion ◆ **déclarer sa passion** to declare one's love ◆ **aimer à la** ou **avec passion** to love passionately

c (émotion, colère) passion ◆ **emporté par la passion** carried away by passion ◆ **discuter avec passion / sans passion** to argue passionately ou heatedly/dispassionately ou coolly ◆ **débat sans passion** lifeless debate ◆ **œuvre pleine de passion** work full of passion

d (Mus, Rel) **Passion** Passion ◆ **le dimanche de la Passion** Passion Sunday ◆ **le jour de la Passion** the day of the Passion ◆ **la semaine de la Passion** Passion week ◆ **la Passion selon saint Matthieu** (Rel) the Passion according to St Matthew; (Mus) the St Matthew Passion → **fruit**[1]

passionaria [pasjɔnaʀja] nf ⇒ **pasionaria**

passioniste [pasjɔnist] nm ⇒ **passionniste**

passionnant, e [pasjɔnɑ̃, ɑ̃t] → SYN adj personne fascinating; livre, match, film fascinating, gripping, enthralling, exciting; métier fascinating, exciting

passionné, e [pasjɔne] → SYN (ptp de **passionner**) 1 adj personne, tempérament, haine passionate; description, orateur, jugement impassioned ◆ **être passionné de** ou **pour** to have a passion for ◆ **un photographe passionné** a (mad*) keen photographer ◆ **débat passionné** heated ou impassioned debate

2 nm,f a (personne exaltée) passionate person

b **passionné de : c'est un passionné de voitures de course** he's a racing car fanatic

passionnel, -elle [pasjɔnɛl] adj relation, sentiment passionate; crime of passion

passionnément [pasjɔnemɑ̃] → SYN adv passionately, with passion ◆ **passionnément amoureux de** madly ou passionately in love with

passionner [pasjɔne] → SYN ▸conjug 1◂ 1 vt personne [mystère, match] to fascinate, grip; [livre, sujet] to fascinate; [sport, science] to be a passion with; débat to inflame ◆ **ce film / ce roman m'a passionné** I found that film/novel fascinating ◆ **la musique le passionne** music is his passion, he has a passion for music ◆ **j'ai un métier qui me passionne** I have a fascinating ou exciting job

2 **se passionner** vpr ◆ **se passionner pour** livre, mystère to be fascinated by; sport, science to have a passion for, be mad keen on*; métier to be fascinated ou really excited by

passionniste [pasjɔnist] nm Passionist

passivation [pasivasjɔ̃] nf (Ling) putting in the passive voice; (Tech) passivation; (Chim) making passive

passivement [pasivmɑ̃] → SYN adv passively

passiver [pasive] ▸ conjug 1 ◂ vt (Tech) to passivate; (Chim) to make passive

passivité [pasivite] → SYN nf passivity, passiveness

passoire [pɑswaʀ] → SYN nf (gén) sieve; [thé] strainer; [légumes] colander ◆ (fig) **être une (vraie) passoire** to be like a sieve ◆ **quelle passoire ce gardien de but!** what a useless goalkeeper – he lets everything in! ◆ **avoir la tête** ou **la mémoire comme une passoire** to have a memory like a sieve ◆ **troué comme une passoire** with as many holes as a sieve

pastel [pastɛl] 1 nm (Bot) woad, pastel; (teinture bleue) pastel; (bâtonnet de couleur) pastel (crayon); (œuvre) pastel ◆ **au pastel** in pastels
2 adj inv tons pastel ◆ **un bleu / vert pastel** a pastel blue / green

pastelliste [pastelist] nmf pastellist

pastenague [pastənag] nf stingray

pastèque [pastɛk] → SYN nf watermelon

pasteur [pastœʀ] → SYN nm a (Rel: prêtre) minister, pastor, clergyman, preacher (US)
b (littér, Rel: berger) shepherd ◆ **le Bon Pasteur** the Good Shepherd

pasteurien, -ienne [pastœʀjɛ̃, jɛn] 1 adj Pasteur (épith)
2 nm,f scientist of the Pasteur Institute

pasteurisation [pastœʀizasjɔ̃] → SYN nf pasteurization

pasteuriser [pastœʀize] → SYN ▸ conjug 1 ◂ vt to pasteurize

pastiche [pastiʃ] → SYN nm (imitation) pastiche

pasticher [pastiʃe] → SYN ▸ conjug 1 ◂ vt to do (ou write etc) a pastiche of

pasticheur, -euse [pastiʃœʀ, øz] nm,f (gén) imitator; (auteur) author of pastiches

pastille [pastij] → SYN nf [médicament, sucre] pastille, lozenge; [encens, couleur] block; [papier, tissu] disc ◆ **pastilles de menthe** mints ◆ **pastilles pour la toux** cough pastilles (Brit) ou drops ou lozenges ◆ **pastilles pour la gorge** throat pastilles (Brit) ou lozenges ◆ **pastille de silicium** silicon chip

pastis [pastis] → SYN nm (boisson) pastis; (‡ dial: ennui) fix* ◆ **être dans le pastis** to be in a fix* ou a jam*

pastoral, e, mpl **-aux** [pastɔʀal, o] → SYN
1 adj (gén) pastoral
2 **pastorale** nf (Littérat, Peinture, Rel) pastoral; (Mus) pastorale ◆ (Mus) **"la (Symphonie) Pastorale"** "the Pastoral (symphony)"

pastorat [pastɔʀa] nm pastorate

pastorien, -ienne [pastɔʀjɛ̃, jɛn] adj, nm,f ⇒ **pasteurien, -ienne**

pastoureau, pl **pastoureaux** [pastuʀo] → SYN nm (littér) shepherd boy

pastourelle [pastuʀɛl] nf (littér) shepherd girl; (Mus) pastourelle

pat [pat] 1 adj inv stalemate(d)
2 nm ◆ **le pat** stalemate ◆ **faire pat** to end in (a) stalemate ◆ **faire qn pat** to stalemate sb

patachon [pataʃɔ̃] nm → **vie**

patagon, -onne [patagɔ̃, ɔn] 1 adj Patagonian
2 nm,f ◆ **Patagon(ne)** Patagonian

Patagonie [patagɔni] nf Patagonia

patagonien, -ienne [patagɔnjɛ̃, jɛn] 1 adj Patagonian
2 nm,f ◆ **Patagonien(ne)** Patagonian

pataphysique [patafizik] nf pataphysics (sg)

patapouf [patapuf] → SYN 1 excl (langage enfantin) whoops ◆ **faire patapouf** to tumble (down)
2 nmf (*) fatty*

pataquès [patakɛs] → SYN nm a (faute de liaison) mistaken elision; (faute de langage) malapropism
b (péj: discours) incoherent jumble; (confusion) muddle ◆ **il a fait un pataquès** (discours) his speech was an incoherent jumble; (confusion) he made a real muddle, he muddled things up

pataras [pataʀa] nm preventer stay

patata* [patata] excl → **patati***

patate [patat] → SYN nf (*: pomme de terre) spud*; (‡: imbécile) fathead‡, chump*, clot‡ ◆ (Bot) **patate (douce)** sweet potato → **gros**

patati* [patati] excl ◆ **et patati et patata** and so on and so forth

patatras [patatʀa] → SYN excl crash!

pataud, e [pato, od] → SYN 1 adj lumpish (Brit), clumsy
2 nm,f lump
3 nm (chien) pup(py) (with large paws)

pataugas ® [patogas] nm hiking boot

pataugeoire [patoʒwaʀ] nf paddling pool

patauger [patoʒe] → SYN ▸ conjug 3 ◂ vi a (marcher) (avec effort) to wade about; (avec plaisir) to splash about ◆ **on a dû patauger dans la boue pour y aller** we had to squelch through the mud to get there
b (fig) (dans un discours) to get bogged down; (dans une matière) to flounder ◆ **notre projet patauge** our project is getting nowhere

patch [patʃ] nm (Méd) patch

patchouli [patʃuli] nm patchouli

patchwork [patʃwœʀk] → SYN nm patchwork ◆ **couverture en patchwork** patchwork blanket

pâte [pɑt] → SYN 1 nf a (Culin) (à tarte) pastry; (à gâteaux) mixture; (à pain) dough; (à frire) batter ◆ (fig) **il est de la pâte dont sont faits les héros*** he's (of) the stuff heroes are made of → **bon¹**, **coq¹**, **main**
b [fromage] cheese ◆ **(fromage à) pâte dure / molle / cuite / fermentée** hard / soft / cooked / fermented cheese
c **pâtes (alimentaires)** pasta; (dans la soupe) noodles
d (gén: substance) paste; (crème) cream
e (Art) paste
2 COMP ▹ **pâte d'amandes** almond paste, marzipan ▹ **pâte brisée** shortcrust (Brit) ou pie crust (US) pastry ▹ **pâte à choux** choux pastry ▹ **pâte à crêpes** pancake batter ▹ **pâte dentifrice** toothpaste ▹ **pâte feuilletée** puff ou flaky (Brit) pastry ▹ **pâte à frire** batter ▹ **pâte de fruits** crystallized fruit (NonC) ◆ **2 pâtes de fruits** 2 pieces of fruit jelly ◆ **une framboise en pâte de fruit** a raspberry jelly ▹ **pâte à modeler** modelling clay, Plasticine ® ▹ **pâte molle** (péj) milksop, spineless individual ▹ **pâte à pain** (bread) dough ▹ **pâte à papier** wood pulp ▹ **pâtes pectorales** cough drops ou pastilles (Brit) ▹ **pâte sablée** sablé (Brit) ou sugar crust (US) pastry ▹ **pâte de verre** molten glass

pâté [pɑte] → SYN nm a (Culin) pâté ◆ **pâté en croûte** ≃ meat pie ◆ **petit pâté** meat patty, small pork pie ◆ **pâté de campagne** pâté de campagne, farmhouse pâté ◆ **pâté de foie** liver pâté ◆ **pâté impérial** egg roll
b (tache d'encre) (ink) blot
c **pâté de maisons** block (of houses)
d **pâté (de sable)** sandpie, sandcastle

pâtée [pɑte] → SYN nf a [chien, volaille] mash (NonC), feed (NonC); [porcs] swill (NonC)
b (*: punition, défaite) hiding* ◆ **recevoir la** ou **une pâtée** to get a hiding* ◆ **donner la** ou **une pâtée à qn** to give sb a hiding*

patelin¹* [patlɛ̃] → SYN nm village; (péj) godforsaken place*

patelin², e [patlɛ̃, in] → SYN adj (littér péj) bland, smooth, ingratiating

patelinerie [patlinʀi] nf (littér péj) blandness (NonC), smoothness (NonC)

patelle [patɛl] nf (Zool) limpet; (vase) patera

patène [patɛn] nf paten

patenôtre [pat(ə)notʀ(ə)] → SYN nf (†, péj) (prière) paternoster, oraison (†: littér); (marmonnement) gibberish (NonC)

patent, e¹ [patɑ̃, ɑ̃t] → SYN adj obvious, manifest, patent (frm) ◆ **il est patent que** it is patently obvious that → **lettre**

patentable [patɑ̃tabl] adj (Comm) liable to trading dues, subject to a (trading) licence

patentage [patɑ̃taʒ] nm (Tech) patenting

patente² [patɑ̃t] → SYN nf (Comm) tradin dues ou licence; (Naut) bill of health

patenté, e [patɑ̃te] → SYN adj (Comm) license (fig hum: attitré) established, officially reco nized ◆ **c'est un menteur patenté** he's thoroughgoing liar

pater [patɛʀ] nm inv a (‡: père) old man pater* (Brit), governor† (Brit hum)
b (Rel) **Pater** pater, paternoster
c (Antiq, fig) **pater familias** paterfamilias

patère [patɛʀ] → SYN nf (portemanteau) (ha ou coat-)peg; [rideau] curtain hook; (vas rosace) patera

paternalisme [patɛʀnalism] nm paternalism

paternaliste [patɛʀnalist] → SYN adj paterna istic

paterne [patɛʀn] → SYN adj (littér) fatherl avuncular

paternel, -elle [patɛʀnɛl] → SYN 1 adj autorit descendance paternal; (bienveillant) personn regard, conseil fatherly ◆ **quitter le domici paternel** to leave one's father's house ◆ **d côté paternel** on one's father's side, on th paternal side ◆ **ma tante paternelle** my aur on my father's side, my paternal aunt
2 nm (‡) old man‡, pater* (Brit), governor (Brit hum)

paternellement [patɛʀnɛlmɑ̃] adv (→ **paterne** paternally; in a fatherly way

paternité [patɛʀnite] nf a paternity, fathe hood ◆ **attribution de paternité** affiliatio ◆ **action en recherche de paternité** affilia tion proceedings ◆ **jugement en constatatio de paternité** affiliation order
b (fig) [roman] paternity, authorship; [inven tion, théorie] paternity

pâteux, -euse [pɑtø, øz] → SYN adj (gén) pasty pain doughy; encre thick; langue coatec furred (Brit); voix thick; style woolly ◆ **avoir l bouche pâteuse** to have a furred (Brit) o coated tongue

pathétique [patetik] → SYN 1 adj moving pathetic; (Anat) pathetic
2 nm pathos

pathétiquement [patetikmɑ̃] adv movingly pathetically

pathétisme [patetism] nm (littér) pathos

pathogène [patɔʒɛn] → SYN adj pathogenic

pathogenèse [patɔʒənɛz], **pathogénie** [pat ʒeni] nf pathogenesis, pathogeny

pathogénique [patɔʒenik] adj pathogenetic

pathognomonique [patɔgnɔmɔnik] ad pathognomonic

pathologie [patɔlɔʒi] nf pathology

pathologique [patɔlɔʒik] → SYN adj patho logical ◆ **c'est un cas pathologique*** he's (ou she's) sick*

pathologiquement [patɔlɔʒikmɑ̃] adv patho logically

pathologiste [patɔlɔʒist] nmf pathologist

pathomimie [patɔmimi] nf pathomimicry pathomimesis

pathos [patos] → SYN nm (overdone) pathos emotionalism ◆ **rédigé avec un pathos irritan** written with irritating pathos ou emotionalism ◆ **l'avocat faisait du pathos** the lawyer was making a strong emotional appeal

patibulaire [patibylɛʀ] → SYN adj sinister ◆ **avoir une mine patibulaire** to be sinister-looking

patiemment [pasjamɑ̃] → SYN adv patiently

patience¹ [pasjɑ̃s] → SYN nf a (gén) patience; (résignation) long-suffering ◆ **souffrir avec patience** to bear one's sufferings with patience ou patiently ◆ **perdre patience** to lose (one's) patience ◆ **prendre** ou **s'armer de patience** to be patient, have patience ◆ **il faut avoir une patience d'ange pour le supporter** it takes the patience of a saint ou of Job to put up with him ◆ **je suis à bout de patience** my patience is exhausted, I'm at the end of my patience ◆ **ma patience a des limites!** there are limits to my patience! → **mal**
b (Cartes) (jeu) patience (Brit) (NonC), solitaire (US) (NonC); (partie) game of patience (Brit) ou

solitaire (US) ◆ **faire des patiences** to play patience (Brit) ou solitaire (US)

c LOC **patience, j'arrive** wait a minute! ou hang on!*, I'm coming ◆ **patience, il est bientôt l'heure** be patient – it's almost time ◆ **encore un peu de patience** not long now – hold on ◆ **patience, j'aurai ma revanche** I'll get even in the end

patience² [pasjɑ̃s] nf (Bot) (patience) dock

patient, e [pasjɑ̃, jɑ̃t] → SYN 1 adj patient; travail patient, laborious
2 nm,f (Méd) patient

patienter [pasjɑ̃te] → SYN ▸ conjug 1 ◂ vi to wait ◆ **faites-le patienter** (pour un rendez-vous) ask him to wait, have him wait; (au téléphone) ask him to hold ◆ **si vous voulez patienter un instant** could you wait ou hang on* ou hold on* a moment? ◆ **lisez ce journal, ça vous fera patienter** read this paper to fill in ou pass the time ◆ **pour patienter, il regardait les tableaux** to fill in ou pass the time, he looked at the paintings ◆ **patientez encore un peu** not long now – hold on

patin [patɛ̃] → SYN nm a [patineur] skate; [luge] runner; [rail] base; (pour le parquet) cloth pad *(used as slippers on polished wood floors)* ◆ **patin (de frein)** brake block ◆ **patins à glace** iceskates ◆ **patins à roulettes** roller skates ◆ **patins en ligne** on-line rollers ◆ **faire du patin à glace/à roulettes** to go ice-skating/roller-skating
b (⁑: baiser) French kiss → **rouler**

patinage¹ [patinaʒ] nm (Sport) skating; (Aut) [roue] spinning; [embrayage] slipping ◆ **patinage artistique** figure skating ◆ **patinage à roulettes** roller-skating ◆ **patinage de vitesse** speed skating

patinage² [patinaʒ] nm (Tech) patination

patine [patin] → SYN nf patina, sheen

patiner¹ [patine] → SYN ▸ conjug 1 ◂ vi (Sport) to skate; (Aut) [roue] to spin; [embrayage] to slip; [négociations] to be at a virtual standstill, be making no headway ◆ **la voiture patina sur la chaussée verglacée** the wheels of the car spun on the icy road ◆ **faire patiner l'embrayage** to slip the clutch ◆ **ça patine sur la route** the roads are very slippery

patiner² [patine] → SYN ▸ conjug 1 ◂ vt (naturellement) bois, bronze, pierre to give a sheen to; (artificiellement) to patinate, give a patina to

patinette [patinɛt] → SYN nf scooter ◆ **patinette à pédale** pedal scooter

patineur, -euse [patinœʀ, øz] nm,f skater

patinoire [patinwaʀ] nf skating rink, ice rink ◆ (fig) **cette route est une vraie patinoire** this road is like an ice rink ou a skidpan (Brit)

patio [pasjo] nm patio

pâtir [pɑtiʀ] → SYN ▸ conjug 2 ◂ vi (littér) to suffer (*de* because of, on account of)

pâtis [pɑti] → SYN nm grazing (land), pasture

pâtisser [pɑtise] ▸ conjug 1 ◂ vi to make cakes → **chocolat**

pâtisserie [pɑtisʀi] → SYN nf a (magasin) cake shop, confectioner's; (gâteau) cake, pastry; (art ménager) cake-making, pastry-making, baking; (métier, commerce) confectionery ◆ **apprendre la pâtisserie** (comme métier) to learn to be a pastrycook, learn confectionery ◆ **faire de la pâtisserie** (en amateur) to do some baking, make cakes and pastries ◆ **pâtisserie industrielle** (gâteaux) bought cakes; (usine) bakery, cake factory ◆ **moule/ustensiles à pâtisserie** pastry dish/utensils → **rouleau**
b (stuc) fancy (plaster) moulding

pâtissier, -ière [pɑtisje, jɛʀ] → SYN nm,f (de métier) confectioner, pastrycook; (amateur) baker ◆ **pâtissier-glacier** confectioner and ice-cream maker → **crème**

pâtisson [pɑtisɔ̃] → SYN nm ≃ gourd

patois, e [patwa, waz] → SYN 1 adj patois (épith), dialectal, dialect (épith)
2 nm patois, (provincial) dialect ◆ **parler (en) patois** to speak (in) patois

patoisant, e [patwazɑ̃, ɑ̃t] 1 adj patois-speaking, dialect-speaking
2 nm,f patois ou dialect speaker

patoiser [patwaze] ▸ conjug 1 ◂ vi to speak (in) dialect ou patois

patouiller* [patuje] ▸ conjug 1 ◂ vi ◆ **patouiller dans la boue** to wade ou squelch (Brit) through the mud

patraque* [patʀak] adj peaky* (Brit), off-colour (Brit) (attrib), peaked* (US), out of sorts (attrib)

pâtre [pɑtʀ] → SYN nm (littér) shepherd

patriarcal, e, mpl **-aux** [patʀijaʀkal, o] → SYN adj patriarchal

patriarcat [patʀijaʀka] nm (Rel) patriarchate; (Sociol) patriarchy, patriarchate

patriarche [patʀijaʀʃ] → SYN nm patriarch

Patrice [patʀis] nm Patrick

patricien, -ienne [patʀisjɛ̃, jɛn] → SYN adj, nm,f patrician

Patrick [patʀik] nm Patrick

patriclan [patʀiklɑ̃] nm patrilineal clan

patrie [patʀi] → SYN nf homeland, fatherland; (berceau) homeland, home ◆ **mourir pour la patrie** to die for one's homeland ou country ◆ **c'est ma seconde patrie** it's my adoptive homeland ◆ **la Grèce, patrie de l'art** Greece, the homeland of art ◆ **Limoges, patrie de la porcelaine** Limoges, the home of porcelain

patrilinéaire [patʀilineɛʀ] adj patrilineal, patrilinear

patrilocal, e, mpl **-aux** [patʀilɔkal] adj patrilocal

patrimoine [patʀimwan] → SYN nm (gén) inheritance, patrimony (frm); (Jur) patrimony; (Fin: biens) property; (bien commun) (fig) heritage, patrimony (frm) ◆ (Bio) **patrimoine héréditaire** ou **génétique** genetic inheritance, genotype ◆ **patrimoine national** national heritage ◆ **patrimoine culturel** cultural heritage

patrimonial, e, mpl **-iaux** [patʀimɔnjal, jo] adj patrimonial

patriotard, e [patʀijɔtaʀ, aʀd] (péj) 1 adj jingoistic
2 nm,f jingoist

patriote [patʀijɔt] → SYN 1 adj patriotic
2 nmf (gén) patriot ◆ (Hist) **les patriotes** the Patriots

patriotique [patʀijɔtik] adj patriotic

patriotiquement [patʀijɔtikmɑ̃] adv patriotically

patriotisme [patʀijɔtism] → SYN nm patriotism

patristique [patʀistik] → SYN 1 adj patristic(al)
2 nf patristics (sg)

Patrocle [patʀɔkl] nm Patroclus

patron¹ [patʀɔ̃] → SYN 1 nm a (propriétaire) owner, boss*; (gérant) manager, boss*; (employeur) employer ◆ **le patron est là?** is the boss* ou governor⁑ (Brit) in? ◆ **le patron de l'usine** the factory owner ou manager ◆ **le patron du restaurant** the proprietor of the restaurant, the restaurant owner ◆ **il est patron d'hôtel** he's a hotel proprietor ◆ **la bonne garde la maison quand ses patrons sont absents** the maid looks after the house when her employers are away ◆ **c'est le grand patron*** he's (ou she's) the big boss! ◆ **un petit patron** a boss of a small (ou medium-sized) company ◆ **patron boulanger/boucher** master baker/butcher
b (Hist, Rel: protecteur) patron ◆ **saint patron** patron saint
c (*: mari) (old) man⁑ ◆ **il est là, le patron?** is your (old) man in?⁑
d (dans un hôpital) ≃ senior consultant *(of teaching hospital)*
2 COMP ▷ **patron (pêcheur)** (Naut) skipper ▷ **patron de presse** press baron ou tycoon ou magnate ▷ **patron de thèse** (Univ) supervisor ou director of postgraduate doctorate

patron² [patʀɔ̃] → SYN nm (Couture) pattern; (pochoir) stencil ◆ **patron de robe** dress pattern ◆ **(taille) demi-patron/patron/grand patron** small/medium/large (size)

patronage [patʀɔnaʒ] → SYN nm a (protection) patronage ◆ **sous le (haut) patronage de** under the patronage of
b (organisation) youth club; (Rel) youth fellowship

patronal, e, mpl **-aux** [patʀɔnal, o] adj (Ind) responsabilité, cotisation employer's, employers'; (Rel) fête patronal

patronat [patʀɔna] nm ◆ (Ind) **le patronat** the employers

patronne [patʀɔn] nf a (→ **patron¹**) (lady) owner, boss*; (lady) manager; (lady) employer; proprietress
b (*: épouse) missus⁑, old lady⁑
c (sainte) patron saint

patronner [patʀɔne] → SYN ▸ conjug 1 ◂ vt personne to patronize, sponsor; entreprise to patronize, support; candidature to support

patronnesse [patʀɔnɛs] nf → **dame**

patronyme [patʀɔnim] → SYN nm patronymic

patronymique [patʀɔnimik] adj patronymic

patrouille [patʀuj] → SYN nf patrol ◆ **partir** ou **aller en/être de patrouille** to go/be on patrol ◆ **patrouille de reconnaissance/de chasse** reconnaissance/fighter patrol

patrouiller [patʀuje] → SYN ▸ conjug 1 ◂ vi to patrol, be on patrol ◆ **patrouiller dans les rues** to patrol the streets

patrouilleur [patʀujœʀ] nm (soldat) soldier on patrol (duty), patroller; (Naut) patrol boat; (Aviat) patrol ou scout plane

patte¹ [pat] → SYN 1 nf a (jambe d'animal) leg; (pied) [chat, chien] paw; [oiseau] foot ◆ **pattes de devant** forelegs, forefeet ◆ **pattes de derrière** hindlegs, hind feet ◆ **coup de patte** [animal] blow of its paw; (fig) cutting remark ◆ **donner un coup de patte à** [animal] to hit with its paw; [fig] to make a cutting remark to ◆ **le chien tendit la patte** the dog put its paw out ou gave a paw ◆ **faire patte de velours** [chat] to draw in ou sheathe its claws; [personne] to be all sweetness and light* ◆ (fig) **ça ne va ou ne marche que sur trois pattes** [affaire, projet] it limps along; [relation amoureuse] it struggles along → **bas¹**, **mouton¹**, etc
b (⁑: jambe) leg ◆ **nous avons 50 km dans les pattes** we've walked 50 km ◆ **à pattes** on foot ◆ **nous y sommes allés à pattes** we walked ou hoofed⁑ it, we went on Shanks' pony* (Brit) ou mare* (US) ◆ **bas** ou **court sur pattes** personne short-legged; table, véhicule low ◆ **tirer** ou **traîner la patte** to drag one's leg ◆ **il est toujours dans mes pattes** he's always under my feet
c (⁑: main) hand, paw* ◆ **s'il me tombe sous la patte, gare à lui!** if I get my hands ou paws* on him he'd better look out! ◆ **tomber dans les/se tirer des pattes de qn** to fall into/get out of sb's clutches
d (fig: style) [auteur, peintre] style ◆ **elle a un bon coup de patte** she has a nice style ou touch
e [ancre] palm, fluke; (languette) [poche] flap; [vêtement] strap; (sur l'épaule) epaulette; [portefeuilles] tongue; [chaussure] tongue
f (favoris) **pattes (de lapin)** sideburns → **fil**, **graisser**, **quatre** etc
2 COMP ▷ **pantalon (à) pattes d'éléphant** ou **pattes d'ef*** bell-bottom ou flared trousers, bell-bottoms, flares ▷ **patte folle** gammy (Brit) ou game leg ▷ **patte à glace** mirror clamp ▷ **patte(s) de mouche** spidery scrawl ◆ **faire des pattes de mouche** to write (in) a spidery scrawl

patte² [pat] nf (Helv) (chiffon) rag ◆ **patte à poussière** duster (Brit), dustcloth (US) ◆ **patte à relaver** tea ou dish towel

patte-d'oie, pl **pattes-d'oie** [patdwa] nf (à l'œil) crow's-foot; (carrefour) branching crossroads ou junction

pattemouille [patmuj] nf damp cloth *(for ironing)*

pattu, e [paty] adj oiseau feather-footed; chien large-pawed

pâturage [pɑtyʀaʒ] → SYN nm (lieu) pasture; (action) grazing, pasturage; (droits) grazing rights

pâture [pɑtyʀ] → SYN nf a (nourriture) food ◆ (fig) **il fait sa pâture de romans noirs** he is an avid reader of detective stories, detective stories form his usual reading matter ◆ (fig) **les dessins animés qu'on donne en pâture à nos enfants** the cartoons served up to our children ◆ (fig) **donner une nouvelle en pâture aux journalistes** to feed a story to journalists

♦ (lit, fig) **donner qn en pâture aux fauves** to throw sb to the lions
b (pâturage) pasture

pâturer [pɑtyʀe] [→ SYN] ▸conjug 1◂ **1** vi to graze
2 vt ♦ **pâturer l'herbe** to graze

pâturin [pɑtyʀɛ̃] nm meadow grass

paturon [patyʀɔ̃] nm pastern

Paul [pɔl] nm Paul

Paule [pol] nf Paula

Pauline [polin] nf Pauline

paulinien, -ienne [polinjɛ̃, jɛn] adj of Saint Paul, Pauline

paulinisme [polinism] nm Pauline doctrine

pauliste [polist] nmf Paulist

paulownia [polɔnja] nm paulownia

paume [pom] nf [main] palm ♦ (Sport) **jeu de paume** (sport) real ou royal tennis; (lieu) real-tennis ou royal-tennis court ♦ **jouer à la paume** to play real ou royal tennis

paumé, e⁑ [pome] [→ SYN] (ptp de **paumer**) adj (péj) (dans un lieu) lost; (dans une explication) lost, at sea*; (dans un milieu inconnu) bewildered ♦ **un pauvre paumé** a poor bum*⁑ ♦ **habiter un bled** ou **trou paumé*** (isolé) to live in a godforsaken place ou hole⁑; (sans attrait) to live in a real dump ou a godforsaken hole⁑ ♦ (fig: socialement inadapté) **la jeunesse paumée d'aujourd'hui** the young wasters* ou drop-outs* of today ♦ **il est complètement paumé** he's all screwed up⁑

paumelle¹ [pomɛl] nf (gond) split hinge; (Naut) palm

paumelle² [pomɛl] nf (Agr) *type of barley*

paumer⁑ [pome] ▸conjug 1◂ **1** vt (perdre) to lose
2 **se paumer** vpr to get lost

paumoyer [pomwaje] ▸conjug 8◂ vt (Naut) to haul in by hand

paumure [pomyʀ] nf [cerf] palm

paupérisation [popeʀizasjɔ̃] nf pauperization, impoverishment

paupériser [popeʀize] ▸conjug 1◂ vt to pauperize, impoverish

paupérisme [popeʀism] [→ SYN] nm pauperism

paupière [popjɛʀ] nf eyelid

paupiette [popjɛt] nf ♦ (Culin) **paupiette de veau** veal olive

pause [poz] [→ SYN] nf (arrêt) break; (en parlant) pause; (Mus) pause; (Sport) half-time ♦ **faire une pause** to have a break, break off ♦ **pause-café / -thé** coffee / tea break ♦ **pause-cigarette** break (for a cigarette) ♦ **faire une pause-cigarette** to stop for a cigarette ♦ **pause publicitaire** commercial break

pauser*† [poze] vi ♦ **faire pauser qn** to keep sb waiting

pauvre [povʀ] [→ SYN] **1** adj **a** personne, pays, sol poor; végétation sparse; minerai, gisement poor; style, (Aut) mélange weak; mobilier, vêtements cheap-looking; nourriture, salaire meagre, poor ♦ **minerai pauvre en cuivre** ore with a low copper content, ore poor in copper ♦ **air pauvre en oxygène** air low in oxygen ♦ **pays pauvre en ressources / en hommes** country short of ou lacking resources / men ♦ **nourriture pauvre en calcium** (par manque) diet lacking in calcium; (par ordonnance) low-calcium diet ♦ **un village pauvre en distractions** a village which is lacking in ou short of amusements ♦ **pauvre comme Job** as poor as a church mouse ♦ **les couches pauvres de la population** the poorer ou deprived sections of the population ♦ **je suis pauvre en vaisselle** I don't have much crockery → **rime**
b (avant n: piètre) excuse, argument weak, pathetic; devoir poor; orateur weak, bad ♦ **de pauvres chances de succès** only a slim ou slender chance of success ♦ **il esquissa un pauvre sourire** he smiled weakly ou gave a weak smile
c (avant n: malheureux) poor ♦ **pauvre type*** (pauvre, malheureux) poor chap* (Brit) ou guy*; (paumé) poor bum⁑; (minable) dead loss*; (salaud) swine⁑; (crétin) poor sod*⁑ (Brit) ou bastard*⁑ ♦ **pauvre con !***⁑ you poor sod!*⁑ (Brit) ou bastard*⁑ ♦ (littér, hum) **pauvre hère** down-and-out ♦ **pauvre d'esprit** (simple d'esprit) half-wit ♦ (Rel) **les pauvres d'esprit** the poor in spirit ♦ **comme disait mon pauvre mari** as my poor (dear) husband used to say ♦ (hum) **pauvre de moi !** poor (little) me! ♦ **mon pauvre ami** my dear friend ♦ **tu es complètement fou, mon pauvre vieux !** you're completely crazy my poor fellow! ♦ **elle me faisait pitié, avec son pauvre petit air** I felt sorry for her, she looked so wretched ou miserable
2 nmf **a** (personne pauvre) poor man ou woman, pauper†† ♦ **les pauvres** the poor ♦ **ce pays compte encore beaucoup de pauvres** there's still a lot of poverty ou there are still many poor people in this country ♦ **le caviar du pauvre** (the) poor man's caviar
b (*: marquant dédain ou commisération) **mon** (ou **ma**) **pauvre, si tu voyais comment ça se passe ...** but my dear fellow (ou girl etc) ou friend, if you saw what goes on ... ♦ **le pauvre, il a dû en voir !** the poor chap* (Brit) ou guy*, he must have had a hard time of it!

pauvrement [povʀəmɑ̃] [→ SYN] adv meublé, éclairé, vivre poorly; vêtu poorly, shabbily

pauvresse† [povʀɛs] nf poor woman ou wretch

pauvret, -ette [povʀɛ, ɛt] nm,f poor (little) thing

pauvreté [povʀəte] [→ SYN] nf [personne] poverty; [mobilier] cheapness; [langage] weakness, poorness; [sol] poverty, poorness ♦ (Prov) **pauvreté n'est pas vice** poverty is not a vice, there is no shame in being poor → **vœu**

pavage [pavaʒ] [→ SYN] nm (→ **paver**) (action) paving; cobbling; (revêtement) paving; cobbles

pavane [pavan] nf pavane ♦ (Mus) **"Pavane pour une infante défunte"** "Pavana for a Dead Princess"

pavaner (se) [pavane] [→ SYN] ▸conjug 1◂ vpr to strut about ♦ **se pavaner comme un dindon** to strut about like a turkey-cock

pavé [pave] [→ SYN] nm **a** [chaussée] cobblestone; [cour] paving stone; (fig péj: livre) hefty tome* ♦ **déraper sur le pavé** ou **les pavés** to skid on the cobbles ♦ **être sur le pavé** (sans domicile) to be on the streets, be homeless; (sans emploi) to be out of a job ♦ **mettre** ou **jeter qn sur le pavé** (domicile) to turn ou throw sb out (onto the streets); (emploi) to give sb the sack*, throw sb out ♦ **j'ai l'impression d'avoir un pavé sur l'estomac*** I feel as if I've got a great ou lead weight in my stomach ♦ (fig) **c'est l'histoire du pavé de l'ours** it's another example of misguided zeal ♦ (fig) **jeter un pavé dans la mare** to set the cat among the pigeons → **battre, brûler, haut**
b (Culin) *thickly-cut steak*
c (Ordin) **pavé numérique** number keypad

pavement [pavmɑ̃] nm ornamental tiling

paver [pave] [→ SYN] ▸conjug 1◂ vt cour to pave; chaussée to cobble ♦ **cour pavée** paved yard → **enfer**

paveur [pavœʀ] nm paver

pavillon [pavijɔ̃] [→ SYN] **1** nm **a** (villa) house; (loge de gardien) lodge; (section d'hôpital) ward, pavilion; (corps de bâtiment) wing, pavilion; [jardin] pavilion; [club de golf etc] clubhouse
b (Naut) flag ♦ **sous pavillon panaméen** etc under the Panamanian etc flag → **baisser, battre**
c (Mus) [instrument] bell; [phonographe] horn
d [oreille] pavilion, pinna
2 COMP ▷ **pavillon de banlieue** house in the suburbs ▷ **pavillon de chasse** hunting lodge ▷ **pavillon de complaisance** flag of convenience ▷ **pavillon de détresse** flag of distress ▷ **pavillon de guerre** war flag ▷ **pavillon noir** Jolly Roger ▷ **pavillon de quarantaine** yellow flag ▷ **pavillon à tête de mort** skull and crossbones ▷ **pavillon de verdure** leafy arbour ou bower

pavillonnaire [pavijɔnɛʀ] adj ♦ **lotissement pavillonnaire** private housing estate ♦ **banlieue pavillonnaire** residential suburb *(with exclusively low-rise housing)*

pavillonnerie [pavijɔnʀi] nf (atelier) flag workshop; (magasin) flag warehouse

pavimenteux, -euse [pavimɑ̃tø, øz] adj ♦ (Sci) **épithélium pavimenteux** stratified squamous epithelium

pavlovien, -ienne [pavlɔvjɛ̃, jɛn] adj Pavlovian

pavois [pavwa] nm (Naut: bordage) bulwark; (Hist: bouclier) shield ♦ **hisser le grand pavois** to dress over all ou full ♦ **hisser le petit pavois** to dress with masthead flags ♦ **hisser qn sur le pavois** to carry sb shoulder-high

pavoiser [pavwaze] [→ SYN] ▸conjug 1◂ **1** vt navire to dress; monument to deck with flags
2 vi to put out flags; (fig: Sport) [supporters] to rejoice, wave the banners, exult ♦ **toute la ville a pavoisé** there were flags out all over the town ♦ (fig) **il pavoise maintenant qu'on lui a donné raison publiquement** he's rejoicing openly now that he has been publicly acknowledged to be in the right ♦ **il n'y a pas de quoi pavoiser !** it's nothing to write home about ou to get too excited about!

pavot [pavo] [→ SYN] nm poppy

paxon [paksɔ̃] nm ⇒ **pacson***

payable [pɛjabl] adj payable ♦ **payable en 3 fois** somme payable in ou that must ou may be paid in 3 instalments; objet that must ou can be paid for in 3 instalments ♦ **l'impôt est payable par tous** taxes must be paid by everyone ♦ (Fin) **billet payable à vue** bill payable at sight ♦ **appareil payable à crédit** piece of equipment which can be paid for on credit

payant, e [pɛjɑ̃, ɑ̃t] [→ SYN] adj spectateur who pays (for his seat); billet, place which one must pay for, not free (attrib); spectacle where one must pay to go in, where there is a charge for admission; (rentable) affaire profitable; politique, conduite, effort which pays off ♦ **« entrée payante »** admission fee payable ♦ **c'est payant ?** do you have to pay (to get in)?

paye [pɛj] [→ SYN] nf ⇒ **paie**

payement [pɛjmɑ̃] nm ⇒ **paiement**

payer [peje] [→ SYN] ▸conjug 8◂ **1** vt **a** somme, cotisation, intérêt to pay; facture, dette to pay, settle ♦ **payer comptant** to pay cash ♦ **payer rubis sur l'ongle**† to pay cash on the nail ♦ **c'est lui qui paie** he's paying → **qui**
b employé to pay; tueur to hire; entrepreneur to pay, settle up with ♦ **être payé par chèque / en espèces / en nature / à l'heure** to be paid by cheque / in cash / in kind / by the hour ♦ **être payé à la pièce** to be on piecework ♦ **payer qn de** ou **en paroles / promesses** to fob sb off with (empty) words / promises ♦ **je ne suis pas payé pour ça*** that's not what I'm paid for ♦ (fig iro) **il a payé pour le savoir** he has learnt the hard way, he has learnt that to his cost
c travail, service, maison, marchandise to pay for ♦ **je l'ai payé de ma poche** I paid for it out of my own pocket ♦ **les réparations ne sont pas encore payées** the repairs haven't been paid for yet ♦ **il m'a fait payer 50 F** he charged me 50 francs (*pour* for) ♦ **payer le déplacement de qn** to pay sb's travelling expenses ♦ **payer la casse** ou **les pots cassés** (lit) to pay for the damage; (* fig) to pick up the pieces, carry the can* (Brit) ♦ **travail bien / mal payé** well-paid / badly-paid work → **congé**
d (*: offrir) **payer qch à qn** to buy sth for sb ♦ **c'est moi qui paie (à boire)** the drinks are on me*, have this one on me* ♦ **payer des vacances / un voyage à qn** to pay for sb to go on holiday / on a trip ♦ **payer à boire à qn** to stand ou buy sb a drink ♦ **sa mère lui a payé une voiture** his mother bought him a car
e (récompenser) to reward ♦ **le succès le paie de tous ses efforts** his success makes all his efforts worthwhile ou rewards him for all his efforts ♦ **il l'aimait et elle le payait de retour** he loved her and she returned his love
f (expier) faute, crime to pay for ♦ **payer qch de 5 ans de prison** to get 5 years in jail for sth ♦ **il l'a payé de sa vie / santé** it cost him his life / health ♦ **il a payé cher son imprudence** he paid dearly for his rashness, his rashness cost him dearly ♦ (en menace) **il me le paiera !** he'll pay for this!, I'll make him pay for this!

2 vi a [effort, tactique] to pay off; [métier] to be well-paid ◆ **le crime ne paie pas** crime doesn't pay ◆ **payer pour qn** (lit) to pay for sb; (fig) to pick up the pieces (for sb), carry the can (Brit) for sb*

b **payer de: pour y parvenir il a dû payer de sa personne** he had to sacrifice himself in order to succeed ◆ **ce poisson ne paie pas de mine** this fish isn't much to look at ou doesn't look very appetizing ◆ **l'hôtel ne paie pas de mine** the hotel isn't much to look at ◆ **payer d'audace** to take a gamble ou a risk

3 **se payer** vpr a **payez-vous et rendez-moi la monnaie** take what is owed to you and give me the change ◆ **tout se paie** (lit) everything must be paid for; (fig) everything has its price

b (*: s'offrir) objet to buy o.s., treat o.s. to ◆ **on va se payer un bon dîner / le restaurant** we're going to treat ourselves to a slap-up* meal / to a meal out ◆ **se payer une pinte de bon sang**† to have a good laugh* ◆ **se payer la tête de qn** (ridiculiser) to put sb down*, take the mickey* out of sb (Brit); (tromper) to have sb on*, take sb for a ride‡ ◆ **se payer une bonne grippe** to get a bad dose of flu ◆ **il s'est payé un arbre / le trottoir / un piéton** he has wrapped his car round a tree / run into the pavement / mown a pedestrian down ◆ **j'ai glissé et je me suis payé la chaise** I slipped and banged ou crashed into the chair ◆ **ils s'en sont drôlement payé, ils s'en sont payé une bonne tranche** they had (themselves) a good time ou a whale of a time* ◆ **se payer qn‡** (physiquement) to knock the living daylights out of sb‡; (verbalement) to give sb what for* → **luxe**

c **se payer d'illusions** to delude o.s. ◆ **se payer de culot** to use one's nerve ◆ **il se paie de mots** he's talking a lot of hot air*

payer-prendre [pejepʀɑ̃dʀ] nm inv cash-and-carry

payeur, -euse [pɛjœʀ, øz] → SYN 1 adj ◆ **organisme / service payeur** claims department / office ◆ [chèque] **établissement payeur** paying bank

2 nm,f payer; (Mil, Naut) paymaster ◆ **mauvais payeur** bad debtor → **conseilleur**

pays[1] [pei] → SYN 1 nm a (contrée, habitants) country ◆ **des pays lointains** far-off countries ou lands ◆ **les pays membres du marché commun** the countries which are members of ou the member countries of the Common Market ◆ **la France est le pays du vin** France is the land of wine → **mal**

b (région) region ◆ **il est du pays** he's from these parts ou this area ◆ **les gens du pays** the local people, the locals ◆ **revenir au pays** to go back home ◆ **un pays de légumes, d'élevage et de lait** a vegetable-growing, cattle-breeding and dairy region ◆ **c'est le pays de la tomate** it's the famous tomato-growing country ◆ **nous sommes en plein pays du vin** we're in the heart of the wine country ◆ **vin de** ou **du pays** local wine, vin de pays (Brit) ◆ **melons / pêches de** ou **du pays** local-grown melons / peaches

c (village) village

d (loc) (fig) **le pays des rêves** ou **des songes** the land of dreams, dreamland ◆ **je veux voir du pays** I want to travel around ◆ **il a vu du pays** he's travelled a lot ◆ **se comporter comme en pays conquis** to lord it over everyone, act all high and mighty ◆ **être en pays de connaissance** (dans une réunion) to be among friends ou familiar faces; (sur un sujet, dans un lieu) to be on home ground ou on familiar territory

2 COMP ▷ **pays d'accueil** [conférences, jeux] host country; [réfugiés] country of refuge ▷ **le Pays basque** the Basque country ▷ **pays de cocagne** land of plenty, land of milk and honey ▷ **pays développé** developed country ou nation ▷ **le pays de Galles** Wales ▷ **pays industrialisé** industrialized country ou nation ◆ **nouveaux pays industrialisés** newly industrialized countries ▷ **les pays les moins avancés** the less developed countries ▷ **pays en voie de développement** developing country ▷ **pays en voie d'industrialisation** industrializing country

pays[2], **e** [pei, peiz] → SYN nm,f ◆ (dial: compatriote) **nous sommes pays** we come from the same village ou region ou part of the country ◆ **elle est ma payse** she comes from the same village ou region ou part of the country as me

paysage [peizaʒ] → SYN nm (gén) landscape, scenery (NonC); (Peinture) landscape (painting) ◆ **on découvrait un paysage magnifique / un paysage de montagne** a magnificent / mountainous landscape lay before us ◆ **nous avons traversé des paysages magnifiques** we drove through (some) magnificent scenery ◆ **les paysages orientaux** the landscape ou the scenery of the East ◆ **le paysage urbain** the urban landscape ◆ **le paysage politique / associatif** the political / community scene ◆ **le paysage audiovisuel français** the French broadcasting scene ◆ (gén iro) **ça fait bien dans le paysage!** it's all part of the image!, it fits the image!

paysagé, e [peizaʒe] adj ◆ **bureau paysagé** open-plan office ◆ **jardin paysagé** landscaped garden

paysager, -ère [peizaʒe, ɛʀ] adj ◆ **parc paysager** landscaped garden

paysagiste [peizaʒist] nmf (Peinture) landscape painter ◆ **architecte / jardinier paysagiste** landscape architect / gardener

paysan, -anne [peizɑ̃, an] → SYN 1 adj (agricole) monde, problème farming (épith); agitation, revendications farmers', of the farmers; (rural) vie, coutumes country (épith); (péj) air, manières peasant (épith), rustic

2 nm countryman, farmer; (Hist) peasant; (péj) peasant

3 **paysanne** nf peasant woman, countrywoman; (Hist) peasant (woman); (péj) peasant

paysannat [peizana] nm, **paysannerie** [peizanʀi] nf farmers; (Hist, péj) peasantry

Pays-Bas [peiba] nmpl ◆ **les Pays-Bas** the Netherlands

PC [pese] nm a (abrév de **parti communiste**) → **parti**[1]

b (abrév de **poste de commandement**) → **poste**[2]

c (Ordin) (abrév de **personal computer**) PC

Pcc (abrév de **pour copie conforme**) → **copie**

PCF [peseɛf] nm abrév de **parti communiste français**

PCV [peseve] GRAMMAIRE ACTIVE 27.2, 27.3 nm (Téléc) (abrév de **percevoir**) ◆ **(appel en) PCV** reverse-charge call (Brit), collect call (US) ◆ **appeler en PCV** to make a reverse-charge call (Brit), call collect (US)

P.D.G. [pedeʒe] nm inv (abrév de **président-directeur général**) → **président**

PE nm (abrév de **Parlement européen**) EP

PEA [peəa] nm (abrév de **plan d'épargne en actions**) → **plan**[1]

péage [peaʒ] → SYN nm (droit) toll; (barrière) tollgate ◆ **autoroute à péage** toll motorway (Brit) ou expressway (US) ◆ **pont à péage** toll bridge ◆ **poste de péage** tollbooth ◆ (TV) **chaîne / télévision à péage** pay channel / TV

péagiste [peaʒist] nmf tollbooth attendant

peau, pl **peaux** [po] → SYN 1 nf a [personne] skin ◆ **avoir une peau de pêche** to have a peach-like complexion ◆ **soins de la / maladie de peau** skin care / disease ◆ **les peaux mortes** (the) dead skin ◆ **n'avoir que la peau et les os** to be all skin and bones ◆ **attraper qn par la peau du cou** ou **du dos** ou **des fesses‡** (empoigner rudement) to grab sb by the scruff of the neck; (s'en saisir à temps) to grab hold of sb in the nick of time ◆ **faire peau neuve** [parti politique, administration] to adopt ou find a new image; [personne] (en changeant d'habit) to change (one's clothes); (en changeant de conduite) to turn over a new leaf → **coûter, fleur**

b (*: corps, vie) **jouer** ou **risquer sa peau** to risk one's neck* ou hide* ◆ **il y a laissé sa peau** it cost him his life ◆ **sauver sa peau** to save one's skin ou hide* ◆ **tenir à sa peau** to value one's life ◆ (il sera tué) **sa peau ne vaut pas cher, je ne donnerai pas cher de sa peau** he's dead meat* ◆ **se faire crever** ou **trouer la peau‡** to get killed, get a bullet in one's hide* ◆ **recevoir douze balles dans la peau** to be gunned down by a firing squad ou an execution squad ◆ **on lui fera la peau‡** we'll bump him off‡ ◆ **je veux / j'aurai sa peau!** I'm out to get him!*, I'll have his hide for this!* ◆ **être bien / mal dans sa peau** (physiquement) to feel great* / awful; (mentalement) to be quite at ease / ill-at-ease, be at peace / at odds with o.s. ◆ **avoir qn dans la peau*** to be crazy about sb* ◆ **avoir le jeu** etc **dans la peau** to have gambling etc in one's blood ◆ **se mettre dans la peau de qn** to put o.s. in sb's place ou shoes ◆ **entrer dans la peau du personnage** to get (right) into the part ◆ **je ne voudrais pas être dans sa peau** I wouldn't like to be in his shoes ou place ◆ **avoir la peau dure*** (être solide) to be hardy; (résister à la critique) [personne] to be thick-skinned, have a thick skin; [idées, préjugés] to be difficult to get rid of ou to overcome

c [animal] (gén) skin; (cuir) hide; (fourrure) pelt; [éléphant, buffle] hide ◆ **gants / vêtements de peau** leather gloves / clothes ◆ **cuir pleine peau** full leather → **vendre**

d [fruit, lait, peinture] skin; [fromage] rind; (épluchure) peel ◆ (lit, fig) **glisser sur une peau de banane** to slip on a banana skin ◆ **enlever la peau de** fruit to peel; fromage to take the rind off

e **peau de balle!‡** nothing doing!*, not a chance!*, no way!‡

2 COMP ▷ **peau d'âne**† (diplôme) diploma, sheepskin (US) ▷ **peau de chagrin** (lit) shagreen ◆ (fig) **diminuer comme une peau de chagrin** to shrink away ▷ **peau de chamois** chamois leather, shammy ▷ **peau d'hareng*** ◆ **quelle peau d'hareng tu fais!** you naughty thing!* ▷ **peau lainée, peau de mouton** sheepskin ◆ **en peau de mouton** sheepskin (épith) ▷ **peau d'orange** (Physiol) orange peel effect ▷ **peau de porc** pigskin ▷ **peau de serpent** snakeskin ▷ **peau de tambour** drumskin ▷ **peau de vache*** (homme) bastard‡; (femme) bitch‡ ▷ **peau de zébi: c'est en peau de zébi** it's made of some sort of cheap stuff

peaucier [posje] adj m, nm ◆ **(muscle) peaucier** platysma

peaufiner [pofine] ▸ conjug 1 ◂ vt travail to polish up, put the finishing touches to; style to polish (up)

Peau-Rouge, pl **Peaux-Rouges** [poʀuʒ] nmf Red Indian, redskin

peausserie [posʀi] nf (articles) leatherwear (NonC); (commerce) skin trade; (boutique) suede and leatherware shop

peaussier [posje] 1 adj m leather (épith)

2 nm (ouvrier) leatherworker; (commerçant) leather dealer, fellmonger

pébroc*, **pébroque*** [pebʀɔk] nm brolly* (Brit), umbrella

pécan, pecan [pekɑ̃] nm ◆ **(noix de) pécan** pecan (nut)

pécari [pekaʀi] nm peccary

peccadille [pekadij] → SYN nf (vétille) trifle; (faute) peccadillo

pechblende [pɛʃblɛ̃d] → SYN nf pitchblende

pêche[1] [pɛʃ] → SYN 1 nf a (fruit) peach ◆ **pêche-abricot, pêche jaune** ou **abricotée** yellow peach ◆ **pêche blanche** white peach ◆ **pêche de vigne** bush peach ◆ **avoir un teint de pêche** to have a peaches and cream complexion → **fendre, Melba, peau**

b (*: vitalité) go*, oomph* ◆ **avoir la pêche** to be on form ◆ **ça donne la pêche** it gets you going

c (‡: coup) punch, clout* ◆ **donner une pêche à qn** to punch sb in the face, clout sb across the face

2 adj peach-coloured

pêche[2] [pɛʃ] → SYN nf a (activité) fishing; (saison) fishing season ◆ **la pêche à la ligne** (mer) line fishing; (rivière) angling ◆ **la pêche à la baleine** whaling ◆ **la pêche au gros** big-game fishing ◆ **grande pêche au large** deep-sea fishing ◆ **la pêche au harpon** harpoon fishing ◆ **la pêche à la crevette** shrimp fishing ◆ **la pêche à la truite** trout fishing ◆ **la pêche aux moules** mussel gathering ◆ **aller à la pêche** (lit) to go fishing, go angling ◆ (fig) **aller à la pêche aux informations** to go fishing for information ◆ **aller à la pêche aux voix** to

canvass, go vote-catching* ◆ **filet / barque de pêche** fishing net / boat → **canne**
b (poissons) catch ◆ **faire une belle pêche** to have ou make a good catch ◆ (Rel) **la pêche miraculeuse** the miraculous draught of fishes; (fête foraine) the bran tub (Brit), the lucky dip

péché [peʃe] → SYN **1** nm sin ◆ **pour mes péchés** for my sins ◆ **à tout péché miséricorde** every sin can be forgiven ou pardoned ◆ **vivre dans le péché** (gén) to lead a sinful life; (sans être marié) to live in sin ◆ **mourir en état de péché** to die a sinner ◆ **commettre un péché** to sin, commit a sin
2 COMP ⊳ **péché capital** deadly sin ◆ **les sept péchés capitaux** the seven deadly sins ⊳ **péché de chair**† sin of the flesh ⊳ **péché de jeunesse** youthful indiscretion ⊳ **péché mignon** ◆ **c'est son péché mignon** he is partial to it, he has a weakness for it ⊳ **péché mortel** mortal sin ⊳ **le péché d'orgueil** the sin of pride ⊳ **le péché originel** original sin ⊳ **péché véniel** venial sin

pécher [peʃe] → SYN ▸ conjug 6 ◂ GRAMMAIRE ACTIVE 26.3 vi **a** (Rel) to sin ◆ **pécher par orgueil** to commit the sin of pride
b **pécher contre la politesse / l'hospitalité** to break the rules of courtesy / hospitality ◆ **pécher par négligence / imprudence** to be too careless / reckless ◆ **pécher par ignorance** to err through ignorance ◆ **pécher par excès de prudence / d'optimisme** to be over-careful / over-optimistic, err on the side of caution / optimism ◆ **ça pèche par bien des points** ou **sur bien des côtés** it has a lot of weaknesses ou shortcomings

pêcher[1] [peʃe] → SYN ▸ conjug 1 ◂ **1** vt (être pêcheur de) to fish for; (attraper) to catch, land ◆ **pêcher des coquillages** to gather shellfish ◆ **pêcher la baleine / la crevette** to go whaling / shrimping ◆ **pêcher la truite / la morue** to fish for trout / cod, go trout- / cod-fishing ◆ **pêcher qch à la ligne / à l'asticot** to fish for ou catch sth with rod and line / with maggots ◆ **pêcher qch au chalut** to trawl for sth ◆ (fig) **où as-tu été pêcher cette idée / cette boîte ?*** where did you dig that idea / box up from?* ◆ **où a-t-il été pêcher que ... ?*** where did he dig up the idea that ... ?
2 vi to go fishing; (avec un chalut) to trawl, go trawling ◆ **pêcher à la ligne** to go angling ◆ **pêcher à l'asticot** to fish with maggots ◆ **pêcher à la mouche** to fly-fish ◆ (fig) **pêcher en eau trouble** to fish in troubled waters

pêcher[2] [peʃe] nm (arbre) peach tree

pécheresse [peʃʀɛs] nf → **pécheur**

pêcherie [pɛʃʀi] nf fishery, fishing ground

pécheur, pécheresse [peʃœʀ, peʃʀɛs] → SYN
1 adj sinful
2 nm, f sinner

pêcheur [pɛʃœʀ] → SYN **1** nm fisherman; (à la ligne) angler ◆ **pêcheur de crevettes** shrimper ◆ **pêcheur de baleines** whaler ◆ **pêcheur de perles** pearl diver ◆ **pêcheur de corail** coral fisherman ◆ **c'est un pêcheur de coquillages** he gathers shellfish
2 adj bateau fishing

pêcheuse [pɛʃøz] nf fisherwoman; (à la ligne) (woman) angler

pecnot [pɛkno] nm ⇒ **péquenaud**

pécore* [pekɔʀ] **1** nf (péj: imbécile) silly goose*
2 nmf (péj: paysan) country bumpkin, yokel, hick* (US)

pecten [pɛktɛn] nm pecten

pectine [pɛktin] nf pectin

pectiné, e [pɛktine] **1** adj feuille pectinate; muscle pectineal
2 nm (Anat) pectineus

pectique [pɛktik] adj pectic

pectoral, e, mpl **-aux** [pɛktɔʀal, o] **1** adj **a** (Anat, Zool) pectoral
b (Méd) sirop, pastille throat (épith), cough (épith), expectorant (spéc) (épith)
2 nm (Anat) pectoral muscle

pécule [pekyl] → SYN nm (économies) savings, nest egg; [détenu, soldat] earnings, wages *(paid on release or discharge)* ◆ **se faire** ou **se constituer un petit pécule** to build up a little nest egg

pécuniaire [pekynjɛʀ] → SYN adj embarras financial, pecuniary (frm); aide, avantage, situation financial

pécuniairement [pekynjɛʀmɑ̃] adv financially

pédagogie [pedagɔʒi] → SYN nf (éducation) education; (art d'enseigner) teaching skills; (méthodes d'enseignement) educational methods ◆ **avoir beaucoup de pédagogie** to have great teaching skills, be a skilled teacher ◆ **pédagogie de la réussite / de l'échec** positive / negative teaching attitude

pédagogique [pedagɔʒik] → SYN adj intérêt, contenu, théorie educational; moyens, méthodes educational ◆ **outils pédagogiques** teaching aids ◆ **stage (de formation) pédagogique** teacher-training course ◆ **il a fait un exposé très pédagogique** he gave a very clear lecture ◆ **sens pédagogique** teaching ability ◆ **cet instituteur a un grand sens pédagogique** this teacher is very skilled at his job

pédagogiquement [pedagɔʒikmɑ̃] adv (→ **pédagogique**) pedagogically (spéc); from an educational standpoint; clearly

pédagogue [pedagɔg] → SYN nmf (professeur) teacher; (spécialiste) teaching specialist, educationalist ◆ **c'est un bon pédagogue, il est bon pédagogue** he's a good teacher

pédale [pedal] → SYN nf **a** [bicyclette, piano, voiture] pedal; [machine à coudre ancienne, tour] treadle ◆ (Mus) **pédale douce / forte** soft / sustaining pedal ◆ (Mus) **(note de) pédale** pedal (point) ◆ (fig) **mettre la pédale douce*** to soft-pedal*, go easy* → **perdre**
b (‡ péj: homosexuel) queer‡, poof‡, fag‡ (US) ◆ **être de la pédale** to be (a) queer‡ ou a poof‡ (Brit) ou a fag‡ (US)

pédaler [pedale] ▸ conjug 1 ◂ vi to pedal; (* fig: se dépêcher) to hurry ◆ **pédaler dans la choucroute**‡ ou **la semoule**‡ ou **le yaourt**‡ (ne rien comprendre) to be all at sea, be at a complete loss; (ne pas progresser) to get nowhere (fast)*

pédaleur, -euse [pedalœʀ, øz] nm,f (Cyclisme) pedaler

pédalier [pedalje] nm [bicyclette] pedal and gear mechanism; [orgue] pedal-board, pedals

pédalo ® [pedalo] nm pedalo, pedal-boat

pédant, e [pedɑ̃, ɑ̃t] → SYN **1** adj pedantic
2 nm,f pedant

pédanterie [pedɑ̃tʀi] nf (littér) pedantry

pédantesque [pedɑ̃tɛsk] adj pedantic

pédantisme [pedɑ̃tism] → SYN nm pedantry

pédé‡ [pede] nm (abrév de **pédéraste**) queer‡, poof‡, fag‡ (US) ◆ **être pédé** to be (a) queer‡ ou a poof‡ (Brit) ou a fag‡ (US)

pédéraste [pedeʀast] nm pederast; (par extension) homosexual

pédérastie [pedeʀasti] → SYN nf pederasty; (par extension) homosexuality

pédérastique [pedeʀastik] adj pederast; (par extension) homosexual

pédestre [pedɛstʀ] adj ◆ (littér, hum) **promenade** ou **circuit pédestre** walk, ramble, hike ◆ **sentier pédestre** pedestrian footpath

pédestrement [pedɛstʀəmɑ̃] adv (littér, hum) on foot

pédiatre [pedjatʀ] nmf paediatrician (Brit), pediatrician (US)

pédiatrie [pedjatʀi] nf paediatrics (sg) (Brit), pediatrics (sg) (US)

pédiatrique [pedjatʀik] adj paediatric (Brit), pediatric (US)

pedibus (cum jambis) [pedibys(kumʒɑ̃bis)] adv on foot, on Shanks' pony* (Brit) ou mare* (US)

pédicellaire [pedisɛlɛʀ] nm (Bot) pedicellaria

pédicelle [pedisɛl] nm (Bot) pedicel

pédicellé, e [pedisele] adj pedicellate

pédiculaire [pedikylɛʀ] **1** adj (Méd) pedicular
2 nf (Bot) lousewort

pédicule [pedikyl] → SYN nm (Anat) pedicle; (Bot, Zool) peduncle

pédiculé, e [pedikyle] adj (Anat) pedicled; (Bot, Zool) peduncled

pédiculose [pedikyloz] nf pediculosis

pédicure [pedikyʀ] nmf chiropodist, podiatrist (US)

pédicurie [pedikyʀi] nf (soins médicaux) chiropody, podiatry (US); (soins de beauté) pedicure

pédieux, -ieuse [pedjø, jøz] adj (Anat) pedial

pedigree [pedigʀe] → SYN nm pedigree

pédiment [pedimɑ̃] nm pediment

pédipalpe [pedipalp] nm pedipalp

pédodontie [pedɔdɔ̃si] nf paedodontics (sg) (Brit), pedodontics (sg) (US)

pédologie [pedɔlɔʒi] nf **a** (Géol) pedology
b (Méd) paedology (Brit), pedology (US)

pédologique [pedɔlɔʒik] adj (Géol) pedological

pédologue [pedɔlɔg] nmf (Géol) pedologist

pédonculaire [pedɔ̃kylɛʀ] adj peduncular

pédoncule [pedɔ̃kyl] nm (Anat, Bot, Zool) peduncle

pédonculé, e [pedɔ̃kyle] adj pedunculate(d)

pédophile [pedɔfil] **1** nm paedophile (Brit), paedophiliac (Brit), pedophile (US), pedophiliac (US)
2 adj paedophile (épith) (Brit), pedophile (épith) (US)

pédophilie [pedɔfili] nf paedophilia (Brit), pedophilia (US)

pédopsychiatre [pedopsikjatʀ] nmf child psychiatrist

pédopsychiatrie [pedopsikjatʀi] nf child psychiatry

pedzouille‡ [pɛdzuj] nm (péj) peasant, country bumpkin

peeling [piliŋ] → SYN nm (Méd) skin peeling treatment; (Cosmétique) peeling face mask

Pégase [pegaz] nm Pegasus

pégase [pegɑz] nm (Zool) pegasus

PEGC [peəʒese] nm (abrév de **professeur d'enseignement général des collèges**) → **professeur**

pegmatite [pɛgmatit] nf pegmatite

pègre [pɛgʀ] → SYN nf ◆ **la pègre** the underworld ◆ **membre de la pègre** gangster, mobster

pehlvi [pɛlvi] nm Pahlavi, Pehlevi

peignage [pɛɲaʒ] nm [laine] carding; [lin, chanvre] carding, hackling

peigne [pɛɲ] → SYN nm **a** [cheveux] comb; (Tex) [laine] card; [lin, chanvre] card, hackle; [métier] reed ◆ **peigne de poche** pocket comb ◆ (fig) **passer qch au peigne fin** to go through sth with a fine-tooth comb ◆ **se donner un coup de peigne** to run a comb through one's hair
b (Zool) [scorpion] comb; [oiseau, mollusque] pecten

peigne-cul‡, pl **peigne-culs** [pɛɲky] nm (péj) (mesquin) creep‡; (inculte) yob‡ (Brit), lout, boor

peignée* [pɛɲe] nf (raclée) thrashing, hiding* ◆ **donner / recevoir une** ou **la peignée** to give / get a thrashing ou hiding*

peigner [pɛɲe] → SYN ▸ conjug 1 ◂ **1** vt cheveux to comb; enfant to comb the hair of; (Tex) laine to card; lin, chanvre to card, hackle ◆ **être bien peigné** personne to have a neat hairstyle; cheveux to be immaculate ◆ **mal peigné** dishevelled, tousled ◆ **laine peignée** [pantalon, veston] worsted wool; [pull] combed wool ◆ (hum) **faire ça ou peigner la girafe** it's either that or some other pointless task
2 **se peigner** vpr to comb one's hair, give one's hair a comb

peigneur, -euse [pɛɲœʀ, øz] nm,f [laine] carder; [lin, chanvre] carder, hockler

peignier [pɛɲe] nm comb maker

peignoir [pɛɲwaʀ] → SYN nm (robe de chambre) dressing gown; [boxeur] (boxer's) dressing gown ◆ **peignoir (de bain)** bathrobe

peille [pɛj] → SYN nf (Tech) rag *(used in paper-making)*

peinard, e* [pɛnaʀ, aʀd] → SYN adj **a** (sans tracas) travail, vie cushy‡, easy ◆ **on est peinard**

dans l'armée it's a cushy* ou soft life in the army ◆ **il fait ses 35 heures, peinard** he does his 35 hours and that's it ◆ **rester** ou **se tenir peinard** to keep out of trouble, keep one's nose clean*

b (au calme) coin quiet, peaceful ◆ **on va être peinard** (pour se reposer) we'll have a bit of peace, we can take it easy; (pour agir) we'll be left in peace

peinardement* [pɛnaʀdəmɑ̃] adv quietly

peindre [pɛ̃dʀ] → SYN ▸ conjug 52 ◂ **1** vt (gén) to paint; (fig) mœurs to paint, depict ◆ **peindre qch en jaune** to paint sth yellow ◆ **peindre à la chaux** to whitewash ◆ **tableau peint à l'huile** picture painted in oils ◆ **peindre au pinceau/au rouleau** to paint with a brush/a roller ◆ **se faire peindre par X** to have one's portrait painted by X ◆ (fig) **romancier qui sait bien peindre ses personnages** novelist who portrays his characters well ◆ **il l'avait peint sous les traits d'un vieillard dans son livre** he had depicted ou portrayed him as an old man in his book

2 se peindre vpr (se décrire) to portray o.s. ◆ **Montaigne s'est peint dans « Les Essais »** "Les Essais" are a self-portrayal of Montaigne ◆ **la consternation/le désespoir se peignait sur leur visage** dismay/despair was written on their faces ◆ **la cruauté était peinte sur ses traits** cruelty was reflected in his features

peine [pɛn] → SYN nf **a** (chagrin) sorrow, sadness (NonC) ◆ **avoir de la peine** to be sad ou (moins fort) upset ◆ **être dans la peine** to be grief-stricken ◆ **faire de la peine à qn** to upset sb, make sb sad, distress sb ◆ **elle m'a fait de la peine et je lui ai donné de l'argent** I felt sorry for her and gave her some money ◆ **je ne voudrais pas te faire de (la) peine*, mais ...** I don't want to disappoint you but ... ◆ **avoir des peines de cœur** to have an unhappy love life ◆ **cela fait peine à voir** it hurts to see it ◆ **il faisait peine à voir** he looked a sorry ou pitiful sight → **âme**

b (effort) effort, trouble (NonC) ◆ **il faut se donner de la peine, cela demande de la peine** that requires an effort, you have to make an effort ◆ **se donner de la peine pour faire** to go to a lot of trouble to do ◆ **si tu te mettais seulement en peine d'essayer, si tu te donnais seulement la peine d'essayer** if you would only bother to try ou take the trouble to try ◆ **il ne se donne aucune peine** he just doesn't try ou bother ◆ (formule de politesse) **donnez-vous** ou **prenez donc la peine d'entrer/de vous asseoir** please ou do come in/sit down ◆ **ne vous donnez pas la peine de venir me chercher** please don't bother to come and collect me ◆ **est-ce que c'est la peine d'y aller?** is it worth going? ◆ **ce n'est pas la peine de me le répéter** there's no point in repeating that, you've no need to repeat that ◆ **ce n'est pas la peine** don't bother ◆ (iro) **c'était bien la peine de sortir!** ou **qu'il sorte!** it was a waste of time (his) going out, he wasted his time going out ◆ **c'est peine perdue** it's a waste of time (and effort) ◆ **on lui a donné 500 F pour sa peine** he was given 500 francs for his trouble ◆ **en être pour sa peine** to get nothing for one's pains ou trouble ◆ **tu as été sage, pour la peine, tu auras un bonbon** here's a sweet for being good ◆ **ne vous mettez pas en peine pour moi** don't go to ou put yourself to any trouble for me ◆ **toute peine mérite salaire** any effort should be rewarded → **bout, mourir, valoir**

c (difficulté) difficulty ◆ **il a eu de la peine à finir son repas/la course** he had difficulty finishing his meal/the race ◆ **il a eu de la peine mais il y est arrivé** it wasn't easy (for him) but he managed it ◆ **avoir de la peine à faire** to have difficulty in doing, find it difficult ou hard to do ◆ **j'avais (de la) peine à croire** I found it hard to believe, I could hardly believe it ◆ **avec peine** with difficulty ◆ **à grand-peine** with great difficulty ◆ **sans peine** without (any) difficulty, easily ◆ **il n'est pas en peine pour trouver des secrétaires** he has no difficulty ou trouble finding secretaries ◆ **j'ai eu toutes les peines du monde à le convaincre/à démarrer** I had a real job convincing him/getting the car started ◆ **je serais bien en peine de vous le dire/d'en trouver** I'd be hard pushed* ou hard pressed to tell you/to find any

d (punition) punishment, penalty; (Jur) sentence ◆ **peine capitale** ou **de mort** capital punishment, death sentence ou penalty ◆ **peine de prison** prison sentence ◆ **peine alternative** ou **de substitution** alternative sentence ◆ **sous peine de mort** on pain of death ◆ **défense d'afficher sous peine d'amende** billposters will be fined ◆ **défense d'entrer sous peine de poursuites** trespassers will be prosecuted ◆ **la peine n'est pas toujours proportionnée au délit** the punishment does not always fit to the crime ◆ **on ne peut rien lui dire, sous peine d'être renvoyé** you daren't ou can't say anything to him for fear of dismissal ou the sack* ◆ **pour la** ou **ta peine tu mettras la table** for that you can set the table

e à peine hardly, only just, scarcely, barely ◆ **il est à peine 2 heures** it's only just 2 o'clock, it's only just turned 2 (Brit) ◆ **il leur reste à peine de quoi manger** they've scarcely ou hardly any food left ◆ **il gagne à peine de quoi vivre** he hardly earns enough to keep body and soul together ◆ **il parle à peine** [personne silencieuse] he hardly says anything; [enfant] he can hardly ou barely talk ◆ **il était à peine rentré qu'il a dû ressortir** he had only just got in ou scarcely got in when he had to go out again ◆ **à peine dans la voiture, il s'est endormi** no sooner had he got in the car than he fell asleep ◆ **c'est à peine si on l'entend** you can hardly hear him ◆ **il était à peine aimable** he was barely ou scarcely civil

peiner [pene] → SYN ▸ conjug 1 ◂ **1** vi [personne] to work hard, toil; [moteur] to labour; [voiture, plante] to struggle ◆ **peiner sur un problème** to toil ou struggle with a problem ◆ **le coureur peinait dans les derniers mètres** the runner had a hard time ou was struggling ou toiling over the last few metres ◆ **le chien peine quand il fait chaud** the dog suffers when it is hot

2 vt to grieve, sadden ◆ **j'ai été peiné de l'apprendre** I was upset ou saddened to hear it ◆ **dit-il d'un ton peiné** (gén) he said in a sad tone; (vexé) he said in a hurt ou an aggrieved tone ◆ **il avait un air peiné** he looked upset

peint, e [pɛ̃, pɛ̃t] ptp de **peindre**

peintre [pɛ̃tʀ] → SYN nmf (lit) painter; (fig: écrivain) portrayer ◆ **peintre en bâtiment** house painter, painter and decorator ◆ **peintre-décorateur** painter and decorator

peintre-graveur, pl **peintres-graveurs** [pɛ̃tʀ(ə)gʀavœʀ] nm (artiste) engraver

peinture [pɛ̃tyʀ] → SYN **1** nf **a** (action, art) painting ◆ **faire de la peinture (à l'huile/à l'eau)** to paint (in oils/in watercolours)

b (ouvrage) painting, picture ◆ **vendre sa peinture** to sell one's paintings → **voir**

c (surface peinte) paintwork (NonC) ◆ **toutes les peintures sont à refaire** all the paintwork needs re-doing

d (matière) paint ◆ **attention à la peinture!, peinture fraîche!** wet paint!

e (fig) (action) portrayal; (résultat) portrait ◆ **c'est une peinture des mœurs de l'époque** it is the portrait of ou it portrays ou depicts the social customs of the period

2 COMP ▷ **peinture abstraite** (NonC) abstract art; (tableau) abstract (painting) ▷ **peinture en bâtiment** house painting, painting and decorating ▷ **peinture brillante** gloss paint ▷ **peinture à l'eau** (tableau, matière) watercolour; (pour le bâtiment) water(-based) paint ▷ **peinture à l'huile** (tableau) oil painting; (matière) oil paint; (pour le bâtiment) oil-based paint ▷ **peinture laquée** gloss paint ▷ **peinture mate** matt emulsion (paint) ▷ **peinture métallisée** metallic paint ▷ **peinture murale** mural ▷ **peinture au pinceau** painting with a brush ▷ **peinture au pistolet** spray painting ▷ **peinture au rouleau** roller painting ▷ **peinture satinée** satin-finish paint ▷ **peinture sur soie** silk painting

peinturer [pɛ̃tyʀe] → SYN ▸ conjug 1 ◂ vt **a** (*) to slap paint on

b (Can) to paint

peinturlurer [pɛ̃tyʀlyʀe] ▸ conjug 1 ◂ vt to daub (with paint) ◆ **peinturlurer qch de bleu** to daub sth with blue paint ◆ **visage peinturluré** painted face ◆ **lèvres peinturlurées en rouge** lips with a slash of red across them ◆ **se peinturlurer le visage** to slap make-up on one's face

péjoratif, -ive [peʒɔʀatif, iv] → SYN **1** adj derogatory, pejorative

2 nm (Ling) pejorative word

péjoration [peʒɔʀasjɔ̃] nf pejoration

péjorativement [peʒɔʀativmɑ̃] adv in a derogatory fashion, pejoratively

pékan [pekɑ̃] nm (Zool) fisher, pekan

Pékin [pekɛ̃] n Beijing, Peking

pékin [pekɛ̃] nm (arg Mil) civvy (arg), mufti (arg) ◆ **s'habiller en pékin** to dress in civvies ou mufti

pékinois, e [pekinwa, waz] **1** adj Pekinese

2 nm **a** (chien) pekinese, peke*

b (Ling) Mandarin (Chinese), Pekinese

3 nm,f ◆ **Pékinois(e)** Pekinese

PEL [peəɛl] nm (abrév de **plan d'épargne logement**) → **plan¹**

pelade [pəlad] → SYN nf alopecia

pelage [pəlaʒ] → SYN nm coat, fur

pélagianisme [pelaʒjanism] nm Pelagianism

pélagien, -ienne [pelaʒjɛ̃, jɛn] adj, nm,f Pelagian

pélagique [pelaʒik] → SYN adj pelagic

pelagos [pelagɔs] nm pelagic marine life

pélamide, pélamyde [pelamid] nf (poisson) pelamid; (serpent) sea snake

pelard [pəlaʀ] adj m, nm ◆ **(bois) pelard** barked wood

pélargonium [pelaʀgɔnjɔm] → SYN nm pelargonium

pelé, e [pəle] → SYN (ptp de **peler**) **1** adj personne bald(-headed); animal hairless; vêtement threadbare; terrain, montagne bare

2 nm (*) bald-headed man, baldie* ◆ (fig) **il n'y avait que trois** ou **quatre pelés et un tondu** there was hardly anyone there, there was only a handful of people there

pêle-mêle [pɛlmɛl] → SYN **1** adv any old how, higgledy-piggledy* ◆ **ils s'entassaient pêle-mêle dans l'autobus** they piled into the bus pell-mell ou one on top of the other ◆ **on y trouvait pêle-mêle des chapeaux, des rubans, des colliers** there were hats, ribbons and necklaces all mixed ou jumbled up together ◆ **un roman où l'on trouve pêle-mêle une rencontre avec Charlemagne, un voyage sur Mars ...** a novel containing a hotchpotch of meetings with Charlemagne, trips to Mars ...

2 nm inv (cadre) multiple photo frame

peler [pəle] → SYN ▸ conjug 5 ◂ vti (gén) to peel ◆ **ce fruit se pèle bien** this fruit peels easily ou is easy to peel ◆ **on pèle (de froid) ici!*** it is damn cold here!*, it is blooming freezing here!* (Brit)

pèlerin [pɛlʀɛ̃] → SYN nm pilgrim ◆ **(faucon) pèlerin** peregrine falcon ◆ **(requin) pèlerin** basking shark ◆ **criquet pèlerin** migratory locust ◆ (individu) **qui c'est ce pèlerin*?** who's that guy* ou bloke* (Brit)?

pèlerinage [pɛlʀinaʒ] → SYN nm (voyage) pilgrimage ◆ **(lieu de) pèlerinage** place of pilgrimage, shrine ◆ **aller en** ou **faire un pèlerinage à** to go on a pilgrimage to

pèlerine [pɛlʀin] → SYN nf cape

pélican [pelikɑ̃] nm pelican

pelisse [pəlis] nf pelisse

pellagre [pelagʀ] nf pellagra

pellagreux, -euse [pelagʀø, øz] adj pellagrous

pelle [pɛl] → SYN **1** nf (gén) shovel; [enfant, terrassier] spade ◆ **ramasser à la pelle** to shovel up ◆ (fig) **on en ramasse** ou **il y en a à la pelle** there are loads of them* ◆ (fig) **avoir de l'argent** ou **remuer l'argent à la pelle** to have pots* ou loads* of money, be rolling (in money)* ◆ **ramasser** ou **prendre une pelle*** (tomber) to fall flat on one's back ou face, come a cropper* (Brit); (échouer) to come a cropper* (Brit), fall flat on one's face; (après avoir demandé qch) to be sent packing* → **rouler**

2 COMP ▷ **pelle à charbon** coal shovel ▷ **pelle mécanique** mechanical shovel ou digger ▷ **pelle à ordures** dustpan ▷ **pelle à poisson** fish slice ▷ **pelle à tarte** cake ou pie server

pelle-pioche, pl **pelles-pioches** [pɛlpjɔʃ] nf pick and shovel

pellet [pelɛ] → SYN nm (Méd) pellet

pelletage [pɛltaʒ] nm shovelling

pelletée [pɛlte] nf (→ **pelle**) shovelful; spadeful

pelleter [pɛlte] ▸ conjug 4 ◂ vt to shovel (up)

pelleterie [pɛltʀi] → SYN nf (commerce) fur trade, furriery; (préparation) fur dressing; (peau) pelt

pelleteur [pɛltœʀ] nm workman *(who does the digging)*

pelleteuse [pɛltøz] nf mechanical shovel ou digger, excavator

pelletier, -ière [pɛltje, jɛʀ] nm,f furrier

pelliculage [pelikylaʒ] nm (Phot) stripping; (Tech) filming

pelliculaire [pelikylɛʀ] adj (Sci) pellicular ◆ **shampooing pour état pelliculaire** (anti-)dandruff shampoo

pellicule [pelikyl] → SYN nf **a** (couche fine) film, thin layer; (Phot, Ciné) film ◆ (Phot) **pellicule couleur / noir et blanc** colour / black and white film ◆ **ne gâche pas de la pellicule** don't waste film (on that) ◆ **(rouleau de) pellicule** roll of film
b (Méd) **pellicules** dandruff (NonC) ◆ **lotion contre les pellicules** dandruff lotion

pelliculer [pelikyle] ▸ conjug 1 ◂ vt (Phot) to strip; (Tech) to film

pellucide [pelysid] → SYN adj pellucid

Péloponnèse [pelɔpɔnɛz] nm ◆ **le Péloponnèse** the Peloponnese ◆ **la guerre du Péloponnèse** the Peloponnesian War

pelotage* [p(ə)lɔtaʒ] nm petting* (NonC)

pelotari [p(ə)lɔtaʀi] nm pelota player

pelote [p(ə)lɔt] → SYN nf **a** [laine] ball ◆ **mettre de la laine en pelote** to wind wool into a ball ◆ (fig) **faire sa pelote**† to feather one's nest, make one's pile* ◆ **pelote d'épingles** pin cushion ◆ (fig) **c'est une vraie pelote d'épingles** he (ou she) is really prickly → **nerf**
b (Sport) **pelote (basque)** pelota
c (Zool) **pelote (plantaire)** pad

peloter* [p(ə)lɔte] ▸ conjug 1 ◂ vt to pet*, paw*, touch up* ◆ **arrêtez de me peloter!** stop pawing me!*, keep your hands to yourself! ◆ **ils se pelotaient** they were petting* ou necking*

peloteur, -euse* [p(ə)lɔtœʀ, øz] → SYN **1** adj ◆ **il a des gestes peloteurs** ou **des mains peloteuses** he can't keep his hands to himself
2 nm,f (*) perv‡, groper* ◆ **c'est un peloteur** he can't keep his hands to himself

peloton [p(ə)lɔtɔ̃] → SYN **1** nm **a** [laine] small ball
b (groupe) cluster, group; [pompiers, gendarmes] squad; (Mil) platoon; (Sport) pack, bunch
2 COMP ▷ **peloton d'exécution** firing squad ▷ **peloton de tête** (Sport) leaders, leading runners ou riders etc ◆ **être dans le peloton de tête** (Sport) to be up with the leaders; (en classe) to be among the top few; [pays, entreprise] to be one of the front runners

pelotonner [p(ə)lɔtɔne] → SYN ▸ conjug 1 ◂ **1** vt laine to wind into a ball
2 se pelotonner vpr to curl (o.s.) up ◆ **se pelotonner contre qn** to snuggle up to sb, nestle close to sb ◆ **il s'est pelotonné entre mes bras** he snuggled up in my arms

pelouse [p(ə)luz] → SYN nf lawn; (Courses) public enclosure; (Ftbl, Rugby) field, ground ◆ « **pelouse interdite** » "keep off the grass"

pelté, e [pɛlte] adj peltate

peluche [p(ə)lyʃ] nf **a** (Tex) plush; (poil) fluff (NonC), bit of fluff ◆ **ce pull fait des peluches** this jumper pills
b (jouet en) peluche soft ou cuddly toy ◆ **chien / lapin en peluche** fluffy (Brit) ou stuffed dog / rabbit → **ours**

peluché, e [p(ə)lyʃe] → SYN (ptp de **pelucher**) adj (Tex) plush (épith), fluffy

pelucher [p(ə)lyʃe] ▸ conjug 1 ◂ vi (par l'aspect) to become ou go fluffy; (perdre des poils) to leave fluff

pelucheux, -euse [p(ə)lyʃø, øz] adj fluffy

pelure [p(ə)lyʀ] → SYN nf **a** (épluchure) peel (NonC), peeling, piece of peel; (‡: manteau) (over)coat ◆ **pelure d'oignon** (Bot) onion skin; (vin) pelure d'oignon
b (papier) pelure flimsy (paper), copy ou bank paper; (feuille) flimsy (copy)

pelvien, -ienne [pɛlvjɛ̃, jɛn] adj pelvic → **ceinture**

pelvigraphie [pɛlvigʀafi] nf X-ray pelvimetry

pelvis [pɛlvis] nm pelvis

pénal, e, mpl **-aux** [penal, o] adj penal ◆ **le droit pénal** (the) criminal law ◆ **poursuivre qn au pénal** to sue sb, take legal action against sb → **clause, code**

pénalement [penalmɑ̃] adv ◆ **être pénalement responsable** to be criminally liable

pénalisation [penalizasjɔ̃] → SYN nf (Sport) (action) penalization; (sanction) penalty ◆ **points de pénalisation** penalty points

pénaliser [penalize] ▸ conjug 1 ◂ vt contrevenant, faute, joueur to penalize; (défavoriser) to penalize, put at a disadvantage

pénaliste [penalist] nmf criminal lawyer

pénalité [penalite] nf (Fin, Sport: sanction) penalty ◆ (Rugby) **coup de pied de pénalité** penalty kick

penalty [penalti], pl **penalties** [penaltiz] nm (Ftbl) (coup de pied) penalty (kick); (sanction) penalty ◆ **siffler le** ou **un penalty** to award a penalty ◆ **marquer sur penalty** to score from a penalty ◆ **tirer un penalty** to take a penalty (kick) ◆ (endroit) **point de penalty** penalty spot

pénard, e* [penaʀ, aʀd] adj ⇒ **peinard**

pénardement* [penaʀdəmɑ̃] adv ⇒ **peinardement**

pénates [penat] → SYN nmpl (Myth) Penates; (fig hum) home ◆ **regagner ses pénates** to go back home ◆ **emporter** ou **aller planter ses pénates ailleurs** to set up home ou settle down elsewhere

penaud, e [pəno, od] → SYN adj sheepish, contrite ◆ **d'un air penaud** sheepishly, contritely ◆ **il en est resté tout penaud** he became quite sheepish ou contrite

pence [pɛns] nmpl pence

penchant [pɑ̃ʃɑ̃] → SYN nm (tendance) tendency, propensity (*à faire* to do); (faible) liking, fondness (*pour qch* for sth) ◆ **avoir un penchant à faire qch** to be inclined ou have a tendency to do sth ◆ **avoir un penchant pour qch** to be fond of ou have a liking ou fondness for sth ◆ **avoir un penchant pour la boisson** to be partial to drink ◆ (littér) **avoir du penchant pour qn** to be in love with sb ◆ **le penchant qu'ils ont l'un pour l'autre** the fondness they have for each other ◆ **mauvais penchants** baser instincts

penché, e [pɑ̃ʃe] (ptp de **pencher**) adj tableau slanting, tilted, lop-sided; mur, poteau slanting, leaning over (attrib); objet déséquilibré tilting, tipping; écriture sloping, slanting; tête tilted (to one side) ◆ **le corps penché en avant / arrière** leaning forward / back(ward) ◆ [personne] **être penché sur ses livres** to be bent over one's books → **tour**[1]

pencher [pɑ̃ʃe] → SYN ▸ conjug 1 ◂ **1** vt meuble, bouteille to tip up, tilt ◆ **pencher son assiette** to tip one's plate up ◆ **pencher la tête** (en avant) to bend one's head forward; (sur le côté) to lean ou tilt one's head to one side
2 vi **a** (être incliné) [mur] to lean over, be slanting; [arbre] to tilt, lean over; [navire] to list; [objet en déséquilibre] to tilt, tip (to one side) ◆ **le tableau penche un peu de ce côté** the picture is slanting ou tilting a bit this way ◆ (fig) **faire pencher la balance** to tip the scales
b (être porté à) **je penche pour la première hypothèse** I'm inclined to favour the first hypothesis ◆ **je penche à croire qu'il est sincère** I'm inclined to believe he is sincere
3 se pencher vpr **a** (s'incliner) to lean over; (se baisser) to bend down ◆ **se pencher en avant** to lean forward ◆ **se pencher par-dessus bord** to lean overboard ◆ **se pencher sur un livre** to bend over a book ◆ **défense de se pencher au dehors** ou **par la fenêtre** do not lean out, do not lean out of the window
b (examiner) **se pencher sur un problème / cas** to look into ou study a problem / case ◆ **se pencher sur les malheurs de qn** to turn one's attention to sb's misfortunes

pendable [pɑ̃dabl] → SYN adj → **cas, tour**[2]

pendaison [pɑ̃dɛzɔ̃] nf hanging ◆ **pendaison de crémaillère** house warming, house-warming party

pendant[1]**, e** [pɑ̃dɑ̃, ɑ̃t] → SYN adj **a** (qui pend) bras, jambes hanging, dangling; langue hanging out (attrib); joue sagging; oreilles drooping; (Jur) fruits on the tree (attrib) ◆ **ne reste pas là les bras pendants** don't just stand there (with your arms at your sides) ◆ **assis sur le mur les jambes pendantes** sitting on the wall with his legs hanging down ◆ **le chien haletait la langue pendante** the dog was panting with its tongue hanging out ◆ **chien aux oreilles pendantes** dog with drooping ears, lop-eared dog ◆ **les branches pendantes du saule** the hanging ou drooping branches of the willow
b (Admin: en instance) question outstanding, in abeyance (attrib); affaire pending (attrib); (Jur) procès pending (attrib)

pendant[2] [pɑ̃dɑ̃] → SYN nm **a** (objet) **pendant (d'oreille)** drop earring, pendant earring ◆ **pendant d'épée** frog
b (contrepartie) **le pendant de** œuvre d'art, meuble the matching piece to; personne, institution the counterpart of ◆ **faire pendant à** to match, be matched by; to be the counterpart of, parallel ◆ **se faire pendant** to match; to be counterparts, parallel each other ◆ **j'ai un chandelier et je cherche le pendant** I've got a candlestick and I'm looking for one to match it ou and I'm trying to make up a pair

pendant[3] [pɑ̃dɑ̃] → SYN **1** prép (au cours de) during; (indique la durée) for ◆ **pendant la journée / son séjour** during the day / his stay ◆ **pendant ce temps Paul attendait** during this time ou meanwhile Paul was waiting ◆ **qu'est-ce qu'il faisait pendant ce temps-là?** what was he doing during that time? ou meanwhile? ou in the meantime? ◆ [médicament] **à prendre pendant le repas** to be taken at mealtimes ou during meals ◆ **on a marché pendant des kilomètres** we walked for miles ◆ **il a vécu en France pendant plusieurs années** he lived in France for several years ◆ **pendant quelques mois, il n'a pas pu travailler** for several months he was unable to work ◆ **on est resté sans nouvelles de lui pendant longtemps** we had no news from him for a long time ◆ **pendant un moment on a cru qu'il ne reviendrait pas** for a while we thought he would not return ◆ **avant la guerre et pendant, il ...** before and during the war, he ..., before the war and while it was on*, he ... ◆ **il n'a pas fait ses devoirs après les cours, mais pendant!** he didn't do his homework after school but in class!
2 loc conj ◆ **pendant que** while, whilst (frm) ◆ **pendant qu'elle se reposait, il écoutait la radio** while she was resting he would listen to the radio ◆ **pendant que vous serez à Paris, pourriez-vous aller le voir?** while you're in Paris could you go and see him? ◆ **pendant que j'y pense, n'oubliez pas de fermer la porte à clef** while I think of it, don't forget to lock the door ◆ **arrosez le jardin et, pendant que vous y êtes, arrachez les mauvaises herbes** water the garden and do some weeding while you're at ou about it ◆ (iro) **finissez le plat pendant que vous y êtes** why don't you eat it all (up) while you're at it (iro) ◆ **dire que des gens doivent suivre un régime pour maigrir pendant que des enfants meurent de faim** to think that some people have to go on a diet to lose weight while there are children dying of hunger

pendard, e [pɑ̃daʀ, aʀd] → SYN nm,f (††, hum) scoundrel

pendeloque [pɑ̃d(ə)lɔk] → SYN nf [boucles d'oreilles] pendant; [lustre] lustre, pendant

pendentif [pɑ̃dɑ̃tif] nm (bijou) pendant; (Archit) pendentive

penderie [pɑ̃dʀi] [→ SYN] nf (meuble) wardrobe *(only for hanging things up)*; (barre) clothes rail ◆ **le placard du couloir nous sert de penderie** we hang our clothes in the hall cupboard (Brit) ou closet (US) ◆ **le côté penderie de l'armoire** the hanging section in the wardrobe

pendiller [pɑ̃dije] [→ SYN] ▸ conjug 1 ◂ vi [clefs, boucles d'oreilles, corde] to dangle; [linge] to flap gently

Pendjab [pɛ̃dʒab] nm ◆ **le Pendjab** the Punjab

pendoir [pɑ̃dwaʀ] nm meat hook

pendouiller* [pɑ̃duje] ▸ conjug 1 ◂ vi to dangle (about ou down), hang down

pendre [pɑ̃dʀ] ▸ conjug 41 ◂ 1 vt a rideau to hang, put up (*à* at); tableau, manteau to hang (up) (*à* on); lustre to hang (up) (*à* from) ◆ **pendre le linge pour le faire sécher** (dans la maison) to hang up the washing to dry; (dehors) to hang out the washing to dry ◆ **pendre la crémaillère** to have a house-warming party ou a house warming

b criminel to hang ◆ (Hist) **pendre qn haut et court** to hang sb ◆ **pendre qn en effigie** to hang sb in effigy ◆ **qu'il aille se faire pendre ailleurs!*** he can go hang!*, he can take a running jump!* ◆ **je veux être pendu si ...** I'll be hanged if ... ◆ **dussé-je être pendu** over my dead body → **pis**[2]

2 vi a (être suspendu) to hang (down) ◆ **des fruits pendaient aux branches** there was fruit hanging from the branches ◆ **cela lui pend au nez*** he's got it coming to him*

b (fig) [bras, jambes] to dangle; [joue] to sag; [langue] to hang out; [robe] to dip, hang down; [cheveux] to hang down ◆ **un lambeau de papier pendait** a strip of wallpaper was hanging off ◆ **laisser pendre ses jambes** to dangle one's legs

3 **se pendre** vpr a (se tuer) to hang o.s.

b (se suspendre) **se pendre à une branche** to hang from a branch ◆ **se pendre au cou de qn** to throw one's arms round sb ou sb's neck

pendu, e [pɑ̃dy] (ptp de **pendre**) 1 adj a chose hung up, hanging up ◆ **pendu à** hanging from → **langue**

b personne hanged ◆ **être toujours pendu aux basques de qn** to keep pestering sb ◆ **il est toujours pendu aux jupes** ou **jupons de sa mère** he's always clinging to his mother's skirts ou to his mother's apron strings ◆ **pendu au bras de qn** holding on to sb's arm ◆ **elle est toujours pendue au téléphone*** she spends all her time on the phone ◆ **ça fait deux heures qu'il est pendu au téléphone** that is two hours he has been on the phone ◆ **être pendu aux lèvres de qn** to drink in sb's words, hang on sb's every word

2 nm,f hanged man (ou woman) ◆ **le (jeu du) pendu** (the game of) hangman ◆ **jouer au pendu** to play hangman

pendulaire [pɑ̃dylɛʀ] adj pendular

pendule [pɑ̃dyl] [→ SYN] 1 nf clock ◆ **pendule à coucou** cuckoo clock ◆ (fig) **remettre les pendules à l'heure*** to set the record straight ◆ **il en a fait une pendule*** he made a song and dance about it

2 nm pendulum ◆ **pendule astronomique** pendulum clock ◆ [alpiniste] **faire un pendule** to do a pendule ou a pendulum

penduler [pɑ̃dyle] ▸ conjug 1 ◂ vi [alpiniste] to do a pendule ou a pendulum

pendulette [pɑ̃dylɛt] nf small clock ◆ **pendulette de voyage** travelling clock

pêne [pɛn] [→ SYN] nm [serrure] bolt ◆ **pêne dormant** dead bolt ◆ **pêne demi-tour** latch ou spring bolt

Pénélope [penelɔp] nf Penelope ◆ **c'est un travail de Pénélope** it's a never-ending task

pénéplaine [peneplɛn] nf peneplain, peneplane

pénétrabilité [penetʀabilite] nf penetrability

pénétrable [penetʀabl] [→ SYN] adj matière penetrable (*à* by); (fig) mystère, mobile penetrable, understandable (*à* by) ◆ **peu** ou **difficilement pénétrable** difficult to penetrate; (fig) impenetrable, enigmatic

pénétrant, e [penetʀɑ̃, ɑ̃t] [→ SYN] 1 adj a (lit) pluie drenching, that soaks right through you; froid piercing, biting, bitter; odeur penetrating, pervasive; crème penetrating

b (fig) regard penetrating, searching, piercing; esprit penetrating, keen, shrewd; analyse, remarque penetrating, shrewd; personne shrewd

2 **pénétrante** nf urban motorway (Brit) ou freeway (US) *(linking centre of town to inter-city routes)*

pénétration [penetʀasjɔ̃] [→ SYN] nf a (action) penetration ◆ (Mil) **force de pénétration** force of penetration ◆ **la pénétration des mobiles / pensées d'autrui** the divination of others' motives / thoughts ◆ **la pénétration des idées nouvelles** the establishment ou penetration of new ideas

b (sagacité) penetration, perception

c Comm penetration ◆ **taux de pénétration** penetration rate

d (sexuelle) penetration

pénétré, e [penetʀe] [→ SYN] (ptp de **pénétrer**) adj a (convaincu) **être pénétré de son importance** ou **de soi-même** to be full of one's own importance, be full of o.s. ◆ **être pénétré de ses obligations / de la nécessité de faire** to be (fully) alive to ou highly conscious of one's obligations / of the need to do

b (sérieux) air, ton earnest, of deep conviction

pénétrer [penetʀe] [→ SYN] ▸ conjug 6 ◂ 1 vi a [personne, véhicule] **pénétrer dans** pièce, bâtiment, pays to enter; jungle to penetrate into; (fig) groupe, milieu to penetrate ◆ **personne ne doit pénétrer ici** nobody must be allowed to enter ◆ **pénétrer chez qn par la force** to force an entry ou one's way into sb's home ◆ **les envahisseurs / les troupes ont pénétré dans le pays** the invaders / the troops have entered the country ◆ **il est difficile de pénétrer dans les milieux de la finance** it is hard to penetrate financial circles ◆ **faire pénétrer qn dans le salon** to show ou let sb into the lounge ◆ **des voleurs ont pénétré dans la maison en son absence** thieves broke into his house while he was away ◆ **l'habitude n'a pas encore pénétré dans les mœurs** the habit hasn't established itself yet ou made its way into general behaviour yet ◆ **faire pénétrer une idée dans la tête de qn** to instil an idea in sb, get an idea into sb's head

b [soleil] to shine ou come in; [vent] to blow ou come in; [air, liquide, insecte] to come ou get in ◆ **pénétrer dans** to shine into; to come into; to blow into; to get into ◆ **la lumière pénétrait dans la cellule (par une lucarne)** light came into ou entered the cell (through a skylight) ◆ **le liquide pénètre à travers une membrane** the liquid comes ou penetrates through a membrane ◆ **la fumée / l'odeur pénètre par tous les interstices** the smoke / the smell comes ou gets in through all the gaps ◆ **faire pénétrer de l'air (dans)** to let fresh air in(to)

c (en s'enfonçant) **pénétrer dans** [crème, balle, verre] to penetrate; [aiguille] to go in, penetrate; [habitude] to make its way into; [huile, encre] to soak into ◆ **ce vernis pénètre dans le bois** this varnish soaks (down) into the wood ◆ **faire pénétrer une crème (dans la peau)** to rub a cream in(to the skin)

2 vt a (percer) [froid, air] to penetrate; [odeur] to spread through, fill; [liquide] to penetrate, soak through; [regard] to penetrate, go through ◆ **le froid les pénétrait jusqu'aux os** the cold cut ou went right through them

b (découvrir) mystère, secret to penetrate, fathom; intentions, idées, plans to penetrate, fathom, perceive ◆ **il est difficile à pénétrer** it is difficult to fathom him

c (fig) **son sang-froid me pénètre d'admiration** his composure fills me with admiration ◆ **il se sentait pénétré de pitié / d'effroi** he was filled with pity / fright ◆ **le remords pénétra sa conscience** he was filled with remorse, he was conscience-stricken

d Comm marché to penetrate, break into

e (sexuellement) to penetrate

3 **se pénétrer** vpr a **se pénétrer d'une idée** to get an idea firmly fixed ou set in one's mind ◆ **s'étant pénétré de l'importance de qch** firmly convinced of ou with a clear realization of the importance of sth ◆ **il faut bien vous pénétrer du fait que ...** you must be absolutely clear in your mind that ou have it firmly in your mind that ... ◆ **j'ai du mal à me pénétrer de l'utilité de cette mesure** I find it difficult to convince myself of the usefulness of this measure

b (s'imbiber) **se pénétrer d'eau / de gaz** to become permeated with water / gas

pénétromètre [penetʀɔmɛtʀ] nm penetrometer

pénibilité [penibilite] nf hardness

pénible [penibl] [→ SYN] adj a (fatigant, difficile) travail, voyage, ascension hard; personne tiresome ◆ **pénible à lire / supporter** hard ou difficult to read / bear ◆ **les derniers kilomètres ont été pénibles (à parcourir)** the last few kilometres were heavy going ou hard going ◆ **l'hiver a été pénible** the winter has been unpleasant ◆ **tout effort lui est pénible** any effort is difficult for him, he finds it hard to make the slightest effort ◆ **il est vraiment pénible** [enfant] he's a real nuisance; [personne] he's a real pain in the neck*

b (douloureux) sujet, séparation, moment, maladie painful (*à* to); nouvelle, spectacle sad, painful; respiration laboured ◆ **la lumière violente lui est pénible** bright light hurts his eyes, he finds bright light painful (to his eyes) ◆ **ce bruit est pénible à supporter** this noise is unpleasant ou painful to listen to ◆ **il m'est pénible de constater / d'avoir à vous dire que** I am sorry to find / to have to tell you that

péniblement [penibləmɑ̃] adv (difficilement) with difficulty; (tristement) painfully; (tout juste) just about, only just

péniche [peniʃ] [→ SYN] nf (bateau) barge ◆ (Mil) **péniche de débarquement** landing craft ◆ (*: grosse voiture) **il a une vraie péniche*** he has a great boat of a car ◆ (grands pieds) **tu as vu ses péniches!*** did you see his big feet ou plates of meat* (Brit)?

pénicillé, e [penisile] adj penicillate

pénicillinase [penisilinaz] nf penicillinase

pénicilline [penisilin] nf penicillin

penicillium [penisiljɔm] nm penicillium

pénicillorésistant, e [penisilɔʀezistɑ̃, ɑ̃t] adj resistant to penicillin

pénien, -ienne [penjɛ̃, jɛn] adj artère, étui penile

pénil [penil] nm mons veneris

péninsulaire [penɛ̃sylɛʀ] adj peninsular

péninsule [penɛ̃syl] [→ SYN] nf peninsula ◆ **la péninsule Ibérique** the Iberian Peninsula ◆ **la péninsule Balkanique** the Balkan Peninsula

pénis [penis] [→ SYN] nm penis

pénitence [penitɑ̃s] [→ SYN] nf a (Rel) (repentir) penitence; (peine, sacrement) penance ◆ **faire pénitence** to repent (*de* of) ◆ **pour votre pénitence** as a penance

b (gén, Scol : châtiment) punishment ◆ **infliger une pénitence à qn** to punish sb ◆ **mettre qn en pénitence** to make sb stand in the corner ◆ **pour ta pénitence** as a punishment (to you)

c [jeux] forfeit

pénitencier [penitɑ̃sje] [→ SYN] nm a (prison) prison, penitentiary (US)

b (Rel) penitentiary

pénitent, e [penitɑ̃, ɑ̃t] [→ SYN] adj, nm,f penitent

pénitentiaire [penitɑ̃sjɛʀ] [→ SYN] adj penitentiary, prison (épith) ◆ **établissement pénitentiaire** penal establishment, prison → **colonie**

pénitential, e, mpl **-aux** [penitɑ̃sjal, jo] adj ◆ **psaumes pénitentiaux** Penitential Psalms

pénitentiel, -ielle [penitɑ̃sjɛl] adj, nm penitential

pennage [penaʒ] nm plumage

penne [pɛn] [→ SYN] nf (Zool) large feather, penna (spéc); [flèche] flight

penné, e [pene] adj (Bot) pinnate(d), pennate

penniforme [penifɔʀm] adj (Bot) pinnate(d), pennate

Pennine [penin] 1 adj f ◆ **chaîne Pennine** Pennine Chain ou Range

2 **Pennines** nfpl Pennines

pennon [penɔ̃] nm (Archéol) pennon

Pennsylvanie [pɛnsilvani] nf Pennsylvania

penny, pl **pennies** [peni] nm penny

pénologie [penɔlɔʒi] nf penology

pénombre [penɔ̃bʀ] → SYN nf (faible clarté) half-light, shadowy light; (obscurité) darkness; (Astron) penumbra ◆ (fig) **demeurer dans la pénombre** to stay in the background

penon [pənɔ̃] nm (Naut) dogvane, telltale

pensable [pɑ̃sabl] adj thinkable ◆ **ce n'est pas pensable** it's unthinkable

pensant, e [pɑ̃sɑ̃, ɑ̃t] → SYN adj thinking → **mal**

pense-bête, pl **pense-bêtes** [pɑ̃sbɛt] → SYN nm (gén) reminder; (objet) note ou memo board

pensée[1] [pɑ̃se] → SYN nf **a** (ce que l'on pense) thought ◆ **sans déguiser sa pensée** without hiding one's thoughts ou feelings ◆ **je l'ai fait dans la seule pensée de vous être utile** I only did it thinking it would help you, my only thought in doing it was to help you ◆ **recevez mes plus affectueuses pensées** with fondest love ◆ **saisir / deviner les pensées de qn** to grasp / guess sb's thoughts ou what sb is thinking (about) ◆ **plongé dans ses pensées** deep in thought ◆ **avoir une pensée pour qn** to think of sb ◆ (hum) **j'ai eu une pensée émue pour toi** I spared a thought for you (hum) ◆ **si vous voulez connaître le fond de ma pensée** if you want to know what I really think (about it) ou how I really feel about it ◆ **à la pensée de faire qch** at the thought of doing sth ◆ **à la pensée que ...** to think that ..., when one thinks that ...
b (faculté, fait de penser) thought ◆ **la dignité de l'homme est dans la pensée** human dignity lies in man's capacity for thought ◆ (littér) **arrêter sa pensée sur qch** to pause to think about sth
c (manière de penser) thinking ◆ **pensée claire / obscure** clear / muddled thinking
d (esprit) thought, mind ◆ **venir à la pensée de qn** to occur to sb ◆ **se représenter qch par la pensée** ou **en pensée** to imagine sth in one's mind, conjure up a mental picture of sth ◆ **les soucis qui hantent sa pensée** the worries that haunt his thoughts ou his mind ◆ **transportons-nous par la pensée au 16e siècle** let's travel back in our minds to the 16th century, let's imagine ourselves back in the 16th century
e (doctrine) thought, thinking ◆ **la pensée marxiste** Marxist thinking ◆ **la pensée de Gandhi** the thought of Gandhi ◆ **la pensée de cet auteur est difficile à comprendre** it is difficult to understand what this author is trying to say
f (maxime) thought ◆ **les pensées de Pascal** the thoughts of Pascal

pensée[2] [pɑ̃se] nf (Bot) pansy ◆ **pensée sauvage** wild pansy

penser [pɑ̃se] → SYN ▸conjug 1◂ GRAMMAIRE ACTIVE 1.1, 6.1, 8.2, 26.2
1 vi **a** (réfléchir) to think ◆ **façon de penser** way of thinking ◆ **une nouvelle qui donne** ou **laisse à penser** a piece of news which makes you (stop and) think ou which gives (you) food for thought ◆ **penser tout haut** to think out loud
b penser à ami to think of ou about; problème, offre to think about ou over, turn over in one's mind ◆ **pensez donc à ce que vous dites** just think about what you're saying ◆ **penser aux autres / aux malheureux** to think of others / of those who are unhappy ◆ **vous pensez à quelqu'un de précis pour ce travail?** do you have anyone (in) particular in mind for this job? ◆ **tu vois à qui / quoi je pense?** you know who / what I'm thinking of? ◆ **faire penser à** to make one think of, remind one of ◆ **cette mélodie fait penser à Debussy** this tune reminds you of Debussy ou is reminiscent of Debussy ◆ **il ne pense qu'à jouer** playing is all he ever thinks about ◆ **pensez-y avant d'accepter** think it over ou give it some thought before you accept ◆ **j'ai bien autre chose à penser*** I've got other things on my mind ◆ (hum) **il ne pense qu'à ça*** he's got a one-track mind* ◆ **il lui a donné un coup de pied où je pense*** he gave him a kick you know where* ◆ **faire / dire qch sans y penser** to do / say sth without thinking about it ◆ **n'y pensons plus!** let's forget it!, let's not dwell on it! ◆ **c'est simple mais il fallait y penser** it's simple when you think of it but the idea has to occur to you first ◆ **mais j'y pense, c'est aujourd'hui l'anniversaire de Lisa** I've just remembered, today's Lisa's birthday!
c penser à (prévoir) to think of; (se souvenir de) to remember ◆ **il pense à tout** he thinks of everything ◆ **penser à l'avenir / aux conséquences** to think of the future / of the consequences ◆ **a-t-il pensé à rapporter du pain?** did he think of bringing ou did he remember to bring some bread? ◆ **pense à l'anniversaire de ta mère** remember ou don't forget your mother's birthday ◆ **fais m'y penser** remind me about that, don't let me forget ◆ **il suffisait d'y penser** it was just a matter of thinking of it ◆ **voyons, pense un peu au danger!** just think of ou consider the danger! → aussi **mal** 3e
d (loc excl) **il vient? – penses-tu!** ou **pensez-vous!** is he coming? – is he heck!* ou you must be joking!* ◆ **tu penses!** ou **vous pensez! je le connais trop bien pour le croire** not likely!* I know him too well to believe him ◆ **il va accepter? – je pense bien!** will he accept? – of course he will! ou I should think so! ou I should think he will! ◆ **mais vous n'y pensez pas, c'est bien trop dangereux!** don't even think about it, it's much too dangerous! ◆ **tu penses que je vais lui dire!*** you bet I'll tell him!*
2 vt **a** (avoir une opinion) to think (de of, about) ◆ **penser du bien / du mal de qch / qn** to have a high / poor opinion of sth / sb, think highly / not think much of sth / sb ◆ **que pense-t-il du film?** what does he think of the film? ◆ **que pensez-vous de ce projet?** what do you think ou how do you feel about this plan? ◆ **il est difficile de savoir ce qu'il pense** it's difficult to know what he's thinking ou what's in his mind ◆ **je pense comme toi** I agree with you ◆ **je ne dis rien mais je n'en pense pas moins** I am not saying anything but that doesn't mean that I agree with it ◆ **que penseriez-vous d'un voyage à Rome?** what would you say to ou how would you fancy ou how about a trip to Rome?
b (supposer) to think, suppose, believe; (imaginer) to think, expect, imagine ◆ **il n'aurait jamais pensé qu'elle ferait cela** he would never have thought ou imagined ou dreamt she would do that, he would never have expected her to do that ◆ **quand on lui dit musique, il pense ennui** when you mention the word music to him it just spells boredom to him ou his only thought is that it's boring ◆ **je pense que non** I don't think so, I think not ◆ **je pense que oui** I think so ◆ **ce n'est pas si bête qu'on le pense** it's not such a silly idea as you might think ou suppose ◆ **pensez-vous qu'il vienne?** ou **viendra?** do you think he'll come?, are you expecting him to come? ◆ **je vous laisse à penser s'il était content** you can imagine how pleased he was ◆ **pensez qu'il est encore si jeune!** to think that he's still so young! ◆ **ils pensent avoir trouvé une maison** they think ou believe they've found a house ◆ **c'est bien ce que je pensais!** I thought as much!, just as ou what I thought! ◆ **vous pensez bien qu'elle a refusé** you can well imagine (that) she refused, as you may well expect, she refused ◆ **j'ai pensé mourir / m'évanouir** I thought I was going to die / faint ◆ **tout laisse à penser qu'elle l'a quitté** there is every indication that she has left him
c penser faire (avoir l'intention de) to be thinking of doing, consider doing; (espérer) to hope ou expect to do ◆ **il pense partir jeudi** he's thinking of going ou he intends to leave on Thursday ◆ **elle pense arriver demain** she's hoping ou expecting to arrive tomorrow
d (concevoir) problème, projet, machine to think out ◆ **c'est bien / fortement pensé** it's well / very well thought out
3 nm (littér) thought

penseur [pɑ̃sœʀ] → SYN **1** nm thinker → **libre**
2 adj m (†) thoughtful

pensif, -ive [pɑ̃sif, iv] → SYN adj pensive, thoughtful

pension [pɑ̃sjɔ̃] → SYN **1** nf **a** (allocation) pension ◆ **pension de guerre** war pension ◆ **pension d'invalidité** disablement pension ◆ **pension de retraite** old age pension, retirement pension ◆ **pension réversible** ou **de réversion** survivor's ou reversion pension, reversionary annuity ◆ **toucher sa pension** to draw one's pension
b (hôtel) boarding house; [chiens, chats etc] (boarding) kennels; [chevaux] (boarding) stables
c (Scol) (boarding) school ◆ **mettre qn en pension** to send sb to boarding school
d (hébergement) [personne] board and lodging, bed and board ◆ **la pension coûte 80 F par jour** board and lodging is 80 francs a day ◆ **être en pension chez qn** to board with sb ou at sb's, be in digs* at sb's ◆ **prendre pension chez qn** (lit) to take board and lodging at sb's; (hum) to take up residence at sb's ◆ **prendre qn en pension** to take sb (in) as a lodger, board sb ◆ **chambre sans pension** room *(with no meals provided)* ◆ **chambre avec pension complète** full board ◆ **avoir en pension** cheval, chien etc to look after
2 COMP ▷ **pension alimentaire** [étudiant] living allowance; [divorcée] alimony, maintenance allowance ▷ **pension de famille** ≃ boarding house, guesthouse

pensionnaire [pɑ̃sjɔnɛʀ] → SYN nmf (Scol) boarder; [famille] lodger; [hôtel] resident; [sanatorium] patient; (Comédie-Française) *salaried actor having no share in the profits*

pensionnat [pɑ̃sjɔna] → SYN nm (boarding) school

pensionné, e [pɑ̃sjɔne] (ptp de **pensionner**) **1** adj who gets ou draws a pension
2 nm,f pensioner

pensionner [pɑ̃sjɔne] → SYN ▸conjug 1◂ vt to give a pension to

pensivement [pɑ̃sivmɑ̃] adv pensively, thoughtfully

pensum [pɛ̃sɔm] → SYN nm (Scol †) lines (Brit), punishment; (fig) chore

pentacle [pɛ̃takl] nm pentagram, pentacle

pentacrine [pɛ̃takʀin] nm pentacrinite

pentadactyle [pɛ̃tadaktil] adj pentadactyl

pentaèdre [pɛ̃taɛdʀ] **1** adj pentahedral
2 nm pentahedron

pentagonal, e, mpl **-aux** [pɛ̃tagɔnal, o] adj pentagonal

pentagone [pɛ̃tagɔn] nm pentagon ◆ (Mil) **le Pentagone** the Pentagon

pentamètre [pɛ̃tamɛtʀ] adj, nm pentameter

pentane [pɛ̃tan] nm pentane

Pentateuque [pɛ̃tatøk] nm Pentateuch

pentathlon [pɛ̃tatlɔ̃] nm pentathlon

pentathlonien, -ienne [pɛ̃tatlɔnjɛ̃, jɛn] nm,f pentathlete

pentatome [pɛ̃tatɔm] nm ou f pentatomid

pentatonique [pɛ̃tatɔnik] adj pentatonic

pente [pɑ̃t] → SYN nf **a** (gén) slope ◆ **être en pente douce / raide** to slope (down) gently / steeply ◆ **la pente d'un toit** the pitch ou slope of a roof ◆ **en pente** toit sloping; allée, pelouse on a slope (attrib) ◆ **de petites rues en pente raide** steep little streets ◆ **garé dans une rue en pente** parked on a slope ◆ [route] **pente à 4%** gradient of 1 in 25, 4% incline (US)
b LOC **être sur une** ou **la mauvaise pente** to be going downhill, be on a downward path ◆ (fig) **remonter la pente** to get on one's feet again, fight one's way back again ◆ (fig) **être sur une pente glissante** ou **dangereuse** ou **savonneuse** to be on a slippery slope (fig) ◆ **suivre sa pente naturelle** to follow one's natural bent ou inclination → **dalle, rupture**

Pentecôte [pɑ̃tkot] nf **a** (Rel: dimanche) Whit Sunday, Pentecost; (gén: période) Whit(suntide), Whitsun ◆ **lundi de Pentecôte** Whit Monday ◆ **de la Pentecôte** Pentecostal, Whit (épith)
b (fête juive) Pentecost

pentecôtisme [pɑ̃tkotism] nm Pentecostalism

pentecôtiste [pɑ̃tkotist] adj, nmf Pentecostalist

penthiobarbital [pɛ̃tjobaʀbital] nm thiopentone sodium, Sodium Pentothal

penthode [pɛ̃tɔd] nf ⇒ **pentode**

penthotal ® [pɛ̃tɔtal] nm pentothal ®

pentode [pɛ̃tɔd] nf pentode

pentose [pɛ̃toz] nm pentose

pentu, e [pɑ̃ty] adj sloping

penture [pɑ̃tyʀ] → SYN nf [volet, porte] strap hinge

pénultième [penyltjɛm] → SYN 1 adj penultimate
2 nf penultimate (syllable)

pénurie [penyʀi] → SYN nf shortage ◆ **pénurie de** shortage ou lack of ◆ **pénurie de main-d'œuvre / sucre** labour / sugar shortage ◆ **on ne peut guère qu'organiser la pénurie** we must just make the best of a bad job* ou the best of what we've got

PEP [pɛp] nm (abrév de **plan d'épargne populaire**) → **plan**[1]

pépé* [pepe] nm grandad*, grandpa*

pépée* [pepe] nf (fille) bird* (Brit), chick*

pépère* [pepɛʀ] 1 nm a (pépé) grandad*, grandpa*
b **un gros pépère** (enfant) a bonny (Brit) ou cute (US) child; (homme) an old fatty* ◆ **un petit pépère à vélo** a little (old) man on a bike
2 adj vie quiet, uneventful; (Aut) conduite pottering, dawdling; travail cushy* (Brit), easy ◆ **un petit coin pépère** a nice quiet spot

péperin [pepʀɛ̃] nm peperino

pépettes* [pepɛt] nfpl dough*, lolly* (Brit), bread*

pépie [pepi] → SYN nf (Orn) pip ◆ (fig) **avoir la pépie** to have a terrible thirst, be parched*

pépiement [pepimɑ̃] → SYN nm chirping (NonC), chirruping (NonC), tweeting (NonC)

pépier [pepje] → SYN ▸conjug 7◂ vi to chirp, chirrup, tweet

Pépin [pepɛ̃] nm ◆ **Pépin le Bref** Pepin the Short

pépin [pepɛ̃] → SYN nm a (Bot) pip ◆ **sans pépins** seedless
b (*: ennui) snag, hitch ◆ **avoir un pépin** to hit a snag*, have a spot of bother (Brit) ◆ **j'ai eu un pépin avec ma voiture** I had a problem with my car ◆ **gros / petit pépin de santé** major / slight health problem ◆ **c'est un gros pépin pour l'entreprise** it's a major setback for the company
c (*: parapluie) brolly* (Brit), umbrella

pépinière [pepinjɛʀ] → SYN nf (lit) tree nursery; (fig) breeding-ground, nursery (*de* for)

pépiniériste [pepinjeʀist] → SYN 1 nm nurseryman
2 nf nurserywoman

pépite [pepit] nf [or] nugget ◆ **pépites de chocolat** chocolate chips

péplum [peplɔm] nm (Antiq) peplos, peplum; (film) epic *(set in antiquity)*

péponide [pepɔnid] nf pepo

pepsine [pɛpsin] nf pepsin

peptide [pɛptid] nm peptide

peptique [pɛptik] adj peptic

peptone [pɛptɔn] nf peptone

péquenaud, e* [pɛkno, od] → SYN 1 adj peasant (épith)
2 nm,f country bumpkin

péquenot [pɛkno] adj, nm ⇒ **péquenaud**

péquin [pekɛ̃] nm (arg Mil) ⇒ **pékin**

péquiste [pekist] (Québec) 1 adj of the Parti québécois
2 nmf member of the Parti québécois

PER [peəɛʀ] nm (abrév de **plan d'épargne retraite**) → **plan**[1]

péramèle [peʀamɛl] nm bandicoot

perborate [pɛʀbɔʀat] nm perborate

perçage [pɛʀsaʒ] nm [trou] boring, drilling; [matériau] boring through

percale [pɛʀkal] nf percale

percaline [pɛʀkalin] nf percaline

perçant, e [pɛʀsɑ̃, ɑ̃t] → SYN adj cri, voix piercing, shrill; froid piercing, biting, bitter; vue sharp, keen; (fig) regard piercing; esprit penetrating

perce [pɛʀs] nf ◆ **mettre en perce** tonneau to broach, tap

percée [pɛʀse] → SYN nf (dans une forêt) opening, clearing; (dans un mur) breach, gap; (Mil, Sci, Écon) breakthrough; (Rugby) break

percement [pɛʀsəmɑ̃] nm [trou] piercing; (avec perceuse) drilling, boring; [rue, tunnel] building, driving; [fenêtre] making

perce-muraille, pl **perce-murailles** [pɛʀs(ə)myʀaj] nf (wall) pellitory, pellitory-of-the-wall

perce-neige, pl **perce-neige(s)** [pɛʀsənɛʒ] nm snowdrop

perce-oreille, pl **perce-oreilles** [pɛʀsɔʀɛj] nm earwig

perce-pierre, pl **perce-pierres** [pɛʀsəpjɛʀ] nf samphire

percept [pɛʀsɛpt] nm percept

percepteur, -trice [pɛʀsɛptœʀ, tʀis] → SYN
1 adj perceptive, of perception
2 nm tax collector, tax man*

perceptibilité [pɛʀsɛptibilite] nf perceptibility

perceptible [pɛʀsɛptibl] → SYN adj a son, ironie perceptible (*à* to)
b impôt collectable, payable

perceptiblement [pɛʀsɛptibləmɑ̃] adv perceptibly

perceptif, -ive [pɛʀsɛptif, iv] adj perceptive

perception [pɛʀsɛpsjɔ̃] → SYN nf a (sensation) perception ◆ **perception extrasensorielle** extrasensory perception
b [impôt, amende, péage] collection; (bureau) tax (collector's) office

percer [pɛʀse] → SYN ▸conjug 3◂ 1 vt a (gén: perforer) to pierce, make a hole in; (avec perceuse) to drill ou bore through, drill ou bore a hole in; lobe d'oreille to pierce; chaussette, chaussure to wear a hole in; coffre-fort to break open, crack*; tonneau to broach, tap; (Méd) abcès to lance, burst; tympan to burst ◆ **avoir une poche / une chaussure percée** to have a hole in one's pocket / shoe ◆ **percé de trous** full of holes, riddled with holes ◆ **la rouille avait percé le métal** rust had eaten into the metal ◆ **on a retrouvé son corps percé de coups de couteau** his body was found full of stab wounds → **chaise, panier**
b fenêtre, ouverture to pierce, make; canal to build; tunnel to build, bore, drive (*dans* through) ◆ **percer un trou dans** to pierce ou make a hole in; (avec perceuse) to drill ou bore a hole through ou in ◆ **ils ont percé une nouvelle route à travers la forêt** they have driven ou built a new road through the forest ◆ **percer une porte dans un mur** to make ou open a doorway in a wall ◆ **mur percé de petites fenêtres** wall with (a number of) small windows set in it
c (fig: traverser) **percer l'air / le silence** to pierce the air / the silence ◆ **percer les nuages / le front ennemi** to pierce ou break through the clouds / the enemy lines ◆ **percer la foule** to force ou elbow one's way through the crowd ◆ **bruit qui perce les oreilles** ear-piercing ou ear-splitting noise ◆ **percer qn du regard** to give sb a piercing look ◆ **ses yeux essayaient de percer l'obscurité** he tried to peer through the darkness ◆ **cela m'a percé le cœur** it cut me to the heart
d (découvrir) mystère to penetrate; complot to uncover ◆ **percer qch à jour** to see (right) through sth
e **percer des** ou **ses dents** to be teething, cut one's teeth ◆ **il a percé 2 dents** he has cut 2 teeth, he has got 2 teeth through
2 vi a [abcès] to burst; [plante] to come up; [soleil] to come out, break through; (Mil) to break through; (Sport) to make a break ◆ **il a une dent qui perce** he's cutting a tooth ◆ (Comm) **percer sur un nouveau marché** to break into a new market
b [sentiment, émotion] to show; [nouvelle] to filter through ou out ◆ **rien n'a percé des négociations** no news of the negotiations has filtered through ◆ **il ne laisse jamais percer ses sentiments** he never lets his feelings show ◆ **un ton où perçait l'ironie** a tone tinged with irony
c (réussir, acquérir la notoriété) to make a name for o.s., become famous

percerette [pɛʀsəʀɛt], **percette** [pɛʀsɛt] nf small drill

perceur [pɛʀsœʀ] nm driller ◆ **perceur de muraille*** burglar ◆ **perceur de coffre-fort*** safe-breaker, safe-cracker

perceuse [pɛʀsøz] → SYN nf drill ◆ **perceuse à percussion** hammer drill

percevable [pɛʀsəvabl] → SYN adj impôt collectable, payable

percevoir [pɛʀsəvwaʀ] → SYN ▸conjug 28◂ GRAMMAIRE ACTIVE 6.1 vt a (ressentir) to perceive, detect, sense, make out
b (comprendre) problème to appreciate, understand; personne to understand ◆ **son action a été bien / mal perçue** his action was well / badly received ou was perceived as something positive / negative
c (faire payer) taxe, loyer to collect; (recevoir) indemnité to receive, be paid, get

perche[1] [pɛʀʃ] nf (poisson) perch ◆ **perche de mer** sea perch

perche[2] [pɛʀʃ] → SYN nf a (gén) pole; [tuteur] stick; (Ciné, Rad, TV) boom → **saut, tendre**[1]
b (*: personne) **(grande) perche** beanpole*

perché, e [pɛʀʃe] (ptp de **percher**) adj ◆ **voix haut perchée** high-pitched voice ◆ **perchée sur des talons aiguille** perched on stilettos ◆ **village perché sur la montagne** village set high up ou perched in the mountains

percher [pɛʀʃe] → SYN ▸conjug 1◂ 1 vi [oiseau] to perch; [volailles] to roost; (*) [personne] to live, hang out*; (pour la nuit) to stay, kip* (Brit), crash* → **chat**
2 vt to stick ◆ **percher qch sur une armoire** to stick sth up on top of a cupboard ◆ **la valise est perchée sur l'armoire** the case is perched up on top of the wardrobe
3 **se percher** vpr [oiseau] to perch; (*: se jucher) to perch

percheron, -onne [pɛʀʃəʀɔ̃, ɔn] 1 adj of ou from the Perche
2 nm,f ◆ **Percheron(ne)** inhabitant ou native of the Perche
3 nm (cheval) Percheron

percheur, -euse [pɛʀʃœʀ, øz] adj ◆ **oiseau percheur** perching bird

perchiste [pɛʀʃist] nmf (Sport) pole vaulter; (Ciné, Rad, TV) boom operator; [téléski] ski lift ou ski tow attendant

perchlorate [pɛʀklɔʀat] nm perchlorate

perchlorique [pɛʀklɔʀik] adj ◆ **acide perchlorique** perchloric acid, chloric (VII) acid (spéc)

perchoir [pɛʀʃwaʀ] → SYN nm (lit, fig) perch; [volailles] roost; (Pol) *seat of the president of the French National Assembly*

perclus, e [pɛʀkly, yz] → SYN adj (paralysé) crippled, paralyzed (*de* with); (ankylosé) stiff; (fig) paralyzed

percnoptère [pɛʀknɔptɛʀ] nm Egyptian vulture

perçoir [pɛʀswaʀ] nm drill, borer

percolateur [pɛʀkɔlatœʀ] → SYN nm coffee machine *(for making expresso, cappuccino etc)*

percolation [pɛʀkɔlasjɔ̃] nf percolation

perçu, e [pɛʀsy] ptp de **percevoir**; → **trop-perçu**

percussion [pɛʀkysjɔ̃] → SYN nf (Méd, Mus, Phys) percussion ◆ **instrument à** ou **de percussion** percussion instrument

percussionniste [pɛʀkysjɔnist] → SYN nmf percussionist

percutané, e [pɛʀkytane] adj percutaneous

percutant, e [pɛʀkytɑ̃, ɑ̃t] → SYN adj a (Mil) percussion (épith); (Phys) percussive
b (fig) remarque which has a strong impact; argument, discours, pensée forceful, powerful; publicité, livre, témoignage striking

percuter [pɛʀkyte] → SYN ▸conjug 1◂ 1 vt (Mil, Phys) to strike; (Méd) to percuss ◆ **percuter un arbre** [voiture] to smash into ou strike a tree

2 vi ◆ **percuter contre** [avion, voiture] to crash into; [obus] to strike, thud into

percuteur [pɛrkytœr] nm firing pin, striker

perdant, e [pɛrdɑ̃, ɑ̃t] → SYN 1 adj numéro, cheval losing (épith) ◆ **je suis perdant** (gén) I lose out*; (financièrement) I'm out of pocket, I've lost out ◆ **tu es loin d'être perdant** (gén) you're certainly not losing out; (financièrement) you're certainly not out of pocket ou not losing out

2 nm,f loser ◆ **partir perdant** to have lost before one starts ◆ **être bon / mauvais perdant** to be a good / a bad loser

perdition [pɛrdisjɔ̃] → SYN nf a (Rel) perdition ◆ **lieu de perdition** den of vice ou iniquity

b **en perdition** (Naut) in distress; jeunesse on the wrong path; entreprise on the road to ruin

perdre [pɛrdr(ə)] → SYN ▸ conjug 41 ◂

1 vt a match, guerre, procès to lose; métier, avantage to lose; habitude to lose, get out of; (volontairement) to break, get out of ◆ **il a perdu son père à la guerre** he lost his father in the war ◆ **ce quartier est en train de perdre son cachet** this district is losing its distinctive charm ◆ **perdre qn / qch de vue** to lose sight of sb / sth ◆ **perdre / ne pas perdre un ami de vue** to lose touch / keep in touch with a friend ◆ **j'ai perdu le goût de rire / de manger** I've lost all interest in jokes and laughter / food, I don't feel like laughing / eating any longer ◆ (fig) **n'avoir rien à perdre** to have nothing to lose ◆ **tu as du temps / de l'argent à perdre!** you've got time / money to waste! ◆ (Tennis) **perdre un set / son service** to drop ou lose a set / one's serve ◆ **le Président perd 3 points dans le dernier sondage** the President is down 3 points in the latest poll

b objet (ne plus trouver) to lose; (égarer) to mislay; (oublier) nom, date to forget ◆ **perdre sa page** (en lisant) to lose one's place ◆ **perdre son chemin** to lose one's way ◆ **j'ai perdu le nom de cet auteur** I've forgotten ou I can't recall the name of this author

c bras, cheveux, dent to lose ◆ **perdre du poids** to lose weight ◆ **perdre l'appétit / la mémoire / la vie** to lose one's appetite / one's memory / one's life ◆ **il perd la vue** his sight is failing ◆ **il a perdu le souffle** he's out of breath ◆ **courir à perdre haleine** to run as fast as one can ◆ **perdre la parole** to lose the power of speech ◆ **ce tableau a perdu beaucoup de valeur** this painting has lost a lot of its value ◆ **perdre l'équilibre** to lose one's balance ◆ **perdre espoir / patience** to lose hope / (one's) patience ◆ **perdre l'esprit** ou **la raison** to go out of one's mind, take leave of one's senses ◆ **perdre connaissance** to lose consciousness, pass out ◆ **perdre courage** to lose heart, be downhearted ◆ **perdre confiance** to lose one's confidence ◆ (Méd) **elle a perdu les eaux** her waters have broken ◆ (hum) **as-tu perdu ta langue?** have you lost your tongue? ◆ **la voiture perd de la vitesse** the car is losing speed

d feuille, pétale, pelage, corne to lose, shed ◆ **il perd son pantalon** his trousers are falling down ◆ **il perd sa chemise** his shirt is sticking out (of his trousers) ◆ **ce réservoir perd beaucoup d'eau** this tank leaks badly ou loses a lot of water

e (gaspiller) temps, peine, souffle, argent to waste (*à qch* on sth); (abîmer) aliments to spoil ◆ **il a perdu une heure à la chercher** he wasted an hour looking for her ◆ **vous n'avez pas une minute à perdre** you haven't (got) a minute to lose ◆ **sans perdre une minute** without wasting a minute

f (manquer) occasion to lose, miss ◆ **tu ne l'as jamais vu? tu n'y perds rien!** you've never seen him? you haven't missed anything! ◆ **il n'a pas perdu un mot / une miette de la conversation** he didn't miss a single word / syllable of the conversation ◆ **elle a perdu l'occasion de se taire** she'd have done better to keep quiet, it was a pity she didn't keep quiet ◆ **il ne perd rien pour attendre!** he won't get off lightly when I get hold of him!

g (causer préjudice à) to ruin, be the ruin of ◆ **perdre qn dans l'esprit de qn** to send sb down in sb's esteem ◆ **son ambition l'a perdu** ambition was his downfall ou the ruin of him, ambition proved his undoing ◆ **c'est le témoignage de son cousin qui l'a perdu** it was his cousin's evidence which was his undoing ◆ (iro) **ta bonté te perdra!** you're too kind! (iro)

h (loc fig) **perdre la boule*** ou **la boussole*** to go round the bend* (Brit), go crazy*, lose one's marbles* ◆ **perdre le fil*** to lose the thread (of an explanation), lose one's train of thought, forget where one is up to (Brit) ◆ **perdre le nord*** to lose the place* ◆ **il ne perd pas le nord*** he keeps his wits about him ◆ **tu ne perds pas le nord toi!*** you don't miss a trick! ◆ **perdre les pédales*** (dans une explication) to get all mixed up; (s'affoler) to lose one's head ou one's grip; [vieillard] to lose one's marbles* ◆ **j'y perds mon latin** I can't make head nor tail of it ◆ **perdre ses moyens** to crack up* ◆ **perdre pied** (en nageant, fig) to be ou get out of one's depth; (en montagne) to lose one's footing ◆ **perdre la tête** (s'affoler) to lose one's head; (devenir fou) to go mad ou crazy*; [vieillard] to lose one's marbles* → **face, terrain**

2 vi a (gén) to lose ◆ (Comm) **perdre sur un article** to lose on an article, sell an article at a loss ◆ **vous y perdez** you lose on ou by it, you lose out on it ◆ **tu as perdu en ne venant pas** you missed something by not coming ◆ **tu ne perds pas au change** you get the better of the deal ◆ **il a perdu au change** he lost out (on the deal), he came off worst

b [citerne, réservoir] to leak

3 **se perdre** vpr a (s'égarer) to get lost, lose one's way

b (fig) **se perdre dans les détails / dans ses explications** to get bogged down ou get lost in the details / in one's explanations ◆ **se perdre en conjectures** to become lost in conjecture ◆ **se perdre dans ses pensées** to be lost in thought ◆ **il y a trop de chiffres, je m'y perds** there are too many figures, I'm all confused ou all at sea*

c (disparaître) to disappear, vanish; [coutume] to be dying out; (Naut) to sink, be wrecked ◆ **se perdre dans la foule** to disappear ou vanish into the crowd ◆ **son cri se perdit dans le vacarme** his shout was lost in the din ou was drowned by the din ◆ **leurs silhouettes se perdirent dans la nuit** their figures vanished into the night ou were swallowed up by the darkness ◆ **ce sens s'est perdu** this meaning has died out ou has been lost

d (devenir inutilisable) to be wasted, go to waste; [denrées] to go bad ◆ (fig) **il y a des gifles / des coups de pied qui se perdent*** he (ou she etc) deserves to be slapped ou a good slap / deserves a kick in the pants*

perdreau, pl **perdreaux** [pɛrdro] → SYN nm (young) partridge

perdrix [pɛrdri] nf partridge ◆ **perdrix blanche** ou **des neiges** ptarmigan ◆ **perdrix de mer** pratincole

perdu, e [pɛrdy] → SYN (ptp de **perdre**) 1 adj a bataille, cause, réputation, aventurier lost; malade done for (attrib) ◆ **je suis perdu!** I'm done for!, it's all up with me!* (Brit) ◆ **quand il se vit perdu** when he saw he was lost ou done for ◆ **tout est perdu** all is lost ◆ **rien n'est perdu** nothing's lost, there's no harm done → **corps**

b (égaré) personne, objet lost; balle, chien stray ◆ **ce n'est pas perdu pour tout le monde** somebody's made good use of it, somebody's been glad to get their hands on it ◆ **une de perdue, dix de retrouvées** there are lots of ou plenty of good fish in the sea, there are plenty more as good as her → **salle**

c (gaspillé) occasion lost, wasted, missed; temps wasted ◆ **c'était une soirée de perdue** it was a waste of an evening ◆ **c'est de l'argent perdu** it's money down the drain ◆ **il y a trop de place perdue** there's too much space wasted ◆ **pendant ses moments perdus, à temps perdu** in his spare time → **pain, peine**

d (abîmé) aliment spoilt, wasted ◆ **ma récolte est perdue** my harvest is ruined

e (écarté) pays, endroit out-of-the-way, isolated, miles from anywhere (attrib)

f (non consigné) emballage, verre non-returnable, no-deposit (épith)

g personne (embrouillé) lost, all at sea* (attrib); (absorbé) lost, plunged (*dans* in)

2 nm (††) madman ◆ **crier / rire comme un perdu** to shout / laugh like a madman

perdurer [pɛrdyre] ▸ conjug 1 ◂ vi (littér) tradition to endure

père [pɛr] → SYN 1 nm a father ◆ **marié et père de 3 enfants** married with 3 children ou and father of 3 children ◆ **il est père depuis hier** he became a father yesterday ◆ **Martin (le) père** Martin senior ◆ **de père en fils** from father to son, from one generation to the next ◆ **ils sont bouchers de père en fils** they've been butchers for generations ◆ (Prov) **à père avare, enfant** ou **fils prodigue** a miser will father a spendthrift son → **tel**

b (pl: ancêtres) **pères** forefathers, ancestors

c (fondateur) father

d (Zool) [animal] sire

e (Rel) father ◆ **le Père X** Father X ◆ **mon Père** Father → **dieu**

f (*: monsieur) **le père Benoit** old (man) Benoit* ◆ **le père Hugo** old Hugo* ◆ **un gros père** (enfant) a bonny (Brit) ou cute (US) child; (homme) a big fat guy*, a lump of a fellow* ◆ **dis-donc, petit père** tell me old man (Brit) ou buddy*

g (*: enfant) **un brave petit père** a fine little fellow* ◆ **un bon gros père** a fine chubby fellow*

2 COMP ▷ **père abbé** (Rel) abbot ▷ **les Pères blancs** the White Fathers ▷ **les Pères de l'Église** (Rel) the Church Fathers ▷ **le Père éternel** (Rel) our Heavenly Father ▷ **père de famille** (Jur) father ◆ **tu es père de famille, ne prends pas de risques** you have a wife and family to think about ou you're a family man, don't take risks ◆ **en bon père de famille, il s'occupait de l'éducation de ses enfants** as a good father should, he looked after his children's upbringing ◆ (hum) **maintenant, c'est le vrai père de famille** now he's the sober head of the family ou the serious family man ▷ **le père Fouettard** Mr Bogeyman ▷ **père François: le coup du père François*** a stab in the back ▷ **le père Noël** Father Christmas, Santa Claus ▷ **père peinard, père tranquille** ◆ **sous ses allures de père tranquille** ou **de père peinard, c'était en fait un redoutable malfaiteur** he seemed on the surface a genial ou benign sort of fellow but was in fact a fearsome criminal ▷ **père spirituel** [groupe] spiritual leader; [personne] spiritual father → **croire, placement, valeur**

pérégrination [peregrinasjɔ̃] → SYN nf (surtout pl) peregrination

péremption [perɑ̃psjɔ̃] → SYN nf lapsing ◆ **date de péremption** expiry date

péremptoire [perɑ̃ptwar] → SYN adj argument, ton peremptory

péremptoirement [perɑ̃ptwarmɑ̃] adv peremptorily

pérennant, e [perenɑ̃, ɑ̃t] adj (Bot) perennial

pérenne [peren] → SYN adj perennial

pérennisation [perenizasjɔ̃] nf perpetuation

pérenniser [perenize] ▸ conjug 1 ◂ vt to perpetuate

pérennité [perenite] → SYN nf [institution, goûts] durability; [tradition] continuity, perpetuity; [lignée] continuity

péréquation [perekwasjɔ̃] → SYN nf [prix, impôts] balancing out, evening out; [notes] coordination, adjustment; [salaires] adjustment, realignment

perestroïka [perestrɔika] nf perestroïka

perfectibilité [pɛrfɛktibilite] nf perfectibility

perfectible [pɛrfɛktibl] → SYN adj perfectible

perfectif, -ive [pɛrfɛktif, iv] adj, nm perfective

perfection [pɛrfɛksjɔ̃] → SYN nf perfection ◆ **à la perfection** to perfection ◆ **c'est une perfection!** it's (just) perfect!

perfectionné, e [pɛrfɛksjɔne] (ptp de **perfectionner**) adj dispositif, machine advanced, sophisticated

perfectionnement [pɛrfɛksjɔnmɑ̃] → SYN nm perfection, perfecting (NonC) (*de* of);

improvement (*de* in) ◆ **cours de perfectionnement** advanced course

perfectionner [pɛʀfɛksjɔne] → SYN ▸conjug 1◂
1 vt (améliorer) to improve, perfect
2 **se perfectionner** vpr [chose] to improve; [personne] to improve o.s. ◆ **se perfectionner en anglais** to improve one's English

perfectionnisme [pɛʀfɛksjɔnism] nm perfectionism

perfectionniste [pɛʀfɛksjɔnist] nmf perfectionist

perfide [pɛʀfid] → SYN 1 adj (littér) personne, manœuvre, promesse perfidious, treacherous, deceitful, false; chose treacherous
2 nmf (littér) traitor; (en amour) perfidious ou false-hearted person

perfidement [pɛʀfidmɑ̃] adv (littér) perfidiously, treacherously

perfidie [pɛʀfidi] → SYN nf (caractère) perfidy, treachery; (acte) act of perfidy ou treachery

perforage [pɛʀfɔʀaʒ] nm (→ **perforer**) punching; perforation

perforant, e [pɛʀfɔʀɑ̃, ɑ̃t] adj instrument perforating; balle, obus armour-piercing

perforateur, -trice [pɛʀfɔʀatœʀ, tʀis] 1 adj perforating
2 nm,f (ouvrier) punch-card operator
3 nm (Méd) perforator
4 **perforatrice** nf (perceuse) drilling ou boring machine; (Ordin) card punch ◆ **perforatrice à clavier** key punch ◆ **perforateur à air comprimé** compressed-air drill

perforation [pɛʀfɔʀasjɔ̃] nf (gén, Méd) perforation; (Ordin) punch

perforer [pɛʀfɔʀe] → SYN ▸conjug 1◂ vt (trouer) to pierce; (poinçonner) to punch; (Méd) to perforate ◆ (Ordin) **carte perforée** punch card ◆ **bande / feuille perforée** punched tape / sheet

perforeuse [pɛʀfɔʀøz] nf card punch

performance [pɛʀfɔʀmɑ̃s] → SYN nf a (résultat) result, performance (NonC); (exploit) feat, achievement ◆ **ses performances en anglais** his results ou performance in English ◆ **s'il y parvient, ce sera une performance remarquable** if he manages it that will be an outstanding feat ou achievement ◆ **réussir une bonne performance** to achieve a good result
b [voiture, machine, économie, industrie] performance (NonC)
c (Ling) **la performance** performance

performant, e [pɛʀfɔʀmɑ̃, ɑ̃t] → SYN adj machine, voiture high-performance (épith); résultat outstanding, impressive; entreprise, économie successful; investissement high-return (épith); administrateur, procédé effective

performatif, -ive [pɛʀfɔʀmatif, iv] adj, nm performative

perfuser [pɛʀfyze] ▸conjug 1◂ vt patient to put on a drip

perfusion [pɛʀfyzjɔ̃] → SYN nf (Méd) drip, IV (US), perfusion ◆ **mettre qn / être sous perfusion** to put sb / be on a drip ou an IV (US)

pergélisol [pɛʀʒelisɔl] nm permafrost

pergola [pɛʀgɔla] nf pergola

péri [peʀi] adj m, nm ◆ **(marin) péri en mer** sailor lost at sea ◆ **au profit des péris en mer** in aid of those lost at sea

périanthe [peʀjɑ̃t] nm (Bot) perianth

périarthrite [peʀiaʀtʀit] nf periarthritis

périastre [peʀiastʀ] nm periastron

péribole [peʀibɔl] nm peribolos

péricarde [peʀikaʀd] nm pericardium

péricardique [peʀikaʀdik] adj pericardial, pericardiac

péricardite [peʀikaʀdit] nf pericarditis

péricarpe [peʀikaʀp] nm (Bot) pericarp

périchondre [peʀikɔ̃dʀ] nm perichondrium

Périclès [peʀiklɛs] nm Pericles

péricliter [peʀiklite] → SYN ▸conjug 1◂ vi [affaire] to be in a state of collapse, collapse

péricycle [peʀisikl] nm pericycle

péridot [peʀido] nm peridot

péridural, e, mpl **-aux** [peʀidyʀal, o] 1 adj epidural
2 **péridurale** nf epidural

périf* [peʀif] (abrév de **(boulevard) périphérique**) → **périphérique**

périgée [peʀiʒe] nm perigee

périglaciaire [peʀiglasjɛʀ] adj periglacial

périgourdin, e [peʀiguʀdɛ̃, in] 1 adj of ou from the Perigord
2 nm,f ◆ **Périgourdin(e)** inhabitant ou native of the Perigord

périhélie [peʀieli] nm perihelion

péri-informatique [peʀiɛ̃fɔʀmatik] 1 adj peripheral
2 nf computer peripherals

péril [peʀil] → SYN nm (littér) peril, danger ◆ **en péril** monument, institution in peril ◆ **mettre en péril** to imperil, endanger, jeopardize ◆ **au péril de sa vie** at the risk of one's life ◆ (fig) **il n'y a pas péril en la demeure** there's no great need to hurry ◆ **il y a péril à faire** it is perilous to do ◆ **le péril rouge / jaune** the red / yellow peril → **risque**

périlleusement [peʀijøzmɑ̃] adv (littér) perilously

périlleux, -euse [peʀijø, øz] → SYN adj perilous → **saut**

périmé, e [peʀime] → SYN (ptp de **périmer**) adj billet, bon out-of-date (épith), expired, no longer valid (attrib); idée dated, outdated; (*) nourriture past the best-before-date ◆ **ce billet / bon est périmé** this ticket / voucher is out of date ou has expired

périmer [peʀime] ▸conjug 1◂ 1 vi ◆ **laisser périmer un passeport / un billet** to let a passport / ticket expire
2 **se périmer** vpr (Jur) to lapse; [passeport, billet] to expire; [idée] to date, become outdated

périmètre [peʀimɛtʀ] → SYN nm (Math) perimeter; (zone) area ◆ **dans un périmètre de 3 km** within a 3 km radius

périnatal, e, mpl **périnatals** [peʀinatal] adj perinatal

périnatalité [peʀinatalite] nf perinatal period

périnatalogie [peʀinatalɔʒi] nf perinatal medecine

périnéal, e, mpl **-aux** [peʀineal, o] adj perineal

périnée [peʀine] nm perineum

période [peʀjɔd] → SYN nf (gén) period; (Math) [fraction] repetend ◆ **pendant la période des vacances** during the holiday period ◆ **en période scolaire** during termtime (Brit), while school is in session (US) ◆ **une période de chaleur** a hot spell, a heat wave ◆ **pendant la période électorale** at election time ◆ (Mil) **période (d'instruction)** training (NonC) ◆ **période d'essai** trial period ◆ (Phys) **période radioactive** half-life ◆ **elle a traversé une période difficile** she has been through a difficult period ou patch ◆ **période ensoleillée / de chaleur** sunny / warm spell ou period ◆ **c'est la bonne période pour les champignons** it's the right time for mushrooms ◆ **j'ai eu une période concert / théâtre*** I went through a period ou phase of going to concerts / the theatre a lot ◆ **la période bleue de Picasso** Picasso's blue period ◆ **par périodes** from time to time

périodicité [peʀjɔdisite] → SYN nf periodicity

périodique [peʀjɔdik] → SYN 1 adj (gén, Chim, Phys) periodic; (Presse) periodical; (Méd) fièvre recurring ◆ (Math) **fraction périodique** recurring decimal ◆ (Math) **fonction périodique** periodic function → **garniture**
2 nm (Presse) periodical

périodiquement [peʀjɔdikmɑ̃] adv periodically

périoste [peʀjɔst] nm periosteum

périostite [peʀjɔstit] nf periostitis

péripatéticien, -ienne [peʀipatetisjɛ̃, jɛn] → SYN 1 adj, nm,f (Philos) peripatetic
2 **péripatéticienne** nf (hum: prostituée) streetwalker

péripétie [peʀipesi] → SYN nf a (épisode) event, episode ◆ **les péripéties d'une révolution / d'une exploration** the turns taken by a revolution / an exploration ◆ **après bien des péripéties** after all sorts of incidents ◆ **voyage plein de péripéties** eventful journey
b (Littérat) peripeteia

périph* [peʀif] ⇒ **périf**

périphérie [peʀifeʀi] → SYN nf (limite) periphery; (banlieue) outskirts

périphérique [peʀifeʀik] 1 adj (Anat, Math) peripheral; quartier outlying (épith); activités associated ◆ **poste** ou **radio** ou **station périphérique** private radio station *(broadcasting from a neighbouring country)*
2 nm a (Ordin) peripheral
b **(boulevard) périphérique** ring road (Brit), circular route (US) ◆ **(boulevard) périphérique intérieur / extérieur** inner / outer ring road (Brit) ou circular route (US) ◆ (Ordin) **périphérique entrée-sortie** input-output device

périphlébite [peʀiflebit] nf periphlebitis

périphrase [peʀifʀɑz] → SYN nf circumlocution, periphrasis (spéc), periphrase (spéc)

périphrastique [peʀifʀastik] adj circumlocutory, periphrastic

périple [peʀipl] → SYN nm (par mer) voyage; (par terre) tour, trip, journey ◆ **au cours de son périple américain** during his tour of the USA

périptère [peʀiptɛʀ] 1 adj peripteral
2 nm peripteros

périr [peʀiʀ] → SYN ▸conjug 2◂ vi (littér) to perish (littér), die; [navire] to go down, sink; [empire] to perish, fall ◆ **périr noyé** to drown, be drowned ◆ **faire périr** personne, plante to kill ◆ **son souvenir ne périra jamais** his memory will never die ou perish (littér) ◆ (fig) **périr d'ennui** to die of boredom

périscolaire [peʀiskɔlɛʀ] adj extracurricular

périscope [peʀiskɔp] nm periscope

périscopique [peʀiskɔpik] adj periscopic

périsperme [peʀispɛʀm] nm perisperm

périssable [peʀisabl] → SYN adj perishable ◆ **denrées périssables** perishable goods, perishables

périssodactyles [peʀisodaktil] nmpl ◆ **les périssodactyles** perissodactyl(e)s, the Perissodactyla (spéc)

périssoire [peʀiswaʀ] → SYN nf canoe

périssologie [peʀisɔlɔʒi] nf perissology

péristaltique [peʀistaltik] adj peristaltic

péristaltisme [peʀistaltism] nm peristalsis

péristome [peʀistɔm, peʀistom] nm peristome

péristyle [peʀistil] → SYN nm peristyle

péritel ® [peʀitɛl] adj f, nf ◆ **(prise) péritel** SCART (socket)

péritéléphonie [peʀitelefɔni] nf telephone-related technology

péritélévision [peʀitelevizjɔ̃] nf television-related technology

périthèce [peʀitɛs] nm perithecium

péritoine [peʀitwan] nm peritoneum

péritonéal, e, mpl **-aux** [peʀitɔneal, o] adj peritoneal

péritonite [peʀitɔnit] nf peritonitis

pérityphlite [peʀitiflit] nf perityphlitis

périurbain, e [peʀiyʀbɛ̃, ɛn] adj out-lying

perlant [pɛʀlɑ̃] adj m vin beading (épith)

perle [pɛʀl] → SYN 1 nf a (bijou) pearl; (boule) bead ◆ **des dents de perle** pearly teeth ◆ **jeter** ou **donner des perles aux pourceaux** to cast pearls before swine → **enfiler**
b (littér: goutte) [eau, sang] drop(let); [sueur] bead
c (fig: personne, chose de valeur) gem ◆ **la cuisinière est une perle** the cook is an absolute gem ou a perfect treasure ◆ **c'est la perle des maris** he's the best of husbands, you couldn't hope for a better husband ◆ **vous êtes une perle rare** you're a (real) gem ◆ **la perle d'une collection** the gem of a collection
d (erreur) gem, howler
2 COMP ▷ **perle de culture** cultured pearl ▷ **perle fine, perle naturelle** natural pearl ▷ **perle de rosée** dewdrop

perlé, e [pɛʀle] (ptp de **perler**) adj orge pearl (épith); riz polished; coton, laine pearlized; tissu beaded; travail perfect, exquisite; rire rippling → **grève**

perlèche [pɛʀlɛʃ] nf perleche

perler [pɛʀle] → SYN ▸conjug 1◂ 1 vi [sueur] to form ◆ **la sueur perlait sur son front** beads of sweat stood out ou formed on his forehead 2 vt †: travail to take great pains over

perlier, -ière [pɛʀlje, jɛʀ] adj pearl (épith)

perlimpinpin [pɛʀlɛ̃pɛ̃pɛ̃] nm → **poudre**

perlingual, e, mpl **-aux** [pɛʀlɛ̃gwal, o] adj perlingual ◆ **administrer par voie perlinguale** to administer by placing under the tongue

perlite [pɛʀlit] nf pe(a)rlite

perlouse‡, **perlouze**‡ [pɛʀluz] nf (grande perle) flashy‡ pearl, dazzler*; (pet) smelly fart‡

perm* [pɛʀm] nf a abrév de **permanence c** b abrév de **permission**

permafrost [pɛʀmafʀɔst] → SYN nm permafrost

permalloy [pɛʀmalɔj, pɛʀmalwa] nm permalloy

permanence [pɛʀmanɑ̃s] → SYN nf a (durée) permanence, permanency ◆ **en permanence** siéger permanently; crier continuously ◆ **dans ce pays ce sont des émeutes/c'est la guerre en permanence** in that country there are constant ou continuous riots/there is a permanent state of war
b (service) **être de permanence** to be on duty ou on call ◆ **une permanence est assurée le dimanche** there is someone on duty on Sundays, the office is manned on Sundays
c (bureau) (duty) office; (Pol) committee room; (Scol) study room ou hall (US) ◆ (Scol) **heure de permanence** private study period

permanencier, -ière [pɛʀmanɑ̃sje, jɛʀ] nm,f person on duty

permanent, e [pɛʀmanɑ̃, ɑ̃t] → SYN 1 adj (gén) permanent; armée, comité standing (épith); spectacle continuous; (Presse) envoyé, correspondant permanent; (Phys) aimantation, gaz permanent ◆ (Ciné) **permanent de 2 heures à minuit** continuous showings from 2 o'clock to midnight ◆ **cinéma permanent** cinema showing a continuous programme
2 nm (Pol) (paid) official *(of union, political party)* ◆ **un permanent du parti** a party worker
3 **permanente** nf (Coiffure) perm, permanent wave

permanenter [pɛʀmanɑ̃te] ▸conjug 1◂ vt t perm ◆ **se faire permanenter** to have a perm ◆ **cheveux permanentés** permed hair

permanganate [pɛʀmɑ̃ganat] nm permanganate

permanganique [pɛʀmɑ̃ganik] adj ◆ **acide permanganique** permanganic acid

perme [pɛʀm] nf (arg Mil) leave

perméabilité [pɛʀmeabilite] nf (lit) (Phys) permeability; (à l'eau) perviousness, permeability; (fig) [personne] receptiveness, openness; [frontière etc] openness

perméable [pɛʀmeabl] → SYN adj (→ **perméabilité**) permeable; pervious; receptive, open (*à* to) ◆ **trop perméable à leur influence** too easily influenced by them

permettre [pɛʀmɛtʀ] → SYN ▸conjug 56◂ GRAMMAIRE ACTIVE 1.1, 3, 9.1, 10.4
1 vt a (tolérer) to allow, permit ◆ **permettre à qn de faire, permettre que qn fasse** to allow ou permit sb to do, let sb do ◆ **la loi le permet** it is allowed ou permitted by law, the law allows ou permits it ◆ **le docteur me permet l'alcool** the doctor allows ou permits me to drink ou lets me drink ◆ **il se croit tout permis** he thinks he can do what he likes ou as he pleases ◆ **est-il permis d'être aussi bête!** how can anyone be so stupid! ◆ **il est permis à tout le monde de se tromper!** anyone can make a mistake! ◆ **le professeur lui a permis de ne pas aller à l'école aujourd'hui** the teacher has given him permission to stay off school ou not to go to school today
b (rendre possible) to allow, permit ◆ **ce diplôme va lui permettre de trouver du travail** this qualification will allow ou enable ou permit him to find a job ◆ **mes moyens ne me le permettent pas** I cannot afford it ◆ **mes occupations ne me le permettent pas** I'm too busy to be able to do it ◆ **sa santé ne le lui permet pas** his health doesn't allow ou permit him to do it ◆ **son attitude permet tous les soupçons** his attitude gives cause for suspicion ou reinforces one's suspicions ◆ **si le temps le permet** weather permitting ◆ **autant qu'il est permis d'en juger** as far as one can tell
c (donner le droit) to entitle ◆ **cette carte lui permet d'obtenir des réductions** this card entitles ou enables him to get reductions ◆ **être majeur permet de voter** being over 18 entitles one ou makes one eligible to vote ◆ **qu'est-ce qui te permet de me juger?** what gives you the right to pass judgement on me?
d (idée de sollicitation) **vous permettez?** may I? ◆ **permettez-moi de vous présenter ma sœur/de vous interrompre** may I introduce my sister/interrupt (you)? ◆ **s'il m'est permis de faire une objection** if I may ou might (be allowed to) raise an objection ◆ **vous permettez que je fume?** do you mind if I smoke? ◆ **vous permettez que je passe!*** if you don't mind I'd like to come past!, do you mind if I come past! ◆ **permettez! je ne suis pas d'accord** if you don't mind! ou pardon me! I disagree ◆ **permets-moi de te le dire** let me tell you
2 **se permettre** vpr a (s'offrir) fantaisie, excès to allow o.s., indulge o.s. in ◆ **je ne peux pas me permettre d'acheter ce manteau** I can't afford to buy this coat
b (risquer) grossièreté, plaisanterie to allow o.s. to make, dare to make ◆ **ce sont des plaisanteries qu'on ne peut se permettre qu'entre amis** these jokes are only acceptable among friends ◆ **je me suis permis de sourire** ou **un sourire** I had ou gave ou ventured a smile, I ventured to ou allowed myself to smile ◆ **il s'est permis de partir sans permission** he took the liberty of going without permission ◆ **il se permet bien des choses** he takes a lot of liberties ◆ **je me permettrai de vous faire remarquer que ...** I'd like to point out (to you) that ... ◆ **puis-je me permettre de vous offrir un whisky?** will you have a whisky? ◆ (formule épistolaire) **je me permets de vous écrire au sujet de ...** I am writing to you in connection with ...

permien, -ienne [pɛʀmjɛ̃, jɛn] 1 adj permian 2 nm ◆ **le permien** the Permian era

permis, e [pɛʀmi, iz] → SYN GRAMMAIRE ACTIVE 9.1, 10.4 (ptp de **permettre**) 1 adj limites permitted ◆ (frm) **il est permis de s'interroger sur la nécessité de ...** one might ou may well question the necessity of ...
2 nm permit, licence ◆ **permis de chasse** hunting licence ◆ **permis (de conduire)** (carte) driving licence (Brit), driver's license (US); (épreuve) driving test ◆ **permis à points** *driving licence with a penalty point system* ◆ **permis de construire** planning permission ◆ **permis d'inhumer** burial certificate ◆ **permis bateau** boating licence ◆ **permis moto** motorbike licence ◆ **permis de pêche** fishing permit ◆ **permis poids lourd** heavy-goods vehicle licence ◆ **permis de port d'armes** gun licence ◆ **permis de séjour** residence permit ◆ **permis de travail** work permit

permissif, -ive [pɛʀmisif, iv] → SYN adj permissive

permission [pɛʀmisjɔ̃] → SYN nf a (autorisation) permission ◆ **avec votre permission** with your permission ◆ **accorder à qn la permission de faire** to give sb permission to do ◆ **demander la permission** to ask permission (*de* to) ◆ **demander à qn la permission** to ask sb his permission (*de* to) ◆ **est-ce qu'il t'a donné la permission (de le faire)?** did he give you permission (to do it)?
b (Mil) (congé) leave, furlough; (certificat) pass ◆ **en permission** on leave ou furlough ◆ **permission de minuit** late pass

permissionnaire [pɛʀmisjɔnɛʀ] nm soldier on leave

permissivité [pɛʀmisivite] nf permissiveness

permittivité [pɛʀmitivite] nf permittivity

permutabilité [pɛʀmytabilite] nf permutability

permutable [pɛʀmytabl] → SYN adj which can be changed ou swapped ou switched round; (Math) permutable

permutation [pɛʀmytasjɔ̃] → SYN nf permutation

permuter [pɛʀmyte] → SYN ▸conjug 1◂ 1 vt (gén) to change ou swap ou switch round, permutate; (Math) to permutate, permute 2 vi to change, swap, switch (seats ou positions ou jobs etc)

pernicieusement [pɛʀnisjøzmɑ̃] adv (littér) perniciously

pernicieux, -ieuse [pɛʀnisjø, jøz] → SYN adj (gén, Méd) pernicious ◆ **pernicieux pour** injurious ou harmful to

péroné [peʀɔne] nm fibula

péroniste [peʀɔnist] 1 adj Peronist 2 nmf ◆ **Péroniste** Peronist

péronnelle [peʀɔnɛl] → SYN nf (péj) silly goose* (péj)

péroraison [peʀɔʀɛzɔ̃] → SYN nf (Littérat: conclusion) peroration, summing up; (péj: discours) windy discourse (péj)

pérorer [peʀɔʀe] → SYN ▸conjug 1◂ vi to hold forth (péj), declaim (péj)

per os [pɛʀɔs] loc adv (Méd) orally

Pérou [peʀu] nm Peru ◆ (fig) **ce qu'il gagne, ce n'est pas le Pérou** it's no great fortune what he earns ◆ (iro) **on a 300 F? c'est le Pérou!** we've got 300 francs? we're loaded* ou we're rolling in it*! (iro)

Pérouse [peʀuz] n Perugia

peroxydase [pɛʀɔksidɑz] nf peroxidase

peroxydation [pɛʀɔksidasjɔ̃] nf peroxidation

peroxyde [pɛʀɔksid] nm peroxide ◆ **peroxyde d'hydrogène** hydrogen peroxide

peroxyder [pɛʀɔkside] ▸conjug 1◂ vt to peroxidize

perpendiculaire [pɛʀpɑ̃dikylɛʀ] → SYN adj, nf perpendicular (*à* to)

perpendiculairement [pɛʀpɑ̃dikylɛʀmɑ̃] adv perpendicularly ◆ **perpendiculairement à** at right angles to, perpendicular to

perpète [pɛʀpɛt] nf ◆ (arg Prison: perpétuité) **il a eu la perpète** he got life (arg) ◆ (loin) **à perpète*** miles away* ◆ (longtemps) **jusqu'à perpète*** till doomsday*, till the cows come home*

perpétration [pɛʀpetʀasjɔ̃] nf perpetration

perpétrer [pɛʀpetʀe] → SYN ▸conjug 6◂ vt to perpetrate

perpette [pɛʀpɛt] nf ⇒ **perpète**

perpétuation [pɛʀpetɥasjɔ̃] nf (littér) perpetuation

perpétuel, -uelle [pɛʀpetɥɛl] → SYN adj (pour toujours) perpetual, everlasting; (incessant) perpetual, never-ending; fonction, secrétaire permanent; rente life (épith), for life (attrib) → **calendrier, mouvement**

perpétuellement [pɛʀpetɥɛlmɑ̃] → SYN adv perpetually

perpétuer [pɛʀpetɥe] → SYN ▸conjug 1◂ 1 vt (immortaliser) to perpetuate; (maintenir) to perpetuate, carry on
2 **se perpétuer** vpr [usage, abus] to be perpetuated, be carried on; [espèce] to survive ◆ **se perpétuer dans son œuvre/dans ses enfants** to live on in one's work/children

perpétuité [pɛʀpetɥite] → SYN nf perpetuity, perpetuation ◆ **à perpétuité** condamnation for life; concession in perpetuity

perplexe [pɛʀplɛks] → SYN adj perplexed, confused, puzzled ◆ **rendre** ou **laisser perplexe** to perplex, confuse, puzzle

perplexité [pɛʀplɛksite] → SYN nf perplexity, confusion ◆ **je suis dans une grande perplexité** I just don't know what to think, I'm greatly perplexed ou highly confused ◆ **être dans la plus complète perplexité** to be completely baffled ou utterly perplexed ou confused, be at an absolute loss (to know what to think)

perquisition [pɛʀkizisjɔ̃] → SYN nf (Police) search ◆ **ils ont fait une perquisition** they've carried out ou made a search, they've searched the premises → **mandat**

perquisitionner [pɛʀkizisjɔne] [→ SYN] ▸conjug 1◂ [1] vi to carry out a search, make a search ◆ **perquisitionner au domicile de qn** to search sb's house, carry out ou make a search of sb's house
[2] vt (*) to search

perrière [pɛʀjɛʀ] nf (Archéol) perrier

perron [peʀɔ̃] [→ SYN] nm steps *(leading to entrance)*, perron (spéc)

perroquet [peʀɔkɛ] [→ SYN] nm [a] (Orn, fig) parrot ◆ **perroquet de mer** puffin ◆ **répéter qch comme un perroquet** to repeat sth parrot fashion
[b] (Naut) topgallant (sail)
[c] (boisson) *apéritif made of pastis and mint syrup*

perruche [peʀyʃ] nf [a] (Orn) budgerigar, budgie*; (femelle du perroquet) female parrot; (fig: femme bavarde) chatterbox*, gas bag‡ (péj), windbag‡ (péj)
[b] (Naut) mizzen topgallant (sail)

perruque [peʀyk] [→ SYN] nf [a] (coiffure) wig; (Hist) wig, periwig, peruke; (Pêche*: enchevêtrement) bird's nest
[b] (*) (travail clandestin) **faire des perruques** to work on the side *(during office hours)* ◆ (détournement de matériel) **faire de la perruque** *to pilfer office equipment for personal use*

perruquier, -ière [peʀykje, jɛʀ] [→ SYN] nm,f wigmaker

pers [pɛʀ] [→ SYN] adj yeux greenish-blue, blue-green

persan, e [pɛʀsɑ̃, an] [1] adj Persian ◆ **(chat) persan** Persian (cat) → **tapis**
[2] nm (Ling) Persian
[3] nm,f ◆ **Persan(e)** Persian

perse [pɛʀs] [1] adj Persian
[2] nm (Ling) Persian
[3] nmf ◆ **Perse** Persian
[4] nf ◆ (Géog) **Perse** Persia

persécuté, e [pɛʀsekyte] (ptp de **persécuter**) nm,f (gén) persecuted person; (Psych) person suffering from a persecution mania ou complex

persécuter [pɛʀsekyte] [→ SYN] ▸conjug 1◂ vt (opprimer) to persecute; (harceler) to harass, plague

persécuteur, -trice [pɛʀsekytœʀ, tʀis] [→ SYN]
[1] adj persecuting
[2] nm,f persecutor

persécution [pɛʀsekysjɔ̃] [→ SYN] nf persecution ◆ **délire de persécution** persecution mania ou complex

Persée [pɛʀse] nm Perseus

perséides [pɛʀseid] nfpl Perseids

persel [pɛʀsɛl] nm persalt

Perséphone [pɛʀsefɔn] nf Persephone

persévérance [pɛʀseveʀɑ̃s] [→ SYN] nf perseverance

persévérant, e [pɛʀseveʀɑ̃, ɑ̃t] [→ SYN] adj persevering ◆ **être persévérant** to persevere, be persevering

persévération [pɛʀseveʀasjɔ̃] nf perseveration

persévérer [pɛʀseveʀe] [→ SYN] ▸conjug 6◂ vi to persevere ◆ **persévérer dans** effort, entreprise, recherches to persevere with ou in, persist in; erreur, voie to persevere in ◆ **je persévère à le croire coupable** I continue to believe he's guilty

persicaire [pɛʀsikɛʀ] nf red shank, persicaria, lady's-thumb

persienne [pɛʀsjɛn] [→ SYN] nf (louvred) shutter

persiflage [pɛʀsiflaʒ] [→ SYN] nm mockery (NonC)

persifler [pɛʀsifle] [→ SYN] ▸conjug 1◂ vt to mock, make mock of (littér), make fun of

persifleur, -euse [pɛʀsiflœʀ, øz] [→ SYN] [1] adj mocking
[2] nm,f mocker

persil [pɛʀsi] nm parsley ◆ **persil plat / frisé** flat-leaved / curly parsley ◆ **faux persil** fool's parsley

persillade [pɛʀsijad] nf (sauce) parsley vinaigrette; (viande) *cold beef served with parsley vinaigrette*

persillé, e [pɛʀsije] adj plat sprinkled with chopped parsley; viande marbled; fromage veined

persique [pɛʀsik] adj Persian → **golfe**

persistance [pɛʀsistɑ̃s] [→ SYN] nf [pluie, fièvre, douleur, odeur] persistence; [personne] persistence, persistency (*à faire* in doing) ◆ **sa persistance dans l'erreur** his persistently mistaken attitude ◆ **cette persistance dans le mensonge** this persistence in lying, this persistent lying ◆ **avec persistance** (tout le temps) persistently; (avec obstination) persistently, doggedly, stubbornly

persistant, e [pɛʀsistɑ̃, ɑ̃t] [→ SYN] adj (gén) persistent; feuilles evergreen, persistent (spéc) ◆ **arbre à feuillage persistant** evergreen (tree)

persister [pɛʀsiste] [→ SYN] ▸conjug 1◂ vi [pluie] to persist, keep up; [fièvre, douleur, odeur] to persist, linger; [symptôme, personne] to persist ◆ **la pluie / la douleur n'a pas persisté** the rain / the pain didn't last ou persist ◆ **persister dans qch / à faire** to persist in sth / in doing ◆ **il persiste dans son refus** he won't go back on ou he persists in his refusal ◆ **persister dans son opinion / ses projets** to stick to one's opinion / one's plans ◆ **il persiste dans son silence** he persists in keeping quiet ◆ **il persiste à faire cela** he persists in doing ou keeps (on) doing that, he does that persistently ◆ **je persiste à croire que ...** I still believe that ... ◆ (fig) **c'est non, je persiste et signe!** the answer is no, and that's final! ◆ **il persistait une odeur de moisi** a musty smell persisted ◆ **il persiste un doute** a doubt remains

perso* [pɛʀso] adj (abrév de **personnel** 1) (privé) personal; (égoïste) selfish ◆ (Sport) **il joue trop perso** he tends to keep the ball to himself

persona [pɛʀsɔna] nf ◆ **persona grata / non grata** persona grata / non grata

personale [pɛʀsɔnal] nf ◆ **les personales** personate flowers

personé, e [pɛʀsɔne] adj personate

personnage [pɛʀsɔnaʒ] [→ SYN] nm [a] (individu) character, individual ◆ **c'est un personnage!** he's (ou she's) quite a character!
[b] (célébrité) (very) important person, personage (frm, hum) ◆ **personnage influent / haut placé** influential / highly placed person ◆ **personnage connu** celebrity, well-known person ou personage (frm, hum) ◆ **personnage officiel** VIP ◆ **un grand personnage** a great figure ◆ **grands personnages de l'État** State dignitaries ◆ **personnages de l'Antiquité / historiques** great names of Antiquity / of history ◆ **il est devenu un personnage** he's become a very important person ou a big name* ◆ **il se prend pour un grand personnage** he really thinks he is someone important, he really thinks he's somebody*
[c] (Littérat) character ◆ **liste des personnages** dramatis personae, list of characters ◆ **personnage principal** principal character ◆ (lit, fig) **jouer un personnage** to play a part, act a part ou role → **peau**
[d] (Art) [tableau] figure

personnalisation [pɛʀsɔnalizasjɔ̃] nf personalization

personnaliser [pɛʀsɔnalize] [→ SYN] ▸conjug 1◂ vt (gén) to personalize; voiture, appartement to give a personal touch to, personalize ◆ **crédit / service personnalisé** personalized loan / service

personnalisme [pɛʀsɔnalism] nm personalism

personnaliste [pɛʀsɔnalist] [1] adj personalist(ic)
[2] nmf personalist

personnalité [pɛʀsɔnalite] [→ SYN] nf (gén) personality ◆ **avoir une forte personnalité / de la personnalité** to have a strong personality / lots of personality ◆ **un être sans personnalité** somebody who is lacking in personality ◆ **il y aura de nombreuses personnalités pour l'inauguration** there will be a number of key figures ou personalities at the opening ◆ **acquérir une personnalité juridique** to acquire legal status

personne [pɛʀsɔn] [→ SYN] [1] nf [a] (être humain) person ◆ **deux personnes** two people ◆ **le respect de la personne humaine** respect for human dignity ◆ (Jur) **les droits de la personne** the rights of the individual ◆ **les personnes qui ...** those who ..., the people who ... ◆ **c'est une personne sympathique** he (ou she) is a very pleasant person ◆ **une personne de connaissance m'a dit** someone ou a person I know told me ◆ **il n'y a pas personne plus discrète que lui** there is no one more discreet than he ◆ **c'est une drôle de petite / une jolie personne†** she's a funny little / a pretty little thing ◆ **3 gâteaux par personne** 3 cakes per person, 3 cakes each ◆ **100 F par personne** 100 francs each ou per head ou a head ou per person ◆ **par personne interposée** through an intermediary, through a third party ou person → **grand, tiers**
[b] (personnalité) **toute sa personne inspire confiance** his whole being inspires confidence ◆ **j'admire son œuvre mais je le méprise en tant que personne** I admire his works but I have no opinion of him ou I have no time for him as a person ◆ **la personne et l'œuvre de Balzac** Balzac, the man and his work
[c] (corps) **être bien (fait) de sa personne** to be good-looking ◆ **exposer** ou **risquer sa personne** to risk one's life ou one's neck ◆ **sur ma personne** on my person ◆ **il semble toujours très content de sa petite personne** he always seems very pleased with his little self ou with himself ◆ **il prend soin de sa petite personne** he looks after himself ◆ **je l'ai vu en personne** I saw him in person ◆ **je m'en occupe en personne** I'll see to it personally ◆ **c'est la paresse / la bonté en personne** he's ou she's laziness / kindness itself ou personified → **payer**
[d] (Gram) person ◆ **à la première / troisième personne** in the first / third person
[2] pron [a] (quelqu'un) anyone, anybody ◆ **elle le sait mieux que personne (au monde)** she knows that better than anyone ou anybody (else) ◆ **il est entré sans que personne le voie** he came in without anyone ou anybody seeing him ◆ **personne de blessé?** is anyone ou anybody injured?, no one hurt? ◆ **elle sait faire le café comme personne** she makes better coffee than anyone (else)
[b] (avec ne: aucun) no one, nobody ◆ **presque personne** hardly anyone ou anybody, practically no one ou nobody ◆ **personne (d'autre) ne l'a vu** no one ou nobody (else) saw him ◆ **il n'a vu personne (d'autre)** he didn't see anyone ou anybody (else), he saw no one ou nobody (else) ◆ **personne d'autre que lui** no one ou nobody but he ◆ **il n'y a personne** there's no one ou nobody in, there isn't anyone ou anybody in ◆ **il n'y a eu personne de blessé** no one ou nobody was injured, there wasn't anyone ou anybody injured ◆ **à qui as-tu demandé? – à personne** who did you ask? – no one ou nobody ou I didn't ask anyone ou anybody ◆ **ce n'est la faute de personne** it's no one's ou nobody's fault ◆ **il n'y avait personne d'intéressant à qui parler** there was no one ou nobody interesting to talk to ◆ **il n'y est pour personne** he doesn't want to see anyone ou anybody ◆ (iro) **pour le travail, il n'y a plus personne*** as soon as there's a bit of work to be done, everyone disappears ou clears off* ou there's suddenly no one ou nobody around ◆ **n'y a-t-il personne qui sache où il est?** doesn't anyone ou anybody know where he is?
[3] COMP ▷ **personne âgée** elderly person ◆ **mesure en faveur des personnes âgées** measure benefiting the elderly ▷ **personne à charge** dependent ▷ **personne civile** (Jur) legal entity ▷ **personnes déplacées** (Pol) displaced persons ▷ **personne morale** (Jur) ⇒ **personne civile** ▷ **personne physique** (Jur) natural person

personnel, -elle [pɛʀsɔnɛl] [→ SYN] [1] adj [a] (particulier, privé) personal; appel téléphonique private ◆ **fortune personnelle** personal ou private fortune ◆ **strictement personnel** lettre highly confidential, private and personal; billet not transferable (attrib) ◆ **il a des idées / des opinions très personnelles sur la question** he has (clear) ideas / opinions of

his own ou he has his own ideas / opinions on the subject • **critiques personnelles** personal criticism
b (égoïste) selfish, self-centred; (Sport) joueur selfish
c (Gram) pronom, nom, verbe personal; mode finite
2 nm [école] staff; [château, hôtel] staff, employees; [usine] workforce, employees, personnel; [service public] personnel, employees • **manquer de personnel** to be shortstaffed ou understaffed • **il y a trop de personnel dans ce service** this department is overstaffed • **faire partie du personnel** to be on the staff • **l'usine a 60 membres de personnel** ou **un personnel de 60** the factory has 60 people on the payroll, the factory has a workforce ou payroll of 60 • **personnel de maison** domestic staff • (Aviat, Mil) **personnel à terre / navigant** ground / flight personnel ou staff • **personnel en civil / en tenue** plain-clothes / uniformed staff • **bureau / chef du personnel** personnel office / officer

personnellement [pɛʀsɔnɛlmɑ̃] → SYN GRAMMAIRE ACTIVE 6.2, 26.5 adv personally • **je lui dirai personnellement** I'll tell him myself ou personally • **personnellement je veux bien** personally I don't mind, I for one don't mind

personnification [pɛʀsɔnifikasjɔ̃] → SYN nf personification • **c'est la personnification de la cruauté** he's the personification ou the embodiment of cruelty

personnifier [pɛʀsɔnifje] → SYN ▸conjug 7◂ vt to personify • **cet homme personnifie le mal** this man is the embodiment of evil ou is evil itself ou is evil personified • **être la bêtise personnifiée** to be stupidity itself ou personified • **il personnifie son époque** he personifies ou typifies his age, he's the embodiment of his age

perspectif, -ive [pɛʀspɛktif, iv] 1 adj perspective
2 **perspective** nf a (Art) perspective
b (point de vue) (lit) view; (fig) angle, viewpoint • **dans une perspective historique** from a historical angle ou viewpoint, in a historical perspective • **examiner une question sous des perspectives différentes** to examine a question from different angles ou viewpoints • **il faut mettre les choses en perspective** you have to put things in perspective
c (événement en puissance) prospect; (idée) prospect, thought • **en perspective** in prospect • **des perspectives d'avenir** future prospects • **quelle perspective!** what a thought! ou prospect! • **à la perspective de** at the prospect ou thought ou idea of

perspicace [pɛʀspikas] → SYN adj clear-sighted, penetrating, perspicacious

perspicacité [pɛʀspikasite] → SYN nf clear-sightedness, insight, perspicacity

perspiration [pɛʀspiʀasjɔ̃] nf perspiration

persuader [pɛʀsɥade] → SYN ▸conjug 1◂ 1 vt (convaincre) to persuade, convince (*qn de qch* sb of sth) • **persuader qn (de faire qch)** to persuade sb (to do sth) • **il les a persuadés que tout irait bien** he persuaded ou convinced them that all would be well • **on l'a persuadé de partir** he was persuaded to leave • **j'en suis persuadé** I'm quite sure ou convinced (of it) • **il sait persuader** he's very persuasive, he knows how to convince people
2 vi • (littér) **persuader à qn (de faire)** to persuade sb (to do) • **on lui a persuadé de rester** he was persuaded to stay
3 **se persuader** vpr • **il s'est persuadé qu'on le déteste** he is persuaded ou convinced that everyone hates him, he has convinced ou persuaded himself that everyone hates him • **elle s'est persuadée de l'inutilité de ses efforts** she has persuaded ou convinced herself of the uselessness of her efforts

persuasif, -ive [pɛʀsɥazif, iv] → SYN adj ton, éloquence persuasive; argument, orateur persuasive, convincing

persuasion [pɛʀsɥazjɔ̃] → SYN nf (action, art) persuasion; (croyance) conviction, belief

persulfate [pɛʀsylfat] nm persulphate

perte [pɛʀt] → SYN GRAMMAIRE ACTIVE 24.4
1 nf a (gén) loss, losing (NonC); (Comm) loss • **vendre à perte** to sell at a loss • **la perte d'une bataille / d'un procès** the loss of a battle / court case, losing a battle / court case • **essuyer une perte importante** to suffer heavy losses • (Mil) **de lourdes pertes (en hommes)** heavy losses (in men) • **ce n'est pas une grosse perte** it's not a serious loss • **la perte cruelle d'un être cher** the cruel ou grievous loss of a loved one → **profit**
b (ruine) ruin • **il a juré sa perte** he has sworn to ruin him • **il court à sa perte** he is on the road to ruin
c (déperdition) loss; (gaspillage) waste • **perte de chaleur / d'énergie** loss of heat / energy, heat / energy loss • **perte de lumière** loss of light • **c'est une perte de temps** it's a waste of time • **il devrait s'économiser: c'est une perte d'énergie** he ought to save his efforts: he's wasting energy ou it's a waste of energy
d LOC **à perte de vue** (lit) as far as the eye can see; (fig) interminably • **mis à la porte avec perte et fracas** thrown out
2 COMP ▷ **pertes blanches** (Méd) vaginal discharge, leucorrhœa (spéc) ▷ **perte de charge** pressure drop, drop in ou loss of pressure ▷ **perte de connaissance** loss of consciousness, fainting (NonC) ▷ **perte de mémoire** loss of memory, memory loss ▷ **perte de poids** weight loss ▷ **pertes de sang** (Méd) heavy bleeding ▷ **perte sèche** (Fin) dead loss (Fin), absolute loss ▷ **perte à la terre** (Élec) earth (Brit) ou ground (US) leakage ▷ **être en perte de vitesse** (Aviat) to lose lift; (fig) [mouvement] to be losing momentum; [entreprise, vedette] to be going downhill

pertinemment [pɛʀtinamɑ̃] adv parler pertinently, to the point • **il a répondu pertinemment** his reply was to the point • **savoir pertinemment que** to know full well that, know for a fact that

pertinence [pɛʀtinɑ̃s] → SYN nf (→ **pertinent**) aptness, pertinence, appositeness; judiciousness; relevance; significance, distinctive nature

pertinent, e [pɛʀtinɑ̃, ɑ̃t] → SYN adj remarque apt, pertinent, apposite; analyse, jugement, esprit judicious, discerning; idée relevant, apt, pertinent; (Ling) significant, distinctive

pertuis [pɛʀtɥi] → SYN nm (détroit) strait(s), channel; [fleuve] narrows

pertuisane [pɛʀtɥizan] → SYN nf partisan (weapon)

perturbant, e [pɛʀtyʀbɑ̃, ɑ̃t] adj (→ **perturber**) perturbing, disturbing

perturbateur, -trice [pɛʀtyʀbatœʀ, tʀis] → SYN 1 adj disruptive
2 nm,f (gén) troublemaker, rowdy; (dans un débat) heckler

perturbation [pɛʀtyʀbasjɔ̃] → SYN nf a (→ **perturber**) disruption, disturbance; perturbation • **jeter la perturbation dans** to disrupt; to disturb • **facteur de perturbation** disruptive factor • **perturbations dans l'acheminement du courrier** disruption(s) of the mail
b (Mét) **perturbation (atmosphérique)** (atmospheric) disturbance

perturber [pɛʀtyʀbe] → SYN ▸conjug 1◂ vt services publics, travaux to disrupt; cérémonie, réunion to disrupt, disturb; (Rad, TV) transmission to disrupt; personne to perturb, disturb; (Astron) to perturb; (Mét) to disturb • **elle est très perturbée en ce moment** she's very perturbed at the moment

péruvien, -ienne [peʀyvjɛ̃, jɛn] 1 adj Peruvian
2 nm (Ling) Peruvian
3 nm,f • **Péruvien(ne)** Peruvian

pervenche [pɛʀvɑ̃ʃ] 1 nf (Bot) periwinkle; (*: contractuelle) female traffic warden (Brit), meter maid (US)
2 adj inv periwinkle blue

pervers, e [pɛʀvɛʀ, ɛʀs] → SYN 1 adj (littér: diabolique) perverse; (vicieux) perverted, depraved
2 nm,f pervert • (hum) **pervers sexuel** sexual pervert

perversion [pɛʀvɛʀsjɔ̃] → SYN nf perversion, corruption; (Méd, Psych) perversion

perversité [pɛʀvɛʀsite] → SYN nf perversity, depravity

pervertir [pɛʀvɛʀtiʀ] → SYN ▸conjug 2◂ 1 vt (dépraver) to corrupt, pervert, deprave; (altérer) to pervert
2 **se pervertir** vpr to become corrupt(ed) ou perverted ou depraved

pervibrage [pɛʀvibʀaʒ] nm [béton] vibration

pervibrateur [pɛʀvibʀatœʀ] nm vibrating poker

pervibrer [pɛʀvibʀe] ▸conjug 1◂ vt béton to vibrate

pesade [pəzad] nf pesade

pesage [pəzaʒ] nm weighing; [jockey] weigh-in; (salle) weighing room; (enceinte) enclosure

pesamment [pəzamɑ̃] → SYN adv chargé, tomber heavily; marcher with a heavy step ou tread, heavily

pesant, e [pəzɑ̃, ɑ̃t] → SYN 1 adj paquet heavy, weighty; (lit, fig) fardeau, joug, charge heavy; sommeil deep; démarche, pas heavy; esprit slow, sluggish; architecture massive; style, ton heavy, weighty, ponderous; présence burdensome; silence heavy
2 nm • **valoir son pesant d'or** to be worth its (*ou* one's) weight in gold

pesanteur [pəzɑ̃tœʀ] → SYN nf a (Phys) gravity
b (lourdeur: → **pesant**) heaviness; weightiness; depth; slowness, sluggishness; massiveness; ponderousness; burdensomeness • **avoir des pesanteurs d'estomac** to have problems with one's digestion

pèse-acide, pl **pèse-acides** [pɛzasid] nm acidimeter

pèse-alcool, pl **pèse-alcools** [pɛzalkɔl] → SYN nm alcoholometer

pèse-bébé, pl **pèse-bébés** [pɛzbebe] nm (baby) scales

pesée [pəze] → SYN nf (action) [objet] weighing; (Sport) weight; (fig) [motifs, termes] weighing up; (pression, poussée) push, thrust • **effectuer une pesée** to carry out a weighing operation • (sportif) **aller à la pesée** to weigh in

pèse-lait, pl **pèse-laits** [pɛzlɛ] nm lactometer

pèse-lettre, pl **pèse-lettres** [pɛzlɛtʀ] nm letter scales

pèse-moût, pl **pèse-moûts** [pɛzmu] nm saccharometer

pèse-personne, pl **pèse-personnes** [pɛzpɛʀsɔn] nm scales; [salle de bains] (bathroom) scales

peser [pəze] → SYN ▸conjug 5◂ GRAMMAIRE ACTIVE 26.4
1 vt a objet, personne to weigh • **peser qch dans sa main** to feel the weight of sth (in one's hand) • **se peser** to weigh o.s. • (sportif) **se faire peser** to get weighed in • (fig) **il pèse 3 millions** he is worth 3 million
b (évaluer) to weigh (up) • **peser le pour et le contre** to weigh (up) the pros and cons • **peser ses mots / chances** to weigh one's words / chances • **tout bien pesé** having weighed everything up, everything considered • **ce qu'il dit est toujours pesé** what he says is always carefully weighed up
2 vi a (gén) to weigh; [sportif] to weigh in • **cela pèse beaucoup** it weighs a lot • **cela pèse peu** it doesn't weigh much • **peser 60 kg** (gén) to weigh 60 kg; [sportif] to weigh in at 60 kg • **peser lourd** to be heavy • (fig) **ce ministre ne pèse pas lourd*** this minister doesn't carry much weight ou doesn't count for much • (fig) **il n'a pas pesé lourd (devant son adversaire)** he was no match (for his opponent)
b (appuyer) to press, push; (fig) to weigh heavy • **peser sur / contre qch (de tout son poids)** to press ou push down on / against sth (with all one's weight) • (fig) [aliment, repas] **peser sur l'estomac** to lie (heavy) on the stomach • (fig) **cela lui pèse sur le cœur** that makes him heavy-hearted • **les remords lui pèsent sur la conscience** remorse lies heavy on his conscience, his conscience is weighed down by remorse • **le soupçon / l'accusation qui pèse sur lui** the suspicion / the accusation which hangs over

him ◆ **la menace / sentence qui pèse sur sa tête** the threat / sentence which hangs over his head ◆ **toute la responsabilité pèse sur lui** ou **sur ses épaules** all the responsibility is on him ou on his shoulders, he has to shoulder all the responsibility

c (accabler) **peser à qn** to weigh sb down, weigh heavy on sb ◆ **le silence / la solitude lui pèse** the silence / solitude is getting him down* ou weighs heavy on him ◆ **le temps lui pèse** time hangs heavy on his hands ◆ **ses responsabilités de maire lui pèsent** he feels the weight of ou weighed down by his responsibilities as mayor, his responsibilities as mayor weigh heavy on him

d (avoir de l'importance) to carry weight ◆ **cela va peser (dans la balance)** that will carry some weight ◆ **sa timidité a pesé dans leur décision** his shyness influenced their decision

pèse-sel, pl **pèse-sels** [pɛzsɛl] nm sali(no)meter

pèse-sirop, pl **pèse-sirops** [pɛzsiʀo] nm syrup hydrometer

peseta [pezeta] nf peseta

pesette [pəzɛt] nf assay balance

peseur, -euse [pəzœʀ, øz] nm,f weigher

pèse-vin, pl **pèse-vins** [pɛzvɛ̃] nm [vin] alcoholmeter

peso [pezo, peso] nm peso

Pessah [pesa] nm Pesach, Pesah

pessaire [pesɛʀ] → SYN nm pessary

pessimisme [pesimism] → SYN nm pessimism

pessimiste [pesimist] → SYN 1 adj pessimistic (*sur* about)

2 nmf pessimist

peste [pɛst] → SYN 1 nf (Méd) plague, pestilence; (fig: personne) pest, nuisance, menace ◆ **la peste bubonique** the bubonic plague ◆ **la peste noire** the Black Death ◆ (Vét) **peste bovine** rinderpest, cattle plague ◆ (fig) **fuir qch / qn comme la peste** to avoid sth / sb like the plague

2 excl (littér) good gracious ◆ **peste soit de ...** a plague on ...

pester [pɛste] → SYN ▸conjug 1◂ vi to curse ◆ **pester contre qn / qch** to curse sb / sth

pesteux, -euse [pɛstø, øz] adj bubon pestilential; rat pestilent

pesticide [pɛstisid] → SYN 1 adj pestidial

2 nm pesticide

pestiféré, e [pɛstifeʀe] → SYN 1 adj plague-stricken

2 nm,f plague victim ◆ (fig) **fuir qn comme un pestiféré** to avoid sb like the plague ◆ (Art) **"Les Pestiférés de Jaffa"** "Napoleon Visiting the Pesthouse of Jaffa"

pestilence [pɛstilɑ̃s] → SYN nf stench

pestilentiel, -elle [pɛstilɑ̃sjɛl] → SYN adj (Méd) pestilent; (gén) stinking, foul(-smelling)

pet[1] [pɛ] → SYN nm a (*: gaz) fart** ◆ **faire** ou **lâcher un pet** to break wind, fart** ◆ **il a toujours un pet de travers** he's always complaining about his health ◆ **partir comme un pet (sur une toile cirée)** to scarper* (Brit) → **valoir**

b (guet) **faire le pet*** to be on (the) watch ou on (the) look-out ◆ **pet! les voilà!*** look out! here they come! ◆ (tapage) **ça va faire du pet, il va y avoir du pet** there'll be a big stink*

pet*[2] [pɛt] nm (coup) thump, bash; (marque) dent ◆ **la table a pris un pet** the table has taken a bash ◆ **il y a plein de pets sur l'étagère** the shelf is all dented

pétainiste [petenist] 1 adj Pétain (épith)

2 nmf ◆ **Pétainiste** Pétain supporter

pétale [petal] → SYN nm petal

pétaloïde [petalɔid] adj petaloid

pétanque [petɑ̃k] nf petanque, *type of bowls played in the South of France*

pétant, e* [petɑ̃, ɑ̃t] adj ◆ **à 2 heures pétant(es)** at 2 on the dot*, on the dot of 2*

pétaradant, e [petaʀadɑ̃, ɑ̃t] adj moto noisy, spluttering, back-firing

pétarade [petaʀad] → SYN nf [moteur, véhicule] backfire (NonC); [feu d'artifice, fusillade] crackling

pétarader [petaʀade] ▸conjug 1◂ vi [moteur, véhicule] to backfire; [feu d'artifice] to go off ◆ **il les entendait pétarader dans la cour** he could hear them revving up their engines in the backyard

pétard [petaʀ] → SYN nm a (feu d'artifice) banger (Brit), firecracker; (accessoire de cotillon) cracker; (Rail) detonator (Brit), torpedo (US); (Mil) petard, explosive charge ◆ **tirer** ou **faire partir un pétard** to let off a banger (Brit) ou firecracker ◆ (fig) **lancer un pétard** to drop a bombshell ◆ **c'était un pétard mouillé** it was a damp squib

b (*: tapage) din*, racket*, row* ◆ **il va y avoir du pétard** sparks will fly, there's going to be a hell of a row* ◆ **faire du pétard** [nouvelle] to cause a stir, raise a stink*; [personne] to kick up a row* ou fuss* ou stink* ◆ **être en pétard** to be raging mad*, be in a flaming temper (*contre* at)

c (*: revolver) gun

d (*: derrière) bum** (Brit), ass** (US), bottom*, rump*

e (arg Drogue) joint*, reefer*

pétasse* [petas] nf stupid (ou ugly etc) tart*

pétaudière [petodjɛʀ] nf bedlam, bear garden

pétauriste [petɔʀist] nm (Zool) flying phalanger, petaurist

pet-de-nonne, pl **pets-de-nonne** [pɛd(ə)nɔn] nm fritter *(made with choux pastry)*

pété, e* [pete] (ptp de **péter**) adj (ivre) pissed**, blotto*; (drogué) stoned*; (fou) crazy, bonkers*

pétéchie [peteʃi] nf petechia

pet-en-l'air† [pɛtɑ̃lɛʀ] nm inv bumfreezer*

péter [pete] → SYN ▸conjug 6◂ 1 vi a (*) to break wind, fart** ◆ (fig) **il veut péter plus haut que son derrière** ou **son cul**** he thinks he's it*, he's too big for his boots* ◆ (fig) **il m'a envoyé péter** he told me to go to hell* ou to bugger off** (Brit) ou fuck off** ◆ **péter dans la soie** to ponce around* in fine clothes

b (*) [détonation] to go off; [tuyau] to burst, bust; [ballon] to pop, burst; [ficelle] to bust*, snap ◆ **la bombe lui a pété à la figure** the bomb went off ou blew up in his face ◆ **l'affaire lui a pété dans la main** the deal fell through ◆ **la crise est si grave qu'un jour ça va péter** the crisis is so serious that one day all hell's going to break loose* ◆ **il faut que ça pète ou que ça dise pourquoi** if we don't talk it out, all hell's going to break loose*

2 vt (*) a ficelle to bust*, snap; transistor, vase to bust* ◆ **je me suis pété une cheville** I bust my ankle*, I did my ankle in* ◆ **péter la gueule à qn*** to smash sb's face in* ◆ **se péter la gueule*** (tomber) to fall flat on one's face; (s'enivrer) to get blitzed* ou plastered* ◆ **c'est un coup à se péter la gueule** you'll (ou he'll etc) break your (ou his etc) neck doing that ◆ **il s'est pété la gueule en vélo*** he smashed himself up when he came off his bike*

b (fig) **péter du** ou **le feu** ou **des flammes** [personne] to be full of go* ou beans* ◆ **péter la** ou **de santé** to be bursting with health ◆ **ça va péter des flammes** there's going to be a heck of a row*

pète-sec* [pɛtsɛk] nmf inv, adj inv ◆ **c'est un pète-sec, il est très pète-sec** he has a very abrupt manner, he is very sharp-tongued

péteux, -euse* [petø, øz] → SYN 1 adj (peureux) cowardly, yellow(-bellied)*; (honteux) ashamed (attrib)

2 nm,f (peureux) coward, yellowbelly*; (prétentieux) pretentious twit*

pétillant, e [petijɑ̃, ɑ̃t] → SYN adj eau sparkling; vin bubbly, sparkling; yeux sparkling, twinkling ◆ **discours pétillant d'esprit** speech sparkling with wit

pétillement [petijmɑ̃] → SYN nm (action: → **pétiller**) crackling; bubbling; sparkling; twinkling ◆ **entendre des pétillements** to hear crackling ou crackles ou a crackle ◆ **ce pétillement de malice qui animait son regard** this mischievous sparkle in his eye

pétiller [petije] → SYN ▸conjug 1◂ vi [feu] to crackle; [champagne, vin, eau] to bubble; [joie] to sparkle (*dans* in); [yeux] (de malice) to sparkle, glisten; (de joie) to sparkle, twinkle (*de* with) ◆ **ses yeux pétillaient de malice** his eyes were sparkling mischievously ◆ **il pétillait de bonne humeur** he was bubbling (over) with good humour ◆ **pétiller d'esprit** to sparkle with wit

pétiole [pesjɔl] nm leafstalk, petiole (spéc)

pétiolé, e [pesjɔle] adj petiolate

petiot, e* [pətjo, jɔt] 1 adj weeny (little)*, teenyweeny*, tiny (little)

2 nm little laddie*

3 **petiote** nf little lassie*

petit, e [p(ə)ti, it] → SYN 1 adj a (gén) main, personne, objet, colline small, little (épith); pointure small ◆ **petit et mince** short and thin ◆ **petit et carré** squat ◆ **petit et rond** dumpy ◆ **il est tout petit** he's very small ou a very small man; (nuance affective) he's a little ou a tiny (little) man ◆ (fig) **se faire tout petit** to try not to be noticed, make o.s. as inconspicuous as possible ◆ **être de petite taille** to be short ou small ◆ **un petit vieux** a little old man ◆ **ces chaussures sont un peu / trop petites pour moi** these shoes are a bit small ou rather a small fit / too small for me

b (mince) personne, taille slim, slender; membre thin, slender ◆ **avoir de petits os** to be small-boned ou slight-boned ◆ **avoir une petite figure / de petits bras** to have a thin face / slender ou thin arms ◆ **une petite pluie (fine) tombait** a (fine) drizzle was falling

c (jeune) small, young; (avec nuance affective) little ◆ **quand il était petit** when he was small ou little ◆ **son petit frère** his younger ou little brother, (très petit) his baby ou little brother ◆ **petit chat / chien** (little) kitten / puppy ◆ **un petit Anglais** an English boy ◆ **les petits Anglais** English children ◆ **petit lion / tigre / ours** little lion / tiger / bear, lion / tiger / bear cub ◆ **dans sa petite enfance** when he was very small, in his early childhood ◆ **le petit Jésus** Infant Jesus, baby Jesus ◆ **comment va la petite famille?** how are the young ones? ◆ **tout ce petit monde s'amusait** all these youngsters were enjoying themselves ◆ (péj) **je vous préviens mon petit ami** ou **monsieur** I warn you my good man ou dear fellow ◆ (Littérat) **"Le Petit Chaperon rouge"** "Little Red Riding Hood" ◆ (Littérat) **"Le Petit Poucet"** "Tom Thumb" ◆ (Littérat) **"Le Petit Prince"** "The Little Prince"

d (court) promenade, voyage short, little ◆ **par petites étapes** in short ou easy stages ◆ **sur une petite distance** over a short distance ◆ **il est resté deux (pauvres) petites heures** he only stayed for 2 short hours ◆ **il en a pour une petite heure** it will take him an hour at the most, it won't take him more than an hour ◆ **attendez une petite minute** can you wait just a ou half a minute? ◆ **j'en ai pour un petit moment** (longtemps) it'll take me quite a while; (peu de temps) it won't take me long, I shan't be long over it ◆ **elle est sortie pour un bon petit moment** she won't be back for a (good) while ou for quite a while yet ◆ **écrivez-lui un petit mot** write him a (short) note ou a line ◆ **c'est à un petit kilomètre d'ici** it's no more than ou just under a kilometre from here

e (faible) bruit faint, slight; cri little, faint; coup, tape light, gentle; pente gentle, slight; somme d'argent small ◆ **on entendit deux petits coups à la porte** we heard two light ou gentle knocks on the door ◆ **il a un petit appétit** he has a small appetite, he hasn't much of an appetite ◆ **avoir une petite santé** to be in poor health, be frail ◆ **c'est une petite nature** he's (ou she's) slightly built ◆ **une toute petite voix** a tiny voice

f (minime) opération, détail small, minor; inconvénient slight, minor; espoir, chance faint, slight; cadeau, bibelot little; odeur, rhume slight ◆ **avec un petit effort** with a bit of an ou with a little effort ◆ **ce n'est pas une petite affaire que de le faire obéir** getting him to obey is no easy matter ou no mean task ◆ **ce n'est qu'une petite robe d'été** it's just a light summer dress

g (peu important) commerçant, pays, firme small; fonctionnaire, employé, romancier minor; soirée, réception little ◆ **la petite industrie** light industry ◆ **le petit commerce** small businesses ◆ **les petites et moyennes entreprises** small and medium-sized businesses ◆ **il est**

entré dans la firme par la petite porte he started work for the firm on the bottom rung of the ladder, he started out doing a very humble job in the firm ◆ **les petites gens** ordinary people ◆ **le petit épicier du coin** the small street-corner grocer('s) ◆ **la petite noblesse** minor nobility ◆ **la petite histoire** the footnotes of history

h (peu nombreux) groupe small ◆ **cela n'affecte qu'un petit nombre** it only affects a small number of people ou a few people

i (péj: mesquin) attitude, action mean, petty, low; personne petty ◆ **c'est petit ce qu'il a fait là** that was a mean thing to do, that was mean of him

j (avec nuance affective ou euph) little ◆ **vous prendrez bien un petit dessert / verre** you'll have a little dessert / drink won't you? ◆ **faire une petite partie de cartes** to play a little game of cards ◆ **juste une petite signature** can I just have your signature ◆ **un petit coup de rouge*** a (little) glass of red wine ◆ **comment va la petite santé?** how are you keeping?* ◆ **ma petite maman** my mummy ◆ **mon petit papa** my daddy ◆ **mon petit chou** ou **rat** etc (my little) pet*, darling ◆ **un petit coin tranquille** a nice quiet spot ◆ **on va se faire un bon petit souper** we'll make ourselves a nice little (bit of) supper ◆ (euph) **le petit coin** ou **endroit** the bathroom (euph) ◆ (euph) **faire son petit besoin** ou **sa petite commission** to spend a penny (Brit), go to the toilet ◆ **un petit chapeau ravissant** a lovely little hat ◆ **avoir ses petites habitudes / manies** to have one's little habits / ways ◆ **espèce de petit impertinent** you cheeky little so-and-so* ◆ **cela coûte une petite fortune** it costs a small fortune

k (loc) (fig hum) **le petit oiseau va sortir!** watch the birdie! ◆ **être / ne pas être dans les petits papiers de qn** to be in sb's good / bad books ◆ **c'est de la petite bière** it's small beer (Brit), it's small potatoes (US) ◆ **ce n'est pas de la petite bière** it's not without importance ◆ **se réunir en petit comité** to have a small get-together ◆ **à petits pas** (lit) with short steps; (fig) slowly but surely ◆ **un petit peu** a little (bit) ◆ **un Balzac / un Versailles au petit pied** a poor man's Balzac / Versailles ◆ **mettre les petits plats dans les grands** to lay on a first-rate meal, go to town on the meal* ◆ **à la petite semaine** (adj) small-time ◆ **être aux petits soins pour qn** to dance attendance on sb, lavish attention on sb, wait on sb hand and foot ◆ **être dans ses petits souliers** to be shaking in one's shoes ◆ (fig) **petit poisson deviendra grand** from tiny acorns great ou mighty oaks grow ◆ (Prov) **les petits ruisseaux font les grandes rivières** little streams make big rivers → **tenu** etc

2 adv ◆ **petit à petit** little by little, gradually

3 nm **a** (enfant) (little) boy; (Scol) junior (boy) ◆ **les petits** children ◆ **viens ici, petit** come here, son ◆ **pauvre petit** poor little thing ◆ **le petit Durand** young Durand, the Durand boy ◆ **les petits Durand** the Durand children ◆ **les tout-petits** the very young, the tiny tots; (Scol) the infants ◆ **jeu pour petits et grands** game for old and young (alike)

b (jeune animal) (gén) young ◆ **la chatte et ses petits** the cat and her kittens ◆ **la lionne et ses petits** the lioness and her young ou cubs ◆ **faire des petits** to have little kittens (ou puppies ou lambs etc) ◆ (fig) **son argent a fait des petits** his money has made more money

c (personne de petite taille) small man; (personne inférieure) little man ◆ **les petits** small people ◆ **c'est toujours le petit qui a tort** it's always the little man who's in the wrong

d **une cour d'école, c'est le monde en petit** a school playground is the world in miniature

4 **petite** nf (enfant) (little) girl; (femme) small woman ◆ **la petite Durand** (la fillette des Durand) the Durand's daughter; (péj: Mlle Durand) the Durand girl ◆ **pauvre petite** poor little thing ◆ **viens ici, petite** come here little one

5 COMP ▷ **petit ami** boyfriend ▷ **petite amie** girlfriend ▷ **petit banc** low bench ▷ **les petits blancs** poor white settlers ▷ **petit bleu†** wire (telegram) ▷ **petit bois** kindling (NonC) ▷ **petits chevaux** ◆ **jouer aux petits chevaux** to play ludo (Brit) ▷ **petite classe** junior form (Brit), lower grade (US) ▷ **les petites classes** the junior ou lower school ▷ **le petit coin** (euph) the smallest room (euph), the toilet ▷ **petit cousin, petite cousine** (enfant) little ou young cousin; (enfant du cousin germain) second cousin; (parent éloigné) distant cousin ▷ **le petit doigt** the little finger ◆ **mon petit doigt me l'a dit** a little bird told me ▷ **le petit écran** television, TV ▷ **le petit endroit** (euph) ⇒ **le petit coin** ▷ **petit four** petit four ▷ **petit garçon** little boy ◆ **il fait très petit garçon** there's something of the little boy about him ◆ (fig) **à côté de lui, c'est un petit garçon** next to him, he's a babe in arms ▷ **petit gâteau (sec)** biscuit ▷ **le Petit Livre rouge** the Little Red Book ▷ **petit nom*** (prénom) Christian name, first name; (surnom) nickname; (entre amoureux) pet name ▷ **petit pain** ≃ bread roll ◆ **ça part** ou **se vend comme des petits pains*** it is selling like hot cakes* ▷ **petit point** (Couture) petit point ▷ **la petite reine** (fig) the bicycle ▷ **petit salé** (Culin) salted pork ▷ **la petite vérole** smallpox ▷ **petite voiture (d'infirme)** (gén) wheelchair; (à moteur) invalid carriage

petit-beurre, pl **petits-beurre** [p(ə)tibœʀ] nm petit beurre biscuit (Brit), butter cookie (US)

petit-bois, pl **petits-bois** [p(ə)tibwɑ] nm window bar

petit-bourgeois, petite-bourgeoise, pl **petits-bourgeois, petites-bourgeoises** [p(ə)tibuʀʒwa, p(ə)titbuʀʒwaz] **1** adj petit-bourgeois, middle-class
2 nm petit-bourgeois, middle-class man
3 nf petit-bourgeois ou middle-class woman

petit-déjeuner [p(ə)tideʒœne] **1** nm (pl **petits-déjeuners**) breakfast ◆ **petit-déjeuner anglais / continental** English / continental breakfast
2 vi ▸conjug 1◂ (*) to have breakfast

petite-fille, pl **petites-filles** [p(ə)titfij] nf granddaughter

petitement [pətitmɑ̃] → SYN adv (chichement) poorly; (mesquinement) meanly, pettily ◆ **nous sommes petitement logés** our accommodation is cramped

petit-enfant, pl **petits-enfants** [pətitɑ̃fɑ̃, pətizɑ̃fɑ̃] nm grandchild

petite-nièce, pl **petites-nièces** [p(ə)titnjɛs] nf great-niece, grand-niece

petitesse [p(ə)titɛs] → SYN nf [taille, endroit] smallness, small size; [somme] smallness, modesty; (fig) [esprit, acte] meanness (NonC), pettiness (NonC)

petit-fils, pl **petits-fils** [p(ə)tifis] nm grandson

petit-gris, pl **petits-gris** [p(ə)tigʀi] → SYN nm (escargot) garden snail; (écureuil) Siberian squirrel; (fourrure) squirrel fur

pétition [petisjɔ̃] → SYN nf **a** petition ◆ **faire une pétition auprès de qn** to petition sb ◆ **faire signer une pétition** to set up a petition
b (Philos) **pétition de principe** petitio principii (spéc), begging the question (NonC)

pétitionnaire [petisjɔnɛʀ] → SYN nmf petitioner

petit-lait, pl **petits-laits** [p(ə)tilɛ] → SYN nm whey → **boire**

petit-maître, petite-maîtresse††, mpl **petits-maîtres** [p(ə)timɛtʀ, p(ə)titmɛtʀɛs] → SYN nm,f dandy, toff† (Brit), fop†

petit-nègre [pətinɛgʀ] nm (péj) pidgin French; (péj: galimatias) gibberish, gobbledygook*

pétitoire [petitwaʀ] **1** adj petitory
2 nm petitory action

petit-pois, pl **petits-pois** [pətipwa] nm (garden) pea

petit-suisse, pl **petits-suisses** [p(ə)tisɥis] nm petit-suisse *(kind of cream cheese eaten as a dessert)*

pétochard, e: [petɔʃaʀ, aʀd] **1** adj cowardly, yellow-bellied:
2 nm,f funker:, coward, yellow-belly:

pétoche: [petɔʃ] nf ◆ **avoir la pétoche** to be scared silly* ou witless, be in a blue funk: (Brit), have the wind up: (Brit) ◆ **flanquer la pétoche à qn** to scare the living daylights out of sb*, put the wind up sb: (Brit)

pétoire [petwaʀ] nf (sarbacane) peashooter; (vieux fusil) blunderbuss; (péj: fusil) peashooter (péj), popgun (péj); (cyclomoteur) (motor) scooter

peton* [pətɔ̃] nm (pied) foot, tootsy*

pétoncle [petɔ̃kl] nm queen scallop

Pétrarque [petʀaʀk] nm Petrarch

pétrarquisme [petʀaʀkism] nm Petrarchism

pétrel [petʀɛl] nm (stormy) petrel

pétreux, -euse [petʀø, øz] adj petrosal

pétri, e [petʀi] → SYN (ptp de **pétrir**) adj ◆ **pétri d'orgueil** filled with pride ◆ **pétri d'ignorance** steeped in ignorance ◆ **pétri de contradictions** full of contradictions ◆ **pétri de culture orientale / littérature slave** steeped in Eastern culture / Slavic literature

pétrifiant, e [petʀifjɑ̃, jɑ̃t] → SYN adj eau petrifactive; spectacle petrifying; nouvelle horrifying

pétrification [petʀifikasjɔ̃] nf **a** (Géol) petrifaction, petrification
b (fig) [cœur] hardening; [idées] fossilization

pétrifier [petʀifje] → SYN ▸conjug 7◂ **1** vt **a** (Géol) to petrify
b (fig) personne to paralyze, transfix; cœur to freeze; idées to fossilize, ossify ◆ **être pétrifié de terreur** to be petrified (with terror), be paralyzed ou transfixed with terror
2 **se pétrifier** vpr **a** (Géol) to petrify, become petrified
b (fig) [sourire] to freeze; [personne] to be paralyzed ou transfixed; [cœur] to freeze; [idées] to become fossilized ou ossified

pétrin [petʀɛ̃] nm **a** (*: ennui) mess*, jam*, fix* ◆ **tirer qn du pétrin** to get sb out of a mess* ou fix* ou tight spot* ◆ **laisser qn dans le pétrin** to leave sb in a mess* ou jam* ou fix* ◆ **se mettre dans un beau pétrin** to get (o.s.) into a fine mess* ◆ **être dans le pétrin** to be in a mess* ou jam* ou fix*
b (Boulangerie) kneading-trough; (mécanique) kneading-machine

pétrir [petʀiʀ] → SYN ▸conjug 2◂ vt pâte, argile to knead; muscle, main to knead; personne, esprit to mould, shape

pétrissage [petʀisaʒ] nm [pâte] kneading

pétrisseur, -euse [petʀisœʀ, øz] nm,f (personne) kneader

pétrochimie [petʀoʃimi] nf petrochemistry

pétrochimique [petʀoʃimik] adj petrochemical

pétrochimiste [petʀoʃimist] nmf petrochemist

pétrodollar [petʀodɔlaʀ] nm petrodollar

pétrogale [petʀɔgal] nm rock wallaby, petrogale (spéc)

pétrographe [petʀɔgʀaf] nmf petrographer

pétrographie [petʀɔgʀafi] nf petrography

pétrographique [petʀɔgʀafik] adj petrographic(al)

pétrole [petʀɔl] → SYN nm (brut) oil, petroleum ◆ **pétrole (lampant)** paraffin (oil) (Brit), kerosene (US) ◆ **pétrole brut** crude (oil), petroleum ◆ **puits de pétrole** oil well ◆ **gisement de pétrole** oilfield ◆ **lampe / réchaud à pétrole** paraffin (Brit) ou kerosene (US) ou oil lamp / heater ◆ (fig) **le pétrole vert** agricultural produce ou resources

pétrolette† [petʀɔlɛt] nf moped

pétroleuse [petʀɔløz] nf (Hist) pétroleuse, *female fire-raiser during the Commune*; (fig) agitator

pétrolier, -ière [petʀɔlje, jɛʀ] → SYN **1** adj industrie, produits petroleum (épith), oil (épith); société oil (épith); pays oil-producing (épith)
2 nm (navire) (oil) tanker; (personne) (financier) oil magnate, oilman; (technicien) petroleum engineer

pétrolifère [petʀɔlifɛʀ] adj roches, couches oil-bearing ◆ **gisement pétrolifère** oilfield

pétrologie [petʀɔlɔʒi] nf petrology

pétulance [petylɑ̃s] → SYN nf exuberance, vivacity

pétulant, e [petylɑ̃, ɑ̃t] → SYN adj exuberant, vivacious

pétunia [petynja] nm petunia

peu [pø] → SYN

1 adv a (petite quantité) little, not much ◆ **il gagne / mange / lit (assez) peu** he doesn't earn / eat / read (very) much ◆ **il gagne / mange / lit très peu** he earns / eats / reads very little ou precious little* ◆ **il s'intéresse peu à la peinture** he isn't very ou greatly interested in painting, he takes little interest in painting ◆ **il se contente de peu** he is satisfied with little, it doesn't take much to satisfy him ◆ **il a donné 50 F, c'est peu** he gave 50 francs, which isn't (very) much ◆ **il y a (bien) peu à faire / à voir ici** there's very little ou precious little* to do / see here, there's not much (at all) to do / see here ◆ **il mange trop peu** he doesn't eat (nearly) enough ◆ **je le connais trop peu pour le juger** I don't know him (nearly) well enough to judge him

b (modifiant adj etc) (a) little, not very ◆ **il est (très) peu sociable** he is not very sociable (at all), he is (very) unsociable ◆ **fort peu intéressant** decidedly uninteresting, of very little interest ◆ **il conduit peu prudemment** he drives carelessly ou with little care, he doesn't drive very carefully ◆ **ils sont (bien) trop peu nombreux** there are (far) too few of them ◆ **un auteur assez peu connu** a relatively little-known ou relatively unknown author ◆ **c'est un peu grand / petit** it's a little ou a bit (too) big / small ◆ **quelque peu grivois** a touch risqué ◆ **elle n'est pas peu soulagée d'être reçue** she's more than a little relieved ou not a little relieved at passing her exam ◆ **peu avant** shortly before, a little while earlier

c **peu de** (quantité) little, not much; (nombre) few, not (very) many ◆ **nous avons eu (très) peu de soleil / d'orages** we had (very) little sunshine / (very) few storms, we didn't have (very) much sunshine / (very) many storms ◆ **je peux vous céder du pain, bien qu'il m'en reste peu** I can let you have some bread though I haven't (very) much left ◆ **on attendait des touristes mais il en est venu (très) peu** we expected tourists but not (very) many came ou but (very) few came ◆ **peu de monde** ou **de gens** few people, not many people ◆ **il est ici depuis peu de temps** he hasn't been here long, he has been here (only) for a short while ou time ◆ **il est ici pour peu de temps** he isn't here for long, he is here for (only) a short time ou while ◆ **en peu de mots** briefly, in a few words ◆ **cela a peu d'importance** that's not (very) important, that doesn't matter (very) much, that's of little importance

d (employé seul : personnes) **ils sont peu à croire que** few believe that, there are few ou there aren't many who believe that ◆ **bien peu / trop peu le savent** very few / too few (people) know ◆ **peu d'entre eux sont restés** few (of them) stayed, not many (of them) stayed

e **de peu : il est le plus âgé de peu** he is slightly ou a little older, he is just older ◆ **il l'a battu de peu** he just beat him ◆ **il a manqué le train de peu** he just missed the train → **falloir**

f LOC **à peu près** (just) about, near enough* ◆ **à peu près terminé / cuit** almost finished / cooked, more or less finished / cooked ◆ **à peu près 10 minutes / kilos** roughly ou approximately 10 minutes / kilos ◆ **rester dans l'à peu près** to remain vague ◆ **c'est terminé à peu de chose près** it's more or less ou pretty well* finished, it's finished as near as damn it‡ (Brit) ◆ **(c'est) peu de chose** it's nothing ◆ **c'est pas peu dire!*** and that's saying something! ◆ (littér) **c'est peu dire que** it is an understatement to say that ◆ **peu à peu** gradually, little by little ◆ (littér) **peu ou prou** to a greater or lesser degree, more or less → **avant, depuis, si**[2] etc

2 nm a little ◆ **j'ai oublié le peu (de français) que j'avais appris** I have forgotten the little (French) I had learnt ◆ **elle se contente du peu (d'argent) qu'elle a** she is satisfied with what little (money) ou the little (money) she has ◆ **son peu de compréhension / patience lui a nui** his lack of understanding / patience has done him harm ◆ **elle s'est aliéné le peu d'amis qu'elle avait** she has alienated the few friends ou the one or two friends she had ◆ **le peu de cheveux qui lui restent sont blancs** the bit of hair he has left is white

b **un peu** (avec vb, modifiant adv mieux, moins, plus, trop etc) a little, slightly, a bit ◆ **un (tout) petit peu** a little bit, a trifle ◆ **essaie de manger un peu** try to eat a little ou a bit ◆ **il boite un peu** he limps slightly ou a little ou a bit, he is slightly ou a bit lame ◆ **elle va un tout petit peu mieux** she is a trifle better, she is ever so slightly better ◆ **il est un peu artiste** he's a bit of an artist, he's something of an artist ◆ **il travaille un peu trop / un peu trop lentement** he works a little ou a bit too much / too slowly ◆ **restez encore un peu** stay a little longer ◆ **il y a un peu moins de bruit** it is slightly ou a little less noisy, there's slightly ou a little less noise ◆ **nous avons un peu moins / plus de clients aujourd'hui** we have slightly fewer / more customers today ◆ (en effeuillant la marguerite) **un peu, beaucoup, passionnément, pas du tout** he loves me, he loves me not ◆ **un peu plus il écrasait le chien / oubliait son rendez-vous** he all but ou he very nearly ran over the dog / forgot his appointment ◆ **pour un peu il m'aurait accusé d'avoir volé** he all but ou just about* accused me of stealing ◆ **pour un peu je l'aurais giflé** for two pins (Brit) ou cents (US) I'd have slapped his face

c **un peu de** a little, a bit of ◆ **un peu d'eau** a little water, a drop of water ◆ **un peu de patience** a little patience, a bit of patience ◆ **un peu de silence / de calme, s'il vous plaît!** let's have some quiet ou a bit of quiet / some peace ou a bit of peace please! ◆ **il a un peu de sinusite / bronchite** he has a touch of sinusitis / bronchitis

d (*: intensif) **un peu!** and how!* ◆ **tu as vraiment vu l'accident? – un peu!** ou **un peu mon neveu!:†** did you really see the accident? – you bet!* ou and how!* ou I sure did!* (US) ◆ **je me demande un peu où sont les enfants** I just wonder where the children are ou can be ◆ **montre-moi donc un peu comment tu fais** just (you) show me then how you do it ◆ **va-t-en voir un peu si c'est vrai!** just you go and see if it's true! ◆ **comme menteur il est** ou **se pose un peu là!** as liars go, he must be hard to beat!* ◆ **un peu qu'il nous a menti!** he didn't half lie to us!* (Brit), I'll say he lied to us!* ◆ **on en trouve un peu partout** you find them just about everywhere ◆ **c'est un peu beaucoup*** that's a bit much*

peuchère [pøʃɛʀ] excl (dial Midi) well! well!

peuh [pø] excl pooh!, bah!, phooey* (US)

peu(h)l, e [pøl] 1 adj Fulani

2 **Peu(h)l(e)** nm,f Fula(h), Fulani

3 nm (Ling) Fula(h), Fulani

peuplade [pœplad] → SYN nf (small) tribe, people

peuple [pœpl] → SYN nm a (Pol, Rel : communauté) people, nation ◆ **les peuples d'Europe** the peoples ou nations of Europe ◆ (Rel) **le peuple élu** the chosen people

b (prolétariat) **le peuple** the people ◆ **les gens du peuple** the common people, ordinary people ◆ (††, péj) **le bas** ou **petit peuple** the lower classes (péj) ◆ (fig) **il se moque** ou **se fiche du peuple** who does he think he is? ◆ (péj) **faire peuple** (ne pas être distingué) to be common (péj); (vouloir paraître simple) to try to appear working-class

c (foule) crowd (of people) ◆ (littér) **un peuple de badauds / d'admirateurs** a crowd of onlookers / of admirers ◆ **il y a du peuple!*** there's a big crowd!

peuplé, e [pœple] → SYN (ptp de **peupler**) adj ville, région populated, inhabited ◆ **très / peu / sous-peuplé** densely- / sparsely- / underpopulated

peuplement [pœpləmɑ̃] → SYN nm a (action) [colonie] populating; [étang] stocking; [forêt] planting (with trees)

b (population) population

peupler [pœple] → SYN ▸conjug 1◂ 1 vt a (pourvoir d'une population) colonie to populate; étang to stock; forêt to plant out, plant with trees; (fig littér) to fill (*de* with) ◆ **les rêves / les souvenirs qui peuplent mon esprit** the dreams / memories that dwell in my mind (littér) ou that fill my mind ◆ **les cauchemars / monstres qui peuplent ses nuits** the nightmares / monsters which haunt his nights ou which fill his mind at night

b (habiter) terre to inhabit, populate; maison to live in, inhabit ◆ **maison peuplée de souvenirs** house filled with ou full of memories ◆ **tous ceux qui peuplent nos prisons** all those who fill our prisons

2 **se peupler** vpr [ville, région] to become populated; (fig : s'animer) to fill (up), be filled (*de* with) ◆ **la rue se peuplait de cris / de boutiques** the street filled with shouts / shops

peupleraie [pøplərɛ] → SYN nf poplar grove

peuplier [pøplije] → SYN nm poplar (tree)

peur [pœʀ] → SYN nf a **la peur** fear ◆ **inspirer de la peur** to cause ou inspire fear ◆ **ressentir de la peur** to feel fear ◆ **la peur lui donnait des ailes** fear lent him wings ◆ **être vert** ou **mort de peur** to be frightened ou scared out of one's wits, be petrified (with fear) ◆ **la peur de la punition / de mourir / du qu'en-dira-t-on** (the) fear of punishment / of dying / of what people might say ◆ **prendre peur** to take fright ◆ **la peur du gendarme*** the fear of being caught ◆ **cacher sa peur** to hide one's fear ◆ **sans peur** (adj) fearless (*de* of); (adv) fearlessly

b **une peur** a fear ◆ **une peur irraisonnée de se blesser s'empara de lui** he was seized by ou with an irrational fear of injuring himself ◆ **des peurs enfantines** childish fears ◆ **je n'ai qu'une peur, c'est qu'il ne revienne pas** I have only one fear, that he doesn't ou won't come back ◆ **il a eu une peur bleue** he had a bad fright ou scare ◆ **il a une peur bleue de sa femme** he's scared stiff* of his wife, he goes ou lives in fear and trembling of his wife ◆ **il m'a fait une de ces peurs!** he gave me a dreadful fright ou scare, he didn't half* give me a fright! ou scare! (Brit)

c **avoir peur** to be frightened ou afraid ou scared (*de* of) ◆ **avoir peur pour qn** to be afraid for sb ou on sb's behalf, fear for sb ◆ **n'ayez pas peur** (craindre) don't be afraid ou frightened ou scared; (s'inquiéter) have no fear ◆ **il sera puni, n'aie pas peur!** he will be punished – don't worry! ◆ **il veut faire ce voyage en 2 jours, il n'a pas peur, lui au moins!*** he wants to do the trip in 2 days – you can't say he hasn't got nerve! ◆ **il prétend qu'il a téléphoné, il n'a pas peur, lui au moins!*** he says he phoned – he has some nerve! ou you can't say he hasn't got nerve! ◆ **n'ayez pas peur de dire la vérité** don't be afraid ou frightened ou scared to tell ou of telling the truth ◆ **il n'a peur de rien** he's afraid of nothing, nothing frightens him ◆ **avoir peur d'un rien** to frighten easily ◆ **avoir peur de son ombre** to be frightened ou scared of one's own shadow ◆ **je n'ai pas peur des mots** I'm not afraid of using plain language ◆ **j'ai bien peur / très peur qu'il ne pleuve** I'm afraid / very much afraid it's going to rain ou it might rain ◆ **il va échouer? – j'en ai (bien) peur** is he going to fail? – I'm (very much) afraid so ou I'm afraid he is ◆ **j'ai peur qu'il ne vous ait menti / que cela ne vous gêne** I'm afraid ou worried ou I fear that he might have lied to you / that it might inconvenience you ◆ **je n'ai pas peur qu'il dise la vérité** I'm not afraid ou frightened of his telling the truth ◆ **il a eu plus de peur que de mal** he was more frightened than hurt, he wasn't hurt so much as frightened ◆ **il y a eu** ou **ça a fait plus de peur que de mal** it caused more fright than real harm, it was more frightening than anything else

d **faire peur à qn** (intimider) to frighten ou scare sb; (causer une frayeur à) to give sb a fright, frighten ou scare sb ◆ **pour faire peur aux oiseaux** to frighten ou scare the birds away ou off ◆ **l'idée de l'examen lui fait peur** the idea of sitting the exam frightens ou scares him, he's frightened ou scared at the idea of sitting the exam ◆ **cette pensée fait peur** the thought is frightening, it's a frightening thought ◆ **tout lui fait peur** he's afraid ou frightened ou scared of everything ◆ **le travail ne lui fait pas peur** he's not scared ou afraid of hard work ◆ **laid** ou

hideux à faire peur frighteningly ugly ◆ (iro) **il fait chaud, ça fait peur !** it's not exactly roasting !* (iro)

a de peur de faire for fear of doing, for fear that one might ou should do, lest one should do (littér) ◆ **il a couru de peur de manquer le train** he ran for fear of missing the train, he ran for fear that he might ou should miss the train, he ran because he was afraid he might miss the train ◆ **il a accepté de peur de les vexer** he accepted for fear of annoying them ou lest he (should) annoy them (littér) ◆ **j'ai fermé la porte, de peur qu'elle ne prenne froid** I closed the door so that she doesn't catch cold ◆ **il renonça, de peur du ridicule** he gave up for fear of ridicule

peureusement [pøʀøzmɑ̃] adv fearfully, timorously

peureux, -euse [pøʀø, øz] → SYN **1** adj fearful, timorous
2 nm,f fearful ou timorous person

peut-être [pøtɛtʀ] → SYN GRAMMAIRE ACTIVE 1.1, 15.3, 26.6 adv perhaps, maybe ◆ **il est peut-être intelligent, peut-être est-il intelligent** he's perhaps clever, perhaps he's clever, he may ou might (well) be clever, maybe he's clever ◆ **il n'est peut-être pas beau mais il est intelligent** he may ou might not be handsome but he is clever, perhaps ou maybe he's not handsome but he's clever ◆ **c'est peut-être encore plus petit** it is if anything even smaller ◆ **peut-être bien** perhaps (so), it could well be ◆ **peut-être pas** perhaps ou maybe not ◆ **peut-être bien mais ...** that's as may be ou perhaps so but ... ◆ **peut-être que ...** perhaps ... ◆ **peut-être bien qu'il pleuvra** it may well rain ◆ **peut-être que oui** perhaps so, perhaps he will (ou they are etc) ◆ **je ne sais pas conduire peut-être ?** who's (doing the) driving ? (iro), I do know how to drive, you know ! ◆ **tu le sais mieux que moi peut-être ?** so (you think) you know more about it than I do, do you?, I do know more about it than you, you know !

p.ex. (abrév de **par exemple**) e.g.

peyotl [pɛjɔtl] nm mescal, peyote

pèze* [pɛz] nm (argent) dough*, bread*

pézize [peziz] nf peziza

pff(t) [pf(t)], **pfut** [pfyt] excl pooh !, bah !

pgcd [peʒesede] nm (abrév de **plus grand commun diviseur**) HCF

pH [peaʃ] nm (abrév de **potentiel d'hydrogène**) pH

phacochère [fakɔʃɛʀ] nm wart hog

Phaéton [faetɔ̃] nm (Myth) Phaëthon

phaéton [faetɔ̃] → SYN nm (calèche) phaeton ; (oiseau) tropicbird

phage [faʒ] nm phage

phagédénisme [faʒedenism] nm phagedaena (Brit), phagedena (US)

phagocytaire [fagɔsitɛʀ] adj phagocytic

phagocyte [fagɔsit] nm phagocyte

phagocyter [fagɔsite] ▸ conjug 1 ◂ vt (Bio) to phagocytose ; (fig) to absorb, engulf

phagocytose [fagɔsitoz] nf phagocytosis

phalange [falɑ̃ʒ] → SYN nf (Anat) phalanx ; (Antiq, littér : armée) phalanx ◆ (Pol espagnole) **la phalange** the Falange

phalanger [falɑ̃ʒe] nm phalanger

phalangette [falɑ̃ʒɛt] nf distal phalanx

phalangien, -ienne [falɑ̃ʒjɛ̃, jɛn] adj (Anat) phalangeal

phalangine [falɑ̃ʒin] nf middle phalanx

phalangiste [falɑ̃ʒist] adj, nmf Falangist

phalanstère [falɑ̃stɛʀ] → SYN nm phalanstery

phalanstérien, -ienne [falɑ̃steʀjɛ̃, jɛn] → SYN adj, nm,f phalansterian

phalène [falɛn] nf emerald, geometrid (spéc)

phalline [falin] nf phalloidin

phallique [falik] adj phallic

phallocentrique [falosɑ̃tʀik] adj phallocentric

phallocentrisme [falosɑ̃tʀism] nm phallocentrism

phallocrate [falɔkʀat] **1** adj chauvinist
2 nm male chauvinist (pig*)

phallocratie [falɔkʀasi] nf male chauvinism

phalloïde [falɔid] adj phalloid → **amanite**

phallus [falys] → SYN nm (Anat) phallus ; (Bot) stinkhorn

phanérogame [faneʀɔgam] **1** adj phanerogamic, phanerogamous
2 nfpl ◆ **les phanérogames** phanerogams

phantasme [fɑ̃tasm] nm ⇒ **fantasme**

pharamineux, -euse [faʀaminø, øz] adj ⇒ **faramineux**

pharaon [faʀaɔ̃] nm (Antiq) Pharaoh

pharaonien, -ienne [faʀaɔnjɛ̃, jɛn] adj, **pharaonique** [faʀaɔnik] adj Pharaonic

phare [faʀ] → SYN **1** nm **a** (tour) lighthouse ; (Aviat, fig) beacon ◆ (Naut) **phare à feu fixe / tournant** fixed / revolving light ou beacon
b (Aut) headlight, headlamp ◆ **rouler pleins phares** ou **en phares** to drive on full beam (Brit) ou high beams (US) ou on full headlights ou with headlights full on ◆ **mettre ses phares en veilleuse** to switch to sidelights ◆ **mettre ses phares en code** to dip one's headlights (Brit), put on the low beams (US) ◆ **phares code** dipped headlights (Brit), low beams (US) ◆ **phare antibrouillard** fog lamp ◆ **phares longue portée** high intensity lights ◆ **phare de recul** reversing light (Brit), back-up light (US) ◆ **phare à iodes** quartz halogen lamp → **appel**
2 adj inv produit, secteur leading ; élément key (épith)

pharillon [faʀijɔ̃] nm (Pêche) flare

pharisaïque [faʀizaik] → SYN adj (Hist) Pharisaic ; (fig) pharisaic(al)

pharisaïsme [faʀizaism] → SYN nm (Hist) Pharisaism, Phariseeism ; (fig) pharisaism, phariseeism

pharisien, -ienne [faʀizjɛ̃, jɛn] → SYN nm,f (Hist) Pharisee ; (fig) pharisee

pharmaceutique [faʀmasøtik] adj pharmaceutical, pharmaceutic

pharmacie [faʀmasi] → SYN nf **a** (magasin) chemist's (shop) (Brit), pharmacy, drugstore (Can, US) ; (officine) dispensary ; (hôpital) dispensary, pharmacy (Brit), formulary (US)
b (science) pharmacology ; (profession) pharmacy ◆ **laboratoire de pharmacie** pharmaceutical laboratory ◆ **préparateur en pharmacie** pharmacist
c (produits) pharmaceuticals, medicines ◆ **(armoire à) pharmacie** medicine chest ou cabinet ou cupboard, first-aid cabinet ou cupboard

pharmacien, -ienne [faʀmasjɛ̃, jɛn] → SYN nm,f (qui tient une pharmacie) (dispensing) chemist (Brit), pharmacist, druggist (US) ; (préparateur) pharmacist, chemist (Brit)

pharmacocinétique [faʀmakosinetik] nf pharmacokinetics (sg)

pharmacodépendance [faʀmakodepɑ̃dɑ̃s] nf drug dependency

pharmacodynamie [faʀmakodinami] nf pharmacodynamics (sg)

pharmacologie [faʀmakɔlɔʒi] nf pharmacology

pharmacologique [faʀmakɔlɔʒik] adj pharmacological

pharmacologue [faʀmakɔlɔg] nmf pharmacologist

pharmacomanie [faʀmakɔmani] nf pharmacomania

pharmacopée [faʀmakɔpe] nf pharmacopoeia

pharmacovigilance [faʀmakoviʒilɑ̃s] nf *monitoring of the side effects of drugs*

pharyngal, e, mpl **-aux** [faʀɛ̃gal, o] **1** adj pharyngeal
2 **pharyngale** nf (Ling) pharyngeal

pharyngé, e [faʀɛ̃ʒe] adj, **pharyngien, -ienne** [faʀɛ̃ʒjɛ̃, jɛn] adj pharyngeal, pharyngal

pharyngite [faʀɛ̃ʒit] nf pharyngitis (NonC) ◆ **il a fait 3 pharyngites** he had 3 bouts of pharyngitis

pharyngolaryngite [faʀɛ̃golaʀɛ̃ʒit] nf pharyngolaryngitis

pharynx [faʀɛ̃ks] nm pharynx

phase [fɑz] → SYN nf (gén, Méd) phase, stage ; (Astron, Chim, Phys) phase ◆ (Élec) **la phase** the live wire ◆ **être en phase** (Phys) to be in phase ; (fig) [personnes] to be on the same wavelength ; [projets] to be in line (*avec* with)

phasemètre [fɑzmɛtʀ] nm phasemeter

phasianidés [fazjanide] nmpl ◆ **les phasianidés** phasianids, the Phasianidae (spéc)

phasme [fasm] nm stick insect, phasmid (spéc)

phasmidés [fasmide] nmpl ◆ **les phasmidés** phasmids, the Phasmida (spéc)

phatique [fatik] adj ◆ **fonction phatique** phatic function

Phébus [febys] nm Phoebus

Phèdre [fɛdʀ] nf Phaedra

phelloderme [felɔdɛʀm] nm phelloderm

phellogène [felɔʒɛn] adj phellogen(et)ic

phénakistiscope [fenakistiskɔp] nm phenakistoscope

phénanthrène [fenɑ̃tʀɛn] nm phenanthrene

Phénicie [fenisi] nf Phoenicia

phénicien, -ienne [fenisjɛ̃, jɛn] **1** adj Phoenician
2 nm (Ling) Phoenician
3 nm,f ◆ **Phénicien(ne)** Phoenician

phénix [feniks] → SYN nm (Myth) phoenix ; (fig †, littér) paragon ◆ **ce n'est pas un phénix*** he (ou she) is not so wonderful

phénobarbital, pl **phénobarbitals** [fenɔbaʀbital] nm phenobarbital, phenobarbitone

phénol [fenɔl] nm carbolic acid, phenol

phénolate [fenɔlat] nm phenoxide, phenolate

phénologie [fenɔlɔʒi] nf phenology

phénoménal, e, mpl **-aux** [fenɔmenal, o] → SYN adj (gén) phenomenal

phénoménalement [fenɔmenalmɑ̃] adv phenomenally

phénomène [fenɔmɛn] → SYN nm (gén, Philos) phenomenon ; (monstre de foire) freak (of nature) ; (* : personne) (génial) phenomenon ; (excentrique) character* ; (anormal) freak* ◆ **son petit dernier est un sacré phénomène !** his youngest is a real devil !*

phénoménisme [fenɔmenism] nm phenomenalism

phénoméniste [fenɔmenist] adj, nmf phenomenalist

phénoménologie [fenɔmenɔlɔʒi] nf phenomenology

phénoménologique [fenɔmenɔlɔʒik] adj phenomenological

phénoménologue [fenɔmenɔlɔg] nmf phenomenologist

phénoplaste [fenɔplast] nm phenolic resin

phénotype [fenɔtip] nm phenotype

phénotypique [fenɔtipik] adj phenotypic(al)

phénylalanine [fenilalanin] nf phenylalanine

phénylcétonurie [fenilsetɔnyʀi] nf phenylketonuria

phényle [fenil] nm phenyl (radical)

phéophycées [feɔfise] nfpl ◆ **les phéophycées** phaeophyceans, the Phaeophycaea (spéc)

phéromone [feʀɔmɔn] nf, **phérormone** [feʀɔʀmɔn] nf pheromone

phi [fi] nm phi

Philadelphie [filadɛlfi] n Philadelphia

philanthe [filɑ̃t] nm bee-killer wasp

philanthrope [filɑ̃tʀɔp] → SYN nmf philanthropist

philanthropie [filɑ̃tʀɔpi] → SYN nf philanthropy

philanthropique [filɑ̃tʀɔpik] adj philanthropic(al)

philatélie [filateli] nf philately, stamp collecting

philatélique [filatelik] adj philatelic

philatéliste [filatelist] nmf philatelist, stamp collector

Philémon [filemɔ̃] nm Philemon

philharmonie [filaʀmɔni] → SYN nf (local) philharmonic society

philharmonique [filaʀmɔnik] → SYN adj philharmonic

philhellène [filelɛn] 1 adj philhellenic 2 nmf philhellene, philhellenist

philhellénique [filelenik] adj philhellenic

philhellénisme [filelenism] nm philhellenism

Philippe [filip] nm Philip

philippin, e [filipɛ̃, in] 1 adj Philippine 2 nm,f ◆ **Philippin(e)** Filipino

Philippines [filipin] nfpl ◆ **les Philippines** the Philippines

philippique [filipik] → SYN nf (littér) diatribe, philippic (littér)

philistin [filistɛ̃] → SYN adj m, nm (Hist) Philistine; (fig) philistine

philistinisme [filistinism] nm philistinism

philo [filo] nf (arg Scol) abrév de **philosophie**

philodendron [filɔdɛ̃dʀɔ̃] nm philodendron

philologie [filɔlɔʒi] → SYN nf philology

philologique [filɔlɔʒik] adj philological

philologiquement [filɔlɔʒikmɑ̃] adv philologically

philologue [filɔlɔg] nmf philologist

philosophale [filɔzɔfal] adj f → **pierre**

philosophe [filɔzɔf] → SYN 1 nmf philosopher 2 adj philosophical

philosopher [filɔzɔfe] → SYN ▸conjug 1◂ vi to philosophize

philosophie [filɔzɔfi] → SYN nf philosophy; (Scol) (enseignement) philosophical studies; (†: classe) philosophy class, ≃ arts sixth (form) (Brit), senior humanities class (US) ◆ **accepter qch avec philosophie** to accept sth philosophically

philosophique [filɔzɔfik] → SYN adj philosophical

philosophiquement [filɔzɔfikmɑ̃] adv philosophically

philtre [filtʀ] → SYN nm philtre ◆ **philtre d'amour** love potion

phimosis [fimozis] nm phimosis

phlébite [flebit] nf phlebitis

phlébographie [flebɔgʀafi] nf venography, phlebography

phlébologie [flebɔlɔʒi] nf phlebology

phlébologue [flebɔlɔg] nmf vein specialist

phléborragie [flebɔʀaʒi] nf phleborrhagia

phlébotome [flebɔtɔm, flebotom] nm (Zool) sandfly

phlébotomie [flebɔtɔmi] nf phlebotomy

phlegmon [flɛgmɔ̃] → SYN nm abscess, phlegmon (spéc)

phléole [fleɔl] nf ⇒ **fléole**

phlox [flɔks] nm inv phlox

phlyctène [fliktɛn] nf phlyctaena (Brit), phlyctena (US)

pH-mètre [peaʃmɛtʀ] nm pH meter

Phnom Penh [pnɔmpɛn] n Phnom Penh

phobie [fɔbi] → SYN nf phobia ◆ **avoir la phobie de** to have a phobia about

phobique [fɔbik] adj, nmf phobic

phocéen, -enne [fɔseɛ̃, ɛn] → SYN 1 adj Phocaean ◆ **la cité phocéenne** Marseilles 2 nm,f ◆ **Phocéen(ne)** Phocaean

phocomèle [fɔkɔmɛl] 1 adj phocomelic 2 nmf phocomelus

phocomélie [fɔkɔmeli] nf phocomelia, phocomely

phœnix [feniks] nm (Bot) phoenix

pholade [fɔlad] → SYN nf piddock

pholiote [fɔljɔt] nf pholiota

phonateur, -trice [fɔnatœʀ, tʀis] adj phonatory

phonation [fɔnasjɔ̃] nf phonation

phonatoire [fɔnatwaʀ] adj ⇒ **phonateur**

phone [fɔn] nm phone

phonématique [fɔnematik] nf phonology, phonemics (sg)

phonème [fɔnɛm] nm phoneme

phonémique [fɔnemik] 1 adj phonemic 2 nf ⇒ **phonématique**

phonéticien, -ienne [fɔnetisjɛ̃, jɛn] nm,f phonetician

phonétique [fɔnetik] 1 nf phonetics (sg) ◆ **phonétique articulatoire / acoustique / auditoire** articulatory / acoustic / auditory phonetics 2 adj phonetic ◆ **changement / loi / système phonétique** sound change / law / system

phonétiquement [fɔnetikmɑ̃] adv phonetically

phoniatre [fɔnjatʀ] nmf speech therapist

phoniatrie [fɔnjatʀi] nf speech therapy

phonie[1] [fɔni] nf (Téléc) wireless telegraphy (Brit), radiotelegraphy

phonie[2] [fɔni] nf (Ling) phonation

phonique [fɔnik] → SYN adj phonic

phono [fono] → SYN nm (abrév de **phonographe**) (phonographe) (wind-up) gramophone (Brit), phonograph (US); (électrophone) record player

phonocapteur, -trice [fonokaptœʀ, tʀis] adj sound-reproducing (épith)

phonogénique [fɔnɔʒenik] adj ◆ **voix phonogénique** (gén) good recording voice; (Rad) good radio voice

phonogramme [fɔnɔgʀam] nm (signe) phonogram

phonographe [fɔnɔgʀaf] nm (wind-up) gramophone (Brit), phonograph (US)

phonographique [fɔnɔgʀafik] adj phonographic

phonolit(h)e [fɔnɔlit] nm ou f phonolite

phonologie [fɔnɔlɔʒi] nf phonology

phonologique [fɔnɔlɔʒik] adj phonological

phonologue [fɔnɔlɔg] nmf phonologist

phonométrie [fɔnɔmetʀi] nf phonometry

phonon [fɔnɔ̃] nm phonon

phonothèque [fɔnɔtɛk] nf sound archives

phoque [fɔk] → SYN nm (animal) seal; (fourrure) sealskin → **souffler**

phormion [fɔʀmjɔ̃], **phormium** [fɔʀmjɔm] nm phormium

phosgène [fɔsʒɛn] nm phosgene

phosphatage [fɔsfataʒ] nm treating with phosphates

phosphatase [fɔsfatɑz] nf phosphatase

phosphatation [fɔsfatasjɔ̃] nf phosphatization, phosphation

phosphate [fɔsfat] nm phosphate

phosphaté, e [fɔsfate] (ptp de **phosphater**) adj phosphatic, phosphated ◆ **engrais phosphatés** phosphate-enriched fertilizers

phosphater [fɔsfate] ▸conjug 1◂ vt to phosphatize, phosphate, treat with phosphates

phosphène [fɔsfɛn] nm phosphene

phosphine [fɔsfin] nf phosphine

phosphite [fɔsfit] nm phosphite

phospholipide [fɔsfolipid] nm phospholipid

phosphoprotéine [fɔsfopʀɔtein] nf phosphoprotein

phosphore [fɔsfɔʀ] nm phosphorus

phosphoré, e [fɔsfɔʀe] adj phosphorous

phosphorer* [fɔsfɔʀe] ▸conjug 1◂ vi to think hard

phosphorescence [fɔsfɔʀesɑ̃s] → SYN nf luminosity, phosphorescence (spéc)

phosphorescent, e [fɔsfɔʀesɑ̃, ɑ̃t] → SYN adj luminous, phosphorescent (spéc)

phosphoreux, -euse [fɔsfɔʀø, øz] adj acide phosphorous; bronze phosphor (épith)

phosphorique [fɔsfɔʀik] adj phosphoric

phosphorisme [fɔsfɔʀism] nm phosphorism

phosphorite [fɔsfɔʀit] nf phosphorite

phosphorylation [fɔsfɔʀilasjɔ̃] nf phosphorylation

phosphoryle [fɔsfɔʀil] nm phosphoryl

phosphure [fɔsfyʀ] nm phosphide

phot [fɔt] nm (Phys) phot

photo [foto] nf (abrév de **photographie**) (image) photo, snap(shot), shot ◆ **faire une photo de, prendre en photo** to take a photo ou snap (-shot) ou shot of ◆ **en photo ça rend bien** it looks good in ou on a photo ◆ **elle est bien en photo** she looks good in photos ◆ **tu veux ma photo ?*** have I got two heads or something? (iro) ◆ **photo de famille** family portrait ◆ **photo d'identité** passport photo → **appareil**

photobiologie [fɔtobjɔlɔʒi] nf photobiology

photocathode [fɔtokatɔd] nf photocathode

photochimie [fɔtoʃimi] nf photochemistry

photochimique [fɔtoʃimik] adj photochemical

photocomposer [fɔtokɔ̃poze] ▸conjug 1◂ vt to photocompose, filmset

photocomposeur [fɔtokɔ̃pozœʀ] nm ⇒ **photocompositeur**

photocomposeuse [fɔtokɔ̃pozøz] nf (machine) photocomposer, filmsetter

photocompositeur [fɔtokɔ̃pozitœʀ] nm (photo)typesetter

photocomposition [fɔtokɔ̃pozisjɔ̃] nf photocomposition, filmsetting

photoconducteur, -trice [fɔtokɔ̃dyktœʀ, tʀis] adj photoconductive

photocopie [fɔtɔkɔpi] → SYN nf (action) photocopying, photostatting; (copie) photocopy, photostat (copy)

photocopier [fɔtɔkɔpje] → SYN ▸conjug 7◂ vt to photocopy, photostat

photocopieur [fɔtɔkɔpjœʀ] nm, **photocopieuse** [fɔtɔkɔpjøz] nf photocopier, photostat

photodiode [fɔtodjɔd] nf photodiode

photodissociation [fɔtodisɔsjasjɔ̃] nf photo distintegration

photoélasticimétrie [fɔtoelastisimetʀi] nf photoelasticity

photoélectricité [fɔtoelɛktʀisite] nf photoelectricity

photoélectrique [fɔtoelɛktʀik] adj photoelectric ◆ **cellule photoélectrique** photoelectric cell, photocell

photoémetteur, -trice [fɔtoemetœʀ, tʀis] adj photoemissive

photo-finish [fotofiniʃ] nf ◆ **l'arrivée de la deuxième course a dû être contrôlée au photo-finish** the second race was a photo finish

photogène [fɔtɔʒɛn] adj (Bot) photogenic

photogénique [fɔtɔʒenik] adj photogenic

photogrammétrie [fɔtɔgʀa(m)metʀi] nf photogrammetry

photographe [fɔtɔgʀaf] nmf (artiste) photographer; (commerçant) camera dealer ◆ **vous trouverez cet article chez un photographe** you will find this item at a camera shop (Brit) ou store (US)

photographie [fɔtɔgʀafi] → SYN nf **a** (art) photography ◆ **faire de la photographie** (comme passe-temps) to be an amateur photographer, take photographs; (en vacances) to take photographs **b** (image) photograph ◆ **photographie d'identité / en couleurs / aérienne** passport / colour / aerial photograph ◆ **prendre une photographie** to take a photograph ou a picture ◆ **prendre qn en photographie** to take a photograph ou a picture of sb, photograph sb

photographier [fɔtɔgʀafje] ▸conjug 7◂ vt to photograph, take a photo(graph) of, take a picture of ◆ **se faire photographier** to have one's photo(graph) ou picture taken ◆ (fig: mémoriser) **il avait photographié l'endroit** he had got the place firmly fixed in his mind ou in his mind's eye

photographique [fɔtɔgʀafik] adj photographic → **appareil**

photographiquement [fɔtɔgʀafikmɑ̃] adv photographically

photograveur [fɔtɔgʀavœʀ] nm photoengraver

photogravure [fɔtɔgʀavyʀ] nf photoengraving

photo-interprétation [fɔtoɛ̃tɛʀpʀetasjɔ̃] nf *analysis of aerial photography*

photojournalisme [fɔtoʒuʀnalism] nm photojournalism

photolithographie [fɔtolitɔgʀafi] nf photolithography

photoluminescence [fɔtolyminesɑ̃s] nf photoluminescence

photolyse [fɔtɔliz] nf photolysis

photomacrographie [fɔtomakʀɔgʀafi] nf ⇒ **macrophotographie**

Photomaton ® [fɔtɔmatɔ̃] 1 nm automatic photo booth, five-minute photo machine
2 nf (photo booth) photo ◆ **se faire faire des Photomatons** to get one's pictures taken (in a photo booth)

photomécanique [fɔtomekanik] adj photomechanical

photomètre [fɔtɔmɛtʀ] nm photometer

photométrie [fɔtɔmetʀi] nf photometry

photométrique [fɔtɔmetʀik] adj photometric(al)

photomontage [fɔtomɔ̃taʒ] nm photomontage

photomultiplicateur [fɔtomyltiplikatœʀ] nm photomultiplier

photon [fɔtɔ̃] nm photon

photonique [fɔtɔnik] adj photon (épith)

photopériode [fɔtopeʀjɔd] nf photoperiod

photopériodique [fɔtopeʀjɔdik] adj photoperiodic

photopériodisme [fɔtopeʀjɔdism] nm photoperiodism

photophobie [fɔtɔfɔbi] nf photophobia

photophore [fɔtɔfɔʀ] nm [mineur] (miner's) cap lamp; (Anat) photophore; (coupe décorative) globe

photopile [fɔtopil] nf solar cell

photoréalisme [fɔtoʀealizm] nm photorealism

photorécepteur [fɔtoʀesɛptœʀ] nm photoreceptor

photoreportage [fɔtoʀəpɔʀtaʒ] nm photo story

photo-robot, pl **photos-robots** [fɔtoʀɔbo] nm Identikit picture ®, Photofit ® (picture)

photoroman [fɔtoʀɔmɑ̃] nm photo love story

photosensibilisation [fɔtosɑ̃sibilizasjɔ̃] nf photosensitivity

photosensible [fɔtosɑ̃sibl] adj photosensitive ◆ **dispositif photosensible** photosensor

photosphère [fɔtɔsfɛʀ] nf photosphere

photostat [fɔtɔsta] nm photostat

photostoppeur, -euse [fɔtɔstɔpœʀ, øz] nm,f street photographer

photostyle [fɔtɔstil] nm light pen

photosynthèse [fɔtosɛ̃tɛz] nf photosynthesis

photosynthétique [fɔtɔsɛ̃tetik] adj photosynthetic

phototaxie [fɔtotaksi] nf phototaxis

photothèque [fɔtɔtɛk] nf photographic library, picture library

photothérapie [fɔtoteʀapi] nf phototherapy, phototherapeutics (sg)

phototransistor [fɔtotʀɑ̃zistɔʀ] nm phototransistor

phototropisme [fɔtɔtʀɔpism] nm phototropism

photovoltaïque [fɔtovɔltaik] adj photovoltaic

phragmite [fʀagmit] nm (Bot) reed; (Zool) warbler

phrase [fʀɑz] → SYN nf (Ling) sentence; (propos) phrase; (Mus) phrase ◆ **faire des phrases** to talk in flowery language ◆ **assez de grandes phrases!** enough of the rhetoric ou fine words! ◆ **phrase toute faite** stock phrase ◆ **citer une phrase célèbre** to quote a famous phrase ou saying ◆ **sans phrases** without mincing matters ◆ (Ling) **phrase clivée / -noyau** ou **nucléaire** cleft / kernel sentence ◆ (Pol) **les petites phrases de la semaine** the sayings of the week → **membre**

phrasé [fʀɑze] nm (Mus) phrasing

phraséologie [fʀazeɔlɔʒi] → SYN nf (vocabulaire spécifique) phraseology; (péj) fine words (péj), high-flown language (péj)

phraséologique [fʀazeɔlɔʒik] adj dictionnaire of phrases; (péj) style high-flown (péj), pretentious

phraser [fʀɑze] ▸conjug 1◂ 1 vt (Mus) to phrase
2 vi (péj) to use fine words (péj) ou high-flown language (péj)

phraseur, -euse [fʀɑzœʀ, øz] → SYN nm,f man (ou woman) of fine words (péj)

phrastique [fʀastik] adj phrasal

phratrie [fʀatʀi] nf phratry

phréatique [fʀeatik] adj → **nappe**

phrénique [fʀenik] adj phrenic

phrénologie [fʀenɔlɔʒi] nf phrenology

phrénologue [fʀenɔlɔg], **phrénologiste** [fʀenɔlɔʒist] nmf phrenologist

Phrygie [fʀiʒi] nf Phrygia

phrygien, -ienne [fʀiʒjɛ̃, jɛn] 1 adj Phrygian → **bonnet**
2 nm,f ◆ **Phrygien(ne)** Phrygian

phtaléine [ftalein] nf phthalein

phtalique [ftalik] adj phtalic

phtiriase [ftiʀjɑz] nf phtiriasis

phtisie [ftizi] → SYN nf consumption, phthisis (spéc) ◆ **phtisie galopante** galloping consumption

phtisiologie [ftizjɔlɔʒi] nf phthisiology

phtisiologue [ftizjɔlɔg] nmf phthisiologist

phtisique [ftizik] → SYN adj consumptive, phthisical (spéc)

phycologie [fikɔlɔʒi] nf phycology

phycomycètes [fikomisɛt] nmpl ◆ **les phycomycètes** phycomycetes, the Phycomycetes (spéc)

phylactère [filaktɛʀ] nm phylactery

phylarque [filaʀk] nm phylarch

phylétique [filetik] adj phyletic, phylogenetic

phyllie [fili] nf leaf insect

phylloxéra [filɔkseʀa] nm phylloxera

phylogenèse [filoʒənɛz] nf phylogenesis

phylogénique [filɔʒenik], **phylogénétique** [filoʒenetik] adj phylogenetic, phyletic

phylum [filɔm] nm phylum

physalie [fizali] nf Portuguese man-of-war, physalia (spéc)

physalis [fizalis] nm physalis

physicalisme [fizikalism] nm physicalism

physicien, -ienne [fizisjɛ̃, jɛn] nm,f physicist ◆ **physicien atomiste** ou **nucléaire** atomic ou nuclear physicist

physicochimie [fizikoʃimi] nf physical chemistry

physicochimique [fizikoʃimik] adj physicochemical

physicochimiste [fizikoʃimist] nmf physical chemistry specialist

physicomathématique [fizikomatematik] adj of mathematical physics

physiocrate [fizjɔkʀat] 1 nmf physiocrat
2 adj physiocratic

physiocratie [fizjɔkʀasi] nf physiocracy

physiocratique [fizjɔkʀatik] adj physiocratic

physiologie [fizjɔlɔʒi] nf physiology

physiologique [fizjɔlɔʒik] adj physiological

physiologiquement [fizjɔlɔʒikmɑ̃] adv physiologically

physiologiste [fizjɔlɔʒist] 1 nmf physiologist
2 adj physiological

physionomie [fizjɔnɔmi] → SYN nf (traits du visage) facial appearance (NonC), physiognomy (frm); (expression) countenance (frm), face; (fig: aspect) face ◆ **d'après la physionomie des événements** according to the look of events, the way events are looking

physionomiste [fizjɔnɔmist] adj, nmf ◆ **c'est un physionomiste, il est physionomiste** (bon jugement) he's a good judge of faces; (bonne mémoire) he has a good memory for faces

physiopathologie [fizjopatɔlɔʒi] nf physiopathology

physiothérapeute [fizjoteʀapøt] nmf *person practising natural medicine*

physiothérapie [fizjoteʀapi] nf natural medicine

physique [fizik] → SYN 1 adj a (gén) physical ◆ **je ne peux pas supporter ça, c'est physique** I can't stand that, it makes me (feel) ill → **amour, culture, personne**
b (athlétique) joueur, match, jeu physical
2 nm (aspect) physique; (visage) face ◆ **au physique** physically ◆ **avoir un physique agréable** to be quite good-looking ◆ **avoir le physique de l'emploi** to look the part ◆ **il a un physique de jeune premier** he looks really cute, he has the looks of a film star
3 nf physics (sg) ◆ **physique mathématique** mathematical physics ◆ **physique nucléaire** atomic ou nuclear physics

physiquement [fizikmɑ̃] adv physically ◆ **il est plutôt bien physiquement** physically he's quite attractive

physisorption [fizisɔʀpsjɔ̃] nf van der Waals adsorption

physostigma [fizostigma] nm (Bot) Calabar bean (plant), Physostigma (spéc)

physostome [fizostom] nm physostomous fish

phytéléphas [fitelefɑs] nm phytelephas

phytobiologie [fitobjɔlɔʒi] nf phytology

phytogéographie [fitoʒeɔgʀafi] nf phytogeography

phytohormone [fitoɔʀmɔn] nf phytohormone

phytopathologie [fitopatɔlɔʒi] nf phytopathology

phytophage [fitɔfaʒ] 1 adj phytophagous
2 nm phytophagan

phytopharmacie [fitofaʀmasi] nf phytopharmacology

phytophthora [fitɔftɔʀa] nm phytophthora

phytoplancton [fitoplɑ̃ktɔ̃] nm phytoplankton

phytosanitaire [fitosanitɛʀ] adj plant-care (épith)

phytosociologie [fitosɔsjɔlɔʒi] nf phytosociology

phytothérapie [fitoteʀapi] nf herbal medicine

phytotron [fitɔtʀɔ̃] nm phytotron

phytozoaire [fitɔzɔɛʀ] nm phytozoan

pi [pi] nm (lettre, Math) pi

p.i. (abrév de **par intérim**) acting, actg

piaf* [pjaf] nm sparrow

piaffement [pjafmɑ̃] nm [cheval] stamping, pawing

piaffer [pjafe] → SYN ▸conjug 1◂ vi [cheval] to stamp, paw the ground ◆ [personne] **piaffer d'impatience** to fidget with impatience ou impatiently

piaillard, e* [pjɑjaʀ, aʀd] → SYN (→ **piailler**)
1 adj squawking (épith); screeching (épith); squealing (épith)
2 nm,f squawker, squealer

piaillement* [pjɑjmɑ̃] nm (→ **piailler**) squawking (NonC); screeching (NonC); squealing (NonC)

piailler* [pjɑje] ▸conjug 1◂ vi [oiseau] to squawk, screech; [personne] to squawk, squeal

piaillerie* [pjɑjʀi] nf ⇒ **piaillement***

piailleur, -euse* [pjɑjœʀ, øz] ⇒ **piaillard***

pian [pjɑ̃] nm yaws (sg), framboesia

piane-piane* [pjanpjan] adv gently ◆ **allez-y piane-piane** go gently ou easy*, easy ou gently does it* ◆ **le projet avance piane-piane** the project is coming along slowly but surely

pianissimo [pjanisimo] 1 adv (Mus) pianissimo; (*: fig) very gently
2 nm (Mus) pianissimo

pianiste [pjanist] nmf pianist, piano player

pianistique [pjanistik] adj pianistic

piano [pjano] → SYN 1 nm piano ◆ **piano droit / à queue / de concert / demi-queue / quart de queue / crapaud** upright / grand / concert grand / baby grand / miniature grand / boudoir grand (piano) ◆ **piano mécanique** player piano, piano organ, Pianola® ◆ **piano électronique** electric piano ◆ **piano préparé** prepared piano ◆ (hum) **piano à bretelles** squeeze-box* ◆ **se mettre au piano** (apprendre) to take up ou start the piano; (s'asseoir) to sit down at the piano ◆ **piano-bar** piano bar
2 adv (Mus) piano; (* fig) gently ◆ **allez-y piano** easy ou gently does it*, go easy* ou gently

piano(-)forte [pjanofɔʀte] nm pianoforte

pianola [pjanɔla] nm Pianola®, player piano

pianotage [pjanɔtaʒ] nm (→ **pianoter**) tinkling (at the piano ou typewriter etc); drumming

pianoter [pjanɔte] → SYN ▸conjug 1◂ 1 vi (sur un clavier) to tinkle away (at the piano ou typewriter etc); (fig) to drum one's fingers
2 vt signal, code to tap out ◆ **pianoter un air** to strum (out) ou tinkle out a tune on the piano

piassava [pjasava] nm piassava, piassaba

piastre [pjastʀ] nf piastre; (Can: dollar) (Canadian) dollar

piaule* [pjol] nf pad‡

piaulement [pjolmɑ̃] nm (→ **piauler**) cheeping (NonC); whimpering (NonC)

piauler [pjole] → SYN ▸conjug 1◂ vi [oiseau] to cheep; [enfant] to whimper

piazza [pjadza] nf piazza, gallery (US)

PIB [peibe] nm (abrév de **produit intérieur brut**) GDP

pible [pibl] nm ◆ **mât à pible** pole mast

pic [pik] → SYN nm a (montagne, cime) peak
b (pioche) pick(axe) ◆ **pic à glace** ice pick
c (oiseau) **pic(-vert)** (green) woodpecker ◆ **pic épeiche** great-spotted woodpecker, pied woodpecker
d LOC **à pic** (adv) vertically, sheer, straight down; (adj) sheer ◆ **couler à pic** to go straight down ◆ (fig) **arriver** ou **tomber à pic*** to come just at the right time ou moment ◆ **vous arrivez à pic*** you couldn't have come at a better time ou moment, you've come just at the right time ou moment

pica¹ [pika] nm (Typ) pica

pica² [pika] nm (Méd) pica

picage [pikaʒ] nm (Vét) feather pecking

picaillons* [pikajɔ̃] nmpl cash* (NonC)

picard, e [pikaʀ, aʀd] 1 adj Picardy
2 nm (Ling) Picardy dialect
3 nm,f ◆ **Picard(e)** inhabitant ou native of Picardy

Picardie [pikaʀdi] nf Picardy

picarel [pikaʀɛl] nm picarel

picaresque [pikaʀɛsk] adj picaresque

piccolo [pikɔlo] nm piccolo

pichenette* [piʃnɛt] nf flick ◆ **faire tomber d'une pichenette** to flick off ou away

pichet [piʃɛ] → SYN nm pitcher, jug

pickpocket [pikpɔkɛt] → SYN nm pickpocket

pick-up*† [pikœp] nm inv (bras) pickup; (électrophone) record player

pico- [piko] préf pico ◆ **pico-seconde** picosecond

picoler‡ [pikɔle] ▸conjug 1◂ vi to booze‡, knock it back‡, tipple* ◆ **qu'est-ce qu'il peut picoler!** he sure can knock it back!‡ ◆ **picoler dur** (habituellement) to be a real boozer‡; (en une occasion) to hit the bottle* ou sauce* (US)

picoleur, -euse‡ [pikɔlœʀ, øz] nm,f tippler*, boozer‡

picorer [pikɔʀe] → SYN ▸conjug 1◂ 1 vi to peck (about); (manger très peu) to nibble
2 vt to peck, peck (away) at

picot [piko] nm [dentelle] picot; [planche] burr; (petite pointe) spike ◆ (Ordin) **dispositif d'entraînement à picots** tractor drive

picotement [pikɔtmɑ̃] → SYN nm [gorge] tickle (NonC), tickling (NonC); [peau, membres] smarting (NonC), prickling (NonC); [yeux] smarting (NonC), stinging (NonC)

picoter [pikɔte] → SYN ▸conjug 1◂ 1 vt a (piquer) gorge to tickle; peau to make smart ou prickle; yeux to make smart, sting; (avec une épingle) to prick ◆ **la fumée lui picote les yeux** the smoke is making his eyes smart ou is stinging his eyes ◆ **j'ai les yeux qui me picotent** my eyes are smarting ou stinging
b (picorer) to peck, peck (away) at
2 vi [gorge] to tickle; [peau] to smart, prickle; [yeux] to smart, sting

picotin [pikɔtɛ̃] nm (ration d'avoine) oats (pl), ration of oats; (mesure) peck

picouse* [pikuz] nf (piqûre) shot*, jab* (Brit)

picrate [pikʀat] nm (Chim) picrate; (*: péj) plonk* (Brit), cheap wine

picrique [pikʀik] adj ◆ **acide picrique** picric acid

picris [pikʀis] nm picris

Pictes [pikt] nmpl Picts

pictogramme [piktɔgʀam] nm pictogram

pictographie [piktɔgʀafi] nf pictography

pictographique [piktɔgʀafik] adj pictographic

pictural, e, mpl **-aux** [piktyʀal, o] adj pictorial

pidgin [pidʒin] nm pidgin ◆ **pidgin-english** pidgin English

Pie [pi] nm Pius

pie¹ [pi] → SYN 1 nf (oiseau) magpie; (* fig: bavarde) chatterbox*, gasbag* (péj), windbag* ◆ (Mus) **"La Pie voleuse"** "The Thieving Magpie"
2 adj inv cheval piebald; vache black and white → **voiture**

pie² [pi] → SYN adj f → **œuvre**

pièce [pjɛs] → SYN 1 nf a (fragment) piece ◆ **en pièces** in pieces ◆ **mettre en pièces** (lit) (casser) to smash to pieces; (déchirer) to pull ou tear to pieces; (fig) to tear ou pull to pieces ◆ **c'est inventé** ou **forgé de toutes pièces** it's made up from start to finish, it's a complete fabrication ◆ **fait d'une seule pièce** made in one piece ◆ **fait de pièces et de morceaux** (lit) made with ou of bits and pieces; (fig péj) cobbled together ◆ **il est tout d'une pièce** he's very cut and dried about things → **tailler, tout**
b (gén: unité, objet) piece; [jeu d'échecs, de dames] piece; [tissu, drap] length, piece; (Mil) gun; (Chasse, Pêche: prise) specimen ◆ (Comm) **se vendre à la pièce** to be sold separately ou individually ◆ **2 F (la) pièce** 2 francs each ou apiece ◆ **travail à la pièce** ou **aux pièces** piecework ◆ **payé à la pièce** ou **aux pièces** on piece(work) rate, on piecework ◆ (fig) **on n'est pas aux pièces!** there's no rush! ◆ (Habillement) **un deux-pièces** (costume, tailleur) a two-piece suit; (maillot de bain) a two-piece (swimsuit) ◆ (Hér) **pièces honorables** honourable ordinaries → **chef¹**
c [machine, voiture] part, component ◆ **pièces (de rechange)** spares, (spare) parts ◆ **pièce d'origine** guaranteed genuine spare part
d (document) paper, document ◆ **avez-vous toutes les pièces nécessaires?** have you got all the necessary papers? ou documents? ◆ **juger / décider sur pièces** to judge / decide on actual evidence ◆ **avec pièces à l'appui** with supporting documents ◆ (Admin, Jur) **les plaintes doivent être accompagnées de pièces justificatives** complaints must be documented ou accompanied by written proof ou evidence
e (Couture, Chirurgie) patch ◆ **mettre une pièce à qch** to put a patch on sth
f [maison] room ◆ **appartement de 5 pièces** 5-room(ed) flat ◆ **un deux pièces (cuisine)** a two-room(ed) flat (Brit) ou apartment (US) (with kitchen)
g (Théât) play; (Littérat, Mus) piece ◆ **jouer** ou **monter une pièce de Racine** to put on a play by Racine ◆ **une pièce pour hautbois** a piece for oboe ◆ (fig) **faire pièce à qn / à un projet** to thwart sb ou sb's plans / a project
h **pièce (de monnaie)** coin ◆ **pièce d'argent / d'or** silver / gold coin ◆ **une pièce de 5 francs / de 50 centimes** a 5-franc / 50-centime piece ou coin ◆ **pièces jaunes** coppers* (Brit), ≃ pennies ◆ **donner la pièce à qn*** to give ou slip* sb a tip, tip sb → **rendre**
2 COMP ▹ **pièce d'artifice** firework ▹ **pièce d'artillerie** piece of ordnance ▹ **pièce de bétail** head of cattle ◆ **50 pièces de bétail** 50 head of cattle ▹ **pièce de blé** wheat field, cornfield (Brit) ▹ **pièce de bois** piece of wood ou timber *(for joinery etc)* ▹ **pièce de charpente** member ▹ **pièce de collection** collector's item ou piece ▹ **pièce comptable** accounting record ▹ **pièce à conviction** (Jur) exhibit ▹ **pièce détachée** spare, (spare) part ◆ **livré en pièces détachées** (delivered) in kit form ▹ **pièce d'eau** ornamental lake ou pond ▹ **pièce d'identité** identity paper ◆ **avez-vous une pièce d'identité?** have you (got) any identification? ou some means of identification? ▹ **pièces jointes** (Admin) enclosures ▹ **pièce montée** (Culin) *elaborately constructed and decorated cake,* ≃ tiered cake; (à une noce) wedding cake ▹ **pièce de musée** museum piece ▹ **pièce rapportée** (Couture) patch; [marqueterie, mosaïque] insert, piece; (* hum) (belle-sœur, beau-frère etc) outsider (hum); (dans un groupe) late addition ▹ **pièce de résistance** main dish, pièce de résistance ▹ **pièce de terre** piece ou patch of land ▹ **pièce de théâtre** play ▹ **pièce de vers** piece of poetry, short poem ▹ **pièce de viande** side of meat ▹ **pièce de vin** cask of wine

piécette [pjesɛt] nf small coin

pied [pje] → SYN
1 nm a (gén) [personne, animal] foot; (sabot) [cheval, bœuf] hoof; (Zool) [mollusque] foot ◆ **bétail sur pied** beef (ou mutton etc) on the hoof ◆ **aller pieds nus** ou **nu-pieds** to go barefoot(ed) ◆ **avoir les pieds plats** to have flat feet, be flatfooted ◆ **avoir les pieds en dedans / dehors** to have turned-in / turned-out feet, be pigeon-toed / splay-footed ◆ **marcher les pieds en dedans / dehors** to walk with one's feet turned in / turned out, walk pigeon-toed / splay-footed ◆ **à pieds joints** with one's feet together ◆ **le pied lui a manqué** he lost his footing, his foot slipped ◆ **aller à pied** to go on foot, walk ◆ **nous avons fait tout le chemin à pied** we walked all the way, we came all the way on foot ◆ **il est incapable de mettre un pied devant l'autre** he can't walk straight, he can't put one foot in front of the other ◆ **il ne tient pas sur ses pieds** (alcool) he can hardly stand up; (maladie) he's dead on his feet ◆ **sauter d'un pied sur l'autre** to hop from one foot to the other ◆ (lit, fig) **pieds et poings liés** tied ou bound hand and foot ◆ **coup de pied** (gén, Sport) kick ◆ (Sport) **coup de pied arrêté** free kick ◆ **donner un coup de pied à** ou **dans** to kick ◆ **il a reçu un coup de pied** he was kicked ◆ (fig) **un coup de pied au derrière*** a kick in the pants* ou up the backside* ◆ (Rugby) **coup de pied à suivre** up and under
b [table] leg; [arbre, colline, échelle, lit, mur] foot, bottom; [appareil-photo] stand, tripod; [lampe] base; [lampadaire] stand; [verre] stem; [colonne] base, foot; [chaussette] foot; (Math) [perpendiculaire] foot
c (Agr) [salade, tomate] plant ◆ **pied de laitue** lettuce (plant) ◆ **pied de céleri** head of celery ◆ **pied de vigne** vine ◆ **blé sur pied** standing ou uncut corn (Brit) ou wheat (US)
d (Culin) [porc, mouton, veau] trotter
e (mesure) foot ◆ **un poteau de 6 pieds** a 6-foot pole ◆ **j'aurai voulu être à 100 pieds sous terre** I wished the ground would open up (and swallow me), I could have died*
f (Poésie) foot
g (niveau) **vivre sur un grand pied** to live in (great ou grand) style ◆ **sur un pied d'amitié**

on a friendly footing ◆ **sur un pied d'égalité** on an equal footing, as equals

h (‡ : idiot) twit* (Brit), idiot ◆ **quel pied !** what a useless twit !* (Brit), what an idiot ! ◆ **jouer comme un pied** to be a useless* ou lousy‡ player ◆ **il s'y prend comme un pied** he hasn't a clue how to go about it* ◆ **il conduit / chante comme un pied** he hasn't a clue about driving / singing*

i (‡) **c'est le pied, quel pied** it's brilliant* ou great* ◆ **ce n'est pas le pied** it's no picnic* ou fun ◆ **c'est une solution mais ce n'est pas le pied** it is a solution but it's not brilliant* ou great* ◆ **prendre son pied** (s'amuser) to get one's kicks‡ (*avec* with); (sexuellement) to have a steamy session‡ (*avec* with)

j (loc : avec prép) **pied à pied** se défendre, lutter every inch of the way ◆ **au pied de la lettre** literally ◆ **remplacer qn au pied levé** to stand in for sb at a moment's notice ◆ **à pied d'œuvre** ready to get down to the job ◆ **à pied sec** without getting one's feet wet ◆ **de pied ferme** resolutely ◆ **en pied** portrait full-length; statue full-scale, full-size ◆ **se jeter aux pieds de qn** to throw o.s. at sb's feet ◆ **des pieds à la tête** from head to foot ◆ **de pied en cap** from head to foot, from top to toe ◆ **sur le pied de guerre** (all) ready to go, ready for action → **petit**

k (loc : avec verbes) **avoir pied** to be able to touch the bottom *(in swimming)* ◆ **je n'ai plus pied** I'm out of my depth (lit) ◆ **perdre pied** (lit : en nageant, aussi fig) to be ou get out of one's depth ; (en montagne) to lose one's footing ◆ **avoir bon pied bon œil** to be as fit as a fiddle, be fighting fit ◆ **avoir le pied léger** to be light of step ◆ **avoir le pied marin** to be a good sailor ◆ **avoir les (deux) pieds sur terre** to have one's feet firmly (planted) on the ground ◆ **je ne sais pas sur quel pied danser** I don't know what to do ◆ **on ne sait jamais sur quel pied danser avec lui** you never know where you stand with him ◆ **avoir le pied à l'étrier** to be well on the way ◆ **mettre le pied à l'étrier à qn** to give sb a leg up (Brit) ou a boost ◆ (fig) **prendre pied sur un marché** to gain ou get a foothold in a market ◆ (fig) **avoir un pied dans la firme** to have a foothold ou a toehold in the firm ◆ **avoir un pied dans la tombe** to have one foot in the grave ◆ **être sur pied** [projet] to be under way ; [malade] to be up and about ◆ **mettre qch sur pied** to set sth up ◆ **remettre qn sur pied** to set sb back on his feet again ◆ **faire du pied à qn** (prévenir) to give sb a warning kick ; (galamment) to play footsy with sb* ◆ **faire le pied de grue** to stand about (waiting), kick one's heels (Brit) ◆ **faire des pieds et des mains pour faire qch*** to move heaven and earth to do sth, pull out all the stops to do sth* ◆ **faire un pied de nez à qn** to thumb one's nose at sb, cock a snook at sb (Brit) ◆ **cela lui fera les pieds*** that'll teach him (a thing or two)* ◆ **mettre qn à pied** to dismiss sb ◆ **mettre pied à terre** to dismount ◆ **mettre les pieds chez qn** to set foot in sb's house ◆ **je n'y remettrai jamais le(s) pied(s)** I'll never set foot (in) there again ◆ **je n'ai pas mis les pieds dehors aujourd'hui** I haven't stepped ou been outside all day ◆ **mettre qn au pied du mur** to get sb with his back to the wall (fig) ◆ **mettre les pieds dans le plat*** (se fâcher) to put one's foot down ; (gaffer) to boob‡, put one's foot in it ◆ (fig) **se prendre les pieds dans le tapis*** to slip up ◆ (mourir) **partir** ou **sortir les pieds devant*** to go out feet first ◆ **prendre pied dans / sur** to get a foothold in / on ◆ (sur une annonce) **« les pieds dans l'eau »** "on the waterfront" → **casser, deux, lâcher, retomber** etc

2 COMP ▷ **pied d'athlète** (Méd) athlete's foot ▷ **pied autoréglable** ⇒ **pied de nivellement** ▷ **pied à coulisse** calliper rule ▷ **pied de fer** (cobbler's) last ▷ **pied de lit** footboard ▷ **pied de nivellement** (sur un meuble) self-levelling foot

pied-à-terre [pjetatɛʀ] → SYN nm inv pied-à-terre

pied-bot, pl **pieds-bots** [pjebo] → SYN nm person with a club-foot

pied-d'alouette, pl **pieds-d'alouette** [pjedalwɛt] → SYN nm larkspur

pied-de-biche, pl **pieds-de-biche** [pjed(ə)biʃ] → SYN nm [machine à coudre] presser foot ; [meuble] cabriole leg ; (levier) wrecking bar

pied-de-cheval, pl **pieds-de-cheval** [pjed(ə)ʃəval] nm native oyster

pied-de-coq, pl **pieds-de-coq** [pjed(ə)kɔk]
1 adj (large) hound's-tooth ou dog's-tooth check (épith)
2 nm (large) hound's-tooth ou dog's-tooth check cloth (NonC) ou material (NonC)

pied-de-loup, pl **pieds-de-loup** [pjed(ə)lu] nm club moss

pied-de-mouton, pl **pieds-de-mouton** [pjod(ə)mutɔ̃] nm wood hedgehog

pied-de-poule, pl **pieds-de-poule** [pjed(ə)pul]
1 adj inv hound's-tooth
2 nm hound's-tooth ou dog's-tooth check (NonC)

pied-de-roi, pl **pieds-de-roi** [pjed(ə)ʀwa] nm (Can) folding foot-rule

pied-de-veau, pl **pieds-de-veau** [pjed(ə)vo] nm (Bot) lords and ladies, cuckoopint

pied-d'oiseau, pl **pieds-d'oiseau** [pjedwazo] nm bird's-foot

piédestal, pl **-aux** [pjedestal, o] → SYN nm (lit, fig) pedestal

piedmont [pjemɔ̃] nm ⇒ **piémont**

pied-noir, pl **pieds-noirs** [pjenwaʀ] nmf pied-noir *(Algerian-born Frenchman* ou *woman)*

piédouche [pjeduʃ] nm piedouche

pied-plat, pl **pieds-plats** [pjepla] → SYN nm (littér) lout

piédroit [pjedʀwa] nm [baie, cheminée] jamb ; [arcade] abutment

piège [pjɛʒ] → SYN nm (lit, fig) trap ; (fosse) pit ; (collet) snare ◆ **les pièges d'une version / dictée** the pitfalls of a translation / dictation ◆ **piège à rats / à moineaux** rat- / sparrow-trap ◆ **piège à loups** mantrap ◆ **piège à touristes** tourist trap ◆ **c'est un piège à cons‡** it's a con* ou a gyp‡ (US) ◆ **prendre au piège** to (catch in a) trap ◆ **être pris à son propre piège** to be caught in ou fall into one's own trap ◆ **tendre un piège (à qn)** to set a trap (for sb) ◆ **traduction pleine de pièges** translation full of tricks ou traps ◆ **donner** ou **tomber dans le piège** to fall into the trap, be trapped

piégé, e [pjeʒe] (ptp de **piéger**) adj ◆ **engin piégé** booby trap ◆ **lettre piégée** letter bomb ◆ **colis piégé** parcel ou mail bomb ◆ **voiture piégée** car bomb

piégeage [pjeʒaʒ] nm (→ **piéger**) trapping ; setting of traps (*de* in); setting of booby traps (*de* in)

piéger [pjeʒe] → SYN ▸ conjug 3 ◂ vt **a** animal, (fig) personne to trap ◆ **se faire piéger** to be trapped, find o.s. in a trap ◆ **se faire piéger par un radar** to get caught in a radar trap
b bois, arbre to set a trap ou traps in ; (avec des explosifs) engin, porte to booby-trap

piégeur, -euse [pjeʒœʀ, øz] nm,f trapper

pie-grièche, pl **pies-grièches** [pigʀijɛʃ] nf shrike, butcherbird

pie-mère, pl **pies-mères** [pimɛʀ] nf pia mater

Piémont [pjemɔ̃] nm Piedmont

piémont [pjemɔ̃] nm ◆ **glacier de piémont** piedmont glacier

piémontais, e [pjemɔ̃tɛ, ɛz] **1** adj Piedmontese
2 nm (Ling) Piedmontese
3 nm, f ◆ **Piémontais(e)** Piedmontese

piéride [pjeʀid] nf pierid, pieridine butterfly ◆ **piéride du chou** cabbage white (butterfly)

pierraille [pjeʀaj] nf [route, sentier] loose stones, chippings ; [pente, montagne] scree (NonC), loose stones, chippings

Pierre [pjɛʀ] nm Peter ◆ (Hist) **Pierre le Grand** Peter the Great ◆ (Mus) **"Pierre et le Loup"** "Peter and the Wolf"

pierre [pjɛʀ] → SYN **1** nf **a** (gén, Méd) stone ◆ [fruits] **pierres†** grit (NonC) ◆ **maison de** ou **en pierre** stone(-built) house, house built of stone ◆ **attaquer qn à coups de pierres** to throw stones at sb, stone sb ◆ (fig) **il resta** ou **son visage resta de pierre** he remained stony-faced ◆ (fig) **cœur de pierre** heart of stone, stony heart → **âge, casseur, jeter** etc

b (fig : immobilier) **la pierre** bricks and mortar ◆ **investir dans la pierre** to invest in bricks and mortar

c LOC **faire d'une pierre deux coups** to kill two birds with one stone ◆ **il s'est mis une pierre au cou** he's taken on a heavy burden ◆ (Prov) **pierre qui roule n'amasse pas mousse** a rolling stone gathers no moss (Prov) ◆ **c'est une pierre dans son jardin** it is a black mark against him ◆ **jour à marquer d'une pierre blanche** red-letter day ◆ **jour à marquer d'une pierre noire** black day ◆ **bâtir qch pierre à pierre** to build sth up piece by piece ou stone by stone ◆ **ils n'ont pas laissé pierre sur pierre** they didn't leave a stone standing ◆ **apporter sa pierre à qch** to add one's contribution to sth ◆ **aimer les vieilles pierres** to like old buildings

2 COMP ▷ **pierre d'achoppement** stumbling block ▷ **pierre à aiguiser** whetstone ▷ **pierre angulaire** (lit, fig) cornerstone ▷ **pierre à bâtir** building stone ▷ **pierre à briquet** flint ▷ **pierre à chaux** limestone ▷ **pierre à feu** flint ▷ **pierre fine** semiprecious stone ▷ **pierre funéraire** tombstone, gravestone ▷ **pierre à fusil** gunflint ▷ **pierre de lard** French chalk, tailor's chalk ▷ **pierre levée** standing stone ▷ **pierre de lune** moonstone ▷ **pierre ollaire** soapstone, steatite (spéc) ▷ **pierre philosophale** philosopher's stone ▷ **pierre ponce** pumice stone, pumice (NonC) ▷ **pierre précieuse** precious stone, gem ▷ **mur en pierres sèches** drystone wall ou dyke ▷ **pierre de taille** freestone ▷ **pierre tombale** tombstone, gravestone ▷ **pierre de touche** (lit, fig) touchstone

pierrée [pjeʀe] nf dry-stone drain

pierreries [pjɛʀʀi] nfpl gems, precious stones

pierreux, -euse [pjeʀø, øz] → SYN adj terrain stony ; fruit gritty ; (Méd) calculous (spéc)

Pierrot [pjɛʀo] nm **a** (prénom) Pete
b (Théât) Pierrot

pierrot [pjɛʀo] → SYN nm (Orn) sparrow

pietà [pjeta] → SYN nf pietà

piétaille [pjetaj] → SYN nf (Mil péj) rank and file ; (fig : subalternes) rank and file, menials ; (fig : piétons) pedestrians

piété [pjete] → SYN nf (Rel) piety ; (attachement) devotion, reverence ◆ **piété filiale** filial devotion ou respect ◆ **articles / livre de piété** devotional articles / book ◆ **images de piété** pious images

piètement [pjɛtmɑ̃] nm [meuble] base

piéter [pjete] → SYN ▸ conjug 6 ◂ vi [oiseau] to run

piétin [pjetɛ̃] nm foot rot

piétinement [pjetinmɑ̃] nm **a** (stagnation) **le piétinement de la discussion** the fact that the discussion is not (ou was not) making (any) progress ◆ **vu le piétinement de l'enquête** given that the investigation is (ou was) at a virtual standstill
b (marche sur place) standing about ◆ **le piétinement auquel nous contraignait la foule** being forced to stand about because of the crowd
c (bruit) stamping

piétiner [pjetine] → SYN ▸ conjug 1 ◂ **1** vi **a** (trépigner) to stamp (one's foot ou feet) ◆ **piétiner de colère / d'impatience** to stamp (one's feet) angrily / impatiently
b (ne pas avancer) [personne] to stand about ; [cortège] to mark time ; [discussion] to make no progress ; [affaire, enquête] to be at a virtual standstill, hang fire, make no headway ; [économie, science] to stagnate, be at a standstill ◆ **piétiner dans la boue** to trudge through the mud
2 vt sol to trample on ; victime, (fig) adversaire to trample underfoot ; parterres, fleurs to trample on, trample underfoot, tread on ◆ **plusieurs personnes furent piétinées** several people were trampled on ou trampled underfoot ◆ (fig) **piétiner les principes de qn** to trample sb's principles underfoot, ride roughshod over sb's principles → **plat[1]**

piétisme [pjetism] nm pietism

piétiste [pjetist] **1** adj pietistic
2 nmf pietist

piéton[1] [pjetɔ̃] → SYN nm pedestrian

piéton², **-onne** [pjetɔ̃, ɔn], **piétonnier**, **-ière** [pjetɔnje, jɛʀ] adj pedestrian (épith) ◆ **rue piétonne** ou **piétonnière** (gén) pedestrianized street; (commerciale) pedestrian shopping street, mall (US) ◆ **zone piétonne** ou **piétonnière** (gén) pedestrian precinct; (commerciale) shopping precinct

piètre [pjɛtʀ] → SYN adj (frm) adversaire, écrivain, roman very poor, mediocre; excuse paltry, lame ◆ **c'est une piètre consolation** it's small ou little comfort ◆ **dans un piètre état** in a very poor state ◆ **faire piètre figure** to cut a sorry figure ◆ **avoir piètre allure** to be a sorry ou wretched sight

piètrement [pjɛtʀəmɑ̃] adv very poorly, mediocrely

pieu, pl **pieux** [pjø] → SYN nm a (poteau) post; (pointu) stake, pale; (Constr) pile
b (‡: lit) bed ◆ **se mettre au pieu** to hit the hay* ou sack*, turn in*

pieusement [pjøzmɑ̃] adv (Rel) piously; (respectueusement) reverently ◆ (hum) **un vieux tricot qu'il avait pieusement conservé** an old sweater which he had religiously kept

pieuter‡ [pjøte] ► conjug 1 ◄ 1 vi ◆ **(aller) pieuter chez qn** to kip (Brit) ou crash at sb's place‡
2 **se pieuter** vpr to hit the hay* ou sack*, turn in*

pieuvre [pjœvʀ] → SYN nf (animal) octopus; (sandow) spider ◆ **cette entreprise est une pieuvre** this company has got its tentacles into everything ◆ **cette ville est une pieuvre** this town engulfs everything (around it)

pieux, **pieuse** [pjø, pjøz] → SYN adj personne (religieux) pious, devout; (dévoué) devoted, dutiful; pensée, souvenir, lecture, image pious; silence reverent, respectful ◆ **pieux mensonge** white lie *(told out of pity etc)*

piézoélectricité [pjezoelɛktʀisite] nf piezoelectricity

piézoélectrique [pjezoelɛktʀik] adj piezoelectric

piézomètre [pjezɔmɛtʀ] nm piezometer

pif¹‡ [pif] → SYN nm (nez) conk‡ (Brit), hooter‡ (Brit), beak‡ ◆ **au pif** (approximativement) at a rough guess; (au hasard) répondre, choisir at random ◆ plan, exercice, recette **faire au pif** to do by guesswork ◆ **je l'ai dans le pif** I can't stand* ou stick‡ (Brit) him

pif² [pif] excl ◆ **pif! ou paf!** (explosion) bang! bang!; (gifle) smack! smack!, slap! slap!

pif(f)er‡ [pife] ► conjug 1 ◄ vt ◆ **je ne peux pas le pif(f)er** I can't stand* ou stick‡ (Brit) him

pifomètre‡ [pifɔmɛtʀ] nm intuition, instinct ◆ **au pifomètre** at a rough guess ◆ **faire qch au pifomètre** to do sth by guesswork ◆ **aller (quelque part) au pifomètre** to follow one's nose*

pifrer‡ [pifʀe] ► conjug 1 ◄ ⇒ **pif(f)er**

pige [piʒ] nf a (‡: année) **il a 50 piges** he is 50, he has 50 years behind him ◆ **à 60 piges** at 60, when one is 60
b (Presse, Typ) **être payé à la pige** [typographe] to be paid at piecework rates; [journaliste] to be paid by the line; [artiste] to be paid per commission ◆ **faire des piges pour un journal** to do freelance work for a newspaper
c (‡: réussir) **il nous fait la pige** he leaves us standing*, he puts us all in the shade

pigeon [piʒɔ̃] → SYN 1 nm (oiseau) pigeon; (*: dupe) mug‡, sucker‡
2 COMP ▷ **pigeon d'argile** clay pigeon ▷ **pigeon ramier** woodpigeon, ring dove ▷ **pigeon vole** (jeu) ≃ Simon says *(game of forfeits)* ▷ **pigeon voyageur** carrier ou homing pigeon ◆ **par pigeon voyageur** by pigeon post

pigeonnant, **e** [piʒɔnɑ̃, ɑ̃t] adj soutien-gorge uplift (épith) ◆ **poitrine pigeonnante** high rounded bust

pigeonne [piʒɔn] nf hen-pigeon

pigeonneau, pl **pigeonneaux** [piʒɔno] nm young pigeon, squab (spéc)

pigeonner‡ [piʒɔne] ► conjug 1 ◄ vt ◆ **pigeonner qn** to do sb‡, take sb for a ride‡ ◆ **se laisser** ou **se faire pigeonner** to be done‡, be taken for a ride‡, be had*

pigeonnier [piʒɔnje] → SYN nm pigeon house ou loft, dovecot(e); (*: logement) garret, attic room

piger‡ [piʒe] ► conjug 3 ◄ vi (comprendre) to twig‡ (Brit), get it* ◆ **il a pigé** he has twigged‡ (Brit), the penny has dropped* (Brit), he has cottoned on* (Brit) ou caught on* ◆ **tu piges?** (d'you) get it?*, dig?‡ ◆ **je ne pige pas** I don't get it*, I don't twig‡ ◆ **je ne pige rien à la chimie** chemistry's all Greek* ou double Dutch* (Brit) to me, chemistry just doesn't register with me* ◆ **je n'y pige rien** I just don't get it (at all)*, I can't make head nor tail of it ◆ **tu y piges quelque chose, toi?** do you get it?*, can you make anything of it?

pigiste [piʒist] nmf (typographe) (piecework) typesetter; (journaliste) freelance journalist *(paid by the line)*; (artiste) freelance artist

pigment [pigmɑ̃] → SYN nm pigment

pigmentaire [pigmɑ̃tɛʀ] adj pigmentary, pigmental

pigmentation [pigmɑ̃tasjɔ̃] → SYN nf pigmentation

pigmenter [pigmɑ̃te] ► conjug 1 ◄ vt to pigment

pigne [piɲ] nf (cône) pine cone; (graine) pine kernel ou nut

pignocher [piɲɔʃe] → SYN ► conjug 1 ◄ vi to pick ou nibble at one's food

pignon [piɲɔ̃] → SYN nm a (Archit) gable ◆ **à pignon** gabled ◆ (fig) **avoir pignon sur rue** to be prosperous and highly respected
b (roue dentée) cog(wheel), gearwheel; (petite roue) pinion
c (Bot) **pignon (de pin)** pine kernel ou nut

pignoratif, **-ive** [pignɔʀatif, iv] adj pignorative

pignouf‡ [piɲuf] nm peasant*, boor

pilaf [pilaf] nm pilaf(f), pilau

pilage [pilaʒ] nm crushing, pounding

pilaire [pilɛʀ] adj pilar(y)

pilastre [pilastʀ] → SYN nm pilaster

Pilate [pilat] nm Pilate

pilchard [pilʃaʀ] → SYN nm pilchard

pile¹ [pil] → SYN 1 nf a (tas) pile, stack; (Ordin) stack
b [pont] support, pile, pier
c (Élec) battery ◆ **à pile(s)** battery (épith), battery-operated ◆ **pile sèche** dry cell ou battery ◆ **pile bâton** pencil battery ◆ **pile rechargeable** rechargeable battery ◆ **pile plate / ronde** flat / round battery ◆ **pile bouton** watch battery ◆ **pile atomique** nuclear reactor, (atomic) pile ◆ **pile solaire** solar cell ◆ **appareil à piles** ou **fonctionnant sur piles** battery-operated ou battery-driven appliance, cordless appliance
d (‡) (volée) belting‡, hammering‡; (défaite) hammering‡, thrashing*, licking* ◆ **donner une pile à qn** (rosser) to give sb a belting‡ ou hammering‡, lay into sb‡; (vaincre) to lick sb*, beat sb hollow* (Brit) ◆ **prendre** ou **recevoir une pile** (volée) to get a belting‡ ou hammering‡; (défaite) to be licked*, be beaten hollow* (Brit)
e [pièce] **c'est tombé sur (le côté) pile** it came down tails ◆ **pile ou face?** heads or tails? ◆ **pile c'est moi, face c'est toi** tails it's me, heads it's you ◆ **sur le côté pile il y a ...** on the reverse side there's ... ◆ **on va jouer** ou **tirer ça à pile ou face** we'll toss (up) for it, we'll toss up to decide that ◆ **tirer à pile ou face pour savoir si ...** to toss up to find out if ...
f (Hér) pile
2 adv (*) (net) dead*; (juste) just, right ◆ **s'arrêter pile** to stop dead* ◆ **ça l'a arrêté pile** it stopped him dead* ou in his tracks, it brought him up short* ◆ **tomber pile**: [personne] **vous êtes tombé pile en m'offrant ce cadeau** you've chosen exactly the right present for me ◆ **j'ai ouvert l'annuaire et je suis tombé pile sur le numéro** I opened the directory and came straight (Brit) ou right upon the number ou came up with* the number straight away (Brit) ou right away ◆ [chose] **il lâcha sa gomme qui tomba pile dans l'encrier** he let go of his rubber which fell straight ou right into the inkwell ◆ **ça tombe pile!** that's just ou exactly what I (ou we etc) need(ed)! ◆ **on est 6 et il y en a 12 – ça tombe pile** there are 6 of us and 12 of them – that works out exactly ou evenly ◆ **son mariage tombe pile le jour de son anniversaire** her wedding is on (exactly) the same day as her birthday ◆ (survenir) **tomber** ou **arriver pile** [personne] to turn up* just at the right moment ou time; [chose] to come just at the right moment ou time ◆ **à 2 heures pile** (at) dead on 2*, at 2 on the dot*, on the dot of 2* ◆ **il est 11 heures pile** it's dead on 11*, it's 11 o'clock exactly

pile² [pil] nf [pâte à papier] poacher

piler [pile] → SYN ► conjug 1 ◄ 1 vt a (lit) to crush, pound
b (* fig) **piler qn** (rosser) to lay into sb‡, give sb a hammering‡ ou belting‡; (vaincre) to beat sb hollow* (Brit), lick sb*
2 vi (*: freiner) to jam on the brakes

pilet [pilɛ] nm (Zool) pintail

pileux, **-euse** [pilø, øz] adj follicule hair (épith) → **système**

pilier [pilje] → SYN nm (Anat, Constr, fig) pillar; (Rugby) prop (forward) ◆ **c'est un pilier de bar** ou **de bistro** he spends his life propping up the bar, he spends his life in the pub, he's a bar fly* (US)

pilifère [pilifɛʀ] adj piliferous

pili-pili [pilipili] nm inv (Bot) (very hot) red pepper

pillage [pijaʒ] → SYN nm (→ **piller**) pillaging; plundering; looting; fleecing, wholesale borrowing (*de* from); plagiarizing; pirating ◆ **mettre au pillage** to pillage; to plunder; to loot; to borrow wholesale from; to plagiarize; to pirate

pillard, **e** [pijaʀ, aʀd] → SYN (→ **piller**) 1 adj nomades, troupes pillaging (épith); looting (épith); oiseau thieving (épith)
2 nm,f pillager; plunderer; looter

piller [pije] → SYN ► conjug 1 ◄ vt ville to pillage, plunder, loot; magasin, maison to loot; (voler) objets to plunder, take as booty; personne to fleece; (fig: plagier) ouvrage, auteur to borrow wholesale from, plagiarize, pirate

pilleur, **-euse** [pijœʀ, øz] (→ **piller**) 1 adj pillaging; plundering; looting
2 nm,f pillager; plunderer; looter; (†) literary pirate, plagiarist ◆ **pilleur d'épaves** looter *(of wrecked ships)*

pilocarpe [pilɔkaʀp] nm jaborandi

pilocarpine [pilɔkaʀpin] nf pilocarpin(e)

pilon [pilɔ̃] → SYN nm (instrument) pestle; (jambe) wooden leg, pegleg*; [poulet] drumstick ◆ (Typ) **mettre un livre au pilon** to pulp a book

pilonnage [pilɔnaʒ] nm (→ **pilonner**) pounding; crushing; shelling, bombardment

pilonner [pilɔne] → SYN ► conjug 1 ◄ vt (Culin, Pharm) to pound, crush; (Mil) to pound, shell, bombard; (Typ) to pulp

pilori [pilɔʀi] → SYN nm pillory, stocks (pl) ◆ **mettre** ou **clouer au pilori** (lit) to put in the stocks; (fig) to pillory ◆ **être condamné au pilori** to be put in the stocks

pilosébacé, **e** [pilosebase] adj pilosebaceous

pilosité [pilozite] → SYN nf pilosity

pilot [pilo] nm (Tech) pile

pilotage [pilɔtaʒ] → SYN nm (Aviat) piloting, flying; (Naut) piloting ◆ **école de pilotage** (Aviat) flying school; (Aut) driving school *(specializing in lessons for licensed drivers on driving in difficult road conditions)* ◆ **pilotage automatique** automatic piloting ◆ **véhicule à pilotage automatique** self-steering vehicle ◆ **pilotage sans visibilité** flying blind → **poste²**

pilote [pilɔt] → SYN 1 adj (expérimental) école, ferme, réalisation experimental; (Comm) magasin cut-price (épith); produit low-priced ◆ **projet pilote** pilot project
2 nm (Aviat, Naut) pilot; (Aut) driver; (poisson) pilotfish; (fig: guide) guide ◆ **servir de pilote à qn** to show ou guide sb round, serve as a guide for sb
3 COMP ▷ **pilote automatique** automatic pilot, autopilot ▷ **pilote automobile** racing driver ▷ **pilote de chasse** fighter pilot ▷ **pilote de course** ⇒ **pilote automobile** ▷ **pilote d'essai** test pilot ▷ **pilote de**

guerre fighter pilot ▷ **pilote de ligne** airline pilot

piloter [pilɔte] → SYN ▸conjug 1◂ vt avion to pilot, fly; navire to pilot; voiture to drive; (fig) entreprise to run ◆ (fig) **piloter qn** to show ou guide ou pilot sb round

pilotis [pilɔti] → SYN nm pile, pilotis (spéc) ◆ **sur pilotis** on piles

pilou [pilu] nm flannelette

pilulaire [pilylɛʀ] [1] adj (Pharm) pilular
[2] nm (Vét) balling iron ou gun

pilule [pilyl] → SYN nf pill ◆ **prendre la pilule** (contraceptive) to be on ou take the pill ◆ **pilule du lendemain** morning-after pill ◆ (‡ fig) **prendre une** ou **la pilule** to take a hammering‡, be thrashed* ◆ (fig) **avaler la pilule** (expérience pénible) to swallow the bitter pill; (mensonge) to swallow it (whole) ◆ **elle a trouvé la pilule un peu amère** she found it a bitter pill to swallow ◆ (fig) **faire qch pour faire passer la pilule** to do sth to sweeten ou sugar the pill → **dorer**

pilulier [pilylje] nm (Pharm) pill machine; (boîte) pill box

pimbêche [pɛ̃bɛʃ] → SYN [1] adj f stuck-up*, full of herself (attrib)
[2] nf stuck-up thing* ◆ **c'est une horrible pimbêche** she is full of herself ou is horribly stuck-up*

pimbina [pɛ̃bina] nm (Can) pembina (Can), *type of cranberry*

piment [pimɑ̃] → SYN nm [a] (plante) pepper, capsicum ◆ (Culin) **piment rouge** chilli, hot red pepper ◆ **piment doux** pepper, capsicum ◆ **piment vert** green chilli pepper
[b] (fig) spice, piquancy ◆ **avoir du piment** to be spicy ou piquant ◆ **donner du piment à une situation** to add ou give spice to a situation ◆ **ça donne du piment à la vie** it spices up life, it adds a bit of spice to life, it makes life more exciting ◆ **trouver du piment à qch** to find sth spicy ou piquant

pimenté, e [pimɑ̃te] → SYN (ptp de **pimenter**) adj plat hot, spicy; (fig) récit spicy

pimenter [pimɑ̃te] → SYN ▸conjug 1◂ vt (Culin) to put chillis in; (fig) to add ou give spice to

pimpant, e [pɛ̃pɑ̃, ɑ̃t] → SYN adj robe, femme spruce

pimprenelle [pɛ̃pʀənɛl] nf (à fleurs verdâtres) (salad) burnet; (à fleurs rouges) great burnet

pin [pɛ̃] nm (arbre) pine (tree); (bois) pine(wood) ◆ **pin maritime / parasol** ou **pignon** maritime / umbrella pine ◆ **pin d'Oregon** Oregon pine ◆ **pin sylvestre** Scotch fir, Scots pine → **aiguille, pomme**

pinacle [pinakl] → SYN nm (Archit) pinnacle ◆ (fig) **être au pinacle** to be at the top ◆ (fig) **porter qn au pinacle** to praise sb to the skies

pinacothèque [pinakɔtɛk] → SYN nf art gallery

pinaillage* [pinajaʒ] nm hair-splitting, quibbling

pinailler* [pinaje] ▸conjug 1◂ vi to quibble, split hairs ◆ **pinailler sur** to pick holes in*

pinailleur, -euse* [pinajœʀ, øz] [1] adj pernickety, fussy, nitpicking* (épith), hair-splitting (épith)
[2] nm,f nitpicker*, quibbler, fusspot*

pinard‡ [pinaʀ] nm (gén) wine; (péj) plonk* (Brit), cheap wine

pinardier [pinaʀdje] nm wine tanker

pinçage [pɛ̃saʒ] nm (Agr) pinching out

pince [pɛ̃s] → SYN [1] nf [a] (outil) **pince(s)** (gén) pair of pliers, pliers (pl); (à charbon), [forgeron] pair of tongs, tongs (pl)
[b] (levier) crowbar
[c] (Zool) [crabe] pincer, claw
[d] (Couture) dart ◆ **faire des pinces à** to put darts in ◆ **pince de poitrine** bust darts ◆ **pantalon à pinces** front-pleated trousers
[e] (‡: main) mitt‡, paw‡ ◆ **je lui ai serré la pince** I shook hands with him
[f] (‡: jambe) leg ◆ **aller à pinces** to foot* ou hoof‡ it ◆ **j'ai fait 15 km à pinces** I footed it for 15 km*
[2] COMP ▷ **pince à billets** note (Brit) ou bill (US) clip ▷ **pince à cheveux** hair clip ▷ **pince coupante** wire cutters ▷ **pince crocodile** crocodile clip ▷ **pince de cycliste** bicycle clip ▷ **pince à dénuder** wire strippers, wire stripping pliers ▷ **pince à épiler** (eyebrow) tweezers ▷ **pince à escargots** escargot pincers ▷ **pince à glace** ice tongs ▷ **pince à linge** clothes peg (Brit), clothespin (US, Scot) ▷ **pince multiprise** ⇒ **pince crocodile** ▷ **pince à ongles** nail clippers ▷ **pince plate** flat-nose pliers ▷ **pince à sucre** sugar tongs ▷ **pince universelle** (universal) pliers ▷ **pince à vélo*** bicycle clip

pincé, e[1] [pɛ̃se] → SYN (ptp de **pincer**) adj personne, air stiff, starchy; sourire stiff, tight-lipped; ton stiff ◆ **d'un air pincé** stiffly ◆ **les lèvres pincées** with pursed lips, tight-lipped; (minces) thin-lipped ◆ (Mus) **instrument à cordes pincées** plucked stringed instrument

pinceau, pl **pinceaux** [pɛ̃so] → SYN nm (gén) brush; (Peinture) (paint)brush; (fig: manière de peindre) brushwork; (‡: pied) foot, hoof‡ ◆ **pinceau à colle** paste brush ◆ **pinceau lumineux** pencil of light ◆ **donner un coup de pinceau à** to give a lick of paint to ◆ **en quelques coups de pinceau** with a quick dab of the paintbrush ◆ **avoir un bon coup de pinceau** to paint well, be quite a good painter ◆ **s'embrouiller** ou **s'emmêler les pinceaux*** to get muddled up

pincée[2] [pɛ̃se] → SYN nf [sel, poivre] pinch

pince-fesses‡ [pɛ̃sfɛs] nm inv dance, hop*

pincelier [pɛ̃səlje] nm [pinceaux] dipper

pincement [pɛ̃smɑ̃] nm (Mus) plucking; (Agr) pinching out ◆ (Aut) **pincement des roues** toe-in ◆ **elle a eu un pincement de cœur** she felt a twinge of sorrow

pince-monseigneur, pl **pinces-monseigneur** [pɛ̃smɔ̃sɛɲœʀ] nf jemmy (Brit), crowbar

pince-nez [pɛ̃sne] → SYN nm inv pince-nez

pince-oreille, pl **pince-oreilles** [pɛ̃sɔʀɛj] nm earwig

pincer [pɛ̃se] → SYN ▸conjug 3◂ [1] vt [a] (accidentellement, pour faire mal) to pinch, nip; [froid, chien] to nip ◆ **je me suis pincé dans la porte / avec l'ouvre-boîte** I caught myself in the door / with the can opener ◆ **se pincer le doigt** to catch one's finger ◆ **se pincer le doigt dans la porte** to trap ou catch one's finger in the door ◆ **pincer son manteau dans la porte** to catch one's coat in the door ◆ **il s'est fait pincer par un crabe / un chien** he was nipped by a crab / a dog ◆ **pince-moi, je rêve!** pinch me, I'm dreaming!
[b] (tenir, serrer) to grip ◆ **pincer les lèvres** to purse (up) one's lips ◆ **se pincer le nez** to hold one's nose ◆ **une robe qui pince la taille** a dress which is tight at the waist
[c] (Mus) to pluck
[d] (Couture) veste to put darts in
[e] (* fig: arrêter, prendre) to catch, cop‡; [police] to nick‡ (Brit), cop‡, catch
[f] (Agr) to pinch out
[g] **en pincer pour qn‡** to be stuck on sb‡, be mad about sb* ◆ **il est pincé*** he's hooked*
[2] vi ◆ (‡) **ça pince (dur)** it's freezing (cold), it's biting ou hellish‡ cold

pince-sans-rire [pɛ̃ssɑ̃ʀiʀ] → SYN [1] adj inv deadpan
[2] nmf inv ◆ **c'est un pince-sans-rire** he's the deadpan type

pincette [pɛ̃sɛt] → SYN nf (gén pl) (pour le feu) pair of (fire) tongs, (fire) tongs; [horloger] pair of tweezers, tweezers ◆ **il n'est pas à toucher** ou **prendre avec des pincettes** (sale) he's filthy dirty; (mécontent) he's like a bear with a sore head

pinçon [pɛ̃sɔ̃] → SYN nm pinch-mark

Pindare [pɛ̃daʀ] nm Pindar

pindarique [pɛ̃daʀik] → SYN adj Pindaric

pindarisme [pɛ̃daʀism] nm Pindarism

pine** [pin] nf cock**, prick**

pinéal, e, mpl **-aux** [pineal, o] adj ◆ **glande pinéale, corps pinéal** pineal gland ou body, epiphysis (cerebri) (spéc)

pineau, pl **pineaux** [pino] nm Pineau *(brandy-based drink)*

pinède [pinɛd] → SYN nf, **pineraie** [pinʀɛ] nf pinewood, pine forest

pingouin [pɛ̃gwɛ̃] → SYN nm [arctique] auk; (emploi gén) penguin ◆ **(petit) pingouin** razorbill ◆ (hum) **habillé en pingouin*** in tails ◆ (individu) **qui c'est ce pingouin?*** who's that guy* ou bloke* (Brit)?

ping-pong [piŋpɔ̃g] → SYN nm table tennis, Ping-Pong ®

pingre [pɛ̃gʀ] → SYN (péj) [1] adj stingy, niggardly
[2] nmf skinflint, niggard

pingrerie [pɛ̃gʀəʀi] → SYN nf (péj) stinginess, niggardliness

pinne [pin] nf pinna

pinnipèdes [pinipɛd] nmpl ◆ **les pinnipèdes** pinnipedians, the Pinnepedia (spéc)

pinnothère [pinɔtɛʀ] nm pinnothere

Pinocchio [pinɔkjo] nm Pinocchio

pinocytose [pinositoz] nf pinocytosis

pinot [pino] nm Pinot

pin-pon [pɛ̃pɔ̃] excl *sound made by two-tone siren*

pin's [pins] nm inv lapel badge, pin

pinson [pɛ̃sɔ̃] nm chaffinch ◆ **pinson du nord** brambling → **gai**

pintade [pɛ̃tad] nf guinea-fowl

pintadeau, pl **pintadeaux** [pɛ̃tado] nm young guinea-fowl, guinea-poult (spéc)

pinte [pɛ̃t] → SYN nf [a] (ancienne mesure) ≃ quart (0,93 litre); (mesure anglo-saxonne) pint; (Can) quart (1,136 litre) ◆ (fig) **se payer une pinte de bon sang** (s'amuser) to have a good time; (rire) to have a good laugh
[b] (Helv: débit de boissons) bar

pinté, e‡ [pɛ̃te] (ptp de **pinter**) adj sloshed‡, smashed‡, plastered‡

pinter‡ [pɛ̃te] ▸conjug 1◂ [1] vi, **se pinter‡** vpr to booze‡, liquor up‡ (US) ◆ **on s'est pinté au whisky** we got smashed‡ ou plastered‡ ou pissed** on whisky
[2] vt to knock back‡

pin up [pinœp] nf inv (personne) sexy-looking bird* (Brit) ou chick* (US); (photo) pinup

pinyin [pinjin] nm Pinyin

piochage [pjɔʃaʒ] → SYN nm pickaxing

pioche [pjɔʃ] → SYN nf [a] (à deux pointes) pick, pickaxe, pickax (US); (à pointe et à houe) mattock, pickaxe, pickax (US) → **tête**
[b] (tas de dominos, cartes) stack, pile

piocher [pjɔʃe] → SYN ▸conjug 1◂ [1] vt terre to pickaxe, pickax (US); sujet to swot at* (Brit), cram for, slave ou slog away at*; examen to swot (Brit) ou cram for*; (Jeux) carte, domino, numéro to take (from the stack ou pile)
[2] vi (creuser) to dig (with a pick); (*: bûcher) to swot* (Brit), slave* ou slog* away; (Jeux) to pick up ou take a card (ou domino) (from the stack ou pile) ◆ **piocher dans le tas** (nourriture) to dig in; (objets) to dig into the pile ◆ **piocher dans ses économies** to dip into ou dig into one's savings

piocheur, -euse* [pjɔʃœʀ, øz] [1] adj hard-working
[2] nm,f swot* (Brit), crammer, slogger*, grind* (US)

piolet [pjɔlɛ] nm ice axe → **marteau**

pion[1] [pjɔ̃] → SYN nm [a] (Échecs) pawn; (Dames) piece, draught (Brit), checker (US) ◆ (fig) **n'être qu'un pion (sur l'échiquier)** to be nothing but a pawn → **damer**
[b] (Scol: surveillant) supervisor, *student paid to supervise schoolchildren*

pion[2] [pjɔ̃] nm (Phys) pion, pi meson

pioncer‡ [pjɔ̃se] ▸conjug 3◂ vi to get some shut-eye‡ ◆ **je n'ai pas pioncé de la nuit** I didn't sleep a wink last night ◆ **laisse-le pioncer** leave him to his kip‡ (Brit), let him have his sleep ◆ **je vais pioncer** I'm going for some shut-eye‡

pionne [pjɔn] nf (Scol: → **pion** 1b) (female) supervisor

pionnier [pjɔnje] → SYN nm (lit, fig) pioneer

pioupiou*† [pjupju] nm young soldier, tommy*† (Brit)

pipa [pipa] nm pipa

pipe [pip] → SYN nf **a** (à fumer) (contenant) pipe ; (contenu) pipeful, pipe ◆ **fumer la pipe** (gén) to smoke a pipe ; (habituellement) to be a pipe-smoker ◆ **pipe de bruyère / de terre** briar / clay pipe → **casser, fendre, tête**
b (*: cigarette) fag‡ (Brit), butt‡ (US)
c (futaille) pipe
d (**: acte sexuel) blow job** ◆ **tailler une pipe à qn** to give sb a blow job**

pipeau, pl **pipeaux** [pipo] → SYN nm (Mus) (reed-)pipe ; [oiseleur] bird call ◆ (gluaux) **pipeaux** limed twigs ◆ **c'est du pipeau*** that's a load of rubbish*

pipelet, -ette* [piplɛ, ɛt] → SYN nm,f (péj) concierge

pipeline [piplin] nm pipeline ◆ (Ordin) **traitement en pipeline** pipelining

piper [pipe] → SYN ▸ conjug 1 ◂ vt cartes to mark ; dés to load ◆ (fig) **les dés sont pipés** the dice are loaded ◆ **ne pas piper (mot)*** not to breathe a word, keep mum*

pipéracée [pipeʀase] nf ◆ **les pipéracées** piperaceous plants, the Piperaceae (spéc)

piperade [pipeʀad] nf piperade, *kind of omelette with tomatoes and peppers*

piperie [pipʀi] → SYN nf (littér) ploy

pipérin [pipeʀɛ̃] nm, **pipérine** [pipeʀin] nf piperine

pipéronal [pipeʀɔnal] nm piperonal

pipette [pipɛt] → SYN nf pipette

pipi* [pipi] nm wee(wee) (* ou langage enfantin) ◆ **faire pipi : va faire pipi** go and (have a) wee(wee)* ◆ **j'irais bien faire pipi** I want to go to the loo* (Brit) ou john* (US) ◆ **faire pipi au lit** to wet the bed ◆ **le chien a fait pipi sur le tapis** the dog has made a puddle* on ou has done a wee* on the carpet ◆ (fig) **c'est du pipi de chat** [boisson] it's just coloured water, it's absolute dishwater* ; [livre, film, théorie] it's pathetic*, it's a waste of time → **dame**

pipier, -ière [pipje, jɛʀ] **1** adj pipe-making (épith)
2 nm,f pipe maker

pipi-room*, pl **pipi-rooms** [pipiʀum] nm loo* (Brit), restroom (US) ◆ **aller au pipi-room** to go and spend a penny* (Brit), go to the restroom (US)

pipistrelle [pipistʀɛl] nf pipistrelle

pipit [pipit] nm pipit ◆ **pipit des arbres** tree pipit

pipo [pipo] nm (arg Scol) *student of the École Polytechnique*

piquage [pikaʒ] nm (Couture) sewing up, stitching, machining

piquant, e [pikɑ̃, ɑ̃t] → SYN **1** adj **a** barbe prickly ; (Bot) tige thorny, prickly
b sauce, moutarde hot, pungent ; goût, odeur, fromage pungent ; vin sour, tart ; radis hot ◆ **eau piquante*** fizzy water (hum), soda water ◆ (Culin) **sauce piquante** sauce piquante, piquant sauce
c air, froid biting
d détail titillating ; description, style racy, piquant, titillating ; conversation, charme, beauté piquant, titillating
e (mordant) mot, réplique biting, cutting
2 nm **a** [hérisson] quill, spine ; [oursin] spine, prickle ; [rosier] thorn, prickle ; [chardon] prickle ; [barbelé] barb
b (fig) [style, description] raciness ; [conversation] piquancy ; [aventure] spice ◆ **le piquant de l'histoire, c'est que ..., et, détail qui ne manque pas de piquant, ...** the most entertaining thing (about it) is that ...

pique [pik] → SYN **1** nf (arme) pike ; [picador] lance ; (fig : parole blessante) dig, cutting remark ◆ **lancer des piques à qn** to make cutting remarks to sb
2 nm (carte) spade ; (couleur) spades (pl)

piqué, e [pike] → SYN (ptp de **piquer**) **1** adj **a** (Couture) (cousu) (machine-)stitched ; couvre-lit quilted
b (marqué) miroir, livre, linge mildewed, mildewy ; meuble worm-eaten ; (aigre) vin sour ◆ **visage piqué de taches de rousseur** freckled face, face dotted with freckles ◆ **piqué par la rouille** métal pitted with rust ; linge covered in rust spots ◆ **piqué par l'acide** pitted with acid marks ◆ (fig) **pas piqué des hannetons*** ou **des vers*** (excellent) brilliant*, great* ; (excentrique) wild* ◆ **son article n'est pas piqué des hannetons*** ou **des vers** his article doesn't miss the mark ou touches a nerve ◆ **ce problème n'était pas piqué des hannetons !*** ou **des vers !*** it was one heck of a problem !*
c (*: fou) nuts*, barmy* (Brit) ◆ **il est piqué, c'est un piqué** he's a nutter* (Brit), he's nuts* ou barmy* (Brit)
d (Mus) note staccato
2 nm **a** (Aviat) dive ◆ **attaque en piqué** (bombardement) dive bombing run ; (à la mitrailleuse) strafing run ◆ **bombardement en piqué** dive bombing ◆ **faire un piqué** to (go into a) dive
b (tissu) piqué
c (Danse) piqué

pique-assiette*, pl **pique-assiettes** [pikasjɛt] nmf scrounger*, sponger* *(for a free meal)*

pique-feu, pl **pique-feu(x)** [pikfø] → SYN nm poker

pique-fleurs [pikflœʀ] nm inv flower-holder

pique-nique, pl **pique-niques** [piknik] → SYN nm picnic ◆ **faire un pique-nique** to have a picnic, picnic ◆ **demain nous allons faire un pique-nique** tomorrow we're going for ou on a picnic

pique-niquer [piknike] → SYN ▸ conjug 1 ◂ vi to have a picnic, picnic

pique-niqueur, -euse, mpl **pique-niqueurs** [piknikœʀ, øz] nm,f picnicker

piquer [pike] → SYN ▸ conjug 1 ◂ **1** vt **a** [guêpe] to sting ; [moustique, serpent] to bite ; (avec une épingle, une pointe) to prick ; (Méd) to give an injection to, give a jab* (Brit) ou shot* to ◆ **se faire piquer contre la variole** to have a smallpox injection ou jab* (Brit) ou shot* ◆ **faire piquer qn contre qch** to have sb vaccinated ou inoculated against sth ◆ (euph) **faire piquer un chat / un chien** to have a cat / dog put down ou put to sleep ◆ **se piquer le doigt** to prick one's finger ◆ **les ronces, ça pique** brambles prickle ou scratch ◆ (drogue) **se piquer** to shoot up → **mouche**
b aiguille, fourche, fléchette to stick, stab, jab (*dans* into) ◆ **rôti piqué d'ail** joint stuck with cloves of garlic ◆ **piqué de lardons** larded ◆ **piquer la viande avec une fourchette** to prick the meat with a fork ◆ **piquer des petits pois avec une fourchette** to stab peas with a fork ◆ **piquer qch au mur** to put ou stick sth up on the wall ◆ **piquer une fleur sur un corsage** to pin a flower on(to) a blouse ◆ **piquer une fleur dans ses cheveux** to stick a flower in one's hair ◆ **des papillons piqués sur une planche** butterflies pinned on a board ◆ **piquer (une frite / un haricot) dans le plat*** to help o.s. (to a chip / a bean or two) ◆ **piquer au hasard*** ou **dans le tas*** to choose ou pick at random
c (Couture) **piquer qch (à la machine)** to machine sth, (machine) stitch sth, sew sth up ◆ **ta mère sait-elle piquer ?** can your mother use a sewing machine ?
d [barbe] to prick, prickle ; [ortie] to sting ◆ **tissu qui pique (la peau)** prickly cloth, cloth that prickles the skin ou is prickly on the skin ◆ **moutarde / liqueur qui pique la gorge** mustard / liqueur which burns the throat ◆ **la fumée me pique les yeux** the smoke is stinging my eyes ou making my eyes smart ◆ **le froid / le vent nous piquait le** ou **au visage** the cold / the wind was biting ou stinging our faces ◆ [démangeaison] **ça (me) pique** it's itching ou itchy, it's making me itch ◆ **les yeux me piquent, j'ai les yeux qui piquent** my eyes are smarting ou stinging ◆ **ma gorge me pique** my throat's burning ◆ **tu piques avec ta barbe** you're all prickly with that beard of yours, your beard prickles ou is prickly ◆ **attention, ça pique** [alcool sur une plaie] careful, it's going to sting ; [liquide dans la bouche] careful, it burns your throat → **qui**
e (exciter) bœufs to goad ; curiosité to arouse, excite ; intérêt to arouse, stir up ; († : vexer) personne to pique, nettle ; amour-propre to pique, hurt ◆ **piquer qn au vif** to cut sb to the quick
f (*: faire brusquement) **piquer un cent mètres** ou **un sprint** to (put on a) sprint, put on a burst of speed ◆ **piquer un roupillon** ou **un somme** to have forty winks* ou a nap, get a bit of shut-eye‡ ◆ **piquer un galop** to break into a gallop ◆ **piquer une** ou **sa crise** to throw a fit ◆ **piquer une crise de larmes** to have a fit of tears ◆ **piquer une colère** to fly into a rage, have a fit* ◆ **piquer un soleil** ou **un fard** to go (bright) red ◆ **piquer une suée** to break out in a sweat ◆ **piquer un plongeon** to dive ◆ **piquer une tête dans la piscine** to dive (headfirst) into the pool
g (*: attraper) manie, maladie to pick up, catch, get
h (*: voler) portefeuille to pinch*, swipe*, nick‡ (Brit), whip‡ (Brit) ; idée to pinch*, steal (*à qn* from sb)
i (‡: arrêter) voleur to cop‡, nab‡, nick‡ (Brit)
j (Mus) to play staccato
2 vi **a** [avion] to go into a dive ; [oiseau] to swoop down ◆ **le cavalier piqua droit sur nous** the horseman came straight towards us ◆ **il faudrait piquer vers le village** we'll have to head towards the village ◆ **piquer du nez** [avion] to go into a nose-dive ; [bateau] to dip her head ; [fleurs] to droop ; [personne] to fall headfirst ◆ **piquer du nez dans son assiette*** (de sommeil) to nod off* ou doze off* (during a meal) ; (de honte) to hang one's head in shame ◆ **piquer des deux** to go full tilt
b [moutarde, radis] to be hot ; [vin] to be sour, have a sour taste ; [fromage] to be pungent ◆ **eau qui pique*** aerated water, fizzy water (hum), soda water
3 **se piquer** vpr **a** (se blesser) (avec une aiguille) to prick o.s. ; (dans les orties) to get stung, sting o.s.
b [morphinomane] to shoot up, give o.s. a shot of ou inject o.s. with heroin (ou morphine etc) ; [diabétique] to give o.s. an injection, inject o.s.
c [livres, miroir, bois, linge] to go mildewed ou mildewy ; [métal] to be pitted ; [vin, cidre] to go ou turn sour
d (avoir la prétention) **se piquer de littérature / psychologie** to like to think one knows a lot about literature / psychology, pride o.s. on one's knowledge of literature / psychology ◆ **se piquer de faire qch** to pride o.s. on one's ability to do sth
e (se vexer) to take offence
f LOC **il s'est piqué au jeu** he became quite taken with it (Brit) ◆ **c'est quelqu'un qui se pique le nez‡** he's a real boozer‡, he's on the bottle* ◆ **il se pique le nez toute la journée‡** he knocks it back‡ ou boozes‡ all day long

piquet [pikɛ] → SYN nm **a** (pieu) post, stake, picket ; [tente] peg ; (Ski) (marker) pole → **raide**
b (Ind) **piquet (de grève)** (strike-)picket, picket line ◆ **organiser un piquet de grève** to organize a picket line ◆ **il y a un piquet de grève à l'usine** there is a picket line at the factory ◆ (Mil) **piquet d'incendie** fire-fighting squad
c (Scol) **mettre qn au piquet** to make sb stand ou put sb in the corner
d (Cartes) piquet

piquetage [pik(ə)taʒ] nm staking (out)

piqueter [pik(ə)te] → SYN ▸ conjug 4 ◂ vt **a** allée to stake out, put stakes along
b (moucheter) to dot (*de* with) ◆ **ciel piqueté d'étoiles** star-studded ou star-spangled sky, sky studded with stars

piquette [pikɛt] → SYN nf **a** (cru local) local wine ; (mauvais vin) cheap wine, plonk* (Brit)
b (‡: défaite) hammering‡, licking*, thrashing* ◆ **prendre une piquette** to be hammered‡ ou thrashed* ou licked*

piqueur, -euse [pikœʀ, øz] **1** adj insecte stinging (épith)
2 nm **a** [écurie] groom ; (Chasse) whip
b (mineur) hewer
c (surveillant) foreman
d (*: voleur) thief
3 nm,f (Couture) machinist

piquier [pikje] nm pikeman

piquouse* [pikuz] nf jab

piqûre [pikyʀ] → SYN nf **a** [épingle] prick ; [guêpe, ortie] sting ; [moustique] bite ◆ **piqûre d'épingle** pinprick ◆ (plaie) **la piqûre faite par l'aiguille** the hole made by the needle ◆ (fig) **piqûre d'amour-propre** injury to one's pride

b (Méd) injection, jab* (Brit), shot* ◆ **faire une piqûre à qn** to give sb an injection ou a jab* (Brit) ou shot* ◆ **se faire faire une piqûre** to have an injection ou a jab* (Brit)
c [miroir, papier] spot of mildew, mildew (NonC); [métal] hole, pitting (NonC); [bois] hole ◆ **piqûre de ver** wormhole
d (Couture) (point) (straight) stitch; (rang) (straight) stitching (NonC) ◆ **rang de piqûres** row ou line of straight stitching

piranha [piʀana] nm piranha

piratage [piʀataʒ] nm pirating, piracy ◆ **piratage (informatique)** hacking

pirate [piʀat] → SYN **1** adj bateau, émission, disque pirate (épith)
2 nm pirate; (fig: escroc) swindler, shark* ◆ **pirate de l'air** hijacker, skyjacker* ◆ **pirate (informatique)** hacker*

pirater [piʀate] → SYN ▸conjug 1◂ vt film, logiciel to pirate

piraterie [piʀatʀi] → SYN nf (NonC) piracy; (acte) act of piracy; (fig) swindle, swindling (NonC) ◆ **piraterie commerciale** illegal copying, forgery *(of famous brand name goods)* ◆ **acte de piraterie** act of piracy ◆ **piraterie aérienne** hijacking, skyjacking* ◆ **c'est de la piraterie!** it's daylight robbery!

piraya [piʀaja] nm ⇒ **piranha**

pire [piʀ] → SYN **1** adj **a** (compar) worse ◆ **c'est bien pire** it's even worse ◆ **quelque chose de pire** something worse ◆ **il y a quelque chose de pire** there is worse ◆ **c'est pire que jamais** it's worse than ever ◆ **c'est pire que tout** it's the worst thing you can imagine ◆ **il y a pire comme chef** you could do worse for a boss ◆ (Prov) **il n'est pire eau que l'eau qui dort** still waters run deep (Prov) ◆ (Prov) **il n'est pire sourd que celui qui ne veut pas entendre** there is none so deaf as he who will not hear (Prov)
b (superl) **le pire, la pire** the worst
2 nm ◆ **le pire** the worst ◆ **le pire de tout c'est de ...** the worst thing of all is to ... ◆ **le pire c'est que ...** the worst of it (all) is that ... ◆ **pour le meilleur et pour le pire** for better or for worse ◆ **(en mettant les choses) au pire** at (the very) worst, if the worst comes to the worst ◆ **je m'attends au pire** I expect the worst → **politique**

Pirée [piʀe] nm ◆ **le Pirée** Piraeus

piriforme [piʀifɔʀm] adj (gén) pear-shaped; organe pyriform

pirogue [piʀɔg] → SYN nf dugout, canoe, pirogue

piroguier [piʀɔgje] nm boatman *(in a pirogue)*

pirole [piʀɔl] nf wintergreen (Brit), shinleaf (US)

pirouette [piʀwɛt] → SYN nf [danseuse, cheval] pirouette; (fig: volte-face) about-turn (fig); (fig: faux-fuyant) evasive reply ◆ (fig) **répondre par une pirouette** to cleverly side-step ou evade the question

pirouetter [piʀwete] → SYN ▸conjug 1◂ vi to pirouette

pis¹ [pi] → SYN nm [vache] udder

pis² [pi] → SYN (littér) **1** adj worse ◆ **qui pis est** what is worse
2 adv worse ◆ **aller de pis en pis** to get worse and worse ◆ **dire pis que pendre de qn** to sling mud at sb (fig), have nothing good to say about sb → **mal, tant**
3 nm ◆ **le pis** the worst (thing) ◆ **au pis** at the (very) worst ◆ **au pis aller** if the worst comes to the worst

pis-aller [pizale] nm inv (personne, solution) last resort, stopgap; (chose) makeshift, stopgap; (mesure) stopgap measure

piscicole [pisikɔl] adj piscicultural (spéc), fish-breeding (épith)

pisciculteur, -trice [pisikyltœʀ, tʀis] nm,f pisciculturist (spéc), fish breeder ou farmer

pisciculture [pisikyltyʀ] → SYN nf pisciculture (spéc), fish breeding ou farming

pisciforme [pisifɔʀm] adj housciform

piscine [pisin] → SYN nf swimming pool; (publique) (swimming) baths, swimming pool

piscivore [pisivɔʀ] **1** adj fish-eating (épith), piscivorous (spéc)
2 nm fish eater

Pise [piz] n Pisa → **tour¹**

pisé [pize] nm cob (Brit), adobe, pisé (spéc)

pisiforme [pizifɔʀm] adj m pisiform

pisolithe [pizɔlit] nf pisolite

pisolithique [pizɔlitik] adj pisolitic

pissaladière [pisaladjɛʀ] nf (Culin) pissaladière *(olive, onion and anchovy tart)*

pissat [pisa] nm (Zool) urine

pisse‡ [pis] nf pee‡, piss⁂ ◆ (fig) **de la pisse d'âne** duck's ou cat's piss⁂ (fig), a disgusting brew

pisse-froid‡ [pisfʀwa] nm inv wet blanket*

pissement [pismɑ̃] nm (‡) peeing‡, pissing⁂ ◆ **pissement de sang** passing of blood (with the urine)

pissenlit [pisɑ̃li] → SYN nm dandelion ◆ **manger les pissenlits par la racine** to be pushing up the daisies, be dead and buried

pisser‡ [pise] ▸conjug 1◂ **1** vi (uriner) [personne] to (have a) pee‡ ou piss⁂; [animal] to pee‡, piss⁂; (couler) to gush; (fuir) to gush out, piss out⁂ ◆ **je vais pisser un coup** I'm going out for a pee‡ ou a piss⁂ ◆ **il a pissé dans sa culotte** he wet his trousers, he peed in his pants‡ ◆ **pisser au lit** to wet the ou one's bed, pee in the bed‡ ◆ (péj) **il ne se sent plus pisser** he thinks the sun shines out of his arse⁂ (Brit) ou ass⁂ (US), he thinks his shit doesn't stink⁂ (US) ◆ **ça pisse** (il pleut) it's chucking it down* (Brit), it's coming down in buckets*, it's pissing down⁂ (Brit) ◆ **ça l'a pris comme une envie de pisser** he suddenly got an urge to do it* ◆ **les principes, je leur pisse dessus!** principles, I spit on them! ◆ **c'est comme si on pissait dans un violon** it's like banging your head against a brick wall ◆ **laisse pisser (le mérinos)** forget it!*, let him (ou them etc) get on with it! ◆ **ça ne pisse pas loin** it's nothing to shout about ou to write home about*, it's piss-poor⁂
2 vt ◆ **pisser du sang** to pass blood (with the urine) ◆ **son nez pisse le sang** his nose is gushing ou pouring blood, blood's gushing from his nose ◆ **il pissait le sang** the blood was gushing out of him ◆ **réservoir qui pisse l'eau** tank which is gushing ou pissing‡ out water ◆ (péj) **pisser de la copie*** to churn out rubbish

pissette* [pisɛt] nf (filet de liquide) trickle

pisseur, -euse¹ [pisœʀ, øz] **1** nm,f (‡) weak-bladdered individual, person who is always going for a pee‡ ou a piss⁂
2 **pisseuse‡** nf female (péj)
3 COMP ▷ **pisseur de copie*** *writer (ou journalist etc) who churns out rubbish*

pisseux, -euse²* [pisø, øz] adj couleur wishy-washy*, insipid; aspect tatty*, scruffy ◆ **odeur pisseuse** smell of pee‡ ou piss⁂

pisse-vinaigre‡ [pisvinɛgʀ] nm inv (rabat-joie) wet blanket; (avare) skinflint

pissoir [piswaʀ] nm (dial) urinal

pissotière‡ [pisɔtjɛʀ] nf (street) urinal, ≃ (public) loo* (Brit) ou john* (US) ou bog‡ (Brit)

pistache [pistaʃ] **1** nf pistachio (nut)
2 adj inv pistachio (green)

pistachier [pistaʃje] nm pistachio (tree)

pistage [pistaʒ] nm (→ **pister**) tracking; trailing; tailing, tagging

pistard [pistaʀ] nm track cyclist, track racer ou specialist

piste [pist] → SYN nf **a** (traces) [animal, suspect] track, tracks, trail ◆ **suivre / perdre la piste** to follow / lose the trail ◆ **être / mettre qn sur la (bonne) piste** to be / put sb on the right track ◆ **être sur / perdre la piste du meurtrier** to be on / lose the murderer's trail ◆ **se lancer sur la piste de qn** to follow sb's trail, set out to track sb down → **brouiller, faux², jeu**
b (Police: indice) lead ◆ **nous avons plusieurs pistes** we have several leads
c [hippodrome] course; [vélodrome, autodrome, stade] track; [patinage] rink; [danse] (dance) floor; (Ski) (ski) run, piste; (ski de fond) trail; [cirque] ring ◆ (Ski) **piste artificielle** dry ski slope ◆ **piste cavalière** bridle path ◆ **piste cyclable** cycle track, bikeway (US) ◆ (Ski) **piste pour débutants** nursery slope ◆ (Ski) **il y a 30 km de piste dans cette station** there are 30 km of pistes ou ski runs at this resort ◆ (Ski) **piste rouge / noire** red / black piste ou ski run ◆ (Ski) **faire du hors piste** to go off-piste skiing ◆ **en piste!** (lit) into the ring!; (fig) set to it! ◆ (fig) **se mettre en piste** to get down to it
d (Aviat) runway; [petit aéroport] airstrip ◆ **piste d'atterrissage / d'envol** landing / take-off runway
e (sentier) track; [désert] trail
f [magnétophone] track ◆ **à 2 / 4 pistes** 2 / 4 track ◆ (Ciné) **piste sonore** sound track

pister [piste] → SYN ▸conjug 1◂ vt gibier to track, trail; [police] personne to tail, tag

pisteur [pistœʀ] nm (member of the) ski patrol ◆ **les pisteurs** the ski patrol

pistil [pistil] nm pistil

pistole [pistɔl] nf pistole

pistolet [pistɔlɛ] → SYN **1** nm (arme) pistol, gun; (jouet) (toy) pistol, (toy) gun; [peintre] spray gun; (*: urinal) bed-bottle ◆ **peindre au pistolet** to spray-paint ◆ (* fig) **un drôle de pistolet** a queer fish* (Brit) ou duck* (US) ou customer*
2 COMP ▷ **pistolet agrafeur** staple gun ▷ **pistolet à air comprimé** airgun ▷ **pistolet d'alarme** alarm gun ▷ **pistolet d'arçon** horse pistol ▷ **pistolet à bouchon** popgun ▷ **pistolet à capsules** cap gun ▷ **pistolet à eau** water pistol

pistolet-mitrailleur, pl **pistolets-mitrailleurs** [pistɔlɛmitʀajœʀ] nm submachine gun, Sten gun (Brit), tommy gun

pistoleur [pistɔlœʀ] nm spray gun painter

piston [pistɔ̃] → SYN nm **a** (Tech) piston
b (*) string-pulling*, wire-pulling (US) ◆ **avoir du piston** to have friends in the right places* ou who can pull strings* ou wires (US) ◆ **il a eu le poste par piston** someone pulled strings to get him the job*, he got the job through a bit of string-pulling*
c (Mus) (valve) valve; (instrument) cornet

pistonner* [pistɔne] ▸conjug 1◂ vt to pull strings ou wires (US) for* *(auprès de* with) ◆ **se faire pistonner** to get sb to pull (some) strings ou wires (US) (for one)*

pistou [pistu] nm ◆ **soupe au pistou** *vegetable soup with basil and garlic*

pitance [pitɑ̃s] → SYN nf (péj, †) (means of) sustenance (†, frm)

pitchpin [pitʃpɛ̃] nm pitch pine

piteusement [pitøzmɑ̃] adv pathetically; échouer miserably

piteux, -euse [pitø, øz] → SYN adj (minable) apparence sorry (épith), pitiful, pathetic; résultats pitiful, pathetic; (honteux) personne, air ashamed, shamefaced ◆ **en piteux état** in a sorry ou pitiful state ◆ **faire piteuse figure** to cut a sorry figure, be a sorry ou pitiful sight ◆ **avoir piteuse mine** to be shabby-looking

pithécanthrope [pitekɑ̃tʀɔp] nm pithecanthrope

pithiviers [pitivje] nm *cake with an almond paste filling*

pitié [pitje] → SYN nf **a** (compassion) pity ◆ **avoir pitié de qn** pity sb, feel pity for sb ◆ **prendre qn / le sort de qn en pitié** to take pity on sb / sb's fate, pity sb / sb's fate ◆ **faire pitié à qn** to inspire pity in sb ◆ **il me fait pitié** I feel sorry for him, I pity him ◆ **cela nous faisait pitié de les voir si mal vêtus** we felt great pity to see them so badly dressed ◆ **son sort me fit pitié** I pitied his fate ◆ **c'est (une vraie) pitié** ou **quelle pitié de voir ça** it's pitiful to see (that) ◆ **il était si maigre que c'en était pitié** ou **que c'était à faire pitié** he was so thin it was pitiful (to see him), he was pitifully ou pathetically thin ◆ **chanter à faire pitié** to sing pitifully ou pathetically ◆ (hum) **il ne fait pas pitié** you don't feel sorry for him
b (miséricorde) pity, mercy ◆ **avoir pitié d'un ennemi** to take pity on an enemy, have pity

ou mercy on an enemy ◆ **pitié!** (lit: grâce) (have) mercy!; (*: assez) for goodness' ou pity's ou Pete's sake!* ◆ **par pitié!** for pity's sake! ◆ **sans pitié** agir pitilessly, mercilessly, ruthlessly; regarder pitilessly ◆ **il est sans pitié** he's pitiless ou merciless ou ruthless

piton [pitɔ̃] → SYN nm **a** (à anneau) eye; (à crochet) hook; (Alpinisme) piton, peg
b (Géog) peak

pitonner [pitɔne] ▸ conjug 1 ◂ **1** vt (Alpinisme) to drive pitons ou pegs in
2 vi (Can: zapper) to zap

pitoyable [pitwajabl] → SYN adj (gén) pitiful, pitiable

pitoyablement [pitwajabləmɑ̃] adv pitifully

pitre [pitʀ] → SYN nm (lit, fig) clown ◆ **faire le pitre** to clown ou fool about ou around, act the fool

pitrerie [pitʀəʀi] → SYN nf tomfoolery (NonC) ◆ **il n'arrête pas de faire des pitreries** he's always ou he never stops clowning around ou acting the fool ◆ **arrête de faire des pitreries** stop your silly antics

pittoresque [pitɔʀɛsk] → SYN **1** adj site picturesque; personnage, tenu picturesque, colourful; récit, style, détail colourful, picturesque, vivid
2 nm ◆ **le pittoresque** the picturesque ◆ **le pittoresque de qch** the picturesque quality of sth; the colourfulness ou vividness of sth ◆ (fig) **le pittoresque dans tout cela ...** the amusing ou ironic thing about all that ...

pittoresquement [pitɔʀɛskəmɑ̃] adv picturesquely

pittosporum [pitɔspɔʀɔm] nm pittospore

pituitaire [pitɥitɛʀ] → SYN adj pituitary

pituite [pitɥit] nf gastrorrhoea (Brit), gastrorrhea (US)

pityriasis [pitiʀjazis] nm pityriasis

pive [piv] nf (Helv) pine cone

pivert [pivɛʀ] → SYN nm green woodpecker

pivoine [pivwan] nf peony → **rouge**

pivot [pivo] → SYN nm (gén, Sport, Mil) pivot; (fig) mainspring, pivot; [dent] post; (Bot) taproot ◆ (Écon) **cours pivot** central rate

pivotant, e [pivɔtɑ̃, ɑ̃t] adj bras, panneau pivoting (épith), revolving (épith); fauteuil swivel (épith) → **racine**

pivotement [pivɔtmɑ̃] nm (→ **pivoter**) revolving, pivoting; wheeling round; swivelling

pivoter [pivɔte] → SYN ▸ conjug 1 ◂ vi [porte] to revolve, pivot; (Mil) to wheel round ◆ [personne] **pivoter (sur ses talons)** to turn ou swivel round, turn on one's heels ◆ **faire pivoter qch** to pivot ou swivel sth round

pixel [piksɛl] nm pixel

pizza [pidza] nf pizza

pizzeria [pidzeʀja] nf pizzeria

pizzicato [pidzikato], pl **pizzicatos, pizzicati** [pidzikati] nm pizzicato

PJ[1] (abrév de **pièce(s) jointe(s)**) enc, encl

PJ[2] [peʒi] nf (abrév de **police judiciaire**) ≃ CID (Brit), FBI (US)

Pl. (abrév de **place**) Pl

PL (abrév de **poids lourd**) LGV (Brit), HGV (Brit) → **poids**

placage [plakaʒ] → SYN nm **a** (en bois) veneering (NonC), veneer; (en marbre, pierre) facing ◆ **placage en acajou** mahogany veneer
b (Rugby) ⇒ **plaquage**

placard [plakaʀ] → SYN nm **a** (armoire) cupboard ◆ **placard à balai / de cuisine** broom/kitchen cupboard
b (affiche) poster, notice ◆ [journal] **placard publicitaire** display advertisement ◆ (fig péj) **écrire un grand placard sur qch** to write screeds ou a great tome about sth
c (Typ) galley (proof)
d (*: couche) thick layer, thick coating (NonC)
e LOC **mettre qn au placard**[*] (en prison) to put sb away*, send sb down*; (renvoyer) to fire sb, give sb the push*; (mettre à l'écart) to push sb to one side ◆ (arg Police) **3 ans de placard** 3 years inside* ou in the clink (arg) ◆ **mettre qch au placard** to shelve sth

placarder [plakaʀde] → SYN ▸ conjug 1 ◂ vt to stick up, put up; mur to stick posters on, placard ◆ **mur placardé d'affiches** wall covered with ou placarded with posters

place [plas] → SYN GRAMMAIRE ACTIVE 1, 2 nf
a (esplanade) square ◆ **la place Rouge** Red Square ◆ (fig) **étaler ses divergences sur la place publique** to wash one's dirty linen in public ◆ (fig) **clamer qch sur la place publique** to proclaim sth from the roof-tops
b [objet] place ◆ **remettre qch à sa place** ou **en place** to put sth back where it belongs ou in its proper place ◆ **la place des mots dans la phrase** word order in sentences ◆ **changer la place de qch** to move ou shift sth, put sth in a different place, change the place of sth ◆ (Prov) **une place pour chaque chose et chaque chose à sa place** a place for everything and everything in its place (Prov)
c [personne] (lit, fig) place; (assise) seat ◆ **place d'honneur** place ou seat of honour ◆ **à vos places!, en place!** to your places! ou seats! ◆ **tout le monde est en place** everyone is in (his) place ou is seated ◆ **prenez place** take your place ou seat ◆ **prendre la place de qn** to take sb's place; (remplacer) to take over from sb, take sb's place ◆ **il ne tient pas en place** he can't keep still, he's always fidgeting ◆ (fig) **remettre qn à sa place** to put sb in his place ◆ **laisser la place à qn** (lit) to give (up) one's seat to sb; (fig) to hand over to sb ◆ **savoir rester à sa place** to know one's place ◆ **tenir sa place** (faire bonne figure) to put up a good show, hold one's own ◆ **il n'est pas à sa place dans ce milieu** he feels out of place in this setting ◆ **se faire une place dans le monde / dans la littérature** to carve out a place ou niche for o.s. in society/in literature ◆ **avoir sa place dans la littérature** to have found a place in literature ◆ **se faire une place au soleil** to find o.s. a place in the sun (fig) ◆ **avoir sa place dans le cœur de qn** to have a place in sb's heart ◆ **elle tient une grande place dans ma vie** she means a great deal ou a lot to me ◆ **trouver** ou **prendre place parmi / dans** to find a place (for o.s.) among/in ◆ **il ne donnerait pas sa place pour un empire** ou **pour un boulet de canon*** he wouldn't change places with anyone for all the tea in China* ou for the world ◆ **être en bonne place pour gagner** to be well-placed ou in a good position to win ◆ **se mettre à la place de qn** to put o.s. in sb's place ou in sb's shoes ◆ **à votre / sa place** if I were you/him ou he (frm), in your/his place → **qui**
d (espace libre) room, space ◆ **tenir** ou **prendre de la place** to take up a lot of room ou space ◆ **faire de la place** to make room ou space ◆ **j'ai trouvé une place** ou **de la place pour me garer** I've found room ou (a) space to park ◆ **pouvez-vous me faire une petite place?** can you make a bit of room for me? ◆ **on n'a pas de place pour se retourner** there's no room to move ou not enough room to swing a cat* (Brit)
e (siège, billet) seat; (prix, trajet) fare; (emplacement réservé) space ◆ **louer** ou **réserver sa place** to book one's seat ◆ **il n'a pas payé sa place** he hasn't paid for his seat; he hasn't paid his fare ◆ **payer place entière** (au cinéma etc) to pay full price; (dans le tram etc) to pay full fare ◆ **place de parking** parking space, stall (US) ◆ **parking de 500 places** parking (space) for 500 cars ◆ **cinéma de 400 places** cinema seating 400 (people) ou with a seating capacity of 400 ◆ **place assise** seat ◆ **places assises 20, places debout 40** seating capacity 20, standing passengers 40 ◆ **il n'y a que des places debout** it's standing room only ◆ **une (voiture de) 4 places** a 4-seater (car) ◆ (Aut) **la place du mort** the (front) seat beside the driver ◆ **tente à 4 places** tent that sleeps 4, 4-man tent ◆ **j'ai 3 places dans ma voiture** I've room for 3 in my car
f (rang) (Scol) place (in class); (Sport) place, placing ◆ **il a eu une bonne place** he got a good place ou a good placing ◆ **être reçu dans les premières places** to get one of the top places, be amongst the top ◆ **il a eu une 2e place** ou **une place de 2e en histoire** he came (Brit) ou came out ou was 2nd in history
g (emploi) job; [domestique] position, situation ◆ **une place d'employé / de dactylo** a job as a clerk/a typist ◆ [domestique] **être en place** to be in service (*chez* with) ◆ (Pol) **les gens en place** influential people, people with influence
h (Mil) **place (forte** ou **de guerre)** fortified town ◆ **le commandant de la place** the fortress commander ◆ **s'introduire / avoir des contacts dans la place** to get/have contacts on the inside ◆ (fig) **maintenant il est dans la place** now he's on the inside ◆ **place d'armes** parade ground
i (Comm, Fin) market ◆ **vous n'en trouverez pas de moins cher sur la place de Paris** you won't find cheaper on the Paris market ◆ **dans toutes les places financières du monde** in all the money markets of the world
j LOC **par places, de place en place** here and there, in places ◆ **rester sur / se rendre sur place** to stay on/go to the spot, stay/go there ◆ **on peut faire la réparation sur place** we can repair it right here ou on the spot ◆ **être cloué sur place** to be ou stand rooted to the spot ◆ **faire du sur place*** [cycliste] to balance; [automobilistes] to move at a snail's pace; [enquête] to hang fire, mark time ◆ **à la place (de)** (en échange) instead (of), in place (of) ◆ **faire une démarche à la place de qn** to take steps on sb's behalf ◆ **répondre à la place de qn** to reply in sb's place ou on sb's behalf ◆ **être en place** [plan] to be ready; [forces de l'ordre] to be in place ou stationed ◆ **mettre en place** plan to set up, organize; marchandises to put on the shelves; service d'ordre to deploy; mécanisme to install ◆ **mise en place** [plan] setting up; [service d'ordre] deployment ◆ **faire place à qch** to give way to sth ◆ **faire place à qn** (lit) to let sb pass; (fig) to give way to sb ◆ **faire place nette** to make a clean sweep ◆ **place aux jeunes!** make way for the young! ◆ **pour entrer dans cette université les places sont chères** it's difficult to get into this university

placé, e [plase] (ptp de **placer**[2]) adj **a** (gén) **la fenêtre / leur maison est placée à gauche** the window/their house is (situated) on the left ◆ **je suis** ou **je me trouve placé dans une position délicate** I am (placed) in ou I find myself (placed) in a tricky position ◆ **être bien / mal placé** [terrain] to be well/badly situated, be favourably/unfavourably situated; [objet] to be well/badly placed; [spectateur] to have a good/a poor seat; [concurrent] to be in a good/bad position, be well/badly placed ◆ **leur confiance a été bien / mal placée** their trust was justified/misplaced ◆ **sa fierté est mal placée** his pride is misplaced ou out of place ◆ **il est bien placé pour gagner** he is in a good position ou well placed to win ◆ **il est bien placé pour le savoir** he is in a position to know ◆ **je suis bien / mal placé pour vous répondre** I'm in a/in no position to answer ◆ **tu es mal placé pour te plaindre!*** you've got nothing to complain about!, you have scarcely cause for complaint! → **haut**
b (Courses) **arriver placé** to be placed ◆ **jouer (un cheval) placé** to back a horse each way (Brit) ou to win, put an each-way (Brit) bet on (a horse)

placebo [plasebo] nm placebo ◆ **effet placebo** placebo effect

placement [plasmɑ̃] → SYN nm **a** (Fin) investment ◆ **faire un placement d'argent** to invest (some) money ◆ **placement de père de famille** gilt-edged investment, safe investment
b [employés] placing ◆ **l'école assure le placement des élèves** the school ensures that the pupils find employment ◆ (Psych) **placement d'office** compulsory admission ◆ (Psych) **placement volontaire** voluntary admission → **bureau**

placenta [plasɛ̃ta] → SYN nm placenta; (arrière-faix) afterbirth, placenta

placentaire [plasɛ̃tɛʀ] **1** adj placental
2 nmpl ◆ **les placentaires** eutherians, the Eutheria (spéc)

placentation [plasɛ̃tasjɔ̃] nf placentation

placer[1] [plasɛʀ] nm (gisement) placer

placer[2] [plase] → SYN ▸ conjug 3 ◂ **1** vt **a** (assigner une place à) objet, personne to place, put; invité to seat, put; spectateur to seat, give a seat to, put; sentinelle to post, station; (Ftbl) balle to place; (Boxe) coup to land, place; (Tech: installer) to put in, fit in ◆ **vous me placez dans une situation délicate** you're placing ou putting me in a tricky position ◆ **placer sa voix** to pitch one's voice ◆ **placer ses affaires bien en ordre** to put one's things tidy ou straight

b (situer) to place, set, put ◆ **il a placé l'action de son roman en Provence** he has set ou situated the action of his novel in Provence ◆ **où placez-vous Lyon?** whereabouts do you think Lyons is?, where would you put Lyons? ◆ **placer l'honnêteté avant l'intelligence** to set ou put ou place honesty above intelligence ◆ **placer le bonheur dans la vie familiale** to consider that happiness is found in family life ◆ **placer un nom sur un visage** to put a name to a face ◆ **je ne peux pas placer de nom sur son visage** I can't place him ou his face, I can't put a name to his face ou to him ◆ **placer ses espérances en qn / qch** to set ou pin one's hopes on sb / sth

c (introduire) remarque, anecdote, plaisanterie to come out with, put in, get in ◆ **il n'a pas pu placer un mot** he couldn't get a word in (edgeways)

d ouvrier, malade, écolier to place (*dans* in) ◆ **placer qn comme vendeur / chez X** to get ou find sb a job as a salesman / with X ◆ **placer qn comme apprenti (chez X)** to apprentice sb (to X) ◆ **placer qn à la comptabilité** to give sb a job ou place sb in the accounts department ◆ **placer qn à la tête d'une entreprise** to put sb at the head of a business, put sb in charge of a business ◆ (hum) **ils n'ont pas encore pu placer leur fille** they've still not been able to marry off their daughter (hum) ou to get their daughter off their hands (hum) ◆ **placer qn / qch sous l'autorité / les ordres de** to place ou put sb / sth under the authority / orders of

e (Comm: vendre) marchandise to place, sell ◆ (fig hum) **elle a réussi à placer sa vieille machine à laver** she managed to find a home (hum) ou a buyer for her old washing machine

f argent (à la Bourse) to invest; (à la caisse d'épargne, sur un compte) to deposit ◆ **placer une somme sur son compte** to put ou pay a sum into one's account

2 **se placer** vpr **a** [personne] to take up a position; (debout) to stand; (assis) to sit (down); [événement, action] to take place ◆ **se placer de face / contre le mur / en cercle** to stand face on / against the wall / in a circle ◆ **se placer sur le chemin de qn** to stand in sb's path ◆ **cette démarche se place dans le cadre de nos revendications** these steps should be seen in the context of our claims ◆ (fig) **si nous nous plaçons à ce point de vue** ou **dans cette perspective** if we look at things from this point of view, if we view the situation in this way ◆ **plaçons-nous dans le cas où cela arriverait** let us suppose that this happens, let us put ourselves in the situation where this actually happens

b [cheval] to be placed ◆ (Scol, Sport) **se placer 2ᵉ** to be ou come 2nd, be in 2nd place ◆ **il s'est bien placé dans la course** he was well placed in the race ◆ **se placer parmi les premiers** to be in the first few

c (prendre une place) **se placer comme vendeuse** to get ou find a job as a salesgirl ◆ **retraité qui voudrait bien se placer (dans une institution)** pensioner who would like to find a place in a home

placet [plasɛ] [→ SYN] nm (Hist, Jur) petition

placeur [plasœʀ] [→ SYN] nm [spectateurs, invités] usher; [domestiques] (domestic) employment agent

placeuse [plasøz] nf [spectateurs] usherette; [domestiques] (domestic) employment agent

placide [plasid] [→ SYN] adj placid, calm

placidement [plasidmɑ̃] adv placidly, calmly

placidité [plasidite] [→ SYN] nf placidity, placidness, calmness

placier [plasje] [→ SYN] nm travelling salesman, traveller ◆ **placier en assurances** insurance broker

Placoplâtre ® [plakoplɑtʀ] nm plasterboard

plafond [plafɔ̃] [→ SYN] nm **a** (lit) [salle] ceiling; (Art) ceiling painting; [voiture, caverne] roof ◆ **plafond à caissons** coffered ceiling ◆ **pièce haute / basse de plafond** high-ceilinged / low-ceilinged room, room with a high / low ceiling → **araignée**

b (fig: limite) [prix, loyer] ceiling; (Mét: nuages) ceiling, cloud cover; (Aviat) ceiling, maximum height; (Aut) top ou maximum speed ◆ **niveau / prix-plafond** ceiling, ceiling ou maximum limit / price ◆ **âge(-)plafond** maximum age ◆ **plafond de crédit** lending ou credit limit ◆ **plafond de la Sécurité sociale** *upper limit on salary deductions for social security contributions* ◆ (Mét) **le plafond est bas** the cloud cover is low

plafonnement [plafɔnmɑ̃] [→ SYN] nm ◆ **il y a un plafonnement des salaires / cotisations** there is an upper limit on salaries / contributions

plafonner [plafɔne] [→ SYN] ▸ conjug 1 ◂ **1** vi [prix, écolier, salaire] to reach a ceiling ou maximum; (Aviat) to reach one's ceiling; (Aut) to reach one's top speed ou maximum speed ◆ **les ventes plafonnent** sales have reached their ou a ceiling (limit) ◆ **la voiture plafonne à 100 km / h** the car can't do more than 100 km / h

2 vt **a** (Constr) to put a ceiling in ◆ **grenier plafonné** loft which has had a ceiling put in

b salaires to put an upper limit on ◆ **cotisations plafonnées à 1 500 F** contributions which have had their ceiling ou upper limit fixed at 1.500 francs

plafonneur [plafɔnœʀ] nm ceiling plasterer

plafonnier [plafɔnje] nm [voiture] courtesy ou interior light; [chambre] ceiling light ou lamp

plagal, e, mpl **-aux** [plagal, o] adj plagal

plage [plaʒ] [→ SYN] **1** nf **a** [mer, rivière, lac] beach ◆ **plage de sable / de galets** sandy / pebble beach ◆ **sac / serviette / robe de plage** beach bag / towel / robe

b (ville) (seaside) resort

c (zone) (dans un barème, une progression) range, bracket; (dans un horaire etc) (time) segment ◆ **plage d'ombre** band of shadow (fig), shadowy area (fig) ◆ **temps d'écoute divisé en plages (horaires)** listening time divided into segments ◆ (Scol) **plage horaire** slot (in timetable) ◆ **plage musicale** music intermission ◆ **plage publicitaire** commercial break, commercials ◆ **plage de prix** price range ou bracket

d [disque] track

2 COMP ▹ **plage arrière** (Naut) quarterdeck; (Aut) parcel ou back shelf ▹ **plage avant** (Naut) forecastle (head ou deck), fo'c'sle

plagiaire [plaʒjɛʀ] [→ SYN] nmf plagiarist, plagiarizer

plagiat [plaʒja] [→ SYN] nm plagiarism, plagiary ◆ **c'est un véritable plagiat** it's absolute plagiarism ◆ **faire du plagiat** to plagiarize

plagier [plaʒje] [→ SYN] ▸ conjug 7 ◂ vt to plagiarize

plagioclase [plaʒjoklɑz] nm plagioclase

plagiste [plaʒist] nm beach manager ou attendant

plaid [plɛd] [→ SYN] nm (couverture) (tartan) car rug, lap robe (US)

plaidable [plɛdabl] adj pleadable

plaidant, e [plɛdɑ̃, ɑ̃t] adj partie litigant; avocat pleading

plaider [plede] [→ SYN] ▸ conjug 1 ◂ **1** vt to plead ◆ **plaider coupable / non coupable / la légitime défense** to plead guilty / not guilty / self-defence ◆ **plaider la cause de qn** (fig) to plead sb's cause, argue ou speak in favour of sb; (Jur) to plead for sb, plead sb's case, defend sb ◆ **plaider sa propre cause** to speak in one's own defence ◆ (fig) **plaider le faux pour savoir le vrai** to tell a lie (in order) to get at the truth ◆ **l'affaire s'est plaidée à Paris / à huis clos** the case was heard in Paris / in closed court ou in camera

2 vi **a** [avocat] to plead (*pour* for, on behalf of, *contre* against)

b (intenter un procès) to go to court, litigate ◆ **plaider contre qn** to take sb to court, take (out) proceedings against sb ◆ **ils ont plaidé pendant des années** their case has dragged on for years

c (fig) **plaider pour** ou **en faveur de qn** [personne] to speak for sb, defend sb; [mérites, qualités] to be a point in sb's favour

plaideur, -euse [plɛdœʀ, øz] [→ SYN] nm,f litigant

plaidoirie [plɛdwaʀi] [→ SYN] nf (Jur) speech for the defence, defence speech; (fig) plea, appeal (*en faveur de* on behalf of)

plaidoyer [plɛdwaje] [→ SYN] nm (Jur) speech for the defence; (fig) defence, plea ◆ (fig) **plaidoyer en faveur de / contre qch** plea for / against sth

plaie [plɛ] [→ SYN] nf (physique, morale) wound; (coupure) cut; (fig: fléau) scourge ◆ (fig) **rouvrir une plaie** to reopen an old sore ◆ **quelle plaie!*** (personne) what a bind* (Brit) ou nuisance he is!, what a pest* (he is)!; (chose) what a bind!* (Brit) ou pest!* ou nuisance (it is)! ◆ **remuer** ou **tourner le couteau** ou **le fer dans la plaie** to twist ou turn the knife in the wound ◆ (Prov) **plaie d'argent n'est pas mortelle** money isn't everything ◆ (Bible) **les plaies d'Égypte** the plagues of Egypt → **rêver**

plaignant, e [plɛɲɑ̃, ɑ̃t] [→ SYN] **1** adj ◆ **la partie plaignante** the plaintiff, the complainant

2 nm,f plaintiff, complainant

plain [plɛ̃] [→ SYN] nm ◆ (Naut) **le plain** high tide

plain-chant, pl **plains-chants** [plɛ̃ʃɑ̃] nm plainchant (NonC), plainsong (NonC)

plaindre [plɛ̃dʀ] [→ SYN] ▸ conjug 52 ◂ **1** vt **a** personne to pity, feel sorry for ◆ **aimer se faire plaindre** to like to be pitied ◆ **il est bien à plaindre** he is to be pitied ◆ **elle n'est pas à plaindre** (c'est bien fait) she doesn't deserve (any) sympathy, she doesn't deserve to be pitied; (elle a de la chance) she's got nothing to complain about ◆ **je vous plains de vivre avec lui** I pity you ou I sympathize with you (for) having to live with him

b (*: donner chichement) to begrudge, grudge ◆ **donne-moi plus de papier, on dirait que tu le plains** give me some more paper – anybody would think you begrudged it (me) ◆ **il ne plaint pas son temps / sa peine** he doesn't grudge his time / his efforts

2 **se plaindre** vpr (gémir) to moan; (protester) to complain, grumble, moan* (*de* about); (frm, Jur: réclamer) to make a complaint (*de* about, *auprès de* to) ◆ (souffrir) **se plaindre de** maux de tête etc to complain of ◆ **se plaindre de qn / qch à qn** to complain to sb about sb / sth ◆ **de quoi te plains-tu?** (lit) what are you complaining ou grumbling ou moaning* about?; (iro) what have you got to complain ou grumble ou moan* about? ◆ **il se plaint que les prix montent** he's complaining about rising prices ou that prices are going up ◆ **ne viens pas te plaindre si tu es puni** don't come and complain ou moan* (to me) if you're punished ◆ **se plaindre à qui de droit** to make a complaint ou to complain to the appropriate person

plaine [plɛn] [→ SYN] nf plain ◆ **c'est de la plaine** it is flat open country ◆ **en plaine** in the plains ◆ **haute plaine** high plain

plain-pied [plɛ̃pje] adv ◆ **de plain-pied** pièce on the same level (*avec* as); maison (built) at street-level ◆ (fig) **entrer de plain-pied dans le sujet** to come straight to the point ◆ (fig) **être de plain-pied avec qn** to be on an equal footing with sb

plainte [plɛ̃t] [→ SYN] nf **a** (gémissement) moan, groan; (littér) [vent] moaning

b (doléance) complaint, moaning* (NonC: péj)

c (Jur) complaint ◆ **porter plainte** ou **déposer une plainte contre qn** to lodge ou register a complaint against ou about sb

plaintif, -ive [plɛ̃tif, iv] [→ SYN] adj plaintive, sorrowful, doleful

plaintivement [plɛ̃tivmɑ̃] adv plaintively, sorrowfully, dolefully

plaire [plɛʀ] [→ SYN] ▸ conjug 54 ◂ GRAMMAIRE ACTIVE 12.2, 14

1 vi **a** (être apprécié) **ce garçon me plaît** I like that boy ◆ **ce garçon ne me plaît pas** I don't like that boy, I don't care for that boy ◆ **ce spectacle / dîner / livre m'a plu** I liked ou enjoyed that show / dinner / book ◆ **ce genre de musique ne me plaît pas beaucoup**

I'm not (very ou terribly) keen on (Brit) ou I don't (really) care for ou go for* that kind of music, that kind of music doesn't appeal to me very much ◆ **ton nouveau travail te plaît ?** (how) do you like your new job ?, how are you enjoying your new job ? ◆ **les brunes me plaisent** I like ou go for* dark-haired girls, dark-haired girls appeal to me ◆ **tu ne me plais pas avec cette coiffure** I don't like you with your hair like that ou with that hairstyle ◆ **c'est une chose qui me plairait beaucoup à faire** it's something I'd very much like to do ou I'd love to do ◆ **on ne peut pas plaire à tout le monde** one cannot be liked by everyone ◆ **il cherche à plaire à tout le monde** he tries to please everyone ◆ **il cherchait à plaire à toutes les femmes** he was trying to impress all the women ou appeal to all the women ◆ **c'est le genre d'homme qui plaît aux femmes** he's the sort of man that women like ou who appeals to women ◆ **le désir de plaire** the desire to please ◆ **c'est le genre de personne qui plaît en société** he's the type of person who gets on well with people ou that people like ◆ (iro) **tu commences à me plaire (avec tes questions) !*** (you and your questions –) you know how to please me ! (iro)

b (convenir à) **ce plan me plaît** this plan suits me ◆ **ça te plairait d'aller au cinéma ?** would you like to go to the pictures ?, do you fancy* (Brit) ou do you feel like going to the pictures ? ◆ **ce qui vous plaira le mieux** whichever ou whatever suits you best ◆ **j'irai si ça me plaît** I'll go if I feel like it ou if it suits me ◆ **je travaille quand ça me plaît** I work when I feel like it ou when it suits me ou when the fancy takes me* (Brit) ◆ **je fais ce qui me plaît** I do what I like ou as I please ◆ **si ça ne te plaît pas c'est le même prix !*** if you don't like it (that's just) too bad !* ou that's tough !*

c (réussir) **fais un gâteau, cela plaît toujours** make a cake, it's always welcome ou popular ◆ **achète des fleurs, cela plaît toujours** buy some flowers, they're always appreciated ou welcome ◆ **la pièce a plu** the play was a success ou hit* ou went down well ou was well-received ◆ **cette réponse a plu** this reply went down well ou was appreciated ou was well-received

2 vb impers **a** **ici, je fais ce qu'il me plaît** I do as I please ou like here ◆ **et s'il me plaît d'y aller ?** and what if I want to go ? ◆ **vous plairait-il de venir dîner ce soir ?** would you care ou like to come for dinner this evening ? ◆ (littér) **il lui plaît de croire que ...** he likes to think that ... ◆ **comme il vous plaira** just as you like ou please ou choose

b LOC **s'il te plaît, s'il vous plaît** please ◆ **et elle a un manteau de vison, s'il vous plaît !*** and she's got a mink coat if you please ! ou no less ! ◆ (littér) **plaise** ou **plût à Dieu** ou **au ciel, qu'il réussisse !** please God that ou would to God that ou heaven grant that he succeeds ! (littér) ◆ (frm) **plaît-il ?** I beg your pardon ? → **dieu**

3 **se plaire** vpr **a** (se sentir bien, à l'aise) **il se plaît à Londres** he likes ou enjoys being in London, he likes it in London ◆ **j'espère qu'il s'y plaira** I hope he'll like it there ◆ **se plaire avec qn** to enjoy being with sb, enjoy sb's company ◆ **te plais-tu avec tes nouveaux amis ?** do you like being with your new friends ? ◆ **les fougères se plaisent dans les sous-bois** ferns do ou grow well ou thrive ou flourish in the undergrowth

b (s'apprécier) **je me plais en robe longue** I like myself in ou I like wearing a long dress ◆ **tu te plais avec ton chapeau ?** do you like ou fancy* (Brit) yourself in your hat ? ◆ **ces deux-là se plaisent** those two get on well together ou are drawn to each other, those two (have) hit it off (together)*

c (littér : prendre plaisir à) **se plaire à lire** to take pleasure in reading, like ou be fond of reading ◆ **se plaire à tout critiquer** to delight in criticizing everything

plaisamment [plɛzamɑ̃] → SYN adv (→ **plaisant**) pleasantly ; attractively ; agreeably ; amusingly ; laughably, ridiculously

plaisance [plɛzɑ̃s] → SYN nf ◆ **la (navigation de) plaisance** boating ; (à voile) sailing, yachting ◆ **bateau de plaisance** yacht ◆ **port de plaisance** (bassin) sailing ou yachting harbour ; (ville) sailing ou yachting resort ◆ **maison de plaisance** country cottage

plaisancier [plɛzɑ̃sje] nm (amateur) sailor, yachtsman

plaisant, e [plɛzɑ̃, ɑ̃t] → SYN adj **a** (agréable) personne, séjour pleasant, agreeable ; maison attractive, pleasant ; souvenir pleasant, agreeable ◆ **plaisant à l'œil** pleasing to ou on the eye, nice ou attractive to look at ◆ **ce n'est guère plaisant** it's not exactly pleasant, it's not very nice → **mauvais**

b (amusant) histoire, aventure amusing, funny ◆ **le plaisant de la chose** the funny side ou part of it, the funny thing about it

c (ridicule) laughable, ridiculous

d († : bizarre) bizarre, singular ◆ **voilà qui est plaisant !** it's quite bizarre ! ◆ **je vous trouve bien plaisant de parler de la sorte** I consider it most bizarre ou singular of you to speak in that way

plaisanter [plɛzɑ̃te] → SYN ▸ conjug 1 ◂ **1** vi to joke, have a joke (*sur* about) ◆ **je ne suis pas d'humeur à plaisanter** I'm in no mood for jokes ou joking, I'm not in a joking mood ◆ **et je ne plaisante pas !** and I mean it !, and I'm not joking !, and I'm serious ! ◆ **c'est quelqu'un qui ne plaisante pas** he's not the sort you can have a joke with ◆ **vous plaisantez** you must be joking ou kidding*, you're joking ou kidding* ◆ **pour plaisanter** for fun ou a joke ou a laugh* ◆ **on ne plaisante pas avec cela** it's no joking ou laughing matter, this is a serious matter ◆ **il ne faut pas plaisanter avec les médicaments** you shouldn't mess around* with medicines ◆ **il ne plaisante pas sur la discipline / cette question** there's no joking with him over matters of discipline / this subject ◆ **on ne plaisante pas avec la police** there's no joking where the police are concerned, the police are not to be trifled with

2 vt to make fun of, tease ◆ **plaisanter qn sur qch** to tease sb about sth

plaisanterie [plɛzɑ̃tʀi] → SYN nf **a** (blague) joke (*sur* about) ◆ **aimer la plaisanterie** to be fond of a joke ◆ **plaisanterie de corps de garde** barrack-room joke ◆ **par plaisanterie** for fun ou a joke ou a laugh* ◆ **faire une plaisanterie** to tell ou crack a joke ◆ **tourner qch en plaisanterie** to make a joke of sth, laugh sth off ◆ **les plaisanteries les plus courtes sont (toujours) les meilleures** brevity is the soul of wit

b (raillerie) joke ◆ **il est en butte aux plaisanteries de ses amis** his friends are always making fun of him ou poking fun at him, his friends treat him as a figure of fun ◆ **faire des plaisanteries sur** to joke ou make jokes about ou at the expense of ◆ **il comprend** ou **prend bien la plaisanterie** he knows how to ou he can take a joke ◆ **il ne faudrait pas pousser la plaisanterie trop loin** we mustn't take the joke too far

c (farce) (practical) joke, prank → **mauvais**

d (loc fig) **c'est une plaisanterie pour lui de résoudre ce problème / gagner la course** he could solve this problem / win the race with his eyes shut ou standing on his head* ◆ **la plaisanterie a assez duré !** this has gone far enough ! ◆ **lui, se lever tôt ? c'est une plaisanterie !** him, get up early ? what a joke ! ou you must be joking ! ou you must be kidding !*

plaisantin [plɛzɑ̃tɛ̃] → SYN nm **a** (blagueur) joker ◆ **c'est un petit plaisantin** he's quite a joker

b (fumiste) phoney*

plaisir [plezir] → SYN GRAMMAIRE ACTIVE 3, 9.2, 19.5, 24 nm **a** (joie) pleasure ◆ **avoir du plaisir** ou **prendre plaisir à faire qch** to find ou take pleasure in doing sth, delight in doing sth ◆ **prendre (un malin) plaisir à faire qch** to take (a mischievous) delight in doing sth ◆ **j'ai le plaisir de vous annoncer que ...** it is with great pleasure that I am able to announce that ... ◆ **M. et Mme X ont le plaisir de vous faire part de ...** Mr and Mrs X have pleasure in announcing ..., Mr and Mrs X are pleased to announce ... ◆ **c'est un plaisir de le voir** it's a pleasure to see him ◆ **par plaisir, pour le plaisir** (gén) for pleasure ; bricoler, peindre as a hobby ◆ **ranger pour le plaisir de ranger** to tidy up just for the sake of it ◆ (iro) **je vous souhaite bien du plaisir !** good luck to you ! (iro), I wish you (the best of) luck ! (iro) ◆ (iro) **ça nous promet du plaisir (en perspective)** I can hardly wait ! (iro) ◆ **avec (le plus grand) plaisir** with (the greatest of) pleasure ◆ **au plaisir de vous revoir, au plaisir*** (I'll) see you again sometime, (I'll) be seeing you* ◆ **aimer les plaisirs de la table** to love good food

b (sexuel) pleasure ◆ **avoir du plaisir** to experience pleasure ◆ **le plaisir solitaire** self-abuse ◆ **les plaisirs de la chair** the pleasures of the flesh → **durer, gêne**

c (distraction) pleasure ◆ **les plaisirs de la vie** life's (little) pleasures ◆ **courir après les plaisirs** to be a pleasure-seeker ◆ **le tennis est un plaisir coûteux** tennis is an expensive hobby ou pleasure ◆ **lieu de plaisir** house of pleasure

d (littér : volonté) pleasure (littér), wish ◆ **si c'est votre (bon) plaisir** if such is your will ou wish, if you so desire ◆ **les faits ont été grossis à plaisir** the facts have been wildly exaggerated ◆ **il s'inquiète à plaisir** he seems to take a perverse delight in worrying himself ◆ **il ment à plaisir** he lies for the sake of lying ou for the sake of it

e LOC **faire plaisir à qn** to please sb ◆ **ce cadeau m'a fait plaisir** I was very pleased with this gift, this gift gave me great pleasure ◆ **cela me fait plaisir de vous entendre dire cela** I'm pleased ou delighted to hear you say that, it gives me great pleasure to hear you say that ◆ **mine / appétit qui fait plaisir à voir** healthy face / appetite that is a pleasure to see ou to behold ◆ **pour me faire plaisir** (just) to please me ◆ **fais-moi plaisir : mange ta soupe / arrête la radio** do me a favour, eat your soup / turn off the radio, be a dear and eat your soup / turn off the radio ◆ (frm) **voulez-vous me faire le plaisir de venir dîner ?** I should be most pleased if you would come to dinner, would you do me the pleasure of dining with me (ou us) ? (frm) ◆ **fais-moi le plaisir de te taire !** would you mind just being quiet !, do me a favour and shut up !* ◆ **il se fera un plaisir de vous reconduire** he'll be (only too) pleased ou glad to drive you back, it will be a pleasure for him to drive you back ◆ **bon, c'est bien pour vous faire plaisir** ou **si cela peut vous faire plaisir** all right, if it will make you happy ou give you pleasure ◆ **j'irai, mais c'est bien pour vous faire plaisir** I'll go (just) to keep you happy ◆ **se faire plaisir** (s'amuser) to enjoy o.s., have fun ◆ **faites-vous plaisir, allez dîner au « Gourmet »** treat yourself, go and have dinner at the "Gourmet"

plan[1] [plɑ̃] → SYN **1** nm **a** [maison] plan, blueprint ; [machine] plan, scale drawing ; [ville, métro] map, plan ; [région] map ◆ **acheter une maison sur plan** to buy a house while it's still only a plan on paper ◆ **faire** ou **tracer** ou **tirer un plan** to draw a plan ◆ (fig) **tirer des plans sur la comète*** to build castles in the air

b (Math, Phys : surface) plane

c (Ciné, Phot) shot ◆ (Peinture, Phot) **premier plan** foreground ◆ **dernier plan** background ◆ **au second plan** in the background ◆ (Peinture) **au deuxième plan** in the middle distance ◆ (Ciné) **plan américain** medium close shot ◆ **plan rapproché** ou **serré** close shot → **gros**

d (fig : niveau) plane, level ◆ **mettre qch au deuxième plan** to consider sth of secondary importance ◆ **ce problème est au premier plan de nos préoccupations** this problem is uppermost in our minds ou is one of our foremost preoccupations ◆ **parmi toutes ces questions, l'inflation vient au premier plan** ou **nous mettons l'inflation au premier plan** of all these questions, inflation is the key ou priority issue ou we consider inflation to be the most important ◆ **personnalité de premier plan** key figure ◆ **personnalité de second plan** minor figure ◆ **un savant de tout premier plan** a scientist of the first rank, one of our foremost scientists ◆ **au premier plan de l'actualité** at the forefront of the news, very much in the news ◆ **mettre sur le même plan** to put on the same plane ou level ◆ **au plan national / international** at the national / international level ◆ **sur le plan du confort** as far as comfort is concerned, as regards comfort ◆ **sur le plan moral / intellectuel** morally / intellectually speaking, on the moral / intellectual plane ◆ **sur tous les plans** in every way, on all fronts

e (projet) plan, project ; (Écon) plan, programme ◆ **avoir / exécuter un plan** to have / carry out a plan ◆ **plan de carrière** career path ◆ **plan de cinq ans** five-year plan ◆ **plan de relance de l'économie** plan to reflate the economy ◆ **plan d'action** plan of action ◆ (Comm) **plan d'attaque** plan of attack ◆ **plan de modernisation** modernization plan ◆ **plan de développement économique et social** economic and social development plan

f (* : idée) plan, idea, scheme ◆ **tu as un plan pour les vacances ?** have you any plans for the holidays ? ◆ **c'est un super plan** ou **un plan d'enfer !** it's a great idea ! ◆ **il a toujours des plans foireux**⁑ **celui-là** he is full of crap⁑ ideas ou schemes ◆ **on s'est fait un plan restau hier soir** we ate out last night

g [livre, dissertation, devoir] plan, outline, framework ◆ **faire un plan de qch** to make a plan for sth, plan sth out

h (*loc) **rester en plan** [personne] to be left stranded, be left high and dry ; [voiture] to be abandoned ou ditched* ; [projets] to be abandoned in midstream, be left (hanging) in mid air ◆ **laisser en plan** personne to leave in the lurch ou high and dry ou stranded ; voiture to leave (behind), abandon, ditch* ; affaires to abandon ; projet, travail to drop, abandon ◆ **il a tout laissé en plan pour venir me voir** he dropped everything to come and see me

2 COMP ▷ **plan d'aménagement rural** rural development plan ▷ **plan d'amortissement** (pour un bien, un investissement) depreciation schedule ; (pour un emprunt) redemption plan ▷ **plan comptable** *French accounting standards,* official accounting plan ▷ **plan de cuisson** hob (Brit), stovetop (US) ▷ **plan directeur** (Mil) *map of the combat area* ; (Écon) blueprint, master plan ▷ **plan d'eau** (lac) lake ; (sur un cours d'eau) stretch of smooth water ▷ **plan d'épargne en actions** stock portfolio *(with tax advantages)* ▷ **plan d'épargne logement** ≃ building society savings plan ▷ **plan d'épargne populaire** individual savings plan ▷ **plan d'épargne retraite** personal pension plan ou scheme ▷ **plan d'équipement** industrial development programme ▷ **plan d'études** study plan ou programme ▷ **plan de faille** fault plane ▷ **plan de financement** financing plan ▷ **plan fixe** (Ciné) static shot ▷ **plan incliné** inclined plane ◆ **en plan incliné** sloping ▷ **plan (de) masse** site plan ▷ **plan de niveau** floor plan ▷ **plan d'occupation des sols** land use plan (Brit), zoning regulations ou ordinances (US) ▷ **plan ORSEC** *scheme set up to deal with major civil emergencies* ▷ **plan rapproché** (Ciné) close-up (shot) ▷ **plan séquence** (Ciné) sequence shot ▷ **plan de travail** (dans une cuisine) work-top, work(ing) surface, counter (top) (US) ; (planning) work plan ou programme ou schedule ▷ **plan de vol** flight plan

plan², plane¹ [plɑ̃, plan] → SYN adj miroir flat ; surface flat, level, plane ; (Math) angle, géométrie plane

planaire [planɛʀ] nf planarian

planant, e* [planɑ̃, ɑ̃t] adj ◆ **c'est planant** it sends you⁑

planche [plɑ̃ʃ] → SYN **1** nf **a** (en bois) plank ; (plus large) board ; (rayon) shelf ; (Naut : passerelle) gangplank ; (plongeoir) diving board ; (* : ski) ski ◆ **cabine / sol en planches** wooden hut / floor ◆ **dormir sur une planche** to sleep on a wooden board ◆ **quand il sera entre quatre planches*** when he's six foot under* → **pain**

b (Typ, illustration) plate

c (Horticulture) bed

d (Théât) **les planches** the boards, the stage (NonC) ◆ **monter sur les planches** (entrer en scène) to go on stage ; (faire du théâtre) to go on the stage → **brûler**

e (Natation) floating (on one's back) ◆ **faire la planche** to float on one's back

2 COMP ▷ **planche à billets** banknote plate ◆ **faire marcher la planche à billets*** to print money ▷ **planche à découper** [cuisinière] chopping board ; [boucher] chopping block ▷ **planche à dessin** ou **à dessiner** drawing board ▷ **planche à laver** washboard ▷ **planche à pain** (lit) breadboard ; (péj) flat-chested woman, woman who is as flat as a board (péj) ▷ **planche à pâtisserie** pastry board ▷ **planche à repasser** ironing board ▷ **planche à roulettes** (objet) skateboard ; (sport) skateboarding ◆ **faire de la planche à roulettes** to skateboard, go skateboarding ▷ **planche de salut** (appui) mainstay ; (dernier espoir) last hope, sheet anchor (Brit) ▷ **planche à voile** (objet) windsurfing board, sailboard ; (sport) windsurfing ◆ **faire de la planche à voile** to windsurf, go windsurfing

planche-contact, pl **planches-contacts** [plɑ̃ʃkɔ̃takt] nf (Phot) contact sheet

planchéié, e [plɑ̃ʃeje] adj floored (lit)

plancher¹ [plɑ̃ʃe] → SYN nm **a** (Constr) floor ◆ (Aut) **mettre le pied au plancher** to put one's foot down to the floor, step on it* ou on the gas* ◆ (fig) **le plancher des vaches*** dry land ◆ **faux plancher** false floor → **débarrasser**

b (limite) lower limit ◆ **plancher des cotisations** lower limit on contributions ◆ **prix plancher** minimum ou floor ou bottom price

c (Anat) floor ◆ **plancher pelvien** pelvic floor

plancher² [plɑ̃ʃe] ▸ conjug 1 ◂ vi (arg Scol) to talk, spout* (Brit) ◆ **sur quoi as-tu planché ?** what did they get you to talk on ou spout (Brit) on ?* ◆ **plancher sur un rapport** to work on a report

planchette [plɑ̃ʃɛt] → SYN nf (gén) (small) board ; (rayon) (small) shelf

planchiste [plɑ̃ʃist] nmf windsurfer

plan-concave [plɑ̃kɔ̃kav] adj plano-concave

plan-convexe [plɑ̃kɔ̃vɛks] adj plano-convex

plancton [plɑ̃ktɔ̃] nm plankton

planctonique [plɑ̃ktɔnik] adj planktonic

planctonivore [plɑ̃ktɔnivɔʀ], **planctophage** [plɑ̃ktɔfaʒ] adj plankton-eating

plane² [plan] nf drawknife

planéité [planeite] nf (→ **plan²**) flatness ; levelness ; planeness

planer¹ [plane] → SYN ▸ conjug 1 ◂ vi **a** [oiseau] to glide, soar ; (en tournoyant) to hover ; [avion] to glide, volplane ; [fumée] to float, hover → **vol¹**

b [danger, soupçons] **planer sur** to hang ou hover over ◆ **laisser planer le mystère (sur)** to let mystery hang (over)

c (se détacher) [savant] to have no sense of reality, be divorced from reality ; [rêveur] to have one's head in the clouds ◆ **planer au-dessus de** querelles, détails to be above ◆ **il plane dans un univers de rêve** he is lost in a dream world

d (littér) [regard] **planer sur** to look down on ou over ◆ **le regard planait au loin sur la mer** one had a commanding view over the sea

e (arg Drogue) to be high* ou stoned* ◆ **musique / spectacle qui fait planer** music / show which sends you⁑

planer² [plane] vt (Tech) to flatten, level, plane

planétaire [planetɛʀ] adj (Astron, Tech) planetary ; (mondial) global, worldwide

planétarisation [planetaʀizasjɔ̃] nf [conflit] globalization

planétarium [planetaʀjɔm] nm planetarium

planète [planɛt] → SYN nf planet ◆ **la planète bleue** the Earth

planétologie [planetɔlɔʒi] nf planetology

planétologue [planetɔlɔg] nmf planetologist

planeur [planœʀ] → SYN nm (Aviat) glider ◆ **faire du planeur** to go gliding

planificateur, -trice [planifikatœʀ, tʀis] (Écon) **1** adj economic **2** nm,f planner

planification [planifikasjɔ̃] → SYN nf (economic) planning ◆ **planification démographique** population planning

planifier [planifje] → SYN ▸ conjug 7 ◂ vt to plan ◆ **économie planifiée** planned ou controlled economy

planimètre [planimɛtʀ] nm planimeter

planimétrie [planimetʀi] nf planimetry

planimétrique [planimetʀik] adj planimetric(al)

planisme [planism] nm support of economic planning

planisphère [planisfɛʀ] → SYN nm planisphere

planiste [planist] nmf supporter of economic planning

planning [planiŋ] → SYN nm (Écon, Ind) programme, schedule ◆ **planning familial** family planning

plan-plan* [plɑ̃plɑ̃] **1** adj inv slow **2** adv slowly

planque⁑ [plɑ̃k] nf (cachette) hideaway, hideout, hidey-hole* (Brit) ; (Police) hideout ; (travail tranquille) cushy job*, cushy ou soft (Brit) ou real easy number⁑ ◆ **c'est la planque !** it's dead cushy !⁑, it's a real cushy number !⁑

planqué [plɑ̃ke] nm (arg Mil) funker* (Brit)

planquer⁑ [plɑ̃ke] ▸ conjug 1 ◂ **1** vt to hide (away), stash away* **2 se planquer** vpr to hide

plansichter [plɑ̃siʃtɛʀ] nm mechanical sieve

plant [plɑ̃] → SYN nm (plante) [légume] seedling, young plant ; [fleur] bedding plant ; (plantation) [légumes] bed, (vegetable) patch ; [fleurs] (flower) bed ; [arbres] plantation ◆ **un plant de salade** a lettuce seedling, a young lettuce (plant) ◆ **un plant de vigne / de bégonia** a young vine / begonia

plantage* [plɑ̃taʒ] nm (Ordin) crash ◆ **il y a eu un plantage dans la comptabilité** there was a mess-up* in the books

Plantagenêt [plɑ̃taʒnɛ] nmf Plantagenet

plantain¹ [plɑ̃tɛ̃] nm (herbacée) plantain

plantain² [plɑ̃tɛ̃] nm (bananier) plantain

plantaire [plɑ̃tɛʀ] adj plantar ◆ **verrue plantaire** verruca on the sole of the foot (Brit), plantar wart (US) → **voûte**

plantation [plɑ̃tasjɔ̃] → SYN nf **a** (Horticulture) (action) planting ; (culture) plant ; (terrain) [légumes] bed, (vegetable) patch ; [fleurs] (flower) bed ; [arbres, café, coton] plantation ◆ **faire des plantations de fleurs** to plant flowers (out)

b (exploitation agricole) plantation

c (Théât) [décor] setting up

plante¹ [plɑ̃t] → SYN nf (Bot) plant ◆ **plante annuelle** annual (plant) ◆ **plante d'appartement** ou **d'agrément** house ou pot plant ◆ **plante à fleurs** flowering plant ◆ **plante fourragère** fodder plant ◆ **plante grasse** succulent (plant) ◆ **plante grimpante** creeper ◆ **plantes médicinales** medicinal plants ◆ **plante de serre** (lit) greenhouse ou hothouse plant ; (fig) hothouse plant, delicate flower ◆ **plante textile** fibre plant ◆ **plante verte** house plant, green (foliage) plant ◆ (fig) **c'est une belle plante** she's a lovely ou fine specimen

plante² [plɑ̃t] → SYN nf ◆ (Anat) **plante (des pieds)** sole (of the foot)

planté, e [plɑ̃te] (ptp de **planter**) adj ◆ **bien planté** dents straight ◆ **mal planté** dents uneven ◆ **ses cheveux sont plantés très bas** he has a very low hairline ◆ **être bien planté (sur ses jambes)** to be sturdily built ◆ **il est resté planté au milieu de la rue** he stood stock-still in the middle of the road ◆ **ne restez pas planté (debout** ou **comme un piquet) à ne rien faire !** don't just stand there doing nothing ! ◆ **rester planté devant une vitrine** to stand looking in a shop window

planter [plɑ̃te] → SYN ▸ conjug 1 ◂ **1** vt **a** plante, graine to plant, put in ; jardin to put plants in ; (repiquer) to plant out ◆ **planter une région en vignes** to plant a region with vines ◆ **planter un terrain en gazon** to plant out a piece of ground with grass, grass a piece of ground ◆ **avenue plantée d'arbres** tree-lined avenue ◆ (fig) **aller planter ses choux** to retire to the country

b (enfoncer) clou to hammer in, knock in ; pieu to drive in ◆ **planter un poignard dans le dos de qn** to stick a knife into sb's back, knife ou stab sb in the back ◆ **l'ours planta**

ses griffes dans le bras de l'enfant the bear stuck its claws into the child's arm ◆ **se planter une épine dans le doigt** to get a thorn stuck in one's finger ◆ **la flèche se planta dans la cible** the arrow sank into the target
c (mettre) to stick, put ◆ **planter son chapeau sur sa tête** to stick one's hat on one's head ◆ **il a planté sa voiture au milieu de la rue et il est parti** he stuck ou dumped* his car in the middle of the road and went off ◆ **il nous a plantés sur le trottoir pour aller chercher un journal** he left us hanging about* ou standing on the pavement while he went to get a paper ◆ **planter un baiser sur la joue de qn** to plant a kiss on sb's cheek ◆ **planter son regard** ou **ses yeux sur qn** to fix one's eyes on sb ◆ **il se planta devant moi** he planted ou plonked* himself in front of me ◆ **planter là** (laisser sur place) personne to dump*, leave behind; voiture to dump*, ditch*; travail, outils to dump*, drop; (délaisser) épouse to walk out on*, ditch*; travail to pack in
d (installer) échelle, drapeau to put up; tente to put up, pitch ◆ **planter une échelle contre un mur** to put a ladder (up) ou stand a ladder (up) against a wall ◆ **planter le décor** (Théât) to put ou set up the scenery; [auteur] to set the scene ◆ (fig) **cet auteur sait planter ses personnages** this author is good at characterization, this author knows how to build up ou give substance to his characters
2 **se planter*** vpr a (se tromper) to get it all wrong ◆ **il s'est planté dans ses calculs** he got his calculations wrong, he was way out* in his calculations ◆ **se planter à un examen*** to fail ou flunk* an exam, blow it* on an exam (US) ◆ **je me suis planté en maths** I flunked maths*, I really blew it* on math (US) ◆ **l'ordinateur s'est** ou **a planté** the computer crashed
b (avoir un accident) to crash ◆ **il s'est planté en moto** he had a motorbike crash, he crashed his motorbike

planteur [plɑ̃tœʀ] nm (colon) planter

planteuse [plɑ̃tøz] nf (Agr) (potato) planter

plantigrade [plɑ̃tigʀad] adj, nm plantigrade

plantoir [plɑ̃twaʀ] → SYN nm dibble, dibber

planton [plɑ̃tɔ̃] → SYN nm (Mil) orderly ◆ **être de planton** to be on orderly duty ◆ (fig) **faire le planton*** to hang about*, stand around ou about (waiting)

plantureusement [plɑ̃tyʀøzmɑ̃] adv manger, boire copiously

plantureux, -euse [plɑ̃tyʀø, øz] → SYN adj a repas copious, lavish; femme buxom; poitrine ample
b région, terre fertile ◆ **récolte / année plantureuse** bumper crop / year

plaquage [plakaʒ] → SYN nm a (Rugby) tackling (NonC), tackle ◆ **plaquage à retardement** late tackle
b (‡: abandon: → **plaquer**) jilting*; ditching*; chucking (in ou up)‡; packing in*

plaque [plak] → SYN 1 nf a [métal, verre] sheet, plate; [marbre] slab; [chocolat] block, slab; [beurre] pack, ≃ stick (US); (revêtement) plate, cover(ing) ◆ **être à côté de la plaque‡** to misjudge things, be wide of the mark, have got it all wrong*
b [verglas] sheet, patch; [boue] patch
c (tache sur la peau) patch, blotch, plaque (spéc); [eczéma] patch → **sclérose**
d (portant une inscription) plaque; (insigne) badge; (au casino) chip ◆ [médecin, avocat] **poser** ou **visser sa plaque** to set up in practice
e (Élec, Phot) plate
f (Géol) plate ◆ **plaque continentale / océanique** continental / oceanic plate
g (‡: 10 000 F) ten thousands francs
2 COMP ▷ **plaque de blindage** armour-plate (NonC), armour-plating (NonC) ▷ **plaque chauffante** ou **de cuisson** (Culin) (gén) burner; (électrique) hotplate (Brit), burner (US) ▷ **plaque de cheminée** fireback ▷ **plaque commémorative** commemorative plaque ou plate ▷ **plaque dentaire** dental plaque ▷ **plaque d'égout** manhole cover ▷ **plaque de four** baking tray ▷ **plaque d'identité** [soldat] identity disc; [chien] name tag, identity disc; [bracelet] nameplate ▷ **plaque d'immatriculation** ou **minéralogique** ou **de police** (Aut) number plate, registration plate (Brit), license plate (US) ▷ **plaque de propreté** fingerplate ▷ **plaque sensible** (Phot) sensitive plate ▷ **plaque tournante** (Rail) turntable; (fig) (lien) hub; (personne) linchpin

plaqué, e [plake] (ptp de plaquer) 1 adj bracelet plated; poches patch (épith); accord nonarpeggiated ◆ **plaqué or / argent** gold- / silver-plated ◆ **plaqué chêne** oak-veneered
2 nm a (Orfèvrerie) plate ◆ **en plaqué** plated ◆ **c'est du plaqué** it's plated
b (Menuiserie) veneer

plaquemine [plakmin] nm persimmon

plaqueminier [plakminje] nm persimmon (tree)

plaquer [plake] → SYN ▸ conjug 1 ◂ vt a bois to veneer; bijoux to plate ◆ **plaquer du métal sur du bois** to plate wood with metal ◆ **plaquer des bijoux d'or / d'argent** to plate jewellery with gold / silver, gold-plate / silver-plate jewellery ◆ (fig) **ce passage semble plaqué sur le reste du texte** this passage seems to be stuck on ou tacked on to the rest of the text ◆ **elle lui plaqua un baiser sur la joue** she planted a kiss on his cheek
b (‡: abandonner) fiancé to jilt*, ditch*, chuck‡; épouse to ditch*, chuck‡, walk out on; emploi to chuck (in ou up)‡, pack in* (Brit) ◆ **elle a tout plaqué pour le suivre** she chucked up‡ ou packed in* everything to follow him
c (aplatir) cheveux to plaster down ◆ **la sueur plaquait sa chemise contre son corps** the sweat made his shirt cling ou stick to his body ◆ **plaquer une personne contre un mur / au sol** to pin a person to a wall / to the ground ◆ **se plaquer les cheveux** to plaster one's hair down (*sur* on, over) ◆ **se plaquer au sol / contre un mur** to flatten o.s. on the ground / against a wall ◆ **le vent plaquait la neige contre le mur** the wind was flattening ou plastering the snow up against the wall
d (Rugby) to tackle, bring down
e (Mus) accord to strike, play

plaquette [plakɛt] → SYN nf a (petite plaque) [métal] plaque; [marbre] tablet; [chocolat] block, bar; [sang] platelet; [pilules] blister ou bubble pack ou package; [beurre] pack, ≃ stick (US) ◆ (Aut) **plaquette de frein** brake pad
b (livre) small volume

plaqueur, -euse [plakœʀ, øz] nm,f (Ébénisterie) veneerer ◆ **plaqueur sur métaux** metal plater

plasma [plasma] → SYN nm (Anat, Phys) plasma ◆ **plasma sanguin** blood plasma

plasmaphérèse [plasmafeʀɛz] nf plasmapheresis

plasmatique [plasmatik] adj plasm(at)ic

plasmide [plasmid] nm plasmid

plasmifier [plasmifje] ▸ conjug 7 ◂ vt to transform into plasma

plasmocyte [plasmɔsit] nm plasma cell, plasmocyte

plasmode [plasmɔd] nm (Zool) plasmodium

plasmodium [plasmɔdjɔm] nm (Méd) plasmodium

plasmolyse [plasmɔliz] nf plasmolysis

plaste [plast] nm plastid

plastic [plastik] → SYN nm plastic explosive

plasticage [plastikaʒ] nm bombing (*de* of), bomb attack (*de* on)

plasticien, -ienne [plastisjɛ̃, jɛn] nm,f (Tech) plastics specialist; (Art) visual artist; (chirurgien) plastic surgeon

plasticité [plastisite] → SYN nf (lit) plasticity; (fig) malleability, plasticity

plastie [plasti] nf plastic surgery ◆ **elle a subi une plastie des doigts** she had plastic surgery on her fingers

plastifiant, e [plastifjɑ̃, jɑ̃t] 1 adj plasticizing
2 nm plasticizer

plastification [plastifikasjɔ̃] nf ◆ **plastification de documents** plastic coating of documents

plastifier [plastifje] ▸ conjug 7 ◂ vt to coat with plastic ◆ **plastifié** plastic-coated

plastiquage [plastikaʒ] nm ⇒ **plasticage**

plastique [plastik] → SYN 1 adj a (Art) plastic ◆ **chirurgie plastique** plastic surgery
b (malléable) malleable, plastic ◆ **en matière plastique** plastic
2 nm plastic ◆ **en plastique** plastic
3 nf [sculpteur] art of modelling, plastic art; [statue] modelling; (arts) plastic arts; [personne] physique

plastiquement [plastikmɑ̃] adv from the point of view of form, plastically (spéc)

plastiquer [plastike] ▸ conjug 1 ◂ vt to blow up, carry out a bomb attack on

plastiqueur [plastikœʀ] nm terrorist *(planting a plastic bomb)*

plastisol [plastisɔl] nm plastisol

plastoc* [plastɔk] nm plastic ◆ **en plastoc** plastic (épith)

plastron [plastʀɔ̃] nm (Habillement) [corsage] front; [chemise] shirt front; (amovible) false shirt front, dicky*; [escrimeur] plastron; [armure] plastron, breastplate

plastronner [plastʀɔne] → SYN ▸ conjug 1 ◂ 1 vi to swagger
2 vt to put a plastron on

plasturgie [plastyʀʒi] nf plastics technology

plat[1], plate [pla, plat] → SYN 1 adj a surface, pays, couture, pli flat; mer smooth, still; eau plain, non-fizzy; (Géom) angle straight; encéphalogramme flat; ventre, poitrine flat; cheveux straight ◆ **bateau à fond plat** flat-bottomed boat ◆ **chaussure plate** ou **à talon plat** flat(-heeled) ou low(-heeled) shoe ◆ **elle est plate de poitrine, elle a la poitrine plate** she is flat-chested ◆ **elle est plate comme une galette*** ou **une limande*** ou **une planche à pain*** she's as flat as a board* → **assiette, battre**
b (fade) style flat, dull, unimaginative; dissertation, livre dull, unremarkable, unimaginative; adaptation unimaginative, unremarkable; voix flat, dull; vin weak-tasting, flat; personne, vie dull, uninteresting ◆ **ce qu'il écrit est très plat** what he writes is very dull ou flat
c (obséquieux) personne obsequious, ingratiating (épith) ◆ **il nous a fait ses plus plates excuses** he made the humblest of apologies to us
d **à plat: mettre** ou **poser qch à plat** to lay sth (down) flat ◆ **posez le ruban bien à plat** put the ribbon in nice and flat ◆ (fig) **mettre qch à plat** to have a close look at things ◆ (fig) **remettre qch à plat** to reexamine sth from every angle ◆ **poser la main à plat sur qch** to lay one's hand flat on sth ◆ **être à plat** [pneu, batterie] to be flat; [personne] to be washed out* ou run down ◆ **la grippe l'a mis à plat*** he was laid low by (the) flu ◆ (Aut) **être / rouler à plat** to have a / drive on a flat (tyre) ◆ (fig) **tomber à plat** [remarque, plaisanterie, pièce] to fall flat ◆ **tomber à plat ventre** to fall flat on one's face, fall full-length ◆ **se mettre à plat ventre** to lie face down ◆ (fig) **se mettre à plat ventre devant qn** to crawl ou grovel ou toady to sb
2 nm (partie plate) flat (part); [main] flat ◆ **il y a 15 km de plat avant la montagne** there is a 15 km flat stretch before the mountain ◆ **une course de plat** a flat race ◆ (Natation) **faire un plat** to (do a) belly flop ◆ (fig) **faire du plat à*** supérieur to crawl ou grovel ou toady to; femme to chat up* (Brit), try to pick up
3 **plate** nf (bateau) punt, flat-bottomed boat
4 COMP▷ **plat de côtes, plates côtes** middle ou best ou short (US) ribs

plat[2] [pla] → SYN 1 nm (récipient, mets) dish; (partie du repas) course; (contenu) dish, plate(ful) ◆ **plat à légumes / à poisson** vegetable / fish dish ◆ **on en était au plat de viande** we had reached the meat course ◆ **2 plats de viande au choix** a choice of 2 meat dishes ou courses ◆ (fig) **il en a fait tout un plat*** he made a song and dance* ou a great fuss* about it ◆ **il voudrait qu'on lui apporte tout sur un plat (d'argent)** he wants everything handed to him on a plate, he expects to be waited on hand and foot ◆ **mettre les petits plats dans les grands** to put on a first-rate meal, go to town on the meal* ◆ **elle lui prépare de bons petits plats** she makes tasty little dishes for him ◆ (Bible, fig) **pour un plat de lentilles** for a mess of potage ◆ (péj) **quel**

plat de nouilles!* he's (ou she's) such a noodle* ou an idiot! → **œuf, pied**
2 COMP ▷ **plat à barbe** shaving mug ▷ **plat cuisiné** (chez un traiteur) ready-made meal ▷ **plat garni** main course (served with vegetables) ▷ **plat du jour** today's special, ≃ (today's) set menu, plat du jour ▷ **plat de résistance** main course; (fig) pièce de résistance

platane [platan] nm plane tree ◆ **faux platane** sycamore ◆ **rentrer dans un platane*** to crash into a tree

plat-bord, pl **plats-bords** [plabɔʀ] nm gunwale

plateau, pl **plateaux** [plato] → SYN **1** nm **a** (gén) tray; (de ball-trap) clay pigeon ◆ **plateau de fromages** cheese-board, choice of cheeses *(on a menu)* ◆ **plateau d'huîtres / de fruits de mer** plate of oysters / seafood ◆ (fig) **il faut tout lui apporter sur un plateau (d'argent)** he needs everything to be handed to him on a plate, he needs to be waited on hand and foot → **négresse**
b [balance] pan; [électrophone] turntable, deck; [table] top; [graphique] plateau, tableland (NonC) ◆ **la courbe fait un plateau avant de redescendre** the curve levels off ou reaches a plateau before falling again ◆ (fig) **mettre dans** ou **sur les plateaux de la balance** to weigh up (fig)
c (Géog) plateau ◆ **haut plateau** high plateau
d (Théât) stage; (Ciné, TV) set ◆ (invités) **nous avons un plateau exceptionnel ce soir** we have an exceptional line-up this evening
e (Rail: wagon) flat wagon (Brit) ou car (US); (plate-forme roulante) trailer
f [pédalier] chain wheel
2 COMP ▷ **plateau continental** continental shelf ▷ **plateau d'embrayage** (Aut) pressure plate ▷ **plateau sous-marin** submarine plateau ▷ **plateau technique** [hôpital etc] technical wherewithal ou capacity ▷ **plateau de tournage** (Ciné) film set

plateau-repas, pl **plateaux-repas** [platoʀəpa] nm tray meal

plate-bande, pl **plates-bandes, platebande** [platbɑ̃d] → SYN nf (Horticulture) flower bed; (Archit) platband ◆ (fig) **marcher sur** ou **piétiner les plates-bandes de qn*** to trespass on sb's preserves, tread on sb else's patch

platée¹ [plate] nf (Culin) dish(ful), plate(ful)

platée² [plate] nf (Constr) foundation

plate-forme, pl **plates-formes, plateforme** [platfɔʀm] → SYN nf (gén: terrasse, estrade) platform; [autobus] platform; (Rail: wagon) flat wagon (Brit) ou car (US); (Pol, fig) platform ◆ **toit en plate-forme** flat roof ◆ (Géog) **plate-forme continentale** continental shelf ◆ (Pol) **plate-forme électorale** election platform ◆ **plate-forme (de forage en mer)** (off-shore) oil rig ◆ **plate-forme flottante** floating rig

platement [platmɑ̃] adv écrire, s'exprimer dully, unimaginatively; s'excuser humbly

plateresque [platʀɛsk] adj plateresque

plathelminthes [platɛlmɛ̃t] nmpl ◆ **les plathelminthes** the Platyhelminthes

platine¹ [platin] **1** nm platinum ◆ **platine iridié** platinum-iridium alloy
2 adj inv (couleur) platinum (épith) ◆ **blond platine** platinum blond

platine² [platin] nf [électrophone] deck, turntable; [microscope] stage; [presse] platen; [montre, serrure] plate; [machine à coudre] throat plate ◆ **platine laser** laser disk player ◆ **platine cassette** cassette deck

platiné, e [platine] adj cheveux platinum (épith) ◆ **une blonde platinée** a platinum blonde → **vis¹**

platiner [platine] ▸ conjug 1 ◂ vt to platinize

platinifère [platinifɛʀ] adj platiniferous

platitude [platityd] → SYN nf **a** [style] flatness, dullness; [livre, film, discours, remarque] dullness, lack of imagination (*de* in, of); [vie, personnage] dullness
b (propos) platitude ◆ **dire des platitudes** to make trite remarks, utter platitudes
c (†: servilité) [personne] obsequiousness; [excuse] humility; (acte) obsequiousness (NonC)

Platon [platɔ̃] nm Plato

platonicien, -ienne [platɔnisjɛ̃, jɛn] → SYN **1** adj Platonic
2 nm,f Platonist

platonique [platɔnik] → SYN adj amour platonic; protestation futile, vain (épith)

platoniquement [platɔnikmɑ̃] adv (→ **platonique**) platonically; vainly

platonisme [platɔnism] → SYN nm Platonism

plâtrage [plɑtʀaʒ] nm (→ **plâtrer**) plastering; liming; setting ou putting in plaster; lining

plâtras [plɑtʀɑ] → SYN nm (débris) rubble; (morceau de plâtre) chunk ou lump of plaster

plâtre [plɑtʀ] nm **a** (matière) (Chirurgie, Constr, Sculp) plaster; (Agr) lime ◆ (Méd) **mettre dans le plâtre** to put ou set in plaster ◆ (fig: fromage) **c'est du plâtre!** it's like chalk! → **battre**
b (Chirurgie, Sculp: objet) plaster cast ◆ (Constr) **les plâtres** the plasterwork (NonC) ◆ (Chirurgie) **plâtre de marche** walking plaster (Brit) ou cast (US) → **essuyer**

plâtrer [plɑtʀe] → SYN ▸ conjug 1 ◂ vt mur to plaster; prairie to lime; jambe to set ou put in plaster; estomac to line ◆ **jambe plâtrée** leg in plaster

plâtrerie [plɑtʀəʀi] nf (usine) plaster works

plâtreux, -euse [plɑtʀø, øz] adj sol limey, chalky; surface plastered, coated with plaster; (fig) fromage chalky(-textured)

plâtrier [plɑtʀije] nm plasterer

plâtrière [plɑtʀijɛʀ] nf (carrière) gypsum ou lime quarry; (four) gypsum kiln

platyrhiniens [platiʀinjɛ̃] nmpl ◆ **les platyrhiniens** platyrrhines, the Platyrrhina (spéc)

plausibilité [plozibilite] → SYN nf plausibility, plausibleness

plausible [plozibl] → SYN adj plausible

plausiblement [ploziblәmɑ̃] adv plausibly

Plaute [plot] nm Plautus

playback [plɛbak] nm miming ◆ **c'est du playback** they (ou he etc) are just miming (to a prerecorded tape) ◆ **chanter en playback** to mime to a prerecorded tape

playboy [plɛbɔj] nm playboy

plèbe [plɛb] → SYN nf (péj) plebs, proles ◆ (Hist) **la plèbe** the plebeians (pl)

plébéien, -ienne [plebejɛ̃, jɛn] → SYN **1** adj (Hist) plebeian; goûts plebeian, common
2 nm,f plebeian

plébiscitaire [plebisitɛʀ] adj of a plebiscite

plébiscite [plebisit] → SYN nm plebiscite ◆ **faire** ou **organiser un plébiscite** to hold a referendum

plébisciter [plebisite] → SYN ▸ conjug 1 ◂ vt (Pol) to elect by plebiscite; (fig: approuver) to elect by an overwhelming majority ◆ **se faire plébisciter** to be elected by an overwhelming majority, have a landslide victory

plectre [plɛktʀ] → SYN nm plectrum

pléiade [plejad] → SYN nf **a** (groupe) group, pleiad ◆ (Littérat) **la Pléiade** the Pléiade ◆ **une pléiade d'artistes** a whole host of stars
b (Astron) **Pléiade** Pleiad ◆ **la Pléiade** the Pleiades

plein, pleine [plɛ̃, plɛn] → SYN
1 adj **a** (rempli) boîte full; bus, salle full (up); joue, visage full, plump; crustacé, coquillage full; vie, journée full, busy ◆ **plein à déborder** full to overflowing ◆ **plein à craquer** valise full to bursting, crammed full; salle, bus, train packed (out), crammed full, full to bursting ◆ **un plein verre de vin** a full glass of wine ◆ **un plein panier de pommes** a whole basketful of apples, a full basket of apples ◆ **j'ai les mains pleines** my hands are full, I've got my hands full ◆ **parler la bouche pleine** to speak with one's mouth full ◆ **avoir l'estomac** ou **le ventre plein*** to be full, have eaten one's fill ◆ **plein comme un œuf*** tiroir chock-a-block* (Brit), chock-full*; estomac full to bursting*; nez stuffed up; ivrogne plastered‡ ◆ **être plein aux as‡** to be rolling in money* ou in it*, be filthy rich‡ ◆ (péj) **un gros plein de soupe*** a big fat slob‡ (péj)
b **plein de** bonne volonté, admiration, idées, attentions, fautes, vie full of; taches, graisse covered in ou with ◆ **salle pleine de monde** room full of people, crowded room ◆ **journée pleine d'événements** day packed or crowded with events, eventful day ◆ **entreprise pleine de risques** undertaking fraught with risk(s) ◆ **voilà une remarque pleine de finesse** that's a very shrewd remark ◆ **il est plein de santé / d'idées** he's bursting with health / ideas ◆ **il est plein de son sujet / de sa nouvelle voiture** he's full of his subject / his new car ◆ **mets plein de saveur** dish full of flavour, flavourful (Brit) ou flavorful (US) dish ◆ **être plein de soi** to be full of o.s. ou of one's own importance ◆ **être plein d'égards pour qn** to shower attention on sb
c (complet) succès complete; confiance complete, total; satisfaction full, complete, total ◆ **vous avez mon accord plein et entier** you have my wholehearted consent or approval ◆ **absent un jour plein** absent for a whole day ◆ **à plein temps, à temps plein** travailler, emploi full-time ◆ **il a plein pouvoir pour agir** he has full power ou authority to act ◆ **avoir les pleins pouvoirs** to have full powers ◆ **être membre de plein droit** to be a member in one's own right → **arc**
d lune full ◆ **la mer est pleine, c'est la pleine mer** the tide is in, it is high tide
e (non creux) paroi, porte, pneu, roue solid; trait unbroken, continuous; son solid; voix rich, sonorous ◆ **avec reliure pleine peau** fully bound in leather ◆ **manteau de fourrure pleine peau** fur coat made of solid ou full skins ◆ (fig) **mot employé dans son sens plein** word used in its full sense ou meaning
f (‡: ivre) stoned‡, plastered‡ ◆ **plein comme une barrique** as drunk as a lord*
g (Vét) pregnant, in calf (ou foal ou lamb)
h (indiquant l'intensité) **la pleine lumière le fatiguait** he found the bright light tiring ◆ **avoir pleine conscience de qch** to be fully aware of sth ◆ **en pleine possession de ses moyens** in full possession of one's faculties ◆ **être en pleine forme*** to be in ou on top form ◆ **les heures pleines** peak periods or hours ◆ **de son plein gré** of one's own free will ◆ **réclamer qch de plein droit** to claim sth as one's right ◆ **heurter qch de plein fouet** to crash headlong into sth ◆ **entreprise qui marche à plein rendement** business that is working at full capacity ◆ **à plein régime** (Aut) at maximum revs ◆ (fig) **la production / l'économie marche à plein régime** production / the economy is going flat out ◆ **rouler (à) pleins gaz*** ou **tubes‡, rouler plein pot*** to drive flat out* ◆ **rouler pleins phares** to drive on full beam (Brit) ou full headlights (Brit) ou high beams (US) ◆ **payer plein pot** to pay the full whack* ◆ **rincer le sol à pleins seaux** to rinse the floor with bucketfuls of water ◆ **embrasser qn à pleine bouche** to kiss sb full on the mouth ◆ **ça sent l'ammoniaque à plein nez** there's a terrible smell of ammonia, it reeks of ammonia ◆ **rire à pleine gorge** to laugh heartily, laugh one's head off ◆ **crier à pleins poumons** ou **à plein gosier** to shout at the top of one's voice, shout one's head off ◆ **respirer l'air frais à pleins poumons** to take deep breaths of fresh air, fill one's lungs with fresh air ◆ **ramasser qch à pleins bras / à pleines mains** to pick up armfuls / handfuls of sth ◆ **prendre qch à pleines mains** to lay a firm hold on sth, grasp sth firmly
i (au milieu de, au plus fort de) **en plein milieu** right ou bang* ou slap* in the middle ◆ **en pleine poitrine** full ou right in the chest ◆ **en pleine tête** right in the head ◆ **arriver en plein (milieu du) cours / en pleine répétition** to arrive (right) in the middle of the class / rehearsal ◆ **oiseau en plein vol** bird in full flight ◆ **tué en pleine jeunesse** killed in the bloom ou fullness of youth ◆ **c'est arrivé en plein Paris / en pleine rue** it happened in the middle of Paris / in the middle of the street ◆ **en plein midi** (à l'heure du déjeuner) in the middle of the lunch hour; (en plein zénith) at the height of noon ou at high noon; (exposé plein sud) facing due south, south-facing ◆ **en plein jour** in broad daylight ◆ **en pleine nuit** in the middle of the night, at dead of night ◆ **en plein hiver** in the depths ou middle of winter ◆ **rester en plein soleil** to stay (out) in the heat of the sun ◆ **le jardin est en plein soleil** the garden is in full sun, the sun is shining right

on(to) the garden ◆ **son visage était en pleine lumière** the light was shining straight into his face ou at him ◆ **enfant en pleine croissance** child who is growing fast ou shooting up ◆ **affaire en plein essor** ou **en pleine croissance** rapidly expanding ou growing business ◆ **en plein vent** right in the wind ◆ **arbre planté en pleine terre** tree planted in open ground ou out in the open ◆ **en pleine saison** at the height ou peak of the season; (touristique) when the season is (ou was) in full swing, at the middle ou peak of the (tourist) season ◆ **je suis en plein travail** I'm in the middle of (my) work, I'm hard at work ◆ **en pleine obscurité** in complete ou utter darkness ◆ **arriver en plein drame** to arrive in the middle of a crisis

2 adv a **avoir des bonbons plein les poches** to have one's pockets full of ou stuffed with sweets ◆ **avoir de l'encre plein les mains** to have ink all over one's hands ou one's hands covered in ink ◆ **avoir de l'argent plein les poches** to have plenty of money, be rolling in money*, be a moneybags* ◆ **il a des jouets plein un placard** he's got a cupboardful ou a cupboard full of toys ◆ **se diriger / donner plein ouest** to head / face due west ◆ **en avoir plein la bouche de qn / qch** to be full of sb / sth, talk of nothing but sb / sth ◆ **en avoir plein le dos*** ou **le cul***** **de qch** to be fed up with sth*, be sick and tired of sth*, be pissed off*** with sth ◆ **en avoir plein les jambes*** ou **les bottes*** ou **les pattes*** to be all-in*, have walked one's legs off* ◆ **il a voulu nous en mettre plein la vue*** he wanted to dazzle us ◆ **on s'en est mis plein la lampe*** we had a slap-up meal* ou a real blow-out‡ → **tout**

b (*: beaucoup de) **plein de** lots of, loads of* ◆ **il y a plein de bouteilles dans la cave / de gens dans la rue** the cellar / street is full of bottles / people, there are lots ou loads* of bottles in the cellar / people in the street ◆ **un gâteau avec plein de crème** a cake filled with lots of ou plenty of cream ◆ **il a mis plein de chocolat sur sa veste** he has got chocolate all over his jacket

c **en plein : la lumière frappait son visage en plein** the light was shining straight ou right into his face ◆ **en plein devant toi** right ou straight ou bang* in front of you ◆ **en plein dans l'eau / l'œil** right ou straight in the water / eye ◆ **mettre en plein dans le mille** (lit) to strike right ou (slap-)bang* in (the middle of) the bull's eye; (fig) to hit the nail on the head

d (au maximum) **à plein** at full capacity ◆ **entreprise qui tourne à plein** business that is working at full capacity ou flat out* ◆ **les légumes donnent à plein** it is the height of the vegetable season ◆ **utiliser à plein son potentiel / une machine / ses connaissances** to use one's potential / a machine / one's knowledge to the full, make full use of one's potential / a machine / one's knowledge ◆ **cet argument a porté à plein** this argument struck home ou made its point

3 nm a **faire le plein (d'essence)** to fill up ◆ **(faites) le plein, s'il vous plaît** fill it ou her* up please ◆ **on a fait 2 pleins pour descendre jusqu'à Nice** it took 2 tankfuls to get down to Nice, we had to fill up twice to get down to Nice ◆ **faire le plein d'eau / d'huile** to top up the water / oil ◆ **faire le plein de soleil** to get a good dose of the sun ◆ (fig) **théâtre qui fait le plein (de monde) tous les soirs** theatre which has a full house every night ◆ (fig) **la gauche a fait le plein des voix aux élections** the left got their maximum possible vote in the elections ◆ **tu as acheté beaucoup de conserves / livres – oui, j'ai fait le plein*** you bought lots of tins / books – yes I stocked up

b (plénitude) [animation, fête] height → **battre**

c (Archit) solid; (Calligraphie) downstroke

4 COMP ▷ **plein air** open air ◆ (Scol) **les enfants ont plein air le mercredi** the children have games ou sport on Wednesdays ◆ **jeux de plein air** outdoor games ◆ **en plein air** spectacle, cirque open-air (épith); s'asseoir (out) in the open (air) ▷ **pleine mer** (le large) open sea; (la marée haute) high tide ◆ **en pleine mer** out at sea, on the open sea

pleinement [plɛnmɑ̃] → SYN adv vivre, jouir to the full; approuver wholeheartedly, fully ◆ **utiliser qch pleinement** to make full use of sth, use sth to the full ou fully ◆ **pleinement responsable / satisfait de** wholly ou entirely ou fully responsible for / satisfied with ◆ **pleinement rassuré** completely ou totally reassured

plein-emploi, plein emploi [plɛnɑ̃plwa] nm full employment

pléistocène [pleistɔsɛn] 1 adj Pleistocene
2 nm ◆ **le pléistocène** the Pleistocene (period)

plénier, -ière [plenje, jɛʀ] → SYN adj plenary

plénipotentiaire [plenipɔtɑ̃sjɛʀ] → SYN adj, nm plenipotentiary → **ministre**

plénitude [plenityd] → SYN nf [forme] plenitude (littér), fullness; [son] fullness, richness; [droit] completeness ◆ **réaliser ses désirs dans leur plénitude** to realize one's desires in their entirety ◆ **vivre la vie avec plénitude** to live one's life to the full ◆ **dans la plénitude de sa jeunesse / de sa beauté** in the fullness of his youth / beauty (littér)

plenum [plenɔm] nm plenary session ou meeting

pléonasme [pleɔnasm] → SYN nm pleonasm

pléonastique [pleɔnastik] adj pleonastic

plésiosaure [plezjɔzɔʀ] nm plesiosaurus

pléthore [pletɔʀ] → SYN nf overabundance, plethora

pléthorique [pletɔʀik] → SYN adj nombre excessive; effectifs, documentation overabundant; classe overcrowded; (Méd) obese

pleur [plœʀ] → SYN nm a (littér) (larme) tear; (sanglot) sob ◆ (hum) **verser un pleur** to shed a tear

b LOC **en pleurs** in tears ◆ **il y aura des pleurs et des grincements de dents quand ...** there'll be much wailing and gnashing of teeth when ... ◆ **essuyer** ou **sécher les pleurs de qn** to wipe away ou dry sb's tears

c (Bot) bleeding

pleurage [plœʀaʒ] nm (Élec) wow

pleural, e, mpl **-aux** [plœʀal, o] adj pleural

pleurant [plœʀɑ̃] → SYN nm (Art) weeper

pleurard, e [plœʀaʀ, aʀd] (péj) 1 adj enfant whining (épith), who never stops crying; ton whimpering (épith), whining (épith), grizzling* (Brit) (épith)
2 nm,f crybaby*, whiner, grizzler* (Brit)

pleurer [plœʀe] → SYN ▸ conjug 1 ◂ 1 vi a (larmoyer) [personne] to cry, weep; [yeux] to water, run ◆ **s'endormir en pleurant** to cry oneself to sleep ◆ **pleurer bruyamment** to cry noisily, howl*, bawl‡ ◆ **pleurer de rire** to shed tears of laughter, laugh until one cries ◆ **pleurer de rage** to weep ou cry with rage, shed tears of rage ◆ **pleurer de joie** to cry ou weep for joy, shed tears of joy ◆ **pleurer d'avoir fait qch** to cry ou weep at ou over having done sth ◆ **j'ai perdu mon sac, j'en aurais pleuré** I lost my bag – I could have cried ou wept ◆ **il vaut mieux en rire que d'en pleurer** it's better to laugh (about it) than cry about ou over it ◆ **faire pleurer qn** to make sb cry, bring tears to sb's eyes ◆ **les oignons me font pleurer** onions make my eyes water ou make me cry ou bring tears to my eyes ◆ **pleurer comme un veau** (péj) ou **une Madeleine** ou **à chaudes larmes** to cry one's eyes ou one's heart out ◆ **être sur le point de pleurer** to be almost in tears, be on the point ou verge of tears ◆ **aller pleurer dans le gilet de qn*** to run crying to sb ◆ **triste à (faire) pleurer** dreadfully ou terribly sad ◆ **bête à (faire) pleurer** pitifully stupid ◆ **c'est bête à (faire) pleurer** it's enough to make you weep

b **pleurer sur** to lament (over) ◆ **pleurer sur son propre sort** to feel sorry for o.s., bemoan one's lot

c (péj : réclamer) **elle est tout le temps à pleurer** she's always whining ou begging for something ◆ **pleurer après qch** to shout for sth ◆ **il a été pleurer à la direction pour obtenir une augmentation** he has been moaning ou complaining to the management about getting a rise

d (littér) [sirène, violon] to wail

2 vt a personne to mourn (for); chose to bemoan; faute to bewail, bemoan, lament ◆ **mourir sans être pleuré** to die unlamented ou unmourned ◆ **pleurer des larmes de joie** to weep ou shed tears of joy, weep for joy ◆ **pleurer des larmes de sang** to shed tears of blood ◆ **pleurer tout son soûl** to have a good cry ◆ **pleurer toutes les larmes de son corps** to cry one's eyes out ◆ **pleurer misère** to bewail ou bemoan one's destitution ou impoverished state ◆ **pleurer sa jeunesse** to mourn ou lament the loss of one's youth, mourn for one's lost youth

b (péj) (quémander) augmentation, objet to beg for; (lésiner sur) nourriture, fournitures to begrudge, stint ◆ **il ne pleure pas sa peine*** he spares no effort, he doesn't stint his efforts ◆ **il ne pleure pas son argent*** he doesn't stint his money

pleurésie [plœʀezi] nf pleurisy ◆ **avoir une pleurésie** to have pleurisy

pleurétique [plœʀetik] adj pleuritic

pleureur, -euse [plœʀœʀ, øz] → SYN 1 adj enfant whining (épith), always crying (attrib); ton tearful, whimpering (épith) ◆ **c'est un pleureur / une pleureuse** (pleurard) he / she is always crying; (péj : quémandeur) he / she is always begging for something → **saule**
2 **pleureuse** nf (hired) mourner

pleurite [plœʀit] nf localized pleurisy

pleurnichard, e [plœʀniʃaʀ, aʀd] ⇒ **pleurnicheur**

pleurnichement [plœʀniʃmɑ̃] nm ⇒ **pleurnicherie**

pleurnicher [plœʀniʃe] ▸ conjug 1 ◂ vi to snivel*, grizzle* (Brit), whine

pleurnicherie [plœʀniʃʀi] nf snivelling* (NonC), grizzling* (Brit) (NonC), whining (NonC)

pleurnicheur, -euse [plœʀniʃœʀ, øz] 1 adj enfant snivelling* (épith), grizzling* (Brit) (épith), whining (épith); ton whining (épith), grizzling* (Brit) (épith)
2 nm,f crybaby*, grizzler* (Brit), whiner

pleurodynie [plœʀɔdini] nf pleurodynia

pleuronectes [plœʀɔnɛkt] nmpl ◆ **les pleuronectes** pleuronectids, the Pleuronectidae (spéc)

pleuropneumonie [plœʀɔpnømɔni] nf pleuropneumonia

pleurote [plœʀɔt] nf oyster mushroom, pleurotus (spéc)

pleurotomie [plœʀɔtɔmi] nf pleurotomy

pleutre [pløtʀ] → SYN (littér) 1 adj cowardly
2 nm coward

pleutrerie [pløtʀəʀi] nf (littér) (caractère) cowardice; (acte) act of cowardice

pleuvasser [pløvase], **pleuviner** [pløvine], **pleuvioter** [pløvjɔte] vb impers ▸ conjug 1 ◂ (crachiner) to drizzle, spit (with rain); (par averses) to be showery

pleuvoir [pløvwaʀ] → SYN ▸ conjug 23 ◂ 1 vb impers to rain ◆ **il pleut** it's raining ◆ **les jours où il pleut** on rainy days ◆ **on dirait qu'il va pleuvoir** it looks like rain ◆ **il pleut à grosses gouttes** heavy drops of rain are falling ◆ **il pleut à flots** ou **à torrents** ou **à seaux** ou **à verse, il pleut des cordes** ou **des hallebardes, il pleut comme vache qui pisse*** it's pouring (down) ou it's teeming down (Brit) (with rain), it's raining cats and dogs* ◆ **qu'il pleuve ou qu'il vente** rain or shine, come wind or foul weather ◆ **il a reçu des cadeaux comme s'il en pleuvait** he was showered with presents ◆ **il ramasse de l'argent comme s'il en pleuvait*** he's raking it in*, he's raking in the money* ◆ (hum) **tu vas faire pleuvoir !** (à une personne qui chante mal) you'll shatter the (glass in the) windows! (hum)

2 vi [coups, projectiles] to rain down; [critiques, invitations] to shower down ◆ **faire pleuvoir des coups sur qn** to rain blows (up)on sb ◆ **faire pleuvoir des injures sur qn** to shower insults (up)on sb, subject sb to a torrent of insults ou abuse ◆ **les invitations pleuvaient sur lui** he was showered with invitations, invitations were showered (up)on him

pleuvoter [pløvɔte] ▸ conjug 1 ◂ vi ⇒ **pleuvasser**

plèvre [plɛvʀ] nf pleura

Plexiglass® [plɛksiglas] nm Perspex®, Plexiglass® (US)

plexus [plɛksys] nm plexus ◆ **plexus solaire** solar plexus

pli [pli] → SYN 1 nm a [tissu, rideau, ourlet, accordéon] fold ; (Couture) pleat ◆ **(faux) pli** crease ◆ **faire un pli à un pantalon** (au fer) to put a crease in a pair of trousers, press a pair of trousers ; (par négligence) to crease a pair of trousers ◆ **jupe / robe à plis** pleated skirt / dress ◆ **son manteau est plein de plis** his coat is all creased ◆ **ton manteau fait un pli dans le dos** your coat has a crease at the back, your coat creases (up) at the back ◆ **son corsage est trop étroit, il fait des plis** her blouse is too tight – it's all puckered (up) ◆ **les plis et les replis de sa cape** the many folds of her cloak ◆ (fig) **il va refuser, cela ne fait pas un pli*** he'll refuse, no doubt about it ◆ **j'avais dit qu'elle oublierait, ça n'a pas fait de pli !** I had said she would forget and she did ! ou and I was right !
b (jointure) [genou, bras] bend ; (bourrelet) [menton, ventre] (skin-)fold ; (ligne) [bouche, yeux] crease ; (ride) [front] crease, furrow, line ◆ **sa peau faisait des plis au coin des yeux / sur son ventre** his skin was creased round his eyes / made folds on his stomach ◆ **le pli de l'aine** the (fold of the) groin ◆ **les plis et les replis de son menton** the many folds under his chin, his quadruple chin (hum)
c (forme) [vêtement] shape ◆ **suspends ton manteau pour qu'il garde un beau pli** hang up your coat so that it will keep its shape ◆ **garder un bon pli** to keep its shape ◆ **prendre un mauvais pli** [vêtement] to get crushed ; [cheveux] to twist ou curl the wrong way → **mise²**
d (fig : habitude) habit ◆ **prendre le pli de faire** to get into the habit of doing ◆ **il a pris un mauvais pli** he has got into a bad habit ◆ **c'est un pli à prendre !** you get used to it !
e (enveloppe) envelope ; (Admin : lettre) letter ◆ **sous ce pli** enclosed, herewith ◆ **sous pli cacheté** in a sealed envelope
f (Cartes) trick ◆ **faire un pli** to win a trick, take a trick
g (Géol) fold
2 COMP ▷ **pli d'aisance** (Couture) inverted pleat ▷ **pli creux** (Couture) box pleat ▷ **pli de pantalon** trouser crease ▷ **pli plat** (Couture) flat pleat ▷ **pli de terrain** fold in the ground, undulation

pliable [plijabl] → SYN adj pliable, flexible

pliage [plijaʒ] nm (action) folding ; (feuille) folded piece of paper

pliant, e [plijɑ̃, ɑ̃t] → SYN 1 adj lit, table, vélo collapsible, folding (épith) ; mètre folding (épith) ; canot collapsible
2 nm folding ou collapsible (canvas) stool, campstool

plie [pli] → SYN nf plaice

plié [plije] nm (Danse) plié

plier [plije] → SYN ▸ conjug 7 ◂ 1 vt a papier, tissu (gén) to fold ; (ranger) to fold up ◆ **plier le coin d'une page** to fold over ou fold down ou turn down the corner of a page
b (rabattre) lit, table, tente to fold up ; éventail to fold ; livre, cahier to close (up) ; volets to fold back ◆ (fig) **plier bagage** to pack up (and go) ◆ **on leur fit rapidement plier bagage** we quickly sent them packing ou made them clear out*
c (ployer) branche to bend ; genou, bras to bend, flex ◆ (fig) **plier le genou devant qn** to bow before sb, bend the knee before sb ◆ **être plié par l'âge** to be bent (double) with age ◆ **être plié (en deux), être plié de rire** to be doubled up with laughter ◆ **être plié de douleur** to be doubled up with pain
d **plier qn à une discipline** to force a discipline upon sb ◆ **plier qn à sa volonté** to bend sb to one's will ◆ **plier qn à sa loi** to lay down the law to sb ◆ **plier ses désirs à la situation** to adjust ou adapt one's desires to suit the situation
e (* : endommager) voiture to wreck
2 vi a [arbre, branche] to bend (over) ; [plancher, paroi] to sag, bend over ◆ **les branches pliant sous le poids des pêches** the branches bending ou sagging under the weight of the peaches ◆ **faire plier le plancher sous son poids** to make the floor sag beneath one's weight ◆ **plier sous le poids des soucis / des ans** to be weighed down by worry / years
b (céder) [personne] to yield, give in knuckle under ; [armée] to give way, lose ground ; [résistance] to give way ◆ **plier devant l'autorité** to give in ou yield ou bow to authority ◆ **faire plier qn** to make sb give in ou knuckle under ◆ (Sport) **notre défense plie mais ne rompt pas** our defence is weakening but isn't breaking down completely
3 **se plier** vpr a [lit, chaise] to fold (up)
b **se plier à** règle to submit to, abide by ; discipline to submit o.s. to ; circonstances to bow to, submit to, yield to ; désirs, caprices de qn to give in to, submit to

plieur, -ieuse [plijœʀ, jøz] 1 nm,f (ouvrier) folder
2 **plieuse** nf (machine) [papier] folder ; [tôles] folding machine

Pline [plin] nm Pliny

plinthe [plɛ̃t] → SYN nf (gén) skirting (board) ; (Archit) plinth

pliocène [plijɔsɛn] 1 adj Pliocene
2 nm ◆ **le pliocène** the Pliocene

plioir [plijwaʀ] nm (Tech) folder ; (Pêche) winder

plissage [plisaʒ] nm pleating

plissé, e [plise] → SYN (ptp de **plisser**) 1 adj jupe pleated ; terrain folded ; peau creased, wrinkled
2 nm pleats ◆ **plissé soleil** sunray pleats

plissement [plismɑ̃] → SYN nm (→ **plisser**) puckering (up) ; screwing up ; creasing ; folding ◆ (Géol) **plissement de terrain** fold ◆ **le plissement alpin** the folding of the Alps

plisser [plise] → SYN ▸ conjug 1 ◂ 1 vt a (froncer) jupe to pleat, put pleats in ; papier to fold (over)
b (rider) lèvres to pucker (up) ; yeux to screw up ; front to crease ◆ **un sourire plissa son visage** his face creased into a smile ◆ **il plissa le front** he knit ou creased his brow ◆ **une ride lui plissa le front** a wrinkle furrowed his brow
c (chiffonner) to crease
d (Géol) to fold
2 vi to become creased
3 **se plisser** vpr [front] to crease, furrow ; [lèvres] to pucker (up)

plisseur, -euse [plisœʀ, øz] 1 nm,f (ouvrier) pleater
2 **plisseuse** nf pleating machine

plissure [plisyʀ] nf pleats

pliure [plijyʀ] nf fold ; [bras, genou] bend ; (Typ) folding

ploc [plɔk] excl plop !, plip plop !, plop plop !

ploiement [plwamɑ̃] nm bending

plomb [plɔ̃] → SYN nm a (métal) lead ◆ **de plomb** tuyau lead ; soldat tin ; ciel leaden ; soleil blazing ; sommeil deep, heavy ◆ [essence] **sans plomb** unleaded, lead-free ◆ **j'ai des jambes de plomb** my legs are ou feel like lead ◆ **il n'a pas de plomb dans la tête** ou **la cervelle** he's featherbrained ◆ **cela lui mettra du plomb dans la tête** ou **la cervelle** that will knock some sense into him ◆ **avoir du plomb dans** ou **sur l'estomac** to have something lying heavy on one's stomach, have a lump in one's stomach
b (Chasse) (lead) shot (NonC) ◆ **j'ai trouvé 2 plombs dans le lièvre en le mangeant** I found 2 pieces of (lead) shot in the hare when I was eating it ◆ **du gros plomb** buckshot ◆ **du petit plomb** small shot ◆ (fig) **avoir du plomb dans l'aile** to be in a bad way
c (Pêche) sinker ; (Typ) type ; [vitrail] lead ; (sceau) (lead) seal ; (Élec : fusible) fuse ; (Couture) lead weight ◆ (Naut) **plomb (de sonde)** sounding lead
d LOC **mettre un mur à plomb** to plumb a wall ◆ **le soleil tombe à plomb** the sun is blazing straight down

plombage [plɔ̃baʒ] → SYN nm a (action : → **plomber**) weighting (with lead) ; filling, stopping ; sealing (with lead)
b (sur une dent) filling

plombagine [plɔ̃baʒin] → SYN nf plumbago, graphite

plombe* [plɔ̃b] nf hour ◆ **ça fait 2 plombes que j'attends** I've been waiting 2 hours now ◆ **à 3 plombes du matin** at 3 o'clock in the morning

plombé, e [plɔ̃be] → SYN (ptp de **plombe**
1 adj teint, couleur, ciel leaden ; essenc leaded ; dent filled ◆ **canne plombée** ou **à bo plombé** walking stick with a lead(en) tip
2 **plombée** nf (arme) bludgeon ; (Pêche) si kers, weights

plombémie [plɔ̃bemi] nf plasma lead level

plomber [plɔ̃be] ▸ conjug 1 ◂ 1 vt canne, ligne t weight (with lead) ; dent to fill, stop, put filling in ; colis to seal (with lead), put lead seal on ; mur to plumb ; (Agr) to rol (colorer) to turn leaden ◆ (Pêche) **ligne pa assez plombée** insufficiently weighted lin line that hasn't enough weights on it
2 **se plomber** vpr to turn leaden

plomberie [plɔ̃bʀi] nf (métier, installation plumbing ; (atelier) plumber's (work)shop (industrie) lead industry ◆ **faire de la plomberi** to do some plumbing

plombeur [plɔ̃bœʀ] nm (Agr) roller

plombier [plɔ̃bje] nm a (ouvrier) plumbe ◆ **c'est le plombier !** plumber !
b (* : agent secret) spy *(who plants bugs)*

plombières [plɔ̃bjɛʀ] nf inv tutti-frutti (ic cream)

plombifère [plɔ̃bifɛʀ] adj plumbiferous

plombure [plɔ̃byʀ] nf [vitrail] armature

plonge [plɔ̃ʒ] nf washing-up (Brit), dishwash ing (in restaurant) ◆ **faire la plonge** to be washer-up (Brit) ou dishwasher

plongé, e¹ [plɔ̃ʒe] (ptp de **plonger**) adj ◆ **plong dans** obscurité, désespoir, misère plunged in vice steeped in ; méditation, pensée immersed in, deep in ◆ **plongé dans l lecture d'un livre** engrossed in reading book, buried ou immersed in a boo ◆ **plongé dans le sommeil** sound asleep, in deep sleep

plongeant, e [plɔ̃ʒɑ̃, ɑ̃t] adj décolleté, tir plung ing ◆ **vue plongeante** view from above

plongée² [plɔ̃ʒe] → SYN nf a (action) [nageu diving ; [sous-marin] submersion ◆ **effectue plusieurs plongées** to make several dives ; t carry out several submersions ◆ **sous-mari en plongée** submerged submarine ◆ **plon gée sous-marine** (gén) diving ; (avec bouteilles skin diving, scuba diving ; (avec tuba) snor kelling (Brit), snorkeling (US) ◆ **plongée d haut vol** platform high diving ◆ **l'avion a fai une plongée sur la ville** the plane swoope down over the town
b (Ciné : prise de vue) high angle shot ◆ **fair une plongée sur qch** to take a high angl shot of sth

plongeoir [plɔ̃ʒwaʀ] nm diving board

plongeon [plɔ̃ʒɔ̃] nm a (Ftbl, Natation) dive ◆ **faire un plongeon** [nageur] to dive ; [gardien de but] to make a dive, dive ; (tomber) to go head over heels ◆ (fig) **faire le plongeon** [société] to go under suddenly ; [prix, valeurs] to nose-dive, take a nose dive
b (oiseau) diver (Brit), loon (US)

plonger [plɔ̃ʒe] → SYN ▸ conjug 3 ◂ 1 vi a (gén) [personne, sous-marin, avion] to dive (*dans* into, *sur* on, onto) ; [gardien de but] to dive, make a dive ◆ **avion qui plonge sur son objectif** plane that dives (down) onto its target ◆ **oiseau qui plonge sur sa proie** bird that dives ou plunges onto its prey
b (fig) [route, terrain] to plunge (down), dip (sharply ou steeply) ; [racines] to go down ◆ **plonger dans le sommeil** to fall (straight) into a deep sleep ◆ **mon regard plongeait sur la vallée** I cast my eyes down upon the valley
c (Fin) [société] to go under suddenly ; [prix, valeurs] to nose-dive, take a nose dive
d (arg Crime) [truand] to get done* (Brit) ou busted (US) (*pour* for)
2 vt ◆ **plonger qch dans** sac to plunge ou thrust sth into, dip sth in ; eau to plunge sth into ◆ **plonger qn dans** obscurité, misère to plunge sb into ; désespoir to throw ou plunge sb into ; sommeil, méditation, vice to plunge sb into ◆ **il plongea sa main dans sa poche pour prendre son mouchoir** he plunged his hand ou he dived into his pocket to get his handkerchief out ◆ **plonger qn dans la surprise** to surprise sb greatly ◆ **vous me plongez dans l'embarras** you have thrown me into a difficult position ◆ **il lui plongea un poignard dans le cœur** he plunged ou

thrust a dagger into his heart ◆ **plante qui plonge ses racines dans le sol** plant that thrusts its roots deep into the ground ◆ **plonger son regard sur / vers** to cast one's eyes at / towards ◆ **il plongea son regard dans mes yeux** he looked deeply into my eyes
3 **se plonger** vpr ◆ **se plonger dans** études, lecture to bury ou immerse o.s. in, throw o.s. into, plunge into ; dossier, eau, bain to plunge into, immerse o.s. in ◆ **se plonger dans le vice** to throw ou hurl o.s. into a life of vice

plongeur, -euse [plɔ̃ʒœʀ, øz] 1 adj diving
2 nm,f a (Sport) diver ◆ **plongeur sous-marin** (gén) diver ; (sans scaphandre) skin diver → **cloche**
b [restaurant] washer-up (Brit), dishwasher
3 nm (Orn) diver

plosive [ploziv] nf plosive

plot [plo] → SYN nm (Élec) contact ; [billard électrique] pin ◆ [piscine] **plot (de départ)** (starting) block

plouc* [pluk] 1 nm (péj) (paysan) country bumpkin ; (crétin) ninny*
2 adj ◆ **il est plouc** he's a ninny* ◆ **sa robe fait plouc** her dress looks dowdy

plouf [pluf] excl splash ◆ **il est tombé dans l'eau avec un gros plouf** he slipped and fell into the water with a splash ◆ **la pierre a fait plouf en tombant dans l'eau** the stone made a splash as it fell into the water

ploutocrate [plutɔkʀat] → SYN nm plutocrat

ploutocratie [plutɔkʀasi] → SYN nf plutocracy

ploutocratique [plutɔkʀatik] adj plutocratic

ployer [plwaje] → SYN ▸ conjug 8 ◂ (littér) 1 vi [branche, dos] to bend ; [poutre, plancher] to sag ; [genoux, jambes] to give way, bend ; [armée] to yield, give in ; [résistance] to give way ◆ **faire ployer le plancher sous son poids** to make the floor sag beneath one's weight ◆ **ployer sous l'impôt** to be weighed down by taxes ◆ (Sport) **notre défense ploie mais ne rompt pas** our defence is weakening but not breaking down completely ◆ (fig) **ployer sous le joug** to bend beneath the yoke
2 vt to bend ◆ **ployer un pays sous son autorité** to make a country bow down ou submit to one's authority

plucher [plyʃe] ▸ conjug 1 ◂ vi ⇒ **pelucher**

pluches [plyʃ] nfpl (arg Mil) potato-peeling, spud-bashing (Brit arg) ◆ **être de (corvée de) pluches** to be on potato-peeling ou spud-bashing (Brit arg)

plucheux, -euse [plyʃø, øz] adj ⇒ **pelucheux**

pluie [plɥi] → SYN nf a rain ; (averse) shower (of rain) ◆ **les pluies** the rains ◆ **la saison des pluies** the rainy season ◆ **le temps est à la pluie** we're in for rain, it looks like rain ◆ **jour / temps de pluie** wet ou rainy day / weather ◆ **sous la pluie** in the rain ◆ **pluie battante** driving ou lashing rain ◆ **pluie diluvienne** pouring rain (NonC), downpour ◆ **pluie fine** drizzle ◆ **une pluie fine tombait** it was drizzling ◆ **pluie jaune / acide** yellow / acid rain
b (fig) [cadeaux, cendres] shower ; [balles, pierres, coups] hail, shower ◆ **en pluie** in a shower ◆ **tomber en pluie** to shower down ◆ (Culin) **jeter le riz en pluie** to sprinkle in ou on the rice
c LOC **après la pluie (vient) le beau temps** (lit) the sun is shining again after the rain ; (fig) everything's fine again ◆ (fig) **faire la pluie et le beau temps** to rule the roost ◆ **il n'est pas né** ou **tombé de la dernière pluie** he wasn't born yesterday ◆ (Prov) **petite pluie abat grand vent** a small effort can go a long way → **ennuyeux, parler**

plumage [plymaʒ] → SYN nm plumage (NonC), feathers (pl)

plumard‡ [plymaʀ] nm bed ◆ **aller au plumard** to turn in*, hit the hay* ou the sack*

plume [plym] → SYN 1 nf a [oiseau] feather ◆ **chapeau à plumes** feathered hat, hat with feathers ◆ **oreiller / lit de plumes** feather pillow / bed ◆ **être aussi léger qu'une plume, ne pas peser plus lourd qu'une plume** to be as light as a feather ◆ **soulever qch comme une plume** to lift sth up as if it were a featherweight ◆ **se mettre dans les plumes*** to hit the sack* ou the hay*, turn in* ◆ **il y a laissé des plumes*** (gén) he came off badly ; (financièrement) he got his fingers burnt ◆ (hum) **il perd ses plumes*** his hair is falling out, he's going bald → **gibier, poids, voler**[1]
b (pour écrire) (d'oiseau) quill (pen) ; (en acier) (pen) nib ◆ **plume d'oie** goose quill ◆ **dessin à la plume** pen-and-ink drawing ◆ **écrire au fil** ou **courant de la plume** to write just as the ideas come to one ou come into one's head ◆ **il a la plume facile** writing comes easy to him ◆ **vivre de sa plume** to live by writing ou by one's pen ◆ **prendre la plume pour** ... to take up one's pen to ..., put pen to paper to ... ◆ (dans une lettre) **je lui passe la plume** I'll hand over to him, I'll let him carry on ◆ (fig) **tremper sa plume dans le poison** to steep one's pen in venom → **homme**
c (Pêche) quill
d [coquille] pen
2 nm ⇒ **plumard**‡
3 COMP ▷ **plume à vaccin** vaccine point

plumeau, pl **plumeaux** [plymo] → SYN nm feather duster

plumer [plyme] → SYN ▸ conjug 1 ◂ vt volaille to pluck ; (‡ fig) personne to fleece*

plumet [plymɛ] → SYN nm plume

plumetis [plym(ə)ti] nm (tissu) Swiss muslin ; (broderie) raised satin stitch

plumeuse [plymøz] nf (machine) plucker

plumeux, -euse [plymø, øz] adj feathery

plumier [plymje] nm pencil box

plumitif [plymitif] → SYN nm (péj) (employé) penpusher (péj) ; (écrivain) scribbler (péj)

plum-pouding, pl **plum-poudings, plum-pudding,** pl **plum-puddings** [plumpudiŋ] nm (rich) fruit cake

plumule [plymyl] nf [duvet] plumule

plupart [plypaʀ] → SYN GRAMMAIRE ACTIVE 26.1 nf ◆ **la plupart : la plupart des gens** most people, the majority of people ◆ **la plupart des gens qui se trouvaient là** most of the people there ◆ **la plupart (d'entre eux) pensent que ...** most (of them) ou the majority (of them) think that ... ◆ **dans la plupart des cas** in most cases, in the majority of cases ◆ **pour la plupart** mostly, for the most part ◆ **ces gens qui, pour la plupart, avaient tout perdu** these people who, for the most part, had lost everything, these people, most of whom had ou who had mostly lost everything ◆ **la plupart du temps** most of the time ◆ **la plupart de mon temps** most of my time, the greater part of my time

plural, e, mpl **-aux** [plyʀal, o] adj vote plural

pluralisme [plyʀalism] nm pluralism

pluraliste [plyʀalist] 1 adj pluralistic
2 nmf pluralist

pluralité [plyʀalite] → SYN nf multiplicity, plurality

pluriannuel, -elle [plyʀianɥɛl] adj contrat which lasts several years ; (Bot) perennial

pluricellulaire [plyʀiselylɛʀ] adj pluricellular

pluridisciplinaire [plyʀidisiplinɛʀ] → SYN adj (Scol) pluridisciplinary, multidisciplinary

pluridisciplinarité [plyʀidisiplinaʀite] nf pluridisciplinarity, multidisciplinary nature

pluriel, -elle [plyʀjɛl] → SYN 1 adj plural ◆ [livre, pièce de théâtre] **c'est une œuvre plurielle** it is a work with many levels, it is a work which can be read (ou understood etc) on many different levels
2 nm plural ◆ **au pluriel** in the plural ◆ **la première personne du pluriel** the first person plural ◆ **le pluriel de majesté** the royal plural, the royal "we" ◆ **le pluriel de « cheval » est « chevaux »** the plural of "cheval" is "chevaux"

pluriethnique [plyʀiɛtnik] adj multiethnic

plurifonctionnalité [plyʀifɔ̃ksjɔnalite] nf [appareil, salle] multifunctionality, ability to be used for many different functions

plurilatéral, e, mpl **-aux** [plyʀilateʀal, o] adj multilateral

plurilingue [plyʀilɛ̃g] adj multilingual

plurilinguisme [plyʀilɛ̃gɥism] nm multilingualism

plurinational, e, mpl **-aux** [plyʀinasjɔnal, o] adj multinational

pluripartisme [plyʀipaʀtism] nm (Pol) multiparty system

plurivalent, e [plyʀivalɑ̃, ɑ̃t] → SYN adj multivalent, polyvalent

plus [plys] → SYN GRAMMAIRE ACTIVE 26.5
1 adv nég [ply] a (temps) **ne ... plus** not any longer ou any more, no longer ◆ **il ne la voit plus** he no longer sees her, he doesn't see her any more ◆ **je ne reviendrai plus / plus jamais** I shan't / I'll never come back again ou any more ◆ **il n'a plus besoin de son parapluie** he doesn't need his umbrella any longer ou any more ◆ **il n'a plus à s'inquiéter / travailler maintenant** he does not need to worry / work any more now ◆ **il n'a plus dit un mot** he didn't say another word (after that) ◆ **il n'est plus là** he's gone (away) ◆ (euph) **son père n'est plus** his father has passed away (euph) ◆ **elle n'est plus très jeune** she's not as young as she was, she's getting on in years ◆ **plus de doute** no doubt now, no longer any doubt about it ◆ **plus besoin de rester*** no need to stay now ◆ (hum) **il n'y a plus d'enfants / de jeunesse !** children / young people aren't what they used to be
b (quantité) **ne ... plus** no more, not any more ◆ **elle n'a plus de pain / d'argent** she's got no more ou she hasn't got any more bread / money, she's got no (more) bread / money left ◆ **elle ne veut plus de pain** she doesn't want any more bread ◆ **des fruits ? il n'y en a plus** fruit? there is none left ou there isn't any (more) left ◆ **plus de vin, merci** no more wine, thank you ◆ **(il n'y a) plus personne à la maison** there's no one left in the house, they've all left the house, they've all gone (away) ◆ **il n'y a plus rien** there's nothing left ◆ **il n'y a plus rien d'autre à faire** there's nothing else to do ◆ **il n'y a plus guère** ou **beaucoup de pain** there's hardly any bread left ◆ **on n'y voit presque plus rien** you can hardly see anything now → **non**
c (avec que : seulement) **il n'y a plus que des miettes** there are only crumbs left, there's nothing left but crumbs ◆ **cela ne tient plus qu'à elle** it's up to her now ◆ **il n'y a (guère) plus que huit jours avant les vacances** there's only (about) a week to go before the holidays ◆ **plus que 5 km à faire** only another 5 km to go
2 adv emploi comparatif : [ply] devant consonne, [plyz] devant voyelle, [plys] à la finale a (avec adj) **il est plus intelligent (que vous / moi)** he is more intelligent (than you (are) / than me ou than I am ou than I (frm)) ◆ **elle n'est pas plus grande (que sa sœur)** she isn't any taller ou she is no taller (than her sister) ◆ **il est plus bête que méchant** he's stupid rather than malicious ◆ **il est plus vieux qu'elle de 10 ans** he's 10 years older than her ou than she is ou than she (frm) ◆ **il est 2 fois plus âgé qu'elle** he's twice as old as her, he's twice her age ◆ **2 ou 3 fois plus cher que ...** 2 or 3 times more expensive than ... ou as expensive as ... ◆ **il est plus qu'intelligent** he's clever to say the least, he isn't just intelligent ◆ **un résultat plus qu'honorable** an honourable result to say the least
b (avec adv) **il court plus vite (qu'elle)** he runs faster (than her ou than she does) ◆ **beaucoup plus facilement** much more ou a lot more easily ◆ **une heure plus tôt / tard** an hour earlier / later ◆ **ne venez pas plus tard que 6 heures** don't come any later than 6 o'clock ◆ **2 fois plus souvent que ...** twice as often as ... ◆ **j'en ai plus qu'assez !** I've had more than enough !
c [ply(s)] ◆ (avec vb) **vous travaillez plus (que nous)** you work more ou harder (than us) ◆ **il ne gagne pas plus (que vous)** he doesn't earn any more (than you) ◆ **j'aime la poésie plus que tout au monde** I like poetry more than anything (else) in the world ◆ **j'aime 10 fois plus le théâtre que le cinéma** I like the theatre 10 times better than the cinema
d [ply(s)] ◆ (davantage de) **plus de : (un peu) plus de pain** (a little ou a bit) more bread ◆ **j'ai plus de pain que vous** I've got more bread than you (have) ◆ **il y aura (beaucoup) plus de monde demain** there will be (a lot ou

many) more people tomorrow ◆ **il n'y aura pas plus de monde demain** there won't be any more people tomorrow

e [ply] ◆ (au-delà de) **plus de : il y aura plus de 100 personnes** there will be more than ou over 100 people ◆ **à plus de 100 mètres d'ici** more than ou over 100 metres from here ◆ **les enfants de plus de 4 ans** children over 4 ◆ **les plus de 30 / 40 ans** the over 30s / 40s ◆ **il n'y avait pas plus de 10 personnes** there were no more than 10 people ◆ **il est plus de 9 heures** it's after ou past 9 o'clock ◆ **100 000 F et plus** [ply(s)] 100,000 francs and more ou and over ◆ **plus d'un** more than one ◆ **plus d'un aurait refusé** many would have refused

f [ply], devant voyelle [plyz] **plus ... plus : plus on est de fous, plus on rit** ou **s'amuse** the more the merrier ◆ **plus il en a, plus il en veut** the more he has, the more he wants ◆ **plus on boit, plus on a soif** the more you drink, the thirstier you get ◆ **plus il gagne, moins il est content** the more he earns, the less happy he is

g [ply(s)] ◆ **de plus, en plus : elle a 10 ans de plus (que lui)** she's 10 years older (than him) ◆ **il y a 10 personnes de plus qu'hier** there are 10 more people than yesterday ◆ **une fois de plus** once more, once again ◆ **les frais de poste en plus** postal charges extra ou on top of that ou not included ◆ **on nous a donné 2 verres de plus** ou **en plus** we were given 2 more ou extra glasses ; (de trop) we were given 2 glasses too many ◆ **en plus de son travail, il prend des cours du soir** on top of ou besides his work, he's taking evening classes ◆ **en plus de cela** on top of (all) that, in addition to that, into the bargain

h LOC **de plus en plus** more and more ◆ **il fait de plus en plus beau chaque jour** the weather gets better and better every day ◆ **aller de plus en plus vite** to go faster and faster ◆ **plus ou moins** more or less ◆ **il a réussi plus ou moins bien** he didn't manage too badly, he just about managed ◆ **plus que jamais** more than ever ◆ **qui plus est, de plus** furthermore, what is more, moreover, into the bargain ◆ (Prov) **plus fait douceur que violence** kindness succeeds where force will fail → **autant, raison, tant**

3 [ply] adv emploi superlatif **a** (avec adj) **le plus beau de tous mes livres** the most beautiful of all my books ◆ **le plus intelligent des deux** the cleverer ou the more intelligent of the two ◆ **le plus intelligent de tous** the cleverest ou most intelligent of all ◆ **l'enfant le plus doué que je connaisse / de la classe** the most gifted child I've (ever) met / in the class ◆ **il était dans une situation des plus embarrassantes** he was in a most embarrassing situation ou the most embarrassing of situations ◆ **la plus grande partie de son temps** most of his time, the best part of his time ◆ **c'est ce que j'ai de plus précieux** it's the most precious thing I possess ◆ **la plus belle fille du monde ne peut donner que ce qu'elle a** one can only give as much as one has got

b (avec adv) **c'est le livre que je lis le plus souvent** it's the book I read most often ◆ **il a couru le plus vite** he ran the fastest ◆ **il a couru le plus vite possible** he ran as fast as possible ou as fast as he could ◆ **prends-en le plus possible** [ply(s)] take as much (ou as many) as possible ou as you can

c [ply(s)] ◆ (avec vb) **c'est le livre que j'aime le plus** it's the book I most like ou I like (the) most ou (the) best ◆ **ce qui nous frappe le plus** what strikes us most

d [ply(s)] ◆ **le plus de : c'est nous qui avons cueilli le plus de fleurs** we've picked the most flowers ◆ **c'est le samedi qu'il y a le plus de monde** it's on Saturdays that there are (the) most people ◆ **prends le plus possible de livres / de beurre** take as many books / as much butter as possible

e [ply(s)] ◆ **au plus** at the most ou outside ◆ **tout au plus** at the very most

4 [plys] conj **a** (addition) plus, and ◆ **deux plus deux font quatre** two and two are four, two plus two make four ◆ **tous les voisins, plus leurs enfants** all the neighbours, plus their children ou and their children (as well) ◆ **il paie sa chambre, plus le gaz et l'électricité** he pays for his room, plus gas and electricity

b (avec un chiffre) plus ◆ **il fait plus deux aujourd'hui** it's plus two (degrees) today, it's two above freezing today ◆ (Math) **plus cinq** plus five

5 [plys] nm **a** (Math) **(signe) plus** plus (sign)

b (avantage) plus

6 COMP ▷ **plus petit commun multiple** lowest common multiple ▷ **plus grand commun diviseur** highest common factor

plusieurs [plyzjœʀ] → SYN **1** adj indéf pl several ◆ **on ne peut pas être en plusieurs endroits à la fois** you can't be in more than one place at once ◆ **ils sont plusieurs** there are several (of them), there are a number of them ◆ **un ou plusieurs** one or more ◆ **payer en plusieurs fois** to pay in instalments

2 pron indéf pl several (people) ◆ **plusieurs (d'entre eux)** several (of them) ◆ **ils se sont mis à plusieurs pour ...** several people banded ou got together to ... ◆ **nous nous sommes mis à plusieurs pour ...** several of us got together to ...

plus-que-parfait [plyskəpaʀfɛ] nm (Gram) pluperfect (tense), past perfect

plus-value, pl **plus-values** [plyvaly] → SYN nf [investissement, terrain] appreciation (NonC), increase in value ; (excédent) [budget] surplus ; (bénéfice) profit, surplus → **impôt**

Plutarque [plytaʀk] nm Plutarch

Pluton [plytɔ̃] nm (Astron, Myth) Pluto

pluton [plytɔ̃] nm (Géol) pluton

plutonique [plytɔnik] adj plutonic, abyssal

plutonium [plytɔnjɔm] nm plutonium

plutôt [plyto] → SYN adv **a** (de préférence) rather ; (à la place) instead ◆ **ne lis pas ce livre, prends plutôt celui-ci** don't read that book but rather take this one ou take this one instead ◆ **prends ce livre plutôt que celui-là** take this book rather than ou instead of that one ◆ **cette maladie affecte plutôt les enfants** this illness affects children for the most part ou tends to affect children ◆ **je préfère plutôt celui-ci** (je voudrais de préférence) I'd rather ou sooner have this one ; (j'aime mieux) I prefer this one, I like this one better ◆ **plutôt souffrir que mourir** it is better to suffer (rather) than to die ◆ **plutôt que de me regarder, viens m'aider** rather than ou instead of (just) watching me, come and help ◆ **n'importe quoi plutôt que cela !** anything but that!, anything rather than that!

b (plus exactement) rather ◆ **il n'est pas paresseux mais plutôt apathique** he's apathetic rather than ou more than lazy, he's not so much lazy as apathetic ◆ **il est ignorant plutôt que sot** he's ignorant rather ou more than stupid, he's more ignorant than stupid, he's not so much stupid as ignorant ◆ **ou plutôt, c'est ce qu'il pense** or rather that's what he thinks ◆ **c'est un journaliste plutôt qu'un romancier** he's more of a journalist than a novelist, he's a journalist more ou rather than a novelist ◆ **il s'y habitue plutôt qu'il n'oublie** he's getting used to it rather than ou more than forgetting about it

c (assez) chaud, bon rather, quite, fairly, pretty* ◆ **il remange, c'est plutôt bon signe** he's eating again – that's quite ou rather a good sign ◆ **nos vacances sont plutôt compromises avec cet événement** our holidays are rather ou somewhat in the balance because of this incident ◆ **un homme brun, plutôt petit** a dark man, rather ou somewhat on the short side ou rather short ◆ **il est plutôt pénible, celui-là !** he's a bit of a pain in the neck, that fellow!* ◆ **il faisait beau ? – non, il faisait plutôt frais** was the weather good? – no, it was cool if anything ◆ **qu'est-ce qu'il est pénible, celui-là – ah oui, plutôt !*** what a pain in the neck he is!* – you said it!* ou you're telling me!*

pluvial, e, mpl **-iaux** [plyvjal, jo] adj régime, écoulement pluvial ◆ **eau pluviale** rainwater

pluvian [plyvjɑ̃] nm crocodile bird

pluvier [plyvje] nm plover ◆ **pluvier guignard** dotterel

pluvieux, -ieuse [plyvjø, jøz] → SYN adj rainy, wet

pluviner [plyvine] ▸ conjug 1 ◂ vi ⇒ **pleuvasser**

pluviomètre [plyvjɔmɛtʀ] nm pluviomete (spéc), rain gauge

pluviométrie [plyvjɔmetʀi] nf pluviometry

pluviométrique [plyvjɔmetʀik] adj pluviometric(al) ◆ **carte pluviométrique** isopluvi map ◆ **courbe pluviométrique** rainfall grap

pluviôse [plyvjoz] nm Pluviôse, *fifth month the French Republican calendar*

pluviosité [plyvjozite] nf [temps, saison] rainness, wetness ; (pluie tombée) (average) rai fall

PLV [peɛlve] nf (abrév de **publicité sur les lieux d vente**) → **publicité**

PM [peɛm] **1** nf **a** (abrév de **préparation mi taire**) → **préparation**

b (abrév de **police militaire**) MP

2 nm **a** (abrév de **pistolet-mitrailleur**) → **pist let**

b (abrév de **poids moléculaire**) → **poids**

PMA [peɛma] **1** nf (abrév de **procréation médic le(ment) assistée**) → **procréation**

2 nmpl (abrév de **pays les moins avancé**) LDCs

PME [peɛmə] nf (pl) (abrév de **petite(s) et moyer ne(s) entreprise(s)**) SMF(s)

PMI [peɛmi] nfpl (abrév de **petite(s) et moyenne(industrie(s)**) → **industrie**

PMU [peɛmy] nm (abrév de **Pari mutuel urbai**) pari-mutuel, ≃ tote* (Brit) ◆ **jouer au PMU** t bet on the horses, ≃ bet on the tote* (Br ◆ **le bureau du PMU** the betting office

PNB [peɛnbe] nm (abrév de **Produit national bru**) GNP

pneu [pnø] → SYN nm (abrév de **pneumatique**) **a** [véhicule] tyre (Brit), tire (US) ◆ **pneu clouté** ou **clous** studded tyre (Brit) ou tire (US) ◆ **pne sans chambre** ou **tubeless** tubeless tyre (Bri ou tire (US) ◆ **pneu-neige** snow tyre (Brit) o tire (US) ◆ **pneu plein** solid tyre (Brit) ou tir (US) ◆ **pneu à carcasse radiale, pneu radia** radial tyre (Brit) ou tire (US)

b (message) letter sent by pneumatic dis patch ou tube ◆ **par pneu** by pneumatic dis patch ou tube

pneumatique [pnømatik] **1** adj (Sci) pneu matic ; (gonflable) inflatable → **canot, mar teau, matelas**

2 nf pneumatics (sg)

3 nm ⇒ **pneu**

pneumatophore [pnømatɔfɔʀ] nm pneumato phore

pneumectomie [pnømɛktomi] nf pneumec tomy

pneumoconiose [pnømokɔnjoz] nf pneumo coniosis

pneumocoque [pnømɔkɔk] nm pneumococ cus

pneumocystose [pnømosistoz] nf pneumo cystis

pneumogastrique [pnømogastʀik] **1** ad pneumogastric

2 nm vagus nerve

pneumographie [pnømɔgʀafi] nf ◆ **pneumo graphie cérébrale** pneumoencephalography

pneumologie [pnømɔlɔʒi] nf pneumology

pneumologue [pnømɔlɔg] nmf lung specialis

pneumonectomie [pnømɔnɛktɔmi] n pneumonectomy

pneumonie [pnømɔni] nf pneumonia (NonC ◆ **faire** ou **avoir une pneumonie** to have pneu monia

pneumonique [pnømɔnik] **1** adj pneumonic

2 nmf pneumonia patient

pneumopéritoine [pnømopeʀitwan] nm pneumoperitoneum

pneumothorax [pnømotɔʀaks] nm pneumo thorax ◆ (Chirurgie) **pneumothorax artificie** artificial pneumothorax

Pnom-Penh [pnɔmpɛn] n Phnom Penh

PO (abrév de **petites ondes**) SW

Pô [po] nm ◆ **le Pô** the Po

pochade [pɔʃad] → SYN nf (dessin) quick sketch (in colour) ; (histoire) humorous piece

ochard, e⁑ [pɔʃaʀ, aʀd] [→ SYN] nm,f drunk, soak*, tippler*

oche[1] [pɔʃ] [→ SYN] nf [a] (vêtement, cartable, portefeuille) pocket ◆ **poche revolver / intérieure** hip / inside pocket ◆ **poche de pantalon** trouser pocket ◆ **poche appliquée** ou **plaquée** patch pocket ◆ **poche coupée** inset pocket ◆ **fausse poche** false pocket ◆ **sans diplôme en poche, on ne peut rien faire** you can't do anything without qualifications ◆ **s'en mettre plein les poches*, se remplir les poches*** to line one's pockets ◆ **de poche** sous-marin, couteau, mouchoir pocket (épith) ; collection, livre paperback (épith) ◆ **format de poche** pocket-size ◆ **j'avais 10 F / je n'avais pas un sou en poche** I had 10 francs / I hadn't a penny on me ◆ **en être de sa poche*** to be out of pocket, lose out* (financially) ◆ **il a payé de sa poche** it came ou he paid for it out of his (own) pocket ◆ (fig) **il a mis le maire dans sa poche** he has the mayor in his pocket, he has the mayor eating out of his hand ◆ **il a sa nomination en poche** his appointment is in the bag* ◆ **c'est dans la poche !*** it's in the bag !* ◆ **ce n'est pas dans la poche !*** it's not in the bag yet !* ◆ **faire les poches à qn*** to go through ou rifle sb's pockets ◆ **connaître un endroit comme sa poche** to know a place like the back of one's hand ou inside out ◆ **mets ça dans ta poche (et ton mouchoir par-dessus)** (somme d'argent) put that in your pocket (and forget about it) ; (renseignement) keep it under your hat* → **argent, langue** etc

[b] (déformation) **faire des poches** [veste] to go out of shape ; [pantalon] to go baggy ◆ **avoir des poches sous les yeux** to have bags ou pouches under one's eyes

[c] (Comm : sac) (paper ou plastic) bag

[d] [kangourou] pouch

[e] (cavité) pocket ◆ **poche d'air** air pocket ◆ **poche d'eau** pocket of water ◆ **poche de pus** pus sac ◆ **poche de sang** haematoma ◆ **poche des eaux** amniotic sac

[f] (Culin) **poche à douille** piping bag

oche[2] [pɔʃ] nm (livre) paperback

oche[3] [pɔʃ] nf (Helv) ladle

ocher [pɔʃe] [→ SYN] ▸conjug 1◂ [1] vt (Culin) to poach ; (Art) to sketch ◆ **pocher un œil à qn** to give sb a black eye

[2] vi ◆ [pantalon] **pocher aux genoux** to go baggy at the knees ◆ **pocher derrière** to seat (Brit)

ochetée⁑ [pɔʃte] nf oaf, twit*

ochette [pɔʃɛt] nf (mouchoir) (breast) pocket handkerchief ; (petite poche) breast pocket ; (sac) clutch ou envelope bag ; [timbres, photos] wallet, envelope ; [serviette, aiguilles] case ; [disque] sleeve, jacket (US) ◆ **pochette surprise** lucky bag, ≃ Cracker Jack ® (US) ◆ (hum) **il a eu son permis / diplôme dans une pochette surprise*** he won his licence / degree in a lucky dip (Brit) ou a raffle ◆ **pochette d'allumettes** book of matches

ocheuse [pɔʃøz] nf (egg)poacher

ochoir [pɔʃwaʀ] nm (cache) stencil ; (tampon) transfer ◆ **dessin au pochoir** stencil drawing

ochon [pɔʃɔ̃] [→ SYN] nm bag

ochothèque [pɔʃɔtɛk] nf (librairie) paperback bookshop (Brit) ou bookstore (US) ; (rayon) paperback section

odagre [pɔdagʀ] [→ SYN] [1] nf (††) gout

[2] adj (†) suffering from gout

odium [pɔdjɔm] nm podium ◆ **monter sur le podium** to mount the podium

odologie [pɔdɔlɔʒi] nf chiropody, podiatry (US)

odologue [pɔdɔlɔg] nmf chiropodist, podiatrist (US)

odomètre [pɔdɔmɛtʀ] [→ SYN] nm pedometer

odzol [pɔdzɔl] nm podzol, podsol

oêle[1] [pwal] [→ SYN] nf ◆ **poêle (à frire)** frying pan ; (* : détecteur de métaux) metal detector ◆ **passer à la poêle** to fry ◆ **poêle à crêpes** pancake (Brit) ou crêpe (US) pan ◆ **poêle à marrons** chestnut-roasting pan

oêle[2] [pwal] [→ SYN] nm stove ◆ **poêle à mazout / à pétrole** oil / paraffin (Brit) ou kerosene (US) stove ◆ **poêle à bois** wood(-burning) stove

poêle[3] [pwal] nm [cercueil] pall

poêlée [pwale] [→ SYN] nf ◆ **une poêlée de** a frying pan full of

poêler [pwale] [→ SYN] ▸conjug 1◂ vt to fry

poêlon [pwalɔ̃] [→ SYN] nm casserole

poème [pɔɛm] [→ SYN] nm poem ◆ **poème en prose / symphonique** prose / symphonic poem ◆ **c'est tout un poème*** (c'est compliqué) it's a real palaver*, what a carry-on* (Brit) ; (c'est indescriptible) it defies description

poésie [pɔezi] [→ SYN] nf (art, qualité) poetry ; (poème) poem, piece of poetry ◆ **faire de la poésie** to write poetry

poète [pɔɛt] [→ SYN] [1] nm poet ; (fig : rêveur) poet, dreamer → **œillet**

[2] adj tempérament poetic ◆ **être poète** to be a poet ◆ **femme poète** poetess

poétesse [pɔetɛs] nf poetess

poétique [pɔetik] [→ SYN] [1] adj poetic(al)

[2] nf poetics (sg)

poétiquement [pɔetikmɑ̃] adv poetically

poétisation [pɔetizasjɔ̃] nf (action) poetizing ; (résultat) poetic depiction

poétiser [pɔetize] [→ SYN] ▸conjug 1◂ vt to poetize

pogne⁑ [pɔɲ] nf mitt⁑, paw⁑ ◆ **être à la pogne de qn** to be under sb's thumb ◆ **avoir qn à sa pogne** to have sb under one's thumb

pognon⁑ [pɔɲɔ̃] nm dough⁑, lolly⁑ (Brit), bread⁑

pogonophores [pɔgɔnɔfɔʀ] nmpl ◆ **les pogonophores** pognophorans, the Pognophora (spéc)

pogrom(e) [pɔgʀɔm] nm pogrom

poids [pwɑ] [→ SYN] [1] nm [a] (gén) weight ◆ **prendre / perdre du poids** to gain / lose weight ◆ **Georges a encore pris du poids** George has been putting on ou gaining weight again ◆ **vendu au poids** sold by weight ◆ **quel poids fait-il ?** what weight is he ?, what does he weigh ?, what's his weight ? ◆ **quel poids cela pèse !** what a weight this is ! ◆ **ces bijoux d'argent seront vendus au poids du métal** this silver jewellery will be sold by the weight of the metal ◆ **la branche pliait sous le poids des fruits** the branch was weighed down with (the) fruit ou was bending beneath the weight of the fruit ◆ **elle s'appuyait contre lui de tout son poids** she leaned against him with all her weight ◆ **elle a ajouté une pomme pour faire le poids** she put in an extra apple to make up the weight ◆ [acteur, homme politique] **il ne fait vraiment pas le poids** he really doesn't measure up ◆ **il ne fait pas le poids face à son adversaire** he's no match for his opponent → **bon**[1]

[b] (objet) [balance, horloge etc] weight ; (Sport) shot ◆ (Sport) **lancer le poids** to put(t) the shot → **deux**

[c] (fig : charge) weight ◆ **tout le poids de l'entreprise repose sur lui** he carries the weight of the whole business on his shoulders ◆ **syndicat qui a beaucoup de poids** union which has a lot of muscle ou which carries a lot of weight ◆ **plier sous le poids des soucis / des impôts** to be weighed down by worries / taxes, be bent beneath the weight of one's worries / of taxes ◆ **être courbé sous le poids des ans** to be weighed down by (the weight of) years ◆ (hum) **c'est le poids des ans** old age never comes alone (hum) ◆ **enlever un poids (de la conscience) à qn** to take a weight ou a load off sb's mind ◆ **c'est un poids sur sa conscience** it's a weight on his conscience, it lies ou weighs heavy on his conscience ◆ (fig) **avoir** ou **se sentir un poids sur l'estomac** to have something lying heavy on one's stomach ◆ **j'ai un poids sur la poitrine** my chest feels tight, I have difficulty breathing

[d] (force, influence) weight ◆ **argument de poids** weighty ou forceful argument, argument of great weight ◆ **homme de poids** man who carries weight (fig) ◆ **cela donne du poids à son hypothèse** that gives ou lends weight to his hypothesis

[e] (boxeur) **poids mi-mouche** light flyweight ◆ **poids mouche** flyweight ◆ **poids coq** bantamweight ◆ **poids plume** featherweight ◆ **poids léger** lightweight ◆ **poids super-léger** light welterweight ◆ **poids welter** ou **mi-moyen** welterweight ◆ **poids super-welter** ou **super-mi-moyen** light middleweight ◆ **poids moyen** middleweight ◆ **poids mi-lourd** light heavyweight ◆ (lit) **poids lourd** heavyweight ◆ **le championnat du monde (des) poids lourds** the world heavyweight championship → aussi 2

[2] COMP ▷ **poids atomique**† atomic weight ▷ **poids brut** gross weight ▷ **poids et haltères** (Sport) nmpl weightlifting ◆ **faire des poids et haltères** (spécialité) to be a weightlifter ; (pour s'entraîner) to do weight training ou weightlifting ▷ **poids lourd** (camion) lorry (Brit), truck (US), large ou heavy goods vehicle (Brit) ; (fig) (entreprise) big name* ; (personne) heavyweight, big name* ▷ **poids et mesures** nmpl weights and measures ▷ **poids moléculaire** molecular weight ▷ **poids mort** (Tech, fig) dead weight ◆ (fig péj) **cet employé est un poids mort** this employee is not pulling his weight ou is a dead weight ▷ **poids net** net weight ▷ **poids net égoutté** drained weight ▷ **poids spécifique** specific gravity ▷ **poids total autorisé en charge** gross weight ▷ **poids utile** net weight ▷ **poids à vide** [véhicule] tare

poignant, e [pwaɲɑ̃, ɑ̃t] [→ SYN] adj récit, spectacle, chagrin poignant, heartrending, agonizing, harrowing

poignard [pwaɲaʀ] [→ SYN] nm dagger ◆ **coup de poignard** stab ◆ **frappé d'un coup de poignard en plein cœur** stabbed in ou through the heart

poignarder [pwaɲaʀde] [→ SYN] ▸conjug 1◂ vt to stab, knife ◆ (lit, fig) **poignarder qn dans le dos** to stab sb in the back ◆ **la jalousie / la douleur le poignardait** he felt stabs of jealousy / pain, jealousy / pain cut through him like a knife

poigne [pwaɲ] [→ SYN] nf (étreinte) grip ; (main) hand ; (fig : autorité) firm-handedness ◆ **avoir de la poigne** (lit) to have a strong grip ; (fig) to rule with a firm hand ◆ **à poigne** personne, gouvernement firm-handed

poignée [pwaɲe] [→ SYN] nf [a] (lit : quantité) handful, fistful ; (fig : petit nombre) handful ◆ **à** ou **par poignées** in handfuls ◆ **ajoutez une poignée de sel** add a handful of salt

[b] [porte, tiroir, valise] handle ; [épée] handle, hilt ◆ **poignée de frein** brake handle ◆ (hum) **poignées d'amour** love handles

[c] **poignée de main** handshake ◆ **donner une poignée de main à qn** to shake hands with sb, shake sb's hand ou sb by the hand

poignet [pwaɲɛ] [→ SYN] nm (Anat) wrist ; (Habillement) cuff ◆ **poignet de force** wrist band → **force**

poïkilotherme [pɔikilɔtɛʀm] adj poikilothermic, poikilothermal

poil [pwal] [→ SYN] [1] nm [a] (Anat) hair ◆ **avoir du poil** ou **des poils sur la poitrine** to have hairs on one's chest, have a hairy chest ◆ **les poils de sa barbe** (entretenue) the bristles ou hairs of his beard ; (mal rasée) the stubble on his face ◆ **sans poils** poitrine, bras hairless ◆ **il n'a pas un poil sur le caillou*** he's as bald as a coot* ou an egg* ◆ **il n'a pas un poil de sec*** (pluie) he's drenched, he's soaked to the skin ; (sueur) he's sweating in streams* ou like a pig⁑

[b] [animal] hair ; (pelage) coat ◆ **monter un cheval à poil**†† to ride a horse bareback ◆ **en poil de chèvre** goathair (épith) ◆ **en poil de lapin** rabbit-skin (épith) ◆ **en poil de chameau** camelhair (épith) ◆ **caresser dans le sens du poil** chat to stroke the right way ; (fig) personne to rub up the right way → **gibier**

[c] [brosse à dents, pinceau] bristle ; [tapis, étoffe] strand ; (Bot) [plante] down (NonC) ; [artichaut] choke (NonC) ◆ **les poils d'un tapis** the pile of a carpet ◆ **les poils d'un tissu** the pile ou nap of a fabric

[d] (* : un petit peu) **s'il avait un poil de bon sens** if he had an iota ou an ounce of good sense ◆ **à un poil près, l'armoire ne passait pas dans la porte** a fraction more and the cupboard wouldn't have gone through the doorway ◆ **ça mesure environ un mètre, à un poil près** it measures one metre as near as

makes no difference ◆ **il n'y a pas un poil de différence entre les deux** there isn't the slightest difference between the two (of them) ◆ **pousser qch d'un poil** to shift sth a fraction ◆ **il s'en est fallu d'un poil** it was a near ou close thing ou a close shave* → **quart**

e (loc) (nu) **à poil**⁑ starkers⁑ (Brit), in the altogether*, in one's birthday suit* ◆ **à poil !**⁑ (à chanteur, orateur) get off!*; (déshabillez-vous) get 'em off!⁑ ◆ **se mettre à poil**⁑ to strip off ◆ **au (quart de) poil*** (magnifique) great*, fantastic*; (précisément) réglé, convenir perfectly ◆ **tu arrives au poil, j'allais partir** you've come just at the right moment – I was just about to leave ◆ **ça me va au poil*** it suits me fine* ou to a T* ◆ **de tout poil** of all kinds, of all shapes and sizes ◆ **avoir un poil dans la main*** to be bone-idle* ◆ **ce n'est plus un poil qu'il a dans la main, c'est une canne** ou **un bambou !*** he's as lazy as they come ◆ (péj) **un jeune blanc-bec qui n'a même pas de poil au menton*** a lad who's still wet behind the ears* (péj), a babe in arms (péj) ◆ **tu parleras quand tu auras du poil au menton** you can have your say when you're out of short pants* ◆ **être de bon / de mauvais poil*** to be in a good / bad mood ◆ **avoir qn sur le poil*** to have sb breathing down one's neck (fig) ◆ **tomber sur le poil à qn*** (agresser) to go for* ou lay into* sb; [police] to jump sb*; [fisc] to come down on sb ◆ **reprendre du poil de la bête** [malade, plante] to pick up (again), regain strength; [rebelles, mouvement] to regain strength, be on the way up again

2 COMP ▹ **poil de carotte** personne red-haired, red-headed; cheveux red, carroty ▹ **poils follets** down (NonC) ▹ **poil à gratter** itching powder

poilant, e⁑ [pwalɑ̃, ɑ̃t] adj killing⁑, killingly funny*

poiler (se)⁑ [pwale] [→ SYN] ▸conjug 1◂ vpr to kill o.s. (laughing)⁑

poilu, e [pwaly] [→ SYN] **1** adj hairy

2 nm poilu, *French soldier in First World War*

poinçon [pwɛ̃sɔ̃] [→ SYN] nm **a** (outil) [cordonnier] awl; [menuisier] awl, bradawl; [brodeuse] bodkin; [graveur] style; [bijou, or] die, stamp

b (estampille) hallmark

c (matrice) pattern

poinçonnage [pwɛ̃sɔnaʒ] nm, **poinçonnement** [pwɛ̃sɔnmɑ̃] nm (→ **poinçonner**) stamping; hallmarking; punching, clipping

poinçonner [pwɛ̃sɔne] [→ SYN] ▸conjug 1◂ vt marchandise to stamp; pièce d'orfèvrerie to hallmark; billet to punch (a hole in), clip; tôle to punch

poinçonneur, -euse [pwɛ̃sɔnœʀ, øz] **1** nm,f (Hist: personne) ticket-puncher

2 poinçonneuse nf (machine) punching machine, punch press

poindre [pwɛ̃dʀ] [→ SYN] ▸conjug 49◂ **1** vi (littér) [jour] to break, dawn; [aube] to break; [plante] to come up, peep through

2 vt (†) [tristesse] to afflict; [douleur, amour] to sting (littér)

poing [pwɛ̃] [→ SYN] nm fist ◆ **taper du poing** ou **donner des coups de poing sur la table** to thump the table (with one's fist), bang ou thump one's fist on the table ◆ **il a dû taper du poing sur la table pour qu'ils acceptent** he had to put his foot down to get them to accept ◆ **les poings sur les hanches** with (one's) hands on (one's) hips, with (one's) arms akimbo ◆ **revolver au poing** revolver in hand ◆ **coup de poing** punch ◆ **donner un coup de poing à qn** to punch sb ◆ **il a reçu** ou **pris un coup de poing dans la figure** he was punched in the face ◆ **faire le coup de poing avec qn** to fight alongside sb ◆ **je vais t'envoyer** ou **te coller* mon poing dans la figure** you'll get my fist in your face*, I'm going to thump* ou punch you ◆ **montrer les poings** to shake one's fist ◆ **menacer qn du poing** to shake one's fist at sb → **dormir, lever, pied, serrer** etc

poinsettia [pwɛ̃setja] nm poinsettia

point¹ [pwɛ̃] [→ SYN] GRAMMAIRE ACTIVE 6.3, 26.3, 26.4

1 nm **a** (endroit) point, place, spot; (Astron, Géom) point; (fig: situation) point, stage ◆ **pour aller d'un point à un autre** to go from one point ou place ou spot to another ◆ **fixer un point précis dans l'espace** to stare at a fixed point in space ◆ **déborder en plusieurs points** to overflow at several points ou in several places ◆ **ils étaient venus de tous les points de l'horizon** they had come from all corners of the earth ou from all the points of the compass ◆ **je reprends mon discours au point où je l'ai laissé** I take up my speech where ou at the point at which I left off ◆ **avoir atteint le point où ..., en être arrivé au point où ...** to have reached the point ou stage where ... ◆ **nous en sommes toujours au même point** we haven't got any further, we're no further forward ◆ **c'est bête d'en être (arrivé) à ce point-là et de ne pas finir** it's silly to have got so far ou to have reached this point ou stage and not to finish ◆ **au point où on en est, cela ne changera pas grand-chose** considering the situation we're in, it won't make much difference ◆ **on continue ? – au point où l'on en est** shall we go on? – we've got this far

b (degré) (Sci) point; (fig: niveau) point, stage ◆ **point d'ébullition / de congélation** boiling / freezing point ◆ **jusqu'à un certain point** to some extent ou degree, up to a point, to a certain extent ◆ **au plus haut point** détester, admirer intensely ◆ **se méfier au plus haut point de qch** to be extremely mistrustful of ou highly sceptical about sth ◆ **être au plus haut point de la gloire** to be at the peak ou summit of glory ◆ **est-il possible d'être bête à ce point(-là) !** how can anyone be so (incredibly) stupid?, how stupid can you get?* ◆ **vous voyez à quel point il est généreux** you see how (very) generous he is ou the extent of his generosity ◆ **il ne pleut pas au point de mettre des bottes** it isn't raining enough for you to put boots on, it isn't raining so much that you need boots ◆ **tirer sur une corde au point de la casser** to pull on a rope so much that it breaks, pull a rope to the point where it breaks ◆ **sa colère avait atteint un point tel** ou **un tel point que ...** he was so (very) angry that ..., his anger was such that ... ◆ **il en était arrivé à ce point** ou **à un tel point d'avarice que ...** he had become so miserly that ..., his avarice had reached such proportions that ... ◆ **il a mangé au point de se rendre malade** he ate so much that he was sick ◆ **c'était à ce point absurde que ...** it was so (very) absurd that ...

c (aspect, détail, subdivision) point ◆ **exposé en 3 / 4 points** 3 / 4 point exposé ◆ **point de théologie / de philosophie** point of theology / philosophy ◆ **passons au point suivant de l'ordre du jour** let us move on to the next item on the agenda ◆ **point d'accord / de désaccord** point of agreement / disagreement ◆ **point mineur** ou **de détail** minor point, point of detail ◆ **voilà déjà un point acquis** ou **de réglé** that's one thing ou point settled ◆ **avoir des points communs** to have things in common ◆ **je n'ai aucun point commun avec elle** I have nothing in common with her ◆ **ils sont d'accord sur ce point / sur tous les points** they are agreed on this point ou score / on all points ou scores ou counts ◆ **se ressembler en tout point** to resemble each other in every respect ◆ **nous avons repris la question point par point** we went over the question point by point ◆ **de point en point** point by point, in every detail, down to the last detail

d (position) (Aviat, Naut) position ◆ **recevoir le point par radio** to be given one's position by radio ◆ (Naut) **faire le point** to take a bearing, plot one's position ◆ (Mil) **faire le point cartographique** ou **géographique** to take a bearing ◆ **faire le point horaire** to give regular bulletins, have regular updates ◆ **nous allons maintenant faire le point horaire** let's have an update (on the situation) ◆ **faire le point de la situation** to take stock of the situation, review the situation; (faire un compte rendu) to sum up the situation

e (marque) (gén, Mus, en morse, sur i) dot; (ponctuation) full stop (Brit), period; (tache) spot, speck; [dé] pip ◆ **le bateau n'était plus qu'un point à l'horizon** the ship was now nothing but a dot ou speck ou spot on the horizon ◆ (fig) **mettre les points sur les i** to dot one's i's (and cross one's t's), spell it out ◆ **point, à la ligne** (lit) new paragraph; (fig) full stop (Brit), period (US) ◆ **tu n'iras pas, un point c'est tout** you're not going and tha[t's] all there is to it ou and that's that, you'[re] not going – period ou full stop → **deux**

f [score] (Cartes, Sport) point; (Scol, Un[iv]) mark, point; [retraite] unit; [salaire] poi[nt] ◆ (Boxe) **aux points** on points ◆ **il a écho[ué] d'un point** he failed by one mark ou poi[nt] ◆ **la partie se joue en 15 points** the winner the first person to get to ou to sco[re] 15 (points) ◆ (esp Tennis) **faire** ou **marquer [le] point** to win the point ◆ (fig) **donner** ou **rend[re] des points à qn** to give sb points, give sb (head) start ◆ **bon / mauvais point** (Sc[ol]) good / bad mark *(for conduct etc)*; (fi[g]) plus / minus (mark) ◆ **enlever un point p[ar] faute** to take a mark ou point off for eve[ry] mistake → **bon¹, compter, marquer**

g (Écon, Bourse) point ◆ **sa cote de popul[a]rité a baissé de 3 points** his popularity ra[t]ing has fallen (by) 3 points ou is dow[n] 3 points

h (Méd) **avoir un point dans le dos** to have twinge (of pain) in one's back ◆ **vous av[ez] un point de congestion là** you have a spot [of] congestion there

i (Typ, TV, Phot) point

j (loc) (Culin) **à point** viande medium; fruit ju[st] ripe (attrib), nicely ripe; fromage just righ[t] for eating (attrib) ◆ **arriver à point (nommé)** [to] arrive just at the right moment ou ju[st] when needed ◆ **cela tombe à point** tha[t] comes just at the right moment, that's ju[st] ou exactly what I (ou we etc) need ◆ **au poi[nt]** image, photo in focus; affaire complete[ly] finalized ou settled; procédé, techniqu[e] machine perfected; discours, ouvrage up t[o] scratch (attrib), in its final form ◆ **mettre a[u] point** to (bring into) focus; to finalize; [to] settle; to perfect ◆ **mettre une affaire a[u] point avec qn** to finalize ou settle all th[e] details of a matter with sb ◆ [machin[e], spectacle] **ce n'est pas encore au point** it isn['t] quite up to scratch yet ◆ **être sur le point d[e] faire qch** to be (just) about to do sth, be jus[t] going to do sth, be on the point of doin[g] sth ◆ **j'étais sur le point de faire du café** I wa[s] just going to ou (just) about to make som[e] coffee → **mal, mise²**

2 COMP ▹ **point d'accès** (Ordin) access poin[t] ▹ **point d'ancrage** (Aut) anchorage point (fig) [politique] foundation stone ▹ **poin[t] d'annonce** (Cartes) *thirteen points necessar[y] for bidding* ▹ **point d'appui** (Mil) base [of] operations; [levier] fulcrum; [personne] some[]thing to lean on ◆ **chercher un point d'app[ui]** to look for something to lean on ◆ **cherche[r] un point d'appui pour placer une échelle** t[o] look for somewhere to lean a ladder o[r] something to lean a ladder on ou agains[t] ◆ **l'échelle a glissé de son point d'appui** th[e] ladder slipped from where it was leanin[g] ou from its resting place ▹ **point d'attach[e]** [bateau] mooring (post); (fig) base ▹ **poin[t] d'avantage** (Tennis) break point ▹ **poin[t] aveugle** (Anat) blind spot ▹ **points cardi[]naux** points of the compass, cardina[l] points ▹ **point chaud** (Mil) trouble spot, ho[t] spot; (fig: endroit) trouble spot ◆ (fait) **c'est u[n] des points chauds de l'actualité** it's one o[f] today's talking points ou major issue[s] ▹ **point de chute** (lit) landing place; (fig) stopping-off place ▹ **points de conduit[e]** (Typ) dot leaders ▹ **point de contrôl[e]** checkpoint ▹ **point de côté** stitch *(pain i[n] the side)* ▹ **point critique** (Phys, fig) criti[]cal point ▹ **point culminant** [gloire, réussite, panique, épidémie] height; [affaire, scandale] cli[]max, culmination; [montagne] peak, sum[]mit; [carrière] height, zenith ▹ **point d[e] départ** [train, autobus] point of departure [science, réussite, aventure] starting point [enquête] point of departure, starting point (Sport) start ◆ **revenir à son point de départ** t[o] come back to where it (ou one) starte[d] ◆ (fig) **nous voilà revenus au point de dépar[t]** (so) we're back to square one*, we're back where we started ▹ **point de droit** point of law ▹ **point d'eau** (source) watering place [camping] water (supply) point ▹ **poin[t] d'exclamation** exclamation mark (Brit) o[r] point (US) ▹ **point faible** weak point ▹ **point de fait** point of fact ▹ **point final** (lit) full stop (Brit), period (US) ◆ (fig) **je refuse, point final** I refuse, period (US), I refuse and that's final ◆ (fig) **mettre un point final à qch** to put an end to sth, bring sth to an end

▷ **point fort** strong point ▷ **point géométrique** (geometrical) point ▷ **point d'honneur** point of honour ◆ **mettre un point d'honneur à** ou **se faire un point d'honneur de faire qch** to make it a point of honour to do sth ▷ **point d'impact** point of impact ▷ **point d'incidence** point of incidence ▷ **point d'information** point of information ▷ **point d'interrogation** question mark ◆ **qui sera élu, c'est là le point d'interrogation** who will be elected – that's the big question (mark) ou that's the 64,000-dollar question* ▷ **point d'intersection** point of intersection ▷ **point du jour** daybreak, break of day ▷ **point lumineux** dot ou spot of light ▷ **point de mire** (lit) target; (fig) focal point ▷ **point mort** (Tech) dead centre; (Aut) neutral; (Fin) break-even point ◆ **au point mort** (Aut) in neutral; [négociations, affaires] at a standstill ▷ **point de neutralisation** end point ▷ **point névralgique** (Méd) nerve centre; (fig) sensitive spot ▷ **point noir** [visage] blackhead; (fig: problème) problem, difficulty; (Aut: lieu d'accidents) blackspot ▷ **point de non-retour** point of no return ▷ **point d'ordre** point of order ▷ **point d'orgue** (Mus) pause; (fig) [festival, conférence] high point ▷ **point de presse** press briefing ▷ **point de ralliement** rallying point ▷ **point de rassemblement** (à l'aéroport etc) meeting point; (Naut) muster station ▷ **point de ravitaillement** (en nourriture) refreshment point, staging point; (en essence) refuelling point ▷ **point de rencontre** meeting point ▷ **point de repère** (dans l'espace) landmark; (dans le temps) point of reference ▷ **points de reprise** (Mus) repeat marks ▷ **point de rouille** spot ou speck of rust ▷ **point de rupture** (gén) breaking point; (Ordin) breakpoint ▷ **point de saturation** (Sci, fig) saturation point ▷ **point sensible** (sur la peau) tender spot; (Mil) trouble spot; (fig) sensitive area, sore point ▷ **point de soudure** spot ou blob of solder ▷ **point stratégique** key point ▷ **points de suspension** (gén) suspension points; (en dictant) "dot, dot, dot" ▷ **point de tangence** tangential point ▷ **point de vente** (Comm) point of sale, sales outlet ◆ **« points de vente dans toute la France »** "on sale throughout France" ◆ **liste des points de vente** list of stockists ou retailers ▷ **point voyelle** (Ling) vowel point ▷ **point de vue** (lit) view(point); (fig) point of view, standpoint ◆ **du** ou **au point de vue argent** from the financial point of view ou standpoint ou viewpoint, as regards money, moneywise* ◆ **nous aimerions connaître votre point de vue sur ce sujet** we should like to know your point of view ou standpoint ou where you stand in this matter

point² [pwɛ̃] [→ SYN] [1] nm (Couture, Tricot) stitch ◆ **bâtir à grands points** to tack ◆ **coudre à grands points** to sew ou stitch using a long stitch ◆ **faire un (petit) point à qch** to put a stitch in sth
[2] COMP ▷ **point d'Alençon** Alençon lace ▷ **point d'arrêt** finishing-off stitch ▷ **point arrière** backstitch ▷ **point de chaînette** chain stitch ▷ **point de chausson** (Couture) blind hem stitch; (Broderie) closed herringbone stitch ▷ **point de couture** stitch ▷ **point de croix** cross-stitch ▷ **point devant** running stitch ▷ **point d'épine** feather stitch ▷ **point de feston** blanket stitch ▷ **point de jersey** stocking stitch ▷ **point mousse** garter stitch ▷ **point d'ourlet** hem-stitch ▷ **point de riz** (Tricot) moss stitch ▷ **point de suture** (Méd) stitch ◆ **faire des points de suture à** to put stitches in, stitch up ▷ **point de tapisserie** canvas stitch ▷ **point de tige** stem stitch ▷ **point de torsade** cable stitch ▷ **point de tricot** (gén) knitting stitch; (maille à l'endroit) knit stitch ▷ **point de Venise** rose point

point³ [pwɛ̃] [→ SYN] adv (littér, hum) ⇒ **pas²**

pointage [pwɛ̃taʒ] [→ SYN] nm **a** (action: → **pointer¹**) ticking ou checking ou marking off; checking in; checking out; pointing, aiming, levelling; training; directing; dotting; starting off; clocking in; clocking out
b (contrôle) check

pointal, pl -aux [pwɛ̃tal, o] nm [charpente] stay, strut, prop

pointe [pwɛ̃t] [→ SYN] [1] nf **a** (extrémité) [aiguille, épée] point; [flèche, lance] head, point; [couteau, crayon, clocher, clou] point, tip; [canne] (pointed) end, tip, point; [montagne] peak, top; [menton, nez, langue, ski] tip; [moustache, seins, col] point; [chaussure] toe ◆ **à la pointe de l'île** at the tip of the island ◆ **chasser l'ennemi à la pointe de l'épée / de la baïonnette** to chase away the enemy with swords drawn / at bayonet point
b (partie saillante) [grillage] spike; [côte] headland ◆ **la côte forme une pointe** ou **s'avance en pointe à cet endroit** the coast juts out (into the sea) ou forms a headland at that point ◆ **objet qui forme une pointe** object that tapers (in)to a point ◆ **en pointe** barbe in a point, pointed; col pointed ◆ **décolleté en pointe** V-neckline ◆ **tailler en pointe** arbre, barbe to cut ou trim into a point; crayon to sharpen (in)to a point ◆ **clocher / canne qui se termine en pointe** bell-tower / stick with a pointed tip ou that ends in a point
c (clou) tack; (Sport) [chaussure] spike; (outil pointu) point ◆ **tu cours avec des tennis ou avec des pointes?** do you run in trainers or spikes?
d (Danse) **(chaussons à) pointes** points, point shoes ◆ **faire des pointes** to dance on points
e (foulard) triangular (neck)scarf; (couche de bébé) (triangular-)shaped nappy (Brit) ou diaper (US)
f (allusion ironique) pointed remark; (trait d'esprit) witticism
g (petite quantité) **pointe de** ail touch ou dash ou hint of; ironie, jalousie touch ou tinge ou hint of ◆ **il a une pointe d'accent** he has a hint of an accent
h (maximum) peak ◆ (Aut) **faire des pointes (de vitesse) de 140** to have the occasional burst of 140 km / h ◆ **faire** ou **pousser une pointe jusqu'à Paris** to push ou press on as far as Paris ◆ **faire** ou **pousser une pointe de vitesse** [athlète, cycliste, automobiliste] to put on a burst of speed, put on a spurt, step on it* ◆ (Aut) **faire du 200 km / h en pointe** to have a top ou maximum speed of 200 km / h ◆ **à la pointe du combat** in the forefront of (the) battle ◆ **à la pointe de l'actualité** in the forefront of current affairs ou of the news ◆ **à la pointe du progrès** in the forefront ou the front line ou at the leading edge of progress ◆ **de pointe** industrie leading, high-tech; technique latest, ultramodern, advanced; vitesse top, maximum ◆ **heure** ou **période de pointe** [gaz, électricité] peak period; [circulation] rush ou peak hour
i (Naut) [compas] point
[2] COMP ▷ **pointe d'asperge** asparagus tip ou spear ▷ **pointe Bic®** Biro® (Brit), ball-point (pen), ball pen ▷ **pointes de feu** (Méd) ignipuncture (Brit) ◆ **faire des pointes de feu à qn** to perform ignipuncture (Brit) on sb ▷ **pointe fibre** (stylo) fibre-tip (pen) ▷ **pointe du jour** (littér) daybreak ▷ **la pointe des pieds** the toes ◆ **(se mettre) sur la pointe des pieds** (to stand) on tiptoe ou on one's toes ◆ **marcher / entrer sur la pointe des pieds** to walk / come in on tiptoe ou on one's toes, tiptoe in / out ◆ (fig) **il faut y aller sur la pointe des pieds (avec lui)** you have to tread very carefully (when dealing with him) ▷ **pointe sèche** (Art) dry-point ◆ **gravure à la pointe sèche** dry-point engraving ▷ **pointe de terre** spit ou tongue of land, headland

pointeau, pl pointeaux [pwɛ̃to] [→ SYN] nm **a** [carburateur, graveur] needle
b (Ind: surveillant) timekeeper

pointer¹ [pwɛ̃te] [→ SYN] ▸ conjug 1 ◂ [1] vt **a** (cocher) to tick off, check off, mark off ◆ (Naut) **pointer (sa position sur) la carte** to prick off ou plot one's position → **zéro**
b (Ind) employé (à l'arrivée) to clock in, check in; (au départ) to clock out, check out
c (braquer) fusil to point, aim, level (*vers, sur* at); jumelles to train (*vers, sur* on); lampe to direct (*vers, sur* towards); boule (de pétanque) to roll *(as opposed to throw)* ◆ **il pointa vers elle un index accusateur** he pointed ou directed an accusing finger at her
d (Mus) note to dot ◆ **notes pointées** dotted rhythm
e (Tech) trou de vis to start off
[2] vi [employé] (arrivée) to clock in, check in; (départ) to clock out, check out
[3] **se pointer*** vpr (arriver) to turn up*, show up*

pointer² [pwɛ̃te] [→ SYN] ▸ conjug 1 ◂ [1] vt **a** (piquer) to stick ◆ **il lui pointa sa lance dans le dos** he stuck his lance into his back
b (dresser) **église qui pointe ses tours vers le ciel** church whose towers soar (up) into the sky ◆ **chien qui pointe les oreilles** dog which pricks up it ears
[2] vi (littér) **a** (s'élever) [tour] to soar up
b (apparaître) [plante] to peep out; (fig) [ironie] to pierce through ◆ **ses seins pointaient sous la robe** the points of her breasts showed beneath her dress ◆ **le jour pointait** day was breaking ou dawning ◆ **le bateau pointait à l'horizon** the boat appeared as a dot on the horizon

pointer³ [pwɛ̃tœʀ] nm (chien) pointer

pointeur [pwɛ̃tœʀ] nm (Ind, Sport) timekeeper; (Ordin) pointer; [boules] *player who aims at the jack*; [canon] gun-layer

pointeuse [pwɛ̃tøz] [→ SYN] nf (personne) timekeeper; (machine-outil) jig borer ◆ **(horloge) pointeuse** time clock

pointillage [pwɛ̃tijaʒ] nm stipple, stippling

pointillé, e [pwɛ̃tije] (ptp de **pointiller**) [1] adj dotted
[2] nm **a** (Art) (procédé) stipple, stippling; (gravure) stipple
b (trait) dotted line; (perforations) perforation(s) ◆ **en pointillé** (lit) dotted; (fig) (sous-entendu) hinted at; (discontinu) carrière, vie marked by stops and starts ◆ **« détacher suivant le pointillé »** "tear along the dotted line"

pointillement [pwɛ̃tijmɑ̃] nm ⇒ **pointillage**

pointiller [pwɛ̃tije] [→ SYN] ▸ conjug 1 ◂ (Art) [1] vi to draw (ou engrave) in stipple
[2] vt to stipple

pointilleux, -euse [pwɛ̃tijø, øz] [→ SYN] adj particular, pernickety (péj), fussy (péj) (*sur* about)

pointillisme [pwɛ̃tijism] nm pointillism

pointilliste [pwɛ̃tijist] adj, nmf pointillist

pointu, e [pwɛ̃ty] [→ SYN] [1] adj **a** (lit) (en forme de pointe) pointed; (aiguisé) sharp
b (péj) air touchy, peevish, peeved; caractère touchy, peevish, crabbed; voix, ton shrill ◆ **accent pointu** northern accent *(expression used by people from South of France)*
c (fig) analyse in-depth; sujet specialized
[2] adv ◆ **parler pointu** to speak with ou have a northern accent

pointure [pwɛ̃tyʀ] [→ SYN] nf [gant, chaussure] size ◆ **quelle est votre pointure?, quelle pointure faites-vous?** what size do you take ou are you? ◆ (fig) **c'est une (grande** ou **grosse) pointure dans la chanson / ce domaine*** he is a big name in songwriting / this field*

point-virgule, pl points-virgules [pwɛ̃viʀgyl] nm semi-colon

poire [pwaʀ] [→ SYN] [1] nf **a** (fruit) pear ◆ **il m'a dit cela entre la poire et le fromage** ≃ he told me that (casually) over coffee *(at the end of a meal)* → **couper, garder**
b (*: tête) mug*, face ◆ **il a une bonne poire** he's got a nice enough face ◆ **se ficher de** ou **se payer la poire de qn** (ridiculiser) to have a good laugh at sb's expense; (tromper) to take sb for a ride* ◆ **en pleine poire** right in the face
c (*: dupe) mug* (Brit), sucker* ◆ **c'est une bonne poire** he's a real mug* (Brit) ou sucker* ◆ **et moi, bonne poire, j'ai dit oui** and like a mug* (Brit) ou sucker* I said yes
d [vaporisateur] squeezer
[2] adj ◆ **être poire*** to be a mug* (Brit) ou a sucker*
[3] COMP ▷ **poire Belle-Hélène** pear sundae ▷ **poire électrique** (pear-shaped) switch ▷ **poire à injections** douche, syringe ▷ **poire à lavement** enema syringe ▷ **poire à poudre** powder horn

poiré [pwaʀe] nm perry

poireau, pl poireaux [pwaʀo] [→ SYN] nm leek ◆ (fig) **faire le poireau*** to hang about* ◆ **elle m'a fait faire le poireau pendant 2 heures*** she kept ou left me hanging about for 2 hours

poireauter* [pwaʀote] ▸ conjug 1 ◂ vi to be left kicking ou cooling one's heels* ◆ **faire poireauter qn** to leave sb to kick ou cool his (ou her) heels*, leave sb kicking ou cooling his (ou her) heels*

poirée [pwaʀe] nf (bette) Chinese leaves (pl)

poirier [pwaʀje] nm pear tree ◆ (fig) **faire le poirier** to do a headstand

poiroter* [pwaʀɔte] ⇒ **poireauter**

pois [pwa] 1 nm a (légume) pea ◆ **petits pois** (garden) peas

b (Habillement) (polka) dot, spot ◆ **robe à pois** dotted ou spotted ou polka dot dress → **purée**

2 COMP ▷ **pois cassés** split peas ▷ **pois chiche** chickpea, garbanzo ◆ **il a un pois chiche dans la tête*** he's pea-brained*, he's short on grey matter* ▷ **pois de senteur** sweet pea

poiscaille* [pwaskaj] nm ou f (souvent péj) fish

poise [pwaz] nf (Phys) poise

poison [pwazɔ̃] → SYN 1 nm (lit, fig) poison ◆ **on a mis du poison dans sa soupe** his soup was poisoned

2 nmf (* fig : personne) misery*, misery-guts‡; (enfant) little horror*; (chose) drag*, bind* (Brit)

poissard, e [pwasaʀ, aʀd] → SYN 1 adj accent, langage vulgar, coarse

2 **poissarde** nf ◆ **parler comme une poissarde** to talk like a fishwife

poisse‡ [pwas] nf rotten luck*, bad luck ◆ **avoir la poisse** to have rotten* ou bad luck ◆ **quelle poisse!, c'est la poisse!** just my (ou our) (rotten) luck!* ◆ **ne le fais pas, ça porte la poisse** don't do that – it's bad luck ou it's unlucky ◆ **ça leur a porté la poisse** that brought them bad luck

poisser [pwase] → SYN ▸ conjug 1 ◂ vt a (‡ : attraper) to nab‡, cop‡

b (salir) to make sticky; (engluer) cordage to pitch ◆ **ça poisse** it is all sticky

poisseux, -euse [pwasø, øz] → SYN adj mains, surface sticky

poisson [pwasɔ̃] → SYN 1 nm a fish ◆ **pêcher du poisson** to fish ◆ **2 / 3 poissons** 2 / 3 fish ou fishes ◆ **fourchette / couteau à poisson** fish fork / knife ◆ **être (heureux) comme un poisson dans l'eau** to be in one's element, be as happy as a sandboy ◆ **être comme un poisson hors de l'eau** to be like a fish out of water ◆ **engueuler qn comme du poisson pourri‡** to call sb all the names under the sun, bawl at sb ◆ (fig) **un gros poisson*** a big fish* → **petit, queue**

b (Astron) **les Poissons** Pisces, the Fishes ◆ **être (un) Poissons** to be Pisces ou a Piscean

2 COMP ▷ **poisson d'argent** silverfish ▷ **poisson d'avril** (excl) April fool! nm (blague) April fool's trick ▷ **poisson d'eau douce** freshwater fish ▷ **poisson lune** sunfish ▷ **poisson de mer** saltwater fish ▷ **poisson pilote** pilotfish ▷ **poisson plat** flatfish ▷ **poisson rouge** goldfish ▷ **poisson volant** flying fish

poisson-chat, pl **poissons-chats** [pwasɔ̃ʃa] nm catfish

poisson-épée, pl **poissons-épées** [pwasɔ̃epe] nm swordfish

poissonnerie [pwasɔnʀi] nf (boutique) fishmonger's (shop) (esp Brit), fish shop; (métier) fish trade

poissonneux, -euse [pwasɔnø, øz] adj full of fish (attrib), well-stocked with fish, abounding in fish (attrib)

poissonnier [pwasɔnje] → SYN nm fishmonger (esp Brit), fish mercant (US)

poissonnière [pwasɔnjɛʀ] nf a (personne) (woman) fishmonger

b (ustensile) fish kettle (esp Brit), fish merchant (US)

poisson-perroquet, pl **poissons-perroquets** [pwasɔ̃peʀɔkɛ] nm parrotfish

poisson-scie, pl **poissons-scies** [pwasɔ̃si] nm sawfish

poitevin, e [pwat(ə)vɛ̃, in] 1 adj Poitou (épith), of Poitou; Poitiers (épith), of Poitiers

2 nm,f ◆ **Poitevin(e)** inhabitant ou native of Poitou ou Poitiers

poitrail [pwatʀaj] → SYN nm (Zool) breast; (hum : poitrine) chest; (Constr) lintel

poitrinaire† [pwatʀinɛʀ] 1 adj ◆ **être poitrinaire** to have TB, be tuberculous (spéc)

2 nmf tuberculosis sufferer

poitrine [pwatʀin] → SYN nf (gén) chest, breast (littér); (seins) bust, bosom; (Culin) [veau, mouton] breast; [porc] belly ◆ **poitrine salée** (ou **fumée**) ≃ streaky bacon ◆ **poitrine de bœuf** brisket (of beef) ◆ **maladie de poitrine†** chest complaint ◆ **elle a beaucoup de poitrine** she has a big bust ou bosom, she's big-busted ◆ **elle n'a pas de poitrine** she's flat-chested, she has no bust → **fluxion, tour²**, **voix**

poivrade [pwavʀad] nf (Culin) vinaigrette (sauce) with pepper ◆ **(à la) poivrade** with salt and pepper

poivre [pwavʀ] → SYN 1 nm pepper → **moulin, steak**

2 COMP ▷ **poivre blanc** white pepper ▷ **poivre de Cayenne** Cayenne pepper ▷ **poivre en grains** whole pepper, peppercorns ▷ **poivre gris** black pepper ▷ **poivre moulu** ground pepper ▷ **poivre noir** black pepper ▷ **poivre en poudre** ⇒ **poivre moulu** ▷ **poivre rouge** red pepper ▷ **poivre et sel** adj inv cheveux pepper-and-salt ▷ **poivre vert** green pepper *(spice)*

poivré, e [pwavʀe] → SYN (ptp de **poivrer**) adj plat, goût, odeur peppery; (fig) histoire spicy, juicy*, saucy*; (‡ : soûl) pickled‡, plastered‡

poivrer [pwavʀe] ▸ conjug 1 ◂ 1 vt to pepper, put pepper in ou on

2 **se poivrer‡** vpr (se soûler) to get pickled‡ ou plastered‡

poivrier [pwavʀije] nm a (Bot) pepper plant

b (Culin) pepperpot, pepper shaker (US)

poivrière [pwavʀijɛʀ] → SYN nf a (Culin) pepperpot, pepper shaker (US)

b (plantation) pepper plantation

c (Archit) pepper-box

poivron [pwavʀɔ̃] → SYN nm ◆ **poivron (vert)** green pepper, capsicum ◆ **poivron rouge** red pepper, capsicum

poivrot, e* [pwavʀo, ɔt] → SYN nm,f drunkard, wino‡, tippler*, boozer‡

poix [pwa] → SYN nf pitch (tar)

poker [pɔkɛʀ] → SYN nm (Cartes) (jeu) poker; (partie) game of poker ◆ **faire un poker** to have a game of poker ◆ **poker d'as / de dames** four aces / queens ◆ **poker d'as** (jeu) poker dice ◆ **poker menteur** bluff ◆ (fig) **coup de poker** gamble

polaire [pɔlɛʀ] → SYN 1 adj (Chim, Géog, Math) polar ◆ **froid polaire** arctic cold ◆ **laine polaire** (tissu) polar fibre ◆ **(sweat en) laine polaire** polar fibre sweater → **cercle, étoile**

2 nf (Math) polar

polaque [pɔlak] nm (péj) Polack (péj)

polar* [pɔlaʀ] nm (roman) whodunnit*

polard, e [pɔlaʀ, aʀd] nm,f (péj, arg Scol) swot* (Brit), grind* (US)

polarimètre [pɔlaʀimɛtʀ] nm polarimeter

polarimétrie [pɔlaʀimetʀi] nf polarimetry

polarisant, e [pɔlaʀizɑ̃, ɑ̃t] adj (Élec, Phys) polarizing

polarisation [pɔlaʀizasjɔ̃] nf (Élec, Phys) polarization; (fig) focusing

polariser [pɔlaʀize] → SYN ▸ conjug 1 ◂ 1 vt a (Élec, Phys) to polarize

b (fig : faire converger sur soi) attention, regards to attract ◆ **problème qui polarise toute l'activité / tout le mécontentement** problem around ou upon which all the activity / discontent centres ou is centred

c (fig : concentrer) **polariser son attention / ses efforts sur qch** to focus ou centre one's attention / efforts on sth ◆ **polariser son énergie sur qch** to bring all one's energies to bear on sth

2 **se polariser** vpr (Phys) to polarize ◆ **se polariser** ou **être polarisé sur qch** [mécontentement, critiques] to be centred (a)round ou upon sth, be focused upon sth; [personne] to focus ou centre one's attention on sth

polariseur [pɔlaʀizœʀ] adj, nm ◆ **(prisme) polariseur** polarizer

polarité [pɔlaʀite] nf (Bio, Ling, Math, Phy polarity

Polaroïd ® [pɔlaʀɔid] nm Polaroid ® ◆ **(apparei photo) polaroïd** ® Polaroid ® (camera)

polatouche [pɔlatuʃ] nm flying squirrel, pola touche (spéc)

polder [pɔldɛʀ] nm polder

poldérisation [pɔldeʀizasjɔ̃] nf convertin into a polder

pôle [pol] → SYN nm (Sci, fig) pole ◆ **pôl Nord / Sud** North / South Pole ◆ **pôle magné tique** magnetic pole ◆ (fig) **pôle d'attractio** centre of attraction ◆ (Écon) **pôle de conver sion** relocation area ◆ **pôle de développe ment** pole of development

polémique [pɔlemik] → SYN 1 adj controver sial, polemic(al)

2 nf controversy, argument, polemi ◆ **engager une polémique avec qn** to ente into an argument with sb ◆ **chercher à fair de la polémique** to try to be controversia ◆ (débat) **une grande polémique s'est engagé sur** ... a great debate has been starte about ou on ...

polémiquer [pɔlemike] → SYN ▸ conjug 1 ◂ vi t be involved in controversy

polémiste [pɔlemist] → SYN nmf polemist polemicist

polémologie [pɔlemɔlɔʒi] nf study of war

polémologue [pɔlemɔlɔg] nmf war specialist

polémoniacée [pɔlemɔnjase] nf ◆ **les polémo niacées** polemoniaceous plants, the Polemo niaceae (spéc)

polenta [pɔlɛnta] nf polenta

pole position [pɔlpozisjɔ̃] nf (Aut, fig) pole position

poli, e¹ [pɔli] → SYN adj polite ◆ **être poli avec qn** to be polite to sb ◆ **il est trop poli pour être honnête** his politeness makes me suspi cious of his motives, he's so polite I smel a rat ◆ **soyez poli!** don't be so rude!

poli, e² [pɔli] → SYN (ptp de **polir**) 1 adj bois ivoire polished; métal burnished, polished caillou smooth

2 nm shine ◆ **donner du poli à** to put a shine on, polish (up)

police¹ [pɔlis] → SYN 1 nf a (corps) police (NonC), police force ◆ **voiture de police** police car ◆ **être dans** ou **de la police** to be in the police (force), be a policeman ◆ **la police est à ses trousses** the police are after him ou are on his tail ◆ **la guerre des polices** the rivalry between different branches of the police ◆ **toutes les polices de France** the police throughout France ◆ **après avoir passé la douane et les formalités de police** once you've gone through customs and immigration → **plaque, salle**

b (maintien de l'ordre) policing, enforcement of (law and) order ◆ **les pouvoirs de police dans la société** powers to enforce ou maintain law and order in society ◆ **exercer** ou **faire la police** to keep (law and) order ◆ **faire la police dans une classe** to police a class, keep order in a class, keep a class in order ◆ **faire sa propre police** to do one's own policing, keep (law and) order for o.s.

c (règlements) regulations ◆ **police intérieure d'un lycée** internal regulations of a school

d (tribunal) **passer en simple police** to be tried in a police ou magistrates' court → **tribunal**

2 COMP ▷ **police de l'air et des frontières** border police ▷ **police à cheval** (Can) mounted police, mounties* ▷ **police de la circulation** traffic police ▷ **police judiciaire** ≃ Criminal Investigation Department ▷ **police des mœurs** ou **mondaine** ≃ vice squad ▷ **police montée** (Can) mounted police, mounties* ▷ **police municipale** ≃ local police ▷ **police nationale** national police force ▷ **police parallèle** ≃ secret police ▷ **la police des polices** Complaints and Discipline Branch (Brit), Internal Affairs (US) ▷ **police privée** private police force ▷ **police de la route** traffic police (Brit), state highway patrol (US) ▷ **police secours** ≃ emergency services ◆ **appeler police secours** ≃ to dial 999 (Brit) ou 911 (US), ≃ call the emergency services ▷ **police secrète** secret police

police[2] [polis] nf **a** (Assurances) (insurance) policy ◆ **police d'assurance vie** life insurance ou assurance policy ◆ **police d'assurance contre l'incendie** fire insurance policy
b (Typ) **police (de caractères)** fount (Brit), font (esp US)

policé, e [polise] → SYN (ptp de **policer**) adj civilized

policer [polise] → SYN ▸ conjug 3 ◂ vt (littér, ††) to civilize

polichinelle [poliʃinɛl] → SYN nm **a** (Théât) **Polichinelle** Punchinello → **secret**
b (marionnette) Punch
c (fig péj : personne) buffoon ◆ **faire le polichinelle** to act the buffoon
d (* : être enceinte) **avoir un polichinelle dans le tiroir** to have a bun in the oven*

policier, -ière [polisje, jɛʀ] → SYN **1** adj chien, enquête, régime police (épith) ; film, roman detective (épith)
2 nm **a** (agent) policeman, police officer ◆ **femme policier** policewoman, woman police officer
b (roman) detective novel ; (film) detective film

policlinique [poliklinik] → SYN nf out-patients' clinic

policologie [polikɔlɔʒi] nf *study of police organization and methods*

poliment [polimɑ̃] adv politely

polio [poljo] **1** nf (abrév de **poliomyélite**) (maladie) polio
2 nmf* (abrév de **poliomyélitique**) polio victim

poliomyélite [poljɔmjelit] nf poliomyelitis

poliomyélitique [poljɔmjelitik] **1** adj suffering from polio
2 nmf polio victim

polir [poliʀ] → SYN ▸ conjug 2 ◂ vt **a** meuble, objet, souliers to polish (up), put a polish ou shine on ; pierre, verre to polish ; métal to polish, burnish, buff ; ongles to polish, buff
b (fig) discours to polish (up) ; style to polish ; manières to polish, refine

polissage [polisaʒ] → SYN nm (→ **polir**) polishing ; shining ; burnishing ; buffing

polisseur, -euse [polisœʀ, øz] **1** nm,f polisher
2 **polisseuse** nf (machine) polisher

polissoir [poliswaʀ] nm polisher, polishing machine ◆ **polissoir à ongles** nail buffer

polisson, -onne [polisɔ̃, ɔn] → SYN **1** adj **a** (espiègle) enfant, air naughty, mischievous
b (grivois) chanson naughty, saucy ; regard saucy, randy*
2 nm,f (enfant) (little) rascal, (little) devil*, mischief* ; (personne égrillarde) saucy ou randy devil* ; (†† : petit vagabond) street urchin

polissonner† [polisɔne] ▸ conjug 1 ◂ vi to be naughty

polissonnerie [polisɔnʀi] → SYN nf **a** (espièglerie) naughty trick
b (grivoiserie) (parole) naughty ou saucy remark ; (action) naughty thing

poliste [polist] → SYN nf ou m paper wasp

politesse [politɛs] → SYN nf **a** (savoir-vivre) politeness, courtesy ◆ **par politesse** out of politeness, to be polite ◆ **je vais t'apprendre la politesse !** I'll teach you some manners ! ◆ (Ling) **conditionnel de politesse** polite conditional (form) ◆ (Ling) **pluriel de politesse** polite plural (form) → **brûler, formule, visite**
b (parole) polite remark ; (action) polite gesture ◆ **rendre une politesse** to return a favour ◆ **se faire des politesses** (paroles) to exchange polite remarks ; (actions) to make polite gestures to one another ◆ **ce serait la moindre des politesses** it is the least you can do

politicaillerie* [politikajʀi] nf (péj) politicking (péj)

politicard [politikaʀ] nm (péj) politician, political schemer

politicien, -ienne [politisjɛ̃, jɛn] → SYN (péj)
1 adj politicking (péj) ◆ (péj) **la politique politicienne** politicking, politics for its own sake
2 nm,f politician, political schemer

politico- [politiko] préf politico-

politique [politik] → SYN **1** adj **a** institutions, économie, parti, prisonnier, pouvoir, réfugié political ; carrière political, in politics ◆ **homme politique** politician ◆ **compte rendu de la semaine politique** report on the week in politics → **science**
b (littér : habile) personne diplomatic ; acte, invitation diplomatic, politic
2 nf **a** (science, carrière) politics (sg) ◆ **parler politique** to talk politics ◆ **faire de la politique** (militantisme) to be a political activist ; (métier) to be in politics
b (Pol, fig : ligne de conduite) policy ; (manière de gouverner) policies ◆ **la politique extérieure / intérieure du gouvernement** the government's foreign / domestic policy ◆ **l'opposition se plaint de la politique du gouvernement** the opposition is complaining about the government's policies ◆ **avoir une politique de gauche / droite** to follow left- / right-wing policies ◆ **politique des prix et des revenus** prices and incomes policy ◆ **politique agricole commune** Common Agricultural Policy ◆ (fig) **il est de bonne politique de faire** it is good policy to do ◆ **la politique du moindre effort** the principle of least effort ◆ **la politique du pire** the policy of adopting the worst possible line in order to attain one's own ends ◆ **faire** ou **pratiquer la politique de la chaise vide** to make a show of non-attendance ◆ **pratiquer la politique de l'autruche** to bury one's head in the sand ◆ **c'est la politique de l'autruche** it's like burying one's head in the sand ◆ **politique-fiction** political fantasy
3 nm (politicien) politician ; (aspects politiques) politics, the political side of things

politiquement [politikmɑ̃] adv (lit) politically ; (fig littér) diplomatically

politiquer*† [politike] ▸ conjug 1 ◂ vi to talk (about) politics

politisation [politizasjɔ̃] nf politicization

politiser [politize] ▸ conjug 1 ◂ **1** vt débat to politicize, bring politics into ; événement to make a political issue of ; personne, mouvement, action to politicize ◆ personne **très politisé** highly politicized, politically aware
2 **se politiser** vpr [action, mouvement, débat] to become politicized ; [personne] to become politicized ou politically aware

politologie [politɔlɔʒi] nf political science

politologue [politɔlɔg] nmf political pundit ou analyst ou expert

poljé [polje] nm polje

polka [polka] nf polka

pollakiurie [polakjyʀi] nf pollakiuria

pollen [polɛn] nm pollen

pollicitation [polisitasjɔ̃] nf (Jur) unaccepted offer, pollicitation (spéc)

pollinique [polinik] adj pollinic

pollinisation [polinizasjɔ̃] nf pollination

polluant, e [polɥɑ̃, ɑ̃t] adj polluting ◆ **produit polluant** pollutant, polluting agent

polluer [polɥe] → SYN ▸ conjug 1 ◂ vt to pollute

pollueur, -euse [polɥœʀ, øz] **1** adj polluting
2 nm,f (substance) pollutant, polluting agent ; (industrie, personne) polluter

pollution [polysjɔ̃] → SYN nf pollution ◆ **pollution atmosphérique / acoustique** atmospheric / noise pollution ◆ **pollution de l'air / des eaux / de l'environnement** air / water / environmental pollution ◆ (Méd) **pollutions nocturnes** wet dreams

Pollux [polyks] nm inv Pollux

polo [polo] nm **a** (Sport) polo
b (chemise) sports shirt

polochon* [polɔʃɔ̃] nm bolster ◆ **sac polochon** duffel bag

Pologne [polɔɲ] nf Poland

polonais, e [polɔnɛ, ɛz] **1** adj Polish
2 nm **a** **Polonais** Pole → **soûl**
b (Ling) Polish
3 **polonaise** nf **a** **Polonaise** Pole
b (Mus, danse) polonaise
c (gâteau) polonaise, *meringue-covered sponge cake containing preserved fruit*

polonium [polɔnjɔm] nm polonium

poltron, -onne [poltʀɔ̃, ɔn] → SYN **1** adj cowardly, craven (littér)
2 nm,f coward

poltronnerie [poltʀɔnʀi] nf cowardice

poly... [poli] préf poly...

polyacide [poliasid] adj, nm polyacid

polyalcool [polialkɔl] nm polyalcohol

polyamide [poliamid] → SYN nm polyamide

polyamine [poliamin] nf polyamine

polyandre [poljɑ̃dʀ] adj femme, plante polyandrous

polyandrie [poliɑ̃dʀi] nf polyandry

polyarchie [poljaʀʃi] nf polyarchy

polyarthrite [poliaʀtʀit] nf polyarthritis

polycarburant [polikaʀbyʀɑ̃] adj m moteur multifuel (épith)

polycentrique [polisɑ̃tʀik] adj polycentric

polycentrisme [polisɑ̃tʀism] nm (Pol) polycentrism

polycéphale [polisefal] adj polycephalous

polychètes [polikɛt] nmpl ◆ **les polychètes** polychaetes, the Polychaeta (spéc)

polychrome [polikʀom] adj polychrome, polychromatic

polychromie [polikʀomi] nf (gén) polychromatism ; (Art) polychromy

polyclinique [poliklinik] nf private general hospital

polycondensat [polikɔ̃dɑ̃sa] nm polycondensate

polycondensation [polikɔ̃dɑ̃sasjɔ̃] nf polycondensation

polycopie [polikɔpi] → SYN nf duplication, stencilling ◆ **tiré à la polycopie** duplicated, stencilled

polycopié [polikɔpje] nm (Univ) (payant) duplicated lecture notes *(sold to students)* ; (gratuit) handout

polycopier [polikɔpje] → SYN ▸ conjug 7 ◂ vt to duplicate, stencil ◆ **cours polycopiés** duplicated lecture notes *(sold to students)* ◆ **machine à polycopier** duplicator

polyculture [polikyltyʀ] nf mixed farming

polycyclique [polisiklik] adj polycyclic

polydactyle [polidaktil] adj polydactyl(ous)

polydactylie [polidaktili] nf hyperdactyly, polydactyly

polyèdre [poljɛdʀ] **1** adj angle, solide polyhedral
2 nm polyhedron

polyédrique [poljedʀik] adj polyhedral

polyembryonie [poliɑ̃bʀijɔni] nf polyembryony

polyester [poliɛstɛʀ] nm polyester

polyéthylène [polietilɛn] nm polyethylene

polygala [poligala] nm polygala

polygame [poligam] → SYN **1** adj polygamous
2 nm polygamist

polygamie [poligami] nf polygamy

polygénisme [poliʒenism] nm polygenesis, polygenism

polyglobulie [poliglɔbyli] nf polycythaemia (Brit), polycythemia (US)

polyglotte [poliglɔt] adj, nmf polyglot

polygonacées [poligɔnase] nfpl ◆ **les polygonacées** polygonaceous plants, the Polygonaceae (spéc)

polygonal, e, mpl **-aux** [poligɔnal, o] adj polygonal, many-sided

polygone [poligɔn] nm (Math) polygon ; (fig : zone) area, zone ◆ (Mil) **polygone de tir** rifle range

polygraphe [poligʀaf] nmf polygraph

polyhandicapé, e [poliɑ̃dikape] nm,f multi-disabled person

poly-insaturé, e [poliɛ̃satyʀe] adj polyunsaturated

polymère [pɔlimɛʀ] 1 adj polymeric
2 nm polymer

polymérie [pɔlimeʀi] nf (Chim) polymerism

polymérisation [pɔlimeʀizasjɔ̃] nf polymerization

polymériser vt, **se polymériser** vpr [pɔlimeʀize] ▸conjug 1◂ to polymerize

polymorphe [pɔlimɔʀf] adj polymorphous, polymorphic

polymorphie [pɔlimɔʀfi] nf, **polymorphisme** [pɔlimɔʀfism] nm polymorphism

Polynésie [pɔlinezi] nf Polynesia ◆ **Polynésie française** French Polynesia

polynésien, -ienne [pɔlinezjɛ̃, jɛn] 1 adj Polynesian
2 nm (Ling) Polynesian
3 nm,f ◆ **Polynésien(ne)** Polynesian

polynévrite [pɔlinevʀit] nf polyneuritis

Polynice [pɔlinis] nm Polynices

polynôme [pɔlinom] nm polynomial (Math)

polynucléaire [pɔlinykleɛʀ] 1 adj polynuclear, multinuclear
2 nm polymorphonuclear leucocyte

polyoside [pɔliozid] nm polysaccharide, polysaccharose

polype [pɔlip] → SYN n (Zool) polyp; (Méd) polyp, polypus

polypeptide [pɔlipɛptid] nm polypeptide

polypétale [pɔlipetal] adj polypetalous

polypeux, -euse [pɔlipø, øz] adj polypous

polyphasé, e [pɔlifɑze] adj polyphase

Polyphème [pɔlifɛm] nm Polyphemus

polyphonie [pɔlifɔni] nf polyphony (Mus)

polyphonique [pɔlifɔnik] adj polyphonic (Mus)

polypier [pɔlipje] nm polypary

polyploïde [pɔliplɔid] adj polyploid

polyploïdie [pɔliplɔidi] nf polyploidy

polypode [pɔlipɔd] nm polypody

polypore [pɔlipɔʀ] nm polyporus

polyptère [pɔliptɛʀ] nm polypterid

polyptyque [pɔliptik] nm polyptych

polysaccharide [pɔlisakaʀid] nm polysaccharide, polysaccharose

polysémie [pɔlisemi] nf polysemy

polysémique [pɔlisemik] adj polysemous, polysemic

polystyle [pɔlistil] adj polystyle

polystyrène [pɔlistiʀɛn] nm polystyrene ◆ **polystyrène expansé** expanded polystyrene

polysulfure [pɔlisylfyʀ] nm polysulphide

polysyllabe [pɔlisi(l)lab] 1 adj polysyllabic
2 nm polysyllable

polysyllabique [pɔlisi(l)labik] adj polysyllabic ◆ **mot polysyllabique** polysyllable

polysynthétique [pɔlisɛ̃tetik] adj polysynthetic

polytechnicien, -ienne [pɔlitɛknisjɛ̃, jɛn] nm,f polytechnicien, *student or ex-student at the École polytechnique*

polytechnique [pɔlitɛknik] → SYN adj (†) polytechnic ◆ **(l'École) polytechnique** ou **Polytechnique** École polytechnique

polythéisme [pɔliteism] nm polytheism

polythéiste [pɔliteist] 1 adj polytheistic
2 nmf polytheist

polytonal, e, mpl **polytonals** [pɔlitɔnal] adj polytonal

polytonalité [pɔlitɔnalite] nf polytonality, polytonalism

polytransfusé, e [pɔlitʀɑ̃sfyze] adj *having had several transfusions*

polytraumatisé, e [pɔlitʀomatize] adj *having experienced several traumas*

polyuréthan(n)e [pɔliyʀetan] nm polyuréthan(e)

polyurie [pɔliyʀi] nf polyuria

polyurique [pɔliyʀik] adj polyuric

polyvalence [pɔlivalɑ̃s] nf (Chim, Méd) polyvalency; [personne, mot] versatility

polyvalent, e [pɔlivalɑ̃, ɑ̃t] → SYN 1 adj (Chim, Méd) polyvalent; (fig) rôle, traitement varied; attributions, usages various, many; salle multipurpose; personne, mot versatile ◆ **enseignement polyvalent** comprehensive education
2 nm tax inspector *(sent to examine company's books)*

polyvinyle [pɔlivinil] nm polyvinyl

polyvinylique [pɔlivinilik] adj polyvinyl (épith)

pomélo [pɔmelo] nm grapefruit, pomelo (US)

Poméranie [pɔmeʀani] nf Pomerania → **loulou**[1]

pommade [pɔmad] → SYN nf [peau] ointment; [cheveux] cream, pomade ◆ (fig) **passer de la pommade à qn*** to butter sb up*, soft-soap sb*

pommader [pɔmade] → SYN ▸conjug 1◂ vt cheveux to pomade

pomme [pɔm] → SYN 1 nf a (fruit) apple; (pomme de terre) potato ◆ (fig) **grand** ou **haut comme trois pommes*** knee-high to a grasshopper* ◆ (fig) **tomber dans les pommes*** to faint, pass out ◆ (fig) **elle est restée longtemps dans les pommes*** she was out for some time ◆ **c'est aux pommes!*** it's A-OK!*
b [chou, laitue] heart; [canne, lit] knob; [arrosoir] rose; [mât] truck ◆ **pomme de douche** showerhead
c (*) (tête) head, nut*; (visage) face, mug⁑ ◆ **c'est pour ma pomme** (gén) it's for me ou for yours truly*; (qch de désagréable) it's for muggins here⁑ (Brit) ou for yours truly* ◆ **je m'occupe d'abord de ma pomme** I'm looking after number one* ◆ **c'est pour ta pomme** (gén) it's for you; (iro) it's for your lordship* (ou ladyship*) (Brit) ou for you
d (*: naïf, indulgent) mug* (Brit), sucker* ◆ **et moi, bonne pomme, j'ai dit oui** and like a mug* (Brit) ou sucker* I said yes
2 COMP ▷ **pomme d'amour** (sucrerie) caramel apple; (tomate) love apple ▷ **pomme d'Adam** Adam's apple ▷ **pommes allumettes** matchstick potatoes ▷ **pomme d'api** *type of small apple* ▷ **pommes boulangère** (Culin) fried potatoes with onions ▷ **pomme cannelle** sweetsop (Brit), custard apple ▷ **(pommes) chips** (potato) crisps (Brit) ou chips (US) ▷ **pomme à cidre** cider apple ▷ **pomme à couteau** eating apple ▷ **pomme à cuire** cooking apple, cooker* ▷ **pommes dauphine** Pommes Dauphine, ≃ potato croquettes *(without breadcrumbs)* ▷ **pomme de discorde** (fig) bone of contention ▷ **pommes frites** (gén) chips (Brit), French fries; (au restaurant) French fried potatoes ◆ **bifteck (aux) pommes frites** steak and chips (Brit) ou French fries ▷ **pomme fruit** (frm) apple ▷ **pomme golden** golden delicious (apple) ▷ **pommes mousseline** mashed potatoes ▷ **pommes noisettes** ≃ mini potato croquettes *(without breadcrumbs)* ▷ **pommes paille** straw potatoes, ≃ shoestring potatoes (US) ▷ **pomme de pin** pine ou fir cone ▷ **pomme (de) reinette** Cox's orange pippin (Brit) ▷ **pomme sauvage** crab apple ▷ **pomme de terre** potato ▷ **pommes vapeur** boiled potatoes

pommé, e [pɔme] (ptp de **pommer**) adj chou firm and round; laitue with a good heart

pommeau, pl **pommeaux** [pɔmo] nm [épée, selle] pommel; [canne] knob

pommelé, e [pɔm(ə)le] (ptp de **se pommeler**) adj cheval dappled; ciel full of fluffy ou fleecy clouds, mackerel (épith) ◆ **gris pommelé** dapple-grey

pommeler (se) [pɔm(ə)le] → SYN ▸conjug 4◂ vpr [ciel] to become full of fluffy ou fleecy clouds; [chou, laitue] to form a head ou heart

pommelle [pɔmɛl] nf filter (over a pipe)

pommer [pɔme] ▸conjug 1◂ vi (Bot) to form a head ou heart

pommeraie [pɔm(ə)ʀɛ] nf apple orchard

pommette [pɔmɛt] nf cheekbone ◆ **le rouge lui monta aux pommettes** a flush came to his cheeks ◆ **pommettes saillantes** high cheekbones

pommier [pɔmje] nm apple tree ◆ **pommier sauvage** crab-apple tree ◆ **pommier du Japon** Japan (flowering) quince (tree)

pomologie [pɔmɔlɔʒi] nf pomology

pomologue [pɔmɔlɔg] nmf pomologist

Pomone [pɔmɔn] nf Pomona

pompage [pɔ̃paʒ] nm pumping ◆ **pompage optique** optical pumping

pompe[1] [pɔ̃p] → SYN 1 nf a (machine) pump ◆ **pompe à air / à vide / de bicyclette** air, vacuum / bicycle pump
b (*: chaussure) shoe ◆ (fig) **être à l'aise** ou **bien dans ses pompes** to feel good ◆ **il est mal dans ses pompes en ce moment** things aren't quite right with him these days ◆ **je suis à côté de mes pompes en ce moment** I'm feeling a bit off-colour* (Brit) ou a bit-off these days
c (*loc) **à toute pompe** at top speed, flat out* ◆ (Mil) **(soldat de) deuxième pompe** private ◆ (Sport) **faire des pompes** to do press ups (Brit) ou push-ups (US) ◆ **c'est juste un petit coup de pompe*** I'm (ou we're) just feeling a bit drained ◆ **j'ai eu un** ou **le coup de pompe*** I felt drained, I was shattered*
2 COMP ▷ **pompe aspirante** suction ou lift pump ◆ **pompe aspirante et foulante** suction and force pump ▷ **pompe à chaleur** heat pump ▷ **pompe à essence** (distributeur) petrol (Brit) ou gasoline (US) pump; (station) petrol station (Brit), gas station (US) ▷ **pompe foulante** force pump ▷ **pompe à incendie** fire engine (apparatus)

pompe[2] [pɔ̃p] → SYN nf a (littér: solennité) pomp ◆ **en grande pompe** with great pomp
b (Rel: vanités) **pompes** pomps and vanities ◆ **renoncer au monde et à ses pompes** to renounce the world and all its pomps and vanities
c **pompes funèbres** funeral director's (Brit) undertaker's, mortician's (US) ◆ **entreprise de pompes funèbres** funeral director's (Brit) funeral parlor (US) ou home (US) ◆ **employé des pompes funèbres** undertaker's (Brit) ou mortician's (US) assistant

pompé, e⁑ [pɔ̃pe] (ptp de **pomper**) adj (fatigué) whacked⁑ (Brit), pooped⁑ (US), dead-beat⁑, all-in*

Pompée [pɔ̃pe] nm Pompey

Pompéi [pɔ̃pei] n Pompeii

pompéien, -ienne [pɔ̃pejɛ̃, jɛn] 1 adj Pompeiian
2 nm,f ◆ **Pompéien(ne)** Pompeiian

pomper [pɔ̃pe] → SYN ▸conjug 1◂ vt a air, liquide to pump; [moustique] to suck (up); (évacuer) to pump out; (faire monter) to pump up ◆ **pomper de l'eau** to get water from the pump, pump water out ◆ **tu me pompes (l'air)**⁑ you're getting on my nerves, I'm getting fed up with you⁑
b [éponge, buvard] to soak up
c (arg Scol: copier) to crib* (*sur* from)
d (⁑: boire) to swill down⁑, knock back⁑ ◆ **qu'est-ce qu'il pompe!** he can't half (Brit) ou he sure can (US) knock it back!⁑
e (⁑: épuiser) to wear out, tire out ◆ **tout ce travail m'a pompé** I'm worn out* ou whacked⁑ (Brit) ou pooped⁑ (US) after (doing) all that work

pompette* [pɔ̃pɛt] adj tipsy*, tiddly*

pompeusement [pɔ̃pøzmɑ̃] adv pompously, pretentiously

pompeux, -euse [pɔ̃pø, øz] → SYN adj (ampoulé) pompous, pretentious; (imposant) solemn

pompier, -ière [pɔ̃pje, jɛʀ] → SYN 1 adj (Art) pompier; (péj) style, écrivain pompous, pretentious; morceau de musique slushy*
2 nm a fireman, firefighter ◆ **appeler les pompiers** to call the fire brigade (Brit) ou department (US) → **fumer**
b (⁑) blow job⁑

pompiérisme [pɔ̃pjeʀism] nm pompier style

pompile [pɔ̃pil] nm spider-hunting wasp, pompilid (spéc)

pompiste [pɔ̃pist] nmf petrol pump (Brit) ou gas station (US) attendant

pompon [pɔ̃pɔ̃] → SYN nm [chapeau, coussin] pompom; [frange, instrument] bobble ◆ **avoir son pompon†*** to be tipsy* ou tiddly;* ◆ (fig iro) **avoir** ou **tenir le pompon** to take the biscuit* (Brit) ou cake*, be the limit* ◆ **c'est le pompon!** it's the last straw!, that beats everything!*, that's the limit!* → **rose**

pomponner [pɔ̃pɔne] → SYN ▸ conjug 1 ◂ 1 vt to titivate, doll up*; bébé to dress up ◆ **bien pomponné** all dolled up* ou dressed up
2 **se pomponner** vpr to titivate (o.s.), doll o.s. up*, get dolled up* ou dressed up

ponant [pɔnɑ̃] → SYN nm (littér) west

ponçage [pɔ̃saʒ] nm (→ **poncer**) sanding (down); rubbing down; sandpapering; pumicing

ponce [pɔ̃s] nf a (pierre) **ponce** pumice (stone)
b (Art) pounce box

ponceau¹, pl **ponceaux** [pɔ̃so] → SYN 1 nm (fleur) corn ou Flanders ou field poppy, coquelicot; (colorant) ponceau
2 adj ponceau, dark red

ponceau², pl **ponceaux** [pɔ̃so] → SYN nm (petit pont) ponceau, small bridge

Ponce Pilate [pɔ̃spilat] nm Pontius Pilate

poncer [pɔ̃se] → SYN ▸ conjug 3 ◂ vt a (décaper) (avec du papier de verre) to sand (down), rub down, sandpaper; (avec une ponceuse) to sand (down), rub down; (avec une pierre ponce) to pumice ◆ **il faut poncer d'abord** it needs sanding down first
b (Art) dessin to pounce

ponceur, -euse [pɔ̃sœʀ, øz] 1 nm,f (ouvrier) sander
2 **ponceuse** nf (machine) sander

ponceux, -euse [pɔ̃sø, øz] adj pumiceous

poncho [pɔ̃(t)ʃo] nm (cape) poncho; (chaussette) slipper sock, Afghan slipper

poncif [pɔ̃sif] → SYN nm (cliché) commonplace, cliché; (Art) stencil *(for pouncing)*

ponction [pɔ̃ksjɔ̃] → SYN nf a (Méd) (lombaire) puncture; (pulmonaire) tapping
b [argent] draining ◆ **ponction fiscale** levy ◆ **par de fréquentes ponctions il a épuisé son capital** he has dipped into ou drawn on his capital so often he has used it all up ◆ **faire une sérieuse ponction dans ses économies** [impôt] to make a large hole in ou make serious inroads into one's savings; (pour vacances etc) to draw heavily on one's savings ◆ (hum) **faire une ponction dans les bonbons** to raid the sweets ◆ (hum) **faire une ponction dans une bouteille** to help o.s. to plenty out of a bottle

ponctionner [pɔ̃ksjɔne] → SYN ▸ conjug 1 ◂ vt région lombaire to puncture; poumon to tap; réserves to tap; contribuable, entreprise to bleed

ponctualité [pɔ̃ktɥalite] → SYN nf (exactitude) punctuality; (assiduité) punctiliousness (frm), meticulousness

ponctuation [pɔ̃ktɥasjɔ̃] → SYN nf punctuation

ponctuel, -elle [pɔ̃ktɥɛl] → SYN adj a (à l'heure) punctual; (scrupuleux) punctilious (frm), meticulous
b (Phys) punctual; (fig: isolé) limited; intervention selective; contrôles selective; (aspect d'un verbe) punctual ◆ **ces terroristes se livrent à des actions ponctuelles** these terrorists strike selectively

ponctuellement [pɔ̃ktɥɛlmɑ̃] adv (→ **ponctuel**) punctually; punctiliously (frm), meticulously; selectively

ponctuer [pɔ̃ktɥe] → SYN ▸ conjug 1 ◂ vt (lit, fig) to punctuate (*de* with); (Mus) to phrase

pondaison [pɔ̃dɛzɔ̃] nf (egg-)laying season

pondérable [pɔ̃deʀabl] adj ponderable

pondéral, e, mpl **-aux** [pɔ̃deʀal, o] adj weight (épith) ◆ **surcharge pondérale** excess weight

pondérateur, -trice [pɔ̃deʀatœʀ, tʀis] adj influence stabilizing, steadying

pondération [pɔ̃deʀasjɔ̃] → SYN nf a [personne] level-headedness
b (équilibrage) balancing; (Écon, Math) weighting ◆ **pondération des pouvoirs** balance of powers ◆ **le coefficient de pondération est 3** it's weighted by a factor of 3

pondéré, e [pɔ̃deʀe] → SYN (ptp de **pondérer**) adj a personne, attitude level-headed
b (Écon) **indice pondéré** weighted index

pondérer [pɔ̃deʀe] → SYN ▸ conjug 6 ◂ vt (équilibrer) to balance; (compenser) to counterbalance (*par* by); (Écon, Math) indice to weight

pondéreux, -euse [pɔ̃deʀø, øz] → SYN 1 adj marchandises, produits heavy
2 nmpl ◆ **les pondéreux** heavy goods

pondeur [pɔ̃dœʀ] nm ◆ (péj) **pondeur de romans** writer who churns out books

pondeuse [pɔdøz] nf ◆ **(poule) pondeuse** good layer ◆ **pondeuse (d'enfants)*** prolific childbearer (hum)

pondoir [pɔ̃dwaʀ] nm nest box

pondre [pɔ̃dʀ] → SYN ▸ conjug 41 ◂ 1 vt œuf to lay; (*) enfant to produce; devoir, texte to produce, turn out* ◆ **œuf frais pondu** newlaid egg
2 vi [poule] to lay; [poisson, insecte] to lay its eggs

ponette [pɔnɛt] nf filly

poney [pɔnɛ] → SYN nm pony

pongé(e) [pɔ̃ʒe] nm (Tex) pongee

pongidés [pɔ̃ʒide] nmpl ◆ **les pongidés** pongids, the Pongidae (spéc)

pongiste [pɔ̃ʒist] nmf table tennis player

pont [pɔ̃] → SYN 1 nm a (Constr) bridge; (acrobatie) crab; (fig: lien) bridge, link ◆ **passer un pont** to go over ou cross a bridge ◆ **vivre ou coucher sous les ponts** to be a tramp ◆ [acrobate] **faire le pont** to do a crab ◆ **se porter comme le Pont-Neuf*** to be hale and hearty ◆ **faire un pont d'or à qn (pour l'employer)** to offer sb a fortune to take on a job → **couper, eau, jeter**
b (Naut) deck ◆ **pont avant / arrière / supérieur** fore / rear / upper ou top deck ◆ **navire à 2 / 3 ponts** 2 / 3 decker ◆ **tout le monde sur le pont!** all hands on deck!
c (Aut) axle ◆ **pont avant / arrière** front / rear axle
d (vacances) extra day(s) off *(taken between two public holidays or a public holiday and a weekend)* ◆ **on a un pont de 3 jours pour Noël** we have 3 extra days (off) for ou at Christmas ◆ **faire le pont** to take the extra day (off), make a long weekend of it
e (Antiq) **(royaume du) Pont** Pontus
f (Ftbl) **petit pont** nutmeg (Brit), between-the-leg pass (US) ◆ **faire un petit pont à qn** to nutmeg sb
g (Élec) bridge (circuit) ◆ **pont de Wheatstone** Wheatstone bridge
2 COMP ▷ **pont aérien** airlift ▷ **pont aux ânes** pons asinorum ◆ (fig) **c'est le pont aux ânes** any fool knows that ▷ **pont basculant** bascule bridge ▷ **pont de bateaux** floating bridge, pontoon bridge ▷ **les Ponts et Chaussées** (service) the highways department, department of civil engineering; (école) school of civil engineering ◆ **ingénieur des ponts et chaussées** civil engineer ▷ **pont élévateur** (Aut) hydraulic ramp ▷ **pont d'envol** (Naut) flight deck ▷ **pont de glace** (Can) ice bridge ou road ▷ **pont de graissage** (Aut) ramp *(in a garage)* ▷ **pont mobile** movable bridge ▷ **pont à péage** tollbridge ▷ **pont promenade** (Naut) promenade deck ▷ **pont roulant** (Rail) travelling crane ▷ **pont suspendu** suspension bridge ▷ **pont tournant** swing bridge ▷ **pont transbordeur** transporter bridge

pontage [pɔ̃taʒ] nm (Naut) decking ◆ (Méd) **pontage (cardiaque)** (heart) bypass operation

pont-canal, pl **ponts-canaux** [pɔ̃kanal, o] nm canal bridge

ponte¹ [pɔ̃t] → SYN nf (action) laying (of eggs); (œufs) eggs, clutch; (saison) (egg-)laying season ◆ **ponte ovulaire** ovulation

ponte² [pɔ̃t] → SYN nm a (*: pontife) big shot*, big noise* (*de* in)
b (Jeux) punter

pontée [pɔ̃te] → SYN nf (Naut) deck load

ponter¹ [pɔ̃te] ▸ conjug 1 ◂ vt (Naut) to deck, lay the deck of

ponter² [pɔ̃te] → SYN ▸ conjug 1 ◂ (Jeux) 1 vi to punt
2 vt to bet

Pont-Euxin [pɔ̃tøksɛ̃] nm ◆ **le Pont-Euxin** the Euxine Sea

pontier [pɔ̃tje] nm [pont mobile] movable-bridge operator; [pont roulant] travelling-crane operator

pontife [pɔ̃tif] → SYN nm a (Rel) pontiff → **souverain**
b (* fig) big shot*, pundit*

pontifiant, e* [pɔ̃tifjɑ̃, jɑ̃t] → SYN adj personne, ton pontificating

pontifical, e, mpl **-aux** [pɔ̃tifikal, o] adj (Antiq) pontifical; (Rel) messe pontifical; siège, gardes, états papal

pontificat [pɔ̃tifika] nm pontificate

pontifier* [pɔ̃tifje] ▸ conjug 7 ◂ vi to pontificate

pontil [pɔ̃til] nm (verre) punty, pontil

pont-l'évêque [pɔ̃levɛk] nm inv pont-l'évêque cheese

pont-levis, pl **ponts-levis** [pɔ̃l(ə)vi] nm drawbridge

ponton [pɔ̃tɔ̃] nm (plate-forme) pontoon, (floating) landing stage; (chaland) lighter; (navire) hulk

ponton-grue, pl **pontons-grues** [pɔ̃tɔ̃gʀy] nm floating crane

pontonnier [pɔ̃tɔnje] nm (Mil) pontoneer, pontonier

pool [pul] → SYN nm [producteurs, dactylos] pool ◆ **pool bancaire** banking pool

pop [pɔp] 1 adj inv musique, art pop
2 nm (musique) pop (music); (art) pop art

pop art [pɔpaʀt] nm pop art

pop-corn [pɔpkɔʀn] nm inv popcorn

pope [pɔp] nm (Orthodox) priest

popeline [pɔplin] nf poplin

poplité, e [pɔplite] 1 adj popliteal
2 nm popliteus

Popocatépetl [popokatepɛtl] nm Popocatépetl

popote [pɔpɔt] → SYN 1 nf a (*: cuisine) cooking ◆ **faire la popote** to cook
b (Mil) mess, canteen
2 adj inv (*) stay-at-home (épith), home-loving ◆ **il est très popote** he likes his home comforts

popotin* [pɔpɔtɛ̃] nm bottom* → **se magner**

populace [pɔpylas] → SYN nf (péj) rabble, mob

populacier, -ière [pɔpylasje, jɛʀ] → SYN adj (péj) vulgar, coarse

populage [pɔpylaʒ] nm marsh marigold, kingcup, cowslip (US)

populaire [pɔpylɛʀ] → SYN adj a (du peuple) gouvernement, front, croyance, tradition popular; démocratie popular, people's; république people's; mouvement, manifestation mass, of the people ◆ **la République populaire de ...** the People's Republic of ...
b (pour la masse) roman, art, chanson popular; édition cheap → **bal, soupe**
c (plébéien) goût common; (ouvrier) milieu, quartier, origines working-class ◆ **les classes populaires** the working classes
d (qui plaît) popular, well-liked ◆ **très populaire auprès des jeunes** very popular with young people, greatly liked by young people
e (Ling) mot, expression vernacular; étymologie popular; latin popular

populairement [pɔpylɛʀmɑ̃] adv (gén) popularly; parler in the vernacular

popularisation [pɔpylaʀizasjɔ̃] nf popularization

populariser [pɔpylaʀize] → SYN ▸ conjug 1 ◂
1 vt to popularize
2 **se populariser** vpr to become more (and more) popular

popularité [pɔpylaʀite] → SYN nf popularity

population [pɔpylasjɔ̃] → SYN nf (gén, Bot, Zool) population ◆ **région à population dense / faible** densely / sparsely populated region ou area ◆ **population active / agricole** working / farming population ◆ **la population du globe** the world's population, world population ◆ **la population scolaire** the school population

populationniste [pɔpylasjɔnist] adj mesures favouring population growth

populeux, -euse [pɔpylø, øz] → SYN adj pays, ville densely populated, populous; rue crowded

populisme [pɔpylism] nm (Littérat) populisme, *a literary movement of the 1920s and 1930s which sets out to describe the lives of ordinary people*

populiste [pɔpylist] → SYN adj, nmf (→ **populisme**) populiste

populo‡ [pɔpylo] nm (péj : peuple) ordinary people ou folks*; (foule) crowd (of people)

poquet [pɔkɛ] nm seed hole

porc [pɔʀ] → SYN nm **a** (animal) pig, hog (US); (viande) pork; (peau) pigskin

b (*: péj) pig, swine‡

porcelaine [pɔʀsəlɛn] → SYN nf **a** (matière) porcelain, china; (objet) piece of porcelain • **porcelaine dure / tendre** soft-paste / hard-paste porcelain • **porcelaine tendre naturelle** bone china • **porcelaine vitreuse** vitreous china • **porcelaine de Saxe / de Sèvres** Dresden / Sèvres china • **porcelaine de Chine** China • **porcelaine de Limoges** Limoges porcelain ou china(ware) • **de** ou **en porcelaine** china, porcelain

b (Zool) cowrie

porcelainier, -ière [pɔʀsəlenje, jɛʀ] **1** adj china (épith), porcelain (épith)

2 nm (fabricant) porcelain ou china manufacturer

porcelet [pɔʀsəlɛ] → SYN nm piglet

porc-épic, pl **porcs-épics** [pɔʀkepik] → SYN nm porcupine; (fig : personne irritable) prickly customer* ou person • (homme mal rasé) **tu es un vrai porc-épic** you're all bristly

porche [pɔʀʃ] → SYN nm porch • **sous le porche de l'immeuble** in the porch ou porchway of the flats

porcher, -ère [pɔʀʃe, ɛʀ] nm,f pig-keeper, swineherd†

porcherie [pɔʀʃəʀi] → SYN nf (lit, fig) pigsty, pigpen (US)

porcin, e [pɔʀsɛ̃, in] → SYN **1** adj (lit) porcine; (fig) piglike

2 nm pig • **les porcins** swine, pigs

pore [pɔʀ] → SYN nm pore • **il sue l'arrogance par tous les pores** he exudes arrogance from every pore

poreux, -euse [pɔʀø, øz] → SYN adj porous

porno* [pɔʀno] (abrév de **pornographique**) **1** adj pornographic • **film / revue / cinema porno** porn(o) film / magazine / cinema*

2 nm porn*

pornographe [pɔʀnɔgʀaf] **1** nmf pornographer

2 adj of pornography (attrib), pornographic

pornographie [pɔʀnɔgʀafi] → SYN nf pornography

pornographique [pɔʀnɔgʀafik] → SYN adj pornographic

porosité [pɔʀozite] → SYN nf porosity

porphyre [pɔʀfiʀ] nm porphyry

porphyrie [pɔʀfiʀi] nf porphyria

porphyrine [pɔʀfiʀin] nf porphyrin

porphyrique [pɔʀfiʀik] adj porphyritic

porphyroïde [pɔʀfiʀɔid] adj porphyroid

porque [pɔʀk] nf (Naut) web frame

port¹ [pɔʀ] → SYN **1** nm **a** (bassin) harbour, port; (Comm) port; (ville) port; (fig, littér : abri) port, haven • **sortir du port** to leave port ou harbour • **arriver au port** (Naut) to dock; (fig) to reach the finishing straight (Brit), reach the last stretch • **arriver à bon port** to arrive intact, arrive safe and sound • **port de commerce / de pêche / de guerre** commercial port / fishing port / naval base • (fig) **un port dans la tempête** a port in a storm • (Ciné) **"Le Port de l'angoisse"** "To Have and Have Not"

b [Pyrénées] pass

c (Ordin) port

2 COMP ▷ **port artificiel** artificial harbour ▷ **port d'attache** (Naut) port of registry; (fig) home base ▷ **port autonome** (gestion) port authority; (lieu) port *(publicly managed)* ▷ **port fluvial** river port ▷ **port franc** free port ▷ **port maritime** seaport → **plaisance**

port² [pɔʀ] → SYN nm **a** (fait de porter) [objet] carrying; [habit, barbe, décoration] wearing • **le port du casque est obligatoire sur le chantier** hard hats must be worn on the building site • **port d'armes prohibé** illegal carrying of firearms • (Mil) **se mettre au port d'armes** to shoulder arms

b (prix) (poste) postage; (transport) carriage • **franco** ou **franc de port** carriage paid • **(en) port dû / payé** postage due / paid

c (comportement) bearing, carriage • **elle a un port majestueux** ou **de reine** she has a noble ou majestic ou queenly bearing • **elle a un joli port de tête** she holds her head very nicely

d (Mus) **port de voix** portamento

portabilité [pɔʀtabilite] nf (Ordin) portability

portable [pɔʀtabl] **1** adj vêtement wearable; (portatif) portable; logiciel portable

2 nm (Ordin) (gén) portable; (qui tient sur les genoux) laptop

portage [pɔʀtaʒ] nm **a** [marchandise] porterage; (Naut, Can) portage • (Presse) **portage à domicile** home delivery

b (Ordin) port • **travailler au portage du logiciel** to work on porting the software, work on a port of the software (*sous* to)

portager [pɔʀtaʒe] ▸ conjug 3 ◂ vi (Can) to portage

portail [pɔʀtaj] → SYN nm portal

portance [pɔʀtɑ̃s] nf (Aviat) lift; (Constr) load-bearing capacity

portant, e [pɔʀtɑ̃, ɑ̃t] **1** adj **a** mur structural, supporting; roue running • (Aviat) **surface portante** aerofoil (Brit), airfoil (US) • (Naut) **vent portant** fair wind

b **être bien / mal portant** to be healthy ou in good health / in poor health → **bout**

2 nm (anse) handle; (Théât) upright; (présentoir) rack

portatif, -ive [pɔʀtatif, iv] → SYN adj portable

Port-au-Prince [pɔʀopʀɛ̃s] n Port-au-Prince

porte [pɔʀt] → SYN **1** nf **a** [maison, voiture, meuble] door; [forteresse, jardin, stade, ville] gate; (seuil) doorstep; (embrasure) doorway • **porte pliante / coulissante** folding / sliding door • **franchir** ou **passer la porte** to go through ou come through the door(way) • **sonner à la porte** to ring the (door)bell • **c'est à ma porte** it's close by, it's on the doorstep • **le bus me descend** ou **met à ma porte** the bus stops at my (front) door ou takes me to my door • **j'ai trouvé ce colis à ma porte** I found this parcel on my doorstep • **ils se réfugièrent sous la porte** they took shelter in the doorway • **une (voiture) 3 / 5 portes** a 3-door / 5-door (car) • **il y a 100 km / j'ai mis 2 heures de porte à porte** it's 100 km / it took me 2 hours from door to door • **de porte en porte** from house to house • **faire du porte à porte** (vendre) to sell from door to door, be a door-to-door salesman, do doorstep selling (Brit); (chercher du travail) to go from firm to firm, go round all the firms • **l'ennemi est à nos portes** the enemy is at our gate(s) • **Dijon, porte de la Bourgogne** Dijon, the gateway to Burgundy → **casser, clef** etc

b [aéroport] gate

c [écluse] (lock) gate; (Ski) gate

d LOC **c'est / ce n'est pas la porte à côté*** it's practically / it's not exactly on our (ou my etc) doorstep • **la porte !*** (shut the) door! • **(à) la porte !** (get) out! • **être à la porte** to be locked out • **mettre** ou **flanquer*** **qn à la porte** (licencier) to sack sb* (Brit), fire sb*, give sb the sack* (Brit); (Scol) to expel sb; (Univ) to send sb down (Brit), flunk sb out* (US); (éjecter) to throw ou boot* (Brit) sb out • **être mis à la porte** to get the chop‡ • **claquer / fermer la porte au nez de qn** to slam / shut the door in sb's face • (fig) **entrer** ou **passer par la petite porte / la grande porte** to start at the bottom / at the top • **fermer** ou **refuser sa porte à qn** to close the door to sb, bar sb from one's house • (fig) **fermer la porte à qch** to close the door on sth • **j'ai trouvé porte close** ou (Belg) **de bois** (maison) no one answered the door; (magasin, bâtiment public) it was closed • **frapper** ou **sonner à la bonne porte** to strike lucky, hit on ou get hold of the right person • **frapper** ou **sonner à la mauvaise porte** to be out of luck, get hold of the wrong person • **c'est la porte ouverte** ou **c'est ouvrir la porte à tous les abus** it mean leaving the door wide open ou the wa open to all sorts of abuses, if that hap pens it'll mean anything goes* • **toutes le portes lui sont ouvertes** every door is ope to him • **laisser la porte ouverte à un con promis** to leave open the possibility c a compromise • **il faut qu'une porte so ouverte ou fermée** you can't have it bot ways • **journée porte(s) ouverte(s)** open da (Brit), open house (US) • **aux portes de la mo** at death's door • **parler à qn entre deu portes** to have a quick word with sb, speal to sb very briefly ou in passing • **recevoi qn entre deux portes** to meet sb very briefl ou in passing • **prendre la porte** to go away leave • **aimable** ou **souriant comme une port de prison** like a bear with a sore head

2 adj • **veine porte** portal vein

3 COMP ▷ **porte accordéon** concertina folding door ▷ **portes du Ciel** gates o Heaven ▷ **porte cochère** carriage en trance, porte-cochère ▷ **porte à deux bat tants** double door ou gate ▷ **porte d'embar quement** (Aviat) departure gate ▷ **porte de l'Enfer** gates of Hell ▷ **porte d'entré** front door ▷ **les Portes de Fer** (Géog) th Iron Gate(s) ▷ **porte palière** landing door door opening onto the landing ▷ **porte d secours** emergency exit ou door ▷ **port de service** tradesman's (surtout Brit) ou rea entrance ▷ **porte de sortie** (lit) exit, wa out; (fig) way out, let-out*

porté, e¹ [pɔʀte] → SYN (ptp de **porter**) adj • **êtr porté à faire** to be apt ou inclined to do tend to do • **nous sommes portés à croire que ...** we are inclined to believe that .. • **être porté à la colère / à l'exagération** to be prone to anger / exaggeration • **être porté sur qch** to be keen on (Brit) ou fond of sth be partial to sth • **être porté sur la chose*** tc be a randy* ou horny* one

porte-aéronefs [pɔʀtaeʀɔnɛf] nm inv aircraf carrier

porte-à-faux [pɔʀtafo] nm inv [mur] slant [rocher] precarious balance, overhang; (Archit) cantilever • **en porte-à-faux** slanting out of plumb; precariously balanced overhanging; cantilevered; (fig) personne in an awkward position (fig)

porte-aiguilles [pɔʀtegɥij] nm inv needle case

porte-amarre, pl **porte-amarres** [pɔʀtamaʀ] nm line-throwing device

porte-avions [pɔʀtavjɔ̃] → SYN nm inv aircraft carrier

porte-bagages [pɔʀt(ə)bagaʒ] → SYN nm inv (luggage) rack

porte-bannière, pl **porte-bannières** [pɔʀt(ə) banjɛʀ] nmf banner bearer

porte-bébé, pl **porte-bébés** [pɔʀt(ə)bebe] nm baby sling, baby carrier

porte-billets [pɔʀt(ə)bijɛ] nm inv wallet, notecase, billfold (US)

porte-bonheur [pɔʀt(ə)bɔnœʀ] → SYN nm inv lucky charm • **acheter du muguet porte-bonheur** to buy lily of the valley for good luck

porte-bouquet, pl **porte-bouquets** [pɔʀt(ə) bukɛ] nm flower holder

porte-bouteille(s), pl **porte-bouteilles** [pɔʀt(ə)butɛj] nm (à anse) bottle-carrier; (à casiers) wine rack; (hérisson) bottle-drainer

porte-cartes [pɔʀt(ə)kaʀt] nm inv [cartes d'identité] card wallet ou holder; [cartes géographiques] map wallet

porte-chéquier, pl **porte-chéquiers** [pɔʀt(ə) ʃekje] nm chequebook (Brit) ou checkbook (US) holder

porte-cigares [pɔʀt(ə)sigaʀ] nm inv cigar case

porte-cigarettes [pɔʀt(ə)sigaʀɛt] nm inv cigarette case

porte-clés [pɔʀt(ə)kle] nm inv (anneau) key ring; (étui) key case; (††: geôlier) turnkey††

porte-conteneurs [pɔʀt(ə)kɔ̃t(ə)nœʀ] nm inv container ship

porte-copie, pl **porte-copies** [pɔʀt(ə)kɔpi] nm copy holder

porte-couteau, pl **porte-couteaux** [pɔʀt(ə) kuto] nm knife rest

porte-crayon, pl **porte-crayons** [pɔʀt(ə)kʀɛjɔ̃] nm pencil holder

porte-croix [pɔʀtəkʀwa] nm inv cross bearer

porte-documents [pɔʀt(ə)dɔkymɑ̃] → SYN nm inv briefcase, attaché case, document case

porte-drapeau, pl **porte-drapeaux** [pɔʀt(ə) dʀapo] nm (lit, fig) standard bearer

portée[2] [pɔʀte] → SYN nf **a** (distance) range, reach; [fusil, radar] range; [cri, voix] carrying-distance, reach ◆ **canon à faible / longue portée** short- / long-range gun ◆ **missile de moyenne portée** intermediate-range weapon ◆ **à portée de la main** within (arm's) reach, at ou on hand ◆ **restez à portée de voix** stay within earshot ◆ **restez à portée de vue** don't go out of sight ◆ (fig) **cet hôtel est / n'est pas à la portée de toutes les bourses** this hotel is / is not within everyone's means ou reach, this hotel suits / does not suit everyone's purse ◆ **ne laissez pas les médicaments à portée de main** ou **à la portée des enfants** keep medicines out of the reach of children ◆ **hors de portée** out of reach ou range ◆ **hors de portée de fusil / de voix** out of rifle range / earshot

b (capacité) [intelligence] reach, scope, capacity; (niveau) level ◆ **ce concept dépasse la portée de l'intelligence ordinaire** this concept is beyond the reach ou scope ou capacity of the average mind ◆ **être à la portée de qn** to be understandable to sb, be at sb's level, be within sb's capability ◆ **il faut savoir se mettre à la portée des enfants** you have to be able to come down to a child's level ◆ **mettre la science à la portée de tous** to bring science within everyone's reach

c (effet) [parole, écrit] impact, import; [acte] significance, consequences ◆ **il ne mesure pas la portée de ses paroles / ses actes** he doesn't think about the import of what he's saying / the consequences of his actions ◆ **la portée de cet événement est incalculable** this event will have far-reaching consequences ou incalculable repercussions ◆ **sans portée pratique** of no practical consequence ou importance ou significance

d (Archit) (poussée) loading; (distance) span

e (Mus) stave, staff

f (Vét) litter

porte-étendard†† , pl **porte-étendards** [pɔʀ tetɑ̃daʀ] nm standard bearer

porte-étrivière, pl **porte-étrivières** [pɔʀtet ʀivjɛʀ] nm stirrup leather holder

portefaix†† [pɔʀtəfɛ] nm inv porter

porte-fanion, pl **porte-fanions** [pɔʀt(ə)fanjɔ̃] nm pennant bearer

porte-fenêtre, pl **portes-fenêtres** [pɔʀt(ə) fənɛtʀ] nf French window (Brit) ou door (US)

portefeuille [pɔʀtəfœj] → SYN nm [argent] wallet, pocketbook (US), billfold (US); (Assurances, Bourse, Pol) portfolio ◆ **société de portefeuille** holding ou investment company ◆ **avoir un portefeuille bien garni** to be well-off → **lit, ministre**

porte-fort [pɔʀtəfɔʀ] nm inv (Jur) surety

porte-fusibles [pɔʀtəfyzibl] nm inv fuse box

porte-glaive, pl **porte-glaives** [pɔʀtəglɛv] nm (Zool) swordtail

porte-greffe, pl **porte-greffes** [pɔʀtəgʀɛf] nm stock *(for graft)*

porte-haubans [pɔʀtəobɑ̃] nm inv chainwale, channel

porte-hélicoptères [pɔʀtelikɔptɛʀ] nm inv helicopter carrier

porte-jarretelles [pɔʀt(ə)ʒaʀtɛl] nm inv suspender belt (Brit), garter belt (US)

porte-jupe, pl **porte-jupes** [pɔʀtəʒyp] nm skirt hanger

porte-lame, pl **porte-lames** [pɔʀtəlam] nm blade holder

porte-malheur [pɔʀt(ə)malœʀ] nm inv (chose) jinx; (personne) jinx, Jonah

portemanteau, pl **portemanteaux** [pɔʀt(ə) mɑ̃to] → SYN nm **a** (cintre) coat hanger; (accroché au mur) coat rack; (sur pied) hat stand ◆ **accrocher une veste au portemanteau** to hang up a jacket

b (††: malle) portmanteau

portement [pɔʀtəmɑ̃] nm ◆ **portement de croix** bearing of the cross

porte-menu, pl **porte-menus** [pɔʀt(ə)məny] nm menu holder

portemine [pɔʀtəmin] nm propelling pencil

porte-monnaie [pɔʀt(ə)mɔnɛ] → SYN nm inv (gén) purse (Brit), coin purse (US); (pour hommes) wallet ◆ **faire appel au porte-monnaie de qn** to ask sb to dip into his pocket ◆ **avoir le porte-monnaie bien garni** to be well-off

porte-musique [pɔʀt(ə)myzik] nm inv music case

porte-objet, pl **porte-objets** [pɔʀtɔbʒɛ] nm (lamelle) slide; (platine) stage

porte-outil, pl **porte-outils** [pɔʀtuti] nm (Tech) chuck

porte-parapluies [pɔʀt(ə)paʀaplɥi] nm inv umbrella stand

porte-parole [pɔʀt(ə)paʀɔl] → SYN nm inv (gén) spokesperson; (homme) spokesman; (femme) spokeswoman ◆ **le porte-parole du gouvernement** the government spokesperson, ≃ the press secretary (US) ◆ **se faire le porte-parole de qn** to act as spokesman for sb, speak on sb's behalf ◆ **journal qui est le porte-parole d'un parti** newspaper which is the mouthpiece ou organ of a party

porte-plume, pl **porte-plumes** [pɔʀtəplym] → SYN nm penholder ◆ (ping-pong) **prise porte-plume** penholder grip

porte-queue, pl **porte-queues** [pɔʀtəkø] nm swallowtail

porter [pɔʀte] → SYN ▸ conjug 1 ◂

1 vt **a** parapluie, paquet, valise to carry; (fig) responsabilité to bear, carry; (Comm) marché to boost ◆ **porter un enfant dans ses bras / sur son dos** to carry a child in one's arms / on one's back ◆ **pouvez-vous me porter ma valise?** can you carry my case for me? ◆ **laisse-toi porter par la vague pour bien nager** to swim well let yourself be carried by the waves ◆ **ses jambes ne le portent plus** his legs can no longer carry him ◆ **ce pont n'est pas fait pour porter des camions** this bridge isn't meant to carry lorries ou meant for lorries ou can't take the weight of a lorry ◆ (Mil) **portez ... arme!** present ... arms! ◆ **la tige qui porte la fleur** the stem which bears the flower ◆ **cette poutre porte tout le poids du plafond** this beam bears ou carries ou takes the whole weight of the ceiling ◆ (fig) **porter sa croix** to carry ou bear one's cross ◆ (fig) **porter le poids de ses fautes** to bear the weight of one's mistakes

b (amener) to take ◆ **porter qch à qn** to take sth to sb ◆ **porte-lui ce livre** take this book to him, take him this book ◆ **porter des lettres / un colis à qn** to deliver letters / a parcel to sb ◆ **je vais porter la lettre à la boîte** I'm going to take the letter to the postbox, I'm going to put this letter in the postbox ◆ **porter les plats sur la table** to put the dishes on the table ◆ **porter qn sur le lit** to put ou lay sb on the bed ◆ **porter la main à son front** to put one's hand to one's brow ◆ **porter la main à son chapeau** to lift one's hand to one's hat ◆ **porter la main sur qn** to raise one's hand to sb ◆ **porter qch à sa bouche** to lift ou put sth to one's lips ◆ **porter de l'argent à la banque** to take some money to the bank ◆ **se faire porter à manger** to have food brought (to one) ◆ **porter l'affaire sur la place publique / devant les tribunaux** to take ou carry the matter into the public arena / before the courts ◆ **porter la nouvelle à qn** to take ou carry the news to sb, let sb know ou have the news ◆ (Ciné, Théât) **porter une œuvre à l'écran / à la scène** to transfer a work to the screen / to the stage ◆ **cela porte bonheur** it brings good fortune, it's lucky ◆ **porter chance / malheur (à qn)** to be lucky / unlucky (for sb), bring (sb) (good) luck / misfortune ◆ **porter bonheur à qn** to be lucky for sb, bring sb luck ◆ (Prov) **porter de l'eau à la rivière** to carry coals to Newcastle ◆ (littér) **portant partout la terreur et la mort** carrying fear and death everywhere

c vêtement, bague, laine, lunettes to wear; armes héraldiques to bear; barbe to have, wear; nom to have, bear ◆ **porter les cheveux longs** to wear one's hair long, have long hair ◆ **porter le nom d'une fleur** to be called after a flower, bear the name of a flower (frm) ◆ **porter le nom de Jérôme** to be called Jerome ◆ **il porte bien son nom** his name suits him ◆ **elle porte bien son âge** she's wearing well ◆ **elle porte bien le pantalon** trousers suit her ◆ (fig) **c'est elle qui porte le pantalon** ou **la culotte** she is the one that wears trousers (Brit) ou pants (US) ◆ **le chameau porte deux bosses** the camel has two humps ◆ **les jupes se portent très courtes** very short skirts are in fashion ou are the fashion, skirts are being worn very short ◆ **cela ne se porte plus** that's out of fashion, nobody wears that any more ◆ **les T-shirts sont très portés en ce moment** T-shirts are very popular at the moment ◆ (fig) **je ne veux pas porter le chapeau*** I don't want to carry the can* ou take the rap* (*pour* for) ◆ **on lui a fait porter le chapeau*** he carried the can* ou took the rap*

d (tenir) to hold, keep ◆ **porter la tête haute** (lit) to hold ou keep one's head up; (fig) to hold one's head high ◆ **porter le corps en avant** to lean ou stoop forward

e (montrer) signe, trace to show, bear; blessure, cicatrice to bear; inscription, date to bear ◆ **il porte la bonté sur son visage** he has a very kind(-looking) face, his face is a picture of kindness ◆ **ce livre porte un beau titre** this book has a fine title ◆ **la lettre porte la date du 12 mai** the letter bears the date of ou is dated May 12th ◆ (Ling) **porter la marque de** to be marked for

f (inscrire) nom to write down, put down (*sur* on, in); (Comm) somme to enter (*sur* in) ◆ **porter de l'argent au crédit d'un compte** to credit an account with some money ◆ **nous portons cette somme à votre débit** we are debiting this sum to your account ◆ **se faire porter absent** to go absent ◆ **se faire porter malade** to report ou go sick ◆ **porter qn absent** (Mil) to report sb absent; (Scol) to mark sb absent ◆ **porté disparu au nombre des morts** reported missing / dead ◆ **porté manquant** unaccounted for

g (diriger) regard to direct, turn (*sur, vers* towards); choix to direct (*sur* towards); attention to turn, give (*sur* to), focus (*sur* on), effort to direct (*sur* towards); pas to turn (*vers* towards); coup to deal (*à* to); accusation to make (*contre* against); attaque to make (*contre* on) ◆ **il fit porter son attention sur ce détail** he turned ou focused his attention on this detail ◆ **il fit porter son choix sur ce livre** his choice fell on this book

h (ressentir) amour, haine to have, feel, bear (*à* for); reconnaissance to feel (*à* to, towards) ◆ **porter de l'amitié à qn** to feel friendship towards sb

i (faire arriver) to bring ◆ **porter qn au pouvoir** to bring ou carry sb to power ◆ **porter qch à sa perfection / à son paroxysme / à l'apogée** to bring sth to perfection / to a peak / to a climax ◆ **porter la température à 800° / le salaire à 16 000 F / la vitesse à 30 nœuds** to bring the temperature up to 800° / the salary up to 16,000 francs / the speed up to 30 knots ◆ **cela porte le nombre de blessés à 20** that brings the number of casualties (up) to 20

j (inciter) **porter qn à faire qch** to prompt ou induce ou lead sb to do sth ◆ **cela le portera à l'indulgence** that will prompt him to be indulgent, that will make him indulgent ◆ **tout (nous) porte à croire que ...** everything leads us to believe that ... → **porté**

k (Méd) enfant to carry; (Vét) petits to carry; (Fin) intérêts to yield; (Bot) graines, fruit to bear; récolte, moisson to yield ◆ **cette ardeur / haine qu'il portait en lui** this ardour / hatred which he carried with him ◆ **je ne le porte pas dans mon cœur** I am not exactly fond of him ◆ **idée qui porte en soi les germes de sa propre destruction** idea which carries (within itself) ou bears the seeds of its own destruction ◆ (fig) **porter ses fruits** to bear fruit

l (conduire) to carry; (entraîner) [foi] to carry along; [vent] to carry away ◆ **se laisser porter par la foule** to (let o.s.) be carried away by the crowd

m (Ordin) logiciel to port (*sous* to)

2 vi **a** [bruit, voix, canon] to carry ◆ **le son / le coup a porté à 500 mètres** the sound / the shot carried 500 metres ◆ **le fusil porte**

à 300 mètres the rifle has a range of 300 metres

b [reproche, coup] **porter (juste)** to hit ou strike home ◆ **tous les coups portaient** every blow told ◆ **un coup qui porte** a telling blow ◆ **ses conseils ont porté** his advice had some effect ou was of some use

c (Méd) [femme] to carry her child ou baby; (Vét) [animal] to carry its young

d **porter sur** [édifice, pilier] to be supported by ou on; (fig) [débat, cours] to turn on, revolve around, be about; [revendications, objection] to concern; [étude, effort, action] to be concerned with, focus on; [accent] to fall on ◆ **tout le poids du plafond porte sur cette poutre** the whole weight of the ceiling falls on ou is supported by this beam ◆ **la question portait sur des auteurs au programme** the question was on some of the authors on the syllabus ◆ **il a fait porter son exposé sur la situation économique** in his talk he concentrated ou focused on the economic situation

e (frapper) **sa tête a porté sur le bord du trottoir** his head struck the edge of the pavement ◆ **c'est la tête qui a porté** his head took the blow

f **porter à faux** [mur] to be out of plumb ou true; [rocher] to be precariously balanced; (fig) [remarque] to come ou go amiss, be out of place

3 **se porter** vpr **a** [personne] **se porter bien / mal** to be well / unwell ◆ **comment vous portez-vous?** – **je me porte bien** how are you? – I'm fine ou I'm very well ◆ **se porter comme un charme** to be fighting fit, be as fit as a fiddle* ◆ **buvez moins, vous ne vous en porterez que mieux** drink less and you'll feel better for it ◆ **et je ne m'en suis pas plus mal porté** and I didn't come off any worse for it, and I was no worse off for it → **pont**

b (se présenter comme) **se porter candidat** to put o.s. up ou stand (Brit) ou run as a candidate ◆ **se porter acquéreur (de)** to put in a bid (for) → **caution** etc

c (se diriger) [soupçon, choix] **se porter sur** to fall on ◆ **son regard se porta sur moi** his eyes fell on me, his gaze focused on me ◆ **son attention se porta sur ce point** he focused ou concentrated his attention on this point

d (aller) to go ◆ **se porter à la rencontre** ou **au-devant de qn** to go to meet sb

e (se laisser aller) **se porter à** voies de fait, violences to commit ◆ **se porter à des extrémités** to go to extremes

porte-revues [pɔʀt(ə)ʀəvy] nm inv magazine rack

porte-savon, pl **porte-savons** [pɔʀt(ə)savɔ̃] nm soapdish

porte-serviettes [pɔʀt(ə)sɛʀvjɛt] nm inv towel rail

porte-skis [pɔʀtəski] nm inv ski rack

porteur, -euse [pɔʀtœʀ, øz] → SYN **1** adj **a** fusée booster; courant carrier; mur load-bearing ◆ **onde porteuse** carrier (wave) → **mère**

b (Écon) marché, créneau growth (épith) ◆ **le thème porteur de leur campagne** the key theme of their campaign

2 nm,f **a** [valise, colis] porter; [message] messenger; [chèque] bearer; [titre, actions] holder ◆ **porteur d'eau** water carrier ◆ **porteur de journaux** newsboy, paper boy ◆ **le porteur du message** the bearer of the message ◆ **il arriva porteur d'une lettre / d'une nouvelle alarmante** he came bearing ou bringing a letter / an alarming piece of news ◆ **il était porteur de faux papiers** he was carrying forged papers ◆ **le porteur du ballon** the person with the ball ou who has (possession of) the ball ◆ **payable au porteur** payable to bearer ◆ (Fin) **les petits / gros porteurs** small / big shareholders

b (Méd) carrier ◆ **porteur de germes** germ carrier ◆ **porteur sain** carrier ◆ **porteur asymptomatique** asymptomatic carrier ◆ **il est porteur du virus** he is carrying the virus

porte-valise, pl **porte-valises** [pɔʀtəvaliz] nm luggage stand

porte-vélos [pɔʀtəvelo] nm inv bicycle rack

porte-vent, pl **porte-vent(s)** [pɔʀtəvɑ̃] nm (gén) air duct; [orgue] wind trunk

porte-voix [pɔʀtəvwa] → SYN nm inv megaphone; (électrique) loudhailer ◆ **mettre ses mains en porte-voix** to cup one's hands round one's mouth

portfolio [pɔʀtfɔljo] nm [photographies, gravures] portfolio

portier [pɔʀtje] → SYN nm commissionaire (Brit, Can), porter ◆ (Rel) **(frère) portier** porter ◆ **portier de nuit** night porter ◆ **portier électronique** entrance intercom, entry phone

portière [pɔʀtjɛʀ] → SYN nf **a** (Aut, Rail) door

b (rideau) portiere

c (Rel) **(sœur) portière** portress

portillon [pɔʀtijɔ̃] → SYN nm gate; [métro] gate, barrier → **bousculer**

portion [pɔʀsjɔ̃] → SYN nf [héritage] portion, share; (Culin) portion, helping; (partie) portion, section, part ◆ **fromage en portions** cheese portions (pl) ◆ (fig) **être réduit à la portion congrue** to get the smallest ou meanest share ◆ **bonne / mauvaise portion de route** good / bad stretch of road

portique [pɔʀtik] → SYN nm (Archit) portico; (Sport) crossbar and stands *(for holding gymnastic apparatus)* ◆ (à l'aéroport) **portique électronique** ou **de sécurité** ou **de détection** diver's gate (spéc), metal detector ◆ (Rail) **portique à signaux** signal gantry

Port-Louis [pɔʀlui] n Port-Louis

Port Moresby [pɔʀmɔʀɛsbi] n Port Moresby

Porto [pɔʀto] n Oporto

porto [pɔʀto] nm port (wine) ◆ **verre à porto** sherry ou Madeira ou port glass

Port of Spain [pɔʀɔfspɛjn] n Port of Spain

Porto-Novo [pɔʀtonovo] n Porto Novo

portor [pɔʀtɔʀ] nm yellow-veined black marble

portoricain, e [pɔʀtɔʀikɛ̃, ɛn] **1** adj Puerto Rican

2 nm,f ◆ **Portoricain(e)** Puerto Rican

Porto Rico [pɔʀtɔʀiko] nf Puerto Rico

portrait [pɔʀtʀɛ] → SYN nm **a** (peinture) portrait; (photo) photograph; (*: visage) face, mug‡ ◆ **portrait fidèle** good likeness ◆ (Police) **portrait-robot** Identikit picture ®, Photofit ® (picture) ◆ (fig) **faire le portrait-robot du Français moyen** to draw the profile of the average Frenchman ◆ **portrait en pied / en buste** full-length / head-and-shoulders portrait ◆ **c'est tout le portrait de son père** he's the spitting image ou the very spit* (Brit) of his father ◆ **faire le portrait de qn** (lit) to paint sb's portrait ◆ (Littérat) **"Le Portrait de Dorian Gray"** "The Picture of Dorian Gray" ◆ **se faire tirer le portrait*** to have one's photograph taken ◆ **se faire abîmer** ou **esquinter le portrait*** to get one's face ou head bashed in* ou smashed in* ◆ **il t'a bien abîmé le portrait!*** he made a real mess of your face!

b (description) [personne] portrait, description; [situation] picture ◆ **faire** ou **tracer le portrait de qn** to draw a portrait of ou describe sb ◆ **elle en a fait un portrait flatteur** she painted a flattering picture of him ◆ **portrait-charge** caricature ◆ **jouer au portrait** to play twenty questions

c (genre) **le portrait** portraiture

portraitiste [pɔʀtʀetist] nmf portrait painter, portraitist

portraiturer [pɔʀtʀetyʀe] → SYN ▸ conjug 1 ◂ vt (lit, fig) to portray

port-salut [pɔʀsaly] nm port-salut (cheese)

Port Stanley [pɔʀstanlɛ] n (Port) Stanley

portuaire [pɔʀtɥɛʀ] adj port (épith), harbour (épith)

portugais, e [pɔʀtygɛ, ɛz] → SYN **1** adj Portuguese

2 nm **a** **Portugais** Portuguese

b (Ling) Portuguese

3 **portugaise** nf **a** **Portugaise** Portuguese

b (huître) Portuguese oyster ◆ (*: oreille) **il a les portugaises ensablées** he's a real cloth-ears* (Brit), he's as deaf as a post

Portugal [pɔʀtygal] nm Portugal

portulan [pɔʀtylɑ̃] nm portolano

portune [pɔʀtyn] nm portunus

POS [peoɛs] nm (abrév de **plan d'occupation des sols**) → **plan¹**

pose [poz] → SYN nf **a** (installation) [tableau, rideaux] hanging, putting up; [tapis] laying, putting down; [moquette] fitting, laying; [vitre] putting in, fixing (in); [serrure] fixing (on), fitting; [chauffage] installation, putting in; [gaz, électricité] laying on, installation; [canalisations] laying, putting in; [fondations, mines, voie ferrée] laying

b (attitude) pose, posture; (Art) pose ◆ **garder la pose** to hold the pose ◆ **prendre une pose** to strike a pose ◆ **faire prendre une pose à qn** to pose sb

c (Phot) (vue) exposure ◆ **un film (de) 36 poses** a 36-exposure film ◆ **déterminer le temps de pose** to decide on the exposure (time) ◆ **indice de pose** exposure index ◆ **mettre le bouton sur pose** to set the button to time exposure ◆ **prendre une photo en pose** ou **à la pose** to take a photo in time exposure

d (fig: affectation) posing, pretention ◆ **parler avec / sans pose** to speak pretentiously / quite unpretentiously ou naturally

posé, e [poze] → SYN (ptp de **poser**) adj **a** (pondéré) personne, caractère, air serious, sedate, staid; attitude, allure steady, sober ◆ **c'est un garçon posé** he has his head firmly on his shoulders, he's level-headed ◆ **d'un ton posé mais ferme** calmly but firmly

b (Mus) **bien / mal posé** voix steady / unsteady

Poséidon [poseidɔ̃] nm Poseidon

posément [pozemɑ̃] → SYN adv parler calmly, deliberately, steadily; agir calmly, unhurriedly

posemètre [pozmɛtʀ] nm exposure meter

poser [poze] → SYN ▸ conjug 1 ◂

1 vt **a** (placer) objet to put (down), lay (down), set down; (debout) to stand (up), put (up) (Math) opération, chiffres to write, set down ◆ (ôter) **poser son manteau / chapeau** to take off one's coat / hat ◆ **poser qch sur une table / par terre** to put sth (down) on the table / on the floor ◆ **poser sa main / tête sur l'épaule de qn** to put ou lay one's hand / head on sb's shoulder ◆ **poser sa tête sur l'oreiller** to lay one's head on the pillow ◆ **poser une échelle contre un mur** to lean ou stand ou put (up) a ladder against a wall ◆ **où ai-je posé mes lunettes?** where have I put my glasses? ◆ (fig) **il a posé son regard** ou **les yeux sur la fille** he looked at the girl, his gaze came to rest on the girl ◆ **le pilote posa son avion en douceur** the pilot brought his plane down ou landed his plane gently ◆ (Mus) **poser la voix de qn** to train sb's voice ◆ (Math) **je pose 4 et je retiens 3** (I) put down 4 and carry 3, 4 and 3 to carry ◆ **poser un lapin à qn*** to stand sb up*

b (installer) tableau, rideaux to hang, put up; tapis, carrelage to lay, put down; moquette to fit, lay; vitre to put in, fix in; serrure to fix on, fit; chauffage to put in, install; gaz, électricité to lay on, install; canalisations to lay, put in; fondations, mines, voie ferrée to lay; bombe to plant ◆ (lit, fig) **poser la première pierre** to lay the foundation stone ◆ **poser des étagères au mur** to fix ou put some shelves ou shelving on the wall, fix ou put up some wall-shelves ◆ **poser des jalons** (lit) to put stakes up; (fig) to prepare the ground, pave the way

c (fig: énoncer) principe, condition to lay ou set down, set out, state; question to ask; (à un examen) to set; devinette to set, ask ◆ **le prof nous a posé un problème difficile** the teacher set us a difficult problem ◆ (formuler) **il a bien su poser le problème** he put ou formulated the problem well ◆ **ce retard pose un problème** this delay poses a problem ou confronts us with a problem ◆ **son admission au club pose des problèmes** his joining the club is problematic ou is not straightforward ◆ **son cas nous pose un sérieux problème** his case poses a difficult problem for us, his case presents us with a difficult problem ◆ **poser une question à qn** to ask sb a question, put a question to sb ◆ **l'ambiguïté de son attitude pose la question de son honnêteté** his ambivalent attitude makes you wonder how honest he is ou leads one to question his honesty ◆ **la question me semble mal posée** I think the question is badly put ◆ (Pol) **poser la question de confiance** to ask for a vote of confidence ◆ **poser sa candidature à un poste** to apply for a post, submit an application for a post ◆ (Pol) **poser sa candidature** to put o.s. up ou run (US) for election ◆ **dire cela, c'est poser que ...** in saying that, one is supposing that ou taking it for granted that ... ◆ **ceci posé** supposing that this is (ou was etc) the case, assuming this to be the case ◆ **posons que ...** let us suppose ou assume ou take it that ...

d (donner de l'importance) to give standing to; (professionnellement) to establish the reputation of ◆ **voilà ce qui pose un homme** that's what sets a man up ◆ **avoir un frère ministre, ça vous pose !*** having a brother who's a cabinet minister really makes people look up to you! ou gives you real status! ◆ **une maison comme ça, ça (vous) pose*** with a house like that people really think you are somebody

2 vi a (Art, Phot) to pose, sit (*pour* for); (fig) to swank (Brit), show off, put on airs ◆ (hum) **poser pour la postérité** to pose for posterity ◆ (fig) **poser pour la galerie** to play to the gallery ◆ (faire attendre) **faire poser qn*** to keep sb hanging about* ou around*

b (jouer à) **poser au grand patron / à l'artiste** to play ou act ou come* the big businessman / the artist, pretend to be a big businessman / an artist

c (Constr) [poutre] **poser sur** to bear ou rest on, be supported by

3 **se poser** vpr a [insecte, oiseau] to land, settle, alight (*sur* on); [avion] to land, touch down; [regard] to (come to) rest, settle, fix (*sur* on) ◆ (Aviat) **se poser en catastrophe / sur le ventre** to make an emergency landing / a belly-landing ◆ **son regard se posa sur la pendule** he turned his eyes to the clock, his glance fell on the clock ◆ **une main se posa soudain sur son épaule** a hand was suddenly laid on his shoulder ◆ **pose-toi là*** sit down here

b [personne] **se poser comme** ou **en tant que victime** to pretend ou claim to be a victim ◆ **se poser en chef / en expert** to pass o.s. off as ou pose as a leader / an expert

c [question, problème] to come up, crop up, arise ◆ **la question qui se pose** the question which must be asked ou considered ◆ **le problème qui se pose** the problem we are faced with ou we must face ◆ **si tu viens en voiture, le problème ne se pose pas** if you come by car the problem doesn't arise ◆ **le problème ne se pose pas dans ces termes** the problem shouldn't be stated in these terms ◆ **il se pose la question des passeports** the question of passports arises, there's the question of passports ◆ **il se pose la question de savoir s'il viendra** there's the question of (knowing) whether he'll come ◆ **je me pose la question** that's the question, that's what I'm wondering ◆ **il commence à se poser des questions** he's beginning to wonder ou to have his doubts ◆ **il y a une question que je me pose** there's one thing I'd like to know, there's one question I ask myself

d (*loc) **se poser là : comme menteur, vous vous posez (un peu) là !** you're a terrible ou an awful liar! ◆ **comme erreur, ça se posait (un peu) là !** that was (quite) some mistake!* ◆ **tu as vu leur chien / père ? – il se pose là !** have you seen their dog / father? – it's / he's enormous ou huge ou massive!

poseur, -euse [pozœʀ, øz] → SYN 1 adj affected

2 nm,f a (péj) show-off, poseur

b (ouvrier) **poseur de carrelage / de tuyaux** tile / pipe layer ◆ **poseur d'affiches** billsticker (Brit), billposter ◆ **poseur de bombes** bomb planter

positif, -ive [pozitif, iv] → SYN 1 adj (gén, Ling, Sci) positive; cuti positive; fait, preuve positive, definite; personne, esprit pragmatic, down-to-earth; action, idée positive, constructive; avantage positive, real ◆ (sang) **Rhésus positif** Rhesus positive

2 nm a (réel) positive, concrete ◆ **je veux du positif !** I want something positive!

b (Mus) (clavier d'un orgue) choir organ *(division of organ)*; (instrument) positive organ

c (Phot) positive

d (Ling) positive (degree) ◆ **au positif** in the positive (form)

position [pozisjɔ̃] → SYN nf a (gén, Ling, Mil: emplacement) position; [navire] bearings, position; (Comm) [produit] position ◆ **position de défense / fortifiée** defensive / fortified position ◆ (lit) **rester sur ses positions** to stand one's ground ◆ (fig) **rester** ou **camper sur ses positions** to stand one's ground, stick to one's guns ou line ◆ **abandonner ses positions** to retreat, abandon one's position, withdraw ◆ **se replier** ou **se retirer sur des positions préparées à l'avance** to fall back on positions prepared in advance ◆ **avoir une position de repli** (Mil) to have a position to fall back on; (fig) to have secondary proposals to make, have other proposals to fall back on ou other proposals in reserve ◆ **la ville jouit d'une position idéale** the town is ideally situated ◆ **les joueurs ont changé de position** the players have changed position(s) ◆ **être en première / seconde / dernière position** (dans une course) to be in the lead / in second place / last; (sur une liste) to be at the top of the list / second on the list / at the bottom ou end of the list ◆ **arriver en première / deuxième / dernière position** to come first / second / last ◆ (Sport) **position de tête** pole-position ◆ (Ling) **syllabe en position forte / faible** stressed / unstressed syllable, syllable in (a) stressed / (an) unstressed position ◆ (Ling) **voyelle en position forte / faible** stressed ou strong / unstressed ou weak vowel → **feu¹, guerre**

b (posture) position ◆ **dormir dans une mauvaise position** to sleep in the wrong position ◆ (Mil, gén) **se mettre en position** to take up (one's) position(s), get into position ◆ **en position !** (get to your) positions! ◆ **en position de combat** in a fighting position ◆ **en position allongée / assise / verticale** in a reclining / sitting / vertical ou upright position ◆ **la position du missionnaire** the missionary position

c (fig: situation) position, situation; (dans la société) position ◆ **être dans une position délicate / fausse** to be in a difficult ou an awkward position / in a false position ◆ **être en position de force pour négocier** to be bargaining from (a position of) strength ◆ **être en position de faire** to be in a position to do ◆ **dans sa position il ne peut se permettre une incartade** a man in his position dare not commit an indiscretion ◆ **il occupe une position importante** he holds an important position ◆ (†, hum) **femme dans une position intéressante** woman in a certain condition (hum, euph)

d (attitude) position, stance ◆ **le gouvernement doit définir sa position sur cette question** the government must make its position ou stance on this question clear ◆ **prendre position** to take a stand, declare o.s. ◆ **prendre (fermement) position en faveur de qch** to come down (strongly) in favour of sth → **pris**

e (Fin) [compte bancaire] position, balance ◆ **demander sa position** to ask for the balance of one's account

positionnement [pozisjɔnmɑ̃] nm [objet, produit, entreprise] positioning ◆ (Aviat) **positionnement avant / arrière** nose out / in positioning

positionner [pozisjɔne] → SYN ▸ conjug 1 ◂ 1 vt a (placer) (gén, Mil) to position; Comm produit to position

b (repérer) navire, troupes to locate

c compte bancaire to establish the position ou balance of

2 **se positionner** vpr (gén) to position o.s.; troupe to take up (one's) position, get into position; (dans un débat) to take a stand ◆ **comment se positionne ce produit sur le marché ?** what slot does this product fill in the market? ◆ **comment vous positionnez-vous dans ce débat ?** what's your position ou stand in this debate?

positionneur [pozisjɔnœʀ] nm positioner

positivement [pozitivmɑ̃] → SYN adv (gén, Sci) positively ◆ **je ne le sais pas positivement** I'm not positive about it

positiver [pozitive] ▸ conjug 1 ◂ 1 vt image de marque to make (more) positive ◆ **positiver son stress** to channel one's stress

2 vi to think positively

positivisme [pozitivism] → SYN nm positivism

positiviste [pozitivist] adj, nmf positivist

positivité [pozitivite] nf positivity

positon [pozitɔ̃] nm, **positron** [pozitʀɔ̃] nm (Phys) positron

positonium [pozitɔnjɔm], **positronium** [pozitʀɔnjɔm] nm positronium

posologie [pozɔlɔʒi] nf (étude) posology; (indications) directions for use, dosage

possédant, e [pɔsedɑ̃, ɑ̃t] → SYN 1 adj propertied, wealthy

2 nmpl ◆ **les possédants** the wealthy, the propertied, the moneyed

possédé, e [pɔsede] → SYN (ptp de **posséder**) 1 adj possessed (*de* by) ◆ **possédé du démon** possessed by the devil

2 nm,f person possessed ◆ **crier comme un possédé** to cry like one possessed

posséder [pɔsede] → SYN ▸ conjug 6 ◂ 1 vt a bien, maison, fortune to possess, own, have ◆ **c'est tout ce que je possède** it's all I possess ou all I've got ◆ (fig) **posséder une femme** to possess a woman ◆ **pour posséder le cœur d'une femme** to capture a woman's heart

b caractéristique, qualité, territoire to have, possess; expérience to have (had); diplôme, titre to have, hold ◆ **cette maison possède une vue magnifique / 2 entrées** this house has a magnificent view / 2 entrances ◆ **il croit posséder la vérité** he believes that he is in possession of truth ou that he possesses the truth

c (bien connaître) métier to have a thorough knowledge of, know inside out; technique to have mastered; langue to have a good command of ◆ **elle possède parfaitement l'anglais** she has a perfect command of English ◆ **posséder la clef de l'énigme** to possess ou have the key to the mystery ◆ **bien posséder son rôle** to be really on top of ou into* one's role ou part

d (égarer) [démon] to possess ◆ **la fureur / jalousie le possède** he is beside himself with ou he is overcome ou consumed with rage / jealousy ◆ **quel démon** ou **quelle rage te possède ?** what's got into you?*, what's come over you? → **possédé**

e (*: duper) **posséder qn** to take sb in* ◆ **se faire posséder** to be taken in*, be had*

2 **se posséder** vpr ◆ **elle ne se possédait plus de joie** she was beside herself ou was overcome with joy ◆ **lorsqu'il est en colère, il ne se possède pas** when he's angry he loses all self-control

possesseur [pɔsesœʀ] → SYN nm [bien] possessor, owner; [diplôme, titre, secret] holder, possessor; [billet de loterie] holder ◆ **être possesseur de** objet to have; diplôme to hold; secret to possess, have

possessif, -ive [pɔsesif, iv] → SYN 1 adj (gén, Ling) possessive

2 nm (Ling) possessive

possession [pɔsesjɔ̃] → SYN nf a (fait de posséder) [bien] possession, ownership; [diplôme, titre] holding, possession; [billet de loterie] holding ◆ **la possession d'une arme / de cet avantage le rendait confiant** having a weapon / this advantage made him feel confident ◆ **possession vaut titre** possession amount to title ◆ **avoir qch en sa possession** to have sth in one's possession ◆ **être en possession de qch** to be in possession of sth ◆ **tomber en la possession de qn** to come into sb's possession ◆ **prendre possession de, entrer en possession de** fonction to take up; bien, héritage to take possession of, enter into possession of; appartement to take possession of; voiture to take delivery of ◆ **être en possession de toutes ses facultés** to be in possession of all one's faculties ◆ **il était en pleine possession de ses moyens** his intellectual (ou physical) powers were at their peak

b (chose possédée) possession ◆ **nos possessions à l'étranger** our overseas possessions

c (maîtrise) **possession de soi** self-control ◆ **reprendre possession de soi-même** to regain one's self-control ou one's composure

d (connaissance) [langue] command, mastery

e (Rel: envoûtement) possession

possessionnel, -elle [pɔsesjɔnɛl] adj possessional

possessivité [pɔsesivite] nf possessiveness

possessoire [pɔseswaʀ] adj possessory

possibilité [pɔsibilite] → SYN GRAMMAIRE ACTIVE 16.3 nf (gén) possibility ◆ (Statistiques) **possibilité non nulle** non-zero probability ◆ **il y a plusieurs possibilités** there are several possibilities ◆ **je ne vois pas d'autre possibilité (que de faire)** I don't see any other possibility (than to do) ◆ **ai-je la possibilité de faire du feu / de parler librement?** is it possible for me to light a fire / speak freely?, is there the possibility of (my) lighting a fire / speaking freely? ◆ **possibilités** (moyens) means; (potentiel) possibilities, potential ◆ **quelles sont vos possibilités financières?** how much money can you put up?, what is your financial situation? ◆ **quelles sont vos possibilités de logement?** how many people can you accommodate? ou put up? ◆ **les possibilités d'une découverte / d'un pays neuf** the possibilities ou potential of a discovery / of a new country ◆ [entreprise, projet] **possibilité (de réalisation)** feasibility

possible [pɔsibl] → SYN GRAMMAIRE ACTIVE 4, 9.1, 15.3, 16.3

1 adj a (faisable) solution possible; projet, entreprise feasible ◆ **il est possible / il n'est pas possible de faire** it is possible / impossible to do ◆ **nous avons fait tout ce qu'il était humainement possible de faire** we've done everything that was humanly possible ◆ **lui serait-il possible d'arriver plus tôt?** could he possibly ou would it be possible for him to come earlier? ◆ **arrivez tôt si (c'est) possible** arrive early if possible ou if you can ◆ **c'est parfaitement possible** it's perfectly possible ou feasible ◆ **ce n'est pas possible autrement** there's no other way, otherwise it's impossible ◆ **il n'est pas possible qu'il soit aussi bête qu'il en a l'air** he can't possibly be as stupid as he looks ◆ **c'est dans les choses possibles** it's a possibility ◆ **la paix a rendu possible leur rencontre** peace has made a meeting between them possible ou has made it possible for them to meet

b (éventuel) (gén) possible; danger possible, potential ◆ **une erreur est toujours possible** a mistake is always possible ◆ **il est possible qu'il vienne / qu'il ne vienne pas** he may ou might (possibly) come / not come, it's possible (that) he'll come / he won't come ◆ **il est bien possible qu'il se soit perdu en route** he may very well have ou it could well be ou it's quite possible that he has lost his way ◆ **c'est (bien) possible / très possible** possibly / very possibly

c (indiquant une limite) possible ◆ **dans le meilleur des mondes possibles** in the best of all possible worlds ◆ **il a essayé tous les moyens possibles** he tried every possible means ou every means possible ◆ **il a eu toutes les difficultés possibles et imaginables à obtenir un visa** he had all kinds of problems getting a visa, he had every possible ou conceivable difficulty getting a visa ◆ **venez aussi vite / aussitôt que possible** come as quickly as possible ou as you (possibly) can / as soon as possible ou as you (possibly) can ◆ **venez le plus longtemps possible** come for as long as you (possibly) can ◆ **venez le plus vite / tôt possible** come as quickly / as soon as you (possibly) can ◆ **il sort le plus (souvent) / le moins (souvent) possible** he goes out as often / as little as possible ou as he can ◆ **il a acheté la valise la plus légère possible** he bought the lightest possible suitcase ou the lightest suitcase possible ◆ **le plus grand nombre possible de personnes** as many people as possible, the greatest possible number of people → **autant**

d (*: nég: acceptable) **cette situation n'est plus possible** this situation has become impossible ou intolerable ou unbearable ◆ **il n'est pas possible de travailler dans ce bruit** it just isn't possible ou it's (quite) impossible to work in this noise ◆ **un bruit / une puanteur pas possible!** an incredible racket* / stink!

e LOC **est-ce possible!** I don't believe it! ◆ **c'est pas possible!*** (faux) that can't be true! ou right!; (étonnant) well I never!*; (irréalisable) it's out of the question!, it's impossible! ◆ **ce n'est pas possible d'être aussi bête!** how can anyone be so stupid!, how stupid can you get!* ◆ **elle voudrait vous parler – c'est (bien) possible, mais il faut que je parte** she'd like a word with you – that's as may be ou quite possibly, but I've got to go ◆ **il devrait se reposer! – c'est (bien) possible, mais il n'a pas le temps** he ought to take a rest! – maybe (he should), but he's too busy

2 nm a (gén) what is possible ◆ **il fera le possible et l'impossible pour avoir la paix** he will move heaven and earth ou he'll do anything possible to get some peace ◆ **c'est dans le possible** ou **dans les limites du possible** it is within the realms of possibility ◆ **faire (tout) son possible** to do one's utmost ou one's best, do all one can (*pour* to, *pour que* to make sure that) ◆ **il a été grossier / aimable au possible** he couldn't have been ruder / nicer (if he'd tried), he was as rude / nice as it's possible to be ◆ **c'est énervant au possible** it's extremely annoying → **mesure**

b (Sport) possible

possiblement [pɔsibləmɑ̃] adv possibly

post- [pɔst] préf post- ◆ **post-électoral / surréaliste** etc post-election / -surrealist etc → **postdater** etc

postal, e, mpl **-aux** [pɔstal, o] adj service, taxe, voiture postal (Brit), mail; train, avion mail; colis sent by post (Brit) ou mail ◆ **code postal** postcode (Brit), zip code (US) ◆ **sac postal** postbag, mailbag → **carte, chèque, franchise**

postcombustion [pɔstkɔ̃bystjɔ̃] nf (processus) afterburning, reheat

postcommunisme [pɔstkɔmynism] nm postcommunism

postcommuniste [pɔstkɔmynist] adj postcommunist

postcure [pɔstkyʀ] nf aftercare

postdate [pɔstdat] nf postdate

postdater [pɔstdate] ▸ conjug 1 ◂ vt to postdate

postdoctoral, e, mpl **-aux** [pɔstdɔktɔʀal, o] adj postdoctoral

poste¹ [pɔst] → SYN GRAMMAIRE ACTIVE 19, 27.4, 27.5, 27.7

1 nf a (administration, bureau) post office ◆ **employé / ingénieur des postes** post office worker / engineer ◆ **les Postes, Télécommunications et Télédiffusion** *the French post office and telephone service* ◆ **la grande poste, la poste principale, le bureau de poste principal** the main ou head post office

b (service postal) post (Brit), postal (Brit) ou mail service ◆ **envoyer qch par la poste** to send sth by post (Brit) ou mail ◆ **mettre une lettre à la poste** to post (Brit) ou mail a letter → **cachet**

c (Hist) post ◆ **maître de poste** postmaster ◆ **cheval de poste** post horse ◆ **courir la poste** to go posthaste → **chaise, voiture**

2 COMP ▷ **poste aérienne** airmail ▷ **poste auxiliaire** sub post office ▷ **poste restante** poste restante (Brit), general delivery (US)

poste² [pɔst] → SYN 1 nm a (emplacement) post ◆ **poste de douane** customs post ◆ **être / rester à son poste** to be / stay at one's post ◆ **mourir à son poste** to die at one's post ◆ **à vos postes!** to your stations! ou posts! ◆ **à vos postes de combat!** action stations! ◆ (fig) **être solide au poste** to be hale and hearty ◆ (fig) **toujours fidèle au poste?*** still manning the fort?*

b (Police) **poste (de police)** (police) station ◆ **conduire** ou **emmener qn au poste** to take sb to the police station ◆ **il a passé la nuit au poste** he spent the night in the cells

c (emploi) (gén) job; [fonctionnaire] post, appointment (frm); (dans une hiérarchie) position; (nomination) appointment ◆ **être en poste à Paris / à l'étranger** to hold an appointment ou a post in Paris / abroad ◆ **il a trouvé un poste de bibliothécaire** he has found a post ou job as a librarian ◆ **il a un poste de professeur / en fac** he is a teacher / a university lecturer ◆ **la liste des postes vacants** the list of positions available ou of unfilled appointments ◆ **poste d'enseignant** teaching position ou post ou job

d (Rad, TV) set ◆ **poste émetteur / récepteur** transmitting / receiving set, transmitter / receiver ◆ **poste de radio / de télévision** radio / television (set) ◆ **ils l'ont dit au poste** they said so on TV* ou on the radio

e (Téléc) **poste 23** extension 23

f (Fin) (opération) item, entry; [budget] item, element

g (Ind) shift ◆ **poste de 8 heures** 8-hour shift

2 COMP ▷ **poste d'aiguillage** (Rail) signal box ▷ **poste avancé** (Mil) advanced post ▷ **poste budgétaire** budget heading ▷ **poste de commandement** headquarters ▷ **poste de contrôle** checkpoint ▷ **poste d'équipage** (Naut) crew's quarters ▷ **poste d'essence** petrol ou filling station, gas station (US) ▷ **poste frontière** border ou frontier post ▷ **poste de garde** (Mil) guardroom ▷ **poste d'incendie** fire point ▷ **poste de lavage** (Aut) car wash ▷ **poste d'observation** observation post ▷ **poste de pilotage** (Aviat) cockpit ▷ **poste de police** (Police) police station; (Mil) guard-room, guardhouse ▷ **poste de secours** first-aid post ▷ **poste téléphonique** telephone ▷ **poste de travail** (Ordin) work station

posté, e [pɔste] (ptp de **poster¹**) adj ◆ **travail / travailleur posté** shift work / worker

poster¹ [pɔste] → SYN ▸ conjug 1 ◂ 1 vt a lettre to post (Brit), mail

b sentinelle to post, station

2 **se poster** vpr to take up (a) position, position o.s., station o.s.

poster² [pɔstɛʀ] nm poster

postérieur, e [pɔsteʀjœʀ] → SYN 1 adj (dans le temps) date, document later; événement subsequent, later; (dans l'espace) partie back, posterior (frm); membre hind, rear, back; voyelle back ◆ **ce document est légèrement / très postérieur à cette date** this document dates from slightly later / much later ◆ **l'événement est postérieur à 1850** the event took place later than ou after 1850 ◆ **postérieur à 1800** after 1800

2 nm (*) behind*, rear, posterior (hum)

postérieurement [pɔsteʀjœʀmɑ̃] adv later, subsequently ◆ **postérieurement à** after

posteriori [pɔsteʀjɔʀi] loc adv ◆ **a posteriori** a posteriori

postériorité [pɔsteʀjɔʀite] nf posteriority

postérité [pɔsteʀite] → SYN nf (descendants) descendants, posterity; (avenir) posterity ◆ (frm) **mourir sans postérité** to die without issue ◆ **être jugé par la postérité** to be judged by posterity ◆ **entrer dans la postérité, passer à la postérité** to go down to posterity

postface [pɔstfas] nf postscript, postface

postglaciaire [pɔstglasjɛʀ] adj postglacial

posthite [pɔstit] nf posthitis

posthume [pɔstym] → SYN adj posthumous ◆ **à titre posthume** posthumously

posthypophyse [pɔstipɔfiz] nf neurohypophysis, posthypophysis

postiche [pɔstiʃ] → SYN 1 adj cheveux, moustache false; (fig) ornement, fioriture postiche, superadded; sentiment pretended; (Ling) élément, symbole dummy

2 nm (pour homme) toupee; (pour femme) hairpiece, postiche

postier, -ière [pɔstje, jɛʀ] nm,f post office worker ◆ **grève des postiers** postal (Brit) ou mail strike

postillon [pɔstijɔ̃] → SYN nm (Hist: cocher) postilion; (*: salive) sputter ◆ **envoyer des postillons** to sputter, splutter

postillonner* [pɔstijɔne] ▸ conjug 1 ◂ vi to sputter, splutter

post(-)industriel, -elle [pɔstɛ̃dystʀijɛl] adj post-industrial

postlude [pɔstlyd] nm postlude

postmoderne [pɔstmɔdɛʀn] adj postmodern

postmodernisme [pɔstmɔdɛʀnism] nm postmodernism

postnatal, e, mpl **postnatals** [pɔstnatal] adj postnatal

postopératoire [pɔstɔpeʀatwaʀ] adj postoperative

post-partum [pɔstpaʀtɔm] nm inv postpartum period

postposer [pɔstpoze] ▸conjug 1◂ vt to place after ◆ **sujet postposé** postpositive subject, subject placed after the verb

postposition [pɔstpozisjɔ̃] nf postposition ◆ **verbe à postposition** phrasal verb

postprandial, e, mpl **-iaux** [pɔstpʀɑ̃djal, jo] adj postprandial

postscolaire [pɔstskɔlɛʀ] adj enseignement further (épith), continuing (épith)

post-scriptum [pɔstskʀiptɔm] → SYN nm inv postscript

postsonorisation [pɔstsɔnɔʀizasjɔ̃] nf dubbing

postsonoriser [pɔstsɔnɔʀize] ▸conjug 1◂ vt to dub

postsynchronisation [pɔstsɛ̃kʀɔnizasjɔ̃] nf dubbing *(of a film)*

postsynchroniser [pɔstsɛ̃kʀɔnize] ▸conjug 1◂ vt to dub (a film)

postulant, e [pɔstylɑ̃, ɑ̃t] → SYN nm,f applicant; (Rel) postulant

postulat [pɔstyla] → SYN nm postulate

postuler [pɔstyle] → SYN ▸conjug 1◂ **1** vt **a** emploi to apply for, put in for
b principe to postulate
2 vi **a** **postuler à** ou **pour un emploi** to apply for a job
b (Jur) **postuler pour** to represent

posture [pɔstyʀ] → SYN nf posture, position ◆ **être en bonne posture** to be in a good position ◆ **être en très mauvaise posture** to be in a really bad position ou a tight corner ◆ (†, littér) **en posture de faire** in a position to do

pot [po] → SYN **1** nm **a** (récipient) (en verre) jar; (en terre) pot; (en métal) tin (Brit), can; (en carton) carton ◆ **petit pot pour bébé** jar of baby food ◆ **pot à confiture** jamjar, jampot (Brit) ◆ **pot de confiture** jar ou pot (Brit) of jam ◆ **mettre en pot** fleur to pot; confiture to put in jars, pot (Brit) ◆ **plantes en pot** pot plants ◆ **mettre un enfant sur le pot** to put a child on the potty, pot a child
b (*) (boisson) drink, jar* (Brit); (réunion) drinks party ◆ **tu viens prendre** ou **boire un pot?*** are you coming for a drink? ou for a jar?* (Brit) → **cuiller, découvrir, fortune**
c (*: chance) luck ◆ **avoir du pot** to be lucky ou in luck ◆ **manquer de pot** to be unlucky ou out of luck ◆ **pas de** ou **manque de pot!** just his (ou your etc) luck! ◆ **tu as du pot!** some people have all the luck!, you're a lucky beggar!* ou blighter!* (Brit) ◆ **c'est un vrai coup de pot!** what a stroke of luck!
d (Cartes) (enjeu) kitty; (restant) pile
2 COMP ▷ **pot à bière** (en verre) beer mug; (en terre ou en métal) tankard ▷ **pot catalytique** catalytic converter ▷ **pot de chambre** chamberpot ▷ **pot de colle** (lit) pot of glue; (péj: crampon) leech ◆ **il est du genre pot de colle!** you just can't shake him off!, he sticks like a leech! ▷ **pot à eau** (pour se laver) water jug, pitcher; (pour boire) water jug ▷ **pot d'échappement** exhaust pipe; (silencieux) silencer (Brit), muffler (US) ▷ **pot de fleurs** (récipient) plant pot, flowerpot; (fleurs) pot plant, flowering plant ▷ **pot à lait** (pour transporter) milk can; (sur la table) milk jug ▷ **pot à tabac** (lit) tobacco jar; (fig) dumpy little person ▷ **pot de terre** earthenware pot ◆ **un particulier qui se bat contre l'administration, c'est le pot de terre contre le pot de fer** one individual struggling against the authorities can't hope to win

potable [pɔtabl] → SYN adj (lit) drinkable; (* fig) reasonable, passable, decent ◆ **eau potable** drinking water ◆ **eau non potable** water which is not for drinking, non-drinking water ◆ **il ne peut pas faire un travail potable** he can't do a decent piece of work ◆ **le film est potable** the film isn't bad ◆ **ce travail est tout juste potable** this piece of work is barely passable ou acceptable

potache* [pɔtaʃ] nm schoolboy, schoolkid*

potage [pɔtaʒ] → SYN nm soup ◆ (fig) **être dans le potage*** (mal réveillé) to be in a daze; (désorienté) to be in a muddle; (en mauvaise posture) to be in the soup*

potager, -ère [pɔtaʒe, ɛʀ] → SYN **1** adj plante vegetable (épith), edible; jardin kitchen (épith), vegetable (épith)
2 nm kitchen ou vegetable garden

potamochère [pɔtamɔʃɛʀ] nm river hog

potamogéton [pɔtamɔʒetɔ̃] nm ⇒ **potamot**

potamologie [pɔtamɔlɔʒi] nf potamology

potamot [pɔtamo] nm pondweed

potasse [pɔtas] nf (hydroxide) potassium hydroxide, caustic potash; (carbonate) potash, *impure potassium carbonate*

potasser* [pɔtase] ▸conjug 1◂ **1** vt livre, discours to swot up* (Brit) ou cram ou bone up* for; examen to swot* (Brit) ou cram ou bone up* for; sujet swot up (on)* (Brit), bone up (on)*
2 vi to swot* (Brit), cram

potassique [pɔtasik] adj potassic

potassium [pɔtasjɔm] nm potassium

pot-au-feu [pɔtofø] → SYN **1** adj inv (*) stay-at-home, home-loving
2 nm inv (plat) (beef) stew; (viande) stewing beef

pot-de-vin, pl **pots-de-vin** [pod(ə)vɛ̃] → SYN nm bribe, backhander* (Brit), payola (US) ◆ **donner un pot-de-vin à qn** to bribe sb, give sb a backhander* (Brit), grease sb's palm

pote* [pɔt] nm pal*, mate* (Brit), chum*, buddy* (US) ◆ **salut, mon pote!** hi there!*, hi, buster!* (US)

poteau, pl **poteaux** [pɔto] → SYN **1** nm **a** post ◆ (Courses) **rester au poteau** to be left at the (starting) post ◆ **elle a les jambes comme des poteaux*** she's got legs like tree trunks*
b **poteau (d'exécution)** execution post, stake *(for execution by shooting)* ◆ **envoyer au poteau** to sentence to execution by firing squad ◆ **au poteau!** lynch him!, string him up!* ◆ **le directeur au poteau!** down with the boss!
c (*†: ami) pal*, buddy* (US)
2 COMP ▷ **poteau d'arrivée** winning ou finishing post ▷ **poteau de but** goal-post ▷ **poteau de départ** starting post ▷ **poteau électrique** electric post ou pole ▷ **poteau indicateur** signpost ▷ **poteau télégraphique** telegraph post ou pole ▷ **poteau de torture** torture post

potée [pɔte] nf **a** (Culin) ≃ hotpot *(of pork and cabbage)*
b (Tech) **potée d'étain** tin putty, putty-powder

potelé, e [pɔt(ə)le] → SYN adj enfant plump, chubby; bras plump

potence [pɔtɑ̃s] → SYN nf **a** (gibet) gallows (sg) → **gibier**
b (support) bracket ◆ **en potence** (en équerre) L-shaped; (en T) T-shaped

potencé, e [pɔtɑ̃se] adj ◆ **croix potencée** cross of Jerusalem

potentat [pɔtɑ̃ta] → SYN nm (lit) potentate; (fig péj) despot

potentialiser [pɔtɑ̃sjalize] ▸conjug 1◂ vt (Pharm) to potentiate

potentialité [pɔtɑ̃sjalite] → SYN nf potentiality

potentiel, -ielle [pɔtɑ̃sjɛl] → SYN adj, nm (gén) potential

potentiellement [pɔtɑ̃sjɛlmɑ̃] adv potentially

potentille [pɔtɑ̃tij] → SYN nf potentilla

potentiomètre [pɔtɑ̃sjɔmɛtʀ] nm potentiometer

poterie [pɔtʀi] → SYN nf (atelier, art) pottery; (objet) earthenware bowl (*ou* dish ou jug etc), piece of pottery ◆ **poteries** earthenware, pieces of pottery

poterne [pɔtɛʀn] → SYN nf postern

potiche [pɔtiʃ] → SYN nf (large) oriental vase; (fig) figurehead

potier, -ière [pɔtje, jɛʀ] → SYN nm,f potter

potin* [pɔtɛ̃] nm **a** (vacarme) din*, racket* ◆ **faire du potin** (lit) to make a noise; (fig) to kick up a fuss* ◆ **ça va faire du potin** (lit) there'll be a lot of noise, it'll be noisy; (fig) this is going to stir things up*, there'll be quite a rumpus (over this)
b (commérage) **potins** gossip, tittle-tattle

potiner [pɔtine] → SYN ▸conjug 1◂ vi to gossip

potion [posjɔ̃] → SYN nf (lit) potion ◆ (lit, fig) **potion magique** magic potion ◆ (fig) **potion (amère)** bitter pill

potiron [pɔtiʀɔ̃] → SYN nm pumpkin

potomanie [pɔtɔmani] nf potomania

potomètre [pɔtɔmɛtʀ] nm potometer

potorou [pɔtɔʀu] nm kangaroo rat, potoroo

pot-pourri, pl **pots-pourris** [popuʀi] → SYN nm (fleurs) pot-pourri; (Mus) potpourri, medley

potron-minet* [pɔtʀɔ̃minɛ] nm ◆ **dès potron-minet** at the crack of dawn, at daybreak

Potsdam [pɔtsdam] n Potsdam

potto [pɔto] nm potto, kinkajou

pou, pl **poux** [pu] → SYN nm louse ◆ **pou du pubis** pubic louse, crab (louse)* ◆ **couvert de poux** covered in lice, lice-ridden → **chercher, laid**

pouah [pwa] excl ugh!, yuk!

poubelle [pubɛl] → SYN nf [ordures] (dust)bin (Brit), trash ou garbage can (US) ◆ **poubelle de table** *container on a table for bones, wrappers etc* ◆ **jeter/mettre qch à la poubelle** to throw/put sth in the (dust)bin (Brit) ou trash can (US) ◆ **c'est bon à mettre à la poubelle** it's only fit for the dustbin (Brit) ou trash can (US) ◆ **faire les poubelles** to rummage through bins ou garbage cans ◆ **il roule dans une poubelle*** his car is a real tip* (Brit), his car is a garbage can on wheels (US) ◆ **ça appartient aux poubelles de l'histoire** it's something that history has forgotten

pouce [pus] → SYN nm **a** (Anat) [main] thumb; [pied] big toe ◆ **se tourner** ou **se rouler les pouces** to twiddle one's thumbs ◆ **mettre les pouces*** to give in ou up ◆ (au jeu) **pouce!** pax! (Brit), truce! ◆ **on a déjeuné** ou **on a pris un morceau sur le pouce*** we had a quick snack ou a bite to eat* ◆ (Can*) **faire du pouce, voyager sur le pouce** to thumb* a lift, hitch*, hitch-hike ◆ **coup de pouce** (pour aider qn) nudge in the right direction ◆ **donner un coup de pouce aux ventes** to give sales a bit of a boost ◆ **donner un coup de pouce à un projet** to help a project along
b (mesure, aussi Can) inch ◆ (fig) **il n'a pas avancé d'un pouce** he refused to budge, he wouldn't budge an inch ◆ **son travail n'a pas avancé d'un pouce** his work hasn't progressed at all ◆ **un pouce de terrain** a tiny plot of land ◆ **et le pouce!*** and a bit more besides!

pouce-pied, pl **pouces-pieds** [puspje] nm (Zool) barnacle

Poucet [pusɛ] nm ◆ **le Petit Poucet** Tom Thumb

Pouchkine [puʃkin] nm Pushkin

poucier [pusje] nm (protection) thumbstall

pou-de-soie, pl **poux-de-soie** [pud(ə)swa] nm poult(-de-soie)

pouding [pudiŋ] nm ⇒ **pudding**

poudingue [pudɛ̃g] nm (Géol) conglomerate

poudrage [pudʀaʒ] nm powdering

poudre [pudʀ] → SYN **1** nf (gén) powder; (poussière) dust; (fard) (face) powder; (explosif) (gun) powder; (Méd) powder; (arg Drogue: héroïne) stuff*, smack*, H (arg) ◆ **poudre d'or/de diamant** gold/diamond dust ◆ **réduire qch en poudre** to reduce ou grind sth to powder, powder sth ◆ **en poudre** lait, œufs dried, powdered; chocolat drinking (épith) ◆ **se mettre de la poudre** to powder one's face ou nose ◆ **se mettre de la poudre sur** to powder ◆ **poudre libre/compacte** loose/pressed powder ◆ **prendre la poudre d'escampette*** to take to one's heels, skedaddle* ◆ **de la poudre de perlimpinpin** the universal remedy (iro), a magic cure-all → **feu¹, inventer, jeter**
2 COMP ▷ **poudre à canon** gunpowder ▷ **poudre dentifrice** tooth powder ▷ **poudre à éternuer** sneezing powder ▷ **poudre à laver** washing powder (Brit), soap powder ▷ **poudre à récurer** scouring powder ▷ **poudre de riz** face powder

poudrer [pudʀe] → SYN ▸conjug 1◂ **1** vt to powder
2 vi (Can) [neige] to drift

3 **se poudrer** vpr to powder one's face ou nose

poudrerie [pudʀəʀi] nf gunpowder ou explosives factory; (Can) blizzard, drifting snow

poudrette [pudʀɛt] nf (engrais) crumb rubber

poudreux, -euse [pudʀø, øz] → SYN **1** adj (poussiéreux) dusty ◆ **neige poudreuse** powder snow; (Can) drifting snow
2 **poudreuse** nf **a** (neige) powder snow
b (meuble) dressing table
c (Agr) duster

poudrier [pudʀije] nm (powder) compact

poudrière [pudʀijɛʀ] nf powder magazine; (fig) powder keg (fig)

poudrin [pudʀɛ̃] nm sea spray, spindrift

poudroiement [pudʀwamɑ̃] nm dust haze

poudroyer [pudʀwaje] → SYN ▸conjug 8◂ vi [poussière] to rise in clouds; [neige] to rise in a flurry ◆ **la route poudroie** clouds of dust rise up from the road

pouf¹ [puf] **1** nm pouffe
2 excl thud ◆ **faire pouf** to tumble (over) ◆ **pouf par terre!** whoops-a-daisy!

pouf² * [puf] nm ◆ (Belg) **taper** ou **répondre à pouf** to guess

pouffer [pufe] → SYN ▸conjug 1◂ vi ◆ **pouffer (de rire)** to burst out laughing

pouffiasse‡ [pufjas] nf (péj) (grosse femme) fat bag‡ ou broad‡ (US); (femme que l'on déteste) tart‡, slag‡ (Brit); (prostituée) whore (péj), tart‡

pouh [pu] excl pooh!

pouillerie [pujʀi] nf squalor

pouilleux, -euse [pujø, øz] → SYN **1** adj **a** (lit) lousy, flea-ridden, verminous
b (fig: sordide) quartier, endroit squalid, seedy, shabby; personne dirty, filthy
2 nm,f (pauvre) down-and-out; (couvert de poux) flea-ridden ou lice-ridden ou verminous person

pouillot [pujo] nm warbler ◆ **pouillot fitis** willow warbler ◆ **pouillot véloce** chiffchaff

poujadisme [puʒadism] nm Poujadism

poujadiste [puʒadist] adj, nmf Poujadist

poulailler [pulɑje] → SYN nm henhouse ◆ (Théât) **le poulailler*** the gods* (Brit), the gallery

poulain [pulɛ̃] → SYN nm **a** (Zool) foal, colt; (fig) promising young athlete (ou writer ou singer etc); (protégé) protégé
b (Tech) **poulain (de chargement)** skid

poulaine [pulɛn] nf (Hist: soulier) poulaine, long pointed shoe

poularde [pulaʀd] nf fatted chicken ◆ (Culin) **poularde demi-deuil** poularde demi-deuil

poulbot [pulbo] nm street urchin (in Montmartre)

poule¹ [pul] → SYN **1** nf **a** (Zool) hen; (Culin) (boiling) fowl ◆ (fig) **se lever avec les poules** to get up with the lark (Brit) ou birds (US), be an early riser ◆ **se coucher avec les poules** to go to bed early ◆ **quand les poules auront des dents** when pigs can fly ou have wings ◆ **être comme une poule qui a trouvé un couteau** to be at a complete loss → **chair, cul, lait**
b (‡) (maîtresse) mistress, bit on the side‡; (fille) bird* (Brit), broad‡ (US), chick*; (prostituée) whore, tart‡, hooker‡ (US) ◆ **poule de luxe** high-class prostitute
c (terme affectueux) **ma poule** (my) pet
2 COMP ▷ **poule d'eau** moorhen ▷ **poule faisane** hen pheasant ▷ **poule mouillée** (lâche) softy*, coward ▷ **la poule aux œufs d'or** the goose that lays the golden eggs ▷ **poule pondeuse** laying hen, layer ▷ **poule au pot** (Culin) boiled chicken ◆ (Hist) **la poule au pot tous les dimanches** a chicken in the pot every Sunday ▷ **poule au riz** chicken and rice

poule² [pul] → SYN nf **a** (enjeu) pool, kitty
b (tournoi) (gén) tournament; (Escrime) pool; (Rugby) group
c (Turf) **poule d'essai** maiden race

poulet [pulɛ] → SYN nm (Culin, Zool) chicken; (‡: flic) cop‡; (††: billet doux) love letter ◆ **poulet de grain / fermier** corn-fed / free-range (Brit) chicken ◆ (fig) **mon (petit) poulet!*** (my) pet! ou love!

poulette [pulɛt] nf (Zool) pullet; (*: fille) girl, lass*, bird* (Brit), chick* (US) ◆ (fig) **ma poulette!*** (my) pet! ou love! ◆ (Culin) **sauce poulette** sauce poulette

pouliche [puliʃ] → SYN nf filly

poulie [puli] → SYN nf pulley; (avec sa caisse) block ◆ **poulie simple / double / fixe** single / double / fixed block ◆ **poulie folle** loose pulley

pouliner [puline] ▸conjug 1◂ vi to foal

poulinière [pulinjɛʀ] adj f, nf ◆ **(jument) poulinière** brood mare

poulot, -otte†* [pulo, ɔt] nm,f ◆ **mon poulot!, ma poulotte!** poppet!*, (my) pet! ou love! *(said to a child)*

poulpe [pulp] → SYN nm octopus

pouls [pu] → SYN nm pulse ◆ **prendre** ou **tâter le pouls de qn** (lit) to feel ou take sb's pulse; (fig) to sound sb (out) ◆ (fig) **prendre** ou **tâter le pouls de** opinion publique to test, sound out; économie to feel the pulse of

poult-de-soie, pl **poults-de-soie** [pud(ə)swa] nm ⇒ **pou-de-soie**

poumon [pumɔ̃] → SYN nm lung ◆ **respirer à pleins poumons** to breathe in deeply, take deep breaths ◆ **chanter / crier à pleins poumons** to sing / shout at the top of one's voice ◆ **avoir des poumons** [chanteur, coureur] to have a good pair of lungs ◆ **poumon artificiel / d'acier** artificial / iron lung

poupard [pupaʀ] → SYN **1** adj (†) chubby(-cheeked)
2 nm bonny (Brit) baby, bouncing baby

poupe [pup] → SYN nf (Naut) stern → **vent**

poupée [pupe] → SYN nf **a** (jouet) doll, dolly* ◆ **poupée(s) gigogne(s)** ou **russe(s)** nest of dolls, Russian dolls ◆ **poupée gonflable** inflatable ou blow-up doll ◆ **poupée de son** rag doll *(stuffed with bran)* ◆ **elle joue à la poupée** she's playing with her doll(s) → **maison**
b (* fig) (femme jolie ou pomponnée) doll*; (fille, maîtresse) bird* (Brit), chick* (US) ◆ **bonjour, poupée** hullo, sweetie*
c (pansement) finger bandage ◆ **faire une poupée à qn** to bandage sb's finger
d (Tech) **poupée fixe** headstock ◆ **poupée mobile** tailstock

poupin, e [pupɛ̃, in] → SYN adj chubby

poupon [pupɔ̃] → SYN nm little baby, babe-in-arms

pouponner [pupɔne] → SYN ▸conjug 1◂ vi to play mother ◆ **tu vas bientôt (pouvoir) pouponner** soon you'll be fussing around like a fond mother (ou father etc)

pouponnière [pupɔnjɛʀ] → SYN nf day nursery, crèche

pour [puʀ] → SYN GRAMMAIRE ACTIVE 26.4
1 prép **a** (direction) for, to ◆ **partir pour l'Espagne** to leave for Spain ◆ **il part pour l'Espagne demain** he leaves for Spain ou he is off to Spain tomorrow ◆ **partir pour l'étranger** to go abroad ◆ **le train pour Londres** the London train, the train for London
b (temps) for ◆ **demander / promettre qch pour le mois prochain / pour dans huit jours / pour après les vacances** to ask for / promise sth for next month / for next week / for after the holidays ◆ **il lui faut sa voiture pour demain** he must have his car for ou by tomorrow ◆ **ne m'attendez pas, j'en ai encore pour une heure** don't wait for me, I'll be another hour (yet) ◆ **pour le moment** ou **l'instant** for the moment ◆ **pour toujours** for ever ◆ (iro) **c'est pour aujourd'hui ou pour demain?** are we getting it ou is it coming today?, shall we have it this side of Christmas? ◆ **ce sera pour des jours meilleurs** we'll have to wait for better days ◆ **garder le meilleur pour la fin** to keep the best till last ou till the end
c (intention, destination) for ◆ **faire qch pour qn** to do sth for sb ◆ **il ferait tout pour elle / sa mère** he would do anything for her / his mother ou for her sake / his mother's sake ◆ **faire qch pour la gloire / le plaisir** to do sth for the glory / for the pleasure of it ou for pleasure ◆ **c'est fait pour** that's what it's meant ou made for ◆ **son amour pour les bêtes** his love of animals ◆ **quêter pour les hôpitaux** to collect for ou in aid of hospita[ls] ◆ **il travaille pour un cabinet d'architectes** h[e] works for a firm of architects ◆ **ce n'est pa[s] un livre pour (les) enfants** it's not a book fo[r] children, it's not a children's book ◆ **coi[f]feur pour dames** ladies' hairdresser ◆ **c'e[st] mauvais / bon pour vous / pour la santé** it['s] bad / good for you / for the health ◆ **il a ét[é] très gentil pour ma mère** he was very kind t[o] my mother ◆ **sirop pour la toux** coug[h] mixture (Brit) ou syrup (US) ◆ **pastilles pour l[a] gorge** throat tablets ◆ **il n'est pas fait pour l[e] travail de bureau** he's not made for offic[e] work ◆ **le plombier est venu / a téléphoné pou[r] la chaudière** the plumber came / phone[d] about the boiler ◆ **pour le meilleur et pour l[e] pire** for better or for worse ◆ **l'art pour l'a[rt]** art for art's sake → **amour, craindre**
d (approbation) for, in favour of ◆ **être pou[r] la peine de mort** to be for ou in favour o[f] the death penalty ◆ **il est pour protester** he['s] in favour of protesting, he's (all) for pro[testing]* ◆ **je suis pour!*** I'm all for it!*, I'[m] all in favour (of it)! → **voter**
e (point de vue) **pour moi, le projet n'est pa[s] réalisable** as I see it ou in my opinion ou i[n] my view the plan cannot be carried ou[t] ◆ **pour moi, je suis d'accord** personally ou fo[r] my part I agree ◆ **ce n'est un secret pou[r] personne** it's no secret from anyone ◆ **s[a] fille est tout pour lui** his daughter is everything to him ◆ **c'est trop compliqué pour ell[e]** it's too complicated for her
f (cause) **être condamné pour vol** to be con[victed] for theft ◆ **il a été félicité pour so[n] audace** he was congratulated on his bold[ness] ◆ **fermé pour cause de maladie** close[d] owing to ou because of ou on account of ill[ness] ◆ **fermé pour réparations** closed fo[r] repairs ◆ **quelle histoire pour si peu** what a fuss ou to-do* over ou about such a little thing ◆ **il n'en est pas plus heureux pour cela** he is none the happier for all that!, he is no happier for all that! ◆ **il est furieux e[t] pour cause!** he's furious and with good reason! ◆ **pourquoi se faire du souci pou[r] cela?** why worry about that? ◆ **il est pou[r] quelque chose / pour beaucoup dans le succès de la pièce** he is partly / largely responsible for the success of the play, he had something / a lot to do with the play's success → **beau, oui**
g (à la place de, en échange de) **payer pour qn** to pay for sb ◆ **signez pour moi** sign in my place ou for me ◆ (Comm etc) **pour le directeur** p.p. Manager ◆ **il a parlé pour nous tous** he spoke on behalf of all of us ou on our behalf, he spoke for all of us ◆ **en avoir pour son argent** to have ou get one's money's worth ◆ **donnez-moi pour 200 F d'essence** give me 200 francs' worth of petrol ◆ **il l'a eu pour 5 F / une bouchée de pain** he got it for 5 francs / for a song → **chacun**
h (rapport, comparaison) for ◆ **pour cent / mille** per cent / thousand ◆ **il est petit pour son âge** he is small for his age ◆ **il fait chaud pour la saison** it's warm for the time of year ◆ **pour un Anglais, il parle bien le français** he speaks French well for an Englishman ◆ **pour un qui s'intéresse, il y en a 6 qui bâillent** for every one that takes an interest there are 6 (who are) yawning ◆ **c'est mot pour mot ce qu'il a déjà dit** it's word for word what he has already said ◆ **jour / heure pour jour / heure** to the (very) day / hour ◆ **mourir pour mourir, je préfère que ce soit ici** if I have to die I should prefer it to be here → **coup, œil**
i (rapport d'équivalence: comme) for, as ◆ **prendre qn pour femme** to take sb as one's wife ◆ **prendre qn pour un imbécile** to take sb for an idiot ◆ **il a pour adjoint son cousin** he has his cousin as his deputy ◆ **il passe pour filou** he's said to be a crook ◆ **il s'est fait passer pour fou / pour son patron** he passed himself off as a madman / as his boss ◆ **il a pour principe / méthode de faire ...** it is his principle / method to do ..., his principle / method is to do ... ◆ **cela a eu pour effet de** that had the effect of ◆ **pour de bon*** ou **de vrai*** truly, really, for real* → **compter, laisser**
j (emphatique) **pour (ce qui est de) notre voyage, il faut y renoncer** as for our journey

ou as far as our journey goes, we'll have to forget it, we'll have to give up all idea of going on that journey ◆ **pour une malchance c'est une malchance!** of all the unfortunate things (to happen)!, that was unfortunate and no mistake! ◆ **pour être furieux, je le suis!** talk about furious, I really am!* ◆ **pour sûr†*** for sure ou certain

k (+ infin: but, succession) to ◆ **trouvez un argument pour le convaincre** find an argument to convince him ou that will convince him ◆ **il est d'accord pour nous aider** he agrees ou he has agreed to help us ◆ **nous avons assez d'argent pour l'aider** we have enough money to help him ◆ **pour mûrir, les tomates ont besoin de soleil** tomatoes need sunshine to ripen ◆ **je n'ai rien dit pour ne pas le blesser** I didn't say anything so as not to hurt him ◆ **je n'ai rien dit pour le blesser** I said nothing to hurt him ◆ **creuser pour trouver de l'eau / du pétrole** to dig for water / oil ◆ **elle se pencha pour ramasser son gant** she bent down to pick up her glove ◆ **il étendit le bras pour prendre la boîte** he reached for the box ◆ **il finissait le soir tard pour reprendre le travail tôt le lendemain** he used to finish work late at night only to start again early the next morning ◆ **il y a des gens assez innocents pour le croire** some people are unsuspecting enough to believe him ◆ **le travail n'est pas pour l'effrayer** ou **pour lui faire peur** he's not afraid of hard work ou of working hard ◆ **ce n'est pas pour arranger les choses** this isn't going to help matters, this will only make things worse ◆ **il a dit ça pour rire** ou **pour plaisanter** he said it in fun ou as a joke ◆ **il est parti pour ne plus revenir** he left never to return, he left and never came back again ◆ **j'étais pour partir*** I was just going, I was just about to go, I was on the point of leaving → **assez, trop**

l (+ infin: cause, concession) **elle a été punie pour avoir menti** she was punished for lying ou having lied ◆ **pour avoir réussi, il n'en est pas plus riche** he's no richer ou none the richer for having succeeded ou for his success

m **pour que** + subj so that, in order that (frm) ◆ **écris vite ta lettre pour qu'elle parte ce soir** write your letter quickly so (that) it will go ou it goes this evening ◆ **il a mis une barrière pour que les enfants ne sortent pas** he has put up a fence so that the children won't get out ◆ **il est trop tard pour qu'on le prévienne** it's too late to warn him ou for him to be warned ◆ (iro) **c'est ça, laisse ton sac là pour qu'on te le vole!** that's right, leave your bag there for someone to steal it! ou so that someone steals it! ◆ **elle est assez grande pour qu'on puisse la laisser seule** she is old enough (for her) to be left on her own

n (restriction, concession) **pour riche qu'il soit, il n'est pas généreux** (as) rich as he is ou rich though he is, he's not generous ◆ **pour peu qu'il soit sorti sans sa clef ...** if he should have come out without his key ... ◆ **pour autant que je sache** as far as I know ou am aware, to the best of my knowledge

2 nm ◆ **le pour et le contre** the arguments for and against, the pros and the cons ◆ **il y a du pour et du contre** there are arguments on both sides ou arguments for and against

pourboire [puʀbwaʀ] → SYN nm tip ◆ **pourboire interdit** no gratuities, our staff do not accept gratuities ◆ **donner un pourboire de 10 F à qn, donner 10 F de pourboire à qn** to tip sb 10 francs, give sb a 10 francs tip

pourceau, pl **pourceaux** [puʀso] → SYN nm (littér, péj) pig, swine (inv, littér) → **perle**

pour-cent [puʀsɑ̃] nm inv (commission) percentage, cut*

pourcentage [puʀsɑ̃taʒ] → SYN nm percentage; (Comm) percentage, cut* ◆ **travailler au pourcentage** to work on commission ◆ **toucher un pourcentage sur les bénéfices** to get a share ou a cut of the profits ◆ **côte à fort pourcentage** steep slope

pourchasser [puʀʃase] → SYN ▸conjug 1◂ vt [police, chasseur, ennemi] to pursue, hunt down; [créancier] to hound, harry; [importun] to hound ◆ **pourchasser la misère / le crime** to hunt out ou seek out poverty / crime ◆ **pourchasser les fautes d'orthographe** to hunt out the spelling mistakes

pourfendeur [puʀfɑ̃dœʀ] → SYN nm (hum) destroyer

pourfendre [puʀfɑ̃dʀ] → SYN ▸conjug 41◂ vt (littér) adversaire to set about, assail; (fig) abus to fight against, combat

Pourim [puʀim] nm Purim

pourlécher (se) [puʀleʃe] ▸conjug 6◂ vpr (lit, fig) to lick one's lips ◆ **je m'en pourlèche déjà** (lit) my mouth is watering already; (fig) I can hardly wait ◆ **se pourlécher les babines*** (lit) to lick one's chops*; (fig) to lick ou smack one's lips

pourliche* [puʀliʃ] nm tip

pourparlers [puʀpaʀle] nmpl talks, negotiations, discussions ◆ **entrer en pourparlers avec** to start negotiations ou discussions with, enter into talks with ◆ **être en pourparlers avec** to negotiate with, have talks ou discussions with

pourpier [puʀpje] nm portulaca; (comestible) purslane

pourpoint [puʀpwɛ̃] → SYN nm doublet, pourpoint

pourpre [puʀpʀ] → SYN **1** adj crimson; (Hér) purpure ◆ **il devint pourpre** (furieux) he went purple (in the face), he went ou turned crimson, (gêné) he turned crimson ou scarlet

2 nm (couleur) crimson; (Hér) purpure ◆ **le pourpre de la honte** the crimson (colour) of shame ◆ **pourpre rétinien** visual purple

3 nf **a** (matière colorante, étoffe, symbole) purple; (couleur) scarlet ◆ **pourpre royale** royal purple ◆ **accéder à la pourpre cardinalice** ou **romaine** to be given the red hat ◆ **né dans la pourpre** born in the purple

b (Zool) murex

pourpré, e [puʀpʀe] adj (littér) crimson

pourquoi [puʀkwa] → SYN GRAMMAIRE ACTIVE 1.1

1 conj why ◆ **pourquoi est-il venu?** why did he come?, what did he come for? ◆ **pourquoi les avoir oubliés?** why did he (ou they etc) forget them? ◆ **c'est** ou **voilà pourquoi il n'est pas venu** that's (the reason) why he didn't come

2 adv why ◆ **tu me le prêtes? – pourquoi (donc)?** can you lend me it? – why? ou what for? ◆ **tu viens? – pourquoi pas?** are you coming? – why not? ou why shouldn't I? ◆ **il a réussi, pourquoi pas vous?** (dans le futur) he succeeded so why shouldn't you?; (dans le passé) he succeeded so why didn't you? ou so how come you didn't?* ◆ **je vais vous dire pourquoi** I'll tell you why ◆ **il faut que ça marche, ou que ça dise pourquoi*** it had better work or else ...*, it had better work, or I'll want to know why (not) ◆ **allez savoir** ou **comprendre pourquoi*, je vous demande bien pourquoi** I didn't know why, I just can't imagine why!, don't ask me!, search me!*

3 nm inv (raison) reason (*de* for); (question) question ◆ **le pourquoi de son attitude** the reason for his attitude ◆ **il veut toujours savoir le pourquoi et le comment** he always wants to know the whys and wherefores ◆ **il est difficile de répondre à tous les pourquoi des enfants** it isn't easy to find an answer for everything children ask you

pourri, e [puʀi] → SYN (ptp de **pourrir**) **1** adj **a** fruit rotten, bad, spoilt; bois rotten; feuille decayed, rotting; viande bad; œuf rotten, addled, bad; enfant thoroughly spoilt; cadavre decomposed, putrefied ◆ **être pourri** [pomme] to have gone rotten ou bad; [œuf] to have gone bad → **poisson**

b roche crumbling, rotten; neige melting, half-melted

c (mauvais) temps, été wet, rainy; personne, société rotten, corrupt ◆ **flic pourri**⁑ bent copper* (Brit), dirty ou bad cop* (US) ◆ **pourri de fric**⁑ stinking⁑ ou filthy⁑ rich, lousy with money⁑ ◆ **pourri de défauts** full of ou riddled with faults ◆ **pourri de talent*** oozing with talent

2 nm **a** **enlever le pourri** (d'un fruit etc) to take out the rotten ou bad part ◆ **sentir le pourri** to smell rotten ou bad

b (⁑: crapule) swine⁑, sod⁑* (Brit) ◆ **bande de pourris!** (you) bastards!⁑, (you) lousy sods!⁑* (Brit)

c (⁑: policier corrompu) bent copper* (Brit), dirty ou bad cop* (US)

pourrir [puʀiʀ] → SYN ▸conjug 2◂ **1** vi [fruit] to go rotten ou bad, spoil; [bois] to rot (away); [œuf] to go bad; [cadavre] to rot away; [corps, membre] to be eaten away; [relations] to deteriorate ◆ **récolte qui pourrit sur pied** harvest which is rotting on the stalk ◆ (fig) **pourrir dans la misère** to languish in poverty ◆ **pourrir en prison** to rot (away) in prison ◆ **laisser pourrir la situation** to let the situation deteriorate ou get worse ◆ **laisser pourrir une grève** to let a strike peter out

2 vt **a** fruit to make rotten, rot, spoil; bois to make rotten, rot; (infecter) corps to eat away (at)

b (fig) (gâter) enfant to spoil through and through, ruin; (corrompre) personne to corrupt, spoil ◆ **les ennuis qui pourrissent notre vie** the worries which spoil our lives

3 **se pourrir** vpr [fruit] to go rotten ou bad, spoil; [bois] to rot (away); [relations, situation] to deteriorate, get worse

pourrissage [puʀisaʒ] nm [pâte céramique] weathering

pourrissement [puʀismɑ̃] nm [situation] deterioration, worsening (*de* in, of)

pourriture [puʀityʀ] → SYN nf **a** (lit, Agr) rot; [société] rottenness ◆ **odeur de pourriture** putrid smell

b (péj ⁑: personne) louse*, swine⁑

pour-soi [puʀswa] nm (Philos) pour-soi

poursuite [puʀsɥit] → SYN nf **a** [voleur, animal] chase (*de* after), pursuit (*de* of); (fig) [bonheur, gloire] pursuit (*de* of) ◆ **se mettre** ou **se lancer à la poursuite de qn** to chase ou run after sb, go in pursuit of sb

b (Jur) **poursuites (judiciaires)** legal proceedings ◆ **engager des poursuites contre** to start legal proceedings against, take legal action against ◆ **s'exposer à des poursuites** to lay o.s. open to ou run the risk of prosecution

c (continuation) continuation ◆ **ils ont voté / décidé la poursuite de la grève** they voted / decided to continue the strike

d **(course) poursuite** (Sport) track race; (Police) chase, pursuit ◆ **poursuite individuelle** individual pursuit ◆ **poursuite en voiture** car chase

poursuiteur, euse [puʀsɥitœʀ, øz] nm,f track rider, track cyclist

poursuivant, e [puʀsɥivɑ̃, ɑ̃t] **1** adj ◆ (Jur) **partie poursuivante** plaintiff

2 nm,f (ennemi) pursuer; (Jur) plaintiff

poursuivre [puʀsɥivʀ] → SYN ▸conjug 40◂ **1** vt

a (courir après) fugitif, ennemi to pursue; animal to chase (after), hunt down, pursue; malfaiteur to chase (after), pursue ◆ **un enfant poursuivi par un chien** a child (being) chased ou pursued by a dog ◆ **les motards poursuivaient la voiture** the police motorcyclists were chasing the car ou were in pursuit of the car

b (harceler) [importun, souvenir] to hound ◆ **être poursuivi par ses créanciers** to be hounded ou harried by one's creditors ◆ **poursuivre qn de sa colère / de sa haine** to hound sb through anger / hatred ◆ **poursuivre une femme de ses assiduités** to force one's attentions on a woman ◆ **cette idée le poursuit** he can't get this idea out of his mind, he's haunted by this idea ◆ **les photographes ont poursuivi l'actrice jusque chez elle** the photographers followed the actress all the way home

c (chercher à atteindre) fortune, gloire to seek (after); vérité to pursue, seek (after); rêve to pursue, follow; but, idéal to strive towards, pursue

d (continuer) (gén) to continue, go ou carry on with; avantage to follow up, pursue ◆ **poursuivre sa marche** to keep going, walk on, carry on walking, continue on one's way

e (Jur) **poursuivre qn (en justice)** (au criminel) to prosecute sb, bring proceedings against sb; (au civil) to sue sb, bring proceedings against sb ◆ **être poursuivi pour vol** to be prosecuted for theft

2 vi a (continuer) to carry on, go on, continue ◆ **poursuivez, cela m'intéresse** go on ou tell me more, it interests me ◆ **puis il poursuivit: voici pourquoi ...** then he went on ou continued: that's why ...
b (persévérer) to keep at it, keep it up
3 **se poursuivre** vpr [négociations, débats] to go on, continue; [enquête, recherches, travail] to be going on, be carried out ◆ **les débats se sont poursuivis jusqu'au matin** discussions went on ou continued until morning

pourtant [purtɑ̃] → SYN adv (néanmoins, en dépit de cela) yet, nevertheless, all the same, even so; (cependant) (and) yet ◆ **et pourtant** and yet, but nevertheless ◆ **frêle mais pourtant résistant** frail but nevertheless ou but even so ou but all the same ou (and ou but) yet resilient ◆ **il faut pourtant le faire** it's got to be done all the same ou even so ou nevertheless, (and) yet it's got to be done ◆ **il n'est pourtant pas très intelligent** (and) yet he's not very clever, he's not very clever though ◆ (intensif) **c'est pourtant facile!** but it's easy!, but it's not difficult! ◆ **on lui a pourtant dit de faire attention** (and) yet we told him ou did tell him to be careful

pourtour [purtur] → SYN nm [cercle] circumference; [rectangle] perimeter; (bord) surround ◆ **le pourtour méditerranéen** the Mediterranean region ◆ **sur le pourtour de** around, on the sides of

pourvoi [purvwa] → SYN nm (Jur) appeal ◆ **pourvoi en grâce** appeal for clemency ◆ **former un pourvoi en cassation** to (lodge an) appeal

pourvoir [purvwar] → SYN ▸ conjug 25 ◂ 1 vt a **pourvoir qn de qch** to provide ou equip ou supply sb with sth, provide sth for sb ◆ **pourvoir un enfant de vêtements chauds** to provide a child with warm clothes, provide warm clothes for a child ◆ **la nature l'a pourvu d'une grande intelligence** nature has endowed him with great intelligence, he is gifted with great natural intelligence ◆ **la nature l'a pourvue d'une grande beauté** she is graced with great natural beauty ◆ **pourvoir sa maison de tout le confort moderne** to fit one's house out ou equip one's house with all modern conveniences ◆ **pourvoir sa cave de vin** to stock one's cellar with wine → **pourvu**[1]
b poste to fill ◆ **il y a 2 postes à pourvoir** there are 2 posts to fill
2 **pourvoir à** vt indir éventualité to provide for, cater for; emploi to fill ◆ **pourvoir aux besoins de qn** to provide for ou cater for ou supply sb's needs ◆ **pourvoir à l'entretien du ménage** to provide for the upkeep of the household ◆ **j'y pourvoirai** I'll see to it ou deal with it
3 **se pourvoir** vpr a **se pourvoir de** argent, vêtements to provide o.s. with; provisions, munitions to provide o.s. with, equip o.s. with, supply o.s. with
b (Jur) to appeal, lodge an appeal ◆ **se pourvoir en appel** to take one's case to the Court of Appeal ◆ **se pourvoir en cassation** to (lodge an) appeal

pourvoyeur, -euse [purvwajœr, øz] → SYN
1 nm,f supplier, purveyor; [drogue] supplier, pusher*
2 nm (Mil: servant de pièce) artilleryman

pourvu[1]**, e** [purvy] → SYN (ptp de **pourvoir**) adj
a [personne] **être pourvu de** intelligence, imagination to be gifted with, be endowed with; beauté to be endowed with, be graced with ◆ **avec ces provisions nous voilà pourvus pour l'hiver** with these provisions we're stocked up ou well provided for for the winter ◆ **nous sommes très bien / très mal pourvus en commerçants** we're very well-off / very badly off for shops, we're very well / very badly provided with shops ◆ **après l'héritage qu'il a fait c'est quelqu'un de bien pourvu** with the inheritance he's received, he's very well-off ou very well provided for
b [chose] **être pourvu de** to be equipped ou fitted with ◆ **feuille de papier pourvue d'une marge** sheet of paper with a margin ◆ **animal (qui est) pourvu d'écailles** animal which has scales ou which is equipped with scales

pourvu[2] [purvy] → SYN conj ◆ **pourvu que** (souhait) let's hope; (condition) provided (that), so long as ◆ **pourvu que ça dure!** let's hope it lasts!, here's hoping it lasts!*

poussa(h) [pusa] nm (jouet) tumbler; (péj: homme) potbellied man

pousse [pus] → SYN nf a (bourgeon) shoot ◆ **pousses de bambou** bamboo shoots ◆ **pousses de soja** bean sprouts ◆ **la plante fait des pousses** the plant is growing shoots
b (action) [feuilles] sprouting; [dents, cheveux] growth

poussé, e[1] [puse] (ptp de **pousser**) 1 adj études advanced; enquête extensive, exhaustive; interrogatoire intensive; moteur souped-up ◆ **très poussé** organisation, technique, dessin elaborate; précision high-level (épith), advanced ◆ **il n'a pas eu une formation / éducation très poussée** he hasn't had much training / education ◆ **une plaisanterie un peu poussée** a joke which goes a bit too far
2 nm (Mus) up-bow

pousse-au-crime* [pusokrim] nm inv (boisson) firewater* ◆ (fig) **c'est du pousse-au-crime!** it's an invitation!

pousse-café* [puskafe] nm inv liqueur

poussée[2] [puse] → SYN nf a (pression) [foule] pressure, pushing, shoving; (Archit, Géol, Phys, Aviat) thrust (NonC) ◆ **sous la poussée** under the pressure ◆ **la poussée d'Archimède** Archimedes' principle ◆ (Bot) **poussée radiculaire** root pressure
b (coup) push, shove; [ennemi] thrust ◆ **écarter qn d'une poussée** to thrust ou push ou shove sb aside ◆ **enfoncer une porte d'une poussée violente** to break a door down with a violent heave ou shove
c (éruption) [acné] attack, eruption; [prix] rise, upsurge, increase ◆ **poussée de fièvre** (sudden) high temperature ◆ **la poussée de la gauche / droite aux élections** the upsurge of the left / right in the elections ◆ **la poussée révolutionnaire de 1789** the revolutionary upsurge of 1789

pousse-pied, pl **pousses-pied(s)** [puspje] nm (Zool) barnacle

pousse-pousse [puspus] nm inv rickshaw

pousser [puse] → SYN ▸ conjug 1 ◂
1 vt a (gén) charrette, meuble, personne to push; brouette, landau to push, wheel; verrou (ouvrir) to slide, push back; (fermer) to slide, push to ou home; objet gênant to move, shift, push aside ◆ **pousser une chaise contre le mur / près de la fenêtre / dehors** to push a chair (up) against the wall / (over) near the window / outside ◆ **pousser les gens vers la porte** to push the people towards ou to the door ◆ **il me poussa du genou / du coude** he nudged me with his knee / (with his elbow) ◆ **pousser un animal devant soi** to drive an animal in front of one ◆ **pousser l'aiguille** to sew ◆ **pousser la porte / la fenêtre** (fermer) to push the door / window to ou shut; (ouvrir) to push the door / window open ◆ **pousser un caillou du pied** to kick a stone (along) ◆ **le vent nous poussait vers la côte** the wind was blowing ou pushing us towards the shore ◆ **le courant poussait le bateau vers les rochers** the current was carrying the boat towards the rocks ◆ (balançoire, voiture en panne) **peux-tu me pousser?** can you give me a push? ◆ **peux-tu pousser ta voiture?** can you move ou shift your car (out of the way)? ◆ **pousse tes fesses!**‡ shift your backside!‡, shove over!‡ ◆ **(ne) poussez pas, il y a des enfants!** don't push ou stop pushing, there are children here! ◆ **il m'a poussé** he pushed ou jostled me ◆ **il y a une voiture qui me pousse au derrière*** ou **au cul**** the car behind me is right up my backside‡ (Brit), there's a car riding my ass** (US) ◆ (fig) **faut pas pousser (grand-mère dans les orties)!**‡ that ou this is going a bit far!, you (ou he) must be kidding!‡ ◆ (fig) **pousser un peu loin le bouchon** to push it*, go a bit far ◆ **ne pousse pas le bouchon trop loin** don't push it*, don't push your luck → **pointe**
b (stimuler) élève, ouvrier to urge on, egg on, push; cheval to ride hard, push; moteur (techniquement) to soup up, hot up, hop up (US); (en accélérant) to flog* (surtout Brit), drive hard; voiture to drive hard ou fast; machine to work hard; feu to stoke up; chauffage to turn up; (mettre en valeur) candidat, protégé to push; dossier to help along ◆ **c'est l'ambition qui le pousse** he is driven by ambition, it's ambition which drives him on ◆ **dans ce lycée on pousse trop les élèves** the pupils are worked ou driven ou pushed too hard in this school ◆ **ce prof l'a beaucoup poussé en maths** this teacher has really pushed him ou made him get on in maths
c **pousser qn à faire qch** [faim, curiosité] to drive sb to do sth; [personne] (inciter) to urge ou press sb to do sth; (persuader) to persuade ou induce sb to do sth, talk sb into doing sth ◆ **ses parents le poussent à entrer à l'université / vers une carrière médicale** his parents are urging ou encouraging or pushing him to go to university / to take up a career in medicine ◆ **c'est elle qui l'a poussé à acheter cette maison** she talked him into ou pushed him into buying this house, she induced him to buy this house ◆ **son échec nous pousse à croire que ...** his failure leads us to think that ..., because of his failure we're tempted to think that ... ◆ **pousser qn au crime / au désespoir** to drive sb to crime / to despair ◆ **pousser qn à la consommation** to encourage sb to buy (or eat ou drink etc) more than he wants ◆ **pousser qn à la dépense** to encourage sb to spend (more) money, drive sb into spending (more) money ◆ **le sentiment qui le poussait vers sa bien-aimée** the feeling which drove him to his beloved ◆ **pousser qn sur un sujet** to get sb onto a subject
d (poursuivre) études, discussion to continue, carry on (with), go ou press on with; avantage to press (home), follow up; affaire to follow up, pursue; marche, progression to continue, carry on with ◆ **pousser l'enquête / les recherches plus loin** to carry on ou press on with the inquiry / research ◆ **pousser la curiosité / la plaisanterie un peu (trop) loin** to carry ou take curiosity / the joke a bit (too) far ◆ **pousser les choses au noir** always to look on the black side, always take a black view of things ◆ **pousser qch à la perfection** to carry ou bring sth to perfection ◆ **il a poussé le dévouement / la gentillesse / la malhonnêteté jusqu'à faire** he was devoted / kind / dishonest enough to do, his devotion / kindness / dishonesty was such that he did ◆ **pousser l'indulgence jusqu'à la faiblesse** to carry indulgence to the point of weakness ◆ **pousser qn dans ses derniers retranchements** to get sb up against a wall ou with his back to the wall ◆ **pousser qn à bout** to push sb to breaking point, drive sb to his wits' end ou the limit
e cri, hurlement to let out, utter, give; soupir to heave, give ◆ **pousser des cris** to shout, scream ◆ **pousser des rugissements** to roar ◆ **les enfants poussaient des cris perçants** the children were shrieking ◆ **le chien poussait de petits jappements plaintifs** the dog was yelping pitifully ◆ **pousser des cris d'orfraie** to cry out in fear (ou in indignation etc) ◆ **pousser une gueulante**‡ (douleur) to be screaming with pain; (colère) to be shouting and bawling (with anger) ◆ (hum) **pousser la chansonnette** ou **sa chanson** ou **la romance, en pousser une*** to sing a song
2 vi a (grandir) [barbe, enfant] to grow; [dent] to come through; [ville] to grow, expand; [plante] (sortir de terre) to sprout; (se développer) to grow ◆ [enfant] **bien pousser** to be growing well ◆ **pousser comme un champignon** to be shooting up ◆ **alors, les enfants, ça pousse?** and how are the kids doing?* ◆ **mes choux poussent bien** my cabbages are coming on ou doing nicely ou well ◆ **tout pousse bien dans cette région** everything grows well in this region ◆ **ils font pousser des tomates par ici** they grow tomatoes in these parts, this is a tomato-growing area ◆ **la pluie fait pousser les mauvaises herbes** the rain makes the weeds grow ◆ **ça pousse comme du chiendent** they grow like weeds ◆ **il se fait** ou **se laisse pousser la barbe** he's growing a beard ◆ **il se fait** ou **se laisse pousser les cheveux** he's letting his hair grow ◆ **il a une dent qui pousse** he's cutting a tooth, he's got a tooth coming through ◆ **de nouvelles villes poussaient comme des champignons** new towns were springing up ou sprouting like mushrooms, new towns were mushrooming
b (faire un effort) (pour accoucher, aller à la selle) to push ◆ (fig) **pousser à la roue** to do a bit of

pushing, push a bit ◆ **pousser (à la roue) pour que qn fasse qch** to keep nudging ou pushing sb to get him to do sth ◆ (Fin) **pousser à la hausse** to push prices up ◆ (Fin) **pousser à la baisse** to force prices down

c (aller) **nous allons pousser un peu plus avant** we're going to go on ou push on a bit further ◆ **pousser jusqu'à Lyon** to go on ou push on as far as ou carry on to Lyons ◆ **l'ennemi poussait droit sur nous** the enemy was coming straight for ou towards us

d (*: exagérer) to go too far, overdo it ◆ **tu pousses!** that's going a bit far! ◆ **faut pas pousser!** that ou this is going a bit far!, that ou this is overdoing it a bit!

e [vin] to referment in spring

3 **se pousser** vpr (se déplacer) to move, shift; (faire de la place) to move ou shift over (ou up ou along ou down); (en voiture) to move ◆ **pousse-toi de là que je m'y mette*** move over and make room for me ◆ (fig) **se pousser (dans la société)** to make one's way ou push o.s. up in society ou in the world

poussette [pusɛt] nf push chair ◆ **poussette-canne** baby buggy, (folding) stroller (US)

poussier [pusje] nm coaldust, screenings (spéc)

poussière [pusjɛʀ] [→ SYN] nf dust ◆ **poussière de charbon** coaldust ◆ **poussière d'étoiles** stardust ◆ **poussière d'or** gold dust ◆ **faire** ou **soulever de la poussière** to raise a dust ◆ **prendre la poussière** to collect ou gather dust ◆ **faire la poussière*** to do the dusting ◆ **couvert de poussière** dusty, covered in dust ◆ **avoir une poussière dans l'œil** to have a speck of dust in one's eye ◆ (frm) **leur poussière repose dans ces tombes** their ashes ou mortal remains lie in these tombs ◆ (fig) **3 F et des poussières*** just over 3 francs, 3 and a bit francs* ◆ (fig) **une poussière de** a myriad of ◆ **poussière cosmique** cosmic dust ◆ **poussière radioactive** radioactive particles ou dust (NonC) ◆ **poussière volcanique** volcanic ash (NonC) ou dust (NonC) ◆ (drogue) **poussière d'ange** angel dust ◆ **réduire / tomber en poussière** to reduce to / crumble into dust

poussiéreux, -euse [pusjeʀø, øz] [→ SYN] adj (lit) dusty, covered in dust; (fig) fusty

poussif, -ive [pusif, iv] [→ SYN] adj personne wheezy, short-winded; cheval broken-winded; moteur puffing, wheezing; style flabby, tame

poussin [pusɛ̃] [→ SYN] nm **a** (Zool) chick ◆ (fig) **mon poussin!*** pet!, poppet!*

b (Sport) under eleven, junior

c (arg Mil) *first-year cadet in the air force*

poussinière [pusinjɛʀ] nf (cage) chicken coop; (couveuse) (chicken) hatchery

poussivement [pusivmɑ̃] [→ SYN] adv ◆ **il monta poussivement la côte / l'escalier** he wheezed up ou puffed up the hill / the stairs

poussoir [puswaʀ] nm [sonnette] button ◆ (Aut) **poussoir (de soupape)** tappet

poutre [putʀ] [→ SYN] nf (en bois) beam; (en métal) girder; (Gym) beam ◆ **poutres apparentes** exposed beams → **paille**

poutrelle [putʀɛl] nf (en bois) beam; (en métal) girder

poutser [putse] ▸ conjug 1 ◂ vt (Helv) to dust

pouvoir[1] [puvwaʀ] [→ SYN] ▸ conjug 33 ◂ GRAMMAIRE ACTIVE 1.1, 3, 4, 9, 15, 16

1 vb aux **a** (permission) can, may (frm), be allowed to ◆ **il ne peut pas venir** he can't ou cannot ou may not (frm) come, he isn't allowed to come ◆ **peut-il / ne peut-il pas venir?** can he / can't he come?, may he / may he not come? (frm) ◆ **il peut ne pas venir** he doesn't have to come, he's not bound to come ◆ **il pourra venir** he will be able ou allowed to come ◆ **il pourrait venir s'il nous prévenait** he could come ou he would be able ou allowed to come if he notified us ◆ **il pouvait venir, il a pu venir** he could come, he was allowed ou able to come ◆ **il aurait pu venir** he could have come, he would have been allowed ou able to come ◆ **s'il avait pu venir** if he could have come, if he had been allowed ou able to come ◆ **les élèves peuvent se promener le dimanche** the pupils may ou can go ou are allowed to go for walks on Sundays ◆ **maintenant, tu peux aller jouer** now you can ou may go and play ◆ **est-ce qu'on peut fermer la fenêtre?** may ou can we ou do you mind if we shut the window? ◆ **on ne peut pas laisser ces enfants seuls** we can't leave these children on their own ◆ **dans la famille victorienne, on ne pouvait pas jouer du piano le dimanche** in Victorian families, you weren't allowed to ou could not play the piano on Sundays

b (possibilité) can, be able to; (*: réussir) to manage to ◆ **il ne peut pas venir** he can't come, he isn't able to ou is unable to come ◆ **peut-il venir?** can he ou is he able to come? ◆ **ne peut-il pas venir?** can't he ou isn't he able to ou is he unable to come? ◆ **il ne peut pas ne pas venir** he can't not come, he has to ou he must come ◆ (littér) **je puis venir** I can come ◆ **il aurait pu venir** he could have come, he would have been able to come ◆ **s'il avait pu venir** if he could have come, if he had been able to come ◆ **il n'a (pas) pu** ou (littér) **ne put venir** he couldn't ou wasn't able to ou was unable to come ◆ **il ne peut pas s'empêcher de tousser** he can't help coughing ◆ **peut-il marcher sans canne?** can he (manage to) walk ou is he able to walk without a stick? ◆ **il peut bien faire cela** that's the least he can do ◆ **venez si vous pouvez / dès que vous pourrez** come if / as soon as you can (manage) ou are able ◆ **puis-je vous être utile?** can I be of any help (to you)?, can ou may I be of assistance? ◆ **la salle peut contenir 100 personnes** the room can seat ou hold 100 people ou has a seating capacity of 100 ◆ **comme il pouvait comprendre la fiche technique, il a pu réparer le poste** since he could understand the technical information he was able to ou he managed to repair the set ◆ **il ne pourra jamais plus marcher** he will never be able to walk again ◆ **il pourrait venir demain si vous aviez besoin de lui** he could come tomorrow if you needed him ◆ **pourriez-vous nous apporter du thé?** could you bring us some tea?

c (éventualité) **il peut être français** he may ou might ou could be French ◆ **il ne peut pas être français** he can't be French ◆ **peut-il être français?** could ou might he be French? ◆ **ne peut-il pas être français?** couldn't ou mightn't he ou may he not (frm) be French? ◆ **il peut ne pas être français** he may ou might not be French ◆ **il ne peut pas ne pas être français** he must be French ◆ **il pourrait être français** he might ou could be French ◆ **il aurait pu être français** he might ou could have been French ◆ **quel âge peut-il (bien) avoir?** (just) how old might he be? ◆ **l'émeute peut éclater d'un moment à l'autre** rioting may ou might ou could break out any minute ◆ **qu'est-ce que cela peut bien lui faire?*** what's that (got) to do with him?* ◆ **il peut être très méchant, parfois** he can be very nasty at times ◆ **où ai-je bien pu mettre mon stylo?** where on earth can I have put my pen? ◆ **vous pourrez en avoir besoin** you may ou might need it ◆ **les cambrioleurs ont pu entrer par la fenêtre** the burglars could ou may ou might have got in through the window ◆ **il a très bien pu entrer sans qu'on le voie** he may very well ou he could easily have come in unseen ◆ **songez un peu à ce qui pourrait arriver** just imagine what might ou could happen ◆ **cela pourrait se faire** that might ou could be arranged ◆ **ceci pourrait bien constituer une des questions les plus importantes** this is potentially one of the key issues, this could well be one of the most important issues

d (suggestion) might, could ◆ **elle pourrait arriver à l'heure!** she might ou could (at least) be punctual! ◆ **il aurait pu me dire cela plus tôt!** he might ou could have told me sooner! ◆ **vous pouvez bien lui prêter votre livre** you can lend him your book, can't you?, surely you can lend him your book!

e (littér: souhait) **puisse Dieu / le ciel les aider!** may God / Heaven help them! ◆ **puisse-t-il guérir rapidement!** would to God (littér) ou let us hope he recovers soon!, may he soon recover (littér) ◆ **puissiez-vous dire vrai!** let us pray ou hope you're right!

2 vb impers may, might, could, be possible ◆ **il peut** ou **pourrait pleuvoir** it may ou might ou could rain, it is possible that it will rain ◆ **il pourrait y avoir du monde** there may ou might ou could be a lot of people there ◆ **il aurait pu y avoir un accident!** there could ou might have been an accident! ◆ **il pourrait se faire qu'elle ne soit pas chez elle** she may ou might well not be at home, it may ou might well be that she isn't at home

3 vt **a** can, to be able to ◆ **est-ce qu'on peut quelque chose pour lui?** is there anything we can do for him? ◆ **il partira dès qu'il le pourra** he will leave as soon as he can ou is able (to) ◆ **il fait ce qu'il peut** he does what he can, he does the best he can ◆ **il a fait tout ce qu'il a pu** he did all he could ou all that was in his power ◆ **il peut beaucoup** he's very capable ◆ (frm) **que puis-je pour vous?** what can I do for you?, can I do anything to assist you? ◆ **personne ne peut rien sur lui** he won't listen to anyone, no one has any hold on him

b (+ adj ou adv compar) **il a été on ne peut plus aimable / compréhensif / impoli** he couldn't have been kinder / more understanding / ruder, he was as kind / understanding / rude as it's possible to be ◆ **elle le connaît on ne peut mieux** she knows him as well as it's possible to know anyone, no one knows him better than she does ◆ **ils sont on ne peut plus mal avec leurs voisins** they couldn't (possibly) be on worse terms with their neighbours, they're on the worst possible terms with their neighbours

c LOC **je n'en peux plus** I can't stand it any longer ◆ **je n'en peux plus d'attendre** I can wait no longer, I can't stand the strain of waiting any longer ◆ **il n'en peut plus** (fatigué) he's all-in* ou tired out; (à bout de nerfs) he can't go on, he's had enough, he can't take any more ◆ **je n'en peux plus de fatigue** I'm all-in* ou tired out ou worn out ◆ (littér) **il n'en pouvait mais** there was nothing he could do about it, he could do nothing about it ◆ **qu'y pouvons-nous? – on n'y peut rien** what can we do about it? – there's nothing we can do (about it) ◆ **je m'excuse, mais je n'y peux rien** I'm sorry, but it can't be helped ou there's nothing I can do ou there's nothing to be done

4 **se pouvoir** vpr ◆ **il se peut / se pourrait qu'elle vienne** she may ou could / might ou could (well) come ◆ **se peut-il que ...?** is it possible that ...?, could ou might it be that ...? ◆ **il se peut, éventuellement, que ...** it may possibly be that ... ◆ **cela se pourrait bien** that's quite possible, that may ou could well be, that's a clear possibility ◆ **ça se peut*** possibly, perhaps, maybe, could be* ◆ **ça ne se peut pas*** that's impossible, that's not possible, that can't be so

pouvoir[2] [puvwaʀ] [→ SYN]

1 nm **a** (faculté) (gén) power; (capacité) ability, capacity; (Phys, gén: propriété) power ◆ **avoir le pouvoir de faire** to have the power ou ability to do ◆ **il a le pouvoir de se faire des amis partout** he has the ability ou he is able to make friends everywhere ◆ **il a un extraordinaire pouvoir d'éloquence / de conviction** he has remarkable ou exceptional powers of oratory / persuasion ◆ **ce n'est pas en mon pouvoir** it is not within ou in my power, it is beyond my power ◆ **il n'est pas en son pouvoir de vous aider** it is beyond ou it does not lie within his power to help you ◆ **il fera tout ce qui est en son pouvoir** he will do everything (that is) in his power ou all that he possibly can ◆ **pouvoir couvrant / éclairant** covering / lighting power ◆ **pouvoir absorbant** absorption power, absorption factor (spéc)

b (autorité) power; (influence) influence ◆ **avoir beaucoup de pouvoir** to have a lot of power ou influence, be very powerful ou influential ◆ **avoir du pouvoir sur qn** to have influence ou power over sb, exert an influence over sb ◆ **le père a pouvoir sur ses enfants** a father has power over his children ◆ **tenir qn en son pouvoir** to hold sb in one's power ◆ **le pays entier est en son pouvoir** the whole country is in his power, he has the whole country in his power ◆ **avoir du pouvoir sur soi-même** to have self-control ◆ (fig: magistrature) **le troisième pouvoir** the magistracy ◆ (fig: presse) **le quatrième pouvoir** the press, the fourth estate

c (droit, attribution) power ◆ **dépasser ses pouvoirs** to exceed one's powers ◆ **en vertu des pouvoirs qui me sont conférés** by virtue of the power which has been vested in me ◆ **séparation des pouvoirs** division of powers ◆ **avoir pouvoir de faire** (autorisation) to have authority to do; (droit) to have the right to do ◆ **je n'ai pas pouvoir pour vous répondre** I have no authority to reply to you → **plein**
d (Pol) **le pouvoir** (direction des pays) power; (dirigeants) the government ◆ **le parti (politique) au pouvoir** the (political) party in power ou in office, the ruling party ◆ **avoir le pouvoir** to have ou hold power ◆ **exercer le pouvoir** to exercise power, rule, govern ◆ **prendre le pouvoir** (légalement) to come to power ou into office; (illégalement) to seize power ◆ **des milieux proches du pouvoir** sources close to the government ◆ **le pouvoir actuel, dans ce pays** the present régime, in this country ◆ **l'opinion et le pouvoir** public opinion and the authorities, us and them*
e (Jur: procuration) proxy ◆ **pouvoir par-devant notaire** power of attorney ◆ **donner pouvoir à qn de faire** to give sb proxy to do (Jur), empower sb to do, give sb authority to do → **fondé**
2 COMP ▷ **pouvoir d'achat** purchasing power ▷ **pouvoir de concentration** powers of concentration ▷ **pouvoirs constitués** powers that be ▷ **pouvoir de décision** decision-making power(s) ▷ **pouvoir disciplinaire** disciplinary power(s) ▷ **pouvoirs exceptionnels** emergency powers ▷ **pouvoir exécutif** executive power ▷ **pouvoir judiciaire** judiciary, judicial power ▷ **pouvoir législatif** legislative power ▷ **pouvoirs publics** authorities ▷ **pouvoir spirituel** spiritual power ▷ **pouvoir temporel** temporal power

pouzzolane [pudzɔlan] nf pozz(u)olana

pp. (abrév de **pages**) pp

p.p. (abrév de **per procurationem**) p.p.

ppcm nm (abrév de **plus petit commun multiple**) LCM

PQ [peky] 1 nm abrév de **Province de Québec**
2 nm (‡) bog paper‡ (Brit), loo paper* (Brit), TP* (US)

PR [peɛʀ] 1 nm (abrév de **parti républicain**) *French political party*
2 nf (abrév de **poste restante**) → **poste**[1]

Pr. (abrév de **professeur**) Prof

practice [pʀaktis] nm (golf) driving range

præsidium [pʀezidjɔm] nm praesidium ◆ **le præsidium suprême** the praesidium of the Supreme Soviet

pragmatique [pʀagmatik] → SYN 1 adj pragmatic
2 nf pragmatics (sg)

pragmatisme [pʀagmatism] nm pragmatism

pragmatiste [pʀagmatist] 1 adj pragmatic, pragmatist
2 nmf pragmatist

Prague [pʀag] n Prague

Praia [pʀaja] n Praia

praire [pʀɛʀ] nf clam

prairial [pʀɛʀjal] nm Prairial *(ninth month of French Republican calendar)*

prairie [pʀeʀi] → SYN nf meadow ◆ (aux USA) **la prairie** the prairie ◆ **des hectares de prairie** acres of grassland

Prajapati [pʀaʒapati] nm Prajapati

prâkrit [pʀɑkʀi] nm Prakrit

pralin [pʀalɛ̃] nm (Culin) praline *(filling for chocolates)*

praline [pʀalin] nf (bonbon) praline, sugared almond; (Belg: chocolat) chocolate

praliné, e [pʀaline] 1 adj amande sugared; glace, crème praline-flavoured
2 nm praline-flavoured ice cream

prame [pʀam] nf (Naut) pram, praam

prao [pʀao] nm (voilier) proa, prau

praséodyme [pʀazeɔdim] nm praseodymium

praticable [pʀatikabl] → SYN 1 adj a projet, moyen, opération practicable, feasible; chemin passable, negotiable, practicable ◆ **route difficilement praticable en hiver** road which is almost impassable in winter
b (Théât) porte, décor practicable
2 nm (Théât: décor) practicable scenery; (Ciné: plate-forme) gantry; (Sport) large surface gymnastics mat

praticien, -ienne [pʀatisjɛ̃, jɛn] → SYN nm,f (gén, Méd) practitioner

pratiquant, e [pʀatikɑ̃, ɑ̃t] → SYN 1 adj practising (épith) ◆ **il est très/peu pratiquant** he goes to ou attends church regularly/infrequently, he's a regular/an infrequent attender at church ou churchgoer
2 nm,f (regular) churchgoer, practising Christian (ou Catholic etc); (adepte) follower ◆ **cette religion compte 30 millions de pratiquants** this faith has 30 million followers ou 30 million faithful

pratique [pʀatik] → SYN 1 adj a (non théorique) jugement, philosophe, connaissance practical; (Scol) exercice, cours practical ◆ **considération d'ordre pratique** practical consideration → **travail**[1]
b (réaliste) personne practical(-minded) ◆ **il faut être pratique dans la vie** you have to be practical in life ◆ **avoir le sens pratique** to be practical-minded ◆ **avoir l'esprit pratique** to have a practical turn of mind
c (commode) livre, moyen, vêtement, solution practical; instrument practical, handy; emploi du temps convenient ◆ **c'est très pratique, j'habite à côté du bureau** it's very convenient ou handy, I live next door to the office
2 nf a (application) practice ◆ **dans la pratique** in (actual) practice ◆ **dans la pratique de tous les jours** in the ordinary run of things, in the normal course of events ◆ **en pratique** in practice ◆ **mettre qch en pratique** to put sth into practice
b (expérience) practical experience ◆ **il a une longue pratique des élèves** he has a long practical experience of teaching, he is well-practised at teaching ◆ **il a perdu la pratique** he is out of practice, he's lost the knack ◆ **avoir la pratique du monde**†† to be well-versed in ou have a knowledge of ou be familiar with the ways of society
c (coutume, procédé) practice ◆ **c'est une pratique générale** it is a widespread practice ◆ **des pratiques malhonnêtes** dishonest practices, sharp practice ◆ **pratiques religieuses** religious practices
d (exercice, observance) [règle] observance; [médecine] practising, exercise; [sport] practising; [vertu] exercise, practice ◆ **la pratique de l'escrime/du cheval/du golf développe les réflexes** fencing/horse-riding/golfing ou (playing) golf develops the reflexes ◆ **la pratique du yoga** the practice of yoga ◆ **pratique (religieuse)** church attendance ◆ **condamné pour pratique illégale de la médecine** convicted of the illegal practising of medicine
e (††: clientèle) [commerçant] custom (NonC), clientèle (NonC); [avocat] practice, clientele (NonC) ◆ **donner sa pratique à un commerçant** to give a tradesman one's custom
f (††: client) [commerçant] customer; [avocat] client
g (††: fréquentation) [personne, société] frequenting, frequentation; [auteur] close study

pratiquement [pʀatikmɑ̃] adv (en pratique) in practice; (en réalité) in (actual) practice; (presque) practically, virtually ◆ **c'est pratiquement la même chose, ça revient pratiquement au même** it's basically the same (thing)

pratiquer [pʀatike] → SYN ▸conjug 1◂ GRAMMAIRE ACTIVE 19.2
1 vt a (mettre en pratique) philosophie, politique to practise (Brit), practice (US), put into practice; règle to observe; vertu, charité to practise, exercise; religion to practise
b (exercer) profession, art to practise; football, golf to play ◆ **pratiquer l'escrime/le cheval/la pêche** to go in for fencing/horse-riding/fishing ◆ **pratiquer la photo** to go in for photography ◆ **ils pratiquent l'exploitation systématique du touriste** they systematically exploit ou make a practice of systematically exploiting the tourist ◆ **il est recommandé de pratiquer un sport** it is considered advisable to play ou practise ou d[o] a sport
c (faire) ouverture to make; trou to pierce, bore, open up; route to make, build, open up; (Méd) intervention to carry out (*sur* on)
d (utiliser) méthode to practise, use; système to use ◆ **pratiquer le chantage/le bluff** to use blackmail/bluff
e (Comm) rabais to give ◆ **ils pratiquent des prix élevés** they keep their prices high
f (††: fréquenter) auteur to study closely; personne, haute société to frequent
2 vi a (Rel) to go to church, be a churchgoer, be a practising Christian etc
b (Méd) to be in practice, have a practice
3 **se pratiquer** vpr [méthode] to be the practice; [religion] to be practised ◆ **cela se pratique encore dans les villages** it is still the practice in the villages ◆ **comme cela se pratique en général** as is the usual practice ◆ **les prix qui se pratiquent à Paris** prices which prevail ou are current in Paris ◆ **le vaudou se pratique encore dans cette région** voodoo is still practised in this region

praxie [pʀaksi] nf praxia

praxis [pʀaksis] nf praxis

Praxitèle [pʀaksitɛl] nm Praxiteles

pré [pʀe] → SYN 1 nm meadow ◆ (Hist) **aller sur le pré** to fight a duel ◆ **mettre un cheval au pré** to put a horse out to pasture
2 COMP ▷ **pré carré** ◆ (fig) **c'est leur pré carré** it's their private territory ou their preserve

pré... [pʀe] préf pre...

préado* [pʀeado] (abrév de **préadolescent, e**) nmf pre-teenager, pre-teen* (US)

préadolescent, e [pʀeadɔlesɑ̃, ɑ̃t] nm,f, adj preadolescent

préalable [pʀealabl] → SYN 1 adj entretien, condition preliminary; accord, avis prior, previous ◆ **préalable à** preceding ◆ **lors des entretiens préalables aux négociations** during (the) discussions (which took place) prior to the negotiations ◆ **vous ne pouvez pas partir sans l'accord préalable du directeur** you cannot leave without first obtaining ou having obtained the agreement of the director ou without the prior ou previous agreement of the director ◆ **ceci n'allait pas sans une certaine inquiétude préalable** a certain initial anxiety was experienced ◆ **sans avis préalable** without prior ou previous notice
2 nm (condition) precondition, prerequisite; (†: préparation) preliminary ◆ **au préalable** first, beforehand

préalablement [pʀealabləmɑ̃] → SYN adv first, beforehand ◆ **préalablement à** prior to ◆ **préalablement à toute négociation** before any negotiation can take place, prior to any negotiation

Préalpes [pʀealp] nfpl ◆ **les Préalpes** the Pre-Alps

préalpin, e [pʀealpɛ̃, in] adj of the Pre-Alps

préambule [pʀeɑ̃byl] → SYN nm [discours, loi] preamble (*de* to); [contrat] recitals (pl); (fig: prélude) prelude (*à* to) ◆ **sans préambule** without any preliminaries, straight off

préamplificateur [pʀeɑ̃plifikatœʀ] nm preamplifier

préau, pl **préaux** [pʀeo] → SYN nm [école] covered playground; [prison] (exercise) yard; [couvent] inner courtyard

préavis [pʀeavi] → SYN nm (advance) notice ◆ **un préavis d'un mois** a month's notice ou warning ◆ **préavis de licenciement** notice of termination ◆ **préavis de grève** strike notice ◆ **déposer un préavis de grève** to give notice ou warning of strike action ◆ **sans préavis** faire grève, partir without (previous) notice, without advance warning; retirer de l'argent on demand, without advance ou previous notice

préaviser [pʀeavize] ▸conjug 1◂ vt to notify in advance

prébende [pʀebɑ̃d] → SYN nf (Rel) prebend; (péj) emoluments, payment (NonC)

prébendé, e [pʀebɑ̃de] adj prebendal

prébendier [pʀebɑ̃dje] → SYN nm prebendary

précaire [prekɛʀ] [→ SYN] adj position, situation, bonheur precarious ; emploi insecure ; santé shaky, precarious ; abri makeshift ◆ (Jur) **possesseur / possession (à titre) précaire** precarious holder / tenure

précairement [prekɛʀmɑ̃] adv precariously

précambrien, -ienne [prekɑ̃bʀijɛ̃, ijɛn] adj, nm Precambrian

précampagne [prekɑ̃paɲ] nf (Pol) build-up to the (electoral) campaign

précancéreux, -euse [prekɑ̃seʀø, øz] adj precancerous

précarisation [prekaʀizasjɔ̃] nf [situation] jeopardizing ; [emploi] casualization

précariser [prekaʀize] ▸ conjug 1 ◂ vt situation to jeopardize ; emploi to make insecure

précarité [prekaʀite] [→ SYN] nf (gén, Jur) precariousness ◆ **on assiste à une précarité de l'emploi** we've been witnessing an increase in job insecurity ◆ **précarité de l'emploi** lack of job security

précaution [prekosjɔ̃] [→ SYN] nf **a** (disposition) precaution ◆ **prendre des** ou **ses précautions** to take precautions ◆ **s'entourer de précautions** to take a lot of precautions ◆ **précautions oratoires** carefully phrased remarks ◆ **faire qch avec les plus grandes précautions** to do sth with the utmost care ou the greatest precaution
b (prudence) caution, care ◆ **par précaution** as a precaution (*contre* against) ◆ **par mesure de précaution** as a precautionary measure ◆ **pour plus de précaution** to be on the safe side ◆ **avec précaution** cautiously

précautionner (se) [prekosjɔne] [→ SYN] ▸ conjug 1 ◂ vpr to take precautions (*contre* against)

précautionneusement [prekosjɔnøzmɑ̃] adv (par précaution) cautiously ; (avec soin) carefully

précautionneux, -euse [prekosjɔnø, øz] [→ SYN] adj (prudent) cautious ; (soigneux) careful

précédemment [presedamɑ̃] [→ SYN] adv before, previously

précédent, e [presedɑ̃, ɑ̃t] [→ SYN] **1** adj previous ◆ **un discours / article précédent** a previous ou an earlier speech / article ◆ **le discours / film précédent** the preceding ou previous speech / film ◆ **le jour / mois précédent** the previous day / month, the day / month before
2 nm (fait, décision) precedent ◆ **sans précédent** unprecedented, without precedent ◆ **créer un précédent** to create ou set a precedent

précéder [presede] [→ SYN] ▸ conjug 6 ◂ **1** vt **a** (venir avant) (dans le temps, une hiérarchie) to precede, come before ; (dans l'espace) to precede, be in front of, come before ; (dans une file de véhicules) to be in front ou ahead of, precede ◆ **les jours qui ont précédé le coup d'État** the days preceding ou leading up to ou which led up to the coup d'état ◆ **être précédé de** (gén) to be preceded by ; [discours] to be preceded by, be prefaced with ◆ **faire précéder son discours d'un préambule** to precede one's speech by ou preface one's speech with an introduction, give a short introduction at the start of one's speech
b (devancer) (dans le temps, l'espace) to precede, go in front ou ahead of ; (dans une carrière etc) to precede, get ahead of ◆ **quand j'y suis arrivé, j'ai vu que quelqu'un m'avait précédé** when I got there I saw that someone had got there before me ou ahead of me ou had preceded me ◆ **il le précéda dans la chambre** he went into the room in front of him, he entered the room ahead of ou in front of him ◆ **il m'a précédé de 5 minutes** he got there 5 minutes before me ou ahead of me ◆ **sa mauvaise réputation l'avait précédé** his bad reputation had preceded him
2 vi to precede, go before ◆ **les jours qui ont précédé** the preceding days ◆ **dans tout ce qui a précédé** in all that has been said (ou written etc) before ou so far ◆ **dans le chapitre / la semaine qui précède** in the preceding chapter / week

précepte [presɛpt] [→ SYN] nm precept

précepteur [presɛptœʀ] [→ SYN] nm private tutor

préceptorat [presɛptɔʀa] nm tutorship, tutorage (frm)

préceptrice [presɛptʀis] nf governess

précession [presesjɔ̃] nf precession

préchambre [preʃɑ̃bʀ] nf precombustion chamber

préchauffage [preʃofaʒ] nm preheating

préchauffer [preʃofe] ▸ conjug 1 ◂ vt to preheat

prêche [prɛʃ] [→ SYN] nm (lit, fig) sermon

prêcher [preʃe] [→ SYN] ▸ conjug 1 ◂ **1** vt (Rel, fig) to preach ; personne to preach to ◆ **prêcher un converti** to preach to the converted ◆ (hum) **prêcher la bonne parole** to spread the good word ◆ **prêcher le faux pour savoir le vrai** to make false statements in order to discover the truth
2 vi (Rel) to preach ; (fig) to preach, preachify, sermonize ◆ (fig) **prêcher dans le désert** to preach in the wilderness ◆ **prêcher d'exemple** to practise what one preaches, preach by example ◆ **prêcher pour son saint** ou **sa paroisse** to look after one's own interests, look after ou take care of number one*

prêcheur, -euse [prɛʃœʀ, øz] [→ SYN] **1** adj personne, ton moralizing ◆ **frères prêcheurs** preaching friars
2 nm,f (Rel) preacher ; (fig) moralizer

prêchi-prêcha [preʃipreʃa] nm inv (péj) preachifying (NonC), continuous moralizing (NonC) ou sermonizing (NonC)

précieusement [presjøzmɑ̃] adv (→ **précieux**) preciously ; in an affected way ◆ **garde ces lettres précieusement** take great care of these letters

précieux, -ieuse [presjø, jøz] [→ SYN] **1** adj **a** pierre, métal, temps, qualité, objet precious ; collaborateur, aide, conseil invaluable (*à* to) ; ami valued, precious
b (Littérat) écrivain, salon précieux, precious ; (fig : affecté) precious, mannered, affected
2 **précieuse** nf précieuse ◆ (Littérat) **"Les Précieuses ridicules"** "The Affected Young Ladies"

préciosité [presjozite] [→ SYN] nf **a** **la préciosité** (Littérat) preciosity ; (affectation) preciosity, affectation
b (formule, trait) stylistic affectation, euphuism

précipice [presipis] [→ SYN] nm **a** (gouffre) chasm ; (paroi abrupte) precipice ◆ **un précipice de plusieurs centaines de mètres** a drop of several hundred metres ◆ **la voiture s'immobilisa au bord du précipice / tomba dans le précipice** the car stopped at the very edge ou brink of the precipice / went over the precipice ◆ **d'affreux précipices s'ouvraient de tous côtés** frightful chasms opened up on all sides ◆ **ne t'aventure pas près du précipice** you mustn't go too near the edge (of the precipice)
b (fig) abyss ◆ **être au bord du précipice** to be at the edge of the abyss

précipitamment [presipitamɑ̃] [→ SYN] adv hurriedly, hastily, precipitately ◆ **sortir précipitamment** to rush ou dash out

précipitation [presipitasjɔ̃] [→ SYN] nf **a** (hâte) haste ; (hâte excessive) great haste, violent hurry ◆ **dans ma précipitation, je l'ai oublié chez moi** in my haste, I left it at home ◆ **avec précipitation** in great haste, in a great rush ou hurry
b (Chim) precipitation
c (Mét) **précipitations** precipitation

précipité, e [presipite] [→ SYN] (ptp de **précipiter**) **1** adj départ, décision hurried, hasty, precipitate ; fuite headlong ; pas hurried ; pouls, respiration fast, rapid ; rythme rapid, fast, swift ◆ **tout cela est trop précipité** it's all happening too fast, it's all far too hasty
2 nm (Chim) precipitate

précipiter [presipite] [→ SYN] ▸ conjug 1 ◂ **1** vt **a** (jeter) personne to throw (down), hurl (down), push headlong ; objet to throw, hurl (*contre* against, at, *vers* towards, at) ◆ **précipiter qn du haut d'une falaise** to hurl ou throw sb (down) from the top of a cliff, push sb headlong off a cliff ◆ **le choc l'a précipité contre le pare-brise** the shock threw ou hurled him against the windscreen ◆ (fig) **précipiter qn dans le malheur** to plunge sb into misfortune
b (hâter) pas to quicken, speed up ; événement to hasten, precipitate ; départ to hasten ◆ **il ne faut rien précipiter** we mustn't be hasty, we mustn't rush (into) things
c (Chim) to precipitate
2 vi (Chim) to precipitate
3 **se précipiter** vpr **a** (se jeter) [personne] **se précipiter dans le vide** to hurl o.s. ou plunge (headlong) into space ◆ **se précipiter du haut d'une falaise** to throw o.s. off the edge of ou over a cliff
b (se ruer) to rush over ou forward ◆ **se précipiter vers** to rush ou race towards ◆ **se précipiter sur** to rush at ◆ **se précipiter contre** [personne] to rush at, throw o.s. against ; [voiture] to tear into, smash into ◆ **se précipiter au devant de qn / aux pieds de qn** to throw o.s. in front of sb / at sb's feet ◆ **se précipiter sur l'ennemi** to rush at ou hurl o.s. on ou at the enemy ◆ **elle se précipita dans ses bras** she rushed into ou threw herself into ou flew into his arms ◆ **il se précipita à la porte pour ouvrir** he rushed to open the door ◆ **il se précipita sur le balcon** he raced ou dashed ou rushed out onto the balcony
c (s'accélérer) [rythme] to speed up ; [pouls] to quicken, speed up ◆ **les choses** ou **événements se précipitaient** things began to happen all at once ou in a great rush, events started to move fast ou faster
d (se dépêcher) to hurry, rush ◆ **ne nous précipitons pas** let's not rush things

précis, e [presi, iz] [→ SYN] **1** adj **a** (juste) style, témoignage, vocabulaire precise ; sens precise, exact ; description, indication precise, exact, clear, accurate ; instrument, tir precise, accurate
b (défini) idée, donnée, règle precise, definite ; heure precise ; ordre, demande precise ; fait, raison precise, particular, specific ◆ **sans raison précise** for no particular ou precise reason ◆ **je ne pense à rien de précis** I'm not thinking of anything in particular ◆ **à cet instant précis** at that precise ou very moment ◆ **à 4 heures précises** at 4 o'clock sharp ou on the dot*, at 4 o'clock precisely ◆ **sans que l'on puisse dire de façon précise ...** although we can't say precisely ou with any precision ... ◆ **se référer à un texte de façon précise** to make precise reference to a text
c (net) point precise, exact ; contours precise, distinct ; geste, esprit precise ; trait distinct
2 nm (résumé) précis, summary ; (manuel) handbook

précisément [presizemɑ̃] [→ SYN] GRAMMAIRE ACTIVE 13.2, 26.1 adv **a** (avec précision : → **précis**) precisely ; exactly ; clearly, accurately ; distinctly ◆ **ou plus précisément** or more precisely ou exactly, or to be more precise
b (justement) **je venais précisément de sortir** I had in fact just gone out, as it happened I'd just gone out ◆ **c'est lui précisément qui m'avait conseillé de le faire** as a matter of fact it was he ou it so happens that it was he who advised me to do it ◆ **c'est précisément la raison pour laquelle** ou **c'est précisément pour cela que je viens vous voir** that's precisely ou just why I've come to see you, it's for that very ou precise reason that I've come to see you ◆ **il fallait précisément ne rien lui dire** in actual fact he shouldn't have been told anything ◆ **mais je ne l'ai pas vu ! – précisément !** but I didn't see him! – precisely! ou exactly! ou that's just it! ou that's just the point!
c (exactement) exactly, precisely ◆ **c'est précisément ce que je cherchais** that's exactly ou precisely ou just what I was looking for ◆ **il est arrivé précisément à ce moment-là** he arrived right ou just at that moment ou at that exact ou precise ou very moment ◆ **ce n'est pas précisément ce que j'appelle un chef-d'œuvre** it's not exactly what I'd call a masterpiece

préciser [presize] [→ SYN] ▸ conjug 1 ◂ **1** vt idée, intention to specify, make clear, clarify ; fait, point to be more specific about, clarify; destination to name, specify ◆ **je vous préciserai la date de la réunion plus tard** I'll let you know the exact date of the meeting ou precisely when the meeting is later ◆ **il a précisé que ...** he explained that ..., he made it clear that ... ◆ **je dois préciser que ...** I must point out ou add that ..., I must be specific that ... ◆ **pourriez-vous préciser quand cela est arrivé?** could you be more exact ou specific about when it happened? ◆ **pourriez-vous préciser?** could you be more precise? ou specific? ou explicit?

2 **se préciser** vpr [idée] to take shape; [danger, intention] to become clear ou clearer ◆ **la situation commence à se préciser** we are beginning to see the situation more clearly

précision [pʀesizjɔ̃] → SYN nf a (gén) precision, preciseness; [description, instrument] precision, preciseness, accuracy; [contours] precision, preciseness, distinctness; [trait] distinctness ◆ **avec précision** precisely, with precision ◆ **de précision** precision (épith)

b (détail) point, piece of information ◆ **j'aimerais vous demander une précision / des précisions** I'd like to ask you to explain one thing / for further explanation ou information ◆ **il a apporté des précisions intéressantes** he revealed some interesting points ou facts ou information ◆ **encore une précision** one more point ou thing

précité, e [pʀesite] adj aforesaid, aforementioned; (par écrit) aforesaid, above(-mentioned)

préclassique [pʀeklasik] adj preclassical

précoce [pʀekɔs] → SYN adj fruit, saison, gelée early; plante early-flowering, early-fruiting, precocious (spéc); calvitie, sénilité premature; mariage young (épith), early (épith); diagnostic early; enfant (intellectuellement) precocious, advanced for his ou her age (attrib); (sexuellement) sexually precocious ou forward

précocement [pʀekɔsmɑ̃] adv precociously

précocité [pʀekɔsite] → SYN nf [fruit, saison] earliness; [enfant] (intellectuelle) precocity, precociousness; (sexuelle) sexual precocity, sexual precociousness

précolombien, -ienne [pʀekɔlɔ̃bjɛ̃, jɛn] adj pre-Colombian

précombustion [pʀekɔ̃bystjɔ̃] nf precombustion

précompte [pʀekɔ̃t] → SYN nm (évaluation) estimate; (déduction) deduction (from sb's pay) ◆ **précompte fiscal** tax deduction at source, tax with holding

précompter [pʀekɔ̃te] → SYN ▸ conjug 1 ◂ vt (évaluer) to estimate; (déduire) to deduct (*sur* from)

préconception [pʀekɔ̃sɛpsjɔ̃] nf preconception

préconçu, e [pʀekɔ̃sy] → SYN adj preconceived ◆ **idée préconçue** preconceived idea

préconisation [pʀekɔnizasjɔ̃] nf recommendation

préconiser [pʀekɔnize] → SYN ▸ conjug 1 ◂ vt remède to recommend; méthode, mode de vie to advocate; plan, solution to advocate, push

précontraint, e [pʀekɔ̃tʀɛ̃, ɛ̃t] 1 adj, nm ◆ **(béton) précontraint** prestressed concrete

2 **précontrainte** nf (Tech) prestressing

précordial, e, mpl **-iaux** [pʀekɔʀdjal, jo] adj precordial

précuit, e [pʀekɥi, it] adj precooked

précurseur [pʀekyʀsœʀ] → SYN 1 adj m precursory ◆ **précurseur de** preceding → **signe**

2 nm (personne) forerunner, precursor; (Bio) precursor

prédateur, -trice [pʀedatœʀ, tʀis] → SYN

1 adj predatory

2 nm (gén) predator; (Écon) raider

prédation [pʀedasjɔ̃] → SYN nf predation

prédécesseur [pʀedesesœʀ] → SYN nm predecessor

prédécoupé, e [pʀedekupe] adj precut

prédélinquant, e [pʀedelɛ̃kɑ̃, ɑ̃t] nm,f predelinquent youth

prédelle [pʀedɛl] nf predella

prédestination [pʀedɛstinasjɔ̃] → SYN nf predestination

prédestiné, e [pʀedɛstine] (ptp de **prédestiner**) adj predestined (*à qch* for sth, *à faire* to do), fated (*à faire* to do)

prédestiner [pʀedɛstine] → SYN ▸ conjug 1 ◂ vt to predestine (*à qch* for sth, *à faire* to do)

prédétermination [pʀedetɛʀminasjɔ̃] nf predetermination

prédéterminer [pʀedetɛʀmine] ▸ conjug 1 ◂ vt to predetermine

prédicable [pʀedikabl] adj predicable

prédicant [pʀedikɑ̃] → SYN nm preacher

prédicat [pʀedika] → SYN nm predicate

prédicateur [pʀedikatœʀ] → SYN nm preacher

prédicatif, -ive [pʀedikatif, iv] → SYN adj predicative

prédication[1] [pʀedikasjɔ̃] → SYN nf (activité) preaching; (sermon) sermon

prédication[2] [pʀekikasjɔ̃] nf (Ling) predication

prédictif, -ive [pʀediktif, iv] adj predictive

prédiction [pʀediksjɔ̃] → SYN nf prediction

prédigéré, e [pʀediʒeʀe] adj predigested

prédilection [pʀedilɛksjɔ̃] → SYN nf (pour qn, qch) predilection, partiality (*pour* for) ◆ **avoir une prédilection pour la cuisine française** to have a partiality for ou be partial to French cooking ◆ **de prédilection** favourite, preferred (frm)

prédiquer [pʀedike] ▸ conjug 1 ◂ vt to predicate

prédire [pʀediʀ] → SYN ▸ conjug 37 ◂ vt [prophète] to foretell; (gén) to predict ◆ **prédire l'avenir** to tell ou predict the future ◆ **prédire qch à qn** to predict sth for sb ◆ **il m'a prédit que je ...** he predicted (that) I ..., he told me (that) I ...

prédisposer [pʀedispoze] → SYN ▸ conjug 1 ◂ vt to predispose (*à qch* to sth, *à faire* to do) ◆ **être prédisposé à une maladie** to be predisposed ou prone to an illness ◆ **être prédisposé en faveur de qn** to be predisposed in sb's favour

prédisposition [pʀedispozisjɔ̃] → SYN nf predisposition (*à qch* to sth, *à faire* to do)

prédominance [pʀedɔminɑ̃s] → SYN nf (gén) predominance, predominancy; [couleur] predominance, prominence

prédominant, e [pʀedɔminɑ̃, ɑ̃t] → SYN adj (gén) predominant, most dominant; avis, impression prevailing; couleur predominant, most prominent

prédominer [pʀedɔmine] → SYN ▸ conjug 1 ◂ vi (gén) to predominate, be most dominant; [avis, impression] to prevail; [couleur] to predominate, be most prominent ◆ **le souci qui prédomine dans mon esprit** the worry which is uppermost in my mind

pré-électoral, e, mpl **-aux** [pʀeelɛktɔʀal, o] adj pre-election (épith)

pré-emballé, e [pʀeɑ̃bale] adj prepacked, prepackaged

prééminence [pʀeeminɑ̃s] → SYN nf pre-eminence ◆ **donner la prééminence à qch** to give pre-eminence to sth

prééminent, e [pʀeeminɑ̃, ɑ̃t] → SYN adj pre-eminent

préempter [pʀeɑ̃pte] ▸ conjug 1 ◂ vt to pre-empt

préemption [pʀeɑ̃psjɔ̃] → SYN nf pre-emption ◆ **droit de préemption** pre-emptive right

préencollé, e [pʀeɑ̃kɔle] adj pre-pasted ◆ **papier peint préencollé** pre-pasted ou ready-pasted wallpaper

préétablir [pʀeetabliʀ] ▸ conjug 2 ◂ vt to pre-establish

préexistant, e [pʀeɛgzistɑ̃, ɑ̃t] → SYN adj pre-existent, pre-existing

préexistence [pʀeɛgzistɑ̃s] → SYN nf pre-existence

préexister [pʀeɛgziste] ▸ conjug 1 ◂ vi to pre-exist ◆ **préexister à** to exist before

préfabrication [pʀefabʀikasjɔ̃] nf prefabrication

préfabriqué, e [pʀefabʀike] 1 adj prefabricated

2 nm (maison) prefabricated house, prefab*; (matériau) prefabricated material

préface [pʀefas] → SYN nf preface; (fig: prélude) preface, prelude (*à* to)

préfacer [pʀefase] → SYN ▸ conjug 3 ◂ vt livre to write a preface for, preface

préfacier [pʀefasje] nm preface writer

préfectoral, e, mpl **-aux** [pʀefɛktɔʀal, o] adj (Admin française, Antiq) prefectorial, prefectural → **arrêté**

préfecture [pʀefɛktyʀ] → SYN nf (Admin française, Antiq) prefecture ◆ **préfecture de police** Paris police headquarters

préférable [pʀefeʀabl] → SYN adj preferable (*à qch* to sth), better (*à qch* than sth) ◆ **il est préférable que je parte** it is preferable ou better that I should leave ou for me to leave ◆ **il serait préférable d'y aller** ou **que vous y alliez** it would be better if you went ou for you to go ◆ **il est préférable de faire** it is preferable ou better to do

préférablement [pʀefeʀabləmɑ̃] → SYN adv preferably ◆ **préférablement à** in preference to

préféré, e [pʀefeʀe] → SYN GRAMMAIRE ACTIVE 7.1 (ptp de **préférer**) 1 adj favourite, pet* (épith), preferred (frm)

2 nm,f favourite, pet* ◆ **le préféré du professeur** the teacher's pet*

préférence [pʀefeʀɑ̃s] → SYN GRAMMAIRE ACTIVE 7.5 nf preference ◆ **de préférence** preferably ◆ **de préférence à** in preference to, rather than ◆ **donner la préférence à** to give preference to ◆ **avoir une préférence marquée pour ...** to have a marked preference for ... ◆ **avoir la préférence sur** to have preference over ◆ **je n'ai pas de préférence** I have no preference, I don't mind ◆ **par ordre de préférence** in order of preference ◆ (Écon) **faire jouer la préférence communautaire** to apply Community preference

préférentiel, -ielle [pʀefeʀɑ̃sjɛl] → SYN adj preferential ◆ **tarif préférentiel** preferential ou special rate ◆ (Bourse) **action préférentielle** preferred ou preference share

préférentiellement [pʀefeʀɑ̃sjɛlmɑ̃] → SYN adv preferentially

préférer [pʀefeʀe] → SYN ▸ conjug 6 ◂ GRAMMAIRE ACTIVE 4, 7.1, 7.4, 8.5 vt to prefer (*à* to) ◆ **je préfère ce manteau à l'autre** I prefer this coat to that, I like this coat better than that one ou the other ◆ **je te préfère avec les cheveux courts** I like you better ou prefer you with short hair ◆ **je préfère aller au cinéma** I prefer to go ou I would rather go to the cinema ◆ **il préfère que ce soit vous qui le fassiez** he prefers that you should do it, he would rather you did it ◆ **nous avons préféré attendre avant de vous le dire** we preferred to wait ou we thought it better to wait before telling you ◆ **nous avons préféré attendre que d'y aller tout de suite** we preferred to wait ou thought it better to wait rather than go straight away ◆ **que préférez-vous: du thé ou du café?** what would you rather have ou would you prefer – tea or coffee? ◆ **si tu préfères** if you prefer, if you like, if you'd rather ◆ **comme vous préférez** as you prefer ou like ou wish ou please

préfet [pʀefɛ] → SYN nm (Admin française, Antiq) prefect; (Belg: directeur) headmaster, principal ◆ **préfet de police** prefect of police, chief of police

préfète [pʀefɛt] nf a (femme préfet) (female ou woman) prefect; (femme du préfet) prefect's wife

b (Belg: directrice) headmistress, principal

préfiguration [pʀefigyʀasjɔ̃] nf prefiguration, foreshadowing

préfigurer [pʀefigyʀe] → SYN ▸ conjug 1 ◂ vt to prefigure, foreshadow

préfinancement [pʀefinɑ̃smɑ̃] nm prefinancing, interim ou advance financing

préfixal, e, mpl **-aux** [pʀefiksal, o] adj prefixal

préfixation [pʀefiksasjɔ̃] nf prefixation

préfixe [pʀefiks] nm prefix

préfixer [pʀefikse] ▸ conjug 1 ◂ vt to prefix

préfloraison [pʀeflɔʀɛzɔ̃] nf aestivation (Brit), estivation (US), praefloration

préfoliation [pʀefɔljasjɔ̃] nf vernation, praefoliation

préformage [pʀefɔʀmaʒ] nm preforming

préfrontal, e, mpl **-aux** [pʀefʀɔ̃tal, o] adj prefrontal

préglaciaire [pʀeglasjɛʀ] adj preglacial

prégnance [pʀegnɑ̃s] nf (littér) pregnancy

prégnant, e [pʀegnɑ̃, ɑ̃t] adj (littér) pregnant

préhenseur [pʀeɑ̃sœʀ] adj m prehensile

préhensile [pʀeɑ̃sil] adj prehensile

préhension [pʀeɑ̃sjɔ̃] nf prehension

préhistoire [pʀeistwaʀ] → SYN nf prehistory

préhistorien, -ienne [pʀeistɔʀjɛ̃, jɛn] nm,f prehistorian

préhistorique [pʀeistɔʀik] → SYN adj prehistoric; (fig: suranné) antediluvian, ancient

préhominiens [pʀeɔminjɛ̃] nmpl prehominids

préinscription [pʀeɛ̃skʀipsjɔ̃] nf preregistration

préjudice [pʀeʒydis] → SYN nm (matériel, financier) loss; (moral) harm (NonC), damage (NonC), wrong ◆ **subir un préjudice** (matériel) to suffer a loss; (moral) to be wronged ◆ **causer un préjudice** ou **porter préjudice à qn** (gén) to do sb harm, harm sb, do sb a disservice; [décision] to be detrimental to sb ou to sb's interests ◆ **ce supermarché a porté préjudice aux petits commerçants** this supermarket was detrimental to (the interests of) small tradesmen ◆ **je ne voudrais pas vous porter préjudice en leur racontant cela** I wouldn't like to harm you ou your case ou make difficulties for you by telling them about this ◆ **au préjudice de sa santé / de la vérité** to the prejudice (frm) ou at the expense ou at the cost of his health / the truth ◆ **au préjudice de M. X** to the prejudice (frm) ou at the expense of Mr X ◆ **préjudice moral** moral wrong ◆ **préjudice matériel** material loss ou damage ◆ **préjudice financier** financial loss ◆ **sans préjudice de** without prejudice to

préjudiciable [pʀeʒydisjabl] → SYN adj prejudicial, detrimental, harmful (*à* to)

préjudiciel, -ielle [pʀeʒydisjɛl] adj action prejudicial

préjugé [pʀeʒyʒe] → SYN nm prejudice ◆ **avoir un préjugé contre** to be prejudiced ou biased against ◆ **sans préjugé** unprejudiced, unbiased ◆ **bénéficier d'un préjugé favorable** to be favourably considered ◆ **préjugés de classe** class bias ◆ **préjugé de race** racial prejudice

préjuger [pʀeʒyʒe] → SYN vt, **préjuger (de)** vt indir ▸ conjug 3 ◂ to prejudge ◆ **préjuger d'une réaction** to foresee a reaction, judge what a reaction might be ◆ **autant qu'on peut le préjuger, à ce qu'on en peut préjuger** as far as it is possible to judge in advance

prélart [pʀelaʀ] → SYN nm tarpaulin

prélasser (se) [pʀelɑse] → SYN ▸ conjug 1 ◂ vpr (dans un fauteuil) to sprawl, lounge; (au soleil) to bask

prélat [pʀela] → SYN nm prelate

prélature [pʀelatyʀ] nf prelacy

prélavage [pʀelavaʒ] nm prewash

prélaver [pʀelave] ▸ conjug 1 ◂ vt to prewash

prêle, prèle [pʀɛl] nf horsetail

prélèvement [pʀelɛvmɑ̃] → SYN nm (→ **prélever**) taking (NonC); levying (NonC), levy, imposition; deduction; withdrawal, drawing out (NonC); removal ◆ **faire un prélèvement de sang** to take a blood sample ◆ **prélèvement automatique** (somme fixe) standing order; (somme variable) direct debit ◆ **prélèvement bancaire** standing ou banker's order (Brit), automatic deduction (US) ◆ **prélèvement fiscal / compensatoire / sur le capital / à l'importation** tax / compensatory / capital / import levy ◆ **prélèvements obligatoires** tax and social security contributions

prélever [pʀel(ə)ve] → SYN ▸ conjug 5 ◂ vt échantillon to take (*sur* from); impôt to levy, impose (*sur* on); retenue, montant to deduct (*sur* from); argent (sur un compte) to withdraw, draw out (*sur* from); (Méd) sang to take (a sample of); organe to remove ◆ **ses factures d'électricité sont automatiquement prélevées sur son compte** his electricity bills are automatically deducted from his account

préliminaire [pʀeliminɛʀ] → SYN 1 adj (gén) preliminary; discours introductory
2 nmpl ◆ **préliminaires** preliminaries; [négociations] preliminary talks

prélude [pʀelyd] → SYN nm (Mus) (morceau) prelude; (pour se préparer) warm-up; (fig) prelude (*à* to)

préluder [pʀelyde] → SYN ▸ conjug 1 ◂ 1 vi (Mus) to warm up ◆ **préluder par** to begin with
2 **préluder à** vt indir to be a prelude to, lead up to, prelude

prématuré, e [pʀematyʀe] → SYN 1 adj bébé, nouvelle premature; mort untimely, premature ◆ **il est prématuré de** it is premature to, it's too early to ◆ **prématuré de 3 semaines** 3 weeks premature ou early
2 nm,f premature baby

prématurément [pʀematyʀemɑ̃] → SYN adv prematurely ◆ **une cruelle maladie l'a enlevé prématurément à notre affection** a grievous illness took him too soon from his loving family ou brought his untimely departure from our midst

prématurité [pʀematyʀite] nf prematureness, prematurity

prémédication [pʀemedikasjɔ̃] nf premedication, premed*

préméditation [pʀemeditasjɔ̃] → SYN nf premeditation ◆ **avec préméditation** crime premeditated; tuer with intent, with malice aforethought† ◆ **meurtre sans préméditation** unpremeditated murder

préméditer [pʀemedite] → SYN ▸ conjug 1 ◂ vt to premeditate ◆ **préméditer de faire** to plan to do ◆ **meurtre prémédité** premeditated ou wilful murder

prémenstruel, -elle [pʀemɑ̃stʀyɛl] adj premenstrual ◆ **syndrome prémenstruel** premenstrual tension ou syndrome

prémices [pʀemis] → SYN nfpl (littér) beginnings; [récolte] first fruits; [animaux] first-born (animals)

premier, -ière [pʀəmje, jɛʀ] → SYN GRAMMAIRE ACTIVE 26.2, 26.5
1 adj a (dans le temps, l'espace) (gén) first; impression first, initial; enfance, jeunesse early; rang front; ébauche, projet first, rough; branche lower, bottom; barreau d'échelle bottom ◆ **arriver / être premier** to arrive / be first ◆ **arriver bon premier** to get there well ahead of the others; (dans une course) to come an easy first ◆ **dans le premier café venu** in the first café they came to ◆ **la première fille venue** the first girl to come along ◆ (Sport) **être en / venir en première position** to be in / come into the lead ◆ (Équitation) **en première position : Brutus** (and it's) Brutus leading ou in the lead ◆ (Presse) **en première page** on the front page ◆ **les 100 premières pages** the first 100 pages ◆ **la première marche de l'escalier** (en bas) the bottom step; (en haut) the top step ◆ **le premier barreau de l'échelle** the bottom ou first ou lowest rung of the ladder ◆ **le premier mouchoir de la pile** the first handkerchief in the pile, the top handkerchief in the pile ◆ **les premières heures du jour** the early hours (of the morning), the (wee) small hours* ◆ **dès les premiers jours** from the very first days ◆ **ses premiers poèmes** his first ou early poems ◆ **les premiers habitants de la terre** the earliest ou first inhabitants of the earth ◆ **les premières années de sa vie** the first few ou the early years of his life ◆ **lire qch de la première à la dernière ligne** to read sth from beginning to end ou from cover to cover ◆ **c'est la première et la dernière fois que je suis tes conseils** it's the first and last time I follow your advice ◆ **acheter une voiture de première main** to buy a car which has only had one owner ◆ **au premier signe de résistance** at the first ou slightest sign of resistance ◆ **à mon premier signal** at the first signal from me, as soon as you see my signal → **lit, sixième, tête**
b (dans un ordre) first; (en importance) leading, foremost, top* ◆ **premier secrétaire / lieutenant** first secretary / lieutenant ◆ **premier commis / clerc** chief shop assistant / clerk ◆ **premier danseur / rôle** leading dancer / part ◆ **article de première qualité** top quality article, article of the first ou highest quality ◆ **de premier ordre** first-rate ◆ (Rail) **première classe** first-class ◆ (Boucherie) **morceau de premier choix** prime cut ◆ **affaire à traiter en première urgence** question to be dealt with as a matter of the utmost urgency ou as (a) top priority ◆ (Gram) **à la première personne (du singulier)** in the first person (singular) ◆ **être reçu premier** to come first ou top ◆ **il est toujours premier en classe** he's always top of the class ou first in the class ◆ **avoir le premier prix** to get ou win first prize ◆ (Mus) **c'est un premier prix du conservatoire de Paris** he won first prize at the Paris Conservatoire ◆ **un événement / document de première importance** an event / a document of paramount ou prime ou the highest ou the first importance ◆ **de première nécessité** absolutely essential ◆ **objets de première nécessité** basic essentials ◆ **cela m'intéresse au premier chef** it's of the greatest ou utmost interest to me ◆ **c'est lui le premier intéressé dans cette histoire** he's the one who has most at stake in this business ◆ **le premier constructeur automobile du monde** the world's leading car manufacturer ◆ **c'est le premier écrivain français vivant** he's the leading ou greatest ou foremost ou top* French writer alive today ◆ **le premier personnage de l'État** the country's leading ou most senior statesman ◆ **la première dame de France** France's first lady
c (du début) échelon, grade, prix bottom ◆ **c'était le premier prix** it was the cheapest ◆ **apprendre les premiers rudiments d'une science** to learn the first ou basic rudiments of a science
d (après n : originel, fondamental) cause, donnée basic; principe first, basic, objectif basic, primary, prime; état initial, original ◆ **la qualité première d'un chef d'État est ...** the prime ou essential quality of a head of state is ... ◆ **retrouver sa vivacité première / son éclat premier** to regain one's former ou initial liveliness / sparkle → **matière, nombre, vérité**
e LOC **au premier abord** at first sight, to begin with ◆ **au** ou **du premier coup** at the first attempt ou go ou try ◆ **demain, à la première heure** tomorrow at first light ◆ **il n'est plus de la première jeunesse** he's not as young as he was ou as he used to be, he's not in the first flush of youth ◆ **en premier lieu** in the first place ◆ **il veut acheter une maison mais il n'en a pas le premier sou** he wants to buy a house but he hasn't got two pennies (Brit) ou cents (US) to rub together ou a penny (Brit) ou a cent (US) (to his name) ◆ **il n'en connaît** ou **n'en sait pas le premier mot** he doesn't know the first thing about it ◆ **il s'en moque** ou **fiche comme de sa première chemise*** he doesn't give a damn about it‡, he doesn't care a fig* ou a rap* ou two hoots* about it ◆ **première nouvelle !** that's the first I've heard about it!, it's news to me! ◆ **à la première occasion** at the first opportunity, as soon as one can ◆ **il a fait ses premières armes dans le métier en 1960 / comme manœuvre** he started out on the job in 1960 / as an unskilled worker ◆ **faire ses premiers pas** to start walking ◆ **faire les premiers pas** to take the initiative, make the first move ◆ **il n'y a que le premier pas qui coûte** the first step is the hardest ◆ **dans un premier temps** to start ou begin with, as a first step, at first ◆ **dans les premiers temps** at the outset, at first ◆ **à première vue** at first sight
2 nm,f first (one) ◆ **parler / passer / sortir le premier** to speak / go / go out first ◆ **arriver les premiers** to arrive (the) first ◆ **les premiers arrivés seront les premiers servis** first come, first served ◆ **Pierre et Paul sont cousins, le premier est médecin** Peter and Paul are cousins, the former is a doctor ◆ **il a été le premier à reconnaître ses torts**

he was the first to admit that he was in the wrong ◆ **elle sera servie la première** she will be served first ◆ **au premier de ces messieurs** next gentleman please ◆ (Scol, Univ) **il a été reçu dans** ou **parmi les premiers** he was in the top ou first few ◆ **il est le premier de sa classe** he is top of his class ◆ **les premiers seront les derniers** the last shall be first, and the first last ◆ **les premiers venus** (lit) the first to come ou to arrive; (fig) anybody, anybody who happens by ◆ **il n'est pas le premier venu** he isn't just anyone ◆ **elle n'épousera pas le premier venu** she won't marry the first man that comes along ◆ **le premier semble mieux** (entre deux) the first one seems better; (dans une série) the first one seems best → **jeune, né**

3 nm (gén) first; (étage) first floor (Brit), second floor (US) ◆ (enfant) **c'est leur premier** it's their first child ◆ **le premier de l'an** New Year's Day ◆ (charade) **mon premier est ...** my first is in ... ◆ **il était arrivé en premier** he had arrived first ◆ **en premier je dirai que ...** firstly ou first ou in the first place ou to start with I'd like to say that ...

4 **première** nf a (gén) first; (Aut) first (gear); (Hippisme) first (race) ◆ (Aut) **être en / passer la première** to be in / go into first (gear)

b (Théât) first night; (Ciné) première; (gén: exploit) first; (Alpinisme) first ascent ◆ **le public des grandes premières** firstnighters ◆ **première mondiale** (Ciné) world première; (gén) world first

c (Aviat, Rail etc) first class ◆ **voyager en première** to travel first-class ◆ **billet de première** first-class ticket

d (Scol) ≃ lower sixth

e (Couture) head seamstress

f (semelle) insole

g (*loc) **c'est de première !** it's first-class ! ◆ **il est de première pour trouver les bons restaurants / pour les gaffes !** he's got a great knack* for ou he's great* at finding good restaurants / making blunders ! ◆ **il a fait un boulot de première !** he's done a first-class ou a first-rate job !

5 COMP ▷ **le premier âge** the first 3 months ▷ **le premier avril** the first of April, April Fool's Day, All Fools' Day ▷ **premiers balcons** (Théât) lower circle ▷ **premier chantre** (Rel) precentor ▷ **première classe** (Mil) nm ≃ private (Brit), private first class (US) ▷ **premier communiant / première communiante** young boy / girl making his / her first communion ▷ **première communion** first communion ◆ **faire sa première communion** to make one's first communion ▷ **premier cor** principal horn ▷ **premier de cordée** (Alpinisme) leader ▷ **première épreuve** (Typ) first proof ▷ **premier jet** first ou rough draft ▷ **premier jour** [exposition] first ou opening day ▷ **premières loges** (Théât) first-tier boxes ◆ (fig) **être aux premières loges** to have a front seat (fig) ▷ **le Premier Mai** the first of May, May Day ▷ **Premier ministre** Prime Minister, Premier ▷ **premier plan** (Phot) foreground; (fig) forefront ◆ **personnage / rôle de (tout) premier plan** principal character / role ▷ **premier rôle** (Théât) leading role ou part ◆ (fig) **avoir le premier rôle dans une affaire** to play the leading part in an affair ▷ **les premiers secours** first aid ▷ **premier violon** (chef) leader (Brit), concert master (US) ◆ **les premiers violons** (groupe) the first violins

premièrement [pʀəmjɛʀmɑ̃] → SYN GRAMMAIRE ACTIVE 26.5 adv (d'abord) first(ly); (en premier lieu) in the first place; (introduisant une objection) firstly, for a start ◆ **premièrement il ne m'a rien dit** to begin with ou first of all ou at first he didn't say anything to me

premier-maître, pl **premiers-maîtres** [pʀəmjemɛtʀ] nm chief petty officer

premier-né, première-née, mpl **premiers-nés** [pʀəmjene] adj, nm,f first-born

prémisse [pʀemis] → SYN nf premise, premiss

premium [pʀemjɔm] nm (Fin) premium

prémolaire [pʀemɔlɛʀ] nf premolar (tooth)

prémonition [pʀemɔnisjɔ̃] → SYN nf premonition

prémonitoire [pʀemɔnitwaʀ] → SYN adj premonitory

prémontré, e [pʀemɔ̃tʀe] nm,f Premonstratensian, Norbertine, White Canon

prémunir [pʀemyniʀ] → SYN ▸ conjug 2 ◂ 1 vt (littér) (mettre en garde) to warn; (protéger) to protect (*contre* against)

2 **se prémunir** vpr to protect o.s. (*contre* from), guard (*contre* against)

prenable [pʀənabl] adj ville pregnable

prenant, e [pʀənɑ̃, ɑ̃t] → SYN adj a (captivant) film, livre absorbing, engrossing, compelling; voix fascinating, captivating

b (absorbant) activité absorbing, engrossing ◆ **ce travail est trop prenant** this job is too absorbing ou is over-absorbing

c (Zool) queue prehensile

prénatal, e, mpl **prénatals** [pʀenatal] adj antenatal, prenatal; allocation maternity (épith)

prendre [pʀɑ̃dʀ] → SYN ▸ conjug 58 ◂

1 vt a (saisir) objet to take ◆ **prends-le dans le placard / sur l'étagère** take it out of the cupboard / off ou (down) from the shelf ◆ **il l'a pris dans le tiroir** he took ou got it out of the drawer ◆ **il prit un journal / son crayon sur la table** he picked up ou took a newspaper / his pencil from the table ◆ **prends tes lunettes pour lire** put your glasses on to read ◆ **il la prit par le cou / par la taille** he put his arms round her neck / round her waist ◆ **ils se prirent par le cou / par la taille** they put their arms round one another('s necks / waists) ◆ **il y a plusieurs livres, lequel prends-tu ?** there are several books – which one are you going to take? ou which one do you want? ◆ **il a pris le bleu** he took the blue one ◆ **prendre qch des mains de qn** (débarrasser) to take sth out of sb's hands; (enlever) to take sth off sb ou away from sb

b (aller chercher) chose to pick up, get, fetch (Brit); personne to pick up; (emmener) to take ◆ **passer prendre qn à son bureau** to pick sb up ou call for sb at his office ◆ **je passerai les prendre chez toi** I'll come and collect ou get them ou I'll call in for them at your place ◆ **pouvez-vous me prendre (dans votre voiture) ?** can you give me a lift? ◆ **si tu sors, prends ton parapluie** if you go out, take your umbrella (with you) ◆ **as-tu pris les valises ?** have you brought the suitcases? ◆ **je ne veux plus de ce manteau, tu peux le prendre** I don't want this coat any more so you can take ou have it ◆ **prends ta chaise et viens t'asseoir ici** bring your chair and come and sit over here ◆ **prends du beurre dans le frigo** go and get ou go and fetch (Brit) some butter from the fridge, get some butter out of the fridge

c (s'emparer de) poisson, voleur to catch; argent, place, otage to take; (Mil) ville to take, capture; (Cartes, Échecs) to take ◆ **un voleur lui a pris son portefeuille** a thief has taken ou stolen his wallet ou has robbed him of his wallet ◆ **il m'a pris mon idée** he has taken ou used ou pinched* (Brit) my idea ◆ **il prend tout ce qui lui tombe sous la main** he takes ou grabs everything he can lay his hands on ◆ **le voleur s'est fait prendre** the robber was caught ◆ **prendre une femme** to take a woman ◆ (Tennis) **prendre le service de qn** to break sb's service

d (surprendre) to catch; (duper) to take in ◆ **prendre qn à faire qch** to catch sb doing sth ◆ **je vous y prends !** caught you! ◆ (menace) **si je t'y prends (encore), que je t'y prenne** just don't let me catch you doing that (again), don't let me catch you at it (again) ◆ **prendre qn sur le fait** to catch sb in the act ou red-handed ◆ **le brouillard nous a pris dans la descente** we were caught in the fog ou overtaken by the fog on the way down the hill ◆ **on ne m'y prendra plus** I won't be taken in again, I won't be had a second time* ◆ **se laisser prendre à des paroles aimables** to let o.s. be taken in by soft talk

e boisson, repas to have; médicament to take; bain, douche to take, have ◆ **est-ce que vous prenez du sucre ?** do you take sugar? ◆ **est-ce que vous prendrez du café ?** will you have ou would you like (some) coffee? ◆ **fais-lui prendre son médicament** give him his medicine ◆ **à prendre avant les repas** to be taken before meals ◆ **ce médicament se prend dans de l'eau** this medicine must be taken in water ◆ **as-tu pris de ce bon gâteau ?** have you had some of this nice cake? ◆ **il n'a rien pris depuis hier** he hasn't eaten anything since yesterday ◆ **le docteur m'interdit de prendre de l'alcool** the doctor won't allow me ou has forbidden me (to drink) alcohol

f (voyager par) métro, taxi to take, travel ou go ou come by; voiture to take; (s'engager dans) direction, rue to take ◆ **il prit le train puis l'avion de Paris à Londres** he took the train ou went by train then flew from Paris to London ◆ **je prends l'avion / le train de 4 heures** I'm catching the 4 o'clock plane / train; (d'habitude) I catch the 4 o'clock plane / train ◆ **je préfère prendre ma voiture** I'd rather take the car ou go in the car ◆ **prendre la mauvaise direction** to take the wrong direction, go the wrong way ◆ **ils prirent un chemin défoncé** they went down a bumpy lane

g (se procurer) billet, essence to get; (acheter) voiture to buy; (réserver) couchette, place to book ◆ **il prend toujours son pain à côté** he always gets ou buys his bread from the shop next door ◆ **peux-tu me prendre du pain ?** can you get me some bread? ◆ **nous avons pris une maison** (loué) we have taken ou rented a house; (acheté) we have bought a house

h (accepter) client to take; passager to pick up; locataire to take (in); personnel to take on; domestique to engage, take on ◆ **l'école ne prend plus de pensionnaires** the school no longer takes boarders ◆ **ce train ne prend pas de voyageurs** this train does not pick up passengers ◆ **il l'a prise comme interprète** he took her on as an interpreter

i photo, film to take ◆ **prendre qn en photo / en film** to take a photo ou snap* / a film of sb, photograph / film sb

j (noter) renseignement, adresse, nom, rendez-vous to write down, take down, jot down, make a note of; mesures, température, empreintes to take; (sous la dictée) lettre to take (down) ◆ **prendre des notes** to take notes

k (adopter, choisir) air, ton to put on, assume; décision to take, make, come to; risque, mesure to take; attitude to strike, take up ◆ **il prit un ton menaçant** a threatening note crept into his voice, his voice took on a threatening tone

l (acquérir) assurance to gain ◆ **prendre du ventre** to get fat ◆ **prendre du poids** [adulte] to put on weight; [bébé] to gain weight ◆ **prendre de l'autorité** to gain authority ◆ **cela prend un sens** it's beginning to make sense ◆ **les feuilles prenaient une couleur dorée** the leaves were turning golden-brown ou taking on a golden-brown colour

m (Méd) maladie to catch ◆ **prendre froid** to catch cold ◆ **prendre un rhume** to catch a cold

n (s'accorder) congé to take; vacances to take, have, go on; repos to have, take ◆ **il a pris son temps !** he took his time (over ou about it)! ◆ **prendre le temps de faire** to find time to do

o (coûter) temps, place, argent to take ◆ **cela me prend tout mon temps** it takes up all my time ◆ **la réparation a pris des heures** the repair took hours ou ages

p (faire payer) to charge ◆ **ils (m') ont pris 100 F pour une petite réparation** they charged (me) 100 francs for a minor repair ◆ **ce spécialiste prend très cher** this specialist charges very high fees, this specialist's charges ou fees are very high ◆ **ce plombier prend cher de l'heure** this plumber's hourly rate is high

q (prélever) pourcentage to take ◆ **ils prennent un pourcentage sur la vente** they charge a commission on the sale, they take a percentage on the sale ◆ **il prend sa commission sur la vente** he takes his commission on the sale ◆ **prendre de l'argent à la banque / sur son compte** to draw (out) ou withdraw money from the bank / from one's account ◆ **la cotisation à la retraite est prise sur le salaire** the pension contribution is taken off one's salary ou deducted from one's salary ◆ **il a dû prendre sur ses économies pour payer les dégâts** he had to dip into ou go into his savings to pay for the damage ◆ **il a pris sur son temps pour venir m'aider** he gave up some of his time to help me r (*: recevoir, subir) coup, choc to get, receive ◆ **il a pris la porte en pleine figure** the door hit ou got* him right in the face ◆ **nous avons pris l'averse sur le dos** we got caught in the shower ◆ **on a pris toute l'averse** we got drenched ◆ **qu'est-ce qu'on a pris !, on en a pris plein la gueule**‡ ou **la tronche**‡ ! (reproches) we didn't half catch* ou cop‡ (Brit) it !; (défaite) we got hammered !‡; (averse) we got drenched ! ◆ (emploi absolu) **il a pris pour les autres** he took the rap* ◆ **le seau d'eau s'est renversé et c'est moi qui ai tout pris** the bucket of water tipped over and I caught the lot* (Brit) ou I caught the whole thing

s (manier) personne to handle; problème to handle, tackle, deal with, cope with ◆ **prendre qn par la douceur** to use gentle persuasion on sb ◆ **prendre qn par son point faible** to get sb by his weak spot ◆ **elle m'a pris par les sentiments** she appealed to my feelings ◆ **elle sait le prendre** she knows how to handle ou approach ou get round him ◆ **on ne sait jamais par quel bout le prendre** you never know how to handle him ou how he's going to react ◆ **il y a plusieurs façons de prendre le problème** there are several ways of going about ou tackling the problem

t (réagir à) nouvelle to take ◆ **il a bien / mal pris la chose, il l'a bien / mal pris** he took it well / badly ◆ **si vous le prenez ainsi ...** if that's how you want it ... ◆ **prendre qch avec bonne humeur** to take sth good-humouredly ou in good part ◆ **prendre les choses comme elles sont / la vie comme elle vient** to take things as they come / life as it comes

u **prendre qn / qch pour** (considérer) to take sb / sth for; (se servir de) to take sb / sth as ◆ **pour qui me prenez-vous ?** what do you take me for?, what do you think I am? ◆ **prendre qn pour un autre** to take sb for ou think sb is somebody else, mistake sb for somebody else ◆ **je n'aime pas qu'on me prenne pour un imbécile** I don't like being taken for a fool ◆ **prendre qch pour prétexte / pour cible** to take sth as a pretext / target

v (assaillir) [colère] to come over; [fièvre] to strike; [doute] to seize, sweep over; [douleur] to strike, get* ◆ **la colère le prit soudain** he was suddenly overcome with anger, anger suddenly came over him ◆ **être pris de vertige** to come over* (Brit) ou go (Brit) ou get dizzy ◆ **être pris de remords** to be stricken by remorse ◆ **être pris de panique** to be panic-stricken ◆ **l'envie me prend** ou **il me prend l'envie de faire** I feel like doing, I've got an urge to do ◆ **la douleur m'a pris au genou** the pain got* me in the knee ◆ **les douleurs la prirent** her labour pains started ◆ **qu'est-ce qui te prend ?*** what's the matter ou what's up* with you?, what's come over you?* ◆ **ça te prend souvent ?**‡ are you often like that? (iro), do you often get these fits?* (iro) ◆ **quand le froid vous prend** when the cold hits you ◆ **ça vous prend aux tripes**‡ it gets you right there, it hits you right in the guts‡ ◆ **ça me prend la tête**‡, **les maths !** maths does my head in‡ ◆ **il me prend la tête**‡, **ce type !** that guy drives me nuts* ou mad

w (accrocher, coincer) to catch, trap ◆ **le chat s'est pris la patte dans un piège** the cat got its paw trapped, the cat caught its paw in a trap ◆ **le rideau se prend dans la fenêtre** the curtain gets caught (up) ou stuck in the window ◆ **j'ai pris mon manteau dans la porte, mon manteau s'est pris dans la porte** I caught ou trapped my coat in the door, my coat got stuck ou trapped ou caught in the door ◆ **se prendre les pieds dans le tapis** (lit) to catch one's foot in the rug, trip on the rug; (fig) to trip oneself up

x LOC **à tout prendre** on the whole, all in all ◆ **c'est à prendre ou à laisser** (you can) take it or leave it ◆ **avec lui j'en prends et j'en laisse** I take everything he says with a pinch of salt ◆ **c'est toujours ça ou autant de pris** that's something at least ◆ **prendre qch sur soi** to take sth upon o.s. ◆ **prendre sur soi de faire qch** to take it upon o.s. to do sth ◆ (hum) **on prend les mêmes et on recommence !*** it's always the same old story

2 vi a (durcir) [ciment, pâte, crème] to set

b (réussir) [plante] to take (root); [vaccin] to take; [mouvement, mode] to catch on; [livre, spectacle] to be a success ◆ **la plaisanterie a pris** the joke was a great success ◆ **avec moi, ça ne prend pas*** it won't wash with me* (Brit), it doesn't work with me*

c [feu] (foyer) to go; [incendie] to start; [allumette] to light; [bois] to catch fire ◆ **le feu ne veut pas prendre** the fire won't go ◆ **le feu a pris au toit** the fire took hold in the roof

d (se diriger) to go ◆ **prendre à gauche** to go ou turn ou bear left ◆ **prendre par les petites rues** to take to ou go along ou keep to the side streets

3 **se prendre** vpr a (se considérer) **se prendre au sérieux** to take o.s. seriously ◆ **il se prend pour un intellectuel** he thinks ou likes to think he's an intellectual ◆ **pour qui se prend-il ?** (just) who does he think he is?

b (littér: commencer) **se prendre à faire qch** to begin to do ou begin doing sth, start doing sth ◆ **se prendre d'amitié pour qn** to take a liking to sb

c **s'y prendre** to set about (doing) it ◆ **il fallait s'y prendre à temps** you should have set about it ou started before it was too late ◆ **s'y prendre bien / mal pour faire qch** to set about doing sth the right / wrong way ◆ **il s'y est pris drôlement pour le faire** he chose the oddest way of doing it, he went about it in the strangest way ◆ **s'y prendre à deux fois / plusieurs fois pour faire qch** to try twice / several times to do sth, take two / several attempts to do sth ◆ **il faut s'y prendre à deux** it needs two of us (to do it) ◆ **il ne sait pas s'y prendre** he doesn't know how to do it ou set about it ◆ **je ne sais pas comment tu t'y prends** I don't know how you manage it ◆ **il ne s'y serait pas pris autrement s'il avait voulu tout faire échouer** he couldn't have done better if he had actually set out to ruin the whole thing ◆ **s'y prendre bien** ou **savoir s'y prendre avec qn** to handle sb the right way ◆ **il faut s'y prendre à l'avance** you have to do it ahead of time ou in advance

d **s'en prendre à** personne (agresser) to lay into*, set about; (passer sa colère sur) to take it out on*; (blâmer) to lay ou put the blame on, attack; tradition, préjugé (remettre en question) to challenge; autorité, organisation (critiquer) to attack, take on ◆ **s'en prendre à qch** to take it out on sth* ◆ **tu ne peux t'en prendre qu'à toi** you've only got yourself to blame ◆ **s'en prendre aux traditions** to let fly at tradition

e (se solidifier) to set hard ◆ **l'eau s'est prise en glace** the water has frozen over

preneur, -euse [pRənœR, øz] → SYN nm,f (acheteur) buyer; (locataire) lessee (Jur), taker, tenant ◆ (Ciné) **preneur de son** sound engineer ◆ **preneur d'otages** hostage taker ◆ **trouver preneur** to find a buyer ◆ (fig) **ces restes de gâteau vont vite trouver preneur** someone will soon eat (up) what's left of this cake, there'll be no problem finding a taker for the rest of this cake ◆ **je suis preneur à 100 F** I'll buy ou take it for 100 francs ◆ **je ne suis pas preneur** I'm not interested

prénom [pRenɔ̃] → SYN nm (gén) Christian name (Brit), first name; (Admin) forename, given name (US) ◆ **prénom usuel** name by which one is known

prénommé, e [pRenɔme] (ptp de **prénommer**)
1 adj ◆ **le prénommé Paul** the said Paul
2 nm,f (Jur) above-named

prénommer [pRenɔme] ▸ conjug 1 ◂ 1 vt to call, name, give a (first) name to ◆ **on l'a prénommé comme son oncle** he was called ou named after his uncle, he was given the same name as his uncle
2 **se prénommer** vpr to be called ou named

prénuptial, e, mpl **-aux** [pRenypsjal, o] adj premarital

préoccupant, e [pReɔkypɑ̃, ɑ̃t] adj worrying

préoccupation [pReɔkypasjɔ̃] → SYN nf a (souci) worry, anxiety ◆ **sa mauvaise santé était une préoccupation supplémentaire pour ses parents** his ill health was a further worry to ou cause for concern to his parents

b (priorité) preoccupation, concern ◆ **sa seule préoccupation était de** his one concern ou preoccupation was to

préoccupé, e [pReɔkype] → SYN (ptp de **préoccuper**) adj (absorbé) preoccupied (*de qch* with sth, *de faire* with doing); (soucieux) concerned (*de qch* about sth, *de faire* to do), worried (*de qch* about sth, *de faire* over doing) ◆ **tu as l'air préoccupé** you look worried

préoccuper [pReɔkype] → SYN ▸ conjug 1 ◂
GRAMMAIRE ACTIVE 26.1, 26.2
1 vt a (inquiéter) to worry ◆ **il y a quelque chose qui le préoccupe** something is worrying ou bothering him, he has something on his mind ◆ **l'avenir de son fils le préoccupe** he is concerned ou anxious ou bothered about his son's future

b (absorber) to preoccupy ◆ **cette idée lui préoccupe l'esprit** ou **le préoccupe** he is preoccupied with that idea ◆ **il est uniquement préoccupé de sa petite personne** he only thinks about himself ou number one*, he's totally wrapped up in himself

2 **se préoccuper** vpr to concern o.s. (*de* with), be concerned (*de* with); to worry (*de* about) ◆ **se préoccuper de la santé de qn** to show (great) concern about sb's health ◆ **il ne se préoccupe pas beaucoup de notre sort** he isn't greatly concerned ou very worried ou he doesn't care very much about what happens to us ◆ **il ne s'en préoccupe guère** he hardly gives it a thought

préopératoire [pReɔperatwaR] adj preoperative

préoral, e, mpl **-aux** [pReɔRal, o] adj preoral

prépa [pRepa] nf (arg Scol) (abrév de **classe préparatoire**) → **préparatoire**

préparateur, -trice [pRepaRatœR, tRis] → SYN nm,f (gén) assistant; (Univ) demonstrator ◆ **préparateur en pharmacie** pharmaceutical ou chemist's (Brit) assistant

préparatifs [pRepaRatif] → SYN nmpl preparations (*de* for) ◆ **nous en sommes aux préparatifs de départ** we're getting ready ou we're preparing to leave

préparation [pRepaRasjɔ̃] → SYN nf a (confection) (gén) preparation; [repas] preparation, making; [médicament] preparation, making up; [complot] laying, hatching; [plan] preparation, working out, drawing up ◆ **plat dont la préparation demande des soins minutieux** dish which requires very careful preparation

b (apprêt) (gén) preparation; [table] laying, getting ready; [peaux, poisson, volaille] dressing; [attaque, départ, voyage] preparation (*de* for) ◆ **la préparation de l'avenir** preparing ou preparation for the future ◆ **attaque après préparation d'artillerie** attack following initial assault by the artillery ◆ (fig) **préparation du terrain** preparing the ground ◆ **auteur qui a plusieurs livres en préparation** author who has several books in hand ou in preparation

c (étude) [examen] preparation, getting ready (*de* for)

d (entraînement) [personne] (à un examen) preparation (*à* for); (à une épreuve sportive) preparation, training (*à* for) ◆ **annoncer quelque chose sans préparation** to announce something abruptly ou without preparation, spring something on someone

e (Chim, Pharm) preparation

f (Scol) (classe préparatoire) **faire une préparation à Polytechnique** to prepare for entrance to the École Polytechnique *(in one of the classes préparatoires)* ◆ (devoir) **une préparation française** a French exercise, a piece of French homework ◆ **faire sa préparation militaire** to do a training course in preparation for one's military service

préparatoire [pRepaRatwaR] → SYN adj travail, démarche, conversation preparatory, preliminary ◆ **classe préparatoire (aux Grandes Écoles)** *class which prepares students for the entry exams to the Grandes Écoles* → **cours**

préparer [pRepaRe] → SYN ▸ conjug 1 ◂ 1 vt a (confectionner) (gén) to prepare; repas to prepare, make; médicament to prepare, make up; piège, complot to lay, hatch; plan to draw up, work out, prepare; cours, discours to prepare; thèse to be doing, be working on, prepare ◆ **elle nous prépare une tasse de thé** she's making a cup of tea for us, she's getting us a cup of tea ◆ **elle lui prépare de bons**

petits plats she makes ou cooks ou prepares tasty dishes for him ◆ **acheter un plat tout préparé** to buy a ready-cooked ou precooked dish

b (apprêter) (gén) to prepare ; table to lay, get ready ; affaires, bagages, chambre to prepare, get ready ; peaux, poisson, volaille to dress ; (Agr) terre to prepare ; attaque, rentrée, voyage to prepare (for), get ready for ; transition to prepare for ◆ **préparer le départ** to get ready ou prepare to leave, make ready for one's departure ◆ **préparer l'avenir** to prepare for the future ◆ **préparer ses effets** to time one's effects carefully, prepare one's effects ◆ **il a préparé la rencontre des 2 ministres** he made the preparations for ou he organized ou he set up the meeting of the 2 ministers ◆ **l'attaque avait été soigneusement préparée** the attack had been carefully prepared ou organized ◆ **le coup avait été préparé de longue main** they (ou he etc) had been preparing for it for a long time ◆ (Mil, fig) **préparer le terrain** to prepare the ground

c (Scol) examen to prepare for, study for ◆ **préparer Normale Sup** to study for entrance to the École normale supérieure

d (habituer, entraîner) **préparer qn à qch / à faire qch** to prepare sb for sth/to do sth ◆ **préparer les esprits** to prepare people's minds (*à qch* for sth) ◆ **préparer qn à un examen** to prepare ou coach sb for an exam ◆ **il a essayé de la préparer à la triste nouvelle** he tried to prepare her for the sad news ◆ **je n'y étais pas préparé** I wasn't prepared for it, I wasn't expecting it

e (réserver) **préparer qch à qn** to have sth in store for sb ◆ **je me demande ce qu'elle nous prépare** I wonder what she's cooking up for us ◆ **on ne sait pas ce que l'avenir nous prépare** we don't know what the future holds (in store) for us ou has in store for us ◆ **il nous prépare une surprise** he has a surprise in store for us, he's got a surprise up his sleeve ◆ (iro) **ce temps nous prépare de joyeuses vacances !** if this weather continues, the holidays will be just great!*, this weather bodes well for our holidays ! (iro) ◆ **il nous prépare un bon rhume** he's in for a cold

2 **se préparer** vpr **a** (s'apprêter) to prepare (o.s.), get ready (*à qch* for sth, *à faire* to do) ◆ **attendez, elle se prépare** wait a minute, she's getting ready ◆ **se préparer à une mauvaise nouvelle** to prepare o.s. ou be prepared for some bad news ◆ **se préparer au combat** ou **à combattre** to prepare to fight ou to do battle ◆ **se préparer pour les Jeux olympiques** to prepare ou train for the Olympics ◆ **préparez-vous au pire** prepare yourself for the worst ◆ **je ne m'y étais pas préparé** I hadn't prepared myself for it, I wasn't expecting it ◆ **se préparer pour le bal / pour sortir dîner en ville** to get ready ou dressed for the dance/to go out to dinner ◆ **préparez-vous à être appelé d'urgence** be prepared to be called out urgently ◆ **vous vous préparez des ennuis** you are storing up problems for yourself

b (approcher) [orage] to be brewing ◆ **il se prépare une bagarre** there's going to be a fight, there's a fight brewing ◆ **il se prépare quelque chose de louche** there's something fishy in the air

prépayé, e [prepeje] adj billet prepaid, paid in advance

prépondérance [prepɔ̃deʀɑ̃s] → SYN nf [nation, groupe] ascendancy, preponderance, supremacy (*sur* over) ; [idée, croyance, théorie] supremacy (*sur* over) ; [trait de caractère] domination (*sur* over)

prépondérant, e [prepɔ̃deʀɑ̃, ɑ̃t] → SYN adj rôle dominating, preponderant ◆ **voix prépondérante** casting vote

préposé [prepoze] → SYN nm (gén) employee ; (facteur) postman (Brit), mailman (US) ; [douane] official, officer ; [vestiaire] attendant

préposée [prepoze] nf (gén) employee ; (factrice) postwoman (Brit), mailwoman (US) ; [vestiaire] attendant

préposer [prepoze] → SYN ▸conjug 1◂ vt to appoint (*à* to) ◆ **être préposé à** to be in charge of

prépositif, -ive [prepozitif, iv] adj prepositional

préposition [prepozisjɔ̃] nf preposition

prépositionnel, -elle [prepozisjɔnɛl] adj prepositional

prépositivement [prepozitivmɑ̃] adv prepositionally, as a preposition

préprogrammé, e [prepʀɔgʀame] adj (Ordin) preprogrammed

prépuce [prepys] nm foreskin, prepuce (spéc)

préraphaélisme [preʀafaelism] nm Pre-Raphaelitism

préraphaélite [preʀafaelit] adj, nm Pre-Raphaelite

préréglage [preʀeglaʒ] nm preselection, presetting

prérégler [preʀegle] ▸conjug 6◂ vt to preselect, preset

prérentrée [preʀɑ̃tʀe] nf (Scol) *preparatory day for teachers before school term starts*

préretraite [preʀ(ə)tʀɛt] nf (état) early retirement ; (pension) early retirement pension ◆ **être mis en préretraite** to be given early retirement, be retired early

préretraité, e [preʀətʀete] nm,f person who takes early retirement

prérogative [preʀɔgativ] → SYN nf prerogative

préroman, e [preʀɔmɑ̃, an] adj pre-Romanesque

préromantique [preʀɔmɑ̃tik] adj pre-Romantic ◆ **les préromantiques** the pre-Romantics, the pre-Romantic poets (ou musicians etc)

préromantisme [preʀɔmɑ̃tism] nm pre-Romanticism

près [pʀɛ] → SYN **1** adv **a** (dans l'espace) near(by), close (by), near ou close at hand ; (dans le temps) near, close ◆ **la gare est tout près** we're very close to the station, the station is very near by ou close at hand ◆ **il habite assez / tout près** he lives quite/very near ou close (by) ou near at hand ou close at hand ◆ **ne te mets pas trop près** don't get (*ou* sit ou stand etc) too close ou near ◆ **c'est plus / moins près que je ne croyais** (espace) it's nearer ou closer than/further than I thought ou not as near ou close as I thought ; (temps) it's nearer ou sooner ou closer than/not as near ou soon as I thought ou further off than I thought ◆ **Noël est très près maintenant** Christmas is (getting) very near ou close now, it'll very soon be Christmas now

b **près de** (dans le temps) close to ; (dans l'espace) close to, near (to) ; (approximativement) nearly, almost ◆ **leur maison est près de l'église** their house is close to ou near the church ◆ **le plus / moins près possible de la porte / de Noël** as close ou near to/as far away as possible from the door/Christmas ◆ **une robe près du corps** a slim-fitting dress ◆ **ils étaient très près l'un de l'autre** (lit) they were very close to each other ; (fig) [candidats] they were very close (to each other) ; [enfants] they were very close (to each other) in age ◆ **il est près de minuit** it is close to ou on midnight, it's nearly midnight ◆ **elle est près de sa mère** she's with her mother ◆ **être très près du but** to be very close ou near to one's goal ◆ **être très près d'avoir trouvé la solution** to have almost ou nearly found the solution ◆ **il est près de la retraite** he is close to ou nearing retirement ◆ **arriver près de la fin d'un voyage / des vacances** to be nearing the end ou coming near ou close to the end of a journey/the holidays ◆ **il est près de la cinquantaine** he's nearly ou almost fifty, he's coming up to fifty (Brit), he's going on fifty ◆ **il a dépensé près de la moitié de son mois** he has spent nearly ou almost half his month's salary ◆ **il y a près de 5 ans qu'ils sont partis** they left nearly ou close on 5 years ago, it's nearly 5 years since they left ◆ **elle a été très près de refuser** she was on the point of ou on the verge of refusing, she was about to refuse ◆ **je suis très près de croire que ...** I'm (almost) beginning to think that ... ◆ (iro) **je ne suis pas près de partir / réussir** at this rate, I'm not likely to be going (yet)/to succeed ◆ (iro) **je ne suis pas près d'y retourner / de recommencer** I shan't go back there/do that again in a hurry, you won't catch me going back there/doing that again in a hurry ◆ (fig) **être près de son argent** ou **de ses sous*** to be close-fisted, be tight-fisted

c **de (très) près** (very) closely ◆ **le coup a été tiré de près** the shot was fired at close range ◆ **il voit mal / bien de près** he can't see very well/he can see all right close to ◆ **surveiller qn de près** to keep a close watch on sb, watch carefully over sb ◆ **il faudra examiner cette affaire de plus près** we must have ou take a closer look at ou look more closely into this business ◆ **il a vu la mort de près** he has stared ou looked death in the face ◆ **on a frôlé de très près la catastrophe** we came within an inch ou ace of disaster, we had a close shave ou a narrow escape → **connaître, rasé, regarder**

d LOC **à peu de chose(s) près** more or less (→ aussi **peu**) ◆ **ce n'est pas aussi bon, à beaucoup près** it's nothing like ou nowhere near as good, it's not as good by a long way ou chalk (Brit) ◆ **ils sont identiques, à la couleur près** they are identical apart from ou except for the colour, colour apart, they are identical ◆ **à cela près que ...** if it weren't for ou apart from ou aside from the fact that ... ◆ **je vais vous donner le chiffre à un franc / à un centimètre près** I'll give you the figure to within about a franc/a centimetre ◆ **cela fait 100 F à quelque chose** ou **à peu de chose(s) près** that comes to 100 francs, as near as makes no difference ou as near as damn it* (Brit) ◆ **il n'en est pas à 100 F près** he's not going to quibble over an odd ou a mere 100 francs, he can spare (another) 100 francs, (another) 100 francs isn't going to ruin him ◆ **il a raté le bus à une minute près** he missed the bus by a minute or so ◆ **il n'est pas à 10 minutes / à un kilo de sucre près** he can spare 10 minutes/a kilo of sugar ◆ **il n'est pas à un crime près** he won't let a crime stop him ◆ **il n'est plus à 10 minutes près** he can wait another 10 minutes

2 prép (littér, Admin) lieu near ◆ **ambassadeur près le roi de** ambassador to the king of

présage [prezaʒ] → SYN nm omen, sign, forewarning, presage (littér), portent (littér) ◆ **mauvais présage** ill omen ◆ **présage de malheur** sign of misfortune

présager [prezaʒe] → SYN ▸conjug 3◂ vt (annoncer) to be a sign ou an omen of, presage (littér), portend (littér) ; (prévoir) to predict, foresee ◆ **cela ne présage rien de bon** nothing good will come of it, that's an ominous sign ◆ **cela nous laisse présager que** it leads us to predict ou expect that ◆ **rien ne laissait présager la catastrophe** there was no inkling ou hint of the disaster ◆ **rien ne laissait présager que** there was nothing to hint that

présalaire [presalɛʀ] nm *grant given to students to replace earnings lost during their studies*

pré-salé, pl **prés-salés** [presale] nm (mouton) salt meadow sheep ; (viande) (salt meadow) lamb

presbyophrénie [pʀɛsbjofʀeni] nf presbyophrenia

presbyte [pʀɛsbit] adj long-sighted, far-sighted (US), presbyopic (spéc)

presbytéral, e, mpl **-aux** [pʀɛsbiteʀal, o] adj presbyter(i)al

presbytère [pʀɛsbitɛʀ] → SYN nm presbytery

presbytérianisme [pʀɛsbiteʀjanism] nm Presbyterianism

presbytérien, -ienne [pʀɛsbiteʀjɛ̃, jɛn] adj, nm,f Presbyterian

presbytie [pʀɛsbisi] nf long-sightedness, far-sightedness (US), presbyopia (spéc)

prescience [pʀesjɑ̃s] → SYN nf prescience, foresight

prescient, e [pʀesjɑ̃, jɑ̃t] adj prescient, far-sighted

préscientifique [pʀesjɑ̃tifik] adj prescientific

préscolaire [pʀeskɔlɛʀ] adj preschool (épith) ◆ **enfant d'âge préscolaire** preschool child

prescripteur, -trice [pʀeskʀiptœʀ, tʀis] nm,f (Comm) prescriber ◆ **(médecin) prescripteur** consultant

prescriptible [pʀeskʀiptibl] adj prescriptible

prescription [pʀeskʀipsjɔ̃] → SYN nf **a** (Méd) prescription, directions; (ordre) (gén) order, instruction; [morale, règlement] dictate

b (Jur) (droit civil) prescription; (droit pénal) statute of limitations ◆ **prescription acquisitive** positive prescription, adverse possession ◆ **prescription extinctive** negative prescription ◆ **au bout de 7 ans il y a prescription** the statute of limitations is 7 years

prescrire [pʀeskʀiʀ] → SYN ▸ conjug 39 ◂ vt (Méd) to prescribe; (Jur) droit to prescribe; (objet, méthode, livre) to strongly recommend; [morale, honneur, loi] to stipulate, lay down; (ordonner) to order, command ◆ **à la date prescrite** on the prescribed date, on the date stipulated ◆ (Méd) **ne pas dépasser la dose prescrite** do not exceed the prescribed dose ◆ [peine, dette] **être prescrit, se prescrire** to lapse

préséance [pʀeseɑ̃s] → SYN nf precedence (NonC)

présélecteur [pʀeselɛktœʀ] nm preselector

présélection [pʀeselɛksjɔ̃] nf (gén) preselection; [candidats] short-listing (Brit), putting on the list of finalists ◆ (Aut) **boîte de vitesses à présélection** preselector (gearbox) ◆ (Rad) **bouton de présélection** preset switch

présélectionner [pʀeselɛksjɔne] ▸ conjug 1 ◂ vt chaîne de radio to preset, preselect; candidats to short-list (Brit), put on the list of finalists

présence [pʀezɑ̃s] → SYN **1** nf **a** [personne, chose, pays] presence; (au bureau, à l'école) attendance; (Rel) presence ◆ **la présence aux cours est obligatoire** attendance at classes is compulsory ◆ **fuir la présence de qn** to avoid sb, keep well away from sb ◆ (frm) **Monsieur le maire a honoré la cérémonie de sa présence** the Mayor honoured them with his presence at the ceremony ◆ **j'ai juste à faire de la présence** I just have to be there ◆ **présence assidue au bureau** regular attendance at the office ◆ **présence policière** police presence → **acte, feuille, jeton**

b (personnalité) presence ◆ **avoir de la présence** to have (a) great presence ◆ **elle a beaucoup de présence à l'écran** she has real presence on the screen

c (être) **sentir une présence** to be aware of sb's presence ou of a presence

d LOC **en présence** armées opposing (each other); personnes face to face (with each other) ◆ **mettre 2 personnes en présence** to bring 2 people together ou face to face ◆ (Jur) **les parties en présence** the litigants, the opposing parties ◆ **en présence de** in the presence of ◆ **cela s'est produit en ma / hors de ma présence** it happened while I was there ou in my presence / while I was not there ou in my absence ◆ **en présence de tels incidents** faced with ou in the face of such incidents ◆ **mettre qn en présence de qn / qch** to bring sb face to face with sb / sth

2 COMP ▷ **présence d'esprit** presence of mind

présent[1], e [pʀezɑ̃, ɑ̃t] → SYN **1** adj **a** personne present; (Rel) present ◆ (frm) **les personnes ici présentes** the persons here present (frm), the people here present ◆ **les personnes (qui étaient) présentes au moment de l'incident** the people who were present ou there when the incident occurred ◆ **être présent à une cérémonie** to be present at ou attend a ceremony ◆ **être présent à l'appel** to be present at roll call ◆ **présent! present!** ◆ **répondre présent** (lit) to answer "present" ◆ (fig) **il a toujours répondu présent quand j'ai eu besoin de lui** he always came through when I needed him ◆ **cette année au festival, beaucoup de jeunes musiciens ont répondu présent(s)** many young musicians attended this year's festival ◆ (hum) **pour un bon repas, il est toujours présent!** you can always count on him to be there for a good meal, he's always around* ou there when there's a good meal on the go! ◆ **je suis présent en pensée** my thoughts are with you (ou him etc), I'm thinking of you (ou him etc)

b chose present ◆ **métal présent dans un minerai** metal present ou found in an ore ◆ **son pessimisme est partout présent dans son dernier roman** his pessimism runs right through ou is evident throughout his latest novel ◆ **sa gentillesse est présente dans chacun de ses actes** his kindness is evident in ou is to be found in everything he does ◆ **avoir qch présent à l'esprit** to have sth fresh in one's mind, not to forget about sth ◆ **je n'ai pas les chiffres présents à l'esprit** I can't bring the figures to mind, I can't remember the figures offhand ◆ **j'aurai toujours ce souvenir présent à l'esprit** this memory will be ever-present in my mind ou will always be fresh in my mind ◆ **gardez ceci présent à l'esprit** keep ou bear this in mind

c (actuel) circonstances, état, heure, époque present ◆ **le 15 du mois présent** on the 15th instant (Brit Admin) ou of this month

d (Gram) temps, participe present

e (dont il est question) present ◆ **le présent récit** the present account, this account ◆ (Admin) **par la présente lettre** by the present letter, by this letter

f (fig: actif) **ils sont très présents dans le secteur informatique** they have a strong foothold in the computer sector ◆ (Sport) **il est très présent sur le terrain** he's all over the field ◆ (Tennis) **elle est très présente au filet** she covers the net very well

2 nm **a** (époque) **le présent** the present

b (Gram) present (tense) ◆ **au présent** in the present (tense) ◆ **présent de l'indicatif** present indicative ◆ **présent historique** ou **de narration** historic(al) present

c (personne) **les présents et les absents** those present and those absent ◆ **il n'y avait que 5 présents** there were only 5 people present ou there

d LOC **à présent** (en ce moment) at present, presently (US); (maintenant) now; (de nos jours) now, nowadays ◆ **à présent que nous savons** now that we know ◆ **la jeunesse / les gens d'à présent** youngsters / people of today, youngsters / people nowadays → **dès, jusque**

3 **présente** nf ◆ (Admin: lettre) **veuillez recevoir par la présente** please accept by the present letter ou by this letter

présent[2] [pʀezɑ̃] → SYN nm (littér) gift, present ◆ **faire présent de qch à qn** to present sb with sth

présentable [pʀezɑ̃tabl] → SYN adj plat, personne presentable

présentateur, -trice [pʀezɑ̃tatœʀ, tʀis] → SYN nm,f (Rad, TV) [jeu, causerie, variétés] host, compere; [débat] presenter; [nouvelles] newscaster, newsreader

présentation [pʀezɑ̃tasjɔ̃] → SYN nf **a** (gén) presentation ◆ **sur présentation d'une pièce d'identité** on presentation of proof of identity

b [nouveau venu, conférencier] introduction; (frm: à la cour) presentation ◆ **faire les présentations** to make the introductions, introduce people to one another

c (au public) [tableaux, pièce] presentation; [marchandises] presentation, display; [film] presentation, showing; (Rad, TV) [émission] presentation, introduction ◆ **présentation de mode** fashion show

d (manière de présenter) [idée, produit, travail] presentation ◆ (fig) [personne] **avoir une bonne / mauvaise présentation** to have a good ou pleasant / an unattractive ou off-putting appearance

e (Rel) **la Présentation** the Presentation

f (Méd) [fœtus] presentation ◆ **présentation par la tête / le siège** head / breech presentation

g (Fin) presentation, presentment ◆ **payable sur présentation** payable on presentation ou at call ou at sight ou over the counter

présentement [pʀezɑ̃tmɑ̃] → SYN adv (en ce moment) at present, presently (US); (maintenant) now

présenter [pʀezɑ̃te] → SYN ▸ conjug 1 ◂

1 vt **a** (introduire) connaissance, conférencier to introduce (*à* to, *dans* into); (au roi, à la cour) to present (*à* to) ◆ **je vous présente ma femme** this is my wife, have you met my wife?, may I introduce my wife (to you)?

b (proposer au public) marchandises to present, display (*à* to), set out (*à* before); (Théât) acteur, pièce to present; (Rad, TV) émission to present, introduce, compere; mode, tableaux to present ◆ (TV) **c'est lui qui présente les nouvelles** he presents ou reports the news

c (exposer) problème to set out, explain; idées to present, set ou lay out; théorie to expound, set out ◆ **c'est un travail bien / mal présenté** it's a well- / badly presented ou well / badly laid-out piece of work ◆ **présenter qch sous un jour favorable** to present sth in a favourable light ◆ **présentez-lui cela avec tact** explain it to him ou put it to him tactfully ◆ **il nous a présenté son ami comme un héros** he spoke of his friend as a hero

d (montrer) billet, passeport to present, show, produce ◆ **il présentait un tel air de consternation** he presented such a picture of consternation ◆ **il présenta sa joue au baiser de sa mère** he presented ou offered his cheek for his mother to kiss

e (tourner) to turn ◆ **présenter le flanc à l'ennemi** to turn one's flank towards the enemy ◆ **bateau qui présente le travers au vent** ship which turns ou sails broadside on to the wind

f (exprimer) excuses to present, offer, make; condoléances, félicitations to present, offer; respects to present, pay; objection to raise

g (laisser paraître) avantage, intérêt to present, afford; différences to reveal, present; danger, difficulté, obstacle to present ◆ **cette route présente beaucoup de détours** there are a lot of bends on this road ◆ **ce malade présente des symptômes de tuberculose** this patient presents ou shows symptoms of tuberculosis ◆ **ce vase présente de nombreux défauts** this vase has ou shows a number of flaws

h (offrir) plat to present, hold out; rafraîchissements to offer, hand round; bouquet to present ◆ **présenter son bras à qn** to offer one's arm to sb

i (soumettre) addition, facture, devis to present, submit; thèse to submit; motion to move; projet de loi to present, introduce; rapport, requête to present, put in, submit ◆ **présenter sa candidature à un poste** to apply for ou put in for a job ◆ **présenter un candidat à un concours** to put a candidate in ou enter a candidate for a competitive examination ◆ (Scol) **présenter un texte de Camus à un examen** to choose ou do a text by Camus for an exam

j (Mil) armes to present; troupes to present (for inspection) ◆ **présentez armes!** present arms!

k (Tech: placer) to position, line up

2 vi ◆ [personne] **présenter bien / mal** to have a good ou pleasant / an unattractive ou off-putting (Brit) appearance, be of good / poor appearance

3 **se présenter** vpr **a** (se rendre) to go, come, appear ◆ **se présenter chez qn** to go to sb's house ◆ **il ose encore se présenter chez toi!** does he still dare to show himself ou to appear at your house! ◆ **il ne s'est présenté personne** no one turned up ou came ou appeared ◆ **je ne peux pas me présenter dans cette tenue** I can't appear dressed like this ◆ (dans une annonce) **ne pas écrire, se présenter** (interested) applicants should apply in person ◆ (Jur) **se présenter à l'audience** to appear in court, make a court appearance

b (être candidat) to come forward ◆ **se présenter pour un emploi** to put in for a job ◆ **se présenter à** élection to stand at (Brit), run for (surtout US); examen to sit (Brit), take; concours to go in for, enter (for) ◆ **se présenter comme candidat** (à un poste) to apply, be an applicant (*à* for); (aux élections) to be a candidate, stand (Brit) ou run (surtout US) as a candidate (*à* at)

c (se faire connaître) (gén) to introduce o.s.; (à un patron) to introduce o.s., report (*à* to)

d (surgir) [occasion] to arise, present itself; [difficulté] to crop ou come up, arise, present itself; [solution] to come to mind, present itself ◆ **un problème se présente à nous** we are faced ou confronted with a problem ◆ **il lit tout ce qui se présente** he reads everything he can get his hands on, he reads anything that's going* ◆ **il faut attendre que quelque chose se présente** we must wait until something turns up ◆ **deux noms se présentent à l'esprit** two names come ou spring to mind ◆ **un spectacle**

magnifique se présenta à ses yeux a magnificent sight met his eyes ◆ **profiter de l'occasion qui se présente** to take advantage of the opportunity that has arisen ou that presents itself

e (apparaître) **cela se présente sous forme de cachets** it's presented ou it comes in the form of tablets ◆ **l'affaire se présente bien / mal** things are looking good / aren't looking too good ◆ **le problème se présente sous un nouveau jour** the problem takes on (quite) a different aspect ou complexion ou appears in a new light ◆ **comment le problème se présente-t-il ?** what exactly is the problem ?, what is the nature of the problem ? ◆ (Méd) **comment l'enfant se présente-t-il ?** how is the baby presenting ? ◆ **comment cela se présente-t-il ?** (lit) what does it look like ? ; (* fig) how's it going ?*

présentoir [prezɑ̃twaʀ] → SYN nm (étagère) display shelf

présérie [preseʀi] nf pilot production

préservateur, -trice [prezɛʀvatœʀ, tʀis]
1 adj preventive, protective
2 nm (Chim) preservative

préservatif, -ive [prezɛʀvatif, iv] → SYN 1 adj preventive, protective
2 nm condom, sheath ◆ **préservatif féminin** diaphragm

préservation [prezɛʀvasjɔ̃] → SYN nf preservation, protection

préserver [prezɛʀve] → SYN ▸ conjug 1 ◂ vt (protéger) to protect (*de* from, against) ; (sauver) to save (*de* from) ; (sauvegarder) to protect, safeguard ◆ **se préserver du soleil** to protect o.s. from the sun ◆ **le ciel** ou **Dieu m'en préserve !** Heaven preserve me ! ou forbid !

présidence [prezidɑ̃s] → SYN nf a [état, tribunal] presidency ; [comité, réunion] chairmanship ; [firme] chairmanship, directorship ; [université] vice-chancellorship (Brit), presidency (US) ◆ (Pol) **candidat à la présidence** presidential candidate
b (résidence) presidential residence ou palace

président [prezidɑ̃] → SYN 1 nm a (Pol) president ◆ **Monsieur le président** (gén) Mr President ; (Jur) Your Honour
b [comité, réunion] chairman ; [club, société savante] president ; [commission] convener ; [firme] chairman, president ; [jury d'examen] chairman, chief examiner ; [université] vice-chancellor (Brit), president (US), chancellor (US)
c (Jur) [tribunal] presiding judge ou magistrate ; [jury] foreman
2 COMP ▷ **président du Conseil** (Hist) prime minister ▷ **président-directeur général** chairman and managing director (Brit), chairman and chief executive officer (US) ▷ **le président Mao** Chairman Mao ▷ **président à vie** life president

présidente [prezidɑ̃t] nf a (en titre : → **président**) (lady ou woman) president ; chairwoman ; presiding judge ou magistrate
b (épouse : → **président**) president's wife, first lady ; president's ou chairman's wife

présidentiable [prezidɑ̃sjabl] adj ◆ **être présidentiable** to be a possible ou potential presidential candidate

présidentialisme [prezidɑ̃sjalism] nm presidentialism

présidentiel, -ielle [prezidɑ̃sjɛl] adj presidential ◆ **les (élections) présidentielles** the presidential elections

présider [prezide] → SYN ▸ conjug 1 ◂ 1 vt tribunal, conseil, assemblée to preside over ; comité, débat, séance to chair ◆ **présider un dîner** to be the guest of honour at a dinner ◆ **c'est X qui préside** (séance) X is in ou taking the chair, X is chairing ; (club) X is the president, X is presiding
2 **présider à** vt indir préparatifs, décisions, exécution to direct, be in charge ou command of ; destinées to rule over ; cérémonie to preside over ◆ **règles qui président à qch** rules which govern sth ◆ **la volonté de conciliation a présidé aux discussions** a conciliatory spirit prevailed throughout the talks

présidium [prezidjɔm] nm presidium

présomptif, -ive [prezɔ̃ptif, iv] adj ◆ **héritier présomptif** heir apparent

présomption [prezɔ̃psjɔ̃] → SYN nf a (supposition) presumption, assumption ; (Jur) presumption ◆ **de lourdes présomptions pèsent sur lui** he is heavily suspected ◆ **il a été condamné sur de simples présomptions** he was convicted on suspicion alone ◆ **présomption légale** presumption of law ◆ **présomption de paternité** presumption of paternity
b (prétention) presumptuousness, presumption

présomptueusement [prezɔ̃ptɥøzmɑ̃] adv presumptuously

présomptueux, -euse [prezɔ̃ptɥø, øz] → SYN adj presumptuous, self-assured ◆ **ton / air présomptueux** presumptuous ou brash tone / air

présonorisation [presɔnɔʀizasjɔ̃] nf playback

presque [pʀɛsk] → SYN adv a almost, nearly, virtually ◆ **j'ai presque terminé** I've almost ou nearly ou virtually ou as good as finished ◆ **presque à chaque pas** at almost every step ◆ **une espèce d'inquiétude, presque d'angoisse** a kind of anxiety – almost anguish ◆ **c'est presque de la folie** it's little short of madness ◆ **c'est presque impossible** it's almost ou next to ou virtually ou well-nigh impossible ◆ **c'est sûr ou presque** it's almost ou practically ou virtually certain
b (contexte négatif) hardly, scarcely, almost, virtually ◆ **personne / rien ou presque, presque personne / rien** hardly ou scarcely anyone / anything, almost nobody / nothing, next to nobody / nothing ◆ **as-tu trouvé des fautes ? – presque pas** did you find any mistakes ? – only a few ou – no, hardly ou scarcely any ou – no, practically ou virtually none ◆ **a-t-il dormi ? – presque pas** has he had a sleep ? – no, not really, did he sleep ? – no, hardly ou scarcely at all ou no, not really ◆ **je ne l'ai presque pas entendu** I hardly ou scarcely heard him ◆ **il n'y a presque plus de vin** there's almost no ou hardly ou scarcely any wine left, the wine has nearly all gone ◆ **ça n'arrive presque jamais** it hardly ou scarcely ever happens, it almost ou practically never happens
c (avant n) **dans la presque obscurité** in the near darkness ◆ **la presque totalité des lecteurs** almost ou nearly all the readers ◆ **j'en ai la presque certitude** I'm almost ou virtually certain

presqu'île [pʀɛskil] → SYN nf peninsula

pressage [pʀɛsaʒ] nm [disque, raisin] pressing

pressant, e [pʀesɑ̃, ɑ̃t] → SYN adj besoin, danger, invitation urgent, pressing (épith) ; situation, travail, désir urgent ; demande, personne insistent, urgent ◆ **demander qch de façon pressante** to ask for sth urgently ◆ **le créancier a été / s'est fait pressant** the creditor was insistent / started to insist ou started to press him (ou me etc) ◆ (euph) **avoir un besoin pressant** to need to spend a penny (euph) (Brit) ou go to the restroom (US)

presse [pʀɛs] → SYN nf a (institution) press ; (journaux) (news)papers ◆ **la grande presse, la presse à grand tirage** the popular press ◆ **c'est dans toute la presse** it's in all the papers ◆ **la presse périodique** periodicals, journals ◆ **presse régionale / mensuelle** regional / monthly press ou papers ◆ **presse féminine / automobile** women's / car magazines ◆ **presse d'opinion** papers specializing in political etc analysis and commentary ◆ **presse d'information** newspapers ◆ **presse à scandale** ou **à sensation** gutter press ◆ **presse du cœur** romance magazines (pl) ◆ **avoir bonne / mauvaise presse** (lit) to get ou have a good / bad press ; (fig) to be well / badly thought of ◆ **agence / attaché / conférence de presse** press agency / attaché / conference → **délit, liberté, service**
b (appareil) (gén) press ; (Typ) (printing) press ◆ **presse à cylindres / à bras** cylinder / hand press ◆ **mettre sous presse** livre to send to press ; journal to put to bed ◆ **le livre a été mis sous presse** the book has gone to press ◆ **le journal a été mis sous presse** the (news)paper has gone to bed ◆ **livre sous presse** book in press ◆ **correct au moment de la mise sous presse** correct at the time of going to press
c (littér : foule) throng (littér), press (littér)
d (urgence) **pendant les moments de presse** when things get busy ◆ **il n'y a pas de presse*** there's no rush ou hurry

pressé, e [pʀese] → SYN (ptp de **presser**) adj a pas hurried ◆ **avoir un air pressé** to look as though one is in a hurry ◆ **marcher d'un pas pressé** to hurry along ◆ **je suis (très) pressé** I'm in a (great) hurry ou (very) pressed for time ◆ **je ne suis pas pressé** I'm in no hurry ou not in any hurry ◆ **être pressé de partir** to be in a hurry to leave
b (urgent) travail, lettre urgent ◆ **c'est pressé ?** is it urgent ?, are you in a hurry for it ? ◆ **il n'a eu rien de plus pressé que de faire ...** he wasted no time doing ..., he just couldn't wait to do ... ◆ **si tu n'as rien de plus pressé à faire que de ...** if you have nothing more urgent to do than ... ◆ **il faut parer au plus pressé** we must do the most urgent thing(s) first, first things first
c **citron pressé / orange pressée** freshly-squeezed lemon / orange juice

presse-agrumes [pʀɛsagʀym] nm inv orange squeezer

presse-ail [pʀɛsaj] nm inv garlic press

presse-bouton [pʀɛsbutɔ̃] adj inv push-button

presse-citron, pl **presse-citrons** [pʀɛssitʀɔ̃] nm lemon squeezer

presse-étoupe [pʀɛsetup] nm inv stuffing ou packing box

pressentiment [pʀesɑ̃timɑ̃] → SYN nm (intuition) foreboding, presentiment, premonition ; (idée) feeling ◆ **j'ai comme un pressentiment qu'il ne viendra pas** I've got a feeling ou a premonition he won't come ◆ **avoir le pressentiment de qch / que ...** to have a premonition of sth / that ...

pressentir [pʀesɑ̃tiʀ] → SYN ▸ conjug 16 ◂ vt a danger to sense, have a foreboding ou a premonition of ◆ **pressentir que ...** to have a feeling ou a premonition that ... ◆ **j'avais pressenti quelque chose** I had sensed something ◆ **il n'a rien laissé pressentir de ses projets** he gave no hint of his plans ◆ **rien ne laissait pressentir une mort si soudaine** there was nothing to forewarn of ou to hint at such a sudden death
b personne to sound out, approach ◆ **il a été pressenti pour le poste** he has been sounded out ou approached about taking the job ◆ **ministre pressenti** prospective minister

presse-papiers [pʀɛspapje] nm inv paper-weight

presse-purée [pʀɛspyʀe] nm inv potato-masher

presser [pʀese] → SYN ▸ conjug 1 ◂ 1 vt a éponge to squeeze ; fruit to squeeze (the juice out of) ; raisin to press ◆ (fig) **presser qn comme un citron** to squeeze sb dry ◆ (fig) **on presse l'orange** ou **le citron et on jette l'écorce** you use people as long as they can be of service to you and then you cast them aside ◆ (hum) **si on lui pressait le nez, il en sortirait du lait** he's barely out of nappies (Brit) ou diapers (US)
b (serrer) objet to squeeze ◆ **les gens étaient pressés les uns contre les autres** people were squashed up ou crushed up against one another ◆ **presser qn dans ses bras** to squeeze sb in one's arms, hug sb ◆ **presser qn contre sa poitrine** to clasp sb to one's chest ◆ **presser la main de** ou **à qn** to squeeze sb's hand, give sb's hand a squeeze
c (appuyer sur) bouton, sonnette to press, push ◆ **presser une matrice dans la cire** to press a mould into the wax ◆ **il faut presser ici** you must press here
d (façonner) disque, pli de pantalon to press
e (inciter à) **presser qn de faire** to urge ou press sb to do
f (hâter) affaire to speed up ; départ to hasten, speed up ◆ **(faire) presser qn** to hurry sb (up) ◆ **(faire) presser les choses** to speed things up ◆ **presser le pas** ou **l'allure** to speed up, hurry on ◆ (fig) **presser le mouvement** to hurry up, pick up the pace ◆ **il fit presser l'allure** he quickened ou speeded up the pace ◆ **qu'est-ce qui vous presse ?** what's the hurry ? ◆ **rien ne vous presse** there's no hurry, we're in no rush

a (harceler) débiteur to press ; (littér : Mil) ennemi to press ◆ **être pressé par le besoin** to be driven ou pressed by need ◆ (littér) **le désir qui le presse** the desire which drives him ◆ (fig) **presser qn de questions** to bombard ou ply sb with questions

2 vi (être urgent) to be urgent ◆ **l'affaire presse** it's urgent ◆ **le temps presse** time is short, time presses ◆ **cela ne presse pas, rien ne presse** there's no hurry ou rush ou urgency, there's no need to rush ou hurry

3 se presser vpr **a** (se serrer) **se presser contre qn** to squeeze up against sb ◆ **les gens se pressaient pour entrer** people were pushing to get in, there was a crush to get in ◆ **les gens se pressaient autour de la vedette** people were pressing ou crowding round the star

b (se hâter) to hurry (up) ◆ **ils allaient / travaillaient sans se presser** they went / were working without hurrying ou at a leisurely pace ◆ **pressez-vous, il est tard** hurry up ou get a move on*, it's getting late ◆ **il faut se presser** we must hurry up ou get cracking* ou get a move on* ◆ **presse-toi de partir** hurry up and go ◆ **allons, pressons(-nous) !** come on, come on!, come on, we must hurry!

presse-raquette, pl **presse-raquettes** [pʀɛsʀakɛt] nm racket press

presseur, -euse [pʀɛsœʀ, øz] nm,f (Tech) presser

pressing [pʀesiŋ] [→ SYN] nm **a** (repassage) steam-pressing ; (établissement) dry-cleaner's **b** (Sport) pressure ◆ **faire le pressing** to put the pressure on (*sur qn* sb)

pression [pʀesjɔ̃] [→ SYN] nf **a** (action) pressure ◆ **je sentais la pression de sa main sur la mienne** I could feel the pressure of his hand on mine ou his hand pressing on mine ◆ **une simple pression du doigt suffit** one push with the finger is all that is needed ◆ **faire pression sur le couvercle d'une boîte** (pour fermer) to press (down) on the lid of a box ; (pour ouvrir) to push up the lid of a box ◆ **il inséra le levier sous la pierre et fit pression pour la lever** he inserted the lever under the stone and pressed on it to lift the stone

b (Méd, Phys) pressure ◆ **pression artérielle / atmosphérique** blood / atmospheric pressure ◆ **à haute / basse pression** high / low pressure (épith) ◆ **être sous pression** [machine] to be under pressure, be at full pressure ; [cabine] to be pressurized ; (fig : être tendu) to be keyed up, be tense ◆ **mettre sous pression** to pressurize ◆ (excès de travail) **je suis sous pression en ce moment** I am under pressure just now ◆ (fig) **faire monter la pression** to increase the pressure

c (fig : contrainte) pressure ◆ **pression sociale / fiscale** social / tax pressure ◆ **sous la pression des événements** under the pressure of events ◆ **faire pression** ou **exercer une pression sur qn (pour qu'il fasse qch)** to put pressure on sb (to do sth), bring pressure to bear on sb (to do sth), pressurize sb (into doing sth) ◆ **être soumis à des pressions** to be subject to pressures, be under pressure → **groupe**

d bière à la pression draught (Brit) ou draft (US) beer, beer on draught (Brit) ou draft (US) ◆ **deux pression(s)* s'il vous plaît** two (draught) beers, please

e (bouton) press stud (Brit), snap (fastener) (US), popper* (Brit)

pressionné, e [pʀesjɔne] adj fastened, snapped (US)

pressoir [pʀeswaʀ] [→ SYN] nm **a** (appareil) [vin] wine press ; [cidre] cider press ; [huile] oil press **b** (local) press-house

pressostat [pʀesɔsta] nm pressure controller

pressurage [pʀesyʀaʒ] nm [fruit] pressing

pressurer [pʀesyʀe] [→ SYN] ▸ conjug 1 ◂ vt fruit to press ; (fig : exploiter) personne to squeeze ◆ **se pressurer le cerveau*** to rack one's brains

pressurisation [pʀesyʀizasjɔ̃] [→ SYN] nf pressurization

pressuriser [pʀesyʀize] ▸ conjug 1 ◂ vt to pressurize ◆ **cabine pressurisée** pressurized cabin

prestance [pʀestɑ̃s] [→ SYN] nf imposing bearing, presence ◆ **avoir de la prestance** to have great presence

prestant [pʀestɑ̃] nm diapason (normal)

prestataire [pʀɛstatɛʀ] [→ SYN] nm person receiving benefits ou allowances ◆ **prestataire de service** provider of a service

prestation [pʀɛstasjɔ̃] [→ SYN] **1** nf **a** (allocation) [assurance] benefit

b (gén pl : services) [hôtel, restaurant] service ; [maison] unique features

c (performance) [artiste, sportif] performance ◆ **faire une bonne prestation** to put up a good performance, perform well

2 COMP ▷ **prestations familiales** State benefits paid to the family *(maternity benefit, family income supplement, rent rebate etc)* ▷ **prestation d'invalidité** disablement benefit ou allowance ▷ **prestation en nature** payment in kind ▷ **prestation de serment** taking the oath ◆ **la prestation de serment du président a eu lieu hier** the president was sworn in yesterday ▷ **prestation de service** provision of a service ▷ **prestations sociales** social security benefits, welfare payments ▷ **prestation de vieillesse** old age pension

preste [pʀɛst] [→ SYN] adj (littér) nimble

prestement [pʀɛstəmɑ̃] adv (littér) nimbly

prestesse [pʀɛstɛs] [→ SYN] nf (littér) nimbleness

prestidigitateur, -trice [pʀɛstidiʒitatœʀ, tʀis] [→ SYN] nm,f conjurer, magician

prestidigitation [pʀɛstidiʒitasjɔ̃] [→ SYN] nf conjuring ◆ **tour de prestidigitation** conjuring trick ◆ (fig) **c'est de la prestidigitation !** it's like a conjuring trick !

prestige [pʀɛstiʒ] [→ SYN] nm (gén) prestige ◆ **le prestige de l'uniforme** the glamour of uniforms ◆ **de prestige** politique, opération, voiture prestige (épith)

prestigieux, -ieuse [pʀɛstiʒjø, jøz] [→ SYN] adj prestigious ; (Comm) renowned, prestigious ◆ **X est une marque prestigieuse de voiture** X is a famous ou prestigious make of car ou name in cars

prestissimo [pʀɛstisimo] adv prestissimo

presto [pʀɛsto] [→ SYN] adv (Mus) presto ; (* fig) double-quick*

présumable [pʀezymabl] adj presumable

présumer [pʀezyme] [→ SYN] ▸ conjug 1 ◂ **1** vt to presume, assume ◆ **présumé innocent** presumed innocent ◆ **l'auteur présumé du livre** the presumed author of the book

2 présumer de vt indir ◆ **trop présumer de qch / qn** to overestimate ou overrate sth / sb ◆ **trop présumer de ses forces** to overestimate one's strength

présupposé [pʀesypoze] nm presupposition

présupposer [pʀesypoze] [→ SYN] ▸ conjug 1 ◂ vt to presuppose

présupposition [pʀesypozisjɔ̃] nf presupposition

présure [pʀezyʀ] nf rennet

présurer [pʀezyʀe] ▸ conjug 1 ◂ vt to curdle with rennet

prêt¹, prête [pʀɛ, pʀɛt] [→ SYN] adj **a** (préparé) personne, repas ready ◆ **prêt à** ou **pour qch / à** ou **pour faire qch** ready for sth / to do sth ◆ **prêt à fonctionner** ready for use ◆ **prêt à l'emploi** ready for use ◆ **poulet prêt à cuire** ou **rôtir** oven-ready chicken ◆ **prêt au départ** ou **à partir** ready to go ou leave, ready for off* (Brit) ◆ **être fin prêt (au départ)** to be all set, be raring* to go ◆ **tout est (fin) prêt** everything is (quite) ready ou is at the ready, everything is in readiness ◆ **se tenir prêt à qch / à faire qch** to hold o.s. ou be ready for sth / to do sth ◆ **tiens ta monnaie prête pour payer** have your money ready to pay ◆ [criminel] **il est prêt à tout** he will do anything, he will stop at nothing ◆ **on m'a averti : je suis prêt à tout** they've warned me and I'm ready for anything ◆ (devise scoute) **toujours prêt !** be prepared ! → **marque**

b (disposé) **prêt à** ready ou prepared ou willing to ◆ **être tout prêt à faire qch** to be quite ready ou prepared ou willing to do sth

prêt² [pʀɛ] [→ SYN] **1** nm **a** (action) loaning, lending ; (somme) loan ◆ **le service de prêt d'une bibliothèque** the lending department of a library ◆ **prêt sur gages** (service) pawnbroking ; (somme) loan against security → **bibliothèque**

b (Mil) pay

c (avance) advance

2 COMP ▷ **prêt aidé d'accession à la propriété** homeowner's loan ▷ **prêt bancaire** bank loan ▷ **prêt à la construction** building loan ▷ **prêt conventionné** regulated mortgage loan ▷ **prêt d'honneur** *(government) loan made with no guarantee of repayment* ▷ **prêt immobilier** mortgage (loan), real-estate loan (US) ▷ **prêt privilégié** guaranteed loan ▷ **prêt relais** bridging loan

prêt-à-coudre, pl **prêts-à-coudre** [pʀɛta kudʀ] nm ready-to-sew garment

prêt-à-manger, pl **prêts-à-manger** [pʀɛta mɑ̃ʒe] nm ready-made meal

prêt-à-monter, pl **prêts-à-monter** [pʀɛta mɔ̃te] nm kit

prétantaine [pʀetɑ̃tɛn] nf ⇒ **prétentaine**

prêt-à-porter, pl **prêts-à-porter** [pʀɛtapɔʀte] nm ready-to-wear (clothes) ◆ **acheter qch en prêt-à-porter** to buy sth ready to wear ou off the peg (Brit) ◆ **je n'achète que du prêt-à-porter** I only buy off-the-peg (Brit) clothes ou ready-to-wear clothes

prêt-bail, pl **prêts-bails** [pʀɛbaj] nm leasing

prêté [pʀete] nm ◆ **c'est un prêté pour un rendu** it's tit for tat

prétendant, e [pʀetɑ̃dɑ̃, ɑ̃t] [→ SYN] **1** nm (prince) pretender ; (littér : galant) suitor

2 nm,f (candidat) candidate (*à* for)

prétendre [pʀetɑ̃dʀ] [→ SYN] ▸ conjug 41 ◂ **1** vt **a** (affirmer) to claim, maintain, assert, say ◆ **il prétend être** ou **qu'il est le premier à avoir trouvé la réponse** he claims to be the first to have found the answer, he claims ou maintains ou asserts (that) he's the first to have found the answer ◆ **il se prétend insulté / médecin** he makes out ou claims he's been insulted / he's a doctor ◆ **je ne prétends pas qu'il l'ait fait** I don't say ou I'm not saying he did it ◆ **on le prétend très riche** he is said ou alleged to be very rich ◆ **en prétendant qu'il venait chercher un livre** on the pretence of coming to get a book, making out ou claiming that he had come to get a book ◆ **à ce qu'il prétend** according to him ou to what he says, if what he says is true ◆ **à ce qu'on prétend** allegedly, according to what people say

b (avoir la prétention de) to claim ◆ **il prétend savoir jouer du piano** he claims he can play the piano ◆ **tu ne prétends pas le faire tout seul ?** you don't pretend ou expect to do it on your own? ◆ **je ne prétends pas me défendre** I don't pretend ou I'm not trying to justify myself

c (littér) (vouloir) to want ; (avoir l'intention de) to mean, intend ◆ **que prétendez-vous de moi ?** what do you want of me? (littér) ◆ **que prétend-il faire ?** what does he mean ou intend to do? ◆ **je prétends être obéi** ou **qu'on m'obéisse** I mean to be obeyed

2 prétendre à vt indir honneurs, emploi to lay claim to, aspire to ; femme to aspire to ◆ **prétendre à faire** to aspire to do

prétendu, e [pʀetɑ̃dy] [→ SYN] (ptp de **prétendre**) **1** adj ami, expert so-called, supposed ; alibi, preuves, déclaration alleged

2 nm,f († : fiancé) intended (†, littér)

prétendument [pʀetɑ̃dymɑ̃] [→ SYN] adv supposedly, allegedly

prête-nom, pl **prête-noms** [pʀɛtnɔ̃] [→ SYN] nm figurehead

prétentaine† [pʀetɑ̃tɛn] nf ◆ **courir la prétentaine** to go gallivanting

prétentieusement [pʀetɑ̃sjøzmɑ̃] adv pretentiously

prétentieux, -ieuse [pʀetɑ̃sjø, jøz] [→ SYN] adj personne, manières, ton pretentious, conceited ; appellation pretentious, fancy ; maison pretentious, showy ◆ **c'est un petit prétentieux !** he's a conceited little blighter !* (Brit) ou jerk*

prétention [pʀetɑ̃sjɔ̃] [→ SYN] nf **a** (exigence) claim ◆ (salaire) **prétentions** expected salary

◆ **avoir des prétentions à** ou **sur** to lay claim to ◆ **quelles sont vos prétentions?** what sort of salary do you expect? ou are you looking for?*

b (ambition) pretension, claim (*à* to) ◆ **avoir la prétention de faire** to claim to be able to do, like to think one can do ◆ **je n'ai pas la prétention de rivaliser avec lui** I don't claim ou expect ou pretend (to be able) to compete with him ◆ **il n'a pas la prétention de tout savoir** he makes no pretence of knowing everything, he doesn't pretend ou claim to know everything ◆ **sa prétention à l'élégance** her claims ou pretensions to elegance ◆ **sans prétention** maison, repas unpretentious; robe simple

c (vanité) pretentiousness, pretension, conceitedness ◆ **avec prétention** pretentiously, conceitedly

prêter [pʀete] → SYN ▸ conjug 1 ◂ **1** vt **a** objet, argent to lend ◆ **prêter qch à qn** to lend sth to sb, lend sb sth ◆ **peux-tu me prêter ton stylo?** can you lend me your pen, can I borrow your pen? ◆ **ils prêtent à 10%** they lend (money) at 10%, they give loans at 10% ◆ **ils m'ont prêté 100 F** they lent me 100 francs ◆ **prêter sur gages** to lend against security ◆ (Prov) **on ne prête qu'aux riches** reputations shape reactions

b (attribuer) sentiment, facultés to attribute, ascribe ◆ **on lui prête l'intention de démissionner** he is alleged ou claimed to be intending ou going to resign, he is said ou supposed to be going to resign ◆ **on me prête des paroles que je n'ai pas dites** people attribute ou ascribe to me words that I never said, people put words in my mouth that I never said, people say I said things that I didn't ◆ **nous prêtons une grande importance à ces problèmes** we consider these problems of great importance, we accord a great deal of importance to these problems

c (apporter, offrir) aide, appui to give, lend ◆ **prêter assistance/secours à qn** to go to sb's assistance/aid ◆ **prêter main forte à qn** to lend sb a hand, go to sb's help ◆ **prêter son concours à** to give one's assistance to ◆ **prêter sa voix à une cause** to speak on behalf of ou in support of a cause ◆ **prêter sa voix pour un gala** to sing at a gala performance ◆ **dans cette émission il prêtait sa voix à Napoléon** in this broadcast he played ou spoke the part of Napoleon ◆ **prêter son nom à** to lend one's name to ◆ **prêter la main à une entreprise/un complot** to be ou get involved in ou take part in an undertaking/a plot ◆ **prêter attention à** to pay attention to, take notice of ◆ **il faut prêter la plus grande attention à mes paroles** you must listen very closely ou you must pay very close attention to what I have to say ◆ **prêter le flanc à la critique** to lay o.s. open to criticism, invite criticism ◆ **prêter l'oreille** to listen, lend an ear (*à* to) ◆ **prêter serment** to take an ou the oath ◆ **faire prêter serment à qn** to administer the oath to sb ◆ (hum) **si Dieu me prête vie** if God grants me life, if I am spared (hum)

2 **prêter à** vt indir ◆ **son attitude prête à équivoque/à la critique/aux commentaires** his attitude is ambiguous/is open to ou gives rise to ou invites criticism/makes people talk ◆ **décision qui prête à (la) discussion** decision which is open to debate, debatable ou controversial decision ◆ **sa conduite prête à rire** his behaviour makes you (want to) laugh ou is ridiculous ou laughable

3 vi [tissu, cuir] to give, stretch

4 **se prêter** vpr **a** (consentir) **se prêter à** expérience, arrangement to lend o.s. to; projet, jeu to fall in with, go along with ◆ **il n'a pas voulu se prêter à leurs manœuvres** he didn't want any part in ou wouldn't lend himself to ou refused to have anything to do with their schemes

b (s'adapter) [chaussures, cuir] to give, stretch ◆ **se prêter (bien) à qch** to lend itself (well) to sth ◆ **la salle se prête mal à une réunion intime** the room doesn't lend itself to an informal meeting

prétérit [pʀeteʀit] → SYN nm preterite (tense) ◆ **au prétérit** in the preterite (tense)

prétérition [pʀeteʀisjɔ̃] → SYN nf paralipsis, paraleipsis

préteur [pʀetœʀ] nm (Antiq) praetor

prêteur, -euse [pʀɛtœʀ, øz] → SYN **1** adj unselfish ◆ **il n'est pas prêteur** [enfant] he's possessive about his toys ou belongings, he doesn't like lending his things; [adulte] he isn't willing to lend things, he doesn't believe in lending (things)

2 nm,f (money) lender ◆ **prêteur sur gages** pawnbroker

prétexte[1] [pʀetɛkst] → SYN GRAMMAIRE ACTIVE 17.1 nm pretext, pretence, excuse ◆ **mauvais prétexte** poor ou lame excuse ◆ **sous prétexte d'aider son frère** on the pretext ou pretence ou under (the) pretext of helping his brother ◆ **sous (le) prétexte que ...** on ou under the pretext that ..., on the pretence that ... ◆ **sous prétexte qu'elle est jeune on lui passe tout** just because she's young she gets away with everything ◆ **sous aucun prétexte** on no account ◆ **il a pris prétexte du froid** ou **il a donné le froid comme prétexte pour rester chez lui** he used ou took the cold weather as a pretext ou an excuse for staying at home ◆ **servir de prétexte à qch/à faire qch** to be a pretext ou an excuse for sth/to do sth ◆ **ça lui a servi de prétexte** ou **ça lui a donné un prétexte pour refuser** it provided him with an excuse to refuse ou with a pretext for refusing ◆ **il saisit le premier prétexte venu pour partir** he made the first excuse he could think of for leaving ◆ **ce n'est qu'un prétexte** it's just an excuse

prétexte[2] [pʀetɛkst] adj, nf ◆ (Antiq) **(robe) prétexte** praetexta

prétexter [pʀetɛkste] → SYN ▸ conjug 1 ◂ vt to give as a pretext ou an excuse ◆ **il a prétexté/en prétextant qu'il était trop fatigué** he said ou he gave as a pretext ou as his excuse/on the pretext ou excuse that he was too tired ◆ **prétexter une angine pour refuser une invitation** to plead a bad throat to excuse oneself from an invitation

pretium doloris [pʀesjɔmdɔlɔʀis] → SYN nm (Jur) compensation for damages

prétoire [pʀetwaʀ] → SYN nm (Antiq) praetorium; (Jur: frm) court

Pretoria [pʀetɔʀja] n Pretoria

prétorien, -ienne [pʀetɔʀjɛ̃, jɛn] adj, nm (Antiq) praetorian

prêtraille [pʀɛtʀɑj] nf ◆ (péj) **la prêtraille** priests, the clergy

prétranché, e [pʀetʀɑ̃ʃe] adj presliced

prêtre [pʀɛtʀ] → SYN nm priest ◆ **se faire prêtre** to become a priest ◆ (lit) **grand prêtre** high priest ◆ (fig) **les grands prêtres du monétarisme** the high priests of monetarism

prêtre-ouvrier, pl **prêtres-ouvriers** [pʀɛtʀuvʀije] nm worker priest

prêtresse [pʀɛtʀɛs] → SYN nf priestess

prêtrise [pʀetʀiz] → SYN nf priesthood ◆ **recevoir la prêtrise** to be ordained

preuve [pʀœv] → SYN **1** nf **a** (démonstration) proof, evidence ◆ **faire la preuve de qch/que** to prove sth/that ◆ **avoir la preuve de/que** to have proof ou evidence of/that ◆ **sur la preuve de son identité** on proof of one's identity ◆ **pouvez-vous apporter la preuve de ce que vous dites?** can you prove ou can you produce proof ou evidence of what you're saying? ◆ **c'est la preuve que** that proves that ◆ **j'avais prévu cela, la preuve, j'ai déjà mon billet*** I'd thought of that, witness the fact that ou and to prove it I've already got my ticket ◆ **jusqu'à preuve (du) contraire** until we find proof ou evidence to the contrary, until there's proof ou evidence that it's not the case ◆ **n'importe qui peut conduire, à preuve ma femme*** anyone can drive, just look at ou take my wife (for instance) ◆ **il a réussi, à preuve qu'il ne faut jamais désespérer*** he succeeded, which just goes to show ou prove you should never give up hope

b (indice) proof, piece of evidence, evidence (NonC) ◆ **je n'ai pas de preuves** I have no proof ou evidence ◆ **c'est une preuve supplémentaire de sa culpabilité** it's (a) further proof ou it's further evidence of his guilt ◆ **il y a 3 preuves irréfutables qu'il ment** there are 3 definite pieces of evidence to show that he's lying ou which prove quite clearly that he's lying ◆ **affirmer qch preuves en mains** to back up a statement with concrete proof ou evidence

c (marque) proof ◆ **c'est une preuve de bonne volonté/d'amour** it's (a) proof of his good intentions/of his love

d (Math) [opération] proof ◆ **faire la preuve par neuf** to cast out the nines

e LOC **faire preuve de** to show ◆ **faire ses preuves** [personne] to prove o.s., show one's ability; [technique] to be well-tried, be tried and tested; [voiture] to prove itself ◆ **cette nouvelle technique n'a pas encore fait ses preuves** this new technique hasn't yet been thoroughly tested ou fully tried and tested ◆ **professeur qui a fait ses preuves** experienced teacher

2 COMP ▷ **preuve par l'absurde** reductio ad absurdum ▷ **preuve concluante** conclusive ou positive proof ▷ **preuve a contrario** a contrario proof ▷ **preuve matérielle** material evidence (NonC)

preux†† [pʀø] **1** adj valiant†, gallant†

2 nm valiant knight†

prévalence [pʀevalɑ̃s] nf prevalence

prévaloir [pʀevalwaʀ] → SYN ▸ conjug 29 ◂ **1** vi (littér) to prevail (*sur* over, *contre* against) ◆ **faire prévaloir ses droits** to insist upon one's rights ◆ **faire prévaloir son opinion** to win agreement ou acceptance for one's opinion ◆ **son opinion a prévalu sur celle de ses collègues** his opinion prevailed against ou overrode that of his colleagues ◆ **rien ne peut prévaloir contre ses préjugés** nothing can overcome his prejudices

2 **se prévaloir** vpr **a** (se flatter) **se prévaloir de** to pride o.s. on

b (profiter) **se prévaloir de** to take advantage of

prévaricateur, -trice [pʀevaʀikatœʀ, tʀis] → SYN **1** adj corrupt

2 nm,f corrupt official

prévarication [pʀevaʀikasjɔ̃] → SYN nf corrupt practices

prévariquer [pʀevaʀike] → SYN ▸ conjug 1 ◂ vi to be guilty of corrupt practices

prévenance [pʀev(ə)nɑ̃s] nf thoughtfulness (NonC), consideration (NonC), kindness (NonC) ◆ **toutes les prévenances que vous avez eues pour moi** all the consideration ou kindness you've shown me ◆ **entourer qn de prévenances** to be very considerate to ou towards sb ◆ **il n'a aucune prévenance pour les autres** he shows ou has no consideration for others, he is quite thoughtless of others

prévenant, e [pʀev(ə)nɑ̃, ɑ̃t] → SYN adj personne considerate, kind (*envers* to), thoughtful; manières kind, attentive

prévenir [pʀev(ə)niʀ] → SYN ▸ conjug 22 ◂ GRAMMAIRE ACTIVE 2.3 vt **a** (avertir) to warn (*de qch* about ou against ou of sth); (aviser) to inform, tell, let know (*de qch* about sth) ◆ **qui faut-il prévenir en cas d'accident?** who should be informed ou told if there's an accident? ◆ **prévenir le médecin/la police** to call the doctor/the police ◆ **tu es prévenu!** you've been warned! ◆ **partir sans prévenir** to leave without warning, leave without telling anyone ◆ **il aurait pu prévenir** he could have let us know

b (empêcher) accident, catastrophe to prevent, avert, avoid; maladie to prevent, guard against; danger to avert, avoid; malheur to ward off, avoid, provide against → **mieux**

c (devancer) besoin, désir to anticipate; question, objection to forestall ◆ (littér) **il voulait arriver le premier mais son frère l'avait prévenu** he wanted to be the first to arrive but his brother had anticipated him ou had got there before him

d (frm: influencer) **prévenir qn contre qn** to prejudice ou bias sb against sb ◆ **prévenir qn en faveur de qn** to prejudice ou predispose sb in sb's favour

préventif, -ive [pʀevɑ̃tif, iv] → SYN **1** adj mesure, médecine preventive ◆ **à titre préventif** as a precaution ou preventive

2 nf ◆ (Jur) **en (détention) préventive** remanded in custody, on remand → **détention**

prévention [pʀevɑ̃sjɔ̃] → SYN nf a [accident, crime] prevention ◆ **prévention routière** road safety
b (Jur) custody, detention ◆ **mettre en prévention** to detain, remand in ou take into custody
c (préjugé) prejudice (*contre* against) ◆ **considérer qch sans prévention** to take an unprejudiced ou unbiased view of sth

préventivement [pʀevɑ̃tivmɑ̃] adv agir preventively, as a precaution ou preventive ◆ (Jur) **être incarcéré préventivement** to be remanded ou held in custody ou detention (awaiting trial)

préventologie [pʀevɑ̃tɔlɔʒi] nf preventive medicine

préventorium [pʀevɑ̃tɔʀjɔm] → SYN nm tuberculosis sanatorium

prévenu, e [pʀev(ə)ny] → SYN (ptp de **prévenir**)
1 adj (Jur) charged ◆ **être prévenu d'un délit** to be charged with ou accused of a crime
2 nm,f (Jur) defendant, accused (person)

préverbe [pʀevɛʀb] nm verbal prefix, preverb

prévisibilité [pʀevizibilite] nf foreseeable nature

prévisible [pʀevizibl] → SYN adj foreseeable ◆ **difficilement prévisible** difficult to foresee

prévision [pʀevizjɔ̃] → SYN nf a (gén pl: prédiction) prediction, expectation; (Fin) forecast, estimate, prediction ◆ **prévisions budgétaires** budget estimates ◆ **prévisions météorologiques** weather forecast ◆ **prévision à court/long terme** short-term/long-term forecast ◆ **il a réussi au-delà de toute prévision** he has succeeded beyond all ou the wildest expectations
b (action) **la prévision du temps** weather forecasting, forecasting of the weather ◆ **la prévision de ses réactions est impossible** predicting his reactions is quite impossible, it's impossible to predict his reactions ou to foresee what his reactions will be ◆ **en prévision de son arrivée/d'une augmentation du trafic** in anticipation ou expectation of his arrival/of an increase in the traffic

prévisionnel, -elle [pʀevizjɔnɛl] adj mesure, plan forward-looking; budget projected

prévisionniste [pʀevizjɔnist] nmf (economic) forecaster

prévoir [pʀevwaʀ] → SYN ▸conjug 24◂ vt a (anticiper) événement, conséquence to foresee, anticipate; temps to forecast; réaction, contretemps to expect, reckon on, anticipate ◆ **prévoir le pire** to expect the worst ◆ **il faut prévoir les erreurs éventuelles** we must allow for ou make provision for possible errors ◆ **nous n'avions pas prévu qu'il refuserait** we hadn't reckoned on his refusing, we hadn't anticipated ou foreseen (that) he'd refuse ◆ **cela fait** ou **laisse prévoir un malheur** it bodes ill ◆ **rien ne laisse prévoir une amélioration rapide** there's no prospect ou suggestion of a quick improvement ◆ **tout laisse prévoir une issue rapide/qu'il refusera** everything points ou all the signs point to a rapid solution/to his refusing ◆ **rien ne faisait** ou **ne laissait prévoir que ...** there was nothing to suggest ou to make us think that ... ◆ **on ne peut pas tout prévoir** you can't think of everything ◆ **plus tôt que prévu** earlier than expected ou anticipated ◆ **ce n'était pas prévu au programme*** we weren't expecting that (to happen) ou reckoning on that (happening) ◆ **elle n'était pas prévue au programme*** she wasn't expected to appear
b (projeter) voyage, construction to plan ◆ **prévoir de faire qch** to plan to do ou on doing sth ◆ **pour quand prévoyez-vous votre arrivée?** when do you plan to arrive? ◆ **au moment prévu** at the appointed ou scheduled ou prescribed time ◆ **comme prévu** as planned, according to plan ◆ [autoroute] **ouverture prévue pour la fin de l'année** scheduled to open at the end of the year
c (préparer, envisager) to allow ◆ **il faudra prévoir des trous pour l'écoulement des eaux** you must leave ou provide some holes for the water to drain away ◆ **prévoyez de l'argent en plus pour les faux frais** allow some extra money ou put some money on one side for incidental expenses ◆ **il vaut mieux prévoir quelques couvertures en plus** you'd better allow a few extra blankets ou bring (along) a few extra blankets ◆ **il faudrait prévoir un repas** you ought to make plans for ou to organize a meal ◆ **tout est prévu pour l'arrivée de nos hôtes** everything is in hand ou organized for the arrival of our guests ◆ **cette voiture est prévue pour 4 personnes** this car is designed ou supposed to take 4 people ◆ **vous avez prévu grand** you've allowed a lot of (extra) space, you've planned things on a grand scale ◆ **déposez vos lettres dans la boîte prévue à cet effet** put your letters in the box provided ◆ **on a prévu des douches** (à installer) they have made provision for showers to be built; (déjà installées) they have laid on ou provided showers
d (Jur) [loi, règlement] to provide for, make provision for ◆ **c'est prévu à l'article 8** article makes provision for that, it's provided for in article ◆ **le code pénal prévoit que ...** the penal code holds that ... ◆ **la loi prévoit une peine de prison** the law makes provision for a prison sentence ◆ **ce n'est pas prévu dans le contrat** it is not provided for in the contract, the contract makes no provision for it

prévôt [pʀevo] nm (Hist, Rel) provost; (Mil) provost marshal

prévôtal, e, mpl **-aux** [pʀevotal, o] adj of a provost

prévôté [pʀevote] nf (Hist) provostship; (Mil) military police

prévoyance [pʀevwajɑ̃s] → SYN nf foresight, forethought ◆ **caisse de prévoyance** contingency fund ◆ **société de prévoyance** provident society

prévoyant, e [pʀevwajɑ̃, ɑ̃t] → SYN adj provident

prévu, e [pʀevy] ptp de **prévoir**

Priam [pʀijam] nm Priam

Priape [pʀijap] nm Priapus

priapée [pʀijape] nf (Antiq) Priapusian feast

priapisme [pʀijapism] nm priapism

prie-Dieu [pʀidjø] nm inv prie-dieu

prier [pʀije] → SYN ▸conjug 7◂ GRAMMAIRE ACTIVE 4
1 vt a Dieu, saint to pray to ◆ **prier Dieu de faire un miracle** to pray for a miracle ◆ **je prie Dieu que cela soit vrai** pray God that it is true
b (implorer) to beg, beseech (littér) ◆ **elle le pria de rester** she begged ou urged ou pressed him to stay ◆ **je vous prie de me pardonner** I beg you to forgive me, please forgive me ◆ **dites oui, je vous en prie** please say yes, say yes I beg ou beseech you ◆ **Pierre, je t'en prie, calme-toi** Peter, for heaven's sake, calm down ◆ **je t'en prie, ça suffit!** please, that's quite enough!
c (inviter) to invite, ask; (frm) to request (frm) ◆ **il m'a prié à déjeuner** ou **de venir déjeuner** he has invited ou asked me to lunch ◆ **vous êtes prié de vous présenter à 9 heures** you are requested to present yourself at 9 o'clock ◆ **on l'a prié d'assister à la cérémonie** he was invited to be present ou his presence was requested at the ceremony ◆ **nous vous prions d'honorer de votre présence la cérémonie** we request the honour ou pleasure of your company at the ceremony
d (ordonner) **je vous prie de sortir** will you please leave the room ◆ **vous êtes prié de répondre quand on vous parle/de rester assis** please reply when spoken to/remain seated ◆ **taisez-vous, je vous prie** would you please be quiet
e (formules de politesse) **je vous en prie** (faites donc) please do, of course; (après vous) after you; (idée d'irritation) would you mind! ◆ **excusez-moi – je vous en prie** I'm sorry – don't mention it ou not at all ◆ **voulez-vous ouvrir la fenêtre je vous prie?** would you mind opening the window please?, would you be so kind as to open the window please? ◆ (formule épistolaire) **je vous prie d'agréer mes sentiments les meilleurs** yours sincerely
f LOC **se faire prier: il s'est fait prier** he needed coaxing ou persuading ◆ **il ne s'est pas fait prier** he didn't need persuading, he didn't wait to be asked twice, he was only too willing (to do it) ◆ **il a accepté l'offre sans se faire prier** he accepted the offer without hesitation
2 vi to pray (*pour* for) ◆ **prions, mes frères** brothers, let us pray

prière [pʀijɛʀ] → SYN nf a (Rel: oraison, office) prayer ◆ **être en prière** to be praying ou at prayer ◆ **dire** ou **faire ses prières** to say one's prayers ◆ **se rendre à la prière** to go to prayer ◆ (fig) **ne m'oubliez pas dans vos prières*** remember me in your prayers, pray for me → **livre¹**, **moulin**
b (demande) plea, entreaty ◆ **céder aux prières de qn** to give in to sb's requests ◆ **à la prière de qn** at sb's request ou behest (littér) ◆ **j'ai une prière à vous adresser** I have a request to make to you ◆ **il est resté sourd à mes prières** he turned a deaf ear to my pleas ou entreaties
c LOC **prière de: prière de répondre par retour du courrier** please reply by return of post ◆ **prière de vous présenter à 9 heures** you are requested to present yourself ou please present yourself at 9 o'clock ◆ **prière de ne pas fumer** no smoking (please) ◆ **prière de ne pas se pencher à la fenêtre** (please) do not lean out of the window ◆ (Édition) **prière d'insérer** please insert

prieur [pʀijœʀ] → SYN nm ◆ **(père) prieur** prior

prieure [pʀijœʀ] → SYN nf ◆ **(mère) prieure** prioress

prieuré [pʀijœʀe] → SYN nm (couvent) priory; (église) priory (church)

prima donna [pʀimadɔna], pl inv ou **prime donne** [pʀimedɔne] → SYN nf prima donna

primage [pʀimaʒ] nm priming

primaire [pʀimɛʀ] → SYN 1 adj a (Écon, Élec, Méd, Pol, Scol) primary; (Géol) ère primary, palaeozoic; (Psych) personne, caractère, fonction primary (spec); élection primary ◆ **délinquant primaire** first offender
b (péj: simpliste) personne simple-minded, of limited outlook, limited*; raisonnement simplistic
2 nm (Scol) primary school ou education; (Élec) primary; (Géol) Primary, Palaeozoic ◆ (Scol) **être en primaire** to be in primary school
3 nf (Pol) primary (election)

primal, e, mpl **-aux** [pʀimal, o] adj ◆ **cri primal** primal scream ◆ **thérapie primale** primal (scream) therapy, scream therapy

primarité [pʀimaʀite] nf primarity

primat [pʀima] nm a (Rel) primate
b (littér: primauté) primacy

primate [pʀimat] → SYN nm (Zool) primate

primatial, e, mpl **-iaux** [pʀimasjal, jo] adj primatial

primatologie [pʀimatɔlɔʒi] nf primatology

primauté [pʀimote] → SYN nf (Rel) primacy; (fig) primacy, pre-eminence (*sur* over)

prime¹ [pʀim] → SYN nf a (cadeau) free gift ◆ **objet donné en prime avec qch** object given away ou given as a free gift with sth ◆ (iro) **cette année il a eu la rougeole, la varicelle et les oreillons en prime** this year he had (the) measles, chickenpox and (the) mumps to boot!
b (bonus) bonus; (subvention) premium, subsidy; (indemnité) allowance ◆ **prime de fin d'année/de rendement** Christmas/productivity bonus ◆ **prime d'ancienneté** seniority bonus ou pay ◆ **prime de licenciement** severance pay, termination bonus, redundancy payment ou money ◆ **prime à l'exportation** export premium ou subsidy ◆ **prime de risque** danger money (NonC) ◆ **prime de transport** transport allowance ◆ **prime d'allaitement** nursing mother's allowance ◆ (fig) **c'est donner une prime à la paresse!** it's like actively encouraging laziness!
c (Assurances, Bourse) premium ◆ **prime d'émission** issuing share ou premium ◆ **prime de remboursement** redemption premium → **marché**
d **faire prime** to be at a premium

prime² [pʀim] → SYN adj a **de prime abord** at first glance, at the outset ◆ **dès sa prime jeunesse** from his earliest youth ◆ **il n'est plus de prime jeunesse** he's no longer in the

prime ou first flush of youth, he's past his first youth
b (Math) prime ◆ **n prime** n prime

prime[3] [pʀim] nf (Escrime, Rel) prime

primer [pʀime] → SYN ▸conjug 1◂ 1 vt a (surpasser) to outdo, prevail over, take precedence over ou of ◆ **chez elle, l'intelligence prime la sagesse** in her case, intelligence is more in evidence ou to the fore than wisdom
b (récompenser) to award a prize to; (subventionner) to subsidize ◆ **invention primée dans un concours** prize-winning invention in a competition ◆ **bête primée** prize(-winning) animal
2 vi (dominer) to be the prime ou dominant feature, dominate; (compter, valoir) to be of prime importance, take first place ◆ **c'est le bleu qui prime dans ce tableau** blue is the prime ou dominant colour in this picture ◆ **pour moi ce sont les qualités de cœur qui priment** the qualities of the heart are what take first place for me ou are of prime importance to me

primerose [pʀimʀoz] → SYN nf hollyhock

primesautier, -ière [pʀimsotje, jɛʀ] → SYN adj impulsive ◆ **être d'humeur primesautière** to have an impulsive temperament ou nature

primeur [pʀimœʀ] → SYN 1 nfpl ◆ (Comm) **primeurs** early fruit and vegetables ◆ **marchand de primeurs** greengrocer (Brit) ou grocer (US) *(specializing in early produce)*
2 nf a (Presse: nouvelle) scoop ◆ **avoir la primeur d'une nouvelle** to be the first to hear a piece of news ◆ **je vous réserve la primeur de mon manuscrit** I'll let you be the first to read my manuscript
b **vin (de) primeur** nouveau wine, wine of the latest vintage

primeuriste [pʀimœʀist] nmf (cultivateur) (early) fruit and vegetable grower; (vendeur) greengrocer (Brit) ou grocer (US) *(specializing in early produce)*

primevère [pʀimvɛʀ] nf (sauvage) primrose; (cultivée) primula; (jaune) primrose

primigeste [pʀimiʒɛst] nf primigravida

primipare [pʀimipaʀ] 1 adj primiparous
2 nf primipara

primitif, -ive [pʀimitif, iv] → SYN 1 adj a (originel) forme, état original, primitive; projet, question, préoccupation original, first; église primitive, early; peintre primitive; (Logique) proposition, concept basic; (Art) couleurs primary; (Géol) terrain primitive, primeval ◆ **ville construite sur le site primitif d'une cité romaine** town built on the original site of a Roman city ◆ **je préfère revenir à mon projet primitif / à mon idée primitive** I'd rather revert to my original ou initial ou first plan / idea
b (Sociol) peuple, art, mœurs primitive
c (sommaire) installation primitive, crude
d (Ling) temps, langue basic; mot primitive; sens original
e (Math) **fonction primitive** primitive
2 nm,f (Art, Sociol) primitive
3 **primitive** nf (Math) primitive

primitivement [pʀimitivmɑ̃] → SYN adv originally

primitivisme [pʀimitivism] nm primitivism

primo [pʀimo] adv first (of all), firstly

primogéniture [pʀimoʒenityʀ] nf primogeniture

primo-infection, pl **primo-infections** [pʀi moɛ̃fɛksjɔ̃] nf primary infection

primordial, e, mpl **-iaux** [pʀimɔʀdjal, jo] → SYN adj a (vital) essential, primordial ◆ **d'une importance primordiale** of the utmost ou of paramount ou primordial importance
b (littér: originel) primordial

primordialement [pʀimɔʀdjalmɑ̃] adv essentially

primulacée [pʀimylase] nf ◆ **les primulacées** primulaceous plants, the Primulaceae (spéc)

prince [pʀɛ̃s] → SYN 1 nm a (lit) prince ◆ (fig) **le prince des chanteurs** etc the prince ou king of singers etc → **fait**[2]
b LOC **être bon prince** to be magnanimous ou generous, behave generously ◆ **être habillé / vivre comme un prince** to be dressed / live like a prince
2 COMP ▷ **prince des apôtres** Prince of the apostles ▷ **prince charmant** Prince Charming ▷ **prince consort** Prince Consort ▷ **prince des démons** prince of darkness ▷ **prince de l'Église** prince of the Church ▷ **prince de Galles** Prince of Wales; (tissu) check cloth ▷ **prince héritier** crown prince ▷ **prince du sang** prince of royal blood

princeps [pʀɛ̃sɛps] → SYN adj édition first

princesse [pʀɛ̃sɛs] → SYN nf princess ◆ **faire la** ou **sa princesse, prendre des airs de princesse** to put on airs and graces ◆ **robe princesse** princess dress → **frais**[2]

princier, -ière [pʀɛ̃sje, jɛʀ] → SYN adj (lit, fig) princely

princièrement [pʀɛ̃sjɛʀmɑ̃] adv in (a) princely fashion

principal, e, mpl **-aux** [pʀɛ̃sipal, o] → SYN GRAMMAIRE ACTIVE 26.2
1 adj a entrée, bâtiment, résidence main; clerc, employé chief, head; question main, principal; raison, but principal, main; personnage, rôle leading, main, principal ◆ **elle a eu l'un des rôles principaux dans l'affaire** she played a major role ou she was one of the leading ou main figures in the business
b (Gram) proposition main
2 nm a (Fin) principal
b (Scol) head(master) principal *(of a college)*; (Admin) chief clerk
c (chose importante) most important thing, main point ◆ **c'est le principal** that's the main thing
d (Mus) principal
3 **principale** nf a (Gram) main clause
b (Scol) head(mistress) (Brit), principal *(of a college)*

principalement [pʀɛ̃sipalmɑ̃] → SYN adv principally, mainly, chiefly

principat [pʀɛ̃sipa] nm princedom

principauté [pʀɛ̃sipote] nf principality

principe [pʀɛ̃sip] → SYN nm a (règle) [science, géométrie] principle ◆ **il nous a expliqué le principe de la machine** he explained to us the principle on which the machine worked ◆ **le principe d'Archimède** Archimedes' principle → **pétition**
b (hypothèse) principle, assumption ◆ **partir du principe que ..., poser comme principe que ...** to work on the principle ou assumption that ... → **accord**
c (règle morale) principle ◆ **il a des principes** he's a man of principle, he's got principles ◆ **il n'a pas de principes** he is unprincipled, he has no principles ◆ **avoir pour principe de faire** to make it a principle to do, make a point of doing ◆ **je ne mens pas, c'est un principe chez moi** I make a point of not telling lies, it's a rule with me that I don't tell lies ◆ **il n'est pas dans mes principes de ...** I make it a principle not to ... ◆ **il a manqué à ses principes** he has abandoned his principles, he has failed to stick to his principles
d (origine) principle ◆ **remonter jusqu'au principe des choses** to go back to first principles
e (élément) principle, element, constituent ◆ **principe nécessaire à la nutrition** necessary principle of nutrition
f (rudiment) **principes** rudiments, principles
g LOC **par principe** on principle ◆ **en principe** (d'habitude, en général) as a rule; (théoriquement) in principle, theoretically ◆ **de principe** mechanical, automatic ◆ **faire qch pour le principe** to do sth on principle ou for the sake of (doing) it

printanier, -ière [pʀɛ̃tanje, jɛʀ] → SYN adj soleil, couleur spring; temps spring(-like); vêtement, atmosphère spring-like

printemps [pʀɛ̃tɑ̃] → SYN nm spring ◆ **au printemps** in (the) spring(time) ◆ (littér) **au printemps de la vie** in the springtime of (one's) life ◆ (hum) **mes 40 printemps** my 40 summers (hum)

priodonte [pʀijɔdɔ̃t] nm giant armadillo

prion [pʀijɔ̃] nm prion

priorat [pʀijɔʀa] nm priorate

priori [pʀijɔʀi] → **a priori**

prioritaire [pʀijɔʀitɛʀ] → SYN 1 adj a projet having priority, priority (épith); personne having priority
b (Aut) véhicule, personne having priority ou right of way ◆ **il était sur une route prioritaire** he had right of way, he was on the main road
2 nmf (Aut) person who has right of way ou priority

prioritairement [pʀijɔʀitɛʀmɑ̃] adv traiter as a priority

priorité [pʀijɔʀite] → SYN nf a (gén) priority ◆ **donner la priorité absolue à qch** to give first priority to sth ◆ **discuter qch en priorité** to discuss sth as a (matter of) priority ◆ **venir en priorité** to come first ◆ **l'une des choses à faire en grande priorité, l'une des priorités essentielles** one of the first ou top priorities ◆ **il nous faudrait en priorité des vivres** first and foremost we need supplies, we need supplies as a matter of urgency
b (Aut) priority, right of way ◆ **avoir la priorité** to have right of way ◆ **avoir priorité sur un autre véhicule** to have right of way over another vehicle ◆ **priorité à droite** (principe) *system of giving priority* ou *right of way to traffic coming from the right*; (panneau) give way to the vehicles on your right ◆ **laisser** ou **céder la priorité à qn** to give way to sb (Brit), yield to sb (US) → **refus**

pris, prise [pʀi, pʀiz] → SYN (ptp de **prendre**)
1 adj a place taken ◆ **avoir les mains prises** to have one's hands full ◆ **tous les billets sont pris** the tickets are sold out, all the tickets have been sold ◆ **toutes les places sont prises** all the seats are taken ou have gone ◆ **toute ma journée est prise** I'm busy all day, I have engagements all day ◆ **ça me fera 250 F, c'est toujours ça de pris*** that'll make 250 F for me, that's better than nothing
b personne busy, engaged (frm) ◆ **le directeur est très pris cette semaine** the manager is very busy this week ◆ **si vous n'êtes pas pris ce soir ...** if you're free ou if you've got nothing on this evening* ... ◆ **désolé, je suis pris** I'm sorry, but I've got something on*
c (Méd) nez stuffy, stuffed-up; gorge hoarse ◆ **j'ai le nez pris** my nose is stuffed up ◆ **j'ai la gorge prise** my throat is hoarse ◆ **la paralysie gagne, le bras droit est pris** the paralysis is spreading, and has reached ou taken hold of the right arm ◆ **les poumons sont pris** the lungs are (now) affected
d **avoir la taille bien prise**† to have a neat waist ◆ **la taille prise dans un manteau de bonne coupe** wearing a well-cut coat to show off a neat waist
e (fig) (Culin) crème, mayonnaise set; (gelé) eau frozen
f **pris de peur / remords** stricken with ou by fear / remorse ◆ **pris d'une inquiétude soudaine / d'une envie** seized by a sudden anxiety / a fancy ◆ **pris de boisson** under the influence*, the worse for drink
2 **prise** nf a (moyen d'empoigner, de prendre) hold (NonC), grip (NonC); (pour soulever, faire levier) purchase (NonC); (Catch, Judo) hold; (Alpinisme) hold; (Sport: sur raquette, club, batte) grip ◆ **faire une prise de judo à qn** to get sb in a judo hold ◆ **on n'a pas de prise pour soulever la caisse** there's no purchase to lift the chest, you can't get a hold on this chest to lift it ◆ **cette construction offre trop de prise au vent** this building catches the wind very badly → **lâcher**
b (Chasse, Pêche: butin) catch; (Mil: capture) capture, seizure; (Dames, Échecs) capture ◆ **la prise de la Bastille** the storming of the Bastille
c (Aut) **être / mettre en prise** to be in / put the car into gear ◆ **en prise (directe)** in direct drive ◆ (fig) **en prise directe avec, en prise (directe) sur** tuned in to
d (Élec) **prise (de courant)** (mâle) plug; (femelle) socket, point, power point (spéc); (boîtier) socket ◆ **prise multiple** adaptor ◆ **prise pour rasoir électrique** razor point
e [tabac] pinch of snuff
f (Méd) dose ◆ **à administrer en plusieurs prises par jour** to be given ou administered at intervals throughout the day

g [drogue] snort‡

h LOC **avoir prise sur** to have a hold on ou over ◆ **personne n'a aucune prise sur lui** no one has any hold ou influence over him ◆ **les passions n'ont que trop de prise sur elle** her passions have all too great a hold on ou over her ◆ **donner prise à** to give rise to, lay one open to ◆ **son attitude donne prise aux soupçons** his attitude gives rise to ou lays him open to suspicion ◆ **être** ou **se trouver aux prises avec des difficultés** to be battling ou grappling with difficulties ◆ **être** ou **se trouver aux prises avec un créancier** to be battling against ou doing battle with a creditor ◆ **on les a mis / laissés aux prises** we set them by the ears / left them to fight it out

3 COMP ▷ **prise d'air** air inlet ou intake ▷ **prise d'armes** military review ou parade ▷ **prise de bec*** row*, set-to* ◆ **avoir une prise de bec avec qn** to have a row* ou a set-to* with sb, fall out with sb ▷ **prise de bénéfices** profit-taking ▷ **prise en charge** (par taxi) [passager] picking up; (taxe) pick-up charge; (par Sécurité sociale etc) *undertaking to pay* ou *reimburse medical expenses* ▷ **prise de conscience** awareness, realization ◆ **il faut qu'il y ait une prise de conscience du problème** people must be made aware of ou must be alive to the problem, a new awareness ou full realization of the problem is needed ▷ **prise en considération: la prise en considération de qch** taking sth into consideration ou account ▷ **prise de contact** initial contact ou meeting ▷ **prise de contrôle** (Fin) takeover ▷ **prise de corps** (Jur) arrest ▷ **prise de courant** → 2d ▷ **prise d'eau** water (supply) point; (robinet) tap (Brit), faucet (US) ▷ **prise de guerre** spoils of war ▷ **prise d'habit** (Rel) taking the cloth (NonC) ▷ **prise d'otages** taking ou seizure of hostages, hostage-taking (NonC) ▷ **prise de parole** speech ▷ **prise de participations** (Fin) acquisition of holdings ▷ **prise à partie** (Jur) *action against a judge* ▷ **prise de position** taking a stand (NonC), stand ▷ **prise de possession** taking possession, taking over ▷ **prise du pouvoir** (Pol) seizure of power, political takeover ▷ **prise de risques** risk-taking ▷ **prise de sang** blood test ◆ **faire une prise de sang à qn** to take a blood sample from sb ▷ **prise de son** (Ciné, Rad, TV) sound recording ◆ **prise de son J. Dupont** sound (engineer) J. Dupont ▷ **prise de téléphone** phone socket ▷ **prise de terre** (Élec, Rad) earth (Brit), ground (US) ▷ **prise de tête*** ◆ **quelle prise de tête ces maths / son copain!** maths / her boyfriend drives me crazy! ou does my head in!‡ ▷ **prise de voile** (Rel) taking the veil ▷ **prise de vue(s)** (opération: Ciné, TV) filming, shooting ◆ **prise de vue(s) J. Dupont** camera(work) J. Dupont ▷ **prise de vue** (photographie) shot

priser[1] [pʀize] → SYN ▸ conjug 1 ◂ vt (littér) to prize, value ◆ **je prise fort peu ce genre de plaisanterie** I don't appreciate this sort of joke at all

priser[2] [pʀize] → SYN ▸ conjug 1 ◂ 1 vt tabac to take; drogue to take, snort‡ → **tabac**

2 vi to take snuff

priseur, -euse [pʀizœʀ, øz] nm,f snuff taker

prismatique [pʀismatik] adj prismatic

prisme [pʀism] → SYN nm prism

prison [pʀizɔ̃] → SYN nf a (lieu) prison, jail, penitentiary (US); (fig: demeure sombre) prison ◆ (Hist) **prison pour dettes** debtors' prison ◆ **mettre en prison** to send to prison ou jail, imprison ◆ **prison ouverte** open prison ◆ (fig) **elle vit dans une prison dorée** she's like a bird in a gilded cage → **porte**

b (emprisonnement) imprisonment, prison, jail ◆ **peine de prison** prison sentence ◆ **faire de la prison** to go to ou be in prison ◆ **faire 6 mois de prison** to spend 6 months in jail ou prison ◆ **condamné à 3 mois de prison ferme / à la prison à vie** sentenced to 3 months' imprisonment / to life imprisonment ◆ **faire de la prison préventive** to be remanded in custody

prisonnier, -ière [pʀizɔnje, jɛʀ] → SYN 1 adj soldat captive ◆ **être prisonnier** (enfermé) to be trapped, be a prisoner; (en prison) to be imprisoned, be a prisoner ◆ **être prisonnier de ses vêtements** to be imprisoned in ou hampered by one's clothes ◆ **être prisonnier de ses préjugés / de l'ennemi** to be a prisoner of one's prejudices / of the enemy

2 nm,f prisoner ◆ **prisonnier d'opinion** prisoner of conscience ◆ **prisonnier politique** political prisoner ◆ **faire / retenir qn prisonnier** to take / hold sb prisoner ◆ **prisonnier de guerre** prisoner of war → **camp, constituer**

Prisunic ® [pʀizynik] nm department store *(for inexpensive goods)*, ≃ Woolworth's ®, ≃ five and ten (US) ◆ (péj) **de Prisunic** cheap

privatif, -ive [pʀivatif, iv] 1 adj a (Gram) privative

b (Jur: qui prive) which deprives of rights (ou liberties etc)

c (Jur: privé) private ◆ **avec jardin privatif** with private garden ◆ (sur annonce) **« jardin privatif »** "own garden" → **carte**

2 nm (Gram) privative (prefix ou element)

privation [pʀivasjɔ̃] → SYN nf a (suppression) deprivation, deprival ◆ (Jur) **la privation des droits civiques** the forfeiture ou deprival ou deprivation of civil rights ◆ **la privation de liberté** the loss of liberty ◆ **la privation de la vue / d'un membre** the loss of one's sight / a limb

b (gén pl: sacrifice) privation, hardship ◆ **les privations que je me suis imposées** the things I went ou did ou managed without, the hardships I bore

privatique [pʀivatik] nf stand-alone technology

privatisation [pʀivatizasjɔ̃] → SYN nf privatization

privatiser [pʀivatize] → SYN ▸ conjug 1 ◂ vt entreprise to privatize

privatiste [pʀivatist] nmf private law specialist

privautés [pʀivote] nfpl liberties ◆ **prendre des privautés avec** to take liberties with ◆ **privautés de langage** familiar ou coarse language

privé, e [pʀive] → SYN 1 adj (gén) private; (Presse) source unofficial; (Jur) droit civil; télévision, radio independent ◆ **personne privée** private person ◆ **en séjour (à titre) privé** on a private visit

2 nm (vie) private life; (Comm: secteur) private sector; (*: détective) private eye*, private detective ◆ **dans le privé** (gén) in (one's) private life; (Comm) in the private sector ◆ **en privé** conversation, réunion private, in private (attrib); parler privately, in private

privément [pʀivemɑ̃] adv (littér) privately

priver [pʀive] → SYN ▸ conjug 1 ◂ 1 vt a (délibérément, pour punir) **priver qn de** to deprive sb of ◆ **il a été privé de dessert** he was deprived of dessert, he had to go without his dessert ◆ **il a été privé de récréation** he was kept in at playtime ◆ **on l'a privé de sa liberté / de ses droits** he was deprived of his freedom / his rights

b (faire perdre) **priver qn de ses moyens** to deprive sb of ou strip sb of his means ◆ **cette perte m'a privé de ma seule joie** this loss has deprived me of my only joy ou has taken my only joy from me ◆ **l'accident l'a privé d'un bras** he lost an arm in the accident ◆ **privé de connaissance** unconscious ◆ **privé de voix** speechless, unable to speak ◆ **un discours privé de l'essentiel** a speech from which the main content had been removed ou which was stripped of its essential content

c (démunir) **nous avons été privés d'électricité pendant 3 jours** we were without ou we had no ou we were deprived of electricity for 3 days ◆ **il a été privé de sommeil** he didn't get any sleep ◆ **on m'interdit le sel, ça me prive beaucoup** I'm not allowed salt and I must say I miss it ou and I don't like having to go ou do without it ◆ **cela ne me prive pas du tout** (de vous le donner) I can spare it (quite easily); (de ne plus en manger) I don't miss it at all; (de ne pas y aller) I don't mind at all

2 **se priver** vpr a (par économie) to go without, do without ◆ **se priver de qch** to go without sth, do without sth, manage without sth ◆ **ils ont dû se priver pour leurs enfants** they had to go ou do without because of their children ◆ **je n'ai pas l'intention de me priver** I've no intention of going ou doing without, I don't intend to go short (Brit)

b (se passer de) **se priver de** to manage without, do without, deny o.s., forego ◆ **il se prive de dessert par crainte de grossir** he does without dessert ou he misses out on the dessert* for fear of putting on weight ◆ **se priver de cigarettes** to deny o.s. cigarettes ◆ **ils ont dû se priver d'une partie de leur personnel** they had to manage without ou do without some of their staff ◆ **tu te prives d'un beau spectacle en refusant d'y aller** you'll miss out on* ou you'll deprive yourself of a fine show by not going

c (gén nég: se retenir) **il ne s'est pas privé de le dire / le critiquer** he made no bones about ou he had no hesitation in saying it / criticizing him ◆ **j'aime bien manger et quand j'en ai l'occasion je ne m'en prive pas** I love eating and whenever I get the chance I don't hold back ◆ **si tu veux y aller, ne t'en prive pas pour moi** if you want to go don't hold back for me ou don't deny yourself ou stop yourself because of me

privilège [pʀivilɛʒ] → SYN nm (gén) privilege ◆ **j'ai eu le privilège d'assister à la cérémonie** I had the privilege of attending ou I was privileged to attend the ceremony ◆ **avoir le triste privilège de faire** to have the unhappy privilege of doing

privilégié, e [pʀivileʒje] → SYN (ptp de **privilégier**) 1 adj personne, site, climat privileged; (Fin) action preference (épith) (Brit), preferred (US); créancier preferential ◆ **entretenir des relations privilégiées avec qn** to have a special relationship with sb ◆ **les classes privilégiées** the privileged classes

2 nm,f privileged person ◆ **c'est un privilégié** he is fortunate ou lucky ◆ **quelques privilégiés** a privileged ou lucky few

privilégier [pʀivileʒje] → SYN ▸ conjug 7 ◂ vt to favour, give greater place ou importance to ◆ **privilégié par le sort** fortunate, lucky ◆ **il a été privilégié par la nature** he has been favoured by nature

prix [pʀi] → SYN 1 nm a (coût) [objet] price; [location, transport] cost; (étiquette) price tag ◆ **le prix du pain** the price of bread ◆ **le prix d'un billet Paris-Lyon** the fare between Paris and Lyons, the price of a ticket between Paris and Lyons ◆ **à quel prix vend-il / sont ses tapis?** what price is he asking for / are his carpets?, how much is he charging ou asking for / are his carpets? ◆ **quel prix veut-elle de sa maison?** what (price) is she asking ou how much does she want for her house? ◆ **quels sont vos prix?** (pour service) what are your rates?; (pour objet) what sort of prices do you charge? ◆ **je l'ai payé 600 francs! – c'est le prix** I paid 600 francs for it! – that's the going rate ◆ **10 000 francs prix à débattre** 10,000 francs or nearest offer, 10,000 francs o.n.o. (Brit) ◆ **au prix que ça coûte** for what it costs, for the price it is ◆ **au prix où sont les choses** ou **où est le beurre!*** with prices what they are! ◆ **votre prix sera le mien** name ou state your price ◆ **acheter qch à prix d'or** to pay a (small) fortune for sth ◆ **au prix fort** at the highest possible price, for a tremendous price ◆ **ça n'a pas de prix** it is priceless ◆ **je vous fais un prix (d'ami)** I'll let you have it cheap ou at a reduced price, I'll knock a bit off for you* ◆ **« prix sacrifiés », « prix écrasés »** "prices slashed", "rock bottom prices" ◆ **j'y ai mis le prix (qu'il fallait)** I had to pay a lot ou quite a price for it, it cost me a lot ◆ **il faut y mettre le prix** you have to be prepared to pay for it ◆ **il n'a pas voulu y mettre le prix** he didn't want to pay that much ◆ **je cherche une robe – dans quels prix?** I'm looking for a dress – in what price range? ◆ **c'est dans mes prix** that's affordable ou within my price range ◆ (enchères) **mettre qch à prix** to set a reserve price (Brit) ou an upset price (US) on sth ◆ **mettre à prix la tête de qn** to put a price on sb's head, offer a reward for sb's capture ◆ **objet de prix** expensive ou pricey object → **bas**[1], **hors, premier**

b (fig) price ◆ **le prix du succès / de la gloire** the price of success / glory ◆ **j'apprécie votre geste à son juste prix** I appreciate your gesture for what it's worth ◆ **son amitié n'a pas de prix pour moi** I cannot put a price on his friendship ◆ **donner du prix à** exploit, aide to make (even) more worthwhile ou impressive ◆ **leur pauvreté donne encore plus de prix à leur cadeau** their poverty makes their present even more precious ou impressive, their poverty increases the value ou worth of their gift even more ◆ **à tout prix** at all costs, at any price ◆ **à aucun prix** on no account, not at any price ◆ **au prix de grands efforts / sacrifices** at the expense of great efforts / sacrifices

c (Scol, gén : récompense) prize ◆ (Scol) **(livre de) prix** prize (-book) ◆ **le prix Nobel de la paix** the Nobel Peace Prize

d (vainqueur) (personne) prizewinner ; (livre) prizewinning book ◆ **premier prix du Conservatoire** first prizewinner at the Conservatoire ◆ **as-tu lu le dernier prix Goncourt ?** have you read the book that won the last ou latest Prix Goncourt ?

e (Courses) race ◆ (Aut) **Grand Prix (automobile)** Grand Prix

2 COMP ▷ **prix d'achat** purchase price ▷ **prix actuel** going price (*de* for) ▷ **prix d'appel** introductory price ▷ **prix conseillé** manufacturer's recommended price, recommended retail price ▷ **prix coûtant** cost price ▷ **prix de départ** asking price ▷ **prix de détail** retail price ▷ **prix d'encouragement** special ou consolation prize *(for promising entrant)* ▷ **prix d'excellence** (Scol) prize for coming first in the class ou for being top of the form ▷ **prix de fabrique** factory price ▷ **prix fixe** (gén) set price ; (menu) set (price) menu ◆ **(repas à) prix fixe** set (price) meal ▷ **prix forfaitaire** contract price ▷ **prix de gros** wholesale price ▷ **prix imposé** (Comm) regulation price ▷ **prix d'interprétation** (Ciné, Théât) *prize for the interpretation of a role* ▷ **prix d'intervention** intervention price ▷ **prix de lancement** introductory price ▷ **prix marqué** marked price ▷ **prix à la production** ou **au producteur** farm gate price ▷ **prix public** retail ou list ou base price ▷ **prix de revient** cost price ▷ **prix sortie d'usine** factory price ▷ **prix de vente** selling price, sale price ▷ **prix de vertu** paragon of virtue

pro* [pʀo] nmf (abrév de **professionnel**) pro*

pro- [pʀo] préf pro- ◆ **pro-américain / chinois** pro-American / -Chinese

probabilisme [pʀɔbabilism] nm probabilism

probabiliste [pʀɔbabilist] adj (Statistique) probability (épith)

probabilité [pʀɔbabilite] → SYN GRAMMAIRE ACTIVE 15.2 nf (→ **probable**) probability ; likelihood ; (chance) probability ◆ **selon toute probabilité, il est perdu** in all probability ou likelihood it has been lost, the chances are it has been lost

probable [pʀɔbabl] → SYN GRAMMAIRE ACTIVE 15.2, 16.2 adj événement, hypothèse probable, likely ; (Math, Statistique) probable ◆ **il est probable qu'il gagnera** it is likely ou probable that he will win, he is likely to win, the chances are (that) he'll win ◆ **il est peu probable qu'il vienne** he is unlikely to come, there is little chance of his coming, the chances are (that) he won't come ◆ **il est fort probable qu'il ait raison** in all likelihood he is right, it is highly likely that he's right ◆ **c'est (très) probable** it's (very ou highly) probable, (very) probably, it's (highly) likely

probablement [pʀɔbabləmɑ̃] → SYN GRAMMAIRE ACTIVE 15.2, 16.2, 26.6 adv probably ◆ **il viendra probablement** he's likely to come, he'll probably come ◆ **probablement pas** probably not

probant, e [pʀɔbɑ̃, ɑ̃t] → SYN adj argument, expérience convincing ; (Jur) probative

probation [pʀɔbasjɔ̃] → SYN nf (Jur, Rel) probation ◆ **stage de probation** trial ou probationary period

probationnaire [pʀɔbasjɔnɛʀ] nmf probationer

probatoire [pʀɔbatwaʀ] adj examen, test grading, preliminary ◆ **stage probatoire** trial ou probationary period

probe [pʀɔb] → SYN adj (littér) upright, honest

probité [pʀɔbite] → SYN nf probity, integrity

problématique [pʀɔblematik] → SYN **1** adj problematic(al)

2 nf (problème) problem ; (science) problematics (sg)

problème [pʀɔblɛm] → SYN GRAMMAIRE ACTIVE 26.1, 26.2, 26.3 nm (difficulté) problem ; (question débattue) problem, issue ; (Math) problem ◆ (Scol) **problèmes de robinets** sums about the volume of water in containers ◆ **c'est tout un problème** it's a real problem ◆ **le problème du logement** the housing problem, the problem of housing ◆ **enfant / cheveux à problèmes** problem child / hair ◆ **faire problème** to pose problems ◆ **(il n'y a) pas de problème !*** no problem ! → **faux²**

proboscidiens [pʀɔbɔsidjɛ̃] nmpl ◆ **les proboscidiens** proboscideans, the Proboscidea (spéc)

procaïne [pʀɔkain] nf procaine

procaryote [pʀɔkaʀjɔt] **1** adj prokaryotic, procaryotic

2 nm prokaryote, procaryote

procédé [pʀɔsede] → SYN nm **a** (méthode) process ◆ **procédé de fabrication** manufacturing process

b (conduite) behaviour (NonC), conduct (NonC) ◆ **avoir recours à un procédé malhonnête** to do sth in a dishonest way, resort to dishonest behaviour ◆ **ce sont là des procédés peu recommandables** that's pretty disreputable behaviour → **échange**

c (Billard) tip

procéder [pʀɔsede] → SYN ▸ conjug 6 ◂ **1** vi (agir) to proceed ; (moralement) to behave ◆ **procéder par ordre** to take things one by one, do one thing at a time ◆ **procéder avec prudence** to proceed with caution ◆ **procéder par élimination** to use a process of elimination ◆ **je n'aime pas sa façon de procéder (envers les gens)** I don't like the way he behaves (towards people)

2 **procéder à** vt indir (opérer) enquête, expérience to conduct, carry out ; dépouillement to start ◆ **procéder à l'ouverture du coffre** to proceed to open the chest, set about ou start opening the chest ◆ **nous avons fait procéder à une étude sur** we have initiated ou set up a study on ◆ **procéder au vote (sur)** to take a vote (on) ◆ **procéder à une élection** to hold an election ◆ **procéder à l'élection du nouveau président** to hold an election for the new president, elect the new president

3 **procéder de** vt indir (frm : provenir de) to come from, proceed from, originate in ; (Rel) to proceed from ◆ **cette philosophie procède de celle de Platon** this philosophy originates in ou is a development from that of Plato ◆ **cela procède d'une mauvaise organisation** it comes from ou is due to bad organization

procédural, e, mpl **-aux** [pʀɔsedyʀal, o] adj procedural

procédure [pʀɔsedyʀ] → SYN nf **a** (marche à suivre) procedure ◆ **quelle procédure doit-on suivre pour obtenir ... ?** what procedure must one follow to obtain ... ?, what's the (usual) procedure for obtaining ... ?

b (Jur : règles) procedure ; (procès) proceedings ◆ **procédure accélérée** expeditious procedure ◆ **procédure de conciliation** conciliation procedure ◆ **procédure civile** civil (law) procedure ◆ **procédure pénale** criminal (law) procedure ◆ **problème de procédure** procedural problem

procédurier, -ière [pʀɔsedyʀje, jɛʀ] → SYN adj (péj) tempérament, attitude quibbling (épith), pettifogging (épith), nit-picking*

procès [pʀɔsɛ] → SYN **1** nm **a** (Jur) (poursuite) (legal) proceedings, (court) action, lawsuit ; [cour d'assises] trial ◆ **faire / intenter un procès à qn** to take / start ou institute (frm) (legal) proceedings against sb ◆ **engager un procès contre qn** to take (court) action against sb, bring an action against sb, take sb to court, sue sb ◆ **intenter un procès en divorce** to institute divorce proceedings ◆ **être en procès avec qn** to be involved in a lawsuit with sb ◆ **gagner / perdre son procès** to win / lose one's case ◆ **réviser un procès** to review a case ou judgment

b (fig) **faire le procès de qn / la société capitaliste** to put sb / capitalism on trial ou in the dock ◆ **faire le procès de qch** to pick holes in sth, criticize sth ◆ **faire un procès d'intention à qn** to accuse sb on the basis of his supposed intentions, make a case against sb based on assumptions not facts ◆ **vous me faites un mauvais procès** you're making unfounded ou groundless accusations against me → **forme**

c (Anat) process

d (Ling) process

2 COMP ▷ **procès civil** civil proceedings ou action ▷ **procès criminel** criminal proceedings ou trial

processeur [pʀɔsesœʀ] nm processor

processif, -ive [pʀɔsesif, iv] → SYN adj (Psych) querulous

procession [pʀɔsesjɔ̃] → SYN nf (gén) procession ◆ **marcher en procession** to walk in procession

processionnaire [pʀɔsesjɔnɛʀ] **1** adj processionary

2 nf processionary caterpillar

processionnel, -elle [pʀɔsesjɔnɛl] adj processional

processionnellement [pʀɔsesjɔnɛlmɑ̃] adv in procession

processus [pʀɔsesys] → SYN nm **a** (gén) process ; [maladie] progress ◆ **processus économique** economic process

b (Anat) process

procès-verbal, pl **procès-verbaux** [pʀɔsɛvɛʀbal, o] → SYN nm (compte rendu) minutes ; (Jur : constat) report, statement ; (de contravention) statement ◆ **dresser un procès-verbal contre un automobiliste** to book (Brit) ou give a ticket to a motorist

prochain, e [pʀɔʃɛ̃, ɛn] → SYN **1** adj **a** (suivant) réunion, numéro, semaine next ◆ **lundi / le mois prochain** next Monday / month ◆ **le 8 septembre prochain** on the 8th September of this year ◆ **la prochaine rencontre aura lieu à Paris** the next meeting will take place in Paris ◆ **la prochaine fois que tu viendras** (the) next time you come ◆ **la prochaine fois** ou **la fois prochaine, je le saurai** I'll know next time ◆ **à la prochaine occasion** at the next ou first opportunity ◆ **à la prochaine !*** be seeing you !* ◆ **au revoir, à une prochaine fois !** goodbye, see you again !* ◆ **je ne peux pas rester dîner aujourd'hui, ce sera pour une prochaine fois** I can't stay for dinner today – it'll have to be ou I'll have to come some other time ◆ **je descends à la prochaine*** I'm getting off at the next stop (ou station etc) ◆ **au prochain (client) !** next (one) please !

b (proche) arrivée, départ impending, imminent ; mort imminent ; avenir near, immediate ◆ **un jour prochain** soon, in the near future ◆ **un de ces prochains jours** one of these days, before long

c village (suivant) next ; (voisin) neighbouring, nearby ; (plus près) nearest

d (littér) cause immediate

2 nm fellow man ; (Rel) neighbour

prochainement [pʀɔʃɛnmɑ̃] → SYN adv soon, shortly ◆ (Ciné) **prochainement (sur vos écrans) ...** coming soon ... ou shortly ...

proche [pʀɔʃ] → SYN **1** adj **a** (dans l'espace) village neighbouring (épith), nearby (épith) ; rue nearby (épith) ◆ **être (tout) proche** to be (very) near ou close, be (quite) close by ◆ **proche de la ville** near the town, close to the town ◆ **le magasin le plus proche** the nearest shop ◆ **les maisons sont très proches les unes des autres** the houses are very close together ◆ **de proche en proche** step by step, gradually ◆ **la nouvelle se répandit de proche en proche** the news spread from one person to the next

b (imminent) mort close (attrib), at hand (attrib) ; départ imminent, at hand (attrib) ◆ **dans un proche avenir** in the near ou immediate future ◆ **être proche** [fin, but] to be drawing near, be near at hand ◆ **être proche de** fin, victoire to be nearing, be close to ; dénouement to be reaching, be drawing close to ◆ **être proche de la mort** to be near death ou close to death ◆ **la nuit est proche** it's nearly nightfall ◆ **l'heure est proche où ...** the time is at hand when ... → **futur**

c (récent) événement close (attrib), recent
d parent close, near ◆ **mes plus proches parents** my nearest ou closest relatives, my next of kin (Admin)
e ami close ◆ **je me sens très proche d'elle** I feel very close to her
f **proche de** (avoisinant) close to; (parent de) closely related to ◆ **l'italien est proche du latin** Italian is closely related to Latin ◆ **une désinvolture proche de l'insolence** an offhandedness verging on insolence
2 nmpl ◆ **proches** close relations, nearest and dearest*, next of kin (Admin)

Proche-Orient [pʀɔʃɔʀjɑ̃] nm ◆ **le Proche-Orient** the Near East ◆ **du Proche-Orient** Near Eastern, in ou from the Near East

procidence [pʀɔsidɑ̃s] nf (Anat) procidentia

proclamateur, -trice [pʀɔklamatœʀ, tʀis] nm,f proclaimer

proclamation [pʀɔklamasjɔ̃] → SYN nf (→ **proclamer**) proclamation; declaration; announcement; (écrite) proclamation

proclamer [pʀɔklame] → SYN ▸ conjug 1 ◂ vt a (affirmer) conviction, vérité to proclaim ◆ **proclamer son innocence** to proclaim ou declare one's innocence ◆ **proclamer que** to proclaim ou declare ou assert that ◆ **il se proclamait le sauveur du pays** he proclaimed ou declared himself (to be) the saviour of the country ◆ (littér) **chez eux, tout proclamait la pauvreté** everything in their house proclaimed their poverty
b république, état d'urgence to proclaim, declare; décret to publish; verdict, résultats d'élection to declare, announce; résultats d'examen to announce ◆ **proclamer qn roi** to proclaim sb king

proclitique [pʀɔklitik] adj, nm proclitic

proconsul [pʀɔkɔ̃syl] nm proconsul

procordés [pʀɔkɔʀde] nmpl ◆ **les procordés** protochordates, the Protochorda(ta) (spéc)

procrastination [pʀɔkʀastinasjɔ̃] → SYN nf procrastination

procréateur, -trice [pʀɔkʀeatœʀ, tʀis] → SYN (littér) 1 adj procreative
2 nm,f procreator

procréatif, -ive [pʀɔkʀeatif, iv] adj procreative

procréation [pʀɔkʀeasjɔ̃] → SYN nf (littér) procreation (littér), reproduction ◆ **procréation artificielle** ou **médicale(ment) assistée** artificial reproduction

procréatique [pʀɔkʀeatik] nf assisted reproductive technology

procréer [pʀɔkʀee] → SYN ▸ conjug 1 ◂ vt (littér) to procreate

proctalgie [pʀɔktalʒi] nf proctalgia, proctodynia

proctite [pʀɔktit] nf proctitis

proctologie [pʀɔktɔlɔʒi] nf proctology

proctologue [pʀɔktɔlɔg] nmf proctologist

procuration [pʀɔkyʀasjɔ̃] → SYN nf (Jur) (pour voter, représenter qn) proxy; (pour toucher de l'argent) power of attorney ◆ **par procuration** by proxy ◆ **avoir (une) procuration** to have power of attorney ou an authorization ◆ **avoir procuration sur un compte en banque** to have power of attorney over a bank account ◆ **donner (une) procuration à qn** to give sb power of attorney, authorize sb

procurer [pʀɔkyʀe] → SYN ▸ conjug 1 ◂ 1 vt a (faire obtenir) **procurer qch à qn** to get ou obtain sth for sb, find sth for sb, provide sb with sth
b (apporter) joie, ennuis to bring; avantage to bring, give, procure ◆ **le plaisir que procure le jardinage** the pleasure that gardening brings ou that one gets from gardening
2 **se procurer** vpr (obtenir) to get, procure, obtain (for o.s.); (trouver) to find, come by; (acheter) to get, buy (o.s.)

procureur [pʀɔkyʀœʀ] → SYN nm a (Jur) **procureur (de la République)** public ou state prosecutor ◆ **procureur général** public prosecutor *(in appeal courts)* ◆ (Can) **procureur général, juge en chef** Attorney General, Chief Justice (Can) ◆ (Can) **procureur de la Couronne** Crown attorney (Can)
b (Rel) procurator

prodigalité [pʀɔdigalite] → SYN nf a (caractère) prodigality, extravagance
b (dépenses) **prodigalités** extravagance, extravagant expenditure (NonC)
c (littér: profusion) [détails] abundance, profusion, wealth

prodige [pʀɔdiʒ] → SYN 1 nm (événement) marvel, wonder; (personne) prodigy ◆ **un prodige de la nature / science** a wonder of nature / science ◆ **tenir du prodige** to be astounding ou extraordinary ◆ **faire des prodiges** to work wonders ◆ **grâce à des prodiges de courage / patience** thanks to his (ou her etc) prodigious ou extraordinary courage / patience
2 adj ◆ **enfant prodige** child prodigy

prodigieusement [pʀɔdiʒjøzmɑ̃] adv prodigiously, fantastically, incredibly, phenomenally, tremendously

prodigieux, -ieuse [pʀɔdiʒjø, jøz] → SYN adj foule, force, bêtise prodigious, fantastic, incredible, phenomenal; personne, génie prodigious, phenomenal; effort prodigious, tremendous, fantastic

prodigue [pʀɔdig] → SYN 1 adj (dépensier) extravagant, wasteful, prodigal; (généreux) generous ◆ **être prodigue de ses compliments** to be lavish with one's praise ◆ **être prodigue de conseils** to be full of advice ou free with one's advice ◆ **lui en général si peu prodigue de compliments / conseils** he who is usually so sparing of compliments / advice ◆ **être prodigue de son temps** to be unsparing ou unstinting of one's time ◆ **être prodigue de son bien** to be lavish with one's money ◆ (Rel) **l'enfant** ou **le fils prodigue** the prodigal son
2 nmf spendthrift

prodiguer [pʀɔdige] → SYN ▸ conjug 1 ◂ vt énergie, talent to be unsparing ou unstinting of; compliments, conseils to be full of, pour out; argent to be lavish with ◆ **prodiguer des compliments / conseils à qn** to lavish compliments / advice on sb, pour out compliments / advice to sb ◆ **elle me prodigua ses soins** she lavished care on me ◆ **malgré les soins que le médecin lui a prodigués** in spite of the care ou treatment the doctor gave him ◆ **se prodiguer sans compter** to spare no efforts, give unsparingly ou unstintingly of o.s.

pro domo [pʀodomo] loc adj ◆ **faire un plaidoyer pro domo** to defend o.s., plead one's own case

prodrome [pʀɔdʀom] → SYN nm (littér) early sign; (Méd) premonitory symptom, prodrome (spéc)

prodromique [pʀɔdʀɔmik] adj (Méd) prodromal, prodromic

producteur, -trice [pʀɔdyktœʀ, tʀis] → SYN
1 adj producing (épith), growing (épith) ◆ **pays producteur de pétrole** oil-producing country, oil producer ◆ **pays producteur de blé** wheat-growing country, wheat producer ◆ (Ciné) **société productrice** film company
2 nm,f a (Comm) producer; (Agr) [œufs] producer; [blé, tomates] grower, producer ◆ **du producteur au consommateur** from the producer to the consumer
b (Ciné, TV) producer ◆ (TV) **producteur-réalisateur** producer and director

productible [pʀɔdyktibl] adj producible

productif, -ive [pʀɔdyktif, iv] → SYN adj productive ◆ (Fin) **productif d'intérêts** that bears interest, interest-bearing

production [pʀɔdyksjɔ̃] → SYN nf a (action: → **produire**) production; generation; growing; writing; painting
b (rendement, fabrication, récolte) (Ind) production, output; (Agr) production, yield ◆ **notre production est inférieure à nos besoins** our output is lower than our needs ◆ **restreindre la production** to restrict output ou production ◆ **production brute** gross output ◆ **la production cinématographique / dramatique du 20e siècle** 20th-century cinema / plays → **moyen**
c (produit) product ◆ **productions** (Agr) produce; (Comm, Ind) goods ◆ **les productions de l'esprit** creations of the mind
d (Ciné) production

productique [pʀɔdyktik] nf factory ou industrial automation

productivisme [pʀɔdyktivism] nm *strong bias in favour of productivity*

productiviste [pʀɔdyktivist] adj *strongly favouring productivity*

productivité [pʀɔdyktivite] → SYN nf productivity, productiveness; (Écon, Ind: rendement) productivity

produire [pʀɔdɥiʀ] → SYN ▸ conjug 38 ◂ 1 vt a (fabriquer) acier, voiture to produce, make, turn out; électricité to produce, generate; maïs, tomates to produce, grow; charbon, pétrole to produce; rouille, humidité, son to produce, make; roman to produce, write, turn out; tableau to produce, paint, turn out; (Fin) intérêt to yield, return ◆ **arbre / terre qui produit de bons fruits** tree / soil which yields ou produces good fruit ◆ **certains sols produisent plus que d'autres** some soils are more productive ou give a better yield than others ◆ **un poète qui ne produit pas beaucoup** a poet who doesn't write much ou turn out very much ◆ **cette école a produit plusieurs savants** this school has produced several scientists ◆ **pays qui produit du pétrole** oil-producing country, country which produces oil
b (causer) effet to produce, have; changement to produce, bring about; résultat to produce, give; sensation to cause, create ◆ **produire une bonne / mauvaise impression sur qn** to produce ou make a good / bad impression on sb ◆ **il a produit une forte impression sur les examinateurs** he made a great impression on the examiners, the examiners were highly impressed by him
c (présenter) document, témoin to produce
d (Ciné) film to produce
2 **se produire** vpr a (survenir) to happen, occur, take place ◆ **il s'est produit un revirement dans l'opinion** there has been a complete change in public opinion ◆ **le changement qui s'est produit en lui** the change that has come over him ou taken place in him
b [acteur] to perform, give a performance, appear ◆ **se produire sur scène** to appear on the stage ◆ **se produire en public** to appear in public, give a public performance

produit [pʀɔdɥi] → SYN 1 nm a (denrée, article) product ◆ **produits** (Agr) produce; (Comm, Ind) goods, products ◆ **produits finis / semi-finis, produits ouvrés / semi-ouvrés** finished / semi-finished goods ou products ◆ **produit de substitution** alternative product ◆ **produits blancs / bruns** white / brown products ◆ **il faudrait acheter un produit pour nettoyer les carreaux** we'll have to buy something to clean the windows (with) ◆ **chef** ou **responsable (de) produit** product manager, brand manager ◆ (fig) **un produit typique de notre université** a typical product of our university
b (rapport) product, yield; (bénéfice) profit; (revenu) income ◆ **le produit de la collecte sera donné à une bonne œuvre** the proceeds ou takings from the collection will be given to charity ◆ **vivre du produit de sa terre** to live on the produce of ou the income from one's land
c (Math) product
d (Chim) product, chemical
e (Zool: petit) offspring (inv)
2 COMP ▷ **produits agricoles** agricultural ou farm produce ▷ **produits alimentaires** foodstuffs ▷ **produit d'appel** loss leader ▷ **produit bancaire** banking product ▷ **produits de beauté** cosmetics, beauty products ▷ **produit brut** (bénéfice) gross profit; (objet) unfinished product ▷ **produit chimique** chemical ▷ **produit de consommation** consumable ◆ **produit de consommation courante** basic consumable ◆ **produits de grande consommation** consumer goods ▷ **produit d'entretien** clean(s)ing product ▷ **produits dérivés** (Fin) derivatives ▷ **produit de l'impôt** tax yield ▷ **produits industriels** industrial goods ou products ▷ **produit intérieur brut** gross domestic product ▷ **produits manufacturés** manufactured goods ▷ **produit national brut** gross national product ▷ **produit net** net profit

▷ **produit pétrolier** oil product ▷ **produit pharmaceutique** pharmaceutical (product) ▷ **produits de toilette** toiletries ▷ **produit pour la vaisselle** washing-up (Brit) ou dishwashing (US) liquid ▷ **produit des ventes** income ou proceeds from sales

proéminence [pʀɔeminɑ̃s] → SYN nf prominence, protuberance

proéminent, e [pʀɔeminɑ̃, ɑ̃t] → SYN adj prominent, protuberant

prof* [pʀɔf] nmf (abrév de **professeur**) (Scol) teacher; (Univ) ≃ lecturer (Brit), instructor (US), prof* (US); (avec chaire) prof*

profanateur, -trice [pʀɔfanatœʀ, tʀis] → SYN 1 adj profaning (épith), profane
2 nm,f profaner

profanation [pʀɔfanasjɔ̃] → SYN nf (→ **profaner**) desecration; profanation; violation; defilement; debasement; prostitution

profane [pʀɔfan] → SYN 1 adj a (non spécialiste) **je suis profane en la matière** I'm a layman in the field, I don't know much about the subject
b fête secular; auteur, littérature, musique secular, profane (littér)
2 nmf a (gén) layman, lay person ◆ **aux yeux du profane** to the layman ou the uninitiated ◆ **un profane en art** a person who is uninitiated in the field of art, a person who knows nothing about art
b (Rel) non-believer
3 nm ◆ (Rel) **le profane** the secular, the profane (littér)

profaner [pʀɔfane] → SYN ▸ conjug 1 ◂ vt église to desecrate, profane; tombe to desecrate, violate, profane; sentiments, souvenir, nom to defile, profane; institution to debase; talent to prostitute, debase

proférer [pʀɔfeʀe] → SYN ▸ conjug 6 ◂ vt parole to utter; injures to utter, pour out

profès [pʀɔfɛ], **professe** [pʀɔfɛs] 1 adj professed
2 nm professed monk (ou priest)
3 **professe** nf professed nun

professer [pʀɔfese] → SYN ▸ conjug 1 ◂ vt a opinion to profess, declare, state; théorie to profess; sentiment to profess, declare ◆ **professer que ...** to profess ou declare ou claim that ...
b (Scol) to teach

professeur [pʀɔfesœʀ] → SYN 1 nm (gén) teacher; [lycée, collège] (school) teacher; (Univ) ≃ lecturer (Brit), instructor (US); (avec chaire) professor ◆ **elle est professeur** she's a (school)teacher ou schoolmistress (Brit) ◆ (Univ) **(Monsieur) le professeur** Professor X ◆ **professeur de piano / de chant** piano / singing teacher ou master (Brit) ou mistress (Brit) ◆ **professeur de droit** lecturer in law; professor of law ◆ **l'ensemble des professeurs** the teaching staff
2 COMP ▷ **professeur adjoint** (Can Univ) assistant professor ▷ **professeur agrégé** (gén) qualified schoolteacher *(who has passed the agrégation)*; (en médecine) professor of medicine *(holder of the agrégation)*; (Can Univ) associate professor ▷ **professeur certifié** qualified schoolteacher *(who has passed the CAPES)* ▷ **professeur des écoles** primary school teacher ▷ **professeur d'enseignement général des collèges** basic-grade schoolteacher *(in a college)* ▷ **professeur principal** ≃ class teacher (Brit), form tutor (Brit), homeroom teacher (US) ▷ **professeur titulaire** (Can Univ) full professor

profession [pʀɔfesjɔ̃] → SYN 1 nf a (gén) occupation; (manuelle) trade; (libérale) profession ◆ **exercer la profession de médecin** to be a doctor by profession, practise as a doctor (Brit), practice medicine (US) ◆ **menuisier de profession** carpenter by ou to trade ◆ (fig) **menteur de profession** professional liar ◆ (Admin) « **sans profession** » (gén) "unemployed"; (femme mariée) "housewife"
b (personnes) **(les gens de) la profession** (gén, artisans) the people in the trade; (professions libérales) the people in the profession
c **faire profession de non-conformisme** to profess nonconformism ◆ **faire profession d'être non conformiste** to profess ou declare o.s. a nonconformist
2 COMP ▷ **profession de foi** (Rel, fig) profession of faith ▷ **profession libérale** (liberal) profession ◆ **les membres des professions libérales** professional people, the members of the (liberal) professions

professionnalisation [pʀɔfesjɔnalizasjɔ̃] nf professionalization

professionnaliser [pʀɔfesjɔnalize] ▸ conjug 1 ◂
1 vt to professionalize
2 **se professionnaliser** vpr [sport, activité] to become professionalized, professionalize; [sportif] to turn professional

professionnalisme [pʀɔfesjɔnalism] nm professionalism

professionnel, -elle [pʀɔfesjɔnɛl] → SYN
1 adj a activité, maladie occupational (épith); école technical (épith) ◆ **faute professionnelle** (professional) negligence (NonC); (Méd) malpractice ◆ **formation / orientation professionnelle** vocational training / guidance ◆ **cours professionnel** vocational training course ◆ **frais professionnels** business expenses ◆ **(être tenu par) le secret professionnel** (to be bound by) professional secrecy → **certificat, conscience, déformation**
b écrivain, sportif, (fig) menteur professional
2 nm,f a (gén, Sport) professional ◆ **c'est un travail de professionnel** (pour un professionnel) it's a job for a professional; (bien fait) it's a professional job ◆ **passer professionnel** to turn professional ◆ **les professionnels du tourisme** people working in the tourist industry
b (Ind) skilled worker

professionnellement [pʀɔfesjɔnɛlmɑ̃] adv professionally

professoral, e, mpl **-aux** [pʀɔfesɔʀal, o] → SYN adj ton, attitude professorial ◆ **le corps professoral** (gén) (the) teachers, the teaching profession; (d'une école) the teaching staff

professorat [pʀɔfesɔʀa] → SYN nm ◆ **le professorat** the teaching profession ◆ **le professorat de français** French teaching, the teaching of French

profil [pʀɔfil] → SYN nm a (silhouette) [personne] profile; [édifice] outline, profile, contour; [voiture] line, contour ◆ **de profil** dessiner in profile; regarder sideways on, in profile ◆ (fig) **un profil de médaille** a finely chiselled profile ◆ **garder le profil bas, prendre** ou **adopter un profil bas** to keep a low profile
b (coupe) [bâtiment, route] profile; (Géol) [sol] section
c (Psych) profile ◆ **profil de carrière** career profile ◆ **le profil d'un étudiant** the profile of a student's performance ◆ **il a le bon profil pour le métier** his previous experience ou his career to date ou his career profile seems right for the job

profilage [pʀɔfilaʒ] nm [véhicule] streamlining

profilé, e [pʀɔfile] (ptp de **profiler**) 1 adj (gén) shaped; (aérodynamique) streamlined
2 nm ◆ (Tech) **profilé (métallique)** metal section

profiler [pʀɔfile] → SYN ▸ conjug 1 ◂ 1 vt a (Tech) (dessiner) to profile, represent in profile; (fabriquer) to shape; (rendre aérodynamique) to streamline
b (faire ressortir) **la cathédrale profile ses tours contre le ciel** the cathedral towers stand out ou stand outlined ou are silhouetted against the sky
2 **se profiler** vpr [objet] to stand out (in profile), be outlined (*sur, contre* against); (fig) [ennuis, solution] to emerge ◆ **les obstacles qui se profilent à l'horizon** the obstacles which are looming ou emerging ou which stand out on the horizon

profileuse [pʀɔfiløz] nf (Tech) grader

profilographe [pʀɔfilɔgʀaf] nm profilograph

profit [pʀɔfi] → SYN nm a (Comm, Fin: gain) profit ◆ **c'est une source illimitée de profit** it's an endless source of profit ◆ **compte de profits et pertes** profit and loss account ◆ (fig) **faire passer qch aux profits et pertes** to write sth off (as a loss)
b (avantage) benefit, advantage, profit ◆ **être d'un grand profit à qn** to be of great benefit ou most useful to sb ◆ **faire du profit** (gén) to be economical, be good value (for money); (*) [vêtement] to wear well; [rôti] to go a long way ◆ **ce rôti n'a pas fait de profit** that roast didn't go very far ◆ **ses vacances lui ont fait beaucoup de profit** ou **lui ont été d'un grand profit** his holiday greatly benefited him ou did him a lot of good, he greatly benefited from his holiday ◆ **vous avez profit à faire cela** it's in your interest ou to your advantage to do that ◆ **s'il le fait, c'est qu'il y trouve son profit** if he does it, it's because it's to his advantage ou in his interest ou because he's getting something out of it* ◆ **il a suivi les cours sans (en tirer) aucun profit / avec profit** he attended the classes without deriving any benefit ou advantage ou profit from them / and got a lot out of them ou and gained a lot from them ◆ **tirer profit de** leçon, affaire to profit ou benefit from ◆ **tirer profit du malheur des autres** to profit from ou take advantage of other people's misfortune ◆ **collecte au profit des aveugles** collection in aid of the blind ◆ **il fait (son) profit de tout** he turns everything to (his) advantage ◆ **mettre à profit** idée, invention to turn to (good) account; jeunesse, temps libre, sa beauté to make the most of, take advantage of ◆ **tourner qch à profit** to turn sth to good account ◆ **il a mis à profit le mauvais temps pour ranger le grenier** he made the most of ou took advantage of the bad weather to tidy the attic, he turned the bad weather to (good) account by tidying (up) the attic

profitabilité [pʀɔfitabilite] nf profitability

profitable [pʀɔfitabl] → SYN adj (utile) beneficial, of benefit (attrib); (lucratif) profitable (*à* to)

profitablement [pʀɔfitabləmɑ̃] adv profitably

profiter [pʀɔfite] → SYN ▸ conjug 1 ◂ 1 **profiter de** vt indir (tirer avantage) situation, privilège, occasion, crédulité to take advantage of; jeunesse, vacances to make the most of, take advantage of ◆ **ils ont profité de ce que le professeur était sorti pour se battre** they took advantage of the teacher's being absent ou of the fact that the teacher had gone out to have a fight
2 **profiter à** vt indir ◆ (rapporter) **profiter à qn** [affaire, circonstances] to be profitable ou of benefit to sb, be to sb's advantage; [repos] to benefit sb, be beneficial to sb; [conseil] to benefit ou profit sb, be of benefit to sb ◆ **à qui cela profite-t-il ?** who stands to gain by it?, who will that help? ◆ **chercher à qui profite le crime** to look for a motive → **bien**
3 vi (*) (se développer) [enfant] to thrive, grow; (être économique) [plat] to go a long way, be economical; [vêtement] to wear well

profiterole [pʀɔfitʀɔl] nf profiterole

profiteur, -euse [pʀɔfitœʀ, øz] → SYN nm,f profiteer ◆ **profiteur de guerre** war profiteer

profond, e [pʀɔfɔ̃, ɔ̃d] → SYN 1 adj a (lit) deep ◆ **peu profond** eau, vallée, puits shallow; coupure superficial; décolleté very low ◆ **profond de 3 mètres** 3 metres deep
b (grand, extrême) soupir deep, heavy; sommeil deep, sound; coma deep; silence, mystère deep, profound; (littér) nuit deep (littér), dark; joie, foi, différence, influence, erreur profound; ignorance profound, extreme; intérêt, sentiment profound, keen; ennui profound, acute; forage penetrating; révérence low, deep
c (caché, secret) cause, signification underlying, deeper; (Ling) structure deep; tendance deep-seated, underlying ◆ **la France profonde** the broad mass of French people
d (pénétrant) penseur, réflexion profound, deep; esprit, remarque profound
e voix, couleur, regard deep
2 nm ◆ **au plus profond de** forêt, désespoir in the depths of ◆ **au plus profond de la mer** at the (very) bottom of the sea, in the depths of the sea ◆ **au plus profond de la nuit** at dead of night ◆ **au plus profond de mon être** in the depths of my being, in my deepest being
3 adv creuser deep; planter deep (down)

profondément [pʀɔfɔ̃demɑ̃] → SYN adv ému, choqué deeply, profoundly; convaincu deeply, utterly; différent profoundly, vastly; influencer, se tromper profoundly; réfléchir deeply, profoundly; aimer, ressentir deeply; respirer deep(ly); creuser, pénétrer deep; s'incliner low ◆ **il dort profondément** (en général) he sleeps soundly, he is a sound sleeper; (en ce moment) he is sound ou fast asleep ◆ **s'ennuyer profondément** to be utterly ou acutely ou profoundly bored ◆ **idée profondément ancrée dans les esprits** idea deeply rooted in people's minds ◆ **ça m'est profondément égal** I really couldn't care less

profondeur [pʀɔfɔ̃dœʀ] → SYN nf **a** (lit) [trou, boîte, mer] depth; [plaie] deepness, depth ◆ **à cause du peu de profondeur** because of the shallowness ◆ **cela manque de profondeur** it's not deep enough ◆ **creuser en profondeur** to dig deep ◆ **creuser jusqu'à 3 mètres de profondeur** to dig down to a depth of 3 metres ◆ **avoir 10 mètres de profondeur** to be 10 metres deep ou in depth ◆ **à 10 mètres de profondeur** 10 metres down, at a depth of 10 metres ◆ **cette pommade agit en profondeur** this cream works deep into the skin ◆ (Phot) **profondeur de champ** depth of field
b (fond) [mine, métro, poche] **profondeurs** depths ◆ (fig) **les profondeurs de l'être** the depths of the human psyche
c (fig) [personne] profoundness, profundity, depth; [esprit, remarque] profoundness, profundity; [sentiment] depth, keenness; [sommeil] soundness, depth; [regard] depth; [couleur, voix] deepness ◆ **en profondeur** agir, exprimer in depth; nettoyage thorough ◆ **c'est une réforme en profondeur qu'il faut** what is needed is a radical ou thorough(going) reform ◆ (Sport) **se retrouver dans les profondeurs du classement** to be at the tail end of the ranking (list)

pro forma [pʀofɔʀma] adj inv ◆ **facture pro forma** pro forma invoice

profus, e [pʀɔfy, yz] → SYN adj (littér) profuse

profusément [pʀɔfyzemɑ̃] adv (littér) profusely, abundantly

profusion [pʀɔfyzjɔ̃] → SYN nf [fleurs, lumière] profusion; [idées, conseils] wealth, abundance, profusion ◆ **il y a des fruits à profusion sur le marché** there is fruit galore* ou in plenty ou there is plenty of fruit on the market ◆ **nous en avons à profusion** we've got plenty ou masses*

progéniture [pʀɔʒenityʀ] → SYN nf [homme, animal] offspring, progeny (littér); (hum : famille) offspring (hum)

progestatif [pʀɔʒɛstatif] nm progestogen, progestin

progestérone [pʀɔʒɛsteʀɔn] nf progesterone

progiciel [pʀɔʒisjɛl] nm software package

proglottis [pʀɔglɔtis] nm proglottis, proglottid

prognathe [pʀɔgnat] adj prognathous, prognathic

prognathie [pʀɔgnati] nf, **prognathisme** [pʀɔgnatism] nm prognathism

programmable [pʀɔgʀamabl] adj programmable ◆ **touche programmable** user-definable key

programmateur, -trice [pʀɔgʀamatœʀ, tʀis]
1 nm,f (Rad, TV) programme planner
2 nm (appareil) (gén) time switch; [four] autotimer

programmathèque [pʀɔgʀamatɛk] nf software library

programmation [pʀɔgʀamasjɔ̃] nf (Rad, TV) programming, programme planning; (Ordin) programming

programmatique [pʀɔgʀamatik] adj programmatic

programme [pʀɔgʀam] → SYN nm **a** [concert, spectacle, télévision, radio] programme (Brit), program (US) ◆ **au programme** in the programme ◆ **numéro hors programme** item not (billed ou announced) in the programme ◆ (Rad, TV) **voici le programme de la matinée** here is a rundown of the morning's programmes ◆ (Rad, TV) **programme minimum** restricted service *(during a strike)* ◆ (Rad, TV) **fin de nos programmes à minuit** close-down will be at midnight (Brit), we will be closing down at midnight (Brit), our programmes will end at midnight ◆ **cette excursion n'est pas prévue au programme** this trip is not on the programme ◆ **changement de programme** change in (the) ou of programme
b (calendrier) programme (Brit), program (US) ◆ **quel est le programme de la journée ?** ou **des réjouissances ?*** what's the programme for the day?, what's on the agenda?* ◆ **j'ai un programme très chargé** I have a very busy timetable
c (Scol) [matière] syllabus; [classe, école] curriculum ◆ **le programme de français** the French syllabus ◆ **quel est le programme en sixième ?** what's (on) the curriculum in the first year? ◆ **les œuvres du programme** the set (Brit) ou assigned (US) books ou works, the books on the syllabus ◆ **programme de sensibilisation** awareness programme
d (projet, Pol) programme (Brit), program (US) ◆ **programme d'action / de travail** programme of action / work ◆ **il y a un changement de programme** there's a change of plan ou programme ◆ **c'est tout un programme !** that'll take some doing!
e [ordinateur] (computer) program; [machine à laver] programme ◆ **programme source / objet** source / object program
f (Sport) programme ◆ (Patinage artistique) **programme libre** free skating

programmé, e [pʀɔgʀame] (ptp de **programmer**) adj opération, (Typ) composition computerized ◆ **programmé à l'avance** pre-programmed → **enseignement**

programmer [pʀɔgʀame] → SYN ▸ conjug 1 ◂ vt émission to schedule; machine to programme (Brit), program (US); ordinateur to program; (*: prévoir) naissance, vacances to plan

programmeur, -euse [pʀɔgʀamœʀ, øz] → SYN nm,f (computer) programmer

progrès [pʀɔgʀɛ] → SYN nm **a** (amélioration) progress (NonC) ◆ **faire des progrès / de petits progrès** to make progress / a little progress ◆ **élève en progrès** pupil who is making progress ou who is progressing ou getting on (well) ◆ **il y a du progrès** there is some progress ou improvement ◆ **il y a du progrès !** you're (ou he's etc) improving ou getting better! (aussi iro) ◆ **c'est un grand progrès** it's a great advance, much progress has been made ◆ **il a fait de grands progrès** he has made great progress ou shown (a) great improvement ◆ **progrès scolaires** academic progress ◆ **progrès social** social progress
b (évolution) progress (NonC) ◆ **croire au progrès** to believe in progress ◆ **suivre les progrès de** to follow the progress of ◆ **c'est le progrès !** that's progress! ◆ **on n'arrête pas le progrès !** you can't stop progress! (aussi iro)
c (progression) [incendie, inondation] spread, progress; [maladie] progression, progress; [armée] progress, advance

progresser [pʀɔgʀese] → SYN ▸ conjug 1 ◂ vi **a** (s'améliorer) [malade, élève] to progress, make progress, get ou come on (well)
b (avancer) [explorateurs, sauveteurs, ennemi] to advance, make headway ou progress; [maladie] to progress; [science, recherches] to advance, progress; [projet] to progress; [prix, ventes] to rise, increase; [idée, théorie] to gain ground, make headway ◆ **afin que notre monde / la science progresse** so that our world / science goes forward ou progresses ou makes progress ◆ **les salaires progressent moins vite que les prix** salaries are going up ou are rising more slowly than prices

progressif, -ive [pʀɔgʀesif, iv] → SYN adj (gén, Ling) progressive

progression [pʀɔgʀesjɔ̃] → SYN nf **a** [élève, explorateurs] progress; [ennemi] advance; [maladie] progression, spread; [science] progress, advance ◆ **la progression très rapide de ces idées** the rapid spread ou advance of these ideas
b (Math, Mus) progression ◆ **progression arithmétique / géométrique** arithmetic / geometric progression ◆ **progression économique** economic advance ◆ **ventes en progression** rising ou increasing sales

progressisme [pʀɔgʀesism] → SYN nm progressivism

progressiste [pʀɔgʀesist] → SYN adj, nmf progressive

progressivement [pʀɔgʀesivmɑ̃] → SYN adv progressively

progressivité [pʀɔgʀesivite] → SYN nf progressiveness

prohibé, e [pʀɔibe] → SYN (ptp de **prohiber**) adj marchandise, action prohibited, forbidden; arme illegal

prohiber [pʀɔibe] → SYN ▸ conjug 1 ◂ vt to prohibit, ban, forbid

prohibitif, -ive [pʀɔibitif, iv] → SYN adj prix prohibitive; mesure prohibitory, prohibitive

prohibition [pʀɔibisjɔ̃] → SYN nf (gén) prohibition (*de* on) ◆ **la prohibition du port d'armes** a ban on the carrying of weapons ◆ (Hist USA) **la Prohibition** the Prohibition

prohibitionnisme [pʀɔibisjɔnism] nm prohibitionism

prohibitionniste [pʀɔibisjɔnist] adj, nmf prohibitionist

proie [pʀwɑ] → SYN nf **a** (lit) prey (NonC) → **oiseau**
b (fig) prey ◆ [personne] **être la proie de** to fall (a) prey ou victim to, be the prey of ◆ **le pays fut la proie des envahisseurs** the country fell (a) prey to invaders ◆ **la maison était la proie des flammes** the house fell (a) prey to ou was claimed by the flames ◆ **c'est une proie facile pour des escrocs** he's (ou she's) easy prey ou game* ou meat* for swindlers
c LOC **être en proie à** maladie to be a victim of; douleur to be racked ou tortured by; doute, émotion to be (a) prey to ◆ **il était en proie au remords** he was (a) prey to remorse, remorse preyed on him ◆ **en proie au désespoir** racked by despair, a prey to despair ◆ **lâcher** ou **laisser la proie pour l'ombre** to give up what one has (already) for some uncertain ou fanciful alternative

projecteur [pʀɔʒɛktœʀ] → SYN nm **a** [diapositive, film] projector ◆ **projecteur sonore** sound projector
b (lumière) [théâtre] spotlight; [prison, bateau] searchlight; [monument public, stade] floodlight; (Aut) headlamp unit ou assembly, headlight ◆ (fig) **sous les projecteurs de l'actualité, sous les feux des projecteurs** in the limelight, in the public eye

projectif, -ive [pʀɔʒɛktif, iv] adj projective

projectile [pʀɔʒɛktil] → SYN nm (gén) missile; (Mil, Tech) projectile

projection [pʀɔʒɛksjɔ̃] → SYN nf **a** [ombre] casting, projection, throwing; [film] (action) projection; (séance) showing ◆ **appareil de projection** projector, projection equipment (NonC) ◆ **salle de projection** film theatre ◆ **cabine de projection** projection room ◆ **conférence avec des projections (de diapositives)** lecture (illustrated) with slides
b (lancement) [liquide, vapeur] discharge, ejection; [pierre] throwing (NonC) ◆ (Géol) **projections volcaniques** volcanic ejections ou ejecta
c (Math, Psych) projection (*sur* onto)

projectionniste [pʀɔʒɛksjɔnist] nmf projectionist

projet [pʀɔʒɛ] → SYN nm **a** (dessein) plan ◆ **projets criminels / de vacances** criminal / holiday plans ◆ **faire des projets d'avenir** to make plans for the future, make future plans ◆ **faire** ou **former le projet de faire** to make plans to do ◆ **ce projet de livre / d'agrandissement** this plan for a book / for an extension ◆ **quels sont vos projets pour le mois prochain ?** what are your plans ou what plans have you for next month? ◆ **ce n'est encore qu'un projet, c'est encore à l'état de projet** ou **encore en projet** it's still only at the planning stage
b (ébauche) [roman] (preliminary) draft; [maison, ville] plan ◆ **projet de loi** bill ◆ **établir un projet d'accord / de contrat** to draft an agreement / a contract, produce a draft agreement / contract ◆ **projet de société** vision of society

projeter [pʀɔʒ(ə)te] → SYN ▸ conjug 4 ◂ GRAMMAIRE ACTIVE 8.2
1 vt **a** (envisager) to plan (*de faire* to do) ◆ **as-tu projeté quelque chose pour les vacances ?** have you made any plans ou

have you planned anything for your holidays?
b (jeter) gravillons to throw up; étincelles to throw off; fumée to send out, discharge; lave to eject, throw out ◆ **attention! la poêle projette de la graisse** careful! the frying pan is spitting (out) fat ◆ **être projeté hors de** to be thrown ou hurled ou flung out of ◆ **on lui a projeté de l'eau dans les yeux** water was thrown ou flung into his eyes
c (envoyer) ombre, reflet to cast, project, throw; film, diapositive to project; (montrer) to show ◆ **on peut projeter ce film sur un petit écran** this film may be projected onto a small screen ◆ **on nous a projeté des diapositives** we were shown some slides
d (Math, Psych) to project (*sur* onto)
2 **se projeter** vpr [ombre] to be cast, fall (*sur* on)

projeteur [pʀɔʒ(ə)tœʀ] nm project manager

projo* [pʀoʒo] nm abrév de **projecteur**

prolactine [pʀolaktin] nf prolactin, luteotrophin, luteotrophic hormone

prolamine [pʀɔlamin] nf prolamine

prolapsus [pʀolapsys] → SYN nm prolapse

prolégomènes [pʀɔlegɔmɛn] → SYN nmpl prolegomena

prolepse [pʀɔlɛps] → SYN nf (Littérat) prolepsis

prolétaire [pʀɔletɛʀ] → SYN 1 adj proletarian 2 nmf proletarian ◆ **les enfants de prolétaires** children of working-class people ◆ **prolétaires de tous les pays unissez-vous!** workers of the world unite!

prolétariat [pʀɔletaʀja] → SYN nm proletariat

prolétarien, -ienne [pʀɔletaʀjɛ̃, jɛn] → SYN adj proletarian

prolétarisation [pʀɔletaʀizasjɔ̃] nf proletarianization

prolétariser [pʀɔletaʀize] ▸ conjug 1 ◂ vt to proletarianize

prolifération [pʀɔlifeʀasjɔ̃] → SYN nf proliferation

prolifère [pʀɔlifɛʀ] adj proliferous

proliférer [pʀɔlifeʀe] → SYN ▸ conjug 6 ◂ vi to proliferate

prolifique [pʀɔlifik] → SYN adj prolific

prolixe [pʀɔliks] → SYN adj orateur, discours verbose, prolix (frm), wordy

prolixement [pʀɔliksəmɑ̃] adv verbosely, prolixly (frm), wordily

prolixité [pʀɔliksite] → SYN nf verbosity, prolixity (frm), wordiness

prolo* [pʀolo] 1 nmf (abrév de **prolétaire**) pleb* (péj), prole* (péj)
2 adj common-looking, plebby*

PROLOG, prolog [pʀɔlɔg] nm PROLOG, Prolog

prologue [pʀɔlɔg] → SYN nm prologue (*à* to)

prolongateur [pʀɔlɔ̃gatœʀ] nm extension cable ou lead

prolongation [pʀɔlɔ̃gasjɔ̃] → SYN nf (→ **prolonger**) prolongation; extension ◆ (Ftbl) **prolongations** extra time (NonC) (Brit), overtime (NonC) (US) ◆ (Ftbl) **ils ont joué les prolongations** they played extra time, the game ou they went into extra time; (fig) (*: en vacances, pour un travail) they stayed on

prolonge [pʀɔlɔ̃ʒ] nf ◆ **prolonge d'artillerie** gun carriage

prolongé, e [pʀɔlɔ̃ʒe] (ptp de **prolonger**) adj débat, séjour prolonged, lengthy; rire, cri prolonged; effort prolonged, sustained ◆ **exposition prolongée au soleil** prolonged exposure to the sun ◆ (hum) **jeune fille prolongée**† old maid, girl left on the shelf ◆ **rue de la Paix prolongée** continuation of Rue de la Paix ◆ **en cas d'arrêt prolongé** in case of prolonged stoppage

prolongement [pʀɔlɔ̃ʒmɑ̃] → SYN nm a [route] continuation; [bâtiment] extension; (fig) [affaire, politique] extension ◆ **décider le prolongement d'une route** to decide to extend ou continue a road ◆ **cette rue se trouve dans le prolongement de l'autre** this street runs on from the other ou is the continuation of the other ◆ **l'outil doit être un prolongement du bras** the tool should be an extension of one's arm ◆ **dans le prolongement de ce que je disais ce matin** following on from ou to continue with what I was saying this morning
b (suites) **prolongements** repercussions, effects

prolonger [pʀɔlɔ̃ʒe] → SYN ▸ conjug 3 ◂ 1 vt a (dans le temps) séjour, trêve, séance to prolong, extend; billet to extend; vie, maladie to prolong; (Mus) note to prolong ◆ **nous ne pouvons prolonger notre séjour** we cannot stay any longer, we cannot prolong our stay any longer
b (dans l'espace) rue to extend, continue; (Math) ligne to prolong, produce ◆ **on a prolongé le mur jusqu'au garage** we extended ou continued the wall as far as ou up to the garage ◆ **ce bâtiment prolonge l'aile principale** this building is the ou an extension ou a continuation of the main wing
2 **se prolonger** vpr a (persister) [attente] to go on; [situation] to go on, last, persist; [effet] to last, persist; [débat] to last, go on, carry on; [maladie] to continue, persist ◆ **il voudrait se prolonger dans ses enfants** he would like to live on in his children
b (s'étendre) [rue, chemin] to go on, carry on (Brit), continue

promenade [pʀɔm(ə)nad] → SYN nf a (à pied) walk, stroll; (en voiture) drive, ride, spin*; (en bateau) sail; (en vélo, à cheval) ride ◆ **partir en promenade, faire une promenade** to go for a walk ou stroll (ou drive etc) ◆ **être en promenade** to be out walking ou out for a walk ◆ **faire faire une promenade à qn** to take sb (out) for a walk ◆ (Sport) **cette course a été une vraie promenade pour lui** this race was a real walkover for him ◆ **ça n'a pas été une promenade de santé** it has been no picnic*
b (avenue) walk, esplanade; (front de mer) promenade

promener [pʀɔm(ə)ne] → SYN ▸ conjug 5 ◂ 1 vt a **(emmener) promener qn** to take sb (out) for a walk ou stroll ◆ **promener le chien** to walk the dog, take the dog out (for a walk) ◆ **promener des amis à travers une ville** to show ou take friends round a town ◆ **cela te promènera** that will get you out for a while ◆ **il promène son nounours partout*** he trails his teddy bear (around) everywhere with him ◆ **est-ce qu'il va nous promener encore longtemps à travers ces bureaux?*** is he going to trail us round these offices much longer? → **envoyer**
b (fig) **promener ses regards sur qch** to run ou cast one's eyes over sth ◆ **promener ses doigts sur qch** to run ou pass one's fingers over sth ◆ **promener sa tristesse** to carry one's sadness around with one
2 **se promener** vpr a (→ **promenade**) to go for a walk ou stroll (ou drive etc) ◆ **aller se promener** to go (out) for a walk ou stroll (ou drive etc) ◆ **viens te promener avec maman** come for a walk with mummy ◆ **se promener dans sa chambre** to walk ou pace up and down in one's room ◆ **allez vous promener!*** go and take a running jump!*, (go and) get lost!* ◆ **je ne vais pas laisser tes chiens se promener dans mon jardin** I'm not going to let your dogs wander round my garden ◆ (Sport) **il s'est vraiment promené dans cette course** this race was a real walkover for him
b (fig) [pensées, regards, doigts] to wander ◆ **son crayon se promenait sur le papier** he let his pencil wander over the paper, his pencil wandered over the paper ◆ **ses affaires se promènent toujours partout*** his things are always lying around all over the place ou are always scattered about the place

promeneur, -euse [pʀɔm(ə)nœʀ, øz] → SYN nm,f walker, stroller ◆ **les promeneurs du dimanche** Sunday strollers, people out for a Sunday walk ou stroll

promenoir [pʀɔm(ə)nwaʀ] → SYN nm († : Théât) promenade (gallery), standing gallery; [école, prison] (covered) walk

promesse [pʀɔmɛs] → SYN nf (assurance) promise; (parole) promise, word; (Comm) commitment, undertaking ◆ **promesse de mariage** promise of marriage ◆ **promesse en l'air** ou **d'ivrogne** ou **de Gascon** empty ou vain promise ◆ **promesse d'achat / de vente** commitment to buy / to sell ◆ **faire une promesse** to make a promise, give one's word ◆ **il m'en a fait la promesse** he gave me his word for it ◆ **tenir / manquer à sa promesse** to keep / break one's promise ou word ◆ **j'ai sa promesse** I have his word for it, he has promised me ◆ (fig) **auteur plein de promesses** writer showing much promise ou full of promise, very promising writer ◆ **sourire plein de promesses** smile that promised (ou promises) much

prométhazine [pʀɔmetazin] nf promethazine

Prométhée [pʀɔmete] nm Prometheus

prométhéen, -enne [pʀɔmeteɛ̃, ɛn] adj Promethean

prométhium [pʀɔmetjɔm] nm promethium

prometteur, -euse [pʀɔmetœʀ, øz] → SYN adj début, signe promising; acteur, politicien up-and-coming, promising

promettre [pʀɔmɛtʀ] → SYN ▸ conjug 56 ◂ 1 vt a chose, aide to promise ◆ **je lui ai promis un cadeau** I promised him a present ◆ **je te le promets** I promise (you) ◆ **il n'a rien osé promettre** he couldn't promise anything, he didn't dare commit himself ◆ **il a promis de venir** he promised to come ◆ **il m'a promis de venir** ou **qu'il viendrait** he promised me that he would come ◆ **promettre la lune, promettre monts et merveilles** to promise the moon ou the earth ◆ **tu as promis, il faut y aller** you've promised ou you've given your word so you have to go ◆ **il ne faut pas promettre quand on ne peut pas tenir** one mustn't make promises that one cannot keep ◆ **promettre le secret** to promise to keep a secret ◆ **promettre son cœur / sa main / son amour** to pledge one's heart / hand / love
b (prédire) to promise ◆ **je vous promets qu'il ne recommencera pas** I (can) promise you he won't do that again ◆ **il sera furieux, je te le promets** he will be furious, I (can) promise you ou I can tell you ◆ **on nous promet du beau temps / un été pluvieux** we are promised ou we are in for* some fine weather / a rainy summer ◆ **ces nuages nous promettent de la pluie** these clouds mean ou promise rain ◆ **cela ne nous promet rien de bon** this promises to be pretty bad for us, this doesn't look at all hopeful for us
c (faire espérer) to promise ◆ **le spectacle / dîner promet d'être réussi** the show / dinner promises to be a success ◆ **cet enfant promet** this child shows promise ou is promising, he's (ou she's) a promising child; (iro) this child shows great promise (iro) ◆ (iro) **ça promet!** that's a good start! (iro), that's promising! (iro) ◆ (iro) **ça promet pour l'avenir / pour l'hiver!** that bodes well for the future / (the) winter! (iro)
2 **se promettre** vpr ◆ **se promettre de faire qch** to mean ou resolve to do sth ◆ **se promettre du bon temps** ou **du plaisir** to promise o.s. a good time ◆ **je me suis promis un petit voyage** I've promised myself a little trip ◆ **je me suis bien promis de ne jamais plus l'inviter** I vowed never to invite him again ◆ **elles se sont promis de garder le secret** they promised each other to keep it a secret

promis, e [pʀɔmi, iz] → SYN (ptp de **promettre**) 1 adj a (assuré) **tu le feras? – promis(, juré)!** you will do it? – yes, I promise!
b (destiné) **être promis à qch** to be destined ou set for sth → **chose, terre**[1]
2 nm,f (††, dial) betrothed††

promiscuité [pʀɔmiskɥite] → SYN nf [lieu public] crowding (NonC) (*de* in); [chambre] (degrading) lack of privacy (NonC) (*de* in) ◆ **promiscuité sexuelle** (sexual) promiscuity

promo* [pʀɔmo] nf (abrév de **promotion**) year (Brit), class (US)

promontoire [pʀɔmɔ̃twaʀ] → SYN nm (Géog) headland, promontory

promoteur, -trice [pʀɔmɔtœʀ, tʀis] → SYN 1 nm,f (instigateur) instigator, promoter ◆ **promoteur (immobilier)** property developer ◆ **promoteur des ventes** sales promoter
2 nm (Chim) promoter

promotion [pʀɔmosjɔ̃] → SYN nf a (avancement) promotion (*à un poste* to a job) ◆ **promotion sociale** social advancement b (Scol) year (Brit), class (US) ◆ **être le premier de sa promotion** to be first in one's year (Brit) ou class (US)

c (Comm : réclame) promotion ◆ **notre promotion de la semaine** this week's special offer ◆ **article en promotion** item on special offer ◆ **il y a une promotion sur les chemises** shirts are on special offer, there's a special on shirts (US) ◆ (Comm) **promotion des ventes** sales promotion

d (encouragement) promotion ◆ **faire la promotion de** politique, idée, technique to promote

promotionnel, -elle [pʀɔmosjɔnɛl] → SYN adj article on (special) offer ; vente promotional ◆ **matériel promotionnel** publicity material ◆ **il y a des tarifs promotionnels pour les jeunes** there are special offers for young people

promotionner [pʀɔmosjɔne] ▸ conjug 1 ◂ vt produit to promote

promouvoir [pʀɔmuvwaʀ] → SYN ▸ conjug 27 ◂ vt personne to promote, upgrade (*à* to) ; politique, recherche, idée, technique to promote ; (Comm) produit to promote ◆ **il a été promu directeur** he was promoted ou upgraded to (the rank of) manager

prompt, prompte [pʀɔ̃(pt), pʀɔ̃(p)t] → SYN adj (gén) swift, rapid, speedy, quick ; repartie ready (épith), quick ; esprit ready (épith), quick, sharp ; réaction prompt, swift ; départ, changement sudden ◆ **prompt rétablissement !** get well soon !, I (ou we) wish you a speedy recovery ◆ **prompt à l'injure / aux excuses / à se décider** quick to insult / to apologize / to make up one's mind ◆ **avoir le geste prompt** to be quick to act ◆ **avoir la main prompte** to be quick to raise one's hand ◆ **prompt comme l'éclair** ou **la foudre** as quick as lightning ◆ (Comm) **dans l'espoir d'une prompte réponse** hoping for an early reply

promptement [pʀɔ̃ptəmɑ̃] → SYN adv (→ **prompt**) swiftly ; rapidly ; speedily ; quickly ; promptly ; suddenly

prompteur [pʀɔ̃ptœʀ] nm Autocue® (Brit), teleprompter® (US)

promptitude [pʀɔ̃(p)tityd] → SYN nf (→ **prompt**) swiftness ; rapidity ; speed ; quickness ; promptness, promptitude (frm) ; suddenness

promu, e [pʀɔmy] (ptp de **promouvoir**) 1 adj personne promoted

2 nm,f promoted person

promulgation [pʀɔmylgasjɔ̃] → SYN nf promulgation

promulguer [pʀɔmylge] → SYN ▸ conjug 1 ◂ vt to promulgate

pronaos [pʀɔnaos] nm pronaos

pronateur [pʀɔnatœʀ] adj, nm ◆ **(muscle) pronateur** pronator

pronation [pʀɔnasjɔ̃] nf pronation

prône [pʀon] → SYN nm sermon

prôner [pʀone] → SYN ▸ conjug 1 ◂ vt (vanter) to laud, extol ; (préconiser) to advocate, commend

pronom [pʀɔnɔ̃] → SYN nm pronoun

pronominal, e, mpl **-aux** [pʀɔnɔminal, o] adj pronominal ◆ **(verbe) pronominal** pronominal (verb) ◆ **mettre un verbe à la forme pronominale** to put a verb in its pronominal form

pronominalement [pʀɔnɔminalmɑ̃] adv (→ **pronominal**) pronominally : reflexively

prononçable [pʀɔnɔ̃sabl] adj pronounceable

prononcé, e [pʀɔnɔ̃se] → SYN (ptp de **prononcer**) 1 adj accent, goût, trait marked, pronounced, strong

2 nm (Jur) pronouncement

prononcer [pʀɔnɔ̃se] → SYN ▸ conjug 3 ◂ GRAMMAIRE ACTIVE 6.3

1 vt a (articuler) mot, son to pronounce ◆ **son nom est impossible à prononcer** his name is impossible to pronounce ou is unpronounceable ◆ **comment est-ce que ça se prononce ?** how is it pronounced ?, how do you pronounce it ? ◆ **cette lettre ne se prononce pas** that letter is silent ou is not pronounced ◆ **tu prononces mal** your pronunciation is bad ◆ **mal prononcer un mot** to mispronounce a word, pronounce a word badly ◆ **prononcer distinctement** to speak clearly, pronounce one's words clearly

b (dire) parole, nom to utter ; souhait to utter, make ; discours to make, deliver ◆ **sortir sans prononcer un mot** to go out without uttering a word ◆ **ne prononcez plus jamais ce nom !** don't you ever mention ou utter that name again ! ◆ (Rel) **prononcer ses vœux** to take one's vows

c sentence to pronounce, pass ; dissolution, excommunication to pronounce ◆ **prononcer le huis clos** to order that a case (should) be heard in camera

2 vi (Jur) to deliver ou give a verdict ◆ (littér) **prononcer en faveur de / contre** to come down ou pronounce in favour of / against

3 **se prononcer** vpr (se décider) (gén) to reach ou come to a decision (*sur* on, about) ; (Jur) to reach a verdict (*sur* on) ; (s'exprimer) (avis) to give ou express an opinion (*sur* on) ; (décision) to give a decision (*sur* on) ; (Jur) to give a verdict (*sur* on) ◆ **le médecin ne s'est toujours pas prononcé** the doctor still hasn't given a verdict ou a firm opinion ◆ **se prononcer en faveur de qn / pour qch** to come down ou pronounce o.s. in favour of sb / in favour of sth ◆ **se prononcer contre une décision** to declare one's opposition to ou pronounce o.s. against a decision ◆ (sondage) **« ne se prononcent pas »** "don't know"

prononciation [pʀɔnɔ̃sjasjɔ̃] → SYN nf a (Ling) pronunciation ◆ **il a une bonne / mauvaise prononciation** he speaks / doesn't speak clearly, he pronounces / does not pronounce his words clearly ; (dans une langue étrangère) he has a good / bad pronunciation ◆ **faute** ou **erreur de prononciation** error of pronunciation ◆ **faire une faute de prononciation** to mispronounce a word (ou a sound etc) ◆ **défaut** ou **vice de prononciation** speech impediment ou defect

b (Jur) pronouncement

pronostic [pʀɔnɔstik] → SYN nm (gén) forecast, prognostication (frm) ; (Méd) prognosis ; (Courses) tip ; (Sport) forecast ◆ **quels sont vos pronostics ?** what is your forecast ? ◆ **au pronostic infaillible** unerring in his (ou her etc) forecasts ◆ **elle a fait le bon pronostic** (gén) her prediction proved correct ; (Méd) she made the right prognosis ◆ (gén) **se tromper dans ses pronostics** to get one's forecasts wrong ◆ (Courses) **mes pronostics donnaient le 11 gagnant** I tipped number 11 to win ◆ **faire des pronostics sur les matchs de football** to forecast the football results

pronostique [pʀɔnɔstik] adj prognostic

pronostiquer [pʀɔnɔstike] → SYN ▸ conjug 1 ◂ vt (prédire) to forecast, prognosticate (frm) ; (être le signe de) to foretell, be a sign of ; (Courses) to tip

pronostiqueur, -euse [pʀɔnɔstikœʀ, øz] nm,f (gén) forecaster, prognosticator (frm) ; (Courses) tipster

pronunciamiento [pʀɔnunsjamjɛnto] → SYN nm pronunciamento

propagande [pʀɔpagɑ̃d] → SYN nf propaganda ◆ **film / discours de propagande** propaganda film / speech ◆ **faire de la propagande pour qch / qn** to push ou plug* sth / sb ◆ **je ne ferai pas de propagande pour ce commerçant / ce produit** I certainly shan't be doing any advertising for this trader / product ◆ **propagande électorale** electioneering propaganda ◆ **discours de propagande (électorale)** electioneering speech ◆ **journal de propagande** paper of political propaganda, propaganda sheet ◆ **propagande de guerre** war propaganda

propagandiste [pʀɔpagɑ̃dist] → SYN nmf propagandist

propagateur, -trice [pʀɔpagatœʀ, tʀis] → SYN nm,f [méthode, religion, théorie] propagator ; [nouvelle] spreader

propagation [pʀɔpagasjɔ̃] → SYN nf a (→ **propager**) propagation ; spreading (abroad) ; putting about (Brit) ◆ **la propagation de l'espèce** the propagation of the species

b (→ **se propager**) spread, spreading ; propagation

propager [pʀɔpaʒe] → SYN ▸ conjug 3 ◂ 1 vt a foi, idée to propagate ; nouvelle to spread (abroad) ; maladie to spread ; fausse nouvelle to spread (abroad), put about (Brit) ; (Phys) son to propagate

b (Bio) espèce to propagate

2 **se propager** vpr [incendie, idée, nouvelle, maladie] to spread ; (Phys) [onde] to be propagated ; (Bio) [espèce] to propagate

propagule [pʀɔpagyl] nf propagule, propagulum

propane [pʀɔpan] nm propane

propanier [pʀɔpanje] nm (propane) tanker

proparoxyton [pʀɔpaʀɔksitɔ̃] adj m, nm proparoxytone

propédeutique† [pʀɔpedøtik] nf (Univ) *foundation course for first-year university students*

propène [pʀɔpɛn] nm propene

propension [pʀɔpɑ̃sjɔ̃] → SYN nf proclivity (frm) (*à qch* to ou towards sth, *à faire* to do), propensity (*à qch* for sth, *à faire* to do) ◆ (Écon) **propension à consommer / économiser** propensity to spend / save

propergol [pʀɔpɛʀgɔl] nm [fusée] propellant, propellent

propharmacien, -ienne [pʀofaʀmasjɛ̃, jɛn] nm,f dispensing doctor

prophase [pʀofɑz] nf prophase

prophète [pʀɔfɛt] → SYN nm (gén) prophet, seer ; (Rel) prophet ◆ **faux prophète** false prophet ◆ **prophète de malheur** prophet of doom, Jeremiah ◆ **les (livres des) Prophètes** the Prophets → **nul**

prophétesse [pʀɔfetɛs] nf (gén) prophetess, seer ; (Rel) prophetess

prophétie [pʀɔfesi] → SYN nf (Rel, gén) prophecy

prophétique [pʀɔfetik] → SYN adj prophetic

prophétiquement [pʀɔfetikmɑ̃] adv prophetically

prophétiser [pʀɔfetize] → SYN ▸ conjug 1 ◂ vt to prophesy

prophylactique [pʀɔfilaktik] → SYN adj prophylactic

prophylaxie [pʀɔfilaksi] → SYN nf disease prevention, prophylaxis (spéc)

propice [pʀɔpis] → SYN adj circonstance, occasion favourable, auspicious, propitious ; milieu, terrain favourable ◆ **attendre le moment propice** to wait for the right moment, wait for a favourable ou an opportune moment ◆ **cherchons un endroit plus propice pour discuter** let's look for a more suitable place to talk ◆ **être propice à qch** to favour sth, be favourable to sth ◆ (littér, hum) **que les dieux vous soient propices !** may the gods look kindly ou smile upon you ! (littér, hum)

propitiation [pʀɔpisjasjɔ̃] → SYN nf propitiation ◆ **victime de propitiation** propitiatory victim

propitiatoire [pʀɔpisjatwaʀ] → SYN adj propitiatory

propolis [pʀɔpɔlis] nf propolis, bee glue, hive dross

proportion [pʀɔpɔʀsjɔ̃] → SYN nf a (gén, Art, Math) proportion ◆ **selon** ou **dans une proportion de 100 contre** ou **pour 1** in a proportion of 100 to 1 ◆ **quelle est la proportion entre la hauteur et la largeur ?** ou **de la hauteur et de la largeur ?** what is the proportion ou relation of height to width ?, what's the ratio between height and width ? ◆ **proportion égale de réussites et d'échecs** equal proportion of successes and failures, equal ratio of successes to failures ◆ **il n'y a aucune proportion entre la faute et la peine** the punishment is out of all proportion to the offence, the punishment bears no relation to the offence

b (taille, importance) **proportions** proportions ◆ **de vastes proportions** of vast proportions ◆ **édifice de belles proportions** well-proportioned building ◆ **cela a pris des proportions considérables** it took on considerable proportions ◆ **réduire qch à de plus justes proportions** to cut sth down to size ◆ **augmenter / réduire qch dans de sérieuses proportions** to increase / reduce sth drastically

c LOC **à proportion de** in proportion to, proportionally to ◆ **en proportion de** (adj) in proportion ou relation to, proportional to; (adv) in proportion ou relation to, proportionally to ◆ **en proportion** in proportion ◆ **on lui a donné un poste élevé et un salaire en proportion** he was given a high position and a salary in proportion ◆ **quand on veut avoir des domestiques, il faut avoir des revenus en proportion** when you want to have servants you must have a commensurate income ou an income to match ◆ **hors de (toute) proportion** out of (all) proportion (*avec* to) ◆ **sans proportion avec** out of proportion to ◆ **toute(s) proportion(s) gardée(s)** relatively speaking, making due allowance(s)

proportionnalité [pʀɔpɔʀsjɔnalite] nf proportionality; (Pol) proportional representation ◆ **proportionnalité de l'impôt** proportional taxation (system)

proportionné, e [pʀɔpɔʀsjɔne] → SYN (ptp de **proportionner**) adj ◆ **proportionné à** proportional ou proportionate to ◆ **bien proportionné** well-proportioned ◆ **admirablement proportionné** admirably well-proportioned

proportionnel, -elle [pʀɔpɔʀsjɔnɛl] → SYN
1 adj (gén, Math, Pol) proportional; impôt, retraite proportional ◆ **proportionnel à** proportional ou proportionate to, in proportion to ou with ◆ **directement / inversement proportionnel à** directly / inversely proportional to, in direct / inverse proportion to
2 **proportionnelle** nf (Math) proportional ◆ (Pol) **la proportionnelle** proportional representation

proportionnellement [pʀɔpɔʀsjɔnɛlmɑ̃] → SYN adv proportionally, proportionately ◆ **proportionnellement plus grand** proportionally ou proportionately bigger ◆ **proportionnellement à** in proportion to, proportionally to

proportionner [pʀɔpɔʀsjɔne] → SYN ▸ conjug 1 ◂ vt to proportion, make proportional, adjust (*à* to)

propos [pʀɔpo] → SYN nm **a** (gén pl) talk (NonC), remarks, words ◆ **ce sont des propos en l'air** it's just empty ou idle talk ou hot air* ◆ **tenir des propos blessants** to say hurtful things, make hurtful remarks ◆ (péj) **des propos de femme soûle** drunken ramblings
b (littér: intention) intention, aim ◆ **mon propos est de vous expliquer ...** my intention ou aim is to explain to you ... ◆ **il n'entre pas dans mon propos de** it is not my intention to ◆ **tel n'était pas mon propos** that was not my intention ◆ **avoir le ferme propos de faire** to have the firm intention of doing ◆ **faire qch de propos délibéré** to do sth deliberately ou on purpose
c (sujet) **à quel propos voulait-il me voir?** what did he want to see me about? ◆ **à quel propos est-il venu?** what was his reason for coming?, what brought him?* ◆ **c'est à quel propos?** what is it about?, what is it in connection with? ◆ **à propos de ta voiture** about your car, on the subject of your car ◆ **je vous écris à propos de l'annonce** I am writing regarding ou concerning the advertisement ou in connection with the advertisement ◆ **il se plaint à tout propos** he complains at the slightest (little) thing ◆ **il se met en colère à propos de tout et de rien** ou **à tout propos** he loses his temper at the drop of a hat ou at the slightest (little) thing ou for no reason at all ◆ **à ce propos** in this connection, (while) on this subject → **hors**
d **à propos** décision well-timed, opportune, timely; remarque apt, pertinent, apposite; arriver at the right moment ou time ◆ **tomber** ou **arriver mal à propos** to happen (just) at the wrong moment ou time ◆ **voilà qui tombe à propos / mal à propos!** it couldn't have come at a better / worse time! ou moment! ◆ **il a jugé à propos de nous prévenir** he thought it right to let us know, he saw fit to let us know ◆ **à propos, dis-moi ...** incidentally ou by the way, tell me ...

proposable [pʀɔpozabl] adj which may be proposed

proposer [pʀɔpoze] → SYN ▸ conjug 1 ◂ GRAMMAIRE ACTIVE 1.1
1 vt **a** (suggérer) arrangement, interprétation, projet, appellation to suggest, propose; solution, interprétation to suggest, put forward, propose; candidat to propose, nominate, put forward; (Scol, Univ) sujet, texte to set (Brit), assign (US); (Pol) loi to move, propose ◆ **on a proposé mon nom pour ce poste** my name has been put forward for this post ◆ **proposer qch à qn** to suggest ou put sth to sb ◆ **proposer de faire qch** to suggest ou propose doing sth ◆ (TV) **le film que nous vous proposons (de voir) ce soir** the film which you will be able to watch ou which we are showing this evening ◆ **l'homme propose, Dieu dispose** man proposes, God disposes (Prov) ◆ **je vous propose de passer me voir** I suggest that you come round and see me ◆ **proposer qu'une motion soit mise aux voix** to move that a motion be put to the vote ◆ **proposer qu'un comité soit établi** to propose the setting-up of a committee, move ou propose that a committee be set up
b (offrir) aide, prix, situation to offer ◆ **proposer qch à qn** to offer sth to sb, offer sb sth ◆ **proposer de faire qch** to offer to do sth ◆ **on me propose une nouvelle voiture** I am being offered ou I have the offer of a new car ◆ **je lui ai proposé de la raccompagner** I offered to see her home
2 **se proposer** vpr **a** (offrir ses services) to offer one's services ◆ **elle s'est proposée pour garder les enfants** she offered to look after the children
b (envisager) but, tâche to set o.s. ◆ **se proposer de faire qch** to intend ou mean ou propose to do sth ◆ **il se proposait de prouver que ...** he set out to prove that ...

proposition [pʀɔpozisjɔ̃] → SYN nf **a** (suggestion, offre) suggestion, proposal, proposition; (Pol: recommandation) proposal ◆ **propositions de paix** peace proposals ◆ (Pol) **proposition de loi** private bill, private member's bill (Brit) ◆ **sur (la) proposition de** at the suggestion of, on the proposal of ◆ **sur sa proposition, il a été décidé d'attendre** at his suggestion it was decided to wait ◆ **la proposition de qn à un grade supérieur** putting sb forward for ou the nomination of sb to a higher grade ◆ **faire des propositions (malhonnêtes) à une femme** to proposition a woman
b (Math, Philos: postulat) proposition; (déclaration) proposition, assertion
c (Gram) clause ◆ **proposition principale / subordonnée / indépendante** main / subordinate / independent clause ◆ **proposition consécutive** ou **de conséquence** consecutive ou result clause

propositionnel, -elle [pʀɔpozisjɔnɛl] adj propositional

propre¹ [pʀɔpʀ] → SYN **1** adj **a** (pas sali) linge, mains, maison clean; (net) personne, vêtement neat, tidy; travail, exécution d'un morceau de musique neat, neatly done; (Scol) cahier, copie neat ◆ **propre comme un sou neuf** as neat ou clean as a new pin ◆ **leurs enfants sont toujours (tenus) très propres** their children are always very neat and tidy ou very neatly turned out ◆ **ce n'est pas propre de manger avec les doigts** it's messy ou dirty to eat with your fingers ◆ **nous voilà propres*!** now we're in a fine ou proper mess*! ◆ **c'est quelqu'un de très propre sur lui*** he's very clean-cut
b (qui ne salit pas) chien, chat house-trained; enfant toilet-trained, potty-trained*, clean (Brit); (non polluant) moteur, voiture, produit clean ◆ **il n'est pas encore propre** he still isn't clean (Brit) ou toilet-trained ou potty-trained*
c (honnête) personne honest, decent; affaire, argent honest; mœurs decent ◆ **il n'a jamais rien fait de propre** he's never done a decent ou an honest thing in his life ◆ **une affaire pas très propre** a slightly suspect ou shady piece of business ◆ **ce garçon-là, ce n'est pas grand-chose de propre** that young man hasn't got much to recommend him ou isn't up to much*
2 nm ◆ **sentir le propre** to smell clean ◆ (Scol) **mettre** ou **recopier qch au propre** to make a fair copy of sth, copy sth out neatly ◆ **c'est du propre!*** (gâchis) what a mess!, what a shambles!*; (comportement) what a way to behave!, it's an absolute disgrace!

propre² [pʀɔpʀ] → SYN **1** adj **a** (intensif possessif) own ◆ **il a sa propre voiture** he's got ou he has his own car ou a car of his own ◆ **par ses propres moyens** réussir on one's own, by oneself; rentrer under one's own steam ◆ **ce sont ses propres mots** those are his own ou his very ou his actual words ◆ **de mes propres yeux** with my own (two) eyes ◆ **de sa propre initiative** on his own initiative ◆ (frm) **de son propre chef** on his own initiative, on his own authority ◆ **ils ont leurs caractères / qualités propres** they have their own (specific) ou their particular characters / qualities ◆ **au lieu de critiquer nos enfants, il devrait surveiller les siens propres** instead of criticizing our children, he ought to keep his own in order → **main**
b (particulier, spécifique) **c'est un trait qui lui est propre** it's a trait which is peculiar to him, it's a distinctive ou specific characteristic of his ◆ **les coutumes propres à certaines régions** the customs peculiar to ou characteristic of ou proper to (frm) certain regions ◆ (Jur) **biens propres** personal property → **nom, sens**
c (qui convient) suitable, appropriate (*à* for) ◆ **le mot propre** the right ou proper word ◆ **ce n'est pas un lieu propre à la conversation** it isn't a suitable ou an appropriate place for talking ◆ **sol propre à la culture du blé** soil suitable for ou suited to wheat-growing ◆ **on l'a jugé propre à s'occuper de l'affaire** he was considered the right man for ou suitable for the job
d (de nature à) **un poste propre à lui apporter des satisfactions** a job likely to bring him satisfaction ◆ **exercice propre à développer les muscles des épaules** exercise that will develop the shoulder muscles ◆ **un lieu / une musique propre au recueillement** a place / a music favourable to meditation ◆ **c'est bien propre à vous dégoûter de la politique** it's (exactly) the sort of thing that turns you ou to turn you right off politics, it's guaranteed to put you off politics
2 nm **a** (qualité distinctive) peculiarity, (exclusive ou distinctive) feature ◆ **la raison est le propre de l'homme** reason is a peculiarity ou (distinctive) feature of man, reason is peculiar to man ◆ **le rire / la parole est le propre de l'homme** laughter / speech is man's special gift ou attribute ◆ **c'est le propre de ce système d'éducation de fabriquer des paresseux** it's a peculiarity ou feature of this educational system that it turns out idlers ◆ **c'est le propre des ambitieux de vouloir réussir à tout prix** it's a peculiarity ou (specific) feature of ambitious people to want to succeed at any price ◆ **avoir un domaine en propre** to be the sole owner of an estate, have exclusive possession of an estate ◆ **cette caractéristique que la France possède en propre** this feature which is peculiar ou exclusive to France
b (Ling) **au propre** in the literal sense ou meaning, literally
c LOC **il l'a fait – (iro) c'est du propre!*** he did it – shame on him! (hum)

propre-à-rien, pl **propres-à-rien** [pʀɔpʀaʀjɛ̃] nmf good-for-nothing, ne'er-do-well, waster

proprement [pʀɔpʀəmɑ̃] → SYN adv **a** (avec propreté) cleanly; (avec netteté) neatly, tidily; (comme il faut) properly; (fig: décemment) decently ◆ **tenir une maison très proprement** to keep a house very clean ◆ **mange proprement!** don't make such a mess (when you're eating)!, eat properly! ◆ **se conduire proprement** to behave properly ou correctly
b (exactement) exactly, literally; (exclusivement) specifically, strictly; (vraiment) absolutely ◆ **à proprement parler** strictly speaking ◆ **le village proprement dit** the actual village, the village itself ◆ **la linguistique proprement dite** linguistics proper ◆ **c'est un problème proprement français** it's a specifically French problem ◆ **c'est proprement scandaleux** it's absolutely disgraceful ◆ **il m'a proprement fermé la porte au nez** he simply ou jolly well* (Brit) shut the door in my face ◆ **on l'a proprement rossé** he was well and truly beaten up

propret, -ette [pʀɔpʀɛ, ɛt] adj personne neat (and tidy), spruce; chose neat (and tidy), spick-and-span (attrib)

propreté [pʀɔpʀəte] → SYN nf (→ **propre¹**) cleanliness, cleanness; neatness; tidiness ◆ **ils n'ont aucune notion de propreté** they have no notion of hygiene ◆ **l'apprentis-**

sage de la propreté chez l'enfant toilet-training in the child ◆ **apprendre la propreté à un chiot** to house-train a puppy

propriétaire [pʀɔpʀijetɛʀ] → SYN **1** nm **a** (gén) [voiture, chien, maison] owner; [hôtel, entreprise] proprietor, owner ◆ **il est propriétaire (de sa maison)** he owns his (own) house ◆ **quand on est propriétaire, il faut ...** when one is a home-owner ou house-owner ou householder one has to ... ◆ **faire le tour du propriétaire** to look ou go round ou over one's property ◆ **je vais te faire faire le tour du propriétaire** I'll show you over ou round the place
b [location] landlord, owner ◆ **mis à la porte par son propriétaire** thrown out by one's landlord
c [terres, immeubles etc] landowner, owner ◆ **propriétaire éleveur** breeder ◆ **propriétaire récoltant** grower ◆ **achat direct au propriétaire** direct purchase from the grower ◆ **propriétaire terrien** landowner ◆ **propriétaire foncier** property owner ◆ **les petits propriétaires** (the) smallholders
2 nf (gén) owner; [hôtel, entreprise] proprietress, owner; [location] landlady, owner

propriété [pʀɔpʀijete] → SYN **1** nf **a** (droit) ownership, property (frm, Jur); (possession) property ◆ **propriété de l'État / collective** state / collective ownership ◆ **posséder en toute propriété** to be the sole owner of, have sole ownership of ◆ **accession à la propriété** possibility of home-ownership ◆ **la propriété c'est le vol** property is theft → **titre**
b (immeuble, maison) property; (terres) property (gén NonC), land (gén NonC), estate ◆ **revenu d'une propriété** revenue from a property ou a piece of land
c (gén, Chim, Phys: qualité) property
d (correction) [mot] appropriateness, suitability, correctness
2 COMP ▷ **propriété artistique** artistic copyright ▷ **propriété bâtie** developed property ▷ **propriété commerciale** security of tenure *(of industrial or commercial tenant)* ▷ **propriété foncière** property ownership ▷ **propriétés immobilières** real estate (NonC), realty (NonC) (Jur) ▷ **propriété industrielle** patent rights ▷ **propriété intellectuelle** intellectual property ▷ **propriété littéraire** author's copyright ▷ **propriété non bâtie** undeveloped ou unbuilt-on property ▷ **propriété privée** private property ▷ **propriété publique** public property

proprio* [pʀɔpʀijo] nmf (abrév de **propriétaire**) (homme) landlord; (femme) landlady

propriocepteur [pʀɔpʀijosɛptœʀ] nm proprioceptor

proprioceptif, -ive [pʀɔpʀijosɛptif, iv] adj proprioceptive

propulser [pʀɔpylse] → SYN ▸ conjug 1 ◂ **1** vt **a** voiture to propel, drive (along ou forward); missile to propel, power
b (projeter) to hurl, fling ◆ (fig) **on l'a propulsé chef de service** he was propelled speedily up the ladder to departmental head
2 **se propulser*** vpr (aller) to trot*; (se hâter) to shoot*

propulseur [pʀɔpylsœʀ] → SYN **1** adj m propulsive, driving (épith)
2 nm propeller

propulsif, -ive [pʀɔpylsif, iv] adj propelling, propellent

propulsion [pʀɔpylsjɔ̃] → SYN nf propulsion ◆ **à propulsion atomique / nucléaire** atomic- / nuclear-powered

propylée [pʀɔpile] nm propylaeum ◆ **les Propylées** the Propylaea

propylène [pʀɔpilɛn] nm propylene

prorata [pʀɔʀata] → SYN nm inv proportional share, proportion ◆ **au prorata de** in proportion to, on the basis of

prorogatif, -ive [pʀɔʀɔgatif, iv] adj (→ **proroger**) extending; deferring

prorogation [pʀɔʀɔgasjɔ̃] → SYN nf (→ **proroger**) extension; putting back, deferment; adjournment; prorogation

proroger [pʀɔʀɔʒe] → SYN ▸ conjug 3 ◂ vt **a** délai, durée to extend; échéance to put back, defer
b séance to adjourn; (Parl) to prorogue ◆ **le parlement s'est prorogé jusqu'en octobre** the parliament has adjourned ou prorogued until October

prosaïque [pʀozaik] → SYN adj esprit, personne, vie mundane, prosaic; style pedestrian, mundane, prosaic; remarque, détail mundane, prosaic; goûts mundane, commonplace

prosaïquement [pʀozaikmɑ̃] adv mundanely, prosaically ◆ **vivre prosaïquement** to lead a mundane life ou a prosaic existence

prosaïsme [pʀozaism] → SYN nm (→ **prosaïque**) mundaneness; prosaicness; pedestrianism

prosateur [pʀozatœʀ] → SYN nm prose-writer, writer of prose

proscenium [pʀɔsenjɔm] nm proscenium

proscription [pʀɔskʀipsjɔ̃] → SYN nf (→ **proscrire**) banning; prohibition; proscription; outlawing (NonC); banishment, exiling (NonC)

proscrire [pʀɔskʀiʀ] → SYN ▸ conjug 39 ◂ vt idéologie, activité to ban, prohibit, proscribe; drogue, mot to ban, prohibit the use of, proscribe; personne (mettre hors la loi) to outlaw, proscribe (littér); (exiler) to banish, exile ◆ **proscrire une expression de son style** to banish an expression from one's style

proscrit, e [pʀɔskʀi, it] → SYN (ptp de **proscrire**) nm,f (hors-la-loi) outlaw; (exilé) exile

prose [pʀoz] → SYN nf (gén) prose; (style) prose (style) ◆ **poème / tragédie en prose** prose poem / tragedy ◆ **écrire en prose** to write in prose ◆ **faire de la prose** to write prose ◆ (péj) **la prose administrative** officialese ◆ (péj) **je viens de lire sa prose** (lettre) I've just read his epistle (hum); (devoir, roman) I've just read his great work (iro, hum)

prosélyte [pʀozelit] → SYN nmf proselyte (frm), convert ◆ **les prosélytes du parapente** converts to parapente

prosélytisme [pʀozelitism] → SYN nm proselytism ◆ **faire du prosélytisme** to proselytize, preach

Proserpine [pʀozɛʀpin] nf Proserpina

prosimiens [pʀosimjɛ̃] nmpl ◆ **les prosimiens** prosimians, the Prosimii (spéc)

prosobranches [pʀozobʀɑ̃ʃ] nmpl ◆ **les prosobranches** prosobranchiates, the Prosobranchiata (spéc)

prosodie [pʀɔzɔdi] → SYN nf prosody

prosodique [pʀɔzɔdik] adj prosodic ◆ **trait prosodique** prosodic feature

prosopopée [pʀɔzɔpɔpe] → SYN nf prosopopoeia, prosopopeia

prospect [pʀɔspɛ(kt)] → SYN nm **a** (Écon) prospect, prospective customer, potential buyer
b (Archit) *minimum distance between buildings to allow unimpeded view*

prospecter [pʀɔspɛkte] → SYN ▸ conjug 1 ◂ vt (Min) to prospect; (Comm) to canvass ◆ **j'ai prospecté le quartier pour trouver une maison** I sussed out* (Brit) ou checked out (US) the area to find a house

prospecteur, -trice [pʀɔspɛktœʀ, tʀis] → SYN nm,f prospector ◆ **prospecteur-placier** ≃ job-placement officer (Brit)

prospectif, -ive [pʀɔspɛktif, iv] **1** adj prospective
2 **prospective** nf (gén) futurology; (Écon) economic forecasting

prospection [pʀɔspɛksjɔ̃] → SYN nf (→ **prospecter**) prospecting; canvassing ◆ (Comm) **faire de la prospection** to canvass for business ◆ **ils font de la prospection pétrolière** they are prospecting for oil

prospectiviste [pʀɔspɛktivist] nmf (gén) futurologist; (Écon) (economic) forecaster

prospectus [pʀɔspɛktys] → SYN nm (feuille) handbill, leaflet, handout; (dépliant) prospectus, brochure, leaflet

prospère [pʀɔspɛʀ] → SYN adj **a** commerce, pays, collectivité prosperous, thriving, flourishing; période prosperous
b santé, mine flourishing; personne in flourishing health (attrib), blooming with health (attrib)

prospérer [pʀɔspeʀe] → SYN ▸ conjug 6 ◂ vi [commerce] to prosper, thrive, flourish; [personne] to prosper, do well; [animal, activité, plante] to thrive, flourish

prospérité [pʀɔspeʀite] → SYN nf **a** (matérielle) prosperity; (économique) prosperity, affluence
b (santé) (flourishing) health

prostaglandine [pʀɔstaglɑ̃din] nf prostaglandin

prostate [pʀɔstat] nf prostate (gland)

prostatectomie [pʀɔstatɛktɔmi] nf prostatectomy

prostatique [pʀɔstatik] **1** adj prostatic
2 nm prostate sufferer

prostatite [pʀɔstatit] nf prostatitis

prosternation [pʀɔstɛʀnasjɔ̃] → SYN nf prostration

prosterné, e [pʀɔstɛʀne] → SYN (ptp de **prosterner**) adj prostrate

prosternement [pʀɔstɛʀnəmɑ̃] nm (action) prostration; (attitude) prostrate attitude; (fig) grovelling

prosterner [pʀɔstɛʀne] → SYN ▸ conjug 1 ◂ **1** vt (littér) to bow low ◆ **il prosterna le corps** he prostrated himself
2 **se prosterner** vpr (s'incliner) to bow low, bow down, prostrate o.s. (*devant* before); (fig: s'humilier) to grovel (*devant* before), kowtow (*devant* to)

prosthèse [pʀɔstɛz] nf pro(s)thesis

prosthétique [pʀɔstetik] adj pro(s)thetic

prostitué [pʀɔstitɥe] nm male prostitute

prostituée [pʀɔstitɥe] → SYN nf prostitute ◆ **prostituée en carte** registered prostitute

prostituer [pʀɔstitɥe] → SYN ▸ conjug 1 ◂ **1** vt ◆ (lit) **prostituer qn** to make a prostitute of sb ◆ **prostituer qn (à qn)** to prostitute sb (to sb); (fig) to prostitute
2 **se prostituer** vpr (lit, fig) to prostitute o.s.

prostitution [pʀɔstitysjɔ̃] → SYN nf (lit, fig) prostitution

prostration [pʀɔstʀasjɔ̃] → SYN nf (Méd, Rel) prostration

prostré, e [pʀɔstʀe] → SYN adj (fig) prostrate, prostrated; (Méd) prostrate

prostyle [pʀɔstil] adj, nm prostyle

protactinium [pʀɔtaktinjɔm] nm protactinium

protagoniste [pʀɔtagɔnist] → SYN nm protagonist

protamine [pʀɔtamin] nf protamine

protandrie [pʀɔtɑ̃dʀi] nf ⇒ **protérandrie**

protase [pʀɔtaz] nf protasis

protéase [pʀɔteaz] nf protease

protecteur, -trice [pʀɔtɛktœʀ, tʀis] → SYN **1** adj **a** (gén, Chim, Écon) protective (*de* of) → **société**
b ton, air patronizing
2 nm,f (défenseur) protector, guardian; [arts] patron
3 nm [femme] (souteneur) pimp (péj); (†: galant) fancy man† ◆ (au Québec) **protecteur du citoyen** ombudsman

protection [pʀɔtɛksjɔ̃] → SYN **1** nf **a** (défense) protection (*contre* against, from) ◆ **mesures de protection** protective measures ◆ **sous la protection de** under the protection of ◆ **prendre qn sous sa protection** to give sb one's protection, take sb under one's wing ◆ **assurer la protection de** to protect ◆ **assurer la protection rapprochée du chef de l'État** to ensure the personal safety of the head of state ◆ **il a demandé à bénéficier d'une protection rapprochée** he asked for 24-hour police protection
b (patronage) patronage ◆ **prendre qn sous sa protection** to give sb one's patronage, take sb under one's wing ◆ **obtenir une place par protection** to get a post by pulling strings ◆ **je l'avais pris chez moi par protection** I'd taken him on to do him a good turn ◆ **air / sourire de protection** protective air / smile
c (blindage) [navire] armour(-plating)
d (Ordin) protection

2 COMP ▹ **protection civile** ≃ civil defence ▹ **protection du consommateur** consumer protection ▹ **protection de l'emploi** job protection ▹ **protection de l'enfance** child welfare ▹ **protection de l'environnement** environmental protection ▹ **protection maternelle et infantile** *regional organization providing for the welfare of mothers-to-be and infants* ▹ **protection de la nature** preservation ou protection of the countryside ▹ **protection périodique** sanitary protection ▹ **protection des sites** preservation ou protection of beauty spots ▹ **protection sociale** social welfare

protectionnisme [pʀɔtɛksjɔnism] nm protectionism

protectionniste [pʀɔtɛksjɔnist] adj, nmf protectionist

protectorat [pʀɔtɛktɔʀa] nm protectorate

Protée [pʀɔte] nm Proteus

protée [pʀɔte] nm (littér) chameleon (fig); (Zool) olm

protégé, e [pʀɔteʒe] → SYN (ptp de **protéger**) 1 adj a site protected; (Ordin) disquette write-protected; logiciel copy-protected ◆ **protégé en écriture** write-protected
b (pour handicapé) **atelier protégé** sheltered workshop ◆ **emploi protégé** job in a sheltered workshop → **passage**
2 nm protégé; (*: chouchou) favourite, pet*
3 **protégée** nf protégée; (*: favorite) favourite, pet*

protège-cahier, pl **protège-cahiers** [pʀɔtɛʒkaje] nm exercise-book cover

protège-dents [pʀɔtɛʒdɑ̃] nm inv gum-shield

protéger [pʀɔteʒe] → SYN ▸ conjug 3 et 6 ◂ vt a personne (veiller à la sécurité de) to protect, guard; (abriter) to protect, shield; (moralement) to protect, guard, shield; plantes, lieu (des éléments) to protect, shelter; équipement, matériel, membres (des chocs etc) to protect; institution, tradition to protect (*de, contre* from) ◆ **protéger les intérêts de qn** to protect sb's interests ◆ **se protéger du froid / contre les piqûres d'insectes** to protect o.s. from the cold / against insect bites ◆ **crème qui protège contre le soleil** cream that gives (good) protection against the sun
b (patronner) personne to be a patron of; carrière to further; arts, sports, artisanat to patronize
c (Comm) produits locaux to protect
d (Ordin) to protect

protège-slip, pl **protège-slips** [pʀɔtɛʒslip] nm panty liner

protège-tibia, pl **protège-tibias** [pʀɔtɛʒtibja] nm shin guard

protéiforme [pʀɔteifɔʀm] → SYN adj protean

protéinase [pʀɔteinaz] nf ⇒ **protéase**

protéine [pʀɔtein] nf protein

protéinurie [pʀɔteinyʀi] nf albuminuria, proteinuria

protéique [pʀɔteik] adj protein (épith), proteinic

protèle [pʀɔtɛl] nm aardwolf

protéolyse [pʀɔteɔliz] nf proteolysis

protéolytique [pʀɔteɔlitik] adj proteolytic

protérandrie [pʀɔteʀɑ̃dʀi] nf protandry

protérogyne [pʀɔteʀɔʒin] adj ⇒ **protogine**

protérogynie [pʀɔteʀɔʒini] nf ⇒ **protogynie**

protestable [pʀɔtɛstabl] adj protestable, which may be protested

protestant, e [pʀɔtɛstɑ̃, ɑ̃t] → SYN adj, nm,f Protestant

protestantisme [pʀɔtɛstɑ̃tism] → SYN nm Protestantism

protestataire [pʀɔtɛstatɛʀ] → SYN 1 adj personne protesting (épith); marche, mesure protest (épith)
2 nmf protestor, protester

protestation [pʀɔtɛstasjɔ̃] → SYN nf (plainte) protest; (déclaration) protestation, profession; (Jur) protesting, protestation ◆ **en signe de protestation** as a (sign of) protest ◆ **faire des protestations d'amitié à qn** to profess one's friendship to sb

protester [pʀɔtɛste] → SYN ▸ conjug 1 ◂ GRAMMAIRE ACTIVE 14
1 vi to protest (*contre* against, about) ◆ **protester de son innocence / de sa loyauté** to protest one's innocence / loyalty ◆ **« mais non », protesta-t-il** "no" he protested
2 vt (Jur) to protest; (frm: déclarer) to declare, affirm, profess ◆ (frm) **il protesta la plus vive admiration pour elle** he declared that he had the keenest admiration for her

protêt [pʀɔtɛ] nm (Comm, Jur) protest

prothalle [pʀɔtal] nm prothallus, prothallium

prothèse [pʀɔtɛz] nf (appareil) prosthesis; (science, technique) prosthetics (gén sg), prosthesis ◆ **prothèse (dentaire)** denture, dentures, false teeth (pl), dental prosthesis (spéc) ◆ **prothèse auditive** hearing aid ◆ **(appareil de) prothèse** artificial limb (ou hand ou arm etc), prosthesis (spéc) ◆ **pose d'une prothèse de hanche** hip replacement (operation)

prothésiste [pʀɔtezist] nmf prosthetic technician ◆ **prothésiste (dentaire)** dental technician

prothorax [pʀɔtɔʀaks] nm prothorax

prothrombine [pʀɔtʀɔ̃bin] nf prothrombin

protide [pʀɔtid] nm protein

protiste [pʀɔtist] nm protist

proto... [pʀɔtɔ] préf proto...

protococcus [pʀɔtɔkɔkys] nm protococcoid

protocolaire [pʀɔtɔkɔlɛʀ] → SYN adj invitation, cérémonie formal ◆ **question protocolaire** question of protocol ◆ **ce n'est pas très protocolaire!** it's not showing much regard for etiquette!

protocole [pʀɔtɔkɔl] → SYN nm a (étiquette) etiquette; (Pol, Ordin, Sci) protocol
b (procès-verbal) protocol ◆ **établir un protocole d'accord** to draw up a draft agreement

protoétoile [pʀɔtoetwal] nf protostar

protogine [pʀɔtɔʒin] nm ou f protogine

protogyne [pʀɔtɔʒin] adj protogynous

protogynie [pʀɔtɔʒini] nf protogyny

protohistoire [pʀɔtoistwaʀ] → SYN nf protohistory

protohistorique [pʀɔtoistɔʀik] adj protohistoric

proton [pʀɔtɔ̃] nm proton

protonéma [pʀɔtɔnema] nm protonema

protonique [pʀɔtɔnik] adj proton (épith)

protophyte [pʀɔtɔfit] nm ou f protophyte

protoplasma [pʀɔtɔplasma], **protoplasme** [pʀɔtɔplasm] nm protoplasm

protoplasmique [pʀɔtɔplasmik] adj protoplasmic

protoptère [pʀɔtɔptɛʀ] nm protopterus

prototype [pʀɔtɔtip] → SYN nm prototype ◆ **prototype d'avion** prototype aircraft

protoxyde [pʀɔtɔksid] nm protoxide

protozoaire [pʀɔtɔzɔɛʀ] nm protozoon ◆ **protozoaires** protozoa

protubérance [pʀɔtybeʀɑ̃s] → SYN nf bulge, protuberance ◆ (Anat) **protubérance annulaire** pons (Varolii) ◆ (Astron) **protubérance solaire** (solar) prominence

protubérant, e [pʀɔtybeʀɑ̃, ɑ̃t] → SYN adj ventre, yeux bulging, protuberant, protruding; nez, menton protuberant, protruding

prou [pʀu] → SYN adv → **peu**

proue [pʀu] → SYN nf bow, bows, prow → **figure**

prouesse [pʀuɛs] → SYN nf (littér) feat ◆ (fig) **il a fallu faire des prouesses pour le convaincre** we had to work minor miracles ou stand on our heads to convince him

proustien, -ienne [pʀustjɛ̃, jɛn] adj Proustian, Proust (épith)

prout* [pʀut] nm ◆ **faire prout** to let off*

prouvable [pʀuvabl] adj provable ◆ **allégations difficilement prouvables** allegations which are difficult to prove

prouver [pʀuve] → SYN ▸ conjug 1 ◂ GRAMMAIRE ACTIVE 26.4 vt (gén) to prove ◆ **prouver qch par l'absurde** to prove sth by reducing it to the absurd ◆ **les faits ont prouvé qu'il avait raison / qu'il était innocent** the facts proved him (to be) right / innocent ou proved that he was right / innocent ◆ **il est prouvé que ...** it has been proved that ... ◆ **cela prouve que ...** it proves ou shows that ... ◆ **il n'est pas prouvé qu'il soit coupable** there is no proof that he is guilty ou of his guilt ◆ **cela n'est pas prouvé** there's no proof of it, that hasn't been proved, that remains to be proved ◆ **cette réponse prouve de l'esprit** that answer gives proof of his (ou her etc) wit ou shows wit ◆ **comment vous prouver ma reconnaissance?** how can I show ou demonstrate my gratitude to you? ◆ **il a voulu se prouver (à lui-même) qu'il en était capable** he wanted to prove to himself that he was capable of it ◆ **son efficacité n'est plus à prouver** its effectiveness is no longer in doubt ou in question ◆ **j'ai 25 ans d'expérience, je n'ai plus rien à prouver** I have 25 years' experience, I have nothing to prove

provenance [pʀɔv(ə)nɑ̃s] → SYN nf [produit, objet, famille] origin, provenance (frm); [mot, coutume] source, provenance (frm) ◆ **j'ignore la provenance de cette lettre** I don't know where this letter comes ou came ou was sent from ◆ **pays de provenance** country of origin ◆ **des objets de toutes provenances** articles of every possible origin ◆ **de provenance étrangère** of foreign origin ◆ **en provenance de l'Angleterre** from England

provençal, e, mpl **-aux** [pʀɔvɑ̃sal, o] 1 adj Provençal ◆ (Culin) **(à la) provençale** (à la) Provençale
2 nm (Ling) Provençal
3 nm,f ◆ **Provençal(e)** Provençal

Provence [pʀɔvɑ̃s] nf Provence

provenir [pʀɔv(ə)niʀ] → SYN ▸ conjug 22 ◂ **provenir de** vt indir (venir de) pays to come from, be from; (résulter de) cause to be due to, be the result of ◆ **son genre de vie provient de son éducation** his life style is the result of his upbringing ◆ **mot qui provient d'une racine grecque** word which comes ou derives from a Greek root ou source ◆ **fortune qui provient d'une lointaine cousine** fortune whose source is a distant cousin ou that comes from a distant cousin ◆ **vase provenant de Chine** vase (that comes) from China ◆ **je me demande d'où provient sa fortune** I wonder where he got his money from, I wonder how he came by so much money

proverbe [pʀɔvɛʀb] → SYN nm proverb ◆ **comme dit le proverbe** as the saying goes ◆ **passer en proverbe** to become proverbial ◆ (Bible) **le livre des Proverbes** the (Book of) Proverbs

proverbial, e, mpl **-iaux** [pʀɔvɛʀbjal, jo] → SYN adj proverbial

proverbialement [pʀɔvɛʀbjalmɑ̃] adv proverbially

providence [pʀɔvidɑ̃s] → SYN nf (Rel) providence; (fig: sauveur) guardian angel ◆ (fig) **cette bouteille d'eau a été notre providence** that bottle of water was our salvation ou was a lifesaver ◆ **vous êtes ma providence!** you're my salvation! → **état**

providentiel, -ielle [pʀɔvidɑ̃sjɛl] → SYN adj providential ◆ **voici l'homme providentiel** here is the man we need

providentiellement [pʀɔvidɑ̃sjɛlmɑ̃] → SYN adv providentially

provignage [pʀɔviɲaʒ], **provignement** [pʀɔviɲəmɑ̃] nm [vigne] layering

provigner [pʀɔviɲe] ▸ conjug 1 ◂ vt vigne to layer

provin [pʀɔvɛ̃] nm vine runner

province [pʀɔvɛ̃s] → SYN nf a (région) province ◆ **Paris et la province** Paris and the provinces ◆ **vivre en province** to live in the provinces ◆ **ville de province** provincial town ◆ (péj) **il arrive de sa province** where has he been? ◆ (péj) **elle fait très province** she is very provincial ◆ (Hist: Hollande) **les Provinces Unies** the United Provinces
b (Can Pol) province, *main political division* ◆ **les Provinces maritimes** the Maritime Prov-

inces, the Maritimes (Can) ◆ **habitant des Provinces maritimes** Maritimer ◆ **les Provinces des prairies** the Prairie Provinces (Can) ◆ **la Belle Province** Quebec

provincial, e, mpl **-iaux** [pʀɔvɛ̃sjal, jo] 1 adj a (gén, Rel) provincial
b (Can Pol) **gouvernement provincial** Provincial government
2 nm,f provincial ◆ **les provinciaux** people who live in the provinces, provincials
3 nm a (Rel) Provincial
b (Can) **le provincial** the Provincial Government

provincialisme [pʀɔvɛ̃sjalism] nm provincialism

proviseur [pʀɔvizœʀ] → SYN nm [lycée] head(master), principal

provision [pʀɔvizjɔ̃] → SYN nf a (réserve) [vivres, cartouches] stock, supply; [eau] supply ◆ **faire (une) provision de** nourriture, papier to stock up with, lay ou get in a stock of; énergie, courage to build up a stock of ◆ **j'ai acheté toute une provision de bonbons** I've bought in a whole supply ou stock of sweets ◆ **j'ai une bonne provision de conserves** I have a good stock of canned food, I've plenty of canned food in ◆ **avoir une bonne provision de courage** to have a good stock of courage
b (vivres) **provisions** provisions, food (NonC) ◆ **faire ses provisions, aller aux provisions*** to go shopping (for groceries ou food) ◆ **elle posa ses provisions sur la table** she put her groceries on the table ◆ **faire des provisions pour l'hiver** (lit) to buy in food ou provisions for the winter, stock up (with food ou provisions) for the winter; (hum) (financièrement) to put something away for a rainy day ◆ (hum : trop manger) **tu fais des provisions pour l'hiver?** are you fattening yourself up for the winter? ◆ **provisions de guerre** war supplies ◆ **provisions de bouche** provisions ◆ **filet / panier à provisions** shopping bag / basket ◆ **armoire** ou **placard à provisions** food cupboard
c (arrhes) (chez un avocat) retainer, retaining fee; (pour un achat) deposit ◆ (Banque) **y a-t-il provision au compte?** are there sufficient funds in the account? ◆ (immeuble d'habitation) **provisions sur charges** interim payment for maintenance ou service charges → **chèque**

provisionnel, -elle [pʀɔvizjɔnɛl] adj (Jur) provisional ◆ **acompte** ou **tiers provisionnel** provisional payment *(towards one's income tax)*

provisionner [pʀɔvizjɔne] ▸ conjug 1 ◂ vt compte to pay money ou funds into

provisoire [pʀɔvizwaʀ] → SYN 1 adj arrêt, jugement provisional; mesure, solution provisional, temporary; bonheur, liaison temporary; installation temporary; adjoint temporary, acting (épith); gouvernement provisional, interim (épith) ◆ **à titre provisoire** temporarily, provisionally → **liberté**
2 nm ◆ **c'est du provisoire** it's a temporary ou provisional arrangement

provisoirement [pʀɔvizwaʀmɑ̃] → SYN adv (pour l'instant) for the time being

provisorat [pʀɔvizɔʀa] nm headmastership, principalship (US)

provitamine [pʀɔvitamin] nf provitamin

provoc* [pʀɔvɔk] nf abrév de **provocation**

provocant, e [pʀɔvɔkɑ̃, ɑ̃t] → SYN adj provocative

provocateur, -trice [pʀɔvɔkatœʀ, tʀis] → SYN
1 adj provocative → **agent**
2 nm agitator

provocation [pʀɔvɔkasjɔ̃] → SYN nf provocation ◆ **provocation à (faire) qch** incitement to (do) sth ◆ **provocation en duel** challenge to a duel ◆ **manifestants qui font de la provocation** demonstrators who use tactics of provocation

provoquer [pʀɔvɔke] → SYN ▸ conjug 1 ◂ GRAMMAIRE ACTIVE 17.2 vt a (inciter, pousser à) **provoquer qn à** to incite sb to
b (défier) to provoke ◆ **provoquer qn en duel** to challenge sb to a duel ◆ **elle aime provoquer les hommes** she likes to provoke men ◆ **provoquer qn du regard** to give sb a provocative look ◆ **les 2 adversaires s'étaient provoqués** the 2 opponents had provoked each other
c (causer) accident, incendie, explosion to cause; réaction, changement d'attitude to provoke, prompt, produce; courant d'air to create, cause; révolte to cause, bring about, instigate; commentaires to give rise to, provoke, prompt; colère to arouse, spark off; curiosité to arouse, excite, prompt; gaieté to cause, give rise to, provoke; aveux, explications to prompt ◆ **blessures qui ont provoqué la mort** injuries which led to ou brought about death ◆ **médicament qui provoque le sommeil** medicine which brings on ou induces sleep ◆ **le malade est sous sommeil / évanouissement provoqué** the patient is in an induced sleep / a state of induced unconsciousness ◆ (Chim) **l'élévation de température a provoqué cette réaction** the rise in temperature brought about ou triggered off ou started up this reaction

proxénète [pʀɔksenɛt] → SYN nm procurer

proxénétisme [pʀɔksenetism] → SYN nm procuring

proximité [pʀɔksimite] → SYN nf (dans l'espace) nearness, closeness, proximity; (dans le temps) imminence, closeness ◆ **à proximité** near ou close by, near ou close at hand ◆ **à proximité de** near (to), close to, in the vicinity of, in proximity to ◆ **commerce de proximité** local shop (Brit) ou store (US), neighborhood store (US) ◆ **emploi de proximité** ≃ community service job

pruche [pʀyʃ] nf (Can) hemlock spruce

prude [pʀyd] → SYN 1 adj prudish
2 nf prude ◆ **faire la prude, jouer les prudes** to behave prudishly

prudemment [pʀydamɑ̃] adv (→ **prudent**) carefully; cautiously; prudently; wisely, sensibly; cagily ◆ **garder prudemment le silence** to keep a cautious silence

prudence [pʀydɑ̃s] → SYN nf (→ **prudent**) care; caution, cautiousness; prudence; wisdom; caginess ◆ **prudence! ça glisse** careful! it's slippery ◆ **manquer de prudence** not to be careful ou cautious enough ◆ **par (mesure de) prudence** as a precaution ◆ **il a eu la prudence de partir** he had the good sense ou he was wise ou sensible enough to leave ◆ **il faudra lui annoncer la nouvelle avec beaucoup de prudence** the news must be broken to him very carefully ◆ (Prov) **prudence est mère de sûreté** safety is born of caution

prudent, e [pʀydɑ̃, ɑ̃t] → SYN GRAMMAIRE ACTIVE 2.2 adj (circonspect) careful, cautious, prudent; (sage) wise, sensible; (réservé) cautious, cagey ◆ **il est prudent de faire** it is wise ou advisable ou a good idea to do ◆ **il serait prudent de vous munir d'un parapluie** it would be wise ou sensible ou a good idea to take an umbrella, you would be well-advised to take an umbrella ◆ **ce n'est pas prudent** it's not advisable, it's not a good idea ◆ **ce n'est pas prudent de boire avant de conduire** it's not prudent ou sensible ou wise ou advisable to drink before driving ◆ **c'est plus prudent** it's wiser ou safer ou more sensible ◆ **soyez prudent!** be careful!, take care! ◆ **il s'est montré très prudent au sujet du résultat** he was very cautious ou cagey about the result ◆ **il jugea plus prudent de se taire** he thought it prudent ou wiser ou more sensible to keep quiet ◆ **c'est un prudent** he's a careful ou cautious ou prudent type

pruderie [pʀydʀi] → SYN nf (littér) prudishness (NonC), prudery

prud'homal, e, mpl **-aux** [pʀydɔmal, o] adj of an industrial tribunal

prud'homie [pʀydɔmi] → SYN nf (→ **prud'homme**) jurisdiction of an industrial tribunal

prud'homme [pʀydɔm] → SYN nm ◆ **conseil de prud'hommes** ≃ industrial tribunal *(with wider administrative and advisory powers)*

prudhommerie [pʀydɔmʀi] nf sententiousness, pomposity

prudhommesque [pʀydɔmɛsk] adj sententious, pompous

prune [pʀyn] → SYN 1 nf (fruit) plum; (alcool) plum brandy; (†*: coup) clout* ◆ (fig) **pour des prunes*** for nothing ◆ **des prunes!*** not likely!*, not on your life!*, no way!* ◆ **filer une prune à qn*†** to give sb a clout*, clout* sb
2 adj inv plum-coloured

pruneau, pl **pruneaux** [pʀyno] nm (sec) prune; (Helv : quetsche) *kind of dark-red plum*; (*: balle) slug*

prunelle [pʀynɛl] → SYN nf a (Bot) sloe; (eau-de-vie) sloe gin
b (Anat : pupille) pupil; (œil) eye ◆ **il y tient comme à la prunelle de ses yeux** (objet) he treasures ou cherishes it; (personne) she (ou he) is the apple of his eye, she (ou he) is very precious to him ◆ **il / elle jouait de la prunelle*** he / she was giving her / him the eye*

prunellier [pʀynəlje] nm sloe, blackthorn

prunier [pʀynje] nm plum tree → **secouer**

prunus [pʀynys] nm prunus, Japanese flowering cherry

prurigineux, -euse [pʀyʀiʒinø, øz] adj pruriginous

prurigo [pʀyʀigo] → SYN nm prurigo

prurit [pʀyʀit] nm pruritus

Prusse [pʀys] nf Prussia → **bleu**

prussien, -ienne [pʀysjɛ̃, jɛn] 1 adj Prussian
2 nm,f ◆ **Prussien(ne)** Prussian

prussique [pʀysik] adjm ◆ **acide prussique** prussic acid

prytanée [pʀitane] → SYN nm (Antiq) prytaneum ◆ **prytanée militaire** military academy

PS [peɛs] nm abrév de **parti socialiste**

P.-S. [peɛs] nm (abrév de **post-scriptum**) ps

psallette [psalɛt] → SYN nf choir

psalliote [psaljɔt] nf pine wood mushroom

psalmiste [psalmist] nm psalmist

psalmodie [psalmɔdi] → SYN nf (Rel) psalmody, chant; (fig littér) drone

psalmodier [psalmɔdje] → SYN ▸ conjug 7 ◂
1 vt (Rel) to chant; (fig littér) to drone out
2 vi to chant; to drone (on ou away)

psaume [psom] → SYN nm psalm ◆ (Bible) **le livre des Psaumes** the Book of Psalms

psautier [psotje] → SYN nm psalter

pschent [pskɛnt] nm pschent

pseudarthrose [psødaʀtʀoz] nf false joint ou ankylosis, pseudoarthrosis (spéc)

pseudo- [psødo] préf (gén) pseudo-; employé, officier bogus

pseudonyme [psødɔnim] → SYN nm (gén) assumed ou fictitious name; [écrivain] pen name, pseudonym; [comédien] stage name; (Jur, hum) alias

pseudopode [psødɔpɔd] nm pseudopodium

psi [psi] nm psi

psitt [psit] excl ps(s)t!

psittacidés [psitaside] nmpl ◆ **les psittacidés** psittacines, the Psittacidae (spéc)

psittacisme [psitasism] nm (répétition mécanique) parrotry; (Psych) psittacism

psittacose [psitakoz] nf psittacosis

psoralène [psɔʀalɛn] nm psoralen

psoriasis [psɔʀjazis] nm psoriasis

pst [pst] interj ⇒ **psitt**

PSV [peɛsve] (abrév de **pilotage sans visibilité**) → **pilotage**

psy* [psi] 1 nmf (abrév de **psychiatre**) psychiatrist, shrink* (péj)
2 adj inv (abrév de **psychologique**) psychological

psychanalyse [psikanaliz] → SYN nf [personne] psychoanalysis, analysis surtout (US); [texte] psychoanalytical study

psychanalyser [psikanalize] ▸ conjug 1 ◂ vt personne to psychoanalyze; texte to study from a psychoanalytical viewpoint ◆ **se faire psychanalyser** to have o.s. psychoanalyzed

psychanalyste [psikanalist] nmf psychoanalyst, analyst (surtout US)

psychanalytique [psikanalitik] adj psychoanalytic(al)

psychasthénie [psikasteni] nf psychasthenia

psychasthénique [psikastenik] 1 adj psychasthenic
2 nmf person suffering from psychasthenia

psyché [psiʃe] → SYN nf a (Psych) psyche
b (miroir) cheval glass, swing mirror
c (Myth) **Psyché** Psyche

psychédélique [psikedelik] → SYN adj psychedelic

psychédélisme [psikedelism] nm psychedelic state

psychiatre [psikjatʀ] → SYN nmf psychiatrist

psychiatrie [psikjatʀi] → SYN nf psychiatry

psychiatrique [psikjatʀik] adj troubles psychiatric; hôpital psychiatric, mental (épith)

psychiatriser [psikjatʀize] ▸conjug 1◂ vt personne, fait to analyse

psychique [psiʃik] → SYN adj psychological, psychic(al)

psychisme [psiʃism] nm psyche, mind

psycho* [psiko] nf abrév de **psychologie**

psychoanaleptique [psikoanalɛptik] adj, nm psychoanaleptic

psychobiologie [psikobjɔlɔʒi] nf psychobiology

psychochirurgie [psikoʃiʀyʀʒi] nf psychosurgery

psychocritique [psikokʀitik] nf psychoanalytic(al) criticism

psychodramatique [psikɔdʀamatik] adj psychodramatic

psychodrame [psikɔdʀam] → SYN nm psychodrama

psychodysleptique [psikodislɛptik] 1 adj psychodysleptic
2 nm psychodysleptic drug

psychogène [psikɔʒɛn] adj psychogenic

psychogenèse [psikoʒənɛz] nf psychogenesis

psychogénétique [psikoʒenetik] adj psychogenetic

psychokinésie [psikokinezi] nf psychokinesis

psycholinguiste [psikolɛ̃gɥist] nmf psycholinguist

psycholinguistique [psikolɛ̃gɥistik] 1 adj psycholinguistic
2 nf psycholinguistics (sg)

psychologie [psikɔlɔʒi] → SYN nf psychology ◆ **psychologie de l'enfant** child psychology ◆ **la psychologie des foules / du comportement** crowd / behavioural psychology ◆ **il faut faire preuve de psychologie** you have to have people skills, you have to know how to deal with people

psychologique [psikɔlɔʒik] → SYN adj psychological ◆ **tu sais, mon vieux, c'est psychologique!** it's psychological ou it's all in the mind, old boy! → **moment**

psychologiquement [psikɔlɔʒikmɑ̃] adv psychologically

psychologisme [psikɔlɔʒism] nm psychologism

psychologue [psikɔlɔg] 1 adj ◆ (intuitif) **il est psychologue** he is a good psychologist ◆ **il n'est pas (très) psychologue** he's not much of a psychologist
2 nmf psychologist ◆ **psychologue d'entreprise** industrial psychologist ◆ **psychologue scolaire** educational psychologist

psychométricien, -ienne [psikɔmetʀisjɛ̃, jɛn] nm,f psychometrician, psychometrist

psychométrie [psikɔmetʀi] nf psychometry, psychometrics (sg)

psychométrique [psikɔmetʀik] adj psychometric

psychomoteur, -trice [psikomɔtœʀ, tʀis] adj psychomotor

psychomotricité [psikɔmɔtʀisite] nf psychomotility

psychopathe [psikɔpat] → SYN nmf person who is mentally ill; (agressif, criminel) psychopath

psychopathie [psikɔpati] nf mental illness; psychopathy

psychopathologie [psikopatɔlɔʒi] nf psychopathology

psychopédagogie [psikopedagɔʒi] nf educational psychology

psychopédagogique [psikopedagɔʒik] adj ◆ **études psychopédagogiques** studies in educational psychology

psychopharmacologie [psikofaʀmakɔlɔʒi] nf psychopharmacology

psychophysiologie [psikofizjɔlɔʒi] nf psychophysiology

psychophysiologique [psikofizjɔlɔʒik] adj psychophysiological

psychopompe [psikopɔ̃p] nm psychopompos

psychoprophylactique [psikopʀɔfilaktik] adj ◆ **méthode psychoprophylactique** psychoprophylaxis

psychorigide [psikoʀiʒid] adj (Psych) *stubbornly resistant to change*

psychorigidité [psikoʀiʒidite] nf (Psych) *stubborn resistance to change*

psychose [psikoz] → SYN nf (Psych) psychosis; (fig: obsession) obsessive fear (*de* of) ◆ **psychose maniacodépressive** manic depressive psychosis

psychosensoriel, -ielle [psikosɑ̃sɔʀjɛl] adj psychosensory

psychosocial, e, mpl **-iaux** [psikosɔsjal, jo] adj psychosocial

psychosociologie [psikosɔsjɔlɔʒi] nf psychosociology

psychosomatique [psikosɔmatik] 1 adj psychosomatic
2 nf psychosomatics (sg)

psychotechnicien, -ienne [psikotɛknisjɛ̃, jɛn] nm,f psychotechnician, psychotechnologist

psychotechnique [psikotɛknik] 1 adj psychotechnical, psychotechnological
2 nf psychotechnics (sg), psychotechnology

psychothérapeute [psikoteʀapøt] nmf psychotherapist

psychothérapie [psikoteʀapi] nf psychotherapy ◆ **psychothérapie de soutien** supportive therapy

psychothérapique [psikoteʀapik] adj psychotherapeutic

psychotique [psikɔtik] adj, nmf psychotic

psychotonique [psikɔtɔnik] adj, nm psychotonic

psychotrope [psikɔtʀɔp] 1 adj psychoactive, psychotropic
2 nm psychoactive ou psychotropic substance

psychromètre [psikʀɔmɛtʀ] nm psychrometer

psylle [psil] nm ou f jumping plant louse

psyllium [psiljɔm] nm psyllium (seed)

Pte abrév de **porte**

ptéranodon [pteʀanɔdɔ̃] nm pteranodon

ptéridophytes [pteʀidɔfit] nmpl ◆ **les ptéridophytes** pteridophytes, the Pteridophyta (spéc)

ptérodactyle [pteʀɔdaktil] nm pterodactyl

ptéropode [pteʀɔpɔd] nm pteropod

ptérosauriens [pteʀɔsɔʀjɛ̃] nmpl ◆ **les ptérosauriens** pterodactyls, pterosaurs, the Pterosauria (spéc)

ptérygoïde [pteʀigɔid] adj ◆ **apophyse ptérygoïde** pterygoid process

ptérygoïdien, -ienne [pteʀigɔidjɛ̃, jɛn] adj, nm pterygoid

ptérygote [pteʀigɔt] nm winged insect

Ptolémée [ptɔleme] nm Ptolemy

ptomaïne [ptɔmain] nf ptomain(e)

ptose [ptoz] nf ptosis

P. et T. [petete] nfpl (abrév de **Postes et Télécommunications**) → **poste**[1]

ptosis [ptozis] nm ptosis

ptyaline [ptjalin] nf ptyalin

puant, puante [pɥɑ̃, pɥɑ̃t] → SYN adj (lit) stinking, foul-smelling; (fig) personne, attitude bumptious, overweening ◆ **il est puant, c'est un type puant** he's full of himself*, he's a bumptious ou an overweening character ◆ **puant d'orgueil** bloated with pride

puanteur [pɥɑ̃tœʀ] → SYN nf stink, stench

pub[1] [pœb] nm (bar) pub

pub[2]* [pyb] nf (annonce) ad*, advert* (Brit); (Ciné, TV) commercial, ad*, advert* (Brit) ◆ (métier) **la pub** advertising ◆ **faire de la pub pour qch** (Comm) to advertise sth; (inciter à acheter qch) to plug sth*, give sth a plug* ◆ **ça lui a fait de la pub** it was a plug* for him ◆ **coup de pub** publicity stunt ◆ **ses disques ne se vendent qu'à coups de pub** his records are selling only as a result of heavy advertising

pubère [pybɛʀ] → SYN adj pubescent

pubertaire [pybɛʀtɛʀ] adj pubertal

puberté [pybɛʀte] → SYN nf puberty

pubescence [pybesɑ̃s] nf (Bio) pubescence

pubescent, e [pybesɑ̃, ɑ̃t] → SYN adj (Bio) pubescent

pubien, -ienne [pybjɛ̃, jɛn] adj pubic ◆ **région pubienne** pubic region, pubes

pubis [pybis] → SYN nm (os) pubis; (bas-ventre) pubes ◆ **os pubis** pubic bone

publiable [pyblijabl] adj publishable ◆ **ce n'est pas publiable** it's not fit for publication

public, -ique [pyblik] → SYN 1 adj a (non privé) intérêt, lieu, opinion, vie public; vente, réunion public, open to the public (attrib) ◆ **danger / ennemi / homme public** public danger / enemy / figure ◆ **la nouvelle est maintenant publique** the news is now common knowledge ou public knowledge ◆ **la nouvelle a été rendue publique hier** the news was made public ou was released yesterday → **domaine, droit**[3]**, notoriété**
b (de l'État) services, secteur, finances public; école, instruction State (Brit) (épith), public (US) → **charge, chose, dette** etc
2 nm a (population) (general) public ◆ **interdit au public** no admittance to the public
b (audience, assistance) audience ◆ **œuvre conçue pour un jeune public** work written for a young audience ◆ **en matière d'opéra, le public parisien est très exigeant** the opera-going public of Paris is very demanding, where opera is concerned Paris audiences are very demanding ◆ **des huées s'élevèrent du public** boos rose from the audience ou public ◆ **cet écrivain s'adresse à un vaste public** this author writes for a large readership ◆ **cet acteur a son public** this actor has his fans ou followers ◆ **cet ouvrage plaira à tous les publics** this work will be appreciated by all types of readership ou reading public ◆ **un public clairsemé assistait au match** the match was attended by very few spectators ◆ **le public est informé que ...** the public is advised that ... ◆ **en public** in public ◆ **le grand public** the general public ◆ **roman destiné au grand public** novel written for the general reader ou public ◆ **appareils électroniques grand public** consumer electronics ◆ **film grand public** film with mass appeal ◆ (fig) **il lui faut toujours un public** he always needs an audience ◆ **ses romans ont conquis un vaste public** his novels have won a vast readership ◆ **être bon / mauvais public** to be a good / poor audience
c (secteur) **le public** the public sector

publicain [pyblikɛ̃] nm (Hist romaine) publican, tax-gatherer

publication [pyblikasjɔ̃] → SYN nf (action) publication, publishing; (écrit publié) publication ◆ **publication assistée par ordinateur** desktop publishing

publiciste [pyblisist] → SYN nmf a (*: publicitaire) advertising executive, adman* ◆ **il est publiciste** he's in advertising, he's an adman*
b (Jur) public law specialist

publicitaire [pyblisitɛʀ] → SYN 1 adj budget, affiche, agence, campagne advertising (épith); film, voiture promotional ◆ **annonce publici-**

taire advertisement • **échantillon publicitaire** give-away ou free sample • **grande vente publicitaire** big promotional sale • **matériel publicitaire** publicity material • **rédacteur publicitaire** copywriter
2 nmf advertising executive, advertising agent

publicité [pyblisite] → SYN nf a (Comm : méthode, profession) advertising • (Comm) **matériel de publicité** publicity material • (Comm, fig) **faire de la publicité pour qch** to advertise sth • **il sait bien faire sa propre publicité** he's good at doing his own advertising • **cette marque fait beaucoup de publicité** this make does a lot of advertising • **publicité collective** collective advertising • **publicité directe** direct advertising • **publicité de rappel** reminder advertising • **publicité mensongère** misleading advertising • **publicité sur les lieux de vente** point-of-sale advertising → **agence** etc
b (annonce) advertisement, ad*, advert* (Brit) ; (Ciné, TV) commercial, advertisement
c (révélations) publicity • **on a fait trop de publicité autour de cette affaire** this affair has had ou has been given too much publicity
d (Jur) **la publicité des débats** the public nature of the proceedings

publier [pyblije] → SYN ▸conjug 7◂ vt a livre [auteur] to publish ; [éditeur] to publish, bring out
b bans, décret to publish ; (littér) nouvelle to publish (abroad) (littér), make public • **ça vient d'être publié** it's just out, it has just come out ou been published • **publier un communiqué (au sujet de** ou **concernant)** to release a statement (about)

publiphone® [pyblifɔn] nm public telephone, payphone • **publiphone à carte** card phone

publipostage [pybliposta3] → SYN nm mailshot, mass mailing

publiquement [pyblikmã] → SYN adv publicly

publireportage [pybliʀ(ə)pɔʀta3] nm advertorial

puce [pys] → SYN 1 nf a (Zool) flea • **puce de mer** ou **de sable** sand flea • **puce d'eau** water flea • (fig) **cela m'a mis la puce à l'oreille** that started me thinking • **les puces, le marché aux puces** the flea market • **oui, ma puce*** yes, pet* ou lovie* • (fig) **c'est une vraie puce** he's (ou she's) a real midget • **être agité** ou **excité comme une puce** to be all worked up → **sac**[1], **secouer**
b **jeu de puces** tiddlywinks • **jouer aux puces** to play tiddlywinks
c (Ordin) (silicon) chip • **puce électronique** microchip • **puce mémoire** memory chip
2 adj inv puce

puceau*, pl **puceaux** [pyso] 1 adjm • **être puceau** to be a virgin
2 nm virgin

pucelage* [pys(ə)la3] nm virginity

pucelle [pysɛl] (††, hum,*) 1 adj f • **être pucelle** to be a virgin • **elle n'est plus pucelle** she has lost her virginity, she's not a virgin
2 nf virgin, maid(en) (littér) • (Hist) **la pucelle d'Orléans** the Maid of Orleans

puceron [pys(ə)ʀɔ̃] nm aphid, greenfly

pucier* [pysje] nm bed

pudding [pudiŋ] nm plum pudding

puddlage [pydla3] nm puddling

pudeur [pydœʀ] → SYN nf a (sexuelle) (sense of) modesty, sense of decency • **elle a beaucoup de pudeur** she has a keen sense of modesty ou decency • **sans pudeur** (adj) immodest ; (adv) immodestly, unblushingly → **attentat, outrage**
b (délicatesse) sense of propriety • **agir sans pudeur** to act with no regard to propriety

pudibond, e [pydibɔ̃, ɔ̃d] → SYN adj (excessively) prudish, prim and proper

pudibonderie [pydibɔ̃dʀi] → SYN nf (excessive) prudishness, (excessive) primness

pudicité [pydisite] → SYN nf (littér : → **pudique**) modesty ; discretion

pudique [pydik] → SYN adj (chaste) modest ; (discret) discreet

pudiquement [pydikmã] adv (→ **pudique**) modestly ; discreetly • **ils détournaient les yeux pudiquement** they looked away discreetly ou out of a sense of decency

puer [pɥe] → SYN ▸conjug 1◂ 1 vi to stink, reek, smell foul • **il pue des pieds** he has stinking feet, his feet stink • (fig) **il pue de vanité** he is bloated with vanity • **ça pue l'argent** it reeks ou stinks of money
2 vt to stink ou reek of

puéricultrice [pɥeʀikyltʀis] nf (infirmière) paediatric nurse ; (institutrice) nursery nurse

puériculture [pɥeʀikyltyʀ] nf (→ **puéricultrice**) paediatric nursing ; nursery nursing • **donner des cours de puériculture aux mamans** to give courses on infant care to mothers

puéril, e [pɥeʀil] → SYN adj puerile, childish

puérilement [pɥeʀilmã] → SYN adv childishly, puerilely

puérilisme [pɥeʀilism] → SYN nm puerilism

puérilité [pɥeʀilite] → SYN nf (caractère) puerility, childishness ; (acte) childish act

puerpéral, e, mpl **-aux** [pɥɛʀpeʀal, o] adj puerperal

puffin [pyfɛ̃] nm puffin

pugilat [py3ila] → SYN nm (fist) fight

pugiliste [py3ilist] → SYN nm (littér) pugilist

pugilistique [py3ilistik] adj (littér) pugilistic (littér, frm)

pugnace [pygnas] → SYN adj pugnacious

pugnacité [pygnasite] → SYN nf (littér) pugnacity

puîné, e† [pɥine] → SYN 1 adj (de deux) younger ; (de plusieurs) youngest
2 nm,f younger ; youngest

puis [pɥi] → SYN adv (ensuite) then ; (dans une énumération) then, next • (en outre) **et puis** and besides • **et puis ensuite** and then, and after that • **et puis c'est tout** and that's all ou that's it • **et puis après tout** and after all • **et puis après ?** ou **ensuite ?** (ensuite) and what next?, and then (what)? ; (et alors ?) so what?*, what of it? • **et puis quoi ?** (quoi d'autre) well, what?, and then what? ; (et alors ?) so what?*, what of it?

puisage [pɥiza3] nm drawing (of water)

puisard [pɥizaʀ] → SYN nm (gén) cesspool, sink ; (Naut) well ; (Min) sump

puisatier [pɥizatje] nm well-digger

puiser [pɥize] → SYN ▸conjug 1◂ vt (lit) eau to draw (*dans* from) ; (fig) exemple, renseignement to draw, take (*dans* from) • **puiser des exemples dans un auteur** to draw examples from an author, draw on an author for one's examples • **puiser dans son sac / ses économies** to dip into one's bag / one's savings • **j'ai dû puiser dans mes réserves pour finir la course** I had to draw on my reserves to finish the race

puisque [pɥisk(ə)] → SYN GRAMMAIRE ACTIVE 17.1 conj a (du moment que) since, seeing that • **ces animaux sont donc des mammifères, puisqu'ils allaitent leurs petits** these animals are therefore mammals, seeing that ou since they suckle their young • **ça doit être vrai, puisqu'il le dit** it must be true since he says so
b (comme) as, since, seeing that • **puisque vous êtes là, venez m'aider** as ou since ou seeing that you're here come and help me • **ces escrocs, puisqu'il faut les appeler ainsi ...** these crooks – as ou since one must call them that ...
c (valeur intensive) **puisque je te le dis !** I'm telling you (so) ! • **puisque je te dis que c'est vrai !** I'm telling you it's true !

puissamment [pɥisamã] adv (fortement) powerfully ; (beaucoup) greatly • (iro) **puissamment raisonné !** powerfully reasoned ! (iro), what brilliant reasoning ! (iro)

puissance [pɥisãs] → SYN 1 nf a (force) [armée, muscle, impulsion] power, strength ; [moteur] power ; [haut-parleur, chaîne hi-fi] power, output ; [éclairage] brightness, power ; [vent] strength, force • **avoir une grande puissance de travail** to have a great capacity for work • **avoir une grande puissance d'imagination** to have a very powerful imagination ou great powers of imagination • **la puissance de son regard** the power of his gaze • **grâce à la puissance de sa volonté** thanks to his willpower ou his strength of will
b (pouvoir) [classe sociale, pays, argent] power ; (efficacité) [exemple] power • **une grande puissance de séduction / suggestion** great seductive / suggestive power(s), great powers of seduction / suggestion • **user de sa puissance pour faire qch** to use one's power to do sth • **l'or / le pétrole est une puissance** gold / oil confers power • **les puissances qui agissent sur le monde** the powers that influence the world
c (Pol : état) power • **les grandes puissances** the great powers
d (Élec, Phys) power ; (Opt) [microscope] (magnifying) power • (Aut) **puissance effective** ou **au frein d'un moteur** engine power output • (Math) **élever un nombre à la puissance 10** to raise a number to the power of 10 • **10 puissance 4** 10 to the power of 4, 10 to the 4th
e (Jur, hum) **être en puissance de mari** to be under a husband's authority
f LOC **en puissance** adj potential • **exister en puissance** to have a potential existence • **c'est là en puissance** it is potentially present • **l'homme est en puissance dans l'enfant** the man is latent in the child
2 COMP ▷ **puissance administrative** (Aut) engine rating ▷ **les puissances d'argent** the forces of money ▷ **puissance de feu** (Mil) fire power ▷ **puissance fiscale** (Aut) engine rating ▷ **puissance au frein** (Aut) brake horsepower ▷ **puissance maritale** (Jur) marital rights ▷ **les puissances occultes** unseen ou hidden powers ▷ **puissance paternelle** (Jur) parental rights ou authority • **exercer / être déchu de sa puissance paternelle** to exercise / have lost one's parental rights ▷ **les puissances des ténèbres** the powers of darkness

puissant, e [pɥisã, ãt] → SYN 1 adj (gén) powerful ; drogue, remède potent, powerful ; grammaire powerful
2 nm • **les puissants** the mighty ou powerful

puits [pɥi] → SYN 1 nm [eau, pétrole] well ; (Min) shaft ; (Constr) well, shaft • (fig) **c'est un puits sans fond** it's a bottomless pit
2 COMP ▷ **puits d'aérage** ou **d'aération** ventilation shaft ▷ **puits d'amour** ≃ cream puff ▷ **puits artésien** artesian well ▷ **puits à ciel ouvert** (Min) opencast mine ▷ **puits d'érudition** (fig) ⇒ **puits de science** ▷ **puits d'extraction** winding shaft ▷ **puits de jour** ou **de lumière** (Constr) light shaft ▷ **puits de mine** mine shaft ▷ **puits perdu** cesspool, sink ▷ **puits de pétrole** oil well ▷ **puits de science** (fig) well of erudition ou learning

pulicaire [pylikɛʀ] nf fleabane

pull [pyl] nm sweater, jumper (Brit), jersey, pullover

pullman [pulman] nm Pullman (car)

pullorose [pylɔʀoz] nf pullorum disease

pull-over, pl **pull-overs** [pylɔvɛʀ] → SYN nm sweater, jumper (Brit), jersey, pullover

pullulement [pylylmã] nm (action) proliferation ; (profusion) [fourmis, moustiques] swarm, multitude ; [erreurs] abundance, multitude

pulluler [pylyle] → SYN ▸conjug 1◂ vi (se reproduire) to proliferate, multiply, pullulate (frm) ; (grouiller) to swarm, pullulate (frm) ; (fig) [erreurs, contrefaçons] to abound, pullulate (frm) • **la ville pullule de touristes** the town is swarming with tourists • **la rivière pullule de truites** the river is teeming with trout

pulmonaire [pylmɔnɛʀ] → SYN adj maladie pulmonary, lung (épith) ; artère pulmonary • **congestion pulmonaire** congestion of the lungs

pulpaire [pylpɛʀ] adj pulpal

pulpe [pylp] → SYN nf [fruit, dent, bois] pulp

pulpeux, -euse [pylpø, øz] → SYN adj fruit pulpy ; lèvres full ; blonde curvaceous

pulpite [pylpit] nf pulpitis

pulsant, e [pylsã, ãt] adj pulsating

pulsar [pylsaʀ] nm pulsar

pulsatif, -ive [pylsatif, iv] adj pulsative

pulsation [pylsasjɔ̃] → SYN nf (Méd) (cœur, pouls) beating (NonC), beat, pulsation (spéc); (Phys) pulsation; (Élec) pulsatance ◆ **pulsations (du cœur)** (rythme cardiaque) heartbeat; (battements) heartbeats

pulsé [pylse] adj m ◆ **chauffage à air pulsé** forced air heating

pulsion [pylsjɔ̃] → SYN nf (Psych) drive, urge ◆ **la pulsion sexuelle** the sex drive ◆ **pulsions sexuelles** sexual urges

pulsionnel, -elle [pylsjɔnɛl] → SYN adj drive (épith)

pulsoréacteur [pylsoʀeaktœʀ] nm pulsejet (engine), pulsojet

pultacé, e [pyltase] adj pultaceous

pulvérin [pylveʀɛ̃] nm fine gunpowder

pulvérisable [pylveʀizabl] adj pulverable

pulvérisateur [pylveʀizatœʀ] → SYN nm (à parfum) spray, atomizer; (à peinture) spray; (pour médicament) spray, vaporizer ◆ (Agr) **pulvérisateur d'insecticide** (crop) duster

pulvérisation [pylveʀizasjɔ̃] → SYN nf (→ **pulvériser**) pulverizing, pulverization; spraying; demolition, demolishing; shattering*, smashing* ◆ (Méd) **« trois pulvérisations dans chaque narine »** "spray three times into each nostril" ◆ (Méd) **le médecin a ordonné des pulvérisations (nasales)** the doctor prescribed a nasal spray

pulvériser [pylveʀize] → SYN ▸ conjug 1 ◂ vt **a** solide to pulverize, reduce to powder; liquide to spray
b (fig: anéantir) adversaire to pulverize, demolish; record to shatter*, smash*; argument to demolish, pull to pieces ◆ **bâtiment pulvérisé par l'explosion** building reduced to rubble by the explosion

pulvériseur [pylveʀizœʀ] nm disc harrow

pulvérulence [pylveʀylɑ̃s] nf pulverulence

pulvérulent, e [pylveʀylɑ̃, ɑ̃t] adj pulverulent

puma [pyma] → SYN nm puma, cougar, mountain lion

puna [pyna] nf puna

punaise [pynɛz] → SYN nf **a** (Zool) bug ◆ **punaise d'eau** water stick insect ◆ (péj) **c'est une vraie punaise** he's a real mischief-maker ◆ **punaise !*** blimey !* (Brit), well ! ◆ (péj) **punaise de sacristie*** church hen
b (clou) drawing pin (Brit), thumbtack (US)

punaiser [pyneze] ▸ conjug 1 ◂ vt to pin up (ou down ou on etc) ◆ **punaiser une affiche au mur** to pin up a poster, pin a poster up on the wall

punch¹ [pɔ̃ʃ] nm (boisson) punch

punch² [pœnʃ] → SYN nm (Boxe) punching ability; (fig) punch ◆ **avoir du punch** (Boxe) to pack ou have a good punch; (fig) to have punch

puncheur [pœnʃœʀ] nm good puncher, hard hitter

punching-ball, pl **punching-balls** [pœnʃiŋbol] nm punchball, punchbag, punching bag (US)

punique [pynik] adj Punic

punir [pyniʀ] → SYN ▸ conjug 2 ◂ vt **a** criminel, enfant to punish (*pour* for) ◆ **être puni de prison / de mort** to be sentenced to prison / death
b (faire souffrir) to punish ◆ **il a été puni de son imprudence** he was punished for his recklessness, he suffered for his recklessness ◆ **tu as été malade, ça te punira de ta gourmandise** you've been ill – that will teach you not to be greedy ou that serves you right for being greedy ou it's no more than you deserve for being greedy ◆ **il est orgueilleux, et l'en voilà bien puni** he is paying the penalty for ou being made to suffer for his pride ◆ **il est puni par où il a péché** he has got his (just) deserts, he is paying for his sins
c (sanctionner) faute, infraction, crime to punish ◆ **tout abus sera puni (de prison)** all abuses are punishable ou will be punished (by prison) ◆ **ce crime est puni par la loi / puni de mort** this crime is punishable by law / by death

punissable [pynisabl] adj punishable (*de* by)

punitif, -ive [pynitif, iv] adj expédition punitive

punition [pynisjɔ̃] → SYN nf punishment (*de qch* for sth) ◆ (Scol) **avoir une punition** to be given a punishment ◆ **punition corporelle** corporal punishment (NonC) ◆ **en punition de ses fautes** in punishment for his mistakes ◆ **pour ta punition** for your punishment

punk [pœ̃k] adj inv, nmf inv punk ◆ **le rock punk** punk rock

pupe [pyp] nf pupa

pupillaire¹ [pypilɛʀ] adj (Jur) pupil(l)ary

pupillaire² [pypilɛʀ] adj (Anat) pupil(l)ary

pupillarité [pypilaʀite] nf (Jur) pupillage (Brit), pupilage (US)

pupille¹ [pypij] → SYN nf (Anat) pupil

pupille² [pypij] → SYN nmf (enfant) ward ◆ **pupille de l'État** child in (local authority) care ◆ **pupille de la Nation** war orphan

pupipare [pypipaʀ] adj pupiparous

pupitre [pypitʀ] → SYN nm (Scol) desk; (Rel) lectern; (Mus) [musicien] music stand; [piano] music rest; [chef d'orchestre] rostrum; (Ordin) console ◆ (Mus) **au pupitre, Henri Dupont** at the rostrum – Henri Dupont, conducting – Henri Dupont ◆ (Mus) **chef de pupitre** head of section

pupitreur, -euse [pypitʀœʀ, øz] nm,f computer operator, keyboard operator, keyboarder

pur, e [pyʀ] → SYN **1** adj **a** (sans mélange) alcool, eau, race, métal, voix, style pure; vin undiluted; whisky, gin neat, straight; ciel clear, pure; voyelle pure; diamant flawless ◆ **pure laine** pure wool ◆ **boire son vin pur** to drink one's wine without water ou undiluted ◆ (Chim) **à l'état pur** in the pure state ◆ **pur sang** thoroughbred, purebred ◆ **l'air pur de la campagne** the pure ou fresh country air → **pur-sang**
b (innocent) âme, cœur, fille pure; homme pure-hearted; intentions pure, honourable, honest; regard frank ◆ **pur de tout soupçon** free of ou above all suspicion ◆ **pur de toute tache** free of all blemish, unblemished, unsullied
c (valeur intensive) **c'est de la folie pure** it's pure ou sheer ou utter madness ◆ **c'est de la poésie / de l'imagination toute pure** it's pure ou sheer poetry / imagination ◆ **c'est de l'insubordination pure et simple** it's insubordination pure and simple ◆ **c'était du racisme pur et simple** ou **à l'état pur** it was straight ou plain racism ◆ **il donna sa démission pure et simple** he purely and simply gave in his notice ◆ **œuvre de pure imagination** work of pure imagination ◆ **c'est une question de pure forme** it's merely ou purely a formal question ◆ **c'est par pur hasard que je l'ai vu** I saw it by sheer chance ou purely by chance ◆ **c'est la pure vérité** it's the plain ou simple (unadulterated) truth ◆ **en pure perte** for absolutely nothing, fruitlessly ◆ **il a travaillé en pure perte** he worked for absolutely nothing, his work was fruitless ◆ (Pol) **pur et dur** hard-line ◆ confiture **pur fruit, pur sucre** 100% natural, all natural, 100% pure ◆ **pur jus** (Pol) hard-line ◆ **c'est du Woody Allen pur jus** it's stock Woody Allen
2 nm,f ◆ (Pol) **pur (et dur)** hard-liner

purée [pyʀe] → SYN nf ◆ **purée (de pommes de terre)** mashed potato(es) ◆ **purée de marrons / de tomates** chestnut / tomato purée ◆ (fig) **de la purée de pois** peasoup, a peasouper ◆ (fig) **être dans la purée**‡ to be in a real mess‡ ◆ **purée, je l'ai oublié !*** darn (it)*, I forgot !

purement [pyʀmɑ̃] → SYN adv purely ◆ **purement et simplement** purely and simply

pureté [pyʀte] → SYN nf **a** (perfection) [race, style, métal] purity; [air, eau, son] purity, pureness; [diamant] flawlessness
b (innocence : → **pur**) purity; honourableness, honesty; frankness

purgatif, -ive [pyʀgatif, iv] → SYN **1** adj purgative
2 nm purgative, purge

purgation [pyʀgasjɔ̃] → SYN nf (Méd) (action) purgation; (remède) purgative, purge

purgatoire [pyʀgatwaʀ] → SYN nm (Rel, fig) purgatory ◆ **elle a déjà fait son purgatoire** she's already borne her cross

purge [pyʀʒ] → SYN nf (Méd) purge, purgative; (Pol) purge; (Tech) [conduite] flushing out, draining; [freins] bleeding

purger [pyʀʒe] → SYN ▸ conjug 3 ◂ **1** vt **a** (vidanger) conduite, radiateur to bleed, flush (out), drain; circuit hydraulique, freins to bleed
b (Méd) to purge, give a purgative to
c (Jur) peine to serve
d (débarrasser) to purge, cleanse, rid (*de* of)
2 **se purger** vpr to take a purgative ou purge

purgeur [pyʀʒœʀ] nm [tuyauterie] drain-cock, tap (Brit); [radiateur] bleed-tap

purifiant, e [pyʀifjɑ̃, jɑ̃t] adj purifying, cleansing

purificateur, -trice [pyʀifikatœʀ, tʀis] **1** adj purifying, cleansing, purificatory
2 nm (appareil) (air) purifier

purification [pyʀifikasjɔ̃] → SYN nf (→ **purifier**) purification, purifying; cleansing; refinement; purging ◆ **purification ethnique** ethnic cleansing

purificatoire [pyʀifikatwaʀ] adj (littér) purificatory, purifying, cleansing

purifier [pyʀifje] → SYN ▸ conjug 7 ◂ **1** vt (gén) to purify, cleanse; air, langue, liquide to purify; métal to refine; âme to cleanse, purge
2 **se purifier** vpr to cleanse o.s.

purin [pyʀɛ̃] → SYN nm liquid manure

purine [pyʀin] nf purin(e)

purique [pyʀik] adj ◆ **base purique** purine base

purisme [pyʀism] → SYN nm purism

puriste [pyʀist] adj, nmf purist

puritain, e [pyʀitɛ̃, ɛn] → SYN **1** adj puritan(ical); (Hist) Puritan
2 nm,f puritan; (Hist) Puritan

puritanisme [pyʀitanism] nm puritanism; (Hist) Puritanism

purot [pyʀo] nm liquid manure pit

purpura [pyʀpyʀa] nm purpura

purpurin, e¹ [pyʀpyʀɛ̃, in] → SYN adj (littér) crimson

purpurine² [pyʀpyʀin] nf (Tech) purpurin

pur-sang [pyʀsɑ̃] → SYN nm inv thoroughbred, purebred

purulence [pyʀylɑ̃s] → SYN nf purulence, purulency

purulent, e [pyʀylɑ̃, ɑ̃t] → SYN adj purulent

pus [py] → SYN nm pus

push-pull [puʃpul] → SYN nm inv push-pull

pusillanime [pyzi(l)lanim] → SYN adj (littér) pusillanimous (littér), fainthearted

pusillanimité [pyzi(l)lanimite] → SYN nf (littér) pusillanimity (littér), faintheartedness

pustule [pystyl] → SYN nf pustule

pustuleux, -euse [pystylø, øz] adj pustular

putain‡ [pytɛ̃] nf (prostituée) whore, hustler‡ (US), hooker‡ (US), tart‡; (fille facile) whore, tart‡, tramp‡ ◆ **faire la putain**‡ (lit) to be a whore ou hustler‡ (US) ou hooker‡ (US) ou tart‡, turn tricks‡ (US); (fig) to sell one's soul ◆ **ce putain de réveil !**‡ that goddamn‡ alarm clock ! ◆ **putain !** bloody hell !*‡ (Brit), bugger me !*‡ (Brit), goddamn it !‡ ◆ **quel putain de vent !** what a damned awful wind !‡

putassier, -ière‡ [pytasje, jɛʀ] adj personne, langage, mœurs sluttish; maquillage, tenue tarty‡ ◆ **avoir des mœurs putassières / un langage putassier** to carry on / talk like a whore ou hustler‡ (US) ou hooker‡ (US) ou tart‡ ◆ (fig: servilité) **comportement putassier** arse-licking*‡ (Brit), ass-licking*‡ (US), boot-licking

putatif, -ive [pytatif, iv] → SYN adj putative, presumed ◆ **père putatif** putative father

pute*‡ [pyt] nf whore, hustler‡ (US), hooker‡ (US), tart‡

putois [pytwa] nm (animal) polecat; (fourrure) polecat (fur) → **crier**

putréfaction [pytʀefaksjɔ̃] → SYN nf putrefaction ◆ **cadavre en putréfaction** body in a state of putrefaction, putrefying ou rotting body

putréfiable [pytʀefjabl] → SYN adj putrefiable

putréfier [pytʀefje] → SYN ▸ conjug 7 ◂ 1 vt to putrefy, rot
2 **se putréfier** vpr to putrefy, rot, go rotten

putrescence [pytʀesɑ̃s] nf putrescence

putrescent, e [pytʀesɑ̃, ɑ̃t] adj putrescent

putrescible [pytʀesibl] → SYN adj putrescible

putride [pytʀid] → SYN adj putrid

putridité [pytʀidite] nf putridity, putridness

putsch [putʃ] → SYN nm putsch

putschiste [putʃist] nm putschist

putt [pœt] nm putt

putter [pœtœʀ] nm putter

puvathérapie [pyvateʀapi] nf PUVA treatment

puy [pɥi] → SYN nm (Géog) puy

puzzle [pœzl] → SYN nm (lit) jigsaw (puzzle); (fig) jigsaw

p.-v.* [peve] nm (abrév de **procès-verbal**) (Aut) (gén) fine; (pour stationnement interdit) (parking) ticket; (pour excès de vitesse) speeding ticket ◆ **je me suis pris* un p.-v.** I got booked (Brit), I got a ticket

PVC [pevese] GRAMMAIRE ACTIVE 27.2, 27.3 nm inv (abrév de **polyvinyl chloride**) PVC

pycnomètre [piknɔmɛtʀ] nm pycnometer

pycnose [piknoz] nf pycnosis

pyélite [pjelit] nf pyelitis

pyélonéphrite [pjelonefʀit] nf pyelonephritis

pygargue [pigaʀg] nm white-tailed eagle

Pygmalion [pigmaljɔ̃] nm Pygmalion ◆ (fig) **il a voulu jouer les Pygmalions avec elle** he wanted to shape her according to his desires

pygmée [pigme] → SYN nm pygmy, pigmy ◆ (fig, péj) **c'est un vrai pygmée** he's just a little squirt* (péj), he's a little runt* (péj)

pyjama [piʒama] nm pyjamas, pajamas (US) ◆ **il était en pyjama(s)** he was in his pyjamas ◆ **acheter un pyjama** to buy a pair of pyjamas, buy some pyjamas ◆ **2 pyjamas** 2 pairs of pyjamas → **veste**

pylône [pilon] → SYN nm pylon

pylore [pilɔʀ] nm pylorus

pylorique [pilɔʀik] adj pyloric

pyodermite [pjodɛʀmit] nf pyoderma

pyogène [pjɔʒɛn] adj pyogenic

PyongYang [pjɔ̃ŋjɑ̃ŋ] n Pyongyang, P'yŏng-yang

pyorrhée [pjɔʀe] nf pyorrhoea, pyorrhea

pyralène® [piʀalɛn] nm Pyralene®

pyramidal, e, mpl **-aux** [piʀamidal, o] → SYN adj pyramid-shaped, pyramid-like, pyramidal (spéc)

pyramide [piʀamid] → SYN nf (Anat, Archit, Géom, fig) pyramid ◆ **pyramide humaine** human pyramid ◆ **pyramide des âges** population pyramid ◆ (Anat) **pyramides rénales** ou **de Malpighi** Malpighian pyramids

pyramidion [piʀamidjɔ̃] nm pyramidion

pyranne [piʀan] nm pyran

pyrène [piʀɛn] nm pyrene

pyrénéen, -enne [piʀeneɛ̃, ɛn] 1 adj Pyrenean
2 nm,f ◆ **Pyrénéen(ne)** inhabitant ou native of the Pyrenees, Pyrenean

Pyrénées [piʀene] nfpl ◆ **les Pyrénées** the Pyrenees

pyrèthre [piʀɛtʀ] nm feverfew

pyrex® [piʀɛks] nm Pyrex® ◆ **assiette en pyrex** Pyrex plate

pyrexie [piʀɛksi] nf pyrexia

pyridine [piʀidin] nf pyridine

pyridoxine [piʀidɔksin] nf pyridoxine, vitamin B6

pyrimidine [piʀimidin] nf pyrimidine

pyrite [piʀit] nf pyrites

pyroélectricité [piʀoelɛktʀisite] nf pyroelectricity

pyrogallol [piʀogalɔl] nm pyrogallol

pyrogénation [piʀɔʒenasjɔ̃] nf pyrogenation

pyrogène [piʀɔʒɛn] adj pyrogenic

pyrograver [piʀogʀave] ▸ conjug 1 ◂ vt to do pyrography ou poker-work

pyrograveur, -euse [piʀogʀavœʀ, øz] nm,f pyrographer

pyrogravure [piʀogʀavyʀ] nf (Art) pyrography, poker-work; (objet) pyrograph

pyroligneux, -euse [piʀoliɲø, øz] adj pyroligneous

pyrolyse [piʀɔliz] nf pyrolysis

pyromane [piʀɔman] nmf (Méd) pyromaniac; (gén, Jur) arsonist, fire raiser

pyromanie [piʀɔmani] nf pyromania

pyromètre [piʀɔmɛtʀ] nm pyrometer

pyrométrie [piʀɔmetʀi] nf pyrometry

pyrométrique [piʀɔmetʀik] adj pyrometric

pyrophore [piʀɔfɔʀ] nm pyrophorous

pyrosis [piʀozis] nm pyrosis

pyrotechnie [piʀɔtɛkni] nf pyrotechnics (sg), pyrotechny

pyrotechnique [piʀɔtɛknik] adj pyrotechnic

pyroxène [piʀɔksɛn] nm pyroxene

Pyrrhon [piʀɔ̃] nm Pyrrho

pyrrhonien, -ienne [piʀɔnjɛ̃, jɛn] 1 adj Pyrrhonic, Pyrrhonian
2 nm,f Pyrrhonist, Pyrrhonian

pyrrhonisme [piʀɔnism] → SYN nm Pyrrhonism

Pyrrhus [piʀys] nm Pyrrhus → **victoire**

pyrrol(e) [piʀɔl] nm pyrrole

Pythagore [pitagɔʀ] nm Pythagoras

pythagoricien, -ienne [pitagɔʀisjɛ̃, jɛn] adj, nm,f Pythagorean

pythagorique [pitagɔʀik] adj Pythagorean

pythagorisme [pitagɔʀism] → SYN nm Pythagoreanism, Pythagorism

Pythie [piti] nf Pythia ◆ (fig : devineresse) **pythie** prophetess

python [pitɔ̃] → SYN nm python

pythonisse [pitɔnis] nf prophetess

pyurie [pjyʀi] nf pyuria

pyxide [piksid] nf (Bot) pyxidium; (Rel) pyx

Q, q [ky] nm (lettre) Q, q ◆ (Méd) **fièvre Q** Q fever

qat [kat] nm k(h)at

Qatar [kataʀ] nm Qatar

qatarien, -ienne [kataʀjɛ̃, jɛn] 1 adj Qatari
2 nm,f ◆ **Qatarien(ne)** Qatari

qch (abrév de **quelque chose**) sth

qcm [kyseɛm] nm (abrév de **questionnaire à choix multiple**) → **questionnaire**

QF [kyɛf] nm (abrév de **quotient familial**) → **quotient**

QG [kyʒe] nm (abrév de **quartier général**) HQ

QHS† [kyaʃɛs] nm (abrév de **quartier de haute sécurité**) → **quartier**

QI [kyi] nm (abrév de **quotient intellectuel**) IQ

qn (abrév de **quelqu'un**) sb

qq abrév de **quelque**

qu' [k] → **que**

quadragénaire [k(w)adʀaʒenɛʀ] → SYN 1 adj (de quarante ans) forty-year-old (épith) ◆ (de quarante à cinquante ans) **il est quadragénaire** he is in his forties ◆ (hum) **maintenant que tu es quadragénaire** now that you're forty (years old), now that you've reached forty
2 nmf forty-year-old man (*ou* woman)

quadragésimal, e, mpl **-aux** [k(w)adʀaʒezimal, o] adj Quadragesimal

Quadragésime [kwadʀaʒezim] nf Quadragesima

quadrangle [k(w)adʀɑ̃gl] → SYN nm (Géom) quadrangle

quadrangulaire [k(w)adʀɑ̃gylɛʀ] adj quadrangular

quadrant [kadʀɑ̃] → SYN nm quadrant

quadratique [k(w)adʀatik] adj quadratic

quadrature [k(w)adʀatyʀ] nf (gén) quadrature ◆ (Math) **quadrature du cercle** quadrature ou squaring of the circle ◆ (fig) **c'est la quadrature du cercle** it's like trying to square the circle, it's attempting the impossible

quadriceps [k(w)adʀisɛps] nm quadriceps

quadrichromie [k(w)adʀikʀɔmi] nf four-colour (printing) process

quadriennal, e, mpl **-aux** [k(w)adʀijenal, o] adj four-year (épith), quadrennial ◆ (Agr) **assolement quadriennal** four-year rotation

quadrifide [k(w)adʀifid] adj quadrifid

quadrige [k(w)adʀiʒ] → SYN nm quadriga

quadrijumeaux [k(w)adʀiʒymo] adj mpl ◆ **tubercules quadrijumeaux** corpora quadrigemina, quadrigeminal ou quadrigeminate bodies

quadrilatéral, e, mpl **-aux** [k(w)adʀilateʀal, o] adj quadrilateral

quadrilatère [k(w)adʀilatɛʀ] → SYN nm (Géom, Mil) quadrilateral

quadrillage [kadʀijaʒ] → SYN nm a (action) (Mil, Police) covering, control(ling); (Admin, Écon) covering ◆ **la police a établi un quadrillage serré du quartier** the police have set up a tight control over the area
b (dessin) [papier] square pattern; [tissu] check pattern; [rues] criss-cross ou grid pattern ou layout

quadrille [kadʀij] → SYN nm (danse, danseurs) quadrille ◆ **quadrille des lanciers** lancers

quadrillé, e [kadʀije] (ptp de **quadriller**) adj papier, feuille squared

quadriller [kadʀije] → SYN ▸ conjug 1 ◂ vt (Mil, Police) to cover, control; (Admin, Écon) to cover; papier to mark out in squares ◆ **la ville est étroitement quadrillée par la police** the town is well covered by the police, the town is under close ou tight police control, the police are positioned throughout the whole town ◆ **la ville est quadrillée par un réseau de rues** the town is criss-crossed by a network of streets, the town has a criss-cross network ou a grid pattern of streets

quadrillion [k(w)adʀiljɔ̃] nm quadrillion (Brit), septillion (US)

quadrilobe [k(w)adʀilɔb] nm quatrefoil

quadrimoteur [kadʀimɔtœʀ] 1 adj m four-engined
2 nm four-engined plane

quadriparti, e [k(w)adʀipaʀti] adj, **quadripartite** [k(w)adʀipaʀtit] adj (Bot) quadripartite ◆ (Pol) **conférence quadripartite** [pays] four-power conference; [partis] four-party conference

quadriphonie [k(w)adʀifɔni] nf quadraphony

quadriphonique [k(w)adʀifɔnik] adj quadraphonic

quadriplégie [k(w)adʀipleʒi] nf quadriplegia

quadrilingue [k(w)adʀilɛ̃g] adj quadrilingual

quadripolaire [k(w)adʀipɔlɛʀ] adj quadripolar

quadripôle [k(w)adʀipol] nm quadripole

quadrique [k(w)adʀik] adj, nf quadric

quadriréacteur [k(w)adʀiʀeaktœʀ] nm four-engined jet

quadrirème [k(w)adʀiʀɛm] nf quadrireme

quadrisyllabe [k(w)adʀisi(l)lab] nm quadrisyllable

quadrisyllabique [k(w)adʀisi(l)labik] adj quadrisyllabic

quadrivalent, e [k(w)adʀivalɑ̃, ɑ̃t] adj quadrivalent, tetravalent

quadrumane [k(w)adʀyman] 1 adj quadrumanous
2 nm quadrumane

quadrupède [k(w)adʀypɛd] 1 adj fourfooted, quadruped
2 nm quadruped

quadruple [k(w)adʀypl] 1 adj quantité, rangée, nombre quadruple ◆ **une quantité quadruple de l'autre** a quantity four times (as great as) the other ◆ **en quadruple exemplaire** in four copies → **croche**
2 nm (Math, gén) quadruple ◆ **je l'ai payé le quadruple / le quadruple de l'autre** I paid four times as much for it / four times as much as the other for it ◆ **je vous le rendrai au quadruple** I'll repay you four times over ◆ **augmenter au quadruple** to increase fourfold

quadrupler [k(w)adʀyple] → SYN ▸ conjug 1 ◂ vti to quadruple, increase fourfold ou four times

quadruplés, -ées [k(w)adʀyple] (ptp de **quadrupler**) nm,f pl quadruplets, quads*

quadruplex [k(w)adʀyplɛks] nm (Téléc) quadruplex system

quai [ke] → SYN 1 nm [port] (gén) quay; (pour marchandises) wharf, quay; [gare] platform; [rivière] embankment ◆ **droits de quai** dockage, wharfage ◆ **être à quai** [bateau] to be alongside (the quay); [train] to be in (the station) ◆ [bateau] **venir à quai** to berth ◆ **sur les quais de la Seine** on the banks ou embankments of the Seine → **accès, billet**
2 COMP ▷ **le Quai des Orfèvres** the police headquarters *(in Paris)*, ≃ (New) Scotland Yard (Brit), ≃ the FBI (US) ▷ **le Quai (d'Orsay)** *the French Foreign Office*

quaker, quakeresse [kwɛkœʀ, kwɛkʀɛs] → SYN nm,f Quaker

quakerisme [kwɛkœʀism] nm Quakerism

qualifiable [kalifjabl] adj ◆ **une telle conduite n'est pas qualifiable** such behaviour is beyond description ou defies description

qualifiant, e [kalifjɑ̃, jɑ̃t] adj stage leading to a qualification

qualificateur [kalifikatœʀ] nm (Ling) qualifier

qualificatif, -ive [kalifikatif, iv] → SYN 1 adj adjectif qualifying ◆ (Sport) **épreuves qualificatives** qualifying heats ou rounds
2 nm (Ling) qualifier; (fig: terme, mot) term

qualification [kalifikasjɔ̃] → SYN GRAMMAIRE ACTIVE 15.4 nf a (nom) label, description
b (Sport) **obtenir sa qualification** to qualify (*en, pour* for) ◆ **épreuves de qualification** qualifying heats ou rounds ◆ **la qualification de notre équipe demeure incertaine** it's still not certain whether our team will qualify

c (aptitude) qualification ◆ **qualification professionnelle** professional qualification
d (Ling) qualification

qualifié, e [kalifje] → SYN (ptp de **qualifier**) adj
a (compétent) (gén) qualified; (Ind) main-d'œuvre, ouvrier skilled ◆ **non qualifié** unskilled
b (Jur) vol, délit aggravated ◆ (fig) **c'est de l'hypocrisie qualifiée** it's blatant hypocrisy ◆ (fig) **c'est du vol qualifié** it's daylight ou sheer robbery

qualifier [kalifje] → SYN ▸ conjug 7 ◂ 1 vt a conduite, projets to describe (*de* as) ◆ **qualifier qn de menteur** to call ou label sb a liar, describe sb as a liar ◆ **sa maison qu'il qualifiait pompeusement (de) manoir** his house which he described pompously as a manor, his house which he pompously labelled ou termed ou dubbed manor
b (Sport, gén: rendre apte) to qualify (*pour* for)
c (Ling) to qualify
2 **se qualifier** vpr (Sport) to qualify (*pour* for) ◆ (hum) **il se qualifie d'artiste** he labels ou qualifies himself as an artist, he calls himself an artist

qualitatif, -ive [kalitatif, iv] adj qualitative

qualitativement [kalitativmɑ̃] adv qualitatively

qualité [kalite] → SYN nf a [marchandise] quality ◆ **de bonne/mauvaise qualité** of good ou high/bad ou poor quality ◆ **produits de (haute) qualité** (high-)quality products ◆ **fruits de qualité supérieure** fruit of superior quality, superior-quality fruit ◆ **qualité courrier** near letter-quality ◆ **qualité courante** draft mode ◆ **la qualité de la vie** the quality of life
b [personne] (vertu) quality; (don) skill ◆ **ses qualités de cœur l'ont fait aimer de tous** his noble-heartedness made everyone like him ◆ **il a les qualités requises pour faire ce travail** he has the necessary skills for this job ◆ **cette œuvre a de grandes qualités littéraires** this work has great literary qualities
c (fonction) position; (††: noblesse) quality ◆ **sa qualité de directeur** his position as manager ◆ **en sa qualité de maire** in his capacity as mayor ◆ (Admin) **vos nom, prénom et qualité** surname, forename and occupation ◆ (Jur) **avoir qualité pour** to have authority to ◆ **homme de qualité††** man of quality

qualiticien, -ienne [kalitisjɛ̃, jɛn] nm, f quality controller (Brit) ou controler (US)

quand [kɑ̃] → SYN 1 conj a (lorsque) when ◆ **quand ce sera fini, nous irons prendre un café** when it's finished we'll go and have a coffee ◆ **prête-le-moi pour quand j'en aurai besoin** lend it to me for when I'll (next) need it ◆ **sais-tu de quand était sa dernière lettre?** do you know when his last letter was written? ou what was the date of his last letter? ◆ **quand je te le disais!** didn't I tell you so!, I told you so! ◆ **quand je pense que ...!** when I think that ... ◆ (hum) **quand les poules auront des dents** when pigs learn to fly, when pigs have wings ◆ (Prov) **quand le vin est tiré, il faut le boire** once the wine is drawn it must be drunk, once the first step is taken there's no going back ◆ (Prov) **quand le chat n'est pas là, les souris dansent** when the cat's away the mice will play (Prov) ◆ (Prov) **quand on parle du loup, on en voit la queue** talk of the devil
b (alors que) when ◆ **pourquoi ne pas acheter une voiture quand nous pouvons nous le permettre?** why not buy a car when we can afford it? ◆ **pourquoi vivre ici quand tu pourrais avoir une belle maison?** why live here when you could have a beautiful house?
c **quand bien même** even though ou if ◆ **quand bien même tu aurais raison, je n'irais pas** even though ou even if you were right, I wouldn't go
d **quand même: malgré tous ses défauts elle est quand même gentille** in spite of all her faults she's still nice ou she's nice nonetheless ◆ **tu aurais quand même pu me le dire!** even so, you might have told me ◆ **quand même, il exagère!** really, he overdoes it! ◆ **quel crétin quand même!** what a downright idiot!, really, what an idiot! ◆ (lit, hum) **merci quand même** thanks all the same ou just the same ◆ **tu aurais pu venir quand même** even so you could have come, you could have come all the same ou just the same
2 adv when ◆ **quand pars-tu?, quand est-ce que tu pars?, tu pars quand?*** when are you leaving? ◆ **dis-moi quand tu pars** tell me when you're leaving ou when you'll be leaving ◆ **à quand le voyage?** when is the journey? ◆ **c'est pour quand?** [devoir] when is it due? ou for? ; [rendez-vous] when is it?; [naissance] when is it to be? ◆ **ça date de quand?** [événement] when did it take place?; [lettre] what's the date of it?, when was it written? → **depuis, importer², jusque**

quant [kɑ̃] → SYN adv ◆ **quant à** (pour ce qui est de) as for, as to; (au sujet de) as regards, regarding ◆ **quant à moi** as for me ◆ **quant à affirmer cela ...** as for stating that ... ◆ **je n'ai rien su quant à ce qui s'est passé** I knew nothing about ou of what happened ◆ **quant à cela, tu peux en être sûr** you can be quite sure about that ◆ **quant à cela, je n'en sais rien** as to that ou as regards that ou as far as that goes, I know nothing about it

quanta [k(w)ɑ̃ta] nmpl de **quantum**

quant-à-soi [kɑ̃taswa] → SYN nm inv reserve ◆ **il est resté sur son quant-à-soi** he remained aloof, he kept his reserve, he held himself ou kept himself aloof

quantième [kɑ̃tjɛm] → SYN nm (Admin) day *(of the month)*

quantifiable [kɑ̃tifjabl] adj quantifiable ◆ **facteurs non quantifiables** factors which cannot be quantified, unquantifiable factors

quantificateur [kɑ̃tifikatœʀ] nm quantifier

quantification [kɑ̃tifikasjɔ̃] → SYN nf (→ **quantifier**) quantification; quantization

quantifier [kɑ̃tifje] → SYN ▸ conjug 7 ◂ vt (gén, Philos) to quantify; (Phys) to quantize

quantifieur [kɑ̃tifjœʀ] nm ⇒ **quantificateur**

quantile [k(w)ɑ̃til] nm quantile

quantique [k(w)ɑ̃tik] 1 adj quantum (épith)
2 nf quantum physics

quantitatif, -ive [kɑ̃titatif, iv] adj quantitative

quantitativement [kɑ̃titativmɑ̃] adv quantitatively

quantité [kɑ̃tite] → SYN nf a (somme, nombre) quantity, amount ◆ **la quantité d'eau nécessaire à l'organisme** the amount ou quantity of water necessary for the body ◆ **il s'indignait de la quantité de gens qui ne paient pas leurs impôts** he was outraged by the number of people who don't pay their taxes ◆ **en quantités industrielles** in massive ou huge amounts
b (grand nombre) **(une) quantité de** raisons, personnes a great many, a lot of ◆ **des quantités** ou **(une) quantité de gens croient que** a great many people ou a lot of people believe that ◆ **quantité d'indices révèlent que** many signs ou a (great) number of signs indicate that ◆ **il y a des fruits en (grande) quantité** there is fruit in plenty, fruit is in good supply ◆ **il y a eu des accidents en quantité** there have been a great number of ou a lot of ou a great many accidents ◆ **du travail en quantité** a great deal of work
c (Ling, Sci) quantity ◆ (Sci) **quantité négligeable** negligible quantity ou amount ◆ (fig) **considérer qn comme quantité négligeable** to consider sb as totally insignificant, consider sb of minimal importance, disregard sb

quantum [k(w)ɑ̃tɔm], pl **quanta** nm (Jur, Phys) quantum ◆ **la théorie des quanta** the quantum theory

quarantaine [kaʀɑ̃tɛn] → SYN nf a (âge, nombre) about forty → **soixantaine**
b (Méd, Naut) quarantine ◆ **mettre en quarantaine** (lit) malade, animal, navire to quarantine, put in quarantine; (fig: ostraciser) personne to send to Coventry (Brit), blacklist; pays to blacklist → **pavillon**

quarante [kaʀɑ̃t] adj inv, nm inv forty ◆ **les Quarante** *the members of the French Academy* ◆ (disque) **un quarante-cinq tours** a single, a forty-five; pour loc voir **soixante, an**

quarantenaire [kaʀɑ̃tnɛʀ] 1 adj période forty-year (épith); (Méd, Naut) quarantine (épith)
2 nm (anniversaire) fortieth anniversary

quarantième [kaʀɑ̃tjɛm] adj, nmf fortieth ◆ (Naut) **les quarantièmes rugissants** the Roaring Forties

quarantièmement [kaʀɑ̃tjɛmmɑ̃] adv in the fortieth place

quark [kwaʀk] nm quark

quart [kaʀ] → SYN 1 nm a (fraction) quarter ◆ **un quart de poulet/de fromage** a quarter chicken/cheese ◆ **un quart de beurre** a quarter (kilo) of butter ◆ **un quart de vin** a quarter-litre bottle of wine ◆ **un quart de siècle** a quarter century ◆ **un kilo/une livre un quart** ou **et quart** a kilo/a pound and a quarter ◆ **on n'a pas fait le quart du travail** we haven't done a quarter of the work ◆ **au quart de poil*** travail perfect; travailler perfectly → **tiers, trois**
b (Mil: gobelet) beaker *(of 1/4 litre capacity)*
c **quart d'heure** quarter of an hour, quarter-hour ◆ **3 heures moins le quart** (a) quarter to 3 ◆ **3 heures et quart, 3 heures un quart** (a) quarter past 3 ◆ **il est le quart/moins le quart** it's (a) quarter past/(a) quarter to ◆ **de quart d'heure en quart d'heure** every quarter of an hour ◆ **passer un mauvais** ou **sale quart d'heure** to have a bad ou nasty time of it ◆ **il lui a fait passer un mauvais quart d'heure** he gave him a bad time ◆ **un quart de seconde** (lit) a quarter of a second; (fig) a split second ◆ **en un quart de seconde** (lit) in a quarter of a second; (fig) in no time at all
d (Naut) watch ◆ **être de quart** to keep the watch ◆ **prendre le quart** to take the watch ◆ **de quart** homme, matelot on watch ◆ **officier de quart** officer of the watch ◆ **petit quart** dogwatch ◆ **grand quart** six-hour watch
2 COMP ▷ **quart de cercle** quarter-circle ▷ **quarts de finale** (Sport) quarter finals ◆ **être en quarts de finale** to be in the quarter finals ▷ **quart d'heure américain** lady's choice ▷ **quart de soupir** (Mus) semiquaver rest (Brit), sixteenth rest (US) ▷ **quart de ton** (Mus) quarter tone ▷ **quart de tour** quarter turn ◆ **donner un quart de tour à un bouton** to turn a knob round a quarter (of the way), give a knob a quarter turn ◆ (Aut) **partir** ou **démarrer au quart de tour** to start (up) first time ◆ **comprendre au quart de tour*** to understand first time off ou straight off*, be quick on the uptake

quart-de-rond, pl **quarts-de-rond** [kaʀdəʀɔ̃] nm ovolo, quarter round

quarte [k(w)aʀt] 1 nf (Escrime) quarte; (Cartes) quart; (Mus) fourth; (Hist: deux pintes) quart
2 adj f → **fièvre**

quarté [k(w)aʀte] nm *French system of forecast betting on four horses in a race*

quarteron, -onne [kaʀtəʀɔ̃, ɔn] → SYN 1 nm,f (métis) quadroon
2 nm (péj: groupe) small ou insignificant band, minor group

quartette [k(w)aʀtɛt] → SYN nm (Mus) jazz quartet(te)

quartier [kaʀtje] → SYN 1 nm a [ville] (Admin: division) district, area; (gén: partie) neighbourhood, district, area, quarter ◆ **quartier commerçant/résidentiel** shopping/residential area ou quarter ◆ **les vieux quartiers de la ville** the old quarter ou part of the town ◆ **les gens du quartier** the local people, the people of the area ou district ou neighbourhood ◆ **vous êtes du quartier?** do you come from the area? ou district? ou neighbourhood?, are you (a) local?* ◆ **de quartier** cinéma, épicier local (épith) ◆ **le quartier est/ouest de la ville** the east/west end ou side of (the) town ◆ **le quartier des affaires** the business district ou quarter ◆ **le quartier latin** the Latin Quarter → **bas¹, beau**
b (Mil) **quartier(s)** quarters ◆ **rentrer au(x) quartier(s)** to return to quarters ◆ **avoir quartier(s) libre(s)** (Mil) to have leave from barracks; (Scol) to be free ou off (for a few hours) ◆ (lit, fig) **prendre ses quartiers d'hiver** to go into winter quarters ◆ (fig) **c'est là que nous tenons nos quartiers** here's where we have our headquarters (fig) ou where we hang out*

c (portion) [bœuf] quarter; [viande] large piece, chunk; [fruit] piece, segment ◆ (lit, fig) **mettre en quartiers** to tear to pieces

d (Astron, Hér) quarter

e (†: grâce, pitié) quarter† ◆ **demander/faire quartier** to ask for/give quarter ◆ **ne pas faire de quartier** to give no quarter ◆ **pas de quartier!** show no mercy!

2 COMP ▷ **quartier général** (Mil, fig) headquarters ◆ (Mil) **grand quartier général** general headquarters ▷ **quartier de haute sécurité**† [prison] high ou maximum ou top security wing ▷ **quartier de noblesse** (lit) degree of noble lineage *(representing one generation)* ◆ (fig) **avoir ses quartiers de noblesse** to be well established and respected, have earned one's colours ▷ **quartier réservé** red-light district

quartier-maître, pl **quartiers-maîtres** [kaʀtjemɛtʀ] nm (Naut) ≃ leading seaman ◆ **quartier-maître de 1re classe** leading rating (Brit), petty officer third class (US)

quartile [kwaʀtil] nm quartile

quart-monde, pl **quarts-mondes** [kaʀmɔ̃d] nm ◆ **le quart-monde** the Fourth World

quarto [kwaʀto] adv fourthly

quartz [kwaʀts] → SYN nm quartz ◆ **montre** etc **à quartz** quartz watch etc

quartzeux, -euse [kwaʀtsø, øz] adj quartzose

quartzifère [kwaʀtsifɛʀ] adj quartziferous

quartzite [kwaʀtsit] nm quartzite

quasar [kazaʀ] nm quasar

quasi[1] [kazi] → SYN nm (Culin) *cut of meat from upper part of leg of veal*

quasi[2] [kazi] → SYN 1 adv almost, nearly

2 préf near, quasi- (surtout US) ◆ **quasi-certitude/-obscurité** near certainty/darkness ◆ (Aviat) **quasi-collision** near miss ◆ **la quasi-totalité des dépenses** almost all (of) the expenditure ◆ **quasi-délit** technical offence (Brit) ou offense (US)

quasi-contrat, pl **quasi-contrats** [kazikɔ̃tʀa] nm quasi-contract

quasiment [kazimɑ̃] adv almost, nearly ◆ **c'est quasiment fait** it's almost ou nearly done, it's as good as done, it's just about done

Quasimodo [kazimɔdo] nf ◆ **la Quasimodo, le dimanche de Quasimodo** Low Sunday

quasi-usufruit, pl **quasi-usufruits** [kaziyzyfʀɥi] nm imperfect ou quasi usufruct

quaternaire [kwatɛʀnɛʀ] 1 adj (gén, Chim) quaternary; (Géol) Quaternary

2 nm ◆ (Géol) **le quaternaire** the Quaternary (period)

quaternion [kwatɛʀnjɔ̃] nm quaternion

quatorze [katɔʀz] adj inv, nm inv fourteen ◆ **avant/après (la guerre de) quatorze** before/after the First World War ◆ **le quatorze juillet** the Fourteenth of July, Bastille Day, *French national holiday*; pour autres loc voir **six, chercher**

quatorzième [katɔʀzjɛm] adj, nmf fourteenth; pour loc voir **sixième**

quatorzièmement [katɔʀzjɛmmɑ̃] adv in the fourteenth place, fourteenthly

quatrain [katʀɛ̃] → SYN nm quatrain

quatre [katʀ] 1 adj inv, nm inv four ◆ **une robe de quatre sous** a cheap dress ◆ **il avait quatre sous d'économies** he had a modest amount of savings ◆ **s'il avait quatre sous de bon sens** if he had a scrap ou modicum of common sense ◆ **jouer aux quatre coins** to play "the four corners" game *(the player who is "he" must try to gain possession of one of the corners)* ◆ (lit, fig) **aux quatre coins de** in the four corners of ◆ (Mus) **à quatre mains** (adj) morceau for four hands, four-handed; (adv) jouer four-handed ◆ **à quatre pattes** on all fours ◆ **se disperser aux quatre vents** to scatter to the four winds ◆ **être tiré à quatre épingles** to be dressed up to the nines ◆ **un de ces quatre (matins)*** one of these (fine) days ◆ **faire les quatre cents coups** to sow one's wild oats, get into a lot of trouble ◆ **tomber les quatre fers en l'air** to fall flat on one's back ◆ **faire ses quatre volontés** to do exactly as one pleases ◆ **faire les quatre volontés de qn** to satisfy sb's every whim ◆ **dire à qn ses quatre vérités** to tell sb a few plain ou home truths ◆ (Pol) **les quatre grands** the Big Four ◆ **monter/descendre (l'escalier) quatre à quatre** to rush up/down the stairs four at a time ◆ **manger comme quatre** to eat like a wolf ou enough for four (people) ◆ **se mettre** ou **se couper en quatre pour qn** to go to a great deal of trouble for sb, bend over backwards to help sb*, go out of one's way for sb, put o.s. out for sb ◆ **elle se tenait à quatre pour ne pas rire/pour ne pas le gifler** it was all she could do ou she was doing all she could to keep from laughing/smacking him ◆ **ne pas y aller par quatre chemins** not to beat about the bush, make no bones about it ◆ **entre quatre murs** within ou between four walls ◆ **je n'ai pas quatre bras!*** I've only got one pair of hands! → **couper, entre, trèfle** etc; pour autres loc voir **six**

2 COMP ▷ **quatre barré** nm (Naut) coxed four ▷ **quatre sans barreur** nm (Naut) coxless four

quatre-cent-vingt-et-un [kat(ʀə)sɑ̃vɛ̃teœ̃] nm inv (Dés) *dice game in casinos and cafés*

quatre-épices [katʀepis] nm inv allspice

quatre-feuilles [kat(ʀə)fœj] nm inv quatrefoil

quatre-heures [katʀœʀ] nm inv (children's) afternoon tea (Brit) ou snack

quatre-huit [kat(ʀə)ɥit] nm inv (Mus) common time

quatre-mâts [kat(ʀə)mɑ] nm inv four-master

quatre-quarts [kat(ʀə)kaʀ] nm inv (Culin) pound cake

quatre-quatre [kat(ʀə)katʀ] adj inv, nm inv four-wheel drive

quatre-vingt-dix [katʀəvɛ̃dis] adj inv, nm inv ninety

quatre-vingt-dixième [katʀəvɛ̃dizjɛm] adj inv, nmf ninetieth

quatre-vingt-et-un [katvɛ̃teœ̃] nm inv ⇒ **quatre-cent-vingt-et-un**

quatre-vingtième [katʀəvɛ̃tjɛm] adj inv, nmf eightieth

quatre-vingt-onze [katʀəvɛ̃ɔ̃z] adj inv, nm inv ninety-one

quatre-vingt-onzième [katʀəvɛ̃ɔ̃zjɛm] adj inv, nmf ninety-first

quatre-vingts [katʀəvɛ̃] adj inv, nm inv eighty

quatre-vingt-un [katʀəvɛ̃œ̃] adj inv, nm inv eighty-one

quatre-vingt-unième [katʀəvɛ̃ynjɛm] adj inv, nmf eighty-first

quatrième [katʀijɛm] 1 adj fourth ◆ **le quatrième pouvoir** the fourth estate ◆ (fig) **faire qch en quatrième vitesse** to do sth at top speed

2 nmf (joueur de cartes) fourth player

3 nf (Aut: vitesse) fourth gear; (Cartes: quarte) quart; (Scol: classe) ≃ third form ou year (Brit), third year (in junior high school) (US) ◆ [livre] **quatrième de couverture** back cover; pour autres loc voir **sixième**

quatrièmement [katʀijɛmmɑ̃] adv fourthly, in the fourth place

quatrillion [k(w)atʀiljɔ̃] nm quadrillion (Brit), septillion (US)

quattrocentiste [kwatʀotʃɛntist] nmf quattrocentist

quattrocento [kwatʀotʃɛnto] nm ◆ **le quattrocento** quattrocento

quatuor [kwatɥɔʀ] → SYN nm (œuvre, musiciens, fig) quartet(te) ◆ **quatuor à cordes** string quartet

que [kə]

1 conj a (introduisant subordonnée complétive) that (souvent omis; avec vb de volonté on emploie la proposition infinitive) ◆ **elle sait que tu es prêt** she knows (that) you're ready ◆ **il est agréable qu'il fasse beau** it's nice that the weather's fine ◆ **il est possible qu'elle vienne** she may be coming, it's possible (that) she'll come ◆ **c'est dommage qu'il pleuve** it's a pity (that) it's raining ◆ **l'idée qu'il pourrait échouer** the idea of him ou his failing, the idea that he might fail ◆ **je veux/j'aimerais qu'il vienne** I want him/would like him to come ◆ **je ne veux pas qu'il vienne** I don't want him to come ◆ **j'aimerais qu'il ne vienne pas** I'd rather he didn't come → **craindre, douter, peur** etc

b (remplaçant si, quand, comme etc: non traduit) **si vous êtes sages et qu'il fasse beau, nous sortirons** if you are good and the weather is fine, we'll go out ◆ **si vous le voyez ou que vous lui téléphoniez ...** if you see him or phone him ... ◆ **il vous recevra quand il rentrera et qu'il aura déjeuné** he'll see you when he comes home and he's had a meal ◆ **comme la maison était petite et qu'il n'y avait pas de jardin** as the house was small and there was no garden ◆ **bien qu'il soit en retard et que nous soyons pressés** although he's late and we're in a hurry

c (hypothèse) **il ira qu'il le veuille ou non, il ira qu'il le veuille ou qu'il ne le veuille pas** he'll go whether he wants to or not ou whether he likes it or not ◆ (conséquence) **il cria si fort qu'on le fit sortir** he shouted so loudly that he was sent out ◆ **la classe n'est pas si avancée qu'il ne puisse suivre** the class is not too advanced for him to keep up ou is not so advanced that he can't keep up ◆ (but) **tenez-le qu'il ne tombe pas** hold him in case he falls ou so that he won't fall ◆ **venez que nous causions** come along and we'll have ou so that we can have a chat ◆ (temps) **elle venait à peine de sortir qu'il se mit à pleuvoir** she had no sooner gone out than it started raining, she had hardly ou just gone out when it started raining ◆ **ils ne se connaissaient pas depuis 10 minutes qu'ils étaient déjà amis** they had known each other for only 10 minutes and already they were friends ◆ **ça fait 2 ans qu'il est là** he has been here (for) 2 years ◆ **ça fait 2 ans qu'il est parti** it is 2 years since he left, he left 2 years ago → **attendre, ne**

d (3e personne: ordre, souhait, résignation etc) **qu'il se taise!** I wish he would be quiet! ◆ **que la lumière soit** let there be light ◆ **que la guerre finisse!** if only the war would end! ◆ **eh bien, qu'il vienne!** all right, he can come ou let him come ◆ **que m'importe!** what do I care?, I don't care! ◆ **que le Seigneur ait pitié de lui!** (may) the Lord have mercy upon him

e (comparaison) (avec plus, moins) than; (avec aussi, autant, tel) as ◆ **la campagne est plus reposante que la mer** the country is more restful than the sea ◆ **il est plus petit qu'elle** he's smaller than her ou than she is ◆ **elle est tout aussi capable que vous** she's just as capable as you (are) ◆ **j'ai laissé la maison telle que je l'avais trouvée** I left the house (just) as I found it → **bien, condition, moins** etc

2 adv a (excl) (devant adj, adv) how; (devant n sg) what a; (devant npl) what a lot of ◆ **que tu es lent!** aren't you slow! ◆ **ce que tu es lent!*** you're so slow! ◆ **qu'est-ce que tu es lent!** how slow you are! ◆ **que de monde, ce qu'il y a du monde*, qu'est-ce qu'il y a comme monde** what a crowd (there is)!, what a lot of people! ◆ **que de mal vous vous donnez!** what a lot of trouble you're taking! ◆ **qu'il joue bien!, ce qu'il joue bien!*, qu'est-ce qu'il joue bien!** doesn't he play well!, what a good player he is!

b (avec ne: excl ou interrog) why ◆ **que n'es-tu venu me voir?** why didn't you come to see me?

3 pron a (relatif: objet direct) (personne) that, whom (frm); (chose, animal) which, that (gén omis); (temps) when ◆ **Paul, que je ne voyais même pas, m'a appelé** Paul, who ou whom I couldn't even see, called me ◆ **les enfants que tu vois jouer dans la rue** the children (that ou whom) you see playing in the street ◆ **c'est le concert le plus beau que j'aie jamais entendu** it's the finest concert (that) I have ever heard ◆ **l'étiquette, que j'avais pourtant bien collée, est tombée** the label, which I stuck on properly, fell off all the same ◆ **la raison qu'il a donnée** the reason (that ou which) he gave ◆ **tu te souviens de l'hiver qu'il a fait si froid?*** do you remember the winter (when) it was so cold? ◆ **un jour/un été que*** one day/one summer when

b (attrib) **quel homme charmant que votre voisin!** what a charming man your neighbour is ◆ **distrait qu'il est, il n'a rien vu** dreamy as he is, he didn't notice anything ◆ **pour ignorante qu'elle soit** ignorant though she may be, however ignorant she is ou may be ◆ **c'est un inconvénient que de ne pas avoir de voiture** it's inconvenient not having a car ◆ **plein d'attentions qu'il était ce jeune homme*** he was so considerate that young man was* ◆ **de brune qu'elle était, elle est devenue blonde** once brunette ou brunette at one time, she has now turned blonde ◆ **en bon fils qu'il est** being the good son (that) he is

c (interrog : dir, indir) what ; (discriminatif) which ◆ **que fais-tu ?, qu'est-ce que tu fais ?** what are you doing ? ◆ **qu'est-ce qui vous prend ?** what has come over you ? ◆ **qu'en sais-tu ?** what do you know ? ◆ **qu'est-ce qu'il y a ?, qu'est-ce ?** what is it ?, what's the matter ? ◆ **qu'est-ce que c'est que cette histoire ?** what's all this about ?, what's it all about ? ◆ **il ne dit pas ce qu'il fait** he doesn't say what he's doing ◆ **je pense que oui / non** I think / don't think so ◆ **mais il n'a pas de voiture ! – il dit que si** but he has no car ! – he says he has ◆ **qu'est-ce que tu préfères, le rouge ou le noir ?** which (one) do you prefer, the red or the black ? → **ce, depuis, voici**

d LOC **je ne l'y ai pas autorisé, que je sache** I didn't give him permission to do so, as far as I know, I don't know that ou I'm not aware that I gave him permission to do so ◆ **(il n'est pas venu) que je sache** (he didn't come) as far as I know ou am aware ◆ **qu'il dit !*** that's what he says !, that's his story !, so he says ! ◆ **que tu crois !*** that's what you think ! ◆ **que oui !** yes indeed !, quite so ! ◆ **que non !** certainly not !, not at all ! ◆ **mais il n'en veut pas ! – que si / non** but he doesn't want any ! – yes, he does / no, he doesn't

Québec [kebɛk] [1] n (ville) Quebec

[2] nm ◆ (province) **le Québec** Quebec

québécisme [kebesism] nm *expression (ou word etc) used in Quebec*

québécois, e [kebekwa, waz] [1] adj Quebec (épith) ◆ **le Parti québécois** the Parti Québécois

[2] nm (Ling) Quebec French

[3] nm,f ◆ **Québécois(e)** Quebecker, Quebecer, Québécois (Can)

quebracho [kebʀatʃo] nm quebracho

quechua [ketʃwa] nm (Ling) Quechua, Kechua

Queensland [kwinzlɑ̃d] nm Queensland

quel, quelle [kɛl] [1] adj **a** (interrog : dir, indir) (être animé : attrib) who ; (être animé : épith) what ; (chose) what ◆ **quel est cet auteur ?** who is that author ? ◆ **sur quel auteur va-t-il parler ?** what author is he going to talk about ? ◆ **quelles ont été les raisons de son départ ?** what were the reasons for his leaving ? ou departure ? ◆ **dans quels pays êtes-vous allé ?** what countries have you been to ? ◆ **lui avez-vous dit à quelle adresse (il faut) envoyer la lettre ?** have you told him the ou what address to send the letter to ? ◆ **j'ignore quel est l'auteur de ces poèmes** I don't know who wrote these poems ou who the author of these poems is

b (interrog discriminatif) which ◆ **quel acteur préférez-vous ?** which actor do you prefer ? ◆ **quel est le vin le moins cher des trois ?** which wine is the cheapest of the three ?

c (excl) what ◆ **quelle surprise / coïncidence !** what a surprise / coincidence ! ◆ **quel courage / temps !** what courage / weather ! ◆ **quels charmants enfants !** what charming children ! ◆ **quel dommage qu'il soit parti !** what a pity he's gone ! ◆ **quel imbécile je suis !** what a fool I am ! ◆ **quelle chance !** what (a stroke of) luck ! ◆ **quel toupet !*** what (a) nerve ! ◆ **quel sale temps !** what rotten weather ! ◆ **il a vu quels amis fidèles il avait** he saw what faithful friends he had ◆ **j'ai remarqué avec quelle attention ils écoutaient** I noticed how attentively they were listening

d (relatif) (être animé) whoever ; (chose) whatever ; (discriminatif) whichever, whatever ◆ **quelle que soit** ou **quelle que puisse être votre décision, écrivez-nous** write to us whatever your decision (may be) ou whatever you decide ◆ **quel que soit le train que vous preniez, vous arriverez trop tard** whichever ou whatever train you take, you will be too late ◆ **quelles que soient les conséquences** whatever the consequences (may be) ◆ **quelle que soit la personne qui vous répondra** whoever answers you, whichever person answers you ◆ **quel qu'il soit, le prix sera toujours trop élevé** whatever the price (is), it will still be too high ◆ **les hommes, quels qu'ils soient** men, whoever they may be

[2] pron interrog which ◆ **de tous ces enfants, quel est le plus intelligent ?** of all these children which (one) is the most intelligent ? ◆ **des deux solutions quelle est celle que vous préférez ?** of the two solutions, which (one) do you prefer ?

quelconque [kɛlkɔ̃k] [→ SYN] adj **a** (n'importe quel) some (or other), any ◆ **une lettre envoyée par un ami quelconque** ou **par un quelconque de ses amis** a letter sent by some friend of his ou by some friend or other (of his) ◆ **choisis un stylo quelconque parmi ceux-là** choose any pen from among those ◆ **sous un prétexte quelconque** on some pretext or other ◆ **pour une raison quelconque** for some reason (or other) ◆ **à partir d'un point quelconque du cercle** from any point on the circle → **triangle**

b (moindre) **un** ou **une quelconque** any, the least ou slightest ◆ **il n'a pas manifesté un désir quelconque d'y aller** he didn't show the slightest ou least desire ou any desire to go ◆ **avez-vous une quelconque idée de l'endroit où ça se trouve ?** have you any idea where it might be ?

c (médiocre) repas poor, indifferent ; élève, devoir poor ; acteur poor, second-rate ◆ **c'est un repas / devoir quelconque** this meal / piece of homework isn't up to much*, this is a poor meal / piece of homework ◆ **c'est quelqu'un de très quelconque** (laid) he's a very plain-looking ou ordinary-looking sort of person ; (ordinaire) he's a very ordinary ou nondescript sort of person

quelque [kɛlk(ə)] [→ SYN] [1] adj indéf **a** (NonC) some ◆ **il habite à quelque distance d'ici** he lives some distance ou way from here ◆ **cela fait quelque temps que je ne l'ai vu** I haven't seen him for some time ou for a while, it's some time ou a while since I've seen him ◆ **il faut trouver quelque autre solution** we'll have to find some other solution ◆ **j'ai quelque peine à croire cela** I find it rather ou somewhat ou a little difficult to believe ◆ **avec quelque impatience / inquiétude** with some impatience / anxiety ◆ **désirez-vous quelque autre chose ?** would you like something ou any thing else ?

b (pl) **quelques** a few, some ◆ **M. Dupont va vous dire quelques mots** Mr Dupont is going to say a few words (to you) ◆ **quelques milliers (de)** a few thousand ◆ **il ne peut rester que quelques instants** he can only stay (for) a few moments ◆ **quelques autres** some ou a few others ◆ **avez-vous quelques feuilles de papier à me passer ?** have you any ou some ou a few sheets of paper you could let me have ?

c (pl avec art : petit nombre) few ◆ **les quelques enfants qui étaient venus** the few children who had come ◆ **ces quelques poèmes** these few poems ◆ **les quelques centaines / milliers de personnes qui ...** the few hundred / thousand people who ...

d **quelque ... que** whatever ; (discriminatif) whichever, whatever ◆ **de quelque façon que l'on envisage le problème** whatever ou whichever way you look at the problem ◆ **par quelque temps qu'il fasse** whatever the weather (may be ou is like)

e **quelque part** somewhere ◆ **posez votre paquet quelque part dans un coin** put your parcel down in a corner somewhere ◆ (euph : = W.-C.) **je vais quelque part** I'm going to wash my hands (euph) ◆ (* euph : derrière) **tu veux mon pied quelque part ?** do you want a kick somewhere where it hurts ?* (euph) ou you know where ?* (euph)

f **en quelque sorte** (pour ainsi dire) as it were, so to speak ; (bref) in a word ; (d'une certaine manière) in a way ◆ **le liquide s'était en quelque sorte solidifié** the liquid had solidified as it were ou so to speak ◆ **en quelque sorte, tu refuses** in a word, you refuse ◆ **on pourrait dire en quelque sorte que ...** you could say in a way that ...

[2] adv **a** (environ, à peu près) some, about ◆ **il y a quelque 20 ans qu'il enseigne ici** he has been teaching here for some ou about 20 years ou for 20 years or so ◆ **ça a augmenté de quelque 50 F** it's gone up by about 50 francs ou by 50 francs or so ou by some 50 francs

b **et quelques*** : **20 kg et quelques** a bit over 20 kg* ◆ **il doit être 3 heures et quelques** it must be a bit after 3*

c **quelque peu** rather, somewhat ◆ **quelque peu déçu** rather ou somewhat disappointed ◆ **il est quelque peu menteur** he is something of ou a bit of a liar

d (littér) **quelque ... que** however ◆ **quelque lourde que soit la tâche** however heavy the task may be

quelque chose [kɛlkəʃoz] pron indéf **a** something ; (avec interrog) anything, something ◆ **quelque chose d'extraordinaire** something extraordinary ◆ **quelque chose d'autre** something else ◆ **puis-je faire quelque chose pour vous ?** is there anything ou something I can do for you ? ◆ **il a quelque chose (qui ne va pas)** (maladie) there's something wrong ou the matter with him ; (ennuis) there's something the matter (with him) ◆ **vous prendrez bien quelque chose (à boire)** you'll have something to drink ◆ **il est quelque chose aux PTT*** he has some sort of a job in the Post Office, he's got something to do with the Post Office ◆ **il / ça y est pour quelque chose** he / it has got something to do with it ◆ **il y a quelque chose comme une semaine** something like a week ago, a week or so ago

b (* : intensif) **il a plu quelque chose !** it rained something dreadful !*, it didn't half rain !* (Brit) ◆ **je tiens quelque chose (de bien) comme rhume !** I've got a really dreadful cold, I don't half have a (dreadful) cold* (Brit) ◆ **il se prend pour quelque chose** he thinks he's quite something

c (loc) (lit, fig) **faire quelque chose à qn** to have an effect on sb ◆ **ça alors, c'est quelque chose !** that's (a bit) too much !, that's a bit stiff !* ◆ **je t'ai apporté un petit quelque chose** I've brought you a little something → **déjà, dire**

quelquefois [kɛlkəfwa] [→ SYN] adv sometimes, occasionally, at times

quelques-uns, -unes [kɛlkəzœ̃, yn] pron indéf pl some, a few ◆ **quelques-uns de nos lecteurs / ses amis** some ou a few of our readers / his friends ◆ **privilège réservé à quelques-uns** privilege reserved for a very few

quelqu'un [kɛlkœ̃] pron indéf somebody, someone ; (avec interrog) anybody, anyone ◆ **quelqu'un d'autre** somebody ou someone else ◆ **c'est quelqu'un de sûr / d'important** he's a reliable / an important person, he's someone reliable / important ◆ **il faudrait quelqu'un de plus** one more person ou somebody ou someone else would be needed ◆ **quelqu'un pourrait-il répondre ?** could somebody answer ? ◆ **ce savant, c'est quelqu'un** this scientist is (a) somebody ◆ **ça alors, c'est quelqu'un !***† that's (a bit) too much !, that's a bit stiff !*

quémander [kemɑ̃de] [→ SYN] ▸ conjug 1 ◂ vt argent, faveur to beg for ; louanges to beg ou fish ou angle for

quémandeur, -euse [kemɑ̃dœʀ, øz] [→ SYN] nm,f (littér) beggar

qu'en-dira-t-on [kɑ̃diʀatɔ̃] [→ SYN] nm inv ◆ (commérage) **le qu'en-dira-t-on** gossip ◆ **il se moque du qu'en-dira-t-on** he doesn't care what people say ou about gossip

quenelle [kənɛl] [→ SYN] nf (Culin) quenelle

quenotte [kənɔt] nf (langage enfantin) tooth, toothy-peg (Brit langage enfantin)

quenouille [kənuj] nf distaff → **tomber**

quéquette⁑ [kekɛt] nf willy⁑, penis

quercitrin [kɛʀsitʀɛ̃] nm, **quercitrine** [kɛʀsitʀin] nf quercitrin

quercitron [kɛʀsitʀɔ̃] nm black- ou yellow-bark oak

querelle [kəʀɛl] [→ SYN] nf **a** (dispute) quarrel ◆ **querelle d'amoureux** lovers' tiff ◆ **querelle d'ivrognes** drunken row ◆ **querelle d'Allemand, mauvaise querelle** quarrel over nothing, unreasonable quarrel ◆ **chercher une querelle d'Allemand** ou **une mauvaise querelle à qn** to pick a quarrel with sb for nothing ou for no reason at all ◆ **querelle de famille** ou **familiale** family quarrel ou squabble ◆ (Pol) **la querelle sur l'avortement** the abortion debate ou issue → **chercher, vider**

b (††, littér: cause, parti) cause, quarrel† ◆ **épouser** ou **embrasser la querelle de qn** to take up ou fight sb's cause, fight sb's quarrels

quereller [kəʀele] → SYN ▸conjug 1◂ **1** vt (†: gronder) to scold

2 se quereller vpr to quarrel (with one another) ◆ **se quereller au sujet** ou **à propos de qch** to quarrel ou squabble over ou about sth

querelleur, -euse [kəʀelœʀ, øz] → SYN adj quarrelsome

quérir [keʀiʀ] → SYN ▸conjug 21◂ vt ◆ (littér: chercher) **envoyer** ou **faire quérir qn** to summon sb, bid sb (to) come† ◆ **aller quérir qn** to go seek sb†, go in quest of sb†

quérulence [keʀylɑ̃s] → SYN nf (Psych) querulousness

quérulent, e [keʀylɑ̃, ɑ̃t] → SYN adj (Psych) querulous

questeur [kɛstœʀ] → SYN nm (Antiq) quaestor (Brit), questor (US); (Pol française) questeur, *administrative and financial officer elected to the French Parliament*

question [kɛstjɔ̃] → SYN GRAMMAIRE ACTIVE 12.3, 16.3, 26.1, 26.2, 26.6 nf **a** (demande) (gén) question; (pour lever un doute) query, question ◆ (Pol) **question écrite / orale** written / oral question ◆ **sans (poser de) questions** without asking any questions; without raising any queries ◆ **évidemment! cette question!** ou **quelle question!** obviously! what a question! ◆ **question piège** (d'apparence facile) trick question; (pour nuire à qn) loaded question ◆ **question subsidiaire** tiebreaker, *decisive question in a competition* ◆ (fig) **c'est la question à cent francs!** it's the sixty four thousand dollar question! ◆ (Pol) **poser la question de confiance** to ask for a vote of confidence

b (problème) question, matter, issue ◆ **la question est délicate** it's a delicate question ou matter ◆ **la question est de savoir si** the question is whether ◆ **questions économiques / sociales** economic / social questions ou matters ou issues ◆ (Presse) **question d'actualité** topical question ◆ **la question sociale** the social question ou issue ◆ **sortir de la question** to stray ou wander from the point ◆ **la question n'est pas là** that's not the point ◆ **c'est toute la question, c'est la grosse question*** that's the big question, that's the crux of the matter, that's the whole point ◆ **il n'y a pas de question, c'est lui le meilleur** he is indisputably ou unquestionably the best, without question he's the best, there's no question about it – he's the best ◆ **cela ne fait pas question** there's no question about it ◆ **c'est une question de temps** it's a question ou matter of time ◆ **c'est une question d'heures / de vie ou de mort / d'habitude** it's a matter ou question of hours / of life or death / of habit ◆ (ordre du jour) **« autres questions »** "any other business" → **autre**

c (*: en ce qui concerne) **question argent** as far as money goes, money-wise* ◆ **l'aider oui, mais question de tout faire, sûrement pas** help him I will but as for doing everything for him, I certainly won't

d de quoi est-il question? what is it about? ◆ **il fut d'abord question du budget** first they spoke about ou discussed the budget ◆ **il est question de lui comme ministre** ou **qu'il soit ministre** there's some question ou talk of his being ou becoming a minister ◆ **il n'est plus question de ce fait dans la suite** no further mention of this fact is made subsequently, there is no further reference to this fact thereafter ◆ **il n'est pas question que nous y renoncions / d'y renoncer** there's no question of our ou us giving it up / of giving it up ◆ **il n'en est pas question!** there's no question of it! ◆ **moi y aller? pas question!*** me go? nothing doing!* ou no way!*

e en question in question ◆ **hors de question** out of the question ◆ **la personne / le livre en question** the person / book in question ◆ **mettre** ou **remettre en question** autorité to question, challenge; science to question, call ou bring in(to) question ◆ **c'est notre vie même qui est en question ici** it's our very lives that are at stake here ◆ **tout est remis en question à cause du mauvais temps** there is a question mark over the whole plan because of the bad weather, the bad weather throws the whole thing back into question ◆ **le projet a été remis en question une fois de plus** the scheme was back in the melting pot ou was called into doubt yet again ◆ **la remise en question de nos accords** the renewed doubt surrounding our agreements, the fact that our agreements are once again in doubt ou being called into question ◆ **ils veulent remettre en question l'entrée de ce pays dans la CEE** they want to revive ou reopen the issue of this country's joining the EEC

f (Hist: torture) question ◆ **soumettre qn à la question, infliger la question à qn** to put sb to the question

questionnaire [kɛstjɔnɛʀ] → SYN nm questionnaire ◆ (Scol etc) **questionnaire à choix multiple** multiple choice question paper

questionnement [kɛstjɔnmɑ̃] nm questioning

questionner [kɛstjɔne] → SYN ▸conjug 1◂ vt (interroger) to question (*sur* about) ◆ **arrête de questionner toujours comme ça** stop pestering me with questions all the time, stop questioning me all the time

questionneur, -euse [kɛstjɔnœʀ, øz] nm,f questioner

questure [kɛstyʀ] → SYN nf quaestorship (Brit), questorship (US)

quête[1] [kɛt] → SYN nf **a** (collecte) collection ◆ **faire la quête** [prêtre] to take (the) collection; [jongleur] to go round with the hat; [quêteur] to collect for charity

b (littér: recherche) [Graal] quest (*de* for); [absolu] pursuit (*de* of) ◆ **âme en quête d'absolu** soul in pursuit ou quest ou search of the absolute

c se mettre en quête de pain to set out to look for ou to find, go in search of; appartement to (go on the) hunt for ◆ **être en quête de travail** to be looking for ou seeking work

quête[2] [kɛt] nf [mât] rake

quêter [kete] → SYN ▸conjug 1◂ **1** vi (à l'église) to take the collection; (dans la rue) to collect money ◆ **quêter pour les aveugles** to collect for the blind

2 vt louanges to seek (after), fish ou angle for; suffrages to seek; sourire, regard to seek, try to win

quêteur, -euse [kɛtœʀ, øz] → SYN nm,f (dans la rue, à l'église) collector

quetsche [kwɛtʃ] nf *kind of dark-red plum*

quetzal [kɛtzal] nm que(t)zal

queue [kø] → SYN **1** nf **a** [animal, lettre, note, avion, comète] tail; [orage] tail end; [classement] bottom; [casserole, poêle] handle; [fruit, feuille] stalk; [fleur] stem, stalk; [train, colonne] rear ◆ **en queue de phrase** at the end of the sentence ◆ **en queue de liste / classe** at the bottom of the list / class ◆ **en queue (de train)** at the rear of the train ◆ **compartiments de queue** rear compartments ◆ **commencer par la queue** to begin at the end → **diable**

b (file de personnes) queue (Brit), line (US) ◆ **faire la queue** to queue (up) (Brit), stand in line (US) ◆ **il y a 2 heures de queue** there's 2 hours' queuing (Brit) ou standing in line (US) ◆ **mettez-vous à la queue** join the queue (Brit) ou line (US) ◆ **à la queue** in the queue (Brit), in line (US)

c (**: pénis) tool**, cock**, prick**

d LOC **la queue basse*** ou **entre les jambes*** with one's tail between one's legs ◆ **à la queue leu leu** marcher, arriver in single ou Indian (Brit) file; venir se plaindre one after the other ◆ **il n'y en avait pas la queue d'un*** there wasn't the sniff ou glimmer of one* ◆ (Aut) **faire une queue de poisson à qn** to cut in front of sb ◆ **finir en queue de poisson** to finish up in the air, come to an abrupt end ◆ **histoire sans queue ni tête*** cock-and-bull story ◆ [marchand] **mettre des queues aux zéros** to overcharge ◆ **pour des queues de cerises*** travailler for peanuts*, for next to nothing; acheter for next to nothing ◆ (Billard) **faire une fausse queue** to miscue

2 COMP ▷ **queue d'aronde** dovetai[l] ◆ **assemblage en queue d'aronde** dovetail join[t] ▷ **queue de billard** (billiard) cue ▷ **queue de cheval** ponytail ▷ **queue de vache** ac[j] inv couleur, cheveux reddish-brown

queue-de-cochon, pl **queues-de-cocho[n]** [kød(ə)kɔʃɔ̃] nf (tarière) screw auger; [ferronnerie] *twisted wrought-iron ornament*

queue-de-morue, pl **queues-de-moru[e]** [kød(ə)mɔʀy] nf (pinceau) (medium) pain[t] brush; (habit) tails, tail coat

queue-de-pie, pl **queues-de-pie** [kød(ə)pi] n[f] (basques) tails; (habit) tails, tail coat

queue-de-rat, pl **queues-de-rat** [kød(ə)ʀa] n[f] round file

queue-de-renard, pl **queues-de-renar[d]** [kød(ə)ʀənaʀ] nf ◆ (Bot) **queue-de-renard à ép[i] vert clair** green amaranth ◆ **queue-de-renar[d] des jardins** love-lies-bleeding

queuter‡ [køte] ▸conjug 1◂ vi to go wrong backfire ◆ **queuter à un examen** to fail o[r] flunk* an exam, come down in an exam

queux [kø] nm → **maître**

qui [ki] pron

a (interrog sujet) who ◆ **qui l'a vu?, qui est-c[e] qui l'a vu*?** who saw him? ◆ **qui est-il / elle** who is he / she? ◆ **on m'a raconté ... – qu[i] ça?** somebody told me ... – who was that? ◆ **qui d'entre eux / parmi vous saurait?** which of them / of you would know? ◆ **qui va là** (Mil) who goes there?; (gén) who's there? → **que**

b (interrog objet) who, whom ◆ **elle a vu qui?*** **qui est-ce qu'elle a vu?*** who did she see? ◆ **qui a-t-elle vu?** who ou whom (frm) did sh[e] see? ◆ (surprise) **elle a vu qui?** she saw who? who did she see? ◆ **à** ou **avec qui voulez vous parler?** who would you like to ou d[o] you wish to speak to?, who is it you wan[t] to speak to?, to whom (frm) do you wish t[o] speak? ◆ **à qui est ce sac?** whose bag is this?, who does this bag belong to? whose is this bag? ◆ **à qui donc parlais-tu?** who was it you were talking to?, wh[o] were you talking to? ◆ **de qui est la pièce?** who is the play by? ◆ **chez qui allez-vous?** whose house are you going to?

c (interrog indir) (sujet) who; (objet) who, whom (frm) ◆ **je me demande qui est là / qui il [a] invité** I wonder who's there / who ou whom (frm) he has invited ◆ **elle ne sait à qui s[e] plaindre / pour qui voter** she doesn't know who to complain to / who to vote for, sh[e] doesn't know to whom to complain / fo[r] whom to vote (frm) ◆ **vous devinez qui me l'[a] dit!** you can guess who told me!

d (relatif sujet) (être animé) who, that*; (chose) which, that ◆ **Paul, qui traversait le pont, trébucha** Paul, who was crossing the bridge tripped, Paul was crossing the bridge and tripped ◆ **les amis qui viennent ce soir son[t] américains** the friends who ou that* are coming tonight are American ◆ **il a un perroquet qui parle** he's got a talking parrot he's got a parrot which ou that talks ◆ **c'es[t] le plus grand peintre qui ait jamais vécu** he is the greatest painter that ever lived ◆ **prenez les assiettes qui sont sur la table** take the plates (which ou that are) on the table ◆ **la table, qui était en acajou, était très lourde** the table, which was mahogany, was very heavy ◆ **je la vis qui nageait vers le rivage** I saw her (as she was) swimming towards the bank ◆ **j'en connais qui seraient heureux ...** I know some who would be happy ... ◆ **montre-nous, toi qui sais tout** show us, since you know it all ou since you're so clever → **ce, moi, voici**

e (relatif avec prép) **l'ami de qui je vous ai parlé** the friend (that ou who* ou whom (frm)) I spoke to you about ◆ **l'auteur sur l'œuvre de qui elle a écrit une thèse** the author whose work she wrote a thesis on ou on whose work she wrote a thesis, the author on the work of whom she wrote a thesis (frm) ◆ **le patron pour qui il travaille** the employer (that ou who* ou whom (frm)) he works for, the employer for whom he works (frm) ◆ **les docteurs sans qui il n'aurait pu être sauvé** the doctors without whom he couldn't have been saved

f (relatif sans antécédent: être animé) whoever, anyone who ◆ **amenez qui vous voulez** bring along whoever ou anyone ou who you like ou please ◆ **cela m'a été dit par qui vous savez** I was told that by you-know-who* ◆ **ira qui voudra** let whoever wants ou anyone who wants to go go ◆ **c'est à qui des deux mangera le plus vite** each tries to eat faster than the other, they try to outdo each other in the speed they eat ◆ **il a dit à qui voulait l'écouter** ou **l'entendre que ...** he told anyone who ou whoever would listen ou cared to listen that ... ◆ **je le dirai à qui de droit** I will tell whoever is concerned ou is the proper authority ◆ **j'interdis à qui que ce soit d'entrer ici** I'm not letting anybody (come) in here, I forbid anyone to come in here ◆ **(qui que ce soit) qui a fait cette faute ne va pas aller le dire!** whoever (the person is who) made this mistake is not going to say so! ◆ **qui les verrait ensemble ne devinerait jamais qu'ils se détestent** anyone seeing them together would never guess (that) they can't stand one another ◆ **à qui mieux mieux** (gén) each one more so than the other; crier each one louder than the other; frapper each one harder than the other ◆ **ils ont sauvé des flammes tout ce qu'ils ont pu: qui une chaise, qui une table, qui une radio** they saved whatever they could from the fire: some took a chair, some a table, others a radio

g (Prov) **qui m'aime me suive** come all ye faithful (hum), come along you folks ◆ **qui m'aime aime mon chien** love me love my dog ◆ **qui va lentement va sûrement** more haste less speed (Prov) ◆ **qui vivra verra** what will be will be (Prov) ◆ **qui a bu boira** a leopard never changes its spots (Prov), once a thief always a thief (Prov) ◆ **qui aime bien châtie bien** spare the rod and spoil the child (Prov) ◆ **qui donne aux pauvres prête à Dieu** charity will be rewarded in heaven ◆ **qui dort dîne** he who sleeps forgets his hunger ◆ **qui ne dit mot consent** silence gives consent ◆ **qui ne risque rien** ou **n'ose rien n'a rien** nothing venture(d) nothing gain(ed) ◆ **qui paie ses dettes s'enrichit** the rich man is the one who pays his debts ◆ **qui peut le plus peut le moins** he who can do more can do less ◆ **qui casse les verres les paye** you pay for your mistakes ◆ **qui sème le vent récolte la tempête** he who sows the wind shall reap the whirlwind ◆ **qui se ressemble s'assemble** birds of a feather flock together (Prov) ◆ **qui se sent morveux, qu'il se mouche** if the cap ou shoe (US) fits, wear it (Prov) ◆ **qui s'y frotte s'y pique** beware the man who crosses swords with us ◆ **qui trop embrasse mal étreint** he who grasps at too much loses everything ◆ **qui va à la chasse perd sa place** he who leaves his place loses it ◆ **qui veut voyager loin ménage sa monture** he who takes it slow and steady goes a long way ◆ **qui veut la fin veut les moyens** he who wills the end wills the means ◆ **qui veut noyer son chien l'accuse de la rage** give a dog a bad name and hang him ◆ **qui n'entend qu'une cloche n'entend qu'un son** one should hear both sides of a question ◆ **qui vole un œuf vole un bœuf** he that will steal a pin will steal a pound (surtout Brit)

quia [kɥija] adv ◆ **mettre à quia** to confound sb†, nonplus sb ◆ **être à quia** to be at a loss for an answer

quiche [kiʃ] nf ◆ **quiche (lorraine)** quiche (Lorraine)

quichua [kitʃwa] nm ⇒ **quechua**

quick [kwik] nm ◆ **court (de tennis) en quick** ≃ hard court

quiconque [kikɔ̃k] → SYN (frm) **1** pron rel (celui qui) whoever, anyone who, whosoever† ◆ **quiconque a tué sera jugé** whoever has killed will be judged ◆ **la loi punit quiconque est coupable** the law punishes anyone who is guilty

2 pron indéf (n'importe qui, personne) anyone, anybody ◆ **je le sais mieux que quiconque** I know better than anyone (else) ◆ **il ne veut recevoir d'ordres de quiconque** he won't take orders from anyone ou anybody

quidam [k(ɥ)idam] → SYN nm (†, hum: individu) fellow, chap (Brit), cove (Brit: †, hum)

quiddité [k(ɥ)idite] nf quiddity

quiescent, e [kjesɑ̃, ɑ̃t] adj quiescent

quiet, quiète [kjɛ, kjɛt] → SYN adj (littér, ††) calm, tranquil

quiétisme [kjetism] → SYN nm quietism

quiétiste [kjetist] adj, nmf quietist

quiétude [kjetyd] → SYN nf (littér) [lieu] quiet, tranquility; [personne] peace (of mind) ◆ **en toute quiétude** (sans soucis) with complete peace of mind; (sans obstacle) in (complete) peace ◆ **les voleurs ont pu opérer en toute quiétude** the thieves were able to go about their business undisturbed

quignon [kiɲɔ̃] → SYN nm ◆ **quignon (de pain)** (croûton) crust (of bread), heel of the loaf; (morceau) hunk ou chunk of bread

quille [kij] nf **a** skittle ◆ **(jeu de) quilles** ninepins, skittles → **chien**

b (*: jambe) pin* ◆ (arg Mil) **la quille** demob (arg Brit)

c (Naut) keel ◆ **la quille en l'air** bottom up(wards), keel up

quilleur, -euse [kijœʀ, øz] nm,f (Can) skittle player

quincaillerie [kɛ̃kɑjʀi] → SYN nf (ustensiles, métier) hardware, ironmongery (Brit); (magasin) hardware shop ou store, ironmonger's (shop) (Brit); (fig péj: bijoux) cheap(-looking) jewellery ◆ **elle a sorti toute sa quincaillerie** she has decked herself out with every available piece of jewellery

quincaillier, -ière [kɛ̃kaje, jɛʀ] nm,f hardware dealer, ironmonger (Brit)

quinconce [kɛ̃kɔ̃s] → SYN nm ◆ **en quinconce** in staggered rows

quiné, e [kine] adj quinate

quinine [kinin] nf quinine

quinoa [kinɔa] nm quinoa

quinone [kinɔn] nf quinone

quinquagénaire [kɛ̃kaʒenɛʀ] → SYN **1** adj (de cinquante ans) fifty-year-old (épith) ◆ (de cinquante à soixante ans) **il est quinquagénaire** he is in his fifties ◆ (hum) **maintenant que tu es quinquagénaire** now that you're fifty (years old), now that you've reached fifty

2 nmf fifty-year-old man (ou woman)

Quinquagésime [kɥɛ̃kwaʒezim] nf Quinquagesima

quinquennal, e, mpl **-aux** [kɛ̃kenal, o] adj five-year (épith), quinquennial ◆ (Agr) **assolement quinquennal** five-year rotation

quinquennat [kɛ̃kena] nm (Pol) five year term (of office)

quinquet [kɛ̃kɛ] → SYN nm (Hist) oil lamp ◆ (yeux) **quinquets*** peepers* (hum)

quinquina [kɛ̃kina] nm (Bot, Pharm) cinchona ◆ **(apéritif au) quinquina** *quinine tonic wine*

quint, quinte[1] [kɛ̃, kɛ̃t] adj → **Charles**

quintal, pl **-aux** [kɛ̃tal, o] nm quintal *(100 kg)*; (Can) hundredweight

quinte[2] [kɛ̃t] nf **a** (Méd) **quinte (de toux)** coughing fit

b (Mus) fifth; (Escrime) quinte; (Cartes) quint

quinté [kɛ̃te] nm *French system of forecast betting on five horses*

quintefeuille [kɛ̃tfœj] **1** nf (Bot, Hér) cinquefoil

2 nm (Archit) cinquefoil

quintessence [kɛ̃tesɑ̃s] → SYN nf (Chim, Philos, fig) quintessence ◆ (hum) **abstracteur de quintessence** hair-splitter

quintette [k(ɥ)ɛ̃tɛt] → SYN nm (morceau, musiciens) quintet(te) ◆ **quintette à cordes / à vent** string / wind quintet

quinteux, -euse [kɛ̃tø, øz] → SYN adj (††, littér) vieillard crotchety, crabbed†

quintillion [kɛ̃tiljɔ̃] nm quintillion (Brit), nonillion (US)

quintuple [kɛ̃typl] **1** adj quantité, rangée, nombre quintuple ◆ **une quantité quintuple de l'autre** a quantity five times (as great as) the other ◆ **en quintuple exemplaire / partie** in five copies / parts

2 nm (Math, gén) quintuple (*de* of) ◆ **je l'ai payé le quintuple / le quintuple de l'autre** I paid five times as much for it / five times as much as the other for it ◆ **je vous le rendrai au quintuple** I'll repay you five times over ◆ **augmenter au quintuple** to increase fivefold

quintupler [kɛ̃typle] ▸ conjug 1 ◂ vti to quintuple, increase fivefold ou five times

quintuplés, -ées [kɛ̃typle] (ptp de **quintupler**) nm,f pl quintuplets, quins* (Brit), quints* (US)

quinzaine [kɛ̃zɛn] nf (nombre) about fifteen, fifteen or so; (salaire) fortnightly (Brit) ou fortnight's (Brit) ou two weeks' pay ◆ (deux semaines) **quinzaine (de jours)** fortnight (Brit), two weeks ◆ **quinzaine publicitaire** ou **commerciale** (two-week) sale ◆ **la quinzaine du blanc** (two-week) white ou linen sale ◆ **« quinzaine des soldes »** "two-week sale", "sales fortnight" (Brit)

quinze [kɛ̃z] **1** nm inv fifteen ◆ (Rugby) **le quinze de France** the French fifteen; pour autres loc voir **six**

2 adj inv fifteen ◆ **le quinze août** the 15th August, Assumption ◆ **demain en quinze** a fortnight tomorrow (Brit), two weeks from tomorrow (US) ◆ **lundi en quinze** a fortnight on Monday (Brit), two weeks from Monday (US) ◆ **dans quinze jours** in a fortnight (Brit), in a fortnight's time (Brit), in two weeks, in two weeks' time ◆ **tous les quinze jours** every fortnight (Brit), every two weeks

quinzième [kɛ̃zjɛm] adj, nmf fifteenth; pour loc voir **sixième**

quinzièmement [kɛ̃zjɛmmɑ̃] adv in the fifteenth place, fifteenthly

quinziste [kɛ̃zist] nm Rugby Union player

quiproquo [kipʀɔko] → SYN nm **a** (méprise sur une personne) mistake; (malentendu sur un sujet) misunderstanding ◆ **le quiproquo durait depuis un quart d'heure, sans qu'ils s'en rendent compte** they had been talking at cross-purposes for a quarter of an hour without realizing it

b (Théât) (case of) mistaken identity

quiscale [kɥiskal] nm grackle, crow blackbird

Quito [kito] n Quito

quittance [kitɑ̃s] → SYN nf (reçu) receipt; (facture) bill ◆ **quittance d'électricité** receipt *(to show one has paid one's electricity bill)* ◆ **quittance de loyer** rent receipt ◆ (frm) **donner quittance à qn de qch** to acquit sb of sth (frm)

quitte [kit] → SYN adj **a** **être quitte envers qn** to be quits ou all square with sb, be no longer in sb's debt ◆ **être quitte envers sa patrie** to have served one's country ◆ **être quitte envers la société** to have paid one's debt to society ◆ **nous sommes quittes** (dette) we're quits ou all square; (méchanceté) we're even ou quits ou all square ◆ **tu es quitte pour cette fois** I'll let you off this time, I'll let you get off ou away with it this time, you'll get off ou away with it this time ◆ **je ne vous tiens pas quitte** I don't consider your debt paid

b **être / tenir qn quitte d'une dette / obligation** to be / consider sb rid ou clear of a debt / an obligation ◆ **je suis quitte de mes dettes envers vous** I'm clear as far as my debts to you are concerned, all my debts to you are clear ou are paid off ◆ **tu en es quitte à bon compte** you got off lightly ◆ **nous en sommes quittes pour la peur / un bain glacé** we got off with a fright / an icy dip

c **quitte à** even if it means ou does mean, although it may mean ◆ **quitte à s'ennuyer, ils préfèrent rester chez eux** they prefer to stay (at) home even if it means ou does mean getting bored ou although it may mean getting bored

d **quitte ou double** (jeu) double or quits, go for broke ◆ (fig) **c'est du quitte ou double, c'est jouer à quitte ou double** it's a big gamble, it's risking a lot

quitter [kite] → SYN ▸ conjug 1 ◂ GRAMMAIRE ACTIVE 27.3, 27.5, 27.6 vt **a** personne, pays, école to leave; métier to leave, quit, give up ◆ **il n'a pas quitté la maison depuis 3 jours** he hasn't been outside ou set foot outside the house for 3 days, he hasn't left the house for 3 days ◆ **je suis pressé, il faut que je vous quitte** I'm in a hurry so I must leave you ou I must be off* ◆ **il a quitté sa femme** he's left his wife ◆ **ne pas quitter la chambre** to be confined to one's room ◆ **« les clients sont priés de quitter la chambre avant 11 heures »** "guests are requested to vacate their rooms before 11 o'clock" ◆ **quitter l'autoroute** etc **à Lyon** to turn off ou leave the motorway etc at Lyons ◆ **le camion a quitté la route** the lorry ran off ou left the road ◆ **le train a quitté la voie** ou **les rails** the train derailed ou jumped the rails ◆ **se quitter** (couple, interlocuteurs) to part ◆ **nous nous sommes quittés bons amis** we parted good friends ◆ (†, hum) **il a quitté ce monde** he has departed this world ◆ (fig) **quitter la place** to withdraw, retire ◆ **ne pas quitter qn d'un pas** ou **d'une semelle** not to leave sb for a second → **lieu¹**

b (fig) (renoncer à) espoir, illusion to give up, forsake; (abandonner) (crainte, énergie) to leave, desert ◆ **tout son courage l'a quitté** all his courage left ou deserted him

c (enlever) vêtement to take off ◆ **quitter le deuil** to come out of mourning ◆ (fig) **quitter l'habit** ou **la robe** to leave the priesthood ◆ (Mil) **quitter l'uniforme** to leave the army (ou navy etc)

d (Ordin) to quit, exit

e LOC **si je le quitte des yeux une seconde** if I take my eyes off him for a second, if I let him out of my sight for a second ◆ (Téléc) **ne quittez pas** hold the line, hold on a moment ◆ **ils ne se quittent pas** they are always together, you never see them apart

quitus [kitys] → SYN nm (Comm) full discharge, quietus

qui-vive [kiviv] → SYN **1** interj who goes there?

2 nm inv ◆ **être sur le qui-vive** to be on the alert

quiz [kwiz] nm quiz

quoi [kwa] → SYN pron **a** (interrog) what ◆ **de quoi parles-tu ?, tu parles de quoi ?*** what are you talking about?, what are you on about?* (Brit) ◆ **on joue quoi au cinéma ?*** what's on at the cinema? ◆ **en quoi puis-je vous aider ?** how can I help you? ◆ **en quoi est cette statue ?** what is this statue made of? ◆ **vers quoi allons-nous ?** what are we heading for? ◆ **à quoi reconnaissez-vous le cristal ?** how can you tell (that) it is crystal? ◆ **quoi faire / lui dire ?** what are we (going) to do / to say to him? ◆ **quoi encore ?** what else?; (exaspération) what is it now? ◆ **quoi de plus beau que ... ?** what can be more beautiful than ...? ◆ **quoi de neuf ?** ou **de nouveau ?** any news?, what's the news?, what's new? ◆ **à quoi bon ?** what's the use (*faire* of doing)?

b (interrog indir) what ◆ **dites-nous à quoi cela sert** tell us what that's for ◆ **il voudrait savoir de quoi il est question / en quoi cela le concerne** he would like to know what it's about / what that's got to do with him ◆ **je ne vois pas avec quoi / sur quoi vous allez écrire** I don't see what you are going to write with / on ◆ **devinez quoi j'ai mangé*** guess what I've eaten ◆ **je ne sais quoi lui donner** I don't know what to give him

c (relatif) **je sais à quoi tu fais allusion** I know what (it is) you're referring to ◆ **c'est en quoi tu te trompes** that's where you're wrong ◆ **as-tu de quoi écrire ?** have you got anything to write with? ◆ **ils n'ont même pas de quoi vivre** they haven't even got enough to live on ◆ **il n'y a pas de quoi rire** it's no laughing matter, there's nothing to laugh about ◆ **il n'y a pas de quoi pleurer** it's not worth crying over ou about, there's nothing to cry about ◆ **il n'y a pas de quoi s'étonner** there's nothing surprising about ou in that ◆ **il n'y a pas de quoi fouetter un chat** it's not worth making a fuss about ◆ **ils ont de quoi occuper leurs vacances** they've got enough ou plenty to occupy them on their holiday ◆ **avoir / emporter de quoi écrire / manger** to have / take something to write with / to eat → **ce, comme, sans**

d quoi qu'il arrive whatever happens ◆ **quoi qu'il en soit** be that as it may, however that may be ◆ **quoi qu'on en dise / qu'elle fasse** whatever ou no matter what people say / she does ◆ **si vous avez besoin de quoi que ce soit** if there's anything (at all) you need

e (loc) (excl) **quoi ! tu oses l'accuser ?** what! you dare to accuse him! ◆ (pour faire répéter) **quoi ? qu'est-ce qu'il a dit ?** what was it ou what was that he said? ◆ (iro) **et puis quoi encore !** what next! (iro) ◆ **puisque je te le dis, quoi !*** damn it all! I'm telling you!‡ ◆ **de quoi (de quoi) !‡** what's all this nonsense! ◆ **merci beaucoup ! – il n'y a pas de quoi** many thanks! – don't mention it ou (it's) a pleasure ou not at all ou you're welcome ◆ **ils n'ont pas de quoi s'acheter une voiture** they can't afford to buy a car, they haven't the means ou the wherewithal to buy a car ◆ **avoir de quoi** to have means ◆ **des gens qui ont de quoi** people of means

quoique [kwak(ə)] → SYN conj (bien que) although, though ◆ **quoiqu'il soit malade et qu'il n'ait pas d'argent** although ou though he is ill and has no money

quolibet† [kɔlibɛ] nm (raillerie) gibe, jeer ◆ **couvrir qn de quolibets** to gibe ou jeer at sb

quorum [k(w)ɔʀɔm] → SYN nm quorum ◆ **le quorum a / n'a pas été atteint** there was / was not a quorum, we (ou they etc) had / did not have a quorum

quota [k(w)ɔta] → SYN nm (Admin) quota ◆ **quotas d'importation** import quotas

quote-part, pl **quotes-parts** [kɔtpaʀ] nf (lit, fig) share

quotidien, -ienne [kɔtidjɛ̃, jɛn] → SYN **1** adj (journalier) travail, trajet, nourriture daily (épith); (banal) incident everyday (épith), daily (épith); existence everyday (épith), humdrum ◆ **dans la vie quotidienne** in everyday ou daily life → **pain**

2 nm **a** (journal) daily (paper), (news)paper ◆ **les grands quotidiens** the big national dailies

b (routine) **le quotidien** everyday life ◆ **la pratique médicale / l'enseignement au quotidien** day-to-day medical practice / teaching

quotidiennement [kɔtidjɛnmɑ̃] adv daily, every day

quotidienneté [kɔtidjɛnte] nf everyday nature

quotient [kɔsjɑ̃] nm (Math) quotient ◆ **quotient intellectuel** intelligence quotient, IQ ◆ (impôts) **quotient familial** dependents' allowance set against tax

quotité [kɔtite] → SYN nf (Fin) quota ◆ (Jur) **quotité disponible** *portion of estate of which testator may dispose at his discretion*

QWERTY [kwɛʀti] adv inv ◆ **clavier QWERTY** QWERTY keyboard

R

R, r [ɛʀ] nm (lettre) R, r → **mois**

rab: [ʀab] nm abrév de **rabiot**:

rabâchage [ʀabɑʃaʒ] → SYN nm (→ **rabâcher**) rehearsing, harping on*; going over and over; constant harping on ◆ **ses conférences, c'est du rabâchage** he always says the same old thing in his lectures

rabâcher [ʀabɑʃe] → SYN ▸ conjug 1 ◂ **1** vt (ressasser) histoire to rehearse, harp on*, keep (on) repeating; (réviser) leçon to go over and over, keep going back over (*à qn* for sb) ◆ **il rabâche toujours la même chose** he keeps rambling ou harping on about the same (old) thing*
2 vi (radoter) to keep on, keep harping on*, keep repeating o.s.

rabâcheur, -euse [ʀabɑʃœʀ, øz] → SYN nm,f repetitive ou repetitious bore ◆ **il est du genre rabâcheur** he's the type who never stops repeating himself ou harping on*

rabais [ʀabɛ] → SYN nm reduction, discount ◆ **10 F de rabais, rabais de 10 F** reduction ou discount of 10 francs, 10 francs off ◆ **faire un rabais de 20 F sur qch** to give a reduction ou discount of 20 francs on sth, knock 20 francs off (the price of) sth ◆ **au rabais** acheter, vendre at a reduced price, (on the) cheap; (péj) acteur, journaliste third-rate; (péj) enseignement, médecine cheap-rate, on the cheap (attrib) ◆ (péj) **je ne veux pas travailler au rabais** I won't work for a pittance ou do underpaid work

rabaissant, e [ʀabɛsɑ̃, ɑ̃t] adj remarque disparaging, derogatory; métier degrading

rabaisser [ʀabese] → SYN ▸ conjug 1 ◂ **1** vt
a (dénigrer) personne to humble, belittle, disparage; efforts, talent, travail to belittle, disparage
b (réduire) pouvoirs to reduce, decrease; orgueil to humble; exigences to moderate, reduce ◆ **ces défauts rabaissent la qualité de l'ensemble** these defects impair the quality of the whole ◆ **il voulait 50 000 F par mois, mais il a dû rabaisser ses prétentions** he wanted 50,000 francs a month but he had to lower his sights → **caquet**
c (diminuer) prix to reduce, knock down, bring down
d (baisser) robe, store to pull (back) down
2 **se rabaisser** vpr to belittle o.s. ◆ **elle se rabaisse toujours** she never gives herself enough credit, she always belittles herself ◆ **se rabaisser devant qn** to humble o.s. ou bow before sb

raban [ʀabɑ̃] nm (Naut) short rope

rabane [ʀaban] nf raffia fabric

rabat [ʀaba] nm **a** [table] flap, leaf; [poche, enveloppe] flap; [drap] fold *(over the covers)*; [avocat, prêtre] bands ◆ **poche à rabat** flapped pocket
b ⇒ **rabattage**

rabat-joie [ʀabaʒwa] → SYN nm inv killjoy, spoilsport, wet blanket ◆ **faire le rabat-joie** to spoil the fun, act like ou be a spoilsport, be a wet blanket ◆ **il est drôlement rabat-joie** he's an awful killjoy ou spoilsport ou wet blanket

rabattable [ʀabatabl] → SYN adj siège, table collapsible, foldaway (épith)

rabattage [ʀabataʒ] nm (Chasse) beating

rabatteur, -euse [ʀabatœʀ, øz] → SYN **1** nm,f (Chasse) beater; (fig péj) tout; [prostituée] procurer, pimp ◆ **le rabatteur de l'hôtel** the hotel tout
2 nm [moissonneuse] reel

rabattre [ʀabatʀ] → SYN ▸ conjug 41 ◂ **1** vt **a** capot, clapet to close ou shut down; couvercle to put on, close; drap to fold over ou back; col to turn down; bord de chapeau to turn ou pull down; strapontin (ouvrir) to pull down; (fermer) to put up; jupe to pull down ◆ **le vent rabat la fumée** the wind blows the smoke back down ◆ **il rabattit ses cheveux sur son front** he brushed his hair down over his forehead ◆ **le chapeau rabattu / les cheveux rabattus sur les yeux** his hat pulled down/ hair brushed down over his eyes ◆ **rabattre les couvertures** (se couvrir) to pull the blankets up; (se découvrir) to push ou throw back the blankets
b (diminuer) to reduce; (déduire) to deduct, take off ◆ **il n'a pas voulu rabattre un centime (du prix)** he wouldn't take ou knock a centime off (the price), he wouldn't come down (by) one centime (on the price) ◆ **rabattre l'orgueil de qn** to humble sb's pride ◆ **en rabattre** (de ses prétentions) to climb down, come down off one's high horse; (de ses illusions) to lose one's illusions → **caquet**
c (Chasse) gibier to drive; terrain to beat ◆ **rabattre des clients*** to tout for customers
d (Tricot) **rabattre des mailles** to cast off ◆ (Couture) **rabattre une couture** to stitch down a seam
e (Arboriculture) arbre to cut back
2 **se rabattre** vpr **a** [voiture] to cut in; [coureur] to cut in, cut across ◆ **se rabattre devant qn** [voiture] to cut ou pull in front of sb; [coureur] to cut ou swing in front of ou across sb ◆ **le coureur s'est rabattu à la corde** the runner cut ou swung across to the inside lane
b (prendre faute de mieux) **se rabattre sur** marchandise, personne to fall back on, make do with
c (se refermer) [porte] to fall ou slam shut; [couvercle] to close; [dossier] to fold down, fold away ◆ **la porte se rabattit sur lui** the door closed ou shut on ou behind him

rabattu, e [ʀabaty] (ptp de **rabattre**) adj col, bords turned down; poche flapped → **couture**

rabbi [ʀabi] nm (Hist) rabbi

rabbin [ʀabɛ̃] nm rabbi ◆ **grand rabbin** chief rabbi

rabbinat [ʀabina] nm rabbinate

rabbinique [ʀabinik] adj rabbinic(al)

rabbinisme [ʀabinism] nm rabbinism

rabelaisien, -ienne [ʀablɛzjɛ̃, jɛn] → SYN adj Rabelaisian

rabibochage* [ʀabibɔʃaʒ] nm (réconciliation) reconciliation

rabibocher* [ʀabibɔʃe] ▸ conjug 1 ◂ **1** vt (réconcilier) amis, époux to bring together (again), reconcile, patch things up between
2 **se rabibocher** vpr to make it up, patch things up (*avec* with)

rabiot: [ʀabjo] nm (supplément) **a** [nourriture] extra ◆ **est-ce qu'il y a du rabiot?** is there any extra (left)?, is there any extra food (left)? ◆ **qui veut du rabiot?** anyone for extras?* ou seconds? ◆ **va me chercher du rabiot de viande** go and get me some extra meat ou seconds* of meat ◆ **il reste un rabiot de viande, il reste de la viande en rabiot** there is still (some) extra meat left (over) ◆ **que font-ils du rabiot?** what do they do with the extra (food)?
b [temps] (Mil) extra time ◆ **un rabiot de 5 minutes** ou **5 minutes de rabiot pour finir le devoir** 5 minutes' extra time ou 5 minutes extra to finish off the exercise ◆ **faire du rabiot** (travail) to do ou work extra time; (Mil) to do ou serve extra time

rabioter: [ʀabjɔte] ▸ conjug 1 ◂ vt **a** (s'approprier) to scrounge* (*qch à qn* sth from sb) ◆ **il a rabioté tout le vin** he scrounged* all the extra wine ◆ **rabioter 5 minutes de sommeil** to snatch 5 minutes' extra sleep
b (voler) temps, argent to fiddle* (Brit) ◆ **l'ouvrier m'a rabioté 10 F / un quart d'heure** the workman swindled ou did* me out of 10 francs/ a quarter of an hour ◆ **commerçant qui rabiote** shopkeeper who fiddles* (Brit) a bit extra ou makes a bit extra on the side ◆ **rabioter sur la quantité** to give short measure

rabioteur, -euse: [ʀabjɔtœʀ, øz] nm,f (→ **rabioter**) scrounger*; fiddler* (Brit)

rabique [ʀabik] adj rabies (épith)

râble[1] [ʀɑbl] → SYN nm [lapin, lièvre] back; (: dos) small of the back ◆ **tomber** ou **sauter**

sur le râble de qn* to set on sb*, go for sb* ◆ (Culin) **râble de lièvre** saddle of hare

râble[2] [ʀɑbl] nm (Tech) rabble

râblé, e [ʀɑble] → SYN adj homme well-set (Brit), heavy-set (US), stocky; cheval broad-backed

râblure [ʀɑblyʀ] nf (Naut) rabbet

rabot [ʀabo] → SYN nm plane ◆ **passer qch au rabot** to plane sth (down)

rabotage [ʀabɔtaʒ] nm planing (down)

raboter [ʀabɔte] → SYN ▸conjug 1◂ vt **a** (Menuiserie) to plane (down)

b (*: racler) chaussure, objet to scrape, rub; main to graze, scrape ◆ **ne rabote pas le mur avec ton manteau** don't brush ou rub your coat along the wall ◆ **baisse-toi si tu ne veux pas te raboter la tête contre le plafond** bend down if you don't want to graze your head on the ceiling

raboteur [ʀabɔtœʀ] nm (ouvrier) planer

raboteuse[1] [ʀabɔtøz] nf (machine) planing machine

raboteux, -euse[2] [ʀabɔtø, øz] → SYN adj (rugueux) surface, arête uneven, rough; chemin rugged, uneven, bumpy; (littér) style rough, rugged; voix rough

rabougri, e [ʀabugʀi] → SYN (ptp de **rabougrir**) adj (chétif) plante stunted, scraggy; personne stunted, puny; (desséché) plante shrivelled; vieillard wizened, shrivelled

rabougrir [ʀabugʀiʀ] ▸conjug 2◂ **1** vt personne to (cause to) shrivel up; plante (dessécher) to shrivel (up); (étioler) to stunt

2 se rabougrir vpr [personne] to become shrivelled (with age), become wizened; [plante] to shrivel (up), become stunted

rabougrissement [ʀabugʀismɑ̃] nm (action) stunting, shrivelling (up); (résultat) scragginess, stunted appearance, shrivelled appearance

rabouter [ʀabute] → SYN ▸conjug 1◂ vt tubes, planches to join (together) (end to end); étoffes to seam ou sew together

rabrouer [ʀabʀue] → SYN ▸conjug 1◂ vt to snub, rebuff ◆ **elle me rabroue tout le temps** she rebuffs me all the time ◆ **se faire rabrouer** to be rebuffed

racage [ʀakaʒ] nm parrel, parral

racaille [ʀakɑj] → SYN nf rabble, riffraff, scum

raccard [ʀakaʀ] nm (en Suisse: grange à blé) *wheat store of the Valais region*

raccommodable [ʀakɔmɔdabl] adj vêtement repairable, mendable

raccommodage [ʀakɔmɔdaʒ] → SYN nm **a** (action) [vêtement, accroc, filet] mending, repairing; [chaussettes] darning, mending ◆ **faire du raccommodage** ou **des raccommodages** (pour soi) to do some mending; (comme métier) to take in mending

b (endroit réparé) mend; repair; darn

raccommodement [ʀakɔmɔdmɑ̃] → SYN nm (réconciliation) reconciliation

raccommoder [ʀakɔmɔde] → SYN ▸conjug 1◂ **1** vt **a** vêtements, accroc to mend, repair; chaussette to darn, mend

b (*) ennemis to bring together again, patch things up between

2 se raccommoder* vpr to make it up, be reconciled

raccommodeur, -euse [ʀakɔmɔdœʀ, øz] nm,f [linge, filets] mender ◆ **raccommodeur de porcelaines**†† china mender ou restorer

raccompagner [ʀakɔ̃paɲe] → SYN ▸conjug 1◂ vt to take ou see back (*à* to) ◆ **raccompagner qn (chez lui)** to take ou see ou accompany sb home ◆ **raccompagner qn au bureau en voiture / à pied** to drive sb back / walk back with sb to the office ◆ **raccompagner qn à la gare** to see sb off at ou take sb (back) to the station ◆ **raccompagner qn (jusqu') à la porte** to see sb to the door ◆ **il l'a raccompagnée jusqu'à sa voiture** he walked ou saw her to her car

raccord [ʀakɔʀ] → SYN nm **a** [papier peint] join ◆ **raccord (de maçonnerie)** pointing (NonC) ◆ **raccord (de peinture)** (liaison) join *(in the paintwork)*; (retouche) touch up ◆ **on ne voit pas les raccords (de peinture)** you can't see where the paint has been touched up ◆ **elle procéda à un rapide raccord (de maquillage)** she quickly touched up her make-up ◆ **papier peint sans raccords** random match wallpaper

b [texte, discours] link, join; (Ciné) (séquence) continuity; (scène) link scene ◆ (Ciné) **à cause des coupures, nous avons dû faire des raccords** because of the cuts, we had to do some link shots

c (pièce, joint) link

raccordement [ʀakɔʀdəmɑ̃] nm **a** (→ **raccorder**) linking; joining; connecting ◆ (Téléc) **raccordement (au réseau)** connection (of one's phone) ◆ **ils sont venus faire le raccordement** they've come to connect the (ou our etc) phone → **bretelle, ligne**[1]**, taxe, voie**

b (soudure, épissure) join; (tunnel, passage) connecting passage; (carrefour) junction

raccorder [ʀakɔʀde] → SYN ▸conjug 1◂ **1** vt routes, bâtiments to link up, join (up), connect (*à* with, to); fils électriques to join; tuyaux to join, link (*à* to); (Ciné) plans to link up ◆ (fig) **raccorder à** faits to link (up) with, tie up with ◆ (Téléc) **raccorder qn au réseau** to connect sb's phone ◆ **quand les 2 tuyaux seront raccordés** when the 2 pipes are joined ou linked (up) ou connected together

2 se raccorder vpr [routes] to link ou join up (*à* with) ◆ [faits] **se raccorder à** to tie up ou in with

raccourci [ʀakuʀsi] → SYN nm **a** (chemin) short cut

b (fig: formule frappante) compressed turn of phrase; (résumé) summary ◆ **en raccourci** (en miniature) in miniature; (dans les grandes lignes) in (broad) outline; (en bref) in a nutshell, in brief ◆ **ça, c'est un raccourci saisissant** that's it in a nutshell

c (Art) foreshortening ◆ **figure en raccourci** foreshortened figure → **bras**

raccourcir [ʀakuʀsiʀ] → SYN ▸conjug 2◂ **1** vt distance, temps to shorten; vêtement to shorten, take up; vacances, textes to shorten, curtail, cut short ◆ **passons par là, ça (nous) raccourcit** let's go this way, it's shorter ou quicker ou it cuts a bit off ◆ **raccourcir qn*** to chop sb's head off ◆ **les vêtements larges raccourcissent la silhouette** wide clothes make people look shorter

2 vi [jours] to grow shorter, draw in; [vêtement] (au lavage) to shrink ◆ (Mode) **les jupes ont raccourci cette année** skirts are shorter ou have got shorter this year

raccourcissement [ʀakuʀsismɑ̃] → SYN nm **a** (→ **raccourcir**) shortening; curtailing, curtailment

b [jour] shortening, drawing in; [vêtement] (au lavage) shrinkage

raccoutumer [ʀakutyme] ▸conjug 1◂ vt ⇒ **réaccoutumer**

raccroc [ʀakʀo] → SYN nm ◆ (frm) **par raccroc** (par hasard) by chance; (par un heureux hasard) by a stroke of good fortune

raccrochage [ʀakʀɔʃaʒ] → SYN nm [client, passant] soliciting, touting ◆ **faire du raccrochage** to solicit, tout

raccrocher [ʀakʀɔʃe] → SYN ▸conjug 1◂ GRAMMAIRE ACTIVE 27.3

1 vi **a** (Téléc) to hang up, ring off (surtout Brit) ◆ **ne raccroche pas** hold on, don't hang up ou ring off (surtout Brit) ◆ **raccrocher au nez de qn*** to put the phone down on sb, hang up on sb

b (arg Sport) to retire

2 vt **a** vêtement, tableau to hang back up, put back on the hook; écouteur to put down ◆ (arg Sport) **raccrocher les gants / chaussures** to hang up one's gloves / boots (arg)

b (racoler) [vendeur, portier] to tout for ◆ [prostituée] **raccrocher le client** to solicit, accost customers

c (attraper) personne, bonne affaire to grab ou get hold of ◆ **il m'a raccroché dans la rue** he stopped ou waylaid ou buttonholed me in the street

d (relier) wagons, faits to link, connect (*à* to, with)

e (*: rattraper) affaire, contrat to save, rescue

3 se raccrocher vpr ◆ **se raccrocher à** branche to catch ou grab (hold of); espoir, personne to cling to, hang on to ◆ (fig) **n'essaye pas de te raccrocher aux branches*** don't try to make up for what you've said ◆ **cette idée se raccroche à la précédente** this idea links with ou ties in with the previous one

raccrocheur, -euse [ʀakʀɔʃœʀ, øz] adj eye-catching

race [ʀas] → SYN nf **a** (ethnique) race ◆ **être de race indienne** to be of Indian stock ou blood ◆ **la race humaine** the human race

b (Zool) breed ◆ **de race** (gén) pedigree (épith), purebred (épith); cheval thoroughbred ◆ **avoir de la race** to be of good stock → **bon**[1]**, chien**

c (ancêtres) stock, race ◆ **être de race noble** to be of noble stock ou blood ou race ◆ **avoir de la race** to have a certain (natural) distinction ou breeding

d (catégorie) breed ◆ **lui et les gens de sa race** him and people of the same breed, him and the likes of him* ◆ **les cordonniers, c'est une race qui disparaît** cobblers are a dying breed ou race ◆ **il est de la race des héros** he's got heroic qualities

racé, e [ʀase] → SYN adj animal purebred (épith), pedigree (épith); cheval thoroughbred; personne thoroughbred, of natural distinction ou breeding; (fig) voiture, ligne thoroughbred

racémique [ʀasemik] adj racemic

racer [ʀasœʀ, ʀɛsœʀ] nm (yacht) racer

rachat [ʀaʃa] → SYN nm (→ **racheter**) buying back; repurchase; purchase; buying up ou out ou over; redemption; ransom; ransoming; atonement, expiation ◆ **rachat d'entreprise (par les salariés)** (management) buyout ◆ **option** ou **possibilité de rachat** buyback option

Rachel [ʀaʃɛl] nf Rachel

rachetable [ʀaʃ(ə)tabl] adj dette, rente redeemable; péché expiable; pécheur redeemable ◆ **cette faute n'est pas rachetable** you can't make up for this mistake

racheter [ʀaʃ(ə)te] → SYN ▸conjug 5◂ **1** vt **a** objet que l'on possédait avant to buy back, repurchase; nouvel objet to buy ou purchase another; pain, lait to buy some more; objet d'occasion to buy, purchase; usine en faillite to buy up ou out ou over ◆ **je lui ai racheté son vieux transistor** I've bought his old transistor from ou off* him ◆ **il a racheté toutes les parts de son associé** he bought his partner out, he bought up all his partner's shares ◆ **racheter une entreprise** to buy out ou take over a firm ◆ **j'ai dû racheter du tissu** I had to buy more material

b (se libérer de) dette, rente to redeem

c esclave, otage to ransom, pay a ransom for; (Rel) pécheur to redeem ◆ **il n'y en a pas un pour racheter l'autre*** they're both (just) as bad as each other

d (réparer) péché, crime to atone for, expiate; mauvaise conduite, faute to make amends for, make up for; imperfection to make up ou compensate for (*par* by)

e (Archit) to modify

f (Scol, Univ) candidat to let through, pass *(with less than the official pass mark)*

2 se racheter vpr [pécheur] to redeem o.s.; [criminel] to make amends ◆ **essaie de te racheter en t'excusant** try and make up for it ou try to make amends by apologizing

rachi* [ʀaʃi] nf (abrév de **rachianesthésie**) spinal*

rachialgie [ʀaʃjalʒi] nf rachialgia

rachianesthésie [ʀaʃianɛstezi] nf spinal anaesthesia (Brit) ou anesthesia (US)

rachidien, -ienne [ʀaʃidjɛ̃, jɛn] adj of the spinal column, rachidian (spéc)

rachis [ʀaʃis] → SYN nm **a** (Anat) vertebral ou spinal column, r(h)achis

b (Zool) r(h)achis

rachitique [ʀaʃitik] → SYN adj personne (Méd) suffering from rickets, rachitic (spéc), rickety; (maigre) puny; arbre, poulet scraggy, scrawny ◆ **c'est un rachitique, il est rachitique** he suffers from rickets

rachitisme [ʀaʃitism] → SYN nm rickets (sg), rachitis (spéc) ◆ **faire du rachitisme** to have rickets

racho* [raʃo] adj (abrév de **rachitique**) personne puny; arbre, poulet scraggy, scrawny

racial, e, mpl **-iaux** [rasjal, jo] adj racial

racinal, pl **-aux** [rasinal, o] nm [charpente] main beam

racine [rasin] → SYN 1 nf a (gén) root ◆ (Bot) **la carotte est une racine** the carrot is a root ou root vegetable, carrots are a root crop ◆ (fig : attaches) **racines** roots ◆ (fig) **il est sans racines** he's rootless, he belongs nowhere ◆ **prendre le mal à la racine, s'attaquer aux racines du mal** to deal with the problem at source ◆ **prendre racine** (lit) to take ou strike root(s), put out roots; (s'établir) to put down (one's) roots (fig); (* : chez qn, à attendre) to take root* → **rougir**
b (Math) [équation] root ◆ [nombre] **racine carrée / cubique / dixième** square / cube / tenth root ◆ **prendre** ou **extraire la racine de** to take the root of
c (Ling) [mot] root
2 COMP ▷ **racine adventive** adventitious root ▷ **racine aérienne** aerial root ▷ **racine fasciculée** fascicled root ▷ **racine pivotante** taproot

racinien, -ienne [rasinjɛ̃, jɛn] adj Racinian

racisme [rasism] → SYN nm racialism, racism ◆ **racisme antijeunes** anti-youth prejudice

raciste [rasist] adj, nmf racist, racialist

racket [rakɛt] → SYN nm (action) racketeering (NonC); (vol) racket *(extortion through blackmail etc)* ◆ **racket scolaire** *school children bullying other children for money etc* ◆ (fig) **c'est du racket!** it's daylight robbery!

racketter [rakete] ▸ conjug 1 ◂ vt ◆ **racketter qn** to extort money from sb

racketteur [raketœr] → SYN nm racketeer

raclage [rɑklaʒ] nm (Tech) scraping

raclée* [rɑkle] nf (coups) hiding, thrashing; (défaite) hiding*, thrashing*, licking* ◆ **il a pris une raclée à l'élection** he got thrashed* ou licked* in the election, he got a licking* ou a hiding* in the election

raclement [rɑkləmɑ̃] nm (bruit) scraping (noise) ◆ **il émit un raclement de gorge** he cleared his throat noisily ou raucously

racler [rɑkle] → SYN ▸ conjug 1 ◂ 1 vt a (gén, Méd, Tech) to scrape; fond de casserole to scrape out; parquet to scrape (down) ◆ **ce vin racle le gosier** this wine is harsh ou rough on the throat, this wine burns your throat → **fond**
b (ratisser) allée, gravier, sable to rake
c (enlever) tache, croûte to scrape away ou off; peinture, écailles to scrape off ◆ **racler la boue de ses semelles** to scrape the mud off one's shoes
d (péj) violon to scrape ou saw (a tune) on; guitare to strum (a tune) on
2 **se racler** vpr ◆ **se racler la gorge** to clear one's throat

raclette [rɑklɛt] nf a (outil) scraper
b (Culin) raclette *(Swiss cheese dish)*

racleur, -euse [rɑklœr, øz] nm,f (Tech) scraper ◆ (péj) **c'est un racleur de violon** he just scrapes on his violin

racloir [rɑklwar] → SYN nm scraper

raclure [rɑklyr] nf (gén pl : déchet) scraping

racolage [rakɔlaʒ] → SYN nm (→ **racoler**) soliciting; touting ◆ **faire du racolage** to solicit; to tout

racoler [rakɔle] → SYN ▸ conjug 1 ◂ vt [prostituée] to accost; (fig péj) [agent électoral, portier, vendeur] to solicit, tout for ◆ **elle racolait** she was soliciting; she was touting for ou accosting customers

racoleur, -euse [rakɔlœr, øz] → SYN 1 nm tout
2 **racoleuse** nf (prostituée) streetwalker, whore
3 adj slogan, publicité (gén) eye-catching, enticing; (Pol) vote-catching

racontable [rakɔ̃tabl] adj tellable, relatable

racontar [rakɔ̃tar] → SYN nm story, lie

raconter [rakɔ̃te] → SYN ▸ conjug 1 ◂ 1 vt a (relater) histoire, légende to tell, relate, recount; vacances, malheurs to tell about, relate, recount ◆ **raconter qch à qn** to tell sb sth, relate ou recount sth to sb ◆ **raconter sa vie** to tell one's life story ◆ **raconter que** to tell that ◆ **on raconte que** people say that, it is said that, the story goes that ◆ **raconter ce qui s'est passé** to say ou relate ou recount what happened ◆ **raconter à qn ce qui s'est passé** to tell sb ou relate ou recount to sb what happened ◆ **alors, qu'est-ce que tu racontes ces temps-ci?*** what's new with you (these days)?*, how are things with you (these days)?* ◆ **je te raconte pas!*** you can imagine!
b (dire de mauvaise foi) to tell, say ◆ **qu'est-ce que tu racontes?** what on earth do you think you're talking about? ou saying? ◆ **il raconte n'importe quoi** he's talking rubbish ou nonsense ou through his hat* (fig) ◆ **raconter des histoires, en raconter** to tell stories, spin yarns ◆ **il a été raconter qu'on allait divorcer** he's been (going around) telling people we're going to get divorced
2 **se raconter** vpr [écrivain] to talk about o.s. ◆ (se leurrer) **se raconter des histoires** to lie to o.s.

raconteur, -euse [rakɔ̃tœr, øz] nm,f storyteller ◆ **raconteur de** narrator of

racornir [rakɔrnir] ▸ conjug 2 ◂ 1 vt (durcir) to toughen, harden; (dessécher) to shrivel (up) ◆ **cuir racorni** hardened ou dried-up leather ◆ **vieillard racorni** shrivelled(-up) ou wizened old man ◆ **dans son cœur racorni** in his hard heart
2 **se racornir** vpr to become tough ou hard; to shrivel (up), become shrivelled (up)

racornissement [rakɔrnismɑ̃] → SYN nm (→ **racornir**) toughening, hardening; shrivelling (up)

rad [rad] nm rad

radar [radar] → SYN nm radar ◆ **système / écran radar** radar system / screen ◆ (Aut) **contrôle radar** speed check ◆ **il s'est fait prendre au radar*** he was caught by a speed trap* ◆ (fig) **marcher** ou **fonctionner au radar*** to be on automatic pilot*

radariste [radarist] nmf radar operator

rade [rad] → SYN nf a (port) (natural) harbour, roads (spéc), roadstead (spéc) ◆ **en rade** in harbour, in the roads (spéc) ◆ **en rade de Brest** in Brest harbour
b (*loc) **laisser en rade** personne to leave in the lurch, leave high and dry, leave stranded ou behind; projet to forget about, drop, shelve; voiture to leave behind ◆ **elle / sa voiture est restée en rade** she / her car was left stranded ou behind ◆ **tomber en rade** (panne d'essence) to run out of petrol (Brit) ou gas (US); (ennuis mécaniques) to break down

radeau, pl **radeaux** [rado] → SYN nm raft; (train de bois) timber float ou raft ◆ **radeau de sauvetage / pneumatique** rescue / inflatable raft ◆ (Art) **"Le Radeau de la Méduse"** "The Raft of the Medusa"

radiaire [radjɛr] adj radial

radial, e, mpl **-iaux** [radjal, jo] 1 adj (gén) radial
2 **radiale** nf (route) urban motorway (Brit) ou highway (US)

radian [radjɑ̃] nm radian

radiant, e [radjɑ̃, jɑ̃t] → SYN adj énergie radiant ◆ (Astron) **(point) radiant** radiant

radiateur [radjatœr] nm (à eau, à huile) radiator; (à gaz, à barres chauffantes) heater; [voiture] radiator ◆ **radiateur à accumulation** storage radiator ou heater ◆ **radiateur électrique** electric heater ◆ **radiateur soufflant** fan heater ◆ **radiateur parabolique** electric fire

radiation [radjasjɔ̃] → SYN nf a (Phys) radiation
b [nom, mention] crossing ou striking off ◆ **sa radiation du club** his being struck off the club register, his removal from the club register

radical, e, mpl **-aux** [radikal, o] → SYN 1 adj (gén, Bot, Math) radical; (Hist, Pol) Radical ◆ **essayez ce remède, c'est radical*** try this remedy, it works like a charm ou it really does the trick* ◆ **une heure d'aérobic et tu es mort, c'est radical!*** an hour of aerobics and you're exhausted, it never fails! ◆ (Ling) **voyelle radicale** stem ou radical vowel
2 nm [mot] stem, radical, root; (Pol) radical; (Chim) radical; (Math) radical sign ◆ (Chim) **radicaux libres** (free) radicals

radicalement [radikalmɑ̃] → SYN adv modifier radically; guérir completely ◆ **radicalement faux** completely wrong ◆ **radicalement opposé à** radically opposed to

radicalisation [radikalizasjɔ̃] nf (→ **radicaliser**) toughening; intensification; radicalization

radicaliser vt, **se radicaliser** vpr [radikalize] ▸ conjug 1 ◂ position to toughen, harden; conflit to intensify; régime to radicalize

radicalisme [radikalism] nm (Pol) radicalism

radical-socialisme [radikalsɔsjalism] nm radical-socialism

radical-socialiste, mpl **radicaux-socialistes** [radikalsɔsjalist] adj, nmf radical-socialist

radicant, e [radikɑ̃, ɑ̃t] adj radicant

radicelle [radisɛl] → SYN nf rootlet, radicle (spéc)

radiculaire [radikylɛr] adj radicular

radicule [radikyl] nf radicule

radiculite [radikylit] nf radiculitis

radié, e [radje] (ptp de **radier**[2]) adj (rayonné) rayed, radiate

radier[1] [radje] → SYN nm (Constr : revêtement) apron

radier[2] [radje] → SYN ▸ conjug 7 ◂ vt mention, nom to cross off, strike off ◆ **ce médecin a été radié** this doctor has been struck off (the list)

radiesthésie [radjɛstezi] nf (power of) divination, dowsing *(based on the detection of radiation emitted by various bodies)*

radiesthésiste [radjɛstezist] → SYN nmf diviner, dowser

radieusement [radjøzmɑ̃] adv radiantly ◆ **radieusement beau** femme radiantly ou dazzlingly beautiful; temps brilliantly ou gloriously fine

radieux, -ieuse [radjø, jøz] → SYN adj personne (de joie) glowing ou radiant with happiness, beaming ou radiant with joy; (de beauté) radiantly ou dazzlingly beautiful; air, sourire radiant, beaming (épith); soleil, beauté radiant, dazzling; journée, temps brilliant, glorious

radin, e* [radɛ̃, in] → SYN 1 adj stingy, tight-fisted
2 nm,f skinflint

radiner* vi, **se radiner*** vpr [radine] ▸ conjug 1 ◂ (arriver) to turn up, show up*, roll up*; (accourir) to rush over, dash over ◆ **allez, radine(-toi)!** come on, step on it!* ou get your skates on!*

radinerie* [radinri] nf stinginess (NonC), tight-fistedness (NonC)

radio [radjo] → SYN 1 nf a (poste) radio (set), wireless (set)† (surtout Brit) ◆ **mets la radio** turn on ou put on the radio → **poste**[2]
b (radiodiffusion) **la radio** (the) radio ◆ **avoir la radio** to have a radio ◆ **parler à la radio** to speak on the radio, broadcast ◆ **passer à la radio** to be on the radio ou on the air ◆ **travailler à la radio** to work in broadcasting ou on the radio
c (station) radio station ◆ **radio pirate** pirate radio station ◆ **la radio du Caire** Cairo radio ◆ **radio libre** ou **locale privée** independent local radio station
d (radiotéléphonie) radio ◆ **message radio** radio message ◆ **la radio de bord du navire** the ship's radio
e (radiographie) X-ray (photograph) ◆ **passer une radio** to have an X-ray (taken), be X-rayed
2 nm (opérateur) radio operator; (message) radiogram, radiotelegram

radioactif, -ive [radjoaktif, iv] → SYN adj radioactive

radioactivité [radjoaktivite] nf radioactivity ◆ **radioactivité naturelle** naturally-occurring radioactivity ◆ **radioactivité artificielle** artificial radioactivity

radioalignement [ʀadjoaliɲ(ə)mɑ̃] nm radio navigation system

radioaltimètre [ʀadjoaltimɛtʀ] nm radio altimeter

radioamateur [ʀadjoamatœʀ] nm radio ham*

radioastronome [ʀadjoastʀɔnɔm] nmf radio astronomer

radioastronomie [ʀadjoastʀɔnɔmi] nf radio astronomy

radiobalisage [ʀadjobalizaʒ] nm radio beacon signalling

radiobalise [ʀadjobaliz] nf radio beacon

radiobaliser [ʀadjobalize] ▸ conjug 1 ◂ vt to equip with a radio beacon system

radiobiologie [ʀadjobjɔlɔʒi] nf radiobiology

radiocarbone [ʀadjokaʀbɔn] nm radiocarbon, radioactive carbon

radiocassette [ʀadjokasɛt] nm cassette radio, radio cassette player

radiochimie [ʀadjoʃimi] nf radiochemistry

radiocobalt [ʀadjokɔbalt] nm radio cobalt, radioactive cobalt

radiocommande [ʀadjokɔmɑ̃d] nf radio control

radiocommunication [ʀadjokɔmynikasjɔ̃] nf radio communication

radiocompas [ʀadjokɔ̃pɑ] → SYN nm radio compass

radioconducteur [ʀadjokɔ̃dyktœʀ] nm detector

radiodermite [ʀadjodɛʀmit] nf radiodermatitis

radiodiagnostic [ʀadjodjagnɔstik] nm radiodiagnosis

radiodiffuser [ʀadjodifyze] ▸ conjug 1 ◂ vt to broadcast *(by radio)* ◆ **interview radiodiffusé** broadcast ou radio interview

radiodiffusion [ʀadjodifyzjɔ̃] nf broadcasting *(by radio)*

radioélectricien, -ienne [ʀadjoelɛktʀisjɛ̃, jɛn] nm,f radio-engineer

radioélectricité [ʀadjoelɛktʀisite] nf radio-engineering

radioélectrique [ʀadjoelɛktʀik] adj radio (épith)

radioélément [ʀadjoelemɑ̃] nm radio-element

radiofréquence [ʀadjofʀekɑ̃s] nf radio frequency

radiogalaxie [ʀadjogalaksi] nf radio galaxy

radiogénique [ʀadjoʒenik] adj radiogenic

radiogoniomètre [ʀadjogɔnjɔmɛtʀ] nm direction finder, radiogoniometer

radiogoniométrie [ʀadjogɔnjɔmetʀi] nf radio direction finding, radiogoniometry

radiogramme [ʀadjɔgʀam] nm (télégramme) radiogram, radiotelegram; (film) radiograph, radiogram

radiographie [ʀadjɔgʀafi] nf **a** (technique) radiography, X-ray photography ◆ **passer une radiographie** to have an X-ray (taken)
b (photographie) X-ray (photograph), radiograph

radiographier [ʀadjɔgʀafje] ▸ conjug 7 ◂ vt to X-ray

radiographique [ʀadjɔgʀafik] adj X-ray (épith)

radioguidage [ʀadjogidaʒ] nm (Aviat) radio control, radiodirection ◆ (Rad) **le radioguidage des automobilistes** broadcasting traffic reports to motorists

radioguidé, e [ʀadjogide] adj radio-controlled

radioguider [ʀadjogide] ▸ conjug 1 ◂ vt to radio-control

radio-immunologie [ʀadjoimynɔlɔʒi] nf radioimmunology

radio-isotope, pl **radio-isotopes** [ʀadjoizɔtɔp] nm radio-isotope

radiolaires [ʀadjɔlɛʀ] nmpl ◆ **les radiolaires** radiolarians, the Radiolaria (spéc)

radiolésion [ʀadjolezjɔ̃] nf radiolesion

radiolocalisation [ʀadjolɔkalizasjɔ̃] nf radiolocation

radiologie [ʀadjɔlɔʒi] nf radiology

radiologique [ʀadjɔlɔʒik] adj radiological

radiologiste [ʀadjɔlɔʒist], **radiologue** [ʀadjɔlɔg] nmf radiologist

radiolyse [ʀadjoliz] nf radiolysis

radiomessagerie [ʀadjomesaʒʀi] nf radiopaging

radiomètre [ʀadjɔmɛtʀ] nm radiometer

radionavigant [ʀadjonavigɑ̃] nm radio officer

radionavigation [ʀadjonavigasjɔ̃] nf radio navigation

radionécrose [ʀadjonekʀoz] nf radionecrosis

radiophare [ʀadjofaʀ] nm radio beacon

radiophonie [ʀadjɔfɔni] nf radiotelephony

radiophonique [ʀadjɔfɔnik] adj radio (épith)

radiophotographie [ʀadjofɔtɔgʀafi] nf (image) X-ray image

radioprotection [ʀadjopʀɔtɛksjɔ̃] nf protective measures against radiation

radioreportage [ʀadjoʀ(ə)pɔʀtaʒ] nm radio report → **car**[1]

radioreporter [ʀadjoʀ(ə)pɔʀtɛʀ] nm radio reporter

radio-réveil, pl **radio-réveils** [ʀadjoʀevɛj] nm radio-alarm, clock-radio

radioscopie [ʀadjɔskɔpi] nf radioscopy

radioscopique [ʀadjɔskɔpik] adj radioscopic

radiosensible [ʀadjosɑ̃sibl] adj radiosensitive

radiosondage [ʀadjosɔ̃daʒ] nm (Mét) radiosonde exploration; (Géol) seismic prospecting

radiosonde [ʀadjosɔ̃d] nf radiosonde

radiosource [ʀadjosuʀs] nf radio source, star source

radio-taxi, pl **radio-taxis** [ʀadjotaksi] nm radio taxi, radio cab

radiotechnique [ʀadjotɛknik] **1** nf radio technology
2 adj radiotechnological

radiotélégraphie [ʀadjotelegʀafi] nf radiotelegraphy, wireless telegraphy

radiotélégraphique [ʀadjotelegʀafik] adj radiotelegraphic

radiotélégraphiste [ʀadjotelegʀafist] nmf radiotelegrapher

radiotéléphone [ʀadjotelefɔn] nm radiotelephone

radiotéléphonie [ʀadjotelefɔni] nf radiotelephony, wireless telephony

radiotélescope [ʀadjotelɛskɔp] nm radio telescope

radiotélévisé, e [ʀadjotelevize] adj broadcast on both radio and television, broadcast and televised

radiothérapeute [ʀadjoteʀapøt] nmf radiotherapist

radiothérapie [ʀadjoteʀapi] nf radiotherapy

radis [ʀadi] nm **a** radish ◆ **radis noir** horseradish
b (‡: sou) penny (Brit), cent (US) ◆ **je n'ai pas un radis** I haven't got a penny (to my name)* ou a cent (US) ou a bean* ◆ **ça ne vaut pas un radis** it's not worth a penny ou a bean*

radium [ʀadjɔm] nm radium

radius [ʀadjys] nm (Anat) radius

radjah [ʀadʒa] nm ⇒ **rajah**

radôme [ʀadom] nm radome

radon [ʀadɔ̃] nm radon

radotage [ʀadɔtaʒ] → SYN nm (péj) drivel (NonC), rambling

radoter [ʀadɔte] → SYN ▸ conjug 1 ◂ vi (péj) to ramble on ou drivel (on) (in a senile way) ◆ **tu radotes‡** you're talking a load of drivel‡

radoteur, -euse [ʀadɔtœʀ, øz] → SYN nm,f (péj) drivelling (old) fool, (old) driveller

radoub [ʀadu] nm (Naut) refitting ◆ **navire au radoub** ship under repair ou undergoing a refit → **bassin**

radouber [ʀadube] → SYN ▸ conjug 1 ◂ vt navire to repair, refit; filet de pêche to repair, mend

radoucir [ʀadusiʀ] → SYN ▸ conjug 2 ◂ **1** vt personne, voix, ton, attitude to soften; temps to make milder ◆ **tu t'en vas déjà ? dit-il soudain radouci** leaving already? he said, suddenly meek
2 se radoucir vpr [personne] (après une colère) to calm down, be mollified; (avec l'âge) to mellow; [voix] to soften, become milder [temps] to become milder

radoucissement [ʀadusismɑ̃] → SYN nm **a** (Mét) **à cause du radoucissement (du temps)** because of the milder weather ◆ **radoucissement (de la température)** rise in (the) temperature ◆ **on prévoit pour demain un léger / net radoucissement** slightly / distinctly milder weather ou a slightly / distinctly milder spell (of weather) is forecast ou slightly / distinctly higher temperatures are forecast for tomorrow
b [ton, attitude] softening; [personne] calming down

radula [ʀadyla] nf radula

rafale [ʀafal] → SYN nf [vent] gust, blast; [pluie] gust; [mitrailleuse] burst; [neige] flurry ◆ **une soudaine rafale (de vent)** a sudden gust ou blast of wind, a sudden squall ◆ **en** ou **par rafales** in gusts; in bursts ◆ **tir en rafales** firing ou shooting in bursts ◆ **une rafale** ou **des rafales de balles** a hail of bullets

raffermir [ʀafɛʀmiʀ] → SYN ▸ conjug 2 ◂ **1** vt muscle to harden, tone up; chair, sol to firm up, make firm(er); peau to tone up; voix to steady; gouvernement, popularité to strengthen, reinforce; courage, résolution to fortify, strengthen
2 se raffermir vpr [muscle] to harden; [chair, sol] to firm up, become firm(er); [autorité] to strengthen, become strengthened ou reinforced; [prix] to strengthen; [voix] to become steady ou steadier ◆ **ma résolution se raffermit** my resolution grew stronger ◆ **son visage se raffermit** his face became ou he looked more composed ◆ **se raffermir dans ses intentions** to strengthen one's resolve

raffermissement [ʀafɛʀmismɑ̃] → SYN nm (→ **raffermir**) strengthening; firming; steadying; reinforcement; fortifying

raffinage [ʀafinaʒ] → SYN nm (gén) refining

raffiné, e [ʀafine] → SYN (ptp de **raffiner**) adj
a pétrole, sucre refined
b personne, mœurs, style refined, polished, sophisticated; esprit, goûts, gourmet discriminating, refined; élégance, cuisine refined ◆ **supplice raffiné** slow torture

raffinement [ʀafinmɑ̃] → SYN nm **a** (caractère: → **raffiné**) refinement, sophistication
b (gén pl: détail) [langage etc] nicety, subtlety, refinement
c (exagération) **c'est du raffinement** that's being oversubtle
d (surenchère) **raffinement de** refinement of ◆ **avec un raffinement de luxe / de cruauté** with refinements of luxury / cruelty

raffiner [ʀafine] → SYN ▸ conjug 1 ◂ **1** vt
a pétrole, sucre, papier to refine
b langage, manières to refine, polish
2 vi (dans le raisonnement) to be oversubtle; (sur les détails) to be (over)meticulous

raffinerie [ʀafinʀi] nf refinery ◆ **raffinerie de pétrole / de sucre** oil / sugar refinery

raffineur, -euse [ʀafinœʀ, øz] nm,f refiner

rafflesia [ʀaflezja] nm, **rafflésie** [ʀaflezi] nf rafflesia

raffoler [ʀafɔle] → SYN ▸ conjug 1 ◂ **raffoler de** vt indir to be very keen on (Brit), be fond of, be wild about*

raffut* [ʀafy] nm (vacarme) row, racket, din ◆ **faire du raffut** (être bruyant) to kick up* ou make a row ou racket ou din; (protester) to kick up* a row ou fuss ou stink‡ ◆ **sa démission va faire du raffut** his resignation will cause a row ou stink‡

rafiot [ʀafjo] [→ SYN] nm (péj: bateau) (old) tub (péj)

rafistolage* [ʀafistɔlaʒ] nm (action: lit, fig) patching up ◆ **ce n'est qu'un rafistolage** (lit) it's only a patched-up ou makeshift repair; (fig) it's only a patched-up ou makeshift solution

rafistoler* [ʀafistɔle] ▸ conjug 1 ◂ vt (réparer) to patch up

rafle[1] [ʀɑfl] [→ SYN] nf (police) roundup ou raid, swoop ◆ **la police a fait une rafle** the police made a roundup (of suspects) ◆ **être pris dans une rafle** to be caught in a roundup ou a raid ◆ (Hist) **la rafle du Vel' d'Hiv** *the roundup of Jews in the Paris Vélodrome d'Hiver during the Second World War* ◆ (fig) **les voleurs ont fait une rafle chez le bijoutier/sur les montres** the thieves cleaned out the jewellery shop/cleaned out ou made a clean sweep of all the watches

rafle[2] [ʀɑfl] nf (Bot) stalk; [maïs] cob

rafler* [ʀɑfle] ▸ conjug 1 ◂ vt récompenses, bijoux to run off with, swipe‡; place to bag*, grab, swipe‡ ◆ **les ménagères avaient tout raflé** the housewives had swept up ou snaffled* everything ◆ **elle a raflé tous les prix** she ran away ou off with all the prizes, she made a clean sweep of the prizes

rafraîchir [ʀafʀeʃiʀ] [→ SYN] ▸ conjug 2 ◂ **1** vt **a** (refroidir) air to cool (down), freshen; vin to chill; boisson to cool, make cooler ◆ **fruits rafraîchis** fruit salad *(soaked in alcohol)*
b (revivifier) visage, corps to freshen (up); [boisson] to refresh
c (rénover) vêtement to smarten up, brighten up; tableau, couleur to brighten up, freshen up; appartement to do up, brighten up; connaissances to brush up ◆ appartement **« à rafraîchir »** "needs some work" ◆ **se faire rafraîchir les cheveux** to have a trim, have one's hair trimmed ◆ (fig) **rafraîchir la mémoire** ou **les idées de qn** to jog ou refresh sb's memory
2 vi [vin etc] to cool (down) ◆ **mettre à rafraîchir** vin, dessert to chill
3 se rafraîchir vpr **a** (Mét) **le temps/ça* se rafraîchit** the weather/it's getting cooler ou colder
b (en se lavant) to freshen (o.s.) up; (en buvant) to refresh o.s. ◆ **on se rafraîchirait volontiers** a cool drink would be most acceptable

rafraîchissant, e [ʀafʀeʃisɑ̃, ɑ̃t] adj vent refreshing, cooling; boisson refreshing; (fig) idée, œuvre refreshing

rafraîchissement [ʀafʀeʃismɑ̃] [→ SYN] nm **a** [température] cooling ◆ **dû au rafraîchissement de la température** due to the cooler weather ou the cooling of the weather ◆ **on s'attend à un rafraîchissement rapide de la température** we expect the weather to get rapidly cooler
b (boisson) cool ou cold drink ◆ (glaces, fruits) **rafraîchissements** refreshments

raft [ʀaft] nm raft

rafting [ʀaftiŋ] nm rafting ◆ **faire du rafting** to raft, go rafting

ragaillardir [ʀagajaʀdiʀ] [→ SYN] ▸ conjug 2 ◂ vt to perk up, buck up* ◆ **tout ragaillardi par cette nouvelle** bucked up by this news*

rage [ʀaʒ] [→ SYN] nf **a** (colère) rage, fury ◆ **la rage au cœur** seething with rage ou anger, seething inwardly ◆ **mettre qn en rage** to infuriate ou enrage sb, make sb's blood boil ◆ **être dans une rage folle, être ivre** ou **fou de rage** to be mad with rage, be in a furious rage ou a raging temper ◆ **suffoquer** ou **étouffer de rage** to choke with anger ou rage ◆ **dans sa rage de ne pouvoir l'obtenir, il ...** in his rage ou fury at not being able to obtain it → **amour**
b (manie) **avoir la rage de faire/qch** to have a mania for doing/sth ◆ **la rage de vivre qui l'habite** the will to live which possesses him
c faire rage [bataille, incendie, tempête] to rage
d (Méd) **la rage** rabies (sg)
e rage de dents raging toothache

rageant, e* [ʀaʒɑ̃, ɑ̃t] adj infuriating, maddening

rager [ʀaʒe] [→ SYN] ▸ conjug 3 ◂ vi to fume ◆ **ça (me) fait rager!** it makes me fume! ou furious! ou mad! ◆ **rageant de voir que les autres n'étaient pas punis** furious ou fuming that the others weren't punished

rageur, -euse [ʀaʒœʀ, øz] [→ SYN] adj enfant hot-tempered, quick-tempered; ton, voix, geste bad-tempered, angry ◆ **il était rageur** he was furious ou livid

rageusement [ʀaʒøzmɑ̃] adv angrily

raglan [ʀaglɑ̃] [→ SYN] nm, adj inv raglan

ragondin [ʀagɔ̃dɛ̃] nm (animal) coypu; (fourrure) nutria

ragot* [ʀago] nm piece of (malicious) gossip ou tittle-tattle ◆ **ragots** gossip, tittle-tattle

ragougnasse* [ʀaguɲas] nf (péj) pigswill (fig: NonC)

ragoût [ʀagu] [→ SYN] nm stew ◆ **viande en ragoût** meat stew

ragoûtant, e [ʀagutɑ̃, ɑ̃t] [→ SYN] adj ◆ **peu ragoûtant** mets unappetizing, unsavoury, unpalatable; individu unsavoury; travail unwholesome, unpalatable, unappetizing ◆ **ce n'est guère ragoûtant** that's not very inviting ou tempting

ragrafer [ʀagʀafe] ▸ conjug 1 ◂ vt to do up ◆ **elle se ragrafa** she did herself up (again)

ragréer [ʀagʀee] [→ SYN] ▸ conjug 1 ◂ vt façade, sol (gén) to smoothe; (avec du sable) to sand

ragtime [ʀagtajm] nm ragtime

raguer [ʀage] ▸ conjug 1 ◂ vi (Naut) to chafe, rub

rahat-loukoum [ʀaatlukum] nm ⇒ **loukoum**

rai [ʀɛ] [→ SYN] nm (littér: rayon) ray; (Tech) spoke *(of wooden wheel)*

raï [ʀaj] **1** adj inv rai (épith)
2 nm inv rai

raid [ʀɛd] [→ SYN] nm (Mil) raid, hit-and-run attack ◆ (Mil) **raid aérien** air raid ◆ (Sport: parcours) **raid automobile/à skis** long-distance car/ski trek ◆ (Fin) **raid boursier** raid ◆ (Mil, Fin) **faire un raid sur** to raid

raide [ʀɛd] [→ SYN] **1** adj **a** (rigide) corps, membre, geste, étoffe stiff; cheveux straight; câble taut, tight ◆ **être** ou **se tenir raide comme un échalas** ou **un piquet** ou **un manche à balai** ou **la justice** to be (as) stiff as a poker ◆ **assis raide sur sa chaise** sitting bolt upright on his chair ◆ **avoir une jambe raide** to have a stiff leg → **corde**
b (abrupt) steep, abrupt
c (inflexible) attitude, morale, personne rigid, inflexible; (guindé) manières stiff, starchy; démarche stiff
d (fort, âpre) alcool rough
e (*: difficile à croire) **l'histoire est un peu raide** that's a bit hard to swallow ou a bit far-fetched ◆ **elle est raide celle-là** (je n'y crois pas) that's a bit hard to swallow, that's a bit far-fetched; (ils vont trop loin) that's a bit steep* ou stiff* ◆ **il en a vu de raides** he's seen a thing or two
f (osé) **assez** ou **un peu raide** propos, passage, scène daring, bold ◆ **il s'en passe de raides, chez eux** all sorts of things go on at their place ◆ **il en raconte de raides** he's always telling pretty daring stories
g (‡: sans argent) broke* ◆ **être raide comme un passe-lacet** to be stony (Brit) ou stone (US) ou flat broke*
h (‡: sous l'effet d'une drogue) **être complètement raide** to be completely stoned‡ ou really high*
2 adv **a** (en pente) **ça montait/descendait raide** [ascension] it was a steep climb/climb down; [pente] it climbed/fell steeply
b (net) **tomber raide** to drop to the ground ou floor ◆ **tomber raide mort** to drop ou fall down dead ou stone dead (Brit) ◆ **tuer qn raide** to kill sb outright ou stone dead (Brit) ◆ **il l'a étendu raide (mort)*** he laid him out cold* ◆ **être raide défoncé‡** to be totally stoned‡ ou high*

rai-de-cœur, pl **rais-de-cœur** [ʀɛd(ə)kœʀ] nm leaf-and-dart

raider [ʀɛdœʀ] nm (Bourse) raider

raideur [ʀɛdœʀ] [→ SYN] nf (→ **raide**) stiffness; straightness; tautness, tightness; steepness, abruptness; rigidity, inflexibility; starchiness; roughness ◆ **avec raideur** répondre stiffly, abruptly; marcher stiffly

raidillon [ʀedijɔ̃] [→ SYN] nm steep path

raidir [ʀediʀ] [→ SYN] ▸ conjug 2 ◂ **1** vt drap, tissu to stiffen; corde, fil de fer to pull taut ou tight, tighten ◆ **raidir ses muscles** to tense ou stiffen one's muscles ◆ **le corps raidi par la mort** his body stiffened by death ◆ (fig) **raidir sa position** to harden ou toughen one's position, take a hard(er) ou tough(er) line
2 se raidir vpr **a** [toile, tissu] to stiffen, become stiff(er); [corde] to grow taut; (fig) [position] to harden
b [personne] (perdre sa souplesse) to become stiff(er); (bander ses muscles) to tense ou stiffen o.s.; (se préparer moralement) to brace ou steel o.s.; (s'entêter) to take a hard ou tough line

raidissement [ʀedismɑ̃] [→ SYN] nm (perte de souplesse) stiffening ◆ (fig: intransigeance) **ce raidissement soudain du parti adverse** this sudden tough line taken by the opposing party

raidisseur [ʀedisœʀ] nm (tendeur) tightener

raie[1] [ʀɛ] [→ SYN] nf **a** (trait) line; (Agr: sillon) furrow; (éraflure) mark, scratch ◆ **faire une raie** to draw a line ◆ **attention, tu vas faire des raies** careful, you'll make marks ou scratches ◆ **la raie des fesses** the cleft between the buttocks
b (bande) stripe ◆ **chemise avec des raies** striped ou stripy (Brit) shirt ◆ **les raies de son pelage** the stripes on its fur ◆ (Phys) **raie d'absorption/d'émission** absorption/emission line
c (Coiffure) parting (Brit), part (US) ◆ **avoir la raie au milieu/sur le côté** to have a centre/side parting, have one's hair parted in the middle/to the side

raie[2] [ʀɛ] [→ SYN] nf (Zool) skate, ray ◆ **raie bouclée** thornback ray ◆ **raie électrique** electric ray → **gueule**

raifort [ʀɛfɔʀ] [→ SYN] nm (aromate) horseradish; (radis noir) black winter radish

rail [ʀɑj] [→ SYN] nm **a** (barre) rail ◆ (voie) **les rails** the rails, the track ◆ **rail conducteur** live rail ◆ **rail de sécurité** guardrail, crash barrier (Brit) ◆ **le rail est plus pratique que la route** the railway (Brit) ou railroad (US) is more practical than the road, rail is more practical than road ◆ (fig) **être sur les rails** to be under way ◆ (lit, fig) **remettre sur les rails** to put back on the rails ◆ **quitter les rails, sortir des rails** to jump the rails, go off the rails ◆ **transport rail-route** road-rail transport
b (Naut) lane

railler [ʀɑje] [→ SYN] ▸ conjug 1 ◂ **1** vt (frm: se moquer de) personne, chose to scoff at, jeer at, mock at
2 vi (††: plaisanter) to jest ◆ **..., dit-il en raillant** ..., he said in jest
3 se railler vpr ◆ **se railler de††** to scoff at, jeer at, mock at

raillerie [ʀɑjʀi] [→ SYN] nf (frm) (ironie) mockery, scoffing; (remarque) gibe, scoff ◆ **il sortit de scène sous les railleries du public** he left the stage to the booing ou catcalls of the audience

railleur, -euse [ʀɑjœʀ, øz] [→ SYN] **1** adj mocking, derisive, scoffing
2 nmpl ◆ **les railleurs** the scoffers, the mockers

railleusement [ʀɑjøzmɑ̃] adv répondre, suggérer mockingly, derisively, scoffingly

rainer [ʀene] ▸ conjug 1 ◂ vt to groove

rainette [ʀenɛt] [→ SYN] nf **a** (grenouille) tree frog
b ⇒ **reinette**

rainurage [ʀenyʀaʒ] nm grooved surface

rainure [ʀenyʀ] [→ SYN] nf (gén: longue, formant glissière) groove; (courte, pour emboîtage) slot

rainurer [ʀenyʀe] ▸ conjug 1 ◂ vt to groove

raiponce [ʀɛpɔ̃s] nf rampion

rais [ʀɛ] nm ⇒ **rai**

raïs [ʀais] nm head of state *(of an Arab country)*

raisin [ʀɛzɛ̃] [→ SYN] **1** nm **a** (gén) **raisin(s)** grapes ◆ **raisin noir/blanc** black/white grape ◆ **c'est un raisin qui donne du bon vin** it's a grape that yields a good wine

◆ (Littérat) **"Les Raisins de la colère"** "The Grapes of Wrath" → **grain, grappe, jus**

b (papier) ≃ royal

c (œufs) **raisins de mer** [seiche] cuttlefish eggs; [poulpe] octopus eggs

2 COMP ▷ **raisins de Corinthe** currants ▷ **raisins secs** raisins ▷ **raisins de Smyrne** sultanas ▷ **raisins de table** dessert ou eating grapes

raisiné [ʀezine] nm (jus) grape jelly; (confiture) *pear or quince jam made with grape jelly*; (‡†: sang) claret‡, blood

raison [ʀɛzɔ̃] [→ SYN] GRAMMAIRE ACTIVE 11.1, 13.3, 17.1, 26.2, 26.3

1 nf **a** (gén, Philos: faculté de discernement) reason ◆ **seul l'homme est doué de raison** man alone is endowed with reason ◆ **conforme à la raison** within the bounds of reason ◆ **contraire à la raison** contrary to reason ◆ **il n'a plus sa raison, il a perdu la raison** he has lost his reason, he has taken leave of his senses, he is not in his right mind ◆ **si tu avais toute ta raison tu verrais que ...** if you were in your right mind ou right senses, you would see that ... ◆ **manger/boire plus que de raison** to eat/drink more than is sensible ou more than one should ou more than is good for one → **âge, mariage, rime**

b (motif) reason ◆ **la raison pour laquelle je suis venu** the reason (why ou that ou for which) I came ◆ **pour quelles raisons l'avez-vous renvoyé?** on what grounds did you sack him?, what were your reasons for sacking him? ◆ **la raison de cette réaction** the reason for this reaction ◆ **il n'y a pas de raison de s'arrêter** there's no reason to stop ◆ **j'ai mes raisons** I have my reasons ◆ **pour des raisons politiques/de famille** for political/family reasons ◆ **pour raisons de santé** for reasons of health, on grounds of (ill) health, for health reasons ◆ **raisons cachées** hidden motives ou reasons ◆ **il a refusé pour la simple raison que ...** he refused simply on the grounds that ..., he refused simply because ... ◆ **les raisons en sont les suivantes** the reasons (for it) are as follows

c (argument, explication, excuse) reason ◆ **sans raison** without reason ◆ **sans raison valable** for no valid reason ◆ (iro) **il a toujours de bonnes raisons!** he's always got a good excuse! ou reason! ◆ (Prov) **la raison du plus fort est toujours la meilleure** might is right ◆ **ce n'est pas une raison!** that's no excuse! ou reason! → **comparaison, rendre**

d (Math) ratio ◆ **raison directe/inverse** direct/inverse ratio ou proportion

e LOC **avec (juste) raison** rightly, justifiably, with good reason ◆ **raison de plus** all the more reason (*pour faire* for doing) ◆ **à plus forte raison, je n'irai pas** all the more reason for me not to go ◆ **comme de raison** as one might expect ◆ **pour une raison ou pour une autre** for one ou some reason or other ou another ◆ **rire sans raison** to laugh for no reason ◆ **non sans raison** not without reason ◆ **avoir raison** to be right (*de faire* in doing, to do) ◆ **avoir raison de qn/qch** to get the better of sb/sth ◆ **donner raison à qn** [événement] to prove sb right ◆ **tu donnes toujours raison à ta fille** you're always siding with your daughter ◆ **se faire une raison** to accept it, put up with it ◆ **entendre raison, se rendre à la raison** to see reason ◆ **faire entendre raison à qn, ramener qn à la raison** to make sb see reason ◆ **mettre qn à la raison** to bring sb to his senses, make sb see reason, talk (some) sense into sb ◆ (†, littér) **demander raison à qn de** offense to demand satisfaction from sb for (†, littér) ◆ **en raison du froid** because of ou owing to the cold weather ◆ **en raison de son jeune âge** because of ou on the grounds of his youth ◆ **on est payé en raison du travail fourni** we are paid according to ou in proportion to the work produced ◆ **à raison de 100 F par caisse** at the rate of 100 francs per crate ◆ **payé à raison de 40 lignes par page** paid on the basis of 40 lines a page ◆ **à raison de 3 fois par semaine** 3 times a week

2 COMP ▷ **raison d'État** reason of State ▷ **raison d'être** ◆ **cet enfant est toute sa raison d'être** this child is her whole life ou her entire reason for living ou her entire raison d'être ◆ **cette association n'a aucune raison d'être** this association has no reason for being ou no grounds for existence ou no raison d'être ▷ **raison sociale** (Comm) corporate name ▷ **raison de vivre** reason for living

raisonnable [ʀɛzɔnabl] [→ SYN] adj **a** (sensé) personne sensible, reasonable; conseil sensible, sound, sane; opinion, propos, conduite sensible, sane ◆ **soyez raisonnable** be reasonable ◆ **elle devrait être plus raisonnable à son âge** she should know better ou she should have more sense at her age ◆ **réaction bien peu raisonnable** very unreasonable reaction ◆ **ce n'est vraiment pas raisonnable** it's not really sensible ou reasonable at all

b (décent) prix, demande, salaire, quantité reasonable, fair; heure reasonable ◆ **ils vous accordent une liberté raisonnable** they grant you reasonable freedom, they grant you a reasonable ou fair ou tolerable amount of freedom

c (littér: doué de raison) rational, reasoning

raisonnablement [ʀɛzɔnabləmɑ̃] adv conseiller sensibly, soundly; agir sensibly, reasonably; boire in moderation; dépenser moderately; travailler, rétribuer reasonably ou fairly well ◆ **on peut raisonnablement espérer que ...** one can reasonably hope that ...

raisonné, e [ʀɛzɔne] (ptp de **raisonner**) adj **a** (mûri, réfléchi) attitude, projet well thought-out, reasoned ◆ **bien raisonné!** well argued!, well reasoned!

b (systématique) **grammaire/méthode raisonnée de français** reasoned grammar/primer of French

raisonnement [ʀɛzɔnmɑ̃] [→ SYN] nm **a** (façon de réfléchir) reasoning (NonC); (faculté de penser) power ou faculty of reasoning; (cheminement de la pensée) thought process ◆ **raisonnement analogique/par déduction** analogical/deductive reasoning ◆ **prouver qch par le raisonnement** to prove sth by one's reasoning ou by the use of reason ◆ **ses raisonnements m'étonnent** his reasoning surprises me

b (argumentation) argument ◆ **un raisonnement logique** a logical argument, a logical line ou chain of reasoning ◆ **ce n'est pas un raisonnement!*** that's not a valid argument, that's no way to think!* (US)

c (péj: ergotages) **raisonnements** arguing, argument, quibbling ◆ **tous les raisonnements ne changeront pas ma décision** no amount of arguing ou argument will alter my decision

raisonner [ʀɛzɔne] [→ SYN] ▸ conjug 1 ◂ **1** vi **a** (penser, réfléchir) to reason (*sur* about) ◆ **raisonner par induction/déduction** to reason by induction/deduction ◆ **il raisonne mal** he doesn't reason very well, his reasoning ou way of reasoning isn't very sound ◆ **il raisonne juste** his reasoning is sound ◆ **il raisonne comme un panier percé*** ou **une pantoufle*** he can't follow his own argument ◆ **c'est bien raisonné** it's well ou soundly reasoned ou argued

b (discourir, argumenter) to argue (*sur* about) ◆ **on ne peut pas raisonner avec lui** you (just) can't argue ou reason with him

c (péj: ergoter) to argue, quibble (*avec* with)

d **raisonner de**† question, problème to argue about

2 vt **a** (sermonner) to reason with ◆ **inutile d'essayer de le raisonner** it's useless to try and reason with him, it's useless to try and make him listen to ou see reason

b (justifier par la raison) croyance, conduite, démarche to reason out ◆ **explication bien raisonnée** well-reasoned explanation

3 **se raisonner** vpr to reason with o.s., make o.s. see reason ◆ **raisonne-toi** try to be reasonable ou to make yourself see reason ◆ **l'amour ne se raisonne pas** love cannot be reasoned ou knows no reason

raisonneur, -euse [ʀɛzɔnœʀ, øz] [→ SYN] **1** adj (péj) quibbling (épith), argumentative; (réfléchi) reasoning (épith)

2 nm,f **a** (péj: ergoteur) arguer, quibbler ◆ **c'est un raisonneur** he's always arguing ou quibbling, he's an arguer ou a quibbler ◆ **ne fais pas le raisonneur** stop arguing ou quibbling

b (penseur) reasoner

rajah [ʀa(d)ʒa] nm rajah

rajeunir [ʀaʒœniʀ] [→ SYN] ▸ conjug 2 ◂ **1** vt **a** **rajeunir qn** [cure] to rejuvenate sb; [repos, expérience] to make sb feel younger; [soins de beauté, vêtement] to make sb look younger ◆ **l'amour/ce chapeau la rajeunit de 10 ans** love/this hat takes 10 years off her* ou makes her look 10 years younger ◆ **tu le rajeunis (de 5 ans), il est né en 1950** you're making him (5 years) younger than he is – he was born in 1950 ◆ (hum) **ça ne nous rajeunit pas!** that makes you realize we're not getting any younger!

b manuel to update, bring up to date; institution to modernize; installation, mobilier to modernize, give a new look to; vieux habits to give a new look to, brighten up; personnel to infuse ou bring new ou young blood into, recruit younger people into; thème, théorie to inject new life into ◆ **firme qui a besoin d'être rajeunie** firm that needs new ou young blood (brought ou infused into it) ou that needs an injection of new blood ou an influx of new people

2 vi [personne] (se sentir plus jeune) to feel younger; (paraître plus jeune) to look younger; [institution, quartier] (modernisation) to be modernized; (membres plus jeunes) to take on a younger air ◆ **avec les enfants, la vieille demeure rajeunissait** with the children around, the old house seemed to take on a younger air ou had a younger atmosphere about it

3 **se rajeunir** vpr (se prétendre moins âgé) to make o.s. younger; (se faire paraître moins âgé) to make o.s. look younger

rajeunissant, e [ʀaʒœnisɑ̃, ɑ̃t] adj traitement, crème rejuvenating

rajeunissement [ʀaʒœnismɑ̃] [→ SYN] nm [personne] rejuvenation; [manuel] updating; [installation, mobilier] modernization; [vieux habits] brightening up ◆ **rajeunissement du personnel** infusion ou injection of new ou young blood into the staff

rajout [ʀaʒu] nm addition (*sur* to)

rajouter [ʀaʒute] [→ SYN] ▸ conjug 1 ◂ vt sel, sucre to put on ou put in ou add (some) more; commentaire to add another ◆ **il rajouta que ...** he added that ... ◆ (fig) **en rajouter*** to lay it on (thick)*, exaggerate ◆ **il ne faut pas croire tout ce qu'il dit, il en rajoute toujours** you mustn't believe everything he says, he always exaggerates ◆ **ayant déjà donné 50 F, il rajouta 10 F** having already given 50 francs he added another 10

rajustement [ʀaʒystəmɑ̃] nm [salaires, prix] adjustment

rajuster [ʀaʒyste] [→ SYN] ▸ conjug 1 ◂ **1** vt **a** (remettre en place) mécanisme to readjust; vêtement to straighten (out), tidy; cravate, lunettes to straighten, adjust; coiffure to rearrange, tidy ◆ **elle rajusta sa toilette** she tidied ou arranged herself (ou her dress)

b (recentrer) tir to (re)adjust; (fig) prix, salaire to adjust

2 **se rajuster** vpr [personne] to tidy ou straighten o.s. up, rearrange o.s.

raki [ʀaki] nm raki

râlant, e* [ʀɑlɑ̃, ɑ̃t] [→ SYN] adj infuriating

râle[1] [ʀɑl] nm **a** [blessé] groan; [mourant] (death) rattle ◆ **râle d'agonie** ou **de la mort** death rattle

b (Méd) rale

râle[2] [ʀɑl] nm (Orn) rail ◆ **râle des genêts** corncrake ◆ **râle d'eau, râle noir** water rail

ralenti, e [ʀalɑ̃ti] (ptp de **ralentir**) **1** adj vie slow-moving, easy-paced, slow; mouvement slow

2 nm **a** (Ciné) slow motion ◆ **en** ou **au ralenti** filmer, projeter in slow motion

b (Aut) **régler le ralenti** to adjust the tick-over (Brit) ou the idle ◆ **le moteur est un peu faible au ralenti** the engine doesn't tick over (Brit) ou doesn't idle too well ◆ **tourner au ralenti** to tick over (Brit), idle

c (fig) **vivre au ralenti** to live at a slower pace ◆ **cette existence paisible, au ralenti** that peaceful slow ou easy-paced existence ◆ **usine qui tourne au ralenti** factory which is just ticking over (Brit) ou idling ◆ (péj) **ça tourne au ralenti chez lui!** he's a bit slow!*

ralentir [ralɑ̃tiʀ] → SYN ▸ conjug 2 ◂ **1** vt processus, véhicule to slow down; mouvement, expansion to slow down ou up; (Mil) avance to check, hold up; effort, zèle to slacken ◆ **ralentir l'allure** to slow down ou up, reduce speed ◆ **ralentir sa marche** ou **le pas** to slacken one's ou the pace, slow down
2 vi [marcheur] to slow down, slacken one's pace; [véhicule, automobiliste] to slow down, reduce speed ◆ (Aut) « **ralentir** » "slow", "reduce speed now"
3 **se ralentir** vpr [production] to slow down ou up, slacken (off), fall off; (Mil) [offensive] to let up, ease off; [ardeur, zèle] to flag; (Physiol) [fonctions] to slow up

ralentissement [ralɑ̃tismɑ̃] → SYN nm **a** (→ **ralentir**) slowing down; slowing up; checking, holding up; slackening
b [marcheur, véhicule, automobiliste] slowing down ◆ **un ralentissement sur 3 km** a 3 km tailback (Brit) ou hold-up (US)
c (→ **se ralentir**) slowing down; slowing up; slackening (off), falling off; letting up, easing off; flagging

ralentisseur [ralɑ̃tisœʀ] nm **a** (Tech) [camion] speed reducer
b (sur route) sleeping policeman (Brit), speed bump (US)
c (Phys) moderator

râler [ʀɑle] → SYN ▸ conjug 1 ◂ vi **a** [blessé] to groan, moan; [mourant] to give the death rattle
b (*: rouspéter) to grouse*, moan (and groan)* ◆ **il est allé râler chez le prof** he went to grouse* ou moan* to the teacher ◆ **faire râler qn** to infuriate sb ◆ **ça (vous) fait râler** it makes you fume, it makes you want to blow your top* ◆ **qu'as tu à râler?** what have you got to grouse* ou moan* about?

râleur, -euse* [ʀɑlœʀ, øz] → SYN **1** adj grousing* (épith) ◆ **il est (trop) râleur** he's (too much of) a grouser* ou moaner*
2 nm,f grouser*, moaner*

ralingue [ʀalɛ̃g] nf boltrope

ralinguer [ʀalɛ̃ge] ▸ conjug 1 ◂ **1** vt (garnir de ralingues) to rope
2 vi [voile] to shiver

rallidés [ʀalide] nmpl ◆ **les rallidés** ralline birds, the Rallidae (spéc)

ralliement [ʀalimɑ̃] → SYN nm **a** (→ **rallier**) rallying; winning over; uniting ◆ **le ralliement des troupes** the rallying ou rally of troops
b (→ **se rallier**) ◆ **ralliement à** joining; going over to, siding with; rallying round ou to; coming over ou round (Brit) to; being won over to ◆ **je suis étonné de son ralliement (à notre cause)** I am surprised by the fact that he joined (our cause)
c (Mil) rallying, rally ◆ **signe / cri de ralliement** rallying sign / cry ◆ **point de ralliement** rallying point

rallier [ʀalje] → SYN ▸ conjug 7 ◂ **1** vt **a** (Chasse, Mil, Naut: regrouper) to rally ◆ **rallye mondain** debutant ball, coming-out party
b (gagner) personne, groupe to win over, rally (à to); suffrages to bring in, win ◆ **rallier qn à son avis** to bring sb round (Brit) ou win sb over to one's opinion
c (unir) groupe, parti to rally, unite ◆ **groupe rallié autour d'un idéal** group united by an ideal
d (rejoindre: Mil, Naut) to rejoin ◆ (Pol) **rallier la majorité** to rejoin the majority ◆ (Naut) **rallier le bord** to rejoin ship
2 **se rallier** vpr **a** (suivre) **se rallier à** parti to join; ennemi to go over to, side with; chef to rally round ou to; avis to come over ou round (Brit) to; doctrine to be won over to; cause to join, rally to, be won over to
b (Mil, Naut: se regrouper) to rally

rallonge [ʀalɔ̃ʒ] → SYN nf **a** [table] (extra) leaf; [fil électrique] extension lead ou cable (Brit) ou cord (US); [vêtement] piece *(used to lengthen an item of clothing)*; [compas] extension arm; [perche] extension piece ◆ **table à rallonge(s)** extendable table
b (*: supplément) **une rallonge d'argent / de vacances** a bit of extra ou some extra money / holiday ◆ **obtenir une rallonge de crédit** to get an extension of credit ◆ **une rallonge de deux jours** an extra two days, a two-day extension
c (péj) **histoire à rallonge** never-ending story ◆ **nom à rallonge** (gén) long, complicated surname; (en deux mots) double-barrelled name

rallongement [ʀalɔ̃ʒmɑ̃] nm (→ **rallonger**) lengthening; letting down; extension

rallonger [ʀalɔ̃ʒe] → SYN ▸ conjug 3 ◂ **1** vt vêtement (en ajoutant) to lengthen, make longer; (en défaisant l'ourlet) to let down; texte, service militaire, piste to lengthen, extend, make longer; vacances, fil, table, bâtiment to extend ◆ **par ce chemin / en bus, ça me rallonge de 10 minutes** this way / by bus, it takes me 10 minutes longer
2 vi ◆ (*) **les jours rallongent** the days are getting longer

rallumer [ʀalyme] → SYN ▸ conjug 1 ◂ **1** vt **a** (lit) feu to light (up) again, relight, rekindle; cigarette to relight, light up again; lampe to switch ou turn ou put on again, relight ◆ **rallumer (l'électricité** ou **la lumière)** to switch ou turn ou put the light(s) on again ◆ **rallumer (dans) le bureau** to switch ou turn ou put the light(s) on again in the office
b (fig) courage, haine, querelle to revive, rekindle; conflit, guerre to stir up again, revive, rekindle
2 **se rallumer** vpr **a** [incendie] to flare up again; [lampe] to come on again ◆ **le bureau se ralluma** the light(s) in the office went ou came on again
b [guerre, querelle] to flare up again; [haine, courage] to revive, be revived

rallye [ʀali] → SYN nm ◆ **rallye (automobile)** (car) rally ◆ **rallye mondain** debutant ball, coming-out party

RAM [ʀam] nf (abrév de **Random Access Memory**) (Ordin) RAM

Rama [ʀama] nm Rama

Ramadan, ramadan [ʀamadɑ̃] nm Ramadan ◆ **faire** ou **observer le ramadan** to observe Ramadan

ramage [ʀamaʒ] → SYN nm **a** (littér: chant) song, warbling (NonC)
b (branchages, dessin) **ramage(s)** foliage ◆ **tissu à ramages** fabric ou material with a leafy design ou pattern

ramager [ʀamaʒe] ▸ conjug 3 ◂ **1** vi to warble
2 vt to decorate with a leafy pattern

ramapithèque [ʀamapitɛk] nm Ramapithecus

ramassage [ʀamɑsaʒ] → SYN nm **a** (gén) collection ◆ **ramassage des pommes de terre** lifting ou digging up of potatoes ◆ **ramassage scolaire** (service) school bus service; (action) picking up of pupils ◆ **point de ramassage** pick-up point
b (cueillette) [bois mort, coquillages, foin] gathering; [épis, fruits tombés] gathering (up); [champignons] picking, gathering; [pommes de terres] digging up, lifting; [balles de tennis] picking up

ramassé, e [ʀamɑse] → SYN (ptp de **ramasser**) adj (pour se protéger) huddled (up); (pour bondir) crouched; (trapu) squat, stocky; (concis) compact, condensed ◆ **le petit village ramassé dans le fond de la vallée** the little village nestling in the heart of the valley

ramasse-miettes [ʀamɑsmjɛt] nm inv table tidy (Brit), silent butler (US)

ramasse-monnaie [ʀamasmɔnɛ] nm inv (change-)tray

ramasser [ʀamɑse] → SYN ▸ conjug 1 ◂ **1** vt **a** (lit, fig: prendre) objet, personne to pick up ◆ **il l'a ramassée dans le ruisseau** he picked her up out of the gutter ◆ **se faire ramasser dans une manif*** to get picked up at a demo* ◆ **on l'a ramassé à la petite cuiller*** they had to scrape him off the ground ◆ **ramasser une bûche*** ou **un gadin*** ou **une gamelle*** ou **une pelle*** to come a cropper* (Brit), fall headlong, fall flat on one's face
b (collecter) objets épars to pick up, gather up; cartes to pick up; élèves to pick up, collect; copies, cahiers to collect, take in, gather up; cotisations, ordures to collect; (*) idée to pick up; (*) argent to pick up, pocket* ◆ (fig) **ramasser ses forces** to gather ou muster one's strength
c (récolter) bois, feuilles, coquillages to gather, collect; fruits tombés to gather (up); foin to gather; pommes de terre to lift, dig up; champignons to pick, gather ◆ **ramasser à la pelle** (lit) to shovel up; (fig: en abondance) to get loads* ou stacks* of
d (resserrer) jupons, draps to gather (up); cheveux to gather (up); (fig) style to condense
e (*: attraper) rhume, maladie to pick up, catch, get; réprimande, coups to collect, get; amende to pick up, collect, get ◆ **il va se faire ramasser par sa mère** he'll get told off ou ticked off (Brit) by his mother* ◆ **il a ramassé 100 F (d'amende)** he picked up ou collected a 100-franc fine, he was done for 100 francs* (Brit) ◆ **où as-tu ramassé ce mec?**⁑ where the hell did you find that guy?⁑
2 **se ramasser** vpr (se pelotonner) to curl up; (pour bondir) to crouch; (*: se relever) to pick o.s. up; (⁑: tomber) to come a cropper* (Brit), fall over ou down; (*: échouer) [candidat] to come a cropper* (Brit), take a flat beating (US) ◆ **se faire ramasser*** [candidat] to be failed; [dragueur] to get the cold shoulder*

ramasseur, -euse [ʀamɑsœʀ, øz] **1** nm,f (personne) collector ◆ **ramasseur de lait** milk collector ◆ **ramasseur de balles (de tennis)** (garçon) ballboy; (fille) ballgirl ◆ **ramasseur de mégots** collector of cigarette ends ou butts ◆ **ramasseur de pommes de terre** potato-picker
2 nm (outil) [machine] pickup
3 **ramasseuse** nf ◆ (machine) **ramasseuse-presse** baler

ramassis [ʀamɑsi] → SYN nm ◆ (péj) **ramassis de** voyous pack ou bunch ou horde of; doctrines, objets jumble of

rambarde [ʀɑ̃baʀd] → SYN nf guardrail

ramboutan [ʀɑ̃butɑ̃] nm rambutan

ramdam⁑ [ʀamdam] nm (tapage) hullabaloo*, row, racket; (protestation) row ◆ **faire du ramdam** (bruit) to kick up* ou make a racket ou row; (protestation) to kick up a row*; (scandale) to cause a stir

rame [ʀam] → SYN nf **a** (aviron) oar ◆ **aller à la rame** to row ◆ (littér) **faire force de rames** to ply the oars (littér), row hard ◆ **il n'en fiche pas une rame**⁑ he doesn't do a damned⁑ ou ruddy⁑ (Brit) thing
b (Rail) train ◆ **rame (de métro)** (underground (Brit) ou subway (US)) train
c (Typ) ream; (Tex) tenter; (Agr) stake, stick → **haricot**

rameau, pl **rameaux** [ʀamo] → SYN nm (lit) (small) branch; (fig) branch; (Anat) ramification ◆ (lit, fig) **rameau d'olivier** olive branch ◆ (Rel) **(dimanche des) Rameaux** Palm Sunday

ramée [ʀame] → SYN nf (littér: feuillage) leafy boughs (littér); (coupé) leafy ou green branches ◆ **il n'en fiche pas une ramée**⁑ he doesn't do a damned⁑ ou ruddy⁑ (Brit) thing

ramenard, e⁑ [ʀam(ə)naʀ, aʀd] nm,f show-off* ◆ **il est ramenard** he's a real show-off*

ramender [ʀamɑ̃de] ▸ conjug 1 ◂ vt **a** (Agr) to manure again
b filet de pêche to mend
c (redorer) to regild

ramendeur, -euse [ʀamɑ̃dœʀ, øz] nm,f [filet de pêche] mender

ramener [ʀam(ə)ne] → SYN ▸ conjug 5 ◂ **1** vt **a** personne, objet to bring back, take back; paix, ordre to bring back, restore ◆ **je vais te ramener en voiture** I'll drive you back (home), I'll take you back (home) in the car ◆ **ramène du pain* / les enfants** bring back ou fetch (Brit) some bread / the children (*de* from) ◆ **ça l'a ramené en prison** it sent him back to prison, it put ou landed* him back in prison ◆ **l'été a ramené les accidents / la mode des chapeaux** summer has brought the return of accidents / has brought back ou brought the return of the fashion for hats
b (tirer) voile to draw; couverture to pull, draw ◆ **ramener ses cheveux sur son front** to brush down one's hair onto ou over one's forehead ◆ **ramener ses cheveux en arrière** to brush one's hair back ◆ **ramener ses jambes / épaules en arrière** to draw back one's legs / shoulders

c (faire revenir à) **ramener à** to bring back to ◆ **ramener à la vie** personne to revive, bring back to life; région to revitalize, bring back to life ◆ **ramener qn à la raison** to bring sb to reason ou to his senses ◆ **ramener le compteur à zéro** to put the meter back to zero, reset the meter at zero ◆ **ramener les prix à un juste niveau** to bring prices back (down) ou restore prices to a reasonable level ◆ **ramener la conversation sur un sujet** to bring ou steer ou lead the conversation back (on)to a subject ◆ **ramener son cheval au pas** to rein in one's horse to a walk ◆ **il ramène toujours tout à lui** he always relates everything to himself ◆ **cela nous ramène 20 ans en arrière** it takes us back 20 years ◆ **ramener un incident à de plus justes proportions** to get ou bring an incident into proportion ◆ **ils ont ramené ces bagarres au rang de simple incident** they played down the fighting, passing it off as a mere incident

d (réduire à) **ramener à** to reduce to ◆ **ramener l'inflation à moins de 3%** to reduce inflation to less than 3%, bring inflation back down to below 3%

e LOC **ramener sa fraise**‡ ou **sa gueule**‡, **la ramener**‡ (protester) to kick up* a row ou fuss; (intervenir) to put ou shove one's oar in* (Brit), put in one's opinion

2 **se ramener** vpr a (se réduire à) **se ramener à** [problèmes] to come down to, boil down to; (Math) [fraction] to reduce to, be reduced to

b (‡: arriver) to roll up*, turn up*

ramequin [ʀamkɛ̃] nm ramekin, ramequin

ramer[1] [ʀame] → SYN ▸ conjug 1 ◂ vi a (Sport) to row ◆ **ramer en couple** to scull

b (peiner) to work hard

ramer[2] [ʀame] ▸ conjug 1 ◂ vt (Agr) to stake

ramer[3] [ʀame] ▸ conjug 1 ◂ vt (Tex) tissu to tent

ramescence [ʀamesɑ̃s] nf branchy structure

ramette [ʀamɛt] nf [papier à lettres] ream

rameur [ʀamœʀ] nm (sportif) oarsman, rower; (galérien) rower

rameuse [ʀamøz] nf (sportive) oarswoman, rower

rameuter [ʀamøte] → SYN ▸ conjug 1 ◂ vt foule, partisans to gather together, round up; chiens to round up, form into a pack again ◆ **les gens s'étaient rameutés** people had gathered (themselves) together (again)

rameux, -euse [ʀamø, øz] adj branchy

rami [ʀami] nm rummy ◆ **faire rami** to get rummy

ramie [ʀami] nf ramie, ramee

ramier [ʀamje] → SYN nm ◆ **(pigeon) ramier** woodpigeon, ringdove

ramification [ʀamifikasjɔ̃] → SYN nf (gén) ramification

ramifié, e [ʀamifje] (ptp de **se ramifier**) adj (Anat, Bot) ramified

ramifier (se) [ʀamifje] → SYN ▸ conjug 7 ◂ vpr [veines] to ramify; [routes, branches, famille] to branch out (*en* into) ◆ **cette science s'est ramifiée en plusieurs autres** this science has branched out into several others

ramille [ʀamij] → SYN nf (brindille) twig

ramingue [ʀamɛ̃g] adj cheval stubborn

ramolli, e [ʀamɔli] → SYN (ptp de **ramollir**) 1 adj biscuit, beurre soft; personne (avachi) soft; (stupide) soft (in the head), soft-headed ◆ (péj) **il a le cerveau ramolli** he is ou has gone soft in the head

2 nm,f (péj) soft-headed fool

ramollir [ʀamɔliʀ] → SYN ▸ conjug 2 ◂ 1 vt matière to soften; (fig) courage, résolution to weaken ◆ **ramollir qn** [plaisir] to soften sb, make sb soft; [climat] to enervate sb

2 vi, **se ramollir** vpr [beurre, argile] to soften (up), go soft ◆ (hum) **son cerveau se ramollit** he's going soft in the head*

ramollissement [ʀamɔlismɑ̃] → SYN nm softening ◆ **ramollissement cérébral** softening of the brain

ramollo* [ʀamɔlo] adj (avachi) droopy*; (gâteux) soft (in the head), soft-headed

ramonage [ʀamɔnaʒ] nm chimney-sweeping; (Alpinisme) chimney-climbing

ramoner [ʀamɔne] → SYN ▸ conjug 1 ◂ 1 vt cheminée to sweep; pipe to clean out

2 vi (Alpinisme) to climb a chimney

ramoneur [ʀamɔnœʀ] nm (chimney) sweep

rampant, e [ʀɑ̃pɑ̃, ɑ̃t] → SYN 1 adj a animal crawling, creeping; plante creeping; caractère, employé grovelling, cringing; inflation creeping ◆ (arg Aviat) **personnel rampant** ground crew ou staff

b (Hér) rampant

2 nm a (arg Aviat) member of the ground crew ou staff ◆ **les rampants** the ground crew ou staff

b (Archit) pitch

rampe [ʀɑ̃p] → SYN 1 nf a (voie d'accès) ramp, slope; (côte) slope, incline, gradient

b [escalier] banister(s); [chemin, escarpe etc] handrail

c (Théât: projecteurs) **la rampe** the footlights, the floats (Brit)

d (loc) (fig) **tenez bon la rampe*** hold on to your hat* ◆ **elle tient bon la rampe*** she's still going strong ◆ (fig) **lâcher la rampe*** to kick the bucket‡ ◆ **passer la rampe** to get across to the audience

2 COMP ▷ **rampe d'accès** approach ramp ▷ **rampe de balisage** runway lights ▷ **rampe de débarquement** disembarcation ramp ▷ **rampe de graissage** oil gallery ▷ **rampe de lancement** launching pad

ramper [ʀɑ̃pe] → SYN ▸ conjug 1 ◂ vi a [serpent] to crawl, slither, slide (along); [quadrupède, homme] to crawl; [plante, ombre, feu] to creep; [sentiment, brouillard, mal, maladie] to lurk ◆ **entrer / sortir en rampant** to crawl in / out ◆ **le lierre rampe contre le mur** the ivy creeps up the wall

b (fig péj: s'abaisser) to grovel (*devant* before), crawl, cringe (*devant* to)

ramponneau‡, pl **ramponneaux** [ʀɑ̃pɔno] nm poke, bump, knock ◆ **donner un ramponneau à qn** to poke ou bump ou knock sb

Ramsès [ʀamsɛs] nm Rameses, Ramses

ramure [ʀamyʀ] → SYN nf [cerf] antlers; [arbre] boughs, foliage

ranatre [ʀanatʀ] nf water stick insect

rancard‡ [ʀɑ̃kaʀ] nm a (tuyau) tip; (explication) gen* (Brit) (NonC), info* (NonC) ◆ **il m'avait donné le rancard** he had tipped me the wink*, he had given me the tip-off

b (rendez-vous) (gén) meeting, date; (amoureux) date ◆ **donner (un) rancard à qn** to arrange to meet sb, make a date with sb ◆ **avoir (un) rancard avec qn** to have a meeting with sb, have a date with sb

rancarder‡ [ʀɑ̃kaʀde] ▸ conjug 1 ◂ vt (→ **rancard**) to tip off; to give the gen* (Brit) ou info* to; to arrange to meet; to make a date with* ◆ (s'informer) **se rancarder sur** to get the info* ou gen* (Brit) about

rancart‡ [ʀɑ̃kaʀ] nm ◆ **mettre au rancart** objet, idée, projet to chuck out‡, sling out‡, get shot of‡ (Brit), scrap; personne to throw on the scrap heap* ◆ **bon à mettre au rancart** ready for the scrap heap

rance [ʀɑ̃s] → SYN adj beurre rancid; odeur rank, rancid; (fig) stale ◆ **sentir le rance** to smell rancid ou rank ◆ **odeur de rance** rank ou rancid smell

ranch [ʀɑ̃tʃ] nm ranch

ranci, e [ʀɑ̃si] (ptp de **rancir**) 1 adj beurre rancid; odeur rank, rancid

2 nm ◆ **sentir le ranci** to smell rank ou rancid

rancir [ʀɑ̃siʀ] → SYN ▸ conjug 2 ◂ vi [lard, beurre] to go rancid ou off* (Brit); (fig) to grow stale

rancœur [ʀɑ̃kœʀ] → SYN nf (frm) rancour (NonC), resentment (NonC) ◆ **avoir de la rancœur contre qn** to be full of rancour against sb, feel resentment against sb

rançon [ʀɑ̃sɔ̃] → SYN nf (lit) ransom ◆ (fig) **c'est la rançon de la gloire / du progrès** that's the price you have to pay for being famous / for progress, that's the price of fame / of progress ◆ (littér) **mettre à rançon** to hold to ransom

rançonner [ʀɑ̃sɔne] → SYN ▸ conjug 1 ◂ vt a (voler) convoi, voyageurs to demand ou exact a ransom from; (fig) contribuables, locataires, clients to fleece

b (†: exiger une rançon) prisonnier to hol[d] to ransom

rançonneur, -euse [ʀɑ̃sɔnœʀ, øz] nm,f (li[t]) person demanding a ransom, ransomer (fig) extortioner, extortionist

rancune [ʀɑ̃kyn] → SYN nf grudge, rancou[r] (NonC: littér) ◆ **avoir** ou **nourrir de la rancune à l'égard de** ou **contre qn** to harbour a grudg[e] ou harbour feelings of rancour against s[b] ◆ **garder rancune à qn (de qch)** to hold [a] grudge against sb (for sth), bear sb [a] grudge (for sth) ◆ **sans rancune!** no hard o[r] ill feelings!

rancunier, -ière [ʀɑ̃kynje, jɛʀ] → SYN adj vin[]dictive, rancorous (littér), spiteful

rand [ʀɑ̃d] nm rand

randomisation [ʀɑ̃dɔmizasjɔ̃] nf randomization

randomiser [ʀɑ̃dɔmize] ▸ conjug 1 ◂ vt to ran[]domize

randonnée [ʀɑ̃dɔne] → SYN nf a (promenade) (en voiture) drive, ride ◆ **randonnée (à bicyclette)** (bike) ride ◆ **randonnée pédestre** ou **à pied** (courte, à la campagne) walk, ramble (longue, en montagne etc) hike ◆ **randonnée à ski** cross-country ski run ◆ **randonnée équestre** ou **à cheval** pony trek ◆ **partir en randonnée** (courte) to go for a walk, go (off) for a ramble; (longue) to go hiking ◆ **faire une randonnée en voiture** to go for a drive ◆ **cette randonnée nocturne se termina mal** this night escapade ended badly

b (activité) **la randonnée** (à pied) rambling hiking ◆ **la randonnée équestre** pony trekking → **sentier**

randonneur, -euse [ʀɑ̃dɔnœʀ, øz] nm,f hiker walker, rambler

rang [ʀɑ̃] → SYN nm a (rangée) [maisons] row, line; [personnes, objets, tricot] row ◆ **collier à 3 rangs (de perles)** necklace with 3 rows of pearls ◆ **porter un rang de perles** to wear a string ou rope ou row of pearls ◆ **en rang d'oignons** in a row ou line

b (Scol) row; (Mil) rank ◆ **en rangs serrés** in close order, in serried ranks ◆ **en rang par 2 / 4** 2 / 4 abreast ◆ **sur 2 / 4 rangs** 2 / 4 deep ◆ **se mettre sur un rang** to get into ou form a line ◆ (fig) **grossir les rangs de** to swell the ranks of ◆ (fig) **nous l'avons admis dans nos rangs** we allowed him to enter our ranks ◆ **se mettre en rangs par 4** (Scol) to line up in fours; (Mil) to form fours ◆ **plusieurs personnes sont sur** ou **se sont mises sur les rangs pour l'acheter** several people are in the running ou have got themselves lined up to buy it, several people have indicated an interest in buying it ◆ (Mil) **servir dans les rangs de** to serve in the ranks of ◆ (Mil) **à vos rangs, marche!** fall in! ◆ (Mil, fig) **sortir du rang** to come up ou rise ou be promoted from the ranks → **rentrer, rompre, serrer**

c (Can) country road *(bordered by farms at right angles)*, concession road (in Quebec) ◆ **les rangs** the country

d (condition) station ◆ **du plus haut rang** of the highest standing ou station ◆ **tenir** ou **garder son rang** to maintain one's rank

e (hiérarchique, grade, place) rank ◆ **avoir rang de** to hold the rank of ◆ **avoir rang parmi** to rank among ◆ **par rang d'âge / de taille** in order of age / size ou height ◆ **13e, c'est un bon rang** that's not bad – 13th place, 13th – that's a good position ◆ **être placé au deuxième rang** to be ranked ou placed second ◆ **mettre un écrivain au rang des plus grands** to rank a writer among the greatest ◆ **c'est au premier / dernier rang de mes préoccupations** that's the first / last thing on my mind ◆ **il est au premier rang des artistes contemporains** he is one of the highest ranking of ou he ranks among the best of contemporary artists ◆ **écrivain / journaliste de second rang** second-rate writer / journalist

rangé, e[1] [ʀɑ̃ʒe] → SYN (ptp de **ranger**[1]) adj (ordonné) orderly; (sans excès) settled, steady ◆ **il est rangé (des voitures**‡**) maintenant** [escroc] he's going straight now; [séducteur] he has settled down now ◆ **petite vie bien rangée** well-ordered existence ◆ **jeune fille rangée** well-behaved young lady → **bataille**

range-CD [Rɑ̃ʒ(ə)sede] nm inv CD rack

rangée² [Rɑ̃ʒe] → SYN nf [maisons, arbres] row, line; [objets, spectateurs, perles] row

rangement [Rɑ̃ʒmɑ̃] → SYN nm **a** (action) [objets, linge] putting away; [pièce, meuble] tidying (up) ◆ **faire du rangement** ou **des rangements** to do some tidying (up)
b (espace) [appartement] cupboard space; [remise] storage space ◆ **capacité de rangement d'une bibliothèque** shelf space of a bookcase ◆ **la maison manque d'espaces de rangement** the house lacks storage ou cupboard space → **meuble**
c (arrangement) arrangement

ranger¹ [Rɑ̃ʒe] → SYN ▸ conjug 3 ◂ **1** vt **a** (mettre en ordre) tiroir, maison to tidy (up); dossiers, papiers to tidy (up), arrange; mots, chiffres to arrange, order ◆ **tout est toujours bien rangé chez elle** it's always (nice and) tidy at her place ◆ **rangé par ordre alphabétique** listed ou arranged alphabetically ou in alphabetical order
b (mettre à sa place) papiers, vêtements to put away; bateau to moor, berth; voiture, vélo (au garage) to put away, park; (dans la rue) to park ◆ **où se rangent les tasses ?** where do the cups go? ou belong? ◆ **je le range parmi les meilleurs** I rank ou put it among the best ◆ **ce roman est à ranger parmi les meilleurs** this novel ranks ou is to be ranked among the best
c (disposer) écoliers to line up, put ou form into rows; soldats to draw up; invités to place ◆ (fig) **ranger qn sous son autorité** to bring sb under one's authority
d (Naut) **ranger la côte** to sail along the coast
2 **se ranger** vpr **a** [automobiliste] (stationner) to park; (venir s'arrêter) to pull in, draw up ◆ **la voiture se rangea contre le trottoir** the car pulled in ou drew up at the kerb ◆ **le navire se rangea contre le quai** the ship moored ou berthed ou came alongside the quay
b (s'écarter) [piéton] to step ou stand aside, make way; [véhicule] to pull over ◆ **il se rangea pour la laisser passer** he stepped ou stood aside to let her go by ou past, he made way for her (to get by ou past)
c (se mettre en rang) to line up, get into line ou rows ◆ **se ranger par deux / par quatre** to line up in twos / fours, get into rows of two / four
d (se rallier à) **se ranger à** décision to go along with, abide by; avis to come round ou over to, fall in with ◆ **se ranger du côté de qn** to side with ou take sides with sb
e (cesser son activité) **se ranger (des voitures‡)** [escroc] to go straight; [séducteur] to settle down

ranger² [Rɑ̃dʒɛR] nm (soldat) ranger; (scout) rover; (chaussure) canvas walking boot

range-revues, pl **range-revues** [Rɑ̃ʒ(ə)Rəvy] nm magazine rack

rani [Rani] nf rani, ranee

ranidés [Ranide] nmpl ◆ **les ranidés** ranid frogs, the Ranidae (spéc)

ranimer [Ranime] → SYN ▸ conjug 1 ◂ **1** vt blessé to revive, restore to consciousness, bring round (Brit), bring to; feu, braises to rekindle; région, souvenir, époque, conversation to revive, bring back to life; rancune, querelle to rake up, revive; forces, ardeur to renew, restore; amour, haine to rekindle, renew; douleur to revive, renew; espoir to reawaken, rekindle, renew; couleurs to brighten up, revive
2 **se ranimer** vpr (→ **ranimer**) to revive, be revived; to come round (Brit), come to; to rekindle, be rekindled; to come back to life; to be raked up; to be renewed; to be restored; to reawaken, be reawakened

rantanplan [Rɑ̃tɑ̃plɑ̃] excl, nm ⇒ **rataplan**

Raoul [Raul] nm Ralph

raout† [Raut] nm (réception) rout††

rap [Rap] nm (musique) rap (music); (technique) rapping

rapace [Rapas] → SYN **1** nm (Orn) bird of prey, raptor (spéc)
2 adj predatory, raptorial (spéc); (fig) rapacious, grasping, money-grubbing

rapacité [Rapasite] → SYN nf (lit, fig) rapaciousness, rapacity

râpage [Rɑpaʒ] nm (→ **râper**) grating; rasping; grinding

rapatrié, e [RapatRije] (ptp de **rapatrier**) **1** adj repatriated
2 nm,f repatriate ◆ **les rapatriés d'Algérie** the repatriated settlers from Algeria

rapatriement [RapatRimɑ̃] → SYN nm repatriation ◆ **rapatriement sanitaire** repatriation on medical grounds

rapatrier [RapatRije] ▸ conjug 7 ◂ vt personne to repatriate; capital, objet to bring back (home)

râpe [Rɑp] → SYN nf (→ **râper**) grater; rasp; grinder

râpé, e [Rɑpe] → SYN (ptp de **râper**) **1** adj (usé) veste, coude threadbare, worn to threads (attrib); carottes, fromage grated ◆ (*: raté) **c'est râpé pour ce soir** we've had it for tonight*
2 nm (fromage) grated cheese

raper [Rape] ▸ conjug 1 ◂ vi to rap

râper [Rɑpe] → SYN ▸ conjug 1 ◂ vt carottes, fromage to grate; bois to rasp; tabac to grind ◆ (fig) **vin qui râpe la gorge** wine that's rough on the throat

rapetassage* [Rap(ə)tasaʒ] nm patching up

rapetasser* [Rap(ə)tase] ▸ conjug 1 ◂ vt to patch up

rapetissement [Rap(ə)tismɑ̃] nm (→ **rapetisser**) taking up, shortening; taking in; shrinking; belittling; dwarfing ◆ **le rapetissement des objets dû à la distance** the reduction in the size of objects when seen from a distance

rapetisser [Rap(ə)tise] → SYN ▸ conjug 1 ◂ **1** vt **a** (raccourcir) manteau to take up, shorten; taille, encolure to take in; objet to shorten ◆ (fig) **l'âge l'avait rapetissé** he had shrunk with age (fig)
b (dénigrer) to belittle
c (faire paraître plus petit) to make seem ou look small(er) ◆ **le château rapetissait toutes les maisons qui l'entouraient** the castle dwarfed all the surrounding houses, the castle made all the surrounding houses look ou seem small in ou by comparison
2 vi, **se rapetisser** vpr **a** [vieillard] to shrink, grow shorter ou smaller; (*) [jours] to get shorter ◆ **les objets rapetissent à distance** objects look smaller at a distance
b **se rapetisser aux yeux de qn** to belittle o.s. in sb's eyes

rapeur, -euse [RapœR, øz] nm,f rapper

râpeux, -euse [Rɑpø, øz] → SYN adj (gén) rough

Raphaël [Rafaɛl] nm Raphael

raphaélique [Rafaelik] adj Raphaelesque

raphia [Rafja] nm raffia

raphide [Rafid] nf raphide, raphis

rapiat, e [Rapja, jat] → SYN (péj) **1** adj niggardly, stingy, tight-fisted
2 nm,f niggard, skinflint

rapide [Rapid] → SYN **1** adj **a** (en déplacement) coureur, marche, pas fast, quick, rapid, swift, speedy; véhicule, route fast; animal fast(-moving), swift; fleuve fast(-flowing), swift-flowing, rapid ◆ **rapide comme une flèche** ou **l'éclair** (as) quick as a flash ◆ **il est rapide à la course** he's a good ou fast runner
b (dans le temps) travail, guérison, progrès, remède, réponse speedy, quick, rapid, swift, fast; accord speedy, swift, rapid; fortune, recette quick ◆ **examen (trop) rapide de qch** cursory examination of sth ◆ **décision trop rapide** hasty decision ◆ **faire un rapide calcul** to do a quick calculation
c (vif) mouvement quick, brisk, rapid, swift; coup d'œil rapid, quick, swift; intelligence quick, lively, nimble; travailleur quick, rapid, fast, swift, speedy ◆ **d'une main rapide** (vite) quickly, rapidly, swiftly; (adroitement) deftly ◆ **tu n'es pas très rapide ce matin** you're not very bright ou you're not on the ball* this morning ◆ **c'est une rapide** (qui agit vite) she's a fast worker; (qui comprend vite) she's quick on the uptake*
d (en fréquence) pouls, rythme, respiration fast, rapid
e (concis) style, récit brisk, lively, fast-flowing
f (raide) pente steep, abrupt
g (Tech) film fast; ciment quick-setting
2 nm **a** (train) express (train), fast train ◆ **le rapide Paris-Nice** the Paris-Nice express
b [rivière] rapid

rapidement [Rapidmɑ̃] → SYN adv (→ **rapide**) fast; quickly; rapidly; swiftly; speedily; cursorily; hastily; deftly; steeply; abruptly

rapidité [Rapidite] → SYN nf (gén) speed; [allure, pas, coup d'œil] speed, rapidity, quickness; [opération, remède, réponse] speed, speediness, swiftness, quickness; [geste, travailleur] speed, quickness; [pouls, rythme] speed, rapidity; [style] briskness, liveliness

rapido* [Rapido], **rapidos*** [Rapidos] adv pronto*

rapiéçage [Rapjesaʒ], **rapiècement** [Rapjɛsmɑ̃] nm **a** (→ **rapiécer**) patching (up); mending, repairing
b (pièce) patch

rapiécer [Rapjese] → SYN ▸ conjug 3 et 6 ◂ vt vêtement, pneu to patch (up), put a patch in; chaussure to mend, repair

rapière [RapjɛR] → SYN nf rapier

rapin [Rapɛ̃] nm († ou péj : artiste peintre) painter, dauber

rapine [Rapin] → SYN nf (littér) plundering, plunder ◆ **vivre de rapine(s)** to live by plunder

rapiner [Rapine] ▸ conjug 1 ◂ vti (littér) to plunder

raplapla‡ [Raplapla] adj inv (fatigué) washed out*, done in*, tuckered out‡; (plat) flat

raplatir* [RaplatiR] ▸ conjug 2 ◂ vt (aplatir) to flatten out

rapointir [Rapwɛ̃tiR] ▸ conjug 2 ◂ vt ⇒ **rappointir**

rappareiller [RapaReje] ▸ conjug 1 ◂ vt to match up

rapparier [RapaRje] ▸ conjug 7 ◂ vt to pair up, match up

rappel [Rapɛl] → SYN nm **a** [ambassadeur] recall, recalling; (Mil) [réservistes] recall; [marchandises défectueuses] callback ◆ (Théât) **il y a eu 3 rappels** there were 3 curtain calls → **battre**
b [événement] reminder; (Comm) [référence] quote; (Admin : deuxième avis) reminder; (Admin : somme due) back pay (NonC); (Méd : vaccination) booster ◆ **rougissant au rappel de cette bévue** blushing at being reminded of that blunder ◆ **toucher un rappel (de salaire)** to get some back pay ◆ (Aut) **rappel de limitation de vitesse** speed limit sign, reminder of the speed limit ◆ (Rad, TV) **rappel des titres de l'actualité** summary of today's headlines ◆ **rappel à l'ordre** call to order ◆ **rappel de couleur** repeat of colour
c (Tech) [pièce, levier] return ◆ (Alpinisme) **rappel (de corde)** (technique) abseiling, roping down; (opération) abseil ◆ **faire un rappel, descendre en rappel** to abseil, rope down ◆ (Naut) **faire du rappel** to sit out ◆ (Tech) **ressort de rappel** return spring → **descente**

rappelé [Rap(ə)le] nm recalled soldier

rappeler [Rap(ə)le] → SYN ▸ conjug 4 ◂ GRAMMAIRE ACTIVE 1.1, 27.3, 27.4, 27.6
1 vt **a** (faire revenir) personne to call back; (Mil) réservistes, classe to recall, call up (again); diplomate to recall; acteur to bring back, call back; chien to call back ◆ **rappeler qn au chevet d'un malade** ou **auprès d'un malade** to call ou summon sb back to a sick man's bedside ◆ **ses affaires l'ont rappelé à Paris** he was called back to Paris on business ◆ (frm) **Dieu l'a rappelé à lui** he (has) departed this world ou life ◆ (Mil) **rappeler des réservistes au front** to recall reservists to the front ◆ (Ordin) **rappeler un fichier (à l'écran)** to call up a file (on the screen)
b **rappeler qch à qn** (évoquer) to recall sth to sb, remind sb of sth; (remettre en mémoire) to remind sb of sth ◆ **il rappela les qualités du défunt** he evoked ou mentioned the qualities of the deceased, he reminded the audience of the qualities of the deceased ◆ **faut-il rappeler que ...** must I remind you that ..., must it be repeated that ... ◆ **ces dessins rappellent l'art arabe** those drawings

are reminiscent of ou remind one of Arabian art ◆ **le motif des poches rappelle celui du bas de la robe** the design on the pockets is repeated round the hem of the dress ◆ **cela ne te rappelle rien?** doesn't that remind you of anything?, doesn't that bring anything to mind? ◆ **tu me rappelles ma tante** you remind me of my aunt ◆ **rappelle-moi mon rendez-vous** remind me about my appointment ◆ **rappelez-moi votre nom** sorry – could you tell me your name again? ◆ **attends, ça me rappelle quelque chose** wait, it rings a bell ◆ (frm) **rappelez-moi à son bon souvenir** kindly remember me to him, please give him my kind regards
c **rappeler qn à la vie** ou **à lui** to bring sb back to life, bring sb to ou round (Brit), revive sb ◆ **rappeler qn à l'ordre** to call sb to order ◆ **rappeler qn à son devoir** to remind sb of his duty ◆ **rappeler qn aux bienséances** to recall sb to a sense of propriety ◆ **rappeler qn à de meilleurs sentiments** to bring sb round to (Brit) ou put sb in a better frame of mind
d (retéléphoner à) to call ou ring (Brit) ou phone back ◆ **il vient de rappeler** he's just called ou rung (Brit) ou phoned back
e (Comm) référence to quote
f (tirer) (Tech) pièce, levier to return; (Alpinisme) corde to pull to ou through
2 **se rappeler** vpr (gén) to remember, recollect, recall ◆ **se rappeler que** to remember ou recall ou recollect that ◆ **autant que je me rappelle** as far as I can remember ou recollect ou recall ◆ (frm) **je me permets de me rappeler à votre bon souvenir** I am sending you my kindest regards (frm) ◆ **rappelle-toi que ton honneur est en jeu** remember (that) your honour is at stake ◆ **il ne se rappelle plus (rien)** he doesn't ou can't remember ou recall anything ou a thing

rappliquer* [ʀaplike] ▸ conjug 1 ◂ vi (revenir) to come back; (arriver) to turn up, show up* ◆ **rapplique tout de suite à la maison!** come home right away!, (better) get yourself back here right away!*

rappointir [ʀapwɛ̃tiʀ] ▸ conjug 2 ◂ vt (Tech) to point

rapport [ʀapɔʀ] → SYN GRAMMAIRE ACTIVE 5.1 nm
a (lien, corrélation) connection, relationship, link ◆ **rapport de parenté** relationship, tie of kinship (frm) ◆ **il y a un rapport de parenté entre nous** we're related ◆ **établir un rapport / des rapports entre deux incidents** to establish a link ou connection ou relation / links ou connections between two incidents ◆ **avoir un certain rapport / beaucoup de rapport avec qch** to have something / a lot to do with sth, have some / a definite connection with sth ◆ **n'avoir aucun rapport avec** ou **être sans rapport avec qch** to bear no relation to sth, have nothing to do ou no connection with sth ◆ **avoir rapport à qch** to bear some relation to sth, have something to do ou some connection with sth ◆ **les deux incidents n'ont aucun rapport** the two incidents have nothing to do with each other ou have no connection (with each other), the two incidents are unconnected ou unrelated ◆ **je ne vois pas le rapport** I don't see the connection ◆ **être en rapport avec qch** to be in keeping with sth ◆ **une situation en rapport avec ses goûts** a job in keeping ou in harmony ou in line with his tastes ◆ **son train de vie n'est pas en rapport avec son salaire** his lifestyle doesn't match ou isn't in keeping with his salary ◆ **son rapport à l'argent est pathologique** he has a pathological relationship with money
b **rapports** (relations) relations ◆ **ses rapports avec les autres sont difficiles** she has lots of problems with relationships ou in dealing with ou getting on with people ◆ **entretenir de bons / mauvais rapports avec qn** to be on good / bad terms ou have good / bad relations with sb ◆ **avoir des rapports (sexuels)** to have (sexual) intercourse ou sexual relations ou sex ◆ **rapports protégés** safe sex ◆ **les rapports d'amitié entre les deux peuples** the friendly relations ou ties of friendship between the two nations ◆ **les rapports entre les professeurs et les étudiants** relations between teachers and students, student-teacher ou student-staff relations
c (exposé, compte rendu) report; (Mil: réunion) (post-exercise) conference ◆ **au rapport!** (Mil) read!; (hum) let's hear what you've got to say! ◆ **rapport de police** police report ◆ [enseignant] **rapport d'inspection** evaluation (report) ◆ **rapport de mer** captain's report, ship's protest
d (revenu, profit) yield, return, revenue ◆ **vivre du rapport d'une terre** to live from the yield ou revenue of ou on a piece of land, live from the return on a piece of land ◆ [tiercé] **rapports** winnings ◆ **être d'un bon rapport** to give a good profit, have a good yield, give a good return ◆ **ces champs sont en plein rapport** these fields are bringing in a full yield → **immeuble, maison**
e (Math, Tech) ratio ◆ (Aut) **rapport de transmission** gear ratio ◆ **dans le rapport de 1 à 100 / de 100 contre 1** in a ou the ratio of 1 to 100 / of 100 to 1 ◆ **le rapport qualité-prix** the quality-price ratio ◆ **ce n'est pas d'un bon rapport qualité-prix** it's not good value for money
f LOC **être en rapport avec qn** to be in touch with sb, have dealings with sb ◆ **nous n'avons jamais été en rapport avec cette compagnie** we have never had any dealings ou anything to do with that company ◆ **se mettre en rapport avec qn** to get in touch ou contact with sb ◆ **mettre qn en rapport avec qn d'autre** to put sb in touch ou contact with sb else ◆ **par rapport à** (comparé à) in comparison with, in relation to; (en fonction de) in relation to; (envers) with respect ou regard to, towards ◆ **la force de la livre par rapport au dollar** the strength of the pound against the dollar ◆ **le rapport de** ou **des forces entre les 2 blocs** the balance of power between the 2 blocs ◆ **envisager des relations sous l'angle d'un rapport de forces** to see relationships in terms of a power struggle ◆ **rapport à*** about, in connection with, concerning ◆ **je viens vous voir rapport à votre annonce*** I've come (to see you) about your advertisement ◆ **il n'y a aucune inquiétude à avoir sous le rapport de l'honnêteté** from the point of view of honesty ou as far as honesty is concerned there's nothing to worry about ◆ **sous tous les rapports** in every respect ◆ **« jeune homme bien sous tous rapports »** "fine upstanding young man"

rapportage [ʀapɔʀtaʒ] nm (arg Scol: mouchardage) tale-telling (NonC), tattling (NonC) (US)

rapporté, e [ʀapɔʀte] (ptp de **rapporter**) adj (gén) added; (Couture) sewn-on; terre piled-up ◆ **poche rapportée** patch ou sewn-on pocket → **pièce**

rapporter [ʀapɔʀte] → SYN ▸ conjug 1 ◂ **1** vt
a (apporter) objet, souvenir, réponse to bring back; [chien] gibier to retrieve ◆ **rapporter qch à qn** to bring ou take sth back to sb ◆ **n'oublie pas de lui rapporter son parapluie** don't forget to bring ou take him back ou return him his umbrella ◆ **il rapportera le pain en rentrant** he'll bring home the bread when he comes in ◆ **rapporter une bonne impression de qch** to come back ou come away with a good impression of sth ◆ **quand doit-il rapporter la réponse?** when does he have to come ou be back with the answer?
b (Fin, fig: produire un gain) [actions, terre] to yield (a return of), bring in (a yield ou revenue of); [métier] to bring in; [vente] to bring in (a profit ou revenue of) ◆ **placement qui rapporte 5%** investment that yields (a return of) 5% ou that brings in (a yield ou revenue of) 5% ◆ **ça rapporte beaucoup d'argent** it's extremely profitable, it brings in a lot of money, it gives a high return ◆ **cette mauvaise action ne lui rapportera rien** that bad deed won't do him any good ◆ **ça leur a rapporté 100 F net** they netted 100 francs, it brought them in 100 francs net
c (faire un compte rendu de) fait to report; (mentionner) to mention; (citer) mot célèbre to quote; (répéter pour dénoncer) to report ◆ **on nous a rapporté que son projet n'avait pas été bien accueilli** we were told that ou we heard that ou it was reported to us that his project hadn't been well received ◆ **rapporter à qn les actions de qn** to report sb's actions to sb ◆ **il a rapporté à la maîtresse ce qu'avaient dit ses camarades** he told the teacher what his classmates had said, he reported what his classmates had said to the teacher
d (ajouter) (gén) to add; bande de tissu, poche to sew on ◆ **rapporter une aile à une maison** to annex a wing to a house ◆ **rapporter un peu de terre pour surélever le sol** to bank up with earth ou pile up some earth to raise the level of the ground ◆ **c'est un élément rapporté** this element has been added on
e (rattacher à) **rapporter à** to relate to ◆ **il faut tout rapporter à la même échelle de valeurs** everything has to be related ou referred to the same scale of values ◆ **on lui rapporte des découvertes dues à d'autres savants** discoveries are attributed ou ascribed to him which have been made by other learned men ◆ **il rapporte tout à lui** he sees everything in relation to himself, he views everything in terms of himself, he brings everything back to himself
f (annuler) décret, décision, mesure to revoke
g (Math) **rapporter un angle** to plot an angle
2 vi **a** (Chasse) [chien] to retrieve
b (Fin) [investissement] to give a good return ou yield ◆ **ça rapporte bien** ou **gros** it brings in a lot of money, it pays very well, it's very profitable
c (arg Scol: moucharder) **rapporter (sur ses camarades)** to tell tales ou sneak* (on one's friends), tell on* (Brit) ou sneak on* ou tattle on* (US) one's friends
3 **se rapporter** vpr **a** **se rapporter à qch** to relate to sth ◆ **se rapporter à** (Gram) antécédent to relate ou refer to ◆ **ce paragraphe ne se rapporte pas du tout au sujet** this paragraph bears no relation ou connection at all to the subject, this paragraph is totally irrelevant to ou unconnected with the subject ◆ **ça se rapporte à ce que je disais tout à l'heure** that ties ou links up with ou relates to what I was saying just now
b **s'en rapporter à qn** to rely on sb ◆ **s'en rapporter au jugement / au témoignage de qn** to rely on sb's judgment / account

rapporteur, -euse [ʀapɔʀtœʀ, øz] → SYN **1** nm,f (mouchard) telltale, sneak*, talebearer (Brit), tattler* (US) ◆ **elle est rapporteuse** she's a telltale ou sneak* ou talebearer (Brit) ou tattler* (US)
2 nm **a** (Jur) [tribunal] (court) reporter; [commission] rapporteur, reporter *(member acting as spokesman)*
b (Géom) protractor

rapprendre [ʀapʀɑ̃dʀ] ▸ conjug 58 ◂ vt ⇒ **réapprendre**

rapproché, e [ʀapʀɔʃe] (ptp de **rapprocher**) adj
a échéance which is near ou close at hand; (proche) objet, date which is close ou near; bruit which is close ◆ **l'objet le plus rapproché de toi** the object closest ou nearest to you ◆ **à une date rapprochée, dans un avenir rapproché** in the near ou not too distant future → **combat, protection**
b (répété) crises, bruits (increasingly) frequent ◆ **des crises de plus en plus rapprochées** increasingly frequent crises, crises which have become more and more frequent ◆ **à intervalles rapprochés** at (increasingly) frequent intervals, at short ou close intervals ◆ **grossesses rapprochées** (a series of) pregnancies at short ou close intervals ◆ **échecs rapprochés** (a series of) failures in close succession

rapprochement [ʀapʀɔʃmɑ̃] → SYN nm **a** (action: → **rapprocher**) [objet, meuble etc] bringing closer ou nearer; [objets, meubles] bringing closer ou nearer to each other; (fig) [personnes brouillées, ennemis] bringing together, reconciliation; [partis, factions] bringing together; [points de vue, textes] comparison, bringing together, comparing ◆ (Méd) **le rapprochement des lèvres d'une plaie** joining the edges of a wound, closing (the lips of) a wound
b (action: → **se rapprocher**) [bruit] coming closer; [ennemis, famille] coming together, reconciliation; [partis, factions] coming together, rapprochement ◆ (Pol) **ce rapprochement avec la droite nous inquiète** their moving closer to the right worries us ◆ **le rapprochement des bruits de pas** the noise of footsteps drawing ou coming closer

c (lien, rapport) parallel ◆ **je n'avais pas fait le rapprochement (entre ces deux affaires)** I hadn't made ou established the connection ou link (between these two matters) ◆ **il y a de nombreux rapprochements intéressants / troublants** there are numerous interesting / disquieting parallels ou comparisons

rapprocher [ʀapʀɔʃe] → SYN ▸ conjug 1 ◂ **1** vt
a (approcher) to bring closer ou nearer (*de* to) ◆ **rapprocher sa chaise (de la table)** to pull ou draw one's chair up (to the table) ◆ **rapprocher deux objets l'un de l'autre** to move two objects (closer) together ◆ **rapprocher les lèvres d'une plaie** to join the edges of a wound, close (the lips of) a wound ◆ **il a changé d'emploi : ça le rapproche de chez lui** he has changed jobs – that brings him closer ou nearer to home
b (réconcilier, réunir) ennemis to bring together ◆ **nous nous sentions rapprochés par un malheur commun** we felt drawn together by a common misfortune, we felt that a common misfortune had brought ou drawn us together ◆ **leur amour de la chasse les rapproche** their love of hunting brings them together ou draws them to ou towards each other
c (mettre en parallèle, confronter) indices, textes to put together ou side by side, compare, bring together ; (établir un lien entre, assimiler) indices, textes to establish a ou the connection ou link ou parallel between ◆ **essayons de rapprocher ces indices de ceux-là** let's try and put ou bring these two sets of clues together, let's try and compare these two sets of clues ◆ **on peut rapprocher cela du poème de Villon** we can relate ou connect that to Villon's poem, we can establish a ou the connection ou link ou parallel between that and Villon's poem ◆ **c'est à rapprocher de ce qu'on disait tout à l'heure** that ties up ou connects with ou relates to what was being said earlier
2 **se rapprocher** vpr **a** (approcher) [échéance, personne, véhicule, orage] to get closer ou nearer, approach ◆ **rapproche-toi (de moi)** come ou move ou draw closer ou nearer (to me) ◆ **il se rapprocha d'elle sur la banquette** he edged his way towards her ou drew closer to her on the bench ◆ **pour se rapprocher de chez lui, il a changé d'emploi** to get closer ou nearer to home he changed jobs ◆ **plus on se rapprochait de l'examen** the closer ou nearer we came ou got to the exam, the nearer ou closer the exam got ou came ◆ **se rapprocher de la vérité** to come close ou get near ou close to the truth ◆ **les bruits se rapprochèrent** the noises got closer ou nearer
b (dans le temps) [crises, bruits] to become more frequent
c (se réconcilier) [ennemis] to come together, be reconciled ; (trouver un terrain d'entente) [points de vue] to draw closer together ◆ **il s'est rapproché de ses parents** he became ou drew closer to his parents ◆ (Pol) **il a essayé de se rapprocher de la droite** he tried to move ou draw closer to the right ◆ **leur position s'est rapprochée de la nôtre** their position has drawn closer to ours
d (s'apparenter à) to be close to ◆ **ça se rapproche de ce qu'on disait tout à l'heure** that's close to ou ties up ou connects with what was being said earlier ◆ **ses opinions se rapprochent beaucoup des miennes** his opinions are very close ou similar to mine

rapsode [ʀapsɔd] nm ⇒ **rhapsode**

rapsodie [ʀapsɔdi] nf ⇒ **rhapsodie**

rapsodique [ʀapsɔdik] adj ⇒ **rhapsodique**

rapt [ʀapt] → SYN nm (enlèvement) abduction

raptus [ʀaptys] nm raptus ◆ **raptus anxieux / épileptique** anxious / epileptic raptus

râpure [ʀɑpyʀ] nf (Tech) rasping

raquer‡ [ʀake] ▸ conjug 1 ◂ vti (payer) to cough up*, fork out*

raquette [ʀakɛt] → SYN nf **a** (Tennis) racket ; (Ping-Pong) bat ◆ **c'est une bonne raquette** he's a good tennis player
b (à neige) snowshoe
c (Basket-ball) free-throw area
d (Bot) nopal, prickly pear

raquetteur, -euse [ʀaketœʀ, øz] nm,f (Can) snowshoer

rare [ʀɑʀ] → SYN adj **a** (peu commun) objet, mot, édition rare ◆ **ça n'a rien de rare** there's nothing uncommon ou unusual about it, it's not a rare occurrence ◆ **il était rare qu'il ne sache pas** he rarely ou seldom did not know ◆ **il n'était pas rare de le rencontrer** it was not unusual ou uncommon to meet him ◆ **c'est rare de le voir fatigué** it's rare ou unusual to see him tired, one rarely ou seldom sees him tired ◆ **c'est bien rare s'il ne vient pas*** I'd be surprised ou it would be unusual if he doesn't ou didn't come → **oiseau**
b (peu nombreux) cas, exemples rare, few ; visites rare ; passants, voitures few ◆ **les rares voitures qui passaient** the few ou odd cars that went by ◆ **les rares amis qui lui restent** the few friends still left to him ◆ **à de rares intervalles** at rare intervals ◆ **les rares fois où ...** on the rare occasions (when) ... ◆ **il est l'un des rares qui** he's one of the few (people) who ◆ **à cette heure les clients sont rares** at this time of day customers are scarce ou are few and far between ◆ **à de rares exceptions près** with one or two odd exceptions
c (peu abondant) nourriture, main d'œuvre scarce ; barbe, cheveux thin, sparse ; végétation sparse ◆ **il a le cheveu rare** he's rather thin on top ◆ **se faire rare** [argent] to become scarce, be tight ; [légumes] to become scarce, be in short supply ◆ (hum) **vous vous faites rare** we haven't seen a lot of you recently, we rarely see you these days
d (exceptionnel) talent, qualité, sentiment, beauté rare ; homme, énergie exceptional, singular ; saveur, moment exquisite ; (hum) imbécile, impudence singular ◆ **avec un rare courage** with rare ou singular ou exceptional courage
e (Chim) gaz rare

raréfaction [ʀaʀefaksjɔ̃] → SYN nf [oxygène] rarefaction ; [nourriture] (action) increased scarcity ; (résultat) scarcity, short supply

raréfiable [ʀaʀefjabl] adj rarefiable

raréfier [ʀaʀefje] → SYN ▸ conjug 7 ◂ **1** vt air to rarefy ◆ **gaz raréfié** rarefied gas
2 **se raréfier** vpr [oxygène] to rarefy ; [argent, nourriture] to grow ou become scarce, become in short supply

rarement [ʀɑʀmɑ̃] → SYN adv rarely, seldom

rareté [ʀɑʀte] → SYN nf **a** [édition, objet] rarity ; [mot, cas] rareness, rarity ; [vivres, argent] scarcity ◆ **la rareté des touristes / visiteurs** the small ou scattered numbers of tourists / visitors ◆ **se plaindre de la rareté des lettres / visites de qn** to complain of the infrequency of sb's letters / visits
b (objet précieux etc) rarity, rare object ◆ **une telle erreur de sa part, c'est une rareté** it's a rare ou an unusual occurrence for him to make a mistake like that

rarissime [ʀaʀisim] adj extremely rare

ras[1] [ʀɑs] nm (titre éthiopien) ras

ras[2], **e** [ʀɑ, ʀɑz] → SYN adj **a** poil, herbe short ; cheveux close-cropped ; étoffe with a short pile ; mesure full ◆ **il avait la tête rase** he had close-cropped hair ◆ **à poil ras** chien short-haired ; étoffe with a short pile
b **ongles / cheveux coupés ras ou à ras** nails / hair cut short ◆ **à ras de terre, au ras de la terre** level with the ground ◆ **au ras de l'eau** level with the water ◆ **arbre coupé à ras de terre** tree cut down to the ground ◆ **voler au ras de la terre / au ras de l'eau** to fly close to ou just above the ground / water, skim the ground / water ◆ **le projectile lui est passé au ras de la tête / du visage** the projectile skimmed his head / face ◆ **ses cheveux lui arrivent au ras des fesses** her hair is right down her back ◆ [discours] **c'est au ras des pâquerettes*** (sans prétentions intellectuelles) it's pretty lowbrow ; (pratique et concret) it's down-to-earth
c **à ras bord** to the brim ◆ **remplir un verre à ras bord** to fill a glass to the brim ou top ◆ **plein à ras bord** verre full to the brim, brimful ; baignoire full to overflowing ou to the brim ◆ **en rase campagne** in open country ◆ **pull ras du cou** crew-neck sweater, round-neck sweater ◆ **j'en ai ras le bol*** ou **la casquette*** (**de tout ça**) I've had a bellyful‡, I'm fed up to the back teeth (with all that)‡ ◆ **ras le bol !*** enough is enough ! ◆ **le ras-le-bol étudiant*** the students' discontent ou dissatisfaction, student unrest → **bord, table**

ras[3] [ʀɑ] nm (Naut) raft

R.A.S. [ɛʀaɛs] (abrév de **rien à signaler**) → **rien**

rasade [ʀɑzad] → SYN nf glassful

rasage [ʀɑzaʒ] nm **a** [barbe] shaving → **lotion**
b (Tex) shearing

rasant, e [ʀɑzɑ̃, ɑ̃t] adj **a** (*: ennuyeux) boring ◆ **qu'il est rasant !** he's a (real) bore ! ou drag !*
b lumière low-angled ; (Mil) fortification low-built ◆ (Mil) **tir rasant** grazing fire

rascasse [ʀaskas] → SYN nf scorpion fish

rasé, e [ʀɑze] (ptp de **raser**) adj menton (clean-)shaven ; tête shaven ◆ **être bien / mal rasé** to be shaven / unshaven ◆ **rasé de près** close-shaven ◆ **rasé de frais** freshly shaven ◆ **avoir les cheveux rasés** to have one's hair shaved off ou a shaven head

rase-mottes [ʀɑzmɔt] nm inv hedgehopping ◆ **faire du rase-mottes, voler en rase-mottes** to hedgehop ◆ **vol en rase-mottes** hedgehopping flight

raser [ʀɑze] → SYN ▸ conjug 1 ◂ **1** vt **a** (tondre) barbe, cheveux to shave off ; menton, tête to shave ; malade etc to shave ◆ **raser un prêtre / condamné** to shave a priest's / convict's head ◆ **se faire raser la tête** to have one's head shaved → **crème**
b (effleurer) [projectile, véhicule] to graze, scrape ; [oiseau, balle de tennis] to skim (over) ◆ **raser les murs** to hug the walls
c (abattre) maison to raze (to the ground) ◆ **raser un navire** to bring a ship's masts down
d (*: ennuyer) to bore ◆ **ça me rase !** it bores me stiff*, it bores me to tears*
e (Tech) mesure à grains to strike ; velours to shear
2 **se raser** vpr **a** (toilette) to shave, have a shave ◆ **se raser la tête / les jambes** to shave one's head / legs
b (*: s'ennuyer) to be bored stiff* ou to tears*

raseur, -euse* [ʀɑzœʀ, øz] → SYN adj, nm,f (importun) bore ◆ **qu'il est raseur !** he's a (real) bore ou drag*

rash [ʀaʃ] nm (Méd) rash

rasibus‡ [ʀazibys] adv couper very close ou fine ◆ **passer rasibus** [projectile] to whizz past very close ◆ **avoir un examen rasibus** to pass an exam by the skin of one's teeth*

rasoir [ʀɑzwaʀ] → SYN **1** nm razor ◆ **rasoir électrique** (electric) shaver, electric razor ◆ **rasoir mécanique ou de sûreté** safety razor ◆ **rasoir à main ou de coiffeur** cut-throat ou straight razor ◆ **rasoir jetable** disposable ou throwaway razor → **feu**[1], **fil** etc
2 adj (*: ennuyeux) film, livre dead boring* ◆ **qu'il est rasoir !** what a bore ou drag* he is !

Raspoutine [ʀasputin] nm Rasputin

rassasier [ʀasazje] → SYN ▸ conjug 7 ◂ (frm) **1** vt
a (assouvir) faim, curiosité, désirs to satisfy
b (nourrir) **rassasier qn** [aliment] to satisfy sb ou sb's appetite ou sb's hunger ; [hôte, aubergiste] to satisfy sb's appetite ou hunger, nourish sb (frm) ◆ **rassasier qn de qch** (lui en donner suffisamment) to satisfy sb with sth ou sb's appetite ou hunger with sth ; (lui en donner trop) to overfeed sb with sth, surfeit sb with sth ◆ **être rassasié** (n'avoir plus faim) to be satisfied, have eaten one's fill ; (en être dégoûté) to be satiated ou sated, have had more than enough ◆ **je suis rassasié de toutes ces histoires !** I've had quite enough of ou I've had more than my fill of all these stories ! ◆ **on ne peut pas le rassasier de chocolats** you can't give him too many chocolates ◆ (fig) **rassasier ses yeux d'un spectacle** to tire one's eyes of a sight
2 **se rassasier** vpr (se nourrir) to satisfy one's hunger, eat one's fill ◆ **se rassasier d'un spectacle** to tire of a sight ◆ **je ne me rassasierai jamais de ...** I'll never tire ou have enough of ...

rassemblement [ʀasɑ̃bləmɑ̃] → SYN nm **a** (action) (→ **rassembler**) rallying ; rounding

up; gathering, collecting, assembling (→ **se rassembler**); gathering ◆ (Mil) **le rassemblement a lieu à 8 heures** parade is at 8 o'clock ◆ (Mil) **rassemblement!** fall in! ◆ **rassemblement à 9 heures sur le quai** we'll meet at 9 o'clock on the platform ◆ (Pol) **rassemblement pour la paix** peace rally → **point¹**
b (groupe) gathering; (parti, organisation) union

rassembler [ʀasɑ̃ble] → SYN ▸ conjug 1 ◂ **1** vt **a** (regrouper) troupes to rally; troupeau to round up; sympathisants to round up, rally; objets épars to gather together, collect, assemble ◆ **il rassembla les élèves dans la cour** he gathered ou assembled the pupils in the playground
b (accumuler) documents, manuscrits, notes to gather together, collect, assemble
c (fig: faire appel à, reprendre) idées to collect; courage, forces to summon up, muster (up), gather ◆ **rassembler ses esprits** to collect one's thoughts
d (après démontage) pièces, mécanisme to put back together, reassemble
e (Équitation) cheval to collect
2 se rassembler vpr **a** [foule, badauds] to gather; [soldats, participants] to assemble, gather ◆ **rassemblés autour du feu** gathered round the fire ◆ **toute la famille rassemblée** the whole family gathered together
b (Sport) to bend to gather one's strength

rassembleur, -euse [ʀasɑ̃blœʀ, øz] → SYN nm,f unifier

rasseoir [ʀaswaʀ] ▸ conjug 26 ◂ **1** vt bébé to sit back up (straight); objet to put back up straight
2 se rasseoir vpr to sit down again ◆ **faire (se) rasseoir qn** to make sb sit down again

rasséréné, e [ʀaseʀene] → SYN (ptp de **rasséréner**) adj ciel, personne, visage serene

rasséréner [ʀaseʀene] → SYN ▸ conjug 6 ◂ **1** vt to make serene again
2 se rasséréner vpr [personne, visage, ciel] to become serene again, recover one's ou its serenity

rassir vi, **se rassir** vpr [ʀasiʀ] ▸ conjug 2 ◂ to go stale

rassis, e [ʀasi, iz] → SYN (ptp de **rassir, rasseoir**) adj **a** pain stale; viande ripened
b personne (pondéré) composed, sober, calm; (péj) stale

rassortiment [ʀasɔʀtimɑ̃] nm ⇒ **réassortiment**

rassortir [ʀasɔʀtiʀ] ▸ conjug 2 ◂ ⇒ **réassortir**

rassurant, e [ʀasyʀɑ̃, ɑ̃t] → SYN adj nouvelle reassuring, comforting, cheering; voix reassuring, comforting; visage reassuring; indice encouraging ◆ (iro) **c'est rassurant!** that's very reassuring! (iro), that's a fat lot of comfort!* (Brit)

rassurer [ʀasyʀe] → SYN ▸ conjug 1 ◂ **1** vt ◆ **rassurer qn** to put sb's mind at ease ou rest, reassure sb ◆ **je ne me sentais pas rassuré dans sa voiture** I didn't feel easy ou at ease in his car ◆ **te voilà rassuré maintenant** you've got nothing to worry about now, your mind's at ease ou at rest now, you're reassured now
2 se rassurer vpr ◆ **à cette nouvelle il se rassura** his mind was put at ease ou rest ou he felt reassured on hearing the news ◆ **il essayait de se rassurer en se disant que c'était impossible** he tried to put his mind at ease ou rest ou to reassure himself by saying it was impossible ◆ **rassure-toi** put your mind at ease ou rest, don't worry

rasta¹ [ʀasta] (abrév de **rastafari**) adj, nmf Rasta

rasta²* [ʀasta] nm abrév de **rastaquouère**

rastafari [ʀastafaʀi] adj, nm Rastafarian

rastaquouère [ʀastakwɛʀ] nm (péj) flashy wog⁑ (Brit péj), flashy foreigner (péj)

rat [ʀa] → SYN **1** nm (Zool) rat; (péj: avare) miser ◆ **c'est un vrai rat, ce type** he's really stingy* ou he's a real skinflint, that fellow ◆ **il est fait comme un rat** he's cornered, he has no escape ◆ (fig) **quand il y a du danger, les rats quittent le navire** in times of danger the rats leave the sinking ship ◆ **s'ennuyer** ou **s'emmerder⁑ comme un rat mort** to be bored stiff* ou to death* ◆ (terme d'affection) **mon (petit) rat** pet, darling ◆ **petit rat de l'Opéra** pupil of the Opéra de Paris ballet class *(working as an extra)* → **à**
2 COMP ▷ **rat d'Amérique** musquash (Brit), muskrat ▷ **rat de bibliothèque** bookworm *(who spends all his time in libraries)* ▷ **rat de cave** wax taper *(used for lighting one's way in a cellar or on a staircase)* ▷ **rat des champs** fieldmouse ▷ **rat d'eau** water vole ▷ **rat d'égout** sewer rat ▷ **rat d'hôtel** hotel thief ▷ **rat musqué** muskrat, musquash (Brit) ▷ **rat palmiste** ground squirrel

rata [ʀata] nm (arg Mil) (nourriture) grub*; (ragoût) stew

ratafia [ʀatafja] nm (liqueur) ratafia

ratage* [ʀataʒ] nm (action: → **rater**) missing; messing up, spoiling, botching, bungling; failing, flunking* ◆ **ces ratages successifs** these successive failures

rataplan [ʀataplɑ̃] excl, nm rat-a-tat-tat

ratatiné, e [ʀatatine] → SYN (ptp de **ratatiner**) adj **a** pomme dried-up, shrivelled; visage, personne wrinkled, wizened, shrivelled
b (⁑: détruit) voiture smashed-up

ratatiner [ʀatatine] ▸ conjug 1 ◂ **1** vt **a** pomme to dry up, shrivel; visage, personne to wrinkle, make wrinkled ou wizened ou shrivelled
b (⁑: détruire) maison to knock to bits ou pieces, wreck; machine, voiture to smash to bits ou pieces ◆ **se faire ratatiner** (battre) to get thrashed ou a thrashing; (tuer) to get done in⁑ ou bumped off⁑ (Brit) ◆ **sa voiture a été complètement ratatinée** his car was completely smashed up ou written off, his car was a complete write-off, his car was totaled* (US)
2 se ratatiner vpr [pomme] to shrivel ou dry up; [visage] to become wrinkled ou shrivelled ou wizened; [personne] (par l'âge) to become wrinkled ou shrivelled ou wizened; (pour tenir moins de place) to curl up

ratatouille [ʀatatuj] → SYN nf ◆ (Culin) **ratatouille (niçoise)** ratatouille *(aubergines, courgettes, peppers, tomatoes etc cooked in olive oil)*; (péj) (ragoût) bad stew; (cuisine) lousy* food

rate¹ [ʀat] nf (organe) spleen → **dilater, fouler**

rate² [ʀat] nf (animal) she-rat

raté, e [ʀate] → SYN (ptp de **rater**) **1** nm,f (*: personne) failure
2 nm **a** (Aut: gén pl) misfiring (NonC) ◆ **avoir des ratés** to misfire ◆ (fig) **il y a eu des ratés dans la conduite de cette affaire** there were some hiccups in the handling of this matter
b [arme à feu] misfire

râteau, pl **râteaux** [ʀɑto] → SYN nm (Agr, Roulette) rake; [métier à tisser] comb

ratel [ʀatɛl] nm ratel, honey badger

râtelage [ʀɑt(ə)laʒ] nm raking

râteler [ʀɑt(ə)le] → SYN ▸ conjug 4 ◂ vt foin to rake

râteleur, -euse [ʀɑt(ə)lœʀ, øz] nm,f raker

râtelier [ʀɑtəlje] nm [bétail] rack; [armes, outils] rack; (*: dentier) (set of) false teeth ◆ **râtelier à pipes** pipe rack → **manger**

rater [ʀate] → SYN ▸ conjug 1 ◂ **1** vi [arme, coup] to misfire, fail to go off; [projet, affaire] to go wrong, backfire, misfire ◆ **ce contretemps / cette erreur risque de tout faire rater** this hitch / mistake could well ruin everything ◆ **je t'avais dit qu'elle y allait: ça n'a pas raté*** I told you she'd go and I was dead right* (Brit) ou and (so) she did
2 vt (*) **a** (ne pas attraper ou saisir) balle, cible, occasion, train to miss ◆ **raté!** missed! ◆ (iro) **il n'en rate pas une** he's always putting his foot in it* ◆ **tu crois être le plus fort mais je ne te raterai pas!** you think you're the toughest but don't you worry, I'll get you!* ou I'll show you! ◆ **il voulait faire le malin mais je ne l'ai pas raté** he tried to be smart but I soon sorted him out* (Brit) ou I didn't let him get away with it ◆ **il ne t'a pas raté!** he really got you there*! ◆ **si tu croyais m'impressionner, c'est raté** if you were trying to impress me, it hasn't worked!
b (ne pas voir, entendre etc) conférence, spectacle, personne to miss
c (ne pas réussir) travail, affaire to mess up, spoil, botch, bungle; mayonnaise, sauce to spoil; examen to fail, flunk* ◆ **rater son effet** to spoil one's effect ◆ **rater sa vie** to mess up ou make a mess of one's life ◆ **il a raté son coup** he didn't bring ou carry ou pull it off ◆ **il a raté son suicide, il s'est raté** he failed in ou he bungled his suicide attempt ou bid

ratiboiser⁑ [ʀatibwaze] ▸ conjug 1 ◂ vt **a** (rafler) **ratiboiser qch à qn** (au jeu) to clean sb out of sth*; (en le volant) to nick⁑ (Brit) ou pinch* ou swipe* sth from sb ◆ **on lui a ratiboisé son portefeuille, il s'est fait ratiboiser son portefeuille** he got his wallet nicked⁑ (Brit) ou pinched* ou swiped*
b (dépouiller) **ratiboiser qn** to skin sb (alive)⁑, pluck sb⁑, clean sb out*
c (abattre) maison to knock to bits ou pieces, wreck ◆ [personne] **il a été ratiboisé en moins de deux** he was done for in no time
d (couper les cheveux à) personne to scalp* (fig) ◆ **se faire ratiboiser** to be scalped*, have a baldie⁑ (Brit)

ratiche⁑ [ʀatiʃ] nf tooth, fang*

raticide [ʀatisid] nm rat poison

ratier [ʀatje] nm ◆ **(chien) ratier** ratter

ratière [ʀatjɛʀ] → SYN nf rattrap

ratification [ʀatifikasjɔ̃] → SYN nf (Admin, Jur) ratification ◆ **ratification de vente** sales confirmation

ratifier [ʀatifje] → SYN ▸ conjug 7 ◂ vt (Admin, Jur) to ratify; (littér: confirmer) to confirm, ratify

ratinage [ʀatinaʒ] nm friezing

ratine [ʀatin] nf (Tex) ratine

ratiner [ʀatine] ▸ conjug 1 ◂ vt to frieze

ratineuse [ʀatinøz] nf (machine) friezer

rating [ʀatiŋ, ʀetiŋ] nm (Écon, Naut) rating

ratio [ʀasjo] nm ratio

ratiocination [ʀasjɔsinasjɔ̃] → SYN nf (littér péj) (action) hair-splitting, quibbling; (raisonnement) hair-splitting argument, quibbling (NonC)

ratiociner [ʀasjɔsine] → SYN ▸ conjug 1 ◂ vi (littér péj) to split hairs, quibble (*sur* over)

ratiocineur, -euse [ʀasjɔsinœʀ, øz] → SYN nm,f (littér péj) hair-splitter, quibbler

ration [ʀasjɔ̃] → SYN nf **a** [soldat] rations (pl); [animal] (feed) intake; [organisme] ration, (food) intake ◆ **ration alimentaire** ou **d'entretien** food intake ◆ (Mil etc) **toucher une ration réduite** to be on ou get short rations ◆ **ration de survie** survival rations
b (portion) ration ◆ **ration de viande / fourrage** meat / fodder ration ◆ (fig) **il a eu sa ration d'épreuves / de soucis** he had his share of trials / quota ou share of worries

rational, pl **-aux** [ʀasjɔnal, o] nm (Hist: pièce d'étoffe) rational

rationalisation [ʀasjɔnalizasjɔ̃] → SYN nf rationalization

rationaliser [ʀasjɔnalize] → SYN ▸ conjug 1 ◂ vt to rationalize

rationalisme [ʀasjɔnalism] → SYN nm rationalism

rationaliste [ʀasjɔnalist] adj, nmf rationalist

rationalité [ʀasjɔnalite] nf rationality

rationnel, -elle [ʀasjɔnɛl] → SYN adj rational

rationnellement [ʀasjɔnɛlmɑ̃] adv rationally

rationnement [ʀasjɔnmɑ̃] → SYN nm rationing → **carte**

rationner [ʀasjɔne] → SYN ▸ conjug 1 ◂ **1** vt pain, charbon to ration; personne (lit) to put on rations; (fig hum: ne pas donner assez) to give short rations to
2 se rationner vpr to ration o.s.

ratissage [ʀatisaʒ] nm (Agr) raking; (Mil, Police) combing

ratisser [ʀatise] → SYN ▸ conjug 1 ◂ vt gravier to rake; feuilles to rake up; (Mil, Police) to comb; (Rugby) ballon to heel; (*: dépouiller au jeu) to clean out* ◆ **ratisser large** to cast the net wide ◆ **il s'est fait ratisser (au jeu)** he was cleaned out* ou he lost everything at the gambling table

ratissoire [ʀatiswaʀ] nf garden hoe

ratites [ʀatit] nmpl ◆ **les ratites** ratite birds, the Ratitae (spéc)

raton [ʀatɔ̃] nm **a** (Zool) young rat ◆ **raton laveur** racoon
b (péj) *term applied to North Africans in France*, ≃ coon*͙* (péj)
c (terme d'affection) **mon raton!** (my) pet!

raton(n)ade [ʀatɔnad] nf attack on immigrants

RATP [ɛʀatepe] nf (abrév de **Régie autonome des transports parisiens**) → **régie**

rattachement [ʀataʃmɑ̃] → SYN nm (Admin, Pol) uniting (*à* with), joining (*à* to) ◆ **quel est votre service de rattachement?** which service are you attached to?

rattacher [ʀataʃe] → SYN ▸ conjug 1 ◂ vt **a** (attacher de nouveau) animal, prisonnier, colis to tie up again; ceinture, lacets, jupe to do up ou fasten again
b (annexer, incorporer) territoire, commune, service to join (*à* to), unite (*à* with); employé, fonctionnaire to attach (*à* to)
c (comparer, rapprocher) problème, question to link, connect, tie up (*à* with); fait to relate (*à* to) ◆ **cela peut se rattacher au premier problème** that can be related to ou tied up with the first problem ◆ **on peut rattacher cette langue au groupe slave** this language can be related to ou linked with the Slavonic group
d (relier) personne to bind, tie (*à* to) ◆ **rien ne le rattache plus à sa famille** he has no more ties with his family, nothing binds ou ties him to his family any more

rattrapable [ʀatʀapabl] adj which can be put right

rattrapage [ʀatʀapaʒ] → SYN nm [maille] picking up; [erreur] making good; [candidat d'examen] passing ◆ **le rattrapage d'une bêtise / d'un oubli** making up for something silly / an omission ◆ **le rattrapage des salaires sur les prix** an increase in salaries to keep up with ou keep pace with prices ◆ **le rattrapage du retard** [élève] catching up, making up (for) lost time; [conducteur] making up (for) lost time ◆ **rattrapage scolaire** remedial teaching ou classes ◆ **cours de rattrapage** remedial class ou course ◆ **suivre des cours de rattrapage** to go to remedial classes ◆ (Scol) **examen de rattrapage** *additional exam for borderline cases*

rattraper [ʀatʀape] → SYN ▸ conjug 1 ◂ **1** vt **a** (reprendre) animal échappé, prisonnier to recapture
b (retenir) objet, enfant qui tombe to catch (hold of)
c (réparer) maille to pick up; mayonnaise to salvage; erreur to make good, make up for; bêtise, parole malheureuse, oubli to make up for
d (regagner) argent perdu to recover, get back, recoup; sommeil to catch up on; temps perdu to make up for ◆ **le conducteur a rattrapé son retard** the driver made up (for) lost time ◆ **cet élève ne pourra jamais rattraper son retard** this pupil will never be able to make up (for) lost time ou catch up ◆ **ce qu'il perd d'un côté, il le rattrape de l'autre** what he loses on the swings he gains on the roundabouts (Brit), what he loses in one way he gains in another
e (rejoindre) (lit, fig) **rattraper qn** to catch sb up, catch up with sb ◆ **le coût de la vie a rattrapé l'augmentation de salaire** the cost of living has caught up with the increase in salaries
f (Scol : repêcher) **rattraper qn** to allow sb to pass, pass sb, let sb get through
2 **se rattraper** vpr **a** (reprendre son équilibre) to stop o.s. falling, catch o.s. (just) in time ◆ **se rattraper à une branche / à qn** to stop o.s. falling by catching hold of a branch / sb ◆ (fig) **n'essaie pas de te rattraper aux branches*** don't try to make up for what you've said
b (prendre une compensation) to make up for it ◆ **j'ai dû passer trois nuits sans dormir, mais hier je me suis rattrapé** I had to spend three sleepless nights, but I made up for it last night
c (se ressaisir) to make good, make up for it ◆ **il avait perdu gros, mais il s'est rattrapé en un soir à la roulette** he had lost heavily but he pulled back (his losses) ou recovered his losses ou made up for it in one evening at roulette ◆ **le joueur français avait perdu les deux premiers sets, mais il s'est rattrapé au troisième** the French player had lost the first two sets but he pulled back ou made up for it ou caught up in the third

raturage [ʀatyʀaʒ] nm [lettre, mot] crossing out, erasing, deleting

rature [ʀatyʀ] → SYN nf deletion, erasure, crossing out ◆ **faire une rature** to make a deletion ou an erasure ◆ (Admin) **sans ratures ni surcharges** without deletions or alterations

raturer [ʀatyʀe] → SYN ▸ conjug 1 ◂ vt (corriger) mot, phrase, texte to make an alteration ou alterations to; (barrer) lettre, mot to cross out, erase, delete

RAU† [ɛʀay] nf (abrév de **République arabe unie**) UAR†

raucité [ʀosite] nf (→ **rauque**) hoarseness; huskiness, throatiness; raucousness

raugmenter* [ʀɔgmɑ̃te] ▸ conjug 1 ◂ vi (augmenter) to go up again ◆ **le beurre a raugmenté** butter is up again*, butter has gone up again

rauque [ʀok] → SYN adj voix (gén) hoarse; [chanteuse de blues etc] husky, throaty; cri raucous

rauquer [ʀoke] ▸ conjug 1 ◂ vi (lit, littér) to growl

rauwolfia [ʀovɔlfja] nf rauwolfia

ravage [ʀavaʒ] → SYN nm **a** (littér : action) [pays, ville] laying waste, ravaging, devastation
b (gén pl : dévastation) [guerre, maladie] ravages (pl), devastation (NonC); [vieillesse] ravages (pl) ◆ **la grêle a fait du ravage dans les vignes** the hailstorm has wrought havoc in the vineyards ou played havoc with the vines ◆ **l'épidémie a fait de terribles ravages parmi les jeunes** the epidemic has caused terrible loss among ou has destroyed huge numbers of young people ◆ (fig hum) **faire des ravages** [séducteur] to break hearts (fig); [doctrine] to gain (too much) ground, win huge numbers of new converts

ravagé, e [ʀavaʒe] (ptp de **ravager**) adj **a** (tourmenté) visage harrowed, haggard ◆ **avoir les traits ravagés** to have harrowed ou ravaged ou haggard features ◆ **visage ravagé par la maladie** face ravaged by illness
b (✱: fou) **il est complètement ravagé** he's completely nuts* ou bonkers✱ (Brit), he's off his head✱

ravager [ʀavaʒe] → SYN ▸ conjug 3 ◂ vt pays to lay waste, ravage, devastate; maison, ville to ravage, devastate; visage [maladie] to ravage; [chagrin, soucis] to harrow; personne, vie to wreak havoc upon

ravageur, -euse [ʀavaʒœʀ, øz] → SYN **1** adj passion, sourire devastating ◆ **animaux / insectes ravageurs** animals / insects which cause damage to ou which devastate the crops
2 nm,f (pillard) ravager, devastator

ravalement [ʀavalmɑ̃] → SYN nm **a** (→ **ravaler**) cleaning; restoration; face lift* ◆ **faire le ravalement de** to clean; to restore; to give a face lift to*
b (littér : avilissement) lowering

ravaler [ʀavale] → SYN ▸ conjug 1 ◂ vt **a** (Constr) (nettoyer) to clean; (remettre en état) façade, mur to restore; immeuble to give a face lift to* ◆ (se maquiller) **se ravaler la façade✱** to slap on some make-up ◆ (se faire faire un lifting) **se faire ravaler la façade✱** to have a facelift
b (avaler) salive to swallow; sanglots to swallow, choke back; colère to stifle; larmes to hold ou choke back ◆ (fig) **faire ravaler ses paroles à qn** to make sb take back ou swallow his words
c (littér : rabaisser) dignité, personne, mérite to lower ◆ **ravaler qn au niveau de la brute** to reduce ou lower sb to the level of a brute ◆ **se ravaler** to lower o.s.

ravaleur [ʀavalœʀ] nm (maçon) stone restorer

ravaudage [ʀavodaʒ] → SYN nm [vêtement] mending, repairing; [chaussette] darning; [objet] makeshift repair ◆ **faire du ravaudage** to mend; to darn

ravauder [ʀavode] → SYN ▸ conjug 1 ◂ vt (littér : repriser) vêtement to repair, mend; chaussette to darn

rave [ʀav] nf (Bot) rape → **céleri**

ravenala [ʀavenala] nm traveller's tree

ravenelle [ʀavnɛl] nf (giroflée) wallflower; (radis) wild radish

Ravenne [ʀavɛn] n Ravenna

ravi, e [ʀavi] → SYN (ptp de **ravir**) adj (enchanté) delighted ◆ **ravi de vous connaître** delighted ou pleased to meet you

ravier [ʀavje] nm hors d'oeuvres dish

ravière [ʀavjɛʀ] nf rape field

ravigote [ʀavigɔt] nf (vinaigrette) (oil and vinegar) dressing *(with hard-boiled eggs, shallot and herbs)*

ravigoter* [ʀavigɔte] ▸ conjug 1 ◂ vt [alcool] to buck up*, pick up; [repas, douche, nouvelle, chaleur] to buck up*, put new life into ◆ **(tout) ravigoté par une bonne nuit** feeling refreshed after a good night's sleep ◆ **ce vin ravigote** this wine bucks you up* ou puts new life into you

ravin [ʀavɛ̃] → SYN nm (gén) gully; (assez encaissé) ravine

ravine [ʀavin] nf (small) ravine, gully

ravinement [ʀavinmɑ̃] → SYN nm (action) gullying (Géog) ◆ (rigoles, ravins) **ravinements** gullies ◆ (aspect) **le ravinement de ces pentes** the (numerous) gullies furrowing these slopes ◆ **le ravinement affecte particulièrement ces sols** gully erosion ou gullying affects these kinds of soil in particular

raviner [ʀavine] → SYN ▸ conjug 1 ◂ vt versant to gully (Géog); visage to furrow ◆ **les bords ravinés de la rivière** the gullied (Géog) ou furrowed banks of the river

raviole [ʀavjɔl] nf ravioli *(filled with cheese, vegetables, meat etc)*

ravioli [ʀavjɔli] nm ◆ **raviolis** ravioli (NonC)

ravir [ʀaviʀ] → SYN ▸ conjug 2 ◂ vt (littér) **a** (charmer) to delight ◆ **cela lui va à ravir** that suits her beautifully, she looks delightful in it
b (enlever) **ravir à qn** trésor, être aimé, honneur to rob sb of, take (away) from sb
c († : kidnapper) to ravish†, abduct

raviser (se) [ʀavize] → SYN ▸ conjug 1 ◂ vpr to change one's mind, decide otherwise ◆ **après avoir dit oui, il s'est ravisé** after saying yes he changed his mind ou decided otherwise ou decided against it ◆ **il s'est ravisé** he decided against it, he thought better of it

ravissant, e [ʀavisɑ̃, ɑ̃t] → SYN adj beauté ravishing; femme, robe ravishing, beautiful; maison, tableau delightful, beautiful

ravissement [ʀavismɑ̃] → SYN nm **a** (gén, Rel) rapture ◆ **plonger qn dans le ravissement** to send sb into raptures ◆ **plongé dans le ravissement** in raptures ◆ **regarder qn avec ravissement** to look at sb rapturously
b († ou littér : enlèvement) ravishing†, abduction

ravisseur, -euse [ʀavisœʀ, øz] nm,f kidnapper, abductor

ravitaillement [ʀavitajmɑ̃] → SYN nm **a** (action : → **ravitailler**) resupplying; refuelling ◆ **ravitaillement en vol** in-flight refuelling ◆ **le ravitaillement des troupes (en vivres / munitions)** resupplying the troops (with food / ammunition), the provision ou providing of the troops with fresh supplies (of food / ammunition) ◆ **aller au ravitaillement** (Mil) to go for fresh supplies; (fig) [campeur, ménagère] to go and stock up, go for fresh supplies
b (réserves) supplies

ravitailler [ʀavitaje] → SYN ▸ conjug 1 ◂ **1** vt (en vivres, munitions) armée, ville, navire to provide with fresh supplies, resupply; coureurs, skieurs to give fresh supplies to; (en carburant) véhicule, avion, embarcation to refuel ◆ **ravitailler une ville en combustible** to provide a town with fresh supplies of fuel, resupply a town with fuel ◆ **ravitailler un avion en vol** to refuel an aircraft in flight
2 **se ravitailler** vpr [ville, armée] to get fresh supplies, be resupplied; [coureurs, skieurs] to take on fresh supplies; (fig hum) [campeur, ménagère] to stock up (*à* at); [véhicule, avion] to refuel ◆ (Sport) **se ravitailler à l'étape** to take on fresh supplies at the next leg

ravitailleur [ʀavitajœʀ] 1 nm (Mil) (navire) supply ship; (avion) supply plane; (véhicule) supply vehicle ◆ **ravitailleur en vol** aerial tanker
2 adj navire, avion, véhicule supply (épith)

ravivage [ʀavivaʒ] nm (Tech) [métal] cleaning; [couleur] brightening up

raviver [ʀavive] → SYN ▸conjug 1◂ vt feu, sentiment, douleur to revive, rekindle; couleur to brighten up; souvenir to revive, bring back to life; (Tech) métal to clean; (Méd) plaie to reopen ◆ **sa douleur / sa jalousie s'est ravivée** his grief / jealousy was revived ou rekindled

ravoir [ʀavwaʀ] → SYN ▸conjug 34◂ vt a (recouvrer) to have ou get back
b (*: nettoyer: gén nég) tissu, métal to get clean

rayage [ʀɛjaʒ] nm a [nom] crossing ou scoring out
b [canon] rifling

rayé, e [ʀeje] (ptp de **rayer**) adj a tissu, pelage striped; papier à lettres etc ruled, lined
b surface scratched; disque scratched, scratchy
c (Tech) canon rifled

rayer [ʀeje] → SYN ▸conjug 8◂ vt a (marquer de raies) papier à lettres etc to rule, line ◆ **des cicatrices lui rayaient le visage** scars lined ou scored his face ◆ (fig) **le fouet lui raya le visage** the whip lashed his face
b (érafler) to scratch
c (Tech) canon to rifle
d (biffer) to cross ou score out
e (exclure) **rayer qn de** to cross sb ou sb's name off ◆ **il a été rayé de la liste** he ou his name has been crossed ou struck off the list ◆ **« rayer la mention inutile »** "cross out where not applicable", "delete where inapplicable" ◆ **rayer qch de sa mémoire** to blot out ou erase sth from one's memory ◆ (fig) **rayer un pays / une ville de la carte** to wipe a country / town off the face of the earth ◆ (fig) **je l'ai rayé de mes tablettes** I want nothing to do with him ever again

rayère [ʀɛjɛʀ] → SYN nf dreamhole

ray-grass [ʀɛgʀas] nm inv rye-grass, English meadow grass

rayon [ʀɛjɔ̃] → SYN 1 nm a (gén: trait, faisceau) (Opt, Phys) ray; [astre] ray; [lumière, jour] ray, beam; [phare] beam
b (radiations) **rayons** radiation ◆ **rayons infrarouges / ultraviolets** infrared / ultraviolet rays ◆ **rayons alpha / bêta** alpha / beta rays ◆ **rayons X** X-rays ◆ **traitement par les rayons** radiation treatment ◆ **passer aux rayons X**† to be X-rayed
c (fig: lueur) ray ◆ **rayon d'espoir** ray ou gleam of hope
d (Math) radius
e [roue] spoke
f (planche) shelf; [bibliothèque] (book)shelf ◆ **le livre n'est pas en rayon** the book is not on display ou on the shelves
g (Comm) (section) department; (petit: comptoir) counter ◆ **le rayon (de l') alimentation / (de la) parfumerie** the food / perfume counter; the food / perfume department ◆ **le rayon enfants** the children's department ◆ (fig: spécialité) **c'est (de) son rayon / ce n'est pas son rayon** that's / that isn't his line ◆ (fig: responsabilité) **c'est son rayon** that's his concern ou responsibility ou department* (fig) ◆ **ce n'est pas son rayon** that's not his concern ou responsibility ou department* (fig), that's nothing to do with him ◆ (fig) **il en connaît un rayon*** he knows masses about it*, he's really clued up about it*
h [ruche] (honey)comb
i (périmètre) radius ◆ **dans un rayon de 10 km** within a radius of 10 km ou a 10-km radius ◆ **il continuait ses excursions, dans le rayon restreint auquel le limitait son grand âge** he continued his walks within the limited range imposed on him by his great age
j (Agr) drill
2 COMP ▷ **rayon d'action** (lit) range; (fig) field of action, scope, range ◆ **engin à grand rayon d'action** long-range missile ▷ **rayon de braquage** (Aut) turning circle, (steering) lock (Brit) ▷ **rayon cathodique** (Élec) cathode ray ▷ **rayons cosmiques** cosmic rays ▷ **rayons gamma** gamma rays ou radiation ▷ **rayon laser** (Phys) laser beam ▷ **rayon de lune** moonbeam ▷ **le rayon de la mort** the death ray ▷ **rayon de soleil** (lit) ray of sunlight ou sunshine, sunbeam; (fig) ray of sunshine ▷ **rayon visuel** (Opt) line of vision ou sight

rayonnage [ʀɛjɔnaʒ] nm a (planches) set of shelves, shelving (NonC) ◆ **rayonnages** (sets of) shelves, shelving
b (Agr) drilling

rayonnant, e [ʀɛjɔnɑ̃, ɑ̃t] → SYN adj a (radieux) beauté, air, personne radiant; sourire radiant, beaming (épith); visage wreathed in smiles, beaming ◆ **visage rayonnant de joie / santé** face radiant with joy / glowing ou radiant with health
b (en étoile) motif, fleur radiating ◆ **le style (gothique) rayonnant** High Gothic ◆ **chapelles rayonnantes** radiating chapels
c (Phys) énergie, chaleur radiant; (Méd) douleur spreading

rayonne [ʀɛjɔn] nf rayon

rayonnement [ʀɛjɔnmɑ̃] → SYN nm a (influence bénéfique) [culture, civilisation] influence; [influence] extension; (magnétisme) [personnalité] radiance ◆ **le rayonnement de la culture hellénique s'étendit au monde entier** the influence of Greek culture extended over ou made itself felt over the whole world
b (éclat) [jeunesse, beauté] radiance ◆ **dans tout le rayonnement de sa jeunesse** in the full radiance of his youth ◆ **le rayonnement de son bonheur** his radiant happiness
c (lumière) [astre, soleil] radiance
d (radiations) [chaleur, lumière, astre] radiation

rayonner [ʀɛjɔne] → SYN ▸conjug 1◂ 1 vi a (étinceler) [influence, culture, personnalité] to shine forth ◆ (se répandre) **rayonner sur / dans** [influence, prestige] to extend over / in, make itself felt over / in; [culture] to extend over / in, be influential over / in, exert its influence over / in; [personnalité] to be influential over / in
b (être éclatant) [joie, bonheur] to shine ou beam forth; [beauté] to shine forth, be radiant; [visage, personne] (de joie, de beauté) to be radiant (*de* with) ◆ **le bonheur faisait rayonner son visage** his face glowed with happiness ◆ **l'amour rayonne dans ses yeux** love shines ou sparkles in his eyes ◆ **rayonner de bonheur** to be radiant ou glowing ou beaming with happiness ◆ **rayonner de beauté** to be radiant ou dazzling with beauty
c (littér: briller) [lumière, astre] to shine (forth), be radiant
d (Phys: émettre un rayonnement) [chaleur, énergie, lumière] to radiate
e (faire un circuit) **rayonner autour d'une ville** [touristes] to use a town as a base for touring (around a region); [cars] to service the area around a town ◆ **rayonner dans une région** [touristes] to tour around a region (from a base); [cars] to service a region
f (aller en rayons) [avenues, lignes] to radiate (*autour de* from, out from)
2 vt (garnir de rayonnages) to shelve

rayure [ʀejyʀ] → SYN nf (dessin) stripe; (éraflure) scratch; [fusil] groove ◆ **papier / tissu à rayures** striped paper / material ◆ **à rayures noires** with black stripes, black-striped

raz [ʀɑ] nm (courant) race; (passage étroit) narrow channel

raz-de-marée [ʀɑdmaʀe] → SYN nm inv (Géog, fig) tidal wave ◆ **raz-de-marée électoral** big swing *(to a party in an election)* ◆ **le raz-de-marée communiste** ou **le raz-de-marée électoral en faveur des communistes qui s'est produit aux dernières élections** the big swing to the Communists in the last elections, the massive Communist vote ou the Communist landslide vote in the last elections

razzia [ʀa(d)zja] → SYN nf raid, foray, razzia ◆ (fig) **faire une razzia dans une maison / le frigo*** to raid ou plunder a house / the fridge

razzier [ʀa(d)zje] → SYN ▸conjug 7◂ vt (lit, fig: piller) to raid, plunder

RDA† [ɛʀdea] nf (abrév de **République démocratique allemande**) GDR†

rdc abrév de **rez-de-chaussée**

ré [ʀe] nm (Mus) D; (en chantant la gamme) re, ray ◆ **en ré mineur** in D minor

réa[1] [ʀea] nm (Tech) sheave

réa*[2] [ʀea] nf abrév de **réanimation**

réabonnement [ʀeabɔnmɑ̃] nm renewal of subscription ◆ **le réabonnement doit se faire dans les huit jours** renewal of subscription must be made within a week, subscriptions must be renewed within a week

réabonner [ʀeabɔne] ▸conjug 1◂ 1 vt ◆ **réabonner qn** to renew sb's subscription (*à* to)
2 **se réabonner** vpr to renew one's subscription, take out a new subscription (*à* to)

réabsorber [ʀeapsɔʀbe] ▸conjug 1◂ vt to reabsorb

réabsorption [ʀeapsɔʀpsjɔ̃] nf reabsorption

réac* [ʀeak] abrév de **réactionnaire**

réaccoutumance [ʀeakutymɑ̃s] nf reaccustoming

réaccoutumer [ʀeakutyme] ▸conjug 1◂ 1 vt to reaccustom
2 **se réaccoutumer** vpr to reaccustom o.s., become reaccustomed (*à* to)

réactance [ʀeaktɑ̃s] nf reactance

réactant [ʀeaktɑ̃] nm reactant

réacteur [ʀeaktœʀ] → SYN nm (Aviat) jet engine; (Chim, Nucl Phys) reactor ◆ **réacteur nucléaire** nuclear reactor ◆ **réacteur thermique** thermal reactor

réactif, -ive [ʀeaktif, iv] 1 adj reactive ◆ **papier réactif** reagent ou test paper
2 nm (Chim, fig) reagent

réaction [ʀeaksjɔ̃] → SYN GRAMMAIRE ACTIVE 6.1 nf a (gén) reaction ◆ **être** ou **rester sans réaction** to show no reaction ◆ **être en réaction contre** to be in reaction against ◆ **réaction de défense / en chaîne** defence / chain reaction ◆ (Méd) **faire à qn des réactions de floculation** to test sb for a flocculation reaction ◆ **temps de réaction** reaction time → **cuti-réaction**
b (Pol) **la réaction** reaction ◆ **les forces de la réaction** the forces of reaction
c (Aviat) **moteur à / propulsion par réaction** jet engine / propulsion (→ **avion**) ◆ **cette voiture a de bonnes réactions** this car responds well

réactionnaire [ʀeaksjɔnɛʀ] → SYN adj, nmf reactionary

réactionnel, -elle [ʀeaksjɔnɛl] adj (Chim, Physiol) reactional; (Psych) reactive ◆ **psychose réactionnelle** reactive psychosis

réactivation [ʀeaktivasjɔ̃] nf reactivation

réactiver [ʀeaktive] ▸conjug 1◂ vt to reactivate

réactivité [ʀeaktivite] nf reactivity, reactiveness

réactogène [ʀeaktɔʒɛn] 1 adj allergenic
2 nm allergen

réactualisation [ʀeaktɥalizasjɔ̃] nf updating, bringing up to date

réactualiser [ʀeaktɥalize] ▸conjug 1◂ vt to update, bring up to date

réadaptation [ʀeadaptasjɔ̃] nf (→ **réadapter**) readjustment; rehabilitation; re-education ◆ (Méd) **réadaptation fonctionnelle** rehabilitation

réadapter [ʀeadapte] ▸conjug 1◂ 1 vt personne to readjust (*à* to); (Méd) to rehabilitate; muscle to re-educate
2 **se réadapter** vpr to readjust, become readjusted (*à* to)

réadmettre [ʀeadmɛtʀ] ▸conjug 56◂ vt to readmit

réadmission [ʀeadmisjɔ̃] nf readmission, readmittance

ready-made [ʀedimɛd] nm inv (Art) ready-made

réaffirmer [ʀeafiʀme] ▸conjug 1◂ vt to reaffirm, reassert

réagir [ʀeaʒiʀ] → SYN ▸conjug 2◂ vi to react (*à* to, *contre* against, *sur* upon) ◆ **il a réagi de manière exagérée** he overreacted, he went over the top* ◆ **il te faut réagir!** do something!

réajustement [reaʒystəmɑ̃] nm ⇒ **rajustement**

réajuster [reaʒyste] ▸ conjug 1 ◂ vt ⇒ **rajuster**

réal¹, pl **-aux** [real] nm (monnaie) real

réal², e, mpl **-aux** [real] adj, nf ◆ **(galère) réale** royal galley

réalésage [realezaʒ] nm reaming again

réaléser [realeze] ▸ conjug 6 ◂ vt to ream again

réalgar [realgaʀ] nm realgar

réalignement [realiɲ(ə)mɑ̃] nm realignment

réalisable [realizabl] → SYN adj (fig) rêve attainable; (Fin) capital realizable; projet workable, feasible

réalisateur, -trice [realizatœʀ, tʀis] nm,f (Ciné) (film) director, film-maker; (Rad, TV) director; [plan] realizer

réalisation [realizasjɔ̃] → SYN nf **a** (action) (→ **réaliser**) [projet] realization; carrying out; [rêve] fulfilment, realization; [exploit] achievement; [valeurs, fortune] realization; (Comm) [vente, contrat] conclusion; (Mus) realization (→ **se réaliser**); [projet, rêve] fulfilment, realization ◆ **plusieurs projets sont déjà en cours de réalisation** several projects are already in the pipeline ou are already under way
b (ouvrage) achievement, creation
c (Ciné) production ◆ **« réalisation (de) John Huston »** "directed by John Huston"

réaliser [realize] → SYN ▸ conjug 1 ◂ **1** vt **a** (concrétiser) ambition, rêve to realize, fulfil; effort to make, exercise; exploit to achieve, carry off; projet to carry out, carry through, realize ◆ **il réalise (en soi) le meilleur exemple de** he is the best (material) example of
b (*: se rendre compte de) to realize ◆ **réaliser l'importance de qch** to realize the importance of sth ◆ **je n'ai pas encore réalisé** it hasn't sunk in yet
c (Ciné) to produce
d (Comm) to realize; achat, vente, bénéfice to make; contrat to conclude ◆ **l'entreprise réalise un chiffre d'affaires de 100 000 F par semaine** the firm turns over 100,000 F a week
e (Fin) capital to realize ◆ **la banque a réalisé une partie de son portefeuille** part of the bank's portfolio was liquidated
f (Mus) to realize
2 **se réaliser** vpr **a** (se concrétiser) [rêve] to come true, be realized; [projet] to be carried out, be achieved, be realized
b (s'épanouir) [caractère, personnalité] to fulfil o.s.

réalisme [realism] → SYN nm realism ◆ **le réalisme socialiste** socialist realism

réaliste [realist] → SYN **1** adj description, négociateur realistic; (Art, Littérat) realist
2 nmf realist

réalité [realite] → SYN GRAMMAIRE ACTIVE 26.3, 26.4, 26.6 nf **a** (existence effective) reality (NonC) ◆ **différentes réalités** different types of reality ◆ **en réalité** in (actual) fact, in reality ◆ **parfois la réalité dépasse la fiction** (sometimes) truth can be stranger than fiction
b (chose réelle) reality ◆ **ce que je dis est une réalité, pas une chose fictive** what I say is reality ou fact, not fiction ◆ **oublieux des réalités de la vie en communauté** neglecting the realities ou facts of communal life ◆ **détaché des réalités de ce monde** divorced from the realities of this world ◆ **ce sont les dures réalités de la vie** those are the harsh realities of life ◆ **son rêve est devenu (une) réalité** his dream became (a) reality ou came true → **désir, sens**

realpolitik [realpɔlitik] nf realpolitik

réaménagement [reamenaʒmɑ̃] nm reorganization, restructuring

réaménager [reamenaʒe] ▸ conjug 3 ◂ vt to reorganize, restructure

réanimateur, -trice [reanimatœʀ, tʀis] **1** nm,f (personne) resuscitator
2 nm (respirateur) ventilator, respirator

réanimation [reanimasjɔ̃] nf resuscitation ◆ **être en (service de) réanimation** to be in the intensive care unit, be in intensive care

réanimer [reanime] ▸ conjug 1 ◂ vt to resuscitate, revive

réapparaître [reapaʀɛtʀ] ▸ conjug 57 ◂ vi to reappear

réapparition [reapaʀisjɔ̃] nf reappearance

réapprendre [reapʀɑ̃dʀ] ▸ conjug 58 ◂ vt (gén) to relearn, learn again; (littér) solitude, liberté to get to know again, relearn (littér), learn again (littér) ◆ **réapprendre qch à qn** to teach sth to sb again, teach sb sth again ◆ **réapprendre à faire qch** to learn to do sth again

réapprentissage [reapʀɑ̃tisaʒ] nm (→ **réapprendre**) ◆ **le réapprentissage de qch** relearning sth, learning sth again; getting to know sth again ◆ **cela va demander un long réapprentissage** that will take a long time to relearn ou to learn again

réapprovisionnement [reapʀɔvizjɔnmɑ̃] nm (→ **réapprovisionner**) restocking; stocking up again

réapprovisionner [reapʀɔvizjɔne] ▸ conjug 1 ◂ **1** vt to restock (*en* with)
2 **se réapprovisionner** vpr to stock up again (*en* with)

réargenter [reaʀʒɑ̃te] ▸ conjug 1 ◂ **1** vt to resilver
2 **se réargenter** * vpr (se renflouer) to replenish the coffers, get back on a sound financial footing

réarmement [reaʀməmɑ̃] nm (→ **réarmer**) winding on; refitting; rearmament

réarmer [reaʀme] ▸ conjug 1 ◂ **1** vt appareil-photo to wind on (again); bateau to refit
2 vi, **se réarmer** vpr [pays] to rearm

réarrangement [reaʀɑ̃ʒmɑ̃] nm rearrangement ◆ (Phys) **réarrangement moléculaire** molecular rearrangement

réarranger [reaʀɑ̃ʒe] ▸ conjug 3 ◂ vt coiffure, fleurs, chambre to rearrange; cravate, jupe to straighten (up) again; entrevue to re-arrange

réassignation [reasiɲasjɔ̃] nf (Jur) resummons (sg); (Fin) reallocation

réassigner [reasiɲe] ▸ conjug 1 ◂ vt (gén) to reassign; (Jur) to resummon; (Fin) to reallocate *(pay from other monies)*

réassort [reasɔʀ] nm restocking

réassortiment [reasɔʀtimɑ̃] nm [stock] replenishment; [verres] replacement, matching (up); [service de table, tissu] matching (up); [marchandises] new ou fresh stock

réassortir [reasɔʀtiʀ] ▸ conjug 2 ◂ **1** vt magasin to restock (*en* with); stock to replenish; service de table to match (up); verres to replace, match (up)
2 **se réassortir** vpr (Comm) to stock up again (*de* with), replenish one's stock(s) (*de* of)

réassurance [reasyʀɑ̃s] nf reinsurance

réassurer vt, **se réassurer** vpr [reasyʀe] ▸ conjug 1 ◂ to reinsure

réassureur [reasyʀœʀ] nm reinsurer, reinsurance underwriter

rebab [ʀəbab] nm rebab

rebaisser [ʀ(ə)bese] ▸ conjug 1 ◂ **1** vi [prix] to go down again; [température, niveau d'eau] to fall again
2 vt prix to bring back down ou down again, lower again; radio, son, chauffage to turn down again; store, levier to pull down again, lower again

rebaptiser [ʀ(ə)batize] ▸ conjug 1 ◂ vt enfant to rebaptize; rue to rename; navire to rechristen

rébarbatif, -ive [ʀebaʀbatif, iv] → SYN adj (rebutant) mine forbidding, unprepossessing; sujet, tâche daunting, forbidding; style crabbed, off-putting (Brit)

rebâtir [ʀ(ə)bɑtiʀ] ▸ conjug 2 ◂ vt to rebuild

rebattre [ʀ(ə)batʀ] ▸ conjug 41 ◂ vt **a** (Cartes) to reshuffle
b **il m'a rebattu les oreilles de son succès** he kept harping on about his success ◆ **il en parlait toute la journée, j'en avais les oreilles rebattues** he talked of it all day long until I was sick and tired of hearing about it*

rebattu, e [ʀ(ə)baty] → SYN (ptp de **rebattre**) adj sujet, citation hackneyed

rebec [ʀəbɛk] nm rebec(k)

Rébecca [ʀebeka] nf Rebecca

rebelle [ʀəbɛl] → SYN **1** adj **a** troupes, soldat rebel (épith); enfant, cheval rebellious, refractory; esprit intractable, rebellious; (fig) fièvre, maladie stubborn; (fig) mèche, cheveux unruly; (fig hum) cœur rebellious; (fig) matière unworkable, refractory, stubborn ◆ (fig hum) **découragé par un steak rebelle, il passa aux légumes** disheartened by a steak which refused to allow itself to be cut ou which resisted all attempts at being eaten, he turned his attention to the vegetables
b **rebelle à** patrie, souverain unwilling to serve; discipline unamenable to ◆ **il est rebelle à la géographie / au latin** (il n'y comprend rien) geography / Latin is double Dutch to him; (il ne veut pas apprendre) he doesn't want to know about geography / Latin ◆ **virus rebelle à certains remèdes** virus resistant to certain medicines ◆ **cheveux rebelles à la brosse** hair which won't be brushed smooth ou which a brush cannot tame
2 nmf rebel

rebeller (se) [ʀ(ə)bele] → SYN ▸ conjug 1 ◂ vpr to rebel (*contre* against)

rébellion [ʀebeljɔ̃] → SYN nf (révolte) rebellion ◆ (rebelles) **la rébellion** the rebels

rebelote [ʀəbəlɔt] excl (*: fig) here we go again!

rebiffer (se) * [ʀ(ə)bife] → SYN ▸ conjug 1 ◂ vpr (résister) [personne] to hit ou strike back (*contre* at); (fig) [corps, conscience] to rebel (*contre* against)

rebiquer * [ʀ(ə)bike] ▸ conjug 1 ◂ vi (se redresser) [mèche de cheveux] to stick up; [chaussures, col] to curl up at the ends

reblanchir [ʀ(ə)blɑ̃ʃiʀ] ▸ conjug 2 ◂ vt (gén) to rewhiten; mur to rewhitewash

reblochon [ʀəblɔʃɔ̃] nm *kind of cheese from Savoie*

reboisement [ʀ(ə)bwazmɑ̃] → SYN nm reafforestation

reboiser [ʀ(ə)bwaze] → SYN ▸ conjug 1 ◂ vt to reafforest

rebond [ʀ(ə)bɔ̃] nm (→ **rebondir**) bounce; rebound ◆ **rebond heureux / malheureux** lucky / unlucky bounce ◆ **faux rebond** bad bounce

rebondi, e [ʀ(ə)bɔ̃di] → SYN (ptp de **rebondir**) adj objet, bouteille, forme potbellied; croupe rounded; poitrine well-developed; ventre fat; joues, visage chubby, plump, fat; femme curvaceous, amply proportioned; homme portly, corpulent; porte-monnaie well-lined ◆ **elle avait des formes rebondies** she was amply proportioned ◆ **il a un ventre rebondi** he has a paunch ou a corporation (Brit), he has a fat stomach

rebondir [ʀ(ə)bɔ̃diʀ] → SYN ▸ conjug 2 ◂ vi **a** [balle] (sur le sol) to bounce; (contre un mur etc) to rebound
b (être relancé) [conversation] to get going ou moving again, spring to life again; [scandale, affaire, procès] to be revived; (Théât) [action, intrigue] to get moving again, spring to life again, take off again ◆ **faire rebondir** conversation to give new impetus to, set ou get going again; action d'une tragédie to get ou set moving again; scandale, procès to revive

rebondissement [ʀ(ə)bɔ̃dismɑ̃] → SYN nm [affaire] (sudden new) development (*de* in), sudden revival (NonC) (*de* of)

rebord [ʀ(ə)bɔʀ] → SYN nm **a** [assiette, tuyau, plat, pot] rim; [puits, falaise] edge; [corniche, table, buffet] (projecting) edge ◆ **le rebord de la cheminée** the mantelpiece ou mantelshelf ◆ **le rebord de la fenêtre** the windowsill, the window ledge
b [vêtement] hem

reborder [ʀ(ə)bɔʀde] ▸ conjug 1 ◂ vt vêtement to put a new edging on; enfant to tuck in again

reboucher [ʀ(ə)buʃe] ▸ conjug 1 ◂ **1** vt trou to fill in again; bouteille to recork; carafe to restopper; tube to put the cap back on
2 **se reboucher** vpr [tuyau] to get blocked again

rebours [ʀ(ə)buʀ] → SYN nm **à rebours** **a** (à rebrousse-poil) **caresser un chat à rebours** to stroke a cat the wrong way ◆ **lisser un tissu à rebours** to smooth out a fabric against the nap ou pile ◆ (fig) **prendre qn à rebours** to rub sb up the wrong way
b (à l'envers) **faire un trajet à rebours** to make a journey ou trip the other way round ◆ **prendre une rue en sens unique à rebours** to go the wrong way up a one-way street ◆ **feuilleter un magazine à rebours** to flip through a magazine from back to front ◆ **compter à rebours** to count backwards ◆ (Mil) **prendre l'ennemi à rebours** to surprise the enemy from behind → **compte**
c (de travers) **comprendre à rebours** to misunderstand, get the wrong idea, get the wrong end of the stick* (Brit) ◆ **faire tout à rebours** to do everything the wrong way round ou back to front ou upside down
d (à l'opposé de) **à rebours de** against ◆ **aller à rebours de la tendance générale** to go against ou run counter to the general trend ◆ **c'est à rebours du bon sens!** it goes against ou flies in the face of common sense!

rebouter [ʀ(ə)bute] → SYN ▸ conjug 1 ◂ vt membre démis, fracture to set

rebouteur, -euse [ʀ(ə)butœʀ, øz] → SYN nm,f, **rebouteux, -euse** [ʀ(ə)butø, øz] nm,f bonesetter

reboutonner [ʀ(ə)butɔne] ▸ conjug 1 ◂ **1** vt to button up again, rebutton
2 **se reboutonner** vpr to do o.s. up again, do up one's buttons again

rebraguetter* [ʀ(ə)bʀagete] ▸ conjug 1 ◂ **1** vt to close the fly ou flies of
2 **se rebraguetter** vpr to close one's fly ou flies

rebras [ʀəbʀɑ] nm [gant] cuff

rebrousse-poil [ʀəbʀuspwal] → SYN loc adv ◆ **à rebrousse-poil** (caresser) the wrong way ◆ **lisser un tissu à rebrousse-poil** to smooth out a fabric against the pile ou nap ◆ (fig) **prendre qn à rebrousse-poil** to rub sb up the wrong way

rebrousser [ʀ(ə)bʀuse] → SYN ▸ conjug 1 ◂ vt **a** **rebrousser chemin** to turn back, turn round and go back
b poil to brush up; cheveux to brush back; (Tech) cuir to strike ◆ **tu as les cheveux tout rebroussés par le vent** your hair is all ruffled up ou tousled by the wind ◆ (fig) **rebrousser le poil de qn** to rub sb up the wrong way

rebuffade [ʀ(ə)byfad] → SYN nf rebuff ◆ **essuyer une rebuffade** to suffer a rebuff

rébus [ʀebys] → SYN nm rebus ◆ (fig) **sa lettre est un vrai rébus** reading his letter is a real puzzle

rebut [ʀəby] → SYN nm **a** (déchets) scrap ◆ **c'est du rebut** (objets) it's scrap; (vêtements) they're just cast-offs ◆ **c'est le rebut de la cave** it's what's to be thrown out of the cellar, it's all the unwanted stuff in the cellar ◆ **mettre** ou **jeter au rebut** to put on the scrap heap ou rubbish heap; objets to scrap, throw out, discard; vêtements to discard, throw out ◆ **ces vieux journaux vont aller au rebut** these old papers are going to be thrown out ou discarded ou are going to be put on the rubbish heap ◆ **marchandises de rebut** trash goods ◆ **bois de rebut** old wood
b (péj: racaille) **le rebut de la société** the scum ou dregs of society
c (Poste) **rebuts** dead letters

rebutant, e [ʀ(ə)bytɑ̃, ɑ̃t] → SYN adj (dégoûtant) repellent; (décourageant) off-putting (Brit), disheartening

rebuter [ʀ(ə)byte] → SYN ▸ conjug 1 ◂ vt (décourager) to put off (Brit), dishearten, discourage; (répugner) to repel; (littér: repousser durement) to repulse ◆ **il ne faut pas te rebuter tout de suite** don't be deterred ou put off (Brit) straight away

recacheter [ʀ(ə)kaʃ(ə)te] ▸ conjug 4 ◂ vt to reseal

recalage [ʀ(ə)kalaʒ] nm (Scol) [candidat] failure

recalcification [ʀ(ə)kalsifikasjɔ̃] nf recalcification

recalcifier [ʀ(ə)kalsifje] ▸ conjug 7 ◂ vt to recalcify

récalcitrant, e [ʀekalsitʀɑ̃, ɑ̃t] → SYN **1** adj (indocile) animal refractory, stubborn; personne recalcitrant, refractory; (fig) appareil, pièce unmanageable
2 nm,f recalcitrant

recaler [ʀ(ə)kale] → SYN ▸ conjug 1 ◂ vt (Scol: ajourner) to fail ◆ **se faire recaler (en histoire)** to fail ou flunk* (history) ◆ **j'ai été recalé en histoire** I failed (in) ou flunked* history ◆ **les recalés** the failed candidates, the failures

récapitulatif, -ive [ʀekapitylatif, iv] **1** adj chapitre recapitulative, recapitulatory; état, tableau summary (épith) ◆ **dresser un état récapitulatif (d'un compte** etc) to draw up a summary statement (of an account etc)
2 nm summary, recapitulation

récapitulation [ʀekapitylasjɔ̃] → SYN nf recapitulation, summing up, recap* ◆ **faire la récapitulation de** to recapitulate, sum up, recap*

récapituler [ʀekapityle] → SYN ▸ conjug 1 ◂ vt to recapitulate, sum up, recap*

recarreler [ʀ(ə)kaʀle] ▸ conjug 4 ◂ vt to retile

recaser* [ʀ(ə)kɑze] ▸ conjug 1 ◂ vt **a** travailleur to find a new job for; résident to rehouse ◆ **il a été recasé** [chômeur] he has been found a new job ◆ **il a pu se recaser** [veuf, divorcé] he managed to get hitched* again ou to find himself someone new; [chômeur] he managed to find a new job
b (refiler) **recaser qch à qn** to palm sth off on sb*

recauser* [ʀ(ə)koze] ▸ conjug 1 ◂ vi ◆ **recauser de qch** to talk about sth again ◆ **je vous en recauserai** we'll talk about it again

recéder [ʀ(ə)sede] ▸ conjug 6 ◂ vt (rétrocéder) to give ou sell back; (vendre) to resell

recel [ʀəsɛl] → SYN nm ◆ **recel (d'objets volés)** (action) receiving stolen goods, receiving (spéc), fencing*; (résultat) possession of ou possessing stolen goods ◆ **recel de malfaiteur** harbouring a wrongdoer ◆ **condamné pour recel** sentenced for possession of ou for receiving stolen goods ou for receiving (spéc)

receler [ʀ(ə)səle] → SYN ▸ conjug 5 ◂ vt **a** (Jur) objet volé to receive, fence*; voleur to harbour
b (contenir) secret, erreur, trésor to conceal

receleur, -euse [ʀ(ə)səlœʀ, øz] → SYN nm,f (Jur) receiver of stolen goods, fence*

récemment [ʀesamɑ̃] → SYN adv **a** (depuis peu) recently ◆ **la pluie récemment tombée rendait la route glissante** the rain which had fallen recently ou had just fallen made the road slippery ◆ **ce livre, récemment publié** ou **publié récemment** this book which has been published recently ou which has just been published
b (dernièrement) recently, lately (gén dans phrases nég ou interrog) ◆ **l'as-tu vu récemment?** have you seen him lately? ou recently? ◆ **encore récemment il était très en forme** just recently ou even quite recently he was still in tiptop form

recensement [ʀ(ə)sɑ̃smɑ̃] → SYN nm [population] census; [objets] inventory ◆ (Mil) **recensement du contingent** *registration of young men eligible for French military service, carried out by a mayor* ◆ **faire le recensement** to take a ou the census of the population, make ou take a population census

recenser [ʀ(ə)sɑ̃se] → SYN ▸ conjug 1 ◂ vt population to take a ou the census of, make a census of; objets to make ou take an inventory of; futurs conscrits to compile a register of

recenseur, -euse [ʀ(ə)sɑ̃sœʀ, øz] adj m, nm,f ◆ **(agent) recenseur** census taker

recension [ʀ(ə)sɑ̃sjɔ̃] → SYN nf recension

récent, e [ʀesɑ̃, ɑ̃t] → SYN adj (survenu récemment) événement, traces recent; (nouveau, de fraîche date) propriétaire, bourgeois new

recentrage [ʀ(ə)sɑ̃tʀaʒ] nm [parti] movement towards the centre; [politique] redefinition, reorientation

recentrer [ʀ(ə)sɑ̃tʀe] ▸ conjug 1 ◂ vt (Ftbl) to cross again; politique to redefine, reorient

recépage [ʀ(ə)sepaʒ] nm (Agr) cutting back

recéper [ʀ(ə)sepe] ▸ conjug 6 ◂ vt (Agr) to cut back

récépissé [ʀesepise] → SYN nm (reçu) (acknowledgement of) receipt

réceptacle [ʀesɛptakl] → SYN nm (Bot) [fleur] receptacle; (déversoir) (gén) receptacle; (Géog) catchment basin; (fig) gathering place; (péj) dumping place

récepteur, -trice [ʀesɛptœʀ, tʀis] → SYN **1** adj receiving ◆ **poste récepteur** receiving set, receiver
2 nm (gén, Téléc) receiver; (Rad, TV) (receiving) set, receiver; (Biochimie, Physiol) receptor ◆ **récepteur (de télévision)** television receiver ou (receiving) set ◆ **récepteur téléphonique** (telephone) receiver

réceptif, -ive [ʀesɛptif, iv] adj receptive (*à* to)

réception [ʀesɛpsjɔ̃] → SYN GRAMMAIRE ACTIVE 20.2, 25.1 nf **a** (réunion, gala) reception → **jour**
b (accueil) reception, welcome ◆ **faire bonne / mauvaise réception à qn** to give a good / bad reception ou welcome to sb ◆ **un discours de réception (à un nouveau sociétaire)** a welcoming speech ou an address of welcome (given to a new member of a society)
c (entrée, salon) [appartement, villa] reception room; [hôtel] entrance hall; (bureau) [hôtel] reception desk, reception ◆ **salle de réception** function room, stateroom ◆ **salons de réception** reception rooms ◆ **adressez-vous à la réception** ask at the reception desk ou at reception
d (action de recevoir) [paquet, lettre] receipt; (Bio, Rad, TV) reception ◆ **à la réception de sa lettre** on receipt of ou on receiving his letter ◆ **c'est lui qui s'occupe de la réception des marchandises** he is the one who takes delivery of the goods ◆ (Rad) **la réception est mauvaise aujourd'hui** reception is bad ou poor today → **accusé, accuser**
e (Sport) (prise, blocage) [ballon] trapping, catching; (atterrissage) [sauteur, parachutiste] landing ◆ **le footballeur manqua sa réception et le ballon roula en touche** the footballer failed to trap ou catch the ball and it rolled into touch ◆ **après une bonne réception du ballon** after trapping ou catching the ball well ◆ **le sauteur manqua sa réception** the jumper made a bad landing ou landed badly
f (Constr) **réception des travaux** acceptance of work done *(after verification)*

réceptionnaire [ʀesɛpsjɔnɛʀ] nmf [hôtel] head of reception; (Comm) [marchandises] receiving clerk; (Jur) receiving agent

réceptionner [ʀesɛpsjɔne] ▸ conjug 1 ◂ vt marchandises to receive, take delivery of, check and sign for; client to receive, welcome; (Sport) balle to receive

réceptionniste [ʀesɛpsjɔnist] nmf receptionist ◆ **réceptionniste-standardiste** receptionist-telephonist

réceptivité [ʀesɛptivite] nf (gén) receptivity, receptiveness; (Méd) sensitivity, liability (*à* to)

recerclage [ʀ(ə)sɛʀklaʒ] nm [tonneau] re-hooping

recercler [ʀ(ə)sɛʀkle] ▸ conjug 1 ◂ vt tonneau to re-hoop

récessif, -ive [ʀesesif, iv] adj (Bio) recessive

récession [ʀesesjɔ̃] → SYN nf recession ◆ **de récession** recessionary ◆ **récession avec inflation** slumpflation

récessionniste [ʀesesjɔnist] adj recessionary ◆ **tendance récessionniste** recessionary trend

récessivité [ʀesesivite] nf recessiveness

recette [ʀ(ə)sɛt] → SYN nf **a** (Culin) recipe; (Chim) [teinture, produit] formula; (fig: truc, secret) formula, recipe (*de* for)
b (encaisse) takings (pl) ◆ **aujourd'hui, j'ai fait une bonne recette** I've made a good day's takings, today the takings were good ◆ (fig: avoir du succès) **faire recette** to be a big success, be a winner
c (rentrées d'argent) **recettes** receipts ◆ **l'excédent des recettes sur les dépenses** the excess of receipts ou revenue over expenses ou outlay ◆ **recettes fiscales** tax revenue(s), revenue from taxation

d (Impôts) (fonction) position of tax ou revenue collector; (bureau) tax (collector's) office, revenue office • **recette municipale** rates office • **recette-perception** tax office • **recette principale** main tax office
e (recouvrement) collection • **faire la recette des sommes dues** to collect the money due → **garçon**

recevabilité [ʀ(ə)səvabilite] → SYN nf (Jur) [pourvoi, témoignage] admissibility

recevable [ʀ(ə)səvabl] → SYN (Jur) adj demande, appel, pourvoi admissible, allowable; personne competent • **témoignage non recevable** inadmissible evidence

receveur [ʀ(ə)səvœʀ] → SYN nm a (Méd) recipient • **receveur universel** universal recipient
b **receveur (d'autobus)** conductor • **receveur (des contributions)** tax collector ou officer • **receveur (des postes)** postmaster • **receveur municipal** rate collector

receveuse [ʀ(ə)səvøz] nf a (Méd) recipient • **receveuse universelle** universal recipient
b **receveuse (d'autobus)** conductress • **receveuse (des contributions)** tax collector ou officer • **receveuse (des postes)** postmistress

recevoir [ʀ(ə)səvwaʀ] → SYN ▸conjug 28◂ 1 vt
a (gén) lettre, ordre, argent, blessure, ovation, compliment etc to receive, get; secours, soin to receive; approbation, refus to meet with, receive, get; modifications to undergo, receive; émission, station de radio to get, receive; (Hel) confession to hear; (Rel) vœux, sacrement to receive • (Rel) **recevoir les ordres** to take holy orders • **nous avons bien reçu votre lettre du 15 juillet** we acknowledge ou confirm receipt of your letter of July 15th • (Rad, fig) **je vous reçois cinq sur cinq** I'm reading ou receiving you loud and clear • **je n'ai d'ordre à recevoir de personne** I don't take orders from anyone • **je n'ai pas de leçon à recevoir de lui!** I don't need to take any lessons from him! • **procédé qui a reçu le nom de son inventeur** process which has taken ou got its name from the inventor • **l'affaire recevra toute notre attention** the matter will receive our full attention • **nous avons reçu la pluie** we got ou had rain • **j'ai reçu le caillou sur la tête** the stone hit me on the head, I got hit on the head by the stone • **il a reçu un coup de pied/un coup de poing dans la figure** he got kicked/punched in the face, he got a kick/punch in the face • **c'est lui qui a tout reçu** (blâme, coups) he got the worst of it, he bore ou got the brunt of it; (sauce, éclaboussures) he got the worst of it • (formule épistolaire) **recevez, cher Monsieur (ou chère Madame) l'expression de mes sentiments distingués/mes salutations sincères/l'assurance de mon dévouement** yours faithfully (Brit) ou truly (US) /sincerely/truly
b invité (accueillir) to receive, welcome, greet; (traiter) to entertain; (loger) to take in, receive; Jeux olympiques, championnat to host; (Admin) employé, demandeur to see; demande, déposition, plainte to receive, admit • **recevoir qn à dîner** to entertain ou invite sb to dinner • **ils ont reçu le roi** they entertained the king, they were host to the king • **être bien/mal reçu** [proposition, nouvelles] to be well/badly received; [personne] to receive a good/bad welcome, get a good/bad reception; [invités] to be entertained well/badly • **recevoir qn à bras ouverts** to welcome sb with open arms • **il est reçu partout dans la haute société** all doors are open to him in society • **les Dupont reçoivent beaucoup** the Duponts entertain a lot • **la baronne reçoit le jeudi** the baroness is at home (to visitors) on Thursdays • **le directeur reçoit le jeudi** the principal receives visitors on Thursdays • **le docteur reçoit de 10 h à 12 h** the doctor's surgery (Brit) ou office (US) is from 10 a.m. till noon • **recevoir la visite de qn/d'un cambrioleur** to receive ou have a visit from sb/from a burglar • **elles se connaissent mais ne se reçoivent pas** they know each other but they are not on visiting terms • **se faire recevoir*** to be told off* → **chien**
c (Scol, Univ etc) candidat to pass • **être reçu à un examen** to pass an exam, be successful in an exam • **il a été reçu dans les premiers/dans les derniers** he was near the top/bottom in the exam • **il a été reçu premier/deuxième/dernier** he came first/second/last ou bottom in the exam → **reçu**
d (contenir) [hôtel, lycée] to take, hold, accommodate; (récolter) [gouttière] to collect • **par manque de locaux on n'a pas pu recevoir plus d'élèves cette année** lack of space prevented us from taking ou admitting more pupils this year • (Géog) **recevoir un affluent** to be joined by a tributary • **leur chambre ne reçoit jamais le soleil** their room never gets any sun
e (Tech) pièce mobile to take, receive • **cette encoche reçoit le crochet qui assure la fermeture de la porte** this notch receives ou takes the hook which keeps the door shut
2 **se recevoir** vpr (tomber) to land • **se recevoir sur une jambe/sur les mains** to land on one leg/on one's hands • **il s'est mal reçu** he landed badly

réchampi [ʀeʃɑ̃pi], **rechampi** [ʀəʃɑ̃pi] nm (Tech) setoff

réchampir [ʀeʃɑ̃piʀ], **rechampir** [ʀəʃɑ̃piʀ] ▸conjug 2◂ vt (Tech) to set off

réchampissage [ʀeʃɑ̃pisaʒ], **rechampissage** [ʀəʃɑ̃pisaʒ] nm (Tech) setting off

rechange[1] [ʀ(ə)ʃɑ̃ʒ] → SYN nm a **rechange (de vêtements)** change of clothes • **as-tu ton rechange?** have you got a change of clothes?
b **de rechange** (de remplacement) solution, politique alternative; (de secours) outil spare • **avoir du linge de rechange** to have a change of clothes • **j'ai apporté des chaussures de rechange** I brought a spare ou an extra pair of shoes → **pièce**

rechange[2] [ʀ(ə)ʃɑ̃ʒ] nm (Comm) redraft, re-exchange

rechanger [ʀ(ə)ʃɑ̃ʒe] ▸conjug 3◂ vt to change again

rechanter [ʀ(ə)ʃɑ̃te] ▸conjug 1◂ vt to sing again

rechapage [ʀ(ə)ʃapaʒ] nm retreading, remoulding (Brit) • **le rechapage n'a pas duré** the retread ou remould (Brit) didn't last long

rechaper [ʀ(ə)ʃape] ▸conjug 1◂ vt pneu to retread, remould (Brit) • **pneus rechapés** remoulds (Brit), retreads

réchappé, e [ʀeʃape] → SYN (ptp de **réchapper**) nm,f (littér) survivor (*de* of)

réchapper [ʀeʃape] → SYN ▸conjug 1◂ vi • **réchapper de** ou **à** accident, maladie to come through • **tu as eu de la chance d'en réchapper** you were lucky to escape with your life • **si jamais j'en réchappe** if ever I come through this

recharge [ʀ(ə)ʃaʀʒ] nf a (action) (Élec) recharging; (Mil) reloading
b (cartouche) [arme] reload; [stylo] refill

rechargeable [ʀ(ə)ʃaʀʒabl] adj (→ **recharger**) reloadable; refillable; rechargeable

rechargement [ʀ(ə)ʃaʀʒəmɑ̃] nm (→ **recharger**) reloading; refilling; recharging; refuelling; remetalling; relaying

recharger [ʀ(ə)ʃaʀʒe] → SYN ▸conjug 3◂ vt véhicule, arme, appareil-photo to reload; stylo to refill; briquet to refill, recharge; accumulateur to recharge; poêle to refuel; (Tech) route to remetal; (Tech) voie, rails to relay • (fig) **recharger ses batteries** ou **ses accus*** to recharge one's batteries

réchaud [ʀeʃo] → SYN nm a (appareil de cuisson) (portable) stove
b (chauffe-plat) plate-warmer
c (cassolette) burner *(for incense etc)*

réchauffage [ʀeʃofaʒ] nm [aliment] reheating

réchauffé, e [ʀeʃofe] (ptp de **réchauffer**) 1 adj nourriture reheated, warmed-up, rehashed (péj); (péj) plaisanterie stale, old hat (attrib); théories rehashed, old hat (attrib) • **des manches courtes en décembre? eh bien! tu es réchauffé!*** you're wearing short sleeves in December, well! you must be freezing to death!
2 nm • **c'est du réchauffé** [ragoût] it's reheated ou warmed-up ou rehashed (péj); [politique] it's stale ou rehashed ou old hat

réchauffement [ʀeʃofmɑ̃] nm [eau, membres, personne] warming (up) • **le réchauffement de la planète** global warming • **on constate un réchauffement de la température** we notice a rise ou an increase in the temperature, we notice the weather's gone warmer • **on espère un réchauffement de la température pour la moisson** we're hoping for warmer weather for the harvest

réchauffer [ʀeʃofe] → SYN ▸conjug 1◂ 1 vt a (Culin) aliment to reheat, heat ou warm up again • **réchauffe** ou **fais réchauffer la soupe, mets la soupe à réchauffer** reheat the soup, heat ou warm the soup up again
b personne to warm up • **une bonne soupe, ça réchauffe** a good soup warms you up • (littér, hum) **réchauffer un serpent dans son sein** to nurse a viper in one's bosom
c (réconforter) cœur to warm; (ranimer) courage to stir up, rekindle
d [soleil] to heat up, warm up • **le soleil réchauffe la terre** the sun heats up the land • **ce rayon de soleil va réchauffer l'atmosphère** this ray of sunshine will warm up the air • **les tons bruns réchauffent la pièce** browns make a room seem warmer
2 **se réchauffer** vpr a [temps, température] to get warmer, warm up • **on dirait que ça se réchauffe** it feels as if it's getting warmer ou warming up
b [personne] to warm o.s. (up) • **alors tu te réchauffes un peu?** are you warming up now? ou feeling a bit warmer now? • **se réchauffer les doigts, réchauffer ses doigts** to warm one's fingers (up)

réchauffeur [ʀeʃofœʀ] nm heater

rechaussement [ʀ(ə)ʃosmɑ̃] nm (→ **rechausser**) earthing up; consolidating

rechausser [ʀ(ə)ʃose] ▸conjug 1◂ 1 vt a (Agr) arbre to earth up; (Constr) mur to consolidate
b **rechausser un enfant** (chaussures enlevées) to put a child's shoes back on; (chaussures neuves) to buy a child new shoes • **rechausser une voiture** to put new tyres (Brit) ou tires (US) on a car
2 **se rechausser** vpr to put one's shoes back on; to buy (o.s.) new shoes

rêche [ʀɛʃ] → SYN adj (au toucher) tissu, peau rough, harsh; (au goût) vin rough; fruit vert harsh; (péj) personne abrasive

recherche [ʀ(ə)ʃɛʀʃ] → SYN nf a (action de rechercher) search (*de* for) • **la recherche de ce papier m'a pris plusieurs heures** the search for this paper took me several hours • **la recherche de l'albumine dans le sang est faite en laboratoire** tests to detect albumin in the blood are performed in the laboratory • **à la recherche de** in search of • (Littérat) **"À la recherche du temps perdu"** "In Search of Lost Time", "Remembrance of Things Past" • **être/se mettre à la recherche de qch/qn** to be/go in search of sth/sb, search for sth/sb • **je suis à la recherche de mes lunettes** I'm searching ou hunting ou looking for my glasses • **ils sont à la recherche d'un appartement/d'une maison** they are flat-hunting (Brit) ou apartment-hunting (US) /house-hunting, they're looking for ou on the look-out for a flat (Brit) ou apartment (US) /house • **nous avons fait toute la ville à la recherche d'un livre sur la Norvège** we hunted the town for a book on Norway • **il a dû se mettre à la recherche d'une nouvelle situation** he had to start looking ou hunting for a new job • **il est toujours à la recherche d'une bonne excuse** he's always on the look-out for a good excuse, he's always trying to come up with ou find a good excuse
b (enquête) **recherches** investigations • **faire des recherches** to make ou pursue investigations • **malgré toutes leurs recherches, ils n'ont pas trouvé le document nécessaire** in spite of all their searching ou hunting they haven't found the necessary document • **toutes nos recherches pour retrouver l'enfant sont demeurées sans résultat** all our investigations ou attempts to find the child remained fruitless • **jusqu'ici il a échappé aux recherches de la police** until now he has escaped the police hunt ou search
c (fig: poursuite) pursuit (*de* of), search (*de* for) • **la recherche des plaisirs** the pursuit of pleasure, pleasure-seeking • **la recherche**

de la gloire the pursuit of glory ◆ **la recherche de la perfection** the search ou quest for perfection

d (Scol, Univ) (métier, spécialité) **la recherche** research ◆ (études, enquêtes) **recherches** research ◆ **faire des recherches sur un sujet** to do ou carry out research into a subject ◆ **que fait-il comme recherches ?** what (kind of) research does he do?, what is he doing research on? ou in? ◆ **être dans la recherche, faire de la recherche** to be (engaged) in research, do research (work) ◆ **il fait de la recherche en maths** he's doing research in maths ◆ **bourse / étudiant de recherche** research grant / student ◆ **c'est un travail de recherche** it's a piece of research (work) ◆ **recherche appliquée / fondamentale** applied / basic research ◆ **recherche clinique** clinical research ◆ **recherche-développement** research and development ◆ **recherche opérationnelle** operational research

e (raffinement) [tenue, ameublement] meticulousness, studied elegance ; (péj : affectation) affectation ◆ **être habillé avec recherche** to be dressed with studied elegance ◆ **être habillé sans recherche** to be dressed carelessly

f (Ordin) search

recherché, e [ʀ(ə)ʃɛʀʃe] → SYN (ptp de **rechercher**) adj **a** édition, tableau, livre much sought-after ; (très demandé) produits, acteur, conférencier in great demand (attrib), much sought-after ; (apprécié des connaisseurs) morceau délicat, plaisir choice (épith), exquisite ◆ **c'est quelqu'un de très recherché** he's in great demand, he's much sought-after

b (étudié, soigné) style mannered ; expression studied ; vocabulaire recherché, carefully chosen ; tenue meticulous ; (péj) affected, studied

rechercher [ʀ(ə)ʃɛʀʃe] → SYN ▸ conjug 1 ◂ vt **a** (chercher à trouver) objet égaré ou désiré, enfant perdu to search for, hunt for ; coupable, témoin to try to trace ou find, look for, seek ; cause d'accident to try to determine ou find out ou ascertain, inquire into ◆ **rechercher l'albumine dans le sang** to look for (evidence of ou the presence of) albumin in the blood ◆ **rechercher comment / pourquoi** to try to find out how / why ◆ **rechercher qch dans sa mémoire** to search one's memory for sth ◆ **il faudra rechercher ce document dans tous les vieux dossiers** we'll have to search through all the old files to find this document ◆ (Ordin) **rechercher un mot dans un dossier** to search a file for a word ◆ (dans une annonce) **« on recherche femme de ménage »** "cleaning lady required" ◆ **recherché pour meurtre** wanted for murder ◆ **les policiers le recherchent depuis 2 ans** the police have been looking for him ou have been after him for 2 years ◆ **la police recherche ...** the police want to interview ...

b (viser à) honneurs, compliment to seek ; danger to court, seek ; succès, plaisir to pursue ◆ **rechercher la perfection** to strive for ou seek perfection ◆ **rechercher l'amitié / la compagnie de qn** to seek sb's friendship / company ◆ **un écrivain qui recherche l'insolite** a writer who strives to capture the unusual

c (chercher à nouveau) to search for ou look for again ◆ **il faudra que je recherche dans mon sac** I must have another look (for it) in my bag, I must look in ou search my bag again ◆ **recherche donc cette lettre** search ou look for that letter again, have another look ou search for that letter

d (reprendre) personne to collect, fetch

rechigner [ʀ(ə)ʃiɲe] → SYN ▸ conjug 1 ◂ vi (renâcler) to balk, jib ◆ **quand je lui ai dit de m'aider, il a rechigné** when I told him to help me he balked ou jibbed ou made a sour face ◆ **faire qch en rechignant** to do sth with bad grace ou with a sour face ◆ **il m'a obéi sans trop rechigner** he obeyed me without making too much fuss ◆ **rechigner à faire qch** to balk ou jib at doing sth ◆ **rechigner à** ou **devant qch** to balk ou jib at sth

rechristianiser [ʀ(ə)kʀistjanize] ▸ conjug 1 ◂ vt to Christianize again

rechute [ʀ(ə)ʃyt] → SYN nf (Méd) relapse ; (fig : dans l'erreur, le vice) lapse (*dans* into) ◆ (Méd) **faire** ou **avoir une rechute** to have a relapse

rechuter [ʀ(ə)ʃyte] ▸ conjug 1 ◂ vi (Méd) to relapse, have a relapse

récidivant, e [ʀesidivɑ̃, ɑ̃t] adj (Méd) recurring

récidive [ʀesidiv] nf **a** (Jur) second ou subsequent offence (Brit) ou offense (US), second ou subsequent crime ◆ **en cas de récidive** in the event of a second ou subsequent offence, in the event of a repetition of the offence ◆ **escroquerie avec récidive** second offence of fraud ◆ **être en récidive** to reoffend, be a recidivist ◆ **les cas de récidive se multiplient chez les jeunes délinquants** reoffending ou recidivism is on the increase among juvenile delinquents ◆ **à la première récidive, je le fiche à la porte** at the first (sign of) repetition ou if he repeats that once again, I shall throw him out

b (Méd) recurrence ; (fig : nouvelle incartade) repetition *(of one's bad ways)*

récidiver [ʀeside] → SYN ▸ conjug 1 ◂ vi (Jur) to reoffend, commit a second ou subsequent offence (Brit) ou offense (US) ou crime ; (fig) [enfant, élève] to do it again ; (Méd) to recur ◆ (hum) **il a récidivé 15 minutes plus tard avec un second but** and did it again* 15 minutes later with a second goal

récidivisme [ʀesidivism] nm reoffending, recidivism (frm)

récidiviste [ʀesidivist] → SYN nmf second offender, recidivist (spéc) ; (plusieurs répétitions) habitual offender, recidivist (spéc) ◆ **un condamné récidiviste** a recidivist

récidivité [ʀesidivite] nf (Méd) recurring nature

récif [ʀesif] → SYN nm reef ◆ **récif corallien** ou **de corail** coral reef ◆ **récif frangeant** fringing reef ◆ **récif-barrière** barrier reef

récifal, e, mpl **-aux** [ʀesifal, o] adj reef (épith)

récipiendaire [ʀesipjɑ̃dɛʀ] → SYN nm (Univ) recipient *(of a diploma)* ; [société] newly elected member, member elect

récipient [ʀesipjɑ̃] → SYN nm container, receptacle

réciprocité [ʀesipʀɔsite] → SYN nf reciprocity

réciproque [ʀesipʀɔk] → SYN **1** adj sentiments, confiance, tolérance, concessions reciprocal, mutual ; (Math) figure, transformation reciprocal ; (Ling) adjectif, verbe, pronom reciprocal ◆ (Logique) **propositions réciproques** converse propositions

2 nf ◆ **la réciproque** (l'inverse) (Logique) the converse ; (gén) the opposite, the reverse ; (la pareille) the same (treatment) ◆ **il me déteste mais la réciproque n'est pas vraie** he hates me but the opposite ou reverse isn't true, he hates me but conversely I don't hate him ◆ **il m'a joué un sale tour, mais je lui rendrai la réciproque** he played a dirty trick on me, but I'll be quits with him yet ou I'll pay him back (in kind ou in his own coin) ◆ **encore merci, j'espère qu'un jour j'aurai l'occasion de vous rendre la réciproque** thanks again, I hope that one day I'll have the opportunity to do the same for you ou to pay you back ◆ **s'attendre à la réciproque** to expect the same (treatment) ou to be paid back

réciproquement [ʀesipʀɔkmɑ̃] → SYN adv **a** (l'un l'autre) each other, one another, mutually ◆ **ils se félicitaient réciproquement** they congratulated each other ou one another

b (vice versa) vice versa ◆ **il me déteste et réciproquement** he hates me and vice versa ou and it's mutual ◆ **un employé doit avoir de l'estime pour son chef et réciproquement** an employee must have regard for his boss and the other way round ou and vice versa

réciproquer [ʀesipʀɔke] ▸ conjug 1 ◂ vt (Belg) vœux, aide to reciprocate

récit [ʀesi] → SYN nm **a** (action de raconter) account, story ; (histoire) story ; (genre) narrative ◆ **récit d'aventures** adventure story ◆ **faire le récit de** to give an account of, tell the story of ◆ **au récit de ces exploits** on hearing an ou the account of ou the story of these exploits

b (Théât : monologue) (narrative) monologue

c (Mus) solo

récital, pl **récitals** [ʀesital] → SYN nm recital ◆ **récital poétique** poetry recital

récitant, e [ʀesitɑ̃, ɑ̃t] **1** adj (Mus) solo

2 nm,f (Mus, Rad, Théât, TV) narrator

récitatif [ʀesitatif] → SYN nm recitative

récitation [ʀesitasjɔ̃] nf **a** (matière, classe) recitation ◆ **composition de récitation** recitation test ◆ **leçon de récitation** lesson to be recited by heart

b (texte, poème) recitation, piece (to be recited)

c (action) recital, reciting

réciter [ʀesite] → SYN ▸ conjug 1 ◂ vt **a** leçon, chapelet, prière to recite

b (péj) profession de foi, témoignage to trot out, recite

réclamant, e [ʀeklamɑ̃, ɑ̃t] nm,f *person who lodges a complaint*

réclamation [ʀeklamasjɔ̃] → SYN nf **a** (plainte) complaint ; (Sport) objection ◆ **faire une réclamation** to make ou lodge a complaint ◆ **adressez vos réclamations à, pour toute réclamation s'adresser à** all complaints should be referred to ◆ **« (bureau des) réclamations »** "complaints department ou office" ◆ (Téléc) **téléphonez aux réclamations** ring the engineers

b (récrimination) protest, complaint

réclame [ʀeklam] → SYN nf **a** (†) (annonce publicitaire) advertisement, advert (Brit), ad* ◆ (publicité) **la réclame** advertising, publicity ◆ **faire de la réclame pour un produit** to advertise ou publicize a product ◆ **ça ne leur fait pas de réclame** that's no advert for them ◆ (fig) **je ne vais pas lui faire de la réclame** I'm not going to boost his business for him ou spread his name around (for him), I'm not going to give him free publicity ◆ **en réclame** on (special) offer ◆ **article réclame** special offer ◆ **réclame lumineuse** neon sign

b (Typ) catchword

réclamer [ʀeklame] → SYN ▸ conjug 1 ◂ **1** vt **a** (solliciter) silence, paix, aide to ask for, call for ; argent to ask for ; pain to ask ou beg for ◆ **réclamer l'indulgence de qn** to beg ou crave sb's indulgence ◆ **je réclame la parole !** I ask ou beg to speak ! ◆ **il m'a réclamé à boire / un jouet** he asked me for a drink / a toy ◆ **je n'aime pas les enfants qui réclament** I don't like children who are always asking for things ◆ **l'enfant malade réclame sa mère** the sick child is calling ou asking for his mother, the sick child wants his mother ◆ **réclamer qn / qch à cor et à cri** to clamour for sb / sth

b (revendiquer) augmentation, droit, dû to claim, demand ; part to claim, lay claim to ◆ **je lui ai réclamé le stylo que je lui avais prêté** I asked him for the pen back ou I reclaimed the pen which I had lent him

c (nécessiter) patience, soin to call for, demand, require

2 vi (protester) to complain ◆ **si vous n'êtes pas content, allez réclamer ailleurs** if you're not happy, go and complain ou make your complaints elsewhere ◆ **réclamer contre** to cry out against

3 **se réclamer** vpr ◆ **se réclamer de ses ancêtres** to call on the spirit of one's ancestors ◆ **doctrine politique qui se réclame de la Révolution française** political doctrine that claims to go back to the spirit of ou that claims to have its roots in the French Revolution ◆ **il se réclame de l'école romantique** he claims to draw ou take his inspiration from the romantic school ◆ **il s'est réclamé du ministre pour obtenir ce poste** he used the minister's name (as a reference) to obtain this position ◆ **je me réclame de Descartes quand je dis cela** I use Descartes as my authority when I say that

reclassement [ʀ(ə)klasmɑ̃] → SYN nm (→ **reclasser**) placement ; rehabilitation ; regrading ; reclassifying

reclasser [ʀ(ə)klase] → SYN ▸ conjug 1 ◂ vt chômeur to place, find a new placement for ; ex-prisonnier to rehabilitate ; fonctionnaire to regrade ; objet to reclassify

reclouer [ʀ(ə)klue] ▸ conjug 1 ◂ vt to nail back on, nail back together

reclus, e [Rəkly, yz] → SYN 1 adj cloistered ◆ **elle vit recluse, elle a** ou **mène une vie recluse** she leads the life of a recluse, she leads a cloistered life
2 nm,f recluse

réclusion [Reklyzjɔ̃] → SYN nf (littér) reclusion (littér) ◆ (Jur) **réclusion (criminelle)** imprisonment ◆ **réclusion criminelle à perpétuité** life imprisonment

réclusionnaire [Reklyzjɔnɛʀ] nmf (Jur) convict

récognitif [Rekɔgnitif, Rekɔɲitif] adj m (Jur) recognitive, recognitory ◆ **acte récognitif** act of acknowledgment

récognition [Rekɔgnisjɔ̃, Rekɔɲisjɔ̃] nf recognition

recoiffer [R(ə)kwafe] ▸ conjug 1 ◂ 1 vt ◆ **recoiffer ses cheveux** to do one's hair ◆ **recoiffer qn** to do sb's hair
2 **se recoiffer** vpr (se peigner) to do one's hair; (remettre son chapeau) to put one's hat back on

recoin [Rəkwɛ̃] → SYN nm (lit) nook; (fig) hidden ou innermost recess ◆ **les recoins du grenier** the nooks and crannies of the attic ◆ **dans les recoins de sa mémoire** in the recesses of his mind

recollage [R(ə)kɔlaʒ] nm (→ **recoller**) re-sticking; sticking back together again

récollection [Rekɔlɛksjɔ̃] → SYN nf (recueillement) recollection

recollement [R(ə)kɔlmɑ̃] nm ⇒ **recollage**

recoller [R(ə)kɔle] ▸ conjug 1 ◂ 1 vt a (lit) étiquette to stick back on ou down, restick; morceau, vase to stick back together; enveloppe to stick back down, restick ◆ (fig) **le coureur recolla au peloton** the runner closed the gap with the rest of the bunch ◆ (fig: réconcilier) **recoller les morceaux** to patch things up
b (remettre) **recoller son oreille à la porte** to stick one's ear against ou to the door again ◆ **recoller qn en prison*** to stick sb back in prison* ◆ **ne recolle pas tes affaires dans ce coin!*** don't stick your things back down in that corner!*
c (*: redonner) **recoller une amende** etc **à qn** to give another fine etc to sb ◆ **je ne veux pas qu'on nous recolle le grand-père!** I don't want them to dump ou palm off grandfather on us again!*
2 **se recoller** vpr a [os] to mend, knit (together)
b (*: subir) **il a fallu se recoller la vaisselle** we had to take on washing the dishes again
c (*: se remettre) **on va se recoller au boulot** let's knuckle down to the job again*, let's get back down to the job
d (*: se remettre en ménage) to go back (to live) together ◆ **après leur brouille ils se sont recollés (ensemble)** after their quarrel they went back (to live) together

récoltable [Rekɔltabl] adj which can be harvested ou gathered

récoltant, e [Rekɔltɑ̃, ɑ̃t] adj, nm,f ◆ **(propriétaire) récoltant** farmer *(who harvests his own crop)*, grower

récolte [Rekɔlt] → SYN nf a (action) (→ **récolter**) harvesting; gathering (in); collecting ◆ **faire la récolte des pommes de terre** to harvest ou gather (in) the potatoes ou the potato crop ◆ **la saison des récoltes** the harvest ou harvesting season
b (produit) [blé, pommes de terre] harvest, crop; [miel] crop ◆ **cette année, on a fait une excellente récolte (de fruits)** this year we had an excellent ou a bumper crop (of fruit) ◆ **récolte sur pied** standing crop
c (fig) [documents, souvenirs] collection, crop (fig); (argent récolté) takings (pl); (observations récoltées) findings (pl)

récolter [Rekɔlte] → SYN ▸ conjug 1 ◂ vt a blé, pommes de terre to harvest, gather (in); miel to collect, gather ◆ (fig) **récolter ce qu'on a semé** to reap what one has sown → **qui**
b (recueillir) souvenirs, documents, signatures to collect, gather; argent to collect; (*) contravention, coups to get, collect* ◆ **je n'ai récolté que des ennuis** all I got was a lot of trouble

recombinaison [R(ə)kɔ̃binɛzɔ̃] nf recombination

recommandable [R(ə)kɔmɑ̃dabl] → SYN adj (estimable) commendable ◆ **peu recommandable** not very commendable

recommandation [R(ə)kɔmɑ̃dasjɔ̃] → SYN nf a (conseil: gén, Pol) recommendation ◆ **faire des recommandations à qn** to make recommendations to sb ◆ **recommandation de l'ONU** UN recommendation ◆ **recommandation officielle** *official suggestion by the French Academy to replace a foreign word with a French word*
b (louange) [hôtel, livre] recommendation ◆ **je l'ai acheté sur sa recommandation** I bought it on his recommendation
c (appui) recommendation ◆ **sur la recommandation de qn** on sb's recommendation ◆ **donner une recommandation à qn pour un patron** to give sb a recommendation for an employer → **lettre**
d (Poste: → **recommander**) recording; registration
e (Rel) commandation

recommandé, e [R(ə)kɔmɑ̃de] (ptp de **recommander**) adj a (Poste: → **recommander**) recorded; registered ◆ **« envoi recommandé »** "recorded delivery" (Brit); (avec valeur assurée) "registered post" (Brit), "registered mail" ◆ **envoyer qch en recommandé** to send sth recorded delivery (Brit); (avec valeur assurée) to send sth by registered post (Brit) ou mail → **lettre**
b (conseillé) produit recommended; hôtel approved, recommended; mesure, initiative advisable, recommended ◆ **est-ce bien recommandé?** is it advisable? ou recommended? (*de faire* to do) ◆ **ce n'est pas très recommandé** it's not very ou really advisable, it's not really recommended

recommander [R(ə)kɔmɑ̃de] → SYN ▸ conjug 1 ◂ GRAMMAIRE ACTIVE 1.1, 19.4
1 vt a (appuyer) candidat to recommend (*à* to) ◆ **est-il recommandé?** has he been recommended? ◆ **un savant que sa probité intellectuelle recommande autant que ses découvertes** a scholar whose intellectual honesty commends him as much as (do) his discoveries
b (conseiller) hôtel, livre, produit to recommend (*à* to) ◆ **recommander à qn de faire** to recommend ou advise sb to do ◆ **le médecin lui recommande le repos** the doctor advises ou recommends (him to) rest ◆ **je te recommande la modération / la discrétion** I advise you to be moderate / discreet, I recommend that you be moderate / discreet ◆ **je te recommande (de lire) ce livre** I recommend you (to read) this book, I recommend that you read this book ◆ (ton de menace) **je te recommande de partir** I strongly advise you to leave ◆ **est-ce bien à recommander?** is it to be recommended?, is it advisable?
c (Rel) **recommander son âme à Dieu** to commend one's soul to God
d (tournure impersonnelle) **il est recommandé de** it's advisable ou recommended to
e (Poste) lettre (pour attester sa remise) to record; (pour assurer sa valeur) lettre, paquet to register
2 **se recommander** vpr ◆ **se recommander de qn** to give sb's name as a reference ◆ **se recommander à qn / Dieu** to commend o.s. to sb / God ◆ **il se recommande par son talent / son ambition** his talent / ambition commends him

recommencement [R(ə)kɔmɑ̃smɑ̃] → SYN nm ◆ **le recommencement des hostilités / combats** the renewal of hostilities / (the) fighting ◆ **l'histoire est un perpétuel recommencement** history is a process of constant renewal ou a series of new beginnings ◆ **les recommencements sont toujours difficiles** beginning again ou making a fresh start is always difficult

recommencer [R(ə)kɔmɑ̃se] → SYN ▸ conjug 3 ◂ 1 vt a (continuer) récit, lecture to begin ou start again, resume; lutte, combat to start up again, start afresh, renew, resume ◆ **soyez attentifs, ça fait la 3e fois que je recommence** pay attention, that's the 3rd time I've had to start ou begin again
b (refaire) travail, expérience to start (over) again, start afresh ◆ **recommencer sa vie** to make a fresh start (in life), start ou begin one's life (over) again ◆ **si c'était à recommencer** if I could start ou have it over again ◆ **tout est à recommencer** everything has to begin again ou be begun again ◆ **on prend les mêmes et on recommence!*** it's always the same old story!
c (répéter) erreur to make ou commit again
2 vi [pluie, orage] to begin ou start again; [combat] to start up again, start afresh, resume ◆ **la pluie recommence** it's beginning ou starting to rain again, the rain is beginning ou starting again ◆ **en septembre, l'école recommence** in September school begins ou starts again ou resumes ◆ **année après année, les saisons recommencent** year after year the seasons begin afresh ou anew ◆ **je leur ai dit de se taire, et voilà que ça recommence!** I told them to be quiet and yet there they go again! ◆ **recommencer à** ou **de faire** to begin ou start to do again, begin ou start doing again ◆ **tu ne vas pas recommencer de sitôt!** you won't do that again in a hurry!* ◆ **on lui dit de ne pas le faire, mais deux minutes plus tard, il recommence (à le faire)** he is told not to do it but two minutes later he does it again ou he's at it again

recomparaître [R(ə)kɔ̃paRɛtR] ▸ conjug 57 ◂ vi (Jur) to appear (in court) again

récompense [Rekɔ̃pɑ̃s] → SYN nf (action, chose) reward; (prix) award ◆ **en récompense de** in return for, as a reward for ◆ **en récompense de vos services** in return for your services ◆ **je me sacrifie et voilà ma récompense** I make sacrifices and that's all the reward I get

récompenser [Rekɔ̃pɑ̃se] → SYN ▸ conjug 1 ◂ vt to reward, recompense ◆ **être récompensé d'avoir fait qch** to be rewarded ou recompensed for having done sth

recomposer [R(ə)kɔ̃poze] ▸ conjug 1 ◂ vt puzzle to put together again, reconstruct; (Chim) to recompose; (Téléc) numéro to dial again, redial; (Typ) ligne to reset ◆ **il parvint à recomposer la scène** (par la mémoire) he succeeded in reconstructing the scene ◆ **l'œil / la télévision recompose l'image** the eye / television reconstitutes the image

recomposition [R(ə)kɔ̃pozisjɔ̃] nf (→ **recomposer**) reconstruction; recomposition; redialling; resetting; reconstitution

recompter [R(ə)kɔ̃te] ▸ conjug 1 ◂ vt to count again, recount

réconciliateur, -trice [Rekɔ̃siljatœR, tRis] → SYN nm,f reconciler

réconciliation [Rekɔ̃siljasjɔ̃] → SYN nf (gén, Jur, Rel) reconciliation

réconcilier [Rekɔ̃silje] → SYN ▸ conjug 7 ◂ GRAMMAIRE ACTIVE 26.4
1 vt (Rel) to reconcile; personnes, théories to reconcile (*avec* with) ◆ **réconcilier qn avec une idée** to reconcile sb to an idea
2 **se réconcilier** vpr to be ou become reconciled (*avec* with) ◆ **ils se sont réconciliés** they have been reconciled, they have made their peace with one another ◆ **se réconcilier avec soi-même** to feel ou be at peace with o.s.

reconductible [R(ə)kɔ̃dyktibl] → SYN adj renewable

reconduction [R(ə)kɔ̃dyksjɔ̃] → SYN nf renewal ◆ **tacite reconduction** renewal by tacit agreement

reconduire [R(ə)kɔ̃dɥiR] → SYN ▸ conjug 38 ◂ vt a (continuer) politique, budget, bail to renew ◆ **commande tacitement reconduite** order renewed by tacit agreement
b (raccompagner) **reconduire qn chez lui / à la gare** to see ou take ou escort sb (back) home / to the station ◆ **il a été reconduit à la frontière par les policiers** he was escorted (back) to the frontier by the police ◆ **reconduire qn à pied / en voiture chez lui** to walk / drive sb (back) home ◆ **il m'a reconduit à la porte** he showed me to the door

reconduite [R(ə)kɔ̃dɥit] nf ◆ [personne en situation irrégulière] **reconduite à la frontière** escorting (back) to the frontier

réconfort [Rekɔ̃fɔR] → SYN nm comfort

réconfortant, e [ʀekɔ̃fɔʀtɑ̃, ɑ̃t] → SYN adj (rassurant) parole, idée comforting; (stimulant) remède tonic (épith), fortifying; aliment fortifying

réconforter [ʀekɔ̃fɔʀte] → SYN ▸ conjug 1 ◂ 1 vt [paroles, présence] to comfort; [alcool, aliment, remède] to fortify
2 **se réconforter** vpr (boire, manger) to have ou take some refreshment

reconnaissable [ʀ(ə)kɔnɛsabl] → SYN adj recognizable (à by, from) ◆ **il n'était pas reconnaissable** he was unrecognizable, you wouldn't have recognized him

reconnaissance [ʀ(ə)kɔnɛsɑ̃s] → SYN GRAMMAIRE ACTIVE 22
1 nf a (gratitude) gratitude, gratefulness (*à qn* to ou towards sb) ◆ **avoir / éprouver de la reconnaissance pour qn** to be / feel grateful to sb ◆ **en reconnaissance de ses services / de son aide** in recognition of ou acknowledgement of ou gratitude for his services / his help ◆ **être pénétré de reconnaissance pour la générosité de qn** to be filled with gratitude to sb for his generosity ◆ (hum) **il a la reconnaissance du ventre** he's grateful for what he's been given
b (Pol : d'un état) recognition; (Jur : d'un droit) recognition, acknowledgement
c (exploration) reconnaissance, survey; (Mil) reconnaissance, recce* ◆ (lit, fig) **envoyer en reconnaissance** to send (out) on reconnaissance ou on a recce* ◆ (lit, fig) **partir en reconnaissance** to go and reconnoitre (the ground) ◆ (Mil) **faire** ou **pousser une reconnaissance** to make a reconnaissance, go on reconnaissance ◆ **mission / patrouille de reconnaissance** reconnaissance mission / patrol
d (action de reconnaître) recognition ◆ **il lui fit un petit signe de reconnaissance** he gave her a little sign of recognition ◆ **il tenait un journal en signe de reconnaissance** he was carrying a newspaper so that he could be recognized ou identified
e (littér : aveu) acknowledgement, admission
f (Ordin) recognition ◆ **reconnaissance de la parole** speech recognition ◆ **reconnaissance de formes** pattern recognition
2 COMP ▹ **reconnaissance de dette** acknowledgement of a debt, IOU ▹ **reconnaissance d'enfant** legal recognition of a child ▹ **reconnaissance du mont-de-piété** pawn ticket ▹ **reconnaissance d'utilité publique** official approval

reconnaissant, e [ʀ(ə)kɔnɛsɑ̃, ɑ̃t] → SYN GRAMMAIRE ACTIVE 2.1, 4, 19, 20.1, 21.1, 22 adj grateful (*à qn de qch* to sb for sth) ◆ **je vous serais reconnaissant de me répondre rapidement** I would be grateful if you would reply quickly ou for a speedy reply ◆ **« aux grands hommes, la patrie reconnaissante »** "to great men, (from) the grateful Motherland"

reconnaître [ʀ(ə)kɔnɛtʀ] → SYN ▸ conjug 57 ◂ GRAMMAIRE ACTIVE 11.1, 13.2, 18.2, 26.6
1 vt a (gén : identifier) to recognize ◆ **je l'ai reconnu à sa voix** I recognized him ou I knew it was him ou I could tell it was him from ou by (the sound of) his voice ◆ **je le reconnaîtrais entre mille** I'd recognize him ou pick him out anywhere ◆ **elle reconnut l'enfant à son foulard rouge** she recognized the child by his red scarf ◆ **reconnaître la voix / le pas de qn** to recognize sb's voice / walk ◆ **reconnaître le corps** (d'un mort) to identify the body ◆ **ces jumeaux sont impossibles à reconnaître** these twins are impossible to tell apart, it's impossible to tell which of these twins is which ◆ **on reconnaît un fumeur à ses doigts jaunis** you can tell ou recognize ou spot a smoker by his stained fingers ◆ **on reconnaît bien là sa paresse** that's just typical of him and his lazy ways, that's just typical of his laziness ◆ **je le reconnais bien là** that's just like him, that's him all over! ◆ **méfiez-vous, il sait reconnaître un mensonge** be careful – he knows ou recognizes ou he can spot a lie when he hears one ◆ **on ne le reconnaît plus** you wouldn't know ou recognize him now
b (convenir de) innocence, supériorité, valeur to recognize, acknowledge; (avouer) torts to recognize, acknowledge, admit ◆ **il reconnut peu à peu la difficulté de la tâche** he gradually came to realize ou recognize the difficulty of the task ◆ **il faut reconnaître les faits** we must face ou recognize the facts ◆ **on lui reconnaît une qualité, il est honnête** he is recognized as having one quality – he is honest ◆ **il faut reconnaître qu'il faisait très froid** admittedly it was very cold, you must admit it was very cold ◆ **il a reconnu s'être trompé / qu'il s'était trompé** he admitted to ou acknowledged making a mistake / that he had made a mistake ◆ **je reconnais que j'avais tout à fait oublié ce rendez-vous** I must confess ou admit (that) I had completely forgotten this appointment
c (admettre) maître, chef to recognize; (Pol) état, gouvernement to recognize; (Jur) enfant to recognize legally, acknowledge; dette to acknowledge ◆ **reconnaître qn pour** ou **comme chef** to acknowledge ou recognize sb as (one's) leader ◆ (Jur) **reconnaître la compétence d'un tribunal** to acknowledge ou recognize the competence of a court ◆ (Jur) **reconnaître qn coupable** to find sb guilty ◆ **reconnaître sa signature** to acknowledge one's signature ◆ **il ne reconnaît à personne le droit d'intervenir** he doesn't recognize in anyone the right to intervene, he doesn't acknowledge that anyone has the right to intervene
d (Mil) terrain, île, côte to reconnoitre ◆ **on va aller reconnaître les lieux** ou **le terrain** we're going to see how the land lies, we're going to reconnoitre (the ground) ◆ **les gangsters étaient certainement venus reconnaître les lieux auparavant** the gangsters had certainly been to look over the place ou spy out (Brit) the land beforehand
e (littér : montrer de la gratitude) to recognize, acknowledge
2 **se reconnaître** vpr a (dans la glace) to recognize o.s.; (entre personnes) to recognize each other ◆ **elle ne se reconnaît pas du tout dans ses filles** she (just) can't see any likeness between herself and her daughters
b (lit, fig : se retrouver) to find one's way about ou around ◆ **je ne m'y reconnais plus** I'm completely lost ◆ **je commence à me reconnaître** I'm beginning to find my bearings
c (être reconnaissable) to be recognizable (*à* by) ◆ **le pêcher se reconnaît à ses fleurs roses** the peach tree is recognizable by its pink flowers, you can tell a peach tree by its pink flowers
d (s'avouer) **se reconnaître vaincu** to admit ou acknowledge defeat ◆ **se reconnaître coupable** to admit ou acknowledge one's guilt

reconnu, e [ʀ(ə)kɔny] → SYN (ptp de **reconnaître**) adj fait recognized, accepted; auteur, chef recognized ◆ **c'est un fait reconnu que ...** it's a recognized ou an accepted fact that ... ◆ **il est reconnu que ...** it is recognized ou accepted ou acknowledged that ...

reconquérir [ʀ(ə)kɔ̃keʀiʀ] → SYN ▸ conjug 21 ◂ vt (Mil) to reconquer, recapture, capture back; femme to win back; dignité, liberté to recover, win back

reconquête [ʀ(ə)kɔ̃kɛt] nf (Mil) reconquest, recapture; [droit, liberté] recovery

reconsidérer [ʀ(ə)kɔ̃sideʀe] → SYN ▸ conjug 6 ◂ vt to reconsider

reconstituant, e [ʀ(ə)kɔ̃stitɥɑ̃, ɑ̃t] → SYN
1 adj aliment, régime which builds up ou boosts (up) one's strength
2 nm energy-giving food, energizer

reconstituer [ʀ(ə)kɔ̃stitɥe] → SYN ▸ conjug 1 ◂ vt a parti, armée to re-form, reconstitute; fortune to build up again, rebuild; crime, faits, puzzle, histoire to reconstruct, piece together; texte to restore, reconstitute; édifice, vieux quartier to restore, reconstruct; objet brisé to put ou piece together again ◆ **le parti s'est reconstitué** the party was re-formed ou reconstituted ◆ **bifteck haché reconstitué** mincemeat (Brit) ou hamburger (US) patty
b (Bio) organisme to regenerate

reconstitution [ʀ(ə)kɔ̃stitysjɔ̃] → SYN nf (→ **reconstituer**) reformation; reconstitution; rebuilding; reconstruction; piecing together; restoration; regeneration ◆ **reconstitution historique** reconstruction ou recreation of history ◆ (Scol) **reconstitution d'un texte** text reconstitution, rewriting exercise ◆ **la reconstitution du crime** reconstruction at the scene of the crime *(in the presence of the examining magistrate and the accused)*

reconstruction [ʀ(ə)kɔ̃stʀyksjɔ̃] → SYN nf (→ **reconstruire**) rebuilding; reconstruction

reconstruire [ʀ(ə)kɔ̃stʀɥiʀ] → SYN ▸ conjug 38 ◂ vt maison to rebuild, reconstruct; fortune to build up again, rebuild

reconventionnel, -elle [ʀ(ə)kɔ̃vɑ̃sjɔnɛl] adj ◆ **demande reconventionnelle** counter claim

reconversion [ʀ(ə)kɔ̃vɛʀsjɔ̃] → SYN nf (→ **reconvertir, se reconvertir**) reconversion; redeployment, retraining ◆ **stage de reconversion** retraining course

reconvertir [ʀ(ə)kɔ̃vɛʀtiʀ] → SYN ▸ conjug 2 ◂
1 vt usine to reconvert (*en* to); personnel to redeploy, retrain
2 **se reconvertir** vpr [usine] to be reconverted, be turned over to a new type of production; [personne] to move into ou turn to a new type of employment ◆ **il s'est reconverti dans le secrétariat** he has given up his old job and gone into secretarial work ◆ **nous nous sommes reconvertis dans le textile** we have moved over ou gone over into textiles

recopier [ʀ(ə)kɔpje] ▸ conjug 7 ◂ vt (transcrire) to copy out, write out; (recommencer) to copy out ou write out again ◆ **recopier ses notes au propre** to write up one's notes, make a fair copy of one's notes

record [ʀ(ə)kɔʀ] → SYN 1 nm (Sport) record ◆ **record masculin / féminin** men's / women's record ◆ **l'indice des valeurs boursières a atteint un nouveau record à la hausse / à la baisse** the share index has reached an all-time high / low ◆ **cette exposition / ce film a connu des records d'affluence** there were record(-breaking) numbers at this exhibition / this film ◆ **j'ai lu 2 livres en une semaine, c'est mon record** I read 2 books within a week, it's a personal record
2 adj inv chiffre, production record (épith) ◆ **en un temps record** in record time

recordage [ʀ(ə)kɔʀdaʒ] nm [raquette] restringing (NonC)

recorder [ʀ(ə)kɔʀde] ▸ conjug 1 ◂ vt raquette to restring

recordman [ʀ(ə)kɔʀdman], pl **recordmen** [ʀ(ə)kɔʀdmɛn] nm (men's) record holder

recordwoman [ʀ(ə)kɔʀdwuman], pl **recordwomen** [ʀ(ə)kɔʀdwɔmɛn] nf (women's) record holder

recorriger [ʀəkɔʀiʒe] ▸ conjug 3 ◂ vt to recorrect, correct again; (Scol) to mark again, re-mark

recors [ʀəkɔʀ] → SYN nm (Hist) bailiff's assistant

recoucher [ʀ(ə)kuʃe] ▸ conjug 1 ◂ 1 vt enfant to put back to bed; objet to lay ou put down again
2 **se recoucher** vpr to go back to bed

recoudre [ʀ(ə)kudʀ] ▸ conjug 48 ◂ vt (Couture) ourlet to sew up again; bouton to sew back on, sew on again; (Méd) plaie to stitch up (again), put stitches (back) in; opéré to stitch (back) up

recoupe [ʀəkup] nf a (Tech) cuttings
b (Agr) aftermath
c (Meunerie) middlings

recoupement [ʀ(ə)kupmɑ̃] → SYN nm crosscheck, crosschecking (NonC) ◆ **par recoupement** by crosschecking ◆ **faire un recoupement** to crosscheck

recouper [ʀ(ə)kupe] → SYN ▸ conjug 1 ◂ 1 vt a (gén) to cut again; vêtement to recut; vin to blend; route to intersect ◆ **recouper du pain** to cut (some) more bread ◆ **elle m'a recoupé une tranche de viande** she cut me another slice of meat
b [témoignage] to tie up ou match up with, confirm, support
2 vi (Cartes) to cut again
3 **se recouper** vpr [faits] to tie ou match up, confirm ou support one another; [droites, cercles] to intersect; [chiffres, résultats] to add up

recouponner [ʀ(ə)kupɔne] ▸ conjug 1 ◂ vt to renew the coupons of

recourbé, e [ʀ(ə)kuʀbe] → SYN (ptp de **recourber**) adj (gén) curved; (accidentellement) bent; bec curved, hooked ◆ **nez recourbé** hook-nose

recourbement [ʀ(ə)kuʀbəmɑ̃] nm bending

recourber [ʀ(ə)kuʀbe] ▸ conjug 1 ◂ 1 vt bois to bend (over); métal to bend, curve
2 **se recourber** vpr to curve (up), bend (up)

recourir [ʀ(ə)kuʀiʀ] → SYN ▸ conjug 11 ◂ 1 vt (Sport) to run again
2 **recourir à** vt indir opération, emprunt to resort to, have recourse to; force to resort to; personne to turn to, appeal to ◆ **j'ai recouru à son aide** I turned ou appealed to him for help
3 vi a (Sport) to race again, run again ◆ **j'ai recouru le chercher*** I ran back ou raced back ou nipped back* (Brit) to get it
b (Jur) **recourir contre qn** to (lodge an) appeal against sb

recours [ʀ(ə)kuʀ] → SYN 1 nm resort, recourse; (Jur) appeal ◆ **le recours à la violence ne sert à rien** resorting to violence doesn't do any good ◆ **en dernier recours** as a last resort, in the last resort ◆ **nous n'avons plus qu'un recours** we've only got one resort ou recourse left, there's only one course (of action) left open to us ◆ **il n'y a aucun recours contre cette décision** there is no way of changing this decision, there is no appeal possible ou no recourse against this decision ◆ **il n'y a aucun recours contre cette maladie** there is no cure ou remedy for this disease ◆ **la situation est sans recours** there's nothing we can do about the situation, there's no way out of the situation ◆ **avoir recours à** mesure, solution to resort to, have recourse to; force to resort to; personne to turn to, appeal to
2 COMP ▷ **recours en cassation** appeal to the supreme court ▷ **recours contentieux** *submission for a legal settlement* ▷ **recours en grâce** (remise de peine) plea for pardon; (commutation de peine) plea for clemency ▷ **recours gracieux** *submission for an out-of-court settlement* ▷ **recours hiérarchique** disciplinary complaint

recouvrable [ʀ(ə)kuvʀabl] → SYN adj a impôt collectable, which can be collected; créance recoverable, reclaimable, retrievable
b peinture recoatable

recouvrage [ʀ(ə)kuvʀaʒ] nm [siège] reupholstering

recouvrement [ʀ(ə)kuvʀəmɑ̃] → SYN nm a (couverture: action) covering (up); (résultat) cover ◆ (Constr) **assemblage à recouvrement** lap joint
b (Fin) [cotisations] collection, payment; [impôt] collection, levying; (littér) [créance] recovery
c (littér) [forces, santé] recovery

recouvrer [ʀ(ə)kuvʀe] → SYN ▸ conjug 1 ◂ vt a santé, vue to recover, regain; liberté to regain; amitié to win back ◆ **recouvrer la raison** to recover one's senses, come back to one's senses
b (Fin) cotisation to collect; impôt to collect, levy; (littér) créance to recover

recouvrir [ʀ(ə)kuvʀiʀ] → SYN ▸ conjug 18 ◂ 1 vt a (entièrement) to cover ◆ **la neige recouvre le sol** snow covers the ground ◆ **recouvert d'écailles / d'eau** covered in ou with scales / water ◆ **recouvrir un mur de papier peint / de carreaux** to paper / tile a wall ◆ **le sol était recouvert d'un tapis** the floor was carpeted, there was a carpet on the floor ◆ **les ouvriers recouvrirent la maison** the workmen put the roof on the house ou roofed over the house ◆ **recouvre la casserole / les haricots** put the lid on the saucepan / on ou over the beans
b (à nouveau) fauteuil, livre to re-cover, put a new cover on; casserole to put the lid back on ◆ **recouvrir un enfant qui dort** to cover (up) a sleeping child again
c (cacher) intentions to conceal, hide, mask; (englober) aspects, questions to cover
2 **se recouvrir** vpr ◆ **se recouvrir d'eau / de terre** to become covered in ou with water / earth ◆ **le ciel se recouvre** the sky is getting cloudy ou becoming overcast again ◆ **les deux feuilles se recouvrent partiellement** the two sheets overlap slightly

recracher [ʀ(ə)kʀaʃe] ▸ conjug 1 ◂ 1 vt to spit out (again)
2 vi to spit again

récré [ʀekʀe] nf (arg Scol) abrév de **récréation**

récréatif, -ive [ʀekʀeatif, iv] → SYN adj lecture light (épith) ◆ **soirée récréative** evening's recreation ou entertainment

recréation [ʀəkʀeasjɔ̃] nf re-creation

récréation [ʀekʀeasjɔ̃] → SYN nf a (Scol) (au lycée) break; (à l'école primaire) playtime (Brit), break, recess (US) ◆ **aller en récréation** to go out for (the) break ◆ **les enfants sont en récréation** the children are having their playtime (Brit) ou break → **cour**
b (gén: détente) recreation, relaxation

recréer [ʀ(ə)kʀee] ▸ conjug 1 ◂ vt to re-create

récréer [ʀekʀee] → SYN ▸ conjug 1 ◂ (littér) 1 vt to entertain, amuse
2 **se récréer** vpr to amuse o.s.

recrépir [ʀ(ə)kʀepiʀ] ▸ conjug 2 ◂ vt to resurface (with roughcast ou pebble dash) ◆ **faire recrépir sa maison** to have the roughcast ou pebble dash redone on one's house

recrépissage [ʀ(ə)kʀepisaʒ] nm resurfacing (with roughcast ou pebble dash)

recreuser [ʀ(ə)kʀøze] ▸ conjug 1 ◂ vt (lit) (de nouveau) to dig again; (davantage) to dig deeper; (fig) to go further ou deeper into, dig deeper into

récrier (se) [ʀekʀije] → SYN ▸ conjug 7 ◂ vpr to exclaim, cry out in admiration (ou indignation ou surprise etc)

récriminateur, -trice [ʀekʀiminatœʀ, tʀis] adj remonstrative, complaining

récrimination [ʀekʀiminasjɔ̃] → SYN nf recrimination, remonstration, complaint

récriminatoire [ʀekʀiminatwaʀ] adj discours, propos remonstrative

récriminer [ʀekʀimine] → SYN ▸ conjug 1 ◂ vi to recriminate, remonstrate (*contre* against), complain bitterly (*contre* about)

récrire [ʀekʀiʀ] ▸ conjug 39 ◂ vt roman, inscription to rewrite; lettre to write again ◆ (fig) **récrire l'histoire** to rewrite history ◆ **il m'a récrit** he has written to me again, he has written me another letter

recristallisation [ʀ(ə)kʀistalizasjɔ̃] nf recrystallization

recristalliser [ʀ(ə)kʀistalize] ▸ conjug 1 ◂ vi to recrystallize

recroquevillé, e [ʀ(ə)kʀɔk(ə)vije] adj papier, fleur shrivelled (up), curled (up); personne hunched ou huddled up

recroqueviller (se) [ʀ(ə)kʀɔk(ə)vije] → SYN ▸ conjug 1 ◂ vpr [papier, fleur] to shrivel up, curl up; [personne] to huddle ou curl o.s. up

recru, e[1] [ʀəkʀy] → SYN adj ◆ (littér) **recru (de fatigue)** exhausted, tired out

recrudescence [ʀ(ə)kʀydesɑ̃s] → SYN nf [criminalité, combats] (fresh) upsurge, new and more serious wave ou outburst; [épidémie] (fresh) upsurge, further and more serious outbreak ou outburst ◆ **devant la recrudescence des vols** in view of the upsurge in thefts ◆ **il y a eu une recrudescence de froid** the cold weather suddenly set in even worse than before, there was another spell of even colder weather

recrudescent, e [ʀ(ə)kʀydesɑ̃, ɑ̃t] adj (littér) recrudescent ◆ **épidémie recrudescente** epidemic which is on the increase ou upsurge again

recrue[2] [ʀəkʀy] → SYN nf (Mil) recruit; (fig) recruit, new member ◆ (fig) **faire une (nouvelle) recrue** to gain a (new) recruit, recruit a new member

recrutement [ʀ(ə)kʀytmɑ̃] → SYN nm (action) recruiting, recruitment; (recrues) recruits ◆ **agence de recrutement** recruitment agency

recruter [ʀ(ə)kʀyte] → SYN ▸ conjug 1 ◂ vt (Mil, fig) to recruit ◆ **se recruter dans** ou **parmi** to be recruited from ◆ [agence] **recruter des cadres pour une entreprise** to headhunt for a company

recruteur, -euse [ʀ(ə)kʀytœʀ, øz] → SYN 1 nm,f (Mil) recruiting officer; (pour cadres) headhunter
2 adj recruiting ◆ **agent recruteur** recruiting agent

recta* [ʀɛkta] adv payer promptly, on the nail*; arriver on the dot* ◆ **quand j'ai les pieds mouillés, c'est recta, j'attrape un rhume** whenever I get my feet wet that's it*, I catch a cold ou I catch a cold straight off (Brit) ou right off*

rectal, e, mpl **-aux** [ʀɛktal, o] adj rectal

rectangle [ʀɛktɑ̃gl] 1 nm (gén) rectangle, oblong; (Math) rectangle ◆ (TV) **rectangle blanc** "suitable for adults only" sign
2 adj right-angled

rectangulaire [ʀɛktɑ̃gylɛʀ] adj rectangular, oblong

recteur[1] [ʀɛktœʀ] → SYN nm a **recteur (d'académie)** ≃ chief education officer (Brit), director of education (Brit), commissioner of education (US)
b (Rel) (prêtre) priest; (directeur) rector

recteur[2], **-trice** [ʀɛktœʀ, tʀis] 1 adj rectricial
2 **rectrice** nf rectrix

rectifiable [ʀɛktifjabl] → SYN adj erreur rectifiable, which can be put right ou corrected; alcool rectifiable

rectificateur [ʀɛktifikatœʀ] nm (Chim) rectifier

rectificatif, -ive [ʀɛktifikatif, iv] → SYN 1 adj compte rectified, corrected ◆ **acte rectificatif, note rectificative** correction
2 nm correction

rectification [ʀɛktifikasjɔ̃] nf (→ **rectifier**) rectification; correction; straightening

rectifier [ʀɛktifje] → SYN ▸ conjug 7 ◂ vt calcul (corriger) to rectify, correct; (ajuster) to adjust; erreur to rectify, correct, put right; paroles to correct; route, tracé to straighten; virage to straighten (out); mauvaise position to correct; (Tech) pièce to true (up), adjust; (Chim, Math) to rectify ◆ **il rectifia la position du rétroviseur / son chapeau** he adjusted ou straightened his driving mirror / his hat ◆ **« non, ils étaient deux », rectifia-t-il** "no, there were two of them" he added, correcting himself ◆ (Mil) **rectifier la position / l'alignement** to correct one's stance / the alignment ◆ **rectifier le tir** (lit) to adjust the fire; (fig) to get one's aim right ◆ (fig: tuer) **il a été rectifié*, il s'est fait rectifier*** they did away with him*, he got himself killed ou bumped off* (Brit)

rectifieur, -ieuse [ʀɛktifjœʀ, jøz] 1 nm,f (ouvrier) grinding machine operator
2 **rectifieuse** nf (machine) grinding machine

rectiligne [ʀɛktiliɲ] → SYN 1 adj (gén) straight; mouvement rectilinear; (Géom) rectilinear
2 nm (Géom) rectilinear angle

rectilinéaire [ʀɛktilineɛʀ] adj rectilinear

rectite [ʀɛktit] nf proctitis

rectitude [ʀɛktityd] → SYN nf [caractère] rectitude, uprightness; [jugement] soundness, rectitude; (littér) [ligne] straightness

recto [ʀɛkto] → SYN nm front (of a page), first side, recto (frm) ◆ **recto verso** on both sides (of the page) ◆ **voir au recto** see on first ou other side

rectocolite [ʀɛktokɔlit] nf proctocolitis

rectoral, e, pl **-aux** [ʀɛktɔʀal, o] adj of the Education Offices

rectorat [ʀɛktɔʀa] nm (bureaux) Education Offices

rectoscope [ʀɛktɔskɔp] nm proctoscope

rectoscopie [ʀɛktɔskɔpi] nf proctoscopy

rectum [ʀɛktɔm] → SYN nm rectum

reçu, e [ʀ(ə)sy] → SYN (ptp de **recevoir**) 1 adj a usages, coutumes accepted → **idée**
b candidat successful ◆ **les reçus** the successful candidates ◆ **il y a eu 50 reçus** there were 50 passes ou successful candidates
2 nm (quittance) receipt, chit

recueil [ʀəkœj] → SYN nm (gén) book, collection; [documents] compendium ◆ **recueil de poèmes** anthology ou collection of poems

♦ **recueil de morceaux choisis** anthology ♦ (fig) **recueil de faits** collection of facts

recueillement [ʀ(ə)kœjmɑ̃] → SYN nm (Rel, gén) meditation, contemplation ♦ **écouter avec un grand recueillement** to listen reverently ♦ **écouter avec un recueillement quasi religieux** to listen with an almost religious respect ou reverence

recueilli, e [ʀ(ə)kœji] (ptp de **recueillir**) adj meditative, contemplative

recueillir [ʀ(ə)kœjiʀ] → SYN ▸ conjug 12 ◂ **1** vt **a** (récolter) graines to gather, collect; argent, documents to collect; liquide to collect, catch; suffrages to win; héritage to inherit ♦ **recueillir le fruit de ses efforts** to reap the rewards of one's efforts ♦ [orateur, discours] **recueillir de vifs applaudissements** to be enthusiastically ou warmly applauded ♦ **il a recueilli 100 voix** he got ou polled 100 votes
b (accueillir) réfugié to take in ♦ **recueillir qn sous son toit** to receive sb in one's home, welcome sb into one's home
c (enregistrer) déposition, chansons anciennes to take down, take note of; opinion to record
2 **se recueillir** vpr (Rel, gén) to collect ou gather one's thoughts, commune with o.s. ♦ **aller se recueillir sur la tombe de qn** to go and meditate at sb's grave

recuire [ʀ(ə)kɥiʀ] ▸ conjug 38 ◂ **1** vt viande to recook, cook again; pain, gâteaux to rebake, bake again; poterie to bake ou fire again; (Tech) métal to anneal
2 vi [viande] to cook for a further length of time ♦ **faire recuire** to recook; to rebake

recuit [ʀəkɥi] nm (Tech) [métal, verre] annealing

recul [ʀ(ə)kyl] → SYN nm **a** (retraite) [armée] retreat; [patron, négociateur] climb-down* (*par rapport à* from) ♦ **j'ai été étonné de son recul devant la menace de grève** I was amazed at how he retreated ou climbed down* at the threat of strike action ♦ **avoir un mouvement de recul** to recoil, start back, shrink back (*devant, par rapport à* from)
b (déclin) [épidémie, maladie] recession; [civilisation, langue] decline; [valeur boursière] decline ♦ **être en recul** [épidémie] to be on the decline, be subsiding; [chômage] to be on the decline, be going down ou subsiding; [monnaie] to be falling; [parti] to be losing ground ♦ (Pol) **recul de la majorité aux élections** setback for the government in the election ♦ **recul du franc sur les marchés internationaux** setback for the franc ou drop in the franc on the international markets ♦ **le dollar est en net recul par rapport à hier** the dollar has dropped sharply since yesterday ♦ **le recul de l'influence française en Afrique** the decline in French influence in Africa
c (éloignement dans le temps, l'espace) distance ♦ **avec le recul (du temps), on juge mieux les événements** with the passing of time one can stand back and judge events better ♦ **le village paraissait plus petit avec le recul** from a distance ou from further away the village looked smaller ♦ **prendre du recul** (lit) to step back, stand back; (fig) to stand back (*par rapport à* from) ♦ **avec du** ou **le recul** with (the benefit of) hindsight ♦ **cette salle n'a pas assez de recul** there isn't enough room to move back in this room, you can't move back ou get back far enough in this room
d [arme à feu] recoil, kick
e (report) [échéance] postponement
f (déplacement) [véhicule] backward movement → **phare**

reculade [ʀ(ə)kylad] nf (Mil) retreat, withdrawal; (fig péj) retreat, climb-down* ♦ **c'est la reculade générale** they're all backing down

reculé, e [ʀ(ə)kyle] → SYN (ptp de **reculer**) adj époque remote, distant; ville, maison remote, out-of-the-way (épith), out of the way (attrib)

reculer [ʀ(ə)kyle] → SYN ▸ conjug 1 ◂ **1** vi **a** [personne] to move ou step back; (par peur) to draw back, back away; [automobiliste, automobile] to reverse (Brit), back (up), move back; [cheval] to back; [mer] to recede; (Mil) to retreat ♦ **reculer de 2 pas** to go back ou move back 2 paces, take 2 paces back ♦ **reculer devant l'ennemi** to retreat from ou draw back from the enemy ♦ **reculer d'horreur** to draw back ou shrink back in horror ♦ (fig) **c'est reculer pour mieux sauter** it's just putting off the evil day ou delaying the day of reckoning ♦ **faire reculer** foule to move back, force back; cheval to move back; ennemi to push ou force back; désert to drive back ♦ **ce spectacle le fit reculer** this sight made him draw back ou made him back away
b (hésiter) to shrink back; (changer d'avis) to back down, back out ♦ **tu ne peux plus reculer maintenant** you can't back out ou back down now ♦ **reculer devant la dépense / difficulté** to shrink from the expense / difficulty ♦ **je ne reculerai devant rien, rien ne me fera reculer** I'll stop ou stick at nothing, nothing will stop me ♦ **il ne faut pas reculer devant ses obligations** you mustn't shrink from your obligations ♦ **il ne recule pas devant la dénonciation** he doesn't flinch at informing on people, he doesn't shrink from informing on people ♦ **cette condition ferait reculer de plus braves** this condition would make braver men (than I ou you etc) draw back ou hesitate
c (diminuer) (gén) to be on the decline; [patois] to be on the decline, lose ground; [chômage] to decline, subside, go down; [eaux] to subside, recede, go down; [incendie] to subside, lose ground; [élève, science, civilisation] to be on the downgrade, decline ♦ **faire reculer l'épidémie** to get the epidemic under control ♦ **faire reculer le chômage** to reduce the number of unemployed ♦ **faire reculer l'inflation** to curb inflation ♦ (Bourse) **les mines d'or ont reculé d'un point** gold shares fell back a point
d [arme à feu] to recoil
2 vt chaise, meuble to move back, push back; véhicule to reverse (Brit), back (up); frontières to extend, push ou move back; livraison, date to put back, postpone; décision to put off, defer, postpone; échéance to defer, postpone
3 **se reculer** vpr to stand ou step ou move back, take a step back ♦ **se reculer d'horreur** to draw back ou shrink back in horror, back away ou off in horror

reculons [ʀ(ə)kylɔ̃] loc adv ♦ **à reculons: aller à reculons** (lit) to go backwards; (fig) to move ou go backwards ♦ **sortir à reculons d'une pièce / d'un garage** to back out of a room / a garage

reculotter [ʀ(ə)kylɔte] ▸ conjug 1 ◂ vt enfant to put trousers back on

récupérable [ʀekypeʀabl] → SYN adj créance recoverable; heures which can be made up; ferraille which can be salvaged; vieux habits retrievable, which are worth rescuing ♦ **délinquant qui n'est plus récupérable** irredeemable delinquent, delinquent who is beyond redemption

récupérateur [ʀekypeʀatœʀ] **1** nm [chaleur] recuperator, regenerator; [arme] recuperator
2 adj m (péj) procédé, discours designed to win over dissenting opinion ou groups etc

récupération [ʀekypeʀasjɔ̃] → SYN nf **a** [argent, biens, forces] recovery; (Ordin) retrieval ♦ **la capacité de récupération de l'organisme** the body's powers of recuperation ou recovery
b [ferraille] salvage, reprocessing; [chiffons] reprocessing; [chaleur] recovery; [délinquant] rehabilitation ♦ **matériel de récupération** salvage equipment
c [journées de travail] making up ♦ **deux jours de récupération** two days to make up
d (Pol : péj) **assister à la récupération du mouvement anarchique par le gouvernement** to watch the takeover ou harnessing of the anarchist movement by the government

récupérer [ʀekypeʀe] → SYN ▸ conjug 6 ◂ **1** vt **a** argent, biens to get back, recover; forces to recover, get back, regain; (Ordin) to retrieve ♦ **récupérer son enfant à la sortie de l'école** to pick up ou collect one's child when school finishes for the day
b ferraille to salvage, reprocess; chiffons to reprocess; chaleur to recover; délinquant to rehabilitate; (* fig) bonbon, gifle to get ♦ **toutes les pêches étaient pourries, je n'ai rien pu récupérer** all the peaches were rotten and I wasn't able to save ou rescue a single one ♦ **regarde si tu peux récupérer quelque chose dans ces vieux habits** have a look and see if there's anything you can rescue ou retrieve from among these old clothes ♦ **où es-tu allé récupérer ce chat?*** wherever did you pick up ou get that cat (from)? ou find that cat?
c journées de travail to make up ♦ **on récupérera samedi** we'll make it up ou we'll make the time up on Saturday
d (Pol : péj) personne, mouvement to take over, harness, bring into line ♦ **se faire récupérer par la gauche / droite** to find o.s. taken over ou won over by the left / the right
2 vi (après des efforts) to recover, recuperate

récurage [ʀekyʀaʒ] → SYN nm scouring

récurant, e [ʀekyʀɑ̃, ɑ̃t] adj produit cleaning

récurer [ʀekyʀe] → SYN ▸ conjug 1 ◂ vt to scour → **poudre**

récurrence [ʀekyʀɑ̃s] → SYN nf (Math, Méd, littér : répétition) recurrence

récurrent, e [ʀekyʀɑ̃, ɑ̃t] → SYN adj (Anat, Ling, Méd) recurrent ♦ (Math) **série récurrente** recursion series ♦ (Méd) **fièvre récurrente** relapsing fever

récursif, -ive [ʀekyʀsif, iv] adj recursive

récursivité [ʀekyʀsivite] nf recursiveness

récursoire [ʀekyʀswaʀ] adj ♦ **action récursoire** cross claim

récusable [ʀekyzabl] → SYN adj témoin challengeable; témoignage impugnable

récusation [ʀekyzasjɔ̃] nf (→ **récusable**) challenging (NonC), challenge; impugnment

récuser [ʀekyze] → SYN ▸ conjug 1 ◂ **1** vt témoin to challenge; témoignage to impugn, challenge ♦ (Jur) **récuser un argument** to make objection to an argument
2 **se récuser** vpr to decline to give an opinion ou accept responsibility etc

recyclable [ʀ(ə)siklabl] adj recyclable

recyclage [ʀ(ə)siklaʒ] → SYN nm (→ **recycler**) reorientation; retraining; recycling

recycler [ʀ(ə)sikle] → SYN ▸ conjug 1 ◂ **1** vt **a** élève to reorientate; professeur, ingénieur (perfectionner) to send on a refresher course, retrain; (reconvertir) to retrain
b (Tech) to recycle ♦ **papier recyclé** recycled paper
2 **se recycler** vpr to retrain; to go on a refresher course ♦ **je ne peux pas me recycler à mon âge** I can't learn a new job ou trade at my age ♦ **se recycler en permanence** to be constantly updating one's skills

rédacteur, -trice [ʀedaktœʀ, tʀis] → SYN **1** nm,f (Presse) sub-editor; [article] writer; [loi] drafter; [encyclopédie, dictionnaire] compiler, editor ♦ **rédacteur politique / économique** political / economics editor ♦ **rédacteur sportif** sportswriter, sports editor
2 COMP ▷ **rédacteur en chef** chief editor ▷ **rédacteur publicitaire** copywriter

rédaction [ʀedaksjɔ̃] → SYN nf **a** [contrat, projet] drafting, drawing up; [thèse, article] writing; [encyclopédie, dictionnaire] compiling, compilation; (Jur, Admin) wording ♦ **ce n'est que la première rédaction** it's only the first draft
b (Presse) (personnel) editorial staff; (bureaux) editorial offices → **salle, secrétaire**
c (Scol) essay, composition (Brit), theme (US)

rédactionnel, -elle [ʀedaksjɔnɛl] adj editorial

redan [ʀədɑ̃] → SYN nm (Archit : fortification) redan

reddition [ʀedisjɔ̃] → SYN nf (Mil) surrender; (Admin) rendering ♦ **reddition sans conditions** unconditional surrender

redécoupage [ʀədekupaʒ] nm ♦ **effectuer un redécoupage électoral** to make constituency boundary changes

redécouverte [ʀ(ə)dekuvɛʀt] nf rediscovery

redécouvrir [ʀ(ə)dekuvʀiʀ] ▸ conjug 18 ◂ vt to rediscover

redéfaire [ʀ(ə)defɛʀ] ▸ conjug 60 ◂ vt paquet, lacet to undo again; manteau to take off again; couture to unpick again ♦ **le nœud s'est redéfait** the knot has come undone ou come untied again

redéfinir [ʀ(ə)definiʀ] ▸ conjug 2 ◂ vt to redefine

redéfinition [R(ə)definisjɔ̃] nf redefinition

redemander [R(ə)dəmɑ̃de, Rəd(ə)mɑ̃de] ▸conjug 1◂ vt adresse to ask again for; aliment to ask for more; bouteille etc to ask for another ♦ **redemande-le-lui** (une nouvelle fois) ask him for it again; (récupère-le) ask him to give it back to you, ask him for it back ♦ **redemander du poulet** to ask for more chicken ou another helping of chicken ♦ (iro) **en redemander*** to ask for more*

redémarrage [R(ə)demaRaʒ] nm [économie] takeoff, resurgence

redémarrer [R(ə)demaRe] ▸conjug 1◂ vi [économie] to get going again, take off again

rédempteur, -trice [Redɑ̃ptœR, tRis] → SYN
1 adj redemptive, redeeming
2 nm,f redeemer

rédemption [Redɑ̃psjɔ̃] → SYN nf a (Rel) redemption
b (Jur) [rente] redemption; [droit] recovery

redéploiement [R(ə)deplwamɑ̃] nm redeployment

redescendre [R(ə)desɑ̃dR] ▸conjug 41◂ 1 vt (avec aux avoir) a escalier to go ou come (back) down again ♦ **la balle a redescendu la pente** the ball rolled down the slope again ou rolled back down the slope
b objet (à la cave) to take downstairs again; (du grenier) to bring downstairs again; (d'un rayon) to get ou lift (back) down again; (d'un crochet) to take (back) down again ♦ **redescendre qch d'un cran** to put sth one notch lower down
2 vi (avec aux être) a (dans l'escalier) to go ou come (back) downstairs again; (d'une colline) to go ou come (back) down again ♦ **l'alpiniste redescend** (à pied) the mountaineer climbs down again; (avec une corde) the mountaineer ropes down again ♦ **redescendre de voiture** to get ou climb out of the car again
b [ascenseur, avion] to go down again; [marée] to go out again, go back out; [chemin] to go ou slope down again; [baromètre, fièvre] to fall again

redevable [R(ə)dəvabl] → SYN adj a (Fin) **être redevable de 10 F à qn** to owe sb 10 francs ♦ **redevable de l'impôt** liable for tax
b **redevable à qn de** aide, service indebted to sb for ♦ **je vous suis redevable de la vie** I owe you my life

redevance [R(ə)dəvɑ̃s] → SYN nf (gén: impôt) tax; (Rad, TV) licence fee (Brit); (Téléc) rental charge; (bail, rente) dues, fees; [inventeur] royalties

redevenir [R(ə)dəv(ə)niR] ▸conjug 22◂ vi to become again ♦ **le temps est redevenu glacial** the weather has become ou gone very cold again ♦ **il est redevenu lui-même** he is his old self again

redevoir [R(ə)dəvwaR] ▸conjug 28◂ vt ♦ **il me redoit 10 000 F** he still owes me 10,000 francs

rédhibition [Redibisjɔ̃] → SYN nf redhibition

rédhibitoire [RedibitwaR] → SYN adj défaut crippling, damning ♦ **sa mauvaise foi est vraiment rédhibitoire** his insincerity puts him quite beyond the pale ♦ **il est un peu menteur, mais ce n'est pas rédhibitoire** he's a bit of a liar but that doesn't rule him out altogether ♦ (Jur) **vice rédhibitoire** redhibitory defect

rédie [Redi] nf redia

rediffuser [R(ə)difyze] ▸conjug 1◂ vt émission to repeat, rerun

rediffusion [R(ə)difyzjɔ̃] nf repeat, rerun

rédiger [Rediʒe] → SYN ▸conjug 3◂ vt article, lettre to write, compose; (à partir de notes) to write up; encyclopédie, dictionnaire to compile, write; contrat to draw up, draft ♦ **bien rédigé** well-written

rédimer [Redime] → SYN ▸conjug 1◂ vt (Rel) to redeem

redingote [R(ə)dɛ̃gɔt] → SYN nf (Hist) frock coat ♦ [femme] **manteau redingote** fitted coat

rédintégration [Redɛ̃tegRasjɔ̃] nf redintegration

redire [R(ə)diR] → SYN ▸conjug 37◂ vt a affirmation to say again, repeat; histoire to tell again, repeat; médisance to (go and) tell, repeat ♦ **redire qch à qn** to say sth to sb again, tell sb sth again, repeat sth to sb ♦ **il redit toujours la même chose** he's always saying ou he keeps saying the same thing ♦ **je te l'ai dit et redit** I've told you that over and over again ou time and time again ♦ **je lui ai redit cent fois que ...** I've told him countless times that ... ♦ **redis-le après moi** repeat after me ♦ **ne le lui redites pas** don't go and tell him ou don't go and repeat (to him) what I've said ♦ **elle ne se le fait pas redire deux fois** she doesn't need telling ou to be told twice
b LOC **avoir** ou **trouver à redire à qch** to find fault with sth ♦ **je ne vois rien à redire (à cela)** I've no complaint with that, I can't see anything wrong with that, I have no quarrel with that

rediscuter [R(ə)diskyte] ▸conjug 1◂ vt to discuss again, have further discussion on

redistribuer [R(ə)distRibɥe] → SYN ▸conjug 1◂ vt biens to redistribute; cartes to deal again

redistribution [R(ə)distRibysjɔ̃] → SYN nf (gén, Écon, Pol) redistribution

redite [R(ə)dit] → SYN nf (needless) repetition

redondance [R(ə)dɔ̃dɑ̃s] nf a [style] redundancy (NonC), diffuseness (NonC); (Ling, Ordin) redundancy (NonC)
b (expression) unnecessary ou superfluous expression

redondant, e [R(ə)dɔ̃dɑ̃, ɑ̃t] → SYN adj mot superfluous, redundant; style redundant, diffuse; (Ling, Ordin) redundant

redonner [R(ə)dɔne] → SYN ▸conjug 1◂ 1 vt a (rendre) objet, bien to give back, return; forme, idéal to give back, give again; espoir, énergie to restore, give back ♦ **l'air frais te redonnera des couleurs** the fresh air will put some colour back in your cheeks ou bring some colour back to your cheeks ♦ **redonner de la confiance / du courage à qn** to give sb new ou fresh confidence / courage, restore sb's confidence / courage ♦ **ça a redonné le même résultat** that gave the same result again ♦ **cela te redonnera des forces** that will build your strength back up ou put new strength into you ou restore your strength
b (resservir) boisson, pain to give more; légumes, viande to give more, give a further ou another helping of ♦ **redonner une couche de peinture** to give another coat of paint ♦ **redonne-lui un coup de peigne** give his hair another quick comb, run a comb through his hair again quickly
c (Théât) to put on again
2 vi ♦ (frm) **redonner dans** to fall ou lapse back into

redorer [R(ə)dɔRe] ▸conjug 1◂ vt to regild ♦ **redorer son blason** [famille] to boost the family fortunes by marrying into money; [entreprise, émission] to regain prestige

redormir [R(ə)dɔRmiR] ▸conjug 16◂ vi to sleep again, sleep for a further length of time

redoublant, e [R(ə)dublɑ̃, ɑ̃t] nm,f (Scol) pupil who is repeating (ou has repeated) a year at school, repeater (US)

redoublement [R(ə)dubləmɑ̃] → SYN nm (Ling) reduplication; (accroissement) increase (*de* in), intensification (*de* of) ♦ **je vous demande un redoublement d'attention** I need you to pay even closer attention, I need your increased attention ♦ **avec un redoublement de larmes** with a fresh flood of tears ♦ (Scol) **le redoublement permet aux élèves faibles de rattraper** repeating a year ou a grade (US) ou being kept down (Brit) ou held back a year helps the weaker pupils to catch up

redoubler [R(ə)duble] → SYN ▸conjug 1◂ 1 vt a (accroître) joie, douleur, craintes to increase, intensify; efforts to step up, redouble ♦ **frapper à coups redoublés** to bang twice as hard, bang even harder ♦ **hurler à cris redoublés** to yell twice as loud
b (Ling) syllabe to reduplicate; (Couture) vêtement to reline ♦ (Scol) **redoubler (une classe)** to repeat a year ou a grade (US), be kept down (Brit) ou held back a year
2 **redoubler de** vt indir ♦ **redoubler d'efforts** to step up ou redouble one's efforts, try extra hard ♦ **redoubler de prudence / de patience** to be extra careful / patient, be doubly careful / patient ♦ **redoubler de larmes** to cry even harder ♦ **le vent redouble de violence** the wind is getting even stronger ou is blowing even more strongly
3 vi (gén) to increase, intensify; [froid, douleur] to become twice as bad, get even worse; [vent] to become twice as strong; [joie] to become twice as great; [larmes] to flow ou fall even faster; [cris] to get even louder ou twice as loud

redoutable [R(ə)dutabl] → SYN adj arme, adversaire redoubtable, fearsome, formidable; maladie, concurrence fearsome, fearful

redoute [Rədut] → SYN nf (Mil) redoubt

redouter [R(ə)dute] → SYN ▸conjug 1◂ vt ennemi, avenir, conséquence to dread, fear ♦ **je redoute de l'apprendre** I dread finding out about it ♦ **je redoute qu'il ne l'apprenne** I dread his finding out about it

redoux [Rədu] → SYN nm (temps plus chaud) spell of milder weather; (dégel) thaw

redresse* [R(ə)dRɛs] nf ♦ personne **à la redresse** tough

redressement [R(ə)dRɛsmɑ̃] → SYN nm a [poteau] setting upright, righting; [tige] straightening (up); [tôle] straightening out, knocking out; (Élec) [courant] rectification; [buste, corps] straightening up
b [bateau] righting; [roue, voiture, avion] straightening up
c [situation] (action) putting right; (résultat) recovery
d [économie] recovery, upturn; [entreprise] recovery, turnaround ♦ **plan de redressement** recovery package
e [erreur] righting, putting right; [abus, torts] righting, redress; [jugement] correcting ♦ (Fin) **redressement fiscal** tax adjustment ou reappraisal → **maison**

redresser [R(ə)dRese] → SYN ▸conjug 1◂ 1 vt a (relever) arbre, statue, poteau to right, set upright; tige, poutre to straighten (up); tôle cabossée to straighten out, knock out; (Élec) courant to rectify; (Opt) image to straighten ♦ **redresser un malade sur son oreiller** to sit ou prop a patient up against his pillow ♦ **redresser les épaules** to straighten one's shoulders, throw one's shoulders back ♦ **redresser le corps (en arrière)** to stand up straight, straighten up ♦ **redresser la tête** (lit) to hold up ou lift (up) one's head; (fig: être fier) to hold one's head up high, (fig: se révolter) to show signs of rebellion ♦ **se faire redresser les dents** to have one's teeth straightened
b (rediriger) barre, bateau to right; avion to lift the nose of, straighten up; roue, voiture to straighten up ♦ **redresse!** straighten up!
c (rétablir) économie to redress, put ou set right; entreprise déficitaire to turn round; situation to put right, straighten out ♦ **redresser le pays** to get ou put the country on its feet again
d (littér: corriger) erreur to rectify, put right, redress; torts, abus to right, redress ♦ **redresser le jugement de qn** to correct sb's opinion
2 **se redresser** vpr a (se mettre assis) to sit up; (se mettre debout) to stand up; (se mettre droit) to stand up straight; (après s'être courbé) to straighten up; (fig: être fier) to hold one's head up high
b [bateau] to right itself; [avion] to flatten out, straighten up; [voiture] to straighten up; [pays, économie] to recover; [situation] to correct itself, put itself to rights
c [coin replié, cheveux] to stick up ♦ **les blés, couchés par le vent, se redressèrent** the corn which had been blown flat by the wind straightened up again ou stood up straight again

redresseur [R(ə)dRɛsœR] 1 nm a (Hist iro) **redresseur de torts** righter of wrongs
b (Élec) rectifier
2 adj m muscle erector; prisme erecting

réduc* [Redyk] nf abrév de **réduction**

réductase [Redyktɑz] nf reductase

réducteur, -trice [ʀedyktœʀ, tʀis] → SYN 1 adj a (Chim) reducing; (Tech) engrenage reduction
b (péj: simplificateur) analyse, concept simplistic
2 nm (Chim) reducing agent; (Phot) reducer ◆ (Tech) **réducteur (de vitesse)** speed reducer ◆ **réducteur de tête** head shrinker (lit)

réductibilité [ʀedyktibilite] nf reducibility

réductible [ʀedyktibl] → SYN adj (Chim, Math) reducible (*en, à* to); (Méd) which can be reduced (spéc) ou set; quantité which can be reduced ◆ **leur philosophie n'est pas réductible à la nôtre** their philosophy can't be simplified to ours

réduction [ʀedyksjɔ̃] → SYN nf a (diminution) [dépenses, impôts, production] reduction, cut (*de* in) ◆ **réduction de salaire / d'impôts** wage / tax cut, cut in wages / taxes ◆ **obtenir une réduction de peine** to get a reduction in one's sentence, get one's sentence cut ◆ **il faut s'attendre à une réduction du personnel** we must expect a reduction in staff ou expect staff cuts ◆ **ils voudraient obtenir une réduction des heures de travail** they would like a reduction ou a cut in working hours
b (rabais) discount, reduction ◆ **faire / obtenir une réduction** to give / get a discount ou a reduction ◆ **une réduction de 10%** a 10% discount ou reduction ◆ (Comm) **carte de réduction** discount card ◆ **bénéficier d'une carte de réduction dans les transports** to have a concessionary fare ou a discount travel card
c (reproduction) [plan, photo] reduction ◆ (fig) **un adulte en réduction** a miniature adult, an adult in miniature
d (Méd) [fracture] reduction (spéc), setting; (Bio, Chim, Math) reduction
e (Culin) reduction (by boiling)
f (Mil) [ville] capture; [rebelles] quelling

réductionnisme [ʀedyksjɔnism] nm reductionism

réductionniste [ʀedyksjɔnist] adj, nmf reductionist

réduire [ʀedɥiʀ] → SYN ▸ conjug 38 ◂ 1 vt a (diminuer) peine, impôt, consommation to reduce, cut; hauteur, vitesse to reduce; prix to reduce, cut, bring down; pression to reduce, lessen; texte to shorten, cut; production to reduce, cut (back), lower; dépenses to reduce, cut, cut down ou back (on); voilure to shorten; tête coupée to shrink ◆ **il va falloir réduire notre train de vie** we'll have to cut down ou curb our spending ◆ **réduire petit à petit l'autorité de qn / la portée d'une loi** to chip away at sb's authority / a law
b (reproduire) dessin, plan to reduce, scale down; photographie to reduce, make smaller; figure géométrique to scale down
c (contraindre) **réduire à** soumission, désespoir to reduce to ◆ **réduire qn au silence / à l'obéissance / en esclavage** to reduce sb to silence / to obedience / to slavery ◆ **après son accident, il a été réduit à l'inaction** since his accident he has been reduced to idleness ◆ **il en est réduit à mendier** he has been reduced to begging
d **réduire à** (ramener à) to reduce to, bring down to; (limiter à) to limit to, confine to ◆ **réduire des fractions à un dénominateur commun** to reduce ou bring down fractions to a common denominator ◆ **réduire des éléments différents à un type commun** to reduce different elements to one general type ◆ **je réduirai mon étude à quelques aspects** I shall limit ou confine my study to a few aspects ◆ **réduire à sa plus simple expression** (Math) polynôme to reduce to its simplest expression; (fig) mobilier, repas to reduce to the absolute ou bare minimum ◆ **réduire qch à néant** ou **à rien** ou **à zéro** to reduce sth to nothing
e (transformer) **réduire en** to reduce to ◆ **réduisez les grammes en milligrammes** convert the grammes to milligrammes ◆ **réduire qch en miettes / morceaux** to smash sth to tiny pieces / to pieces ◆ **réduire qch en bouillie** to crush ou reduce sth to pulp ◆ **réduire des grains en poudre** to grind ou reduce seeds to powder ◆ **sa maison était réduite en cendres** his house was reduced to ashes ou burnt to the ground ◆ **les cadavres étaient réduits en charpie** the bodies were torn to shreds
f (Méd) fracture to set, reduce (spéc); (Chim) minerai, oxyde to reduce; (Culin) sauce to reduce (by boiling)
g (Mil) place forte to capture; rebelles to quell ◆ **réduire l'opposition** to silence the opposition
2 vi (Culin) [sauce] to reduce ◆ **faire** ou **laisser réduire la sauce** to cook ou simmer the sauce to reduce it ◆ **les épinards réduisent à la cuisson** spinach shrinks when you cook it
3 **se réduire** vpr a **se réduire à** [affaire, incident] to boil down to, amount to; [somme, quantité] to amount to ◆ **mon profit se réduit à bien peu de chose** my profit amounts to very little ◆ **notre action ne se réduit pas à quelques discours** the action we are taking involves more than ou isn't just a matter of a few speeches ◆ **je me réduirai à quelques exemples** I'll limit ou confine myself to a few examples, I'll just select ou quote a few examples
b **se réduire en** to be reduced to ◆ **se réduire en cendres** to be burnt ou reduced to ashes ◆ **se réduire en poussière** to be reduced ou crumble away ou turn to dust ◆ **se réduire en bouillie** to be crushed to pulp
c (dépenser moins) to cut down on one's spending ou expenditure

réduit, e [ʀedɥi, it] → SYN (ptp de **réduire**) 1 adj a mécanisme, objet (à petite échelle) small-scale, scaled-down; (en miniature) miniature; (miniaturisé) miniaturized ◆ **reproduction à échelle réduite** small-scale reproduction ◆ **tête réduite** shrunken head → **modèle**
b tarif, prix reduced; moyens, débouchés limited ◆ **livres à prix réduits** cut-price books, books at a reduced price ou at reduced prices ◆ **avancer à vitesse réduite** to move forward at low speed ou at a reduced speed ou at a crawl
2 nm (pièce) tiny room; (péj) cubbyhole, poky little hole; (recoin) recess; (Mil) [maquisards] hideout

réduplicatif, -ive [ʀedyplikatif, iv] adj reduplicative

réduplication [ʀedyplikasjɔ̃] nf reduplication

réduve [ʀedyv] nm fly bug

rééchelonnement [ʀeeʃ(ə)lɔnmɑ̃] nm [dettes] rescheduling

rééchelonner [ʀeeʃ(ə)lɔne] ▸ conjug 1 ◂ vt dettes to reschedule

réécrire [ʀeekʀiʀ] ▸ conjug 39 ◂ vt ⇒ **récrire**

réécriture [ʀeekʀityʀ] nf rewriting ◆ (Ling) **règle de réécriture** rewrite ou rewriting rule

réédification [ʀeedifikasjɔ̃] nf rebuilding, reconstruction

réédifier [ʀeedifje] ▸ conjug 7 ◂ vt to rebuild, reconstruct; (fig) to rebuild

rééditer [ʀeedite] ▸ conjug 1 ◂ vt (Typ) to republish; (* fig) to repeat

réédition [ʀeedisjɔ̃] nf (Typ) new edition; (* fig) repetition, repeat

rééducation [ʀeedykasjɔ̃] nf a (Méd) [malade] rehabilitation; [membre] re-education; (spécialité médicale) physiotherapy ◆ **faire de la rééducation** to undergo ou have physiotherapy, have physical therapy (US) ◆ **exercice de rééducation** physiotherapy exercise ◆ **rééducation de la parole** speech therapy ◆ **centre de rééducation** rehabilitation centre
b (gén, lit) re-education; [délinquant] rehabilitation

rééduquer [ʀeedyke] ▸ conjug 1 ◂ vt a (Méd) malade to rehabilitate; membre to re-educate
b (gén, Pol, lit) to re-educate; délinquant to rehabilitate

réel, -elle [ʀeɛl] → SYN 1 adj a fait, chef, existence, avantage real; besoin, cause real, true; danger, plaisir, amélioration, douleur real, genuine ◆ **faire de réelles économies** to make significant ou real savings ◆ **son héros est très réel** his hero is very lifelike ou realistic
b (Math, Opt, Philos, Phys) real; (Fin) valeur, salaire real, actual ◆ **taux d'intérêt réel** effective interest rate
2 nm ◆ **le réel** reality, the real

réélection [ʀeelɛksjɔ̃] nf re-election

rééligibilité [ʀeeliʒibilite] nf re-eligibility

rééligible [ʀeeliʒibl] adj re-eligible

réélire [ʀeeliʀ] ▸ conjug 43 ◂ vt to re-elect ◆ **ne pas réélire qn** to vote sb out

réellement [ʀeɛlmɑ̃] → SYN adv really, truly ◆ **je suis réellement désolé** I'm really ou truly sorry ◆ **ça m'a réellement consterné / aidé** that really worried / helped me, that was a genuine worry / help to me ◆ **réellement, tu exagères!** really ou honestly, you go too far!

réembarquer [ʀeɑ̃baʀke] ▸ conjug 1 ◂ vti ⇒ **rembarquer**

réembaucher [ʀeɑ̃boʃe] ▸ conjug 1 ◂ vt to take on again, re-employ

réembobiner [ʀeɑ̃bɔbine] ▸ conjug 1 ◂ vt ⇒ **rembobiner**

réémetteur [ʀeemetœʀ] nm relay (transmitter)

réemploi [ʀeɑ̃plwa] nm (→ **réemployer**) re-use; reinvestment; re-employment

réemployer [ʀeɑ̃plwaje] ▸ conjug 8 ◂ vt méthode, produit to re-use; argent to reinvest; ouvrier to re-employ, take back on

réengagement [ʀeɑ̃gaʒmɑ̃] nm ⇒ **rengagement**

réengager [ʀeɑ̃gaʒe] ▸ conjug 3 ◂ vt ⇒ **rengager**

réensemencement [ʀeɑ̃s(ə)mɑ̃s(ə)mɑ̃] nm (Agr) sowing again; (Bio) culturing again

réensemencer [ʀeɑ̃s(ə)mɑ̃se] ▸ conjug 3 ◂ vt (Agr) to sow again; (Bio) to culture again

réentendre [ʀeɑ̃tɑ̃dʀ] ▸ conjug 41 ◂ vt to hear again

rééquilibrage [ʀeekilibʀaʒ] nm (gén, Pol) readjustment

rééquilibrer [ʀeekilibʀe] ▸ conjug 1 ◂ vt to restabilize, find a new equilibrium for

réescompte [ʀeɛskɔ̃t] nm rediscount

réescompter [ʀeɛskɔ̃te] ▸ conjug 1 ◂ vt to rediscount

réessayage [ʀeesɛjaʒ] nm second fitting

réessayer [ʀeeseje] ▸ conjug 8 ◂ vt robe to try on again, have a second fitting of

réévaluation [ʀeevalɥasjɔ̃] nf [monnaie] revaluation; [salaire] (à la hausse) upgrade, upgrading; (à la baisse) downgrade, downgrading

réévaluer [ʀeevalɥe] ▸ conjug 1 ◂ vt monnaie to revalue; salaire (à la hausse) to upgrade; (à la baisse) to downgrade

réexamen [ʀeɛgzamɛ̃] nm (→ **réexaminer**) re-examination; reconsideration

réexaminer [ʀeɛgzamine] ▸ conjug 1 ◂ vt étudiant, candidature, malade to re-examine; problème, situation to examine again, reconsider

réexpédier [ʀeɛkspedje] → SYN ▸ conjug 7 ◂ vt (à l'envoyeur) to return, send back; (au destinataire) to send on, forward

réexpédition [ʀeɛkspedisjɔ̃] nf (→ **réexpédier**) return; forwarding

réexportation [ʀeɛkspɔʀtasjɔ̃] nf re-export

réexporter [ʀeɛkspɔʀte] ▸ conjug 1 ◂ vt to re-export

réf. abrév de **référence**

refaçonner [ʀ(ə)fasɔne] ▸ conjug 1 ◂ vt to refashion, remodel, reshape

réfaction [ʀefaksjɔ̃] → SYN nf (Comm) allowance, rebate

refaire [ʀ(ə)fɛʀ] → SYN ▸ conjug 60 ◂ 1 vt a (recommencer) (gén) travail, dessin, maquillage to redo, do again; voyage to make ou do again; pansement to put on ou do up again, renew; article, devoir to rewrite; nœud, paquet to do up again, tie again, retie ◆ **elle a refait sa vie avec lui** she started a new life ou she made a fresh start (in life) with him ◆ **il m'a refait une visite** he paid me another call, he called on me again ou on another occasion ◆ **il refait du soleil** the sun is shining ou is out again ◆ **tu refais toujours la même faute** you always make ou you keep on making ou repeating the same mistake ◆ **il a refait de la fièvre / de l'asthme** he has had another bout of fever / another dose ou bout of asthma ◆ **il refait du vélo** he has taken up cycling again ◆ **il va falloir tout refaire depuis le début** it will have to be done all over again, we'll have to start again from scratch ◆ **si vous refaites du bruit** if you start making a noise again, if there's any further noise from you ◆ **il va falloir refaire de la soupe** we'll have to make some more soup ◆ **son éducation est à refaire** he'll have to be re-educated ◆ (en parlant) **refaire le monde** to try to solve the world's problems ◆ **si c'était à refaire !** if I had to do it again ! ou begin again ! ◆ (Cartes) **à refaire** re-deal

b (retaper) toit to redo, renew ; meuble to do up, renovate, restore ; chambre (gén) to do up, renovate, redecorate ; (en peinture) to repaint ; (en papier) to repaper ◆ **on refera les peintures / les papiers au printemps** we'll repaint / repaper in the spring, we'll redo the paintwork / the wallpaper in the spring ◆ **refaire qch à neuf** to do sth up like new ◆ (fig) **refaire ses forces / sa santé** to recover one's strength / health ◆ **à son âge, tu ne la referas pas** at her age, you won't change her

c (*: duper) to take in ◆ **il a été refait, il s'est fait refaire** he has been taken in ou had* ◆ **il m'a refait** ou **je me suis fait refaire de 5 F** he did* ou diddled* (Brit) me out of 5 francs, I was done* ou diddled (Brit) out of 5 francs

2 **se refaire** vpr (retrouver la santé) to recuperate, recover ; (regagner son argent) to make up one's losses ◆ **se refaire (une santé) dans le Midi** to (go and) recuperate in the south of France, recover ou regain one's health in the south of France ◆ **se refaire une beauté** to freshen up ◆ **que voulez-vous, on ne se refait pas !** what can you expect – you can't change how you're made !* ou you can't change your own character !

réfection [refɛksjɔ̃] → SYN nf [route] repairing, remaking ; [mur, maison] rebuilding, repairing ◆ **la réfection de la route va durer 3 semaines** the road repairs ou the repairs to the road will take 3 weeks

réfectoire [refɛktwaʀ] → SYN nm (Scol) dining hall, canteen ; (Rel) refectory ; [usine] canteen

refend [ʀəfɑ̃] nm ◆ **mur de refend** supporting (partition) wall ◆ **bois de refend** wood in planks

refendre [ʀ(ə)fɑ̃dʀ] ▸ conjug 41 ◂ vt ardoise, bois to split

référé [refeʀe] → SYN nm ◆ (Jur) **procédure / arrêt en référé** *emergency interim proceedings / ruling*

référence [refeʀɑ̃s] → SYN nf **a** (renvoi) reference ; (en bas de page) reference, footnote ◆ **par référence à** in reference to ◆ **ouvrage / numéro de référence** reference book / number ◆ **prendre qch comme point / année de référence** to use sth as a point / year of reference ◆ **faire référence à** to refer to, make (a) reference to ◆ (Fin) **année de référence** base year

b (recommandation) (gén) reference ◆ **cet employé a-t-il des références ?** (d'un employeur) has this employee got a reference ? ou a testimonial ? (Brit) ; (de plusieurs employeurs) has this employee got references ? ou testimonials ? (Brit) ◆ **il a un doctorat, c'est quand même une référence** he has a doctorate which is not a bad recommendation ou which is something to go by ◆ (iro) **ce n'est pas une référence** that's no recommendation ◆ **lettre de référence** (letter of) reference, testimonial (Brit)

c (Ling) reference

référencer [refeʀɑ̃se] → SYN ▸ conjug 3 ◂ vt to reference

référendaire [refeʀɑ̃dɛʀ] **1** adj (pour un référendum) referendum (épith)

2 nm ◆ **(conseiller) référendaire** ≃ public auditor

référendum [refeʀɛ̃dɔm] → SYN nm referendum ◆ **faire** ou **organiser un référendum** to hold a referendum

référent [refeʀɑ̃] nm referent

référentiel, -elle [refeʀɑ̃sjɛl] **1** adj referential

2 nm system of reference

référer [refeʀe] → SYN ▸ conjug 6 ◂ GRAMMAIRE ACTIVE 19.1

1 **en référer à** vt indir ◆ **en référer à qn** to refer ou submit a matter ou question to sb

2 **se référer** vpr ◆ **se référer à** (consulter) to consult ; (faire référence à) to refer to ; (s'en remettre à) to refer to ◆ **s'en référer à qn** to refer ou submit a question ou matter to sb

refermer [ʀ(ə)fɛʀme] ▸ conjug 1 ◂ **1** vt to close ou shut again ◆ **peux-tu refermer la porte ?** can you close ou shut the door (again) ?

2 **se refermer** vpr [plaie] to close up, heal up ; [fleur] to close up (again) ; [porte, fenêtre] to close ou shut (again) ◆ **le piège se referma sur lui** the trap closed ou shut on him

refiler* [ʀ(ə)file] ▸ conjug 1 ◂ vt to palm off*, fob off* (*à qn* on sb) ◆ **refile-moi ton livre** let me have your book, give me your book ◆ **il m'a refilé la rougeole** I've caught measles off him, he has passed his measles on to me ◆ **il s'est fait refiler une fausse pièce** someone has palmed ou fobbed a forged coin off on him*

réfléchi, e [refleʃi] → SYN (ptp de **réfléchir**)

1 adj **a** (pondéré) action well-thought-out (épith), well thought-out (attrib), well-considered ; personne reflective, thoughtful ; air thoughtful ◆ **tout bien réfléchi** after careful consideration ou thought, having weighed up all the pros and cons ◆ **c'est tout réfléchi** my mind is made up, I've made my mind up

b (Gram) reflexive

c (Opt) reflected

2 nm (Gram) reflexive

réfléchir [refleʃiʀ] → SYN ▸ conjug 2 ◂ GRAMMAIRE ACTIVE 2.3

1 vi to think, reflect ◆ **prends le temps de réfléchir** take time to reflect ou to think about it ou to consider it ◆ **cela donne à réfléchir** that gives you food for thought, that makes you think ◆ **je demande à réfléchir** I must have time to consider it ou to think things over ◆ **la prochaine fois, tâche de réfléchir** next time just try and think a bit ou try and use your brains a bit

2 **réfléchir à** ou **sur** vt indir ◆ **réfléchir à** ou **sur qch** to think about sth, turn sth over in one's mind ◆ **réfléchissez-y** think about it, think it over ◆ **réfléchis à ce que tu vas faire** think about what you're going to do

3 vt **a** **réfléchir que** to realize that ◆ **il n'avait pas réfléchi qu'il ne pourrait pas venir** he hadn't thought ou realized that ou it hadn't occurred to him that he wouldn't be able to come

b lumière, son to reflect ◆ **les arbres se réfléchissent dans le lac** the trees are reflected in the lake, you can see the reflection of the trees in the lake

réfléchissant, e [refleʃisɑ̃, ɑ̃t] adj reflective

réflecteur, -trice [reflɛktœʀ, tʀis] → SYN

1 adj reflecting

2 nm (gén) reflector

réflectif, -ive [reflɛktif, iv] adj (Philos, Physiol) reflective

réflectivité [reflɛktivite] nf (Phys) reflectivity ; (Physiol) reflexiveness, reflexivity

reflet [ʀ(ə)flɛ] → SYN nm **a** (éclat) (gén) reflection ; [cheveux] (naturel) glint, light ; (artificiel) highlight ◆ **reflets moirés de la soie** shimmering play of light on silk ◆ **reflets du soleil sur la mer** reflection ou glint ou flash of the sun on the sea ◆ **la lame projetait des reflets sur le mur** the reflection of the blade shone on the wall, the blade threw a reflection onto the wall ◆ **se faire faire des reflets (dans les cheveux)** to have one's hair highlighted

b (lit: image) reflection ◆ **le reflet de son visage dans le lac** the reflection of his face in the lake

c (fig: représentation) reflection ◆ **les habits sont le reflet d'une époque / d'une personnalité** clothes reflect ou are the reflection of an era / one's personality ◆ **c'est le pâle reflet de son prédécesseur** he's a pale reflection of his predecessor ◆ **c'est le reflet de son père** he's the image of his father

refléter [ʀ(ə)flete] → SYN ▸ conjug 6 ◂ **1** vt (lit, fig) to reflect, mirror ◆ **son visage reflète la bonté** goodness shines in his face

2 **se refléter** vpr to be reflected ; to be mirrored

refleurir [ʀ(ə)flœʀiʀ] ▸ conjug 2 ◂ **1** vi (Bot) to flower ou blossom again ; (renaître) to flourish ou blossom again

2 vt tombe to put fresh flowers on

reflex [reflɛks] **1** adj reflex

2 nm reflex camera ◆ **reflex à un objectif / à deux objectifs** single-lens / twin-lens reflex (camera)

réflexe [reflɛks] → SYN **1** adj reflex

2 nm reflex ◆ **réflexe rotulien** knee jerk ◆ **réflexe conditionné** ou **conditionnel** conditioned reflex ou response ◆ **avoir de bons / mauvais réflexes** to have quick ou good / slow ou poor reflexes ◆ **il eut le réflexe de couper l'électricité** his immediate ou instant reaction was to switch off the electricity, he instinctively switched off the electricity ◆ **manquer de réflexe** to be slow to react

réflexibilité [reflɛksibilite] nf reflexibility

réflexible [reflɛksibl] adj reflexible

réflexif, -ive [reflɛksif, iv] adj (Math) reflexive ; (Psych) introspective

réflexion [reflɛksjɔ̃] → SYN nf **a** (méditation) thought, reflection (NonC) ◆ **plongé** ou **absorbé dans ses réflexions** deep ou lost in thought ou reflection, absorbed in thought ou in one's thoughts ◆ **ceci donne matière à réflexion** this gives (you) food for thought, this gives you something to think about ◆ **ceci mérite réflexion** [offre] this is worth thinking about ou considering ; [problème] this needs thinking about ou over ◆ **ceci nécessite une réflexion plus approfondie sur les problèmes** further thought needs to be given to the problems ◆ **avec réflexion** thoughtfully ◆ **laissez-moi un moment de réflexion** let me think about it for a moment, let me have a moment's reflection ◆ **réflexion faite** ou **à la réflexion, je reste** on reflection ou on second thoughts, I'll stay ◆ **à la réflexion, on s'aperçoit que c'est faux** when you think about it you can see that it's wrong ◆ (Pol) **groupe** ou **cellule** ou **cercle de réflexion** think tank* ◆ (Comm) **délai de réflexion** cooling-off period

b (remarque) remark, reflection ; (idée) thought, reflection ◆ **consigner ses réflexions dans un cahier** to write down one's thoughts ou reflections in a notebook ◆ **je ne me suis pas fait cette réflexion** I didn't think of that ◆ **garde tes réflexions pour toi** keep your remarks ou reflections ou comments to yourself ◆ **les clients commencent à faire des réflexions** the customers are beginning to pass ou make remarks ◆ **on m'a fait des réflexions sur son travail** people have complained to me ou made complaints to me about his work

c (Phys) reflection

réflexivité [reflɛksivite] nf reflexiveness ; (Math) reflexivity

réflexogène [reflɛksɔʒɛn] adj reflexogenic

réflexologie [reflɛksɔlɔʒi] nf reflexology

réflexothérapie [reflɛksoteʀapi] nf reflex(o)-therapy

refluer [ʀ(ə)flye] → SYN ▸ conjug 1 ◂ vi [liquide] to flow back ; [marée] to go back, ebb ; [foule] to pour ou surge back ; [sang] to rush back ; [fumée] to blow back down ; [souvenirs] to rush ou flood back ◆ **faire refluer la foule** to push ou force the crowd back

reflux [ʀəfly] → SYN nm [foule] backward surge ; [marée] ebb ; (Méd) reflux → **flux**

refondre [ʀ(ə)fɔ̃dʀ] → SYN ▸ conjug 41 ◂ **1** vt métal to remelt, melt down again ; cloche to recast ; texte to recast ; dictionnaire to revise ; système, programme to overhaul

2 vi to melt again

refonte [ʀ(ə)fɔ̃t] → SYN nf (→ **refondre**) remelting ; recasting ; revision ; overhaul

reforestation [ʀ(ə)fɔʀɛstasjɔ̃] nf re(af)forestation

réformable [refɔʀmabl] adj (gén) reformable ; jugement which may be reversed ; loi which may be amended ou reformed

reformage [ʀ(ə)fɔʀmaʒ] nm (raffinage) reforming

reformater [R(ə)fɔRmate] ▸conjug 1◂ vt to reformat

réformateur, -trice [RefɔRmatœR, tRis] → SYN **1** adj reforming **2** nm,f reformer

réformation [RefɔRmasjɔ̃] nf reformation, reform ◆ **la Réformation** the Reformation

réforme [RefɔRm] → SYN nf **a** (changement) reform ◆ **réforme agraire / de l'orthographe** land / spelling reform **b** (Mil) [appelé] declaration of unfitness for service; [soldat] discharge ◆ **mettre à la réforme** (Mil, fig) objets to scrap; cheval to put out to grass ◆ **mise à la réforme** [soldat] discharge; [objets] scrapping **c** (Rel) reformation

réformé, e [RefɔRme] (ptp de **réformer**) **1** adj (Rel) reformed; (Mil) appelé declared unfit for service; soldat discharged, invalided out (Brit) **2** nm,f (Rel) Protestant

reformer [R(ə)fɔRme] ▸conjug 1◂ **1** vt to re-form ◆ (Mil) **reformer les rangs** to fall in again, fall into line again **2** **se reformer** vpr [armée, nuage] to re-form; [parti] to re-form, be re-formed; [groupe, rangs] to form up again

réformer [RefɔRme] → SYN ▸conjug 1◂ **1** vt **a** (améliorer) loi, mœurs, religion to reform; abus to correct, (put) right, reform; méthode to improve, reform; administration to reform, overhaul **b** (Jur) jugement to reverse, quash **c** (Mil) appelé to declare unfit for service; soldat to discharge, invalid out (Brit); matériel to scrap ◆ **il s'est fait réformer** he got himself declared unfit for service; he got himself discharged on health grounds ou invalided out (Brit) **2** **se réformer** vpr to change one's ways, turn over a new leaf

réformette* [RefɔRmɛt] nf so-called reform

réformisme [RefɔRmism] → SYN nm reformism

réformiste [RefɔRmist] → SYN adj, nmf reformist

reformuler [R(ə)fɔRmyle] ▸conjug 1◂ vt to reformulate

refouiller [R(ə)fuje] ▸conjug 1◂ vt (Tech : évider) to carve out

refoulé, e [R(ə)fule] (ptp de **refouler**) adj personne repressed, frustrated, inhibited

refoulement [R(ə)fulmɑ̃] → SYN nm **a** (→ **refouler**) driving back; repulsing; turning back; forcing back; holding back; repression; suppression; backing, reversing, reversal ou inversion of the flow of; stemming **b** (Psych : complexe) repression

refouler [R(ə)fule] → SYN ▸conjug 1◂ **1** vt **a** envahisseur, attaque to drive back, repulse; immigrant, étranger to turn back **b** larmes to force ou hold back, repress; personnalité, désir, souvenir to repress, suppress; colère to repress, hold in check; sanglots to choke back, force back **c** (Rail) to back, reverse **d** liquide to force back, reverse ou invert the flow of **e** (Naut) to stem **2** vi [siphon, tuyauterie] to flow back; [cheminée] to smoke

refourguer* [R(ə)fuRge] ▸conjug 1◂ vt (vendre) to flog* (à to), unload* (à onto) ◆ (donner) **refourguer qch à qn** to unload sth onto sb*, palm sth off onto sb*

refoutre* [R(ə)futR] ▸conjug 48◂ vt ◆ **refous-le là** shove* it back in there ◆ **ne refous plus jamais les pieds ici!** never show your bloody** (Brit) ou your damned* face in here again!

réfractaire [RefRaktɛR] → SYN **1** adj **a** **réfractaire à** autorité, virus, influence resistant to; musique impervious to ◆ **maladie réfractaire** stubborn illness ◆ **je suis réfractaire à la poésie** poetry is a closed book to me ◆ **être réfractaire à la discipline** to resist discipline ◆ **prêtre réfractaire** non-juring priest **b** métal refractory; brique, argile fire (épith); plat ovenproof, heat-resistant **2** nm (Hist Mil) draft dodger, draft evader

réfracter [RefRakte] ▸conjug 1◂ **1** vt to refract **2** **se réfracter** vpr to be refracted

réfracteur, -trice [RefRaktœR, tRis] adj refractive, refracting (épith)

réfraction [RefRaksjɔ̃] nf refraction ◆ **indice de réfraction** refractive index

réfractomètre [RefRaktɔmɛtR] nm refractometer

refrain [R(ə)fRɛ̃] → SYN nm (Mus : en fin de couplet) refrain, chorus; (chanson monotone) strains (pl), refrain ◆ **c'est toujours le même refrain*** it's always the same old story ◆ **change de refrain!** put another record on!*

refréner [R(ə)fRene] → SYN ▸conjug 6◂ vt désir, impatience, envie to curb, hold in check, check

réfrigérant, e [RefRiʒeRɑ̃, ɑ̃t] → SYN **1** adj fluide refrigerant, refrigerating; accueil, personne icy, frosty → **mélange** **2** nm (Tech) cooler

réfrigérateur [RefRiʒeRatœR] → SYN nm refrigerator, fridge* ◆ (fig) **mettre un projet au réfrigérateur** to put a plan in cold storage ou on ice

réfrigération [RefRiʒeRasjɔ̃] → SYN nf refrigeration; (Tech) cooling

réfrigérer [RefRiʒeRe] → SYN ▸conjug 6◂ vt **a** (gén) to refrigerate; (Tech) to cool; local to cool ◆ **véhicule réfrigéré** refrigerated vehicle ◆ **je suis réfrigéré*** I'm frozen stiff* **b** (fig) enthousiasme to put a damper on, cool; personne to have a cooling ou dampening effect on

réfringence [RefRɛ̃ʒɑ̃s] nf refringence

réfringent, e [RefRɛ̃ʒɑ̃, ɑ̃t] adj refringent

refroidir [R(ə)fRwadiR] → SYN ▸conjug 2◂ **1** vt **a** nourriture to cool (down) **b** (fig) personne to put off, have a cooling effect on; zèle to cool, put a damper on, dampen **c** (*: tuer) to do in*, bump off* (Brit) **2** vi (cesser d'être trop chaud) to cool (down); (devenir trop froid) to get cold ◆ **laisser** ou **faire refroidir** mets trop chaud to leave to cool, let cool (down); (involontairement) to let get cold; moteur to let cool; (péj) projet to let slide ou slip ◆ **mettre qch à refroidir** to put sth to cool (down) ◆ (jeu) **tu refroidis!** you're getting cold! **3** **se refroidir** vpr [ardeur] to cool (off); [mets] to get cold; [temps] to get cooler ou colder; [personne] (avoir froid) to get ou catch cold; (attraper un rhume) to catch a chill

refroidissement [R(ə)fRwadismɑ̃] → SYN nm **a** [air, liquide] cooling ◆ **refroidissement par air / eau** air- / water-cooling ◆ **refroidissement de la température** drop in the temperature ◆ **on observe un refroidissement du temps** the weather appears to be getting cooler ou colder **b** (Méd) chill ◆ **prendre un refroidissement** to catch a chill **c** [passion] cooling (off)

refroidisseur, -euse [R(ə)fRwadisœR, øz] **1** adj cooling **2** nm cooler; (en industrie) cooling tower

refuge [R(ə)fyʒ] → SYN nm (gén) refuge; (pour piétons) refuge, (traffic) island; (en montagne) refuge, (mountain) hut ◆ **lieu de refuge** place of refuge ou safety ◆ (Bourse) **valeur refuge** safe investment

réfugié, e [Refyʒje] → SYN (ptp de **se réfugier**) adj, nm,f refugee ◆ **réfugié politique** political refugee

réfugier (se) [Refyʒje] → SYN ▸conjug 7◂ vpr (lit, fig) to take refuge

refus [R(ə)fy] → SYN nm refusal ◆ (Jur) **refus de comparaître** refusal to appear (in court) ◆ (Aut) **refus de priorité** refusal to give way (Brit) ou to yield (US) ◆ **refus d'obéissance** refusal to obey; (Mil) insubordination ◆ **ce n'est pas de refus*** I won't say no (to that)

refusable [R(ə)fyzabl] adj which can be refused

refuser [R(ə)fyze] → SYN ▸conjug 1◂ GRAMMAIRE ACTIVE 8.5, 12.3, 19.5, 25.5 **1** vt **a** (ne pas accepter) cadeau to refuse; offre to refuse, decline, turn down, reject; invitation to refuse, decline, turn down; manuscrit to reject, turn down, refuse; marchandise, racisme, inégalité to reject, refuse to accept; politique, méthodes to refuse, reject ◆ **il l'a demandée en mariage mais il a été refusé** he asked her to marry him but she turned him down ou refused him ◆ **refuser la lutte** ou **le combat** to refuse battle ◆ **le cheval a refusé (l'obstacle)** the horse balked at the fence ou refused (the fence) ◆ **refuser le risque** to refuse to take risks ◆ **il a toujours refusé la vie routinière** he has always refused to accept a routine life **b** (ne pas accorder) permission, entrée, consentement to refuse; demande to refuse, turn down; compétence, qualité to deny ◆ **refuser l'entrée à qn** to refuse admittance ou entry to sb, turn sb away ◆ **refuser sa porte à qn** to bar one's door to sb ◆ **je me suis vu refuser un verre d'eau** I was refused a glass of water ◆ **on lui a refusé l'accès aux archives** he was refused ou denied access to the records ◆ (Aut) **il m'a refusé la priorité** he didn't give me right of way (Brit), he didn't yield to me (US) ◆ **elle est si gentille, on ne peut rien lui refuser** she's so nice, you just can't say no to her ◆ **je lui refuse toute générosité** I refuse to accept ou admit that he has any generosity **c** client to turn away; candidat (à un examen) to fail; (à un poste) to turn down ◆ **il s'est fait refuser au permis de conduire** he failed his driving test ◆ **on a dû refuser du monde** they had to turn people away **d** **refuser de faire qch** to refuse to do sth ◆ **il a refusé net (de le faire)** he refused point-blank (to do it) ◆ **la voiture refuse de démarrer** the car won't start **2** vi [pieu] to resist; [vent] to haul **3** **se refuser** vpr **a** (se priver de) to refuse o.s., deny o.s. ◆ (iro) **tu ne te refuses rien!** you don't stint yourself! (iro), you don't let yourself go short! (iro) **b** (être décliné) **ça ne se refuse pas** [offre] it is not to be turned down ou refused; [apéritif] I wouldn't say no (to it) **c** **se refuser à** méthode, solution to refuse (to accept), reject ◆ **se refuser à l'évidence** to refuse to accept ou admit the obvious ◆ **se refuser à tout commentaire** to refuse to make any comment ◆ **elle s'est refusée à lui** she refused to give herself to him ◆ **se refuser à faire qch** to refuse to do sth

réfutable [Refytabl] → SYN adj refutable, which can be disproved ou refuted ◆ **facilement réfutable** easily refuted ou disproved

réfutation [Refytasjɔ̃] → SYN nf refutation ◆ **fait qui apporte la réfutation d'une allégation** fact which refutes ou disproves an allegation

réfuter [Refyte] → SYN ▸conjug 1◂ vt to refute, disprove

refuznik [Rəfyznik] nmf refus(e)nik

reg [Rɛg] nm (désert) pavement, reg

regagner [R(ə)gaɲe] → SYN ▸conjug 1◂ vt **a** (récupérer) amitié, faveur to regain, win ou gain back; argent to win back, get back ◆ **regagner le temps perdu** to make up (for) lost time ◆ (Mil, fig) **regagner du terrain** to regain ground, win ou gain ground again ◆ **regagner le terrain perdu** to win back lost ground **b** (arriver à) lieu to get ou go back to; pays to arrive back in, get back to ◆ **il regagna enfin sa maison** he finally arrived back home ou got back home ou reached home again ◆ **regagner sa place** to regain one's place, return to one's place

regain [Rəgɛ̃] → SYN nm **a** **regain de** jeunesse renewal of; popularité revival of; activité, influence renewal ou revival of ◆ **regain de vie** new lease of life ◆ **provoquer un regain d'intérêt** to bring about ou prompt renewed interest ◆ **parfait! dit-il avec un regain de bonne humeur** perfect!, he said with renewed good humour **b** (Agr) aftermath†, second crop of hay

régal, pl **régals** [Regal] → SYN nm delight, treat ◆ **ce gâteau est un régal** this cake is absolutely delicious ◆ **c'est un régal pour les yeux** it is a sight for sore eyes, it is a delight ou treat to look at ◆ **quel régal de manger des cerises** what a treat to have cherries (to eat)

régalade [Regalad] nf ◆ **boire à la régalade** to drink without letting one's lips touch the bottle (ou glass etc)

régalage [Regalaʒ] nm (Tech) levelling

régale[1] [Regal] → SYN nf (Jur) regale

régale[2] [Regal] nm (Mus) vox humana

régale[3] [Regal] adj f ◆ **eau régale** aqua regia

régaler[1] [Regale] → SYN ▸conjug 1◂ **1** vt personne to treat to a slap-up* (Brit) ou delicious meal ◆ **c'est moi qui régale** I'm treating everyone, it's my treat ◆ **c'est le patron qui régale** it's on the house ◆ **chaque soir, il nous régalait de ses histoires** in the evenings he would regale us with his stories

2 **se régaler** vpr (bien manger) to have a delicious ou a slap-up* (Brit) meal; (éprouver du plaisir) to have a great time* ◆ **se régaler de gâteaux** to treat o.s. to some delicious cakes ◆ **on s'est (bien) régalé** (au repas) it was delicious; (au cinéma, théâtre) we had a great time*, we really enjoyed ourselves ◆ (fig péj) **il y en a qui se sont régalés dans cette vente** some people made a packet* (Brit) ou did really well out of that sale ◆ (hum, péj) **les cafetiers se régalent avec cette vague de chaleur** the café owners are coining it in* (Brit) ou making a mint* ou doing really well in this heatwave ◆ **se régaler de romans** (habituellement) to be very keen on ou be a keen reader of novels; (en vacances etc) to gorge o.s. on novels, have a feast of novel-reading

régaler[2] [Regale] ▸conjug 1◂ vt (Tech) to level

régalien, -ienne [Regaljɛ̃, jɛn] → SYN adj droits kingly

regard [R(ə)gaR] → SYN nm **a** (vue) glance, eye ◆ **parcourir qch du regard, promener son regard sur qch** to cast a glance ou an eye over sth ◆ **son regard se posa sur moi** his glance ou eye ou gaze came to rest on me ◆ **soustraire qch aux regards** to hide sth from sight ou from view, put sth out of sight ◆ **cela attire tous les regards** it catches everyone's eye ou attention ◆ **nos regards sont fixés sur vous** our eyes are turned on you ◆ (fig) **certains ministres, suivez mon regard, ont ...** certain ministers, without mentioning any names ou who shall remain nameless, have ...

b (expression) look ou expression (in one's eye) ◆ **son regard était dur / tendre** the look ou expression in his eye was hard / tender, he had a hard / tender look ou expression in his eye ◆ **regard fixe / perçant** fixed / penetrating stare ◆ **dévorer / menacer qn du regard** to look hungrily / threateningly at sb, fix sb with a hungry / threatening look ou stare

c (coup d'œil) look, glance ◆ **échanger des regards avec qn** to exchange looks ou glances with sb ◆ **échanger des regards d'intelligence** to exchange knowing looks ◆ **lancer un regard de colère à qn** to glare at sb, cast an angry look ou glare ou glance at sb ◆ **au premier regard** at first glance ou sight ◆ **regard en coin** ou **en coulisse** sideways ou sidelong glance ◆ **regard noir** black look

d [égout] manhole; [four] peephole, window

e LOC **au regard de la loi** in the eyes ou the sight of the law, from the legal viewpoint ◆ **texte avec photos en regard** text with photos on the opposite page ou facing ◆ **en regard de ce qu'il gagne** compared with ou in comparison with what he earns → **droit**[2]

regardant, e [R(ə)gaRdɑ̃, ɑ̃t] → SYN adj careful with money ◆ **il n'est pas regardant** he's quite free with his money ◆ **ils sont / ne sont pas regardants sur l'argent de poche** they are not very / they are quite generous with pocket money ◆ **il n'est pas très regardant sur la propreté / les manières** he's not very particular about cleanliness / manners

regarder [R(ə)gaRde] → SYN ▸conjug 1◂

1 vt **a** paysage, scène to look at; action en déroulement, film, match to watch ◆ **elle regardait les voitures sur le parking** she was looking at the cars in the car park ◆ **elle regardait les voitures défiler** ou **qui défilaient** she was watching the cars driving past ou the cars as they drove past ◆ **regarder tomber la pluie** ou **la pluie tomber** to watch the rain falling ◆ **il regarda sa montre** he looked at ou had a look at his watch ◆ **regarder l'heure** to see what time it is ◆ **regarde, il pleut** look, it's raining ◆ **regarde bien, il va sauter** watch ou look, he's going to jump ◆ **regarder la télévision / une émission à la télévision** to watch television / a programme on television ◆ **regarder le journal** to look at ou have a look at the paper ◆ **regarder sur le livre de qn** (partager) to share sb's book; (tricher) to look ou peep at sb's book ◆ **regarder par la fenêtre** (du dedans) to look out of the window; (du dehors) to look in through the window ◆ **regarde les oiseaux par la fenêtre** look through ou out of the window at the birds, watch the birds through ou out of the window ◆ **regarde devant toi / derrière toi** look in front of you / behind you ◆ **regarde où tu marches*** watch ou look where you're going ou putting your feet ◆ (lit, fig) **regarde où tu mets les pieds*** watch your step ◆ **regarde voir* dans l'armoire** take ou have a look in the wardrobe ◆ **regarde voir* s'il arrive** look ou have a look and see if he's coming ◆ **attends, je vais regarder** hang on, I'll go and look ou I'll take a look ◆ **regardez-moi ça / son écriture*** just (take a) look at that / at his writing ◆ **regardez-moi cet idiot*** just look at that idiot!* ◆ **vous ne m'avez pas regardé!*** what do you take me for!*, who do you think I am!* ◆ **j'ai regardé partout, je n'ai rien trouvé** I looked everywhere but I couldn't find anything ◆ **regarde à la pendule quelle heure il est** look at the clock to see what time it is, look and see what time it is by the clock ◆ **regardez-le faire** (gén) watch him ou look at him do it; (pour apprendre) watch ou look how he does it ◆ **elles sont allées regarder les vitrines / les magasins** they've gone to do some window-shopping / to have a look around the shops ◆ **sans regarder** traverser without looking; payer regardless of cost ou the expense → **chien**

b (rapidement) to glance at, have a glance ou a (quick) look at; (longuement) to gaze at; (fixement) to stare at ◆ **regarder un texte rapidement** to glance at ou through a text, have a quick look ou glance at ou through a text ◆ **regarder (qch) par le trou de la serrure** to peep ou look (at sth) through the keyhole ◆ **regarder de près / de plus près** to have a close / closer look at, look closely / more closely at ◆ **regarder sans voir** to look with unseeing eyes ◆ **regarder bouche bée** to gape at ◆ **regarder à la dérobée** ou **par en-dessous** to steal a glance at, glance sidelong at ◆ **regarder qn avec colère** to glare angrily at sb ◆ **regarder qn avec méfiance** to look at ou eye sb suspiciously ◆ **regarder qn du coin de l'œil** to look at ou watch sb from the corner of one's eye ◆ **regarder qn sous le nez** to look at sb defiantly ◆ **regarder qn de travers** to scowl at sb ◆ **regarder qn / qch d'un bon / mauvais œil** to look favourably / unfavourably upon sb / sth, view sb / sth favourably / unfavourably ◆ **regarder qn de haut** to give sb a scornful look, look scornfully at sb ◆ (lit, fig) **regarder qn droit dans les yeux / bien en face** to look sb straight in the eye / straight in the face ◆ **regarder qn dans le blanc des yeux** to look sb straight in the face ou eye ◆ **regarder la vie / le danger en face** to look life / danger in the face, face up to life / danger

c (vérifier) appareil, malade to look at; huile, essence to look at, check ◆ **regarde la lampe, elle ne marche pas** have ou take a look at the lamp – it doesn't work ◆ **regarder dans l'annuaire** to look in the phone book ◆ **regarder un mot dans le dictionnaire** to look up ou check a word in the dictionary

d (envisager) situation, problème to view ◆ **regarder l'avenir avec appréhension** to view the future with trepidation ◆ **il ne regarde que son propre intérêt** he is only concerned with ou he only thinks about his own interests ◆ **nous le regardons comme un ami** we look upon him ou we regard him ou we consider him as a friend

e (concerner) to concern ◆ **cette affaire me regarde quand même un peu** this business does concern me a bit ou is a little bit my concern ◆ **en quoi cela te regarde-t-il?** (se mêler de) what business is it of yours?, what has it to do with you?; (être touché par) how does it affect ou concern you? ◆ **fais ce que je te dis, la suite me regarde** do what I tell you and I'll take care of what happens next ou and what happens next is my concern ou business ◆ **que vas-tu faire? – cela me regarde** what will you do? – that's my business ou my concern ◆ **non mais, ça vous regarde!*** really, is it any of your business?, really, what business is it of yours? ◆ **cela ne le regarde pas, cela ne le regarde en rien** that's none of his business, that's no concern ou business of his ◆ **mêlez-vous de ce qui vous regarde** mind your own business

f [maison] **regarder (vers)** to face

2 **regarder à** vt indir to think of ou about ◆ **y regarder à deux fois avant de faire qch** to think twice before doing sth ◆ **il n'y regarde pas de si près** he's not that fussy ou particular ◆ **à y bien regarder** on thinking it over ◆ **c'est quelqu'un qui va regarder à 2 F** he's the sort of person who will niggle over 2 francs ou worry about 2 francs ◆ **il regarde à s'acheter un costume neuf** he (always) thinks twice before laying out money for a new suit ◆ **quand il fait un cadeau, il ne regarde pas à la dépense** when he gives (somebody) a present he doesn't worry how much he spends ou he spares no expense ou expense is no object for him ◆ **acheter qch sans regarder à la dépense** to buy sth without thought for expense ou without bothering about the expense

3 **se regarder** vpr **a** **se regarder dans une glace** to look at o.s. in a mirror ◆ (iro) **il ne s'est pas regardé!** he should take a look at himself!

b [personnes] to look at each other ou one another; [maisons] to face each other ou one another ◆ **les deux enfants restaient là à se regarder en chiens de faïence** the two children sat (ou stood) glaring at each other ou one another

regarnir [R(ə)gaRniR] ▸conjug 2◂ vt magasin, rayon to stock up again, restock; trousse to refill, replenish; plat to fill (up) again; coussin to refill

régate [Regat] → SYN nf ◆ **régate(s)** regatta

régater [Regate] ▸conjug 1◂ vi to sail in a regatta

régatier, -ière [Regatje, jɛR] nm,f regatta competitor

regel [Rəʒɛl] nm freezing again

regeler [R(ə)ʒəle, Rəʒ(ə)le] ▸conjug 5◂ vt, vb impers to freeze again

régence [Reʒɑ̃s] → SYN **1** nf (Pol) regency ◆ (Hist) **la Régence** the Regency

2 adj inv meuble (en France) (French) Regency; (en Grande-Bretagne) Regency; (fig) personne, mœurs overrefined

régénérateur, -trice [ReʒeneRatœR, tRis]

1 adj regenerative

2 nm regenerator

régénération [ReʒeneRasjɔ̃] → SYN nf regeneration

régénérer [ReʒeneRe] → SYN ▸conjug 6◂ vt (Bio, Rel) to regenerate; personne, forces to revive, restore ◆ **caoutchouc régénéré** regenerated rubber (fibres)

régent, e [Reʒɑ̃, ɑ̃t] → SYN **1** adj regent ◆ **prince régent** prince regent

2 nm,f (Pol) regent; (††: professeur) master; (Admin: directeur) manager

régenter [Reʒɑ̃te] → SYN ▸conjug 1◂ vt (gén) to rule over; personne to dictate to ◆ **il veut tout régenter** he wants to run the whole show*

reggae [Rege] nm reggae

régicide [Reʒisid] **1** adj regicidal

2 nmf (personne) regicide

3 nm (crime) regicide

régie [Reʒi] → SYN nf **a** (gestion) [État] state control; [commune] local government control (*de* over) ◆ **en régie** under state (ou local government) control ◆ **régie directe** ou **simple** direct state control ◆ **régie intéressée** public service concession ◆ **travaux en régie** public work contracting *(by the government)*

b (compagnie) **régie (d'État)** state-owned company, government corporation ◆ **la Régie française des tabacs** *the French national tobacco company* ◆ **la Régie autonome des**

transports parisiens *the Paris city transport authority*
c (Ciné, Théât, TV) production department; (Rad, TV: salle de contrôle) control room

regimber [ʀ(ə)ʒɛ̃be] → SYN ▸conjug 1◂ vi [personne] to rebel (*contre* against); [cheval] to jib ◆ **fais-le sans regimber** do it without grumbling ◆ **quand je lui ai demandé de le faire, il a regimbé** when I asked him to do it he jibbed at the idea

régime¹ [ʀeʒim] → SYN nm a (Pol) (mode) system (of government); (gouvernement) government; (péj) régime ◆ **régime monarchique / républicain** monarchical / republican system (of government) ◆ **les opposants au régime** the opponents of the régime → **ancien**
b (Admin) (système) scheme, system; (règlements) regulations ◆ **régime douanier / des hôpitaux** customs / hospital system; customs / hospital regulations ◆ **régime de la Sécurité sociale** Social Security system ◆ **régime maladie** health insurance scheme ◆ **régime vieillesse** pension scheme
c (Jur) **régime (matrimonial)** marriage settlement ◆ **se marier sous le régime de la communauté / de la séparation de biens** to opt for a marriage settlement based on joint ownership of property / on separate ownership of property ◆ **régime complémentaire** supplementary scheme
d (Méd) diet ◆ **être / mettre qn au régime** to be / put sb on a diet ◆ **suivre un régime** (gén) to be on a diet; (scrupuleusement) to follow a ou keep to a diet ◆ **régime sans sel / sec / lacté / basses calories / amaigrissant** salt-free / alcohol-free / milk / low-calorie / slimming (Brit) ou reducing (US) diet ◆ **se mettre au régime jockey*** to go on a starvation diet
e [moteur] (engine ou running) speed ◆ **ce moteur est bruyant à haut régime** this engine is noisy when it is revving hard ◆ **régime de croisière** cruising speed ◆ (Tech, fig) **marcher ou aller à plein régime** to go (at) full speed, go flat out ◆ (fig) **à ce régime, nous n'aurons bientôt plus d'argent** (if we go on) at this rate ou at the rate we're going we'll soon have no money left
f (Géog, Mét) régime
g (Gram) object ◆ **régime direct / indirect** direct / indirect object ◆ **cas régime** objective case
h (Phys) [écoulement] rate of flow

régime² [ʀeʒim] nm [dattes] cluster, bunch; [bananes] bunch, hand

régiment [ʀeʒimɑ̃] → SYN nm a (Mil) (corps) regiment; (*: service militaire) military ou national service ◆ **être au régiment*** to be doing (one's) national ou military service ◆ **aller au régiment*** to go into the army, be called up
b (*: masse) [personnes] regiment, army; [choses] mass(es), loads ◆ **il y en a pour tout un régiment** there's enough for a whole army

régimentaire [ʀeʒimɑ̃tɛʀ] adj regimental

région [ʀeʒjɔ̃] → SYN nf (Admin, Géog) (étendue) region; (limitée) area; (Anat) region, area; (fig: domaine) region ◆ **régions polaires / équatoriales** polar / equatorial regions ◆ **la région parisienne / londonienne** the Paris / London area ou region ◆ **ça se trouve dans la région de Lyon** it's in the Lyons area ou around Lyons ou in the region of Lyons ◆ **si vous passez dans la région, allez les voir** if you are in the area ou in those parts ou if you go that way, go and see them ◆ **dans nos régions** in these regions, in the regions we live in

régional, e, mpl **-aux** [ʀeʒjɔnal, o] → SYN adj regional

régionalisation [ʀeʒjɔnalizasjɔ̃] nf regionalization

régionaliser [ʀeʒjɔnalize] ▸conjug 1◂ vt to regionalize

régionalisme [ʀeʒjɔnalism] nm regionalism

régionaliste [ʀeʒjɔnalist] 1 adj regionalist(ic) 2 nmf regionalist

régir [ʀeʒiʀ] → SYN ▸conjug 2◂ vt (gén, Ling) to govern

régisseur [ʀeʒisœʀ] → SYN nm a (Théât) stage manager; (Ciné, TV) assistant director ◆ **régisseur de plateau** studio director
b [propriété] steward

registre [ʀəʒistʀ] → SYN 1 nm a (livre) register ◆ **registre maritime / d'hôtel / du commerce** shipping / hotel / trade register ◆ (Scol) **registre de notes** mark book (Brit), grades register ou book (US) ◆ (Scol) **registre d'absences** attendance register
b (Mus) [orgue] stop; [voix] (étage) register; (étendue) register, range
c (Ling) (niveau) register, level (of language); (style) register, style
d (Tech) [fourneau] damper, register; (Ordin, Typ) register
e (fig: genre, ton) mood, vein ◆ [écrivain] **il a complètement changé de registre** he's completely changed his style
2 COMP ▷ **registre de comptabilité** ledger ▷ **registre de l'état civil** register of births, marriages and deaths ▷ **registre mortuaire** register of deaths ▷ **registre de vapeur** throttle valve

réglable [ʀeglabl] adj a mécanisme, débit adjustable ◆ **siège à dossier réglable** reclining seat
b (payable) payable

réglage [ʀeglaʒ] → SYN nm a [mécanisme, débit] regulation, adjustment; [moteur] tuning; [allumage, thermostat] setting, adjustment; [dossier, tir] adjustment
b [papier] ruling

règle [ʀɛgl] → SYN nf a (loi, principe, Rel) rule ◆ (Psych) **règle fondamentale** rule of free association ◆ **règle de conduite** rule of conduct ◆ **règle de 3** rule of 3 ◆ **les règles de la bienséance / de l'honneur** the rules of propriety / honour ◆ **règle d'or** golden rule ◆ **règles de sécurité** safety regulations ◆ **sa parole nous sert de règle** his word is our rule ◆ **me lever à 7 heures tous les jours, j'en ai fait une règle de vie** I've made it a rule to always get up at 7 in the morning ◆ **ils ont pour règle de se réunir chaque jour** they make it a rule to meet every day ◆ (lit, fig) **c'est la règle du jeu** it's one of the rules of the game, those are the rules of the game ◆ (lit, fig) **se plier aux règles du jeu** to play the game according to the rules ◆ **c'est la règle (de la maison)!** that's the rule (of the house)! ◆ **cela n'échappe pas à la règle** that's no exception to the rule ◆ (Sport) **laisser jouer la règle de l'avantage** to play the advantage rule
b (instrument) ruler ◆ **trait tiré à la règle** line drawn with a ruler ◆ **règle à calcul** ou **à calculer** slide rule
c (menstruation) **règles** period(s) ◆ **avoir ses règles** to have one's period(s)
d LOC **il est de règle qu'on fasse un cadeau** it's usual ou it's standard practice ou the done thing to give a present ◆ **en règle** comptabilité, papiers in order; avertissement given according to the rules; réclamation made according to the rules ◆ **bataille en règle** proper ou right old* (Brit) fight ◆ **il lui fait une cour en règle** he's courting her according to the rule book ou by the book ◆ **être en règle avec les autorités** to be straight with ou in order with the authorities ◆ **se mettre en règle avec les autorités** to sort out ou straighten out one's position with the authorities ◆ **je ne suis pas en règle** I'm not straight with the authorities, my papers etc are not in order ◆ **se mettre en règle avec Dieu** to make things right with God ◆ **en règle générale** as a (general) rule ◆ **il faut faire la demande dans** ou **selon les règles** you must make the request through the proper channels ou according to the rules ou the proper procedures ◆ (hum) **dans les règles de l'art** according to the rule book

réglé, e [ʀegle] → SYN (ptp de **régler**) adj a (régulier) vie (well-)ordered, regular; personne steady, stable ◆ **c'est réglé comme du papier à musique*, il arrive tous les jours à 8 heures** he arrives at 8 o'clock every day, as regular as clockwork ◆ **être réglé comme une horloge** to be as regular as clockwork
b fille pubescent, who has reached puberty ◆ **femme (bien) réglée** woman whose periods are regular
c papier ruled, lined

règlement [ʀɛgləmɑ̃] → SYN GRAMMAIRE ACTIVE 20.5 nm a (Admin, Police, Univ) (règle) regulation; (réglementation) rules, regulations ◆ **règlement de service** administrative rule ou regulation ◆ **règlement intérieur** (Scol) school rules; [entreprise] policies and procedures (manual)
b [affaire, conflit] settlement, settling; [facture, dette] settlement, payment ◆ **faire un règlement par chèque** to pay ou make a payment by cheque ◆ (Jur) **règlement judiciaire** (compulsory) liquidation ◆ (Jur) **règlement (à l') amiable** amicable settlement, out-of-court settlement ◆ (fig) **règlement de compte(s)** settling of scores; (de gangsters) gangland killing

réglementaire [ʀɛgləmɑ̃tɛʀ] → SYN adj uniforme, taille regulation (épith); procédure statutory, laid down in the regulations ◆ **ça n'est pas très réglementaire** that isn't really allowed, that's really against the rules ◆ **dans le temps réglementaire** in the prescribed time ◆ **ce certificat n'est pas réglementaire** this certificate doesn't conform to the regulations ◆ **dispositions réglementaires** regulations ◆ **pouvoir réglementaire** power to make regulations

réglementairement [ʀɛgləmɑ̃tɛʀmɑ̃] adv in accordance with ou according to the regulations, statutorily

réglementation [ʀɛgləmɑ̃tasjɔ̃] → SYN nf (règles) regulations; (contrôle) [prix, loyers] control, regulation ◆ **réglementation des changes** exchange control regulations

réglementer [ʀɛgləmɑ̃te] → SYN ▸conjug 1◂ vt to regulate, control ◆ **la vente des médicaments est très réglementée** the sale of medicines is strictly controlled ◆ **stationnement réglementé** restricted parking (Brit), metered parking (US)

régler [ʀegle] → SYN ▸conjug 6◂ GRAMMAIRE ACTIVE 20.5 vt a (conclure) affaire, conflit to settle; problème to settle, sort out ◆ **régler qch à l'amiable** (gén) to settle sth amicably; (Jur) to settle sth out of court ◆ **alors, c'est une affaire réglée** ou **c'est réglé, vous acceptez?** that's (it) settled then – do you accept? ◆ **on va régler ça tout de suite** we'll get that settled ou sorted out straightaway
b (payer) note, dette to settle (up), pay (up); compte to settle; commerçant, créancier to settle up with, pay; travaux to settle up for, pay for ◆ **est-ce que je peux régler?** can I settle up (with you)? ou settle ou pay the bill? ◆ **je viens régler mes dettes** I've come to settle my debts ou to square up with you* ◆ **est-ce que je peux (vous) régler par chèque?** can I make you a cheque out?, can I pay you by cheque? ◆ **j'ai un compte à régler avec lui** I've got a score to settle with him, I've got a bone to pick with him ◆ **on lui a réglé son compte!*** they've settled his hash* ou settled him
c mécanisme, débit, machine to regulate, adjust; dossier, tir to adjust; moteur to tune; allumage, ralenti to set, adjust; réveil to set ◆ **régler le thermostat à 18°** to set the thermostat to ou at 18° ◆ **régler une montre** (mettre à l'heure) to put a watch right (*sur* by); (réparer) to regulate a watch ◆ **le carburateur est mal réglé** the carburettor is badly tuned
d (fixer) modalités, date, programme to settle (on), fix (up), decide on; conduite, réactions to determine ◆ **régler l'ordre d'une cérémonie** to settle ou fix (up) the order of (a) ceremony ◆ **il ne sait pas régler l'emploi de ses journées** he is incapable of planning out ou organizing his daily routine ◆ **régler le sort de qn** to decide ou determine sb's fate
e (prendre comme modèle) **régler qch sur** to model sth on, adjust sth to ◆ **régler sa vie sur (celle de) son père** to model one's life on that of one's father ◆ **régler sa conduite sur les circonstances** to adjust one's conduct ou behaviour to the circumstances ◆ **se régler sur qn d'autre** to model o.s. on sb else ◆ **il essaya de régler son pas sur celui de son père** he tried to walk in step with his father ◆ **régler sa vitesse sur celle de l'autre voiture** to adjust ou match one's speed to that of the other car
f papier to rule (lines on)

réglet [ʀeglɛ] → SYN nm a (règle) lead(ing)
b (moulure) reglet

réglette [ʀeglɛt] nf (Typ) setting stick

régleur, -euse [ʀeglœʀ, øz] [1] nm,f (ouvrier) setter, adjuster
[2] **régleuse** nf ruling machine

réglisse [ʀeglis] nf ou nm liquorice ◆ **bâton / rouleau de réglisse** liquorice stick / roll

réglo * [ʀeglo] adj inv personne straight*, honest, dependable ◆ **c'est réglo** it's O.K.*, it's in order ◆ **ce n'est pas très réglo** it's not really allowed, it's not really on*

régnant, e [ʀeɲɑ̃, ɑ̃t] adj famille, prince reigning (épith); théorie, idée reigning (épith), prevailing (épith)

règne [ʀɛɲ] [→ SYN] nm [a] [roi, tyran] (période) reign; (domination) rule, reign ◆ **sous le règne de Louis XIV** (période) in the reign of Louis XIV; (domination) under the reign ou rule of Louis XIV
[b] [mode, banquiers] reign; [justice, liberté] reign, rule
[c] (Bot, Zool etc) kingdom ◆ **règne animal / végétal / minéral** animal / vegetable / mineral kingdom

régner [ʀeɲe] [→ SYN] ▸ conjug 6 ◂ vi [a] (être sur le trône) to reign; (exercer sa domination) to rule (*sur* over) ◆ **les 20 ans qu'il a régné** during the 20 years of his reign ◆ (fig) **il règne (en maître) sur le village** he reigns ou rules (supreme) over the village ◆ **elle règne dans la cuisine** she reigns over ou rules in the kitchen ◆ (littér) **régner sur nos passions** to rule over ou govern our passions → **diviser**
[b] (prédominer) [paix, silence] to reign, prevail (*sur* over); [accord, confiance, opinion] to prevail; [peur] to reign, hold sway (*sur* over) ◆ **la confusion la plus totale régnait dans la chambre** utter confusion prevailed in the room, the room was in utter confusion ◆ **maison où l'ordre règne** house where order reigns ◆ **faire régner l'ordre** to maintain law and order ◆ **faire régner la terreur / le silence** to make terror / silence reign ◆ (iro) **la confiance règne!** that's ou there's confidence ou trust for you! (iro)

regonflage [ʀ(ə)gɔ̃flaʒ], **regonflement** [ʀ(ə)gɔ̃fləmɑ̃] nm (→ **regonfler**) blowing up (again); reinflation; pumping up (again)

regonfler [ʀ(ə)gɔ̃fle] ▸ conjug 1 ◂ [1] vt [a] (gonfler à nouveau) pneu de voiture to blow up again, reinflate; pneu de vélo, matelas, ballon to blow up again; (avec pompe à main) to pump up again
[b] (gonfler davantage) to blow up harder, put some more air in, pump up further
[c] (*) personne to cheer up, bolster up ◆ **il est regonflé (à bloc)** he's back on top of things* ◆ **regonfler le moral de qn** to bolster up sb's spirits, bolster sb up
[2] vi [rivière] to swell ou rise again; (Méd) to swell (up) again

regorgement [ʀ(ə)gɔʀʒəmɑ̃] nm overflow

regorger [ʀ(ə)gɔʀʒe] [→ SYN] ▸ conjug 3 ◂ vi [a] **regorger de** [région, pays] to abound in, be abundant in, overflow with; [maison, magasin] to be packed ou crammed with, overflow with; [rue] to be swarming ou milling ou bursting with ◆ **la région regorge d'ananas** the region abounds in ou is abundant in pineapples, there is an abundance of pineapples in the region ◆ **cette année le marché regorge de fruits** this year there is a glut of fruit ou there is an abundance of fruit on the market ◆ **le pays regorge d'argent** the country has fantastic wealth ou has enormous financial assets ◆ **sa maison regorgeait de livres / d'invités** his house was packed with ou crammed with ou cram-full of books / guests ◆ **son livre regorge de bonnes idées / fautes** his book is (jam-)packed ou crammed with good ideas / is riddled with mistakes ◆ **il regorge d'argent** he is rolling in money*, he has got plenty of money
[b] [liquide] to overflow

regrattage [ʀ(ə)gʀataʒ] nm [bâtiment] scraping again

regratter [ʀ(ə)gʀate] ▸ conjug 1 ◂ vt bâtiment to scrape again

regréer [ʀ(ə)gʀee] ▸ conjug 1 ◂ vt to re-rig

regreffer [ʀ(ə)gʀefe] ▸ conjug 1 ◂ vt (Bot) to regraft

régresser [ʀegʀese] [→ SYN] ▸ conjug 1 ◂ vi [science, enfant] to regress; [douleur, épidémie] to recede, diminish, decrease

régressif, -ive [ʀegʀesif, iv] adj évolution, raisonnement regressive; marche backward (épith); (Phon) anticipatory ◆ (Géol) **érosion régressive** headward erosion ◆ **forme régressive** regressive ou recessive form ◆ (Ling) **dérivation régressive** back formation

régression [ʀegʀesjɔ̃] [→ SYN] nf (gén) regression, decline; (Bio, Math, Psych) regression ◆ **être en (voie de) régression** to be on the decline ou decrease, be declining ou decreasing ◆ (Géol) **régression marine** marine regression

regret [ʀ(ə)gʀɛ] [→ SYN] GRAMMAIRE ACTIVE 9.3, 18.3, 19.5, 25.5 nm [a] [décision, faute] regret (*de* for); [passé] regret (*de* about) ◆ **le regret d'une occasion manquée la faisait pleurer** she wept with regret at the lost opportunity, she wept in regret at losing the opportunity ◆ **les regrets causés par une occasion manquée** the regrets felt at ou for a missed opportunity ◆ **le regret du pays natal** homesickness ◆ **le regret d'avoir échoué** the regret that he had failed ou at having failed ◆ **vivre dans le regret d'une faute** to spend one's life regretting a mistake ◆ **le regret de sa jeunesse / de son ami mort le rendait triste** his heart was heavy with the sorrow ou grief he felt for his lost youth / his departed friend, he grieved for the sad loss of his youth / his friend ◆ **c'est avec regret que je vous le dis** I'm sorry ou I regret to have to tell you this ◆ **sans regret** with no regrets ◆ **je te le donne – sans regrets?** take this – are you (really) sure? ◆ (sur une tombe) **regrets éternels** sorely missed
[b] LOC **à regret** partir with regret, regretfully; accepter, donner with regret, reluctantly ◆ **je suis au regret de ne pouvoir ...** I'm sorry ou I regret that I am unable to ... ◆ **j'ai le regret de vous informer que ...** I regret to have to point out that ..., I must regretfully inform you that ... (frm) ◆ **à mon grand regret** to my great regret

regrettable [ʀ(ə)gʀetabl] [→ SYN] GRAMMAIRE ACTIVE 18.3 adj incident, conséquence regrettable, unfortunate ◆ **il est regrettable que** it's unfortunate ou regrettable that

regrettablement [ʀ(ə)gʀetabləmɑ̃] adv (littér) regrettably

regretter [ʀ(ə)gʀete] [→ SYN] ▸ conjug 1 ◂ GRAMMAIRE ACTIVE 18.3, 20.2 vt [a] personne, pays natal to miss; jeunesse to miss, regret; occasion manquée, temps perdu to regret ◆ **nous avons beaucoup regretté votre absence** we were very sorry ou we greatly regretted that you weren't able to join us ◆ **il regrette son argent** he regrets the expense, he wishes he had his money back ◆ **c'était cher, mais je ne regrette pas mon argent** it was expensive but I don't regret buying it ou spending the money ◆ **notre regretté président** our late lamented president ◆ **on le regrette beaucoup dans le village** he is greatly ou sadly missed in the village
[b] (se repentir de) décision, imprudence, péché to regret ◆ **tu le regretteras** you'll regret it, you'll be sorry for it ◆ **tu ne le regretteras pas** you won't regret it ◆ **je ne regrette rien** I have no regrets ◆ **je regrette mon geste** I'm sorry I did that, I regret doing that
[c] (désapprouver) mesure, décision hostile to regret, deplore
[d] (être désolé) to be sorry, regret ◆ **je regrette, mais il est trop tard** I'm sorry, but it's too late, I'm afraid it's too late ◆ **ah non! je regrette, il était avec moi** no! I'm sorry ou excuse me (but) he was with me, I'm sorry to contradict you but he was with me ◆ **nous regrettons qu'il soit malade** we regret ou are sorry that he is ill ◆ **je regrette de ne pas lui avoir écrit** I'm sorry ou I regret that I didn't write to him, I regret not writing ou not having written to him ◆ **je regrette de vous avoir fait attendre** I'm sorry to have kept you waiting ◆ **je ne regrette pas d'être venu** I'm not sorry ou I'm glad I came

regrimper [ʀ(ə)gʀɛ̃pe] ▸ conjug 1 ◂ [1] vt pente, escalier to climb (up) again
[2] vi [route] to climb (up) again; [fièvre] to go up ou rise again; [prix] to go up again, climb again ◆ **regrimper dans le train** to climb back into the train ◆ **ça va faire regrimper les prix / la fièvre** it'll put up prices / his temperature again

regros [ʀəgʀo] nm tan(bark)

regrossir [ʀ(ə)gʀosiʀ] ▸ conjug 2 ◂ vi to put on weight again, put weight back on

regroupement [ʀ(ə)gʀupmɑ̃] [→ SYN] nm (→ **regrouper**) grouping together; bringing ou gathering together; reassembly; round-up; bunching together; loose scrum ◆ (Fin, Jur) **regroupements de sociétés** groupings of companies ◆ (Jur) **regroupement familial** *right of immigrants to bring their family with them*

regrouper [ʀ(ə)gʀupe] [→ SYN] ▸ conjug 1 ◂ [1] vt [a] (réunir) objets to put ou group together; pièces de collection to bring ou gather together; industries, partis to unite, group together; parcelles to group together
[b] (réunir de nouveau) armée, personnes to reassemble; parti to regroup; bétail to round up, herd together
[2] **se regrouper** vpr (gén) to gather (together), assemble (*autour de* (a)round, *derrière* behind); [coureurs] to bunch together again; [rugbymen] to form a loose scrum

régularisation [ʀegylaʀizasjɔ̃] [→ SYN] nf (→ **régulariser**) regularization; straightening out; putting in order; regulation

régulariser [ʀegylaʀize] [→ SYN] ▸ conjug 1 ◂ vt [a] position to regularize, straighten out, sort out; passeport to put in order ◆ **régulariser sa situation** (gén) to regularize ou straighten out ou sort out one's position; (se marier) to regularize ou legalize one's situation ◆ **il a régularisé la situation en l'épousant** he made an honest woman out of her (hum) ◆ **faire régulariser ses papiers** to have one's papers put in order ou sorted out
[b] (régler) mécanisme, débit to regulate
[c] (Fin) monnaie to equalize

régularité [ʀegylaʀite] [→ SYN] nf (→ **régulier**) regularity; steadiness, evenness; consistency; neatness; equability ◆ **contester la régularité d'une élection / d'un jugement / d'une opération** to question the lawfulness ou legality of an election / a sentence / an operation

régulateur, -trice [ʀegylatœʀ, tʀis] [→ SYN]
[1] adj regulating
[2] nm (Tech, fig) regulator ◆ **régulateur de vitesse / de température** speed / temperature control ou regulator ◆ (Agr) **régulateur de croissance** growth substance

régulation [ʀegylasjɔ̃] [→ SYN] nf [économie, trafic] regulation; [mécanisme] regulation, adjustment; [circulation, naissances] control ◆ (Physiol) **régulation thermique** regulation of body temperature, thermotaxis (spéc)

régule [ʀegyl] nm Babbitt (metal)

réguler [ʀegyle] ▸ conjug 1 ◂ vt to control

régulier, -ière [ʀegylje, jɛʀ] [→ SYN] [1] adj [a] (fixe, constant) pouls, travail, effort, élève regular, steady; qualité, résultats steady, even, consistent; habitudes, vie regular; vitesse, vent steady; paiement, revenus, visites, service de car regular; train, avion regular, scheduled ◆ **rivière régulière** river which has a regular ou steady flow ◆ **frapper qch à coups réguliers** to strike sth with regular ou steady blows ◆ **à intervalles réguliers** at regular intervals ◆ **il est régulier dans son travail** he's steady in his work, he's a regular ou steady worker ◆ **exercer une pression régulière sur qch** to press steadily ou exert a steady pressure on sth ◆ **la compagnie a 13 lignes régulières avec le Moyen-Orient / 13 vols réguliers au Moyen-Orient** the airline has 13 scheduled services to the Middle East / 13 scheduled flights to the Middle East ◆ **être en correspondance régulière avec qn** to be in regular correspondence with sb
[b] (égal) répartition, couche, ligne even; façade regular; traits, paysage regular, even; écriture regular, neat; (Math) polygone regular; (fig) humeur steady, even, equable ◆ **avoir un visage régulier** to have regular features ◆ **il**

faut que la pression soit bien régulière partout the pressure must be evenly distributed over the whole area
c (légal) gouvernement legitimate; élection, procédure in order (attrib); jugement regular, in order (attrib); tribunal legal, official ◆ **être en situation régulière** to be in line with ou straight with the law
d (honnête) opération, coup aboveboard (attrib), on the level (attrib); homme d'affaires on the level (attrib), straightforward, straight (attrib) ◆ **vous me faites faire quelque chose qui n'est pas très régulier** you're getting me into something that is not quite on the level ou aboveboard ◆ **être régulier en affaires** to be straight ou honest in business ◆ **coup régulier** (Boxe) fair blow; (Échecs) correct move
e (Mil) troupes regular; armée regular, standing; (Rel) clergé, ordre regular
f vers, verbe regular
g (Can: normal) normal, regular (US)
2 nm (Mil, Rel, client) regular
3 **régulière** nf **a** (*†: femme) missus‡, old woman‡; (*: maîtresse) lady-love (hum)
b battre **à la régulière*** fair and square

régulièrement [ʀegyljɛʀmɑ̃] → SYN adv **a** (→ **régulier**) regularly; steadily; evenly; consistently; neatly; equably; lawfully ◆ **élu régulièrement** properly elected, elected in accordance with the rules ◆ **opération effectuée régulièrement** operation carried out in the correct ou proper fashion ◆ **coup porté régulièrement** fairly dealt blow
b (en principe) normally, in principle; (d'habitude) normally, usually

régurgitation [ʀegyʀʒitasjɔ̃] → SYN nf regurgitation

régurgiter [ʀegyʀʒite] → SYN ▸conjug 1◂ vt to regurgitate

réhabilitable [ʀeabilitabl] adj condamné who can be rehabilitated

réhabilitation [ʀeabilitasjɔ̃] → SYN nf (→ **réhabiliter**) clearing (the name of); rehabilitation; discharge; restoring to favour; restoration; reinstatement ◆ **obtenir la réhabilitation de qn** to get sb's name cleared, get sb rehabilitated; to obtain a discharge for sb ◆ (École) **réhabilitation des sites** site remediation

réhabiliter [ʀeabilite] → SYN ▸conjug 1◂ **1** vt condamné to clear (the name of), rehabilitate; failli to discharge; profession, art to bring back into favour, restore to favour; quartier de ville, immeuble to restore, rehabilitate ◆ **réhabiliter la mémoire de qn** to restore sb's good name ◆ **réhabiliter qn dans ses fonctions** to reinstate sb (in his job) ◆ **réhabiliter qn dans ses droits** to restore sb's rights (to him)
2 **se réhabiliter** vpr [condamné, criminel] to rehabilitate o.s.; (fig) [candidat etc] to redeem o.s.

réhabituer [ʀeabitɥe] ▸conjug 1◂ **1** vt ◆ **réhabituer qn à (faire) qch** to get sb used to (doing) sth again, reaccustom sb to (doing) sth
2 **se réhabituer** vpr ◆ **se réhabituer à (faire) qch** to get used to (doing) sth again, reaccustom o.s. to (doing) sth ◆ **ça va être dur de se réhabituer** it will be difficult to get used to it again

rehaussement [ʀəosmɑ̃] → SYN nm (→ **rehausser**) heightening; raising

rehausser [ʀəose] → SYN ▸conjug 1◂ vt **a** (relever) mur, clôture to heighten, make ou build higher; plafond, chaise to raise, heighten
b (fig: souligner) beauté, couleur to set off, enhance; goût to emphasize, bring out; mérite, prestige to enhance, increase; courage to underline, increase; détail to bring out, emphasize, accentuate, underline; tableau, robe to brighten up, liven up ◆ **rehaussé de** embellished with

rehausseur [ʀəosœʀ] adj m, nm ◆ **siège rehausseur, rehausseur (de siège)** booster seat

rehaut [ʀəo] nm (Art) highlight

réhoboam [ʀeɔbɔam] nm rehoboam

réhydratation [ʀeidʀatasjɔ̃] nf (gén) rehydration; [peau] moisturizing

réhydrater [ʀeidʀate] ▸conjug 1◂ vt (gén) to rehydrate; peau to moisturize

réification [ʀeifikasjɔ̃] nf reification

réifier [ʀeifje] → SYN ▸conjug 7◂ vt to reify

réimperméabilisation [ʀeɛ̃pɛʀmeabilizasjɔ̃] nf reproofing

réimperméabiliser [ʀeɛ̃pɛʀmeabilize] ▸conjug 1◂ vt to reproof

réimplantation [ʀeɛ̃plɑ̃tasjɔ̃] nf [entreprise] (gén) relocation; (nouvelle) setting up; [dent] reimplantation

réimplanter [ʀeɛ̃plɑ̃te] ▸conjug 1◂ vt entreprise (gén) to relocate; (nouvelle) to set up; dent to reimplant

réimportation [ʀeɛ̃pɔʀtasjɔ̃] nf reimportation

réimporter [ʀeɛ̃pɔʀte] ▸conjug 1◂ vt to reimport

réimposer [ʀeɛ̃poze] ▸conjug 1◂ vt **a** (Fin) to impose a new ou further tax on
b (Typ) to reimpose

réimposition [ʀeɛ̃pozisjɔ̃] nf (→ **réimposer**) further taxation; reimposition

réimpression [ʀeɛ̃pʀesjɔ̃] nf (action) reprinting, reimpression; (livre) reprint

réimprimer [ʀeɛ̃pʀime] ▸conjug 1◂ vt to reprint

Reims [ʀɛ̃s] n Rheims

rein [ʀɛ̃] → SYN nm **a** (organe) kidney ◆ **rein artificiel** kidney machine ◆ **rein flottant** renal ptosis
b (région) **reins** small of the back, loins (littér); (taille) waist ◆ **avoir mal aux reins** to have backache *(low down in one's back)*, have an ache in the small of one's back ◆ **ses cheveux tombent sur ses reins** her hair is right down to the small of her back ◆ **il donna un coup de reins pour se relever** he heaved himself up ◆ **donner un coup de reins pour soulever qch** to heave sth up ◆ **avoir les reins solides** (lit) to have a strong ou sturdy back; (fig) to be on a sound (financial) footing, have a solid financial backing ◆ (fig) **casser** ou **briser les reins à qn** to ruin ou break sb ◆ (fig) **il m'a mis l'épée dans les reins** he forced me to work to a very tight schedule ou deadline → **creux** etc

réincarcération [ʀeɛ̃kaʀseʀasjɔ̃] nf reimprisonment, reincarceration

réincarcérer [ʀeɛ̃kaʀseʀe] ▸conjug 6◂ vt to reimprison, reincarcerate

réincarnation [ʀeɛ̃kaʀnasjɔ̃] → SYN nf reincarnation

réincarner (se) [ʀeɛ̃kaʀne] ▸conjug 1◂ vpr to be reincarnated

réincorporer [ʀeɛ̃kɔʀpɔʀe] ▸conjug 1◂ vt soldat to re-enlist ◆ **réincorporer son régiment** to re-enlist in one's regiment

reine [ʀɛn] → SYN **1** nf (Échecs, Pol, Zool, fig) queen ◆ **la reine de Saba** the Queen of Sheba ◆ **la reine d'Angleterre** the Queen of England ◆ **la reine Élisabeth** Queen Elizabeth ◆ **la reine mère** (lit) the Queen mother; (*: fig) her ladyship* ◆ **la reine du bal** the queen ou the belle of the ball ◆ **reine de beauté** beauty queen ◆ **la reine des abeilles / des fourmis** the queen bee / ant ◆ **comme une reine** vivre in the lap of luxury; traiter like a queen ◆ **être vêtue comme une reine** to look like a queen ◆ (Cartes) **la reine de cœur / de pique** the queen of hearts / spades ◆ **c'est la reine des idiotes*** she's a prize idiot*, she takes the biscuit* ou the cake* for sheer stupidity → **bouchée²**, **petit**, **port²**
2 COMP ▷ **reine des reinettes** rennet

reine-claude, pl **reines-claudes** [ʀɛnklod] nf greengage

reine-des-prés, pl **reines-des-prés** [ʀɛndepʀe] nf meadowsweet

reine-marguerite, pl **reines-marguerites** [ʀɛnmaʀgəʀit] nf (China) aster

reinette [ʀɛnɛt] → SYN nf rennet, pippin ◆ **reinette grise** russet

réinfecter [ʀeɛ̃fɛkte] ▸conjug 1◂ vt to reinfect ◆ **la plaie s'est réinfectée** the wound has become infected again

réinfection [ʀeɛ̃fɛksjɔ̃] nf reinfection

réinitialiser [ʀeinisjalize] ▸conjug 1◂ vt (Ordin) to reboot

réinjecter [ʀeɛ̃ʒɛkte] ▸conjug 1◂ vt (Méd) to re-inject ◆ **réinjecter des fonds dans une entreprise** to pump more money into a company

réinscription [ʀeɛ̃skʀipsjɔ̃] nf reregistration, re-enrolment (Brit)

réinscrire [ʀeɛ̃skʀiʀ] ▸conjug 39◂ **1** vt épitaphe to reinscribe; date, nom to put down again; élève to re-enrol (Brit), reregister ◆ **je n'ai pas réinscrit** ou **fait réinscrire mon fils à la cantine cette année** I haven't reregistered my son for school meals this year
2 **se réinscrire** vpr to re-enrol (Brit), reregister (*à* for)

réinsérer [ʀeɛ̃seʀe] → SYN ▸conjug 6◂ vt publicité, feuillet to reinsert; délinquant, handicapé to reintegrate, rehabilitate ◆ **se réinsérer dans la société** to rehabilitate o.s. ou become reintegrated in society

réinsertion [ʀeɛ̃sɛʀsjɔ̃] → SYN nf (→ **réinsérer**) reinsertion; reintegration, rehabilitation ◆ **la réinsertion sociale des anciens détenus** the (social) rehabilitation of ex-prisoners

réinstallation [ʀeɛ̃stalasjɔ̃] nf (→ **réinstaller**) putting back; reinstallation; putting up again; connecting up again ◆ **notre réinstallation à Paris / dans l'appartement va poser des problèmes** (our) settling back in Paris / into the flat is going to create problems

réinstaller [ʀeɛ̃stale] ▸conjug 1◂ **1** vt cuisinière to put back, reinstall; étagère to put back up, put up again, reinstall; téléphone to reconnect, put back in, reinstall ◆ **réinstaller qn chez lui** to reinstall sb in ou move sb back into his (own) home ◆ **réinstaller qn dans ses fonctions** to reinstate sb (in his job), give sb his job back
2 **se réinstaller** vpr (dans un fauteuil) to settle down again (*dans* in); (dans une maison) to settle back (*dans* into) ◆ **il s'est réinstallé à Paris** (gén) he has gone back to live in Paris; [commerçant] he has set up in business again in Paris

réintégrable [ʀeɛ̃tegʀabl] adj ◆ **il n'est pas réintégrable** he can't be reinstated (in his job), he can't be restored to his (former) position

réintégration [ʀeɛ̃tegʀasjɔ̃] nf (→ **réintégrer**) reinstatement (*dans* in); return (*de* to)

réintégrer [ʀeɛ̃tegʀe] → SYN ▸conjug 6◂ vt **a** **réintégrer qn (dans ses fonctions)** to reinstate sb (in his job), restore sb to his (former) position
b lieu to return to, go back to ◆ **réintégrer le domicile conjugal** to return to the marital home

réinterpréter [ʀeɛ̃tɛʀpʀete] ▸conjug 6◂ vt to reinterpret

réintroduction [ʀeɛ̃tʀɔdyksjɔ̃] nf (→ **réintroduire**) reintroduction; putting back

réintroduire [ʀeɛ̃tʀɔdɥiʀ] ▸conjug 38◂ vt personne, mode to reintroduce, introduce again ◆ **réintroduire qch dans une lettre** to put sth back in a letter ◆ **réintroduire des erreurs dans un texte** to reintroduce errors ou put errors back into a text

réinventer [ʀeɛ̃vɑ̃te] ▸conjug 1◂ vt to reinvent

réinviter [ʀeɛ̃vite] ▸conjug 1◂ vt to invite back, ask back again, reinvite

réitératif, -ive [ʀeiteʀatif, iv] adj reiterative

réitération [ʀeiteʀasjɔ̃] nf reiteration, repetition

réitérer [ʀeiteʀe] → SYN ▸conjug 6◂ vt promesse, ordre, question to reiterate, repeat; demande, exploit to repeat ◆ **attaques réitérées** repeated attacks ◆ **le criminel a réitéré** the criminal has repeated his crime ou has done it again

reître [ʀɛtʀ] → SYN nm (littér) ruffianly ou roughneck soldier

rejaillir [ʀ(ə)ʒajiʀ] → SYN ▸conjug 2◂ vi [liquide] to splash back ou up (*sur* onto, at); (avec force) to spurt back ou up (*sur* onto, at); [boue] to splash up (*sur* onto, at) ◆ **rejaillir sur qn** [scandale, honte] to rebound on sb; [gloire] to be reflected on sb ◆ **l'huile bouillante m'a rejailli à la figure** the boiling oil splashed up in my face ◆ **les bienfaits de cette invention rejailliront sur tous** the benefits of this invention will fall upon everyone, everyone will have a share in the benefits of this invention ◆ **sa renommée a rejailli sur ses collègues** his fame brought his colleagues some reflected glory

rejaillissement [ʀ(ə)ʒajismɑ̃] → SYN nm (→ **rejaillir**) splashing up; spurting up; rebounding; reflection

rejet [ʀəʒɛ] → SYN nm **a** (action: → **rejeter**) bringing ou throwing up, vomiting; spewing out; throwing out; casting up, washing up; discharge; pushing back, driving back, repulsion; casting out, expulsion; rejection; dismissal; throwing back, tossing back ◆ **en anglais, le rejet de la préposition à la fin de la phrase est courant** putting the preposition at the end of the sentence is quite usual ou is common practice in English
b (Bot) shoot; (Géol) throw; (Littérat) enjamb(e)ment, rejet; (Méd) [greffe] rejection ◆ (Méd, fig) **phénomène de rejet** rejection
c (Ordin) reject

rejeter [ʀ(ə)ʒəte, ʀəʒ(ə)te] → SYN ▸conjug 4◂ GRAMMAIRE ACTIVE 12.1
1 vt **a** (relancer) objet to throw back (*à* to)
b (vomir, recracher) nourriture, dîner, sang to bring ou throw up, vomit ◆ **il** ou **son estomac rejette toute nourriture** his stomach rejects everything, he can't keep anything down ◆ **le volcan rejette de la lave** the volcano is spewing ou throwing out lava ◆ **le cadavre a été rejeté par la mer** the corpse was cast up ou washed up by the sea ◆ **les déchets que rejettent les usines polluent les rivières** the waste thrown out ou discharged by factories pollutes the rivers
c (repousser) envahisseur to push back, drive back, repulse; indésirable to cast out, expel; domination to reject; projet de loi to reject, throw out; offre, demande, conseil to reject, turn down; recours en grâce, hypothèse to reject, dismiss ◆ **la machine rejette les mauvaises pièces de monnaie** the machine rejects ou refuses invalid coins ◆ **le village l'a rejeté après ce dernier scandale** the village has rejected him ou cast him out after this latest scandal ◆ **rejeter d'un parti les éléments suspects** to cast out ou eject ou expel the suspicious elements from a party
d rejeter une faute sur qn / qch to shift ou transfer the blame ou responsibility for a mistake onto sb / sth ◆ **il rejette la responsabilité sur moi** he lays the responsibility at my door
e (placer) **la préposition est rejetée à la fin** the preposition is put at the end ◆ **rejeter la tête en arrière** to throw ou toss one's head back ◆ **rejeter ses cheveux en arrière** (avec la main) to push one's hair back; (en se coiffant) to comb ou brush one's hair back; (d'un mouvement de la tête) to toss one's hair back ◆ **rejeter les épaules en arrière pour se tenir droit** to pull one's shoulders back to stand up straight ◆ **le chapeau rejeté en arrière** with his hat tilted back ◆ **rejeter la terre en dehors d'une tranchée** to throw the earth out of a trench
f (Méd) greffon to reject
g (Ordin) to reject
2 se rejeter vpr **a se rejeter sur qch** to fall back on sth ◆ **faute de viande, on se rejette sur le fromage*** as there is no meat we'll have to fall back on cheese
b se rejeter en arrière to jump ou leap back(wards) ◆ **il s'est rejeté dans l'eau** he jumped back ou threw himself back into the water ◆ **ils se rejettent (l'un l'autre) la responsabilité de la rupture** they lay the responsibility for the break-up at each other's door, each wants the other to take responsibility for the break-up

rejeton [ʀ(ə)ʒətɔ̃, ʀəʒ(ə)tɔ̃] → SYN nm **a** (*: enfant) kid* ◆ **il veut que son rejeton soit dentiste** he wants his son and heir (hum) ou his kid* to be a dentist ◆ **la mère et ses rejetons** the mother and her kids* ou her offspring (hum)
b (Bot) shoot; (fig) offshoot

rejoindre [ʀ(ə)ʒwɛ̃dʀ] → SYN ▸conjug 49◂ **1** vt **a** (regagner, retrouver) lieu to get (back) to; route to (re)join, get (back) (on)to; personne to (re)join, meet (again); poste, régiment to rejoin, return to ◆ **la route rejoint la voie ferrée à X** the road meets (up with) ou (re)joins the railway line at X
b (rattraper) to catch up (with) ◆ **je n'arrive pas à le rejoindre** I can't manage to catch up with him ou to catch him up
c (se rallier à) parti to join; point de vue to agree with ◆ **je vous rejoins sur ce point** I agree with you ou I'm at one with you on that point ◆ **mon idée rejoint la vôtre** my idea is closely akin to yours ou is very much like yours ◆ **c'est ici que la prudence rejoint la lâcheté** this is where prudence comes close to ou is closely akin to cowardice
d (réunir) personnes to reunite, bring back together; choses to bring together (again); lèvres d'une plaie to close
2 se rejoindre vpr [routes] to join, meet; [idées] to concur, be closely akin to each other; [personnes] (pour rendez-vous) to meet (up) (again); (sur point de vue) to agree, be at one

rejointoiement [ʀ(ə)ʒwɛ̃twamɑ̃] nm repointing, regrouting

rejointoyer [ʀ(ə)ʒwɛ̃twaje] ▸conjug 8◂ vt to repoint, regrout

rejouer [ʀ(ə)ʒwe] ▸conjug 1◂ **1** vt (gén) to play again; match to replay ◆ (Cartes) **rejouer cœur** to lead hearts again ◆ **on rejoue une partie?** shall we have ou play another game? ◆ **rejouer une pièce** [acteurs] to perform a play again, give another performance of a play; [théâtre] to put on a play again ◆ **nous rejouons demain à Marseille** [acteurs] we're performing again tomorrow at Marseilles; [joueurs] we're playing again tomorrow at Marseilles
2 vi [enfants, joueurs] to play again; [musicien] to play ou perform again ◆ **acteur qui ne pourra plus jamais rejouer** actor who will never be able to act ou perform again

réjoui, e [ʀeʒwi] → SYN (ptp de **réjouir**) adj air, mine joyful, joyous

réjouir [ʀeʒwiʀ] → SYN ▸conjug 2◂ GRAMMAIRE ACTIVE 11.2
1 vt personne, regard, estomac to delight; cœur to gladden ◆ **cette perspective le réjouit** this prospect delights ou thrills him, he is delighted ou thrilled at this prospect ◆ **cette idée ne me réjouit pas beaucoup** I don't find the thought of it particularly appealing
2 se réjouir vpr to be delighted ou thrilled (*de faire* to do) ◆ **se réjouir de** nouvelle, événement to be delighted ou thrilled about ou at; malheur to take delight in, rejoice over ◆ **vous avez gagné et je m'en réjouis pour vous** you've won and I'm delighted for you ◆ **se réjouir (à la pensée) que** to be delighted ou thrilled (at the thought) that ◆ **je me réjouis à l'avance de les voir** I am greatly looking forward to seeing them ◆ **réjouissez-vous!** rejoice! ◆ **je me réjouis que tu aies réussi** I'm delighted ou thrilled that you've succeeded

réjouissance [ʀeʒwisɑ̃s] → SYN nf rejoicing ◆ **réjouissances** festivities, merrymaking (NonC) ◆ (fig hum) **quel est le programme des réjouissances pour la journée?** what delights are in store (for us) today? (hum), what's on the agenda for today?*

réjouissant, e [ʀeʒwisɑ̃, ɑ̃t] → SYN adj histoire amusing, entertaining; nouvelle cheering, cheerful, joyful ◆ (iro) **quelle perspective réjouissante!** what a delightful ou heartening prospect! (iro) ◆ **ce n'est pas réjouissant!** it's no joke!* ◆ (iro) **c'est réjouissant!** that's great!* (iro)

relâche [ʀəlɑʃ] → SYN **1** nm ou nf **a** (littér: répit) respite, rest ◆ **prendre un peu de relâche** to take a short rest ou break ◆ **se donner relâche** to give o.s. a rest ou a break ◆ **sans relâche** without (a) respite
b (Théât) closure ◆ **faire relâche** to be closed, close ◆ **«relâche»** "no performance(s) (today ou this week etc)" ◆ **le lundi est le jour de relâche du cinéma local** the local cinema is closed on Monday(s)
2 nf (Naut) port of call ◆ **faire relâche dans un port** to put in at ou call at a port

relâché, e [ʀ(ə)lɑʃe] → SYN (ptp de **relâcher**) adj style loose, limp; conduite, mœurs loose, lax; discipline, autorité lax, slack; prononciation lax

relâchement [ʀ(ə)lɑʃmɑ̃] → SYN nm (→ **relâcher**) relaxation; loosening; slackening; release; laxity; flagging ◆ **il y a du relâchement dans la discipline** discipline is getting lax ou slack, there is some slackening ou relaxation of discipline ◆ **relâchement des mœurs** loosening ou slackening of moral standards

relâcher [ʀ(ə)lɑʃe] → SYN ▸conjug 1◂ **1** vt **a** (desserrer) étreinte to relax, loosen; lien to loosen, slacken (off); muscle to relax; ressort to release ◆ **relâcher les intestins** to loosen the bowels
b (affaiblir) attention, discipline, effort to relax, slacken; surveillance to relax
c (libérer) prisonnier, otage, gibier to release, let go, set free
d (refaire tomber) objet to drop again, let go of again; corde to let go of again ◆ **ne relâche pas la corde** don't let go of the rope again
2 vi ◆ (Naut) **relâcher (dans un port)** to put into port
3 se relâcher vpr **a** [courroie] to loosen, go ou get loose ou slack; [muscle] to relax
b [surveillance, discipline] to become ou get lax ou slack; [mœurs] to become ou get lax ou loose; [style] to become loose ou limp; [courage, attention] to flag; [effort, zèle] to slacken, flag, fall off ◆ **il se relâche** he's growing slack ◆ **ne te relâche pas maintenant!** don't let up ou slack(en) off now! ◆ **il se relâche dans son travail** he's growing slack in his work, his work is getting slack

relais [ʀ(ə)lɛ] → SYN nm **a** (Sport) relay (race); (Alpinisme) stance ◆ **relais 4 fois 100 mètres** 4 by 100 metres (relay) ◆ **passer le relais à son coéquipier** to hand over to one's team-mate
b (Ind) **travailler par relais** to work shifts, do shift work ◆ **ouvriers / équipe de relais** shift workers / team ◆ **passer le relais à qn** to hand over to sb ◆ **prendre le relais (de qn)** to take over (from sb) ◆ (dans une transaction) **servir de relais** to act as an intermediary ou a go-between ◆ (Fin) **prêt** ou **crédit relais** bridging loan ◆ (fig) **la pluie ayant cessé, c'est la neige qui a pris le relais** once the rain had stopped the snow took over ou set in
c (chevaux, chiens) relay ◆ **relais (de poste)** (Hist: auberge) post house, coaching inn; (Mil) staging post ◆ **relais routier** transport café ◆ **ville relais** stopover → **cheval**
d (Élec, Rad, Téléc) (action) relaying; (dispositif) relay ◆ **relais de télévision** television relay station ◆ **relais hertzien** radio relay ◆ **avion / satellite de relais** relay plane / satellite

relance [ʀəlɑ̃s] → SYN nf **a** (action: reprise) [économie, industrie] boosting, stimulation; [idée, projet] revival, relaunching; (Fin) reflation ◆ (résultat) **la relance de l'économie n'a pas duré** the boost (given) to the economy did not last ◆ **la relance du terrorisme est due à ...** the fresh outburst of ou upsurge in terrorism is due to ... ◆ **provoquer la relance de** économie to give a boost to, boost, stimulate; projet to revive, relaunch ◆ **mesures / politique de relance** reflationary measures / policy
b (Poker) **faire une relance** to raise the stakes, make a higher bid ◆ **limiter la relance** to limit the stakes
c [débiteur] chasing up ◆ **lettre de relance** reminder

relancer [ʀ(ə)lɑ̃se] → SYN ▸conjug 3◂ vt **a** (renvoyer) objet, ballon to throw back (again)
b (faire repartir) gibier to start (again); moteur to restart; idée, projet to revive, relaunch; économie, industrie to boost, give a boost to, stimulate ◆ **relancer la machine économique** to boost ou reflate ou revitalize the economy
c (harceler) débiteur to chase up; femme to harass, pester, chase after
d (Cartes) enjeu to raise
e (Ordin) to restart

relaps, e [ʀəlaps] → SYN **1** adj relapsed
2 nm,f relapsed heretic

rélargir [ʀelaʀʒiʀ] ▸conjug 2◂ vt **a** (agrandir) rue to widen further; vêtement to let out further ou more
b (à nouveau) to widen again; to let out again

relater [ʀ(ə)late] SYN ▸conjug 1◂ vt (littér) événement, aventure to relate, recount; (Jur) pièce, fait to record ◆ **le journaliste relate que** the journalist says that ou tells us that ◆ **pourriez-vous relater les faits tels que vous les avez observés** could you state ou recount the facts exactly as you observed them

relatif, -ive [ʀ(ə)latif, iv] SYN **1** adj (gén, Gram, Mus) relative; silence, luxe relative, comparative ◆ **tout est relatif** everything is relative ◆ **discussions relatives à un sujet** discussions relative to ou relating to ou connected with a subject ◆ (Mus) **(ton) majeur / mineur relatif** relative major / minor (key)

2 nm **a** (Gram) relative pronoun

b **avoir le sens du relatif** to have a sense of proportion

3 **relative** nf (Gram) relative clause

relation [ʀ(ə)lasjɔ̃] SYN nf **a** (gén, Math, Philos) relation(ship) ◆ **relation de cause à effet** relation(ship) of cause and effect ◆ **la relation entre l'homme et l'environnement** the relation(ship) between man and the environment ◆ **il y a une relation évidente entre** there is an obvious connection ou relation(ship) between ◆ **c'est sans relation** ou **cela n'a aucune relation avec** it has no connection with, it bears no relation to ◆ **je n'avais pas fait la relation** I hadn't made the connection ◆ **relation causale** causal relation(ship)

b (rapports) **relations** (gén) relations; (sur le plan personnel) relationship, relations ◆ **relations diplomatiques / culturelles / publiques** diplomatic / cultural / public relations ◆ **les relations sont tendues / cordiales entre nous** relations between us are strained / cordial, the relationship between us ou our relationship is strained / cordial ◆ **avoir des relations avec une femme** to have sexual relations ou intercourse with a woman ◆ **avoir des relations amoureuses avec qn** to have an affair ou a love affair with sb ◆ **avoir de bonnes relations / des relations amicales avec qn** to be on good / friendly terms with sb, have a good / friendly relationship with sb ◆ **avoir des relations de bon voisinage avec qn** to be on neighbourly terms with sb ◆ **être en relations d'affaires avec qn** to have business relations ou business dealings ou a business relationship with sb ◆ **relations patrons-ouvriers** labour-management relations ◆ **relations patronat-syndicats** union-management relations ◆ **être / rester en relation(s) avec qn** to be / keep in touch ou contact with sb ◆ **entrer** ou **se mettre en relation(s) avec qn** to get in touch ou make contact with sb ◆ **être en relations épistolaires avec qn** to be in correspondence with sb ◆ **nous sommes en relations suivies** we have frequent contact with each other, we are in constant ou close contact ou touch (with each other) ◆ **être dans les relations publiques** to be in public relations

c (connaissance) acquaintance ◆ **une de mes relations** an acquaintance of mine, someone I know ◆ **trouver un poste par relations** to find a job through one's connections, find a job by knowing somebody ou by knowing the right people ◆ **avoir des relations** to have (influential) connections, know (all) the right people

d (récit) account, report ◆ **relation orale / écrite** oral / written account ou report ◆ **d'après la relation d'un témoin** according to a witness's account ◆ **faire la relation des événements / de son voyage** to give an account of ou relate the events / one's journey

relationnel, -elle [ʀ(ə)lasjɔnɛl] adj grammaire relational; (Psych) problèmes relationship (épith) ◆ (Ordin) **base de données relationnelles** relational data base

relativement [ʀ(ə)lativmɑ̃] SYN adv **a** facile, honnête, rare relatively, comparatively

b **relativement à** (par comparaison) in relation to, compared to; (concernant) with regard to, concerning

relativisation [ʀəlativizasjɔ̃] nf relativization

relativiser [ʀ(ə)lativize] ▸conjug 1◂ vt to relativize

relativisme [ʀ(ə)lativism] nm relativism

relativiste [ʀ(ə)lativist] **1** adj relativistic

2 nmf relativist

relativité [ʀ(ə)lativite] nf relativity ◆ **(théorie de la) relativité générale / restreinte** general / special (theory of) relativity

relaver [ʀ(ə)lave] ▸conjug 1◂ vt to wash again, rewash

relax* [ʀəlaks] adj ⇒ **relaxe²***

relaxant, e [ʀ(ə)laksɑ̃, ɑ̃t] SYN adj relaxing

relaxation [ʀ(ə)laksasjɔ̃] SYN nf relaxation ◆ **j'ai besoin de relaxation** I need to relax, I need a bit of relaxation

relaxe¹ [ʀəlaks] SYN nf (→ **relaxer¹**) acquittal, discharge; release

relaxe²* [ʀəlaks] adj ambiance relaxed, informal, laid back*; tenue informal, casual; personne relaxed, easy-going, laid-back*; vacances relaxing ◆ **siège** ou **fauteuil relaxe** reclining chair

relaxer¹ [ʀ(ə)lakse] SYN ▸conjug 1◂ vt (acquitter) prisonnier to acquit, discharge; (relâcher) to release

relaxer² [ʀ(ə)lakse] ▸conjug 1◂ **1** vt muscles to relax

2 **se relaxer** vpr to relax

relayer [ʀ(ə)leje] SYN ▸conjug 8◂ **1** vt **a** personne to relieve, take over from; appareil to replace; initiative to take over ◆ **se faire relayer** to get somebody to take over, hand over to somebody else

b (Rad, TV) to relay

2 **se relayer** vpr to take turns (*pour faire* to do, at doing), take it in turns (*pour faire* to do); (dans un relais) to take over from one another

relayeur, -euse [ʀ(ə)lɛjœʀ, øz] nm,f relay runner

relecture [ʀ(ə)lɛktyʀ] nf rereading

relégation [ʀ(ə)legasjɔ̃] SYN nf (→ **reléguer**) relegation; banishment

reléguer [ʀ(ə)lege] SYN ▸conjug 6◂ vt **a** (confiner) personne, problème to relegate (*à* to); objet to consign, relegate (*à, dans* to); (Sport) to relegate (*en* to) ◆ **reléguer qch / qn au second plan** to relegate sth / sb to a position of secondary importance

b (Jur: exiler) to relegate, banish

relent [ʀəlɑ̃] SYN nm foul smell, stench (NonC) ◆ **un relent** ou **des relents de poisson pourri** the ou a stench ou foul smell of rotten fish, the reek of rotten fish ◆ (fig) **ça a des relents de vengeance** it reeks of vengeance, it has a strong whiff of vengeance about it

relevable [ʀ(ə)ləvabl, ʀəl(ə)vabl] adj siège tip-up (épith), fold-away (épith)

relevailles [ʀ(ə)ləvɑj, ʀəl(ə)vɑj] nfpl churching

relève [ʀ(ə)lɛv] SYN nf **a** (personne) relief; (travailleurs) relief (team); (troupe) relief (troops); (sentinelles) relief (guard)

b (action) relief ◆ **la relève de la garde** the changing of the guards ◆ **assurer** ou **prendre la relève de qn** (lit) to relieve sb, take over from sb; (fig) to take over (from sb)

relevé, e [ʀəl(ə)ve] SYN (ptp de **relever**) **1** adj **a** col turned-up; virage banked; manches rolled-up; tête (lit) held up; (fig) held high ◆ **chapeau à bords relevés** hat with a turned-up brim ◆ **porter les cheveux relevés** to wear one's hair up ◆ (Équitation) **pas relevé** high-step

b (noble) style, langue, sentiments elevated, lofty ◆ **cette expression n'est pas très relevée** it's not a very choice ou refined expression

c (Culin) sauce, mets highly-seasoned, spicy, hot

2 nm **a** [dépenses] summary, statement; (repérage, résumé) [cote] plotting; (liste) [citations, adresses] list; (facture) bill; [construction, plan] layout ◆ **faire un relevé de** citations, erreurs to list, note down; notes to take down; compteur to read ◆ **prochain relevé du compteur dans deux mois** next meter reading ou reading of the meter in two months ◆ **relevé de gaz / de téléphone** gas / telephone bill ◆ **relevé bancaire, relevé de compte** bank statement ◆ **relevé de condamnations** police record ◆ **relevé d'identité bancaire** particulars of one's bank account ◆ **relevé d'identité postal** particulars of one's post-office bank account ◆ **relevé de notes** marks sheet (Brit), grade sheet (US)

b (Danse) relevé

relèvement [ʀ(ə)lɛvmɑ̃] SYN nm (→ **relever**) standing up again; picking up; righting; setting upright; banking; turning up; raising; tipping up; folding away; lifting up; rebuilding; putting back on its feet; rise (*de* in); increase (*de* in); putting up; plotting ◆ **le relèvement du salaire minimum** (action) the raising of the minimum wage; (résultat) the rise in the minimum wage ◆ **on assiste à un relèvement spectaculaire du pays / de l'économie** we are witnessing a spectacular recovery of the country / economy ◆ (Naut) **faire un relèvement de sa position** to plot one's position

relever [ʀ(ə)ləve, ʀəl(ə)ve] SYN ▸conjug 5◂ **1** vt **a** (redresser) statue, meuble to stand up again; chaise to stand up (again), pick up; véhicule to right, set upright again; bateau to right; personne to help (back) up, help (back) to his feet; blessé to pick up; (Aut) virage to bank ◆ **relever une vieille dame tombée dans la rue** to help up an old lady who has fallen in the street ◆ **relever la tête** (lit) to lift ou hold up one's head; (fig: se rebeller) to raise one's head, show signs of rebelling; (fig: être fier) to hold one's head up ou high

b (remonter) col to turn up; chaussettes to pull up; jupe to raise, lift; manche, pantalon to roll up; cheveux to put up; mur, étagère, plafond to raise, heighten; vitre (en poussant) to push up; (avec manivelle) to wind up; store to roll up, raise; niveau to raise, bring up; siège to tip up, fold away; couvercle to lift (up) ◆ **elle releva son voile** she lifted ou raised her veil ◆ **lorsqu'il releva les yeux** when he lifted (up) ou raised his eyes, when he looked up

c (remettre en état) mur en ruines to rebuild; économie to rebuild, restore; pays, entreprise to put back on its feet ◆ (fig) **relever le courage de qn** to restore sb's courage ◆ (fig) **relever le moral de qn** to boost ou raise sb's spirits, cheer sb up

d (augmenter) salaire, impôts to raise, increase, put up; niveau de vie to raise; chiffre d'affaires to increase ◆ **les devoirs étaient si mauvais que j'ai dû relever toutes les notes de 2 points** the exercises were so badly done that I had to put up ou raise ou increase all the marks by 2 points ◆ **relever le niveau de la conversation** to raise the level of the conversation ◆ (péj) **il n'y en a pas un pour relever l'autre*** they're both (just) as bad as each other

e sauce, plat to season, add seasoning ou spice to ◆ **relever le goût d'un mets avec des épices** to pep up ou bring out the flavour of a dish with spice ou by adding spice ◆ **ce plat aurait pu être un peu plus relevé** this dish could have done with a bit more seasoning ◆ (fig) **mettre des touches de couleurs claires pour relever un tableau un peu terne** to add dabs of light colour to brighten ou liven up a rather dull picture ◆ (fig) **bijoux qui relèvent la beauté d'une femme** jewellery that sets off ou enhances a woman's beauty

f (relayer) sentinelle to relieve, take over from ◆ **à quelle heure viendra-t-on me relever?** when will I be relieved?, when is someone coming to take over from me? ◆ **relever la garde** to change the guard

g (remarquer) faute to pick out, find; empreintes, faits to find, discover ◆ (Jur) **les charges relevées contre l'accusé** the charges laid against the accused

h (inscrire) adresse, renseignement to take down, note (down); notes to take down; plan to copy out, sketch; (Naut) point to plot; compteur, électricité to read ◆ **j'ai fait relever le nom des témoins** I had the name of the witnesses noted (down) ou taken down ◆ **relever une cote** to plot an altitude ◆ [proxénète] **relever les compteurs*** to collect the takings

i injure, calomnie to react to, reply to; défi to accept, take up, answer ◆ **je n'ai pas relevé cette insinuation** I ignored this insinuation, I did not react ou reply to this insinuation ◆ **il a dit un gros mot mais je n'ai pas**

relevé he said a rude word but I didn't react ou I ignored it ◆ **relever le gant** to take up the gauntlet

j (ramasser) copies, cahiers to collect (in), take in; (††) mouchoir, gerbe to pick up

k **relever qn de qch** to release sb from sth ◆ **je te relève de ta promesse** I release you from your promise ◆ **relever un prêtre de ses vœux** to release a priest from his vows ◆ **relever un fonctionnaire de ses fonctions** to relieve an official of his duties

2 **relever de** vt indir **a** (se rétablir) **relever de maladie** to recover from ou get over an illness, get back on one's feet (after an illness) ◆ **relever de couches** to recover from ou get over one's confinement

b (être du ressort de) to be a matter for, be the concern of; (être sous la tutelle de) to come under ◆ **cela relève de la Sécurité sociale** that is a matter for ou the concern of the Social Security ◆ **cela relève de la théologie** that is a matter for the theologians, that comes ou falls within the province of theology ◆ **ce service relève du ministère de l'Intérieur** this service comes under the Home Office ◆ **cette affaire ne relève pas de ma compétence** this matter does not come within my remit ◆ **son cas relève de la psychanalyse** his (ou her) case falls within the domain of psychoanalysis ◆ **ça relève de l'imagination la plus fantaisiste** that is a product of the wildest imagination

3 vi (remonter) [vêtement] to pull up, go up ◆ **jupe qui relève par devant** skirt that rides up at the front

4 **se relever** vpr **a** (se remettre debout) to stand ou get up (again), get back (on)to one's feet (again) ◆ **le boxeur se releva** the boxer got up again ou got back to his feet ou picked himself up ◆ **l'arbitre a fait (se) relever les joueurs** the referee made the players get up

b (sortir du lit) to get up; (ressortir du lit) to get up again ◆ (lit, euph) **se relever la nuit** to get up in the night ◆ **il m'a fait (me) relever pour que je lui apporte à boire** he made me get up to fetch him a drink

c (remonter) [col] to turn up, be turned up; [strapontin] to tip up, fold away; [couvercle, tête de lit] to lift up ◆ **ses lèvres se relevaient dans un sourire** his mouth turned up in a smile ◆ **est-ce que cette fenêtre se relève?** does this window go up? ◆ **à l'heure où tous les stores de magasins se relèvent** when all the shop-blinds are going up

d (se remettre de) **se relever de** deuil, chagrin, honte to recover from, get over ◆ **se relever de ses ruines/cendres** to rise from its ruins/ashes

releveur [ʀ(ə)ləvœʀ, ʀəl(ə)vœʀ] **1** adj m ◆ **muscle releveur** levator (muscle)

2 nm **a** (Anat) levator

b [compteur] meter reader, meter man* ◆ **releveur du gaz** gas meter reader

reliage [ʀəljaʒ] nm [tonneau] hooping

relief [ʀəljɛf] → SYN nm **a** (Géog) relief ◆ **avoir un relief accidenté** to be hilly ◆ **région de peu de relief** fairly flat region ◆ **le relief sous-marin** the relief of the sea bed

b (saillies) [visage] contours; [médaille] relief, embossed ou raised design; (Art) relief ◆ **la pierre ne présentait aucun relief** the stone was quite smooth

c (profondeur, contraste) [dessin] relief, depth; [style] relief ◆ **portrait/photographie qui a beaucoup de relief** portrait/photograph which has plenty of relief ou depth ◆ **relief acoustique** ou **sonore** depth of sound ◆ **personnage qui manque de relief** rather flat ou uninteresting character ◆ **votre dissertation manque de relief** your essay is lacking in relief ou is rather flat

d **en relief** motif in relief, raised; caractères raised, embossed; photographie, cinéma three-dimensional, 3-D*, stereoscopic ◆ **l'impression est en relief** the printing stands out in relief ◆ **carte en relief** relief map ◆ **mettre en relief** intelligence to bring out; beauté, qualités to set ou show off, enhance, accentuate; idée to bring out, accentuate ◆ **l'éclairage mettait en relief les imperfections de son visage** the lighting brought out ou accentuated ou showed off the imperfections of her face ◆ **je tiens à mettre ce point en relief** I wish to underline ou stress ou emphasize this point ◆ **il essayait de se mettre en relief en monopolisant la conversation** he was trying to draw attention to himself ou to get himself noticed by monopolizing the conversation

e **reliefs** (littér: d'un repas) remains, left-overs ◆ (littér) **les reliefs de sa gloire** the remnants of his glory

relier [ʀəlje] → SYN ▸ conjug 7 ◂ vt **a** points, mots to join ou link up ou together; (Élec) to connect (up); villes to link (up); idées to link (up ou together); faits to connect (together), link (up ou together) ◆ **relier deux choses entre elles** to link ou join up two things, link ou join two things together ◆ **des vols fréquents relient Paris à New York** frequent flights link ou connect Paris and ou with New York ◆ **nous sommes reliés au studio par voiture-radio** we have a radio-car link to the studio ◆ (Téléc) **nous sommes reliés à Paris par l'automatique** we are linked to Paris by the automatic dialling system ◆ **ce verbe est relié à son complément par une préposition** this verb is linked to its complement by a preposition ◆ **relier le passé au présent** to link the past to the present, link the past and the present (together)

b livre to bind; tonneau to hoop ◆ **livre relié** bound volume, hardback (book) ◆ **livre relié (en) cuir** leather-bound book, book bound in leather

relieur, -ieuse [ʀəljœʀ, jøz] nm,f (book)binder

religieusement [ʀ(ə)liʒjøzmɑ̃] adv (Rel, fig) religiously; écouter religiously, reverently; tenir sa parole scrupulously, religiously ◆ **vivre religieusement** to lead a religious life ◆ **se marier religieusement** to have a church wedding, get married in church

religieux, -ieuse [ʀ(ə)liʒjø, jøz] → SYN **1** adj **a** (Rel) édifice, secte, cérémonie, opinion religious; art sacred; école, mariage, musique church (épith); vie, ordres, personne religious ◆ **l'habit religieux** the monk's (ou nun's) habit

b (fig) respect, soin religious; silence religious, reverent → **mante**

2 nm (gén) religious figure; (moine) monk, friar

3 **religieuse** nf **a** (nonne) nun

b (Culin) iced (Brit) ou frosted (US) cream puff *(made with choux pastry)*

religion [ʀ(ə)liʒjɔ̃] → SYN nf **a** (ensemble de croyances) **la religion** religion

b (culte) (Rel) religion, (religious) faith; (fig) religion ◆ **la religion musulmane** the Islamic religion ou faith ◆ **la religion réformée** Calvinism ◆ **se faire une religion de qch** to make a religion of sth ◆ (hum) **c'est contraire à ma religion** it's against my religion (hum) ◆ **« la religion est l'opium du peuple »** "religion is the opiate of the people"

c (foi) (religious) faith ◆ **sa religion est profonde** he (ou she) is a person of great (religious) faith ◆ (frm) **avoir de la religion** to be religious

d (vie monastique) monastic life ◆ **elle est entrée en religion** she has taken her vows, she has become a nun ◆ **nom de religion** religious name

religionnaire [ʀ(ə)liʒjɔnɛʀ] → SYN nmf religionary

religiosité [ʀ(ə)liʒjozite] → SYN nf religiosity

reliquaire [ʀəlikɛʀ] → SYN nm reliquary

reliquat [ʀəlika] → SYN nm [dette] remainder, outstanding amount ou balance; [compte] balance; [somme] remainder ◆ **il subsiste un reliquat très important/un petit reliquat** there's a very large/a small amount left (over) ou remaining ◆ **arrangez-vous pour qu'il n'y ait pas de reliquat** work it so that there is nothing left over

relique [ʀəlik] → SYN nf (Rel, fig) relic; (Bio) relict ◆ **garder** ou **conserver qch comme une relique** to treasure sth

relire [ʀ(ə)liʀ] ▸ conjug 43 ◂ vt roman to read again, reread; manuscrit to read through again, read over (again), reread ◆ **je n'arrive pas à me relire** I can't manage to reread ou to read back what I've written

reliure [ʀəljyʀ] nf (couverture) binding; (art, action) (book)binding ◆ **reliure pleine** full binding ◆ **donner un livre à la reliure** to send a book for binding ou to the binder('s)

relogement [ʀ(ə)lɔʒmɑ̃] nm rehousing

reloger [ʀ(ə)lɔʒe] ▸ conjug 3 ◂ vt to rehouse

relooker* [ʀ(ə)luke] ▸ conjug 1 ◂ vt to change the image of

relouer [ʀəlwe] ▸ conjug 1 ◂ vt [locataire] to rent again; [propriétaire] to relet (Brit), rent out again ◆ **cette année je reloue dans le Midi** I'm renting a place in the South of France again this year

réluctance [ʀelyktɑ̃s] nf (Phys) reluctance, reluctancy

reluire [ʀ(ə)lɥiʀ] → SYN ▸ conjug 38 ◂ vi [meuble, chaussures] to shine, gleam; [métal, carrosserie] (au soleil) to gleam, shine; (sous la pluie) to glisten ◆ **faire reluire qch** to polish ou shine sth up, make sth shine → **brosse**

reluisant, e [ʀ(ə)lɥizɑ̃, ɑ̃t] → SYN adj **a** meubles, parquet, cuivres shining, shiny, gleaming ◆ **reluisant de graisse** shiny with grease ◆ **reluisant de pluie** glistening in the rain ◆ **reluisant de propreté** pièce spotless

b (fig iro) **peu reluisant** avenir, résultat, situation far from brilliant (attrib); personne despicable

reluquer* [ʀ(ə)lyke] ▸ conjug 1 ◂ vt femme to eye (up)*, ogle*; passant to eye, squint at*; objet, poste to have one's eye on

rem [ʀɛm] nm rem

remâcher [ʀ(ə)maʃe] → SYN ▸ conjug 1 ◂ vt [ruminant] to ruminate; [personne] passé, soucis, échec to ruminate over ou on, chew over, brood on ou over; colère to nurse

remaillage [ʀ(ə)majaʒ] nm ⇒ **remmaillage**

remailler [ʀ(ə)maje] ▸ conjug 1 ◂ vt ⇒ **remmailler**

remake [ʀimɛk] → SYN nm (Ciné) remake; [livre, spectacle] new version

rémanence [ʀemanɑ̃s] → SYN nf (Phys) remanence ◆ **rémanence des images visuelles** after-imagery

rémanent, e [ʀemanɑ̃, ɑ̃t] adj magnétisme residual; pesticide persistent ◆ **image rémanente** after-image

remanger [ʀ(ə)mɑ̃ʒe] ▸ conjug 3 ◂ **1** vt (manger de nouveau) to have again; (reprendre) to have ou eat some more ◆ **on a remangé du poulet aujourd'hui** we had chicken again today ◆ **j'en remangerais bien** I'd like to have that again, I could eat that again

2 vi to eat again, have something to eat again

remaniable [ʀ(ə)manjabl] adj encyclopédie, roman, discours revisable; programme modifiable; plan, constitution revisable, amendable

remaniement [ʀ(ə)manimɑ̃] → SYN nm (→ **remanier**) revision; reshaping, recasting; modification, reorganization, amendment; reshuffle ◆ (Pol) **remaniement ministériel** cabinet reshuffle ◆ **apporter un remaniement à** to revise; to reshape, recast; to modify, reorganize; to amend; to reshuffle

remanier [ʀ(ə)manje] → SYN ▸ conjug 7 ◂ vt roman, discours to revise, reshape, recast; encyclopédie to revise; programme to modify, reorganize; plan, constitution to revise, amend; cabinet, ministère to reshuffle

remaquiller [ʀ(ə)makije] ▸ conjug 1 ◂ **1** vt ◆ **remaquiller qn** to make sb up again

2 **se remaquiller** vpr (complètement) to make o.s. up again, redo one's face; (rapidement) to touch up one's make-up

remarcher [ʀ(ə)maʀʃe] ▸ conjug 1 ◂ vi [personne] to walk again; [appareil] to work again

remariage [ʀ(ə)maʀjaʒ] nm second marriage, remarriage

remarier [ʀ(ə)maʀje] ▸ conjug 7 ◂ **1** vt ◆ **remarier sa fille** to remarry one's daughter ◆ **il cherche à remarier sa fille** he is trying to find another husband for his daughter

2 **se remarier** vpr to remarry, marry again

remarquable [ʀ(ə)maʀkabl] → SYN adj personne, exploit, réussite remarkable, outstanding; événement, fait striking, noteworthy, remarkable ◆ **il est remarquable par sa taille** he is notable for ou he stands out because of his height ◆ **elle est remarquable par son intelligence** she is outstandingly intelligent

remarquablement [ʀ(ə)maʀkabləmɑ̃] adv beau, doué remarkably, outstandingly; réussir, jouer remarkably ou outstandingly well

remarque [ʀ(ə)maʀk] → SYN nf a (observation) remark, comment; (critique) critical remark; (annotation) note ◆ **il m'en a fait la remarque** he remarked ou commented on it to me, he made ou passed a remark ou made a comment about it to me ◆ **je m'en suis moi-même fait la remarque** that occurred to me as well, I thought that myself ◆ **faire une remarque à qn** to make a critical remark to sb, criticize sb ◆ **il m'a fait des remarques sur ma tenue** he passed comment ou he remarked on the way I was dressed

b (†, littér) **digne de remarque** worthy of note, noteworthy

remarqué, e [ʀ(ə)maʀke] (ptp de **remarquer**) adj entrée, absence conspicuous ◆ **il a fait une intervention très remarquée** his speech attracted a lot of attention

remarquer [ʀ(ə)maʀke] → SYN ▸ conjug 1 ◂ GRAMMAIRE ACTIVE 26.5 vt a (apercevoir) to notice ◆ **je l'ai remarqué dans la foule** I caught sight of ou noticed him in the crowd ◆ **avec ce chapeau, comment ne pas la remarquer!** with that hat on, how can you fail to notice her? ◆ **l'impresario avait remarqué la jeune actrice lors d'une audition** the impresario had noticed the young actress at an audition, the young actress had come to the notice of the impresario at an audition ◆ **il entra sans être remarqué** ou **sans se faire remarquer** he came in unnoticed ou without being noticed ou without drawing attention to himself ◆ **cette tache se remarque beaucoup / à peine** this stain is quite / hardly noticeable, this stain shows badly / hardly shows ◆ **sa jalousie se remarque beaucoup** his jealousy is very obvious ou is very noticeable ◆ **ça ne se remarquera pas** no one will notice it ◆ **c'est une femme qui cherche à / aime se faire remarquer** she's a woman who tries / likes to be noticed ou to draw attention to herself ◆ **je remarque que vous avez une cravate** I notice ou see ou note that you are wearing a tie ◆ **je remarque que vous ne vous êtes pas excusé** I note that you did not apologize ◆ **ça finirait par se remarquer** people would start to notice ou start noticing

b (faire une remarque) to remark, observe ◆ **tu es sot, remarqua son frère** you're stupid, his brother remarked ou observed ◆ **il remarqua qu'il faisait froid** he remarked ou commented ou observed that it was cold ◆ **remarquez (bien) que je n'en sais rien** mark you ou mind you I don't know ◆ **ça m'est tout à fait égal, remarque!** I couldn't care less, mark you! ou mind you!* ou I can tell you!

c **faire remarquer** détail, erreur to point out, draw attention to ◆ **il me fit remarquer qu'il faisait nuit / qu'il était tard** he pointed out to me that ou he drew my attention to the fact that it was dark / late ◆ **il me fit remarquer qu'il était d'accord avec moi** he pointed out (to me) that he agreed with me ◆ **je te ferai seulement remarquer que tu n'as pas de preuves** I should just like to point out (to you) that you have no proof

d (marquer de nouveau) to remark, mark again

remasticage [ʀ(ə)mastikaʒ] nm (→ **remastiquer**) reapplying putty to; refilling, reapplying filler to

remastiquer [ʀ(ə)mastike] ▸ conjug 1 ◂ vt vitre to reapply putty to; fissure to refill, reapply filler to

remballage [ʀɑ̃balaʒ] nm (→ **remballer**) packing (up) again; rewrapping

remballer [ʀɑ̃bale] ▸ conjug 1 ◂ vt to pack (up) again; (dans du papier) to rewrap ◆ **remballe ta marchandise!**⁑ you can clear off and take that stuff with you!⁑ ◆ **tu n'as qu'à remballer tes commentaires!**⁑ you know what you can do with your remarks!*, you can stuff your remarks!⁑ (Brit) ◆ **on s'est fait remballer**⁑ we were sent packing*, we were told to get lost⁑

rembarquement [ʀɑ̃baʀkəmɑ̃] nm (→ **rembarquer**) re-embarkation; reloading

rembarquer [ʀɑ̃baʀke] ▸ conjug 1 ◂ 1 vt passagers to re-embark; marchandises to reload

2 vi to re-embark, go back on board (ship) ◆ **faire rembarquer les passagers** to re-embark the passengers

3 **se rembarquer** vpr to re-embark, go back on board (ship)

rembarrer* [ʀɑ̃baʀe] ▸ conjug 1 ◂ vt ◆ **rembarrer qn** (recevoir avec froideur) to brush sb aside, rebuff sb; (remettre à sa place) to put sb in his place, take sb down a peg or two ◆ **on s'est fait rembarrer**⁑ we were sent packing*, we were told to get lost⁑

remblai [ʀɑ̃blɛ] → SYN nm (Rail, pour route) embankment; (Constr) cut ◆ **(terre de) remblai** (Rail) ballast, remblai; (pour route) hard core; (Constr) backfill ◆ **travaux de remblai** (Rail, pour route) embankment work; (Constr) cutting work ◆ (Aut) **remblais récents** soft verges

remblaiement [ʀɑ̃blɛmɑ̃] nm (Géol) depositing

remblaver [ʀɑ̃blave] ▸ conjug 1 ◂ vt (Agr) to resow

remblayage [ʀɑ̃blɛjaʒ] → SYN nm (→ **remblayer**) banking up; filling in ou up

remblayer [ʀɑ̃bleje] → SYN ▸ conjug 8 ◂ vt route, voie ferrée to bank up; fossé to fill in ou up

remblayeuse [ʀɑ̃blɛjøz] nf backfiller

rembobiner [ʀɑ̃bɔbine] ▸ conjug 1 ◂ vt film, bande magnétique to rewind, wind back; fil to rewind, wind up again

remboîtage [ʀɑ̃bwataʒ], **remboîtement** [ʀɑ̃bwatmɑ̃] nm (→ **remboîter**) fitting together; putting back; reassembly; recasing

remboîter [ʀɑ̃bwate] ▸ conjug 1 ◂ vt tuyaux to fit together again, reassemble; os to put back into place; livre to recase

rembourrage [ʀɑ̃buʀaʒ] nm (→ **rembourrer**) stuffing; padding

rembourrer [ʀɑ̃buʀe] → SYN ▸ conjug 1 ◂ vt fauteuil, matelas to stuff; vêtement to pad ◆ **bien rembourré** coussin well-filled, well-padded; personne* well-padded ◆ (hum) **mal rembourré, rembourré avec des noyaux de pêches** as hard as rock ou iron

remboursable [ʀɑ̃buʀsabl] adj billet refundable; emprunt repayable

remboursement [ʀɑ̃buʀsəmɑ̃] → SYN nm (→ **rembourser**) repayment; settlement; reimbursement ◆ **obtenir le remboursement de son repas** to get one's money back for one's meal, get a refund on one's meal ◆ **envoi contre remboursement** cash with order

rembourser [ʀɑ̃buʀse] → SYN ▸ conjug 1 ◂ vt dette to pay back ou off, repay, settle (up); emprunt to pay back ou off, repay; somme to reimburse, repay, pay back; créancier to pay back ou off, repay, reimburse ◆ **rembourser qn de qch** to reimburse sth to sb, reimburse sb for sth, repay sb sth ◆ **rembourser qn de ses dépenses** to refund ou reimburse sb's expenses ◆ **rembourser la différence** to refund the difference ◆ **je te rembourserai demain** I'll pay you back ou repay you tomorrow, I'll settle ou square up with you tomorrow ◆ **je me suis fait rembourser mon repas / mon voyage** I got my money back for my meal / journey, I got back the cost of my meal / journey refunded ◆ **est-ce remboursé par la Sécurité sociale?** ≃ can we get our (ou can I get my etc) money back from the NHS (Brit) ou from Medicaid (US)? ◆ **rembourser un billet de loterie** to refund the price of a lottery ticket ◆ (Théât) **remboursez!** we want our money back! ou a refund! ◆ **puisqu'il n'avait pas l'argent qu'il me devait, je me suis remboursé en prenant son manteau!** since he didn't have the money he owed me, I helped myself to his coat by way of repayment!

rembrunir (se) [ʀɑ̃bʀyniʀ] ▸ conjug 2 ◂ vpr [visage, traits] to darken, cloud (over); [personne] to bristle, stiffen; [ciel] to become overcast, darken, cloud over ◆ **le temps se rembrunit** it's clouding over, it's going cloudy

rembrunissement [ʀɑ̃bʀynismɑ̃] nm (littér) [visage, front] darkening

rembucher [ʀɑ̃byʃe] ▸ conjug 1 ◂ vt animal to drive into covert

remède [ʀ(ə)mɛd] → SYN nm a (Méd) (traitement) remedy, cure; (médicament) medicine ◆ **prescrire / prendre un remède pour un lumbago** to give / take something ou some medicine for lumbago ◆ **remède de bonne femme** old wives' ou folk cure ou remedy ◆ **remède souverain / de cheval*** sovereign / drastic remedy ◆ **remède universel** cure-all, universal cure

b (fig) remedy, cure ◆ **porter remède à qch** to cure sth, find a cure for sth, remedy sth ◆ **la situation est sans remède** there is no remedy for the situation, the situation cannot be remedied ou is beyond remedy ◆ **le remède est pire que le mal** the cure is worse than the disease, the solution is even worse than the evil it is designed to remedy ◆ **c'est un remède à** ou **contre l'amour!*** [personne] she's (ou he's) enough to put you off the opposite sex altogether!*; [chose] it's enough to put ou turn you off → **à**

remédiable [ʀ(ə)medjabl] → SYN adj mal that can be remedied ou cured, remediable

remédier [ʀ(ə)medje] → SYN ▸ conjug 7 ◂ **remédier à** vt indir (lit) maladie to cure; (fig) mal, situation to remedy, put right; abus to remedy, right; perte to remedy, make good; besoin to remedy; inconvénient to remedy, find a remedy for; difficulté to find a solution for, solve

remembrement [ʀ(ə)mɑ̃bʀəmɑ̃] → SYN nm land consolidation

remembrer [ʀ(ə)mɑ̃bʀe] → SYN ▸ conjug 1 ◂ vt terres to regroup; exploitation to regroup the lands of

remémoration [ʀ(ə)memɔʀasjɔ̃] nf recall, recollection

remémorer (se) [ʀ(ə)memɔʀe] ▸ conjug 1 ◂ vpr to recall, recollect

remerciement [ʀ(ə)mɛʀsimɑ̃] → SYN GRAMMAIRE ACTIVE 22 nm a **remerciements** thanks; (dans un livre, film etc) acknowledgements ◆ **avec tous mes remerciements** with many thanks, with my grateful thanks ◆ **faire ses remerciements à qn** to thank sb, express one's thanks to sb

b (action) thanks (pl), thanking ◆ **il lui fit un remerciement embarrassé** he thanked him in an embarrassed way, he said an embarrassed thank you to him ◆ **lettre de remerciement** thank-you letter, letter of thanks ◆ **lire un remerciement à qn** to read a message of thanks to sb

remercier [ʀ(ə)mɛʀsje] → SYN ▸ conjug 7 ◂ GRAMMAIRE ACTIVE 20.1, 20.2, 22 vt a (dire merci) to thank (*qn de ou pour qch* sb for sth, *qn d'avoir fait qch* sb for doing sth) ◆ **remercier le ciel** ou **Dieu** to thank God ◆ **remercier qn par un cadeau / d'un pourboire** to thank sb with a present / with a tip, give sb a present / a tip by way of thanks ◆ **je ne sais comment vous remercier** I can't thank you enough, I don't know how to thank you ◆ **il me remercia d'un sourire** he thanked me with a smile, he smiled his thanks ◆ **je vous remercie** (I) thank you ◆ **tu peux me remercier!** you've got me to thank for that! ◆ (iro) **je te remercie de tes conseils** thanks for the advice (iro), I can do without your advice (thank you) (iro)

b (refuser poliment) **vous voulez boire? – je vous remercie** would you like a drink? – no thank you ◆ (iro) **sortir avec lui? je te remercie!** go out with him? no thanks!

c (euph: renvoyer) employé to dismiss *(from his job)*

réméré [ʀemeʀe] nm ◆ (Fin) **faculté de réméré** option of repurchase, repurchase agreement ◆ **vente à réméré** sale with option of purchase ◆ **clause de réméré** repurchase clause

remettant [ʀ(ə)metɑ̃] nm (Fin) remitter

remettre [ʀ(ə)mɛtʀ] → SYN ▸ conjug 56 ◂

1 vt a (replacer) objet to put back, replace (*dans* in(to), *sur* on); os luxé to put back in place ◆ **remettre un enfant au lit** to put a child back (in)to bed ◆ **remettre un enfant à**

l'école to send a child back to school ◆ **remettre qch à cuire** to put sth on to cook again ◆ **remettre debout** enfant to stand back on his feet; objet to stand up again ◆ **remettre qch droit** to put ou set sth straight again ◆ **remettre un bouton à une veste** to sew ou put a button back on a jacket ◆ **il a remis l'étagère / la porte qu'il avait enlevée** he put the shelf back up / rehung the door that he had taken down ◆ **je ne veux plus remettre les pieds ici!** I never want to set foot in here again! ◆ **remettre qn sur la bonne voie** ou **sur les rails** to put sb back on the right track ◆ (fig: mal recevoir) **remettre qn à sa place** to take sb down a peg or two*, put sb in his place ◆ **remettre un enfant insolent à sa place** to put an insolent child in his place ◆ (fig: recommencer) **remettre le couvert*** (gén) to go at it* again; (sexuel-lement) to be at it again*

b (porter de nouveau) vêtement, chapeau to put back on, put on again ◆ **j'ai remis mon manteau d'hiver** I'm wearing my winter coat again

c (replacer dans une situation) **remettre un appareil en marche** to restart a machine, start a machine (up) again, set a machine going again ◆ **remettre le moteur en marche** to start up the engine again ◆ **remettre une coutume en usage** to revive a custom ◆ **remettre en question** institution, autorité to (call into) question, challenge; projet, accord to cast doubt over, throw back into question ◆ **tout est remis en question** ou **en cause à cause du mauvais temps** everything's in the balance again because of the bad weather, the bad weather throws the whole thing back into question ◆ **remettre une pendule à l'heure** to put (Brit) ou set a clock right ◆ (fig) **remettre les pendules à l'heure*** to set the record straight ◆ **remettre les idées en place à qn*** to teach sb a lesson* ◆ **remettre qch à neuf** to make sth as good as new again ◆ **remettre qch en état** to repair ou mend sth ◆ **le repos l'a remise (sur pied)** the rest has set her back on her feet ◆ **remettre qn en confiance** to restore sb's confidence ◆ **remettre de l'ordre dans qch** (ranger) to tidy sth up, sort sth out; (classer) to sort sth out

d (donner) lettre, paquet to hand over, deliver; clefs to hand in ou over, give in, return; récompense to present; devoir to hand in, give in; rançon to hand over; démission to hand in, give in, tender (*à* to) ◆ **il s'est fait remettre les clefs par la concierge** he got the keys from the concierge, he had the keys given to him by the concierge ◆ **remettre un enfant à ses parents** to return a child to his parents ◆ **remettre un criminel à la justice** to hand a criminal over to the law ◆ **remettre à qn un porte-monnaie volé** to hand ou give back ou return a stolen purse to sb

e (ajourner) réunion to put off, postpone (*à* until), put back (Brit) (*à* to); (Jur) to adjourn (*à* until); décision to put off, postpone, defer (*à* until); date to put back (Brit), postpone (*à* to) ◆ **une visite qui ne peut se remettre (à plus tard)** a visit that can't be postponed ou put off ◆ **remettre un rendez-vous à jeudi / au 8** to put off ou postpone an appointment till Thursday / the 8th ◆ (Prov) **il ne faut jamais remettre à demain** ou **au lendemain ce qu'on peut faire le jour même** procrastination is the thief of time, never put off till tomorrow what you can do today

f (se rappeler) to remember ◆ **je vous remets très bien** I remember you very well ◆ **je ne (me) le remets pas** I can't place him, I don't remember him ◆ (rappeler) **remettre qch en esprit** ou **en mémoire à qn** to remind sb of sth, recall sth to sb ◆ **ce livre m'a remis ces événements en mémoire** this book reminded me of these events ou brought these events to mind

g (rajouter) vinaigre, sel to add more, put in (some) more; verre, coussin to add; maquillage to put on (some) more ◆ **j'ai froid, je vais remettre un tricot** I'm cold – I'll go and put another jersey on ◆ **remettre de l'huile dans le moteur** to top up the engine with oil ◆ **en remettant un peu d'argent, vous pourriez avoir le grand modèle** if you put a little more (money) to it you could have the large size ◆ **il faut remettre de l'argent sur le compte, nous sommes débiteurs** we'll have to put some money into the account as we're overdrawn ◆ **en remettre*** to overdo it, lay it on a bit thick*

h radio, chauffage to put ou turn ou switch on again ◆ **il y a eu une coupure mais le courant a été remis à midi** there was a power cut but the electricity came back on again ou was put back on again at midday ◆ **remettre le contact** to turn the ignition on again

i (faire grâce de) dette, peine to remit; péché to forgive, pardon, remit ◆ **remettre une dette à qn** to remit sb's debt, let sb off a debt ◆ **remettre une peine à un condamné** to remit a prisoner's sentence

j (confier) **remettre son sort / sa vie entre les mains de qn** to put one's fate / life into sb's hands ◆ **remettre son âme à Dieu** to commit one's soul to God ou into God's keeping

k remettre ça*: (démarches) **dire qu'il va falloir remettre ça!** to think that we'll have to go through all that again! ou through a repeat performance!* ◆ **quand est-ce qu'on remet ça?** when will the next time be? ◆ **on remet ça?** (partie de cartes) shall we have another game?; (au café) shall we have another drink? ou round?; (travail) let's get back to it*, let's get down to it again, let's get going again* ◆ **garçon remettez-nous ça!** (the) same again please!* ◆ (bruit, commentaires) **les voilà qui remettent ça!** here ou there they go again!*, they're at it again!* ◆ **tu ne vas pas remettre ça avec tes critiques** no more of your criticism(s) ◆ **le gouvernement va remettre ça avec les économies d'énergie** the government is going to get going on energy saving again*

2 se remettre vpr **a** (recouvrer la santé) to recover, get better, pick up; (psychologiquement) to cheer up ◆ **se remettre d'une maladie / d'un accident** to recover from ou get over an illness / an accident ◆ **remettez-vous!** pull yourself together! ◆ **elle ne s'en remettra pas** she won't get over it

b (recommencer) **se remettre à (faire) qch** to start (doing) sth again ◆ **se remettre à fumer** to take up ou start smoking again ◆ **il s'est remis au tennis / au latin** he has taken up tennis / Latin again ◆ **après son départ il se remit à travailler** ou **au travail** after she had gone he started working again ou went back ou got back to work ◆ **il se remet à faire froid** the weather ou it is getting ou turning cold again ◆ **le temps s'est remis au beau** the weather has turned fine again, the weather has picked up again ◆ **se remettre en selle** to remount, get back on one's horse ◆ **se remettre debout** to get back to one's feet, get (back) up again, stand up again

c (se confier) **se remettre entre les mains de qn** to put o.s. in sb's hands ◆ **je m'en remets à vous** I'll leave it (up) to you, I'll leave the matter in your hands ◆ **s'en remettre à la décision de qn** to leave it to sb to decide ◆ **s'en remettre à la discrétion de qn** to leave it to sb's discretion

d (se réconcilier) **se remettre avec qn** to make it up with sb, make ou patch up one's differences with sb ◆ **ils se sont remis ensemble** they've come back ou they are back together again

remeubler [ʀ(ə)mœble] ▸ conjug 1 ◂ **1** vt to refurnish
2 se remeubler vpr to refurnish one's house, get new furniture

rémige [ʀemiʒ] nf remex

remilitarisation [ʀ(ə)militaʀizasjɔ̃] nf remilitarization

remilitariser [ʀ(ə)militaʀize] ▸ conjug 1 ◂ vt to remilitarize

réminiscence [ʀeminisɑ̃s] → SYN nf (faculté mentale: Philos, Psych) reminiscence; (souvenir) reminiscence, vague recollection ◆ **sa conversation était truffée de réminiscences littéraires** literary influences were constantly in evidence in his conversation ◆ **mon latin est bien rouillé, mais j'ai encore quelques réminiscences** my Latin is very rusty but I've retained ou I still recollect a little ◆ **on trouve des réminiscences de Rabelais dans l'œuvre de cet auteur** there are echoes of Rabelais in this author's work, parts of this author's work are reminiscent of Rabelais

remisage [ʀ(ə)mizaʒ] nm [outil, voiture] putting away

remise [ʀ(ə)miz] → SYN **1** nf **a** (livraison) [lettre, paquet] delivery; [clefs] handing over; [récompense] presentation; [devoir] handing in; [rançon] handing over, hand-over ◆ (Jur) **remise de parts** transfer ou conveyance of legacy
b (grâce) [péchés] remission, forgiveness, pardon; [peine] remission, reduction (*de* of, in) ◆ **le condamné a bénéficié d'une importante remise de peine** the prisoner was granted a large reduction in his sentence
c (Comm: rabais) discount, reduction ◆ **ils font une remise de 5% sur les livres scolaires** they're giving ou allowing (a) 5% discount ou reduction on school books ◆ (Fin) **remise de dette** condonation, remission of a debt
d (local: pour outils, véhicules) shed
e (ajournement) [réunion] postponement, deferment, putting off ou back (Brit); [décision] putting off ◆ **remise à quinzaine d'un débat** postponement of a debate for a fortnight
2 COMP ▷ **remise en cause** calling into question ▷ **remise en état** [machine] repair(ing); [tableau, meuble ancien] restoration ▷ **remise en forme** getting back into shape ◆ **centre de remise en forme** health farm ▷ **remise en jeu** (Ftbl, Rugby) throw-in ▷ **remise à jour** updating, bringing up to date ▷ **remise en marche** restarting, starting (up) again ▷ **remise à neuf** restoration ▷ **remise en ordre** reordering, sorting out ▷ **remise en place** [os, étagère] putting back in place ▷ **remise en question** calling into question ▷ **remise en touche** (Ftbl) ⇒ **remise en jeu**

remiser [ʀ(ə)mize] → SYN ▸ conjug 1 ◂ **1** vt **a** voiture, outil, valise to put away
b (*: rembarrer) personne to send sb packing*
2 vi (Jeux) to make another bet, bet again
3 se remiser vpr [gibier] to take cover

remisier [ʀ(ə)mizje] → SYN nm (Bourse) intermediate broker, half-commission, remisier

rémissible [ʀemisibl] → SYN adj remissible

rémission [ʀemisjɔ̃] → SYN nf **a** [péchés] remission, forgiveness; (Jur) remission
b (Méd) [maladie] remission; [douleur] subsidence, abatement; [fièvre] subsidence, lowering, abatement; (fig littér: dans la tempête, le travail) lull
c sans rémission travailler, torturer, poursuivre unremittingly, relentlessly; payer without fail; mal, maladie irremediable ◆ **si tu recommences tu seras puni sans rémission** if you do it again you'll be punished without fail

rémittence [ʀemitɑ̃s] nf (Méd) remittence

rémittent, e [ʀemitɑ̃, ɑ̃t] adj remittent

remix [ʀəmiks] nm remix

rémiz [ʀemiz] nm peduline tit

remmaillage [ʀɑ̃majaʒ] nm (→ **remmailler**) darning; mending

remmailler [ʀɑ̃maje] ▸ conjug 1 ◂ vt tricot, bas to darn; filet to mend

remmailleuse [ʀɑ̃majøz] nf darner

remmailloter [ʀɑ̃majɔte] ▸ conjug 1 ◂ vt bébé to change

remmancher [ʀɑ̃mɑ̃ʃe] ▸ conjug 1 ◂ vt couteau, balai (remettre le manche) to put the handle back on; (remplacer le manche) to put a new handle on

remmener [ʀɑ̃m(ə)ne] → SYN ▸ conjug 5 ◂ vt to take back, bring back ◆ **remmener qn chez lui** to take sb back home ◆ **remmener qn à pied** to walk sb back ◆ **remmener qn en voiture** to give sb a lift back, drive sb back

remodelage [ʀ(ə)mɔd(ə)laʒ] nm (→ **remodeler**) remodelling; replanning; reorganization, restructuring

remodeler [ʀ(ə)mɔd(ə)le] ▸ conjug 5 ◂ vt visage to remodel; ville to remodel, replan; profession, organisation to reorganize, restructure

rémois, e [ʀemwa, waz] **1** adj of ou from Rheims
2 nm,f ◆ **Rémois(e)** inhabitant ou native of Rheims

remontage [ʀ(ə)mɔ̃taʒ] nm [montre] rewinding, winding up; [machine, meuble] reassembly, putting back together; [tuyau] putting back

remontant, e [ʀ(ə)mɔ̃tɑ̃, ɑ̃t] → SYN **1** adj **a** boisson invigorating, fortifying **b** (Horticulture) rosier reflowering, remontant (spéc); fraisier, framboisier double-cropping ou -fruiting ◆ **rosier fortement/faiblement remontant** rosebush which has a strong/poor second flowering **2** nm tonic, pick-me-up*

remonte [ʀ(ə)mɔ̃t] → SYN nf **a** [bateau] sailing upstream, ascent; [poissons] run **b** (Équitation) (fourniture de chevaux) remount; (service) remount department

remonté, e[1]* [ʀ(ə)mɔ̃te] (ptp de **remonter**) adj **a** (dynamique) **il est remonté** he's got plenty of get-up-and-go, he's a real live wire* ◆ **je suis remonté à bloc aujourd'hui** I'm on top form today **b** (en colère) livid*, mad*, furious (contre qn with sb) ◆ **être remonté contre qch** to be wound up about sth ◆ **il est remonté aujourd'hui** he's in a foul mood ou temper today

remontée[2] [ʀ(ə)mɔ̃te] nf [côte] ascent, climbing; [rivière] ascent; [eaux] rising ◆ **la remontée des mineurs par l'ascenseur** bringing miners up by lift ◆ **il ne faut pas que la remontée du plongeur soit trop rapide** the diver must not go back up ou rise too quickly ◆ **la remontée de l'or à la Bourse** the rise in the price ou value of gold on the Stock Exchange ◆ **faire une (belle) remontée** to catch up the lost ground (well), make a (good) recovery ◆ **faire une remontée spectaculaire (de la 30e à la 2e place)** to make a spectacular recovery (from 30th to 2nd place) ◆ (Sport) **remontée mécanique** ski lift

remonte-pente, pl **remonte-pentes** [ʀ(ə)mɔ̃tpɑ̃t] → SYN nm ski tow

remonter [ʀ(ə)mɔ̃te] → SYN ▸ conjug 1 ◂ GRAMMAIRE ACTIVE 17.2

1 vi (avec aux être) **a** (monter à nouveau) to go ou come back up ◆ **il remonta à pied** he walked back up ◆ **remonte me voir** come back up and see me ◆ **je remonte demain à Paris (en voiture)** I'm driving back up to Paris tomorrow ◆ **il remonta sur la table** he climbed back (up) onto the table ◆ **remonter sur le trône** to come back ou return to the throne ◆ (Théât) **remonter sur les planches** to go back on stage ou on the boards **b** (dans un moyen de transport) **remonter en voiture** to get back into one's car, get into one's car again ◆ **remonter à cheval** (se remettre en selle) to remount (one's horse), get back on(to) one's horse; (se remettre à faire du cheval) to take up riding again ◆ (Naut) **remonter à bord** to go back on board (ship) **c** (s'élever de nouveau) [marée] to come in again; [prix, température, baromètre] to rise again, go up again; [colline, route] to go up again, rise again ◆ **la mer remonte** the tide is coming in again ◆ **la fièvre remonte** his temperature is rising ou going up again, the fever is getting worse again ◆ **les bénéfices ont remonté au dernier trimestre** profits were up again in the last quarter ◆ **les prix ont remonté en flèche** prices shot up ou rocketed again ◆ (fig) **ses actions remontent** things are looking up for him (again), his fortunes are picking up (again) ◆ **il remonte dans mon estime** my opinion of him is growing again, he is redeeming himself in my eyes ◆ **il est remonté de la 7e à la 3e place** he has come up ou recovered from 7th to 3rd place **d** [vêtement] to go up, pull up ◆ **sa robe remonte sur le côté** her dress goes ou pulls up at the side ou is higher on one side ◆ **sa jupe remonte quand elle s'assoit** her skirt rides up ou pulls up ou goes up when she sits down **e** (réapparaître) to come back ◆ **les souvenirs qui remontent à ma mémoire** memories which come back to me ou to my mind ◆ **remonter à la surface** to come back up to the surface, resurface ◆ **sous-marin qui remonte en surface** submarine which is coming back up to the surface ou which is resurfacing ◆ **une mauvaise odeur remontait de l'égout** a bad smell was coming ou wafting up out of the drain **f** (retourner) to return, go back ◆ **remonter à la source/cause** to go back ou return to the source/cause ◆ **remonter de l'effet à la cause** to go back from the effect to the cause ◆ (Naut) **remonter au vent** ou **dans le vent** to tack close to the wind ◆ **il faut remonter plus haut** ou **plus loin pour comprendre l'affaire** you must go ou look further back to understand this business ◆ **remonter jusqu'au coupable** to trace right back to the guilty person ◆ **aussi loin que remontent ses souvenirs** as far back as he can remember ◆ **remonter dans le temps** to go back in time ◆ **cette histoire remonte à une époque reculée/à plusieurs années** this story dates back ou goes back a very long time/several years ◆ (hum) **tout cela remonte au déluge!** (c'est vieux comme le monde) all that's as old as the hills!; (c'est passé depuis longtemps) all that was ages ago! ou donkey's years ago!* (Brit hum) ◆ **on ne va pas remonter au déluge!** we're not going back over ancient history again! ◆ **la famille remonte aux croisades** the family goes ou dates back to the time of the Crusades

2 vt (avec aux avoir) **a** étage, côte, marche to go ou climb back up; rue to go ou come back up ◆ **remonter l'escalier en courant** to rush ou run back upstairs ◆ **remonter la rue à pas lents** to walk slowly (back) up the street ◆ **remonter le courant/une rivière** (à la nage) to swim (back) upstream/up a river; (en barque) to sail ou row (back) upstream/up a river ◆ (fig) **remonter le courant** ou **la pente** to begin to get back on one's feet again ou pick up again ◆ (fig) **remonter le cours du temps** to go back in time ◆ **machine à remonter le temps** time machine **b** (rattraper) adversaire to catch up with ◆ **remonter la procession** to move up towards ou work one's way towards the front of the procession ◆ **se faire remonter par un adversaire** to let o.s. be caught up by an opponent ◆ **il a 15 points/places à remonter pour être 2e** he has 15 marks/places to catch up in order to be 2nd **c** (relever) mur to raise, heighten; tableau, étagère to raise, put higher up; vitre (en poussant) to push up; (avec manivelle) to wind up; store to roll up, raise; pantalon, manche to pull up; (en roulant) to roll up; (d'une saccade) to hitch up; chaussettes to pull up; col to turn up; jupe to pick up, raise; (fig) mauvaise note to put up, raise ◆ (fig) **remonter les bretelles à qn*** to give sb a piece of one's mind* ou a dressing-down ◆ **il s'est fait remonter les bretelles par le patron*** the boss gave him a real tongue-lashing ou dressing-down **d** (reporter) to take ou bring back up ◆ **remonter une malle au grenier** to take ou carry a trunk back up to the attic **e** montre, mécanisme to wind up **f** (réinstaller) machine, moteur, meuble to put together again, put back together (again), reassemble; robinet, tuyau to put back ◆ **ils ont remonté une usine à Lyon** they have set up ou built a factory in Lyons again ◆ **il a eu du mal à remonter les roues de sa bicyclette** he had a job putting ou getting the wheels back on his bicycle **g** (réassortir) garde-robe to renew, replenish; magasin to restock ◆ **mon père nous a remontés en vaisselle** my father has given us a whole new stock of crockery ◆ **remonter son ménage** (meubles) to buy all new furniture, refurnish one's house; (linge) to buy all new linen **h** (remettre en état) personne (physiquement) to set ou buck* up (again); (moralement) to cheer ou buck* up (again); entreprise to put ou set back on its feet; mur en ruines to rebuild ◆ **remonter le moral de qn** to raise sb's spirits, cheer ou buck* sb up ◆ **le nouveau directeur a bien remonté cette firme** the new manager has really got this firm back on its feet ◆ **ce contrat remonterait bien mes affaires** this contract would really give a boost to business for me **i** (Théât) pièce to restage, put on again

3 **se remonter** vpr **a** **se remonter en boîtes de conserves** to get in (further) stocks of canned food, replenish one's stocks of canned food ◆ **se remonter en linge** to build up one's stock of linen again ◆ **se remonter en chaussures** to get some new shoes ◆ **tu as besoin de te remonter en chemises** you need a few new shirts **b** (physiquement) to buck* ou set o.s. up (again) ◆ (moralement) **se remonter (le moral)** to raise (one's spirits), cheer ou buck* o.s. up

remontoir [ʀ(ə)mɔ̃twaʀ] nm [montre] winder; [jouet, horloge] winding mechanism

remontrance [ʀ(ə)mɔ̃tʀɑ̃s] → SYN nf **a** remonstrance, reproof, reprimand, admonition (frm) ◆ **faire des remontrances à qn (au sujet de qch)** to remonstrate with sb (about sth), reprove ou reprimand ou admonish (frm) sb (for sth) **b** (Hist) remonstrance

remontrer [ʀ(ə)mɔ̃tʀe] → SYN ▸ conjug 1 ◂ vt **a** (montrer de nouveau) to show again ◆ **remontrez-moi la bleue** show me the blue one again, let me have another look at the blue one ◆ **ne te remontre plus ici** don't show your face ou yourself here again **b** **en remontrer à qn: dans ce domaine, il pourrait t'en remontrer** he could teach you a thing or two in this field ◆ **il a voulu m'en remontrer, mais je l'ai remis à sa place** he wanted to prove his superiority to me ou to show he knew better than I but I soon put him in his place ◆ **ce n'est pas la peine de m'en remontrer, je connais cela mieux que toi** don't bother trying to teach me anything – I know all that better than you, it's no use your trying to prove you know better than I – you can't teach me anything about that **c** (†, littér) faute to point out (*à* to)

rémora [ʀemɔʀa] nm (Zool) remora

remordre [ʀ(ə)mɔʀdʀ] ▸ conjug 41 ◂ vt (lit) to bite again ◆ (fig) **remordre à** peinture, sport to take to again; travail to tackle again ◆ (fig) **remordre à l'hameçon** to rise to the bait again

remords [ʀ(ə)mɔʀ] → SYN nm remorse (NonC) ◆ **j'éprouve quelques remords à l'avoir laissé seul** I am somewhat conscience-stricken ou I feel some remorse at having left him alone ◆ **j'ai eu un remords de conscience, je suis allé vérifier** I had second thoughts ou I thought better of it and went to check ◆ **remords cuisants** agonies of remorse ◆ **avoir des remords** to feel remorse, be smitten with remorse, be conscience-stricken ◆ **n'avoir aucun remords** to have no (feeling of) remorse, feel no remorse ◆ **je le tuerais sans (le moindre) remords** I should kill him without (the slightest) compunction ou remorse ◆ **je te le donne – (c'est) sans remords?** here you are – are you sure?

remorquage [ʀ(ə)mɔʀkaʒ] → SYN nm (→ **remorquer**) towing; pulling, hauling; tugging

remorque [ʀ(ə)mɔʀk] nf **a** (véhicule) trailer; (câble) towrope, towline → **camion** **b** LOC **prendre une voiture en remorque** to tow a car ◆ **« en remorque »** "on tow" ◆ (péj) **être à la remorque de** (lit, fig) to tag behind ◆ **quand ils vont se promener ils ont toujours la belle-mère en remorque** whenever they go for a walk they always have the mother-in-law in tow ou tagging along ou they always drag along the mother-in-law ◆ [pays] **être à la remorque d'une grande puissance** to trail behind a great power

remorquer [ʀ(ə)mɔʀke] → SYN ▸ conjug 1 ◂ vt voiture, caravane to tow; train to pull, haul; bateau, navire to tow, tug ◆ **je suis tombé en panne et j'ai dû me faire remorquer jusqu'au village** I had a breakdown and had to get a tow ou get myself towed as far as the village ◆ (fig) **remorquer toute la famille derrière soi** to have the whole family in tow, trail ou drag the whole family along (with one)

remorqueur [ʀ(ə)mɔʀkœʀ] → SYN nm (bateau) tug(boat)

remoudre [ʀ(ə)mudʀ] ▸ conjug 47 ◂ vt café, poivre to regrind, grind again

remouiller [ʀ(ə)muje] ▸ conjug 1 ◂ vt **a** to wet again ◆ **remouiller du linge à repasser** to (re)dampen washing ready for ironing ◆ **se faire remouiller (par la pluie)** to get wet

(in the rain) again ◆ **je viens de m'essuyer les mains, je ne veux pas me les remouiller** I've just dried my hands and I don't want to get them wet ou to wet them again
b (Naut) **remouiller (l'ancre)** to drop anchor again

rémoulade [ʀemulad] nf remoulade, rémoulade *(dressing containing mustard and herbs)* → **céleri**

remoulage [ʀ(ə)mulaʒ] nm **a** (Art) recasting **b** (Tech) [café] regrinding; [farine] (action) remilling; (résultat) middlings

remouler [ʀ(ə)mule] ▸conjug 1◂ vt statue to recast

rémouleur [ʀemulœʀ] → SYN nm (knife- ou scissor-)grinder

remous [ʀəmu] → SYN nm **a** [bateau] (back)-wash (NonC); [eau] swirl, eddy; [air] eddy; (fig) [foule] bustle (NonC), bustling ◆ **emporté par les remous de la foule** swept along by the bustling ou milling crowd ou by the bustle of the crowd ◆ **bain à remous** whirlpool bath, Jacuzzi®
b (agitation) upheaval, stir (NonC) ◆ **remous d'idées** whirl ou swirl of ideas ◆ **les remous provoqués par ce divorce** the stir caused by this divorce

rempaillage [ʀɑ̃pajaʒ] nm reseating, rebottoming *(with straw)*

rempailler [ʀɑ̃paje] → SYN ▸conjug 1◂ vt chaise to reseat, rebottom *(with straw)*

rempailleur, -euse [ʀɑ̃pajœʀ, øz] nm,f [chaise] chair-bottomer

rempaqueter [ʀɑ̃pak(ə)te] ▸conjug 4◂ vt to wrap up again, rewrap

rempart [ʀɑ̃paʀ] → SYN nm **a** (Mil) rampart ◆ **remparts** [ville] city walls, ramparts; [château fort] battlements, ramparts
b (fig) defence, bastion, rampart (littér) ◆ **faire à qn un rempart de son corps** to shield sb with one's (own) body

remplétement [ʀɑ̃pjɛtmɑ̃] nm (Constr) underpinning

rempiéter [ʀɑ̃pjete] ▸conjug 6◂ vt (Constr) to underpin

rempiler [ʀɑ̃pile] → SYN ▸conjug 1◂ **1** vt to pile ou stack up again
2 vi (arg Mil) to join up again, re-enlist, re-up**:** (US)

remplaçable [ʀɑ̃plasabl] adj replaceable

remplaçant, e [ʀɑ̃plasɑ̃, ɑ̃t] → SYN nm,f replacement, substitute; (Méd) locum (Brit); (Sport) reserve; (pendant un match) substitute; (Théât) understudy; (Scol) supply (Brit) ou substitute (US) teacher ◆ **être le remplaçant de qn** to stand in for sb ◆ **trouver un remplaçant à un professeur malade** to get sb to stand in ou substitute for a sick teacher ◆ **il faut lui trouver un remplaçant** we must find a replacement ou a substitute for him

remplacement [ʀɑ̃plasmɑ̃] → SYN nm **a** (intérim: → **remplacer**) standing in (*de* for); substitution (*de* for), deputizing (*de* for) ◆ **assurer le remplacement d'un collègue pendant sa maladie** to stand in ou deputize (Brit) for a colleague during his illness ◆ **faire des remplacements** [secrétaire] to temp*, do temporary work; [professeur] to do supply teaching, work as a supply (Brit) ou substitute (US) teacher ◆ **j'ai fait 3 remplacements cette semaine** I've had 3 temporary replacement jobs this week
b (substitution, changement: → **remplacer**) replacement (*de* of); taking over (*de* from); acting as a substitute (*de* for), acting as an alternative (*de* to) ◆ **effectuer le remplacement d'une pièce défectueuse** to replace a faulty part ◆ **film présenté en remplacement d'une émission annulée** film shown as a replacement ou substitute for a cancelled programme ◆ **je n'ai plus de stylos à billes, en remplacement je vous donne un marqueur** I have no more ball-point pens so I'll give you a felt tip instead ◆ **le remplacement du nom par le pronom** the replacement of the noun by the pronoun ◆ **il va falloir trouver une solution de remplacement** we'll have to find an alternative (solution) ◆ **produit de remplacement** substitute (product)

remplacer [ʀɑ̃plase] → SYN ▸conjug 3◂ vt **a** (assurer l'intérim de) acteur malade to stand in for; joueur, professeur malade to stand in for, substitute for, deputize for (Brit); médecin en vacances to stand in for, do a locum for (Brit) ◆ **je me suis fait remplacer** I found myself a deputy (Brit) ou a stand-in, I got someone to stand in for me
b (substitution: succéder à) to replace, take over from, take the place of ◆ **le train a maintenant remplacé la diligence** the train has now replaced ou taken the place of the stagecoach ◆ **son fils l'a remplacé comme directeur** his son has taken over from him ou has taken his place ou has replaced him as director ◆ **remplacer une sentinelle** to take over from ou relieve a sentry
c (substitution: tenir lieu de) to take the place of, act as a substitute for, act as an alternative to, replace ◆ **le miel peut remplacer le sucre** honey can be used in place of ou as a substitute for sugar ou can take the place of sugar ◆ **le pronom remplace le nom dans la phrase** the pronoun stands for ou takes the place of ou replaces the noun in the sentence ◆ **quand on n'a pas d'alcool, on peut le remplacer par de l'eau de Cologne** when you have no alcohol you can use eau de Cologne in its place ou you can substitute eau de Cologne
d (changer) employé démissionnaire to replace; objet usagé to replace, change ◆ **remplacer le vieux lit par un neuf** to replace the old bed with a new one, change the old bed for a new one ◆ **les pièces défectueuses seront remplacées gratuitement** faulty parts will be replaced free ◆ **remplacer un carreau cassé** to replace a broken windowpane ◆ **remplacer les pointillés par des pronoms** to replace the dotted lines by ou with pronouns, put pronouns in place of the dotted lines

remplage [ʀɑ̃plaʒ] nm (Archéol) tracery; (Constr) filling

rempli, e [ʀɑ̃pli] → SYN (ptp de **remplir**) **1** adj théâtre, récipient full (*de* of), filled (*de* with); joue, visage full, plump; journée, vie full, busy ◆ **il est rempli de son importance / de lui-même** he's full of his own importance / of himself ◆ **avoir l'estomac bien rempli** to have a full stomach, have eaten one's fill ◆ **texte rempli de fautes** text riddled ou packed with mistakes ◆ **sa tête était remplie de souvenirs** his mind was filled with ou full of memories
2 nm (Couture) tuck

remplir [ʀɑ̃pliʀ] → SYN ▸conjug 2◂ **1** vt **a** (gén) to fill (*de* with); récipient to fill (up); (à nouveau) to refill; questionnaire to fill in ou out ◆ **remplir qch à moitié** to half fill sth, fill sth half full ◆ **il en a rempli 15 pages** he filled 15 pages with it, he wrote 15 pages on it ◆ **ce chanteur ne remplira pas la salle** this singer won't fill the hall ou won't get a full house ◆ **ces tâches routinières ont rempli sa vie** these routine tasks have filled his life, his life has been filled with these routine tasks ◆ **ça remplit la première page des journaux** it fills ou covers the front page of the newspapers ◆ **ce résultat me remplit d'admiration** this result fills me with admiration, I am filled with admiration at this result ◆ **remplir son temps** to fill one's time ◆ **il remplit bien ses journées** he gets a lot done in (the course of) a day, he packs a lot into his days
b (s'acquitter de) promesse to fulfil; devoir to fulfil, carry out, do; contrat, mission to fulfil, carry out; travail to carry out, do; rôle to fill, play; besoin to fulfil, answer, meet, satisfy ◆ **objet qui remplit une fonction précise** object that fulfils a precise purpose ◆ **vous ne remplissez pas les conditions** you do not fulfil ou satisfy ou meet the conditions ◆ **remplir ses fonctions** to do ou carry out one's job, carry out ou perform one's functions
2 se remplir vpr [récipient, salle] to fill (up) (*de* with) ◆ **se remplir les poches*** to line one's pockets ◆ **on s'est bien rempli la panse*** we had a good stuff-out**:** (Brit), we stuffed ourselves*

remplissage [ʀɑ̃plisaʒ] → SYN nm [tonneau, bassin] filling (up); (péj: dans un livre) padding ◆ **faire du remplissage** to pad out one's work (ou speech etc)

remploi [ʀɑ̃plwa] nm ⇒ **réemploi**

remployer [ʀɑ̃plwaje] ▸conjug 8◂ vt ⇒ **réemployer**

remplumer* **(se)** [ʀɑ̃plyme] → SYN ▸conjug 1◂ vpr (physiquement) to fill out again, get a bit of flesh on one's bones again; (financièrement) to get back on one's feet financially, have some money in one's pocket again

rempocher [ʀɑ̃pɔʃe] ▸conjug 1◂ vt to repocket, put back in one's pocket

rempoissonnement [ʀɑ̃pwasɔnmɑ̃] nm restocking (with fish)

rempoissonner [ʀɑ̃pwasɔne] ▸conjug 1◂ vt to restock (with fish)

remporter [ʀɑ̃pɔʀte] → SYN ▸conjug 1◂ vt **a** (reprendre) to take away (again), take back ◆ **remportez ce plat!** take this dish away!
b victoire, championnat to win; prix to carry off, win ◆ **remporter un (vif) succès** to achieve (a great) success

rempotage [ʀɑ̃pɔtaʒ] nm repotting

rempoter [ʀɑ̃pɔte] ▸conjug 1◂ vt to repot

remprunter [ʀɑ̃pʀœ̃te] ▸conjug 1◂ vt (une nouvelle fois) to borrow again; (davantage) to borrow more

remuage [ʀəmɥaʒ] nm (Tech) [blé] shaking; [bouteille de champagne] riddling, remuage

remuant, e [ʀəmɥɑ̃, ɑ̃t] → SYN adj enfant restless, fidgety, always on the go (attrib)

remue-ménage [ʀ(ə)mymenaʒ] → SYN nm inv (bruit) commotion (NonC); (activité) hurly-burly (NonC), commotion (NonC), bustle (NonC) ◆ **il y a du remue-ménage chez les voisins** the neighbours are making a great commotion ◆ **faire du remue-ménage** to make a commotion ◆ **le remue-ménage électoral** the electoral hurly burly

remue-méninges [ʀ(ə)mymenɛ̃ʒ] nm inv brainstorming

remuement [ʀ(ə)mymɑ̃] → SYN nm moving, movement

remuer [ʀəmɥe] → SYN ▸conjug 1◂ **1** vt **a** (bouger) tête, bras, lèvres to move; oreille to twitch ◆ **remuer la queue** [vache, écureuil] to flick its tail; [chien] to wag its tail ◆ **remuer les bras** ou **les mains en parlant** to wave one's arms about ou gesticulate as one speaks ◆ **remuer les épaules / les hanches en marchant** to swing ou sway one's shoulders / hips as one walks ◆ (fig) **il n'a pas remué le petit doigt** he didn't lift a finger (to help)
b objet (déplacer) to move, shift; (secouer) to shake ◆ **il essaya de remuer la pierre** he tried to move ou shift the stone ◆ **sa valise est si lourde que je ne peux même pas la remuer** his case is so heavy that I can't even shift ou move ou budge it ◆ **arrête de remuer ta chaise** stop moving your chair about ◆ **ne remue pas** ou **ne fais pas remuer la table, je suis en train d'écrire** don't shake ou move ou wobble the table – I'm trying to write
c (brasser) café, sauce to stir; braises to poke, stir; sable to stir up; salade to toss; terre to dig ou turn over ◆ **il a remué la sauce / les braises** he gave the sauce a stir / the fire a poke, he stirred the sauce / poked the fire ◆ **il a tout remué dans le tiroir** he turned the whole drawer ou everything in the drawer upside down ◆ (fig) **remuer de l'argent (à la pelle)** to deal with ou handle vast amounts of money ◆ (fig) **remuer la boue** ou **l'ordure** to rake ou stir up dirt ou muck ◆ (fig) **remuer ciel et terre pour** to move heaven and earth (in order) to ◆ (fig) **remuer des souvenirs** [personne nostalgique] to turn ou go over old memories in one's mind; [évocation] to stir up ou arouse old memories ◆ **une odeur de terre remuée** a smell of fresh earth ou of freshly turned ou dug earth
d (émouvoir) personne to move ◆ **ça vous remue les tripes*** it really tugs at your heartstrings
2 vi **a** (bouger) [personne] to move; [dent, tuile] to be loose ◆ **cesse de remuer!** keep still!, stop fidgeting! ◆ **le vent faisait remuer les branchages** the wind was stirring the branches, the branches were stirring ou swaying in the wind ◆ **ça a remué pendant la traversée*** the crossing was pretty rough*

◆ **il a remué toute la nuit** he tossed and turned all night → **nez**

b (fig : se rebeller) to show signs of unrest

3 **se remuer** vpr a (bouger) to move ; (se déplacer) to move about

b (*) (se mettre en route) to get going ; (s'activer) to shift ou stir o.s.*, get a move on* ◆ **il s'est beaucoup remué pour leur trouver une maison** he's gone to a lot of trouble to find them a house ◆ **il ne s'est pas beaucoup remué** he didn't stir ou strain himself much (iro)

remugle [ʀəmygl] → SYN nm (littér) mustiness, fustiness

rémunérateur, -trice [ʀemyneʀatœʀ, tʀis] → SYN adj emploi remunerative, lucrative

rémunération [ʀemyneʀasjɔ̃] → SYN nf remuneration, payment (*de* for)

rémunératoire [ʀemyneʀatwaʀ] adj remunerative ◆ **legs rémunératoire** legacy left as remuneration

rémunérer [ʀemyneʀe] → SYN ▸ conjug 6 ◂ vt personne to remunerate, pay ◆ **rémunérer le travail de qn** to remunerate ou pay sb for his work ◆ **travail mal rémunéré** badly-paid job

renâcler [ʀ(ə)nɑkle] → SYN ▸ conjug 1 ◂ vi [animal] to snort ; (fig) [personne] to grumble, complain, show (one's) reluctance ◆ **renâcler à la besogne** ou **à la tâche** to grumble ou complain (about having to do a job) ◆ **renâcler à faire qch** to grumble at having to do sth, do sth reluctantly ou grudgingly ◆ **sans renâcler** uncomplainingly, without grumbling ◆ **faire qch en renâclant** to do sth grudgingly ou with (a) bad grace

renaissance [ʀ(ə)nɛsɑ̃s] → SYN 1 nf (Rel, fig) rebirth ◆ (Hist) **la Renaissance** the Renaissance

2 adj inv mobilier, style Renaissance

renaissant, e [ʀ(ə)nɛsɑ̃, ɑ̃t] adj a forces returning ; économie reviving, recovering ◆ **toujours** ou **sans cesse renaissant** difficultés constantly recurring, that keep cropping up ; obstacles that keep cropping up ; intérêt, hésitations, doutes constantly renewed

b (Hist) Renaissance (épith)

renaître [ʀ(ə)nɛtʀ] → SYN ▸ conjug 59 ◂ vi a [joie] to spring up again, be revived (*dans* in) ; [espoir, doute] to be revived (*dans* in), be reborn (littér) ; [conflit] to spring up again, break out again ; [difficulté] to recur, crop up again ; [économie] to revive, recover ; [sourire] to return (*sur* to), reappear (*sur* on) ; [plante] to come ou spring up again ; [jour] to dawn, break ◆ **le printemps renaît** spring is reawakening ◆ **la nature renaît au printemps** nature comes back to life in spring ◆ **faire renaître** sentiment, passé to bring back, revive ; problème, sourire to bring back ; espoir, conflit to revive

b (revivre) (gén) to come to life again ; (Rel) to be born again (*en* in) ◆ (Myth, fig) **renaître de ses cendres** to rise from one's ashes ◆ **je me sens renaître** I feel as if I've been given a new lease of life

c (littér) **renaître au bonheur** to find happiness again ◆ **renaître à l'espérance** to find fresh hope ◆ **renaître à la vie** to take on a new lease of life

rénal, e, mpl **-aux** [ʀenal, o] adj renal (spéc), kidney (épith)

renard [ʀ(ə)naʀ] → SYN nm (Zool) fox ; (fourrure) fox(-fur) ◆ (fig) **c'est un fin renard** he's a crafty ou sly fox ou dog ◆ **renard argenté / bleu** silver / blue fox ◆ **renard des sables** fennec

renarde [ʀ(ə)naʀd] nf vixen

renardeau, pl **renardeaux** [ʀ(ə)naʀdo] nm fox cub

renardière [ʀ(ə)naʀdjɛʀ] nf (terrier) fox's den ; (Can) fox farm

renaturation [ʀ(ə)natyʀasjɔ̃] nf renaturation

renauder*† [ʀənode] ▸ conjug 1 ◂ vi to grumble, grouse*, grouch*

rencaissage [ʀɑ̃kɛsaʒ] nm (Horticulture) reboxing

rencaissement [ʀɑ̃kɛsmɑ̃] nm [argent] putting back in the till

rencaisser [ʀɑ̃kese] ▸ conjug 1 ◂ vt a (Comm) argent to put back in the till

b (Horticulture) to rebox

rencard* [ʀɑ̃kaʀ] nm ⇒ **rancard***

rencarder* [ʀɑ̃kaʀde] ▸ conjug 1 ◂ vt ⇒ **rancarder***

renchérir [ʀɑ̃ʃeʀiʀ] → SYN ▸ conjug 2 ◂ vi a (en paroles) to go further, add something, go one better (péj) ; (en actes) to go further, go one better (péj) ◆ **renchérir sur ce que qn dit** to add something to what sb says, go further ou one better (péj) than sb ◆ **renchérir sur ce que qn fait** to go further than sb ◆ **« et je n'en ai nul besoin » renchérit-il** "and I don't need it in the least" he added (further) ◆ **il faut toujours qu'il renchérisse (sur ce qu'on dit)** he always has to add something (to what anyone says), he always has to go one better (than anyone else) (péj)

b [prix] to get dearer ou more expensive ◆ **la vie renchérit** the cost of living is going up ou rising

c (dans une vente) (sur l'offre de qn) to bid higher (*sur* than) ; (sur son offre) to raise one's bid

renchérissement [ʀɑ̃ʃeʀismɑ̃] → SYN nm [marchandises] rise ou increase in (the) price (*de* of) ; [loyers] rise, increase (*de* in) ◆ **le renchérissement de la vie** the rise ou increase in the cost of living

rencogner* [ʀɑ̃kɔɲe] ▸ conjug 1 ◂ 1 vt to corner

2 **se rencogner** vpr to huddle up, curl up (in a corner)

rencontre[1] [ʀɑ̃kɔ̃tʀ] → SYN nf a [amis, diplomates, étrangers] meeting ; (imprévue) encounter, meeting ◆ **faire la rencontre de qn** to meet sb ; (imprévue) to meet sb, run into sb, encounter sb (frm) ◆ **j'ai peur que dans ces milieux il ne fasse de mauvaises rencontres** I am afraid that in these circles he might meet (up with) ou fall in with the wrong sort of people ◆ **faire une rencontre inattendue / une mauvaise rencontre** to have an unexpected / unpleasant encounter ◆ **le hasard d'une rencontre a changé ma vie** a chance encounter ou meeting has changed my life ◆ **rencontre au sommet** summit meeting ◆ (Ciné) **"Rencontres du troisième type"** "Close Encounters of the Third Kind"

b (gén) [éléments] conjunction ; [rivières] confluence ; [routes] junction ; [voitures] collision ; [voyelles] juxtaposition ◆ **la rencontre des deux lignes / routes / rivières se fait ici** the two lines / roads / rivers meet ou join here → **point**[1]

c (Athlétisme) meeting ; (Ftbl etc) fixture, game ◆ **la rencontre (des 2 équipes) aura lieu le 15** the 2 teams will meet on the 15th ◆ **rencontre de boxe** boxing match

d (Mil) skirmish, encounter, engagement ; (duel) encounter, meeting

e LOC **aller à la rencontre de qn** to go and meet sb, go to meet sb ◆ **(partir) à la rencontre des Incas** (to go) in search of the Incas ◆ **amours de rencontre** casual love affairs ◆ **compagnons / voyageurs de rencontre** chance / travelling companions

rencontre[2] [ʀɑ̃kɔ̃tʀ] nm (Hér) attire

rencontrer [ʀɑ̃kɔ̃tʀe] → SYN ▸ conjug 1 ◂ 1 vt a (gén) to meet ; (par hasard) to meet, run ou bump into*, encounter (frm) ◆ **j'ai rencontré Paul en ville** I met ou ran into* ou bumped into* Paul in town ◆ **le Premier ministre a rencontré son homologue allemand** the Prime Minister has had a meeting with ou has met his German counterpart ◆ **mon regard rencontra le sien** our eyes met, my eyes met his

b (trouver) expression to find, come across ; occasion to meet with ◆ **des gens / sites comme on n'en rencontre plus** the sort of people / places you don't find any more ◆ **arrête-toi au premier garage que nous rencontrerons** stop at the first garage you come across ou find ◆ **avec lui, j'ai rencontré le bonheur** with him I have found happiness

c (heurter) to strike ; (toucher) to meet (with) ◆ **la lame rencontra un os** the blade struck a bone ◆ **sa main ne rencontra que le vide** his hand met with nothing but empty space

d obstacle, difficulté, opposition to meet with, encounter, come up against ; résistance to meet with, come up against

e (Sport) équipe to meet, play (against) ; boxeur to meet, fight (against)

2 **se rencontrer** vpr a [personnes, regards] to meet ; [rivières, routes] to meet, join ; [équipes] to meet, play (each other) ; [boxeurs] to meet, fight (each other) ; [véhicules] to collide (with each other) ◆ **faire se rencontrer deux personnes** to arrange for two people to meet, arrange a meeting between two people ◆ (frm) **je me suis déjà rencontré avec lui** I have already met him ◆ **nous nous sommes déjà rencontrés** we have already met

b (avoir les mêmes idées) to be at one, be of the same opinion ou mind ◆ **se rencontrer avec qn** to be at one with sb, be of the same opinion ou mind as sb → **grand**

c (exister) (coïncidence, curiosité) to be found ◆ **cela ne se rencontre plus de nos jours** that isn't found ou one doesn't come across that any more nowadays ◆ **il se rencontre des gens qui ...** you do find people who ..., people are to be found who ...

rendement [ʀɑ̃dmɑ̃] → SYN nm [champ] yield ; [machine] output ; [entreprise] (productivité) productivity ; (production) output ; [personne] output ; [investissement] return (*de* on), yield (*de* of) ; (Phys) efficiency ◆ **il travaille beaucoup, mais il n'a pas de rendement*** he works hard but he hasn't ou there isn't much to show for it* ou but he isn't very productive ◆ **champ / placement qui est d'un mauvais rendement** low-yield field / investment

rendez-vous [ʀɑ̃devu] → SYN nm inv a (rencontre) appointment ; (d'amoureux) date ◆ **donner** ou **fixer un rendez-vous à qn, prendre rendez-vous avec qn** to make an appointment with sb, arrange to see ou meet sb ◆ **j'ai (un) rendez-vous à 10 heures** I have an appointment ou I have to meet someone at 10 o'clock ◆ **ma parole, vous vous êtes donné rendez-vous !** my goodness, you must have seen each other coming ! ◆ **le soleil était au rendez-vous pour le mariage** it was a sunny day for the wedding ◆ **la croissance espérée n'est pas au rendez-vous** the expected growth has not materialized ◆ **manquer un rendez-vous avec l'histoire** to miss a date with destiny ◆ (littér) **avoir rendez-vous avec la mort** to have a date with death ◆ **rendez-vous d'affaires** business appointment ◆ **rendez-vous galant** amorous meeting ◆ **rendez-vous spatial** docking (in space) ◆ **prendre un rendez-vous chez le dentiste / coiffeur** to make a dental / hair appointment ◆ **le médecin ne reçoit que sur rendez-vous** the doctor only sees patients by appointment

b (lieu) meeting place ◆ **rendez-vous de chasse** meet → **maison**

c (* : personne) **votre rendez-vous est arrivé** the person you're waiting for has arrived

rendormir [ʀɑ̃dɔʀmiʀ] ▸ conjug 16 ◂ 1 vt to put to sleep again, put back to sleep

2 **se rendormir** vpr to go back to sleep, fall asleep again

rendosser [ʀɑ̃dose] ▸ conjug 1 ◂ vt to put on again

rendre [ʀɑ̃dʀ] → SYN ▸ conjug 41 ◂

1 vt a (restituer) (gén) to give back, return, take ou bring back ; marchandises défectueuses, bouteille vide to return, take back ; argent to pay ou give back, return ; objet volé to give back, return, restore ; otage to return ; cadeau, bague to return, give back ; (Scol) copie to hand in ◆ **quand pourriez-vous me rendre votre réponse ?** when will you be able to give me ou let me have your reply ? ◆ **rendre son devoir en retard** to hand ou give in one's homework late ◆ **rendre à qn sa parole** to release sb from a promise, let sb off (his promise) ◆ **rendre la liberté à qn** to set sb free, give sb his freedom ◆ **rendre la santé à qn** to restore sb to health ◆ **rendre la vue à qn** to restore sb's sight, give sb back his sight ◆ **cela lui a rendu toutes ses forces / son courage** that gave him back ou restored all his strength / courage ◆ **rendre la vie à qn** to save sb's life (fig) ◆ **rendu à la vie civile** restored to ou back in civilian life ◆ (fig) **rendre son tablier** to give

(in) one's notice ◆ **rendre à César ce qui est à César** to render unto Caesar the things which are Caesar's
b (Jur) justice to administer, dispense; jugement, arrêt to pronounce, render; verdict to return ◆ (fig) **rendre justice à qn** to do justice to sb ◆ **il faut lui rendre cette justice qu'il a essayé** he did try – (we must) grant ou give him that
c (donner en retour) hospitalité, invitation to return, repay; salut, coup, baiser to return ◆ **je lui ai rendu sa visite** I returned ou repaid his visit ◆ **rendre coup pour coup** to return blow for blow ◆ **il m'a joué un sale tour, mais je le lui rendrai** he played a dirty trick on me, but I'll get even with him ou I'll get my own back on him* ◆ **je lui ai rendu injure pour injure** I answered insult by insult, I gave him as good as I got ◆ **Dieu vous le rendra au centuple** God will return it to you a hundredfold ◆ **rendre la politesse à qn** to return sb's kindness ◆ **il la déteste, et elle le lui rend bien** he hates her and she returns his feelings ou and she feels exactly the same (way) about him ◆ **rendre la monnaie à qn** to give sb his change ◆ **il m'a donné 10 F et je lui en ai rendu 5** he gave me 10 francs and I gave him 5 francs back ou 5 francs change ◆ (fig) **rendre à qn la monnaie de sa pièce, rendre la pareille à qn** to pay sb back in his own coin ◆ **je lui rendrai la monnaie de sa pièce** I'll be quits ou even with him yet
d (+ adj) to make ◆ **rendre qn heureux** to make sb happy ◆ **rendre qch public** to make sth public ◆ **rendre qn responsable de** to make sb responsible for ◆ **son discours l'a rendu célèbre** his speech has made him famous ◆ **c'est à vous rendre fou!** it's enough to drive you mad!
e expression, traduction to render ◆ **cela ne rend pas bien sa pensée** that doesn't render ou convey his thoughts very well ◆ **le portrait ne rend pas son expression** this portrait has not caught his expression
f (produire) liquide to give out; son to produce, make ◆ **le concombre rend beaucoup d'eau** cucumbers give out a lot of water ◆ (fig) **l'enquête n'a rien rendu** the inquiry drew a blank ou didn't come to anything ou produced nothing ◆ **ça ne rend pas grand-chose** (photo, décor, musique) it's a bit disappointing ◆ **ça rend mal en photo** a photograph doesn't do it justice
g (vomir) bile to vomit, bring up; déjeuner to vomit, bring back ou up ◆ **rendre tripes et boyaux*** to be as sick as a dog* ◆ **rendre du sang (par la bouche)** to cough up ou vomit blood ◆ **rendre du sang par le nez** to bleed from the nose
h (Sport) [cheval] **rendre du poids** to have a weight handicap ◆ **rendre 3 kg** to give ou carry 3 kg ◆ [coureur] **rendre de la distance** to have a handicap ◆ **rendre 100 mètres** to have a 100-metre handicap ◆ (fig) **rendre des points à qn** to give sb points ou a head start
i (Mil) place forte to surrender ◆ **rendre les armes** to lay down one's arms
j LOC [personne] **rendre l'âme** ou **le dernier soupir** to breathe one's last, give up the ghost ◆ **ma voiture / mon frigo a rendu l'âme*** my car / my fridge has given up the ghost* ◆ **rendre un culte à** to worship ◆ **rendre gloire à** Dieu to glorify; hommes to pay homage to ◆ **rendre gorge** to restitute ill-gotten gains ◆ **rendre grâces à** to render (frm) ou give thanks to ◆ **rendre hommage / honneur à** to pay homage / tribute to ◆ **le régiment rendait les honneurs** the regiment was paying honour ◆ **rendre les derniers honneurs à qn** to pay the last tributes to sb ◆ **rendre des comptes à qn** to be accountable to sb ◆ **il va bien falloir qu'il me rende des comptes** he's going to have to explain himself ◆ **je n'ai de comptes à rendre à personne** I am accountable to no one, I don't have to account to anyone for my actions ◆ **rendre compte de qch à qn** to give sb an account of sth ◆ (frm) **rendre raison de qch à qn** to give sb an explanation for sth ◆ **cela m'a bien rendu service** that was a great help to me ◆ **ce petit couteau rend bien des services** this little knife comes in ou is very handy (for a variety of purposes) → **service, visite**
2 vi **a** [arbres, terre] to yield, be productive ◆ **les pommiers ont bien rendu** the apple trees have given a good yield ou crop ◆ **la pêche a bien rendu** we have got a good catch (of fish) ◆ (fig) **ma petite expérience n'a pas rendu** my little experiment didn't pay off ou didn't come to anything
b (vomir) to be sick, vomit ◆ **avoir envie de rendre** to feel sick
3 **se rendre** vpr **a** (céder) [soldat, criminel] to give o.s. up, surrender; [troupe] to surrender ◆ **se rendre aux ordres de qn** to comply with ou obey sb's orders ◆ **se rendre à l'avis de qn** to bow to sb's opinion ◆ **se rendre à l'évidence** (regarder les choses en face) to face facts, (admettre son tort) to bow before the evidence ◆ **se rendre aux prières de qn** to give way ou give in ou yield to sb's pleas ◆ **se rendre aux raisons de qn** to bow to ou accept sb's reasons
b (aller) **se rendre à** to go to ◆ **il se rend à son travail à pied / en voiture** he walks / drives to work, he goes to work on foot / by car ◆ **alors qu'il se rendait à ...** as he was on his way to ... ou going to ... ◆ **la police s'est rendue sur les lieux** the police went to ou arrived on the scene ◆ **se rendre à l'appel de qn** to respond to sb's appeal → **lieu¹**
c **se rendre compte de qch** to realize sth, be aware of sth ◆ **se rendre compte que** to realize that, be aware that ◆ **je me rends très bien compte de la situation** I am very well aware of the situation ◆ **est-ce que tu te rends vraiment compte de ce que tu dis / fais?** do you really realize ou are you really aware of what you are saying / doing? ◆ **tu ne te rends pas compte du travail que ça représente** you have no idea of the amount of work ou you just don't realize how much work that represents ◆ **rendez-vous compte!** just imagine! ou think! ◆ **il a osé me dire ça, à moi, tu te rends compte!** he dared say that to me – can you imagine!
d **se rendre utile / indispensable** to make o.s. useful / indispensable ◆ **il se rend ridicule** he's making a fool of himself, he's making himself look foolish ◆ **vous allez vous rendre malade** you're going to make yourself ill

rendu, e [ʀɑ̃dy] → SYN (ptp de **rendre**) **1** adj **a** (arrivé) **être rendu** to have arrived ◆ **nous voilà rendus!** here we are then! ◆ **on est plus vite rendu par le train** you get there quicker by train
b (remis) **rendu à domicile** delivered to the house
c (fatigué) exhausted, tired out, worn out
2 nm **a** (Comm) return → **prêté**
b (Art) rendering

rêne [ʀɛn] → SYN nf rein ◆ (fig) **prendre les rênes d'une affaire** to take over a business, assume control ou take control of a business ◆ **lâcher les rênes** (lit) to loose ou slacken the reins; (fig) to let go ◆ (fig) **c'est lui qui tient les rênes du gouvernement** it's he who holds the reins of government ou who is in the saddle

renégat, e [ʀənega, at] → SYN nm,f (Rel) renegade; (Pol, gén) renegade, turncoat

reneiger [ʀ(ə)neʒe] ▸ conjug 3 ◂ vb impers to snow again

renfermé, e [ʀɑ̃fɛʀme] → SYN (ptp de **renfermer**) **1** adj withdrawn, uncommunicative, closed in upon oneself (attrib)
2 nm ◆ **odeur de renfermé** fusty ou stale smell ◆ **ça sent le renfermé** it smells stuffy ou fusty (in here), it's stuffy in here

renfermer [ʀɑ̃fɛʀme] → SYN ▸ conjug 1 ◂ **1** vt **a** (contenir) trésors to contain, hold; vérités, erreurs to contain ◆ **phrase qui renferme plusieurs idées** sentence that encompasses ou contains several ideas
b (†: à clef) to lock again, lock back up
2 **se renfermer** vpr ◆ **se renfermer (en soi-même)** to withdraw into o.s. ◆ **se renfermer dans sa coquille** to withdraw into one's shell

renfiler [ʀɑ̃file] ▸ conjug 1 ◂ vt perles to restring; aiguille to thread again, rethread; bas, manteau to slip back into

renflammer [ʀɑ̃flame] ▸ conjug 1 ◂ vt to rekindle

renflé, e [ʀɑ̃fle] → SYN (ptp de **renfler**) adj bulging (épith), bulbous

renflement [ʀɑ̃fləmɑ̃] → SYN nm bulge

renfler [ʀɑ̃fle] ▸ conjug 1 ◂ **1** vt to make a bulge in; joues to blow out
2 **se renfler** vpr to bulge (out)

renflouage [ʀɑ̃fluaʒ], **renflouement** [ʀɑ̃flumɑ̃] → SYN nm (→ **renflouer**) refloating; bailing out

renflouer [ʀɑ̃flue] → SYN ▸ conjug 1 ◂ **1** vt bateau to refloat; (fig) entreprise to refloat, bail out; personne to set back on his feet again, bail out
2 **se renflouer** vpr (fig) to get back on one's feet again (financially), get back on a sound financial footing again

renfoncement [ʀɑ̃fɔ̃smɑ̃] → SYN nm recess ◆ **caché dans le renfoncement d'une porte** hidden in a doorway

renfoncer [ʀɑ̃fɔ̃se] → SYN ▸ conjug 3 ◂ vt **a** clou to knock further in; bouchon to push further in ◆ **il renfonça son chapeau (sur sa tête)** he pulled his hat down (further)
b (Typ) to indent

renforçateur [ʀɑ̃fɔʀsatœʀ] nm (Phot) intensifier; (Psych) reinforcer ◆ **renforçateur de goût** flavour enhancer

renforcement [ʀɑ̃fɔʀsəmɑ̃] → SYN nm (→ **renforcer**) reinforcement; trussing; strengthening; intensification

renforcer [ʀɑ̃fɔʀse] → SYN ▸ conjug 3 ◂ **1** vt **a** vêtement, mur to reinforce; poutre to reinforce, truss ◆ **bas à talon renforcé** stocking with reinforced heel
b équipe, armée to reinforce ◆ **ils sont venus renforcer nos effectifs** they came to strengthen ou swell our numbers
c crainte, argument, amitié to reinforce, strengthen; paix to consolidate; pression, effort to add to, intensify; position to strengthen; couleur, ton, expression to intensify ◆ **renforcer qn dans une opinion** to confirm sb's opinion, confirm sb in an opinion ◆ **ça renforce ce que je dis** that backs up ou reinforces what I'm saying ◆ (Scol) **(cours d') anglais renforcé** remedial English (class)
2 **se renforcer** vpr [craintes, amitié] to strengthen; [pression] to intensify ◆ **notre équipe s'est renforcée de 2 nouveaux joueurs** our team has been strengthened by 2 new players

renformir [ʀɑ̃fɔʀmiʀ] ▸ conjug 2 ◂ vt to repair and roughcast

renformis [ʀɑ̃fɔʀmi] nm repairing and roughcasting

renfort [ʀɑ̃fɔʀ] → SYN nm **a** (gén) help, helpers ◆ (Mil) **renforts** (hommes) reinforcements; (matériel) (further) supplies
b (Tech) reinforcement, strengthening piece
c LOC **de renfort** barre, toile strengthening; armée back-up, supporting; personnel extra, additional ◆ **envoyer qn en renfort** to send sb as an extra ou sb to augment the numbers ◆ **recevoir un renfort de troupes / d'artillerie, recevoir des troupes / de l'artillerie de** ou **en renfort** to receive more troops / guns, receive reinforcements / a further supply of guns ◆ **embaucher du personnel de** ou **en renfort** to employ extra ou additional staff ◆ **à grand renfort de gestes / d'explications** with a great many gestures / explanations

renfrogné, e [ʀɑ̃fʀɔɲe] → SYN (ptp de **se renfrogner**) adj visage sullen, scowling (épith), sulky; air sullen, sulky; personne sullen ou sulky (looking)

renfrognement [ʀɑ̃fʀɔɲmɑ̃] nm scowling, sullenness

renfrogner (se) [ʀɑ̃fʀɔɲe] ▸ conjug 1 ◂ vpr [personne] to scowl, pull a sour face

rengagé [ʀɑ̃gaʒe] **1** adj m soldat re-enlisted
2 nm re-enlisted soldier

rengagement [ʀɑ̃gaʒmɑ̃] nm (→ **rengager**) starting up again; reinvestment; re-engagement; repawning; re-enlistment

rengager [ʀɑ̃gaʒe] → SYN ▸ conjug 3 ◂ **1** vt discussion to start up again; fonds to reinvest; combat to re-engage; bijoux to repawn; soldat to re-enlist; ouvrier to take on ou engage again, re-engage ◆ **rengager la clef dans la serrure** to insert the key back ou reinsert the key into the lock ◆ **rengager sa**

voiture dans une rue to drive (back) into a street again
2 vi (Mil) to join up again, re-enlist
3 **se rengager** vpr (Mil) to join up again, re-enlist; [discussion] to start up again ◆ **se rengager dans une rue** to enter a street again

rengaine [ʀɑ̃gɛn] → SYN nf (formule) hackneyed expression; (chanson) old (repetitive) song ou melody ◆ (fig) **c'est toujours la même rengaine*** it's always the same old chorus (Brit) ou refrain* (Brit) ou song* (US)

rengainer [ʀɑ̃gene] → SYN ▸conjug 1◂ vt a (*) compliment to save, withhold; sentiments to contain, hold back ◆ **rengaine tes beaux discours!** (you can) save ou keep your fine speeches!
b épée to sheathe, put up; revolver to put back in its holster

rengorgement [ʀɑ̃gɔʀʒəmɑ̃] nm puffed-up pride

rengorger (se) [ʀɑ̃gɔʀʒe] → SYN ▸conjug 3◂ vpr [oiseau] to puff out its throat; [personne] to puff o.s. up ◆ **se rengorger d'avoir fait qch** to be full of o.s. for having done sth

rengraisser [ʀɑ̃gʀese] ▸conjug 1◂ vi to put on weight again, put (some) weight back on

rengrener [ʀɑ̃gʀəne] ▸conjug 5◂ vt a roues dentées to re-engage
b (remplir de grain) to feed again with grain, refill with grain

reniement [ʀənimɑ̃] → SYN nm (→ **renier**) renunciation; disowning, repudiation; breaking; denial

renier [ʀənje] → SYN ▸conjug 7◂ 1 vt foi, opinion to renounce; frère, patrie, signature, son passé to disown, repudiate; promesse to go back on, break ◆ (Rel) **il renia Jésus Christ** he denied Christ ◆ **renier Dieu** to renounce God
2 **se renier** vpr to go back on what one has said ou done

reniflard [ʀ(ə)niflaʀ] → SYN nm [chaudière, voiture] breather

reniflement [ʀ(ə)nifləmɑ̃] nm (→ **renifler**) (action) sniffing (NonC); snorting (NonC); sniffling (NonC); snuffling (NonC); (bruit) sniff; snort; sniffle, snuffle

renifler [ʀ(ə)nifle] → SYN ▸conjug 1◂ 1 vt tabac to sniff up, take a sniff of; fleur, objet to sniff (at); (* fig) bonne affaire to sniff out* ◆ (fig) **renifler quelque chose de louche** to smell a rat
2 vi [personne] to sniff; [cheval] to snort ◆ **arrête de renifler, mouche-toi!** stop sniffling ou snuffling and blow your nose!

renifleur, -euse [ʀ(ə)niflœʀ, øz] 1 adj sniffling, snuffling
2 nm,f (*) sniffler, snuffler → **avion**

réniforme [ʀenifɔʀm] adj kidney-shaped, reniform (spéc)

rénine [ʀenin] nf renin

rénitence [ʀenitɑ̃s] nf renitence, renitency

rénitent, e [ʀenitɑ̃, ɑ̃t] adj renitent

rennais, e [ʀɛnɛ, ɛz] 1 adj of ou from Rennes
2 nm,f ◆ **Rennais(e)** inhabitant ou native of Rennes

renne [ʀɛn] → SYN nm reindeer

renom [ʀənɔ̃] → SYN nm a (notoriété) renown, repute, fame ◆ **vin de grand renom** celebrated ou renowned ou famous wine, wine of high renown ou repute ◆ **restaurant en renom** celebrated ou renowned ou famous restaurant ◆ **acquérir du renom** to win renown, become famous ◆ **avoir du renom** to be famous ou renowned
b (frm: réputation) reputation ◆ **son renom de sévérité** his reputation for severity ◆ **bon / mauvais renom** good / bad reputation ou name

renommé, e [ʀ(ə)nɔme] → SYN (ptp de **renommer**) 1 adj celebrated, renowned, famous ◆ **renommé pour** renowned ou famed for
2 **renommée** nf a (célébrité) fame, renown ◆ **marque / savant de renommée mondiale** world-famous make / scholar
b (littér: opinion publique) public report
c (littér: réputation) reputation ◆ **bonne / mauvaise renommée** good / bad reputation ou name → **bon**[1]

renommer [ʀ(ə)nɔme] ▸conjug 1◂ vt to re-appoint

renonce [ʀ(ə)nɔ̃s] nf ◆ (Cartes) **faire une renonce** to revoke, renegue, fail to follow suit

renoncement [ʀ(ə)nɔ̃smɑ̃] → SYN nm (action) renouncement (à of) ◆ (sacrifice) **le renoncement** renunciation, abnegation ◆ **renoncement à soi-même** self-abnegation, self-renunciation ◆ **mener une vie de renoncement** to live a life of renunciation ou abnegation

renoncer [ʀ(ə)nɔ̃se] → SYN ▸conjug 3◂ 1 **renoncer à** vt indir (gén) to give up, renounce; héritage, titre, pouvoir to renounce, relinquish; habitude to give up; métier to abandon, give up ◆ **renoncer à un voyage / au mariage** to give up the idea of ou abandon all thought ou idea of a journey / of marriage ◆ **renoncer à qn** to give sb up ◆ **renoncer au tabac** to give up smoking ◆ **renoncer à lutter / à comprendre** to give up struggling / trying to understand ◆ **renoncer à se marier** to give up ou abandon the idea of getting married ◆ **renoncer aux plaisirs / au monde** to renounce pleasures / the world ◆ **je** ou **j'y renonce** I give up ◆ (Cartes) **renoncer à cœur** to fail to follow (in) hearts ◆ (Jur) **renoncer à toute prétention** to abandon any claim
2 vt (littér) ami to give up, withdraw one's friendship from

renonciataire [ʀənɔ̃sjatɛʀ] nmf (Jur) *person for whom a right is renounced*

renonciateur, -trice [ʀənɔ̃sjatœʀ, tʀis] nm,f *person who renounces a right*

renonciation [ʀənɔ̃sjasjɔ̃] → SYN nf (→ **renoncer**) giving up; renunciation; relinquishment; abandonment

renoncule [ʀənɔ̃kyl] → SYN nf (sauvage) buttercup; (cultivée) globeflower, ranunculus

renouée [ʀənwe] → SYN nf knotgrass

renouer [ʀənwe] → SYN ▸conjug 1◂ 1 vt lacet, nœud to tie (up) again, re-tie; cravate to reknot, knot again; conversation, liaison to renew, resume, take up again
2 vi ◆ **renouer avec qn** to take up with sb again, become friends with sb again ◆ **renouer avec une habitude** to take up a habit again ◆ **renouer avec une tradition** to revive a tradition

renouveau, pl **renouveaux** [ʀ(ə)nuvo] → SYN nm a (transformation) revival ◆ **le renouveau des sciences et des arts à la Renaissance** the revival of the sciences and the arts ou the renewed interest in ou the renewal of interest in the sciences and arts during the Renaissance
b (regain) **renouveau de succès / faveur** renewed success / favour ◆ **connaître un renouveau de faveur** to enjoy renewed favour, come back into favour
c (littér: printemps) **le renouveau** springtide (littér)

renouvelable [ʀ(ə)nuv(ə)labl] → SYN adj passeport, bail, contrat, énergie renewable; expérience which can be tried again ou repeated; congé which can be re-granted; assemblée that must be re-elected ◆ **le mandat présidentiel est renouvelable tous les 7 ans** the president must stand (Brit) ou run for re-election every 7 years

renouvelant, e [ʀ(ə)nuv(ə)lɑ̃, ɑ̃t] nm,f *communicant who renews his (ou her) religious vows*

renouveler [ʀ(ə)nuv(ə)le] → SYN ▸conjug 4◂ 1 vt a (remplacer) outillage, personnel to renew, replace; stock to renew, replenish; pansement to renew, change; conseil d'administration to re-elect ◆ **renouveler l'air d'une salle** to air a room ◆ **renouveler l'eau d'une piscine** to renew ou replenish the water in a swimming pool ◆ **renouveler sa garde-robe** to renew one's wardrobe, buy some new clothes ◆ (Pol) **la chambre doit être renouvelée tous les 5 ans** the house must be re-elected every 5 years
b (transformer) mode, théorie to renew, revive ◆ **cette découverte a complètement renouvelé notre vision des choses** this discovery has given us a whole new insight into things ou has cast a whole new light on things for us ◆ **les poètes de la Pléiade renouvelèrent la langue française** the poets of the Pléiade gave new ou renewed life to the French language ◆ **je préfère la pièce dans sa version renouvelée** I prefer the new version of the play
c (reconduire) passeport, contrat, abonnement to renew; congé to re-grant ◆ (Méd) **à renouveler** to be renewed ◆ **la chambre a renouvelé sa confiance au gouvernement** the house reaffirmed ou reasserted its confidence in the government
d (recommencer) candidature to renew; demande, offre, promesse, erreur to renew, repeat; expérience, exploit to repeat, do again; (littér) douleur to renew, revive ◆ **l'énergie sans cesse renouvelée que requiert ce métier** the constantly renewed energy which this job requires ◆ (dans une lettre) **avec mes remerciements renouvelés** with renewed thanks, thanking you once more ou once again ◆ (littér) **épisode renouvelé de l'Antiquité** episode taken ou borrowed from Antiquity
e (Rel) vœux to renew
2 **se renouveler** vpr a (se répéter) to recur, be repeated ◆ **cette petite scène se renouvelle tous les jours** this little scene recurs ou is repeated every day ◆ **et que ça ne se renouvelle plus!** and (just) don't let that happen again!
b (être remplacé) to be renewed ou replaced ◆ **les cellules de notre corps se renouvellent constamment** the cells of our body are constantly being renewed ou replaced ◆ **les hommes au pouvoir ne se renouvellent pas assez** men in power aren't replaced often enough
c (innover) [auteur, peintre] to change one's style, try something new ◆ [comique] **il ne se renouvelle pas** he never has any new jokes ou stories, he always tells the same old jokes ou stories

renouvellement [ʀ(ə)nuvɛlmɑ̃] → SYN nm (→ **renouveler**) renewal; replacement; replenishment; changing; revival; repetition; recurrence ◆ (Pol) **solliciter le renouvellement de son mandat** to stand (Brit) ou run for re-election ◆ (Rel) **faire son renouvellement** to renew one's first communion promises

rénovateur, -trice [ʀenɔvatœʀ, tʀis] → SYN 1 adj doctrine which seeks a renewal, reformist; influence renewing (épith), reforming (épith)
2 nm,f (de la morale, Pol) reformer ◆ **il est considéré comme le rénovateur de cette science / de cet art** he's considered as having been the one to inject new life into this science / this art
3 nm (produit d'entretien) restorer

rénovation [ʀenɔvasjɔ̃] → SYN nf (→ **rénover**) renovation, modernization; redevelopment; restoration; reform; remodelling; renewal; bringing up to date

rénover [ʀenɔve] → SYN ▸conjug 1◂ vt a maison to renovate, modernize; quartier to redevelop, renovate; meuble to restore
b enseignement, institutions to reform, remodel; science to renew, bring up to date; méthodes to reform

renquiller‡ [ʀɑ̃kije] ▸conjug 1◂ vt argent to repocket, put back in one's pocket

renseignement [ʀɑ̃sɛɲmɑ̃] → SYN GRAMMAIRE ACTIVE 20.1, 27.1 nm a information (NonC), piece of information ◆ **un renseignement intéressant** an interesting piece of information, some interesting information ◆ **demander un renseignement** ou **des renseignements à qn** to ask sb for (some) information ◆ **il est allé aux renseignements** he has gone to make inquiries ou to see what he can find out (about it) ◆ **prendre ses renseignements** ou **demander des renseignements sur qn** to make inquiries ou ask for information ou for particulars about sb, try to find out about sb ◆ **renseignements pris** upon inquiry ◆ **avoir de bons renseignements sur le compte de qn** to have good ou favourable reports about ou on sb ◆ **pourriez-vous me donner un renseignement?** I'd like some information, could you give me some information? ◆ **veuillez m'envoyer de plus amples renseignements**

sur ... please send me further details of ... ou further information about ... ◆ **je peux te demander un renseignement?** can you give me some information?, can I ask you something?, could you tell me something? ◆ **merci pour le renseignement** thanks for the information, thanks for telling me ou letting me know ◆ **guichet / bureau des renseignements** inquiry (Brit) ou information desk / office ◆ (panneau) **« renseignements »** "inquiries" (Brit), "information" ◆ (Téléc) **(service des) renseignements** directory inquiries (Brit), information (US)

b (Mil) intelligence (NonC), piece of intelligence ◆ **agent / service de renseignements** intelligence agent / service ◆ **travailler dans le renseignement** to work in intelligence ◆ **les renseignements généraux** *the security branch of the police force*

renseigner [ʀɑ̃seɲe] → SYN ▸conjug 1◂ **1** vt ◆ **renseigner un client / un touriste** to give some information to a customer / a tourist ◆ **renseigner la police / l'ennemi** to give information to the police / the enemy (*sur* about) ◆ **renseigner un passant / un automobiliste** (sur le chemin à prendre) to give directions to a passer-by / a driver, tell a passer-by / a driver the way ◆ **qui pourrait me renseigner sur le prix de la voiture / sur lui?** who could tell me the price of the car / something about him?, who could give me some information ou particulars about the price of the car / about him? ◆ **il pourra peut-être te renseigner** perhaps he'll be able to give you some information (about it), perhaps he'll be able to tell you ou to help you ◆ **document qui renseigne utilement** document which gives useful information ◆ **ça ne nous renseigne pas beaucoup!** that doesn't get us very far!, that doesn't tell us very much! ou give us much to go on! ◆ **il a l'air bien renseigné** he seems to be well informed ou to know a lot about it ◆ **il est mal renseigné** he doesn't know much about it, he isn't very well informed about it ◆ **on vous a mal renseigné** you have been misinformed

2 **se renseigner** vpr (demander des renseignements) to make inquiries, ask for information (*sur* about); (obtenir des renseignements) to find out (*sur* about) ◆ **je vais me renseigner auprès de lui** I'll ask him for information ou for particulars, I'll ask him about it ◆ **j'essaierai de me renseigner** I'll try to find out, I'll try and get some information ◆ **je vais me renseigner sur son compte** I'll make inquiries about him, I'll find out about him ◆ **je voudrais me renseigner sur les chaînes hi-fi** I'd like some information ou particulars about hi-fi equipment

rentabilisation [ʀɑ̃tabilizasjɔ̃] nf [ligne aérienne] making profitable ◆ **la rentabilisation d'une invention** the marketing ou commercializing of an invention

rentabiliser [ʀɑ̃tabilize] ▸conjug 1◂ vt to make profitable, make pay

rentabilité [ʀɑ̃tabilite] → SYN nf profitability ◆ **rentabilité des investissements** return on investments

rentable [ʀɑ̃tabl] → SYN adj profitable ◆ **c'est un exercice très rentable** this is a really profitable operation, this operation really pays ◆ **au prix où est l'essence, les transports privés ne sont pas rentables** with petrol the price it is, private transport isn't a paying ou viable proposition ou doesn't pay ◆ (fig) **ce n'est plus du tout rentable** it is no longer financially viable

rentamer [ʀɑ̃tame] → SYN ▸conjug 1◂ vt discours to begin ou start again

rente [ʀɑ̃t] → SYN nf **a** (pension) annuity, pension; (fournie par la famille) allowance ◆ **rente de situation** secure ou guaranteed income ◆ **rente viagère** life annuity ◆ **faire une rente à qn** to give an allowance to sb

b (emprunt d'État) government stock ou loan ou bond ◆ **rentes perpétuelles** perpetual loans, irredeemable securities

c LOC **avoir des rentes** to have a private ou an unearned income, have private ou independent means ◆ **vivre de ses rentes** to live on ou off one's private income ◆ (fig) **cette voiture est une rente pour le garagiste / n'est pas une rente** this car keeps the man at the garage in business* / costs me a fortune (to run)

rentier, -ière [ʀɑ̃tje, jɛʀ] → SYN nm,f person of independent ou private means ◆ **c'est un petit rentier** he has a small private income ◆ **mener une vie de rentier** to live a life of ease ou leisure

rentoilage [ʀɑ̃twalaʒ] nm [tableau] remounting

rentoiler [ʀɑ̃twale] ▸conjug 1◂ vt tableau to remount

rentrant, e [ʀɑ̃tʀɑ̃, ɑ̃t] → SYN adj train d'atterrissage retractable; (Math) angle reflex

rentré, e[1] [ʀɑ̃tʀe] (ptp de **rentrer**) **1** adj colère suppressed; yeux sunken; joues sunken, hollow

2 nm (Couture) hem

rentre-dedans* [ʀɑ̃t(ʀə)dədɑ̃] nm inv ◆ **faire du rentre-dedans** to be forceful

rentrée[2] [ʀɑ̃tʀe] → SYN nf **a** **rentrée (scolaire)** start of the new school year, time when the schools go back; (Univ) start of the new academic year; (du trimestre) start of the new (school ou university) term ◆ **acheter des cahiers pour la rentrée (des classes)** to buy exercise books for the new school year ◆ **la rentrée aura lieu lundi** the new term begins on Monday, school starts again on Monday, pupils go back ou return to school again ou start school again on Monday ◆ **la rentrée s'est bien passée** the term began well ◆ (Comm) **« les affaires de la rentrée »** "back-to-school bargains" ◆ **à la rentrée de Noël / Pâques** at the start of (the) term after the Christmas / Easter holidays, at the start of the second / third term

b [tribunaux] reopening; [parlement] reopening, reassembly; [députés] return, reassembly ◆ **la rentrée parlementaire aura lieu cette semaine** parliament reassembles ou reopens this week, the new session of parliament starts this week ◆ **c'est la rentrée des théâtres parisiens** it's the start of the theatrical season in Paris ◆ **la rentrée littéraire** the start of the literary season ou calendar ◆ (Pol) **la rentrée sociale** *the start of a new political and business year (after the summer recess)* ◆ **les députés font leur rentrée aujourd'hui** the deputies are returning ou reassembling today (for the start of the new session) ◆ **faire sa rentrée politique** (après les vacances d'été) to start the new political season, begin one's autumn campaign (après avoir fait autre chose), to make a ou one's political comeback ◆ **la mode de la rentrée** the autumn fashions ◆ **on verra ça à la rentrée** we'll see about that after the holidays ou when we come back from holiday

c [acteur] (stage) comeback; [sportif] comeback

d (retour) **pour faciliter la rentrée dans la capitale** to make getting back into ou the return into the capital easier ◆ **la rentrée des ouvriers à l'usine le lundi matin** the workers' return to work on a Monday morning ◆ **à l'heure des rentrées dans Paris** when everyone is coming back into Paris ou returning to Paris, when the roads into Paris are full of returning motorists ou motorists on their way back home ◆ **le concierge n'aime pas les rentrées tardives** the concierge doesn't like people coming in late ◆ (Espace) **rentrée dans l'atmosphère** re-entry into the atmosphere ◆ **effectuer sa rentrée dans l'atmosphère** to re-enter the atmosphere ◆ (Sport) **rentrée en touche** throw-in

e [récolte] bringing in ◆ **faire la rentrée du blé** to bring in the wheat

f (Cartes) cards picked up

g (Comm) **rentrées** income ◆ **rentrée d'argent** sum of money (coming in) ◆ **je compte sur une rentrée d'argent très prochaine** I'm expecting a sum of money ou some money very soon ◆ (Fin) **les rentrées de l'impôt** the revenue from tax

rentrer [ʀɑ̃tʀe] → SYN ▸conjug 1◂

1 vi (avec aux être) **a** (entrer à nouveau) (aller) to go back in; (venir) to come back in ◆ **il pleut trop, rentrez un instant** it's raining too hard so come back in for a while ◆ **il était sorti sans ses clefs, il a dû rentrer par la fenêtre** he'd gone out without his keys and he had to get back in through the window ◆ **il est rentré dans la maison / la pièce** he went back (ou came back) into the house / the room

b (revenir chez soi) to come back, come (back) home, return (home); (s'en aller chez soi) to go (back) home, return home; (arriver chez soi) to get (back) home, return home ◆ **rentrer déjeuner / dîner** to go (back) home for lunch / dinner ◆ **est-ce qu'il est rentré?** is he back?, is he (back) home?, has he got ou come back home? ◆ **rentrer de l'école / du bureau** to come back from school / from the office, come (ou go) home from school / from the office ◆ **il a dû rentrer de voyage d'urgence** he had to come back ou come home from his trip urgently, he had to return home urgently ◆ **rentrer à Paris / de Paris** to go back ou come back ou return to Paris / from Paris ◆ (Aviat) **rentrer à sa base** to return ou go back to base ◆ **je rentre en voiture** I'm driving back, I'm going back by car ◆ **dépêche-toi de rentrer, ta mère a besoin de toi** hurry home ou back because your mother needs you ◆ **elle est rentrée très tard hier soir** she came ou got in ou back very late last night

c (reprendre ses activités) [élèves] to go back to school, start school again; [université] to start again; [tribunaux] to reopen; [parlement] to reassemble; [députés] to return, reassemble ◆ **les enfants rentrent en classe** ou **à l'école lundi** the children go back to school ou start school again on Monday, school resumes ou starts again ou goes back on Monday ◆ **le trimestre prochain, on rentrera un lundi** next term starts ou next term we start on a Monday ◆ **elle rentre au lycée l'année prochaine** she's starting secondary school next year

d (entrer) [personne] to go in; to come in; [chose] to go in ◆ **les voleurs sont rentrés par la fenêtre** the thieves got in by the window ◆ **il pleuvait, nous sommes rentrés dans un café** it was raining so we went into a cafe ◆ **il faut trouver une clef qui rentre dans cette serrure** we must find a key that goes ou fits into this lock ◆ **cette clef ne rentre pas (dans la serrure)** this key doesn't fit (into the lock), I can't get this key in (the lock) ou into the lock ◆ (fig) **il a le cou qui lui rentre dans les épaules** he is very short-necked, he has a very short neck ◆ **Il était exténué, les jambes lui rentraient dans le corps** he was so exhausted his legs were giving way under him ou he was ready to drop ◆ **tout cela ne rentrera pas dans la valise** that won't all go ou fit into the suitcase, you (ou we etc) won't get all that into the suitcase ◆ **pour les enfants, il y a des cubes qui rentrent les uns dans les autres** there are cubes that fit into one another ou one inside the other for children

e (travailler dans) **rentrer dans** police, firme, fonction publique to join, go into; industrie, banque to go into ◆ **c'est son père qui l'a fait rentrer dans l'usine** his father helped him (to) get a job in the factory ou (to) get into the factory

f (se jeter dans) **rentrer dans** to crash into, collide with ◆ **sa voiture a dérapé, il est rentré dans un arbre** his car skidded and he crashed into a tree ◆ **furieux, il voulait lui rentrer dedans*** ou **lui rentrer dans le chou*** he was furious and he felt like pitching into him ou smashing his head in* ◆ **rentrez-leur dedans!*** sock it to them!* ◆ **il lui est rentré dans le lard*** ou **le mou*** ou **le buffet*** he beat him up* ◆ **les deux voitures se sont rentrées dedans à grande vitesse** the two cars crashed into each other ou collided (with each other) at high speed

g (être compris dans) **rentrer dans** to be included in, be part of ◆ **cela ne rentre pas dans ses attributions** that is not included in ou part of his duties ◆ **les frais de déplacement ne devraient pas rentrer dans la note** travelling expenses should not be included in the bill ou should not be put on the bill ◆ **rentrer dans une catégorie** to fall into ou come into ou go under a category

h [argent] to come in ◆ **l'argent ne rentre pas en ce moment** the money isn't coming in at the moment ◆ **l'argent rentre difficilement / bien en ce moment** there isn't much money / there's plenty of money coming in at the moment ◆ **faire rentrer les**

impôts / les fonds to collect the taxes / the funds ◆ **faire rentrer l'argent** to get the money in

i (*) [connaissances] **la grammaire / les maths, ça ne rentre pas** he can't take grammar / maths in, he can't get the hang of grammar / maths* ◆ **l'anglais, ça commence à rentrer** English is beginning to sink in ◆ **faire rentrer qch dans la tête de qn** to drum ou get sth into sb ou sb's head ◆ **vous aurez du mal à lui faire rentrer cela dans la tête** you'll have a job drumming that into him ou making him take that in ou getting that into his head

j LOC **rentrer dans sa coquille** to go back into one's shell ◆ **rentrer dans ses droits** to recover one's rights ◆ **rentrer dans son argent / dans ses frais** to recover ou get back one's money / expenses ◆ **rentrer dans ses fonds** to recoup one's costs ◆ **tout est rentré dans l'ordre** (dans son état normal) everything is back to normal again, everything is straight again ou in order again; (dans le calme) order has returned, order has been restored; (tout a été clarifié) everything is sorted out now ◆ **rentrer dans le rang** to come ou fall back into line, toe the line ◆ **rentrer en grâce** ou **faveur auprès de qn** to get back into sb's good graces ◆ **j'aurais voulu rentrer sous terre** I wished the ground could have opened and swallowed me up

2 vt (avec aux avoir) **a** foins, moisson to bring in, get in; marchandises, animaux (en venant) to bring in; (en allant) to take in ◆ **rentrer sa voiture (au garage)** to put the car away (in the garage), put the car in the garage ◆ **ne laisse pas ta bicyclette à la pluie, rentre-la** don't leave your bicycle out in the rain, put it away ou bring it in ◆ **rentrer les bêtes à l'étable** to bring the cattle into the cowshed, bring in the cattle, put the cattle in the cowshed

b train d'atterrissage to raise; (lit, fig) griffes to draw in ◆ **rentrer sa chemise (dans son pantalon)** to tuck one's shirt in (one's trousers) ◆ **rentrer le cou dans les épaules** to hunch up one's shoulders ◆ **ne me rentre pas ton coude dans le ventre** don't jab ou stick your elbow in(to) my stomach ◆ **rentrer le ventre** to pull one's stomach in ◆ **rentrer ses larmes** to hold back ou choke back (one's) tears, fight back tears ◆ **rentrer sa rage** to hold back ou suppress one's anger ◆ (Sport) **rentrer un but** to score a goal

renvelopper [ʀɑ̃vlɔpe] ▸ conjug 1 ◂ vt to rewrap, wrap up again

reversable [ʀɑ̃vɛʀsabl] adj obstacle (lit) which can be knocked down; (fig) which can be overcome; ordre établi which can be overthrown; termes which can be reversed; fraction which can be inverted ◆ **facilement renversable** objet easily overturned, easily knocked over; canot easily overturned ou capsized

renversant, e* [ʀɑ̃vɛʀsɑ̃, ɑ̃t] → SYN adj nouvelle staggering*, astounding; personne amazing, incredible

renverse [ʀɑ̃vɛʀs] nf **a** (Naut) [vent] change; [courant] turn

b **à la renverse** on one's back ◆ **tomber à la renverse** to fall backwards ◆ (fig) **il y a de quoi tomber à la renverse!** it's astounding! ou staggering!*

renversé, e [ʀɑ̃vɛʀse] → SYN (ptp de **renverser**) adj **a** (à l'envers) upside down (attrib); fraction inverted; image inverted, reversed → **crème**

b (stupéfait) **être renversé** to be bowled over, be staggered*

c (penché) écriture backhand (épith)

renversement [ʀɑ̃vɛʀsəmɑ̃] → SYN nm **a** [image, fraction] inversion; [ordre des mots] inversion, reversal; [vapeur] reversing; [situation] reversal; (Mus) [intervalles, accord] inversion

b [alliances, valeurs] reversal; [ministre] removal from office; [gouvernement] (par un coup d'État) overthrow; (par un vote) defeat, voting ou turning out of office ◆ **un renversement de tendance de l'opinion publique** a shift ou swing (in the opposite direction) in public opinion

c [buste, tête] tilting ou tipping back

d [courant] changing of direction; [marée, vent] turning, changing of direction

renverser [ʀɑ̃vɛʀse] → SYN ▸ conjug 1 ◂ **1** vt **a** (faire tomber) personne to knock over ou down; chaise to knock down, overturn; vase, bouteille to knock over, upset, overturn; (Aut) piéton to knock over ou down, run over ◆ **il l'a renversé d'un coup de poing** he gave it a blow that knocked it over ◆ **le cheval a renversé son cavalier** the horse threw ou unseated its rider ◆ **un camion a renversé son chargement sur la route** a lorry has shed its load on the road

b (répandre) liquide to spill, upset ◆ **renverser du vin sur la nappe** to spill ou upset some wine on the tablecloth

c (mettre à l'envers) to turn upside down ◆ **renverser un seau (pour monter dessus)** to turn a bucket upside down (so as to stand on it)

d (abattre) obstacles (lit) to knock down; (fig) to overcome; ordre établi, tradition, royauté to overthrow; ministre to put ou throw out of office, remove from office ◆ **renverser le gouvernement** (par un coup d'État) to overthrow ou overturn ou topple the government; (par un vote) to defeat the government, vote ou throw the government out of office

e (pencher) **renverser la tête en arrière** to tip ou tilt one's head back ◆ **renverser le corps en arrière** to lean back ◆ **elle lui renversa la tête en arrière** she tipped ou put his head back

f (inverser) ordre des mots, courant to reverse; fraction to invert; (Opt) image to invert, reverse ◆ **renverser la situation** to reverse the situation, turn things (a)round ◆ **renverser la vapeur** (lit) to reverse steam; (fig) to change course*

g (*: étonner) to bowl over, stagger ◆ **il ne faudrait pas renverser les rôles** don't try to turn the situation round on me (ou us etc) ◆ **la nouvelle l'a renversé** the news bowled him over ou staggered him, he couldn't get over the news

2 vi (Naut) [marée] to turn

3 **se renverser** vpr **a** **se renverser en arrière** to lean back ◆ **se renverser sur le dos** to lie down (on one's back) ◆ **se renverser sur sa chaise** to tilt ou tip ou lean back on one's chair, tilt ou tip one's chair back

b [voiture, camion] to overturn; [bateau] to overturn, capsize; [verre, vase] to fall over, be overturned

renvidage [ʀɑ̃vidaʒ] nm [fil] winding

renvider [ʀɑ̃vide] ▸ conjug 1 ◂ vt fil to wind

renvideur [ʀɑ̃vidœʀ] nm (métier à renvider) winder

renvoi [ʀɑ̃vwa] → SYN nm **a** (→ **renvoyer**) dismissal; sacking (Brit); expulsion; suspension; discharge; sending back; return; kicking back; throwing back; referral; postponement ◆ **menacer de renvoi** employé to threaten with dismissal; (Scol) to threaten to expel ou with expulsion ◆ **le renvoi d'un projet de loi en commission** sending a bill to a committee ou for further discussion ◆ (Sport) **à la suite d'un mauvais renvoi du gardien, la balle fut interceptée par l'équipe adverse** as a result of a poor return ou throw by the goalkeeper the ball was intercepted by the opposing team ◆ (Rugby) **renvoi aux 22 mètres** drop-out ◆ (Jur) **demande de renvoi devant une autre juridiction** application for transfer of proceedings

b (référence) cross-reference; (en bas de page) footnote ◆ **faire un renvoi aux notes de l'appendice** to cross-refer to the notes in the appendix

c (rot) belch ◆ **avoir un renvoi** to belch ◆ **avoir des renvois** to have wind (Brit) ou gas (US) ◆ **ça me donne des renvois** it gives me wind (Brit), it repeats on me (Brit), it makes me belch

d (Tech) **levier de renvoi** reversing lever ◆ **poulie de renvoi** return pulley

e (Mus) repeat mark ou sign

renvoyer [ʀɑ̃vwaje] → SYN ▸ conjug 8 ◂ vt **a** (congédier) employé to dismiss, fire*, sack (Brit); élève (définitivement) to expel; (temporairement) to suspend; étudiant to expel, send down (Brit) ◆ **il s'est fait renvoyer de son travail** he was dismissed ou fired* ou sacked (Brit) from his job ◆ (fig: vomir) **renvoyer la classe*** to throw up*

b (faire retourner) to send back; (faire repartir) to send away; (libérer) accusé, troupes to discharge ◆ **je l'ai renvoyé chez lui** I sent him back home ◆ **renvoyer les soldats dans leurs foyers** to discharge soldiers, send soldiers back home ◆ **renvoyer le projet de loi en commission** to refer the bill back ou send the bill for further discussion, send the bill to a committee ◆ **ils se renvoient les clients de service en service** they send the customers ou hand on the customers from one office to the next

c (réexpédier) lettre, colis to send back, return; bague de fiançailles to return, give back

d (relancer) balle (gén) to send back; (au pied) to kick back; (à la main) to throw back; (Tennis) to return (*à* to) ◆ **il m'a renvoyé la balle** (argument) he threw the ou my argument back at me, he came back at me with the same argument; (responsabilité) he handed the responsibility over to me, he left it up to me, he passed the buck to me* ◆ **ils se renvoient la balle** (argument) they throw the same argument at each other, they come back at each other with the same argument; (responsabilité) they each refuse to take the responsibility, they each want to off-load the responsibility, they're each trying to pass the buck* ◆ (fig) **renvoyer l'ascenseur** to return the favour

e (référer) lecteur to refer (*à* to) ◆ **renvoyer aux notes de l'appendice** to (cross-)refer to notes in the appendix ◆ **renvoyer un procès en Haute cour** to refer a case to the high court ◆ **renvoyer le prévenu en cour d'assises** to send the accused for trial by the Crown Court

f (différer) rendez-vous to postpone, put off ◆ (Jur) **l'affaire a été renvoyée à huitaine** the case was postponed ou put off for a week ◆ **renvoyer qch aux calendes grecques** to postpone sth ou put sth off indefinitely

g (réfléchir) son to echo; lumière, chaleur, image to reflect

h (Cartes) **renvoyer carreau / pique** to play diamonds / spades again, lead diamonds / spades again

réoccupation [ʀeɔkypasjɔ̃] nf reoccupation

réoccuper [ʀeɔkype] ▸ conjug 1 ◂ vt territoire to reoccupy; fonction to take up again; local to take over again

réopérer [ʀeɔpeʀe] ▸ conjug 6 ◂ vt to operate again ◆ **elle s'est fait réopérer** she had another operation, she was operated on again

réorchestration [ʀeɔʀkɛstʀasjɔ̃] nf reorchestration

réorchestrer [ʀeɔʀkɛstʀe] ▸ conjug 1 ◂ vt to reorchestrate

réorganisateur, -trice [ʀeɔʀganizatœʀ, tʀis] nm,f reorganizer

réorganisation [ʀeɔʀganizasjɔ̃] nf reorganization

réorganiser [ʀeɔʀganize] ▸ conjug 1 ◂ **1** vt to reorganize

2 **se réorganiser** vpr [pays, parti] to be reorganized ◆ **il faudrait qu'on se réorganise** we must get reorganized, we must reorganize ourselves

réorientation [ʀeɔʀjɑ̃tasjɔ̃] nf [politique] redirecting, reorientation ◆ **réorientation scolaire** restreaming (Brit), *regrouping according to ability*

réorienter [ʀeɔʀjɑ̃te] ▸ conjug 1 ◂ vt politique to redirect, reorient(ate); (Scol) élève to restream (Brit), *regroup according to ability*

réouverture [ʀeuvɛʀtyʀ] nf [magasin, théâtre] reopening; [débat] resumption, reopening

repaire [ʀ(ə)pɛʀ] → SYN nm (Zool) den, lair; (fig) den, hideout ◆ **cette taverne est un repaire de brigands** this inn is a thieves' den ou a haunt of robbers

repairer [ʀ(ə)peʀe] ▸ conjug 1 ◂ vi [animal] to hide in its den (ou lair)

repaître [ʀəpɛtʀ] → SYN ▸ conjug 57 ◂ **1** vt ◆ (littér) **repaître ses yeux de qch** to feast one's eyes on sth ◆ **repaître son esprit de lectures** to feed one's mind on books

2 **se repaître** vpr **a** (fig) **se repaître de** crimes to wallow in; lectures, films to revel in; illusions to revel in, feed on b (manger) [animal] to eat its fill; [personne] to eat one's fill ◆ **se repaître de viande crue** to gorge o.s. on raw meat

répandre [repɑ̃dʀ] → SYN ▸ conjug 41 ◂ 1 vt a (renverser) soupe, vin to spill; grains to scatter; (volontairement) sciure, produit to spread ◆ **le camion a répandu son chargement sur la chaussée** the lorry shed ou spilled its load in the road ◆ **répandre du sable sur le sol** to spread ou sprinkle sand on the ground ◆ **répandre sa petite monnaie (sur la table) pour la compter** to spread one's change out (on the table) to count it ◆ **la rivière répand ses eaux dans la vallée** the waters of the river spread over ou out across the valley
b (littér) larmes to shed ◆ **répandre son sang** to shed one's blood ◆ **répandre le sang** to spill ou shed blood ◆ **beaucoup de sang a été répandu** a lot of blood was shed ou spilled, there was a lot of bloodshed
c (être source de) lumière to shed, give out; odeur to give off; chaleur to give out ou off ◆ **répandre de la fumée** [cheminée] to give out smoke; [feu] to give off ou out smoke
d (fig: propager) nouvelle, mode, joie, terreur to spread; dons to lavish, pour out
2 **se répandre** vpr a (couler) [liquide] to spill, be spilled; [grains] to scatter, be scattered (*sur* over) ◆ **le verre a débordé, et le vin s'est répandu par terre** the glass overflowed and the wine spilled onto the floor ◆ **le sang se répand dans les tissus** blood spreads through the tissues ◆ **la foule se répand dans les rues** the crowd spills out ou pours out into the streets
b (se dégager) [chaleur, odeur, lumière] to spread; [son] to carry (*dans* through) ◆ **il se répandit une forte odeur de caoutchouc brûlé** a strong smell of burning rubber was given off
c (se propager) [doctrine, mode, nouvelle] to spread (*dans, à travers* through); [opinion, méthode] to become widespread (*dans, parmi* among); [coutume, pratique] to take hold, become widespread ◆ **la peur se répandit sur son visage** fear spread over his face ◆ **l'horreur / la nouvelle se répandit à travers la ville comme une traînée de poudre** horror / the news spread round ou through the town like wildfire
d **se répandre en calomnies / condoléances / excuses / menaces** to pour out ou pour forth slanderous remarks / condolences / excuses / threats ◆ **se répandre en invectives** to let out a torrent of abuse, pour out a stream of abuse

répandu, e [repɑ̃dy] → SYN (ptp de **répandre**) adj opinion, préjugé widespread; méthode widespread, widely used ◆ **c'est une idée très répandue** it's a widely ou commonly held idea

réparable [repaʀabl] → SYN adj objet repairable, which can be repaired ou mended; erreur which can be put right ou corrected; perte, faute which can be made up for ◆ **ce n'est pas réparable** [objet] it is beyond repair; [faute] there's no way of making up for it; [erreur] it can't be put right

reparaître [ʀ(ə)paʀɛtʀ] ▸ conjug 57 ◂ vi [personne, trait héréditaire] to reappear; [lune] to reappear, come out again

réparateur, -trice [repaʀatœʀ, tʀis] 1 adj sommeil refreshing ◆ **chirurgie réparatrice** reconstructive surgery
2 nm,f repairer ◆ **réparateur d'objets d'art** restorer of works of art ◆ **réparateur de porcelaine** porcelain restorer ◆ **réparateur de télévision** television ou TV repairman ou engineer

réparation [repaʀasjɔ̃] → SYN nf a (remise en état) (action: → **réparer**) mending; repairing; fixing; restoring, restoration; (résultat) repair ◆ **la voiture est en réparation** the car is under repair ou is being repaired ◆ **on va faire des réparations dans la maison** we're going to have some repair work ou some repairs done in the house ◆ **pendant les réparations** during the repairs, while the repairs are (ou were) being carried out ◆ **atelier de réparation** repair shop
b (correction) [erreur] correction; [oubli, négligence] putting right, rectification
c (compensation) [faute, offense] atonement (*de* for); [tort] redress (*de* for); [perte] compensation (*de* for) ◆ **en réparation du dommage causé** to make up for ou compensate for ou make amends for the harm that has been done ◆ **obtenir réparation (d'un affront)** to obtain redress (for an insult) ◆ **demander réparation par les armes** to demand a duel
d (Ftbl) **coup de pied / surface de réparation** penalty kick / area
e (régénérescence) [forces] restoring, restoration, recovery ◆ **la réparation des tissus sera longue** the tissues will take a long time to heal
f (dommages-intérêts) damages, compensation ◆ (Hist) **réparations** reparations

réparer [repaʀe] → SYN ▸ conjug 1 ◂ vt a (remettre en état) (gén) to mend; chaussure, machine to mend, repair, fix; déchirure, fuite to mend; maison to repair, have repairs done to; objet d'art to restore, repair ◆ **donner qch à réparer** to take sth to be mended ou repaired ◆ **faire réparer qch** to get ou have sth mended ou repaired ◆ **réparer qch sommairement** to patch sth up, do a temporary repair job on sth
b (corriger) erreur to correct, put right; oubli, négligence to put right, rectify
c (compenser) faute to make up for, make amends for; tort to put right, redress; offense to atone for, make up for; perte to make good, make up for, compensate for ◆ **tu ne pourras jamais réparer le mal que tu m'as fait** you can never put right ou never undo the harm you've done me ◆ **comment pourrais-je réparer ma bêtise?** how could I make amends for ou make up for my stupidity? ◆ **cela ne pourra jamais réparer le dommage que j'ai subi** that'll never make up for ou compensate for the harm I've suffered ◆ **vous devez réparer en l'épousant** you'll have to make amends by marrying her ◆ **comment pourrais-je réparer?** what could I do to make up for it? ou to make amends (for it)?
d (régénérer) forces, santé to restore
e LOC **il va falloir réparer les dégâts** (lit) we'll have to repair the damage; (* fig) we'll have to repair the damage ou pick up the pieces ◆ (littér) **réparer le désordre de sa toilette** to straighten ou tidy one's dress

reparler [ʀ(ə)paʀle] ▸ conjug 1 ◂ 1 vi ◆ **reparler de qch** to talk about sth again ◆ **reparler à qn** to speak to sb again ◆ **nous en reparlerons** (lit) we'll talk about it again ou discuss it again later; (dit avec scepticisme) we'll see about that ◆ **c'est un romancier dont on reparlera** he's a very promising novelist, we'll be hearing more of this novelist
2 **se reparler** vpr to speak to each other again, be on speaking terms again, be back on speaking terms

repartie [ʀepaʀti] → SYN nf retort ◆ **avoir de la repartie, avoir la repartie facile** to be good ou quick at repartee

repartir[1] [ʀepaʀtiʀ] → SYN ▸ conjug 16 ◂ vt (littér: répliquer) to retort, reply

repartir[2] [ʀ(ə)paʀtiʀ] → SYN ▸ conjug 16 ◂ vi [voyageur] to set ou start off again; [machine] to start (up) again, restart; [affaire, discussion] to get going again, pick up again, get under way again ◆ **repartir chez soi** to go back ou return home ◆ **il est reparti hier** he left again yesterday ◆ **repartir à zéro** to start from scratch again, go back to square one (Brit) ◆ **heureusement, c'est bien reparti** fortunately, things are going smoothly ou have got off to a good start this time ◆ [discussion] **c'est reparti!*** they're off again!*, they're at it again!*, there they go again! ◆ **c'est reparti comme en quatorze!*** ou **en quarante!*** here we go again!

répartir [repaʀtiʀ] → SYN ▸ conjug 2 ◂ 1 vt a (diviser) ressources, travail to share out, divide up (*en* into, *entre* among), allocate, distribute (*entre* among); impôts, charges to share out (*en* into, *entre* among), apportion, allot, allocate (*entre* among); (distribuer) butin, récompenses, rôles to share out, divide up, distribute (*entre* among) ◆ **on avait réparti les joueurs en 2 groupes** the players had been divided ou split (up) into 2 groups
b (étaler) poids, masses, chaleur to distribute; paiement, cours, horaire to spread (*sur* over) ◆ **on a mal réparti les bagages dans le coffre** the luggage has been badly ou unevenly distributed ou hasn't been evenly distributed in the boot ◆ **les troupes sont réparties le long de la frontière** troops are spread out ou distributed ou scattered along the frontier ◆ **le programme est réparti sur 2 ans** the programme is spread (out) over 2 years
2 **se répartir** vpr ◆ **les charges se répartissent comme suit** the expenses are divided up as follows ou in the following way ◆ **ils se répartissent en 2 ensembles** they can be divided into 2 sets ◆ **ils se sont répartis en 2 groupes** they divided themselves ou they split into 2 groups ◆ **ils se sont réparti le travail** they shared the work out ou divided the work up among themselves

répartiteur, -trice [repaʀtitœʀ, tʀis] → SYN 1 nm,f (gén: littér) distributor, apportioner; [impôt] assessor ◆ **répartiteur d'avaries** averager, average adjuster
2 nm (Tech) [électricité] divider; [fluides] regulator

répartition [repaʀtisjɔ̃] → SYN nf a (action: → **répartir**) sharing out (NonC), share-out; dividing up (NonC); allocation (NonC); distribution (NonC); apportionment (NonC), allotment (NonC); spreading (NonC); (Comm) dispatching ◆ **cette répartition est injuste et favorise certains** this is a very unfair way to share things out because it gives some more than others ◆ **il a fallu procéder à une deuxième répartition des tâches** the tasks had to be divided up ou shared out again
b (résultat) [population, flore, richesses] distribution; [pièces, salles] layout, distribution

reparution [ʀ(ə)paʀysjɔ̃] nf [journal] reappearance, republication

repas [ʀ(ə)pɑ] → SYN nm meal ◆ **repas léger** light meal, snack ◆ **repas scolaire** school lunch ◆ **repas de midi** midday ou noon (US) meal, lunch ◆ **repas de noces** wedding meal ou breakfast ◆ **repas de Noël** Christmas dinner ◆ (Méd) **repas d'épreuve** meal test ◆ **repas à la carte** à la carte meal ◆ **faire son repas d'un œuf et d'un fruit** to eat an egg and a piece of fruit for one's meal, dine off an egg and a piece of fruit (frm, hum) ◆ **il prend tous ses repas au restaurant** he has all his meals at the restaurant, he always eats (out) at the restaurant, he always eats out ◆ **assister au repas des fauves** to watch the big cats being fed ◆ **à l'heure du repas** at mealtimes, at our mealtime ◆ **aux heures des repas** at mealtimes ◆ **manger en dehors des repas** ou **entre les repas** to eat between meals ◆ **panier-repas** lunch ou dinner ou picnic basket, packed lunch ◆ **plateau-repas** meal tray ◆ **ticket-repas** luncheon voucher (Brit), meal ticket (surtout US)

repassage [ʀ(ə)pɑsaʒ] nm [linge] ironing; [couteau] sharpening ◆ **faire le repassage** to do the ironing ◆ (sur une étiquette) **repassage superflu** wash-and-wear, non-iron

repasser [ʀ(ə)pɑse] → SYN ▸ conjug 1 ◂ 1 vt a rivière, montagne, frontière to cross again, go ou come back across
b examen to resit (Brit), take again; permis de conduire to take again; visite médicale to undergo again
c plat to hand round again; film to show again; émission to repeat; disque, chanson to play again ◆ **repasser un plat au four** to put a dish in the oven again ou back in the oven
d (au fer à repasser) to iron; (à la pattemouille) to press ◆ **le nylon ne se repasse pas** nylon doesn't need ironing ou must not be ironed ◆ **planche / table à repasser** ironing board / table → **fer**
e couteau, lame to sharpen (up)
f souvenir, leçon, rôle to go (back) over, go over again ◆ **repasser qch dans son esprit** to go over sth again ou go back over sth in one's mind
g (*: transmettre) affaire, travail to hand over ou on; maladie to pass on (*à qn* to sb) ◆ **il m'a repassé le tuyau** he passed ou handed me on the tip ◆ **je te repasse ta mère** (au téléphone) I'm handing you back to your mother ◆ **je vous repasse le standard** I'll put you back through to the operator
2 vi a (retourner) to come back, go back ◆ **je repasserai** I'll come ou call back, I'll call (in)

again ◆ **si vous repassez par Paris** (au retour) if you come back through Paris; (une autre fois) if you're passing through Paris again ◆ **ils sont repassés en Belgique** they crossed back ou went back over into Belgium ◆ **il va falloir que je repasse sur le billard* pour une autre opération** I've got to go through another operation, they want to open me up again* ◆ **tu peux toujours repasser!**‡ you've got a hope!* (Brit), not on your nelly!‡ (Brit), you haven't a prayer! (US)

b (devant un même lieu) to go ou come past again; (sur un même trait) to go over again, go back over ◆ **je passai et repassai devant la vitrine** I kept walking backwards and forwards in front of the shop window ◆ **souvenirs qui repassent dans la mémoire** memories that are running through one's mind ◆ (fig) **quand elle fait un travail, il faut toujours repasser derrière elle** when she does some work it always has to be done again ou gone over again afterwards

repasseur [ʀ(ə)pɑsœʀ] nm (rémouleur) knife-grinder ou -sharpener

repasseuse [ʀ(ə)pɑsøz] nf (femme) ironer; (machine) ironer, ironing machine

repavage [ʀ(ə)pavaʒ] nm repaving

repaver [ʀ(ə)pave] ▸conjug 1◂ vt to repave

repayer [ʀ(ə)peje] ▸conjug 8◂ vt to pay again

repêchage [ʀ(ə)peʃaʒ] nm (→ **repêcher**) recovery; fishing out; recovery of the body of; letting through; passing ◆ **épreuve/question de repêchage** exam/question to give candidates a second chance

repêcher [ʀ(ə)peʃe] → SYN ▸conjug 1◂ vt **a** corps to recover, fish out; noyé to recover the body of, fish out ◆ **je suis allé repêcher la lettre dans la poubelle** I went and fished the letter out of the bin

b (Scol) candidat to let through, pass *(with less than the official pass mark)*; athlète to give a second chance to ◆ **élève repêché à l'oral** student who scrapes through ou just gets a pass thanks to the oral exam

repeindre [ʀ(ə)pɛ̃dʀ] ▸conjug 52◂ vt to repaint

repeint [ʀəpɛ̃] nm (Art) repainted part *(of a painting)*

rependre [ʀ(ə)pɑ̃dʀ] ▸conjug 41◂ vt to re-hang, hang again

repenser [ʀ(ə)pɑ̃se] → SYN ▸conjug 1◂ **1** **repenser à** vt indir ◆ **repenser à qch** to think about sth again ◆ **plus j'y repense** the more I think of it ◆ **je n'y ai plus repensé** (plus avant) I haven't thought about it again (since), I haven't given it any further thought (since); (j'ai oublié) it completely slipped my mind ◆ **j'y repenserai** I'll think about it again, I'll have another think about it

2 vt concept to rethink ◆ **il faut repenser tout l'enseignement** the whole issue of education will have to be rethought ◆ **repenser la question** to rethink the question, think the question out again, have a second think about the question

repentant, e [ʀ(ə)pɑ̃tɑ̃, ɑ̃t] → SYN adj repentant, penitent

repenti, e [ʀ(ə)pɑ̃ti] (ptp de **se repentir**) adj repentant, penitent ◆ **buveur/joueur repenti** reformed drinker/gambler

repentir[1] **(se)** [ʀ(ə)pɑ̃tiʀ] → SYN ▸conjug 16◂ vpr **a** (Rel) to repent ◆ **se repentir d'une faute/d'avoir commis une faute** to repent of a fault/of having committed a fault

b (regretter) **se repentir de qch/d'avoir fait qch** to regret sth/having done sth, be sorry for sth/for having done sth ◆ **tu t'en repentiras!** you'll be sorry (for that), you'll regret that

repentir[2] [ʀ(ə)pɑ̃tiʀ] → SYN nm (Rel) repentance (NonC); (regret) regret

repérable [ʀ(ə)peʀabl] adj which can be spotted ◆ **un chapeau rouge repérable de loin** a red hat easily spotted from a distance ◆ **difficilement repérable** difficult to spot; (Mil) difficult to locate

repérage [ʀ(ə)peʀaʒ] nm (Aviat, Mil) location ◆ **le repérage d'un point sur la carte** locating ou spotting a point on the map, pinpointing a spot on the map ◆ (Ciné) **faire des repérages** to research locations

repercer [ʀ(ə)pɛʀse] ▸conjug 3◂ vt (perforer) to repierce, make another hole in; (avec perceuse) to redrill, bore another hole in; lobe d'oreille to repierce

répercussion [ʀepɛʀkysjɔ̃] → SYN nf (gén) repercussion (*sur, dans* on) ◆ (Fin) **la répercussion d'une taxe sur le client** passing a tax on ou along (US) to the customer

répercuter [ʀepɛʀkyte] → SYN ▸conjug 1◂ **1** vt **a** son to echo; écho to send back, throw back; lumière to reflect

b (transmettre) **répercuter des charges/une augmentation sur le client** to pass the cost of sth/an increase in cost on to the customer ◆ **répercuter un impôt sur le consommateur** to pass on ou along (US) a tax to the consumer

2 **se répercuter** vpr **a** [son] to reverberate, echo; [lumière] to be reflected, reflect

b **se répercuter sur** to have repercussions on, affect

reperdre [ʀ(ə)pɛʀdʀ] ▸conjug 41◂ vt to lose again

repère [ʀ(ə)pɛʀ] → SYN nm (gén: marque, trait) line, mark; (jalon, balise) marker, indicator; (monument, accident de terrain etc) landmark; (événement) landmark; (date) reference point ◆ **j'ai laissé des branches comme repères pour retrouver notre chemin** I've left branches as markers ou to mark our way so that we can find the way back again ◆ **repère de niveau** bench mark → **point**[1]

repérer [ʀ(ə)peʀe] → SYN ▸conjug 6◂ **1** vt **a** (*: localiser) personne, erreur to spot, pick out; endroit, chemin to discover, locate, find ◆ **se faire repérer** (lit) to be spotted, be picked out; (fig) to be found out, get caught ◆ **il avait repéré un petit restaurant où l'on mange bien** he had discovered ou located ou tracked down a little restaurant where the food was good ◆ **tu vas nous faire repérer** we'll be noticed ou spotted because of you, you'll get us caught

b (Mil) to locate, pinpoint

c (Tech) niveau, alignement to mark out ou off, stake out

2 **se repérer** vpr (gén: se diriger) to find one's way about ou around; (établir sa position) to find ou get one's bearings ◆ (fig) **j'ai du mal à me repérer dans cette intrigue** I have difficulty getting my bearings in this plot

répertoire [ʀepɛʀtwaʀ] → SYN **1** nm **a** (carnet) index notebook, notebook with alphabetical thumb index; (liste) (alphabetical) list; (catalogue) catalogue ◆ **noter un mot dans un répertoire** to write a word down in an alphabetical index, index a word

b (Théât) repertoire, repertory; [chanteur, musicien] repertoire ◆ **jouer une pièce du répertoire** to put on a stock play ◆ **elle n'a que 2 chansons à son répertoire** she's only got 2 songs in her repertoire ◆ (fig) **elle a tout un répertoire de jurons/d'histoires drôles** she has quite a repertoire of swear-words/jokes

2 COMP ▷ **répertoire d'adresses** address book ▷ **répertoire alphabétique** alphabetical index ou list ▷ **répertoire des rues** (sur un plan) street index

répertorier [ʀepɛʀtɔʀje] → SYN ▸conjug 7◂ vt to itemize, make a list of, list

repeser [ʀ(ə)pəze] ▸conjug 5◂ vt to reweigh, weigh again

répète* [ʀepɛt] nf abrév de **répétition**

répéter [ʀepete] → SYN ▸conjug 6◂ GRAMMAIRE ACTIVE 27.3

1 vt **a** (redire) explication, question to repeat; mot to repeat, say again; histoire to repeat, retell ◆ **répéter à qn que** to tell sb again that, repeat that ◆ **pourriez-vous me répéter cette phrase?** could you repeat that sentence (to me) again? ◆ **je l'ai répété/je te l'ai répété dix fois** I've said that/I've told you that a dozen times ◆ **il répète toujours la même chose** he keeps saying ou repeating the same thing ◆ (ton de menace) **répète!** just you dare repeat that! ou say that again! ◆ **il ne se l'est pas fait répéter** he didn't have to be told ou asked twice, he didn't need asking ou telling twice

b (rapporter) calomnie to repeat, spread about; histoire to repeat ◆ **elle est allée tout répéter à son père** she went and related or repeated everything to her father, she went and told her father everything ◆ **je vais vous répéter exactement ce qu'il m'a dit** I'll repeat exactly what he said ◆ **c'est un secret, ne le répétez pas!** it's a secret, don't repeat it! ou don't tell anyone! ◆ **il m'a répété tous les détails de l'événement** he went over all the details of the event for me, he related all the details of the event to me

c (refaire) expérience, exploit to repeat, do again; proposition to repeat, renew; essai to repeat ◆ **nous répéterons une nouvelle fois la tentative** we'll repeat the attempt one more time, we'll have another try (at it), we'll try (it) again one more time ◆ **tentatives répétées de suicide** repeated attempts at suicide ◆ **tentatives répétées d'évasion** repeated escape attempts, repeated attempts to escape

d pièce, symphonie, émission to rehearse; rôle, leçon to learn, go over; morceau de piano to practise ◆ **nous répétons à 4 heures** we rehearse at 4 o'clock, the rehearsal is at 4 o'clock ◆ **ma mère m'a fait répéter ma leçon/mon rôle** I had to go over my homework/my part with my mother

e (reproduire) motif to repeat; (Mus) thème to repeat, restate ◆ **les miroirs répétaient son image** his image was reflected again and again in the mirrors

2 **se répéter** vpr **a** (redire, radoter) to repeat o.s. ◆ **se répéter qch à soi-même** to repeat sth to o.s. ◆ **la nouvelle que toute la ville se répète** the news that everyone in town is passing round, the news which is being repeated all round the town ◆ **je ne voudrais pas me répéter, mais ...** I don't want to repeat myself ou say the same thing twice, but ...

b (se reproduire) to be repeated, reoccur, recur ◆ **ces incidents se répétèrent fréquemment** these incidents were frequently repeated, these incidents kept recurring ou occurred repeatedly ◆ **que cela ne se répète pas!** (just) don't let that happen again! ◆ **l'histoire ne se répète jamais** history never repeats itself

répéteur [ʀepetœʀ] nm (Téléc) repeater

répétiteur, -trice [ʀepetitœʀ, tʀis] → SYN **1** nm,f (Scol) tutor, coach

2 nm ◆ (Tech) **répétiteur de signaux** repeater

répétitif, -ive [ʀepetitif, iv] → SYN adj repetitive

répétition [ʀepetisjɔ̃] → SYN nf **a** (redite) repetition ◆ **il y a beaucoup de répétitions** there is a lot of repetition, there are numerous repetitions

b (Théât: représentation, fig) rehearsal ◆ **répétition générale** (final) dress rehearsal

c (action) (gén) repetition; [pièce, symphonie] rehearsal; [rôle] learning; [morceau de piano] practising ◆ **pour éviter la répétition d'une telle mésaventure** to prevent the repetition ou the recurrence of such a mishap, to prevent such a mishap recurring ◆ **la répétition d'un tel exploit est difficile** repeating a feat like that ou doing a feat like that again is difficult ◆ **la chorale est en répétition** the choir is rehearsing ou practising

d (Hist Scol) private lesson, private coaching (NonC)

e (Tech) **fusil/montre à répétition** repeater rifle/watch

f (*) **faire des rhumes/des angines à répétition** to have one cold/one sore throat after another

répétitivité [ʀepetitivite] nf repetitiveness

repeuplement [ʀ(ə)pœpləmɑ̃] nm (→ **repeupler**) repopulation; restocking; replanting

repeupler [ʀ(ə)pœple] → SYN ▸conjug 1◂ **1** vt région to repopulate; bassin, chasse to restock (*de* with); forêt to replant (*de* with)

2 **se repeupler** vpr to be ou become repopulated

repincer [ʀ(ə)pɛ̃se] ▸conjug 3◂ vt (lit) to pinch ou nip again; (* fig) to catch again, nab* again ◆ **se faire repincer** to get nabbed* again

repiquage [ʀ(ə)pikaʒ] → SYN nm (→ **repiquer**) planting ou pricking ou bedding out; subculturing; repaving; touching up, retouching; rerecording; recording, taping

repiquer [ʀ(ə)pike] → SYN ▸ conjug 1 ◂ **1** vt **a** (Bot) to plant out, prick out, bed (out); (Bio) to subculture ◆ **plantes à repiquer** bedding plants
b (Tech: repaver) to repave; (Phot) to touch up, retouch; enregistrement to rerecord; disque to record, tape
c (*: attraper) to nab* again
d [moustique] to bite again; [épine] to prick again ◆ (Couture) **repiquer un vêtement à la machine** to restitch a garment
2 **repiquer à*** vt indir ◆ **repiquer au plat** to take a second helping ◆ **repiquer au truc*** to go back to one's old ways, be at it again*

répit [ʀepi] → SYN nm (rémission) respite; (repos) respite, rest ◆ **la douleur ne lui laisse pas de répit** he never has any respite from the pain, the pain never gives him any respite ◆ **s'accorder un peu de répit** to take a bit of a rest ou a breather* ◆ **accordez-nous 5 minutes de répit** give us 5 minutes' rest ou respite ◆ **travailler sans répit** to work continuously ou without respite ◆ **harceler qn sans répit** to harass sb relentlessly ◆ **donnez-moi un petit répit pour vous payer** give me some breathing space to pay you

replacement [ʀ(ə)plasmɑ̃] nm (→ replacer) replacing, putting back; redeployment

replacer [ʀ(ə)plase] → SYN ▸ conjug 3 ◂ **1** vt objet to replace, put back (in its place); employé to find a new job for, redeploy ◆ **il faut replacer les choses dans leur contexte** we must put things back in their context
2 **se replacer** vpr [employé] to find a new job ◆ **se replacer dans les mêmes conditions** to put o.s. in the same situation ◆ **replaçons-nous au 16e siècle** let's go ou look back to the 16th century

replantation [ʀ(ə)plɑ̃tasjɔ̃] nf replantation

replanter [ʀ(ə)plɑ̃te] → SYN ▸ conjug 1 ◂ vt plante to replant, plant out; forêt, arbre to replant ◆ **replanter un bois en conifères** to replant a wood with conifers

replat [ʀəpla] nm projecting ledge ou shelf

replâtrage [ʀ(ə)plɑtʀaʒ] nm (→ replâtrer) replastering; patching up ◆ (Pol) **replâtrage ministériel*** patching together ou patch-up of the cabinet

replâtrer [ʀ(ə)plɑtʀe] ▸ conjug 1 ◂ vt **a** mur to replaster
b (*) amitié to patch up; gouvernement to patch up

replet, -ète [ʀəplɛ, ɛt] → SYN adj personne podgy, fat; visage chubby

réplétion [ʀeplesjɔ̃] → SYN nf (frm) repletion (frm)

repleuvoir [ʀ(ə)plœvwaʀ] ▸ conjug 23 ◂ vb impers to rain again, start raining again ◆ **il repleut** it is raining again, it has started raining again

repli [ʀəpli] → SYN nm **a** [terrain, papier] fold; [intestin, serpent] coil, fold; [rivière] bend, twist, winding (NonC); [peau] (de l'âge) wrinkle; (de l'embonpoint) fold (*de* in)
b (Couture) [ourlet, étoffe] fold, turn (*de* in)
c (Mil) withdrawal, falling back ◆ (Mil, fig) **position de repli** fallback position ◆ (Mil, fig) **repli stratégique** strategic withdrawal
d (Bourse) drop, fall, downturn ◆ **le cours de l'étain a accentué son repli** the price of tin has weakened further ◆ **le dollar est en repli à 5 F** the dollar has fallen back to 5 francs
e (réserve) withdrawal ◆ **repli sur soi-même** withdrawal into oneself ou into one's shell, turning in on oneself
f (recoin) [cœur, conscience] hidden ou innermost recess, innermost reaches

repliable [ʀ(ə)plijabl] adj folding

réplication [ʀeplikasjɔ̃] nf replication

repliement [ʀ(ə)plimɑ̃] → SYN nm ◆ **repliement (sur soi-même)** withdrawal (into oneself), turning in on oneself

replier [ʀ(ə)plije] → SYN ▸ conjug 7 ◂ **1** vt **a** carte, journal, robe to fold up (again), fold back up; manche, bas de pantalon to roll up, fold up; coin de feuille to fold over; ailes to fold (back); jambes to tuck up; couteau to close ◆ **les jambes repliées sous lui** sitting back with his legs tucked under him ◆ **replier le drap sur la couverture** to fold the sheet back over ou down over the blanket
b (Mil) troupes to withdraw; civils to move back ou away
2 **se replier** vpr [serpent] to curl up, coil up; [chat] to curl up; [lame de couteau] to fold back; (Mil) to fall back, withdraw (*sur* to); (Bourse) [valeurs] to fall (back), drop ◆ **se replier (sur soi-même)** to withdraw into oneself, turn in on oneself ◆ **la province est repliée sur elle-même** the provinces are very inward-looking

réplique [ʀeplik] → SYN nf **a** (réponse) reply, retort, rejoinder ◆ **il a la réplique facile** he's always ready with a quick answer, he's never at a loss for an answer ou a reply ◆ **et pas de réplique!** and don't answer back!, and let's not have any backchat!* (Brit) ◆ **obéis sans réplique!** do as you're told without a word! ou without argument! ◆ **argument sans réplique** unanswerable ou irrefutable argument ◆ **il n'y a pas de réplique à cela** there's no answer to that
b (contre-attaque) counter-attack ◆ **la réplique ne se fit pas attendre: ils attaquèrent** they weren't slow to retaliate and attacked at once
c (Théât) line ◆ **dialogue aux répliques spirituelles** dialogue with some witty lines ◆ **oublier sa réplique** to forget one's lines ou words ◆ **l'acteur a manqué sa réplique** the actor missed his cue ◆ **c'est X qui vous donnera la réplique** (pour répéter) X will give you your cue; (dans une scène) X will play opposite you ◆ (fig) **je saurai lui donner la réplique** I can match him (in an argument), I can give as good as I get ◆ **les deux orateurs se donnent la réplique** the two speakers indulge in a bit of verbal sparring
d (Art) replica ◆ (fig) **il est la réplique de son jumeau** he is the (spitting) image of his twin brother
e [tremblement de terre] after-shock

répliquer [ʀeplike] → SYN ▸ conjug 1 ◂ **1** vt to reply ◆ **il (lui) répliqua que** he replied ou retorted that ◆ **il n'y a rien à répliquer à cela** what can we say to that?, there's no answer to that ◆ **il trouve toujours quelque chose à répliquer** he always has a ready answer, he's always got an answer for everything
2 vi **a** (répondre) to reply ◆ **répliquer à la critique** to reply to criticism ◆ **et ne réplique pas!** (insolence) and don't answer back!; (protestation) and no protests! ou objections!
b (contre-attaquer) to retaliate ◆ **il répliqua par des coups de poing/des injures** he retaliated with his fists/with foul language

reploiement [ʀəplwamɑ̃] → SYN nm ◆ **reploiement sur soi-même** withdrawal into oneself, turning in on oneself

replonger [ʀ(ə)plɔ̃ʒe] ▸ conjug 3 ◂ **1** vt rame, cuiller to dip back (*dans* into) ◆ **replongé dans la pauvreté/la guerre/l'obscurité** plunged into poverty/war/obscurity again, plunged back into poverty/war/obscurity ◆ **replongeant sa main dans l'eau** plunging ou putting ou sticking his hand into the water again ou back in(to) the water
2 vi **a** (dans une piscine) to dive back, dive again (*dans* into)
b (*) [drogué] to become hooked* again; [criminel] to go back to a life of crime ◆ **il a replongé dans l'alcoolisme** he's gone back to drinking
3 **se replonger** vpr to dive back ou dive again (*dans* into) ◆ **il se replongea dans sa lecture** he immersed himself in his book ou his reading again, he went back to his reading ◆ **se replonger dans les études** to take up studying seriously again, throw oneself into one's studies again

repolir [ʀ(ə)pɔliʀ] ▸ conjug 2 ◂ vt objet to repolish; (fig) discours to polish up again, touch up again

repolissage [ʀ(ə)pɔlisaʒ] nm (→ repolir) repolishing; polishing up again, touching up again

répondant, e [ʀepɔ̃dɑ̃, ɑ̃t] → SYN **1** nm,f guarantor, surety ◆ **servir de répondant à qn** (Fin) to stand surety for sb, be sb's guarantor; (fig) to vouch for sb
2 nm **a** (Fin) **il a du répondant** (compte approvisionné) he has money behind him; (*: beaucoup d'argent) he has something ou plenty to fall back on; (*: le sens de la repartie) he is good ou quick at repartee
b (Rel) server

répondeur, -euse [ʀepɔ̃dœʀ, øz] **1** adj (*) impertinent, cheeky* (Brit), sassy* (US) ◆ **je n'aime pas les enfants répondeurs** I don't like children who answer back
2 nm ◆ **répondeur (téléphonique)** (telephone) answering machine *(simply giving a recorded message)* ◆ **répondeur interrogeable à distance** answering machine with remote control ◆ **répondeur (enregistreur)** (telephone) answering machine, answerphone *(on which you can leave a message)* ◆ **je suis tombé sur un répondeur** I got a recorded message

répondre [ʀepɔ̃dʀ] → SYN ▸ conjug 41 ◂ GRAMMAIRE ACTIVE 27.3, 27.5, 27.7
1 vt **a** to answer, reply ◆ **il a répondu une grossièreté** he replied with a rude remark, he made a rude remark in reply ◆ **il m'a répondu une lettre** he sent me a letter in reply ◆ **il a répondu qu'il le savait** he answered ou replied that he knew, he said in reply that he knew ◆ **il m'a répondu qu'il viendrait** he told me (in reply) that he would come ◆ **je lui ai répondu de se taire** ou **qu'il se taise** I told him to be quiet ◆ **vous me demandez si j'accepte, je (vous) réponds que non** you're asking me if I accept and I'm telling you I don't ou won't ou and my answer is no ou that I won't ◆ **je me suis vu répondre que, il me fut répondu que** I was told that ◆ **répondre présent à l'appel** (lit) to answer present at roll call; (fig) to come forward, make oneself known, volunteer ◆ **réponds quelque chose, même si c'est faux** give an answer (of some sort), even if it's wrong ◆ **(c'est) bien répondu!** well answered ou said! ◆ **qu'avez-vous à répondre?** what have you got to say in reply? ◆ **il n'y a rien à répondre** there's no reply ou answer to that ◆ **qu'est-ce que vous voulez répondre à cela?** what can you reply ou say to that?
b (Rel) **répondre la messe** to serve (at) mass
2 vi **a** to answer, reply ◆ **réponds donc!** well answer (then)! ◆ **répondre en claquant la porte** to slam the door by way of reply ou by way of an answer ◆ **répondre à qn/à une question/à une convocation** to reply to ou answer sb/a question/a summons ◆ **seul l'écho lui répondit** only the echo answered him ◆ **je ne lui ai pas encore répondu** I haven't yet replied to his letter ou answered his letter ou written back to him ◆ **je lui répondrai par écrit** I'll reply ou answer in writing, I'll let him have a written reply ou answer ◆ **avez-vous répondu à son invitation?** did you reply to ou acknowledge his invitation? ◆ **il répond au nom de Dick** he answers to the name of Dick ◆ **répondre par oui ou par non** to reply ou answer ou say yes or no ◆ **répondre par monosyllabes** to reply in monosyllables, give monosyllabic answers ◆ **instruments de musique qui se répondent** musical instruments that answer each other ◆ **répondre par un sourire/en hochant la tête** to smile/nod in reply ◆ **elle répondit à son salut par un sourire** she replied to ou answered his greeting with a smile, she acknowledged his greeting with a smile ◆ **il a répondu par des injures** he replied with a string of insults, he replied by insulting us (ou them etc) ◆ (Jur) **prévenu qui doit répondre à plusieurs chefs d'accusation** defendant who must answer several charges ou who has several charges to answer
b **répondre (à la porte** ou **sonnette)** to answer the door ◆ **répondre (au téléphone)** to answer the telephone ◆ **son poste ne répond pas** there's no reply from his extension ◆ **personne ne répond, ça ne répond pas** there's no answer ou reply, no one's answering ◆ **on a sonné, va répondre** the doorbell rang – go and see who's there, that was the bell – go and answer the door ◆ **personne n'a répondu à mon coup de sonnette** no one answered the door ou the bell when I rang, I got no answer when I rang the bell
c (être impertinent) to answer back ◆ **il a répondu à la maîtresse** he answered the teacher back, he was cheeky (Brit) ou sassy* (US) to the teacher*
d (réagir) voiture, commandes, membres to respond (*à* to) ◆ **son cerveau ne répond**

plus aux excitations his brain no longer responds to stimuli ◆ **les freins ne répondaient plus** the brakes were no longer working ou had given up ou had failed

3 **répondre à** vt indir **a** (correspondre à) besoin to answer, meet; signalement to answer, fit ◆ **ça répond tout à fait à l'idée que je m'en faisais** that corresponds exactly to ou fits exactly the idea I had of it ◆ **cela répond / ne répond pas à ce que nous cherchons** this meets / doesn't meet ou falls short of our requirements ◆ **ça répond / ne répond pas à mon attente** ou **à mes espérances** it comes up to / falls short of my expectations

b (payer de retour) attaque, avances to respond to; amour, affection, salut to return; politesse, gentillesse, invitation to repay, pay back ◆ **peu de gens ont répondu à cet appel** few people responded to this appeal ou heeded this appeal, there was little response to this appeal ◆ **répondre à la force par la force** to answer ou meet force with force ◆ **s'ils lancent une attaque, nous saurons y répondre** if they launch an attack we'll fight back ou retaliate

c (être identique à) dessin, façade to match ◆ **les deux ailes du bâtiment se répondent** the two wings of the building match (each other)

4 **répondre de** vt indir (garantir) personne to answer for ◆ **répondre de l'innocence / l'honnêteté de qn** to answer ou vouch for sb's innocence / honesty ◆ **répondre des dettes de qn** to answer for sb's debts, be answerable for sb's debts ◆ **il viendra, je vous en réponds!** mark my words, he'll come!, he'll come all right, you can take it from me! ou you can take my word for it! ◆ **si vous agissez ainsi, je ne réponds plus de rien** if you behave like that, I'll accept no further responsibility ◆ **je te réponds bien que cela ne se passera pas comme ça!** you can take it from me ou you can be sure that it won't happen like that! ◆ (Jur) **répondre de ses crimes devant la cour d'assises** to answer for one's crimes in the Crown Court

répons [ʀepɔ̃] nm (Rel) response

réponse [ʀepɔ̃s] → SYN GRAMMAIRE ACTIVE 19.4 nf **a** (à une lettre, demande, objection) reply, response; (à une question, une prière, un coup de sonnette) answer, reply; [problème, énigme, examen] answer (*à, de* to); (Mus) answer ◆ **en réponse à votre question** in answer ou reply ou response to your question ◆ **le droit de réponse** the right of reply ◆ **ma lettre est restée sans réponse** my letter remained unanswered ◆ **sa demande est restée sans réponse** there has been no reply ou response to his request ◆ (Mil) **on a tiré sur l'ennemi et la réponse ne se fit pas attendre** we fired at the enemy and they were quick to fire back ou to return the fire ◆ **télégramme avec réponse payée** reply-paid telegram ◆ **bulletin- / coupon-réponse** reply slip / coupon

b (Physiol, Tech: réaction) response; (écho: à un appel, un sentiment) response ◆ **réponse immunitaire** immune response

c LOC **avoir réponse à tout** to have an answer for everything; (en se justifiant) never to be at a loss for an answer ◆ **c'est la réponse du berger à la bergère** it's tit for tat ◆ **il me fit une réponse de Normand** he gave me an evasive answer, he wouldn't say yes or no, he wouldn't give me a straight answer ◆ **il fait les demandes et les réponses** he doesn't let anyone get a word in edgeways*

repopulation [ʀ(ə)pɔpylasjɔ̃] nf [ville] repopulation; [étang] restocking

report [ʀəpɔʀ] → SYN nm (→ **reporter¹**) postponement; putting off; deferment; putting back; transfer; writing out, copying out; posting; carrying forward ou over; rebetting ◆ **les reports de voix entre les deux partis se sont bien effectués au deuxième tour** the votes were satisfactorily transferred to the party with more votes after the first round of the election ◆ (Fin) **report d'échéance** extension of due date ◆ **faire le report de** somme to carry forward ou over; écriture to post ◆ (sur livre de compte) **« report »** (en bas de page) "carried forward"; (en haut de page) "brought forward"

reportage [ʀ(ə)pɔʀtaʒ] → SYN nm **a** (Presse, Rad, TV) report (*sur* on); (sur le vif) [match, événement] (live) commentary ◆ **reportage photographique / télévisé** illustrated / television report ◆ **reportage en direct** live commentary ◆ **faire un reportage sur** (Presse) to write a report on; (Rad, TV) to report on ◆ **faire** ou **assurer le reportage d'une cérémonie** to cover a ceremony, do the coverage of a ceremony ◆ **être en reportage** (Presse) to be out on a story, be covering a story; (Rad, TV) to be (out) reporting ◆ **c'était un reportage de X** that report was from X, that was X reporting

b (métier) (news) reporting ◆ **il fait du reportage** he's a (news) reporter ◆ **le grand reportage** the coverage of major international events ◆ **il a fait plusieurs grands reportages pour ...** he has covered several big stories for ...

reporter¹ [ʀ(ə)pɔʀte] → SYN ▸ conjug 1 ◂ GRAMMAIRE ACTIVE 21.3

1 vt **a** (ramener) objet to take back; (par la pensée) to take back (*à* to) ◆ **cette chanson nous reporte aux années trente** this song takes us back to the thirties

b (différer) match to postpone, put off; décision to put off, defer; date to put off ou back (Brit), defer ◆ **la réunion est reportée à demain** the meeting has been postponed until tomorrow ◆ (Jur) **le jugement est reporté à huitaine** (the) sentence has been deferred for a week

c (recopier) chiffres, indications to transfer (*sur* to), write out, copy out (*sur* on); (Comm) écritures to post; (Phot) to transfer (*sur* to) ◆ **reporter une somme sur la page suivante** to carry an amount forward ou over to the next page

d (transférer) **reporter son affection / son vote sur** to transfer one's affection / one's vote to ◆ **reporter son gain sur un autre cheval / numéro** to put ou place one's winnings on ou transfer one's bet to another horse / number

e (en référer à) **reporter à qn** to report to sb

2 **se reporter** vpr **a** (se référer à) **se reporter à** to refer to ◆ **reportez-vous à la page 5** turn to ou refer to ou see page 5

b (par la pensée) **se reporter à** to think back to, cast one's mind back to ◆ **reportez-vous par l'esprit au début du siècle** cast your mind back to the turn of the century ◆ **si l'on se reporte à l'Angleterre de cette époque** if one thinks back to the England of that period

reporter² [ʀ(ə)pɔʀtɛʀ] → SYN nm reporter ◆ **grand reporter** international reporter ◆ **reporter photographe** reporter and photographer ◆ **reporter-cameraman** news reporter and cameraman → **radioreporter**

reporteur [ʀ(ə)pɔʀtœʀ] nm **a** (Bourse) taker (of stock)

b (Typ) transfer

c (TV) reporter ◆ **reporteur d'images** reporter-cameraman

repos [ʀ(ə)po] → SYN nm **a** (détente) rest ◆ **prendre du repos / un peu de repos** to take ou have a rest / a bit of a rest ◆ **il ne peut pas rester** ou **demeurer en repos 5 minutes** he can't rest ou relax for (even) 5 minutes ◆ **le médecin lui a ordonné le repos complet** the doctor has ordered him to rest ou ordered him complete rest ◆ **après une matinée / journée de repos il allait mieux** after a morning's / day's rest he felt better ◆ **respecter le repos dominical** to observe Sunday as a day of rest → **cure¹, jour, maison**

b (congé) **avoir droit à un jour de repos hebdomadaire** to have the right to one day off a week ◆ **le médecin lui a donné du repos / huit jours de repos** the doctor has given him some time off / a week off

c (tranquillité) peace and quiet; (quiétude morale) peace of mind; (littér: sommeil, mort) rest, sleep ◆ **il n'y aura pas de repos pour lui tant que ...** he'll have no peace of mind until ..., he won't get any rest until ... ◆ **le repos de la tombe** the sleep of the dead ◆ **le repos éternel** eternal rest ◆ **avoir la conscience en repos** to have an easy ou a clear conscience ◆ **pour avoir l'esprit en repos** to put my (ou your etc) mind at rest, so that I (ou you etc) can feel easy in my (ou your etc) mind ◆ **laisse ton frère en repos** leave your brother in peace → **lit**

d (pause) [discours] pause; [vers] rest; (Mus) cadence

e (petit palier) half landing

f (loc) (Mil) **repos!** (stand) at ease! ◆ **au repos** soldat standing at ease; masse, machine, animal at rest ◆ **muscle au repos** ou **à l'état de repos** relaxed muscle ◆ **sans repos** travailler without stopping, without taking a rest, relentlessly; marcher without a break ou a rest, without stopping; quête uninterrupted, relentless ◆ **être de repos** to be off ◆ **de tout repos** situation, entreprise secure, safe; placement gilt-edged, safe ◆ **ce n'est pas de tout repos!** it's not exactly restful!, it's no picnic!* ◆ (Agr) **laisser la terre en repos** to let the land lie fallow ◆ **en hiver la nature est en repos** nature rests in winter

reposant, e [ʀ(ə)pozɑ̃, ɑ̃t] → SYN adj sommeil refreshing; lieu, couleur restful; musique, vacances restful, relaxing ◆ **c'est reposant pour la vue** it's (very) restful on ou to the eyes

repose [ʀ(ə)poz] nf [appareil] refitting, reinstallation; [tapis] relaying, putting (back) down again

reposé, e¹ [ʀ(ə)poze] → SYN (ptp de **reposer**) adj air, teint fresh, rested (attrib); cheval fresh (attrib), rested (attrib) ◆ **elle avait le visage reposé** she looked rested ◆ **j'ai l'esprit reposé** my mind is fresh ou rested ◆ **maintenant que vous êtes bien reposé ...** now (that) you have had a good rest ... → **tête**

repose-bras [ʀ(ə)pozbʀɑ] → SYN nm inv armrest

reposée² [ʀ(ə)poze] → SYN nf [animal] den, lair

repose-pied, pl **repose-pieds** [ʀ(ə)pozpje] nm footrest

reposer [ʀ(ə)poze] → SYN ▸ conjug 1 ◂ **1** vt **a** (poser à nouveau) verre etc to put back down, put down again; tapis to relay, put back down; objet démonté to refit, put back ◆ **reposer ses yeux sur qch** to look at sth again ◆ **va reposer ce livre où tu l'as trouvé** go and put that book back where you found it ◆ (Mil) **reposez armes!** order arms!

b (soulager, délasser) yeux, corps, membres to rest; esprit to rest, relax ◆ **se reposer l'esprit** to rest one's mind, give one's mind ou brain a rest ◆ **les lunettes de soleil reposent les yeux** ou **la vue** sunglasses rest the eyes, sunglasses are restful to the eyes ◆ **reposer sa tête / sa jambe sur un coussin** to rest one's head / leg on a cushion ◆ **cela repose de ne voir personne (pendant une journée)** it's restful not to see anyone (for a whole day) → **tête**

c (répéter) question to repeat, ask again; problème to bring up again, raise again ◆ **cela va reposer le problème** that will raise the (whole) problem again ou bring the (whole) problem up again ◆ **cet incident va (nous) reposer un problème** this incident is going to pose us a new problem ou bring up a new problem for us

2 **reposer sur** vt indir [bâtiment] to be built on; [route] to rest on, be supported by; [supposition] to rest on, be based on; [résultat] to depend on ◆ **sa théorie ne repose sur rien de précis** his theory doesn't rest on ou isn't based on anything specific ◆ **tout repose sur son témoignage** everything hinges on ou rests on his evidence

3 vi **a** (littér) (être étendu) to rest, lie (down); (dormir) to sleep, rest; (être enterré) to rest ◆ **tout reposait dans la campagne** everything was sleeping ou resting in the country(side) ◆ **ici repose ...** here lies ... ◆ **qu'il repose en paix** may he rest in peace ◆ **l'épave repose par 20 mètres de fond** the wreck is lying 20 metres down

b **laisser reposer** liquide to leave to settle, let settle ou stand; pâte à pain to leave to rise, let rise; pâte feuilletée to (allow to) rest; pâte à crêpes to leave (to stand) ◆ **laisser reposer la terre** to let the earth lie fallow ◆ **faire reposer son cheval** to rest one's horse

4 **se reposer** vpr **a** (se délasser) to rest ◆ **se reposer sur ses lauriers** to rest on one's laurels

b **se reposer sur qn** to rely on sb ◆ **je me repose sur vous pour régler cette affaire** I'll leave it to you ou I'm relying on you to sort this business out ◆ **elle se repose sur lui pour tout** she relies on him for everything c (se poser à nouveau) [oiseau, poussière] to settle again; [problème] to crop up again

repose-tête, pl **repose-têtes** [ʀ(ə)poztɛt] nm headrest

repositionner [ʀ(ə)pozisjɔne] ▸ conjug 1 ◂ vt to reposition ◆ **nous cherchons à nous repositionner dans le haut de gamme** we are seeking to position ourselves further up market

reposoir [ʀ(ə)pozwaʀ] nm [église, procession] altar of repose; [maison privée] temporary altar

repoussage [ʀ(ə)pusaʒ] nm [cuir, métal] repoussé work, embossing

repoussant, e [ʀ(ə)pusɑ̃, ɑ̃t] → SYN adj odeur, saleté, visage repulsive, repugnant; laideur repulsive

repousse [ʀ(ə)pus] nf [cheveux, gazon] regrowth ◆ **pour accélérer la repousse des cheveux** to help the hair grow again ou grow back in

repoussé, e [ʀ(ə)puse] (ptp de **repousser**) [1] adj repoussé (épith)
[2] nm (technique) repoussé (work); (objet) repoussé

repousse-peaux [ʀəpuspo] nm inv cuticle remover

repousser [ʀ(ə)puse] → SYN ▸ conjug 1 ◂ [1] vt a (écarter, refouler) objet encombrant to push out of the way, push away; ennemi, attaque to repel, repulse, drive back; coups to ward off; soupirant, quémandeur, malheureux to turn away, repulse ◆ **repousser qch du pied** to kick sth out of the way, kick sth away ◆ **il me repoussa avec brusquerie** he pushed me away ou out of the way roughly ◆ **elle parvint à repousser son agresseur** she managed to repel ou drive off ou beat off her attacker ◆ **les électrons se repoussent** electrons repel each other
b (fig: refuser) demande, conseil, aide to turn down, reject; hypothèse to reject, dismiss, rule out; tentation to reject, resist, repel; projet de loi to reject; objections, arguments to brush aside, dismiss ◆ **la police ne repousse pas l'hypothèse du suicide** the police do not rule out the possibility of suicide
c (remettre en place) meuble to push back; tiroir to push back in; porte to push to ◆ **repousser la table contre le mur** to push the table back ou up against the wall
d (différer) date, réunion to put off ou back (Brit), postpone, defer ◆ **la date de l'examen a été repoussée (à huitaine / à lundi)** the date of the exam has been put back (Brit) (a week / till Monday), the exam has been put off ou postponed (for a week / till Monday)
e (dégoûter) to repel, repulse ◆ **tout en lui me repousse** everything about him repels ou repulses me
f (Tech) cuir, métal to emboss (by hand), work in repoussé ◆ **en cuir / métal repoussé** in repoussé leather / metal
[2] vi [feuilles, cheveux] to grow again ◆ **laisser repousser sa barbe** to let one's beard grow again

repoussoir [ʀ(ə)puswaʀ] nm a (à cuir, métal) snarling iron; (à ongles) orange stick
b (Art) repoussoir, high-toned foreground; (fig: faire-valoir) foil ◆ **servir de repoussoir à qn** to act as a foil to sb
c (péj*: personne laide) (homme) ugly so-and-so*; (femme) dog‡, ugly so-and-so* ◆ **c'est un repoussoir!** he ou she is ugly as sin!*, he ou she is no oil painting!*

répréhensible [ʀepʀeɑ̃sibl] → SYN adj acte, personne reprehensible ◆ **je ne vois pas ce qu'il y a de répréhensible à ça!** I don't see what's wrong with (doing) that!

reprendre [ʀ(ə)pʀɑ̃dʀ] → SYN ▸ conjug 58 ◂
[1] vt a (récupérer) ville to recapture; prisonnier to recapture, catch again; employé to take back; objet prêté to take back, get back ◆ **reprendre sa place** (sur un siège) to go back to one's seat, resume one's seat; (dans un emploi) to go back to work ◆ **la photo avait repris sa place sur la cheminée** the photo was back in its (usual) place on the mantelpiece ◆ **passer reprendre qn** to go back ou come back for sb, go ou come and fetch (Brit) sb ou call for sb ◆ **il a repris sa parole** he went back on his word ◆ **j'irai reprendre mon manteau chez le teinturier** I'll go and get ou fetch (Brit) my coat (back) from the cleaner's ◆ **reprendre son nom de jeune fille** to take one's maiden name again, go back to ou revert to one's maiden name
b pain, viande to have ou take (some) more ◆ **voulez-vous reprendre des légumes?** would you like a second helping of vegetables?, would you like some more vegetables?
c (retrouver) espoir, droits, forces to regain, recover ◆ **reprendre des couleurs** to get some colour back in one's cheeks ◆ **reprendre confiance / courage** to regain ou recover one's confidence / courage ◆ [humour etc] **reprendre ses droits** to reassert itself ◆ **reprendre le dessus** [malade] to fight back; [équipe] to get back on top ◆ **reprendre ses habitudes** to get back into one's old habits, take up one's old habits again ◆ **reprendre contact avec qn** to get in touch with sb again ◆ **reprendre ses esprits** ou **ses sens** to come to, come round (Brit), regain consciousness ◆ (divorce) **reprendre sa liberté** to regain one's freedom ◆ **reprendre haleine** ou **son souffle** to regain one's breath, get one's breath back → **connaissance, conscience** etc
d (Comm) marchandises to take back; (contre un nouvel achat) to take in part exchange; fonds de commerce, usine to take over ◆ **les articles en solde ne sont ni repris ni échangés** sale goods cannot be returned nor exchanged ◆ **ils m'ont repris ma vieille télé** they bought my old TV set off me (in part exchange) ◆ **j'ai acheté une voiture neuve et ils ont repris la vieille** I bought a new car and traded in the old one ou and they took the old one in part exchange
e (recommencer, poursuivre) travaux to resume; études, fonctions to take up again, resume; livre to pick up again, go back to; lecture to go back to, resume; conversation, récit to resume, carry on (with); promenade to resume, continue; hostilités to reopen, start again; lutte to take up again, resume; pièce de théâtre to put on again ◆ **après déjeuner ils reprirent la route** after lunch they resumed ou continued their journey ou they set off again ◆ **reprendre la plume** to take up the pen again ◆ **reprenez votre histoire au début** start your story from the beginning again, go back to the beginning of your story again ◆ **reprenons les faits un par un** let's go over the facts one by one again ◆ **il reprendra la parole après vous** he will speak again after you ◆ **reprendre le travail** (après maladie, grève) to go back to work, start work again; (après le repas) to get back to work, start work again ◆ **reprendre la route** ou **son chemin** to go on ou set off on one's way again ◆ **reprendre la mer / la route** [marin, routier etc] to go back to sea / back on the road again ◆ **la vie reprend son cours** life goes on again as before ou as usual → **collier**
f (saisir à nouveau) **son mal de gorge l'a repris** he's suffering from ou has got a sore throat again, his sore throat is troubling ou bothering him again ◆ **ses douleurs l'ont repris** he is in pain again ◆ (iro) **voilà que ça le reprend!** there he goes again!, he's off again!* ◆ **ses doutes le reprirent** he started feeling doubtful again, he was seized with doubts once more
g (attraper à nouveau) to catch again ◆ (fig) **on ne m'y reprendra plus** I won't let myself be caught (out) ou had* again ou a second time ◆ (menace) **que je ne t'y reprenne pas!** don't let me catch you at it ou catch you doing that again!
h (Sport: rattraper) balle to catch ◆ (Tennis) **revers bien repris par X** backhand well returned by X
i (retoucher, corriger) tableau to touch up; article, chapitre to go over again; manteau (gén) to alter; (trop grand) to take in; (trop petit) to let out; (trop long) to take up; (trop court) to let down ◆ **il n'y a rien à reprendre** there's not a single correction ou alteration to be made ◆ **il y a beaucoup de choses à reprendre dans ce travail** there are lots of improvements to be made to this work, there are a lot of things that need tidying up ou improving in this work ◆ (Couture) **il faut reprendre un centimètre à droite** we'll have to take it in half an inch on the right ◆ (Constr) **reprendre un bâtiment en sous-œuvre** to underpin a building
j (réprimander) personne to reprimand, tell off*, tick off* (Brit); (pour faute de langue) to pull up ◆ **reprendre un élève qui se trompe** to correct a pupil
k (répéter) refrain to take up; argument, critique to repeat ◆ **il reprend toujours les mêmes arguments** he always repeats the same arguments, he always comes out with* ou trots out the same old arguments ◆ (Mus) **reprenez les 5 dernières mesures** let's have ou take the last 5 bars again ◆ **ils reprirent la chanson en chœur** they all joined in ou took up the song
l (se resservir de) idée, suggestion to take up (again), use (again) ◆ **l'incident a été repris par les journaux** the incident was taken up by the newspapers
[2] vi a (retrouver la vigueur) [plante] to take again; [affaires] to pick up ◆ **la vie reprenait peu à peu** life gradually returned to normal ◆ **il a bien repris depuis son opération** he has picked up well ou made a good recovery since his operation
b (recommencer) [bruit, pluie] to start again; (Scol, Univ) to start again, go back ◆ **le froid a repris depuis hier** it has turned cold again since yesterday
c (dire) **« ce n'est pas moi » reprit-il** "it's not me" he went on
[3] **se reprendre** vpr a (se corriger) to correct o.s.; (s'interrompre) to stop o.s. ◆ **il allait plaisanter, il s'est repris à temps** he was going to joke but he stopped himself ou pulled himself up in time
b (recommencer) **se reprendre à plusieurs fois pour faire qch** to make several attempts to do sth ou at doing sth ◆ **il a dû s'y reprendre à 2 fois pour ouvrir la porte** he had to make 2 attempts before he could open the door ◆ **il se reprit à penser à elle** he started thinking ou he went back to thinking about her, his thoughts went back to her ◆ **il se reprit à craindre que** once more he began to be afraid ou to fear that ◆ **chacun se reprit à espérer** everyone began to hope again, everyone's hopes began to revive again
c (réagir) to take a grip on o.s., pull o.s. together (again), take o.s. in hand ◆ **après une période de découragement, il s'est repris** after a period of discouragement he's taken himself in hand ou got a grip on himself ou pulled himself together (again) ◆ **le coureur s'est bien repris sur la fin** the runner made a good recovery ou caught up well towards the end

repreneur [ʀ(ə)pʀənœʀ] nm (Ind) (company) rescuer

représailles [ʀ(ə)pʀezɑj] → SYN nfpl (Pol, fig) reprisals, retaliation (NonC) ◆ **user de représailles, exercer des représailles** to take reprisals (*envers, contre, sur* against) ◆ **par représailles** in retaliation, as a reprisal ◆ **en représailles de** by way of reprisal for, as a reprisal for, in retaliation for ◆ **attends-toi à des représailles!** you can expect reprisals!

représentable [ʀ(ə)pʀezɑ̃tabl] adj phénomène representable, that can be represented ◆ **c'est difficilement représentable** it is difficult to represent it

représentant, e [ʀ(ə)pʀezɑ̃tɑ̃, ɑ̃t] → SYN nm,f (gén) representative ◆ **représentant du personnel** staff representative ◆ **représentant syndical** union representative, shop steward ◆ **représentant de commerce** sales representative, travelling salesman, commercial traveller, rep* (Brit) ◆ **représentant des forces de l'ordre** police officer ◆ **représentant en justice** legal representative ◆ **il est représentant en parapluies** he's a representative ou a rep* (Brit) for an umbrella firm, he travels in umbrellas* ◆ **représentant multicarte** sales representative acting for several firms

représentatif, -ive [ʀ(ə)pʀezɑ̃tatif, iv] → SYN adj (gén) representative ◆ **représentatif de** (typique de) representative of ◆ **signes représentatifs d'une fonction** signs representing ou which represent a function

représentation [ʀ(ə)pʀezɑ̃tasjɔ̃] → SYN nf a (notation, transcription) [objet, phénomène, son] representation; [paysage, société] portrayal;

[faits] representation, description ◆ **représentation graphique** graphic(al) representation ◆ **c'est une représentation erronée de la réalité** it's a misrepresentation of reality ◆ (Ling) **représentation en arbre** tree diagram
b (évocation, perception) representation ◆ **représentations visuelles / auditives** visual / auditory representations
c (Théât : action, séance) performance ◆ troupe **en représentation** on tour ◆ (fig) **on a toujours l'impression qu'il est en représentation** he always seems to be playing a role
d [pays, citoyens, mandant] representation ; (mandataires, délégation) representatives ◆ **il assure la représentation de son gouvernement auprès de notre pays** he represents his government ou he is his government's representative in our country ◆ **représentation diplomatique / proportionnelle / en justice** diplomatic / proportional / legal representation
e (Comm) (métier) commercial travelling ; (publicité, frais) sales representation ◆ **faire de la représentation** to be a (sales) representative ou a commercial traveller ◆ **la représentation entre pour beaucoup dans les frais** sales representation is a major factor in costs
f (réception) entertainment ◆ **frais de représentation** entertainment allowance
g (frm : reproches) **faire des représentations à** to make representations to

représentativité [ʀ(ə)pʀezɑ̃tativite] → SYN nf representativeness

représenter [ʀ(ə)pʀezɑ̃te] → SYN ▸ conjug 1 ◂
1 vt **a** (décrire) [peintre, romancier] to depict, portray, show ; [photographie] to represent, show ◆ (Théât) **la scène représente une rue** the scene represents a street ◆ **représenter fidèlement les faits** to describe ou set out the facts faithfully ◆ **on le représente comme un escroc** he's represented as a crook, he's made out to be a crook ◆ **il a voulu représenter un paysage sous la neige / la société du 19e siècle** he wanted to show ou depict a snowy landscape / to depict ou portray 19th-century society
b (symboliser) to represent ; (signifier) to represent, mean ◆ **les parents représentent l'autorité** parents represent ou embody authority ◆ **ce trait représente un arbre** this stroke represents a tree ◆ **ça va représenter beaucoup de travail** that will mean ou represent ou involve a lot of work ◆ **ça représente une part importante des dépenses** it accounts for ou represents a large part of the costs ◆ **ils représentent 12% de la population** they make up ou represent 12% of the population
c (Théât) (jouer) to perform, play ; (mettre à l'affiche) to perform, put on, stage ; superproduction, adaptation to stage ◆ **on va représenter 4 pièces cette année** we (ou they etc) will perform ou put on 4 plays this year ◆ **Hamlet fut représenté pour la première fois en 1603** Hamlet was first performed ou acted ou staged in 1603
d (agir au nom de) ministre, pays to represent ◆ **il s'est fait représenter par son notaire** he was represented by his lawyer, he sent his lawyer to represent him ◆ **les personnes qui ne peuvent pas assister à la réunion doivent se faire représenter (par un tiers)** those who are unable to attend the meeting should send someone to replace them ou should send a stand-in ou a deputy
e **représenter une maison de commerce** to represent a firm, be a representative ou a traveller for a firm
f (littér) **représenter qch à qn** to point sth out to sb, (try to) impress sth on sb ◆ **il lui représenta les inconvénients de l'affaire** he pointed out to him the drawbacks of the matter
2 vi ◆ (frm : en imposer) **il représente bien** he cuts a fine figure ◆ **le directeur est un petit bonhomme qui ne représente pas** the manager is a little fellow with no presence at all ou who cuts a poor ou sorry figure
3 **se représenter** vpr **a** (s'imaginer) to imagine ◆ **je ne pouvais plus me représenter son visage** I could no longer bring his face to mind ou recall ou visualize his face ◆ **on se le représente bien en Hamlet** you can well imagine him as Hamlet ◆ **représentez-vous cet enfant maintenant seul au monde** just think of that child now alone in the world ◆ **tu te représentes la scène quand il a annoncé sa démission !** you can just imagine the scene when he announced his resignation !
b (survenir à nouveau) **l'idée se représenta à lui** the idea came back to his mind ou occurred to him again ou crossed his mind again ◆ **si l'occasion se représente** if the occasion presents itself again, if the opportunity arises again ◆ **le même problème va se représenter** the same problem will crop up again, we'll be faced ou confronted with the same problem again
c (se présenter à nouveau) (Scol) to resit (Brit), retake ; (Pol) to stand again (Brit), run again (surtout US) ◆ **se représenter à un examen** to resit (Brit) ou retake an exam ◆ **se représenter à une élection** to stand (Brit) ou run for election again, stand (Brit) ou run for re-election

répresseur [ʀepʀesœʀ] nm (Biochimie) repressor

répressible [ʀepʀesibl] adj repressible

répressif, -ive [ʀepʀesif, iv] → SYN adj repressive

répression [ʀepʀesjɔ̃] → SYN nf **a** [crime, abus] suppression ; [révolte] suppression, quelling, repression ◆ (Pol) **la répression** repression ◆ **la répression qui a suivi le coup d'État** the repression ou crackdown which followed the coup ◆ **prendre des mesures de répression contre le crime** to crack down on crime ◆ **le Service de la répression des fraudes** the Fraud Squad
b (Biochimie, Psych) repression

réprimandable [ʀepʀimɑ̃dabl] adj reprovable

réprimande [ʀepʀimɑ̃d] → SYN nf reprimand, rebuke ◆ **adresser une sévère réprimande à un enfant** to give a child a severe reprimand, reprimand ou scold ou rebuke a child severely ◆ **son attitude mérite une réprimande** he deserves a reprimand ou he deserves reprimanding for his attitude ◆ **faire des réprimandes à qn** to sermonize sb

réprimander [ʀepʀimɑ̃de] → SYN ▸ conjug 1 ◂ vt to reprimand, rebuke

réprimer [ʀepʀime] → SYN ▸ conjug 1 ◂ vt insurrection to quell, repress, suppress, put down ; crimes, abus to curb, suppress, crack down on ; sentiment to repress, suppress ; rire, bâillement to suppress, stifle ; larmes, colère to hold back, swallow, suppress

reprint [ʀəpʀint] nm (procédé, ouvrage) reprint

reprisage [ʀ(ə)pʀizaʒ] nm (→ **repriser**) darning ; mending

repris de justice [ʀ(ə)pʀid(ə)ʒystis] → SYN nm inv ex-prisoner, ex-convict ◆ **il s'agit d'un repris de justice** the man has previous convictions, the man is an ex-prisoner ou an ex-convict ◆ **un dangereux repris de justice** a dangerous known criminal

reprise [ʀ(ə)pʀiz] → SYN nf **a** (recommencement) [activité, cours, travaux] resumption ; [hostilités] resumption, re-opening, renewal ; [froid] return ; (Théât) revival ; (Ciné) rerun, reshowing (NonC) ; (Mus : passage répété) repeat ; (Rad, TV : rediffusion) repeat ◆ (Mus) **la reprise des violons** the re-entry of the violins ◆ **la reprise des combats est imminente** fighting will begin again ou will be resumed again very soon ◆ **avec la reprise du mauvais temps** with the return of the bad weather, with the bad weather setting in again, with the new spell of bad weather ◆ **les ouvriers ont décidé la reprise du travail** the men have decided to go back to ou to return to work ◆ **on espère une reprise des affaires** we're hoping for a recovery in business ou hoping that business will pick up again ◆ **la reprise (économique) est assez forte dans certains secteurs** the (economic) revival ou recovery is quite marked in certain sectors
b (Aut) **avoir de bonnes reprises** ou **de la reprise** to have good acceleration, accelerate well ◆ **sa voiture n'a pas de reprises** his car has no acceleration
c (Boxe) round ; (Escrime) reprise ; (Équitation) (pour le cavalier) riding lesson ; (pour le cheval) dressage lesson ◆ (Ftbl) **à la reprise** at the start of the second half, when play resumed (ou resumes) after half-time ◆ (Tennis) **reprise de volée** volleyed return ◆ (après arrêt) **reprise !** time !
d (Comm) [marchandise] taking back ; (pour nouvel achat) part exchange (Brit), trade-in ; (pour occuper des locaux) key money ◆ **valeur de reprise d'une voiture** part-exchange value (Brit) ou trade-in value of a car ◆ **nous vous offrons une reprise de 500 F pour votre vieux téléviseur, à l'achat d'un modèle en couleur** we'll give you 500 francs for your old television when you buy a colour set ou when you part-exchange it (Brit) ou trade it in for a colour set ◆ **reprise des bouteilles vides** return of empties ◆ **la maison ne fait pas de reprise** goods cannot be returned ou exchanged ◆ **payer une reprise de 5 000 F à l'ancien locataire** to pay the outgoing tenant 5,000 francs for improvements made to the property
e (réutilisation) [idée, suggestion] re-using, taking up again
f [chaussette] darn ; [drap, chemise] mend ◆ **faire une reprise perdue** to darn (ou mend) invisibly ◆ **faire une reprise** ou **des reprises à un drap** to mend a sheet, stitch up the tear(s) in a sheet
g (Constr) **reprise en sous-œuvre** underpinning
h LOC **à 2 ou 3 reprises** on 2 or 3 occasions, 2 or 3 times ◆ **à maintes / plusieurs reprises** on many / several occasions, many / several times

repriser [ʀ(ə)pʀize] → SYN ▸ conjug 1 ◂ vt chaussette, lainage to darn ; collant to mend ; drap to mend, stitch up (a tear in) ; accroc to mend, stitch up → **aiguille, coton**

réprobateur, -trice [ʀepʀɔbatœʀ, tʀis] → SYN adj reproving

réprobation [ʀepʀɔbasjɔ̃] → SYN nf **a** (blâme) reprobation ◆ **air / ton de réprobation** reproving look / tone
b (Rel) reprobation

reproche [ʀ(ə)pʀɔʃ] → SYN nm reproach ◆ **faire** ou **adresser des reproches à qn** to direct ou level reproaches at sb, reproach ou blame sb ◆ **conduite qui mérite des reproches** blameworthy ou reprehensible behaviour ◆ (frm) **faire reproche à qn d'avoir menti** to reproach ou upbraid sb for having lied ◆ **je me fais de grands reproches** I blame ou reproach myself bitterly ◆ **avec reproche** reproachfully ◆ **ton / regard de reproche** reproachful tone / look ◆ **homme sans reproche** man beyond ou above reproach ◆ **sans reproche, permettez-moi** ou **je ne vous fais pas de reproche mais permettez-moi de vous dire que ...** I'm not blaming ou criticizing ou reproaching you but let me say that ... ◆ **le seul reproche que je ferais à cette cuisine ...** the only criticism I have to make about the kitchen ... ◆ **soit dit sans reproche, tu devrais maigrir un peu** no offence meant but you should lose a bit of weight

reprocher [ʀ(ə)pʀɔʃe] → SYN ▸ conjug 1 ◂ vt **a** **reprocher qch à qn** to blame ou reproach sb for sth ◆ **reprocher à qn de faire qch** to reproach sb for ou with doing sth ◆ (Jur) **les faits qui lui sont reprochés** the charges against him ◆ **on lui a reproché sa maladresse** they reproached ou criticized him for his clumsiness ◆ **on lui reproche de nombreuses malhonnêtetés** they are reproaching him with ou accusing him of several instances of dishonesty ◆ **il me reproche mon succès / ma fortune** he reproaches me with ou resents my success / my good fortune, he holds my success / my good fortune against me ◆ **je ne te reproche rien** I'm not blaming you for anything ◆ **je n'ai rien à me reprocher** I've nothing to reproach myself with ◆ **il est très minutieux mais il n'y a rien à reprocher à cela** he's a bit on the meticulous side but there's nothing wrong with that ou but that's no bad thing
b (critiquer) **qu'as-tu à reprocher à mon plan / à ce tableau ?** what have you got (to say) against my plan / this picture ?, what don't you like about my plan / this picture ? ◆ **je reproche à ce tissu d'être trop salissant** my main criticism of this material is that it

gets dirty too easily, the thing I have against this material ou the fault I find with this material is that it gets dirty too easily ◆ **je ne vois rien à reprocher à son travail** I can't find any faults ou I can't find anything to criticize in his work

reproducteur, -trice [ʀ(ə)pʀɔdyktœʀ, tʀis] ⇒ SYN **1** adj (Bio) reproductive ◆ **cheval reproducteur** studhorse, stallion
2 nm breeder ◆ **reproducteurs** breeding stock (NonC)

reproductibilité [ʀ(ə)pʀɔdyktibilite] nf reproducibility

reproductible [ʀ(ə)pʀɔdyktibl] adj which can be reproduced, reproducible

reproductif, -ive [ʀ(ə)pʀɔdyktif, iv] adj reproductive

reproduction [ʀ(ə)pʀɔdyksjɔ̃] ⇒ SYN nf (→ **reproduire**) reproduction; copy; repeat; duplication; reprinting; breeding ◆ **livre contenant de nombreuses reproductions** book containing many reproductions ◆ **organes de reproduction** reproductive organs ◆ **garder quelques mâles pour la reproduction et vendre les autres pour la viande** to keep a few males for reproduction ou breeding and sell the rest for meat ◆ (Bio) **reproduction par mitose** ou **par division cellulaire** replication ◆ (sur un livre, album) **« reproduction interdite »** "all rights (of reproduction) reserved"

reproduire [ʀ(ə)pʀɔdɥiʀ] ⇒ SYN ▸ conjug 38 ◂
1 vt son to reproduce; modèle, tableau to reproduce, copy; erreur to repeat; (par reprographie) to reproduce, duplicate ◆ **essayant de reproduire les gestes de son professeur** trying to copy ou imitate his teacher's gestures ◆ **la photo est reproduite en page 3** the picture is shown ou reproduced on page 3 ◆ **le texte de la conférence sera reproduit dans notre magazine** the text of the lecture will be printed in our magazine
2 **se reproduire** vpr (Bio, Bot) to reproduce, breed; [phénomène] to recur, re-occur; [erreur] to reappear, recur ◆ **et que ça ne se reproduise plus!** and don't let that happen again! ◆ (Bio) **se reproduire par mitose** ou **par division cellulaire** to replicate

reprogrammation [ʀ(ə)pʀɔgʀamasjɔ̃] nf **a** (Ordin) reprogram(m)ing
b (Ciné, TV) rescheduling

reprogrammer [ʀ(ə)pʀɔgʀame] ▸ conjug 1 ◂ vt
a (Ordin) to reprogram
b (Ciné, TV) to reschedule

reprographie [ʀ(ə)pʀɔgʀafi] nf reprography (spéc), reprographics (spéc), repro (spéc) ◆ **le service de reprographie** the photocopying department

reprographier [ʀ(ə)pʀɔgʀafje] ▸ conjug 7 ◂ vt to (photo)copy, duplicate

reprographieur [ʀ(ə)pʀɔgʀafjœʀ] nm copying machine, photocopier

reprographique [ʀ(ə)pʀɔgʀafik] adj photocopying, reprographic (spéc)

réprouvé, e [ʀepʀuve] ⇒ SYN (ptp de **réprouver**) nm,f (Rel) reprobate; (fig) outcast, reprobate

réprouver [ʀepʀuve] ⇒ SYN ▸ conjug 1 ◂ GRAMMAIRE ACTIVE 14 vt **a** personne to reprove; attitude, comportement to reprove, condemn; projet to condemn, disapprove of ◆ **des actes que la morale réprouve** acts which the moral code condemns, immoral acts
b (Rel) to damn, reprobate

reps [ʀɛps] nm rep(p)

reptation [ʀɛptasjɔ̃] ⇒ SYN nf crawling

reptile [ʀɛptil] ⇒ SYN nm (Zool) reptile; (serpent) snake; (péj: personne) creep* (péj)

reptilien, -ienne [ʀɛptiljɛ̃, jɛn] adj reptilian

repu, e [ʀəpy] ⇒ SYN (ptp de **repaître**) adj animal sated, satisfied, which has gorged itself; personne full up* (attrib) ◆ **je suis repu** I'm full, I've eaten my fill ◆ (fig) **il est repu de cinéma** he has had his fill of the cinema

républicain, e [ʀepyblikɛ̃, ɛn] ⇒ SYN adj, nm,f republican; (US Pol) Republican ◆ **le calendrier républicain** the French Revolutionary calendar → **garde**[2]

republication [ʀ(ə)pyblikasjɔ̃] nf republication

republier [ʀəpyblije] ▸ conjug 7 ◂ vt to republish

république [ʀepyblik] ⇒ SYN nf republic ◆ **on est en république!*** this is ou it's a free country! ◆ (fig) **république des lettres** republic of letters ◆ **la République française** the French Republic ◆ **la République arabe unie†** the United Arab Republic† ◆ **la République d'Irlande** the Irish Republic ◆ **la République démocratique allemande†** the German Democratic Republic† ◆ **la République fédérale d'Allemagne** the Federal Republic of Germany ◆ **la République populaire de Chine** the Chinese People's Republic, the People's Republic of China ◆ (péj) **république bananière** banana republic

répudiation [ʀepydjasjɔ̃] ⇒ SYN nf (→ **répudier**) repudiation; renouncement; relinquishment

répudier [ʀepydje] ⇒ SYN ▸ conjug 7 ◂ vt conjoint to repudiate; opinion, foi to renounce; engagement to renounce, go back on; (Jur) nationalité, succession to renounce, relinquish

répugnance [ʀepyɲɑ̃s] ⇒ SYN nf **a** (répulsion) (pour personnes) repugnance (*pour* for), disgust (*pour* for), loathing (*pour* of); (pour nourriture, mensonge) disgust (*pour* for), loathing (*pour* of) ◆ **avoir de la répugnance pour les épinards / le travail scolaire** to loathe ou have a loathing of spinach / schoolwork ◆ **j'éprouve de la répugnance à la vue de ce spectacle** this sight fills me with disgust, I find this sight quite repugnant ou disgusting
b (hésitation) reluctance (*à faire qch* to do sth) ◆ **il éprouvait une certaine répugnance à nous le dire** he was rather loath ou reluctant to tell us ◆ **faire qch avec répugnance** to do sth reluctantly, do sth unwillingly

répugnant, e [ʀepyɲɑ̃, ɑ̃t] ⇒ SYN adj individu repugnant; laideur revolting; action disgusting, loathsome; travail, odeur disgusting, revolting, repugnant; nourriture disgusting, revolting

répugner [ʀepyɲe] ⇒ SYN ▸ conjug 1 ◂
1 **répugner à** vt indir **a** (dégoûter) to repel, disgust, be repugnant to ◆ **cet individu me répugne profondément** I am utterly repelled by that fellow, I am filled with repugnance ou disgust for that fellow ◆ **manger du poisson / vivre dans la crasse lui répugnait** it was (quite) repugnant to him to eat fish / to live in squalor, he was repelled at the notion of eating fish / a life of squalor ◆ **cette odeur lui répugnait** the smell was repugnant to him, he was repelled by the smell ◆ **cette idée ne lui répugnait pas du tout** he wasn't in the least repelled by ou disgusted at this idea, he didn't find this idea off-putting (Brit) ou repellent in the least
b **répugner à faire qch** to be loath ou reluctant to do sth ◆ **il répugnait à parler en public / à accepter cette aide** he was loath ou reluctant to speak in public / to accept this help ◆ **il ne répugnait pas à mentir quand cela lui semblait nécessaire** he didn't hesitate to lie ou he had no qualms about lying if he thought he needed to
2 vb impers ◆ (frm) **il me répugne de devoir vous le dire** it's very distasteful to me to have to tell you this
3 vt (†, *) ⇒ 1a

répulsif, -ive [ʀepylsif, iv] **1** adj (gén, Phys) repulsive
2 nm repellent, repellant

répulsion [ʀepylsjɔ̃] ⇒ SYN nf (gén) repulsion, repugnance, disgust; (Phys) repulsion ◆ **éprouver** ou **avoir de la répulsion pour** to feel repulsion for, be absolutely repelled by

réputation [ʀepytasjɔ̃] ⇒ SYN nf **a** (honneur) reputation, good name ◆ **préserver sa réputation** to keep up ou protect one's reputation ou good name
b (renommée) reputation ◆ **se faire une réputation** to make a name ou a reputation for o.s. ◆ **avoir bonne / mauvaise réputation** to have a good / bad reputation ◆ **sa réputation n'est plus à faire** his reputation is not in doubt, his reputation is firmly established ◆ **produit de réputation mondiale** product which has a world-wide reputation ◆ **connaître qn / qch de réputation (seulement)** to know sb / sth (only) by repute ◆ **sa réputation de gynécologue** his reputation as a gynaecologist ◆ **il a une réputation d'avarice** he has a reputation for miserliness ◆ **il a la réputation d'être avare** he has a reputation for ou of being miserly, he is reputed to be miserly

réputé, e [ʀepyte] ⇒ SYN adj **a** (célèbre) vin, artiste reputable, renowned, of repute ◆ **l'un des médecins les plus réputés de la ville** one of the town's most reputable doctors, one of the best-known doctors in the town ◆ **c'est un fromage / vin hautement réputé** it's a cheese / wine of great repute ou renown ◆ **orateur réputé pour ses bons mots** speaker who is renowned for his witticisms ◆ **ville réputée pour sa cuisine / ses monuments** town which is renowned for ou which has a great reputation for its cooking / its monuments ◆ **il n'est pas réputé pour son honnêteté!** he's not exactly renowned ou famous for his honesty!
b (prétendu) **remède réputé infaillible** cure which is reputed ou supposed ou said to be infallible ◆ **professeur réputé pour être très sévère** teacher who has the reputation of being ou who is reputed to be ou said to be very strict

requalification [ʀ(ə)kalifikasjɔ̃] nf (recyclage) retraining

requalifier [ʀ(ə)kalifje] ▸ conjug 7 ◂ vt (recycler) to retrain

requérant, e [ʀəkeʀɑ̃, ɑ̃t] ⇒ SYN nm,f (Jur) applicant

requérir [ʀəkeʀiʀ] ⇒ SYN ▸ conjug 21 ◂ vt **a** (nécessiter) soins, prudence to call for, require ◆ **ceci requiert toute notre attention** this calls for ou requires ou demands our full attention ◆ **l'honneur requiert que vous acceptiez** honour requires ou demands that you accept
b (solliciter) aide, service to request; (exiger) justification to require, necessitate, call for; (réquisitionner) personne to call upon ◆ **requérir l'intervention de la police** to require ou necessitate police intervention ◆ (frm) **je vous requiers de me suivre** I call on you ou I summon you to follow me
c (Jur) peine to call for, demand ◆ **le procureur était en train de requérir** the prosecutor was summing up ou making his closing speech

requête [ʀəkɛt] ⇒ SYN nf **a** (Jur) petition ◆ **adresser une requête à un juge** to petition a judge ◆ **requête en cassation** appeal ◆ **requête civile** *appeal to a court against its judgment*
b (supplique) request, petition ◆ **à** ou **sur la requête de qn** at sb's request, at the request of sb

requiem [ʀekɥijɛm] nm inv requiem

requin [ʀəkɛ̃] ⇒ SYN nm (Zool, fig) shark ◆ **requin marteau** hammerhead (shark) ◆ **requin blanc / bleu / pèlerin** white / blue / basking shark ◆ **requin-tigre** tiger shark ◆ **requin-baleine** whale shark ◆ (fig) **les requins de la finance** the sharks of the financial world

requinquer* [ʀ(ə)kɛ̃ke] ▸ conjug 1 ◂ **1** vt to pep up*, buck up* ◆ **un bon grog vous requinquera** a good grog will pep you up* ou buck you up* ◆ **avec un peu de repos, dans 3 jours vous serez requinqué** with a bit of a rest in 3 days you'll be your old (perky) self again* ou you'll be back on form again
2 **se requinquer** vpr to perk up*

requis, e [ʀəki, iz] ⇒ SYN (ptp de **requérir**) adj **a** (nécessaire) (gén) required; âge, diplôme, conditions requisite, required
b (réquisitionné) **les requis** labour conscripts *(civilians)*

réquisit [ʀekwizit] nm requisite

réquisition [ʀekizisjɔ̃] ⇒ SYN nf **a** [biens] requisition, requisitioning, commandeering; [hommes] requisition, requisitioning, conscription ◆ **réquisition de la force armée** requisitioning of ou calling out of the army
b (Jur: aussi **réquisitions**) closing speech for the prosecution

réquisitionner [ʀekizisjɔne] ⇒ SYN ▸ conjug 1 ◂ vt biens to requisition, commandeer; hommes to requisition, conscript ◆ **j'ai été**

réquisitionné pour faire la vaisselle* I have been drafted in ou requisitioned to do the dishes (hum)

réquisitoire [ʀekizitwaʀ] → SYN nm **a** (Jur) (plaidoirie) closing speech for the prosecution *(specifying appropriate sentence)*; (acte écrit) instruction, brief *(to examining magistrate)*
b (fig) indictment (*contre* of) ◆ **son discours fut un réquisitoire contre le capitalisme** his speech was an indictment of capitalism

réquisitorial, e, mpl **-iaux** [ʀekizitɔʀjal, jo] adj ◆ **plaidoyer réquisitorial** closing speech for the prosecution *(specifying appropriate sentence)*

RER [ɛʀøɛʀ] nm (abrév de **réseau express régional**) → **réseau**

RES [ʀɛs, ɛʀəɛs] nm (abrév de **rachat d'entreprise par les salariés**) MBO

resaler [ʀ(ə)sale] ▸ conjug 1 ◂ vt to add more salt to, put more salt in

resalir [ʀ(ə)saliʀ] ▸ conjug 2 ◂ vt tapis, mur, sol, vêtement to get dirty again ◆ **ne va pas te resalir** don't go and get yourself dirty ou in a mess again ◆ **se resalir les mains** to get one's hands dirty again, dirty one's hands again

resarcelé, e [ʀəsaʀsəle] adj (Hér) resarcelled

rescapé, e [ʀɛskape] → SYN **1** adj personne surviving
2 nm,f survivor (*de* of)

rescinder [ʀesɛ̃de, ʀəsɛ̃de] → SYN ▸ conjug 1 ◂ vt to rescind

rescision [ʀesizjɔ̃] nf rescission

rescousse [ʀɛskus] → SYN nf ◆ **venir** ou **aller à la rescousse de qn** to go to sb's rescue ou aid ◆ **appeler qn à la rescousse** to call on ou to sb for help ◆ **ils arrivèrent à la rescousse** they came to the rescue, they rallied round

rescrit [ʀɛskʀi] → SYN nm rescript

réseau, pl **réseaux** [ʀezo] → SYN nm **a** (gén, fig) network ◆ **réseau routier / ferroviaire / commercial / téléphonique** road / rail / sales / telephone network ◆ **réseau fluvial** river system, network of rivers ◆ **réseau express régional** *high-speed train service between Paris and the suburbs* ◆ **réseau d'espionnage** spy network ou ring ◆ **réseau de résistants** resistance network ◆ **réseau d'intrigues** network ou web of intrigue(s) ◆ **réseau d'habitudes** pattern of habits ◆ (Téléc) **les abonnés du réseau sont avisés que** telephone subscribers are advised that ◆ **sur l'ensemble du réseau** over the whole network ◆ (Ordin) **réseau neuronal** neural net(work) ◆ (Ordin) **réseau local** local area network, LAN ◆ (Ordin) **réseau logique programmable par l'utilisateur** field-programmable logic array ◆ (Téléc) **réseau numérique à intégration de service** integrated service digital network
b (Zool) reticulum
c (Phys) **réseau de diffraction** diffraction pattern ◆ **réseau cristallin** crystal lattice

résection [ʀesɛksjɔ̃] → SYN nf (Méd) resection

réséda [ʀezeda] nm reseda, mignonette

réséquer [ʀeseke] → SYN ▸ conjug 6 ◂ vt to resect

réserpine [ʀezɛʀpin] nf reserpine

réservataire [ʀezɛʀvatɛʀ] adj, nm ◆ **(héritier) réservataire** *rightful heir to the réserve légale*

réservation [ʀezɛʀvasjɔ̃] → SYN GRAMMAIRE ACTIVE 21.3 nf (à l'hôtel) reservation; (des places) reservation, booking; (Jur) reservation ◆ (Tourisme) **réservation de groupes** group booking ◆ **bureau de réservation** booking office ◆ **faire une réservation dans un hôtel / restaurant** to make a booking in a hotel / restaurant, book a room (in a hotel) / a table (in a restaurant)

réserve [ʀezɛʀv] → SYN GRAMMAIRE ACTIVE 26.6 nf **a** (provision) reserve; [marchandises] reserve, stock ◆ **les enfants ont une réserve énorme d'énergie** children have an enormous reserve ou have enormous reserves of energy ◆ **faire des réserves de sucre** to get in ou lay in a stock of ou reserves of sugar ◆ **heureusement ils avaient une petite réserve (d'argent)** fortunately they had a little money put by ou a little money in reserve ◆ (Fin) **monnaie de réserve** reserve currency ◆ **les réserves mondiales de pétrole** the world's oil reserves ◆ **réserves (nutritives) de l'organisme** the organism's food reserves ◆ (hum) **il peut jeûner, il a des réserves!** he can afford to do without food – he's got plenty of reserves! ◆ **avoir des provisions de** ou **en réserve** to have provisions in reserve ou put by ◆ **mettre qch en réserve** to put sth by, put sth in reserve ◆ **avoir / tenir qch en réserve** (gén) to have / keep sth in reserve; (Comm) to have / keep sth in stock
b (restriction) reservation, reserve ◆ **faire** ou **émettre des réserves sur l'opportunité de qch** to have reservations ou reserves about the timeliness of sth ◆ **sous toutes réserves** publier with all reserve, with all proper reserves; dire with reservations ◆ **je vous le dis sous toutes réserves** I can't vouch for ou guarantee the truth of what I'm telling you ◆ **tarif / horaire publié sous toute réserve** no guarantee as to the accuracy of the price / timetable shown ◆ **sous réserve de** subject to ◆ **sans réserve** admiration, consentement unreserved, unqualified; approuver, accepter unreservedly, without reservation, unhesitatingly; dévoué unreservedly
c (prudence, discrétion) reserve ◆ **être / demeurer** ou **se tenir sur la réserve** to be / stay on the reserve, be / remain very reserved ◆ **il m'a parlé sans réserve** he talked to me quite unreservedly ou openly ◆ **elle est d'une grande réserve** she's very reserved, she keeps herself to herself ◆ **devoir** ou **obligation de réserve** duty to preserve secrecy
d (Mil) **la réserve** the reserve ◆ **les réserves** the reserves ◆ **officiers / armée de réserve** reserve officers / army
e (Sport) **équipe / joueur de réserve** reserve ou second-string (US) team / player
f (territoire) [nature, animaux] reserve; [Indiens] reservation ◆ **réserve de pêche / chasse** fishing / hunting preserve ◆ **réserve naturelle** nature reserve ou sanctuary ◆ **réserve ornithologique** ou **d'oiseaux** bird sanctuary
g [bibliothèque, musée] reserve collection ◆ **le livre est à la réserve** the book is in reserve
h (entrepôt) storehouse, storeroom
i (Jur) **réserve (héréditaire** ou **légale)** *part of the legacy which cannot be withheld from the rightful heirs*

réservé, e [ʀezɛʀve] → SYN (ptp de **réserver**) adj place, salle reserved (*à qn/qch* for sb / sth); personne, caractère reserved ◆ **chasse / pêche réservée** private hunting / fishing ◆ **cuvée réservée** vintage cuvée ◆ **j'ai une table réservée** I've got a table reserved ou booked ◆ **les médecins sont très réservés à son sujet** the doctors are very guarded ou cautious in their opinions about him ◆ **tous droits réservés** all rights reserved ◆ **voie réservée aux autobus** bus lane → **quartier**

réserver [ʀezɛʀve] → SYN ▸ conjug 1 ◂ GRAMMAIRE ACTIVE 21.3
1 vt **a** (mettre à part) to keep, save, reserve (*à, pour* for); marchandises to keep, put aside ou on one side (*à* for) ◆ **il nous a réservé 2 places à côté de lui** he's kept ou saved us 2 seats beside him ◆ **on vous a réservé ce bureau** we've reserved you this office, we've set this office aside for you ◆ **réserver le meilleur pour la fin** to keep ou save the best till last ◆ **ils réservent ces fauteuils pour les cérémonies** they reserve ou keep these armchairs for (special) ceremonies ◆ **pouvez-vous me réserver 5 mètres de ce tissu?** could you put 5 metres of that material aside ou on one side for me?, could you keep me 5 metres of that material? ◆ **ces emplacements sont strictement réservés aux voitures du personnel** these parking places are strictly reserved for staff cars ◆ **nous réservons toujours un peu d'argent pour les dépenses imprévues** we always keep ou put a bit of money on one side ou earmark a bit of money for unexpected expenses
b (louer) place, chambre, table [voyageur] to book, reserve; [agence] to reserve
c (fig: destiner) dangers, désagréments, joies to have in store (*à* for); accueil, châtiment to have in store, reserve (*à* for) ◆ **cette expédition devait leur réserver bien des surprises** that expedition was to have many surprises in store for them, there were to be many surprises in store for them on that expedition ◆ **nous ne savons pas ce que l'avenir nous réserve** we don't know what the future has in store for us ou holds for us ◆ **le sort qui lui est réservé est peu enviable** he has an unenviable fate in store for him ou reserved for him ◆ **c'est à lui qu'il était réservé de marcher le premier sur la lune** he was to be the first to walk on the moon ◆ **c'est à lui que fut réservé l'honneur de porter le drapeau** the honour of carrying the flag fell to him ◆ **tu me réserves ta soirée?** are you free tonight ou this evening?, could we do something this evening?
d (remettre à plus tard) réponse, opinion to reserve ◆ **le médecin préfère réserver son diagnostic** the doctor would rather reserve his diagnosis
2 se réserver vpr **a** (prélever) to keep ou reserve for o.s. ◆ **il s'est réservé le meilleur morceau** he kept ou saved the best bit for himself
b (se ménager) **se réserver pour une autre occasion** to save o.s. for another opportunity, save o.s. until another opportunity crops up ◆ **il ne mange pas maintenant, il se réserve pour le banquet / pour plus tard** he isn't eating now – he's saving ou reserving himself for the banquet / for later ◆ (Sport) **il faut savoir se réserver** one must learn to hold back ou to conserve ou save one's strength
c se réserver de faire: il se réserve d'intervenir plus tard he's waiting to see whether he'll need to intervene later, he's reserving the possibility of intervening later ◆ **se réserver le droit de faire qch** to reserve the right to do sth

réserviste [ʀezɛʀvist] nm reservist

réservoir [ʀezɛʀvwaʀ] → SYN nm (cuve) tank; (plan d'eau) reservoir; [poissons] fishpond; [usine à gaz] gasometer, gasholder; (Bio) [infection] reservoir ◆ (fig) **ce pays est un réservoir de talents / de main-d'œuvre** this country has a wealth of talent / a huge pool of labour to draw on ◆ **réservoir d'eau** (gén, Aut) water tank; (pour une maison) water cistern; (pour eau de pluie) (en bois) water butt; (en ciment) water tank ◆ **réservoir d'essence** petrol (Brit) ou gas (US) tank

résidant, e [ʀezidɑ̃, ɑ̃t] adj resident

résidence [ʀezidɑ̃s] → SYN **1** nf (gén) residence; (immeuble) (block of) residential flats (Brit), residential apartment building (US) ◆ **établir sa résidence à** to take up residence in ◆ **changer de résidence** to move (house) ◆ (Admin) **en résidence à** in residence at ◆ **en résidence surveillée** ou **forcée** under house arrest ◆ (Diplomatie) **la résidence** the residency → **assigner, certificat**
2 COMP ▷ **résidence principale** main home ▷ **résidence secondaire** second home ▷ **résidence universitaire** (university) hall(s) of residence (Brit), residence hall (US), dormitory (US)

résident, e [ʀezidɑ̃, ɑ̃t] → SYN **1** nm,f (étranger) foreign national ou resident; (diplomate) resident ◆ **ministre résident** resident minister ◆ **avoir le statut de résident permanent en France** to have permanent resident status in France
2 adj (Ordin) resident

résidentiel, -ielle [ʀezidɑ̃sjɛl] adj quartier, banlieue smart, posh*

résider [ʀezide] → SYN ▸ conjug 1 ◂ vi (lit, fig) to reside (*en, dans* in) ◆ **il réside à cet hôtel / à Dijon** he resides (frm) at this hotel / in Dijon ◆ **après avoir résidé quelques temps en France** after living ou residing (frm) in France for some time, after having been resident in France for some time ◆ **le problème réside en ceci que ...** the problem lies in the fact that ...

résidu [ʀezidy] → SYN nm **a** (reste) (Chim, fig) residue (NonC); (Math) remainder
b (déchets) **résidus** remnants, residue (NonC) ◆ **résidus industriels** industrial waste

résiduaire [ʀezidɥɛʀ] adj residuary

résiduel, -elle [ʀezidɥɛl] adj residual

résignation [ʀeziɲasjɔ̃] → SYN nf resignation (*à* to) ◆ **avec résignation** with resignation, resignedly

résigné, e [reziɲe] → SYN (ptp de **résigner**) adj air, geste, ton resigned • **résigné à son sort** resigned to his fate • **il est résigné** he is resigned to it • **dire qch d'un air résigné** to say sth resignedly

résigner [reziɲe] → SYN ▸ conjug 1 ◂ 1 **se résigner** vpr to resign o.s. (*à* to) • **il faudra s'y résigner** we'll have to resign ourselves to it ou put up with it

2 vt (littér) charge, fonction to relinquish, resign

résiliable [reziljabl] → SYN adj (→ **résilier**) which can be terminated, terminable; which can be cancelled, cancellable; which can be rescinded, rescindable

résiliation [reziljasjɔ̃] → SYN nf (→ **résilier**) termination; cancellation, rescinding

résilience [reziljɑ̃s] nf (Tech) ductility

résilient, e [reziljɑ̃, jɑ̃t] adj (Tech) ductile

résilier [rezilje] → SYN ▸ conjug 7 ◂ vt contrat (à terme) to terminate; (en cours) to cancel, rescind

résille [rezij] → SYN nf (gén: filet) net, netting (NonC); (pour les cheveux) hairnet; [vitrail] cames (spéc), lead(s), leading (NonC) • **bas résille** fishnet stockings

résine [rezin] → SYN nf resin • **résine époxy** epoxy (resin) • **résine de synthèse** synthetic resin

résiné, e [rezine] adj, nm • **(vin) résiné** retsina

résiner [rezine] ▸ conjug 1 ◂ vt (enduire de résine) to resinate; (gemmer) to tap

résineux, -euse [rezinø, øz] → SYN 1 adj resinous

2 nm coniferous tree • **forêt de résineux** coniferous forest

résinier, -ière [rezinje, jɛʀ] 1 adj industrie resin (épith)

2 nm,f resin tapper

résinifère [reziniferʀ] adj resiniferous

résipiscence [resipisɑ̃s] → SYN nf resipiscence

résistance [rezistɑ̃s] → SYN nf a (opposition) resistance (NonC) (*à* to) • (Hist) **la Résistance** the (French) Resistance • **l'armée dut se rendre après une résistance héroïque** the army was forced to surrender after putting up a heroic resistance ou a heroic fight • **opposer une résistance farouche à un projet** to put up a fierce resistance to a project, make a very determined stand against a project • **cela ne se fera pas sans résistance** that won't be done without some opposition ou resistance • **résistance active / passive / armée** active / passive / armed resistance → **noyau**

b (endurance) resistance, stamina • **résistance à la fatigue** resistance to fatigue • **il a une grande résistance** ou **beaucoup de résistance** he has great ou a lot of resistance ou stamina • **coureur qui a de la résistance / qui n'a pas de résistance** runner who has lots of / who has no staying power • **ces plantes-là n'ont pas de résistance** those plants have no resistance • **ce matériau offre une grande résistance au feu / aux chocs** this material is very heat- / shock-resistant → **pièce, plat²**

c (Élec) (NonC) resistance; [réchaud, radiateur] element • **unité de résistance** unit of (electrical) resistance

d (Phys: force) resistance • **résistance d'un corps / de l'air** resistance of a body / of the air • **résistance mécanique** mechanical resistance • **résistance des matériaux** strength of materials • **quand il voulut ouvrir la porte, il sentit une résistance** when he tried to open the door he felt some resistance

résistant, e [rezistɑ̃, ɑ̃t] → SYN 1 adj personne robust, tough; plante hardy; vêtements, tissu strong, hard-wearing; couleur fast; acier resistant; métal resistant, strong; bois resistant, hard • **il est très résistant** (gén) he is very robust, he has a lot of resistance ou stamina; [athlète] he has lots of staying power • **résistant à la chaleur** heatproof, heat-resistant

2 nm,f (Hist) (French) Resistance worker ou fighter

résister [reziste] → SYN ▸ conjug 1 ◂ **résister à** GRAMMAIRE ACTIVE 26.3 vt indir a (s'opposer à) ennemi, agresseur, police to resist; passion, tentation, argument to resist; attaque to hold out against, withstand, resist • **inutile de résister** it's useless to resist, it's ou there's no use resisting • **résister au courant d'une rivière** to fight against ou hold one's own against the current of a river • **résister à la volonté de qn** to hold out against ou resist sb's will • **il n'ose pas résister à sa fille** he doesn't dare (to) stand up to his daughter • **je n'aime pas que mes enfants me résistent** I don't like my children opposing me • **je n'ai pas résisté à cette petite robe** I couldn't resist (buying) this dress

b (surmonter) fatigue, émotion, privations to stand up to, withstand; chagrin, adversité to withstand; douleur to stand, withstand • **leur amour ne résista pas à cette infidélité** their love could not stand up to ou could not withstand this infidelity

c (supporter) sécheresse, gelée, vent to withstand, stand up to, resist • **ça a bien résisté à l'épreuve du temps** it has really stood the test of time, it has stood up to the passing centuries • **le plancher ne pourra pas résister au poids** the floor won't support ou withstand ou take the weight • **la porte a résisté** the door held ou didn't give, the door stood firm ou resisted • **ça n'a pas résisté longtemps** it didn't resist ou hold out for long • **couleur qui résiste au lavage** colour which is fast in the wash, fast colour • **tissu qui résiste au lavage en machine** material which can be machine-washed ou which will stand up to machine washing • **cette vaisselle résiste au feu** this crockery is heat-resistant ou heatproof • **ce raisonnement ne résiste pas à l'analyse** this reasoning does not stand up to analysis

résistif, -ive [rezistif, iv] adj (Sci) resistant

résistivité [rezistivite] nf (Élec) resistivity • **la résistivité du cuivre est très faible** copper has a very low resistance

résolu, e [rezɔly] → SYN GRAMMAIRE ACTIVE 8.2 (ptp de **résoudre**) adj personne, ton, air resolute • **il est bien résolu à partir** he is firmly resolved ou he is determined to leave, he is set on leaving

résoluble [rezɔlybl] → SYN adj problème soluble; (Chim) resolvable; (Jur) contrat annullable, cancellable

résolument [rezɔlymɑ̃] → SYN adv (totalement) resolutely; (courageusement) resolutely, steadfastly • **je suis résolument contre** I'm firmly against it, I'm resolutely opposed to it

résolutif, -ive [rezɔlytif, iv] adj, nm resolvent

résolution [rezɔlysjɔ̃] → SYN nf a (gén, Pol: décision) resolution • **prendre la résolution de faire** to make a resolution to do, resolve to do, make up one's mind to do • **ma résolution est prise** I've made my resolution • **bonnes résolutions** good resolutions

b (énergie) resolve, resolution, determination • **avec un visage plein de résolution** his face full of resolve ou resolution, with a determined expression on his face

c (solution) solution • **il attendait de moi la résolution de son problème** he expected me to give him a solution to his problem ou to solve his problem for him • (Math) **résolution d'une équation** (re)solution of an equation • **résolution d'un triangle** resolution of a triangle

d (Jur) [contrat, vente] cancellation, annulment

e (Méd, Mus, Phys) resolution • **résolution de l'eau en vapeur** resolution of water into steam

f [image] resolution • **image de haute résolution** high-resolution image

résolutoire [rezɔlytwaʀ] adj (Jur) resolutive

résolvante [rezɔlvɑ̃t] nf • **résolvante d'une équation** resolvant equation

résonance [rezɔnɑ̃s] → SYN nf (gén, Élec, Phys, Phon) resonance (NonC); (fig) echo • **être / entrer en résonance** to be / start resonating • **résonance magnétique nucléaire** nuclear magnetic resonance • (littér) **ce poème éveille en moi des résonances** this poem awakens echoes in me → **caisse**

résonateur [rezɔnatœʀ] nm resonator • **résonateur nucléaire** nuclear resonator

résonnant, e [rezɔnɑ̃, ɑ̃t] → SYN adj voix resonant • **cour résonnante de bruits** yard resounding ou resonant ou ringing with noise

résonner [rezɔne] → SYN ▸ conjug 1 ◂ vi [son] to resonate, reverberate, resound; [pas] to resound; [salle] to be resonant • **cloche qui résonne bien / faiblement** bell which resounds well / rings feebly • **ne parle pas trop fort, ça résonne** don't speak too loudly because it ou the noise resonates ou reverberates ou echoes • **résonner de** to resound ou ring ou resonate with

résorber [rezɔʀbe] → SYN ▸ conjug 1 ◂ 1 vt (Méd) to resorb; chômage to bring down, reduce (gradually); déficit, surplus to absorb; inflation to bring down, reduce gradually, curb • **trouver un moyen pour résorber la crise économique** to find some way of resolving the economic crisis

2 **se résorber** vpr (Méd) to be resorbed; (fig) [chômage] to be brought down ou reduced; [déficit] to be absorbed • **l'embouteillage se résorbe peu à peu** the traffic jam is gradually breaking up ou sorting itself out ou resolving itself

résorcine [rezɔʀsin] nf, **résorcinol** [rezɔʀsinɔl] nm resorcinol

résorption [rezɔʀpsjɔ̃] nf (→ **résorber**) resorption; bringing down, gradual reduction (*de* in); absorption; curbing

résoudre [rezudʀ] ▸ conjug 51 ◂ 1 vt a mystère, équation, problème de maths to solve; dilemme, crise to solve, resolve; difficultés to solve, resolve, settle, sort out; conflit to settle, resolve • **j'ignore comment ce problème va se résoudre** ou **va être résolu** I can't see how this problem will be solved ou resolved

b (décider) exécution, mort to decide on, determine on • **résoudre de faire qch** to decide ou resolve to do sth, make up one's mind to do sth • **résoudre qn à faire qch** to prevail upon sb ou induce sb to do sth

c (Méd) tumeur to resolve

d (Jur) contrat, vente to cancel, annul

e (Mus) dissonance to resolve

f (transformer) **résoudre qch en cendres** to reduce sth to ashes • **les nuages se résolvent en pluie / grêle** the clouds break up ou resolve ou turn into rain / hail

2 **se résoudre** vpr • **se résoudre à faire qch** (se décider) to resolve ou decide to do sth, make up one's mind to do sth; (se résigner) to resign ou reconcile o.s. to doing sth • **il n'a pas pu se résoudre à la quitter** he couldn't bring himself to leave her

respect [ʀɛspɛ] → SYN nm a respect (*de, pour* for) • **avoir du respect pour qn** to have respect for sb, hold sb in respect • **il n'a aucun respect pour le bien d'autrui** he has no respect ou consideration ou regard for other people's property • **par respect pour sa mémoire** out of respect ou consideration for his memory • **malgré le respect que je vous dois, sauf votre respect** with (all) respect, with all due respect • **manquer de respect à** ou **envers qn** to be disrespectful to(wards) sb • **le respect humain†** fear of the judgment of others • **respect de soi** self-respect

b (formule de politesse) **présenter ses respects à qn** to present one's respects to sb • **présentez mes respects à votre femme** give my regards ou pay my respects to your wife • **mes respects, mon colonel** good day to you, sir

c LOC **tenir qn en respect** (avec une arme) to keep sb at a respectful distance ou at bay • **au respect de††** compared with, in comparison to ou with

respectabiliser [ʀɛspɛktabilize] ▸ conjug 1 ◂ vt to make (more) respectable

respectabilité [ʀɛspɛktabilite] → SYN nf respectability

respectable [ʀɛspɛktabl] → SYN adj (honorable) respectable; (important) respectable, sizeable • **il avait un ventre respectable*** he had quite a pot-belly*, he had a fair-sized corporation* (Brit)

respecter [ʀɛspɛkte] → SYN ▸ conjug 1 ◂ GRAMMAIRE ACTIVE 11.3

1 vt a personne to respect, have respect for • **respecter une femme** to respect a

woman's honour ◆ **se faire respecter** to be respected, make o.s. respected (*par* by), command respect (*par* from)

b formes, loi to respect; traditions to respect, have respect for, honour ◆ **respecter les opinions / sentiments de qn** to show consideration ou respect for sb's opinions / feelings ◆ **respecter le sommeil de qn** to respect sb's right to get some sleep ◆ **respectez le matériel!** treat the equipment with respect!, show some respect for the equipment! ◆ **« respectez les pelouses »** "keep off the grass" ◆ **respecter une minute de silence** to observe a minute's silence ◆ **la jeunesse ne respecte rien** young people show no respect for anything ou do not respect anything ◆ **classer des livres en respectant l'ordre alphabétique** to classify books, keeping them in alphabetical order ◆ **faire respecter la loi** to enforce the law ◆ **respecter les termes d'un contrat** to abide by ou respect the terms of a contract

2 **se respecter** vpr to respect o.s. ◆ (hum) **tout professeur / juge / plombier qui se respecte** any self-respecting teacher / judge / plumber ◆ **il se respecte trop pour faire cela** he is above doing that sort of thing, he has too much self-respect to do that sort of thing

respectif, -ive [ʀɛspɛktif, iv] → SYN adj respective

respectivement [ʀɛspɛktivmɑ̃] adv respectively

respectueusement [ʀɛspɛktɥøzmɑ̃] adv respectfully, with respect

respectueux, -euse [ʀɛspɛktɥø, øz] → SYN

1 adj silence, langage, personne respectful (*envers, pour* to) ◆ **se montrer respectueux du bien d'autrui** to show respect ou consideration for other people's property ◆ **respectueux des traditions** respectful of traditions ◆ **respectueux de la loi** respectful of the law, law-abiding ◆ **être peu respectueux des autres** to show little respect for others ◆ **veuillez agréer mes salutations respectueuses** yours respectfully ◆ **je vous envoie mes hommages respectueux** yours (most) sincerely, your humble servant → **distance**

2 **respectueuse*** nf (prostituée) tart* (Brit), whore, prostitute

respirable [ʀɛspiʀabl] adj breathable ◆ **l'air n'y est pas respirable** the air there is unbreathable ◆ (fig) **l'atmosphère n'est pas respirable dans cette famille** the atmosphere in this family is suffocating

respirateur [ʀɛspiʀatœʀ] nm ◆ **respirateur (artificiel)** (gén) respirator; (pour malade dans le coma) ventilator

respiration [ʀɛspiʀasjɔ̃] → SYN nf **a** (fonction, action naturelle) breathing, respiration (spéc); (souffle) breath ◆ **respiration pulmonaire / cutanée / artificielle** ou **assistée** pulmonary / cutaneous / artificial respiration ◆ **respiration entrecoupée** irregular breathing ◆ **respiration courte** shortness of breath ◆ **avoir la respiration difficile** to have difficulty (in) ou trouble breathing ◆ **avoir la respiration bruyante** to breathe heavily ou noisily ◆ **retenir sa respiration** to hold one's breath ◆ **faites 3 respirations complètes** breathe in and out 3 times → **couper**

b (Mus) phrasing ◆ **respecter les respirations d'un poème** to respect the phrasing of a poem

respiratoire [ʀɛspiʀatwaʀ] adj système, voies respiratory; troubles breathing (épith), respiratory

respirer [ʀɛspiʀe] → SYN ▸ conjug 1 ◂ **1** vi **a** (lit, Bio) to breathe, respire (spéc) ◆ (chez le médecin) **« respirez »** "breathe in!", "take a deep breath!" ◆ **respirer par la bouche / le nez** to breathe through one's mouth / nose ◆ **est-ce qu'il respire (encore)?** is he (still) breathing? ◆ **respirer avec difficulté** to have difficulty (in) ou trouble breathing, breathe with difficulty ◆ **respirer profondément** to breathe deeply, take a deep breath ◆ **respirer à pleins poumons** to breathe deeply → **mentir**

b (fig) (se détendre) to get one's breath, have a break; (se rassurer) to breathe again ou easy ◆ **ouf, on respire** phew, we can breathe again

2 vt **a** (inhaler) to breathe (in), inhale ◆ **respirer un air vicié / le grand air** to breathe in foul air / the fresh air ◆ **faire respirer des sels à qn** to make sb inhale smelling salts

b (exprimer) calme, bonheur, santé to radiate; honnêteté, franchise, orgueil, ennui to exude, emanate ◆ **son attitude respirait la méfiance** his whole attitude was mistrustful, his attitude was clearly one of mistrust

resplendir [ʀɛsplɑ̃diʀ] → SYN ▸ conjug 2 ◂ vi [soleil, lune] to shine, beam; [surface métallique] to gleam, shine ◆ **le lac / la neige resplendissait sous le soleil** the lake / snow gleamed ou shone ou glistened ou glittered in the sun ◆ **le ciel resplendit au coucher du soleil** the sky blazes with light ou is radiant ou ablaze at sunset ◆ **toute la cuisine resplendissait** the whole kitchen shone ou gleamed ◆ (fig) **il resplendissait de joie / de bonheur** he was aglow ou radiant with joy / happiness, his face was shining ou glowing with joy / happiness

resplendissant, e [ʀɛsplɑ̃disɑ̃, ɑ̃t] → SYN adj **a** (lit: brillant) soleil shining, radiant, beaming, dazzling; lune shining, beaming; surface métallique gleaming, shining; lac, neige gleaming, shining, glistening, glittering; ciel radiant (épith)

b (fig: éclatant) beauté, santé, mine radiant (épith); yeux, visage shining ◆ **être resplendissant de santé / de joie** to be aglow ou radiant with health / joy

resplendissement [ʀɛsplɑ̃dismɑ̃] nm [beauté, soleil] brilliance ◆ **le resplendissement de la neige sur le sommet de la montagne** the glitter of the snow on the mountain top, the dazzling white of the snow on the mountain top

responsabilisation [ʀɛspɔ̃sabilizasjɔ̃] nf ◆ **il faut encourager la responsabilisation des pères** we must encourage fathers to be more responsible

responsabiliser [ʀɛspɔ̃sabilize] ▸ conjug 1 ◂ vt ◆ **responsabiliser qn** (rendre conscient de ses responsabilités) to make sb aware of his responsibilities; (donner des responsabilités) to give sb responsibilities

responsabilité [ʀɛspɔ̃sabilite] → SYN GRAMMAIRE ACTIVE 20.3

1 nf **a** (légale) liability (*de* for); (morale) responsibility (*de* for); (ministérielle) responsibility; (financière) (financial) accountability ◆ **emmener ces enfants en montagne, c'est une responsabilité** it's a responsibility taking these children to the mountains → **assurance, société**

b (charge) responsibility ◆ **de lourdes responsabilités** heavy responsibilities ◆ **assumer la responsabilité d'une affaire** to take on the responsibility for a matter ◆ **avoir la responsabilité de qn** to take ou have responsibility for sb ◆ **avoir la responsabilité de la gestion / de la sécurité** to be responsible for the management / for security ◆ **il fuit les responsabilités** he shuns (any) responsibility ◆ **il serait temps qu'il prenne ses responsabilités** it's (high) time he faced up to his responsibilities ◆ **ce poste comporte d'importantes responsabilités** this post involves ou carries considerable responsibilities ◆ **il cherche un poste offrant plus de responsabilités** he wants a position with more responsibility ◆ **avoir un poste à responsabilité** to have ou hold a position of responsibility ◆ **accéder à une haute responsabilité** to reach a position of great responsibility

2 COMP ▹ **responsabilité atténuée** (Jur) diminished responsibility ▹ **responsabilité civile** civil liability ▹ **responsabilité collective** collective responsibility ▹ **responsabilité contractuelle** contractual liability ▹ **responsabilité pénale** criminal responsibility ▹ **responsabilité pleine et entière** (Jur) full and entire responsibility

responsable [ʀɛspɔ̃sabl] → SYN **1** adj **a** (comptable) (légalement) (de dégâts) liable, responsible (*de* for); (de délits) responsible (*de* for); (moralement) responsible, accountable (*de* for, *devant qn* to sb) ◆ **reconnu responsable de ses actes** recognized as responsible ou accountable for his actions ◆ **il n'est pas responsable des délits / dégâts commis par ses enfants** he is not responsible for the misdemeanours of / liable ou responsible for damage caused by his children ◆ **u[n] père est responsable de la santé morale de se[s] enfants** a father is responsible for th[e] moral well-being of his children ◆ **civi[lement] / pénalement responsable** liable i[n] civil / criminal law ◆ **le ministre est respon[sable] de ses décisions (devant le parlement)** the minister is responsible ou accountabl[e] (to Parliament) for his decisions

b (chargé de) **responsable de** responsible for, in charge of

c (coupable) responsible, to blame ◆ **X, responsable de l'échec, a été renvoyé** X, wh[o] was responsible ou to blame for the failure, has been dismissed ◆ **ils considèren[t] l'état défectueux des freins comme responsabl[e] (de l'accident)** they consider that defectiv[e] brakes were to blame ou were responsible for the accident

d (sérieux) attitude, employé, étudiant responsible ◆ **agir de manière responsable** to behav[e] responsibly

2 nmf **a** (coupable) **il s'agit de trouver et de punir le responsable / les responsables (de cette action)** we must find and punish the person responsible / those responsible ou the person who is to blame / those who are to blame (for this act) ◆ **le seul responsable est l'alcool** alcohol alone is to blame ou is the culprit

b (personne compétente) person in charge ◆ **adressez-vous au responsable** see the person in charge

c (dirigeant) official ◆ **les responsables d'un parti** the officials of a party ◆ **des responsables de l'industrie** representatives ou leaders of industry ◆ **responsable syndical** trade union official ◆ **responsable politique** politician

resquillage [ʀɛskijaʒ] nm, **resquille** [ʀɛskij] nf (dans l'autobus) grabbing a free ride; (au match, cinéma) sneaking in, getting in on the sly

resquiller* [ʀɛskije] ▸ conjug 1 ◂ **1** vi (ne pas payer) (dans l'autobus etc) to sneak a free ride; (au match, cinéma) to get in on the sly, sneak in; (ne pas faire la queue) to jump the queue (Brit), cut in (at the beginning of) the line (US)

2 vt place to wangle**, fiddle*

resquilleur, -euse* [ʀɛskijœʀ, øz] → SYN nm,f (qui n'attend pas son tour) queue-jumper (Brit), *person who doesn't wait his or her turn in a queue* (Brit) *or line* (US); (qui ne paie pas) (dans l'autobus etc) fare-dodger ◆ (au stade etc) **expulser les resquilleurs** to throw out the people who have wangled their way in without paying

ressac [ʀəsak] nm ◆ **le ressac** (mouvement) the backwash, the undertow; (vague) the surf

ressaigner [ʀ(ə)seɲe] ▸ conjug 1 ◂ vi to bleed again

ressaisir [ʀ(ə)seziʀ] → SYN ▸ conjug 2 ◂ **1** vt **a** branche, bouée to catch hold of again; fuyard to recapture, seize again; (fig) pouvoir, occasion, prétexte to seize again; (Jur) biens to recover possession of

b [peur] to grip (once) again; [délire, désir] to take hold of again

c (Jur) **ressaisir un tribunal d'une affaire** to lay a matter before a court again

2 **se ressaisir** vpr **a** (reprendre son sang-froid) to regain one's self-control; (Sport: après avoir flanché) to rally, recover ◆ **ressaisissez-vous!** pull yourself together!, take a grip on yourself! ◆ **le coureur s'est bien ressaisi sur la fin** the runner rallied ou recovered well towards the end

b **se ressaisir de** objet, fugitifs to recover; pouvoir to seize again

ressaisissement [ʀ(ə)sezismɑ̃] nm recovery

ressassé, e [ʀ(ə)sase] (ptp de **ressasser**) adj plaisanterie, thème worn out, hackneyed

ressasser [ʀ(ə)sase] → SYN ▸ conjug 1 ◂ vt pensées, regrets to keep rehearsing ou turning over; plaisanteries, conseil to keep trotting out

ressaut [ʀəso] → SYN nm (Géog) (plan vertical) rise; (plan horizontal) shelf; (Archit) projection

ressauter [ʀ(ə)sote] ▸ conjug 1 ◂ **1** vi to jump again

2 vt obstacle to jump (over) again

ressayage [resɛjaʒ] nm ⇒ **réessayage**

ressayer [reseje] ▸ conjug 8 ◂ vt, vi (gén) to try again ; (Couture) ⇒ **réessayer**

ressemblance [ʀ(ə)sɑ̃blɑ̃s] → SYN nf **a** (similitude visuelle) resemblance, likeness ; (analogie de composition) similarity ◆ **ressemblance presque parfaite entre 2 substances** near perfect similarity of 2 substances ◆ **avoir** ou **offrir une ressemblance avec qch** to bear a resemblance ou likeness to sth ◆ **la ressemblance entre père et fils / ces montagnes est frappante** the resemblance between father and son / these mountains is striking ◆ **ce peintre s'inquiète peu de la ressemblance** this painter cares very little about likenesses ◆ **toute ressemblance avec des personnes existant** ou **ayant existé est purement fortuite** any resemblance to any person living or dead is purely accidental
b (trait) resemblance ; (analogie) similarity

ressemblant, e [ʀ(ə)sɑ̃blɑ̃, ɑ̃t] → SYN adj photo, portrait lifelike, true to life ◆ **vous êtes très ressemblant sur cette photo** this photo is very like you ◆ **il a fait d'elle un portrait très ressemblant** he painted a very good likeness of her

ressembler [ʀ(ə)sɑ̃ble] → SYN ▸ conjug 1 ◂ GRAMMAIRE ACTIVE 5
1 **ressembler à** vt indir **a** (être semblable à) [personne] (physiquement) to resemble, be ou look like ; (moralement, psychologiquement) to resemble, be like ; [choses] (visuellement) to resemble, look like ; (par la composition) to resemble, be like ; [faits, événements] to resemble, be like ◆ **il me ressemble beaucoup physiquement / moralement** he is very like me ou he resembles me closely in looks / in character ◆ **juste quelques accrochages, rien qui ressemble à une offensive** just a few skirmishes – nothing that would pass as ou that you could call a real offensive ◆ **il ne ressemble en rien à l'image que je me faisais de lui** he's nothing like how I imagined him ◆ **à quoi ressemble-t-il ?*** what does he look like ?, what's he like ? ◆ **ton fils s'est roulé dans la boue, regarde à quoi il ressemble !*** your son has been rolling in the mud – just look at the state of him ! ◆ **ça ne ressemble à rien !*** [attitude] that has no rhyme or reason to it, it makes no sense at all ; [peinture, objet] it's like nothing on earth ! ◆ **à quoi ça ressemble de crier comme ça !*** what's the idea of ou what do you mean by shouting like that !
b (être digne de) **cela lui ressemble bien, de dire ça** it's just like him ou it's typical of him to say that ◆ **cela te ressemble peu** that's (most) unlike you ou not like you
2 **se ressembler** vpr (physiquement, visuellement) to look ou be alike, resemble each other ; (moralement, par ses éléments) to be alike, resemble each other ◆ **ils se ressemblent comme deux gouttes d'eau** they're as like as two peas (in a pod) ◆ **tu ne te ressembles plus depuis ton accident** you're not yourself ou you've changed a lot since your accident ◆ **aucune ville ne se ressemble** ou **ne ressemble à une autre** no town is like another, no two towns are alike ◆ **aucune maison ne se ressemble dans cette rue** no two houses look alike ou not one house looks like another in this street ◆ **toutes les grandes villes se ressemblent** all big towns are ou look alike ou the same → **jour, qui**

ressemelage [ʀ(ə)səm(ə)laʒ] nm soling, resoling

ressemeler [ʀ(ə)səm(ə)le] ▸ conjug 4 ◂ vt to sole, resole

ressemer [ʀ(ə)səme, ʀəs(ə)me] ▸ conjug 5 ◂ **1** vt to resow, sow again
2 **se ressemer** vpr ◆ **se ressemer (tout seul)** to (re)seed itself

ressentiment [ʀ(ə)sɑ̃timɑ̃] → SYN nm resentment (*contre* against, *de* at) ◆ **éprouver du ressentiment** to feel resentful ◆ **éprouver un ressentiment légitime à l'égard de qn** to feel justifiably resentful towards sb ◆ **il en a gardé du ressentiment** it has remained a sore point with him, he has harboured resentment over it ◆ **avec ressentiment** resentfully, with resentment

ressentir [ʀ(ə)sɑ̃tiʀ] → SYN ▸ conjug 16 ◂ **1** vt douleur, sentiment, coup to feel ; sensation to feel, experience ; perte, insulte, privation to feel, be affected by ◆ **il ressentit les effets de cette nuit de beuverie** he felt the effects of that night's drinking ◆ **il ressent toute chose profondément** he feels everything deeply, he is deeply affected by anything ou everything
2 **se ressentir** vpr **a** [travail, qualité] **se ressentir de** to show the effects of ◆ **la qualité / son travail s'en ressent** the quality / his work is showing the effect, it is telling on the quality / his work
b [personne, communauté] **se ressentir de** to feel the effects of ◆ **il se ressentait du manque de préparation** he felt the effects of his lack of preparation, his lack of preparation told on his performance
c (*) **s'en ressentir pour** to feel up to ◆ **il ne s'en ressent pas pour faire ça** he doesn't feel up to doing that

resserrage [ʀ(ə)seʀaʒ] nm [boulon, souliers, nœud] tightening up

resserre [ʀəsɛʀ] → SYN nf (cabane) shed ; (réduit) store, storeroom

resserré, e [ʀ(ə)seʀe] → SYN (ptp de **resserrer**) adj chemin, vallée narrow ◆ **une petite maison resserrée entre des immeubles** a little house squeezed between high buildings ◆ **une veste resserrée à la taille** a jacket fitted at the waist

resserrement [ʀ(ə)sɛʀmɑ̃] → SYN nm **a** (action) [nœud, étreinte] tightening ; [pores] closing ; [liens, amitié] strengthening ; [vallée] narrowing ; [crédit] tightening
b (goulet) [route, vallée] narrow part

resserrer [ʀ(ə)seʀe] → SYN ▸ conjug 1 ◂ **1** vt **a** boulon, souliers, nœud to tighten up ; étreinte to tighten ◆ **produit qui resserre les pores de la peau** product which helps (to) close the pores of the skin
b (fig) discipline to tighten up ; cercle, filets to draw tighter, tighten ; liens, amitié to strengthen ; récit to tighten up, compress ; crédits to tighten, squeeze ◆ **la peur resserra le cercle des fugitifs autour du feu** fear drew the group of fugitives in ou closer around the fire
2 **se resserrer** vpr **a** [nœud, étau, étreinte] to tighten ; [pores, mâchoire] to close ; [chemin, vallée] to narrow
b [liens affectifs] to grow stronger ; [cercle, groupe] to draw in ◆ **le filet / l'enquête se resserrait autour de lui** the net / inquiry was closing in on him

resservir [ʀ(ə)sɛʀviʀ] ▸ conjug 14 ◂ **1** vt **a** (servir à nouveau) plat to serve (up) again (*à* to), dish up again* (péj) (*à* for) ◆ **ils (nous) ont resservi la soupe de midi** they served (us) up the lunchtime soup again
b (servir davantage) dîneur to give another ou a second helping to ◆ **resservir de la soupe / viande** to give another ou a second helping of soup / meat ◆ **ils (nous) ont resservi de la viande** they gave (us) a second helping of meat
c (fig) thème, histoire to trot out again (péj) ◆ **les thèmes qu'ils nous resservent depuis des années** the themes that they have been feeding us with ou trotting out to us for years
2 vi **a** [vêtement usagé, outil] to serve again, do again ◆ **ça peut toujours resservir** it may come in handy ou be useful again ◆ **cet emballage peut resservir** this packaging can be used again ◆ **ce manteau pourra te resservir** you may find this coat useful again (some time)
b (Tennis) to serve again
3 **se resservir** vpr **a** [dîneur] to help o.s. again, take another helping ◆ **se resservir de fromage / viande** to help o.s. to some more cheese / meat, take another helping of cheese / meat
b (réutiliser) **se resservir de** outil to use again ; vêtement to wear again

ressort¹ [ʀ(ə)sɔʀ] → SYN **1** nm **a** (pièce de métal) spring ◆ **faire ressort** to spring back ◆ **à ressort** mécanisme, pièce spring-loaded → **matelas, mouvoir**
b (énergie) spirit ◆ **avoir du / manquer de ressort** to have / lack spirit ◆ **un être sans ressort** a spiritless individual
c (littér : motivation) **les ressorts qui le font agir** the forces which motivate him, the motivating forces behind his actions ◆ **les ressorts de l'âme** the moving forces of the soul
d († : élasticité) resilience
e († : moyen) means
2 COMP ▷ **ressort à boudin** spiral spring ▷ **ressort hélicoïdal** helical ou coil spring ▷ **ressort à lames** leafspring ▷ **ressort de montre** hairspring ▷ **ressort de suspension** suspension spring ▷ **ressort de traction** drawspring

ressort² [ʀ(ə)sɔʀ] → SYN nm **a** (Admin, Jur : de la compétence de) **être du ressort de** to be ou fall within the competence of ◆ **c'est du ressort de la justice / du chef de service** that is for the law / head of department to deal with, that is the law's / the head of department's responsibility ◆ (fig) **ce n'est pas de mon ressort** this is not my responsibility, this doesn't come within my province, this falls outside my scope
b (Jur : circonscription) jurisdiction ◆ **dans le ressort du tribunal de Paris** in the jurisdiction of the courts of Paris → **dernier**

ressortir¹ [ʀ(ə)sɔʀtiʀ] → SYN ▸ conjug 16 ◂ **1** vi (avec aux être) **a** (à nouveau : → aussi **sortir¹**) [personne] (aller) to go out again, leave again ; (venir) to come out again, leave again ; (en voiture) to drive out again ; [objet, pièce] to come out again ◆ **je suis ressorti faire des courses** I went out shopping again ◆ **ils sont ressortis du pays une troisième fois** they left the country again for the third time ◆ **le rouge / 7 est ressorti** the red / 7 came out ou up again ◆ **ce film ressort sur nos écrans** this film is showing again ou has been re-released
b (sortir) [personne] to go (*ou* come) out (again), leave ; [objet, pièce] to come out (again) ◆ **il a jeté un coup d'œil aux journaux et il est ressorti** he glanced at the newspapers and went (back) out again ◆ (fig) **des désirs refoulés / souvenirs qui ressortent** repressed desires / memories which resurface ou come back up to the surface
c (contraster) [détail, couleur, qualité] to stand out ◆ **faire ressortir qch** to make sth stand out, bring out sth
2 **ressortir de** vt indir (résulter) to emerge from, be the result of ◆ **il ressort de tout cela que personne ne savait** what emerges from all that is that no one knew
3 vt (avec aux avoir) (à nouveau : → aussi **sortir¹**) vêtements d'hiver, outil etc to take out again ; film to re-release, bring out again ; (Comm) modèle to bring out again ◆ **le soleil revenant, ils ont ressorti les chaises sur la terrasse** when the sun came out again, they took ou brought the chairs back onto the terrace ◆ **j'ai encore besoin du registre, ressors-le** I still need the register so take ou get it (back) out again ◆ **il (nous) ressort toujours les mêmes blagues** he always trots out the same old jokes ◆ (fig) **ressortir un vieux projet d'un tiroir** to get out an old plan again, disinter an old plan

ressortir² [ʀ(ə)sɔʀtiʀ] → SYN ▸ conjug 2 ◂ **ressortir à** vt indir (Jur) cour, tribunal to come under the jurisdiction of ; (frm) domaine to be the concern ou province of, pertain to ◆ (Jur) **ceci ressort à une autre juridiction** this comes under ou belongs to a separate jurisdiction

ressortissant, e [ʀ(ə)sɔʀtisɑ̃, ɑ̃t] → SYN nm,f national ◆ **ressortissant français** French national ou citizen

ressouder [ʀ(ə)sude] ▸ conjug 1 ◂ **1** vt objet brisé to solder together again ; amitié to patch up, renew the bonds of ; (souder à nouveau) to resolder ; to reweld
2 **se ressouder** vpr [os, fracture] to knit, mend ; [amitié] to mend

ressource [ʀ(ə)suʀs] → SYN nf **a** (moyens matériels, financiers) **ressources** [pays] resources ; [personne, famille] resources, means ◆ **ressources personnelles** personal finances, private means ou resources ◆ **avoir de maigres ressources** to have limited ou slender resources ou means ◆ **une famille sans ressources** a family with no means of support ou no resources ◆ **ressources naturelles / pétrolières d'un pays** natural / petroleum resources of a country ◆ **les ressources en hommes d'un pays** the manpower resources of a country ◆ **les ressources de l'État** ou **du Trésor** the financial resources of the state ◆ **ressources humaines** human resources ◆ **gestionnaire / directeur des ressources humaines** human resources administrator / manager

b (possibilités) **ressources** [artiste, sportif, aventurier] resources ; [art, technique, système] possibilities ◆ **les ressources de son talent / imagination** the resources of one's talent / imagination ◆ **cet appareil / cette technique / ce système a des ressources variées** this camera / technique / system has a wide range of possible applications ◆ **les ressources de la langue française** the resources of the French language ◆ **les ressources de la photographie** the various possibilities of photography ◆ **être à bout de ressources** to have exhausted all the possibilities, be at the end of one's resources ◆ **homme / femme de ressource(s)** man / woman of resource, resourceful man / woman

c (recours) **n'ayant pas la ressource de lui parler** having no means ou possibility of speaking to him ◆ **je n'ai d'autre ressource que de lui téléphoner** the only course open to me is to phone him, I have no other option but to phone him ◆ **sa seule / dernière ressource était de** the only way ou course open to him / the only way ou course left ou remaining open to him was to ◆ **vous êtes ma dernière ressource** you are my last resort ◆ **en dernière ressource** as a last resort

d (Ordin) resource

e **avoir de la ressource** [sportif, cheval] to have strength in reserve ◆ **il y a de la ressource*** there's plenty more where that came from

ressourcer (se) [R(ə)surse] ▸ conjug 3 ◂ vpr (retrouver ses racines) to go back to one's roots ; (recouvrer ses forces) to get one's strength back

ressouvenir (se) [R(ə)suv(ə)niR] → SYN ▸ conjug 22 ◂ vpr ◆ (littér) **se ressouvenir de** to remember, recall ◆ **faire se ressouvenir qn de qch,** (littér) **faire ressouvenir qn de qch** to remind sb of sth ◆ **ce bruit le fit se ressouvenir** ou (littér) **lui fit ressouvenir de son accident** hearing that noise he was reminded of his accident

ressurgir [R(ə)syRʒiR] ▸ conjug 2 ◂ vi ⇒ **resurgir**

ressusciter [Resysite] → SYN ▸ conjug 1 ◂ [1] vi **a** (Rel) to rise (from the dead) ◆ **le Christ ressuscité** the risen Christ ◆ **ressuscité d'entre les morts** risen from the dead

b (fig : renaître) [malade] to come back to life, revive ; [sentiment, souvenir] to revive, reawaken, come alive again ; [pays] to come back to life, get back on its feet again

[2] vt **a** (lit) mourant to resuscitate, restore ou bring back to life ; (Rel) to raise (from the dead) ◆ **buvez ça, ça ressusciterait un mort*** drink that – it'll put new life into you ◆ **bruit à ressusciter les morts** noise that would wake ou awaken the dead

b (fig : régénérer) malade, projet, entreprise to bring back to life, inject new life into, revive

c (fig : faire revivre) sentiment to revive, reawaken, bring back to life ; héros, mode to bring back, resurrect (péj) ; passé, coutume, loi to revive, resurrect (péj)

restant, e [Restɑ̃, ɑ̃t] → SYN [1] adj remaining ◆ **le seul cousin restant** the sole ou one remaining cousin, the only ou one cousin left ou remaining → **poste¹**

[2] nm **a** (l'autre partie) **le restant** the rest, the remainder ◆ **tout le restant des provisions était perdu** all the rest ou remainder of the supplies were lost ◆ **employant le restant de ses journées à lire** spending the rest ou remainder of his days reading

b (ce qui est en trop) **accommoder un restant de poulet** to make a dish with some left-over chicken ◆ **faire une écharpe dans un restant de tissu** to make a scarf out of some left-over material

restau* [Resto] nm ⇒ **resto***

restaurant [RestɔRɑ̃] → SYN [1] nm restaurant ◆ **on mange à la maison ou on va au restaurant?** shall we eat at home or shall we eat out? ou have a meal out?

[2] COMP ▷ **restaurant d'entreprise** staff canteen, staff dining room ▷ **restaurant gastronomique** gourmet restaurant ▷ **restaurant libre-service** self-service restaurant, cafeteria ▷ **restaurant rapide** fast-food restaurant ▷ **restaurant self-service** ⇒ **restaurant libre-service** ▷ **restaurant universitaire** university refectory ou canteen ou cafeteria

restaurateur, -trice [RestɔRatœR, tRis] → SYN nm,f **a** [tableau, dynastie] restorer

b (aubergiste) restaurant owner, restaurateur

restauration [RestɔRasjɔ̃] → SYN nf **a** [tableau, dynastie] restoration ; [ville, bâtiment] restoration, rehabilitation ◆ (Hist) **la Restauration** the restoration (*of the Bourbons in 1830*)

b (hôtellerie) catering ◆ **il travaille dans la restauration** he works in catering ◆ **la restauration rapide** the fast-food industry ou trade

restaurer [RestɔRe] → SYN ▸ conjug 1 ◂ [1] vt **a** tableau, dynastie, paix to restore

b (nourrir) to feed

[2] **se restaurer** vpr to take some refreshment, have something to eat

restauroute [RestoRut] nm ⇒ **restoroute**

reste [Rest] → SYN nm **a** (l'autre partie) **le reste** the rest, what is left ◆ **le reste de sa vie / du temps / des hommes** the rest of his life / of the time / of humanity ◆ **j'ai lu 3 chapitres, je lirai le reste (du livre) demain** I've read 3 chapters and I'll read the rest (of the book) tomorrow ◆ **le reste du lait** the rest of the milk, what is left of the milk ◆ **préparez les bagages, je m'occupe du reste** get the luggage ready and I'll see to the rest ou to everything else

b (ce qui est en trop) **il y a un reste de fromage / de tissu** there's some ou a piece of cheese / material left over ◆ **s'il y a un reste, je fais une omelette / une écharpe** if there's some ou any left ou left over I'll make an omelette / a scarf ◆ **ce reste de poulet ne suffira pas** this (piece of) left-over chicken won't be enough ◆ **s'il y a un reste (de laine), j'aimerais faire une écharpe** if there's some spare (wool) ou some (wool) to spare, I'd like to make a scarf ◆ **un reste de tendresse / de pitié la poussa à rester** a last trace ou a remnant of tenderness / pity moved her to stay

c **les restes** (nourriture) the left-overs ; (frm : dépouille mortelle) the (mortal) remains ◆ **les restes de** repas the remains of, the left-overs from ; fortune, ville incendiée etc the remains of, what is (ou was) left of ◆ **donner les restes au chien** to give the scraps ou left-overs to the dog ◆ (hum) **elle a de beaux restes** (physiques) she is a fine woman yet ; (intellectuels) she's still on the ball*

d (Math : différence) remainder

e LOC **avoir de l'argent / du temps de reste** to have money / time left over ou in hand ou to spare ◆ **être** ou **demeurer en reste** to be outdone ◆ **il ne voulait pas être en reste avec eux** he didn't want to be outdone by them ou one down on them* (Brit) ou indebted to them ◆ (littér) **au reste, du reste** (and) besides, (and) what's more ◆ **nous la connaissons, du reste, très peu** besides ou moreover, we hardly know her at all ◆ **il est parti sans attendre** ou **demander son reste** he left without further ado ou without asking (any) questions ou without waiting to hear more ◆ **il est menteur, paresseux et (tout) le reste** he's untruthful, lazy and everything else as well ◆ **avec la grève, la neige et (tout) le reste, ils ne peuvent pas venir** with the strike, the snow and everything else ou all the rest, they can't come ◆ **pour le reste** ou **quant au reste (nous verrons bien)** (as) for the rest (we'll have to see) ◆ **il a été opéré, le repos fera le reste** he was operated on, a rest will help him recover

rester [Reste] → SYN ▸ conjug 1 ◂ [1] vi **a** (dans un lieu) to stay, remain ; (*: habiter) to live ◆ **rester au lit** [paresseux] to stay ou lie in bed ; [malade] to stay in bed ◆ **rester à la maison** to stay ou remain in the house ou indoors ◆ **rester chez soi** to stay at home ou in ◆ **rester au** ou **dans le jardin / à la campagne / à l'étranger** to stay ou remain in the garden / in the country / abroad ◆ **rester (à) dîner / déjeuner** to stay for ou to dinner / lunch ◆ **je ne peux rester que 10 minutes** I can only stay ou stop* 10 minutes ◆ **la voiture est restée dehors / au garage** the car stayed ou remained outside / in the garage ◆ **la lettre va certainement rester dans sa poche** the letter is sure to stay in his pocket ◆ **un os lui est resté dans la gorge** a bone was caught ou got stuck in his throat ◆ (lit, fig) **ça m'est resté là*** ou **en travers de la gorge** it stuck in my throat ◆ **mon déjeuner m'est resté sur l'estomac** my lunch is still sitting there ◆ **restez où vous êtes** stay ou remain where you are ◆ **rester à regarder la télévision** to stay watching television ◆ **nous sommes restés 2 heures à l'attendre** we stayed there waiting for him for 2 hours ◆ **naturellement ça reste entre nous** of course we shall keep this to ourselves ou this is strictly between ourselves ◆ [nerveux] **il ne peut pas rester en place** he can't keep still

b (dans un état) to stay, remain ◆ **rester éveillé / immobile** to keep ou stay awake / still ◆ **rester sans bouger / sans rien dire** to stay ou remain motionless / silent ◆ **rester dans l'ignorance** to remain in ignorance ◆ **rester en fonction** to remain in office ◆ **rester debout** (lit) to stand, remain standing ; (ne pas se coucher) to stay up ◆ **je suis resté assis / debout toute la journée** I spent the (whole) day sitting / standing, I've been sitting / standing (up) all day ◆ **rester en contact avec qn** to keep in touch ou contact with sb ◆ **ne reste pas là les bras croisés** don't just stand there with your arms folded ◆ **il est resté très timide** he has remained ou he is still very shy ◆ **il est et restera toujours maladroit** he is clumsy and he always will be ◆ **cette coutume est restée en honneur dans certains pays** this custom is still honoured in certain countries → **panne¹, plan¹**

c (subsister) to be left, remain ◆ **rien ne reste de l'ancien château** nothing is left ou remains of the old castle ◆ **c'est le seul parent qui leur reste** he's their only remaining relative, he's the only relative they have left ◆ **c'est tout l'argent qui leur reste** that's all the money they have left ◆ **10 km restaient à faire** there were still 10 km to go

d (durer) to last, live on ◆ **c'est une œuvre qui restera** it's a work which will live on ou which will last ◆ **le désir passe, la tendresse reste** desire passes, tenderness lives on ◆ **le surnom lui est resté** the nickname stayed with him, the nickname stuck

e **rester sur une impression** to retain an impression ◆ **je suis resté sur ma faim** (après un repas) I still felt hungry ; (à la fin d'une histoire) I was left unsatisfied, I was left hanging* ◆ **sa remarque m'est restée sur le cœur** his remark (still) rankles (in my mind) ◆ **ça m'est resté sur l'estomac*** it still riles me*, I still feel sore about it*, it still rankles with me ◆ **ne restons pas sur un échec** let's not give up because we failed

f **en rester à** (ne pas dépasser) to go no further than ◆ **ils en sont restés à quelques baisers bien innocents / des discussions préliminaires** they got no further than a few quite innocent kisses / preliminary discussions ◆ **les gens du village en sont restés à la bougie** the villagers never moved on from candles, the villagers are still at the stage of using candles ◆ **ils en sont restés là des pourparlers** they only got that far ou that is as far as they got in their discussions ◆ **les choses en sont restées là jusqu'à ...** nothing more happened until ... ou was done (about it) until ... ◆ **où en étions-nous restés dans notre lecture?** where did we leave off in our reading? ◆ **restons-en là** let's leave off there, let's leave it at that

g (‡ : mourir) **y rester** to meet one's end ◆ **il a bien failli y rester** he nearly met his end, that was nearly the end of him

[2] vb impers ◆ **il reste encore un peu de jour / de pain** there's still a little daylight / bread left ◆ **il leur reste juste de quoi vivre** they've just enough left to live on ◆ **il me reste à faire ceci** I still have this to do, there's still this for me to do ◆ **il reste beaucoup à faire** much remains to be done, there's a lot left to do ou to be done, there's still a lot to do ou to be done ◆ **il nous reste son souvenir** we still have our memories of him ◆ **il ne me reste que**

toi you're all I have left ◆ **il n'est rien resté de leur maison / des provisions** nothing remained ou was left of their house / the supplies ◆ **le peu de temps qu'il lui restait à vivre** the short time that he had left to live ◆ **il ne me reste qu'à vous remercier** it only remains for me to thank you ◆ **il restait à faire 50 km** there were 50 km still ou left to go ◆ **est-ce qu'il vous reste assez de force pour terminer ce travail?** have you enough strength left to finish this job? ◆ **quand on a été en prison il en reste toujours quelque chose** when you've been in prison something of it always stays with you ◆ **(il) reste à savoir si / à prouver que** it remains to be seen if / to be proved that ◆ **il reste que, il n'en reste pas moins que** the fact remains (nonetheless) that, it is nevertheless a fact that ◆ **il reste entendu que** it remains ou is still quite understood that

restituable [ʀɛstitɥabl] adj somme d'argent returnable, refundable

restituer [ʀɛstitɥe] → SYN ▸conjug 1◂ vt **a** (rendre) objet volé to return, restore (*à qn* to sb); somme d'argent to return, refund (*à qn* to sb) **b** (reconstituer) fresque, texte, inscription to reconstruct, restore ◆ **un texte enfin restitué dans son intégralité** a text finally restored in its entirety ◆ **appareil qui restitue fidèlement les sons** apparatus which gives faithful sound reproduction ◆ **l'énergie emmagasinée est entièrement restituée sous forme de chaleur** the energy stored up is entirely released in the form of heat

restitution [ʀɛstitysjɔ̃] → SYN nf (→ **restituer**) return; restoration; reconstruction; reproduction; release ◆ **la restitution des objets volés** the return ou restitution of the stolen goods

resto* [ʀɛsto] nm (abrév de **restaurant**) restaurant, eatery* (US) ◆ **Resto U** university refectory ou canteen ou cafeteria ◆ **les restos du cœur** *charity set up to provide food for the homeless during the winter*

restoroute® [ʀɛstoʀut] nm [route] roadside restaurant; [autoroute] motorway (Brit) ou freeway (US) restaurant

restreindre [ʀɛstʀɛ̃dʀ] → SYN ▸conjug 52◂ **1** vt quantité, production, dépenses to restrict, limit, cut down; ambition to restrict, limit, curb ◆ **nous restreindrons notre étude à quelques exemples** we will restrict our study to a few examples ◆ (Fin) **restreindre le crédit** to restrict credit
2 se restreindre vpr **a** (dans ses dépenses, sur la nourriture) to cut down (*sur* on) **b** (diminuer) [production, tirage] to decrease, go down; [espace] to decrease, diminish; [ambition, champ d'action] to narrow; [sens d'un mot] to become more restricted ◆ **le champ de leur enquête se restreint** the scope of their inquiry is narrowing

restreint, e [ʀɛstʀɛ̃, ɛ̃t] → SYN (ptp de **restreindre**) adj production, autorité, emploi, vocabulaire limited, restricted; personnel, espace, moyens, nombre limited; sens restricted ◆ **restreint à** confined ou restricted ou limited to → **comité, suffrage**

restrictif, -ive [ʀɛstʀiktif, iv] → SYN adj restrictive

restriction [ʀɛstʀiksjɔ̃] → SYN nf **a** (action) restriction, limiting, limitation **b** (de personnel, de consommation) **restrictions** restrictions ◆ **restrictions d'électricité** electricity restrictions, restrictions on the use of electricity ◆ **restrictions de crédit** credit restrictions **c** (condition) qualification ◆ (réticence) **restriction (mentale)** mental reservation ◆ **faire des restrictions** to make qualifications, express some reservations ◆ **avec restriction** ou **des restrictions** with some qualification(s) ou reservation(s) ◆ **approuver qch sans restrictions** to give one's unqualified approval to sth, accept sth without reservation **d** (Bio) **enzyme de restriction** restriction enzyme

restructuration [ʀəstʀyktyʀasjɔ̃] nf restructuring

restructurer [ʀəstʀyktyʀe] ▸conjug 1◂ vt to restructure

resucée* [ʀ(ə)syse] nf (plagiat) rehash*

résultante [ʀezyltɑ̃t] → SYN nf (Sci) resultant; (fig: conséquence) outcome, result, consequence

résultat [ʀezylta] → SYN GRAMMAIRE ACTIVE 26.4 nm **a** (conséquence) result, outcome ◆ **cette tentative a eu des résultats désastreux** this attempt had disastrous results ou a disastrous outcome ◆ **cette démarche eut pour résultat une amélioration de la situation** ou **d'améliorer la situation** this measure resulted in ou led to an improvement in the situation ou resulted in the situation's improving ◆ **on l'a laissé seul: résultat, il a fait des bêtises** we left him alone, so what happens ou what's the result – he goes and does something silly ◆ **il n'y a que le résultat qui compte** the only thing that matters is the result **b** (chose obtenue, réalisation) result ◆ **c'est un résultat remarquable** it is a remarkable result ou achievement ◆ **il a promis d'obtenir des résultats** he promised to get results ◆ (iro) **beau résultat!** well done! (iro) ◆ **il essaya, sans résultat, de le convaincre** he tried to convince him but to no effect ou avail ◆ **le traitement fut sans résultat** the treatment had no effect ou didn't work **c** (solution) [problème, addition] result **d** (classement) [examen, élection] results ◆ **et maintenant les résultats sportifs** and now for the sports results ◆ **le résultat des courses** (Sport) the racing results; (fig) the upshot ◆ **voici quelques résultats partiels de l'élection** here are some of the election results so far **e** (Fin) (gén) result; (chiffres) figures; (bénéfices) profit; (revenu) income; (gains) earnings ◆ **résultats** results ◆ **résultat bénéficiaire** profit ◆ **résultat net** net profit ou income ou earnings

résulter [ʀezylte] → SYN ▸conjug 1◂ **1** vi ◆ **résulter de** to result from, be the result of ◆ **rien de bon ne peut en résulter** no good can come of it ou result from it ◆ **les avantages économiques qui en résultent** the resulting economic benefits ◆ **ce qui a résulté de la discussion est que ...** the result ou outcome of the discussion was that ..., what came out of the discussion was that
2 vb impers ◆ **il résulte de tout ceci que** the result of all this is that ◆ **il en résulte que c'est impossible** as a result it's impossible, the result is that it's impossible ◆ **qu'en résultera-t-il?** what will be the result? ou outcome?

résumé [ʀezyme] → SYN GRAMMAIRE ACTIVE 26.4 nm (texte, ouvrage) summary, résumé ◆ **«résumé des chapitres précédents»** "the story (in brief) so far" ◆ (TV, Radio) **résumé des informations** news roundup ◆ **en résumé** (en bref) in short, in brief; (pour conclure) to sum up; (en miniature) in miniature ◆ **faire un résumé de** to sum up, give a brief summary of

résumer [ʀezyme] → SYN ▸conjug 1◂ GRAMMAIRE ACTIVE 26.1, 26.4
1 vt (abréger) to summarize; (récapituler, aussi Jur) to sum up; (reproduire en petit) to epitomize, typify
2 se résumer vpr **a** [personne] to sum up (one's ideas) **b** (être contenu) **toutes les facettes du bien et du mal se résumaient en lui** every aspect of good and evil was embodied ou typified in him **c** (se réduire à) **se résumer à** to amount to, come down to, boil down to ◆ **l'affaire se résume à peu de chose** the affair amounts to ou comes down to nothing really, that's all the affair boils down to

résurgence [ʀezyʀʒɑ̃s] → SYN nf (Géol) reappearance (*of river*), resurgence; [idée, mythe] resurgence

résurgent, e [ʀezyʀʒɑ̃, ɑ̃t] → SYN adj (Géol) eaux re-emergent

resurgir [ʀ(ə)syʀʒiʀ] ▸conjug 2◂ vi to reappear, re-emerge

résurrection [ʀezyʀɛksjɔ̃] → SYN nf [mort] resurrection; (fig: renouveau) revival ◆ (Rel) **la Résurrection** the Resurrection ◆ **c'est une véritable résurrection!** he has really come back to life!

retable [ʀətabl] nm reredos, retable

rétablir [ʀetabliʀ] → SYN ▸conjug 2◂ GRAMMAIRE ACTIVE 23.4
1 vt **a** (remettre) courant, communications to restore **b** (restaurer) monarchie to restore, re-establish; droit, ordre, équilibre to restore; forces, santé to restore; fait, vérité to re-establish **c** (réintégrer) to reinstate ◆ **rétablir qn dans son emploi** to reinstate sb in ou restore sb to his post ◆ **rétablir qn dans ses droits** to restore sb's rights **d** (guérir) **rétablir qn** to restore sb to health, bring about sb's recovery
2 se rétablir vpr **a** (guérir) to recover ◆ **après sa maladie, il s'est vite rétabli** he soon recovered after his illness **b** (revenir) to return, be restored ◆ **le silence / le calme s'est rétabli** silence / calm returned ou was restored **c** (faire un rétablissement) to pull o.s. up *(onto a ledge etc)*

rétablissement [ʀetablismɑ̃] → SYN GRAMMAIRE ACTIVE 23.4 nm **a** (action: → **rétablir**) restoring; re-establishment **b** (guérison) recovery ◆ **en vous souhaitant un prompt rétablissement** with my (ou our) good wishes for your swift recovery, hoping you will be better soon ◆ **tous nos vœux de prompt rétablissement** our best wishes for a speedy recovery **c** (Sport) **faire** ou **opérer un rétablissement** to do a pull-up *(into a standing position, onto a ledge etc)*

retaille [ʀətɑj] nf [diamant] re-cutting

retailler [ʀ(ə)tɑje] ▸conjug 1◂ vt diamant, vêtement to re-cut; crayon to sharpen; arbre to (re-)prune

rétamage [ʀetamaʒ] nm re-coating, re-tinning *(of pans)*

rétamé, e‡ [ʀetame] (ptp de **rétamer**) adj (fatigué) knackered‡ (Brit), worn out*; (ivre) plastered‡, sloshed‡; (détruit, démoli) wiped out; (sans argent) broke* ◆ (mort) **il a été rétamé en un mois** he was dead within a month, he was a goner within a month‡

rétamer [ʀetame] ▸conjug 1◂ **1** vt **a** casseroles to re-coat, re-tin **b** (‡) (fatiguer) to knacker‡ (Brit), wear out*; (rendre ivre) to knock out‡; (démolir) to wipe out; (dépouiller au jeu) to clean out*; (à un examen) to flunk‡ ◆ **se faire rétamer au poker** to go broke* ou be cleaned out* at poker
2 se rétamer‡ vpr [candidat] to flunk‡ ◆ (tomber) **se rétamer (par terre)** to take a dive*, crash to the ground ◆ **la voiture s'est rétamée contre un arbre** the car crashed into a tree

rétameur [ʀetamœʀ] nm tinker

retapage [ʀ(ə)tapaʒ] nm [maison, vêtement] doing up; [voiture] fixing up; [lit] straightening

retape‡ [ʀ(ə)tap] nf ◆ **faire (de) la retape** [prostituée] to be on the game‡ (Brit), walk the streets*; [agent publicitaire] to tout (around) for business ◆ **faire de la retape pour une compagnie de bateaux-mouches** to tout for a pleasure boat company

retaper [ʀ(ə)tape] → SYN ▸conjug 1◂ **1** vt **a** (*: remettre en état) maison, vêtement to do up; voiture to fix up; lit to straighten; (* fig) malade, personne fatiguée to set up (again), buck up* ◆ **ça m'a retapé, ce whisky** that whisky has set me up again **b** (dactylographier) to retype, type again
2 se retaper* vpr (guérir) to get back on one's feet ◆ **il va se retaper en quelques semaines** he'll get back on his feet in a few weeks

retapisser [ʀ(ə)tapise] ▸conjug 1◂ vt (de papier peint) to repaper

retard [ʀ(ə)taʀ] → SYN **1** nm **a** [personne attendue] lateness (NonC) ◆ **ces retards continuels seront punis** this constant lateness will be punished ◆ **plusieurs retards dans la même semaine, c'est inadmissible** it won't do being late several times in one week ◆ (Scol) **il a eu quatre retards** he was late four times ◆ **son retard m'inquiète** I'm worried that he hasn't yet arrived ou by his lateness ◆ **vous avez du retard, vous êtes en retard** you're late

◆ **vous avez 2 heures de retard** ou **un retard de 2 heures, vous êtes en retard de 2 heures** you're 2 hours late ◆ **ça / il m'a mis en retard** it / he made me late ◆ **je me suis mis en retard** I made myself late → **billet**

b [train etc] delay ◆ **le train est en retard sur l'horaire** the train is running behind schedule ◆ **un retard de 3 heures est annoncé sur la ligne Paris-Brest** there will be a delay of 3 hours ou trains will run 3 hours late on the Paris-Brest line ◆ **le conducteur essayait de combler son retard** the driver was trying to make up the time he had lost ◆ (Sport) **être en retard (de 2 heures / 2 km) sur le peloton** to be (2 hours / 2 km) behind the pack ◆ (Sport) **avoir 2 secondes de retard sur le champion / record** to be 2 seconds slower than ou behind the champion / outside the record

c [montre] **cette montre a du retard** this watch is slow ◆ **la pendule prend du retard** the clock goes slow ou loses ◆ **la pendule prend un retard de 3 minutes par jour** the clock loses 3 minutes a day

d (non-observation des délais) delay ◆ **si l'on apporte du retard dans l'exécution d'une commande** if one is late ou if there is a delay in carrying out an order ◆ **paiement en retard** (effectué) late payment; (non effectué) overdue payment, payment overdue ◆ **vous êtes en retard pour les inscriptions** ou **pour vous inscrire** you are late (in) registering ◆ **il est toujours en retard sur les autres pour payer ses cotisations** he is always behind the others ou later than the others in paying his subscriptions ◆ **payer / livrer qch avec retard** ou **en retard** to pay / deliver sth late, be late (in) paying / delivering sth ◆ **sans retard** without delay

e (sur un programme) delay ◆ **nous sommes / les recherches sont en retard sur le programme** we are / the research is behind schedule ◆ **j'ai du travail / courrier en retard** I'm behind ou behindhand (Brit) with my work / mail, I have a backlog of work / mail ◆ **il avait un retard scolaire considérable** he had fallen well behind his age-group at school ◆ **il doit combler son retard en anglais** he has a lot of ground to make up in English ◆ **j'ai pris du** ou **je me suis mis en retard dans mes révisions** I have fallen behind in ou I am behind with my revision

f (infériorité) [peuple, pays] backwardness ◆ **il est en retard pour son âge** he's backward for his age ◆ **retard de croissance** slow development ◆ **pays qui a 100 ans de retard économique** ou **est en retard de 100 ans du point de vue économique** country whose economy is 100 years behind ou which is economically 100 years behind ◆ **retard industriel** industrial backwardness ◆ **retard mental** backwardness ◆ **être en retard sur son temps** ou **siècle** to be behind the times ◆ **il vit avec un siècle de retard** he's 100 years behind the times, he's living in the last century ◆ (* hum) **tu es en retard d'un métro** ou **d'un train, tu as un métro** ou **un train de retard** you must have been asleep! ◆ (fig) **il a du retard à l'allumage*** he's a bit slow on the uptake*

g (Mus) retardation

2 adj inv ◆ (Pharm) **insuline / effet retard** delayed insulin / effect

3 COMP ▷ **retard à l'allumage** (Aut) retarded spark ou ignition

retardataire [ʀ(ə)taʀdatɛʀ] → SYN **1** adj arrivant late; théorie, méthode obsolete, outmoded

2 nmf latecomer

retardateur, -trice [ʀ(ə)taʀdatœʀ, tʀis] **1** adj (Sci, Tech) retarding

2 nm (Phot) self-timer

retardé, e [ʀ(ə)taʀde] → SYN (ptp de **retarder**) adj (scolairement) backward, slow; (intellectuellement) retarded, backward; (économiquement) backward

retardement [ʀ(ə)taʀdəmɑ̃] → SYN nm **a à retardement** engin, torpille with a timing device; dispositif delayed action (épith); (Phot) mécanisme self-timing; (*) excuses, souhaits belated → **bombe**

b à retardement comprendre, rire, se fâcher after the event, in retrospect ◆ (péj) **il comprend tout à retardement** he's slow on the uptake* ◆ (péj) **il rit toujours à retardement** he's always slow in seeing the joke

retarder [ʀ(ə)taʀde] → SYN ▸ conjug 1 ◂ **1** vt **a** (mettre en retard sur un horaire) arrivant, arrivée to delay, make late; personne ou véhicule en chemin to delay, hold up ◆ **une visite inattendue m'a retardé** I was delayed by an unexpected visitor ◆ **je ne veux pas vous retarder** I don't want to delay you ou make you late ◆ **ne te retarde pas (pour ça)** don't make yourself late for that ◆ **il a été retardé par les grèves** he has been delayed ou held up by the strikes

b (mettre en retard sur un programme) to hinder, set back; opération, vendange, chercheur to delay, hold up ◆ **ça l'a retardé dans sa mission / ses études** this has set him back in ou hindered him in his mission / studies, he has been held back in his mission / studies

c (remettre) départ, opération to delay, put back; date to put back; (Aut) allumage to retard ◆ **retarder son départ d'une heure** to put back one's departure by an hour, delay one's departure for an hour ◆ **porte à ouverture retardée** door with a time lock ◆ **parachute à ouverture retardée** parachute with fail-safe delayed opening

d montre, réveil to put back ◆ **retarder l'horloge d'une heure** to put the clock back an hour

2 vi **a** [montre] to be slow; (régulièrement) to lose ◆ **je retarde (de 10 minutes)** my watch is (10 minutes) slow, I'm (10 minutes) slow

b (être à un stade antérieur) **retarder sur son époque** ou **temps** ou **siècle** to be behind the times

c (*) (être dépassé) to be out of touch, be behind the times* ◆ (n'être pas au courant) **ma voiture ? tu retardes, je l'ai vendue il y a 2 ans** my car? you're a bit behind the times* ou you're a bit out of touch – I sold it 2 years ago

retâter [ʀ(ə)tɑte] ▸ conjug 1 ◂ **1** vt pouls, objet etc to feel again

2 vi ◆ **retâter de** prison to get another taste of; métier to have another go at

3 se retâter vpr (après une chute) to feel o.s. over

reteindre [ʀ(ə)tɛ̃dʀ] ▸ conjug 52 ◂ vt to dye again, redye

retéléphoner [ʀ(ə)telefɔne] ▸ conjug 1 ◂ vi to phone again, call back ◆ **je lui retéléphonerai demain** I'll phone him again ou call him back tomorrow, I'll give him another call tomorrow

retendoir [ʀ(ə)tɑ̃dwaʀ] nm piano tuning key

retendre [ʀ(ə)tɑ̃dʀ] ▸ conjug 41 ◂ vt **a** câble to stretch again, pull taut again; (Mus) cordes to retighten

b piège, filets to reset, set again

c retendre la main à qn to stretch out one's hand again to sb

retenir [ʀ(ə)təniʀ, ʀət(ə)niʀ] → SYN ▸ conjug 22 ◂ **1** vt **a** (lit, fig: maintenir) personne, objet qui glisse to hold back; chien to hold back, check; cheval to rein in, hold back ◆ **retenir qn par le bras** to hold sb back by the arm ◆ **il allait tomber, une branche l'a retenu** he was about to fall but a branch held him back ◆ **le barrage retient l'eau** the dam holds back the water ◆ **retenir la foule qui se rue vers ...** to hold back the crowd rushing towards ... ◆ **il se serait jeté par la fenêtre si on ne l'avait pas retenu** he would have thrown himself out of the window if he hadn't been held back ou stopped ◆ **retenez-moi ou je fais un malheur** hold me back ou stop me or I'll do something I'll regret ◆ (fig) **une certaine timidité le retenait** a certain shyness held him back ◆ **retenir qn de faire qch** to keep sb from doing sth, stop sb doing sth ◆ **je ne sais pas ce qui me retient de lui dire ce que je pense** I don't know what keeps me from ou stops me telling him what I think

b (garder) personne to keep ◆ **retenir qn à dîner** to have sb stay for dinner, keep sb for dinner ◆ **j'ai été retenu** I was kept back ou detained ou held up ◆ **il m'a retenu une heure** he kept me for an hour ◆ **si tu veux partir, je ne te retiens pas** if you want to leave, I won't hold you back ou keep you ◆ **c'est la maladie de sa femme qui l'a retenu à Brest** it was his wife's illness that kept or detained him in Brest ◆ **son travail le retenait ailleurs** his work kept ou detained him elsewhere ◆ **la grippe l'a retenu au lit / à la maison** flu kept him in bed / kept him in or indoors ou at home ◆ **retenir qn prisonnier** to hold sb prisoner

c eau d'infiltration, odeur to retain; chaleur to retain, keep in; lumière to reflect ◆ **cette terre retient l'eau** this soil retains water ◆ **le noir retient la chaleur** black retains the heat ou keeps in the heat

d (fixer) [clou, nœud etc] to hold ◆ **c'est un simple clou qui retient le tableau au mur** there's just a nail holding the picture on the wall ◆ **un ruban retenait ses cheveux** a ribbon kept ou held her hair in place, her hair was tied up with a ribbon

e retenir l'attention de qn to hold sb's attention ◆ **ce détail retient l'attention** this detail holds one's attention ◆ (frm) **sa demande a retenu notre attention** his request has been accorded our attention, we have noted his request

f (réserver, louer) chambre, place, table to book, reserve; date to reserve, set aside; domestique to engage

g (se souvenir de) leçon, nom, donnée to remember; impression to retain ◆ **je n'ai pas retenu son nom / la date** I can't remember his name / the date ◆ **je retiens de cette aventure qu'il est plus prudent de bien s'équiper** I've learnt from this adventure that it's wiser to be properly equipped ◆ **j'en retiens qu'il est pingre et borné, c'est tout** the only thing that stands out ou that sticks in my mind is that he's stingy and narrow-minded ◆ **un nom qu'on retient** a name that stays in your mind, a name you remember ◆ **retenez bien ce qu'on vous a dit** don't forget ou make sure you remember what you were told ◆ (fig) **celui-là, je le retiens !*** I'll remember HIM all right!, I won't forget HIM in a hurry!

h (contenir, réprimer) larmes, cri to hold back ou in, suppress; colère to hold back, restrain, suppress ◆ **retenir son souffle** ou **sa respiration** to hold one's breath ◆ **retenir sa langue** to hold one's tongue ◆ **il ne put retenir un sourire / un rire** he could not hold back ou suppress a smile / a laugh, he could not help smiling / laughing ◆ **il retint les mots qui lui venaient à la bouche** he bit back (Brit) ou held back the words that came to him

i (Math) to carry ◆ **je pose 4 et je retiens 2** 4 down and 2 to carry, put down 4 and carry 2

j (garder) salaire to stop, withhold; possessions, bagages d'un client to retain

k (retrancher, prélever) to deduct, keep back ◆ **ils nous retiennent 1 000 F (sur notre salaire) pour les assurances** they deduct 1,000 francs (from our wages) for insurance ◆ **retenir une certaine somme pour la retraite** to deduct a certain sum for retirement ◆ **retenir les impôts à la base** to deduct taxes at source

l (accepter) proposition, plan to accept; nom, candidature to retain, accept ◆ (Jur) **le jury a retenu la préméditation** the jury accepted the charge of premeditation ◆ **c'est notre projet qui a été retenu** it's our project that has been accepted

2 se retenir vpr **a** (s'accrocher) to hold o.s. back ◆ **se retenir pour ne pas glisser** to stop o.s. sliding ◆ **se retenir à** to hold on to

b (se contenir) to restrain o.s.; (s'abstenir) to stop o.s. (*de faire* doing); (besoins naturels) to hold on, hold o.s. in ◆ **se retenir pour ne pas pleurer** ou **de pleurer** to stop o.s. crying ◆ **malgré sa colère, il essaya de se retenir** despite his anger, he tried to restrain ou contain himself ◆ **il se retint de lui faire remarquer que ...** he refrained from pointing out to him that ...

retenter [ʀ(ə)tɑ̃te] ▸ conjug 1 ◂ vt to try again, make another attempt at, have another go at; saut, épreuve to try again; opération, action to reattempt ◆ **retenter sa chance** to try one's luck again ◆ **retenter de faire qch** to try to do sth again

rétention [ʀetɑ̃sjɔ̃] → SYN nf (Jur, Méd) retention ◆ (Méd) **rétention d'eau / d'urine** retention of water / urine ◆ (Méd) **rétention pla-**

centaire ou **du placenta** retention of placenta ◆ **rétention d'informations** withholding information

retentir [ʀ(ə)tɑ̃tiʀ] → SYN ▸conjug 2◂ vi a [sonnerie] to ring; [cris, bruit métallique] to ring out ◆ **ces mots retentissent encore à mes oreilles** those words are still ringing ou echoing in my ears
b **retentir de** (résonner de) to ring ou resound with, be full of the sound of
c (affecter) **retentir sur** to have an effect upon, affect

retentissant, e [ʀ(ə)tɑ̃tisɑ̃, ɑ̃t] → SYN adj a (fort, sonore) voix, son ringing (épith); choc, claque, bruit resounding (épith)
b (frappant, éclatant) échec, succès resounding (épith); scandale tremendous; déclaration, discours which causes a great stir, sensational

retentissement [ʀ(ə)tɑ̃tismɑ̃] → SYN nm a (répercussion) repercussion, (after-)effect ◆ **les retentissements de l'affaire** the repercussions of the affair
b (éclat) stir, effect ◆ **cette nouvelle eut un grand retentissement dans l'opinion** this piece of news created a considerable stir in public opinion ◆ **son œuvre fut sans grand retentissement** his work went virtually unnoticed ou caused little stir
c (littér) [son] ringing

retenu, e¹ [ʀ(ə)təny, ʀət(ə)ny] → SYN (ptp de **retenir**) adj (littér: discret) grâce, charme reserved, restrained

retenue² [ʀ(ə)təny, ʀət(ə)ny] → SYN nf a (prélèvement) deduction, stoppage* (Brit) ◆ **opérer une retenue de 10% sur un salaire** to deduct 10% from a salary ◆ **retenue pour la retraite / la Sécurité sociale** deductions ou stoppages* (Brit) for a pension scheme / ≃ National Insurance (Brit) ou Social Security (US) ◆ **système de retenue à la source** *system of deducting income tax at source*, ≃ pay-as-you-earn system (Brit)
b (modération) self-control, (self-)restraint; (réserve) reserve, reticence ◆ **avoir de la retenue** to be reserved ◆ **(rire) sans retenue** (to laugh) without restraint ou unrestrainedly ◆ **il n'a aucune retenue dans ses propos** he shows no restraint in his speech
c (Math) **n'oublie pas la retenue** don't forget what to carry (over)
d (Scol) detention ◆ **être en retenue** to be in detention, be kept in ◆ **mettre en retenue** to keep in, give detention to ◆ **il a eu 2 heures de retenue** he got 2 hours' detention, he was kept in for 2 hours (after school)
e (Tech) [barrage] **barrage à faible retenue** low-volume dam ◆ **bassin de retenue** balancing ou compensating reservoir
f (Aut: embouteillage) tailback (Brit), (traffic) backup (US)
g (Naut) guest rope
h (Constr) (under)pinning

retercer [ʀ(ə)tɛʀse] ▸conjug 3◂ vt (Agr) to plough for the fourth time

rétiaire [ʀetjɛʀ] nm (Antiq) retiarius

réticence [ʀetisɑ̃s] → SYN nf a (hésitation) hesitation, reluctance (NonC), reservation ◆ **avec réticence** reluctantly, with some reservation ou hesitation ◆ **sans réticence** without (any) hesitation ou reservation(s)
b (littér: omission) omission, reticence (NonC) ◆ **parler sans réticence** to speak openly, conceal nothing

réticent, e [ʀetisɑ̃, ɑ̃t] → SYN adj a (hésitant) hesitant, reluctant ◆ **se montrer réticent** to be hesitant ou reluctant (*pour faire* to do)
b (réservé) reticent, reserved

réticulaire [ʀetikylɛʀ] adj reticular

réticulation [ʀetikylasjɔ̃] nf (Chim) cross-link(age)

réticule [ʀetikyl] → SYN nm (Opt) reticle; (sac) reticule

réticulé, e [ʀetikyle] adj (Anat, Géol) reticulate; (Archit) reticulated

réticulocyte [ʀetikylɔsit] nm reticulocyte

réticuloendothélial, e, mpl **-iaux** adj [ʀetikyloɑ̃dɔteljal, jo] reticuloendothelial

réticulum [ʀetikylɔm] nm reticulum ◆ **réticulum endoplasmique** endoplasmic reticulum

rétif, -ive [ʀetif, iv] → SYN adj animal stubborn; personne rebellious, restive

rétine [ʀetin] nf retina

rétinien, -ienne [ʀetinjɛ̃, jɛn] adj retinal

rétinite [ʀetinit] nf retinitis

rétinol [ʀetinɔl] nm retinol

rétinopathie [ʀetinɔpati] nf retinopathy

rétique [ʀetik] adj ⇒ **rhétique**

retirage [ʀ(ə)tiʀaʒ] nm (Typ) reprint

retiration [ʀ(ə)tiʀasjɔ̃] nf (Typ) perfecting, backing-up ◆ **presse à retiration** perfector, perfecter

retiré, e [ʀ(ə)tiʀe] → SYN (ptp de **retirer**) adj a (solitaire) lieu remote, out-of-the-way; maison isolated; vie secluded ◆ **vivre retiré, mener une vie retirée** to live in isolation ou seclusion, lead a secluded ou sequestered (littér) life ◆ **il vivait retiré du reste du monde** he lived withdrawn ou cut off from the rest of the world ◆ **retiré quelque part dans le Béarn** living the quiet life somewhere in the Béarn
b (en retraite) retired ◆ **retiré des affaires** retired from business

retirer [ʀ(ə)tiʀe] → SYN ▸conjug 1◂ 1 vt a (lit, fig: enlever) gants, manteau, lunettes to take off, remove ◆ **retirer son collier au chien** to take the dog's collar off, remove the dog's collar ◆ **retire-lui ses chaussures** take his shoes off (for him) ◆ **retire-lui ce couteau des mains (il va se blesser)** take that knife (away) from him (he's going to hurt himself) ◆ **retirer à qn son emploi** to take sb's job away (from him), deprive sb of his job ◆ **retirer son permis (de conduire) à qn** to take away ou revoke sb's (driving) licence, disqualify sb from driving ◆ **retirer une pièce de l'affiche** to take off ou close a play ◆ **on lui a retiré la garde des enfants** he was deprived of custody of the children ◆ **retirer à qn sa confiance** to withdraw one's confidence in sb ◆ **il m'a retiré son amitié** he has deprived me of his friendship ◆ **retirer à qn ses privilèges** to withdraw sb's privileges ◆ **retirer la parole à qn** to make sb stand down (Brit), take the floor from sb (US)
b (faire sortir) to take out, remove (*de* from) ◆ **retirer un bouchon** to pull out ou take out ou remove a cork ◆ **retirer un noyé de l'eau / qn de dessous les décombres** to pull a drowning man out of the water / sb out of ou out from under the rubble ◆ **retirer un plat du four / les bagages du coffre** to take a dish out of the oven / the luggage out of the boot ◆ **ils ont retiré leur fils du lycée** they have taken their son away from ou removed their son from the school ◆ **se faire retirer une dent** to have a tooth out ◆ **je ne peux pas retirer la clef de la serrure** I can't get the key out of the lock ◆ **retirer un dessert d'un moule** to turn a dessert out of a mould ◆ **retire les mains de tes poches** take your hands out of your pockets ◆ (fig) **on lui retirera difficilement de l'idée** ou **de la tête qu'il est menacé*** we'll have difficulty ou a job convincing him that he's not being threatened
c (reprendre possession de) bagages, billets réservés to collect, pick up; argent en dépôt to withdraw, take out; gage to redeem ◆ **retirer de l'argent (de la banque)** to withdraw money (from the bank), take money out (of the bank) ◆ (Comm) **votre commande est prête à être retirée** your order is now awaiting collection ou ready for collection
d (ramener en arrière) to take away, remove, withdraw ◆ **retirer sa tête / sa main (pour éviter un coup)** to remove ou withdraw one's head / hand (to avoid being hit) ◆ **il retira prestement sa main** he whisked ou snatched his hand away
e (annuler) candidature to withdraw; plainte, accusation to withdraw, take back ◆ **je retire ce que j'ai dit** I take back what I said ◆ (Pol) **retirer sa candidature** to stand down (Brit), withdraw one's candidature ◆ **retirer un journal de la circulation** to take a newspaper out of circulation ◆ **retirer un produit du commerce** to take a product off the market
f (obtenir) **retirer des avantages de qch** to get ou gain ou derive advantages from sth ◆ **les avantages / bénéfices qu'on en retire** the benefits / profits to be had ou gained from it ◆ **il en a retiré un grand profit** he profited ou gained greatly by it ◆ **il n'en a retiré que des ennuis** he only got worry out of it, he got nothing but worry from it ◆ **tout ce qu'il en a retiré, c'est ...** the only thing he has got out of it is ..., all he has gained is ...
g (extraire) minerai, extrait, huile to obtain ◆ **une substance dont on retire une huile précieuse** a substance from which a valuable oil is obtained

2 **se retirer** vpr a (partir) to retire, withdraw; (aller se coucher) to retire (to bed); (prendre sa retraite) to retire; (retirer sa candidature) to withdraw, stand down (Brit) (*en faveur de* in favour of) ◆ **se retirer discrètement** to withdraw discreetly ◆ **ils se sont retirés dans un coin pour discuter affaires** they withdrew ou retired to a corner to talk (about) business ◆ **se retirer dans sa chambre** to withdraw ou retire ou go to one's room ◆ (fig) **se retirer dans sa tour d'ivoire** to take refuge ou lock o.s. up in one's ivory tower ◆ **ils ont décidé de se retirer à la campagne** they've decided to retire to the country ◆ **elle s'est retirée dans un couvent** she retired ou withdrew to a convent
b (reculer) (pour laisser passer qn, éviter un coup etc) to move out of the way; (Mil) [troupes] to withdraw; [mer, marée] to recede, go back, ebb; [eaux d'inondation] to recede, go down; [glacier] to recede ◆ **retire-toi d'ici** ou **de là, tu me gênes** mind ou get out of the way – you're bothering me, stand ou move back a bit – you're in my way
c (quitter) **se retirer de** to withdraw from ◆ **se retirer des affaires** to retire from business ◆ **se retirer d'une compétition** to withdraw from a competition ◆ **se retirer du monde** to withdraw from society ◆ **se retirer de la partie** to drop out

retombant, e [ʀ(ə)tɔ̃bɑ̃, ɑ̃t] adj cheveux, rideaux falling, hanging (down); moustache drooping; branches falling, hanging ◆ **plantes à port retombant** hanging plants

retombé [ʀ(ə)tɔ̃be] nm (Danse) retombé

retombée [ʀ(ə)tɔ̃be] → SYN nf a **retombées (radioactives** ou **atomiques)** (radioactive) fallout (NonC)
b (fig: gén pl) (répercussions) consequences, effects; [invention etc] spin-off ◆ **retombées de presse** press play
c (Archit) spring, springing

retomber [ʀ(ə)tɔ̃be] → SYN ▸conjug 1◂ vi a (faire une nouvelle chute) to fall again ◆ **le lendemain, il est retombé dans la piscine** the next day he fell into the swimming pool again ◆ (fig) **retomber dans la misère** to fall on hard times again ◆ **retomber sous le joug de qn** to come under sb's yoke again ◆ **retomber dans le découragement** to lose heart again ◆ **retomber dans l'erreur / le péché** to fall back ou lapse into error / sin ◆ **son roman est retombé dans l'oubli** his novel has sunk back ou lapsed into oblivion ◆ **le pays retomba dans la guerre civile** the country lapsed into civil war again ◆ **je vais retomber dans l'ennui** I shall start being bored again, boredom is going to set in again ◆ **la conversation retomba sur le même sujet** the conversation turned once again ou came round again to the same subject
b (redevenir) **retomber amoureux / malade** to fall in love / fall ill again ◆ **ils sont retombés d'accord** they reached agreement again
c [pluie, neige] to fall again, come down again ◆ **la neige retombait de plus belle** the snow came down again ou was falling again still more heavily
d (tomber après s'être élevé) [personne] to land; [chose lancée, liquide] to come down; [abattant, capot, herse] to fall back down; [fusée, missile] to land, come back to earth; (fig) [conversation] to fall away, die; (fig) [intérêt] to fall away, fall off; [vent] to subside, die down ◆ **il est retombé lourdement (sur le dos)** he landed heavily (on his back) ◆ **elle saute bien mais elle ne sait pas retomber** she can jump well but she doesn't know how to land ◆ **le chat retombe toujours sur ses pattes** cats always land on their feet ◆ (fig) **il retombera toujours sur ses pattes** ou **pieds** he'll always land ou fall on his feet ◆ **les nuages retombent en pluie** the clouds come down ou fall again as rain ◆ **l'eau retombait en**

cascades the water fell back in cascades ◆ (fig) **après quelques leçons, l'intérêt retombait** after a few lessons interest was falling away ou falling off ◆ (fig) **ça lui est retombé sur le nez** that's rebounded on him ◆ **le brouillard est retombé en fin de matinée** the fog fell again ou came down again ou closed in again towards lunchtime ◆ **l'inflation est retombée à 4%** inflation has fallen to 4% ◆ **laisser retomber le couvercle d'un bureau avec bruit** to let a desk lid fall back noisily ◆ **se laisser retomber sur son oreiller** to fall back ou sink back onto one's pillow ◆ (Sport) **laissez retomber les bras** let your arms drop ou fall (by your sides)

e (pendre) [cheveux, rideaux] to fall, hang (down) ◆ **de petites boucles blondes retombaient sur son front** little blond curls tumbled ou fell onto her forehead

f (fig : échoir à) **le péché du père retombera sur la tête des enfants** the sin of the father will fall on the heads of the children, the sins of the fathers will be visited on the sons ◆ **la responsabilité retombera sur toi** the responsibility will fall ou land* on you ◆ **les frais retombèrent sur nous** we were landed* ou saddled with the expense ◆ **faire retomber sur qn la responsabilité de qch / les frais de qch** to pass the responsibility for sth / the cost of sth on to sb, land* sb with the responsibility for sth / the cost of sth ◆ **ça va me retomber dessus*** (gén) I'll get the blame ou take the flak* (for it) ; (travail) it'll be dumped* on me, I'll get lumbered with it* (Brit)

g LOC **Noël retombe un samedi** Christmas falls on a Saturday again ◆ **retomber en enfance** to lapse into second childhood ◆ **je suis retombé sur lui le lendemain, au même endroit** I came across him again the next day in the same place ◆ **ils nous sont retombés dessus le lendemain** they landed* on us again the next day

retordre [ʀ(ə)tɔʀdʀ] ▸ conjug 41 ◂ vt **a** (Tech) câbles, fils to twist again → **fil**

b linge to wring (out) again ; fil de fer to rewind

rétorquer [ʀetɔʀke] → SYN ▸ conjug 1 ◂ vt to retort

retors, e [ʀətɔʀ, ɔʀs] → SYN adj **a** (Tex) **fil retors** twisted yarn

b (rusé) sly, wily, underhand

rétorsion [ʀetɔʀsjɔ̃] → SYN nf (frm, Jur, Pol) retortion, retaliation ◆ **user de rétorsion envers un état** to retaliate ou use retortion against a state → **mesure**

retouchable [ʀ(ə)tuʃabl] adj photo which can be touched up ; vêtement which can be altered

retouche [ʀ(ə)tuʃ] → SYN nf [photo, peinture] touching up (NonC) ; [texte, vêtement] alteration ◆ **faire une retouche à une photo** to touch up a photo ◆ **faire une retouche** (à une photo) to do some touching up ; (à un vêtement) to make an alteration

retoucher [ʀ(ə)tuʃe] → SYN ▸ conjug 1 ◂ **1** vt **a** (améliorer) photo, peinture to touch up, retouch ; vêtement, texte to alter, make alterations to ◆ **il faudra retoucher cette veste au col** this jacket will have to be altered at the neck ◆ **on voit tout de suite que cette photo est retouchée** you can see straight away that this photo has been touched up

b (toucher de nouveau) to touch again ; (blesser de nouveau) to hit again

2 vi ◆ **retoucher à qch** to touch sth again ◆ **s'il retouche à ma sœur, gare à lui !** if he lays hands on ou touches my sister again he'd better look out !

retoucheur, -euse [ʀ(ə)tuʃœʀ, øz] nm,f ◆ **retoucheur (en confection)** dressmaker in charge of alterations ◆ **retoucheur photographe** retoucher

retour [ʀ(ə)tuʀ] → SYN **1** nm **a** (fait d'être revenu) (gén) return ; (à la maison) homecoming, return home ; (chemin, trajet) return (journey), way back, journey back ; (billet) return (ticket) ◆ **il fallait déjà penser au retour** it was already time to think about going back ou about the return journey ◆ **être sur le (chemin du) retour** to be on one's way back ◆ **pendant le retour** on the way back, during the return journey, on the journey back ◆ **elle n'a pas assez pour payer son retour** she hasn't enough to pay for her return journey ◆ **(être) de retour (de)** (to be) back (from) ◆ **à votre retour, écrivez-nous** write to us when you are ou get back ◆ **à leur retour, ils trouvèrent la maison vide** when they got back ou on their return, they found the house empty ◆ **de retour à la maison** back home ◆ **au retour de notre voyage** when we got back from our journey, arriving back from our journey ◆ **à son retour d'Afrique / du service militaire** on his return ou on returning from Africa / military service → **cheval**

b (à un état antérieur) **retour à** return to ◆ **le retour à une vie normale** the return ou reversion to (a) normal life ◆ **retour à la nature / à la terre** return to nature / the land ◆ **retour aux sources** (gén : aux origines) return to basics ; (à la nature) return to the basic ou simple life ; (à son village natal) return to one's roots ◆ **retour au calme / à l'Antiquité** return to a state of calm / to Antiquity ◆ **son retour à la politique** his return to politics, his political comeback

c (réapparition) return ; (répétition régulière) [thème, motif, cadence] recurrence ◆ **le retour du printemps / de la paix** the return of spring / peace ◆ **on prévoit un retour du froid** a return of the cold weather is forecast ◆ **un retour offensif de la grippe** a renewed outbreak of flu

d (Comm, Poste) [emballage, récipient, objets invendus] return ◆ **retour à l'envoyeur** ou **à l'expéditeur** return to sender ◆ **avec faculté de retour** on approval, on sale or return ◆ (Fin) **clause de retour** no protest clause

e (Jur) reversion ◆ **(droit de) retour** reversion

f (littér) (changement d'avis) change of heart ◆ (revirements) **retours** reversals ◆ **les retours de la fortune** the turns of fortune ◆ **un retour soudain dans l'opinion publique** a sudden turnabout in public opinion

g (Tech) [pièce mobile, chariot de machine] return ; (partie de bureau) (desk) extension ◆ **le retour du chariot est automatique** the carriage return is automatic

h (Élec) **retour à la terre** ou **à la masse** earth (Brit) ou ground (US) return

i (Tennis) return ◆ **retour de service** return of service ou serve ◆ (Sport) **match retour** return match, second ou return leg

j (Fin) return ◆ **retour sur investissements** return on investments

k LOC **en retour** in return ◆ **choc** ou **effet en retour** backlash ◆ **bâtiment en retour (d'équerre)** building constructed at right angles ◆ (péj) **être sur le retour*** to be over the hill*, be a bit past it* (Brit) ◆ **faire retour à** to revert to ◆ **par un juste retour des choses, il a été cette fois récompensé** events went his way ou fate was fair to him this time and he got his just reward ◆ **par retour (du courrier)** by return (of post) ◆ **sans retour** irredeemably, irrevocably, for ever ◆ **voyage sans retour** journey from which there is no return ◆ **retour sur soi-même** soul-searching (NonC) ◆ **faire un retour sur soi-même** to take stock of o.s., do some soul-searching → **payer**

2 COMP ▹ **retour d'âge** change of life ▹ **retour en arrière** (Littérat, Ciné) flashback ; (souvenir) look back ; (mesure rétrograde) retreat ◆ **faire un retour en arrière** to take a look back, look back ; (Ciné) to flash back ▹ **retour de bâton** kickback ▹ **retour de couches** first period (after pregnancy), return of menstruation ▹ **retour éternel** (Philos) eternal recurrence ▹ **retour de flamme** (dans un moteur) backfire ; (fig) rekindling of passion ◆ [feu] **il y a eu un retour de flamme** the flames leapt out ▹ **retour en force** return in strength ▹ **retour de manivelle** (lit) backfire, kick ◆ (fig) **il y aura un retour de manivelle** it'll backfire (on them) ▹ **retour offensif** renewed attack

retourne [ʀ(ə)tuʀn] nf *card turned over to determine the trump*

retournement [ʀ(ə)tuʀnəmɑ̃] → SYN nm [situation, opinion publique] reversal (*de* of), turnaround (*de* in)

retourner [ʀ(ə)tuʀne] → SYN ▸ conjug 1 ◂ **1** vt (avec aux avoir) **a** (mettre dans l'autre sens) seau, caisse to turn upside down ; matelas to tur[n] (over) ; carte to turn up ou over ; (Culi[naire]) viande, poisson, omelette to turn over ; crêp[e] (avec une spatule) to turn over ; (en lançant) t[o] toss ◆ **retourner un tableau / une carte cont[re] le mur** to turn a picture / a map agains[t] the wall ◆ (fig) **elle l'a retourné (comme un[e] crêpe** ou **un gant)*** she soon changed h[is] mind for him ◆ **retourner la situation** t[o] reverse the situation, turn the situatio[n] round

b (en remuant, secouant) sol, terre to tur[n] over ; salade to toss ◆ **retourner le foin** to tos[s] (the) hay, turn (over) the hay

c (mettre l'intérieur à l'extérieur) sac, vêtemen[t], parapluie to turn inside out ; (Couture) vête[ment], col to turn ◆ (fig) **retourner sa veste** t[o] turn one's coat ◆ **retourner ses poches pou[r] trouver qch** to turn one's pockets inside ou[t] ou turn out one's pockets to find sth ◆ **so[n] col / revers est retourné** (par mégarde) his co[l]lar / lapel is turned up

d (orienter dans le sens opposé) mot, phrase t[o] turn round ◆ **retourner un argument contr[e] qn** to turn an argument back on sb o[r] against sb ◆ **retourner contre l'ennemi se[s] propres armes** to turn the enemy's own weapons on him ◆ **il retourna le pistole[t] contre lui-même** he turned the gun o[n] himself ◆ **on pourrait vous retourner votre compliment / votre critique** one might return the compliment / your criticism

e (renvoyer) marchandise, lettre to return, send back

f (fig* : bouleverser) pièce, maison to turn upside down ; personne to shake ◆ **il a tou[t] retourné dans la maison pour retrouver ce livre** he turned the whole house upside down to find that book ◆ **la nouvelle l'a complètement retourné** the news has severely shaken him ◆ **ce spectacle m'a retourné** the sight of this shook me ou gave me quite a turn*

g (tourner plusieurs fois) **retourner une pensée / une idée dans sa tête** to turn a thought / an idea over (and over) in one's mind ◆ (fig) **retourner le couteau** ou **le poignard dans la plaie** to twist the knife in the wound → **tourner**

2 vi (avec aux être) **a** (aller à nouveau) to return, go back ◆ **retourner en Italie / à la mer** to return ou go back to Italy / the seaside ◆ **je devrai retourner chez le médecin** I'll have to go back to the doctor's ◆ **retourner en arrière** ou **sur ses pas** to turn back, retrace one's steps ◆ **il retourne demain à son travail / à l'école** he's going back to work / school tomorrow ◆ (rentrer) **elle est retournée chez elle chercher son parapluie** she went back home to get her umbrella

b (à un état antérieur) **retourner à** to return to, go back to ◆ **retourner à la vie sauvage** to revert ou go back to the wild state ◆ **retourner à Dieu** to return to God ◆ **il est retourné à son ancien métier / à la physique** he has gone back to his old job / to physics

c (être restitué) **la maison retournera à son frère** the house will revert to his brother

3 vb impers ◆ **nous voudrions bien savoir de quoi il retourne** we should really like to know what is going on ou what it's all about

4 **se retourner** vpr **a** [personne couchée] to turn over ; [véhicule, automobiliste] to turn over, overturn ; [bateau] to capsize, keel over, overturn ◆ **se retourner sur le dos / le ventre** to turn (over) onto one's back / stomach ◆ **se retourner dans son lit toute la nuit** to toss and turn all night in bed ◆ (hum) **il doit se retourner dans sa tombe !** he must be turning in his grave ! (hum) ◆ **la voiture s'est retournée** ou **ils se sont retournés (dans un fossé)** the car ou they overturned (into a ditch) ◆ (fig) **laissez-lui le temps de se retourner** give him time to sort himself out ou turn himself round ou to find his feet ◆ (fig) **il sait se retourner** he knows how to cope

b (tourner la tête) to turn round ◆ **partir sans se retourner** to leave without looking back ou without a backward glance ◆ **tout le monde se retournait sur son passage** everyone turned round as he went by

c (fig) [situation] to be reversed, be turned round ◆ **se retourner contre qn** [personne] to turn against sb ; [acte, situation] to backfire on sb, rebound on sb ; (Jur : poursuivre) to take (court) action ou proceedings against sb ◆ **il ne savait vers qui se retourner** he didn't know who to turn to

d (tordre) pouce to wrench, twist

e (littér) **s'en retourner** (cheminer) to journey back; (partir) to depart, leave ◆ (fig) **il s'en retourna comme il était venu** he left as he had come ◆ **s'en retourner dans son pays (natal)** to return to one's native country

retracer [ʀ(ə)tʀase] → SYN ▸conjug 3◂ vt **a** (raconter) vie, histoire to relate, recount **b** (tracer à nouveau) trait effacé to redraw, draw again

rétractable [ʀetʀaktabl] adj (Jur) revocable

rétractation [ʀetʀaktasjɔ̃] → SYN nf [témoignage, aveux, promesse] retraction, withdrawal

rétracter [ʀetʀakte] → SYN ▸conjug 1◂ **1** vt **a** (contracter, rentrer) corne, griffe to draw in, retract

b (littér: revenir sur) parole, opinion to retract, withdraw, take back

2 se rétracter vpr **a** (se retirer) [griffe, antenne] to retract ◆ (fig littér) **au moindre reproche, elle se rétractait** she would shrink at the slightest reproach

b (se dédire) (Jur) to retract, withdraw one's statement ◆ **je ne veux pas avoir l'air de me rétracter** I don't want to appear to back down

rétractibilité [ʀetʀaktibilite] nf [bois] (retrait) contractibility; (gonflement) expansibility

rétractif, -ive [ʀetʀaktif, iv] adj retractive

rétractile [ʀetʀaktil] adj retractile

rétractilité [ʀetʀaktilite] nf retractility

rétraction [ʀetʀaksjɔ̃] → SYN nf retraction

retraduction [ʀ(ə)tʀadyksjɔ̃] nf retranslation

retraduire [ʀ(ə)tʀadɥiʀ] ▸conjug 38◂ vt (traduire de nouveau) to translate again; (traduire dans la langue de départ) to translate back

retrait [ʀ(ə)tʀɛ] nm **a** (départ) [mer] ebb; [eaux, glacier] retreat; [troupes, candidat] withdrawal (*de* from)

b (fait de retirer) [somme d'argent] withdrawal; [bagages] collection; [objet en gage] redemption ◆ **le retrait des bagages peut se faire à toute heure** luggage may be collected at all times

c (fait d'ôter) [candidature] withdrawal ◆ **retrait du permis (de conduire)** disqualification from driving, driving ban, revocation of a driving licence ◆ (Admin) **retrait d'emploi** deprivation of office ◆ (Jur) **retrait de plainte** nonsuit

d (rétrécissement) [ciment] shrinkage, contraction; [tissu] shrinkage ◆ **il y a du retrait** there's some shrinkage

e en retrait: situé en retrait set back ◆ **se tenant en retrait** standing back ◆ **en retrait de** set back from ◆ **une petite maison, un peu en retrait de la route** a little house, set back a bit from the road ◆ (fig) **rester en retrait** to stay in the background ◆ **des propositions en retrait sur les précédentes** offers which represent a retreat from the previous position ou which do not go as far as the earlier ones

retraitant, e [ʀ(ə)tʀɛtɑ̃, ɑ̃t] nm,f retreatant

retraite [ʀ(ə)tʀɛt] → SYN **1** nf **a** (Mil: déroute, fuite) retreat ◆ **battre / sonner la retraite** to beat / sound the retreat → **battre**

b (cessation de travail) retirement ◆ **être en** ou **à la retraite** to be retired ou in retirement ◆ **en retraite** retired ◆ **travailleur en retraite** retired worker, pensioner ◆ **mettre qn à la retraite** to pension sb off, superannuate sb ◆ **mise à la retraite** retirement ◆ **mettre qn à la retraite d'office** to make sb take compulsory retirement ◆ **mise à la retraite d'office** compulsory retirement ◆ **prendre sa retraite** to retire, go into retirement ◆ **prendre une retraite anticipée** to retire early, take early retirement ◆ **pour lui, c'est la retraite forcée** he has had retirement forced on him, he has had to retire early

c (pension) pension ◆ **toucher** ou **percevoir une petite retraite** to receive ou draw a small pension → **caisse, maison**

d (littér: refuge) [poète, amants] retreat, refuge; [ours, loup] lair; [voleurs] hideout, hiding place

e (Rel: récollection) retreat ◆ **faire** ou **suivre une retraite** to be in retreat, go into retreat

f (Constr) tapering

2 COMP ▷ **retraite des cadres** management pension ▷ **retraite par capitalisation** self-funded retirement plan ▷ **retraite complémentaire** supplementary pension ▷ **retraite aux flambeaux** (Mil) torchlight procession ▷ **retraite par répartition** contributory pension scheme ▷ **retraite des vieux*** (old age) pension ▷ **retraite des vieux travailleurs** retirement pension

retraité, e [ʀ(ə)tʀete] **1** adj **a** personne retired **b** déchets reprocessed

2 nm,f (old age) pensioner

retraitement [ʀ(ə)tʀɛtmɑ̃] nm reprocessing ◆ **usine de retraitement des déchets nucléaires** nuclear reprocessing plant

retraiter [ʀ(ə)tʀete] ▸conjug 1◂ vt to reprocess

retranchement [ʀ(ə)tʀɑ̃ʃmɑ̃] → SYN nm (Mil) entrenchment, retrenchment ◆ (fig) **poursuivre** ou **pourchasser qn jusque dans ses derniers retranchements** to drive ou hound sb into a corner

retrancher [ʀ(ə)tʀɑ̃ʃe] → SYN ▸conjug 1◂ **1** vt **a** (enlever) quantité, somme to take away, subtract (*de* from); somme d'argent to deduct, dock, take off; passage, mot to take out, remove, omit (*de* from) ◆ **retrancher 10 de 15** to take 10 (away) from 15, subtract 10 from 15 ◆ **retrancher une somme d'un salaire** to deduct ou dock a sum from a salary, take a sum out of a salary ◆ **si l'on retranche ceux qui n'ont pas de licence** if you leave out ou omit the non-graduates ◆ (hum) **ils étaient décidés à me retrancher du monde des vivants** they were set on removing me from the land of the living

b (littér: couper) chair gangrenée to remove, cut off; organe malade to remove, cut out

c (littér: séparer) to cut off ◆ **son argent le retranchait des autres** his money cut him off from other people

d (†: Mil: fortifier) to entrench

2 se retrancher vpr **a** (Mil: se fortifier) **se retrancher derrière / dans** to entrench o.s. behind / in ◆ **se retrancher sur une position** to entrench o.s. in a position

b (fig) **se retrancher dans son mutisme** to take refuge in silence ◆ **se retrancher dans sa douleur** to draw back into one's pain, shut o.s. off with one's pain ◆ **se retrancher derrière la loi / le secret professionnel** to take refuge behind ou hide behind the law / professional secrecy

retranscription [ʀ(ə)tʀɑ̃skʀipsjɔ̃] nf retranscription

retranscrire [ʀ(ə)tʀɑ̃skʀiʀ] ▸conjug 39◂ vt to retranscribe

retransmetteur [ʀ(ə)tʀɑ̃smetœʀ] nm relay station

retransmettre [ʀ(ə)tʀɑ̃smɛtʀ] ▸conjug 56◂ vt match, émission, concert (Rad) to broadcast, relay; (TV) to show, broadcast, relay ◆ **retransmettre en différé** to broadcast a recording of; (TV) to show ou broadcast a recording of ◆ **retransmettre en direct** to relay ou broadcast live; (TV) to show ou broadcast live

retransmission [ʀ(ə)tʀɑ̃smisjɔ̃] nf (→ **retransmettre**) broadcast; showing ◆ **retransmission en direct / différé** live / recorded broadcast; live / recorded showing ◆ **la retransmission du match aura lieu à 23 heures** the match will be shown at 11 p.m.

retravailler [ʀ(ə)tʀavaje] ▸conjug 1◂ **1** vi **a** (recommencer le travail) to start work again ◆ **il retravaille depuis le mois dernier** he has been back at work since last month

b (se remettre à) **retravailler à qch** to start work on sth again, work at sth again

2 vt question to give (some) more thought to; discours, ouvrage to work on again; (Culin) pâte to knead again; argile to work again; minerai to reprocess

retraverser [ʀ(ə)tʀavɛʀse] ▸conjug 1◂ vt (de nouveau) to recross; (dans l'autre sens) to cross back over

rétréci, e [ʀetʀesi] → SYN (ptp de **rétrécir**) adj tricot, vêtement shrunk, shrunken; pupille contracted; (péj) esprit narrow ◆ (Aut) **« chaussée rétrécie »** "road narrows" ◆ (Comm, Tex) **rétréci (à la coupe)** preshrunk

rétrécir [ʀetʀesiʀ] → SYN ▸conjug 2◂ **1** vt vêtement to take in; tissu to shrink; pupille to contract; rue, conduit, orifice to narrow, make narrower; bague to tighten, make smaller; (fig) champ d'activité, esprit to narrow

2 vi **a** [laine, tissu] to shrink; [pupille] to contract; [rue, vallée] to narrow, become ou get narrower; [esprit] to grow narrow, [cercle d'amis] to grow smaller, dwindle

b faire rétrécir tissu to shrink

3 se rétrécir vpr ⇒ 2a

rétrécissement [ʀetʀesismɑ̃] → SYN nm **a** (le fait de se rétrécir) [tricot, laine] shrinkage; [pupille] contraction; [rue, vallée] narrowing

b (le fait de rétrécir) [tissu] shrinking; [vêtement] taking in; [conduit] narrowing

c (Méd) [rectum, aorte] stricture

retrempe [ʀətʀɑ̃p] nf [acier] requenching

retremper [ʀ(ə)tʀɑ̃pe] → SYN ▸conjug 1◂ **1** vt **a** (Tech) acier to requench ◆ (fig) **retremper son courage aux dangers du front** to try ou test one's courage again in the dangers at the front

b (réimprégner) to resoak

2 se retremper vpr [baigneur] to go back into the water ◆ (fig) **se retremper dans l'ambiance familiale** to reimmerse o.s. in the family atmosphere

rétribuer [ʀetʀibɥe] → SYN ▸conjug 1◂ vt ouvrier to pay ◆ **rétribuer le travail / les services de qn** to pay sb for his work / his services

rétribution [ʀetʀibysjɔ̃] → SYN nf (paiement) payment, remuneration (NonC); (littér: récompense) reward, recompense (*de* for)

retriever [ʀetʀivœʀ] nm retriever

rétro[1]* [ʀetʀo] nm **a** abrév de **rétroviseur**

b (Billard etc) screw-back stroke

rétro[2] [ʀetʀo] **1** adj inv ◆ **la mode / le style rétro** the pre-1940s fashions / style ◆ **robe rétro** pre-1940s style dress

2 nm ◆ **le rétro** the pre-1940s style

rétroactes [ʀetʀoakt] nmpl (Belg: antécédents) antecedents

rétroactif, -ive [ʀetʀoaktif, iv] → SYN adj (Jur) retroactive, retrospective ◆ (Admin) **mesure / augmentation avec effet rétroactif** retroactive ou retrospective ou backdated measure / pay rise ◆ **loi à effet rétroactif** ex post facto law ◆ **la loi est entrée en vigueur avec effet rétroactif à compter du 1er octobre** the law came into force, retroactive to October 1st

rétroaction [ʀetʀoaksjɔ̃] → SYN nf retroactive ou retrospective effect

rétroactivement [ʀetʀoaktivmɑ̃] adv retroactively, retrospectively

rétroactivité [ʀetʀoaktivite] nf retroactivity

rétroagir [ʀetʀoaʒiʀ] ▸conjug 2◂ vi to retroact

rétrocéder [ʀetʀosede] → SYN ▸conjug 6◂ vt (Jur) to retrocede, cede back

rétrocession [ʀetʀosesjɔ̃] → SYN nf (Jur) retrocession, retrocedence

rétrofléchi, e [ʀetʀɔfleʃi] adj retroflex(ed)

rétroflexe [ʀetʀɔflɛks] adj retroflex

rétroflexion [ʀetʀɔflɛksjɔ̃] nf retroflexion

rétrofusée [ʀetʀofyze] nf retrorocket

rétrogradation [ʀetʀɔgʀadasjɔ̃] → SYN nf (littér: régression) regression, retrogression; (Admin) [officier] demotion; [fonctionnaire] demotion, downgrading; (Astron) retrogradation

rétrograde [ʀetʀɔgʀad] → SYN adj **a** (péj: arriéré) esprit reactionary; mesures, idées, politique retrograde, reactionary

b (de recul) mouvement, sens backward, retrograde; (Littérat) vers, rimes palindromic; (Astron) retrograde ◆ (Billard) **effet rétrograde** screw-back ◆ (Méd) **amnésie rétrograde** retrograde amnesia

rétrograder [ʀetʀɔgʀade] → SYN ▸conjug 1◂ **1** vi **a** (Aut) to change down ◆ **rétrograder de troisième en seconde** to change down from third to second

b (régresser) (dans une hiérarchie) to regress, move down; (contre le progrès) to go backward, regress; (perdre son avance) to fall back; (reculer) to move back
c (Astron) to retrograde
2 vt officier to demote, reduce in rank; fonctionnaire to demote, downgrade

rétrogression [ʀetʀɔgʀesjɔ̃] nf retrogression

rétropédalage [ʀetʀopedalaʒ] nm backpedalling (lit)

rétroprojecteur [ʀetʀopʀɔʒɛktœʀ] nm overhead projector

rétroprojection [ʀetʀopʀɔʒɛksjɔ̃] nf overhead projection

rétropropulsion [ʀetʀopʀɔpylsjɔ̃] nf reverse thrust

rétrospectif, -ive [ʀetʀɔspɛktif, iv] 1 adj étude, peur retrospective
2 **rétrospective** nf (Art: exposition) retrospective ◆ (Ciné: projections) **rétrospective Buster Keaton** Buster Keaton season

rétrospectivement [ʀetʀɔspɛktivmɑ̃] adv apparaître in retrospect, retrospectively; avoir peur, être jaloux in retrospect, looking back ◆ **ces faits me sont apparus rétrospectivement sous un jour inquiétant** looking back on it ou in retrospect I saw the worrying side of these facts

retroussé, e [ʀ(ə)tʀuse] (ptp de **retrousser**) adj jupe hitched up; manche, pantalon rolled ou turned up; nez turned-up, snub; moustaches, lèvres curled up

retroussement [ʀ(ə)tʀusmɑ̃] nm (action: → **retrousser**) hitching up; rolling up; curling; [narines] flaring

retrousser [ʀ(ə)tʀuse] → SYN ▸conjug 1◂ 1 vt jupe to hitch up, tuck up; manche, pantalon to roll up; lèvres to curl up ◆ (lit, fig) **retrousser ses manches** to roll up one's sleeves
2 **se retrousser** vpr [femme] to hitch up one's skirt(s); [bords] to turn outwards

retroussis [ʀ(ə)tʀusi] nm (littér: partie retroussée) lip; [lèvres] curl

retrouvable [ʀ(ə)tʀuvabl] adj findable

retrouvailles [ʀ(ə)tʀuvɑj] → SYN nfpl reunion

retrouver [ʀ(ə)tʀuve] → SYN ▸conjug 1◂
1 vt a (récupérer) objet personnel, enfant to find (again); fugitif, objet égaré par un tiers to find ◆ **retrouver son chemin** to find one's way again ◆ **on retrouva son cadavre sur une plage** his body was found on a beach ◆ **on les a retrouvés vivants** they were found alive ◆ **une chienne n'y retrouverait pas ses petits, une poule n'y retrouverait pas ses poussins** it's in absolute chaos, it's an absolute shambles ou an unholy mess*
b (se remémorer) to think of, remember, recall ◆ **je ne retrouve plus son nom** I can't think of ou remember ou recall his name
c (revoir) personne to meet (up with) again; endroit to be back in, see again ◆ **je l'ai retrouvé par hasard en Italie** I met up with him again by chance in Italy, I happened to come across him again in Italy ◆ **je l'ai retrouvé grandi / vieilli** I found him taller / aged ou looking older ◆ **et que je ne te retrouve pas ici!** and don't let me catch ou find you here again! ◆ **je serai ravi de vous retrouver** I'll be delighted to see ou meet you again
d (rejoindre) to join, meet (again), see (again) ◆ **je vous retrouve à 5 heures au Café de la Poste** I'll join ou meet ou see you at 5 o'clock at the Café de la Poste
e (recouvrer) forces, santé, calme to regain; joie, foi to find again ◆ **retrouver le sommeil** to go ou get back to sleep (again) ◆ **elle mit longtemps à retrouver la santé / le calme** she took a long time to regain her health / composure, it was a long time before her health / composure returned ou before she regained her health / composure ◆ **très vite elle retrouva son sourire** she very soon found her smile again
f (redécouvrir) secret to rediscover; recette to rediscover, uncover; article en vente to find again; situation, poste to find again ◆ **je voudrais retrouver des rideaux de la même couleur** I'd like to find curtains in the same colour again ◆ **retrouver du travail** to find work again ◆ **il a bien cherché, mais une situation pareille ne se retrouve pas facilement** he looked around but it's not easy to come by ou find another job like that ◆ **une telle occasion ne se retrouvera jamais** an opportunity like this will never occur again ou crop up again
g (reconnaître) to recognize ◆ **on retrouve chez Jacques le sourire de son père** you can see ou recognize his father's smile in Jacques, you can see Jacques has the same smile as his father ou has his father's smile ◆ **je retrouve bien là mon fils!** that's my son all right!
h (trouver, rencontrer) to find, encounter ◆ **on retrouve sans cesse les mêmes tournures dans ses romans** you find the same expressions all the time in his novels, you are constantly coming across ou meeting the same expressions in his novels ◆ **ces caractéristiques se retrouvent aussi chez les cervidés** these characteristics are also found ou encountered in the deer family
2 **se retrouver** vpr a (se réunir) to meet, meet up; (se revoir après une absence) to meet again ◆ **après le travail, ils se sont tous retrouvés au café** after work they all met in the café ◆ **ils se sont retrouvés par hasard à Paris** they met again by chance in Paris ◆ **un club où l'on se retrouve entre sportifs** a club where one meets with other sportsmen ou where sportsmen get together ◆ **comme on se retrouve!** fancy ou imagine meeting ou seeing you here! ◆ (fig) **on se retrouvera!** I'll get even with you!, I'll get my own back! (Brit)
b (être de nouveau) to find o.s. back ◆ **il se retrouva place de la Concorde** he found himself back at the Place de la Concorde ◆ **se retrouver dans la même situation** to find o.s. back in the same situation ◆ **se retrouver seul** (sans amis etc) to be left on one's own ou with no one; (loin des autres, de la foule) to be alone ou on one's own
c (*: finir) **il s'est retrouvé en prison / dans le fossé** he ended up in prison / in the ditch, he landed up* (Brit) ou wound up* in prison / in the ditch ◆ **se retrouver sur le trottoir*** to go on the streets* ◆ (sans logement) **se retrouver à la rue** to be out on the street(s)
d (voir clair, mettre de l'ordre) **il ne se** ou **s'y retrouve pas dans ses calculs / la numération binaire** he can't make sense of his calculations / binary notation ◆ **on a de la peine à s'y retrouver, dans ces digressions / ces raisonnements** it's hard to find one's way through ou to make sense of these digressions / arguments ◆ **allez donc vous (y) retrouver dans un désordre pareil!** let's see you try and straighten out this awful mess! ◆ **je ne m'y retrouve plus** I'm completely lost
e (*: rentrer dans ses frais) **s'y retrouver** to break even ◆ **les frais furent énormes mais il s'y est largement retrouvé** his costs were enormous but he made handsomely on the deal ou he did very well out of the deal ◆ **tout ce que j'espère c'est qu'on s'y retrouve** all I hope is that we don't lose on it ou that we break even ◆ **s'il te prête cet argent c'est qu'il s'y retrouve** if he lends you this money it's because there's something in it for him
f (trouver son chemin) **se retrouver, s'y retrouver** to find one's way ◆ **la ville où je suis né a changé et je ne m'y retrouve plus** the town where I was born has changed, and I can't find my way around any more
g (littér: faire un retour sur soi-même) to find o.s. again

rétroversion [ʀetʀɔvɛʀsjɔ̃] nf retroversion

rétroviral, e, mpl **-aux** [ʀetʀoviʀal, o] adj retroviral

rétrovirus [ʀetʀoviʀys] nm retrovirus

rétroviseur [ʀetʀɔvizœʀ] nm rear-view mirror, (driving) mirror ◆ **rétroviseur latéral** wing mirror (Brit), side-view mirror (US)

rets [ʀɛ] → SYN nmpl (littér: piège) snare ◆ **prendre** ou **attraper qn dans les rets** to ensnare sb ◆ **se laisser prendre** ou **tomber dans les rets de qn** to be ensnared by sb

réuni, e [ʀeyni] (ptp de **réunir**) adj a (pris ensemble) **réunis** (put) together, combined ◆ **aussi fort que les Français et les Anglais réunis** as strong as the French and the English put together ou combined
b (Comm: associés) **réunis** associated ◆ **les Transporteurs Réunis** Associated Carriers

réunification [ʀeynifikasjɔ̃] nf reunification

réunifier [ʀeynifje] ▸conjug 7◂ vt to reunify

Réunion [ʀeynjɔ̃] nf ◆ (Géog) **(l'île de) la Réunion** Réunion (Island)

réunion [ʀeynjɔ̃] → SYN 1 nf a [objets, faits] collection, gathering; [fonds] raising; [membres d'une famille, d'un club] bringing together, reunion, reuniting; [éléments, parties] combination; (Math) [ensembles] union ◆ **réunion d'une province à un état** the union of a province with a state
b [amis] reuniting, reunion; [compagnies] merging; [états] union; [fleuves] confluence, merging; [rues] junction, joining; [idées] meeting
c (séance) meeting ◆ **notre prochaine réunion sera le 10** our next meeting will be on the 10th ◆ **dans une réunion** at ou in a meeting ◆ **réunion d'information** briefing (session) ◆ **réunion de travail** work session ◆ **être en réunion** to be at ou in a meeting
d (journée sportive) **réunion cycliste** cycle rally ◆ **réunion hippique** (concours) gymkhana (Brit), horse show; (course) race meeting
2 COMP ▷ **réunion de famille** family gathering ▷ **réunion sportive** sports meeting ▷ **réunion syndicale** union meeting

réunionite* [ʀeynjɔnit] nf mania for meetings

réunionnais, e [ʀeynjɔnɛ, ɛz] 1 adj of ou from Réunion
2 nm,f ◆ **Réunionnais(e)** inhabitant ou native of Réunion

réunir [ʀeyniʀ] → SYN ▸conjug 2◂ 1 vt a (rassembler) objets to gather ou collect (together); faits, preuves to put together ◆ **réunir tout son linge en un paquet** to collect all one's washing into a bundle ◆ **réunir des papiers par une épingle** to pin papers together, fix papers together with a pin
b (recueillir) fonds to raise, get together; preuves to collect, gather (together); pièces de collection, timbres to collect
c (cumuler) to combine ◆ **ce livre réunit diverses tendances stylistiques** this book combines various styles, this book is a combination of different styles ◆ **réunir toutes les conditions exigées** to satisfy ou meet all the requirements
d (assembler) participants to gather, collect; (convoquer) membres d'un parti to call together, call a meeting of; (inviter) amis, famille to entertain, have round (Brit), have in; (rapprocher) ennemis, antagonistes to bring together, reunite; anciens amis to bring together again, reunite ◆ **on avait réuni les participants dans la cour** they had gathered those taking part in the yard ◆ **ce congrès a réuni des écrivains de toutes tendances** this congress gathered ou brought together writers of all types ◆ **nous réunissons nos amis tous les mercredis** we have our friends round (Brit) ou in every Wednesday ◆ **après une brouille de plusieurs années, ce deuil les a réunis** after a quarrel which lasted several years, this bereavement brought them together again ou reunited them
e (raccorder) parties, éléments to join ◆ **le couloir réunit les deux ailes du bâtiment** the corridor joins ou links the two wings of the building
f (relier) to join (up ou together) ◆ **réunir deux fils** to tie two threads together ◆ **réunir les bords d'une plaie / d'un accroc** to bring together the edges of a wound / tear
g (rattacher à) **réunir à** province etc to unite to
2 **se réunir** vpr a (se rencontrer) to meet, get together, have a get-together ◆ **se réunir entre amis** to get together with (some) friends, have a friendly get-together ◆ **le petit groupe se réunissait dans un bar** the little group would meet ou get together in a bar
b (s'associer) [compagnies] to combine, merge; [états] to unite
c (se joindre) [états] to unite; [fleuves] to flow into each other, merge; [rues] to join, converge; [idées] to unite, be united

réussi, e [ʀeysi] → SYN (ptp de **réussir**) adj (couronné de succès) dîner, soirée, mariage successful, a success (attrib); (bien exécuté) mouvement good, well executed (frm); photo, roman successful; mélange, tournure effective ◆ **c'était vraiment très réussi** it really was a great success ou very successful ◆ (iro) **eh bien, c'est réussi!** well that's just great!* (iro), very clever! (iro)

réussir [ReysiR] → SYN ▸conjug 2◂ GRAMMAIRE ACTIVE 23.5

1 vi a [affaire, projet, entreprise] to succeed, be a success, be successful; [culture, plantation] to thrive, do well; [manœuvre, ruse] to pay off ◆ **pourquoi l'entreprise n'a-t-elle pas réussi?** why wasn't the venture a success?, why didn't the venture come off ou succeed? ◆ **le culot réussit parfois où la prudence échoue** sometimes nerve succeeds ou works where caution fails ◆ **la vigne ne réussit pas partout** vines don't thrive everywhere ou do not do well everywhere ◆ **tout lui / rien ne lui réussit** everything / nothing goes ou comes right for him, everything / nothing works for him ◆ **cela lui a mal réussi, cela ne lui a pas réussi** that didn't do him any good

b [personne] (dans une entreprise, la vie) to succeed, be successful, be a success; (à un examen) to pass ◆ **réussir dans la vie** to succeed ou get on in life ◆ **réussir dans les affaires / dans ses études** to succeed ou do well in business / one's studies ◆ **et leur expédition au Pôle, ont-ils réussi? – ils n'ont pas réussi** what about their expedition to the Pole, did they succeed? ou did they pull it off? – they didn't ou they failed ◆ **il a réussi dans tout ce qu'il a entrepris** he has made a success of ou been successful ou succeeded in all his undertakings ◆ **il a réussi à son examen** he passed his exam ◆ **tous leurs enfants ont bien réussi** all their children have done well ◆ **il réussit bien en maths / à l'école** he's a success at ou he does well at maths / school

c **réussir à faire** to succeed in doing, manage to do ◆ **il a réussi à les convaincre** he succeeded in convincing them, he managed to convince them ◆ (iro) **cette maladroite a réussi à se brûler*** this clumsy girl has managed to burn herself ou has gone and burnt herself*

d (être bénéfique à) **réussir à** to agree with ◆ **l'air de la mer / la vie active lui réussit** sea air / an active life agrees with him ◆ **le curry ne me réussit pas** curry doesn't agree with me

2 vt a (bien exécuter) film, entreprise, plat to make a success of ◆ **réussir sa carrière** to have a successful career ◆ **réussir sa vie** to make a success of one's life ◆ **elle a bien réussi sa sauce** her sauce was a great success ◆ **vont-ils réussir leur coup?** will they manage to carry ou pull it off? ◆ **il a réussi son coup: 10 000 F de raflés en 10 minutes!** he pulled the job off – 10,000 francs swiped in 10 minutes flat* ◆ (hum) **je l'ai bien réussi, mon fils** I did a good job on my son (hum) ◆ **elle a réussi son effet** she achieved the effect she wanted

b (exécuter) but, essai to bring off, pull off; tâche to bring off, manage successfully ◆ **il a réussi 2 très jolies photos** he managed 2 very nice photographs, he took 2 very successful photographs

réussite [Reysit] → SYN nf a [entreprise] success, successful outcome; [culture, soirée] success ◆ **ce fut une réussite complète** it was a complete ou an unqualified success

b [personne] success ◆ **une réussite bien méritée** a well-deserved success ◆ **sa réussite sociale a été fulgurante** his (ou her) rise to success was dazzling

c (Cartes) patience ◆ **faire une réussite** to play patience

réutilisable [Reytilizabl] adj reusable

réutilisation [Reytilizasjɔ̃] nf reuse

réutiliser [Reytilize] ▸conjug 1◂ vt to reuse

revaccination [R(ə)vaksinasjɔ̃] nf revaccination

revacciner [R(ə)vaksine] ▸conjug 1◂ vt to revaccinate

revaloir [R(ə)valwaR] ▸conjug 29◂ vt to pay back ◆ **je te revaudrai ça, je te le revaudrai** (hostile) I'll pay you back for this (Brit), I'll get even with you for this, I'll get back at you for this; (reconnaissant) I'll repay you some day

revalorisation [R(ə)valɔRizasjɔ̃] → SYN nf (→ **revaloriser**) revaluation; raising; fresh promotion ◆ **une revalorisation du mariage** a reassertion of the value of marriage

revaloriser [R(ə)valɔRize] → SYN ▸conjug 1◂ vt monnaie to revalue; salaire to raise; méthode to promote again; valeur morale, institution to reassert the value of

revanchard, e [R(ə)vɑ̃ʃaR, aRd] (péj) 1 adj politique of revenge *(esp against enemy country)*; politicien who is an advocate of ou who advocates revenge; pays bent on revenge (attrib)

2 nm,f advocate of revenge, revanchist (frm)

revanche [R(ə)vɑ̃ʃ] → SYN nf (après défaite, humiliation) revenge; (Jeux, Sport) revenge match; (Boxe) return fight ou bout ◆ **prendre sa revanche (sur qn)** to take one's revenge (on sb), get one's own back (on sb)* (Brit) ◆ **prendre une revanche éclatante (sur qn)** to take a spectacular revenge (on sb) ◆ (Jeux, Sport) **donner sa revanche à qn** to let sb have ou give sb his revenge ◆ **le mépris est la revanche des faibles** contempt is the revenge of the weak ◆ **en revanche** on the other hand → **charge**

revanchisme [R(ə)vɑ̃ʃism] nm (Pol) revanchism

revanchiste [R(ə)vɑ̃ʃist] adj, nmf revanchist

rêvasser [Rɛvase] → SYN ▸conjug 1◂ vi to daydream, let one's mind wander, muse (littér)

rêvasserie [RɛvasRi] nf (rêve) daydreaming; (chimère) (idle) dream, (idle) fancy, daydreaming (NonC)

rêve [Rɛv] → SYN nm a (pendant le sommeil, chimère) dream; (éveillé) dream, daydream ◆ **le rêve et la réalité** dream and reality ◆ (Psych) **le rêve, les rêves** dreaming, dreams ◆ (Psych) **le rêve éveillé** daydreaming ◆ **j'ai fait un rêve affreux** I had a horrible dream ◆ **rêve prémonitoire** premonitory dream ◆ **faire des rêves** to dream, have dreams ◆ **faites de beaux rêves!** sweet dreams! ◆ **il est dans un rêve** he's (day)dreaming ◆ **sortir d'un rêve** to come out of a dream → **mauvais**

b LOC **c'était un beau rêve!** it was a lovely dream! ◆ **c'est un de mes rêves de jeunesse** it's one of the things I've always dreamt of ou wanted ◆ **c'est le rêve de leur vie** it is their life-long dream ◆ **une voiture / maison de rêve** a dream car / house ◆ **une créature / un silence de rêve** a dream woman / silence ◆ **la voiture / la femme de ses rêves** the car / woman of his dreams, his dream car / woman ◆ **disparaître** ou **s'évanouir comme un rêve** to vanish ou fade like a dream ◆ **disparaître comme dans un rêve** to be gone ou disappear in a trice ◆ **voir / entendre qch en rêve** to see / hear sth in a dream ◆ **créer qch en rêve** to dream sth up ◆ **ça, c'est le rêve*** that would be ideal ou (just) perfect ◆ **une maison comme ça, ce n'est pas le rêve*** it's not the sort of house you dream about

rêvé, e [Reve] → SYN (ptp de **rêver**) adj ideal, perfect

revêche [Rəvɛʃ] → SYN adj surly, sour-tempered

réveil [Revɛj] → SYN nm a [dormeur] waking (up) (NonC), wakening (littér); [personne évanouie] coming to (NonC); (fig: retour à la réalité) awakening ◆ **au réveil, je vis qu'il était parti** when I woke up ou on waking I found he was already gone ◆ **il a le réveil difficile** he finds it hard to wake up, he finds waking up difficult ◆ **il eut un réveil brutal** he was rudely woken up ou awakened ◆ **dès le réveil, il chante** as soon as he's awake ou he wakes up he starts singing, he's singing from the moment he's awake ◆ **ils assistaient au réveil du roi** they were present at the awakening of the king ◆ **il a passé une nuit entrecoupée de réveils en sursaut** he spent a broken night, waking with a start every so often ◆ **réveil téléphonique** telephone wake-up service ◆ (fig) **après tous ces châteaux en Espagne, le réveil fut pénible** after building all these castles in the air, he (ou I etc) had a rude awakening

b (fig: renaissance) [nature, sentiment, souvenir] reawakening; [volcan] fresh stirrings; [douleur] return

c (Mil) reveille ◆ **sonner le réveil** to sound the reveille ◆ **battre le réveil** *to wake soldiers up to the sound of drums* ◆ **réveil en fanfare** reveille on the bugle ◆ (fig) **mes enfants m'ont gratifié d'un réveil en fanfare ce matin!** my children treated me to a rowdy awakening this morning!

d (réveille-matin) alarm (clock) ◆ **mets le réveil à 8 heures** set the alarm for 8 (o'clock) ◆ **réveil de voyage** travel alarm (clock)

réveillé, e [Reveje] (ptp de **réveiller**) adj (à l'état de veille) awake; (*: dégourdi) bright, all there* (attrib) ◆ **à moitié réveillé** half asleep ◆ **il était mal réveillé** he was still half asleep, he hadn't woken up properly

réveille-matin [Revɛjmatɛ̃] → SYN nm inv alarm clock

réveiller [Reveje] → SYN ▸conjug 1◂ 1 vt a dormeur to wake (up), waken, awaken (littér); (ranimer) personne évanouie to bring round, revive; (ramener à la réalité) rêveur to wake up, waken ◆ **réveillez-moi à 5 heures** wake me (up) at 5 (o'clock) ◆ **être réveillé en sursaut** to be woken (up) with a start ◆ **faire un vacarme à réveiller les morts** to make a row that would waken the dead ◆ (Prov) **ne réveillez pas le chat qui dort** let sleeping dogs lie (Prov)

b (raviver) appétit, courage to rouse, awaken; douleur (physique) to start up again; (mentale) to revive, reawaken; rancune, jalousie to reawaken, rouse

c (ranimer) souvenir to awaken, revive, bring back; membre ankylosé to bring some sensation ou feeling back into ◆ **réveiller les consciences** to awaken ou stir people's consciences

2 **se réveiller** vpr a [dormeur] to wake (up), awake, awaken (littér); [personne évanouie] to come round (Brit), come to, regain consciousness; (fig) [rêveur, paresseux] to wake up (*de* from) ◆ **réveille-toi!** wake up! ◆ (fig) **se réveillant de sa torpeur** rousing himself from his lethargy ◆ **se réveiller en sursaut** to wake up ou come awake with a start

b (se raviver) [appétit, courage] to be roused; [douleur] to return; [rancune, jalousie] to be reawakened ou roused; [souvenir] to return, come back, to reawaken (littér)

c (se ranimer) [nature] to reawaken; [volcan] to stir again ◆ [membre ankylosé] **mon pied se réveille** the feeling's coming back into my foot, I'm getting some feeling back in my foot

réveillon [Revɛjɔ̃] → SYN nm ◆ **réveillon (de Noël / du Nouvel An)** (repas) Christmas Eve / New Year's Eve dinner; (fête) Christmas Eve / New Year's (Eve) party; (date) Christmas Eve / New Year's Eve

réveillonner [Revɛjɔne] ▸conjug 1◂ vi to celebrate Christmas ou New Year's Eve *(with a dinner and a party)*

réveillonneur [Revɛjɔnœr] nm party-goer, reveller *(on Christmas or New Year's Eve)* ◆ **un des réveillonneurs proposa un jeu** one of the people at the party suggested a game

révélateur, -trice [RevelatœR, tRis] → SYN GRAMMAIRE ACTIVE 26.6

1 adj indice, symptôme revealing ◆ **révélateur de** revealing ◆ **film révélateur d'une mode / d'une tendance** film revealing a fashion / a tendency ◆ **c'est révélateur d'un malaise profond** it reveals a deep malaise

2 nm (Phot) developer; (littér: qui dévoile) (personne) enlightener; (événement, expérience) revelation ◆ **ces manies sont un révélateur de la personnalité** these quirks are revealing of personality

révélation [Revelasjɔ̃] → SYN nf a [fait, projet, secret] revelation; disclosure; [artiste] revelation; (Phot) [image] developing ◆ **ce jeune auteur a été la révélation de l'année** this young author was the discovery of the year

b [sensations, talent, tendances] revelation

c (chose avouée) disclosure, revelation ◆ **faire des révélations importantes** to make important disclosures ou revelations

d (illuminations, surprise, Rel) revelation ◆ **ce fut une révélation!** it was (quite) a revelation!

révélé, e [Revele] (ptp de **révéler**) adj (Rel) dogme, religion revealed

révéler [Revele] [→ SYN] ▸ conjug 6 ◂ **1** vt **a** (divulguer) fait, projet to reveal, make known, disclose; secret to disclose, give away, reveal; opinion to make known ◆ **ça l'avait révélée à elle-même** this had opened her eyes to herself, this had given her a new awareness of ou insight into herself ◆ **je ne peux encore rien révéler** I can't disclose ou reveal anything yet, I can't give anything away yet ◆ **révéler que** to reveal that
b (témoigner de) aptitude, caractère to reveal, display, show; sentiments to show ◆ **œuvre qui révèle une grande sensibilité** work which reveals ou displays great sensitivity ◆ **sa physionomie révèle la bonté / une grande ambition** his features show ou evince (frm) goodness / great ambition
c (faire connaître) artiste [impresario] to discover; [œuvre] to bring to fame; (Rel) to reveal
d (Phot) to develop
2 se révéler vpr **a** (apparaître) [vérité, talent, tendance] to be revealed, reveal itself; (Rel) to reveal o.s. ◆ [artiste] **il ne s'est révélé que vers la quarantaine** he didn't show ou display his talent until he was nearly forty ◆ **des sensations nouvelles se révélaient à lui** he was becoming aware of new feelings
b (s'avérer) **se révéler cruel / ambitieux** to show o.s. ou prove to be cruel / ambitious ◆ **se révéler difficile / aisé** to prove difficult / easy ◆ **son hypothèse se révéla fausse** his hypothesis proved ou was shown to be false

revenant, e [R(ə)vənɑ̃, ɑ̃t] [→ SYN] nm,f ghost ◆ **tiens, un revenant!*** hello stranger!* → **histoire**

revendeur, -euse [R(ə)vɑ̃dœR, øz] [→ SYN] nm,f (détaillant) retailer, stockist, (Brit) dealer; (d'occasion) secondhand dealer ◆ **chez votre revendeur habituel** at your local stockist (Brit) ou dealer ◆ **revendeur (de drogue)** (drug-)pusher* ou dealer

revendicateur, -trice [R(ə)vɑ̃dikatœR, tRis] adj ◆ **dans notre lettre revendicatrice** in the letter stating our claims ◆ **déclaration revendicatrice** declaration of claims

revendicatif, -ive [R(ə)vɑ̃dikatif, iv] adj mouvement, journée of protest ◆ **organiser une journée revendicative** to organize a day of action ou protest (in support of one's claims)

revendication [R(ə)vɑ̃dikasjɔ̃] [→ SYN] nf **a** (action) claiming ◆ **il n'y a pas eu de revendication de l'attentat** no one claimed responsibility for the attack
b (Pol, Syndicats: demande) claim, demand ◆ **le parti de la revendication** the claim-makers ◆ **journée de revendication** day of action ou protest (in support of one's claims) ◆ **lettre de revendication** letter putting forward one's claims

revendiquer [R(ə)vɑ̃dike] [→ SYN] ▸ conjug 1 ◂ vt **a** (demander, réclamer) chose due, droits to claim, demand ◆ **les ouvriers ont décidé de revendiquer** the workers have decided to put in ou to make a claim ◆ **ils passent leur temps à revendiquer** they spend their time putting forward claims ◆ **revendiquer l'égalité des salaires** to demand equal pay
b (assumer) responsabilité, paternité to claim; explosion, attentat to claim responsibility for ◆ **l'attentat n'a pas été revendiqué** no one has claimed responsibility for the attack

revendre [R(ə)vɑ̃dR] ▸ conjug 41 ◂ vt **a** (vendre d'occasion) to resell ◆ **ça se revend facilement** that's easily resold, that's easily sold again
b (vendre au détail) to sell
c (vendre davantage) **j'en ai vendu 2 en janvier et j'en ai revendu 4 en février** I sold 2 in January and I sold another 4 in February ◆ **j'en ai vendu la semaine dernière mais je n'en ai pas revendu depuis** I sold some last week but I've sold no more since then
d LOC **avoir de l'énergie / de l'intelligence à revendre** to have energy / brains (enough and) to spare ◆ **si tu veux un tableau, on en a à revendre** if you want a picture, we've got them by the score

revenez-y [R(ə)vənezi, Rəv(ə)nezi] nm inv → **goût**

revenir [R(ə)vəniR, Rəv(ə)niR] [→ SYN] ▸ conjug 22 ◂ **1** vi **a** (repasser, venir de nouveau) to come back, come again ◆ **il doit revenir nous voir demain** he's coming back to see us tomorrow, he's coming to see us again tomorrow ◆ **pouvez-vous revenir plus tard?** can you come back later? ◆ **revenir sur ses pas** to retrace one's steps
b (réapparaître) [saison, mode] to come back, return; [soleil, oiseaux] to return, reappear; [fête, date] to come (round) again; [calme, ordre] to return; [thème, idée] to recur, reappear ◆ **cette expression revient souvent dans sa conversation** that expression often crops up in his conversation ◆ **Noël revient chaque année à la même date** Christmas comes (round) on the same date every year ◆ **sa lettre est revenue parce qu'il avait changé d'adresse** his letter was returned ou came back because he had left that address ou had changed his address
c (rentrer) to come back, return ◆ **revenir quelque part / de quelque part** to come back ou return (to) somewhere / from somewhere ◆ **revenir chez soi** to come back ou return home ◆ **revenir dans son pays** to come back ou return to one's country ◆ **revenir en bateau / avion** to sail / fly back, come back by boat / air ◆ **revenir à la hâte** to hurry back ◆ **revenir de voyage** to return from a journey ◆ **en revenant de l'école** coming back ou coming home from school, on the way back ou home from school ◆ **sa femme lui est revenue** his wife has come back to him ◆ **je reviens dans un instant** I'll be back in a minute, I'll be right back*
d (recommencer, reprendre) **revenir à** études, sujet to go back to, return to; méthode, procédé to go back to, return to, revert to ◆ **revenir à la religion** to come back to religion ◆ **revenir à ses premières amours** to go back ou return to one's first love ◆ **revenir à de meilleurs sentiments** to return to a better frame of mind ◆ **on y reviendra, à cette mode** this fashion will come back ◆ **nous y reviendrons dans un instant** we'll come back to that in a moment ◆ **n'y revenez plus!** that's all you're getting!, don't bother coming back! ◆ **j'en reviens toujours là, il faut ...** I still come back to this, we must ... ◆ **il n'y a pas à y revenir** there's no going back on it ◆ **revenir en arrière** (gén) to go back ◆ (dans le temps) **on ne peut pas revenir en arrière** you can't turn ou put back the clock
e (réexaminer) **revenir sur** affaire, problème to go back over ◆ **ne revenons pas là-dessus** let's not go back over that ◆ **revenir sur le passé** to go back over the past, hark back to the past
f [souvenir, idée] **revenir à la mémoire** to recur, come back to mind ◆ **revenir à qn** to come back to sb, recur to sb ◆ **son nom me revient maintenant** his name has come back to me now ◆ **ça me revient!** I've got it now!, it's coming back to me now!
g [courage, appétit, parole] **revenir à qn** to come back to sb, return (to sb) ◆ **à la vue de sa résistance farouche, le courage me revint** seeing his fierce resistance, my courage came back to me ou returned ◆ **à la vue de cette ratatouille, l'appétit m'est revenu** my appetite returned at the sight of ou when I saw that ratatouille
h (se remettre de) **revenir de** maladie to recover from, get over; syncope to come round from (Brit), come to after; égarement, surprise to get over; illusions to lose, shake off; erreurs, théories to leave behind, throw over, put ou cast aside ◆ **ils sont déjà revenus de ces théories** they have already thrown over ou put aside these theories ◆ **elle est revenue de tout** she's seen it all before
i (se dédire de) **revenir sur** promesse to go back on; décision to go back on, reconsider
j (parvenir à la connaissance de) **revenir à qn, revenir aux oreilles de qn** to reach sb's ears, get back to sb ◆ (frm, hum) **il m'est revenu que** word has come back to me ou reached me that
k [droit, honneur, responsabilité] **revenir à qn** (être la prérogative de) to fall to sb; (échoir à) to come ou pass to sb; (être la part de) to come ou go to sb ◆ (incomber à) **il lui revient de décider** it is for him ou up to him to decide ◆ **ce titre lui revient de droit** this title is his by right ◆ **cet honneur lui revient** this honour is due to him ou is his by right ◆ **tout le mérite vous revient** all the credit goes to you, the credit is all yours ◆ **les biens de son père sont revenus à l'État** his father's property passed to the state ◆ **là-dessus, 100 F me reviennent** 100 francs of that comes to me
l (équivaloir à) **revenir à** to come down to, amount to, boil down to ◆ **cette hypothèse revient à une proposition très simple** this hypothesis comes down ou amounts to a very simple proposition ◆ **ça revient à une question d'argent** it all boils down to a question of money ◆ **cela revient à dire que** that amounts to saying that ◆ **cela revient au même** it amounts ou comes to the same thing
m (coûter) **revenir à** to amount to, come to, cost ◆ **ça revient à 100 F** it comes to ou amounts to 100 francs ◆ **ça revient cher** it's expensive, it's an expensive business ◆ **à combien est-ce que cela va vous revenir?** how much will that cost you?, how much will that set you back?*
n (Culin) **faire revenir** to brown ◆ **« faire revenir les oignons dans le beurre »** "brown ou fry the onions gently in the butter"
o (Sport) **revenir à la marque** ou **au score** to draw (even ou level) ◆ (Cyclisme) **revenir sur les échappés** to catch up with the breakaway
p (loc) (en réchapper) **en revenir** to pull through ◆ **crois-tu qu'il en reviendra?** do you think he'll pull through? ◆ **revenir à soi** to come round (Brit), come to ◆ **revenir à la vie** to come back to life ◆ **il revient de loin** it was a close shave ou a near thing for him, he had a close shave ◆ **je n'en reviens pas!** I can't get over it! ◆ **il a une tête qui ne me revient pas** I don't like the look of him ◆ **elle ne me revient pas du tout cette fille** I don't like that girl at all ◆ **revenir à la charge** to return to the attack → **tapis**
2 s'en revenir vpr ◆ **comme il s'en revenait (du village), il aperçut un aigle** as he was coming back (from the village), he noticed an eagle ◆ **il s'en revenait la queue basse** he was coming away with his tail between his legs ◆ **il s'en revint, le cœur plein d'allégresse** he came away with a joyful heart

revente [R(ə)vɑ̃t] [→ SYN] nf resale

revenu [R(ə)vəny, Rəv(ə)ny] [→ SYN] **1** nm **a** [particulier] income (NonC) (*de* from); [état] revenue (*de* from); [domaine, terre] income (*de* from); [investissement, capital] yield (*de* from, on) ◆ **revenu annuel / brut / imposable / par habitant** annual / gross / assessed / per capita income ◆ (Fin) **à revenu fixe** valeurs fixed yield ◆ **les pays à revenu élevé** high-income countries ◆ **avoir de gros revenus** to have a large income, have substantial means ◆ **être sans revenus** to have no income ou means
b (Tech) [acier] tempering
2 COMP ▷ **revenus de l'État** (Écon) public revenue ▷ **revenu fiscal** tax revenue ▷ **revenu intérieur brut** gross domestic income ▷ **revenu minimum d'insertion** *minimum welfare payment given to those who are not entitled to unemployment benefit,* ≃ *income support* (Brit), ≃ *welfare* (US) ▷ **revenu national** gross national product ▷ **revenu net d'impôts** disposable income ▷ **revenus publics** ⇒ **revenus de l'État** ▷ **revenu du travail** earned income

rêver [Reve] [→ SYN] ▸ conjug 1 ◂ **1** vi **a** [dormeur] to dream (*de, à* of, about) ◆ **rêver que** to dream that ◆ **j'ai rêvé de toi** I dreamt about ou of you ◆ **il en rêve la nuit*** he dreams about it at night ◆ **rêver tout éveillé** to be lost in a daydream ◆ **je ne rêve pas, c'est bien vrai?** I'm not imagining it ou dreaming, am I – it's really true! ◆ **tu m'as appelé? – moi? tu rêves!** did you call me? – me? you must have been dreaming! ou you're imagining things! ◆ **une révolution, maintenant? vous rêvez!** a revolution now? your imagination's running away with you! ◆ **on croit rêver!*** I can hardly believe it!, the mind boggles!* ◆ **(il ne) faut pas rêver*** I wouldn't count on it* ◆ **on peut toujours rêver** it doesn't hurt to dream

b (rêvasser) to dream, muse (littér), daydream ◆ **travaille au lieu de rêver!** get on with your work instead of (day)dreaming! ◆ **rêver à des jours meilleurs** to dream of better days

c (désirer) **rêver de qch / de faire** to dream of sth / of doing ◆ **elle rêve d'une chaumière en pleine forêt** she dreams of a cottage in the heart of a forest ◆ **rêver de réussir** to long to succeed, long for success ◆ **rêver de rencontrer l'épouse idéale** to dream of meeting ou long to meet the ideal wife

2 vt **a** (en dormant) to dream ◆ **j'ai rêvé la même chose qu'hier** I dreamt the same (thing) as last night

b (littér : imaginer) to dream ◆ **il rêve sa vie au lieu de la vivre** he's dreaming his life away instead of living it ◆ (péj) **où as-tu été rêver ça?** where did you dream that up? ◆ (péj) **je n'ai jamais dit ça, c'est toi qui l'as rêvé!** I never said that – you must have dreamt it!

c (désirer) to dream of ◆ (littér) **rêver mariage / succès** to dream of marriage / success ◆ (littér) **il se rêve conquérant** he dreams of being a conqueror ◆ **il ne rêve que plaies et bosses** his mind is full of warlike ou heroic dreams, he lives in a dream world of bold and bloody deeds

réverbération [ʀevɛʀbeʀasjɔ̃] → SYN nf [son] reverberation; [chaleur, lumière] reflection

réverbère [ʀevɛʀbɛʀ] → SYN nm (d'éclairage) street lamp ou light; (Tech) reflector → **allumeur**

réverbérer [ʀevɛʀbeʀe] → SYN ▸ conjug 6 ◂ vt son to send back, reverberate; chaleur, lumière to reflect

reverdir [ʀ(ə)vɛʀdiʀ] ▸ conjug 2 ◂ **1** vi [plantes] to grow green again

2 vt (Tech) to soak

révérence [ʀeveʀɑ̃s] → SYN nf **a** (salut) [homme] bow; [femme] curtsey ◆ **faire une révérence** to bow; to curtsey (*à qn* to sb) ◆ **tirer sa révérence (à qn)** (lit) to bow out (from sb's presence), make one's bow (and leave); (fig) to take one's leave (of sb)

b (littér : respect) reverence (*envers, pour* for) ◆ **révérence parler†** with all due respect

révérenciel, -ielle [ʀeveʀɑ̃sjɛl] → SYN adj reverential ◆ **crainte révérencielle** awe

révérencieux, -ieuse [ʀeveʀɑ̃sjø, jøz] → SYN adj (littér) reverent ◆ **être peu révérencieux envers** to show scant respect for

révérend, e [ʀeveʀɑ̃, ɑ̃d] adj, nm reverend ◆ **le Révérend Père Martin** Reverend Father Martin

révérendissime [ʀeveʀɑ̃disim] adj most reverend

révérer [ʀeveʀe] → SYN ▸ conjug 6 ◂ vt (littér) (gén) to revere; (Rel) to revere, reverence

rêverie [ʀɛvʀi] → SYN nf **a** (activité) daydreaming, reverie (littér), musing (littér)

b (moment de rêverie) daydream, reverie (littér)

c (péj : chimère) **rêveries** daydreams, delusions, illusions

revérifier [ʀ(ə)veʀifje] ▸ conjug 7 ◂ vt to double-check

revernir [ʀ(ə)vɛʀniʀ] ▸ conjug 2 ◂ vt to revarnish

revers [ʀ(ə)vɛʀ] → SYN GRAMMAIRE ACTIVE 26.3 nm **a** [papier, feuille] back; [étoffe] wrong side ◆ (fig littér) **le revers de la charité** the reverse of charity ◆ **le revers de la vérité** the hidden truth ◆ **prendre l'ennemi de** ou **à revers** to take the enemy from ou in the rear

b [pièce d'argent, médaille] reverse, reverse side, back ◆ **pièce frappée au revers d'une effigie** coin struck with a portrait on the reverse ◆ (fig) **c'est le revers de la médaille** that's the other side of the coin ◆ **toute médaille a son revers** every rose has its thorn

c [main] back ◆ **d'un revers de main** with the back of one's hand

d (Tennis) backhand ◆ **faire un revers** to play a backhand shot ◆ **volée de revers** backhand volley

e (Habillement) [veste, manteau] lapel, revers; [pantalon] turn-up (Brit), cuff (US); [bottes] top; [manche] (turned-back) cuff ◆ **bottes à revers** turned-down boots ◆ **pantalons à revers** trousers with turn-ups (Brit) ou cuffs (US)

f (coup du sort) setback ◆ **revers (de fortune)** reverse (of fortune) ◆ **revers économiques / militaires** economic / military setbacks ou reverses

reversement [ʀ(ə)vɛʀsəmɑ̃] nm (Fin) [excédent, somme] putting back, paying back (*dans, sur* into); [titre] transfer

reverser [ʀ(ə)vɛʀse] → SYN ▸ conjug 1 ◂ vt **a** liquide (verser davantage) to pour out some more ◆ **reverse-moi du vin / un verre de vin** pour me (out) some more wine / another glass of wine ◆ (remettre) **reversez le vin dans la bouteille** pour the wine back into the bottle

b (Fin) excédent, somme to put back, pay back (*dans, sur* into); titre to transfer

réversibilité [ʀevɛʀsibilite] nf [pension] revertibility; [mouvement], (Chim) reversibility

réversible [ʀevɛʀsibl] adj mouvement, vêtement, réaction chimique reversible; (Jur) revertible (*sur* to) ◆ **l'histoire n'est pas réversible** history cannot be undone ou altered

réversion [ʀevɛʀsjɔ̃] nf (Bio, Jur) reversion ◆ **pension de réversion** reversion pension

reversoir [ʀ(ə)vɛʀswaʀ] nm weir

révertant [ʀevɛʀtɑ̃] nm revertant

revêtement [ʀ(ə)vɛtmɑ̃] → SYN nm (enduit) coating; (surface) [route] surface; (placage, garniture) [mur extérieur] facing, cladding; [mur intérieur] covering ◆ **revêtement (du sol)** flooring (NonC), floor-covering (NonC) ◆ **revêtement mural** wall-covering (NonC) ◆ [poêle] **revêtement antiadhésif** nonstick coating

revêtir [ʀ(ə)vetiʀ] → SYN ▸ conjug 20 ◂ **1** vt **a** (frm, hum : mettre) uniforme, habit to don (frm), put on, array o.s. in (frm)

b (prendre, avoir) caractère, importance to take on, assume; apparence, forme to assume, appear in, take on ◆ **une rencontre qui revêt une importance particulière** a meeting which takes on particular importance ◆ **le langage humain revêt les formes les plus variées** human language appears in ou takes on the most varied forms

c (frm, hum : habiller) [vêtement] to adorn ◆ [personne] **revêtir qn de** to dress ou array (frm) sb in ◆ **revêtir un prélat des vêtements sacerdotaux** to array (frm) ou clothe a prelate in his priestly robes

d (couvrir, déguiser) **revêtir qch de** to cloak sth in, cover sth with

e (frm : investir de) **revêtir qn de** dignité, autorité to endow ou invest sb with

f (Admin, Jur) **revêtir un document de sa signature / d'un sceau** to append one's signature / a seal to a document

g (Tech) (enduire) to coat (*de* with); (couvrir) route to surface (*de* with); mur, sol to cover (*de* with) ◆ **revêtir un mur de boiseries** to (wood-)panel a wall ◆ **revêtir un mur de carreaux** to tile a wall, cover a wall with tiles ◆ **revêtir de plâtre** to plaster ◆ **revêtir de crépi** to face with roughcast, roughcast ◆ **revêtir d'un enduit imperméable** to cover with a waterproof coating, give a waterproof coating to ◆ **rue revêtue d'un pavage** street which has been paved over ◆ **les falaises que la tempête avait revêtues de neige** the cliffs (which) the storm had covered in snow

2 **se revêtir** vpr ◆ (mettre) **se revêtir de** (frm) to array o.s. in (frm), don (frm), dress o.s. in ◆ (littér) **vers l'automne les sommets se revêtent de neige** as autumn draws near, the mountain tops don their snowy mantle (littér) ou are bedecked (frm) with snow

revêtu, e [ʀ(ə)vety] → SYN (ptp de **revêtir**) adj **a** (habillé de) **revêtu de** dressed in, wearing

b (Tech) route surfaced ◆ **chemin non revêtu** unsurfaced road

c (Tech) **revêtu de** (enduit de) coated with

rêveur, -euse [ʀɛvœʀ, øz] → SYN **1** adj air, personne dreamy ◆ **il a l'esprit rêveur** he's inclined to be a dreamer ◆ **ça vous laisse rêveur*** the mind boggles*, it makes you wonder

2 nm,f (lit, péj) dreamer

rêveusement [ʀɛvøzmɑ̃] adv (distraitement) dreamily, as (if) in a dream; (avec perplexité) distractedly

revient [ʀəvjɛ̃] → **prix**

revif [ʀəvif] nm (Naut) *rise of water between tides*

revigorant, e [ʀ(ə)vigɔʀɑ̃, ɑ̃t] adj vent, air frais invigorating; repas, boisson reviving (épith); discours, promesse cheering, invigorating

revigorer [ʀ(ə)vigɔʀe] → SYN ▸ conjug 1 ◂ vt [vent, air frais] to invigorate; [repas, boisson] to revive, put new life into, buck up*; [discours, promesse] to cheer, invigorate, buck up* ◆ **un petit vent frais qui revigore** a bracing ou an invigorating cool breeze

revirement [ʀ(ə)viʀmɑ̃] → SYN nm (changement d'avis, volte-face) change of mind, reversal (of opinion); (changement brusque) [tendances] reversal (*de* of); [goûts] (abrupt) change (*de* in); [opinions] change, turnaround (*de* in), revulsion (frm) (*de* of) ◆ **revirement d'opinion** change ou U-turn ou turnaround in public opinion, revulsion (frm) of public opinion ◆ **un revirement soudain de la situation** a sudden reversal of the situation

révisable [ʀevizabl] adj **a** (gén) revisable

b (Jur) procès reviewable

réviser [ʀevize] → SYN ▸ conjug 1 ◂ vt, **reviser** [ʀəvize] vt ▸ conjug 1 ◂ **a** procès, règlement, constitution to review; (fig) croyance, opinion to review, reappraise

b comptes to audit; liste to revise; texte, manuscrit to revise, look over again; (Typ) épreuves to revise ◆ **nouvelle édition complètement révisée** new and completely revised edition ◆ estimation **réviser à la hausse / à la baisse** to revise upwards / downwards

c (Scol) sujet to revise ◆ **réviser son histoire** to revise history, do one's history revision ◆ **commencer à réviser** to start revising ou (one's) revision

d moteur, installation to overhaul, service; montre to service ◆ **faire réviser sa voiture** to have one's car serviced

réviseur [ʀevizœʀ], **reviseur** [ʀəvizœʀ] → SYN nm reviser ◆ **réviseur-comptable** independent auditor

révision [ʀevizjɔ̃] → SYN nf (action, séance : → **réviser**) review; reappraisal; auditing (NonC); revision (NonC); overhaul (NonC); servicing (NonC) ◆ **révision des listes électorales** revision ou revising of the electoral register ◆ (Scol) **faire ses révisions** to do one's revision, revise ◆ (Aut) **prochaine révision après 10 000 km** next major service after 10,000 km

révisionnel, -elle [ʀevizjɔnɛl] adj revisionary

révisionnisme [ʀevizjɔnism] nm revisionism

révisionniste [ʀevizjɔnist] → SYN adj, nmf revisionist

revisité, e [ʀ(ə)vizite] adj (ptp de **revisiter**) film, livre, auteur reexamined

revisiter [ʀ(ə)vizite] ▸ conjug 1 ◂ vt ville, musée to revisit, visit again; théorie to reexamine

revisser [ʀ(ə)vise] ▸ conjug 1 ◂ vt to screw back again

revitalisant, e [ʀ(ə)vitalizɑ̃, ɑ̃t] adj séjour, vacances restorative, revitalizing; crème de soins revitalizing, regenerative

revitalisation [ʀ(ə)vitalizasjɔ̃] nf revitalization, regeneration

revitaliser [ʀ(ə)vitalize] ▸ conjug 1 ◂ vt to revitalize

revivification [ʀ(ə)vivifikasjɔ̃] nf revivification

revivifier [ʀ(ə)vivifje] → SYN ▸ conjug 7 ◂ vt (littér) personne to re-enliven, revitalize; souvenir to revive, bring alive again

reviviscence [ʀəvivisɑ̃s] nf **a** (littér) reviviscence

b (Bio) anabiosis, reviviscence

reviviscent, e [ʀ(ə)vivisɑ̃, ɑ̃t] adj (Bio) anabiotic, reviviscent

revivre [ʀ(ə)vivʀ] → SYN ▸ conjug 46 ◂ **1** vi **a** (être ressuscité) to live again ◆ **on peut vraiment dire qu'il revit dans son fils** it's really true to say that he is living (over) again in his son

b (être revigoré) to come alive again ◆ **je me sentais revivre** I felt alive again, I felt a new man (ou woman) ◆ **ouf, je revis!** whew! what a relief!, whew! I can breathe again!* ◆ **depuis que je n'ai plus ces soucis, je me sens**

revivre ever since I've been without these worries I feel I've come alive again ou I've been given a new lease of life
c (se renouveler) [institution, coutumes, mode] to be revived
d **faire revivre** (ressusciter) to bring back to life, restore to life; (revigorer) to revive, put new life in ou into; (remettre en honneur) mode, époque, usage to revive; (remettre en mémoire) to bring back ◆ **faire revivre un personnage / une époque dans un roman** to bring a character / an era back to life in a novel ◆ **le grand air m'a fait revivre** the fresh air put new life in me ◆ **ce spectacle faisait revivre tout un monde que j'avais cru oublié** this sight brought back a whole world I thought I had forgotten
2 vt passé, période (lit) to relive, live (through) again; (en imagination) to relive, live (over) again

révocabilité [ʀevɔkabilite] nf [contrat] revocability; [fonctionnaire] removability

révocable [ʀevɔkabl] ⇒ SYN adj legs, contrat revocable; fonctionnaire removable, dismissible

révocation [ʀevɔkasjɔ̃] ⇒ SYN nf (→ **révoquer**) removal (from office), dismissal; revocation ◆ (Hist) **la révocation de l'Édit de Nantes** the Revocation of the Edict of Nantes

révocatoire [ʀevɔkatwaʀ] adj revocatory

revoici * [ʀ(ə)vwasi] prép, **revoilà** * [ʀ(ə)vwala] prép ◆ **revoici Paul!** Paul's back (again)!, here's Paul again! ◆ **me revoici!** it's me again!, here I am again! ◆ **nous revoici à la maison / en France** here we are, back home / in France (again) ◆ **revoici la mer** here's the sea again ◆ **le revoici qui se plaint!** there he goes complaining again!

revoir [ʀ(ə)vwaʀ] ⇒ SYN ▸ conjug 30 ◂ vt a (retrouver) personne to see ou meet again; village, patrie to see again ◆ **je l'ai revu deux ou trois fois depuis** I've seen him two or three times since, we've met two or three times since ◆ **quand le revois-tu?** when are you seeing ou meeting him again?, when are you meeting again? ◆ **au revoir!** goodbye! ◆ **au revoir Monsieur / Madame** goodbye Mr X / Mrs X ◆ **dire au revoir à qn** to say goodbye to sb ◆ **faire au revoir de la main** to wave goodbye ◆ **ce n'était heureusement qu'un au revoir** fortunately it was only a temporary farewell ou parting → **plaisir**
b (apercevoir de nouveau) to see again
c (regarder de nouveau) photos to see again, have another look at; film, exposition to see again ◆ **je suis allé revoir ce film** I went to (see) that film again
d (être à nouveau témoin de) atrocités, scène to witness ou see again; conditions to see again ◆ **craignant de revoir s'installer le chômage** afraid of seeing unemployment settle in again
e (imaginer de nouveau) to see again ◆ **je la revois encore, dans sa cuisine** I can still see her there in her kitchen ◆ **je me revoyais écolier, dans mon village natal** I saw myself as a schoolboy again back in the village where I was born
f (réviser) texte, édition to revise; (Scol) leçons to revise, go over again ◆ **édition revue et corrigée / augmentée** revised and updated / expanded edition ◆ (fig) **l'histoire de France revue et corrigée par X** the history of France revised and updated ou given a new treatment by X ◆ (fig) **revoir sa copie** to review one's plans, go back to the drawing board

revoler[1] [ʀ(ə)vɔle] ▸ conjug 1 ◂ vi [pilote, oiseau] to fly again

revoler[2] [ʀ(ə)vɔle] ▸ conjug 1 ◂ vt ◆ **revoler qch** to steal sth again

révoltant, e [ʀevɔltɑ̃, ɑ̃t] ⇒ SYN adj revolting, appalling

révolte [ʀevɔlt] ⇒ SYN nf revolt, rebellion ◆ **les paysans sont en révolte contre** the peasants are in revolt against ou up in arms against

révolté, e [ʀevɔlte] ⇒ SYN (ptp de **révolter**)
1 adj a rebellious, in revolt (attrib)
b (outré) outraged, incensed
2 nm,f rebel

révolter [ʀevɔlte] ⇒ SYN ▸ conjug 1 ◂ 1 vt (indigner) to revolt, outrage, appal ◆ **ceci nous révolte** we are revolted ou outraged by this
2 **se révolter** vpr a [personne] (s'insurger) to revolt, rebel, rise up (*contre* against); (se cabrer) to rebel (*contre* against)
b (s'indigner) to be revolted ou repelled ou appalled (*contre* by), to rebel (*contre* against) ◆ **à cette vue tout mon être se révolte** my whole being revolts ou rebels at this sight ◆ **l'esprit se révolte contre une telle propagande** the mind revolts at ou against ou is repelled ou revolted by such propaganda

révolu, e [ʀevɔly] ⇒ SYN adj a (littér: de jadis) jours, époque past, bygone (épith), gone by ◆ **des jours révolus** past ou bygone days, days gone by ◆ **rêvant à l'époque révolue des diligences** dreaming of the bygone days of stagecoaches
b (fini) époque, jours past, in the past (attrib) ◆ **cette époque est révolue, nous devons penser à l'avenir** that era is in the past – we have to think of the future
c (Admin: complété) **âgé de 20 ans révolus** over 20 years of age ◆ **avoir 20 ans révolus** to be over 20 years of age ◆ **après 2 ans révolus** when two full years had (ou have) passed

révolution [ʀevɔlysjɔ̃] ⇒ SYN nf a (rotation) revolution
b (changement, révolte) revolution ◆ **révolution violente / pacifique / permanente** violent / peaceful / permanent revolution ◆ **la Révolution (française)** the French Revolution ◆ **la révolution d'Octobre** the October Revolution ◆ (au Québec) **la révolution tranquille** the quiet revolution ◆ **la révolution industrielle** the industrial revolution ◆ **la révolution silencieuse / verte** the silent / green revolution ◆ **la Révolution culturelle** the Cultural Revolution ◆ **révolution de palais** palace revolution ou coup ◆ **la révolution technologique** the technological revolution, the revolution in technology
c **la révolution** (parti, forces de la révolution) the forces of revolution
d LOC **être en révolution** to be in (a) turmoil ◆ [invention, procédé, idée] **faire révolution dans** to revolutionize ◆ **créer une petite révolution** to cause a stir

révolutionnaire [ʀevɔlysjɔnɛʀ] ⇒ SYN 1 adj (gén) revolutionary; (Hist) Revolutionary, of the French Revolution
2 nmf (gén) revolutionary; (Hist) Revolutionary *(in the French Revolution)*

révolutionnairement [ʀevɔlysjɔnɛʀ(ə)mɑ̃] adv revolutionarily

révolutionnarisme [ʀevɔlysjɔnaʀism] nm revolutionism

révolutionnariste [ʀevɔlysjɔnaʀist] adj, nmf revolutionist

révolutionner [ʀevɔlysjɔne] ⇒ SYN ▸ conjug 1 ◂ vt a (transformer radicalement) to revolutionize
b (*: bouleverser) personnes to stir up ◆ **son arrivée a révolutionné le quartier** his arrival stirred up the whole neighbourhood ou caused a great stir in the neighbourhood

revolver [ʀevɔlvɛʀ] ⇒ SYN nm (pistolet) (gén) pistol, (hand)gun; (à barillet) revolver ◆ **microscope à revolver** microscope with a revolving nosepiece ◆ **tour revolver** capstan lathe, turret lathe ◆ **coup de revolver** pistol shot, gunshot ◆ **tué de plusieurs coups de revolver** gunned down → **coup, poche**[1]

revolving [ʀevɔlviŋ] adj inv ◆ **crédit revolving** revolving credit

révoquer [ʀevɔke] ⇒ SYN ▸ conjug 1 ◂ vt a (destituer) magistrat, fonctionnaire to remove from office, dismiss
b (annuler) legs, contrat, édit to revoke, repeal, rescind
c (littér) **révoquer qch en doute** to call sth into question, question sth, cast doubt on sth

revoter [ʀ(ə)vɔte] ▸ conjug 1 ◂ vi to vote again

revouloir * [ʀ(ə)vulwaʀ] ▸ conjug 31 ◂ vt a (désirer à nouveau) jouer etc to want again
b **en revouloir: il en reveut** he wants some more ◆ **qui en reveut?** (gén) who wants (some) more?; (nourriture) anyone for seconds?*

revoyure ‡ [ʀ(ə)vwajyʀ] excl ◆ **à la revoyure!** see you!‡, (I'll) be seeing you!‡

revue [ʀ(ə)vy] ⇒ SYN 1 nf a (examen) **revue de** review of ◆ **faire la revue de** to review, go through ◆ **une revue de la presse hebdomadaire** a review of the weekly press
b (Mil: inspection des troupes) inspection, review; (parade) march-past, review
c (magazine) (à fort tirage, illustré) magazine; (spécialisée) journal; (érudite) review
d (spectacle) (satirique) revue; (de variétés) variety show ou performance ◆ **revue à grand spectacle** revue spectacular
e LOC **passer en revue** (Mil) to pass in review, review, inspect; (fig: énumérer mentalement) to go over in one's mind, pass in review, go through ◆ **être de la revue** * to lose out
2 COMP ▷ **revue d'armement** (Mil) arms inspection ▷ **revue de détail** (Mil) kit inspection ▷ **revue de presse** review of the press ou papers

revuiste [ʀ(ə)vyist] nmf revue writer

révulsé, e [ʀevylse] (ptp de **se révulser**) adj yeux rolled upwards (attrib); visage contorted

révulser [ʀevylse] ⇒ SYN ▸ conjug 1 ◂ 1 vt (dégoûter) to disgust ◆ **ça me révulse** I find it repulsive ou disgusting
2 **se révulser** vpr [visage] to contort; [yeux] to roll upwards

révulsif, -ive [ʀevylsif, iv] ⇒ SYN (Méd) 1 adj revulsant
2 nm revulsant, revulsive

révulsion [ʀevylsjɔ̃] nf (Méd, fig) revulsion

rewriter[1] [ʀiʀajte] ▸ conjug 1 ◂ vt to edit, rewrite (US)

rewriter[2] [ʀiʀajtœʀ] ⇒ SYN nm editor, rewriter (US)

rewriting [ʀiʀajtiŋ] ⇒ SYN nm editing, rewriting (US)

Reykjavik [ʀekjavik] n Reykjavik

rez-de-chaussée [ʀed(ə)ʃose] ⇒ SYN nm inv ground floor (Brit), first floor (US) ◆ **au rez-de-chaussée** on the ground floor ◆ **habiter un rez-de-chaussée** to live in a ground-floor flat (Brit) ou in a first-floor apartment (US)

rez-de-jardin [ʀed(ə)ʒaʀdɛ̃] nm inv garden level ◆ **appartement en rez-de-jardin** garden flat (Brit) ou apartment (US)

RF (abrév de **République française**) → **république**

RFA [ɛʀɛfa] nf (abrév de **République fédérale d'Allemagne**) → **république**

RG [ɛʀʒe] nmpl (abrév de **renseignements généraux**) → **renseignement**

Rh (abrév de **rhésus**) Rh

rhabdomancie [ʀabdɔmɑ̃si] nf rhabdomancy

rhabdomancien, -ienne [ʀabdɔmɑ̃sjɛ̃, jɛn] nm,f rhabdomantist, rhabdomancer

rhabiller [ʀabije] ⇒ SYN ▸ conjug 1 ◂ 1 vt a **rhabiller qn** (lit) to dress sb again, put sb's clothes back on; (lui racheter des habits) to fit sb out again, reclothe sb
b édifice to renovate ◆ **un immeuble rhabillé façon moderne** a renovated and modernized building
c (Tech) montre, pendule to repair
2 **se rhabiller** vpr to put one's clothes back on, dress (o.s.) again ◆ **va te rhabiller!**‡, **tu peux aller te rhabiller!**‡ you can forget it!*, you can (go and) take a running jump!‡

rhabilleur, -euse [ʀabijœʀ, øz] nm,f [horloge, montre] repair person

rhabituer [ʀabitɥe] ▸ conjug 1 ◂ ⇒ **réhabituer**

rhapsode [ʀapsɔd] ⇒ SYN nm rhapsode

rhapsodie [ʀapsɔdi] ⇒ SYN nf rhapsody

rhapsodique [ʀapsɔdik] adj rhapsodic

Rhéa [ʀea] nf Rhea

rhème [ʀɛm] nm rheme

rhénan, e [ʀenɑ̃, an] adj (Géog) Rhine (épith), of the Rhine; (Art) Rhenish

Rhénanie [ʀenani] nf Rhineland ◆ **Rhénanie-Palatinat** Rhineland-Palatinate

rhénium [ʀenjɔm] nm rhenium

rhéobase [ʀeobɑz] nf rheobasis

rhéologie [ʀeɔlɔʒi] nf rheology

rhéologique [ʀeɔlɔʒik] adj rheological

rhéomètre [ʀeɔmɛtʀ] nm rheometer

rhéophile [ʀeɔfil] adj rheophile

rhéostat [ʀeɔsta] nm rheostat

rhésus [ʀezys] nm **a** (Méd) rhesus ◆ **rhésus positif / négatif** rhesus ou Rh positive / negative → **facteur**
b (Zool) rhesus monkey

rhéteur [ʀetœʀ] → SYN nm (Hist) rhetor

rhétien, -ienne [ʀesjɛ̃, jɛn] adj Rh(a)etic

rhétique [ʀetik] adj rhetic

rhétoricien, -ienne [ʀetɔʀisjɛ̃, jɛn] nm,f (lit, péj) rhetorician

rhétorique [ʀetɔʀik] → SYN **1** nf rhetoric → **figure, fleur**
2 adj rhetorical

rhéto-roman, e, pl **rhéto-romans** [ʀetoʀɔmɑ̃, an] **1** adj Rhaeto-Romanic
2 nm (Ling) Rhaeto-Romanic

Rhin [ʀɛ̃] nm ◆ **le Rhin** the Rhine

rhinanthe [ʀinɑ̃t] nm yellow rattle, rhinanthus (spéc)

rhinencéphale [ʀinɑ̃sefal] nm rhinencephalon

rhingrave [ʀɛ̃gʀav] nm Rhinegrave

rhinite [ʀinit] nf rhinitis (spéc)

rhinocéros [ʀinɔseʀɔs] nm rhinoceros, rhino ◆ **rhinocéros d'Asie** Indian rhinoceros ◆ **rhinocéros d'Afrique** (African) white rhinoceros

rhinolaryngite [ʀinolaʀɛ̃ʒit] nf sore throat, throat infection, rhinolaryngitis (spéc)

rhinologie [ʀinɔlɔʒi] nf rhinology

rhinolophe [ʀinɔlɔf] nm horseshoe bat

rhinopharyngé, e [ʀinofaʀɛ̃ʒe], **rhinopharyngien, -ienne** [ʀinofaʀɛ̃ʒjɛ̃, jɛn] adj nose and throat (épith), rhinopharyngeal (spéc)

rhinopharyngite [ʀinofaʀɛ̃ʒit] nf sore throat, throat infection, rhinopharyngitis (spéc)

rhinopharynx [ʀinofaʀɛ̃ks] nm nose and throat, rhinopharynx (spéc)

rhinoplastie [ʀinoplasti] nf rhinoplasty

rhinoscope [ʀinɔskɔp] nm rhinoscope

rhinoscopie [ʀinɔskɔpi] nf rhinoscopy

rhinovirus [ʀinoviʀys] nm rhinovirus

rhizobium [ʀizɔbjɔm] nm rhizobium

rhizocarpé, e [ʀizokaʀpe] adj rhizocarpous

rhizoctone [ʀizɔktɔn, ʀizoktɔn] nm, **rhizoctonie** [ʀizɔktɔni] nf rhizoctonia

rhizoïde [ʀizɔid] nm rhizoid

rhizome [ʀizom] → SYN nm rhizome

rhizophore [ʀizɔfɔʀ] nm mangrove

rhizopodes [ʀizɔpɔd] nmpl rhizopods, the Rhizopoda (spéc)

rhizosphère [ʀizɔsfɛʀ] nf rhizosphere

rhizostome [ʀizostom, ʀizɔstɔm] nm rhizostome, rhizostoma

rhizotomie [ʀizɔtɔmi] nf rhizotomy

rhodamine [ʀɔdamin] nf rhodamine

rhodanien, -ienne [ʀɔdanjɛ̃, jɛn] adj Rhone (épith), of the Rhone

Rhode Island [ʀɔdajlɑ̃d] nm Rhode Island

Rhodes [ʀɔd] n Rhodes ◆ **l'île de Rhodes** the island of Rhodes → **colosse**

Rhodésie [ʀɔdezi] nf Rhodesia

rhodésien, -ienne [ʀɔdezjɛ̃, jɛn] **1** adj Rhodesian
2 nm,f ◆ **Rhodésien(ne)** Rhodesian

rhodiage [ʀɔdjaʒ] nm rhodium, plating

rhodié, e [ʀɔdje] adj (contenant du rhodium) rhodic; (recouvert de rhodium) rodium-plated

rhodinol [ʀɔdinɔl] nm citronellal, rhodinal

rhodium [ʀɔdjɔm] nm rhodium

rhododendron [ʀɔdɔdɛ̃dʀɔ̃] nm rhododendron

rhodoïd ® [ʀɔdɔid] nm Rhodoid ®

rhodophycées [ʀɔdɔfise] nfpl ◆ **les rhodophycées** the Rhodophyceae (spéc)

rhodopsine [ʀɔdɔpsin] nf rhodopsin

rhombe [ʀɔ̃b] → SYN nm (†: losange) rhomb, rhombus

rhombencéphale [ʀɔ̃bɑ̃sefal] nm rhombencephalon

rhombiforme [ʀɔ̃bifɔʀm] adj ⇒ **rhombique**

rhombique [ʀɔ̃bik] adj rhombic

rhomboèdre [ʀɔ̃bɔɛdʀ] nm rhombohedron

rhomboédrique [ʀɔ̃bɔedʀik] adj (Géom) rhombohedral

rhomboïdal, e, mpl **-aux** [ʀɔ̃bɔidal, o] adj rhomboid

rhomboïde [ʀɔ̃bɔid] nm rhomboid

Rhône [ʀon] nm ◆ **le Rhône** the (river) Rhone

rhotacisme [ʀɔtasism] nm rhotacism

rhovyl ® [ʀɔvil] nm vinyl

rhubarbe [ʀybaʀb] nf rhubarb

rhum [ʀɔm] → SYN nm rum ◆ **rhum blanc** white rum ◆ **rhum agricole** tafia

rhumatisant, e [ʀymatizɑ̃, ɑ̃t] → SYN adj, nm,f rheumatic

rhumatismal, e, mpl **-aux** [ʀymatismal, o] adj rheumatic

rhumatisme [ʀymatism] → SYN nm rheumatism (NonC) ◆ **avoir un rhumatisme** ou **des rhumatismes dans le bras** to have rheumatism in one's arm ◆ **rhumatisme articulaire** rheumatoid arthritis (NonC) ◆ **rhumatisme déformant** polyarthritis

rhumato* [ʀymato] **1** nmf abrév de **rhumatologue**
2 nf abrév de **rhumatologie**

rhumatologie [ʀymatɔlɔʒi] nf rheumatology

rhumatologique [ʀymatɔlɔʒik] adj rheumatological

rhumatologue [ʀymatɔlɔg] nmf rheumatologist

rhumb [ʀɔ̃b] nm rhumb (line)

rhume [ʀym] → SYN nm cold ◆ **attraper un (gros) rhume** to catch a (bad ou heavy) cold ◆ **rhume de cerveau** head cold ◆ **rhume des foins** hay fever

rhumerie [ʀɔmʀi] nf (distillerie) rum distillery

rhynchite [ʀɛ̃kit] nm rhynchitis

rhynchonelle [ʀɛ̃kɔnɛl] nf rhynchonelloid

rhynchotes [ʀɛ̃kɔt] nmpl rhynchotous insects, the Rhynchota (spéc)

rhyolit(h)e [ʀjɔlit] nf rhyolite

rhytidome [ʀitidom] nm rhytidome

rhyton [ʀitɔn] nm rhyton

ria [ʀija] nf ria

rial [ʀ(i)jal] nm rial

riant, riante [ʀ(i)jɑ̃, ʀ(i)jɑ̃t] → SYN adj paysage smiling; atmosphère, perspective cheerful, pleasant, happy; visage cheerful, smiling, happy

RIB [ʀib] nm (abrév de **relevé d'identité bancaire**) → **relevé**

ribambelle [ʀibɑ̃bɛl] → SYN nf ◆ **ribambelle de** enfants swarm ou herd ou flock of; animaux herd of; noms string of; objets row of; choses à faire stack(s) of

ribaud [ʀibo] → SYN nm (†† ou hum) bawdy ou ribald fellow

ribaude†† [ʀibod] nf trollop†*, bawdy wench††

riboflavine [ʀiboflavin] nf riboflavin

ribonucléase [ʀibonykleaz] nf ribonuclease

ribonucléique [ʀibonykleik] adj ◆ **acide ribonucléique** ribonucleic acid

ribose [ʀiboz] nm ribose

ribosomal, e, mpl **-aux** [ʀibozomal, o] adj ribosomal

ribosome [ʀibozom] nm ribosome

ribosomique [ʀibozomik] adj ⇒ **ribosomal**

ribote [ʀibɔt] → SYN nf († ou *) merrymaking (NonC), revel, carousing† (NonC) ◆ **être en ribote, faire ribote** to make merry, carouse†

ribouldingue*† [ʀibuldɛ̃g] nf spree, binge* ◆ **deux jours de ribouldingue** two days on the spree ou the binge* ◆ **faire la ribouldingue** to go on the spree ou the binge*

ribozyme [ʀibozim] nm ribozyme

ricain, e* [ʀikɛ̃, ɛn] (péj) **1** adj Yank(ee)* (péj)
2 nm,f ◆ **Ricain(e)** Yank(ee)*

ricanement [ʀikanmɑ̃] → SYN nm (→ **ricaner**) snigger, sniggering (NonC); giggle, giggling (NonC); nervous ou self-conscious ou embarrassed laugh ou laughter (NonC)

ricaner [ʀikane] → SYN ▸ conjug 1 ◂ vi (méchamment) to snigger; (bêtement) to giggle (away); (avec gêne) to laugh nervously ou self-consciously, give a nervous ou an embarrassed laugh

ricaneur, -euse [ʀikanœʀ, øz] → SYN (→ **ricaner**) **1** adj sniggering; giggling
2 nm,f sniggerer; giggler

Richard [ʀiʃaʀ] nm Richard ◆ (Hist) **Richard Cœur de Lion** Richard (the) Lionheart

richard, e* [ʀiʃaʀ, aʀd] nm,f (péj) moneybags* (inv)

riche [ʀiʃ] → SYN **1** adj **a** (nanti) personne rich, wealthy, well-off (attrib); pays rich ◆ **il est riche à millions** he is enormously wealthy ◆ **riche comme Crésus** as rich as Croesus, fabulously rich ou wealthy ◆ **c'est un riche parti** he (ou she) is an excellent match ◆ **faire un riche mariage** to marry into a wealthy family, marry (into) money ◆ **vous savez, nous ne sommes pas riches** we're by no means rich ou we're not very well-off, you know
b (luxueux) étoffes, bijoux rich, costly; coloris rich; mobilier sumptuous, costly ◆ **je vous donne ce stylo, mais ce n'est pas un riche cadeau** I'll give you this pen but it's not much of a gift ◆ **ça fait riche*** it looks plush(y)* ou expensive ou posh*
c (fertile, consistant) terre, aliment, mélange, sujet rich ◆ **le français est une langue riche** French is a rich language ◆ **c'est une riche idée** that's a great* ou grand idea ◆ **c'est une riche nature** he (ou she) is a person of immense resources ou qualities
d (abondant) moisson rich; végétation rich, lush; collection large, rich; vocabulaire rich, wide ◆ **il y a une documentation très riche sur ce sujet** there is a wealth of ou a vast amount of information on this subject
e ◆ **riche en** calories, gibier, monuments rich in ◆ **riche de** possibilités, espérances full of ◆ **riche en protéines** with a high protein content, rich in protein, protein-rich (épith) ◆ **alimentation riche en protéines / cellulose végétale** high protein / high-fibre diet ◆ **je ne suis pas riche en sucre** I'm not very well-off for sugar ◆ **c'est une aventure riche d'enseignements** you learn a great deal from this venture, this venture is a tremendous learning experience ◆ **il est revenu, riche de souvenirs** he returned with a wealth of memories
2 nmf rich ou wealthy person ◆ **les riches** the rich, the wealthy ◆ (péj) **voiture de riche(s)** fancy ou flashy car ◆ (péj) **gosse de riche(s)*** rich kid*

richelieu [ʀiʃəljø] nm (chaussure) Oxford

richement [ʀiʃmɑ̃] adv récompenser, vêtir richly; décoré, meublé richly, sumptuously ◆ **marier richement sa fille** to marry one's daughter into a wealthy family, find a rich ou wealthy match ou husband for one's daughter ◆ **richement illustré** richly ou lavishly illustrated, with lavish ou copious illustrations

richesse [ʀiʃɛs] → SYN nf **a** [personne, pays] wealth ◆ **la richesse ne l'a pas changé** wealth ou being rich hasn't altered him ◆ **vivre dans la richesse** to be wealthy ou very comfortably off ◆ **ce n'est pas la richesse, mais c'est mieux que rien*** it's not exactly the lap of luxury but it's better than nothing
b [ameublement, décor] sumptuousness, costliness, richness; [étoffe, coloris] richness
c [sol, texte, aliment, collection] richness; [végétation] richness, lushness ◆ **la richesse de son vocabulaire** the richness of his vocabulary, his wide ou rich vocabulary ◆ **la richesse de cette documentation** the abundance ou fullness of the information ◆ **la richesse en calcium de cet aliment** the high calcium con-

tent of this food ◆ **la richesse en matières premières / en gibier de cette région** the abundance of raw materials / of game in this region ◆ **la richesse en pétrole / en minéraux du pays** the country's abundant ou vast oil / mineral resources

d (fig: bien) blessing ◆ **la santé est une richesse** good health is a great blessing ou is a boon, it's a blessing to be healthy

e **richesses** (argent) riches, wealth; (ressources) wealth; (fig: trésors) treasures ◆ **entasser des richesses** to pile up riches ◆ **la répartition des richesses d'un pays** the distribution of a country's wealth ◆ **l'exploitation des richesses naturelles** the exploitation of natural resources ◆ **découvrir les richesses d'un art / d'un musée** to discover the treasures of an art / a museum ◆ **montrez-nous toutes vos richesses** show us all your precious possessions ou all your treasures

richissime [riʃisim] adj fabulously rich ou wealthy

ricin [risɛ̃] nm castor oil plant → **huile**

riciné, e [risine] adj with castor oil

rickettsie [rikɛtsi] nf rickettsia

rickettsiose [rikɛtsjoz] nf rickettsial disease

ricocher [rikɔʃe] [→ SYN] ▸ conjug 1 ◂ vi [balle de fusil] to rebound, ricochet; [pierre etc] to rebound; (sur l'eau) to bounce ◆ **ricocher sur** to rebound ou ricochet off, rebound ou glance off, bounce on ou off ◆ **faire ricocher un caillou sur l'eau** to skim a pebble across the water, make a pebble bounce on the water

ricochet [rikɔʃɛ] [→ SYN] nm (gén) rebound; [balle de fusil] ricochet; [caillou sur l'eau] bounce ◆ **faire ricochet** (lit) to rebound (*sur* off), bounce (*sur* on, off); (fig) to rebound ◆ **il a été blessé par ricochet** he was wounded by a ricocheting bullet ou as the bullet rebounded ◆ (fig) **par ricochet, il a perdu son emploi** as an indirect result he lost his job ◆ **(s'amuser à) faire des ricochets** to skim pebbles ◆ **il a fait 4 ricochets** he made the pebble bounce 4 times

ric-rac* [rikrak] adv (de justesse) by the skin of one's teeth; payer on the nail* ◆ **quand on lui confie un travail, il le fait toujours ric-rac** when you give him a job to do he's always spot on with it*

rictus [riktys] [→ SYN] nm (sourire grimaçant) grin; [animal, dément] (snarling) grimace ◆ **rictus moqueur / cruel** mocking ou sardonic / cruel grin

ridage [ridaʒ] nm (Naut) tightening

ride [rid] [→ SYN] nf [peau, pomme] wrinkle (*de* in); [eau, sable] ripple (*de* on, in), ridge (*de* in) ◆ **les rides de son front** the wrinkles ou lines on his forehead ◆ **visage creusé de rides** deeply lined face, wrinkled face ◆ (lit, fig) **elle n'a pas pris une ride** she has not aged

ridé, e [ride] [→ SYN] (ptp de **rider**) adj peau, fruit wrinkled; front furrowed; eau rippled ◆ **ridée comme une vieille pomme** wrinkled like a prune

rideau, pl **rideaux** [rido] [→ SYN] **1** nm **a** (draperie) curtain ◆ **tirer les rideaux** (fermer) to draw ou close the curtains ou drapes (US), draw the curtains to; (ouvrir) to draw the curtains, pull ou draw the curtains back ◆ (fig) **tirer le rideau sur** passé, défaut to draw a veil over ◆ **tomber en rideau*** to break down ◆ **je me suis retrouvé en rideau en pleine campagne*** there I was broken down* in the middle of nowhere

b (Théât) curtain ◆ **rideau à 8 heures** the curtain rises at 8 o'clock, (the) curtain's at 8 (o'clock) ◆ **rideau!** (cri des spectateurs) curtain!; (* fig: assez) that's enough!, I've had enough! ◆ (fig) **le rideau est tombé sur leur révolte / l'affaire** the curtain come down on their revolt / the affair

c [boutique] shutter; [cheminée] register, blower; [secrétaire, classeur] roll shutter; [appareil-photo] shutter

d (fig: écran) **rideau de** arbres, verdure curtain ou screen of; policiers, troupes curtain of; pluie curtain ou sheet of ◆ **rideau de fumée** smoke screen ◆ **rideau de feu** fire curtain

2 COMP ▷ **rideaux bonne femme** looped curtains ou drapes (US) ▷ **rideau de douche** shower curtain ▷ **rideau de fer** [boutique] metal shutter(s); [théâtre] (metal) safety curtain, fire curtain ◆ **le rideau de fer**† (Pol) the iron curtain† ◆ **les pays au-delà du rideau de fer**† the iron curtain countries†, the countries behind the iron curtain† ▷ **rideaux de lit** bed hangings ou curtains

ridelle [ridɛl] nf [camion, charrette] slatted side

rider [ride] [→ SYN] ▸ conjug 1 ◂ **1** vt peau, fruit to wrinkle; front [colère, soucis] to wrinkle; [âge] to line with wrinkles; eau to ripple, ruffle the surface of; sable, neige to ruffle ou wrinkle the surface of; (Naut) to tighten

2 **se rider** vpr to become wrinkled, become lined with wrinkles; to ripple, become rippled ◆ **à ces mots, son front se rida** his forehead wrinkled ou he wrinkled his forehead at these words

ridicule [ridikyl] [→ SYN] **1** adj **a** (grotesque) personne, conduite, vêtement ridiculous, ludicrous, absurd; prétentions ridiculous, laughable; superstition ridiculous, silly ◆ **se rendre ridicule aux yeux de tous** to make o.s. (look) ridiculous ou make a fool of o.s. ou make o.s. look a fool in everyone's eyes ◆ **ça le rend ridicule** it makes him look ridiculous ou a fool ◆ **ne sois pas ridicule** don't be ridiculous ou silly ou absurd

b (infime) prix ridiculous, ridiculously low; quantité ridiculous, ridiculously small

2 nm **a** (absurdité) ridiculousness, absurdity ◆ **le ridicule de la conversation ne lui échappait pas** he was well aware of the absurdity of the conversation ◆ **je ne sais pas si vous saisissez tout le ridicule de la situation** I don't know if you realize just how absurd ou ridiculous the situation is ou if you realize the full absurdity of the situation ◆ **il y a quelque ridicule à faire ...** it is rather ridiculous to do ... ◆ **c'est d'un ridicule achevé** it's perfectly ou utterly ridiculous ◆ **se donner le ridicule de ...** to be ridiculous enough to ... → **tourner**

b **le ridicule** ridicule ◆ **tomber dans le ridicule** [personne] to make o.s. ridiculous, become ridiculous; [film] to become ridiculous ◆ **s'exposer au ridicule** to expose o.s. ou lay o.s. open to ridicule ◆ **avoir le sens du ridicule** to have a sense of the ridiculous ◆ **la peur du ridicule** (the) fear of ridicule ou of appearing ridiculous ◆ **le ridicule ne tue pas** ridicule has never been the unmaking of anyone, ridicule never killed anyone ◆ **tourner qn / qch en ridicule** to ridicule sb / sth, make sb / sth an object of ridicule ◆ **couvrir qn de ridicule** to heap ridicule on sb, make sb look ridiculous

c (travers) **ridicules** silliness (NonC), ridiculous ou silly ways, absurdities ◆ **les ridicules humains** the absurdities of human nature ◆ **les ridicules d'une classe sociale** the ridiculous ways ou the (little) absurdities of a social class

ridiculement [ridikylmɑ̃] adv vêtu, bas ridiculously; marcher, chanter in a ridiculous way

ridiculiser [ridikylize] [→ SYN] ▸ conjug 1 ◂ **1** vt personne, défaut, doctrine to ridicule, hold up to ridicule

2 **se ridiculiser** vpr to make o.s. (look) ridiculous, make a fool of o.s.

ridule [ridyl] nf small wrinkle

riel [rjɛl] nm riel

riemannien, -ienne [rimanjɛ̃, jɛn] adj Riemannian ◆ **géométrie riemannienne** Riemannian geometry

rien [rjɛ̃] [→ SYN]

1 pron indéf **a** (avec ne) nothing ◆ **je n'ai rien entendu** I didn't hear anything, I didn't hear a thing, I heard nothing ◆ **rien ne le fera reculer** nothing will make him go back ◆ **il n'y a rien qui puisse m'empêcher de** there's nothing that could prevent me from ◆ **il n'y a rien que je ne fasse pour elle** there's nothing I wouldn't do for her ◆ **on ne pouvait plus rien pour elle** there was nothing more ou else to be done for her, nothing more could be done for her ◆ **il n'y a plus rien** there's nothing left ◆ **je ne crois plus à rien** I don't believe in anything any more → **comprendre, risquer, valoir**

b **rien de** + adj, ptp nothing ◆ **rien d'autre** nothing else ◆ **rien de plus** nothing more ou else ou further ◆ **rien de moins** nothing less ◆ **rien de neuf** nothing new ◆ **il n'y a rien eu de volé** nothing was stolen, there was nothing stolen ◆ **nous n'avons rien d'autre ou de plus à ajouter** we have nothing else ou more ou further to add ◆ **il n'est rien de tel qu'une bonne pêche** there's nothing like ou nothing to beat a good peach, you can't beat a good peach* ◆ **cela n'a rien d'impossible** there's nothing impossible about it, that's perfectly possible ◆ **rien de plus facile** nothing easier ◆ **elle a fait ce qu'il fallait, rien de plus, rien de moins** she did all she had to, nothing more nor less ou nothing more, nothing less

c **rien que**: **rien que la chambre coûte déjà très cher** the room alone already costs a great deal ◆ **la vérité, rien que la vérité** the truth and nothing but the truth ◆ **rien qu'à le voir, j'ai deviné** just looking at him I guessed, just looking at him was enough to let me guess ◆ **je voudrais vous voir, rien qu'une minute** could I see you just for a minute? ◆ **il le fait rien que pour l'embêter*** he does it just to annoy him ◆ **rien que d'y penser*, ça me rend folle** the very idea of it makes me furious

d (quelque chose) anything ◆ **avez-vous jamais rien fait pour l'aider?** have you ever done anything to help him? ◆ **as-tu jamais lu rien de plus drôle?** have you ever read anything funnier? ◆ **sans rien qui le prouve** without anything to prove it ◆ **sans que / avant que tu en saches rien** without your knowing / before you know anything about it ◆ **avez-vous jamais rien vu de pareil?** have you ever seen such a thing? ou anything like it? ou the like?

e (intensif) **rien au monde** nothing on earth ou in the world ◆ **rien du tout** nothing at all ◆ **rien de rien*** nothing, absolutely nothing ◆ **il ne fait rien, mais rien de rien*** he does nothing, and I mean nothing ou but nothing (at all) ◆ **je ne connais rien au monde de plus bête** I can't think of anything more stupid, I know of nothing on earth more stupid ◆ **deux** ou **trois fois rien** next to nothing

f (Sport) nil, nothing; (Tennis) love ◆ **rien à rien, rien partout** (Sport) nothing all; (Tennis) love all ◆ (Tennis) **15 à rien** 15 love

g (avec avoir, être, faire) **n'avoir rien contre qn** to have nothing against sb ◆ **il n'a rien d'un politicien / d'un dictateur** etc he's got nothing of the politician / dictator etc in ou about him ◆ **il n'a rien de son père** he is nothing ou not a bit like his father ◆ **n'être rien** [personne] to be a nobody; [chose] to be nothing ◆ **n'être rien en comparaison de ...** to be nothing compared to ... ◆ **il n'est rien dans la maison** he's a nobody ou he's nothing in the firm ◆ **n'être rien à qn** to be nothing to do with sb ◆ **il ne nous est rien** he's not connected with us, he's nothing to do with us ◆ **n'être pour rien dans une affaire** to have no hand in ou have nothing to do with an affair ◆ **on le croyait blessé, mais il n'en est rien** we thought he was injured but he's not at all ou he's nothing of the sort ◆ **élever 4 enfants, ça n'est pas rien** bringing up 4 children is not exactly a picnic* ou is no mean feat ◆ **c'est rien de le dire*** (and) that's putting it mildly*, (and) that's an understatement ◆ **il ne fait (plus) rien** he doesn't work (any more) ◆ **huit jours sans rien faire** a week doing nothing ◆ **il ne nous a rien fait** he hasn't done anything to us ◆ **cela ne lui fait rien** he doesn't mind ou care, it doesn't make any odds* (Brit) ou it doesn't matter to him ◆ **ça ne fait rien*** it doesn't matter, never mind ◆ **rien à faire!** it's no good!, nothing doing!*, it's not on!* (Brit)

h LOC **rien à déclarer / signaler** nothing to declare / report ◆ (formule du prestidigitateur) **rien dans les mains, rien dans les poches!** there's nothing up my sleeve! ◆ **je vous remercie – de rien*** thank you – you're welcome ou don't mention it ou not at all ◆ **c'est cela ou rien** it's that or nothing, take it or leave it ◆ **(c'est) mieux que rien** it's better than nothing ◆ **(c'est) moins que rien** it's nothing at all ◆ **ce que tu fais ou rien!** your efforts are useless, you may as well not bother ◆ **rien n'y fait!** nothing's any good ◆ **c'est à moi, rien qu'à moi** it's mine and mine alone, it's mine and mine only ◆ (iro) **il voulait 500 F, rien que ça !** he wanted a mere 500 francs (iro), he just ou only wanted 500 francs (iro) ◆ **une petite blessure de rien (du tout)** a trifling ou trivial little injury, a mere scratch ◆ **qu'est-ce que c'est que cette pomme / ce cadeau de rien du tout ?** what on earth can I (ou you etc) do with this stupid little apple / present ? ◆ (péj) **une fille de rien** a worthless girl ◆ **cela ne nous gêne en rien (du tout)** it doesn't bother us in any way ou in the least ou at all ◆ **pour rien** (peu cher) for a song, for next to nothing ; (inutilement) for nothing ◆ **on n'a rien pour rien** you get nothing for nothing, you get what you pay for ◆ **(dans la vie) on n'a rien sans rien** (in life,) you only get out (of it) what you put in(to it) ◆ **ce n'est pas pour rien que ...** it is not without cause ou good reason that ..., it's not for nothing that ... ◆ **rien moins que sûr** anything but sure, not at all sure ◆ **il ne s'agit de rien moins qu'un crime** it's nothing less than a crime ◆ **il ne s'agit de rien (de) moins que d'abattre 2 forêts** it will mean nothing less than chopping down 2 forests ◆ **cela atteint des millions comme rien*** it comes to millions easily ou no problem* ◆ (Prov) **rien ne sert de courir, il faut partir à point** ou **temps** slow and steady wins the race ◆ **je n'en ai rien à faire** ou **foutre**‡ ou **cirer**‡ ou **secouer**‡ I don't give a damn‡ ou toss‡ → **comme, compter, dire** etc

2 nm **a** (néant) nothingness

b **un rien** a mere nothing ◆ **des riens** trivia ◆ **il a peur d'un rien, un rien l'effraie** every little thing ou anything ou the slightest thing frightens him ◆ **un rien la fait rire** she laughs at every little thing ou at the slightest thing ou at anything at all ◆ **un rien l'habille** she looks good in the simplest thing ◆ **il pleure pour un rien** he cries at the drop of a hat ou at the slightest little thing ◆ **comme un rien*** no bother*, no trouble (at all) ◆ **il pourrait te casser le bras comme un rien*** he could break your arm, no probs* ou problem

c **un rien de** a touch ou hint of ◆ **mettez-y un rien de muscade** add a touch ou a tiny pinch of nutmeg ◆ **un rien de vin** a taste of wine ◆ **un rien de fantaisie** a touch of fantasy ◆ **avec un rien d'ironie** with a hint ou touch of irony ◆ **en un rien de temps** in no time (at all), in next to no time

d **un rien** (adv : gén*) a tiny bit, a shade, a fraction ◆ **c'est un rien bruyant ici** it's a bit ou a shade ou a fraction noisy in here ◆ **moi pas, dit-elle un rien insolente** I'm not, she said rather insolently

e **c'est un / une rien du tout** (social) he / she is a nobody ; (moral) he / she is no good

3 adv (‡) (très) not half* (Brit), really ◆ **c'est rien impressionnant cette cérémonie** this ceremony isn't half impressive* (Brit) ou is tremendously impressive ◆ **il fait rien froid ici** it isn't half cold* (Brit) ou it's damned cold‡ here ◆ **ils sont rien snobs** they aren't half snobs* (Brit), they're really stuck-up*

rieur, rieuse [R(i)jœR, R(i)jøz] → SYN **1** adj personne cheerful, merry ; yeux, expression cheerful, laughing → **mouette**

2 nm,f ◆ **les rieurs se turent** people stopped laughing ◆ **avoir les rieurs de son côté** to have the laughs on one's side, have people laughing with one rather than at one

rif [Rif] nm (arg Crime) (rififi) trouble ; (arme à feu) hardware (NonC)

rifampicine [Rifɑ̃pisin] nf rifampicin, rifampin (US)

riff [Rif] nm riff

riffe [Rif] nm ⇒ **rif**

rififi [Rififi] nm (arg Crime) trouble

riflard [RiflaR] nm **a** (Tech) (rabot) jack plane ; (lime à métaux) rough file

b (*†: parapluie) brolly* (Brit), umbrella

rifle [Rifl] nm rifle ◆ (carabine) **22 long rifle.** 22 rifle

rifler [Rifle] ▸conjug 1◂ vt to plane

rifloir [RiflwaR] nm jack plane

rift [Rift] nm rift

Riga [Riga] n Riga

rigaudon [Rigodɔ̃, Rigodɔ̃] nm rigadoon

rigide [Riʒid] → SYN adj **a** armature, tige rigid, stiff ; muscle stiff ; carton stiff ◆ **livre à couverture rigide** hardback (book), book with a stiff cover

b caractère rigid, inflexible ; règle strict, rigid, hard and fast ; classification, éducation strict ; morale, politique strict, rigid

rigidement [Riʒidmɑ̃] adv élever un enfant strictly ; appliquer un règlement strictly, rigidly

rigidifier [Riʒidifje] ▸conjug 7◂ vt (lit) to make rigid ou stiff ; (fig) to rigidify

rigidité [Riʒidite] → SYN nf (→ **rigide**) rigidity, rigidness ; stiffness ; inflexibility ; strictness ◆ **rigidité cadavérique** rigor mortis

rigodon [Rigɔdɔ̃] nm ⇒ **rigaudon**

rigolade* [Rigɔlad] nf **a** (amusement) **il aime la rigolade** he likes a bit of fun ou a laugh* ◆ **on a eu une bonne partie** ou **séance de rigolade** it was ou we had a good laugh* ou a lot of fun ◆ **quelle rigolade, quand il est entré !** what a laugh* ou a kill‡ (Brit) when he came in ! ◆ **il n'y a pas que la rigolade dans la vie** having fun isn't the only thing in life ◆ **il prend tout à la rigolade** he thinks everything's a big joke ou laugh*, he makes a joke of everything

b LOC **démonter ça, c'est une** ou **de la rigolade** taking that to pieces is child's play ou is a cinch* ◆ **ce qu'il dit là, c'est de la rigolade** what he says is a lot of ou a load of hooey‡ ◆ **ce procès est une (vaste) rigolade** this trial is a (big) joke ou farce ◆ **cette crème amaigrissante c'est de la rigolade** this slimming cream is a complete con‡

rigolard, e* [RigɔlaR, aRd] adj personne, air grinning ◆ **c'est un rigolard** he's always ready for a laugh*, he likes a good laugh*

rigole [Rigɔl] → SYN nf (canal) channel ; (filet d'eau) rivulet ; (Agr : sillon) furrow ◆ **la pluie avait creusé des rigoles dans le sol** the rain had cut channels ou furrows in the earth ◆ **rigole d'irrigation** irrigation channel ◆ **rigole d'écoulement** drain

rigoler* [Rigɔle] ▸conjug 1◂ vi **a** (rire) to laugh ◆ **quand il l'a su, il a bien rigolé** when he found out, he had a good laugh about it* ◆ **il nous a bien fait rigoler** he had us all laughing ou in stitches* ◆ (iro) **tu me fais rigoler** you make me laugh ◆ (iro) **ne me fais pas rigoler** don't make me laugh ◆ **il n'y a pas de quoi rigoler** that's nothing to laugh about, what's so funny ? ◆ **quand tu verras les dégâts, tu rigoleras moins** you'll be laughing on the other side of your face ou you won't be laughing when you see the damage

b (s'amuser) to have (a bit of) fun, have a (bit of a) laugh* ◆ **il aime rigoler** he likes a bit of fun ou a good laugh* ◆ **on a bien rigolé, en vacances** we had great fun ou a good laugh* on holiday ◆ **chez eux on ne doit pas rigoler tous les jours !** it can't be much fun at home for them !

c (plaisanter) to joke ◆ **tu rigoles !** you're kidding !* ou joking ! ◆ **je ne rigole pas** I'm not joking ou kidding* ◆ **il ne faut pas rigoler avec ces médicaments** you shouldn't mess about* ou fool about* with medicines like these ◆ **il ne faut pas rigoler avec ce genre de maladie** an illness like this has to be taken seriously ou can't be taken lightly ◆ **j'ai dit ça pour rigoler** it was only a joke, I only said it in fun ou for a laugh*

rigolo, -ote* [Rigɔlo, ɔt] → SYN **1** adj film, histoire funny, killing* ; personne funny, comical ◆ **il est rigolo** (plaisantin) he's a laugh* ou a kill‡, he's funny ; (original) he's comical ou funny, he's a comic ◆ **ce qui lui est arrivé n'est pas rigolo** what's happened to him is no joke ou is not funny ◆ (iro) **vous êtes rigolo, vous, mettez-vous à ma place !** funny aren't you ?* ou you make me laugh – put yourself in my shoes ! ◆ **c'est rigolo, je n'avais jamais remarqué cela** that's funny ou odd, I had never noticed that

2 nm,f (amusant) comic, wag ; (péj : fumiste) fraud, phoney, chancer‡ (Brit) ◆ **c'est un sacré rigolo** he likes a good laugh*, he's a real comic ou scream* ◆ (péj) **c'est un (petit) rigolo** he's a (little) chancer‡ (Brit) ou fraud

3 nm (†‡ : revolver) gun, rod (US)

rigorisme [RigɔRism] → SYN nm rigorism, austerity, rigid moral standards

rigoriste [RigɔRist] → SYN **1** adj rigoristic, austere, rigid

2 nmf rigorist, rigid moralist

rigoureusement [RiguRøzmɑ̃] → SYN adv **a** punir, traiter harshly ; raisonner, démontrer rigorously ; appliquer, classifier rigorously, strictly

b (absolument) authentique, vrai absolutely, utterly, entirely ; exact rigorously ; interdit strictly ◆ **ce n'est pas rigoureusement vrai** it's not entirely ou strictly true

rigoureux, -euse [RiguRø, øz] → SYN adj **a** (sévère) punition, discipline rigorous, harsh, severe ; mesures rigorous, stringent, harsh ; (fig) climat rigorous, harsh ; maître, moraliste rigorous, strict, rigid ◆ **hiver rigoureux** hard ou harsh winter

b (exact) raisonnement, style, méthode rigorous ; définition, classification rigorous, strict

c (absolu) interdiction, sens d'un mot strict ◆ **observation rigoureuse du règlement** strict observation of the rule ◆ **ce n'est pas une règle rigoureuse** it's not a hard-and-fast ou an absolute and unbreakable rule

rigueur [RigœR] → SYN nf **a** (sévérité) [condamnation, discipline] harshness, severity, rigour ; [mesures] harshness, stringency, rigour ; [climat, hiver] rigour, harshness ◆ **punir qn avec toute la rigueur de la loi** to punish sb with the utmost rigour of the law ◆ **faire preuve de rigueur à l'égard de qn** to be strict ou harsh with sb, be hard on sb ◆ **traiter qn avec la plus grande rigueur** to treat sb with the utmost rigour ou harshness ou severity ◆ (littér) **les rigueurs du sort / de l'hiver** the rigours of fate / winter → **arrêt, délai**

b (austérité) [morale] rigour, rigidness, strictness ; [personne] sternness, strictness ◆ **la politique de rigueur du gouvernement** the government's austerity measures ◆ **la rigueur économique** economic austerity

c (précision) [raisonnement, style, pensée] rigour ; [calcul] precision, exactness ; [définition] strictness, rigour, rigorousness ◆ **manquer de rigueur** to lack rigour

d **tenir rigueur à qn de n'être pas venu** to hold it against sb that he didn't come ou for not coming, refuse to forgive sb for not coming ◆ **je ne vous en tiens pas rigueur** I don't hold it against you ◆ **à la rigueur** at a pinch, if need be, in extreme circumstances (frm) ◆ **on peut à l'extrême rigueur remplacer le curry par du poivre** at a pinch ou if the worst comes to the worst ou if need be you can use pepper instead of curry powder ◆ **un délit, à la rigueur, mais un crime non : le mot est trop fort** a minor offence possibly ou perhaps, but not a crime – that's too strong a word ◆ **il pourrait à la rigueur avoir gagné la côte, mais j'en doute** there is a faint possibility that he made it ou he may just possibly have made it back to the shore but I doubt it ◆ **il est de rigueur d'envoyer un petit mot de remerciement** it is the done thing to send a note of thanks ◆ **la tenue de rigueur est ...** the dress to be worn is ..., the accepted dress ou attire (frm) is ... ◆ **« tenue de soirée de rigueur »** "evening dress", "dress : formal" ◆ **en toute rigueur** strictly speaking

rikiki* [Rikiki] adj → **riquiqui**

rillettes [Rijɛt] nfpl ≃ potted meat *(made from pork or goose)*, rillettes

rillons [Rijɔ̃] nmpl *chopped pork cooked in fat and served cold*

rimailler [Rimaje] ▸conjug 1◂ vi (péj) to write bits of verse, write poetry of a sort, versify

rimailleur, -euse [RimajœR, øz] nm,f (péj) would-be poet, poet of a sort, rhymester, versifier

rimaye [Rimaj] nf bergschrund

rimbaldien, -ienne [Rɛ̃baldjɛ̃, jɛn] adj of Rimbaud

rime [Rim] → SYN nf rhyme ◆ **rime masculine / féminine** masculine / feminine rhyme ◆ **rime pauvre / riche** poor / rich rhyme ◆ **rimes croisées** ou **alternées** alternate rhymes ◆ **rimes plates** ou **suivies** rhyming couplets ◆ **rimes embrassées** abba rhyme scheme ◆ **rimes tiercées** terza rima ◆ **rime pour l'œil / l'oreille** rhyme for the eye / ear ◆ **faire qch sans rime ni raison** to do sth without either rhyme or reason ◆ **cela n'a ni**

rime ni raison there's neither rhyme nor reason to it

rimer [ʀime] → SYN ▸conjug 1◂ 1 vi a [mot] to rhyme (*avec* with) ◆ (fig) **cela ne rime à rien** it does not make sense, there's no sense ou point in it ◆ **à quoi cela rime-t-il ?** what's the point of it? ou sense in it? ◆ **économie ne rime pas toujours avec profit** saving doesn't necessarily go together with profit, saving and profit don't necessarily go hand in hand
b [poète] to write verse ou poetry
2 vt to put into verse ◆ **poésie rimée** rhyming poetry ou verse

rimeur, -euse [ʀimœʀ, øz] → SYN nm,f (péj) rhymester, would-be poet, versifier

rimmel ® [ʀimɛl] nm mascara

rinçage [ʀɛ̃saʒ] nm a (→ **rincer**) (action) rinsing out ou through; rinsing; (opération) rinse ◆ **cette machine à laver fait 3 rinçages** this washing machine does 3 rinses
b (pour cheveux) (colour) rinse

rinceau, pl **rinceaux** [ʀɛ̃so] nm (Archit) foliage (NonC), foliation (NonC)

rince-bouteille(s), pl **rince-bouteilles** [ʀɛ̃butɛj] nm (machine) bottle-washing machine; (brosse) bottle-brush

rince-doigts [ʀɛ̃sdwa] nm inv (bol) finger-bowl; (en papier) (disposable) finger wipe

rincée [ʀɛ̃se] → SYN nf (*: averse) downpour; (*: défaite, volée) thrashing*, licking*

rincer [ʀɛ̃se] → SYN ▸conjug 3◂ 1 vt (laver) to rinse out ou through; (ôter le savon) to rinse ◆ **rince le verre** give the glass a rinse, rinse the glass out ◆ (fig) **se faire rincer*** (par la pluie) to get drenched ou soaked; (au jeu) to get cleaned out*
2 **se rincer** vpr ◆ **se rincer la bouche** to rinse out one's mouth ◆ **se rincer les mains** to rinse one's hands ◆ **se rincer l'œil*** to get an eyeful* ◆ **se rincer la dalle*** to wet one's whistle*

rincette* [ʀɛ̃sɛt] nf nip of brandy etc, little drop of wine (ou brandy etc)

rinçure [ʀɛ̃syʀ] nf (eau de lavage) rinsing water; (péj: mauvais vin) dishwater (péj), foul-tasting ou lousy* wine (ou beer)

rinforzando [ʀinfɔʀtsando, ʀinfɔʀdzɑ̃do] adv rinforzando, sforzando, sforzato

ring [ʀiŋ] → SYN nm (boxing) ring ◆ **les champions du ring** boxing champions ◆ **monter sur le ring** (pour un match) to go into the ring; (faire carrière) to take up boxing

ringard[1] [ʀɛ̃gaʀ] → SYN nm (tisonnier) poker

ringard[2], **e*** [ʀɛ̃gaʀ, aʀd] → SYN 1 adj (démodé) oldfangled*, old-fashioned; (de piètre qualité) film, roman useless, hopeless
2 nm,f fuddy-duddy*

ringardise* [ʀɛ̃gaʀdiz] nf (caractère démodé) outdatedness

Rio de Janeiro [ʀijɔd(ə)ʒanɛʀo] n Rio de Janeiro

RIP [ʀip] (abrév de **relevé d'identité postal**) → **relevé**

ripaille*† [ʀipɑj] nf (festin) feast ◆ **faire ripaille** to have a feast, have a good blow-out* (Brit)

ripailler*† [ʀipɑje] ▸conjug 1◂ vi (festoyer) to feast, have a good blow-out* (Brit)

ripailleur, -euse* [ʀipɑjœʀ, øz] 1 adj revelling
2 nm,f reveller

ripaton* [ʀipatɔ̃] nm (pied) foot, tootsy*

ripe [ʀip] nf scraper

riper [ʀipe] → SYN ▸conjug 1◂ 1 vi a (déraper) to slip
b (*: s'en aller) to take off
2 vt a (Tech: gratter) to scrape
b (aussi **faire riper**: déplacer) meuble, pierre, véhicule to slide along

ripieno [ʀipjeno] nm ripieno

ripolin ® [ʀipɔlɛ̃] nm gloss paint

ripoliner [ʀipɔline] ▸conjug 1◂ vt to paint with gloss paint

riposte [ʀipɔst] → SYN nf (réponse) retort, riposte; (contre-attaque) counter-attack, reprisal; (Escrime) riposte ◆ **il est prompt à la riposte** he always has a ready answer ou a quick retort

riposter [ʀipɔste] → SYN ▸conjug 1◂ 1 vi a (répondre) to answer back, riposte, retaliate ◆ **riposter à une insulte** to reply to an insult ◆ **il riposta (à cela) par une insulte** he answered back ou retorted ou retaliated ou riposted with an insult, he flung back an insult ◆ **riposter à une accusation par une insulte** to counter an accusation by an insult
b (contre-attaquer) to counterattack, retaliate ◆ **riposter à coups de grenades** to retaliate by throwing grenades ◆ **riposter à une attaque** to counter an attack (*par* by)
c (Escrime) to riposte
2 vt ◆ **riposter que** to retort ou riposte ou answer back that

ripou, pl **ripous, ripoux** [ʀipu] 1 adj crooked
2 nm (gén) crook; (policier) bent copper* (Brit), corrupt policeman

ripper, rippeur [ʀipœʀ] → SYN nm (engin) ripper

ripple-mark, pl **ripple-marks** [ʀipœlmaʀk] nf ripple mark

riquiqui* [ʀikiki] adj inv portion tiny, mean, stingy* ◆ **elle portait un chapeau riquiqui** she was wearing a shabby little hat ◆ **ça fait un peu riquiqui** (portion) it looks a bit stingy*; (manteau) it looks pretty shabby ou grotty* (Brit)

rire [ʀiʀ] → SYN ▸conjug 36◂ 1 vi a to laugh ◆ **rire aux éclats** ou **à gorge déployée** to roar with laughter, shake with laughter, laugh one's head off ◆ **rire aux larmes** to laugh until one cries ◆ **rire franchement** ou **de bon cœur** to laugh heartily ◆ **rire bruyamment** to guffaw, roar with laughter ◆ (péj) **rire comme un bossu** ou **comme une baleine** to laugh o.s. silly, be doubled up with laughter, split one's sides (laughing) ◆ **c'est à mourir** ou **crever* de rire** it's hilarious, it's awfully funny, you'd die laughing* ◆ **la plaisanterie fit rire** the joke raised a laugh ou made everyone laugh ◆ **ça ne me fait pas rire** I don't find it funny, I'm not amused, it doesn't make me laugh ◆ **nous avons bien ri (de notre mésaventure)** we had a good laugh* (over our mishap) ◆ **ça m'a bien fait rire** that really made me laugh, that had me in fits* ◆ **on va rire : il va essayer de sauter** we're in for a laugh* because he's going to try and jump ◆ **il vaut mieux en rire qu'en pleurer** it's better to look ou we (*ou* you etc) may as well look on the bright side of things ◆ **il a pris les choses en riant** (avec bonne humeur) he saw the funny side of it; (à la légère) he laughed it off ◆ **il n'y a pas de quoi rire** there's nothing to laugh about, it's no laughing matter ◆ (Prov) **rira bien qui rira le dernier** he who laughs last laughs longest (Brit) ou best (US) (Prov)
b (littér) [yeux] to sparkle ou shine with happiness ou laughter; [visage] to shine with happiness
c (s'amuser) to have fun, have a laugh* ◆ **il ne pense qu'à rire** he only thinks of having fun ◆ **il passe son temps à rire avec ses camarades** he spends his time playing about (Brit) ou larking about (Brit) ou fooling around with his friends ◆ **rire aux dépens de qn** to laugh ou have a laugh at sb's expense ◆ **c'est un homme qui aime bien rire** he is a man who likes a bit of fun ou a good laugh* ◆ **c'est maintenant qu'on va rire !** this is where the fun starts! → **histoire**
d (plaisanter) **vous voulez rire !** you're joking!, you must be joking! ◆ **et je ne ris pas** and I'm not joking! ◆ **sans rire, c'est vrai ?** joking apart ou aside, is it true?, seriously, is it true? ◆ **il a dit cela pour rire** he was only joking, he said it in fun, he didn't mean it ◆ **il a fait cela pour rire** he did it for a joke ou laugh* ◆ **c'était une bagarre pour rire** it was only a pretend fight, it wasn't a real fight → **mot**
e LOC **rire dans sa barbe** ou **tout bas** to laugh to o.s., chuckle (away) to o.s. ◆ **rire dans sa barbe** ou **sous cape** to laugh up one's sleeve, have a quiet laugh ◆ **rire aux anges** [personne] to have a great beam ou a vacant grin on one's face, beam (away); [bébé] to smile happily in one's sleep ◆ **rire au nez** ou **à la barbe de qn** to laugh in sb's face ◆ **rire du bout des dents** ou **des lèvres** to force o.s. to laugh, laugh politely ◆ **il faisait semblant de trouver ça drôle, mais en fait il riait jaune** he pretended he found it funny but in fact he had to force himself to laugh ◆ **quand il apprendra la nouvelle il rira jaune** when he hears the news he'll laugh on the other side of his face (Brit) ou he won't find it funny ◆ (iro) **vous me faites rire !, laissez-moi rire !** don't make me laugh!, you make me laugh! (iro) ◆ **elle l'a quitté – oh ! sans rire ?** she has left him – really?, you're joking? (iro)
2 **rire de** vt indir (se moquer de) personne, défaut, crainte to laugh at, scoff at ◆ **il fait rire de lui** people laugh at him ou make fun of him, he makes himself a laughing stock
3 **se rire** vpr ◆ **se rire de** (se jouer de) difficultés, épreuve to make light of, take in one's stride; (se moquer de) menaces, recommandations to laugh off, laugh at; personne to laugh at, scoff at
4 nm (façon de rire) laugh; (éclat de rire) laughter (NonC), laugh ◆ **rires** laughter ◆ **le rire** laughter ◆ (Prov) **le rire est le propre de l'homme** laughter is unique to man ◆ **un gros rire** a loud laugh, a guffaw ◆ **un rire homérique** a hearty ou booming laugh ◆ **un petit rire bête** a stupid giggle ou titter ◆ **un rire moqueur** a mocking ou scornful laugh ◆ (TV, Rad) **rires préenregistrés** ou **en boîte*** canned laughter ◆ **il y eut des rires dans la salle quand ...** there was laughter in the room when ... ◆ **elle a un rire bête** she has a silly ou stupid laugh ◆ **elle eut un petit rire méchant** she gave a wicked little laugh, she laughed wickedly ◆ **il eut un petit rire de satisfaction** he gave a little chuckle of satisfaction, he chuckled with satisfaction ◆ **les rires l'obligèrent à se taire** the laughter forced him to stop speaking, he was laughed down → **éclater, fou, mourir** etc

ris[1] [ʀi] → SYN nm a (Culin) **ris de veau** calf sweetbread
b (Naut) reef

ris[2] [ʀi] → SYN nm (littér: rire) laugh, laughter (NonC)

risée [ʀize] → SYN nf a **s'exposer à la risée générale** to lay o.s. open to ridicule ◆ **être un objet de risée** to be a laughing stock, be an object of ridicule ◆ **être la risée de toute l'Europe** to be ou make o.s. the laughing stock of Europe
b (Naut) **risée(s)** light breeze

risette [ʀizɛt] → SYN nf ◆ **faire (une) risette à qn** to give sb a nice ou little smile ◆ **fais risette (au monsieur)** smile nicely (at the gentleman) ◆ (fig) **être obligé de faire des risettes au patron** to have to smile politely to the boss

risible [ʀizibl] → SYN adj (ridicule) attitude laughable, ridiculous, silly; (comique) aventure laughable, funny

risiblement [ʀiziblǝmɑ̃] adv ridiculously, laughably

risorius [ʀizɔʀjys] nm risorius

risque [ʀisk] → SYN GRAMMAIRE ACTIVE 15.3 nm a (gén, Jur: danger) risk ◆ **risque calculé** calculated risk ◆ **une entreprise pleine de risques** a high-risk business ◆ **c'est un risque à courir** it's a risk one has to take ou run, one has to take ou run the risk ◆ **il y a du risque à faire cela** there's a risk in doing that, it's taking a risk doing that, it's risky doing ou to do that ◆ **le goût du risque** a taste for danger ◆ **ce qui paie, c'est le risque** it pays off to take risks, taking risks pays off ◆ **on n'a rien sans risque** you don't get anywhere without taking risks, nothing ventured, nothing gained (Prov) ◆ **prendre tous les risques** to take any number of risks ◆ **il y a (un) risque d'émeute / d'épidémie** there's a risk of an uprising / an epidemic ◆ **à cause du risque d'incendie** because of the fire risk ou the risk of fire ◆ **cela constitue un risque pour la santé** that is a health hazard ou health risk ◆ **à risque** (Méd) groupe high-risk; (Fin) placement risky ◆ **à haut risque** high-risk (épith) ◆ (fig) **ne prendre aucun risque** to play (it) safe, take no risks → **assurance**
b (loc) (hum) **ce sont les risques du métier** that's an occupational hazard (hum) ◆ **il n'y a pas de risque qu'il refuse** there's no risk ou

chance of his refusing, he isn't likely to refuse ◆ **au risque de le mécontenter / de se tuer / de sa vie** at the risk of displeasing him / of killing o.s. / of his life ◆ **c'est à tes risques et périls** it's at your own risk, on your own head be it!

risqué, e [ʀiske] → SYN (ptp de **risquer**) adj (hasardeux) risky, dicey* (Brit); (licencieux) risqué, daring, coarse, off-color (US)

risquer [ʀiske] → SYN ▸conjug 1◂ GRAMMAIRE ACTIVE 2.3
1 vt a (mettre en danger) réputation, fortune, vie to risk
b (s'exposer à) prison, renvoi, ennuis to risk ◆ **il risque la mort** he's risking death ◆ **tu risques gros** you're taking a big risk, you're sticking your neck out* ◆ **tu risques qu'on te le vole** you risk having it stolen ◆ **qu'est-ce qu'on risque?** (quels sont les risques?) what do we risk?, what are the risks? ou dangers?; (c'est sans danger) what have we got to lose?, where's ou what's the risk? ◆ **bien emballé, ce vase ne risque rien** packed like this the vase is ou will be quite safe ◆ **ce vieux chapeau ne risque rien** this old hat doesn't matter at all, it doesn't matter what happens to this old hat
c (tenter) to risk ◆ **risquer le tout pour le tout, risquer le paquet*** to risk ou chance the lot ◆ **risquons le coup** let's chance it, let's take the chance ◆ (Prov) **qui ne risque rien n'a rien** nothing ventured, nothing gained (Prov)
d (hasarder) allusion, regard to venture, hazard ◆ **je ne risquerais pas un gros mot devant mon père** I wouldn't risk swearing ou take the risk of swearing in front of my father ◆ **risquer un œil derrière un mur** to venture a peep behind a wall ◆ (hum) **risquer un orteil dans l'eau** to venture a toe in the water
e **risquer de: tu risques de le perdre** (éventualité) you might (well) ou could (well) lose it; (forte possibilité) you could easily lose it; (probabilité) you're likely to lose it ◆ **il risque de pleuvoir** it could ou may (well) rain, there's a chance of rain ◆ **le feu risque de s'éteindre** the fire may (well) go out, there's a risk the fire may go out ◆ **avec ces embouteillages, il risque d'être en retard** with these traffic jams he's likely to be late, these traffic jams could well make him late ◆ **pourquoi risquer de tout perdre?** why should we risk losing ou take the risk of losing everything? ◆ **ça ne risque pas (d'arriver)!** not a chance!, there's no chance ou danger of that (happening)!, that's not likely to happen! ◆ **il ne risque pas de gagner** he hasn't got much chance of winning, there isn't much chance of him winning, he isn't likely to win
2 **se risquer** vpr ◆ **se risquer dans une grotte / sur une corniche** to venture inside a cave / onto a ledge ◆ **se risquer dans une entreprise** to venture (up)on ou take a gamble on an enterprise ◆ **se risquer dans une aventure dangereuse** to risk one's neck ou chance one's luck in a dangerous adventure ◆ **se risquer à faire qch** to venture ou dare to do sth ◆ **à ta place, je ne m'y risquerais pas** if I were you, I wouldn't risk it ◆ **je vais me risquer à faire un soufflé** I'll have a try ou a go ou I'm going to try my hand at making a soufflé

risque-tout [ʀiskətu] → SYN nmf inv daredevil ◆ **elle est risque-tout, c'est une risque-tout** she's a daredevil

rissole [ʀisɔl] nf rissole

rissoler [ʀisɔle] → SYN ▸conjug 1◂ 1 vt (Culin: aussi **faire rissoler**) to brown ◆ **pommes rissolées** fried potatoes
2 vi a (Culin) to brown
b (hum: bronzer) **se faire** ou **se laisser rissoler sur la plage** to (lie and) roast (o.s.) on the beach

ristourne [ʀistuʀn] → SYN nf (sur achat) discount; (sur cotisation) rebate; (commission) commission ◆ **faire une ristourne à qn** to give sb a discount

ristourner [ʀistuʀne] → SYN ▸conjug 1◂ vt a (accorder une réduction de) to give a discount of; (rembourser un trop-perçu de) to refund the difference of; (donner une commission de) to give a commission of ◆ **ils m'ont ristourné 500 F** they gave me a 500 francs back
b (Jur Naut) police d'assurance to cancel

rital** [ʀital] nm (péj: Italien) wop** (péj), Eyetie** (péj)

rite [ʀit] → SYN nm (gén, Rel) rite; (fig: habitude) ritual ◆ **rites d'initiation** initiation rites

ritournelle [ʀituʀnɛl] → SYN nf (Mus) ritornello ◆ (fig) **c'est toujours la même ritournelle** it's always the same (old) story ou tune ou theme, he (ou she etc) is always harping on about that

ritualisation [ʀitɥalizasjɔ̃] nf ritualization

ritualiser [ʀitɥalize] ▸conjug 1◂ vt to ritualize

ritualisme [ʀitɥalism] nm ritualism

ritualiste [ʀitɥalist] 1 adj ritualistic
2 nmf ritualist

rituel, -elle [ʀitɥɛl] → SYN adj, nm (gén) ritual

rituellement [ʀitɥɛlmɑ̃] adv (religieusement) religiously, ritually; (hum: invariablement) invariably, unfailingly

rivage [ʀivaʒ] → SYN nm shore

rival, e, mpl **-aux** [ʀival, o] → SYN adj, nm,f rival ◆ **sans rival** unrivalled

rivaliser [ʀivalize] → SYN ▸conjug 1◂ GRAMMAIRE ACTIVE 5.2, 5.3 vi ◆ **rivaliser avec** [personne] to rival, compete with, vie with, emulate; [chose] to hold its own against, compare with ◆ **rivaliser de générosité / de bons mots avec qn** to vie with sb ou try to outdo sb in generosity / wit, rival sb in generosity / wit ◆ **ils rivalisaient de générosité** they vied with each other ou they tried to outdo each other in generosity ◆ **il essaie de rivaliser avec moi** he's trying to emulate me ou to vie with me ◆ **ses œuvres rivalisent avec les plus grands chefs-d'œuvre** his works rival the greatest masterpieces ou can hold their own against ou compare with the greatest masterpieces

rivalité [ʀivalite] → SYN nf rivalry

rive [ʀiv] → SYN nf a [mer, lac] shore; [rivière] bank ◆ **la rive gauche / droite de la Tamise** the north / south bank (of the Thames) ◆ **la Rive gauche** the Left Bank *(in Paris: a district noted for its student and intellectual life)* ◆ **ils sont très rive gauche** they are very Left Bank, they are very arty (péj)
b (Tech) [four] lip

rivé, e [ʀive] (ptp de **river**) adj ◆ **rivé à** bureau, travail tethered ou tied to; chaise glued ou riveted to ◆ **les yeux rivés sur moi / la tache de sang** (with) his eyes riveted on me / the bloodstain ◆ **rester rivé sur place** to be ou stand riveted ou rooted to the spot ◆ **rivé à la télé*** glued to the TV*

river [ʀive] → SYN ▸conjug 1◂ vt a (Tech) clou to clinch; plaques to rivet together ◆ (fig) **river son clou à qn*** to shut sb up*
b (littér: fixer) **river qch au mur / au sol** to nail sth to the wall / floor ◆ **la poigne qui le rivait au sol** the tight grip which held him down on ou pinned him to the ground ◆ **la haine / le sentiment qui les rivait ensemble** ou **l'un à l'autre** the hatred / the emotional bond which held them to each other

riverain, e [ʀiv(ə)ʀɛ̃, ɛn] → SYN 1 adj (d'un lac) lakeside, waterside, riparian (spéc); (d'une rivière) riverside, waterside, riparian (spéc) ◆ (d'une route) **les propriétés riveraines** the houses along the road ◆ **les propriétés riveraines de la Seine** the houses bordering on the Seine ou along the banks of the Seine
2 nm,f lakeside resident; riverside resident; riparian (spéc) ◆ **les riverains se plaignent du bruit des voitures** the residents of ou in the street complain about the noise of cars ◆ **« interdit sauf aux riverains »** "no entry except for access", "residents only"

riveraineté [ʀiv(ə)ʀɛnte] nf (Jur) riparian rights

rivet [ʀivɛ] → SYN nm rivet

rivetage [ʀiv(ə)taʒ] nm riveting

riveter [ʀiv(ə)te] ▸conjug 4◂ vt to rivet (together)

riveteuse [ʀiv(ə)tøz], **riveuse** [ʀivøz] nf riveting machine

rivière [ʀivjɛʀ] → SYN nf (lit, fig) river; (Équitation) water jump ◆ **rivière de diamants** diamond rivière → **petit**

rivoir [ʀivwaʀ] nm (marteau à river) riveter

rivulaire [ʀivylɛʀ] nf rivularia

rivure [ʀivyʀ] nf (action) riveting

rixe [ʀiks] → SYN nf brawl, fight, scuffle

Riyad [ʀijad] n Riyadh

riz [ʀi] nm rice ◆ **riz Caroline** ou **à grains longs** long-grain rice ◆ **riz brun** ou **complet** brown rice ◆ **riz au lait** rice pudding ◆ **riz cantonais** fried rice ◆ **riz gluant** sticky rice ◆ **riz pilaf** pilaf(f) ou pilau rice ◆ **riz créole** creole rice → **curry, gâteau, paille** etc

rizerie [ʀizʀi] nf rice-processing factory

riziculteur, -trice [ʀizikyltœʀ, tʀis] nm,f rice grower

riziculture [ʀizikyltyʀ] nf rice-growing

rizière [ʀizjɛʀ] nf paddy-field, ricefield

RMI [ɛʀɛmi] nm (abrév de **revenu minimum d'insertion**) → **revenu**

RMiste [ɛʀɛmist] nmf *person receiving welfare payment*, ≃ person on income support (Brit), ≃ person on welfare (US)

RMN [ɛʀɛmɛn] nf (abrév de **résonance magnétique nucléaire**) NMR

RN [ɛʀɛn] 1 nf (abrév de **route nationale**) → **route**
2 nm (abrév de **revenu national**) → **revenu**

RNIS [ɛʀɛnis] nm (abrév de **Réseau Numérique à Intégration de Service**) ISDN

rob [ʀɔb] → SYN nm (au bridge, au whist) rubber

robe [ʀɔb] → SYN 1 nf a [femme, fillette] dress, frock ◆ **robe courte / décolletée / d'été** short / low-necked / summer dress
b [magistrat, prélat] robe; [professeur] gown ◆ (Hist Jur) **la robe** the legal profession → **gens**[1], **homme, noblesse**
c (pelage) [cheval, fauve] coat
d (peau) [oignon] skin; [fève] husk
e [cigare] wrapper, outer leaf
f (couleur) [vin] colour
2 COMP ▹ **robe bain de soleil** sundress ▹ **robe de bal** ball gown ou dress, evening dress ou gown ▹ **robe de baptême** christening robe ▹ **robe de chambre** dressing gown ◆ **pommes de terre en robe de chambre** ou **des champs** (Culin) jacket (Brit) ou baked potatoes, potatoes in their jackets ▹ **robe chasuble** pinafore dress ▹ **robe chaussette** ⇒ **robe tube** ▹ **robe chemisier** shirtwaister (dress) (Brit), shirtwaist (US) ▹ **robe de cocktail** cocktail dress ▹ **robe de communion** ou **de communiant(e)** first communion dress ▹ **robe de grossesse** maternity dress ▹ **robe d'hôtesse** hostess gown ▹ **robe d'intérieur** housecoat ▹ **robe kimono** kimono (dress) ▹ **robe de mariée** wedding dress ou gown ▹ **robe du soir** evening dress ou gown ▹ **robe tube** tube ▹ **robe tunique** smock

robe-manteau, pl **robes-manteaux** [ʀɔbmɑ̃to] nf coat dress

rober [ʀɔbe] ▸conjug 1◂ vt cigare to wrap

Robert [ʀɔbɛʀ] nm Robert

roberts* [ʀɔbɛʀ] nmpl (seins) tits*, boobs*

robe-sac, pl **robes-sacs** [ʀɔbsak] nf sack dress

robe-tablier, pl **robes-tabliers** [ʀɔbtablije] nf overall

Robin [ʀɔbɛ̃] Robin ◆ (Littérat) **Robin des Bois** Robin Hood

robin†† [ʀɔbɛ̃] nm (péj) lawyer

robinet [ʀɔbinɛ] → SYN nm a [évier, baignoire, tonneau] tap (Brit), faucet (US) ◆ **robinet d'eau chaude / froide** hot / cold (water) tap (Brit) ou faucet (US) ◆ **robinet mélangeur, robinet mitigeur** mixer tap (Brit) ou faucet (US) ◆ **robinet du gaz** gas tap ◆ **robinet d'arrêt** stopcock → **problème**
b (*: pénis) willy* (Brit), peter* (US)

robinetier [ʀɔbinetje] nm (fabricant) tap (Brit) ou faucet (US) manufacturer; (commerçant) tap (Brit) ou faucet (US) merchant

robinetterie [ʀɔbinɛtʀi] → SYN nf (installations) taps (Brit), faucets (US), plumbing (NonC); (usine) tap (Brit) ou faucet (US) factory; (commerce) tap (Brit) ou faucet (US) trade

robinier [ʀɔbinje] nm locust tree, false acacia

robinsonnade [ʀɔbɛ̃sɔnad] nf *island adventure story*

Roboam [ʀɔbɔam] nm Rehoboam

roboratif, -ive [ʀɔbɔʀatif, iv] [→ SYN] adj (littér) climat bracing; activité invigorating; vin, liqueur tonic, stimulating

robot [ʀɔbo] [→ SYN] nm (lit, fig) robot ◆ **robot ménager, robot de cuisine** food processor ◆ **avion robot** remote-controlled aircraft → **portrait**

roboticien, -ienne [ʀɔbɔtisjɛ̃, jɛn] nm,f robotics specialist

robotique [ʀɔbɔtik] [→ SYN] nf robotics (sg)

robotisation [ʀɔbɔtizasjɔ̃] nf automation

robotiser [ʀɔbɔtize] ▸ conjug 1 ◂ vt to automate

robre [ʀɔbʀ] nm (Bridge) rubber

robusta [ʀɔbysta] nm (café) robusta

robuste [ʀɔbyst] [→ SYN] adj personne robust, sturdy; santé robust, sound; plante robust, hardy; voiture robust, sturdy; moteur, machine robust; foi firm, strong

robustement [ʀɔbystəmɑ̃] adv robustly, sturdily

robustesse [ʀɔbystɛs] [→ SYN] nf (→ **robuste**) robustness; sturdiness; soundness; hardiness; firmness, strength

roc[1] [ʀɔk] [→ SYN] nm (lit, fig) rock → **bâtir, dur**

roc[2] [ʀɔk] nm ◆ (Myth) **(oiseau) roc** roc

rocade [ʀɔkad] [→ SYN] nf (route) bypass; (Mil) communications line

rocaille [ʀɔkɑj] [→ SYN] 1 adj objet, style rocaille
2 nf a (cailloux) loose stones; (terrain) rocky ou stony ground
b (jardin) rockery, rock garden ◆ **plantes de rocaille** rock plants
c (Constr) **grotte/fontaine en rocaille** grotto/fountain in rockwork

rocailleur [ʀɔkɑjœʀ] nm rocaille worker

rocailleux, -euse [ʀɔkɑjø, øz] [→ SYN] adj terrain rocky, stony; style rugged; son, voix harsh, grating

rocambolesque [ʀɔkɑ̃bɔlɛsk] [→ SYN] adj aventures, péripéties fantastic, incredible

rocelle [ʀɔsɛl] nf orchil, archil

rochage [ʀɔʃaʒ] nm (Métal) spitting

rochassier, -ière [ʀɔʃasje, jɛʀ] nm,f rock climber

roche [ʀɔʃ] [→ SYN] nf (gén) rock ◆ **roches sédimentaires/volcaniques** sedimentary/volcanic rock(s) ◆ **roche lunaire** moon rock ◆ **roche mère** parent material ◆ (Naut) **fond de roche** rock bottom → **aiguille, coq**[1], **cristal** etc

roche-magasin, pl **roches-magasins** [ʀɔʃmagazɛ̃] nf reservoir rock

rocher[1] [ʀɔʃe] nm a (bloc) rock; (gros, lisse) boulder; (substance) rock ◆ **le rocher de Sisyphe** the rock of Sisyphus ◆ **le rocher de Gibraltar** the Rock (of Gibraltar) ◆ (Alpinisme) **faire du rocher** to go rock-climbing
b (Anat) petrosal bone
c (en chocolat) chocolate

rocher[2] [ʀɔʃe] ▸ conjug 1 ◂ vi a (Métal) to spit
b [bière] to froth

roche-réservoir, pl **roches-réservoirs** [ʀɔʃʀezɛʀvwaʀ] nf ⇒ **roche-magasin**

rochet [ʀɔʃɛ] [→ SYN] nm a (Rel) ratchet
b (Tech) **roue à rochet** ratchet wheel

rocheux, -euse [ʀɔʃø, øz] [→ SYN] 1 adj récit, terrain, lit rocky ◆ **paroi rocheuse** rock face → **montagne**
2 **Rocheuses** nfpl ◆ **les Rocheuses** the Rockies

rock [ʀɔk] nm (Myth) ⇒ **roc**[2]

rock (and roll) [ʀɔk(ɛnʀɔl)] nm (musique) rock 'n' roll; (danse) jive ◆ **ballet/comédie musicale rock** rock ballet/musical ◆ **le rock punk** punk rock

rocker [ʀɔkœʀ] nm (chanteur) rock musician; (admirateur) rock fan

rockeur, -euse [ʀɔkœʀ, øz] nm,f ⇒ **rocker**

rocking-chair, pl **rocking-chairs** [ʀɔkiŋ(t)ʃɛʀ] nm rocking chair

rococo [ʀɔkɔko] [→ SYN] 1 nm (Art) rococo
2 adj inv (Art) rococo; (péj) old-fashioned, outdated

rocou [ʀɔku] nm an(n)atto

rocouer [ʀɔkue] ▸ conjug 1 ◂ vt to dye with an(n)atto

rocouyer [ʀɔkuje] nm an(n)atto (tree)

rodage [ʀɔdaʒ] nm (→ **roder**) running in (Brit), breaking in (US); grinding ◆ **« en rodage »** "running in" (Brit), "breaking in" (US) ◆ **pendant le rodage** during the running-in (Brit) ou breaking-in (US) period ◆ **ce spectacle a demandé un certain rodage** the show took a little while to get over its teething troubles ou get into its stride ◆ (Aut) **rodage de soupapes** valve grinding

rodéo [ʀɔdeo] nm rodeo; (fig) free-for-all

roder [ʀɔde] [→ SYN] ▸ conjug 1 ◂ vt véhicule, moteur to run in (Brit), break in (US); soupape to grind ◆ (fig) **il faut roder ce spectacle/ce nouveau service** we have to let this show/this new service get into its stride, we have to give this show/this new service time to get over its teething troubles ◆ **il n'est pas encore rodé** [personne] he hasn't yet got the hang of things* ou got into the way of things, he is not yet broken in; [organisme] it hasn't yet got into its stride, it is not yet run in properly ◆ **ce spectacle est maintenant bien rodé** the show is really running well ou smoothly now, all the initial problems in the show have been ironed out

rôder [ʀode] [→ SYN] ▸ conjug 1 ◂ vi (au hasard) to roam ou wander about; (de façon suspecte) to loiter ou lurk (about ou around); (être en maraude) to prowl about, be on the prowl ◆ **rôder autour d'un magasin** to hang ou lurk around a shop ◆ **rôder autour d'une femme** to hang around a woman

rôdeur, -euse [ʀodœʀ, øz] [→ SYN] nm,f prowler

Rodolphe [ʀɔdɔlf] nm Rudolph, Rudolf

rodomontade [ʀɔdɔmɔ̃tad] [→ SYN] nf (littér) (vantarde) bragging (NonC), boasting (NonC); (menaçante) sabre rattling (NonC)

rœntgen [ʀœntgɛn] nm ⇒ **röntgen**

Rogations [ʀɔgasjɔ̃] nfpl (Rel) Rogations

rogatoire [ʀɔgatwaʀ] adj (Jur) rogatory → **commission**

rogatons [ʀɔgatɔ̃] nmpl (péj) (nourriture) scraps (of food), left-overs; (objets, vêtements) old things *(not needed any more)*

Roger [ʀɔʒe] nm Roger

rogne* [ʀɔɲ] nf anger ◆ **être en rogne** to be (hopping) mad* ou really ratty* (Brit), be in a paddy* (Brit) ◆ **se mettre en rogne** to get (hopping) mad* ou really ratty* (Brit), blow one's top* (*contre* at) ◆ **mettre qn en rogne** to make ou get sb (hopping) mad* ou really ratty* (Brit), get sb's temper up ◆ **il était dans une telle rogne que ...** he was in such a (foul) temper ou such a paddy* (Brit) that ..., he was so mad* ou ratty* (Brit) that ... ◆ **ses rognes duraient des jours** his tempers lasted for days

rogner [ʀɔɲe] [→ SYN] ▸ conjug 1 ◂ vt a (couper) ongle, page, plaque to trim; griffe to clip, trim; aile, pièce d'or to clip ◆ **rogner les ailes à qn** to clip sb's wings
b (réduire) prix to whittle down, cut down; salaire to cut back ou down, whittle down ◆ **rogner sur** dépense, prix to cut down on, cut back on; nourriture, sorties to cut down on

rognon [ʀɔɲɔ̃] [→ SYN] nm (Culin) kidney; (Géol) nodule

rognures [ʀɔɲyʀ] nfpl [métal] clippings, trimmings; [papier, cuir] clippings; [ongles] clippings, parings; [viande] scraps

rogomme [ʀɔgɔm] nm ◆ **voix de rogomme** hoarse ou rasping voice

rogue[1] [ʀɔg] [→ SYN] adj (arrogant) offensive, haughty, arrogant

rogue[2] [ʀɔg] nf (Pêche) *herring (ou cod) roe used as bait*

rogué, e [ʀɔge] adj poisson with roe

rohart [ʀɔaʀ] nm [morse] walrus ivory; [hippopotame] hippopotamus ivory

roi [ʀwa] [→ SYN] 1 nm a (souverain, Cartes, Échecs) king ◆ (Rel) **les Rois** the Three Kings ou Wise Men ◆ **le jour des Rois** (gén) Twelfth Night; (Rel) Epiphany ◆ (Bible) **le livre des Rois** (the Book of) Kings ◆ **tirer les rois** to eat Twelfth Night cake ◆ **le roi n'est pas son cousin!** he's very full of himself ou very conceited (péj), he's as pleased ou as proud as Punch ◆ **travailler pour le roi de Prusse** to receive no reward for one's pains ◆ (Littérat) **"Le Roi des aulnes"** "The Erl King" → **bleu, camelot** etc
b (fig) **le roi des animaux/de la forêt** the king of the beasts/of the forest ◆ **roi du pétrole** oil king ◆ **les rois de la finance** the kings of finance ◆ **un des rois de la presse/du textile** one of the press/textile barons ou kings ou magnates ou tycoons ◆ **X, le roi des fromages** X, the leading ou first name in cheese(s), X, the cheese king (hum) ◆ **c'est le roi de la resquille!*** he's a master ou an ace* at getting something for nothing ◆ **tu es vraiment le roi (des imbéciles)!*** you really are a prize idiot!*, you really take the cake (for sheer stupidity)!* ◆ **c'est le roi des cons**** he's the world's biggest bloody cretin** (Brit), he's a total asshole** (US) ◆ **c'est le roi des salauds**** he's the world's biggest bastard**
2 COMP ▷ **les rois fainéants** (Hist) *the last Merovingian kings* ▷ **le Roi des Juifs** the King of the Jews ▷ **le Roi Lear** (Littérat) King Lear ▷ **les Rois mages** (Rel) the Magi, the Three Wise Men ▷ **le Roi des Rois** the King of Kings ▷ **le Roi Très Chrétien** the King of France

roide [ʀwad], **roideur** [ʀwadœʀ], **roidir** [ʀwadiʀ] ⇒ **raide, raideur, raidir**

Roi-Soleil [ʀwasɔlɛj] nm ◆ **le Roi-Soleil** the Sun King

roitelet [ʀwat(ə)lɛ] nm (péj) kinglet, petty king ◆ **roitelet (huppé)** goldcrest

Roland [ʀɔlɑ̃] nm Roland

rôle [ʀol] [→ SYN] nm a (Théât, fig) role, part ◆ **premier rôle** lead, leading ou major role ou part ◆ **second/petit rôle** supporting/minor role ou part ◆ **rôle-titre** title role ◆ **rôle muet** non-speaking part ◆ **rôle de composition** character part ou role ◆ **savoir son rôle** to know one's part ou lines ◆ **distribuer les rôles** to cast the parts ◆ **je lui ai donné le rôle de Lear** I gave him the role ou part of Lear, I cast him as Lear ◆ **jouer un rôle** to play a part, act a role ◆ (fig) **il joue toujours les seconds rôles** he always plays second fiddle ◆ **il joue bien son rôle de jeune cadre** he acts his role of young executive ou plays the part of a young executive well ◆ **renverser les rôles** to reverse the roles → **beau, jeu**
b (fonction, statut) [personne] role, part; [institution, système] role, function; (contribution) part; (travail, devoir) job ◆ **il a un rôle important dans l'organisation** he plays an important part ou he has an important part to play ou he has an important role in the organization ◆ **quel a été son rôle dans cette affaire?** what part did he play in this business? ◆ **ce n'est pas mon rôle de vous sermonner mais ...** it isn't my job ou place to lecture you but ... ◆ **le rôle de la métaphore chez Lawrence** the role of metaphor ou the part played by metaphor in Lawrence ◆ **la télévision a pour rôle de ...** the role ou function of television is to ...
c (registre) (Admin) roll; (Jur) cause list ◆ **rôle d'équipage** muster (roll) ◆ **rôle d'impôt** tax list ou roll → **tour**[2]

rollier [ʀɔlje] nm (Zool) roller

rollmops [ʀɔlmɔps] nm rollmop

ROM [ʀɔm] nf (abrév de **Read Only Memory**) (Ordin) ROM

romain, e [ʀɔmɛ̃, ɛn] 1 adj (gén) Roman
2 nm (Typ) roman
3 nm,f ◆ **Romain(e)** Roman → **travail**[1]
4 **romaine** nf ◆ **(laitue) romaine** cos (lettuce) (Brit), romaine (lettuce) (US) ◆ **(balance) romaine** steelyard ◆ **être bon comme la romaine** to be too nice for one's own good

romaïque [ʀɔmaik] adj, nm Romaic, demotic Greek

roman[1] [ʀɔmɑ̃] [→ SYN] 1 nm a (livre) novel; (fig: récit) story ◆ (genre) **le roman** the novel ◆ **ils ne**

publient que des romans they only publish novels ou fiction ◆ **ça n'arrive que dans les romans** it only happens in novels ou fiction ou stories ◆ **sa vie est un vrai roman** his life is a real storybook ou is like something out of a storybook ◆ **c'est tout un roman*** it's a long story, it's a real saga ◆ **ça se lit comme un roman** it reads like a novel → **eau, nouveau**

b (Littérat : œuvre médiévale) romance ◆ **roman courtois** courtly romance ◆ **"Roman de Renart"** "the Romance of Renart" ◆ **"Roman de la Rose"** "the Romance of the Rose", "the Roman de la Rose"

2 COMP ▷ **roman d'amour** (lit) love story; (fig) love story, (storybook) romance ▷ **roman d'analyse** psychological novel ▷ **roman d'anticipation** futuristic novel, science-fiction novel ▷ **roman d'aventures** adventure story ▷ **roman de cape et d'épée** historical romance ▷ **roman de chevalerie** tale of chivalry ▷ **roman à clefs** roman à clef ▷ **roman d'épouvante** horror story ▷ **roman d'espionnage** spy thriller ou story, cloak-and-dagger story ▷ **roman historique** historical novel ▷ **roman de mœurs** social novel ▷ **roman noir** (Hist) Gothic novel; (policier) violent thriller ▷ **roman policier** detective novel ou story, whodunit* ▷ **roman de science-fiction** science-fiction novel ▷ **roman (de) série noire** thriller ▷ **roman à succès** successful novel, bestseller

roman², e [ʀɔmɑ̃, an] **1** adj (Ling) Romance (épith), Romanic; (Archit) Romanesque, (en Grande-Bretagne) Norman

2 nm ◆ (Ling) **le roman (commun)** late vulgar Latin ◆ (Archit) **le roman** the Romanesque

romance [ʀɔmɑ̃s] → SYN nf **a** (chanson) sentimental ballad, lovesong ◆ **les romances napolitaines** the Neapolitan lovesongs → **pousser**

b (Littérat, Mus) ballad, romance

romancer [ʀɔmɑ̃se] → SYN ▸ conjug 3 ◂ vt (présenter sous forme de roman) to make into a novel; (agrémenter) to romanticize → **biographie, histoire**

romanche [ʀɔmɑ̃ʃ] adj, nm Ro(u)mansh

romancier [ʀɔmɑ̃sje] → SYN nm novelist

romancière [ʀɔmɑ̃sjɛʀ] nf (woman) novelist

romand, e [ʀɔmɑ̃, ɑ̃d] → SYN adj of French-speaking Switzerland ◆ **les Romands** the French-speaking Swiss → **suisse**

romanesque [ʀɔmanɛsk] → SYN **1** adj **a** histoire fabulous, fantastic; amours storybook (épith); aventures storybook (épith), fabulous; personne, tempérament, imagination romantic

b (Littérat) récit, traitement novelistic ◆ **la technique romanesque** the technique(s) of the novel ◆ **œuvre romanesque** novels, fiction (NonC)

2 nm [imagination, personne] romantic side ◆ **elle se réfugiait dans le romanesque** she took refuge in fancy

roman-feuilleton, pl **romans-feuilletons** [ʀɔmɑ̃fœjtɔ̃] nm serialized novel, serial

roman-fleuve, pl **romans-fleuves** [ʀɔmɑ̃flœv] nm roman fleuve, saga

romanichel, -elle* [ʀɔmaniʃɛl] → SYN nm,f (péj) gipsy** (péj)

romanisant, e [ʀɔmanizɑ̃, ɑ̃t] **1** adj (Rel) romanist; (Ling) specializing in Romance languages

2 nm,f (linguiste) romanist, specialist in Romance languages

romanisation [ʀɔmanizasjɔ̃] nf Romanization

romaniser [ʀɔmanize] ▸ conjug 1 ◂ vt (gén) to Romanize

romanisme [ʀɔmanism] nm Romanism

romaniste [ʀɔmanist] nmf (Jur, Rel) romanist; (Ling) romanist, specialist in Romance languages

romanité [ʀɔmanite] nf (civilisation) Roman civilization; (pays) Roman Empire

romano [ʀɔmano] nm (péj) gippo** (péj)

roman-photo, pl **romans-photos** [ʀɔmɑ̃fɔto] nm photo romance, photo love story

romantique [ʀɔmɑ̃tik] → SYN **1** adj romantic

2 nmf romantic(ist)

romantisme [ʀɔmɑ̃tism] nm romanticism ◆ **le romantisme** the Romantic Movement

romarin [ʀɔmaʀɛ̃] nm rosemary

rombière* [ʀɔ̃bjɛʀ] nf (péj) old biddy* (péj)

Rome [ʀɔm] n Rome → **tout**

roméique [ʀɔmeik] adj, nm ⇒ **romaïque**

Roméo [ʀɔmeo] nm Romeo ◆ (Littérat) **"Roméo et Juliette"** "Romeo and Juliet"

rompre [ʀɔ̃pʀ] → SYN ▸ conjug 41 ◂ **1** vt **a** (faire cesser) relations diplomatiques, fiançailles, pourparlers to break off; silence, monotonie, enchantement to break; (ne pas respecter) traité, marché to break ◆ **rompre l'équilibre** to upset the balance ◆ **rompre le Carême** to break Lent ou the Lenten fast ◆ (littér) **rompre le charme** to break the spell

b (casser) branche to break; pain to break (up) ◆ **il faut rompre le pain, non le couper** bread should be broken not cut ◆ **il rompit le pain et distribua les morceaux** he broke (up) the bread and handed the pieces around ◆ (fig littér) **tu nous romps la tête avec ta musique** you're deafening us with your music ◆ (fig littér) **je vais lui rompre les côtes** I'm going to tan his hide ◆ (lit, fig) **rompre ses chaînes** to break one's chains ◆ (Naut) **rompre ses amarres** to break (loose from) its moorings ◆ (Mil) **rompre le front de l'ennemi** to break through the enemy front ◆ **la mer a rompu les digues** the sea has broken (through) ou burst the dykes → **applaudir, glace¹**

c (littér) **rompre qn à un exercice** to break sb in to an exercise

d LOC **rompre une lance** ou **des lances pour qn** to take up the cudgels for sb ◆ **rompre une lance** ou **des lances contre qn** to cross swords with sb ◆ (Mil) **rompre les rangs** to fall out, dismiss ◆ (Mil) **rompez (les rangs)!** dismiss!, fall out!

2 vi **a** (se séparer de) **rompre avec qn** to break with sb, break off one's relations with sb ◆ **ils ont rompu (leurs fiançailles)** they've broken it off, they've broken off their engagement ◆ **rompre avec de vieilles habitudes / la tradition** to break with old habits / tradition ◆ **il n'a pas le courage de rompre** he hasn't got the courage to break it off

b [corde] to break, snap; [digue] to burst, break

c (Boxe, Escrime) to break ◆ (fig) **rompre en visière avec** to quarrel openly with ◆ (Mil) **rompre le combat** to withdraw from the engagement

3 **se rompre** vpr (se briser) [câble, corde, branche, chaîne] to break, snap; [digue] to burst, break; [veine] to burst, rupture ◆ **se rompre un vaisseau** to burst ou rupture a blood vessel ◆ **il va se rompre les os** ou **le cou** he's going to break his neck

rompu, e [ʀɔ̃py] → SYN (ptp de **rompre**) adj **a** (fourbu) **rompu (de fatigue)** exhausted, worn-out, tired out ◆ **rompu de travail** exhausted by overwork

b (expérimenté) **rompu aux affaires** with wide business experience ◆ **rompu aux privations / à la discipline** accustomed ou inured to hardship / discipline ◆ **il est rompu à toutes les ficelles du métier / au maniement des armes** he is experienced in ou familiar with all the tricks of the trade / the handling of firearms → **bâton**

romsteck [ʀɔmstɛk] nm (viande) rumpsteak (NonC); (tranche) piece of rumpsteak

ronce [ʀɔ̃s] → SYN nf **a** (branche) bramble branch ◆ (buissons) **ronces** brambles, thorns ◆ (Bot) **ronce (des haies)** blackberry bush, bramble (bush) ◆ **il a déchiré son pantalon dans les ronces** he tore his trousers on ou in the brambles

b (Menuiserie) burr ◆ **ronce de noyer** burr walnut ◆ **ronce d'acajou** figured mahogany

ronceraie [ʀɔ̃sʀɛ] → SYN nf bramble patch, briar patch

ronceux, -euse [ʀɔ̃sø, øz] adj **a** (littér) brambly, thorny

b (Menuiserie) figured

Roncevaux [ʀɔ̃s(ə)vo] n Roncesvalles

ronchon, -onne [ʀɔ̃ʃɔ̃, ɔn] → SYN **1** adj grumpy, grouchy*

2 nm,f grumbler, grouch(er)*, grouser*

ronchonnement [ʀɔ̃ʃɔnmɑ̃] → SYN nm grumbling, grousing*, grouching*

ronchonner [ʀɔ̃ʃɔne] → SYN ▸ conjug 1 ◂ vi to grumble, grouse*, grouch* (*après* at) ◆ **peut-être, ronchonna-t-il** maybe, he grumbled

ronchonneur, -euse [ʀɔ̃ʃɔnœʀ, øz] → SYN **1** adj grumpy, grouchy*

2 nm,f grumbler, grouser*, grouch*

roncier [ʀɔ̃sje] nm bramble bush

rond, e [ʀɔ̃, ʀɔ̃d] → SYN **1** adj **a** (gén) objet, forme, visage round; pièce, lit circular, round → **dos, table** etc

b (gras) visage, joue round, chubby, plump; fesse plump, well-rounded; mollet (well-) rounded, well-turned; poitrine full, (well-) rounded; ventre plump, tubby ◆ **une petite femme toute ronde** a plump little woman

c (net) round ◆ **chiffre rond** round number ou figure ◆ **ça fait 50 F tout rond** it comes to exactly 50 francs, it comes to a round 50 francs ◆ **ça coûte 29 F / 31 F, disons 30 F pour faire un compte rond** it costs 29 francs / 31 francs, let's round it up / down to 30 francs ou let's say 30 francs to make a round figure ◆ **être rond en affaires** to be straightforward ou straight* ou on the level* in business matters, do a straight deal*

d (* : soûl) drunk, tight* ◆ **être rond comme une bille** ou **comme une queue de pelle** to be blind ou rolling drunk*

2 nm **a** (cercle dessiné) circle, ring ◆ **faire des ronds de fumée** to blow smoke rings ◆ **faire des ronds dans l'eau** to make rings ou circular ripples in the water ◆ **le verre a fait des ronds sur la table** the glass has made rings on the table

b (tranche) [carotte, saucisson] slice, round (Brit); (objet) [cuisinière] ring ◆ **rond de serviette** serviette (Brit) ou napkin ring → **baver, flan**

c (* : sou) **ronds** lolly* (NonC), cash* (NonC) ◆ **avoir des ronds** to be loaded*, be rolling in it*, have plenty of cash* ◆ **il n'a pas le** ou **un rond** he hasn't got a penny (to his name) ou a cent ou a brass farthing (Brit) ◆ **il n'a plus le** ou **un rond** he hasn't got a penny left, he's (stony (Brit) ou stone (US) ou flat) broke* ◆ **ça doit valoir des ronds!** that must cost a heck of a lot!*, that must be worth a penny or two (Brit) ou a mint!* ◆ **pièce de 10 / 20 ronds** 10-centime / 20-centime piece

d LOC **en rond** in a circle ou ring ◆ **s'asseoir / danser en rond** to sit / dance in a circle ou ring → **empêcheur, tourner**

3 adv ◆ **avaler qch tout rond** to swallow sth whole → **tourner**

4 **ronde** nf **a** (tour de surveillance) [gardien, soldats] rounds, patrol; [policier] beat, patrol, rounds; (patrouille) patrol ◆ **faire sa ronde** to be on one's rounds ou on the beat ou on patrol ◆ **sa ronde dura plus longtemps** he took longer doing his rounds ◆ **il a fait 3 rondes aujourd'hui** he has been on his rounds 3 times today, he has covered his beat 3 times today ◆ **ronde de nuit** (tour) night rounds, night beat ou patrol; (patrouille) night patrol ◆ (Art) **"La Ronde de nuit"** "Nightwatch" ◆ **ils virent passer la ronde** they saw the soldiers pass on their rounds → **chemin**

b (danse) round (dance), dance in a ring; (danseurs) circle, ring ◆ **ronde villageoise / enfantine** villagers' / children's dance *(in a ring)* ◆ **faites la ronde** dance round in a circle ou ring

c (Mus : note) semibreve (Brit), whole note (US)

d (Écriture) roundhand

e LOC **à 10 km à la ronde** for 10 km round, within a 10-km radius ◆ **à des kilomètres à la ronde** for miles around ◆ **passer qch à la ronde** to pass sth round ◆ **boire à la ronde** to pass ou hand the bottle (ou cup etc) round

5 COMP ▷ **rond de jambes** (Danse) rond de jambe ◆ (fig) **faire des ronds de jambes** to bow and scrape (péj) ▷ **rond de sorcière** (Bot) fairy ring

rond-de-cuir, pl **ronds-de-cuir** [ʀɔ̃d(ə)kɥiʀ] → SYN nm (péj) penpusher (Brit), pencil pusher (US)

rondeau, pl **rondeaux** [ʀɔ̃do] → SYN nm (Littérat) rondeau; (Mus) rondo

ronde-bosse, pl **rondes-bosses** [ʀɔ̃dbɔs] nf (sculpture in the) round

rondelet, -ette [ʀɔ̃dlɛ, ɛt] → SYN adj femme plumpish, nicely rounded; enfant chubby, plumpish; bourse well-lined; salaire, somme tidy (épith)

rondelle [ʀɔ̃dɛl] → SYN nf a (Culin) [carotte, saucisson] slice, round (Brit) ◆ **couper en rondelles** to slice, cut into rounds (Brit) ou slices
b (disque de carton, plastique etc) disc; [boulon] washer; [canette de bière] ring; [bâton de ski] basket

rondement [ʀɔ̃dmɑ̃] → SYN adv a (efficacement) briskly ◆ **mener rondement une affaire** to deal briskly with a piece of business
b (franchement) frankly, outspokenly ◆ **je vais parler rondement** I shan't beat about the bush, I'm going to be frank ou to speak frankly

rondeur [ʀɔ̃dœʀ] → SYN nf a [bras, personne, joue] plumpness, chubbiness; [visage] roundness, plumpness, chubbiness; [poitrine] fullness; [mollet] roundness ◆ (hum) **les rondeurs d'une femme** (formes) a woman's curves ou curviness; (embonpoint) a woman's plumpness ou chubbiness
b [terre] roundness
c (bonhomie) friendly straightforwardness, easy-going directness ◆ **avec rondeur** with (an) easy-going directness

rondin [ʀɔ̃dɛ̃] nm log → **cabane**

rondo [ʀɔ̃do] → SYN nm rondo

rondouillard, e* [ʀɔ̃dujaʀ, aʀd] → SYN adj (péj) tubby, podgy (Brit), pudgy (US) ◆ **c'est un petit rondouillard** he's a dumpy ou tubby ou podgy little chap (Brit) ou guy*

rond-point, pl **ronds-points** [ʀɔ̃pwɛ̃] → SYN nm (carrefour) roundabout (Brit), traffic circle (US); (dans nom de lieu: place) circus (Brit)

Ronéo ® [ʀɔneo] nf mimeo, roneo ®

ronéoter [ʀɔneɔte] ▸ conjug 1 ◂ vt, **ronéotyper** [ʀɔneɔtipe] ▸ conjug 1 ◂ vt to duplicate, roneo ®, mimeo

ronflant, e [ʀɔ̃flɑ̃, ɑ̃t] → SYN adj (péj) discours high-flown, grand(-sounding); titre grand(-sounding); style bombastic

ronflement [ʀɔ̃fləmɑ̃] → SYN nm (→ **ronfler**) snore, snoring (NonC); hum(ming) (NonC); roar, roaring (NonC); purr(ing) (NonC); throbbing (NonC)

ronfler [ʀɔ̃fle] → SYN ▸ conjug 1 ◂ vi a [dormeur] to snore; [toupie] to hum; [poêle, feu] (sourdement) to hum; (en rugissant) to roar; [moteur] (sourdement) to purr, throb; (en rugissant) to roar ◆ **faire ronfler son moteur** to rev up one's engine ◆ **il actionna le démarreur et le moteur ronfla** he pressed the starter and the engine throbbed ou roared into action
b (*: dormir) to snore away, be out for the count* (Brit)

ronfleur, -euse [ʀɔ̃flœʀ, øz] 1 nm,f snorer
2 nm [téléphone] buzzer

ronger [ʀɔ̃ʒe] → SYN ▸ conjug 3 ◂ 1 vt a [souris] to gnaw ou eat away at, gnaw ou eat into; [rouille, acide, vers, pourriture] to eat into; [mer] to wear away, eat into; [eczéma] to pit ◆ **ronger un os** [chien] to gnaw (at) a bone; [personne] to pick a bone, gnaw (at) a bone ◆ **les chenilles rongent les feuilles** caterpillars are eating away ou are nibbling (at) the leaves ◆ **rongé par les vers** worm-eaten ◆ **rongé par la rouille** eaten into by rust, pitted with rust ◆ [cheval] (fig) **ronger son frein** to champ at the bit → **os**
b (fig) [maladie] to sap (the strength of); [chagrin, pensée] to gnaw ou eat away at ◆ **le mal qui le ronge** the evil which is gnawing ou eating away at him ◆ **rongé par la maladie** sapped by illness
2 **se ronger** vpr ◆ **se ronger les ongles** to bite one's nails ◆ **se ronger de soucis, se ronger les sangs** to worry o.s., fret ◆ **se ronger les sangs pour savoir comment faire qch** to agonize over how to do sth ◆ **elle se ronge (de chagrin)** she is eating her heart out, she is tormented with grief

rongeur, -euse [ʀɔ̃ʒœʀ, øz] → SYN adj, nm rodent

ronron [ʀɔ̃ʀɔ̃] → SYN nm [chat] purr(ing) (NonC); [moteur] purr(ing) (NonC), hum(ming) (NonC); (péj) [discours] drone (NonC), droning (on) (NonC)

ronronnement [ʀɔ̃ʀɔnmɑ̃] nm (→ **ronronner**) purr (NonC), purring (NonC); hum (NonC), humming (NonC)

ronronner [ʀɔ̃ʀɔne] → SYN ▸ conjug 1 ◂ vi [chat] to purr; [moteur] to purr, hum ◆ (fig) **il ronronnait de satisfaction** he was purring with satisfaction

röntgen [ʀøntgɛn, ʀœntgɛn] nm roentgen, röntgen

rookerie [ʀukʀi] nf rookery

roque [ʀɔk] nm (Échecs) castling ◆ **grand / petit roque** castling queen's / king's site

roquefort [ʀɔkfɔʀ] nm Roquefort (cheese)

roquer [ʀɔke] ▸ conjug 1 ◂ vi (Échecs) to castle; (Croquet) to roquet

roquerie [ʀɔkʀi] nf ⇒ **rookerie**

roquet [ʀɔkɛ] → SYN nm (péj) (chien) (nasty little) lap-dog; (personne) ill-tempered little runt*

roquette[1] [ʀɔkɛt] nf (Mil) rocket ◆ **roquette antichar** anti-tank rocket

roquette[2] [ʀɔkɛt] nf (Bot) rocket

rorqual [ʀɔʀk(w)al] nm rorqual, finback

rosace [ʀozas] → SYN nf [cathédrale] rose window, rosace; [plafond] (ceiling) rose; (Broderie) Tenerife motif; (figure géométrique) rosette

rosacé, e [ʀozase] 1 adj (Bot) rosaceous
2 **rosacée** nf a (Méd) rosacea
b (Bot) rosaceous plant ◆ **rosacées** Rosaceae, rosaceous plants

rosaire [ʀozɛʀ] → SYN nm rosary ◆ **réciter son rosaire** to say ou recite the rosary, tell one's beads†

Rosalie [ʀozali] nf Rosalyn, Rosalind, Rosalie

rosaniline [ʀozanilin] nf rosanilin(e)

rosat [ʀoza] adj inv pommade, miel rose (épith) ◆ **huile rosat** oil of roses

rosâtre [ʀozɑtʀ] adj pinkish

rosbif [ʀɔsbif] nm a (rôti) roast beef (NonC); (à rôtir) roasting beef (NonC) ◆ **un rosbif** a joint of (roast) beef; a joint of (roasting) beef
b (‡ péj: Anglais) ≃ limey* (péj)

rose [ʀoz] → SYN 1 nf (fleur) rose; (vitrail) rose window; (diamant) rose diamond ◆ (Prov) **pas de roses sans épines** no rose without a thorn (Prov) → **bois, bouton** etc
2 nm (couleur) pink → **vieux**
3 adj a (gén) pink; joues, teint pink; (plein de santé) rosy ◆ **rose bonbon** candy-pink ◆ **rose saumoné** ou **saumon** salmon pink → **crevette, flamant, tendre**[2]
b (Pol) red
c (érotique) **messageries roses, Minitel rose** sex chatlines *(on Minitel)* ◆ **téléphone rose** ≃ sex chatlines, ≃ 900 numbers (US)
d LOC **tout n'est pas rose, ce n'est pas tout rose** it's not all roses ou all rosy, it's not a bed of roses ◆ **voir la vie** ou **tout en rose** to see everything through rose-coloured ou rose-tinted glasses ou spectacles ◆ **sa vie n'était pas bien rose** his life was not a bed of roses
4 COMP ▹ **rose de Jéricho** resurrection plant, rose of Jericho ▹ **rose d'Inde** African marigold ▹ **rose de Noël** Christmas rose ▹ **rose pompon** button rose ▹ **rose des sables** gypsum flower ▹ **rose trémière** hollyhock ▹ **rose des vents** compass card

rosé, e[1] [ʀoze] 1 adj couleur pinkish; vin rosé
2 nm rosé (wine)

roseau, pl **roseaux** [ʀozo] → SYN nm reed

Rose-Croix [ʀozkʀwa] 1 nf inv (confrérie) Rosicrucians
2 nm inv ◆ **rose-croix** (membre) Rosicrucian; (grade de franc-maçonnerie) Rose-croix

rosé-des-prés, pl **rosés-des-prés** [ʀozedepʀe] nm meadow mushroom

rosée[2] [ʀoze] → SYN nf dew ◆ **couvert** ou **humide de rosée** prés, herbe dewy, covered in ou with dew; sac de couchage, objet laissé dehors wet with dew ◆ (Phys) **point de rosée** dew point → **goutte**

roselet [ʀozlɛ] nm (Zool) stoat; (fourrure) ermine

roselier, -ière [ʀozəlje, jɛʀ] 1 adj marais reedy
2 **roselière** nf reedy marsh

roséole [ʀozeɔl] nf (Méd: éruption) roseola

roser [ʀoze] ▸ conjug 1 ◂ vt to make pink

roseraie [ʀozʀɛ] nf (jardin) rose garden; (plantation) rose-nursery

rose-thé, pl **roses-thé** [ʀozte] nf tea rose

rosette [ʀozɛt] nf (nœud) bow; (insigne) rosette; (Archit, Art, Bot) rosette ◆ **avoir la rosette** to be an officer of the Légion d'honneur ◆ (Culin) **rosette de Lyon** (type of) slicing sausage

Rosh Hashana [ʀɔʃaʃana] nm Rosh Hashana(h)

rosicrucien, -ienne [ʀozikʀysjɛ̃, jɛn] adj, nm,f Rosicrucian

rosier [ʀozje] nm rosebush, rose tree ◆ **rosier nain / grimpant** dwarf / climbing rose

rosière [ʀozjɛʀ] → SYN nf (Hist) *village maiden publicly rewarded for her chastity;* (hum) innocent maiden

rosiériste [ʀozjeʀist] nmf rose grower

rosir [ʀoziʀ] ▸ conjug 2 ◂ 1 vi [ciel, neige] to grow ou turn pink; [visage, personne] (de confusion) to go pink, blush slightly; (de santé) to get one's colour back, get one's rosy cheeks back
2 vt ciel, neige to give a pink(ish) hue ou tinge to

rossard, e* [ʀɔsaʀ, aʀd] → SYN 1 adj beastly* (Brit), nasty, vicious, horrid
2 nm beast*, swine‡
3 **rossarde** nf beast*, bitch‡

rosse [ʀɔs] → SYN 1 nf a († péj: cheval) nag
b (* péj: méchant) (homme) beast*, swine‡; (femme) beast*, bitch‡ ◆ **ah les rosses!** the (rotten) swine!‡, the (rotten) beasts!*
2 adj (péj) critique, chansonnier beastly* (Brit), nasty, vicious; caricature nasty, vicious; coup, action lousy*, rotten*, beastly* (Brit); maître, époux beastly* (Brit), horrid; femme, patronne bitchy‡, beastly* (Brit), horrid ◆ **tu as vraiment été rosse (envers lui)** you were really beastly* (Brit) ou horrid (to him)

rossée [ʀɔse] → SYN nf (*, †) thrashing, (good) hiding, hammering‡

rosser [ʀɔse] → SYN ▸ conjug 1 ◂ vt a (frapper) to thrash, give a (good) hiding to ◆ **se faire rosser** to get a (good) hiding ou a thrashing ou a hammering‡
b (*: vaincre) to thrash, lick*, hammer*

rosserie [ʀɔsʀi] → SYN nf (→ **rosse**) a (caractère) beastliness* (Brit); nastiness, viciousness; lousiness*, rottenness*; horridness; bitchiness‡
b (propos) beastly* (Brit) ou nasty ou bitchy‡ remark; (acte) lousy* ou rotten* ou beastly* (Brit) trick

rossignol [ʀɔsiɲɔl] → SYN nm a (Orn) nightingale
b (*: invendu) unsaleable article, piece of junk*
c (clef) picklock

rossinante [ʀɔsinɑ̃t] → SYN nf (†, hum) (old) jade, old nag

rostral, e, mpl **-aux** [ʀɔstʀal, o] adj (Anat) rostral

rostre [ʀɔstʀ] nm (éperon) rostrum ◆ (tribune) **rostres** rostrum

rot[1] [ʀo] → SYN nm (renvoi) belch, burp*; [bébé] burp ◆ **faire** ou **lâcher un rot** to belch, burp*, let out a belch ou burp* ◆ **le bébé a fait son rot** the baby has done his (little) burp ou has got his wind up (Brit)

rot[2] [ʀɔt] nm (Agr) (vine) rot

rôt†† [ʀo] nm roast

rotacé, e [ʀɔtase] adj rotate

rotang [ʀɔtɑ̃g] nm rat(t)an

rotarien [ʀɔtaʀjɛ̃] nm Rotarian

rotateur, -trice [ʀɔtatœʀ, tʀis] adj, nm ◆ **(muscle) rotateur** rotator

rotatif, -ive [ʀɔtatif, iv] → SYN 1 adj rotary
2 **rotative** nf rotary press

rotation [ʀɔtasjɔ̃] → SYN nf a (mouvement) rotation ◆ **mouvement de rotation** rotating movement, rotary movement ou motion ◆ **corps**

en rotation rotating body, body in rotation ◆ **vitesse de rotation** speed of rotation
b (alternance) [matériel, stock] turnover; [avions, bateaux] frequency (of service) ◆ [avions, bateaux] **effectuer plusieurs rotations** to make several trips ◆ **la rotation du personnel** (à des tâches successives) the rotation of staff; (départs et embauche) the turnover of staff ◆ **médecin qui est de garde par rotation tous les mois** doctor who is on duty each month on a rota basis ou system ◆ **rotation des cultures** rotation of crops

rotativiste [ʀɔtativist] nmf rotary press operator

rotatoire [ʀɔtatwaʀ] adj rotatory, rotary

rote [ʀɔt] nf (Rel) Rota

rotengle [ʀɔtɑ̃gl] nm rudd

roténone [ʀɔtenɔn] nf rotenone

roter* [ʀɔte] ▸ conjug 1 ◂ vi to burp*, belch

roteuse* [ʀɔtøz] nf bottle of bubbly*

rôti [ʀoti] [→ SYN] nm (Culin) (au magasin) joint, roasting meat (NonC); (au four, sur la table) joint, roast, roast meat (NonC) ◆ **rôti de bœuf/porc** joint of beef/pork, roasting beef/pork (NonC); joint of beef/pork, roast beef/pork (NonC)

rôtie [ʀoti] [→ SYN] nf (†, dial) piece ou slice of toast

rotifères [ʀɔtifɛʀ] nmpl ◆ **les rotifères** rotifers, wheel animalcules, the Rotifera (spéc)

rotin [ʀɔtɛ̃] nm a (fibre) rattan (cane) ◆ **fauteuil de rotin** cane (arm)chair
b (†,*: sou) penny, cent ◆ **il n'a pas un rotin** he hasn't got a penny ou cent to his name

rôtir [ʀotiʀ] [→ SYN] ▸ conjug 2 ◂ **1** vt (Culin: aussi **faire rôtir**) to roast ◆ **poulet/agneau rôti** roast chicken/lamb ◆ (fig) **il attend toujours que ça lui tombe tout rôti dans le bec*** he expects everything to be handed to him on a plate*
2 vi (Culin) to roast; [estivants, baigneur] to roast, be roasting hot ◆ **on rôtit ici!** it's roasting ou scorching (hot) ou sweltering here!, we're roasting (hot) ou sweltering here!
3 se rôtir vpr ◆ **se rôtir au soleil** to bask in the sun

rôtisserie [ʀotisʀi] [→ SYN] nf (dans noms de restaurant) rotisserie, steakhouse, grill and griddle; (boutique) shop selling roast meat

rôtisseur, -euse [ʀotisœʀ, øz] nm,f (traiteur) seller of roast meat; (restaurateur) steakhouse proprietor

rôtissoire [ʀotiswaʀ] [→ SYN] nf rotisserie, (roasting) spit

roto* [ʀoto] nf abrév de **rotative**

rotogravure [ʀɔtogʀavyʀ] nf rotogravure

rotonde [ʀɔtɔ̃d] [→ SYN] nf (Archit) rotunda; (Rail) engine shed (Brit), roundhouse (US) ◆ **édifice en rotonde** circular building

rotondité [ʀɔtɔ̃dite] [→ SYN] nf a (sphéricité) roundness, rotundity (frm)
b (hum: embonpoint) plumpness, rotundity (hum) ◆ **rotondités** [femme] plump curves

rotophare [ʀɔtɔfaʀ] nm (Aut) revolving ou flashing light *(on police car etc)*

rotoplots⁑ [ʀɔtɔplo] nmpl tits⁑, boobs⁑, knockers⁑

rotor [ʀɔtɔʀ] nm rotor

rotule [ʀɔtyl] nf a (Anat) kneecap, patella (spéc) ◆ **être sur les rotules*** to be dead beat* ou all in*
b (Tech) ball-and-socket joint

rotulien, -ienne [ʀɔtyljɛ̃, jɛn] adj patellar

roture [ʀɔtyʀ] [→ SYN] nf (absence de noblesse) common rank ◆ **la roture** (roturiers) the commoners, the common people; (fief) roture

roturier, -ière [ʀɔtyʀje, jɛʀ] [→ SYN] **1** adj (Hist) common, of common birth; (fig: vulgaire) common, plebeian
2 nm,f commoner

rouage [ʀwaʒ] nm [engrenage] cog(wheel), gearwheel; [montre] part ◆ **les rouages d'une montre** the works ou parts of a watch ◆ (fig) **il n'est qu'un rouage dans cette organisation** he's merely a cog in this organization ◆ (fig) **les rouages de l'État/de l'organisation** the wheels of State/of the organization ◆ (fig) **les rouages administratifs** the administrative machinery ◆ (fig) **organisation aux rouages compliqués** organization with complex structures

rouan, rouanne [ʀwɑ̃, ʀwan] adj, nm,f roan

roubignoles⁑ [ʀubiɲɔl] nfpl balls⁑, nuts⁑, testicles

roublard, e* [ʀublaʀ, aʀd] [→ SYN] **1** adj crafty, wily, artful
2 nm,f crafty ou artful devil* ◆ **ce roublard de Paul** crafty old Paul*

roublardise [ʀublaʀdiz] [→ SYN] nf (caractère) craftiness, wiliness, artfulness; (acte, tour) crafty ou artful trick

rouble [ʀubl] nm rouble

roucoulade [ʀukulad] nf (→ **roucouler**) (gén pl) coo(ing) (NonC); (billing and) cooing (NonC); warble (NonC), warbling (NonC)

roucoulement [ʀukulmɑ̃] nm (→ **roucouler**) coo(ing) (NonC); (billing and) cooing (NonC); warble (NonC), warbling (NonC)

roucouler [ʀukule] [→ SYN] ▸ conjug 1 ◂ **1** vi [oiseau] to coo; (péj) [amoureux] to bill and coo; (péj) [chanteur] to warble ◆ **venir roucouler sous la fenêtre de sa bien-aimée** to come cooing under the window of one's beloved
2 vt (péj) chanson to warble; mots d'amour to coo

roudoudou [ʀududu] nm *kind of licking toffee*

roue [ʀu] [→ SYN] **1** nf [véhicule, loterie, montre] wheel; [engrenage] cog(wheel), (gear)wheel; (pirouette) cartwheel ◆ **véhicule à deux/quatre roues** two-/four-wheeled vehicle ◆ **roue avant/arrière** front/back wheel ◆ **(supplice de) la roue** (torture of) the wheel ◆ (fig) **la roue de la Fortune** the wheel of Fortune ◆ **faire la roue** [paon] to spread ou fan its tail; [personne] (se pavaner) to strut about, swagger (about); (Gymnastique) to do a cartwheel → **bâton, chapeau, cinquième** etc
2 COMP ▷ **roue à aubes** [bateau] paddle wheel ▷ **roue dentée** cogwheel ▷ **roue de friction** friction wheel ▷ **roue à godets** bucket wheel ▷ **roue de gouvernail** (Naut) (steering) wheel, helm ▷ **roue hydraulique** waterwheel ▷ **roue libre** (Aut) freewheel ◆ **descendre une côte en roue libre** to freewheel ou coast down a hill ◆ **pédaler en roue libre** to freewheel, coast (along) ◆ (fig: ne pas se surmener) **il s'est mis en roue libre*** he's taking it easy ▷ **roue motrice** (Aut) driving wheel ◆ **véhicule à 4 roues motrices** 4-wheel drive vehicle ▷ **roue de secours** (Aut) spare wheel (Brit) ou tire (US) ▷ **roue de transmission** driving wheel

roué, e [ʀwe] [→ SYN] (ptp de **rouer**) **1** adj (rusé) cunning, wily, sly
2 nm,f cunning ou sly individual ◆ **c'est une petite rouée** she's a cunning ou wily ou sly little minx
3 nm (Hist: débauché) rake, roué
4 rouée nf (Hist: débauchée) hussy

rouelle [ʀwɛl] [→ SYN] nf ◆ **rouelle (de veau)** slice of calf's leg

rouennais, e [ʀwanɛ, ɛz] **1** adj of ou from Rouen
2 nm,f ◆ **Rouennais(e)** inhabitant ou native of Rouen

roue-pelle, pl **roues-pelles** [ʀupɛl] nf bucket dredge(r)

rouer [ʀwe] [→ SYN] ▸ conjug 1 ◂ vt a **rouer qn de coups** to give sb a beating ou thrashing, beat sb black and blue
b (Hist) condamné to put on the wheel

rouerie [ʀuʀi] [→ SYN] nf (caractère) cunning, wiliness, slyness; (tour) cunning ou wily ou sly trick

rouet [ʀwɛ] nm a (à filer) spinning wheel
b (garde de serrure) ward

rouf [ʀuf] nm deckhouse

rouflaquettes* [ʀuflakɛt] nfpl (favoris) sideboards (Brit), sideburns

rouge [ʀuʒ] [→ SYN] **1** adj a (gén, Pol) red → **armée**[2], **chaperon** etc
b (porté à l'incandescence) fer red-hot; tison glowing red (attrib), red-hot
c visage, yeux red ◆ **rouge de colère/de confusion/de honte** red ou flushed with anger/embarrassment/shame ◆ **rouge d'émotion** flushed with emotion ◆ **devenir rouge comme une cerise** to blush, go quite pink, go red in the face ◆ **il est rouge comme un coq** ou **un coquelicot** ou **un homard** ou **une pivoine** ou **une écrevisse** ou **une tomate** he's as red as a beetroot ou a lobster ◆ **il était rouge d'avoir couru** he was red in the face ou his face was flushed from running ◆ (fig) **voir rouge** to see red ◆ **la mer Rouge** the Red Sea → **fâcher**
d cheveux, pelage red
2 nm a (couleur) red ◆ (Pol) **voter rouge** to vote Communist ◆ (Littérat) **"Le Rouge et le Noir"** "The Red and the Black" ◆ (Aut) **le feu est au rouge** the lights are red ◆ **passer au rouge** (redémarrer trop tôt) to jump the lights; (ne pas s'arrêter) to shoot the lights, go through a red light; [feu] to change to red ◆ (Fin) **être dans le rouge*** to be in the red* → **bordeaux**
b (signe d'émotion) **le rouge lui monta aux joues** his cheeks flushed, he went red (in the face) ◆ **le rouge (de la confusion/de la honte) lui monta au front** his face went red ou flushed ou he blushed (with embarrassment/shame)
c (vin) red wine; (*: verre de vin) glass of red wine ◆ **boire un coup de rouge** to have a glass of red wine → **gros**
d (fard) rouge†, blusher; (à lèvres) lipstick → **bâton, tube**
e (incandescence) **fer porté au rouge** red-hot iron
3 nmf (péj: communiste) Red* (péj), Commie* (péj)
4 COMP ▷ **rouge cerise** adj inv cherry-red ▷ **rouge à joues** rouge ◆ **se mettre du rouge à joues** to rouge one's cheeks ▷ **rouge à lèvres** lipstick ▷ **rouge sang** adj inv blood red

rougeâtre [ʀuʒɑtʀ] adj reddish

rougeaud, e [ʀuʒo, od] adj red-faced ◆ **ce gros rougeaud la dégoûtait** she found this fat red-faced man repellent

rouge-gorge, pl **rouges-gorges** [ʀuʒgɔʀʒ] nm robin (redbreast)

rougeoiement [ʀuʒwamɑ̃] nm [incendie, couchant] red ou reddish glow; [ciel] reddening

rougeole [ʀuʒɔl] nf ◆ **la rougeole** (the) measles (sg) ◆ **il a eu une très forte rougeole** he had a very bad bout of measles

rougeoyant, e [ʀuʒwajɑ̃, ɑ̃t] adj ciel reddening; cendres glowing red (attrib), glowing ◆ **des reflets rougeoyants** a glimmering red glow

rougeoyer [ʀuʒwaje] ▸ conjug 8 ◂ vi [feu, incendie, couchant] to glow red; [ciel] to turn red, take on a reddish hue

rouge-queue, pl **rouges-queues** [ʀuʒkø] nm redstart

rouget [ʀuʒɛ] [→ SYN] nm mullet ◆ **rouget barbet** ou **de vase** red mullet ◆ **rouget grondin** gurnard ◆ **rouget de roche** surmullet

rougeur [ʀuʒœʀ] [→ SYN] nf a (teinte) redness
b [personne] (due à la course, un échauffement, une émotion) red face, flushing (NonC); (due à la honte, gêne) red face, blushing (NonC), blushes; [visages, joues] redness, flushing (NonC) ◆ **sa rougeur a trahi son émotion/sa gêne** her red face ou her blushes betrayed her emotion/embarrassment ◆ **la rougeur de ses joues** his red face ou cheeks, his blushing ◆ **avoir des rougeurs de jeune fille** to blush like a young girl ◆ **elle était sujette à des rougeurs subites** she was inclined to blush ou to colour up suddenly
c (Méd: tache) red blotch ou patch

rough [ʀœf] nm a (Golf) rough
b (ébauche) mock-up

rougir [ʀuʒiʀ] [→ SYN] ▸ conjug 2 ◂ **1** vi a (de honte, gêne) to blush, go red, redden, colour (up) (*de* with); (de plaisir, d'émotion) to flush, go red, redden (*de* with) ◆ **il rougit de colère** he ou his face flushed ou reddened with anger ◆ **à ces mots, elle rougit** she blushed ou coloured (up) ou went red ou reddened at the words ◆ **rougir jusqu'au blanc des yeux** ou **jusqu'aux yeux, rougir jusqu'aux oreilles, rougir jusqu'à la racine des cheveux** to go bright red, blush to the roots of one's hair ◆ (lit, fig) **faire rougir qn** to make sb blush ◆ **dire qch sans rougir** to say sth without blushing ou unblushingly

b (fig: avoir honte) **rougir de** to be ashamed of ◆ **je n'ai pas à rougir de cela** that is nothing for me to be ashamed of ◆ **il ne rougit de rien** he's quite shameless, he has no shame ◆ **j'en rougis pour lui** I blush for him, I'm ashamed for him

c (après un coup de soleil) to go red

d [ciel, neige, feuille] to go ou turn red, redden; [métal] to become ou get red-hot; (Culin) [crustacés] to go ou turn red, redden; (Agr) [tomates, fraises] to redden, turn red

2 vt ciel to turn red, give a red glow to, redden; feuilles, arbres to turn red, redden; métal to heat to red heat, make red-hot ◆ **rougir son eau** to put a dash ou drop of red wine in one's water ◆ **boire de l'eau rougie** to drink water with just a dash ou a few drops of red wine in it ◆ **rougir la terre de son sang** (lit) to stain the ground with one's blood; (fig) to shed one's blood

rougissant, e [ʀuʒisɑ̃, ɑ̃t] → SYN adj visage, jeune fille blushing; feuille, ciel reddening

rougissement [ʀuʒismɑ̃] nm (de honte etc) blush, blushing (NonC); (d'émotion) flush, flushing (NonC)

rouille [ʀuj] → SYN **1** nf **a** (Bot, Chim) rust

b (Culin) *spicy Provençal sauce accompanying fish*

2 adj inv rust(-coloured), rusty

rouillé, e [ʀuje] (ptp de **rouiller**) adj **a** métal rusty, rusted; (littér) roche, écorce rust-coloured ◆ **tout rouillé** rusted over

b (fig) mémoire rusty; muscles stiff; athlète rusty, out of practice (attrib) ◆ **j'étais rouillé en latin*** my Latin was rusty

c (Bot) blé rusty

rouiller [ʀuje] → SYN ▸ conjug 1 ◂ **1** vi to rust, go ou get rusty ◆ **laisser rouiller qch** to let sth go ou get rusty

2 vt métal, esprit to make rusty ◆ **l'inaction rouillait les hommes** the lack of action was making the men rusty

3 **se rouiller** vpr [métal] to go ou get rusty, rust; [esprit, mémoire] to become ou go rusty; [corps, muscles] to grow ou get stiff; [athlète] to get rusty, get out of practice

rouir [ʀwiʀ] ▸ conjug 2 ◂ vt (aussi **faire rouir**) to ret

rouissage [ʀwisaʒ] nm retting

rouissoir [ʀwiswaʀ] nm retting workshop

roulade [ʀulad] → SYN nf **a** (Mus) roulade, run; [oiseau] trill

b (Culin) rolled meat (NonC) ◆ **roulade de veau** rolled veal (NonC)

c (Sport) roll ◆ **roulade avant/arrière** forward/backward roll

roulage [ʀulaʒ] → SYN nm (Min, †: transport, camionnage) haulage; (Agr) rolling

roulant, e [ʀulɑ̃, ɑ̃t] → SYN **1** adj **a** (mobile) meuble on wheels → **cuisine, fauteuil, table**

b (Rail) **matériel roulant** rolling stock ◆ **personnel roulant** train crews

c trottoir, surface transporteuse moving → **escalier, feu¹, pont**

d route fast

e (‡: drôle) chose, événement killing* (Brit), killingly funny* (Brit), hysterical (US) ◆ **elle est roulante!** she's a scream!*, she's killingly funny!* (Brit)

2 nmpl ◆ (arg Rail) **les roulants** train crews

3 **roulante** nf (arg Mil) field kitchen

roulé, e [ʀule] (ptp de **rouler**) **1** adj **a** **être bien roulé*** to be shapely, have a good shape ou figure

b bord de chapeau curved; bord de foulard, morceau de boucherie rolled ◆ **roulé main** hand-rolled → **col**

c (Ling) rolled ◆ **r roulé** trilled ou rolled r

2 nm (gâteau) Swiss roll; (pâte) ≃ turnover; (viande) rolled meat (NonC) ◆ **roulé de veau** rolled veal (NonC)

rouleau, pl **rouleaux** [ʀulo] → SYN **1** nm **a** (bande enroulée) roll ◆ **rouleau de papier/tissu/pellicule** roll of paper/material/film ◆ **un rouleau de cheveux blonds** a ringlet of blond hair → **bout**

b (cylindre) [tabac, pièces] roll ◆ **rouleau de réglisse** liquorice roll

c (ustensile, outil) roller; [machine à écrire] platen, roller ◆ **passer une pelouse au rouleau** to roll a lawn ◆ **avoir des rouleaux dans les cheveux** to have one's hair in curlers ou rollers, have curlers ou rollers in one's hair ◆ **peindre au rouleau** to paint with a roller

d (vague) roller

e (Sport: saut) roll

2 COMP ▷ **rouleau compresseur** steamroller, roadroller ▷ **rouleau dorsal** (Sport) Fosbury flop ▷ **rouleau encreur** ⇒ **rouleau imprimeur** ▷ **rouleau essuie-mains** roller towel ▷ **rouleau imprimeur** ink roller ▷ **rouleau de papier hygiénique** toilet roll, roll of toilet paper ou tissue ▷ **rouleau de parchemin** scroll ou roll of parchment ▷ **rouleau à pâtisserie** rolling pin ▷ **rouleau de printemps** (Culin) spring roll ▷ **rouleau ventral** (Sport) western roll

roulé-boulé, pl **roulés-boulés** [ʀulebule] nm roll ◆ **faire un roulé-boulé** to roll over, curl up ◆ **tomber en roulé-boulé** to roll (down)

roulement [ʀulmɑ̃] → SYN **1** nm **a** (rotation) [équipe, ouvriers] rotation ◆ **travailler par roulement** to work on a rota basis ou system, work in rotation

b (circulation) [voiture, train] movement ◆ **route usée/pneu usé par le roulement** road/tyre worn through use → **bande¹**

c (bruit) [train, camion] rumble, rumbling (NonC); [charrette] rattle, rattling (NonC) ◆ **entendre le roulement du tonnerre** to hear the rumble ou peal ou roll of thunder, hear thunder rumbling ◆ **il y eut un roulement de tonnerre** there was a rumble ou peal ou roll of thunder ◆ **roulement de tambour** drum roll

d [capitaux] circulation → **fonds**

e (mouvement) [œil] rolling; [hanche] wiggling

2 COMP ▷ **roulement (à billes)** ball bearings ◆ **monté sur roulement à billes** mounted on ball bearings

rouler [ʀule] → SYN ▸ conjug 1 ◂

1 vt **a** (pousser) meuble to wheel (along), roll (along); chariot, brouette to wheel (along), trundle along; boule, tonneau to roll (along) ◆ **rouler un bébé dans sa poussette** to wheel ou push a baby (along) in his pushchair

b (enrouler) tapis, tissu, carte to roll up; cigarette to roll; ficelle, fil de fer to wind up, roll up; viande, parapluie, mèche de cheveux to roll (up) ◆ **rouler qn dans une couverture** to wrap ou roll sb (up) in a blanket ◆ **rouler un pansement autour d'un bras** to wrap ou wind a bandage round an arm ◆ **rouler ses manches jusqu'au coude** to roll up one's sleeves to one's elbows

c (tourner et retourner) to roll ◆ **rouler des boulettes dans de la farine** to roll meatballs in flour ◆ **la mer roulait les galets sur la plage** the sea rolled the pebbles along the beach ◆ (fig) **il roulait mille projets dans sa tête** he was turning thousands of plans over (and over) in his mind ◆ (littér) **le fleuve roulait des flots boueux** the river flowed muddily along

d (passer au rouleau) court de tennis, pelouse to roll; (Culin) pâte to roll out

e (*: duper) to con‡; (sur le prix, le poids) to diddle* (Brit), do* (*sur* over) ◆ **je l'ai bien roulé** I really conned him‡, I really took him for a ride* ◆ **elle m'a roulé de 50 F** she's diddled* (Brit) ou done* me out of 50 francs ◆ **se faire rouler** to be conned‡ ou had* ou done* ou diddled* (Brit) ◆ **il s'est fait rouler dans la farine*** he was had*

f **rouler les** ou **des épaules (en marchant)** to sway one's shoulders (when walking) ◆ **rouler des mécaniques‡** (en marchant) to (walk with a) swagger; (montrer sa force, ses muscles) to show off one's muscles; (intellectuellement) to show off ◆ **rouler les** ou **des hanches** to wiggle one's hips ◆ **rouler les yeux** to roll one's eyes ◆ (fig) **il a roulé sa bosse** he has knocked about the world*, he has certainly been places* ◆ **rouler une pelle** ou **un patin à qn‡** to give sb a French kiss

g (Ling) **rouler les « r »** to roll one's r's

2 vi **a** [voiture, train] to go, run ◆ **le train roulait/roulait à vive allure à travers la campagne** the train was going along/was racing (along) through the countryside ◆ **cette voiture a très peu/beaucoup roulé** this car has a very low/high mileage ◆ **cette voiture a 10 ans et elle roule encore** this car is 10 years old but it's still going ou running ◆ **la voiture roule bien depuis la révision** the car is running ou going well since its service ◆ **les voitures ne roulent pas bien sur le sable** cars don't run well on sand ◆ **le véhicule roulait à gauche** the vehicle was driving (along) on the left ◆ **rouler au pas** (prudence) to go dead slow (Brit), go at a walking pace; (dans un embouteillage) to crawl along ◆ **le train roulait à 150 à l'heure au moment de l'accident** the train was doing 150 ou going at 150 kilometres an hour at the time of the accident

b [passager, conducteur] to drive ◆ **rouler à 80 km à l'heure** to do 80 km ou 50 miles per hour, drive at 80 km ou 50 miles per hour ◆ **on a bien roulé*** we kept up a good speed, we made good time ◆ **ça roule/ça ne roule pas bien** the traffic is/is not flowing well ◆ **nous roulions sur la N7 quand soudain ...** we were driving along the N7 when suddenly ... ◆ **dans son métier, il roule beaucoup** in his job, he does a lot of driving ◆ **il roule en 2CV** he drives a 2CV ◆ **il roule en Rolls** he drives (around in) a Rolls ◆ (†, hum) **rouler carrosse** to live in high style ◆ (fig: être à la solde de) **rouler pour qn*** to work for sb

c [boule, bille, dé] to roll; [presse] to roll, run ◆ **allez, roulez!** let's roll it!*, off we go! ◆ **une larme roula sur sa joue** a tear rolled down his cheek ◆ **une secousse le fit rouler à bas de sa couchette** a jerk sent him rolling down from his couchette, a jerk made him roll off his couchette ◆ **il a roulé en bas de l'escalier** he rolled right down the stairs ◆ **un coup de poing l'envoya rouler dans la poussière** a punch sent him rolling in the dust ◆ (ivre) **il a roulé sous la table** he was legless* ou under the table ◆ **faire rouler** boule to roll; cerceau to roll along → **pierre**

d [bateau] to roll ◆ **ça roulait*** the boat was rolling quite a bit

e (*: bourlinguer) to knock about, drift around ◆ **il a pas mal roulé** he has knocked about ou drifted around quite a bit

f [argent, capitaux] to turn over, circulate

g (faire un bruit sourd) [tambour] to roll; [tonnerre] to roll, rumble, peal

h [conversation] **rouler sur** to turn on, be centred on

i (‡: ça va?) **ça roule?** how's things?*, how's life?

j **rouler sur l'or** to be rolling in money*, have pots of money* ◆ **ils ne roulent pas sur l'or depuis qu'ils sont à la retraite** they're not exactly living in the lap of luxury ou they're not terribly well-off now they've retired

3 **se rouler** vpr **a** to roll (about) ◆ **se rouler de douleur** to roll about in ou with pain ◆ **se rouler par terre/dans l'herbe** to roll on the ground/in the grass ◆ (fig) **se rouler par terre de rire** to fall about* (laughing) (Brit), roll on the ground with laughter (US) ◆ **c'est à se rouler (par terre)*** it's a scream*, it's killing* (Brit) → **pouce**

b (s'enrouler) **se rouler dans une couverture** to roll ou wrap o.s. up in a blanket ◆ **se rouler en boule** to roll o.s. (up) into a ball

c (ne rien faire) **se les rouler*** to twiddle one's thumbs

roulette [ʀulɛt] → SYN nf **a** [meuble] castor ◆ **fauteuil à roulettes** armchair on castors ◆ **ça a marché** ou **été comme sur des roulettes*** [plan] it went like clockwork ou very smoothly; [soirée, interview] it went off very smoothly ou like a dream → **patin**

b (outil) [pâtissière] pastry (cutting) wheel; [relieur] fillet; [couturière] tracing wheel; [vitrier] steel(-wheel) glass cutter ◆ **roulette de dentiste** dentist's drill

c (jeu) roulette; (instrument) roulette wheel ◆ **roulette russe** Russian roulette

rouleur [ʀulœʀ] → SYN nm (Cyclisme) flat racer

roulier [ʀulje] → SYN nm (Hist) cart driver, wagoner; (Naut) roll-on roll-off ship

roulis [ʀuli] → SYN nm (Naut) roll(ing) (NonC) ◆ **il y a beaucoup de roulis** the ship is rolling a lot ◆ **coup de roulis** roll

roulotte [ʀulɔt] → SYN nf caravan (Brit), trailer (US)

roulotté, e [Rulɔte] 1 adj (Couture) ourlet rolled
2 nm (Couture) rolled hem

roulotter [Rulɔte] ▸ conjug 1 ◂ vt (Couture) ourlet to roll; foulard to roll the edges of, roll a hem on

roulure‡ [RulyR] nf (péj) slut (péj), trollop† (péj)

roumain, e [Rumɛ̃, ɛn] 1 adj Rumanian, Romanian
2 nm (Ling) Rumanian, Romanian
3 nm,f ◆ **Roumain(e)** Rumanian, Romanian

Roumanie [Rumani] nf Rumania, Romania

round [Raund] → SYN nm (Boxe) round

roupettes** [Rupɛt] nfpl (testicules) balls**, nuts**

roupie [Rupi] → SYN nf a (monnaie) rupee
b (†*) **c'est de la roupie de sansonnet** it's a load of (old) rubbish ou junk*, it's absolute trash* ◆ **ce n'est pas de la roupie de sansonnet** it's none of your cheap rubbish ou junk*

roupiller* [Rupije] ▸ conjug 1 ◂ vi (dormir) to sleep; (faire un petit somme) to have a snooze* ou a kip‡ (Brit) ou a nap ◆ **j'ai besoin de roupiller** I must get some shut-eye‡ ◆ **je n'arrive pas à roupiller** I can't get any shut-eye‡ ◆ **je vais roupiller** I'll be turning in*, I'm off to hit the hay* ◆ **viens roupiller chez nous** come and kip down (Brit) ou bed down at our place‡ ◆ **secouez-vous, vous roupillez!** pull yourself together – you're half asleep! ou you're dozing!

roupillon* [Rupijɔ̃] nm snooze*, kip‡ (Brit), nap ◆ **piquer** ou **faire un roupillon** to have a snooze* ou a kip‡ (Brit) ou a nap

rouquin, e* [Rukɛ̃, in] → SYN 1 adj personne red-haired; cheveux red, carroty* (péj)
2 nm,f redhead
3 nm (‡: vin rouge) red plonk* (Brit), (cheap) red wine

rouscailler‡ [Ruskaje] ▸ conjug 1 ◂ vi to moan*, bellyache‡

rouspétance* [Ruspetɑ̃s] nf (→ **rouspéter**) moaning* (NonC); grousing* (NonC), grouching* (NonC); grumbling (NonC)

rouspéter* [Ruspete] ▸ conjug 6 ◂ vi (ronchonner) to moan*, grouse*, grouch*; (protester) to moan*, grumble (*après* at)

rouspéteur, -euse* [RuspetœR, øz] → SYN
1 adj grumpy ◆ **c'est un rouspéteur** he's a proper moaner* ou grumbler, he's a grumpy individual
2 nm,f (ronchonneur) moaner*, grouser*, grouch*; (qui proteste) grumbler, moaner*

roussâtre [RusɑtR] → SYN adj reddish, russet

rousse¹ [Rus] → **roux**

rousse² [Rus] nf ◆ (arg Crime) **la rousse** the fuzz (arg)

rousseau, pl **rousseaux** [Ruso] nm red sea bream

rousseauiste [Rusoist] adj Rousseauistic

rousserolle [Rus(ə)Rɔl] nf ◆ **rousserolle verderolle** marsh warbler

roussette [Rusɛt] nf (poisson) dogfish; (chauve-souris) flying fox; (grenouille) common frog

rousseur [RusœR] nf a (couleur: → **roux**) redness; gingery colour; russet colour → **tache**
b (sur le papier) **rousseurs** brownish marks ou stains; (sur la peau) brown blotches, freckles

roussi [Rusi] nm ◆ **odeur de roussi** smell of (something) burning ou scorching ou singeing ◆ **ça sent le roussi!** (lit) there's a smell of (something) burning ou scorching ou singeing; (fig) I can smell trouble

roussin†† [Rusɛ̃] nm horse

roussir [RusiR] → SYN ▸ conjug 2 ◂ 1 vt [fer à repasser] to scorch, singe; [flamme] to singe ◆ **roussir l'herbe** [gelée] to turn the grass brown ou yellow; [chaleur] to scorch the grass
2 vi a [feuilles, forêt] to turn ou go brown ou russet
b (Culin) **faire roussir** to brown

rouste* [Rust] nf hiding*, thrashing* ◆ **prendre une rouste** to get thrashed*

roustons** [Rustɔ̃] nmpl (testicules) balls**, nuts**

routage [Rutaʒ] nm a (distribution) sorting and mailing ◆ **entreprise de routage** mailing firm ou service
b (Naut) plotting a course (*de* for)

routard, e* [RutaR, aRd] → SYN nm,f backpacker

route [Rut] → SYN nf a road ◆ **route nationale / départementale** ≃ trunk (Brit) ou main / secondary road ◆ **route de montagne** mountain road ◆ **prenez la route de Lyon** take the road to Lyons ou the Lyons road ◆ **«route barrée»** "road closed" → **course, grand**
b (moyen de transport) **la route** road ◆ **la route est plus économique que le rail** road is cheaper than rail ◆ **la route est meurtrière** the road is a killer, driving is treacherous ◆ **arriver par la route** to arrive by road ◆ **faire de la route** to do a lot of mileage ◆ **accidents / blessés de la route** road accidents / casualties → **code**
c (chemin à suivre) way; (Naut: direction, cap) course ◆ **je ne l'emmène pas, ce n'est pas (sur) ma route** I'm not taking him because it's not on my way ◆ **perdre / retrouver sa route** to lose / find one's way
d (ligne de communication) route ◆ **route aérienne / maritime** air / sea route ◆ **la route du sel / de l'opium / des épices** the salt / opium / spice route ou trail ◆ **la route de la soie** the silk road ◆ **la route des vins** the wine trail ◆ **la route des Indes** the route ou road to India ◆ (Littérat) **"La Route des Indes"** "A Passage to India" ◆ **indiquer / montrer la route à qn** to point out / show the way to sb ◆ **ils ont fait toute la route à pied / à bicyclette** they did the whole journey on foot / by bicycle, they walked / cycled the whole way ◆ **la route sera longue** (gén) it'll be a long journey; (en voiture) it'll be a long drive ou ride ◆ **il y a 3 heures de route** (en voiture) it's a 3-hour drive ou ride ou journey; (à bicyclette) it's a 3-hour (cycle-)ride ou journey → **barrer, compagnon** etc
e (fig: ligne de conduite, voie) path, road, way ◆ **la route à suivre** the path ou road to follow ◆ **la route du bonheur** the road ou path ou way to happinesss ◆ **nos routes se sont croisées** our paths crossed ◆ **votre route est toute tracée** your path is set out for you ◆ **la route s'ouvre devant lui** the road ou way opens (up) before him ◆ **être sur la bonne route** (dans la vie) to be on the right road ou path; (dans un problème) to be on the right track ◆ **remettre qn sur la bonne route** to put sb back on the right road ou path, put sb back on the right track ◆ **c'est lui qui a ouvert la route** he's the one who opened (up) the road ou way
f LOC **faire route vers** (gén) to head towards ou for; [bateau] to steer a course for, head for ◆ **en route pour, faisant route vers** bound for, heading for, on its way to ◆ **faire route avec qn** to travel with sb ◆ **prendre la route, se mettre en route** to start out, set off ou out, get under way ◆ **en route** on the way ou journey, en route ◆ **en route!** let's go!, let's be off ◆ (lit, fig) **en cours de route** along the way ◆ **prendre la route** to set off ◆ **reprendre la route, se remettre en route** to resume one's journey, start out again, set off ou out again ◆ **bonne route!** have a good journey! ou trip! ◆ (hum) **en route, mauvaise troupe!** off we go! ◆ **mettre en route** machine, moteur to start (up); affaire to set in motion, get under way; projet to set up ◆ **mise en route** starting up, setting in motion, setting up ◆ **avoir plusieurs projets en route** to have several projects on the go ◆ **carnet** ou **journal de route** travel diary ou journal ◆ **tenir la route** [voiture] to hold the road; (*) [matériel] to be well-made ou serviceable; (*) [plan] to hold together ◆ **tracer la route** to push ahead → **faux², tenu**

router [Rute] ▸ conjug 1 ◂ vt a journaux to pack and mail
b (Naut) to plot a course for

routier, -ière [Rutje, jɛR] → SYN 1 adj circulation, carte, réseau, transport road (épith) → **gare¹**
2 nm (camionneur) long-distance lorry (Brit) ou truck (US) driver; (restaurant) ≃ transport café (Brit), roadside café; (cycliste) road racer ou rider; (Naut: carte) route chart; (†: scout) rover → **vieux**
3 **routière** nf (Aut) tourer (Brit), touring car ◆ **grande routière** high-performance tourer (Brit) ou touring car

routine [Rutin] → SYN nf a (habitude) routine ◆ **par routine** as a matter of routine ◆ **opération / visite de routine** routine operation / visit
b (Ordin) routine

routinier, -ière [Rutinje, jɛR] → SYN adj procédé, travail, vie humdrum, routine; personne routine-minded, addicted to routine (attrib) ◆ **il a l'esprit routinier** he's completely tied to (his) routine ◆ **c'est un travail un peu routinier** the work is a bit routine ou humdrum ◆ **c'est un routinier** he's a creature of habit

rouverain, rouverin [Ruv(ə)Rɛ̃] adj m ◆ **fer rouverain** short iron

rouvraie [RuvRɛ] nf durmast ou sissile oak grove

rouvre [RuvR] adj, nm ◆ **(chêne) rouvre** durmast ou sessile oak

rouvrir vti, **se rouvrir** vpr [RuvRiR] ▸ conjug 18 ◂ to reopen, open again ◆ **la porte se rouvrit** the door opened again ◆ **rouvrir le débat** to reopen the debate

roux, rousse [Ru, Rus] → SYN 1 adj cheveux red, auburn; (orangé) ginger; barbe red; (orangé) ginger; pelage, robe, feuilles russet, reddish-brown ◆ **il aime les rousses** he likes redheads → **beurre, blond, lune** etc
2 nm a (couleur) (→ 1) red; auburn; ginger; russet, reddish-brown
b (Culin) roux

royal, e¹, mpl **-aux** [Rwajal, o] → SYN adj a couronne, palais, appartement royal; pouvoir, autorité royal, regal; prérogative, décret, charte royal ◆ **la famille royale** the Royal Family ou royal family
b maintien, magnificence kingly, regal; repas, demeure, cadeau fit for a king (attrib); salaire princely → **aigle, tigre**
c (intensif) indifférence, mépris majestic, lofty, regal ◆ **il m'a fichu une paix royale*** he left me in perfect peace
d (Culin) **lièvre à la royale** hare royale
e (Naut) **la Royale*** the French Navy

royale² [Rwajal] nf (barbe) imperial

royalement [Rwajalmɑ̃] → SYN adv vivre in (a) royal fashion; recevoir, traiter royally, in (a) regal ou royal fashion ◆ **il se moque royalement de sa situation*** he couldn't care less* ou he doesn't care two hoots* about his position ◆ (iro) **il m'a royalement offert 3 F d'augmentation*** he offered me a princely 3 franc rise (iro)

royalisme [Rwajalism] nm royalism

royaliste [Rwajalist] → SYN 1 adj royalist ◆ **être plus royaliste que le roi** to out-Herod Herod *(in the defence of sb or in following a doctrine etc)*
2 nmf royalist

royalties [Rwajalti] nfpl royalties *(on patent, on the use of oilfields or pipeline)*

royaume [Rwajom] → SYN nm (lit) kingdom, realm; (fig: domaine) realm, (private) world ◆ **le vieux grenier était son royaume** the old attic was his (private) world ou his realm ◆ (Rel) **le royaume céleste** ou **des cieux** ou **de Dieu** the kingdom of heaven ou God ◆ **le royaume des morts** the kingdom of the dead ◆ **le royaume des ombres** the land of the shades, the valley of the shadows ◆ (Prov) **au royaume des aveugles les borgnes sont rois** in the kingdom of the blind the one-eyed man is king (Prov)

Royaume-Uni [Rwajomyni] nm ◆ **le Royaume-Uni (de Grande-Bretagne et d'Irlande du Nord)** the United Kingdom (of Great Britain and Northern Ireland)

royauté [Rwajote] → SYN nf (régime) monarchy; (fonction, dignité) kingship

RP 1 nm (abrév de **Révérend Père**) → **révérend**
2 nf (abrév de **recette principale**) → **recette**
3 nfpl (abrév de **relations publiques**) PR

RPR [ɛRpeɛR] nm (abrév de **Rassemblement pour la République**) *French political party*

RSS* [ɛRɛsɛs] (abrév de **République socialiste soviétique**) S.S.R.*

RSVP [ɛʀɛsvepe] (abrév de **répondez s'il vous plaît**) R.S.V.P.

Rte abrév de **route**

RU [ʀy] nm (abrév de **restaurant universitaire**) → **restaurant**

ru† [ʀy] nm brook, rivulet (littér)

ruade [ʀɥad] [→ SYN] nf kick *(of a horse's hind legs)* ◆ **tué par une ruade** killed by a kick from a horse ◆ **le cheval lui a cassé la jambe d'une ruade** the horse kicked ou lashed out at him and broke his leg ◆ **décocher** ou **lancer une ruade** to lash ou kick out

Ruanda [ʀwɑ̃da] nm Rwanda ◆ (Hist) **Ruanda-Urundi** Ruanda-Urundi

ruandais, e [ʀwɑ̃dɛ, ɛz] [1] adj Rwandan
[2] nm,f ◆ **Ruandais(e)** Rwandan

ruban [ʀybɑ̃] [→ SYN] [1] nm (gén, fig) ribbon; [machine à écrire] ribbon; [téléscripteur, magnétophone] tape; [ourlet, couture] binding, tape ◆ **le ruban (de la Légion d'honneur)** the ribbon of the Légion d'Honneur ◆ (fig) **le ruban argenté du Rhône** the silver ribbon of the Rhone ◆ **le double ruban de l'autoroute** the two ou twin lines of the motorway → **mètre, scie**
[2] COMP ▷ **ruban d'acier** steel band ou strip ▷ **ruban adhésif** adhesive tape, sticky tape ▷ **le ruban bleu** (Naut) the Blue Riband ou Ribbon *(of the Atlantic)* ▷ **ruban de chapeau** hat band ▷ **ruban d'eau** (Bot) bur reed ▷ **ruban encreur** typewriter ribbon ▷ **ruban isolant** insulating tape ▷ **ruban perforé** (Ordin) paper tape

rubanerie [ʀybanʀi] nf (fabrication) ribbon manufacturing

rubanier, -ière [ʀybanje, jɛʀ] [1] adj industrie ribbon (épith)
[2] nm,f (fabricant) ribbon manufacturer
[3] nm (Bot) bur reed

rubato [ʀybato] adv, nm rubato

rubéfaction [ʀybefaksjɔ̃] nf rubefaction

rubéfiant, e [ʀybefjɑ̃, jɑ̃t] adj, nm rubefacient

rubellite [ʀybelit] nf rubellite

rubéole [ʀybeɔl] nf German measles (sg), rubella (spéc)

rubescent, e [ʀybesɑ̃, ɑ̃t] adj rubescent

rubican [ʀybikɑ̃] adj m roan

Rubicon [ʀybikɔ̃] nm Rubicon → **franchir**

rubicond, e [ʀybikɔ̃, ɔ̃d] [→ SYN] adj rubicund, ruddy

rubidium [ʀybidjɔm] nm rubidium

rubigineux, -euse [ʀybiʒinø, øz] adj rubiginous

rubis [ʀybi] [1] nm (pierre) ruby; (couleur) ruby (colour); [horloge, montre] jewel → **payer**
[2] adj inv ruby(-coloured)

rubrique [ʀybʀik] [→ SYN] nf **a** (article, chronique) column ◆ **rubrique sportive / littéraire / des spectacles** sports / literary / entertainments column
b (titre, catégorie) heading, rubric ◆ **sous cette même rubrique** under the same heading ou rubric
c (Rel) rubric

ruche [ʀyʃ] nf **a** (en bois) (bee)hive; (essaim) hive; (en paille) (bee) hive, skep (spéc) ◆ (fig) **l'école se transforme en ruche dès 8 heures** the school turns into a (regular) hive of activity at 8 o'clock
b (Couture) ruche

ruché [ʀyʃe] nm (Couture) ruching (NonC), ruche

ruchée [ʀyʃe] nf (population) hive

rucher¹ [ʀyʃe] nm (ruches) apiary

rucher² [ʀyʃe] ▸conjug 1◂ vt (Couture) (plisser) to fold into a ruche; (garnir) to adorn with a ruche

rudbeckia [ʀydbekja] nm rudbeckia

rude [ʀyd] [→ SYN] adj **a** (au toucher) surface, barbe, peau rough; (à l'ouïe) voix, sons harsh
b (pénible) métier, vie, combat hard, tough; adversaire tough; montée stiff, tough, hard; climat, hiver harsh, hard, severe ◆ **être mis à rude épreuve** [personne] to be severely tested, be put through the mill; [tissu, métal] to receive ou have rough treatment ◆ **mes nerfs ont été mis à rude épreuve** it was a great strain on my nerves ◆ **il a été à rude école dans sa jeunesse** he learned life the hard way when he was young ◆ **en faire voir de rudes à qn** to give sb a hard ou tough time ◆ **en voir de rudes** to have a hard ou tough time (of it)
c (fruste) manières unpolished, crude, unrefined; traits rugged; montagnards rugged, tough
d (sévère, bourru) personne, caractère harsh, hard, severe; manières rough
e (intensif: fameux) **un rude gaillard** a hearty fellow ◆ **avoir un rude appétit / estomac** to have a hearty appetite / an iron stomach ◆ **il a une rude veine** he's a lucky beggar* (Brit) ou son-of-a-gun* (US) ◆ **ça m'a fait une rude peur** it gave me a dreadful ou real fright ◆ **recevoir un rude coup de poing** to get a real ou proper* (Brit) thump

rudement [ʀydmɑ̃] [→ SYN] adv **a** heurter, tomber, frapper hard; répondre harshly; traiter roughly, harshly
b (*: très, beaucoup) content, bon terribly*, awfully*, jolly* (Brit); fatigant, mauvais, cher dreadfully, terribly, awfully ◆ **travailler rudement** to work terribly ou awfully ou jolly (Brit) hard ◆ **elle danse rudement bien** she dances terribly ou awfully ou jolly (Brit) well, she's quite a dancer ◆ **ça me change rudement de faire ça** it's a real change ou quite a change for me to do that ◆ **elle avait rudement changé** she had really changed, she hadn't half changed* (Brit) ◆ **il est rudement plus généreux que toi** he's a great deal ou darned sight* more generous than you ◆ **j'ai eu rudement peur** I had quite a scare, I had a dreadful ou an awful scare ou fright

rudéral, e, mpl **-aux** [ʀydeʀal, o] adj ruderal

rudesse [ʀydɛs] [→ SYN] nf (→ **rude**) roughness; harshness; hardness; toughness; severity; crudeness; ruggedness ◆ **traiter qn avec rudesse** to treat sb roughly ou harshly

rudiment [ʀydimɑ̃] [→ SYN] nm **a** **rudiments** [discipline] rudiments; [théorie, système] principles ◆ **rudiments d'algèbre** principles ou rudiments of algebra ◆ **avoir quelques rudiments de chimie** to have some basic ou rudimentary notions ou some basic knowledge of chemistry, have a rudimentary knowledge of chemistry ◆ **avoir quelques rudiments d'anglais** to have a smattering of English ou some basic knowledge of English ◆ **nous n'en sommes qu'aux rudiments** we're still on the basics ◆ **on en est encore aux rudiments** we're still at a rudimentary stage
b (Anat, Zool) rudiment

rudimentaire [ʀydimɑ̃tɛʀ] [→ SYN] adj rudimentary

rudoiement [ʀydwamɑ̃] nm rough ou harsh treatment

rudoyer [ʀydwaje] [→ SYN] ▸conjug 8◂ vt to treat harshly

rue¹ [ʀy] [→ SYN] nf (voie, habitants) street ◆ (péj: populace) **la rue** the mob ◆ **rue à sens unique** one-way street ◆ **rue piétonnière** ou **piétonne** pedestrianized street ◆ **scènes de la rue** street scenes ◆ **élevé dans la rue** brought up in the street(s) ◆ **être à la rue** to be on the streets ◆ **jeter qn à la rue** to put sb out ou throw sb out (into the street) → **chaussée, coin, combat** etc

rue² [ʀy] nf (plante) rue

ruée [ʀɥe] [→ SYN] nf rush; (péj) stampede ◆ **à l'ouverture, ce fut la ruée vers l'entrée du magasin** when the shop opened, there was a (great) rush ou a stampede for the entrance, as soon as the doors opened there was a stampede ou a mad scramble to get into the shop ◆ (fig) **dès que quelqu'un prend sa retraite ou démissionne, c'est la ruée** the moment someone retires or resigns there's a scramble for the position ◆ **dans la ruée, il fut renversé** he was knocked over in the rush ou stampede ◆ **la ruée vers l'or** the gold rush

ruelle [ʀɥɛl] [→ SYN] nf (rue) alley(way); (††) [chambre] ruelle††, space (between bed and wall); (Hist, Littérat) ruelle *(room used in 17th century to hold literary salons)*

ruer [ʀɥe] [→ SYN] ▸conjug 1◂ [1] vi [cheval] to kick (out) ◆ **prenez garde, il rue** watch out – he kicks ◆ (fig) **ruer dans les brancards** to rebel, become rebellious, protest, lash out
[2] **se ruer** vpr ◆ **se ruer sur** personne, article en vente, nourriture to pounce on; emplois vacants to fling o.s. at, pounce at ◆ **se ruer vers** sortie, porte to dash ou rush for ou towards ◆ **se ruer dans / hors de** pièce, maison to dash ou rush ou tear into / out of ◆ **se ruer dans l'escalier** (monter) to tear ou dash up the stairs; (descendre) to tear down the stairs, hurl o.s. down the stairs ◆ **se ruer à l'assaut** to hurl ou fling o.s. into the attack

ruf(f)ian†† [ʀyfjɑ̃] nm ruffian

ruflette ® [ʀyflɛt] nf curtain ou heading tape

rugby [ʀygbi] [→ SYN] nm Rugby (football), rugger* ◆ **rugby à quinze** Rugby Union ◆ **rugby à treize** Rugby League

rugbyman [ʀygbiman], pl **rugbymen** [ʀygbimɛn] nm rugby player

rugine [ʀyʒin] nf raspatory

rugir [ʀyʒiʀ] [→ SYN] ▸conjug 2◂ [1] vi [fauve, mer, moteur] to roar; [vent, tempête] to howl, roar ◆ [personne] **rugir de douleur** to howl ou roar with pain ◆ **rugir de colère** to bellow ou roar with anger
[2] vt ordres, menaces to roar ou bellow out

rugissant, e [ʀyʒisɑ̃, ɑ̃t] adj (→ **rugir**) roaring; howling ◆ (Naut) **les quarantièmes rugissants** the Roaring Forties

rugissement [ʀyʒismɑ̃] [→ SYN] nm (→ **rugir**) roar; roaring (NonC); howl; howling (NonC) ◆ **rugissement de douleur** howl ou roar of pain ◆ **rugissement de colère** roar of anger

rugosité [ʀygozite] [→ SYN] nf **a** (caractère: → **rugueux**) roughness; coarseness; ruggedness, bumpiness
b (aspérité) rough patch, bump

rugueux, -euse [ʀygø, øz] [→ SYN] adj (gén) rough; peau, tissu rough, coarse; sol rugged, rough, bumpy

Ruhr [ʀuʀ] nf ◆ **la Ruhr** the Ruhr

ruiler [ʀɥile] ▸conjug 1◂ vt to fix with plaster

ruine [ʀɥin] [→ SYN] nf **a** (lit, fig: décombres, destruction) ruin ◆ **ruines romaines** Roman ruins ◆ **acheter une ruine à la campagne** to buy a ruin in the country ◆ (péj) **ruine (humaine)** (human) wreck ◆ **en ruine** in ruin(s), ruined (épith) ◆ **causer la ruine de** monarchie to bring about the ruin ou downfall of; réputation, carrière, santé to ruin, bring about the ruin of; banquier, firme to ruin, bring ruin upon ◆ **c'est la ruine de tous mes espoirs** that puts paid to (Brit) ou that means the ruin of all my hopes ◆ **courir** ou **aller à sa ruine** to be on the road to ruin, be heading for ruin ◆ **menacer ruine** to be threatening to collapse ◆ **tomber en ruine** to fall in ruins ◆ **50 F, ce n'est pas la ruine !*** 50 francs won't break the bank!*
b (acquisition coûteuse) **cette voiture est une vraie ruine** that car will ruin me

ruiner [ʀɥine] [→ SYN] ▸conjug 1◂ [1] vt **a** personne, pays to ruin, cause the ruin of ◆ **ça ne va pas te ruiner !*** it won't break* ou ruin you!
b réputation to ruin, wreck; espoirs to shatter, dash, ruin; santé to ruin
[2] **se ruiner** vpr (dépenser tout son argent) to ruin ou bankrupt o.s.; (fig: dépenser trop) to spend a fortune ◆ **se ruiner en fleurs** etc to spend a fortune on flowers etc

ruineux, -euse [ʀɥinø, øz] [→ SYN] adj goût extravagant, ruinously expensive; dépense ruinous; acquisition, voiture (prix élevé) ruinous, ruinously expensive; (entretien coûteux) expensive to run (ou keep etc) ◆ **ce n'est pas ruineux !** it won't break* ou ruin us!, it doesn't cost a fortune!

ruiniforme [ʀɥinifɔʀm] adj ruiniform

ruiniste [ʀɥinist] nmf painter of ruins

ruinure [ʀɥinyʀ] nf [solive, poteau] groove

ruisseau, pl **ruisseaux** [ʀɥiso] [→ SYN] nm **a** (cours d'eau) stream, brook ◆ (fig) **des ruisseaux de** larmes floods of; lave, sang streams of → **petit**
b (caniveau) gutter ◆ (fig) **élevé dans le ruisseau** brought up ou dragged up* in the

gutter ◆ (fig) **tirer qn du ruisseau** to pull ou drag sb out of the gutter

ruisselant, e [ʀɥis(ə)lɑ̃, ɑ̃t] → SYN adj mur streaming, running with water; visage streaming; personne dripping wet, streaming

ruisseler [ʀɥis(ə)le] → SYN ▸ conjug 4 ◂ vi a (couler) [lumière] to stream; [cheveux] to flow, stream (*sur* over); [liquide, pluie] to stream, flow (*sur* down)
b (être couvert d'eau) **ruisseler (d'eau)** [mur] to run with water, stream (with water); [visage] to stream (with water) ◆ **ruisseler de lumière / larmes** to stream with light / tears ◆ **ruisseler de sueur** to drip ou stream with sweat ◆ **le visage ruisselant de larmes** his face streaming with tears, with tears streaming down his face

ruisselet [ʀɥis(ə)lɛ] nm rivulet, brooklet

ruissellement [ʀɥisɛlmɑ̃] → SYN 1 nm ◆ **le ruissellement de la pluie / de l'eau sur le mur** the rain / water streaming ou running ou flowing down the wall ◆ **le ruissellement de sa chevelure sur ses épaules** her hair flowing ou streaming over her shoulders ◆ **un ruissellement de pierreries** a glistening ou glittering cascade of jewels ◆ **ébloui par ce ruissellement de lumière** dazzled by this stream of light
2 COMP ▷ **ruissellement pluvial** (Géol) run-off

rumb [ʀɔ̃b] nm ⇒ **rhumb**

rumba [ʀumba] nf rumba

rumen [ʀymɛn] nm rumen

rumeur [ʀymœʀ] → SYN nf a (nouvelle imprécise) rumour ◆ **selon certaines rumeurs, elle ...** rumour has it that she ..., it is rumoured that she ... ◆ **si l'on en croit la rumeur publique, il ...** if you believe what is publicly rumoured, he ... ◆ **faire courir de fausses rumeurs** to spread rumours
b (son) [vagues, vent] murmur(ing) (NonC); [ville, rue, circulation] hum (NonC), rumbling; [émeute] hubbub (NonC), rumbling; [bureau, conversation] buzz (NonC), rumbling, hubbub (NonC)
c (protestation) rumblings ◆ **rumeur de mécontentement** rumblings of discontent ◆ **une rumeur s'éleva** ou **des rumeurs s'élevèrent de la foule** rumblings rose up from the crowd

ruminant, e [ʀyminɑ̃, ɑ̃t] → SYN adj, nm (Zool) ruminant

rumination [ʀyminasjɔ̃] nf (Zool) rumination

ruminer [ʀymine] → SYN ▸ conjug 1 ◂ 1 vt (Zool) to ruminate; (fig) projet to ruminate on ou over, chew over; chagrin to brood over; vengeance to ponder, meditate ◆ **toujours dans son coin, à ruminer (ses pensées)** always in his corner chewing the cud (fig) ou chewing things over ou pondering (things)
2 vi (Zool) to ruminate, chew the cud

rumsteck [ʀɔmstɛk] ⇒ **romsteck**

runabout [ʀœnabaut] nm runabout

rune [ʀyn] nf (Ling) rune

runique [ʀynik] adj runic

ruolz [ʀɥɔls] nm ≃ silver plating

rupestre [ʀypɛstʀ] → SYN adj (Bot) rupestrine (spéc), rock (épith); (Art) rupestrian (spéc), rupestral (spéc), rock (épith)

rupicole [ʀypikɔl] nm (Zool) cock of the rock

rupin, e⁑ [ʀypɛ̃, in] → SYN adj appartement, quartier ritzy⁑, plush(y)*; personne stinking ou filthy rich⁑ ◆ **c'est un rupin** he's got money to burn*, he's stinking ou filthy rich⁑, he's rolling in it* ◆ **les rupins** the stinking ou filthy rich⁑

rupteur [ʀyptœʀ] nm (contact) breaker

rupture [ʀyptyʀ] → SYN 1 nf a (annulation: action) [relations diplomatiques] breaking off, severing, rupture; [fiançailles, pourparlers] breaking off ◆ **la rupture du traité / contrat par ce pays** this country's breaking the treaty / contract, the breach of the treaty / contract by this country ◆ **après la rupture des négociations** after negotiations broke down ou were broken off
b (annulation: résultat) [contrat, traité] breach (*de* of); [relations diplomatiques] severance, rupture (*de* of); [pourparlers] breakdown (*de* of, in) ◆ **la rupture de leurs fiançailles l'a tué** their broken engagement killed him
c (séparation amoureuse) break-up, split ◆ **sa rupture (d') avec Louise** his split ou break-up with Louise ◆ **rupture passagère** temporary break-up ◆ (fig) **être en rupture avec le monde / les idées de son temps** to be at odds with the world / the ideas of one's time
d (cassure, déchirure) [câble] breaking, parting; [poutre, branche, corde] breaking; [digue] bursting, breach(ing); [veine] bursting, rupture; [organe] rupture; [tendon] rupture, tearing ◆ **limite de rupture** breaking point
e (solution de continuité) break ◆ **rupture entre le passé et le présent** break between the past and the present ◆ **rupture de rythme** (sudden) break in (the) rhythm ◆ **rupture de ton** abrupt change in ou of tone
f (Ordin) **rupture de séquence** jump
2 COMP ▷ **rupture d'anévrisme** aneurysmal rupture ▷ **rupture de ban** *illegal return from banishment* ◆ **en rupture de ban** (Jur) *illegally returning from banishment*; (fig) in defiance of the accepted code of conduct ◆ **en rupture de ban avec la société** at odds with society ▷ **rupture de circuit** (Élec) break in the circuit ▷ **rupture de contrat** breach of contract ▷ **rupture de direction** steering failure ▷ **rupture d'équilibre** (lit) loss of balance ◆ (fig) **une rupture d'équilibre est à craindre entre ces nations** an upset in the balance of power is to be feared among these states ▷ **rupture d'essieu** broken axle ▷ **rupture de pente** change of incline ou gradient ▷ **être en rupture de stock** to be out of stock

rural, e, mpl **-aux** [ʀyʀal, o] → SYN 1 adj (gén) country (épith), rural; (Admin) rural
2 nm,f country person, rustic ◆ **les ruraux** country people, countryfolk → **exode**

ruse [ʀyz] → SYN nf a (NonC) (habileté) (pour gagner, obtenir un avantage) cunning, craftiness, slyness; (pour tromper) trickery, guile ◆ **obtenir qch par ruse** to obtain sth by ou through trickery ou by guile
b (subterfuge) trick, ruse ◆ (lit, fig, hum) **ruse de guerre** stratagem, tactics ◆ **avec des ruses de Sioux** with crafty tactics ◆ **usant de ruses féminines** using her womanly wiles

rusé, e [ʀyze] → SYN (ptp de **ruser**) adj personne cunning, crafty, sly, wily; air sly, wily ◆ **rusé comme un (vieux) renard** as sly ou cunning as a fox ◆ **c'est un rusé** he's a crafty ou sly one

ruser [ʀyze] → SYN ▸ conjug 1 ◂ vi (→ **ruse**) to use cunning; to use trickery ◆ **ne ruse pas avec moi!** don't try and be clever ou smart* with me!

rush [ʀœʃ] → SYN nm (afflux, Ciné) rush

russe [ʀys] 1 adj Russian ◆ **œuf dur à la russe** œuf dur à la Russe ◆ **boire à la russe** to drink (and cast one's glass aside) in the Russian style → **montagne, roulette**
2 nm (Ling) Russian
3 nmf ◆ **Russe** Russian ◆ **Russe blanc(he)** White Russian

Russie [ʀysi] nf Russia ◆ **la Russie blanche** White Russia ◆ **la Russie soviétique** Soviet Russia

russification [ʀysifikasjɔ̃] nf russianization, russification

russifier [ʀysifje] ▸ conjug 7 ◂ vt to russianize, russify

russophile [ʀysɔfil] adj, nmf Russophil(e)

russophobe [ʀysɔfɔb] adj, nmf Russophobe

russule [ʀysyl] nf rusulla ◆ **russule émétique** sickener

rustaud, e [ʀysto, od] → SYN 1 adj countrified, rustic
2 nm,f country bumpkin, yokel, hillbilly (US)

rusticage [ʀystikaʒ] nm (opération) rustication

rusticité [ʀystisite] → SYN nf a [manières, personne] rustic simplicity, rusticity (littér)
b (Agr) hardiness

rustine ® [ʀystin] nf rubber repair patch *(for bicycle tyre)*

rustique [ʀystik] → SYN 1 adj a mobilier rustic; maçonnerie rustic, rusticated ◆ **bois rustique** rustic wood
b (littér) maison rustic (épith); vie, manières rustic, country (épith)
c (Agr) hardy
2 nm (style) rustic style ◆ **meubler une maison en rustique** to furnish a house in the rustic style ou with rustic furniture

rustiquer [ʀystike] ▸ conjug 1 ◂ vt to rusticate

rustre [ʀystʀ] → SYN 1 nm a (péj: brute) lout, boor
b (†: paysan) peasant
2 adj brutish, boorish

rut [ʀyt] → SYN nm (état) [mâle] rut; [femelle] heat; (période) rutting (period), heat period ◆ **être en rut** to be rutting, be in ou on heat

rutabaga [ʀytabaga] nm swede, rutabaga (US)

Ruth [ʀyt] nf Ruth

ruthénium [ʀytenjɔm] nm ruthenium

rutilance [ʀytilɑ̃s] → SYN nf gleam, shine

rutilant, e [ʀytilɑ̃, ɑ̃t] → SYN adj (brillant) brightly shining, gleaming; (rouge ardent) rutilant ◆ **vêtu d'un uniforme rutilant** very spick and span ou very spruce in his (ou her) uniform

rutile [ʀytil] nm rutile

rutilement [ʀytilmɑ̃] nm gleam

rutiler [ʀytile] → SYN ▸ conjug 1 ◂ vi to gleam, shine brightly

rutoside [ʀytozid] nm rutin

rv abrév de **rendez-vous**

Rwanda [ʀwɑda] ⇒ **Ruanda**

rye [ʀaj] nm rye

rythme [ʀitm] → SYN nm a (Art, Littérat, Mus) rhythm ◆ **marquer le rythme** to beat time ◆ (Mus) **au rythme de** to the beat ou rhythm of ◆ **avoir le sens du rythme** to have a sense of rhythm ◆ (Théât) **pièce qui manque de rythme** play which lacks tempo, slow-moving play
b (cadence) [respiration, cœur, saisons] rhythm ◆ **interrompant le rythme de sa respiration** interrupting the rhythm of his breathing
c (vitesse) [respiration] rate; [battements du cœur] rate, speed; [vie, travail] tempo, pace; [production] rate ◆ **rythme cardiaque** (rate of) heartbeat ◆ **rythme biologique** biological rhythm ◆ **à ce rythme-là, il ne va plus en rester** at that rate there won't be any left ◆ **il n'arrive pas à suivre le rythme** he can't keep up (the pace) ◆ **produire des voitures au rythme de 1 000 par jour** to produce cars at the rate of 1,000 a ou per day

rythmé, e [ʀitme] → SYN (ptp de **rythmer**) adj rhythmic(al) ◆ **bien rythmé** highly rhythmic(al)

rythmer [ʀitme] → SYN ▸ conjug 1 ◂ vt (cadencer) prose, phrase, travail to give rhythm to, give a certain rhythm to, punctuate ◆ **leur marche rythmée par des chansons** their march, given rhythm by their songs ◆ **les saisons rythmaient leur vie** the seasons gave (a certain) rhythm to their life ou punctuated their life

rythmicité [ʀitmisite] nf rhythmicity

rythmique [ʀitmik] → SYN 1 adj rhythmic(al) → **section**
2 nf (Littérat) rhythmics (sg) ◆ **la (danse) rythmique** rhythmics (sg)

S

S[1], s[1] [ɛs] nm **a** (lettre) S, s
b (figure) zigzag; (virages) double bend, S bend, Z bend ◆ **faire des s** to zigzag ◆ **en s** route zigzagging (épith), winding; barre S-shaped

S[2] (abrév de **Sud**) S

s' [s] → **se, si[1]**

s/ abrév de **sur**

s[2] (abrév de **seconde**) s

SA [ɛsa] nf (abrév de **société anonyme**) (gén) limited company; (ouverte au public) public limited company ◆ **Raymond SA** Raymond Ltd (Brit), Raymond Inc. (US); (ouverte au public) Raymond plc

sa [sa] adj poss → **son[1]**

Saba [saba] nf Sheba ◆ **la reine de Saba** the Queen of Sheba

sabayon [sabajɔ̃] nm zabaglione

sabbat [saba] → SYN nm **a** (Rel) Sabbath
b (*: bruit) racket, row*
c [sorcières] (witches') sabbath

sabbathien, -ienne [sabatjɛ̃, jɛn] nm,f sabbatian

sabbatique [sabatik] adj (Rel, Univ) sabbatical ◆ **prendre un congé sabbatique d'un an** to take a year's sabbatical ou a year-long sabbatical

sabéen[1], -enne[1] [sabeɛ̃, ɛn] adj, nm,f (Rel) Sabaist

sabéen[2], -enne[2] [sabeɛ̃, ɛn] adj, nm,f (Hist) Sab(a)ean

sabéisme [sabeism] nm Sabeanism, Sabianism

sabelle [sabɛl] nf sabella

sabellianisme [sabeljanism] nm Sabellinism

sabin, e[1] [sabɛ̃, in] **1** adj Sabine
2 nm,f ◆ **Sabin(e)** Sabine → **enlèvement**

sabine[2] [sabin] nf (Bot) savin(e)

sabir [sabiʀ] → SYN nm (parlé dans le Levant) sabir; (Ling) ≃ pidgin; (péj: jargon) jargon ◆ **un curieux sabir fait de français et d'arabe** a strange mixture of French and Arabic

sablage [sɑblaʒ] nm [allée] sanding; [façade] sandblasting

sable[1] [sɑbl] → SYN **1** nm sand ◆ **de sable** dune, vent sand (épith); fond, plage sandy ◆ **sables mouvants** quicksand(s) ◆ **mer de sable** sea of sand ◆ **tempête de sable** sandstorm ◆ (fig) **être sur le sable*** to be down-and-out → **bac[2], bâtir, grain, marchand**
2 adj inv sandy, sand-coloured

sable[2] [sɑbl] nm (Hér) sable

sablé, e [sɑble] (ptp de **sabler**) **1** adj **a** gâteau made with shortbread dough → **pâte**
b route sandy, sanded
2 nm shortbread biscuit (Brit) ou cookie (US), piece of shortbread

sabler [sɑble] → SYN ▸ conjug 1 ◂ vt **a** route to sand; façade to sandblast
b **sabler le champagne** (lit) to drink ou have champagne; (fig: fêter quelque chose) to celebrate

sableur [sɑblœʀ] nm (de fonderie) sand moulder; (sur sableuse) sandblaster operator

sableux, -euse [sɑblø, øz] → SYN **1** adj sandy
2 **sableuse** nf (machine) sandblaster

sablier [sɑblije] nm (gén) hourglass, sandglass; (Culin) egg timer

sablière [sɑblijɛʀ] → SYN nf (carrière) sand quarry; (Constr) string-piece; (Rail) sand-box

sablon [sɑblɔ̃] nm fine sand

sablonner [sɑblɔne] ▸ conjug 1 ◂ vt (couvrir de sable) to cover with sand

sablonneux, -euse [sɑblɔnø, øz] → SYN adj sandy

sablonnière [sɑblɔnjɛʀ] nf sand quarry

sabord [sabɔʀ] → SYN nm scuttle (Naut) ◆ (hum) **mille sabords!*** blistering barnacles!* (hum)

sabordage [sabɔʀdaʒ], **sabordement** [sabɔʀdəmɑ̃] → SYN nm (Naut) scuppering, scuttling; (fig) [entreprise] winding up, shutting down

saborder [sabɔʀde] → SYN ▸ conjug 1 ◂ **1** vt (Naut) to scupper, scuttle; (fig) entreprise to wind up, shut down; négociations, projet to put paid to, scupper
2 **se saborder** vpr (Naut) to scupper ou scuttle one's ship; [patron] to wind up, shut down; [candidat] to write o.s. off, scupper o.s.

sabot [sabo] → SYN nm **a** (chaussure) clog ◆ (fig) **je le vois venir avec ses gros sabots** I can see just what he's after, I can see him coming a mile off (fig) → **baignoire**
b (Zool) hoof ◆ **le cheval lui donna un coup de sabot** the horse kicked out at him
c (* péj) (bateau) old tub*, old wreck*; (voiture) old heap*, old crock*; (machine, piano) useless heap (of rubbish)*; (personne) clumsy idiot ou oaf ◆ **il travaille comme un sabot** he's a shoddy worker, he's a real botcher ◆ **il joue comme un sabot** he's a hopeless ou pathetic* player
d (toupie) (whipping) top
e (Tech) [pied de table, poteau] ferrule ◆ **sabot de frein** brake shoe ◆ (Aut) **sabot (de Denver)** wheel clamp, Denver boot (US)

sabotage [sabɔtaʒ] → SYN nm **a** (action: Mil, Pol, fig) sabotage; (acte) act of sabotage ◆ **sabotage industriel** industrial sabotage
b (bâclage) botching

sabot-de-Vénus, pl **sabots-de-Vénus** [sabod(ə)venys] nm (Bot) lady's slipper

saboter [sabɔte] → SYN ▸ conjug 1 ◂ vt **a** (Mil, Pol, fig) to sabotage
b (bâcler) to make a (proper) mess of, botch; (abîmer) to mess up, ruin

saboterie [sabɔtʀi] nf clog factory

saboteur, -euse [sabɔtœʀ, øz] → SYN nm,f (Mil, Pol) saboteur; (bâcleur) shoddy worker, botcher

sabotier, -ière [sabɔtje, jɛʀ] nm,f (fabricant) clog-maker; (marchand) clog-seller

sabra [sabʀa] nmf sabra

sabre [sɑbʀ] → SYN nm sabre ◆ **sabre d'abordage** cutlass ◆ **sabre de cavalerie** riding sabre ◆ **mettre sabre au clair** to draw one's sword ◆ **charger sabre au clair** to charge with swords drawn ◆ (fig) **le sabre et le goupillon** the Army and the Church ◆ (fig Pol) **bruits de sabre** sabre-rattling

sabre-baïonnette, pl **sabres-baïonnettes** [sabʀəbajɔnɛt] nm knife bayonet

sabrer [sɑbʀe] → SYN ▸ conjug 1 ◂ vt **a** (Mil) to sabre, cut down ◆ **sabrer le champagne** (lit) *to open a bottle of champagne using a sword* ou *a knife*; (fig) to crack open a bottle of champagne
b (littér: marquer) **la ride qui sabrait son front** the line that cut ou was scored across his brow ◆ **dessin sabré de coups de crayon rageurs** drawing scored ou plastered with angry strokes of the pencil
c (*: biffer) texte to slash (great) chunks out of*; passage, phrase to cut out, scrub (out)*; projet to axe, chop*
d (*) (couler) étudiant to give a hammering to*; (renvoyer) employé to sack*, fire* ◆ **se faire sabrer** [étudiant] to get a hammering*; [employé] to get the sack*, get fired* ou sacked*
e (*: critiquer) devoir to tear to pieces ou to shreds; livre, pièce to slam*, pan*
f (*: bâcler) travail to knock off* (in a rush), belt through‡

sabretache [sabʀətaʃ] nf sabretache

sabreur [sɑbʀœʀ] nm (péj: soldat) fighting cock (péj); (escrimeur) swordsman

sac[1] [sak] → SYN **1** nm **a** (gén) bag; (de grande taille, en toile) sack; (cartable) (school) bag; (à bretelles) satchel ◆ **sac à charbon** coal-sack ◆ **sac (en) plastique** plastic bag ◆ (pour aspirateur) **sac à poussières** dust bag ◆ **mettre en sac(s)** to put in sacks → **course**
b (contenu) bag, bagful; sack, sackful
c (‡: argent) ten francs, ≃ quid* (Brit), two bucks* (US)

d LOC **habillé comme un sac** dressed like a tramp ◆ **mettre dans le même sac*** to lump together ◆ **l'affaire est** ou **c'est dans le sac*** it's in the bag* ◆ **des gens de sac et de corde††** gallows birds ◆ (Rel) **le sac et la cendre** sackcloth and ashes → **main, tour**[2]

e (Anat) sac ◆ **sac embryonnaire / lacrymal** embryo / lacrimal sac

2 COMP ▷ **sac à bandoulière** shoulder bag ▷ **sac de couchage** sleeping bag ▷ **sac à dos** rucksack, knapsack ▷ **sac d'embrouilles*** web of intrigue, can of worms ◆ **c'est un sac d'embrouilles juridique / politique** it's a legal / political minefield ▷ **sac isotherme** insulated bag ▷ **sac à main** handbag, purse (US) ▷ **sac à malice** bag of tricks ▷ **sac de marin** kitbag ▷ **sac (de montagne)** rucksack; knapsack ▷ **sac de nœuds*** ⇒ **sac d'embrouilles*** ▷ **sac d'os*** bag of bones ▷ **sac à ouvrage** workbag ▷ **sac de plage** beach bag ▷ **sac polochon** sausage bag ▷ **sac poubelle** bin liner (Brit), garbage bag (US) ▷ **sac à provisions** shopping bag; (en papier) (paper) carrier (Brit), carrier-bag (Brit) ▷ **sac à puces*** (péj: lit) fleabag* ▷ **sac reporter** organizer bag ▷ **sac de sable** (Constr, Mil) sandbag; (Boxe) punchbag ▷ **sac de sport** sports bag ▷ **sac à viande** (arg Camping) sleeping bag sheet ▷ **sac à vin*** (old) soak*, drunkard ▷ **sac de voyage** overnight bag, travelling bag; (pour l'avion) flight bag

sac[2] [sak] → SYN nm [ville] sack, sacking ◆ **le sac de Rome** the sack(ing) of Rome ◆ **mettre à sac** ville to sack; maison, pièce to ransack

saccade [sakad] → SYN nf jerk ◆ **avancer par saccades** to jerk forward ou along, move forward ou along in fits and starts ou jerkily ◆ **parler par saccades** to speak haltingly ou in short bursts ◆ **rire par saccades** to give a jerky laugh

saccadé, e [sakade] → SYN adj démarche, gestes, rire, style jerky; débit, respiration spasmodic, halting; bruit staccato; sommeil fitful

saccage [sakaʒ] → SYN nm [pièce] havoc (*de* in); [jardin] havoc, devastation (*de* in)

saccager [sakaʒe] → SYN ▸conjug 3◂ vt a (dévaster) pièce to turn upside down, create havoc in; jardin to create havoc in, wreck, devastate ◆ **ils ont tout saccagé dans la maison** they turned the whole house upside down ◆ **les enfants saccagent tout** children wreck everything ◆ **champ saccagé par la grêle** field laid waste ou devastated by the hail

b (piller) ville, pays to sack, lay waste; maison to ransack

saccageur, -euse [sakaʒœʀ, øz] nm,f (dévastateur) vandal; (pillard) pillager, plunderer

saccharase [sakaʀɑz] nf invertase, saccharase

saccharate [sakaʀat] nm saccharate

sacchariféère [sakaʀifɛʀ] adj sacchariferous

saccharification [sakaʀifikasjɔ̃] nf saccharification

saccharifier [sakaʀifje] ▸conjug 7◂ vt to saccharify

saccharimètre [sakaʀimɛtʀ] nm saccharimeter

saccharimétrie [sakaʀimetʀi] nf saccharimetry

saccharimétrique [sakaʀimetʀik] adj saccharimetric(al)

saccharine [sakaʀin] nf saccharin(e)

sacchariné, e [sakaʀine] adj boisson sweetened with saccharin(e)

saccharique [sakaʀik] adj ◆ **acide saccharique** saccharic acid

saccharoïde [sakaʀɔid] adj saccharoid(al)

saccharomyces [sakaʀɔmisɛs] nm saccharomyces

saccharose [sakaʀoz] nm sucrose, saccharose

saccule [sakyl] nm saccule, sacculus

SACEM [sasɛm] nf (abrév de **Société des auteurs, compositeurs et éditeurs de musique**) *French body responsible for collecting and distributing music royalties,* ≃ PRS (Brit)

sacerdoce [sasɛʀdɔs] → SYN nm (Rel) priesthood; (fig) calling, vocation

sacerdotal, e, mpl **-aux** [sasɛʀdɔtal, o] adj priestly, sacerdotal

sachem [saʃɛm] nm sachem

sachet [saʃɛ] → SYN nm [bonbons] bag; [lavande, poudre] sachet; [soupe] packet ◆ **de la soupe en sachet** packet soup ◆ **sachet de thé** tea bag

sacoche [sakɔʃ] → SYN nf (gén) bag; (pour outils) toolbag; [cycliste] (de selle) saddlebag; (de porte-bagages) pannier; [écolier] (school) bag; (à bretelles) satchel; [encaisseur] (money) bag; [facteur] (post-)bag

sacoléva [sakɔleva] nf, **sacolève** [sakɔlɛv] nm Levantine three-master

sac-poubelle, pl **sacs-poubelles** [sakpubɛl] nm bin liner (Brit), garbage bag (US)

sacquer* [sake] ▸conjug 1◂ vt a employé to fire, kick out‡, give the sack* (Brit) ou push‡ ou boot‡ to ◆ **se faire sacquer** to get the sack* (Brit) ou push‡ ou boot‡, get (o.s.) kicked out‡

b élève (sanctionner) to give a hammering to‡; (recaler) to plough* (Brit), fail

c (détester) **je ne peux pas le sacquer** I can't stand him, I hate his guts‡

sacral, e, mpl **-aux** [sakʀal, o] adj sacred

sacralisation[1] [sakʀalizasjɔ̃] nf ◆ **la sacralisation des loisirs / de la famille** regarding leisure time / the family as sacred

sacralisation[2] [sakʀalizasjɔ̃] nf (Méd) sacralization

sacraliser [sakʀalize] → SYN ▸conjug 1◂ vt to regard as sacred, make sacred ◆ **sacraliser la réussite sociale / la famille** to regard social success / the family as sacred

sacramentaire [sakʀamɑ̃tɛʀ] 1 adj sacramental

2 nmf Sacramentarian

sacramental, pl **-aux** [sakʀamɑ̃tal, o] nm sacramental

sacramentel, -elle [sakʀamɑ̃tɛl] adj a (fig: rituel) ritual, ritualistic

b (Rel) rite, formule sacramental

sacre [sakʀ] → SYN nm a [roi] coronation; [évêque] consecration ◆ (Mus) **le Sacre du Printemps** the Rite of Spring

b (Orn) saker

sacré, e[1] [sakʀe] → SYN (ptp de **sacrer**) 1 adj a (après n: Rel) lieu, objet sacred, holy; art, musique sacred; horreur, terreur holy; droit hallowed, sacred ◆ **le Sacré Collège** the Sacred College (of Cardinals) → **feu**[1]

b (après n: inviolable) droit, promesse sacred ◆ **son sommeil, c'est sacré** his sleep is sacred

c (*: avant n: maudit) blasted*, confounded*, damned‡ ◆ **sacré nom de nom!‡** hell and damnation!‡

d (*: avant n: considérable) **un sacré ...** a ou one heck* ou hell‡ of a ..., a right* ... ◆ **c'est un sacré imbécile / menteur** he's a right idiot / liar* (Brit), he's one heck* ou hell‡ of an idiot / a liar ◆ **il a un sacré toupet** he's got a ou one heck* ou hell‡ of a cheek, he's got a right cheek* (Brit) ◆ **elle a eu une sacrée chance** she was one hell of a lucky‡

e (*: avant n: admiration, surprise) **sacré farceur!** you old devil (you)!* ◆ **ce sacré Paul a encore gagné aux courses** that devil Paul ou that blinking (Brit) Paul has gone and won on the horses again*

2 nm ◆ **le sacré** the sacred

sacré, e[2] [sakʀe] adj (Anat) sacral

sacrebleu*†† [sakʀəblø] excl 'struth!*† (Brit), confound it!

Sacré-Cœur [sakʀekœʀ] nm a (Rel) **le Sacré-Cœur, la fête du Sacré-Cœur** the Feast of the Sacred Heart

b (église) **le Sacré-Cœur, la basilique du Sacré-Cœur** the Sacré-Cœur

sacredieu*†† [sakʀədjø] excl ⇒ **sacrebleu**

sacrement [sakʀəmɑ̃] → SYN nm sacrament ◆ **recevoir les derniers sacrements** to receive the last rites ou sacraments ◆ **il est mort, muni des sacrements de l'Église** he died fortified with the (last) rites ou sacraments of the Church

sacrément* [sakʀemɑ̃] adv intéressant, laid, froid jolly* (Brit), damned‡, ever so* ◆ **j'ai eu sacrément peur** I was jolly* (Brit) ou damned‡ ou ever so* scared ◆ **ça m'a sacrément plu** I liked it ever so much*

sacrer [sakʀe] → SYN ▸conjug 1◂ 1 vt roi to crown; évêque to consecrate ◆ (fig) **il fut sacré sauveur de la patrie** he was hailed as the saviour of the country

2 vi (*††) to curse, swear

sacret [sakʀɛ] nm sakeret, male saker

sacrificateur, -trice [sakʀifikatœʀ, tʀis] → SYN nm,f sacrificer; (juif) priest

sacrificatoire [sakʀifikatwaʀ] → SYN adj sacrificial

sacrifice [sakʀifis] → SYN nm (Rel, fig) sacrifice ◆ **faire un sacrifice / des sacrifices** to make a sacrifice / sacrifices ◆ **faire le sacrifice de sa vie / d'une journée de vacances** to sacrifice one's life / a day's holiday ◆ **offrir qch en sacrifice à** to offer sth as a sacrifice to ◆ **sacrifice de soi** self-sacrifice → **saint**

sacrificiel, -ielle [sakʀifisjɛl] → SYN adj sacrificial

sacrifié, e [sakʀifje] (ptp de **sacrifier**) adj peuple, troupe sacrificed ◆ **les jeunes sont les sacrifiés de notre société** the young are the sacrificial victims of our society ◆ (Comm) **articles sacrifiés** give-aways*, items given away at knockdown prices ◆ **« prix sacrifiés »** "give-away prices", "rock-bottom prices", "prices slashed"

sacrifier [sakʀifje] → SYN ▸conjug 7◂ 1 vt (gén) to sacrifice (*à* to, *pour* for); (abandonner) to give up; (Comm) marchandises to give away (at a knockdown price) ◆ **sacrifier sa vie pour sa patrie** to lay down ou sacrifice one's life for one's country ◆ **sacrifier sa carrière** to wreck ou ruin ou sacrifice one's career ◆ **il a dû sacrifier ses vacances** he had to give up his holidays

2 **sacrifier à** vt indir préjugés, mode to conform to

3 **se sacrifier** vpr to sacrifice o.s. (*à* to, *pour* for)

sacrilège [sakʀilɛʒ] → SYN 1 adj (Rel, fig) sacrilegious

2 nm (Rel, fig) sacrilege ◆ **ce serait un sacrilège de ...** it would be (a) sacrilege to ...

3 nmf sacrilegious person

sacripant [sakʀipɑ̃] → SYN nm (††, hum) rogue, scoundrel

sacristain [sakʀistɛ̃] → SYN nm (Rel) [sacristie] sacristan; [église] sexton

sacristaine [sakʀistɛn] nf sacristan

sacristi*† [sakʀisti] excl (colère) for God's sake!‡; (surprise) good grief!*, (good) heavens!†

sacristie [sakʀisti] nf (catholique) sacristy; (protestante) vestry → **punaise**

sacristine [sakʀistin] nf ⇒ **sacristaine**

sacro-iliaque [sakʀoiljak] adj sacroiliac

sacro-saint, e [sakʀosɛ̃, sɛ̃t] adj (lit, iro) sacrosanct

sacrum [sakʀɔm] nm sacrum

sadducéen, -enne [sadyseɛ̃, ɛn] 1 adj Sadducean

2 nm,f Sadducee

sadique [sadik] → SYN 1 adj sadistic ◆ **stade sadique anal** anal stage

2 nmf sadist

sadiquement [sadikmɑ̃] adv sadistically

sadisme [sadism] → SYN nm sadism

sado* [sado] 1 adj sadistic ◆ **il est sado-maso** he's into SM‡

2 nmf sadist

sadomasochisme [sadomazɔʃism] nm sadomasochism

sadomasochiste [sadomazɔʃist] 1 adj sadomasochistic

2 nmf sadomasochist

saducéen, -enne [sadyseɛ̃, ɛn] adj, nm,f ⇒ **sadducéen, -enne**

SAE [ɛsaø] adj (abrév de **Society of Automotive Engineers**) SAE

safari [safaʀi] → SYN nm safari ◆ **faire un safari** to go on safari ◆ **safari-photo** photographic safari

safran [safʀɑ̃] → SYN **1** nm **a** (Bot, Culin, couleur) saffron ◆ (Bot) **safran des prés** autumn crocus, meadow saffron, colchium (spéc) ◆ (Culin) **riz au safran** saffron rice
b (Naut) rudder blade
2 adj inv saffron(-coloured), saffron (yellow)

safrané, e [safʀane] (ptp de **safraner**) adj plat, couleur saffron (épith); tissu saffron(-coloured), saffron (yellow)

safraner [safʀane] ▸ conjug 1 ◂ vt plat to flavour ou season with saffron

safre [safʀ] nm zaffer, zaffre

saga [saga] → SYN nf saga

sagace [sagas] → SYN adj (littér) sagacious, shrewd

sagacité [sagasite] → SYN nf sagacity, shrewdness ◆ **avec sagacité** shrewdly

sagaie [sagɛ] → SYN nf assegai, assagai

sage [saʒ] → SYN **1** adj **a** (avisé) conseil wise, sound, sensible; personne wise; action, démarche wise, sensible ◆ **il serait plus sage de ...** it would be wiser ou more sensible to ..., you (ou he etc) would be better advised to ...
b (chaste) jeune fille good, well-behaved
c (docile) enfant, animal good, well-behaved ◆ **sois sage** be good, behave yourself, be a good boy (ou girl) ◆ **sage comme une image** (as) good as gold ◆ **il a été très sage chez son oncle** he was very well-behaved ou he behaved (himself) very well, at his uncle's
d (modéré, décent) goûts sober, moderate; roman restrained, tame ◆ **une petite robe bien sage** a sober little dress ou number*
2 nm wise man; (Antiq) sage

sage-femme, pl **sages-femmes** [saʒfam] → SYN nf midwife

sagement [saʒmɑ̃] adv **a** (avec bon sens) conseiller, agir wisely, sensibly
b (chastement) properly ◆ **se conduire sagement** to be good, behave o.s. (properly)
c (docilement) quietly ◆ **il est resté sagement assis sans rien dire** he sat quietly ou he sat like a good child (ou boy) and said nothing ◆ **va bien sagement te coucher** be a good boy (ou girl) and go to bed, off you go to bed like a good boy (ou girl)
d (modérément) wisely, moderately ◆ **savoir user sagement de qch** to know how to use sth wisely ou in moderation ou moderately

sagesse [saʒɛs] → SYN nf **a** (bon sens) [personne] wisdom, (good) sense; [conseil] soundness; [action, démarche] wisdom; (expérience) wisdom ◆ **il a eu la sagesse de** he had the wisdom ou (good) sense to, he was wise ou sensible enough to ◆ **écouter la voix de la sagesse** to listen to the voice of wisdom ◆ **la sagesse des nations** popular wisdom
b (chasteté) properness
c (docilité) [enfant] good behaviour ◆ **il est la sagesse même** he is the model of a well-behaved child ◆ **il a été d'une sagesse exemplaire** he has been very good, he has behaved himself very well, he has been a model child → **dent**
d (modération) moderation ◆ **savoir utiliser qch avec sagesse** to know how to use sth wisely ou in moderation

sagette [saʒɛt] → SYN nf (Bot) arrowhead

sagine [saʒin] nf pearlwort

Sagittaire [saʒitɛʀ] nm ◆ (Astron) **le Sagittaire** Sagittarius, the Archer ◆ **être (du) Sagittaire** to be (a) Sagittarius ou a Sagittarian

sagittaire [saʒitɛʀ] nf (Bot) arrowhead

sagittal, e, mpl **-aux** [saʒital, o] adj sagittal

sagitté, e [saʒite] adj sagittate, sagittiform

sagou [sagu] nm sago

sagouin, e [sagwɛ̃, in] → SYN **1** nm **a** (singe) marmoset
b (✱: homme) (sale) filthy pig✱, filthy slob✱; (méchant) swine✱; (incompétent) bungling idiot*
2 **sagouine✱** nf (sale) filthy cow✱; (méchante) useless bitch✱; (incompétente) useless cow✱

sagoutier [sagutje] nm sago palm

Sahara [saaʀa] nm ◆ **le Sahara** the Sahara (desert) ◆ **le Sahara occidental** Western Sahara

saharien, -ienne [saaʀjɛ̃, jɛn] **1** adj (du Sahara) Saharan; (très chaud) tropical ◆ (costume) **ensemble saharien** safari suit
2 **saharienne** nf (veste) safari jacket; (chemise) safari shirt

Sahel [saɛl] nm ◆ **le Sahel** the Sahel

sahélien, -ienne [saeljɛ̃, jɛn] **1** adj Sahelian
2 nm,f ◆ **Sahélien(ne)** Sahelian

sahib [saib] nm sahib

sahraoui, e [saʀawi] **1** adj Western Saharan
2 nm,f ◆ **Sahraoui(e)** Western Saharan

saï [sai, saj] nm capuchin monkey

saie [sɛ] → SYN nf (pig) bristle brush

saietter [sejete, sɛj(ə)te] ▸ conjug 1 ◂ vt to clean with a (pig) bristle brush

saïga [sajga, saiga] nm saiga

saignant, e [sɛɲɑ̃, ɑ̃t] adj plaie (lit) bleeding; (fig) raw; entrecôte rare, underdone; (✱) critique scathing, savage, biting; mésaventure bloody (Brit) ou damned nasty✱ ◆ **je n'aime pas le saignant** I don't like underdone meat

saignée [seɲe] → SYN nf **a** (Méd) (épanchement) bleeding (NonC); (opération) blood letting (NonC), bleeding (NonC) ◆ **faire une saignée à qn** to bleed sb, let sb's blood
b (fig: perte) [budget] savage cut (*à, dans* in) ◆ **les saignées que j'ai dû faire sur mon salaire / mes économies pour ...** the huge holes I had to make in my salary / savings to ... ◆ **les saignées faites dans le pays par la guerre** the heavy losses incurred by the country in the war
c (Anat) **la saignée du bras** the bend of the arm
d (sillon) [sol] trench, ditch; [mur] groove

saignement [sɛɲmɑ̃] → SYN nm bleeding (NonC) ◆ **saignement de nez** nosebleed

saigner [seɲe] → SYN ▸ conjug 1 ◂ **1** vi **a** to bleed ◆ **il saigne comme un bœuf** blood is gushing out of him ◆ **il saignait du nez** he had (a) nosebleed, his nose was bleeding ◆ (fig) **ça va saigner !✱** the fur is going to fly!
b (fig littér) [orgueil, dignité] to sting, bleed (littér) ◆ **mon cœur saigne** ou **le cœur me saigne encore** my heart is still bleeding (littér)
2 vt **a** animal to kill *(by bleeding)*; malade to bleed
b (exploiter) to bleed ◆ **saigner qn à blanc** to bleed sb white
c arbre to tap
3 **se saigner** vpr ◆ **se saigner (aux quatre veines) pour qn** to bleed o.s. white for sb, sacrifice o.s. for sb

saignoir [sɛɲwaʀ] nm sticking knife, sticker

Saïgon [saigɔ̃] nm Saigon

saillant, e [sajɑ̃, ɑ̃t] → SYN **1** adj **a** menton prominent, protruding (épith), jutting (épith); front, muscle, veine protruding (épith), prominent, protuberant; pommette prominent; yeux bulging (épith), protuberant, protruding (épith); corniche projecting (épith) → **angle**
b événement, trait, point salient, outstanding
c (Hér) salient
2 nm (avancée) salient

saillie [saji] → SYN nf **a** (aspérité) projection ◆ **faire saillie** to project, jut out ◆ **qui forme saillie, en saillie** projecting, overhanging ◆ **rocher qui s'avance en saillie** rock which sticks ou juts out
b (littér: boutade) witticism
c (Zool: accouplement) covering, serving

saillir[1] [sajiʀ] → SYN ▸ conjug 13 ◂ vi [balcon, corniche] to jut out, stick out, project; [menton] to jut out, protrude; [poitrine, pommette] to be prominent; [muscle, veine] to protrude, stand out; [yeux] to bulge, protrude

saillir[2] [sajiʀ] → SYN ▸ conjug 2 ◂ **1** vi (littér: jaillir) to gush forth
2 vt (Zool) to cover, serve

saïmiri [saimiʀi] nm squirrel monkey

sain, saine [sɛ̃, sɛn] → SYN adj **a** (en bonne santé) personne healthy; constitution, dents healthy, sound ◆ **être / arriver sain et sauf** to be / arrive safe and sound ◆ **il est sorti sain et sauf de l'accident** he escaped unharmed ou safe and sound from the accident ◆ **sain de corps et d'esprit** sound in body and mind → **porteur**
b (salubre) climat healthy; nourriture healthy, wholesome ◆ **il est sain de se promener après le repas** it is good for you ou healthy to take a walk after meals ◆ **il est sain de rire de temps en temps** it's good (for one) to laugh from time to time
c (non abîmé) fruit sound; viande good; mur, fondations sound; (fig) gestion, affaire healthy
d (moralement) personne sane; politique, jugement sound, sane; idées, goûts, humeur healthy; lectures wholesome
e (Naut) rade clear, safe

sainbois [sɛ̃bwa] → SYN nm (Bot) spurge flax

saindoux [sɛ̃du] → SYN nm lard

sainement [sɛnmɑ̃] adv vivre healthily; manger healthily, wholesomely; juger sanely; raisonner soundly ◆ **être sainement logé** to have healthy accommodation

sainfoin [sɛ̃fwɛ̃] → SYN nm sainfoin

saint, sainte [sɛ̃, sɛ̃t] → SYN **1** adj **a** (sacré) semaine, image holy ◆ **la sainte Bible** the Holy Bible ◆ **les Saintes Écritures** the Holy Scriptures, Holy Scripture ◆ **les saintes huiles** the holy oils ◆ **la sainte Croix / Sainte Famille** the Holy Cross / Family ◆ **les saintes femmes** the holy women ◆ **s'approcher de la sainte table** to take communion ◆ **le vendredi saint** Good Friday ◆ **le jeudi saint** Maundy Thursday ◆ **le mercredi / mardi saint** Wednesday / Tuesday before Easter, the Wednesday / Tuesday of Holy Week ◆ **le samedi saint** Holy ou Easter Saturday → **guerre, lieu**[1]**, semaine, terre**[1]
b (devant prénom) Saint ◆ (apôtre) **saint Pierre / Paul** Saint Peter / Paul ◆ (église) **Saint-Pierre / -Paul** Saint Peter's / Paul's ◆ (fête) **ils ont fêté la Saint-Pierre** they celebrated the feast of Saint Peter ◆ (jour) **le jour de la Saint-Pierre, à la Saint-Pierre** (on) Saint Peter's day ◆ **à la Saint-Michel / -Martin** at Michaelmas / Martinmas → aussi **saint-pierre**
c (pieux) personne, pensée saintly, godly; vie, action pious, saintly, holy ◆ **sa mère est une sainte femme** his (ou her) mother is a real saint
d (* loc) **toute la sainte journée** the whole blessed day* ◆ **avoir une sainte horreur de qch** to have a holy horror of sth* ◆ **être saisi d'une sainte colère** to fly into an almighty rage → **danse**
2 nm,f (lit, fig) saint ◆ **il veut se faire passer pour un (petit) saint** he wants to pass for a saint ◆ **elle a la patience d'une sainte** she has the patience of a saint ou of Job ◆ **un saint de bois / pierre** a wooden / stone statue of a saint ◆ **la fête de tous les saints** All Saints' Day ◆ (Prov) **comme on connaît ses saints on les honore** we treat people according to their merits ◆ (fig) **ce n'est pas un saint** he's no saint → **prêcher, savoir**
3 COMP ▹ **le saint chrême** the chrism, the holy oil ▹ **le Saint Empire romain germanique** the Holy Roman Empire ▹ **les saints de glace** the 11th, 12th and 13th of May ▹ **Saint Louis** Saint Louis ▹ **sainte nitouche** (péj) (pious ou saintly) hypocrite ◆ **c'est une sainte nitouche** she looks as if butter wouldn't melt in her mouth ◆ **de sainte nitouche** attitude, air hypocritically pious ▹ **le saint sacrifice** the Holy Sacrifice of the Mass ▹ **le Saint des Saints** (Rel, fig) the Holy of Holies ▹ **le saint suaire** the Holy Shroud ◆ **le saint suaire de Turin** the Turin Shroud ▹ **la sainte Trinité** the Holy Trinity ▹ **la Sainte Vierge** the Blessed Virgin

Saint-Barthélemy [sɛ̃baʀtelemi] **1** n (Géog) Saint-Barthélemy, Saint Bartholomew, Saint Bart's
2 nf ◆ **(le massacre de) la Saint-Barthélemy** the Saint Bartholomew's Day Massacre

saint-bernard, pl **saint(s)-bernard(s)** [sɛ̃bɛʀnaʀ] nm (chien) St Bernard; (fig) good Samaritan

Saint-Cyr [sɛ̃siʀ] n *French military academy*

saint-cyrien, pl **saint-cyriens** [sɛ̃siʀjɛ̃] nm (military) cadet *(of the Saint-Cyr academy)*

Saint-Domingue [sɛ̃dɔmɛ̃g] n Santo Domingo

Sainte-Alliance [sɛ̃taljɑ̃s] nf ◆ **la Sainte-Alliance** the Holy Alliance

Sainte-Hélène [sɛ̃telɛn] n Saint Helena

Sainte-Lucie [sɛ̃tlysi] n Saint Lucia

saintement [sɛ̃tmɑ̃] adv agir, mourir like a saint ◆ **vivre saintement** to lead a saintly ou holy life, live like a saint

Sainte-Sophie [sɛ̃tsɔfi] nf Saint Sophia

Saint-Esprit [sɛ̃tɛspʀi] nm ◆ **le Saint-Esprit** the Holy Spirit ou Ghost → **opération**

sainteté [sɛ̃tte] [→ SYN] nf **a** [personne] saintliness, godliness; [Évangile, Vierge] holiness; [lieu] holiness, sanctity; [mariage] sanctity → **odeur**
b **Sa Sainteté (le pape)** His Holiness (the Pope)

saint-frusquin [sɛ̃fʀyskɛ̃] nm ◆ **il est arrivé avec tout son saint-frusquin** he has arrived with all his clobber* (Brit) ou gear* ◆ **il y avait le frère, l'oncle, le chat et tout le saint-frusquin** there were the brother, the uncle, the cat - Old Uncle Tom Cobbly and all* (Brit)

saint-glinglin [sɛ̃glɛ̃glɛ̃] loc adv ◆ **à la saint-glinglin** never in a month of Sundays ◆ **il te le rendra à la saint-glinglin** he'll never give it back to you in a month of Sundays ◆ **attendre jusqu'à la saint-glinglin** to wait till the cows come home ◆ **on ne va pas rester là jusqu'à la saint-glinglin** we're not going to hang around here forever*

saint-honoré, pl **saint-honoré(s)** [sɛ̃tɔnɔʀe] nm Saint Honoré (gâteau)

Saint-Jean [sɛ̃ʒɑ̃] nf ◆ **la Saint-Jean** Midsummer('s) Day

Saint-Laurent [sɛ̃lɔʀɑ̃] nm ◆ **le Saint-Laurent** The St Lawrence (river)

Saint-Marin [sɛ̃maʀɛ̃] nm San Marino

Saint-Martin [sɛ̃maʀtɛ̃] nm Saint Martin

Saint-Nicolas [sɛ̃nikɔla] nf ◆ **la Saint-Nicolas** St Nicholas's Day

Saint-Office [sɛ̃tɔfis] nm ◆ **le Saint-Office** the Holy Office

saintpaulia [sɛ̃polja] nm African violet, saintpaulia

Saint-Père, pl **Saints-Pères** [sɛ̃pɛʀ] nm Holy Father

saint-pierre [sɛ̃pjɛʀ] nm inv (poisson) dory, John Dory

Saint-Pierre-et-Miquelon [sɛ̃pjɛʀemiklɔ̃] n Saint Pierre and Miquelon

Saint-Sacrement [sɛ̃sakʀəmɑ̃] nm ◆ **le Saint-Sacrement** the Blessed Sacrament ◆ **porter qch comme le Saint-Sacrement** to carry sth with infinite care ou as if it were the Crown Jewels

Saint-Sépulcre [sɛ̃sepylkʀ] nm ◆ **le Saint-Sépulcre** the Holy Sepulchre

Saint-Siège [sɛ̃sjɛʒ] nm ◆ **le Saint-Siège** the Holy See

saint-simonien, -ienne, pl **saint-simoniens, -iennes** [sɛ̃simɔnjɛ̃, jɛn] adj, nmf Saint-Simonian

saint-simonisme [sɛ̃simɔnism] nm Saint-Simonism

Saints-Innocents [sɛ̃zinɔsɑ̃] nmpl ◆ **le jour des Saints-Innocents** Holy Innocents' Day

Saint-Sylvestre [sɛ̃silvɛstʀ] nf ◆ **la Saint-Sylvestre** New Year's Eve

Saint-Synode [sɛ̃sinɔd] nm ◆ **le Saint-Synode** the Holy Synod

Saint-Valentin [sɛ̃valɑ̃tɛ̃] nf ◆ **la Saint-Valentin** (Saint) Valentine's Day

Saint-Vincent et (les) Grenadines [sɛ̃vɛ̃sɑ̃e(le)gʀənadin] npl Saint Vincent and the Grenadines

saisi, e [sezi] [→ SYN] (ptp de **saisir**) **1** adj ◆ **tiers saisi** garnishee
2 nm (Jur) distrainee

saisie [sezi] [→ SYN] **1** nf **a** [biens] seizure, distraint (spéc), distress (spéc)
b [publication, articles prohibés] seizure, confiscation
c (capture) capture
d (Ordin) **saisie de données** data capture ou keyboarding ◆ **saisie manuelle** (manual) data entry ◆ **saisie automatique** (gén) automatic data capture; (au scanner) optical reading ou scanning
2 COMP ▷ **saisie conservatoire** seizure of goods *(to prevent sale etc)* ▷ **saisie immobilière** seizure of property ▷ **saisie mobilière** ⇒ **saisie-exécution**

saisie-arrêt, pl **saisies-arrêts** [seziaʀɛ] nf distraint, attachment

saisie-exécution, pl **saisies-exécutions** [seziɛgzekysjɔ̃] nf distraint *(for sale by court order)*

saisie-gagerie, pl **saisies-gageries** [sezigaʒʀi] nf seizure of goods *(by landlord in lieu of unpaid rent)*

saisine [sezin] nf **a** (Jur) submission of a case to the court
b (Naut : cordage) lashing

saisir [seziʀ] [→ SYN] ▸ conjug 2 ◂ **1** vt **a** (prendre) to take hold of, catch hold of; (s'emparer de) to seize, grab (hold of) ◆ **saisir qn à la gorge** to grab ou seize sb by the throat ◆ **saisir un ballon au vol** to catch a ball (in mid air) ◆ **il lui saisit le bras pour l'empêcher de sauter** he grabbed (hold of) ou seized his arm to stop him jumping ◆ **ils le saisirent à bras-le-corps** they took hold of ou seized him bodily
b (fig) occasion to seize; prétexte to seize (on) ◆ **saisir une occasion / la chance au vol** to jump at the opportunity / the chance ◆ **saisir l'occasion par les cheveux*** to grasp the opportunity when it arises ◆ **saisir la balle au bond** to jump at the opportunity (while the going is good)
c (entendre) mot, nom to catch, get; (comprendre) explications to grasp, understand, get ◆ **il a saisi quelques noms au vol** he caught ou overheard various names in passing ◆ **d'un coup d'œil, il saisit ce qui se passait** at a glance he understood what was going on ◆ **tu saisis ce que je veux dire ?*** do you get it?*, do you get what I mean?
d [peur] to take hold of, seize, grip; [colère, allégresse] to take hold of, come over; [malaise] to come over ◆ **le froid l'a saisi** ou **il a été saisi par le froid en sortant** he was struck ou gripped by the sudden cold as he went out ◆ **saisi de joie** overcome with joy ◆ **saisi de peur** seized ou gripped by fear, transfixed with fear ◆ **saisi de panique / d'horreur** panic- / horror-stricken
e (impressionner, surprendre) **saisir qn** to bring sb up with a start ◆ **la ressemblance entre les 2 sœurs le saisit** he was brought up short ou with a start by the resemblance between the 2 sisters ◆ **être saisi par** horreur to be gripped by, be transfixed with; beauté, grâce to be captivated by ◆ **son air de franchise a saisi tout le monde** his apparent frankness struck everybody ◆ **elle fut tellement saisie que ...** she was so overcome that ...
f (Jur) (procéder à la saisie de) biens to seize, distrain (spéc); personne to take into custody, seize; (porter devant) juridiction to submit ou refer to ◆ **saisir le Conseil de sécurité d'une affaire** to submit ou refer a matter to the Security Council ◆ **saisir la Cour de justice** to complain to the Court of Justice ◆ **la cour a été saisie de l'affaire** the case has been submitted ou referred to the court
g (Culin) viande to seal, fry quickly, fry over a fierce heat
h (Ordin) to capture, keyboard
2 **se saisir** vpr ◆ **se saisir de qch / qn** to seize ou grab sth / sb

saisissable [sezisabl] adj **a** nuance, sensation perceptible
b (Jur) seizable, distrainable (spéc)

saisissant, e [sezisɑ̃, ɑ̃t] [→ SYN] **1** adj **a** spectacle gripping; ressemblance, différence startling, striking; froid biting, piercing
b (Jur) distraining
2 nm (Jur) distrainer

saisissement [sezismɑ̃] [→ SYN] nm (frisson de froid) sudden chill; (émotion) (sudden) agitation, (rush of) emotion

saison [sɛzɔ̃] [→ SYN] nf **a** (division de l'année) season ◆ **la belle / mauvaise saison** the summer / winter months ◆ (littér) **la saison nouvelle** ou **du renouveau** springtide (littér) ◆ **en cette saison** at this time of year ◆ **en toutes saisons** all (the) year round ◆ **il fait un temps de saison** the weather is right ou what one would expect for the time of year, the weather is seasonable ◆ **il n'y a plus de saisons !** the weather has gone berserk!
b (époque) season ◆ **saison des amours / des fraises / théâtrale / touristique** mating / strawberry / theatre / tourist season ◆ **la saison des pluies** the rainy ou wet season ◆ **la saison sèche** the dry season ◆ **la saison des moissons / des vendanges** harvest / grape-harvest(ing) time ◆ **les nouvelles toilettes de la saison** the new season's fashions ◆ **nous faisons la saison sur la Côte d'Azur** we're working on the Côte d'Azur during the season ◆ **haute / basse saison** high / low ou off season ◆ **en (haute) saison les prix sont plus chers** in the high season ou at the height of the season prices are higher → **marchand, voiture**
c (cure) stay (at a spa), cure
d LOC **hors saison** plante out of season (attrib); prix off-season (épith), low-season (épith) ◆ **prendre ses vacances hors saison** ou **en basse saison** to go on holiday in the off season ou low season ◆ **faire preuve d'un optimisme de saison** to show fitting optimism ◆ (littér) **vos plaisanteries ne sont pas de saison** your jokes are totally out of place

saisonnalité [sɛzɔnalite] nf seasonalness

saisonnier, -ière [sɛzɔnje, jɛʀ] [→ SYN] **1** adj seasonal
2 nm,f (ouvrier) seasonal worker; (vacancier) holiday-maker (Brit), vacationer (US)

saïte [sait] adj Saitic

sajou [saʒu] nm ⇒ **sapajou**

saké [sake] nm sake

Sakhaline [sakalin] nf Sakhalin, Saghalien

saki [saki] nm saki

sakièh [sakjɛ] [→ SYN] nf saki(y)eh

salace [salas] [→ SYN] adj (littér) salacious

salacité [salasite] [→ SYN] nf (littér) salaciousness, salacity

salade [salad] [→ SYN] nf **a** (plante) (laitue) lettuce; (scarole) curly endive ◆ **la laitue est une salade** lettuce is a salad vegetable
b (plat) green salad ◆ **salade de tomates / de fruits / russe** tomato / fruit / Russian salad ◆ **salade niçoise** salade niçoise ◆ **salade composée** mixed salad ◆ **salade cuite** cooked salad greens ◆ **haricots en salade** bean salad → **panier**
c (* fig : confusion) tangle, muddle
d (* fig : mensonges) **salades** stories* ◆ **raconter des salades** to spin yarns, tell stories* ◆ [représentant] **vendre sa salade** to sell one's line
e [armure] sallet

saladier [saladje] nm salad bowl

salage [salaʒ] nm salting

salaire [salɛʀ] [→ SYN] GRAMMAIRE ACTIVE 19.2 nm **a** (mensuel) salary, pay; (journalier, hebdomadaire) wage(s), pay ◆ **famille à salaire unique** single income family ◆ (allocation) **toucher le salaire unique** ≃ to get income support (Brit) ◆ **salaire de famine** ou **de misère** starvation wage ◆ **salaire minimum** minimum wage ◆ **salaire minimum agricole garanti** *guaranteed minimum agricultural wage* ◆ **salaire minimum interprofessionnel de croissance, salaire minimum interprofessionnel garanti†** (index-linked) guaranteed minimum wage ◆ **salaire de base** basic pay ◆ **salaire indirect** employer's contributions ◆ **salaire brut / net** gross / net pay, ≃ before-tax / tax-deducted ou disposable income ◆ **salaire nominal / réel** nominal / real wage → **augmentation, bulletin**
b (fig : récompense) reward (*de* for); (châtiment) reward, retribution, recompense (*de* for) → **tout**

salaison [salɛzɔ̃] nf **a** (procédé) salting
b (aliment) (viande) salt meat; (poisson) salt fish

salamalecs* [salamalɛk] nmpl (péj) exaggerated politeness ◆ **faire des salamalecs** to be ridiculously overpolite

salamandre [salamɑ̃dʀ] nf **a** (Zool) salamander
b (poêle) slow-combustion stove

salami [salami] nm salami

Salamine [salamin] n Salamis

salangane [salɑ̃gan] nf salangane

salant [salɑ̃] adj m, nm ◆ **(marais) salant** (gén) salt marsh; (exploité) saltern

salarial, e, mpl **-iaux** [salaʀjal, jo] adj (→ **salaire)** salary (épith); pay (épith); wage(s) (épith) ◆ **conventions salariales** salary agreements ◆ **politique salariale** pay policy → **masse**

salariat [salaʀja] nm **a** (→ **salaire)** (salariés) salaried class; wage-earning class; (mode de paiement) payment by salary; payment by wages
b (condition) (being in) employment ◆ **être réduit au salariat après avoir été patron** to be reduced to the ranks of the employees ou of the salaried staff after having been in a senior position

salarié, e [salaʀje] → SYN **1** adj **a** (→ **salaire)** travailleur salaried (épith); wage-earning
b travail paid
2 nm,f (→ **salaire)** salaried employee; wage-earner

salarier [salaʀje] ▸conjug 7◂ vt to salary, put on a salary

salarisation [salaʀizasjɔ̃] nf putting on a salary

salaud‡ [salo] **1** nm bastard**, sod** (Brit), swine‡ ◆ **alors mon salaud, tu ne t'en fais pas!** well you old bugger – you're not exactly overdoing it!** ◆ **10 000 F? ben, mon salaud!** 10,000 francs, bugger me!** (Brit)
2 adj ◆ **tu es salaud** you're an absolute bastard** ou sod** (Brit) ou swine‡ ◆ **il a été salaud avec elle** he was a real bastard to her** ◆ **c'est salaud d'avoir fait ça** that was a shitty‡ thing to do

sale [sal] → SYN **1** adj **a** (crasseux) dirty ◆ **j'ai les mains/pieds sales** I've got dirty hands/feet, my hands/feet are dirty ◆ **blanc/gris/vert sale** dirty white/grey/green ◆ (fig) **argent sale** dirty money ◆ **sale comme un cochon** ou **un porc** ou **un peigne** filthy (dirty) ◆ **oh la sale!** you dirty girl! ◆ **c'est pas sale!*** it's not bad!* → **laver**
b (ordurier) histoire dirty, filthy
c (*: avant n: mauvais) nasty ◆ **sale bête** nasty ou foul creature ◆ (fig) **sale coup*** (sale tour) dirty trick*; (choc) real ou terrible blow ◆ (fig) **c'est un sale coup pour la fanfare*** it's a real blow ◆ **sale gosse** horrible brat, nasty little brat ◆ **sale temps** filthy* ou foul ou lousy* weather ◆ **sale tour** dirty trick ◆ **sale type** foul ou nasty character, nasty piece of work ◆ **avoir une sale gueule‡** to have a nasty face ◆ **faire une sale gueule‡** to look bloody‡ (Brit) ou damned‡ annoyed ◆ **il m'est arrivé une sale histoire** something really nasty ou rotten* happened to me ◆ **il a un sale caractère** he has a foul ou rotten* ou lousy* temper, he's foul-tempered ◆ **il a une sale maladie** he's got a nasty illness ◆ **faire le sale boulot*** to do the dirty work
2 nm ◆ **mettre un vêtement au sale** to put a garment in the wash ◆ **ta chemise est au sale** your shirt is in the wash

salé, e [sale] → SYN (ptp de **saler**) **1** adj **a** (contenant du sel) saveur, mer salty; (additionné de sel) amande, plat salted; gâteau (non sucré) savoury; (au goût salé) salty; (conservé au sel) poisson, viande salt (épith); beurre salted → **eau**
b (*: grivois) spicy, juicy, fruity‡
c (*: sévère) punition stiff; facture steep
2 nm (nourriture) salty food; (porc salé) salt pork ◆ **préférer le salé au sucré** to prefer savoury ou salty (US) foods to sweet → **petit**
3 adv ◆ **manger salé** to like a lot of salt on one's food, like one's food well salted ◆ **avec son régime, il ne peut pas manger trop salé** with his diet he can't have his food too salty

salement [salmɑ̃] → SYN adv **a** (malproprement, bassement) dirtily
b (‡: très) dur, embêtant bloody‡ (Brit), damned‡ ◆ **j'ai salement mal** it's bloody (Brit) ou damned painful‡, it hurts like mad* ◆ **j'ai eu salement peur** I had a ou one hell of a fright‡, I was bloody (Brit) ou damned scared‡

salep [salɛp] nm salep

saler [sale] → SYN ▸conjug 1◂ vt **a** plat, soupe to put salt in, salt; chaussée to salt; (pour conserver) to salt ◆ **tu ne sales pas assez** you don't put enough salt in, you don't use enough salt
b (*) client to do*, fleece; facture to bump up*; inculpé to be tough on*

Salerne [salɛʀn] n Salerno

saleron [salʀɔ̃] nm (petite salière) small saltcellar ou salt shaker

salésien, -ienne [salezjɛ̃, jɛn] adj, nm,f Salesian

saleté [salte] → SYN nf **a** (malpropreté) [lieu, personne] dirtiness
b (crasse) dirt, filth ◆ **murs couverts de saleté** walls covered in dirt ou filth ◆ **vivre dans la saleté** to live in filth ou squalor ◆ **le chauffage au charbon fait de la saleté** coal heating makes a lot of mess ou dirt, coal is a dirty ou messy way to heat ◆ **tu as fait de la saleté en réparant le moteur** you've made a mess repairing the motor
c (ordure) dirt (NonC) ◆ **il y a une saleté par terre/sur ta robe** there's some dirt ou muck on the floor/your dress ◆ **j'ai une saleté dans l'œil** I've got some dirt in my eye ◆ **tu as fait des saletés partout en perçant le mur** you've made a mess all over the place ou you've dirtied everything drilling the wall ◆ **enlève tes saletés de ma chambre** get your (old) rubbish out of my room ◆ **le chat a fait des saletés** ou **ses saletés dans le salon** the cat has done its business ou made a mess in the lounge
d (*: chose sans valeur) rubbish (NonC), junk (NonC) ◆ **ce réfrigérateur est une saleté** ou **de la vraie saleté** this fridge is a load of old rubbish* ◆ **c'est une saleté qu'ils ont achetée en vacances** it's some (old) junk ou rubbish ou trash they bought on holiday* ◆ **chez eux, il n'y a que des saletés** (bibelots) there's junk ou trash ou rubbishy stuff lying about all over their place*; (meubles) they've just got cheap and nasty stuff ou (cheap) rubbish ou junk at their place* ◆ **on n'a qu'à acheter une saleté quelconque au gosse** we only need to get some rubbishy toy ou some bit of junk ou rubbish ou trash for the kid* ◆ **il se bourre de saletés avant le repas** he stuffs himself with junk food ou rubbish before meals*
e (*: maladie) **je me demande où j'ai bien pu attraper cette saleté-là** I wonder where on earth I could have caught this blasted thing* ou bug* ◆ **cet enfant récolte toutes les saletés qui traînent** this child catches every blasted thing going*
f (*: obscénité) dirty ou filthy thing (to say)* ◆ **dire des saletés** to say filthy things*, talk filth*
g (*: méchanceté) dirty ou filthy trick* ◆ **faire une saleté à qn** to play a dirty ou filthy trick on sb* ◆ **on en a vu, des saletés pendant la guerre** we saw plenty of disgusting things during the war
h (*: salaud) nasty piece of work*, nasty character

saleur, -euse [salœʀ, øz] **1** nm,f (Culin) salter
2 **saleuse** nf (machine) salt spreader, salt truck (US)

salicaire [salikɛʀ] nf loosestrife, willowherb

salicine [salisin] nf salicin(e)

salicole [salikɔl] adj salt (épith)

salicorne [salikɔʀn] nf salicornia

salicoside [salikozid] nm salicin(e)

salicylate [salisilat] nm salicylate

salicylique [salisilik] adj ◆ **acide salicylique** salicylic acid

salien, -ienne [saljɛ̃, jɛn] adj ◆ **Francs saliens** Salic Franks

salière [saljɛʀ] nf (récipient) saltcellar, salt shaker; (*) [clavicule] saltcellar

salifère [salifɛʀ] adj saliferous

salifiable [salifjabl] adj salifiable

salification [salifikasjɔ̃] nf salification

salifier [salifje] ▸conjug 7◂ vt to salify

saligaud‡ [saligo] nm (malpropre) dirty ou filthy pig‡; (salaud) swine‡, bastard**

salin, e [salɛ̃, in] **1** adj saline
2 nm salt marsh
3 **saline** nf (entreprise) saltworks; (salin) salt marsh

salinier, -ière [salinje, jɛʀ] → SYN **1** adj salt (épith)
2 nm,f salt marsh worker

salinisation [salinizasjɔ̃] nf increase in salt content

salinité [salinite] → SYN nf salinity

salique [salik] adj Salic, Salian ◆ **loi salique** Salic law

salir [saliʀ] → SYN ▸conjug 2◂ **1** vt **a** lieu to (make) dirty, mess up*, make a mess in; objet to (make) dirty, soil ◆ **le charbon salit** coal is messy ou dirty
b imagination to corrupt, defile; réputation to sully, soil, tarnish ◆ **salir qn** to sully ou soil ou tarnish sb's reputation
2 **se salir** vpr **a** [tissu] to get dirty ou soiled; [personne] to get dirty, dirty o.s. ◆ **le blanc se salit facilement** white shows the dirt (easily), white soils easily ◆ (lit, fig) **se salir les mains** to get one's hands dirty, dirty one's hands
b (se déshonorer) to sully ou soil ou tarnish one's reputation

salissant, e [salisɑ̃, ɑ̃t] adj étoffe which shows the dirt, which soils easily; travail dirty, messy

salissure [salisyʀ] → SYN nf (saleté) dirt, filth; (tache) dirty mark

salivaire [salivɛʀ] adj salivary

salivation [salivasjɔ̃] → SYN nf salivation

salive [saliv] → SYN nf saliva, spittle ◆ (fig) **épargne** ou **ne gaspille pas ta salive** save your breath, don't waste your breath ◆ (fig) **avaler sa salive** to hold one's tongue ◆ **dépenser beaucoup de salive pour convaincre qn** to have to do a lot of talking ou use a lot of breath to persuade sb

saliver [salive] → SYN ▸conjug 1◂ vi to salivate; [animal], (péj) to drool ◆ **ça le faisait saliver** [nourriture] it made his mouth water; [spectacle] it made him drool

salle [sal] → SYN **1** nf **a** [musée, café] room; [château] hall; [restaurant] (dining) room; [hôpital] ward → **fille, garçon**
b (Ciné, Théât) (auditorium) auditorium, theatre; (public) audience; (cinéma) cinema (Brit), movie theater (US) ◆ **plusieurs salles de quartier ont dû fermer** several local cinemas had to close down ◆ **faire salle comble** to have a full house, pack the house ◆ **cinéma à plusieurs salles** film-centre with several cinemas ◆ **film projeté dans la salle 3** film showing in cinema 3 ◆ **son film sort en salle mercredi prochain** his (ou her) film will be in cinemas (Brit) ou movie theaters (US) next Wednesday, his (ou her) film is coming out next Wednesday
2 COMP ▷ **salle d'armes** arms room ▷ **salle d'attente** waiting room ▷ **salle d'audience** courtroom ▷ **salle de bain(s)** bathroom ▷ **salle de bal** ballroom ▷ **salle de banquets** [château] banqueting hall ▷ **salle de billard** billiard room ▷ **salle blanche** clean room ▷ **salle du chapitre** (Rel) chapter room ▷ **salle de cinéma** cinema (Brit), movie theater (US) ▷ **salle de classe** classroom ▷ **salle des coffres** strongroom, vault ▷ **salle commune** [colonie de vacances etc] commonroom; [hôpital] ward ▷ **salle de concert** concert hall ▷ **salle de conférences** lecture ou conference room; (grande) lecture hall ou theatre ▷ **salle de cours** classroom ▷ **salle de douches** shower-room, showers (pl) ▷ **salle d'eau** shower-room ▷ **salle d'embarquement** (Aviat) departure lounge ▷ **salle d'étude(s)** prep room ▷ **salle d'exposition** (Comm) showroom ▷ **salle des fêtes** village hall ▷ **salle de garde** staff waiting room *(in hospital)* ▷ **salle de jeux** (pour enfants) playroom, rumpus room (US); [casino] gaming room ▷ **salle des machines** engine room ▷ **salle à manger** (pièce) dining room; (meubles) dining room suite ▷ **les salles obscures** the cinemas (Brit), the movie theaters (US) ▷ **salle d'opération** operating theatre (Brit) ou room (US) ▷ **salle des pas perdus** (waiting) hall ▷ **salle de police** guardhouse, guardroom ▷ **salle**

des professeurs common room, staff room ▷ **salle de projection** film theatre ▷ **salle de réanimation** recovery room ▷ **salle de rédaction** (newspaper) office ▷ **salle de réveil** observation ward ▷ **salle de séjour** living room ▷ **salle de soins** treatment room ▷ **salle de spectacle** theatre, cinema ▷ **salle de sport** gym ▷ **salle de travail** [hôpital] labour room ▷ **salle du trône** throne room ▷ **salle des ventes** saleroom, auction room

salmanazar [salmanazaʀ] nm Salmanazar

salmigondis [salmigɔ̃di] → SYN nm (Culin, fig) hotchpotch (Brit), hodgepodge (US)

salmis [salmi] nm salmi ◆ **salmis de perdreaux** salmi of partridges

salmonella [salmɔnɛla] nf, **salmonelle** [salmɔnɛl] nf salmonella

salmonellose [salmɔneloz] nf salmonellosis

salmoniculteur [salmɔnikyltœʀ] nm salmon farmer

salmoniculture [salmɔnikyltyʀ] nf salmon farming

salmonidés [salmɔnide] nmpl ◆ **les salmonidés** salmonids, the Salmonidae (spéc)

saloir [salwaʀ] nm salting-tub

salol [salɔl] nm salol

Salomé [salɔme] nf Salome

Salomon [salɔmɔ̃] nm Solomon ◆ **le jugement de Salomon** the judgment of Solomon ◆ **les îles Salomon** the Solomon Islands

salomonien, -ienne [salomonjɛ̃, jɛn] 1 adj Solomonian
2 **Salomonien(ne)** nm,f Solomonian

salon [salɔ̃] → SYN 1 nm a [appartement, maison] lounge (Brit), sitting room, living room; [navire] saloon, lounge
b [hôtel] (pour les clients) lounge; (pour conférences, réceptions) function room
c (meubles) lounge (Brit) ou living-room suite; (de trois pièces) three-piece suite ◆ **salon de jardin** set of garden furniture
d (exposition) exhibition, show
e (cercle littéraire) salon ◆ (hum) **faire salon** to have a natter* → **dernier**
2 COMP ▷ **Salon des Arts ménagers** ≃ Ideal Home ou Modern Homes Exhibition (Brit) ▷ **salon d'attente** waiting room ▷ **Salon de l'Auto** Motor ou Car Show ▷ **salon de beauté** beauty salon ou parlour ▷ **salon de coiffure** hairdressing salon ▷ **salon d'essayage** fitting room ▷ **salon funéraire** (Can) funeral parlour, funeral home ou parlor (US) ▷ **Salon du Livre** Book Fair ▷ **salon particulier** private room ▷ **salon de réception** reception room ▷ **salon-salle à manger** living (room) cum dining room, living-dining room ▷ **salon de thé** tearoom

salonnard, e [salɔnaʀ, aʀd] nm,f (péj) lounge lizard*

saloon [salun] nm (Far-West) saloon

salop‡ [salo] nm ⇒ **salaud**‡

salopard‡ [salɔpaʀ] nm bastard‡, sod‡ (Brit)

salope‡ [salɔp] nf (méchante, déloyale) bitch‡, cow‡ (Brit); (dévergondée) whore, tart‡ (Brit); (sale) slut ◆ **toutes des salopes (sauf ma mère)!** they're all bitches‡ (except my mother)!

saloper‡ [salɔpe] ▸ conjug 1 ◂ vt (bâcler) to botch, bungle, make a mess of; (salir) to mess up*, muck up*

saloperie‡ [salɔpʀi] nf a (chose sans valeur) trash* (NonC), junk (NonC), rubbish (NonC) ◆ **ce transistor est une saloperie** ou **de la vraie saloperie** this transistor is absolute trash ou rubbish ◆ **ils n'achètent que des saloperies** they only buy trash ou junk ou rubbish
b (mauvaise nourriture) muck* (NonC), rubbish* (NonC) ◆ **ils nous ont fait manger de la saloperie** ou **des saloperies** they gave us awful muck ou rubbish to eat* ◆ **c'est bon, ces petites saloperies** these little bits and pieces are really good
c (maladie) **il a dû attraper une saloperie en vacances** he must have caught something ou a bug* on holiday ◆ **il récolte toutes les saloperies** he gets every blasted thing going*
d (ordure) dirt (NonC), mess (NonC), muck* (NonC) ◆ **le grenier est plein de saloperies** the attic is full of junk ou rubbish ◆ **quand on ramone la cheminée ça fait des saloperies** ou **de la saloperie partout** when the chimney gets swept there's dirt ou muck* ou (a) mess everywhere ◆ **va faire tes saloperies ailleurs** go and make your mess somewhere else
e (action) dirty trick*; (parole) bitchy remark* ◆ **faire une saloperie à qn** to play a dirty ou a lousy trick on sb*, do the dirty on sb*
f (obscénités) **saloperies** dirty ou filthy remarks* ◆ **dire des saloperies** to talk filth*, say filthy things*
g (crasse) filth

salopette [salɔpɛt] → SYN nf [ouvrier] overall(s); [femme, enfant] dungarees; (Ski) salopettes (Brit)

salpe [salp] nf salpa

salpêtre [salpɛtʀ] nm saltpetre ◆ **salpêtre du Chili** (Chile) saltpetre

salpêtrer [salpetʀe] ▸ conjug 1 ◂ vt a (Agr) terre to add saltpetre to
b mur to cover with saltpetre ◆ **cave salpêtrée** cellar covered with saltpetre

salpingite [salpɛ̃ʒit] nf salpingitis

salsa [salsa] nf salsa

salsepareille [salsəpaʀɛj] nf sarsaparilla

salsifis [salsifi] nm salsify, oyster-plant

SALT [salt] (abrév de **Strategic Arms Limitation Talks**) SALT

saltarelle [saltaʀɛl] nf saltarello

saltation [saltasjɔ̃] nf saltation

saltatoire [saltatwaʀ] adj saltatorial, saltatory

saltimbanque [saltɛ̃bɑ̃k] → SYN nmf (acrobate) acrobat; (forain) (travelling) performer; (professionnel du spectacle) entertainer

salto [salto] nm salto ◆ **salto avant/arrière** forward/backward somersault ◆ **double salto** double somersault

salubre [salybʀ] → SYN adj healthy, salubrious (frm)

salubrité [salybʀite] → SYN nf [lieu, région, climat] healthiness, salubrity (frm), salubriousness (frm) ◆ **par mesure de salubrité** as a health measure ◆ **salubrité publique** public health

saluer [salɥe] → SYN ▸ conjug 1 ◂ vt a (dire bonjour) to greet ◆ **se découvrir/s'incliner pour saluer qn** to raise one's hat/bow to sb (in greeting) ◆ **saluer qn de la main** to wave (one's hand) to sb (in greeting) ◆ **saluer qn d'un signe de tête** to nod (a greeting) to sb ◆ **saluer qn à son arrivée** to greet sb on his arrival ◆ **saluer une dame dans sa loge** to pay one's respects to a lady in her box ◆ **saluez-le de ma part** give him my regards
b (dire au revoir) to take one's leave ◆ **il nous salua et sortit** he took his leave (of us) and went out ◆ **saluer qn à son départ** to take one's leave of sb (as one goes) ◆ **acteur qui salue (le public)** actor who bows to the audience
c (Mil, Naut) supérieur, drapeau, navire to salute
d (témoigner son respect) ennemi vaincu, héroïsme to salute ◆ **nous saluons en vous l'homme qui a sauvé tant de vies** we salute you as the man who has saved so many lives ◆ **je salue le courage des sauveteurs** I salute the courage of the rescuers
e (célébrer, acclamer) décision, événement to greet; arrivée to greet, hail ◆ **saluer qn comme roi** to acclaim ou hail sb (as) king ◆ (Rel) **« je vous salue, Marie »** "Hail, Mary" ◆ **nous saluons la naissance d'un nouveau journal** we greet ou salute the birth of a new newspaper ◆ (hum) **il/son arrivée fut salué(e) par des huées** he/his arrival was greeted with ou by booing

salut [saly] → SYN 1 nm a (de la main) wave (of the hand); (de la tête) nod (of the head); (du buste) bow; (Mil, Naut) salute ◆ **faire un salut** to wave (one's hand); to nod (one's head); to bow ◆ **faire le salut militaire** to give the military salute ◆ **salut au drapeau** salute to the colours
b (sauvegarde) [personne] (personal) safety; [nation] safety ◆ **trouver/chercher son salut dans la fuite** to find/seek safety in flight ◆ **elle n'a dû son salut qu'à son courage** only her courage saved her ◆ **mesures de salut public** state security measures, measures to protect national security ◆ **ancre** ou **planche de salut** sheet anchor (fig)
c (Rel: rédemption) salvation → **armée**[2], **hors**
2 excl a (*) (bonjour) hi (there)!*, hello!; (au revoir) see you!*, bye!*, cheerio!* ◆ (Brit) **salut, les gars!** hi (there) lads!* (Brit) ou guys!* (US) ◆ (rien à faire) **salut!** no thanks!
b (littér) (all) hail ◆ **salut (à toi) puissant seigneur** (all) hail (to thee) mighty lord (littér) ◆ **salut, forêt de mon enfance** hail (to thee), o forest of my childhood (littér)

salutaire [salytɛʀ] → SYN adj a conseil salutary (épith), profitable (épith); choc, épreuve salutary (épith); influence healthy (épith), salutary (épith); dégoût healthy (épith) ◆ **cette déception lui a été salutaire** that disappointment was good for him ou did him some good
b air healthy, salubrious (frm); remède beneficial ◆ **ce petit repos m'a été salutaire** that little rest did me good ou was good for me

salutairement [salytɛʀmɑ̃] adv (littér) conseiller profitably; réagir in a healthy way

salutation [salytasjɔ̃] → SYN nf salutation, greeting ◆ **veuillez agréer, Monsieur, mes salutations distinguées** yours faithfully ou truly ◆ (Rel) **la salutation angélique** the Angelic Salutation

salutiste [salytist] adj, nmf Salvationist

Salvador [salvadɔʀ] nm ◆ **Le Salvador** El Salvador

salvadorien, -ienne [salvadɔʀjɛ̃, jɛn] 1 adj Salvadorian
2 nm,f ◆ **Salvadorien(ne)** Salvadorian

salvateur, -trice [salvatœʀ, tʀis] → SYN adj (littér) saving (épith)

salve [salv] → SYN nf (Mil) salvo; [applaudissements] salvo, volley

Salzbourg [salzbuʀ] n Salzburg

samare [samaʀ] nf samara, key fruit

Samarie [samaʀi] nf Samaria

samaritain, e [samaʀitɛ̃, ɛn] 1 adj Samaritan
2 nm,f ◆ **Samaritain(e)** Samaritan → **bon**[1]

samarium [samaʀjɔm] nm samarium

samba [sɑ̃(m)ba] nf samba

samedi [samdi] nm Saturday ◆ **samedi saint** Holy ou Easter Saturday ◆ **samedi nous irons** on Saturday we'll go ◆ **samedi nous sommes allés ...** on Saturday ou last Saturday we went ... ◆ **samedi prochain** next Saturday, Saturday next ◆ **samedi qui vient** this Saturday, next Saturday ◆ **samedi dernier** last Saturday ◆ **le premier/dernier samedi du mois** the first/last Saturday of ou in the month ◆ **un samedi sur deux** every other ou second Saturday ◆ **nous sommes samedi (aujourd'hui)** it's Saturday (today) ◆ **samedi, le 18 décembre** Saturday December 18th ◆ **le samedi 23 janvier** on Saturday January 23rd ◆ **il y a huit/quinze jours samedi dernier** a week/a fortnight (Brit) ou two weeks past on Saturday ◆ **le samedi suivant** the following Saturday ◆ **l'autre samedi** the Saturday before last ◆ **samedi matin/après-midi** Saturday morning/afternoon ◆ **samedi soir** Saturday evening ou night ◆ **la nuit de samedi** Saturday night ◆ **l'édition de samedi** ou **du samedi** the Saturday edition → **huit**, **quinze**

samit [sami] nm samite

samizdat [samizdat] nm (diffusion) samizdat; (ouvrage) samizdat publication

Samoa [samɔa] nm Samoa

samoan, e [samɔɑ̃, an] 1 adj Samoan
2 nm,f ◆ **Samoan(e)** Samoan

samole [samɔl] nm brookweed, water pimpernel

samouraï [samuʀaj] nm samurai

samovar [samɔvaʀ] nm samovar

samoyède [samɔjɛd] nm (Ling) Samoyed(e)

sampan(g) [sɑ̃pɑ̃] nm sampan

Samson [sɑ̃sɔ̃] nm Samson ◆ **Samson et Dalila** Samson and Delilah

SAMU [samy] nm (abrév de **Service d'aide médicale d'urgence**) → **service**

Samuel [samyɛl] nm Samuel

samouraï [samuʀaj] nm ⇒ **samouraï**

sana* [sana] nm abrév de **sanatorium**

Sanaa [sanaa] n San'a, Sanaa

sanatorium [sanatɔʀjɔm] → SYN nm sanatorium (Brit), sanitarium (US)

Sancho Pança [sɑ̃ʃopɑ̃sa] nm Sancho Panza

sanctifiant, e [sɑ̃ktifjɑ̃, jɑ̃t] adj sanctifying (épith)

sanctificateur, -trice [sɑ̃ktifikatœʀ, tʀis] 1 adj sanctifying (épith)
2 nm,f sanctifier
3 nm ◆ **le Sanctificateur** the Holy Spirit ou Ghost

sanctification [sɑ̃ktifikasjɔ̃] nf sanctification

sanctifié, e [sɑ̃ktifje] (ptp de **sanctifier**) adj blessed

sanctifier [sɑ̃ktifje] → SYN ▸ conjug 7 ◂ vt to sanctify, hallow, bless ◆ **sanctifier le dimanche** to observe the Sabbath ◆ (Rel) **« que ton nom soit sanctifié »** "hallowed be Thy name"

sanction [sɑ̃ksjɔ̃] → SYN nf a (condamnation) sanction, penalty; (Scol) punishment; (fig: conséquence) penalty (*de* for) ◆ **sanctions économiques** economic sanctions ◆ **prendre des sanctions contre qn** to take action against sb ◆ **imposer des sanctions à qn** to impose sanctions on sb
b (ratification) sanction (NonC), approval (NonC) ◆ **recevoir la sanction de qn** to obtain sb's sanction ou approval ◆ (conséquence) **c'est la sanction du progrès** this is the outcome of progress

sanctionner [sɑ̃ksjɔne] → SYN ▸ conjug 1 ◂ vt a (punir) faute, personne to punish
b (consacrer) (gén) to sanction, approve; loi to sanction ◆ **ce diplôme sanctionne les études secondaires** this diploma marks the successful conclusion of secondary education

sanctuaire [sɑ̃ktɥɛʀ] → SYN nm a (Rel) (lieu saint) sanctuary, shrine; [temple, église] sanctuary
b (fig littér) sanctuary
c (Pol) sanctuary

sanctuariser [sɑ̃ktɥaʀize] ▸ conjug 1 ◂ vt to give the status of sanctuary to

sanctus [sɑ̃ktys] nm sanctus

sandale [sɑ̃dal] → SYN nf sandal

sandalette [sɑ̃dalɛt] nf sandal

sandaraque [sɑ̃daʀak] nf (résine) sandarac(h)

sanderling [sɑ̃dɛʀliŋ] nm ◆ **(bécasseau) sanderling** sanderling

sandinisme [sɑ̃dinism] nm Sandinist(a) ideology

sandiniste [sɑ̃dinist] adj, nmf Sandinist(a)

sandjak [sɑ̃dʒak] nm sanjak

sandow ® [sɑ̃do] nm (attache) luggage elastic; (Aviat) catapult

sandre [sɑ̃dʀ] → SYN nm pikeperch

sandwich, pl **sandwiches** ou **sandwichs** [sɑ̃dwi(t)ʃ] → SYN nm sandwich ◆ **sandwich au jambon** ham sandwich ◆ **(pris) en sandwich (entre)*** sandwiched (between) ◆ **les 2 voitures l'ont pris en sandwich*** he was sandwiched between the 2 cars → **homme**

sandwicherie [sɑ̃dwi(t)ʃəʀi] nf sandwich shop (Brit) ou bar (US)

San Francisco [sɑ̃ fʀɑ̃sisko] n San Francisco

sang [sɑ̃] → SYN nm a (lit, fig) blood ◆ **sang artériel / veineux** arterial / venous blood ◆ **sang contaminé** infected blood ◆ **animal à sang froid / chaud** cold / warm-blooded animal ◆ **le sang a coulé** blood has flowed ◆ **verser** ou **faire couler le sang** to shed ou spill blood ◆ **cela finira dans le sang** blood will be shed ◆ (fig) **avoir du sang sur les mains** to have blood on one's hands ◆ **son sang crie vengeance** his blood cries (for) vengeance ◆ **être en sang** to be bleeding ◆ **pincer qn (jusqu') au sang** to pinch sb till he bleeds ou till the blood comes ◆ **payer son crime de son sang** to pay for one's crime with one's life ◆ **donner son sang pour sa patrie** to shed one's blood for one's country ◆ (Rel) **le sang du Christ, le Précieux Sang** the blood of Christ, the Precious Blood → **bon**[1], **donneur**, **feu**[1], **mauvais**, **noyer**[2], **pinte**
b (race, famille) blood ◆ **de sang royal** of royal blood ◆ **avoir du sang bleu** to have blue blood, be blue-blooded ◆ **du même sang** of the same flesh and blood ◆ **liens du sang** blood ties, ties of blood → **prince**, **voix**
c LOC **avoir le sang chaud** (s'emporter facilement) to be hotheaded; (être sensuel) to be hot-blooded ◆ (fig) **un apport de sang frais** an injection of new ou fresh blood (*dans* into) ◆ **se faire un sang d'encre*** to be worried stiff* ◆ **avoir du sang dans les veines** to have courage ou guts* ◆ **il n'a pas de sang dans les veines, il a du sang de navet** ou **de poulet** (manque de courage) he's a spineless individual, he's got no guts*; (manque d'énergie) he's a lethargic individual ◆ **il a le jeu / la passion de la musique dans le sang** he's got gambling / a passion for music in his blood ◆ **le sang lui monta au visage** the blood rushed to his face ◆ **avoir le sang qui monte à la tête** to be about to burst out in anger ◆ **coup de sang** (Méd) stroke ◆ (fig: colère) **attraper un coup de sang** to fly into a rage ◆ **mon sang n'a fait qu'un tour** (émotion, peur) my heart missed ou skipped a beat; (colère, indignation) I saw red ◆ **se ronger** ou **se manger les sangs** to worry (o.s.), fret ◆ **tourner les sangs à qn** to shake sb up ◆ **histoire à glacer le sang** bloodcurdling story ◆ **son sang se glaça** ou **se figea dans ses veines** his blood froze ou ran cold in his veins → **suer**

sang-de-dragon [sɑ̃d(ə)dʀagɔ̃], **sang-dragon** [sɑ̃dʀagɔ̃] nm inv (résine) dragon's blood

sang-froid [sɑ̃fʀwa] → SYN nm inv sangfroid, cool*, calm ◆ **garder / perdre son sang-froid** to keep / lose one's head ou one's cool* ◆ **faire qch de sang-froid** to do sth in cold blood ou cold-bloodedly ◆ **répondre avec sang-froid** to reply coolly ou calmly ◆ **meurtre accompli de sang-froid** cold-blooded murder

sanglant, e [sɑ̃glɑ̃, ɑ̃t] → SYN adj a couteau, plaie bloody; bandage, habits blood-soaked, bloody; mains, visage covered in blood, bloody
b combat, guerre bloody
c insulte, reproche cruel, extremely hurtful; défaite cruel
d (littér: couleur) blood-red

sangle [sɑ̃gl] → SYN nf (gén) strap; [selle] girth ◆ [siège] **sangles** webbing ◆ [parachute] **sangle d'ouverture automatique** ripcord ◆ (Anat) **sangle abdominale** abdominal muscles → **lit**

sangler [sɑ̃gle] → SYN ▸ conjug 1 ◂ 1 vt cheval to girth; colis, corps to strap up ◆ **sanglé dans son uniforme** done up ou strapped up tight in one's uniform
2 **se sangler** vpr to do one's belt up tight

sanglier [sɑ̃glije] → SYN nm (wild) boar

sanglot [sɑ̃glo] → SYN nm sob ◆ **avoir des sanglots dans la voix** to have a sob in one's voice ◆ **elle répondit dans un sanglot que ...** she answered with a sob that ... → **éclater**

sangloter [sɑ̃glɔte] → SYN ▸ conjug 1 ◂ vi to sob

sang-mêlé [sɑ̃mele] → SYN nmf inv half-caste

sangria [sɑ̃gʀija] nf sangria

sangsue [sɑ̃sy] → SYN nf (lit, fig) leech

sanguin, e [sɑ̃gɛ̃, in] → SYN 1 adj a caractère, homme fiery; visage ruddy, sanguine (frm) ◆ **orange sanguine** blood orange
b (Anat) blood (épith)
2 **sanguine** nf a (Bot) blood orange
b (dessin) red chalk drawing; (crayon) red chalk, sanguine (spéc)

sanguinaire [sɑ̃ginɛʀ] → SYN 1 adj personne bloodthirsty, sanguinary (frm, littér); combat bloody, sanguinary (frm, littér)
2 nf (plante) bloodroot, sanguinaria

sanguinolent, e [sɑ̃ginɔlɑ̃, ɑ̃t] adj crachat streaked with blood ◆ **plaie sanguinolente** wound that is bleeding slightly ou from which blood is oozing

sanguisorbe [sɑ̃g(ɥ)isɔʀb] nf burnet

sanhédrin [sanedʀɛ̃] nm Sanhedrin

sanicle [sanikl] nf sanicle

sanie [sani] → SYN nf sanies (sg)

Sanisette ® [sanizɛt] nf *coin-operated public toilet*, Superloo ® (Brit)

sanitaire [sanitɛʀ] → SYN 1 adj a (Méd) services, mesures health (épith); conditions sanitary ◆ **campagne sanitaire** campaign to improve sanitary conditions → **cordon**, **train**
b (Plomberie) **l'installation sanitaire est défectueuse** the bathroom plumbing is faulty ◆ **appareil sanitaire** bathroom ou sanitary appliance
2 nm ◆ **le sanitaire** bathroom installations ◆ **les sanitaires** (lieu) the bathroom; (appareils) the bathroom (suite); (plomberie) the bathroom plumbing

San José [sɑ̃ʒoze] n San José

San Juan [sɑ̃ʒyɑ̃] n San Juan

sans [sɑ̃] → SYN 1 prép a (privation, absence) without ◆ **ménage sans enfant** childless couple ◆ **sans père / mère** fatherless / motherless, with no father / mother ◆ **il est sans secrétaire en ce moment** he is without a secretary at the moment, he has no secretary at the moment ◆ **ils sont sans argent** ou **sans un sou** ou **sans le sou*** they have no money, they are penniless ◆ **je suis sorti sans chapeau ni manteau** I went out without (a) hat or coat ou with no hat or coat ◆ **repas à 60 F sans le vin** meal at 60 francs exclusive of wine ou not including wine ◆ **on a retrouvé le sac, mais sans l'argent** they found the bag minus the money ou but without the money ◆ **être sans abri** to be homeless ◆ **être sans travail** ou **sans emploi** to be unemployed ou out of work
b (manière, caractérisation) without ◆ **manger sans fourchette** to eat without a fork ◆ **boire sans soif** to drink without being thirsty ◆ **il est parti sans même** ou **sans seulement un mot de remerciement** he left without even a word of thanks ou without so much as a word of thanks ◆ **la situation est sans remède** the situation cannot be remedied ou is beyond ou past remedy, the situation is hopeless ◆ **l'histoire n'est pas sans intérêt** the story is not devoid of interest ou is not without interest ◆ **nous avons trouvé sa maison sans mal** we found his house with no difficulty ou with no trouble ou without difficulty ◆ **la situation n'est pas sans nous inquiéter** the situation is somewhat disturbing ◆ **il a accepté sans hésitation** he accepted unhesitatingly ou without hesitation ◆ **travailler sans arrêt** ou (littér) **sans trêve** to work ceaselessly (littér) ou without a break ou relentlessly ◆ **marcher sans chaussures** to walk barefoot ◆ **marcher sans but** to walk aimlessly ◆ **promenade sans but** aimless walk ◆ **il est sans scrupule** he is unscrupulous, he has no scruples, he is devoid of scruple(s) ◆ **il est sans préjugés** he is unprejudiced ou unbiased ou free from prejudice(s) ◆ (fig) **objet sans prix** priceless object ◆ **robe sans manches** sleeveless dress ◆ **pièce sans tapis** uncarpeted room ◆ (Scol) **dictée sans fautes** error-free dictation ◆ **je le connais, sans plus** I know him but no more than that → **cesse**, **doute**, **effort** etc
c (cause ou condition négative) but for ◆ **sans cette réunion, il aurait pu partir ce soir** if it had not been for ou were it not for ou but for this meeting he could have left tonight ◆ **sans sa présence d'esprit, il se tuait** had he not had such presence of mind ou without ou but for his presence of mind he would have killed himself
d (avec infin ou subj) without ◆ **vous n'êtes pas sans savoir** you must be aware, you cannot but know (frm) ◆ **il est entré sans faire de bruit** he came in without making a noise ou noiselessly ◆ **il est entré sans (même** ou **seulement) que je l'entende** he came in without my (even) hearing him ◆ **je n'irai pas sans être invité** I won't go without being invited ou unless I am invited ◆ **sans que cela (ne) vous dérange** as long as ou provided that it doesn't put you out ◆ **il lui écrivit sans plus attendre** he wrote to her without further delay ◆ **j'y crois sans y croire** I believe it and I don't ◆ **sans (même) que nous le sachions, il avait écrit** he had written without our (even) knowing ◆ **je ne suis pas sans avoir des doutes sur son honnêteté** I have my doubts ou I am not without some doubts as to his honesty ◆ **il ne se passe pas de jour sans qu'il lui écrive** not a day passes without his writing to him ou but that (littér)

he writes to him ◆ **il va sans dire que** it goes without saying that → **jamais**

e **non sans peine** ou **mal** ou **difficulté** not without difficulty ◆ **l'incendie a été maîtrisé, non sans que les pompiers aient dû intervenir** the fire was brought under control but not until the fire brigade were brought in ou but not without the fire brigade's being brought in

f (*) **sans ça, sans quoi** otherwise ◆ **si on m'offre un bon prix je vends ma voiture, sans ça** ou **sans quoi je la garde** I'll sell my car if I'm offered a good price for it but otherwise ou if not, I'll keep it ◆ **sois sage, sans ça ...!** be good or else ...!, be good – otherwise ...!

2 adv ◆ (*) **votre parapluie! vous alliez partir sans** your umbrella! you were going to go off without it ◆ **il a oublié ses lunettes et il ne peut pas conduire sans** he's forgotten his glasses, and he can't drive without them

3 COMP ▷ **sans domicile fixe** (adj) of no fixed abode; (nmf inv) person of no fixed abode ▷ **sans faute** loc adv without fail

sans-abri [sɑ̃zabʀi] → SYN nmf inv homeless person ◆ **les sans-abri** the homeless

San Salvador [sɑ̃salvadɔʀ] n San Salvador

sans-cœur [sɑ̃kœʀ] → SYN 1 adj inv heartless
2 nmf inv heartless person

sanscrit, e [sɑ̃skʀi, it] adj, nm ⇒ **sanskrit, e**

sanscritisme [sɑ̃skʀitism] nm ⇒ **sanskritisme**

sanscritiste [sɑ̃skʀitist] nmf ⇒ **sanskritiste**

sans-culotte, pl **sans-culottes** [sɑ̃kylɔt] nm (Hist) sans culotte

sans-emploi [sɑ̃zɑ̃plwa] → SYN nmf inv unemployed person ◆ **les sans-emploi** the jobless, the unemployed, those out of work ◆ **le nombre des sans-emploi** the number of unemployed ou of those out of work, the jobless figure

sans-faute [sɑ̃fot] nm inv ◆ **faire un sans-faute** (Équitation) to do a clear round; (fig: Pol etc) not to put a foot wrong

sansevière [sɑ̃s(ə)vjɛʀ] nf sansevieria

sans-façon [sɑ̃fasɔ̃] nm inv casualness, offhandedness

sans-fil [sɑ̃fil] nf wireless telegraphy

sans-filiste, pl **sans-filistes** [sɑ̃filist] nmf wireless enthusiast

sans-gêne [sɑ̃ʒɛn] → SYN 1 adj inv inconsiderate
2 nm inv lack of consideration (for others), inconsiderateness
3 nmf inv inconsiderate type

sans-grade [sɑ̃gʀad] nmf inv **a** (Mil) serviceman, enlisted man (US)
b (subalterne) nobody, peon (US)

sanskrit, e [sɑ̃skʀi, it] adj, nm Sanskrit

sanskritisme [sɑ̃skʀitism] nm Sanskrit studies

sanskritiste [sɑ̃skʀitist] nmf Sanskritist

sans-le-sou* [sɑ̃l(ə)su] nmf inv ◆ **c'est un sans-le-sou** he's penniless

sansonnet [sɑ̃sɔnɛ] → SYN nm starling → **roupie**

sans-opinion [sɑ̃zɔpinjɔ̃] nmf inv don't-know

sans-papiers [sɑ̃papje] nmf inv illegal immigrant *(without working papers)*

sans-parti [sɑ̃paʀti] → SYN nmf inv (gén) member of no political party; (candidat) independent

sans-patrie [sɑ̃patʀi] → SYN nmf inv stateless person

sans-soin [sɑ̃swɛ̃] → SYN 1 adj inv careless
2 nmf inv careless person

sans-souci [sɑ̃susi] → SYN adj inv carefree

sans-travail [sɑ̃tʀavaj] nmf inv ⇒ **sans-emploi**

santal [sɑ̃tal] nm sandal, sandalwood ◆ **bois de santal** sandalwood ◆ **huile de santal** sandalwood oil

santé [sɑ̃te] → SYN nf **a** (personne, esprit, pays) health ◆ **santé mentale** mental health ◆ **en bonne / mauvaise santé** in good / bad health ◆ (Écon) **la bonne santé du franc** the good health of the Franc ◆ **c'est bon / mauvais pour la santé** it's good / bad for the health ou for you ◆ **être en pleine santé** to be in perfect health ◆ **avoir la santé** to be healthy, be in good health ◆ (fig: énergie) **il a la santé!*** he must have lots of energy!* ◆ **il n'a pas de santé, il a une petite santé** he's not a healthy type, he has poor health, he's not very strong ◆ **avoir une santé de fer** to have an iron constitution ◆ **comment va la santé?*** how are you keeping?* (Brit) ou doing?* (US) ◆ **meilleure santé** get well soon → **maison, raison, respirer**
b (Admin) **la santé publique** public health ◆ (Naut) **la santé** the quarantine service ◆ (Admin) **services de santé** health services → **ministère, ministre**
c (en trinquant) **à votre santé!, santé!*** cheers!*, (your) good health! ◆ **à la santé de Paul!** (here's to) Paul! ◆ **boire à la santé de qn** to drink (to) sb's health

santiag [sɑ̃tjag] nm cowboy boot

Santiago [sɑ̃tjago] n Santiago

santoline [sɑ̃tɔlin] nf santolina

santoméen, enne [sɑ̃tomeɛ̃, ɛn] 1 adj Samoan
2 nm (langue) Samoan
3 **Santoméen(ne)** nm,f Samoan

santon [sɑ̃tɔ̃] → SYN nm (ornamental) figure *(at a Christmas crib)*

santonine [sɑ̃tɔnin] nf santonin

Santorin [sɑ̃tɔʀɛ̃] n Thera, Santorini

São Paulo [saopolo] n São Paulo

São Tomé et Principe [saotɔmeepʀɛ̃sip] n São Tomé e Principe

saoudien, -ienne [saudjɛ̃, jɛn] 1 adj Saudi Arabian
2 nm,f ◆ **Saoudien(ne)** Saudi Arabian

saoul, e [su, sul] → SYN ⇒ **soûl**

saoulard, e*⁑* [sulaʀ, aʀd] nm,f ⇒ **soûlard⁑**

sapajou [sapaʒu] → SYN nm (Zool) sapajou

sape [sap] → SYN nf **a** (lit, fig: action) undermining, sapping; (tranchée) approach ou sapping trench ◆ **travail de sape** (Mil) sap; (fig) insidious undermining process ou work
b (habits) **sapes⁑** gear* (NonC), clobber⁑ (NonC. Brit)

sapement [sapmɑ̃] nm undermining, sapping

saper [sape] → SYN ▸conjug 1◂ 1 vt (lit, fig) to undermine, sap ◆ **saper le moral à qn*** to knock the stuffing out of sb*
2 **se saper⁑** vpr to do o.s. up* ◆ **il s'était sapé pour aller danser** he had done ou got himself up to go dancing* ◆ **bien sapé** well-dressed

saperlipopette [sapɛʀlipɔpɛt] excl († hum) gad! (††, hum), gadzooks! (††, hum)

sapeur [sapœʀ] → SYN nm (Mil) sapper → **fumer**

sapeur-pompier, pl **sapeurs-pompiers** [sapœʀpɔ̃pje] nm fireman, fire fighter

saphène [safɛn] 1 adj saphenous
2 nf saphena

saphique [safik] adj, nm (Littérat) Sapphic

saphir [safiʀ] 1 nm (pierre) sapphire; (aiguille) sapphire, needle; [platine-disque] stylus
2 adj inv sapphire

saphisme [safism] → SYN nm sapphism

sapide [sapid] → SYN adj sapid

sapidité [sapidite] → SYN nf sapidity ◆ **agent de sapidité** flavour enhancer

sapience† [sapjɑ̃s] nf sapience (frm), wisdom

sapiential, e, mpl **-iaux** [sapjɑ̃sjal, sapjɛ̃sjal, jo] adj ◆ **livres sapientiaux** sapiential books

sapin [sapɛ̃] → SYN nm (arbre) fir (tree); (bois) fir ◆ **sapin de Noël** Christmas tree ◆ **costume en sapin⁑** wooden overcoat⁑ ◆ **une toux qui sent le sapin⁑** a cough which sounds as though one hasn't long to go

sapine [sapin] nf **a** (planche) fir plank
b (Constr) jib crane

sapinette [sapinɛt] nf spruce (tree)

sapinière [sapinjɛʀ] nf fir plantation ou forest

saponacé, e [sapɔnase] adj saponaceous

saponaire [sapɔnɛʀ] nf saponin

saponase [sapɔnaz] nf lipase

saponifiable [sapɔnifjabl] adj saponifiable

saponification [sapɔnifikasjɔ̃] nf saponification

saponifier [sapɔnifje] ▸conjug 7◂ vt to saponify

saponine [sapɔnin] nf saponine

saponite [sapɔnit] nf saponite

sapotier [sapɔtje] nm ⇒ **sapotillier**

sapotille [sapɔtij] nf sapodilla

sapotillier [sapɔtije] nm sapodilla (tree)

sapristi*† [sapʀisti] excl (colère) for God's sake!⁑; (surprise) good grief!*, (good) heavens!†

sapropèle [sapʀɔpɛl] nm sapropel

saprophage [sapʀɔfaʒ] 1 adj saprophagous
2 nm saprophagous animal

saprophile [sapʀɔfil] adj saprophilous

saprophyte [sapʀɔfit] 1 adj (Bio, Méd) saprophyte
2 nm saprophyte

saquer* [sake] ▸conjug 1◂ vt ⇒ **sacquer***

S.A.R. (abrév de **Son Altesse Royale**) HRH

sarabande [saʀabɑ̃d] → SYN nf (danse) saraband; (*: tapage) racket, hullabaloo*; (succession) jumble ◆ **faire la sarabande*** to make a racket ou a hullabaloo* ◆ **les souvenirs / chiffres qui dansent la sarabande dans ma tête** the memories / figures that are whirling around in my head

Saragosse [saʀagɔs] n Saragossa

Sara(h) [saʀa] nf Sarah

Sarajevo [saʀajevo] n Sarajevo

Sarasvati [saʀasvati] nf Sarasvati

sarbacane [saʀbakan] nf (arme) blowpipe, blowgun; (jouet) peashooter

sarcasme [saʀkasm] → SYN nm (ironie) sarcasm; (remarque) sarcastic remark

sarcastique [saʀkastik] → SYN adj sarcastic

sarcastiquement [saʀkastikmɑ̃] adv sarcastically

sarcelle [saʀsɛl] nf teal

sarcine [saʀsin] nf sarcina

sarclage [saʀklaʒ] nm (→ **sarcler**) weeding; hoeing

sarcler [saʀkle] → SYN ▸conjug 1◂ vt jardin, culture to weed; mauvaise herbe to hoe

sarclette [saʀklɛt] nf spud, weeding hoe

sarcleur, -euse [saʀklœʀ, øz] nm,f (→ **sarcler**) weeder; hoer

sarcloir [saʀklwaʀ] nm spud, weeding hoe

sarcoïde [saʀkɔid] nf sarcoid

sarcomateux, -euse [saʀkɔmatø, øz] adj sarcomatoid, sarcomatous

sarcome [saʀkom] nm sarcoma ◆ **sarcome de Kaposi** Kaposi's Sarcoma

sarcomère [saʀkɔmɛʀ] nm sarcomere

sarcophage [saʀkɔfaʒ] → SYN nm (cercueil) sarcophagus

sarcoplasme [saʀkɔplasm] nm sarcoplasm

sarcopte [saʀkɔpt] nm itch mite, sarcoptid (spéc)

Sardaigne [saʀdɛɲ] nf Sardinia

sardane [saʀdan] nf sardana

sarde [saʀd] 1 adj Sardinian
2 nm (Ling) Sardinian
3 nmf ◆ **Sarde** Sardinian

sardine [saʀdin] → SYN nf **a** sardine ◆ **serrés** ou **tassés comme des sardines (en boîte)** packed ou squashed together like sardines (in a tin (Brit) ou can (US))
b (arg Mil) stripe

sardinerie [saʀdinʀi] nf sardine cannery

sardinier, -ière [saʀdinje, jɛʀ] 1 adj sardine (épith)
2 nm,f (ouvrier) sardine canner
3 nm (bateau) sardine boat; (pêcheur) sardine fisher

sardoine [saʀdwan] nf (Minér) sard, sardius

sardonique [sardɔnik] → SYN adj sardonic

sardoniquement [sardɔnikmɑ̃] adv sardonically

sardonyx [sardɔniks] nf sardonyx

sargasse [sargas] nf sargasso, gulfweed ◆ **la mer des Sargasses** the Sargasso Sea

sari [sari] nm sari, saree

sarigue [sarig] → SYN nf (o)possum

SARL [ɛsaɛrɛl] nf (abrév de **société à responsabilité limitée**) limited liability company ◆ **Raymond SARL** Raymond Ltd (Brit), Raymond Inc. (US) → **société**

sarment [sarmɑ̃] nm (tige) twining ou climbing stem, bine (spéc) ◆ **sarment (de vigne)** vine shoot

sarmenter [sarmɑ̃te] ▸ conjug 1 ◂ vi to pick up vine shoots

sarmenteux, -euse [sarmɑ̃tø, øz] adj plante climbing (épith); tige climbing (épith), twining (épith)

sarong [sarɔ̃(g)] nm sarong

saros [saros, sarɔs] nm saros

saroual [sarwal], **sarouel** [sarwɛl] nm *North-African trousers with a baggy crotch*

sarracéniale [sarasenjal] nf pitcher plant

sarrasin¹, e¹ [sarazɛ̃, in] (Hist) **1** adj Saracen **2** nm,f ◆ **Sarrasin(e)** Saracen

sarrasin² [sarazɛ̃] → SYN nm (Bot) buckwheat

sarrasine² [sarazin] → SYN nf (Archéol) portcullis

sarrau [saro] → SYN nm smock

Sarre [sar] nf (région) Saarland ◆ (rivière) **la Sarre** the Saar

sarrette [sarɛt] nf saw-wort

sarriette [sarjɛt] nf savory

sarrois, e [sarwa, waz] **1** adj Saar (épith) **2** nm,f ◆ **Sarrois(e)** inhabitant ou native of the Saar

sartrien, -ienne [sartrijɛ̃, jɛn] adj Sartrian, of Sartre

S.A.S. [ɛsaɛs] (abrév de **Son Altesse Sérénissime**) HSH

sas [sɑs] → SYN nm **a** (Espace, Naut) airlock; [écluse] lock; [banque] double-entrance security door ◆ **sas de décompression** decompression airlock **b** (tamis) sieve, screen

sashimi [saʃimi] nm sashimi

sassafras [sasafra] nm sassafras

sassage [sɑsaʒ] nm [semoule] sifting, screening; [métal] polishing (with sand)

sassanide [sasanid] **1** adj Sassanian **2** nmf ◆ **Sassanide** Sassanid

sasser [sɑse] → SYN ▸ conjug 1 ◂ vt farine to sift, screen; péniche to pass through a lock

sasseur, -euse [sɑsœr, øz] nm,f [farine] sifter, screener

Satan [satɑ̃] nm Satan

satané, e* [satane] adj blasted*, confounded*

satanique [satanik] → SYN adj (de Satan) satanic; (fig) rire, plaisir, ruse fiendish, satanic, wicked

satanisme [satanism] nm (culte) Satanism; (fig) fiendishness, wickedness ◆ (fig) **c'est du satanisme!** it's fiendish! ou wicked!

satellisable [satelizabl] adj fusée which can be put into orbit

satellisation [satelizasjɔ̃] nf **a** [fusée] (launching and) putting into orbit ◆ **programme de satellisation** satellite launching programme **b** [pays] **la satellisation de cet état est à craindre** it is to be feared that this state will become a satellite (state)

satelliser [satelize] → SYN ▸ conjug 1 ◂ vt fusée to put into orbit (round the earth); pays to make a satellite of, make into a satellite

satellitaire [sateliter] adj photo, programme satellite (épith)

satellite [satelit] → SYN nm **a** (Astron, Espace, Pol) satellite ◆ **satellite artificiel / naturel** artificial / natural satellite ◆ **satellite de communication / de télécommunications / de radiodiffusion** communications / telecommunications / broadcast satellite ◆ **satellite géostationnaire** geostationary satellite ◆ **satellite habité / inhabité** manned / unmanned satellite ◆ **satellite météorologique** weather satellite ◆ **satellite d'observation** monitoring satellite ◆ **satellite-espion** spy satellite, spy-in-the-sky* ◆ **satellite antisatellite, satellite d'intervention** killer satellite ◆ **satellite-relais** ⇒ **satellite de télécommunications** ◆ **pays / villes satellites** satellite countries / towns **b** [aérogare] satellite ◆ **satellite numéro 5** satellite number 5 **c** (Tech) **(pignon) satellite** bevel pinion

sati [sati] nf inv, nm inv suttee

satiété [sasjete] → SYN nf satiety, satiation ◆ **(jusqu') à satiété** manger, boire to satiety ou satiation; répéter ad nauseam ◆ **j'en ai à satiété** I've more than enough, I've enough and to spare

satin [satɛ̃] → SYN nm satin ◆ **elle avait une peau de satin** her skin was (like) satin, she had satin(-smooth) skin ◆ **satin de laine / de coton** wool / cotton satin

satiné, e [satine] → SYN (ptp de **satiner**) **1** adj tissu, aspect satiny, satin-like; peau satin (épith), satin-smooth; peinture, papier with a silk finish **2** nm satin(-like) ou satiny quality

satiner [satine] → SYN ▸ conjug 1 ◂ vt étoffe to put a satin finish on, satinize; photo, papier to give a silk finish to, put a silk finish on ◆ **la lumière satinait sa peau** the light gave her skin a satin-like quality ou gloss, her skin shone like satin beneath the light

satinette [satinɛt] nf (en coton et soie) satinet; (en coton) sateen

satineur, -euse [satinœr, øz] nm,f satinizer

satire [satir] → SYN nf (gén) satire; (écrite) satire, lampoon ◆ **faire la satire de qch** to satirize sth, lampoon sth

satirique [satirik] → SYN adj satirical, satiric

satiriquement [satirikmɑ̃] adv satirically

satiriser [satirize] → SYN ▸ conjug 1 ◂ vt (gén) to satirize; (par écrit) to satirize, lampoon

satiriste [satirist] nmf satirist

satisfaction [satisfaksjɔ̃] → SYN nf **a** (assouvissement) [faim, passion] satisfaction, appeasement; [soif] satisfaction, quenching; [envie] satisfaction; [désir] satisfaction, gratification **b** (contentement) satisfaction ◆ **éprouver une certaine satisfaction à faire** to feel a certain satisfaction in doing, get a certain satisfaction out of doing ou from doing ◆ **donner (toute** ou **entière) satisfaction à qn** to give (complete) satisfaction to sb, satisfy sb (completely) ◆ **je vois avec satisfaction que** I'm gratified to see that ◆ **à la satisfaction générale** ou **de tous** to the general satisfaction, to everybody's satisfaction **c une satisfaction : c'est une satisfaction qu'il pourrait m'accorder** he might grant me that satisfaction ◆ **leur fils ne leur a donné que des satisfactions** their son has been a (source of) great satisfaction to them ◆ **satisfaction d'amour-propre** gratification (NonC) of one's self-esteem **d** (gén, Rel : réparation, gain de cause) satisfaction ◆ **obtenir satisfaction** to get ou obtain satisfaction ◆ **donner satisfaction à qn** to give sb satisfaction ◆ **j'aurai satisfaction de cette offense** I will have satisfaction for that insult

satisfaire [satisfɛr] → SYN ▸ conjug 60 ◂ **1** vt personne, cœur, curiosité to satisfy; désir to satisfy, gratify; passion, faim to satisfy, appease; besoin to satisfy, answer, gratify; soif to satisfy, quench; demande to satisfy, meet ◆ **votre nouvel assistant vous satisfait-il?** are you satisfied with your new assistant?, is your new assistant satisfactory?, does your new assistant satisfy you? ◆ **j'espère que cette solution vous satisfait** I hope you find this solution satisfactory, I hope this solution satisfies you, I hope you are satisfied ou happy with this solution ◆ **je suis désolé que vous n'en soyez pas satisfait** I am sorry it was not satisfactory ou you were not satisfied ◆ (euph) **satisfaire un besoin pressant** to satisfy an urgent need, attend to the call of nature (hum) ◆ **satisfaire l'attente de qn** to come up to sb's expectations ◆ (Ind) **arriver à satisfaire la demande** to keep up with demand **2 satisfaire à** vt indir désir to satisfy, gratify; promesse, engagement to fulfil; demande, revendication to meet, satisfy; condition to meet, fulfil, satisfy; goût to satisfy; test de qualité to pass ◆ **avez-vous satisfait à vos obligations militaires?** have you fulfilled the requirement for military service? ◆ **cette installation ne satisfait pas aux normes** this installation does not comply with ou satisfy standard requirements **3 se satisfaire** vpr to be satisfied (*de* with); (euph) to relieve o.s. ◆ (péj) **se satisfaire de peu** to be easily satisfied ◆ (hum) **tu as vu son mari?, elle se satisfait de peu!** have you seen her husband? – she's not exactly choosy

satisfaisant, e [satisfəzɑ̃, ɑ̃t] → SYN adj (acceptable) satisfactory; (qui fait plaisir) satisfying

satisfait, e [satisfɛ, ɛt] → SYN (ptp de **satisfaire**) adj personne, air, besoin, désir satisfied ◆ (Comm) **« satisfait ou remboursé »** "satisfaction or your money back" ◆ **être satisfait de qn** to be satisfied with sb ◆ **être satisfait de** solution, décision to be satisfied with, be happy with ou about; soirée to be pleased with ◆ **être satisfait de soi** to be self-satisfied, be satisfied with o.s. ◆ **il est satisfait de son sort** he is satisfied ou happy with his lot ◆ (iro) **te voilà satisfait!** you asked for it!*

satisfecit [satisfesit] → SYN nm inv (Scol) ≃ star, merit point ◆ (fig) **je lui donne un satisfecit pour la façon dont il a mené son affaire** I give him full marks (Brit) ou points (US) for the way he conducted the business

satrape [satrap] → SYN nm satrap

satrapie [satrapi] nf satrapy

saturabilité [satyrabilite] nf saturability

saturable [satyrabl] adj saturable

saturant, e [satyrɑ̃, ɑ̃t] adj saturating ◆ **vapeur saturante** saturated vapour

saturateur [satyratœr] nm [radiateur] humidifier; (Sci) saturator

saturation [satyrasjɔ̃] → SYN nf (gén, Sci) saturation (*de* of) ◆ **être / arriver à saturation** to be at / reach saturation point ◆ **manger à saturation** to eat till one reaches saturation point ◆ **à cause de la saturation des lignes téléphoniques** because the telephone lines are all engaged (Brit) ou busy (US) ◆ (Écon) **saturation du marché** saturation of the market ◆ **j'en ai jusqu'à saturation** I've had more than I can take of it

saturé, e [satyre] (ptp de **saturer**) adj autoroute congested; marché saturated, glutted; (Téléc) réseau overloaded, saturated; standard overloaded

saturer [satyre] → SYN ▸ conjug 1 ◂ **1** vt (gén, Sci) to saturate (*de* with) ◆ (fig) **saturer les électeurs de promesses** to swamp the electors with promises ◆ **la terre est saturée d'eau après la pluie** the ground is saturated (with water) ou sodden after the rain ◆ **j'ai mangé tant de fraises que j'en suis saturé** I've eaten so many strawberries that I can't take any more ou that I've had as many as I can take ◆ **je suis saturé de télévision / de publicité** I can't take any more television / advertising* **2** vi **a** [appareil hi-fi] to distort **b** [* : personne] **après six heures de lexicographie, je sature** after six hours of lexicography, I've had enough ou I've hit my limit

saturnales [satyrnal] nfpl (lit) Saturnalia; (fig) saturnalia

Saturne [satyrn] **1** nm (Myth) Saturn **2** nf (Astron) Saturn ◆ (Pharm) **extrait** ou **sel de saturne** lead acetate

saturnie [satyrni] nf saturniid

saturnien, -ienne [satyrnjɛ̃, jɛn] → SYN adj (littér) saturnine

saturnin, e [satyrnɛ̃, in] adj saturnine

saturnisme [satyrnism] nm lead poisoning, saturnism (spéc)

satyre [satiʀ] [→ SYN] nm (*: obsédé) sex maniac; (Myth, Zool) satyr

satyriasis [satiʀjazis] nm satyriasis

satyrique [satiʀik] adj satyric

satyrisme [satiʀism] nm satyrism

sauce [sos] [→ SYN] nf **a** (Culin) sauce; [salade] dressing; (jus de viande) gravy ◆ **viande en sauce** meat cooked in a sauce ◆ **sauce béarnaise / blanche / béchamel / piquante / tomate / moutarde** béarnaise / white / béchamel / piquant / tomato / mustard sauce ◆ **sauce vinaigrette** vinaigrette ou French dressing ◆ **sauce à l'orange / aux câpres** orange / caper sauce ◆ **sauce chasseur / mousseline** sauce chasseur / mousseline ◆ **sauce madère / suprême / hollandaise** madeira / suprême / hollandaise sauce
b (*) (remplissage) padding* ◆ (présentation) **reprendre un vieux discours en changeant la sauce** to dish up an old speech with a new slant*, take an old speech and dress it up ◆ **c'est la même chose avec une autre sauce** same meat, different gravy ◆ **il faudrait rallonger la sauce pour ce devoir** you'll have to pad out this piece of work, you'll have to put some padding into this piece of work
c LOC **à quelle sauce allons-nous être mangés?** I wonder what fate has in store for us ◆ **mettre qn à toutes les sauces** to make sb do any job going* ◆ **mettre un exemple à toutes les sauces** to turn ou adapt an example to fit any case ◆ **mettre la sauce*** (Aut) to step on the gas*; (gén: se dépêcher) to step on it‡ ◆ (Aut, gén) **mettre toute la sauce** to go flat out ◆ **recevoir la sauce*** to get soaked ou drenched
d (crayon à estomper) soft black crayon

saucé, e[1] [sose] adj (Techn) silver-plated

saucée[2]* [sose] [→ SYN] nf downpour ◆ **recevoir** ou **prendre une saucée** to get soaked ou drenched

saucer [sose] [→ SYN] ▸conjug 3◂ vt **a** assiette to wipe (the sauce off); pain to dip in the sauce
b **se faire saucer*, être saucé*** to get soaked ou drenched

saucier [sosje] nm sauce chef ou cook

saucière [sosjɛʀ] nf (gén) sauceboat; [jus de viande] gravy boat

sauciflard‡ [sosiflaʀ] nm (slicing) sausage, ≃ salami

saucisse [sosis] [→ SYN] nf **a** (Culin) sausage ◆ **saucisse de Morteau** (type of) smoked sausage ◆ **saucisse de Strasbourg** (type of) beef sausage ◆ **saucisse de Francfort** frankfurter → **attacher, chair**
b (Aviat) sausage
c **(grande) saucisse**‡ nincompoop*, great ninny*

saucisson [sosisɔ̃] [→ SYN] nm **a** (Culin) (large) (slicing) sausage ◆ **saucisson à l'ail** garlic sausage ◆ **saucisson sec** (dry) pork and beef sausage, ≃ salami ◆ **saucisson pur porc** 100% pork sausage → **ficeler**
b (pain) (cylindrical) loaf
c [poudre] saucisson (US), *canvas tube filled with gunpowder*

saucissonnage* [sosisɔnaʒ] nm [crédits] staggering; [livre, émission] cutting up

saucissonné, e* [sosisɔne] [→ SYN] (ptp de **saucissonner**) adj trussed up

saucissonner* [sosisɔne] ▸conjug 1◂ **1** vi to (have a) picnic
2 vt crédits to stagger; livre, émission to cut up ◆ **saucissonner un film avec des publicités** to insert commercial breaks into a film

sauf[1], **sauve** [sof, sov] [→ SYN] adj personne unharmed, unhurt; honneur saved, intact → **sain, vie**

sauf[2] [sof] [→ SYN] prép **a** (à part) except, but, save (frm) ◆ **tout le monde sauf lui** everyone except ou but ou save (frm) him ◆ **nous sortons tout le temps sauf s'il / quand il pleut** we always go out except if / when it's raining ◆ **le repas était excellent sauf le dessert** ou **sauf pour ce qui est du dessert** the meal was excellent except for ou but for ou apart from ou aside from (surtout US) the dessert ◆ **sauf que** except that, but that (frm)
b (sous réserve de) unless ◆ **nous irons demain, sauf s'il pleut** we'll go tomorrow unless it rains ◆ **sauf avis contraire** unless you hear ou are told otherwise, unless you hear to the contrary ◆ **sauf erreur de ma part** if I'm not mistaken ◆ **sauf imprévu** barring the unexpected, unless anything unforeseen happens ◆ (Jur) **sauf accord** ou **convention contraire** unless otherwise agreed ◆ **sauf dispositions contraires** except as otherwise provided
c (loc) (littér) **il accepte de nous aider, sauf à nous critiquer si nous échouons** he agrees to help us even if he does (reserve the right to) criticize us if we fail ◆ (††, hum) **sauf le respect que je vous dois** with all due respect ◆ (††, hum) **sauf votre respect** saving your presence (††, hum)

sauf-conduit, pl **sauf-conduits** [sofkɔ̃dɥi] [→ SYN] nm safe-conduct

sauge [soʒ] nf (Culin) sage; (ornementale) salvia

saugrenu, e [sogʀəny] [→ SYN] adj preposterous, ludicrous

Saül [sayl] nm Saul

saulaie [solɛ] [→ SYN] nf willow plantation

saule [sol] nm willow (tree) ◆ **saule blanc / pleureur** white / weeping willow

saumâtre [somɑtʀ] [→ SYN] adj eau, goût brackish, briny; plaisanterie, impression, humeur nasty, unpleasant ◆ **il l'a trouvée saumâtre*** he found it a bit off* (Brit), he was not amused

saumon [somɔ̃] [→ SYN] **1** nm **a** (Zool) salmon ◆ **saumon fumé** smoked salmon, lox ◆ **saumon cru mariné à l'aneth** raw salmon marinated in dill
b (Tech) pig
2 adj inv salmon (pink)

saumoné, e [somɔne] adj couleur salmon (pink) → **truite**

saumure [somyʀ] nf brine

saumuré, e [somyʀe] adj hareng pickled (in brine)

saumurer [somyʀe] ▸conjug 1◂ vt to pickle (in brine)

sauna [sona] nm (bain) sauna (bath); (établissement) sauna

saunage [sonaʒ] nm, **saunaison** [sonɛzɔ̃] nf (saison) salt-making season; (récolte) salt production

sauner [sone] ▸conjug 1◂ vi to yield salt

saunier [sonje] nm (ouvrier) worker in a saltworks; (exploitant) salt merchant

saupiquet [sopikɛ] nm (sauce, ragoût) *type of spicy sauce or stew*

saupoudrage [sopudʀaʒ] nm (→ **saupoudrer**) sprinkling; dredging, dusting

saupoudrer [sopudʀe] [→ SYN] ▸conjug 1◂ vt (gén) to sprinkle; (Culin) to dredge, dust, sprinkle (*de* with); (fig) crédits to sprinkle

saupoudreuse [sopudʀøz] nf (sugar ou flour etc) dredger

saur [sɔʀ] adj m → **hareng**

saurage [sɔʀaʒ] nm ⇒ **saurissage**

saurer [sɔʀe] ▸conjug 1◂ vt to smoke, cure

saurien [sɔʀjɛ̃] [→ SYN] nm saurian ◆ **sauriens** Sauria (spéc), saurians

sauris [sɔʀi] nm (herring) brine

saurissage [sɔʀisaʒ] nm smoking, curing

saurisserie [sɔʀisʀi] nf [harengs] herring-smoking ou herring-curing factory

saurisseur, -euse [sɔʀisœʀ, øz] nm,f [harengs] herring curer

saut [so] [→ SYN] **1** nm **a** (lit, fig: bond) jump, leap ◆ (Sport) **saut avec / sans élan** running / standing jump ◆ **faire un saut** to (make a) jump ou leap ◆ **faire un saut dans l'inconnu / le vide** to (make a) leap into the unknown / the void ◆ **le véhicule fit un saut de 100 mètres dans le ravin** the vehicle fell ou dropped 100 metres into the ravine ◆ **se lever d'un saut** to jump ou leap up, jump ou leap to one's feet ◆ **quittons Louis XIV et faisons un saut d'un siècle** let us leave Louis XIV and jump a century ◆ (fig) **progresser** ou **avancer par sauts** to go forward by ou in stages
b (Sport) jumping ◆ **épreuves de saut** jumping events → **triple**
c (Géog: cascade) waterfall, falls
d (Math, Ordin) jump
e LOC **faire qch au saut du lit** to do sth on getting up ou getting out of bed, do sth as soon as one gets up ou gets out of bed ◆ **prendre qn au saut du lit** to find sb just out of bed (when one calls) ◆ **faire le saut** to take the plunge ◆ (la mort) **le grand saut** the final hour ◆ **faire le grand saut** to meet one's final hour ◆ **faire un saut chez qn** to pop over ou round (Brit) to sb's (place)*, drop in on sb ◆ **il a fait un saut jusqu'à Bordeaux** he made a flying visit to Bordeaux
2 COMP ▷ **saut de l'ange** (Natation) swallow dive (Brit), swan dive (US) ▷ **saut de carpe** jack-knife dive, pike (Brit) ▷ **saut de chat** pas de chat ▷ **saut en chute libre** (sport) free-fall parachuting; (bond) free-fall jump ▷ **saut en ciseaux** scissors (jump) ▷ **saut à la corde** skipping (with a rope) ▷ **saut à l'élastique** bungee jumping ▷ **saut groupé** tuck ▷ **saut de haies** hurdling ▷ **saut en hauteur** (sport) high jump; (bond) (high) jump ▷ **saut en longueur** (sport) long jump; (bond) (long) jump ▷ **saut de la mort** leap of death ▷ **saut en parachute** (sport) parachuting, parachute jumping; (bond) parachute jump ▷ **saut à la perche** (sport) pole vaulting; (bond) (pole) vault ▷ **saut périlleux** somersault ▷ **saut à pieds joints** standing jump ▷ **saut de puce** step (fig) ▷ **saut en rouleau** western roll ▷ **saut de séquence** (Ordin) jump ▷ **saut à skis** (sport) skijumping; (bond) jump

saut-de-lit, pl **sauts-de-lit** [sod(ə)li] nm negligée, housecoat

saut-de-loup, pl **sauts-de-loup** [sod(ə)lu] nm (wide) ditch

saut-de-mouton, pl **sauts-de-mouton** [sod(ə)mutɔ̃] nm flyover (Brit), overpass (US)

saute [sot] [→ SYN] nf sudden change ◆ (Mét) **saute de vent** sudden change (in the direction) of the wind ◆ **saute d'humeur** sudden change of mood ◆ **saute de température** jump in temperature ◆ (TV) **pour empêcher les sautes d'images** to stop the picture flickering, to keep the picture steady

sauté, e [sote] (ptp de **sauter**) adj, nm sauté ◆ **sauté de veau** sauté of veal

saute-mouton [sotmutɔ̃] nm leapfrog

sauter [sote] [→ SYN] ▸conjug 1◂ **1** vi **a** [personne] to jump, leap (*dans* into, *par-dessus* over); (vers le bas) to jump ou leap (down); (vers le haut) to jump ou leap (up); [oiseau] to hop; [insecte] to jump, hop; [kangourou] to jump ◆ **sauter à pieds joints** to jump with (the) feet together, make a standing jump ◆ **sauter à cloche-pied** to hop ◆ **sauter à la corde** to skip *(with a rope)* ◆ **sauter à la perche** to pole-vault ◆ **sauter en parachute** (gén, Sport) to parachute, make a parachute jump; [parachutistes] to parachute, be dropped (*sur* over); (en cas d'accident) to bail out (US), bale out (Brit), make an emergency (parachute) jump ◆ (Sport) **sauter en ciseaux** to do a scissors jump ◆ (Sport) **sauter en hauteur / en longueur** to do the high / the long jump ◆ **faire sauter un enfant sur ses genoux** to bounce ou dandle a child on one's knee ◆ **les cahots faisaient sauter les passagers** the passengers jolted ou bounced along over the bumps ◆ **il sauta de la table** he jumped ou leapt (down) off ou from the table ◆ **sauter en l'air** to jump ou leap ou spring up, jump ou leap ou spring into the air ◆ (fig) **sauter en l'air** ou **au plafond** (de colère) to hit the roof*; (de joie) to jump for joy; (de surprise, de peur) to jump (out of one's skin), start (up) ◆ (lit, fig) **sauter de joie** to jump for joy
b (se précipiter) **sauter (à bas) du lit** to jump ou leap ou spring out of bed ◆ **sauter en selle** to jump ou leap ou spring into the saddle ◆ **sauter à la gorge** ou **au collet de qn** to fly ou leap at sb's throat ◆ **sauter au cou de qn** to fly into sb's arms ◆ **sauter dans un taxi / un autobus** to jump ou leap ou spring into a taxi / onto a bus ◆ **sauter par la fenêtre** to jump ou leap out of the window ◆ **sauter**

d'un train en marche to jump ou leap from a moving train ◆ (fig) **sauter sur une occasion / une proposition** to jump ou leap at an opportunity / an offer ◆ **il m'a sauté dessus** he pounced on me, he leaped at me ◆ (fig) **saute-lui dessus* quand il sortira du bureau pour lui demander ...** grab him when he comes out of the office and ask him ... ◆ **va faire tes devoirs, et que ça saute !*** go and do your homework and get a move on!* ou be quick about it! ◆ **il est malade, cela saute aux yeux** he's ill – it sticks out a mile ou it's (quite) obvious, ou it's staring you in the face, you can't miss the fact that he's ill ◆ **sa malhonnêteté saute aux yeux** his dishonesty sticks out a mile ou is (quite) obvious

c (indiquant la discontinuité) to jump, leap ◆ **sauter d'un sujet à l'autre** ou **du coq à l'âne** to jump ou skip from one subject to another

d [bouchon] to pop ou fly out; [bouton] to fly ou pop off; [chaîne de vélo] to come off; (*) [cours, classe] to be cancelled ◆ **faire sauter une crêpe** to toss a pancake ◆ **faire sauter une serrure** to burst ou break open a lock ◆ (fig) **faire sauter une contravention*** to get a fine quashed (Brit) ou taken care of (US)

e (exploser) [bombe, pont, bâtiment] to blow up, explode; (Élec) [fil, circuit] to fuse; [fusible] to blow ◆ **faire sauter** train, édifice to blow up; (Élec) plombs to blow ◆ **faire sauter une mine** (pour la détruire) to blow up a mine; (pour détruire un bâtiment etc) to set off a mine ◆ **se faire sauter avec les otages** to blow o.s. up with the hostages ◆ **se faire sauter la cervelle*** ou **le caisson‡** to blow one's brains out ◆ (Casino) **faire sauter la banque** to break the bank ◆ **les plombs ont sauté** the lights have fused, the fuses have blown ou gone

f (*: être renvoyé) [employé, ministère] to get fired, get the sack* (Brit) ou the push‡ ou the boot‡, get kicked out‡ ◆ **faire sauter qn** to fire sb, give sb the sack* (Brit) ou the push‡ ou the boot‡, kick sb out‡

g (Culin) **faire sauter** to sauté, (shallow) fry

h (clignoter) [paupière] to twitch; [télévision] to flicker

2 vt a (franchir) obstacle, mur to jump (over), leap (over) ◆ **il saute 5 mètres** he can jump 5 metres ◆ **il sauta le fossé d'un bond** he jumped ou cleared the ditch with one bound ◆ (fig) **sauter le pas** to take the plunge

b (omettre) étape, page, repas to skip, miss (out) ◆ (Scol) **sauter une classe** to skip a class ◆ **faire sauter un cours** to cancel a class ou a lecture ◆ **on la saute ici !‡** we're starving to death here!*

c (‡: avoir des rapports sexuels) to lay‡, fuck**, screw** ◆ **elle s'est fait sauter par le patron‡** she had it off with the boss‡, she got laid by the boss‡

sautereau, pl **sautereaux** [sotʀo] nm (Mus) jack

sauterelle [sotʀɛl] → SYN nf a (gén) grasshopper; (criquet) locust ◆ (lit, fig) **nuage** ou **nuée de sauterelles** plague ou swarm of locusts ◆ (* fig) **(grande) sauterelle** beanpole

b (fausse équerre) bevel; (appareil de manutention) conveyor belt

sauterie [sotʀi] → SYN nf party, thrash* (Brit) ◆ **je donne une petite sauterie demain** I'm giving ou throwing a little party tomorrow

saute-ruisseau, pl **saute-ruisseaux** [sotʀɥiso] nm errand boy, office boy *(in a lawyer's office)*

sauteur, -euse [sotœʀ, øz] → SYN **1** adj insecte jumping (épith); oiseau hopping (épith) → **scie**

2 nm,f (cheval, athlète) jumper

3 nm (péj: homme) unreliable type ou individual

4 **sauteuse** nf a (Culin) high-sided frying pan

b (‡ péj: femme) easy lay‡, tart‡ (Brit), scrubber‡ (Brit) ◆ **c'est une petite** ou **une drôle de sauteuse** she's an easy lay‡, she's a right little tart‡ (Brit) ou scrubber‡ (Brit)

5 COMP ▷ **sauteur en hauteur** high jumper ▷ **sauteur en longueur** long jumper ▷ **sauteur à la perche** pole vaulter ▷ **sauteur à skis** skijumper

sautillant, e [sotijɑ̃, ɑ̃t] → SYN adj (→ **sautiller**) mouvement hopping (épith), skipping (épith); oiseau hopping (épith); enfant skipping (épith); musique bouncy, bouncing (épith); style jumpy, jerky

sautillement [sotijmɑ̃] → SYN nm (→ **sautiller**) hopping; skipping

sautiller [sotije] → SYN ▸ conjug 1 ◂ vi [oiseau] to hop; [enfant] to skip; (sur un pied) to hop

sautoir [sotwaʀ] nm a (Bijouterie) chain ◆ **sautoir de perles** string of pearls ◆ **porter qch en sautoir** to wear sth (on a chain) round one's neck

b (Sport) jumping pit

c (Hér) saltire ◆ **épées en sautoir** crossed swords

sauvage [sovaʒ] → SYN **1** adj a (non civilisé) animal, plante, lieu wild; peuplade savage ◆ **vivre à l'état sauvage** to live wild → **soie¹**

b (farouche) animal wild; personne unsociable

c (brutal) cri wild; conduite savage, wild; combat savage

d (illégal) vente unauthorized; concurrence unfair; crèche, école unofficial; urbanisation unplanned; immigration illegal ◆ **faire du camping sauvage** (illégal) to camp on unauthorized sites; (dans la nature) to camp in the wild, camp rough → **grève**

2 nmf a (solitaire) unsociable type, recluse ◆ **vivre en sauvage** to live a secluded life, live as a recluse

b (brute) brute, savage ◆ **mœurs de sauvages** brutal ou brutish ou savage ways

c (indigène) savage

sauvagement [sovaʒmɑ̃] adv frapper savagely, wildly; tuer savagely, brutally

sauvageon, -onne [sovaʒɔ̃, ɔn] → SYN **1** nm,f little savage

2 nm wild stock *(for grafting)*

sauvagerie [sovaʒʀi] → SYN nf (cruauté) savagery, savageness, brutality; (insociabilité) unsociability, unsociableness

sauvagin, e [sovaʒɛ̃, in] **1** adj odeur, goût of wildfowl

2 **sauvagine** nf wildfowl ◆ **chasse à la sauvagine** wildfowling

sauve [sov] adj f → **sauf¹**

sauvegarde¹ [sovgaʀd] → SYN nf (gén) safeguard; (Ordin) backup ◆ **sous la sauvegarde de** under the protection of ◆ **être la sauvegarde de** to safeguard, be the safeguard of ◆ **clause de sauvegarde** safety clause ◆ (Ordin) **faire la sauvegarde d'un programme** to save a program, make a backup of a program

sauvegarde² [sovgaʀd] nf (Naut) protective rope

sauvegarder [sovgaʀde] → SYN ▸ conjug 1 ◂ vt (gén) to safeguard; (Ordin) to save

sauve-qui-peut [sovkipø] → SYN nm inv (cri) (cry of) run for your life; (panique) stampede, mad rush

sauver [sove] → SYN ▸ conjug 1 ◂ **1** vt a (épargner la mort, la faillite à) to save; (porter secours à, essayer de ramener etc) to rescue ◆ **elle est sauvée !** [malade] she has been saved!; [accidentée, otage] she has been rescued! ◆ **nous sommes sauvés !*** we've made it!, we're home and dry! ◆ **sauver qn / une firme de** danger, désastre to save sb / a firm from, rescue sb / a firm from ◆ **un mot de lui peut tout sauver** a word from him can save everything

b (sauvegarder) biens, cargaison, mobilier to save, rescue; honneur to save ◆ **sauver qch de** incendie etc to save ou rescue sth from

c (Rel) âme, pécheurs to save

d (fig: racheter) to save, redeem ◆ **ce sont les illustrations qui sauvent le livre** it's the illustrations which save ou redeem the book, the illustrations are the redeeming feature ou the saving grace of the book

e LOC **sauver la vie à** ou **de qn** to save sb's life ◆ **sauver sa peau / tête** to save one's skin ou hide* / head ◆ (fig) **sauver les meubles** to salvage ou save something from the wreckage (fig) ◆ **sauver la situation** to retrieve the situation ◆ **sauver les apparences** to keep up appearances ◆ **sauver la face** to save face ◆ **il m'a sauvé la mise** he bailed me out, he got me out of a tight corner ◆ [candidat, projet de loi] **être sauvé par le gong** to be saved by the bell

2 **se sauver** vpr a **se sauver de** danger, mauvais pas, désastre to save o.s. from

b (s'enfuir) to run away (*de* from); (*: partir) to be off*, get going ◆ **il s'est sauvé à toutes jambes** he ran away as fast as his legs could carry him ◆ **sauve-toi*, il est déjà 8 heures** you'd better be off* ou get going, it's already 8 o'clock ◆ **bon, je me sauve*** right, I'm off* ou I'm on my way ◆ **vite, le lait se sauve*** quick, the milk's boiling over

c **sauve qui peut !** run for your life! → **sauve-qui-peut**

sauvetage [sov(ə)taʒ] → SYN nm a [personnes] rescue; (moral) salvation; [biens] salvaging ◆ **le sauvetage des naufragés** rescuing the shipwrecked, the rescue of the shipwrecked ◆ **opérer le sauvetage de** personnes to rescue; biens to salvage ◆ **bateau** ou **canot de sauvetage** lifeboat ◆ **sauvetage en mer / montagne** sea- / mountain-rescue ◆ (Écon) **proposer un plan de sauvetage de la firme** to put forward a rescue plan for the firm → **bouée, ceinture** etc

b (technique) **le sauvetage** life-saving ◆ **épreuve / cours de sauvetage** life-saving competition / lessons

sauveté [sov(ə)te] nf ◆ (Apiculture) **cellules de sauveté** queen cells ◆ **reine de sauveté** replacement queen

sauveteur [sov(ə)tœʀ] nm rescuer

sauvette* [sovɛt] nf ◆ **à la sauvette** se marier etc hastily, hurriedly, double-quick* ◆ **vente à la sauvette** (unauthorized) street hawking ou peddling ◆ **vendre à la sauvette** to hawk ou peddle on the streets *(without authorization)*

sauveur [sovœʀ] → SYN adj m, nm saviour ◆ (Rel) **le Sauveur** the Saviour ◆ (hum) **tu es mon sauveur !** you're my saviour!

SAV [ɛsave] nm (abrév de **service après-vente**) → **service**

savamment [savamɑ̃] adv (avec érudition) learnedly; (adroitement) skilfully, cleverly ◆ (par expérience) **j'en parle savamment** I speak knowingly

savane [savan] nf savannah; (Can*) swamp

savant, e [savɑ̃, ɑ̃t] → SYN **1** adj a (érudit) personne learned, scholarly; édition scholarly; société, mot learned ◆ **être savant en** to be learned in ◆ (hum) **c'est trop savant pour moi** [livre, discussion] it's too highbrow for me; [problème] it's too difficult ou complicated for me

b (habile) stratagème, dosage, arrangement clever, skilful ◆ **le savant désordre de sa tenue** the studied carelessness ou untidiness of his dress

c chien, puce performing (épith)

2 nm (sciences) scientist; (lettres) scholar

savarin [savaʀɛ̃] nm (Culin) savarin

savate* [savat] nf a (pantoufle) worn-out old slipper; (soulier) worn-out old shoe ◆ **être en savates** to be in one's slippers → **traîner**

b (*: maladroit) clumsy idiot ou oaf

c (Sport) French boxing

savetier†† [sav(ə)tje] nm cobbler†

saveur [savœʀ] → SYN nf (lit: goût) flavour; (fig: piment) savour

Savoie [savwa] nf Savoy → **biscuit**

savoir [savwaʀ] → SYN ▸ conjug 32 ◂ GRAMMAIRE ACTIVE 16.1, 16.4, 26.1

1 vt a to know ◆ **savoir le nom / l'adresse de qn** to know sb's name / address ◆ **c'est difficile à savoir** it's difficult to ascertain ou know ◆ **je ne savais quoi** ou **que dire / faire** I didn't know what to say / do ◆ **oui, je (le) sais** yes I know ◆ **j'en sais quelque chose*** I can relate to that* ◆ **je savais qu'elle était malade, je la savais malade** I knew (that) she was ill, I knew her to be ill ◆ **on ne lui savait pas de parents / de fortune** we didn't know whether ou if he had any relatives / money; (en fait il en a) we didn't know (that) he had any relatives / money ◆ **savez-vous quand / comment il vient ?** do you know when / how he's coming? ◆ **vous savez la nouvelle ?** have you heard ou do you know the news? ◆ **tu sais quoi ?*** you know what?* ◆ **elle sait cela par** ou **de son boucher** she heard it from her butcher ◆ **tout le village sut bientôt la catastrophe** the whole village soon knew ou heard ou learnt of ou about the disaster ◆ **personne ne savait sur quel pied danser / où se mettre** nobody knew what to do / where to put themselves ◆ **il ne savait pas s'il devait accepter** he didn't know whether to accept (or not) ou whether ou if he should accept (or not) ◆ **je crois savoir que** I believe ou understand that, I am led to believe ou understand that, I have reason to believe that ◆ **je n'en sais rien** I don't know, I have no idea ◆ **il ment – qu'en savez-vous ?** he is lying – how do you know? ou what do you know about it? ◆ **je voudrais en savoir davantage** I'd like to know more about it ◆ **il nous a fait savoir que** he informed us ou let us know that ◆ **ça se saurait si c'était vrai** it would be known if it were true, if that were true people would know about it ◆ **ça finira bien par se savoir** it will surely end up getting out ou getting known, it'll get out in the end

b (avoir des connaissances sur) to know ◆ **savoir, c'est pouvoir** knowledge is power ◆ **savoir le grec / son rôle / sa leçon** to know Greek / one's part / one's lesson ◆ **dites-nous ce que vous savez de l'affaire** tell us what you know about ou of the business ◆ **en savoir trop (long)** to know too much ◆ **il croit tout savoir** he thinks he knows everything ou knows it all ◆ (péj) **Monsieur** (ou **Madame** ou **Mademoiselle**) **je-sais-tout*** smart-alec(k)*, know-all ◆ **tu en sais, des choses*** you certainly know a thing or two, don't you!* ◆ **il ne sait ni A ni B, il ne sait rien de rien** he doesn't know a (single) thing, he hasn't a clue about anything

c (avec infin : être capable de) to know how to ◆ **elle sait lire et écrire** she can read and write, she knows how to read and write ◆ **il ne sait pas nager** he can't swim, he isn't able to ou doesn't know how to swim ◆ **savoir plaire** to know how to please ◆ **savoir vivre** [épicurien] to know how to live ; [homme du monde] to know how to behave ◆ **il sait parler aux enfants** he's good at talking to children, he knows how to talk to children, he can talk to children ◆ **elle saura bien se défendre** she'll be quite able to look after herself, she'll be quite capable of looking after herself, she'll know how to look after herself all right ◆ **il a toujours su y faire** ou **s'y prendre** he's always known how to go about things (the right way) ◆ **il sait écouter** he's a good listener ◆ **il faut savoir attendre / se contenter de peu** you have to learn to be patient ou to wait / be content with little ◆ (littér, hum) **on ne saurait penser à tout** one can't think of everything ◆ **je ne saurais vous exprimer toute ma gratitude** I shall never be able to ou I could never express my gratitude ◆ **je ne saurais pas vous répondre / vous renseigner** I'm afraid I couldn't answer you ou give you an answer / give you any information ◆ **ces explications ont su éclairer et rassurer** these explanations proved both enlightening and reassuring ou served both to enlighten and reassure

d (se rendre compte) to know ◆ **il ne sait plus ce qu'il dit** he doesn't know ou realize what he's saying, he isn't aware of what he's saying ◆ **je ne sais plus ce que je dis** I no longer know what I'm saying ◆ **il ne sait pas ce qu'il veut** he doesn't know what he wants, he doesn't know his own mind ◆ **il se savait très malade** he knew he was very ill ◆ **elle sait bien qu'il ment** she's well aware of the fact that ou she knows very well ou full well that he's lying ◆ **sans le savoir** (sans s'en rendre compte) without knowing ou realizing (it), unknowingly ; (sans le faire exprès) unwittingly, unknowingly ◆ **c'est un artiste sans le savoir** he's an artist but he doesn't know it ou he isn't aware of the fact

e LOC (Math) **sachant que $a^2 \Rightarrow b$, démontrez que ...** if $a^2 \Rightarrow b$, show that ... ◆ **qui sait ?** who knows? ◆ **et que sais-je encore** and I don't know what else ◆ **savoir si ça va lui plaire !** how can we tell if he'll like it or not!, I don't know whether he's going to ou whether he'll like it (or not)! ◆ **je sais ce que je sais** I know what I know ◆ **et puis, tu sais, nous serons très heureux de t'aider** and then, you know, we'll be very happy to help you ◆ **il nous a emmenés je ne sais où** he took us goodness knows where ◆ **je ne sais qui de ses amis m'a dit que ...** one of his friends whose name I forget told me that ... ◆ **il y a je ne sais combien de temps qu'il ne l'a vue** it's ou it has been I don't know how long since he (last) saw her, I don't how long it is ou it has been since he (last) saw her ◆ **elle ne sait pas quoi faire** ou **elle ne sait que faire pour l'aider / le consoler** she's at a loss to know how to help him / comfort him ◆ **on ne sait pas par quel bout le prendre** you just don't know how to tackle him ◆ **il n'a rien voulu savoir*** he didn't want to know ◆ **je ne veux pas le savoir*** I really don't care ◆ **on ne sait jamais** you never know, you ou one can never tell, one never knows ◆ **(pour autant) que je sache** as far as I know, to the best of my knowledge ◆ **pas que je sache** not as far as I know, not to my knowledge ◆ **je ne sache pas que je vous ai invité !** I'm not aware that ou I don't know that I invited you! ◆ **sachons-le bien, si ...** let's be quite clear, if ... ◆ **sachez (bien) que jamais je n'accepterai !** I'll have you know ou let me tell you ou you may be assured that I shall never accept ◆ **oui, mais sachez qu'à l'origine, c'est elle-même qui ne le voulait pas** yes but you should know ou you may as well know that at the start it was she herself who didn't want to ◆ **à savoir** that is, namely, i.e. ◆ (hum) **l'objet / la personne que vous savez sera là demain** you-know-what / you-know-who will be there tomorrow (hum) ◆ (frm) **vous n'êtes pas sans savoir que** you are not ou will not be unaware (of the fact) that (frm), you will not be ignorant of the fact that (frm) ◆ **il m'a su gré / il ne m'a su aucun gré de l'avoir averti** he was grateful to me / he wasn't in the least grateful to me for having warned him ◆ **il ne savait à quel saint se vouer** he didn't know which way to turn ◆ **si je savais, j'irais la chercher** if I knew (for sure) ou if I could be sure, I would go and look for her ◆ **elle ne savait où donner de la tête** she didn't know whether she was coming or going ou what to do first ◆ **si j'avais su** had I known, if I had known ◆ **elle a pleuré tout ce qu'elle savait*** she cried for all she was worth*, she cried her eyes out → **dieu, qui** etc

2 nm learning, knowledge

savoir-faire [savwarfɛr] [→ SYN] nm inv know-how*

savoir-vivre [savwarvivr] [→ SYN] nm inv savoir faire, mannerliness ◆ **il n'a aucun savoir-vivre** he has no savoir-faire, he has no idea how to behave (in society)

savon [savɔ̃] nm **a** (matière) soap (NonC) ; (morceau) bar ou tablet ou cake of soap ◆ **savon liquide / noir** liquid / soft soap ◆ **savon à barbe / de toilette / de Marseille** shaving / toilet / household soap ◆ **savon en paillettes / en poudre** soap flakes / powder → **bulle, pain**

b (*) **il m'a passé / j'ai reçu un (bon) savon** he gave me / I got a (good) ticking-off* (Brit) ou dressing-down*, he (really) tore a strip / I (really) got a strip torn off me* (Brit)

savonnage [savɔnaʒ] nm soaping (NonC)

savonner [savɔne] [→ SYN] ▸ conjug 1 ◂ vt linge, enfant to soap ; barbe to lather, soap ◆ **savonner la tête de qn*** to give sb a dressing-down*, haul sb over the coals* ◆ (fig) **savonner la planche à qn*** to make life difficult for sb*

savonnerie [savɔnri] nf **a** (usine) soap factory
b (tapis) Savonnerie carpet

savonnette [savɔnɛt] nf bar ou tablet ou cake of (toilet) soap

savonneux, -euse [savɔnø, øz] adj soapy

savonnier, ière [savɔnje, jɛr] **1** adj soap (épith)
2 nm **a** (fabricant) soap maker
b (Bot) soapberry tree

savourer [savure] [→ SYN] ▸ conjug 1 ◂ vt plat, boisson, plaisanterie, triomphe to savour

savoureux, -euse [savurø, øz] [→ SYN] adj plat tasty, flavoursome ; anecdote juicy, spicy

savoyard, e [savwajar, ard] **1** adj Savoyard
2 nm,f ◆ **Savoyard(e)** Savoyard

sax* [saks] nm (abrév de **saxophone**) sax*

saxatile [saksatil] [→ SYN] adj saxatile, saxicole, saxicolous

Saxe [saks] nf Saxony → **porcelaine**

saxe [saks] nm Dresden china (NonC) ; (objet) piece of Dresden china

saxhorn [saksɔrn] nm saxhorn

saxicole [saksikɔl] adj saxicolous, saxicole, saxatile

saxifragacées [saksifragase] nfpl ◆ **les saxifragacées** saxifragaceous herbs, the Saxifragaceae (spéc)

saxifrage [saksifraʒ] nf saxifrage

saxo* [sakso] **1** nm (instrument) sax*
2 nm (musicien) sax player*

saxon, -onne [saksɔ̃, ɔn] **1** adj Saxon
2 nm (Ling) Saxon
3 nm,f ◆ **Saxon(-onne)** Saxon

saxophone [saksɔfɔn] nm saxophone

saxophoniste [saksɔfɔnist] nmf saxophonist, saxophone player

saynète [sɛnɛt] [→ SYN] nf playlet

sbire [sbir] [→ SYN] nm (péj) henchman (péj)

S.C. (abrév de **service compris**) → **service**

s / c (abrév de **sous couvert de**) ≃ c / o

scabieux, -ieuse [skabjø, jøz] **1** adj scabious
2 **scabieuse** nf scabious

scabreux, -euse [skabrø, øz] [→ SYN] adj (indécent) improper, shocking ; (dangereux) risky

scaferlati [skafɛrlati] nm finely cut tobacco

scalaire [skalɛr] **1** adj (Math) scalar
2 nm (poisson) angel fish, scalare

scalde [skald] nm scald, skald

scalène [skalɛn] **1** adj (Anat, Math) scalene
2 nm ◆ **(muscle) scalène** scalenus

scalp [skalp] nm (action) scalping ; (chevelure) scalp

scalpel [skalpɛl] nm scalpel

scalper [skalpe] ▸ conjug 1 ◂ vt to scalp

scampi [skɑ̃pi] nmpl scampi

scandale [skɑ̃dal] [→ SYN] nm **a** (fait choquant, affaire, Rel) scandal ◆ **scandale financier / public** financial / public scandal ◆ **c'est un scandale !** it's scandalous! ou outrageous!, it's a scandal! ◆ **sa tenue / ce livre a fait scandale** his clothes / that book scandalized people, people found his clothes / that book scandalizing ◆ **au grand scandale de mon père, j'ai voulu épouser un étranger** I wanted to marry a foreigner, which scandalized my father, much to the alarm of my father I wanted to marry a foreigner ◆ **elle va crier au scandale** she'll make a great protest about it, she'll cry out in indignation ◆ **les gens vont crier au scandale** there'll be an outcry ou a public outcry ◆ **à scandale** livre, couple controversial, headline-hitting* (épith) ◆ **journal à scandale** scandal sheet ◆ **presse à scandale** gutter press

b (scène, tapage) scene, fuss ◆ **faire un** ou **du scandale** to make a scene, kick up a fuss* ◆ **et pas de scandale !** and don't make a fuss! ◆ **condamné pour scandale sur la voie publique** fined for disturbing the peace ou for creating a public disturbance

scandaleusement [skɑ̃daløzmɑ̃] adv se comporter scandalously, outrageously, shockingly ; cher scandalously, outrageously, prohibitively ; laid, mauvais appallingly ; sous-estimé, exagéré grossly

scandaleux, -euse [skɑ̃dalø, øz] [→ SYN] adj conduite, propos, prix scandalous, outrageous, shocking ; littérature, chronique outrageous, shocking ◆ **vie scandaleuse** life of scandal, scandalous life

scandaliser [skɑ̃dalize] [→ SYN] ▸ conjug 1 ◂ vt to scandalize, shock deeply ◆ **se scandaliser de qch** to be deeply shocked at sth, be scandalized by sth

scander [skɑ̃de] [→ SYN] ▸ conjug 1 ◂ vt vers to scan ; discours to give emphasis to ; mots to articulate separately ; nom, slogan to chant

scandinave [skɑ̃dinav] **1** adj Scandinavian
2 nmf ◆ **Scandinave** Scandinavian

Scandinavie [skɑ̃dinavi] nf Scandinavia

scandium [skɑ̃djɔm] nm scandium

scanner[1] [skanɛr] nm (Méd) scanner ; (Opt) (optical) scanner ◆ **passer un scanner*** to have a scan

scanner² [skane] ▸conjug 1◂ vt (Ordin) to scan

scanneur [skanœʀ] nm (Méd) scanner; (Opt) (optical) scanner

scanographe [skanɔgʀaf] nm (Méd) scanner

scanographie [skanɔgʀafi] nf (science) (body) scanning; (photo) scan ◆ **scanographie du cerveau** brain scan

scansion [skɑ̃sjɔ̃] nf scanning, scansion

scaphandre [skafɑ̃dʀ] nm [plongeur] diving suit; [cosmonaute] space-suit ◆ **scaphandre autonome** aqualung, scuba

scaphandrier [skafɑ̃dʀije] nm (underwater) diver

scaphite [skafit] nm scaphitoid mollusc

scaphoïde [skafɔid] 1 adj navicular
2 nm navicular(e)

scapulaire [skapylɛʀ] → SYN adj, nm (Anat, Méd, Rel) scapular

scapulohuméral, e, mpl **-aux** [skapyloymeʀal, o] adj scapulohumeral

scarabée [skaʀabe] nm beetle, scarab (spéc)

scarabéidés [skaʀabeide] nmpl ◆ **les scarabéidés** scarabeids, the Scarabaeidae (spéc)

scare [skaʀ] nm parrotfish

scarieux, -ieuse [skaʀjø, jøz] adj scarious

scarifiage [skaʀifjaʒ] nm (Agr) scarifying

scarificateur [skaʀifikatœʀ] nm (Méd) scarificator; (Agr) scarifier

scarification [skaʀifikasjɔ̃] → SYN nf scarification

scarifier [skaʀifje] → SYN ▸conjug 7◂ vt (Agr, Méd) to scarify

scarlatine [skaʀlatin] nf scarlet fever, scarlatina (spéc)

scarole [skaʀɔl] nf endive

scat [skat] nm (Mus) scat

scato* [skato] adj (abrév de **scatologique**)

scatologie [skatɔlɔʒi] → SYN nf scatology

scatologique [skatɔlɔʒik] → SYN adj scatological, lavatorial

scatophage [skatɔfaʒ] adj scatophagous

scatophile [skatɔfil] → SYN adj stercoricolous

sceau, pl **sceaux** [so] → SYN nm (cachet, estampille) seal; (fig: marque) stamp, mark ◆ **mettre son sceau sur** to put one's seal to ou on ◆ **apposer son sceau sur** to affix one's seal to ◆ (fig) **porter le sceau du génie** to bear the stamp ou mark of genius ◆ **sous le sceau du secret** under the seal of secrecy → **garde²**

sceau-de-Salomon, pl **sceaux-de-Salomon** [sod(ə)salɔmɔ̃] nm Salomon's seal

scélérat, e [seleʀa, at] → SYN 1 adj (littér, ††) villainous, blackguardly††; wicked
2 nm,f (littér, ††: criminel) villain, blackguard†† ◆ **petit scélérat!*** (you) little rascal!

scélératesse [seleʀatɛs] → SYN nf (littér, ††) (caractère) villainy, wickedness; (acte) villainy, villainous ou wicked ou blackguardly†† deed

scellement [sɛlmɑ̃] → SYN nm (→ **sceller**) sealing; embedding (NonC)

sceller [sele] → SYN ▸conjug 1◂ vt a pacte, document, sac to seal
b (Constr) to embed

scellés [sele] nmpl seals ◆ **apposer** ou **mettre les scellés sur une porte** to put the seals on a door, affix the seals to a door ◆ **lever les scellés** to take the seals off

scellofrais® [sɛlɔfʀɛ] nm cling film, cling wrap

scénario [senaʀjo] → SYN nm (Ciné, Théât: plan) scenario; (Ciné: découpage et dialogues) screenplay, (film) script, scenario ◆ (évolution possible) **il y a plusieurs scénarios possibles** there are several possible scenarios ◆ (fig) **ça s'est déroulé selon le scénario habituel** (attentat) it followed the usual pattern; (conférence de presse) it followed the usual ritual ou pattern ◆ **c'est toujours le même scénario*** it's always the same old ritual ou carry-on* (Brit)

scénariser [senaʀize] ▸conjug 1◂ vt (TV) to script

scénariste [senaʀist] nmf (Ciné) scriptwriter

scène [sɛn] → SYN nf a (estrade) stage ◆ **scène tournante** revolving stage ◆ **être en scène** to be on stage ◆ **sortir de scène** to go off-stage, exit ◆ **en scène!** on stage! ◆ **occuper le devant de la scène** to be in the foreground → **entrée**
b (le théâtre) **la scène** the stage ◆ **les vedettes de la scène et de l'écran** the stars of stage and screen ◆ **à la scène comme à la ville** (both) on stage and off, both on and off (the) stage ◆ **porter une œuvre à la scène** to bring a work to the stage, stage a work ◆ **adapter un film pour la scène** to adapt a film for the stage ◆ **mettre en scène** (Théât) personnage, histoire to present, put on stage; auteur, romancier to stage; pièce de théâtre to stage, direct; (Ciné) film to direct ◆ **ce chapitre met en scène / dans ce chapitre l'auteur met en scène un nouveau personnage** this chapter presents / in this chapter the author presents a new character → **metteur, mise²**
c (Ciné, Théât: division) scene ◆ **dans la première scène** in the first ou opening scene, in scene one ◆ **scène d'amour** love scene ◆ (fig) **elle m'a joué la grande scène du deux*** she put on a great act, she acted out a big scene*
d (décor) scene ◆ **la scène représente un salon du 18ᵉ siècle** the scene represents an 18th-century drawing room ◆ **changement de scène** scene change
e (lieu de l'action) scene ◆ (Ciné, Théât) **la scène est** ou **se passe à Rome** the action takes place in Rome, the scene is set in Rome ◆ (gén) **arrivé sur la scène du crime / drame** having arrived at the scene of the crime / drama
f (spectacle) scene ◆ **le témoin a assisté à toute la scène** the witness was present at ou during the whole scene ◆ (Psych) **la scène originaire** ou **primitive** the primal scene
g (confrontation, dispute) scene ◆ **une scène de réconciliation** a scene of reconciliation ◆ **j'ai assisté à une pénible scène de rupture** I witnessed a distressing break-up scene ◆ **faire une scène d'indignation** to put on a great show of indignation ◆ **scène de ménage** domestic fight ou scene ◆ **faire une scène** to make a scene ◆ **il m'a fait une scène parce que j'avais oublié la clef** he made a scene because I had forgotten the key ◆ **avoir une scène (avec qn)** to have a scene (with sb)
h (fig: domaine) scene ◆ **sur la scène politique / universitaire / internationale** on the political / university / international scene
i (Art: tableau) scene ◆ **scène d'intérieur / mythologique** indoor / mythological scene ◆ **scène de genre** genre painting

scenic railway [senikʀɛlwɛ] nm roller coaster, big dipper, switchback (Brit)

scénique [senik] → SYN adj theatrical → **indication**

scéniquement [senikmɑ̃] adv (Théât) theatrically

scénographe [senɔgʀaf] nmf scenographer

scénographie [senɔgʀafi] nf (Théât) scenography

scénographique [senɔgʀafik] adj scenographic(al)

scénopégies [senɔpeʒi] → SYN nfpl Feast of Tabernacles, Sukkoth

scepticisme [sɛptisism] → SYN nm scepticism

sceptique [sɛptik] → SYN 1 adj sceptical, sceptic
2 nmf sceptic; (Philos) Sceptic

sceptiquement [sɛptikmɑ̃] adv sceptically

sceptre [sɛptʀ] → SYN nm (lit, fig) sceptre

schah [ʃa] nm ⇒ **shah**

schako [ʃako] nm ⇒ **shako**

schappe [ʃap] nm ou f waste silk ◆ **tissu de schappe** schappe

Schéhérazade [ʃeeʀazad] nf Sheherazade

scheik [ʃɛk] nm ⇒ **cheik**

schelem [ʃlɛm] nm ⇒ **chelem**

schelling [ʃ(ə)lɛ̃] nm ⇒ **schilling**

schéma [ʃema] → SYN nm a (diagramme) diagram, sketch ◆ **schéma de montage** assembly diagram ou instructions ◆ (Admin) **schéma d'aménagement, schéma directeur** urban development plan
b (résumé) outline ◆ **faire le schéma de l'opération** to give an outline of the operation ◆ (Psych) **schéma corporel** body image

schématique [ʃematik] → SYN adj dessin diagrammatic(al), schematic; (péj) interprétation, conception oversimplified

schématiquement [ʃematikmɑ̃] → SYN adv représenter diagrammatically, schematically ◆ **il exposa l'affaire schématiquement** he gave an outline of the affair, he outlined the affair ◆ **très schématiquement, voici de quoi il s'agit ...** briefly this is what it's all about ...

schématisation [ʃematizasjɔ̃] nf schematization; (péj) (over)simplification

schématiser [ʃematize] → SYN ▸conjug 1◂ vt to schematize; (péj) to (over)simplify

schématisme [ʃematism] nm (péj) oversimplicity

schème [ʃɛm] nm (Philos) schema; (Art) design, scheme

schéol [ʃeɔl] nm Sheol

scherzando [skɛʀtsando] adv scherzando

scherzo [skɛʀdzo] 1 nm scherzo
2 adv scherzando

schibboleth [ʃibɔlɛt] nm shibboleth

schiisme [ʃiism] nm ⇒ **chiisme**

schilling [ʃiliŋ] nm schilling

schismatique [ʃismatik] → SYN adj, nmf schismatic

schisme [ʃism] → SYN nm (Rel) schism; (Pol) split ◆ **faire schisme** to split away

schiste [ʃist] nm (métamorphique) schist, shale ◆ **schiste bitumineux** oil shale ◆ **huile de schiste** shale oil

schisteux, -euse [ʃistø, øz] adj schistose

schizo* [skizo] adj, nmf (abrév de **schizophrène**) schizo*

schizogamie [skizɔgami] nf schizogamy

schizogenèse [skizɔʒənɛz] nf schizogenesis

schizogonie [skizɔgɔni] nf schizogony

schizoïde [skizɔid] adj, nmf schizoid

schizoïdie [skizɔidi] nf schizoid disorder

schizométamérie [skizometameʀi] nf metameric segmentation

schizophasie [skizɔfazi] nf schizophasia

schizophrène [skizɔfʀɛn] adj, nmf (Méd, fig) schizophrenic

schizophrénie [skizɔfʀeni] nf (Méd, fig) schizophrenia

schizophrénique [skizɔfʀenik] adj schizophrenic

schizothymie [skizɔtimi] nf schizothymia

schlague [ʃlag] → SYN nf ◆ (Mil Hist) **la schlague** drubbing, flogging ◆ **ils n'obéissent qu'à la schlague**‡ they only obey if you really lay into them‡ ou if you give them what-for‡

schlamm [ʃlam] nm (Tech) tailings (pl)

schlass‡ [ʃlas] 1 adj inv sozzled‡, plastered‡
2 nm knife

schleuh [ʃlø] adj, nmf ⇒ **chleuh**

schlich [ʃlik] nm (Tech) slime, schlich

schlinguer‡ [ʃlɛ̃ge] ▸conjug 1◂ vi to pong‡, stink to high heaven*

schlittage [ʃlitaʒ] nm sledging *(of wood)*

schlitte [ʃlit] nf sledge *(for transporting wood)*

schlitter [ʃlite] ▸conjug 1◂ vt to sledge *(wood)*

schlitteur [ʃlitœʀ] nm (wood) sledger

schmilblik* [ʃmilblik] nm ◆ **ça ne fait pas avancer le schmilblik** that doesn't get anybody anywhere

schnaps [ʃnaps] nm schnap(p)s

schnauzer [ʃnozɛʀ, ʃnaozɛʀ] nm schnauzer

schnock‡ [ʃnɔk] nm ⇒ **chnoque**‡

schnorchel, schnorkel [ʃnɔʀkɛl] nm snorkel

schnouff† [ʃnuf] nf (arg Drogue) dope (arg), junk (arg)

schofar [ʃɔfaʀ] nm shophar, shofar

scholiaste [skɔljast] nm ⇒ **scoliaste**

scholie [skɔli] nf ⇒ **scolie**

schooner [skunœʀ; ʃunœʀ] nm schooner

schorre [ʃɔʀ] nm salt meadow

schproum* [ʃpʀum] nm ◆ **faire du schproum** to kick up a stink‡ ◆ **il va y avoir du schproum** there will be a tremendous outcry, there will be a hell of a fuss*

schtroumpf [ʃtʀumf] nm Smurf

schuss [ʃus] 1 nm schuss
2 adv ◆ **descendre (tout) schuss** to schuss (down)

schwa [ʃva] nm schwa(h)

Schweppes ® [ʃwɛps] nm (Indian) tonic

SCI [ɛsseі] nf (abrév de **société civile immobilière**) → **société**

sciage [sjaʒ] nm [bois, métal] sawing

scialytique ® [sjalitik] nm operating lamp

sciatique [sjatik] 1 nf sciatica
2 adj sciatic

scie [si] → SYN nf a saw ◆ **scie à bois** wood saw ◆ **scie circulaire** circular saw ◆ **scie à chantourner** ou **découper** fretsaw ◆ **scie électrique** power saw ◆ **scie à guichet** panel saw ◆ **scie à métaux** hacksaw ◆ **scie musicale** musical saw ◆ **scie à refendre, scie universelle** bucksaw ◆ **scie à ruban** bandsaw ◆ **scie sauteuse** jigsaw ◆ **scie à chaîne** chain saw, cross-cut saw → **couteau, dent, poisson**
b (péj) (chanson) catch-tune; (personne) bore

sciemment [sjamɑ̃] → SYN adv knowingly, wittingly, on purpose

science [sjɑ̃s] → SYN nf a (domaine scientifique) science ◆ **les sciences** (gén) the sciences; (Scol) science ◆ **la science du beau / de l'être** the science of beauty / of being ◆ **sciences appliquées / exactes / pures / humaines / occultes** applied / exact / pure / social / occult sciences ◆ **sciences expérimentales** experimental sciences ◆ (Univ) **institut des sciences sociales** institute of social science ◆ (Scol) **sciences naturelles** biology, natural science† ◆ **sciences physiques** physical science ◆ **sciences marines** ou **de la mer** marine science ◆ **les sciences de la vie** the life sciences ◆ **sciences d'observation** observational sciences ◆ **sciences économiques** economics (sg) ◆ **sciences politiques** political sciences ◆ (Univ) **Sciences Po** *French school of political science* → **homme**
b (art, habileté) art ◆ **la science de la guerre** the science ou art of war ◆ **faire qch avec une science consommée** to do sth with consummate skill ◆ **sa science des couleurs** his skillful use of colour
c (érudition) knowledge ◆ **avoir la science infuse** to have innate knowledge ◆ (Rel) **la science du bien et du mal** the knowledge of good and evil ◆ **savoir de science certaine que** to know for a fact ou for certain that ◆ **il faut toujours qu'il étale sa science** he's always showing off how much he knows → **puits**

science-fiction [sjɑ̃sfiksjɔ̃] nf science fiction ◆ **film / livre de science-fiction** science fiction film / book ◆ **œuvre de science-fiction** work of science fiction

sciène [sjɛn] nf sciaenid

scientificité [sjɑ̃tifisite] nf scientific character ou nature

scientifique [sjɑ̃tifik] → SYN 1 adj scientific
2 nmf scientist

scientifiquement [sjɑ̃tifikmɑ̃] adv scientifically

scientisme [sjɑ̃tism] nm scientism

scientiste [sjɑ̃tist] 1 nmf adept of scientism
2 adj scientistic

scientologie [sjɑ̃tɔlɔʒi] nf Scientology ®

scientologue [sjɑ̃tɔlɔg] adj, nmf Scientologist

scier [sje] → SYN ▸ conjug 7 ◂ vt a (gén) bois, métal to saw; bûche to saw (up); partie en trop to saw off ◆ **scier une branche pour faire des bûches** to saw (up) a branch into logs ◆ (fig) **scier la branche sur laquelle on est assis** to dig one's own grave
b (*: stupéfier) **ça m'a scié!** it bowled me over!*, it staggered me!* ◆ **c'est vraiment sciant!** it's absolutely staggering!*
c (*: ennuyer) **scier qn** to bore sb rigid* ou stiff*

scierie [siʀi] nf sawmill

scieur [sjœʀ] → SYN nm sawyer ◆ **scieur de long** pit sawyer

scieuse [sjøz] nf mechanical saw

scille [sil] nf scilla

Scilly [sili] n ◆ **les îles Scilly** the Scilly Isles

scincidés [sɛ̃side] nmpl ◆ **les scincidés** skinks, the Scincidae (spéc)

scinder [sɛ̃de] → SYN ▸ conjug 1 ◂ 1 vt to split (up), divide (up) (*en* in, into)
2 **se scinder** vpr to split (up) (*en* in, into)

scintigramme [sɛ̃tigʀam] nm scintigram

scintigraphie [sɛ̃tigʀafi] nf scintigraphy

scintillant, e [sɛ̃tijɑ̃, ɑ̃t] → SYN adj (→ **scintiller**) sparkling; glittering; twinkling; scintillating; glistening

scintillateur [sɛ̃tijatœʀ] nm scintillation counter

scintillation [sɛ̃tijasjɔ̃] nf (Astron, Phys) scintillation ◆ **compteur à scintillations** scintillation counter

scintillement [sɛ̃tijmɑ̃] → SYN nm (→ **scintiller**) sparkling; glittering; twinkling; scintillating; glistening ◆ **le scintillement de son esprit** his scintillating mind

scintiller [sɛ̃tije] → SYN ▸ conjug 1 ◂ vi [diamant] to sparkle, glitter; [étoile] to twinkle, sparkle, scintillate; [yeux] to sparkle, glitter (*de* with); [lumières, firmament] to glitter, sparkle; [goutte d'eau] to glisten; [esprit] to sparkle, scintillate

scion [sjɔ̃] → SYN nm (Bot) (gén) twig; (greffe) scion; (Pêche) top piece

sciotte [sjɔt] nf (stonecutter's) handsaw

Scipion [sipjɔ̃] nm Scipio ◆ **Scipion l'Africain** Scipio Africanus

scirpe [siʀp] nm bulrush, club rush

scission [sisjɔ̃] → SYN nf a (schisme) split, scission (frm) ◆ **faire scission** to split away, secede
b (Écon) demerger
c (Bot, Phys) fission

scissioniste [sisjɔnist] adj, nmf secessionist

scissipare [sisipaʀ] adj fissiparous

scissiparité [sisipaʀite] nf scissiparity, schizogenesis

scissure [sisyʀ] nf fissure, sulcus ◆ **scissure inter-hémisphérique** longitudinal fissure of the cerebrum ◆ **scissure latérale** ou **de Sylvius** fissure of Sylvius, lateral fissure

sciure [sjyʀ] nf ◆ **sciure (de bois)** sawdust ◆ **acheter une bague dans la sciure**† to buy a ring from a street hawker

sciuridés [sjyʀide] nmpl ◆ **les sciuridés** sciurines, the Sciuridae (spéc)

scléral, e, mpl **-aux** [skleʀal, o] adj scleral, sclerotic

scléranthe [skleʀɑ̃t] nm scleranthus ◆ **scléranthe annuel** knawel

sclérenchyme [skleʀɑ̃ʃim] nm sclerenchyma

scléreux, -euse [skleʀø, øz] adj sclerotic, sclerous

sclérodermie [skleʀɔdɛʀmi] nf sclerodermi(i)a, scleriasis

sclérogène [skleʀɔʒɛn] adj causing sclerosis

scléroprotéine [skleʀopʀɔtein] nf scleroprotein

sclérosant, e [skleʀozɑ̃, ɑ̃t] adj (fig) ossifying

sclérose [skleʀoz] → SYN nf a (Méd) sclerosis ◆ **sclérose artérielle** hardening of the arteries, arteriosclerosis (spéc) ◆ **sclérose en plaques** multiple sclerosis ◆ **sclérose latérale amyotrophique** amyotrophic lateral sclerosis
b (fig) ossification

sclérosé, e [skleʀoze] → SYN (ptp de **se scléroser**) adj (lit) sclerosed, sclerotic; (fig) ossified

scléroser (se) [skleʀoze] ▸ conjug 1 ◂ vpr (Méd) to become sclerotic ou sclerosed, sclerose; (fig) to become ossified

sclérotique [skleʀɔtik] nf sclera, sclerotic

scolaire [skɔlɛʀ] adj a (gén) school (épith) ◆ **année scolaire** school ou academic year ◆ **ses succès scolaires** his success in ou at school, his scholastic achievements ou attainments ◆ **enfant d'âge scolaire** child of school age ◆ **progrès scolaires** academic progress → **établissement, groupe, livret** etc
b (péj) schoolish ◆ **son livre est un peu scolaire par endroits** his book is a bit schoolish in places

scolairement [skɔlɛʀmɑ̃] adv réciter schoolishly

scolarisable [skɔlaʀizabl] adj educable

scolarisation [skɔlaʀizasjɔ̃] nf [enfant] schooling ◆ **la scolarisation d'une population / d'un pays** providing a population with schooling / country with schools ◆ **taux de scolarisation** percentage of children in full-time education

scolariser [skɔlaʀize] ▸ conjug 1 ◂ vt enfant to provide with schooling, send to school; pays, région to provide with schools ou schooling

scolarité [skɔlaʀite] → SYN nf schooling ◆ **la scolarité a été prolongée** schooling has been extended, the school-leaving age has been raised ◆ **pendant mes années de scolarité** during my school years ou years at school ◆ **scolarité obligatoire** compulsory school attendance, compulsory schooling ◆ (Univ) **service de la scolarité** registrar's office → **certificat, frais**[2]

scolasticat [skɔlastika] nm (séminaire) theological school; (études) theological studies (pl)

scolastique [skɔlastik] 1 adj (Philos, péj) scholastic
2 nf scholasticism
3 nm (Philos) scholastic, schoolman; (séminariste) seminarian, seminarist; (péj) scholastic

scolex [skɔlɛks] nm scolex

scoliaste [skɔljast] → SYN nm scholiast

scolie [skɔli] → SYN nf scholium

scoliose [skɔljoz] nf curvature of the spine, scoliosis (spéc)

scolopendre [skɔlɔpɑ̃dʀ] nf (Zool) centipede, scolopendra (spéc); (Bot) hart's-tongue, scolopendrium (spéc)

scolyte [skɔlit] nm elm bark beetle

scombridés [skɔ̃bʀide] nmpl ◆ **les scombridés** scombroids, the Scombroidea (spéc)

sconse [skɔ̃s] nm skunk (fur)

scoop* [skup] nm (Presse) scoop

scooter [skutœʀ] nm (motor) scooter ◆ **scooter des mers** jet ski ◆ **scooter des neiges** Skidoo ®

scootériste [skuteʀist] nmf scooter rider

scopie‡ [skɔpi] nf abrév de **radioscopie**

scopolamine [skɔpɔlamin] nf scopolamine

scorbut [skɔʀbyt] nm scurvy

scorbutique [skɔʀbytik] adj symptômes of scurvy, scorbutic (spéc); personne suffering from scurvy, scorbutic (spéc)

score [skɔʀ] → SYN nm (gén, Sport) score ◆ (Pol) **faire un bon / mauvais score** to have a good / bad result

scoriacé, e [skɔʀjase] adj scoriaceous

scorie [skɔʀi] → SYN nf (gén pl) (Ind) slag (NonC), scoria (NonC), clinker (NonC); (fig) dross (NonC) ◆ (Géol) **scories (volcaniques)** (volcanic) scoria

scorifier [skɔʀifje] ▸ conjug 7 ◂ vt to scorify, reduce to slag ou scoria

scorpène [skɔʀpɛn] → SYN nf scorpene ◆ **scorpène scrofa** hogfish

scorpion [skɔʀpjɔ̃] nm a (Zool) scorpion ◆ **scorpion d'eau** water-scorpion ◆ **scorpion de mer** scorpion-fish
b (Astron) **le Scorpion** Scorpio, the Scorpion ◆ **être (du) Scorpion** to be (a) Scorpio

scorsonère [skɔʀsɔnɛʀ] nf black salsify

scotch [skɔtʃ] nm a (boisson) scotch (whisky)
b **Scotch** ® (adhésif) Sellotape ® (Brit), Scotchtape ® (US)

scotcher ® [skɔtʃe] ▸ conjug 1 ◂ vt to sellotape ® (Brit), stick with Scotchtape ® (US)

scotch-terrier, pl **scotch-terriers** [skɔtʃtɛʀje] nm Scottish ou Scotch terrier

scotie [skɔti] nf scotia

scotome [skɔtom] nm (Méd) scotoma

scotomisation [skɔtɔmizasjɔ̃] → SYN nf (Psych) blocking out

scotomiser [skɔtɔmize] → SYN ▸ conjug 1 ◂ vt (Psych) to block out

scotopie [skɔtɔpi] nf scotopia

scotopique [skɔtɔpik] adj scotopic

scottish-terrier, pl **scottish-terriers** [skɔtiʃtɛʀje] nm ⇒ **scotch-terrier**

scoubidou [skubidu] nm *strip of plaited plastic threads*

scoumoune‡ [skumun] nf (arg Crime) tough ou rotten luck*

scoured [skuʀɛd] nm scoured wool

scout, e [skut] → SYN adj, nm scout, boyscout ◆ (péj) **avoir un côté scout** to be a bit boy-scoutish*

scoutisme [skutism] nm (mouvement) scout movement ; (activité) scouting

SCPI [ɛssepei] nf (abrév de **société civile de placement immobilier**) → **société**

Scrabble ® [skʀabl] nm Scrabble ®

scrabbleur, -euse [skʀablœʀ, øz] nm,f Scrabble ® player

scraper [skʀapœʀ, skʀɛpœʀ] nm ⇒ **scrapeur**

scrapeur [skʀapœʀ] nm scraper

scratcher [skʀatʃe] ▸ conjug 1 ◂ vt (Sport) to scratch

scriban [skʀibɑ̃] → SYN nm (avec cabinet) bureau bookcase ; (sans cabinet) slant-front bureau

scribe [skʀib] → SYN nm (péj : bureaucrate) pen-pusher (péj) ; (Hist) scribe

scribouillard, e [skʀibujaʀ, aʀd] nm,f (péj) penpusher (péj)

script[1] [skʀipt] 1 nm a **(écriture) script** printing ◆ **apprendre le script** to learn how to print (letters) ◆ **écrire en script** to print

b (Ciné) (shooting) script

2 nf ⇒ **script-girl**

script[2] [skʀipt] nm (Bourse) scrip

scripte [skʀipt] nf (Ciné) continuity girl

scripteur [skʀiptœʀ] nm (Ling) writer

script-girl, pl **script-girls** [skʀiptgœʀl] nf continuity girl

scripturaire [skʀiptyʀɛʀ] → SYN adj scriptural ◆ **exégèse scriptulaire** scriptural exegesis

scriptural, e, mpl **-aux** [skʀiptyʀal, o] adj → **monnaie**

scrofulaire [skʀɔfylɛʀ] nf figwort

scrofule [skʀɔfyl] → SYN nf (Méd) scrofula ◆ (Hist Méd) **scrofules** scrofula, king's evil

scrofuleux, -euse [skʀɔfylø, øz] → SYN adj tumeur scrofulous ; personne scrofulous, suffering from scrofula

scrogneugneu [skʀɔɲøɲø] excl damnation !, damn me !

scrotal, e, mpl **-aux** [skʀɔtal, o] adj scrotal

scrotum [skʀɔtɔm] nm scrotum

scrub [skʀœb] → SYN nm (Géog) scrub

scrupule [skʀypyl] → SYN nm a scruple ◆ **avoir des scrupules** to have scruples ◆ **avoir des scrupules à** ou **se faire scrupule de faire qch** to have scruples ou misgivings ou qualms about doing sth ◆ **faire taire ses scrupules** to silence one's qualms of conscience ou one's scruples ◆ **je n'aurais aucun scrupule à refuser** I wouldn't have any scruples ou qualms ou misgivings about refusing, I wouldn't scruple to refuse ◆ **son honnêteté est poussée jusqu'au scrupule** his honesty is absolutely scrupulous ◆ **il est dénué de scrupules** he has no scruples, he is completely unscrupulous ◆ **sans scrupules** personne unscrupulous, without scruples ; agir without scruple, unscrupulously ◆ **vos scrupules vous honorent** your scrupulousness is ou your scruples are a credit to you ◆ **je comprends votre scrupule** ou **vos scrupules** I understand your scruples

b (souci de) **dans un** ou **par un scrupule d'honnêteté / d'exactitude historique** in scrupulous regard for honesty / historical exactness

scrupuleusement [skʀypyløzmɑ̃] adv scrupulously

scrupuleux, -euse [skʀypylø, øz] → SYN adj personne, honnêteté scrupulous ◆ **peu scrupuleux** unscrupulous

scrutateur, -trice [skʀytatœʀ, tʀis] → SYN

1 adj (littér) regard, caractère searching

2 nm (Pol) scrutineer (Brit), teller, canvasser (US)

scrutation [skʀytasjɔ̃] nf (Ordin) scanning

scruter [skʀyte] → SYN ▸ conjug 1 ◂ vt horizon to scan, search, scrutinize, examine ; objet, personne to scrutinize, examine ; pénombre to peer into, search

scrutin [skʀytɛ̃] → SYN nm a (vote) ballot ◆ **par voie de scrutin** by ballot ◆ **voter au scrutin secret** to vote by secret ballot ◆ **il a été élu au troisième tour de scrutin** he was elected on ou at the third ballot ou round ◆ **dépouiller le scrutin** to count the votes

b (élection) poll ◆ **le jour du scrutin** polling day ◆ **ouverture / clôture du scrutin** start / close of polling

c (modalité) **scrutin de liste** list system ◆ **scrutin d'arrondissement** district election system ◆ **scrutin majoritaire** election on a majority basis ◆ **scrutin proportionnel** voting using the system of proportional representation ◆ **scrutin de ballottage** second ballot, second round of voting ◆ **scrutin uninominal** uninominal system

sculpter [skylte] → SYN ▸ conjug 1 ◂ vt statue, marbre to sculpture, sculpt ; meuble to carve, sculpture, sculpt ; bâton, bois to carve ◆ **elle peint et sculpte** she paints and sculptures ou sculpts ◆ **sculpter qch dans du bois** to carve sth out of wood

sculpteur [skyltœʀ] → SYN nm (homme) sculptor ; (femme) sculptress ◆ **sculpteur sur bois** woodcarver

sculptural, e, mpl **-aux** [skyltyʀal, o] → SYN adj (Art) sculptural ; (fig) beauté, femme statuesque

sculpture [skyltyʀ] → SYN nf (art, objet) sculpture ; (Aut) [pneu] tread pattern ◆ **sculpture sur bois** woodcarving ◆ **les sculptures d'un pneu** the pattern on a tyre

scutellaire [skytelɛʀ] nf skullcap

scutiforme [skytifɔʀm] adj scutiform

scutum [skytɔm] nm scutum

Scylla [sila] nf Scylla → **tomber**

scyphoméduses [sifomedyz] nfpl ◆ **les scyphoméduses** scyphomedusans, the Scyphomedusae (spéc)

scyphozoaires [sifɔzɔɛʀ] nmpl ◆ **les scyphozoaires** scyphozoans, the Scyphozoa (spéc)

scythe [sit] 1 adj Scythian

2 nm (Ling) Scythian

3 nmf ◆ **Scythe** Scythian

Scythie [siti] nf Scythia

scythique [sitik] adj ⇒ **scythe**

SDF* [ɛsdeɛf] nmf inv (abrév de **sans domicile fixe**) homeless person ◆ **les SDF** the homeless

SDN [ɛsdeɛn] nf (abrév de **Société des Nations**) → **société**

se [sə] pron a (valeur strictement réfléchie) (sg) (indéfini) oneself ; (sujet humain mâle) himself ; (sujet humain femelle) herself ; (sujet non humain) itself ; (pl) themselves ◆ **se regarder dans la glace** to look at o.s. in the mirror ◆ (action le plus souvent réfléchie : forme parfois intransitive en anglais) **se raser / laver** to shave / wash ◆ **se mouiller / salir** to get wet / dirty ◆ **se brûler / couper** to burn / cut o.s. → **écouter, faire**[1]

b (réciproque) each other, one another ◆ **deux personnes qui s'aiment** two people who love each other ou one another ◆ **des gens / 3 frères qui se haïssent** people / 3 brothers who hate one another ou each other

c (valeur possessive : se traduit par l'adjectif possessif) **se casser la jambe** to break one's leg ◆ **il se lave les mains** he is washing his hands ◆ **elle s'est coupé les cheveux** she has cut her hair

d (valeur passive : généralement rendu par une construction passive) **cela ne se fait pas** that's not done ◆ **cela se répare / recolle facilement** it can easily be repaired again / glued together again ◆ **la vérité finira par se savoir** (the) truth will out (in the end), the truth will finally be found out ◆ **l'anglais se parle dans le monde entier** English is spoken throughout the world ◆ **cela se vend bien** it sells well ◆ **les escargots se servent dans la coquille** snails are served in their shells ou the shell, one serves snails in the shell

e (en tournure impersonnelle) **il se peut que** it may be that, it is possible that ◆ **comment se fait-il que ... ?** how is it that ... ?

f (autres emplois pronominaux) (exprime le devenir) **s'améliorer** to get better ◆ **s'élargir** to get wider ◆ **se développer** to develop ◆ **se transformer** to change ◆ (indique une action subie) **se boucher** to become ou get blocked ◆ **se casser** to break ◆ **se fendre** to crack ; pour tous ces cas, et les emplois purement pronominaux (à valeur intransitive), voir le verbe en question

S.E. (abrév de **Son Excellence**) HE

S.É. (abrév de **Son Éminence**) HE

sea-line, pl **sea-lines** [silajn] nm undersea pipeline

séance [seɑ̃s] → SYN nf a (réunion) [conseil municipal] meeting, session ; [tribunal, parlement] session, sitting ; [comité] séance ◆ **séance de spiritisme** séance ◆ **être en séance** to be in session, sit ◆ **la séance est levée** the meeting is ended, the meeting is at an end ◆ **séance extraordinaire** extraordinary meeting → **suspension**

b (période) session ◆ **séance de photographie / de rééducation / de gymnastique** photographic ou photography / physiotherapy / gymnastics session ◆ **séance de pose** sitting

c (représentation) (Théât) performance ◆ **séance privée** private showing ou performance ◆ **séance de cinéma** film show ◆ (Ciné) **première / dernière séance** first / last showing

d (Bourse) **en début / fin de séance** at the opening / close (of the day's trading)

e (* : scène) performance* ◆ **faire une séance à qn** to give sb a performance*

f LOC **séance tenante** forthwith ◆ **nous partirons séance tenante** we shall leave forthwith ou without further ado

séant[1] [seɑ̃] → SYN nm (hum : derrière) posterior (hum) ◆ (frm) **se mettre sur son séant** to sit up *(from a lying position)*

séant[2], **séante** [seɑ̃, seɑ̃t] → SYN adj (littér : convenable) seemly (littér), fitting (littér) ◆ **il n'est pas séant de dire cela** it is unseemly ou unfitting to ou it is not seemly ou fitting to say that

seau, pl **seaux** [so] → SYN nm (récipient) bucket, pail ; (contenu) bucket(ful), pail(ful) ◆ **il pleut à seaux, la pluie tombe à seaux** it's coming ou pouring down in buckets ou bucketfuls, it's raining buckets* ou cats and dogs ◆ **seau à champagne / glace** champagne / ice-bucket ◆ **seau à charbon** coal scuttle ◆ **seau hygiénique** slop pail

sébacé, e [sebase] adj sebaceous

sébaste [sebast] nm rosefish

Sébastien [sebastjɛ̃] nm Sebastian

sébile [sebil] nf (small wooden) bowl

séborrhée [sebɔʀe] nf seborrhoea (Brit), seborrhea (US)

séborrhéique [sebɔʀeik] adj seborrhoeal (Brit), seborrhoeic (Brit), seborrheal (US), seborrheic (US)

sébum [sebɔm] nm sebum

sec, sèche[1] [sɛk, sɛʃ] → SYN 1 adj a climat, temps, bois, linge, toux dry ; raisins, figue dried ◆ **je n'ai plus un poil de sec*** I'm sweating like a pig*, I'm soaked through ◆ **elle le regarda partir, l'œil sec** she watched him go, dry-eyed ◆ (fig) **avoir la gorge sèche*, avoir le gosier sec*** to be parched ou dry → **cale**[1], **cinq, cul** etc

b (sans graisse) épiderme, cheveu dry ; (maigre) personne, bras lean ◆ **il est sec comme un coup de trique*** ou **comme un hareng*** he's as thin as a rake

c (sans douceur) style, ton, vin, rire, bruit dry ; personne hard(-hearted), cold ; cœur cold, hard; réponse curt; tissu harsh; jeu crisp ◆ (Sport) **placage sec** hard tackle ◆ **il lui a écrit une lettre très sèche** he wrote him a very curt letter ◆ **se casser avec un bruit sec** to break with a sharp snap → **coup**

d (sans eau) alcool neat ◆ **il prend son whisky sec** he takes ou drinks his whisky neat ou straight

e (Cartes) **atout/valet sec** singleton trumps/jack ◆ **son valet était sec** his jack was a singleton

f (Tennis) **il a été battu en 3 sets secs** he was beaten in 3 straight sets

g (sans supplément ou sans prestations supplémentaires) **vol sec** flight *(bought without other travel arrangements)* ◆ **licenciement sec** compulsory redundancy *(without any compensation)*

h (* loc) **Je l'ai eu sec** I was cut up (about it)* ◆ **être** ou **rester sec** to be stumped* ◆ **je suis sec sur ce sujet** I draw a blank on that subject

2 adv frapper hard ◆ **boire sec** to drink hard, be a hard ou heavy drinker ◆ **démarrer sec** (sans douceur) to start (up) with a jolt ou jerk; (rapidement) to tear off ◆ (fig) **ça démarre sec ce soir** it's getting off to a good start this evening ◆ **conduire sec** to drive jerkily ◆ **aussi sec!**‡ pronto!* ◆ **et lui, aussi sec**‡**, a répondu que ...** and he replied straight off ou straight away that ...

3 nm ◆ **tenir qch au sec** to keep sth in a dry place ◆ **rester au sec** to stay in the dry ◆ **un puits à sec** a dry ou dried-up well ◆ **être à sec** [torrent, puits] to be dry ou dried-up; (*: sans argent) [personne] to be broke* ou skint‡ (Brit); [caisse] to be empty ◆ **mettre à sec un étang** [personne] to drain a pond; [soleil] to dry up a pond ◆ **mettre à sec un joueur** to clean out a gambler ◆ (Naut) **à sec de toile** under bare poles

sécable [sekabl] → SYN adj divisible

SECAM [sekam] adj, nm (abrév de **séquentiel couleur à mémoire**) SECAM

sécant, e [sekɑ̃, ɑ̃t] adj, nf secant

sécateur [sekatœʀ] nm (pair of) secateurs, (pair of) pruning shears

sécession [sesesjɔ̃] → SYN nf secession ◆ **faire sécession** to secede → **guerre**

sécessionniste [sesesjɔnist] → SYN adj, nmf secessionist ◆ **république sécessionniste** breakaway republic

séchage [seʃaʒ] nm drying; [bois] seasoning

séchant, e [seʃɑ̃, ɑ̃t] adj drying (épith)

sèche[2] * [sɛʃ] nf (cigarette) fag* (Brit), cigarette

sèche-cheveux [sɛʃʃəvø] nm inv hair-drier

sèche-linge [sɛʃlɛ̃ʒ] nm inv drying cabinet; (machine) tumble-dryer

sèche-mains [sɛʃmɛ̃] nm inv hand-dryer ou blower

sèchement [sɛʃmɑ̃] adv disserter drily, dryly; répondre (froidement) drily, dryly; (brièvement) curtly

sécher [seʃe] → SYN ▸ conjug 6 ◂ **1** vt **a** (gén) to dry; cours d'eau, flaque to dry (up) ◆ **sèche tes larmes** dry your tears ou eyes ◆ (fig) **sécher les larmes** ou **les pleurs de qn** to wipe away sb's tears ◆ **se sécher au soleil/avec une serviette** to dry o.s. in the sun/with a towel ◆ **se sécher devant le feu** to dry o.s. ou dry (o.s.) off in front of the fire

b (arg Scol: manquer) cours to skip* ◆ **ce matin, je vais sécher (les cours)** this morning I'm going to skip classes*

c (‡) **sécher son verre** to drain one's glass ◆ **sécher son verre de bière** to down ou knock back ou drain one's glass of beer

2 vi **a** [surface mouillée, peinture] to dry (off); [substance imbibée de liquide] to dry (out); [linge] to dry ◆ **faire** ou **laisser sécher qch** to leave sth to dry (off ou out) ◆ **mettre le linge à sécher** to put out the washing to dry ◆ **« faire sécher sans essorer »** "do not spin (dry)" ◆ **« faire sécher à plat »** "dry flat"

b (se déshydrater) [bois] to dry out; [fleur] to dry up ou out ◆ **le caoutchouc a séché** the rubber has dried up ou gone dry ◆ **sécher sur pied** [plante] to wilt on the stalk; (fig) [personne] to languish ◆ (fig) **sécher d'ennui** to languish in boredom ◆ **faire sécher** fruits, viande, fleurs to dry; bois to season

c (arg Scol: rester sec) to be stumped* ◆ **j'ai séché en maths** I drew a (complete) blank ou I dried up* completely in maths

sécheresse [sɛʃʀɛs] → SYN nf **a** [climat, sol, ton, style] dryness; [réponse] curtness; [cœur] coldness, hardness

b (absence de pluie) drought

sécherie [sɛʃʀi] nf (machine) drier, drying machine; (installations) drying plant

sécheur [seʃœʀ] nm dryer

sécheuse [seʃøz] nf (pour linge) tumble-dryer

séchoir [seʃwaʀ] → SYN nm (local) (pour nourriture, tabac etc) drying shed; (pour linge) drying room; (appareil) dryer ◆ **séchoir à linge** (pliant) clothes-horse; (rotatif) tumble dryer; (cordes) dryer ◆ **séchoir à chanvre/à tabac** hemp/tobacco drying shed ◆ **séchoir à cheveux** hair-dryer ◆ **séchoir à tambour** tumble-dryer

second, e[1] [s(ə)gɔ̃, ɔ̃d] → SYN **1** adj **a** (chronologiquement) second ◆ **en second lieu** secondly, in the second place ◆ **je vous le dis pour la seconde fois, vous n'aurez rien** I repeat, you'll get nothing ◆ **il a obtenu ces renseignements de seconde main** he got this information secondhand ◆ [chercheur] **travailler sur des ouvrages de seconde main** to work from secondary sources ◆ **second violon/ténor** second violin/tenor ◆ **le second Empire** the Second Empire ◆ **second chapitre, chapitre second** chapter two → **noce**

b (hiérarchiquement) second ◆ **de second choix** (de mauvaise qualité) low-quality, low-grade; (Comm: catégorie) class two ◆ **articles de second choix** seconds ◆ **voyager en seconde classe** to travel second-class ◆ **passer en second** to come second ◆ **commander en second** to be second in command ◆ **officier** ou **capitaine en second** first mate ◆ **intelligence/malhonnêteté à nulle autre seconde** unparalleled intelligence/dishonesty, intelligence/dishonesty which is quite without equal ◆ **jouer les seconds rôles** (Ciné) to play minor parts ou supporting roles; (fig: en politique etc) to play second fiddle (*auprès de* to) ◆ (fig) **second couteau** minor figure ◆ **ce ne sont que des seconds couteaux** they're only the small fry ◆ (Bourse) **second marché** ≃ unlisted securities market → **plan**[1]

c (autre, nouveau) second ◆ **une seconde jeunesse** a second youth ◆ **dans une seconde vie** in a second life ◆ **cet écrivain est un second Hugo** this writer is a second Hugo ◆ **chez lui, c'est une seconde nature** with him it's second nature ◆ **doué de seconde vue** gifted with second sight ◆ **trouver son second souffle** (Sport) to get one's second wind, (fig) to find a new lease of life ◆ **être dans un état second** to be in a sort of trance → **habitude**

d (dérivé) cause secondary

2 nm,f second ◆ **le second de ses fils** his second son, the second of his sons ◆ **il a été reçu second (en maths)** he came ou was second (in maths) ◆ (littér) **sans second** second to none, peerless (littér) ◆ (Alpinisme) **second (de cordée)** second (on the rope)

3 nm **a** (adjoint) second in command; (Naut) first mate; (en duel) second

b (étage) second floor (Brit), third floor (US) ◆ **la dame du second** the lady on the second floor (Brit) ou the third floor (US)

c (dans une charade) second ◆ **mon second est ...** my second is ...

4 **seconde** nf (classe de transport) second class; (billet) second-class ticket; (Scol) ≃ fifth form (Brit) *(in secondary school)*, tenth grade (US) *(in high school)*; (Aut) second (gear); (Mus) second; (Danse) second (position); (Escrime) seconde ◆ (Typ: épreuves) **secondes** second proofs ◆ (Rail) **les secondes sont à l'avant** the second-class seats ou carriages are at the front ou in front ◆ **voyager en seconde** to travel second-class

secondaire [s(ə)gɔ̃dɛʀ] → SYN **1** adj (gén, Chim, Scol) secondary; (Géol) mesozoic, secondary†; (Psych) caractère tending not to show one's reactions ◆ (Littérat) **intrigue secondaire** subplot ◆ (gén, Méd) **effets secondaires** side effects ◆ (Méd) **cancer secondaire** secondary cancer → **secteur**

2 nm ◆ (Géol) **le secondaire** the Mesozoic, the Secondary Era† ◆ (Scol) **le secondaire** secondary (school) (Brit) ou high-school (US) education ◆ **les professeurs du secondaire** secondary school (Brit) ou high-school (US) teachers ◆ (Écon) **le secondaire** the secondary sector ◆ (Élec) **(enroulement) secondaire** secondary (winding)

secondairement [s(ə)gɔ̃dɛʀmɑ̃] → SYN adv secondarily

secondarité [s(ə)gɔ̃daʀite] nf tendency to conceal one's reactions

seconde[2] [s(ə)gɔ̃d] nf (gén, Géom) second ◆ **(attends) une seconde!** just a ou one second! ou sec!* ◆ **à la seconde où il la vit ...** the very moment he saw her ... ◆ **avec elle, tout doit être fait à la seconde** with her, things have to be done instantly → **fraction, quart**

secondement [s(ə)gɔ̃dmɑ̃] adv second(ly)

seconder [s(ə)gɔ̃de] → SYN ▸ conjug 1 ◂ vt (lit, fig) to assist, aid, help

secouer [s(ə)kwe] → SYN ▸ conjug 1 ◂ **1** vt **a** arbre, salade to shake; poussière, miettes to shake off; paresse, oppression to shake off; tapis to shake (out) ◆ **secouer le joug de** [tyrannie, dictature] to throw off ou cast off the yoke of ◆ **arrête de me secouer comme un prunier*** stop shaking me up and down, stop shaking me like a rag doll ◆ **secouer la tête** (pour dire oui) to nod (one's head); (pour dire non) to shake one's head ◆ **l'explosion secoua l'hôtel** the explosion shook ou rocked the hotel ◆ **on est drôlement secoué** (dans un autocar) you're terribly shaken about; (dans un bateau) you're terribly tossed about ◆ **le vent secouait le petit bateau** the wind tossed the little boat about

b (traumatiser) to shake (up) ◆ **ce deuil l'a beaucoup secoué** this bereavement has really shaken him

c (fig) (bousculer) to shake up ◆ **cet élève ne travaille que lorsqu'on le secoue** this pupil only works if he's shaken up ou given a good shake ◆ **secouer les puces à qn*** (réprimander) to tick* (Brit) ou tell sb off, give sb a ticking-off* (Brit) ou telling-off; (stimuler) to give sb a good shake(-up), shake sb up ◆ **secoue tes puces*** ou **ta graisse**‡ shake yourself out of it*, shake yourself up ◆ **secouer le cocotier*** to get rid of the deadwood*

2 **se secouer** vpr (lit) to shake o.s.; (*: faire un effort) to shake o.s. out of it, shake o.s. up, (*: se dépêcher) to get a move on ◆ **secouez-vous si vous voulez passer l'examen** you'll have to shake your ideas up ou shake yourself up if you want to pass the exam

secoueur [s(ə)kwœʀ] nm (Métal) mould breaker; (Agr) shaker

secourable [s(ə)kuʀabl] → SYN adj personne helpful → **main**

secourir [s(ə)kuʀiʀ] → SYN ▸ conjug 11 ◂ vt blessé, pauvre to help, succour (littér), assist, aid; misère to help relieve ou ease

secourisme [s(ə)kuʀism] nm first aid

secouriste [s(ə)kuʀist] nmf first-aid worker

secours [s(ə)kuʀ] → SYN nm **a** (aide) help, aid, assistance ◆ **appeler qn à son secours** to call sb to one's aid ou assistance ◆ **demander du secours** to ask for help ou assistance ◆ **crier au secours** to shout ou call (out) for help ◆ **au secours!** help! ◆ **aller au secours de qn** to go to sb's aid ou assistance ◆ **porter secours à qn** to give sb help ou assistance

b (aumône) aid (NonC) ◆ **distribuer/recevoir des secours** to distribute/receive aid ◆ **société de secours mutuel** mutual aid association

c (sauvetage) aid (NonC), assistance (NonC) ◆ **porter secours à un alpiniste** to bring help ou aid to a mountaineer ◆ **secours aux blessés** aid ou assistance for the wounded ◆ **secours d'urgence** emergency aid ou assistance ◆ **le secours en montagne/en mer** mountain/sea rescue ◆ **équipe de secours** rescue party ou team ◆ **quand les secours arrivèrent** when help ou the rescue party arrived → **poste**[2]**, premier**

d (Mil) relief (NonC) ◆ **la colonne de secours** the relief column ◆ **les secours sont attendus** relief is expected

e (Rel) **mourir avec/sans les secours de la religion** to die with/without the last rites f LOC **cela m'a été / ne m'a pas été d'un grand secours** this has been a ou of great help / of little help to me ◆ **une bonne nuit te serait de meilleur secours que ces pilules** a good night's sleep would be more help to you than these pills ◆ **éclairage / sortie de secours** emergency lighting / exit ◆ **batterie / roue de secours** spare battery / wheel

secousse [s(ə)kus] → SYN nf a (cahot) [voiture, train] jolt, bump; [avion] bump ◆ **sans une secousse** s'arrêter without a jolt, smoothly; transporter smoothly ◆ **avancer par secousses** to move jerkily ou in jerks

b (choc) jerk, jolt; (morale) jolt, shock; (traction) tug, pull ◆ **secousse (électrique)** (electric) shock ◆ **donner des secousses à** corde to give a few tugs ou pulls to; thermomètre to give a few shakes to

c **secousse (tellurique** ou **sismique)** (earth) tremor ◆ (fig) **secousse politique** political upheaval ◆ **il n'en fiche pas une secousse*** he never lifts a finger* ◆ **en mettre** ou **ficher une (bonne) secousse*** to give it all one's got*

secret, -ète [səkʀɛ, ɛt] → SYN 1 adj a document, rite secret ◆ **garder** ou **tenir qch secret** to keep sth secret ou dark ◆ **des informations classées secrètes** classified information → **agent, fonds, service**

b (caché) tiroir, porte, vie, pressentiment secret ◆ **nos plus secrètes pensées** our most secret ou our innermost thoughts ◆ **un charme secret** a hidden charm

c (renfermé) personne reticent, reserved

2 nm a secret ◆ **c'est son secret** it's his secret ◆ **il a gardé le secret de notre projet** he kept our plan secret ◆ **ne pas avoir de secret pour qn** [personne] to have no secrets from sb, keep nothing from sb; [sujet] to have ou hold no secrets for sb ◆ **confier un secret à qn** to confide a secret to sb ◆ **il n'en fait pas un secret** he makes no secret about ou of it ◆ **secret d'alcôve** intimate talk ◆ **secret de fabrication** trade secret ◆ **secret d'État** state ou official secret ◆ (fig) **faire de qch un secret d'État** to make a big secret of sth, act as if sth were a state secret ◆ **« secret-défense »** "official secret" ◆ **c'est le secret de Polichinelle** it's an open secret ◆ **ce n'est un secret pour personne que ...** it's no secret that ...

b (moyen, mécanisme) secret ◆ **secret de fabrication** trade secret ◆ **le secret du bonheur / de la réussite / de la bonne cuisine** the secret of happiness / of success / of good cooking ◆ **il a trouvé le secret pour obtenir tout ce qu'il veut** he's found the secret for getting everything he wants ◆ **une sauce / un tour de passe-passe dont il a le secret** a sauce / conjuring trick of which he (alone) has the secret ◆ **il a le secret de ces plaisanteries stupides** he's got the knack of telling these stupid jokes ◆ **tiroir à secret** drawer with a secret lock ◆ **cadenas à secret** combination lock

c (discrétion, silence) secrecy ◆ **demander / exiger / promettre le secret (absolu)** to ask for / demand / promise (absolute) secrecy ◆ **trahir le secret** to betray the oath of secrecy ◆ **le secret professionnel** professional secrecy ◆ **le secret bancaire** bank secrecy ◆ **le secret d'État** official secrecy ◆ **le secret médical** medical confidentiality ◆ **le secret de la confession** the seal of the confessional ◆ **le gouvernement a gardé le secret sur les négociations** the government has maintained silence ou remained silent about the negotiations → **sceau**

d (mystère) secret ◆ **les secrets de la nature** the secrets of nature, nature's secrets ◆ **pénétrer dans le secret des cœurs** to penetrate the secrets of the heart

e LOC **dans le secret** in secret ou secrecy, secretly ◆ **négociations menées dans le plus grand secret** negotiations carried out in the strictest ou utmost secrecy ◆ **mettre qn dans le secret** to let sb into ou in on the secret, let sb in on it* ◆ **être dans le secret** to be in on the secret, be in on it* ◆ **être dans le secret des dieux** to share the secrets of the powers that be ◆ **faire secret de tout** to be secretive about everything ◆ **en secret** (sans témoins) in secret ou secrecy, secretly; (intérieurement) secretly ◆ (Prison) **au secret** in solitary confinement, in solitary*

3 **secrète** nf (Police) the secret police; (Rel) the Secret

secrétage [səkʀetaʒ] nm carrotage

secrétaire [s(ə)kʀetɛʀ] → SYN 1 nmf (gén) secretary ◆ **secrétaire médicale / commerciale / particulière** medical / business ou commercial / private secretary

2 nm (meuble) writing desk, secretaire (Brit), secretary (US)

3 COMP ▷ **secrétaire d'ambassade** embassy secretary ▷ **secrétaire de direction** private ou personal secretary, personal assistant, executive secretary ▷ **secrétaire d'État** junior minister (*de* in); (US Pol: ministre des Affaires étrangères) Secretary of State, State Secretary ◆ **le secrétaire d'État américain au Trésor** the Treasury Secretary ▷ **secrétaire général** secretary-general ◆ **secrétaire général des Nations unies** Secretary-General of the United Nations ▷ **secrétaire de mairie** ≃ town clerk *(in charge of records and legal business)* ▷ **secrétaire de production** (Ciné) production secretary ▷ **secrétaire de rédaction** sub-editor

secrétariat [s(ə)kʀetaʀja] → SYN nm a (fonction officielle) secretaryship, post ou office of secretary; (durée de fonction) secretaryship, term (of office) as secretary; (bureau) secretariat ◆ **secrétariat d'État** (fonction) post of junior minister; (bureau) junior minister's office ◆ **secrétariat général des Nations unies** post ou office of Secretary-General of the United Nations

b (profession, travail) secretarial work; (bureaux) [école] (secretary's) office; [usine, administration] secretarial offices; [organisation internationale] secretariat; (personnel) secretarial staff ◆ **école de secrétariat** secretarial college ◆ **secrétariat de rédaction** editorial office

secrète [səkʀɛt] → **secret**

secrètement [səkʀɛtmɑ̃] → SYN adv secretly

secréter [səkʀete] ▸ conjug 6 ◂ vt to carrot

sécréter [sekʀete] → SYN ▸ conjug 6 ◂ vt (Bot, Physiol) to secrete; (fig) ennui to exude

secréteur [səkʀetœʀ] nm carroter

sécréteur, -euse ou **-trice** [sekʀetœʀ, øz, tʀis] adj secretory

sécrétine [sekʀetin] nf secretin

sécrétion [sekʀesjɔ̃] → SYN nf secretion

sécrétoire [sekʀetwaʀ] adj secretory

sectaire [sɛktɛʀ] → SYN adj, nmf sectarian

sectarisme [sɛktaʀism] → SYN nm sectarianism

secte [sɛkt] → SYN nf sect

secteur [sɛktœʀ] → SYN nm a (gén, Mil) sector; (Admin) district; (gén: zone) area; [agent de police] beat; (fig) (domaine) area; (partie) part ◆ (Mil) **secteur postal** postal area, ≃ BFPO area (Brit) ◆ **dans le secteur*** (ici) round here; (là-bas) round there ◆ **changer de secteur*** to move elsewhere ◆ (Admin) **secteur sauvegardé** conservation area ◆ (Scol) **secteur géographique** ou **de recrutement scolaire** catchment area

b (Élec) (zone) local supply area ◆ (circuit) **le secteur** the mains (supply) ◆ **panne de secteur** local supply breakdown ◆ **fonctionne sur pile et secteur** battery or mains operated

c (Écon) **secteur public / semi-public / privé** public ou state / semi-public / private sector ◆ **secteur nationalisé** nationalized industries ◆ **secteur d'activité** branch of industry ◆ **secteur primaire** primary sector ◆ **secteur secondaire** secondary sector ◆ **secteur tertiaire** service sector, tertiary sector

d (Géom) sector ◆ **secteur angulaire** sector ◆ **secteur circulaire** sector of circle ◆ **secteur sphérique** spherical sector, sector of sphere

e (Ordin) sector

section [sɛksjɔ̃] → SYN nf a (coupe) section ◆ **prenons un tube de section double** let's get a tube which is twice the bore ◆ **dessiner la section d'un os / d'une tige** to draw the section of a bone / of a stem, draw a bone / a stem in section ◆ **la section (de ce câble) est toute rouillée** the end (of this cable) is all rusted ◆ [cours d'eau] **section mouillée** wetted section

b (Admin) section; (Scol) section, stream, division; (Pol) branch ◆ **section du Conseil d'État** department of the Council of State ◆ **section (du) contentieux** legal section ou department ◆ **section électorale** ward ◆ **section syndicale** (trade) union group ◆ (Écon) **section homogène** cost centre ◆ **mettre un élève en section littéraire / scientifique** to put a pupil into the literature / science stream ou section ◆ (Scol) **changer de section** ≃ to change courses

c (partie) [ouvrage] section; [route, rivière, voie ferrée] section; (en autobus) fare stage ◆ **de la Porte d'Orléans à ma rue, il y a 2 sections** from the Porte d'Orléans to my street there are 2 fare stages → **fin²**

d (Mus) section ◆ **section mélodique / rythmique** melody / rhythm section

e (Mil) platoon

f (Math) section ◆ **section conique / plane** conic / plane section

g (Nucl Phys) **section efficace** cross section

h (Méd) **section accidentelle de la moelle épinière** accidental severing of the spinal cord

sectionnement [sɛksjɔnmɑ̃] → SYN nm (→ **sectionner**) severance; division *(into sections)*

sectionner [sɛksjɔne] → SYN ▸ conjug 1 ◂ 1 vt tube, fil, artère to sever; circonscription, groupe to divide (up), split (up) (*en* into)

2 **se sectionner** vpr to be severed; to divide ou split (up) (into sections)

sectionneur [sɛksjɔnœʀ] nm (Élec) cutout

sectoriel, -ielle [sɛktɔʀjɛl] adj sector-based

sectorisation [sɛktɔʀizasjɔ̃] nf division into sectors

sectoriser [sɛktɔʀize] ▸ conjug 1 ◂ vt to divide into sectors, sector

Sécu* [seky] nf (abrév de **Sécurité sociale**) → **sécurité**

séculaire [sekylɛʀ] → SYN adj (très vieux) arbre, croyance age-old; (qui a lieu tous les cent ans) fête, jeux secular ◆ **ces forêts / maisons sont 4 fois séculaires** these forests / houses are 4 centuries old ◆ **année séculaire** last year of the century

sécularisation [sekylaʀizasjɔ̃] nf secularization

séculariser [sekylaʀize] ▸ conjug 1 ◂ vt to secularize

séculier, -ière [sekylje, jɛʀ] → SYN 1 adj clergé, autorité secular → **bras**

2 nm secular

secundo [səgɔ̃do] adv second(ly), in the second place

sécurisant, e [sekyʀizɑ̃, ɑ̃t] adj climat of security, reassuring ◆ **attitude sécurisante** reassuring attitude, attitude which makes one feel secure

sécurisation [sekyʀizasjɔ̃] nf ◆ **le gouvernement doit assurer la sécurisation des grandes villes** the government must ensure that the big cities are safe

sécuriser [sekyʀize] → SYN ▸ conjug 1 ◂ vt a (rassurer) **sécuriser qn** to give (a feeling of) security to sb, make sb feel secure ◆ **sécuriser l'opinion** to reassure people

b (accroître la sécurité) **sécuriser les transports de fonds** to increase the security of transfers of funds ◆ **sécuriser l'accès à qch** to make access to sth more secure

Securit ® [sekyʀit] nm ◆ **verre Securit** Triplex (glass) ®

sécuritaire [sekyʀitɛʀ] adj ◆ **mesures sécuritaires** security measures

sécurité [sekyʀite] → SYN 1 nf a (tranquillité d'esprit) feeling ou sense of security; (absence de danger) safety; (conditions d'ordre, absence de troubles) security ◆ **être / se sentir en sécurité** to be / feel safe, be / feel secure ◆ **mettre qch en sécurité** to put sth in a safe place ◆ **en toute sécurité** without any risk ◆ **une fausse impression de sécurité** a false sense of security ◆ **cette retraite représentait pour lui une sécurité** this pension meant security for him ◆ **la sécurité de l'emploi** security of employment, job security ◆ **assurer la sécurité d'un personnage important / des ouvriers / des installations** to ensure the safety of an important person / of

workers / of the equipment ◆ **l'État assure la sécurité des citoyens** the State looks after the security ou safety of its citizens ◆ **la sécurité nationale / internationale** national / international security ◆ **mesures de sécurité** (contre incendie etc) safety measures ou precautions; (contre attentat) security measures ◆ **des mesures de sécurité très strictes avaient été prises** very strict security precautions ou measures had been taken, security was very tight → **ceinture, compagnie, conseil** etc
b (mécanisme) safety catch, safety (US) ◆ **de sécurité** dispositif safety (épith) ◆ (Aut) **(porte à) sécurité enfants** childproof lock, child lock ◆ [arme à feu] **mettre la sécurité** to put on the safety catch ou the safety (US) → **cran**
c (service) security ◆ **la sécurité militaire** military security
2 COMP ▷ **la sécurité publique** law and order ◆ **agent de la sécurité publique** officer of the law ▷ **la sécurité routière** road safety ▷ **la Sécurité sociale** (pour la santé) ≃ the National Health Service (Brit), ≃ Medicaid (US); (pour vieillesse etc) ≃ the Social Security, ≃ Medicare (US) ◆ **prestations de la Sécurité sociale** ≃ Social Security benefits

sédatif, -ive [sedatif, iv] [→ SYN] adj, nm sedative ◆ **sous sédatifs** under sedation

sédation [sedasjɔ̃] [→ SYN] nf sedation

sédentaire [sedɑ̃tɛʀ] [→ SYN] adj vie, travail, goûts, personne sedentary; population settled, sedentary; (Mil) permanently garrisoned

sédentairement [sedɑ̃tɛʀmɑ̃] adv sedentarily

sédentarisation [sedɑ̃taʀizasjɔ̃] nf settling process

sédentariser [sedɑ̃taʀize] ▸ conjug 1 ◂ vt to settle ◆ **population sédentarisée** settled population

sédentarité [sedɑ̃taʀite] nf settled way of life

sédiment [sedimɑ̃] [→ SYN] nm (Méd, fig) sediment; (Géol) deposit, sediment

sédimentaire [sedimɑ̃tɛʀ] adj sedimentary

sédimentation [sedimɑ̃tasjɔ̃] nf sedimentation → **vitesse**

sédimenter [sedimɑ̃te] ▸ conjug 1 ◂ vi to deposit sediment

sédimentologie [sedimɑ̃tɔlɔʒi] nf sedimentology

séditieux, -ieuse [sedisjø, jøz] [→ SYN] **1** adj (en sédition) général, troupes insurrectionary (épith), insurgent (épith); (agitateur) esprit, propos, réunion seditious
2 nm,f insurrectionary, insurgent

sédition [sedisjɔ̃] [→ SYN] nf insurrection, sedition ◆ **esprit de sédition** spirit of sedition ou insurrection ou revolt

sédon [sedɔ̃] nm ⇒ **sedum**

séducteur, -trice [sedyktœʀ, tʀis] [→ SYN]
1 adj seductive
2 nm (débaucheur) seducer; (péj: Don Juan) womanizer (péj)
3 **séductrice** nf seductress

séduction [sedyksjɔ̃] [→ SYN] nf **a** (→ **séduire**) seduction, seducing; charming; captivation; winning over ◆ **scène de séduction** seduction scene
b (attirance) appeal ◆ **troublé par la séduction de sa jeunesse** disturbed by the charm ou seductiveness of her youth ◆ **exercer une forte séduction sur** to exercise a strong attraction over, have a great deal of appeal for ◆ **les séductions de la vie estudiantine** the attractions ou appeal of student life

séduire [sedɥiʀ] [→ SYN] ▸ conjug 38 ◂ vt **a** (abuser de) to seduce
b (attirer, gagner) [femme, tenue] to charm, captivate; [négociateur, charlatan] to win over, charm ◆ **il l'a séduite et abandonnée** he loved her and left her ◆ **son but était de séduire** her aim was to charm ou captivate us (ou him etc) ◆ **ils ont essayé de nous séduire avec ces propositions** they tried to win us over ou charm us with these proposals
c (plaire) [tenue, style, qualité, projet] to appeal to ◆ **une des qualités qui me séduisent le plus** one of the qualities which most appeal to me ou which I find most appealing ◆ **leur projet / genre de vie me séduit mais ...** their plan / life style does appeal to me but ..., their plan / life style appeals to me ou does have some attraction for me but ... ◆ **cette idée va-t-elle les séduire ?** is this idea going to tempt them? ou appeal to them?

séduisant, e [sedɥizɑ̃, ɑ̃t] [→ SYN] adj femme, beauté enticing (épith), seductive; homme, démarche, visage (very) attractive; tenue, projet, genre de vie, style appealing, attractive

sedum [sedɔm] nm sedum, stone-crop, roseroot

séfarade [sefaʀad] **1** adj Sephardic
2 nmf Sephardi

seghia [segja] nf ⇒ **seguia**

segment [sɛgmɑ̃] [→ SYN] nm (gén) segment ◆ (Aut) **segment de frein** brake shoe ◆ (Aut) **segment de piston** piston ring

segmentaire [sɛgmɑ̃tɛʀ] adj segmental

segmental, e, mpl **-aux** [sɛgmɑ̃tal, o] adj (Ling) segmental

segmentation [sɛgmɑ̃tasjɔ̃] [→ SYN] nf (gén) segmentation

segmenter [sɛgmɑ̃te] [→ SYN] ▸ conjug 1 ◂ **1** vt to segment
2 **se segmenter** vpr to segment, form ou break into segments

ségrégatif, -ive [segʀegatif, iv] adj segregative

ségrégation [segʀegasjɔ̃] [→ SYN] nf segregation ◆ **ségrégation raciale** racial segregation

ségrégationnisme [segʀegasjɔnism] nm racial segregation, segregationism

ségrégationniste [segʀegasjɔnist] **1** adj manifestant segregationist; problème of segregation; troubles due to segregation
2 nmf segregationist

ségrégé, e [segʀeʒe] adj ⇒ **ségrégué, e**

ségréger [segʀeʒe] ▸ conjug 3 et 6 ◂ vt ⇒ **ségréguer**

ségrégué, e [segʀege] adj segregated

ségréguer [segʀege] ▸ conjug 6 ◂ vt to segregate

séguedille [segədij] nf seguidilla

seguia [segja] nf irrigation channel *(in North Africa)*

seiche[1] [sɛʃ] [→ SYN] nf (Zool) cuttlefish → **os**

seiche[2] [sɛʃ] nf (Géog) seiche

séide [seid] [→ SYN] nm (fanatically devoted) henchman

seigle [sɛgl] nm rye → **pain**

seigneur [sɛɲœʀ] [→ SYN] nm **a** (Hist: suzerain, noble) lord; (fig: maître) overlord ◆ (hum) **mon seigneur et maître** my lord and master ◆ **se montrer grand seigneur avec qn** to behave in a lordly fashion towards sb ◆ (Littérat) **"Le Seigneur des anneaux"** "The Lord of the Rings" → **à, grand**
b (Rel) **le Seigneur** the Lord ◆ **Notre-Seigneur Jésus-Christ** Our Lord Jesus Christ ◆ **Seigneur Dieu !** good Lord! → **jour, vigne**

seigneuriage [sɛɲœʀjaʒ] nm (droit du seigneur) seigniorage

seigneurial, e, mpl **-iaux** [sɛɲœʀjal, jo] adj château, domaine seigniorial; allure, luxe lordly, stately

seigneurie [sɛɲœʀi] nf **a** **Votre / Sa Seigneurie** your / his Lordship
b (terre) (lord's) domain, seigniory; (droits féodaux) seigniory

seime [sɛm] nf (Vét) sand crack

sein [sɛ̃] [→ SYN] nm **a** (mamelle) breast ◆ **donner le sein à un bébé** (méthode) to breast-feed (a baby), suckle ou nurse a baby; (être en train d'allaiter) to feed a baby (at the breast), suckle ou nurse a baby; (présenter le sein) to give a baby the breast ◆ **prendre le sein** to take the breast ◆ plage, serveuse **seins nus** topless ◆ (fig) **ça me ferait mal aux seins*** that would really get (to) me* → **faux**[2], **nourrir**
b (littér) (poitrine) breast (littér), bosom (littér); (matrice) womb; (fig: giron, milieu) bosom ◆ **pleurer dans le sein d'un ami** to cry on a friend's breast ou bosom ◆ **porter un enfant dans son sein** to carry a child in one's womb ◆ **dans le sein de la terre / de l'église** in the bosom of the earth / of the church ◆ **le sein de Dieu** the bosom of the Father → **réchauffer**
c **au sein de** (parmi, dans) équipe, institution within; (littér) bonheur, flots in the midst of

Seine [sɛn] nf ◆ **la Seine** the Seine

seine [sɛn] nf (filet) seine

seing [sɛ̃] [→ SYN] nm (††) signature ◆ (Jur) **acte sous seing privé** private agreement *(document not legally certified)*

séisme [seism] [→ SYN] nm (Géog) earthquake, seism (spéc); (fig) upheaval

séismicité [seismisite] nf ⇒ **sismicité**

séismique [seismik] adj ⇒ **sismique**

séismographe [seismɔgʀaf] nm ⇒ **sismographe**

séismologie [seismɔlɔʒi] nf ⇒ **sismologie**

SEITA [seta] nf (abrév de **Société d'exploitation industrielle des tabacs et allumettes**) *French state tobacco company*

seizain [sɛzɛ̃] nm sixteen-line poem

seize [sɛz] adj inv, nm inv sixteen ◆ **film tourné en seize (millimètres)** film shot in sixteen millimetres; pour loc voir **six**

seizième [sɛzjɛm] adj, nmf sixteenth ◆ (Sport) **seizièmes de finale** first round *(of 5-round knockout competition)* ◆ **le seizième (arrondissement)** the sixteenth arrondissement, *(fashionable residential area in Paris)* ◆ **être très seizième*** to be very sixteenth arrondissement, ≃ be a Sloane Ranger* (Brit) ou a preppy* (US); pour autres loc voir **sixième**

seizièmement [sɛzjɛmmɑ̃] adv in the sixteenth place, sixteenth

séjour [seʒuʀ] [→ SYN] nm **a** (arrêt) stay, sojourn (littér) ◆ **faire un séjour de 3 semaines à Paris** to stay (for) 3 weeks in Paris, have a 3-week stay in Paris ◆ **faire un séjour forcé à Calais** to have an enforced stay in Calais → **interdit**[1], **permis, taxe**
b (salon) living room, lounge (Brit) ◆ **un séjour double** a through lounge (Brit) ou living room → **salle**
c (littér: endroit) abode (littér), dwelling place (littér); (demeure temporaire) sojourn (littér) ◆ **le séjour des dieux** the abode ou dwelling place of the gods

séjourner [seʒuʀne] [→ SYN] ▸ conjug 1 ◂ vi [personne] to stay, sojourn (littér); [neige, eau] to lie

Sekhmet [sɛkmɛt] nf Sekhmet

sel [sɛl] [→ SYN] **1** nm **a** (gén, Chim) salt ◆ (à respirer) **sels** smelling salts → **gros, poivre**
b (fig) (humour) wit; (piquant) spice ◆ **la remarque ne manque pas de sel** the remark has a certain wit ◆ **c'est ce qui fait tout le sel de l'aventure** that's what gives the adventure its spice ◆ (littér) **ils sont le sel de la terre** they are the salt of the earth → **grain**
2 COMP ▷ **sel d'Angleterre** ⇒ **sel d'Epsom** ▷ **sel attique** Attic salt ou wit ▷ **sels de bain** bath salts ▷ **sels biliaires** bile salts ▷ **sel de céleri** celery salt ▷ **sel de cuisine** cooking salt ▷ **sel d'Epsom** Epsom salts ▷ **sel fin** ⇒ **sel de table** ▷ **sel gemme** rock salt ▷ **sel marin** sea salt ▷ **sels minéraux** mineral salts ▷ **sel de table** table salt ▷ **sel de Vichy** sodium bicarbonate

sélacien, -ienne [selasjɛ̃, jɛn] adj, nm selachian

sélaginelle [selaʒinɛl] nf resurrection plant, selaginella

select* [selɛkt] adj inv, **sélect, e*** [selɛkt] adj personne posh*, high-class; clientèle, club, endroit select, posh*

sélecter [selɛkte] [→ SYN] ▸ conjug 1 ◂ vt to select

sélecteur [selɛktœʀ] **1** nm [ordinateur, poste de TV, central téléphonique] selector; [motocyclette] gear lever
2 adj ◆ **comité sélecteur** selection committee

sélectif, -ive [selɛktif, iv] adj (gén) selective

sélection [selɛksjɔ̃] [→ SYN] nf **a** (action) choosing, selection, picking; (Scol, Univ) selective entry (Brit) ou admission (US) ◆ **faire** ou **opérer** ou **effectuer une sélection parmi** to make a selection from among ◆ (Sport) **comité de sélection** selection committee ◆ (Élevage,

Zool) **la sélection** selection ◆ **épreuve de sélection** (selection) trial ◆ (Bio) **sélection (naturelle)** natural selection ◆ **sélection professionnelle** professional recruitment

b (choix, gamme) [articles, produits, œuvres] selection ◆ **avant d'acheter, voyez notre sélection d'appareils ménagers** before buying see our selection of household appliances

c (Sport) selection ◆ (Ftbl, Rugby) **avoir plus de 20 sélections (pour l'équipe nationale) à son actif** to have been capped more than 20 times, have more than 20 caps to one's credit, have been selected ou picked more than 20 times (to play for the national team)

sélectionné, e [selɛksjɔne] (ptp de **sélectionner**) **1** adj (soigneusement choisi) specially selected, choice (épith)
2 nm,f (Ftbl etc) selected player; (Athlétisme) selected competitor

sélectionner [selɛksjɔne] → SYN ▸ conjug 1 ◂ vt athlètes, produits to select, pick ◆ (Ftbl, Rugby) **3 fois sélectionné pour l'équipe nationale** capped 3 times (to play for the national team), selected 3 times to play for the national team

sélectionneur, -euse [selɛksjɔnœʀ, øz] → SYN nm,f (Sport) selector

sélectivement [selɛktivmɑ̃] adv selectively

sélectivité [selɛktivite] nf (Rad) selectivity

sélène [selɛn] adj, nmf ⇒ **sélénite**[2]

séléniate [selenjat] nm selenate

sélénien, -ienne [selenjɛ̃, jɛn] adj, nm,f ⇒ **sélénite**[2]

sélénieux [selenjø] adj m selenious

sélénique [selenik] adj m ◆ **acide sélénique** selenic acid

sélénite[1] [selenit] nm (Chim) selenite

sélénite[2] [selenit] **1** adj moon (épith)
2 nmf ◆ **Sélénite** moon-dweller

sélénium [selenjɔm] nm selenium

séléniure [selenjyʀ] nm selenide

sélénographie [selenɔgʀafi] nf selenography

sélénographique [selenɔgʀafik] adj selenographic

sélénologie [selenɔlɔʒi] nf selenology

sélénologue [selenɔlɔg] nmf selenologist

self [sɛlf] **1** nm (*: restaurant) self-service (restaurant), cafeteria
2 nf (Élec) (propriété) self-induction; (bobine) self-induction coil

self-control [sɛlfkɔ̃tʀol] nm self-control

self-government, pl **self-governments** [sɛlfgɔvɛʀnmɛnt] nm self-government

self-inductance [sɛlfɛ̃dyktɑ̃s] nf self-inductance

self-induction [sɛlfɛ̃dyksjɔ̃] nf self-induction

self-made-man [sɛlfmɛdman] nm, pl **self-made-men** [sɛlfmɛdmɛn] self-made man

self-service, pl **self-services** [sɛlfsɛʀvis] → SYN nm (gén) self-service; (restaurant) self-service (restaurant), cafeteria

selle [sɛl] → SYN nf **a** (Cyclisme, Équitation) saddle ◆ **monter sans selle** to ride bareback ◆ **se mettre en selle** to mount, get into the saddle ◆ **mettre qn en selle** (lit) to put sb in the saddle; (fig) to give sb a leg-up (Brit) ou a boost ◆ **se remettre en selle** (lit) to remount, get back into the saddle; (fig) to get back in the saddle ◆ (lit, fig) **être bien en selle** to be firmly in the saddle → **cheval**

b (Boucherie) saddle

c (Méd) **selles** stools, motions ◆ **êtes-vous allé à la selle aujourd'hui?** have you had ou passed a motion today?, have your bowels moved today?

d (Art) [sculpteur] turntable

seller [sele] → SYN ▸ conjug 1 ◂ vt to saddle

sellerie [sɛlʀi] → SYN nf (métier, articles, selles) saddlery; (lieu de rangement) tack room, harness room, saddle room

sellette [sɛlɛt] nf **a** **être/mettre qn sur la sellette** to be/put sb in the hot seat (fig)

b (Art) (pour sculpteur) small turntable; (pour statue, pot de fleur) stand

c (Constr) cradle

d [cheval de trait] saddle

sellier [selje] → SYN nm saddler

selon [s(ə)lɔ̃] → SYN GRAMMAIRE ACTIVE 6.2, 26.3, 26.5 prép **a** (conformément à) in accordance with ◆ **selon la volonté de qn** in accordance with sb's wishes ◆ **selon une orbite elliptique** in an elliptical orbit

b (en proportion de, en fonction de) according to ◆ **vivre selon ses moyens** to live according to one's means ◆ **le nombre varie selon la saison** the number varies (along) with the season, the number varies according to the season ◆ **on répartit les enfants selon l'âge** ou **leur âge/la taille** ou **leur taille** the children were grouped according to age/height ◆ **c'est selon le cas/les circonstances** it all depends on the individual case/on the circumstances ◆ **c'est selon*** it (all) depends ◆ **il acceptera ou n'acceptera pas, selon son humeur** he may or may not accept, depending on ou according to his mood ou how he feels

c (suivant l'opinion de) according to ◆ **selon ses propres termes** in his own words ◆ **selon les journaux, il aurait été assassiné** according to the papers he was murdered ◆ **selon moi/lui, elle devrait se plaindre** in my/his opinion ou to my mind/according to him, she should complain ◆ **selon les prévisions de la radio, il fera beau demain** according to the radio forecast it will be fine tomorrow

d LOC **selon toute apparence** to all appearances ◆ **selon toute vraisemblance** in all probability ◆ **selon que** according to ou depending on whether, according as (frm)

Seltz [sɛls] nf → **eau**

selve [sɛlv] nf selva

semailles [s(ə)maj] → SYN nfpl (opération) sowing (NonC); (période) sowing period; (graine) seed, seeds

semaine [s(ə)mɛn] nf **a** (gén) week ◆ **la première semaine de mai** the first week in ou of May ◆ **en semaine** during the week, on weekdays ◆ **louer à la semaine** to let by the week ◆ **dans 2 semaines à partir d'aujourd'hui** 2 weeks ou a fortnight (Brit) (from) today ◆ **la semaine de 39 heures** the 39-hour (working) week ◆ **à la semaine prochaine!** I'll see you (ou talk to you etc) next week! → **courant, fin**[2]

b (salaire) week's wages ou pay, weekly wage ou pay; (argent de poche) week's ou weekly pocket money

c (Publicité) week ◆ **semaine publicitaire/commerciale** publicity/business week ◆ **la semaine du livre/du bricolage** book/do-it-yourself week ◆ **la semaine contre la faim** feed the hungry week ◆ **la semaine contre la tuberculose** anti-tuberculosis week ◆ (hum) **c'est sa semaine de bonté!*** it's charity ou do-gooders' week!* (hum)

d (Bijouterie) (bracelet) (seven-band) bracelet; (bague) (seven-band) ring

e LOC **la semaine sainte** Holy Week ◆ **il te le rendra la semaine des quatre jeudis** he'll never give it back to you in a month of Sundays ◆ **faire la semaine anglaise** to work ou do a five-day week ◆ (Mil) **être de semaine** to be on duty *(for the week)* ◆ **officier de semaine** officer on duty *(for the week)*, officer of the week → **petit**

semainier, -ière [s(ə)menje, jɛʀ] **1** nm,f (personne) person on duty *(for the week)*
2 nm (agenda) desk diary; (meuble) chest of (seven) drawers, semainier; (bracelet) (seven-band) bracelet

sémantème [semɑ̃tɛm] nm semanteme, sememe

sémanticien, -ienne [semɑ̃tisjɛ̃, jɛn] nm,f semantician, semanticist

sémantique [semɑ̃tik] → SYN **1** adj semantic
2 nf semantics (sg)

sémantisme [semɑ̃tism] nm semantics (sg)

sémaphore [semafɔʀ] nm (Naut) semaphore; (Rail) semaphore signal

sémaphorique [semafɔʀik] adj semaphoric(al)

sémasiologie [semazjɔlɔʒi] nf semasiology

semblable [sɑ̃blabl] → SYN **1** adj **a** (similaire) similar ◆ **semblable à** like, similar to ◆ **dans un cas semblable, j'aurais refusé** in a similar case I should have refused ◆ **je ne connais rien de semblable** I don't know anything like that ◆ **maison semblable à tant d'autres** house like so many others ou similar to so many others ◆ **en cette circonstance, il a été semblable à lui-même** on this occasion he remained himself

b (avant n: tel) such ◆ **de semblables calomnies sont inacceptables** such calumnies ou calumnies of this kind are unacceptable

c (qui se ressemblent) **semblables** alike ◆ **les deux frères étaient semblables (en tout)** the two brothers were alike (in everything) → **triangle**

2 nm fellow creature, fellow man ◆ **aimer son semblable** to love one's fellow creatures ou fellow men ◆ (péj) **toi et tes semblables** you and your kind (péj), you and people like you (péj) ◆ **il n'a pas son semblable** there's no-one like him

semblablement [sɑ̃blabləmɑ̃] → SYN adv similarly

semblant [sɑ̃blɑ̃] → SYN nm **a** (apparence) **un semblant de calme/de bonheur/de vie/de vérité** a semblance of calm/happiness/life/truth ◆ **un semblant de réponse** some vague attempt at a reply, a sort of reply* ◆ **un semblant de soleil** a glimmer of sun ◆ **un semblant de sourire** the shadow of a smile ◆ **nous avons un semblant de jardin** we've got the mere semblance of a garden ou something akin to a garden

b **faire semblant de dormir/lire** to pretend to be asleep/to read ◆ **il fait semblant** he's pretending ◆ **il ne fait semblant de rien* mais il entend tout** he's pretending to take no notice but he can hear everything

sembler [sɑ̃ble] → SYN ▸ conjug 1 ◂ GRAMMAIRE ACTIVE 6.2, 26.5

1 vb impers **a** (paraître) **il semble** it seems ◆ **il semble bon/inutile de faire** it seems a good idea/useless to do ◆ **il semblerait qu'il ne soit pas venu** it would seem ou appear that he didn't come, it looks as though ou as if he didn't come

b (estimer) **il me semble** it seems ou appears to me ◆ **il peut te sembler démodé de ...** it may seem ou appear old-fashioned to you to ... ◆ **il me semble que tu n'as pas le droit de ...** it seems ou appears to me (that) you don't have the right to ..., it looks to me as though ou as if you don't have the right to ... ◆ **comme bon me/te semble** as I/you see fit, as I/you think best ou fit ◆ **prenez qui/ce que bon vous semble** take who ou whom (frm) /what you please ou wish

c (croire) **il me semble que** I think (that) ◆ **il me semblait bien que je l'avais posé là** I really thought ou did think I had put it down here ◆ **il me semble revoir mon grand-père** it's as though I see ou it's like seeing my grandfather again ◆ **il me semble vous l'avoir déjà dit** I think ou I have a feeling I've already told you

d LOC **je vous connais ce me semble†** methinks I know you††, it seems to me that I know you ◆ **je suis déjà venu ici me semble-t-il** it seems to me (that) I've been here before, I seem to have been here before ◆ **à ce qu'il me semble, notre organisation est mauvaise** to my mind ou it seems to me (that) our organization is bad, our organization seems bad to me ◆ (frm, hum) **que vous en semble?** what do you think (of it)?

2 vi to seem ◆ **la maison lui sembla magnifique** the house seemed magnificent to him ◆ **ce bain lui sembla bon après cette dure journée** that bath seemed good to him after that hard day ◆ **il semblait content/nerveux** he seemed (to be) ou appeared happy/nervous ◆ **oh! vous me semblez bien pessimiste!** you do sound ou seem very pessimistic! ◆ **il ne semblait pas convaincu** he didn't seem (to be) ou didn't look ou sound convinced, it ou he didn't look ou sound as though he were convinced ◆ **les frontières de la science semblent reculer** the frontiers of science seem ou appear to be retreating

sème [sɛm] nm seme

semé, e [s(ə)me] → SYN (ptp de **semer**) adj ◆ **questions semées de pièges** questions bristling with traps ◆ **parcours semé de diffi-**

cultés route plagued with difficulties ◆ **mer semée d'écueils** sea dotted with reefs ◆ **robe semée de diamants** diamond-spangled dress, dress studded with diamonds ◆ **récit semé d'anecdotes** story interspersed ou sprinkled with anecdotes ◆ **campagne semée d'arbres** countryside dotted with trees ◆ **la vie est semée de joies et de peines** life is strewn with joys and troubles

séméiologie [semejɔlɔʒi] nf ⇒ **sémiologie**

séméiologique [semejɔlɔʒik] adj ⇒ **sémiologique**

semelle [s(ə)mɛl] nf **a** sole ◆ **semelles (intérieures)** insoles, inner soles ◆ **semelles compensées** platform soles ◆ **chaussures à semelles compensées** platform shoes ◆ **chaussettes à semelles renforcées** socks with reinforced soles ◆ **leur viande était de la vraie semelle*** their meat was as tough as old boots* (Brit) ou shoe leather (US), their meat was like leather → **battre, crêpe**[2]
b LOC **il n'a pas avancé / reculé d'une semelle** he hasn't advanced / moved back (so much as) a single inch ou an inch ◆ **il ne m'a pas quitté d'une semelle** he never left me by so much as a single inch ou an inch
c (Tech) [rail] base plate pad; [machine] bedplate; [fer à repasser] sole plate

sémème [semɛm] nm sememe

semence [s(ə)mɑ̃s] → SYN nf **a** (Agr, fig) seed ◆ **blé / pommes de terre de semence** seed corn / potatoes
b (sperme) semen, seed (littér)
c (clou) tack
d (Bijouterie) **semence de diamants** diamond sparks ◆ **semence de perles** seed pearls

semencier, -ière [s(ə)mɑ̃sje, jɛʀ] **1** adj seed (épith)
2 nm,f (industriel) seed manufacturer

semer [s(ə)me] → SYN ▸ conjug 5 ◂ vt **a** (répandre) graines, mort, peur, discorde to sow; clous, confettis to scatter, strew; faux bruits to spread, disseminate (frm), sow ◆ **semer ses propos de platitudes** to intersperse ou sprinkle one's remarks with platitudes → **qui**
b (*: perdre) mouchoir to lose; poursuivant to lose, shake off

semestre [s(ə)mɛstʀ] nm **a** (période) half-year, six-month period; (Univ) semester ◆ **taxe payée par semestre** tax paid half-yearly ◆ **pendant le premier / second semestre (de l'année)** during the first / second half of the year, during the first / second six-month period (of the year)
b (loyer) half-yearly ou six months' rent ◆ **je vous dois un semestre** I owe you six months' ou half a year's rent

semestriel, -ielle [s(ə)mɛstʀijɛl] adj (→ **semestre**) half-yearly, six-monthly; semestral

semestriellement [s(ə)mɛstʀijɛlmɑ̃] adv (→ **semestre**) half-yearly; every ou each semester

semeur, -euse [s(ə)mœʀ, øz] nm,f sower ◆ **semeur de discorde** sower of discord ◆ **semeur de faux bruits** sower ou disseminator (frm) ou spreader of false rumours

semi- [səmi] préf (dans les mots composés à trait d'union, le préfixe reste invariable au pluriel) semi- ◆ **semi-autonome / -officiel** semi-autonomous / -official ◆ **c'est une semi-liberté** it's partial liberty

semi-aride [səmiaʀid] adj semiarid

semi-automatique [səmiotɔmatik] adj semiautomatic

semi-auxiliaire [səmioksiljɛʀ] **1** adj semiauxiliary
2 nm semiauxiliary verb

semi-chenillé, e [səmiʃ(ə)nije] **1** adj half-tracked
2 nm half-track

semi-circulaire [səmisiʀkylɛʀ] adj semicircular

semi-coke [səmikɔk] nm semicoke

semi-conducteur, -trice [səmikɔ̃dyktœʀ, tʀis] **1** adj propriétés, caractéristiques semiconducting
2 nm semiconductor ◆ (Ordin) **semi-conducteur à oxyde métallique** metal oxide semiconductor

semi-conserve [səmikɔ̃sɛʀv] nf semi-preserve

semi-consonne [səmikɔ̃sɔn] nf semivowel, semiconsonant

semi-fini, e [səmifini] adj semifinished

semi-liberté [səmilibɛʀte] nf ≃ partial release

sémillant, e [semijɑ̃, ɑ̃t] → SYN adj (vif, alerte) personne vivacious, spirited; allure, esprit vivacious; (fringant) dashing (épith), full of dash (attrib)

semi-lunaire [səmilynɛʀ] **1** adj ganglion, os semilunar
2 nm semilunar (bone), lunatum

séminaire [seminɛʀ] → SYN nm (Rel) seminary; (Univ) seminar ◆ (Rel) **grand séminaire** (theological) seminary ◆ **petit séminaire** Catholic secondary school

séminal, e, mpl **-aux** [seminal, o] adj (Bio) seminal

séminariste [seminaʀist] → SYN nm seminarian, seminarist

semi-nasal, e [səminazal], mpl **semi-nasals**
1 adj consonne, phonème seminasal
2 **semi-nasale** nf seminasal

séminifère [seminifɛʀ] adj seminiferous

semi-nomade [səminɔmad] **1** adj seminomadic
2 nmf seminomad

semi-nomadisme [səminɔmadism] nm seminomadism

sémiologie [semjɔlɔʒi] nf (Ling, Méd) semiology

sémiologique [semjɔlɔʒik] adj semiological

sémioticien, -ienne [semjɔtisjɛ̃, jɛn] nm,f semiotician

sémiotique [semjɔtik] **1** adj semiotic
2 nf semiotics (sg)

semi-ouvert, e [səmiuvɛʀ, ɛʀt] adj ◆ (Math) **intervalle semi-ouvert** half-open interval

semi-ouvré, e [səmiuvʀe] adj ⇒ **semi-fini, e**

semi-perméable [səmipɛʀmeabl] adj semipermeable

semi-polaire [səmipɔlɛʀ] adj semipolar

semi-précieux, -ieuse [səmipʀesjø, jøz] adj semiprecious

semi-produit [səmipʀɔdɥi] nm semi-finished product

semi-public, -ique [səmipyblik] adj semipublic

sémique [semik] adj semic ◆ **acte sémique** semic ou meaningful act

Sémiramis [semiʀamis] nf Semiramis

semi-remorque, pl **semi-remorques** [səmiʀ(ə)mɔʀk] **1** nf (remorque) trailer (Brit), semitrailer (US)
2 nm (camion) articulated lorry ou truck (Brit), trailer truck (US)

semi-rigide [səmiʀiʒid] adj ◆ **dirigeable semi-rigide** semirigid airship

semis [s(ə)mi] → SYN nm (plante) seedling; (opération) sowing; (terrain) seedbed, seed plot; (motif) pattern, motif

semi-submersible [səmisybmɛʀsibl] adj semisubmersible

sémite [semit] → SYN **1** adj Semitic
2 nmf ◆ **Sémite** Semite

sémitique [semitik] adj Semitic

sémitisant, e [semitizɑ̃, ɑ̃t] nm,f Semitist

sémitisme [semitism] nm Semitism

semi-voyelle [səmivwajɛl] nf semivowel

semnopithèque [sɛmnɔpitɛk] nm semnopithecus

semoir [səmwaʀ] nm **a** (machine) sower, seeder ◆ **semoir à engrais** muckspreader, manure spreader
b (sac) seed-bag, seed-lip

semonce [səmɔ̃s] → SYN nf reprimand ◆ (Naut) **coup de semonce** warning shot across the bows

semoule [s(ə)mul] nf ◆ **semoule (de blé dur)** semolina ◆ **semoule de maïs** corn meal → **gâteau, sucre**

semoulerie [s(ə)mulʀi] nf (usine) semolina factory; (fabrication) semolina production

semoulier, -ière [s(ə)mulje, jɛʀ] nm,f (industriel) semolina manufacturer; (ouvrier) semolina worker

semper virens [sɛ̃pɛʀviʀɛ̃s] adj inv ⇒ **sempervirent, e**

sempervirent, e [sɛ̃pɛʀviʀɑ̃, ɑ̃t] adj sempervirent

sempervivum [sɛ̃pɛʀvivɔm] nm inv houseleek, sempervivum

sempiternel, -elle [sɑ̃pitɛʀnɛl] → SYN adj plaintes, reproches eternal (épith), never-ending, never-ceasing

sempiternellement [sɑ̃pitɛʀnɛlmɑ̃] → SYN adv eternally

semtex [sɛmtɛks] nm Semtex ®

sen [sɛn] nm sen

sénat [sena] → SYN nm senate

sénateur [senatœʀ] → SYN nm senator

sénatorial, e, mpl **-iaux** [senatɔʀjal, jo] adj senatorial

sénatus-consulte, pl **sénatus-consultes** [senatyskɔ̃sylt] nm (Hist: sous Napoléon, Antiq) senatus consultum

sendériste [sɑ̃deʀist] nmf member of the Shining Path, member of the Sendero Luminoso

séné [sene] nm senna

sénéchal, pl **-aux** [seneʃal, o] nm (Hist) seneschal

sénéchaussée [seneʃose] nf (Hist) (juridiction) seneschalsy; (tribunal) seneschal's court

séneçon [sɛnsɔ̃] nm groundsel

Sénégal [senegal] nm Senegal

sénégalais, e [senegalɛ, ɛz] **1** adj Senegalese
2 nm,f ◆ **Sénégalais(e)** Senegalese

sénégalisme [senegalism] nm Senegalese-French word (ou expression)

Sénégambie [senegɑ̃bi] nf Senegambia

Sénèque [senɛk] nm Seneca

sénescence [senesɑ̃s] → SYN nf senescence

sénescent, e [senesɑ̃, ɑ̃t] adj senescent

senestre, sénestre [sənɛstʀ] → SYN adj **a** (Hér) sinister
b (Zool) **coquille senestre** sinistral shell

sénevé [sɛnve] nm (plante) wild mustard; (graine) wild mustard seed

sénile [senil] → SYN adj (péj, Méd) senile

sénilisme [senilism] nm premature ag(e)ing

sénilité [senilite] → SYN nf senility

senior [senjɔʀ] adj, nmf (Sport) senior

séniorité [senjɔʀite] nf seniority

senne [sɛn] nf ⇒ **seine**

sens [sɑ̃s] → SYN **1** nm **a** (vue, goût etc) sense ◆ **les sens** the senses ◆ **avoir le sens de l'odorat / de l'ouïe très développé** to have a highly developed ou a very keen sense of smell / hearing ◆ **il a un sixième sens** he has a sixth sense ◆ **reprendre ses sens** to regain consciousness → **organe**
b (instinct) sense ◆ **avoir le sens du rythme / de l'humour / du ridicule** to have a sense of rhythm / humour / the ridiculous ◆ **il n'a aucun sens moral / pratique** he has no moral / practical sense ◆ **avoir le sens des réalités** to be a realist ◆ **avoir le sens de l'orientation** to have a (good) sense of direction
c (raison, avis) sense ◆ **ce qu'il dit est plein de sens** what he is saying makes (good) sense ou is very sensible ◆ **un homme de (bon) sens** a man of (good) sense ◆ **cela n'a pas de sens** that doesn't make (any) sense, there's no sense in that ◆ **sens commun** common sense ◆ **il a perdu le sens (commun)** he's lost his ou all common sense ◆ **à mon sens** to my mind, to my way of thinking, in my opinion, the way I see it → **abonder, dépit, tomber**
d (signification) meaning ◆ **au sens propre / figuré** in the literal ou true / figurative sense ou meaning ◆ **ce qui donne un sens à la vie / à son action** what gives (a) meaning to life / to his action ◆ **faire sens** to make sense ◆ **le sens d'un geste** the mean-

ing of a gesture ◆ **qui n'a pas de sens, dépourvu de sens** meaningless, which has no meaning ◆ **en un (certain) sens** in a (certain) sense ◆ **en ce sens que** in the sense that → **double**

e (direction) direction ◆ **aller** ou **être dans le bon / mauvais sens** to go ou be in the right / wrong direction, go the right / wrong way ◆ **mesurer / fendre qch dans le sens de la longueur** to measure / split sth along its length ou lengthwise ou lengthways ◆ **ça fait 10 mètres dans le sens de la longueur** that's 10 metres in length ou lengthwise ou lengthways ◆ **dans le sens de la largeur** across its width, in width, widthwise ◆ **dans le sens (du bois)** with the grain (of the wood) ◆ **dans le sens contraire du courant** against the stream ◆ **arriver / venir en sens contraire** ou **inverse** to arrive / come from the opposite direction ◆ **aller en sens contraire** to go in the opposite direction ◆ **dans le sens des aiguilles d'une montre** clockwise ◆ **dans le sens contraire des aiguilles d'une montre** anticlockwise (Brit), counterclockwise (US) ◆ **dans le sens de la marche** facing the front (of the train), facing the engine ◆ **il retourna la boîte dans tous les sens avant de l'ouvrir** he turned the box this way and that before opening it ◆ (fig) **cela va** ou **part dans tous les sens** that goes all over the place ◆ (lit, fig) **être / mettre sens dessus dessous** to be / turn upside down ◆ **sens devant derrière** back to front, the wrong way round ◆ (Aut) **une voie de circulation a été mise en sens inverse sur ...** there is a contraflow system in operation on ... ◆ (Aut) **la circulation dans le sens Paris-province / dans le sens province-Paris** traffic out of Paris / into Paris

f (ligne directrice) **il a répondu dans le même sens** he replied more or less the same way ou along the same lines ◆ **il a agi dans le même sens** he acted along the same lines, he did more or less the same thing ◆ **j'ai donné des directives dans ce sens** I've given instructions to that effect ou end ◆ **dans quel sens allez-vous orienter votre action?** along what lines are you going to direct your action?, what will be your general line of action? ◆ **le sens de l'histoire** the course of history

2 COMP ▷ **sens giratoire** (Aut) roundabout (Brit), traffic circle (US) ◆ **la place est en sens giratoire** the square forms a roundabout ▷ **sens interdit** (Aut) one-way street ◆ **vous êtes en sens interdit** you are in a one-way street, you are going the wrong way (up a one-way street) ▷ **sens unique** (Aut) one-way street ◆ **à sens unique** rue one-way; concession one-sided

sensass* [sɑ̃sas] adj inv fantastic*, terrific*, sensational

sensation [sɑ̃sasjɔ̃] → SYN nf **a** (perception) sensation; (impression) feeling, sensation ◆ **il eut une sensation d'étouffement** he had a feeling of suffocation, he had a suffocating feeling ou sensation ◆ **éprouver une sensation de bien-être** to have a feeling of wellbeing ◆ **éprouver une sensation de faim / de froid** to have a cold / hungry feeling ◆ **j'ai la sensation de l'avoir déjà vu** I have a feeling I've seen him before ◆ **quelle sensation cela te procure-t-il?** what do you feel?, what does it make you feel?, what kind of sensation does it give you? ◆ **un amateur de sensations fortes** an enthusiast for sensational experiences ou big thrills

b (effet) **faire sensation** to cause ou create a sensation ◆ **roman à sensation** sensational novel ◆ **la presse à sensation** the gutter press

sensation(n)alisme [sɑ̃sasjɔnalism] nm sensationalism

sensationnel, -elle [sɑ̃sasjɔnɛl] → SYN **1** adj (*: merveilleux) fantastic*, terrific*, sensational; (qui fait sensation) sensational

2 nm ◆ **le sensationnel** the sensational ◆ **à l'affût du sensationnel** on the lookout for something sensational

sensé, e [sɑ̃se] → SYN adj sensible

sensément [sɑ̃semɑ̃] adv sensibly

senseur [sɑ̃sœʀ] nm (Tech) sensor

sensibilisateur, -trice [sɑ̃sibilizatœʀ, tʀis] **1** adj sensitizing

2 nm sensitizer

sensibilisation [sɑ̃sibilizasjɔ̃] → SYN nf **a** (fig) **la sensibilisation de l'opinion publique à ce problème est récente** public opinion has only become sensitive ou alive to this problem in recent years ◆ (Pol) **campagne de sensibilisation** public-awareness campaign, consciousness-raising campaign

b (Bio, Phot) sensitization

sensibilisé, e [sɑ̃sibilize] (ptp de **sensibiliser**) adj ◆ **sensibilisé à** personne, public sensitive ou alive to ◆ **sensibilisé aux problèmes politiques / sociaux** politically / socially aware

sensibiliser [sɑ̃sibilize] → SYN ▸ conjug 1 ◂ vt **a** **sensibiliser qn** to make sb sensitive ou alive (à to) ◆ **sensibiliser l'opinion publique au problème de** to heighten public awareness of the problem of, make the public aware of the problem of

b (Bio, Phot) to sensitize

sensibilité [sɑ̃sibilite] → SYN nf [personne] (gén) sensitivity, sensitiveness; (de l'artiste) sensibility, sensitivity; (Tech) [pellicule, instrument, muscle] sensitivity ◆ (Pol) **il a une sensibilité de gauche / de droite** his sympathies lie with the left / right

sensible [sɑ̃sibl] → SYN GRAMMAIRE ACTIVE 22 adj **a** (impressionnable) sensitive (à to) ◆ **pas recommandé aux personnes sensibles** not recommended for people of (a) nervous disposition ◆ **elle a le cœur sensible** she is tender-hearted, she has a tender heart ◆ **être sensible aux attentions de qn / au charme de qch** to be sensitive to sb's attentions / to the charm of sth → **âme, point¹**

b (tangible) perceptible ◆ **le vent était à peine sensible** the wind was scarcely ou hardly perceptible ◆ **sensible à la vue / l'ouïe** perceptible to the eye / the ear

c (appréciable) progrès, changement, différence appreciable, noticeable, palpable (épith) ◆ **la différence n'est pas sensible** the difference is hardly noticeable ou appreciable

d (Physiol) organe, blessure sensitive ◆ **avoir l'ouïe / l'odorat sensible** to have sensitive ou keen hearing / a keen sense of smell ◆ **sensible au chaud / froid** sensitive to (the) heat / cold ◆ **elle est sensible au froid** she feels the cold, she's sensitive to (the) cold ◆ **être sensible de la bouche / gorge** to have a sensitive mouth / throat

e (difficile) dossier, projet, secteur sensitive

f (Tech) papier, balance, baromètre sensitive → **corde**

g (Mus) **(note) sensible** leading note

h (Philos) **intuition sensible** sensory intuition ◆ **être sensible** sentient being ◆ **univers sensible** sensible universe

sensiblement [sɑ̃sibləmɑ̃] → SYN adv **a** (presque) approximately, more or less ◆ **être sensiblement du même âge / de la même taille** to be approximately ou more or less the same age / height

b (notablement) appreciably, noticeably, markedly

sensiblerie [sɑ̃sibləʀi] → SYN nf (sentimentalité) sentimentality, mawkishness; (impressionnabilité) squeamishness

sensitif, -ive [sɑ̃sitif, iv] **1** adj (Anat) nerf sensory; (littér) oversensitive

2 **sensitive** nf (Bot: mimosa) sensitive plant

sensitométrie [sɑ̃sitɔmetʀi] nf sensitometry

sensitométrique [sɑ̃sitɔmetʀik] adj sensitometric

sensoriel, -ielle [sɑ̃sɔʀjɛl] adj sensory, sensorial

sensorimoteur, -trice [sɑ̃sɔʀimɔtœʀ, tʀis] adj sensorimotor

sensualisme [sɑ̃sɥalism] nm (Philos) sensualism

sensualiste [sɑ̃sɥalist] (Philos) **1** adj sensualist, sensualistic

2 nmf sensualist

sensualité [sɑ̃sɥalite] → SYN nf (→ **sensuel**) sensuality; sensuousness

sensuel, -uelle [sɑ̃sɥɛl] → SYN adj (porté à ou dénotant la volupté) sensual; (qui recherche et apprécie les sensations raffinées) sensuous

sensuellement [sɑ̃sɥɛlmɑ̃] adv (→ **sensuel**) sensually; sensuously

sente [sɑ̃t] → SYN nf (littér) (foot)path

sentence [sɑ̃tɑ̃s] → SYN nf (verdict) sentence (adage) maxim

sentencieusement [sɑ̃tɑ̃sjøzmɑ̃] adv sententiously

sentencieux, -ieuse [sɑ̃tɑ̃sjø, jøz] → SYN adj sententious

senteur [sɑ̃tœʀ] → SYN nf (littér) scent, perfume → **pois**

senti, e [sɑ̃ti] → SYN (ptp de **sentir**) adj sentiment heartfelt, sincere ◆ **quelques vérités bien senties** a few home truths ◆ **quelques mots bien sentis** (bien choisis) a few well chosen ou well-expressed words; (de blâme) a few well-chosen words ◆ **un discours bien senti** a well-delivered ou heartfelt speech

sentier [sɑ̃tje] → SYN nm (lit) (foot)path; (fig) path ◆ **sentier de grande randonnée** (registered) hiking trail ◆ (lit, fig) **s'écarter** ou **s'éloigner des sentiers battus** to go off the ou stray from the beaten track ◆ (littér) **les sentiers de la gloire** the path to glory ◆ (lit, fig) **être sur le sentier de la guerre** to be on the warpath ◆ (Pol) **le Sentier lumineux** the Shining Path, the Sendero Luminoso

sentiment [sɑ̃timɑ̃] → SYN GRAMMAIRE ACTIVE 6.1 nm **a** (émotion) feeling, sentiment (frm) ◆ **un sentiment de pitié / tendresse / haine** a feeling of pity / tenderness / hatred ◆ **sentiment de culpabilité** guilt ou guilty feeling ◆ **avoir de bons / mauvais sentiments à l'égard de qn** to have kind / ill feelings for sb ◆ **bons sentiments** finer feelings ◆ **dans ce cas, il faut savoir oublier les sentiments** in this case, we have to put sentiment to ou on one side ou to disregard our own feelings in the matter ◆ **prendre qn par les sentiments** to appeal to sb's feelings ◆ (souvent iro) **ça n'empêche pas les sentiments*** that doesn't mean we (ou they etc) don't love each other

b (sensibilité) **le sentiment** feeling, emotion ◆ **être capable de sentiment** to be capable of emotion ◆ **être dépourvu de sentiment** to be devoid of all feeling ou emotion ◆ (Théât etc) **jouer / danser avec sentiment** to play / dance with feeling ◆ **agir par sentiment** to let one's feelings guide ou determine one's actions ◆ (péj) **faire du sentiment** to sentimentalize, be sentimental ◆ **tu ne m'auras pas au sentiment*** sentimental appeals won't work with me

c (conscience) **avoir le sentiment de** to be aware of ◆ **elle avait le sentiment très vif de sa valeur** she was keenly aware of her worth, she had a keen sense of her worth ◆ **avoir le sentiment que quelque chose va arriver** to have a feeling that something is going to happen

d (formules de politesse) **recevez, Monsieur,** ou **veuillez agréer, Monsieur, (l'expression de) mes sentiments distingués** ou **respectueux** yours faithfully (Brit), yours truly (US) ◆ **transmettez-lui nos meilleurs sentiments** give him our best wishes

e (littér: opinion) feeling ◆ **quel est votre sentiment?** what are your feelings ou what is your feeling (about that)?

sentimental, e, mpl **-aux** [sɑ̃timɑ̃tal, o] → SYN **1** adj **a** (tendre) personne sentimental

b (non raisonné) réaction, voyage sentimental

c (amoureux) vie, aventure love (épith) ◆ **il a des problèmes sentimentaux** he has problems with his love life

d (péj) personne, chanson, film sentimental, soppy* ◆ **ne sois pas si sentimental** don't be so soft ou soppy* ou sentimental

2 nm,f sentimentalist

sentimentalement [sɑ̃timɑ̃talmɑ̃] adv sentimentally; (péj) soppily*

sentimentalisme [sɑ̃timɑ̃talism] → SYN nm sentimentalism

sentimentalité [sɑ̃timɑ̃talite] nf sentimentality; (péj) soppiness*

sentine [sɑ̃tin] → SYN nf **a** (Naut) bilge

b (littér) cesspool, cesspit

sentinelle [sɑ̃tinɛl] → SYN nf sentry, sentinel (littér) ◆ (Mil) **être en sentinelle** to be on sentry duty, stand sentry ◆ (fig) **mets-toi en sentinelle à la fenêtre** stand guard ou keep watch at the window

sentir [sɑ̃tiʀ] → SYN ▸ conjug 16 ◂

1 vt a (percevoir) (par l'odorat) to smell ; (au goût) to taste ; (au toucher, contact) to feel ◆ **sentir un courant d'air** to feel a draught ◆ **sentir son cœur battre / ses yeux se fermer** to feel one's heart beating / one's eyes closing ◆ **il ne sent pas la différence entre le beurre et la margarine** he can't taste ou tell the difference between butter and margarine ◆ **elle sentit une odeur de gaz / de brûlé** she smelt (Brit) ou smelled (US) gas / burning ◆ **on sent qu'il y a de l'ail dans ce plat** you can taste the garlic in this dish, you can tell there's garlic in this dish ◆ **il ne sent jamais le froid / la fatigue** he never feels the cold / feels tired ◆ **elle sentit qu'on lui tapait sur l'épaule** she felt somebody tapping her on the shoulder ◆ **je suis enrhumé, je ne sens plus rien** I have a cold and can't smell anything ou and I've lost all sense of smell ◆ (fig : froid) **je ne sens plus mes doigts** I have lost all sensation in my fingers, I can't feel my fingers any longer ◆ (fatigue) **je ne sens plus mes jambes** my legs are dropping off* (Brit), my legs are folding under me (US) ◆ facture, opération **je l'ai senti passer*** I really felt it* ◆ (fig) **il ne peut pas le sentir*** he can't stand ou bear (the sight of) him ◆ (fig) **sentir l'écurie** to get the smell ou scent of home in one's nostrils

b (avec attrib : dégager une certaine odeur) to smell ; (avoir un certain goût) to taste ◆ **sentir bon / mauvais** to smell good ou nice / bad ◆ **sentir des pieds / de la bouche** to have smelly feet / bad breath ◆ **son manteau sent la fumée** his coat smells of smoke ◆ **ce poisson commence à sentir** this fish is beginning to smell ◆ **ce thé sent le jasmin** (goût) this tea tastes of jasmine ; (odeur) this tea smells of jasmine ◆ **la pièce sent le renfermé / le moisi** the room smells stale / musty ◆ **ça ne sent pas la rose !*** it's not a very nice smell, is it?

c (fig : dénoter) to be indicative of, reveal, smack of ◆ **plaisanteries qui sentent la caserne** jokes with a whiff of the barrack room about them, jokes which smack of the barrack room ◆ **plaisanteries qui sentent le potache** jokes with a touch of the schoolboy about them ◆ **une certaine arrogance qui sent la petite bourgeoisie** a certain arrogance indicative of ou which reveals ou suggests a middle-class background

d (annoncer) **ça sent le fagot / l'autoritarisme** it smacks ou savours of heresy / authoritarianism ◆ **ça sent le piège** there's a trap ou catch in it ◆ **ça sent la pluie / la neige** it looks ou feels like rain / snow ◆ **ça sent l'orage** there's a storm in the air ◆ **ça sent le printemps** spring is in the air ◆ **ça sent la punition** someone's in for a telling off*, someone's going to be punished ◆ **ça sent le roussi*** there's going to be trouble ◆ **cela sent la poudre** things could flare up ◆ **il sent le sapin*** he hasn't long to go

e (avoir conscience de) changement, fatigue to feel, be aware ou conscious of ; importance de qch to be aware ou conscious of ; (apprécier) beauté, élégance de qch to appreciate ; (pressentir) danger, difficulté to sense ◆ **sentir que** to feel ou be aware ou conscious that ; (pressentir) to sense that ◆ **il sentait la panique le gagner** he felt panic rising within him ◆ **sentant le but proche ...** sensing the goal was at hand ... ◆ **il ne sent pas sa force** he doesn't know ou realize his own strength ◆ **elle sent maintenant le vide causé par son départ** now she is feeling the emptiness left by his departure ◆ **sentez-vous la beauté de ce passage ?** do you feel ou appreciate the beauty of this passage? ◆ **le cheval sentait (venir) l'orage** the horse sensed the storm (coming) ◆ **il sentit qu'il ne reviendrait jamais** he sensed ou felt that he would never come back (again) ◆ **nul besoin de réfléchir, cela se sent** there's no need to think about it – you can feel ou sense it ◆ **ce travail / voyage, je ne le sens pas*** I've got bad feelings about this job / trip ◆ **cette fille, je ne la sens pas*** I just don't get* that girl ◆ **fais comme tu (le) sens*** do as you see fit ◆ **c'est sa façon de sentir (les choses)** that's his way of feeling (things), that's how he feels about things

f **faire sentir son autorité** to make one's authority felt ◆ **essayez de faire sentir la beauté d'une œuvre d'art** try to bring out ou demonstrate ou show the beauty of a work of art ◆ **il m'a fait sentir que j'étais de trop** he let me know I wasn't wanted ◆ **les effets des restrictions commencent à se faire sentir** the effects of the restrictions are beginning to be felt ou to make themselves felt

2 **se sentir** vpr a **se sentir mal / mieux / fatigué** to feel ill / better / tired ◆ **se sentir revivre / rajeunir** to feel o.s. coming alive again / growing young again ◆ **il ne se sent pas la force / le courage de le lui dire** he doesn't feel strong / brave enough to tell him

b (être perceptible) [effet] to be felt, show ◆ **cette amélioration / augmentation se sent** this improvement / increase can be felt ou shows ◆ **les effets des grèves vont se sentir à la fin du mois** the effect of the strikes will be felt ou will show at the end of the month

c (se supporter) **ils ne peuvent pas se sentir*** they can't stand ou bear each other

d LOC **ne pas se sentir de joie** to be beside o.s. with joy ◆ **il ne se sent plus !*** he's beside himself ! ◆ **non, mais tu ne te sens plus !*** really, have you taken leave of your senses ! ou you're off your head !* ou you're out of your mind !* ◆ **il ne se sent plus pisser**** he thinks the sun shines out of his arse** (Brit) ou ass** (US), he thinks his shit doesn't stink** (US)

seoir [swaʀ] → SYN ▸ conjug 26 ◂ (frm) 1 vi ◆ (convenir à) **seoir à qn** to become sb

2 vb impers ◆ **il sied de / que** it is proper ou fitting to / that ◆ **comme il sied** as is proper ou fitting ◆ **il lui sied / ne lui sied pas de faire** it befits ou becomes / ill befits ou ill becomes him to do

Séoul [seul] n Seoul

sep [sɛp] nm ⇒ **cep**

sépale [sepal] nm sepal

sépaloïde [sepalɔid] adj sepaloid, sepaline

séparable [sepaʀabl] → SYN adj separable (*de* from) ◆ **2 concepts difficilement séparables** 2 concepts which are difficult to separate

séparateur, -trice [sepaʀatœʀ, tʀis] 1 adj separating (épith), separative ◆ (Opt) **pouvoir séparateur de l'œil / d'un instrument d'optique** resolving power of the eye / of an optical instrument

2 nm (Élec, Tech) separator ◆ **séparateur d'isotopes** isotope separator

séparation [sepaʀasjɔ̃] → SYN nf a (action : → **séparer**) pulling off ou away ; separation ; separating out ; parting ; splitting, division ; driving apart ; pulling apart ◆ **nous recommandons la séparation des filles et des garçons** we recommend separating the girls and the boys ou splitting up the girls and the boys ou the separation of the girls and the boys ◆ **mur de séparation** separating ou dividing wall ◆ **séparation isotopique** ou **des isotopes** isotope separation

b (→ **se séparer**) parting ; splitting off ; separation ; dispersal ; breaking up ; split-up* ; split- ou break-up ◆ (Jur) **séparation de corps** legal separation ◆ (Jur) **séparation de fait** ou **à l'amiable** voluntary separation ◆ **au moment de la séparation** [manifestants] when they dispersed ; [convives] when they parted ◆ **des séparations déchirantes** heart-rending partings

c (absence) [amis, parents] (period of) separation ◆ **une longue séparation avait transformé leurs rapports** a long (period of) separation had changed their relationship

d (disjonction) [pouvoirs, notions, services] separation ◆ (Pol) **la séparation des pouvoirs** the separation of powers ◆ (Pol) **la séparation de l'Église et de l'État** the separation of the Church and the State ◆ (Jur) **le régime de la séparation de biens** separation ou division of property *(type of marriage settlement)*

e (cloison) division, partition ; (fig) dividing line ◆ **il faut faire une séparation très nette entre ces problèmes** you must draw a very clear dividing line between these problems

séparatisme [sepaʀatism] → SYN nm (Pol, Rel) separatism

séparatiste [sepaʀatist] → SYN adj, nmf (Pol) separatist ; (Hist US : sudiste) secessionist

séparé, e [sepaʀe] → SYN (ptp de **séparer**) adj a (distinct) sons, notions separate

b personnes (Jur : désuni) separated ; (gén : éloigné) parted (attrib), apart (attrib) ◆ **vivre séparé** to live apart, be separated (*de* from)

séparément [sepaʀemɑ̃] → SYN adv separately

séparer [sepaʀe] → SYN ▸ conjug 1 ◂ 1 vt a (détacher) écorce, peau, enveloppe to pull off, pull away (*de* from) ; (extraire) éléments, gaz, liquides to separate (out) (*de* from) ◆ **séparer la tête du tronc** to separate ou sever the head from the trunk ◆ **séparer la noix de sa coquille** to separate the nut from its shell ◆ **séparer le grain du son** to separate the grain from the bran ◆ **séparer le blanc du jaune d'un œuf** to separate the white from the yolk ◆ **séparer des gaz / liquides** to separate (out) gases / liquids ◆ **séparer un minerai de ses impuretés** to separate an ore from its impurities ◆ (Bible) **séparer le bon grain de l'ivraie** to separate the wheat from the chaff

b (diviser) to part, split, divide ◆ **séparer les cheveux par une raie** to part one's hair ◆ **séparer un territoire (en deux) par une frontière** to split ou divide a territory (in two) by a frontier

c (désunir) amis, alliés to part, drive apart ; adversaires, combattants to separate, pull apart, part ◆ **séparer deux hommes qui se battent** to separate ou pull apart ou part two men who are fighting ◆ **séparer qn et** ou **de qn d'autre** to separate ou part sb from sb else ◆ **dans cet hôpital, ils séparent les hommes et les femmes** in this hospital they separate the men from ou and the women ◆ **ils avaient séparé l'enfant de sa mère** they had separated ou parted the child from its mother

d territoires, classes sociales, générations to separate ◆ **une barrière sépare les spectateurs des** ou **et les joueurs** a barrier separates the spectators from the players ◆ **un simple grillage nous séparait des fauves** a simple wire fence was all that separated us from ou was all that was between us and the big cats ◆ **une chaîne de montagnes sépare la France et** ou **de l'Espagne** a chain of mountains separates France from ou and Spain ◆ **un seul obstacle le séparait encore du but** only one obstacle stood ou remained between him and his goal ◆ (fig) **tout les séparait** they were worlds apart, they had nothing in common

e (différencier) questions, aspects to distinguish between ◆ **séparer l'érudition de** ou **et l'intelligence** to distinguish ou differentiate between learning and intelligence

2 **se séparer** vpr a (se défaire de) **se séparer de** employé, objet personnel to part with ◆ **en voyage, ne vous séparez jamais de votre passeport** when travelling never part with ou be parted from your passport

b (s'écarter) to divide, part (*de* from) ; (se détacher) to split off, separate off (*de* from) ◆ **écorce qui se sépare du tronc** bark which comes away from the trunk ◆ **l'endroit où les branches se séparent du tronc** the place where the branches split ou separate off from the trunk ◆ **le premier étage de la fusée s'est séparé (de la base)** the first stage of the rocket has split off (from the base) ou separated (off) from the base ◆ **à cet endroit, le fleuve se sépare en deux** at this place the river divides into two ◆ **les routes / branches se séparent** the roads / branches divide ou part

c (se disperser) [adversaires] to separate, break apart ; [manifestants, participants] to disperse ; [assemblée] to break up ; [convives] to leave each other, part ; [époux] to part, split up, separate (Jur) ◆ **se séparer de son mari / sa femme** to part ou separate from one's husband / wife

sépia [sepja] nf (Zool : sécrétion) cuttlefish ink, sepia ; (substance, couleur, dessin) sepia ◆ **(dessin à la) sépia** sepia (drawing)

sépiolite [sepjɔlit] nf meerschaum, sepiolite

seppuku [sepuku] nm seppuku

seps [sɛps] nm seps

sept [sɛt] adj inv, nm inv seven ◆ **les sept péchés capitaux** the seven deadly sins ◆ **les Sept Merveilles du monde** the seven wonders of the world ◆ **les sept collines de Rome** the seven hills of Rome ◆ (Ciné) **"Les Sept Mercenaires"** "The Magnificent Seven" ◆ (Ciné) **"Les Sept Samouraïs"** "The Seven Samourai" ; pour autres loc voir **six**

septain [sɛtɛ̃] nm *seven-line stanza or poem*

septal, e, mpl **-aux** [sɛptal, o] adj septal

septante [sɛptɑ̃t] adj inv (††, Belg, Helv) seventy ◆ (Hist Rel) **les Septante** the Seventy ◆ (Bible) **la version des Septante** the Septuagint

septantième [sɛptɑ̃tjɛm] adj, nm (††, Belg, Helv) seventieth

septembre [sɛptɑ̃bʀ] nm September ◆ **le mois de septembre** the month of September ◆ **le premier / dix septembre** (nm) the first / tenth of September; (adv) on the first / tenth of September ◆ **en septembre** in September ◆ **au mois de septembre** in (the month of) September ◆ **au début (du mois) de septembre, début septembre** at the beginning of September ◆ **au milieu (du mois) de septembre, à la mi-septembre** in the middle of September, in mid-September ◆ **à la fin (du mois) de septembre, fin septembre** at the end of September ◆ **pendant le mois de septembre** during September ◆ **vers la fin de septembre** late in September, in late September, towards the end of September ◆ **septembre a été très froid** September was very cold ◆ **septembre prochain / dernier** next / last September

septemvir [sɛptɛmviʀ] nm septemvir

septénaire [sɛptenɛʀ] nm (sept jours, sept ans) septenary

septennal, e, mpl **-aux** [sɛptenal, o] adj (durée) mandat, période seven-year (épith); (fréquence) festival septennial

septennat [sɛptena] nm [président] seven-year term (of office); [roi] seven-year reign

septentrion [sɛptɑ̃tʀijɔ̃] nm (††, littér) north

septentrional, e, mpl **-aux** [sɛptɑ̃tʀijɔnal, o] → SYN adj northern

septicémie [sɛptisemi] nf (Méd) blood poisoning, septicaemia (spéc) (Brit), septicemia (spéc) (US)

septicémique [sɛptisemik] adj septicaemic (Brit), septicemic (US)

septicité [sɛptisite] nf septicity

septième [sɛtjɛm] **1** adj, nm seventh ◆ **le septième art** the cinema ◆ **être au septième ciel** to be in (the) seventh heaven, be on cloud nine* ◆ (Ciné) **"Le Septième Sceau"** "The Seventh Seal" ; pour autres loc voir **sixième**
2 nf **a** (Scol) senior form (Brit) ou grade (US) in primary school
b (Mus) seventh

septièmement [sɛtjɛmmɑ̃] adv seventhly; pour loc voir **sixièmement**

septime [sɛptim] nf septime

septique [sɛptik] → SYN adj fièvre, bactérie septic → **fosse**

septuagénaire [sɛptɥaʒenɛʀ] **1** adj septuagenarian, seventy-year-old (épith)
2 nmf septuagenarian, seventy-year-old man (ou woman)

septuagésime [sɛptɥaʒezim] nf Septuagesima

septum [sɛptɔm] nm septum

septuor [sɛptɥɔʀ] nm septet(te)

septuple [sɛptypl] **1** adj quantité, rangée, nombre septuple ◆ **une quantité septuple de l'autre** a quantity seven times (as great as) the other ◆ **en septuple exemplaire** in seven copies
2 nm (gén, Math) septuple ◆ **je l'ai payé le septuple / le septuple de l'autre** I paid seven times as much for it / seven times as much as the other for it ◆ **je vous le rendrai au septuple** I'll repay you seven times over ◆ **augmenter au septuple** to increase sevenfold ou seven times

septupler [sɛptyple] ▸ conjug 1 ◂ vti to septuple, increase sevenfold ou seven times

sépulcral, e, mpl **-aux** [sepylkʀal, o] → SYN adj atmosphère, voix sepulchral; salle tomb-like

sépulcre [sepylkʀ] → SYN nm sepulchre

sépulture [sepyltyʀ] → SYN nf **a** (†, littér: inhumation) sepulture (littér), burial ◆ **être privé de sépulture** to be refused burial
b (tombeau) burial place → **violation**

séquelles [sekɛl] nfpl [maladie] after-effects; [guerre, révolution] aftermath; [décision] consequences

séquençage [sekɑ̃saʒ] nm sequencing

séquence [sekɑ̃s] → SYN nf (Ciné, Mus, Rel) sequence; (Cartes) run; (Ling, Ordin) sequence, string ◆ **séquence d'ADN / d'ARN** DNA / RNA sequence → **plan¹**

séquencer [sekɑ̃se] ▸ conjug 3 ◂ vt to sequence

séquenceur [sekɑ̃sœʀ] nm sequencer

séquentiel, -ielle [sekɑ̃sjɛl] → SYN adj programme, information sequential ◆ (Ling) **arrangement séquentiel de la langue** sequential ordering of language ◆ (Ordin) **accès séquentiel** sequential ou serial access ◆ (Méd) **pilule séquentielle** combined pill

séquestration [sekɛstʀasjɔ̃] → SYN nf (→ **séquestrer**) illegal confinement; sequestration, impoundment

séquestre [sekɛstʀ] → SYN nm **a** (Jur, Pol) (action) confiscation, impoundment, sequestration; (dépositaire) depository ◆ **placer des biens sous séquestre** to sequester goods
b (Méd) sequestrum

séquestrer [sekɛstʀe] → SYN ▸ conjug 1 ◂ vt personne to confine illegally; biens to sequester, impound *(pending decision over ownership)*

sequin [səkɛ̃] nm (Hist: pièce d'or) sequin

séquoia [sekɔja] nm sequoia, redwood

sérac [seʀak] nm serac

sérail [seʀaj] → SYN nm (lit) seraglio, serail; (fig) inner circle ◆ (fig: Pol) **il fait partie du sérail** he's always lived in a political milieu

sérancer [seʀɑ̃se] ▸ conjug 3 ◂ vt to heckle, hackle, hatchel

serapeum [seʀapeɔm] nm serapeum

séraphin [seʀafɛ̃] → SYN nm seraph

séraphique [seʀafik] → SYN adj (Rel, fig) seraphic

serbe [sɛʀb] **1** adj Serbian
2 nm (Ling) Serbian
3 nmf ◆ **Serbe** Serb

Serbie [sɛʀbi] nf Serbia

serbo-croate, pl **serbo-croates** [sɛʀbokʀɔat] **1** adj Serbo-Croat(ian)
2 nm (Ling) Serbo-Croat

Sercq [sɛʀk] nm Sark

serdab [sɛʀdab] nm serdab

serdeau, pl **serdeaux** [sɛʀdo] nm cupbearer

serein, e [səʀɛ̃, ɛn] → SYN adj **a** (calme) ciel, nuit, jour serene, clear; âme, foi, visage serene, calm
b (impartial) jugement, critique calm, dispassionate

sereinement [səʀɛnmɑ̃] adv (→ **serein**) serenely; clearly; calmly; dispassionately

sérénade [seʀenad] → SYN nf **a** (Mus: concert, pièce) serenade ◆ **donner une sérénade à qn** to serenade sb
b (* hum: charivari) racket, hullabaloo*

sérénissime [seʀenisim] adj ◆ **Son Altesse sérénissime** His (ou Her) Most Serene Highness ◆ (Hist) **la Sérénissime (République)** the Venetian Republic

sérénité [seʀenite] → SYN nf (→ **serein**) serenity; clarity; calmness; dispassionateness

séreux, -euse [seʀø, øz] **1** adj serous
2 **séreuse** nf serous membrane, serosa

serf, serve [sɛʀ(f), sɛʀv] → SYN **1** adj personne in serfdom (attrib) ◆ **condition serve** (state of) serfdom ◆ **terre serve** land held in villein tenure
2 nm,f serf

serfouette [sɛʀfwɛt] nf hoe-fork, weeding hoe

serfouir [sɛʀfwiʀ] ▸ conjug 2 ◂ vt to hoe

serfouissage [sɛʀfwisaʒ] nm hoeing

serge [sɛʀʒ] nf serge

sergé [sɛʀʒe] nm twill

sergent¹ [sɛʀʒɑ̃] nm (Mil) sergeant ◆ **sergent-chef** staff sergeant ◆ **sergent de ville†** policeman ◆ **sergent-fourrier** quartermaster sergeant ◆ **sergent instructeur** drill sergeant ◆ **sergent-major** ≃ quartermaster sergeant *(in charge of accounts etc)*

sergent² [sɛʀʒɑ̃] nm (serre-joint) cramp, clamp

sérialisme [seʀjalism] nm (Mus) dodecaphonism

sériation [seʀjasjɔ̃] nf [problèmes, questions] classification, arrangement

séricicole [seʀisikɔl] adj silkworm-breeding (épith), sericultural (spéc)

sériciculteur, -trice [seʀisikyltœʀ, tʀis] nm,f silkworm breeder, sericulturist (spéc)

sériciculture [seʀisikyltyʀ] nf silkworm breeding, sericulture (spéc)

séricigène [seʀisiʒɛn] adj silk-producing (épith)

séricine [seʀisin] nf sericin

série [seʀi] → SYN nf **a** (suite) [timbres] set, series; [clefs, casseroles, volumes] set; [tests] series, battery; [ennuis, accidents, succès] series, string ◆ (beaucoup) **(toute) une série de* ...** a (whole) series ou string of ... ◆ **meurtres en série** serial killings ◆ **des attentats / accidents en série** a series of accidents / attacks ◆ (hum) **dans la série les ennuis continuent ...** yet another example of annoying things ... ◆ **(ouvrages de) série noire** crime thrillers, whodunnits* ◆ **ambiance / poursuite (de) série noire** crime-thriller atmosphere / chase ◆ (fig) **c'est la série noire** it's one disaster following (on) another, it's one disaster after another, it's a run of bad luck ou a chain of disasters ◆ **série télévisée** television series
b (catégorie) (Naut) class; (Sport) rank; (épreuve de qualification) qualifying heat ou round ◆ **joueur de deuxième série** player of the second rank ◆ **film de série B** B film ou movie
c (Comm, Ind) **fabrication** ou **production en série** (lit, fig) mass production ◆ **série de prix** list of rates ◆ **article / voiture de série** standard article / car ◆ [voiture] **série limitée / spéciale** limited / special series → **fin², hors**
d (Chim, Math, Mus, Phon) series; (Billard) break ◆ (Élec) **monté en série** connected in series ◆ (Math) **série convergente / divergente** convergent / divergent series

sériel, -ielle [seʀjɛl] → SYN adj ordre serial ◆ (Mus) **musique sérielle** serial ou twelve-note ou dodecaphonic music

sérier [seʀje] → SYN ▸ conjug 7 ◂ vt problèmes, questions to classify, arrange

sérieusement [seʀjøzmɑ̃] → SYN adv (→ **sérieux**) seriously; responsibly; genuinely; considerably ◆ **non, il l'a dit sérieusement** no – he meant it seriously, no – he was in earnest when he said that

sérieux, -ieuse [seʀjø, jøz] → SYN **1** adj **a** (grave, ne plaisantant pas) personne, air serious, earnest, solemn ◆ **sérieux comme un pape** sober as a judge
b (digne de confiance) maison de commerce, tuteur reliable, dependable, employé, élève, apprenti reliable, responsible; (moralement) jeune homme, jeune fille responsible, trustworthy ◆ **vous laissez un client attendre une heure, puis vous annulez le rendez-vous, ce n'est pas sérieux!** you make a customer wait an hour and then you cancel the appointment – this is just not good enough! ◆ **partir skier pendant les examens, ce n'est vraiment pas sérieux!** it's not taking a very responsible ou serious attitude ou it's taking a pretty flippant attitude to go off skiing during the exams
c (fait consciencieusement, à fond) études serious; travail, artisan careful, painstaking
d (réfléchi) personne serious, serious-minded
e (de bonne foi) acquéreur, promesses, raison genuine, serious; renseignements genuine, reliable ◆ **un client sérieux** (hum: qui achète beaucoup) a serious customer ◆ **non, il était sérieux** no, he was serious ou he meant it ◆ **c'est sérieux, ce que vous dites?** are you serious?, do you really mean that? ◆ **ce n'est pas sérieux!, vous n'êtes pas sérieux!** you must be joking! ◆ **ce n'est pas sérieux, il ne le fera jamais** he's not serious ou he doesn't really mean it ou it isn't a genuine threat

(ou promise) – he'll never do it! ◆ **« pas sérieux s'abstenir »** "only genuine inquirers need apply"

f (digne d'attention) conversation, livre, projet serious ◆ **passons aux affaires** ou **choses sérieuses** let us move on to more serious matters

g (important, grave) situation, affaire, maladie serious

h (intensif) raison good ; coup serious ; somme, différence considerable, sizeable ◆ **de sérieuses chances de ...** a strong ou good chance of ... ◆ **de sérieuses raisons de ...** good reasons to ... ◆ **ils ont une sérieuse avance** they have a strong ou good ou sizeable lead

2 nm (voir adj) seriousness ; earnestness ; reliability ; dependability ; trustworthiness ; carefulness ; genuineness ; serious-mindedness ◆ **garder son sérieux** to keep a straight face ◆ **perdre son sérieux** to give way to laughter ◆ **prendre au sérieux** to take seriously ◆ **se prendre au sérieux** to take o.s. seriously

sérigraphie [seʀigʀafi] nf (technique) silkscreen printing, serigraphy (spéc) ; (estampe) screen print, serigraph (spéc)

serin [s(ə)ʀɛ̃] → SYN nm (Orn) canary ; († péj : niais) ninny*

sérine [seʀin] nf serine

seriner [s(ə)ʀine] → SYN ▸ conjug 1 ◂ vt **a** (péj : rabâcher) **seriner qch à qn** to drum ou din sth into sb ◆ **tais-toi, tu nous serines !*** oh, be quiet, you keep telling us the same thing over and over again! ou we're tired of hearing the same thing all the time!

b **seriner (un air à) un oiseau** to teach a bird a tune using a bird-organ

serinette [s(ə)ʀinɛt] nf bird-organ

seringa(t) [s(ə)ʀɛ̃ga] nm syringa, mock orange

seringue [s(ə)ʀɛ̃g] → SYN nf (Méd) syringe ; (jardinier) garden syringe ; (pâtissier) (icing) syringe ◆ (mécanicien) **seringue à graisse** grease gun

sérique [seʀik] adj serum (épith) ◆ **accident / albumine sérique** serum sickness / albumin

serment [sɛʀmɑ̃] → SYN nm **a** (solennel) oath ◆ **faire un serment** to take an oath ◆ **serment sur l'honneur** solemn oath, word of honour ◆ **sous serment** on ou under oath ◆ **serment d'Hippocrate** Hippocratic oath ◆ (Hist) **le serment du Jeu de paume** the Tennis Court Oath ◆ (Art) **"Le Serment des Horaces"** "The Oath of the Horatii" ◆ **serment professionnel** oath of office → **prestation, prêter**

b (promesse) pledge ◆ **échanger des serments (d'amour)** to exchange vows ou pledges of love ◆ (fig) **serment d'ivrogne** empty vow, vain resolve ◆ **je te fais le serment de ne plus jouer** I (solemnly) swear to you ou I'll make (you) a solemn promise that I'll never gamble again → **faux²**

sermon [sɛʀmɔ̃] → SYN nm (Rel) sermon ; (fig péj) lecture, sermon

sermonnaire [sɛʀmɔnɛʀ] → SYN nm **a** (auteur) sermon writer

b (recueil) sermon collection

sermonner [sɛʀmɔne] → SYN ▸ conjug 1 ◂ vt ◆ **sermonner qn** to lecture sb, give sb a talking-to, sermonize sb

sermonneur, -euse [sɛʀmɔnœʀ, øz] → SYN nm,f (péj) sermonizer, preacher

SERNAM [sɛʀnam] nf (abrév de **Service national des messageries**) *French national parcels service*

séroconversion [seʀokɔ̃vɛʀsjɔ̃] nf seroconversion

sérodiagnostic [seʀodjagnɔstik] nm serodiagnosis

sérologie [seʀɔlɔʒi] nf serology

sérologique [seʀɔlɔʒik] adj serologic(al)

sérologiste [seʀɔlɔʒist] nmf serologist

séronégatif, -ive [seʀonegatif, iv] **1** adj HIV negative, seronegative (spéc)

2 nm,f person who is HIV negative ou seronegative (spéc)

séronégativité [seʀonegativite] nf (gén, SIDA) seronegativity

séropositif, ive [seʀopozitif, iv] **1** adj HIV positive, seropositive (spéc)

2 nm,f person who is HIV positive ou seropositive (spéc), person with HIV

séropositivité [seʀopozitivite] nf (SIDA) HIV infection

sérosité [seʀozite] nf serous fluid, serosity

sérothérapie [seʀoteʀapi] nf serotherapy

sérothérapique [seʀoteʀapik] adj serotherapeutic

sérotonine [seʀɔtɔnin] nf serotonin

sérovaccination [seʀovaksinasjɔ̃] nf serovaccination

serpe [sɛʀp] → SYN nf billhook, bill ◆ (fig) **un visage taillé à la serpe** ou **à coups de serpe** a craggy ou rugged face

serpent [sɛʀpɑ̃] → SYN **1** nm **a** (Zool) snake ; (Mus) bass horn ◆ (Rel) **le serpent** the serpent ◆ **une ruse / prudence de serpent** snake-like cunning / caution → **charmeur, réchauffer**

b (fig : ruban) ribbon ◆ **un serpent de fumée** a ribbon of smoke ◆ **le serpent argenté du fleuve** the silvery ribbon of the river

2 COMP ▷ **serpent d'eau** water snake ▷ **serpent à lunettes** Indian cobra ▷ **serpent de mer** (hum Presse) awe-inspiring ou alarming spectre ▷ **le serpent (monétaire)** (Écon) the (currency) snake ▷ **serpent à plumes** (Myth) plumed serpent ▷ **serpent à sonnettes** rattlesnake

serpentaire [sɛʀpɑ̃tɛʀ] **1** nm (Zool) secretary bird, serpent-eater

2 nf (plante) snakeroot

serpenteau, pl **serpenteaux** [sɛʀpɑ̃to] nm (Zool) young snake ; (feu d'artifice) serpent

serpenter [sɛʀpɑ̃te] → SYN ▸ conjug 1 ◂ vi (rivière, chemin) to snake, meander, wind ; (vallée) to wind ◆ **la route descendait en serpentant vers la plaine** the road snaked ou wound (its way) down to the plain

serpentin, e [sɛʀpɑ̃tɛ̃, in] → SYN **1** adj (gén) serpentine

2 nm (ruban) streamer ; (Chim) coil

3 **serpentine** nf (Minér) serpentine

serpette [sɛʀpɛt] nf pruning knife

serpigineux, -euse [sɛʀpiʒinø, øz] adj serpiginous

serpillière [sɛʀpijɛʀ] → SYN nf floorcloth

serpolet [sɛʀpɔlɛ] → SYN nm mother-of-thyme, wild thyme

serpule [sɛʀpyl] nf serpulid

serrage [seʀaʒ] nm (gén, Tech) (vis, écrou) tightening ; (joint) clamping ; (nœud) tightening, pulling tight → **bague, collier, vis¹**

serran [seʀɑ̃] nm sea perch

serratule [seʀatyl] nf saw-wort

serre¹ [sɛʀ] → SYN nf (gén) greenhouse, glasshouse ; (attenant à une maison) conservatory ◆ **pousser en serre** to grow under glass ◆ **serre chaude** hothouse → **effet**

serre² [sɛʀ] → SYN nf (griffe) talon, claw

serré, e [seʀe] → SYN (ptp de **serrer**) **1** adj **a** vêtement, soulier tight

b passagers, spectateurs (tightly) packed ◆ **être serrés comme des harengs** ou **sardines** to be packed like sardines ◆ **mettez-vous ailleurs, nous sommes trop serrés à cette table** sit somewhere else because we are too crowded at this table → **rang**

c tissu closely woven ; réseau dense ; mailles, écriture close ; herbe, blés, forêt dense ; (fig) style tight, concise ◆ **un café (bien) serré** a (good) strong coffee ◆ **pousser en touffes serrées** to grow in thick clumps

d (bloqué) **trop serré** too tight ◆ **pas assez serré** not tight enough → aussi **serrer**

e (contracté) **avoir le cœur serré** to feel a pang of anguish ◆ **avoir la gorge serrée** to feel a tightening ou a lump in one's throat ◆ **les poings serrés** with clenched fists → aussi **serrer**

f discussion closely conducted, closely argued ; jeu, lutte, match tight, close-fought ; budget tight ; prix keen ◆ (Sport) **arrivée serrée** close finish ◆ (fig) **la partie est serrée, nous jouons une partie serrée** it is a tight game, we're in a tight game ◆ **un train de vie assez serré** a rather constrained ou straitened life style

2 adv ◆ **écrire serré** to write one's letters close together, write a cramped hand ◆ (fig) **jouer serré** to play it tight, play a tight game ◆ **vivre serré** to live on a tight budget

serre-file, pl **serre-files** [sɛʀfil] nm (Mil) file closer

serre-fils [sɛʀfil] nm inv binding screw

serre-frein, pl **serre-freins** [sɛʀfʀɛ̃] nm brakesman

serre-joint, pl **serre-joints** [sɛʀʒwɛ̃] nm clamp, cramp

serre-livres [sɛʀlivʀ] nm inv book end

serrement [sɛʀmɑ̃] → SYN nm **a** **serrement de main** handshake ◆ **serrement de cœur** pang of anguish ◆ **serrement de gorge** ou **à la gorge** tightening in the throat

b (Min) dam

serrer [seʀe] → SYN ▸ conjug 1 ◂ **1** vt **a** (maintenir, presser) to grip, hold tight ◆ **serrer une pipe / un os entre ses dents** to clench ou have a pipe / a bone between one's teeth ◆ **serrer qn dans ses bras / contre son cœur** to clasp sb in one's arms / to one's chest ◆ **serrer la main à qn** (la donner à qn) to shake sb's hand, shake hands with sb ; (presser) to squeeze ou press sb's hand ◆ **se serrer la main** to shake hands ◆ **serrer qn à la gorge** to grab sb by the throat → **kiki**

b (contracter) **serrer le poing / les mâchoires** to clench one's fist / jaws ◆ **serrer les lèvres** to set one's lips ◆ **les mâchoires serrées** with set ou clenched jaws ◆ **les lèvres serrées** with tight lips, tight-lipped ◆ **avoir le cœur serré par l'émotion** to feel one's heart wrung by emotion ◆ **avoir la gorge serrée par l'émotion** to be choked by emotion ◆ **cela serre le cœur** ou **c'est à vous serrer le cœur de les voir si malheureux** it wrings your heart ou makes your heart bleed to see them so unhappy ◆ **serrer les dents** (lit) to clench ou set one's teeth ; (fig) to grit one's teeth ◆ (fig) **serrer les fesses**‡ to be scared stiff ou out of one's wits*

c (comprimer) to be too tight for ; (mouler) to fit tightly ◆ **mon pantalon me serre** my trousers are too tight (for me) ◆ **cette jupe me serre (à) la taille** this skirt is too tight round the ou my waist ◆ **elle se serre la taille dans un corset pour paraître plus jeune** she wears a tight corset to make herself look younger ◆ **ces chaussures me serrent (le pied)** these shoes are too tight ◆ **son jersey lui serrait avantageusement le buste** the tight fit of her jersey showed her figure off to advantage

d (bloquer) vis, écrou to tighten ; joint to clamp ; robinet to turn off tight ; nœud, lacet, ceinture to tighten, pull tight ; (tendre) câble to tauten, make taut, tighten ; (Naut) voile to make fast, belay (spéc) ◆ (fig) **serrer les prix** to keep prices down ◆ **serrer le frein à main** to put on the handbrake ◆ (fig) **serrer la vis à qn*** to crack down harder on sb*

e (se tenir près de) (par derrière) to keep close behind ; (latéralement) automobile, concurrent to squeeze (*contre* up against) ◆ **serrer qn de près** to follow close behind sb ◆ (fig) **serrer une femme de près*** to come on strong* with a woman ◆ **serrer de près l'ennemi** to pursue the enemy closely ◆ **serrer qn dans un coin** to wedge sb in a corner ◆ **se faire serrer* par la police** to get nabbed* by the police ◆ **serrer un cycliste contre le trottoir** to squeeze a cyclist against the pavement ◆ **serrer le trottoir** to hug the kerb ◆ (Aut) **serrer sa droite** to keep (well) to the right ◆ **ne serre pas cette voiture de trop près** don't get too close to ou behind that car ◆ (fig) **serrer une question de plus près** to study a question more closely ◆ (fig) **serrer le texte** to follow the text closely, keep close to the text ◆ (Naut) **serrer la côte** to sail close to the shore, hug the shore ◆ (Naut) **serrer le vent** to hug the wind

f (rapprocher) objets alignés, mots, lignes to close up, put close together ◆ (Mil) **serrer les rangs** to close ranks ◆ **serrez !** close ranks! ◆ **serrer son style** to write concisely ou in a condensed ou concise style ◆ **il faudra serrer les invités : la table est petite** we'll have to squeeze the guests up ou together since the table is small

g (dial, † : ranger) to put away

2 vi ◆ (Aut: obliquer) **serrer à droite/gauche** to move in to the right-/left-hand lane ◆ **« véhicules lents serrez à droite »** "slow-moving vehicles keep to the right"

3 **se serrer** vpr a (se rapprocher) **se serrer contre qn** to huddle (up) against sb; (tendrement) to cuddle ou snuggle up to sb ◆ **se serrer autour de la table/du feu** to squeeze ou crowd round the table/fire ◆ **se serrer pour faire de la place** to squeeze up to make room ◆ **serrez-vous un peu** squeeze up a bit

b (se contracter) **à cette vue, son cœur se serra** at the sight of this he felt a pang of anguish ◆ **ses poings se serrèrent, presque malgré lui** his fists clenched ou he clenched his fists almost in spite of himself

c LOC **se serrer les coudes**; to stick together, back one another up ◆ **se serrer (la ceinture)** to tighten one's belt

serre-tête, pl **serre-tête(s)** [sɛʀtɛt] nm (bandeau) headband, sweatband; (bonnet) [cycliste, skieur] skullcap; [aviateur] helmet

serrette [sɛʀɛt] nf ⇒ **sarrette**

serriste [sɔʀist] nmf greenhouse gardener

serrure [sɛʀyʀ] → SYN nf [porte, coffre-fort, valise] lock; (Rail) interlocking switch ◆ **serrure encastrée** mortise lock ◆ **serrure de sûreté** safety lock ◆ (Aut) **serrure de sécurité** safety lock, child lock ◆ **serrure à pompe** spring lock ◆ **serrure à combinaison** combination lock ◆ **serrure trois points** three-point security lock → **trou**

serrurerie [sɛʀyʀʀi] nf (métier) locksmithing, locksmith's trade; (travail) ironwork ◆ **serrurerie d'art** ornamental ironwork, wrought-iron work ◆ **grosse serrurerie** heavy ironwork

serrurier [sɛʀyʀje] nm [serrures, clefs] locksmith; [fer forgé] ironsmith

sertão [sɛʀtɑ̃] nm (Géog) sertão

serte [sɛʀt] nf [pierre précieuse] setting

sertir [sɛʀtiʀ] → SYN ▸ conjug 2 ◂ vt a pierre précieuse to set

b (Tech) pièces de tôle to crimp

sertissage [sɛʀtisaʒ] nm (→ **sertir**) setting; crimping

sertisseur, -euse [sɛʀtisœʀ, øz] nm,f (→ **sertir**) setter; crimper

sertissure [sɛʀtisyʀ] nf [pierre précieuse] (procédé) setting; (objet) bezel

sérum [seʀɔm] → SYN nm a (Physiol) **sérum (sanguin)** (blood) serum ◆ **sérum artificiel** ou **physiologique** normal ou physiological salt solution

b (Méd) serum ◆ **sérum antidiphtérique/antitétanique/antivenimeux** anti-diphtheric/antitetanus/snakebite serum ◆ (fig) **sérum de vérité** truth drug

sérumalbumine [seʀɔmalbymin] nf serum albumin

servage [sɛʀvaʒ] → SYN nm (Hist) serfdom; (fig) bondage, thraldom

serval, pl **-s** [sɛʀval] nm serval

servant, e [sɛʀvɑ̃, ɑ̃t] → SYN 1 adj ◆ **chevalier** ou **cavalier servant** escort

2 nm (Rel) server; (Mil) [pièce d'artillerie] server ◆ (Rel) **servant d'autel** altar boy

3 **servante** nf a (domestique) servant, maidservant

b (étagère) sideboard; (table) side table; (Tech: support) adjustable support ou rest

serve [sɛʀv] → **serf**

serveur, -euse [sɛʀvœʀ, øz] → SYN 1 nm a [restaurant] waiter; [bar] barman

b (ouvrier) [machine] feeder

c (Tennis) server

d (Cartes) dealer

e (Ordin) server ◆ **centre serveur** service centre, retrieval centre ◆ **serveur (Minitel)** *information service provided by Minitel*

2 **serveuse** nf [restaurant] waitress; [bar] barmaid

serviabilité [sɛʀvjabilite] → SYN nf willingness to help

serviable [sɛʀvjabl] → SYN adj obliging, willing to help

service [sɛʀvis] → SYN

1 nm a (travail, fonction) duty ◆ (temps de travail) **le service** (the period of) duty ◆ **un service de surveillance/contrôle** surveillance/checking duties ◆ (Mil) **service intérieur** barracks duty ◆ (Mil) **service de jour/semaine** day/week duty ◆ **quel service fait-il cette semaine?** what duty is he on this week? ◆ **on ne fume pas pendant le service** smoking is not allowed during duty hours ou while on duty ◆ **un peu de vin? – non merci, jamais pendant le service** a little wine? – no, thank you, never while I'm on duty ◆ **être à cheval sur le service** to be strict about the rules at work ◆ (Admin) **autorisation refusée dans l'intérêt du service** permission refused on administrative grounds ou for administrative reasons ◆ **heures de service** hours of service ou duty ◆ **le service d'un enseignant est de 15 à 20 heures en moyenne** a teacher does between 15 and 20 hours of duty ou service on average ◆ **il est très service(-) service*** he's very hot* ou keen (Brit) on the rules and regulations ou on doing the job properly ◆ **prendre son service** to come on duty ◆ **être de service** to be on duty ◆ **pompier/médecin de service** duty fireman/doctor, fireman/doctor on duty ◆ (Admin, Mil) **être en service commandé** to be acting under orders, be on an official assignment ◆ **avoir 25 ans de service** to have completed 25 years' service ◆ **après 10 ans de bons et loyaux services** after 10 years' loyal service → **note, règlement**

b (gén pl: prestation) service ◆ (Écon) **services** services ◆ (Écon) **les services** the service industries ◆ **offrir ses services à qn** to offer sb one's services ◆ **offre de service** offer of service ◆ **s'assurer les services de qn** to enlist sb's services ◆ (Écon) **biens et services** goods and services

c (domesticité) (domestic) service ◆ **entrer/être en service chez qn** to go into/be in sb's service, go into/be in service with sb ◆ **être au service de** maître, Dieu to be in the service of ◆ **se mettre au service de** maître to enter the service of ou go into service with; Dieu, nation, État to place o.s. in the service of ◆ **10 ans de service chez le même maître** 10 years in service with the same master ◆ **prendre qn à son service** to take sb into one's service ◆ **escalier de service** service ou servants' stairs, backstairs ◆ **entrée de service** service ou tradesman's entrance

d (Mil) **le service (militaire** ou **national)** military ou national service ◆ **le service civil pour les objecteurs de conscience** non-military national service for conscientious objectors ◆ **bon pour le service** fit for military service ◆ **faire son service** to do one's military ou national service ◆ **service armé** combatant service → **état**

e (fonction, organisation d'intérêt public) service; (section, département) department, section ◆ **le service hospitalier/de la poste** the hospital/postal service ◆ **les services de santé/postaux** health (care)/postal services ◆ **service du contentieux/des achats/de la publicité** legal/buying/publicity department ◆ **les services d'un ministère** the departments of a ministry ◆ **le service des urgences** the casualty department ◆ **Service d'aide médicale d'urgence** mobile emergency medical service ◆ **service médico-social** medical-social work department ◆ **service de réanimation** intensive care unit ◆ **les services publics** the (public) utilities ◆ **les services sociaux** the social services ◆ **service régional de police judiciaire** regional crime squad → **chef**[1]

f (Rel: office, messe) service ◆ **service funèbre** funeral service

g (faveur, aide) service ◆ **rendre un petit service à qn** to do sb a favour, do sb a small service ◆ **tous les services qu'il m'a rendus** all the favours ou services he has done me ◆ **rendre service à qn** (aider) to do sb a service ou a good turn; (s'avérer utile) to come in useful ou handy for sb, be of use to sb ◆ **il aime rendre service** he likes to do good turns ou be helpful ◆ (fig) **rendre un mauvais service à qn** to do sb a disservice ◆ (frm) **qu'y a-t-il pour votre service?** how can I be of service to you? ◆ (frm) **je suis à votre service** I am at your service

h (à table, au restaurant) service; (pourboire) service charge; (série de repas) sitting ◆ **Jean fera le service** John will serve (out) ◆ **la nourriture est bonne mais le service est exécrable** the food is good but the service is shocking ◆ **laisse 10 F pour le service** leave 10 francs for the service ◆ **ils ont oublié de facturer le service** they have forgotten to include the service (charge) on the bill ◆ **service compris/non compris** service included/not included, inclusive/exclusive of service ◆ **premier/deuxième service** first/second sitting

i (assortiment) [couverts] set; [vaisselle, linge de table] service, set ◆ **service de table** set of table linen ◆ **service à café/thé** coffee/tea set ou service ◆ **service à liqueurs** set of liqueur glasses ◆ **service à poisson** (plats) set of fish plates; (couverts) fish service ◆ **service à fondue** fondue set ◆ **service à gâteaux** (couverts) cake cutlery (NonC) ou set; (vaisselle) set of cake plates ◆ **service à fromage** set of cheese dishes ◆ **service de 12 couteaux** set of 12 knives ◆ **un beau service de Limoges** a beautiful service of Limoges china

j [machine, installation] operation, working ◆ **faire le service d'une pièce d'artillerie** to operate ou work a piece of artillery

k (fonctionnement, usage) **mettre en service** installation, usine to put ou bring into service, bring on stream ou line ◆ [installation, usine] **entrer en service** to come on stream ou on line ou into service ◆ **machine/vêtement qui fait un long service** machine/garment which gives long service → **hors**

l (transport) service ◆ **un service d'autocars dessert ces localités** there is a coach service to these districts ◆ **assurer le service entre** to provide a service between ◆ **service d'hiver/d'été** winter/summer service ◆ **le service est interrompu sur la ligne 3** (the) service is suspended on line 3 ◆ **service minimum** skeleton service

m (Tennis) service ◆ **être au service** to have the service ◆ **il a un excellent service** he has an excellent service ou serve ◆ **service canon** bullet-like serve ou service ◆ **service-volée** serve and volley

2 COMP ▷ **service après-vente** after-sales service ▷ **service d'ordre** (policiers) police contingent; (manifestants) team of stewards (responsible for crowd control etc) ◆ **pour assurer le service d'ordre** to maintain (good) order ◆ **un important service d'ordre assurait le bon déroulement de la manifestation** a large police presence ou contingent ensured that the demonstration passed off smoothly ▷ **service de presse** (distribution) distribution of review copies; (ouvrage) review copy; (agence) press relations department ▷ **services secrets** secret service ▷ **Service du travail obligatoire** *forced labour instituted by the Nazis during World War II*

serviette [sɛʀvjɛt] → SYN 1 nf a (en tissu) **serviette (de toilette)** (hand) towel ◆ **serviette (de table)** serviette, (table) napkin → **rond**

b (cartable) [écolier, homme d'affaires] briefcase

2 COMP ▷ **serviette de bain** bath towel ▷ **serviette éponge** terry towel ▷ **serviette hygiénique** sanitary towel (Brit) ou napkin (US) ▷ **serviette en papier** paper serviette, paper (table) napkin ▷ **serviette périodique** ⇒ **serviette hygiénique** ▷ **serviette de plage** beach towel

servile [sɛʀvil] → SYN adj a (soumis) homme, flatterie, obéissance servile, cringing; traduction, imitation slavish

b (littér: de serf) condition, travail servile

servilement [sɛʀvilmɑ̃] adv (→ **servile**) servilely; cringingly; slavishly

servilité [sɛʀvilite] → SYN nf (→ **servile**) servility; slavishness

servir [sɛʀviʀ] → SYN ▸ conjug 14 ◂

1 vt a (être au service de) pays, Dieu, État, cause to serve; (emploi absolu: être soldat) to serve ◆ (Rel) **servir le prêtre** to serve the priest ◆ (Rel) **servir la messe** to serve mass

b [domestique] patron to serve, wait on ◆ **il sert comme chauffeur** he serves as a chauffeur ◆ **elle aime se faire servir** she likes to be waited on ◆ (Prov) **on n'est jamais si bien servi que par soi-même** if you want something done you're best to do it yourself

c (aider) personne to be of service to, aid ◆ **servir les ambitions/les intérêts de qn** to serve ou aid sb's ambitions / interests ◆ **ceci nous sert** this serves our interests ◆ **sa prudence l'a servi auprès des autorités** his caution served him well ou stood him in good stead in his dealings with the authorities ◆ **il a été servi par les circonstances** he was aided by circumstances ◆ **il a été servi par une bonne mémoire** he was well served ou aided by a good memory

d (dans un magasin) client to serve, attend to; (au restaurant) consommateur to serve; dîneur to wait on; (chez soi, à table) to serve ◆ **ce boucher nous sert depuis des années** this butcher has supplied us for years, we've been going to this butcher for years ◆ **le boucher m'a bien servi** (en qualité) the butcher has given me good meat; (en quantité) the butcher has given me a good amount for my money ◆ **on vous sert, Madame?** are you being attended to? ou served? ◆ **il a faim, servez-le bien** he is hungry so give him a good helping ◆ **prenez, n'attendez pas qu'on vous serve** help yourself – don't wait to be served ◆ **« Madame est servie »** "dinner is served" ◆ **pour vous servir†** at your service ◆ **des garçons en livrée servaient** waiters in livery waited ou served at table ◆ **il sert dans un café** he is a waiter in a café ◆ (fig) **les paysans voulaient la pluie, ils ont été servis!** the farmers wanted rain – now their wish has been granted! ou well, they've got what they wanted! ◆ (fig) **en fait d'ennuis, elle a été servie** as regards troubles she's had her share (and more) ou she's had more than her fair share → **on**

e (Mil) pièce d'artillerie to serve

f (donner) rafraîchissement, plat to serve ◆ **servir qch à qn** to serve sb with sth, help sb to sth ◆ **servir le déjeuner / dîner** to serve (up) lunch / dinner ◆ **le vin rouge doit se servir chambré** red wine must be served at room temperature ◆ **« servir frais »** "serve cool" ◆ **servir à déjeuner / dîner** to serve lunch / dinner (*à qn* to sb) ◆ **servir à boire** to serve a drink ou drinks ◆ **servir à boire à qn** to serve a drink to sb ◆ **on nous a servi le petit déjeuner au lit** we were served (our) breakfast in bed ◆ **à table, c'est servi!** come and sit down now, it's ready! ◆ (fig) **il nous sert toujours les mêmes plaisanteries** he always trots out the same old jokes ou treats us to the same old jokes ◆ (fig) **servir la soupe à qn*** (gén) to do sb's work for them; [écrivain] to ghost for sb

g (procurer) to pay ◆ **servir une rente / une pension / des intérêts à qn** to pay sb an income / a pension / interest

h (Cartes) to deal ◆ **être servi** to stick

i (Tennis) to serve ◆ **à vous de servir** your service, it's your turn to serve

j (être utile) **servir à** personne to be of use ou help to; usage, opération to be of use in, be useful for ◆ **servir à faire** to be used for doing ◆ **ça m'a servi à réparer ce meuble** I used it to mend this piece of furniture ◆ **cela ne sert à rien** [objet] this is no use, this is useless; [démarche] there is no point in it, it serves no (useful) purpose ◆ **cela ne sert à rien de pleurer / réclamer** it's no use ou there's no point crying / complaining, crying / complaining doesn't help ◆ **à quoi sert cet objet?** what is this object used for? ◆ **à quoi servirait de réclamer?** what use would complaining be?, what would be the point of complaining? ◆ **cela ne servirait pas à grand-chose de dire ...** there's little point in saying ..., it wouldn't be much use saying ... ◆ **est-ce que cela pourrait vous servir?** could this be (of) any use to you?, could you make use of this? ◆ **vos conseils lui ont bien servi** your advice has been very useful ou helpful to him ◆ **ne jette pas cette boîte, cela peut toujours servir** don't throw that box away – it may still come in handy ou still be of some use ◆ **ces projecteurs servent à guider les avions** these floodlights are used to guide ou for guiding the planes ◆ **cet instrument sert à beaucoup de choses** this implement has many uses ou is used for many things ◆ **cela a servi à nous faire comprendre les difficultés** this served to make us understand the difficulties → **rien**

k **servir de** [personne] to act as; [ustensile, objet] to serve as ◆ **elle lui a servi d'interprète / de témoin** she acted as his interpreter / as a witness (for him) ◆ **cette pièce sert de chambre d'amis** this room serves as ou is used as a guest room ◆ **cela pourrait te servir de table** you could use that as a table, that would serve ou do as a table for you ◆ **servir de leçon à qn** to be a lesson to sb ◆ **servir d'exemple à qn** to serve as an example to sb

2 **se servir** vpr **a** (à table, dans une distribution) to help o.s. ◆ (chez un fournisseur) **se servir chez X** to buy ou shop at X's ◆ **se servir en viande chez X** to buy one's meat at X's ou from X, go to X's for one's meat ◆ **servez-vous donc de viande** do help yourself to meat ◆ (iro) **je t'en prie, sers-toi** go ahead, help yourself

b **se servir de** outil, mot, main-d'œuvre to use; personne to use, make use of ◆ **il sait bien se servir de cet outil** he knows how to use this tool ◆ **t'es-tu servi de ce vêtement?** have you used this garment? ◆ **il se sert de sa voiture pour aller au bureau** he uses his car to go to the office ◆ **se servir de ses relations** to make use of ou use one's acquaintances ◆ **il s'est servi de moi** he used me

serviteur [sɛʀvitœʀ] → SYN nm (gén) servant ◆ (hum) **en ce qui concerne votre serviteur ...** as far as yours truly is concerned ... (hum)

servitude [sɛʀvityd] → SYN nf **a** (esclavage) servitude
b (gén pl: contrainte) constraint
c (Jur) easement ◆ **servitude de passage** right of way

servocommande [sɛʀvokɔmɑ̃d] nf (Tech) servo-mechanism

servodirection [sɛʀvodiʀɛksjɔ̃] nf servo(-assisted) steering

servofrein [sɛʀvofʀɛ̃] nm (Tech) servo(-assisted) brake

servomécanisme [sɛʀvomekanism] nm (Tech) servo system

servomoteur [sɛʀvomɔtœʀ] nm (Tech) servo-motor

servovalve [sɛʀvovalv] nf servo valve

ses [se] adj poss → **son¹**

sésame [sezam] nm (Bot) sesame ◆ (fig) **Sésame ouvre-toi** open Sesame

sésamoïde [sezamɔid] adj ◆ **os sésamoïdes** sesamoid bones

sessile [sesil] adj (Bot) sessile

session [sesjɔ̃] → SYN nf (Jur, Parl) session, sitting ◆ (Parl) **session extraordinaire** special session ◆ (Univ) **session (d'examen)** university exam session ◆ **la session de juin** the June exams ◆ **la session de septembre, la seconde session** the (September) resits (Brit)

sesterce [sɛstɛʀs] nm (Hist) sesterce, sestertius; (mille unités) sestertium

set [sɛt] → SYN nm **a** (Tennis) set → **balle¹**
b **set (de table)** (ensemble) set of tablemats ou place mats; (napperon) tablemat, place mat

sétacé, e [setase] adj setaceous

Seth [sɛt] nm Seth

Séthi [seti] nm Seti

setter [setɛʀ] nm setter

seuil [sœj] → SYN nm **a** [porte] (dalle etc) door sill, doorstep; (entrée) doorway, threshold†; (fig) threshold ◆ **se tenir sur le seuil de sa maison** to stand in the doorway of one's house ◆ **il m'a reçu sur le seuil** he kept me on the doorstep ou at the door, he didn't ask me in ◆ **avoir la campagne au seuil de sa maison** to have the country on ou at one's doorstep ◆ (fig: début) **le seuil de** période the threshold of ◆ (fig) **au seuil de la mort** on the threshold of death, on the brink of the grave ◆ (fig) **le seuil du désert** the edge of the desert
b (Géog, Tech) sill
c (fig: limite) threshold; (Psych) threshold, limen (spéc) ◆ **seuil auditif** auditory threshold ◆ (Bio, Méd) **seuil d'excitation** neurological threshold ◆ **seuil de rentabilité** break-even point ◆ **seuil de tolérance** threshold of tolerance ◆ **seuil de pauvreté** poverty line ou level

seul, e [sœl] → SYN **1** adj **a** (après n ou attrib) personne (sans compagnie, non accompagnée) alone (attrib), on one's own (attrib), by oneself (attrib); (isolé) lonely; objet, mot alone (attrib), on its own (attrib), by itself (attrib) ◆ **être / rester seul** to be / remain alone ou on one's own ou by oneself ◆ **laissez-moi seul quelques instants** leave me alone ou on my own ou by myself for a moment ◆ **seul avec qn / ses pensées / son chagrin** alone with sb / one's thoughts / one's grief ◆ **ils se retrouvèrent enfin seuls** they were alone (together) ou on their own ou by themselves at last ◆ **un homme seul / une femme seule peut très bien se débrouiller** a man on his own / a woman on her own ou a single man / woman can manage perfectly well ◆ **au bal, il y avait beaucoup d'hommes seuls** at the dance there were many men on their own ◆ **se sentir (très) seul** to feel (very) lonely ou lonesome ◆ **seul au monde** alone in the world ◆ **les amoureux sont seuls au monde** lovers behave as if they are alone in the world ou are the only ones in the world ◆ **être seul contre tous** to be alone against the world ◆ **mot employé seul** word used alone ou on its own ou by itself ◆ **la lampe seule ne suffit pas** the lamp alone ou on its own is not enough, the lamp is not enough on its own ou by itself → **cavalier**

b (avant n: unique) **un seul homme / livre** (et non plusieurs) one man / book, a single man / book; (à l'exception de tout autre) only one man / book ◆ **le seul homme / livre** the one man / book, the only man / book, the sole man / book ◆ **les seules personnes / conditions** the only people / conditions ◆ **un seul livre suffit** one book ou a single book will do ◆ **un seul homme peut vous aider: Paul** only one man can help you and that's Paul ◆ **pour cette seule raison** for this reason alone ou only, for this one reason ◆ **son seul souci est de ...** his only ou sole ou one concern is to ... ◆ **un seul moment d'inattention** one ou a single moment's lapse of concentration ◆ **il n'y a qu'un seul Dieu** there is only one God, there is one God only ou alone ◆ **une seule fois** only once, once only ◆ **la seule chose, c'est que ça ferme à 6 heures** the only thing is (that) it shuts at 6

c (en apposition) only, alone ◆ **seul le résultat compte** the result alone counts, only the result counts ◆ **seuls les parents sont admis** only parents are admitted ◆ **seule Gabrielle peut le faire** only Gabrielle ou Gabrielle alone can do it ◆ **seule l'imprudence peut être la cause de cet accident** only carelessness can be the cause of this accident ◆ **lui seul est venu en voiture** he alone ou only he came by car ◆ **à eux seuls, ils ont fait plus de dégâts que ...** they did more damage by themselves ou on their own than ... ◆ **je l'ai fait à moi (tout) seul** I did it (all) on my own ou (all) by myself, I did it single-handed

d LOC **seul et unique** one and only ◆ **c'est la seule et même personne** it's one and the same person ◆ **seul de son espèce** alone of its kind, the only one of its kind ◆ **d'un seul coup** (subitement) suddenly; (ensemble, à la fois) in ou at one blow ◆ **d'un seul tenant** terrain all in one piece, lying together ◆ **vous êtes seul juge** you alone are the judge ou can judge ◆ **à seule fin de** with the sole purpose of ◆ **dans la seule intention de faire** with the one ou sole intention of doing ◆ **du seul fait que ...** by the very fact that ... ◆ **à la seule pensée de ...** at the mere thought of ... ◆ **la seule pensée d'y retourner la remplissait de frayeur** the mere thought ou the thought alone of going back there filled her with fear ◆ **parler à qn seul à seul** to speak to sb in private ou privately ou alone ◆ **se retrouver seul à seul avec qn** to find o.s. alone with sb ◆ (fig) **comme un seul homme** as one man ◆ **d'une seule voix** with one voice

2 adv **a** (sans compagnie) **parler / rire seul** to talk / laugh to oneself ◆ **rire tout seul** to have a quiet laugh to oneself ◆ **vivre / travailler seul** to live / work alone ou by oneself ou on one's own
b (sans aide) by oneself, on one's own, unaided ◆ **faire qch (tout) seul** to do sth (all) by oneself ou (all) on one's own, do sth unaided ou single-handed → **tout**

3 nm,f ◆ **un seul peut le faire** (et non plusieurs) one man can do it, a single man can do it; (à l'exception de tout autre) only one man can do it ◆ **un seul contre tous** one (man) against all ◆ **le seul que j'aime** the only one I love ◆ **vous n'êtes pas la seule à vous plaindre** you aren't the only one to complain, you aren't alone in complaining ◆ **une seule de ses peintures n'a pas été détruite dans l'incendie** only one of his paintings was not destroyed in the fire ◆ **il n'en reste pas un seul** there isn't a single ou solitary one left

seulement [sœlmɑ̃] ⇒ SYN adv **a** (quantité : pas davantage) only ◆ **5 personnes seulement sont venues** only 5 people came ◆ **nous serons seulement 4** there will be only 4 of us ◆ **je pars pour 2 jours seulement** I am going away for 2 days only, I'm only going away for 2 days
b (exclusivement) only, alone, solely ◆ **on ne vit pas seulement de pain** you can't live on bread alone ou only ou solely on bread ◆ **ce n'est pas seulement sa maladie qui le déprime** it's not only ou just his illness that depresses him ◆ **50 F, c'est seulement le prix de la chambre** 50 francs is the price for just the room ou is the price for the room only ◆ **on leur permet de lire seulement le soir** they are allowed to read only at night ou at night only ◆ **il fait cela seulement pour nous ennuyer** he does that only ou solely to annoy us, he only does that to annoy us
c (temps : pas avant) only ◆ **il vient seulement d'entrer** he's only just (now) come in ◆ **ce fut seulement vers 10 heures qu'il arriva** it was not until about 10 o'clock that he arrived ◆ **il est parti seulement ce matin** he left only this morning, he only left this morning
d (en tête de proposition : mais, toutefois) only, but ◆ **je connais un bon chirurgien, seulement il est cher** I know a good surgeon only ou but he is expensive
e LOC **non seulement il a plu, mais (encore) il a fait froid** it didn't only rain but it was cold too, it not only rained but it was also cold ◆ **pas seulement** (même pas) : **on ne nous a pas seulement donné un verre d'eau** we were not even given a glass of water, we were not given so much as a glass of water ◆ **il n'a pas seulement de quoi se payer un costume** he hasn't even enough to buy himself a suit ◆ **il est parti sans seulement nous prévenir** he left without so much as ou without even warning us ◆ **si seulement** if only → **si**[1]

seulet, -ette* [sœlɛ, ɛt] adj (hum) lonesome, lonely, all alone ◆ **se sentir bien seulet** to feel all alone ou very lonesome

sève [sɛv] ⇒ SYN nf [arbre] sap ; (fig) sap, life, vigour ◆ **sève ascendante** ou **brute / descendante** ou **élaborée** rising ou crude / falling ou elaborated sap ◆ **les arbres sont en pleine sève** the sap has risen in the trees ◆ **la jeunesse est débordante de sève** young people are brimming with strength and vigour

sévère [sevɛʀ] ⇒ SYN adj **a** maître, juge, climat, règlement severe, harsh ; parent, éducation, ton strict, severe, stern ; regard, critique, jugement severe, stern ◆ **une morale sévère** a stern ou severe code of morals
b style, architecture severe ; tenue severe, stern ◆ **une beauté sévère** a severe beauty
c (intensif) pertes, échec severe, grave

sévèrement [sevɛʀmɑ̃] adv (→ **sévère**) severely ; harshly ; strictly ; sternly ◆ **un malade sévèrement atteint** a severely affected patient

sévérité [seveʀite] ⇒ SYN nf (→ **sévère**) severity ; harshness ; strictness ; sternness ; gravity

sévices [sevis] ⇒ SYN nmpl (physical) cruelty (NonC), ill treatment (NonC) ◆ **exercer des sévices sur son enfant** to ill-treat one's child ◆ **sévices sexuels** sexual abuse (NonC)

Séville [sevil] n Seville

sévir [seviʀ] ⇒ SYN ▸ conjug 2 ◂ vi **a** (punir) to act ruthlessly ◆ **sévir contre** personne, abus, pratique to deal ruthlessly with ◆ **si vous continuez, je vais devoir sévir** if you carry on, I shall have to deal severely with you ou use harsh measures
b (lit, hum : exercer ses ravages) [fléau, doctrine etc] to rage, hold sway ◆ **la pauvreté sévissait** poverty was rampant ou rife ◆ **il sévit à la télé depuis 20 ans** he's been plaguing our TV / screens for 20 years now (hum) ◆ **est-ce qu'il sévit encore à la Sorbonne ?** is he still let loose on the students at the Sorbonne ? (hum)

sevrage [səvʀaʒ] nm (→ **sevrer**) weaning ; severing, severance

sevrer [səvʀe] ⇒ SYN ▸ conjug 5 ◂ vt **a** nourrisson, jeune animal to wean
b (Horticulture) to sever
c (fig) **sevrer qn de qch** to deprive sb of sth ◆ **nous avons été sevrés de théâtre** we have been deprived of visits to the theatre

Sèvres [sɛvʀ] nm (porcelaine) Sèvres porcelain ; (objet) piece of Sèvres porcelain

sévrienne [sevʀijɛn] nf *student (or former student) of the École normale supérieure de jeunes filles (which was located in Sèvres)*

sévruga [sevʀyga] nm sevruga

sexage [sɛksaʒ] nm sexing

sexagénaire [sɛksaʒenɛʀ] **1** adj sixty-year-old (épith), sexagenarian
2 nmf sexagenarian, sixty-year-old man (ou woman)

sexagésimal, e, mpl **-aux** [sɛgzaʒezimal, o] adj sexagesimal

sexagésime [sɛgsaʒezim] nf (Rel) Sexagesima (Sunday)

sex-appeal [sɛksapil] ⇒ SYN nm sex appeal

sexe [sɛks] ⇒ SYN nm **a** (catégorie) sex ◆ **enfant du sexe masculin / féminin** child of male / female sex, male / female child ◆ **le sexe faible / fort** the weaker / stronger sex ◆ **le (beau) sexe** the fair sex ◆ **discuter du sexe des anges*** to discuss futilities
b (sexualité) sex ◆ **ce journal ne parle que de sexe** this paper is full of nothing but sex
c (organes génitaux) genitals, sex organs

sexisme [sɛksism] ⇒ SYN nm sexism

sexiste [sɛksist] ⇒ SYN adj, nmf sexist

sexologie [sɛksɔlɔʒi] nf sexology

sexologue [sɛksɔlɔg] nmf sexologist, sex specialist

sex-ratio, pl **sex-ratios** [sɛksʀasjo] nf sex ratio

sex-shop nm, pl **sex-shops** [sɛksʃɔp] sex-shop

sex-symbol, pl **sex-symbols** [sɛkssɛ̃bɔl] nm sex symbol

sextant [sɛkstɑ̃] nm (instrument) sextant ; (Math : arc) sextant arc

sexte [sɛkst] nf sext

sextillion [sɛkstiljɔ̃] nm sextillion

sextolet [sɛkstɔlɛ] nm sextuplet

sextuor [sɛkstɥɔʀ] nm (Mus) sextet(te)

sextuple [sɛkstypl] **1** adj quantité, rangée, nombre sextuple ◆ **une quantité sextuple de l'autre** a quantity six times (as great as) the other ◆ **en sextuple exemplaire** in six copies
2 nm (gén, Math) sextuple ◆ **je l'ai payé le sextuple / le sextuple de l'autre** I paid six times as much for it / six times as much as the other for it ◆ **je vous le rendrai au sextuple** I'll repay you six times over ◆ **augmenter au sextuple** to increase sixfold ou six times

sextupler [sɛkstyple] ▸ conjug 1 ◂ vti to sextuple, increase six times ou sixfold

sextuplés, ées [sɛkstyple] nm,f pl sextuplets

sexualisation [sɛksɥalizasjɔ̃] nf sexualisation

sexualiser [sɛksɥalize] ▸ conjug 1 ◂ vt to sexualize

sexualité [sɛksɥalite] ⇒ SYN nf sexuality ◆ **troubles de la sexualité** sexual problems

sexué, e [sɛksɥe] adj mammifères, plantes sexed, sexual ; reproduction sexual

sexuel, -elle [sɛksɥɛl] ⇒ SYN adj caractère, instinct, plaisir sexual ; éducation, hormone, organe sexual, sex (épith) ◆ **l'acte sexuel** the sex act → **harcèlement, obsédé**

sexuellement [sɛksɥɛlmɑ̃] adv sexually → **maladie**

sexy* [sɛksi] adj inv sexy*

seyant, e [sɛjɑ̃, ɑ̃t] ⇒ SYN adj vêtement becoming

Seychelles [seʃɛl] nfpl ◆ **les Seychelles** the Seychelles

seychellois, e [seʃelwa, az] **1** adj of ou from Seychelles
2 **Seychellois(e)** nm,f inhabitant ou native of Seychelles

sézigue‡ [sezig] pron pers his nibs‡

S.F.* [ɛsɛf] nf (abrév de **science-fiction**) sci-fi*

SFB [ɛsɛfbe] nf (abrév de **Société française de Bourse**) *French stockbrokers' association*

SFIO [ɛsɛfio] nf (abrév de **Section française de l'Internationale ouvrière**) *French political movement*

sfumato [sfumato] nm sfumato

SG [ɛsʒe] nm (abrév de **secrétaire général**) → **secrétaire**

SGBD [ɛsʒebede] nm (abrév de **système de gestion de bases de données**) → **système**

sgraffite [sgʀafit] nm sgraffito

shabbat [ʃabat] nm ⇒ **sabbat**

shah [ʃa] ⇒ SYN nm shah

shakespearien, -ienne [ʃɛkspiʀjɛ̃, jɛn] adj Shakespearian

shaker [ʃɛkœʀ] nm cocktail shaker

shako [ʃako] nm shako

shampooiner, shampouiner [ʃɑ̃pwine] ▸ conjug 1 ◂ vt to shampoo

shampooineur, -euse, shampouineur, -euse [ʃɑ̃pwinœʀ, øz] **1** nm,f (hairdressing) junior, shampoo girl f
2 **shampooineuse** nf (machine) carpet shampooer

shampooing [ʃɑ̃pwɛ̃] nm (produit, lavage) shampoo ◆ **faire un shampooing à qn** to give sb a shampoo, shampoo ou wash sb's hair ◆ **shampooing colorant** tint, rinse ◆ **shampooing traitant** medicated shampoo ◆ **shampooing à moquette** carpet shampoo

Shanghai [ʃɑ̃gaj] n Shanghai

shant(o)ung [ʃɑ̃tuŋ] nm shantung (silk)

sharia [ʃaʀja] nf sharia, sheria

Shavouoth [ʃavwɔt] nfpl Shavuot, Shabuoth

shekel [ʃekɛl] nm shekel

shérif [ʃeʀif] nm sheriff

sherpa [ʃɛʀpa] nmf (guide) Sherpa ; (Pol) aide *(helping with preparations for summit talks)*

sherry [ʃeʀi] nm sherry

shetland [ʃɛtlɑ̃d] nm **a** (laine) Shetland wool ; (tricot) Shetland pullover
b **les îles Shetland** the Shetland Islands

shetlandais, e [ʃɛtlɑ̃dɛ, ɛz] **1** adj Shetland (épith)
2 nm,f ◆ **Shetlandais(e)** Shetlander

shiite [ʃiit] adj, nmf ⇒ **chi'ite**

shilling [ʃiliŋ] nm shilling

shilom [ʃilɔm] nm chillum

shimmy [ʃimi] nm (Aut) shimmy

shintô [ʃinto] nm, **shintoïsme** [ʃintɔism] nm Shinto, Shintoism

shintoïste [ʃintɔist] adj, nmf Shintoist

shit [ʃit] nm (arg Drogue) shit (arg), hasch (arg)

Shiva [ʃiva] nm ⇒ **Siva**

Shoah [ʃɔa] nf Shoah

shogun [ʃɔgun] nm shogun

shoot [ʃut] nm **a** (Ftbl) shot
b (arg Drogue) fix (arg) ◆ **se faire un shoot d'héroïne** to shoot up (arg) with heroin

shooter [ʃute] ▸ conjug 1 ◂ **1** vi (Ftbl) to shoot, make a shot
2 vt ◆ **shooter un penalty** to take a penalty (kick ou shot)
3 **se shooter** vpr (arg Drogue) to fix (arg), shoot (up) (arg) ◆ **se shooter à l'héroïne** to mainline heroin, shoot up with heroin ◆ (fig) **se shooter au café / à la bière** to live on coffee / beer, have one's daily fix* of coffee / beer

shopping [ʃɔpiŋ] ⇒ SYN nm shopping ◆ **faire du shopping** to go shopping

short [ʃɔʀt] ⇒ SYN nm ◆ **short(s)** pair of shorts, shorts (pl) ◆ **être en short(s)** to be in shorts ou wearing shorts

show [ʃo] ⇒ SYN nm show

showbiz* [ʃobiz] nm inv (abrév de **show-business**) show biz*

show-business [ʃobiznɛs] → SYN nm inv show business

show-room [ʃoʀum] nm showroom

shrapnel(l) [ʃʀapnɛl] nm shrapnel

shunt [ʃœt] → SYN nm (Élec) shunt

shunter [ʃœte] ▸ conjug 1 ◂ vt (Élec) to shunt ; (*) personne, service to bypass

SI a (abrév de **syndicat d'initiative**) → **syndicat**
b (abrév de **Système international (d'unités)**) SI

si¹ [si] → SYN GRAMMAIRE ACTIVE 3
1 conj a (éventualité, condition) if ◆ **s'il fait beau demain (et si j'en ai** ou **et que j'en aie le temps), je sortirai** if it is fine tomorrow (and (if) I have time), I will go out
b (hypothèse) if ◆ (Math) **si et seulement si** if and only if ◆ **si j'avais de l'argent, j'achèterais une voiture** if I had any money ou had I any money I would buy a car ◆ **même s'il s'excusait, je ne lui pardonnerais pas** even if he were to apologize I should not forgive him ◆ **si nous n'avions pas été prévenus (et si nous avions attendu** ou **et que nous eussions attendu), nous serions arrivés** ou **nous arrivions trop tard** if we hadn't been warned (and (if) we had waited), we should have arrived too late ◆ **il a déclaré que si on ne l'augmentait pas, il partirait** ou **il partait** he said that if he didn't get a rise he would leave ou he was leaving ◆ **viendras-tu ? si oui, préviens-moi à l'avance** are you coming? if so ou if you are, tell me in advance → **comme**
c (répétition : toutes les fois que) if, when ◆ **s'il faisait beau, il allait se promener** if ou when it was nice he used to go ou he would go for a walk ◆ **si je sors sans parapluie, il pleut** if ou whenever I go out without an umbrella it always rains
d (opposition) while, whilst (surtout Brit) ◆ **si lui est aimable, sa femme (par contre) est arrogante** while ou whereas he is very pleasant his wife (on the other hand) is arrogant
e (exposant un fait) **s'il ne joue plus, c'est qu'il s'est cassé la jambe** if he doesn't play any more it's because he has broken his leg, the reason he no longer plays is that he has broken his leg ◆ **c'est un miracle si la voiture n'a pas pris feu** it's a miracle (that) the car didn't catch fire ◆ **excusez-nous** ou **pardonnez-nous si nous n'avons pas pu venir** please excuse ou forgive us for not being able to come
f (dans une interrogation indirecte) if, whether ◆ **il ignore / se demande si elle viendra** he doesn't know / is wondering whether ou if she will come ◆ **il faut s'assurer si la voiture marche** we must make sure that ou if ou whether the car is working ◆ **vous imaginez s'ils étaient fiers !** you can imagine how proud they were ! ◆ **si je veux y aller ! quelle question !** do I want to go ! what a question !
g (en corrélation avec proposition implicite) if ◆ **si j'avais su !** if I had only known !, had I only known, had I but known ! ◆ **si je le tenais !** if I could (only) lay my hands on him ! ◆ **et s'il refusait ?** and what if he refused ?, and what if he should refuse ?, and supposing he refused ? ◆ **si tu lui téléphonais ?** how ou what about phoning him ?, supposing you phoned him ? ◆ **si nous allions nous promener ?** what ou how about going for a walk ?, what do you say to a walk ?
h **si ce n'est : qui peut le savoir, si ce n'est lui ?** who will know if not him ? ou apart from him ? ◆ **si ce n'est elle, qui aurait osé ?** who but she would have dared ? ◆ **si ce n'était la crainte de les décourager** if it were not ou were it not for the fear of putting them off ◆ **il n'avait rien emporté, si ce n'est quelques biscuits et une pomme** he had taken nothing with him apart from ou other than a few biscuits and an apple ◆ **une des plus belles, si ce n'est la plus belle** one of the most beautiful, if not the most beautiful ◆ **elle se porte bien, si ce n'est qu'elle est très fatiguée** she's quite well apart from the fact that she is very tired ou apart from feeling very tired
i LOC **si tant est que ...** so long as, provided that, if ... (that is) ◆ **invite-les tous, si tant est que nous ayons assez de verres** invite them all, so long as we have enough glasses ou if we have enough glasses (that is) ◆ **s'il te** ou **vous plaît** please ◆ **si je ne me trompe,** (frm, iro) **si je ne m'abuse** if I am not mistaken ou under a misapprehension (frm), unless I'm mistaken ◆ (frm, hum) **si j'ose dire** if I may say so ◆ (frm) **si je puis dire** if I may put it like that ◆ **si l'on peut dire** in a way, as it were, so to speak, in a manner of speaking ◆ **si on veut, si l'on veut** as it were ◆ **si j'ai bien compris / entendu** if I understood correctly / heard properly ◆ **si seulement il venait / était venu** if only he was coming / had come ◆ **brave homme s'il en fut** a fine man if ever there was one ◆ **si c'est ça*, je m'en vais** if that's how it is, I'm off*
2 nm inv if ◆ **avec des si et des mais, on mettrait Paris dans une bouteille** if ifs and ands were pots and pans there'd be no need for tinkers

si² [si] adv a (affirmatif) **vous ne venez pas ? – si / mais si / que si** aren't you coming? – yes I am / of course I am / indeed I am ou I certainly am ◆ **vous n'avez rien mangé ? – si, une pomme** haven't you had anything to eat ? – yes (I have), an apple ◆ **si, si, il faut venir** oh but you must come ! ◆ **il n'a pas voulu, moi si** he didn't want to, but I did ◆ **répondre que si** to reply that one would (ou did, was etc) ◆ **il n'a pas écrit ? – il semble bien** ou **il paraît que si** hasn't he written ? – yes, it seems that he has (done) ◆ **je pensais qu'il ne viendrait pas, mais quand je lui en ai parlé il m'a répondu que si** I thought he wouldn't come but when I mentioned it to him he told me he would ◆ **je croyais qu'elle ne voulait pas venir, mais il m'a dit que si** I thought she didn't want to come but he said she did ◆ **si fait†** indeed yes
b (intensif : tellement) (modifiant attrib, adv) so ◆ (modifiant épith) **un ami si gentil** such a kind friend, so kind a friend (frm) ◆ **des amis si gentils, de si gentils amis** such kind friends ◆ **il parle si bas qu'on ne l'entend pas** he speaks so low ou in such a low voice that you can't hear him ◆ **j'ai si faim** I'm so hungry ◆ **elle n'est pas si stupide qu'elle ne puisse comprendre ceci** she's not so stupid that she can't understand this ◆ (iro) **il est stupide, non ? – si peu !** he's stupid, isn't he? – and how !*, too right !*
c **si bien que** so that, so much so that, with the result that
d (concessif : aussi) however ◆ **si bête soit-il** ou **qu'il soit, il comprendra** (as) stupid as he is ou however stupid he is he will understand ◆ **si rapidement qu'il progresse** however fast his progress is ou he's making progress, as fast as his progress is ◆ **si adroitement qu'il ait parlé, il n'a convaincu personne** for all that he spoke very cleverly ou however cleverly he may have spoken he didn't convince anyone ◆ **si beau qu'il fasse, il ne peut encore sortir** however good the weather is he cannot go out yet ◆ **si peu que ce soit** however little it may be, little as ou though it may be (frm)
e (égalité : aussi) as, so ◆ **elle n'est pas si timide que vous croyez** she's not so ou as shy as you think ◆ **il ne travaille pas si lentement qu'il en a l'air** he doesn't work as slowly as he seems to ◆ **ce n'est pas si facile** ou **simple** it's not as simple as that

si³ [si] nm inv (Mus) B ; (en chantant la gamme) ti, te

sial [sjal] nm (Géol) sial

sialagogue [sjalagɔg] 1 adj sialagogic
2 nm sialagogue

sialis [sjalis] nm sialid

Siam [sjam] nm Siam

siamois, e [sjamwa, waz] 1 adj (Géog †), chat Siamese ◆ **frères / sœurs siamois(es)** (boy / girl) Siamese twins
2 nm,f a (Géog †) **Siamois(e)** Siamese
b (pl : jumeaux) Siamese twins
3 nm (chat) Siamese

Sibérie [sibeʀi] nf Siberia

sibérien, -ienne [sibeʀjɛ̃, jɛn] → SYN 1 adj (Géog, fig) Siberian
2 nm,f ◆ **Sibérien(ne)** Siberian

sibilant, e [sibilɑ̃, ɑ̃t] → SYN adj (Méd) sibilant

sibylle [sibil] → SYN nf sibyl

sibyllin, e [sibilɛ̃, in] → SYN adj (Myth, fig) sibylline

sic [sik] adv sic

SICAF [sikaf] nf (abrév de **société d'investissement à capital fermé** ou **fixe**) → **société**

SICAV, sicav [sikav] nf (abrév de **société d'investissement à capital variable**) (entreprise) unit trust (Brit), open-end investment trust (US), mutual fund (US) ; (action) share in a unit trust (Brit) ou an open-end investment trust (US) ou a mutual fund (US) ◆ **sicav monétaire** money market fund ◆ **sicav de trésorerie** cash management unit trust ou mutual fund ◆ **part de sicav** unit

siccatif, -ive [sikatif, iv] adj, nm siccative

siccité [siksite] → SYN nf siccity

Sicile [sisil] nf Sicily

sicilien, -ienne [sisiljɛ̃, jɛn] 1 adj Sicilian
2 nm a **Sicilien** Sicilian
b (dialecte) Sicilian
3 **sicilienne** nf a **Sicilienne** Sicilian
b (danse) Siciliano, Sicilienne

SICOB [sikɔb] nm (abrév de **Salon des industries du commerce et de l'organisation du bureau**) ≃ Office Automation Fair

SIDA, sida [sida] nm (abrév de **syndrome immunodéficitaire acquis**) AIDS, Aids

sidatique [sidatik] adj, nmf ⇒ **sidéen, enne**

side-car, pl **side-cars** [sidkaʀ] nm (habitacle) sidecar ; (véhicule entier) motorcycle with a sidecar

sidéen, -enne [sideɛ̃, ɛn] 1 adj with AIDS ou Aids
2 nm,f AIDS ou Aids sufferer

sidéral, e, mpl **-aux** [sideʀal, o] → SYN adj sidereal

sidérant, e* [sideʀɑ̃, ɑ̃t] → SYN adj staggering*, shattering*

sidération [sideʀasjɔ̃] nf sideration

sidérer [sideʀe] → SYN ▸ conjug 6 ◂ vt a (* : abasourdir) to stagger*, shatter*
b (Méd) to siderate

sidérite [sideʀit] nf siderite, chalybite

sidérose [sideʀoz] nf a (Géol) siderite, chalybite
b (Méd) siderosis

sidérostat [sideʀɔsta] nm siderostat

sidéroxylon [sideʀɔksilɔ̃] nm ironwood (tree)

sidérurgie [sideʀyʀʒi] → SYN nf (fabrication) iron and steel metallurgy ; (industrie) iron and steel industry

sidérurgique [sideʀyʀʒik] adj procédé (iron and) steel making (épith), industrie iron and steel (épith)

sidérurgiste [sideʀyʀʒist] nmf (iron and) steel maker

sidi [sidi] nm (péj) wog*** (péj), *North African immigrant (resident in France)*

sidologue [sidɔlɔg] nmf AIDS specialist

Sidon [sidɔ̃] n Sidon

siècle¹ [sjɛkl] → SYN nm (période de cent ans, date) century ; (époque, âge) age, century ◆ **au 3ᵉ siècle avant Jésus-Christ / après Jésus-Christ** ou **de notre ère** in the 3rd century B.C. / A.D. ◆ **être de son siècle / d'un autre siècle** to belong to one's age / to another age ◆ **de siècle en siècle** from age to age, through the ages ◆ **le siècle de Périclès / d'Auguste** the age of Pericles / Augustus ◆ **le Siècle des lumières** (the Age of) the Enlightenment ◆ **le hold-up / match du siècle*** the hold-up / match of the century ◆ **il y a un siècle** ou **des siècles que nous ne nous sommes vus*** it has been ou it is years ou ages since we last saw each other ◆ **cet arbre a / ces ruines ont des siècles** this tree is / these ruins are centuries old → **consommation, fin², grand, mal**

siècle² [sjɛkl] nm ◆ (Rel) **le siècle** the world ◆ **les plaisirs du siècle** worldly pleasures, the pleasures of the world

siège¹ [sjɛʒ] → SYN nm a (meuble, de W.-C.) seat ◆ **siège de jardin / de bureau** garden / office chair ◆ **donner / offrir un siège à qn** to give / offer sb a seat ◆ **prenez un siège** take a seat ◆ **Dupont, le spécialiste du siège de**

bureau Dupont, the specialist in office seating ◆ (Aut) **siège avant/arrière** front/back seat ◆ (Aviat) **siège éjectable** ejector seat ◆ (Aut) **siège baquet** bucket seat ◆ (Aut) **siège pour bébés** baby seat ◆ **siège-auto** car seat
b (frm, Méd: postérieur) seat ◆ **l'enfant se présente par le siège** the baby's in the breech position → **bain**
c (Pol: fonction) seat ◆ **siège vacant** vacant seat
d (Jur) [magistrat] bench → **magistrature**
e (résidence principale) [firme] head office; [parti, organisation internationale] headquarters; [tribunal, assemblée] seat ◆ **siège social** registered office ◆ **siège épiscopal/pontifical** episcopal/pontifical see ◆ **cette organisation, dont le siège est à Genève** this Geneva-based organization, this organization which is based in Geneva ou which has its headquarters in Geneva
f (fig: centre) [maladie, passions, rébellion] seat; (Physiol) [faculté, sensation] centre

siège² [sjɛʒ] ⇒ SYN nm [place forte] siege ◆ **mettre le siège devant** to besiege ◆ (lit, fig) **faire le siège de** to lay siege to → **état, lever**

siéger [sjeʒe] ⇒ SYN ▸conjug 3 et 6◂ vi [députés, tribunal, assemblée] to sit; (fig) [maladie] to be located; [faculté] to have its centre; [passion] to have its seat ◆ (avoir son siège social) **siéger à** to have its headquarters in, be headquartered in* (US) ◆ **voilà où siège le mal** that's where the trouble lies, that's the seat of the trouble

siemens [simɛns, sjemɛ̃s] nm siemens

sien, sienne [sjɛ̃, sjɛn] ⇒ SYN **1** pron poss ◆ **le sien, la sienne, les siens, les siennes** [homme] his (own); [femme] hers, her own; [chose, animal] its own; [nation] its own, hers, her own; (indéf) one's own ◆ **ce sac/cette robe est le sien/la sienne** this bag/dress is hers, this is her bag/dress ◆ **il est parti avec une casquette qui n'est pas la sienne** he went away with a cap which isn't his (own) ◆ **le voisin est furieux parce que nos fleurs sont plus jolies que les siennes** our neighbour is furious because our flowers are nicer than his (own) ◆ **mes enfants sont sortis avec 2 des siens/les 2 siens** my children have gone out with 2 of hers/her 2 ◆ **cet oiseau préfère les nids des autres au sien** this bird prefers other birds' nests to its own ◆ **je préfère mes ciseaux, les siens ne coupent pas** I prefer my scissors because hers don't cut ◆ (emphatique) **la sienne de voiture est plus rapide*** HIS car is faster, HIS is a faster car ◆ **de tous les pays, on préfère toujours le sien** of all countries one always prefers one's own
2 nm **a les choses s'arrangent depuis qu'il/elle y a mis du sien** things are beginning to sort themselves out since he/she began to pull his/her weight ◆ **chacun doit être prêt à y mettre du sien** everyone must be prepared to pull his weight ou to make some effort
b les siens (famille) one's family, one's (own) folks*; (partisans) one's own people ◆ **Dieu reconnaît les siens** God knows his own ou his people
3 nf ◆ **il/elle a encore fait des siennes*** he/she has (gone and) done it again* ◆ **le mal de mer commençait à faire des siennes parmi les passagers** seasickness was beginning to claim some victims among the passengers
4 adj poss ◆ († ou littér) **un sien cousin** a cousin of his ou hers ◆ **il fait siennes toutes les opinions de son père** he adopts all his father's opinions

Sienne [sjɛn] n Siena → **terre¹**

sierra [sjeʀa] nf sierra ◆ **la sierra Madre/Nevada** the Sierra Madre/Nevada

Sierra Leone [sjeʀaleɔn(e)] nf Sierra Leone

sierra-léonien, -ienne [sjeʀaleɔnjɛ̃, jɛn] **1** adj Sierra Leonean
2 nm,f ◆ **Sierra-Léonien(ne)** Sierra Leonean

sieste [sjɛst] ⇒ SYN nf (gén) nap, snooze; (en Espagne etc) siesta ◆ **faire la sieste** to have ou take a nap; to have a siesta ◆ **je vais faire une petite sieste** I'm going to take a little nap

sieur [sjœʀ] ⇒ SYN nm ◆ **le sieur X** (†† ou Jur) Mr X; (péj hum) Master X

sievert [sivɛʀt] nm sievert

sifflage [siflaʒ] nm cornage

sifflant, e [siflɑ̃, ɑ̃t] ⇒ SYN adj sonorité whistling; toux wheezing; prononciation hissing, whistling ◆ (consonne) **sifflante** sibilant

sifflement [sifləmɑ̃] ⇒ SYN nm **a** (→ **siffler**: volontaire) whistling (NonC); hissing (NonC) ◆ **un sifflement** a whistle; a hiss ◆ **un sifflement d'admiration** a whistle of admiration ◆ **un sifflement mélodieux** a melodious whistle ◆ **des sifflements se firent entendre** one could hear whistling noises ◆ **j'entendis le sifflement aigu/les sifflements de la locomotive** I heard the shrill whistle/the whistling of the locomotive
b (→ **siffler**: involontaire) hissing (NonC); wheezing (NonC); whistling (NonC) ◆ **des sifflements** whistling noises; hissing noises ◆ **sifflement d'oreilles** whistling in the ears

siffler [sifle] ⇒ SYN ▸conjug 1◂ **1** vi **a** (volontairement) [personne] to whistle; (avec un sifflet) to blow one's ou a whistle; [oiseau, train] to whistle; [serpent] to hiss ◆ **siffler comme un merle** to whistle like a bird
b (involontairement) [vapeur, gaz, machine à vapeur] to hiss; [voix, respiration] to wheeze; [vent] to whistle; [projectile] to whistle, hiss ◆ **la balle/l'obus siffla à ses oreilles** the bullet/shell whistled ou hissed past his ears ◆ **il siffle en dormant/parlant** he whistles in his sleep/when he talks ◆ **il siffle en respirant** he wheezes
2 vt **a** (appeler) chien, enfant to whistle for; fille to whistle at; automobiliste ou joueur en faute to blow one's whistle at; (signaler) départ, faute to blow one's whistle for ◆ (Ftbl) **siffler la fin du match** to blow the final whistle, blow for time
b (huer) **siffler un acteur/une pièce** to whistle one's disapproval of an actor/a play, hiss ou boo an actor/a play ◆ **se faire siffler** to get hissed ou booed
c (moduler) air, chanson to whistle
d (‡: avaler) to guzzle*, knock back‡

sifflet [siflɛ] ⇒ SYN nm **a** (instrument, son) whistle ◆ **sifflet à roulette** whistle ◆ **sifflet à vapeur** steam whistle ◆ **sifflet d'alarme** alarm whistle → **coup**
b sifflets (huées) whistles of disapproval, hissing, booing, catcalls
c (‡: gorge) **serrer le sifflet à qn** to throttle sb → **couper**

siffleur, -euse [siflœʀ, øz] **1** adj merle whistling; serpent hissing ◆ **(canard) siffleur** widgeon
2 nm,f (qui sifflote) whistler; (qui hue) hisser, booer

siffleux [siflø] nm (Can*) groundhog, woodchuck, whistler (US, Can)

sifflotement [siflɔtmɑ̃] nm whistling (NonC)

siffloter [siflɔte] ▸conjug 1◂ **1** vi to whistle (a tune) ◆ **siffloter entre ses dents** to whistle under one's breath
2 vt air to whistle

sifilet [sifilɛ] nm bird of paradise

sigillaire [siʒilɛʀ] **1** adj sigillary
2 nf (Sci) sigillarid

sigillé, e [siʒile] adj sigillated

sigillographie [siʒilɔgʀafi] nf sigillography

sigillographique [siʒilɔgʀafik] adj sigillographical

sigisbée [siʒizbe] ⇒ SYN nm (†, hum: amant) beau†

siglaison [siglɛzɔ̃] nf abbreviation

sigle [sigl] ⇒ SYN nm (prononcé lettre par lettre) (set of) initials, abbreviation; (acronyme) acronym

siglé, e [sigle] adj ◆ **sac siglé** designer bag

sigma [sigma] nm sigma

sigmoïde [sigmɔid] **1** adj (Anat, Math) sigmoid
2 nm ◆ (Anat) **le sigmoïde** the sigmoid flexure
3 nf (Math) sigmoid curve

signal, pl **-aux** [siɲal, o] ⇒ SYN nm **a** (signe convenu; Psych: stimulus) signal; (indice) sign ◆ **donner le signal de** (lit) to give the signal for; (fig: déclencher) to be the signal ou sign for, signal ◆ **cette émeute fut le signal d'une véritable révolution** the riot was the signal for the start of ou signalled the outbreak of a virtual revolution ◆ **à mon signal tous se levèrent** when I gave the signal ou sign everyone got up ◆ **donner le signal du départ** (gén) to give the signal for departure; (Sport) to give the starting signal ◆ **signal de détresse** distress signal
b (Naut, Rail: écriteau, avertisseur) signal; (Aut: écriteau) (road) sign ◆ (feux) **signaux (lumineux)** traffic signals ou lights ◆ (Rail) **signal automatique** automatic signal ◆ (Rail) **signal d'alarme** alarm ◆ **tirer le signal d'alarme** to pull the alarm, pull the communication cord (Brit †) ◆ **signal sonore** ou **acoustique** sound or acoustic signal ◆ **signal optique/lumineux** visual/light signal ◆ (Rail) **signal avancé** advance signal
c (Ling, Ordin, Téléc) signal ◆ **signal horaire** time signal ◆ (Téléc) (option) **« signal d'appel »** "call waiting"

signalé, e [siɲale] ⇒ SYN (ptp de **signaler**) adj (littér) service, récompense signal (littér) (épith)

signalement [siɲalmɑ̃] ⇒ SYN nm [personne, véhicule] description, particulars ◆ **donner le signalement de qn** to describe sb

signaler [siɲale] ⇒ SYN ▸conjug 1◂ GRAMMAIRE ACTIVE 20.4
1 vt **a** (être l'indice de) to indicate, be a sign of ◆ **des empreintes qui signalent la présence de qn** footprints indicating sb's presence
b [sonnerie, écriteau] to signal; [personne] (faire un signe) to signal; (en mettant un écriteau ou une indication) to indicate ◆ **on signale l'arrivée d'un train au moyen d'une sonnerie** the arrival of a train is signalled by a bell ringing, a bell warns of ou signals the arrival of a train ◆ **sur ma carte, on signale l'existence d'une source près du village** my map indicates that there's a spring near the village, on my map there's a spring marked near the village ◆ **signalez que vous allez tourner à droite en tendant le bras droit** indicate ou signal that you are turning right by putting out your right arm
c erreur, détail to indicate, point out; fait nouveau, vol, perte to report ◆ **on signale la présence de l'ennemi** there are reports of the enemy's presence ◆ **on a signalé leur présence à Paris** they are reported to be in Paris ◆ **on signale l'arrivée du bateau** it has been reported ou there have been reports that the boat will arrive shortly ◆ **rien à signaler** nothing to report ◆ **signaler qn à l'attention de qn** to bring sb to sb's attention ◆ **signaler qn à la vindicte publique** to expose sb to public condemnation ◆ **nous vous signalons en outre que ...** we would further point out to you that ... ◆ **nous vous signalons qu'il ...** for your information, he ...
2 se signaler vpr **a** (s'illustrer) to distinguish o.s., stand out ◆ **il se signale par sa bravoure** he distinguishes himself by his courage, his courage makes him stand out
b (attirer l'attention) to draw attention to o.s. ◆ **se signaler à l'attention de qn** to attract sb's attention, bring o.s. to sb's attention

signalétique [siɲaletik] ⇒ SYN **1** adj détail identifying, descriptive ◆ **fiche signalétique** identification sheet
2 nf means of signalling

signaleur [siɲalœʀ] nm (Mil, Naut) signaller

signalisation [siɲalizasjɔ̃] ⇒ SYN nf **a** (action: → **signaliser**) erection of (road)signs (and signals) (*de* on); laying out of runway markings and lights (*de* on); putting signals (*de* on) ◆ **erreur de signalisation** (Aut) signposting error; (Rail) signalling error ◆ **moyens de signalisation** means of signalling ◆ **« signalisation horizontale effacée »** "no road markings" → **feu¹, panneau**
b (signaux) signals ◆ **signalisation routière** roadsigns ◆ **une bonne signalisation** a good signal system

signaliser [siɲalize] ⇒ SYN ▸conjug 1◂ vt route, réseau to put up (road)signs on; piste to put runway markings and lights on; voie to put signals on ◆ **bien signalisé** with good roadsigns; with good (runway) markings and lights; with good signals

signataire [siɲatɛʀ] **1** adj signatory ◆ **pays signataires** signatory countries
2 nmf [traité, paix] signatory ◆ **les signataires** those signing, the signatories

signature [siɲatyʀ] → SYN nf **a** (action) signing; (marque, nom) signature ◆ **il faut en parler avant la signature du contrat** we should talk about it before the contract is signed ◆ **apposer sa signature** to append one's signature ◆ (Jur) **les fondés de pouvoir ont la signature** the senior executives may sign for the company ◆ **le devoir d'honorer sa signature** the duty to honour one's signature ◆ (Jur) **signature usurpatoire / légalisée / sociale** unauthorised / authenticated / authorized signature ◆ **ouvrage publié sous la signature d'un journaliste** work published under the name of a journalist

b (signe distinctif) mark ◆ **l'attentat porte leur signature** the attack bears their mark ou has their name written all over it* ◆ **on reconnaît la signature de ce grand couturier** you can recognize the mark of this designer

c (Typ: cahier) signature

signe [siɲ] → SYN **1** nm **a** (geste) (de la main) sign, gesture; (de l'expression) sign ◆ **s'exprimer par signes** to use signs to communicate ◆ **langage par signes** sign language ◆ **échanger des signes d'intelligence** to exchange knowing looks ◆ **faire un signe à qn** to make a sign to sb, sign to sb ◆ **un signe de tête affirmatif / négatif** a nod / a shake of the head ◆ **ils se faisaient des signes** they were making signs to each other ◆ **un signe d'adieu / de refus** a sign of farewell / refusal

b (indice) sign ◆ **signe précurseur** ou **avant-coureur** portent, omen, forewarning ◆ **c'est un signe de pluie** it's a sign it's going to rain, it's a sign of rain ◆ **c'est signe qu'il va pleuvoir / qu'il est de retour** it shows ou it's a sign that it's going to rain / that he's back ◆ **c'est bon / mauvais signe** it's a good / bad sign ◆ (lit, fig) **ne pas donner signe de vie** to give no sign of life ◆ **c'est un signe des temps** it's a sign of the times ◆ **c'est un signe révélateur** it's very revealing ◆ **c'est un signe qui ne trompe pas** the signs are unmistakable ◆ **donner des signes de fatigue** to show signs of tiredness ◆ (Méd) **signe clinique** clinical sign

c (trait) mark ◆ **« signes particuliers : néant »** "distinguishing marks: none"

d (symbole: gén, Ling, Math, Mus) sign; (Typ) [correcteurs] mark ◆ **le signe moins / plus / égal** the minus / plus / equal(s) sign ◆ **signe (typographique)** character ◆ (Mus) **signes d'expression** expression marks

e (Astrol) **signe du zodiaque** sign of the zodiac ◆ **signe d'air / de feu** air / fire sign ◆ **sous quel signe es-tu né ?** what sign were you born under? ◆ (fig) **rencontre placée sous le signe de l'amitié franco-britannique** meeting where the keynote was Franco-British friendship ou where the dominant theme was Franco-British friendship ◆ **ministère qui a vécu sous le signe du mécontentement** term of office for the government where the dominant ou prevailing mood was one of discontent

f LOC **faire signe à qn** (lit) to make a sign to sb; (fig: contacter) to get in touch with sb, contact sb ◆ **faire signe à qn d'entrer** to make a sign for sb to come in, sign to sb to come in ◆ **il m'a fait signe de la tête de ne pas bouger** he shook his head to tell me not to move ◆ **il a fait signe à la voiture de franchir les grilles** he waved the car through the gates ◆ **faire signe du doigt à qn** to beckon (to) sb with one's finger ◆ **faire signe que oui** to nod in agreement, nod that one will (*ou* did etc) ◆ **faire signe que non** to shake one's head (in disagreement ou dissent) ◆ **en signe de protestation** as a sign ou mark of protest ◆ **en signe de respect** as a sign ou mark ou token of respect ◆ **en signe de deuil** as a sign of mourning

2 COMP ▷ **signe cabalistique** cabalistic sign ▷ **signe de la croix** sign of the cross ◆ **faire le signe de la croix** ou **un signe de croix** to make the sign of the cross, cross o.s. ▷ **signes extérieurs de richesse** outward signs of wealth ▷ **signes héraldiques** coat of arms ▷ **signe de ponctuation** punctuation mark ▷ **signe de ralliement** rallying symbol

signer [siɲe] → SYN ▸ conjug 1 ◂ **1** vt **a** document, traité, œuvre d'art to sign ◆ **signer la paix** to sign a peace treaty ◆ **signez au bas de la page / en marge** sign at the bottom of the page / in the margin ◆ **signer un chèque en blanc** to sign a blank cheque ◆ **signer son nom** to sign one's name ◆ **elle signe « Malou »** she signs herself "Malou" ◆ (Sport) **il a signé avec le club italien** he's signed for the Italian club ◆ **cela a signé la fin de leur collaboration** that signalled the end of their collaboration ◆ **signer d'une croix / de son sang / de son vrai nom** to sign with a cross / with one's blood / with one's real name ◆ **tableau non signé** unsigned painting ◆ **œuvre signée de la main de l'artiste** work signed by the artist ◆ (fig) **il a signé son arrêt de mort** he has signed his own death warrant

b (être l'auteur de) to make ◆ **elle vient de signer son deuxième film** she's just made her second film ◆ (Sport) **il signe le troisième but de la partie** he's scored the third goal of the match ◆ **cravate / carrosserie signée X** tie / coachwork by X ◆ (fig) **c'est signé !*** it's absolutely characteristic, it's written all over it!* ◆ (fig) **c'est signé Louis !*** it has Louis written all over it!*

c (Tech) to hallmark

2 **se signer** vpr (Rel) to cross o.s.

signet [siɲɛ] → SYN nm (book) marker, bookmark

signifiant, e [siɲifjɑ̃, jɑ̃t] **1** adj (littér) significative, meaningful

2 nm (Ling) signifier, signifiant

significatif, -ive [siɲifikatif, iv] → SYN adj **a** (révélateur) mot, sourire, geste significant, revealing ◆ **ces oublis sont significatifs de son état d'esprit** his forgetfulness is indicative of his state of mind

b (expressif) symbole meaningful, significant ◆ (Math) **chiffres significatifs** significant figures ou digits (US)

signification [siɲifikasjɔ̃] → SYN nf **a** (sens) [fait] significance (NonC), meaning; [mot, symbole] meaning ◆ (Ling) **la signification** signification

b (Jur) [décision judiciaire] notification ◆ **signification d'actes** service of documents

signifié [siɲifje] nm (Ling) signified, signifié

signifier [siɲifje] → SYN ▸ conjug 7 ◂ vt **a** (avoir pour sens) to mean, signify ◆ **que signifie ce mot / son silence ?** what is the meaning of this word / his silence?, what does this word / his silence mean ou signify? ◆ (Ling) **les symboles signifient** symbols convey meaning ◆ **que signifie cette cérémonie ?** what is the significance of this ceremony?, what does this ceremony signify? ◆ **ses colères ne signifient rien** his tempers don't mean anything ◆ **bonté ne signifie pas forcément faiblesse** kindness does not necessarily mean ou signify ou imply weakness ou is not necessarily synonymous with weakness ◆ **l'envol des hirondelles signifie que l'automne est proche** the departure of the swallows means ou shows that autumn is near ou marks ou signifies the approach of autumn ◆ **qu'est-ce que cela signifie ?** (indignation) (gén) what's the meaning of this?; (après remarque hostile) what's that supposed to mean?

b (frm: faire connaître) to make known ◆ **signifier ses intentions / sa volonté à qn** to make one's intentions / wishes known to sb, inform sb of one's intentions / wishes ◆ (renvoyer) **signifier son congé à qn** to give sb notice of dismissal, give sb his notice ◆ **son regard me signifiait tout son mépris** his look conveyed to me his utter scorn ◆ **signifiez-lui qu'il doit se rendre à cette convocation** inform him that he is to answer this summons

c (Jur) exploit, décision judiciaire to serve notice of (*à* on), notify (*à* to) ◆ **signifier un acte judiciaire** to serve legal process

Sikh [sik] nmf Sikh

silane [silan] nm silane

silence [silɑ̃s] → SYN nm **a** (absence de bruits, de conversation) silence ◆ **garder le silence** to keep silent, say nothing ◆ **faire silence** to be silent ◆ **faire qch en silence** to do sth in silence ◆ **il n'arrive pas à faire le silence dans sa classe** he can't get silence in his class ou get his class to be silent ◆ **sortez vos cahiers et en silence !** get out your books and no talking! ◆ **(faites) silence !** silence!, no talking! ◆ (Ciné) **silence ! on tourne** quiet everybody, action! ◆ **il prononça son discours dans un silence absolu** there was dead silence while he made his speech ◆ **un silence de mort** a deathly hush ou silence → **minute, parole**

b (pause: dans la conversation, un récit) pause; (Mus) rest ◆ **silence radio** radio silence ◆ **récit entrecoupé de longs silences** account broken by lengthy pauses ◆ **il y eut un silence gêné** there was an embarrassed silence ◆ **à son entrée il y eut un silence** there was a hush when he came in

c (impossibilité ou refus de s'exprimer) silence ◆ **les journaux gardèrent le silence sur cette grève** the newspapers kept silent ou were silent on this strike ◆ **promets-moi un silence absolu** promise me you won't breathe a word ◆ **garder un silence absolu sur qch** to say absolutely nothing about sth, keep completely quiet about sth ◆ **contraindre l'opposition au silence** to force the opposition to keep silent ◆ **réduire qn au silence** to silence sb ◆ **acheter le silence de qn** to buy sb's silence ◆ **passer qch sous silence** to pass over sth in silence ◆ **souffrir en silence** to suffer in silence ◆ **aimer qn en silence** to love sb silently ou in silence ◆ **surprise préparée dans le plus grand silence** surprise prepared in the greatest secrecy ◆ (lit, fig) **silence radio** blackout → **loi**

d (paix) silence, still(ness) ◆ **dans le grand silence de la plaine** in the great silence ou stillness of the plain ◆ **vivre dans la solitude et le silence** to live in solitary silence

silencieusement [silɑ̃sjøzmɑ̃] → SYN adv (→ **silencieux**) silently; quietly; noiselessly

silencieux, -ieuse [silɑ̃sjø, jøz] → SYN **1** adj **a** mouvement, pas, élèves, auditeurs silent, quiet; moteur, machine quiet, noiseless ◆ **le voyage du retour fut silencieux** the return journey was quiet ou was a silent one ◆ **rester silencieux** to remain silent

b (paisible) lieu, cloître silent, still

c (peu communicatif) quiet; (qui ne veut ou ne peut s'exprimer) silent → **majorité**

2 nm [arme à feu] silencer; [pot d'échappement] silencer (Brit), muffler (US)

silène [silɛn] nm catchfly

Silésie [silezi] nf Silesia

silex [silɛks] → SYN nm flint ◆ (Archéol) **des (armes en) silex** flints

silhouettage [silwɛtaʒ] nm (Phot) blocking out

silhouette [silwɛt] → SYN nf **a** (profil: vu à contre-jour etc) outline, silhouette; (lignes, galbe) outline ◆ **la silhouette du château se détache sur le couchant** the outline ou silhouette of the château stands out ou the château is silhouetted against the sunset ◆ **on le voyait en silhouette, à contre-jour** he could be seen in outline ou silhouetted against the light

b (allure) figure ◆ **une silhouette un peu masculine** a slightly masculine figure

c (figure) figure ◆ **des silhouettes multicolores parsemaient la neige** the snow was dotted with colourful figures ◆ **silhouettes de tir** figure targets

silhouetter [silwete] ▸ conjug 1 ◂ **1** vt **a** (Art) to outline ◆ **l'artiste silhouetta un corps de femme** the artist outlined ou drew an outline of a woman's body

b (Phot) to block out

2 **se silhouetter** vpr to be silhouetted ◆ **le clocher se silhouette sur le ciel** the bell tower is silhouetted ou outlined against the sky

silicate [silikat] nm silicate

silice [silis] → SYN nf silica ◆ **silice fondue** ou **vitreuse** silica glass ◆ **gel de silice** silica gel

siliceux, -euse [silisø, øz] adj siliceous, silicious

silicicole [silisikɔl] adj siliceous, silicious

silicium [silisjɔm] nm silicon

siliciure [silisjyʀ] nm silicide

silicone [silikon] nf silicone

siliconer [silikone] ▸ conjug 1 ◂ vt to cover with silicone ◆ **pare-brise siliconé** silicone-coated windscreen

silicose [silikoz] → SYN nf silicosis

silicotique [silikɔtik] adj, nmf silicotic

silique [silik] nf silique

sillage [sijaʒ] → SYN nm a [embarcation] wake; [avion à réaction] (déplacement d'air) slipstream; (trace) (vapour) trail; (fig) [personne, animal, parfum] trail ◆ (lit, fig) **dans le sillage de qn** (following) in sb's wake ◆ **aspiré dans son sillage** pulled along in his wake
b (Phys) wake

sillet [sijɛ] nm (Mus) nut (Brit), frog (US)

sillon [sijɔ̃] → SYN nm a [champ] furrow ◆ (littér) **les sillons** the (ploughed (Brit) ou plowed (US)) fields;
b (fig: ride, rayure) furrow
c (Anat) fissure
d [disque] groove

sillonner [sijɔne] → SYN ▸conjug 1◂ vt a (traverser) [avion, bateau, routes] to cut across, cross ◆ **les canaux qui sillonnent la Hollande** the canals which cut across ou which criss-cross Holland ◆ **région sillonnée de canaux / routes** region which is criss-crossed by canals / roads ◆ **des avions ont sillonné le ciel toute la journée** planes have been droning backwards and forwards ou to and fro across the sky all day ◆ **des éclairs sillonnaient le ciel** flashes of lightning criss-crossed the sky ◆ **sillonner les routes** to travel the roads ◆ **les touristes sillonnent la France en été** tourists travel to every corner ou throughout the length and breadth of France in the summer
b (creuser) [rides, ravins, crevasses] to furrow ◆ **visage sillonné de rides** face furrowed with wrinkles ◆ **front sillonné d'une ride profonde** deeply furrowed brow

silo [silo] → SYN nm (Aviat, Mil) silo ◆ **silo à céréales / fourrages** grain / fodder silo ◆ **mettre en silo** to put in a silo, silo

silotage [silɔtaʒ] nm (Tech) ensilage

silphe [silf] nm silphid

silure [silyʀ] nm silurid

silurien, -ienne [silyʀjɛ̃, jɛn] 1 adj Silurian
2 nm ◆ **le silurien** the Silurian

sima [sima] nm sima

simagrée [simagʀe] → SYN nf (gén pl) fuss (NonC), playacting (NonC) ◆ **elle a fait beaucoup de simagrées avant d'accepter son cadeau** she made a great fuss (about it) ou she put on a great show of reluctance before she accepted his present

simarre [simaʀ] nf (Rel) zimarra

simaruba [simaʀyba] nm ◆ **simaruba amer** moutain damson

simbleau, pl **simbleaux** [sɛ̃blo] nm cord *(used to draw large circles)*

simien, -ienne [simjɛ̃, jɛn] adj, nm simian

simiesque [simjɛsk] adj (→ **singe**) monkey-like; ape-like

similaire [similɛʀ] → SYN adj similar ◆ **le rouge à lèvres, le fond de teint et produits similaires** lipstick, foundation cream and similar products ou products of a similar nature ou type

similarité [similaʀite] nf similarity

simili [simili] → SYN 1 préf imitation (épith), artificial ◆ **en simili fourrure** fun fur (épith)
2 nm imitation ◆ **bijoux en simili** imitation ou costume jewellery
3 nf (*) abrév de **similigravure**

similicuir [similikɥiʀ] nm imitation leather, Leatherette®

similigravure [similigʀavyʀ] → SYN nf half-tone engraving

similisage [similizaʒ] nm schreinerization

similiser [similize] ▸conjug 1◂ vt to schreinerize

similiste [similist] nm half-tone engraver

similitude [similityd] → SYN nf a similarity ◆ **il y a certaines similitudes entre ces méthodes** there are certain likenesses ou similarities between these methods
b (Géom) similarity

similor [similɔʀ] → SYN nm imitation gold

Simon [simɔ̃] nm Simon

simoniaque [simɔnjak] → SYN adj simoniac(al)

simonie [simɔni] → SYN nf simony

simoun [simun] → SYN nm simoom, simoon

simple [sɛ̃pl] → SYN 1 adj a (non composé) simple; (non multiple) single ◆ **billet simple** single ticket (Brit), one-way ticket ◆ **en simple épaisseur** in a single layer ou thickness → **aller, partie**[2], **passé**
b (peu complexe) simple; (facile) simple, straightforward ◆ **réduit à sa plus simple expression** reduced to a minimum ◆ **simple comme bonjour*** ou **chou*** easy as falling off a log* ou as pie* ◆ **dans ce cas, c'est bien simple: je m'en vais** in that case it's quite simple ou straightforward – I'm leaving, in that case I'm quite simply leaving ◆ (iro) **pourquoi faire simple quand on peut faire compliqué?*** why make things simple when we can make them complicated? (iro) ◆ **ce serait trop simple!** that would be too easy! ou too simple! ou too straightforward! ◆ **ce n'est pas si simple** it's not as simple as that ◆ **il y a un moyen simple pour ...** there is an easy way of ...
c (modeste) personne plain (épith), simple, unaffected; vie, goûts simple; robe, repas, style simple, plain ◆ **les gens simples** simple folk ◆ **il a su rester simple** he has managed to stay unaffected ◆ **être simple dans sa mise** to dress simply ou plainly ◆ (hum) **dans le plus simple appareil** in one's birthday suit, in the altogether* (hum)
d (naïf) simple ◆ **simple d'esprit** (adj) simple-minded; (nmf) simpleton, simple-minded person
e (valeur restrictive) simple ◆ **un simple particulier / salarié** an ordinary citizen / wage earner ◆ **un simple soldat** a private ◆ **une simple formalité** a simple formality ◆ **un simple regard / une simple remarque la déconcertait** just a ou (even) a mere ou simple look / comment would upset her ◆ **d'un simple geste de la main** with a simple movement of his hand → **pur**
2 nm ◆ **passer du simple au double** to double
b (Bot) medicinal plant, simple†
c (Tennis) singles ◆ **simple messieurs / dames** men's / ladies'singles

simplement [sɛ̃pləmɑ̃] → SYN adv a (→ **simple**) simply; straightforwardly; plainly; unaffectedly
b (seulement) simply, merely, just ◆ **je veux simplement dire que ...** I simply ou merely ou just want to say that ... ◆ **c'est (tout) simplement incroyable que tu ne l'aies pas vue** it's (just) simply incredible that you didn't see her → **purement**

simplet, -ette [sɛ̃plɛ, ɛt] → SYN adj a personne simple, ingenuous
b raisonnement, question simplistic, naïve; roman, intrigue simple, unsophisticated

simplex [sɛ̃plɛks] nm (Ordin) simplex

simplexe [sɛ̃plɛks] nm (Math) simplex

simplicité [sɛ̃plisite] → SYN nf a (→ **simple**) simplicity; straightforwardness; plainness; unaffectedness ◆ **cet exercice est d'une simplicité biblique** ou **enfantine** this exercise is child's play ou as easy as pie* → **tout**
b (naïveté) simpleness

simplifiable [sɛ̃plifjabl] adj (gén) méthode that can be simplified; (Math) fraction reducible

simplificateur, -trice [sɛ̃plifikatœʀ, tʀis] adj simplifying (épith)

simplification [sɛ̃plifikasjɔ̃] → SYN nf simplification

simplifié, e [sɛ̃plifje] (ptp de **simplifier**) adj simplified

simplifier [sɛ̃plifje] → SYN ▸conjug 7◂ vt (gén, Math) to simplify ◆ **pour simplifier la vie / cette tâche** to simplify one's existence / this job, to make life / this job simpler ◆ **il a le travers de trop simplifier** he tends to oversimplify

simplisme [sɛ̃plism] nm (péj) simplism

simpliste [sɛ̃plist] → SYN adj (péj) simplistic

simulacre [simylakʀ] → SYN nm (action simulée) enactment ◆ **les acteurs firent un simulacre de sacrifice humain** the actors enacted a human sacrifice ◆ (péj: fausse apparence) **un simulacre de justice** a pretence of justice ◆ **un simulacre de gouvernement / de procès** a sham government / trial, a mockery of a government / a trial

simulateur, -trice [simylatœʀ, tʀis] → SYN 1 nm,f (gén) shammer, pretender; (Mil: qui feint la maladie) malingerer
2 nm ◆ (Aut) **simulateur de conduite** (driving) simulator ◆ (Aviat) **simulateur de vol** flight simulator

simulation [simylasjɔ̃] → SYN nf (→ **simuler**) feigning, simulation ◆ **il n'est pas malade, c'est de la simulation** (gén) he isn't ill – it's all sham ou it's all put on; (Mil) he isn't ill – he's just malingering

simulé, e [simyle] (ptp de **simuler**) adj (feint) attaque, retraite feigned, sham (épith); amabilité, gravité feigned, sham (épith), simulated (frm); (imité) velours, colonnade simulated; (Tech: reproduit) conditions, situation simulated

simuler [simyle] → SYN ▸conjug 1◂ vt a (feindre) sentiment, attaque to feign, sham, simulate (frm) ◆ **simuler une maladie** to feign illness, pretend to be ill
b (avoir l'apparence de) to simulate ◆ **ce papier peint simule une boiserie** this wallpaper is made to look like ou simulates wood panelling
c (Tech: reproduire) conditions, situation to simulate
d (Jur) contrat, vente to effect fictitiously
e (Ordin) to simulate

simulie [simyli] nf simulid

simultané, e [simyltane] → SYN 1 adj simultaneous → **traduction**
2 **simultanée** nf (Échecs) simultaneous, simul

simultanéisme [simyltaneism] nm (Littérat: procédé narratif) (use of) simultaneous action

simultanéité [simyltaneite] → SYN nf simultaneousness, simultaneity

simultanément [simyltanemɑ̃] → SYN adv simultaneously

Sinaï [sinai] nm Sinai ◆ **le mont Sinaï** Mount Sinai

sinanthrope [sinɑ̃tʀɔp] nm sinanthropus

sinapisé [sinapize] adj ◆ **bain / cataplasme sinapisé** mustard bath / poultice

sinapisme [sinapism] → SYN nm mustard poultice ou plaster

sincère [sɛ̃sɛʀ] → SYN GRAMMAIRE ACTIVE 22 adj personne, aveu, paroles sincere; réponse, explication sincere, honest; repentir, amour, partisan, admiration sincere, genuine, true (épith); élections, documents genuine ◆ **est-il sincère dans son amitié?** is he sincere in his friendship?, is his friendship sincere? ou genuine? ◆ **un ami sincère des bêtes / arts** a true ou genuine friend of animals / of the arts ◆ (formule épistolaire) **mes sincères condoléances** my sincere ou heartfelt condolences ◆ **mes regrets les plus sincères** my sincerest regrets

sincèrement [sɛ̃sɛʀmɑ̃] adv a (→ **sincère**) sincerely; honestly; truly; genuinely ◆ **je suis sincèrement désolé que ...** I am sincerely ou truly ou genuinely sorry that ...
b (pour parler franchement) honestly, really ◆ **sincèrement, vous feriez mieux de refuser** honestly ou really you would be better saying no

sincérité [sɛ̃seʀite] → SYN nf (→ **sincère**) sincerity; honesty; genuineness ◆ **en toute sincérité** in all sincerity

sincipital, e, mpl **-aux** [sɛ̃sipital, o] adj sincipital

sinciput [sɛ̃sipyt] nm sinciput

sinécure [sinekyʀ] → SYN nf sinecure ◆ **ce n'est pas une sinécure*** it's not exactly a rest cure

sine die [sinedje] adv sine die

sine qua non [sinekwanɔn] GRAMMAIRE ACTIVE 10.1 adj ◆ **une condition sine qua non** an indispensable condition, a sine qua non

singalette [sɛ̃galɛt] nf mull

Singapour [sɛ̃gapuʀ] nm Singapore

singapourien, -ienne [sɛ̃gapuʀjɛ̃, jɛn] 1 adj Singaporean
2 nm,f ◆ **Singapourien(ne)** Singaporean

singe [sɛ̃ʒ] → SYN nm a (Zool) monkey; (de grande taille) ape ◆ **les grands singes** the big apes
b (fig) (personne laide) horror; (enfant espiègle) monkey
c (arg Mil: corned beef) bully beef (arg Mil)
d († arg Typ etc: patron) boss*
e LOC **faire le singe** to monkey about *(pulling faces etc)* ◆ **être agile/malin comme un singe** to be as agile/crafty ou artful as a monkey → **apprendre, monnaie**

singer [sɛ̃ʒe] → SYN ▸ conjug 3 ◂ vt personne, démarche to ape, mimic, take off; sentiments to feign

singerie [sɛ̃ʒʀi] → SYN nf a (gén pl: grimaces et pitreries) antics (pl), clowning (NonC) ◆ **faire des singeries** to clown about, play the fool
b (simagrées) **singeries** airs and graces
c (cage) monkey house

single [siŋgœl] nm (Tennis) singles game; (chambre) single room; (disque 45 tours) single

singleton [sɛ̃glətɔ̃] nm singleton

singulariser [sɛ̃gylaʀize] → SYN ▸ conjug 1 ◂
1 vt to mark out, make conspicuous
2 **se singulariser** vpr to call attention to o.s., make o.s. conspicuous

singularité [sɛ̃gylaʀite] → SYN nf a (caractère: → **singulier**) remarkable nature; singularity; uncommon nature
b (exception, anomalie) peculiarity

singulier, -ière [sɛ̃gylje, jɛʀ] → SYN 1 adj a (étonnant) remarkable, singular (frm); (littér: peu commun) singular, remarkable, uncommon ◆ **je trouve singulier qu'il n'ait pas jugé bon de ...** I find it (pretty) remarkable ou odd that he didn't see fit to ...
b (Ling) singular
c → **combat**
2 nm (Ling) singular

singulièrement [sɛ̃gyljɛʀmɑ̃] adv a (étrangement) in a peculiar way, oddly, strangely
b (beaucoup) remarkably, singularly (frm) ◆ (très) **singulièrement intéressant/fort** remarkably ou uncommonly ou extremely interesting/strong ◆ **ceci m'a singulièrement aiguisé l'appétit** this sharpened my appetite remarkably ou tremendously ◆ **il me déplaît singulièrement de voir ...** I find it particularly unpleasant to see ...
c (en particulier) particularly, especially

sinisation [sinizasjɔ̃] nf Sinicization

siniser [sinize] ▸ conjug 1 ◂ vt to Sinicize

sinistre [sinistʀ] → SYN 1 adj a (de mauvais augure) bruit, endroit, projet sinister ◆ (avant n: intensif) **un sinistre voyou/imbécile** an appalling lout/idiot
b (*: maussade) soirée, réunion grim*, deadly (boring)*
2 nm (catastrophe) disaster; (incendie) blaze; (Assurances: cas) accident ◆ **l'assuré doit déclarer le sinistre dans les vingt-quatre heures** any (accident) claim must be notified within 24 hours ◆ (Assurances) **évaluer l'importance d'un sinistre** to appraise the extent of the damage ou loss etc

sinistré, e [sinistʀe] → SYN 1 adj région, pays (disaster-)stricken (épith) ◆ **le département du Gard a été déclaré zone sinistrée après les incendies** the department of the Gard was declared a disaster area after the fires
2 nm,f disaster victim

sinistrement [sinistʀəmɑ̃] adv in a sinister way

sinistrose [sinistʀoz] nf pessimism

Sinn Féin [sinfɛjn] nm (Pol) Sinn Féin

sino- [sinɔ] préf Sino- ◆ **sino-soviétique** Sino-Soviet

sinoc: [sinɔk] adj ⇒ **sinoque:**

sinologie [sinɔlɔʒi] nf sinology

sinologue [sinɔlɔg] nmf sinologist, Pekinologist, specialist in Chinese affairs, China watcher*

sinon [sinɔ̃] → SYN conj a (frm: sauf) except, other than, save† ◆ **on ne possède jamais rien, sinon soi-même** there is nothing one ever possesses, except (for) ou other than ou save† oneself ◆ **à quoi peut bien servir cette manœuvre sinon à nous intimider?** what can be the purpose of this manoeuvre other than ou if not to intimidate us? ◆ **un homme courageux, sinon qu'il était un tant soit peu casse-cou†** a courageous man, save† for being a trifle reckless
b (de concession: si ce n'est) if not ◆ **il faut le faire, sinon pour le plaisir, du moins par devoir** it must be done, if not for pleasure, (then) at least out of duty ◆ **il avait leur approbation, sinon leur enthousiasme** he had their approval if not their enthusiasm ◆ **je ne sais pas grand-chose, sinon qu'il a démissionné** I don't know much about it only that ou other than that he has resigned ◆ (frm) **cette histoire est savoureuse, sinon très morale** this story is spicy if not very moral ◆ (frm) **ils y étaient opposés, sinon hostiles** they were opposed, if not (actively) hostile, to it
c (autrement) otherwise, or else ◆ **fais-le, sinon nous aurons des ennuis** do it, otherwise ou or else we will be in trouble ◆ **faites-le, vous vous exposerez sinon à des ennuis** do it – you will lay yourself open to trouble otherwise ◆ **elle doit être malade, sinon elle serait déjà venue** she must be ill, otherwise ou or else she would have already come ◆ (pour indiquer la menace) **fais-le, sinon ...** do it, or else ...

sinophile [sinɔfil] adj, nmf sinophile

sinople [sinɔpl] nm (Hér) vert, sinople†

sinoque: [sinɔk] 1 adj batty*, daft* (Brit), loony:, cracked:, nutty:
2 nmf loony:, nutcase:, crackpot:

sinuer [sinɥe] → SYN ▸ conjug 1 ◂ vi [rivière, route] to meander, wind

sinueux, -euse [sinɥø, øz] → SYN adj route winding (épith); rivière winding (épith), meandering (épith); ligne sinuous; (fig) pensée tortuous

sinuosité [sinɥozite] → SYN nf a (gén pl: courbe) [route] winding (NonC), curve; [rivière] winding (NonC), meandering (NonC), curve, loop ◆ (fig) **les sinuosités de sa pensée** his tortuous train of thought, the convolutions of his thought processes
b (forme: → **sinueux**) winding; meandering; tortuousness

sinus[1] [sinys] → SYN nm inv (Anat) sinus ◆ **sinus frontal/maxillaire** frontal/maxillary sinus

sinus[2] [sinys] nm (Math) sine

sinusite [sinyzit] nf (Méd) sinusitis (NonC)

sinusoïdal, e, mpl **-aux** [sinyzɔidal, o] adj sinusoidal

sinusoïde [sinyzɔid] nf sinusoid, sine curve

Sion [sjɔ̃] n Zion

sionisme [sjɔnism] nm Zionism

sioniste [sjɔnist] adj, nmf Zionist

sioux [sju] 1 adj inv Sioux
2 nm (Ling) Sioux
3 nmf inv ◆ **Sioux** Sioux → **ruse**

siphoïde [sifɔid] adj siphonal, siphonic, siphon-shaped (épith)

siphomycètes [sifɔmisɛt] nmpl ◆ **les siphomycètes** the Phycomycetes (spéc)

siphon [sifɔ̃] nm (tube, bouteille, Zool) siphon; [évier, W.-C.] U-bend; (Spéléologie) sump

siphonnage [sifɔnaʒ] nm siphoning

siphonné, e [sifɔne] (ptp de **siphonner**) adj (:: fou) batty:, daft* (Brit), loony, nutty:, cracked:

siphonner [sifɔne] → SYN ▸ conjug 1 ◂ vt to siphon

siphonophore [sifɔnɔfɔʀ] nm siphonophore

sipo [sipo] nm African mahogany

sire [siʀ] → SYN nm a (au roi) **Sire** Sire
b (Hist: seigneur) lord
c **un triste sire** an unsavoury individual ◆ **un pauvre sire†** a poor ou penniless fellow

sirène [siʀɛn] nf a (Myth, fig) siren, mermaid ◆ (fig) **écouter le chant des sirènes** to listen to the sirens' ou mermaids' song
b (appareil) [bateau, ambulance] siren; [usine] hooter (Brit), siren (US) ◆ **sirène d'alarme** (en temps de guerre) air-raid siren; (en temps de paix) fire alarm

siréniens [siʀenjɛ̃] nmpl ◆ **les siréniens** serenians, the Sirenia (spéc)

sirex [siʀɛks] nm sawfly

Sirius [siʀjys] nm Sirius → **point**[1]

sirli [siʀli] nm ◆ **sirli du désert** hoopoe ou bifasciated lark

sirocco [siʀɔko] → SYN nm sirocco

sirop [siʀo] → SYN nm a (pharmaceutique) syrup, mixture; (à diluer: pour une boisson) syrup, squash (Brit), cordial (Brit); (boisson) (fruit) cordial (Brit) ou drink ou squash (Brit) ◆ **sirop d'orgeat** barley water ◆ **sirop de groseille/d'ananas/de menthe** redcurrant/pineapple/mint cordial (Brit) ou beverage (US) ◆ **sirop d'érable** maple syrup ◆ **sirop de maïs** corn syrup ◆ **sirop contre la toux** cough mixture ou syrup ou linctus (Brit)
b (*: péj) schmaltz* ◆ **cette musique, c'est du sirop** this music is schmaltz* ou very syrupy

siroter* [siʀɔte] ▸ conjug 1 ◂ vt to sip

sirtaki [siʀtaki] nm sirtaki

sirupeux, -euse [siʀypø, øz] → SYN adj liquide syrupy; (péj) musique schmaltzy*, syrupy

sis, sise [si, siz] → SYN adj (Admin, Jur) located

sisal [sizal] nm sisal

sismal, e, mpl **-aux** [sismal, o] adj ◆ (Géog) **ligne sismale** path of an earthquake

sismicité [sismisite] nf seismicity

sismique [sismik] adj seismic → **secousse**

sismogramme [sismɔgʀam] nm seismogram

sismographe [sismɔgʀaf] nm seismograph

sismographie [sismɔgʀafi] nf seismography

sismologie [sismɔlɔʒi] nf seismology

sismologique [sismɔlɔʒik] adj seismologic(al)

sismologue [sismɔlɔg] nmf seismologist

sismothérapie [sismoteʀapi] nf shock therapy

sistre [sistʀ] nm sistrum

sisymbre [sizɛ̃bʀ] nm (Bot) rocket

Sisyphe [sizif] nm Sisyphus → **rocher**[1]

Sita [sita] nf Sita

sitar [sitaʀ] nm sitar

sitariste [sitaʀist] nmf sitarist

site [sit] → SYN 1 nm a (environnement) setting; (endroit pittoresque) beauty spot ◆ **construire un château dans le site approprié** to build a château in the right setting ◆ **dans un site merveilleux/très sauvage** in a marvellous/very wild setting ◆ **sites naturels/historiques** natural/historic sites ◆ **les sites pittoresques d'une région** the beauty spots of an area ◆ **la protection des sites** the conservation of places of interest ◆ **un site protégé** ou **classé** a conservation area ◆ **« Beaumanoir, ses plages, ses hôtels, ses sites »** "Beaumanoir for beaches, hotels and places to visit ou places of interest"
b (emplacement) site ◆ **site favorable à la construction d'un barrage** suitable site for the construction of a dam
c (Mil) **(angle de) site** (angle of) sight ◆ **ligne de site** line of sight
d (Écon) site ◆ **site industriel** industrial site
e (Chim) site
2 COMP ▹ **site archéologique** archeological site ▹ **site propre** (voie) bus lane

sit-in [sitin] → SYN nm inv sit-in

sitologie [sitɔlɔʒi] nf site studies (pl)

sitologue [sitɔlɔg] nmf site specialist

sitostérol [sitosteʀɔl] nm sitosterol

sitôt [sito] 1 adv a **sitôt couchée, elle s'endormit** as soon as ou immediately (Brit) she was in bed she fell asleep, she was no sooner in bed ou no sooner was she in bed than she fell asleep ◆ **sitôt dit, sitôt fait** no sooner said than done ◆ **sitôt après avoir traversé la ville, ils se trouvèrent dans les collines** immediately (Brit) on leaving the town ou straight (Brit) ou right (US) after driving through the town they found themselves in the hills ◆ **sitôt après la guerre** straight (Brit) ou right (US) ou immediately (Brit) after the war, immediately the war was over

b (avec nég) **ce n'est pas de sitôt qu'il reviendra** he won't be back for quite a while ou for (quite) some time, he won't be back in a hurry ◆ **il a été si bien puni qu'il ne recommencera pas de sitôt!** he was so severely punished that he won't be doing that again for a while! ou in a hurry!
c **sitôt que, sitôt après que** as soon as, no sooner than ◆ **sitôt (après) que le docteur fut parti, elle se sentit mieux** as soon as the doctor had left she felt better, the doctor had no sooner left than she felt better ◆ **sitôt qu'il sera guéri, il reprendra le travail** as soon as he is better he'll go back to work
2 prép ◆ (littér) **sitôt la rentrée des classes, il faudra que ...** as soon as school is back, we must ... ◆ **sitôt les vacances, elle partait** she would go ou went away as soon as the holidays started, the holidays had no sooner begun than she would go away

sittelle [sitɛl] nf nuthatch

situation [sitɥasjɔ̃] → SYN GRAMMAIRE ACTIVE 19.2 nf **a** (emplacement) situation, position, location ◆ **la situation de cette villa est excellente** this villa is excellently situated, the villa has an excellent situation
b (conjoncture, circonstances) situation ◆ (Philos) **étudier / montrer l'homme en situation** to study / show man in his best situation ◆ **être en situation de faire** to be in a position to do ◆ (iro) **elle est dans une situation intéressante*** she is in an interesting condition (iro) ou in the family way* ◆ **situation de fait** de facto situation ◆ **situation de famille** marital status ◆ **situation financière / politique** financial / political situation ◆ **étranger en situation irrégulière** foreigner whose papers are not in order ◆ **dans une situation désespérée** in a desperate plight → **comique, renverser**
c (emploi) post, situation ◆ **chercher une / perdre sa situation** to look for a / lose one's post ◆ **se faire une belle situation** to work up to a good position
d (Fin : état) statement of finances ◆ **situation de trésorerie** cash flow statement
e LOC **en situation** in a real-life situation

situationnel, -elle [sitɥasjɔnɛl] adj situational

situationnisme [sitɥasjɔnism] nm situationism

situationniste [sitɥasjɔnist] → SYN nmf situationist

situé, e [sitɥe] → SYN (ptp de **situer**) adj situated ◆ **bien / mal situé** well / badly situated

situer [sitɥe] → SYN ▸conjug 1◂ **1** vt **a** (lit : placer, construire) to site, situate, locate
b (par la pensée : localiser) to set, place ; (* : catégoriser) personne to place ◆ **on ne le situe pas bien*** you just can't figure him out*
2 **se situer** vpr **a** (emploi réfléchi) to place o.s. ◆ **essayer de se situer par rapport à qn / qch** to try to place o.s. in relation to sb / sth
b (se trouver) (dans l'espace) to be situated ; (dans le temps) to take place ; (par rapport à des notions) to stand ◆ **l'action / cette scène se situe à Paris** the action / this scene is set ou takes place in Paris ◆ **la hausse des prix se situera entre 5% et 10%** prices will rise by between 5% and 10%, there will be price rises of between 5% and 10%

Siva [ʃiva] nm Siva, Shiva

six [sis], devant n commençant par consonne [si], devant n commençant par voyelle ou h muet [siz] **1** adj cardinal inv six ◆ **il y avait six mille personnes** there were six thousand people ◆ **ils sont six enfants** there are six children ◆ **je suis resté six heures / jours** I stayed six hours / days ◆ **les six huitièmes de cette somme** six eighths of this sum ◆ **il a six ans** he is six (years old) ◆ **un enfant de six ans** a six-year-old (child), a child of six ◆ **un objet de six F** a six-franc article, an article costing six francs ◆ **polygone à six faces** six-sided polygon ◆ **couper qch en six morceaux** to cut sth into six pieces ◆ **j'en ai pris trois, il en reste six** I've taken three (of them) and there are six (of them) left ◆ **il est six heures** it's six o'clock ◆ **il est six heures du soir** it's 6 p.m., it's six in the evening ◆ **il est six heures du matin** it's 6 a.m., it's six in the morning ◆ **il est trois heures moins six** it is six minutes to three ◆ **par vingt voix contre six** by twenty votes to six ◆ **cinq jours / fois sur six** five days / times out of six ◆ **ils sont venus tous les six** all six of them came ◆ **ils ont porté la table à eux six** the six of them carried the table ◆ **ils ont mangé le jambon à eux six** the six of them ate the ham, they ate the ham between the six of them ◆ **partagez cela entre vous six** share that among the six of you ◆ **ils viennent à six pour déjeuner** there are six coming to lunch ◆ **on peut s'asseoir à six autour de cette table** this table can seat six (people) ◆ **ils vivent à six dans une seule pièce** there are six of them living in one room ◆ **se battre à six contre un / à un contre six** to fight six against one / one against six ◆ **entrer six par six** to come in by sixes ou six at a time ou six by six ◆ **se mettre en rangs par six** to form rows of six
2 adj ordinal inv ◆ **arriver le six septembre** to arrive on the sixth of September ou (on) September the sixth ou (on) September sixth ◆ **Louis six** Louis the Sixth ◆ **chapitre / page / article six** chapter / page / article six ◆ **le numéro six gagne un lot** number six wins a prize ◆ **il habite au numéro six de la rue Arthur** he lives at number six (in) Rue Arthur
3 nm inv **a** six ◆ **trente- / quarante-six** thirty- / forty-six ◆ **quatre et deux font six** four and two are ou make six ◆ **il fait mal ses six** he writes his sixes badly ◆ **c'est le six qui a gagné** (numéro) (number) six has won ; (coureur) number six has won ◆ **il habite au six (de la rue)** he lives at number six ◆ **il habite six rue de Paris** he lives at six Rue de Paris ◆ **nous sommes le six aujourd'hui** it's the sixth today ◆ **il est venu le six** he came on the sixth ◆ **il est payé le six** ou **tous les six de chaque mois** he is paid on the sixth of each month ◆ (Cartes) **le six de cœur** the six of hearts ◆ (Dominos) **le six et deux** the six-two ◆ **la facture est datée du six** the bill is dated the 6th
b (Pol : jusqu'en 1973) **les Six, l'Europe des Six** the Six, the Europe of the Six
4 COMP ▷ **les Six Jours** (Sport) *six-day cycling event*

sixain [sizɛ̃] nm ⇒ **sizain**

six-huit [sisɥit] nm inv (Mus) six-eight (time) ◆ **mesure à six-huit** bar in six-eight (time)

sixième [sizjɛm] **1** adj sixth ◆ **vingt- / trente-sixième** twenty- / thirty-sixth ◆ **recevoir la sixième partie d'un héritage** to receive a sixth of a bequest ◆ **demeurer dans le sixième (arrondissement)** to live in the sixth arrondissement *(in Paris)* ◆ **habiter au sixième (étage)** to live on the sixth floor
2 nmf (gén) sixth (person) ◆ **se classer sixième** to come sixth ◆ **nous avons besoin d'un sixième pour compléter l'équipe** we need a sixth (person) to complete the team ◆ **elle est arrivée (la) sixième dans la course** she came (in) sixth in the race
3 nm (portion) sixth ◆ **calculer le sixième d'un nombre** to work out the sixth of a number ◆ **recevoir le sixième** ou **un sixième d'une somme** to receive a sixth of a sum ◆ **(les) deux sixièmes du budget seront consacrés à ...** two sixths of the budget will be given over to ...
4 nf (Scol) first form (Brit), sixth grade (US) ◆ **entrer en (classe de) sixième** ≃ to go into the first form (Brit) ou sixth grade (US) ◆ **élève de sixième** ≃ first form (Brit) ou sixth-grade (US) pupil

sixièmement [sizjɛmmɑ̃] adv in the sixth place, sixthly

six-mâts [simɑ] nm inv (Naut) six-master

six-quatre-deux* [siskatdø] nf ◆ **faire qch à la six-quatre-deux** to do sth in slapdash way, do sth any old how* (Brit) ou any old way

sixte [sikst] nf (Mus) sixth ; (Escrime) sixte

Sixtine [sikstin] adj, nf ◆ **la (chapelle) Sixtine** the Sistine Chapel

sizain [sizɛ̃] nm (Littérat) six-line stanza ; (Cartes) *packet of 6 packs of cards*

sizerin [sizʀɛ̃] nm redpoll

ska [ska] nm ska

Skaï ® [skaj] nm Leatherette ®

skate(-board) [skɛt(bɔʀd)] nm skateboard ◆ (activité) **le skate(-board)** skateboarding ◆ **faire du skate(-board)** to skateboard

sketch, pl **sketches** [skɛtʃ] → SYN nm (variety) sketch → **film**

ski [ski] **1** nm (objet) ski ; (sport) skiing ◆ **s'acheter des skis** to buy o.s. a pair of skis ou some skis ◆ **ski amont / aval** uphill / downhill ski ◆ **aller quelque part à** ou **en skis** to go somewhere on skis, ski somewhere ◆ **faire du ski** to ski, go skiing ◆ **aller au ski*** to head for the slopes*, go skiing ◆ **vacances / équipement de ski** ski(ing) holiday / equipment ◆ **chaussures / moniteur / épreuve / station de ski** ski boots / instructor / race / resort → **piste**
2 COMP ▷ **ski acrobatique** hot-dogging, free-styling ▷ **ski alpin** Alpine skiing ▷ **ski artistique** ski ballet ▷ **ski sur bosses** mogul skiing ▷ **ski court** short ski ▷ **ski de descente** downhill skiing ▷ **ski d'été** glacier skiing ▷ **ski évolutif** short ski method, ski évolutif ▷ **ski de fond** cross-country skiing, ski touring (US), langlauf ▷ **ski de haute montagne** ski-mountaineering ▷ **ski hors piste** off-piste skiing ▷ **ski nautique** water-skiing ▷ **ski nordique** Nordic skiing ▷ **ski de piste** skiing on piste ▷ **ski de randonnée** ⇒ **ski de fond**

skiable [skjabl] adj neige, piste skiable ◆ **ils ont un grand domaine skiable** they have a lot of ski slopes ou pistes

skiascopie [skjaskɔpi] nf skiascopy

ski-bob, pl **ski-bobs** [skibɔb] nm skibob ◆ **faire du ski-bob** to go skibobbing

skier [skje] ▸conjug 7◂ vi to ski

skieur, -skieuse [skjœʀ, skjøz] nm,f skier ; (ski nautique) water-skier ◆ **skieur de fond** cross-country ou langlauf skier ◆ **skieur hors piste** off-piste skier ◆ **2 skieurs hors piste ont été tués** 2 skiers skiing off-piste were killed

skif [skif] nm ⇒ **skiff**

skifeur [skifœʀ] nm ⇒ **skiffeur**

skiff [skif] nm skiff

skiffeur [skifœʀ] nm skiff sailor

skin* [skin] nm skin*

skinhead [skinɛd] nm skinhead

skipper [skipœʀ] → SYN nm (course à la voile) skipper

skye-terrier, pl **skye-terriers** [skajtɛʀje] nm Skye terrier

slalom [slalɔm] → SYN nm (épreuve, piste) slalom ; (mouvement) slalom movement ; (fig : entre divers obstacles) zigzag ◆ **faire du slalom (entre ...** ou **parmi ...)** to slalom (between ...) ◆ **descente en slalom** slalom descent ◆ **slalom géant / spécial** giant / (special) slalom ◆ **slalom nautique** slalom

slalomer [slalɔme] ▸conjug 1◂ vi (Ski) to slalom ◆ (fig : entre divers obstacles) **slalomer entre** to weave in and out of ◆ **le serveur slalomait entre les tables** the waiter was weaving in between tables ◆ **il slalomait entre les voitures** he was weaving in and out of traffic

slalomeur, -euse [slalɔmœʀ, øz] nm,f (Ski) slalom skier ou specialist ou racer

slave [slav] **1** adj Slav(onic), Slavic ; langue Slavic, Slavonic ◆ **le charme slave** Slavonic charm
2 nmf ◆ **Slave** Slav

slavisant, e [slavizɑ̃, ɑ̃t] nm,f Slavist

slaviser [slavize] ▸conjug 1◂ vt to Slavify

slaviste [slavist] nmf ⇒ **slavisant, e**

slavistique [slavistik] nf *study of Slavic* ou *Slavonic languages*

slavon, -onne [slavɔ̃, ɔn] **1** adj Slavonian
2 nm (Ling) Slavonic
3 nm,f ◆ **Slavon(ne)** Slavonian

Slavonie [slavɔni] nf Slavonia

slavophile [slavɔfil] adj, nmf Slavophile

sleeping† [slipiŋ] nm sleeping car

slice [slajs] nm (Tennis etc) slice

slicer [slajse] ▸conjug 3◂ vt (Tennis etc) to slice ◆ **revers slicé** sliced backhand

slip [slip] → SYN nm **a** [homme] briefs (pl), (under)pants (pl) ; [femme] pant(ie)s (pl), briefs (pl) ◆ **slip de bain** [homme] (bathing ou swimming) trunks (pl) ; (bikini) (bikini) briefs (pl) ◆ **j'ai acheté 2 slips** I bought 2 pairs of

briefs ou pants ◆ (fig) **se retrouver en slip*** to lose one's shirt
b (Naut) slipway

slogan [slɔgɑ̃] → SYN nm slogan

sloop [slup] nm sloop

sloughi [slugi] nm Saluki, Persian greyhound

slovaque [slɔvak] **1** adj Slovak
2 nmf ◆ **Slovaque** Slovak

Slovaquie [slɔvaki] nf Slovakia

slovène [slɔvɛn] **1** adj Slovene
2 nm (Ling) Slovene
3 nmf ◆ **Slovène** Slovene

Slovénie [slɔveni] nf Slovenia

slow [slo] nm (blues etc) slow number; (fox-trot) slow fox trot

SMAG [smag] nm (abrév de **salaire minimum agricole garanti**) → **salaire**

smala* [smala] nf (troupe) tribe*

smalt [smalt] nm smalt

smaltite [smaltit] nf smaltite

smaragdin, e [smaʀagdɛ̃, in] adj smaragdine

smaragdite [smaʀagdit] nf smaragdite

smash [sma(t)ʃ] nm (Tennis) smash

smasher [sma(t)ʃe] ▸conjug 1◂ (Tennis) **1** vt to smash
2 vi to smash (the ball)

SME [ɛsɛmə] nm (abrév de **système monétaire européen**) EMS

smectique [smɛktik] adj **a** (Minér) **argile smectique** fuller's earth
b (Phys) **phase smectique** smectic phase

SMIC [smik] nm (abrév de **salaire minimum interprofessionnel de croissance**) → **salaire**

smicard, e* [smikaʀ, aʀd] → SYN nm,f minimum wage earner

SMIG† [smig] nm (abrév de **salaire minimum interprofessionnel garanti**) → **salaire**

smigard, e*† [smigaʀ, aʀd] nm,f minimum wage earner

smille [smij] nf spalling hammer

smithsonite [smitsɔnit] nf smithsonite (Brit), calamine (US)

smocks [smɔk] nmpl smocking (NonC)

smog [smɔg] nm smog

smok* [smɔk] nm (abrév de **smoking**) DJ* (Brit), tux* (US)

smoking [smɔkiŋ] → SYN nm (costume) dinner suit, evening suit, dress suit; (veston) dinner jacket, DJ* (Brit), tuxedo (US)

smolt [smɔlt] nm smolt

SMUR [smyʀ] nm (abrév de **Service médical d'urgence et de réanimation**) *mobile emergency unit*

smurf [smœʀf] nm break dancing

smurfer [smœʀfe] ▸conjug 1◂ vi to break-dance

smurfeur, -euse [smœʀfœʀ, øz] nm,f break dancer

snack [snak] nm, **snack-bar**, [snakbaʀ] nm, pl **snack-bars** snack bar

SNC (abrév de **service non compris**) → **service**

SNCF [ɛsɛnseɛf] nf (abrév de **Société nationale des chemins de fer français**) *French national railway company*

SNECMA [snekma] nf (abrév de **Société nationale d'études et de construction de moteurs d'avions**) *French aircraft engine research and construction company*

sniff-sniff [snifsnif] excl boo hoo!

sniffer [snife] ▸conjug 1◂ vt (arg Drogue) to sniff ◆ **sniffer de la cocaïne / la colle** to sniff cocaine / glue

snob [snɔb] → SYN **1** nmf snob
2 adj snobbish, snobby, posh*

snober [snɔbe] → SYN ▸conjug 1◂ vt personne to snub, give the cold shoulder to; endroit, réception to turn one's nose up at

snobinard, e* [snɔbinaʀ, aʀd] (péj) **1** adj snooty*, stuck-up*, snobbish
2 nm,f stuck-up thing*

snobisme [snɔbism] → SYN nm snobbery, snobbishness ◆ **snobisme à l'envers** inverted snobbery

soap* [sop] nm (abrév de **soap-opéra**) soap*

soap-opéra, pl **soap-opéras** [sopɔpeʀa] nm soap opera

sobre [sɔbʀ] → SYN adj personne sober, temperate, abstemious; style, éloquence sober ◆ **sobre de gestes / en paroles** sparing of gestures / words ◆ **sobre comme un chameau** as sober as a judge

sobrement [sɔbʀəmɑ̃] adv (→ **sobre**) soberly; temperately; abstemiously

sobriété [sɔbʀijete] → SYN nf (→ **sobre**) sobriety; temperance; abstemiousness ◆ **sobriété de gestes / paroles** restraint in one's gestures / words

sobriquet [sɔbʀikɛ] → SYN nm nickname

soc [sɔk] nm ploughshare (Brit), plowshare (US)

sociabilité [sɔsjabilite] → SYN nf (→ **sociable**) social nature; sociability; hospitality

sociable [sɔsjabl] → SYN adj **a** (qui vit en groupe) social
b (ouvert, civil) personne, caractère sociable; milieu hospitable

social, e, mpl **-iaux** [sɔsjal, jo] → SYN **1** adj **a** animal, créature social
b rapports, phénomène, conventions social → **science**
c classe, conflit, questions, loi, politique, système social; revendications over social conditions, for better living conditions → **cas**
d (Admin) **services sociaux** social services ◆ **prestations sociales** social security benefits ◆ **aide sociale** welfare; (subsides) social security (benefits) ◆ **assurances sociales** ≃ National Insurance (Brit), ≃ Social Security (US) → **assistant, avantage, sécurité**
e (Comm) → **capital, raison, siège**[1]
2 nm ◆ **le social** (affaires) social matters; (questions) social issues ◆ (péj) **faire du social** to act concerned about social issues

social-démocrate, mpl **sociaux-démocrates** [sɔsjaldemɔkʀat, sosjodemɔkʀat] adj, nmf Social Democrat

social-démocratie, pl **social-démocraties** [sɔsjaldemɔkʀasi] nf social democracy

socialement [sɔsjalmɑ̃] → SYN adv socially

socialisant, e [sɔsjalizɑ̃, ɑ̃t] adj with socialist leanings ou tendencies

socialisation [sɔsjalizasjɔ̃] → SYN nf socialization

socialiser [sɔsjalize] → SYN ▸conjug 1◂ vt to socialize

socialisme [sɔsjalism] → SYN nm socialism ◆ **socialisme utopique / scientifique / révolutionnaire** utopian / scientific / revolutionary socialism ◆ **socialisme d'État** state socialism

socialiste [sɔsjalist] → SYN adj, nmf socialist

sociétaire [sɔsjetɛʀ] → SYN nmf member *(of a society)* ◆ **sociétaire de la Comédie-Française** (shareholding) member of the Comédie-Française

sociétal, e, mpl **-aux** [sɔsjetal, o] adj societal

sociétariat [sɔsjetaʀja] nm membership *(in a society)*

Société [sɔsjete] nf ◆ **l'archipel de la Société** the Society Islands

société [sɔsjete] → SYN **1** nf **a** (groupe, communauté) society ◆ **la société** society ◆ **la vie en société** life in society ◆ **société sans classe** classless society ◆ (Pol) **personne de la société civile** lay person
b (club) (littéraire) society; (sportive) club ◆ **société de pêche / tir** angling / shooting club ◆ **société secrète / savante** secret / learned society ◆ **la Société protectrice des animaux** ≃ the Royal Society for the Prevention of Cruelty to Animals (Brit), the American Society for the Prevention of Cruelty to Animals (US)
c (Comm) company, firm ◆ **société financière / d'assurance** finance / insurance company ◆ **société immobilière** (compagnie) property (Brit) ou real estate (US) company; (copropriétaires) housing association
d (classes oisives) **la société** society ◆ **la bonne société** polite society ◆ **la haute société** high society
e (assemblée) company, gathering ◆ **il y venait une société assez mêlée / une société d'artistes et d'écrivains** a fairly mixed company ou gathering / a company ou gathering of artists and writers used to come ◆ **toute la société se leva pour l'acclamer** the whole company rose to acclaim him
f (compagnie) company, society (frm, littér) ◆ **rechercher / priser la société de qn** to seek / value sb's company ou society (littér) ou companionship ◆ **dans la société de qn** in the company ou society (frm, littér) of sb → **jeu, talent**[1]
2 COMP ▷ **société par actions** joint-stock company ▷ **société anonyme** (gén) ≃ limited company; (ouverte au public) ≃ public limited company ▷ **Société des auteurs, compositeurs et éditeurs de musique** *French body responsible for collecting and distributing music royalties,* ≃ Publishing Rights Society (Brit) ▷ **société de Bourse** brokerage ou broking firm ▷ **société à capital variable** company with variable capital ▷ **société de capitaux** joint-stock company ▷ **société civile** (Comm) non-trading company; (Philos) civil society ▷ **société civile immobilière** non-trading property (Brit) ou real estate (US) company ▷ **société civile de placement immobilier** non-trading property (Brit) ou real estate (US) investment trust ▷ **société en commandite** limited partnership ▷ **société commerciale** trading company ▷ **la société de consommation** the consumer society ▷ **société de crédit** credit ou finance company ▷ **société d'économie mixte** semi-public company ▷ **société écran** umbrella company ▷ **société d'exploitation** development company ▷ **société de gardiennage et de surveillance** security company ▷ **société d'investissement** investment trust ◆ **société d'investissement à capital fermé** ou **fixe** closed-end investment trust ◆ **société d'investissement à capital variable** unit trust (Brit), open-end investment trust (US), mutual fund (US) ▷ **la société de Jésus** the Society of Jesus ▷ **Société nationale des chemins de fer français** *French national railway company* ▷ **la Société des Nations** (Hist Pol) the League of Nations ▷ **société en nom collectif** general partnership ▷ **société en participation** joint-venture company ▷ **société de personnes** partnership ▷ **société de portefeuille** holding company ▷ **société à responsabilité limitée** limited liability company ▷ **société de services** service company ◆ **société de services et d'ingénierie en informatique** software house ▷ **société de tempérance** temperance society

socio* [sɔsjɔ] nf abrév de **sociologie**

sociobiologie [sɔsjobjɔlɔʒi] nf sociobiology

sociobiologiste [sɔsjobjɔlɔʒist] nmf sociobiologist

socioculturel, -elle [sɔsjokyltyʀɛl] adj sociocultural

sociodrame [sɔsjodʀam] → SYN nm sociodrama

socioéconomique [sɔsjoekɔnɔmik] adj socioeconomic

socioéducatif, -ive [sɔsjoedykatif, iv] adj socioeducational

sociogéographique [sɔsjoʒeɔgʀafik] adj sociogeographic

sociogramme [sɔsjogʀam] nm sociogram

sociolinguiste [sɔsjolɛ̃gɥist] nmf sociolinguist

sociolinguistique [sɔsjolɛ̃gɥistik] **1** adj sociolinguistic
2 nf sociolinguistics (sg)

sociologie [sɔsjɔlɔʒi] nf sociology

sociologique [sɔsjɔlɔʒik] adj sociological

sociologiquement [sɔsjɔlɔʒikmɑ̃] adv sociologically

sociologisme [sɔsjɔlɔʒism] nm sociologism

sociologue [sɔsjɔlɔg] nmf sociologist

sociométrie [sɔsjɔmetʀi] nf sociometry

sociométrique [sɔsjɔmetʀik] adj sociometric

sociopolitique [sɔsjopɔlitik] adj sociopolitical

socioprofessionnel, -elle [sɔsjopʀɔfesjɔnɛl] adj socio-professional

sociothérapie [sɔsjoteʀapi] nf sociotherapy

socle [sɔkl] → SYN nm **a** [statue, colonne] plinth, pedestal, socle (spéc); [lampe, vase] base **b** (Géog) platform

socque [sɔk] → SYN nm (sabot) clog

socquette [sɔkɛt] nf ankle sock (Brit), anklet (US)

Socrate [sɔkʀat] nm Socrates

socratique [sɔkʀatik] adj Socratic

soda [sɔda] nm fizzy drink (Brit), soda (US), pop* (US) ◆ **soda à l'orange** orangeade ◆ **whisky soda** whisky and soda

sodé, e [sɔde] adj sodium (épith)

sodique [sɔdik] adj sodic

sodium [sɔdjɔm] nm sodium

sodoku [sɔdɔku] nm rat-bite fever, sodoku

Sodome [sɔdɔm] n Sodom ◆ (Littérat) **"Sodome et Gomorrhe"** "The Cities of the Plain"

sodomie [sɔdɔmi] → SYN nf sodomy; buggery

sodomiser [sɔdɔmize] → SYN ▸ conjug 1 ◂ vt to bugger, have anal intercourse with

sodomite [sɔdɔmit] nm sodomite

sœur [sœʀ] → SYN nf **a** (lit, fig) sister ◆ **avec un dévouement de sœur** with a sister's ou with sisterly devotion ◆ **la poésie, sœur de la musique** poetry, sister of ou to music ◆ (Myth) **les sœurs filandières** the Parcae, the Fates ◆ **peuplades / organisations sœurs** sister peoples / organizations ◆ (littér) **sœur d'infortune** fellow sufferer ◆ (hum) **j'ai trouvé la sœur de cette commode chez un antiquaire** I found the partner to this chest of drawers in an antique shop ◆ **et ta sœur?**‡ go and take a running jump‡, get lost‡ → **âme, lait** **b** (Rel) nun, sister; (comme titre) Sister ◆ **sœur Jeanne** Sister Jeanne ◆ **elle a été élevée chez les sœurs** she was convent educated ◆ **ses parents l'ont mise en pension chez les sœurs** her parents sent her to a convent (boarding) school ◆ **les Petites Sœurs des pauvres** the Little Sisters of the Poor ◆ **les sœurs de la Charité** the Sisters of Charity → **bon[1]**

sœurette* [sœʀɛt] nf little sister

sofa [sɔfa] → SYN nm sofa

soffite [sɔfit] nm (Archit) [larmier] soffit

Sofia [sɔfja] n Sofia

SOFRES [sɔfʀɛs] nf (abrév de **Société française d'enquêtes par sondage**) *French public opinion poll institute,* ≃ Gallup, ≃ MORI (Brit)

soft(ware) [sɔft(waʀ)] nm software

soi [swa] **1** pron pers **a** (gén) one(self); (fonction d'attribut) oneself; (avec il(s), elle(s) comme antécédent: gén frm, †) himself; herself; itself ◆ **n'aimer que soi** to love only oneself ◆ **regarder devant / derrière soi** to look in front of / behind one ◆ **malgré soi** in spite of oneself ◆ **avoir confiance en soi** to have confidence in oneself ◆ **rester chez soi** to stay at home ◆ (faire un effort) **prendre sur soi** to take a grip on o.s. ◆ **prendre sur soi de faire qch** to take it upon o.s. to do sth **b** LOC **aller de soi** to be self-evident, be obvious ◆ **cela va de soi** it's obvious, it stands to reason, that goes without saying ◆ **il va de soi que ...** it goes without saying ou it stands to reason that ... ◆ (intrinsèquement) **en soi** in itself ◆ **être / exister pour soi** to be / exist only for oneself ◆ **dans un groupe, on peut se rendre service entre soi** in a group, people ou you* can help each other ou one another (out) ◆ (frm) **il n'agissait que pour soi** he was only acting for himself ou in his own interests ◆ (évite une ambiguïté) **elle comprenait qu'il fût mécontent de soi** she understood his not being pleased with himself ◆ **il allait droit devant soi** he was going straight ahead (of him) ◆ **être / rester soi** to be / remain oneself → **chacun, hors, maître** etc **c soi-même** oneself ◆ **on le fait soi-même** you do it yourself, one does it oneself (frm) ◆ **le respect de soi-même** self-respect ◆ (hum) **Monsieur X? – soi-même!** Mr X? – in person! ou none other!; pour autres loc voir **même** **2** nm (Philos, littér: personnalité, conscience) self; (Psych: inconscient) id ◆ **la conscience de soi** self-awareness, awareness of self ◆ **trouver un autre soi-même** to find another self → **en-soi, pour-soi**

soi-disant [swadizɑ̃] → SYN **1** adj inv ◆ **un soi-disant poète / professeur** a so-called ou would-be poet / teacher **2** adv supposedly ◆ **il était soi-disant parti à Rome** he had supposedly left for Rome, he was supposed to have left for Rome ◆ **il était venu soi-disant pour discuter** he had come for a discussion – or so he said, he had come ostensibly for a discussion ◆ **soi-disant que*** ... it would appear that ..., apparently ...

soie[1] [swa] → SYN nf **a** (Tex) silk ◆ **soie sauvage** wild silk ◆ **soie grège** raw silk ◆ **soie lavée** washed silk ◆ **soie végétale** vegetal silk → **papier, ver** **b** (poil) [sanglier etc] bristle ◆ **brosse en soies de sanglier** (boar) bristle brush ◆ **brosse à dents en soies de nylon** nylon (bristle) brush, brush with nylon bristles

soie[2] [swa] nf (Tech) [lime, couteau] tang

soient [swa] → **être**

soierie [swaʀi] nf (tissu) silk; (industrie, commerce) silk trade; (filature) silk mill

soif [swaf] → SYN nf **a** (lit) thirst ◆ **avoir soif** to be thirsty; [plante, terre] to be dry ou thirsty ◆ **donner soif** to make one thirsty ◆ **le sel donne soif** salt makes you thirsty, salt gives one a thirst ◆ **il fait soif*** I'm parched ◆ **jusqu'à plus soif** (lit) till one's thirst is quenched; (fig) till one can take no more ◆ **rester sur sa soif** (lit) to remain thirsty; (fig) to be left thirsting for more, be left unsatisfied → **boire, étancher, garder, mourir** **b** (fig: désir) **soif de** richesse, connaissances, vengeance thirst ou craving for ◆ **soif de faire qch** craving to do sth

soiffard, e*† [swafaʀ, aʀd] → SYN (péj) **1** adj boozy* **2** nm,f boozer*

soignable [swaɲabl] adj treatable

soignant, e [swaɲɑ̃, ɑ̃t] adj personnel nursing (épith)

soigné, e [swaɲe] → SYN (ptp de **soigner**) adj **a** (propre) personne, tenue, chevelure well-groomed, neat; ongles well-groomed, well-kept; mains well-cared-for (épith), well cared for (attrib) ◆ **peu soigné** personne untidy; cheveux unkempt, untidy; ongles, mains unkempt, neglected(-looking) ◆ **il est très soigné de sa personne** he is very well-turned out ou well-groomed **b** (consciencieux) travail, style, présentation careful, meticulous; vitrine neat, carefully laid out; jardin well-kept; repas carefully prepared ◆ **peu soigné** careless; badly laid-out; badly kept; badly prepared **c** (*: intensif) note massive*, whopping* (épith); punition stiff* ◆ **avoir un rhume (quelque chose de) soigné** to have a real beauty* ou a whopper* of a cold ◆ **la note était soignée** it was some bill*, it was a massive* ou whopping* bill

soigner [swaɲe] → SYN ▸ conjug 1 ◂ vt **a** patient, maladie [médecin] to treat; [infirmière, mère] to look after, nurse ◆ **j'ai été très bien soigné dans cette clinique** I had very good treatment in this clinic, I was very well looked after in this clinic ◆ **soigner les blessés** to tend ou nurse the injured ◆ **tu devrais te faire soigner** you should have treatment ou see a doctor ◆ **rentrez chez vous pour soigner votre rhume** go back home and look after ou nurse that cold (of yours) ◆ **soigne-toi bien** take good care of yourself, look after yourself properly ◆ **je soigne mes rhumatismes avec des pilules** I'm taking pills for my rheumatism ◆ **de nos jours, la tuberculose se soigne** these days tuberculosis can be treated ◆ [personne] **se soigner par les plantes** to take herbal medicine **b** (entretenir) chien, plantes, invité to look after; ongles, chevelure, outils, livres to look after, take (good) care of; tenue to take care over; cheval to groom; travail, repas, style, présentation to take care over ◆ **soigner sa clientèle** to look after one's customers ◆ **elle se soigne avec coquetterie** she takes great care over her appearance, she is tremendously interested in her appearance ◆ (hum) **ils se soignent: champagne, saumon, cigares ...!** they take good care of ou look after themselves (all right) – champagne, salmon, cigars, the lot! **c** (* loc) **(il) faut te faire soigner!** you need your brains tested!* ou your head seen to!* (surtout Brit) ◆ **35 F le café: ils nous ont soignés!** 35 francs for a coffee – they've ripped us off!‡ ou we've been had!* ou done!* (Brit) ◆ **ils lui sont tombés dessus à quatre: j'aime autant te dire qu'ils l'ont soigné** four of them laid into him – I can tell you they really let him have it* ◆ **ça se soigne, tu sais*!** there's a cure for that, you know! → **oignon**

soigneur [swaɲœʀ] → SYN nm (Boxe) second; (Cyclisme, Ftbl) trainer

soigneusement [swaɲøzmɑ̃] → SYN adv (→ **soigneux**) tidily, neatly; carefully; painstakingly; meticulously ◆ **soigneusement préparé** carefully prepared, prepared with care

soigneux, -euse [swaɲø, øz] → SYN adj **a** (propre, ordonné) tidy, neat ◆ **ce garçon n'est pas assez soigneux** this boy isn't tidy enough **b** (appliqué) travailleur careful, painstaking; travail careful, meticulous ◆ **être soigneux dans son travail** to be careful in one's work, take care over one's work **c être soigneux de sa santé** to be careful about one's health ◆ **être soigneux de ses affaires** to be careful with one's belongings ◆ **être soigneux de sa personne** to be careful about ou take care over one's appearance ◆ **être soigneux de ses vêtements** to be careful with one's clothes, take care of ou look after one's clothes

soi-même [swamɛm] pron → **même, soi**

soin [swɛ̃] → SYN nm **a** (application) care; (ordre et propreté) tidiness, neatness ◆ **sans soin** (adj) careless; untidy; (adv) carelessly; untidily ◆ **faire qch avec (grand) soin** to do sth with (great) care ou (very) carefully ◆ **il n'a aucun soin, il est sans soin** he is untidy ◆ **il nous évite avec un certain soin, il met un certain soin à nous éviter** he takes great care ou he goes to some lengths to avoid us, he is scrupulously avoiding us **b** (charge, responsabilité) care ◆ **confier à qn le soin de ses affaires** to entrust sb with the care of one's affairs ◆ **confier à qn le soin de faire** to entrust sb with the job ou task of doing ◆ **je vous laisse ce soin** I leave this to you, I leave you to take care of this ◆ **son premier soin fut de faire ...** his first concern was to do ... ◆ (littér) **le soin de son salut / avenir l'occupait tout entier** his thoughts were filled with the care of his salvation / future (littér) **c soins** (entretien, hygiène) care (NonC); (attention) care (and attention) (NonC); (traitement) attention (NonC), treatment (NonC) ◆ **les soins du ménage** ou **domestiques** the care of the home ◆ **l'enfant a besoin des soins d'une mère** the child needs a mother's care (and attention) ◆ **soins esthétiques** ou **de beauté** beauty care ◆ **pour les soins de la chevelure / des ongles utilisez ...** for hair- / nail-care use ... ◆ **les soins du visage** face-care, care of the complexion ◆ **soins médicaux** medical ou health care ◆ **soins dentaires** dental treatment ◆ **son état demande des soins** his condition needs treatment ou (medical) attention ◆ **le blessé a reçu les premiers soins** the injured man has been given first aid ◆ **soins palliatifs** palliative care ◆ **confier qn / qch aux (bons) soins de** to leave sb / sth in the hands ou care of ◆ (sur lettre: frm) **aux bons soins de** care of, c / o ◆ **être aux petits soins pour qn** to lavish attention upon sb, wait on sb hand and foot, dance attendance on sb **d** LOC **avoir** ou **prendre soin de faire** to take care to do, make a point of doing ◆ **avoir** ou **prendre soin de qn / qch** to take care of ou look after sb / sth ◆ **il prend bien soin / grand soin de sa petite personne** he takes good care / great care of his little self ou of number one* ◆ **ayez** ou **prenez soin d'éteindre** take care ou be sure to turn out the lights, make sure you turn out the lights ◆ **avoir soin que ...** to make sure that ... ◆ (Rel) **donner ses soins à** to minister to

soir [swaʀ] → SYN nm **a** evening ◆ **les soirs d'automne / d'hiver** autumn / winter evenings ◆ **le soir descend** ou **tombe** evening is closing in ◆ **le soir où j'y suis allé** the evening I went ◆ **viens nous voir un de ces soirs** come and see us one evening ou night ◆ **être du soir** to be a night owl* (fig) ◆ (fig littér) **au soir de la / sa vie** in the evening of life / his life (littér) → **matin**
b **repas / journal du soir** evening meal / paper ◆ **5 heures du soir** 5 (o'clock) in the afternoon ou evening, 5 p.m. ◆ **8 heures du soir** 8 (o'clock) in the evening, 8 o'clock at night, 8 p.m. ◆ **11 heures du soir** 11 (o'clock) at night, 11 p.m. → **cours, robe**
c (loc: compléments de temps) **le soir je vais souvent les voir** in the evening I often go to see them, I often go to see them of an evening (Brit) ◆ **le soir, je suis allé les voir / il a plu** in the evening I went to see them / it rained ◆ **il pleut assez souvent le soir** it quite often rains in the evening(s) ◆ **sortir le soir** to go out in the evening ◆ **j'y vais ce soir** I'm going this evening ou tonight ◆ **à ce soir!** (I'll) see you (ou I'll talk to you etc) this evening ou tonight! ◆ **vivement ce soir qu'on se couche*** I can't wait until bedtime, roll on bedtime* (Brit) ◆ **tous les soirs, chaque soir** every evening ou night ◆ **hier soir** last night, yesterday evening ◆ **demain soir** tomorrow evening ou night ◆ **dimanche soir** Sunday evening ou night ◆ **hier / le 17 au soir** in the evening (of) yesterday / of the 17th ◆ **la veille au soir** the previous evening ◆ **il est arrivé un (beau) soir** he turned up one evening

soirée [swaʀe] → SYN GRAMMAIRE ACTIVE 25.2 nf **a** (soir) evening
b (réception) party ◆ **soirée dansante** dance → **tenu**
c (Ciné, Théât: séance) evening performance ◆ **donner un spectacle / une pièce en soirée** to give an evening performance of a show / play

soissons [swasɔ̃] nmpl (haricots) (variety of) dwarf beans

soit [swa] → SYN **1** adv (frm: oui) very well, well and good, so be it (frm) ◆ **eh bien, soit, qu'il y aille!** very well then ou well and good then, let him go! → **tant**
2 conj **a** (d'alternative) **soit l'un soit l'autre** (either) one or the other ◆ **soit avant soit après** (either) before or after ◆ **soit timidité, soit mépris** ou **timidité ou mépris, elle ne lui adressait jamais la parole** be it (out of) ou whether out of shyness or contempt she never spoke to him ◆ **soit que** + subj: **soit qu'il soit fatigué, soit qu'il en ait assez** whether he is tired or whether he has had enough ◆ **soit qu'il n'entende pas, ou ne veuille pas entendre** whether he cannot hear or (whether) he does not wish to hear
b (à savoir) that is to say ◆ **des détails importants, soit l'approvisionnement, le transport** etc important details, that is to say ou for instance provisions, transport etc
c (Math: posons) **soit un rectangle ABCD** let ABCD be a rectangle

soixantaine [swasɑ̃tɛn] nf **a** (environ soixante) sixty or so, (round) about sixty, sixty-odd* ◆ **il y avait une soixantaine de personnes / de livres** there were sixty or so ou (round) about sixty people / books, there were sixty-odd* people / books ◆ **la soixantaine de spectateurs qui étaient là** the sixty or so ou the sixty-odd* people there ◆ **ils étaient une bonne soixantaine** there were a good sixty of them ◆ **il y a une soixantaine / une bonne soixantaine d'années** sixty or so ou sixty-odd* / a good sixty years ago ◆ **ça doit coûter une soixantaine de mille (francs)** that must cost sixty thousand or so francs ou (round) about sixty thousand francs ou some sixty thousand francs
b (soixante unités) sixty ◆ **sa collection n'atteint pas encore / a dépassé la soixantaine** his collection has not yet reached / has passed the sixty mark, there are not yet sixty / are now over sixty in his collection
c (âge) sixty ◆ **approcher de la / atteindre la soixantaine** to near / reach sixty ◆ **un homme dans la soixantaine** a man in his sixties ◆ **d'une soixantaine d'années** personne of about sixty; arbre sixty or so years old ◆ **elle a la soixantaine** she is sixtyish, she is in her sixties

soixante [swasɑ̃t] adj inv, nm inv sixty ◆ **à la page soixante** on page sixty ◆ **habiter au soixante** to live at number sixty ◆ **les années soixante** the sixties, the 60s ◆ **soixante et un** sixty-one ◆ **soixante et unième** sixty-first ◆ **soixante-dix** seventy ◆ **soixante-dixième** seventieth ◆ **soixante mille** sixty thousand ◆ (jeu, rue) **le (numéro) soixante** number sixty ◆ (position) **un soixante-neuf‡** a soixante-neuf‡ ou sixty-nine‡

soixante-huitard, e, mpl **soixante-huitards** [swasɑ̃tɥitaʀ, aʀd] **1** adj personne nostalgic for the events of May 1968; attitude, idées which hark back to the events of May 1968
2 nm,f (en 1968) participant in the events of May 1968; (après 1968) proponent of the ideals of May 1968

soixantième [swasɑ̃tjɛm] adj, nm sixtieth

soja [sɔʒa] nm (plante) soya; (graines) soya beans (pl) ◆ **germes de soja** (soya) bean sprouts

sol[1] [sɔl] → SYN nm (gén) ground; (plancher) floor; (revêtement) floor, flooring (NonC); (territoire, terrain: Agr, Géol) soil ◆ **étendu sur le sol** spread out on the ground ◆ **posé au sol** ou **à même le sol** (placed) on the ground (ou floor) ◆ **sol carrelé / cimenté** tiled / concrete floor ◆ **la surface au sol** the floor surface ◆ (Constr) **la pose des sols** the laying of floors ou of flooring ◆ **sol natal** native soil ◆ **sur le sol français** on French soil ◆ (Aviat) **personnel au sol** ground staff ou personnel ◆ (Aviat) **essais / vitesse au sol** ground tests / speed ◆ (Sport) **exercices au sol** floor exercises

sol[2] [sɔl] nm inv (Mus) G; (en chantant la gamme) so(h) → **clef**

sol[3] [sɔl] nm (Chim) sol

sol[4] [sɔl] nm (monnaie) sol

sol-air [sɔlɛʀ] adj inv ground-to-air

solaire [sɔlɛʀ] **1** adj **a** (Astrol, Astron), énergie, panneaux solar; crème, filtre sun (attrib) → **cadran, spectre, système**
b → **plexus**
2 nm ◆ (énergie) **le solaire** solar energy

solanacées [sɔlanase] nfpl ◆ **les solanacées** solanaceous plants, the Solanaceae (spéc)

solarisation [sɔlaʀizasjɔ̃] nf (chauffage) solar heating; (Phot) solarization

solarium [sɔlaʀjɔm] → SYN nm solarium

soldanelle [sɔldanɛl] nf (Bot) (primulacée) soldanella; (liseron) sea bindweed

soldat [sɔlda] → SYN nm (gén) soldier ◆ **(simple) soldat, soldat de 2e classe** (armée de terre) private; (armée de l'air) aircraftman (Brit), basic airman (US) ◆ **soldat de 1re classe** (armée de terre) ≃ private (Brit), private first class (US); (armée de l'air) leading aircraftman (Brit), airman first class (US) ◆ **soldat d'infanterie** infantryman ◆ **se faire soldat** to join the army, enlist ◆ **le Soldat inconnu** the Unknown Soldier ou Warrior ◆ (fig littér) **soldat de la liberté / du Christ** soldier of liberty / of Christ ◆ **soldats de la paix** peacekeepers ◆ **soldat de plomb** tin ou toy soldier → **fille**

soldate [sɔldat] nf woman soldier

soldatesque [sɔldatɛsk] → SYN (péj) **1** nf army rabble
2 adj (†) barrack-room (épith)

solde[1] [sɔld] → SYN nf **a** [soldat, matelot] pay
b (péj) **être à la solde de** to be in the pay of ◆ **avoir qn à sa solde** to have sb in one's pay

solde[2] [sɔld] → SYN nm **a** (Comm: reliquat) (gén) balance; (reste à payer) balance outstanding ◆ **il y a un solde de 10 F en votre faveur** there is a balance of 10 francs in your favour ou to your credit ◆ **solde débiteur / créditeur** debit / credit balance ◆ **solde de trésorerie** cash balance ◆ **pour solde de (tout) compte** in settlement
b **solde (de marchandises)** sale goods (pl) ◆ **vente de soldes** sale, sale of reduced items ◆ **solde de lainages** sale of woollens, woollen sale ◆ **mettre des marchandises en solde** to put goods in a sale ◆ **vendre / acheter qch en solde** to sell (off) / buy sth at sale price ◆ **article (vendu) en solde** sale(s) item ou article ◆ **les soldes** (parfois f) the sales ◆ **je l'ai acheté en solde** ou **dans les soldes** I bought it in the sales ◆ **faire les soldes** to go to the sales ◆ **la saison des soldes** the sales season

solder [sɔlde] → SYN ▸ conjug 1 ◂ **1** vt **a** compte (arrêter) to wind up, close; (acquitter) to pay (off) the balance of, settle, balance
b marchandises to sell (off) at sale price ◆ **ils soldent ces pantalons à 130 F** they are selling off these trousers at ou for 130 francs, they are selling these trousers in the sale at ou for 130 francs ◆ **je vous le solde à 40 F** I'll let you have it for 40 francs, I'll knock it down* ou reduce it to 40 francs for you
2 **se solder** vpr ◆ **se solder par** (Comm) [exercice, budget] to show; (fig) [entreprise, opération] to end in ◆ **les comptes se soldent par un bénéfice** the accounts show a profit ◆ **l'exercice se solde par un déficit / bénéfice de 50 millions** the end-of-year figures show a loss / profit of 50 million ◆ **l'entreprise / la conférence s'est soldée par un échec** the undertaking / conference ended in failure ou came to nothing

solderie [sɔldəʀi] nf discount store

soldeur, -euse [sɔldœʀ, øz] nm,f discount store owner

sole[1] [sɔl] nf (poisson) sole ◆ (Culin) **sole meunière** sole meunière

sole[2] [sɔl] → SYN nf (Tech) [four] hearth; [sabot, bateau] sole

sole[3] [sɔl] → SYN nf (Agr) individual field

soléaire [sɔleɛʀ] adj, nm ◆ **le (muscle) soléaire** the soleus

solécisme [sɔlesism] → SYN nm solecism *(in language)*

soleil [sɔlɛj] → SYN nm **a** (astre, gén) sun ◆ (Astron, Myth) **le Soleil** the Sun ◆ **orienté au soleil levant / couchant** facing the rising / setting sun ◆ **le soleil de minuit** the midnight sun ◆ (littér) **les soleils pâles / brumeux de l'hiver** the pale / misty sun of winter ◆ (fig) **tu es mon (rayon de) soleil** you are the sunshine of my life → **coucher, lever, rayon**
b (chaleur) sun, sunshine; (lumière) sun, sunshine, sunlight ◆ **au soleil** in the sun ◆ **être assis / se mettre au soleil** to be sitting in / go into the sun(shine) ou sunlight ◆ **vivre au soleil** to live in the sun ◆ **il y a du soleil, il fait du soleil, il fait soleil*** the sun is shining, it's sunny ◆ **il fait un beau soleil** it's lovely and sunny ◆ **il fait un soleil de plomb** the sun is blazing down, there's a blazing sun ◆ **être en plein soleil** to be right in the sun ◆ **des jours sans soleil** sunless days ◆ **se chercher un coin au soleil** to look for a spot in the sun(shine) ou a sunny spot ◆ **chat qui cherche le soleil** cat looking for a sunny spot ◆ **les pays du soleil** the lands of the sun ◆ **la couleur a passé au soleil** the colour has faded in the sun → **bain, coup, fondre**
c (motif, ornement) sun
d (feu d'artifice) Catherine wheel
e (acrobatie) grand circle ◆ (fig: culbute) **faire un soleil** to turn ou do a somersault, somersault
f (fleur) sunflower
g LOC **se lever avec le soleil** to rise with the sun, be up with the sun ou the lark ◆ (Prov) **le soleil brille pour tout le monde** nature belongs to everyone ◆ **rien de nouveau** ou **neuf sous le soleil** there's nothing new under the sun ◆ **avoir du bien** ou **des biens au soleil** to be the owner of property, have property ◆ (fig) **se faire / avoir une place au soleil** to find oneself / have a place in the sun

solen [sɔlɛn] nm razor-shell (Brit), razor clam (US), solen (spéc)

solennel, -elle [sɔlanɛl] → SYN adj (gén) solemn; promesse, ton, occasion solemn, formal; séance ceremonious → **communion**

solennellement [sɔlanɛlmɑ̃] adv (gén) solemnly; offrir, ouvrir ceremoniously

solenniser [sɔlanize] → SYN ▸ conjug 1 ◂ vt to solemnize

solennité [sɔlanite] → SYN nf **a** (caractère) solemnity
b (fête) grand ou formal occasion
c (gén pl : formalité) formality, solemnity

solénoïde [sɔlenɔid] nm solenoid

soleret [sɔlʀɛ] nm (Hist) solleret

Solex ® [sɔlɛks] nm ≃ moped

solfatare [sɔlfataʀ] nm solfatara

solfège [sɔlfɛʒ] nm (théorie) musical theory ou notation ; (livre) (musical) theory book ; (†: gamme) (tonic) sol-fa ◆ **apprendre le solfège** to learn musical theory ou notation

solfier [sɔlfje] ▸ conjug 7 ◂ vti to sing naming the notes

soli npl de **solo**

solidage [sɔlidaʒ] nf (Bot) goldenrod

solidaire [sɔlidɛʀ] → SYN adj **a** [personnes] **être solidaires** to show solidarity, stand ou stick together ◆ **pendant les grèves les ouvriers sont solidaires** during strikes, workers stand ou stick together ou show solidarity ◆ **être solidaire de** to stand by, be behind ◆ **nous sommes solidaires du gouvernement** we stand by ou are behind ou are backing the government ◆ **être solidaire des victimes d'un régime** to show solidarity with ou stand by ou support the victims of a régime ◆ **ces pays se sentent solidaires** these countries feel they have each others' support ou feel solidarity with each other
b mécanismes, pièces, systèmes interdependent ◆ **cette pièce est solidaire de l'autre** this part is firmly ou immovably attached to the other
c (Jur) contrat, engagement binding all parties ; débiteurs jointly liable

solidairement [sɔlidɛʀmɑ̃] → SYN adv jointly, jointly and severally (spéc)

solidariser [sɔlidaʀize] → SYN ▸ conjug 1 ◂ **1** vt personnes to unify ; objets to interlock
2 **se solidariser** vpr ◆ **se solidariser avec** to show solidarity with

solidarité [sɔlidaʀite] → SYN nf **a** [personnes] solidarity ◆ **solidarité de classe / professionnelle** class / professional solidarity ◆ **solidarité ministérielle** ministerial solidarity *(whereby all ministers assume responsibility for a government's decisions)* ◆ **cesser le travail par solidarité avec des grévistes** to come out in sympathy ou stop work in sympathy with the strikers → **grève**
b [mécanismes, systèmes] interdependence
c (Jur) joint and several liability

solide [sɔlid] → SYN **1** adj **a** (non liquide) nourriture, état, corps solid ; (Géom, Phys) solid ◆ **ne lui donnez pas encore d'aliments solides** don't give him any solid food ou any solids yet
b (robuste) matériaux solid, sturdy, tough ; outil solid, strong ; construction solid, sturdy ◆ **c'est du solide** it's solid stuff ◆ **être solide sur ses jambes** to be steady on one's legs ◆ **avoir une position solide** to have a secure position
c (fig : durable, sérieux) institutions, qualités sound, solid ; bases solid, firm, sound ; amitié, vertus solid ; connaissances, raisons sound ◆ **doué d'un solide bon sens** possessing sound commonsense ou good solid commonsense ◆ **ces opinions / raisonnements ne reposent sur rien de solide** these opinions / arguments have no solid ou sound foundation
d (fig) personne (vigoureux, en bonne santé) sturdy, robust ; (sérieux, sûr) reliable, solid ; poigne, jambes, bras sturdy, solid ; santé, poumons, cœur sound ; esprit, psychisme sound ◆ **avoir la tête solide** (lit) to have a hard head ; (fig : équilibré) to have a good head on one's shoulders ◆ **il n'a plus la tête bien solide** his mind's not what it was ◆ **il n'a pas l'estomac très solide** he has a rather weak ou delicate stomach → **rein**
e (intensif) coup de poing (good) hefty* ; revenus substantial ; engueulade good, proper* (Brit) ◆ **un solide repas le remit d'aplomb** a (good) solid meal put him on his feet again
f LOC **être solide au poste** (Mil) to be loyal to one's post ; (fig) to be completely dependable ou reliable ◆ **solide comme un roc** as solid as a rock ◆ **solide comme le Pont-Neuf**† (as) strong as an ox
2 nm (Géom, Phys) solid

solidement [sɔlidmɑ̃] adv **a** (lit) fixer, attacher, tenir firmly ; fabriquer, construire solidly ◆ **résister solidement** to put up a solid ou firm resistance
b (fig) s'établir, s'installer securely, firmly, solidly ; raisonner soundly ◆ **rester solidement attaché aux traditions locales** to remain firmly attached to local traditions ◆ **être solidement attaché à qn / qch** to be deeply ou profoundly attached to sb / sth ◆ **il l'a solidement engueulé*** he gave him a good ou proper (Brit) telling-off*, he told him off well and truly*

solidification [sɔlidifikasjɔ̃] nf solidification

solidifier vt, **se solidifier** vpr [sɔlidifje] → SYN ▸ conjug 7 ◂ to solidify

solidité [sɔlidite] → SYN nf (→ **solide**) solidity ; sturdiness ; toughness ; soundness ; robustness ; reliability ◆ [construction, meuble] **d'une solidité à toute épreuve** strong enough to resist anything

soliflore [sɔliflɔʀ] nm bud vase

solifluxion [sɔliflyksjɔ̃] nf solifluction, solifluxion

soliloque [sɔlilɔk] → SYN nm soliloquy

soliloquer [sɔlilɔke] → SYN ▸ conjug 1 ◂ vi to soliloquize

Soliman [sɔlimɑ̃] nm ◆ **Soliman le Magnifique** Sulaiman the Magnificent

solin [sɔlɛ̃] nm (entre deux solives) space between two joists

solipède [sɔlipɛd] adj, nm solidungulate

solipsisme [sɔlipsism] nm solipsism

soliste [sɔlist] nmf soloist

solitaire [sɔlitɛʀ] → SYN **1** adj **a** (isolé) passant solitary (épith), lone (épith) ; maison, arbre, rocher solitary (épith), lonely (épith), isolated ◆ **là vivaient quelques chasseurs / bûcherons solitaires** there lived a few solitary ou lone hunters / woodcutters
b (désert) parc, demeure, chemin lonely (épith), deserted, solitary (épith)
c (sans compagnie) adolescent, vieillard, vie solitary, lonely, lonesome (US) ; passe-temps, caractère solitary → **plaisir**
d (Bot) fleur solitary → **ver**
2 nmf (ermite) solitary, recluse, hermit ; (fig : ours) lone wolf, loner ◆ **il préfère travailler en solitaire** he prefers to work on his own ◆ **course / traversée en solitaire** solo race / crossing
3 nm **a** (sanglier) old boar
b (diamant) solitaire
c (jeu) solitaire

solitairement [sɔlitɛʀmɑ̃] → SYN adv souffrir alone ◆ **vivre solitairement** to lead a solitary life, live alone

solitude [sɔlityd] → SYN nf [personne] (tranquillité) solitude ; (manque de compagnie) loneliness, lonesomeness (US) ; [endroit] loneliness ◆ **solitude morale** moral solitude ou isolation ◆ **la solitude à deux** shared solitude ◆ (littér) **les solitudes glacées du Grand Nord** the icy solitudes ou wastes of the far North (littér)

solive [sɔliv] → SYN nf joist

soliveau, pl **soliveaux** [sɔlivo] → SYN nm small joist

sollicitation [sɔlisitasjɔ̃] → SYN nf **a** (démarche) entreaty, appeal
b (littér : gén pl : tentation) solicitation (littér), enticement
c (action exercée sur qch) prompting ◆ **l'engin répondait aux moindres sollicitations de son pilote** the craft responded to the slightest promptings of its pilot

solliciter [sɔlisite] → SYN ▸ conjug 1 ◂ vt **a** (frm : demander) poste to seek, solicit (frm) ; faveur, audience, explication to seek, request, solicit (frm) (*de qn* from sb)
b (frm : faire appel à) personne to appeal to ◆ **solliciter qn de faire** to appeal to sb ou request sb to do ◆ **je l'ai déjà sollicité à plusieurs reprises à ce sujet** I have already appealed to him ou approached him on several occasions over this matter ◆ **il est très sollicité** there are many calls upon him, he's very much in demand
c (agir sur) curiosité, sens de qn to appeal to ; attention to attract, entice, solicit (frm) ◆ **les attractions qui sollicitent le touriste** the attractions that are there to tempt ou entice the tourist ◆ **mille détails sollicitaient leur curiosité** a thousand details appealed to their curiosity ◆ **le moteur répondait immédiatement lorsque le pilote le sollicitait** the engine responded immediately when the pilot prompted it ◆ **solliciter un cheval** to urge a horse on

solliciteur, -euse [sɔlisitœʀ, øz] → SYN **1** nm,f supplicant
2 nm ◆ (Can) **solliciteur général** Solicitor General

sollicitude [sɔlisityd] → SYN nf concern (NonC), solicitude (frm) ◆ **toutes leurs sollicitudes finissaient par nous agacer** we found their constant concern (for our welfare) ou their solicitude (frm) annoying in the end

solo [solo], pl **solos** ou **soli** adj inv, nm solo ◆ **solo de violon** violin solo ◆ **violon solo** solo violin ◆ **jouer / chanter en solo** to sing / play solo ◆ **escalade en solo** solo climbing ◆ **il a décidé d'agir en solo** he decided to go it alone ◆ **(spectacle) solo** one-man show

sol-sol [sɔlsɔl] adj inv ground-to-ground

solstice [sɔlstis] nm solstice ◆ **solstice d'hiver / d'été** winter / summer solstice

solubilisation [sɔlybilizasjɔ̃] nf solubilization

solubiliser [sɔlybilize] ▸ conjug 1 ◂ vt to make soluble

solubilité [sɔlybilite] nf solubility

soluble [sɔlybl] → SYN adj **a** substance soluble → **café**
b problème soluble, solvable

soluté [sɔlyte] nm (Chim, Pharm) solution

solution [sɔlysjɔ̃] → SYN **1** nf **a** [problème, énigme, équation] (action) solution, solving (*de* of) ; (résultat) solution, answer (*de* to)
b [difficulté, situation] (issue) solution, answer (*de* to) ; (moyens employés) solution (*de* to) ◆ **c'est une solution de facilité** that's an easy answer ou the easy way out ◆ **ce n'est pas une solution à la crise qu'ils traversent** that's no answer to ou no real way out of the crisis they're in, that's no real way to resolve the crisis they're in ◆ **ce n'est pas une solution !** that won't solve anything ! ◆ **hâter la solution d'une crise** to hasten the resolution ou settling of a crisis
c (Chim : action, mélange) solution ◆ **en solution** in solution
2 COMP ▷ **solution de continuité** (frm) solution of continuity (frm) ▷ **la solution finale** (Hist Pol) the Final Solution

solutionner [sɔlysjɔne] → SYN ▸ conjug 1 ◂ vt to solve

solutréen, -enne [sɔlytʀeɛ̃, ɛn] **1** adj Solutrean
2 nm ◆ **le solutréen** the Solutrean

solvabilité [sɔlvabilite] → SYN nf solvency, creditworthiness

solvable [sɔlvabl] → SYN adj (Fin) solvent, creditworthy

solvant [sɔlvɑ̃] nm (Chim) solvent

solvatation [sɔlvatasjɔ̃] nf solvation

soma [sɔma] nm soma

somali [sɔmali] **1** nm (Ling) Somali
2 nmpl ◆ **Somalis** Somalis

Somalie [sɔmali] nf (région) Somaliland ; (État) Somalia

somalien, -ienne [sɔmaljɛ̃, jɛn] **1** adj Somalian
2 nm,f ◆ **Somalien(ne)** Somalian

somation [sɔmasjɔ̃] → SYN nf (Bio) somatic modification

somatique [sɔmatik] adj (Bio, Psych) somatic

somatisation [sɔmatizasjɔ̃] nf somatization

somatiser [sɔmatize] ▸ conjug 1 ◂ vt to somatize ◆ **il a tendance à somatiser** he has a tendency to transform everything into a physical problem

somatostatine [sɔmatostatin] nf somatostatin

somatotrope [sɔmatɔtʀɔp] adj somatotrop(h)ic ◆ **hormone somatotrope** growth ou somatotrop(h)ic hormone

somatotrophine [sɔmatɔtʀɔfin], **somatotropine** [sɔmatɔtʀɔpin] nf growth hormone, somatotrop(h)in

sombre [sɔ̃bʀ] → SYN adj **a** (peu éclairé, foncé) dark ◆ (littér) **de sombres abîmes** dark abysses ◆ (Myth) **le sombre empire, les sombres rivages** the underworld, the nether world ◆ **il fait déjà sombre** it's already dark ◆ **bleu/vert sombre** dark blue/green → **coupe**[2]
b (fig) (mélancolique) sombre, gloomy, dismal; (ténébreux, funeste) dark, sombre ◆ **il avait le visage sombre** he was looking gloomy ou sombre ◆ **de sombres pensées** sombre ou gloomy thoughts, dark ou black thoughts ◆ **un sombre avenir** a dark ou gloomy ou dismal future ◆ **les moments** ou **heures sombres de notre histoire** the dark ou sombre moments of our history
c (valeur intensive) **sombre idiot/brute** dreadful idiot/brute ◆ **une sombre histoire d'enlèvement** a murky story of abduction
d (Phon) voyelle dark

sombrement [sɔ̃bʀ(ə)mɑ̃] adv (→ **sombre**) darkly; sombrely; gloomily, dismally

sombrer [sɔ̃bʀe] → SYN ▸ conjug 1 ◂ vi [bateau] to sink, go down, founder; (fig) [raison] to give way; [empire] to founder; [fortune] to be swallowed up ◆ **sombrer dans le désespoir/le sommeil** to sink into despair/sleep ◆ **sombrer dans la boisson/la folie** to give way to drink/madness

sombrero [sɔ̃bʀeʀo] nm sombrero

somite [sɔmit] nm somite

sommable [sɔmabl] adj calculable

sommaire [sɔmɛʀ] → SYN **1** adj exposé, explication basic, summary (épith), brief; connaissance basic; réponse brief, summary (épith); examen brief, cursory, perfunctory; instruction, réparation, repas basic; tenue, décoration scanty; justice, procédure, exécution summary (épith)
2 nm (exposé) summary; (résumé de chapitre) summary, argument ◆ **sommaire d'une revue** (table of) contents

sommairement [sɔmɛʀmɑ̃] → SYN adv (→ **sommaire**) basically; summarily; briefly; cursorily; scantily ◆ **il me l'a expliqué assez sommairement** he gave me a fairly basic ou cursory explanation of it

sommation[1] [sɔmasjɔ̃] → SYN nf (Jur) summons (sg); (frm: injonction) demand; (avant de faire feu) warning ◆ (Jur) **recevoir sommation de payer une dette** to be served with notice to pay a debt ou with a demand for payment of a debt ◆ (Mil, Police) **faire les sommations d'usage** to give the standard ou customary warnings

sommation[2] [sɔmasjɔ̃] nf (Math, Physiol) summation

somme[1] [sɔm] nf → **bête**

somme[2] [sɔm] → SYN nm nap, snooze ◆ **faire un petit somme** to have a (short) nap ou a (little) snooze ou forty winks*

somme[3] [sɔm] → SYN GRAMMAIRE ACTIVE 20.5 nf **a** (Math) sum; (gén) (pluralité) sum total; (quantité) amount ◆ **somme algébrique** algebraic sum ◆ **la somme totale** the grand total, the total sum ◆ **faire la somme de** to add up ◆ **la somme des dégâts est considérable** the (total) amount of damage ou the total damage is considerable ◆ **une somme de travail énorme** an enormous amount of work
b somme (d'argent) sum ou amount (of money) ◆ **dépenser des sommes folles*** to spend vast amounts ou sums of money ◆ (intensif) **c'est une somme!** it's quite a sum, it's quite a large amount
c (ouvrage de synthèse) general survey ◆ **une somme littéraire/scientifique** a general survey of literature/of science
d LOC **en somme** (tout bien considéré) all in all; (en résumé, après tout) in sum, in short ◆ **en somme, il ne s'agit que d'un incident sans importance** all in all, it's only an incident of minor importance ◆ **en somme, vous n'en voulez plus?** in sum ou in short, you don't want any more? ◆ (frm) **somme toute** when all's said and done

sommeil [sɔmɛj] → SYN nm **a** (état du dormeur, Physiol, Zool) sleep; (envie de dormir) drowsiness, sleepiness ◆ **avoir sommeil** to be ou feel sleepy ◆ **tomber de sommeil** to be ready to drop (with tiredness ou sleep) ◆ **un sommeil agréable l'envahissait** a pleasant drowsiness ou sleepiness ou desire to sleep was creeping over him ◆ **huit heures de sommeil** 8 hours' sleep ◆ **avoir le sommeil léger** to be a light sleeper, sleep lightly ◆ **dormir d'un sommeil agité** to sleep restlessly ◆ **un sommeil profond** ou **de plomb** a heavy ou deep sleep ◆ **sommeil réparateur** refreshing sleep ◆ **sommeil paradoxal** paradoxical sleep ◆ **premier sommeil** first hours of sleep ◆ **nuit sans sommeil** sleepless night ◆ **en plein sommeil** in a deep sleep → **cure**[1], **dormir**, **maladie**
b (fig: gén littér: inactivité) **le sommeil de la nature** nature's sleep (littér), the dormant state of nature ◆ **affaires en sommeil** dormant affairs, affairs in abeyance ◆ **laisser une affaire en sommeil** to leave a matter (lying) dormant, leave a matter in abeyance ◆ **le sommeil de la petite ville pendant l'hiver** the sleepiness of the little town during winter ◆ (littér) **le sommeil éternel, le dernier sommeil** eternal rest ◆ **le sommeil des morts** the sleep of the dead

sommeiller [sɔmeje] → SYN ▸ conjug 1 ◂ vi [personne] to doze; (fig) [qualité, défaut, nature] to lie dormant → **cochon**[1]

sommelier [sɔməlje] → SYN nm wine waiter

sommelière [sɔməljɛʀ] nf (Helv) waitress

sommellerie [sɔmɛlʀi] nf **a** (fonction) wine waiter's duties
b (cave) (wine) cellar

sommer[1] [sɔme] → SYN ▸ conjug 1 ◂ vt ◆ (frm: enjoindre) **sommer qn de faire** to charge ou enjoin sb to do (frm) ◆ (Jur) **sommer qn de** ou **à comparaître** to summon sb to appear

sommer[2] [sɔme] ▸ conjug 1 ◂ vt (additionner) to sum

sommet [sɔmɛ] → SYN nm **a** (point culminant) [montagne] summit, top; [tour, arbre, toit, pente, hiérarchie] top; [vague] crest; [crâne] crown, vertex (spéc); (Géom, Math) [angle] vertex; [solide, figure, parabole] vertex, apex ◆ (Méd) **présentation du sommet** vertex presentation ◆ (fig) **les sommets de la gloire/des honneurs** the summits ou heights of fame/honour ◆ (littér, hum) **redescendons de ces sommets** let us climb down from these lofty heights (littér, hum)
b (cime, montagne) summit, mountain top ◆ **l'air pur des sommets** the pure air of the summits ou the mountaintops
c (Pol) summit ◆ réunion, discussions **au sommet** summit (épith) → **conférence**

sommier [sɔmje] → SYN nm **a** [lit] **sommier (à ressorts)** (s'encastrant dans le lit, fixé au lit) springing (NonC) (Brit), springs *(of bedstead)*; (avec pieds) (interior-sprung) divan base (Brit), box springs (US) ◆ **sommier (métallique)** mesh-springing (Brit); mesh-sprung divan base (Brit), mesh springs (US) ◆ **sommier à lattes** slatted bed base ◆ **sommier extra-plat** metal-framed divan base
b (Tech) [voûte] impost, springer; [clocher] stock; [porte, fenêtre] transom; [grille] lower crossbar; [orgue] windchest
c (registre) ledger ◆ **les sommiers*** ≃ the Criminal Records Office

sommital, e, mpl **-aux** [sɔ(m)mital, o] adj summital

sommité [sɔ(m)mite] → SYN nf **a** (personne) prominent person, leading light *(de* in)
b (Bot) head

somnambule [sɔmnɑ̃byl] **1** nmf sleepwalker, somnambulist (spéc) ◆ **marcher/agir comme un somnambule** to walk/act like a sleepwalker ou as if in a trance
2 adj ◆ **être somnambule** to be a sleepwalker, sleepwalk

somnambulique [sɔmnɑ̃bylik] adj sleepwalking (épith), somnambulistic (spéc)

somnambulisme [sɔmnɑ̃bylism] nm sleepwalking, somnambulism (spéc)

somnifère [sɔmnifɛʀ] → SYN **1** nm sleeping drug, soporific; (pilule) sleeping pill, sleeping tablet
2 adj somniferous (frm), sleep-inducing, soporific

somnolence [sɔmnɔlɑ̃s] → SYN nf sleepiness (NonC), drowsiness (NonC), somnolence (NonC) (frm); (fig) indolence, inertia

somnolent, e [sɔmnɔlɑ̃, ɑ̃t] → SYN adj sleepy, drowsy, somnolent (frm); (fig) vie, province drowsy, sleepy, languid; faculté dormant, inert

somnoler [sɔmnɔle] → SYN ▸ conjug 1 ◂ vi (lit) to doze; (fig) to lie dormant

somptuaire [sɔ̃ptɥɛʀ] → SYN adj **a** loi, réforme sumptuary
b dépenses somptuaires extravagant expenditure (NonC) ◆ **arts somptuaires** decorative arts

somptueusement [sɔ̃ptɥøzmɑ̃] adv (→ **somptueux**) sumptuously; magnificently; lavishly; handsomely

somptueux, -euse [sɔ̃ptɥø, øz] → SYN adj habit, résidence sumptuous, magnificent; train de vie lavish; cadeau handsome (épith), sumptuous; repas, festin sumptuous, lavish

somptuosité [sɔ̃ptɥozite] → SYN nf (→ **somptueux**) sumptuousness (NonC); magnificence (NonC); lavishness (NonC); handsomeness (NonC)

son[1] [sɔ̃], **sa** [sa], **ses** [se] adj poss **a** [homme] his; (emphatique) his own; [femme] her; (emphatique) her own; [nation] its, her; (emphatique) its own, her own ◆ **Son Altesse Royale** (prince) His Royal Highness; (princesse) Her Royal Highness ◆ **Sa Majesté** (roi) His Majesty; (reine) Her Majesty ◆ **Sa Sainteté le pape** His Holiness the Pope ◆ **ce n'est pas son genre** he ou she is not that sort, it's not like him ou her ◆ **quand s'est passé son accident?** when did she (ou he) have her (ou his) accident? ◆ **son père et sa mère, ses père et mère** his (ou her) father and (his ou her) mother ◆ (emphatique) **son jardin à lui/elle est une vraie jungle** his ou his own/her ou her own garden is a real jungle ◆ **ses date et lieu de naissance** his (ou her) date and place of birth ◆ **à sa vue, elle poussa un cri** she screamed at the sight of him (ou her) ou on seeing him (ou her) ◆ **un de ses amis** one of his (ou her) friends, a friend of his (ou hers) ◆ **son idiote de sœur*** that stupid sister of hers (ou his)
b [objet, abstraction] its ◆ **l'hôtel est réputé pour sa cuisine** the hotel is famous for its food ◆ **pour comprendre ce crime il faut chercher son mobile** to understand this crime we must try to find the motivation for it ◆ **ça a son importance** that has its ou a certain importance
c (à valeur d'indéfini) one's; (après chacun, personne etc) his, her ◆ **faire ses études** to study ◆ **on ne connaît pas son bonheur** one never knows how fortunate one is ◆ **être satisfait de sa situation** to be satisfied with one's situation ◆ **chacun selon ses possibilités** each according to his (own) capabilities ◆ **personne ne sait comment finira sa vie** no one knows how his life will end
d (*: valeur affective, ironique, intensive) **il doit (bien) gagner son million par an** he must be (easily) earning a million a year ◆ **avoir son samedi/dimanche** to have (one's) Saturday(s)/Sunday(s) off ◆ **il a passé tout son dimanche à travailler** he spent the whole of ou all Sunday working ◆ **son M. X ne me plaît pas du tout** I don't care for his (ou her) Mr X at all ◆ **avoir ses petites manies** to have one's funny little ways ◆ **elle a ses jours!** she has her (good and bad) days! ◆ **il a sa crise de foie** he is having one of his bilious attacks ◆ **cet enfant ne ferme jamais ses portes** that child will never shut doors ou a door behind him → **sentir**

son[2] [sɔ̃] → SYN nm **a** (gén, Ling, Phys) sound ◆ **son articulé/inarticulé** articulate/inarticulate sound ◆ **son numérique** digital sound ◆ **le timbre et la hauteur du son d'une cloche/d'un tambour/d'un avertisseur** the tone and pitch of (the sound of) a bell/a drum/an alarm ◆ **réveillé par le son des cloches/tambours/klaxons** woken by the sound of bells/drums/hooters, woken by the ringing of bells/the beat of drums/the blare of horns ◆ **défiler au son d'une fanfare** to march past to the music of a band ◆ (fig) **n'entendre qu'un/entendre un autre son de cloche** to hear only one/another side of the story ◆ **proclamer**

qch à son de trompe to proclaim sth from the rooftops ou the housetops → **mur, qui, vitesse**

b (Ciné, Rad, TV) sound ◆ **baisser le son** to turn down the sound ou volume ◆ **équipe / ingénieur du son** sound team / engineer ◆ **synchroniser le son et l'image** to synchronize the sound and the picture ◆ **(spectacle) son et lumière** son et lumière (display) → **pris**

son[3] [sɔ̃] → SYN nm (Bot) bran ◆ **farine de son** bran flour ◆ **poupée de son** rag doll *(stuffed with bran)* → **pain, tache**

sonal, pl **sonals** [sɔnal] nm jingle

sonar [sɔnaʀ] → SYN nm sonar

sonate [sɔnat] nf sonata ◆ **sonates pour clavecin / piano** sonatas for harpsichord / piano → **forme**

sonatine [sɔnatin] nf sonatina

sondage [sɔ̃daʒ] → SYN nm **a** (enquête) (succincte) poll; (approfondie) survey ◆ **sondage d'opinion** opinion poll ◆ (Pol) **il monte / baisse dans les sondages** his popularity is going up / down in the polls ◆ **faire un sondage** to take a poll; to conduct a survey (*auprès de* among)

b (Tech: forage) boring, drilling; (Mét, Naut) sounding; (Méd) probing (NonC), probe; (pour évacuer) catheterization

sonde [sɔ̃d] → SYN nf **a** (Naut) (instrument) lead line, sounding line; (relevé: gén pl) soundings (pl) ◆ **naviguer à la sonde** to navigate by soundings ◆ **jeter une sonde** to cast the lead → **île**

b (Tech: de forage) borer, drill

c (Méd) probe; (à canal central) catheter; (d'alimentation) feeding tube ◆ **mettre une sonde à qn** to put a catheter in sb ◆ **alimenter un malade avec une sonde** to feed a patient through a tube

d (Aviat, Mét) sonde ◆ **sonde aérienne** sounding balloon ◆ **sonde atmosphérique** sonde ◆ **sonde moléculaire** molecular probe ◆ **sonde spatiale** space probe

e (de douanier: pour fouiller) probe; (Comm: pour prélever) taster; (à avalanche) pole *(for locating victims)* ◆ **sonde à fromage** cheese taster

sondé, e [sɔ̃de] nm,f *person who takes part in an opinion poll* ◆ **la majorité des sondés était pour** the majority of those polled were in favour of the idea

sonder [sɔ̃de] → SYN ▸ conjug 1 ◂ vt **a** (Naut) to sound; (Mét) to probe; (Tech) terrain to bore, drill; bagages to probe, search (with a probe); avalanche to probe; (Méd) plaie to probe; vessie, malade to catheterize ◆ (littér) **il sonda l'abîme du regard** his eyes probed the depths of the abyss

b (fig) personne (gén) to sound out; (par sondage d'opinion) to poll; conscience, avenir to sound out, probe ◆ **sonder les esprits** to sound out opinion ◆ **sonder l'opinion** to make a survey of (public) opinion → **terrain**

sondeur, -euse[1] [sɔ̃dœʀ, øz] **1** nm (Tech) sounder

2 nm,f [sondage d'opinion] pollster

sondeuse[2] [sɔ̃døz] nf (Tech) small sounder

songe [sɔ̃ʒ] → SYN nm (littér) dream ◆ **en songe** in a dream ◆ **faire un songe** to have a dream ◆ (Prov) **songe, mensonge** dreams are just illusions ◆ (Littérat) **"Songe d'une nuit d'été"** "A Midsummernight's Dream"

songe-creux [sɔ̃ʒkʀø] → SYN nm inv (†, littér) visionary

songer [sɔ̃ʒe] → SYN ▸ conjug 3 ◂ GRAMMAIRE ACTIVE 1.1, 8.2

1 vi (littér: rêver) to dream

2 vt ◆ **songer que** ... to reflect ou consider that ... ◆ **« ils pourraient refuser » songeait-il** "they could refuse" he reflected ou mused ◆ **songez que cela peut présenter de grands dangers** remember ou you must be aware that it can present great dangers ◆ **il n'avait jamais songé qu'ils puissent réussir** he had never imagined they might be successful ◆ **cela me fait songer que je voulais lui téléphoner** that reminds me – I wanted to phone him

3 **songer à** vt indir (évoquer) to muse over ou upon, think over, reflect upon; (considérer, penser à) to consider, think over, reflect upon; (envisager) to contemplate, think of ou about; (s'occuper de, prendre soin de) to think of, have regard for ◆ **songer à se marier** ou **au mariage** to contemplate marriage, think of getting married ◆ **songez-y** think it over, consider it ◆ **il ne songe qu'à son avancement** he thinks only of ou he has regard only for his own advancement ◆ **songer à faire qch** to contemplate doing sth, think of ou about doing sth ◆ **quand on songe à tout ce gaspillage** when you think of all this waste ◆ **il ne faut pas y songer, inutile d'y songer** it is no use (even) thinking about it ◆ **vous n'y songez pas!** you must be joking!, you're not serious! ◆ **vous me faites songer à M. X** you remind me of Mr X → **mal** 3e

songerie [sɔ̃ʒʀi] → SYN nf (littér) reverie

songeur, -euse [sɔ̃ʒœʀ, øz] → SYN **1** adj pensive ◆ **cela me laisse songeur** I just don't know what to think

2 nm,f dreamer

sonique [sɔnik] adj vitesse sonic ◆ **barrière sonique** sound barrier

sonnaille [sɔnɑj] nf (cloche) bell; (bruit) ringing (NonC)

sonnailler[1] [sɔnɑje] nm (mouton) bellwether

sonnailler[2] [sɔnɑje] ▸ conjug 1 ◂ vi to ring, chime

sonnant, e [sɔnɑ̃, ɑ̃t] → SYN adj **a** **à 4 heures sonnantes** on the stroke ou dot of 4, at 4 (o'clock) sharp

b → **espèce**

c horloge chiming, striking

d (Phon) resonant

sonné, e [sɔne] → SYN (ptp de **sonner**) adj **a** **il est midi sonné** it's gone (Brit) ou past twelve ◆ **avoir trente ans bien sonnés*** to be on the wrong side of thirty*

b (‡: fou) cracked*, off one's rocker‡ (attrib)

c (*: assommé) groggy

sonner [sɔne] → SYN ▸ conjug 1 ◂ GRAMMAIRE ACTIVE 27.3

1 vt **a** cloche to ring; tocsin, glas to sound, toll; clairon to sound ◆ **sonner trois coups à la porte** to ring three times at the door ◆ **se faire sonner les cloches*** to get a good ticking-off* (Brit) ou telling-off* ◆ **sonner les cloches à qn*** to give sb a roasting* ou a telling-off*

b (annoncer) messe, matines to ring the bell for; réveil, rassemblement, retraite to sound ◆ **sonner l'alarme** to sound the alarm ◆ (Mil) **sonner la charge** to sound the charge ◆ **sonner l'heure** to strike the hour ◆ **la pendule sonne 3 heures** the clock strikes 3 (o'clock)

c (appeler) portier, infirmière to ring for ◆ **on ne t'a pas sonné!*** nobody asked you!, who rang your bell?* (Brit)

d (*: étourdir) [chute] to knock out; [nouvelle] to stagger*, take aback ◆ **la nouvelle l'a un peu sonné** he was rather taken aback ou staggered* at ou by the news ◆ **il a été bien sonné par sa grippe** he was really knocked flat by his bout of flu, his bout of flu really knocked him for six*

2 vi **a** [cloches, téléphone] to ring; [réveil] to ring, go off; [clairon, trompette] to sound; [tocsin, glas] to sound, toll ◆ **elle a mis le réveil à sonner pour** ou **à 7 heures** she's set the alarm for 7 o'clock ◆ (Scol etc) **la cloche a sonné** the bell has gone ou rung ◆ **sonner à toute volée** to peal (out) ◆ (fig) **les oreilles lui sonnent** his ears are ringing

b (son métallique) [marteau] to ring; [clefs, monnaie] to jangle, jingle ◆ **sonner clair** to give a clear ring ◆ **sonner creux** (lit) to sound hollow; (fig) to ring hollow ◆ **sonner faux** (lit) to sound out of tune; (fig) to ring false ◆ **sonner juste** (lit) to sound in tune; (fig) to ring true ◆ (fig) **sonner bien / mal** to sound good / bad ◆ **l'argent sonna sur le comptoir** the money jingled ou jangled onto the counter

c (être annoncé) [midi, minuit] to strike ◆ **3 heures venaient de sonner** 3 o'clock had just struck, it had just struck 3 o'clock ◆ **la récréation a sonné** the bell has gone for break ◆ **la messe sonne** the bell is ringing ou going for mass → **heure**

d (actionner une sonnette) to ring ◆ **on a sonné** the bell has just gone, I just heard the bell, somebody just rang (the bell) ◆ **sonner chez qn** to ring at sb's door, ring sb's doorbell

e (Phonétique) **faire sonner** to sound

3 **sonner de** vt indir clairon, cor to sound

sonnerie [sɔnʀi] → SYN nf **a** (son) [sonnette, cloches] ringing ◆ **la sonnerie du clairon** the bugle call, the sound of the bugle ◆ **j'ai entendu la sonnerie du téléphone** I heard the telephone ringing ◆ **la sonnerie du téléphone l'a réveillé** he was woken by the telephone('s) ringing ou the telephone bell ◆ **sonnerie d'alarme** alarm bell

b (Mil: air) call ◆ **la sonnerie du réveil** (the sounding of) reveille ◆ **sonnerie aux morts** last post

c (mécanisme) [réveil] alarm (mechanism), bell; [pendule] chimes (pl), chiming ou striking mechanism; (sonnette) bell ◆ **sonnerie électrique / téléphonique** electric / telephone bell

sonnet [sɔnɛ] → SYN nm sonnet

sonnette [sɔnɛt] → SYN nf **a** (électrique, de porte) bell; (clochette) (hand) bell ◆ **coup de sonnette** ring ◆ **je n'ai pas entendu le coup de sonnette** I didn't hear the bell (ring) ◆ **sonnette de nuit** night bell ◆ **sonnette d'alarme** alarm bell ◆ (fig) **tirer la sonnette d'alarme** to set off ou sound the alarm (bell) ◆ **tirer les sonnettes** (lit: jeu d'enfants) to ring doorbells (and run away); (fig: démarcher) to go knocking on doors → **serpent**

b (Tech) pile driver

sonneur [sɔnœʀ] → SYN nm **a** **sonneur (de cloches)** bell ringer

b pile driver operator

sono* [sɔno] nf (abrév de **sonorisation**) [salle de conférences] P.A. (system); [discothèque] sound system ◆ **la sono est trop forte** the sound's too loud

sonomètre [sɔnɔmɛtʀ] nm (Tech) sound-level meter

sonore [sɔnɔʀ] → SYN **1** adj **a** objet, surface en métal resonant; voix ringing (épith), sonorous, resonant; rire ringing (épith), resounding (épith); baiser, gifle resounding (épith)

b salle resonant; voûte echoing

c (péj) paroles, mots high-sounding, sonorous

d (Acoustique) vibrations sound (épith) ◆ **onde sonore** sound wave ◆ **fond sonore** (bruits) background noise; (musique) background music

e (Ciné) **film sonore** sound film ◆ **bande** ou **piste sonore** sound track ◆ **effets sonores** sound effects

f (Ling) voiced

2 nf (Ling) voiced consonant

sonorisation [sɔnɔʀizasjɔ̃] nf **a** (Ciné) adding the sound track (*de* to)

b (action) [salle de conférences] fitting with a public address system; [discothèque] fitting with a sound system; (équipement) [salle de conférences] public address system, P.A. (system); [discothèque] sound system

c (Ling) voicing

sonoriser [sɔnɔʀize] ▸ conjug 1 ◂ vt **a** film to add the sound track to; salle de conférences to fit with a public address system ou a P.A. (system)

b (Ling) to voice

sonorité [sɔnɔʀite] → SYN nf **a** (timbre, son) [radio, instrument de musique] tone; [voix] sonority, tone ◆ **sonorités** [voix, instrument] tones

b (Ling) voicing

c (résonance) [air] sonority, resonance; [salle] acoustics (pl); [cirque rocheux, grotte] resonance

sonothèque [sɔnɔtɛk] nf sound (effects) library

sonotone ® [sɔnɔtɔn] nm hearing aid

sont [sɔ̃] → **être**

Sophie [sɔfi] nf Sophia, Sophie

sophisme [sɔfism] → SYN nm sophism

sophiste [sɔfist] → SYN nmf sophist

sophistication [sɔfistikasjɔ̃] → SYN nf (affectation) sophistication; (complexité) sophistication; (†: altération) adulteration

sophistique [sɔfistik] 1 adj sophistic
2 nf sophistry

sophistiqué, e [sɔfistike] → SYN (ptp de **sophistiquer**) adj (gén) sophisticated; (†: altéré) adulterated

sophistiquer [sɔfistike] → SYN ▸ conjug 1 ◂ 1 vt (raffiner) to make (more) sophisticated; (†: altérer) to adulterate
2 **se sophistiquer** vpr to become (more) sophisticated

Sophocle [sɔfɔkl] nm Sophocles

sophora [sɔfɔʀa] nm sophora (tree) ◆ **sophora du Japon** Japanese pagoda tree

sophrologie [sɔfʀɔlɔʒi] nf relaxation therapy

sophrologue [sɔfʀɔlɔg] nmf relaxation therapist

soporifique [sɔpɔʀifik] → SYN 1 adj (lit) soporific, sleep-inducing; (fig péj) soporific
2 nm sleeping drug, soporific

sopraniste [sɔpʀanist] nm soprano

soprano [sɔpʀano], pl **sopranos** ou **soprani** [sɔpʀani] 1 nm soprano (voice); (voix d'enfant) soprano, treble
2 nmf soprano ◆ **soprano dramatique / lyrique** dramatic / lyric soprano

sorbe [sɔʀb] nf sorb (apple)

sorbet [sɔʀbɛ] → SYN nm sorbet, water ice (Brit), sherbet (US) ◆ **sorbet au citron / à l'orange** lemon / orange sorbet

sorbetière [sɔʀbətjɛʀ] nf ice-cream maker

sorbier [sɔʀbje] → SYN nm service tree, sorb ◆ **sorbier cultivé** service tree ◆ **sorbier des oiseleurs** European mountain ash, rowan tree

sorbitol [sɔʀbitɔl] nm sorbitol

sorbonnard, e [sɔʀbɔnaʀ, aʀd] (péj) 1 adj pedantic, worthy of the Sorbonne (attrib)
2 nm,f *student or teacher at the Sorbonne*

sorcellerie [sɔʀsɛlʀi] → SYN nf witchcraft, sorcery ◆ (fig) **c'est de la sorcellerie!** it's magic!

sorcier [sɔʀsje] → SYN 1 nm (lit) sorcerer ◆ (fig) **il ne faut pas être sorcier pour ...** you don't have to be a wizard to ... → **apprenti**
2 adj ◆ (fig) **ce n'est pas sorcier!** * you don't need witchcraft ou magic to do it (ou solve it etc)!

sorcière [sɔʀsjɛʀ] → SYN nf witch, sorceress; (fig péj) (old) witch, (old) hag → **chasse**[1]

sordide [sɔʀdid] → SYN adj ruelle, quartier sordid, squalid; action, mentalité base, sordid; gains, crime sordid ◆ **le sordide d'une situation** the baseness ou sordidness of a situation

sordidement [sɔʀdidmɑ̃] adv (→ **sordide**) sordidly; squalidly; basely

sordidité [sɔʀdidite] → SYN nf (→ **sordide**) sordidness; squalidness; baseness

sorgho [sɔʀgo] nm sorghum

sorite [sɔʀit] → SYN nm sorites (sg)

Sorlingues [sɔʀlɛ̃g] nfpl ◆ **les (îles) Sorlingues** the Scilly Isles, the Isles of Scilly, the Scillies

sornettes† [sɔʀnɛt] nfpl twaddle, balderdash ◆ **sornettes!** fiddlesticks!

sororité [sɔʀɔʀite] nf sisterhood

sort [sɔʀ] → SYN nm a (situation, condition) lot, fate ◆ **c'est le sort des paresseux d'échouer** it's the lot ou fate of the lazy to fail ◆ **améliorer le sort des malheureux / handicapés** to improve the lot of the unfortunate / the handicapped ◆ **envier le sort de qn** to envy sb's lot
b (destinée) fate ◆ **le sort qui l'attend** the fate that awaits him ◆ (hum) **abandonner qn à son triste sort** to abandon sb to his sad fate ◆ **sa proposition a eu ou subi le même sort que les précédentes** his proposal met with the same fate as the previous ones ◆ **le sort décidera** fate will decide ◆ **pour essayer de conjurer le (mauvais) sort** to try to ward off fate ◆ **c'est un coup du sort** it's a stroke of fate ◆ **faire un sort à qch** (mettre en valeur) to stress sth, emphasize sth; (*: se débarrasser de) to get shot of sth: (Brit), get rid of sth ◆ **faire un sort à un plat / une bouteille*** to polish off a dish / a bottle* → **caprice, ironie**
c (hasard) fate ◆ **le sort est tombé sur lui** he was chosen by fate, it fell to his lot ◆ **le sort en est jeté** the die is cast ◆ **tirer au sort** to draw lots ◆ **tirer qch au sort** to draw lots for sth → **tirage**
d (sorcellerie) curse, spell ◆ **il y a un sort sur ...** there is a curse on ... ◆ **jeter un sort sur** to put a curse ou spell ou jinx* on ◆ **jeter un sort à qn** to cast a spell on sb

sortable* [sɔʀtabl] adj (gén nég) personne presentable ◆ **tu n'es pas sortable!** we (ou I) can't take you anywhere!

sortant, e [sɔʀtɑ̃, ɑ̃t] 1 adj député etc outgoing (épith) ◆ **les numéros sortants** the numbers which come up
2 nm ◆ (personne: gén pl) **les sortants** the outgoing crowd

sorte [sɔʀt] → SYN nf a (espèce) sort, kind ◆ **toutes sortes de gens / choses** all kinds ou sorts ou manner of people / things ◆ **des vêtements de toutes (les) sortes** all kinds ou sorts ou manner of clothes ◆ **nous avons 3 sortes de fleurs** we have 3 kinds ou types ou sorts of flower(s) ◆ **des roches de même sorte** rocks of the same sort ou kind ou type
b **une sorte de** a sort ou kind of ◆ (péj) **une sorte de médecin / voiture** a doctor / car of sorts ◆ **robe taillée dans une sorte de satin** dress cut out of some sort ou kind of satin, dress cut out of a sort ou kind of satin
c LOC **de la sorte** (de cette façon) in that fashion ou way ◆ **accoutré de la sorte** dressed in that fashion ou way ◆ **il n'a rien fait de la sorte** he did nothing of the kind ou no such thing ◆ **de sorte à** so as to, in order to ◆ **en quelque sorte** in a way, as it were ◆ **vous avouez l'avoir dit, en quelque sorte** you are in a way ou as it were admitting to having said it ◆ **en aucune sorte†** not at all, not in the least ◆ **de (telle) sorte que** (de façon à ce que) so that, in such a way that; (si bien que) so much so that ◆ **faites en sorte d'avoir fini demain** see to it ou arrange it ou arrange things so that you will have finished tomorrow ◆ **faire en sorte que** to see to it that ◆ (†, littér) **en sorte que** (de façon à ce que) so that, in such a way that; (si bien que) so much so that

sortie [sɔʀti] → SYN 1 nf a (action, moment) [personne] leaving; [véhicule, bateau, armée occupante] departure; (Mil: mission) sortie; (Théât) exit ◆ **à sa sortie, tous se sont tus** when he went out ou left everybody fell silent ◆ **à sa sortie du salon** when he went out of ou left the lounge ◆ **il a fait une sortie remarquée** his departure was noticed, he was noticed as he left ◆ **il a fait une sortie discrète** he made a discreet exit, he left discreetly ◆ (Aviat, Mil) **faire une sortie** to make a sortie ◆ (Mil) **tenter une sortie** to attempt a sortie ◆ **à la sortie des ouvriers / bureaux / théâtres** when the workers / offices / theatres come out ◆ **sa mère l'attend tous les jours à la sortie de l'école** his mother waits for him every day after school ou when school comes out ou finishes ◆ **retrouvons-nous à la sortie (du concert)** let's meet at the end (of the concert) ◆ **elle attend la sortie des artistes** she's waiting for the performers to come out ◆ **à sa sortie de prison** on his discharge from prison, when he comes (ou came) out of prison ◆ **c'est sa première sortie depuis sa maladie** it's his first day ou time out since his illness ◆ (Théât) **elle a manqué sa sortie à l'acte 2** she fluffed her exit in act 2 → **faux**[2]
b (fin) end ◆ **à la sortie de l'enfance** at the end of childhood ◆ **à la sortie de l'hiver** at the end of winter
c (congé) day off; (promenade etc) outing; (le soir: au théâtre etc) evening ou night out ◆ **c'est le jour de sortie de la bonne** it's the maid's day off ◆ **c'est le jour de sortie des pensionnaires** it's the boarders' day out ◆ [soldat, domestique] **il est de sortie** it's his day off ◆ **nous sommes de sortie ce soir** we're going out tonight, we're having an evening out tonight ◆ **ils viennent déjeuner le dimanche, cela leur fait une petite sortie** they come to lunch on Sundays – it gives them a little outing ou it's a day out for them ◆ **elle s'est acheté une robe du soir pour leurs sorties** she's bought herself an evening dress for when they go out ou have a night out ◆ (Scol) **sortie éducative** ou **scolaire** school (educational) outing (Brit), school visit (Brit), field-trip
d (lieu) exit, way out ◆ **sortie de métro** metro exit, underground (Brit) ou subway (US) exit ◆ **sortie de secours** emergency exit ◆ **sortie des artistes** stage door ◆ **attention, sortie d'usine / de garage** caution, factory / garage entrance ou exit ◆ **sortie de camions** vehicle exit ◆ **garé devant la sortie de l'école** parked in front of the school gates ou entrance ◆ **sa maison se trouve à la sortie du village** his house is on the outskirts of the village ou at the edge of the village ◆ **les sorties de Paris sont encombrées** the roads out of Paris are jammed ◆ **par ici la sortie!** this way out! ◆ (fig) **trouver / se ménager une (porte de) sortie** to find / arrange a way out
e (écoulement) [eau, gaz] outflow ◆ **cela empêche la sortie des gaz** that prevents the gases from coming out ou escaping
f (emportement, algarade) outburst; (remarque drôle) sally; (remarque incongrue) peculiar ou odd remark ◆ **elle est sujette à ce genre de sortie** she's given to that kind of outburst; she's always coming out with that kind of sally; she's always coming up with that kind of odd remark ◆ **faire une sortie à qn** to let fly at sb ◆ **faire une sortie contre qch / qn** to lash out against sth / sb
g (Comm: mise en vente etc) [voiture, modèle] launching; [livre] appearance, publication; [disque, film] release
h (Comm) [marchandises, devises] export ◆ **sortie (de capitaux)** outflow (of capital) ◆ **la sortie de l'or / des devises / de certains produits est contingentée** there are controls on gold / currency / certain products leaving the country ou on the export of gold / currency / certain products ◆ **il y a eu d'importantes sorties de devises** large amounts of currency have been flowing out of ou leaving the country
i (Comm, Fin: somme dépensée) item of expenditure ◆ **il y a eu plus de sorties que de rentrées** there have been more outgoings than receipts
j (Ordin) output, readout ◆ **sortie laser** laser print-out ◆ **sortie sur imprimante** print-out
k (Sport) **sortie en touche** going into touch ◆ **il y a sortie en touche si le ballon touche la ligne** the ball is in touch ou has gone into touch if it touches the line ◆ (Rugby) **ils ont marqué l'essai sur un sortie de mêlée** they scored a try straight out of the scrum ◆ (Ftbl) **le ballon est allé en sortie de but** the ball has gone into touch behind the back line ◆ [gardien de but] **faire une sortie** to leave the goalmouth, come out of goal ◆ **lors de la dernière sortie de l'équipe de France contre l'Angleterre** when France last played a match against England, during the last French-English encounter ou match ◆ (Aut) **faire une sortie de route** to go off the track
2 COMP ▷ **sortie de bain** bathrobe

sortilège [sɔʀtilɛʒ] → SYN nm (magic) spell

sortir[1] [sɔʀtiʀ] → SYN ▸ conjug 16 ◂
1 vi (avec aux être) a (lit) (gén) (aller) to go out, leave; (venir) to come out, leave; (à pied) to walk out; (en voiture) to drive out, go ou come out; [véhicule] to drive out, go ou come out; (Ordin) to exit, log out; (Théât) to exit, leave (the stage) ◆ **sortir en voiture / à bicyclette** to go out for a drive / a cycle (ride), go out in one's car / on one's bike ◆ **sortir de** pièce to go ou come out of, leave; région, pays to leave ◆ **sortir de chez qn** to go ou come out of sb's (house etc), leave sb's (house etc) ◆ **sortir en courant** to run out ◆ **sortir en boitant** to limp out ◆ **faire sortir la voiture du garage** to take ou get the car out of the garage ◆ **il sortit discrètement (de la pièce)** he went out (of the room) ou left (the room) discreetly, he slipped out (of the room) ◆ **faites sortir ces gens** make these people go ou leave, get these people out ◆ **sors (d'ici)!** get out (of here)! ◆ **sortir par la porte de la cave / par la fenêtre** to go ou get out ou leave by the cellar door / the window ◆ (Théât) **« la servante sort »** "exit the maid" ◆ (Théât) **« les 3 gardes sortent »** "exeunt 3 guards" ◆ **laisser sortir qn** to let sb out ou leave ◆ **ne laissez sortir personne** don't let anybody out ou leave ◆ **laisser sortir qn de** pièce, pays to let sb out of, let sb leave
b [objet, pièce] to come out ◆ **le curseur est sorti de la rainure** the runner has come out of the groove ◆ **le joint est sorti de son**

logement the joint has come out of its socket
c (partir de chez soi) to go out ◆ **sortir faire des courses / prendre l'air** to go out shopping / for some fresh air ◆ **sortir acheter du pain** to go out to buy ou for some bread ◆ **sortir dîner / déjeuner** to go out for ou to dinner / lunch ◆ **ils sortent beaucoup / ne sortent pas beaucoup** they go out a lot / don't go out much ◆ **il faut sortir (le dimanche) !*** you've got to get out from time to time ! ◆ **mes parents ne me laissent pas sortir** my parents don't let me (go) out ◆ **on lui permet de sortir maintenant qu'il va mieux** he is allowed (to go) out now that he is getting better ◆ **c'est le soir que les moustiques sortent** it's at night-time that the mosquitoes come out ◆ **il n'est jamais sorti de son village** he has never been out of ou gone outside his village
d (Comm) [marchandises, devises] to leave ◆ **tout ce qui sort (du pays) doit être déclaré** everything going out ou leaving (the country) must be declared
e (quitter) to leave, come out ; [élèves] to get out ◆ **sortir du théâtre** to go out of ou leave the theatre ◆ **sortir de l'hôpital / de prison** to come out of hospital / prison ◆ **quand sort-il ?** (de prison) when does he come ou get out ? ; (de l'hôpital) when is he coming out ? ou leaving ? ◆ **sortir de table** to leave the table ◆ **sortir de l'eau** to come out of the water ◆ **sortir du lit** to get out of bed, get up ◆ [plante] **sortir de terre** to sprout ◆ [fleuve] **sortir de son lit** to overflow its banks ◆ (Rail) **sortir des rails** to go off the rails ◆ **la voiture est sortie de la route** the car left ou came off the road ◆ **il aura du mal à sortir de ce mauvais pas** he'll have a job getting out of this trouble ◆ **sortir de convalescence / d'un profond sommeil** to come out of ou emerge from convalescence / a deep sleep ◆ **sortir de son calme** to lose one's calm ◆ **sortir de son indifférence** to overcome one's indifference ◆ **sortir sain et sauf** ou **sortir indemne d'un accident** to come out of an accident unscathed ◆ **il a trop de copies à corriger, il ne s'en sort pas*** he has too many exercises to correct – there's no end to them ◆ (Sport) **sortir en touche** to go into touch ◆ **ce secret ne doit pas sortir de la famille** this secret must not go beyond ou outside family
f (fréquenter) **sortir avec qn** (gén) to go out with sb ; (relation stable) to go steady with sb
g (marquant le passé immédiat) **sortir de l'enfance** to leave childhood behind ◆ **on sortait de l'hiver** it was getting near the end of winter ◆ **il sort d'ici** he's just left ◆ **il sort du lit** he's just got up, he's just out of bed ◆ **on ne croirait pas qu'elle sort de chez le coiffeur !** you'd never believe she'd just come out of the hairdresser's ! ou just had her hair done ! ◆ **il sort de maladie*** ou **d'être malade*** he's just been ill, he's just getting over an illness ◆ **il sort d'une période de cafard** he's just gone through ou had a spell of depression ◆ (d'une épreuve) **il en est sorti grandi** he came out of it a stronger person, he was better for it ◆ **je sors de lui parler*** I've just been talking to him
h (s'écarter de) **sortir du sujet / de la question** to go ou get off the subject / the point ◆ **sortir de la légalité** to overstep ou go outside ou go beyond the law ◆ [balle, ballon etc] **sortir du jeu** to go out (of play) ◆ **sortir des limites de** to go beyond the bounds of, overstep the limits of ◆ **cela sort de mon domaine / ma compétence** that's outside my field / my authority ◆ **vous sortez de votre rôle** that is not your responsibility ou part of your brief ◆ **cela sort de l'ordinaire** that's out of the ordinary ◆ **il n'y a pas à sortir de là, nous avons besoin de lui** there's no getting away from it ou round it (Brit) – we need him ◆ **il ne veut pas sortir de là** he won't budge
i (être issu de) **sortir d'une bonne famille / du peuple** to come from a good family / from the working class ◆ **il sort du lycée X** he was (educated) at the lycée X ◆ **il sort de l'université de X** he was ou he studied at the University of X ◆ **officier sorti du rang** officer who has come up through the ranks ou risen from the ranks
j (dépasser) to stick out ; (commencer à pousser) [blé, plante] to come up ; [dent] to come through ◆ **les yeux lui sortaient de la tête** his eyes were popping ou starting out of his head
k (être fabriqué, publié etc) to come out ; [disque, film] to be released ◆ **sortir de** to come from ◆ **tout ce qui sort de cette maison est de qualité** everything that comes from that firm is good quality ◆ **une encyclopédie qui sort par fascicules** an encyclopaedia which comes out ou is published in instalments ◆ **sa robe sort de chez un grand couturier** her dress comes from one of the great couturier's
l (Jeux, Loterie) [numéro, couleur] to come up ; (Scol) [sujet d'examen] to come up
m (provenir de) **sortir de** to come from ◆ (fig) **sait-on ce qui sortira de ces entrevues !** who knows what'll come (out) of these talks ! ou what these talks will lead to ! ◆ (fig) **il n'est rien sorti de nos recherches** nothing came out of our research ◆ **que va-t-il sortir de tout cela ?** what will come of all this ? ◆ **des mots qui sortent du cœur** words which come from the heart, heartfelt words ◆ **une odeur de brûlé sortait de la cuisine** a smell of burning came from the kitchen ◆ **une épaisse fumée sortait par les fenêtres** thick smoke was pouring out of the windows
n LOC **sortir de ses gonds** (lit) to come off (of) its hinges ; (fig) to fly off the handle ◆ **je sors d'en prendre*** I've had quite enough thank you (iro) ◆ **il est sorti d'affaire** (il a été malade) he has pulled through ; (il a eu des ennuis) he has got over it ◆ **on n'est pas sorti de l'auberge*** we're not out of the wood (Brit) ou woods (US) yet ◆ **se croire sorti de la cuisse de Jupiter*** to think a lot of o.s., think one is the cat's whiskers* (Brit) ou the bee's knees* (Brit) ou God's gift to mankind ◆ **il ne faut pas être sorti de Polytechnique* pour comprendre ça** you don't need a Ph. D. to understand that ◆ **il est à peine sorti de l'œuf*** he's still wet behind the ears* ◆ **ça me sort par les yeux (et les oreilles)*** I've had more than I can take (of it) ◆ **cela lui est sorti de la mémoire** ou **de l'esprit** that slipped his memory ou his mind ◆ **cela m'est sorti de la tête** it went right out of my head ◆ [propos, remarque] **c'est sorti tout seul*** it just came out* ◆ **il fallait que ça sorte*** it had to be said ◆ **mais d'où sort-il (donc) ?** (il est tout sale) where has he been ! ; (il ne sait pas la nouvelle) where has he been (all this time) ? ; (il est mal élevé) where was he brought up ? (iro) ; (il est bête) where did they find him ? (iro), some mothers do have 'em !* (Brit)
2 vt (avec aux avoir) **a** (mener dehors) personne, chien to take out ; (*: accompagner lors d'une sortie) to take out ; (expulser) personne to throw out ◆ **sortez-le !** throw him out !, get him out of here ! ◆ **va au cinéma, cela te sortira** go and see a film, that'll get you out a bit ou give you a change of scene ◆ **ça nous a sortis de l'ordinaire** it was ou made a bit of a change for us
b (retirer) to take out ; (Aviat) train d'atterrissage to lower ◆ **sortir des vêtements d'une armoire / des bijoux d'un coffret** to get ou take clothes out of a wardrobe / jewels out of a (jewel) box ◆ **ils ont réussi à sortir les enfants de la grotte** they managed to get the children out of the cave ◆ **il sortit de sa poche un mouchoir** he took ou brought ou pulled a handkerchief out of his pocket ◆ **sortir les mains de ses poches** to take one's hands out of one's pockets ◆ **sortir ses bras des manches** to take one's arms out of the sleeves ◆ **il a sorti son passeport** he produced his passport ◆ **les douaniers ont tout sorti de sa valise** the customs men took everything out of his suitcase ◆ **quand il fait beau, on sort les fauteuils dans le jardin** when the weather's nice we take ou bring the armchairs out into the garden ◆ (lit, fig) **il faut le sortir de là** we have to get him out of there → **affaire** 1a
c (Comm : plus gén **faire sortir**) marchandises (par la douane) to take out ; (en fraude) to smuggle out
d (mettre en vente) voiture, modèle to bring out ; livre to bring out, publish ; disque, film [artiste] to bring out ; [compagnie] to release
e (*: dire) to come out with* ◆ **il vous sort de ces réflexions !** he comes out with some incredible remarks !* ◆ **elle en a sorti une bien bonne** she came out with a good one* ◆ **qu'est-ce qu'il va encore nous sortir ?** what will he come out with next ?*
f (*: éliminer d'un concours) concurrent, adversaire to knock out (fig)
3 se sortir vpr ◆ **se sortir d'une situation difficile** to manage to get out of a difficult situation ou to extricate o.s. from a difficult situation ◆ **tu crois qu'il va s'en sortir ?** (il est malade) do you think he'll pull through ? ; (il est surchargé de travail) do you think he'll ever get to ou see the end of it ? ; (il est sur la sellette) do you think he'll come through all right ?
4 nm ◆ (littér) **au sortir de l'hiver / de l'enfance** as winter / childhood draws (ou drew) to a close ◆ **au sortir de la réunion** at the end of the meeting, when the meeting broke up

sortir² [sɔʀtiʀ] ▸ conjug 2 ◂ vt (Jur) to obtain

S.O.S. [ɛsoɛs] nm SOS ◆ (Aviat, Naut) **lancer un S.O.S.** to put out an SOS ◆ (fig) **envoyer un S.O.S. à qn** to send an SOS to sb ◆ **S.O.S. médecins / dépannage** etc emergency medical / repair etc service ◆ (Pol) **S.O.S.-Racisme** *French organization formed to fight racism*

sosie [sɔzi] → SYN nm double (person)

sostenuto [sɔstenuto] adv sostenuto

sot, sotte [so, sɔt] → SYN **1** adj silly, foolish, stupid ◆ (Prov) **il n'y a pas de sot métier (, il n'y a que de sottes gens)** every trade has its value
2 nm,f (†, frm : niais) fool ; (enfant) (little) idiot ; (Hist Littérat : bouffon) fool

sotie [sɔti] nf (Hist Littérat) *satirical farce of 15th and 16th centuries*

sot-l'y-laisse [solilɛs] nm inv [volaille] oyster

sottement [sɔtmɑ̃] adv foolishly, stupidly

sottise [sɔtiz] → SYN nf **a** (caractère) stupidity, foolishness ◆ **avoir la sottise de faire** to be foolish ou stupid enough to do, have the stupidity to do
b (parole) silly ou foolish remark ; (action) silly ou foolish thing (to do), folly (†, frm) ◆ **dire des sottises** [enfant] to say silly ou stupid ou foolish things, make silly ou foolish remarks ; (†, frm) [philosophe, auteur] to make foolish affirmations ◆ **faire une sottise** [adulte] to do a silly ou foolish thing, commit a folly (†) ◆ **faire des sottises** [enfant] to misbehave, be naughty, do naughty things

sottisier [sɔtizje] → SYN nm collection of foolish quotations

sou [su] → SYN nm **a** (monnaie) (Hist) sou, ≃ shilling (Brit) ; (†, Helv : cinq centimes) 5 centimes (pl) ; (Can*) cent ◆ (Can) **un trente sous*** a quarter (US, Can)
b LOC **appareil** ou **machine à sous** (jeu) one-armed bandit, fruit machine ; (péj, hum : distributeur) slot machine ◆ **donner / compter / économiser sou à** ou **par sou** to give / count / save penny by penny ◆ **il n'a pas le sou** he hasn't got a penny ou a cent ou a sou (to his name) ◆ **il est sans un** ou **le sou** he's penniless ◆ **il n'a pas un sou vaillant** he hasn't a penny to bless himself with ◆ **dépenser jusqu'à son dernier sou** to spend every last penny ◆ **il n'a pas pour un sou de méchanceté / bon sens** he hasn't an ounce of unkindness / good sense (in him) ◆ **il n'est pas hypocrite / menteur pour un sou** he isn't at all ou the least bit hypocritical / untruthful ◆ **propre / reluisant** ou **brillant comme un sou neuf** (as) clean / bright as a new pin, spick and span ◆ **un sou est un sou** every penny counts → **cent¹, gros, près, quatre**

souahéli, e [swaeli] adj, nm,f ⇒ **swahili, e**

soubassement [subasmɑ̃] → SYN nm [maison] base ; [murs, fenêtre] dado ; [colonne] crepidoma ; (Géol) bedrock

soubresaut [subʀəso] → SYN nm **a** (cahot) jolt ◆ **le véhicule fit un soubresaut** the vehicle gave a jolt ◆ **sa monture fit un soubresaut** his mount gave a sudden start
b (tressaillement) (de peur) start ; (d'agonie) convulsive movement ◆ **avoir un soubresaut** to give a start, start (up) ; to make a convulsive movement

soubrette [subʀɛt] → SYN nf (†, hum : femme de chambre) maid ; (Théât) soubrette, maidservant

souche [suʃ] → SYN nf a (Bot) [arbre] stump; [vigne] stock ◆ **rester planté comme une souche** to stand stock-still → **dormir**
b [famille, race] founder ◆ **faire souche** to found a line ◆ **de vieille souche** of old stock ◆ **elle est française de souche** she's of French origin ou extraction
c (Ling) root ◆ **mot de souche latine** word with a Latin root ◆ **mot souche** root word
d (Bio) [bactéries, virus] colony, clone ◆ **cellule souche** original cell
e (talon) counterfoil, stub ◆ **carnet à souches** counterfoil book
f (Archit) [cheminée] (chimney) stack

souchet[1] [suʃɛ] nm ◆ (Bot) **souchet comestible** chufa ◆ **souchet à papier** papyrus

souchet[2] [suʃɛ] nm (Zool) shoveler

souchong [suʃɔ̃] nm souchong

souci[1] [susi] nm ◆ **souci (des jardins)** marigold ◆ **souci d'eau** ou **des marais** marsh marigold

souci[2] [susi] → SYN nm a (inquiétude) worry ◆ **se faire du souci** to worry ◆ **être sans souci** to be free of worries ou care(s) ◆ **cela t'éviterait bien du souci** it would spare you a lot of worry ◆ **cela lui donne (bien) du souci** it worries him (a lot), he worries (a great deal) over it ◆ **soucis d'argent** money worries, worries about money ◆ **être sans souci** to be carefree
b (préoccupation) concern (*de* for) ◆ **avoir souci du bien-être de son prochain** to have concern for the well-being of one's neighbour ◆ **sa carrière / le bien-être de ses enfants est son unique souci** his career / his children's well-being is his sole concern ou is all he worries about ◆ **cet enfant est un souci perpétuel pour ses parents** this child is a constant source of worry for his parents ◆ **avoir le souci de bien faire** to be concerned about doing things well ◆ **dans le souci de lui plaire** in his concern to please her ◆ **par souci d'honnêteté** for honesty's sake ◆ **c'est le moindre** ou **le cadet** ou **le dernier de mes soucis** that's the least of my worries

soucier [susje] → SYN ▸ conjug 7 ◂ 1 **se soucier** vpr ◆ **se soucier de** to care about ◆ **se soucier des autres** to care about ou for others, show concern for others ◆ **je ne m'en soucie guère** I am quite indifferent to it ◆ **il s'en soucie comme de sa première chemise** ou **comme de l'an quarante*** he doesn't give ou care a fig ou a hoot* (about it)*, he couldn't care less (about it)* ◆ (littér) **il se soucie peu de plaire** he cares little ou he doesn't bother whether he is liked or not ◆ **il se soucie fort de ce qu'ils pensent** he cares very much what they think ◆ (littér) **se soucier que** + subj to care that
2 vt (†, littér) to worry, trouble

soucieusement [susjøzmɑ̃] adv with concern

soucieux, -ieuse [susjø, jøz] → SYN adj a (inquiet) personne, air, ton concerned, worried ◆ **peu soucieux** unconcerned
b **être soucieux de qch** to be concerned ou preoccupied with ou about sth ◆ **soucieux de son seul intérêt** concerned ou preoccupied solely with ou about his own interests ◆ **être soucieux de faire** to be anxious to do ◆ (frm) **soucieux que** concerned ou anxious that ◆ **peu soucieux qu'on le voie** caring little ou unconcerned whether he be ou is seen or not

soucoupe [sukup] nf saucer ◆ **soucoupe volante** flying saucer → **œil**

soudable [sudabl] adj (par brasure ou fil à souder) solderable; (par soudure autogène) weldable

soudage [sudaʒ] nm (avec brasure, fil à souder) soldering; (autogène) welding

soudain, e [sudɛ̃, ɛn] → SYN 1 adj (gén) sudden; mort sudden, unexpected
2 adv (tout à coup) suddenly, all of a sudden ◆ **soudain, il se mit à pleurer** all of a sudden he started to cry, he suddenly started to cry

soudainement [sudɛnmɑ̃] → SYN adv suddenly

soudaineté [sudɛnte] → SYN nf suddenness

Soudan [sudɑ̃] nm ◆ **le Soudan** (the) Sudan

soudanais, e [sudanɛ, ɛz] 1 adj Sudanese, of ou from (the) Sudan
2 nm,f ◆ **Soudanais(e)** Sudanese, inhabitant ou native of (the) Sudan

soudant, e [sudɑ̃, ɑ̃t] adj welding (épith)

soudard [sudaʀ] → SYN nm (péj) ruffianly ou roughneck soldier

soude [sud] nf a (industrielle) soda ◆ **soude caustique** caustic soda → **bicarbonate, cristal**
b (Bot) saltwort ◆ (Chim) **(cendre de) soude**† soda ash

soudé, e [sude] (ptp de **souder**) adj a organes, pétales joined (together); (fig) personnes united
b (fig: rivé) **soudé au plancher / à la paroi** glued to the floor / wall

souder [sude] → SYN ▸ conjug 1 ◂ 1 vt a métal (avec brasure, fil à souder) to solder; (soudure autogène) to weld ◆ **souder à chaud / froid** to hot- / cold-weld → **fer, fil, lampe**
b os to knit
c (fig: unir) choses, organismes to fuse (together); (littér) cœurs, êtres to bind ou knit together (littér), unite
2 **se souder** vpr [os] to knit together; (littér: s'unir) to be knit together (littér)

soudeur, -euse [sudœʀ, øz] 1 nm,f (→ **souder**) solderer; welder
2 **soudeuse** nf (machine) welder

soudier, -ière [sudje, jɛʀ] 1 adj soda (épith)
2 nm soda worker
3 **soudière** nf soda factory

soudoyer [sudwaje] → SYN ▸ conjug 8 ◂ vt (péj) to bribe, buy over

soudure [sudyʀ] → SYN nf a (Tech: → **souder**) (opération) soldering; welding; (endroit) soldered joint; weld; (substance) solder ◆ **soudure à l'arc** arc welding ◆ **soudure autogène** welding ◆ **soudure au chalumeau** torch welding
b [os] knitting; [organes, pétales] join; (littér) [partis, cœurs] binding ou knitting (littér) together, uniting
c LOC **faire la soudure (entre)** to bridge the gap (between)

soufflage [suflaʒ] nm a (Métal) blowing ◆ **soufflage du verre** glass-blowing
b (Naut) sheathing

soufflant, e[1] [suflɑ̃, ɑ̃t] → SYN 1 adj (*: étonnant) staggering, stunning ◆ **(radiateur) soufflant** fan heater
2 nm (‡: pistolet) six-shooter, pistol, rod‡ (US)

soufflante[2] [suflɑ̃t] nf [haut fourneau] blower

soufflard [suflaʀ] nm a (grisou) firedamp
b (Géol) fumarole

souffle [sufl] → SYN nm a (expiration) (en soufflant) blow, puff, (en respirant) breath ◆ **éteindre une bougie d'un souffle (puissant)** to put out a candle with a (hard) puff ou blow ou by blowing (hard) ◆ **il murmura mon nom dans un souffle** he breathed my name ◆ **le dernier souffle d'un agonisant** the last breath of a dying man ◆ **pour jouer d'un instrument à vent, il faut du souffle** you need a lot of breath ou puff* (Brit) to play a wind instrument
b (respiration) breathing ◆ **le souffle régulier d'un dormeur** the regular breathing of someone asleep ◆ **on entendait un souffle dans l'obscurité** we heard (someone) breathing in the darkness ◆ **il a du souffle** (lit) he has a lot of breath ou puff* (Brit); (* fig) (culot, témérité) he has some nerve* ◆ **manquer de souffle** to be short of breath ◆ **avoir le souffle court** to be short-winded ◆ **retenir son souffle** to hold one's breath ◆ **reprendre son souffle** to get one's breath back, regain one's breath ◆ **n'avoir plus de souffle, être à bout de souffle** to be out of breath ◆ (Ciné) **"À bout de souffle"** "Breathless" ◆ (lit) **avoir le souffle coupé** to be winded ◆ (fig) **il en a eu le souffle coupé** it (quite) took his breath away ◆ **c'est à vous couper le souffle** it's enough to take your breath away ou to make you gasp → **second**
c (déplacement d'air) [incendie, ventilateur, explosion] blast
d (vent) puff ou breath of air, puff of wind ◆ **le souffle du vent dans les feuilles** the wind blowing through the leaves, the leaves blowing in the wind ◆ **un souffle d'air faisait bruire le feuillage** a slight breeze was rustling the leaves ◆ **brin d'herbe agité au moindre souffle (d'air** ou **de vent)** blade of grass blown about by the slightest puff ou breath of air ou the slightest puff (of wind) ◆ **il n'y avait pas un souffle (d'air** ou **de vent)** there was not a breath of air
e (fig: force créatrice) inspiration ◆ **le souffle du génie** the inspiration born of genius ◆ (Rel) **le souffle créateur** the breath of God
f (Méd) **souffle cardiaque** ou **au cœur** cardiac ou heart murmur → **bruit**
g (Téléc) background noise

soufflé, e [sufle] → SYN (ptp de **souffler**) 1 adj a (Culin) soufflé (épith)
b (*) (surpris) flabbergasted*, staggered*
2 nm (Culin) soufflé ◆ **soufflé au fromage** cheese soufflé

souffler [sufle] → SYN ▸ conjug 1 ◂ 1 vi a [vent, personne] to blow ◆ **souffler sur le feu** to blow on the fire ◆ **souffler dans un instrument à vent** to blow (into) a wind instrument ◆ **souffler sur une bougie (pour l'éteindre)** to blow a candle (to put it out), blow out a candle ◆ **souffler sur sa soupe (pour la faire refroidir)** to blow (on) one's soup (to cool it) ◆ **souffler sur ses doigts (pour les réchauffer)** to blow on one's fingers (to warm them up) ◆ (lit, fig) **observer** ou **regarder de quel côté le vent souffle** to see which way the wind is blowing ◆ **le vent a soufflé si fort qu'il a abattu deux arbres** the wind was so strong ou blew so hard (that) it brought two trees down ◆ **le vent soufflait en rafales** the wind was blowing in gusts ◆ **le vent soufflait en tempête** it was blowing a gale, the wind was howling ◆ (Alcootest) **j'ai dû souffler dans le ballon*** I was breathalyzed, they tested my breath ◆ (fig) **il croit qu'il va y arriver en soufflant dessus*** he thinks it's going to be a cinch*
b (respirer avec peine) to puff (and blow) ◆ **il ne peut monter les escaliers sans souffler** he can't go up the stairs without puffing (and blowing) ◆ **souffler comme un bœuf** ou **une locomotive** ou **un phoque*** to puff and blow like a grampus
c (se reposer) **laisser souffler qn / un animal** to give sb / an animal a breather, let sb / an animal get his / its breath back ◆ **il ne prend jamais le temps de souffler** he never lets up, he never stops to get his breath back ◆ **donnez-lui un peu de temps pour souffler** (pour se reposer) give him time to get his breath back, give him a breather; (avant de payer) give him a breather*
2 vt a bougie, feu to blow out; ballon to blow up
b **souffler de la fumée au nez de qn** to blow smoke in(to) sb's face ◆ **souffler des odeurs d'ail au visage de qn** to breathe garlic over sb ou into sb's face ◆ **le ventilateur soufflait des odeurs de graillon** the fan was blowing ou giving out greasy smells ◆ **le vent leur soufflait le sable dans les yeux** the wind was blowing the sand into their eyes ◆ (fig) **souffler le chaud et le froid** to blow hot and cold
c (*: prendre) to pinch*, nick‡ (Brit), swipe‡ (*à qn* from sb) ◆ **il lui a soufflé sa petite amie / son poste** he has swiped‡ ou pinched* his girlfriend / his job ◆ (Dames) **souffler un pion** to huff a draught ◆ (Dames) **souffler n'est pas jouer** huffing isn't a real move
d [bombe, explosion] **leur maison a été soufflée par une bombe** their house was destroyed by the blast from a bomb
e (dire) conseil, réponse, réplique to whisper (*à qn* to sb) ◆ **souffler sa leçon à qn** to whisper sb's lesson to him ◆ (Théât) **souffler son rôle à qn** to prompt sb, give sb a prompt, whisper sb's lines to him ◆ (Théât) **qui est-ce qui souffle ce soir?** who's prompting this evening? ◆ **souffler qch à l'oreille de qn** to whisper sth in sb's ear ◆ **ne pas souffler mot** not to breathe a word
f (*: étonner) to flabbergast*, stagger* ◆ **elle a été soufflée d'apprendre leur échec** she was flabbergasted* ou staggered* to hear of their failure ◆ **leur toupet m'a soufflé** I was flabbergasted* ou staggered* at their nerve
g (Tech) **souffler le verre** to blow glass

soufflerie [sufləʀi] nf [orgue, forge] bellows; (Tech: d'aération etc) ventilating fan; (Ind) blowing engine ◆ (Aviat) **soufflerie (aérodynamique)** wind tunnel

soufflet¹ [suflɛ] nm **a** [forge] bellows (pl)
b (Rail) vestibule ; (Couture) gusset ; [sac, classeur] extendible gusset ; [appareil photographique] bellows ◆ **classeur à soufflets** accordeon file

soufflet² [suflɛ] → SYN nm (littér) slap in the face

souffleter [sufləte] ▸ conjug 4 ◂ vt ◆ (littér) **souffleter qn** to give sb a slap in the face

souffleur, -euse [suflœʀ, øz] **1** nm **a** (Géol) fumarole
b (Zool) (baleine) blower ; (dauphin) bottle-nosed dolphin
c (Tech) **souffleur de verre** glass-blower
2 nm,f (Théât) prompter → **trou**
3 **souffleuse** nf (Can) snowblower

soufflure [suflyʀ] nf (Tech) blowhole

souffrance [sufʀɑ̃s] → SYN nf **a** (douleur) suffering ◆ (Littérat) **"Les Souffrances du jeune Werther"** "The Sorrows of Young Werther"
b (fig) **être en souffrance** [marchandises, colis] to be awaiting delivery, be held up ; [affaire, dossier] to be pending, be waiting to be dealt with

souffrant, e [sufʀɑ̃, ɑ̃t] → SYN adj **a** (malade) personne unwell, poorly*
b (littér) **l'humanité souffrante** suffering humanity ◆ **l'Église souffrante** the Church suffering

souffre-douleur [sufʀədulœʀ] → SYN nmf inv whipping boy ◆ **être le souffre-douleur de qn** to be sb's whipping boy

souffreteux, -euse [sufʀətø, øz] → SYN adj personne sickly ; plante scrubby

souffrir [sufʀiʀ] → SYN ▸ conjug 18 ◂ **1** vi **a** (physiquement) to suffer ◆ **la pauvre fille souffre beaucoup** the poor girl is in great pain ou is suffering a great deal ◆ **où souffrez-vous ?** where is the pain?, where are you in pain?, where does it hurt? ◆ (lit, fig) **souffrir en silence** to suffer in silence ◆ **souffrir comme un damné** to suffer torture ou torment(s) ◆ (hum) **il faut souffrir pour être belle** you have to suffer to be beautiful ◆ **faire souffrir qn** [personne, blessure] to hurt sb ◆ **mes cors me font souffrir** my corns are hurting (me) ou are painful ◆ **souffrir de la tête** to have a headache ; (habituellement) to have headaches ◆ **souffrir de l'estomac / des reins** to have stomach / kidney trouble ◆ **il souffre d'une grave maladie / de rhumatismes** he is suffering from a serious illness / from rheumatism ◆ **souffrir du froid / de la chaleur** to suffer from the cold / from the heat
b (moralement) to suffer (*de* from) ◆ **faire souffrir qn** [personne] to make sb suffer ; [attitude, événement] to cause sb pain ◆ **il a beaucoup souffert d'avoir été chassé de son pays** he has suffered a great deal from being chased out of his country ◆ **je souffre de le voir si affaibli** it pains ou grieves me to see him so weakened ◆ **j'en souffrais pour lui** I felt bad for him
c (pâtir) to suffer ◆ **les fraises souffrent de la chaleur** strawberries suffer in (the) heat ◆ **les fraises ont souffert du gel tardif** the strawberries have suffered from ou have been hard hit by the late frost ◆ **ils sont lents, et la productivité en souffre** they are slow and productivity is suffering ◆ **sa réputation en a souffert** his reputation suffered by it ◆ **ils souffrent d'un manque d'expérience certain** they suffer from a definite lack of experience ◆ **la nation a souffert de la guerre** the nation has suffered from the war
d (*: éprouver de la difficulté) **on a fini par gagner, mais ils nous ont fait souffrir** ou **mais on a souffert** we won in the end but they gave us a rough time* ou they put us through it* ◆ **les sciences m'ont toujours fait souffrir** science has always given me trouble ◆ **j'ai souffert pour lui faire comprendre** I had enormous difficulty ou great trouble getting him to understand
2 vt **a** (éprouver) pertes to endure, suffer ; tourments to endure, undergo ◆ **souffrir le martyre** to go through agonies, go through hell on earth ◆ **sa jambe lui fait souffrir le martyre** his leg gives him agonies ◆ **souffrir mille morts** to go through agonies, die a thousand deaths
b (supporter) affront, mépris to suffer, endure ◆ **je ne peux souffrir de te voir malheureux** I cannot bear ou endure to see you unhappy, I cannot abide seeing you unhappy ◆ **il ne peut pas souffrir le mensonge / les épinards** he can't stand ou bear lies / spinach ◆ **elle ne peut pas le souffrir** she can't stand ou bear him ◆ **il ne peut pas souffrir que ...** he cannot bear that ...
c (littér : tolérer) **souffrir que** to allow ou permit that ◆ **souffrez que je vous contredise** allow ou permit me to contradict you ◆ **je ne souffrirai pas que mon fils en pâtisse** I will not allow my son to suffer from it
d (admettre) **cette affaire ne peut souffrir aucun retard** this matter admits of ou allows of no delay ou simply cannot be delayed ◆ **la règle souffre quelques exceptions** the rule admits of ou allows of a few exceptions ◆ **la règle ne peut souffrir aucune exception** the rule admits of no exception
3 **se souffrir** vpr ◆ (se supporter) **ils ne peuvent pas se souffrir** they can't stand ou bear each other

soufisme [sufism] nm Sufism

soufrage [sufʀaʒ] nm [vigne, laine] sulphuration ; [allumettes] sulphuring

soufre [sufʀ] nm sulphur ◆ **jaune soufre** sulphur yellow ◆ (fig) **sentir le soufre** to smack of heresy

soufré, e [sufʀe] adj **a** (enduit de soufre) coated with sulphur
b (jaune soufre) sulphur yellow

soufrer [sufʀe] ▸ conjug 1 ◂ vt vigne to (treat with) sulphur ; allumettes to sulphur ; laine to sulphurate

soufreur, -euse [sufʀœʀ, øz] **1** nm,f sulphur worker
2 **soufreuse** nf (machine) sulphurator

soufrière [sufʀijɛʀ] nf sulphur mine ◆ **la Soufrière** the Soufrière

souhait [swɛ] → SYN nm wish ◆ **formuler des souhaits pour qch** to express one's best wishes for sth ◆ **les souhaits de bonne année** New Year greetings, good wishes for the New Year ◆ **tous nos souhaits de réussite** our best wishes for your success ◆ **à tes souhaits !** bless you ! ◆ **la viande était rôtie à souhait** the meat was done to perfection ◆ **le vin était fruité à souhait** the wine was delightfully fruity ou as fruity as one could wish ◆ **tout marchait à souhait** everything went as well as one could wish ou went perfectly ◆ **tout lui réussit à souhait** everything works to perfection for him, everything works like a charm for him

souhaitable [swɛtabl] → SYN adj desirable

souhaiter [swete] → SYN ▸ conjug 1 ◂ GRAMMAIRE ACTIVE 1.1, 4, 23.1, 23.3 vt **a** réussite, changements to wish for ◆ **souhaiter que** to hope that ◆ **il est à souhaiter que** it is to be hoped that ◆ **ce n'est pas à souhaiter** we don't want that to happen ◆ **je souhaite qu'il réussisse** I hope he succeeds, I would like him to succeed ◆ **je souhaite réussir** I hope to succeed ◆ **souhaiter pouvoir** ou (littér) **souhaiter de pouvoir étudier / partir à l'étranger** to hope to be able to study / go abroad ◆ (littér) **je le souhaitais mort / loin** I wished him dead / far away ◆ **je souhaitais l'examen terminé** I wished the exam were over, I wished the exam (to be) over ◆ **je souhaiterais vous aider** I wish I could help you ◆ (dans offre d'emploi) **« anglais souhaité »** "knowledge of English preferred"
b **souhaiter à qn le bonheur / la réussite** to wish sb happiness / success ◆ **je vous souhaite bien des choses** all good wishes, every good wish ◆ **souhaiter à qn de réussir** to wish sb success ◆ (iro) **je vous souhaite bien du plaisir !, je vous en souhaite !*** (and the) best of luck to you !* ◆ (iro) ◆ **souhaiter la bonne année / bonne chance à qn** to wish sb a happy New Year / (the best of) luck ◆ **je vous la souhaite bonne et heureuse*** here's hoping you have a really good New Year !*

souillard [sujaʀ] nm drainage hole

souille [suj] nf **a** (Chasse) wallow
b (Naut) bed *(of a sunken ship)*
c (Tech) strike

souiller [suje] → SYN ▸ conjug 1 ◂ vt (littér) (lit) drap, vêtement to soil, dirty ; atmosphère to dirty ; (fig) réputation, pureté, âme to soil, dirty, sully, tarnish ◆ **souillé de boue** spattered with mud ◆ (fig) **le besoin de tout souiller qu'éprouve cet auteur** this author's need to defile everything ◆ (fig) **souiller ses mains du sang des innocents** to stain one's hands with the blood of innocents ◆ (†: fig) **souiller la couche nuptiale** to defile the conjugal bed

souillon [sujɔ̃] → SYN nf slattern, slut

souillure [sujyʀ] → SYN nf (littér) (lit) stain ; (fig) blemish, stain ◆ **la souillure du péché** the stain of sin

soui-manga, pl **soui-mangas** [swimɑ̃ga] nm sunbird

souk [suk] → SYN nm (lit) souk ◆ (fig : désordre) **c'est le souk ici !*** it's like a cattle market in here ◆ (fig : tintamarre) **c'est fini, ce souk ?*** when is this racket going to end?

Soukkoth [sukɔt] nfpl Succoth, Sukkoth

soul [sul] (Mus) **1** adj inv soul (épith)
2 nm ou f soul

soûl, soûle [su, sul] → SYN **1** adj **a** (ivre) drunk, drunken (épith) ◆ **soûl comme une bourrique** ou **une grive** ou **un Polonais*** (as) drunk as a lord (surtout Brit), blind drunk*
b (fig) **soûls de musique / poésie après 3 jours de festival** our (ou their) heads reeling with music / poetry after 3 days of the festival ◆ (littér) **soûl de plaisirs** surfeited ou satiated with pleasures
2 nm ◆ **manger tout son soûl** to eat one's fill, eat to one's heart's content ◆ **chanter tout son soûl** to sing to one's heart's content ◆ **elle a ri / pleuré tout son soûl** she laughed / cried till she could laugh / cry no more

soulagement [sulaʒmɑ̃] → SYN nm relief ◆ **ça a été un soulagement d'apprendre que** it was a relief ou I was (ou we were etc) relieved to learn that

soulager [sulaʒe] → SYN ▸ conjug 3 ◂ **1** vt **a** personne (physiquement) to relieve ; (moralement) to relieve, soothe ; douleur to relieve, soothe ; maux to relieve ; conscience to ease ◆ **ça le soulage de s'étendre** he finds relief in stretching out, it relieves him ou his pain to stretch out ◆ **ça le soulage de prendre ces pilules** these pills bring him relief ◆ **buvez, ça vous soulagera** drink this – it'll give you relief ou make you feel better ◆ **être soulagé d'avoir fait qch** to be relieved to have done sth ◆ **cet aveu l'a soulagé** this confession made him feel better ou eased his conscience ou took a weight off his mind ◆ **soulager les pauvres / les déshérités** to bring relief to ou relieve the poor / the underprivileged ◆ **il faut soulager la pauvreté** we must relieve poverty
b (décharger) personne to relieve (*de* of) ; (Archit) mur, poutre to relieve the strain on ◆ (hum) **soulager qn de son portefeuille** to relieve sb of his wallet (hum)
2 **se soulager** vpr **a** (se décharger d'un souci) to find relief, ease one's feelings, make o.s. feel better ; (apaiser sa conscience) to ease one's conscience ◆ **elle se soulageait en lui prodiguant des insultes** she found relief in ou eased her feelings by throwing insults at him ◆ **leurs consciences se soulagent à bon marché** their consciences can be eased at little expense
b (*: euph) to relieve o.s.

soûlant, e* [sulɑ̃, ɑ̃t] adj wearing ◆ **tu es soûlant avec tes questions** you're wearing me out ou tiring me out with your questions

soûlard, e* [sulaʀ, aʀd] → SYN nm,f, **soûlaud, e*** [sulo, od] nm,f drunkard

soûler [sule] → SYN ▸ conjug 1 ◂ **1** vt **a** (*: rendre ivre) **soûler qn** [personne] to get sb drunk ; [boisson] to make sb drunk
b (fig) **soûler qn** (fatiguer) to make sb's head spin ou reel ; (littér : griser) [parfum] to go to sb's head, intoxicate sb ; [vent, vitesse, théories, visions] to intoxicate ou inebriate sb, make sb's head spin ou reel
c (fig) **soûler qn de** théories, promesses to intoxicate sb with, make sb's head spin ou reel with ; questions, conseils to wear ou tire sb out with ; luxe, sensations to intoxicate sb with ◆ **chaque fois qu'il vient, il nous soûle de**

paroles every time he comes his endless talking makes our heads spin

2 **se soûler** vpr (*: s'enivrer) to get drunk ◆ **se soûler à la bière / au whisky** to get drunk on beer / on whisky ◆ **se soûler la gueule**: to get pissed: (Brit) ou blind drunk* ◆ (fig) **se soûler de** bruit, vitesse, vent, parfums to intoxicate o.s. with, get high* ou drunk on; théories, visions, sensations to intoxicate o.s. with, make o.s. drunk with ou on

soûlerie [sulʀi] → SYN nf (péj) drunken binge

soulevé [sul(ə)ve] nm lifting

soulèvement [sulɛvmɑ̃] → SYN nm a (révolte) uprising

b (Géol) upthrust, upheaval

soulever [sul(ə)ve] → SYN ▸ conjug 5 ◂ GRAMMAIRE ACTIVE 26.2, 26.6

1 vt a (lever) fardeau, malade, couvercle, rideau to lift (up) ◆ **soulever qn de terre** to lift sb (up) off the ground ◆ (fig) **cela me soulève le cœur** [odeur] it makes me feel sick ou want to heave, it turns my stomach; [attitude] it makes me sick, it turns my stomach ◆ (fig) **cette déclaration a permis de soulever un coin du voile** this declaration has thrown a little light on the matter

b (remuer) poussière to raise ◆ **le véhicule soulevait des nuages de poussière** the vehicle made clouds of dust fly ou swirl up, the vehicle sent up ou raised clouds of dust ◆ **le bateau soulevait de grosses vagues** the boat was sending up great waves ◆ **le vent soulevait les vagues / le sable** the wind made the waves swell, ou whipped up the waves / blew ou whipped up the sand

c (indigner) to stir up; (pousser à la révolte) to stir up ou rouse (to revolt); (exalter) to stir ◆ **soulever l'opinion publique (contre qn)** to stir up ou rouse public opinion (against sb)

d (provoquer) enthousiasme, colère to arouse; protestations, applaudissements to raise; difficultés, questions to raise, bring up

e (évoquer) question, problème to raise, bring up

f (:: voler) **soulever qch (à qn)** to pinch* ou swipe: sth (from sb) ◆ **il lui a soulevé sa femme** he stole his wife

2 **se soulever** vpr a (se lever) to lift o.s. up ◆ **soulève-toi pour que je redresse ton oreiller** lift yourself up ou sit up a bit so that I can plump up your pillow

b (être levé) [véhicule, couvercle, rideau] to lift; (fig) [vagues, mer] to swell (up) ◆ (fig) **à cette vue, le cœur se soulève** the sight of it makes one's stomach turn ◆ (fig) **à cette vue, son cœur se souleva** his stomach turned at the sight

c (s'insurger) to rise up

soulier [sulje] → SYN nm shoe ◆ **souliers bas / plats** low-heeled / flat shoes ◆ **souliers montants** boots ◆ **souliers de marche** walking shoes ◆ (Littérat) **"Le Soulier de satin"** "The Satin Slipper" ◆ (fig) **être dans ses petits souliers** to feel awkward

soulignage [suliɲaʒ] nm, **soulignement** [suliɲmɑ̃] nm underlining

souligner [suliɲe] → SYN ▸ conjug 1 ◂ GRAMMAIRE ACTIVE 26.6 vt a (lit) to underline; (fig: accentuer) to accentuate, emphasize ◆ **souligner qch d'un trait double** to double underline sth, underline sth with a double line ◆ **souligner qch en rouge** to underline sth in red ◆ **souligner ses yeux de noir** to accentuate one's eyes with black eye-liner ◆ **ce tissu à rayures soulignait son embonpoint** that striped material emphasized ou accentuated his stoutness

b (faire remarquer) to underline, stress, emphasize ◆ **il souligna l'importance de cette rencontre** he underlined ou stressed ou emphasized the importance of this meeting

soûlographe* [sulɔgʀaf] nmf drunkard, boozer:

soûlographie* [sulɔgʀafi] nf (hum) drunkenness, boozing:

soulte [sult] → SYN nf (Fin, Jur) balancing cash adjustment

soumettre [sumɛtʀ] → SYN ▸ conjug 56 ◂ 1 vt a (dompter) pays, peuple to subject, subjugate; personne to subject; rebelles to put down, subdue, subjugate

b (asservir) **soumettre qn à** maître, loi to subject sb to

c (astreindre) **soumettre qn à** traitement, formalité, régime, impôt to subject sb to ◆ **soumettre qch à** traitement, essai, taxe to subject sth to ◆ **tout citoyen / ce revenu est soumis à l'impôt** every citizen / this income is subject to tax(ation)

d (présenter) idée, cas, manuscrit to submit (à to) ◆ **soumettre une idée / un projet / une question à qn** to submit an idea / a plan / a matter to sb, put an idea / a plan / a matter before sb

2 **se soumettre** vpr a (obéir) to submit (à to)

b **se soumettre à** traitement, formalité to submit to; entraînement, régime to submit ou subject o.s. to

soumis, e [sumi, iz] → SYN (ptp de **soumettre**) adj (docile) personne, air submissive ◆ **fille soumise**† ≃ registered prostitute

soumission [sumisjɔ̃] → SYN nf a (obéissance) submission (à to) ◆ **il est toujours d'une parfaite soumission à leur égard** he is always totally submissive to their wishes

b (acte de reddition) submission ◆ **ils ont fait leur soumission** they have submitted

c (Comm) tender

soumissionnaire [sumisjɔnɛʀ] nmf (Comm) bidder, tenderer

soumissionner [sumisjɔne] ▸ conjug 1 ◂ vt (Comm) to bid for, tender for

soupape [supap] → SYN nf valve ◆ (lit, fig) **soupape de sûreté** ou **de sécurité** safety valve ◆ (Aut) **soupape d'admission / d'échappement** inlet / exhaust valve ◆ (Aut) **soupapes en tête / en chapelle** ou **latérale** overhead / side valves

soupçon [supsɔ̃] → SYN nm a (suspicion) suspicion ◆ **conduite exempte de tout soupçon** conduct free from all suspicion ◆ **homme à l'abri de** ou **au-dessus de tout soupçon** man free from ou man above all ou any suspicion ◆ **de graves soupçons pèsent sur lui** he's under serious suspicion ◆ **sa femme eut bientôt des soupçons** his wife soon had her suspicions ou became suspicious ◆ **éveiller les soupçons de qn** to arouse sb's suspicions ◆ **avoir soupçon de qch** to suspect sth ◆ **des difficultés dont il n'avait pas soupçon** difficulties of which he had no inkling ou no suspicion ◆ **avoir soupçon que** to suspect that, have an inkling that

b (petite quantité) [assaisonnement, maquillage, vulgarité] hint, touch, suggestion; [vin, lait] drop

soupçonnable [supsɔnabl] adj (gén nég) that arouses suspicion(s)

soupçonner [supsɔne] → SYN ▸ conjug 1 ◂ vt to suspect ◆ **il est soupçonné de vol** he is suspected of theft ◆ **on le soupçonne d'y avoir participé, on soupçonne qu'il y a participé** he is suspected of having taken part in it ◆ **il soupçonnait un piège** he suspected a trap ◆ **vous ne soupçonnez pas ce que ça demande comme travail** you haven't an inkling ou you've no idea how much work that involves

soupçonneusement [supsɔnøzmɑ̃] adv with suspicion, suspiciously

soupçonneux, -euse [supsɔnø, øz] → SYN adj suspicious

soupe [sup] → SYN nf a (Culin) soup ◆ **soupe à l'oignon / aux légumes / de poisson** onion / vegetable / fish soup → **cheveu, gros, marchand** etc

b (hum: nourriture) grub:, nosh: ◆ **à la soupe!** grub's up!:, come and get it!

c (*: Ski) porridge*

d (Bio) **soupe primitive** primeval soup

e LOC **avoir droit à la soupe à la grimace** to be given a frosty reception on arriving home ◆ **il est (très) soupe au lait, c'est une soupe au lait** he flies off the handle easily, he's very quick-tempered, he's very quick to flare up ◆ **soupe populaire** (lit) soup kitchen ◆ (fig) **être réduit à la soupe populaire** to be on one's uppers* ◆ **par ici la bonne soupe!*** roll up! roll up! and hand over your money! ◆ (fig) **aller à la soupe*** to be on the lookout for a backhander* ◆ **il est allé à la soupe*** he has taken a backhander*

soupente [supɑ̃t] → SYN nf cupboard (Brit) ou closet (US) (under the stairs)

souper [supe] → SYN 1 nm supper; (Belg, Can, Helv: dîner) dinner, supper

2 vi ▸ conjug 1 ◂ a to have supper; (Belg, Can, Helv) to have dinner ou supper ◆ **après le spectacle, nous sommes allés souper** after the show we went for supper

b (*) **j'en ai soupé de ces histoires!** I'm sick and tired* ou I've had a bellyful: of all this fuss!

soupeser [supəze] → SYN ▸ conjug 5 ◂ vt (lit) to weigh in one's hand(s), feel the weight of; (fig) to weigh up

soupière [supjɛʀ] nf (soup) tureen

soupir [supiʀ] → SYN nm a sigh ◆ **soupir de soulagement** sigh of relief ◆ **pousser un soupir de soulagement** to heave a sigh of relief ◆ **pousser un gros soupir** to let out ou give a heavy sigh, sigh heavily ◆ **dire qch dans un soupir** to say sth with a sigh ◆ (littér) **les soupirs du vent** the sighing ou soughing (littér) of the wind → **dernier**

b (Mus) crotchet rest (Brit), quarter(-note) rest (US) → **quart**

soupirail, pl **-aux** [supiʀaj, o] nm (small) basement window (gen with bars)

soupirant [supiʀɑ̃] → SYN nm († ou hum) suitor († ou hum), wooer († ou hum)

soupirer [supiʀe] → SYN ▸ conjug 1 ◂ vi (lit) to sigh ◆ **soupirer d'aise** to sigh with contentment ◆ (littér) **soupirer après** ou **pour qch / qn** to sigh for sth / sb (littér), yearn for sth / sb ◆ **« j'ai tout perdu », soupira-t-il** "I've lost everything" he sighed ◆ **... dit-il en soupirant** ... he said with a sigh

souple [supl] → SYN adj a (flexible) corps, membres, matériau supple; branche, tige pliable, supple; lentilles cornéennes soft; col soft, floppy ◆ **souple comme un chat** ou **une chatte** as agile as a cat ◆ **il est souple comme un verre de lampe** he's as stiff as a board → **échine**

b (fig: qui s'adapte) personne, caractère, esprit flexible, adaptable; discipline, forme d'expression, règlement flexible

c (gracieux, fluide) corps, silhouette lithe, lissom (littér); démarche, taille lithe, supple; style fluid, flowing (épith)

souplesse [suplɛs] → SYN nf (→ **souple**) suppleness; pliability; flexibility; adaptability; litheness; lissomness (littér); fluidity ◆ **faire qch en souplesse** to do sth smoothly ◆ **un démarrage en souplesse** a smooth start

souquenille [suknij] → SYN nf (Hist) smock

souquer [suke] → SYN ▸ conjug 1 ◂ 1 vt to tighten

2 vi ◆ **souquer ferme** ou **dur** to pull hard (at the oars)

sourate [suʀat] nf sura

source [suʀs] → SYN nf a (point d'eau) spring ◆ **source thermale / d'eau minérale** hot ou thermal / mineral spring → **couler, eau**

b (foyer) **source de chaleur / d'énergie** source of heat / energy ◆ **source lumineuse** ou **de lumière** source of light, light source ◆ **source sonore** source of sound

c [cours d'eau] source ◆ **cette rivière prend sa source dans le Massif central** this river has its source in ou springs up in the Massif Central

d (fig: origine) source ◆ **source de ridicule / profits** source of ridicule / profit ◆ **sources de revenus** sources of income ◆ **source d'inspiration** source of inspiration ◆ **l'argent est la source de tous nos maux** money is the root of all our ills ◆ **cette voiture est une source de tracas** this car is a real source of trouble ◆ **de source sûre, de bonne source** from a reliable source, on good authority ◆ **tenir qch de source sûre** to have sth on good authority, get sth from a reliable source ◆ **de source généralement bien informée** from a usually well-informed ou accurate source ◆ **de source autorisée** from an official source ◆ **citer ses sources** to quote one's sources ◆ (Ordin) **langage / programme source** source language / program ◆ (Ling) **langue source** departure ou source language → **retenue²**, **retour**

sourcier, -ière [suʀsje, jɛʀ] → SYN nm,f water diviner → **baguette**

sourcil [suʀsi] nm (eye)brow ◆ **aux sourcils épais** heavy-browed, beetle-browed → **froncer**

sourcilier, -ière [suʀsilje, jɛʀ] adj superciliary → **arcade**

sourciller [suʀsije] → SYN ▸conjug 1◂ vi ◆ **il n'a pas sourcillé** he didn't turn a hair ou bat an eyelid ◆ **écoutant sans sourciller mes reproches** listening to my reproaches without turning a hair ou batting an eyelid

sourcilleux, -euse [suʀsijø, øz] → SYN adj (pointilleux) finicky; (littér: hautain) haughty

sourd, e [suʀ, suʀd] → SYN **1** adj **a** personne deaf ◆ **sourd d'une oreille** deaf in one ear ◆ **être sourd comme un pot*** to be as deaf as a post ◆ **faire la sourde oreille (à des supplications)** to turn a deaf ear (to entreaties) → **naissance**
b **sourd à** conseils, prières deaf to; vacarme, environnement oblivious of ou to
c son muffled, muted; couleur muted, toned-down, subdued; (Phon) consonne voiceless, unvoiced ◆ **chambre sourde** anechoic room → **lanterne**
d (vague) douleur dull; désir, angoisse, inquiétude muted, gnawing; colère, hostilité veiled, subdued, muted
e (caché) lutte, menées silent, hidden ◆ **se livrer à de sourdes manigances** to be engaged in hidden manoeuvring
2 nm,f deaf person ◆ **les sourds** the deaf ◆ **les sourds et les malentendants** the deaf and the hearing-impaired ◆ **taper** ou **frapper** ou **cogner comme un sourd** to bang with all one's might ◆ **crier** ou **hurler comme un sourd** to yell like a deaf man ou at the top of one's voice ◆ (Prov) **il n'est pire sourd que celui qui ne veut pas entendre** there are none so deaf as those who will not hear (Prov) → **dialogue, pire, tomber**
3 **sourde** nf (Phon) voiceless ou unvoiced consonant

sourdement [suʀdəmɑ̃] → SYN adv (avec un bruit assourdi) dully; (littér: souterrainement, secrètement) silently ◆ **le tonnerre grondait sourdement au loin** there was a muffled rumble of thunder ou thunder rumbled dully in the distance

sourdine [suʀdin] → SYN nf mute ◆ **jouer en sourdine** to play softly ou quietly ◆ (fig) **faire qch en sourdine** to do sth on the quiet ◆ (fig) **mettre une sourdine à** prétentions to tone down; enthousiasme to damp

sourdingue⁑ [suʀdɛ̃g] **1** adj cloth-eared⁑
2 nmf cloth ears⁑ (sg)

sourd-muet, sourde-muette, mpl **sourds-muets** [suʀmɥɛ, suʀdəmɥɛt] **1** adj deaf-and-dumb
2 nm,f deaf-mute, deaf-and-dumb person

sourdre [suʀdʀ] → SYN vi [source] to rise; [eau] to spring up, rise; (fig, littér) to well up, rise

souriant, e [suʀjɑ̃, jɑ̃t] → SYN adj visage smiling; personne cheerful; (fig) pensée, philosophie benign, agreeable

souriceau, pl **souriceaux** [suʀiso] nm young mouse

souricière [suʀisjɛʀ] → SYN nf (lit) mousetrap; (fig) trap

sourire [suʀiʀ] → SYN **1** nm smile ◆ **le sourire aux lèvres** with a smile on his lips ◆ **avec le sourire** (accueillir qn) with a smile; (exécuter une tâche) cheerfully ◆ **gardez le sourire!** keep smiling! ◆ (lit, fig) **avoir le sourire** to have a smile on one's face ◆ **faire** ou **adresser un sourire à qn** to give sb a smile ◆ **faire des sourires à qn** to keep smiling at sb ◆ **être tout sourire** to be all smiles ◆ **un large sourire** (chaleureux) a broad smile; (amusé) a (broad) grin, a broad smile → **coin**
2 vi ▸conjug 36◂ **a** to smile (*à qn* at sb) ◆ **sourire à la vie** to delight in living ◆ (lit) **cette remarque les fit sourire** this remark made them smile ou brought a smile to their faces ◆ (fig) **ce projet ridicule fait sourire** this ridiculous project is laughable ◆ **je souris de le voir si vaniteux** it makes me smile to see how vain he is ◆ **il sourit de nos efforts** he laughs at our efforts, our efforts make him smile ◆ **il ne faut pas sourire de ces menaces** these threats can't just be laughed ou shrugged off
b **sourire à** (plaire à) to appeal to; (être favorable à) to smile on, favour ◆ **cette idée ne me sourit guère** that idea doesn't appeal to me, I don't fancy that idea* (Brit) ◆ **l'idée de faire cela ne me sourit pas** I don't relish the thought of doing that, the idea of doing that doesn't appeal to me ◆ **la chance lui souriait** luck smiled on him

souris[1] [suʀi] → SYN nf **a** (Zool) mouse ◆ **souris blanche** white mouse *(bred for experiments)* ◆ **souris grise** house mouse ◆ (fig: pour espionner) **je voudrais bien être une petite souris** it would be interesting to be ou I wish I were a fly on the wall → **gris, jouer, trou**
b (⁑: femme) bird* (Brit), chick* (US) ◆ **souris d'hôtel** sneak thief *(operating in hotels)*
c [gigot] knuckle-joint
d (Ordin) mouse

souris[2]†† [suʀi] → SYN nm (sourire) smile

sournois, e [suʀnwa, waz] → SYN **1** adj personne, regard, air deceitful, sly, shifty; méthode, propos, attaque underhand
2 nm ◆ **c'est un petit sournois** he's a sly little devil*

sournoisement [suʀnwazmɑ̃] adv (→ **sournois**) deceitfully; in an underhand manner; shiftily ◆ **il s'approcha sournoisement de lui** he stole ou crept stealthily up to him

sournoiserie [suʀnwazʀi] → SYN nf (→ **sournois:** littér) deceitfulness; underhand manner; shiftiness

sous [su] GRAMMAIRE ACTIVE 26.6
1 prép **a** (position) under, underneath, beneath; (atmosphère) in ◆ **s'abriter sous un arbre / un parapluie** to shelter under ou underneath ou beneath a tree / an umbrella ◆ **porter son sac sous son bras** to carry one's bag under one's arm ◆ **se promener sous la pluie / le soleil** to take a walk in the rain / in the sunshine ◆ **le village est plus joli sous le soleil / la lune / la clarté des étoiles** the village is prettier in the sunshine / in the ou by moonlight / by starlight ◆ (Littérat) **"Sous le soleil de Satan"** "Under the Sun of Satan" ◆ **le pays était sous la neige** the country was covered with ou in snow ◆ **l'Angleterre s'étendait sous eux** England spread out beneath ou below them ◆ **dormir sous la tente** to sleep under canvas ou in a tent ◆ **une mèche dépassait de sous son chapeau** a lock of hair hung down from under her hat ◆ **sous terre** under the ground, underground ◆ **nager sous l'eau** to swim under water ◆ **rien de neuf** ou **rien de nouveau sous le soleil** there's nothing new under the sun ◆ **ils ne veulent plus vivre sous le même toit** they don't want to live under the same roof any longer ◆ **cela s'est passé sous nos yeux** it happened before ou under our very eyes ◆ **sous le canon** ou **le feu de l'ennemi** under enemy fire ◆ (fig) **vous trouverez le renseignement sous tel numéro / telle rubrique** you will find the information under such-and-such a number / heading ◆ (fig) **sous des dehors frustes / une apparence paisible** beneath ou behind his (ou her etc) rough exterior / his (ou her etc) peaceful exterior → **manteau, prétexte**[1]
b (temps) (à l'époque de) under; (dans un délai de) within ◆ **sous le règne / le pontificat de** under ou during the reign / the pontificate of ◆ **sous Charles X** under Charles X ◆ **sous la Révolution / la VIe République** at the time of ou during the Revolution / the VIth Republic ◆ **sous un régime capitaliste / socialiste** under a capitalist / socialist régime ◆ **sous peu** shortly, before long ◆ **sous huitaine / quinzaine** within the ou a week / two weeks ou the ou a fortnight (Brit)
c (cause) under ◆ **sous l'influence de qn / qch** under the influence of sb / sth ◆ **sous l'empire de la terreur** in the grip of terror ◆ **le rocher s'est effrité sous l'action du soleil / du gel** the rock has crumbled (away) due to ou under ou with the action of the sun / the frost ◆ **il a agi sous l'effet** ou **le coup de la colère** he acted in a moment of anger ◆ **elle est encore sous le coup de l'émotion** she's still in a state of shock ou reeling from the shock ◆ **plier sous le poids de qch** to bend beneath ou under the weight of sth → **faix**
d (manière) **examiner une question sous tous ses angles** ou **toutes ses faces** to examine every angle ou facet of a question, look at a question from every angle ◆ **sous un faux nom / une identité d'emprunt** under a false name / an assumed identity ◆ **sous certaines conditions j'accepte** I accept on certain conditions ◆ **je ne le connaissais pas sous ce jour-là** I hadn't seen him in that light, I didn't know that side ou aspect of him ◆ **sous ce rapport** on that score, in this ou that respect ◆ **il a été peint sous les traits d'un berger** he was painted as a shepherd ou in the guise of a shepherd → **clef, enveloppe, garantie**[2]
e (dépendance) under ◆ **être sous les ordres / la protection / la garde de qn** to be under sb's orders / under ou in sb's protection / in sb's care ◆ **se mettre sous la protection / la garde de qn** to commit o.s. to ou into sb's protection / care ◆ **se mettre sous les ordres de qn** to submit (o.s.) to sb's orders ◆ **l'affaire est sous sa direction** he is running ou managing the affair, the affair is under his management ◆ **l'affaire est sous sa responsabilité** the affair is his responsibility ou comes within his responsibility → **auspices, charme**[2], **garde**[1], **tutelle**
f (Méd) **sous anesthésie** under anaesthetic ou anaesthesia ◆ **malade sous perfusion** patient on the drip ◆ **sous antibiotiques** on antibiotics
g (Tech) **câble sous gaine** sheathed ou encased cable ◆ **(emballé) sous plastique** plastic-wrapped ◆ **sous tube** in (a) tube ◆ **(emballé) sous vide** vacuum-packed
h (Ordin) **travailler sous DOS® / UNIX®** to work in DOS® / UNIX®
2 préf (dans les mots composés à trait d'union, le préfixe reste invariable) **a** (infériorité) **c'est du sous-art / de la sous-littérature** it's a poor excuse for art / literature ◆ **c'est du sous-Sartre** it's a poor imitation of ou it's second-rate Sartre
b (subordination) sub- ◆ **sous-catégorie** subcategory ◆ (Écon) **sous-agence** sub-branch
c (insuffisance) under ..., insufficiently ◆ **sous-industrialisé** underindustrialized ◆ **les dangers de la sous-productivité** the dangers of underproductivity ◆ **sous-rémunéré** underpaid ◆ **la région est sous-urbanisée** the region is insufficiently urbanized

sous-admissible [suzadmisibl] nmf *candidate having passed the written part of a competitive examination*

sous-alimentation [suzalimɑ̃tasjɔ̃] → SYN nf undernourishment, malnutrition

sous-alimenté, e [suzalimɑ̃te] adj undernourished, underfed

sous-amendement [suzamɑ̃dmɑ̃] nm amendment to an amendment

sous-arbrisseau, pl **sous-arbrisseaux** [suzaʀbʀiso] nm subshrub

sous-bibliothécaire [subiblijotekɛʀ] nmf assistant librarian, sub-librarian

sous-bois [subwa] nm inv undergrowth

sous-brigadier [subʀigadje] nm deputy sergeant

sous-calibré, e [sukalibʀe] adj subcalibre

sous-chef [suʃɛf] nmf (gén) second-in-command ◆ (Admin) **sous-chef de bureau** deputy chief clerk ◆ **sous-chef de gare** deputy ou sub-stationmaster

sous-classe [suklɑs] nf sub-class

sous-clavier, -ière [suklavje, jɛʀ] adj subclavian

sous-comité [sukɔmite] nm subcommittee

sous-commission [sukɔmisjɔ̃] nf subcommittee

sous-consommation [sukɔ̃sɔmasjɔ̃] nf underconsumption

sous-continent [sukɔ̃tinɑ̃] nm subcontinent

sous-couche [sukuʃ] nf undercoat

souscripteur, -trice [suskʀiptœʀ, tʀis] nm,f [emprunt, publication] subscriber (*de* to)

souscription [suskʀipsjɔ̃] nf (action) subscription; (somme) subscription, contribution ◆ **ouvrir une souscription en faveur de ...** to start a fund in aid of ... ◆ **livre en souscription** book sold on a subscription basis ◆ **ce livre est offert en souscription jusqu'au**

15 novembre, au prix de 750 F this book is available to subscribers until November 15th at the prepublication price of 750 francs

souscrire [suskʀiʀ] [→ SYN] ▸ conjug 39 ◂ **1** **souscrire à** vt indir **a** emprunt, publication to subscribe to ◆ **souscrire à la construction de** to contribute ou subscribe to the construction of ◆ **il a souscrit pour 1 000 F à la construction du monument** he contributed ou subscribed 1,000 francs to the construction of the monument
b idée, opinion, projet to subscribe to ◆ **c'est une excellente idée et j'y souscris** it's an excellent idea and I subscribe to it ou and I'm all in favour of it
2 vt abonnement to take out; billet de commerce to sign

souscrit, e [suskʀi, it] (ptp de **souscrire**) adj ◆ **capital souscrit** subscribed capital

sous-cutané, e [sukytane] adj subcutaneous

sous-développé, e [sudev(ə)lɔpe] adj underdeveloped ◆ **les pays sous-développés** the underdeveloped ou developing ou emergent countries

sous-développement [sudev(ə)lɔpmɑ̃] nm underdevelopment

sous-diaconat [sudjakɔna] nm subdiaconate

sous-diacre [sudjakʀ] nm subdeacon

sous-directeur, -trice [sudiʀɛktœʀ, tʀis] nm,f assistant manager, sub-manager

sous-dominante [sudɔminɑ̃t] nf subdominant

sous-effectif [suzefɛktif] nm [armée, police] reduced strength; [employés] reduced number ◆ **en sous-effectif** (Mil) undermanned; entreprise, service understaffed

sous-embranchement [suzɑ̃bʀɑ̃ʃmɑ̃] nm sub-branch

sous-emploi [suzɑ̃plwa] nm underemployment

sous-employer [suzɑ̃plwaje] ▸ conjug 8 ◂ vt to underuse

sous-ensemble [suzɑ̃sɑ̃bl] nm subset

sous-entendre [suzɑ̃tɑ̃dʀ] ▸ conjug 41 ◂ vt to imply, infer ◆ **il faut sous-entendre que** it is to be inferred ou understood that

sous-entendu, e [suzɑ̃tɑ̃dy] [→ SYN] **1** adj implied, understood
2 nm innuendo, insinuation

sous-entrepreneur [suzɑ̃tʀəpʀənœʀ] nm subcontractor

sous-équipé, e [suzekipe] adj underequipped

sous-équipement [suzekipmɑ̃] nm lack of equipment

sous-espace [suzɛspas] nm subspace

sous-espèce [suzɛspɛs] nf subspecies

sous-estimation [suzɛstimasjɔ̃] nf underestimate

sous-estimer [suzɛstime] [→ SYN] ▸ conjug 1 ◂ vt to underestimate

sous-évaluation [suzevalɥasjɔ̃] nf [bijou, meuble etc] undervaluation; [compétence, adversaire] underestimate

sous-évaluer [suzevalɥe] ▸ conjug 1 ◂ vt to underestimate, underrate

sous-exploitation [suzɛksplwatasjɔ̃] nf underexploitation, underutilization

sous-exploiter [suzɛksplwate] ▸ conjug 1 ◂ vt to underexploit, to underutilize

sous-exposer [suzɛkspoze] ▸ conjug 1 ◂ vt to underexpose

sous-exposition [suzɛkspozisjɔ̃] nf (Phot) underexposure (NonC)

sous-famille [sufamij] nf subfamily

sous-fifre* [sufifʀ] nm underling

sous-garde [sugaʀd] nf trigger guard

sous-genre [suʒɑ̃ʀ] nm subgenus

sous-gorge [sugɔʀʒ] nf throatlatch

sous-gouverneur [suguvɛʀnœʀ] nm deputy governor

sous-groupe [sugʀup] nm subgroup

sous-homme [suzɔm] nm subhuman, subman

sous-information [suzɛ̃fɔʀmasjɔ̃] nf lack of information

sous-informé, e [suzɛ̃fɔʀme] adj poorly informed

sous-jacent, e [suʒasɑ̃, ɑ̃t] [→ SYN] adj (lit) subjacent, underlying; (fig) underlying

sous-lieutenant [suljøt(ə)nɑ̃] nm (armée de terre) second lieutenant; (marine) sub-lieutenant; (aviation) pilot officer (Brit), second lieutenant (US)

sous-locataire [sulɔkatɛʀ] nmf subtenant

sous-location [sulɔkasjɔ̃] nf subletting

sous-louer [sulwe] ▸ conjug 1 ◂ vt to sublet

sous-main [sumɛ̃] [→ SYN] nm inv desk blotter ◆ (fig) **en sous-main** secretly

sous-maîtresse [sumɛtʀɛs] nf brothel-keeper, madam

sous-marin, e [sumaʀɛ̃, in] [→ SYN] **1** adj pêche, chasse underwater (épith); végétation, faune submarine (épith)
2 nm (lit) submarine; (fig: espion) mole ◆ **sous-marin nucléaire d'attaque** hunter-killer submarine ◆ **sous-marin de poche** pocket ou midget submarine

sous-marinier [sumaʀinje] nm submariner

sous-marque [sumaʀk] nf sub-brand

sous-maxillaire [sumaksilɛʀ] adj submaxillary

sous-médicalisé, e [sumedikalize] adj underprovided with medical care

sous-menu [suməny] nm (Ordin) sub-menu

sous-merde** [sumɛʀd] nf ◆ (péj) **ce type est une sous-merde** that guy is scum‡ ou trash‡

sous-ministre [suministʀ] nm (Can) deputy minister

sous-multiple [symyltipl] nm submultiple

sous-nappe [sunap] nf undercloth

sous-normale [sunɔʀmal] nf subnormal

sous-nutrition [sunytʀisjɔ̃] nf malnutrition

sous-occipital, e, mpl **-aux** [suzɔksipital, o] adj suboccipital

sous-œuvre [suzœvʀ] [→ SYN] loc adv ◆ (lit, fig) **reprendre qch en sous-œuvre** to underpin sth ◆ **reprise en sous-œuvre** underpinning

sous-off* [suzɔf] nm abrév de **sous-officier**

sous-officier [suzɔfisje] nm non-commissioned officer, N.C.O.

sous-orbitaire [suzɔʀbitɛʀ] adj (Anat) suborbital

sous-ordre [suzɔʀdʀ] [→ SYN] nm (Zool) suborder; (sous-fifre) subordinate, underling

sous-payer [supeje] ▸ conjug 8 ◂ vt to underpay

sous-peuplé, e [supœple] adj underpopulated

sous-peuplement [supœpləmɑ̃] nm underpopulation

sous-pied [supje] nm (under-)strap

sous-préfectoral, e, mpl **-aux** [supʀefɛktɔʀal, o] adj sub-prefectorial

sous-préfecture [supʀefɛktyʀ] [→ SYN] nf subprefecture

sous-préfet [supʀefɛ] nm sub-prefect

sous-préfète [supʀefɛt] nf (fonctionnaire) subprefect; (épouse) sub-prefect's wife

sous-production [supʀɔdyksjɔ̃] nf underproduction

sous-produit [supʀɔdɥi] nm (lit) by-product; (fig) pale imitation

sous-programme [supʀɔgʀam] nm subroutine, subprogram

sous-prolétaire [supʀɔletɛʀ] nmf (underprivileged) worker

sous-prolétariat [supʀɔletaʀja] nm underprivileged ou downtrodden class

sous-pull [supyl] nm thin poloneck jersey

sous-qualifié, e [sukalifje] adj underqualified

sous-race [suʀas] nf sub-race

sous-scapulaire [suskapylɛʀ] adj subscapular

sous-secrétaire [sus(ə)kʀetɛʀ] nm ◆ **sous-secrétaire d'État** Under-Secretary

sous-secrétariat [sus(ə)kʀetaʀja] nm (fonction) post of Under-Secretary; (bureau) Under-Secretary's office

sous-seing [susɛ̃] nm inv (Jur) private agreement *(document not legally certified)*

soussigné, e [susiɲe] adj, nm,f undersigned ◆ **je soussigné, Dupont Charles-Henri, déclare que ...** I the undersigned, Charles-Henri Dupont, certify that ... ◆ **les (témoins) soussignés** we the undersigned

sous-sol [susɔl] [→ SYN] nm [terre] subsoil, substratum; [maison] basement; [magasin] basement, lower ground floor ◆ **les richesses de notre sous-sol** our mineral resources

sous-soleuse [susɔløz] nf subsoil plough

sous-station [sustasjɔ̃] nf substation

sous-tangente [sutɑ̃ʒɑ̃t] nf subtangent

sous-tasse [sutɑs] nf (Belg, Helv) saucer

sous-tendre [sutɑ̃dʀ] ▸ conjug 41 ◂ vt (Géom) to subtend; (fig) to underlie

sous-tension [sutɑ̃sjɔ̃] nf undervoltage

sous-titrage [sutitʀaʒ] nm subtitling (NonC)

sous-titre [sutitʀ] nm subtitle

sous-titrer [sutitʀe] ▸ conjug 1 ◂ vt to subtitle ◆ **en version originale sous-titrée** in the original (version) with subtitles

soustractif, -ive [sustʀaktif, iv] adj subtractive

soustraction [sustʀaksjɔ̃] [→ SYN] nf **a** (Math) subtraction ◆ **faire la soustraction de** somme to take away, subtract ◆ **et il faut encore déduire les frais de réparation: faites la soustraction vous-même** in addition you have to deduct repair costs – you can work it out for yourself ou you can do the sum yourself
b (frm: vol) removal, abstraction

soustraire [sustʀɛʀ] [→ SYN] ▸ conjug 50 ◂ **1** vt **a** (gén, Math: défalquer) to subtract, take away (*de* from)
b (frm: dérober) to remove, abstract; (cacher) to conceal, shield (*à* from) ◆ **soustraire qn à la justice / à la colère de qn** to shield sb from justice / from sb's anger ◆ (Jur) **soustraire à la compétence de** to exclude from the jurisdiction of
2 **se soustraire** vpr ◆ (frm) **se soustraire à** devoir to shirk; obligation, corvée to escape, shirk; autorité to elude, escape from; curiosité to conceal o.s. from, escape from; regards, vue to conceal o.s. from ◆ **se soustraire à la justice** to elude justice; (s'enfuir) to abscond ◆ **quelle corvée! comment m'y soustraire?** what drudgery! how shall I escape it? ou get out of it?

sous-traitance [sutʀɛtɑ̃s] nf subcontracting

sous-traitant [sutʀɛtɑ̃] nm subcontractor

sous-traiter [sutʀete] ▸ conjug 1 ◂ **1** vi to become a subcontractor, be subcontracted
2 vt affaire to subcontract, contract out

sous-ventrière [suvɑ̃tʀijɛʀ] nf girth, bellyband ◆ (fig: manger) **se faire péter la sous-ventrière** to eat more than one's fill

sous-verre [suvɛʀ] nm (encadrement) glass mount; (photo) photograph mounted under glass

sous-vêtement [suvɛtmɑ̃] [→ SYN] nm undergarment ◆ **sous-vêtements** underwear (sg), undergarments

sous-virer [suviʀe] ▸ conjug 1 ◂ vi to understeer

sous-vireur, -euse [suviʀœʀ, øz] adj ◆ (Aut) **voiture sous-vireuse** car which understeers

soutache [sutaʃ] nf (galon) frog

soutacher [sutaʃe] ▸ conjug 1 ◂ vt (Mil) to decorate with frogs

soutane [sutan] [→ SYN] nf cassock, soutane ◆ (fig) **prendre la soutane** to enter the Church ◆ (péj) **la soutane** priests, the cloth

soute [sut] nf [navire] hold ◆ **soute (à bagages)** [bateau, avion] baggage hold ◆ **soute à charbon** coal bunker ◆ **soute à munitions** ammunition store ♦ **soute à mazout** oil tank ♦ **soute à bombes** bomb bay

soutenable [sut(ə)nabl] → SYN adj opinion tenable, defensible ♦ **ce film est d'une violence difficilement soutenable** this film is almost unbearably violent

soutenance [sut(ə)nɑ̃s] nf ♦ (Univ) **soutenance de thèse** ≃ viva, viva voce (examination) (Brit), defense (US)

soutènement [sutɛnmɑ̃] → SYN nm ♦ **travaux de soutènement** support(ing) works ♦ **ouvrage de soutènement** support(ing) structure → **mur**

souteneur [sut(ə)nœʀ] → SYN nm procurer

soutenir [sut(ə)niʀ] → SYN ▸conjug 22◂ GRAMMAIRE ACTIVE 13.2, 26.2, 26.5

1 vt a (servir d'appui à) personne, toit, mur to support, hold up; [médicament etc] to sustain ♦ **on lui a fait une piqûre pour soutenir le cœur** they gave him an injection to sustain his heart ♦ **ses jambes peuvent à peine le soutenir** his legs can hardly support him ou hold him up ♦ **prenez un peu d'alcool, cela soutient** have a little drink – it'll give you a lift* ou keep you going

b (aider) gouvernement, parti, candidat to support, back; famille to support ♦ **soutenir le franc/l'économie** to bolster (up) the franc/the economy ♦ **elle soutient les enfants contre leur père** she takes the children's part ou she stands up for the children against their father ♦ **son amitié/il les a beaucoup soutenus dans leur épreuve** his friendship/he was a real support ou prop to them in their time of trouble, his friendship was something/he was someone for them to lean on in their time of trouble

c (faire durer) attention, conversation, effort to keep up, sustain; réputation to keep up, maintain

d (résister à) assaut, combat to stand up to, withstand; regard to bear, support ♦ **il a bien soutenu le choc** he stood up well to the shock ou withstood the shock well ♦ **soutenir la comparaison avec** to bear ou stand comparison with, compare (favourably) with

e (affirmer) opinion, doctrine to uphold, support; (défendre) droits to uphold, defend ♦ (Univ) **soutenir sa thèse** to attend ou have one's viva (Brit), defend one's dissertation (US) ♦ **c'est une doctrine que je ne pourrai jamais soutenir** it is a doctrine which I shall never be able to support ou uphold ♦ **elle soutient toujours le contraire de ce qu'il dit** she always maintains the opposite of what he says ♦ **il a soutenu jusqu'au bout qu'il était innocent** he maintained to the end that he was innocent

2 **se soutenir** vpr a (se maintenir) (sur ses jambes) to hold o.s. up, support o.s.; (dans l'eau) to keep (o.s.) afloat ou up ♦ **il n'arrivait plus à se soutenir sur ses jambes** his legs could no longer support him, he could no longer stand on his legs

b (fig) **ça peut se soutenir** it's a tenable point of view ♦ **un tel point de vue ne peut se soutenir** a point of view like that is indefensible ou untenable ♦ **l'intérêt se soutient jusqu'à la fin** the interest is kept up ou sustained ou maintained right to the end

c (s'entraider) to stand by each other ♦ **dans la famille, ils se soutiennent tous** the family all stand by each other ou stick together

soutenu, e [sut(ə)ny] → SYN (ptp de **soutenir**) adj (élevé, ferme) style, langue elevated; (constant, assidu) attention, effort sustained, unflagging; travail sustained; (intense) couleur strong; marché buoyant

souterrain, e [suteʀɛ̃, ɛn] → SYN 1 adj (lit) underground, subterranean; (fig) subterranean ♦ **économie souterraine** underground economy → **passage**

2 nm (gén) underground ou subterranean passage; (Archéol) souterrain

soutien [sutjɛ̃] → SYN GRAMMAIRE ACTIVE 11, 13.2 nm a (gén: étai, aide) support ♦ (Mil) **unité de soutien** support ou reserve unit ♦ (Admin) **être soutien de famille** to be the main wage-earner in the family *(exempted from military service)* ♦ (Scol) **cours de soutien** remedial course ♦ **soutien en français** extra teaching in French ♦ **apporter son soutien à qn/qch** to give sb/sth one's support ♦ **psychothérapie de soutien** supportive psychotherapy ♦ (Bot) **tissus de soutien** supporting tissues

b (action) [voûte] supporting ♦ **soutien des prix** price support

soutien-gorge, pl **soutiens-gorge** [sutjɛ̃gɔʀʒ] → SYN nm bra → **armature**

soutier [sutje] nm (Naut) coal-trimmer; (fig) drudge

soutirage [sutiʀaʒ] nm [vin] decanting

soutirer [sutiʀe] → SYN ▸conjug 1◂ vt a (prendre) **soutirer qch à qn** argent to squeeze ou get sth out of sb; promesse to extract sth from sb, worm sth out of sb

b vin to decant, rack

soutra [sutʀa] nm sutra

souvenance [suv(ə)nɑ̃s] → SYN nf (littér) recollection ♦ **avoir souvenance de** to recollect, have a recollection of ♦ (frm) **à ma souvenance** as I recall

souvenir [suv(ə)niʀ] → SYN GRAMMAIRE ACTIVE 21.2

1 nm a (réminiscence) memory, recollection ♦ (mémoires écrits) **souvenirs** memoirs ♦ **elle a gardé de lui un bon/mauvais souvenir** she has good/bad memories of him ♦ **ce n'est plus maintenant qu'un mauvais souvenir** it's just a bad memory now ♦ **je n'ai qu'un vague souvenir de l'incident/de l'avoir rencontré** I have only a vague ou dim recollection of the incident/of having met him ou of meeting him ♦ **raconter des souvenirs d'enfance/de guerre** to recount memories of one's childhood/of the war ♦ (Psych) **souvenir-écran** screen memory

b (littér: fait de se souvenir) recollection, remembrance (littér) ♦ **avoir le souvenir de qch** to have a memory of sth, remember sth ♦ **garder** ou **conserver le souvenir de qch** to retain the memory of sth ♦ **perdre le souvenir de qch** to lose all recollection of sth ♦ (frm) **je n'ai pas souvenir d'avoir ...** I have no recollection ou remembrance of having ... ♦ **en souvenir de** personne disparue in memory ou remembrance of; occasion in memory of ♦ **évoquer le souvenir de qn** to recall ou evoke the memory of sb

c (mémoire) memory ♦ **dans un coin de mon souvenir** in a corner of my memory

d (objet gardé pour le souvenir) keepsake, memento; (pour touristes) souvenir; (marque, témoignage d'un événement) souvenir ♦ **garder qch comme souvenir (de qn)** to keep sth as a memento (of sb) ♦ **cette cicatrice est un souvenir de la guerre** this scar is a souvenir from the war ♦ **cette montre est un souvenir de famille** this watch is a family heirloom ♦ **boutique** ou **magasin de souvenirs** souvenir shop

e (formules de politesse) **amical** ou **affectueux souvenir** yours (ever) ♦ **mon bon souvenir à X** remember me to X, (my) regards to X ♦ **rappelez-moi au bon souvenir de votre mère** remember me to your mother, give my (kind) regards to your mother ♦ **croyez à mon fidèle souvenir** yours ever, yours sincerely

2 **se souvenir** ▸conjug 22◂ vpr ♦ **se souvenir de qn** to remember sb ♦ **se souvenir de qch/d'avoir fait/que ...** to remember ou recall ou recollect sth/doing sth/that ... ♦ **il a plu tout l'été, tu t'en souviens?** ou **tu te souviens?*** it rained all summer, do you remember? ou recall?, it rained all summer, remember?* ♦ **elle lui a donné une leçon dont il se souviendra** she taught him a lesson he won't forget in a hurry ♦ **souvenez-vous qu'il est très puissant** bear in mind ou remember that he is very powerful ♦ **souviens-toi de ta promesse!** remember your promise! ♦ **tu m'as fait me souvenir que ...**, (littér) **tu m'as fait souvenir que ...** you have reminded me that ... ♦ (menace) **je m'en souviendrai!** I won't forget!

3 vb impers ♦ (littér) **il me souvient d'avoir entendu raconter cette histoire** I recollect ou recall ou remember having heard ou hearing that story

souvent [suvɑ̃] → SYN adv often ♦ **le plus souvent, cela marche bien** more often than not it works well ♦ **faire qch plus souvent qu'à son** (ou **mon** etc) **tour** to have more than one's fair share of doing sth ♦ **bien souvent** very often ♦ **peu souvent** seldom ♦ (Prov) **souvent femme varie (bien fol est qui s'y fie)** woman is fickle

souverain, e [suv(ə)ʀɛ̃, ɛn] → SYN 1 adj a (Pol) État, puissance sovereign; assemblée, cour, juge supreme ♦ **le souverain pontife** the Supreme Pontiff

b (suprême) **le souverain bien** the sovereign good ♦ **remède souverain contre qch** sovereign remedy against sth

c (intensif) supreme

2 nm,f a (monarque) sovereign, monarch ♦ **souverain absolu/constitutionnel** absolute/constitutional monarch ♦ **la souveraine britannique** the British sovereign

b (fig) sovereign ♦ **s'imposer en souverain** to reign supreme ♦ **la philosophie est la souveraine des disciplines de l'esprit** philosophy is the most noble ou the highest of the mental disciplines

3 nm a (Jur, Pol) **le souverain** the sovereign power

b (Hist Brit: monnaie) sovereign

souverainement [suv(ə)ʀɛnmɑ̃] → SYN adv a (intensément) supremely ♦ **ça me déplaît souverainement** I dislike it intensely

b (en tant que souverain) with sovereign power

souveraineté [suv(ə)ʀɛnte] → SYN nf sovereignty

souvlaki [suvlaki] nm souvlakia

soviet† [sɔvjɛt] nm soviet† ♦ **le Soviet suprême** the Supreme Soviet† ♦ (péj) **les Soviets*** the Soviets†

soviétique [sɔvjetik] 1 adj Soviet

2 nmf ♦ **Soviétique** Soviet citizen

soviétisation [sɔvjetizasjɔ̃] nf sovietization

soviétiser [sɔvjetize] ▸conjug 1◂ vt to sovietize

soviétologue [sɔvjetɔlɔg] nmf Kremlinologist

sovkhoze [sɔvkoz] nm sovkhoz

soya [sɔja] nm ⇒ **soja**

soyeux, -euse [swajø, øz] → SYN 1 adj silky

2 nm silk manufacturer *(of Lyons)*, silk merchant *(of Lyons)*

SPA [ɛspea] nf (abrév de **Société protectrice des animaux**) ≃ R.S.P.C.A. (Brit), A.S.P.C.A. (US)

spacieusement [spasjøzmɑ̃] → SYN adv spaciously ♦ **spacieusement aménagé** spaciously laid out ♦ **nous sommes spacieusement logés** we have ample room in our accommodation ou where we are staying

spacieux, -ieuse [spasjø, jøz] → SYN adj spacious, roomy

spadassin [spadasɛ̃] → SYN nm (littér, †: mercenaire) hired killer ou assassin; (†: bretteur) swordsman

SPADEM [spadɛm] nf (abrév de **Société de la propriété artistique et des dessins et modèles**) *French body governing artistic and industrial copyrights*

spadice [spadis] nm spadix

spaghetti, pl **spaghetti(s)** [spageti] nm ♦ **spaghetti(s)** spaghetti (NonC) ♦ **spaghetti(s) bolognaise** spaghetti Bolognaise ♦ **un spaghetti** a strand of spaghetti → **western**

spahi [spai] nm (Hist Mil) Spahi, *soldier of native cavalry corps of French army in North Africa*

spalax [spalaks] nm mole rat

spallation [spalasjɔ̃] nf spallation

sparadrap [spaʀadʀa] nm adhesive ou sticking plaster (Brit), band-aid ® (US)

spardeck [spaʀdɛk] nm spar deck

sparganier [spaʀganje] nm bur reed

sparring-partner [spaʀiŋpaʀtnɛʀ] nm, pl **sparring-partners** sparring partner

spart [spaʀt] nm ⇒ **sparte**

Spartacus [spaʀtakys] nm Spartacus

spartakisme [spaʀtakism] nm Spartacism

spartakiste [spaʀtakist] nmf Spartacist

Sparte [spaʀt] nf Sparta

sparte [spaʀt] nm esparto (grass)

spartéine [spaʀtein] nf sparteine

sparterie [spaʀt(ə)ʀi] nf (objets) esparto goods

spartiate [spaʀsjat] → SYN 1 adj Spartan ◆ éducation **à la spartiate** Spartan
2 nmf ◆ (Hist) **Spartiate** Spartan
3 nf ◆ (chaussures) **spartiates** Roman sandals

spasme [spasm] → SYN nm spasm

spasmodique [spasmɔdik] adj spasmodic

spasmolytique [spasmɔlitik] adj, nm antispasmodic

spasmophile [spasmɔfil] 1 adj spasmophilic
2 nmf person suffering from spasmophilia

spasmophilie [spasmɔfili] nf spasmophilia

spasticité [spastisite] nf spasticity

spatangue [spatɑ̃g] nm spatangoid

spath [spat] nm (Minér) spar ◆ **spath fluor** fluorspar, fluorite (US) ◆ **spath d'Islande** Iceland spar

spathe [spat] nf (Bot) spath

spathique [spatik] adj spathic

spatial, e, mpl **-iaux** [spasjal, jo] adj (opposé à temporel) spatial; (Espace) space (épith)

spatialisation [spasjalizasjɔ̃] nf spatialization

spatialiser [spasjalize] ▸ conjug 1 ◂ vt to spatialize

spatialité [spasjalite] nf spatiality

spationaute [spasjonot] → SYN 1 nm astronaut, spaceman
2 nf astronaut, spacewoman

spationef [spasjɔnɛf] → SYN nm spaceship, spacecraft

spatiotemporel, -elle [spasjotɑ̃pɔʀɛl] adj spatiotemporal

spatule [spatyl] nf a (ustensile) [peintre, cuisinier] spatula ◆ **doigts en spatule** spatula-shaped fingers
b (bout) [ski, manche de cuiller etc] tip
c (oiseau) spoon-bill

spatulé, e [spatyle] adj spatulate

speaker [spikœʀ] → SYN nm (Rad, TV) (announceur) announcer; (journaliste) newscaster, newsreader ◆ (Brit et US Pol) **le speaker** the Speaker

speakerine [spikʀin] → SYN nf (Rad, TV) (announceuse) announcer; (journaliste) newscaster, newsreader

spécial, e, mpl **-iaux** [spesjal, jo] → SYN 1 adj (gén) special; (bizarre) peculiar ◆ (euph) **il a des mœurs un peu spéciales** he's a bit the other way inclined* (euph), he has certain tendencies (euph) → **envoyé**
2 **spéciale** nf (huître) top-quality oyster

spécialement [spesjalmɑ̃] adv (plus particulièrement) especially, particularly; (tout exprès) specially ◆ **pas spécialement intéressant** not particularly ou especially interesting ◆ **tu es pressé? – pas spécialement*** you're in a hurry? – not really ou especially ◆ **c'est très intéressant, spécialement vers la fin** it is very interesting, especially ou particularly towards the end ◆ **on l'a choisi spécialement pour ce travail** he was specially chosen for this job ◆ **spécialement construit pour cet usage** specially built for this purpose

spécialisation [spesjalizasjɔ̃] nf specialization ◆ (Univ) **faire une spécialisation en qch** to specialize in sth

spécialisé, e [spesjalize] (ptp de **spécialiser**) adj travail, personne, ouvrage, revue specialized ◆ **être spécialisé dans** [personne] to be a specialist in; [firme] to specialize in → **ouvrier**

spécialiser [spesjalize] → SYN ▸ conjug 1 ◂ 1 **se spécialiser** vpr to specialize (*dans* in)
2 vt ◆ **spécialiser qn** to make sb into a specialist

spécialiste [spesjalist] → SYN nmf (gén, Méd) specialist ◆ **c'est un spécialiste de la gaffe*** he's always putting his foot in it*

spécialité [spesjalite] → SYN nf (gén, Culin) speciality (Brit), specialty (US); (Univ etc: branche) specialism, special field ◆ **spécialité pharmaceutique** patent medicine ◆ **spécialité médicale** area of medical specialization ◆ (Culin) **spécialités régionales** regional specialties ◆ (Culin) **« la spécialité du chef »** "the chef's specialty" ◆ **il est le meilleur dans sa spécialité** he's the best in his field ◆ **les gaffes, c'est sa spécialité** he's got a talent for saying stupid things ◆ **il a la spécialité de faire ...*** he has a special ou particular knack of doing ..., he specializes in doing ...

spéciation [spesjasjɔ̃] nf speciation

spécieusement [spesjøzmɑ̃] adv speciously

spécieux, -ieuse [spesjø, jøz] → SYN adj specious

spécification [spesifikasjɔ̃] → SYN nf specification

spécificité [spesifisite] → SYN nf specificity

spécifier [spesifje] → SYN ▸ conjug 7 ◂ vt (préciser son choix) to specify, state; (indiquer, mentionner) to state ◆ **veuillez spécifier le modèle que vous désirez** please specify the model that you require ou desire ◆ **en passant votre commande, n'oubliez pas de spécifier votre numéro d'arrondissement** when placing your order, don't forget to state your district number ◆ **a-t-il spécifié l'heure?** did he specify ou state the time? ◆ **j'avais bien spécifié qu'il devait venir le matin** I had stated specifically that he should come in the morning

spécifique [spesifik] → SYN GRAMMAIRE ACTIVE 26.1 adj specific

spécifiquement [spesifikmɑ̃] adv (tout exprès) specifically; (typiquement) typically

spécimen [spesimɛn] → SYN nm (gén: échantillon, exemple) specimen; (exemplaire publicitaire) specimen copy, sample copy ◆ **(numéro) spécimen** sample copy ◆ (iro) **c'est un drôle de spécimen*** he's a queer fish* ou bird‡

spéciosité [spesjozite] → SYN nf speciosity

spectacle [spɛktakl] → SYN nm a (vue, tableau) sight; (grandiose, magnifique) sight, spectacle ◆ **au spectacle de** at the sight of ◆ (péj) **se donner** ou **s'offrir en spectacle (à qn)** to make a spectacle ou an exhibition of o.s. (in front of sb) ◆ **assister à un spectacle imprévu** to see a happening ◆ **une vieille dame qui assistait au spectacle de la foule / de la rue** an old lady who was watching the crowd / the bustle of the street
b (représentation: Ciné, Théât etc) show ◆ (branche) **le spectacle** show business, entertainment, show biz* ◆ (rubrique) **« spectacles »** "entertainment" ◆ **le spectacle va commencer** the show is about to begin ◆ **un spectacle lyrique / dramatique** a musical / dramatic entertainment ◆ **spectacle de variétés** variety show ◆ **aller au spectacle** to go to a show ◆ **donner un spectacle** to put on a show ◆ **donner un spectacle de danse / marionnettes** etc to put on a dance / puppet etc show ◆ **l'industrie du spectacle** the entertainment(s) industry, show biz* ◆ **procès-spectacle** show trial ◆ **politique-spectacle** show politics → **grand, salle**

spectaculaire [spɛktakylɛʀ] → SYN adj spectacular

spectateur, -trice [spɛktatœʀ, tʀis] → SYN nm,f [événement, accident] onlooker, witness; [œuvre d'art] viewer; (Sport) spectator; (Ciné, Théât) member of the audience ◆ (Ciné, Théât) **les spectateurs** the audience ◆ (fig) **traverser la vie en spectateur** to go through life as an onlooker ou a spectator

spectral, e, mpl **-aux** [spɛktʀal, o] adj a (fantomatique) ghostly, spectral
b (Phys) spectral → **analyse**

spectre [spɛktʀ] → SYN nm a (fantôme) ghost; (fig) spectre ◆ **comme s'il avait vu un spectre** as if he'd seen a ghost ◆ **le spectre de la guerre se dressait à l'horizon** the spectre of war loomed on the horizon
b (Phys) spectrum ◆ **les couleurs du spectre** the colours of the spectrum ◆ **spectre d'absorption / de masse** absorption / mass spectrum ◆ **spectre d'émission** emission spectrum ◆ **spectre sonore** sound spectrum ◆ **spectre solaire** solar spectrum ◆ **spectre de résonance** resonance spectrum
c (Pharm) spectrum ◆ **antibiotique à large spectre** broad-spectrum antibiotic

spectrogramme [spɛktʀɔgʀam] nm spectrogram

spectrographe [spɛktʀɔgʀaf] nm spectrograph

spectrohéliographe [spɛktʀoeljɔgʀaf] nm spectroheliograph

spectromètre [spɛktʀɔmɛtʀ] nm spectrometer ◆ **spectromètre de masse** mass spectrometer

spectrométrie [spɛktʀɔmetʀi] nf spectrometry ◆ **spectrométrie de masse** mass spectrometry

spectrophotomètre [spɛktʀofɔtɔmɛtʀ] nm spectrophotometer

spectroscope [spɛktʀɔskɔp] nm spectroscope

spectroscopie [spɛktʀɔskɔpi] nf spectroscopy

spectroscopique [spɛktʀɔskɔpik] adj spectroscopic

spéculaire [spekylɛʀ] 1 adj (gén) specular ◆ **écriture / image spéculaire** mirror writing / image
2 nf (Bot) Venus's looking-glass

spéculateur, -trice [spekylatœʀ, tʀis] → SYN nm,f speculator ◆ (Bourse) **spéculateur à la baisse** bear ◆ **spéculateur à la hausse** bull ◆ **spéculateur boursier / immobilier** stock-market / property (Brit) ou real-estate (US) speculator

spéculatif, -ive [spekylatif, iv] → SYN adj (Fin, Philos) speculative

spéculation [spekylasjɔ̃] → SYN nf speculation ◆ (Bourse) **spéculation à la baisse / à la hausse** bear / bull operation ◆ **spéculation boursière / immobilière** stock-market / property (Brit) ou real-estate (US) speculation

spéculer [spekyle] → SYN ▸ conjug 1 ◂ vi (Philos) to speculate (*sur* on, about); (Fin) to speculate (*sur* in) ◆ (fig: tabler sur) **spéculer sur** to bank on, rely on

spéculoos, spéculos [spekylos] nm (Belg) brown-sugar biscuit

spéculum [spekylɔm] nm speculum

speech [spitʃ] → SYN nm († ou*: laïus) speech *(after a dinner, toast etc)* ◆ **faire un speech** to make a speech ◆ **elle nous a fait son speech sur le machisme** she gave us her speech ou spiel* on male chauvinism

speed* [spid] 1 adj (agité) hyper*, hyped up‡
2 nm (arg Drogue) speed (arg)

speedé, e* [spide] adj (agité) hyper*, hyped up‡

speiss [spɛs] nm speiss

spéléo* [speleo] nf, nmf abrév de **spéléologie, spéléologue**

spéléologie [speleɔlɔʒi] nf (étude) speleology; (exploration) potholing, caving*

spéléologique [speleɔlɔʒik] adj (→ **spéléologie**) speleological, potholing (Brit, épith), caving* (épith)

spéléologue [speleɔlɔg] nmf (→ **spéléologie**) speleologist, potholer (Brit), spelunker* (US), caver*

spéléonaute [speleonot] nmf *person who spends long periods of time underground for scientific purposes*

spencer [spɛnsœʀ] nm short jacket, spencer; (Mil) mess jacket

spéos [speos] nm speos

spergule [spɛʀgyl] nf spurr(e)y

spermaceti [spɛʀmaseti] nm spermaceti

spermaphytes [spɛʀmafit] nmpl ◆ **les spermaphytes** sperm(at)ophytes, the Spermatophyta (spéc)

spermatide [spɛʀmatid] nf spermatid

spermatie [spɛʀmasi, spɛʀmati] nf spermatium

spermatique [spɛʀmatik] adj spermatic ◆ **cordon spermatique** spermatic cord

spermatocyte [spɛʀmatɔsit] nm spermatocyte

spermatogénèse [spɛʀmatɔʒenɛz] nf spermatogenesis

spermatogonie [spɛʀmatɔgɔni] nf spermatogonium

spermatophytes [spɛʀmatɔfit] nmpl ⇒ **spermaphytes**

spermatozoïde [spɛʀmatɔzɔid] → SYN nm sperm, spermatozoon

sperme [spɛʀm] → SYN nm semen, sperm

spermicide [spɛʀmisid] 1 adj spermicide (épith), spermicidal
2 nm spermicide

spermogramme [spɛʀmɔgʀam] nm semen analysis

spermophile [spɛʀmɔfil] nm spermophile

sphacèle [sfasɛl] nm sphacelus

sphagnales [sfagnal] nfpl ◆ **les sphagnales** sphagna, the Sphagnales (spéc)

sphaigne [sfɛɲ] nf peat ou bog moss

sphénoïdal, e mpl **-aux** [sfenɔidal, o] adj sphenoid(al)

sphénoïde [sfenɔid] nm sphenoid bone

sphère [sfɛʀ] → SYN nf (Astron, fig) sphere ◆ **sphère céleste** celestial sphere ◆ **sphère terrestre** terrestrial sphere ◆ **les hautes sphères de la politique** the higher realms of politics ◆ **sphère d'influence / d'attributions / d'activité** sphere of influence / competence / activity

sphéricité [sfeʀisite] nf sphericity

sphérique [sfeʀik] → SYN adj spherical → **calotte**

sphéroïdal, e mpl **-aux** [sfeʀɔidal, o] adj spheroidal

sphéroïde [sfeʀɔid] nm spheroid

sphéromètre [sfeʀɔmɛtʀ] nm spherometer

sphex [sfɛks] nm sphex

sphincter [sfɛ̃ktɛʀ] nm sphincter

sphinctérien, -ienne [sfɛ̃kteʀjɛ̃, jɛn] adj sphincteral

sphinge [sfɛ̃ʒ] nf (Myth, fig) sphinx

sphinx [sfɛ̃ks] nm (Art, Myth, fig) sphinx; (Zool) hawkmoth (Brit), sphinx moth (US) ◆ (Myth) **le Sphinx** the Sphinx

sphygmomanomètre [sfigmomanɔmɛtʀ] nm sphygmomanometer

sphyrène [sfiʀɛn] nf sphyrna

spi [spi] nm ⇒ **spinnaker**

spic [spik] nm spike lavender

spica [spika] nm spica

spicilège [spisilɛʒ] nm spicilege

spicule [spikyl] nm a (Bio) spicule, spiculum
b (Astron) spicule

spider [spidɛʀ] nm (voiture) spider (phaeton); (coffre) spider

spiegel [spigœl, ʃpigœl] nm spiegeleisen

spin [spin] nm (Phys) spin

spina-bifida [spinabifida] nm inv spina bifida

spinal, e, mpl **-aux** [spinal, o] adj spinal

spinelle [spinɛl] nm spinel

spinnaker [spinakɛʀ] nm spinnaker

spinosisme [spinozism] nm ⇒ **spinozisme**

Spinoza [spinɔza] nm Spinoza

spinozisme [spinozism] nm Spinozism

spiracle [spiʀakl] nm spiracle

spiral, e, mpl **-aux** [spiʀal, o] 1 adj spiral
2 nm ◆ **(ressort) spiral** hairspring
3 **spirale** nf spiral ◆ **cahier à spirale** spiral notebook ◆ **s'élever / tomber en spirale** to spiral up(wards) / down(wards) ◆ (fig) **la spirale de l'inflation** the inflationary spiral

spiralé, e [spiʀale] adj spiral (épith)

spirante [spiʀɑ̃t] adjf, nf ◆ **(consonne) spirante** spirant, fricative

spire [spiʀ] nf [hélice, spirale] (single) turn; [coquille] whorl; [ressort] spiral

spirée [spiʀe] nf spiraea (Brit), spirea (US)

spirifer [spiʀifɛʀ] nm spire bearer, spirifer (spéc)

spirille [spiʀij] nm spirillum

spirillose [spiʀiloz] nf spirillosis

spirite [spiʀit] adj, nmf spiritualist

spiritisme [spiʀitism] nm spiritualism

spiritualisation [spiʀitɥalizasjɔ̃] nf spiritualization

spiritualiser [spiʀitɥalize] ▸conjug 1◂ vt to spiritualize

spiritualisme [spiʀitɥalism] → SYN nm spiritualism

spiritualiste [spiʀitɥalist] → SYN 1 adj spiritualist(ic)
2 nmf spiritualist

spiritualité [spiʀitɥalite] → SYN nf spirituality

spirituel, -elle [spiʀitɥɛl] → SYN adj a (vif, fin) witty
b (Philos, Rel, gén) spiritual ◆ **musique spirituelle** sacred music ◆ **concert spirituel** concert of sacred music ◆ **le spirituel et le temporel** the spiritual and the temporal

spirituellement [spiʀitɥɛlmɑ̃] adv (→ **spirituel**) wittily; spiritually

spiritueux, -euse [spiʀitɥø, øz] → SYN 1 adj spirituous
2 nm spirit ◆ **les spiritueux** spirits

spirochète [spiʀɔkɛt] nm spirochaete (Brit), spirochete (US)

spirochétose [spiʀɔketoz] nf spirochaetosis (Brit), spirochetosis (US)

spirographe [spiʀɔgʀaf] nm spirographis

spiroïdal, e, mpl **-aux** [spiʀɔidal, o] adj spiroid

spiromètre [spiʀɔmɛtʀ] nm spirometer

spirorbe [spiʀɔʀb] nm spirorbis

spitant, e [spitɑ̃, ɑ̃t] adj a (Belg: pétillant) eau sparkling (épith)
b (fig: vif) esprit keen, quick

splanchnique [splɑ̃knik] adj splanchnic

spleen [splin] → SYN nm († ou littér) spleen (fig littér)

splendeur [splɑ̃dœʀ] → SYN nf a [paysage, réception, résidence] splendour, magnificence ◆ **ce tapis est une splendeur** this carpet is quite magnificent ◆ **les splendeurs de l'art africain** the splendours of African art
b (gloire) glory, splendour ◆ **du temps de sa splendeur** in the days of its (ou his etc) glory ou splendour ◆ (iro) **dans toute sa / leur splendeur** in all its / their splendour ou glory
c (littér: éclat, lumière) brilliance, splendour

splendide [splɑ̃did] → SYN adj temps, journée splendid; réception, résidence, spectacle splendid, magnificent; femme, bébé magnificent, splendid-looking

splendidement [splɑ̃didmɑ̃] adv splendidly, magnificently

splénectomie [splenɛktɔmi] nf splenectomy

splénique [splenik] adj splenic

splénomégalie [splenomegali] nf splenomegaly

spoiler [spɔjlɛʀ] nm (Aut) spoiler

spoliateur, -trice [spɔljatœʀ, tʀis] 1 adj loi spoliatory
2 nm,f despoiler

spoliation [spɔljasjɔ̃] → SYN nf despoilment (*de* of)

spolier [spɔlje] → SYN ▸conjug 7◂ vt to despoil (*de* of)

spondaïque [spɔ̃daik] adj spondaic

spondée [spɔ̃de] nm spondee

spondylarthrite [spɔ̃dilaʀtʀit] nf spondylarthritis

spondyle [spɔ̃dil] nm spondylus

spondylite [spɔ̃dilit] nf spondylitis

spongiaires [spɔ̃ʒjɛʀ] nmpl ◆ **les spongiaires** sponges, the Porifera (spéc)

spongieux, -ieuse [spɔ̃ʒjø, jøz] → SYN adj (gén, Anat) spongy

spongille [spɔ̃ʒil] nf spongilla

sponsor [spɔ̃sɔʀ] → SYN nm sponsor

sponsorisation [spɔ̃sɔʀizasjɔ̃] nf sponsoring

sponsoriser [spɔ̃sɔʀize] ▸conjug 1◂ vt to sponsor ◆ **se faire sponsoriser par une société** to get sponsorship from a company

spontané, e [spɔ̃tane] → SYN adj (gén) spontaneous → **génération**

spontanéisme [spɔ̃taneism] nm (Pol) *belief in political revolution by spontaneous action*

spontanéiste [spɔ̃taneist] (Pol) 1 adj *believing in political revolution by spontaneous action*
2 nmf *believer in political revolution by spontaneous action*

spontanéité [spɔ̃taneite] → SYN nf spontaneity

spontanément [spɔ̃tanemɑ̃] → SYN adv spontaneously

Sporades [spɔʀad] nfpl ◆ **les Sporades** the Sporades

sporadicité [spɔʀadisite] nf sporadic nature ou occurrence

sporadique [spɔʀadik] → SYN adj sporadic

sporadiquement [spɔʀadikmɑ̃] adv sporadically

sporange [spɔʀɑ̃ʒ] nm spore case, sporangium (spéc)

spore [spɔʀ] → SYN nf spore

sporogone [spɔʀɔgɔn] nm sporogonium

sporophyte [spɔʀɔfit] nm [spores] sporophyte

sporotriche [spɔʀɔtʀiʃ] nm Sporotrichium

sporotrichose [spɔʀɔtʀikoz] nf sporotrichosis

sporozoaires [spɔʀɔzɔɛʀ] nmpl ◆ **les sporozoaires** sporozans, the Sporozoa (spéc)

sport [spɔʀ] → SYN 1 nm a sport ◆ **sport amateur / professionnel** amateur / professional sport ◆ **sport individuel / d'équipe** individual / team sport ◆ **sport en salle / de plein air** indoor / outdoor sport ◆ **sport de compétition** competitive sport ◆ **sport de combat** combat sport ◆ **faire du sport pour se maintenir en forme** to do sport in order to keep (o.s.) fit ◆ **station de sports d'hiver** winter sports resort ◆ **aller aux sports d'hiver** to go on a winter sports holiday, go winter sporting ◆ **sports nautiques** water sports ◆ **sport olympique** Olympic sport ◆ (fig) **sport cérébral** brainteasers ◆ (Scol) **(section) sport-études** *special course in secondary school for athletically-gifted pupils* ◆ **de sport** vêtement, terrain, voiture sports (épith)
b (*) **il va y avoir du sport!** we'll see some fun!* ou action!* ◆ **faire ça, c'est vraiment du sport** doing that is no picnic* ◆ **faire qch pour le sport** to do sth for the hell of it*
2 adj inv a (décontracté) vêtement, coupe casual
b (†: chic, fair-play) sporting, fair

sportif, -ive [spɔʀtif, iv] 1 adj a épreuve, journal, résultats sports (épith); pêche, marche competitive (épith) ◆ **pratiquer une activité sportive** to play ou practise a sport
b personne, jeunesse athletic, fond of sports (attrib); allure, démarche athletic ◆ **elle a une conduite sportive** she handles a car like a rally driver
c attitude, mentalité, comportement sporting, sportsmanlike ◆ **faire preuve d'esprit sportif** to show sportsmanship
2 nm sportsman
3 **sportive** nf sportswoman

sportivement [spɔʀtivmɑ̃] adv sportingly

sportivité [spɔʀtivite] nf sportsmanship

sportswear [spɔʀtswɛʀ] adj inv, nm ⇒ **sportwear**

sportule [spɔʀtyl] nf sportula

sportwear [spɔʀtwɛʀ] 1 adj inv sportswear (épith)
2 nm sportswear

sporulation [spɔʀylasjɔ̃] nf sporulation

sporuler [spɔʀyle] ▸conjug 1◂ vi to sporulate

spot [spɔt] → SYN 1 nm a (Phys) light spot; (Élec) scanning spot
b (lampe: Théât etc) spotlight, spot
c **spot (publicitaire)** (publicité) commercial, advert* (Brit), ad*
2 adj inv (Écon) crédit, marché, prix spot (épith)

spoule [spul] nm (Ordin) spool

spoutnik [sputnik] nm sputnik

sprat [spʀat] nm sprat

spray [spʀɛ] nm (aérosol) spray, aerosol ◆ **déodorant en spray** spray(-on) deodorant

springbok [spʀiŋbɔk] nm springbok

springer [spʀiŋgɛʀ] nm springer (spaniel)

sprint [spʀint] → SYN nm (de fin de course) (final) sprint, final spurt; (épreuve) sprint ◆ **battu**

au sprint (final) beaten in the (final) sprint → piquer 1f

sprinter[1] [spʀintœʀ] nm, **sprinteur, -euse** [spʀintœʀ, øz] nm,f sprinter; (en fin de course) fast finisher

sprinter[2] [spʀinte] → SYN ▸conjug 1◂ vi to sprint; (en fin de course) to put on a final spurt

sprue [spʀy] nf sprue

spumescent, e [spymesɑ̃, ɑ̃t] adj spumescent

spumeux, -euse [spymø, øz] → SYN adj spumous, spumy

spumosité [spymozite] nf spumescence

squale [skwal] → SYN nm shark

squame [skwam] → SYN nf (Méd) scale, squama (spéc)

squamé, e [skwame] 1 adj squamate
2 nmpl ◆ **les squamés** the Squamata (spéc)

squameux, -euse [skwamø, øz] adj (Méd) squamous, squamose; (littér) scaly

squamifère [skwamifɛʀ] adj squamulose

squamule [skwamyl] nf squamula

square [skwaʀ] → SYN nm public garden(s), square (with garden)

squash [skwaʃ] nm squash ◆ **faire du squash** to play squash

squat* [skwat] nm (logement) squat

squatine [skwatin] nm ou f angelfish, squatina (spéc)

squatter[1] [skwatœʀ] nm squatter

squatter[2] [skwate] vt, **squattériser** [skwateʀize] vt ▸conjug 1◂ (loger) to squat in

squaw [skwo] nf squaw

squeezer [skwize] ▸conjug 1◂ vt a (au bridge) to squeeze
b (*: voler) petit ami, portefeuille etc to pinch*, nick‡ (Brit)
c (*: évincer) to bypass

squelette [skəlɛt] → SYN nm (lit, fig) skeleton ◆ **après sa maladie, c'était un vrai squelette** after his illness he was just a bag of bones ou he was an absolute skeleton ◆ **c'est un squelette ambulant*** he's a walking skeleton ◆ (fig: scandale) **un squelette dans le placard*** a skeleton in the cupboard (Brit) ou closet (US)

squelettique [skəletik] → SYN adj personne, arbre scrawny, skeleton-like; exposé sketchy, skimpy; (Anat) skeletal ◆ **d'une maigreur squelettique** all skin and bone ◆ **il est squelettique** he's scrawny, he's an absolute skeleton, he's mere skin and bone ◆ **des effectifs squelettiques** a minimal staff

squille [skij] nf mantis crab

squirre [skiʀ] nm scirrhus

squirreux, -euse [skiʀø, øz] adj scirrhous

squirrhe [skiʀ] nm ⇒ **squirre**

squirrheux, -euse [skiʀø, øz] adj ⇒ **squirreux, -euse**

Sri Lanka [sʀilɑ̃ka] nm Sri Lanka

sri-lankais, e [sʀilɑ̃kɛ, ɛz] 1 adj Sri-Lankan
2 nm,f ◆ **Sri-Lankais(e)** Sri-Lankan

SRPJ [ɛsɛʀpeʒi] nm (abrév de **service régional de la police judiciaire**) → **service**

S.S. [ɛsɛs] 1 nf a (abrév de **Sécurité sociale**) → **sécurité**
b (abrév de **Sa Sainteté**) HH
2 nm (soldat) SS

St (abrév de **Saint**) St

stabilisant [stabilizɑ̃] nm (Chim) stabilizer

stabilisateur, -trice [stabilizatœʀ, tʀis] 1 adj stabilizing
2 nm (Tech) [véhicule] anti-roll device; [navire, vélo] stabilizer; [avion] (horizontal) tailplane; (vertical) fixed fin; (Chim, pour aliments) stabilizer

stabilisation [stabilizasjɔ̃] → SYN nf stabilization

stabiliser [stabilize] → SYN ▸conjug 1◂ 1 vt (gén) to stabilize; terrain to consolidate ◆ (Aut) **à 90 km/h en vitesse stabilisée** at a constant 90 km/h → **accotement**
2 **se stabiliser** vpr to stabilize, become stabilized; [courbe de graphe] to plateau

stabilité [stabilite] → SYN nf stability

stable [stabl] → SYN adj monnaie, gouvernement, personne, (Chim), (Phys) stable; position, échelle stable, steady

stabulation [stabylasjɔ̃] nf [bétail] stalling; [chevaux] stabling; [poissons] storing in tanks

staccato [stakato] 1 adv staccato
2 nm staccato passage

stade [stad] → SYN nm a (sportif) stadium
b (période, étape) stage ◆ **il en est resté au stade de l'adolescence** he never got beyond adolescence ou the adolescent phase ◆ (Psych) **stade oral/anal/génital** oral/anal/genital stage

stadia [stadja] nm stadia

staff [staf] → SYN nm a (personnel) staff
b (Méd, réunion de travail) staff meeting
c (plâtre) staff

staffer [stafe] ▸conjug 1◂ vt to build in staff

staffeur [stafœʀ] nm plasterer *(working in staff)*

stage [staʒ] → SYN GRAMMAIRE ACTIVE 19.1 nm (période) training period; (cours) training course; [avocat] articles (pl) ◆ **stage de perfectionnement** advanced training course ◆ **stage de formation (professionnelle)** vocational (training) course ◆ **stage de réinsertion** retraining course ◆ **stage qualifiant** certificate course ◆ **stage-parking*** useless training course ◆ **stage d'initiation** introductory course ◆ **stage pédagogique** teaching practice ◆ **il a fait son stage chez Maître X** he did his articles in Mr X's practice ou under Mr X ◆ **faire** ou **suivre un stage** to undergo a period of training, go on a (training) course ◆ [employé] **faire un stage d'informatique** (gén) to go on a computing course; (pris sur le temps de travail) to have in-service ou in-house training in computing

stagflation [stagflasjɔ̃] nf stagflation

stagiaire [staʒjɛʀ] 1 nmf trainee
2 adj trainee (épith) ◆ **professeur stagiaire** student ou trainee teacher

stagnant, e [stagnɑ̃, ɑ̃t] → SYN adj (lit, fig) stagnant

stagnation [stagnasjɔ̃] → SYN nf (lit, fig) stagnation

stagner [stagne] → SYN ▸conjug 1◂ vi (lit, fig) to stagnate

stakhanovisme [stakanɔvism] nm Stakhanovism

stakhanoviste [stakanɔvist] 1 adj Stakhanovist
2 nmf Stakhanovite

stal* [stal] nmf abrév de **stalinien, -ienne**

stalactite [stalaktit] → SYN nf stalactite

stalag [stalag] nm stalag

stalagmite [stalagmit] nf stalagmite

stalagmomètre [stalagmɔmɛtʀ] nm stalagmometer

stalagmométrie [stalagmɔmetʀi] nf stalagmometry

Staline [stalin] nm Stalin

stalinien, -ienne [stalinjɛ̃, jɛn] adj, nm,f Stalinist

stalinisme [stalinism] nm Stalinism

stalle [stal] → SYN nf [cheval] stall, box; (Rel) stall

staminal, e mpl **-aux** [staminal, o] adj staminal

staminé, e [stamine] adj ◆ **fleur staminée** staminate flower

staminifère [staminifɛʀ] adj staminate

stance [stɑ̃s] → SYN nf (†: strophe) stanza ◆ (poème) **stances** *type of verse form (of lyrical poem)*

stand [stɑ̃d] → SYN nm [exposition] stand; [foire] stall ◆ **stand (de tir)** [foire], (Sport) shooting range; (Mil) firing range ◆ (Cyclisme etc) **stand de ravitaillement** pit

standard[1] [stɑ̃daʀ] → SYN nm (Téléc) switchboard

standard[2] [stɑ̃daʀ] → SYN 1 nm a (norme) standard ◆ **standard de vie** standard of living
b (Mus) (jazz) standard
2 adj inv (Comm, Tech) standard (épith); (fig) sourire standard → **échange**

standardisation [stɑ̃daʀdizasjɔ̃] → SYN nf standardization

standardiser [stɑ̃daʀdize] → SYN ▸conjug 1◂ vt to standardize

standardiste [stɑ̃daʀdist] nmf switchboard operator ◆ **demandez à la standardiste** ask the operator

stand-by [stɑ̃dbaj] → SYN 1 adj inv stand-by (épith) ◆ **en stand-by** on stand-by
2 nm inv stand-by passenger

standing [stɑ̃diŋ] → SYN nm standing ◆ (Comm) **immeuble de grand standing** block of luxury flats (Brit) ou apartments (US)

stanneux, -euse [stanø, øz] adj stannous

stannifère [stanifɛʀ] adj stanniferous

stannique [stanik] adj stannic

staphisaigre [stafizɛgʀ] → SYN nf stavesacre

staphylier [stafilje] nm bladdernut

staphylin[1] [stafilɛ̃] nm (Zool) rove beetle

staphylin[2], **e** [stafilɛ̃, in] adj uvular

staphylo* [stafilo] nm (abrév de **staphylocoque**) staph*

staphylococcie [stafilɔkɔksi] nf staphylococcia

staphylococcique [stafilɔkɔksik] adj staphylococcal

staphylocoque [stafilɔkɔk] nm staphylococcus ◆ **staphylocoque doré** staphylococcus aureus

staphylome [stafilom] nm staphyloma

star [staʀ] → SYN nf (Ciné) star ◆ **star médiatique** media star ◆ **c'est une star du journalisme/de la politique** he's (ou she's) a big name in journalism/politics

starets [staʀɛts] nm inv starets (sg)

starie [staʀi] nf ◆ **jours de starie** lay days

stariser* [staʀize] ▸conjug 1◂ vt to make into a star, lionize

starking [staʀkiŋ] nf starking (apple)

starlette [staʀlɛt] → SYN nf starlet

staroste [staʀɔst] nm starost

star-system, pl **star-systems** [staʀsistɛm] nm star system

START [staʀt] (abrév de **Strategic Arms Reduction Talks**) START

starter [staʀtɛʀ] → SYN nm a (Aut) choke ◆ **mettre le starter** to pull the choke out ◆ **marcher au starter** to run with the choke out ◆ **starter automatique** automatic choke
b (Sport) starter

starting-block, pl **starting-blocks** [staʀtiŋblɔk] nm starting block

starting-gate, pl **starting-gates** [staʀtiŋgɛt] nm starting gate

stase [stɑz] → SYN nf stasis

stat* [stat] nf (abrév de **statistique**) stat* ◆ **faire des stats** to do stats*

statère [statɛʀ] nm stater

stathouder [statudɛʀ] nm stad(t)holder

stathoudérat [statudeʀa] nm stad(t)holdership, stad(t)holderate

statice [statis] nm sea lavender, statice

statif [statif] nm [microcospe] stand

station [stasjɔ̃] → SYN nf a (lieu d'arrêt) **station (de métro)** (underground (Brit) ou subway (US)) station ◆ **station (d'autobus)** (bus) stop ◆ **station (de chemin de fer)** halt ◆ **station de taxis** taxi rank
b (poste, établissement) station ◆ **station d'observation/de recherches** observation/research station ◆ **station agronomique/météorologique** agricultural research/meteorological station ◆ **station d'épuration** water-treatment plant ◆ **station géodésique** geodesic ou geodetic station ◆ **station d'émission** transmitting station ◆ **station orbitale** orbiting station ◆ **station**

(de) radar radar tracking station ◆ **station radiophonique** radio station ◆ **station spatiale** space station ◆ **station d'essence** petrol (Brit) ou gas (US) station ◆ **station de lavage** carwash ◆ (Ordin) **station de travail** work station
c (site) site; (Bot, Zool) station ◆ **station préhistorique** prehistoric site ◆ (Bot) **une station de gentianes** a gentian station
d (de vacances) resort ◆ **station balnéaire / climatique** sea ou seaside / health resort ◆ **station de ski** ou **de sports d'hiver** winter sports ou (winter) ski resort ◆ **station thermale** thermal spa
e (posture) posture, stance ◆ **station verticale** upright position ◆ **la station debout lui est pénible** standing upright is painful to him, an upright posture ou stance is painful to him
f (halte) stop ◆ **faire des stations prolongées devant les vitrines** to make lengthy stops in front of the shop windows
g (Rel) station ◆ **les stations de la Croix** the Stations of the Cross
h (Marine) station
i (Astron) stationary point

stationnaire [stasjɔnɛʀ] → SYN **1** adj stationary
2 nm (Naut) station ship

stationnement [stasjɔnmɑ̃] → SYN nm **a** [véhicule] parking ◆ **stationnement alterné** parking on alternate sides ◆ **stationnement bilatéral / unilatéral** parking on both sides / on one side only ◆ **« stationnement gênant »** "limited parking" ◆ **« stationnement réglementé »** "restricted parking" (Brit), "metered parking" (US) ◆ **« stationnement interdit »** "no parking", "no waiting"; (sur autoroute) "no stopping" ◆ **« stationnement payant »** (avec parcmètres) "meter zone"; (avec tickets) "parking with ticket only" ◆ **en stationnement** véhicule parked; (Mil) stationed → **disque, feu**[1]
b (Can: parking) car park (Brit), parking lot (US)

stationner [stasjɔne] → SYN ▸ conjug 1 ◂ vi **a** (être garé) to be parked; (se garer) to park
b (rester sur place) [personne] to stay, remain
c (Mil) **armes nucléaires / troupes stationnées en Europe** nuclear weapons / troops stationed in Europe

station-service, pl **stations-services** [stasjɔ̃sɛʀvis] nf service station, filling station, petrol (Brit) ou gas (US) station

statique [statik] → SYN **1** adj static
2 nf statics (sg)

statiquement [statikmɑ̃] adv statically

statisme [statism] nm stasis

statisticien, -ienne [statistisjɛ̃, jɛn] nm,f statistician

statistique [statistik] → SYN **1** nf (science) statistics (sg) ◆ (données) **des statistiques** statistics (pl) ◆ **une statistique** a statistic
2 adj statistical

statistiquement [statistikmɑ̃] adv statistically

stator [statɔʀ] nm stator

statuaire [statɥɛʀ] → SYN **1** nf statuary
2 adj statuary
3 nm (littér) sculptor

statue [staty] → SYN nf statue ◆ (fig) **elle était la statue du désespoir** she was the picture of despair ◆ (fig) **changé en statue de sel** transfixed, rooted to the spot

statuer [statɥe] → SYN ▸ conjug 1 ◂ vi to give a verdict ◆ **statuer sur** to rule on, give a ruling on ◆ **statuer sur le cas de qn** to decide sb's case

statuette [statɥɛt] → SYN nf statuette

statufier [statyfje] ▸ conjug 7 ◂ vt (immortaliser) to erect a statue to; (pétrifier) to transfix, root to the spot

statu quo [statykwo] → SYN nm status quo

stature [statyʀ] → SYN nf (lit, fig: envergure) stature ◆ **de haute stature** of (great) stature

statut [staty] → SYN nm **a** (position) status ◆ **statut social** social status
b (règlement) **statuts** statutes

statutaire [statytɛʀ] → SYN adj statutory ◆ **horaire statutaire** regulation ou statutory number of working hours

statutairement [statytɛʀmɑ̃] adv in accordance with the statutes ou regulations, statutorily

Ste (abrév de **Sainte**) St

Sté abrév de **société**

steak [stɛk] nm steak ◆ **steak au poivre** steak au poivre ◆ **steak tartare** steak tartar(e) ◆ **steak frites** steak and chips (Brit) ou French fries (US) ◆ **steak haché** minced beef (Brit), ground beef (US)

stéarate [steaʀat] nm stearate

stéarine [steaʀin] nf stearin

stéarique [steaʀik] adj ◆ **acide stéarique** stearic acid

stéatite [steatit] nf steatite

stéatopyge [steatopiʒ] adj steatopygic, steatopygous

stéatose [steatoz] nf steatosis

steeple [stipœl] nm ◆ **steeple(-chase)** (Athlétisme, Équitation) steeplechase ◆ **le 3 000 mètres steeple** the 3,000 metres steeplechase

stégocéphales [stegosefal] nmpl ◆ **les stégocéphales** stegocephalians, the Stegocephalia (spéc)

stégomyie [stegɔmii] nf aedes, stegomyia

stégosaure [stegɔzɔʀ] nm stegosaur(us)

steinbock [stɛnbɔk, stɛjnbɔk] nm steenbok, steinbok

stèle [stɛl] → SYN nf stele

stellage [stelaʒ] nm (Bourse) (activité) options trading; (opération) put and call option, double option

stellaire [stelɛʀ] **1** adj stellar
2 nf stitchwort

stellite ® [stelit] nm Stellite ®

stem(m) [stɛm] nm (Ski) stem ◆ **faire du stem(m)** to stem

stemmate [stemat] nm (Zool) stemma

stencil [stɛnsil] nm (pour polycopie) stencil

stendhalien, -ienne [stɛ̃daljɛ̃, jɛn] adj Stendhalian

sténo [steno] **a** (abrév de **sténographe**†) steno
b (abrév de **sténographie**) shorthand ◆ **prendre une lettre en sténo** to take a letter (down) in shorthand

sténodactylo[1] [stenodaktilo], **sténodactylographe**† [stenodaktilɔgʀaf] nmf shorthand typist

sténodactylo[2] [stenodaktilo], **sténodactylographie**† [stenodaktilɔgʀafi] nf shorthand typing

sténographe† [stenɔgʀaf] nmf stenographer

sténographie [stenɔgʀafi] nf shorthand, stenography

sténographier [stenɔgʀafje] ▸ conjug 7 ◂ vt to take down in shorthand

sténographique [stenɔgʀafik] adj shorthand (épith), stenographic

sténopé [stenɔpe] nm (Phot) pinhole

sténose [stenoz] nf stenosis

sténotype [stenɔtip] nf stenotype

sténotypie [stenɔtipi] nf stenotypy

sténotypiste [stenɔtipist] nmf stenotypist

stentor [stɑ̃tɔʀ] nm **a** (homme) stentor ◆ **une voix de stentor** a stentorian voice
b (Zool) stentor

stéphanois, e [stefanwa, waz] **1** adj of ou from Saint-Étienne
2 nm,f ◆ **Stéphanois(e)** inhabitant ou native of Saint-Étienne

steppage [stepaʒ] nm steppage gate

steppe [stɛp] → SYN nf steppe ◆ (Mus) **"Dans les steppes de l'Asie centrale"** "In the Steppes of Central Asia"

steppeur [stepœʀ] nm (cheval) stepper

steppique [stepik] adj steppe (épith)

stéradian [steʀadjɑ̃] nm steradian

stercoraire [stɛʀkɔʀɛʀ] → SYN nm skua

stercoral, e, mpl **-aux** [stɛʀkɔʀal, o] adj stercoral

stère [stɛʀ] nm stere

stéréo [steʀeo] nf, adj inv (abrév de **stéréophonie, stéréophonique**) stereo ◆ **émission (en) stéréo** programme in stereo ◆ **enregistrement (en) stéréo** stereo recording ◆ **c'est en stéréo** it's in stereo

stéréochimie [steʀeoʃimi] nf stereochemistry

stéréocomparateur [steʀeokɔ̃paʀatœʀ] nm stereocomparator

stéréognosie [steʀeognozi] nf stereognosis

stéréogramme [steʀeɔgʀam] nm stereogram

stéréographie [steʀeɔgʀafi] nf stereography

stéréographique [steʀeɔgʀafik] adj stereographic

stéréo-isomère, pl **stéréo-isomères** [steʀeo izɔmɛʀ] nm stereoisomer

stéréométrie [steʀeɔmetʀi] nf stereometry

stéréométrique [steʀeɔmetʀik] adj stereometric

stéréophonie [steʀeɔfɔni] nf stereophony

stéréophonique [steʀeɔfɔnik] adj stereophonic

stéréophotographie [steʀeofɔtɔgʀafi] nf stereoscopic photography

stéréoscope [steʀeɔskɔp] nm stereoscope

stéréoscopie [steʀeɔskɔpi] nf stereoscopy

stéréoscopique [steʀeɔskɔpik] adj stereoscopic

stéréospécificité [steʀeospesifisite] nf stereospecificity

stéréospécifique [steʀeɔspesifik] adj stereospecific

stéréotaxie [steʀeotaksi] nf stereotaxy

stéréotomie [steʀeɔtɔmi] nf stereotomy

stéréotomique [steʀeɔtɔmik] adj stereotomic

stéréotype [steʀeɔtip] → SYN nm (lit, fig) stereotype

stéréotypé, e [steʀeɔtipe] → SYN adj stereotyped

stéréotypie [steʀeɔtipi] nf stereotypy

stérer [steʀe] ▸ conjug 6 ◂ vt to measure in steres

stéride [steʀid] nm sterid(e)

stérile [steʀil] → SYN adj femme infertile, sterile; homme, union sterile; milieu, compresse, flacon sterile; terre barren; sujet, réflexions, pensées sterile; discussion, effort fruitless, futile

stérilement [steʀilmɑ̃] adv sterilely

stérilet [steʀilɛ] nm coil, I.U.D., intra-uterine device

stérilisant, e [steʀilizɑ̃, ɑ̃t] adj (lit) sterilizing; (fig) unproductive, fruitless

stérilisateur [steʀilizatœʀ] nm sterilizer

stérilisation [steʀilizasjɔ̃] → SYN nf sterilization

stériliser [steʀilize] → SYN ▸ conjug 1 ◂ vt to sterilize ◆ **lait stérilisé** sterilized milk

stérilité [steʀilite] → SYN nf (NonC: → **stérile**) infertility; sterility; barrenness; fruitlessness, futileness

stérique [steʀik] adj steric

sterlet [stɛʀlɛ] nm sterlet

sterling [stɛʀliŋ] nm sterling → **livre**[2]

sternal, e, mpl **-aux** [stɛʀnal, o] adj sternal

sterne [stɛʀn] nf tern ◆ **sterne arctique** Arctic tern

sterno-cléido-mastoïdien [stɛʀnokleido mastɔidjɛ̃] adj m, nm sternocleidomastoid

sternum [stɛʀnɔm] nm breastbone, sternum (spéc)

sternutation [stɛʀnytasjɔ̃] nf sternutation

sternutatoire [stɛʀnytatwaʀ] adj sternutative, sternutatory

stéroïde [steʀɔid] **1** nm steroid ◆ **stéroïdes anabolisants** anabolic steroids
2 adj steroidal

stérol [steʀɔl] nm sterol

stertoreux, -euse [stɛʀtɔʀø, øz] adj stertorous

stéthoscope [stetɔskɔp] nm stethoscope

steward [stiwaʀt] [→ SYN] nm steward, flight attendant

stewardesse† [stjuwaʀdɛs] nf stewardess

stibié, e [stibje] adj stibiate(d)

stibine [stibin] nf stibine

stichomythie [stikɔmiti] nf stichomythia, stichomythy

stick [stik] [→ SYN] nm (colle etc) stick; (Hockey) stick; (groupe de parachutistes) stick ◆ **déodorant en stick** stick deodorant

stigmate [stigmat] [→ SYN] nm **a** (marque) (Méd) mark, scar ◆ (Rel) **stigmates** stigmata ◆ (fig) **stigmates du vice / de la bêtise** marks of vice / folly
b (orifice) (Zool) stigma, spiracle; (Bot) stigma

stigmatique [stigmatik] adj (ana)stigmatic

stigmatisation [stigmatizasjɔ̃] [→ SYN] nf (Rel) stigmatization; (blâme) condemnation, denunciation, stigmatization

stigmatisé, e [stigmatize] adj stigmatized

stigmatiser [stigmatize] [→ SYN] ▸ conjug 1 ◂ vt **a** (blâmer) to denounce, condemn, stigmatize
b (Méd) to mark, scar

stigmatisme [stigmatism] nm stigmatism

stilligoutte [stiligut] nm (tube) dropper

stimulant, e [stimylɑ̃, ɑ̃t] [→ SYN] **1** adj stimulating
2 nm (physique) stimulant; (intellectuel) stimulus, spur, incentive; (*: drogue) upper*

stimulateur [stimylatœʀ] nm ◆ **stimulateur cardiaque** pacemaker

stimulation [stimylasjɔ̃] [→ SYN] nf stimulation

stimuler [stimyle] [→ SYN] ▸ conjug 1 ◂ vt personne to stimulate, spur on; appétit, zèle, économie to stimulate

stimuline [stimylin] nf stimulating hormone

stimulus [stimylys], pl **stimuli** [stimyli] nm (Physiol, Psych) stimulus

stipe [stip] [→ SYN] nm stipe

stipendié, e [stipɑ̃dje] (ptp de **stipendier**) adj (littér, péj) hired

stipendier [stipɑ̃dje] [→ SYN] ▸ conjug 7 ◂ vt (littér, péj) to hire, take into one's pay

stipité, e [stipite] adj stipitate

stipulation [stipylasjɔ̃] [→ SYN] nf stipulation

stipule [stipyl] nf stipule

stipuler [stipyle] [→ SYN] ▸ conjug 1 ◂ vt (clause, loi, condition) to state, stipulate; (faire savoir expressément) to stipulate, specify

STO [ɛsteo] nm (abrév de **Service du travail obligatoire**) → **service**

stochastique [stɔkastik] **1** adj stochastic
2 nf stochastic processes

stock [stɔk] [→ SYN] nm **a** (Comm) stock; (fig) stock, supply ◆ **stock d'or** gold reserves ◆ **avoir qch en stock** to have sth in stock ◆ **prends un crayon, j'en ai tout un stock** take a pencil, I've got a whole stock of them → **rupture**
b (Bio) stock

stockage [stɔkaʒ] nm **a** (Comm) stocking ◆ **le stockage des déchets radioactifs** the storage ou stockpiling of nuclear waste
b (Ordin) storage

stock-car, pl **stock-cars** [stɔkkaʀ] nm (Sport) stock-car racing; (voiture) stock car ◆ **une course de stock-car** a stock-car race

stocker [stɔke] [→ SYN] ▸ conjug 1 ◂ vt (Comm) to stock, keep in stock; (péj: pour spéculer, amasser) to stockpile ◆ (Ordin) **stocker (sur mémoire)** to store (in the memory)

stockfisch [stɔkfiʃ] nm inv (poisson) stockfish; (morue) dried cod

Stockholm [stɔkɔlm] n Stockholm

stockiste [stɔkist] nmf (Comm) stockist (Brit), dealer (US); (Aut) agent

stœchiométrie [stekjɔmetʀi] nf stoich(e)iometry, stoechiometry

stœchiométrique [stekjɔmetʀik] adj stoich(e)iometric, stoechiometric

stoïcien, -ienne [stɔisjɛ̃, jɛn] [→ SYN] adj, nm,f stoic

stoïcisme [stɔisism] [→ SYN] nm (Philos) stoicism; (fig) stoicism

stoïque [stɔik] [→ SYN] **1** adj stoical, stoic
2 nmf stoic

stoïquement [stɔikmɑ̃] adv stoically

stokes [stɔks] nm stoke(s)

stolon [stɔlɔ̃] [→ SYN] nm (Bio, Bot) stolon

stolonifère [stɔlɔnifɛʀ] adj stoloniferous

stomacal, e, mpl **-aux** [stɔmakal, o] [→ SYN] adj stomach (épith), gastric

stomachique [stɔmaʃik] adj, nm stomachic

stomate [stɔmat] nm stoma

stomatite [stɔmatit] nf stomatitis

stomato* [stɔmato] nmf abrév de **stomatologue**

stomatologie [stɔmatɔlɔʒi] nf stomatology

stomatologiste [stɔmatɔlɔʒist] nmf, **stomatologue** [stɔmatɔlɔg] nmf stomatologist

stomatoplastie [stɔmatoplasti] nf stomatoplasty

stomoxe [stɔmɔks] nm stable fly stomoxys (spéc)

stop [stɔp] [→ SYN] **1** excl **a** stop! stop! ◆ (en servant qn) **tu me diras stop – stop!** tell me when – when!
b (Téléc) stop
2 nm **a** (Aut) (panneau) stop ou halt sign; (feu arrière) brake-light
b (*) (abrév de **auto-stop**) ◆ **faire du stop** to hitch(hike), thumb* a lift ou a ride ◆ **faire le tour de l'Europe en stop** to hitch round Europe ◆ **il a fait du stop pour rentrer chez lui, il est rentré chez lui en stop** he hitched a lift (back) home ◆ **prendre qn en stop** to pick up a hitchhiker

stoppage [stɔpaʒ] nm invisible mending

stopper [stɔpe] [→ SYN] ▸ conjug 1 ◂ **1** vi to halt, stop
2 vt **a** (arrêter) to stop, halt
b (Couture) bas to mend ◆ **faire stopper un vêtement** to get a garment (invisibly) mended

stoppeur, -euse [stɔpœʀ, øz] nm,f **a** (Couture) invisible mender
b (*: auto-stoppeur) hitchhiker, hiker*
c (Ftbl) fullback

store [stɔʀ] [→ SYN] nm (en plastique, tissu) blind, shade; (magasin) awning, shade ◆ **store vénitien** ou **à lamelles orientables** Venetian blind

storiste [stɔʀist] nmf (fabricant) blind ou shade maker; (commerçant) blind ou shade merchant

story-board, pl **story-boards** [stɔʀibɔʀd] [→ SYN] nm storyboard

stoupa [stupa] nm ⇒ **stûpa**

stout [staut] nm ou f stout

strabique [stʀabik] **1** adj strabismal, strabismic(al)
2 nmf person suffering from squinting (Brit) ou strabismus (spéc)

strabisme [stʀabism] [→ SYN] nm squinting (Brit), strabismus (spéc) ◆ **strabisme divergent** divergent squint ◆ **strabisme convergent** convergent strabismus (spéc) ◆ **il souffre d'un léger strabisme** he has a slight squint (Brit), he is slightly cross-eyed, he suffers from a slight strabismus (spéc)

stradivarius [stʀadivaʀjys] nm Stradivarius

stramoine [stʀamwan] nf thorn apple, stramonium (spéc)

strangulation [stʀɑ̃gylasjɔ̃] nf strangulation

stranguler [stʀɑ̃gyle] [→ SYN] ▸ conjug 1 ◂ vt to strangulate

strapontin [stʀapɔ̃tɛ̃] nm (Aut, Théât) jump seat, foldaway seat; (fig: position subalterne) minor role

Strasbourg [stʀazbuʀ] n Strasbourg

strasbourgeois, e [stʀazbuʀʒwa, waz] **1** adj of ou from Strasbourg
2 nm,f ◆ **Strasbourgeois(e)** inhabitant ou native of Strasbourg

strass [stʀas] nm (lit) paste, strass; (fig péj) show, gloss ◆ **broche / collier en strass** paste ou strass brooch / necklace

stratagème [stʀataʒɛm] [→ SYN] nm stratagem

strate [stʀat] [→ SYN] nf stratum

stratège [stʀatɛʒ] [→ SYN] nm (Mil, fig) strategist

stratégie [stʀateʒi] [→ SYN] nf (Mil, fig) strategy ◆ (Comm) **stratégie de vente** selling strategy ◆ **stratégie d'entreprise** corporate strategy ◆ **stratégie de communication** communication strategy

stratégique [stʀateʒik] [→ SYN] adj strategic

stratégiquement [stʀateʒikmɑ̃] adv strategically

stratification [stʀatifikasjɔ̃] nf stratification

stratificationnel, -elle [stʀatifikɑsjɔnɛl] adj grammaire stratificational

stratifié, e [stʀatifje] (ptp de **stratifier**) **1** adj stratified; (Tech) laminated
2 nm laminate ◆ **en stratifié** laminated

stratifier [stʀatifje] [→ SYN] ▸ conjug 7 ◂ vt to stratify

stratigraphie [stʀatigʀafi] nf (Géol) stratigraphy

stratigraphique [stʀatigʀafik] adj (Géol) stratigraphic(al)

stratiome [stʀatjom] nm soldier fly

stratocumulus [stʀatokymylys] nm inv stratocumulus

stratopause [stʀatopoz] nf stratopause

stratosphère [stʀatɔsfɛʀ] nf stratosphere

stratosphérique [stʀatɔsfeʀik] adj stratospheric

stratum [stʀatɔm] nm stratum

stratus [stʀatys] nm inv stratus

strelitzia [stʀelitzja] nm strelitzia

streptococcie [stʀɛptɔkɔksi] nf streptococcal ou streptococcic infection

streptococcique [stʀɛptɔkɔksik] adj streptococcal, streptococcic

streptocoque [stʀɛptɔkɔk] nm streptococcus

streptomycine [stʀɛptɔmisin] nf streptomycin

stress [stʀɛs] [→ SYN] nm (gén, Méd) stress

stressant, e [stʀesɑ̃, ɑ̃t] adj situation stress-inducing, stressful

stresser [stʀese] ▸ conjug 1 ◂ **1** vt to cause stress in ◆ **la femme stressée d'aujourd'hui** today's stress-ridden woman ◆ **cette réunion m'a complètement stressé** this meeting made me feel very tense
2 **se stresser** vpr to get stressed

stretch [stʀɛtʃ] **1** adj inv stretch (épith), stretchy
2 **Stretch** ® nm stretch fabric ◆ **jupe en stretch** stretch skirt

stretching [stʀɛtʃiŋ] nm stretching

strette [stʀɛt] nf (fugue) stretto

striation [stʀijasjɔ̃] nf striation

strict, e [stʀikt] [→ SYN] adj discipline, maître, morale, obligation, sens strict; (Math) strict; tenue, aménagement plain; interprétation literal ◆ **l'observation stricte du règlement** the strict observance of the rules ◆ **c'est la stricte vérité** it is the plain ou simple truth ◆ **c'est son droit le plus strict** it is his most basic right ◆ **un uniforme / costume très strict** a very austere ou plain uniform / suit ◆ **le strict nécessaire / minimum** the bare essentials / minimum ◆ **au sens strict du terme** in the strict sense of the word ◆ **dans la plus stricte intimité** strictly in private ◆ **il est très strict sur la ponctualité** he is a stickler for punctuality, he's very strict about punctuality ◆ **il était très strict avec nous** ou **à notre égard** he was very strict with us

strictement [stʀiktəmɑ̃] adv (→ **strict**) strictly; plainly ◆ **strictement personnel / confidentiel** strictly private / confidential ◆ (Math) **strictement inférieur / supérieur** strictly less-er / greater

striction [stʀiksjɔ̃] nf **a** (Méd) stricture
b (Phys) contraction

stricto sensu [stʀiktosɛ̃sy] adv strictly speaking

strident, e [stʀidɑ̃, ɑ̃t] → SYN adj shrill, strident; (Phon) strident

stridor [stʀidɔʀ] nm stridor

stridulant, e [stʀidylɑ̃, ɑ̃t] adj stridulous, stridulant

stridulation [stʀidylasjɔ̃] nf stridulation, chirring

striduler [stʀidyle] ▸ conjug 1 ◂ vi to stridulate, chirr

striduleux, -euse [stʀidylø, øz] adj (Méd) stridulous, stridulant

strie [stʀi] → SYN nf (de couleur) streak; (en relief) ridge; (en creux) groove; (Anat, Géol) stria

strié, e [stʀije] → SYN adj **a** coquille, roche, tige striated

b (Anat) muscle striated ◆ **corps strié** (corpus) striatum

strier [stʀije] → SYN ▸ conjug 7 ◂ vt (→ **strie**) to streak; to ridge, to groove; to striate

strige [stʀiʒ] nf *kind of female vampire*

strigile [stʀiʒil] nm strigil

string [stʀiŋ] → SYN nm (sous-vêtement) G-string; (maillot de bain) tanga

strioscopie [stʀijɔskɔpi] nf (Sci) schlieren photography

strioscopique [stʀijɔskɔpik] adj (Sci) schlieric

stripage [stʀipaʒ] nm (Nucl Phys) stripping

stripper¹ [stʀipœʀ] → SYN nm (tire-veine) stripper

stripper² [stʀipe] ▸ conjug 1 ◂ vt (Tech) to strip

stripping [stʀipiŋ] → SYN nm (Méd, Tech) stripping

striptease, strip-tease, pl **strip-teases** [stʀiptiz] nm **a** (spectacle) striptease ◆ **faire un strip-tease** to do a striptease ◆ **faire du strip-tease** to be a striptease artist, be a stripper

b (fig: aveux complaisants) outpouring, gut-spilling‡

stripteaseuse, strip-teaseuse, pl **strip-teaseuses** [stʀiptizøz] nf stripper, striptease artist

striure [stʀijyʀ] nf [couleurs] streaking (NonC) ◆ **la striure** ou **les striures de la pierre** the ridges ou grooves in the stone

strobile [stʀɔbil] nm **a** (Bot) strobilus, strobile

b (Zool) strobila

stroboscope [stʀɔbɔskɔp] nm stroboscope

stroboscopie [stʀɔbɔskɔpi] nf stroboscopy

stroboscopique [stʀɔbɔskɔpik] adj stroboscopic, strobe (épith) ◆ **lumière stroboscopique** strobe lighting

stroma [stʀɔma] nm (Bio, Bot) stroma

strombe [stʀɔ̃b] nm ◆ **strombe gigas** conch ou fountain shell

Stromboli [stʀɔ̃bɔli] nm Stromboli

strombolien, -ienne [stʀɔ̃bɔljɛ̃, jɛn] adj Strombolian

strongyle [stʀɔ̃ʒil] nm strongyl(e)

strongylose [stʀɔ̃ʒiloz] nf strongyloidiasis, strongyloidiosis

strontiane [stʀɔ̃sjan] nf strontium hydroxyde

strontium [stʀɔ̃sjɔm] nm strontium

strophe [stʀɔf] → SYN nf (Littérat) verse, stanza; (Théât Grec) strophe

structural, e, mpl **-aux** [stʀyktyʀal, o] adj structural

structuralisme [stʀyktyʀalism] nm structuralism

structuraliste [stʀyktyʀalist] adj, nmf structuralist

structurant, e [stʀyktyʀɑ̃, ɑ̃t] adj principe founding; expérience formative → **gel**

structuration [stʀyktyʀasjɔ̃] nf structuring

structure [stʀyktyʀ] → SYN nf structure ◆ **structures d'accueil** reception facilities ◆ [récit, roman] **structure narrative** narrative structure ◆ (Ling) **structure syntagmatique / profonde / superficielle** ou **de surface** phrase / deep / surface structure ◆ **réformes de structure** structural reforms

structuré, e [stʀyktyʀe] (ptp de **structurer**) adj structured

structurel, -elle [stʀyktyʀɛl] adj structural

structurellement [stʀyktyʀɛlmɑ̃] adv structurally

structurer [stʀyktyʀe] ▸ conjug 1 ◂ **1** vt to structure, to give structure to

2 se structurer vpr [mouvement] to develop a structure; [enfant] to form himself (ou herself)

strudel [ʃtʀudœl] nm strudel

strychnine [stʀiknin] nf strychnine

strychnos [stʀiknos] nm Strychnos

stryge [stʀiʒ] nf ⇒ **strige**

stuc [styk] → SYN nm stucco

stucateur [stykatœʀ] nm stucco worker

stud-book, pl **stud-books** [stœdbuk] nm stud-book

studette [stydɛt] nf small studio flat (Brit) ou apartment (surtout US)

studieusement [stydjøzmɑ̃] adv studiously

studieux, -ieuse [stydjø, jøz] → SYN adj personne studious; vacances, soirée study (épith)

studio [stydjo] → SYN nm (Ciné, TV: de prise de vues) studio; (salle de cinéma) film theatre, arts cinema; (d'artiste) studio; (d'habitation) studio flat (Brit) ou apartment (surtout US) ◆ (Ciné) **tourner en studio** to film ou shoot in the studio ◆ (TV) **à vous les studios!** and now, back to the studio!

stûpa [stupa] nm stupa, tope

stupéfaction [stypefaksjɔ̃] → SYN nf (étonnement) stupefaction, amazement ◆ **à la stupéfaction générale** to everyone's amazement

stupéfaire [stypefɛʀ] ▸ conjug 60 ◂ vt to stun, astound, dumbfound

stupéfait, e [stypefɛ, ɛt] → SYN (ptp de **stupéfaire**) adj stunned, dumbfounded, astounded (*de qch* at sth) ◆ **stupéfait de voir que ...** astounded ou stunned to see that ...

stupéfiant, e [stypefjɑ̃, jɑ̃t] → SYN **1** adj (étonnant) stunning, astounding, staggering*; (Méd) stupefying, stupefacient (spéc)

2 nm drug, narcotic, stupefacient (spéc) → **brigade**

stupéfié, e [stypefje] → SYN (ptp de **stupéfier**) adj stunned, staggered, dumbfounded

stupéfier [stypefje] → SYN ▸ conjug 7 ◂ vt (étonner) to stun, stagger, astound; (Méd, littér) to stupefy

stupeur [stypœʀ] → SYN nf (étonnement) astonishment, amazement; (Méd) stupor

stupide [stypid] → SYN adj (inepte) stupid, silly, foolish; (hébété) stunned, bemused; (imprévisible) accident senseless

stupidement [stypidmɑ̃] adv stupidly

stupidité [stypidite] → SYN nf (caractère) stupidity; (parole, acte) stupid ou silly ou foolish thing to say (ou do) ◆ **c'est une vraie stupidité** ou **de la stupidité** that's a really stupid ou silly ou foolish thing to say (ou do)

stupre [stypʀ] → SYN nm (†, littér) debauchery, depravity

stups* [styp] nmpl (abrév de **stupéfiants**) → **brigade**

stuquer [styke] ▸ conjug 1 ◂ vt to stucco

Stuttgart [ʃtutgaʀt] n Stuttgart

style [stil] → SYN **1** nm **a** (gén, Art, Littérat, Sport) style ◆ **meubles / reliure de style** period furniture / binding ◆ **meubles de style Directoire / Louis XVI** Directoire / Louis XVI furniture ◆ **je reconnais bien là son style** that is just his style ◆ **ce n'est pas son style** (vêtements) it's not his style; (comportement étonnant) it's not like him ◆ **cet athlète a du style** this athlete has style ◆ **offensive / opération de grand style** full-scale ou large-scale offensive / operation → **exercice**

b (Bot) style; [cylindre enregistreur] stylus; [cadran solaire] style, gnomon; (Hist: poinçon) style, stylus

2 COMP ▷ **style direct / indirect** (Ling) direct / indirect ou reported speech ▷ **style indirect libre** (Ling) indirect free speech ▷ **style journalistique** journalistic style, journalese (péj) ▷ **style télégraphique** telegraphese (NonC) ▷ **style de vie** lifestyle

stylé, e [stile] adj domestique, personnel well-trained

styler [stile] → SYN ▸ conjug 1 ◂ vt domestique etc to train

stylet [stilɛ] → SYN nm (poignard) stiletto, stylet; (Méd) stylet; (Zool) proboscis, stylet

stylique [stilik] nf ◆ **la stylique** design

stylisation [stilizasjɔ̃] nf stylization

styliser [stilize] → SYN ▸ conjug 1 ◂ vt to stylize ◆ **colombe / fleur stylisée** stylized dove / flower

stylisme [stilism] nm (métier) dress designing; (snobisme) concern for style

styliste [stilist] → SYN nmf (dessinateur industriel) designer; (écrivain) stylist ◆ **styliste de mode** clothes ou dress designer

stylisticien, -ienne [stilistisjɛ̃, jɛn] nm,f stylistician, specialist in stylistics

stylistique [stilistik] **1** nf stylistics (sg)

2 adj analyse, emploi stylistic

stylite [stilit] nm stylite

stylo [stilo] → SYN nm pen ◆ **stylo-bille** ou **à bille** Biro ® (Brit), ball-point (pen) ◆ **stylo à encre** ou **(à) plume** ou **à réservoir** fountain pen ◆ **stylo-feutre** felt-tip pen ◆ **stylo à cartouche** cartridge pen

stylobate [stilɔbat] nm stylobate

stylographe† [stilɔgʀaf] nm fountain pen

styloïde [stilɔid] adj styloid

stylomine ® [stilomin] nm propelling pencil

styptique [stiptik] adj, nm stypic

styrax [stiʀaks] nm (Bot, baume) styrax

styrène [stiʀɛn], **styrolène** [stiʀɔlɛn] nm styrene

Styx [stiks] nm ◆ **le Styx** the Styx

su, e [sy] (ptp de **savoir**) **1** adj known

2 nm ◆ **au su de** with the knowledge of → **vu¹**

suage [sɥaʒ] nm (Tech) [bois] sweating

suaire [sɥɛʀ] → SYN nm (littér: linceul) shroud, winding sheet; (fig) shroud → **saint**

suant, suante [sɥɑ̃, sɥɑ̃t] adj (en sueur) sweaty; (‡: ennuyeux) livre, cours deadly (dull)* ◆ **ce film est suant** this film is a real drag‡ ou is deadly* ◆ **ce qu'il est suant!** what a drag‡ ou a pain (in the neck)* he is!

suave [sɥav] → SYN adj personne, manières, voix, regard suave, smooth; musique, parfum sweet; couleurs mellow; formes smooth

suavement [sɥavmɑ̃] adv s'exprimer suavely

suavité [sɥavite] → SYN nf (→ **suave**) suavity; smoothness; sweetness; mellowness

subaérien, -ienne [subaeʀjɛ̃, jɛn] adj subaerial

subaigu, uë [sybegy] adj subacute

subalpin, e [sybalpɛ̃, in] adj subalpine

subalterne [sybaltɛʀn] → SYN **1** adj rôle subordinate, subsidiary; employé, poste junior (épith) ◆ (Mil) **officier subalterne** subaltern

2 nmf subordinate, inferior

subantarctique [sybɑ̃taʀktik] adj subantarctic

subaquatique [sybakwatik] adj subaquatic, underwater (épith)

subarctique [sybaʀktik] adj subarctic

subatomique [sybatɔmik] adj subatomic

subconscient, e [sypkɔ̃sjɑ̃, jɑ̃t] → SYN adj, nm subconscious

subdélégué, e [sybdelege] (ptp de **subdéléguer**) nm,f subdelegate

subdéléguer [sybdelege] ▸ conjug 6 ◂ vt to subdelegate

subdésertique [sybdezɛʀtik] adj semidesert

subdiviser [sybdivize] → SYN ▸ conjug 1 ◂ **1** vt to subdivide (*en* into)

2 se subdiviser vpr to be subdivided, be further divided (*en* into)

subdivision [sybdivizjɔ̃] → SYN nf (gén) subdivision; [classeur] section

subdivisionnaire [sybdivizjɔnɛʀ] adj subdivisional

subduction [sybdyksjɔ̃] nf subduction

subéquatorial, e, mpl **-iaux** [sybekwatɔʀjal, jo] adj subequatorial

suber [sybɛʀ] nm suber

subéreux, -euse [sybeʀø, øz] adj subereous, suberic

subérine [sybeʀin] nf suberin(e)

subintrant, e [sybɛ̃tʀɑ̃, ɑ̃t] adj subintrant

subir [sybiʀ] [→ SYN] ▸ conjug 2 ◂ vt **a** (être victime de) affront to be subjected to, suffer; violences, attaque, critique to undergo, suffer, be subjected to; perte, défaite, dégâts to suffer, sustain ◆ **faire subir un affront / des tortures à qn** to subject sb to an insult / to torture ◆ **faire subir des pertes / une défaite à l'ennemi** to inflict losses / defeat upon the enemy
b (être soumis à) charme to be subject to, be under the influence of; influence to be under; peine de prison to undergo, serve; examen to undergo, go through; opération, interrogatoire to undergo ◆ **subir les effets de qch** to be affected by sth, experience the effects of sth ◆ **subir la loi du plus fort** to be subjected to the law of the strongest ◆ **subir les rigueurs de l'hiver** to undergo ou be subjected to the rigours of (the) winter ◆ **faire subir son influence à qn** to exert an influence over sb ◆ **faire subir un examen à qn** to put sb through ou subject sb to an examination, make sb undergo an examination
c (endurer) to suffer, put up with, endure ◆ **il faut subir et se taire** you must suffer in silence ◆ **il va falloir le subir pendant toute la journée*** we're going to have to put up with him ou endure him all day ◆ **on subit sa famille, on choisit ses amis** you can pick your friends but you can't pick your family
d (recevoir) modification, transformation to undergo, go through ◆ **les prix ont subi une hausse importante** there has been a considerable increase in prices, prices have undergone a considerable increase

subit, e [sybi, it] [→ SYN] adj sudden

subitement [sybitmɑ̃] [→ SYN] adv suddenly, all of a sudden

subito (presto)* [sybito(pʀɛsto)] adv (brusquement) all of a sudden; (immédiatement) at once

subjacent, e [sybʒasɑ̃, ɑ̃t] adj (littér) subjacent

subjectif, -ive [sybʒɛktif, iv] [→ SYN] adj subjective ◆ **un danger subjectif** a danger which one creates for oneself

subjectile [sybʒɛktil] nm subjectile

subjectivement [sybʒɛktivmɑ̃] adv subjectively

subjectivisme [sybʒɛktivism] nm subjectivism

subjectiviste [sybʒɛktivist] **1** adj subjectivistic
2 nmf subjectivist

subjectivité [sybʒɛktivite] [→ SYN] nf subjectivity

subjonctif, -ive [sybʒɔ̃ktif, iv] adj, nm subjunctive ◆ **au subjonctif** in the subjunctive

subjuguer [sybʒyge] [→ SYN] ▸ conjug 1 ◂ vt auditoire to captivate, enthrall; (littér) esprits, personne malléable to render powerless; (†) peuple vaincu to subjugate ◆ **être subjugué par le charme / la personnalité de qn** to be captivated by sb's charm / personality

sublimation [syblimasjɔ̃] [→ SYN] nf (Chim, Psych) sublimation

sublime [syblim] [→ SYN] **1** adj (littér) sublime ◆ **sublime de dévouement** sublimely dedicated ◆ (Hist) **la Sublime Porte** the Sublime Porte
2 nm ◆ **le sublime** the sublime

sublimé, e [sybline] (ptp de **sublimer**) **1** adj sublimate(d)
2 nm sublimate

sublimement [syblimmɑ̃] [→ SYN] adv sublimely

sublimer [sybIime] [→ SYN] ▸ conjug 1 ◂ vt (Psych) to sublimate; (Chim) to sublimate, sublime

subliminaire [sybliminɛʀ] adj ⇒ **subliminal**

subliminal, e, mpl **-aux** [sybliminal, o] adj subliminal

sublimité [syblimite] [→ SYN] nf (littér) sublimeness (NonC), sublimity

sublingual, e, mpl **-aux** [syblɛ̃gwal, o] adj sublingual ◆ **comprimé sublingual** tablet to be dissolved under the tongue

sublunaire [syblynɛʀ] adj sublunary

submergé, e [sybmɛʀʒe] (ptp de **submerger**) adj **a** terres, plaine flooded, submerged; récifs submerged
b (fig: débordé, dépassé) swamped, inundated, snowed under ◆ **submergé de** appels téléphoniques, commandes snowed under ou swamped ou inundated with; douleur, plaisir, inquiétudes overwhelmed ou overcome with ◆ **nous étions complètement submergés** we were completely snowed under, we were up to our eyes (Brit) ou ears (US) in it* ◆ **submergé de travail** snowed under ou swamped with work, up to one's eyes in work*

submerger [sybmɛʀʒe] [→ SYN] ▸ conjug 3 ◂ vt (lit: inonder) terres, plaine to flood, submerge; barque to submerge ◆ (fig) **submerger qn** [foule] to engulf sb; [ennemi] to overwhelm sb; [émotion] to overcome sb, overwhelm sb ◆ **les quelques agents furent submergés par la foule** the one or two police were engulfed in ou by the crowd ◆ **ils nous submergeaient de travail** they swamped ou inundated us with work

submersible [sybmɛʀsibl] [→ SYN] adj, nm (Naut) submarine

submersion [sybmɛʀsjɔ̃] nf [terres] flooding, submersion ◆ (Méd) **mort par submersion** death by drowning

subodorer [sybɔdɔʀe] [→ SYN] ▸ conjug 1 ◂ vt (hum: soupçonner) irrégularité, malversation to scent ◆ **il subodora quelque chose de pas très catholique** he smelt a rat

subordination [sybɔʀdinasjɔ̃] [→ SYN] nf subordination ◆ **je m'élève contre la subordination de cette décision à leurs plans** I object to this decision being subject to their plans ◆ (Ling) **relation** ou **rapport de subordination** relation of subordination → **conjonction**

subordonnant, e [sybɔʀdɔnɑ̃, ɑ̃t] **1** adj subordinating
2 nm subordinating word

subordonné, e [sybɔʀdɔne] [→ SYN] (ptp de **subordonner**) **1** adj (gén, Ling) subordinate (*à* to) ◆ (Ling) **proposition subordonnée** dependent clause, subordinate clause
2 nm,f subordinate
3 **subordonnée** nf (Ling) dependent ou subordinate clause

subordonner [sybɔʀdɔne] [→ SYN] ▸ conjug 1 ◂ vt **a** **subordonner qn à** (dans une hiérarchie) to subordinate sb to ◆ **accepter de se subordonner à qn** to agree to subordinate o.s. to sb, accept a subordinate position under sb
b (Ling) to subordinate ◆ **subordonner qch à** (placer au second rang) to subordinate sth to ◆ (faire dépendre de) **nous subordonnons notre décision à ses plans** our decision will be subject to his plans ◆ **leur départ est subordonné au résultat des examens** their departure is subject to ou depends on the exam results

subornation [sybɔʀnasjɔ̃] [→ SYN] nf (Jur) bribing, subornation (spéc)

suborner [sybɔʀne] [→ SYN] ▸ conjug 1 ◂ vt (Jur) témoins to bribe, suborn (spéc); (littér) jeune fille to lead astray, seduce

suborneur† [sybɔʀnœʀ] nm seducer

subrécargue [sybʀekaʀg] nm supercargo

subreptice [sybʀɛptis] [→ SYN] adj moyen surreptitious ◆ (Jur) **acte subreptice** subreption

subrepticement [sybʀɛptismɑ̃] [→ SYN] adv surreptitiously

subrogation [sybʀɔgasjɔ̃] [→ SYN] nf (Jur) subrogation

subrogatoire [sybʀɔgatwaʀ] adj ◆ (Jur) **acte subrogatoire** act of subrogation

subrogé, e [sybʀɔʒe] (ptp de **subroger**) nm,f (Jur) surrogate ◆ **subrogé(-)tuteur** surrogate guardian ◆ (Ling) **langage subrogé** subrogate language

subroger [sybʀɔʒe] [→ SYN] ▸ conjug 3 ◂ vt (Jur) to subrogate, substitute

subséquemment [sypsekamɑ̃] [→ SYN] adv (†, Jur) subsequently

subséquent, e [sypsekɑ̃, ɑ̃t] [→ SYN] adj (†, Jur, Géog) subsequent

subside [sybzid] [→ SYN] nm grant ◆ **les modestes subsides qu'il recevait de son père** the small allowance he received from his father

subsidence [sypsidɑ̃s, sybzidɑ̃s] nf (Géol) subsidence

subsidiaire [sybzidjɛʀ] [→ SYN] adj raison, motif subsidiary → **question**

subsidiairement [sybzidjɛʀmɑ̃] [→ SYN] adv subsidiarily

subsidiarité [sybzidjaʀite] nf (Pol) subsidiarity ◆ (dans la CE) **le principe de subsidiarité** the principle of subsidiarity

subsistance [sybzistɑ̃s] [→ SYN] nf **a** (moyens d'existence) subsistence ◆ **assurer la subsistance de sa famille / de qn** to support ou maintain ou keep one's family / sb ◆ **assurer sa (propre) subsistance** to keep ou support o.s. ◆ **ma subsistance était assurée** I had enough to live on ◆ **pour toute subsistance** ou **tous moyens de subsistance, ils n'avaient que 2 chèvres** their sole means of subsistence was 2 goats ◆ **ils tirent leur subsistance de certaines racines** they live on certain root crops ◆ **elle contribue à la subsistance du ménage** she contributes towards the maintenance of the family ou towards the housekeeping money
b (Mil) **militaire en subsistance** seconded serviceman

subsistant, e [sybzistɑ̃, ɑ̃t] **1** adj remaining (épith)
2 nm (Mil) seconded serviceman

subsister [sybziste] [→ SYN] ▸ conjug 1 ◂ vi [personne] (ne pas périr) to live on, survive; (se nourrir, gagner sa vie) to live, stay alive, subsist; [erreur, doute, vestiges] to remain, subsist ◆ **ils ont tout juste de quoi subsister** they have just enough to live on ou to keep body and soul together ◆ **il subsiste quelques doutes quant à ...** there still remains ou exists some doubt as to ..., some doubt subsists ou remains as to ...

subsonique [sypsɔnik] adj subsonic

substance [sypstɑ̃s] [→ SYN] nf (gén, Philos) substance ◆ **voilà, en substance, ce qu'ils ont dit** here is, in substance, what they said, here is the gist of what they said ◆ **la substance de notre discussion** the substance ou gist of our discussion ◆ (Anat) **substance blanche / grise** white / grey matter ◆ **le lait est une substance alimentaire** milk is a food

substantialisme [sypstɑ̃sjalism] nm substantialism

substantialiste [sypstɑ̃sjalist] nmf substantialist

substantialité [sypstɑ̃sjalite] nf substantiality

substantiel, -ielle [sypstɑ̃sjɛl] [→ SYN] adj (gén, Philos) substantial

substantiellement [sypstɑ̃sjɛlmɑ̃] [→ SYN] adv substantially

substantif, -ive [sypstɑ̃tif, iv] [→ SYN] **1** adj proposition noun (épith); emploi nominal, substantival; style nominal
2 nm noun, substantive

substantifique [sypstɑ̃tifik] adj ◆ (hum) **la substantifique moelle** the very substance

substantivation [sypstɑ̃tivasjɔ̃] nf nominalization, substantivization

substantivement [sypstɑ̃tivmɑ̃] adv nominally, as a noun, substantively

substantiver [sypstɑ̃tive] ▸ conjug 1 ◂ vt to nominalize, substantivize

substituable [sypstitɥabl] adj substitutable

substituer [sypstitɥe] [→ SYN] ▸ conjug 1 ◂ **1** vt **a** (remplacer) **substituer qch / qn à** to substitute sth / sb for
b (Jur) legs to entail
2 **se substituer** vpr ◆ **se substituer à qn** (en l'évinçant) to substitute o.s. for sb; (en le

représentant) to substitute for sb, act as a substitute for sb • **l'adjoint s'est substitué au chef** the deputy is substituting for the boss

substitut [sypstity] → SYN nm (magistrat) deputy public prosecutor (Brit), assistant district attorney (US); (succédané) substitute (*de* for); (Ling) pro-form, substitute • (Psych) **substitut maternel** surrogate mother

substitutif, -ive [sypstitytif, iv] adj (gén) substitutive

substitution [sypstitysjɔ̃] → SYN nf (gén, Chim) (intentionnelle) substitution (*à* for); (accidentelle) [vêtements, bébés] mix-up (*de* of, in) • **ils s'étaient aperçus trop tard qu'il y avait eu substitution d'enfants** they realized too late that the children had been mixed up ou that they had got the children mixed up • **produit de substitution** substitute • **effet de substitution** substitution effect → **mère, peine**

substrat [sypstʀa] → SYN nm, **substratum†** [sypstʀatɔm] nm (Géol, Ling, Philos) substratum

subsumer [sypsyme] → SYN ▸ conjug 1 ◂ vt to subsume

subterfuge [syptɛʀfyʒ] → SYN nm subterfuge

subtil, e [syptil] → SYN adj (sagace) personne, esprit subtle, discerning; réponse subtle; (raffiné) nuance, distinction subtle, fine, nice; raisonnement subtle

subtilement [syptilmɑ̃] adv subtly, in a subtle way; laisser comprendre subtly

subtilisation [syptilizasjɔ̃] → SYN nf spiriting away

subtiliser [syptilize] → SYN ▸ conjug 1 ◂ 1 vt (dérober) to spirit away (hum) • **il s'est fait subtiliser sa valise** his suitcase has been spirited away

2 vi (littér: raffiner) to subtilize

subtilité [syptilite] → SYN nf (→ **subtil**) subtlety; nicety • **des subtilités** subtleties; niceties • **les subtilités de la langue française** the subtleties of the French language

subtropical, e, mpl **-aux** [sybtʀɔpikal, o] adj subtropical • **régions subtropicales** subtropics

subulé, e [sybyle] → SYN adj subulate

suburbain, e [sybyʀbɛ̃, ɛn] adj suburban

suburbicaire [sybyʀbikɛʀ] adj suburbicarian

subvenir [sybvəniʀ] → SYN ▸ conjug 22 ◂ **subvenir à** vt indir besoins to provide for, meet; frais to meet, cover

subvention [sybvɑ̃sjɔ̃] → SYN nf (gén) grant; (aux agriculteurs) subsidy; (à un théâtre) subsidy, grant

subventionner [sybvɑ̃sjɔne] → SYN ▸ conjug 1 ◂ vt (→ **subvention**) to grant funds to; to subsidize • **école subventionnée** grant-aided school • **théâtre subventionné** subsidized theatre

subversif, -ive [sybvɛʀsif, iv] → SYN adj subversive

subversion [sybvɛʀsjɔ̃] → SYN nf subversion

subversivement [sybvɛʀsivmɑ̃] adv subversively

subvertir [sybvɛʀtiʀ] → SYN ▸ conjug 2 ◂ vt to subvert

suc [syk] → SYN nm [plante] sap; [viande, fleur, fruit] juice; (fig littér) [œuvre] pith, meat • **sucs digestifs** ou **gastriques** gastric juices

succédané [syksedane] → SYN nm (substitut, ersatz) substitute (*de* for); (médicament) substitute, succedaneum (spéc)

succéder [syksede] → SYN ▸ conjug 6 ◂

1 **succéder à** vt indir directeur, roi to succeed; jours, choses, personnes to succeed, follow; (Jur) titres, héritage to inherit, succeed to • **succéder à qn à la tête d'une entreprise** to succeed sb ou take over from sb at the head of a firm • **des prés succédèrent aux champs de blé** cornfields were followed ou replaced by meadows, cornfields gave way to meadows • **le rire succéda à la peur** fear gave way to laughter • (frm) **succéder à la couronne** to succeed to the throne

2 **se succéder** vpr to follow one another, succeed one another • **ils se succédèrent de père en fils** son followed father • **3 gouvernements se sont succédé en 3 ans** 3 governments have succeeded ou followed one another ou have come one after the other in 3 years • **les voitures se sont succédé toute la journée sur l'autoroute** the cars came one after the other all day long on the motorway • **les mois se succédèrent** month followed month • **les échecs se succédèrent** failure followed (upon) failure, one failure followed (upon) another

succès [syksɛ] → SYN nm a (réussite) [entreprise, roman] success • **succès militaires / sportifs** military / sporting successes • **félicitations pour votre succès** congratulations on your success • **le succès ne l'a pas changé** success hasn't changed him • **succès d'estime** succès d'estime, praise from the critics *(with poor sales)* • **avoir du succès auprès des femmes** to have success ou be successful with women

b (livre) success, bestseller; (chanson, disque) success, hit*; (film, pièce) box-office success, hit* • **succès de librairie** bestseller • **tous ses livres ont été des succès** all his books were bestsellers ou a success

c (conquête amoureuse) **succès (féminin)** conquest • **son charme lui vaut de nombreux succès** his charm brings him many conquests ou much success with women

d LOC **avec succès** successfully • **avec un égal succès** equally successfully, with equal success • **sans succès** unsuccessfully, without success • **pour ce film, c'est le succès assuré** ou **garanti** this film is sure to be a success • **à succès** auteur, livre successful, bestselling • **film à succès** hit film*, blockbuster, box-office sell-out ou success • **chanson / pièce à succès** hit*, successful song / play • **roman à succès** successful novel, bestseller • **avoir du succès, être un succès** to be successful, be a success • **cette pièce a eu un grand succès** ou **beaucoup de succès** ou **un succès fou*** this play was a great success ou was very successful ou was a smash hit* • **ce chanteur a eu un succès bœuf*** ou **monstre*** this singer was a smash hit*, this singer knocked everybody's socks off* (US)

successeur [syksesœʀ] → SYN nm (gén) successor

successibilité [syksesibilite] nf (droit à la succession) right to succession ou inheritance • (Pol) **ordre de successibilité au trône** line of succession to the throne

successible [syksesibl] 1 adj (ayant-droit) entitled to inherit • **parent au degré successible** relative entitled to inherit

2 nmf person entitled to inherit

successif, -ive [syksesif, iv] → SYN adj successive

succession [syksesjɔ̃] → SYN nf a (enchaînement, série) succession • **la succession des saisons** the succession ou sequence of the seasons • **toute une succession de visiteurs / malheurs** a whole succession ou series of visitors / misfortunes

b (transmission de pouvoir) succession; (Jur) (transmission de biens) succession; (patrimoine) estate, inheritance • **s'occuper d'une succession** to be occupied with a succession • **partager une succession** to share an estate ou an inheritance • (Jur) **la succession est ouverte** ≃ the will is going through probate • **succession vacante** estate in abeyance • **par voie de succession** by right of inheritance ou succession • **prendre la succession de** ministre, directeur to succeed, take over from; roi to succeed; maison de commerce to take over → **droit³, guerre**

successivement [syksesivmɑ̃] → SYN adv successively

successoral, e, mpl **-aux** [syksesɔʀal, o] adj • **droits successoraux** inheritance tax

succin [syksɛ̃] → SYN nm succin

succinct, e [syksɛ̃, ɛ̃t] → SYN adj écrit succinct; repas frugal • **soyez succinct** be brief

succinctement [syksɛ̃tmɑ̃] adv raconter succinctly; manger frugally

succinique [syksinik] adj • **acide succinique** succinic acid

succion [sy(k)sjɔ̃] nf (Phys, Tech) suction; (Méd) [plaie] sucking • **bruit de succion** sucking noise

succomber [sykɔ̃be] → SYN ▸ conjug 1 ◂ vi a (mourir) to die, succumb • **succomber à ses blessures** to die from ou succumb to one's injuries

b (être vaincu) to succumb; (par tentations) to succumb, give way • **succomber sous le nombre** to be overcome by numbers • **succomber à** tentation to succumb ou yield to; promesses to succumb to; fatigue, désespoir, sommeil to give way to, succumb to • (littér: lit, fig) **succomber sous le poids de** to yield ou give way beneath the weight of

succube [sykyb] → SYN nm succubus

succulence [sykylɑ̃s] → SYN nf (littér) succulence

succulent, e [sykylɑ̃, ɑ̃t] → SYN adj a (Bot) plante succulent

b (délicieux) fruit, rôti succulent; mets, repas delicious; récit juicy*; (††: juteux) succulent

succursale [sykyʀsal] → SYN nf [magasin, firme] branch → **magasin**

succursalisme [sykyʀsalism] nm (système) chain-store ou multiple(-store) distribution; (ensemble de la profession) chains, multiples

succursaliste [sykyʀsalist] 1 adj distribution, système chain-store, multiple(-store) (épith)

2 nm (entreprise) chain store, multiple (store)

3 nmf (gérant) chain-store ou multiple operator

sucer [syse] → SYN ▸ conjug 3 ◂ vt a (lit) to suck • **toujours à sucer des bonbons** always sucking sweets • **ces pastilles se sucent** these tablets are to be sucked • **sucer son pouce** to suck one's thumb • **ce procès lui a sucé toutes ses économies**‡ this lawsuit has bled him of all his savings • **sucer qn jusqu'à la moelle*** ou **jusqu'au dernier sou*** to suck sb dry*, bleed sb white*, take sb's last penny • **se sucer la poire**‡ ou **la pomme**‡ to neck‡, kiss passionately

b (*: boire) to tipple*, booze‡ • **cette voiture suce beaucoup** that car eats up* ou guzzles* a lot of petrol (Brit) ou gas (US)

c (‡: sexuellement) (fellation) to suck***, eat***; (cunnilingus) to eat***

sucette [sysɛt] nf (bonbon) lollipop, lolly (Brit); (tétine) dummy (Brit), comforter, pacifier (US)

suceur, -euse [sysœʀ, øz] 1 nm a (Zool) **(insecte) suceur** sucking insect

b [aspirateur] nozzle

2 nm,f • (fig) **suceur de sang** bloodsucker

3 **suceuse** nf (machine) suction dredge

suçoir [syswaʀ] nm [insecte] sucker

suçon* [sysɔ̃] nm *mark made on the skin by sucking* • **elle lui fit un suçon au cou** she gave him a love bite* (Brit) ou hickey* (US) (on his neck)

suçoter [sysɔte] ▸ conjug 1 ◂ vt to suck

sucrage [sykʀaʒ] → SYN nm [vin] sugaring, sweetening

sucrant, e [sykʀɑ̃, ɑ̃t] adj sweetening • **c'est très sucrant** it makes things very sweet, it's very sweet

sucrase [sykʀɑz] nf sucrase

sucre [sykʀ] → SYN 1 nm a (substance) sugar; (morceau) lump of sugar, sugar lump, sugar cube • **fraises au sucre** strawberries sprinkled with sugar • **chewing-gum sans sucre** sugarless ou sugar-free chewing gum • **cet enfant n'est pas en sucre quand même!** for goodness sake, the child won't break! • (fig) **être tout sucre tout miel** to be all sweetness and light • **mon petit trésor en sucre** my little honey-bun ou sugarplum • **prendre 2 sucres dans son café** to take 2 lumps (of sugar) ou 2 sugars in one's coffee → **casser, pain, pince** etc

b (unité monétaire) sucre

2 COMP ▷ **sucre de betterave** beet sugar ▷ **sucre brun** brown sugar ▷ **sucre candi** sugar candy ▷ **sucre de canne** cane sugar ▷ **sucre cristallisé** (coarse) granulated sugar ▷ **sucre d'érable** (Can*) maple sugar ▷ **sucre glace** icing sugar (Brit), confectioners' sugar (US) ▷ **sucre en morceaux** lump sugar, cube sugar ▷ **sucre d'orge** (substance) barley sugar; (bâton) stick of barley sugar ▷ **sucre en poudre** caster sugar ▷ **sucre roux** brown sugar ▷ **sucre**

semoule ⇒ **sucre en poudre** ▷ **sucre vanillé** vanilla sugar

sucré, e [sykʀe] → SYN (ptp de **sucrer**) 1 adj a fruit, saveur, vin sweet; jus de fruits, lait condensé sweetened • **ce thé est trop sucré** this tea is too sweet • **prenez-vous votre café sucré?** do you take sugar (in your coffee)? • **tasse de thé bien sucrée** well-sweetened cup of tea, cup of nice sweet tea • **non sucré** unsweetened → **eau**

b (péj) ton sugary, honeyed; air sickly-sweet • **faire le sucré** (ou **la sucrée**) to turn on the charm

2 nm • **le sucré et le salé** sweet and savoury food • **je préfère le sucré au salé** I prefer sweets to savouries ou sweet things to savouries

sucrer [sykʀe] → SYN ▸ conjug 1 ◂ 1 vt a boisson to sugar, put sugar in, sweeten; produit alimentaire to sweeten • **le miel sucre autant que le sucre lui-même** honey sweetens as much as sugar, honey is as good a sweetener as sugar • **on peut sucrer avec du miel** honey may be used as a sweetener ou may be used to sweeten things • **sucrez à volonté** sweeten ou add sugar to taste • (fig) **sucrer les fraises**‡ to be a bit doddery*

b (‡: supprimer) **sucrer son argent de poche à qn** to stop sb's pocket money • **il s'est fait sucrer ses heures supplémentaires** he's had his overtime money stopped

2 **se sucrer** vpr a (* lit: prendre du sucre) to help o.s. to sugar, have some sugar

b (‡ fig: s'enrichir) to line one's pocket(s)*

sucrerie [sykʀəʀi] → SYN nf a **sucreries** sweets, sweet things • **aimer les sucreries** to have a sweet tooth, like sweet things

b (usine) sugar house; (raffinerie) sugar refinery; (Can) (maple) sugar house

Sucrette ® [sykʀɛt] nf artificial sweetener

sucrier, -ière [sykʀije, ijɛʀ] → SYN 1 adj industrie, betterave sugar (épith); région sugar-producing

2 nm a (récipient) sugar basin, sugar bowl • **sucrier (verseur)** sugar dispenser ou shaker

b (industriel) sugar producer

sud [syd] → SYN 1 nm a (point cardinal) south • **le vent du sud** the south wind • **un vent du sud** a south(erly) wind, a southerly (Naut) • **le vent tourne/est au sud** the wind is veering south(wards) ou towards the south/is blowing from the south • **regarder vers le sud** ou **dans la direction du sud** to look south(wards) ou towards the south • **au sud** (situation) in the south; (direction) to the south, south(wards) • **au sud de** south of, to the south of • **l'appartement est (exposé) au sud/exposé plein sud** the flat faces (the) south ou southwards/due south, the flat looks south(wards)/due south

b (partie, régions australes) south • **le sud de la France, le Sud** the South of France • **l'Europe/l'Italie du Sud** Southern Europe/Italy • **le Pacifique Sud** the South Pacific • **les mers du Sud** the South Seas → **Amérique, Corée, croix**

2 adj inv région, partie southern; entrée, paroi south; versant, côte south(ern); côté south(ward); direction southward, southerly (Mét) • **il habite (dans) la banlieue sud** he lives in the southern suburbs → **hémisphère, pôle**

sud-africain, e, mpl **sud-africains** [sydafʀikɛ̃, ɛn] 1 adj South African

2 nm,f • **Sud-Africain(e)** South African

sud-américain, e, mpl **sud-américains** [sydameʀikɛ̃, ɛn] 1 adj South American

2 nm,f • **Sud-Américain(e)** South American

sudation [sydasjɔ̃] → SYN nf sweating, sudation (spéc)

sudatoire [sydatwaʀ] adj sudatory

sud-coréen, -enne, mpl **sud-coréens** [sydkɔʀeɛ̃, ɛn] 1 adj South Korean

2 nm,f • **Sud-Coréen(ne)** South Korean

sud-est [sydɛst] nm, adj inv south-east • **le Sud-Est asiatique** South-East Asia

sudiste [sydist] → SYN (Hist US) 1 nmf Southerner

2 adj Southern

sudoral, e, mpl **-aux** [sydɔʀal, o] adj sudoral

sudorifère [sydɔʀifɛʀ] adj ⇒ **sudoripare**

sudorifique [sydɔʀifik] adj, nm sudorific

sudoripare [sydɔʀipaʀ] adj sudoriferous, sudoriparous

sud-ouest [sydwɛst] nm, adj inv south-west

sud-sud-est [sydsydɛst] nm, adj inv south-south-east

sud-sud-ouest [sydsydwɛst] nm, adj inv south-south-west

sud-vietnamien, -ienne, mpl **sud-vietnamiens** [sydvjɛtnamjɛ̃, jɛn] 1 adj South Vietnamese

2 nm,f • **Sud-Vietnamien(ne)** South Vietnamese

Suède [sɥɛd] nf Sweden

suède [sɥɛd] nm (peau) suede • **en** ou **de suède** suede

suédé, e [sɥede] adj, nm suede

suédine [sɥedin] nf suedette

suédois, e [sɥedwa, waz] 1 adj Swedish → **allumette, gymnastique**

2 nm (Ling) Swedish

3 nm,f • **Suédois(e)** Swede

suée* [sɥe] nf sweat • **prendre** ou **attraper une bonne suée** to work up a good sweat* • **à l'idée de cette épreuve, j'en avais la suée** I was in a (cold) sweat at the idea of the test* • **je dois aller le voir, quelle suée!** I've got to go and see him – what a drag!‡ ou pain!‡

suer [sɥe] → SYN ▸ conjug 1 ◂ 1 vi a (transpirer) to sweat; (fig: peiner) to sweat* (*sur* over) • **suer de peur** to sweat with fear, be in a cold sweat • **suer à grosses gouttes** to sweat profusely • **suer sur une dissertation** to sweat over an essay*

b (suinter) [murs] to ooze, sweat (*de* with)

c (Culin) **faire suer** to sweat

d LOC **faire suer qn** (lit) [médicament] to make sb sweat • (péj) **faire suer le burnous**‡ to use sweated labour, exploit native labour • **tu me fais suer*** you're a pain (in the neck)‡ ou a drag‡ • **on se fait suer ici*** what a drag it is here‡, we're getting really cheesed (off) here‡

2 vt a sueur, sang to sweat • (fig) **suer sang et eau à** ou **pour faire qch** to sweat blood to get sth done ou over sth

b humidité to ooze

c (révéler, respirer) pauvreté, misère, avarice, lâcheté to exude, reek of • **cet endroit sue l'ennui** this place reeks of boredom

d (†: danser) **en suer une**‡ to shake a leg‡

suette [sɥɛt] nf • **suette miliaire** sweating sickness, miliary fever (spéc)

sueur [sɥœʀ] → SYN nf sweat (NonC), sudor (spéc) • **en sueur** in a sweat, sweating • **à la sueur de son front** by the sweat of one's brow • **donner des sueurs froides à qn** to put sb in(to) a cold sweat • **j'en avais des sueurs froides** I was in a cold sweat ou a great sweat* about it • (fig) **vivre de la sueur du peuple** to live off the backs of the people

Suez [sɥɛz] n Suez • **le canal de Suez** the Suez Canal • **le golfe de Suez** the Gulf of Suez

suffire [syfiʀ] → SYN ▸ conjug 37 ◂ 1 vi a (être assez) [somme, durée, quantité] to be enough, be sufficient, suffice • **cette explication ne (me) suffit pas** this explanation isn't enough ou isn't sufficient (for me) ou won't do • **5 hommes suffisent (pour ce travail)** 5 men will do (for this job) • **un rien suffirait pour** ou **à bouleverser nos plans** the smallest thing would be enough ou sufficient to upset our plans, it would only take the smallest thing to upset our plans → **à**

b (arriver à, satisfaire, combler) **suffire à** besoins to meet; personne to be enough for • **ma femme me suffit** ou **suffit à mon bonheur,** my wife is all I need to make me happy, my wife is enough to make me happy • **il ne suffit pas aux besoins de la famille** he does not meet the needs of his family • **il ne peut suffire à tout** he can't manage (to do) everything, he can't cope with everything • **les week-ends, il ne suffisait plus à servir les clients** at weekends he could no longer manage to serve all the customers ou he could no longer cope (with serving) all the customers

c LOC **ça suffit** that's enough, that'll do • **(ça) suffit!** that's enough!, that will do! • **comme ennuis, ça suffit (comme ça)** we've had enough troubles thank you very much • **ça ne te suffit pas de l'avoir tourmentée?** isn't it enough for you to have tormented her? • **ça suffira pour aujourd'hui** that's enough for one day

2 vb impers a **il suffit de s'inscrire pour devenir membre** enrolling is enough ou sufficient to become a member • **il suffit de (la) faire réchauffer et la soupe est prête** just heat (up) the soup and it's ready (to serve) • **il suffit que vous leur écriviez** it will be enough if you write to them, your writing to them will be enough ou will be sufficient ou will suffice (frm) • **il suffit d'un accord verbal pour conclure l'affaire** a verbal agreement is sufficient ou is enough ou will suffice (frm) to conclude the matter • **il suffisait d'y penser** it's obvious when you think about it

b (intensif) **il suffit d'un rien pour l'inquiéter** it only takes the smallest thing to worry him, the smallest thing is enough to worry him • **il lui suffit d'un regard pour comprendre** a look was enough to make him understand, he needed only a look to understand • **il suffit qu'il ouvre la bouche pour que tout le monde se taise** he has ou needs only to open his mouth and everyone stops talking ou to make everyone stop talking • **il suffit d'une fois: on n'est jamais trop prudent** once is enough – you can never be too careful

3 **se suffire** vpr • **se suffire (à soi-même)** [pays, personne] to be self-sufficient • **la beauté se suffit (à elle-même)** beauty is sufficient unto itself (littér) • **ils se suffisent (l'un à l'autre)** they are enough for each other

suffisamment [syfizamɑ̃] → SYN adv sufficiently, enough • **suffisamment fort/clair** sufficiently strong/clear, strong/clear enough • **être suffisamment vêtu** to have sufficient ou enough clothes on, be adequately dressed • **lettre suffisamment affranchie** sufficiently ou adequately stamped letter • **suffisamment de nourriture/d'argent** sufficient ou enough food/money • **y a-t-il suffisamment à boire?** is there enough ou sufficient to drink?

suffisance [syfizɑ̃s] → SYN nf a (vanité) self importance, bumptiousness

b (littér) **avoir sa suffisance de qch†, avoir qch en suffisance** to have sth in plenty, have a sufficiency of sth • **il y en a en suffisance** there is sufficient of it • **des livres, il en a sa suffisance†** ou **à sa suffisance** he has books aplenty ou in abundance

suffisant, e [syfizɑ̃, ɑ̃t] → SYN adj a (adéquat) sufficient; (Scol) résultats satisfactory • **c'est suffisant pour qu'il se mette en colère** it's enough to make him lose his temper • **je n'ai pas la place/la somme suffisante** I haven't got sufficient ou enough room/money • **500 F, c'est amplement** ou **plus que suffisant** 500 francs is more than enough → **condition, grâce**

b (prétentieux) personne, ton self-important, bumptious • **faire le suffisant** to give o.s. airs and graces

suffixal, e, mpl **-aux** [syfiksal, o] adj suffixal

suffixation [syfiksasjɔ̃] nf suffixation

suffixe [syfiks] → SYN nm suffix

suffixer [syfikse] ▸ conjug 1 ◂ vt to suffix, add a suffix to • **mot suffixé** word with a suffix

suffocant, e [syfɔkɑ̃, ɑ̃t] → SYN adj a fumée, chaleur suffocating, stifling

b (étonnant) staggering*

suffocation [syfɔkasjɔ̃] → SYN nf (action) suffocation; (sensation) suffocating feeling • **il avait des suffocations** he had fits of choking

suffoquer [syfɔke] → SYN ▸ conjug 1 ◂ 1 vi (lit) to choke, suffocate, stifle (*de* with) • (fig) **suffoquer de** to choke with

2 vt a [fumée] to suffocate, choke, stifle; [colère, joie] to choke • **les larmes la suffoquaient** she was choking with tears

b (étonner) [nouvelle, comportement de qn] to stagger* • **la nouvelle nous a suffoqués** the news took our breath away, we were staggered* by the news

suffragant [syfʀagɑ̃] adj m, nm (Rel) suffragan

suffrage [syfʀaʒ] → SYN 1 nm a (Pol: voix) vote ◆ **suffrages exprimés** valid votes ◆ **le parti obtiendra peu de / beaucoup de suffrages** the party will poll badly / heavily, the party will get a poor / good share of the vote
b (fig) [public, critique] approval (NonC), approbation (NonC) ◆ **accorder son suffrage à qn / qch** to give one's approval ou approbation to sb / sth ◆ **ce livre a remporté tous les suffrages** this book met with universal approval ou approbation ◆ **cette nouvelle voiture mérite tous les suffrages** this new car deserves everyone's approval
2 COMP ▷ **suffrage censitaire** suffrage on the basis of property qualification ▷ **suffrage direct** direct suffrage ▷ **suffrage indirect** indirect suffrage ▷ **suffrage restreint** restricted suffrage ▷ **suffrage universel** universal suffrage ou franchise

suffragette [syfʀaʒɛt] nf suffragette

suffusion [syfyzjɔ̃] → SYN nf (Méd) suffusion

suggérer [sygʒeʀe] → SYN ▸ conjug 6 ◂ GRAMMAIRE ACTIVE 1.1, 15.3 vt (gén) to suggest; solution, projet to suggest, put forward ◆ **suggérer une réponse à qn** to suggest a reply to sb ◆ **je lui suggérai que c'était moins facile qu'il ne pensait** I suggested to him ou I put it to him that it was not as easy as he thought ◆ **suggérer à qn une solution** to put forward ou suggest ou put a solution to sb ◆ **j'ai suggéré d'aller au cinéma / que nous allions au cinéma** I suggested going to the cinema / that we went to the cinema ◆ **elle lui a suggéré de voir un médecin** she suggested he should see a doctor ◆ **mot qui en suggère un autre** word which brings to mind another

suggestibilité [sygʒɛstibilite] nf suggestibility

suggestible [sygʒɛstibl] adj suggestible

suggestif, -ive [sygʒɛstif, iv] → SYN adj (évocateur, indécent) suggestive

suggestion [sygʒɛstjɔ̃] → SYN GRAMMAIRE ACTIVE 1 nf suggestion ◆ **faire une suggestion** to make a suggestion

suggestionner [sygʒɛstjɔne] → SYN ▸ conjug 1 ◂ vt to influence by suggestion

suggestivité [sygʒɛstivite] nf suggestiveness

suicidaire [sɥisidɛʀ] → SYN 1 adj (lit, fig) suicidal
2 nmf person with suicidal tendencies

suicidant, e [sɥisidɑ̃, ɑ̃t] nm,f (suicidaire) person with suicidal tendencies

suicide [sɥisid] → SYN nm (lit, fig) suicide ◆ (fig) **c'est un** ou **du suicide!** it's suicide! ◆ **opération** ou **mission suicide** suicide mission ◆ **suicide collectif / rituel** group / ritual suicide ◆ **pousser qn au suicide** to push sb to suicide → **tentative**

suicidé, e [sɥiside] (ptp de **se suicider**) 1 adj ◆ **personne suicidée** person who has committed suicide
2 nm,f suicide (person)

suicider (se) [sɥiside] → SYN ▸ conjug 1 ◂ vpr to commit suicide ◆ (iro) **on a suicidé le témoin gênant** they have had the embarrassing witness "commit suicide"

suidés [sɥide] nmpl ◆ **les suidés** suid(ian)s, the Suidae (spéc)

suie [sɥi] nf soot → **noir**

suif [sɥif] → SYN nm tallow ◆ **suif de mouton** mutton suet ◆ (arg Crime) **chercher du suif à qn** to needle sb* ◆ (arg Crime) **il va y avoir du suif** there's going to be trouble

suiffer [sɥife] ▸ conjug 1 ◂ vt to tallow

suiffeux, -euse [sɥifø, øz] adj (lit) tallowy

sui generis [sɥiʒeneʀis] → SYN adv, adj sui generis ◆ **l'odeur sui generis d'une prison** the distinctive ou peculiar ou characteristic smell of a prison

suint [sɥɛ̃] nm [laine] suint

suintant, e [sɥɛ̃tɑ̃, ɑ̃t] adj pierre, roche, mur oozing, sweating

suintement [sɥɛ̃tmɑ̃] → SYN nm (→ **suinter**) oozing; sweating; weeping ◆ **des suintements sur le mur** oozing moisture on the wall

suinter [sɥɛ̃te] → SYN ▸ conjug 1 ◂ vi [eau] to ooze; [mur] to ooze, sweat; [plaie] to weep, ooze ◆ (fig) **l'ennui suinte dans ce bureau** a feeling of boredom pervades this office

Suisse [sɥis] 1 nf (pays) Switzerland ◆ **Suisse romande / allemande** ou **alémanique** French-speaking / German-speaking Switzerland
2 nmf (personne) Swiss ◆ **Suisse romand** French-speaking Swiss ◆ **Suisse allemand** German-speaking Swiss, Swiss German ◆ (fig) **boire / manger en Suisse†** to drink / eat alone

suisse [sɥis] → SYN 1 adj Swiss ◆ **suisse romand** Swiss French ◆ **suisse allemand** Swiss German
2 nm a (bedeau) ≃ verger
b [Vatican] Swiss Guard
c (Zool) chipmunk

Suissesse [sɥisɛs] nf Swiss (woman)

suite [sɥit] → SYN GRAMMAIRE ACTIVE 17.1, 20.1 nf a (escorte) retinue, suite
b (nouvel épisode) continuation, following episode; (second roman, film) sequel; (rebondissement d'une affaire) follow-up; (reste) remainder, rest ◆ **voici la suite de notre feuilleton** here is the next episode in ou the continuation of our serial ◆ **ce roman / film a une suite** there is a sequel to this novel / film ◆ (Presse) **voici la suite de l'affaire que nous évoquions hier** here is the follow-up to ou further information on the item we mentioned yesterday ◆ **la suite du film / du repas / de la lettre était moins bonne** the remainder ou the rest of the film / meal / letter was not so good ◆ **la suite au prochain numéro** (journal) to be continued (in the next issue); (*: fig) we'll talk about this later ◆ **suite et fin** concluding ou final episode ◆ **la suite des événements devait lui donner raison** what followed was to prove him right ◆ **le projet n'a pas eu de suite** the project had no follow-up ◆ **attendons la suite** (d'un repas) let's wait for the next course; (d'un discours) let's see what comes next; (d'un événement) let's (wait and) see how it turns out ◆ **lisez donc la suite** do read on, do read what follows
c (aboutissement) result ◆ (prolongements) **suites** [maladie] effects; [accident] results; [affaire, incident] consequences, repercussions ◆ **la suite logique de** the obvious ou logical result of ◆ **il a succombé des suites de ses blessures / sa maladie** he succumbed to the after-effects of his wounds / illness ◆ **cet incident a eu des suites fâcheuses / n'a pas eu de suites** the incident has had annoying consequences ou repercussions / has had no repercussions
d (succession) (Math) series; (Ling) sequence ◆ **suite de** personnes, maisons succession ou string ou series of; événements succession ou train of ◆ (Comm) **article sans suite** discontinued line
e (frm: cohérence) coherence ◆ **il y a beaucoup de suite dans son raisonnement / ses réponses** there is a good deal of coherence in his reasoning / his replies ◆ **ses propos n'avaient guère de suite** what he said lacked coherence ou consistency ◆ **travailler avec suite** to work steadily ◆ **des propos sans suite** disjointed talk ◆ **avoir de la suite dans les idées** (réfléchi, décidé) to show great single-mindedness ou singleness of purpose; (iro: entêté) not to be easily put off → **esprit**
f (appartement) suite
g (Mus) suite ◆ **suite instrumentale / orchestrale** instrumental / orchestral suite
h (loc) (Comm) **(comme) suite à votre lettre / notre entretien** further to your letter / our conversation ◆ **à la suite** (successivement) one after the other ◆ (derrière) **mettez-vous à la suite** join on at the back, go to ou join the back of the queue (Brit) ou line (US) ◆ **à la suite de** (derrière) behind ◆ (en conséquence de) **à la suite de sa maladie** following his illness ◆ **entraîner qn à sa suite** (lit) to drag sb along behind one ◆ (fig) **entraîner qn à sa suite dans une affaire** to drag sb into an affair ◆ **de suite** (immédiatement) at once ◆ **je reviens de suite** I'll be straight (Brit) ou right back ◆ **boire 3 verres de suite** to drink 3 glasses in a row ou in succession ou one after the other ◆ **pendant 3 jours de suite** (for) 3 days on end ou in succession ◆ **il est venu 3 jours de suite** he came 3 days in a row ou 3 days running ◆ **il n'arrive pas à dire trois mots de suite** he can't string three words together ◆ (à cause de) **par suite de** owing to, as a result of ◆ (par conséquent) **par suite** consequently, therefore ◆ (ensuite) **par la suite, dans la suite** afterwards, subsequently ◆ **donner suite à** projet to pursue, follow up; demande, commande, lettre to follow up ◆ **ils n'ont pas donné suite à notre lettre** they have taken no action concerning our letter, they have not followed up our letter ◆ **faire suite à** événement to follow (upon); chapitre to follow (after); bâtiment to adjoin ◆ **prendre la suite de** directeur to succeed, take over from; firme to take over → **ainsi, tout**

suitée [sɥite] adjf (Zool) followed by its young

suivant¹, e [sɥivɑ̃, ɑ̃t] → SYN 1 adj a (dans le temps) following, next; (dans une série) next ◆ **le mardi suivant je la revis** the following ou next Tuesday I saw her again ◆ **vendredi et les jours suivants** Friday and the following days ◆ **le malade suivant était très atteint** the next patient was very badly affected ◆ **« voir page suivante »** "see next page"
b (ci-après) following ◆ **faites l'exercice suivant** do the following exercise
2 nm,f a (prochain) (dans une série) next (one); (dans le temps) following (one), next (one) ◆ **(au) suivant!** next (please)! ◆ **cette année fut mauvaise et les suivantes ne le furent guère moins** that year was bad and the following ones ou next ones were scarcely less so ◆ **pas jeudi prochain, le suivant** not Thursday (coming*), the one after (that) ◆ **je descends à la suivante*** I'm getting off at the next stop
b (littér: membre d'escorte) attendant
3 **suivante** nf (Théât) soubrette, lady's maid; (††) companion

suivant² [sɥivɑ̃] → SYN prép (selon) according to ◆ **suivant son habitude** as is (ou was) his habit ou wont, in keeping with his habit ◆ **suivant l'usage** in keeping ou conformity ou accordance with custom ◆ **suivant l'expression consacrée** as the saying goes, as they say ◆ **suivant les jours / les cas** according to ou depending on the day / the circumstances ◆ **découper suivant le pointillé** cut (out) along the dotted line ◆ **suivant un axe** along an axis ◆ **suivant que** according to whether

suiveur, -euse [sɥivœʀ, øz] 1 adj voiture following behind (attrib)
2 nm a [course cycliste etc] (official) follower (*of a race*)
b (imitateur) imitator
c (†: dragueur) **elle se retourna, son suiveur avait disparu** she turned round – the man who was following her had disappeared ◆ **elle va me prendre pour un suiveur** she'll think I'm the sort (of fellow) who follows women

suivi, e [sɥivi] → SYN (ptp de **suivre**) 1 adj a (régulier) travail steady; correspondance regular; (constant) qualité consistent; effort consistent, sustained; (Comm) demande constant, steady; (cohérent) conversation, histoire, raisonnement coherent; politique consistent
b (Comm) article in general production (attrib)
c **très suivi** cours well-attended; mode, recommandation widely adopted; exemple, feuilleton widely followed ◆ **un match très suivi** a match with a wide audience ◆ **un cours peu suivi** a poorly-attended course ◆ **une mode peu suivie** a fashion which is not widely adopted ◆ **un exemple peu suivi** an example which is not widely followed ◆ **un procès très suivi** a trial that is being closely followed by the public ◆ **un feuilleton très suivi** a serial with a large following
2 nm ◆ **assurer le suivi de** affaire to follow through; produit en stock to go on stocking ◆ **suivi médical** medical follow-up

suivisme [sɥivism] nm (Pol) follow-my-leader attitude

suiviste [sɥivist] 1 adj attitude, politique follow-my-leader (épith)
2 nmf person with a follow-my-leader attitude

suivre [sɥivʀ] [→ SYN] ▸ conjug 40 ◂
[1] vt [a] (gén : accompagner, marcher derrière, venir après) to follow ◆ **elle le suit comme un petit chien** ou **un caniche** ou **un toutou*** she follows him (around) like a little dog ◆ **il me suit comme mon ombre** he follows me about like my shadow ◆ **vous marchez trop vite, je ne peux pas vous suivre** you are walking too quickly and I can't keep up (with you) ◆ **partez sans moi, je vous suis** go on without me and I'll follow (on) ◆ **si vous voulez bien me suivre** if you'll just follow me ou come this way please ◆ **l'été suit le printemps** summer follows ou comes after spring ◆ **lettre suit** letter follows ◆ (fig) **son image me suit sans cesse** his image follows me everywhere ou is constantly with me ◆ **il la suivit des yeux** ou **du regard** he followed her with his eyes, his eyes followed her ◆ (iro) **certains députés, suivez mon regard, ont ...** certain deputies, without mentioning any names ou no names mentioned, have ... ◆ **suivre qn de près** [garde du corps] to stick close to sb ; [voiture] to follow close behind sb ◆ **suivre qn à la trace** to follow sb's tracks ◆ (iro) **on peut le suivre à la trace !** there's no mistaking where he has been ! ◆ **faire suivre qn** to have sb followed ◆ **suivez le guide !** this way, please ! → **qui**
[b] (dans une série) to follow ◆ **la maison qui suit la mienne** the house after mine ou following mine → **jour**
[c] (longer) [personne] to follow, keep to ; [route, itinéraire] to follow ◆ **suivez la N7 sur 10 km** keep to ou go along ou follow the N7 (road) for 10 km ◆ **prenez la route qui suit la Loire** take the road which goes alongside ou which follows the Loire ◆ (fig) **suivre une piste** to follow up a clue ◆ (fig) **ces deux amis ont suivi des voies bien différentes** these two friends have gone very different ways
[d] (se conformer à) personne, exemple, mode, conseil to follow ; consigne, mot d'ordre de grève to follow ◆ **suivre un traitement** to follow a course of treatment ◆ **suivre un régime** to be on a diet ◆ **suivre son instinct** to follow one's instinct ou one's nose* ◆ **il suit son idée** he does things his (own) way ◆ **il se leva et chacun suivit son exemple** he stood up and everyone followed suit ou followed his lead ou example ◆ **on n'a pas voulu le suivre** we didn't want to follow his advice ◆ **tout le monde vous suivra** everybody will back you up ou support you ◆ **la maladie / l'enquête suit son cours** the illness / the inquiry is running ou taking its course ◆ **il me fait suivre un régime sévère** he has put me on a strict diet ◆ **suivre le mouvement** to follow the crowd, follow the general trend, go along with the majority ◆ **si les prix augmentent, les salaires doivent suivre** if prices rise, salaries must do the same → **marche¹**
[e] (Scol) classe, cours (être inscrit à) to attend, go to ; (être attentif à) to follow, attend to ; (assimiler) programme to keep up with
[f] (observer l'évolution de) carrière de qn, affaire, match to follow ; feuilleton to follow, keep up with ◆ **suivre un malade / un élève** to follow ou monitor the progress of a patient / pupil ◆ **suivre la messe** to follow (the) mass ◆ **suivre l'actualité** to keep up with ou follow the news ◆ **c'est une affaire à suivre** it's an affair worth following ou worth keeping an eye on ◆ **il se fait suivre** ou **il est suivi par un médecin** he's having treatment from a doctor, he is under the doctor* ◆ **j'ai suivi ses articles avec intérêt** I've followed his articles with interest ◆ **à suivre** to be continued
[g] (Comm) article to (continue to) stock
[h] (comprendre) argument, personne, exposé to follow ◆ **jusqu'ici je vous suis** I'm with you ou I follow you so far ◆ **il parlait si vite qu'on le suivait mal** he spoke so fast he was difficult to follow ◆ **là, je ne vous suis pas très bien** I don't really follow you ou I'm not really with you there
[i] (Jeu) numéro, cheval to follow ◆ (au poker) **je suis** I'm in, count me in
[2] vi [a] [élève] (être attentif) to attend, pay attention ◆ **suivez avec votre voisin** ou **sur le livre de votre voisin** follow on your neighbour's book ◆ **il ne suit jamais en classe** he never attends in class, he never pays attention in class
[b] [élève] (assimiler le programme) to keep up, follow ◆ **va-t-il pouvoir suivre l'année prochaine ?** will he be able to keep up ou follow next year ?
[c] (Cartes) to follow
[d] **faire suivre son courrier** to have one's mail forwarded ◆ (sur enveloppe) **« faire suivre »** "please forward"
[e] (venir après) to follow ◆ **lisez ce qui suit** read what follows ◆ **les enfants suivent à pied** the children are following on foot
[3] vb impers ◆ **il suit de ce que vous dites que ...** it follows from what you say that ... ◆ **comme suit** as follows
[4] **se suivre** vpr [a] (dans une série) to follow each other ◆ **ils se suivaient sur l'étroit sentier** (deux personnes) they were walking one behind the other along the narrow path ; (plusieurs personnes) they were walking in single file along the narrow path ◆ **leurs enfants se suivent (de près)** there is not much of an age difference between their children ◆ **3 démissions qui se suivent** 3 resignations in a row ou coming one after the other, 3 resignations in close succession
[b] (dans le bon ordre) to be in (the right) order ◆ **les pages ne se suivent pas** the pages are not in (the right) order, the pages are in the wrong order ou are out of order
[c] (être cohérent) [argument, pensée] to be coherent, be consistent ◆ **dans son roman, rien ne se suit** there's no coherence ou consistency in his novel

sujet, -ette [syʒɛ, ɛt] [→ SYN] [1] adj ◆ **sujet à** vertige, mal de mer liable to, subject to, prone to ; lubies, sautes d'humeur subject to, prone to ◆ **sujet aux accidents** accident-prone ◆ **il était sujet aux accidents les plus bizarres** he was prone ou subject to the strangest accidents ◆ **sujet à faire** liable ou inclined ou prone to do ◆ **il n'est pas sujet à faire des imprudences** he is not one to do anything imprudent ◆ **sujet à caution** renseignement, nouvelle unconfirmed ; moralité, vie privée, honnêteté questionable ◆ **je vous dis ça mais c'est sujet à caution** I'm telling you that but I can't guarantee it's true
[2] nm,f (gouverné) subject
[3] nm [a] (matière, question, thème) subject (*de* for) ◆ **un excellent sujet de conversation** an excellent topic (of conversation) ou subject (for conversation) ◆ **revenons à notre sujet** let's get back to the subject at hand ◆ **c'était devenu un sujet de plaisanterie** it had become a standing joke ou something to joke about ◆ **ça ferait un bon sujet de comédie** that would be a good subject ou theme for a comedy ◆ **bibliographie par sujets** bibliography arranged by subjects ◆ **sujet d'examen** examination question ◆ **quel sujet ont-ils donné ?** what subject did they give you ou did they set ? ◆ **distribuer les sujets** to give out the examination papers → **or¹, vif**
[b] (motif, cause) **sujet de** cause for, ground(s) for ◆ **sujet de mécontentement / de dispute** cause ou grounds for dissatisfaction / for dispute ◆ **il n'avait vraiment pas sujet de se mettre en colère / se plaindre** he really had no cause to lose ou grounds for losing his temper / for complaint ◆ **ayant tout sujet de croire à sa bonne foi** having every reason to believe in his good faith ◆ **protester / réclamer sans sujet** to protest / complain without (good) cause ou groundlessly
[c] (individu) subject ◆ (Ling) **le sujet parlant** the speaker ◆ **les rats qui servent de sujets (d'expérience)** the rats which serve as experimental subjects ◆ **son frère est un sujet brillant / un sujet d'élite** his brother is a brilliant / an exceptionally brilliant student ◆ **un mauvais sujet** (enfant) a bad boy ; (jeune homme) a bad lot
[d] (Ling, Mus, Philos) subject ◆ **sujet grammatical / réel / apparent** grammatical / real / apparent subject ◆ **nom / pronom sujet** noun / pronoun subject
[e] (Mus, Peinture) subject
[f] (figurine) figurine ◆ **des petits sujets en ivoire** small ivory figurines
[g] (Jur) **sujet de droit** holder of a right
[h] (à propos de) **au sujet de** about, concerning ◆ **que sais-tu à son sujet ?** what do you know about ou of him ? ◆ **au sujet de cette fille, je peux vous dire que ...** about ou concerning that girl ou with regard to that girl, I can tell you that ... ◆ **à ce sujet, je voulais vous dire que ...** on that subject ou about that*, I wanted to tell you that ... ◆ **c'est à quel sujet ?** can I ask what it is about ?

sujétion [syʒesjɔ̃] [→ SYN] nf [a] (asservissement) subjection ◆ **maintenir un peuple dans la sujétion** ou **sous sa sujétion** to keep a nation in subjection ◆ **tomber sous la sujétion de** to fall into sb's power ou under sb's sway ◆ (fig littér) **sujétion aux passions / au désir** subjection to passions / desire
[b] (obligation, contrainte) constraint ◆ **les enfants étaient pour elle une sujétion** the children were a real constraint to her ou were like a millstone round her neck ◆ **des habitudes qui deviennent des sujétions** habits which become compulsions

sulcature [sylkatyʀ] nf sulcation

sulciforme [sylsifɔʀm] adj sulciform

sulfamides [sylfamid] nmpl sulpha drugs, sulphonamides (spéc)

sulfatage [sylfataʒ] nm [vigne] spraying with copper sulphate ou sulfate (US)

sulfate [sylfat] nm sulphate, sulfate (US) ◆ **sulfate de cuivre** copper sulphate

sulfaté, e [sylfate] (ptp de **sulfater**) adj sulphated

sulfater [sylfate] ▸ conjug 1 ◂ vt vigne to spray with copper sulphate ou sulfate (US)

sulfateur, -euse¹ [sylfatœʀ, øz] nm,f (ouvrier) copper sulfate sprayer

sulfateuse² [sylfatøz] nf [a] (Agr) copper sulphate ou sulfate (US) spraying machine
[b] (arg Crime : mitraillette) machine gun, MG*

sulfhydrique [sylfidʀik] adjm ◆ **acide sulfhydrique** hydrogen sulphide

sulfitage [sylfitaʒ] nm [moûts] addition of sulphur dioxide

sulfite [sylfit] nm sulphite, sulfite (US)

sulfone [sylfɔn] nm sulphone

sulfoné, e [sylfɔne] adj sulphonated

sulfosel [sylfosɛl] nm sulphosalt

sulfurage [sylfyʀaʒ] nm sulphuring

sulfuration [sylfyʀasjɔ̃] nf sulphurization

sulfure [sylfyʀ] nm sulphide, sulfide

sulfuré, e [sylfyʀe] (ptp de **sulfurer**) adj sulphurated, sulphurized, sulphuretted ◆ **hydrogène sulfuré** hydrogen sulphide ou sulfide (US)

sulfurer [sylfyʀe] ▸ conjug 1 ◂ vt to sulphurate, sulphurize, sulphuret

sulfureux, -euse [sylfyʀø, øz] adj (Chim) sulphurous ; propos heretical ◆ **anhydride** ou **gaz sulfureux** sulphur dioxide

sulfurique [sylfyʀik] adj sulphuric ◆ **acide sulfurique** sulphuric acid ◆ **anhydride sulfurique** sulphur trioxide

sulfurisé, e [sylfyʀize] adj ◆ **papier sulfurisé** greaseproof paper

sulky [sylki] nm (Courses) sulky

sulpicien, -ienne [sylpisjɛ̃, jɛn] nm,f Sulpician, Sulpitian

sultan [syltɑ̃] nm sultan

sultanat [syltana] nm sultanate

sultane [syltan] nf [a] (épouse) sultana
[b] (canapé) (sort of) couch

sumac [symak] nm sumach (Brit), sumac (US)

Sumatra [symatʀa] n Sumatra

sumérien, -ienne [symeʀjɛ̃, jɛn] [1] adj Sumerian
[2] nm (Ling) Sumerian
[3] nm,f ◆ **Sumérien(ne)** Sumerian

summum [sɔ(m)mɔm] [→ SYN] nm [gloire, civilisation] acme, climax ; [bêtise, hypocrisie] height

sumo [symo] nm (lutte) sumo (wrestling) ; (lutteur) sumo wrestler

sumotori [symotɔʀi] nm sumo wrestler

sunna [syna] nf Sunna

sunnisme [synism] nm Sunni

sunnite [synit] adj, nmf Sunni

super [sypɛʀ] [→ SYN] [1] nm (abrév de **supercarburant**) super, four-star (petrol) (Brit), extra (US), premium (US), super (US)

2 préf • (*) **super-cher / -chic** ultra-expensive / ultra-chic ou -smart, fantastically expensive / smart* • **super-bombe / -ordinateur** super-bomb / -computer*

3 adj inv (*) terrific*, great*, fantastic*, super*

superalliage [sypɛʀaljaʒ] nm superalloy

superamas [sypɛʀamɑ] nm supergalaxy

superbe [sypɛʀb] → SYN **1** adj **a** (splendide) temps, journée superb, glorious; femme, enfant beautiful, gorgeous; maison, cheval, corps, yeux superb, magnificent, beautiful; résultat, salaire, performance magnificent, superb • **revenu de vacances avec une mine superbe** back from holiday looking superbly ou wonderfully healthy • (littér) **superbe d'indifférence** superbly indifferent

b (littér: orgueilleux) arrogant, haughty

2 nf (littér) arrogance, haughtiness

superbement [sypɛʀbəmɑ̃] adv superbly, wonderfully, beautifully

superbénéfice [sypɛʀbenefis] nm immense profit

supercarburant [sypɛʀkaʀbyʀɑ̃] nm high-octane petrol (Brit), high-octane ou high-test gasoline (US)

superchampion, -ionne [sypɛʀʃɑ̃pjɔ̃, jɔn] nm,f (sporting) superstar

supercherie [sypɛʀʃəʀi] → SYN nf trick, trickery (NonC) • **il s'aperçut de la supercherie** he saw through the trickery ou trick • **user de supercheries pour tromper qn** to trick sb, deceive sb with trickery • **supercherie littéraire** literary hoax ou fabrication

supercritique [sypɛʀkʀitik] adj supercritical

supère [sypɛʀ] adj (Bot) ovaire superior

supérette [sypeʀɛt] nf mini-market, superette (US)

superfamille [sypɛʀfamij] nf superfamily

superfétation [sypɛʀfetasjɔ̃] → SYN nf (littér) superfluity

superfétatoire [sypɛʀfetatwaʀ] → SYN adj (littér) superfluous, supererogatory (littér)

superficialité [sypɛʀfisjalite] nf superficiality

superficie [sypɛʀfisi] → SYN nf (aire) (surface) area; (surface) surface; [terrain] area, acreage • **couvrir une superficie de** to cover an area of

superficiel, -ielle [sypɛʀfisjɛl] → SYN adj (gén) superficial; idées, esprit, personne superficial, shallow; beauté, sentiments, blessure superficial, skin-deep (attrib); modification cosmetic; (près de la surface) couche de liquide superficial, upper; (fin) couche de peinture thin → **tension**

superficiellement [sypɛʀfisjɛlmɑ̃] → SYN adv superficially

superfin, e [sypɛʀfɛ̃, in] → SYN adj (Comm) beurre, produit superfine (épith), superquality (épith); qualité superfine (épith)

superfinition [sypɛʀfinisjɔ̃] nf superfinishing

superflic* [sypɛʀflik] nm supercop*

superflu, e [sypɛʀfly] → SYN **1** adj superfluous • **il est superflu d'insister** there is no point (in) insisting

2 nm superfluity • **se débarrasser du superflu** to get rid of the surplus • **le superflu est ce qui fait le charme de la vie** it is superfluity that gives life its charm

superfluide [sypɛʀflɥid] adj, nm superfluid

superfluidité [sypɛʀflɥidite] nf superfluidity

superfluité [sypɛʀflyite] → SYN nf (littér) superfluity

superforme* [sypɛʀfɔʀm] nf • **être en superforme** (moralement) to feel great*; (physiquement) to be in great shape* • **c'est la superforme** (morale) I'm (ou he's etc) feeling great*; (physique) I'm (ou he's etc) in great shape*

superforteresse [sypɛʀfɔʀtəʀɛs] nf superfort(ress)

supergrand* [sypɛʀgʀɑ̃] nm superpower

super-huit [sypɛʀɥit] adj inv, nm inv super-eight

supérieur, e [sypeʀjœʀ] → SYN GRAMMAIRE ACTIVE 5.2

1 adj **a** (dans l'espace) (gén) upper (épith); planètes superior • **dans la partie supérieure du clocher** in the highest ou upper ou top part of the belfry • **la partie supérieure de l'objet** the top part of the object • **le feu a pris dans les étages supérieurs** fire broke out on the upper floors • **montez à l'étage supérieur** go to the next floor up ou to the floor above, go up to the next floor • **mâchoire / lèvre supérieure** upper jaw / lip • **le lac Supérieur** Lake Superior

b (dans un ordre) vitesse higher, faster, greater; nombre higher, greater, bigger; classes sociales upper (épith); niveaux, échelons upper (épith), topmost; animaux, végétaux higher (épith) • (Rel) **Père supérieur** Father Superior • (Rel) **Mère supérieure** Mother Superior • **à l'échelon supérieur** on the next rung up → **cadre, enseignement, mathématique, officier**[1]

c (excellent, qui prévaut) intérêts, principe higher (épith); intelligence, esprit superior • **produit de qualité supérieure** product of superior quality • **des considérations d'ordre supérieur** considerations of a higher order ou a high order

d (hautain) air, ton, regard superior

e **supérieur à** nombre greater ou higher than, above; somme greater than; production greater than, superior to • **intelligence / qualité supérieure à la moyenne** above-average ou higher than average intelligence / quality • **des températures supérieures à 300°** temperatures in excess of ou higher than ou of more than 300° • **parvenir à un niveau supérieur à ...** to reach a higher level than ... ou a level higher than ... • **travail d'un niveau supérieur à ...** work of a higher standard than ... • **roman / auteur supérieur à un autre** novel / author superior to another • **être hiérarchiquement supérieur à qn** to be higher (up) than sb ou be above sb in the hierarchy, be hierarchically superior to sb • **forces supérieures en nombres** forces superior in number

f (fig: à la hauteur de) **supérieur à sa tâche** more than equal to the task • **il a su se montrer supérieur aux événements** he was able to rise above events • **restant supérieur à la situation** remaining master of ou in control of the situation

2 nm,f **a** (Admin, Mil, Rel) superior • **mon supérieur hiérarchique** my immediate superior, my senior

b (Univ) **le supérieur** higher education

supérieurement [sypeʀjœʀmɑ̃] adv exécuter qch, dessiner exceptionally well • **supérieurement doué / ennuyeux** exceptionally gifted / boring

supériorité [sypeʀjɔʀite] → SYN nf **a** (prééminence) superiority • **nous avons la supériorité du nombre** we outnumber them, we are superior in number(s)

b (condescendance) superiority • **air de supériorité** superior air, air of superiority • **sourire de supériorité** superior smile → **complexe**

superlatif, -ive [sypɛʀlatif, iv] → SYN **1** adj superlative

2 nm superlative • **superlatif absolu / relatif** absolute / relative superlative • **au superlatif** in the superlative • (fig) **il m'ennuie au superlatif** I find him extremely trying

superlativement [sypɛʀlativmɑ̃] adv superlatively

superléger [sypɛʀleʒe] adj, nm → **poids**

superman [sypɛʀman] nm superman • **il aime jouer les supermans*** he likes to flex his muscles

supermarché [sypɛʀmaʀʃe] → SYN nm supermarket

superministère [sypɛʀministɛʀ] nm superministry

supernova [sypɛʀnɔva], pl **supernovæ** [sypɛʀnɔve] nf supernova

superordinateur [sypɛʀɔʀdinatœʀ] nm supercomputer

superordre [sypɛʀɔʀdʀ] nm superorder

superovarié, e [sypɛʀɔvaʀje] adj (Bot) having a superior ovary

superpétrolier [sypɛʀpetʀɔlje] nm supertanker

superphosphate [sypɛʀfɔsfat] nm superphosphate

superposable [sypɛʀpozabl] adj (gén) that may be superimposed, superimposable (à on); (éléments de mobilier) stacking (épith)

superposé, e [sypɛʀpoze] (ptp de **superposer**) adj couches, blocs superposed; (fig) visions, images superimposed → **lit**

superposer [sypɛʀpoze] → SYN ▸conjug 1◂

1 vt **a** (empiler) couches, blocs to superpose (à on); éléments de mobilier to stack • (fig) **superposer les consignes aux consignes** to heap ou pile order upon order

b (faire chevaucher) cartes, clichés, (fig) visions to superimpose; figures géométriques to superpose • **superposer qch à** to superimpose sth on; to superpose sth on

2 **se superposer** vpr **a** (se recouvrir) [clichés photographiques, visions, images] to be superimposed (on one another)

b (s'ajouter) [couches, éléments] to be superposed

superposition [sypɛʀpozisjɔ̃] → SYN nf **a** (action: → **superposer**) superposing; superimposition

b (état) superposition; (Phot) superimposition • **la superposition de ces couches** the fact that these strata are superposed • **une superposition de terrasses s'élevant à l'infini** a series of terraces (one on top of the other) rising ever upwards • **la superposition de plusieurs influences** the cumulative effect of several influences

superpréfet [sypɛʀpʀefɛ] nm superprefect *(in charge of a region)*

superproduction [sypɛʀpʀɔdyksjɔ̃] nf spectacular

superprofit [sypɛʀpʀɔfi] nm immense profit

superpuissance [sypɛʀpɥisɑ̃s] nf superpower

supersonique [sypɛʀsɔnik] **1** adj supersonic → **bang**

2 nm supersonic aircraft

superstitieusement [sypɛʀstisjøzmɑ̃] adv superstitiously

superstitieux, -ieuse [sypɛʀstisjø, jøz] → SYN adj superstitious

superstition [sypɛʀstisjɔ̃] → SYN nf superstition • **il a la superstition du chiffre 13** he's got a superstition about ou he's superstitious about the number 13

superstrat [sypɛʀstʀa] → SYN nm (Ling) superstratum

superstructure [sypɛʀstʀyktyʀ] → SYN nf (gén) superstructure

supertanker [sypɛʀtɑ̃kœʀ] → SYN nm supertanker

superviser [sypɛʀvize] → SYN ▸conjug 1◂ vt to supervise, oversee

superviseur [sypɛʀvizœʀ] nm **a** (personne) supervisor

b (Ordin) supervisor

supervision [sypɛʀvizjɔ̃] nf supervision

superwelter [sypɛʀwɛltɛʀ] **1** adj light middleweight (épith)

2 nm light middleweight

superwoman [sypɛʀwuman] nf superwoman

supin [sypɛ̃] nm supine

supinateur [sypinatœʀ] **1** adj supine

2 nm supinator

supination [sypinasjɔ̃] nf supination

supion [sypjɔ̃] nm small cuttlefish

supplanter [syplɑ̃te] → SYN ▸conjug 1◂ **1** vt to supplant • **le disque compact a supplanté le microsillon** the compact disc has replaced the record

2 **se supplanter** vpr to supplant one another

suppléance [sypleɑ̃s] → SYN nf (remplacement) (poste) supply post (Brit), substitute post (US); (action) temporary replacement • **professeur chargé d'une suppléance dans un village** teacher appointed to a supply post (Brit) ou substitute post (US) in a village • **elle faisait**

des suppléances pour gagner sa vie she took supply posts (Brit) ou did supply (Brit) ou substitute (US) teaching to earn her living

suppléant, e [sypleɑ̃, ɑ̃t] → SYN 1 adj (gén) deputy (épith), substitute (épith) (US); professeur supply (épith) (Brit), substitute (épith) (US) ◆ **médecin suppléant** locum ◆ (Gram) **verbe suppléant** substitute verb
2 nm,f (professeur) supply ou substitute teacher; (juge) deputy (judge); (Pol) deputy; (médecin) locum ◆ **pendant les vacances, on fait appel à des suppléants** during the holidays we take on relief ou temporary staff

suppléer [syplee] → SYN ▸ conjug 1 ◂ 1 vt a (ajouter) mot manquant to supply, provide; somme complémentaire to make up, supply
b (compenser) lacune to fill in; manque, défaut to make up for
c (frm: remplacer) professeur to stand in for, replace; juge to deputize for ◆ (littér) **la machine a suppléé l'homme dans ce domaine** the machine has supplanted ou replaced man in this area
2 **suppléer à** vt indir (compenser) défaut, manque to make up for, compensate for; (remplacer) qualité, faculté to substitute for ◆ **ils suppléaient aux machines par l'abondante main-d'œuvre** they substituted a large labour force for machines

supplément [syplemɑ̃] → SYN nm a (surcroît) **un supplément de travail / salaire** extra ou additional work / pay ◆ **avoir droit à un supplément de 300 F sur ses allocations familiales** to be allowed a supplement of 300 francs ou a 300-franc supplement on one's child benefit, be allowed an extra ou an additional 300 francs on one's child benefit ◆ **un supplément d'information** supplementary ou additional information
b [journal, dictionnaire] supplement ◆ **supplément illustré** illustrated supplement
c (à payer) (au théâtre, au restaurant) extra charge, supplement; (dans le train) (pour prolongement de trajet) excess fare; (sur trains spéciaux) supplement ◆ **supplément de 1re classe** supplement for travelling 1st class, 1st-class supplement ◆ **supplément de prix** additional charge, surcharge ◆ **payer un supplément pour excès de bagages** to pay extra for excess luggage, pay (for) excess luggage, pay excess on one's luggage
d **en supplément** extra ◆ **le vin est en supplément** wine is extra, an additional charge is made for wine ◆ **le tableau de bord en bois est en supplément** the wooden dashboard is an extra ou comes as an extra, there is extra to pay for the wooden dashboard
e (Math) [angle] supplement

supplémentaire [syplemɑ̃tɛʀ] → SYN adj dépenses, crédits, retards additional, further (épith); travail, vérifications additional, extra (épith); trains, autobus relief (épith); (Géom) angle supplementary ◆ (Mus) **lignes supplémentaires** ledger lines ◆ **accorder un délai supplémentaire** to grant an extension of the deadline, allow additional time → **heure**

supplémenter [syplemɑ̃te] ▸ conjug 1 ◂ vt a (charger d'un supplément à payer) **supplémenter le billet de qn** (pour prolongement de trajet) to make sb pay an excess fare; (sur trains spéciaux) to charge sb a supplement
b (enrichir un aliment) to enrich ◆ **lait supplémenté en vitamines** vitamin-enriched milk

supplétif, -ive [sypletif, iv] → SYN 1 adj additional
2 nm (Mil) back-up soldier ◆ **les supplétifs** the back-up troops

supplétoire [sypletwaʀ] adj ◆ **serment supplétoire** suppletory oath

suppliant, e [syplijɑ̃, ijɑ̃t] → SYN 1 adj regard, voix beseeching, imploring; personne imploring
2 nm,f suppliant, supplicant

supplication [syplikasjɔ̃] → SYN nf (gén) plea, entreaty; (Rel) supplication

supplice [syplis] → SYN 1 nm a (peine corporelle) form of torture, torture (NonC) ◆ (peine capitale) **le (dernier) supplice** execution, death ◆ **le supplice de la roue** (torture on) the wheel ◆ **le supplice du fouet** flogging, the lash
b (souffrance) torture ◆ **supplices moraux** moral tortures ou torments ◆ (fig) **éprouver le supplice de l'incertitude** to be tortured ou tormented by uncertainty, suffer the ordeal ou torture of uncertainty ◆ (fig) **cette lecture est un (vrai) supplice!** reading this book is (quite) an ordeal!
c LOC **être au supplice** (appréhension) to be in agonies ou on the rack; (gêne, douleur) to be in misery ◆ **mettre qn au supplice** to torture sb
2 COMP ▷ **supplice chinois** Chinese torture (NonC) ▷ **le supplice de la Croix** (Rel) the Crucifixion ▷ **supplice de Tantale** (lit) torment of Tantalus ◆ (fig) **soumis à un véritable supplice de Tantale** tortured ou suffering like Tantalus

supplicié, e [syplisje] (ptp de **supplicier**) nm,f victim of torture, torture victim ◆ **les corps / cris des suppliciés** the bodies / cries of the torture victims ou of the tortured

supplicier [syplisje] → SYN ▸ conjug 7 ◂ vt (lit, fig) to torture; (à mort) to torture to death

supplier [syplije] → SYN ▸ conjug 7 ◂ vt to beseech, implore, entreat (*de faire* to do) ◆ **supplier qn à genoux** to beseech ou implore ou entreat sb on one's knees ◆ **n'insistez pas, je vous en supplie** I beg of you not to insist, I implore ou beseech you not to insist

supplique [syplik] → SYN nf petition ◆ **présenter une supplique au roi** to petition the king, bring a petition before the king

suppo* [sypo] nm abrév de **suppositoire**

support [sypɔʀ] → SYN nm a (gén: soutien) support; (béquille, pied) prop, support; [instruments de laboratoire, outils, livre] stand
b (moyen) medium; (aide) aid ◆ **support publicitaire** advertising medium ◆ **conférence faite à l'aide d'un support écrit / magnétique / visuel** lecture given with the help of a written text / a tape / visual aids ◆ **support audiovisuel** audio-visual aid ◆ **support visuel** visual aid
c (Peinture) [dessin] support; (Math) [vecteur] directed line segment; (Ordin) [information codée] input medium ◆ **avoir un** ou **être sur support papier / plastique** to be on paper / plastic ◆ **le symbole est le support du concept** the symbol is the physical medium through which the concept is expressed

supportable [sypɔʀtabl] → SYN adj douleur bearable; conduite tolerable; température bearable; (*: passable, pas trop mauvais) tolerable, passable

supporter[1] [sypɔʀte] → SYN ▸ conjug 1 ◂ GRAMMAIRE ACTIVE 7.3, 14
1 vt a (servir de base à) to support, hold up
b (subir) frais to bear; conséquences, affront, malheur to suffer, endure ◆ **il m'a fait supporter les conséquences de son acte** he made me suffer the consequences of his action
c (endurer) maladie, solitude, revers to bear, endure, put up with; douleur to bear, endure; conduite, ingratitude to tolerate, put up with; recommandations, personne to put up with, bear ◆ **maladie courageusement supportée** illness bravely borne ◆ **il ne pouvait plus supporter la vie** he could endure ou bear life no longer ◆ **supportant ces formalités avec impatience** impatiently putting up with these formalities ◆ **la mort d'un être cher est difficile à supporter** the death of a loved one is hard to bear ◆ **il va falloir le supporter pendant toute la journée!** we're going to have to put up with him all day long! ◆ **elle supporte tout d'eux, sans jamais rien dire** she puts up with ou she takes anything from them without a word ◆ **je ne supporte pas ce genre de comportement / qu'on me parle sur ce ton** I won't put up with ou stand for ou tolerate this sort of behaviour / being spoken to in that tone of voice ◆ **je ne peux pas supporter l'hypocrisie** I can't bear ou abide hypocrisy ◆ **je ne peux pas les supporter** I can't bear ou stand them ◆ **je ne supporte pas qu'elle fasse cela** I won't stand for ou tolerate her doing that ◆ **je ne supporte pas de voir ça** I can't bear seeing ou to see that, I can't stand seeing that
d (résister à) température, conditions atmosphériques, épreuve to withstand ◆ **verre qui supporte la chaleur** heatproof ou heat-resistant glass ◆ **il a bien / mal supporté l'opération** he took the operation well / badly ◆ **il ne supporte pas l'alcool / l'avion** he can't take alcohol / plane journeys ◆ **elle ne supporte pas la vue du sang** she can't bear ou stand the sight of blood ou seeing blood ◆ **il ne supporte pas la chaleur** heat doesn't agree ou disagrees with him, he can't take ou stand ou bear the heat ◆ **je ne supporte pas les épinards** spinach doesn't agree ou disagrees with me ◆ **lait facile à supporter** easily-digested milk ◆ **tu as de la chance de supporter l'ail** you're lucky garlic agrees with you, you're lucky to be able to take garlic ◆ **ce roman ne supporte pas l'examen** this novel does not stand up to analysis ◆ **cette règle ne supporte aucune exception** this rule admits of no exception
e (Ordin, Pol, Sport) to support
f (*) **on supporte un gilet, par ce temps** you can do with a cardigan in this weather* ◆ **je pensais avoir trop chaud avec un pull, mais on le supporte** I thought I'd be too hot with a pullover but I can do with it after all
2 **se supporter** vpr ◆ (se tolérer) **ils ne peuvent pas se supporter** they can't stand ou bear each other

supporter[2] [sypɔʀtɛʀ] nm, **supporteur, -trice** [sypɔʀtœʀ, tʀis] nm,f (Pol, Sport) supporter

supposable [sypozabl] adj supposable

supposé, e [sypoze] → SYN (ptp de **supposer**) adj nombre, total estimated; auteur supposed; (Jur) meurtrier alleged; (Jur) père putative; nom assumed

supposer [sypoze] → SYN ▸ conjug 1 ◂ GRAMMAIRE ACTIVE 26.6 vt a (à titre d'hypothèse) to suppose, assume ◆ **supposons un conflit atomique** let's suppose ou if we suppose there were a conflict involving atomic weapons ou (that) a conflict involving atomic weapons were to take place ◆ **supposez que vous soyez malade** suppose you were ill ◆ **en supposant que, à supposer que** supposing (that), on the assumption that ◆ (Sci) **pour les besoins de l'expérience, la pression est supposée constante** for the purposes of the experiment the pressure is taken to be ou assumed (to be) constant ◆ (Scol) **supposons une ligne A-B** let us postulate a line A-B
b (présumer) to suppose, assume, surmise ◆ **supposer qn amoureux / jaloux** to imagine ou suppose sb to be in love / jealous ◆ **je lui suppose une grande ambition** I imagine him to have great ambition ◆ **on vous supposait malade** we thought you were ill ◆ **je ne peux que le supposer** I can only make a supposition ou a surmise ◆ **cela laisse supposer que** it leads one to suppose that ◆ **je suppose que tu es contre** I take it ou I assume ou I suppose ou I presume you are against it
c (impliquer, présupposer) to presuppose; (suggérer, laisser deviner) to imply ◆ **la gestation suppose la fécondation** gestation presupposes fertilization ◆ **cela suppose du courage** that takes courage ◆ **ta réponse suppose que tu n'as rien compris** your reply implies ou indicates that you haven't understood a thing

supposition [sypozisjɔ̃] → SYN nf supposition, assumption, surmise ◆ **une supposition que ...*** supposing ... ◆ (Jur) **supposition de part** ou **d'enfant** declaring a supposititious child

suppositoire [sypozitwaʀ] nm suppository

suppôt [sypo] → SYN nm (littér) henchman ◆ **suppôt de Satan** hellhound

suppresseur [sypʀesœʀ] adj m, nm (Sci) suppressor

suppression [sypʀesjɔ̃] → SYN nf (→ **supprimer**) deletion; removal; cancellation; withdrawal; abolition; suppression ◆ **faire des suppressions dans un texte** to make some deletions in a text ◆ **la suppression de la douleur / fatigue** the elimination of pain / fatigue ◆ **la suppression des inégalités** the abolition of inequalities, the ending of inequality ◆ **7 000 suppressions d'emploi** 7,000 jobs axed ou lost ◆ **il y a deux suppressions de poste** two posts have been lost ou axed ◆ (Jur) **suppression de part** ou **d'enfant** concealment of birth ◆ (Jur) **suppression d'état** depriving someone of the means to prove their civil status

supprimer [sypʀime] → SYN ▸ conjug 1 ◂ 1 vt a (enlever) mot, clause to delete, remove (*de* from); mur to remove, knock down; trains to cancel; permis de conduire to withdraw, take away (*de* from) ◆ **supprimer qch à qn** to deprive sb of sth ◆ **supprimer les sorties / les permissions aux soldats** to put a stop ou an end to the soldiers' outings / leave ◆ **on lui a supprimé sa prime / sa pension** he's had his bonus / pension stopped, he has been deprived of his bonus / pension ◆ **plusieurs emplois ont été supprimés dans cette usine** several jobs have been done away with ou axed in this factory

b (faire disparaître) loi to do away with, abolish; publication to ban; document to suppress; obstacle to remove; libertés to suppress; témoin gênant to do away with, suppress; discrimination, inégalité, concurrence to do away with, put an end to, abolish ◆ **supprimer qch de son alimentation** to cut sth out of one's diet, eliminate sth from one's diet ◆ **il est dangereux de supprimer (les effets de) la fatigue** it is dangerous to suppress (the effects of) fatigue ◆ **prenez ce fortifiant pour supprimer la fatigue** take this tonic to eliminate ou banish tiredness ◆ **ce médicament supprime la douleur** this medicine kills pain ou eliminates pain ou is a painkiller ◆ **on ne parviendra jamais à supprimer la douleur** we shall never succeed in doing away with ou in eliminating pain ◆ **supprimer la discrimination raciale** to do away with ou put an end to ou abolish racial discrimination ◆ **les grands ensembles suppriment l'individualisme** housing schemes put an end to ou destroy individualism ◆ **l'avion supprime les distances** air travel shortens long distances ◆ **cette technique supprime des opérations inutiles** this technique does away with ou cuts out some unnecessary operations ◆ **dans l'alimentation, il faut supprimer les intermédiaires** in the food trade we must cut out ou do away with ou eliminate the middlemen

2 **se supprimer** vpr to do away with o.s., take one's own life

suppurant, e [sypyʀɑ̃, ɑ̃t] adj suppurating

suppuration [sypyʀasjɔ̃] → SYN nf suppuration

suppurer [sypyʀe] → SYN ▸ conjug 1 ◂ vi to suppurate

supputation [sypytasjɔ̃] → SYN nf a (action: → **supputer**) calculation; computation

b (pronostic) prognostication

supputer [sypyte] → SYN ▸ conjug 1 ◂ vt dépenses, frais to calculate, compute; chances, possibilités to calculate

supra[1]... [sypʀa] préf supra...

supra[2] [sypʀa] adv supra

supraconducteur, -trice [sypʀakɔ̃dyktœʀ, tʀis] 1 adj superconductive, superconducting (épith)

2 nm superconductor

supraconductivité [sypʀakɔ̃dyktivite] nf superconductivity

supraliminaire [sypʀaliminɛʀ] adj supraliminal

supranational, e, mpl **-aux** [sypʀanasjɔnal, o] adj supranational

supranationalisme [sypʀanasjɔnalism] nm supranationalism

supranationaliste [sypʀanasjɔnalist] adj supranationalist

supranationalité [sypʀanasjɔnalite] nf supranational nature

suprasegmental, e, mpl **-aux** [sypʀasɛgmɑ̃tal, o] adj suprasegmental

suprasensible [sypʀasɑ̃sibl] → SYN adj suprasensitive

supraterrestre [sypʀatɛʀɛstʀ] adj superterrestrial

suprématie [sypʀemasi] → SYN nf supremacy

suprématisme [sypʀematism] nm Suprematism

suprématiste [sypʀematist] adj, nmf Suprematist

suprême [sypʀɛm] → SYN 1 adj (gén) supreme ◆ **au suprême degré** to the highest degree ◆ **faire un effort suprême** to make a supreme effort → **sauce, soviet** etc

2 nm (Culin) supreme

suprêmement [sypʀɛmmɑ̃] adv supremely

sur[1] [syʀ]

1 prép a (position) on, upon; (sur le haut de) on top of, on; (avec mouvement) on, onto; (dans) on, in; (par-dessus) over; (au-dessus) above ◆ **il y a un sac sur la table / un tableau sur le mur** there's a bag on the table / a picture on the wall ◆ **mettre une annonce sur le tableau** to put a notice (up) on the board ◆ **il a laissé tous ses papiers sur la table** he left all his papers (lying) on the table ◆ **se promener sur la rivière** to go boating on the river ◆ **il y avait beaucoup de circulation sur la route** there was a lot of traffic on the road ◆ **sur ma route** ou **mon chemin** on my way ◆ (Rad) **sur les grandes / petites ondes** on long / short wave ◆ (Géog) **X-sur-mer** X-upon-sea, X-on-sea ◆ **elle rangea ses chapeaux sur l'armoire** she put her hats away on top of the wardrobe ◆ **pose ta valise sur une chaise** put your case (down) on a chair ◆ **elle a jeté son sac sur la table** she threw her bag onto the table ◆ **il grimpa sur le toit** he climbed (up) onto the roof ◆ **une chambre (qui donne) sur la rue** a room that looks out onto the street ◆ **il n'est jamais monté sur un bateau** he's never been in ou on a boat ◆ **sur la place (du marché)** in the (market) square ◆ **la clef est restée sur la porte** the key was left in the door ◆ **lire qch sur le journal*** to read sth in the paper ◆ **chercher qch sur une carte** to look for sth on a map ◆ **un pont sur la rivière** a bridge across ou on ou over the river ◆ **il neige sur Paris / sur toute l'Europe** snow is falling on ou in Paris / over the whole of Europe, it's snowing in Paris / all over Europe ◆ **l'avion est passé sur nos têtes** the aircraft flew over ou above our heads ou overhead ◆ **mettre un linge sur un plat / un couvercle sur une casserole** to put a cloth over a dish / a lid on a saucepan ◆ **pour allumer il suffit d'appuyer sur le bouton** to light it you simply have to press the button ◆ (fig) **s'endormir sur un livre / son travail** to fall asleep over a book / over ou at one's work ◆ **ne t'appuie pas sur le mur** don't lean on ou against the wall ◆ **retire tes livres de sur la table** take your books from ou off the table ◆ **je n'ai pas d'argent / la lettre sur moi** I haven't (got) any money / the letter on ou with me ◆ **elle a acheté des poires sur le marché** she bought pears at the market ◆ **sur terre et sur mer** on land and (at) sea ◆ **s'étendre sur 3 km** to spread over 3 kms ◆ **travaux sur 5 km** roadworks for 5 kms ◆ (fig) **vivre les uns sur les autres** to live one on top of the other → **pied, piste, place** etc

b (direction) to, towards ◆ **tourner sur la droite** to turn (to the) right ◆ **l'église est sur votre gauche** the church is on ou to your left ◆ **revenir sur Paris** to return to Paris ◆ **diriger** ou **tourner ses regards / son attention sur qch** to turn one's eyes / attention towards sth ◆ **rejeter une faute sur qn** to put the blame on sb ◆ **se jeter sur qn** to throw ou hurl o.s. upon ou at sb ◆ **tirer sur qn** to shoot at sb ◆ **fermez bien la porte sur vous** be sure and close the door behind ou after you → **loucher, sauter**

c (temps: proximité, approximation) **il est arrivé sur les 2 heures** he came (at) about ou (at) around 2 ◆ **il va sur ses quinze ans / la quarantaine** he's getting on for (Brit) ou going on (US) fifteen / forty ◆ **l'acte s'achève** ou **se termine sur une réconciliation** the act ends with a reconciliation ◆ **il est sur le** ou **son départ, il est sur le point de partir** he's just going, he's (just) about to leave ◆ **il a été pris sur le fait** he was caught in the act ou red-handed ◆ **sur le moment** ou **sur le coup, je n'ai pas compris** at the time ou at first I didn't understand ◆ **sur ce, il est sorti** whereupon ou upon which he went out ◆ **sur ce, sur ces mots** so saying, with this ou that ◆ **sur ce, il faut que je vous quitte** and now I must leave you ◆ **boire du café sur de la bière** to drink coffee on top of beer ◆ **sur une période de 3 mois** over a period of 3 months ◆ **juger les résultats sur une année** to assess the results over a year → **entrefaites, parole**

d (cause) on, by ◆ **sur invitation / commande** by invitation / order ◆ **sur présentation d'une pièce d'identité** on presentation of identification ◆ **nous l'avons nommé sur la recommandation / les conseils de X** we appointed him on X's recommendation / advice ◆ **sur un signe / une remarque du patron, elle sortit** on seeing the boss's signal / at a word from the boss, she left ◆ **croire qn sur parole** to take sb's word for it → **juger**

e (moyen, manière) on ◆ **ils vivent sur son traitement / ses économies** they live on ou off his salary / savings ◆ **ne le prends pas sur ce ton** don't take it like that ◆ **prendre modèle sur qn** to model o.s. on ou upon sb ◆ **rester sur la défensive / ses gardes** to stay on the defensive / one's guard ◆ **chanter** ou **entonner qch sur l'air de** to sing sth to the tune of ◆ (Mus) **fantaisie** etc **sur un air de** fantasy etc on an air by ou from ◆ (Mus) **sur le mode mineur** in the minor key ou mode → **jurer, mesure**

f (matière, sujet) on, about ◆ **causerie / conférence / renseignements sur la Grèce / la drogue** talk / lecture / information on ou about Greece / drug addiction ◆ **roman / film sur Louis XIV** novel / film about Louis XIV ◆ **questionner** ou **interroger qn sur qch** to question sb about ou on sth ◆ **gémir** ou **se lamenter sur ses malheurs** to lament (over) ou bemoan one's misfortunes ◆ **être sur un travail** to be occupied with a job, be (in the process of) doing a job ◆ **être sur une bonne affaire / une piste / un coup*** to be on to a bargain / on a trail / on a job → **réfléchir** etc

g (rapport de proportion etc) out of, in; (mesure) by; (accumulation) after ◆ **sur 12 verres, 6 sont ébréchés** out of 12 glasses 6 are chipped ◆ **un homme sur 10** one man in (every) ou out of 10 ◆ **9 fois sur 10** 9 times out of 10 ◆ **il a 9 chances sur 10 de réussir** he has 9 chances out of 10 of succeeding, his chances of success are 9 out of 10 ◆ (Scol, Univ etc) **il mérite 7 sur 10** he deserves 7 out of 10 ◆ **la cuisine fait 2 mètres sur 3** the kitchen is ou measures 2 metres by 3 ◆ **un jour / un vendredi sur trois** every third day / Friday ◆ **il vient un jour / mercredi sur deux** he comes every other day / Wednesday ◆ **faire faute sur faute** to make one mistake after another ◆ **il a eu rhume sur rhume** he's had one cold after another ou the other, he's had cold after cold → **coup**

h (influence, supériorité) over, on ◆ **avoir de l'influence / de l'effet sur qn** to have influence on ou over / an effect on sb ◆ **avoir des droits sur qn / qch** to have rights over sb / to sth ◆ **cela a influé sur sa décision** that has influenced ou had an influence on his decision ◆ **elle ne peut rien sur lui** she can't control him, she has no control over him ◆ **savoir prendre sur soi** to keep a grip on o.s. ◆ **prendre sur soi de faire qch** to take it upon o.s. to do sth → **emporter, régner** etc

2 préf ◆ **surexcité** overexcited ◆ **surproduction** overproduction ◆ **surdosage** overdose → **surabondance, surchauffer** etc

3 COMP ▷ **sur l'heure** (littér) adv immediately, at once, straightaway (Brit), right away (US)

sur[2], e [syʀ] → SYN adj (aigre) sour

sûr, e [syʀ] → SYN GRAMMAIRE ACTIVE 15.1, 16.1, 25.6, 26.6

1 adj a **sûr de** résultats, succès sure ou certain of; allié, réflexes, moyens sure of; fait, diagnostic, affirmation sure ou certain of ou about ◆ **il avait le moral et était sûr du succès** he was in good spirits and was sure ou certain ou confident of success ◆ **s'il s'entraîne régulièrement, il est sûr du succès** if he trains regularly he's sure of success ◆ **il est sûr de son fait** he's sure of his facts, he's certain ou sure about it ◆ **il est sûr de son fait** ou **coup*** he's sure ou confident he'll pull it off ◆ **sûr de soi** self-assured, self-confident, sure of oneself ◆ **elle n'est pas sûre d'elle (-même)** she's lacking in self-assurance ou self-confidence, she's not very sure of herself ◆ **j'en étais sûr !** I knew it !, just as I thought !, I was sure of it ! ◆ **j'en suis sûr et certain** I'm positive (about it), I'm absolutely sure ou certain (of it)

b (certain) certain, sure ◆ **la chose est sûre** that's certain, that's for sure ou certain ◆ **ce** ou **il n'est pas sûr qu'elle aille au Maroc** it's not definite ou certain that she's going to Morocco ◆ **est-ce si sûr qu'il gagne ?** is he so certain ou sure to win ? ◆ **c'est sûr et certain** that's absolutely certain ◆ **ça, c'est**

sûr that's for sure*, you can be sure of that ◆ **ce n'est pas si sûr*** it's not that certain ou clear cut, don't be so sure ◆ **c'est le plus sûr moyen de réussir** it is the surest way to succeed ◆ **ce qui est sûr, c'est qu'ils ...** one thing is for sure – they ... ◆ **à coup sûr** definitely, without a doubt ◆ **à coup sûr il ne viendra pas** he surely ou definitely won't come, there's no way he'll come → **tenir**

c (sans danger) quartier, rue safe ◆ **peu sûr** quartier etc unsafe ◆ **il est plus sûr de ne pas compter sur lui** it's safer not to rely on him ◆ **le plus sûr est de mettre sa voiture au garage le soir** the safest thing is to put your car in the garage at night ◆ **en lieu sûr** in a safe place ◆ **en mains sûres** in safe hands

d (digne de confiance) personne, firme reliable, trustworthy; renseignements, diagnostic reliable; valeurs morales, raisonnement sound; remède, moyen safe, reliable, sure; dispositif, arme, valeurs boursières safe; main, pied, œil steady; goût, instinct reliable, sound ◆ **le temps n'est pas assez sûr pour une ascension** the weather's not certain ou reliable enough to go climbing ◆ **avoir la main sûre** to have a steady hand ◆ **raisonner sur des bases peu sûres** to argue on unsound ou shaky premises ◆ **nous apprenons de source sûre que ...** we have been informed by a reliable source that ... ◆ **peu sûr** allié unreliable, untrustworthy; renseignements unreliable; moyen, méthode unreliable, unsafe

2 adv ◆ (*) **sûr qu'il y a quelque chose qui ne tourne pas rond** there must be ou there's definitely something wrong ◆ **tu penses qu'il viendra?** – **pas sûr** do you think he'll come? – maybe → **bien, pour**

surabondamment [syʀabɔ̃damɑ̃] → SYN adv (littér) expliquer in excessive detail ◆ **surabondamment décoré de** overabundantly decorated with

surabondance [syʀabɔ̃dɑ̃s] → SYN nf overabundance, superabundance ◆ **une surabondance de détails** an overabundance of details

surabondant, e [syʀabɔ̃dɑ̃, ɑ̃t] → SYN adj overabundant, superabundant

surabonder [syʀabɔ̃de] → SYN ▸ conjug 1 ◂ vi **a** [richesses, plantes, matière première] to be overabundant, be superabundant, overabound ◆ **une station où surabondent les touristes** a resort overflowing ou bursting with tourists ◆ **des circulaires où surabondent les fautes d'impression** circulars littered with printing errors ◆ **un port où surabondent les tavernes** a port with an inordinate number of taverns

b (littér) **surabonder de richesses** to have an overabundance of riches, have overabundant riches ◆ **surabonder d'erreurs** to abound with errors

suractivé, e [syʀaktive] adj superactivated

suractivité [syʀaktivite] nf superactivity

surah [syʀa] nm surat

suraigu, -uë [syʀegy] adj very high-pitched, very shrill

surajouter [syʀaʒute] ▸ conjug 1 ◂ vt to add ◆ **ornements surajoutés** superfluously added ornaments, superfluous ornaments ◆ **raisons auxquelles se surajoutent celles-ci** reasons to which one might add the following

suralimentation [syʀalimɑ̃tasjɔ̃] → SYN nf (→ **suralimenter**) overfeeding; overeating

suralimenter [syʀalimɑ̃te] ▸ conjug 1 ◂ **1** vt personne to overfeed; moteur to give too much fuel to

2 **se suralimenter** vpr to overeat

suramplificateur [syʀɑ̃plifikatœʀ] nm (Hi-fi) booster

suranné, e [syʀane] → SYN adj idées, mode outmoded, outdated, antiquated; beauté, tournure, style outdated, outmoded

surarbitre [syʀaʀbitʀ] nm (Jur) referee

surarmement [syʀaʀməmɑ̃] nm massive stock of weapons

surarmer [syʀaʀme] ▸ conjug 1 ◂ vt ◆ **pays surarmé** country with a massive stock of weapons

surate [syʀat] nf ⇒ **sourate**

surbaissé, e [syʀbese] (ptp de **surbaisser**) adj plafond etc lowered; (Archit) voûte surbased; carrosserie, auto low

surbaissement [syʀbɛsmɑ̃] nm (Archit) surbasement

surbaisser [syʀbese] → SYN ▸ conjug 1 ◂ vt plafond to lower; (Archit) voûte to surbase; (Aut) voiture, châssis to make lower

surbooké, e [syʀbuke] adj double-booked, overbooked

surbooking [syʀbukiŋ] → SYN nm double booking, overbooking

surboum†* [syʀbum] nf party

surcapacité [syʀkapasite] nf overcapacity

surcapitalisation [syʀkapitalizasjɔ̃] nf overcapitalization

surcharge [syʀʃaʀʒ] → SYN nf **a** [véhicule] overloading

b (poids en excédent) extra load, excess load ◆ **surcharge pondérale** overweight, excess weight ◆ **une tonne de surcharge** an extra ou excess load of a ton ◆ **les passagers / marchandises en surcharge** the excess ou extra passengers / goods ◆ **prendre des passagers en surcharge** to take on excess passengers ◆ **ascenseur en surcharge** overloaded lift (Brit) ou elevator (US) ◆ **payer un supplément pour une surcharge de bagages** to pay extra for excess luggage, pay (for) excess luggage, pay excess on one's luggage

c (fig) **cela me cause une surcharge de travail / dépenses** this gives me extra work / expense ◆ **il y a une surcharge de détails / d'ornements** there is a surfeit ou an overabundance of detail / ornamentation

d (ajout) [document, chèque] alteration; [timbre-poste, voyage, hôtel] surcharge

surcharger [syʀʃaʀʒe] → SYN ▸ conjug 3 ◂ vt voiture, cheval, mémoire to overload; timbre to surcharge; mot écrit to alter ◆ **surcharger qn de travail / d'impôts** to overload ou overburden sb with work / taxes ◆ **je suis surchargé de travail** I'm overloaded ou snowed under with work ◆ **emploi du temps surchargé** crowded timetable ◆ **programme scolaire surchargé** overloaded syllabus ◆ **un manuscrit surchargé de corrections** a manuscript covered ou littered with corrections

surchauffe [syʀʃof] nf (Écon) overheating; (Tech) superheating; (Phys) superheat ◆ **il y a une surchauffe de l'économie** the economy is overheating

surchauffé, e [syʀʃofe] (ptp de **surchauffer**) adj pièce overheated; (Phys, Tech) superheated; (fig: exalté) overexcited

surchauffer [syʀʃofe] ▸ conjug 1 ◂ vt pièce to overheat; (Phys, Tech) to superheat

surchauffeur [syʀʃofœʀ] nm (Tech) superheater

surchemise [syʀʃəmiz] nf overshirt

surchoix [syʀʃwa] → SYN adj inv viande prime (épith), top-quality; produit, fruit top-quality

surclasser [syʀklɑse] → SYN ▸ conjug 1 ◂ vt to outclass

surcompensation [syʀkɔ̃pɑ̃sasjɔ̃] nf (Psych) overcompensation

surcomposé, e [syʀkɔ̃poze] adj double-compound

surcompression [syʀkɔ̃pʀesjɔ̃] nf [gaz] supercharging

surcomprimer [syʀkɔ̃pʀime] ▸ conjug 1 ◂ vt gaz to supercharge

surconsommation [syʀkɔ̃sɔmasjɔ̃] nf overconsumption

surcontrer [syʀkɔ̃tʀe] ▸ conjug 1 ◂ vt (Cartes) to redouble

surcostal, e mpl **-aux** [syʀkɔstal, o] adj supercostal

surcot [syʀko] nm (Hist) surcoat

surcote [syʀkɔt] nf overvaluation

surcoter [syʀkɔte] ▸ conjug 1 ◂ vt to overvalue

surcoupe [syʀkup] nf (Cartes) overtrumping

surcouper [syʀkupe] ▸ conjug 1 ◂ vt (Cartes) to overtrump

surcoût [syʀku] nm extra ou additional cost ou expenditure

surcreusement [syʀkʀøzmɑ̃] nm (Géol) overdeepening

surcroît [syʀkʀwa] → SYN nm **a** **cela lui a donné un surcroît de travail / d'inquiétudes** that gave him additional ou extra work / worries ◆ **ça lui a valu un surcroît de respect** this won him added ou increased respect ◆ **par (un) surcroît d'honnêteté / de scrupules** through an excess of honesty / scruples, through excessive honesty / scrupulousness ◆ **pour surcroît de bonheur / malheur il vient de ...** to add to his happiness / misfortune(s) he has just ...

b (de plus) **de** ou **par surcroît** what is more, moreover ◆ **avare et paresseux de** ou **par surcroît** miserly and idle to boot, miserly and – what's more – idle

surdétermination [syʀdetɛʀminasjɔ̃] nf (Psych) overdetermination

surdéterminé, e [syʀdetɛʀmine] adj (Psych) overdetermined

surdéveloppé, e [syʀdevlɔpe] adj overdeveloped

surdéveloppement [syʀdevlɔpmɑ̃] nm overdevelopment

surdimensionné, e [syʀdimɑ̃sjɔne] adj chantier, équipement inordinately large

surdimutité [syʀdimytite] nf deaf-and-dumbness

surdité [syʀdite] nf deafness ◆ **surdité verbale** word deafness

surdosage [syʀdozaʒ] nm (Méd) overdosage

surdose [syʀdoz] nf (lit, fig) overdose

surdoué, e [syʀdwe] → SYN **1** adj enfant gifted (Brit), exceptional (US)

2 nm,f gifted (Brit) ou exceptional (US) child

sureau, pl **sureaux** [syʀo] nm elder (tree) ◆ **baies de sureau** elderberries

sureffectif [syʀefɛktif] nm overmanning (NonC), overstaffing (NonC)

surélévation [syʀelevasjɔ̃] → SYN nf (action) raising, heightening; (état) extra height

surélever [syʀel(ə)ve] → SYN ▸ conjug 5 ◂ vt plafond, étage to raise, heighten; mur to heighten ◆ **surélever une maison d'un étage** to heighten a house by one storey ◆ **rez-de-chaussée surélevé** raised ground floor, ground floor higher than street level

sûrement [syʀmɑ̃] → SYN adv **a** (sans risques, efficacement) cacher qch, progresser in safety; attacher securely; fonctionner safely ◆ **l'expérience instruit plus sûrement que les livres** experience is a surer teacher than books → **lentement**

b (certainement) certainly ◆ **viendra-t-il?** – **sûrement! / sûrement pas!** will he be coming? – certainly! / certainly not! ◆ **il viendra sûrement** he'll certainly come, he's sure to come ◆ **sûrement qu'il a été retenu*** he must have been held up, he has surely been held up

c (probablement) surely ◆ **tu connais sûrement des gens importants** you must know some important people ◆ **ça lui plaira sûrement** she's bound to like it, I'm sure she'll like it

suréminent, e [syʀeminɑ̃, ɑ̃t] adj (littér) supereminent

surémission [syʀemisjɔ̃] nf (Fin) overissue

suremploi [syʀɑ̃plwa] nm overemployment

surenchère [syʀɑ̃ʃɛʀ] → SYN nf **a** (Comm) (sur prix fixé) overbid; (enchère plus élevée) higher bid ◆ **faire une surenchère (sur)** to make a higher bid (than) ◆ **une douzaine de surenchères successives firent monter le prix de la potiche que je convoitais** a dozen bids one after the other put up the price of the vase I wanted ◆ **faire une surenchère de 100 F (sur)** to bid 100 francs more ou higher (than), bid 100 francs over the previous bid ou bidder

b (fig: exagération, excès) **la presse, royaume de la surenchère et de la sensation** the press, domain of the overstatement and of sensationalism ◆ **faire de la surenchère** to try to outbid ou outmatch ou outdo one's rivals ◆ **la surenchère électorale** outbidding tactics of rival (political) parties ◆ **une surenchère de violence** an increasing build-up of violence

surenchérir [syʀɑ̃ʃeʀiʀ] ▸conjug 2◂ vi (offrir plus qu'un autre) to bid higher (*sur* than); (élever son offre) to raise one's bid; (fig : lors d'élections etc) to try to outmatch ou outbid each other (*de* with) ◆ **surenchérir sur une offre** to bid higher than an offer ou bid, top a bid* ◆ **surenchérir sur qn** to bid higher than sb, outbid ou overbid sb

surenchérissement [syʀɑ̃ʃeʀismɑ̃] nm rise ou increase in price

surenchérisseur, -euse [syʀɑ̃ʃeʀisœʀ, øz] nm,f (higher) bidder

surencombré, e [syʀɑ̃kɔ̃bʀe] adj rue overcrowded; lignes téléphoniques overloaded

surencombrement [syʀɑ̃kɔ̃bʀəmɑ̃] nm [rue] overcrowding; [lignes téléphoniques] overloading

surendetté, e [syʀɑ̃dete] adj overburdened with debt

surendettement [syʀɑ̃dɛtmɑ̃] nm excessive debt

surentraînement [syʀɑ̃tʀɛnmɑ̃] nm overtraining

surentraîner vt, **se surentraîner** vpr [syʀɑ̃tʀene] ▸conjug 1◂ to overtrain

suréquipement [syʀekipmɑ̃] nm overequipment

suréquiper [syʀekipe] ▸conjug 1◂ vt to overequip

surestarie [syʀɛstaʀi] [→ SYN] nf (Jur) demurrage

surestimation [syʀɛstimasjɔ̃] nf (→ **surestimer**) overestimation; overvaluation

surestimer [syʀɛstime] [→ SYN] ▸conjug 1◂ **1** vt importance, puissance, forces to overestimate; tableau, maison à vendre to overvalue
2 **se surestimer** vpr to overestimate one's abilities (ou strengths etc)

suret, -ette [syʀɛ, ɛt] [→ SYN] adj goût sharp, tart

sûreté [syʀte] [→ SYN] nf **a** (sécurité) safety ◆ **complot contre la sûreté de l'État** plot against state security ◆ **pour plus de sûreté** as an extra precaution, to be on the safe side ◆ **être en sûreté** to be in safety, be safe ◆ **mettre qn / qch en sûreté** to put sb / sth in a safe ou secure place ◆ **serrure / verrou** etc **de sûreté** safety lock / bolt etc ◆ **c'est une sûreté supplémentaire** it's an extra precaution
b (exactitude, efficacité) [renseignements, méthode] reliability → **cour, prudence**
c (précision) [coup d'œil, geste] steadiness; [goût] reliability, soundness; [réflexe, diagnostic] reliability ◆ **il a une grande sûreté de main** he has a very sure hand ◆ **sûreté d'exécution** sureness of touch
d (dispositif) safety device ◆ **mettre une arme à la sûreté** to put the safety catch ou lock on a gun → **cran**
e (garantie) assurance, guarantee ◆ **demander / donner des sûretés à qn** to ask sb for / give sb assurances ou a guarantee ◆ (Jur) **sûreté individuelle** protection against unlawful detention ◆ **sûreté personnelle** guaranty ◆ **sûreté réelle** security
f (Police) **la Sûreté (nationale)** the (French) criminal investigation department, ≃ the CID (Brit), the Criminal Investigation Department (Brit), ≃ the FBI (US), the Federal Bureau of Investigation (US)

surévaluation [syʀevalɥasjɔ̃] [→ SYN] nf overvaluation

surévaluer [syʀevalɥe] [→ SYN] ▸conjug 1◂ vt to overvalue

surexcitable [syʀɛksitabl] adj overexcitable

surexcitant, e [syʀɛksitɑ̃, ɑ̃t] adj overexciting

surexcitation [syʀɛksitasjɔ̃] [→ SYN] nf overexcitement

surexcité, e [syʀɛksite] (ptp de **surexciter**) adj overexcited

surexciter [syʀɛksite] [→ SYN] ▸conjug 1◂ vt to overexcite

surexploitation [syʀɛksplwatasjɔ̃] nf overexploitation

surexploiter [syʀɛksplwate] ▸conjug 1◂ vt to overexploit

surexposer [syʀɛkspoze] ▸conjug 1◂ vt to overexpose

surexposition [syʀɛkspozisjɔ̃] nf overexposure

surf [sœʀf] [→ SYN] nm **a** (activité) surfing ◆ **faire du surf** to surf, go surfing ◆ **surf sur neige** snowboarding ◆ **faire du surf sur neige** to snowboard, go snowboarding
b **(planche de) surf** surfboard ◆ **surf des neiges** snowboard

surfaçage [syʀfasaʒ] nm surfacing

surface [syʀfas] [→ SYN] **1** nf (gén, Géom) surface; (aire) [champ, chambre] surface area ◆ **faire surface** to surface ◆ (lit, fig) **refaire surface** to resurface ◆ **de surface** politesse superficial; modifications cosmetic; grammaire surface (épith) ◆ **navire de surface** surface vessel ◆ **en surface** nager, naviguer at the surface, near the surface; (fig) travailler, apprendre superficially ◆ personne **tout en surface** superficial, shallow ◆ **ne voir que la surface des choses** not to see below the surface of things, see only the surface of things ◆ **l'appartement fait 100 mètres carrés de surface** the flat has a surface area of 100 square metres ◆ (Écon) **surface financière** debt-equity ratio, financial situation ◆ (fig, Fin) **avoir de la surface*** to have great standing → **grand, technicien**
2 COMP ▷ **surface de but** (Ftbl) goal area ▷ **surface de chauffe** heating-surface ▷ **surface corrigée** (Admin) amended area *(calculated on the basis of amenities etc for assessing rent)* ▷ **surface habitable** living space ▷ **surface porteuse** (Aviat) aerofoil (Brit), airfoil (US) ▷ **surface de réparation** (Ftbl) penalty area ▷ **surface de séparation** (Phys) interface ▷ **surface au sol** floor surface ▷ **surface de sustentation** (Aviat) ⇒ **surface porteuse**

surfacer [syʀfase] ▸conjug 3◂ vt to surface

surfaceuse [syʀfasøz] nf (Tech) surfacer

surfacturation [syʀfaktyʀasjɔ̃] nf overbilling

surfacturer [syʀfaktyʀe] ▸conjug 1◂ vt to overbill

surfaire [syʀfɛʀ] [→ SYN] ▸conjug 60◂ vt réputation, auteur to overrate; marchandise to overprice

surfait, e [syʀfɛ, ɛt] [→ SYN] (ptp de **surfaire**) adj ouvrage, auteur overrated

surfaix [syʀfɛ] [→ SYN] nm surcingle

surfer [sœʀfe] ▸conjug 1◂ vi to surf, go surfing ◆ **surfer sur (l')Internet** to surf the Internet

surfeur, -euse [sœʀfœʀ, øz] nm,f surfer

surfil [syʀfil] [→ SYN] nm oversewing, overcasting

surfilage [syʀfilaʒ] nm (Couture) oversewing, overcasting

surfiler [syʀfile] ▸conjug 1◂ vt (Couture) to oversew, overcast

surfin, e [syʀfɛ̃, in] [→ SYN] adj beurre, produit superfine (épith), superquality (épith); qualité superfine (épith)

surfondu, e [syʀfɔ̃dy] adj supercooled

surfusion [syʀfyzjɔ̃] nf ◆ **corps en surfusion** supercooled body

surgélateur [syʀʒelatœʀ] nm deep-freezer, deep-freeze (Brit)

surgélation [syʀʒelasjɔ̃] nf deep-freezing, fast-freezing

surgelé, e [syʀʒəle] **1** adj deep-frozen
2 nm ◆ **les surgelés** (deep-)frozen food

surgeler [syʀʒəle] ▸conjug 5◂ vt to deep-freeze, fast-freeze

surgénérateur [syʀʒeneʀatœʀ] adjm, nm ◆ **(réacteur) surgénérateur** fast breeder (reactor)

surgeon [syʀʒɔ̃] [→ SYN] nm (Bot) sucker

surgir [syʀʒiʀ] [→ SYN] ▸conjug 2◂ vi **a** [animal, véhicule en mouvement, spectre] to appear suddenly; [montagne, navire] to loom up (suddenly); [plante, immeuble] to shoot up, spring up
b [problèmes, difficultés] to arise, crop up; [dilemme] to arise

surgissement [syʀʒismɑ̃] [→ SYN] nm (littér : → **surgir**) sudden appearance; sudden looming up; shooting up, springing up

surhaussé, e [syʀose] (ptp de **surhausser**) adj (Archit) raised

surhaussement [syʀosmɑ̃] nm (Archit) raising

surhausser [syʀose] [→ SYN] ▸conjug 1◂ vt (gén Archit) to raise

surhomme [syʀɔm] nm superman

surhumain, e [syʀymɛ̃, ɛn] [→ SYN] adj superhuman

surhumanité [syʀymanite] nf superhumanity, superhumanness

suri, e [syʀi] [→ SYN] (ptp de **surir**) adj (lit, fig) soured

suricate [syʀikat] nm slender-tailed meerkat, suricate

surimi [syʀimi] nm surimi

surimposé, e [syʀɛ̃poze] (ptp de **surimposer**) adj (Géol) superimposed

surimposer [syʀɛ̃poze] ▸conjug 1◂ vt (taxer) to overtax

surimposition [syʀɛ̃pozisjɔ̃] nf **a** (Fin) overtaxation ◆ **payer une surimposition** to pay too much tax
b (Géol) epigenesis

surimpression [syʀɛ̃pʀesjɔ̃] nf (Phot) double exposure; (fig) [idées, visions] superimposition ◆ **en surimpression** superimposed ◆ **on voyait, en surimpression, apparaître le visage de la mère** the mother's face appeared superimposed (on it)

surin*† [syʀɛ̃] nm (couteau) knife, dagger

Surinam [syʀinam] nm Surinam

surinamais, e [syʀinamɛ, ɛz] **1** adj Surinamese
2 nm,f ◆ **Surinamais(e)** Surinamese

suriner*† [syʀine] ▸conjug 1◂ vt to knife, dagger††

surinfecter (se) [syʀɛ̃fɛkte] ▸conjug 1◂ vpr to develop a secondary infection

surinfection [syʀɛ̃fɛksjɔ̃] nf secondary infection

surintendance [syʀɛ̃tɑ̃dɑ̃s] nf (Hist) superintendency

surintendant [syʀɛ̃tɑ̃dɑ̃] nm (Hist) superintendent

surintendante [syʀɛ̃tɑ̃dɑ̃t] nf (Hist) superintendent's wife

surintensité [syʀɛ̃tɑ̃site] nf (Élec) overload

surinvestissement [syʀɛ̃vɛstismɑ̃] nm (Écon, Psych) overinvestment

surir [syʀiʀ] ▸conjug 2◂ vi [lait, vin] to turn sour, (go) sour

surjectif, -ive [syʀʒɛktif, iv] adj surjective ◆ **application surjective** surjection

surjection [syʀʒɛksjɔ̃] nf surjection

surjet [syʀʒɛ] [→ SYN] nm **a** (Couture) overcast seam ◆ **point de surjet** overcast stitch
b (Chirurgie) continuous suture

surjeter [syʀʒəte] ▸conjug 4◂ vt (Couture) to overcast

sur-le-champ [syʀləʃɑ̃] [→ SYN] adv (littér) immediately, at once, straightaway (Brit), right away (US)

surlendemain [syʀlɑ̃d(ə)mɛ̃] nm ◆ **le surlendemain de son arrivée** two days after his arrival ◆ **il est mort le surlendemain** he died two days later ◆ **il revint le lendemain et le surlendemain** he came back the next day and the day after (that) ◆ **le surlendemain matin** two days later in the morning

surligner [syʀliɲe] ▸conjug 1◂ vt (avec surligneur) to highlight

surligneur [syʀliɲœʀ] nm highlighter (pen)

surloyer [syʀlwaje] nm extra rent

surmédicalisation [syʀmedikalizasjɔ̃] nf [problème, cas] overmedicalization; [population, pays] overprovision of medical care (*de* to)

surmédicaliser [syʀmedikalize] ▸conjug 1◂ vt problème, cas to overmedicalize; population, pays to overprovide with medical care

surmenage [syʀmənaʒ] [→ SYN] nm **a** (→ **surmener**) overworking, overtaxing ◆ **éviter le surmenage des élèves** to avoid overworking schoolchildren
b (→ **se surmener**) overwork(ing) ◆ **éviter à tout prix le surmenage** to avoid overwork(ing) ou overtaxing o.s. at all costs
c (état maladif) overwork ◆ **souffrant de surmenage** suffering from (the effects of)

overwork ◆ **le surmenage intellectuel** mental fatigue, brain-fag*

surmené, e [syʀməne] → SYN (ptp de **surmener**) adj overworked, overtaxed

surmener [syʀməne] → SYN ▸conjug 5◂ **1** vt personne, animal to overwork, overtax
2 se surmener vpr to overwork ou overtax (o.s.)

surmoi [syʀmwa] nm superego

surmontable [syʀmɔ̃tabl] → SYN adj surmountable ◆ **obstacle difficilement surmontable** obstacle that is difficult to surmount ou overcome, obstacle that can be surmounted ou overcome only with difficulty

surmonter [syʀmɔ̃te] → SYN ▸conjug 1◂ **1** vt **a** (être au-dessus de) to surmount, top ◆ **surmonté d'un dôme / clocheton** surmounted ou topped by a dome / bell-turret ◆ **un clocheton surmontait l'édifice** the building was surmounted ou topped by a bell-turret
b (vaincre) obstacle, difficultés to overcome, get over, surmount; dégoût, peur to overcome, get the better of, fight down ◆ **la peur peut se surmonter** fear can be overcome
2 se surmonter vpr to master o.s., control o.s.

surmortalité [syʀmɔʀtalite] nf comparatively high deathrate

surmoule [syʀmul] nm master mould

surmouler [syʀmule] ▸conjug 1◂ vt to cast from a master mould

surmulet [syʀmylɛ] nm red mullet, surmullet (US)

surmulot [syʀmylo] nm brown ou Norway rat

surmultiplication [syʀmyltiplikasjɔ̃] nf overdrive (device)

surmultiplié, e [syʀmyltiplije] **1** adj ◆ **vitesse surmultipliée** overdrive
2 surmultipliée nf overdrive ◆ (fig) **passer la surmultipliée*** to get a move on*, step on it*

surnager [syʀnaʒe] → SYN ▸conjug 3◂ vi [huile, objet] to float (on the surface); [sentiment, souvenir] to linger on

surnatalité [syʀnatalite] nf comparatively high birthrate

surnaturel, -elle [syʀnatyʀɛl] → SYN **1** adj (gén) supernatural; ambiance inquiétante uncanny, eerie
2 nm ◆ **le surnaturel** the supernatural

surnom [syʀnɔ̃] → SYN nm nickname ◆ **« le Courageux », surnom du roi Richard** "the Brave", the name by which King Richard was known

surnombre [syʀnɔ̃bʀ] → SYN nm ◆ (participants etc) **en surnombre** too many ◆ **plusieurs élèves en surnombre** several pupils too many ◆ **nous étions en surnombre et avons dû partir** there were too many of us and so we had to leave ◆ **Marie, qui était arrivée à l'improviste, était en surnombre** Marie, who had turned up unexpectedly, was one too many ◆ **ils ont fait sortir les spectateurs en surnombre** they asked the excess spectators to leave

surnommer [syʀnɔme] → SYN ▸conjug 1◂ vt ◆ **surnommer qn « le gros »** to nickname sb "fatty" ◆ **surnommer un roi « le Fort »** to give a king the name "the Strong" ◆ **cette infirmité l'avait fait surnommer « le Crapaud »** this disability had earned him the nickname of "the Toad" ◆ **le roi Richard surnommé « le Courageux »** King Richard known as ou named "the Brave"

surnotation [syʀnɔtasjɔ̃] nf (Scol) overmarking (Brit), overgrading (US)

surnoter [syʀnɔte] ▸conjug 1◂ vt (Scol) to overmark (Brit), overgrade (US)

surnuméraire [syʀnymeʀɛʀ] adj, nmf supernumerary

suroffre [syʀɔfʀ] nf (Jur) higher offer ou bid

suroît [syʀwa] nm (vent) south-wester, sou'wester; (chapeau) sou'wester ◆ **vent de suroît** south-westerly wind

suros [syʀo] nm (Vét) splint

suroxydation [syʀɔksidasjɔ̃] nf peroxidation

suroxyder [syʀɔkside] ▸conjug 1◂ vt to peroxidize

surpassement [syʀpasmɑ̃] nm ◆ (littér) **surpassement de soi** surpassing (of) oneself

surpasser [syʀpase] → SYN ▸conjug 1◂ **1** vt **a** (l'emporter sur) concurrent, rival to surpass, outdo ◆ **surpasser qn en agilité / connaissances** to surpass sb in agility / knowledge ◆ **sa gloire surpassait en éclat celle de Napoléon** his glory outshone that of Napoleon
b (dépasser) to surpass ◆ **le résultat surpasse toutes les espérances** the result surpasses ou is beyond all our hopes
2 se surpasser vpr to surpass o.s., excel o.s. ◆ **le cuisinier s'est surpassé aujourd'hui** the cook has excelled ou surpassed himself today ◆ (iro) **encore un échec, décidément tu te surpasses!** another failure – you're really excelling ou surpassing yourself!

surpaye [syʀpɛj] nf [salariés, marchands] overpayment ◆ **la surpaye des marchandises** paying too much for goods

surpayer [syʀpeje] ▸conjug 8◂ vt employé to overpay; marchandise to pay too much for

surpeuplé, e [syʀpœple] adj overpopulated

surpeuplement [syʀpœpləmɑ̃] → SYN nm overpopulation

surpiquer [syʀpike] ▸conjug 1◂ vt to topstitch

surpiqûre [syʀpikyʀ] nf topstitch

sur-place [syʀplas] nm ◆ **faire du sur-place** to mark time ◆ **on a fait du sur-place jusqu'à Paris** it was stop-star all the way to Paris

surplis [syʀpli] → SYN nm surplice

surplomb [syʀplɔ̃] nm overhang ◆ **en surplomb** overhanging

surplombant, e [syʀplɔ̃bɑ̃, ɑ̃t] adj overhanging (épith)

surplombement [syʀplɔ̃bmɑ̃] nm overhang

surplomber [syʀplɔ̃be] → SYN ▸conjug 1◂ **1** vi to overhang; (Tech) to be out of plumb
2 vt to overhang

surplus [syʀply] → SYN nm **a** (excédent non écoulé) surplus (NonC) ◆ **vendre le surplus de son stock** to sell off one's surplus stock ◆ **avoir des marchandises en surplus** to have surplus goods
b (reste non utilisé) **il me reste un surplus de clous / de papier dont je ne me suis pas servi** I've got some nails / paper left over ou some surplus nails / paper that I didn't use ◆ **avec le surplus (de bois), je vais essayer de me faire une bibliothèque** with what's left over (of the wood) ou with the leftover ou surplus (wood) I'm going to try to build myself a bookcase ◆ **ce sont des surplus qui restent de la guerre / de l'exposition** they're ou it's left over ou it's surplus from the war / exhibition ◆ **surplus américains** American army surplus
c (d'ailleurs) **au surplus** moreover, what is more

surpoids [syʀpwa] nm overweight, excess weight

surpopulation [syʀpɔpylasjɔ̃] → SYN nf overpopulation

surprenant, e [syʀpʀənɑ̃, ɑ̃t] → SYN adj (étonnant) amazing, surprising; (remarquable) amazing, astonishing

surprendre [syʀpʀɑ̃dʀ] → SYN ▸conjug 58◂ **1** vt **a** (prendre sur le fait) voleur to surprise, catch in the act
b (découvrir) secret, complot to discover; conversation to overhear; regard, sourire complice to intercept ◆ **je crus surprendre en lui de la gêne** I thought that I detected some embarrassment in him
c (prendre au dépourvu) (par attaque) ennemi to surprise; (par visite inopinée) amis, voisins etc to catch unawares, catch on the hop* (Brit) ◆ **surprendre des amis chez eux** to drop in unexpectedly on friends, pay a surprise visit to friends ◆ **espérant la surprendre au bain / au lit** hoping to catch her in the bath / in bed ◆ **je vais aller le surprendre au travail** I'm going to drop in (unexpectedly) on him at work, I'm going to catch him unawares at work
d [pluie, marée, nuit] to catch out ◆ **se laisser surprendre par la marée** to be caught (out) by the tide ◆ **se laisser surprendre par la pluie** to be caught in the rain ou caught (out) by the rain ◆ **se laisser surprendre par la nuit** to be overtaken by nightfall
e (étonner) [nouvelle, conduite] to amaze, surprise ◆ **tu me surprends** you amaze me ◆ **cela me surprendrait fort** that would greatly surprise me ◆ **cela m'a agréablement surpris** I was pleasantly surprised by that
f (littér) **surprendre la vigilance de qn** to catch sb out ◆ **surprendre la bonne foi de qn** to betray sb's good faith ◆ **surprendre la confiance de qn**† to win sb's trust fraudulently
2 se surprendre vpr ◆ **se surprendre à faire qch** to catch ou find o.s. doing sth

surpression [syʀpʀesjɔ̃] nf (Tech) superpressure

surprime [syʀpʀim] nf (Assurances) additional premium

surpris, e[1] [syʀpʀi, iz] → SYN (ptp de **surprendre**) adj air, regard surprised ◆ **surpris de qch** surprised ou amazed at sth ◆ **surpris de me voir là / que je sois encore là** surprised ou amazed at seeing me there ou to see me there / that I was still there

surprise[2] [syʀpʀiz] → SYN nf **a** (étonnement) surprise ◆ **regarder qn avec surprise** to look at sb with ou in surprise ◆ **muet de surprise** speechless with surprise ◆ **avoir la surprise de voir que** to be surprised to see that ◆ **à ma grande surprise** much to my surprise, to my great surprise
b (cause d'étonnement, cadeau) surprise ◆ **voyage sans surprises** uneventful ou unremarkable journey ◆ **prix sans surprises** (all-)inclusive price ◆ **avec ça, pas de (mauvaises) surprises!** you'll have no nasty ou unpleasant surprises with this! ◆ **il m'a apporté une petite surprise** he brought me a little surprise ◆ **quelle bonne surprise!** what a nice ou pleasant ou lovely surprise! ◆ (Culin) **« la surprise du chef »** "the chef's surprise"
c par surprise attaquer by surprise ◆ **il m'a pris par surprise** he took me by surprise, he caught me off guard ou unawares, he caught me on the hop* (Brit)
d (en apposition) **visite-surprise** surprise visit ◆ [homme politique] **voyage-surprise** surprise ou unexpected trip ou visit ◆ [coureur cycliste] **échappée-surprise** sudden breakaway ◆ **attaque-surprise** surprise attack ◆ **grève-surprise** unofficial strike → **pochette**

surprise-partie, pl **surprises-parties** [syʀpʀizpaʀti] → SYN nf party

surproducteur, -trice [syʀpʀɔdyktœʀ, tʀis] adj overproductive

surproduction [syʀpʀɔdyksjɔ̃] nf overproduction

surproduire [syʀpʀɔdɥiʀ] ▸conjug 38◂ vt to overproduce

surprotection [syʀpʀɔtɛksjɔ̃] nf overprotection

surprotéger [syʀpʀɔteʒe] ▸conjug 6 et 3◂ vt to overprotect

surpuissance [syʀpɥisɑ̃s] nf ultra-powerfulness

surpuissant, e [syʀpɥisɑ̃, ɑ̃t] adj voiture, moteur ultra-powerful

surqualification [syʀkalifikasjɔ̃] nf overqualification

surqualifié, e [syʀkalifje] adj overqualified

surréalisme [syʀʀealism] nm surrealism

surréaliste [syʀʀealist] **1** adj écrivain, peintre surrealist; tableau, poème surrealist, surrealistic; (bizarre) surrealistic, way-out*
2 nmf surrealist

surrection [sy(ʀ)ʀɛksjɔ̃] nf (Géol) uplift

surréel, -elle [syʀʀeɛl] adj, nm surreal

surrégénérateur [syʀʀeʒeneʀatœʀ] nm fast breeder (reactor)

surrégime [syʀʀeʒim] nm ◆ [voiture, moteur] **être en surrégime** to be racing ◆ (fig) **l'économie est en surrégime** the economy is overheating

surrénal, e, mpl **-aux** [sy(ʀ)ʀenal, o] **1** adj suprarenal
2 nfpl ◆ **surrénales** suprarenals

surréservation [syʀʀezɛʀvasjɔ̃] nf double booking, overbooking

sursalaire [syʀsalɛʀ] nm bonus, premium

sursaturation [syʀsatyʀasjɔ̃] nf (Sci) supersaturation

sursaturé, e [syʀsatyʀe] adj (Sci) supersaturated

sursaut [syʀso] → SYN nm (mouvement brusque) start, jump ◆ (fig : élan, accès) **sursaut d'énergie / d'indignation** (sudden) burst ou fit of energy / indignation ◆ **se réveiller en sursaut** to wake up with a start ou jump ◆ **elle a eu un sursaut** she gave a start, she jumped ◆ **cela lui fit faire un sursaut** it made him jump ou start

sursauter [syʀsote] → SYN ▸ conjug 1 ◂ vi to start, jump, give a start ◆ **faire sursauter qn** to make sb start ou jump, give sb a start ◆ **sursauter de peur** to jump with fright

sursemer [syʀsəme] ▸ conjug 5 ◂ vt to oversow

surseoir [syʀswaʀ] → SYN ▸ conjug 26 ◂ **surseoir à** vt indir publication, délibération to defer, postpone ; (Jur) poursuites, jugement, exécution to stay ◆ **surseoir à l'exécution d'un condamné** to grant a stay of execution ou a reprieve to a condemned man

sursis [syʀsi] → SYN nm **a** (Jur) [condamnation à mort] reprieve ◆ **peine avec sursis** ou **assortie du sursis** suspended ou deferred sentence ◆ **il a eu un sursis / 2 ans avec sursis** he was given a suspended ou deferred sentence / a 2-year suspended ou deferred sentence ◆ **sursis à exécution** ou **d'exécution** stay of execution
b (Mil) **sursis (d'incorporation)** deferment
c (fig : temps de répit) reprieve ◆ **c'est un mort en sursis** he's a condemned man, he's living under a death sentence

sursitaire [syʀsitɛʀ] **1** adj (Mil) deferred (épith) ; (Jur) with a suspended ou deferred sentence
2 nm (Mil) deferred conscript

sursouscrit, e [syʀsuskʀi, it] adj (Bourse) action oversubscribed

surstock [syʀstɔk] nm overstock

surstockage [syʀstɔkaʒ] nm overstocking

surstocker [syʀstɔke] ▸ conjug 1 ◂ vt to overstock

surtaux [syʀto] nm excessive rate

surtaxe [syʀtaks] nf surcharge ; [lettre mal affranchie] surcharge ; [envoi exprès etc] additional charge, surcharge ◆ **surtaxe à l'importation** import surcharge

surtaxer [syʀtakse] ▸ conjug 1 ◂ vt to surcharge

surtension [syʀtɑ̃sjɔ̃] nf (Élec) overvoltage

surtitre [syʀtitʀ] nm surtitle

surtitrer [syʀtitʀe] ▸ conjug 1 ◂ vt opéra, pièce de théâtre to surtitle ◆ **« surtitré »** "with surtitles" ◆ **l'opéra était surtitré** the opera had surtitles

surtout¹ [syʀtu] → SYN adv **a** (avant tout, d'abord) above all ; (spécialement) especially, particularly ◆ **rapide, efficace et surtout discret** quick, efficient and above all discreet ◆ **il est assez timide, surtout avec les femmes** he's quite shy, especially ou particularly with women ◆ **j'aime surtout les romans, mais je lis aussi de la poésie** I particularly like novels ou above all I like novels, but I also read poetry ◆ **dernièrement, j'ai surtout lu des romans** I have read mostly ou mainly novels of late ◆ **j'aime les romans, surtout les romans policiers** I like novels, especially ou particularly detective novels ◆ **le poulet, je l'aime surtout à la basquaise** I like chicken best (when) cooked the Basque way
b **surtout que*** especially as ou since
c **surtout, motus et bouche cousue !** don't forget, mum's the word ! ◆ **surtout pas maintenant** certainly not now ◆ **je ne veux surtout pas vous déranger** the last thing I want is to disturb you, I certainly don't want to disturb you ◆ **surtout pas !** certainly not ! ◆ **surtout ne vous mettez pas en frais** whatever you do, don't go to any expense

surtout² [syʀtu] → SYN nm **a** († : manteau) greatcoat†
b (milieu de table) centrepiece, epergne

surveillance [syʀvɛjɑ̃s] → SYN **1** nf (action : → **surveiller**) watch ; supervision ; invigilation ◆ **exercer une surveillance continuelle / une étroite surveillance sur** to keep a constant / close watch over ◆ **sous la surveillance de la police** under police surveillance ◆ **mission / service de surveillance** surveillance mission / personnel ◆ **navire / avion en surveillance** ship / plane carrying out surveillance ◆ **être / rester en surveillance à l'hôpital** to be / remain under observation at the hospital ◆ **placer une maison sous surveillance** to put a house under surveillance ◆ (lit, fig) **mettre qch sous haute surveillance** to keep a close ou tight watch on sth ◆ **société de surveillance** security firm ◆ **déjouer** ou **tromper la surveillance de ses gardiens** to slip by ou evade the guards on duty
2 COMP ▷ **surveillance à distance** remote electronic surveillance ▷ **surveillance électronique** electronic surveillance ; (Méd) electronic monitoring ▷ **surveillance légale** legal surveillance *(of impounded property)* ▷ **surveillance médicale** medical supervision ▷ **surveillance policière** police surveillance ▷ **la Direction de la surveillance du territoire** ≃ the Intelligence Service

surveillant, e [syʀvɛjɑ̃, ɑ̃t] → SYN nm,f [prison] warder (Brit †), guard (US) ; [usine, chantier] supervisor, overseer ; [magasin] shopwalker ; (Méd) head nurse, charge nurse ; (Scol) (aux examens) invigilator ◆ **surveillant (d'étude)** supervisor ◆ (Scol) **surveillant général†** chief supervisor ◆ (Scol) **surveillant d'internat** dormitory supervisor, dormitory monitor (US) ◆ (Méd) **surveillante générale** nursing officer, matron (Brit)

surveillé, e [syʀveje] (ptp de **surveiller**) adj → **liberté**

surveiller [syʀveje] → SYN ▸ conjug 1 ◂ **1** vt **a** (garder) enfant, élève, bagages to watch, keep an eye on ; prisonnier to keep watch over, keep (a) watch on ; malade to watch over, keep watch over ◆ **il faut voir comme elle le surveille !** you should see the way she watches him ! ◆ **surveiller qn de près** to keep a close eye ou watch on sb ◆ **surveiller qn du coin de l'œil** to keep half an eye on sb
b (contrôler) éducation, études de qn to supervise ; réparation, construction to supervise, oversee ; (Scol) examen to invigilate ◆ **surveille la soupe une minute** keep an eye on the soup a minute, watch the soup a minute
c (défendre) locaux to keep watch on ; territoire to watch over, keep watch over
d (épier) personne, mouvements, proie to watch ; adversaire (Mil) to keep watch on ; (Sport) to watch ◆ **se sentant surveillé, il partit** feeling he was being watched, he left
e (fig) **surveiller son langage / sa ligne** to watch one's language / one's figure
2 **se surveiller** vpr to keep a check ou a watch on o.s. ◆ **elle devrait se surveiller, elle grossit de plus en plus** she ought to keep a check ou watch on herself ou she ought to watch herself because she's getting fatter and fatter

survenance [syʀvənɑ̃s] → SYN nf unexpected arrival ou appearance

survenir [syʀvəniʀ] → SYN ▸ conjug 22 ◂ vi [événement] to take place ; [incident, complications, retards] to occur, arise ; [personne] to appear, arrive (unexpectedly) ◆ **s'il survient des complications ...** should any complications arise ...

survente [syʀvɑ̃t] nf (Comm) overcharging

survenue [syʀvəny] nf [personne] unexpected arrival ou appearance ; [complication] unexpected occurrence

survêt* [syʀvɛt] nm (abrév de **survêtement**) sweats* (pl)

survêtement [syʀvɛtmɑ̃] nm (sportif) tracksuit ; [alpiniste, skieur] overgarments

survie [syʀvi] → SYN nf [malade, accidenté] survival ; (Rel : dans l'au-delà) afterlife ; (fig) [auteur, amitié, institution, mode] survival ◆ **ce médicament lui a donné quelques mois de survie** this drug has given him a few more months of life ou a few more months to live ◆ **une survie de quelques jours, à quoi bon, dans son état ?** what's the use of letting him survive ou live ou of prolonging his life for a few more days in his condition ◆ **équipement** etc **de survie** survival equipment etc

survirage [syʀviʀaʒ] nm (Aut) oversteering

survirer [syʀviʀe] ▸ conjug 1 ◂ vi (Aut) to oversteer

survireur, -euse [syʀviʀœʀ, øz] adj ◆ (Aut) **voiture survireuse** car which oversteers

survitrage [syʀvitʀaʒ] nm double-glazing

survivance [syʀvivɑ̃s] → SYN nf (vestige) relic, survival ◆ **cette coutume est une survivance du passé** this custom is a survival from the past ◆ (littér) **survivance de l'âme** survival of the soul (after death), afterlife

survivant, e [syʀvivɑ̃, ɑ̃t] → SYN **1** adj surviving
2 nm,f (rescapé, Jur) survivor ◆ **des sœurs, la survivante ...** the surviving sister ... ◆ **un survivant d'un âge révolu** a survivor from a past age

survivre [syʀvivʀ] → SYN ▸ conjug 46 ◂ **1** vi **a** (continuer à vivre : lit, fig) to survive ◆ (après accident etc) **va-t-il survivre ?** will he live ? ou survive ? ◆ **il n'avait aucune chance de survivre** he had no chance of survival ou surviving ◆ **survivre à** accident, maladie, humiliation to survive ◆ (fig) **rien ne survivait de leurs anciennes coutumes** nothing survived of their old customs
b (vivre plus longtemps que) **survivre à** [personne] to outlive ; [œuvre, idée] to outlive, outlast
2 **se survivre** vpr **a** (se perpétuer) **se survivre dans** œuvre, enfant, souvenir to live on in
b (péj) [auteur] to outlive one's talent ; [aventurier] to outlive one's time

survol [syʀvɔl] nm (→ **survoler**) ◆ **le survol de** flying over ; skimming through, skipping through ; skimming over ◆ **faire un survol à basse altitude** to make a low flight

survoler [syʀvɔle] → SYN ▸ conjug 1 ◂ vt (lit) to fly over ; (fig) livre to skim through, skip through ; question to skim over

survoltage [syʀvɔltaʒ] nm (Élec) boosting

survolté, e [syʀvɔlte] adj **a** (surexcité) worked up, over-excited
b (Élec) stepped up, boosted

survolter [syʀvɔlte] ▸ conjug 1 ◂ vt **a** (fig : surexciter) to work up, overexcite
b (Élec) to step up, boost

survolteur [syʀvɔltœʀ] nm (Élec) booster

survolteur-dévolteur, pl **survolteurs-dévolteurs** [syʀvɔltœʀdevɔltœʀ] nm (Élec) induction regulator

sus [sy(s)] adv **a** (Admin) **en sus** in addition ◆ **en sus de** in addition to, over and above
b (††, hum) **courir sus à l'ennemi** to rush upon the enemy ◆ **sus à l'ennemi !** at them ! ◆ **sus au tyran !** at the tyrant !

susceptibilité [sysɛptibilite] → SYN nf **a** (sensibilité) touchiness (NonC), sensitiveness (NonC) ◆ **afin de ménager les susceptibilités** so as not to offend people's susceptibilities ou sensibilities
b (Phys) **susceptibilité magnétique** magnetic susceptibility

susceptible [sysɛptibl] → SYN adj **a** (ombrageux) touchy, thin-skinned, sensitive
b (de nature à) **ces axiomes ne sont pas susceptibles de démonstration** ou **d'être démontrés** these axioms are not susceptible of proof ou cannot be proved ◆ **texte susceptible d'être amélioré** ou **d'améliorations** text open to improvement ou that can be improved upon ◆ **ces gens ne sont pas susceptibles d'éprouver du chagrin** these people are not susceptible to grief ◆ **des conférences susceptibles de l'intéresser** lectures liable ou likely to be of interest to him ou that may well be of interest to him
c (en mesure de) **est-il susceptible de le faire ?** (capacité) is he able to do it ?, is he capable of doing it ? ; (hypothèse) is he likely to do it ? ◆ **il est susceptible de gagner** he may well win, he is liable to win ◆ **un second susceptible lui aussi de prendre l'initiative des opérations** a second-in-command who

is also in a position to ou who is also able to direct operations

susciter [sysite] → SYN ‣conjug 1◂ vt **a** (donner naissance à) admiration, intérêt to arouse; passions, jalousies, haine to arouse, incite; controverse, critiques, querelle to give rise to, provoke; obstacles to give rise to, create
b (provoquer volontairement) to create ◆ **susciter des obstacles / ennuis à qn** to create obstacles / difficulties for sb ◆ **susciter des ennemis à qn** to make enemies for sb

suscription [syskripsjɔ̃] → SYN nf (Admin) address

susdit, e [sysdi, dit] → SYN adj (Jur) foresaid

sus-dominante [sysdɔminɑ̃t] nf submediant

sus-hépatique, pl **sus-hépatiques** [syzepatik] adj suprahepatic

sushi [suʃi] nm sushi

sus-maxillaire, pl **sus-maxillaires** [sysmaksilɛr] adj supramaxillary

susmentionné, e [sysmɑ̃sjɔne] adj (Admin) above-mentioned, aforementioned

susnommé, e [sysnɔme] adj, nm,f (Admin, Jur) above-named

suspect, e [syspɛ(kt), ɛkt] → SYN 1 adj **a** (louche) individu, conduite, attitude suspicious ◆ **sa générosité m'est** ou **me paraît suspecte** I find his generosity suspicious, his generosity seems suspect ou suspicious to me
b (douteux) opinion, témoignage, citoyen suspect ◆ **individu suspect au régime** (individual) suspect in the eyes of the régime ◆ **pensées suspectes à la majorité conservatrice** thoughts which the conservative majority find suspect
c suspect de suspected of ◆ **ils sont suspects de collusion avec l'ennemi** they are suspected of collusion with the enemy ◆ **X, pourtant bien peu suspect de royalisme, a proposé que ...** X, hardly likely to be suspected of royalism, did however propose that ...
2 nm,f suspect

suspecter [syspɛkte] → SYN ‣conjug 1◂ vt personne to suspect; bonne foi, honnêteté to suspect, have (one's) suspicions about, question ◆ **suspecter qn de faire** to suspect sb of doing ◆ **on le suspecte de sympathies gauchistes** he is suspected of having leftist sympathies

suspendre [syspɑ̃dr] → SYN ‣conjug 41◂ 1 vt **a** (accrocher) vêtements to hang up ◆ **suspendre qch à** clou, crochet to hang sth on
b (fixer) lampe, décoration to hang, suspend (*à* from); hamac to sling (up) ◆ **suspendre un lustre au plafond par une chaîne** to hang ou suspend a chandelier from the ceiling on ou by ou with a chain ◆ **suspendre un hamac à des crochets / à deux poteaux** to sling a hammock between some hooks / two posts
c (interrompre) journal, permis de conduire etc to suspend; récit to break off; audience, séance to adjourn, combats, paiements to suspend
d (remettre) jugement to suspend, defer; décision to postpone, defer
e (destituer) prélat, fonctionnaire, joueur to suspend ◆ **suspendre qn de ses fonctions** to suspend sb from office
2 **se suspendre** vpr ◆ **se suspendre à** branche, barre to hang from (*par* by)

suspendu, e [syspɑ̃dy] → SYN (ptp de **suspendre**) adj **a** (accroché) **vêtement** etc **suspendu à** garment etc hanging on ◆ **lustre** etc **suspendu à** light etc hanging ou suspended from ◆ **benne suspendue à un câble / dans le vide** skip suspended by a cable / in mid air ◆ **montre suspendue à une chaîne** watch hanging on a chain ◆ (fig) **être suspendu aux lèvres de qn** to hang upon sb's every word ◆ (fig) **chalets suspendus au-dessus d'une gorge** chalets perched ou suspended over a gorge → **jardin, pont**
b (interrompu) séance adjourned; jugement suspended, deferred; paiement suspended; fonctionnaire, magistrat suspended
c (Aut) **voiture bien / mal suspendue** car with good / poor suspension

suspens [syspɑ̃] → SYN 1 adj m (Rel) prêtre suspended
2 nm **a** (en attente) **en suspens** projet, travail in abeyance ◆ **une question laissée en suspens** a question that has been shelved ◆ **laisser une affaire en suspens** to leave an affair in abeyance
b (dans l'incertitude) **en suspens** in suspense ◆ **tenir les lecteurs en suspens** to keep the reader in suspense
c (en suspension) **en suspens** poussière, flocons de neige in suspension ◆ **en suspens dans l'air** suspended in the air
d (littér: suspense) suspense

suspense¹ [syspɑ̃s] → SYN nf (Rel) suspension

suspense² [syspɛns] → SYN nm [film, roman] suspense ◆ **un moment de suspense** a moment's suspense ◆ **un suspense angoissant** an agonizing feeling of suspense ◆ **film à suspense** suspense film, thriller

suspenseur [syspɑ̃sœr] 1 adj m suspensory
2 nm suspensor

suspensif, -ive [syspɑ̃sif, iv] adj (Jur) suspensive

suspension [syspɑ̃sjɔ̃] → SYN 1 nf **a** (action: → **suspendre**) hanging; suspending; suspension; breaking off; adjournment; deferment; postponement ◆ **prononcer la suspension de qn pour 2 ans** to suspend sb for 2 years → **point¹**
b (Aut) suspension ◆ **suspension à roues indépendantes / hydropneumatique** independent / hydropneumatic suspension → **ressort¹**
c (lustre) light fitting ou fitment
d (installation, système) suspension
e (Chim) suspension
f en suspension particule, poussière in suspension, suspended ◆ **en suspension dans l'air** poussière hanging on the air, suspended in the air ◆ **en suspension dans l'air** ou **dans le vide** personne, câble suspended in mid air
2 COMP ▹ **suspension d'armes** suspension of fighting ▹ **suspension d'audience** adjournment ▹ **suspension des hostilités** suspension of hostilities ▹ **suspension de paiement** suspension of payment(s) ▹ **suspension de séance** ⇒ **suspension d'audience**

suspensoir [syspɑ̃swar] nm support

suspente [syspɑ̃t] nf **a** (Naut) sling
b [parachute] suspending rope

suspicieusement [syspisjøzmɑ̃] adv suspiciously

suspicieux, -ieuse [syspisjø, jøz] → SYN adj suspicious

suspicion [syspisjɔ̃] → SYN nf suspicion ◆ **avoir de la suspicion à l'égard de qn** to be suspicious of sb, have one's suspicions about sb ◆ **regard plein de suspicion** suspicious look ◆ (Jur) **suspicion légitime** reasonable suspicion about the fairness of a trial

sustentateur, -trice [systɑ̃tatœr, tris] adj (Aviat) lifting ◆ **surface sustentatrice** aerofoil

sustentation [systɑ̃tasjɔ̃] nf (Aviat) lift ◆ (Aviat) **plan de sustentation** aerofoil ◆ (Géom) **polygone** ou **base de sustentation** base

sustenter [systɑ̃te] → SYN ‣conjug 1◂ 1 vt († : nourrir) to sustain ◆ (fig) **la lecture sustente l'esprit** reading nourishes the mind
2 **se sustenter** vpr (hum, frm) to take sustenance (hum, frm)

sus-tonique [systɔnik] adj (Mus) supertonic

susurrant, e [sysyrɑ̃, ɑ̃t] adj (→ **susurrer**) whispering (épith); murmuring (épith)

susurrement [sysyrmɑ̃] nm (→ **susurrer**) whisper; whispering; murmuring

susurrer [sysyre] → SYN ‣conjug 1◂ vti [personne] to whisper; [eau] to murmur

susvisé, e [sysvize] adj (Admin) above-mentioned, aforementioned

sûtra [sutra] nm ⇒ **soutra**

sutural, e, mpl **-aux** [sytyral, o] adj sutural

suture [sytyr] → SYN nf (Anat, Bot, Méd) suture → **point²**

suturer [sytyre] → SYN ‣conjug 1◂ vt to suture (spéc), stitch up

Suva [syva] n Suva

suzerain, e [syz(ə)rɛ̃, ɛn] → SYN 1 nm,f suzerain, overlord
2 adj suzerain

suzeraineté [syz(ə)rɛnte] nf suzerainty

svastika [svastika] nm swastika

svelte [svɛlt] → SYN adj personne svelte, slender, slim, willowy; édifice, silhouette slender, slim

sveltesse [svɛltɛs] → SYN nf slenderness

SVP [ɛsvepe] (abrév de **s'il vous plaît**) please

swahili, e [swaili] 1 adj Swahili(an)
2 nm (Ling) Swahili
3 nm,f ◆ **Swahili(e)** Swahili

swastika [svastika] nm ⇒ **svastika**

swazi, e [swazi] 1 adj Swazi
2 nm,f ◆ **Swazi(e)** Swazi

Swaziland [swazilɑ̃d] nm Swaziland

sweat* [swit, swɛt] nm abrév de **sweat-shirt**

sweater [switœr] → SYN nm sweater

sweat-shirt, pl **sweat-shirts** [switʃœrt, swɛtʃœrt] nm sweatshirt

sweepstake [swipstɛk] nm sweepstake

swiftien, -ienne [swiftjɛ̃, jɛn] adj Swiftian

swing [swiŋ] nm (musique) swing; (danse) jive ◆ **danser le swing** to jive

swinguer* [swiŋge] ‣conjug 1◂ vi to swing* ◆ **ça swingue!** they are really swinging it!*

sybarite [sibarit] → SYN nmf sybarite

sybaritique [sibaritik] adj sybaritic

sybaritisme [sibaritism] → SYN nm sybaritism

sycomore [sikɔmɔr] nm sycamore (tree)

sycophante [sikɔfɑ̃t] → SYN nm (littér: délateur) informer

sycosis [sikozis] nm sycosis

Sydney [sidnɛ] n Sydney

syénite [sjenit] nf syenite

syllabaire [si(l)labɛr] → SYN nm (livre) syllabic speller; (Ling) syllabary

syllabation [si(l)labasjɔ̃] nf syllabication, syllabification

syllabe [si(l)lab] → SYN nf syllable ◆ **il n'a pas prononcé une syllabe** he didn't say a single word

syllabique [si(l)labik] adj syllabic

syllabisme [si(l)labism] nm syllabism

syllabus [si(l)labys] nm (Rel) syllabus

syllepse [silɛps] nf syllepsis

syllogisme [silɔʒism] → SYN nm syllogism

syllogistique [silɔʒistik] 1 adj syllogistic
2 nf syllogistics (sg)

sylphe [silf] → SYN nm sylph

sylphide [silfid] nf sylphid; (fig) sylphlike creature ◆ **sa taille de sylphide** her sylphlike figure

sylvain [silvɛ̃] → SYN nm (Myth) Silvanus, Sylvanus

sylve [silv] → SYN nf (littér) forest, wood

sylvestre [silvɛstr] → SYN adj forest (épith), silvan (littér) → **pin**

Sylvestre [silvɛstr] nm Silvester

sylvicole [silvikɔl] adj forestry (épith)

sylviculteur [silvikyltœr] → SYN nm forester

sylviculture [silvikyltyr] nf forestry, silviculture (spéc)

Sylvie [silvi] nf Sylvia

sylvinite [silvinit] nf sylvite, sylvine

symbiose [sɛ̃bjoz] nf (aussi fig) symbiosis ◆ **en symbiose** in symbiosis

symbiote [sɛ̃bjɔt] nm symbiont

symbiotique [sɛ̃bjɔtik] adj symbiotic

symbole [sɛ̃bɔl] → SYN nm **a** (gén) symbol ◆ **une ville-symbole / des années-symbole de la liberté** a city that has come to symbolize / years that have come to symbolize freedom ◆ **la colombe, symbole de la paix** the dove, symbol of peace
b (Rel) Creed ◆ **Symbole des apôtres** Apostles' Creed ◆ **symbole de saint Athanase** Athanasian Creed

symbolique [sɛ̃bɔlik] → SYN 1 adj (gén) symbolic(al); (fig: très modique) donation, augmentation, émolument, amende token (épith), nominal; cotisation, contribution, dommages-intérêts nominal; (sans valeur) solution cosmetic ◆ **c'est un geste purement symbolique** it's a purely symbolic(al) gesture, it's just a token gesture ◆ **logique symbolique** symbolic logic → **franc**[2]

2 nf (science) symbolics (sg); (système de symboles) symbolic system ◆ **la symbolique des rêves** the symbolism of dreams, dream symbolism

symboliquement [sɛ̃bɔlikmɑ̃] adv symbolically

symbolisation [sɛ̃bɔlizasjɔ̃] nf symbolization

symboliser [sɛ̃bɔlize] → SYN ▸conjug 1◂ vt to symbolize

symbolisme [sɛ̃bɔlism] → SYN nm (gén) symbolism; (Littérat) Symbolism

symboliste [sɛ̃bɔlist] adj, nmf Symbolist

symétrie [simetʀi] → SYN nf (gén) symmetry (*par rapport à* in relation to) ◆ **centre / axe de symétrie** centre / axis of symmetry

symétrique [simetʀik] → SYN 1 adj symmetrical (*de* to, *par rapport à* in relation to)

2 nm [muscle] symmetry

3 nf [figure plane] symmetrical figure

symétriquement [simetʀikmɑ̃] adv symmetrically

sympa* [sɛ̃pa] adj inv (abrév de **sympathique**) personne, soirée, robe nice; endroit, ambiance nice, friendly ◆ **un type vachement sympa** a nice ou good bloke* (Brit) ou guy* ◆ **sois sympa, prête-le-moi** be a pal* and lend it to me

sympathectomie [sɛ̃patɛktɔmi] nf sympathectomy

sympathie [sɛ̃pati] → SYN GRAMMAIRE ACTIVE 24.4

nf a (inclination) liking ◆ **ressentir de la sympathie à l'égard de qn** to (rather) like sb, have a liking for sb, feel drawn to ou towards sb ◆ **j'ai beaucoup de sympathie pour lui** I have a great liking for him, I like him a great deal ◆ **il inspire la sympathie** he's very likeable, he's a likeable sort ◆ **n'ayant que peu de sympathie pour cette nouvelle théorie** feeling very lukewarm about this new theory, having little time for this new theory, being unfavourable to(wards) this new theory ◆ **accueillir une idée avec sympathie** to receive an idea favourably

b (affinité) fellow feeling, warmth, friendship ◆ **la sympathie qui existe entre eux** the fellow feeling ou friendship ou warmth there is between them, the affinity they feel for each other ◆ **des relations de sympathie les unissaient** they were united by a fellow feeling ◆ **il n'y a guère de sympathie entre ces factions / personnes** there's no love lost between these factions / people ◆ **être en sympathie avec qn** to be at one with sb (frm)

c (frm: condoléances) sympathy ◆ **croyez à notre sympathie** please accept our deepest ou most heartfelt sympathy, you have our deepest sympathy ◆ (pour deuil) **témoignages de sympathie** expressions of sympathy

sympathique [sɛ̃patik] → SYN 1 adj a (agréable, aimable) personne likeable, nice; geste, accueil friendly, kindly; soirée, réunion, ambiance pleasant, friendly; plat good, nice; appartement nice, pleasant ◆ **il m'est (très) sympathique, je le trouve (très) sympathique** I like him (very much), I find him (very) likeable ou friendly ou nice ◆ **il a une tête sympathique** he has a friendly face

b (Anat) sympathetic

c → **encre**

2 nm ◆ (Anat) **le (grand) sympathique** the sympathetic nervous system

sympathiquement [sɛ̃patikmɑ̃] adv accueillir, traiter in a friendly manner ◆ **ils ont sympathiquement offert de nous aider** they have kindly offered to help us ◆ **ils nous ont sympathiquement reçus** they gave us a friendly reception

sympathisant, e [sɛ̃patizɑ̃, ɑ̃t] → SYN (Pol)

1 adj sympathizing (épith)

2 nm,f sympathizer

sympathiser [sɛ̃patize] → SYN ▸conjug 1◂ vi (bien s'entendre) to get on (well) (*avec* with); (se prendre d'amitié) to hit it off* (*avec* with) ◆ (fréquenter) **ils ne sympathisent pas avec les voisins** they don't have much contact with ou much to do with* the neighbours ◆ **je suis heureux de voir qu'il sympathise avec Lucien** I'm pleased to see he gets on (well) with Lucien ◆ **ils ont tout de suite sympathisé** they took to each other immediately, they hit it off* straight away

symphonie [sɛ̃fɔni] → SYN nf (Mus, fig) symphony ◆ **symphonie concertante** symphonia concertante ◆ **"La Symphonie fantastique"** "La Symphonie Fantastique" ◆ **"La Symphonie inachevée"** "The Unfinished Symphony" ◆ **"La Symphonie du Nouveau Monde"** "The New World Symphony"

symphonique [sɛ̃fɔnik] → SYN adj symphonic → **orchestre, poème**

symphoniste [sɛ̃fɔnist] nmf symphonist

symphorine [sɛ̃fɔʀin] nf snowberry

symphyse [sɛ̃fiz] nf (Anat, Méd) symphysis ◆ **symphyse pubienne** pubic symphysis ◆ **symphyse mentonnière** symphysis of the mandible

symposium [sɛ̃pozjɔm] → SYN nm symposium

symptomatique [sɛ̃ptɔmatik] → SYN adj (Méd) symptomatic; (révélateur) significant ◆ **symptomatique de** symptomatic of

symptomatiquement [sɛ̃ptɔmatikmɑ̃] adv symptomatically

symptomatologie [sɛ̃ptɔmatɔlɔʒi] nf symptomatology

symptôme [sɛ̃ptom] → SYN nm (Méd) symptom; (signe, indice) sign, symptom

synagogue [sinagɔg] nf synagogue

synalèphe [sinalɛf] nf synal(o)epha

synallagmatique [sinalagmatik] → SYN adj contrat synallagmatic

synapse [sinaps] nf [neurones] synapse, synapsis; [gamètes] synapsis

synaptique [sinaptik] adj synaptic ◆ **vésicules synaptiques** synaptic vesicles

synarchie [sinaʀʃi] → SYN nf synarchy

synarthrose [sinaʀtʀoz] nf synarthrosis

synchro* [sɛ̃kʀo] 1 adj abrév de **synchronisé**

2 nf abrév de **synchronisation**

synchrocyclotron [sɛ̃kʀosiklɔtʀɔ̃] nm synchrocyclotron

synchrone [sɛ̃kʀon] → SYN adj synchronous

synchronie [sɛ̃kʀɔni] nf synchronic level, synchrony

synchronique [sɛ̃kʀɔnik] adj linguistique, analyse synchronic → **tableau**

synchroniquement [sɛ̃kʀɔnikmɑ̃] adv synchronically

synchronisation [sɛ̃kʀɔnizasjɔ̃] → SYN nf synchronization

synchronisé, e [sɛ̃kʀɔnize] (ptp de **synchroniser**) adj synchronized

synchroniser [sɛ̃kʀɔnize] ▸conjug 1◂ vt to synchronize

synchroniseur [sɛ̃kʀɔnizœʀ] nm (Élec) synchronizer; (Aut) synchromesh

synchroniseuse [sɛ̃kʀɔnizøz] nf (Ciné) synchronizer

synchronisme [sɛ̃kʀɔnism] → SYN nm [oscillations, dates] synchronism; (Philos) synchronicity ◆ (fig) **avec un synchronisme parfait** with perfect synchronization

synchrotron [sɛ̃kʀɔtʀɔ̃] nm synchrotron ◆ **rayonnement synchrotron** synchrotron radiation

synclinal, e, mpl **-aux** [sɛ̃klinal, o] 1 adj synclinal

2 nm syncline

syncopal, e, mpl **-aux** [sɛ̃kɔpal, o] adj syncopal

syncope [sɛ̃kɔp] → SYN nf a (évanouissement) blackout, fainting fit, syncope (spéc) ◆ **avoir une syncope** to have a blackout, have a fainting fit ◆ **tomber en syncope** to faint, pass out

b (Mus) syncopation

c (Ling) syncope

syncopé, e [sɛ̃kɔpe] → SYN adj a (Littérat, Mus) syncopated

b (*: stupéfait) staggered*, flabbergasted*

syncoper [sɛ̃kɔpe] ▸conjug 1◂ vt (Mus) to syncopate

syncrétique [sɛ̃kʀetik] adj syncretic

syncrétisme [sɛ̃kʀetism] → SYN nm syncretism

syncrétiste [sɛ̃kʀetist] 1 adj syncret(ist)ic

2 nmf syncretist

syncytium [sɛ̃sitjɔm] nm syncytium

syndactyle [sɛ̃daktil] adj syndactyl

syndactylie [sɛ̃daktili] nf syndactylism

synderme [sɛ̃dɛʀm] nm synthetic leather

syndic [sɛ̃dik] → SYN nm (Hist) syndic; (Jur) receiver ◆ **syndic (d'immeuble)** managing agent, factor (Écos) ◆ (Jur, Fin) **syndic de faillite** official assignee, trustee (in bankruptcy), judicial factor (US)

syndical, e, mpl **-aux** [sɛ̃dikal, o] adj (trade-)union (épith) ◆ **conseil syndical d'un immeuble** ≃ management committee of a block of flats (Brit) ou an apartment house (US) → **central, chambre, tarif**

syndicalisation [sɛ̃dikalizasjɔ̃] nf unionization

syndicaliser [sɛ̃dikalize] ▸conjug 1◂ vt to unionize

syndicalisme [sɛ̃dikalism] nm (mouvement) trade unionism; (activité) union(ist) activities (pl); (doctrine politique) syndicalism ◆ **collègue au syndicalisme ardent** colleague with strongly unionist views ◆ **faire du syndicalisme** to participate in unionist activities, be a union activist

syndicaliste [sɛ̃dikalist] 1 nmf (responsable d'un syndicat) (trade) union official, trade unionist; (doctrinaire) syndicalist

2 adj chef trade-union (épith); doctrine, idéal unionist (épith)

syndicat [sɛ̃dika] → SYN 1 nm a [travailleurs, employés] (trade) union; [employeurs] union, syndicate; [producteurs agricoles] union ◆ **syndicat de mineurs / de journalistes** miners' / journalists' union ◆ **syndicat du crime** crime syndicate

b (non professionnel) association → 2

2 COMP ▷ **syndicat de communes** (Admin) association of communes ▷ **syndicat financier** syndicate of financiers ▷ **syndicat d'initiative** tourist (information) office ou bureau ou centre ▷ **syndicat interdépartemental** (Admin) association of regional authorities ▷ **syndicat de locataires** tenants' association ▷ **syndicat ouvrier** trade union ▷ **syndicat patronal** employers' syndicate, federation of employers, bosses' union* ▷ **syndicat de propriétaires** (gén) association of property owners; (d'un même immeuble) householders' association

syndicataire [sɛ̃dikatɛʀ] 1 adj of a syndicate

2 nmf syndicate member

syndiqué, e [sɛ̃dike] (ptp de **syndiquer**) 1 adj belonging to a (trade) union ◆ **ouvrier syndiqué** union member ◆ **est-il syndiqué?** is he in a ou the union?, is he a union man ou member? ◆ **les travailleurs non syndiqués** workers who are not members of a ou the union, non-union ou non-unionized workers

2 nm,f union member

syndiquer [sɛ̃dike] → SYN ▸conjug 1◂ 1 vt to unionize

2 **se syndiquer** vpr (se grouper) to form a trade union, unionize; (adhérer) to join a trade union

syndrome [sɛ̃dʀom] → SYN nm syndrome ◆ **syndrome chinois** China syndrome ◆ **le syndrome de Down** Down's syndrome ◆ **syndrome immunodéficitaire acquis** acquired immuno-deficiency syndrome

synecdoque [sinɛkdɔk] nf synecdoche

synéchie [sineʃi] nf synechia

synérèse [sineʀɛz] nf (Ling) synaeresis; (Chim) syneresis

synergie [sinɛʀʒi] nf synergy, synergism ◆ **travailler en synergie** to work in synergy (*avec* with)

synergique [sinɛʀʒik] adj synergetic

synesthésie [sinɛstezi] nf synaesthesia

syngnathe [sɛ̃gnat] nm syngnathid

synodal, e, mpl **-aux** [sinɔdal, o] adj synodal

synode [sinɔd] → SYN nm synod

synodique [sinɔdik] adj (Astron) synodic(al); (Rel) synod(ic)al

synonyme [sinɔnim] → SYN 1 adj synonymous (*de* with)
2 nm synonym

synonymie [sinɔnimi] nf synonymy

synonymique [sinɔnimik] adj synonymic(al)

synopsis [sinɔpsis] nf ou m (Ciné) synopsis

synoptique [sinɔptik] adj synoptic ◆ **les (Évangiles) synoptiques** the synoptic gospels

synostose [sinɔstoz] nf (Anat, Méd) synosteosis

synovial, e, mpl **-iaux** [sinɔvjal, jo] adj synovial

synovie [sinɔvi] nf synovia → **épanchement**

synovite [sinɔvit] nf synovitis

syntacticien, -ienne [sɛ̃taktisjɛ̃, jɛn] nm,f syntactician

syntactique[1] [sɛ̃taktik] adj ⇒ **syntaxique**

syntactique[2] [sɛ̃taktik] nf syntactics (sg)

syntagmatique [sɛ̃tagmatik] 1 adj syntagmatic, phrasal
2 nf syntagmatic analysis

syntagme [sɛ̃tagm] nm (word) group, phrase, syntagm (spéc) ◆ **syntagme adjoint** adjunctive phrase, adjunct ◆ **syntagme nominal** nominal group, noun phrase ◆ **syntagme verbal** verb phrase

syntaxe [sɛ̃taks] → SYN nf (Ling, Ordin) syntax ◆ **syntaxe fautive** faulty syntax

syntaxique [sɛ̃taksik] adj syntactic

synthé* [sɛ̃te] nm (abrév de **synthétiseur**) synth*

synthèse [sɛ̃tɛz] → SYN nf synthesis ◆ **faire la synthèse d'un exposé** etc to summarize the major points of a talk etc ◆ sucre, arôme etc **de synthèse** synthetic ◆ (Chim) **produit de synthèse** product of synthesis ◆ (Chim) **synthèse protéique** protein synthesis ◆ (Ordin) **synthèse vocale / de la parole** voice / speech synthesis

synthétique [sɛ̃tetik] → SYN 1 adj synthetic
2 nm synthetics (pl)

synthétiquement [sɛ̃tetikmɑ̃] adv synthetically

synthétiser [sɛ̃tetize] → SYN ▸ conjug 1 ◂ vt to synthetize, synthesize

synthétiseur [sɛ̃tetizœʀ] nm synthesizer ◆ (Ordin) **synthétiseur de (la) parole** speech synthesizer

synthétisme [sɛ̃tetism] nm (Art) Synthetism

syntone [sɛ̃tɔn] adj (Psych) syntonic

syntonie [sɛ̃tɔni] nf (Psych) syntonia; (Phys) syntonism

syntonisation [sɛ̃tɔnizasjɔ̃] nf syntonizing, tuning

syntoniser [sɛ̃tɔnize] ▸ conjug 1 ◂ vt to syntonize, tune

syntoniseur [sɛ̃tɔnizœʀ] nm tuner

syphilis [sifilis] → SYN nf syphilis

syphilitique [sifilitik] adj, nmf syphilitic

Syracuse [siʀakyz] n Syracuse

syriaque [siʀjak] 1 adj Syriac (épith)
2 nm (Ling) Syriac

Syrie [siʀi] nf Syria

syrien, -ienne [siʀjɛ̃, jɛn] 1 adj Syrian ◆ **République arabe syrienne** Syrian Arab Republic
2 nm,f ◆ **Syrien(ne)** Syrian

syringe [siʀɛ̃ʒ] nf Egyptian tomb

syringomyélie [siʀɛ̃gomjeli] nf syringomyelia

syrinx [siʀɛ̃ks] nf (Zool) syrinx

syrphe [siʀf] nm syrphus fly

syrte [siʀt] nf (région côtière) syrtis ◆ (sables mouvants) **syrtes**† syrts†, quicksand (NonC)

systématicien, -ienne [sistematisjɛ̃, jɛn] nm,f systematist

systématique [sistematik] → SYN 1 adj soutien, aide unconditional; opposition systematic; classement, esprit systematic ◆ **opposer un refus systématique à qch** to refuse sth systematically ◆ **avec l'intention systématique de nuire** systematically intending to harm ◆ **il est trop systématique** he's too narrow ou dogmatic, his views are too set ◆ **chaque fois qu'elle est invitée quelque part il l'est aussi, c'est systématique** each time she's invited somewhere, he's automatically every invited too
2 nf (gén) systematics (sg); (Bio) taxonomy

systématiquement [sistematikmɑ̃] adv systematically

systématisation [sistematizasjɔ̃] nf systematization

systématisé, e [sistematize] (ptp de **systématiser**) adj systematized

systématiser [sistematize] ▸ conjug 1 ◂ 1 vt recherches, mesures to systematize ◆ **il n'a pas le sens de la nuance, il systématise (tout)** he has no sense of nuance – he systematizes everything
2 **se systématiser** vpr to become the rule

système [sistɛm] → SYN 1 nm a (gén: théorie, structure, méthode, dispositif, réseau) system ◆ **système de vie** way of life, lifestyle ◆ (institution etc) **faire partie du système** to be part of the system ◆ (Ling) **système casuel** case system ◆ (Anat) **troubles du système** systemic disorders → **esprit**
b (moyen) system ◆ **il connaît un système pour entrer sans payer** he's got a system for getting in without paying ◆ **il connaît le système** he knows the trick ou system ◆ **le meilleur système, c'est de se relayer** the best plan ou system is to take turns
c LOC **par système** agir in a systematic way; contredire systematically ◆ **il me tape** ou **court** ou **porte sur le système**⁑ he gets on my wick⁑ (Brit) ou nerves*
2 COMP ▹ **système d'alarme** alarm system ▹ **système d'arme** (Mil) weapon system ▹ **système D*** resourcefulness, wangling* ▹ **système décimal** decimal system ▹ **système de défense** (Mil) defence system; (Physiol) defence mechanism ▹ **système d'équations** system of equations ▹ **système expert** expert system ▹ **système d'exploitation** operating system ▹ **système de gestion de bases de données** database management system ▹ **système immunitaire** immune system ▹ **Système international d'unités** International System of Units ▹ **système métrique** metric system ▹ **système monétaire européen** European monetary system ▹ **système nerveux central / périphérique** central / peripheral nervous system ▹ **système pileux** hair ▹ **système respiratoire** respiratory system ▹ **système solaire** solar system ▹ **système de traitement de texte** word-processing package

systémique [sistemik] 1 adj systemic
2 nf systems analysis

systole [sistɔl] nf systole

systolique [sistɔlik] adj systolic

systyle [sistil] nm systyle

syzygie [siziʒi] nf syzygy

T

T, t [te] nm (lettre) T, t ◆ **en T** table, immeuble T-shaped ◆ **bandage / antenne / équerre en T** T-bandage / -aerial / -square

t. (abrév de **tonne**) t

t' [t] → **te, tu**

ta [ta] adj poss → **ton¹**

tabac [taba] [→ SYN] **1** nm **a** (plante, produit) tobacco; (couleur) buff, tobacco (brown); (magasin) tobacconist's (shop) (Brit), tobacco ou smoke shop (US)→ **blague, bureau, débit**
b (*: loc) **passer qn à tabac** to beat sb up ◆ **faire un tabac*** to be a great hit ou a roaring success, hit it big* ◆ **c'est toujours le même tabac** it's always the same old thing ◆ **quelque chose du même tabac** something like that ◆ **coup de tabac** squall → **passage**
2 adj inv buff, tobacco (brown)
3 COMP ▷ **tabac blond** light ou mild ou Virginia tobacco ▷ **tabac brun** dark tobacco ▷ **tabac à chiquer** chewing tobacco ▷ **tabac gris** shag ▷ **tabac à priser** snuff

tabagie [tabaʒi] [→ SYN] nf smoke den

tabagique [tabaʒik] **1** adj smoking (épith), nicotine (épith)
2 nmf chain-smoker

tabagisme [tabaʒism] [→ SYN] nm addiction to smoking, nicotine addiction ◆ **tabagisme passif** passive smoking

tabard [tabaʀ] [→ SYN] nm tabard

tabassée* [tabase] nf (passage à tabac) belting*; (bagarre) punch-up* (Brit), brawl

tabasser* [tabase] ▸ conjug 1 ◂ **1** vt ◆ (passer à tabac) **tabasser qn** to beat sb up, do sb over* (Brit) ◆ **se faire tabasser** to be given a beating, get one's face smashed in* (*par* by)
2 **se tabasser** vpr (se bagarrer) to have a punch-up* (Brit) ou fight

tabatière [tabatjɛʀ] [→ SYN] nf **a** (boîte) snuffbox ◆ (Anat) **tabatière anatomique** anatomical snuffbox
b (lucarne) skylight → **fenêtre**

T.A.B.D.T. [teabedete] nm abrév de **vaccin antityphoïdique et anti-paratyphoïdique A et B, antidiphtérique et tétanique**

tabellaire [tabelɛʀ] adj xylographic(al)

tabellion [tabeljɔ̃] [→ SYN] nm (hum péj: notaire) lawyer, legal worthy (hum péj)

tabernacle [tabɛʀnakl] nm (Rel) tabernacle

tabès [tabɛs] [→ SYN] nm tabes (dorsalis), locomotor ataxia

tabétique [tabetik] **1** adj tabetic
2 nmf person suffering from tabes (dorsalis)

tabla [tabla] nm tabla

tablar(d) [tablaʀ] nm (Helv) shelf

tablature [tablatyʀ] [→ SYN] nf (Mus) tablature

table [tabl] [→ SYN] **1** nf **a** (meuble) table ◆ **table de salle à manger / de cuisine / de billard** dining-room / kitchen / billiard table ◆ **table de** ou **en bois / marbre** wooden / marble table → **dessous, carte, tennis**
b (pour le repas) **être à table** to be having a meal, be eating, be at table ◆ **nous étions 8 à table** there were 8 of us at ou round the table ◆ **à table!** come and eat!, dinner (ou lunch etc) is ready! ◆ **mettre** ou (littér) **dresser la table** to lay ou set the table ◆ **débarrasser** ou (littér) **desservir la table** to clear the table ◆ **passer à table, se mettre à table** to sit down to eat, sit down at the table ◆ **présider la table** to sit at the head of the table ◆ **recevoir qn à sa table** to have sb to lunch (ou dinner etc) ◆ **se lever de table** to get up ou rise (frm) from the table ◆ **quitter la table, sortir de table** to leave the table ◆ **table de 12 couverts** table set for 12 ◆ **linge / vin / propos de table** table linen / wine / talk
c (tablée) table ◆ **toute la table éclata de rire** the whole table burst out laughing ◆ **une table de 4** a table for 4 ◆ **soldats et officiers mangeaient à la même table** soldiers and officers ate at the same table
d (nourriture) **une table frugale** frugal fare (NonC) ◆ **avoir une bonne table** to keep a good table ◆ **aimer (les plaisirs de) la table** to enjoy one's food
e (tablette avec inscriptions) **table de marbre** marble tablet ◆ **les Tables de la Loi** the Tables of the Law ◆ **la Loi des douze tables** the Twelve Tables
f (liste) table ◆ **table de logarithmes / de multiplication** log / multiplication table ◆ **table de vérité** truth table ◆ **table alphabétique** alphabetical table ◆ **il sait sa table de 8** he knows his 8 times table
g (Géol: plateau) tableland, plateau
h (loc) (Philos) **table rase** tabula rasa ◆ **faire table rase** to make a clean sweep (*de* of) ◆ (arg Police) **se mettre à table** to talk, come clean* ◆ **tenir table ouverte** to keep open house
2 COMP ▷ **table à abattants** drop-leaf table ▷ **table anglaise** gate-legged table ▷ **table d'architecte** drawing board ▷ **table d'autel** (Rel) altar stone ▷ **table basse** coffee table, occasional table ▷ **table de bridge** card ou bridge table ▷ **table à cartes** (Naut) chart house ▷ **table de chevet** bedside table, night stand ou table (US) ▷ **table de communion** (Rel) communion table ▷ **table de conférence** conference table ▷ **table de cuisson** cooking surface ▷ **table à dessin** drawing board ▷ **table à digitaliser** (Ordin) digitizer ▷ **table d'écoute** wiretapping set ◆ **mettre qn sur table d'écoute** to tap sb's phone ▷ **tables gigognes** nest of tables ▷ **table d'harmonie** (Mus) sounding board ▷ **table d'honneur** top table ▷ **table d'hôte** ◆ **faire table d'hôte** *to serve dinner for residents* ▷ **table de jeu** gaming table ▷ **table de lancement** launch(ing) pad ▷ **table à langer** changing table ▷ **table de lecture** [chaîne haute fidélité] turntable ▷ **table de malade** bedtable ▷ **table des matières** (table of) contents ▷ **table de Mendeleïev** Mendeleyev's periodic table ▷ **table de mixage** mixing desk ▷ **table des négociations** the negotiating table ▷ **table de nuit** ⇒ **table de chevet** ▷ **table d'opération** operating table ▷ **table d'orientation** viewpoint indicator ▷ **table à ouvrage** worktable ▷ **table de ping-pong** table-tennis table ▷ **table pliante** folding table ▷ **table de Pythagore** Pythagorean table ▷ **table à rallonges** extending table, pull-out table ▷ **table à repasser** ironing board ▷ **table ronde** (lit) round table; (fig) round table, panel ▷ **la Table ronde** (Hist) the Round Table ▷ **table roulante** trolley ▷ **table de survie** life table ▷ **tables de tir** (Mil) range tables ▷ **table de toilette** (pour lavabo) washstand; (coiffeuse) dressing table ▷ **table tournante** séance table ▷ **table traçante** (Ordin) (graph) plotter ▷ **table de travail** worktable, desk

tableau, pl **tableaux** [tablo] [→ SYN] **1** nm **a** (peinture) painting; (reproduction, gravure) picture ◆ (Mus) **"Tableaux d'une exposition"** "Pictures from an Exhibition" → **galerie**
b (fig: scène) picture, scene ◆ **le tableau l'émut au plus haut point** he was deeply moved by the scene ◆ **un tableau tragique / idyllique** a tragic / an idyllic picture ou scene ◆ **le tableau changeant de la vallée du Rhône** the changing picture of the Rhone valley
c (Théât) scene ◆ **acte un, premier tableau** act one, scene one
d (description) picture ◆ **un tableau de la guerre** a picture ou depiction of war ◆ **il m'a fait un tableau très noir de la situation** he drew me a very black picture of the situation
e (Scol) **tableau (noir)** (black)board ◆ **tableau blanc** (white) board ◆ **aller au tableau** (lit) to go out ou up to the blackboard; (se faire interroger) to be asked questions *(on a school subject)*
f (support mural) [sonneries] board; [fusibles] box; [clefs] rack, board
g (panneau) board; (Rail) train indicator; [bateau] escutcheon, name board ◆ **tableau des départs / arrivées** departure(s) / arrival(s) board ◆ **tableau des horaires** timetable

h (carte, graphique) table, chart; (Ordin: fait par tableur) spreadsheet ◆ **tableau généalogique / chronologique** genealogical / chronological table ou chart ◆ **tableau des conjugaisons** conjugation table, table of conjugations ◆ **présenter qch sous forme de tableau** to show sth in tabular form
i (Admin: liste) register, roll, list ◆ **tableau de l'ordre des avocats** ≃ register of the association of barristers ◆ **médicament au tableau A / B / C** class A / B / C drug *(according to French classification of toxicity)*
j LOC **vous voyez (d'ici) le tableau!** you can (just) picture it! ◆ **pour compléter** ou **achever le tableau** to cap it all ◆ (fig) **miser sur les deux tableaux** to back both horses (fig) ◆ **il a gagné sur les deux / sur tous les tableaux** he won on both / all counts
2 COMP ▷ **tableau d'affichage** notice board ▷ **tableau d'amortissement d'une dette** redemption table of a debt, sinking fund ▷ **tableau d'avancement** (Admin) promotion table ▷ **tableau de bord** [auto] dashboard; [avion, bateau] instrument panel ▷ **tableau de chasse** [chasseur] bag; [aviateur] tally of kills; [séducteur] list of conquests ◆ **ajouter qch à son tableau de chasse** to add sth to one's list of successes ▷ **tableau clinique** (Méd) clinical picture ▷ **tableau électronique** tote board ▷ **tableau d'honneur** merit ou prize list (Brit), honor roll (US) ◆ **être inscrit au tableau d'honneur** to appear on the merit ou prize list (Brit), to make the honor roll (US) ◆ (fig) **au tableau d'honneur du sport français cette semaine, X ...** winner of all the prizes in French sport this week, X ... ▷ **tableau de maître** masterpiece ▷ **tableau de service** (gén) work notice board; (horaire de service) duty roster ▷ **tableau synchronique** synchronic table of events etc ▷ **tableau synoptique** synoptic table ▷ **tableau vivant** (Théât) tableau (vivant)

tableautin [tablotɛ̃] nm little picture

tablée [table] → SYN nf table *(of people)* ◆ **toute la tablée éclata de rire** the whole table burst out laughing ◆ **il y avait au restaurant une tablée de provinciaux qui ...** at the restaurant there was a party of country people who ...

tabler [table] → SYN ▸conjug 1◂ vi ◆ **tabler sur qch** to count ou reckon ou bank on sth ◆ **il avait tablé sur une baisse des cours** he had counted ou reckoned ou banked on the rates going down ◆ **table sur ton travail plutôt que sur la chance** rely on your work rather than on luck

tablette [tablɛt] → SYN nf **a** (plaquette) [chocolat] bar; [médicament] tablet; [chewing-gum] stick; [métal] block
b (planchette, rayon) [lavabo, radiateur, cheminée] shelf; [secrétaire] flap ◆ **tablette à glissière** pull-out flap
c (Hist: pour écrire) tablet ◆ **tablette de cire** wax tablet ◆ (hum) **je vais le marquer sur mes tablettes** I'll make a note of it ◆ (hum) **ce n'est pas écrit sur mes tablettes** I have no record of it
d (Ordin) tablet

tabletterie [tablɛtʀi] nf (fabrication) luxury goods manufacturing; (objets) luxury goods

tableur [tablœʀ] nm spreadsheet (program)

tablier [tablije] → SYN nm **a** (Habillement) (gén) apron; [ménagère] (sans manches) apron, pinafore; (avec manches) overall; [écolier] overall, smock ◆ **ça lui va comme un tablier à une vache*** it looks like a sack of potatoes on her → **rendre**
b [pont] roadway
c (Tech: plaque protectrice) [cheminée] (flue-) shutter; [magasin] (iron ou steel) shutter; [laminoir] guard; (Aut: entre moteur et habitacle) bulkhead

tabloïd(e) [tablɔid] nm tabloid

tabou [tabu] → SYN **1** nm taboo
2 adj (sacré, frappé d'interdit) taboo; (fig: intouchable) employé, auteur untouchable

tabouiser [tabuize] ▸conjug 1◂ vt to taboo, tabu

taboulé [tabule] nm tabbouleh

tabouret [tabuʀɛ] → SYN nm (pour s'asseoir) stool; (pour les pieds) footstool ◆ **tabouret de piano / de bar** piano / bar stool

tabulaire [tabylɛʀ] adj tabular

tabulateur [tabylatœʀ] nm tabulator *(on typewriter)*

tabulation [tabylasjɔ̃] nf tabulation

tabulatrice [tabylatʀis] nf tabulator *(for punched cards)*

tabuler [tabyle] ▸conjug 1◂ vt to tabulate, tabularize, tab

tac [tak] nm **a** (bruit) tap ◆ **le tac tac des mitrailleuses** the rat-a-tat(-tat) of the machine guns → **tic-tac**
b **répondre** ou **riposter du tac au tac** always to have a quick retort ou a ready answer ◆ **il lui a répondu du tac au tac que ...** he came back at him immediately ou quick as a flash that ...

tacaud [tako] → SYN nm (Zool) bib, whiting pout

tacca [taka] nm tacca

tacet [tasɛt] nm tacet

tache [taʃ] → SYN **1** nf **a** (moucheture) [fruit] mark; [léopard] spot; [plumage, pelage] mark(ing), spot; [peau] blotch, mark ◆ (fig) **faire tache** to jar, stick out like a sore thumb ◆ **les taches des ongles** the white marks on the fingernails
b (salissure) stain, mark ◆ **tache de graisse** greasy mark, grease stain ◆ **tache de brûlure / de suie** burn / sooty mark ◆ **des draps couverts de taches** sheets covered in stains ◆ **sa robe n'avait pas une tache** her dress was spotless
c (littér: flétrissure) blot, stain ◆ **c'est une tache à sa réputation** it's a blot ou stain on his reputation ◆ **sans tache** vie, conduite spotless, unblemished; naissance untainted → **agneau, pur**
d (impression visuelle) patch, spot ◆ **tache de couleur** spot ou patch of colour ◆ **le soleil parsemait la campagne de taches d'or** the sun scattered patches ou flecks ou spots of gold over the countryside ◆ **des taches d'ombre çà et là** spots ou patches of shadow here and there
e (Peinture) spot, dot, blob ◆ **tache de couleur** spot ou patch of colour
f (‡: nullité) jerk‡
2 COMP ▷ **tache d'encre** (sur les doigts) ink stain; (sur le papier) (ink) blot ou blotch ▷ **tache d'huile** oily mark, oil stain ◆ (fig) **faire tache d'huile** to spread, gain ground ▷ **tache jaune (de l'œil)** yellow spot (of the eye) ▷ **tache originelle** (Rel) stain of original sin ▷ **tache de rousseur** freckle ▷ **tache de sang** bloodstain ▷ **tache solaire** (Astron) sunspot ▷ **tache de son** ⇒ **tache de rousseur** ▷ **tache de vin** (sur la nappe) wine stain; (sur la peau: envie) strawberry mark

tâche [taʃ] → SYN nf **a** (besogne) task, work (NonC); (mission) task, job; (Ordin) job ◆ **assigner une tâche à qn** to set (Brit) ou give sb a task, give sb a job to do, give sb some work to do ◆ **s'atteler à une tâche** to get down to work, get stuck in* ◆ **mourir à la tâche** to die in harness
b LOC **à la tâche** payer by the piece ◆ **ouvrier à la tâche** pieceworker ◆ **travail à la tâche** piecework ◆ **être à la tâche** to be on piecework ◆ (fig) **je ne suis pas à la tâche*** I'll do it in my own good time ◆ (†, littér) **prendre à tâche de faire qch** to set o.s. the task of doing sth, take it upon o.s. to do sth

tachéomètre [takeɔmɛtʀ] nm (théodolite) tacheometer, tachymeter

tachéométrie [takeɔmetʀi] nf tacheometry

tacher [taʃe] → SYN ▸conjug 1◂ **1** vt **a** [encre, vin] to stain; [graisse] to mark, stain ◆ **le café tache** coffee stains (badly) ou leaves a stain ◆ **taché de sang** bloodstained
b (littér: colorer) pré, robe to spot, dot; peau, fourrure to spot, mark ◆ **pelage blanc taché de noir** white coat with black spots ou markings
c (†: souiller) to stain, sully (littér, †)
2 **se tacher** vpr **a** (se salir) [personne] to get stains on one's clothes, get o.s. dirty; [nappe, tissu] to get stained ou marked ◆ **c'est un tissu qui se tache facilement** this is a fabric that stains ou marks easily
b (s'abîmer) [fruits] to become marked

tâcher [tɑʃe] → SYN ▸conjug 1◂ vi ◆ (essayer de) **tâcher de faire** to try ou endeavour (frm) to do ◆ **tâchez de venir avant samedi** try to ou try and come before Saturday ◆ **et tâche de ne pas recommencer*** and make sure ou mind it doesn't happen again ◆ **tâche qu'il n'en sache rien*** see to it ou make sure that he doesn't know anything about it

tâcheron [tɑʃ(ə)ʀɔ̃] → SYN nm **a** (péj) drudge, toiler ◆ **un tâcheron de la littérature / politique** a literary / political drudge ou hack
b (ouvrier) (dans le bâtiment) jobber; (agricole) pieceworker

tacheter [taʃ(ə)te] → SYN ▸conjug 4◂ vt peau, fourrure to spot, speckle; tissu, champ to spot, dot, speckle, fleck ◆ **pelage blanc tacheté de brun** white coat with brown spots ou markings, white coat flecked with brown

tachine [takin] nm ou f tachina fly

tachisme [taʃism] nm (art abstrait) action painting, abstract expressionism, tachisme

tachiste [taʃist] nmf *painter of the abstract expressionist or tachisme school*

tachistoscope [takistɔskɔp] nm tachistoscope

Tachkent [taʃkɛnt] n Tashkent

tachycardie [takikaʀdi] nf tachycardia

tachygraphe [takigʀaf] nm tachograph, black box

tachymètre [takimɛtʀ] nm (Aut) tachometer

tachyon [takjɔ̃] nm tachyon

tachyphémie [takifemi] nf tachyphemia

Tacite [tasit] nm Tacitus

tacite [tasit] → SYN adj tacit ◆ (Jur) **tacite reconduction** renewal of contract by tacit agreement

tacitement [tasitmɑ̃] adv tacitly

taciturne [tasityʀn] → SYN adj taciturn, silent

tacle [takl] nm (Sport) tackle

tacler [takle] ▸conjug 1◂ vi (Sport) to tackle

tacot* [tako] nm (voiture) banger* (Brit), crate*, jalopy*, old rattletrap*

tact [takt] → SYN nm **a** (délicatesse) tact ◆ **avoir du tact** to have tact, be tactful ◆ **un homme de tact** a tactful man ◆ **avec tact** tactfully, with tact ◆ **sans tact** (adj) tactless; (adv) tactlessly ◆ **manquer de tact** to be tactless, be lacking in tact
b (†: toucher) touch, tact†

tacticien, -ienne [taktisjɛ̃, jɛn] nm,f tactician

tactile [taktil] adj tactile

tactique [taktik] → SYN **1** adj tactical
2 nf (gén) tactics (pl) ◆ **changer de tactique** to change (one's) tactics ◆ **il y a plusieurs tactiques possibles** there are several different tactics one might adopt ◆ **la tactique de l'adversaire est très simple** the opponent's tactics are very simple

tactisme [taktism] nm taxis

tadjik [tadʒik] **1** adj Tadzhiki
2 nm (Ling) Tadzhiki
3 nmf ◆ **Tadjik** Tadzhik, Tadjik, Tajik

Tadjikistan [tadʒikistɑ̃] nm Tadzhikistan

tadorne [tadɔʀn] → SYN nm ◆ **tadorne de Bellon** shelduck

taekwondo [tekwɔ̃do] nm tae kwon do

tænia [tenja] ⇒ **ténia**

taffe‡ [taf] nf (bouffée) drag‡

taffetas [tafta] → SYN nm (Tex) taffeta ◆ **robe de taffetas** taffeta dress ◆ **taffetas (gommé)** sticking plaster (Brit), bandaid ® (US)

tag [tag] nm (graffiti) tag

tagal [tagal], **tagalog** [tagalɔg] nm (Ling) Tagalog

Tage [taʒ] nm ◆ **le Tage** the Tagus

tagète [taʒɛt] nm ◆ **les tagètes** marigolds, the Tagetes (spéc)

tagine [taʒin] nm ⇒ **tajine**

tagliatelles [taljatɛl] nfpl tagliatelle

tagmème [tagmɛm] nm tagmeme

tagmémique [tagmemik] nf tagmemics (sg)

taguer [tage] ▸conjug 1◂ vti (faire des graffiti) to tag

tagueur, -euse [tagœʀ, øz] nm,f tagger

Tahiti [taiti] nf Tahiti

tahitien, -ienne [taisjɛ̃, jɛn] 1 adj Tahitian
2 nm,f ◆ **Tahitien(ne)** Tahitian

taïaut†† [tajo] excl tallyho!

taie [tɛ] → SYN nf a **taie (d'oreiller)** pillowcase, pillowslip ◆ **taie de traversin** bolster case
b (Méd) opaque spot, leucoma (spéc) ◆ (fig littér) **avoir une taie sur l'œil** to be blinkered

taïga [tajga] nf (Géog) taiga

taillable [tajabl] adj ◆ **taillable et corvéable (à merci)** (Hist) subject to tallage; (fig) bonne, ouvrier there to do one's master's bidding

taillade [tajad] → SYN nf gash, slash, cut, wound

taillader [tajade] → SYN ▸conjug 1◂ vt to slash, gash

taillage [tajaʒ] nm (Métal) cutting, milling

taillanderie [tajɑ̃dʀi] nf (fabrication) edge-tool making; (outils) edge-tools (pl)

taillandier [tajɑ̃dje] nm edge-tool maker

taille[1] [taj] → SYN nf a (hauteur) [personne, cheval, objet] height ◆ **homme de taille moyenne** man of average height ◆ **homme de petite taille** short man, man of small stature (frm) ◆ **homme de haute taille** tall man ◆ **il doit faire une taille de 1 mètre 70** he must be 1 metre 70 (tall) ◆ **ils sont de la même taille, ils ont la même taille** they are the same height
b (grosseur) size ◆ **de petite / moyenne taille** small- / medium-sized ◆ **ils ont un chien de belle taille!** they have a pretty big ou large dog! ◆ **le paquet est de la taille d'une boîte à chaussures** the parcel is the size of a shoebox
c (Comm: mesure) size ◆ **les grandes / petites tailles** the large / small sizes ◆ **taille 40** size 40 ◆ **« taille unique »** "one size (fits all)" ◆ **il lui faut la taille au-dessous / au-dessus** he needs the next size down / up, he needs one ou a size smaller / larger ◆ **2 tailles au-dessous / au-dessus** 2 sizes smaller / larger ◆ **ce pantalon n'est pas à sa taille** these trousers aren't his size, these trousers don't fit him ◆ **avez-vous quelque chose dans ma taille?** do you have anything in my size? ◆ **si je trouvais quelqu'un de ma taille** if I found someone my size
d LOC **à la taille de** in keeping with ◆ **c'est un poste / sujet à la taille de ses capacités** ou **à sa taille** it's a job / subject in keeping with ou which matches his capabilities ◆ **il a trouvé un adversaire à sa taille** he's met his match, he's found sb who's a match for him ◆ **être de taille à faire** to be up to doing, be quite capable of doing ◆ **il n'est pas de taille** (pour une tâche) he isn't up ou equal to it; (face à un concurrent, dans la vie) he doesn't measure up ◆ **de taille** erreur, enjeu considerable, sizeable; objet sizeable ◆ **la gaffe est de taille!** it's no small blunder! ◆ (fig) **de la taille de César** of Caesar's stature
e (partie du corps) waist; (partie du vêtement) waist, waistband ◆ **elle n'a pas de taille** she has no waist(line), she doesn't go in at the waist ◆ **avoir la taille fine** to have a slim waist, be slim-waisted ◆ **avoir une taille de guêpe** to be wasp-waisted ◆ **avoir la taille mannequin** to have a perfect figure ◆ **avoir la taille bien prise** to have a neat waist(line) ◆ **prendre qn par la taille** to put one's arm round sb's waist ◆ **ils se tenaient par la taille** they had their arms round each other's waist ◆ **avoir de l'eau jusqu'à la taille** to be in water up to one's waist, to be waist-deep in water ◆ **robe serrée à la taille** dress fitted at the waist ◆ **robe à taille basse / haute** low- / high-waisted dress ◆ **pantalon (à) taille basse** low-waisted trousers, hipsters ◆ **robe sans taille** waistless dress → **tour**[2]

taille[2] [taj] → SYN nf a (→ **tailler**) cutting; hewing (frm); carving; engraving; sharpening; cutting out; pruning, cutting back; trimming; clipping ◆ **diamant de taille hexagonale / en étoile** diamond with a six-sided / star-shaped cut → **pierre**
b (taillis) **tailles** coppice
c (tranchant) [épée, sabre] edge ◆ **recevoir un coup de taille** to receive a blow from the edge of the sword → **frapper**
d (Hist: redevance) tallage, taille
e (Min: galerie) tunnel

taillé, e [taje] → SYN (ptp de **tailler**) adj a (bâti) personne **bien taillé** well-built ◆ **il est taillé en athlète** he is built like an athlete, he has an athletic build
b (destiné à) personne **taillé pour être / faire** cut out to be / do ◆ **taillé pour qch** cut out for sth, tailor-made for sth
c (coupé) arbre pruned; haie clipped, trimmed; moustache, barbe trimmed ◆ **crayon taillé en pointe** pencil sharpened to a point ◆ **costume bien taillé** well-cut suit ◆ **il avait les cheveux taillés en brosse** he had a crew-cut ◆ (fig) **visage taillé à la serpe** rough-hewn ou craggy features → **âge**

taille-crayon, pl **taille-crayons** [tajkʀɛjɔ̃] nm pencil sharpener

taille-douce, pl **tailles-douces** [tajdus] nf (technique, tableau) line-engraving ◆ **gravure en taille-douce** line-engraving

taille-haie, pl **taille-haies** [tajɛ] nm hedge trimmer

tailler [taje] → SYN ▸conjug 1◂ 1 vt a (travailler) pierre précieuse to cut; pierre to cut, hew (frm); bois to carve; verre to engrave; crayon to sharpen; tissu to cut (out); arbre, vigne to prune, cut back; haie to trim, clip, cut; barbe to trim ◆ **tailler qch en biseau** to bevel sth ◆ **tailler qch en pointe** to cut ou sharpen sth to a point ◆ **se tailler la moustache** to trim one's moustache → **pipe**
b (confectionner) vêtement to make; statue to carve; tartines to cut, slice; (Alpinisme) marche to cut ◆ (fig) **il a un rôle taillé à sa mesure** this role is tailor-made for him
c LOC **tailler une bavette*** to have a natter* (Brit) ou a rap* (US) ◆ **tailler des croupières à qn**†† to make difficulties for sb ◆ **tailler une armée en pièces** to hack an army to pieces ◆ **il préférerait se faire tailler en pièces plutôt que de révéler son secret** he'd go through fire ou he'd suffer tortures rather than reveal his secret ◆ **il se ferait tailler en pièces pour elle** he'd go through fire ou he'd suffer tortures for her ◆ **tailler un costard** ou **une veste à qn*** to run sb down behind his back* ◆ **attention! tu vas te faire tailler un short*** careful! you'll get flattened* ◆ **tailler la route*** to hit the road*
2 vi a [vêtement, marque] **tailler petit / grand** to be small / large for the size
b (couper) **tailler dans la chair** ou **dans le vif** to cut into the flesh
3 **se tailler** vpr a (‡: partir) to beat it‡, clear off‡, split‡
b LOC **se tailler un beau** ou **franc succès** to be a great success ◆ **se tailler la part du lion** to take the lion's share ◆ **se tailler un empire / une place** to carve out an empire / a place for o.s.

taillerie [tajʀi] nf (atelier) gem-cutting workshop; (industrie) gem-cutting trade

tailleur [tajœʀ] → SYN 1 nm a (couturier) tailor ◆ **tailleur pour dames** ladies' tailor
b (costume) (lady's) suit ◆ **tailleur-pantalon** trouser suit (Brit), pantsuit (surtout US) ◆ **un tailleur Chanel** a Chanel suit
c **en tailleur** assis, s'asseoir cross-legged
2 COMP ▷ **tailleur de diamants** diamond-cutter ▷ **tailleur à façon** bespoke tailor (Brit), custom tailor (US) ▷ **tailleur de pierre(s)** stonecutter ▷ **tailleur de verre** glass engraver ▷ **tailleur de vignes** vine pruner

taillis [taji] → SYN nm copse, coppice, thicket ◆ **dans les taillis** in the copse ou coppice ou thicket

tailloir [tajwaʀ] → SYN nm (Archit) abacus

tain [tɛ̃] → SYN nm a [miroir] silvering ◆ **glace sans tain** two-way mirror
b (Tech: bain) tin bath

T'ai-pei [tajpɛ] n Taipei, T'ai-pei

taire [tɛʀ] → SYN ▸conjug 54◂ 1 **se taire** vpr a (être silencieux) [personne] to be silent ou quiet; (fig littér) [nature, forêt] to be silent, be still (littér); [vent] to be still (littér); [bruit] to disappear ◆ **les élèves se taisaient** the pupils kept ou were quiet ou silent ◆ **taisez-vous!** be quiet!, be silent! (frm) ◆ **ils ne voulaient pas se taire, malgré les injonctions répétées du maître** they (just) wouldn't stop talking ou be quiet ou keep quiet in spite of the teacher's repeated instructions ◆ **les dîneurs se sont tus** the diners stopped talking, the diners fell ou were silent ◆ **l'orchestre s'était tu** the orchestra had fallen silent ou was silent
b (s'abstenir de s'exprimer) to keep quiet, remain silent ◆ **dans ces cas il vaut mieux se taire** in these cases it's best to keep quiet ou to remain silent ou to say nothing ◆ **il sait se taire** he can keep a secret ◆ **se taire sur qch** to say nothing ou keep quiet about sth ◆ **il a manqué** ou **perdu une bonne occasion de se taire** he'd have done much better to have kept quiet, it's a pity he didn't just keep his mouth shut ◆ **tais-toi!*** (ne m'en parle pas) don't talk to me about it!, I don't wish to hear about it!
2 vt a (celer) nom, fait, vérité to hush up, not to tell ◆ **taire la vérité, c'est déjà mentir** not to tell ou not telling the truth ou to hush up ou hushing up the truth is as good as lying ◆ **il a tu le reste de l'histoire** he didn't reveal the rest of the story, he was silent about the rest of the story
b (refuser de dire) motifs, raisons to conceal, say nothing about ◆ **une personne dont je tairai le nom** a person who shall be ou remain nameless ou whose name I shan't mention ou reveal
c (garder pour soi) douleur, chagrin, amertume to stifle, conceal, keep to o.s.
3 vi ◆ **faire taire** témoin gênant, opposition, récriminations to silence; craintes, désirs to stifle, suppress ◆ **fais taire les enfants** make the children keep ou be quiet, make the children shut up*, do shut the children up*

taiseux, -euse [tɛzø, øz] (Belg) 1 adj taciturn
2 nm,f taciturn person

Taiwan [tajwan] n Taiwan

tajine [taʒin] nm (récipient) earthenware cooking pot; (plat cuisiné) (meat ou vegetable) stew

take-off [tɛkɔf] nm inv (Écon) take-off

tala [tala] nmf (arg Scol) hard-core Catholic

talc [talk] nm [toilette] talc, talcum powder; (Chim) talc(um)

talé, e [tale] (ptp de **taler**) adj fruits bruised

talent[1] [talɑ̃] → SYN nm a (disposition, aptitude) talent ◆ **il a des talents dans tous les domaines** he has talents in all fields ◆ **un talent littéraire** a literary talent ◆ **il n'a pas le métier d'un professionnel mais un beau talent d'amateur** he lacks professional expertise but has a fine amateur talent ◆ **des talents de société** society talents ◆ (hum) **montrez-nous vos talents*** show us what you can do ◆ **décidément, vous avez tous les talents!** what a talented young man (*ou* woman etc) you are! ◆ **ses talents d'imitateur / d'organisateur** his talents ou gifts as an impersonator / organizer
b **le talent** talent ◆ **avoir du talent** to have talent, be talented ◆ **avoir beaucoup de talent** to have a great deal of talent, be highly talented ◆ **un auteur de (grand) talent** a (highly) talented author
c (personnes douées) **talents** talent (NonC) ◆ **encourager les jeunes talents** to encourage young talent ◆ **faire appel aux talents disponibles** to call on (all) the available talent
d (iro) **il a le talent de se faire des ennemis** he has a gift for making enemies (iro), he has a great knack of making enemies

talent[2] [talɑ̃] nm (monnaie) talent

talentueusement [talɑ̃tyøzmɑ̃] adv with talent

talentueux, -euse [talɑ̃tyø, øz] → SYN adj talented

taler [tale] → SYN ▸conjug 1◂ vt fruits to bruise

taleth [talɛt] nm tallith

talion [taljɔ̃] nm → **loi**

talisman [talismɑ̃] → SYN nm talisman

talismanique [talismanik] adj talismanic

talitre [talitʀ] nm sand hopper ou flea, beach flea

talkie-walkie, pl **talkies-walkies** [tokiwoki] nm walkie-talkie

talle [tal] nf (Agr) sucker

taller [tale] ▸conjug 1◂ vi (Agr) to sucker, put out suckers

talleth [talɛt] ⇒ **taleth**

Tallin [talin] n Tallin(n)

tallipot [talipo] nm talipot (palm)

Talmud [talmyd] nm ◆ **le Talmud** the Talmud

talmudique [talmydik] adj Talmudic

talmudiste [talmydist] nm Talmudist

taloche [talɔʃ] → SYN nf a (*: gifle) clout*, cuff ◆ **flanquer une taloche à qn** to clout ou cuff sb, give sb a clout ou cuff
b (Constr) float

talocher [talɔʃe] → SYN ▸conjug 1◂ vt a (*: gifler) to clout*, cuff
b (Constr) to float

talon [talɔ̃] → SYN 1 nm a (Anat) [cheval, chaussure] heel ◆ **montrer les talons** to take to one's heels, show a clean pair of heels (Brit) ◆ **tourner les talons** to turn on one's heel and walk away ◆ **je préférerais voir ses talons** I'd be glad to see the back of him ◆ **être sur les talons de qn** to be at ou (hot) on sb's heels → **estomac, pivoter**
b (croûton, bout) [jambon, fromage] heel; [pain] crust, heel
c [pipe] spur
d [chèque] stub, counterfoil; [carnet à souche] stub
e (Cartes) talon
f (Mus) [archet] heel
g [ski] tail
2 COMP ▹ **talon d'Achille** Achilles' heel ▹ **talons aiguilles** stiletto heels ▹ **talons bottier** medium heels ▹ **talons hauts** high heels ▹ **«talon-minute»** heel bar, on-the-spot shoe repairs ▹ **talons plats** flat heels ▹ **talon rouge** (Hist) aristocrat

talonnade [talɔnad] nf (Rugby) heel, (football) back-heel

talonnage [talɔnaʒ] nm heeling

talonner [talɔne] → SYN ▸conjug 1◂ 1 vt a (suivre) fugitifs, coureurs to follow (hot) on the heels of ◆ **talonné par qn** hotly pursued by sb
b (harceler) débiteur, entrepreneur to hound; [faim] to gnaw at ◆ **être talonné par un importun** to be hounded ou dogged ou pestered by an irritating individual
c (frapper du talon) cheval to kick, dig one's heels into, spur on ◆ (Rugby) **talonner (le ballon)** to heel (the ball)
2 vi (Naut) to touch ou scrape the bottom with the keel ◆ **le bateau talonne** the boat is touching the bottom

talonnette [talɔnɛt] nf [chaussures] heelpiece; [pantalon] stirrup

talonneur [talɔnœʀ] nm (Rugby) hooker

talonnière [talɔnjɛʀ] nf (cale) block *(put under a model's heel)* ◆ [Mercure] **talonnières** talaria

talquer [talke] ▸conjug 1◂ vt to put talcum powder ou talc on

talqueux, -euse [talkø, øz] adj talcose

talure [talyʀ] nf [fruit] bruise

talus[1] [taly] → SYN 1 nm a [route, voie ferrée] embankment; [terrassement] bank, embankment
b (Mil) talus
2 COMP ▹ **talus continental** (Géol) continental slope ▹ **talus de déblai** excavation slope ▹ **talus d'éboulis** (Géol) scree ▹ **talus de remblai** embankment slope

talus[2] [taly] adj m ◆ **pied talus** talipes calcaneus

talweg [talvɛg] nm ⇒ **thalweg**

tamandua [tamɑ̃dɥa] nm tamandu(a)

tamanoir [tamanwaʀ] nm ant bear, anteater

tamarin [tamaʀɛ̃] nm a (Zool) tamarin
b (fruit) tamarind (fruit)
c ⇒ **tamarinier**
d ⇒ **tamaris**

tamarinier [tamaʀinje] nm tamarind *(tree)*

tamaris [tamaʀis], **tamarix** [tamaʀiks] nm tamarisk

tambouille* [tɑ̃buj] nf (péj: nourriture, cuisine) grub* ◆ **faire la tambouille** to cook the grub* ◆ **une bonne tambouille** some lovely grub*

tambour [tɑ̃buʀ] → SYN 1 nm a (instrument de musique) drum → **raisonner, roulement**
b (musicien) drummer
c (à broder) embroidery hoop, tambour
d (porte) (sas) tambour; (à tourniquet) revolving door(s)
e (cylindre) [machine à laver, treuil, roue de loterie] drum; [moulinet] spool; [montre] barrel ◆ **moulinet à tambour fixe** fixed-spool reel → **frein**
f (Archit) [colonne, coupole] drum
g LOC **tambour battant** briskly ◆ **sans tambour ni trompette** without any fuss, unobtrusively ◆ **il est parti sans tambour ni trompette** he left quietly, he slipped away unobtrusively
h (Ordin) drum ◆ **tambour magnétique** magnetic drum
2 COMP ▹ **tambour de basque** tambourine ▹ **tambour d'église** tambour ▹ **tambour de frein** brake drum ▹ **tambour plat** side drum ▹ **tambour de ville** ≃ town crier ▹ **tambour à timbre** snare drum

tambourin [tɑ̃buʀɛ̃] nm (tambour de basque) tambourine; (tambour haut et étroit) tambourin

tambourinage [tɑ̃buʀinaʒ] nm drumming (NonC)

tambourinaire [tɑ̃buʀinɛʀ] nm (joueur de tambourin) tambourin player

tambourinement [tɑ̃buʀinmɑ̃] nm drumming (NonC)

tambouriner [tɑ̃buʀine] → SYN ▸conjug 1◂ 1 vi (avec les doigts) to drum ◆ **tambouriner contre** ou **à / sur** to drum (one's fingers) against ou at / on ◆ (fig) **la pluie tambourinait sur le toit** the rain was beating down ou drumming on the roof ◆ **tambouriner à la porte** to hammer at ou drum on the door
2 vt a (jouer) marche to drum ou beat out
b (†: annoncer) nouvelle, décret to cry (out) ◆ (fig) **tambouriner une nouvelle** to blaze a piece of news abroad, shout a piece of news from the rooftops

tambourineur, -euse [tɑ̃buʀinœʀ, øz] nm,f drummer

tambour-major, pl **tambours-majors** [tɑ̃buʀmaʒɔʀ] nm drum major

Tamerlan [tamɛʀlɑ̃] nm Tamburlaine, Tamerlane

tamia [tamja] nm chipmunk

tamier [tamje] nm black bryony

tamil [tamil] ⇒ **tamoul**

tamis [tami] → SYN nm (gén) sieve; (à sable) riddle, sifter; [raquette] (surface) head; (cordage) strings ◆ **raquette grand tamis** large-headed racket ◆ **passer au tamis** farine, plâtre to sieve, sift; sable to riddle, sift; (fig) campagne, bois to comb, search, scour; personnes to check out thoroughly; dossier to sift ou search through ◆ (Chim) **tamis moléculaire** molecular sieve

tamisage [tamizaʒ] nm (→ **tamiser**) sieving; riddling; sifting; filtering

Tamise [tamiz] nf ◆ **la Tamise** the Thames

tamisé, e [tamize] → SYN (ptp de **tamiser**) adj terre sifted, sieved; lumière (artificielle) subdued; (du jour) soft, softened

tamiser [tamize] → SYN ▸conjug 1◂ vt farine, plâtre to sieve, sift; sable to riddle, sift; (fig) lumière to filter

tamoul, e [tamul] 1 adj Tamil
2 nm (Ling) Tamil
3 nm,f ◆ **Tamoul(e)** Tamil

tampico [tɑ̃piko] nm Tampico fibre, istle

tampon [tɑ̃pɔ̃] → SYN 1 nm a (pour boucher) (gén) stopper, plug; (en bois) plug, bung; (en coton) wad, plug; (pour hémorragie, règles) tampon; (pour nettoyer une plaie) swab; (pour étendre un liquide, un vernis) pad ◆ **rouler qch en tampon** to roll sth (up) into a ball → **vernir**
b (Menuiserie: cheville) (wall-)plug
c (timbre) (instrument) (rubber) stamp; (cachet) stamp ◆ **le tampon de la poste** the postmark ◆ **apposer** ou **mettre un tampon sur qch** to stamp sth, put a stamp on sth
d (Rail, fig: amortisseur) buffer ◆ **servir de tampon entre deux personnes** to act as a buffer between two people
e (Chim) **(solution) tampon** buffer (solution)
2 adj inv ◆ **État / zone / mémoire tampon** buffer state / zone / memory
3 COMP ▹ **tampon buvard** blotter ▹ **tampon encreur** inking-pad ▹ **tampon hygiénique** tampon ▹ **tampon Jex®** Brillo pad® ▹ **tampon à nettoyer** cleaning pad ▹ **tampon à récurer** scouring pad, scourer

tamponnade [tɑ̃pɔnad] nf [cœur] tamponade

tamponnage [tɑ̃pɔnaʒ] nm (Chim) buffering; (Méd) dabbing

tamponnement [tɑ̃pɔnmɑ̃] → SYN nm a (collision) collision, crash
b (Méd) [plaie] tamponade, tamponage
c (Tech) [mur] plugging

tamponner [tɑ̃pɔne] → SYN ▸conjug 1◂ 1 vt a (essuyer) plaie to mop up, dab; yeux to dab (at); front to mop, dab; surface à sécher, vernir etc to mop, dab
b (heurter) train, véhicule to ram (into), crash into
c (avec un timbre) document, lettre to stamp ◆ **faire tamponner un reçu** to have a receipt stamped
d (Tech: percer) mur to plug, put (wall-)plugs in
2 **se tamponner** vpr a (se heurter) (accident) to crash into each other; (exprès) to ram each other
b **s'en tamponner (le coquillard)**‡ not to give a damn‡ ◆ **je m'en tamponne**‡ I don't give a damn about it‡

tamponneuse [tɑ̃pɔnøz] adj f → **auto**

tamponnoir [tɑ̃pɔnwaʀ] nm masonry drill bit

tam-tam, pl **tam-tams** [tamtam] → SYN nm a (tambour) tomtom
b (fig: battage, tapage) fuss ◆ **faire du tam-tam autour de*** affaire, événement to make a lot of fuss ou a great ballyhoo* ou hullaballoo* about

tan [tɑ̃] nm tan *(for tanning)*

tanagra [tanagʀa] nm ou f (statuette) Tanagra ◆ (fig) **c'est une vraie tanagra** she's very statuesque

tanaisie [tanezi] nf tansy

tancer [tɑ̃se] → SYN ▸conjug 3◂ vt (littér) to scold, berate (littér), rebuke (frm)

tanche [tɑ̃ʃ] nf tench

tandem [tɑ̃dɛm] → SYN nm (bicyclette) tandem; (fig: duo) pair, duo ◆ **travailler** etc **en tandem** to work etc in tandem

tandis [tɑ̃di] → SYN conj ◆ **tandis que** (simultanéité) while, whilst (frm), as; (marque le contraste, l'opposition) whereas, while, whilst (frm)

tandoori, tandouri [tɑ̃duʀi] nm tandoori ◆ **poulet tandoori** tandoori chicken

tangage [tɑ̃gaʒ] → SYN nm (→ **tanguer**) pitching (and tossing); reeling ◆ (Naut) **il y a du tangage** she's pitching

Tanganyika [tɑ̃ganika] nf Tanganyika ◆ **le lac Tanganyika** Lake Tanganyika

tangara [tɑ̃gaʀa] nm tanager

tangence [tɑ̃ʒɑ̃s] nf tangency

tangent, e [tɑ̃ʒɑ̃, ɑ̃t] → SYN 1 adj a (Géom) tangent, tangential ◆ **tangent à** tangent ou tangential to
b (*: serré, de justesse) close, touch-and-go (attrib) ◆ **on est passé de justesse mais c'était tangent** we just made it but it was a near ou close thing ou it was touch-and-go ◆ **il était tangent** he was a borderline case ◆ **il a eu son examen mais c'était tangent** he passed his exam by the skin of his teeth ou but it was a near thing
2 **tangente** nf (Géom) tangent ◆ (fig) **prendre la tangente*** (partir) to make off*, make o.s. scarce; (éluder) to dodge the issue, wriggle out of it

tangentiel, -ielle [tɑ̃ʒɑ̃sjɛl] adj tangential

tangentiellement [tɑ̃ʒɑ̃sjɛlmɑ̃] adv tangentially

Tanger [tɑ̃ʒe] n Tangier(s)

tangerine [tɑ̃ʒ(ə)ʀin] nf tangerine

tangibilité [tɑ̃ʒibilite] nf tangibility, tangibleness

tangible [tɑ̃ʒibl] → SYN adj tangible

tangiblement [tɑ̃ʒibləmɑ̃] adv tangibly

tango [tɑ̃go] 1 adj inv tangerine
2 nm a (danse) tango ◆ **danser le tango** to tango, do the tango
b (boisson) *beer with grenadine*
c (couleur) tangerine

tangue [tɑ̃g] nf sea sand

tanguer [tɑ̃ge] → SYN ▸conjug 1◂ vi a [navire, avion] to pitch
b (ballotter) to pitch and toss, reel ◆ **tout tanguait autour de lui** everything around him was reeling

tanguière [tɑ̃gjɛʀ] nf sea-sand bank

tanière [tanjɛʀ] → SYN nf [animal] den, lair; (fig) [malfaiteur] lair; [poète, solitaire etc] (pièce) den; (maison) hideaway, retreat

tanin [tanɛ̃] nm tannin

taniser [tanize] ▸conjug 1◂ vt (avec du tan) to add tan to; (avec du tanin) to add tannin to

tank [tɑ̃k] → SYN nm (citerne, char d'assaut, fig: voiture) tank

tanker [tɑ̃kœʀ] → SYN nm tanker

tankiste [tɑ̃kist] nm member of a tank crew

tannage [tanaʒ] nm tanning

tannant, e [tanɑ̃, ɑ̃t] → SYN adj a (*: ennuyeux) maddening*, sickening* ◆ **il est tannant avec ses remarques idiotes** he's maddening* ou he drives you mad* with his stupid remarks
b (Tech) tanning

tanne [tan] nf (Méd) wen

tannée [tane] → SYN nf a (*: coups, défaite) hammering*, thumping* ◆ **prendre** ou **se ramasser une tannée** to get hammered* ou thumped*
b (Tech) (spent) tanbark

tanner [tane] → SYN ▸conjug 1◂ vt a cuir to tan; visage to weather ◆ **visage tanné** weather-beaten face ◆ **tanner le cuir à qn**‡ to give sb a thumping‡, tan sb's hide*
b **tanner qn*** (harceler) to badger sb, pester sb; (ennuyer) to drive sb mad*, drive sb up the wall* ◆ **ça fait des semaines qu'il me tanne pour aller voir ce film** he's been badgering ou pestering me for weeks to see that film

tannerie [tanʀi] → SYN nf (endroit) tannery; (activité) tanning

tanneur [tanœʀ] nm tanner

tannin [tanɛ̃] nm ⇒ **tanin**

tannique [tanik] adj tannic

tanniser [tanize] ▸conjug 1◂ vt ⇒ **taniser**

tanrec [tɑ̃ʀɛk] nm ⇒ **tenrec**

tansad [tɑ̃sad] nm pillion

tant [tɑ̃] adv
a (intensité: avec vb) so much ◆ **il mange tant!** he eats so much! ou such a lot! ◆ **il l'aime tant!** he loves her so much! ◆ **j'ai tant marché que je suis épuisé** I've walked so much that I'm exhausted ◆ (littér) **je n'aime rien tant que l'odeur des sous-bois** there is nothing I love more than the scent of the undergrowth ◆ **vous m'en direz tant!** is that really so!
b (quantité) **tant de** temps, eau, argent so much; livres, arbres, gens so many; habileté, mauvaise foi such, so much ◆ **il y avait tant de brouillard qu'il n'est pas parti** it was so foggy that ou there was so much fog about that he did not go ◆ **tant de fois** so many times, so often ◆ **des gens comme il y en a tant** people of the kind you come across so often ◆ **tant de précautions semblaient suspectes** so many precautions seemed suspicious ◆ **fait avec tant d'habileté** done with so much ou such skill ◆ **elle a tant de sensibilité** she has such sensitivity
c (avec adj, participe) so ◆ **il est rentré tant le ciel était menaçant** he went home (because) the sky looked so overcast, the sky looked so overcast that he went home ◆ **cet enfant tant désiré** this child they had longed for so much ◆ **tant il est vrai que ...** since ..., as ... ◆ **le jour tant attendu arriva** the long-awaited day arrived
d (quantité imprécise) so much ◆ **gagner tant par mois** to earn so much a month, earn such-and-such an amount a month ◆ **il devrait donner tant à l'un, tant à l'autre** he should give so much to one, so much to the other ◆ **tant pour cent** so many per cent
e (comparaison) **ce n'est pas tant leur maison qui me plaît que leur jardin** it's not so much their house that I like as their garden ◆ **il criait tant qu'il pouvait** he shouted as much as he could ou for all he was worth ◆ **les enfants, tant filles que garçons** the children, both girls and boys ou girls as well as boys ou (both) girls and boys alike ◆ **ses œuvres tant politiques que lyriques** his political as well as his poetic works, both his political and his poetic works
f **tant que** (aussi longtemps que) as long as, (pendant que) while ◆ **tant qu'elle aura de la fièvre elle restera au lit** while ou as long as she has a temperature she'll stay in bed ◆ **tant que tu n'auras pas fini tes devoirs tu resteras à la maison** until you've finished your homework you'll have to stay indoors ◆ **tant que vous y êtes*, achetez les deux volumes** while you are about it ou at it, buy both volumes ◆ **tant que vous êtes ici*, donnez-moi un coup de main** since ou seeing you are here, give me a hand
g LOC **(tout va bien) tant qu'on a la santé!** (you're all right) as long as you've got your health! ◆ **tant qu'il y a de la vie, il y a de l'espoir*** where there's life, there's hope ◆ **tant bien que mal** aller, marcher so-so*, as well as can be expected (hum); réussir, s'efforcer after a fashion, in a manner of speaking ◆ **il est un tant soit peu prétentieux** he is ever so slightly ou he's a little bit pretentious ◆ **s'il est tant soit peu intelligent il saura s'en tirer** if he is (even) remotely intelligent ou if he has the slightest grain of intelligence he'll be able to get out of it ◆ **si vous craignez tant soit peu le froid, restez chez vous** if you feel the cold at all ou the slightest bit, stay at home ◆ **tant mieux** (à la bonne heure) (that's) good ou fine ou great*; (avec une certaine réserve) so much the better, that's fine ◆ **tant mieux pour lui** good for him ◆ **tant pis** (conciliant: ça ne fait rien) never mind, (that's) too bad; (peu importe, qu'à cela ne tienne) (that's just) too bad ◆ **tant pis pour lui** (that's just) too bad for him ◆ **tant et si bien que** so much so that, to such an extent that ◆ **il a fait tant et si bien qu'elle l'a quitté** he finally succeeded in making her leave him ◆ **il y en a tant et plus** [eau, argent] there is ever so much; [objets, personnes] there are ever so many ◆ **il a protesté tant et plus mais sans résultat** he protested for all he was worth ou over and over again but to no avail ◆ **il gagne tant et tant d'argent qu'il ne sait pas quoi en faire** he earns so much money ou such a lot (of money) that he doesn't know what to do with it all ◆ **tant qu'à faire, on va payer maintenant** we might ou may as well pay now ◆ **tant qu'à faire, je préfère payer tout de suite** (since I have to pay) I might ou may as well pay right away ◆ **tant qu'à faire, faites-le bien** if you're going to do it, do it properly ◆ **tant qu'à marcher, allons en forêt** if we have to walk ou if we are walking, let's go to the forest ◆ **tant que ça?*** that much?, as much as that? ◆ **pas tant que ça*** not that much ◆ **tu la paies tant que ça?*** do you pay her that much? ou as much as that? ◆ **je ne l'ai pas vu tant que ça pendant l'été** I didn't see him (all) that much* during the summer ◆ **tant qu'à moi / lui / eux*** as for me / him / them ◆ **tant s'en faut** not by a long way, far from it, not by a long chalk (Brit) ou shot ◆ **tant s'en faut qu'il ait l'intelligence de son frère** he's not nearly as ou nowhere near as ou nothing like as intelligent as his brother, he's not as intelligent as his brother – not by a long way ou chalk (Brit) ou shot ◆ (Prov) **tant va la cruche à l'eau qu'à la fin elle se casse** if you keep playing with fire you must expect to get burnt ◆ **ils sont sous-payés, si tant est qu'on les paie** they are underpaid, if they are paid at all → **en**[1] **si**[1], **tout**

tantale [tɑ̃tal] nm a (Myth) **Tantale** Tantalus → **supplice**
b (Chim) tantalum

tante [tɑ̃t] nf (parenté) aunt, aunty*; (‡: homosexuel) queer‡, poof‡ (Brit), fairy‡, nancy-boy‡ (Brit), fag‡ (US) ◆ **la tante Jeanne** Aunt ou Aunty* Jean ◆ **tante à héritage** rich (childless) aunt ◆ (mont de piété) **ma tante*** uncle's‡, the pawnshop

tantième [tɑ̃tjɛm] → SYN 1 nm percentage
2 adj ◆ **la tantième partie de qch** such (and such) a proportion of sth

tantine [tɑ̃tin] nf (langage enfantin) aunty*

tantinet* [tɑ̃tinɛ] → SYN nm ◆ **un tantinet fatigant / ridicule** a tiny ou weeny* bit tiring / ridiculous ◆ **un tantinet de** a tiny bit of

tantôt [tɑ̃to] → SYN adv a (cet après-midi) this afternoon; (††: tout à l'heure) shortly ◆ **mardi tantôt†*** on Tuesday afternoon
b (parfois) **tantôt à pied, tantôt en voiture** sometimes on foot, sometimes by car ◆ (littér) **tantôt riant, tantôt pleurant** now laughing, now crying

tantouse‡, **tantouze** [tɑ̃tuz] nf (homosexuel) queer‡, poof‡ (Brit), fairy‡, fag‡ (US)

tantras [tɑ̃tʀas] nmpl Tantras

tantrisme [tɑ̃tʀism] nm Tantrism

Tanzanie [tɑ̃zani] nf Tanzania ◆ **République unie de Tanzanie** United Republic of Tanzania

tanzanien, -ienne [tɑ̃zanjɛ̃, jɛn] 1 adj Tanzanian
2 nm,f ◆ **Tanzanien(ne)** Tanzanian

TAO [teao] nf (abrév de **traduction assistée par ordinateur**) MAT

Tao [tao] nm Tao

taoïsme [taoism] nm Taoism

taoïste [taoist] adj, nm,f Taoist

taon [tɑ̃] nm horsefly, gadfly

tapage [tapaʒ] → SYN 1 nm a (vacarme) din, uproar, row, racket ◆ **faire du tapage** to create a din ou an uproar, kick up* ou make a row
b (battage) fuss, talk ◆ **ils ont fait un tel tapage autour de cette affaire que ...** there was so much fuss made about ou so much talk over this affair that ...
2 COMP ▷ **tapage nocturne** (Jur) disturbance of the peace *(at night)*

tapageur, -euse [tapaʒœʀ, øz] → SYN adj a (bruyant) enfant, hôtes noisy, rowdy
b (peu discret, voyant) publicité obtrusive; élégance, toilette flashy, loud, showy

tapageusement [tapaʒøzmɑ̃] adv (→ **tapageur**) noisily; obstrusively; loudly

tapant, e [tapɑ̃, ɑ̃t] → SYN adj ◆ **à 8 heures tapant(es)** at 8 (o'clock) sharp, on the stroke of 8, at 8 o'clock on the dot*

tapas [tapas] nfpl tapas

tape[1] [tap] → SYN nf (coup) slap ◆ **il m'a donné une grande tape dans le dos** he slapped me hard on the back ◆ **une petite tape amicale** a friendly little tap

tape[2] [tap] nf (Naut) hawse(hole) plug

tapé, e[1] [tape] (ptp de **taper**[1]) adj a fruit (talé) bruised
b (*: fou) cracked*, bonkers‡ (Brit)

tape-à-l'œil [tapalœj] 1 adj inv décoration, élégance flashy, showy
2 nm inv ◆ **c'est du tape-à-l'œil** it's all show ou flash* (Brit) ou razzle-dazzle*

tapecul, tape-cul, pl **tape-culs** [tapky] nm (voile) jigger; (*: balançoire) see-saw; (*: voiture) bone-shaker* (Brit), rattletrap*; (*: trot assis) close trot ◆ **faire du tapecul** to trot close

tapée[2]‡ [tape] → SYN nf ◆ **une tapée de, des tapées de** loads of*, masses of*

tapement [tapmɑ̃] nm banging (NonC), banging noise

tapenade [tap(ə)nad] nf tapenade

taper¹ [tape] → SYN ▸conjug 1◂ **1** vt **a** (battre) tapis to beat; (*) enfant to slap, clout; (claquer) porte to bang, slam ◆ **taper le carton*** to play cards

b (frapper) **taper un coup/deux coups à la porte** to knock once/twice at the door, give a knock/two knocks at the door ◆ (péj) **taper un air sur le piano** to bang ou thump out a tune on the piano

c **taper (à la machine)** lettre to type (out) ◆ **apprendre à taper à la machine** to learn (how) to type ◆ **elle tape bien** she types well, she's a good typist ◆ **elle tape 60 mots à la minute** her typing speed is 60 words a minute ◆ **tapé à la machine** typed, typewritten

d (‡: emprunter à, solliciter) **taper qn (de 10 F)** to touch sb* (for 10 francs), cadge (10 francs) off sb*

2 vi **a** (frapper, cogner) **taper sur un clou** to hit a nail ◆ **taper sur la table** to bang ou rap on the table ◆ (péj) **taper sur un piano** to bang ou thump away at a piano ◆ **taper sur qn*** to thump sb* ◆ **taper sur la gueule de qn‡** to bash sb up‡, belt sb‡ ◆ (fig) **taper sur le ventre de** ou **à* qn** to be a bit pushy with sb*, be overfamiliar with sb ◆ **taper à la porte/au mur** to knock on the door/wall ◆ **il tapait comme un sourd** he was thumping away for all he was worth ◆ **il tape (dur), le salaud‡** the bastard's‡ hitting hard ◆ **taper dans un ballon** to kick a ball about ou around

b (*: dire du mal de) **taper sur qn** to run sb down*, have a go at sb* (behind his back)

c (*: entamer) **taper dans** provisions, caisse to dig into*

d (être fort, intense) [soleil] to beat down; (*) [vin] to go to one's head

e (‡: sentir mauvais) to stink*, pong‡ (Brit)

f LOC **taper des pieds** to stamp one's feet ◆ **taper des mains** to clap one's hands ◆ (fig) **se faire taper sur les doigts*** to be rapped over the knuckles ◆ **il a tapé à côté*** he was wide of the mark ◆ **taper sur les nerfs** ou **le système de qn*** to get on sb's nerves* ou wick‡ (Brit) ◆ **taper dans l'œil de qn*** to take sb's fancy* ◆ **taper dans le tas** (bagarre) to pitch into the crowd; (repas) to tuck in*, dig in* → **mille¹**

3 **se taper** vpr **a** (‡: s'envoyer) repas to put away*; corvée to do, get landed* with; importun to get landed* ou lumbered* (Brit) with ◆ **on s'est tapé les 10 km à pied** we slogged it on foot for the (whole) 10 km*, we footed the whole 10 km* ◆ (sexuellement) **se taper qn** to have it off with sb‡, lay sb‡

b LOC **se taper (sur) les cuisses de contentement*** to slap one's thighs with satisfaction ◆ **il y a de quoi se taper le derrière*** ou **le cul‡ par terre** it's darned* ou bloody‡ (Brit) ridiculous ◆ **c'est à se taper la tête contre les murs** it's enough to drive you up the wall* ◆ **se taper la cloche*** to feed one's face*, have a blow-out‡ (Brit) ◆ **il peut toujours se taper‡** he knows what he can do‡ ◆ **se taper sur le ventre*** to be on chummy* ou pally* terms ◆ **s'en taper*** not to give a damn‡

taper² [tape] ▸conjug 1◂ vt (Naut) to plug

tapette [tapɛt] → SYN nf **a** (pour tapis) carpet beater; (pour mouches) flyswatter; (pour souris) mousetrap

b (†*: langue) **il a une bonne** ou **fière tapette** ou **une de ces tapettes** he's a real chatterbox*

c (‡: homosexuel) poof‡ (Brit), queer‡, fairy‡, nancy-boy‡ (Brit), fag‡ (US)

tapeur, -euse* [tapœʀ, øz] → SYN nm,f (emprunteur) cadger*

tapin [tapɛ̃] → SYN nm **a** (‡) **faire le tapin** to be on the game‡, hustle* (US)

b (†: tambour) drummer

tapiner‡ [tapine] ▸conjug 1◂ vi to be on the game‡, hustle* (US)

tapineuse‡ [tapinøz] nf (arg Crime) hustler*

tapinois [tapinwa] → SYN nm ◆ **en tapinois** s'approcher furtively; agir on the sly

tapioca [tapjɔka] nm tapioca

tapir [tapiʀ] nm (Zool) tapir

tapir (se) [tapiʀ] → SYN ▸conjug 2◂ vpr (se blottir) to crouch; (se cacher) to hide away; (s'embusquer) to lurk ◆ **maison tapie au fond de la vallée** house hidden away at the bottom of the valley ◆ **ce mal tapi en lui depuis des années** this sickness that for years had lurked within him

tapis [tapi] → SYN **1** nm **a** [sol] (gén) carpet; (petit) rug; (natte) mat; (dans un gymnase) mat ◆ **tapis mécanique** machine-woven carpet → **marchand**

b [meuble] cloth; [table de jeu] baize (NonC), cloth, covering ◆ **le tapis vert des tables de conférence** the green baize ou covering of conference tables ◆ (Casino) **le tapis brûle** place your stakes

c (fig) **tapis de verdure/de neige** carpet of greenery/snow

d LOC **aller au tapis** to go down for the count ◆ (lit, fig) **envoyer qn au tapis** to floor sb ◆ **mettre** ou **porter sur le tapis** affaire, question to lay on the table, bring up for discussion ◆ **être/revenir sur le tapis** to come up/come back up for discussion

2 COMP ▷ **tapis à bagages** (dans un aéroport) carousel ▷ **tapis de bain** bath mat ▷ **tapis de billard** billiard cloth ▷ **tapis de bombes** carpet of bombs ▷ **tapis de chœur** altar carpet ▷ **tapis de couloir** runner ▷ **tapis de haute laine** long-pile carpet ▷ **tapis d'Orient** oriental carpet ▷ **tapis persan** Persian carpet ▷ **tapis de prière** prayer mat ▷ **tapis ras** short-pile carpet ▷ **tapis rouge** red carpet ◆ **dérouler le tapis rouge** to roll out the red carpet ▷ **tapis roulant** (pour colis etc) conveyor belt; (pour piétons) moving walkway, travelator; (pour bagages) carousel ▷ **tapis de selle** saddlecloth ▷ **tapis de sol** groundsheet ▷ **tapis de table** table cover ▷ **tapis végétal** ground cover ▷ **tapis volant** magic carpet

tapis-brosse, pl **tapis-brosses** [tapibʀɔs] nm doormat

tapissé, e [tapise] (ptp de **tapisser**) adj ◆ **sol tapissé de neige/de mousse** ground carpeted with snow/moss ◆ **mur tapissé de photos/d'affiches** wall covered ou plastered with photos/posters ◆ **tapissé de lierre/de mousse** ivy-/moss-clad ◆ **tapissé de neige** snow-clad, covered in snow ◆ **voiture tapissée de cuir** car with leather interior trim ou leather upholstery

tapisser [tapise] → SYN ▸conjug 1◂ vt **a** [personne] **tapisser (de papier peint)** to (wall)paper ◆ **tapisser un mur/une pièce de tentures** to hang a wall/room with drapes, cover a wall/room with hangings ◆ **tapisser un mur d'affiches/de photos** to plaster ou cover a wall with posters/photos

b [tenture, papier] to cover, line; [mousse, neige, lierre] to carpet, cover; (Anat, Bot) [membranes, tissus] to line ◆ **le lierre tapissait le mur** the wall was covered with ivy

tapisserie [tapisʀi] → SYN nf **a** (tenture) tapestry; (papier peint) wallpaper, wall covering; (activité) tapestry-making ◆ **faire tapisserie** [subalterne] to stand on the sidelines; [danseur, danseuse] to be a wallower, sit out ◆ **j'ai dû faire tapisserie pendant que ma femme dansait** I had to sit out ou I was a wallflower while my wife was dancing

b (broderie) tapestry; (activité) tapestrywork ◆ **faire de la tapisserie** to do tapestry work ◆ **fauteuil recouvert de tapisserie** armchair upholstered with tapestry ◆ **pantoufles en tapisserie** embroidered slippers ◆ **les tapisseries d'Aubusson/des Gobelins** the Aubusson/Gobelins tapestries → **point²**

tapissier, -ière [tapisje, jɛʀ] nm,f (fabricant) tapestry-maker; (commerçant) upholsterer ◆ **tapissier-décorateur** interior decorator

tapon† [tapɔ̃] nm ◆ **en tapon** in a ball ◆ **mettre en tapon** to roll (up) into a ball

tapotement [tapɔtmɑ̃] nm (sur la table) tapping (NonC); (sur le piano) plonking (NonC)

tapoter [tapɔte] → SYN ▸conjug 1◂ **1** vt joue to pat; baromètre to tap ◆ **tapoter sa cigarette pour faire tomber la cendre** to flick (the ash off) one's cigarette ◆ (péj) **tapoter une valse au piano** to plonk ou thump out a waltz at ou on the piano

2 vi ◆ **tapoter sur** ou **contre** to tap on

tapuscrit [tapyskʀi] nm typescript

taquet [takɛ] → SYN nm (coin, cale) wedge; (cheville, butée) peg; (pour enrouler un cordage) cleat

taquin, e [takɛ̃, in] → SYN adj caractère, personne teasing (épith) ◆ **c'est un taquin** he's a tease ou a teaser

taquiner [takine] → SYN ▸conjug 1◂ vt [personne] to tease; [fait, douleur] to bother, worry ◆ (hum) **taquiner le goujon** to do a bit of fishing ◆ (hum) **taquiner la muse** to dabble in poetry, court the Muse (hum)

taquinerie [takinʀi] → SYN nf teasing (NonC) ◆ **agacé par ses taquineries** annoyed by his teasing

tarabiscoté, e [taʀabiskɔte] → SYN adj meuble (over-)ornate, fussy; style involved, (over-)ornate, fussy; explication (overly) involved

tarabuster [taʀabyste] → SYN ▸conjug 1◂ vt [personne] to badger, pester; [fait, idée] to bother, worry ◆ **il m'a tarabusté pour que j'y aille** he badgered ou pestered me to get me to go

tarage [taʀaʒ] nm (Comm) taring

tarama [taʀama] nm taramasalata

taratata [taʀatata] excl (stuff and) nonsense!, rubbish!

taraud [taʀo] nm tap

taraudage [taʀodaʒ] nm tapping ◆ **taraudage à la machine/à la main** machine-/hand-tapping

tarauder [taʀode] → SYN ▸conjug 1◂ vt (Tech) plaque, écrou to tap; vis, boulon to thread; (fig) [insecte] to bore into; [remords, angoisse] to pierce

taraudeur, -euse [taʀodœʀ, øz] **1** nm,f (ouvrier) tapper

2 **taraudeuse** nf (machine) tapping-machine; (à fileter) threader

tarbouch(e) [taʀbuʃ] nm tarboosh, tarbush, tarbouche

tard [taʀ] → SYN **1** adv (dans la journée, dans la saison) late ◆ **plus tard** later (on) ◆ **il est tard** it's late ◆ **il se fait tard** it's getting late ◆ **se coucher/travailler tard** to go to bed/work late ◆ **travailler tard dans la nuit** to work late (on) into the night ◆ **il vint nous voir tard dans la matinée/journée** he came to see us late in the morning ou in the late morning/late in the day ◆ **il vous faut arriver jeudi au plus tard** you must come on Thursday at the latest ◆ **c'est un peu tard pour t'excuser** it's a bit late in the day to be making your excuses ◆ **pas plus tard qu'hier** only yesterday ◆ **pas plus tard que la semaine dernière** just ou only last week, as recently as last week ◆ **remettre qch à plus tard** to put sth off till later (on) → **jamais, mieux, tôt**

2 nm ◆ **sur le tard** (dans la vie) late (on) in life, late in the day (fig); (dans la journée) late in the day

tarder [taʀde] → SYN ▸conjug 1◂ **1** vi **a** (différer, traîner) to delay ◆ **tarder à entreprendre qch** to put off ou delay starting sth ◆ **ne tardez pas (à le faire)** don't be long doing it ou getting down to it ◆ **tarder en chemin** to loiter ou dawdle on the way ◆ **sans (plus) tarder** without (further) delay ◆ **pourquoi tant tarder?** why delay it ou put it off so long?, why be so long about it?

b (se faire attendre) [réaction, moment] to be a long time coming; [lettre] to take a long time (coming), be a long time coming ◆ **l'été tarde (à venir)** summer is a long time coming ou is slow to appear ◆ **ce moment tant espéré avait tant tardé** this much hoped-for moment had taken so long to come ou had been so long (in) coming

c (loc nég) **ne pas tarder** (se manifester promptement): **ça ne va pas tarder** it won't be long (coming) ◆ **ça n'a pas tardé** it wasn't long (in) coming ◆ **leur réaction ne va pas tarder** their reaction won't be long (in) coming ◆ **il est 2 heures: ils ne vont pas tarder** it's 2 o'clock – they won't be long (now) ◆ **ils n'ont pas tardé à être endettés** before long they were in debt, it wasn't long before they were in debt ◆ **il n'a pas tardé à s'en apercevoir** it didn't take him long to notice, he noticed soon enough ◆ **ils n'ont pas tardé à réagir, leur réaction n'a pas tardé** they weren't long (in) reacting, their reaction came soon enough ◆ **l'élève ne tarda pas à dépasser le maître** the pupil soon outstripped the teacher

d (sembler long) **le temps** ou **le moment me tarde d'être en vacances** I'm longing to be on holiday, I can't wait to be on holiday
2 vb impers ◆ (littér) **il me tarde de le revoir/que ces travaux soient finis** I am longing ou I can't wait to see him again/for this work to be finished

tardif, -ive [taʀdif, iv] → SYN adj apparition, maturité, rentrée, repas late; regrets, remords belated, tardy (frm); fruits late

tardivement [taʀdivmɑ̃] adv (à une heure tardive) rentrer late; (après coup, trop tard) s'apercevoir de qch belatedly, tardily (frm)

tare [taʀ] → SYN nf a (contrepoids) tare ◆ **faire la tare** to allow for the tare
b (défaut) [personne, marchandise] defect (*de* in, of); [société, système] flaw (*de* in), defect (*de* of) ◆ **c'est une tare de ne pas avoir fait de maths** it's a weakness not to have done any maths

taré, e [taʀe] → SYN 1 adj régime, politicien tainted, corrupt; enfant, animal sickly, with a defect ◆ (péj) **il faut être taré pour faire cela*** you have to be sick to do that*
2 nm,f (Méd) degenerate ◆ (péj) **regardez-moi ce taré*** look at that cretin*

Tarente [taʀɑ̃t] n Taranto

tarentelle [taʀɑ̃tɛl] nf tarantella

tarentule [taʀɑ̃tyl] nf tarantula

tarer [taʀe] → SYN ▸ conjug 1 ◂ vt (Comm) to tare, allow for the tare

taret [taʀɛ] nm shipworm, taredo (spéc)

targe [taʀʒ] nf targe

targette [taʀʒɛt] nf (verrou) bolt

targuer (se) [taʀge] → SYN ▸ conjug 1 ◂ vpr ◆ (se vanter) **se targuer de qch** to boast about sth, pride ou preen o.s. on sth ◆ **se targuer de ce que ...** to boast that ... ◆ **se targuer d'avoir fait qch** to pride o.s. on having done sth ◆ **se targuant d'y parvenir aisément ...** boasting (that) he would easily manage it ...

targui, e [taʀgi] 1 adj Tuareg
2 nm,f ◆ **Targui(e)** Tuareg

tarière [taʀjɛʀ] → SYN nf a (Tech) (pour le bois) auger; (pour le sol) drill
b (Zool) drill, ovipositor (spéc)

tarif [taʀif] → SYN 1 nm (tableau) price list, tariff (Brit); (barème) rate, rates (pl), tariff (Brit); (prix) rate ◆ **consulter/afficher le tarif des consommations** to check/put up the price list for drinks ou the drinks tariff (Brit) ◆ **le tarif postal pour l'étranger/le tarif des taxis va augmenter** overseas postage rates/taxi fares are going up ◆ **les tarifs postaux/douaniers vont augmenter** postage/customs rates are going up ◆ **payé au tarif syndical** paid according to union rates, paid the union rate ou the union scale ◆ **quels sont vos tarifs?** (réparateur) how much do you charge?; (profession libérale) what are your fees?, what fee do you charge? ◆ **est-ce le tarif habituel?** is this the usual ou going rate? ◆ **voyager à plein tarif/à tarif réduit** to travel at full/reduced fare ◆ (hum) **50 F d'amende/2 mois de prison, c'est le tarif!*** a 50-franc fine/2 months' prison is what you get!
2 COMP ▹ **tarif de base** (gén) standard ou basic rate; (Publicité) open rate, transient rate (US) ▹ **tarif dégressif** (gén) tapering charges; (Publicité) earned rate ▹ **tarif de nuit** night ou off-peak rate

tarifaire [taʀifɛʀ] adj tariff (épith)

tarifer [taʀife] → SYN ▸ conjug 1 ◂ vt to fix the price ou rate for ◆ **marchandises tarifées** fixed-price goods

tarification [taʀifikasjɔ̃] nf fixing of a price scale (*de* for)

tarin [taʀɛ̃] → SYN nm (‡: nez) conk‡ (Brit), snoot‡ (US); (Orn) siskin

tarir [taʀiʀ] → SYN ▸ conjug 2 ◂ 1 vi a [cours d'eau, puits] to run dry, dry up; [larmes] to dry (up); [pitié, conversation] to dry up; [imagination, ressource] to run dry, dry up
b [personne] **il ne tarit pas sur ce sujet** he can't stop talking about that, he is unstoppable* on that subject ◆ **il ne tarit pas d'éloges sur elle** he never stops ou he can't stop praising her
2 vt (lit, fig) to dry up ◆ (littér) **tarir les larmes de qn** to dry sb's tears
3 **se tarir** vpr [source, imagination] to run dry, dry up

tarissable [taʀisabl] adj source, ressources which can dry up

tarissement [taʀismɑ̃] nm (→ **tarir, se tarir**) drying up

tarlatane [taʀlatan] nf tarlatan

tarmac [taʀmak] nm tarmac

taro [taʀo] nm (Bot) taro, elephant's ear

tarot [taʀo] nm (jeu) tarot; (paquet de cartes) tarot (pack)

tarpan [taʀpɑ̃] nm tarpan

tarpon [taʀpɔ̃] nm tarpon

Tarse [taʀs] nm Tarsus

tarse [taʀs] nm (Anat, Zool) tarsus ◆ **tarse palpébral** tarsal plate

tarsien, -ienne [taʀsjɛ̃, jɛn] adj tarsal

tarsier [taʀsje] nm tarsier

Tartan ® [taʀtɑ̃] nm (caoutchouc) Tartan ®

tartan [taʀtɑ̃] → SYN nm tartan

tartane [taʀtan] nf (Naut) tartan

tartare [taʀtaʀ] 1 adj a (Hist) Tartar
b (Culin) ◆ **sauce tartare** tartar(e) sauce ◆ **(steak) tartare** steak tartare
2 nmf (Hist) ◆ **Tartare** Tartar

tartarin [taʀtaʀɛ̃] nm († hum) braggart†

tarte [taʀt] → SYN 1 nf a (Culin) tart ◆ **tarte aux fruits/à la crème** fruit/cream tart ◆ **tarte Tatin** ≃ apple upside-down tart ◆ (fig péj) **tarte à la crème** (formule vide) pet theme; comique, comédie slapstick (épith), custard-pie (épith) ◆ **c'est pas de la tarte‡** it's no joke*, it's no easy matter
b (‡: gifle) clout, clip round the ear
2 adj inv (*) (laid) personne plain-looking; chaussures, jupe naff* (Brit), tacky*; (bête) daft* (Brit), stupid ◆ **j'ai l'air tarte dans cette robe** I look stupid in this dress

tartelette [taʀtəlɛt] nf tartlet, tart

tartempion* [taʀtɑ̃pjɔ̃] nm thingumabob*, so-and-so*

tartignole*, tartignolle* [taʀtiɲɔl] adj (laid) personne plain-looking; vêtement, chaussures tacky; (bête) daft* (Brit), stupid

tartine [taʀtin] → SYN nf a (beurrée) slice of bread and butter; (à la confiture) slice of bread and jam; (tranche prête à être tartinée) slice ou piece of bread ◆ **le matin, on mange des tartines** in the morning we have bread and butter ◆ **tu as déjà mangé 3 tartines, ça suffit** you've already had 3 slices ou 3 pieces of bread, that's enough ◆ **couper des tranches de pain pour faire des tartines** to cut (slices of) bread for buttering ◆ **tartine au** ou **de miel** slice ou piece of bread and honey ◆ **tartine grillée et beurrée** piece of toast and butter ◆ **as-tu du pain pour les tartines?** have you got any bread to slice?
b (* fig: lettre, article) screed (Brit) ◆ **il en a mis une tartine** he wrote reams ou a great screed* (Brit) ◆ **il y a une tartine dans le journal à propos de ...** there's a long screed (Brit) ou a great spread in the paper about ...

tartiner [taʀtine] → SYN ▸ conjug 1 ◂ vt pain to spread (*de* with); beurre to spread ◆ **pâté de foie/fromage à tartiner** liver/cheese spread ◆ **tartiner du pain de beurre** to butter bread, spread bread with butter ◆ (fig) **il en a tartiné plusieurs pages*** he went on about it for several pages

tartrate [taʀtʀat] nm tartrate

tartre [taʀtʀ] nm [dents] tartar; [chaudière, bouilloire] fur; [tonneau] tartar

tartré, e [taʀtʀe] adj tartarized

tartreux, -euse [taʀtʀø, øz] adj tartarous

tartrique [taʀtʀik] adj ◆ **acide tartrique** tartaric acid

tartu(f)fe [taʀtyf] 1 nm (sanctimonious) hypocrite, tartuffe ◆ (Littérat) **"Tartuffe"** "Tartuffe, The Imposter"
2 adj hypocritical ◆ **il est un peu tartu(f)fe** he's something of a hypocrite ou tartuffe, he's a po-faced hypocrite*

tartu(f)ferie [taʀtyfʀi] nf hypocrisy

Tarzan [taʀzɑ̃] nm Tarzan; (* fig) muscleman

tas [tɑ] → SYN 1 nm a (amas) pile, heap ◆ **mettre en tas** to make a pile of, put into a heap, heap ou pile up
b (*: beaucoup de) **un** ou **des tas de** loads of*, heaps of*, lots of ◆ **il connaît un tas de choses/gens** he knows loads* ou heaps* of lots of things/people ◆ **il m'a raconté un tas de mensonges** he told me a pack of lies ◆ **tas de crétins*** you load ou bunch ou shower of idiots!*
c LOC **tirer dans le tas** to fire into the crowd ◆ **foncer dans le tas** to charge in ◆ **dans le tas on en trouvera bien un qui sache conduire** you're bound to find one out of the whole crowd who can drive ◆ **dans le tas tu trouveras bien un stylo qui marche** you're bound to find one pen that works out of that pile ◆ **j'ai acheté des cerises, tape où pioche dans le tas** I've bought some cherries so dig in* ou so help yourself ◆ **former qn sur le tas** to train sb on the job ◆ **formation sur le tas** on-the-job training → **grève**
2 COMP ▹ **tas de boue** (*: **voiture**) banger* (Brit), heap*, wreck* ▹ **tas de charge** (Archit) tas de charge ▹ **tas de fumier** dung ou manure heap

Tasmanie [tasmani] nf Tasmania

tasmanien, -ienne [tasmanjɛ̃, jɛn] 1 adj Tasmanian
2 nm,f ◆ **Tasmanien(ne)** Tasmanian

tassage [tɑsaʒ] → SYN nm (Sport) boxing in

tasse [tɑs] → SYN nf cup ◆ **tasse de porcelaine** china cup ◆ **tasse à thé** teacup ◆ **tasse à café** coffee cup ◆ **tasse de thé** cup of tea ◆ (hum) **ce n'est pas ma tasse de thé** it's not my cup of tea ◆ (fig) **boire une** ou **la tasse*** (en nageant) to swallow ou get a mouthful

Tasse [tas] nm ◆ **le Tasse** Tasso

tassé, e [tɑse] (ptp de **tasser**) adj a (affaissé) façade, mur that has settled ou sunk ou subsided; vieillard shrunken ◆ **tassé sur sa chaise** slumped on his chair
b (serrés) spectateurs, passagers packed (tight)
c **bien tassé*** (fort) whisky stiff (épith); (bien rempli) verre well-filled, full to the brim (attrib) ◆ **café bien tassé** good strong coffee ◆ **3 kilos bien tassés** a good 3 kilos ◆ **il a 50 ans bien tassés** he's well on in his fifties, he's well over fifty

tasseau, pl **tasseaux** [tɑso] → SYN nm (morceau de bois) piece ou length of wood; (support) bracket

tassement [tɑsmɑ̃] → SYN nm a [sol, neige] packing down
b [mur, terrain] settling, subsidence ◆ (Méd) **tassement de la colonne (vertébrale)** compression of the spinal column
c (diminution) **le tassement des voix en faveur du candidat** the drop ou fall-off in votes for the candidate ◆ **un tassement de l'activité économique** a downturn ou a slowing down in economic activity

tasser [tɑse] → SYN ▸ conjug 1 ◂ 1 vt a (comprimer) sol, neige to pack down, tamp down; foin, paille to pack ◆ **tasser le contenu d'une valise** to push ou ram down the contents of a case ◆ **tasser le tabac dans sa pipe** to pack ou tamp down the tobacco in one's pipe ◆ **tasser des prisonniers dans un camion** to cram ou pack prisoners into a truck
b (Sport) concurrent to box in
2 **se tasser** vpr a (s'affaisser) [façade, mur, terrain] to settle, sink, subside; (fig) [vieillard, corps] to shrink; [demande] to slow down; [électorat] to shrink
b (se serrer) to bunch up ◆ **on s'est tassé à 10 dans la voiture** 10 of us crammed into the car ◆ **tassez-vous, il y a encore de la place** bunch ou squeeze up, there's still room
c (*: s'arranger) to settle down ◆ **ne vous en faites pas, ça va se tasser** don't worry – things will settle down ou iron themselves out*
d (‡: engloutir) petits fours, boissons to down*, get through*

tassette [tasɛt] nf tasse(t), tace

tassili [tasili] nm sandstone massif

taste-vin [tastəvɛ̃] nm inv (wine-)tasting cup

T.A.T. [teate], **TAT** [tat] nm (abrév de **Thematic Apperception Test**) TAT

tata [tata] nf (langage enfantin: tante) auntie*; (‡: pédéraste) poof‡ (Brit), queer‡, fairy‡, fag‡ (US)

tatami [tatami] nm tatami

tatane‡ [tatan] nf shoe

ta, ta, ta [tatata] excl (stuff and) nonsense!, rubbish!

tatar, e [tataʀ] 1 adj Ta(r)tar
2 nm,f • **Tatar(e)** Ta(r)tar
3 nm (Ling) Ta(r)tar

tâter [tɑte] → SYN ▸conjug 1◂ 1 vt a (palper) objet, étoffe, pouls to feel • **tâter qch du bout des doigts** to feel ou explore sth with one's fingertips • **marcher en tâtant les murs** to feel ou grope one's way along the walls
b (sonder) adversaire, concurrent to try (out) • **tâter l'opinion** to sound ou test out opinion • (fig) **tâter le terrain** to find out ou see how the land lies, find out ou check the lie (Brit) ou lay (US) of the land, take soundings, put out feelers
2 vi a (†, littér: goûter à) **tâter de** mets to taste, try
b (essayer, passer par) to sample, try out • **tâter de la prison** to sample prison life, have a taste of prison • **il a tâté de tous les métiers** he has had a go at* ou he has tried his hand at all possible jobs
3 **se tâter** vpr a (après une chute) to feel o.s. *(for injuries)*; (pensant avoir perdu qch) to feel one's pocket(s) • **il se releva, se tâta: rien de cassé** he got up and felt himself but he had nothing broken
b (*: hésiter) to be in (Brit) ou of (US) two minds • **viendras-tu? – je ne sais pas, je me tâte** are you coming? – I don't know, I'm in (Brit) ou of (US) two minds (about it) ou I haven't made up my mind (about it)

tâte-vin [tatvɛ̃] nm inv ⇒ **taste-vin**

tati(e) [tati] nf (langage enfantin) auntie*

tatillon, -onne [tatijɔ̃, ɔn] → SYN adj finicky, pernickety (Brit), persnickety (US), nit-picking* • **il est tatillon, c'est un tatillon** he's very finicky ou pernickety (Brit), he's a nit-picker*, he's always nit-picking*

tâtonnant, e [tɑtɔnɑ̃, ɑ̃t] adj geste, main groping (épith); style hesitant

tâtonnement [tɑtɔnmɑ̃] → SYN nm (gén pl: essai) trial and error (NonC), experimentation (NonC) • **après bien des tâtonnements** after a good deal of experimentation ou of trial and error • **procéder par tâtonnement(s)** to move forward by trial and error

tâtonner [tɑtɔne] → SYN ▸conjug 1◂ vi a (pour se diriger) to grope ou feel one's way (along), grope along; (pour trouver qch) to grope ou feel around ou about
b (fig) to grope around; (par méthode) to proceed by trial and error

tâtons [tɑtɔ̃] → SYN adv • (lit, fig) **avancer à tâtons** to grope along, grope ou feel one's way along • (lit, fig) **chercher qch à tâtons** to grope ou feel around for sth

tatou [tatu] nm armadillo

tatouage [tatwaʒ] → SYN nm (action) tattooing; (dessin) tattoo • **son dos est couvert de tatouages** his back is covered with tattoos

tatouer [tatwe] → SYN ▸conjug 1◂ vt to tattoo • (hum) **c'est un dur, un tatoué** he's the bouncer type

tatoueur, -euse [tatwœʀ, øz] nm,f tattooer

tau [to] nm inv (lettre) tau; (Hér) tau cross, Saint Anthony's cross

taud [to] → SYN nm (abri) awning

taudis [todi] → SYN nm (logement) hovel, slum; (pl: Admin, gén) slums • (fig: en désordre) **ta chambre est un vrai taudis** your room is like a pigsty ou a slum

taulard, -arde‡ [tolaʀ, aʀd] nm,f (arg Crime) convict, con (arg)

taule‡ [tol] nf a (prison) nick‡ (Brit), jug‡, clink‡ • **aller en taule** to go inside*, get banged up‡ (Brit) • **mettre** ou **foutre**‡ **qn en taule** to put ou toss* sb in jail • **il a fait de la taule** he's done time ou a stretch*, he has been inside* • **il a eu 5 ans de taule** he has been given a 5-year stretch* ou 5 years in the nick‡ (Brit) ou in clink‡
b (chambre) room

taulier, -ière‡ [tolje, jɛʀ] nm,f (hotel) boss*

taupe [top] nf a (animal, fig: espion) mole; (fourrure) moleskin • (fig péj) **une vieille taupe** an old crone ou hag (péj), an old bag‡ (péj) • (fig) **ils vivent comme des taupes dans ces grands immeubles** they live closeted away ou completely shut up in these multi-storey blocks, they never get out to see the light of day from these multi-storey blocks → **myope**
b (arg Scol: classe) advanced maths class *(preparing for the Grandes Écoles)*

taupe-grillon, pl **taupes-grillons** [topgʀijɔ̃] nm mole cricket

taupière [topjɛʀ] nf mole trap

taupin [topɛ̃] nm a (Zool) click beetle, elaterida (spéc)
b (Scol) maths student (→ **taupe**)

taupinière [topinjɛʀ] nf (tas) molehill; (galeries, terrier) mole tunnel; (fig péj: immeuble, bureaux) rabbit warren

taureau, pl **taureaux** [tɔʀo] nm (Zool) bull • (Astron) **le Taureau** Taurus, the Bull • **être (du) Taureau** to be Taurus ou a Taurean • **taureau de combat** fighting bull • **il avait une force de taureau** he was as strong as an ox • **une encolure** ou **un cou de taureau** a bull neck • (fig) **prendre le taureau par les cornes** to take the bull by the horns → **course**

taurides [tɔʀid] nfpl Taurids

taurillon [tɔʀijɔ̃] nm bull-calf

taurin, e [tɔʀɛ̃, in] adj bullfighting (épith)

taurobole [tɔʀɔbɔl] nm taurobolium

tauromachie [tɔʀɔmaʃi] nf bullfighting, tauromachy (spéc)

tauromachique [tɔʀɔmaʃik] adj bullfighting (épith)

tautochrone [totokʀon] adj • **courbe tautochrone** tautochrone

tautologie [totɔlɔʒi] → SYN nf tautology

tautologique [totɔlɔʒik] adj tautological

tautomère [totɔmɛʀ] adj (Anat) tautomeral • (Chim) **corps tautomères** tautomers

tautomérie [totɔmeʀi] nf tautomerism

taux [to] → SYN nm a (gén, Fin, Statistique) rate • **taux d'intérêt** interest rate, rate of interest • **taux des salaires** wage rate • **taux de change** exchange rate, rate of exchange • **taux de mortalité** mortality rate • **taux de natalité** birth rate • **taux actuariel (brut)** annual percentage rate • **taux officiel d'escompte** bank rate • **taux d'escompte** discount rate • **taux de prêt** lending rate • **taux de croissance** growth rate • **taux de base bancaire** minimum ou base ou prime (US) lending rate • **taux de chômage** unemployment rate
b (niveau, degré) [infirmité] degree; [cholestérol, sucre] level • [moteur] **taux de compression** compression ratio

tauzin [tozɛ̃] nm *type of oak tree,* quercus tozza (spéc)

tavaïolle [tavajɔl] nf [baptême] chris(o)m

tavelé, e [tav(ə)le] (ptp de **taveler**) adj fruit marked • **visage tavelé de taches de son** face speckled with ou covered in freckles • **visage tavelé par la petite vérole** pockmarked face, face pitted with pockmarks

taveler [tav(ə)le] ▸conjug 4◂ 1 vt fruit to mark; visage to speckle
2 **se taveler** vpr [fruit] to become marked

tavelure [tav(ə)lyʀ] nf [fruit] mark; [peau] mark, spot

taverne [tavɛʀn] → SYN nf (Hist) inn, tavern; (Can) tavern, beer parlor (Can)

tavernier, -ière [tavɛʀnje, jɛʀ] → SYN nm,f (Hist, hum) innkeeper

tavillon [tavijɔ̃] nm (Helv) small shingle

taxable [taksabl] → SYN adj (gén) taxable; (à la douane) liable to duty (épith), dutiable

taxateur, -trice [taksatœʀ, tʀis] nm,f (Admin) taxer; (Jur) taxing master • **juge taxateur** taxing master

taxation [taksasjɔ̃] → SYN nf (→ **taxer**) taxing, taxation; fixing (the rate); fixing the price; assessment • **taxation d'office** estimation of tax(es)

taxe [taks] → SYN 1 nf a (impôt, redevance) tax; (à la douane) duty • **taxes locales / municipales** local / municipal taxes • **toutes taxes comprises** inclusive of tax → **hors**
b (Admin, Comm: tarif) statutory price • **vendre des marchandises à la taxe / plus cher que la taxe** to sell goods at / for more than the statutory price
c (Jur) [dépens] taxation, assessment
2 COMP ▹ **taxes d'aéroport** airport tax(es) ▹ **taxe d'apprentissage** apprenticeship tax *(paid by French employers to finance apprenticeships)* ▹ **taxe d'habitation** ≃ council tax (Brit), ≃ rates (Brit) ▹ **taxe de luxe** tax on luxury goods ▹ **taxe professionnelle** local tax on businesses, ≃ business rate (Brit) ▹ **taxe de raccordement** (Téléc) connection fee ▹ **taxe de séjour** tourist tax ▹ **taxe à** ou **sur la valeur ajoutée** value-added tax (Brit), VAT (Brit), ≃ sales tax

taxer [takse] → SYN ▸conjug 1◂ vt a (imposer) marchandises, service to put ou impose a tax on, tax; (à la douane) to impose ou put duty on
b particuliers to tax • **taxer qn d'office** to assess sb for tax ou taxation (purposes)
c (Admin, Comm) valeur to fix (the rate of); marchandise to fix the price of; (Jur) dépens to tax, assess
d (‡: voler) to pinch*, nick‡ (Brit) • (‡: extorquer) **il m'a taxé de 100 F** he got 100 francs out of me*
e **taxer qn de qch** (qualifier de) to call sb sth; (accuser de) to tax sb with sth (frm), accuse sb of sth • **une méthode que l'on a taxée de charlatanisme** a method to which the term charlatanism has been applied • **il m'a taxé d'imbécile** he called me an idiot • **on le taxe d'avarice** he's accused of miserliness ou of being a miser

taxi [taksi] nm a (voiture) taxi, (taxi)cab • **taxi-brousse** bush taxi → **chauffeur, station**
b (*: chauffeur) cabby*, taxi driver • **elle fait (le) taxi** she's a cabby, she's a taxi ou cab driver • (fig) **j'en ai assez de faire le taxi** I'm fed up* driving everyone around

taxidermie [taksidɛʀmi] → SYN nf taxidermy

taxidermiste [taksidɛʀmist] nmf taxidermist

taxie [taksi] nf taxis

taxi-girl, pl **taxi-girls** [taksigœʀl] → SYN nf (danseuse) taxigirl

taximètre [taksimɛtʀ] nm (taxi)meter

taxinomie [taksinɔmi] nf taxonomy

taxinomique [taksinɔmik] adj taxonomic(al)

taxinomiste [taksinɔmist] nmf taxonomist

taxiphone ® [taksifɔn] nm pay-phone, public (tele)phone

taxiway [taksiwɛ] nm taxiway

taxodium [taksɔdjɔm] nm bald cypress, taxodium (spéc)

taxonomie [taksɔnɔmi] ⇒ **taxinomie**

taxonomique [taksɔnɔmik] adj ⇒ **taxinomique**

taxonomiste [taksɔnɔmist] nmf ⇒ **taxinomiste**

taylorisation [tɛlɔʀizasjɔ̃] nf Taylorization

tayloriser [tɛlɔʀize] ▸conjug 1◂ vt to Taylorize

taylorisme [tɛlɔʀism] nm Taylorism

TB (abrév de **très bien**) VG

TBB [tebebe] nm (abrév de **taux de base bancaire**) → **taux**

Tbilissi [tbilisi] n Tbilisi

Tchad [tʃad] nm • **le Tchad** Chad • **le lac Tchad** Lake Chad

tchadien, -ienne [tʃadjɛ̃, jɛn] 1 adj Chad
2 nm,f • **Tchadien(ne)** Chad

tchador [tʃadɔʀ] nm chador

Tchaïkovski [tʃaikɔvski] nm Tchaikovsky

tchao [tʃao] excl bye!, cheerio!

tchatche⁑ [tʃatʃ] nf yacking*, yakking*, jabbering ◆ **il a une de ces tchatche !** he is a real gasbag!⁑, he's got verbal diarrhoea!⁑ (Brit) ou diarrhea!⁑ (US)

tchatcher⁑ [tʃatʃe] ▸conjug 1◂ vi to yack*, yak*, jabber ◆ **il ne fait que tchatcher** he never stops yacking* ou yakking*, all he does is yak, yak, yak*

tchécoslovaque [tʃekɔslɔvak] 1 adj Czechoslovak(ian)
2 ◆ **Tchécoslovaque** nmf Czechoslovak(ian)

Tchécoslovaquie [tʃekɔslɔvaki] nf Czechoslovakia

Tchekhov [tʃekɔv] nm Chek(h)ov

tchèque [tʃɛk] 1 adj Czech
2 nm (Ling) Czech
3 nmf ◆ **Tchèque** Czech

tchérémisse [tʃeʀemis] nm Cheremis(s), Mari

tchernoziom [tʃɛʀnozjɔm] nm chernozem, tchernosem

Tchétchénie [tʃetʃeni] nf ◆ **la Tchétchénie** Chechnya

tchin(-tchin)* [tʃin(tʃin)] excl cheers!

TD [tede] nm (Univ) (abrév de **travaux dirigés**) → **travail¹**

TDF [tedeɛf] nf (abrév de **Télédiffusion de France**) *French broadcasting authority*, ≃ IBA (Brit), FCC (US)

te [tə] pron (objet direct ou indirect) you; (réfléchi) yourself ◆ **te l'a-t-il dit ?** did he tell you?, did he tell you about it? ◆ **t'en a-t-il parlé ?** did he speak to you about it?

té¹ [te] → SYN nm (règle) T-square; (ferrure) T(-shaped) bracket ◆ **fer** etc **en té** T-shaped iron etc

té² [te] excl (dial) well! well!, my!

TEC [teəse] nf (abrév de **tonne équivalent charbon**) TCE

technétium [tɛknesjɔm] nm technetium

technicien, -ienne [tɛknisjɛ̃, jɛn] → SYN nm,f technician ◆ (Admin) **technicien de surface** cleaning operative ◆ **technicien de (la) télévision** television technician ◆ **c'est un technicien de la politique/finance** he's a political/financial expert ou wizard ◆ **c'est un technicien du roman** he's a practitioner ou practician (Brit) of the novel

techniciser [tɛknisize] ▸conjug 1◂ vt to make (more) technical

technicité [tɛknisite] nf technical nature

technico-commercial, e, mpl **technico-commerciaux** [tɛknikokɔmɛʀsjal, jo] adj ◆ **agent technico-commercial** technical salesman ◆ **ingénieur technico-commercial** sales engineer

Technicolor ® [tɛknikɔlɔʀ] nm Technicolor ® ◆ **film en Technicolor** Technicolor film, film in Technicolor

technique [tɛknik] → SYN 1 nf a (méthode, procédés) [peintre, art] technique ◆ **des techniques nouvelles** new techniques ◆ **manquer de technique** to lack technique ◆ **il n'a pas la (bonne) technique*** he hasn't got the knack* ou technique
b (aire de la connaissance) **la technique** technique
2 adj technical → **escale, incident**
3 nm ◆ (enseignement) **le technique** technical education, industrial arts (US) ◆ **il est professeur dans le technique** he's a technical teacher

techniquement [tɛknikmɑ̃] adv technically

technobureaucratique [tɛknobyʀokʀatik] adj technobureaucratic

technocrate [tɛknɔkʀat] → SYN nmf technocrat

technocratie [tɛknɔkʀasi] nf technocracy

technocratique [tɛknɔkʀatik] adj technocratic

technocratiser [tɛknɔkʀatize] ▸conjug 1◂ vt institution to make (more) technocratic

technocratisme [tɛknɔkʀatism] nm technocratic attitude

technologie [tɛknɔlɔʒi] nf technology ◆ **technologie de pointe** ou **avancée** frontier ou leading-edge ou advanced ou high technology ◆ **technologie de l'information** information technology ◆ **technologie des systèmes automatisés** automated systems technology

technologique [tɛknɔlɔʒik] adj technological ◆ **la révolution technologique des années 70** the technological revolution of the 70s

technologiquement [tɛknɔlɔʒikmɑ̃] adv technologically

technologue [tɛknɔlɔg] nmf technologist

technopole [tɛknɔpɔl] nf urban research centre

technopôle [tɛknopol] nm industrial park

technostructure [tɛknostʀyktyʀ] nf technostructure

teck [tɛk] nm teak

teckel [tekɛl] nm dachshund

tectonique [tɛktɔnik] 1 adj tectonic
2 nf tectonics (sg) ◆ **tectonique des plaques** plate tectonics

tectrice [tɛktʀis] adj, nf ◆ **(plume) tectrice** covert, tectrix

teddy-bear, pl **teddy-bears** [tedibɛʀ] nm (jouet) teddy bear; (fourrure) fun fur

Te Deum [tedeɔm] nm inv Te Deum

TEE [teəə] nm abrév de **Trans Europe Express**

tee [ti] nm tee ◆ **partir du tee** to tee off

tee(-)shirt [tiʃœʀt] nm T-shirt, tee shirt

Téflon ® [teflɔ̃] nm Teflon ®

téflonisé, e [teflɔnize] adj Teflon (épith), coated in Teflon

tégénaire [teʒenɛʀ] nf *type of house spider*, tegenaria (spéc)

Tegucigalpa [tegusigalpa] n Tegucigalpa

tégument [tegymɑ̃] → SYN nm (Bot, Zool) (in)tegument

tégumentaire [tegymɑ̃tɛʀ] adj (in)tegumental, (in)tegumentary

Téhéran [teeʀɑ̃] n Teheran

teigne [tɛɲ] → SYN nf a (Zool) moth, tinea (spéc)
b (Méd) ringworm, tinea (spéc)
c (fig péj) (homme) swine⁑ (Brit), bastard⁑; (femme) shrew, bitch⁑, vixen ◆ **mauvais** ou **méchant comme une teigne** as nasty as anything

teigneux, -euse [tɛɲø, øz] → SYN adj suffering from ringworm ◆ **il est teigneux** (lit) he has ou is suffering from ringworm; (péj: pouilleux) he's scabby*; (péj: acariâtre) he's a swine⁑ ou a nasty piece of work

teiller [teje] ▸conjug 1◂ vt to scutch

teilleur, -euse [tɛjœʀ, øz] 1 nm,f (personne) scutcher
2 **tailleuse** nf (machine) scutcher

teindre [tɛ̃dʀ] → SYN ▸conjug 52◂ 1 vt vêtement, cheveux to dye; (littér) to tint
2 **se teindre** vpr a **se teindre (les cheveux)** to dye one's hair ◆ **se teindre la barbe/la moustache** to dye one's beard/moustache
b (littér: se colorer) **les montagnes se teignaient de pourpre** the mountains took on a purple hue ou tinge ou tint, the mountains were tinged with purple

teint, e [tɛ̃, tɛ̃t] → SYN (ptp de **teindre**) 1 adj cheveux, laine dyed ◆ (péj) **elle est teinte** her hair is dyed, she has dyed her hair
2 nm (permanent) complexion, colouring; (momentané) colour ◆ **avoir le teint jaune** to have a sallow complexion ou colouring ◆ **il revint de vacances le teint frais** he came back from his holidays with a fresh ou good colour → **bon¹, fond, grand**
3 **teinte** nf (nuance) shade, hue, tint; (couleur) colour; (fig) tinge, hint ◆ **pull aux teintes vives** brightly-coloured sweater ◆ (fig) **avec une teinte de tristesse dans la voix** with a tinge ou hint of sadness in his voice

teintant, e [tɛ̃tɑ̃, ɑ̃t] adj (→ **teinter**) tinting; staining

teinté, e [tɛ̃te] (ptp de **teinter**) adj bois stained; verre tinted ◆ **table teintée acajou** mahogany-stained table ◆ **blanc teinté de rose** white with a hint of pink ◆ (fig) **discours teinté de puritanisme** speech tinged with puritanism

teinter [tɛ̃te] → SYN ▸conjug 1◂ 1 vt papier, verre to tint; meuble, bois to stain ◆ **un peu d'eau teintée de vin** a little water with a hint of wine ou just coloured with wine
2 **se teinter** vpr ◆ (littér) **se teinter d'amertume** to become tinged with bitterness ◆ **les sommets se teintèrent de pourpre** the peaks took on a purple tinge ou hue, the peaks were tinged with purple

teinture [tɛ̃tyʀ] → SYN nf a (colorant) dye; (action) dyeing ◆ (fig) **une teinture de maths/de français** a smattering of maths/French, a nodding acquaintance with maths/French
b (Pharm) tincture ◆ **teinture d'arnica/d'iode** tincture of arnica/iodine

teinturerie [tɛ̃tyʀʀi] → SYN nf (métier, industrie) dyeing; (magasin) (dry) cleaner's

teinturier, -ière [tɛ̃tyʀje, jɛʀ] → SYN nm,f (qui nettoie) dry cleaner; (qui teint) dyer

tek [tɛk] nm ⇒ **teck**

tel, telle [tɛl] → SYN 1 adj a (similitude) (sg: avec nom concret) such, like; (avec nom abstrait) such; (pl) such ◆ **une telle ignorance/réponse est inexcusable** such ignorance/such an answer is unpardonable ◆ **tel père, tel fils** like father like son ◆ **nous n'avons pas de tels orages en Europe** we don't get such storms ou storms like this in Europe ◆ **as-tu jamais rien vu de tel ?** have you ever seen such a thing?, have you ever seen the like? ou anything like it? ◆ **s'il n'est pas menteur, il passe pour tel** perhaps he isn't a liar but he is taken for one ou but they say he is ou but that's the reputation he has ou but that's how he's thought of ◆ **il a filé tel un zèbre** he ran off as quick as an arrow ou a shot, he whizzed off ◆ **tels sont ces gens que vous croyiez honnêtes** that's what they're really like – the people you thought were honest, such are those whom you believed (to be) honest ◆ (frm) **prenez telles décisions qui vous sembleront nécessaires** take such decisions as you find ou whatever decisions you find necessary ◆ **telles furent ses dernières paroles** such were his last words ◆ **il est le patron, en tant que tel** ou **comme tel il aurait dû agir** he is the boss and as such he ought to have taken action, he's the boss and in that capacity he should have acted ◆ **tel il était enfant, tel je le retrouve** thus he was as a child, and thus he has remained ◆ (littér) **le lac tel un miroir** the lake like a mirror ou mirror-like → **rien**
b (valeur d'indéfini) such-and-such ◆ **tel et tel** such-and-such ◆ **venez tel jour/à telle heure** come on such-and-such a day/at such-and-such a time ◆ **telle quantité d'arsenic peut tuer un homme et pas un autre** a given quantity of arsenic can kill one man and not another ◆ **telle ou telle personne vous dira que** someone ou somebody or other will tell you that ◆ **j'ai lu dans tel et tel article que** I read in some article or other that ◆ **l'homme en général et non tel homme** man in general and not any one ou particular ou given man ◆ **tel enfant qui se croit menacé devient agressif** any child that feels (himself) threatened will become aggressive ◆ **l'on sait tel bureau où ...** there's ou I know a certain office ou one office where ...
c **tel que** like, (such ou the same ou just) as; (énumération) like, such as ◆ **il est resté tel que je le connaissais** he is still the same ou just as he used to be, he's stayed just as I remember him ◆ **un homme tel que lui doit comprendre** a man like him ou such a man as he (frm) must understand ◆ **tel que je le connais, il ne viendra pas** if I know him ou if he's the man I think he is, he won't come ◆ **tel que vous me voyez, je reviens d'Afrique** I'm just (this minute) back from Africa ◆ **tel que vous me voyez, j'ai 72 ans** you wouldn't think it to look at me but I'm 72 ◆ **restez tel que vous êtes** stay (just) as you are ◆ **là il se montre tel qu'il est** now he's showing himself in his true colours ou as he really is ◆ **les métaux tels que l'or, l'argent et le platine** metals like ou such as gold, silver and platinum ◆ (littér) **le ciel à l'occident tel qu'un brasier** the western sky like a fiery furnace
d **tel quel, tel que*** : **il a acheté la maison telle quelle** ou **telle que*** he bought the house (just) as it was ou stood ◆ **laissez tous ces dossiers tels quels** ou **tels que*** leave all those

files as they are ou as you find them ◆ (sur objet en solde) **« à vendre tel quel »** "sold as seen" (Brit), "sold as is" (US) ◆ **il m'a dit : « sortez d'ici ou je vous sors » tel que !*** he said to me "get out of here or I'll throw you out" – just like that!
e (intensif) (sg : avec nom concret) such a ; (avec nom abstrait) such ; (pl) such ◆ **on n'a jamais vu (une) telle cohue** you've never seen such a mob ◆ **c'est une telle joie de l'entendre !** what joy ou it's such a joy to hear him!
f (avec conséquence) **de telle façon** ou **manière** in such a way ◆ **ils ont eu de tels ennuis avec leur voiture qu'ils l'ont vendue** they had such (a lot of) trouble ou so much trouble with their car that they sold it ◆ **de telle sorte que** so that ◆ **à telle(s) enseigne(s) que** so much so that, the proof being that, indeed → **point**[1]
2 pron indéf ◆ **tel vous dira qu'il faut voter oui, tel autre ...** one will tell you you must vote yes, another ... ◆ (Prov) **tel qui rit vendredi, dimanche pleurera** you can be laughing on Friday but crying by Sunday ◆ **si tel ou tel vous dit que** if somebody (or other) ou if anybody tells you that ◆ (Prov) **tel est pris qui croyait prendre** it's the biter bit → **un**

tél. (abrév de **téléphone**) tel

télamon [telamɔ̃] nm telamon, atlas

Tel-Aviv(-Jaffa) [tɛlaviv(ʒafa)] n Tel Aviv (-Jaffa)

télé* [tele] **1** nf abrév de **télévision** **a** (organisme) TV ◆ **il travaille à la télé** he works on TV
b (programmes) TV ◆ **qu'est-ce qu'il y a à la télé ce soir ?** what's on TV ou telly* (Brit) ou the box* ou the tube* (US) tonight? ◆ **la télé du matin** breakfast TV
c (poste) TV, telly* (Brit) ◆ **allume la télé** turn on the TV ou the telly* (Brit)
2 nm (abrév de **téléobjectif**) telephoto lens

téléachat [teleaʃa] nm teleshopping (NonC), armchair shopping (NonC)

téléaffichage [teleafiʃaʒ] nm electronic information display

téléalarme [telealaʀm] nf remote alarm

télébenne [telebɛn] nf cable car

téléboutique ® [telebutik] nf phone shop

télécabine [telekabin] nf ⇒ **télébenne**

télécarte ® [telekaʀt] nf phonecard

téléchargement [teleʃaʀʒəmɑ̃] nm downloading

télécharger [teleʃaʀʒe] ▸ conjug 3 ◂ vt to download

télécinéma [telesinema] nm (appareil) telecine

télécommande [telekɔmɑ̃d] ⊡ SYN nf remote control

télécommander [telekɔmɑ̃de] ▸ conjug 1 ◂ vt (Tech) to operate by remote control ◆ (fig) **télécommander des menées subversives / un complot de l'étranger** to mastermind subversive activity / a plot from abroad

télécommunication [telekɔmynikasjɔ̃] ⊡ SYN nf (gén pl) telecommunication

télécoms* [telekɔm] nfpl ◆ **les télécoms** ≃ British Telecom (Brit), ≃ ATT (US)

téléconférence [telekɔ̃feʀɑ̃s] nf conference call

télécopie [telekɔpi] nf (procédé) facsimile transmission ; (document) fax, telefax ◆ **transmettre par télécopie** to send by fax ou facsimile ◆ **service de télécopie** facsimile service

télécopieur [telekɔpjœʀ] nm fax machine, facsimile machine

télécran [telekʀɑ̃] nm (large) television screen

télédétection [teledetɛksjɔ̃] nf remote sensing

télédiffuser [teledifyze] ▸ conjug 1 ◂ vt to broadcast by television

télédiffusion [teledifyzjɔ̃] nf television broadcasting ◆ **Télédiffusion de France** *French broadcasting authority,* ≃ Independent Broadcasting Authority (Brit), ≃ Federal Communications Commission (US)

télédistribution [teledistʀibysjɔ̃] nf television broadcasting by cable

téléécriture [teleekʀityʀ] nf telewriting

téléenseignement [teleɑ̃sɛɲmɑ̃] nm distance learning

téléférique [telefeʀik] ⊡ SYN nm (installation) cableway ; (cabine) cable-car

téléfilm [telefilm] nm television ou TV film

télégénique [teleʒenik] adj telegenic

télégestion [teleʒɛstjɔ̃] nf (Ordin) teleprocessing, remote processing

télégramme [telegʀam] ⊡ SYN nm telegram, wire, cable

télégraphe [telegʀaf] ⊡ SYN nm telegraph

télégraphie [telegʀafi] nf (technique) telegraphy ◆ **télégraphie optique** signalling ◆ **télégraphie sans fil†** wireless telegraphy†

télégraphier [telegʀafje] ⊡ SYN ▸ conjug 7 ◂ vt message to telegraph, wire, cable ◆ **tu devrais lui télégraphier** you should send him a telegram ou wire ou cable, you should wire (to) him ou cable him

télégraphique [telegʀafik] ⊡ SYN adj **a** poteau, fils telegraph (épith) ; alphabet, code Morse (épith) ; message telegram (épith), telegraphed, telegraphic ◆ **adresse télégraphique** telegraphic address
b (fig) style, langage telegraphic

télégraphiquement [telegʀafikmɑ̃] adv telegraphically

télégraphiste [telegʀafist] nmf (technicien) telegrapher, telegraphist ; (messager) telegraph boy

téléguidage [telegidaʒ] ⊡ SYN nm remote control

téléguider [telegide] ▸ conjug 1 ◂ vt (Tech) to guide by remote control ; (fig) to control (from a distance)

téléimprimeur [teleɛ̃pʀimœʀ] nm teleprinter

téléinformatique [teleɛ̃fɔʀmatik] nf remote access computing

télékinésie [telekinezi] nf telekinesis

télémaintenance [telemɛ̃t(ə)nɑ̃s] nf remote maintenance

télémanipulateur [telemanipylatœʀ] nm remote control handling device

télémanipulation [telemanipylasjɔ̃] nf remote control handling

Télémaque [telemak] nm Telemachus

télémark [telemaʀk] nm (Ski) telemark

télématique [telematik] **1** adj telematic
2 nf telematics (sg), on-line data processing

télémesure [telem(ə)zyʀ] nf telemetry

télémètre [telemɛtʀ] nm (Mil, Phot) rangefinder

télémétrie [telemetʀi] nf telemetry

télémétrique [telemetʀik] adj telemetric(al)

télencéphale [telɑ̃sefal] nm telencephalon

téléobjectif [teleɔbʒɛktif] nm telephoto lens

téléologie [teleɔlɔʒi] nf teleology

téléologique [teleɔlɔʒik] adj teleologic(al)

téléosaure [teleozɔʀ] nm teleosaur

téléostéens [teleɔsteɛ̃] nmpl ◆ **les téléostéens** teleosts, the Teleostei (spéc)

télépaiement [telepɛmɑ̃] nm electronic payment

télépathe [telepat] ⊡ SYN **1** adj telepathic
2 nmf telepathist

télépathie [telepati] ⊡ SYN nf telepathy

télépathique [telepatik] adj telepathic

téléphérage [telefeʀaʒ] nm transport by cableway

téléphérique [telefeʀik] ⊡ SYN ⇒ **téléférique**

téléphone [telefɔn] ⊡ SYN GRAMMAIRE ACTIVE 27.7
1 nm (système) telephone ; (appareil) (tele)phone ◆ (service) **avoir le téléphone** to be on the (tele)phone (Brit), have a (tele)phone (US) ◆ **demande-le-lui au** ou **par téléphone** phone him (and ask) about it, give him a call about it ◆ **je l'ai / il est au téléphone** I have him / he's on the phone ◆ **tu peux me donner les renseignements par téléphone** you can give me the information over the phone ◆ **tu peux réserver par téléphone** you can reserve by telephone ◆ **coup de téléphone** (phone) call ◆ **donner** ou **passer un coup de téléphone à qn** to make a phone call to sb, give sb a ring ou a call, ring sb up (Brit), call sb up ◆ **je paie cher en** ou **de téléphone*** I've got a large phone bill ◆ **le téléphone marche très bien dans notre pays** our country has an excellent telephone service ◆ (numéro) **c'est quoi leur téléphone ?*** what's their phone number? → **abonné, numéro** etc
2 COMP ▷ **téléphone arabe** bush telegraph, grapevine ▷ **téléphone automatique** automatic telephone system ▷ **téléphone de brousse** ⇒ **téléphone arabe** ▷ **téléphone à cadran** dial (tele)phone ▷ **téléphone à carte (magnétique)** cardphone ▷ **téléphone cellulaire** cellular (tele) phone ▷ **téléphone interne** internal telephone ▷ **téléphone à manivelle** magneto telephone ▷ **téléphone manuel** manually-operated telephone system ▷ **téléphone public** public (tele)phone, pay phone ▷ **le téléphone rouge** (Pol) the hot line ◆ **il l'a appelé par le téléphone rouge** he called him on the hot line ▷ **téléphone sans fil** cordless (tele)phone ▷ **téléphone à touches** push-button (tele)phone ▷ **téléphone de voiture** car phone

téléphoner [telefɔne] ⊡ SYN ▸ conjug 1 ◂ GRAMMAIRE ACTIVE 27.1, 27.4
1 vt message to (tele)phone ◆ **il m'a téléphoné la nouvelle** he phoned me the news ◆ **téléphone-lui de venir** phone him and tell him to come ◆ **télégramme téléphoné** telephone telegram ◆ (fig) **leur manœuvre était téléphonée*** you could see their move coming a mile off*
2 vi ◆ **téléphoner à qn** to telephone sb, phone ou ring ou call sb (up) ◆ **où est Paul ? – il téléphone** where's Paul? – he's on the phone ou he's phoning ou he's making a call ◆ **j'étais en train de téléphoner à Paul** I was on the phone to Paul, I was busy phoning Paul ◆ **je téléphone beaucoup, je n'aime pas écrire** I phone people a lot ou I use the phone a lot as I don't like writing

téléphonie [telefɔni] nf telephony ◆ **téléphonie sans fil** wireless telephony, radiotelephony

téléphonique [telefɔnik] adj liaison, ligne, réseau telephone (épith), telephonic (frm) ◆ **conversation téléphonique** (tele)phone conversation → **appel, cabine, communication**

téléphoniquement [telefɔnikmɑ̃] adv by telephone, telephonically

téléphoniste [telefɔnist] nmf [poste] telephonist (Brit), (telephone) operator ; [entreprise] switchboard operator

téléphotographie [telefɔtɔgʀafi] nf telephotography

téléprompteur [telepʀɔ̃ptœʀ] ⊡ SYN nm Autocue ® (Brit), Teleprompter ® (US)

téléradiographie [teleʀadjɔgʀafi] nf teleradiography

téléreportage [teleʀ(ə)pɔʀtaʒ] nm (activité) television reporting ◆ **un téléreportage** a television report ◆ **le car de téléreportage** the outside-broadcast coach

téléreporteur [teleʀəpɔʀtœʀ] nm television reporter

télescopage [telɛskɔpaʒ] ⊡ SYN nm [véhicules] concertinaing (NonC) ; [trains] telescoping, concertinaing (up)

télescope [telɛskɔp] ⊡ SYN nm telescope

télescoper [telɛskɔpe] ⊡ SYN ▸ conjug 1 ◂ **1** vt véhicule to smash up ; faits, idées to mix up, jumble together
2 **se télescoper** vpr [véhicules] to concertina ; [trains] to telescope, concertina ; [souvenirs] to become confused ou mixed up

télescopique [telɛskɔpik] adj (gén) telescopic

téléscripteur [teleskʀiptœʀ] ⊡ SYN nm teleprinter, Teletype ® (machine)

télésiège [telesjɛʒ] nm chairlift

téléski [teleski] nm (ski) lift, (ski) tow ◆ **téléski à fourche** T-bar tow ◆ **téléski à archets** T-bar lift

télésouffleur [telesuflœʀ] nm Autocue ® (Brit), Teleprompter ® (US)

téléspectateur, -trice [telespɛktatœʀ, tʀis] nm,f (television ou TV) viewer ◆ **les téléspectateurs** the viewing audience, the viewers

télesthésie [telɛstezi] nf telaesthesia (Brit), telesthesia (US)

télésurveillance [telesyʀvɛjɑ̃s] nf electronic surveillance

Télétel ® [teletɛl] nm electronic telephone directory

télétex ® [teletɛks] nm teletex

télétexte [teletɛkst] nm Teletext ®, Viewdata ®

téléthèque [teletɛk] nf television archives

Téléthon [teletɔ̃] nm (TV) Telethon

télétraitement [teletʀɛtmɑ̃] nm teleprocessing

télétransmission [teletʀɑ̃smisjɔ̃] nf remote transmission

télétravail [teletʀavaj] nm telecommuting, teleworking

Télétype ® [teletip] nm teleprinter, Teletype ® (machine)

télévendeur, -euse [televɑ̃dœʀ, øz] nm,f telesales operator

télévente [televɑ̃t] nf (technique) telephone selling, telesales; (action) telephone sales

téléviser [televize] ▸conjug 1◂ vt to televise → **journal**

téléviseur [televizœʀ] nm television (set)

télévision [televizjɔ̃] → SYN nf **a** (organisme, technique) television ◆ **la télévision par satellite** satellite television ◆ **la télévision câblée** ou **par câble** cable television, cablevision (US) ◆ **télévision haute définition** high definition television ◆ **télévision 16/9ème** letter-box television ◆ **il travaille pour la télévision allemande** he works for German television ◆ **plateau de télévision** television studio set ◆ **studio de télévision** television studio
b (programmes) television ◆ **à la télévision** on television ◆ **regarder la télévision** to watch television ◆ **la télévision scolaire** schools television ◆ **la télévision du matin** breakfast television
c (chaîne) television channel ◆ **les télévisions étrangères** foreign channels ◆ **télévision payante** pay channel, subscription channel ◆ **télévision privée** independent ou private channel
d (poste) television (set) ◆ **télévision (en) noir et blanc/couleur** black and white/colour television

télévisuel, -elle [televizɥɛl] adj television (épith), televisual

télex [telɛks] nm inv telex ◆ **envoyer par télex** to telex

télexer [telɛkse] ▸conjug 1◂ vt to telex

télexiste [telɛksist] nmf telex operator

tell [tɛl] → SYN nm (Archéol) tell

tellement [tɛlmɑ̃] adv **a** (si) (avec adj ou adv) so; (avec compar) so much ◆ **il est tellement gentil** he's so (very) nice ◆ **tellement mieux/plus fort/plus beau** so much better/stronger/more beautiful ◆ **j'étais tellement fatigué que je me suis couché immédiatement** I was so (very) tired (that) I went straight to bed ◆ (nég, avec subj: littér) **il n'est pas tellement pauvre qu'il ne puisse ...** he's not so (very) poor that he cannot ...
b (tant) so much ◆ (tant de) **tellement de gens** so many people ◆ **tellement de temps** so much time, so long ◆ **il a tellement insisté que ...** he insisted so much that ..., he was so insistent that ... ◆ **il travaille tellement qu'il se rend malade** he works so much ou hard (that) he is making himself ill ◆ (nég, avec subj: littér) **il ne travaille pas tellement qu'il ait besoin de repos** he does not work to such an extent ou so very much that he needs rest
c (introduisant une causale: tant) **on ne le comprend pas, tellement il parle vite** he talks so quickly (that) you can't understand him ◆ **il trouve à peine le temps de dormir, tellement il travaille** he hardly finds time to sleep, he works so much ou hard
d (avec nég: pas très, pas beaucoup) **pas tellement fort/lentement** not (all) that strong/slowly, not so (very) strong/slowly ◆ **il ne travaille pas tellement** he doesn't work (all) that much ou hard, he doesn't work so (very) much ou hard ◆ **cet article n'est plus tellement demandé** this article is no longer (very) much in demand ◆ **ce n'est plus tellement à la mode** it's not really ou all that fashionable any more ◆ **cela ne se fait plus tellement** it's not done (very) much ou all that much any more ◆ **tu aimes le cinéma? – pas tellement** do you like the cinema? – not (all) that much ou not particularly ou not especially ◆ **y allez-vous toujours? – plus tellement, maintenant qu'il y a le bébé** do you still go there? – not (very) much ou not all that much now (that) there's the baby ◆ **on ne la voit plus tellement** we don't really see (very) much of her any more

tellière [teljɛʀ] adj m, nm ◆ **(papier) tellière** foolscap

tellurate [telyʀat] nm tellurate

tellure [telyʀ] nm tellurium

tellureux, -euse [telyʀø, øz] adj tellurous

tellurhydrique [telyʀidʀik] adj ◆ **acide tellurhydrique** hydrogen telluride

tellurique[1] [telyʀik] adj (Géol) telluric → **secousse**

tellurique[2] [telyʀik] adj ◆ **acide tellurique** telluric acid

tellurure [telyʀyʀ] nm telluride

téloche* [telɔʃ] nf TV, telly* (Brit), box* ◆ **à la téloche** on TV, on the telly (Brit) ou the box, on the (boob)tube* (US)

télolécithe [telɔlesit] adj telolecithal

télophase [telɔfɑz] nf telophase

telson [tɛlsɔ̃] nm telson

téméraire [temeʀɛʀ] → SYN adj action, entreprise rash, reckless, foolhardy; jugement rash; personne reckless, foolhardy, rash ◆ **téméraire dans ses jugements** rash in his judgments

témérairement [temeʀɛʀmɑ̃] adv (→ **téméraire**) rashly; recklessly; foolhardily

témérité [temeʀite] → SYN nf (→ **téméraire**) rashness; recklessness; foolhardiness

témoignage [temwaɲaʒ] → SYN nm **a** (en justice) (déclaration) testimony (NonC), evidence (NonC); (faits relatés) evidence (NonC) ◆ **d'après le témoignage de M. X** according to Mr X's testimony ou evidence, according to the evidence of ou given by Mr X ◆ **j'étais présent lors de son témoignage** I was present when he gave evidence ou gave his testimony ◆ **ces témoignages sont contradictoires** these are contradictory pieces of evidence ◆ **c'est un témoignage écrasant/irrécusable** the evidence is overwhelming/incontestable ◆ **appelé en témoignage** called as a witness, called (upon) to give evidence ou to testify ◆ **porter témoignage de qch** to testify to sth, bear witness to sth (frm) → **faux**[2]
b (récit, rapport) account, testimony ◆ **ce livre est un merveilleux témoignage sur notre époque** this book gives a marvellous account of the age we live in ◆ **invoquer le témoignage d'un voyageur** to call upon a traveller to give his (eyewitness) account ou his testimony
c (attestation) **témoignage de probité/de bonne conduite** evidence (NonC) ou proof (NonC) of honesty/of good conduct ◆ **invoquer le témoignage de qn pour prouver sa bonne foi** to call on sb's evidence ou testimony to prove one's good faith ◆ **en témoignage de quoi ...** in witness whereof ...
d (manifestation) **témoignage d'amitié/de reconnaissance** (geste) expression ou gesture of friendship/gratitude; (cadeau) token ou mark ou sign of friendship/gratitude ◆ **leurs témoignages de sympathie nous ont touchés** we are touched by their expressions ou gestures of sympathy ◆ **en témoignage de ma reconnaissance** as a token ou mark of my gratitude ◆ **le témoignage émouvant de leur confiance** the touching expression of their confidence

témoigner [temwaɲe] → SYN ▸conjug 1◂ **1** vi (Jur) to testify ◆ **témoigner en faveur de qn/contre qn** to testify ou give evidence in sb's favour/against sb ◆ **témoigner en justice** to testify in court ◆ **témoigner de vive voix/par écrit** to give spoken/written evidence, testify in person/in writing
2 vt **a** (attester que) **témoigner que** to testify that ◆ **il a témoigné qu'il ne l'avait jamais vu** ou **ne l'avoir jamais vu** he testified that he had never seen him
b (faire preuve de, faire paraître) to show, display; reconnaissance to show, evince (frm) ◆ **témoigner un goût pour qch** to show ou display a taste ou liking for sth ◆ **témoigner de l'aversion à qn** to show ou evince (frm) dislike of sb
c (démontrer) **témoigner que/de qch** to attest ou reveal that/sth ◆ **son attitude témoigne de sa préoccupation** ou **qu'il est préoccupé** his attitude is evidence of his preoccupation, his attitude reveals his preoccupation ou that he is preoccupied ◆ (fig) **sa mort témoigne qu'on ne peut vivre seul** his death testifies to the fact ou is evidence that one cannot live alone
d (manifester) **témoigner de** to indicate, attest, bespeak (frm) ◆ **ce livre témoigne d'une certaine originalité** this book indicates ou attests ou bespeaks (frm) a certain originality
3 **témoigner de** vt indir (confirmer) to testify to, bear witness to ◆ **témoigner de Dieu** to bear witness to God ◆ **je peux en témoigner** I can testify to that, I can bear witness to that (frm)

témoin [temwɛ̃] → SYN **1** nm **a** (gén, Jur: personne) witness; [duel] second ◆ **témoin auriculaire** earwitness ◆ **témoin oculaire** eyewitness ◆ **témoin direct/indirect** direct/indirect witness ◆ **témoin de moralité** character reference *(person)* ◆ **témoin gênant** embarrassing witness ◆ (Jur) **être témoin à charge/à décharge** to be (a) witness for the prosecution/for the defence ◆ **être témoin de** crime, scène to witness, be a witness to; la sincérité de qn to vouch for ◆ **prendre qn à témoin (de qch)** to call sb to witness (to ou of sth) ◆ **parler devant témoin(s)** to speak in front of witnesses ◆ **faire qch sans témoin** to do sth unwitnessed ◆ **cela doit être signé devant témoin** this must be signed in front of a witness ◆ **il a été mon témoin à notre mariage** he was (a) witness at our wedding ◆ **que Dieu m'en soit témoin** as God is my witness ◆ **Dieu m'est témoin que je n'ai pas voulu le tuer** as God is my witness, I didn't mean to kill him ◆ (Rel) **les Témoins de Jéhovah** Jehovah's Witnesses ◆ (fig) **ces lieux témoins de notre enfance** these places which saw ou witnessed our childhood → **faux**[2]
b (chose, personne: preuve) evidence (NonC), testimony ◆ **ces ruines sont le témoin de la férocité des combats** these ruins are (the) evidence of ou a testimony to the fierceness of the fighting ◆ **ces aristocrates sont les témoins d'une époque révolue** these aristocrats are the surviving evidence of a bygone age ◆ **la région est riche, témoin les constructions nouvelles qui se dressent partout** the region is rich – witness the new buildings going up everywhere
c (Sport) baton ◆ **passer le témoin** to hand on ou pass the baton
d (Géol) outlier; [excavations] dumpling → **butte**
e (Constr: posé sur une fente) telltale
f (borne) boundary marker
2 adj (après n) control (épith) ◆ **animaux/sujets témoins** control animals/subjects ◆ **appartement témoin** show-flat (Brit), model apartment (US) ◆ **réalisation témoin** pilot ou test development → **lampe**

tempe [tɑ̃p] nf (Anat) temple ◆ **avoir les tempes grisonnantes** to have greying temples, be going grey at the temples

tempera [tɑ̃peʀa] nf ◆ **a tempera** in ou with tempera

tempérament [tɑ̃peʀamɑ̃] → SYN nm **a** (constitution) constitution ◆ **tempérament robuste/faible** strong/weak constitution ◆ **se tuer** ou **s'esquinter le tempérament*** to wreck one's health ◆ **tempérament sanguin/lymphatique** sanguine/lymphatic constitution ◆ **tempérament nerveux** nervous disposition

b (nature, caractère) disposition, temperament, nature ◆ **elle a un tempérament actif / réservé** she is of ou has an active / a reserved disposition ◆ **tempérament romantique** romantic nature ou temperament ◆ **moqueur par tempérament** naturally given to ou disposed to mockery, mocking by nature ◆ **c'est un tempérament** he (ou she) has a strong personality

c (sensualité) sexual nature ou disposition ◆ **être de tempérament ardent / froid** to have a passionate / cold nature ◆ **avoir du tempérament** to be hot-blooded ou highly sexed

d (Comm) **vente à tempérament** sale on deferred (payment) terms ◆ **acheter qch à tempérament** to buy sth on hire purchase (Brit) ou on an installment plan (US) ◆ **trop d'achats à tempérament l'avaient mis dans une situation difficile** too many hire purchase commitments (Brit) ou too many purchases on H.P.* (Brit) ou too many installment purchases (US) had got him into a difficult situation

e (Mus) temperament

tempérance [tɑ̃peʀɑ̃s] → SYN nf temperance → **société**

tempérant, e [tɑ̃peʀɑ̃, ɑ̃t] → SYN adj temperate

température [tɑ̃peʀatyʀ] → SYN nf **a** (Mét, Phys) temperature ◆ **les températures sont en hausse / en baisse** temperatures are rising / falling ◆ (Phys) **température d'ébullition / de fusion** boiling / melting point ◆ (Phys) **température absolue** ou **en degrés absolus** absolute temperature

b (chaleur du corps) temperature ◆ **animaux à température fixe / variable** warm-blooded / cold-blooded animals ◆ **avoir** ou **faire de la température** to have a temperature, be running a temperature ◆ **prendre la température de** malade to take the temperature of; (fig) auditoire, groupe public to gauge the temperature of, test ou get the feeling of → **courbe, feuille**

tempéré, e [tɑ̃peʀe] → SYN (ptp de **tempérer**) adj climat, zone temperate; (Mus) tempered

tempérer [tɑ̃peʀe] → SYN ▸ conjug 6 ◂ vt froid, rigueur du climat to temper; (littér) peine, douleur to soothe, ease; (littér) ardeur, sévérité to temper

tempête [tɑ̃pɛt] → SYN nf **a** (lit) storm, gale, tempest (littér) ◆ **tempête de neige** snowstorm, blizzard ◆ **tempête de sable** sandstorm ◆ (Littérat) **"La Tempête"** "The Tempest" → **briquet**[1], **qui, souffler**

b (fig : agitation) storm ◆ **une tempête dans un verre d'eau** a storm in a teacup (Brit), a tempest in a teapot (US) ◆ **cela va déchaîner des tempêtes** that's going to cause a storm ◆ **il est resté calme dans la tempête** he remained calm in the midst of the storm ou while the storm raged all around him ◆ **les tempêtes de l'âme** inner turmoil

c (déchaînement) **une tempête d'applaudissements** a storm of applause, thunderous applause (NonC) ◆ **une tempête d'injures** a storm of abuse

tempêter [tɑ̃pete] → SYN ▸ conjug 1 ◂ vi to rant and rave, rage

tempétueux, -euse [tɑ̃petɥø, øz] adj (littér) région, côte tempestuous (littér), stormy; (fig) vie, époque tempestuous, stormy, turbulent

temple [tɑ̃pl] → SYN nm **a** (Hist, littér) temple

b (Rel) (Protestant) church

c **l'Ordre du Temple, le Temple** the Order of the Temple

templier [tɑ̃plije] nm (Knight) Templar

tempo [tɛmpo] → SYN nm (Mus) tempo; (fig) tempo, pace

temporaire [tɑ̃pɔʀɛʀ] → SYN adj personnel, mesures, crise temporary ◆ **nomination à titre temporaire** temporary appointment, appointment on a temporary basis → **travail**[1]

temporairement [tɑ̃pɔʀɛʀmɑ̃] → SYN adv temporarily

temporal, e, mpl **-aux** [tɑ̃pɔʀal, o] (Anat) **1** adj temporal

2 nm temporal (bone)

temporalité [tɑ̃pɔʀalite] nf (Ling, Philos) temporality

temporel, -elle [tɑ̃pɔʀɛl] → SYN adj **a** (Rel) (non spirituel) worldly, temporal; (non éternel) temporal ◆ **biens temporels** temporal ou worldly goods, temporals

b (Ling, Philos) temporal

temporellement [tɑ̃pɔʀɛlmɑ̃] adv temporally

temporisateur, -trice [tɑ̃pɔʀizatœʀ, tʀis] **1** adj temporizing (épith), delaying (épith), stalling (épith)

2 nm,f temporizer

temporisation [tɑ̃pɔʀizasjɔ̃] → SYN nf (attentisme) temporization, delaying, stalling, playing for time; (Tech) delay

temporiser [tɑ̃pɔʀize] → SYN ▸ conjug 1 ◂ **1** vi to temporize, delay, stall, play for time

2 vt (Tech) to delay

temps[1] [tɑ̃] → SYN

1 nm **a** (passage des ans) **le temps** time ◆ (personnifié) **le Temps** (Old) Father Time ◆ **l'action du temps** the action of time → **tuer**

b (durée) time ◆ **cela prend trop de temps** it takes (up) too much time ◆ **la blessure mettra du temps à guérir** the wound will take (some) time to heal ◆ **il a mis beaucoup de temps à se préparer** he took a long time to get ready ◆ **avec le temps, ça s'oubliera** it'll all be forgotten with ou in time ◆ **la jeunesse n'a qu'un temps** youth will not endure ◆ **travailler à plein temps / à temps partiel** to work full-time / part-time ◆ **en peu de temps** in a short time ◆ **peu de temps avant / après** (prép) shortly before / after, a short while ou time before / after; (adv) shortly before / after(wards), a short while ou time before / after(wards) ◆ **dans peu de temps** before (very) long ◆ **dans quelque temps** before too long, in a (little) while ◆ **pour un temps** for a time ou while ◆ **attendre quelque temps** to wait a while ◆ **durant** ou **pendant (tout) ce temps-(là)** all this time ◆ **je ne le vois plus depuis quelque temps** I haven't seen him for a (little) while ou some (little) time → **emploi, laps**

c (portion de temps) time ◆ **temps d'arrêt** pause, halt ◆ **marquer un temps d'arrêt** to pause (momentarily) ◆ **s'accorder un temps de réflexion** to give o.s. time for reflection ◆ **la plupart du temps** most of the time ◆ **avoir le temps (de faire)** to have time (to do) ◆ **je n'ai pas le temps** I haven't time ◆ **je n'ai pas le temps de le faire** I haven't the time ou I can't spare the time to do it ◆ **il avait du temps devant lui** he had time to spare, he had time on his hands ◆ **vous avez tout votre temps** you have all the time in the world ou plenty of time ou all the time you need ◆ **prendre le temps de vivre** to make time to enjoy o.s. ◆ **il n'y a pas de temps à perdre** there's no time to lose ou to be lost ◆ **le temps presse** time is short, time presses ◆ **prenez donc votre temps** do take your time ◆ **cela fait gagner beaucoup de temps** it saves a lot ou a great deal of time, it's very time-saving ◆ **chercher à gagner du temps** (aller plus vite) to try to save time; (temporiser) to play for time, try to gain time ◆ **passer son temps à la lecture** ou **à lire** to spend one's time reading ◆ **il passe tout son temps à faire ... / à ceci** he spends all his time doing ... / on this ◆ **perdre du / son temps (à faire qch)** to waste time / waste one's time (doing sth) ◆ **donnez-moi le temps de m'habiller et je suis à vous** just give me time ou a moment to get dressed ou I'll just get dressed and I'll be with you ◆ **je me suis arrêté en chemin juste le temps de prendre un verre** I stopped on the way just long enough for a drink ou to have a drink ◆ (Prov) **le temps perdu ne se rattrape jamais** time and tide wait for no man (Prov) ◆ **faire son temps** [soldat] to serve one's time (in the army); [prisonnier] to do ou serve one's time ◆ (fig) **il a fait son temps** [auteur] he has had his day; [objet] it has had its day → **clair**

d (moment précis) time ◆ **il est temps de partir** it's time to go, it's time we left ◆ **il est** ou **il serait (grand) temps qu'il parte** it's (high) time he went, it's time for him to go ◆ **le temps est venu de supprimer les frontières** the time has come to abolish frontiers, it's time frontiers were abolished ◆ **il était temps!** (pas trop tôt) not before time!, about time too!*; (c'était juste) it came in the nick of time! ◆ **il n'est plus temps de se lamenter** the time for bemoaning one's lot is past ou over

e (époque) time, times (pl) ◆ **en temps de guerre / paix** in wartime / peacetime ◆ **en temps de crise** in times of crisis ◆ **par les temps qui courent** these days, nowadays ◆ **les temps modernes** modern times ◆ **dans les temps anciens** in ancient times ou days ◆ **en ces temps troublés** in these troubled times ◆ **les temps ont bien changé** times have changed ◆ **le temps n'est plus où ...** gone are the days when ... ◆ **c'était le bon temps** those were the days, those were the good times ◆ **dans le temps** at one time, in the past, formerly ◆ **dans le** ou **au bon vieux temps** in the good old days ◆ **en ce temps-là** at that time ◆ **en temps normal** in normal circumstances ◆ **les premiers temps** at the beginning, at first ◆ **ces** ou **les derniers temps** ou **temps derniers** lately, recently, latterly ◆ **dans un premier temps** at first ◆ **dans un deuxième temps** subsequently ◆ (Littérat) **"Les Temps difficiles"** "Hard Times" → **nuit, signe**

f (époque délimitée) time(s), day(s) ◆ **du temps de Néron** in Nero's time ou day(s), at the time of Nero ◆ **au temps des Tudors** in Tudor times, in the days of the Tudors ◆ **de mon temps** in my day ou time ◆ **dans mon jeune temps** in my younger days ◆ **être de son temps** to move with ou keep up with the times ◆ **quels temps nous vivons!** what times we're living in! ◆ **les temps sont durs!** times are hard! ◆ **les jeunes de notre temps** young people of our time ou (of) today, young people these days

g (saison) **le temps des moissons / des vacances** harvest / holiday time ◆ **le temps de la chasse** the hunting season

h (Mus) beat; (Gym) [exercice, mouvement] stage ◆ **temps fort / faible** strong / weak beat ◆ (fig) **les temps forts et les temps faibles d'un roman** the powerful and the subdued moments of a novel ◆ (Mus) **temps frappé** downbeat ◆ **à deux / trois temps** in duple / triple time ◆ **temps de valse** waltz time

i (Ling) [verbe] tense ◆ **temps simple / composé** simple / compound tense ◆ **temps surcomposé** double-compound tense ◆ **adverbe / complément de temps** adverb / complement of time, temporal adverb / complement → **concordance**

j (Tech : phase) stroke ◆ **moteur à 4 temps** 4-stroke engine ◆ **un 2 temps** a 2-stroke

k (Sport) [coureur, concurrent] time ◆ **dans les meilleurs temps** among the best times ◆ **être dans les temps** (Sport) to be within the time limit; (travail) to be on schedule; (fig : pas trop tard) to be in time ◆ **depuis le temps qu'il essaie** he has been trying long enough ◆ **depuis le temps que je te le dis** I've told you often enough

l LOC **à temps** in time ◆ **en un temps où** at a time when ◆ **de temps en temps, de temps à autre** from time to time, now and again, every now and then ◆ **de tout temps** from time immemorial ◆ **dans le temps** in the old days ◆ (littér : à l'époque où) **du temps que, du temps où, dans le temps où, au temps où** in the days when, at the time when ◆ (* : pendant que) **du temps que tu y es, rapporte des fruits** while you're at it* ou about* it, get some fruit ◆ **en temps et lieu** in due course, at the proper time (and place) ◆ **en temps opportun** at an appropriate time ◆ **ce n'est ni le temps ni le lieu de discuter** this is neither the time nor the place for discussions ◆ **chaque chose en son temps** each thing in its proper time ◆ **en temps ordinaire** ou **normal** usually, under normal circumstances ◆ **en temps voulu** ou **utile** in due time ou course ◆ **à temps perdu** in one's spare time ◆ **au temps pour moi!** my mistake! ◆ **il faut bien passer le temps** you've got to pass the time somehow ◆ **cela fait passer le temps** it passes the time ◆ (Prov) **le temps c'est de l'argent** time is money (Prov) → **tout**

2 COMP ▷ **temps d'accès** (Ordin) access time ▷ **temps d'antenne** (Rad, TV) airtime ▷ **temps astronomique** (Sci) mean ou astronomical time ▷ **temps atomique** (Phys) atomic time ▷ **temps différé** (Ordin) batch mode ▷ **temps libre** spare time ◆ **comment occupes-tu ton temps libre?** what do you do in your spare time? ▷ **temps mort** (Ftbl, Rugby) injury time (NonC), stoppage for injury; (fig) (dans le commerce, le travail) slack period; (dans la conversation) lull ▷ **temps partagé** (Ordin) time-sharing ◆ (Ordin) **utilisation en temps partagé** time-sharing ▷ **temps de réaction** reaction time ▷ **temps réel** (Ordin) real time ◆ **ordinateur exploité en temps réel** real-time computer ▷ **temps de saignement** (Méd) bleeding time ▷ **temps sidéral** (Astron) sidereal time ▷ **temps solaire vrai** apparent ou real solar time ▷ **temps universel** universal time

temps² [tɑ̃] → SYN nm (conditions atmosphériques) weather ◆ **quel temps fait-il?** what's the weather like? ◆ **il fait beau / mauvais temps** the weather's fine / bad ◆ **le temps s'est mis au beau** the weather has turned fine ◆ **le temps se gâte** the weather is changing for the worse ◆ **par temps pluvieux / mauvais temps** in wet / bad weather ◆ **sortir par tous les temps** to go out in all weathers ◆ **avec le temps qu'il fait!** in this weather!, with the weather we are having! ◆ **temps de chien*** rotten* ou lousy* weather ◆ **temps de saison** seasonable weather ◆ **il faisait un beau temps sec** (pendant une période) it was beautiful dry weather; (ce jour-là) it was a lovely dry day ◆ **le temps est lourd aujourd'hui** it's close today ◆ (fig) **prendre le temps comme il vient** to take things as they come → **air¹**

tenable [t(ə)nabl] → SYN adj (gén nég) température, situation bearable ◆ **il fait trop chaud ici, ce n'est pas tenable** it's too warm here, it's unbearable ◆ **quand ils sont ensemble, ce n'est plus tenable** when they're together it becomes ou they become unbearable

tenace [tənas] → SYN adj **a** (persistant) douleur, rhume stubborn, persistent; croyance, préjugés deep-rooted, stubborn, deep-seated; souvenir persistent; espoir, illusions tenacious, stubborn; odeur lingering (épith), persistent
b (têtu, obstiné) quémandeur persistent; chercheur dogged, tenacious; résistance, volonté tenacious, stubborn
c colle firmly adhesive, strong

tenacement [tənasmɑ̃] adv (→ **tenace**) stubbornly; persistently; tenaciously; doggedly

ténacité [tenasite] → SYN nf (→ **tenace**) stubbornness; persistence; deep-rooted nature; tenacity; doggedness

tenaille [t(ə)nɑj] → SYN nf **a** (gén pl) [menuisier, bricoleur] pliers, pincers; [forgeron] tongs; [cordonnier] nippers, pincers
b (Mil) [fortification] tenaille, tenail ◆ (manœuvre) **prendre en tenaille** to catch in a pincer movement ◆ **mouvement de tenaille** pincer movement

tenailler [tənɑje] → SYN ▸ conjug 1 ◂ vt [remords, inquiétude] to torture, torment, rack ◆ **la faim le tenaillait** he was gnawed by hunger ◆ **le remords / l'inquiétude le tenaillait** he was racked ou tortured ou tormented by remorse / worry

tenancier [tənɑ̃sje] → SYN nm **a** [maison de jeu, hôtel, bar] manager
b [ferme] tenant farmer; (Hist) [terre] (feudal) tenant

tenancière [tənɑ̃sjɛʀ] nf [maison close] brothel-keeper, madam; [maison de jeu, hôtel, bar] manageress

tenant, e [tənɑ̃, ɑ̃t] → SYN **1** adj ◆ **chemise à col tenant** shirt with an attached collar ou with collar attached → **séance**
2 nm **a** (gén pl: partisan) [doctrine] supporter, upholder (*de* of), adherent (*de* to); [homme politique] supporter
b (Sport) [coupe] holder ◆ **le tenant du titre** the titleholder, the reigning champion
c (loc) (fig) **les tenants et (les) aboutissants d'une affaire** the ins and outs of a question ◆ **d'un (seul) tenant** terrain all in one piece, lying together ◆ **100 hectares d'un seul tenant** 100 unbroken ou uninterrupted hectares
d (Hér) supporter

tendance [tɑ̃dɑ̃s] → SYN GRAMMAIRE ACTIVE 26.1 nf **a** (inclination, Psych) tendency ◆ **tendances refoulées / inconscientes** repressed / unconscious tendencies ◆ **la tendance principale de son caractère est l'égoïsme** the chief tendency in his character ou his chief tendency is egoism ◆ **manifester des tendances homosexuelles** to show homosexual leanings ou tendencies ◆ **tendance à l'exagération / à s'enivrer** tendency to exaggerate ou for exaggeration / to get drunk
b (opinions) [parti, politicien] leanings, sympathies; [groupe artistique, artiste] leanings (pl); [livre] drift, tenor ◆ **il est de tendance gauchiste / surréaliste** he has leftist / surrealist leanings ◆ **à quelle tendance (politique) appartient-il?** what are his (political) leanings? ou sympathies?
c (évolution) [art, langage, système économique ou politique] trend ◆ **tendances démographiques** population trends ◆ **tendance à la hausse / baisse** [prix] upward / downward trend, rising / falling trend; [température] upward / downward trend ◆ **la récente tendance à la baisse des valeurs mobilières** the recent downward ou falling trend in stocks and shares ◆ **les tendances actuelles de l'opinion publique** the current trends in public opinion → **indicateur**
d LOC **avoir tendance à** paresse, exagération to have a tendency for, tend ou be inclined towards ◆ **avoir tendance à s'enivrer / être impertinent** to have a tendency to get drunk / to be impertinent, tend ou be inclined to get drunk / to be impertinent ◆ **cette roue a tendance à se bloquer** this wheel tends ou has a tendency ou is inclined to lock ◆ **le temps a tendance à se gâter vers le soir** the weather tends to deteriorate towards the evening ◆ **en période d'inflation les prix ont tendance à monter** in a period of inflation, prices tend ou have a tendency ou are inclined to go up

tendanciel, -ielle [tɑ̃dɑ̃sjɛl] adj underlying

tendancieusement [tɑ̃dɑ̃sjøzmɑ̃] adv tendentiously

tendancieux, -ieuse [tɑ̃dɑ̃sjø, jøz] → SYN adj tendentious

tender [tɑ̃dɛʀ] nm (Rail) tender

tendeur [tɑ̃dœʀ] nm (dispositif) [fil de fer] wire-strainer; [ficelle de tente] runner; [chaîne de bicyclette] chain-adjuster; (câble élastique) elastic ou extensible strap ◆ **tendeur de chaussures** shoe-stretcher

tendineux, -euse [tɑ̃dinø, øz] adj viande stringy; (Anat) tendinous

tendinite [tɑ̃dinit] nf tendinitis (NonC)

tendon [tɑ̃dɔ̃] → SYN nm tendon, sinew ◆ **tendon d'Achille** Achilles' tendon

tendre¹ [tɑ̃dʀ] → SYN ▸ conjug 41 ◂ **1** vt **a** (raidir) corde, câble, corde de raquette to tighten, tauten; corde d'arc to brace, draw tight; arc to bend, draw back; ressort to set; muscles to tense, brace; pièce de tissu to stretch, pull ou draw tight ◆ **tendre la peau d'un tambour** to brace a drum ◆ **tendre le jarret** to flex ou brace one's leg muscles ◆ (littér) **tendre son esprit vers ...** to bend one's mind to ...
b (installer, poser) tapisserie, tenture to hang; piège to set ◆ **tendre une bâche sur une remorque** to pull a tarpaulin over a trailer ◆ **tendre une chaîne entre deux poteaux** to hang ou fasten a chain between two posts ◆ **tendre ses filets** (lit) to set one's nets; (fig) to set one's snares ◆ (fig) **tendre un piège / une embuscade (à qn)** to set a trap / an ambush (for sb)
c († littér: tapisser) **tendre une pièce de tissu** to hang a room with material ◆ **tendre une pièce de soie bleue** to put blue silk hangings in a room, line the walls of a room with blue silk
d (avancer) **tendre le cou** to crane one's neck ◆ **tendre l'oreille** to prick up one's ears ◆ **tendre la joue** to offer one's cheek ◆ (fig) **tendre l'autre joue** to turn the other cheek ◆ (fig) **tendre la gorge au couteau** to lay one's head on the block ◆ **tendre le poing** to raise one's fist ◆ **tendre la main** to hold out one's hand ◆ **tendre le bras** to stretch out one's arm ◆ **il me tendit la main** he held out his hand to me ◆ **il me tendit les bras** he stretched out his arms to me ◆ **tendre une main secourable** to offer a helping hand ◆ **tendre le dos** (aux coups) to brace one's back
e (présenter, donner) **tendre qch à qn** (briquet, objet demandé) to hold sth out to ou for sb; (cigarette offerte, bonbon) to offer sth to sb ◆ **il lui tendit un paquet de cigarettes** he held out a packet of cigarettes to him ◆ **il lui tendit un bonbon / une cigarette** he offered him a sweet / a cigarette ◆ (fig) **tendre la perche à qn** to throw sb a line
2 **se tendre** vpr [corde] to become taut, tighten; [rapports] to become strained
3 vi **a** (aboutir à) **tendre à qch / à faire** to tend towards sth / to do ◆ **le langage tend à se simplifier sans cesse** language tends to become simpler all the time ◆ **la situation tend à s'améliorer** the situation seems to be improving ◆ (sens affaibli) **ceci tend à prouver / confirmer que ...** this seems ou tends to prove / confirm that ...
b (littér: viser à) **tendre à qch / à faire** to aim at sth / to do ◆ **cette mesure tend à faciliter les échanges** this measure aims to facilitate ou at facilitating exchanges ◆ **tendre à** ou **vers la perfection** to strive towards perfection, aim at perfection
c (Math) **tendre vers l'infini** to tend towards infinity

tendre² [tɑ̃dʀ] → SYN **1** adj **a** (délicat) peau, pierre, bois soft; pain fresh(ly made), new; haricots, viande tender ◆ [cheval] **avoir la bouche tendre** to be tender-mouthed ◆ (littér) **couché dans l'herbe tendre** lying in the sweet grass ou the fresh young grass ◆ (littér) **tendres bourgeons / fleurettes** tender shoots / little flowers ◆ **depuis sa plus tendre enfance** from his earliest days ◆ (hum) **dans ma tendre enfance** in my innocent childhood days ◆ **tendre comme la rosée** wonderfully tender → **âge**
b (affectueux) ami, amour, amitié, regard fond, tender, loving; mot tender, loving ◆ **ne pas être tendre pour qn** to be hard on sb ◆ **tendre aveu** tender confession → **cœur**
c couleurs soft, delicate ◆ **rose / vert / bleu tendre** soft ou delicate pink / green / blue
2 nmf ◆ **c'est un tendre** he is soft at heart, he is tender-hearted ◆ **en affaires, ce n'est pas un tendre*** in business he is a tough customer*

tendrement [tɑ̃dʀəmɑ̃] → SYN adv (→ **tendre²**) tenderly; lovingly; fondly ◆ **époux tendrement unis** fond ou loving couple

tendresse [tɑ̃dʀɛs] → SYN nf **a** (NonC: → **tendre²**) tenderness; fondness
b **la tendresse** tenderness ◆ **privé de tendresse maternelle** denied maternal affection ◆ **un besoin de tendresse** a need for tenderness ou affection ◆ **avoir de la tendresse pour qn** to feel tenderness ou affection for sb
c (câlineries) **tendresses** tokens of affection, tenderness (NonC) ◆ **combler qn de tendresses** to overwhelm sb with tenderness ou with tokens of (one's) affection ◆ **« mille tendresses »** "lots of love", "much love"
d (littér: indulgence) **n'avoir aucune tendresse pour** to have no fondness for ◆ **il avait gardé des tendresses royalistes** he had retained (his) royalist sympathies

tendreté [tɑ̃dʀəte] nf [viande] tenderness; [bois, métal] softness

tendron [tɑ̃dʀɔ̃] → SYN nm **a** (Culin) **tendron de veau** tendron of veal (Brit), plate of veal (US)
b (pousse, bourgeon) (tender) shoot
c († hum: jeune fille) young ou little girl

tendu, e [tɑ̃dy] → SYN (ptp de **tendre¹**) adj **a** (raide) corde, toile tight, taut; muscles tensed, braced; ressort set; (Ling) voyelle, prononciation tense ◆ **tir tendu** (Mil) straight shot; (Ftbl) straight kick ◆ **la corde est trop tendue / bien tendue** the rope is too tight ou taut / is taut ◆ **la corde est mal tendue** the rope is slack ou isn't tight ou taut enough
b (appliqué) esprit concentrated
c (empreint de nervosité) rapports, relations strained, fraught; personne tense, strained, keyed-up, uptight*; situation tense, fraught
d **les bras tendus** with arms outstretched, with outstretched arms ◆ **s'avancer la main tendue** to come forward with one's hand held out ◆ **la politique de la main tendue à l'égard de ...** a policy of friendly cooperation with ... ou friendly exchanges with ... ◆ **le poing tendu** with one's fist raised
e (tapissé de) **tendu de** velours, soie hung with ◆ **chambre tendue de bleu / de soie bleue** bedroom with blue hangings / blue silk hangings

ténèbres [tenɛbʀ] → SYN nfpl (littér) [nuit, cachot] darkness, gloom ◆ **plongé dans les ténèbres**

plunged in darkness ◆ **s'avançant à tâtons dans les ténèbres** groping his way forward in the dark(ness) ou gloom ◆ **les ténèbres de la mort** the shades of death (littér) ◆ (littér) **le prince / l'empire des ténèbres** the prince / world of darkness ◆ (fig) **les ténèbres de l'ignorance** the darkness of ignorance ◆ (fig) **les ténèbres de l'inconscient** the dark regions ou murky depths of the unconscious ◆ (fig) **une lueur au milieu des ténèbres** a ray of light in the darkness ou amidst the gloom

ténébreux, -euse [tenebʀø, øz] → SYN adj **a** (littér : obscur) prison, forêt dark, gloomy ; (fig) conscience, intrigue, desseins dark (épith) ; (fig) époque, temps obscure ; (fig) affaire, philosophie dark (épith), mysterious
b (littér) personne saturnine → **beau**

ténébrion [tenebʀijɔ̃] nm darkling beetle

Ténéré [teneʀe] nm ◆ **le Ténéré** Ténéré

Tenerife [teneʀif] n Tenerife

ténesme [tenɛsm] → SYN nm tenesmus

teneur¹ [tənœʀ] → SYN nf **a** [traité] terms (pl) ; [lettre] content, terms (pl) ; [article] content
b [minerai] grade, content ; [solution] content ◆ **de haute / faible teneur** high- / low-grade (épith) ◆ **teneur en cuivre / fer** copper / iron content ◆ **la forte teneur en fer d'un minerai** the high iron content of an ore, the high percentage of iron in an ore ◆ **la teneur en hémoglobine du sang** the haemoglobin content of the blood ◆ [vin, bière] **teneur en alcool** alcohol content

teneur², -euse [tənœʀ, øz] nm,f ◆ (Comm) **teneur de livres** bookkeeper ◆ **teneur de copie** copyholder

tenez [təne] excl → **tenir**

ténia [tenja] → SYN nm tape worm, taenia (spéc)

tenir [t(ə)niʀ] → SYN ▸conjug 22◂ GRAMMAIRE ACTIVE 26.3

1 vt **a** (lit : gén) [personne] to hold ◆ **il tenait la clef dans sa main** he had ou he was holding the key in his hand ◆ (fig) **tenir le bon bout** to be on the right track → **compagnie, œil, rigueur**
b (maintenir dans un certain état) to keep ; (dans une certaine position) to hold, keep ◆ **tenir les yeux fermés / les bras levés** to keep one's eyes shut / one's arms raised ou up ◆ **tenir un plat au chaud** to keep a dish hot ◆ **une robe qui tient chaud** a warm dress, a dress which keeps you warm ◆ **le café le tient éveillé** coffee keeps him awake ◆ [nourriture] **tenir au corps** to be filling ◆ **elle tient ses enfants très propres** she keeps her children very neat ◆ **tenir qch en place / en position** to hold ou keep sth in place / position ◆ **ses livres sont tenus par une courroie** his books are held (together) by a strap ◆ **tenir un chien en laisse** to keep a dog on a leash ◆ **il m'a tenu la tête sous l'eau** he held my head under the water → **échec¹, haleine, respect**
c (Mus : garder) note to hold ◆ **tenir l'accord** to stay in tune
d (avoir, détenir) voleur, (*) rhume etc to have, have caught ; vérité, preuve to hold, have ◆ (menace) **si je le tenais !** if I could get my hands ou lay hands on him ! ◆ **nous le tenons** (lit : nous l'avons attrapé) we've got ou caught him ; (il ne peut se désister) we've got him (where we want him) ; (il est coincé, à notre merci) we've got him ◆ **je tiens un de ces rhumes !*** I've got ou caught a nasty cold ◆ **nous tenons maintenant la preuve de son innocence** we now hold ou have proof of his innocence ◆ **je tiens le mot de l'énigme / la clef du mystère** I've found ou got the secret of the riddle / the key to the mystery ◆ **nous tenons un bon filon** we're on to a good thing ou something good, we've struck it rich ◆ **parfait, je tiens mon article / mon sujet** fine, now I have my article / my subject ◆ (Prov) **un tiens vaut mieux que deux tu l'auras,** (Prov) **mieux vaut tenir que courir** a bird in the hand is worth two in the bush (Prov) → **main**
e (Comm : stocker) article, marchandise to stock, keep
f (avoir de l'autorité sur) enfant, classe to have under control, keep under control ou on a tight rein ; pays to have under one's control ◆ **il tient (bien) sa classe** he has ou keeps his class (well) under control, he controls his class well ◆ **les enfants sont très tenus** the children are held very much in check ou are kept on a very tight rein ◆ **les soldats tiennent la plaine** the soldiers are holding the plain, the soldiers control the plain
g (gérer) hôtel, magasin to run, keep ; comptes, registre, maison, ménage to keep → **barre, orgue**
h séance, conférence, emploi to hold ; rôle to fulfill ◆ **elle a bien tenu son rôle de femme au foyer / de chef** she was the perfect housewife / manager
i (avoir reçu) **tenir de qn** renseignement, meuble, bijou to have (got) from sb ; trait physique, de caractère to get from sb ◆ **il tient cela de son père** he gets that from his father ◆ **je tiens ce renseignement d'un voisin** I have ou I got this information from a neighbour → **source**
j (occuper) place, largeur to take up ◆ **tu tiens trop de place !** you are taking up too much room ! ◆ **le camion tenait toute la largeur / la moitié de la chaussée** the lorry took up the whole width of / half the roadway ◆ (Aut) **il ne tenait pas sa droite** he was not keeping to the right ◆ (Naut) **tenir le large** to stand off from the coast, stand out to sea ◆ (fig) **tenir une place importante** to hold ou have an important place → **lieu¹, rang**
k (contenir) [récipient] to hold
l (résister à, bien se comporter) [souliers] **tenir l'eau** to keep out the water ◆ **tenir l'alcool*** to be able to hold ou take (Brit) one's drink ◆ (Naut) **tenir la mer** [bateau] to be seaworthy ◆ (Aut) **tenir la route** to hold the road ◆ **une tente qui tient la tempête** a tent which can withstand storms
m (immobiliser) **cette maladie le tient depuis 2 mois** he has had this illness for 2 months (now) ◆ **il m'a tenu dans son bureau pendant une heure** he kept me in his office for an hour ◆ **il est très tenu par ses affaires** he's very tied (Brit) ou tied up (US) by his business ◆ (littér) **la colère le tenait** anger had him in its grip ◆ (littér) **l'envie me tenait de ...** I was filled ou gripped by the desire to ... → **jambe**
n (respecter) promesse to keep ; pari to keep to, honour ◆ (accepter) **je tiens le pari** I'll take on the bet ◆ **il avait dit qu'il arriverait premier : pari tenu !** he said he would come first and he managed it ! ou he pulled it off ! → **parole**
o (se livrer à) discours to give ; propos to say ; langage to use ◆ **il tenait un langage d'une rare grossièreté** the language he used ou employed (frm) was exceptionally coarse ◆ **tenir des propos désobligeants à l'égard de qn** to make ou pass offensive remarks about sb, say offensive things about sb ◆ **elle me tenait des discours sans fin sur la morale** she gave me endless lectures on morality, she lectured me endlessly on morality ◆ **il aime tenir de grands discours** he likes to hold forth ◆ **il m'a tenu ce raisonnement** he gave me this explanation ◆ **si l'on tient le même raisonnement que lui** if you support the same view as he does ◆ **si tu tiens ce raisonnement** if this is the view you hold ou take, if this is how you think
p **tenir qn / qch pour** to regard sb / sth as, consider sb / sth (as), hold sb / sth to be (frm) ◆ **je le tenais pour un honnête homme** I regarded him as ou considered him (to be) ou held him to be (frm) an honest man ◆ **tenir pour certain** ou **sûr que ...** to regard it as certain that ..., consider it certain that ... → **estime, quitte**
q (*: aimer) **en tenir pour qn** to fancy sb* (Brit), be keen on sb*, have a crush on sb*
r **tiens !, tenez !** (en donnant) take this, here (you are) ◆ (de surprise) **tiens, voilà mon frère !** ah ou hullo, there's my brother ! ◆ **tiens, tiens*** well, well !, fancy that ! ◆ (pour attirer l'attention) **tenez, je vais vous expliquer** look, I'll explain to you ◆ **tenez, ça m'écœure** you know, that sickens me

2 vi **a** [objet fixe, nœud] to hold ; [objets empilés, échafaudage] to stay up, hold (up) ◆ **croyez-vous que le clou tienne ?** do you think the nail will hold ? ◆ **l'armoire tient au mur** the cupboard is held ou fixed to the wall ◆ **ce chapeau ne tient pas sur ma tête** this hat won't stay on (my head) ◆ **la branche est cassée, mais elle tient encore bien à l'arbre** the branch is broken but it's still firmly attached to the tree ◆ **tenir debout** [objet] to be upright, be standing ; [personne] to be standing ◆ **je n'arrive pas à faire tenir le livre debout** I can't keep the book upright, I can't make the book stand ou stay up ◆ **son histoire ne tient pas debout** his story doesn't make sense ou doesn't hold together ou doesn't hold water ◆ **cette théorie tient debout après tout** this theory holds up ou holds good after all ◆ **je ne tiens plus debout** I'm dropping* ou ready to drop*, I can hardly stand up any more ◆ **il tient bien sur ses jambes** he is very steady on his legs ◆ **cet enfant ne tient pas en place** this child cannot keep ou stay still → **fil**
b (être valable) to be on ◆ **il n'y a pas de bal / match qui tienne** there's no question of going to any dance / match ◆ **ça tient toujours, notre pique-nique de jeudi ?*** is our picnic on Thursday still on ?, does our picnic on Thursday still stand ?
c (Mil, gén : résister) to hold out ◆ **tenir bon** ou **ferme** to stand fast ou firm, hold out ◆ **il fait trop chaud, on ne tient plus ici** it's too hot – we can't stand it here any longer ◆ **furieux, il n'a pas pu tenir : il a protesté violemment** in a blazing fury he couldn't contain himself and he protested vehemently
d (être contenu dans) **tenir dans** ou **à** ou **en** to fit in(to) ◆ **ils ne tiendront pas dans la pièce / la voiture** the room / the car will not hold them, they will not fit into the room / the car ◆ **nous tenons à 4 à cette table** this table seats 4, we can get 4 round this table ◆ **son discours tient en quelques pages** his speech takes up just a few pages, his speech is just a few pages long ◆ **ma réponse tient en un seul mot : non** my answer is just one word long : no ◆ **est-ce que la caisse tiendra en hauteur ?** will the box fit in vertically ?
e (durer) [accord, beau temps] to hold ; [couleur] to be fast ; [mariage] to last ; [fleurs] to last (well) ; [mise en plis] to stay in
f (†: littér) **faire tenir qch à qn** lettre etc to transmit ou communicate sth to sb
g (être contigu) to adjoin ◆ **le jardin tient à la ferme** the garden adjoins the farmhouse

3 **tenir à** vt indir **a** (aimer, priser) réputation, opinion de qn to value, care about ; objet aimé to be attached to, be fond of ; personne to be attached to, be fond of, care for ◆ **il ne tenait plus à la vie** he felt no further attachment to life, he no longer cared about living ◆ **voudriez-vous un peu de vin ? – je n'y tiens pas** would you like some wine ? – not really ou not particularly ou I'm not that keen* (Brit)
b (vouloir) **tenir à** + infin, **tenir à ce que** + subj to be anxious to, be anxious that ◆ **il tient beaucoup à vous connaître** he is very anxious ou keen (Brit) ou eager to meet you ◆ **elle a tenu absolument à parler** she insisted on speaking ◆ **il tient à ce que nous sachions ...** he insists ou is anxious that we should know ... ◆ **si vous y tenez** if you really want to, if you insist ◆ **tu viens avec nous ? – si tu y tiens** are you coming with us ? – if you really want me to ou if you insist
c (avoir pour cause) to be due to, stem from ◆ **ça tient au climat** it's because of the climate, it's due to the climate

4 **tenir de** vt indir (ressembler à) parent to take after ◆ **il tient de son père** he takes after his father ◆ **il a de qui tenir** it runs in the family ◆ **sa réussite tient du prodige** his success is something of a miracle ◆ **cela tient du comique et du tragique** there's something (both) comic and tragic about it, there are elements of both the comic and the tragic in it

5 vb impers to depend ◆ **il ne tient qu'à vous de décider** it's up to you to decide, the decision rests with you ◆ **il ne tient qu'à elle que cela se fasse** it's entirely up to her whether it is done ◆ **cela ne tient pas qu'à lui** it doesn't depend on him alone ◆ **à quoi cela tient-il qu'il n'écrive pas ?** how is it ou why is it that he doesn't write ? ◆ **qu'à cela ne tienne** never mind (that), that needn't matter, that's no problem ◆ **cela tient à peu de chose** it's touch and go, it's in the balance

6 **se tenir** vpr **a** **se tenir à qch** to hold on to sth ◆ **ils se tenaient par la taille/le cou** they had their arms round each other's waist/neck ◆ **ils se tenaient par la main** they were holding hands ou holding each other by the hand ◆ **il se tenait le ventre de douleur** he was clutching ou holding his stomach in pain ◆ **l'acrobate se tenait par les pieds** the acrobat hung on by his feet
b (être dans une position ou un état ou un lieu) **se tenir debout/couché/à genoux** to be standing (up)/lying (down)/kneeling (down) ou on one's knees ◆ **tenez-vous prêts à partir** be ready to leave ◆ **elle se tenait à sa fenêtre/dans un coin de la pièce** she was standing at her window/in a corner of the room ◆ **tiens-toi tranquille** (lit) keep still; (fig: ne pas agir) lie low ◆ **tiens-toi bien** ou **droit** (debout) stand up straight; (assis) sit up (straight)
c (se conduire) to behave ◆ **se tenir tranquille** to be quiet ◆ **se tenir bien/mal** to behave well/badly ◆ (avertissement) **vous n'avez plus qu'à bien vous tenir!** you'd better behave yourself!, you just behave yourself! ◆ **tenez-vous-le pour dit!** you've been warned once and for all!, you won't be warned ou told again! ◆ **il ne se tient pas pour battu** he doesn't consider himself beaten ◆ (hum) **il se tient mieux à table qu'à cheval*** he's a healthy eater, he has a healthy appetite
d (réunion etc: avoir lieu) to be held ◆ **le marché se tient là chaque semaine** the market is held there every week
e (être lié) to hang ou hold together ◆ **tous les faits se tiennent** all the facts hang ou hold together
f (se retenir: gén nég) **il ne peut se tenir de rire/critiquer** he can't help laughing/criticizing ◆ **il ne se tenait pas de joie** he couldn't contain his joy ◆ **se tenir à quatre pour ne pas faire qch** to struggle to stop o.s. (from) doing sth, restrain o.s. forcibly from doing sth ◆ **tiens-toi bien!** wait till you hear the next bit!
g **s'en tenir à** (se limiter à) to confine o.s. to, stick to; (se satisfaire de) to content o.s. with ◆ **nous nous en tiendrons là pour aujourd'hui** we'll leave it at that for today ◆ **il aimerait savoir à quoi s'en tenir** he'd like to know where he stands ◆ **je sais à quoi m'en tenir sur son compte** I know exactly who I'm dealing with, I know just the sort of man he is

Tennessee [tenesi] nm Tennessee

tennis [tenis] **1** nm **a** (sport) tennis ◆ **tennis sur gazon** lawn tennis ◆ **tennis sur terre battue** hard-court tennis ◆ **tennis en salle** indoor tennis ◆ **tennis de table** table tennis
b (terrain) (tennis) court
c (partie) game of tennis ◆ **faire un tennis** to have a game of tennis, play tennis
2 nmpl (chaussures) tennis shoes; (par extension, chaussures de gym) trainers, plimsolls (Brit), gym shoes, sneakers

tennis-elbow, pl **tennis-elbows** [tenisɛlbo] nm tennis elbow

tennisman [tenisman], pl **tennismen** [tenismɛn] nm tennis player

tennistique [tenistik] adj tennis (épith)

tenniswoman [teniswuman], pl **tenniswomen** [teniswumɛn] nf tennis player

tenon [tənɔ̃] → SYN nm (Menuiserie) tenon ◆ **assemblage à tenon et mortaise** mortice and tenon joint

ténor [tenɔʀ] **1** nm **a** (Mus) tenor ◆ (Mus) **ténor léger** light tenor
b (fig) (Pol) leading light, big name (*de* in); (Sport) star player, big name
2 adj tenor

ténoriser [tenɔʀize] ▸ conjug 1 ◂ vi to tenor

ténorite [tenɔʀit] nf tenorite

ténotomie [tenɔtɔmi] nf tenotomy

tenrec [tɑ̃ʀɛk] nm tenrec

tenseur [tɑ̃sœʀ] **1** nm **a** (Anat, Math) tensor
b (Tech: dispositif) [fil de fer] wire-strainer; [ficelle de tente] runner; [chaîne de bicyclette] chain-adjuster
2 adj m ◆ **muscle tenseur** tensor muscle

tensioactif, -ive [tɑ̃sjoaktif, iv] **1** adj surface-active
2 nm surfactant, surface-active agent

tensiomètre [tɑ̃sjɔmɛtʀ] nm tensiometer

tension [tɑ̃sjɔ̃] → SYN nf **a** (état tendu) [ressort, cordes de piano, muscles] tension; [courroie] tightness, tautness, tension ◆ **chaîne à tension réglable** adjustable tension chain ◆ **corde de tension d'une scie** tightening-cord of a saw
b (Phon) (phase d'articulation) attack; (état d'un phonème tendu) tension, tenseness
c (Élec) voltage, tension ◆ **tension de 110 volts** tension of 110 volts ◆ **à haute/basse tension** high-/low-voltage ou -tension (épith) ◆ **sous tension** (lit) live; (fig) under stress ◆ **chute de tension** voltage drop, drop in voltage ◆ **mettre un appareil sous tension** to switch on a piece of equipment
d (Méd) **tension (artérielle)** blood pressure ◆ **avoir de la tension** ou **trop de tension** to have (high) blood pressure ou hypertension (spéc) ◆ **prendre la tension de qn** to take sb's blood pressure
e (fig) [relations] tension (*de* in); [situation] tenseness (*de* of) ◆ **dans un état de tension nerveuse** in a state of nervous tension ou stress ◆ **tension entre deux pays/personnes/groupes** strained relationship between ou tension between two countries/people/groups
f (concentration, effort) **tension d'esprit** sustained mental effort ◆ (littér) **tension vers un but/idéal** striving ou straining towards a goal/an ideal
g (Phys) [liquide] tension; [vapeur] pressure; (Tech) stress ◆ **tension superficielle** surface tension

tenson [tɑ̃sɔ̃] → SYN nf (Hist Littérat) tenson

tensoriel, -ielle [tɑ̃sɔʀjɛl] adj tensorial

tentaculaire [tɑ̃takylɛʀ] → SYN adj (Zool) tentacular ◆ (fig) **villes tentaculaires** sprawling towns ◆ **firmes tentaculaires** monster (international) combines

tentacule [tɑ̃takyl] nm (Zool, fig) tentacle

tentant, e [tɑ̃tɑ̃, ɑ̃t] → SYN adj plat tempting, inviting, enticing; offre, projet tempting, attractive, enticing

tentateur, -trice [tɑ̃tatœʀ, tʀis] → SYN **1** adj beauté tempting, alluring, enticing; propos tempting, enticing ◆ (Rel) **l'esprit tentateur** the Tempter
2 nm tempter ◆ (Rel) **le Tentateur** the Tempter
3 **tentatrice** nf temptress

tentation [tɑ̃tasjɔ̃] → SYN nf temptation ◆ (Rel) **la tentation de saint Antoine** the temptation of Saint Anthony ◆ **résister à la tentation** to resist temptation ◆ **succomber à la tentation** to yield to temptation

tentative [tɑ̃tativ] → SYN nf (gén) attempt, endeavour; (sportive, style journalistique) bid, attempt ◆ **de vaines tentatives** vain attempts ou endeavours ◆ **tentative d'évasion** attempt ou bid to escape, escape bid ou attempt ◆ **tentative de meurtre/de suicide** (gén) murder/suicide attempt; (Jur) attempted murder/suicide ◆ **faire une tentative auprès de qn (en vue de ...)** to approach sb (with a view to ...)

tente [tɑ̃t] → SYN **1** nf (gén) tent ◆ **tente de camping** (camping) tent ◆ **coucher sous la tente** to sleep under canvas, sleep out, camp out ◆ (fig) **se retirer sous sa tente** to go and sulk in one's corner ◆ (fig) **il est allé planter sa tente en province** he's gone and set up shop in the provinces
2 COMP ▷ **tente de cirque** circus tent, marquee ▷ **tente à oxygène** (Méd) oxygen tent ▷ **tente de plage** beach tent

tenté, e [tɑ̃te] (ptp de **tenter**) adj ◆ **être tenté de faire/croire qch** to be tempted to do/believe sth

tente-abri, pl **tentes-abris** [tɑ̃tabʀi] nf shelter tent

tenter [tɑ̃te] → SYN ▸ conjug 1 ◂ GRAMMAIRE ACTIVE
1.1 vt **a** (chercher à séduire) personne (gén, Rel) to tempt ◆ **tenter qn (par une offre)** to tempt sb (with an offer) ◆ **ce n'était pas cher, elle s'est laissée tenter** it wasn't expensive and she yielded ou succumbed to the temptation ◆ **qu'est-ce qui te tente comme gâteau?*** what kind of cake takes your fancy* ou do you fancy?* ◆ **un match de tennis, ça te tenterait?** do you fancy* a game of tennis?, how about a game of tennis? ◆ **tu peux venir si ça te tente** you can come if you feel like it ◆ **c'est vraiment tenter le diable** it's really tempting fate ou Providence ◆ **il ne faut pas tenter le diable** don't tempt fate, don't push your luck*
b (risquer) expérience, démarche to try, attempt ◆ **on a tout tenté pour le sauver** they tried everything to save him ◆ **on a tenté l'impossible pour le sauver** they attempted the impossible to save him ◆ **tenter le tout pour le tout** to risk one's all ◆ **tenter la** ou **sa chance** to try one's luck ◆ **tenter le coup*** to have a go* ou a bash*, give it a try* ou a whirl* ◆ **nous allons tenter l'expérience pour voir** we shall try the experiment to see
c (essayer) **tenter de faire** to attempt ou try to do ◆ **je vais tenter de le convaincre** I'll try ou attempt ou endeavour to convince him, I'll try and convince him

tenthrède [tɑ̃tʀɛd] nf sawfly

tenture [tɑ̃tyʀ] → SYN nf **a** (tapisserie) hanging ◆ **tenture murale** wall covering
b (grands rideaux) hanging, curtain, drape (US); (derrière une porte) door curtain
c (de deuil) funeral hangings

tenu, e [t(ə)ny] (ptp de **tenir**) **1** adj **a** (entretenu) **bien tenu** enfant well ou neatly turned out; maison well-kept, well looked after ◆ **mal tenu** enfant poorly turned out, untidy; maison poorly kept, poorly looked after
b (strictement surveillé) **leurs filles sont très tenues** their daughters are kept on a tight rein ou are held very much in check
c (obligé) **être tenu de faire** to be obliged to do, have to do ◆ **être tenu au secret professionnel** to be bound by professional secrecy → **à**
d (Mus) note held, sustained
2 **tenue** nf **a** [maison] upkeep, running; [magasin] running; [classe] handling, control; [séance] holding; (Mus) [note] holding, sustaining ◆ **la tenue des livres de comptes** the book-keeping ◆ **tenue fautive de la plume** wrong way of holding one's pen
b (conduite) (good) manners (pl), good behaviour ◆ **bonne tenue en classe/à table** good behaviour in class/at (the) table ◆ **avoir de la/manquer de tenue** to have/lack good manners, know/not know how to behave (o.s.) ◆ **allons! un peu de tenue!** come on, behave yourself!, come on, watch your manners! ◆ (Fin) **la bonne tenue du franc face au dollar** the good performance of the franc against the dollar
c (qualité) [journal] standard, quality ◆ **une publication qui a de la tenue** a publication of a high standard, a quality publication ◆ **une publication de haute tenue** a quality publication
d (maintien) posture ◆ **mauvaise tenue d'un écolier** bad posture of a schoolboy
e (habillement, apparence) dress, appearance; (vêtements, uniforme) dress ◆ **leur tenue négligée** their sloppy dress ou appearance ◆ **en tenue négligée** wearing ou in casual clothes ◆ **ce n'est pas une tenue pour aller au golf!** that's no way to dress to play golf! ◆ **tenue d'intérieur** indoor clothes ◆ **en tenue légère** (vêtements légers) wearing ou in light clothing; (tenue osée) scantily dressed ou clad ◆ **en petite tenue** homme scantily dressed ou clad; femme scantily dressed ou clad, in one's undies (hum) ◆ (hum) **en tenue d'Adam** (ou **d'Ève**) in one's birthday suit ◆ **en grande tenue** in full dress (uniform) ◆ (Mil) **être en tenue** to be in uniform ◆ **les policiers en tenue** uniformed policemen, policemen in uniform ◆ (Mil) **tenue camouflée/de campagne** camouflage/combat dress ◆ **des touristes en tenue estivale/d'hiver** tourists in summer/winter clothes ◆ **se mettre en tenue** to get dressed
3 COMP ▷ **tenue de combat** (Mil) battle dress ▷ **tenue de route** (Aut) roadholding ▷ **tenue de service** uniform ▷ **tenue de soirée** formal ou evening dress ◆ **« tenue de soirée de rigueur »** ≃ "black tie" ▷ **tenue de sport** sports clothes, sports gear ▷ **tenue de ville** [homme] lounge suit (Brit), town suit (US); [femme] town dress ou suit ▷ **tenue de vol** (Aviat) flying gear

ténu, e [teny] → SYN adj (littér) point, particule fine ; fil slender, fine ; brume thin ; voix thin, reedy ; raisons tenuous, flimsy ; nuances, causes tenuous, subtle

ténuirostre [tenɥiʀɔstʀ] adj tenuirostral

ténuité [tenɥite] → SYN nf (littér) (→ **ténu**) fineness ; slenderness ; thinness ; reediness ; tenuousness, tenuity ; flimsiness ; subtlety

tenure [tənyʀ] → SYN nf (Hist Jur) tenure

tenuto [tenuto] adv tenuto

téocalli [teɔkali] nm teocalli

téorbe [teɔʀb] nm = **théorbe**

TEP [teəpe] (abrév de **tonne équivalent pétrole**) TOE

tépale [tepal] nm tepal

tephillim, téphillim [tefilim] nmpl tephillin

téphrosie [tefʀozi] nf tephrosia

tepidarium, tépidarium [tepidaʀjɔm] nm tepidarium

tequila [tekila] nf tequila

ter [tɛʀ] 1 adj ◆ **il habite au 10 ter** he lives at (number) 10 B
2 adv (Mus) three times, ter

tératogène [teʀatɔʒɛn] adj teratogenic

tératogenèse [teʀatɔʒənɛz] nf teratogenesis

tératogénie [teʀatɔʒeni] nf teratogeny

tératologie [teʀatɔlɔʒi] nf teratology

tératologique [teʀatɔlɔʒik] adj teratological

tératologue [teʀatɔlɔg] nmf teratologist

tératome [teʀatom] nm teratoma

terbium [tɛʀbjɔm] nm terbium

tercet [tɛʀsɛ] nm (Poésie) tercet, triplet

térébelle [teʀebɛl] nf terebellid

térébenthine [teʀebɑ̃tin] nf turpentine ◆ **nettoyer à l'essence de térébenthine** ou **à la térébenthine** to clean with turpentine ou turps* (Brit) ou turp (US)

térébinthe [teʀebɛ̃t] nm terebinth

térébrant, e [teʀebʀɑ̃, ɑ̃t] → SYN adj (Zool) terebrate ; (Méd) terebrant, terebrating

térébratule [teʀebʀatyl] nf terebratula

téréphtalique [teʀeftalik] adj ◆ **acide téréphtalique** terephthalic acid

Tergal ® [tɛʀgal] nm Terylene ®

tergiversations [tɛʀʒivɛʀsasjɔ̃] nfpl procrastination, humming and hawing (NonC), shilly-shallying* (NonC), pussyfooting* (about ou around) (NonC)

tergiverser [tɛʀʒivɛʀse] → SYN ▸ conjug 1 ◂ vi to procrastinate, hum and haw, shilly-shally*, pussyfoot* (about ou around)

termaillage [tɛʀmajaʒ] nm (Écon) leads and lags

terme [tɛʀm] → SYN nm a (mot, expression, Ling) term ; (Math, Philos : élément) term ◆ (formulation) **termes** terms ◆ **aux termes du contrat** according to the terms of the contract ◆ **en termes clairs / voilés / flatteurs** in clear / veiled / flattering terms ◆ **en d'autres termes** in other words ◆ **... et le terme est faible** ... and that's putting it mildly, ... and that's an understatement ◆ **terme de marine / de métier** nautical / professional term → **acception, force, moyen**
b (date limite) time limit, deadline ; (littér : fin) [vie, voyage, récit] end, term (littér) ◆ **passé ce terme** after this date ◆ **se fixer un terme pour ...** to set o.s. a time limit ou a deadline for ... ◆ **arriver à terme** [délai] to expire ; [opération] to reach its ou a conclusion ; [paiement] to fall due ◆ **mettre un terme à qch** to put an end ou a stop to sth ◆ **mener qch à (son) terme** to bring sth to completion, carry sth through (to completion) ◆ **arrivé au terme de sa vie** having reached the end ou the term (littér) of his life ◆ **prévisions / projets à court / long terme** short-term ou short-range / long-term ou long-range forecasts / plans ◆ **à terme c'est ce qui arrivera** this is what will happen eventually ou sooner or later ou in the long run ou in the end
c (Méd) **à terme** accouchement full-term ; naître at term ◆ **avant terme** naître, accoucher prematurely ◆ **bébé né / naissance avant terme** premature baby / birth ◆ **un bébé né 2 mois avant terme** a baby born 2 months premature, a 2-months premature baby
d [loyer] (date) term, date for payment ; (période) quarter, rental term ou period ; (somme) (quarterly) rent (NonC) ◆ **payer à terme échu** to pay at the end of the rental term, pay a quarter ou term in arrears ◆ **le (jour du) terme** the term ou date for payment ◆ **il a un terme de retard** he's one quarter ou one payment behind (with his rent) ◆ **devoir / payer son terme** to owe / pay one's rent
e (Bourse, Fin) **à terme** forward ◆ **transaction à terme** (Bourse de marchandises) forward transaction ; (Bourse des valeurs) settlement bargain ◆ **marché à terme**† settlement market, forward market ◆ **crédit / emprunt à court / long terme** short-term ou short-dated / long-term ou long-dated credit / loan, short / long credit / loan
f (relations) **termes** terms ◆ **être en bons / mauvais termes avec qn** to be on good ou friendly / bad terms with sb ◆ **ils sont dans les meilleurs termes** they are on the best of terms

terminaison [tɛʀminɛzɔ̃] → SYN nf (Ling) ending ◆ (Anat) **terminaisons nerveuses** nerve endings

terminal, e, mpl **-aux** [tɛʀminal, o] → SYN
1 adj élément, bourgeon, phase de maladie terminal ◆ (Scol) **classe terminale** final year, ≃ upper sixth (form) (Brit), twelfth grade (US), senior year (US) ◆ **élève de terminale** ≃ upper sixth former (Brit), senior (US), twelfth grader ◆ **malade au stade terminal** terminally ill patient
2 nm a (aérogare) (air) terminal
b [pétrole, marchandises] terminal ◆ **terminal pétrolier** oil terminal ◆ **terminal maritime** shipping terminal
c (ordinateur) terminal ◆ **terminal intelligent / passif** smart ou intelligent / dumb terminal ◆ **terminal graphique** terminal with graphic capabilities ◆ **terminal vocal** vocal terminal ◆ **terminal de paiement électronique** electronic payment terminal ◆ **terminal point de vente** point-of-sale ou POS terminal
3 **terminale** nf (Scol) → 1

terminer [tɛʀmine] → SYN ▸ conjug 1 ◂ 1 vt a (clore) débat, séance to bring to an end ou to a close, terminate
b (achever) travail to finish (off), complete ; repas to finish, end ; vacances, temps d'exil to end, finish ; récit, débat to finish, close, end ◆ **il termina en nous réprimandant** he finished (up ou off) ou he ended by giving us a reprimand ◆ **j'ai terminé ainsi ma journée** and so I ended my day ◆ **nous avons terminé la journée / soirée chez un ami / par une promenade** we finished off ou ended the day / evening at a friend's house / with a walk ◆ **terminer ses jours à la campagne / à l'hôpital** to end one's days in the country / in hospital ◆ **terminer un repas par un café** to finish off ou round off ou end a meal with a coffee ◆ **terminer un livre par quelques conseils pratiques** to end a book with a few pieces of practical advice ◆ **en avoir terminé avec un travail** to be finished with a job ◆ **j'en ai terminé avec eux** I am ou have finished with them, I have done with them ◆ **pour terminer je dirais que ...** in conclusion ou to conclude I would say that ..., and finally I would say that ... ◆ **j'attends qu'il termine** I'm waiting for him to finish, I'm waiting till he's finished
c (former le dernier élément) **le café termina le repas** the meal finished ou ended with coffee, coffee finished off ou concluded ou ended the meal ◆ **un bourgeon termine la tige** the stalk ends in a bud
2 **se terminer** vpr a (prendre fin) [rue, domaine] to end, terminate (frm) ; [affaire, repas, vacances] to (come to an) end ◆ **les vacances se terminent demain** the holidays finish ou (come to an) end tomorrow ◆ **le parc se termine ici** the park ends here ◆ **ça s'est bien / mal terminé** it ended well / badly, it turned out well ou all right / badly (in the end) ◆ **alors ces travaux, ça se termine ?** well, is the work just about complete ou done ? ; (impatience) when's the work going to be finished ?
b (s'achever sur) **se terminer par** to end with ◆ **la thèse se termine par une bibliographie** the thesis ends with a bibliography ◆ **la soirée se termina par un jeu** the evening ended with a game ◆ **ces verbes se terminent par le suffixe « ir »** these verbs end in the suffix "ir"
c (finir en) **se terminer en** to end in ◆ **les mots qui se terminent en « ation »** words which end in "ation" ◆ **cette comédie se termine en tragédie** this comedy ends in tragedy ◆ **se terminer en pointe** to end in a point

terminologie [tɛʀminɔlɔʒi] → SYN nf terminology

terminologique [tɛʀminɔlɔʒik] adj terminological

terminologue [tɛʀminɔlɔg] nmf terminologist

terminus [tɛʀminys] nm [autobus, train] terminus ◆ **terminus ! tout le monde descend !** (last stop !) all change !

termite [tɛʀmit] nm termite, white ant

termitière [tɛʀmitjɛʀ] nf ant-hill, termitary (spéc)

ternaire [tɛʀnɛʀ] adj compound

terne[1] [tɛʀn] → SYN adj teint colourless, lifeless ; regard lifeless, lacklustre ; personne dull, colourless, drab ; style, conversation dull, drab, lacklustre ; couleur, journée, vie dull, drab

terne[2] [tɛʀn] nm a (à la loterie) tern ; (au loto) *three numbers on the same line* ; (aux dés) two treys ou threes
b (Élec) three-phase line

terni, e [tɛʀni] (ptp de **ternir**) adj argenterie, métal, réputation tarnished ; glace dulled

ternir [tɛʀniʀ] → SYN ▸ conjug 2 ◂ 1 vt a (lit) métal to tarnish ; glace, meuble to dull ; teint to drain of colour
b (fig) mémoire, honneur, réputation to stain, tarnish, sully, besmirch
2 **se ternir** vpr [métal] to tarnish, become tarnished ; [glace] to (become) dull ; [réputation] to become tarnished ou stained

ternissement [tɛʀnismɑ̃] nm [métal] tarnishing ; [glace] dulling

ternissure [tɛʀnisyʀ] nf (→ **terni**) (aspect) tarnish, tarnished condition ; dullness ; (tache) tarnished spot ; dull spot

terrain [teʀɛ̃] → SYN 1 nm a (relief) ground, terrain (spéc, littér) ; (sol) soil, ground ◆ **terrain caillouteux / vallonné** stony / hilly ground ◆ **terrain meuble / lourd** loose / heavy soil ou ground ◆ **c'est un bon terrain pour la culture** it's (a) good soil for cultivation → **accident, glissement, tout**
b (Ftbl, Rugby) pitch, field ; (avec les installations) ground ; (Courses, Golf) course ◆ **terrain de basket-ball** basketball court ◆ **sur le terrain** on the field ◆ **disputer un match sur terrain adverse / sur son propre terrain** to play an away / a home match
c (Comm : étendue de terre) land (NonC) ; (parcelle) plot (of land), piece of land ; (à bâtir) site ◆ **terrain à lotir** land for dividing into plots ◆ **chercher un terrain convenable pour un bâtiment** to look for a suitable site for a building ◆ **« terrain à bâtir »** "site ou building land for sale" ◆ **une maison avec 2 hectares de terrain** a house with 2 hectares of land ◆ **le prix du terrain à Paris** the price of land in Paris
d (Géog, Géol : souvent pl) formation ◆ **les terrains primaires / glaciaires** primary / glacial formations
e (Mil) (lieu d'opérations) terrain ; (gagné ou perdu) ground ◆ **en terrain ennemi** on enemy ground ou territory ◆ **disputer le terrain** (Mil) to fight for every inch of ground ; (fig) to fight every inch of the way ◆ (lit, fig) **céder / gagner / perdre du terrain** to give / gain / lose ground ◆ **céder du terrain à l'ennemi** to lose ou yield ground to the enemy, fall back before the enemy ◆ [négociateurs] **ils finiront par céder du terrain** in the end they'll make concessions ◆ **l'épidémie cède du terrain devant les efforts des médecins** the epidemic is receding before the doctors' efforts ◆ **la livre a cédé / gagné du terrain** the pound has lost / gained ground (*par rapport à* against) ◆ **reconnaître le terrain** (lit) to reconnoitre the terrain ; (fig) to see how

the land lies, get the lie (Brit) ou lay (US) of the land ◆ (fig) **sonder** ou **tâter le terrain** to test the ground, put out feelers ◆ **avoir l'avantage du terrain** (lit) to have territorial advantage; (fig) to have the advantage of being on (one's) home ground ◆ **préparer / déblayer le terrain** to prepare / clear the ground ◆ **aller / être sur le terrain** to go out into / be out in the real world ou in the field

f (fig: domaine, sujet) ground ◆ **être sur son terrain** to be on home ground ou territory ◆ **personne de terrain** (gén) person with a practical background; (Pol) grass-roots politician ◆ **le nouveau P.D.G. est un homme de terrain** the new managing director has done his stint at the coalface (fig) ou has a practical rather than an academic background ◆ **trouver un terrain d'entente** to find common ground ou an area of agreement ◆ **chercher un terrain favorable à la discussion** to seek an area conducive to (useful) discussion ◆ **je ne le suivrai pas sur ce terrain** I can't go along with him there ou on that, I'm not with him on that ◆ **être en** ou **sur un terrain mouvant** to be on uncertain ground ◆ **être sur un terrain glissant** to be on slippery ou dangerous ground ◆ **le journaliste s'aventura sur un terrain brûlant** the journalist ventured onto dangerous ground ou risked tackling a highly sensitive ou ticklish issue ◆ **l'épidémie a trouvé un terrain très favorable chez les réfugiés** the epidemic found an ideal breeding ground amongst the refugees ◆ (Méd) **terrain allergique** conditions likely to produce allergies ◆ (Méd) **il a un mauvais terrain** he's quite susceptible to illness ◆ (Méd) **il a un terrain arthritique** he's quite susceptible to arthritis

2 COMP ▷ **terrain d'atterrissage** landing ground ▷ **terrain d'aviation** airfield ▷ **terrain de camping** campsite, camping ground ▷ **terrain de chasse** hunting ground ▷ **terrain d'exercice** training ground ▷ **terrain de jeu** playing field ▷ **terrain militaire** army ground ▷ **terrain de sport** sports ground ▷ **terrain de tir** shooting ou firing range ▷ **terrain vague** waste ground (NonC), wasteland (NonC)

terramare[1] [teʀamaʀ] nf (Agr) terramara

terramare[2] [teʀamaʀ] nf (habitat) terramara

terra rossa [teʀaʀɔsa] nf terra rossa

terrasse [teʀas] → SYN nf **a** [parc, jardin] terrace ◆ **cultures en terrasses** terrace cultivation ◆ (Géog) **terrasse fluviale** river terrace

b [appartement] terrace; (sur le toit) terrace roof ◆ **toiture en terrasse, toit-terrasse** flat roof

c [café] terrace, pavement (area) ◆ **j'ai aperçu Charles attablé à la terrasse du Café Royal** I saw Charles sitting at the terrace of the Café Royal ou outside the Café Royal ◆ **à la** ou **en terrasse** outside ◆ **il refusa de me servir à la** ou **en terrasse** he refused to serve me outside

d (Constr: métier) excavation work ◆ **faire de la terrasse** to do excavation work

terrassement [teʀasmɑ̃] → SYN nm **a** (action) excavation ◆ **travaux de terrassement** excavation works ◆ **engins de terrassement** earthmoving ou excavating equipment

b (terres creusées) **terrassements** excavations, earthworks; [voie ferrée] embankments

terrasser [teʀase] → SYN ▸ conjug 1 ◂ vt **a** personne [adversaire] to floor, bring down; [attaque] to bring down; (fig) [fatigue] to overcome; [émotion, nouvelle] to overwhelm; [maladie] to strike down ◆ **cette maladie l'a terrassé** this illness laid him low ◆ **terrassé par une crise cardiaque** struck down ou felled by a heart attack

b (Tech) to excavate, dig out; (Agr) to dig over

terrassier [teʀasje] nm unskilled road worker, navvy (Brit)

terre[1] [tɛʀ] → SYN **1** nf **a** (planète) earth; (monde) world ◆ **la planète Terre** the planet Earth ◆ **Dieu créa le Ciel et la Terre** God created the Heavens and the Earth, God created Heaven and Earth ◆ **il a parcouru la terre entière** he has travelled the world over, he has travelled all over the globe ◆ **prendre à témoin la terre entière** to take the world as one's witness ◆ **tant qu'il y aura des hommes sur la terre** as long as there are men on (the) earth ◆ **être seul sur (la) terre** to be alone in (all) the world ◆ **il ne faut pas s'attendre au bonheur sur (cette) terre** happiness is not to be expected in this world ou on this earth ◆ (fig) **redescendre** ou **revenir sur terre** to come down ou back to earth → **remuer, sel, ventre**

b (sol: surface) ground, land; (matière) earth, soil; (pour la poterie) clay ◆ **pipe / vase en terre** clay pipe / vase ◆ **ne t'allonge pas par terre, la terre est humide** don't lie on the ground – it's damp, don't lie down – the ground is damp ◆ **une terre fertile / aride** a fertile / an arid ou a barren soil ◆ **retourner / labourer la terre** to turn over / work the soil ◆ **travailler la terre** to work the soil ou land ◆ **planter des arbres en pleine terre** to plant trees in the (open) ground ◆ [lutteur] **être à terre** to be down ◆ (lit, fig) **il ne faut pas frapper quelqu'un qui est à terre** you shouldn't hit somebody when they are down ◆ **poser qch à** ou **par terre** to put sth (down) on the ground ◆ **jeter qch à** ou **par terre** to throw sth (down) on the ground, throw sth to the ground ◆ **cela fiche** ou **flanque tous nos projets par terre*** that throws all our plans out of the window, that really messes up all our plans*, that puts paid to all our plans ◆ **mettre qn en terre** to bury sb ◆ **mettre qch en terre** to put sth into the soil ◆ **5 mètres sous terre** 5 metres underground ◆ (fig) **être à six pieds sous terre** to be six feet under, be pushing up the daisies* ◆ (fig: de honte) **j'aurais voulu rentrer sous terre** I wished the earth would swallow me up, I could have died* → **chemin, motte, toucher, ver**

c (étendue, campagne) **terre(s)** land (NonC) ◆ **une bande** ou **langue de terre** a strip ou tongue of land ◆ **retourner à la / aimer la terre** to return to / love the land ◆ **des terres à blé** corn-growing land ◆ **il a acheté un bout** ou **un lopin de terre** he's bought a piece ou patch ou plot of land ◆ **terres cultivées** cultivated land ◆ **terres en friche** ou **en jachère / incultes** fallow / uncultivated land

d (par opposition à mer) land (NonC) ◆ **sur la terre ferme** on dry land, on terra firma ◆ **apercevoir la terre** to sight land ◆ (Naut) **terre!** land ho! ◆ (Naut) **aller à terre** to go ashore ◆ **dans les terres** inland ◆ **aller / voyager par (voie de) terre** to go / travel by land ou overland → **toucher**

e (propriété, domaine) land (gén NonC) ◆ **la terre** land ◆ **une terre** an estate ◆ **il a acheté une terre en Normandie** he's bought an estate ou some land in Normandy ◆ **vivre sur / de ses terres** to live on / off one's lands ou estates ◆ **se retirer sur ses terres** to go and live on one's country estate ◆ **la terre est un excellent investissement** land is an excellent investment

f (pays, région) land, country ◆ **sa terre natale** his native land ou country ◆ **la France, terre d'accueil** France, (the) land of welcome ◆ **terres lointaines / australes** distant / southern lands ◆ **la Terre promise** the Promised Land

g (Élec) earth (Brit), ground (US) ◆ **mettre** ou **relier à la terre** to earth (Brit), ground (US) → **pris**

2 COMP ▷ **la Terre Adélie** the Adélie Coast, Adélie Land ▷ **terre battue** hard-packed surface ◆ (Tennis) **jouer sur terre battue** to play on a hard court ▷ **terre brûlée: politique de la terre brûlée** (fig) scorched earth policy ▷ **terre de bruyère** heath-mould, heath-peat ▷ **terre cuite** (pour briques, tuiles) baked clay; (pour jattes, statuettes) terracotta ◆ **objets en terre cuite, terres cuites** terracotta ware (NonC) ◆ **une terre cuite** a terracotta (object) ▷ **la Terre de Feu** Tierra del Fuego ▷ **terre à foulon** fuller's earth ▷ **terre glaise** clay ▷ **terre noire** (Géog) chernozem ▷ **terre à potier** potter's clay ▷ **terres rares** (Chim) rare earths ▷ **la Terre sainte** the Holy Land ▷ **terre de Sienne** sienna ▷ **terre à terre, terre-à-terre** adj inv esprit down-to-earth, matter-of-fact; personne down-to-earth, unimaginative, prosaic; préoccupations mundane, workaday, prosaic ▷ **terre végétale** topsoil ▷ **terres vierges** virgin lands

terre[2] [tɛʀ] nf (poisson) sting ray

terreau, pl terreaux [teʀo] nm (soil-based) compost ◆ **terreau de feuilles** leaf mould

terreauter [teʀote] ▸ conjug 1 ◂ vt to compost

terre-neuvas [tɛʀnœva] nm inv (bateau) fishing boat *(for fishing off Newfoundland)*; (marin) fisherman, trawlerman *(who fishes off Newfoundland)*

Terre-Neuve [tɛʀnœv] nf Newfoundland

terre-neuve [tɛʀnœv] nm inv (chien) Newfoundland terrier ◆ (fig) **cet homme est un vrai terre-neuve** that man's a real (good) Samaritan!

terre-neuvien, -ienne, npl **terre-neuviens** [tɛʀnœvjɛ̃, jɛn] **1** adj Newfoundland (épith)

2 nm,f ◆ **Terre-Neuvien(ne)** Newfoundlander

terre-neuvier, pl **terre-neuviers** [tɛʀnœvje] nm ⇒ **terre-neuvas**

terre-plein, pl **terre-pleins** [tɛʀplɛ̃] → SYN nm (Mil) terreplein; (Constr) platform ◆ (sur chaussée) **terre-plein (central)** central reservation (Brit), median strip (US)

terrer [teʀe] → SYN ▸ conjug 1 ◂ **1 se terrer** vpr **a** [personne poursuivie] to flatten o.s., crouch down; [criminel recherché] to lie low, go to ground ou earth; [personne peu sociable] to hide (o.s.) away ◆ **terrés dans la cave pendant les bombardements** hidden ou buried (away) in the cellar during the bombings

b [lapin, renard] (dans son terrier) to go to earth ou ground; (contre terre) to crouch down, flatten itself

2 vt (Agr) arbre to earth round ou up; pelouse to spread with soil; semis to earth over; (Tech) drap to full

terrestre [teʀɛstʀ] → SYN adj **a** faune, flore, transports, habitat land (épith); surface, magnétisme earth's (épith), terrestrial, of earth ◆ (Mil) **effectifs terrestres** land forces ◆ (Mil) **missile terrestre** land-based missile → **croûte, écorce, globe**

b (d'ici-bas) biens, plaisirs, vie earthly, terrestrial → **paradis**

terreur [teʀœʀ] → SYN nf **a** (peur) terror (gén NonC) ◆ **avec terreur** with terror ou dread ◆ **vaines terreurs** vain ou empty fears ◆ **le dentiste était ma grande terreur** the dentist was my greatest fear, I was terrified of the dentist ◆ **il vivait dans la terreur d'être découvert / de la police** he lived in terror of being discovered / of the police

b (terrorisme) terror ◆ (Hist) **la Terreur** the (Reign of) Terror

c (* hum: personne) terror ◆ **petite terreur** little terror ou horror ◆ **jouer les terreurs** to play the tough guy* ◆ **on l'appelait Joe la terreur** he was known as Joe, the tough guy* ◆ **c'est la terreur de la ville** he's the terror of the town

terreux, -euse [teʀø, øz] → SYN adj **a** goût, odeur earthy

b sabots muddy; mains grubby, soiled; salade gritty, dirty

c teint sallow, muddy; ciel muddy, leaden, sullen

terri [teʀi] nm ⇒ **terril**

terrible [teʀibl] → SYN **1** adj **a** (effroyable) accident, maladie, châtiment terrible, dreadful, awful; arme terrible

b (terrifiant, féroce) guerrier, air, menaces terrible, fearsome

c (intensif) vent, force, pression, bruit, colère terrific, tremendous, fantastic ◆ **c'est un terrible menteur** he's a terrible ou an awful liar ◆ **c'est terrible ce qu'il peut manger** it's terrific ou fantastic what he can eat*

d (affligeant, pénible) terrible, dreadful, awful ◆ **c'est terrible d'en arriver là** it's terrible ou awful ou dreadful to come to this ◆ **le terrible est qu'il refuse qu'on l'aide** the awful ou dreadful part about it is that he refuses to be helped ◆ **il est terrible, avec sa manie de toujours vous contredire** he's awful ou dreadful, the way he's always contradicting you ou with his habit of always contradicting you ◆ **c'est terrible de devoir toujours tout répéter** it's awful ou dreadful always having to repeat everything → **enfant**

c (*: formidable) film, soirée, personne terrific*, great*, tremendous* ◆ **ce film n'est pas terrible** this film is nothing special ou nothing marvellous ou nothing to write home about ou no great shakes* (Brit)
2 adv ◆ (‡) **ça marche terrible** it's working fantastically (well)* ou really great‡

terriblement [teʀibləmɑ̃] → SYN adv **a** (extrêmement) terribly, dreadfully, awfully
b (†: affreusement) terribly†

terricole [teʀikɔl] adj terricolous

terrien, -ienne [teʀjɛ̃, jɛn] → SYN **1** adj **a** landed (épith), landowning (épith) ◆ **propriétaire terrien** landowner, landed proprietor
b **vertus terriennes** virtues of the soil ou land ◆ **avoir une vieille ascendance terrienne** to come of old country stock
2 nm **a** (paysan) man of the soil, countryman
b (habitant de la Terre) Earthman, earthling
c (non-marin) landsman
3 **terrienne** nf (→ 2) countrywoman; Earthwoman, earthling; landswoman

terrier [teʀje] → SYN nm **a** (tanière) [lapin, taupe] burrow, hole; [renard] earth
b (chien) terrier

terrifiant, e [teʀifjɑ̃, jɑ̃t] → SYN adj **a** (effrayant) terrifying
b (sens affaibli) progrès, appétit fearsome, incredible ◆ **c'est terrifiant comme il a maigri / grandi!** it's awful ou frightening how much weight he has lost / how tall he has grown!

terrifier [teʀifje] → SYN ▸ conjug 7 ◂ vt to terrify

terrigène [teʀiʒɛn] adj terrigenous

terril [teʀi(l)] → SYN nm (coal) tip, slag heap

terrine [teʀin] → SYN nf (pot) earthenware vessel, terrine; (Culin) (récipient) terrine; (pâté) pâté, terrine; (‡: tête) head, noddle‡ ◆ **terrine du chef** chef's special pâté ◆ **terrine de lapin / de légumes** rabbit / vegetables terrine ou pâté

territoire [teʀitwaʀ] → SYN nm (gén, Pol, Zool) territory; [département, commune] area; [évêque, juge] jurisdiction ◆ **territoires d'outre-mer** (French) overseas territories → **aménagement, surveillance**

territorial, e, mpl **-iaux** [teʀitɔʀjal, jo] **1** adj **a** puissance land (épith); intégrité, modifications territorial ◆ **eaux territoriales** territorial waters ◆ **armée territoriale** Territorial Army
b (Jur: opposé à personnel) territorial
2 nm (Mil) Territorial
3 **territoriale** nf (Mil) Territorial Army

territorialité [teʀitɔʀjalite] nf (Jur) territoriality

terroir [teʀwaʀ] → SYN nm **a** (Agr) soil ◆ **vin qui a un goût de terroir** wine which has a taste ou tang of its soil
b (fig: région rurale) **accent du terroir** country ou rural accent, brogue ◆ **mots du terroir** words with a rural flavour ◆ **il sent son terroir** he is very much of his native heath ou soil ◆ **poète du terroir** poet of the land

terrorisant, e [teʀɔʀizɑ̃, ɑ̃t] adj terrifying

terroriser [teʀɔʀize] → SYN ▸ conjug 1 ◂ vt to terrorize

terrorisme [teʀɔʀism] → SYN nm terrorism

terroriste [teʀɔʀist] → SYN adj, nmf terrorist

tertiaire [tɛʀsjɛʀ] **1** adj (Géol, Méd) tertiary ◆ (Écon) **(secteur) tertiaire** service industries, tertiary sector (spéc), tertiary industry (spéc)
2 nm (Géol) Tertiary; (Écon) service sector, tertiary sector, tertiary industry

tertiairisation [tɛʀsjɛʀizasjɔ̃], **tertiarisation** [tɛʀsjaʀizasjɔ̃] nf expansion ou development of the service sector

tertio [tɛʀsjo] adv third(ly)

tertre [tɛʀtʀ] → SYN nm (monticule) hillock, mound, knoll (littér); (sépulture) (burial) mound

terza rima [tɛʀtsaʀima] nf terza rima

tes [te] → **ton¹**

tesla [tɛsla] nm tesla

tessiture [tesityʀ] → SYN nf [voix] tessitura; [instrument] range

tesson [tesɔ̃] → SYN nm ◆ **tesson (de bouteille)** shard, sliver ou piece of broken glass ou bottle

test¹ [tɛst] → SYN **1** nm (gén) test ◆ **faire passer un test à qn** to give sb a test ◆ **soumettre qn à des tests** to subject sb to tests, test sb ◆ **test d'intelligence** IQ test ◆ **test d'orientation professionnelle** vocational ou occupational test ◆ **test d'aptitude / psychologique** ou **de personnalité** aptitude / personality test ◆ **test de grossesse** pregnancy test ◆ **test du SIDA** AIDS test ◆ **test biologique** biological test
2 adj ◆ **conflit- / région-test** test conflict / area

test² [tɛst] nm (Zool) test

test³ [tɛst] nm ⇒ **têt**

testable [tɛstabl] adj testable

testacé, e [tɛstase] adj testaceous

testage [tɛstaʒ] nm progeny testing

testament [tɛstamɑ̃] → SYN **1** nm **a** (Rel) **l'Ancien / le Nouveau Testament** the Old / the New Testament
b (Jur) will, testament (Jur) ◆ **mourir sans testament** to die intestate (Jur, frm) ou without leaving a will ◆ **ceci est mon testament** this is my last will and testament ◆ (hum) **il peut faire son testament*** he can ou he'd better make out his will (hum) → **coucher, léguer**
c (fig) [homme politique, artiste] legacy ◆ **le testament politique de Jaurès** Jaurès' political legacy
2 COMP ▷ **testament par acte public, testament authentique** *will dictated to notary in the presence of witnesses* ▷ **testament mystique** *will written or dictated by testator, signed by him, and handed in sealed envelope, before witnesses, to notary* ▷ **testament olographe** *will written, dated and signed by the testator* ▷ **testament secret** ⇒ **testament mystique**

testamentaire [tɛstamɑ̃tɛʀ] adj ◆ **dispositions testamentaires** clauses ou provisions of a will, devises (spéc) ◆ **donation testamentaire** bequest, legacy ◆ **héritier testamentaire** devisee, legatee → **exécuteur**

testateur [tɛstatœʀ] → SYN nm testator, devisor, legator

testatrice [tɛstatʀis] nf testatrix, devisor, legator

tester¹ [tɛste] → SYN ▸ conjug 1 ◂ vt (essayer) to test

tester² [tɛste] → SYN ▸ conjug 1 ◂ vi (Jur) to make (out) one's will

testeur [tɛstœʀ] nm tester

testiculaire [tɛstikylɛʀ] adj testicular

testicule [tɛstikyl] → SYN nm testicle, testis (spéc)

testimonial, e mpl **-iaux** [tɛstimɔnjal, jo] adj testimonial ◆ **preuve testimoniale** testimony

testostérone [tɛstɔsteʀɔn] nf testosterone

têt [tɛ(t)] → SYN nm ◆ (Chim) **têt à rôtir** roasting dish ou crucible ◆ **têt à gaz** beehive shelf

tétanie [tetani] nf tetany

tétanique [tetanik] adj convulsions tetanic; patient tetanus (épith), suffering from tetanus (attrib)

tétanisation [tetanizasjɔ̃] nf [muscle] tetanization

tétaniser [tetanize] ▸ conjug 1 ◂ vt to tetanize

tétanos [tetanos] nm (maladie) tetanus, lockjaw; (contraction) tetanus ◆ **tétanos musculaire** ou **physiologique** tetanus (of a muscle) ◆ **vaccin contre le tétanos** tetanus vaccine

têtard [tɛtaʀ] nm (Zool) tadpole

tête [tɛt] → SYN
1 nf **a** (gén) [homme, animal] head; (chevelure) hair (NonC) ◆ **être tête nue, n'avoir rien sur la tête** to be bareheaded, have nothing on one's head ◆ **avoir une tête frisée** to have curly hair, have a curly head of hair ◆ **avoir mal à la tête** to have a headache ◆ **j'ai la tête lourde** my head feels heavy ◆ **avoir la tête sale / propre** to have dirty / clean hair ◆ **de la tête aux pieds** from head to foot ou toe, from top to toe ◆ **veau à deux têtes** two-headed calf ◆ **se tenir la tête à deux mains** to hold one's head in one's hands ◆ **rester la tête en bas** to hang upside down ◆ **coup de tête** (lit) head-butt; (fig) sudden impulse ◆ **donner un coup de tête à qn** to head-butt sb ◆ **donner des coups de tête contre qch** to bang one's head against sth → **fromage, hocher**
b (fig: vie) head, neck ◆ **réclamer la tête de qn** to demand sb's head ◆ **jurer sur la tête de qn** to swear on sb's life ou head ◆ **risquer sa tête** to risk one's neck ◆ **sauver sa tête** to save one's skin ou neck ◆ **il y va de sa tête** his life is at stake
c (visage, expression) face ◆ **il a une tête sympathique** he has a friendly face ◆ **il a une tête sinistre** he has a sinister look about him, he looks an ugly customer ◆ **il a une bonne tête** he looks a decent sort ◆ **quand il a appris la nouvelle il a fait une (drôle de) tête!** he pulled a face when he heard the news!, you should have seen his face when he heard the news! ◆ **il en fait une tête!** what a face!, just look at his face! ◆ **faire la tête** to sulk, have the sulks* (Brit) ◆ **faire une tête d'enterrement** ou **de six pieds de long** to have a face as long as a fiddle ◆ **quelle (sale) tête il a!** he looks a nasty piece of work (Brit), he has a really nasty look about him ◆ **je connais cette tête-là!** I know that face ◆ **mettre un nom sur une tête** to put a name to a face ◆ **il a** ou **c'est une tête à claques*** ou **à gifles*** he has got the sort of face you'd love to smack ou that just asks to be smacked ◆ **c'est à la tête du client*** it depends on the person
d (unité) head ◆ **tête couronnée** crowned head ◆ (animal) **20 têtes de bétail** 20 head of cattle ◆ **des têtes vont tomber** heads will roll ◆ **le repas coûtera 150 F par tête** ou **par tête de pipe‡** the meal will cost 150 francs a head ou 150 francs per person ou 150 francs apiece
e (mesure) head ◆ **il a une tête de plus** he is a head taller ◆ **il a une demi-tête de plus que moi** he's half a head taller than me ◆ (Courses) **gagner d'une tête** to win by a head
f [clou, marteau] head; [arbre] top ◆ **tête d'ail** head of garlic ◆ **tête d'artichaut** artichoke head ◆ **tête d'épingle** pinhead ◆ **gros comme une tête d'épingle** no bigger than a pinhead ◆ **à la tête du lit** at the head of the bed ◆ (Anat) **tête de l'humérus** head of the humerus
g (partie antérieure) [train, procession] front, head; (Mil) [colonne, peloton] head ◆ (Rail) **voiture de tête** front coach ◆ **on monte en tête ou en queue?** shall we get on at the front or (at) the back? ◆ **être en tête** to be in the lead ou in front ◆ **ils sont entrés dans la ville, musique en tête** they came into the town led ou headed by the band ◆ **tué à la tête de ses troupes** killed leading his troops ou at the head of his troops → **soupape**
h [page, liste, chapitre, classe] top, head ◆ (Presse) **article de tête** leading article, leader (column) ◆ **en tête de phrase** at the beginning of the sentence ◆ **être** ou **venir en tête de liste** to head the list, come at the head ou top of the list ◆ **être à la tête d'un mouvement / d'une affaire** to be at the head of a movement / a business, head (up) a movement / a business ◆ **être la tête d'un mouvement / d'une affaire** to be the leader of a movement / a business, head up a movement / a business
i (faculté(s) mentale(s)) **avoir (toute) sa tête** to have (all) one's wits about one ◆ **n'avoir rien dans la tête** to be empty-headed ◆ **où ai-je la tête?** whatever am I thinking of? ◆ **avoir une petite tête** to be dim-witted ◆ **alors, petite tête!*** well, dimwit!* ◆ **avoir** ou **être une tête sans cervelle** ou **en l'air** ou **de linotte** to be scatterbrained, be a scatterbrain ◆ **avoir de la tête** to have a good head on one's shoulders ◆ **avoir la tête sur les épaules** to be level-headed ◆ **femme / homme de tête** level-headed ou capable woman / man ◆ **calculer qch de tête** to work sth out in one's head ◆ **je n'ai plus le chiffre / le nom en tête** I can't recall the number / the name, the number / the name has gone (clean) out of my head ◆ **chercher qch dans sa tête** to search one's memory for sth ◆ **mettre** ou **fourrer* qch dans la tête de qn** to put ou get ou stick* sth

into sb's head ◆ **se mettre dans la tête** ou **en tête que** (s'imaginer) to get it into one's head that ◆ **se mettre dans la** ou **en tête de faire qch** (se décider) to take it into one's head to do sth ◆ **j'ai la tête vide** my mind is a blank ou has gone blank ◆ **avoir la tête à ce que l'on fait** to have one's mind on what one is doing ◆ **avoir la tête ailleurs** to have one's mind on other matters ou elsewhere ◆ **se casser** ou **se creuser la tête** to rack one's brains ◆ **ils ne se sont pas cassé** ou **creusé la tête!** they didn't exactly put themselves out! ou overexert themselves! ◆ **n'en faire qu'à sa tête** to do (exactly) as one pleases, please o.s., go one's own (sweet) way ◆ **(faire qch) à tête reposée** (to do sth) in a more leisurely moment → **idée, perdre**

j (tempérament) **avoir la tête chaude / froide** to be quick- ou fiery-tempered / cool-headed ◆ **avoir la tête dure** to be thick(headed) ou a thickhead ou blockheaded* ou a blockhead* ◆ **c'est une forte tête** he (ou she) is a rebel ◆ **avoir** ou **être une tête de mule*** ou **de bois*** ou **de lard*** ou **de cochon***, **être une tête de pioche*** to be as stubborn as a mule, be mulish ou pigheaded ◆ **il fait sa mauvaise tête** he's being awkward ou difficult ◆ **avoir la tête près du bonnet** to be quick-tempered ◆ **agir sur un coup de tête** to act on impulse

k (Ftbl) header ◆ **faire une tête** to head the ball

l (loc) (fig) **aller** ou **marcher la tête haute** to walk with one's head held high, carry one's head high ◆ (fig) **avoir la tête basse** to hang one's head ◆ (lit) **courir** ou **foncer tête baissée** to rush ou charge headlong ◆ (fig) **y aller tête baissée** to charge in blindly ◆ (fig) **se jeter** ou **donner tête baissée dans** entreprise, piège to rush headlong into ◆ **garder la tête froide** to keep a cool head, remain cool, keep one's head ◆ **tomber la tête la première** to fall headfirst ◆ **jeter** ou **lancer à la tête de qn que ...** to hurl in sb's face that ... ◆ **en avoir par-dessus la tête** to be fed up to the back teeth* ◆ **c'est à se cogner** ou **se taper la tête contre les murs** it's enough to drive you up the wall* ◆ **j'en donnerais ma tête à couper** I would stake my life on it ◆ **ne plus savoir où donner de la tête** not to know which way to turn ◆ **prendre la tête** to take the lead, take charge ◆ **prendre la tête du cortège** to lead the procession, take one's place at the head of the procession ◆ **il me prend la tête**⁑ he drives me nuts* ou mad ◆ **ça me prend la tête la géométrie**⁑ geometry does my head in⁑ ◆ **faire une tête au carré à qn**⁑ to smash sb's face in⁑, knock sb's block off⁑ ◆ **tenir tête à** to stand up to ◆ **avoir ses têtes*** to have one's favourites ◆ **mettre la tête de qn à prix** to put a price on sb's head ◆ **se trouver à la tête d'une petite fortune / de 2 maisons** to find o.s. the owner ou possessor of a small fortune / 2 houses → **martel, payer, tourner**

2 COMP ▷ **tête d'affiche** (Théât) top of the bill ◆ **être la tête d'affiche** to head the bill, be top of the bill ▷ **tête de bielle** (Aut) big end ▷ **tête blonde*** (fig: enfant) little one ▷ **tête brûlée** (baroudeur) desperado ▷ **tête chercheuse** (lit) homing device; (fig) (groupe) pioneering research group; (personne) pioneering researcher ◆ **fusée à tête chercheuse** homing rocket ▷ **tête de cuvée** tête de cuvée ▷ **tête de Delco**® (Aut) distributor ▷ **tête d'écriture** (Ordin) writing head ▷ **tête d'enregistrement** recording head ▷ **tête d'injection** (Tech) swivel ▷ **tête de lecture** [pick-up] pickup head; [magnétophone] playback head; (Ordin) reading head ◆ (Ordin) **tête de lecture-écriture** read-write head ▷ **tête de ligne** terminus, start of the line (Rail) ▷ **tête de liste** (Pol) chief candidate *(in list system of voting)* ▷ **tête de lit** bedhead ▷ **tête de mort** (emblème) death's-head; [pavillon] skull and crossbones, Jolly Roger; (Zool) death's-head moth; (Culin) Gouda cheese ▷ **tête de nœud**⁂ prick⁂, dickhead⁂ ▷ **tête nucléaire** nuclear warhead ▷ **tête d'œuf** (péj) egghead ▷ **tête pensante** brains* (sg) ▷ **tête de pont** (au-delà d'un fleuve) bridgehead; (au-delà de la mer) beachhead; (fig) bridgehead ▷ **tête de série** (Tennis) seeded player ◆ **il était classé troisième tête de série** he was seeded third ◆ **il est tête de série numéro 2** he's the number 2 seed ▷ **tête de Turc** whipping boy, Aunt Sally

tête-à-queue [tɛtakø] nm inv spin ◆ **faire un tête-à-queue** [cheval] to turn about; [voiture] to spin round

tête-à-tête [tɛtatɛt] nm inv (conversation) tête-à-tête, private conversation; (meuble) tête-à-tête; (service) breakfast set for two (ou tea ou coffee set for two) ◆ **en tête-à-tête** alone together ◆ **dîner en tête-à-tête** intimate dinner for two ◆ **discussion en tête-à-tête** discussion in private

tête-bêche [tɛtbɛʃ] adv head to foot ou tail ◆ **timbre tête-bêche** tête-bêche stamp

tête-de-clou, pl **têtes-de-clou** [tɛtdəklu] nm nail-head(ed) moulding

tête-de-loup, pl **têtes-de-loup** [tɛtdəlu] nf ceiling brush

tête-de-nègre [tɛtdənɛgʀ] **1** adj inv dark brown, nigger-brown (Brit)
2 nf (Culin) chocolate-covered meringue

tétée [tete] → SYN nf (action) sucking; (repas, lait) feed (Brit), nursing ◆ **5 tétées par jour** 5 feeds (Brit) ou nursings a day ◆ **l'heure de la tétée** (baby's) feeding (Brit) ou nursing time

téter [tete] → SYN ▸conjug 6◂ vt **a** lait to suck; biberon, sein to suck at ◆ **téter sa mère** to suck at one's mother's breast ◆ **donner à téter à un bébé** to feed a baby (at the breast), suckle ou nurse a baby
b (*) pouce to suck; pipe to suck at ou on

têtière [tɛtjɛʀ] nf [cheval] headstall; [divan] antimacassar; [voile] head

tétine [tetin] → SYN nf [vache] udder, dug (spéc); [truie] teat, dug (spéc); [biberon] teat (Brit), nipple (US); (sucette) comforter, dummy (Brit), pacifier (US)

téton [tetɔ̃] → SYN nm **a** (*: sein) breast, tit⁂
b (Tech: saillie) stud, nipple

tétra [tetʀa] nm tetra

tétrachlorure [tetʀaklɔʀyʀ] nm tetrachloride ◆ **tétrachlorure de carbone** carbon tetrachloride

tétracorde [tetʀakɔʀd] nm tetrachord

tétracycline [tetʀasiklin] nf tetracycline

tétradactyle [tetʀadaktil] adj tetradactyl(ous)

tétrade [tetʀad] nf (gén, Bio) tetrad ◆ (Méd) **tétrade de Fallot** tetralogy of Fallot

tétraèdre [tetʀaɛdʀ] nm tetrahedron

tétraédrique [tetʀaedʀik] adj tetrahedral

tétragone [tetʀagɔn] nf New Zealand spinach

tétraline [tetʀalin] nf Tetralin®

tétralogie [tetʀalɔʒi] nf tetralogy ◆ **la Tétralogie de Wagner** Wagner's Ring

tétramère [tetʀamɛʀ] adj tetramerous

tétramètre [tetʀamɛtʀ] nm tetrameter

tétraphonie [tetʀafɔni] nf quadraphonia

tétraphonique [tetʀafɔnik] adj quadraphonic

tétraplégie [tetʀapleʒi] nf tetraplegia

tétraplégique [tetʀapleʒik] adj, nmf quadraplegic, tetraplegic

tétraploïde [tetʀaplɔide] adj tetraploid

tétraploïdie [tetʀaplɔidi] nf tetraploidy

tétrapode [tetʀapɔd] nm tetrapod

tétraptère [tetʀaptɛʀ] **1** adj tetrapterous
2 nm tetrapteron

tétrarchat [tetʀaʀka] nm tetrarchate

tétrarchie [tetʀaʀʃi] nf tetrarchy

tétrarque [tetʀaʀk] nm tetrarch

tétras [tetʀɑ(s)] nm ◆ **tétras-lyre** black grouse ◆ **grand tétras** capercaillie

tétrastyle [tetʀastil] adj, nm tetrastyle

tétrasyllabe [tetʀasi(l)lab] **1** adj tetrasyllabic
2 nm tetrasyllable

tétrasyllabique [tetʀasi(l)labik] adj tetrasyllabic

tétratomique [tetʀatɔmik] adj tetratomic

tétravalent, e [tetʀavalɑ̃, ɑ̃t] adj tetravalent

tétrode [tetʀɔd] nf tetrode

tétrodon [tetʀɔdɔ̃] nm (Zool) puffer, globefish

têtu, e [tety] → SYN adj stubborn, mulish, pigheaded ◆ **têtu comme une mule** ou **une bourrique** ou **un âne** as stubborn ou obstinate as a mule

teuf-teuf, pl **teufs-teufs** [tœftœf] nm **a** (bruit) [train] puff-puff, chuff-chuff; [voiture] chug-chug
b (*: automobile) bone-shaker, rattle-trap*; (langage enfantin: train) chuff-chuff, puff-puff

Teutatès [tøtatɛs] nm Teutates

teuton, -onne [tøtɔ̃, ɔn] **1** adj (Hist, péj) Teutonic
2 nm,f ◆ **Teuton(ne)** Teuton

teutonique [tøtɔnik] adj (Hist, péj) Teutonic ◆ **les chevaliers teutoniques** the Teutonic order ou Knights

texan, e [tɛksɑ̃, an] **1** adj Texan
2 nm,f ◆ **Texan(e)** Texan

Texas [tɛksas] nm Texas

texte [tɛkst] → SYN nm **a** [contrat, pièce de théâtre etc] text ◆ **lire Shakespeare dans le texte (original)** to read Shakespeare in the original (text) ◆ (iro) **en français dans le texte** those were the very words used, to quote the words used ◆ (Théât) **apprendre son texte** to learn one's lines ◆ **les illustrations sont bonnes mais il y a trop de texte** the pictures are good but there is too much text
b (œuvre écrite) text; (fragment) passage, piece ◆ **textes choisis** selected passages ◆ **expliquez ce texte de Gide** comment on this passage ou piece from ou by Gide ◆ **il y a des erreurs dans le texte** there are textual errors ou errors in the text → **explication**
c (énoncé) [devoir, dissertation] subject, topic; (Rel) text ◆ **amender un texte de loi** to amend a law → **cahier**

textile [tɛkstil] → SYN **1** nm **a** (matière) textile ◆ **textiles artificiels** man-made fibres ◆ **textiles synthétiques** synthetic ou man-made fibres
b (Ind) **le textile** the textile industry, textiles (pl)
2 adj textile

texto* [tɛksto] adj word for word*

textuel, -elle [tɛkstɥɛl] → SYN adj (conforme au texte) traduction literal, word for word; copie exact; citation verbatim (épith), exact; (tiré du texte) textual; analyse, sens textual ◆ **elle m'a dit d'aller me faire cuire un œuf: textuel, mon vieux!*** she told me to get lost – those were her very words!, she told me to get lost, and I quote! ◆ **c'est textuel** those were his (ou her etc) very ou exact words

textuellement [tɛkstɥɛlmɑ̃] adv (→ **textuel**) literally, word for word; exactly; verbatim ◆ **alors il m'a dit, textuellement, que j'étais un imbécile** so he told me, in these very words ou and I quote, that I was a fool

texture [tɛkstyʀ] → SYN nf (lit, fig) texture

texturer [tɛkstyʀe] ▸conjug 1◂ vt to texturize

tézigue⁑ [tezig] pron pers you

TF1 [teɛfœ̃] nm (abrév de **Télévision française un**) *French television channel*

TG [teʒe] nf (abrév de **Trésorerie générale**) → **trésorerie**

TGV [teʒeve] nm (abrév de **train à grande vitesse**) → **train**

thaï [taj] **1** nm (Ling) Thai
2 adj Thai

thaïlandais, e [tajlɑ̃dɛ, ɛz] **1** adj Thai
2 nm,f ◆ **Thaïlandais(e)** Thai

Thaïlande [tailɑ̃d] nf Thailand

thalamique [talamik] adj thalamic

thalamus [talamys] nm (Anat) thalamus

thalassémie [talasemi] nf thalassemia

thalasso* [talaso] nf abrév de **thalassothérapie**

thalassothérapie [talasoteʀapi] nf thalassatherapy

thalidomide [talidɔmid] nf thalidomide

thalle [tal] nm thallus

thallium [taljɔm] nm thallium

thallophytes [talɔfit] nmpl ou nfpl thallophytes

thalweg [talvɛg] → SYN nm thalweg

thanatologie [tanatɔlɔʒi] nf thanatology

Thanatos [tanatɔs] nm Thanatos

thaumaturge [tomatyʀʒ] → SYN 1 nm miracle-worker, thaumaturge (spéc), thaumaturgist (spéc)
2 adj miracle-working (épith), thaumaturgic(al) (spéc)

thaumaturgie [tomatyʀʒi] nf miracle-working, thaumaturgy (spéc)

thaumaturgique [tomatyʀʒik] adj pouvoir thaumaturgic(al)

thé [te] 1 nm a (feuilles séchées, boisson) tea • **thé de Chine** China tea • **les thés de Ceylan** Ceylon teas • **thé vert** green tea • **thé au lait/nature** tea with milk/without milk • **thé au citron/au jasmin/à la menthe** lemon/jasmine/mint tea • **thé à la bergamote** tea scented with bergamot, ≃ Earl Grey • **faire** ou **préparer le thé** to make tea • **prendre le thé** to have tea → **feuille, rose, salon**
b (arbre) tea plant
c (réunion) tea party • **thé dansant** early evening dance, thé-dansant
2 adj inv • **rose thé** tea rose

théâtral, e, mpl **-aux** [teatʀal, o] → SYN adj a œuvre, situation theatrical, dramatic ; rubrique, chronique stage (épith), theatre (épith) ; saison theatre (épith) ; représentation stage (épith), theatrical • **la censure théâtrale** stage censorship, censorship in the theatre
b (fig péj) air, attitude, personne theatrical, histrionic, dramatic, stagey* • **ses attitudes théâtrales m'agacent** his theatricals ou histrionics irritate me

théâtralement [teatʀalmɑ̃] adv (lit) theatrically ; (péj) histrionically

théâtralisation [teatʀalizasjɔ̃] nf dramatization

théâtraliser [teatʀalize] ▸ conjug 1 ◂ vti to dramatize

théâtralisme [teatʀalism] nm (Psych) theatricality, theatricalness

théâtralité [teatʀalite] nf (littér) theatricality

théâtre [teatʀ] → SYN nm a (gén : comme genre artistique) theatre ; (comme ensemble de techniques) drama, theatre ; (comme activité, profession) stage, theatre • **faire du théâtre** to be on the stage • **faire un peu de théâtre** to do a bit of acting • **elle a fait du théâtre** she has appeared on the stage, she has done some acting • **s'intéresser au théâtre** to be interested in drama ou the theatre • **elle veut faire du théâtre, elle se destine au théâtre** she wants to go on the stage • **je préfère le théâtre au cinéma** I prefer the stage ou the theatre to films ou to the cinema • **je n'aime pas le théâtre à la télévision** I do not like televised stage dramas ou stage productions on television • **c'est du théâtre filmé** it's a filmed stage production, it's a film of the play • **ses pièces ne sont pas du bon théâtre** his plays are not good theatre ou drama, his plays do not stage well • **technique** ou **art du théâtre** stagecraft • **théâtre d'essai** experimental theatre ou drama • **il fait du théâtre d'amateurs** he's involved in ou he does some amateur dramatics ou theatricals • **un roman adapté pour le théâtre** a novel adapted for the stage ou the theatre → **critique**[2]
b (lieu, entreprise) theatre • **théâtre de rue** street theatre • **théâtre de marionnettes/de verdure** puppet/open-air theatre • **théâtre d'ombres** shadow theatre • **théâtre de guignol** ≃ Punch and Judy show • **il ne va jamais au théâtre** he never goes to the theatre, he is not a theatregoer • **à la sortie des théâtres** when the theatres come out • **le théâtre est plein ce soir** it's a full house tonight, the performance is sold out tonight → **agence, jumeau**
c **de théâtre** stage (épith), theatre (épith) • **un homme/une femme de théâtre** a man/woman of the theatre ou stage • **les gens de théâtre** theatre ou stage people • **accessoires/costumes/décors/grimage de théâtre** stage props/costumes/sets/make-up • **artifices de théâtre** stage tricks • **directeur de théâtre** theatre ou theatrical ou stage director • **troupe de théâtre** theatre ou drama company • **voix/gestes de théâtre** theatrical ou histrionic ou stagey* voice/gestures • **coup de théâtre** (Théât) coup de théâtre ; (gén) dramatic turn of events
d (genre littéraire) drama, theatre ; (œuvres théâtrales) plays (pl), dramatic works (pl), theatre • **le théâtre de Sheridan** Sheridan's plays ou dramatic works, the theatre of Sheridan • **le théâtre classique/élisabéthain** the classical/Elizabethan theatre, classical/Elizabethan drama • **le théâtre antique** the theatre ou drama of antiquity • **le théâtre de caractères/de situation** the theatre of character/situation • **le théâtre à thèse** didactic theatre • **le théâtre de l'absurde** the theatre of the absurd • **le théâtre de boulevard** light comedies *(as performed in the theatres of the Paris Boulevards)* • **le théâtre burlesque** the theatre of burlesque, the burlesque theatre → **pièce**
e (fig péj) (exagération) theatricals (pl), histrionics (pl) ; (simulation) playacting • **c'est du théâtre** it's just playacting
f [événement, crime] scene • **les Flandres ont été le théâtre de combats sanglants** Flanders has been the scene of bloody fighting • (Mil) **le théâtre des opérations** the theatre of operations

théâtreux, -euse* [teatʀø, øz] nm,f (hum ou péj) Thespian

thébaïde [tebaid] → SYN nf (littér) solitary retreat

thébain, e [tebɛ̃, ɛn] 1 adj Theban
2 nm,f • **Thébain(e)** Theban

thébaïne [tebain] nf thebaine, paramorphine

Thèbes [tɛb] n Thebes

théier [teje] nm tea plant

théière [tejɛʀ] nf teapot

théine [tein] nf theine

théisme [teism] → SYN nm a (Rel) theism
b (Méd) tea poisoning

théiste [teist] 1 adj theistic(al), theist
2 nmf theist

thématique [tematik] 1 adj (gén) thematic ; (Ling) voyelle thematic ; chaîne de télévision specialized
2 nf set of themes

thème [tɛm] → SYN nm a (sujet : gén, Littérat, Mus) theme • **le thème de composition d'un peintre** a painter's theme • [débat] **thème de réflexion** theme, subject • **ce livre nous offre plusieurs thèmes de réflexion** this book provides us with several points for discussion • (Mil) **thème tactique** tactical ground plan • (Psych) **thèmes délirants** themes of delusion
b (Scol : traduction) translation *(into the foreign language)*, prose (composition) • **thème et version** prose (composition) and unseen (translation) • **thème allemand/espagnol** German/Spanish prose (composition), translation into German/Spanish → **fort**
c (Ling) stem, theme • **thème nominal/verbal** noun/verb stem ou theme
d (Astrol) **thème astral** birth chart

thénar [tenaʀ] nm • **(éminence) thénar** thenar

théobromine [teɔbʀɔmin] nf theobromine

théocratie [teɔkʀasi] nf theocracy

théocratique [teɔkʀatik] adj theocratic

Théocrite [teɔkʀit] nm Theocritus

théodicée [teɔdise] nf theodicy

théodolite [teɔdɔlit] nm theodolite

Théodore [teɔdɔʀ] nm Theodore

théogonie [teɔgɔni] → SYN nf theogony

théogonique [teɔgɔnik] adj theogonic

théologal, e, mpl **-aux** [teɔlɔgal, o] → **vertu**

théologie [teɔlɔʒi] → SYN nf theology • **études de théologie** theological studies • **faire sa théologie** to study theology ou divinity

théologien, -ienne [teɔlɔʒjɛ̃, jɛn] → SYN nm,f theologian, theologist

théologique [teɔlɔʒik] → SYN adj (Rel) theological

théologiquement [teɔlɔʒikmɑ̃] adv theologically

Théophile [teɔfil] nm Theophilus

Théophraste [teɔfʀast] nm Theophrastus

théorbe [teɔʀb] nm theorbo

théorématique [teɔʀematik] adj theorem(at)ic

théorème [teɔʀɛm] → SYN nm theorem • **le théorème d'Archimède/de Pythagore** Archimedes'/Pythagoras' theorem

théorétique [teɔʀetik] adj theoretic(al)

théoricien, -ienne [teɔʀisjɛ̃, jɛn] → SYN nm,f theoretician, theorist

théorie[1] [teɔʀi] → SYN GRAMMAIRE ACTIVE 26.2 nf (doctrine, hypothèse) theory • **la théorie et la pratique** theory and practice • **en théorie** in theory, on paper (fig) • **la théorie, c'est bien joli, mais ...** theory ou theorizing is all very well, but ... • (Math) **théorie des ensembles** set theory • (Math) **théorie des catastrophes** catastrophe theory

théorie[2] [teɔʀi] → SYN nf (littér : procession) procession, file

théorique [teɔʀik] → SYN adj theoretical • **c'est une liberté toute théorique** it's a purely theoretical freedom

théoriquement [teɔʀikmɑ̃] adv theoretically • **théoriquement, c'est vrai** in theory ou theoretically it's true

théorisation [teɔʀizasjɔ̃] nf theorization

théoriser [teɔʀize] ▸ conjug 1 ◂ 1 vi to theorize (*sur* about)
2 vt to theorize about

théosophe [teɔzɔf] nmf theosophist

théosophie [teɔzɔfi] → SYN nf theosophy

théosophique [teɔzɔfik] adj theosophic

thèque [tɛk] nf theca

thérapeute [teʀapøt] → SYN nmf therapist

thérapeutique [teʀapøtik] → SYN 1 adj therapeutic
2 nf (branche de la médecine) therapeutics (sg), (traitement) therapy

thérapie [teʀapi] nf • **thérapie de groupe** group therapy • **thérapie génique** gene therapy → aussi **thérapeutique**

Thérèse [teʀɛz] nf Theresa, Teresa

thermal, e, mpl **-aux** [tɛʀmal, o] → SYN adj • **cure thermale** water cure • **faire une cure thermale** to take the waters • **eaux thermales** hot (mineral) springs • **émanations thermales** thermal ou hot springs • **établissement thermal** hydropathic ou water-cure establishment • **source thermale** thermal ou hot spring • **station thermale** spa

thermalisme [tɛʀmalism] nm (science) balneology ; (cures) water cures

thermes [tɛʀm] → SYN nmpl (Hist) thermae ; (établissement thermal) thermal baths

thermidor [tɛʀmidɔʀ] nm Thermidor, *11th month of French Republican calendar*

thermidorien, -ienne [tɛʀmidɔʀjɛ̃, jɛn] 1 adj of the 9th Thermidor
2 nm,f revolutionary of the 9th Thermidor

thermie [tɛʀmi] nf (Phys) therm

thermique [tɛʀmik] adj unité thermal ; énergie thermic • **moteur thermique** heat engine • **carte thermique** temperature map • **centrale thermique** power station • **ascendance thermique** thermal, thermal current • **science thermique** science of heat

thermistance [tɛʀmistɑ̃s] nf thermistor

thermite [tɛʀmit] nf Thermit(e)

thermocautère [tɛʀmokotɛʀ] nm diathermy, electro-cautery

thermochimie [tɛʀmoʃimi] nf thermochemistry

thermochimique [tɛʀmoʃimik] adj thermochemical

thermocline [tɛʀmoklin] nf thermocline

thermocouple [tɛʀmokupl] nm (Phys) thermocouple, thermoelectric couple

thermodurcissable [tɛʀmodyʀsisabl] adj thermosetting

thermodynamicien, -ienne [tɛʀmodinamisjɛ̃, jɛn] nm,f thermodynamics specialist

thermodynamique [tɛʀmodinamik] 1 nf thermodynamics (sg)
2 adj thermodynamic(al)

thermoélectricité [tɛʀmoelɛktʀisite] nf thermoelectricity

thermoélectrique [tɛʀmoelɛktʀik] adj thermoelectric(al) ◆ **couple thermoélectrique** thermoelectric couple, thermocouple ◆ **effet thermoélectrique** thermoelectric ou Seebeck effect ◆ **pile thermoélectrique** thermopile, thermoelectric pile

thermoformage [tɛʀmofɔʀmaʒ] nm thermal compression moulding

thermoformé, e [tɛʀmofɔʀme] adj thermally moulded

thermogène [tɛʀmɔʒɛn] → **ouate**

thermogénèse [tɛʀmɔʒenɛz], **thermogenèse** [tɛʀmɔʒənɛz] nf thermogenesis

thermographe [tɛʀmɔgʀaf] → SYN nm thermograph

thermographie [tɛʀmɔgʀafi] nf thermography

thermoïonique [tɛʀmojɔnik] adj thermionic

thermoluminescence [tɛʀmolyminesɑ̃s] nf thermoluminescence

thermolyse [tɛʀmɔliz] nf thermolysis

thermomètre [tɛʀmɔmɛtʀ] nm thermometer ◆ **le thermomètre indique 38°** the thermometer is (standing) at ou is showing 38° ◆ **le thermomètre monte** the temperature is rising, the thermometer is showing a rise in temperature ◆ **thermomètre à mercure / à alcool** mercury / alcohol thermometer ◆ **thermomètre à maxima et minima** maximum and minimum thermometer ◆ **thermomètre médical** clinical thermometer ◆ (fig) **le thermomètre de l'opinion publique** the barometer ou gauge of public opinion

thermométrie [tɛʀmɔmetʀi] nf thermometry

thermométrique [tɛʀmɔmetʀik] adj thermometric(al)

thermonucléaire [tɛʀmonykleɛʀ] adj thermonuclear

thermopile [tɛʀmopil] nf thermopile

thermoplastique [tɛʀmoplastik] adj thermoplastic

thermoplongeur [tɛʀmoplɔ̃ʒœʀ] nm immersion heater

thermopompe [tɛʀmopɔ̃p] nf heat pump

thermopropulsé, e [tɛʀmopʀɔpylse] adj thermopropulsion (épith)

thermopropulsion [tɛʀmopʀɔpylsjɔ̃] nf thermal propulsion

Thermopyles [tɛʀmɔpil] nfpl ◆ **les Thermopyles** Thermopylae

thermorégulateur, -trice [tɛʀmoʀegylatœʀ, tʀis] adj thermotaxic, thermoregulation (épith)

thermorégulation [tɛʀmoʀegylasjɔ̃] nf thermotaxis, thermoregulation (épith)

thermorésistant, e [tɛʀmoʀezistɑ̃, ɑ̃t] adj thermosetting

thermos [tɛʀmos] nm ou nf (aussi **bouteille thermos** ®) vacuum ou Thermos ® flask (Brit) ou bottle (US)

thermoscope [tɛʀmɔskɔp] nm thermoscope

thermosiphon [tɛʀmosifɔ̃] nm thermosiphon

thermosphère [tɛʀmɔsfɛʀ] nf thermosphere

thermostat [tɛʀmɔsta] nm thermostat

thermostatique [tɛʀmɔstatik] adj thermostatic

thermothérapie [tɛʀmoteʀapi] nf (deep) heat treatment, thermotherapy

thésard, e* [tezaʀ, aʀd] nm,f Ph.D. student

thésaurisation [tezɔʀizasjɔ̃] → SYN nf hoarding *(of money)*; (Écon) building up of capital

thésauriser [tezɔʀize] → SYN ▸ conjug 1 ◂ 1 vi to hoard money
2 vt to hoard (up)

thésauriseur, -euse [tezɔʀizœʀ, øz] → SYN nm,f hoarder *(of money)*

thésaurus [tezɔʀys] → SYN nm thesaurus

thèse [tɛz] → SYN nf a (doctrine) thesis, argument ◆ (Littérat) **pièce / roman à thèse** (spéc), play / novel expounding a philosophical ou social thesis
b (Univ) thesis ◆ **thèse de doctorat (d'État)** Ph.D., doctoral thesis (Brit), doctoral dissertation (US) ◆ **thèse de 3e cycle** ≃ M.A. ou M.Sc. thesis, Master's thesis → **soutenance, soutenir**
c (Philos) thesis
d (Police : théorie) theory, possibility ◆ **écarter la thèse du suicide** to rule out the theory of suicide

Thésée [teze] nm Theseus

Thessalie [tesali] nf Thessaly

thessalien, -ienne [tesaljɛ̃, jɛn] 1 adj Thessalian
2 nm,f ◆ **Thessalien(ne)** Thessalian

Thessalonique [tesalɔnik] n Thessalonica

thêta [tɛta] nm theta

Thétis [tetis] nf Thetis

théurgie [teyʀʒi] nf theurgy

thiamine [tjamin] nf thiamin(e)

thibaude [tibod] nf anti-slip undercarpeting (NonC), carpet underlay (NonC) ◆ **moquette sur thibaude** fitted carpet (Brit) ou wall-to-wall carpet (US) with underlay

Thibau(l)t [tibo] nm Theobald

Thibet [tibɛ] nm ⇒ **Tibet**

thibétain, e [tibetɛ̃, ɛn] ⇒ **tibétain**

Thierry [tjeʀi] nm Terry

Thimbou [timbu] n Thimbu

thioalcool [tjoalkɔl] nm thioalcohol

thiol [tjɔl] nm thiol

thionine [tjɔnin] nf thionin(e)

thionique [tjɔnik] adj thionic

thiosulfate [tjosylfat] nm thiosulphate

thiosulfurique [tjosylfyʀik] adj ◆ **acide thiosulfurique** thiosulphuric acid

thio-urée [tjoyʀe] nf thiourea

thixotrope [tiksɔtʀɔp] adj thixotropic

thlaspi [tlaspi] nm pennycress

tholos [tɔlɔs] nf tholos

Thomas [tɔma] nm Thomas ◆ **saint Thomas** Saint Thomas ◆ **je suis comme saint Thomas, je ne crois que ce que je vois** I'm a real doubting Thomas, I'll believe it when I see it, seeing is believing ◆ **saint Thomas d'Aquin** (Saint) Thomas Aquinas

thomise [tɔmiz] nm crab spider

thomisme [tɔmism] nm Thomism

thomiste [tɔmist] 1 adj Thomistic(al)
2 nmf Thomist

thon [tɔ̃] → SYN nm (Zool) tunny (fish) (Brit), tuna ; (en boîte) tuna(-fish) (NonC) ◆ **thon blanc** long fin tuna ou tunny (Brit) ◆ **thon rouge** blue fin tuna ou tunny (Brit) ◆ **thon au naturel / à l'huile** tuna(-fish) in brine / in oil

thonier [tɔnje] nm tuna boat

Thor [tɔʀ] nm Thor

Thora [tɔʀa] nf ◆ **la Thora** the Torah

thoracentèse [tɔʀasɛ̃tɛz] nf thora(co)centesis, pleurocentesis

thoracique [tɔʀasik] adj cavité, canal thoracic ◆ **cage thoracique** ribcage ◆ **capacité thoracique** respiratory ou vital capacity

thoracoplastie [tɔʀakɔplasti] nf thoracoplasty

thorax [tɔʀaks] → SYN nm thorax

thorite [tɔʀit] nf thorite

thorium [tɔʀjɔm] nm thorium

thoron [tɔʀɔ̃] nm thoron

Thrace [tʀas] nf Thrace

thrène [tʀɛn] nm threnody

thréonine [tʀeɔnin] nf threonine

thridace [tʀidas] nf thridace

thrips [tʀips] nm thrips

thrombine [tʀɔ̃bin] nf thrombin

thrombocyte [tʀɔ̃bɔsit] nm thrombocyte

thrombokinase [tʀɔ̃bokinɑz] nf thrombokinase

thrombose [tʀɔ̃boz] nf thrombosis

thrombotique [tʀɔ̃bɔtik] adj thrombotic

thrombus [tʀɔ̃bys] nm thrombus

Thucydide [tysidid] nm Thucydides

Thulé [tyle] nm Thule

thulium [tyljɔm] nm thulium

thune [tyn] nf a (†*: pièce) 5-franc piece
b (‡: argent) **de la thune, des thunes** dosh‡ (Brit), cash*

thuriféraire [tyʀifeʀɛʀ] → SYN nm (Rel) thurifier ; (fig littér) flatterer, sycophant

thuya [tyja] nm thuja

thylacine [tilasin] nm thylacine, Tasmanian wolf

thym [tɛ̃] → SYN nm thyme ◆ **thym sauvage** wild thyme

thymique [timik] adj (Méd, Psych) thymic

thymoanaleptique [timoanalɛptik] adj, nm antidepressant

thymol [timɔl] nm thymol

thymus [timys] nm thymus

thyratron [tiʀatʀɔ̃] nm thyratron

thyréotrope [tiʀeɔtʀɔp] adj ◆ **hormone thyréotrope** thyrotrop(h)in, thyroid-stimulating hormone, TSH

thyristor [tiʀistɔʀ] nm silicon-controlled rectifier, thyristor

thyroïde [tiʀɔid] 1 adj thyroid (épith)
2 nf ◆ **(glande) thyroïde** thyroid (gland)

thyroïdectomie [tiʀɔidɛktɔmi] nf thyroidectomy

thyroïdien, -ienne [tiʀɔidjɛ̃, jɛn] adj thyroid (épith)

thyroïdite [tiʀɔidit] nf thyroiditis

thyroxine [tiʀɔksin] nf thyroxin

thyrse [tiʀs] nm (Bot, Myth) thyrsus

thysanoures [tizanuʀ] nmpl ◆ **les thysanoures** bristletails, thysanurans, the Thysanura (spéc)

tiare [tjaʀ] → SYN nf tiara

tiaré [tjaʀe] nm ◆ **fleur de tiaré** *Tahitian flower*

Tibère [tibɛʀ] nm Tiberius

Tibériade [tibeʀjad] n ◆ **le lac de Tibériade** Lake Tiberias, the Sea of Galilee

Tibesti [tibɛsti] nm ◆ **le (massif du) Tibesti** the Tibesti (Massif)

Tibet [tibɛ] nm Tibet

tibétain, e [tibetɛ̃, ɛn] 1 adj Tibetan
2 nm (Ling) Tibetan
3 nm,f ◆ **Tibétain(e)** Tibetan

tibia [tibja] nm (Anat : os) tibia (spéc), shinbone ; (partie antérieure de la jambe) shin ◆ **donner un coup de pied dans les tibias à qn** to kick sb in the shins

tibial, e mpl **-iaux** [tibjal, jo] adj tibial

Tibre [tibʀ] nm ◆ **le Tibre** the Tiber

tic [tik] → SYN nm a (facial) (facial) twitch ou tic ; (du corps) twitch, mannerism, tic ; (manie) habit, mannerism ◆ **tic (nerveux)** nervous twitch ou tic ◆ **tic langagier** ou **de langage** (verbal) mannerism, verbal tic ◆ **c'est un tic chez lui** (manie) it's a habit with him ; (geste) it's a tic he has ◆ **il a un tic facial inquiétant** he has a worrying facial twitch ou tic ◆ **il est plein de tics** he is ridden with tics, he never stops twitching
b (Vét : déglutition) cribbing (NonC), cribbiting (NonC)

ticket [tikɛ] → SYN 1 nm a (billet) ticket ◆ **ticket de métro / consigne / vestiaire** underground (Brit) ou subway (US) / left-luggage / cloakroom ticket
b (‡†: 10 F) 10-franc note, ≃ quid* (Brit), ≃ buck* (US)
c (‡) **j'ai le** ou **un ticket avec sa sœur** I've made a hit with his sister*
d (Pol) ticket
2 COMP ▷ **ticket de caisse** sales slip ou receipt ▷ **ticket modérateur** patient's contribution *(towards cost of medical treatment)* ▷ **ticket de quai** platform ticket ▷ **ticket de rationnement** (ration) coupon

ticket-repas, pl **tickets-repas** [tikɛʀəpa] nm *voucher given to employees redeemable in restaurants,* luncheon voucher (Brit); ≃ meal ticket (US)

Ticket-Restaurant ®, pl **Tickets-Restaurant** [tikɛʀɛstɔʀɑ̃] nm ⇒ **ticket-repas**

tic-tac [tiktak] nm ticking, tick-tock ◆ **faire tic-tac** to tick, go tick tock

tie break [tajbʀɛk] nm tie break

tiédasse [tjedas] adj (péj) lukewarm, tepid

tiède [tjɛd] ⇒ SYN 1 adj a boisson, bain lukewarm, tepid; vent, saison mild, warm; atmosphère balmy; (fig littér: sécurisant, enveloppant) warm
b (péj) sentiment, foi, accueil lukewarm, half-hearted, tepid; chrétien, communiste half-hearted, lukewarm
2 nmf (péj) lukewarm ou half-hearted individual ◆ **des mesures qui risquent d'effaroucher les tièdes** measures likely to scare the half-hearted ou the fainthearts
3 adv ◆ **elle boit son café tiède** she drinks her coffee lukewarm, she doesn't like her coffee too hot ◆ **les Anglais boivent leur bière tiède** the English drink their beer (luke)-warm ou tepid ◆ **qu'il se dépêche un peu, je n'aime pas boire tiède** I wish he'd hurry up because I don't like drinking things (when they're) lukewarm

tièdement [tjɛdmɑ̃] adv (péj: → **tiède**) in a lukewarm way; half-heartedly

tiédeur [tjedœʀ] ⇒ SYN nf (→ **tiède**) lukewarmness; tepidness; mildness, warmth; balminess; half-heartedness

tiédir [tjediʀ] ⇒ SYN ▸ conjug 2 ◂ 1 vi a (devenir moins chaud) to cool down; (se réchauffer) to grow warm(er) ◆ **faire tiédir de l'eau / une boisson** to warm ou heat up some water / a drink
b (fig) [sentiment, foi, ardeur] to cool (off)
2 vt [soleil, source de chaleur] to warm (up), [air frais] to cool (down)

tiédissement [tjedismɑ̃] nm (→ **tiédir**) cooling (down); warming up; cooling (off)

tien, tienne [tjɛ̃, tjɛn] 1 pron poss ◆ **le tien, la tienne, les tiens, les tiennes** yours, your own, (††, Rel) thine ◆ **ce sac n'est pas le tien** this bag is not yours, this is not your bag ◆ **mes fils sont stupides comparés aux tiens** my sons are stupid compared to yours ou your own ◆ **à la tienne!*** your (good) health!, cheers!* ◆ (iro) **tu vas faire ce travail tout seul? – à la tienne!*** are you going to do the job all by yourself? – good luck to you! ou rather you than me!; pour autres exemples → **sien**
2 nm a **il n'y a pas à distinguer le tien du mien** what's mine is yours; pour autres exemples voir **sien**
b **les tiens** your family, your (own) folks* ◆ **toi et tous les tiens** you and your whole set, you and the likes of you* → **sien**
3 adj poss ◆ († ou hum) **un tien cousin** a cousin of yours

tiens [tjɛ̃] excl → **tenir**

tierce[1] [tjɛʀs] 1 nf a (Mus) third ◆ **tierce majeure / mineure** major / minor third
b (Cartes) tierce ◆ **tierce majeure** tierce major
c (Typ) final proof
d (Rel) terce
e (Escrime) tierce
f (unité de temps) sixtieth of a second
2 adj → **tiers**

tiercé, e [tjɛʀse] 1 adj (Hér) tiercé, tierced → **rime**
2 nm *French system of forecast betting on three horses,* tierce (Austral) ◆ **réussir le tiercé dans l'ordre / dans le désordre** ou **dans un ordre différent** to win on the tiercé with the right placings / without the right placings ◆ **un beau tiercé** a good win on the tiercé ◆ **toucher** ou **gagner le tiercé** to win the tiercé ◆ (fig) **voici le tiercé gagnant** here are the three winners

tiercelet [tjɛʀsəlɛ] nm t(i)ercel

tierceron [tjɛʀsəʀɔ̃] nm tierceron

tiers, tierce[2] [tjɛʀ, tjɛʀs] ⇒ SYN 1 adj third ◆ (Math) **b tierce** b triple dash ◆ **une tierce personne** a third party, an outsider ◆ (Typ) **tierce épreuve** final proof ◆ (Jur) **tiers porteur** endorsee ◆ (Jur) **tierce opposition** opposition by third party *(to outcome of litigation)*
2 nm a (fraction) third ◆ **le premier tiers / les deux premiers tiers de l'année** the first third / the first two thirds of the year ◆ **j'ai lu le** ou **un tiers / les deux tiers du livre** I have read a third / two thirds of the book ◆ **j'en suis au tiers** I'm a third of the way through ◆ **les deux tiers des gens pensent que** the majority of people think that ◆ **l'article est trop long d'un tiers** the article is a third too long ou over length, the article is too long by a third ◆ (Logique) **principe du tiers exclu** law of excluded middle
b (troisième personne) third party ou person; (étranger, inconnu) outsider; (Jur) third party ◆ **il a appris la nouvelle par un tiers** he learnt the news through a third party; he learnt the news through an outsider ◆ **l'assurance ne couvre pas les tiers** the insurance does not cover third party risks ◆ **il se moque du tiers comme du quart**† he doesn't care a fig ou a hoot* ou a damn* → **assurance**
3 COMP ▷ **le Tiers État** (Hist) the third estate ▷ **tiers ordre** (Rel) third order ▷ **tiers payant** direct payment by insurers *(for medical treatment)* ▷ **tiers provisionnel** provisional ou interim payment *(of tax)* ▷ **tiers temps** ◆ **bénéficier d'un tiers temps** (Univ: à un examen) to be allowed extra time to do one's exam

tiers(-)arbitre, pl **tiers(-)arbitres** [tjɛʀaʀbitʀ] nm independent arbitrator

Tiers-Monde [tjɛʀmɔ̃d] nm ◆ (Pol) **le Tiers-Monde** the Third World

tiers-mondisme [tjɛʀmɔ̃dism] nm support for the Third World

tiers-mondiste [tjɛʀmɔ̃dist] 1 adj (du Tiers-Monde) Third-World (épith); (en faveur du Tiers-Monde) supporting the Third World
2 nmf (spécialiste) specialist of the Third World; (partisan) supporter of the Third World

tiers-point, pl **tiers-points** [tjɛʀpwɛ̃] nm (Archit) crown; (lime) saw-file

tif; [tif] nm (gén pl) hair ◆ **tifs** hair

TIG [teiʒe] nm (abrév de **travaux d'intérêt général**) → **travail**[1]

tige [tiʒ] ⇒ SYN nf a (Bot) [fleur, arbre] stem; [céréales, graminées] stalk ◆ **fleurs à longues tiges** long-stemmed flowers ◆ **(arbre de) haute / basse tige** standard / half-standard tree ◆ **tige aérienne / souterraine** overground / underground stem
b (plant) sapling
c (fig) [colonne, plume, démarreur] shaft; [botte, chaussette, bas] leg (part); [chaussure] ankle (part); [clef, clou] shank; [pompe] rod ◆ **chaussures à tige** boots ◆ **chaussures à tige haute** knee-length boots ◆ **chaussures à tige basse** ankle(-length) boots ◆ **tige de métal** metal rod ◆ (Aut) **tige de culbuteur** pushrod
d (†, littér) [arbre généalogique] stock ◆ **faire tige** to found a line
e (*: cigarette) fag* (Brit), cig*, smoke*

tigelle [tiʒɛl] nf hypocotyl

tigette [tiʒɛt] nf cauliculus

tiglon [tiglɔ̃] nm ⇒ **tigron**

tignasse [tiɲas] nf (chevelure mal peignée) shock of hair, mop (of hair); (*: cheveux) hair

Tigre [tigʀ] nm ◆ **le Tigre** the Tigris

tigre [tigʀ] nm (Zool, fig) tiger ◆ **tigre royal** ou **du Bengale** Bengal tiger ◆ (fig) **tigre de papier** paper tiger

tigré, e [tigʀe] ⇒ SYN adj a (tacheté) spotted (*de* with); cheval piebald
b (rayé) striped, streaked ◆ **chat tigré** tabby (cat)

tigresse [tigʀɛs] nf (Zool) tigress; (fig) tigress, hellcat*

tigridia [tigʀidja] nm, **tigridie** [tigʀidi] nf tiger-flower

tigron [tigʀɔ̃] nm tig(l)on

tilbury [tilbyʀi] nm tilbury

tilde [tild(e)] nm tilde

tillac [tijak] nm (Hist Naut) upper deck

tillandsia [tilɑ̃dsja] nm, **tillandsie** [tilɑ̃dsi] nf tillandsia

tiller [tije] ▸ conjug 1 ◂ vt ⇒ **teiller**

tilleul [tijœl] nm (arbre) lime (tree), linden (tree); (infusion) lime(-blossom) tea ◆ **(vert) tilleul** lime green

tilt [tilt] nm (billard électrique) electronic billiards ◆ **faire tilt** (lit) to ping ou ring for the end of the game ou to mark the end of the game; (fig: échouer) to fail ◆ (fig: inspirer) **ce mot a fait tilt dans mon esprit** this word rang a bell (in my mind)

timbale [tɛ̃bal] ⇒ SYN nf a (Mus) kettledrum, timp* ◆ **les timbales** the timpani, the timps*, the kettledrums
b (gobelet) (metal) cup *(without handle),* (metal) tumbler
c (Culin) (moule) timbale (mould) ◆ (mets) **timbale de langouste** lobster timbale

timbalier [tɛ̃balje] ⇒ SYN nm timpanist

timbrage [tɛ̃bʀaʒ] nm (→ **timbrer**) stamping; postmarking ◆ **dispensé du timbrage** postage paid

timbre [tɛ̃bʀ] ⇒ SYN 1 nm a (vignette) stamp ◆ **timbre(-poste)** (postage) stamp ◆ **timbre neuf / oblitéré** new / used stamp ◆ **marché** ou **bourse aux timbres** stamp market ◆ **timbres antituberculeux / anticancéreux** TB / cancer research stamps ◆ (Méd) **timbre (thérapeutique)** patch ◆ **timbre à la nicotine** ou **anti-tabac*** nicotine patch → **collection**
b (marque) stamp; (cachet de la poste) postmark ◆ **mettre** ou **apposer** ou **imprimer son timbre sur** to put one's stamp on, affix one's stamp to ◆ **timbre sec / humide** embossed / ink(ed) stamp → **droit**[3]
c (instrument) stamp ◆ **timbre de caoutchouc / de cuivre** rubber / brass stamp
d (Mus) [tambour] snares (pl)
e (son) [instrument, voix] timbre, tone; [voyelle] timbre ◆ **avoir le timbre voilé** to have a muffled voice ◆ **une voix qui a du timbre** a sonorous ou resonant voice ◆ **une voix sans timbre** a voice lacking in resonance
f (sonnette) bell
2 COMP ▷ **timbre d'escompte** trading stamp ▷ **timbre fiscal** excise ou revenue stamp ▷ **timbre horodateur** time and date stamp ▷ **timbre de quittance** receipt stamp

timbré, e [tɛ̃bʀe] ⇒ SYN (ptp de **timbrer**) 1 adj a (Admin, Jur) document, acte stamped, bearing a stamp (attrib) → **papier**
b voix resonant, sonorous; sonorité resonant ◆ **une voix bien timbrée** a beautifully resonant voice ◆ **mal timbré** lacking in resonance
c (*: fou) cracked*, dotty*, nuts*, barmy* (Brit)
2 nm,f (*: fou) loony‡, nutcase‡, head case‡

timbre-amende, pl **timbres-amendes** [tɛ̃bʀamɑ̃d] nm fine payment stamp *(proving that one has paid)*

timbre-escompte, pl **timbres-escomptes** [tɛ̃bʀɛskɔ̃t] nm trading stamp

timbre-quittance, pl **timbres-quittances** [tɛ̃bʀkitɑ̃s] nm receipt stamp

timbrer [tɛ̃bʀe] ⇒ SYN ▸ conjug 1 ◂ vt (apposer un cachet sur) document, acte to stamp; lettre, envoi to postmark; (affranchir) lettre, envoi to stamp, put a stamp (ou stamps) on ◆ **lettre timbrée de** ou **à Paris** letter with a Paris postmark, letter postmarked Paris ◆ **« joindre une enveloppe timbrée »** "send a stamped addressed envelope" (Brit), "send a self-addressed envelope" (US)

timide [timid] ⇒ SYN adj a (timoré) personne, critique, réponse, tentative timid, timorous; entreprise, style timid ◆ **une timide amélioration de l'économie** a slight ou faint improvement in the economy ◆ **des mesures timides** half-measures
b (emprunté) personne, air, sourire, voix, amoureux shy, bashful, timid ◆ **faussement timide** coy ◆ **c'est un grand timide** he's awfully shy

timidement [timidmɑ̃] adv (→ **timide**) timidly; timorously; shyly; bashfully

timidité [timidite] ⇒ SYN nf (→ **timide**) timidity; timorousness; shyness; bashfulness ◆ **étant donné la timidité de la reprise économique** given the fact that there has been only a slight ou faint improvement in the economy

timing [tajmiŋ] → SYN nm timing

timon [timɔ̃] → SYN nm [char] shaft; [charrue] beam; [embarcation] tiller

timonerie [timɔnʀi] nf a (Naut) (poste, service) wheelhouse; (marins) wheelhouse crew
b (Aut) steering and braking systems

timonier [timɔnje] → SYN nm a (Naut) helmsman, steersman
b (cheval) wheel-horse, wheeler

timoré, e [timɔʀe] → SYN adj (gén) caractère, personne timorous, fearful, timid; (Rel, littér) conscience over-scrupulous

Timothée [timɔte] nm Timothy

tin [tɛ̃] → SYN nm (Naut) block

tinamou [tinamu] nm tinamou

tincal [tɛ̃kal] nm tincal

tinctorial, e, mpl **-iaux** [tɛ̃ktɔʀjal, jo] adj opération, produit tinctorial (spéc), dyeing (épith) ◆ **matières tinctoriales** dyestuffs ◆ **plantes tinctoriales** plants used in dyeing

tinette [tinɛt] → SYN nf (pour la vidange) sanitary tub ◆ (arg Mil: toilettes) **tinettes** latrines

tintamarre [tɛ̃tamaʀ] → SYN nm din, racket, hullabaloo* ◆ **faire du tintamarre** to make a din ou racket ◆ **un tintamarre de klaxons** the blaring ou din of horns

tintement [tɛ̃tmɑ̃] → SYN nm (→ **tinter**) ringing; chiming; tinkling; jingling; chinking ◆ **tintement d'oreilles** ringing in the ears, tinnitus (spéc)

tinter [tɛ̃te] → SYN ▸conjug 1◂ 1 vi [cloche] to ring, chime; [clochette] to tinkle, jingle; [objets métalliques, pièces de monnaie] to jingle, chink; [verres entrechoqués] to chink; [verre frotté] to ring ◆ **faire tinter** to ring; to make tinkle; to make jingle; to make chink ◆ **trois coups tintèrent** the bell rang ou chimed three times ◆ **les oreilles me tintent** my ears are ringing, there's a ringing in my ears ◆ (fig) **les oreilles ont dû vous tinter** your ears must have been burning
2 vt cloche, heure, angélus to ring; messe to ring for

tintin‡ [tɛ̃tɛ̃] excl nothing doing!*, no go!*, you're not on!* ◆ **faire tintin** to go without

tintinnabuler [tɛ̃tinabyle] ▸conjug 1◂ vi (littér) to tinkle, tintinnabulate (littér)

Tintoret [tɛ̃tɔʀɛ] nm ◆ **le Tintoret** Tintoretto

tintouin* [tɛ̃twɛ̃] nm a (tracas) bother, worry ◆ **quel tintouin pour y aller** what a to-do ou what a lot of bother to get there ◆ **donner du tintouin à qn** to give sb a lot of bother ◆ **se donner du tintouin** to go to a lot of bother ◆ **et tout le tintouin** and all the rest, and what have you*, the whole caboodle*, the whole kit and caboodle* (US)
b (†: bruit) racket, din

TIP [tip] nm (abrév de **titre interbancaire de paiement**) → **titre**

tipi [tipi] nm te(e)pee

Tipp-Ex ® [tipɛks] nm Tipp-Ex ® (Brit), liquid paper ® (US), White out ® (US)

tippexer* [tipɛkse] ▸conjug 1◂ vt to tippex out (Brit), white out

tipule [tipyl] nf crane-fly, daddy-long-legs (sg)

tique [tik] → SYN nf (parasite) tick

tiquer [tike] → SYN ▸conjug 1◂ vi a [personne] to pull (Brit) ou make a face, raise an eyebrow ◆ **sans tiquer** without turning a hair ou batting an eyelid ou raising an eyebrow
b [cheval] to crib(-bite), suck wind

tiqueté, e [tik(ə)te] adj (littér) speckled, mottled

tiqueur, -euse [tikœʀ, øz] nm,f (Psych) twitcher

TIR [tiʀ] nmpl (abrév de **transports internationaux routiers**) TIR

tir [tiʀ] → SYN 1 nm a (discipline sportive ou militaire) shooting ◆ **tir au pistolet / à la carabine** pistol / rifle shooting → **stand**
b (action de tirer) firing (NonC) ◆ **en position de tir** in firing position ◆ **prêt au tir** ready for firing ◆ **commander / déclencher le tir** to order / set off ou open the firing ◆ **puissance / vitesse de tir d'une arme** firepower / firing speed of a gun ◆ **des tirs d'exercice** practice rounds ◆ **des tirs à blanc** firing blank rounds ou blanks ◆ **corriger** ou **rectifier le tir** (lit) to adjust the fire; (fig) to make some adjustments
c (manière de tirer) firing; (trajectoire des projectiles) fire ◆ **arme à tir automatique / rapide** automatic / rapid-firing gun ◆ **régler / ajuster le tir** to regulate / adjust the fire ◆ **arme à tir courbe / tendu** gun with curved / flat trajectory fire ◆ **tir groupé / direct** grouped / direct fire; (fig: contre politique) combined / direct attack ◆ **plan / angle / ligne de tir** plane / angle / line of fire → **table**
d (feu, rafales) fire (NonC) ◆ **stoppés par un tir de mitrailleuses / d'artillerie** halted by machine-gun / artillery fire ◆ **tir de harcèlement** harassing fire
e (Boules) shot *(at another bowl)*; (Ftbl) shot ◆ **tir au but** (gén) shot at goal; (de pénalité) penalty kick
f (stand) **tir (forain)** shooting gallery, rifle range
g (Espace: lancement) launch
2 COMP ▷ **tir d'appui** ⇒ **tir de soutien** ▷ **tir à l'arbalète** crossbow archery ▷ **tir à l'arc** archery ▷ **tir de barrage** barrage fire ▷ **secteur** ou **zone de tir libre** free-fire zone ▷ **tir au pigeon** clay pigeon shooting ▷ **tir de soutien** support fire

tirade [tiʀad] → SYN nf (Théât) monologue, speech; (fig, péj) tirade

tirage [tiʀaʒ] → SYN 1 nm a [chèque] drawing; [vin] drawing off; [carte] taking, drawing
b (Phot, Typ) printing ◆ **faire le tirage de clichés / d'une épreuve** to print negatives / a proof ◆ **tirage à la main** hand-printing ◆ **un tirage sur papier glacé** a print on glazed paper ◆ **tirage par contact / inversion** contact / reversal print
c [journal] circulation; [livre] (nombre d'exemplaires) (print) run; (édition) edition ◆ **tirage de luxe / limité** de luxe / limited edition ◆ **cet auteur réalise de gros tirages** this author's works have huge print runs ou are printed in great numbers ◆ **quel est le tirage de cet ouvrage?** how many copies of this work were printed? (ou are being printed?) ◆ **les gros tirages de la presse quotidienne** the high circulation figures of the daily press ◆ **tirage de 2 000 exemplaires** run ou impression of 2,000 copies
d [cheminée] draught ◆ **avoir du tirage** to draw well, have a good draught ◆ **cette cheminée a un bon / mauvais tirage** this chimney draws well / badly
e (Loterie) draw ◆ **le tirage des numéros gagnants** the draw for the winning numbers
f (*: désaccord) friction ◆ **il y avait du tirage entre eux** there was some friction between them
g [métaux] drawing
2 COMP ▷ **tirage à part** offprint ▷ **tirage au sort** drawing lots ◆ **procéder par tirage au sort** to draw lots ◆ **le gagnant sera désigné par tirage au sort** the winner will be chosen by drawing lots ◆ **le tirage au sort des équipes de football** the selection ou choice of the football teams by drawing lots

tiraillement [tiʀajmɑ̃] → SYN nm a (sur une corde etc) tugging (NonC), pulling (NonC) ◆ **ces tiraillements ont causé la rupture de la corde** all this pulling ou tugging caused the rope to break
b (douleur) (intestinal, stomacal) gnawing ou crampy pain; (de la peau, musculaire, sur une plaie) stabbing pain ◆ **tiraillements d'estomac** gnawing pains in the stomach
c (fig) (doutes, hésitations) agonizing indecision (NonC); (conflits, friction) friction (NonC), conflict (NonC) ◆ **tiraillements (de la conscience) entre devoir et ambition** friction ou conflict (within one's conscience) between duty and ambition

tirailler [tiʀaje] → SYN ▸conjug 1◂ 1 vt a corde, moustache, manche to pull at, tug at ◆ **les enfants tiraillaient le pauvre vieux de droite et de gauche** the children were tugging the poor old man this way and that ◆ **tirailler qn par le bras** ou **la manche** to pull ou tug at sb's sleeve
b [douleurs] to gnaw at, stab at ◆ **des douleurs qui tiraillent l'estomac** gnawing pains in the stomach ◆ **des élancements lui tiraillaient l'épaule** he had sharp ou shooting ou stabbing pains in his shoulder
c [doutes, remords] to tug at, plague, pester; [choix, contradictions] to beset, plague ◆ **être tiraillé entre plusieurs possibilités** to be torn between several possibilities ◆ **la crainte et l'ambition le tiraillaient** he was torn between fear and ambition
2 vi (en tous sens) to shoot wild; (Mil: tir de harcèlement) to fire at random ◆ **ça tiraillait de tous côtés dans le bois** there was firing on all sides in the wood

tirailleur [tiʀajœʀ] nm a (Mil, fig) skirmisher ◆ **se déployer / avancer en tirailleurs** to be deployed / advance as a skirmish contingent
b (Hist Mil: dans les colonies) soldier, infantryman *(native)*

Tirana [tiʀana] n Tirana

tirant [tiʀɑ̃] → SYN nm a (cordon) (draw) string; (tirette) [botte] bootstrap; (partie de la tige) [chaussure] facing
b (Constr) [arcades] tie-rod; [comble] tie-beam ◆ [pont] **tirant d'air** headroom
c (Naut) **tirant (d'eau)** draught (Brit), draft (US) ◆ **tirant avant / arrière** draught (Brit) ou draft (US) at the bows / stern ◆ **avoir 6 mètres de tirant (d'eau)** to draw 6 metres of water ◆ [navire] **tirant d'air** clearance height

tire[1]‡ [tiʀ] → SYN nf (voiture) wagon*, car ◆ **vieille tire** old rattletrap* ou crate* ou banger* (Brit)

tire[2] [tiʀ] → SYN nf ◆ **vol à la tire** picking pockets ◆ **voleur à la tire** pickpocket

tire[3] [tiʀ] nf (Can) toffee, taffy (Can, US); molasses, maple candy ◆ **tire d'érable** maple toffee ou taffy (Can, US) ◆ **tire sur la neige** taffy-on-the-snow (Can, US)

tire[4] [tiʀ] nf (Hér) row, line

tiré, e [tiʀe] → SYN (ptp de **tirer**) 1 adj a (tendu) traits, visage drawn, haggard ◆ **avoir les traits tirés** to look drawn ou haggard ◆ **les cheveux tirés en arrière** with one's hair drawn back ◆ **tiré à quatre épingles** impeccably ou well turned-out, done up ou dressed up to the nines* ◆ (fig) **tiré par les cheveux** far-fetched → **couteau**
b (Fin) **la personne tirée** the drawee
c **(bas) prix tiré** rock-bottom price ◆ **pratiquer des prix tirés** to sell at rock-bottom prices
2 nm (Fin) drawee; (Mus) down-bow
3 **tirée*** nf (long trajet) long haul, long trek ◆ (‡: quantité) **une tirée de** a load* of, heaps* ou tons* of
4 COMP ▷ **tiré à part** adj, nm offprint

tire-au-cul‡ [tiʀoky] nmf inv ⇒ **tire-au-flanc***

tire-au-flanc* [tiʀoflɑ̃] nmf inv skiver* (Brit), layabout, shirker

tire-bonde, pl **tire-bondes** [tiʀbɔ̃d] nm bung-drawer

tire-botte, pl **tire-bottes** [tiʀbɔt] nm (pour se chausser) boot-hook; (pour se déchausser) boot-jack

tire(-)bouchon, pl **tire(-)bouchons** [tiʀbuʃɔ̃] nm corkscrew; (mèche de cheveux) corkscrew curl ◆ **en tire-bouchon** corkscrew (épith) ◆ **cochon avec la queue en tire-bouchon** pig with a corkscrew ou curly tail ◆ **pantalon en tire-bouchon** crumpled trousers

tire(-)bouchonner [tiʀbuʃɔne] ▸conjug 1◂
1 vt mèche to twiddle, twirl
2 vi [pantalons] to crumple (up) ◆ **pantalon tire-bouchonné** crumpled trousers
3 vpr ◆ **se tire-bouchonner**‡ (rire) to fall about laughing* (Brit), be in stitches*

tire-clou, pl **tire-clous** [tiʀklu] nm nail puller

tire-d'aile [tiʀdɛl] loc adv ◆ **à tire-d'aile** voler swiftly ◆ **passer à tire-d'aile** to pass by in full flight ◆ **s'envoler à tire-d'aile** to take flight in a flurry of feathers ◆ (fig) **partir à tire-d'aile** to leave at top speed, take flight

tire-fesses* [tiʀfɛs] nm inv (gén, à perche) ski tow; (à archet) T-bar tow

tire-fond, pl **tire-fond(s)** [tiʀfɔ̃] nm (vis) *long screw with ring attachment*

tire-jus‡ [tiʀʒy] nm inv nose-wipe*, snot-rag‡

tire-laine†† [tiʀlɛn] nm inv footpad††

tire-lait, pl **tire-laits** [tiʀlɛ] nm breast-pump

tire-larigot* [tiʀlaʀigo] loc adv ♦ **à tire-larigot** to one's heart's content

tire-ligne, pl **tire-lignes** [tiʀliɲ] nm drawing pen

tirelire [tiʀliʀ] [→ SYN] nf a moneybox; (en forme de cochon) piggy bank ♦ **casser la tirelire** to break open the piggy bank
b (‡) (estomac, ventre) belly‡, gut(s)‡; (tête) nut*, noddle*, bonce‡ (Brit); (visage) face

tire-nerf, pl **tire-nerfs** [tiʀnɛʀ] nm broach *(used to remove nerve from tooth)*

tirer [tiʀe] [→ SYN] ▸ conjug 1 ◂ GRAMMAIRE ACTIVE 26.4
1 vt a (amener vers soi) pièce mobile, poignée, corde to pull; manche, robe to pull down; chaussette to pull up ♦ **ne tire pas, ça risque de tomber / ça va l'étrangler** don't pull or it'll fall / strangle him ♦ **tirer les cheveux à qn** to pull sb's hair ♦ **tirer l'aiguille** to ply the needle ♦ (lit) **tirer qch à soi** to pull sth to(wards) one ♦ (fig) **tirer un texte / auteur à soi** to turn a text / an author round to suit one → **couverture, diable, langue, révérence**
b rideaux to draw, pull; tiroir to pull open; verrou (fermer) to slide to, shoot; (ouvrir) to draw ♦ **tire la porte** pull the door to ♦ **il est tard : tire les rideaux** it's getting late so pull the curtains (to) ou draw the curtains ♦ **as-tu tiré le verrou?** have you bolted the door?
c personne to pull ♦ **tirer qn par le bras** to pull sb's arm, pull sb by the arm ♦ **tirer qn par la manche** to tug ou pluck sb's sleeve ♦ **tirer qn de côté** ou **à l'écart** to draw sb aside, take sb on one side
d (haler, remorquer) véhicule, charge to pull, draw; navire, remorque to tow; charrue to draw, pull ♦ **une charrette tirée par un tracteur** a cart drawn ou pulled by a tractor, a tractor-drawn cart ♦ **carrosse tiré par 8 chevaux** carriage drawn by 8 horses
e (retirer, extraire) épée, couteau to draw, pull out; vin, cidre to draw; carte, billet, numéro to draw; (fig) conclusions, morale, argument, idée, thème to draw; (fig) plaisir, satisfaction to draw, derive (*de* from) ♦ **tirer une substance d'une matière première** to extract a substance from a raw material ♦ **tirer le jus d'un citron** to extract the juice from a lemon, squeeze the juice from a lemon ou out of a lemon ♦ **tirer un son d'un instrument** to get a sound out of ou draw a sound from an instrument ♦ **cette pièce tire son jour** ou **sa lumière de cette lucarne** this room gets its light from ou is lit by this skylight ♦ **tirer un objet d'un tiroir / d'un sac** to pull an object out of a drawer / bag ♦ **tirer son chapeau / sa casquette à qn** to raise one's hat / cap to sb ♦ **tirer de l'argent d'une activité / d'une terre** to make ou derive ou get money from an activity / a piece of land ♦ **tirer de l'argent de qn** to get money out of sb ♦ **tirer qn du sommeil** to arouse sb from sleep ♦ **tirer qn du lit** to get ou drag sb out of bed ♦ **tirer qn de son travail** to take ou drag sb away from his work ♦ **ce bruit le tira de sa rêverie** this noise brought him out of ou roused him from his daydream ♦ **tirer qch de qn** to obtain sth from sb, get sth out of sb ♦ **on ne peut rien en tirer** (enfant têtu) you can't do anything with him; (qui refuse de parler) you can't get anything out of him ♦ **tirer des larmes / gémissements à qn** to draw tears / moans from sb ♦ **savoir tirer qch de la vie / d'un moment** (to know how) to get sth out of life / a moment ♦ (à l'Épiphanie) **tirer les rois** to cut the Twelfth Night cake ♦ **tirer la fève** to win the charm → **avantage, clair, épingle, parti**[1]
f (délivrer) **tirer qn de prison / des décombres / d'une situation dangereuse** to get sb out of prison / the rubble / a dangerous situation ♦ **tirer qn du doute** to remove ou dispel sb's doubts ♦ **tirer qn de l'erreur** to disabuse sb ♦ **tirer qn de la misère / de l'obscurité** to rescue sb from poverty / obscurity ♦ **il faut le tirer de là** we'll have to help him out → **affaire, embarras**
g (indiquant l'origine) **tirer son origine d'une vieille coutume** to have an old custom as its origin ♦ **mots tirés du latin** words taken ou derived from (the) Latin ♦ **tirer son nom de** to take one's name from ♦ **pièce tirée d'un roman** play taken from ou adapted from ou derived from a novel ♦ **on tire de l'huile des olives** oil is extracted from olives ♦ **l'opium est tiré du pavot** opium is obtained from the poppy
h (choisir) billet, numéro to draw; carte to take, draw; loterie to draw, carry out the draw for ♦ **tirer qch au sort** to draw lots for sth ♦ (fig) **il a tiré un bon / mauvais numéro** he's come up with ou hit a lucky / unlucky number → **carte, court**[1]
i (Phot, Typ) to print ♦ **on tire ce journal à 100 000 exemplaires** this paper has a circulation of 100,000 ♦ **tirer un roman à 8 000 exemplaires** to print 8,000 copies of a novel ♦ **tirons quelques épreuves de ce texte** let's run off ou print a few proofs of the text ♦ (fig) **tiré à des centaines d'exemplaires** turned out ou churned out by the hundred → **bon**[2]
j (tracer) ligne, trait to draw; plan to draw up; portrait to do ♦ **se faire tirer le portrait*** (croquer) to have one's portrait drawn; (photographier) to have one's photograph taken → **plan**[1]
k coup de feu, balle to fire; flèche to shoot; boule to throw *(so as to hit another or the jack)*; feu d'artifice to set off; gibier to shoot ♦ **il a tiré plusieurs coups de revolver sur l'agent** he fired several shots at the policeman, he shot ou fired at the policeman several times ♦ **il a tiré plusieurs coups de feu et s'est enfui** he fired several times ou several shots and ran off ♦ **tirer le canon** to fire the cannon ♦ **la balle a été tirée avec un gros calibre** the bullet was fired from a large-bore gun ♦ **il a tiré un faisan** he shot a pheasant ♦ (fig) **tirer un coup**** to have a bang**, have it off**
l chèque, lettre de change to draw ♦ **tirer de l'argent sur son compte** to draw money out of one's account, withdraw money from one's account
m (Naut) **tirer 6 mètres** to draw 6 metres of water ♦ **tirer un bord** ou **une bordée** to tack
n (*: passer) to get through ♦ **encore une heure / un mois à tirer** another hour / month to get through ♦ **tirer 2 ans de prison / service** to do 2 years in prison ou a 2 year stretch* / 2 years in the army ♦ **voilà une semaine de tirée** that's one week over with
o (‡: voler) to pinch*, nick‡ (Brit) ♦ **il s'est fait tirer son blouson** he got his jacket pinched* ou nicked‡ (Brit)
p (Tech : étirer) métal to draw
q (baisser) **tirer ses prix** to sell at rock-bottom prices
2 vi a (faire feu) to fire ♦ **il leur donna l'ordre de tirer** he gave the order for them to fire ♦ **le canon tirait sans arrêt** the cannon fired continuously ♦ **tirer en l'air** to fire into the air ♦ **tirer à vue** to shoot on sight ♦ **tirer à balles (réelles) / à blanc** to fire (real) bullets / blanks ♦ **tirer sans sommation** to shoot without warning ♦ **tirer dans le dos de qn** (lit) to shoot sb in the back; (fig) to stab sb in the back → **boulet, tas**
b (se servir d'une arme à feu, viser) to shoot ♦ **apprendre à tirer** to learn to shoot ♦ **tirer au but** to hit the target
c (Ftbl) to shoot, take a shot; (Boules) to throw *(one "boule" at another or at the jack)* ♦ **tirer au but** (gén) to take a shot at goal, shoot at goal; (pénalité) to take a penalty kick
d (Presse) **tirer à 10 000 exemplaires** to have a circulation of 10,000
e [cheminée, poêle] to draw ♦ **la cheminée tire bien** the chimney draws well
f [moteur, voiture] to pull ♦ **le moteur tire bien en côte** the engine pulls well on hills → aussi 4
g [points de suture, sparadrap] to pull ♦ **ma peau est très sèche et me tire** my skin is very dry and feels tight
h LOC **tirer au flanc*** ou **au cul‡** to skive* (Brit), shirk ♦ **tirer dans les jambes** ou **pattes* de qn** to make life difficult for sb ♦ **tirer en longueur** to drag on
3 **tirer sur** vt indir a corde, poignée to pull at ou on, tug at ♦ **tirer sur les rênes** to pull in ou on the reins ♦ (fig) **tirer sur la ficelle*** ou **la corde*** to push one's luck*, go too far, overstep the mark
b (approcher de) couleur to border on, verge on ♦ **il tire sur la soixantaine** he's getting on for (Brit) ou going on (US) sixty, he's verging on sixty
c (faire feu sur) to shoot at, fire (a shot ou shots) at ♦ **il m'a tiré dessus** he shot ou fired at me ♦ **se tirer dessus** (lit) to shoot ou fire at each other; (fig : se critiquer, quereller) to shoot each other down, snipe at one another ♦ (fig) **ne tirez pas sur le pianiste** he's (ou I'm etc) doing his (ou my etc) best → **boulet**
d (aspirer) pipe to pull at, draw on; cigarette, cigare to puff at, draw on, take a drag at*
4 **tirer à** vt indir ♦ **tirer à sa fin** to be drawing to a close ♦ **tirer à conséquence** to matter ♦ **cela ne tire pas à conséquence** it's of no consequence, it doesn't matter ♦ **la voiture tire à gauche** the car pulls to the left
5 **se tirer** vpr a (s'échapper à) **se tirer de** danger, situation to get (o.s.) out of ♦ **sa voiture était en mille morceaux mais lui s'en est tiré*** his car was smashed to pieces but he escaped ♦ **il est très malade mais je crois qu'il va s'en tirer*** he's very ill but I think he'll pull through ♦ **la première fois il a eu le sursis mais cette fois il ne va pas s'en tirer* si facilement** the first time he got a suspended sentence but he won't get off so lightly this time ♦ **il s'en est tiré* avec une amende / une jambe cassée** he got off with a fine / a broken leg ♦ **il s'en est tiré* à bon compte** he got off lightly → **affaire, flûte, patte**[1]
b (se débrouiller) **bien / mal se tirer de qch** tâche to manage ou handle sth well / badly, make a good / bad job of sth ♦ **comment va-t-il se tirer de ce sujet / travail?** how will he get on with ou cope with this subject / job? ♦ **les questions étaient difficiles mais il s'en est bien tiré** the questions were difficult but he managed ou handled them well ou coped very well with them ♦ **on n'a pas beaucoup d'argent mais on s'en tire** we haven't a lot of money but we get by ou we manage ♦ **on s'en tire tout juste** we just scrape by, we just (about) get by
c (‡: déguerpir) to push off*, shove off‡, clear off‡ ♦ **allez, on se tire** come on – we'll be off, come on – let's push off* ou clear off‡
d (*: toucher à sa fin) [période, travail] to drag towards its close ♦ **ça se tire** the end is (at last) in sight
e (être tendu) [traits, visage] to become drawn

tiret [tiʀɛ] [→ SYN] nm (trait) dash; (en fin de ligne, †: trait d'union) hyphen

tirette [tiʀɛt] nf a [bureau, table] (pour écrire) (writing) leaf; (pour ranger des crayons etc) (pencil) tray; (pour soutenir un abattant) support
b [fermeture éclair] pull, tab
c [cheminée] damper
d (cordon) [sonnette] bell-pull; [rideaux] (curtain) cord ou pull

tireur, -euse [tiʀœʀ, øz] [→ SYN] **1** nm,f a (avec arme à feu) **tireur isolé** sniper ♦ (Mil) **tireur d'élite** marksman, sharpshooter ♦ **c'est un bon tireur** he is a good shot ♦ **concours ouvert aux tireurs débutants et entraînés** shooting competition open to beginners and advanced classes
b (Boules) *player who tries to dislodge the opponent's bowls*
c (photographe) printer
d (escrimeur) **tireur (d'épée** ou **d'armes)** swordsman, fencer
2 nm (Fin) [chèque, lettre de change] drawer
3 **tireuse** nf a **tireuse de cartes** fortuneteller
b (Tech) (hand) pump ♦ **bière / vin à la tireuse** hand-drawn beer / wine
c (Phot) contact printer

tire-veille, pl **tire-veille(s)** [tiʀvɛj] nm [planche à voile] uphaul; [gouvernail] steering line

tire-veine, pl **tire-veines** [tiʀvɛn] nm (Méd) stripper

tiroir [tiʀwaʀ] nm a [table, commode] drawer ♦ **tiroir (à) secret** secret drawer ♦ (fig) **roman / pièce à tiroirs** novel / play made up of episodes, roman / pièce à tiroirs (spéc) → **fond, nom**
b (Tech) slide valve

tiroir-caisse, pl **tiroirs-caisses** [tiʀwaʀkɛs] nm till, cash register

tisane [tizan] → SYN nf a (boisson) herb(al) tea ◆ **tisane de tilleul / de menthe** lime(-blossom) / mint tea ◆ (hum) **c'est de la tisane*** it's pretty watery stuff*
b (‡ : correction) belting‡, hiding*

tisanière [tizanjɛʀ] nf (pot) teapot *(for making herbal tea)*; (tasse) (large) teacup *(for herbal tea)*

tison [tizɔ̃] → SYN nm brand → **allumette, Noël**

tisonner [tizɔne] → SYN ▸ conjug 1 ◂ vt to poke

tisonnier [tizɔnje] → SYN nm poker

tissage [tisaʒ] nm weaving

tisser [tise] → SYN ▸ conjug 1 ◂ vt (lit, fig) to weave ◆ **l'araignée tisse sa toile** the spider spins its web → **métier**

tisserand, e [tisʀɑ̃, ɑ̃d] nm,f weaver

tisserin [tisʀɛ̃] nm weaver(bird)

tisseur, -euse [tisœʀ, øz] → SYN nm,f weaver

tissu¹ [tisy] → SYN 1 nm a (Tex) fabric, material, cloth ◆ **les parois sont en tissu et non en bois** the walls are cloth not wood ◆ **c'est un tissu très délicat** it's a very delicate fabric ou material ◆ **acheter du tissu / 3 mètres de tissu pour faire une robe** to buy some cloth ou material ou fabric / 3 metres of material ou fabric ou cloth to make a dress ◆ **choisir un tissu pour faire une robe** to choose material to make a dress, choose a dress fabric ou material ◆ **tissu imprimé / à fleurs** printed / floral-patterned material ou fabric ◆ **tissu synthétique** synthetic material ou fabric ◆ **tissus d'ameublement** soft furnishings ◆ **étoffe à tissu lâche / serré** loosely- / finely-woven material ou fabric ou cloth
b (fig péj) **un tissu de mensonges / contradictions** a web ou tissue of lies / contradictions ◆ **un tissu d'intrigues** a web of intrigue ◆ **un tissu d'horreurs / d'obscénités / d'inepties** a jumble ou farrago of horrors / obscenities / stupidities
c (Anat, Bot) tissue ◆ **tissu sanguin / osseux / cicatriciel** blood / bone / scar ou cicatricial (spéc) tissue
d (Sociol) **le tissu social / industriel / urbain** the social / industrial / urban fabric
2 COMP ▷ **tissu éponge** (terry) towelling (NonC)

tissu², e [tisy] (ptp de **tisser**) adj ◆ (littér : composé de) **tissu de contradictions / ramifications** woven ou shot through with contradictions / complications

tissulaire [tisylɛʀ] adj (Bio) tissue (épith) ◆ **culture tissulaire** tissue culture

Titan [titɑ̃] nm Titan ◆ **les Titans** the Titans ◆ (fig) **œuvre / travail de Titan** titanic work / task

titane [titan] nm titanium

titanesque [titanɛsk], **titanique** [titanik] → SYN adj titanic

Tite [tit] nm Titus

Tite-Live [titliv] nm Livy

titi [titi] → SYN nm ◆ **titi (parisien)** Parisian street urchin

Titicaca [titikaka] nm ◆ **le (lac) Titicaca** Lake Titicaca

Titien [tisjɛ̃] nm Titian

titillation [titijasjɔ̃] → SYN nf (littér, hum) titillation

titiller [titije] → SYN ▸ conjug 1 ◂ vt (littér, hum) to titillate

titisme [titism] nm (Hist) Titoism

titiste [titist] adj, nmf Titoist

titrage [titʀaʒ] nm (→ **titrer**) assaying; titration; titling

titre [titʀ(ə)] → SYN nm a [œuvre] title; [chapitre] heading, title; (Jur) [code] title; (manchette de journal) headline; (journal) newspaper ◆ **les (gros) titres** the headlines ◆ **titre sur 5 colonnes à la une** 5-column front page headline ◆ (Typ) **titre courant** running head ◆ **les principaux titres de la presse parisienne** the major Parisian newspapers ◆ (Typ) **(page de) titre** title page ◆ **titre budgétaire** budgetary item
b (honorifique, de fonctions professionnelles) title; (formule de politesse) form of address; (littér : nom) title, name ◆ **titre nobiliaire** ou **de noblesse** title ◆ **conférer à qn le titre de maréchal / prince** to confer the title of marshal / prince on sb ◆ **il ne mérite pas le titre de citoyen / d'invité** he is unworthy of the name ou title of citizen / guest
c (Sport) title
d **en titre** (Admin) titular; (Comm) fournisseur appointed; (hum) maîtresse, victime official, recognized
e (document) title; (certificat) certificate; (reçu) receipt ◆ **titre de créance** evidence ou proof of debt ◆ **titre de pension** pension book ◆ **titre de propriété** title deed ◆ **titre de séjour** residence permit ◆ (Admin) **titre de transport** ticket ◆ **titre de paiement** order to pay, remittance ◆ (Admin) **titre universel de paiement** universal payment order
f (Bourse, Fin) security ◆ **acheter / vendre des titres** to buy / sell securities ou stock ◆ **titres cotés / non cotés** listed / unlisted securities ◆ **titre de Bourse, titre boursier** stock-exchange security, stock certificate ◆ **titre d'obligation** debenture (bond) ◆ **titre participatif** non-voting share *(in a public sector enterprise)* ◆ **titre au porteur** bearer bond (ou share) ◆ **titres d'État** government securities ◆ **titres nominatifs** registered securities ◆ **dollar-titre** security dollar ◆ **titre interbancaire de paiement** *payment slip allowing automatic withdrawal from a bank account*
g (preuve de capacité, diplôme) (gén) qualification; (Univ) degree, qualification ◆ **titres universitaires** academic ou university qualifications ◆ **nommer / recruter sur titres** to appoint / recruit according to qualifications ◆ **il a tous les titres (nécessaires) pour enseigner** he is fully qualified ou he has all the necessary qualifications to teach
h (littér, gén pl : droit, prétentions) **avoir des titres à la reconnaissance de qn** to have a right to sb's gratitude ◆ **ses titres de gloire** his claims to fame
i [or, argent, monnaie] fineness; [solution] titre ◆ **or / argent au titre** standard gold / silver ◆ **titre d'alcool** ou **alcoolique** alcohol content
j LOC **à ce titre** (en cette qualité) as such; (pour cette raison) on this account, therefore ◆ **à quel titre?** on what grounds? ◆ **au même titre** in the same way ◆ **il y a droit au même titre que les autres** he is entitled to it in the same way as the others ◆ **à aucun titre** on no account ◆ **nous ne voulons de lui à aucun titre** we don't want him on any account ◆ **à des titres divers, à plusieurs titres, à plus d'un titre** on several accounts, on more than one account ◆ **à double titre** on two accounts ◆ **à titre privé / personnel** in a private / personal capacity ◆ **à titre permanent / provisoire** on a permanent / temporary basis, permanently / provisionally ◆ **à titre exceptionnel** ou **d'exception** (dans ce cas) in this exceptional case; (dans certains cas) in exceptional cases ◆ **à titre d'ami / de client fidèle** as a friend / a loyal customer ◆ **à titre gratuit** freely, free of charge ◆ **à titre gracieux** free of ou without charge ◆ **à titre lucratif** for payment ◆ **à titre d'essai** on a trial basis ◆ **à titre d'exemple** as an example, by way of example ◆ (frm) **à titre onéreux** in return for remuneration (frm) ou payment ◆ **à titre indicatif** for information only ◆ **il travaille à titre de secrétaire** he works as a secretary ◆ **à titre consultatif** collaborer in an advisory ou a consultative capacity ◆ **on vous donne 500 F à titre d'indemnité** we are giving you 500 francs by way of indemnity ou as an indemnity → **juste**

titré, e [titʀe] (ptp de **titrer**) adj a (noble) personne titled; terres carrying a title (attrib)
b (Tech) liqueur standard

titrer [titʀe] ▸ conjug 1 ◂ vt a (gén ptp : anoblir) to confer a title on
b (Chim) alliage to assay; solution to titrate
c (Ciné) to title
d (Presse) to run as a headline ◆ **titrer sur 2 / 5 colonnes : « Défaite de la Gauche »** to run a 2 / 5-column headline: "Defeat of the Left"
e [alcool, vin] **titrer 10° / 38°** to be 10° / 38° proof *(on the Gay Lussac scale)*, ≃ to be 17° / 66° proof

titreuse [titʀøz] nf (Ciné) titler

titrisation [titʀizasjɔ̃] nf securitization

titubant, e [titybɑ̃, ɑ̃t] → SYN adj (→ **tituber**) staggering; reeling; unsteady

tituber [titybe] → SYN ▸ conjug 1 ◂ vi [personne] (de faiblesse, fatigue) to stagger (along); (d'ivresse) to stagger (along), reel (along); [démarche] to be unsteady ◆ **il avançait vers nous / sortit de la cuisine en titubant** he came staggering ou stumbling ou tottering towards us / out of the kitchen, he staggered ou stumbled ou tottered towards us / out of the kitchen ◆ **nous titubions de fatigue** we were so tired that we could hardly keep upright, we were staggering ou tottering ou stumbling along, so tired were we

titulaire [titylɛʀ] → SYN 1 adj a (Admin) professeur with tenure ◆ **être titulaire** to have tenure ◆ **être titulaire de** (Univ) chaire to occupy, hold; (Pol) portefeuille to hold
b (Jur) **(être) titulaire de** droit (to be) entitled to; permis, carte (to be) the holder of
c (Rel) évêque titular (épith) ◆ **saint / patron titulaire d'une église** (titular) saint / patron of a church
2 nmf (Admin) [poste] incumbent; (Jur) [droit] person entitled (*de* to); [permis, carte] holder; (Rel) [église] titular saint ◆ **titulaire d'une carte de crédit** credit card holder

titularisation [titylaʀizasjɔ̃] → SYN nf granting of tenure (*de qn* to sb)

titulariser [titylaʀize] → SYN ▸ conjug 1 ◂ vt to give tenure to ◆ **être titularisé** to get ou be given tenure

TNT [teɛnte] nm (abrév de **trinitrotoluène**) TNT

toast [tost] → SYN nm a (pain grillé) slice ou piece of toast ◆ **un toast beurré** a slice ou piece of buttered toast
b (discours) toast ◆ **toast de bienvenue** welcoming toast ◆ **porter un toast en l'honneur de qn** to drink (a toast) to sb, toast sb

toasteur [tostœʀ] → SYN nm toaster

toboggan [tɔbɔgɑ̃] nm a (traîneau) toboggan ◆ **faire du toboggan** to go tobogganing ◆ **piste de toboggan** toboggan run
b (glissière) (jeu) slide; [piscine] chute ◆ **faire du toboggan** (une fois) to go on a slide; (plusieurs fois) to play on a slide
c (Tech : pour manutention) chute ◆ (Aut : viaduc) **Toboggan** ® flyover (Brit), overpass (US); (Aviat) emergency chute

toc¹ [tɔk] 1 excl a (bruit : gén toc toc) knock knock!, rat-a-tat(-tat)!
b (* : repartie) **et toc!** (en s'adressant à qn) so there!*; (en racontant la réaction de qn) and serves him (ou her etc) jolly (Brit) ou damned well right!*
2 adj (* : gén toc toc : idiot) cracked*, barmy* (Brit), nutty*

toc² [tɔk] → SYN 1 nm ◆ **c'est du toc** (imitation, faux) it's fake; (camelote) it's rubbish ou trash ou junk ◆ **en toc** bijou, bracelet imitation, fake; rubbishy, trashy
2 adv, adj ◆ **ça fait toc, c'est toc** (imité, tape-à-l'œil) it's a gaudy imitation; (camelote) it looks cheap ou rubbishy, it's junk

tocante* [tɔkɑ̃t] nf ticker* (Brit), watch

tocard, e‡ [tɔkaʀ, aʀd] → SYN 1 adj meubles, décor cheap and nasty, trashy*
2 nm (personne) dead loss*, useless twit‡, washout*; (cheval) (old) nag (péj)

toccata [tɔkata] nf toccata

tocophérol [tɔkɔfeʀɔl] nm tocopherol

tocsin [tɔksɛ̃] → SYN nm alarm (bell), tocsin (littér) ◆ **sonner le tocsin** to ring the alarm, sound the tocsin (littér)

toge [tɔʒ] → SYN nf a (Hist) toga ◆ **toge virile / prétexte** toga virilis / praetexta
b (Jur, Scol) gown

Togo [tɔgo] nm Togo

togolais, e [tɔgɔlɛ, ɛz] 1 adj of ou from Togo
2 nm,f ◆ **Togolais(e)** native of Togo

tohu-bohu [tɔybɔy] → SYN nm (désordre) jumble, confusion; (agitation) hustle (and bustle); (tumulte) hubbub, commotion

toi [twa] pron pers a (sujet, objet) you ◆ **toi et lui, vous êtes tous les deux aussi têtus** you and he are as stubborn the one as the other, the two of you are (both) equally stubborn ◆ **si**

j'étais toi, j'irais if I were you ou in your shoes I'd go ◆ **il n'obéit qu'à toi** you are the only one he obeys, he obeys only you ◆ **il a accepté, toi non** ou **pas toi** he accepted but you didn't ou but not you ◆ **c'est enfin toi!** here you are at last! ◆ **qui l'a vu? toi?** who saw him? (did) you? ◆ **toi mentir? ce n'est pas possible** YOU tell a lie? I can't believe it ◆ **toi qui sais tout, explique-moi** you're the one who knows everything so explain to me ◆ **marche devant** ou **va devant, c'est toi qui connais le chemin** you go first (since) you know the way ou you are the one who knows the way ◆ **toi, tu n'as pas à te plaindre** you have no cause to complain ◆ **pourquoi ne le ferais-je pas, tu l'as bien fait toi!** why shouldn't I do it? YOU did it, didn't you? ou you jolly (Brit) well did (it)!* ◆ **tu l'as vu, toi?** did you see him?, have you seen him? ◆ **t'épouser, toi? jamais!** marry you? never! ◆ **toi, je te connais** I know you ◆ **aide-moi, toi!** you there* ou hey you*, give me a hand! ◆ **toi, tu m'agaces!, tu m'agaces, toi!** (oh) you get on my nerves! ◆ **toi, pauvre innocent, tu n'as rien compris** you, poor fool, haven't understood a thing, you poor fool – you haven't understood a thing!

b (avec vpr: souvent non traduit) **assieds-toi** sit down! ◆ **mets-toi là!** stand over there! ◆ **toi, tais-toi!** you be quiet! ◆ **montre-toi un peu aimable!** be a bit more pleasant!

c (avec prép) you, yourself ◆ **à toi tout seul, tu ne peux pas le faire** you can't do it on your own ◆ **cette maison est-elle à toi?** does this house belong to you?, is this house yours? ◆ **tu n'as même pas une chambre à toi tout seul?** you don't even have a room of your own? ou a room to yourself? ◆ **tu ne penses qu'à toi** you only think of yourself, you think only of yourself ◆ **je compte sur toi** I'm counting on you

d (dans comparaisons) you ◆ **il me connaît mieux que toi** (qu'il ne te connaît) he knows me better than (he knows) you; (que tu ne me connais) he knows me better than you (do) ◆ **il est plus / moins fort que toi** he is stronger than / not so strong as you ◆ **il a fait comme toi** he did what you did, he did the same as you

toile [twal] → SYN **1** nf **a** (tissu) (gén) cloth (NonC); (grossière, de chanvre) canvas (NonC); (pour pneu) canvas (NonC) ◆ **grosse toile** (rough ou coarse) canvas ◆ **toile de lin / de coton** linen / cotton (cloth) ◆ **en toile, de toile** draps linen; pantalon, blazer (heavy) cotton; sac canvas ◆ **en toile tergal** in Terylene fabric ◆ **toile caoutchoutée / plastifiée** rubberized / plastic-coated cloth ◆ **relié toile** cloth bound ◆ **toile d'amiante / métallique** asbestos / metal cloth ◆ **toile imprimée** printed cotton, cotton print ◆ **reliure toile** cloth binding → **chanson, village**

b (morceau) piece of cloth ◆ **poser qch sur une toile** to put sth on a piece of cloth ◆ (*: draps) **se mettre dans les toiles** to hit the hay* ou the sack*

c (Art) (support) canvas; (œuvre) canvas, painting ◆ **il expose ses toiles chez X** he exhibits his canvasses ou paintings at X's ◆ **une toile de maître** an old master ◆ **gâcher** ou **barbouiller de la toile** to daub on canvas

d (Naut: ensemble des voiles) sails ◆ **faire de la / réduire la toile** to make / take in sail ◆ **navire chargé de toiles** ship under canvas, ship under full sail

e [araignée] web ◆ **la toile de l'araignée** the spider's web ◆ **une belle toile d'araignée** a beautiful spider's web ◆ **grenier plein de toiles d'araignées** attic full of cobwebs

f (*: film) film, movie (surtout US) ◆ **se faire une toile** to go and see a film, go to a movie (surtout US), go to the flicks* (Brit)

2 COMP ▷ **toile d'avion** aeroplane cloth ou linen ▷ **toile à bâche** tarpaulin ▷ **toile cirée** oilcloth ▷ **toile émeri** emery cloth ▷ **toile de fond** (Théât) backdrop, backcloth; (fig) backdrop ▷ **toile goudronnée** tarpaulin ▷ **toile de Jouy** ≃ Liberty print ▷ **toile de jute** hessian ▷ **toile à matelas** ticking ▷ **toile à sac** sacking, sackcloth ▷ **toile de tente** (Camping) canvas; (Mil) tent sheet ▷ **toile à voile** sailcloth

toilé, e [twale] adj papier linen (épith)

toilerie [twalʀi] nf (fabrication) textile manufacture *(of cotton, linen, canvas etc)*; (commerce) cotton (ou linen etc) trade; (atelier) cotton (ou linen etc) mill

toilettage [twaletaʒ] nm [chien] grooming; [texte de loi] tidying up ◆ (enseigne) **« toilettage pour chiens », « salon de toilettage »** "dogs' beauty parlour", "grooming parlour"

toilette [twalɛt] → SYN nf **a** (ablutions) **faire sa toilette** to have a wash, get washed ◆ (habillage) **être à sa toilette** to be dressing, be getting ready ◆ **faire une grande toilette / une toilette rapide** ou **un brin de toilette** to have a thorough / quick wash ◆ **faire une toilette de chat** to give o.s. a cat-lick (Brit) ou a lick and a promise ◆ **toilette intime** personal hygiene ◆ **elle passe des heures à sa toilette** she spends hours getting ready ou washing and dressing ou at her toilet (frm) ◆ **la toilette des enfants prend toujours du temps** it always takes a long time to get children washed ou ready ◆ **un délicieux savon pour la toilette matinale** an exquisite soap for morning skin care ◆ **une lotion pour la toilette de bébé** a cleansing lotion for baby ◆ **articles / nécessaire de toilette** toilet articles / bag ◆ **faire la toilette d'un mort** to lay out a corpse ◆ **la toilette d'un condamné à mort** the washing of a prisoner before execution ◆ **(table de) toilette** (pour lavabo) washstand; (coiffeuse) dressing table → **cabinet, gant, trousse**

b (fig: nettoyage) [voiture] cleaning; [maison, monument] facelift ◆ **faire la toilette de** voiture to clean; monument, maison to give a facelift to, tart up* (Brit hum); texte to tidy up, polish up

c [animal] **faire sa toilette** to wash itself ◆ **faire la toilette de son chien** to groom one's dog

d (meuble) washstand

e (habillement, parure) clothes (pl) ◆ **en toilette de bal** dressed for a dance, in a dance dress ◆ **toilette de mariée** wedding ou bridal dress ou gown ◆ **être en grande toilette** to be grandly dressed, be dressed in all one's finery ◆ **parler toilette** to talk (about) clothes ◆ **aimer la toilette** to like clothes ◆ **elle porte bien la toilette** she wears her clothes well ◆ **elle prend beaucoup de soins / dépense beaucoup pour sa toilette** she takes great care over / spends a good deal on her clothes

f (costume) outfit ◆ **elle a changé 3 fois de toilette!** she has changed her outfit ou clothes 3 times! ◆ **« nos toilettes d'été »** "summer wear ou outfits" ◆ **on voit déjà les toilettes d'été** you can already see people in summer outfits ou clothes

g (W.-C.) **toilettes** toilet; (publiques) public conveniences (Brit) ou lavatory, restroom (US) ◆ **aller aux toilettes** to go to the toilet ◆ (dans un café etc) **où sont les toilettes?** (gén) where is the toilet? ou the restroom? (US); (pour femmes) where is the ladies?* (Brit) ou the ladies' room ou the powder room?; (pour hommes) where is the gents?* (Brit) ou men's room?

h (†: petite pièce de toile) small piece of cloth

i (Boucherie) **toilette (de porc)** *lining of pig's intestine wrapped round pieces of meat*

j (Tech) reed casing

toiletter [twalete] ▸ conjug 1 ◂ vt chien, chat to groom; texte de loi to tidy up

toiletteur, -euse [twaletœʀ, øz] nm,f groomer

toi-même [twamɛm] pron → **même**

toise [twaz] → SYN nf **a** (instrument) height gauge ◆ **passer à la toise** (vt) recrues etc to measure the height of; (vi) [recrues etc] to have one's height measured

b (Hist: mesure) toise (≃ *6 ft*)

toiser [twaze] → SYN ▸ conjug 1 ◂ vt **a** (regarder avec dédain) to look up and down, eye scornfully (up and down) ◆ **ils se toisèrent** they eyed each other scornfully (up and down)

b (†, littér: évaluer) to estimate

toison [twazɔ̃] → SYN nf **a** [mouton] fleece ◆ **la Toison d'or** the Golden Fleece

b (chevelure) (épaisse) mop; (longue) mane

c (poils) abundant growth

toit [twa] → SYN nm **a** (gén) roof ◆ **toit de chaume / de tuiles / d'ardoises** thatched / tiled / slate roof ◆ **toit plat** ou **en terrasse / en pente** flat / sloping roof ◆ **habiter sous les toits** to live in an attic flat (Brit) ou apartment (US) *(with a sloping ceiling)* ◆ (fig) **le toit du monde** the roof of the world ◆ (fig) **crier qch sur (tous) les toits** to shout ou proclaim sth from the rooftops ou housetops ◆ **voiture à toit ouvrant** car with a sunroof

b (fig: maison) **avoir un toit** to have a roof over one's head, have a home ◆ **chercher un toit** to look for somewhere to live ◆ **être sans toit** to have no roof over one's head, have nowhere to call home ou one's own ◆ **sous le toit de qn** under sb's roof, in sb's house ◆ **vivre sous le même toit** to live under the same roof ◆ **vivre sous le toit paternel** to live in the paternal home ◆ **recevoir qn sous son toit** to have sb as a guest in one's house

toiture [twatyʀ] nf roof, roofing

tokai [tɔkɛ], **tokaï** [tɔkaj] nm Tokay

tokamak [tɔkamak] nm tokamak

tokay [tɔkɛ] nm ⇒ **tokai**

tokharien [tɔkaʀjɛ̃, jɛn] nm (Ling) Tocharian, Tokharian

Tokyo [tɔkjo] n Tokyo

tôlard, e⁑ [tolaʀ, aʀd] nm,f ⇒ **taulard, e**⁑

tolbutamide [tɔlbytamid] nf tolbutamide

tôle[1] [tol] → SYN nf (matériau) sheet metal (NonC); (pièce) steel (ou iron) sheet ◆ **tôle d'acier / d'aluminium** sheet steel / aluminium ◆ **tôle étamée** tinplate ◆ **tôle galvanisée / émaillée** galvanized / enamelled iron ◆ (Aut) **tôle froissée** dented bodywork ◆ **tôle ondulée** corrugated iron; (fig: route) rugged dirt track

tôle[2]⁑ [tol] → SYN ⇒ **taule**⁑

Tolède [tɔlɛd] n Toledo

tôlée [tole] adj f ◆ **neige tôlée** crusted snow

tolérable [tɔleʀabl] → SYN **1** adj comportement, retard tolerable; douleur, attente tolerable, bearable ◆ **cette attitude n'est pas tolérable** this attitude is intolerable ou cannot be tolerated

2 nm ◆ **attitude à la limite du tolérable** barely tolerable attitude

tolérance [tɔleʀɑ̃s] → SYN nf **a** (compréhension, largeur d'esprit) tolerance

b (liberté limitée) **c'est une tolérance, pas un droit** it is tolerated ou sanctioned rather than allowed as of right ◆ (Comm: produits hors taxe) **il y a une tolérance de 2 litres de spiritueux / 200 cigarettes** there's an allowance of 2 litres of spirits / 200 cigarettes ◆ **tolérance orthographique / grammaticale** permitted departure in spelling / grammar → **maison**

c (Méd, Tech) tolerance ◆ **tolérance aux antibiotiques** antibiotic tolerance ◆ **tolérance immunitaire** immunological tolerance → **marge**

d (Hist, Rel) toleration

tolérant, e [tɔleʀɑ̃, ɑ̃t] → SYN adj tolerant

tolérantisme [tɔleʀɑ̃tism] nm (Hist Rel) tolerationism

tolérer [tɔleʀe] → SYN ▸ conjug 6 ◂ vt **a** (ne pas sévir contre) culte, pratiques, abus, infractions to tolerate; (autoriser) to allow ◆ **ils tolèrent un excédent de bagages de 15 kg** they allow 15 kg (of) excess baggage

b (supporter) comportement, excentricités, personne to put up with, tolerate; douleur to bear, endure, stand ◆ **ils ne s'aimaient guère: disons qu'ils se toléraient** they did not like each other much – you could say that they put up with ou tolerated each other ◆ **je ne tolérerai pas cette impertinence / ces retards** I shall not stand for ou put up with ou tolerate this impertinence / this constant lateness ◆ **il tolérait qu'on l'appelle par son prénom** he put up with being called by his first name, he allowed people to call him by his first name ◆ **il ne tolère pas qu'on le contredise** he won't stand (for) ou tolerate being contradicted

c (Bio, Méd) [organisme] to tolerate; (Tech) [matériau, système] to tolerate ◆ **il ne tolère pas l'alcool** he can't tolerate ou take alcohol, alcohol doesn't agree with him

tôlerie [tolʀi] nf a (fabrication) sheet metal manufacture ; (commerce) sheet metal trade ; (atelier) sheet metal workshop
b (tôles) [auto] panels (pl), coachwork (NonC) ; [bateau, chaudière] plates (pl), steel-work (NonC)

tolet [tɔlɛ] nm rowlock, thole

tôlier[1] [tolje] nm (industriel) sheet iron ou steel manufacturer ◆ **(ouvrier-)tôlier** sheet metal worker ◆ **tôlier en voitures** panel beater

tôlier[2], **-ière**‡ [tolje, jɛʀ] nm,f ⇒ **taulier, -ière**‡

tolite [tɔlit] nf trinitrotoluene, trinitrotoluol

tollé [tɔ(l)le] → SYN nm general outcry ou protest ◆ **ce fut un tollé (général)** there was a general outcry

Tolstoï [tɔlstɔj] nm Tolstoy

toluène [tɔlɥɛn] nm toluene

toluidine [tɔlɥidin] nf toluidine

toluol [tɔlɥɔl] nm toluol

TOM [tɔm] nm (abrév de **territoire d'outre-mer**) → **territoire**

tomahawk [tɔmaok] nm tomahawk

tomaison [tɔmɛzɔ̃] nf volume numbering

tomate [tɔmat] → SYN nf a (plante) tomato (plant) ; (fruit) tomato ◆ **tomates farcies** stuffed tomatoes ◆ **tomates (à la) provençale** tomatoes (à la) Provençale ◆ **tomates cerises** cherry tomatoes ◆ (fig) **il va recevoir des tomates** he'll have a hostile reception, he'll get booed → **rouge**
b (boisson) *grenadine and pastis drink*

tombac [tɔ̃bak] nm tombac, tambac

tombal, e, mpl **tombals** ou **tombaux** [tɔ̃bal, o] → SYN adj dalle funerary ; (littér : funèbre) tomb-like, funereal (épith) ◆ **inscription tombale** tombstone inscription → **pierre**

tombant, e [tɔ̃bɑ̃, ɑ̃t] → SYN adj draperies hanging (épith) ; épaules sloping (épith), drooping (épith) ; moustaches drooping (épith) → **nuit**

tombe [tɔ̃b] → SYN nf a (gén) grave ; (avec monument) tomb ; (pierre) gravestone, tombstone ◆ **aller sur la tombe de qn** to visit sb's grave ◆ **froid comme la tombe** cold as the tomb ◆ **silencieux comme la tombe** silent as the grave ou tomb → **muet, recueillir, retourner**
b LOC **suivre qn dans la tombe** to follow sb to the grave ◆ **avoir un pied dans la tombe** to have one foot in the grave ◆ (littér) **descendre dans la tombe** to go to one's grave

tombeau, pl **tombeaux** [tɔ̃bo] nm a (lit) tomb ◆ **mettre au tombeau** to commit to the grave, entomb ◆ **mise au tombeau** entombment
b (fig) (endroit lugubre ou solitaire) grave, tomb ; (ruine) [espérances, amour] death (NonC) ; (lieu du trépas) grave ◆ (trépas) **jusqu'au tombeau** to the grave ◆ **descendre au tombeau** to go to one's grave ◆ **cette pièce est un tombeau** this room is like a grave ou tomb ◆ (secret) **je serai un vrai tombeau** my lips are sealed, I'll be as silent as the grave
c **à tombeau ouvert** at breakneck speed

tombée [tɔ̃be] → SYN nf a **(à) la tombée de la nuit** (at) nightfall ◆ **(à) la tombée du jour** (at) the close of the day
b (littér) [neige, pluie] fall

tombelle [tɔ̃bɛl] nf burial mound, tumulus (spéc), barrow (spéc)

tomber [tɔ̃be] → SYN ▸ conjug 1 ◂
1 vi (avec aux être) a (de la station debout) to fall (over ou down) ◆ **il est tombé en courant et s'est cassé la jambe** he fell (over ou down) while running and broke his leg ◆ **le chien l'a fait tomber** the dog knocked him over ou down ◆ **tomber par terre** to fall down, fall to the ground ◆ **tomber raide mort** to fall down ou drop (down) dead ◆ **tomber à genoux** to fall on(to) one's knees ◆ (fig) **tomber aux pieds** ou **genoux de qn** to fall at sb's feet ◆ (fig) **tomber dans les bras de qn** to fall into sb's arms ◆ **tomber de tout son long** to fall headlong, go sprawling, measure one's length ◆ **tomber de tout son haut** ou **de toute sa hauteur** to fall ou crash ou topple to the ground ◆ **se laisser tomber dans un fauteuil** to drop ou fall into an armchair ◆ (fig) **tomber de fatigue** to drop from exhaustion ◆ (fig) **tomber de sommeil** to be falling asleep on one's feet → **inanition, pomme, renverse**
b (de la position verticale) [arbre, bouteille, poteau] to fall (over ou down) ; [chaise, pile d'objets] to fall (over) ; [échafaudage, mur] to fall down, collapse ◆ **faire tomber** (gén) to knock down ; (en renversant) to knock over
c (d'un endroit élevé) [personne, objet] to fall (down) ; [avion] to fall ; (fig littér : pécher) to fall ◆ **attention, tu vas tomber** careful, you'll fall ◆ (fig) **tomber (bien) bas** to sink (very) low ◆ (fig littér) **ne condamnez pas un homme qui est tombé** do not condemn a fallen man ◆ **prince tombé** fallen prince ◆ **tomber d'un arbre** to fall from a tree, fall out of a tree ◆ **tomber d'une chaise / d'une échelle** to fall off a chair / (down) off a ladder ◆ **tomber du cinquième étage** to fall from the fifth floor ◆ **tomber dans** ou **à l'eau** to fall in ou into the water ◆ **tomber de bicyclette / de cheval** to fall off one's bicycle / from ou off one's horse ◆ **tomber à bas de son cheval** to fall from ou off one's horse ◆ **il tombait des pierres** stones were falling
d (se détacher) [feuilles, fruits] to fall ; [cheveux] to fall (out) ◆ **ramasser des fruits tombés** to pick up fruit that has fallen, pick up windfalls ◆ **le journal tombe (des presses) à 6 heures** the paper comes off the press at 6 o'clock ◆ **la nouvelle vient de tomber à l'instant** the news has just this minute broken ◆ **un télex vient de tomber** a telex has just come through ◆ **la plume me tombe des mains** the pen is falling from my hand ◆ **faire tomber** (en lâchant) to drop ◆ **porte le vase sur la table sans le faire tomber** carry the vase to the table without dropping it
e [eau, lumière] to fall ; [neige, pluie] to fall, come down ; [brouillard] to come down ◆ **il tombe de la neige** snow is falling ◆ **qu'est-ce qu'il tombe !*** it isn't half coming down !* (Brit), it's coming down in buckets !* ◆ **l'eau tombait en cascades** the water was cascading down ◆ **il tombe quelques gouttes** it's raining slightly, there are a few drops of rain (falling), it's spotting (with rain) (Brit) ou sprinkling lightly (US) ◆ **la nuit tombe** night is falling ou coming ◆ **la foudre est tombée deux fois / tout près** the lightning has struck twice / nearby
f (fig : être tué) [combattant] to fall ◆ **ils tombaient les uns après les autres** they were falling one after the other ◆ **tombé au champ d'honneur** killed in action → **mouche**
g (fig) [ville, régime, garnison] to fall ◆ **faire tomber le gouvernement** to bring down the government, bring the government down ◆ (Cartes) **l'as et le roi sont tombés** the ace and king have gone ou have been played ◆ (Cartes) **faire tomber une carte** to drop
h (baisser) [fièvre] to drop ; [vent] to drop, abate, die down ; [baromètre] to fall ; [jour] to draw to a close ; [voix] to drop, fall away ; [prix, nombre, température] to fall, drop (*à* to, *de* by) ; [colère, conversation] to die down ; [exaltation, assurance, enthousiasme] to fall away ◆ **le dollar est tombé à 5 F** the dollar has fallen ou dropped to 5 francs ◆ **faire tomber** température, vent, prix to bring down
i (disparaître) [obstacle, objection] to disappear ; [plan, projet] to fall through ; [droit, poursuites] to lapse
j (pendre, descendre) [draperie, robe, chevelure] to fall, hang ; [pantalon] to hang ; [moustaches, épaules] to droop ◆ **ses cheveux lui tombaient sur les épaules** his hair fell ou hung down onto his shoulders ◆ **les lourds rideaux tombaient jusqu'au plancher** the heavy curtains hung down to the floor ◆ **ce pantalon tombe bien** these trousers hang well
k (devenir : avec attribut, avec en : voir aussi les noms et adjectifs en question) **tomber malade** to fall ill ◆ **tomber amoureux** to fall in love (*de* with) ◆ **tomber d'accord** to come to an agreement, reach agreement ◆ **tomber en disgrâce** to fall into disgrace ◆ **tomber en syncope** to faint, fall into a faint → **arrêt, désuétude**
l (avec dans, sous, à : se trouver : voir aussi les noms en question) **tomber dans un piège / une embuscade** to fall into a trap / an ambush ◆ **tomber dans l'oubli** to fall into oblivion ◆ **tomber dans l'excès / le ridicule** to lapse into excess / the ridiculous ◆ **tomber dans l'excès inverse** to go to the opposite extreme ◆ **tomber d'un excès dans un autre** to go from one extreme to another ◆ **tomber sous la domination de** to fall ou come under the domination of ◆ **tomber aux mains de l'ennemi** to fall into enemy hands → **coupe**[2], **dent, main**
m (échoir) [date, choix, sort] to fall ◆ **Pâques tombe tard cette année** Easter falls late this year ◆ **Noël tombe un mardi** Christmas falls on a Tuesday ◆ **les deux concerts tombent le même jour** the two concerts fall on the same day ◆ **le choix est tombé sur lui** the choice fell on him ◆ **et il a fallu que ça tombe sur moi** it (just) had to be me
n (arriver inopinément) **il est tombé en pleine réunion / scène de ménage** he walked straight into a meeting / a domestic row
o **laisser tomber** objet que l'on porte to drop ; amis, activité to drop ; métier to drop, give up, chuck up* ; fiancé to jilt, throw over* ; vieux parents to let down, leave in the lurch ◆ **il a voulu faire du droit mais il a vite laissé tomber** he wanted to do law but he soon gave it up ou dropped it ◆ **la famille nous a bien laissé tomber** the family really let us down ou left us in the lurch ◆ **laissez tomber !*, laisse tomber !*** (gén) forget it !* ; (nuance d'irritation) give it a rest !*
p (‡ : être arrêté) to be ou get busted‡ ou nicked‡ (Brit) ou pinched‡
q LOC **bien / mal tomber** (avoir de la chance) to be lucky / unlucky ◆ **il est vraiment bien / mal tombé avec son nouveau patron** he's really lucky / unlucky ou in luck / out of luck with his new boss ◆ **bien / mal tomber, tomber bien / mal** (arriver, se produire) to come at the right / wrong moment ◆ **ça tombe bien** that's fortunate ou convenient ◆ **ça tombe à point** ou **à pic*** that's perfect timing ◆ **ça ne pouvait pas mieux tomber** that couldn't have come at a better time ◆ **tomber de Charybde en Scylla** to jump out of the frying pan into the fire ◆ **tomber juste** (en devinant) to be (exactly) right ; [calculs] to come out right ◆ **tomber de haut** to be badly let down, be bitterly disappointed ◆ **il n'est pas tombé de la dernière pluie** ou **averse*** he wasn't born yesterday ◆ **ce n'est pas tombé dans l'oreille d'un sourd** it didn't fall on deaf ears ◆ **il est tombé sur la tête !*** he's got a screw loose* ◆ **tomber en quenouille** († : Jur) to pass into female hands ; (fig : échouer) to fall through ◆ (fig) **tomber de la lune** to have dropped in from another planet ◆ (fig) **tomber du ciel** to be a godsend, be heaven-sent ◆ **tomber du lit** to be up bright and early ◆ **tomber des nues** to be completely taken aback ◆ (fig) **tomber à l'eau** [projets, entreprise] to fall through ◆ **tomber à plat** [plaisanterie] to fall flat ; [pièce de théâtre] to be a flop ◆ **cela tombe sous le sens** it's (perfectly) obvious, it stands to reason → **bras, cul**
2 **tomber sur** vt indir (avec aux être) a (rencontrer) connaissance to run into, come across ; détail to come across ou upon ◆ **prenez cette rue, et vous tombez sur le boulevard** go along this street and you come out on the boulevard ◆ **je suis tombé sur cet article de journal** I came across ou upon this newspaper article ◆ **tomber sur un bec*** ou **un os*** (obstacle temporaire) to hit a snag ; (impasse) to be stymied ; (échec) to come unstuck
b (se poser) [regard] to fall ou light upon ; [conversation] to come round to
c (*) (attaquer) to set about*, go for* ; (critiquer) to go for* ◆ **il m'est tombé sur le râble‡** ou **le paletot‡** ou **le dos‡** he set on me*, he went for me* ◆ **ils nous sont tombés dessus à 8 contre 3** 8 of them laid into the 3 of us → **bras**
d (* : s'inviter, survenir) to land on* ◆ **il nous est tombé dessus le jour de ton anniversaire** he landed on us on your birthday* ◆ **plein de problèmes leur sont tombés dessus** they had nothing but problems ◆ **la maladie, ça peut vous tomber dessus n'importe quand** you can fall ill anytime ◆ **je ne voulais pas d'une nouvelle relation amoureuse, ça m'est tombé dessus** I didn't want a new love affair, it just happened ◆ **il y a eu un tirage au sort et c'est tombé sur moi** there was a draw and I was the lucky winner (aussi iro)
3 vt (avec aux avoir) a **tomber qn** (Sport) to throw sb ; (* : Pol) to beat sb ◆ **tomber une femme‡** to lay‡ ou have‡ a woman
b **tomber la veste*** to slip off one's jacket
4 nm [vêtement] hang

tombereau, pl **tombereaux** [tɔ̃bʀo] → SYN nm (charrette) tipcart ; (contenu) cartload

tombeur [tɔ̃bœʀ] nm (lutteur) thrower ◆ (fig) **tombeur (de femmes)*** Don Juan, ladykiller, Casanova ◆ (Sport) **le tombeur du tenant du titre** the man who defeated the title holder

tombola [tɔ̃bɔla] → SYN nf tombola, raffle

tombolo [tɔ̃bɔlo] nm tombolo

Tombouctou [tɔ̃buktu] n Timbuktoo

tome [tɔm] → SYN nm (division) part, book; (volume) volume

tomenteux, -euse [tɔmɑ̃tø, øz] adj tomentose

tomer [tɔme] ▸ conjug 1 ◂ vt ouvrage to divide into parts ou books; page, volume to mark with the volume number

tomette [tɔmɛt] nf ⇒ **tommette**

tomme [tɔm] → SYN nf tomme (cheese)

tommette [tɔmɛt] nf (red, hexagonal) floor-tile

tomodensitomètre [tomodɑ̃sitɔmɛtʀ] nm scanner

tomodensitométrie [tomodɑ̃sitɔmetʀi] nf scanning

tomographie [tɔmɔgʀafi] nf tomography

tom-pouce* [tɔmpus] nm (nain) Tom Thumb, dwarf, midget

ton¹ [tɔ̃], **ta** [ta], **tes** [te] adj poss a (possession, relation) your, (emphatique) your own; (†, Rel) thy ◆ **ton fils et ta fille** your son and (your) daughter ◆ (Rel) **que ta volonté soit faite** Thy will be done; pour autres exemples → **son¹**

b (valeur affective, ironique, intensive) **je vois que tu connais tes classiques!** I can see that you know your classics! ◆ **tu as de la chance d'avoir ton samedi!*** you're lucky to have (your) Saturday(s) off! ◆ **ton Paris est devenu très bruyant** this Paris of yours ou your beloved Paris is getting very noisy ◆ **tu vas avoir ta crise de foie si tu manges ça** you'll have one of your upsets ou you'll upset your stomach if you eat that ◆ **ferme donc ta porte!** shut the door behind you; pour autres exemples → **son¹**

ton² [tɔ̃] → SYN nm a (hauteur de la voix) pitch; (timbre) tone; (manière de parler) tone (of voice) ◆ **ton aigu/grave** shrill/low pitch ◆ **ton nasillard** nasal tone ◆ **d'un ton détaché/brusque/pédant** in a detached/an abrupt/a pedantic tone (of voice) ◆ **avec un ton de supériorité** in a superior tone ◆ **sur le ton de la conversation/plaisanterie** in a conversational/joking tone (of voice) ◆ **ne me parle pas sur ce ton!** don't you talk to me like that! ◆ **hausser le ton** to raise (the tone of) one's voice ou one's tone ◆ **baisser le ton** to lower one's voice, pipe down* ◆ (fig) **hausser le ton** (se fâcher) to raise one's voice; (être arrogant) to adopt an arrogant tone ◆ (fig) **faire baisser le ton à qn** to make sb change his tune, bring sb down a peg (or two) ◆ (fig) **il devra changer de ton** he'll have to sing a different tune ou change his tune ◆ (fig) **ne le prenez pas sur ce ton** watch what you're saying ◆ (fig) **alors là, si vous le prenez sur ce ton** well if that's the way you're going to take it, well if you're going to take it like that ◆ (fig) **dire/répéter sur tous les tons** to say/repeat in every possible way

b (Mus) (intervalle) tone; [morceau] key; [instrument à vent] crook; (hauteur d'un instrument) pitch ◆ **le ton de si majeur** the key of B major ◆ **passer d'un ton à un autre** to change from one key to another ◆ **il y a un ton majeur entre do et ré** there is a whole ou full tone between doh and ray ◆ **prendre le ton** to tune up (*de* to) ◆ **donner le ton** to give the pitch ◆ **sortir du ton** to go out of tune ◆ **il/ce n'est pas dans le ton** he/it is not in tune ◆ **le ton est trop haut pour elle** it is set in too high a key for her, it is pitched too high for her

c (Ling, Phonétique) tone ◆ **langue à tons** tone language

d (manière de s'exprimer, décrire) tone ◆ **le ton précieux/soutenu de sa prose** the precious/elevated tone of his prose ◆ **des plaisanteries** ou **remarques de bon ton** jokes ou remarks in good taste ◆ **il est de bon ton de faire** it is good form to do (Brit), it's considered polite to do ◆ **être dans le ton** to fit in ◆ **il s'est vite mis dans le ton** he soon fitted in ◆ **donner le ton** to set the tone; (en matière de mode) to set the fashion

e (couleur, nuance) shade, tone ◆ **être dans le ton** to tone in, match ◆ **la ceinture n'est pas du même ton** ou **dans le même ton que la robe** the belt does not match the dress ◆ **des tons chauds** warm tones ou shades ◆ **des tons dégradés** gradual shadings ◆ **ton sur ton** in matching tones

tonal, e, mpl **tonals** [tɔnal] adj (Ling, Mus) tonal

tonalité [tɔnalite] → SYN nf a (Mus: système) tonality; (Mus: ton) key; (Phonétique) [voyelle] tone

b (fidélité) [poste, amplificateur] tone

c (timbre, qualité) [voix] tone; (fig) [texte, impression] tone; [couleurs] tonality

d (Téléc) dialling tone ◆ **je n'ai pas la tonalité** I'm not getting the dialling tone, the line has gone dead

tonca [tɔ̃ka] nm ⇒ **tonka**

tondeur, -euse [tɔ̃dœʀ, øz] 1 nm,f ◆ **tondeur de drap** cloth shearer ◆ **tondeur de moutons** sheep shearer

2 **tondeuse** nf (à cheveux) clippers (pl); (pour les moutons) shears (pl); (Tex: pour les draps) shears (pl) ◆ **tondeuse (à gazon)** (lawn)mower ◆ **tondeuse à main/à moteur** hand/motor-mower ◆ **tondeuse électrique** [gazon] electric (lawn)mower; [cheveux] electric clippers (pl)

tondre [tɔ̃dʀ] → SYN ▸ conjug 41 ◂ vt a mouton, toison to shear; gazon to mow; haie to clip, cut; caniche, poil to clip; cheveux to crop; drap, feutre to shear ◆ (fig) **tondre un œuf** to shave an egg

b (*) **tondre qn** (couper les cheveux) to chop* sb's hair; (escroquer) to fleece sb; (au jeu) to clean sb out ◆ **je vais me faire tondre** I'm going to get my hair chopped* ◆ **tondre la laine sur le dos de qn†** to have the shirt off sb's back ◆ **il ne faut pas te faire tondre la laine sur le dos** you shouldn't just allow people to get the better of you

tondu, e [tɔ̃dy] (ptp de **tondre**) adj cheveux, tête (closely-)cropped; personne with closely cropped hair, close-cropped; pelouse, (fig) sommet closely-cropped ◆ (péj: aux cheveux courts) **regardez-moi ce tondu** just look at that short back and sides → **pelé**

tongs [tɔ̃g] nfpl (sandales) flip-flops, thongs (US)

tonicardiaque [tɔnikaʀdjak] 1 adj cardiotonic

2 nm heart tonic, cardiotonic

tonicité [tɔnisite] → SYN nf a (Méd) [tissus] tone, tonicity (spéc), tonus (spéc)

b (fig) [air, mer] tonic ou bracing effect

tonie [tɔni] nf (Physiol) pitch

tonifiant, e [tɔnifjɑ̃, jɑ̃t] 1 adj air bracing, invigorating; massage, lotion toning (épith), tonic (épith), stimulating; lecture, expérience invigorating, stimulating

2 nm tonic

tonifier [tɔnifje] → SYN ▸ conjug 7 ◂ vt muscles, peau to tone up; (fig) esprit, personne to invigorate, stimulate ◆ **cela tonifie tout l'organisme** it tones up the whole system

tonique [tɔnik] → SYN 1 adj a médicament, vin, boisson tonic (épith), fortifying; lotion toning (épith), tonic (épith)

b (fig) air, froid invigorating, bracing; idée, expérience stimulating; lecture invigorating, stimulating

c (Ling) syllabe, voyelle tonic, accented; accent tonic

2 nm (Méd, fig) tonic; (lotion) toning lotion ◆ **tonique du cœur** heart tonic

3 nf (Mus) tonic, keynote

tonitruant, e [tɔnitʀyɑ̃, ɑ̃t] → SYN adj voix thundering (épith), booming (épith)

tonitruer [tɔnitʀye] → SYN ▸ conjug 1 ◂ vi to thunder

tonka [tɔ̃ka] nm tonka bean

Tonkin [tɔ̃kɛ̃] nm Tonkin, Tongking

tonkinois, e [tɔ̃kinwa, waz] 1 adj Tonkinese

2 nm,f ◆ **Tonkinois(e)** Tonkinese

tonnage [tɔnaʒ] → SYN nm [navire] tonnage, burden; [port, pays] tonnage ◆ **tonnage brut/net** gross/net tonnage

tonnant, e [tɔnɑ̃, ɑ̃t] → SYN adj voix, acclamation thunderous, thundering (épith)

tonne [tɔn] nf a (unité de poids) (metric) ton, tonne ◆ **une tonne de bois** a ton ou tonne (Brit) of wood ◆ **tonne américaine** ou **courte** short ou net ton ◆ **tonne anglaise** ou **longue** ou **forte** long ou gross ou imperial ton ◆ (Statistique) **tonne kilométrique** ton kilometre ◆ **un navire de 10 000 tonnes** a 10,000-ton ou -tonne (Brit) ship, a ship of 10,000 tons ou tonnes ◆ **un (camion de) 5 tonnes** a 5-ton lorry, a 5-tonner* ◆ **tonne équivalent charbon** ton coal equivalent ◆ **tonne équivalent pétrole** ton oil equivalent

b **des tonnes de*** tons of*, loads of* ◆ **il y en a des tonnes** there are tons* ou loads* ou stacks* of them ◆ **en faire des tonnes*** to overdo it, go over the top*

c (Tech: récipient) tun; (Naut: bouée) tun-buoy

tonneau, pl **tonneaux** [tɔno] → SYN nm a (récipient) barrel, cask; (contenu) barrel(ful), cask(ful) ◆ **vin au tonneau** wine from the barrel ou cask ◆ **le tonneau de Diogène** the Diogenes' tub ◆ (Myth) **le tonneau des Danaïdes** the Danaides' jar ◆ (fig) **c'est le tonneau des Danaïdes** (gouffre financier) it's a bottomless pit; (tâche sans fin) it is a Sisyphean task ◆ (péj) **être du même tonneau*** to be of the same kind → **perce**

b (Aviat) hesitation flick roll (Brit), hesitation snap roll (US)

c (Aut) somersault ◆ **faire un tonneau** to somersault, roll over

d (Naut) ton ◆ **un bateau de 1 500 tonneaux** a 1,500-ton ship

tonnelet [tɔnlɛ] nm keg, (small) cask

tonnelier [tɔnəlje] nm cooper

tonnelle [tɔnɛl] → SYN nf (abri) bower, arbour; (Archit) barrel vault

tonnellerie [tɔnɛlʀi] nf cooperage

tonner [tɔne] → SYN ▸ conjug 1 ◂ 1 vi a [canons, artillerie] to thunder, boom, roar

b [personne] to thunder, rage, inveigh (*contre* against)

2 vb impers to thunder ◆ **il tonne** it is thundering ◆ **il a tonné vers 2 heures** there was some thunder about 2 o'clock ◆ **il tonnait sans discontinuer** it went on thundering without a break, the thunder rumbled continuously

tonnerre [tɔnɛʀ] → SYN 1 nm a (détonation) thunder; (†: foudre) thunderbolt ◆ **le tonnerre gronde** there is a rumble of thunder ◆ **coup de tonnerre** thunderbolt ◆ **un bruit/une voix de tonnerre** a noise/voice like thunder, a thunderous noise/voice ◆ (fig) **un tonnerre d'applaudissements** thunderous applause, a thunder of applause ◆ (fig) **le tonnerre des canons** the roar ou the thundering of the guns

b (*: valeur intensive) **du tonnerre** terrific*, fantastic*, stupendous, great* ◆ **ça marchait du tonnerre** it was going tremendously well, things were fantastic* ◆ **un livre du tonnerre de Dieu** one ou a hell of a book‡, a fantastic book*

2 excl ◆ **tonnerre!*†** ye gods!*† ◆ **mille tonnerres!*, tonnerre de Brest!*** shiver my timbers!* (†, hum) ◆ **tonnerre de Dieu!‡** hell and damnation!‡, hell's bells!*

tonométrie [tɔnɔmetʀi] nf tonometry

tonométrique [tɔnɔmetʀik] adj tonometric

tonsure [tɔ̃syʀ] nf (Rel) tonsure; (*: calvitie) bald spot ou patch ◆ **porter la tonsure** to wear the tonsure

tonsuré, e [tɔ̃syʀe] (ptp de **tonsurer**) 1 adj tonsured

2 nm (péj: moine) monk

tonsurer [tɔ̃syʀe] ▸ conjug 1 ◂ vt to tonsure

tonte [tɔ̃t] nf a (action) [moutons] shearing; [haie] clipping; [gazon] mowing

b (laine) fleece

c (époque) shearing-time

tontine [tɔ̃tin] nf (Fin, Jur) tontine

tonton [tɔ̃tɔ̃] nm (langage enfantin) uncle

tonture [tɔ̃tyʀ] nf (Naut) sheer

tonus [tɔnys] → SYN nm a **tonus musculaire** muscular tone ou tonus (spéc) ◆ **tonus nerveux** nerve tone

b (fig: dynamisme) energy, dynamism; (au travail) drive

top [tɔp] **1** nm **a** (signal électrique) pip ◆ (Rad) **au 4ᵉ top il sera midi** at the 4th pip ou stroke it will be twelve o'clock
b (Courses) **donner le top** to give the starting signal ◆ **attention, top, partez!/top départ!** on your marks, get set, go!
c (Mus) **le top 50** the top 50 (singles), ≃ the singles charts ◆ **numéro un du top 50** number one in the charts
d (*: le mieux) **c'est le top!** it's the best!
2 adj ◆ **top secret** top secret ◆ [athlète, chercheur] **être au top niveau** to be a top level athlete ou researcher etc

topaze [tɔpaz] **1** nf topaz ◆ **topaze brûlée** burnt topaz
2 adj inv (couleur) topaz ◆ **un liquide topaze** a topaz-coloured liquid

tope [tɔp] excl → **toper**

toper [tɔpe] → SYN ▸ conjug 1 ◂ vi ◆ **toper à qch** to shake on sth, agree to sth ◆ **tope(-là), topez-là!** done!, you're on!*, it's a deal!*, let's shake on it!

tophus [tɔfys] nm tophus, chalkstone

topiaire [tɔpjɛʀ] adj, nf ◆ **(art) topiaire** topiary

topinambour [tɔpinɑ̃buʀ] nm Jerusalem artichoke

topique [tɔpik] → SYN **1** adj (frm) argument, explication pertinent; citation apposite; (Méd) remède, médicament topical, local
2 nm (Méd) topical ou local remedy; (Philos) topic
3 nf (Philos) topics (sg)

topo* [tɔpo] nm (exposé, rapport) lecture, rundown*; (péj: laïus) spiel* ◆ **faire un topo sur qch** to give a rundown* on sth ◆ **c'est toujours le même topo** it's always the same old story* ou spiel* ◆ **tu vois un peu le topo?** you get the picture?*

topographe [tɔpɔgʀaf] nm topographer

topographie [tɔpɔgʀafi] → SYN nf (technique) topography; (configuration) layout, topography; (†: description) topographical description; (croquis) topographical plan

topographique [tɔpɔgʀafik] → SYN adj topographic(al)

topographiquement [tɔpɔgʀafikmɑ̃] adv topographically

topoguide [topogid] nm topographical guide

topologie [tɔpɔlɔʒi] nf topology

topologique [tɔpɔlɔʒik] adj topologic(al)

topométrie [tɔpɔmetʀi] nf topometry

toponyme [tɔpɔnim] nm place name, toponym (spéc)

toponymie [tɔpɔnimi] nf (étude) toponymy (spéc), study of place names; (noms de lieux) toponymy (spéc), place names (pl)

toponymique [tɔpɔnimik] adj toponymic

toquade [tɔkad] → SYN nf (péj) (pour qn) infatuation; (pour qch) fad, craze ◆ **avoir une toquade pour qn** to be infatuated with sb

toquante⁑ [tɔkɑ̃t] nf ⇒ **tocante**⁑

toquard, e⁑ [tɔkaʀ, aʀd] ⇒ **tocard**⁑

toque [tɔk] → SYN nf (en fourrure) fur hat; [juge, jockey] cap ◆ **toque de cuisinier** chef's hat ◆ (chef cuisinier) **l'une des toques les plus renommées** one of the most famous chefs

toqué, e* [tɔke] → SYN **1** adj crazy*, cracked*, nuts* (attrib) ◆ **être toqué de qn** to be crazy ou mad ou nuts about sb*
2 nm,f loony⁑, nutcase* (Brit), nutter⁑

toquer[1]* (se) [tɔke] → SYN ▸ conjug 1 ◂ vpr ◆ **se toquer de qn** to lose one's head over sb, go crazy over sb* ◆ **se toquer de qch** to go crazy over sth

toquer[2]* [tɔke] ▸ conjug 1 ◂ vi to tap, rap ◆ **toquer (à la porte)** to tap ou rap at the door

Tor [tɔʀ] nm ⇒ **Thor**

Torah [tɔʀa] nf ⇒ **Thora**

torche [tɔʀʃ] → SYN nf **a** (flambeau) torch ◆ **torche électrique** (electric) torch (Brit), flashlight (US) ◆ **être transformé en torche vivante** to be turned into a human torch ◆ (Parachutisme) **se mettre en torche** to candle
b (Ind: torchère) flare

torche-cul⁑, pl **torche-culs** [tɔʀʃəky] nm bog-paper⁑ (Brit), toilet paper; (fig, †: écrit) drivel (NonC)

torchée* [tɔʀʃe] nf (correction) hammering, licking

torcher [tɔʀʃe] → SYN ▸ conjug 1 ◂ **1** vt **a** (*) assiette to wipe (clean); jus to mop up
b (⁑) bébé, derrière to wipe
c (péj) travail, rapport (produire) to toss off; (bâcler) to make a mess of, do a bad job on, botch up ◆ **un rapport/article bien torché** a well-written report/article
2 **se torcher**⁑ vpr ◆ **se torcher (le derrière)** to wipe one's bottom ◆ (fig) **je m'en torche*** I don't care ou give a damn*

torchère [tɔʀʃɛʀ] → SYN nf **a** (Ind) flare
b (vase) cresset; (candélabre) torchère; (chandelier) candelabrum

torchis [tɔʀʃi] → SYN nm cob *(for walls)*

torchon [tɔʀʃɔ̃] → SYN nm **a** (gén) cloth; (pour épousseter) duster; (à vaisselle) tea towel, dish towel ◆ **coup de torchon** (bagarre) dust-up* (Brit), scrap; (épuration) clear-out ◆ **donner un coup de torchon** (ménage) to give a room a dust, flick a duster over a room; (vaisselle) to give the dishes a wipe; (fig: épuration) to have a clear-out ◆ (fig) **le torchon brûle** there's a running battle (going on) (*entre* between) → **mélanger**
b (péj) (devoir mal présenté) mess; (écrit sans valeur) drivel (NonC), tripe* (NonC); (mauvais journal) rag ◆ **ce devoir est un torchon** this homework is a mess

torchonner* [tɔʀʃɔne] ▸ conjug 1 ◂ vt (péj) travail to do a rushed job on ◆ **un devoir torchonné** a slipshod ou badly done piece of homework

torcol [tɔʀkɔl] nm wryneck

tordage [tɔʀdaʒ] nm (Tech) twisting

tordant, e* [tɔʀdɑ̃, ɑ̃t] → SYN adj killing*, screamingly funny*, hilarious ◆ **il est tordant** he's a scream* ou a kill*

tord-boyaux*† [tɔʀbwajo] nm inv rotgut*, hooch⁑

tordre [tɔʀdʀ] → SYN ▸ conjug 41 ◂ **1** vt **a** (entre ses mains) to wring; (pour essorer) to wring (out); tresses to wind; (Tex) brins, laine to twist; bras, poignet to twist ◆ (sur étiquette) **ne pas tordre** do not wring ◆ **tordre le cou à un poulet** to wring a chicken's neck ◆ (fig) **je vais lui tordre le cou*** I'll wring his neck (for him) ◆ **cet alcool vous tord les boyaux*** this drink rots your guts⁑ ◆ **la peur lui tordait l'estomac** his stomach was turning over with fear, fear was churning his stomach
b (plier) barre de fer to twist; cuiller, branche de lunette to bend
c (déformer) traits, visage to contort, twist ◆ **une joie sadique lui tordait la bouche** his mouth was twisted into a sadistic smile ◆ **la colère lui tordait le visage** his face was twisted ou contorted with anger
2 **se tordre** vpr **a** [personne] **se tordre de douleur** to be doubled up with pain ◆ **se tordre (de rire)** to be doubled up ou creased up (Brit) with laughter ◆ **c'est à se tordre (de rire)** you'd die (laughing)*, it's killing* ◆ **ça les a fait se tordre de rire** this had them in stitches*, this absolutely convulsed them* ◆ **mon estomac se tord** I have a gnawing pain in my stomach
b [barre, poteau] to bend; [roue] to buckle, twist; (littér) [racine, tronc] to twist round, writhe (littér)
c **se tordre le bras/le poignet/la cheville** to sprain ou twist one's arm/wrist/ankle ◆ **se tordre les mains (de désespoir)** to wring one's hands (in despair)

tordu, e [tɔʀdy] → SYN (ptp de **tordre**) **1** adj nez crooked; jambes bent, crooked; tronc twisted; règle, barre bent; roue bent, buckled, twisted; idée, raisonnement weird, twisted ◆ **avoir l'esprit tordu** to have a warped ou weird mind ◆ **être (complètement) tordu**⁑ to be round the bend* (Brit) ou the twist⁑ (Brit), be off one's head* ◆ **il m'a fait un coup tordu** he played a dirty trick on me
2 nm,f (⁑) (fou) loony⁑, nutcase*; (crétin) twit⁑

tore [tɔʀ] → SYN nm (Géom) torus; (Archit) torus, tore ◆ **tore magnétique** magnetic core ◆ **tore de ferrite** ferrite core

toréador [tɔʀeadɔʀ] nm toreador

toréer [tɔʀee] ▸ conjug 1 ◂ vi (ponctuellement) to fight ou work a bull; (habituellement) to be a bullfighter

torero [tɔʀeʀo] nm bullfighter, torero

torgnole* [tɔʀɲɔl] nf clout, wallop*, swipe*

torii [tɔʀii] nm inv torii

toril [tɔʀil] nm bullpen

tornade [tɔʀnad] → SYN nf tornado ◆ **entrer comme une tornade** to come in like a whirlwind

toroïdal, e, mpl **-aux** [tɔʀɔidal, o] adj toroid(al)

toron [tɔʀɔ̃] nm (brin) strand

toronner [tɔʀɔne] ▸ conjug 1 ◂ vt fils to strand

toronneuse [tɔʀɔnøz] nf stranding machine

Toronto [tɔʀɔ̃to] n Toronto

torontois, e [tɔʀɔ̃twa, waz] **1** adj Torontonian
2 nm,f ◆ **Torontois(e)** Torontonian

torpédo [tɔʀpedo] nf (Hist) open tourer (Brit), open touring car (US)

torpeur [tɔʀpœʀ] → SYN nf torpor ◆ **faire sortir** ou **tirer qn de sa torpeur** to bring sb out of his torpor

torpide [tɔʀpid] adj (littér, Méd) torpid

torpillage [tɔʀpijaʒ] nm torpedoing

torpille [tɔʀpij] nf **a** (Mil) (sous-marine) torpedo ◆ (bombe) **torpille (aérienne)** (aerial) torpedo
b (Zool) torpedo

torpiller [tɔʀpije] → SYN ▸ conjug 1 ◂ vt navire, (fig) plan to torpedo

torpilleur [tɔʀpijœʀ] nm torpedo boat

torque [tɔʀk] nm torque, torc

torr [tɔʀ] nm torr

torréfacteur [tɔʀefaktœʀ] nm **a** (appareil: → **torréfier**) roaster; toasting machine
b (marchand) coffee merchant

torréfaction [tɔʀefaksjɔ̃] nf (→ **torréfier**) roasting; toasting

torréfier [tɔʀefje] → SYN ▸ conjug 7 ◂ vt café, malt, cacao to roast; tabac to toast

torrent [tɔʀɑ̃] → SYN nm (cours d'eau) torrent ◆ **torrent de lave** torrent ou flood of lava ◆ (fig: pluie) **des torrents d'eau** torrential rain ◆ **il pleut à torrents** the rain is coming down in floods, it's pouring down ◆ (fig) **un torrent de** injures, paroles a torrent ou stream ou flood of; musique a flood of ◆ (fig) **des torrents de** fumée a stream of, streams of; larmes, lumière a stream ou flood of, streams ou floods of

torrentiel, -elle [tɔʀɑ̃sjɛl] → SYN adj (Géog) eaux, régime torrential; pluie torrential, lashing (épith)

torrentueux, -euse [tɔʀɑ̃tɥø, øz] adj (littér) cours d'eau torrential, onrushing (épith), surging (épith); (fig) vie hectic; discours torrent-like, onrushing (épith)

torride [tɔʀid] → SYN adj région, climat torrid; journée, chaleur scorching, torrid

tors, torse[1] [tɔʀ, tɔʀs] → SYN **1** adj fil twisted; colonne wreathed; pied de verre twist (épith); jambes crooked, bent
2 nm (Tech) twist

torsade [tɔʀsad] → SYN nf [fils] twist; (Archit) cable moulding ◆ **torsade de cheveux** twist ou coil of hair ◆ **en torsade** embrasse, cheveux twisted ◆ **colonne à torsades** cabled column ◆ **pull à torsades** cable (stitch) sweater → **point[2]**

torsader [tɔʀsade] → SYN ▸ conjug 1 ◂ vt frange, corde, cheveux to twist ◆ **colonne torsadée** cabled column ◆ **pull torsadé** cable (stitch) sweater

torse[2] [tɔʀs] → SYN nm (gén) chest; (Anat, Sculp) torso ◆ **torse nu** stripped to the waist, barechested → **bomber**

torseur [tɔʀsœʀ] nm torque

torsion [tɔʀsjɔ̃] → SYN nf (action) twisting; (Phys, Tech) torsion ◆ **exercer sur qn une torsion du**

bras to twist sb's arm back ◆ **moment de torsion** torque → **couple**

tort [tɔʀ] → SYN GRAMMAIRE ACTIVE 2.2, 12.1, 14 nm a (action, attitude blâmable) fault ◆ **il a un tort, c'est de trop parler** he has one fault and that's talking too much ◆ **il a le tort d'être trop jeune** his trouble is ou his fault is that he's too young ◆ **il a eu le tort d'être impoli un jour avec le patron** he made the mistake one day of being rude to the boss ◆ **ils ont tous les torts de leur côté** the fault ou wrong is entirely on their side, they are completely in the wrong ◆ (Jur) **les torts sont du côté du mari/cycliste** the fault lies with the husband/cyclist, the husband/cyclist is at fault ◆ **avoir des torts envers qn** to have wronged sb ◆ **il n'a aucun tort** he's not at fault, he's not in the wrong, he's in no way to blame ◆ **reconnaître/regretter ses torts** to acknowledge/be sorry for the wrong one has done ou for one's wrongs ou one's wrongdoings ◆ **vous avez refusé? c'est un tort** you did refuse? – you were wrong (to do so) ou you shouldn't have (done so) ◆ **tu ne le savais pas? c'est un tort** you didn't know? – you should have ou that was a mistake ou was unfortunate

b (dommage, préjudice) wrong ◆ **redresser un tort** to right a wrong ◆ **causer** ou **faire du tort à qn, faire tort à qn** to harm sb, do sb harm ◆ **ça ne fait de tort à personne** it doesn't harm ou hurt anybody ◆ **il s'est fait du tort** he has harmed himself, he has done himself no good ◆ **cette mesure va faire du tort aux produits laitiers** this measure will harm ou be harmful to ou be detrimental to the dairy industry → **redresseur**

c **à tort** wrongly ◆ **soupçonner/accuser qn à tort** to suspect/accuse sb wrongly ◆ **c'est à tort qu'on l'avait dit malade** he was wrongly ou mistakenly said to be ill ◆ **à tort ou à raison** rightly or wrongly ◆ **dépenser à tort et à travers** to spend wildly, spend money like water ou here there and everywhere ◆ **il parle à tort et à travers** he's blathering, he's saying any old thing*

d **être/se mettre/se sentir dans son tort** to be/put o.s./feel o.s. in the wrong ◆ **mettre qn dans son tort** to put sb in the wrong ◆ **être en tort** to be in the wrong ou at fault

e **avoir tort** to be wrong ◆ **il a tort de se mettre en colère** he is wrong ou it is wrong of him to get angry ◆ **il n'a pas tout à fait tort de dire que ...** he is not altogether ou entirely wrong in saying that ... ◆ **elle a grand** ou **bien tort de le croire** she's very wrong to believe it ◆ **tu aurais bien tort de te gêner!** you'd be quite wrong to bother yourself! → **absent**

f **donner tort à qn** (blâmer) to lay the blame on sb, blame sb; (ne pas être d'accord avec) to disagree with sb ◆ **les statistiques donnent tort à son rapport** statistics show ou prove his report to be wrong ou inaccurate ◆ **les événements lui ont donné tort** events proved him wrong ou showed that he was wrong

torte [tɔʀt] adj f → **tors**

torticolis [tɔʀtikɔli] nm stiff neck, torticollis (spéc) ◆ **avoir/attraper le torticolis** to have/get a stiff neck

tortil [tɔʀtil] nm (Hér) (collier) baron's pearls; (couronne) baron's coronet

tortillard [tɔʀtijaʀ] nm (hum, péj: train) local train

tortillement [tɔʀtijmɑ̃] → SYN nm (→ **se tortiller**) writhing; wriggling; squirming; fidgeting ◆ **tortillement des hanches** wiggling of the hips

tortiller [tɔʀtije] → SYN ▸ conjug 1 ◂ 1 vt corde, mouchoir to twist; cheveux, cravate to twiddle (with); moustache to twirl; doigts to twiddle

2 vi ◆ **tortiller des hanches** to wiggle one's hips ◆ (fig) **il n'y a pas à tortiller*** there's no wriggling ou getting round it

3 **se tortiller** vpr a [serpent] to writhe; [ver] to wriggle, squirm; [personne] (en dansant, en se débattant etc) to wiggle; (d'impatience) to fidget, wriggle; (par embarras, de douleur) to squirm ◆ **se tortiller comme une anguille** ou **un ver** to wriggle like an eel ou a worm, squirm like an eel

b [fumée] to curl upwards; [racine, tige] to curl, writhe

tortillon [tɔʀtijɔ̃] nm a (Dessin) stump, tortillon

b **tortillon (de papier)** twist (of paper)

tortionnaire [tɔʀsjɔnɛʀ] → SYN nm torturer

tortore* [tɔʀtɔʀ] nf grub*, nosh* (Brit), chow* (US)

tortorer* [tɔʀtɔʀe] ▸ conjug 1 ◂ vt, vi to nosh* (Brit), chow* (US)

tortu, e [tɔʀty] → SYN adj (littér) jambes crooked, bent; esprit warped

tortue [tɔʀty] → SYN nf a (Zool) tortoise; (fig) slowcoach (Brit), slowpoke (US), tortoise ◆ **tortue d'eau douce** terrapin ◆ **tortue de mer** turtle ◆ **fausse tortue** leatherback (turtle) ◆ **avancer comme une tortue** ou **d'un pas de tortue** to crawl along at a snail's pace → **île**

b (Hist Mil) testudo, tortoise

tortue-luth, pl **tortues-luths** [tɔʀtylyt] nf leatherback (turtle)

tortueusement [tɔʀtɥøzmɑ̃] adv (→ **tortueux**) windingly; tortuously; meanderingly; deviously

tortueux, -euse [tɔʀtɥø, øz] → SYN adj a (lit) chemin, escalier winding, twisting, tortuous (littér); rivière winding, meandering

b (fig péj) langage, discours tortuous, involved, convoluted; allure tortuous; manœuvres, conduite devious

torturant, e [tɔʀtyʀɑ̃, ɑ̃t] → SYN adj agonizing

torture [tɔʀtyʀ] → SYN nf (lit) torture (NonC); (fig) torture, torment ◆ **c'est une torture atroce** it's an appalling form ou kind of torture ◆ **instruments de torture** instruments of torture ◆ **chambre** ou **salle des tortures** torture chamber ◆ (fig) **mettre qn à la torture** to torture sb, make sb suffer ◆ **sous la torture** under torture ◆ (fig) **les tortures de la passion** the torture ou torments of passion

torturer [tɔʀtyʀe] → SYN ▸ conjug 1 ◂ 1 vt a (lit) prisonnier, animal to torture; (fig) [faim, douleur, remords] to rack, torment, torture; [personne] to torture

b (littér: dénaturer) texte to distort, torture (littér) ◆ **visage torturé par le chagrin** face torn ou racked with grief ◆ **la poésie torturée, déchirante de X** the tormented, heart-rending poetry of X

2 **se torturer** vpr (se faire du souci) to agonize, fret, worry o.s. sick (*pour* over) ◆ **se torturer le cerveau** ou **l'esprit** to rack ou cudgel one's brains

torve [tɔʀv] → SYN adj regard, œil menacing, grim

tory [tɔʀi] → SYN nm Tory

torysme [tɔʀism] nm Toryism

toscan, e [tɔskɑ̃, an] 1 adj Tuscan

2 nm (Ling) Tuscan

Toscane [tɔskan] nf Tuscany

tosser [tɔse] ▸ conjug 1 ◂ vi (Naut) to toss

tôt [to] → SYN adv a (de bonne heure) early ◆ **se lever/se coucher (très) tôt** to get up/go to bed (very) early ◆ **il se lève tôt** he is an early riser, he gets up early ◆ (Prov) **l'avenir appartient à ceux qui se lèvent tôt** the early bird catches the worm (Prov) ◆ **venez tôt dans la matinée/soirée** come early (on) in the morning/evening ou in the early morning/evening ◆ **tôt dans l'année** early (on) in the year, in the early part of the year ◆ **tôt le matin, il n'est pas très lucide** he's not very clear-headed first thing (in the morning) ou early in the morning ◆ **il n'est pas si tôt que je croyais** it's not as early as I thought ◆ **Pâques est plus tôt cette année** Easter falls earlier this year ◆ **il arrive toujours tôt le jeudi** he is always early on Thursdays

b (vite) soon, early ◆ **il est (encore) un peu (trop) tôt pour le juger** it's (still) a little too soon ou early ou it's (still) rather early to judge him, it's early days yet to judge him ◆ **tôt ou tard il faudra qu'il se décide** sooner or later he will have to make up his mind ◆ **il a eu tôt fait de s'en apercevoir!** he was quick ou it didn't take him long to notice it!, it wasn't long before he noticed it! ◆ **il aura tôt fait de s'en apercevoir!** it won't be long before he notices it!, it won't take him long to notice it! ◆ **si tu étais venu une heure plus tôt, tu le rencontrais** if you had come an hour sooner ou earlier you would have met him ◆ **si seulement vous me l'aviez dit plus tôt!** if only you had told me sooner! ou earlier! ◆ **ce n'est pas trop tôt!** it's not a moment too soon!, it's not before time!, and about time too!* ◆ **je ne m'attendais pas à le revoir si tôt** I didn't expect to see him (again) so soon ◆ **il n'était pas plus tôt parti que la voiture est tombée en panne** no sooner had he set off ou he had no sooner set off than the car broke down

c **le plus tôt, au plus tôt: venez le plus tôt possible** come as early ou as soon as you can ◆ **le plus tôt sera le mieux** the sooner the better ◆ **il peut venir jeudi au plus tôt** Thursday is the earliest ou soonest he can come ◆ **c'est au plus tôt en mai qu'il prendra la décision** it'll be May at the earliest that he takes ou he'll take the decision, he'll decide in May at the earliest ◆ **il faut qu'il vienne au plus tôt** he must come as soon as possible ou as soon as he possibly can

total, e, mpl **-aux** [tɔtal, o] → SYN 1 adj a (absolu) (gén) total; ruine, désespoir utter (épith), total; pardon absolute ◆ **grève totale** all-out strike → **guerre**

b (global) hauteur, somme, revenu total ◆ **la somme totale est plus élevée que nous ne pensions** the total (sum ou amount) is higher than we thought

2 adv (net) result, net outcome ◆ **total, il a tout perdu** the net result ou outcome was that he lost everything, net result – he lost everything

3 nm (quantité) total (number); (résultat) total ◆ **le total s'élève à 150 F** the total amounts to 150 francs ◆ **le total de la population** the total (number of the) population ◆ (Fin) **le total général** the grand total ◆ **faire le total** to work out the total ◆ (fig) **si on fait le total, ils n'ont pas réalisé grand-chose** if you add it all up ou together they didn't achieve very much ◆ **au total** (lit) in total; (fig) on the whole, all things considered, all in all

4 **totale*** nf (Méd) (total) hysterectomy ◆ **on lui a fait la totale** she had her works out* ◆ (le tout, le comble) **la totale** the works*

totalement [tɔtalmɑ̃] → SYN adv totally ◆ **c'est totalement faux** (en entier) it's totally ou wholly wrong; (absolument) it's totally ou utterly wrong

totalisant, e [tɔtalizɑ̃, ɑ̃t] adj (Philos) totalizing (épith)

totalisateur, -trice [tɔtalizatœʀ, tʀis] 1 adj appareil, machine adding (épith)

2 nm adding machine; (Ordin) accumulator

totalisation [tɔtalizasjɔ̃] nf adding up, addition

totaliser [tɔtalize] → SYN ▸ conjug 1 ◂ vt a (additionner) to add up, total, totalize

b (avoir au total) to total, have a total of ◆ **à eux deux ils totalisent 60 ans de service** between the two of them they have a total of 60 years' service ou they total 60 years' service ◆ **le candidat qui totalise le plus grand nombre de points** the candidate with the highest total ou who gets the highest number of points

totalitaire [tɔtalitɛʀ] → SYN adj (Pol) régime totalitarian; (Philos) conception all-embracing, global

totalitarisme [tɔtalitaʀism] nm totalitarianism

totalité [tɔtalite] → SYN nf a (gén) **la totalité de** all of ◆ **la totalité du sable/des livres** all (of) the sand/the books ◆ **la totalité du livre/de la population** all the book/the population, the whole ou entire book/population ◆ **la totalité de son salaire** his whole ou entire salary, all of his salary ◆ **la totalité de ses biens** all of his possessions ◆ **vendu en totalité aux États-Unis** all sold to the USA ◆ **édité en totalité par X** published entirely by X ◆ **pris dans sa totalité** taken as a whole ou in its entirety ◆ **j'en connais la quasi-totalité** I know virtually all of them ou just about all of them ◆ **la presque totalité de la population** almost all the population, virtually ou almost the whole ou entire population

b (Philos) totality

totem [tɔtɛm] → SYN nm (gén) totem; (poteau) totem pole

totémique [tɔtemik] adj totemic

totémisme [tɔtemism] nm totemism

tôt-fait, pl **tôt-faits** [tofɛ] nm ≃ sponge cake

totipotence [tɔtipɔtɑ̃s] nf totipotency

totipotent, e [tɔtipɔtɑ̃, ɑ̃t] adj totipotent

toto✱ [toto] nm (pou) louse, cootie* (US)

toton [tɔtɔ̃] → SYN nm teetotum

touage [twaʒ] → SYN nm (Naut) warping, kedging

touareg [twaʀɛg] 1 adj Tuareg
2 nm (Ling) Tuareg
3 nmf ◆ **Touareg** Tuareg

toubib* [tubib] nm doctor, doc* ◆ **elle est toubib** she's a doctor ou a medic* ◆ **aller chez le toubib** to go and see the doc*

toucan [tukɑ̃] nm toucan

touchant[1] [tuʃɑ̃] → SYN prép (au sujet de) concerning, with regard to, about

touchant[2], e [tuʃɑ̃, ɑ̃t] → SYN adj (émouvant) histoire, lettre, situation, adieux touching, moving; (attendrissant) geste, reconnaissance, enthousiasme touching ◆ **touchant de naïveté / d'ignorance** touchingly naïve / ignorant

touchau, pl **touchaux** [tuʃo] nm touch needle

touche [tuʃ] → SYN nf a [piano, machine à écrire, ordinateur] key; [instrument à corde] fingerboard; [guitare] fret ◆ (Ordin) **touche de fonction / programmable** function / user-defined key
b (Peinture: tache de couleur) touch, stroke; (fig: style) [peintre, écrivain] touch ◆ **appliquer la couleur par petites touches** to apply the colour with small strokes ou in small touches ou dabs, dab the colour on ◆ **finesse de touche d'un peintre / auteur** deftness of touch of a painter / an author ◆ **une touche exotique** an exotic touch ◆ **une touche de gaieté** a touch ou note of gaiety ◆ **avec une touche d'humour** with a hint ou suggestion ou touch of humour
c (Pêche) bite ◆ **faire une touche** to have a bite
d (Escrime) hit, touch
e (Jeux de ballon) (gén, sortie) touch; (ligne) touchline; (remise en jeu) (Ftbl Hand-ball) throw-in; (Rugby) line-out; (Basket) return to play; (Hockey) roll-in ◆ **taper en touche** to kick into touch ◆ **envoyer** ou **mettre la balle en touche** to kick the ball into touch ◆ **le ballon est sorti en touche** the ball has gone into touch, the ball is in touch ◆ **rester sur la touche** to stay on the bench ◆ (Ftbl) **jouer la touche** to play for time *(by putting the ball repeatedly out of play)* ◆ (Rugby) **il a trouvé la touche / une longue touche** he managed to kick the ball into touch / far into touch → **juge**
f (*: allure) look, appearance ◆ **quelle drôle de touche!** what a sight!*, what does he (*ou* she etc) look like!* ◆ **il a une de ces touches!** he looks like nothing on earth!* ◆ **il a la touche de quelqu'un qui sort de prison** he looks as though he's just out of prison
g LOC **être mis / rester sur la touche** to be put / stay on the sidelines ◆ (séduire) **faire une touche*** to make a hit* ◆ **avoir la touche*, avoir fait une touche*** to have made a hit* (*avec* with) → **pierre**

touche-à-tout [tuʃatu] → SYN nmf inv (gén enfant) (little) meddler; (curieux) dabbler ◆ **c'est un touche-à-tout** [enfant] he's a little meddler, his little fingers are into everything; [curieux] he dabbles in everything

touche-pipi [tuʃpipi] nm inv ◆ **jouer à touche-pipi** [enfants] to play doctors and nurses; [adultes] to pet*, make out✱ (US)

toucher [tuʃe] → SYN ▸ conjug 1 ◂
1 vt a (pour sentir, prendre) (gén) to touch; (pour palper) fruits, tissu, enflure to feel ◆ **toucher qch du doigt / avec un bâton** to touch sth with one's finger / a stick ◆ (fig) **faire toucher qch du doigt à qn** to let sb see sth for himself ◆ **toucher la main de** ou **à qn** to give sb a quick handshake ◆ **il me toucha l'épaule** he touched ou tapped my shoulder ◆ **« prière de ne pas toucher »** "please do not touch" ◆ (fig) **il n'a pas touché un verre de vin depuis son accident** he hasn't touched a drop of wine since his accident ◆ (fig) **je n'avais pas touché une raquette / une carte depuis 6 mois** I hadn't had a racket / a card in my hands for 6 months ◆ (fig) **il n'a pas touché une balle pendant ce match** he didn't hit a single ball throughout the match
b (entrer en contact avec) to touch ◆ **il ne faut pas que ça touche (le mur / le plafond)** it mustn't touch (the wall / ceiling) ◆ (Lutte) **il lui fit toucher le sol des épaules** he got his shoulders down on the floor ◆ **toucher le fond** (lit) to touch the bottom; (fig) [récession, productivité] to bottom out ◆ (fig) **toucher le fond de l'abîme** to be utterly destitute, be in abject poverty ◆ **toucher le fond du désespoir** to be in the depths of despair ◆ (lit) **toucher terre** to land ◆ **l'avion toucha le sol** the plane touched down ou landed ◆ **les deux lignes se touchent** the two lines touch ◆ **au football on ne doit pas toucher le ballon (de la main)** in football one mustn't touch the ball (with one's hand) ou one mustn't handle the ball
c (être proche de) (lit) to adjoin; (fig) [affaire] to concern; [personne] to be a near relative of ◆ **son jardin touche le nôtre** his garden (ad)joins ours ou is adjacent to ours ◆ **nos deux jardins se touchent** our two gardens are adjacent (to each other) ou join each other ◆ **les deux villes se sont tellement développées qu'elles se touchent presque** the two towns have been developed to such an extent that they almost meet
d (atteindre: lit, fig) adversaire, objectif to hit ◆ (Boxe) **il l'a touché au menton / foie** he hit him on the chin / stomach ◆ **il s'affaissa, touché d'une balle en plein cœur** he slumped to the ground, hit by a bullet in the heart ◆ **deux immeubles ont été touchés par l'explosion** two buildings have been hit ou damaged by the explosion
e (contacter) to reach, get in touch with, contact ◆ **où peut-on le toucher par téléphone?** where can he be reached ou contacted by phone?, where can one get in touch with him by phone?
f (faire escale à) port to put in at, call at, touch
g (recevoir) pension, traitement to draw, get; prime to get, receive; chèque to cash; (Mil) ration, équipement to draw; (Scol) fournitures to receive, get ◆ **toucher le tiercé / le gros lot** to win the tiercé / the jackpot ◆ **il touche une petite pension** he gets a small pension ◆ **il touche sa pension le 10 du mois** he draws ou gets his pension on the 10th of the month ◆ **il est allé à la poste toucher sa pension** he went to draw (out) ou collect his pension at the post office ◆ **à partir du mois prochain, ils toucheront 1 000 F par mois / des primes** as from next month they'll get ou they'll be paid 1,000 francs a month / bonuses ◆ **il a fini le travail mais n'a encore rien touché** he's finished the work but he hasn't been paid anything ou hasn't had anything for it yet
h (émouvoir) [drame, deuil] to affect, shake; [scène attendrissante] to touch, move; [critique, reproche] to have an effect on ◆ **cette tragédie les a beaucoup touchés** this tragedy affected them greatly ou has shaken them very badly ◆ **votre reproche l'a touché au vif** your reproach touched ou cut him to the quick ◆ **rien ne le touche** there is nothing that can move him ◆ **votre cadeau / geste nous a vivement touchés** we were deeply touched by your gift / gesture ◆ **un style qui touche** an affecting ou a moving style → **corde**
i (concerner) to affect ◆ **ce problème ne nous touche pas** this problem does not affect ou concern us ◆ **le chômage touche surtout les jeunes** unemployment affects the young especially ◆ **ils n'ont pas été touchés par la dévaluation** they haven't been affected ou hit by the devaluation
j LOC **je vais lui en toucher un mot** I'll have a word with him about it, I'll mention it to him, I'll talk to him about it ◆ **tu devrais toucher un mot de cette affaire au patron** you should have a word with the boss about this business, you should mention this business to the boss ◆ **touchons du bois!*** touch wood!* (Brit), knock on wood!* (US) ◆ **pas touche!*** hands off!* ◆ **touché!** (Escrime, fig) touché!; (bataille navale) hit! ◆ (dans un match, un débat) **on n'a pas touché terre*** we never got off the ground
2 **se toucher*** vpr (euph) (se masturber) to play with o.s.* (euph); (se peloter) to pet*, touch each other up✱
3 **toucher à** vt indir a objet dangereux, drogue to touch; capital, économies to break into, touch ◆ **n'y touche pas!** don't touch! ◆ **« prière de ne pas toucher aux objets exposés »** "please do not touch the exhibits", "kindly refrain from handling the exhibits" ◆ **toucher à tout** [enfant] to touch everything, fiddle with everything; [curieux] to try one's hand at everything, dabble ◆ **elle n'a pas touché à son déjeuner / au fromage** she didn't touch her lunch / the cheese ◆ **on n'a pas touché au fromage** we haven't touched the cheese, the cheese has been left untouched ◆ **il n'a jamais touché à une raquette / un fusil** he has never handled a racket / rifle, he has never had a racket / rifle in his hand
b (malmener) enfant, jeune fille to touch, lay a finger on; (attaquer) réputation, légende to question ◆ **s'il touche à cet enfant / ma sœur, gare à lui!** if he lays a finger on ou touches that child / my sister, he'd better watch out! ◆ **s'il touche à un cheveu de cet enfant, gare à lui!** if he so much as touches a hair of that child's head, he'd better watch out! ◆ (Pol) **toucher aux intérêts d'un pays** to interfere with a country's interests ◆ **personne n'ose toucher à cette légende** nobody dares question that legend
c (modifier) règlement, loi, tradition to meddle with; mécanisme to tamper with; monument, site classé to touch ◆ **quelqu'un a touché au moteur** someone has tampered with the engine ◆ **on peut rénover sans toucher à la façade** it's possible to renovate without touching the façade ou interfering with the façade ◆ **c'est parfait, n'y touche pas** it's perfect, don't change a thing
d (concerner) intérêts to affect; problème, domaine to touch, have to do with ◆ **tout ce qui touche à l'enseignement** everything connected with ou to do with teaching ou that concerns teaching ou relating to teaching
e (aborder) période, but to near, approach; sujet, question to broach, come onto ◆ **je touche ici à un problème d'ordre très général** here I am coming onto ou broaching a problem of a very general character ◆ **vous touchez là à une question délicate** that is a very delicate matter you have raised ou broached ◆ **nous touchons au but** we're nearing our goal, our goal is in sight ◆ **l'hiver / la guerre touche à sa fin** winter / the war is nearing its end ou is drawing to a close ◆ (fig littér) **toucher au port** to be within sight of home
f (être en contact avec) to touch; (être contigu à) to border on, adjoin; (confiner à) to verge on, border on ◆ **l'armoire touchait presque au plafond** the wardrobe almost touched ou reached to the ceiling ◆ **le jardin touche à la forêt** the garden adjoins the forest ou borders on the forest ◆ **cela touche à la folie / pornographie** that verges ou borders on madness / pornography
g LOC **avec un air de ne pas y toucher, sans avoir l'air d'y toucher** looking as if butter would not melt in his (ou her) mouth, acting the innocent*
4 nm a (sens) (sense of) touch
b (action, manière de toucher) touch; (impression produite) feel ◆ **doux au toucher** soft to the touch ◆ **cela a le toucher de la soie** it has the feel of silk (about it), it feels like silk ◆ **s'habituer à reconnaître les objets au toucher** to become used to recognizing objects by touch ou feel(ing) ◆ **on reconnaît la soie au toucher** you can tell silk by the feel of it
c (Mus) touch
d (Méd) (internal) examination ◆ **toucher rectal / vaginal** rectal / vaginal examination
e (Sport) **avoir un bon toucher de balle** to have a nice touch

touche-touche* [tuʃtuʃ] adv ◆ **être à touche-touche** [trains, voitures] to be nose to tail

touchette [tuʃɛt] nf (Mus) fret

toucheur [tuʃœʀ] nm ◆ **toucheur de bœufs** (cattle) drover

touée [twe] → SYN nf (Naut) (câble) warp, cable; (longueur de chaîne) scope

touer [twe] → SYN ▸ conjug 1 ◂ vt (Naut) to warp, kedge

toueur [twœʀ] nm ◆ **(bateau) toueur** warping tug

touffe [tuf] → SYN nf [herbe] tuft, clump ; [arbres, buissons] clump ; [cheveux, poils] tuft ; [fleurs] cluster, clump (*de* of) ◆ **touffe de lavande** lavender bush, clump of lavender

touffeur [tufœʀ] → SYN nf (†, littér) suffocating ou sweltering heat (NonC)

touffu, e [tufy] → SYN adj **a** (épais, dense) barbe, sourcils bushy ; arbres with thick ou dense foliage ; haie thick, bushy ; bois, maquis, végétation dense, thick
b (fig) roman, style dense

touillage* [tujaʒ] nm stirring

touiller* [tuje] ▸conjug 1◂ vt lessive to stir round ; sauce, café to stir ; salade to toss

toujours [tuʒuʀ] → SYN adv **a** (continuité) always ; (répétition : souvent péj) forever, always, all the time ◆ **je l'avais toujours cru célibataire** I (had) always thought he was a bachelor ◆ **je t'aimerai toujours** I shall always love you, I shall love you forever ◆ **je déteste et détesterai toujours l'avion** I hate flying and always shall ◆ **la vie se déroule toujours pareille** life goes on the same as ever ou forever the same ◆ **il est toujours à*** ou **en train de critiquer** he is always ou forever criticizing, he keeps on criticizing ◆ **une rue toujours encombrée** a street (that is) always ou forever ou constantly jammed with traffic ◆ **les saisons toujours pareilles** the never-changing seasons ◆ **il n'est pas toujours très ponctuel** he's not always very punctual ◆ **il est toujours à l'heure** he's always ou invariably on time ◆ **il fut toujours modeste** he was always ou ever (littér) modest ◆ **les journaux sont toujours plus pessimistes** the newspapers are more and more pessimistic ◆ **les jeunes veulent toujours plus d'indépendance** young people want more and more ou still more independence ◆ **comme toujours** as ever, as always ◆ **ce sont des amis de toujours** they are lifelong friends ◆ **il est parti pour toujours** he's gone forever ou for good ◆ **presque toujours** almost always → **depuis**
b (prolongement de l'action = **encore**) still ◆ **bien qu'à la retraite il travaillait toujours** although he had retired he was still working ou he had kept on working ◆ **j'espère toujours qu'elle viendra** I keep hoping ou I'm still hoping she'll come ◆ **ils n'ont toujours pas répondu** they still haven't replied ◆ **est-ce que X est rentré ? – non il est toujours à Paris / non toujours pas** is X back ? – no he is still in Paris / no not yet ou no he's still not back ◆ **il est toujours le même / toujours aussi désagréable** he is (still) the same as ever / (still) as unpleasant as ever
c (intensif) anyway, anyhow ◆ **écrivez toujours, il vous répondra peut-être** write anyway ou anyhow ou you may as well write – he (just) might answer you ◆ **il vient toujours un moment où** there must ou will (always ou inevitably) come a time when ◆ **buvez toujours un verre avant de partir** have a drink at least ou anyway ou anyhow before you go ◆ **c'est toujours pas toi qui l'auras*** at all events ou at any rate it won't be you that gets it* ◆ **où est-elle ? – pas chez moi toujours !** where is she ? – not at my place anyway ! ou at any rate ! ◆ **je trouverai toujours (bien) une excuse** I can always think up an excuse ◆ **passez à la gare, vous aurez toujours bien un train** go (along) to the station – you're sure ou bound to get a train ou there's bound to be a train ◆ **tu peux toujours courir !*** ou **te fouiller !‡** you haven't a hope ! (Brit) ou a prayer ! (US) ou a chance !, you've got some hope ! (iro), no way !* ◆ **il aime donner des conseils mais toujours avec tact** he likes to give advice but he always does it tactfully ◆ **vous pouvez toujours crier, il n'y a personne** shout as much as you like ou shout by all means – there's no one about ◆ **toujours est-il que** the fact remains that, that does not alter the fact that, be that as it may ◆ **il était peut-être là, toujours est-il que je ne l'ai pas vu** he may well have been there, (but) the fact remains ou that does not alter the fact that I didn't see him ◆ **cette politique semblait raisonnable, toujours est-il qu'elle a échoué** this policy seemed reasonable, (but) be that as it may ou but the fact remains it was a failure ◆ **c'est toujours ça de pris*** that's something anyway, (well) at least that's something ◆ **ça peut toujours servir** it'll come in handy some day, it'll always come in handy → **causer²**

touloupe [tulup] nf (manteau) lambskin coat

toulousain, e [tuluzɛ̃, ɛn] **1** adj of ou from Toulouse
2 nm,f ◆ **Toulousain(e)** inhabitant ou native of Toulouse

toundra [tundʀa] nf tundra

toungouze [tunguz] **1** adj Tungusic, Tungusian
2 nm Tungusic

toupet [tupɛ] → SYN nm **a** **toupet (de cheveux)** quiff (Brit), tuft (of hair)
b (* : culot) sauce* (Brit), nerve, cheek (Brit) ◆ **avoir du toupet** to have a nerve ou a cheek (Brit) ◆ **il ne manque pas d'un certain toupet** he's got quite a nerve, he doesn't lack cheek (Brit) ◆ **quel toupet !** what a nerve ! ou cheek ! (Brit)

toupie [tupi] → SYN nf **a** (jouet) (spinning) top ◆ **toupie à musique** humming-top → **tourner**
b **vieille toupie‡** silly old trout‡
c (Tech) [menuisier] spindle moulding-machine ; [plombier] turn-pin

tour¹ [tuʀ] → SYN **1** nf **a** (édifice) tower ; (Hist : machine de guerre) siege tower ◆ **(immeuble) tour, tour d'habitation** tower block, high-rise block ◆ (fig péj) **c'est une vraie tour, il est gros comme une tour** he is massive ou enormous
b (Échecs) castle, rook
2 COMP ▷ **la tour de Babel** the Tower of Babel ◆ (fig) **c'est une tour de Babel** it's a real Tower of Babel ou a babel of tongues ▷ **tour de contrôle** (Aviat) control tower ▷ **la tour Eiffel** the Eiffel Tower ▷ **tour de forage** drilling rig, derrick ▷ **tour de guet** watchtower, look-out tower ▷ **tour hertzienne** radio mast ▷ **tour d'ivoire** (fig) ivory tower ◆ **enfermé dans sa** ou **une tour d'ivoire** locked away in an ivory tower ▷ **la tour de Londres** the Tower of London ▷ **la tour penchée de Pise** the Leaning Tower of Pisa

tour² [tuʀ] → SYN
1 nm **a** (parcours, exploration) **faire le tour de** parc, pays, circuit, montagne to go round ; (fig) possibilités to explore ; magasins to go round, look round ; problème to consider from all angles ◆ **tour de ville** (pour touristes) city tour ◆ **le tour du parc prend bien une heure** it takes a good hour to walk round the park ◆ **si on faisait le tour ?** shall we go round (it) ? ou walk round (it) ? ◆ **faire le tour du cadran** [aiguille] to go round the clock ; [dormeur] to sleep (right) round the clock ◆ **faire le tour du monde** to go round the world ◆ **faire un tour d'Europe** to go on a European tour, tour Europe ◆ **faire un tour d'Europe en auto-stop** to hitch-hike around Europe ◆ **un tour du monde en bateau** a boat trip (a)round the world, a round-the-world trip by boat ◆ **la route fait (tout) le tour de leur propriété** the road goes (right) round their estate ◆ **faire le tour des invités** to do the rounds of the guests ◆ **la bouteille / plaisanterie a fait le tour de la table** the bottle / joke went round the table ◆ (dans un débat) **procéder à un tour de table** to seek the views of all those seated round the table
b (excursion) trip, outing ; (balade) (à pied) walk, stroll ; (en voiture) run, drive, spin, ride ◆ **faire un tour de manège** ou **de chevaux de bois** to have a ride on a merry-go-round ◆ **faire un (petit) tour** (à pied) to go for a (short) walk ou stroll ; (en voiture) to go for a (short) run ou drive ou spin ; (en vélo) to go for a ride ou spin ◆ **faire un tour en ville / sur le marché** to go for a walk round town / round the market ◆ **faire un tour en Italie** to go for a trip round Italy ◆ **un tour de jardin / en voiture vous fera du bien** a walk ou stroll round the garden / a run ou drive (in the car) will do you good ◆ **faire le tour du propriétaire** to look round ou go round one's property ◆ **je vais te faire faire le tour du propriétaire** I'll show you over ou round the place ◆ (littér) **la rivière fait des tours et des détours** the river meanders along ou winds its way in and out, the river twists and turns (along its way)
c (succession) turn, go ◆ **c'est votre tour** it's your turn ◆ **à ton tour (de jouer)** (gén) (it's) your turn ou go ; (Échecs, Dames) (it's) your move ◆ **attendre / perdre son tour** to wait / miss one's turn ◆ **prendre / passer son tour** to take / miss one's turn ou go ◆ **parler à son tour** to speak in turn ◆ **ils parleront chacun à leur tour** they will each speak in turn ◆ **attends, tu parleras à ton tour** wait – you'll have your turn to speak ◆ **chacun son tour !** wait your turn ! ◆ **nous le faisons chacun à notre tour** (deux personnes) we do it in turn, we take turns at it, we do it turn and turn about (Brit) ; (plusieurs personnes) we take turns at it, we do it by turns ◆ **c'est au tour de Marc de parler** it's Mark's turn to speak ◆ **à qui le tour ?** whose turn ou go is it ?, who is next ? ◆ **à tour de rôle, tour à tour** alternately, in turn ◆ **ils vinrent à tour de rôle nous vanter leurs mérites** they each came in turn to sing their own praises ◆ **le temps était tour à tour pluvieux et ensoleillé** the weather was alternately wet and sunny ◆ **elle se sentait tour à tour optimiste et désespérée** she felt optimistic and despairing by turns ◆ **avoir un tour de faveur** to get in ahead of one's turn ◆ **mon prochain tour de garde** ou **service est à 8 heures** my next spell ou turn of duty is at 8 o'clock ◆ (lit, fig) **votre tour viendra** your turn will come → **souvent**
d (Pol) **tour (de scrutin)** ballot ◆ **au premier / second tour** in the first / second ballot ou round
e (circonférence) [partie du corps] measurement ; [tronc, colonne] girth ; [visage] contour, outline ; [surface] circumference ; [bouche] outline ◆ **tour de taille / tête** waist / head measurement ◆ **tour de poitrine** [homme] chest measurement ; [femme] bust measurement ◆ **tour de hanches** hip measurement ◆ **elle avait le tour des yeux fait** she had eye-liner round her eyes ◆ **mesurer le tour d'une table** to measure round a table, measure the circumference of a table ◆ **la table fait 3 mètres de tour** the table measures 3 metres round (the edge) ◆ **le tronc fait 3 mètres de tour** the trunk measures 3 metres round ou has a girth of 3 metres
f (rotation) [roue, manivelle] turn, revolution ; [axe, arbre] revolution ◆ **un tour de vis** a (turn of a) screw ◆ (Littérat) **"Le Tour d'écrou"** "The Turn of the Screw" ◆ **l'hélice a fait deux tours** the propeller turned ou revolved twice ◆ (Aut) **régime de 2 000 tours (minute)** speed of 2,000 revs ou revolutions per minute ◆ **il suffit d'un tour de clef / manivelle** it just needs one turn of the key / handle ◆ (Ciné) **le premier tour de manivelle est prévu pour octobre** the cameras should begin rolling in October ◆ **donne encore un tour de vis** give it another screw ou turn, give another turn of the screw ◆ (fig) **donner un tour de vis au crédit** to freeze credit, put a squeeze on credit ◆ **donner un tour de vis aux libertés** to crack down ou clamp down on freedom ◆ **tour de vis militaire / politique** military / political crackdown ou clampdown (*à l'encontre de* on) ◆ **donner un tour de clef** to turn the key, give the key a turn ◆ (Cyclisme) **battre un concurrent d'un tour de roue** to beat a competitor by a wheel's turn ◆ **faire un tour / plusieurs tours sur soi-même** to spin round once / several times (on oneself) ◆ **faire un tour de valse** to waltz round the floor ◆ **après quelques tours de valse** after waltzing round the floor a few times → **double, quart**
g (disque) **un 33 tours** an LP ◆ **un 45 tours** a single ◆ **un 78 tours** a 78
h (tournure) [situation, conversation] turn, twist ◆ (expression) **tour (de phrase)** turn of phrase ◆ **la situation prend un tour dramatique / désagréable** the situation is taking a dramatic / an unpleasant turn ou twist ◆ **il a un tour de phrase élégant** he has an elegant turn of phrase ◆ **un certain tour d'esprit** a certain turn ou cast of mind
i (exercice) [acrobate] feat, stunt ; [jongleur, prestidigitateur] trick ◆ **tour d'adresse** feat of skill, skilful trick ◆ **tour de passe-passe** trick, sleight of hand (NonC) ◆ **elle a réussi cela par un simple tour de passe-passe** she managed it by mere sleight of hand ◆ **tours d'agilité**

acrobatics ◆ **tour de cartes** card trick ◆ **et le tour est joué!** and Bob's your uncle!* (Brit), and there you have it! ◆ **c'est un tour à prendre!** it's just a knack one picks up ◆ **avoir plus d'un tour dans son sac** to have more than one trick up one's sleeve

j (duperie) trick ◆ **faire** ou **jouer un tour à qn** to play a trick on sb ◆ **un tour pendable** a rotten trick ◆ **un sale tour, un tour de cochon*** ou **de salaud**‡ a dirty ou lousy trick*, a mean trick ◆ **je lui réserve un tour à ma façon!** I'll pay him back in my own way! → **jouer**

k **à tour de bras** frapper, taper with all one's strength ou might; (fig) composer, produire prolifically; critiquer with a vengeance ◆ **il écrit des chansons à tour de bras** he writes songs by the dozen, he runs off ou churns out songs one after the other

2 COMP ▷ **tour de chant** song recital ▷ **tour de cou** (ruban) choker; (fourrure) fur collar; (mensuration) collar measurement ◆ **faire du 39 de tour de cou** to take a size 39 collar ▷ **tour de force** (lit) feat of strength, tour de force; (fig) amazing feat ▷ **le Tour de France** (course cycliste) the Tour de France; (apprentissage) the Tour de France *(carried out by a journeyman completing his apprenticeship)* ▷ **tour d'honneur** (Sport) lap of honour ▷ **tour d'horizon** (fig) (general) survey ▷ **tour de lit** (bed) valance ▷ **tour de main** (adresse) dexterity ◆ **avoir / acquérir un tour de main** to have / pick up a knack ◆ **en un tour de main** in the twinkling of an eye, (as) quick as a flash, in a trice, in no time at all ▷ **tour de piste** (Sport) lap; (cirque) circuit (of the ring) ▷ **tour de reins** ◆ **souffrir d'un tour de reins** to suffer from a strained ou sprained back ◆ **se donner un tour de reins** to strain ou sprain one's back

tour³ [tuʀ] nm **a** (Tech) lathe ◆ **tour de potier** potter's wheel ◆ **un objet fait au tour** an object turned on the lathe ◆ **travail au tour** lathe-work ◆ (fig littér) **des jambes / cuisses faites au tour** well-turned (†, littér) ou shapely legs / thighs

b (passe-plats) hatch

tourangeau, -elle, mpl **tourangeaux** [tuʀɑ̃ʒo, ɛl] **1** adj of ou from Touraine ou Tours (épith), Touraine (épith) ou Tours (épith)

2 nm,f ◆ **Tourangeau(-elle)** Tourangeau, *native or inhabitant of Tours or of Touraine*

tourbe¹ [tuʀb] nf (Agr) peat ◆ **tourbe limoneuse** alluvial peat

tourbe² [tuʀb] → SYN nf ◆ (péj) **la tourbe** hoi polloi

tourber [tuʀbe] ▸ conjug 1 ◂ vi to remove the peat ◆ **whisky tourbé** peat reek

tourbeux, -euse [tuʀbø, øz] → SYN adj **a** terrain (qui contient de la tourbe) peat (épith), peaty; (de la nature de la tourbe) peaty

b plante found in peat

tourbière [tuʀbjɛʀ] nf peat bog

tourbillon [tuʀbijɔ̃] → SYN nm **a** (atmosphérique) **tourbillon (de vent)** whirlwind ◆ **tourbillon de fumée / sable / neige** swirl ou eddy of smoke / sand / snow ◆ **le sable s'élevait en tourbillons** the sand was swirling up

b (dans l'eau) whirlpool

c (Phys) vortex

d (fig) whirl ◆ **tourbillon de plaisirs** whirl of pleasure, giddy round of pleasure(s) ◆ **le tourbillon de la vie / des affaires** the hurly-burly ou hustle and bustle of life / business ◆ **il regardait du balcon le tourbillon des danseurs** he looked down from the balcony upon the whirling ou swirling group of dancers

tourbillonnant, e [tuʀbijɔnɑ̃, ɑ̃t] → SYN adj vent, feuilles whirling, swirling, eddying; vie whirlwind (épith); jupes swirling

tourbillonnement [tuʀbijɔnmɑ̃] → SYN nm (→ **tourbillonner**) whirling, swirling; eddying; twirling

tourbillonner [tuʀbijɔne] → SYN ▸ conjug 1 ◂ vi [poussière, sable, feuilles mortes] to whirl, swirl, eddy; [danseurs] to whirl (round), swirl (round), twirl (round); (fig) [idées] to swirl (round), whirl (round)

tourd [tuʀ] nm (labre) wrasse

tourelle [tuʀɛl] → SYN nf **a** (petite tour) turret

b (Mil, Naut) (gun) turret; [caméra] lens turret; [sous-marin] conning tower

tourie [tuʀi] nf carboy

tourière [tuʀjɛʀ] adj, nf ◆ **(sœur) tourière** sister at the convent gate, extern sister

tourillon [tuʀijɔ̃] nm [mécanisme] bearing, journal, pin; [canon] trunnion

tourisme [tuʀism] → SYN nm ◆ **le tourisme** the tourist industry ou trade, tourism ◆ **faire du tourisme** to go touring ou sightseeing ◆ **on a fait un peu de tourisme** we did a bit of sightseeing, we toured about a bit (*en* in) ◆ **le tourisme français se porte bien** the French tourist industry ou trade is in good shape ◆ **grâce au tourisme, l'exode rural a pu être stoppé dans cette région** thanks to tourism it has been possible to halt the drift from the country in this region ◆ **le tourisme d'hiver / d'été** winter / summer tourism, the winter / summer tourist trade ou industry ◆ **tourisme industriel** industrial tourism ◆ **avion / voiture de tourisme** private plane / car ◆ **office du tourisme** tourist office ◆ **agence de tourisme** tourist agency → **grand**

touriste [tuʀist] → SYN nmf tourist ◆ (fig) **faire qch en touriste** to do sth half-heartedly → **classe**

touristique [tuʀistik] → SYN adj itinéraire, billet, activités, renseignements, guide tourist (épith); région, ville with great tourist attractions, popular with (the) tourists (attrib), touristic (péj) ◆ **route touristique** scenic route ◆ **le menu touristique** the standard ou set menu ◆ **d'attrait touristique assez faible** with little to attract (the) tourists, with little tourist appeal

tourmaline [tuʀmalin] nf tourmaline

tourment [tuʀmɑ̃] → SYN nm (littér) (physique) agony; (moral) agony, torment, torture (NonC) ◆ **les tourments de la jalousie** the torments ou agonies of jealousy

tourmente [tuʀmɑ̃t] → SYN nf (tempête) storm, gale, tempest (littér); (fig: sociale, politique) upheaval, storm, turmoil ◆ **tourmente de neige** snowstorm, blizzard

tourmenté, e [tuʀmɑ̃te] → SYN (ptp de **tourmenter**) adj **a** personne tormented, tortured; expression, visage, esprit, regard anguished, tormented, tortured

b paysage, formes tortured (littér); style, art tortured, anguished

c (littér) vie, mer, ciel stormy, turbulent, tempestuous

tourmenter [tuʀmɑ̃te] → SYN ▸ conjug 1 ◂ **1** vt **a** [personne] to torment ◆ **ses créanciers continuaient à le tourmenter** his creditors continued to harass ou hound him ◆ **tourmenter qn de questions** to plague ou harass sb with questions

b [douleur, rhumatismes, faim] to rack, torment; [remords, doute] to rack, torment, plague; [ambition, envie, jalousie] to torment ◆ **ce doute le tourmente depuis longtemps** this doubt has been tormenting ou plaguing him for a long time ◆ **ce qui me tourmente dans cette affaire** what worries ou bothers ou bugs* me in this business

2 **se tourmenter** vpr to fret, worry (o.s.) ◆ **ne vous tourmentez pas, ce n'était pas de votre faute** don't distress ou worry yourself – it wasn't your fault ◆ **il se tourmente à cause de son fils** he is fretting ou worrying about his son

tourmenteur, -euse [tuʀmɑ̃tœʀ, øz] nm,f (littér: persécuteur) tormentor

tourmentin [tuʀmɑ̃tɛ̃] nm **a** (Naut: foc) storm jib

b (oiseau) stormy petrel

tournage [tuʀnaʒ] → SYN nm **a** (Ciné) shooting ◆ **être en tournage en Italie** to be filming in Italy, be on a shoot* in Italy

b (Menuiserie) turning ◆ **le tournage sur bois / métal** wood- / metal-turning

c (Naut) belaying cleat

tournailler* [tuʀnɑje] ▸ conjug 1 ◂ vi (péj) to wander up and down

tournant, e [tuʀnɑ̃, ɑ̃t] → SYN **1** adj **a** fauteuil, dispositif swivel (épith); feu, scène revolving (épith) → **grève, plaque, pont, table**

b mouvement, manœuvre encircling (épith)

c escalier spiral (épith); (littér) ruelle, couloir winding, twisting

2 nm **a** (virage) bend ◆ **tournant en épingle à cheveux** hairpin bend ◆ **prendre bien / mal son tournant** to take a bend well / badly, corner well / badly ◆ **rattraper** ou **avoir qn au tournant*** to get one's own back on sb (Brit), get even with sb ◆ **attendre qn au tournant*** to wait for the chance to trip sb up ou catch sb out

b (changement) turning point ◆ **tournant décisif** watershed ◆ **les tournants de l'histoire / de sa vie** the turning points in history / in his life ◆ **c'est à la 50ᵉ minute qu'a eu lieu le tournant du match** the decisive ou turning point of the match came in the 50th minute ◆ **il arrive à un tournant de sa carrière** he's coming to a key ou decisive turning point ou a watershed in his career ◆ **un tournant de la politique française** a watershed in French politics ◆ **marquer un tournant** to be a turning point ◆ **cette entreprise a bien su prendre le tournant** this company has managed the change ou switch well, this company has adapted well to the new circumstances

tourne [tuʀn] → SYN nf (Presse) continuation

tourné, e¹ [tuʀne] → SYN (ptp de **tourner**) adj **a** **bien tourné** personne shapely, with a good figure; jambes shapely; taille neat, trim; (fig) compliment, poème, expression well-turned; article, lettre well-worded, well-phrased

b **mal tourné** article, lettre badly expressed ou phrased ou worded; expression unfortunate ◆ **avoir l'esprit mal tourné** to have a dirty mind

c lait, vin sour; poisson, viande off (attrib), high (attrib); fruits rotten, bad

d (Menuiserie) pied, objet turned

tourne-à-gauche [tuʀnagoʃ] nm inv [serrurier] tap wrench

tourneboulet* [tuʀnəbule] ▸ conjug 1 ◂ vt personne to put in a whirl ◆ **tournebouler la cervelle à qn** to turn sb's head ou brain, put sb's head in a whirl ◆ **il en était tourneboulé** (mauvaise nouvelle) he was very upset by it; (heureuse surprise) his head was in a whirl over it

tournebroche [tuʀnəbʀɔʃ] → SYN nm roasting jack (Brit) ou spit, rotisserie ◆ **poulet au tournebroche** chicken cooked on a rotisserie ou a spit

tourne-disque, pl **tourne-disques** [tuʀnədisk] → SYN nm record player

tournedos [tuʀnədo] nm tournedos

tournée² [tuʀne] → SYN nf **a** (tour) [conférencier, artiste] tour; [inspecteur, livreur, représentant] round ◆ **partir / être en tournée** to set off on / be on tour; to set off on / be on one's rounds ◆ **tournée de conférences / théâtrale** lecture / theatre tour ◆ **faire une tournée électorale** to go on a campaign tour ou the campaign trail ◆ **tournée d'inspection** round of inspection ◆ **faire la tournée de** magasins, musées, cafés to do the rounds of, go round ◆ **faire la tournée des grands ducs*** to go out on the town ou on a spree ◆ **faire la tournée des popotes*** to go on a tour of inspection

b (consommations) round (of drinks) ◆ **payer une / sa tournée** to buy ou stand a / one's round (of drinks) ◆ **c'est ma tournée** it's my round ◆ **il a payé une tournée générale** he paid for drinks all round ◆ **c'est la tournée du patron** the drinks are on the house

c (*: raclée) hiding, thrashing

tournemain [tuʀnəmɛ̃] nm ◆ **en un tournemain** in a trice, in the twinkling of an eye, (as) quick as a flash, in no time at all

tourne-pierre, pl **tourne-pierres** [tuʀnəpjɛʀ] nm turnstone

tourner [tuʀne] → SYN ▸ conjug 1 ◂

1 vt **a** manivelle, clef, poignée to turn; sauce to stir; salade to toss; page to turn (over) ◆ **tournez s.v.p.** please turn over, P.T.O. ◆ **tourner et retourner** chose to turn over and over; pensée, problème to turn over and over (in one's mind), mull over

b (diriger, orienter) appareil, tête, yeux to turn ◆ **elle tourna son regard** ou **les yeux vers la fenêtre** she turned her eyes towards the window ◆ **tourner la tête à droite / à**

gauche / de côté to turn one's head to the right / to the left / sideways ◆ **quand il m'a vu, il a tourné la tête** when he saw me he looked away ou he turned his head away ◆ **tourner les pieds en dedans / en dehors** to turn one's toes ou feet in / out ◆ (lit, fig) **tourner le dos à** to turn one's back on ◆ **il avait le dos tourné à la porte** he had his back (turned) towards the door ◆ **dès que j'ai le dos tourné** as soon as my back is turned ◆ **tourne le tableau de l'autre côté / contre le mur** turn the picture the other way round / round to face the wall ◆ **tourner ses pensées / efforts vers** to turn ou bend one's thoughts / efforts towards ou to

c (contourner) (Naut) cap to round; armée to turn, outflank; obstacle to round; (fig: éluder) difficulté, règlement to get round ou past ◆ **tourner la loi** to get round the law, find a loophole in the law ◆ **il vient de tourner le coin de la rue** he has just turned the corner ◆ (Rugby) **tourner la mêlée** to turn the scrum, wheel the scrum round

d (frm: exprimer) phrase, compliment to turn; demande, lettre to phrase, express

e (transformer) **tourner qch / qn en** to turn sth / sb into ◆ **tourner qn / qch en ridicule** ou **dérision** to make sb / sth a laughing stock, ridicule sb / sth, hold sb / sth up to ridicule ◆ **il a tourné l'incident en plaisanterie** he laughed off the incident, he made light of the incident, he made a joke out of the incident ◆ **il tourne tout à son avantage** he turns everything to his (own) advantage

f (Ciné) scène [cinéaste] to shoot, film; [acteur] to film, do; film (faire les prises de vues) to shoot; (produire) to make; (jouer dans) to make, do ◆ **ils ont dû tourner en studio** they had to do the filming in the studio ◆ **scène tournée en extérieur** scene shot on location → **silence**

g (Tech) bois, ivoire to turn; pot to throw

h LOC **tourner bride** (lit) to turn back; (fig) to do an about-turn ◆ **tourner casaque** (fuir) to turn tail, flee; (changer de camp) to turn one's coat, change sides ◆ **tourner le cœur** ou **l'estomac à qn** to turn sb's stomach, make sb heave ◆ **tourner la page** (lit) to turn the page; (fig) to turn over a new leaf, turn the page ◆ (littér) **tourner ses pas vers** to wend one's way towards (littér) ◆ (lit, fig) **se tourner les pouces** to twiddle one's thumbs ◆ **tourner le sang** ou **les sangs à qn** to shake sb up ◆ **tourner la tête à qn** [vin] to go to sb's head; [succès] to go to ou turn sb's head; [femme] to turn sb's head → **talon**

2 vi **a** [manège, compteur, aiguille d'horloge etc] to turn, go round; [disque, cylindre, roue] to turn, revolve; [pièce sur un axe, clef, danseur] to turn; [toupie] to spin; [taximètre] to tick away; [usine, moteur] to run ◆ [porte] **tourner (sur ses gonds)** to turn (on its hinges) ◆ **tourner sur soi-même** to turn round on o.s.; (très vite) to spin round and round ◆ **l'heure tourne** time is passing ou is going by ou on ◆ **la grande aiguille tourne plus vite que la petite** the big hand goes round faster than the small one ◆ **tout d'un coup, j'ai vu tout tourner** all of a sudden my head began to spin ou swim ◆ **faire tourner le moteur** to run the engine ◆ **tourner au ralenti** to tick over ◆ **tourner à plein régime** to run at maximum revs ◆ **tourner à vide** [moteur] to run in neutral; [engrenage, mécanisme] to turn without gripping; [personne] to be unable to think straight ◆ **c'est lui qui va faire tourner l'affaire** he's going to manage ou run the business ◆ (Comm) **représentant qui tourne sur Lyon** sales representative who covers Lyons ◆ **les éléphants tournent sur la piste** the elephants move round the ring

b [programme d'ordinateur] to work ◆ **arriver à faire tourner un programme** to get a program working ou to work ◆ **ça tourne sur quelles machines?** which machines does it work on?, which machines is it compatible with?

c **tourner autour de** (gén) to turn ou go round; [terre, roue] to revolve ou go round; [chemin] to wind ou go round; [oiseau] to wheel ou circle ou fly round; [mouches] to buzz ou fly round; [prix] to be around ou about (Brit) ◆ **tourner autour de la piste** to go round the track ◆ **tourner autour de qn** (péj: importuner) to hang round sb; (pour courtiser) to hang round sb; (par curiosité) to hover round sb ◆ **un individu tourne autour de la maison depuis une heure** somebody has been hanging round outside the house for an hour ◆ [discussion, sujet] **tourner autour de** ou **sur qch** to centre ou focus on ◆ **l'enquête tourne autour de ces 3 suspects / de cet indice capital** the inquiry centres on these 3 suspects / this vital clue ◆ **la conversation a tourné sur la politique** the conversation centred ou focussed on politics ◆ **le prix de cette voiture doit tourner autour de 80 000 F** the price of this car must be around 80,000 francs ou the 80,000-franc mark ou in the region of 80,000 francs

d (changer de direction) [vent, opinion] to turn, shift, veer (round); [chemin, promeneur] to turn ◆ **la chance a tourné** his (ou her etc) luck has turned ◆ **la voiture a tourné à gauche** the car turned left ou turned off to the left ◆ **tournez à droite au prochain feu rouge** turn right ou take the right(-hand) turn at the next traffic lights

e (évoluer) **bien tourner** to turn out well ◆ **mal tourner** [farce, entreprise] to go wrong, turn out badly; [personne] to go to the dogs, turn out badly ◆ **ça va mal tourner*** no good will come of it, that'll lead to trouble, it'll turn nasty ◆ **si les choses avaient tourné autrement** if things had turned out ou gone differently ◆ **tourner à l'avantage de qn** to turn to sb's advantage ◆ **la discussion a tourné en bagarre** the argument turned ou degenerated into a fight ◆ **cela risque de faire tourner la discussion en bagarre** it might turn the argument into a fight ◆ **sa bronchite a tourné en pneumonie** his bronchitis has turned ou developed into pneumonia ◆ **le débat tournait à la politique** the debate was turning to ou moving on to politics ◆ **le temps a tourné au froid / à la pluie** the weather has turned cold / rainy ou wet ◆ **tourner au vert / rouge** to turn ou go green / red ◆ **tourner au drame / au tragique** to take a dramatic / tragic turn

f [lait] to turn (sour); [poisson, viande] to go off, go bad; [fruits] to go rotten ou bad ◆ [vin] **tourner (au vinaigre)** to turn (vinegary) ◆ **faire tourner** to turn sour

g LOC **tourner à l'aigre** ou **au vinaigre** to turn sour ◆ [projet, débat] **tourner court** to come to a sudden end ◆ **tourner de l'œil*** to pass out, faint ◆ **tourner en rond** (lit) to walk round and round; [discussion] to go round in circles ◆ [négociations, enquête] **nous tournons en rond depuis 3 mois** we've been marking time ou going round in circles for 3 months ◆ **tourner rond** to run smoothly ◆ **ça ne tourne pas rond chez elle*, elle ne tourne pas rond*** she's not quite with us*, she must be a bit touched* ◆ **qu'est-ce qui ne tourne pas rond?*** what's the matter?, what's wrong?, what's up?* ◆ (fig) **tourner autour du pot** to beat about the bush ◆ **il tourne comme un ours** ou **comme une bête en cage** he paces about like a caged animal ◆ **tourner comme une toupie** to spin like a top ◆ **la tête me tourne** my head is spinning ◆ **ce bruit lui fit tourner la tête** this noise made his head spin ou made him dizzy ou giddy ◆ **ça me fait tourner la tête** [vin] it goes to my head; [bruit, altitude] it makes my head spin, it makes me dizzy ou giddy ◆ (Spiritisme) **faire tourner les tables** to do table-turning ◆ **faire tourner qn en bourrique** to drive sb round the bend* ou up the wall*

3 **se tourner** vpr ◆ **se tourner du côté de** ou **vers qn / qch** to turn towards sb / sth ◆ **se tourner vers qn pour lui demander de l'aide** to turn to sb for help ◆ **se tourner vers une profession / la politique / une question** to turn to a profession / to politics / to a question ◆ **se tourner contre qn** to turn against sb ◆ **se tourner et se retourner dans son lit** to toss and turn in bed ◆ **de quelque côté que l'on se tourne** whichever way one turns ◆ **tourne-toi (de l'autre côté)** turn round ou the other way

tournesol [tuʀnəsɔl] → SYN nm **a** (Bot) sunflower → **huile**
b (Chim) litmus

tourneur, -euse [tuʀnœʀ, øz] **1** nm,f (Tech) turner ◆ **tourneur sur bois / métaux** wood / metal turner
2 adj → **derviche**

tournevis [tuʀnəvis] nm screwdriver ◆ **tournevis cruciforme** Phillips screwdriver

tournicoter* [tuʀnikɔte] ▸ conjug 1 ◂ vi, **tourniquer** [tuʀnike] vi ▸ conjug 1 ◂ (péj) to wander up and down ◆ **tournicoter autour d'un arbre** to turn round and round a tree ◆ **tournicoter autour de qn** (importuner, courtiser) to hang round sb; (par curiosité) to hover round sb

tourniquet [tuʀnikɛ] → SYN nm **a** (barrière) turnstile; (porte) revolving door
b (Tech) **tourniquet (hydraulique)** reaction turbine; (d'arrosage) (lawn-)sprinkler
c (présentoir) revolving stand
d (Méd) tourniquet
e (arg Mil) court-martial ◆ **passer au tourniquet** to come up before a court-martial

tournis [tuʀni] → SYN nm **a** (Vét) sturdy
b (*) **avoir le tournis** to feel dizzy ou giddy ◆ **cela / il me donne le tournis** that / he makes my head spin, that / he makes me (feel) dizzy ou giddy

tournoi [tuʀnwa] → SYN nm **a** (Hist) tournament, tourney
b (Sport) tournament ◆ **tournoi d'échecs / de tennis** chess / tennis tournament ◆ (fig littér) **un tournoi d'éloquence / d'adresse** a contest of eloquence / skill ◆ (Rugby) **le tournoi des cinq nations** the five-nation championship, the Five Nations tournament ◆ **(tournoi) open** open (tournament)

tournoiement [tuʀnwamɑ̃] → SYN nm (→ **tournoyer**) whirling, twirling; swirling; eddying; wheeling ◆ **des tournoiements de feuilles** swirling ou eddying leaves ◆ **les tournoiements des danseurs** the whirling (of the) dancers

tournoyer [tuʀnwaje] → SYN ▸ conjug 8 ◂ vi **a** (sur place) [danseurs] to whirl (round), swirl (round), twirl (round); [eau, fumée] to swirl, eddy, whirl ◆ **faire tournoyer qch** to whirl ou twirl sth ◆ **les feuilles tombaient en tournoyant** the leaves were swirling ou twirling ou whirling down ◆ **la fumée s'élevait en tournoyant** the smoke swirled ou spiralled up
b (en cercles) [oiseaux] to wheel (round); [feuilles mortes] to swirl ou eddy around

tournure[1] [tuʀnyʀ] → SYN nf **a** (tour de phrase) turn of phrase; (forme) form ◆ **tournure négative / impersonnelle** negative / impersonal form ◆ **la tournure précieuse de ses phrases** the affected way (in which) he phrases his sentences
b (apparence) [événements] turn ◆ **la tournure des événements** the turn of events ◆ **la tournure que prenaient les événements** the way the situation was developing, the turn events were taking ◆ **la situation a pris une mauvaise / meilleure tournure** the situation took a turn for the worse / for the better ◆ **donner une autre tournure à une affaire** to put a matter in a different light, put a new face on a matter ◆ **prendre tournure** to take shape
c **tournure d'esprit** turn ou cast of mind
d (†: allure) bearing ◆ **il a belle tournure** he carries himself well, he has a very upright bearing

tournure[2] [tuʀnyʀ] nf (Tech) turnings

touron [tuʀɔ̃] nm *kind of nougat*

tour-opérateur, pl **tour-opérateurs** [tuʀɔpeʀatœʀ] → SYN nm tour operator

tourte [tuʀt] **1** adj (‡: bête) thick‡ (Brit), dense*
2 nf (Culin) pie ◆ **tourte à la viande / au poisson** meat / fish pie

tourteau[1], pl **tourteaux** [tuʀto] → SYN nm (Agr) oilcake, cattle-cake; (Hér) roundel ◆ (Culin) **tourteau fromagé** *kind of cheesecake*

tourteau[2], pl **tourteaux** [tuʀto] nm (Zool) common ou edible crab

tourtereau, pl **tourtereaux** [tuʀtəʀo] → SYN nm (Zool) young turtledove ◆ (fig: amoureux) **tourtereaux** lovebirds

tourterelle [tuʀtəʀɛl] nf turtledove ◆ **gris tourterelle** dove ou soft grey

tourtière [tuʀtjɛʀ] nf (à tourtes) pie tin; (à tartes) pie dish ou plate

tous [tu] → **tout**

toussailler [tusaje] ▸ conjug 1 ◂ vi to have a bit of a cough ◆ **arrête de toussailler!** stop coughing and spluttering like that!

Toussaint [tusɛ̃] nf ◆ **la Toussaint** All Saints' Day ◆ **il fait un temps de Toussaint** it's real November weather, it's grim cold weather

tousser [tuse] → SYN ▸ conjug 1 ◂ vi a [personne] (lit, pour avertir etc) to cough ◆ **ne sors pas, tu tousses encore un peu** don't go out – you've still got a bit of a cough

b (fig) [moteur] to splutter, cough, hiccup

toussotement [tusɔtmɑ̃] nm (slight) coughing (NonC)

toussoter [tusɔte] ▸ conjug 1 ◂ vi (lit) to have a bit of a ou a slight cough; (pour avertir, signaler) to cough softly, give a little cough ◆ **je l'entendais toussoter dans la pièce à côté** I could hear him coughing in the next room ◆ **cet enfant toussote : je vais lui faire prendre du sirop** this child has a bit of a ou a slight cough – I'm going to give him some cough mixture

tout [tu], **toute** [tut], mpl **tous** (adj) [tu] ou [tus] (pron), fpl **toutes** [tut] → SYN

1 adj a (avec déterminant : complet, entier) **tout le, toute la** all (the), the whole (of the) ◆ **il a plu toute la nuit** it rained the whole (of the) night ou all night (long) ou throughout the night ◆ **il a plu toute cette nuit / toute une nuit** it rained all (of) ou throughout last night / for a whole night ◆ **pendant tout le voyage** during the whole (of the) trip, throughout the trip ◆ **tout le monde** everybody, everyone ◆ **tout le reste** (all) the rest ◆ **tout le temps** all the time ◆ **il a tout le temps / l'argent qu'il lui faut** he has all the time / money he needs ◆ **avoir tout son temps** to have all the time one needs, have all the time in the world ◆ **il a dépensé tout son argent** he has spent all (of) his money ◆ **mange toute ta viande** eat up your meat, eat all (of) your meat ◆ **il a passé toutes ses vacances à lire** he spent the whole of ou all (of) his holidays reading ◆ **toute la France regardait le match** the whole of ou all France was watching the match ◆ **c'est tout(e) une affaire** it's quite a business, it's a whole rigmarole ◆ **c'est tout le portrait de son père** he is the spitting image of his father ◆ **féliciter qn de tout son cœur** to congratulate sb wholeheartedly ◆ **je le souhaite de tout mon cœur** I wish it with all my heart, it is my heartfelt wish ◆ **il courait de toute la vitesse de ses petites jambes** he was running as fast as his little legs would carry him → **somme**[3]

b (intensif : tout à fait) quite ◆ **c'est tout le contraire** it's quite the opposite ou the very opposite ◆ **c'est tout autre chose** that's quite another matter ◆ **avec toi c'est tout l'un ou tout l'autre** with you it's either all black or all white

c (seul, unique) only ◆ **c'est tout l'effet que cela lui fait** that's all the effect ou the only effect it has on him ◆ **c'est là tout le problème** that's the whole problem, that's just where the problem lies ◆ **tout le secret est dans la rapidité** the whole secret lies in speed ◆ **cet enfant est toute ma joie** this child is my only ou sole joy, all my joy in life lies with this child ◆ **pour toute réponse, il grogna** his only reply was a grunt ou was to grunt ◆ **il avait une valise pour tout bagage** one case was all the luggage he had ou all he had in the way of luggage, his luggage was one single case ◆ **ils avaient pour tout domestique une bonne** one maid was all the servants they had, all they had in the way of servants was one maid

d (sans déterminant : complet, total) all (of), the whole of ◆ **donner toute satisfaction** to give complete satisfaction, be entirely ou completely satisfactory ◆ **il a lu tout Balzac** he has read the whole of ou all of Balzac ◆ **de toute beauté** most beautiful, of the utmost beauty ◆ **elle a visité tout Londres** she has been round the whole of London ◆ **de tout temps, de toute éternité** from time immemorial, since the beginning of time ◆ **ce n'est pas un travail de tout repos** it's not an easy job ◆ **c'est un placement de tout repos** it's an absolutely secure investment, this investment is as safe as houses ◆ **à tout prix** at all costs ◆ **à toute allure** ou **vitesse** at full ou top speed ◆ **il est parti à toute vitesse** he left like a shot ◆ **il a une patience / un courage à toute épreuve** his patience / courage will stand any test, he has an inexhaustible supply of patience / courage ◆ **selon toute apparence** to all appearances ◆ **en toute simplicité / franchise** in all simplicity / sincerity → **attente, hasard, intérêt**

e (sans déterminant : n'importe quel, chaque) any, all ◆ **toute personne susceptible de nous aider** any person ou anyone able to help us ◆ **toute trace d'agitation a disparu** all ou any trace of agitation has gone ◆ **à toute heure (du jour ou de la nuit)** at any time ou at all times (of the day or night) ◆ **« restauration à toute heure »** "meals served all day" ◆ **il me dérange à tout instant** he keeps on disturbing me, he's constantly ou continually disturbing me ◆ **ça peut se produire à tout instant** it can happen (at) any time ou moment ◆ **à tout âge** at any age, at all ages ◆ **tout autre (que lui) aurait deviné** anybody ou anyone (but him) would have guessed ◆ **pour tout renseignement, téléphoner ...** for all information, ring ... ◆ **(moto / voiture / véhicule) tout-terrain** all-terrain ou off-road (motor)bike / car / vehicle ◆ **faire du tout-terrain** (course) to go off-road racing; (pour le plaisir) to go off-road driving

f (en apposition : complètement) **il était tout à son travail** he was entirely taken up by ou absorbed in his work ◆ **un manteau tout en laine** an all wool coat ◆ **habillé tout en noir** dressed all in black, dressed entirely in black ◆ **un style tout en nuances** a very subtle style, a style full of nuances ◆ **un jeu tout en douceur** a very delicate style of play

g **tous, toutes** (l'ensemble, la totalité) all, every ◆ **toutes les personnes que nous connaissons** all the people ou everyone ou everybody (that) we know ◆ **toutes les fois que je le vois** every time I see him ◆ **tous les moyens lui sont bons** he'll stick at nothing, he will use any means to achieve his ends ◆ **il avait toutes les raisons d'être mécontent** he had every reason to be ou for being displeased ◆ **tous les hommes sont mortels** all men are mortal ◆ **courir dans tous les sens** to run in all directions ou in every direction ◆ **il roulait tous feux éteints** he was driving with all his lights out ◆ **film (pour) tous publics** film suitable for all audiences ◆ **des individus de toutes tendances / tous bords** people of all tendencies / shades of opinion ◆ **toutes sortes de** all sorts of, every kind of ◆ **tous azimuts** attaquer on all fronts

h (de récapitulation : littér) **le saut en hauteur, la course, le lancer du javelot, toutes disciplines qui exigent ...** the high jump, running, throwing the javelin, all (of them) disciplines requiring ...

i **tous** ou **toutes les** (chaque) every ◆ **tous les jours / ans / mois** every day / year / month ◆ **venir tous les jours** to come every day, come daily ◆ **tous les deux jours / mois** every other ou second ou alternate day / month, every two days / months ◆ **tous les 10 mètres** every 10 metres ◆ **il vient tous les combien ?*** how often does he come? ◆ **toutes les 3 heures** every 3 hours, at 3-hourly intervals ◆ (hum) **tous les trente-six du mois** once in a blue moon

j (avec numéral : ensemble) **tous (les) deux** both (of them), the two of them, each (of them) ◆ **tous (les) 3 / 4** all 3 / 4 (of them) ◆ **tous les 5 / 6** etc all 5 / 6 etc (of them)

k LOC **en tout bien tout honneur** with the most honourable (of) intentions ◆ **à tout bout de champ** ⇒ **à tout propos** ◆ **en tout cas** anyway, in any case, at any rate ◆ **tout un chacun** all and sundry, every one of us (ou them), everybody and anybody ◆ (Prov) **tous les chemins mènent à Rome** all roads lead to Rome ◆ **de tout côté, de tous côtés** chercher, regarder on all sides, everywhere ◆ **ça marche à tous les coups*** it works every time, it never fails ◆ **à tous les coups, il est sorti*** he's gone out, I'm sure of it ◆ **à tous égards** in every respect ◆ **en tout état de cause** anyway, in any case ◆ **de toute façon** in any case, anyway, anyhow ◆ **il s'est enfui à toutes jambes** he ran away as fast as his legs could carry him, he showed a clean pair of heels ◆ **en tous lieux** everywhere ◆ (Prov) **toute peine mérite salaire** the labourer is worthy of his hire (Prov) ◆ **faire tout son possible** to do one's utmost (*pour* to) ◆ **toutes proportions gardées** relatively speaking, making due allowances ◆ (sans arrêt) **à tout propos** every other minute ◆ (Prov) **toute vérité n'est pas bonne à dire** some truths are better left unsaid → **lettre**

2 pron indéf a (gén) everything, all; (sans discrimination) anything ◆ **il a tout organisé** he organized everything, he organized it all ◆ **ses enfants mangent (de) tout** her children will eat anything ◆ **il vend de tout** he sells anything and everything ◆ **on ne peut pas tout faire** one can't do everything ◆ **tout va bien** all's (going) well, everything's fine ◆ **avec lui, c'est tout ou rien** with him it's all or nothing ◆ **être tout pour qn** to be everything to sb ◆ **son travail, ses enfants, tout l'exaspère** his work, the children, everything annoys him ◆ **tout lui est bon** everything ou all is grist to his mill (*pour* to) ◆ (iro) **il a tout pour plaire*** he's got nothing going for him → **falloir**

b **tous, toutes** all ◆ **tous / toutes tant qu'ils / qu'elles sont** all of them, every single one of them ◆ **tous sont arrivés** they have all arrived ◆ **il les déteste tous** ou **toutes** he hates them all ou all of them ◆ **nous avons tous nos défauts** we all ou we each of have our faults ◆ **nous mourrons tous** we shall all die ◆ **vous tous qui m'écoutez** all of you who are listening to me ◆ **écoutez bien tous !** listen, all of you! ◆ **il s'attaque à nous tous** he's attacking us all ◆ **tous ensemble** all together ◆ **film pour tous** film suitable for all audiences

c **tout ce qui, tout ce que : tout ce que je sais, c'est qu'il est parti** all I know is that he's gone ◆ **c'est tout ce qu'il m'a dit / laissé** that's all he told me / left me ◆ **est-ce que vous avez tout ce dont vous avez besoin ?** ou **ce qu'il vous faut ?** have you everything ou all (that) you need? ◆ **ne croyez pas tout ce qu'il raconte** don't believe everything ou all he tells you ◆ **tout ce qui lui appartient** everything ou all that belongs to him ◆ **tout ce que le pays compte de sportifs / savants** all the country has in the way of sportsmen / scientists, the country's entire stock of sportsmen / scientists ◆ (Prov) **tout ce qui brille n'est pas or** all that glitters is not gold (Prov) ◆ **il a été tout ce qu'il y a de gentil / serviable** he was most kind / obliging, he couldn't have been kinder / more obliging

d LOC **tout est bien qui finit bien** all's well that ends well ◆ **tout est pour le mieux dans le meilleur des mondes** everything is for the best in the best of all possible worlds ◆ **tout a une fin** there is an end to everything, everything comes to an end ◆ **... et tout et tout*** ... and all that sort of thing, ... and so on and so forth ◆ **tout finit par des chansons** everything ends with a song ◆ **tout passe, tout casse** nothing lasts for ever ◆ (fig) **tout est là** that's the whole point ◆ **c'est tout** that's all ◆ **c'est tout dire** I need say no more ◆ **ce sera tout ?** will that be all?, (will there be) anything else? ◆ **et ce n'est pas tout !** and that's not all!, and there's more to come! ◆ **ce n'est pas tout (que) d'en parler** there's more to it than just talking about it ◆ **ce n'est pas tout de partir, il faut arriver** it's not enough to set off – one must arrive as well ◆ **c'était tout ce qu'il y a de chic** it was the last word in chic ou the ultimate in chic ◆ **il y avait des gens tout ce qu'il y a de plus distingué(s)** there were the most distinguished people there ◆ **à tout prendre, tout bien considéré** all things considered, taking everything into consideration ◆ (Comm) **tout compris** inclusive, all-in ◆ **la formule du tout compris** inclusive ou all-in terms ◆ (péj) **avoir tout d'un brigand / du clown** to be an absolute ou a real brigand / clown ◆ **avoir tout d'une intrigante** to be a real schemer ◆ **en tout** in all ◆ **en tout et pour tout** all in all ◆ (Prov) **tout vient à point à qui sait attendre** everything comes to him who waits → **après, comme, malgré**

3 adv (s'accorde en genre et en nombre devant adj f qui commence par consonne ou h aspiré) a (tout à fait) very, quite ◆ **c'est tout neuf** [objet] it's brand new ◆ (littér) **son bonheur tout neuf** his new-found happiness ◆ **il est tout étonné** he is very ou most surprised ◆ **les toutes premières années** the very first ou early years ◆ **c'est une tout autre histoire** that's quite another story ◆ **elles étaient tout heureuses / toutes contentes** they were most ou extremely happy / pleased ◆ **il a mangé sa**

viande toute crue he ate his meat quite ou completely raw ◆ **c'est tout naturel** it's perfectly ou quite natural ◆ **la ville tout entière** the whole town ◆ **tout (toute) nu(e)** stark naked ◆ **tout enfant** ou **toute petite elle aimait la campagne** as a (very) small child she liked the country ◆ **c'est une toute jeune femme** she's a very young woman ◆ **il est tout seul** he's all alone ◆ **il était tout seul dans un coin** he was all by himself ou all alone in a corner ◆ **il l'a fait tout seul** he did it (all) on his own ou all by himself ou single-handed ou unaided ◆ **cette tasse ne s'est pas cassée toute seule!** this cup didn't break all by itself! ◆ **cela va tout seul** it all goes smoothly

b (concession : quoique) **tout médecin qu'il soit** even though ou although he is a doctor, I don't care if he is a doctor ◆ **toute malade qu'elle se dise** however ill ou no matter how ill she says she is ◆ **tout grand que soit leur appartement** however large ou no matter how large their flat (is), large though their flat may be

c (intensif) **tout près** ou **à côté** very near ou close ◆ **tout au loin** far away, right ou far in the distance ◆ **tout là-bas** right over there ◆ **tout simplement** ou **bonnement** quite simply ◆ **je vois cela tout autrement** I see it quite differently ◆ **je le sais tout autant que toi** I know it as well as you do, I'm as aware of it as you are ◆ **j'aime ça tout aussi peu que lui** I like that as little as he does ◆ **tout en bas de la colline** right at the bottom of the hill ◆ **tout dans le fond / au bout** right at the bottom / at the end, at the very bottom / end ◆ **il répondit tout court que non** he just answered no (and that was all) ◆ **ne m'appelez pas Dupont de la Motte, pour les amis c'est Dupont tout court** don't call me Dupont de la Motte, it's plain Dupont to my friends ◆ **tu t'es tout sali** you've got yourself all dirty ◆ **tu as tout sali tes habits** you've got your clothes all dirty ◆ **parler tout bas** to speak very low ou quietly ◆ **il était tout en sueur** he was in a lather of sweat ou running with sweat ◆ **elle était tout en larmes** she was in floods of tears ◆ **le jardin est tout en fleurs** the garden is a mass of flowers

d **tout en** + participe présent : **tout en marchant / travaillant** as ou while you walk / work, while walking / working ◆ **elle tricotait tout en regardant la télévision** she was knitting while watching television ◆ **tout en prétendant le contraire il voulait être élu** (al)though he pretended otherwise he wanted to be elected ◆ **tout en reconnaissant ses mérites je ne suis pas d'accord avec lui** (al)though ou even though I recognize his strengths I don't agree with him

e (avec nom) **être tout yeux / oreilles** to be all eyes / ears ◆ (hum) **je suis tout ouïe** I am all ears! ◆ **être tout sucre tout miel** to be all sweetness and light ◆ **tout laine / coton** all wool / cotton ◆ **être tout feu tout flammes** to be fired with enthusiasm

f (déjà) **tout prêt, tout préparé** ready-made ◆ **formules toutes faites** ready-made ou set ou standard phrases ◆ **idées toutes faites** preconceived ideas, unquestioning ideas ◆ **vendu tout cuit** sold ready cooked ou pre-cooked ◆ **c'est du tout cuit*** it's a cinch* ou a pushover* ◆ **c'est tout vu*** it's a foregone conclusion, it's a dead cert*

g LOC **tout au plus** at the (very) most ◆ **tout au moins** at (the very) least ◆ **tout d'abord** first of all, in the first place ◆ **tout de même** (en dépit de cela) all the same, for all that; (très) quite, really ◆ (indignation) **tout de même!** well really!, honestly! I mean to say! ◆ **c'est tout de même agaçant** all the same it is annoying, it's really most annoying ◆ **tu aurais pu nous prévenir tout de même** all the same ou even so you might have told us ◆ (tout à fait) **il est gentil tout de même** he's ever so nice ◆ **c'est tout de même étonnant** it's quite surprising (*que* that) ◆ **tout à coup** all of a sudden, suddenly, all at once ◆ **tout à fait** quite, entirely, altogether ◆ **ce n'est pas tout à fait la même chose** it's not quite the same thing ◆ **c'est tout à fait faux / exact** it's quite ou entirely wrong / right ◆ **il est tout à fait charmant** he's absolutely ou quite charming ◆ **je suis tout à fait d'accord avec vous** I'm in complete agreement with you, I agree completely ou entirely with you ◆ **vous êtes d'accord? – tout à fait!** do you agree? – absolutely! ◆ **tout de go** dire straight out; entrer straight in ◆ **tout à l'heure** (plus tard) later, in a short ou little while; (peu avant) just now, a short while ago, a moment ago ◆ **tout à l'heure j'ai dit que** I said just now ou earlier that ◆ **le tout-Paris** the Paris smart set, the tout-Paris ◆ **tout de suite** straightaway, at once, immediately ◆ **ce n'est pas pour tout de suite** (ce n'est pas pressé) there's no rush; (ce n'est pas près d'arriver) it won't happen overnight ◆ **il est gentil / mignon tout plein*** he is really very ou really awfully* nice / sweet ◆ **tout nouveau tout beau** (just) wait till the novelty wears off ◆ **c'est tout comme*** it comes to the same thing really ◆ **c'est tout un** it's all one, it's one and the same thing ◆ **être tout d'une pièce** to be as straight as a die

4 nm **a** whole ◆ **tous ces éléments forment un tout** all these elements make up a whole ◆ **acheter / vendre / prendre le tout** to buy / sell / take the (whole) lot ou all of it (ou them) ◆ (charade) **mon tout** my whole ou all ◆ (Rel) **le grand Tout** the Great Whole

b LOC **le tout est qu'il parte à temps** the main ou most important thing is that he leaves in time ◆ **le tout c'est de faire vite** the main thing is to be quick about it ◆ **il avait changé du tout au tout** he had changed completely ◆ **ce n'est pas le tout*** this is no good, this isn't good enough ◆ **ce n'est pas le tout de s'amuser, il faut travailler** we can't keep on enjoying ourselves like this – we must get down to work ◆ **(pas) du tout** not at all ◆ **il n'y a pas de pain du tout** there's no bread at all ◆ **il n'y a plus du tout de pain** there's no bread left at all ◆ **je n'entends rien du tout** I can't hear a thing, I can't hear anything at all → **comme, risquer**

tout-à-l'égout [tutalegu] nm inv mains drainage, main sewer

Toutankhamon [tutɑ̃kamɔ̃] nm Tutankhamen, Tutankhamun

Toutatis [tutatis] nm Teutates

toute-épice, pl **toutes-épices** [tutepis] nf allspice, pimento, Jamaica pepper

toutefois [tutfwa] → SYN adv however ◆ **sans toutefois que cela les retarde** without that delaying them however ◆ **si toutefois il est d'accord** if he agrees however ou nonetheless

tout-en-un [tutɑ̃nœ̃] adj inv all-in-one

toute-puissance [tutpɥisɑ̃s] → SYN nf omnipotence

tout-fou*, pl **tout-fous** [tufu] adj m over-excited ◆ **il fait son tout-fou** he's a bit over-excited

toutim(e)* [tutim] nm ◆ **le toutim(e)** the whole lot, everything

toutou [tutu] nm (langage enfantin) doggie, bow-wow (langage enfantin) ◆ (fig) **suivre qn / obéir à qn comme un toutou** to follow sb about / obey sb as meekly as a lamb

tout-petit, pl **tout-petits** [tup(ə)ti] nm toddler, tiny tot ◆ **un jeu pour les tout-petits** a game for the very young ou for toddlers ou tiny tots

tout-puissant, toute-puissante [tupɥisɑ̃, tutpɥisɑ̃t] → SYN **1** adj almighty, omnipotent, all-powerful

2 nm ◆ **le Tout-Puissant** the Almighty

tout-terrain, pl **tout-terrains** [tuteʀɛ̃] **1** adj véhicule four-wheel drive (épith), cross-country (épith) ◆ **vélo tout-terrain** mountain bike

2 nm ◆ (Sport) **le tout-terrain** (en voiture) cross-country racing; (en vélo) mountain biking

tout(-)va [tuva] adv ◆ **à tout(-)va** here, there and everywhere, all over the place

tout-venant [tuv(ə)nɑ̃] nm inv (charbon) raw coal ◆ (articles, marchandises) **le tout-venant** the run-of-the-mill ou ordinary stuff

toux [tu] → SYN nf cough ◆ **toux grasse / sèche / nerveuse** loose / dry / nervous cough → **quinte²**

toxémie [tɔksemi] nf blood poisoning, toxaemia

toxicité [tɔksisite] → SYN nf toxicity

toxico* [tɔksiko] nmf (abrév de **toxicomane**) junkie*

toxicologie [tɔksikɔlɔʒi] nf toxicology

toxicologique [tɔksikɔlɔʒik] adj toxicological

toxicologue [tɔksikɔlɔg] nmf toxicologist

toxicomane [tɔksikɔman] → SYN **1** adj drug-addicted, addicted to drugs

2 nmf drug addict

toxicomaniaque [tɔksikɔmanjak] adj drug-addiction related

toxicomanie [tɔksikɔmani] nf drug addiction

toxicose [tɔksikoz] nf toxicosis

toxidermie [tɔksidɛʀmi] nf toxicodermatitis

toxi-infectieux, -ieuse [tɔksiɛ̃fɛksjø, jøz] adj toxinfectious

toxi-infection, pl **toxi-infections** [tɔksiɛ̃fɛksjɔ̃] nf toxinfection

toxine [tɔksin] → SYN nf toxin

toxique [tɔksik] **1** adj toxic, poisonous

2 nm toxin, poison

toxocarose [tɔksokaʀoz] nf toxocariasis

toxoplasme [tɔksoplasm] nm toxoplasma

toxoplasmose [tɔksoplasmoz] nf toxoplasmosis

TP [tepe] **1** nm (abrév de **Trésor public**) → **trésor**

2 nmpl **a** (abrév de **travaux pratiques**) → **travail¹**

b (abrév de **travaux publics**) → **travail¹**

TPE [tepeø] nm (abrév de **terminal de paiement électronique**) → **terminal**

TPG [tepeʒe] nm (abrév de **trésorier-payeur général**) → **trésorier**

TPV [tepeve] nm (abrév de **terminal point de vente**) POST

trac¹ [tʀak] → SYN nm (Théât, en public) stage fright; (aux examens etc) nerves (pl) ◆ **avoir le trac** (Théât, en public) (sur le moment) to have stage fright; (à chaque fois) to get stage fright; (aux examens) (sur le moment) to be nervous; (à chaque fois) to get nervous, get (an attack ou fit of) nerves ◆ **ficher le trac à qn*** to put the wind up sb* (Brit), give sb a fright

trac² [tʀak] nm ◆ **tout à trac** dire, demander right out of the blue

traçage [tʀasaʒ] nm (→ **tracer**) drawing; tracing; opening up; marking out

traçant, e [tʀasɑ̃, ɑ̃t] adj **a** (Bot) racine running, creeping

b (Mil) obus, balle tracer → **table**

tracas [tʀaka] → SYN **1** nm (littér †: embarras) bother, upset ◆ **se donner bien du tracas** to give o.s. a great deal of trouble

2 nmpl (soucis, ennuis) worries

tracasser [tʀakase] → SYN ▸ conjug 1 ◂ **1** vt (gén) to worry, bother; (administration) to harass, bother ◆ **qu'est-ce qui te tracasse?** what's bothering ou worrying you?

2 **se tracasser** vpr (se faire du souci) to worry, fret ◆ **ne te tracasse pas pour si peu!** don't worry ou fret over a little thing like that!

tracasserie [tʀakasʀi] → SYN nf (gén pl) harassment ◆ **les tracasseries de l'administration** the irksome ou bothersome ou annoying aspects of officialdom

tracassier, -ière [tʀakasje, jɛʀ] → SYN adj irksome, bothersome, worrisome ◆ **une administration tracassière** bothersome ou irksome officialdom

trace [tʀas] → SYN nf **a** (empreinte) [animal, fugitif, pneu] tracks (pl) ◆ **la trace du renard diffère de celle de la belette** the fox's tracks differ from those of the weasel ◆ **suivre une trace de blaireau** to follow some badger tracks ◆ **traces de pas** footprints ◆ **traces de pneus** tyre tracks

b (chemin frayé) track, path; (Ski) track ◆ **s'ouvrir une trace dans la brousse** to open up a track ou path through the undergrowth ◆ (Alpinisme, Ski) **faire la trace** to be the first to ski (*ou* walk etc) on new snow ◆ **on voyait leur trace dans la face nord** we could see their tracks on the north face ◆ (Ski) **trace directe** direct descent

c (marque) [sang] trace ; [brûlure, encre] mark ; [outil] mark ; [blessure, maladie] mark ◆ **traces de freinage** brake marks ◆ **traces de doigt** (sur disque, meuble) finger marks ◆ **traces d'effraction** signs of a break-in ◆ (littér) **les traces de la souffrance** the marks of suffering ◆ **des traces de fatigue se lisaient sur son visage** his face showed signs of tiredness ou bore the marks of tiredness ◆ **cet incident avait laissé une trace durable / profonde dans son esprit** the incident had left an indelible / a definite mark on his mind

d (indice) trace ◆ **il n'y avait pas trace des documents volés / du fugitif dans l'appartement** there was no trace of the stolen documents / of the fugitive in the flat ◆ **on ne trouve pas trace de cet événement dans les journaux** there's no trace of this event to be found in the papers

e (vestige : gén pl) [bataille, civilisation] trace ; (indice : gén pl) [bagarre] sign ◆ **on y voyait les traces d'une orgie / d'un passage récent** you could see the signs of an orgy / that somebody had recently passed by ◆ **retrouver les traces d'une civilisation disparue** to discover the traces ou signs of a lost civilisation

f (quantité minime) [poison, substance] trace ◆ **on y a trouvé de l'albumine à l'état de trace** traces of albumen have been found ◆ (fig) **il ne montrait nulle trace de repentir / de chagrin** he showed no trace of regret / sorrow ou no sign(s) of being sorry / of sorrow ◆ **sans une trace d'accent étranger** without a ou any trace of a foreign accent

g LOC **disparaître sans laisser de traces** [personne] to disappear without trace ; [tache] to disappear completely without leaving a mark ◆ **suivre à la trace** animal, fugitif to track ◆ (fig) **on peut le suivre à la trace** you can always tell when he has been here ◆ **être sur la trace de** fugitif to be on the track ou trail of ; complot, document to be on the track of ◆ **perdre la trace d'un fugitif** to lose track of ou lose the trail of a fugitive ◆ **retrouver la trace d'un fugitif** to pick up the trail of a fugitive again ◆ (fig) **marcher sur** ou **suivre les traces de qn** to follow in sb's footsteps

tracé [tʀase] → SYN nm **a** (plan) [réseau routier ou ferroviaire, installations] layout, plan

b (parcours) [ligne de chemin de fer, autoroute] route ; [rivière] line, course ; [itinéraire] course ; (contour) [côte, crête] line

c (graphisme) [dessin, écriture] line

tracer [tʀase] → SYN ▸ conjug 3 ◂ [1] vt **a** (dessiner) ligne, triangle, plan to draw ; courbe de graphique to plot ; (écrire) chiffre, mot to write, trace ◆ (fig) **tracer le tableau d'une époque** to sketch ou draw ou paint the picture of a period

b route, piste (frayer) to open up ; (baliser) to mark out ◆ (fig) **tracer le chemin** ou **la voie à qn** to show sb the way

[2] vi **a** (* : courir) to shift* (Brit), hurry, belt* ou rush along

b (Bot) to creep (horizontally)

traceur, -euse [tʀasœʀ, øz] [1] adj (Sci) substance tracer (épith)

[2] nm [appareil enregistreur] pen ; (Sci : isotope) tracer ◆ (Ordin) **traceur (de courbes)** (graph) plotter ◆ **traceur incrémentiel** incremental plotter

trachéal, e, mpl **-aux** [tʀakeal, o] adj tracheal

trachée [tʀaʃe] nf **a** (Anat) **trachée(-artère)** windpipe, trachea (spéc)

b (Zool) trachea

trachéen, -enne [tʀakeɛ̃, ɛn] adj (Zool) tracheal

trachéite [tʀakeit] nf tracheitis (NonC) ◆ **avoir une trachéite, faire de la trachéite** to have tracheitis

trachéobronchite [tʀakeobʀɔ̃ʃit] nf tracheobronchitis

trachéotomie [tʀakeɔtɔmi] nf tracheotomy

trachome [tʀakom] nm trachoma

traçoir [tʀaswaʀ] nm [dessinateur, graveur] scriber ; [jardinier] drill marker

tract [tʀakt] → SYN nm pamphlet, leaflet, handout

tractable [tʀaktabl] adj caravane towable

tractation [tʀaktasjɔ̃] → SYN nf (gén péj) negotiation, dealings (pl), bargaining (NonC)

tracté, e [tʀakte] adj tractor-drawn

tracter [tʀakte] → SYN ▸ conjug 1 ◂ vt to tow

tracteur, trice [tʀaktœʀ, tʀis] [1] adj véhicule towing ◆ [cours d'eau] **force tractrice** tractive force

[2] nm tractor

tractif, -ive [tʀaktif, iv] adj tractive

traction [tʀaksjɔ̃] → SYN nf **a** (Sci, gén : action, mouvement) traction ◆ **être en traction** to be in traction ◆ (Sci) **résistance à la / effort de traction** tensile strength / stress ◆ **faire des tractions** (en se suspendant) to do pull-ups ; (au sol) to do press-ups (Brit) ou push-ups

b (mode d'entraînement d'un véhicule) traction, haulage ; (Rail) traction ◆ **traction animale / mécanique** animal / mechanical traction ou haulage ◆ **à traction animale** drawn ou hauled by animals ◆ **à traction mécanique** mechanically drawn ◆ **traction à vapeur / électrique** steam / electric traction ◆ (Aut) **traction arrière** rear-wheel drive ◆ (Aut) **traction avant** (dispositif) front-wheel drive ; (automobile) car with front-wheel drive

c (Rail : service) **la traction** the engine and driver section ◆ **service du matériel et de la traction** mechanical and electrical engineer's department

tractoriste [tʀaktɔʀist] nmf tractor driver

tractus [tʀaktys] nm (Anat) tract ◆ **tractus digestif** digestive tract

tradescantia [tʀadɛskɑ̃sja] nm tradescantia

traditeur [tʀaditœʀ] nm traditor

tradition [tʀadisjɔ̃] → SYN nf **a** (gén) tradition ◆ (Rel) **la Tradition** Tradition ◆ (Littérat) **la tradition manuscrite d'une œuvre** the manuscript tradition of a work ◆ **la tradition orale** the oral tradition ◆ **de tradition** traditional ◆ **fidèle à la tradition** true to tradition ◆ **c'était bien dans la tradition française** it was very much in the French tradition ◆ **il est de tradition** ou **c'est la tradition que / de faire** it is a tradition ou traditional that / to do

b (Jur) tradition, transfer

traditionalisme [tʀadisjɔnalism] nm traditionalism

traditionaliste [tʀadisjɔnalist] → SYN [1] adj traditionalist(ic)

[2] nm,f traditionalist

traditionnel, -elle [tʀadisjɔnɛl] → SYN adj pratique, interprétation, opinion traditional ; (* : habituel) good old* (épith), usual ◆ **sa traditionnelle robe noire*** her good old* ou usual black dress

traditionnellement [tʀadisjɔnɛlmɑ̃] adv traditionally ; (habituellement) as always, as usual ◆ **traditionnellement vêtue de noir** dressed in black as always ou as is (ou was) her wont (hum)

traducteur, -trice [tʀadyktœʀ, tʀis] → SYN [1] nm,f translator ◆ **traducteur-interprète** translator-interpreter

[2] nm (Ordin) translator

traduction [tʀadyksjɔ̃] → SYN nf **a** (action, opération, technique) translation, translating (*dans, en* into) ; (phrase, texte, Scol : exercice) translation ◆ **la traduction en arabe pose de nombreux problèmes** translation ou translating into Arabic presents many problems ◆ **la traduction de ce texte a pris 3 semaines** the translation of this text ou translating this text took 3 weeks ◆ **c'est une traduction assez libre** it's a fairly free translation ou rendering ◆ **une excellente traduction de Proust** an excellent translation of Proust ◆ **traduction fidèle** faithful ou accurate translation ◆ **traduction littérale** literal translation ◆ **la traduction automatique** machine ou automatic translation ◆ **traduction assistée par ordinateur** machine-aided translation ◆ **la traduction simultanée** simultaneous translation

b (fig : interprétation) [sentiments] expression

traduire [tʀadɥiʀ] → SYN ▸ conjug 38 ◂ vt **a** mot, texte, auteur to translate (*de* from ; *en, dans* into) ◆ **traduit de l'allemand** translated from (the) German

b (exprimer) to convey, render, express ; (rendre manifeste) to be the expression of ◆ **les mots traduisent la pensée** words convey ou render ou express thought ◆ **ce tableau traduit un sentiment de désespoir** this picture conveys ou expresses a feeling of despair ◆ **sa peur se traduisait par une grande volubilité** his fear found expression in great volubility ◆ **cela s'est traduit par une baisse du pouvoir d'achat** the effect of this was a drop in buying power, it was translated into a drop in buying power

c (Jur) **traduire qn en justice** to bring sb before the courts ◆ **traduire qn en correctionnelle** to bring sb before the criminal court

traduisible [tʀadɥizibl] adj translatable

Trafalgar [tʀafalgaʀ] nm Trafalgar ◆ **coup de Trafalgar** underhand trick

trafic [tʀafik] → SYN nm **a** (péj) (commerce clandestin) traffic ; (activité) trafficking ; († : commerce) trade (*de* in) ◆ **faire le trafic d'armes** arms dealing, gunrunning ◆ **faire le trafic d'armes** to be engaged in arms dealing ou gunrunning ◆ **trafic de stupéfiants** ou **drogue** drug trafficking ◆ **faire le trafic des stupéfiants** ou **de la drogue** to traffic in drugs ◆ **le trafic des vins / cuirs†** the wine / leather trade

b (fig : activités suspectes) dealings (pl) ; (* : micmac) funny business*, goings-on* (pl) ◆ (Hist) **trafic des bénéfices** selling of benefices ◆ (Jur) **trafic d'influence** trading of favours ◆ (fig péj) **faire trafic de son honneur** to trade in one's honour ◆ (fig hum) **faire (le) trafic de ses charmes** to offer one's charms for sale ◆ **il se fait ici un drôle de trafic*** there's some funny business going on here*, there are some strange goings-on here*

c (Aut, Aviat, Rail) traffic ◆ **trafic maritime / routier / aérien / ferroviaire** sea / road / air / rail traffic ◆ **ligne à fort trafic** line carrying dense ou heavy traffic ◆ **trafic (de) marchandises / (de) voyageurs** goods / passenger traffic

traficoter* [tʀafikɔte] ▸ conjug 1 ◂ vti **a** (altérer) vin to doctor* ; moteur to tamper ou fiddle with ◆ **traficoter les comptes** to cook* (Brit) ou fiddle the books

b (réparer) serrure, transistor, robinet to patch up, mend

c (faire) **qu'est-ce qu'il traficote dans la cuisine?** what's he up to ou doing in the kitchen?

trafiquant, e [tʀafikɑ̃, ɑ̃t] → SYN nm,f (péj) trafficker ◆ **trafiquant de drogue** drug trafficker ◆ **trafiquant d'armes** arms dealer, gunrunner

trafiquer [tʀafike] → SYN ▸ conjug 1 ◂ [1] vi (péj) to traffic, trade (illicitly) ◆ **trafiquer de son influence / ses charmes** to offer one's influence / charms for sale

[2] vt (* : péj) vin to doctor* ; moteur to tamper ou fiddle with ; document to tamper with

tragédie [tʀaʒedi] → SYN nf (gén, Théât) tragedy

tragédien [tʀaʒedjɛ̃] nm tragedian, tragic actor

tragédienne [tʀaʒedjɛn] nf tragedienne, tragic actress

tragicomédie [tʀaʒikɔmedi] nf (Théât, fig) tragi-comedy

tragicomique [tʀaʒikɔmik] adj (Théât, fig) tragi-comic

tragique [tʀaʒik] → SYN [1] adj (Théât, fig) tragic ◆ **ce n'est pas tragique*** it's not the end of the world

[2] nm **a** (auteur) tragedian, tragic author

b (genre) **le tragique** tragedy

c (caractère dramatique) [situation] tragedy ◆ **la situation tourne au tragique** the situation is taking a tragic turn ◆ **prendre qch au tragique** to act as if sth were a tragedy, make a tragedy out of sth

tragiquement [tʀaʒikmɑ̃] → SYN adv tragically

tragus [tʀagys] nm tragus

trahir [tʀaiʀ] → SYN ▸ conjug 2 ◂ [1] vt **a** ami, patrie, cause, (†) femme to betray ◆ **trahir la confiance / les intérêts de qn** to betray sb's confidence / interests ◆ (fig) **ses sens le trahirent : pour une fois il se trompa** his senses betrayed ou deceived him – for once he was mistaken ◆ **sa rougeur la trahit** her blushes gave her away ou betrayed her

b (révéler, manifester) secret, émotion to betray, give away ◆ **trahir sa pensée** to betray ou reveal one's thoughts ◆ **son intonation trahissait sa colère** his intonation betrayed his anger

c (lâcher) [forces, santé] to fail ◆ **ses forces l'ont trahi** his strength failed him ◆ **ses nerfs l'ont trahi** his nerves let him down ou failed him

d (mal exprimer) to misrepresent; vérité to distort ◆ **ces mots ont trahi ma pensée** those words misrepresented what I had in mind ◆ **ce traducteur/cet interprète a trahi ma pièce** this translator/performer has given a totally false rendering of my play

2 **se trahir** vpr to betray o.s., give o.s. away ◆ **il s'est trahi par cette question** his question gave him away, by asking this question he gave himself away ◆ **sa peur se trahissait par une grande volubilité** his fear betrayed itself in a great flow of words

trahison [tʀaizɔ̃] → SYN nf (gén) betrayal, treachery (NonC); (Jur, Mil: crime) treason ◆ **il est capable des pires trahisons** he is capable of the worst treachery → **haut**

traille [tʀɑj] → SYN nf (câble) ferry-cable; (bac) (cable) ferry

train [tʀɛ̃] → SYN 1 nm a (Rail) train ◆ **train omnibus/express/rapide** slow ou stopping/fast/express train ◆ **train direct** fast ou non-stop ou express train ◆ **train à vapeur/électrique** steam/electric train ◆ **train de marchandises/voyageurs** goods/passenger train ◆ **train autocouchettes** car-sleeper train, ≃ Motorail (Brit) ◆ **trains supplémentaires** extra trains ◆ **train à supplément** fast train *(on which one has to pay a supplement)* ◆ **c'est un train à supplément** you have to pay a supplement on this train ◆ **le train de Paris/Lyon** the Paris/Lyons train ◆ **train à grande vitesse** high-speed train ◆ **les trains de neige** the winter-sports trains ◆ **il est dans ce train** he's on ou aboard this train ◆ **mettre qn dans le train** ou **au train** to see sb to the train, see sb off on the train ou at the station ◆ **voyager par** ou **prendre le train** to travel by rail ou train, take the train ◆ **attraper/rater le train de 10 h 50** to catch/miss the 10.50 train ◆ **monter dans** ou **prendre le train en marche** (lit) to get on the moving train; (fig) to jump on ou climb onto the bandwagon ◆ **la Grande-Bretagne a pris le train du Marché commun en marche** Great Britain has jumped on ou climbed onto the Common Market bandwagon ◆ (Ciné) **"Le Train sifflera trois fois"** "High Noon"

b (allure) pace ◆ **ralentir/accélérer le train** to slow down/speed up, slow/quicken the pace ◆ **aller son train** to carry along ◆ **aller son petit train** to go along at one's own pace ◆ **l'affaire va son petit train** things are chugging ou jogging along (nicely) ◆ **aller bon train** [affaire, travaux] to make good progress; [voiture] to go at a good pace, make good progress ◆ **aller grand train** to make brisk progress, move along briskly ◆ **les langues des commères allaient bon train** the old wives' tongues were wagging away ou were going nineteen to the dozen (Brit) ◆ **mener/suivre le train** to set/follow the pace ◆ (fig: dépenser beaucoup) **mener grand train** to live in grand style, spend money like water ◆ **il allait à un train d'enfer** he was going flat out, he was racing along ◆ **à un train de sénateur** ponderously ◆ **au train où il travaille** (at) the rate he is working ◆ **au** ou **du train où vont les choses, à ce train-là** the rate things are going, at this rate → **fond**

c **être en train** (en action) to be under way; (de bonne humeur) to be in good spirits ◆ **mettre qn en train** (l'égayer) to put sb in good spirits ◆ **mettre un travail en train** to get a job under way ou started ◆ **mise en train** [travail] starting (up), start; (Typ) make-ready; (exercices de gym) warm-up ◆ (en bonne santé) **être/se sentir en train** to be/feel in good form ou shape ◆ **elle ne se sent pas très en train** she doesn't feel too good ou too bright*, she feels a bit off-colour ou under the weather

d **être en train de faire qch** to be doing sth ◆ **être en train de manger/regarder la télévision** to be busy eating/watching television ◆ **j'étais juste en train de manger** I was (right) in the middle of eating, I was just eating ◆ **on l'a pris en train de voler** he was caught stealing

e (file) [bateaux, mulets, chevaux] train, line ◆ (Mil) **le train (des équipages)** ≃ the (Army) Service Corps ◆ **train de bois (de flottage)** timber raft ◆ (Espace) **train spatial** space train

f (Tech: jeu) **train d'engrenages** train of gears ◆ **train de pneus** set of (four) tyres

g (Admin: série) **un train d'arrêtés/de mesures** a batch of decrees/measures ◆ **un premier train de réformes** a first batch ou set of reforms

h (partie) (Aut) **train avant/arrière** front/rear wheel-axle unit ◆ [animal] **train de devant** forequarters (pl) ◆ **train de derrière** hindquarters (pl)

i (✱: derrière) backside✱, rear (end)* ◆ **recevoir un coup de pied dans le train** to get a kick in the pants* ou up the backside✱ → **filer, se magner**

2 COMP ▷ **train d'atterrissage** (Aviat) undercarriage, landing gear ▷ **train fantôme** ghost train ▷ **train de maison** (†: domestiques) household, retainers (†) (pl); (dépenses, ménage) (household) establishment ▷ **train mixte** goods and passenger train ▷ **train d'ondes** (Phys) wave train ▷ **train postal** mail train ▷ **train sanitaire** (Mil) hospital train ▷ **train de sonde** (Tech) drilling bit and pipe ▷ **train de vie** lifestyle, style of living ◆ **le train de vie de l'État** the government's rate of expenditure

traînage [tʀɛnaʒ] nm (par traîneaux) sledging, sledding (US); (Mines) haulage

traînailler [tʀɛnɑje] ▸ conjug 1 ◂ vi a (être lent) to dawdle, dillydally

b (vagabonder) to loaf around, loiter about, hang around, lounge about

traînant, e [tʀɛnɑ̃, ɑ̃t] → SYN adj voix, accent drawling (épith); robe, aile trailing (épith); démarche shuffling (épith)

traînard, e [tʀɛnaʀ, aʀd] → SYN nm,f (péj) (gén) slowcoach* (Brit), slowpoke* (US); (toujours en queue d'un groupe) straggler

traînasser [tʀɛnase] ▸ conjug 1 ◂ vi → **traînailler**

traîne [tʀɛn] → SYN nf a [robe] train

b (Pêche) dragnet ◆ **pêche à la traîne** drag net fishing

c (fig) **être à la traîne** (en remorque) to be in tow; (*: en retard, en arrière) to lag behind

traîneau, pl **traîneaux** [tʀɛno] → SYN nm a (véhicule) sleigh, sledge (Brit), sled (US) ◆ **promenade en traîneau** sleigh ride

b (Pêche) dragnet

traînée [tʀene] → SYN nf a (laissée par un véhicule, un animal etc) trail, tracks (pl); (sur un mur: d'humidité, de sang etc) streak, smear; (bande, raie: dans le ciel, un tableau) streak ◆ **traînées de brouillard** wisps ou streaks of fog ◆ **traînée de poudre** powder trail ◆ **se répandre comme une traînée de poudre** to spread like wildfire

b (péj: femme de mauvaise vie) slut, hussy†

c (Tech: force) drag

traînement [tʀɛnmɑ̃] nm [jambes, pieds] trailing, dragging; [voix] drawl

traîne-misère [tʀɛnmizɛʀ] nm inv wretch

traîne-patins* [tʀɛnpatɛ̃] nm inv ⇒ **traîne-savates***

traîner [tʀene] → SYN ▸ conjug 1 ◂ 1 vt a (tirer) sac, objet lourd, personne to pull, drag; wagon, charrette to draw, pull, haul ◆ **traîner un meuble à travers une pièce** to pull ou drag ou haul a piece of furniture across a room ◆ **traîner qn par les pieds** to drag sb along by the feet ◆ **traîner les pieds** (lit) to drag one's feet, shuffle along; (fig: hésiter) to drag one's feet ◆ **traîner la jambe** ou **la patte*** to limp, hobble ◆ **elle traînait sa poupée dans la poussière** she was trailing ou dragging her doll through the dust ◆ (fig) **traîner ses guêtres*** to mooch around* (Brit), drag o.s. around ◆ (fig) **traîner la savate*** to bum around✱ ◆ (fig) **traîner qn dans la boue** ou **fange** to drag sb ou sb's name through the mud ◆ (fig) **traîner un boulet** to have a millstone round one's neck

b (emmener: péj) to drag (with one) ◆ **il traîne sa femme à toutes les réunions** he drags his wife along (with him) to all the meetings ◆ **elle est obligée de traîner ses enfants partout** she has to trail ou drag her children along (with her) everywhere ◆ **il traîne toujours une vieille valise avec lui** he is always dragging ou lugging* an old suitcase around with him ◆ (fig) **traîner de vieilles idées/des conceptions surannées** to cling to old ideas/outdated conceptions

c (subir) **elle traîne cette bronchite depuis janvier** this bronchitis has been with her ou plaguing her since January ◆ **elle traîne un mauvais rhume** she has a bad cold she can't get rid of ou shake off ◆ **traîner une existence misérable** to drag out a wretched existence ◆ **cette mélancolie qu'il traîna sans pouvoir s'en défaire** this feeling of melancholy which clung to him ou oppressed him and would not be dispelled

d (faire durer) to drag out, draw out ◆ **traîner les choses en longueur** to drag things out

e **(faire) traîner** mots to drawl; fin de phrase to drag out, drawl ◆ **(faire) traîner sa voix** to drawl

2 vi a [personne] (rester en arrière) to lag ou trail behind; (aller lentement) to dawdle; (péj: errer) to hang about ◆ **traîner en chemin** to dawdle on the way ◆ **traîner dans les rues** to roam the streets, hang about the streets ◆ **elle laisse ses enfants traîner dans la rue** she lets her children hang about the street(s) ◆ **il traîne pour se préparer** he dawdles when he gets dressed, he takes ages to get dressed ◆ **traîner en peignoir dans la maison** to trail round ou hang about in one's dressing-gown in the house ◆ **on est en retard, il ne s'agit plus de traîner** we're late – we must stop hanging around ou dawdling ◆ **traîner dans les cafés** to hang around the cafés ◆ **après sa maladie, il a encore traîné 2 ans** after his illness he lingered on for 2 years

b [chose] (être éparpillé) to lie about ou around ◆ **ses livres traînent sur toutes les chaises** his books are lying about on all the chairs ◆ **ne laisse pas traîner ton argent/tes affaires** don't leave your money/things lying about ou around ◆ **des histoires/idées qui traînent partout** stories/ideas that float around everywhere ◆ **elle attrape tous les microbes qui traînent** ou **tout ce qui traîne** she catches anything that's going

c (durer trop longtemps) to drag on ◆ **un procès qui traîne** a case which is dragging on ◆ **une maladie qui traîne** a lingering illness, an illness which drags on ◆ **la discussion a traîné en longueur** the discussion dragged on for ages ou dragged on and on ◆ **ça n'a pas traîné!*** that wasn't long coming! ◆ **il n'a pas traîné (à répondre)*** he was quick (with his answer), his answer wasn't long in coming, he replied immediately ◆ **ça ne traînera pas, il vous mettra tous à la porte*** he'll throw you all out before you know what's happening ou where you are ◆ **faire traîner qch** (en longueur) to drag sth out ◆ **doctrine où traînent des relents de fascisme** doctrine which still has a whiff of fascism about it

d [robe, manteau] to trail ◆ **ta ceinture/ton lacet traîne par terre** your belt/shoelace is trailing ou hanging ou dragging on the ground ◆ **des effilochures de brume qui traînent dans le ciel** wisps of mist which trail across ou linger in the sky

3 **se traîner** vpr a [personne fatiguée] to drag o.s.; [train, voiture] to crawl along ◆ **on se traînait à 20 à l'heure** we were crawling along at 20 ◆ **se traîner par terre** to crawl on the ground ◆ **avec cette chaleur, on se traîne** it's all one can do to drag oneself around in this heat ◆ **elle a pu se traîner jusqu'à son fauteuil** she managed to drag ou haul herself (over) to her chair ◆ **je ne peux même plus me traîner** I can't even drag myself about any more ◆ (fig) **se traîner aux pieds de qn** to grovel at sb's feet

b [conversation, journée, hiver] to drag on

traîne-savates* [tʀɛnsavat] nm inv (vagabond) tramp, bum✱; (traînard) slowcoach (Brit), slowpoke (US)

traîneur, -euse [tʀɛnœʀ, øz] nm,f (péj) loafer

training [tʀeniŋ] → SYN nm **a** (entraînement) training ◆ **training autogène** autogenic training

b (chaussure) trainer ◆ (survêtement) **Training**® tracksuit top

train-train, traintrain [tʀɛ̃tʀɛ̃] → SYN nm humdrum routine ◆ **le train-train de la vie quotidienne** the humdrum routine of everyday life, the daily round

traire [tʀɛʀ] → SYN ▸ conjug 50 ◂ vt vache to milk; lait to draw ◆ **machine à traire** milking machine

trait [tʀɛ] → SYN GRAMMAIRE ACTIVE 26.1

1 nm **a** (ligne) (en dessinant) stroke; (en soulignant, dans un graphique) line ◆ **faire** ou **tirer** ou **tracer un trait** to draw a line ◆ (fig) **tirer un trait sur son passé** to make a complete break with one's past, sever all connections with one's past ◆ **tirons un trait sur cette affaire** let's put this business behind us, let's draw a veil over this business ◆ **ta promotion? tu peux tirer un trait dessus!** your promotion? you can forget about it! ou kiss it goodbye!* ◆ (technique, œuvre) **dessin au trait** line drawing ◆ (Art) **le trait est ferme** the line is firm ◆ (lit, fig) **d'un trait de plume** with one stroke of the pen ◆ **trait de repère** reference mark ◆ **biffer qch d'un trait** to score ou cross sth out, put a line through sth ◆ **copier** ou **reproduire qch trait pour trait** to copy sth line by line, make a line for line copy of sth ◆ (fig) **ça lui ressemble trait pour trait** that's just ou exactly like him, that's him to a T ◆ **les traits d'un dessin / portrait** the lines of a drawing / portrait ◆ **dessiner qch à grands traits** to sketch sth roughly, make a rough sketch of sth ◆ (fig) **décrire qch à grands traits** to describe sth in broad outline ◆ (fig) **il l'a décrit en traits vifs et émouvants** he drew a vivid and moving picture of it

b (élément caractéristique) feature, trait ◆ **c'est un trait de cet auteur** this is a (characteristic) trait ou feature of this author ◆ **les traits dominants d'une époque / œuvre** the dominant features of an age / a work ◆ **avoir des traits de ressemblance avec** to have certain features in common with ◆ **il tient ce trait de caractère de son père** this trait (of character) comes to him from his father, he gets this characteristic from his father

c (acte révélateur) **trait de générosité / courage / perfidie** act of generosity / courage / wickedness

d traits (physionomie) features ◆ **avoir des traits fins / réguliers** to have delicate / regular features ◆ **avoir les traits tirés / creusés** to have drawn / sunken features

e († : projectile) arrow, dart; (littér : attaque malveillante) taunt, gibe ◆ **filer** ou **partir comme un trait** to be off like an arrow ou a shot ◆ **il l'anéantit de ce trait mordant** he crushed him with this biting taunt ◆ **un trait satirique / d'ironie** a shaft of satire / irony (littér) ◆ (fig) **les traits de la calomnie** the darts of slander (littér)

f (courroie) trace

g (traction) **animal** ou **bête / cheval de trait** draught (Brit) ou draft (US) animal / horse

h (Mus) virtuosic passage

i (Rel) tract

j (gorgée) draught (Brit), draft (US), gulp ◆ **d'un trait** dire in one breath; boire in one gulp, at one go; dormir uninterruptedly, without waking ◆ **à longs traits** in long draughts (Brit) ou drafts (US) ◆ **à grands traits** in great gulps

k (Ling) **trait distinctif** distinctive feature

l (Échecs) **avoir le trait** to have the move ◆ **en début de partie les blancs ont toujours le trait** at the start of the game white always has first move ◆ **il avait le trait** it was his move, it was his turn to move

m LOC **avoir trait à** to relate to, be connected with, have to do with, concern ◆ **tout ce qui a trait à cette affaire** everything relating to ou connected with ou (having) to do with ou concerning this matter

2 COMP ▹ **trait (d'esprit)** flash ou shaft of wit, witticism ▹ **trait de génie** brainwave, flash of inspiration ou genius ▹ **trait de lumière** (lit) shaft ou ray of light; (fig) flash of inspiration, sudden revelation (NonC) ▹ **trait de scie** cutting-line ▹ **trait d'union** (Typ) hyphen; (fig) link

traitable [tʀɛtabl] → SYN adj **a** (littér) personne accommodating, tractable (frm)

b sujet, matière manageable

traitant, e [tʀɛtɑ̃, ɑ̃t] adj **a** (shampooing) medicated → **médecin**

b (Espionnage) **(officier) traitant** contact

traite [tʀɛt] → SYN nf **a** (trafic) **traite des Noirs** slave trade ◆ **traite des Blanches** white slave trade

b (Comm : billet) draft, bill ◆ **tirer / escompter une traite** to draw / discount a draft ◆ **traite de cavalerie** accommodation bill

c (parcours) stretch ◆ **d'une (seule) traite** parcourir in one go, without stopping on the way; dire in one breath; boire in one gulp, at one go; dormir uninterruptedly, without waking

d [vache] milking ◆ **traite mécanique** machine milking ◆ **l'heure de la traite** milking time

traité [tʀete] → SYN nm **a** (livre) treatise; (Rel : brochure) tract

b (convention) treaty ◆ **traité de paix** peace treaty ◆ **le traité de Versailles / Paris** etc the Treaty of Versailles / Paris etc ◆ **conclure / ratifier un traité** to conclude / ratify a treaty

traitement [tʀɛtmɑ̃] → SYN nm **a** (manière d'agir) treatment ◆ **mauvais traitements** ill-treatment (NonC) ◆ **traitement de faveur** special ou preferential treatment ◆ **le traitement social du chômage** social measures for fighting unemployment

b (Méd) treatment ◆ **suivre / prescrire un traitement douloureux** to undergo / prescribe painful treatment ou a painful course of treatment ◆ **être en traitement** to be having treatment (*à l'hôpital* in hospital)

c (rémunération) salary, wage; (Rel) stipend ◆ **toucher un bon traitement** to get a good wage ou salary

d (Tech) [matières premières] processing, treating ◆ **le traitement (automatique) de l'information** ou **des données** (automatic) data processing ◆ (Ordin) **traitement de texte** (technique) word-processing; (logiciel) word-processing package ◆ **machine** ou **système de traitement de texte (dédié)** word processor ◆ **traitement par lots** batch processing ◆ **traitement interactif** interactive computing ◆ **traitement de surface** surface treatment

traiter [tʀete] → SYN ▸ conjug 1 ◂ GRAMMAIRE ACTIVE 26.2

1 vt **a** personne, animal to treat; (Méd : soigner) malade, maladie to treat; (†) invités to entertain ◆ **traiter qn bien / mal / comme un chien** to treat sb well / badly / like a dog ◆ **traiter qn d'égal à égal** to treat sb as an equal ◆ **traiter qn en enfant / malade** to treat sb as ou like a child / an invalid ◆ **ils traitent leurs enfants / domestiques durement** they are hard with ou on their children / servants, they give their children / servants a hard time ◆ **les congressistes ont été magnifiquement traités** the conference members were entertained magnificently ◆ **se faire traiter pour une affection pulmonaire** to undergo treatment for ou be treated for lung trouble

b (qualifier) **traiter qn de fou / menteur** to call sb a fool / a liar ◆ **traiter qn de tous les noms** to call sb all the names imaginable ou all the names under the sun ◆ **ils se sont traités de voleur(s)** they called each other thieves ◆ **je me suis fait traiter d'imbécile** they called me a fool

c (examiner, s'occuper de) question to treat, deal with; (Art) thème, sujet to treat; (Comm) affaire to handle, deal with; (Mil) objectif to handle ◆ **il n'a pas traité le sujet** he has not dealt with the subject

d (Tech) cuir, minerai, pétrole to treat, process; (Ordin) données to process ◆ **non traité** untreated

2 traiter de vt indir to deal with, treat of (frm) ◆ **le livre / romancier traite des problèmes de la drogue** the book / novelist deals with ou treats of (frm) the problems of drugs

3 vi (négocier, parlementer) to negotiate, make ou do* a deal ◆ **traiter avec qn** to negotiate ou deal with sb, have dealings with sb ◆ **les pays doivent traiter entre eux** countries must deal ou have dealings with each other

traiteur [tʀɛtœʀ] → SYN nm caterer ◆ **épicier-traiteur** grocer and caterer

traître, traîtresse [tʀɛtʀ, tʀɛtʀɛs] → SYN **1** adj **a** personne treacherous, traitorous; allure treacherous; douceur, paroles perfidious, treacherous ◆ **être traître à une cause / à sa patrie** to be a traitor to a cause / one's country, betray a cause / one's country

b (fig : dangereux) animal vicious; vin deceptive; escalier, virage treacherous

c LOC **ne pas dire un traître mot** not to breathe a (single) word

2 nm **a** (gén) traitor; (Théât) villain

b († : perfide) scoundrel†

c prendre / attaquer qn en traître to take / attack sb off-guard, play an underhand trick / make an insidious attack on sb

3 traîtresse nf traitress

traîtreusement [tʀɛtʀøzmɑ̃] adv treacherously

traîtrise [tʀɛtʀiz] → SYN nf **a** (caractère) treachery, treacherousness

b (acte) (piece of) treachery; (danger) treacherousness (NonC), peril

trajectographie [tʀaʒɛktɔgʀafi] nf trajectory determination

trajectoire [tʀaʒɛktwaʀ] → SYN nf (gén) trajectory; [projectile] path, trajectory ◆ **la trajectoire de la balle passe très près du cœur** the bullet passed very close to the heart

trajet [tʀaʒɛ] → SYN nm **a** (distance à parcourir) distance; (itinéraire) route; (parcours, voyage) journey, trip; (par mer) voyage ◆ **un trajet de 8 km** a distance of 8 km ◆ **choisir le trajet le plus long** to choose the longest route ou way ◆ **elle fait à pied le court trajet de son bureau à la gare** she walks the short distance from her office to the station ◆ **elle a une heure de trajet pour se rendre à son travail** she has an hour's travelling time to get to work, it takes her an hour to get to work ◆ **le trajet aller / retour** the outward / return journey ou trip ◆ **faire le trajet de Paris à Lyon en voiture / train** to do the journey from Paris to Lyons by car / train ◆ **le trajet par mer est plus intéressant** the sea voyage ou crossing is more interesting ◆ (fig) **quel trajet il a parcouru depuis son dernier roman!** what a distance ou a long way he has come since his last novel!

b (Anat) [nerf, artère] course; [projectile] path

tralala* [tʀalala] **1** nm (luxe, apprêts) fuss (NonC), frills; (accessoires) fripperies ◆ **faire du tralala** to make a lot of fuss ◆ **en grand tralala** with all the works*, with a great deal of fuss ◆ **avec tout le tralala** with all the frills ou trimmings ◆ **et tout le tralala** and the whole kit and caboodle*, and the whole shebang*(US)

2 excl ◆ **tralala! j'ai gagné!** hooray! I've won!

tram [tʀam] nm ⇒ **tramway**

tramail [tʀamaj] nm trammel (net)

trame [tʀam] → SYN nf **a** [tissu] weft, woof ◆ **usé jusqu'à la trame** threadbare

b (fig) [roman] framework; [vie] web

c (Typ : quadrillage) screen; (TV : lignes) frame

d (Géog) network, system ◆ **la trame urbaine** the urban network ou system

tramer [tʀame] → SYN ▸ conjug 1 ◂ vt **a** évasion, coup d'État to plot; complot to hatch, weave ◆ **il se trame quelque chose** there's something brewing

b (Tex) to weave

c (Typ) to screen

traminot [tʀamino] nm tram(way) worker (Brit), streetcar worker (US)

tramontane [tʀamɔ̃tan] nf tramontana ◆ **perdre la tramontane**† to go off one's head, lose one's wits

tramp [tʀɑ̃p] → SYN nm (Naut) tramp

trampoline [tʀɑ̃pɔlin] nm trampoline ◆ **faire du trampoline** to go ou do trampolining

tramway [tʀamwɛ] nm (moyen de transport) tram(way); (voiture) tram(car) (Brit), streetcar (US) ◆ (Littérat) **"Un Tramway nommé Désir"** "A Streetcar Named Desire"

tranchant, e [tʀɑ̃ʃɑ̃, ɑ̃t] [→ SYN] 1 adj a couteau, arête sharp • **du côté tranchant / non tranchant** with the sharp ou cutting / blunt edge
b (fig) personne, ton assertive, peremptory, curt
2 nm a [couteau] sharp ou cutting edge • **avec le tranchant de la main** with the edge of one's hand → **double**
b (instrument) [apiculteur] scraper; [tanneur] fleshing knife
c (fig) [argument, réprimande] force, impact

tranche [tʀɑ̃ʃ] [→ SYN] nf a (portion) [pain, jambon] slice; [bacon] rasher • **tranche de bœuf** beefsteak • **tranche de saumon** salmon steak • **tranche napolitaine** neapolitan slice • **en tranches** sliced, in slices • **couper en tranches** to slice, cut into slices • (Ordin) **tranche de silicium** silicon wafer • **ils s'en sont payé une tranche*** they had a great time* ou a whale of a time*, they had a lot of fun
b (bord) [livre, pièce de monnaie, planche] edge → **doré**
c (section) (gén) section; (Fin) [actions, bons] block, tranche; [crédit, prêt] instalment; (Admin) [revenus] bracket; [imposition] band, bracket • (Loterie) **tranche (d'émission)** issue • (Admin) **tranche d'âge / de salaires** age / wage bracket • (TV, Rad) **tranche horaire** (time) slot • **tranche de temps** period of time • **une tranche de vie** a part of sb's life • **la première tranche des travaux** the first phase of the work
d (Boucherie: morceau) **tranche grasse** silverside • **bifteck dans la tranche** ≃ piece of silverside steak

tranché, e[1] [tʀɑ̃ʃe] [→ SYN] (ptp de **trancher**) adj
a (coupé) pain, saumon sliced
b (distinct) couleurs clear, distinct; limite clear-cut, definite; opinion clear-cut, cut-and-dried

tranchée[2] [tʀɑ̃ʃe] [→ SYN] nf a (gén, Mil: fossé) trench → **guerre**
b (Sylviculture) cutting

tranchées [tʀɑ̃ʃe] nfpl (Méd) colic, gripes, tormina (pl) (spéc) • **tranchées utérines** afterpains

tranchefile [tʀɑ̃ʃfil] nf [reliure] headband

trancher [tʀɑ̃ʃe] [→ SYN] ▸ conjug 1 ◂ 1 vt a (couper) corde, nœud, lien to cut, sever • **trancher le cou** ou **la tête à** ou **de qn** to cut off ou sever sb's head • **trancher la gorge à qn** to cut ou slit sb's throat • (fig) **la mort** ou **la Parque tranche le fil des jours** death severs ou the Fates sever the thread of our days → **nœud**
b (†, frm: mettre fin à) discussion to conclude, bring to a close • **trancher court** ou **net** to bring things to an abrupt conclusion • **tranchons là** let's close the matter there
c (résoudre) question, difficulté to settle, decide, resolve; (emploi absolu: décider) to take a decision • **trancher un différend** to settle a difference • **le juge a dû trancher / a tranché que** the judge had to make a ruling / ruled that • **il ne faut pas avoir peur de trancher** one must not be afraid of taking decisions • **le gouvernement a tranché en faveur de ce projet** the government has decided ou has come out in favour of this plan
2 vi a (couper) **trancher dans le vif** (Méd) to cut into the flesh; (fig) to take drastic action
b (contraster avec) [couleur] to stand out clearly (*sur, avec* against); [trait, qualité] to contrast strongly ou sharply (*sur, avec* with) • **cette vallée sombre tranche sur le paysage environnant** this dark valley stands out against the surrounding countryside • **la journée du dimanche a tranché sur une semaine très agitée** Sunday formed a sharp contrast to a very busy week • **son silence tranchait avec** ou **sur l'hystérie générale** his silence was in stark contrast to the general mood of hysteria

tranchet [tʀɑ̃ʃɛ] nm [bourrelier, sellier] leather knife; [plombier] hacking knife

trancheuse [tʀɑ̃ʃøz] nf (à bois) cutter; (de terrassement) trencher; (à pain, à jambon) slicer

tranchoir [tʀɑ̃ʃwaʀ] [→ SYN] nm a (Culin) (plateau) trencher†, platter; (couteau) chopper
b (Zool) zanclus

tranquille [tʀɑ̃kil] [→ SYN] adj a (calme) eau, mer, air quiet, tranquil (littér); sommeil gentle, peaceful, tranquil (littér); vie, journée, vacances, endroit quiet, peaceful, tranquil (littér) • **un tranquille bien-être l'envahissait** a feeling of quiet ou calm well-being crept over him • **c'est l'heure la plus tranquille de la journée** it's the quietest ou most peaceful time of day • **aller / entrer d'un pas tranquille** to walk / enter calmly
b (assuré) courage, conviction quiet, calm • **avec une tranquille assurance** with quiet ou calm assurance
c (paisible) tempérament, personne quiet, placid, peaceable, peaceful; voisins, enfants, élèves quiet • **il veut être tranquille** he wants to have some peace • **rester / se tenir tranquille** to keep ou stay / be quiet • **pour une fois qu'il est tranquille** since he's quiet for once • **nous étions bien tranquilles et il a fallu qu'il nous dérange** we were having a nice quiet ou peaceful time and he had to come and disturb us • **ferme la porte, j'aime être tranquille après le repas** close the door – I like (to have) some peace (and quiet) after my meal • **laisser qn tranquille** to leave sb alone, to leave sb in peace, give sb a bit of peace • **laisser qch tranquille** to leave sth alone ou in peace • **laisse-le-donc tranquille, tu vois bien qu'il travaille / qu'il est moins fort que toi** leave him alone ou in peace ou let him be – you can see he's working / not as strong as you are • **laissez-moi tranquille avec vos questions** stop bothering me with your questions • **il est tranquille comme Baptiste** he's got nothing to worry about → **père**
d (rassuré) **être tranquille** to feel ou be easy in one's mind • **tu peux être tranquille** you needn't worry, you can set your mind at rest, you can rest easy • **il a l'esprit tranquille** his mind is at rest ou at ease, he has an easy mind • **pour avoir l'esprit tranquille** to set one's mind at rest, to feel easy in one's mind • **avoir la conscience tranquille** to be at peace with one's conscience, have a clear conscience • (lit) **pouvoir dormir tranquille** to be able to sleep easy (in one's bed) • (fig: être rassuré) **tu peux dormir tranquille** you can rest easy, you needn't worry • **comme cela, nous serons tranquilles** that way our minds will be at rest • **soyez tranquille, tout ira bien** set your mind at rest ou don't worry – everything will be all right • **maintenant je peux mourir tranquille** now I can die in peace
e (*: certain) **être tranquille (que ...)** to be sure (that ...) • (iro) **soyez tranquille, je me vengerai** don't (you) worry ou rest assured – I shall have my revenge • **il n'ira pas, je suis tranquille** he won't go, I'm sure of it • **tu peux être tranquille que ...** you may be sure that ..., rest assured that ...
f **baume tranquille** soothing balm • **vin tranquille** still wine
g (emploi adverbial*: facilement) easily • **il l'a fait en 3 heures tranquille** he did it in 3 hours easily ou no trouble • (sans risques) **tu peux y aller tranquille** you can go there quite safely

tranquillement [tʀɑ̃kilmɑ̃] adv (→ **tranquille**) quietly; tranquilly; gently, peacefully; placidly, peaceably • **il vivait tranquillement dans la plus grande abjection** he lived quietly ou at peace in the most utter abjection • **on peut y aller tranquillement: ça ne risque plus rien*** we can go ahead safely – there's no risk now • (sans se presser) **vous pouvez y aller tranquillement en 2 heures** you can get there easily ou without hurrying in 2 hours

tranquillisant, e [tʀɑ̃kilizɑ̃, ɑ̃t] [→ SYN] 1 adj nouvelle reassuring; effet, produit soothing, tranquillizing
2 nm (Méd) tranquillizer

tranquilliser [tʀɑ̃kilize] [→ SYN] ▸ conjug 1 ◂ vt • **tranquilliser qn** to reassure sb, set sb's mind at rest • **se tranquilliser** to set one's mind at rest • **tranquillise-toi, il ne lui arrivera rien** calm down ou take it easy, nothing will happen to him • **je suis tranquillisé** I'm reassured ou relieved

tranquillité [tʀɑ̃kilite] [→ SYN] nf a (→ **tranquille**) quietness; tranquillity; gentleness; peacefulness
b (paix, sérénité) peac anquillity • **en toute tranquillité** without ueing bothered ou disturbed • **ils ont cambriolé la villa en toute tranquillité** they burgled the house without being disturbed (at all) ou without any disturbance • **troubler la tranquillité publique** to disturb the peace • **travailler dans la tranquillité** to work in peace (and quiet) • **il tient beaucoup à sa tranquillité** he sets great store by his peace and quiet
c (absence de souci) **tranquillité (d'esprit)** peace of mind • **tranquillité matérielle** material security • **en toute tranquillité** with complete peace of mind, free from all anxiety

trans... [tʀɑ̃z] préf trans...

transaction [tʀɑ̃zaksjɔ̃] [→ SYN] nf a (Comm) transaction • **transactions commerciales / financières** commercial / financial transactions ou dealings
b (Jur: compromis) settlement, compromise
c (Ordin) transaction

transactionnel, -elle [tʀɑ̃zaksjɔnɛl] adj (Ordin) transactional; (Jur) compromise (épith), settlement (épith) • **formule transactionnelle** compromise formula • **règlement transactionnel** compromise settlement • (Psych) **analyse transactionnelle** transactional analysis

transafricain, e [tʀɑ̃zafʀikɛ̃, ɛn] adj transafrican

transalpin, e [tʀɑ̃zalpɛ̃, in] adj transalpine

transamazonien, -ienne [tʀɑ̃zamazɔnjɛ̃, jɛn] adj trans-Amazonian • **(autoroute) transamazonienne** trans-Amazonian highway

transaméricain, e [tʀɑ̃zameʀikɛ̃, ɛn] adj transamerican (épith)

transaminase [tʀɑ̃zaminɑz] nf transaminase

transandin, e [tʀɑ̃zɑ̃dɛ̃, in] adj trans-Andean

transat [tʀɑ̃zat] 1 nm abrév de **transatlantique**
2 nf (abrév de **course transatlantique**) • **transat en solitaire** single-handed race across the Atlantic ou transatlantic race • **transat en double** two-man (ou two-woman) transatlantic race

transatlantique [tʀɑ̃zatlɑ̃tik] [→ SYN] 1 adj transatlantic • **course transatlantique** transatlantic race
2 nm (paquebot) transatlantic liner; (fauteuil) deckchair

transbahuter* [tʀɑ̃sbayte] ▸ conjug 1 ◂ 1 vt to shift, hump along* (Brit), lug along*
2 **se transbahuter** vpr to traipse along*, lug o.s. along*

transbordement [tʀɑ̃sbɔʀdəmɑ̃] nm (→ **transborder**) tran(s)shipment; transfer

transborder [tʀɑ̃sbɔʀde] [→ SYN] ▸ conjug 1 ◂ vt (Naut) to tran(s)ship; (Rail) to transfer

transbordeur [tʀɑ̃sbɔʀdœʀ] nm • **(pont) transbordeur** transporter bridge

transcanadien, -ienne [tʀɑ̃skanadjɛ̃, jɛn] adj trans-Canada (épith)

Transcaucasie [tʀɑ̃skokazi] nf Transcaucasia

transcaucasien, -ienne [tʀɑ̃skokazjɛ̃, jɛn] adj Transcaucasian

transcendance [tʀɑ̃sɑ̃dɑ̃s] [→ SYN] nf (Philos) transcendence, transcendency; (littér, †: excellence) transcendence (littér); (fait de se surpasser) self-transcendence (littér)

transcendant, e [tʀɑ̃sɑ̃dɑ̃, ɑ̃t] [→ SYN] adj a (littér: sublime) génie, mérite transcendent (littér) • [film, livre] **ce n'est pas transcendant*** it's nothing special*, it's nothing to write home about*
b (Philos) transcendent(al) • **être transcendant à** to transcend
c (Math) transcendental

transcendantal, e, mpl **-aux** [tʀɑ̃sɑ̃dɑ̃tal, o] [→ SYN] adj transcendental

transcendantalisme [tʀɑ̃sɑ̃dɑ̃talism] nm transcendentalism

transcender [tʀɑ̃sɑ̃de] [→ SYN] ▸ conjug 1 ◂ 1 vt to transcend
2 **se transcender** vpr to transcend o.s.

transcodage [tʀɑ̃skɔdaʒ] nm (Ordin) compiling; (TV) transcoding

transcoder [tʀɑ̃skɔde] [→ SYN] ▸ conjug 1 ◂ vt (Ordin) programme to compile; (TV) to transcode

transcodeur [tʀɑ̃skɔdœʀ] nm (Ordin) compiler; (TV) transcoder

transconteneur [tʀɑ̃skɔ̃t(ə)nœʀ] nm (navire) container ship

transcontinental, e, mpl **-aux** [tʀɑ̃skɔ̃tinɑ̃tal, o] adj transcontinental

transcriptase [tʀɑ̃skʀiptɑz] nf ◆ **transcriptase inverse** reverse transcriptase

transcripteur [tʀɑ̃skʀiptœʀ] nm transcriber

transcription [tʀɑ̃skʀipsjɔ̃] → SYN nf a (→ **transcrire**) copying out; transcription; transliteration
b (copie) copy, transcript; (translittération) transliteration; (Mus, Ling) transcription; (Bio) transcription ◆ **transcription phonétique** phonetic transcription

transcrire [tʀɑ̃skʀiʀ] → SYN ▸conjug 39◂ vt a (copier) to copy out, transcribe (frm)
b (translittérer) to transcribe, transliterate
c (Mus, Ling) to transcribe
d (Bio) to transcribe

transculturel, -elle [tʀɑ̃skyltyʀɛl] adj cross-cultural

transdisciplinaire [tʀɑ̃sdisiplinɛʀ] adj interdisciplinary

transdisciplinarité [tʀɑ̃sdisiplinaʀite] nf interdisciplinary nature

transducteur [tʀɑ̃sdyktœʀ] nm transducer

transduction [tʀɑ̃sdyksjɔ̃] nf (Bio) transduction

transe [tʀɑ̃s] → SYN nf a (état second) trance ◆ **être en transe** to be in a trance ◆ **entrer en transe** (lit) to go into a trance; (fig : s'énerver) to go into a rage, see red*
b (affres) **transes** agony ◆ **être dans les transes** to be in ou suffer agony, go through agony ◆ **être dans les transes de l'attente / des examens** to be in agonies of anticipation / over the exams

transept [tʀɑ̃sɛpt] nm transept

transférable [tʀɑ̃sfeʀabl] → SYN adj transferable

transférase [tʀɑ̃sfeʀaz] nf transferase

transfèrement [tʀɑ̃sfɛʀmɑ̃] → SYN nm [prisonnier] transfer ◆ **transfèrement cellulaire** transfer by prison van

transférentiel, -ielle [tʀɑ̃sfeʀɑ̃sjɛl] adj transferential

transférer [tʀɑ̃sfeʀe] → SYN ▸conjug 6◂ vt a fonctionnaire, assemblée, bureaux to transfer, move; prisonnier, (Sport) joueur to transfer; (Ordin) to transfer; dépouille mortelle, reliques, évêque to transfer, translate (littér) ◆ **transférer la production dans une autre usine** to transfer ou switch production to another factory ◆ **nos bureaux sont transférés au 5 rue de Lyon** our offices have transferred ou moved to 5 rue de Lyon
b capitaux to transfer, move; propriété, droit to transfer, convey (spéc); (Comptabilité : par virement etc) to transfer
c (fig, Psych) to transfer ◆ **transférer des sentiments sur qn** to transfer feelings onto sb

transferrine [tʀɑ̃sfeʀin] nf transferrin, beta globulin, siderophilin

transfert [tʀɑ̃sfɛʀ] → SYN nm a (→ **transférer**) transfer; translation; conveyance ◆ (Écon) **transfert de technologie** transfer of technology, technology transfer
b (Psych) transference
c (décalque) transfer (Brit), decal (US)
d (Ordin) transfer

transfiguration [tʀɑ̃sfigyʀasjɔ̃] → SYN nf transfiguration ◆ (Rel) **la Transfiguration** the Transfiguration

transfigurer [tʀɑ̃sfigyʀe] → SYN ▸conjug 1◂ vt (transformer) to transform, transfigure (frm); (Rel) to transfigure

transfini, e [tʀɑ̃sfini] adj ◆ **nombre transfini** transfinite number

transfo* [tʀɑ̃sfo] nm abrév de **transformateur**

transformable [tʀɑ̃sfɔʀmabl] → SYN adj structure convertible; aspect transformable; (Rugby) essai convertible

transformateur, -trice [tʀɑ̃sfɔʀmatœʀ, tʀis] → SYN 1 adj processus transformation (épith); action transforming (épith) ◆ **pouvoir transformateur** power to transform
2 nm transformer

transformation [tʀɑ̃sfɔʀmasjɔ̃] → SYN nf a (action, résultat : → **transformer**) change; alteration; conversion; transformation ◆ **travaux de transformation, transformations** conversion work ◆ **depuis son mariage, nous assistons chez lui à une véritable transformation** since he married we have seen a real transformation in him ou a complete change come over him → **industrie**
b (Rugby) conversion
c (Géom, Math, Ling) transformation

transformationnel, -elle [tʀɑ̃sfɔʀmasjɔnɛl] adj transformational

transformée [tʀɑ̃sfɔʀme] nf (Math) transform

transformer [tʀɑ̃sfɔʀme] → SYN ▸conjug 1◂ 1 vt a (modifier) personne, caractère to change, alter; magasin, matière première to transform, convert; vêtement to alter, remake; (changer radicalement, améliorer) personne, caractère, pays to transform ◆ **on a transformé toute la maison** we've made massive alterations to the house, we've transformed the whole house ◆ **on a mis du papier peint et la pièce en a été transformée** we put on wallpaper and it has completely altered the look of the room ou it has transformed the room ◆ **le bonheur / son séjour à la montagne l'a transformé** happiness / his holiday in the mountains has transformed him ou made a new man of him ◆ **rêver de transformer la société / les hommes** to dream of transforming society / men ◆ **depuis qu'il va à l'école, il est transformé** since he's been at school he has been a different child
b **transformer qn / qch en** to turn sb / sth into ◆ **transformer la houille en énergie** to convert coal into energy ◆ **transformer du plomb en or** to turn ou change ou transmute lead into gold ◆ **on a transformé la grange en atelier** the barn has been converted ou turned ou made into a studio ◆ **elle a fait transformer son manteau en jaquette** she's had her coat made into a jacket ◆ **elle a transformé leur maison en palais** she has transformed their house into a palace
c (Rugby) essai to convert ◆ (fig) **maintenant il faut transformer l'essai** now they must consolidate their gains ou ram their advantage home
d (Géom, Math, Ling) to transform
2 **se transformer** vpr (Bot, Zool) [larve, embryon] to be transformed, transform itself; (Chim, Phys) [énergie, matière] to be converted; [personne, pays] to change, alter; (radicalement) to be transformed ◆ **se transformer en** to be transformed into; to be converted into; to change ou turn into ◆ **la chenille se transforme en papillon** the caterpillar transforms itself ou turns into a butterfly ◆ **il s'est transformé en agneau** he has turned ou been transformed into a lamb ◆ **la manifestation risque de se transformer en émeute** the demonstration could (well) turn into a riot ◆ **la ville s'est étonnamment transformée en 2 ans** the town has changed astonishingly in 2 years ou has undergone astonishing changes in 2 years ◆ **il s'est transformé depuis qu'il a ce poste** there's been a real transformation ou change in him ou a real change has come over him since he has had this job

transformisme [tʀɑ̃sfɔʀmism] → SYN nm transformism

transformiste [tʀɑ̃sfɔʀmist] adj, nmf transformist

transfrontalier, -ière [tʀɑ̃sfʀɔ̃talje, jɛʀ] adj cross-border (épith)

transfuge [tʀɑ̃sfyʒ] → SYN nmf (Mil, Pol) renegade

transfusé, e [tʀɑ̃sfyze] (ptp de **transfuser**) nm,f transfused person

transfuser [tʀɑ̃sfyze] → SYN ▸conjug 1◂ vt sang, liquide, malade* to transfuse; (fig littér) to transfuse (littér) (*à* into), instil (*à* into), impart (*à* to)

transfuseur [tʀɑ̃sfyzœʀ] nm transfuser

transfusion [tʀɑ̃sfyzjɔ̃] → SYN nf ◆ **transfusion (sanguine)** (blood) transfusion

transfusionnel, -elle [tʀɑ̃sfyzjɔnɛl] adj transfusion (épith)

transgénique [tʀɑ̃sʒenik] adj transgenic

transgresser [tʀɑ̃sgʀese] → SYN ▸conjug 1◂ vt règle, code to infringe, contravene, transgress (littér); ordre to disobey, go against, contravene ◆ **transgresser la loi** to break the law

transgresseur [tʀɑ̃sgʀesœʀ] nm (littér) transgressor (littér)

transgression [tʀɑ̃sgʀesjɔ̃] → SYN nf (→ **transgresser**) infringement; contravention; transgression; disobedience; breaking ◆ **transgression marine** encroachment of the sea

transhumance [tʀɑ̃zymɑ̃s] → SYN nf transhumance

transhumant, e [tʀɑ̃zymɑ̃, ɑ̃t] adj transhumant

transhumer [tʀɑ̃zyme] ▸conjug 1◂ vti to move to summer pastures

transi, e [tʀɑ̃zi] → SYN (ptp de **transir**) adj ◆ **être transi (de froid)** to be perished, be numb with cold ou chilled to the bone ou frozen to the marrow ◆ **être transi de peur** to be paralyzed by fear, be transfixed ou numb with fear → **amoureux**

transiger [tʀɑ̃ziʒe] → SYN ▸conjug 3◂ vi a (Jur, gén : dans un différend) to compromise, come to terms ou an agreement
b (fig) **transiger avec sa conscience** to come to terms with ou to a compromise with ou make a deal with one's conscience ◆ **transiger avec le devoir** to come to a compromise with duty ◆ **ne pas transiger sur l'honneur / le devoir** to make no compromise in matters of honour / duty ◆ **je me refuse à transiger sur ce point** I refuse to compromise on this point, I am adamant on this point

transir [tʀɑ̃ziʀ] → SYN ▸conjug 2◂ vt (littér) [froid] to chill to the bone, numb, freeze to the marrow; [peur] to paralyze, transfix, numb

transistor [tʀɑ̃zistɔʀ] → SYN nm (élément, poste de radio) transistor ◆ **transistor à effet de champ** field-effect transistor, FET

transistorisation [tʀɑ̃zistɔʀizasjɔ̃] nf transistorization

transistoriser [tʀɑ̃zistɔʀize] ▸conjug 1◂ vt to transistorize ◆ **transistorisé** transistorized

transit [tʀɑ̃zit] → SYN nm transit ◆ **en transit** marchandises, voyageurs in transit ◆ **de transit** document, port transit (épith) ◆ **le transit intestinal** digestion, intestinal transit (spéc) ◆ **transit baryté** barium X-ray

transitaire [tʀɑ̃zitɛʀ] → SYN 1 adj pays of transit; commerce which is done in transit
2 nmf forwarding agent

transiter [tʀɑ̃zite] → SYN ▸conjug 1◂ 1 vt marchandises to pass ou convey in transit
2 vi to pass in transit (*par* through)

transitif, -ive [tʀɑ̃zitif, iv] adj (Ling, Math, Philos) transitive

transition [tʀɑ̃zisjɔ̃] → SYN nf (gén, Art, Ciné, Mus, Sci) transition ◆ **de transition** période, mesure transitional ◆ **sans transition** without any transition

transitionnel, -elle [tʀɑ̃zisjɔnɛl] adj transitional

transitivement [tʀɑ̃zitivmɑ̃] adv transitively

transitivité [tʀɑ̃zitivite] nf (Ling, Philos) transitivity

transitoire [tʀɑ̃zitwaʀ] → SYN adj a (fugitif) transitory, transient
b (de transition) régime, mesures transitional, provisional; fonction interim (épith), provisional

transitoirement [tʀɑ̃zitwaʀmɑ̃] → SYN adv (→ **transitoire**) transitorily; transiently; provisionally

Transjordanie [tʀɑ̃sjɔʀdani] nf ◆ **la Transjordanie** (Pol) the Left Bank (of Jordan); (Hist) Transjordan

translatif, -ive [tʀɑ̃slatif, iv] adj ◆ **acte translatif de propriété** deed of conveyance ou transfer ou assignment ◆ **procédure translative** conveyancing

translation [tʀɑ̃slasjɔ̃] → SYN nf a (Admin) [tribunal, évêque] translation (frm), transfer; (Jur)

[droit, propriété] transfer, conveyance; (littér) [dépouille, cendres] translation (littér); (Rel) [fête] transfer, translation (frm)
b (Géom, Sci) translation ◆ **mouvement de translation** translatory movement

translit(t)ération [tʀɑ̃sliteʀasjɔ̃] nf transliteration

translit(t)érer [tʀɑ̃slitere] ▸ conjug 6 ◂ vt to transliterate

translocation [tʀɑ̃slɔkasjɔ̃] nf (Bio) translocation

translucide [tʀɑ̃slysid] → SYN adj translucent

translucidité [tʀɑ̃slysidite] nf translucence, translucency

transmanche [tʀɑ̃smɑ̃ʃ] adj inv cross-Channel (épith)

transmetteur [tʀɑ̃smetœʀ] nm (Téléc, Bio) transmitter ◆ (Naut) **transmetteur d'ordres** speaking tube

transmettre [tʀɑ̃smɛtʀ] → SYN ▸ conjug 56 ◂ GRAMMAIRE ACTIVE 22, 23.1 vt **a** (léguer) biens, secret, tradition, autorité to hand down, pass on; qualité to pass on; (transférer) biens, titre, autorité to pass on, hand over, transmit (frm); (communiquer) secret, recette to pass on ◆ **sa mère lui avait transmis le goût de la nature** his mother had passed her love of nature on to him
b message, ordre, renseignement to pass on; lettre, colis to send on, forward; (Téléc) signal to transmit, send; (Rad, TV) émission, discours to broadcast ◆ **transmettre sur ondes courtes** (Téléc) to transmit on short wave; (Rad, TV) to broadcast on short wave ◆ **veuillez transmettre mes amitiés à Paul** kindly pass on ou convey my best wishes to Paul ◆ **veuillez transmettre mon meilleur souvenir à Paul** kindly give my regards to ou remember me to Paul
c (Sport) ballon to pass; témoin, flambeau to hand over, pass on
d (Sci) énergie, impulsion to transmit; (Méd) maladie to pass on, transmit; (Bio) microbe to transmit ◆ **une maladie qui se transmet par contact** an illness passed on ou transmitted by contact ◆ **il risque de transmettre son rhume aux autres** he's likely to pass on ou transmit his cold to others

transmigration [tʀɑ̃smigʀasjɔ̃] → SYN nf transmigration

transmigrer [tʀɑ̃smigʀe] ▸ conjug 1 ◂ vi to transmigrate

transmissibilité [tʀɑ̃smisibilite] → SYN nf transmissibility

transmissible [tʀɑ̃smisibl] → SYN adj patrimoine, droit, caractère transmissible, transmittable ◆ **maladie sexuellement transmissible** sexually transmitted disease

transmission [tʀɑ̃smisjɔ̃] → SYN nf **a** (→ **transmettre**) handing down; passing on; handing over; transmission; sending on, forwarding; broadcasting; conveying; passing ◆ (Aut, Tech) **les organes de transmission, la transmission** the parts of the transmission system, the transmission ◆ (Aut) **transmission automatique** automatic transmission ◆ (Pol) **transmission des pouvoirs** handing over ou transfer of power ◆ (Ordin) **transmission de données** data transmission → **arbre, courroie**
b (Mil: service) **les transmissions** ≃ the Signals (corps)
c **transmission de pensée** thought transfer, telepathy

transmodulation [tʀɑ̃smɔdylasjɔ̃] nf intermodulation

transmuer [tʀɑ̃smɥe] → SYN ▸ conjug 1 ◂ vt (Chim, littér) to transmute

transmutabilité [tʀɑ̃smytabilite] nf transmutability

transmutation [tʀɑ̃smytasjɔ̃] → SYN nf (Chim, Phys, littér) transmutation

transmuter [tʀɑ̃smyte] ▸ conjug 1 ◂ ⇒ **transmuer**

transnational, e, mpl **-aux** [tʀɑ̃snasjɔnal, o] adj transnational

transocéanique [tʀɑ̃zɔseanik] adj transoceanic

Transpac ® [tʀɑ̃spak] nm packet switch network, ≃ PSS (Brit)

transparaître [tʀɑ̃spaʀɛtʀ] → SYN ▸ conjug 57 ◂ vi to show (through)

transparence [tʀɑ̃spaʀɑ̃s] → SYN nf **a** (→ **transparent**) transparency, transparence; limpidity; clearness; openness ◆ **regarder qch par transparence** to look at sth against the light ◆ **voir qch par transparence** to see sth showing through ◆ **éclairé par transparence** with the light shining through ◆ **la transparence de cette allusion** the transparency of this allusion ◆ **réclamer la transparence du financement des partis politiques** to call for openness in the financing of political parties ◆ **société dotée de la transparence fiscale** ≃ partnership
b (Ciné) back projection

transparent, e [tʀɑ̃spaʀɑ̃, ɑ̃t] → SYN **1** adj **a** (lit) verre, porcelaine transparent; papier, tissu transparent, see-through
b (diaphane) eau, ciel transparent, limpid; teint, âme, personne transparent; regard, yeux transparent, limpid, clear
c (fig) (évident) allusion, sentiment, intentions transparent, evident; (sans secret) négociation, comptes open ◆ (Écon) **société transparente** ≃ partnership
2 nm **a** (écran) transparent screen
b (Archit) openwork motif
c (feuille réglée) ruled sheet *(placed under writing paper)*
d (pour rétroprojecteur) transparency

transpercer [tʀɑ̃spɛʀse] → SYN ▸ conjug 3 ◂ vt **a** (gén) to pierce; (d'un coup d'épée) to run through, transfix; (d'un coup de couteau) to stab; [épée, lame] to pierce; [balle] to go through ◆ (fig) **transpercé de douleur** pierced by sorrow ◆ (fig) **transpercer qn du regard** to give sb a piercing look
b [froid, pluie] to go through, pierce ◆ **malgré nos chandails, le froid nous transperçait** despite our sweaters, the cold was going ou cutting straight through us ◆ **la pluie avait finalement transpercé ma pèlerine / la toile de tente** the rain had finally come through ou penetrated my cape / the tent canvas ◆ **je suis transpercé (par la pluie)** I'm soaked through ou drenched (by the rain)

transpiration [tʀɑ̃spiʀasjɔ̃] → SYN nf (processus) perspiration, perspiring; (Bot) transpiration; (sueur) perspiration, sweat ◆ **être en transpiration** to be perspiring ou sweating ou in a sweat

transpirer [tʀɑ̃spiʀe] → SYN ▸ conjug 1 ◂ vi **a** (lit) to perspire, sweat; (Bot) to transpire; (*: travailler dur) to sweat over sth* ◆ **il transpire des mains / pieds** his hands / feet perspire ou sweat, he has sweaty hands / feet ◆ **transpirer à grosses gouttes** to be running ou streaming with sweat ◆ **transpirer sur un devoir*** to sweat over an exercise*
b (fig) [secret, projet, détails] to come to light, leak out, transpire ◆ **rien n'a transpiré** nothing came to light, nothing leaked out ou transpired

transplant [tʀɑ̃splɑ̃] nm (Bio) transplant

transplantable [tʀɑ̃splɑ̃tabl] adj transplantable

transplantation [tʀɑ̃splɑ̃tasjɔ̃] nf [arbre, peuple, traditions] transplantation, transplanting; (Méd) (technique) transplantation; (intervention) transplant ◆ **transplantation cardiaque / du rein** heart / kidney transplant

transplanté, e [tʀɑ̃splɑ̃te] (ptp de **transplanter**) nm,f (Méd) receiver of a transplant

transplanter [tʀɑ̃splɑ̃te] → SYN ▸ conjug 1 ◂ vt (Bot, Méd, fig) to transplant ◆ **se transplanter dans un pays lointain** to uproot o.s. and move to a distant country, resettle in a distant country

transpolaire [tʀɑ̃spɔlɛʀ] adj transpolar

transpondeur [tʀɑ̃spɔ̃dœʀ] nm transponder, transpondor

transport [tʀɑ̃spɔʀ] → SYN **1** nm **a** (→ **transporter**) carrying; moving; transport(ation), conveying; conveyance; bringing; carrying over, transposition ◆ (Rail) **transport de voyageurs / marchandises** passenger / goods transportation, conveyance ou transport of passengers / goods ◆ **un car se chargera du transport des bagages** the luggage will be taken ou transported by coach ◆ **pour faciliter le transport des blessés** to facilitate the transport of the injured, to enable the injured to be moved more easily ◆ **le transport des blessés graves pose de nombreux problèmes** transporting ou moving seriously injured people poses many problems ◆ **endommagé pendant le transport** damaged in transit ◆ **transport maritime ou par mer** shipping, sea transport(ation), transport(ation) by sea ◆ **transport maritime à la demande** tramping ◆ **transport par train ou rail** rail transport(ation), transport(ation) by rail ◆ **transport par air ou avion** air transport(ation) ◆ (Mil) **transport de troupes** (action) troop transportation; (navire, train) troop transport ◆ **matériel / frais de transport** transportation ou transport equipment costs ◆ **transport de fonds** transfer of funds → **avion, moyen**
b **les transports** transport ◆ **les transports publics ou en commun** public transport ◆ **transports urbains** city ou urban transport ◆ **transports fluviaux** transport by inland waterway ◆ **transport(s) routier(s)** road haulage ou transport ◆ **transport(s) aérien(s) / maritime(s)** air / sea transport ◆ **mal des transport(s)** travel-sickness (Brit), motion sickness (US) ◆ **médicament contre le mal des transports** travel sickness drug (Brit), anti-motion-sickness drug (US) ◆ **entreprise de transports** haulage company
c (littér, hum: manifestation d'émotion) transport ◆ **(avec) des transports de joie / d'enthousiasme** (with) transports of delight / enthusiasm ◆ **transport de colère** fit of rage ou anger ◆ **transport au cerveau** seizure, stroke ◆ **transports amoureux** amorous transports
2 COMP ▷ **transport de justice, transport sur les lieux** (Jur) *visit by public prosecutor's department to scene of crime*

transportable [tʀɑ̃spɔʀtabl] adj marchandise transportable; blessé, malade fit to be moved (attrib)

transportation [tʀɑ̃spɔʀtasjɔ̃] nf (Jur) transportation

transporter [tʀɑ̃spɔʀte] → SYN ▸ conjug 1 ◂ **1** vt **a** (à la main, à dos) to carry, move; (avec un véhicule) marchandises, voyageurs to transport, carry, convey; (Tech) énergie, son to carry ◆ **le train transportait les écoliers / touristes** the train was carrying schoolchildren / tourists, the train had schoolchildren / tourists on board ◆ **le train a transporté les soldats / le matériel au camp de base** the train took ou conveyed the soldiers / the equipment to base camp ◆ **on a transporté le blessé à l'hôpital** the injured man was taken ou transported to hospital ◆ **on l'a transporté d'urgence à l'hôpital** he was rushed to hospital ◆ **transporter des marchandises par terre** to transport ou carry ou convey goods by land ◆ **transporter qch par mer** to ship sth, transport sth by sea ◆ **transporter des marchandises par train / avion** to transport ou convey goods by train / plane ◆ **ils ont dû transporter tout le matériel à bras** they had to move all the equipment by hand ◆ **le sable / vin est transporté par péniche** the sand / wine is transported ou carried by barge ◆ **elle transportait une forte somme d'argent** she was carrying a large sum of money ◆ (fig) **cette musique nous transporte dans un autre monde / siècle** this music transports us into another world / century
b (transférer) traditions, conflit to carry, bring; thème, idée to carry over, transpose ◆ **transporter la guerre / la maladie dans un autre pays** to carry ou spread war / disease into another country ◆ **transporter un fait divers à l'écran** to bring a news item to the screen ◆ **dans sa traduction, il transporte la scène à Moscou** in his translation, he shifts the scene to Moscow
c (littér: agiter, exalter) to carry away, send into raptures ◆ **transporter qn de joie / d'enthousiasme** to send sb into raptures ou transports (hum) of delight / enthusiasm ◆ **être ou se sentir transporté de joie / d'admiration** to be in transports (hum) of delight / admiration, be carried away with delight / admiration ◆ **transporté de fureur** beside o.s. with fury ◆ **cette musique m'a transporté** this music carried me away ou sent me into raptures
2 **se transporter** vpr (se déplacer) to betake o.s. (frm), repair (frm) ◆ (Jur) **le parquet s'est**

transporté sur les lieux the public prosecutor's office visited the scene of the crime ◆ **se transporter quelque part par la pensée** to transport o.s. somewhere in imagination, let one's imagination carry one away somewhere

transporteur [tʀɑ̃spɔʀtœʀ] → SYN nm a (entrepreneur) haulier (Brit), haulage contractor, carrier; (Jur: partie contractante) carrier ◆ **transporteur aérien** airline company ◆ **transporteur routier** road haulier (Brit), road haulage contractor
b (Tech: appareil) conveyor
c (Chim, Bio) carrier

transposable [tʀɑ̃spozabl] → SYN adj transposable

transposée [tʀɑ̃spoze] adj f, nf ◆ (Math) **(matrice) transposée** transpose

transposer [tʀɑ̃spoze] → SYN ▸conjug 1◂ vti to transpose

transpositeur [tʀɑ̃spozitœʀ] adj m (Mus) transposing

transposition [tʀɑ̃spozisjɔ̃] → SYN nf transposition

transposon [tʀɑ̃spozɔ̃] nm transposon

transputeur [tʀɑ̃spytœʀ] nm transputer

transpyrénéen, -enne [tʀɑ̃spiʀeneɛ̃, ɛn] adj trans-Pyrenean

transrhénan, e [tʀɑ̃sʀenɑ̃, an] adj transrhenane

transsaharien, -ienne [tʀɑ̃(s)saaʀjɛ̃, jɛn] adj trans-Saharan

transsexualisme [tʀɑ̃(s)sɛksɥalism] nm transsexualism

transsexualité [tʀɑ̃(s)sɛksɥalite] nf transsexuality

transsexuel, -elle [tʀɑ̃(s)sɛksɥɛl] → SYN adj, nm,f transsexual

transsibérien, -ienne [tʀɑ̃(s)sibeʀjɛ̃, jɛn] adj trans-Siberian ◆ **le transsibérien** the Trans-Siberian Railway

transsonique [tʀɑ̃(s)sɔnik] adj transonic

transsubstantiation [tʀɑ̃(s)sypstɑ̃sjasjɔ̃] → SYN nf transubstantiation

transsudat [tʀɑ̃(s)syda] nm transudate

transsudation [tʀɑ̃(s)sydasjɔ̃] nf transudation

transsuder [tʀɑ̃(s)syde] → SYN ▸conjug 1◂ vi to transude

transuranien, -ienne [tʀɑ̃zyʀanjɛ̃, jɛn] 1 adj transuranic, transuranian
2 nm transuranic ou transuranian element

Transvaal [tʀɑ̃sval] nm ◆ **le Transvaal** the Transvaal

transvasement [tʀɑ̃svazmɑ̃] → SYN nm decanting

transvaser [tʀɑ̃svaze] → SYN ▸conjug 1◂ vt (soutirer) to decant; (transvider) to transfer to another container

transversal, e, mpl **-aux** [tʀɑ̃svɛʀsal, o] → SYN adj coupe, fibre, pièce, barre cross (épith), transverse (spéc); mur, chemin, rue which runs across ou at right angles; vallée transverse ◆ (Aut, Transport) **axe transversal, liaison transversale** cross-country trunk road (Brit) ou highway (US), cross-country link ◆ **moteur transversal** transverse engine ◆ (fig) **thème transversal** cross-disciplinary theme

transversalement [tʀɑ̃svɛʀsalmɑ̃] adv across, crosswise, transversely (spéc)

transverse [tʀɑ̃svɛʀs] adj (Anat) transverse

transvestisme [tʀɑ̃svɛstism] ⇒ **travestisme**

transvider [tʀɑ̃svide] ▸conjug 1◂ vt to transfer to another container

Transylvanie [tʀɑ̃silvani] nf Transylvania

trapèze [tʀapɛz] → SYN nm a (Géom) trapezium (Brit), trapezoid (US)
b (Sport) trapeze ◆ **trapèze volant** flying trapeze ◆ **faire du trapèze** to perform on the trapeze
c (Anat) **(muscle) trapèze** trapezius (muscle)

trapéziste [tʀapezist] → SYN nmf trapeze artist

trapézoèdre [tʀapezɔɛdʀ] nm (Minér) trapezohedron

trapézoïdal, e, mpl **-aux** [tʀapezɔidal, o] adj trapezoid (épith)

trapézoïde [tʀapezɔid] adj, nm ◆ **(os) trapézoïde** trapezoid

Trappe [tʀap] nf (couvent) Trappist monastery; (ordre) Trappist order

trappe [tʀap] → SYN nf a (dans le plancher) trap door; (Tech: d'accès, d'évacuation) hatch; (Théât) trap door; (Aviat: pour parachute) exit door ◆ (fig) **mettre qn à la trappe** to give sb the push*, show sb the door ◆ **passer à la trappe** [projet] to be written off*; [personne] to be given the push*, be shown the door
b (piège) trap

trappeur [tʀapœʀ] → SYN nm trapper, fur trader

trappillon [tʀapijɔ̃] nm (Théât) trap

trappiste [tʀapist] nm Trappist (monk)

trappistine [tʀapistin] nf (religieuse) Trappistine; (liqueur) trappistine

trapu, e [tʀapy] → SYN adj a personne squat, stocky, thickset; maison squat
b (arg Scol: calé) élève brainy*, terrific*; question, problème tough, hard, stiff ◆ **une question trapue** a stinker* of a question, a really tough question, a poser ◆ **il est trapu en latin** he's terrific* at Latin

traque [tʀak] → SYN nf ◆ **la traque (du gibier)** the tracking (of game)

traquenard [tʀaknaʀ] → SYN nm (piège) trap; (fig) [grammaire, loi] pitfall, trap

traquer [tʀake] → SYN ▸conjug 1◂ 1 vt gibier to track (down); fugitif to track down, run to earth, hunt down; (fig littér) abus, injustice to hunt down; (harceler) [journalistes, percepteur etc] to hound, pursue ◆ **air / regard de bête traquée** look / gaze of a hunted animal ◆ **c'était maintenant un homme traqué, aux abois** he was now at bay, a hunted man
2 vi (*: avoir le trac) (Théât, en public) (sur le moment) to have stage fright; (à chaque fois) to get stage fright; (aux examens etc) (sur le moment) to be nervous; (à chaque fois) to get nervous, get (an attack ou a fit of) nerves

traquet [tʀakɛ] → SYN nm ◆ **traquet (pâtre)** stonechat ◆ **traquet (motteux)** wheatear

traqueur, -euse [tʀakœʀ, øz] 1 nm,f (Chasse) tracker; (personne anxieuse) bag of nerves*
2 adj nervous

trauma [tʀoma] → SYN nm (Méd, Psych) trauma

traumatique [tʀomatik] adj traumatic

traumatisant, e [tʀomatizɑ̃, ɑ̃t] adj traumatizing

traumatiser [tʀomatize] → SYN ▸conjug 1◂ vt to traumatize

traumatisme [tʀomatism] → SYN nm traumatism ◆ **traumatisme crânien** cranial traumatism

traumatologie [tʀomatɔlɔʒi] nf *branch of medicine dealing with road and industrial accidents etc* ◆ **service de traumatologie d'un hôpital** casualty department ou accident-and-emergency department of a hospital

traumatologique [tʀomatɔlɔʒik] adj traumatological

traumatologiste [tʀomatɔlɔʒist(ə)] nmf, **traumatologue** [tʀomatɔlɔg] nmf trauma specialist, accident and emergency specialist

travail[1], pl **-aux** [tʀavaj, o] → SYN
1 nm a (labeur, tâches à accomplir) **le travail** work ◆ **travail intellectuel** brainwork, intellectual ou mental work ◆ **travail manuel** manual work ◆ **travail musculaire** heavy labour ◆ **fatigue due au travail scolaire** tiredness due to school work ◆ **je n'y touche pas: c'est le travail de l'électricien** I'm not touching it – that's the electrician's job ◆ **observer qn au travail** to watch sb at work, watch sb working ◆ **séance / déjeuner de travail** working session / lunch ◆ **ce mouvement demande des semaines de travail** it takes weeks of work to perfect this movement ◆ **avoir du travail / beaucoup de travail** to have (some) work / a lot of work to do ◆ **se mettre au travail** to set to ou get down to work ◆ **j'ai un travail fou en ce moment*** I've got a load of work on at the moment*, I'm up to my eyes in work at the moment* I'm snowed under with work at the moment* ◆ **le travail c'est la santé*** work is good for you ◆ **à travail égal, salaire égal** equal pay for equal work → **cabinet, table**
b (tâche) work (NonC), job; (ouvrage) work (NonC) ◆ **c'est un travail de spécialiste** (difficile à faire) it's work for a specialist, it's a specialist's job; (bien fait) it's the work of a specialist ◆ **fais-le tout seul, c'est ton travail** do it yourself, it's your job ◆ **commencer / achever / interrompre un travail** to start / complete / interrupt a piece of work ou a job ◆ **ce n'est pas du travail** that's not work!, (do you) call that work! ◆ **les travaux de la commission seront publiés** the committee's work ou deliberations ou findings will be published ◆ **travaux scientifiques / de recherche** scientific / research work ◆ **travaux sur bois** woodwork ◆ **travaux sur métal** metalwork ◆ **il est l'auteur d'un gros travail sur le romantisme** he is the author of a sizeable work on romanticism ◆ (Mil) **travaux d'approche / de siège** sapping ou approach / siege works ◆ **travaux de réfection / de réparation / de construction** renovation / repair / building work ◆ **faire faire des travaux dans la maison** to have some work ou some jobs done in the house ◆ **travaux de plomberie** plumbing work ◆ **travaux d'aménagement** alterations, alteration work ◆ **les travaux de la ferme** farm work ◆ **les travaux pénibles, les gros travaux** the heavy work ou tasks ◆ **entreprendre de grands travaux d'assainissement / d'irrigation** to undertake large-scale sanitation / irrigation work ◆ **« pendant les travaux, le magasin restera ouvert »** "business as usual during alterations", "the shop will remain open (as usual) during alterations" ◆ **attention! travaux!** caution! work in progress!; (sur la route) road works (Brit) ou roadwork (US) ahead! ◆ **il y a des travaux (sur la chaussée)** the road is up, there are roadworks in progress
c (métier, profession) job, occupation; (situation) work (NonC), job, situation ◆ (activité rétribuée) **le travail** work (NonC) ◆ **avoir un travail intéressant / lucratif** to have an interesting / a highly paid occupation ou job ◆ **apprendre un travail** to learn a job ◆ **être sans travail, ne pas avoir de travail** to be out of work ou without a job ou unemployed ◆ **travail à mi- / plein temps** part- / full-time work ◆ **travail temporaire** temporary job ou work (NonC) ◆ (Ind) **accident / conflit / législation du travail** industrial accident / dispute / legislation ◆ **travail de bureau / d'équipe** office / team work ◆ **travail en usine** factory work, work in a factory ◆ **travail en atelier** work in a workshop ◆ **travail à la pièce** ou **aux pièces** piecework ◆ **travail à domicile** outwork (Brit), homework ◆ **elle a un travail à domicile / au dehors** she has a job at home / outside, she works at home / goes out to work ◆ (Ind) **cesser le travail** to stop work, down tools ◆ **reprendre le travail** to go back to work → **arrêt, bleu** etc
d (Écon: opposé au capital) labour ◆ **l'exploitation du travail** the exploitation of labour ◆ **association capital-travail** cooperation between workers and management ou workers and the bosses* ◆ **les revenus du travail** earned income ◆ **le monde du travail** the workers → **division**
e (facture) work (NonC) ◆ **dentelle d'un travail très fin** finely-worked lace ◆ **sculpture d'un travail délicat** finely-wrought sculpture ◆ **c'est un très joli travail** it's a very nice piece of handiwork ou craftsmanship ou work ◆ **travail soigné** ou **d'artiste / d'amateur** meticulous / amateurish workmanship (NonC) ◆ (iro) **c'est du beau** ou **joli travail!** what a beautiful piece of work!* (iro), well done!* (iro)
f (façonnage) [bois, cuir, fer] working ◆ (Peinture) **le travail de la pâte** working the paste ◆ **le travail du marbre requiert une grande habileté** working with marble requires great skill
g [machine, organe] work ◆ **travail musculaire** muscular effort, work of the muscles
h (effet) [gel, érosion, eaux] work; (évolution) [bois] warp, warping; [vin, cidre] working ◆ **le travail de l'imagination / l'inconscient** the

workings of the imagination/the unconscious ◆ **le travail du temps** the work of time

i (Phys) work ◆ **unité de travail** unit of work

j (Méd) [femme] labour ◆ **femme en travail** woman in labour ◆ **entrer en travail** to go into ou start labour ◆ **salle de travail** labour ward

2 COMP ▷ **travaux agricoles** agricultural ou farm work ▷ **travaux d'aiguille** needlework ▷ **travaux d'approche** (fig) (pour faire la cour) initial overtures (*auprès de* to); (pour demander qch) preliminary manœuvres ou moves (*auprès de* with) ◆ **faire** ou **entreprendre des travaux d'approche auprès du patron pour une augmentation** to broach the subject of a rise with the boss, introduce the idea of a rise to the boss ▷ **un travail de Bénédictin** (fig) a painstaking task ▷ **travail à la chaîne** assembly line ou production line work ▷ **travaux des champs** ⇒ **travaux agricoles** ▷ **travaux dirigés** (Univ) tutorial (class) (Brit), section (of a course) (US) ▷ **travail de forçat** (fig) hard labour (fig) ◆ **c'est un travail de forçat** it's hard labour ▷ **travaux forcés** hard labour ◆ (Jur) **être condamné aux travaux forcés** to be sentenced to hard labour ◆ (fig) **dans cette entreprise c'est vraiment les travaux forcés** it's real slave labour in this company ▷ **un travail de fourmi** (fig) a long, painstaking job ▷ **travaux d'intérêt général** *community work carried out by young people*, ≃ community service (Brit) ▷ **les travaux d'Hercule** the labours of Hercules ▷ **travaux manuels** (Scol) handicrafts ▷ **travaux ménagers** housework ▷ **travail au noir** moonlighting ▷ **le travail posté** shift work ▷ **travaux pratiques** (Scol, Univ) (gén) practical work; (en laboratoire) lab work (Brit), lab (US) ▷ **travaux préparatoires** [projet de loi] preliminary documents ▷ **travaux publics** civil engineering ◆ **ingénieur des travaux publics** civil engineer ◆ **entreprise de travaux publics** civil engineering firm ▷ **un travail de Romain** a Herculean task ▷ **travaux d'utilité collective** (paid) community work *(done by the unemployed)*, ≃ employment training (Brit), ≃ YTS (Brit)

travail², pl **travails** [tʀavaj] nm (appareil) trave

travaillé, e [tʀavaje] → SYN (ptp de **travailler**) adj **a** (façonné) bois, cuivre worked, wrought

b (fignolé) style, phrases polished, studied; meuble, ornement intricate, finely-worked

c (tourmenté) **travaillé par le remords / la peur / la jalousie** tormented ou distracted by remorse / fear / jealousy

travailler [tʀavaje] → SYN ▸ conjug 1 ◂ GRAMMAIRE ACTIVE 19.2

1 vi **a** (faire sa besogne) to work ◆ **travailler dur** to work hard ◆ **travailler jour et nuit** to work day and night ◆ **travailler comme un forçat / une bête de somme** to work like a galley slave / a horse ou a Trojan ◆ **travailler comme un nègre*** to work like a slave, slave away ◆ **il aime travailler au jardin** he likes working in the garden ◆ **je vais travailler un peu à la bibliothèque** I'm going to do some work in the library ◆ **faire travailler sa tête** ou **sa matière grise** to set one's mind ou the grey matter to work ◆ **fais travailler ta tête!** get your brain working!, use your head! ◆ **faire travailler ses bras** to exercise one's arms ◆ **travailler du chapeau*** to be slightly dotty* ou a bit cracked* ou touched* ou nuts* ◆ **travailler pour le roi de Prusse** to receive no reward for one's pains ◆ **va travailler** (go and) get on with your work

b (exercer un métier) to work ◆ **travailler en usine** to work in a factory ◆ **travailler à domicile** to work at home ◆ **travailler dans les assurances / l'enseignement** to work in insurance / education ◆ **travailler aux pièces** to do piecework ◆ **travailler au noir** to moonlight, do moonlighting ◆ **tu pourras te l'offrir quand tu travailleras** you'll be able to buy ou afford it once you start work ◆ **dans ce pays on fait travailler les enfants à 8 ans** in this country they put children to work at the age of 8 ou they make children work from the age of 8 ◆ **il a commencé à travailler chez X hier** he started work ou he went to work at X's yesterday ◆ **sa femme travaille** his wife goes out to work, his wife works ◆ **on finit de travailler à 17 heures** we finish ou stop work at 5 o'clock

c (s'exercer) [artiste, acrobate] to practise, train; [boxeur] to have a workout, train; [musicien] to practise ◆ [enfant] **son père le fait travailler tous les soirs** his father makes him work every evening ◆ **travailler sans filet** (lit) to work without a safety net; (fig) to be out on one's own, work in the dark, work without any backup

d (agir, fonctionner) [firme, argent] to work ◆ **l'industrie travaille pour le pays** industry works for the country ◆ **travailler à perte** to work ou be working at a loss ◆ **faire travailler l'argent** to make one's money work for one ◆ **le temps travaille pour / contre eux** time is on their side / against them

e [métal, bois] to warp; [vin, cidre] to work, ferment; [pâte] to work, rise; (fig) [imagination] to work

2 vt **a** (façonner) matière, verre, fer to work, shape ◆ **travailler la terre** to work ou cultivate the land ◆ **travailler la pâte** (Culin) to knead ou work the dough; (Peinture) to work the paste

b (potasser) branche, discipline to work at ou on; morceau de musique to work on, practise; rôle, scène to work on; (fignoler) style, phrase to polish up, work on; (Sport) mouvement, coup to work on ◆ **travailler son anglais** to work on one's English ◆ **travailler le chant / piano** to practise singing / the piano ◆ **travailler son piano / violon** to do one's piano / violin practice ◆ (Tennis) **travailler une balle** to put some spin on a ball

c (agir sur) personne to work on ◆ **travailler l'opinion / les esprits** to work on public opinion / people's minds ◆ **travailler qn au corps** (Boxe) to punch ou pummel sb around the body; (fig) to put pressure on sb, pressure sb, pressurize sb

d (faire s'exercer) taureau, cheval to work

e (préoccuper) [doutes, faits] to distract, worry; (tourmenter) [douleur, fièvre] to distract, torment ◆ **cette idée / ce projet le travaille** this idea / plan is on his mind ou is preying on his mind ◆ **le ventre me travaille** I have pains in my stomach

3 travailler à vt indir livre, projet to work on; cause, but to work for; (s'efforcer d'obtenir) to work towards ◆ **travailler à la perte de qn** to work towards sb's downfall, endeavour to bring about sb's downfall

travailleur, -euse [tʀavajœʀ, øz] → SYN **1** adj (consciencieux) hard-working, painstaking, diligent (frm)

2 nm,f **a** (gén) worker ◆ **un bon / mauvais travailleur, une bonne / mauvaise travailleuse** a good / bad worker

b (personne consciencieuse) (hard) worker

3 nm (personne exerçant un métier, une profession) worker ◆ **les travailleurs** the workers, working people ◆ **les revendications des travailleurs** the claims made by the workers ◆ **il avait loué sa ferme à des travailleurs étrangers** he had rented his farm to immigrant workers ◆ **le problème des travailleurs étrangers** the problem of immigrant labour ou workers

4 travailleuse nf (meuble) worktable

5 COMP ▷ **travailleur agricole** agricultural ou farm worker ▷ **travailleur à domicile** homeworker ▷ **travailleuse familiale** home help ▷ **travailleur de force** labourer ▷ **travailleur indépendant** self-employed person, freelance worker ▷ **travailleur intellectuel** non-manual ou intellectual worker ▷ **travailleur manuel** manual worker ▷ **travailleur au noir** moonlighter ▷ **travailleur social** social services employee

travaillisme [tʀavajism] nm Labour philosophy, Labour brand of socialism

travailliste [tʀavajist] **1** adj Labour

2 nmf Labour Party member ◆ **il est travailliste** he is Labour, he supports Labour ◆ **les travaillistes** Labour, the Labour Party

travailloter [tʀavajɔte] ▸ conjug 1 ◂ vi (péj) to work a little, work without over-straining o.s.

travée [tʀave] nf **a** (section) [mur, voûte, rayon, nef] bay; [pont] span

b (Tech: portée) span

c (rangée) [église, amphithéâtre] row (of benches); [théâtre] row (of seats) ◆ **les travées du fond manifestèrent leur mécontentement** the back rows showed their annoyance

travelage [tʀav(ə)laʒ] nm (traverses) sleepers (Brit), ties (US); (nombre au km) number of sleepers (Brit) ou ties (US) per kilometre

traveller [tʀavlœʀ] nm abrév de **traveller's chèque** ou **check**

traveller's chèque, traveller's check [tʀavlœʀ(s)ʃɛk] nm traveller's cheque (Brit), traveler's check (US)

travelling [tʀavliŋ] nm (Ciné) (dispositif) dolly, travelling platform; (mouvement) tracking ◆ **travelling avant / arrière / latéral** tracking in / out / sideways ◆ **travelling optique** zoom shots

travelo* [tʀavlo] nm (travesti) drag queen*

travers¹ [tʀavɛʀ] → SYN nm (défaut) failing, fault, shortcoming ◆ **chacun a ses petits travers** everyone has his little failings ou faults ◆ **tomber dans le travers qui consiste à faire ...** to make the opposite mistake of doing ...

travers² [tʀavɛʀ] → SYN nm **a** (sens diagonal, transversal) **en travers** across, crosswise ◆ **en travers de** across ◆ **couper / scier en travers** to cut / saw across ◆ **pose la planche en travers** lay the plank across ou crosswise ◆ **un arbre était en travers de la route** a tree was lying across the road ◆ **le véhicule dérapa et se mit en travers (de la route)** the vehicle skidded and stopped sideways on ou stopped across the road ◆ (fig) **se mettre en travers (des projets de qn)** to stand in the way (of sb's plans) → **tort**

b (Naut) navire **en travers, par le travers** abeam, on the beam ◆ **vent de travers** wind on the beam ◆ **mettre un navire en travers** to heave to ◆ **se mettre en travers** to heave to ◆ **s'échouer en travers** to run aground on the beam

c au travers through ◆ **au travers de** through ◆ **la palissade est délabrée : on voit au travers / le vent passe au travers** the fence is falling down and you can see (right) through / the wind comes (right) through ◆ **au travers de ses mensonges, on devine sa peur** through his lies you can tell he's frightened ◆ (fig) **passer au travers** to escape ◆ **le truand est passé au travers** the criminal slipped through the net ou escaped ◆ **passer au travers d'une corvée** to get out of doing a chore ◆ **tout le monde a eu la grippe mais je suis passé au travers** everyone had flu but I managed to avoid ou escape it

d de travers (pas droit) crooked, askew ◆ (fig : à côté) **répondre de travers** to give a silly answer ◆ **comprendre de travers** to misunderstand ◆ (fig : mal) **aller** ou **marcher de travers** to be going wrong ◆ **avoir la bouche / le nez de travers** to have a crooked mouth / nose ◆ [ivrogne] **marcher de travers** to stagger ou totter along ◆ **planter un clou de travers** to hammer a mail in crooked ◆ **il répond toujours de travers** he never gives a straight ou proper answer ◆ **il raisonne toujours de travers** his reasoning is always unsound ◆ [véhicule etc] **se mettre de travers** to stop sideways on ◆ **elle a mis son chapeau de travers** she has put her hat on crooked, her hat is not on straight ◆ **il a l'esprit un peu de travers** he's slightly odd ◆ **il lui a jeté un regard** ou **il l'a regardé de travers** he looked askance at him, he gave him a funny look ◆ **il a avalé sa soupe de travers, sa soupe est passée de travers** his soup has gone down the wrong way ◆ **tout va de travers chez eux en ce moment** everything is going wrong ou nothing is going right for them at the moment ◆ **prendre qch de travers** to take sth amiss ou the wrong way ◆ **il prend tout de travers** he takes everything the wrong way ou amiss

e à travers vitre, maille, trou, foule through; campagne, bois across, through ◆ **voir qn à travers la vitre** to see sb through the window ◆ **ce n'est pas opaque, on voit à travers** it's not opaque – you can see through it ◆ **le renard est passé à travers le grillage** the fox went through the fence ◆ **sentir le froid à travers un manteau** to feel the cold through a coat ◆ **passer à travers champs / bois** to go through ou across fields ou across country / through woods ◆ **la couche de glace est mince, tu risques de passer**

à **travers** the layer of ice is thin – you could fall through ◆ **juger qn à travers son œuvre** to judge sb through his work ◆ **à travers les siècles** through ou across the centuries ◆ **à travers les divers rapports, on entrevoit la vérité** through the various reports we can get some idea of the truth ◆ (lit, fig) **passer à travers les mailles du filet** to slip through the net

f (Boucherie) **travers (de porc)** sparerib of pork

traversable [tʀavɛʀsabl] adj which can be crossed, traversable (frm) ◆ **rivière traversable à gué** fordable river

traverse [tʀavɛʀs] → SYN nf a (Rail) sleeper (Brit), tie (US)

b (pièce, barre transversale) strut, crosspiece

c **chemin de traverse, traverse†** road which cuts across, shortcut

traversée [tʀavɛʀse] → SYN 1 nf a [rue, mer, pont etc] crossing; [ville, forêt, tunnel etc] going through ◆ **la traversée des Alpes / de l'Atlantique en avion** the crossing of the Alps / of the Atlantic by plane ◆ **la traversée de la ville en voiture peut prendre 2 heures** driving through the town can take 2 hours, crossing the town can take 2 hours by car ◆ **faire la traversée d'un fleuve à la nage** to swim across a river

b (Naut: trajet) crossing

c (Alpinisme) (course) through-route; (passage) traverse ◆ (Ski) **descendre en traversée** to traverse

2 COMP ▷ **traversée du désert** (fig) time (spent) in the wilderness

traverser [tʀavɛʀse] → SYN ▸ conjug 1 ◂ vt a [personne, véhicule] rue, pont to cross; chaîne de montagnes, mer to cross, traverse (littér); ville, forêt, tunnel to go through ◆ **traverser une rivière à la nage** to swim across a river ◆ **traverser une rivière en bac** to take a ferry across a river, cross a river by ferry ◆ **traverser (une rivière) à gué** to ford a river, wade across a river ◆ **il traversa le salon à grands pas** he strode across the living room ◆ **avant de traverser, assurez-vous que la chaussée est libre** before crossing, see that the road is clear

b [pont, route] to cross, run across; [tunnel] to cross under; [barre, trait] to run across ◆ **le fleuve / cette route traverse tout le pays** the river / this road runs ou cuts right across the country ◆ **ce tunnel traverse les Alpes** this tunnel crosses under the Alps ◆ **un pont traverse le Rhône en amont de Valence** a bridge crosses ou there is a bridge across the Rhone upstream from Valence ◆ **une cicatrice lui traversait le front** he had a scar (right) across his forehead, a scar ran right across his forehead

c (percer) [projectile, infiltration] to go ou come through ◆ **traverser qch de part en part** to go right through sth ◆ **les clous ont traversé la semelle** the nails have come through the sole ◆ **la pluie a traversé la tente** the rain has come through the tent ◆ **une balle lui traversa la tête** a bullet went through his head ◆ **il s'effondra, la cuisse traversée d'une balle** he collapsed, shot through the thigh ◆ **une douleur lui traversa le poignet** a pain shot through his wrist ◆ **une idée lui traversa l'esprit** an idea passed through his mind ou occurred to him

d (passer à travers) **traverser la foule** to make one's way through the crowd

e (fig: dans le temps) période to go ou live through; crise to pass ou go through, undergo ◆ **sa gloire a traversé les siècles** his glory travelled down the ages

traversier, -ière [tʀavɛʀsje, jɛʀ] 1 adj a rue which runs across

b (Naut) navire cutting across the bows

c → **flûte**

2 nm (Can) ferryboat

traversin [tʀavɛʀsɛ̃] → SYN nm [lit] bolster

travertin [tʀavɛʀtɛ̃] nm travertin(e)

travesti, e [tʀavɛsti] → SYN (ptp de **travestir**) 1 adj (gén: déguisé) disguised; (Théât) acteur playing a female role; rôle female *(played by man)* → **bal**

2 nm a (Théât: acteur) actor playing a female role; (artiste de cabaret) female impersonator, drag artist; (Psych: homosexuel) transvestite ◆ **numéro de travesti** drag act

b (déguisement) fancy dress ◆ **en travesti** in fancy dress

travestir [tʀavɛstiʀ] → SYN ▸ conjug 2 ◂ 1 vt a (déguiser) personne to dress up; acteur to cast in a female role ◆ **travestir un homme en femme** to dress a man up as a woman

b (fig) vérité, paroles to travesty, misrepresent, parody

2 **se travestir** vpr (pour un bal) to put on fancy dress; (Théât) to put on a woman's costume; (pour un numéro de cabaret) to put on drag; (Psych) to dress as a woman, cross-dress ◆ **se travestir en Arlequin** to dress up as Harlequin

travestisme [tʀavɛstism] nm (Psych) transvestism

travestissement [tʀavɛstismɑ̃] → SYN nm a (action) [personne] (gén) dressing-up; (Psych) cross-dressing; [vérité, paroles] travesty, misrepresentation

b (habit) fancy dress (NonC)

traviole* [tʀavjɔl] → SYN adv ◆ **de traviole** skew-whiff*, crooked ◆ **être / mettre de traviole** to be / put skew-whiff* ou crooked ◆ **il comprend tout de traviole** he gets hold of the wrong end of the stick every time*, he gets in a muddle about everything ◆ **elle fait tout de traviole** she does everything wrong ◆ **tout va de traviole en ce moment / dans le service** everything's going wrong these days / in this department

trayeur, -euse [tʀɛjœʀ, øz] 1 nm,f milker

2 **trayeuse** nf (machine) milking machine

trayon [tʀɛjɔ̃] → SYN nm teat

trébuchant, e [tʀebyʃɑ̃, ɑ̃t] adj (chancelant) démarche, ivrogne tottering (épith), staggering (épith); (fig) diction, voix halting (épith) → **espèce**

trébucher [tʀebyʃe] → SYN ▸ conjug 1 ◂ vi (lit, fig) to stumble ◆ **faire trébucher qn** to trip sb up ◆ **trébucher sur** ou **contre** racine, pierre to stumble over, trip against; mot, morceau difficile to stumble over

trébuchet [tʀebyʃɛ] → SYN nm a (piège) bird-trap

b (balance) assay balance

trécheur [tʀeʃœʀ] nm ⇒ **trescheur**

tréfilage [tʀefilaʒ] nm wiredrawing

tréfiler [tʀefile] ▸ conjug 1 ◂ vt to wiredraw

tréfilerie [tʀefilʀi] nf wireworks

tréfileur [tʀefilœʀ] nm (ouvrier) wireworker, wiredrawer

tréfileuse [tʀefiløz] nf (machine) wiredrawing machine

tréflé, e [tʀefle] adj trefoil (épith)

trèfle [tʀɛfl] → SYN nm a (Bot) clover ◆ **trèfle à quatre feuilles** four-leaf clover ◆ **trèfle blanc** white clover ◆ **trèfle cornu** trefoil ◆ **trèfle d'eau** bogbean

b (Cartes) clubs ◆ **jouer trèfle** to play a club ou clubs ◆ **le 8 de trèfle** the 8 of clubs

c (Aut) **(carrefour en) trèfle** cloverleaf (junction ou intersection)

d (Archit) trefoil

e (†‡: argent) lolly‡ (Brit), dough‡, bread†‡

f (emblème de l'Irlande) **le trèfle** the shamrock ◆ (Rugby) **l'équipe du trèfle** the Irish team

tréflière [tʀeflijɛʀ] nf field of clover

tréfonds [tʀefɔ̃] → SYN nm ◆ (littér) **le tréfonds de** the inmost depths of ◆ **ébranlé jusqu'au tréfonds** deeply ou profoundly shaken, shaken to the core ◆ **dans le tréfonds de mon cœur** deep down in my heart ◆ **le tréfonds de l'homme** the inmost depths of man ◆ **dans le tréfonds de son âme** deep down, in the depths of his soul

tréhalose [tʀealoz] nm trehalose

treillage [tʀɛjaʒ] → SYN nm (sur un mur) lattice work, trellis(work); (clôture) trellis fence ◆ **treillage en voûte** trellis archway

treillager [tʀɛjaʒe] ▸ conjug 3 ◂ vt mur to trellis, lattice; fenêtre to lattice ◆ **treillagé de rubans** criss-crossed with tape

treille [tʀɛj] → SYN nf (tonnelle) vine arbour; (vigne) climbing vine → **jus**

treillis[1] [tʀeji] nm (en bois) trellis; (en métal) wire-mesh; (Constr) lattice work

treillis[2] [tʀeji] nm (Tex) canvas; (Mil: tenue) combat uniform

treillisser [tʀejise] ▸ conjug 1 ◂ vt to trellis

treize [tʀɛz] adj inv, nm inv thirteen ◆ **treize à la douzaine** baker's dozen ◆ **il m'en a donné treize à la douzaine** he gave me a baker's dozen ◆ **vendre des huîtres treize à la douzaine** to sell oysters at thirteen for the price of twelve; pour autres loc voir **six**

treizième [tʀɛzjɛm] adj, nmf thirteenth ◆ **treizième mois** (de salaire) (bonus) thirteenth month's salary; pour loc voir **sixième**

treizièmement [tʀɛzjɛmmɑ̃] adv in the thirteenth place

treiziste [tʀɛzist] nm Rugby League player

trekking [tʀekiŋ] nm (activité) trekking (NonC); (randonnée) trek ◆ **faire un trekking** to go on a trek ◆ **faire du trekking** to go trekking

tréma [tʀema] nm dieresis ◆ **i tréma** i dieresis

trémail [tʀemaj] ⇒ **tramail**

trémater [tʀemate] ▸ conjug 1 ◂ vt (Naut) to pass, overtake

trématodes [tʀematɔd] nmpl ◆ **les trématodes** trematodes, the Trematoda (spéc)

tremblaie [tʀɑ̃blɛ] → SYN nf aspen grove

tremblant, e [tʀɑ̃blɑ̃, ɑ̃t] → SYN 1 adj personne, membre, main trembling, shaking; voix trembling, tremulous, shaky, quavering (épith); lumière trembling (épith), quivering (épith), flickering (épith) ◆ **il vint me trouver, tremblant** he came looking for me in fear and trembling ◆ **il se présenta tremblant devant son chef** he appeared trembling ou shaking before his boss ◆ **tremblant de froid** shivering with ou trembling with cold ◆ **tremblant de peur** trembling ou shaking ou shivering with fear

2 **tremblante** nf (Vét) scrapie

tremble [tʀɑ̃bl] → SYN nm aspen

tremblé, e [tʀɑ̃ble] (ptp de **trembler**) adj a écriture, dessin shaky; voix trembling, shaky, tremulous, quavering (épith); note quavering (épith)

b (Typ) **(filet) tremblé** wavy ou waved rule

tremblement [tʀɑ̃bləmɑ̃] → SYN 1 nm a (→ **trembler**) shiver; trembling (NonC); shaking (NonC); fluttering (NonC); flickering (NonC); quivering (NonC); wavering (NonC); quavering (NonC); vibration ◆ **un tremblement le parcourut** a shiver went through him ◆ **il fut saisi d'un tremblement convulsif** he was seized with a violent fit of shivering ou trembling ◆ **avec des tremblements dans la voix** with a trembling ou quavering ou shaky voice

b LOC **et tout le tremblement*** the whole caboodle*, the whole kit and caboodle*(US)

2 COMP ▷ **tremblement de terre** earthquake ◆ **léger tremblement de terre** earth tremor

trembler [tʀɑ̃ble] → SYN ▸ conjug 1 ◂ vi a [personne] (de froid, de fièvre) to shiver, tremble, shake (*de* with); (de peur, d'indignation, de colère) to tremble, shake (*de* with) ◆ **il tremblait de tout son corps** ou **de tous ses membres** he was shaking ou trembling all over ◆ **trembler comme une feuille** to shake ou tremble like a leaf

b [feuille] to tremble, flutter; [lumière] to tremble, flicker, quiver; [flamme] to tremble, flicker, waver; [voix] to tremble, shake, quaver; [son] to tremble, quaver; [main] to tremble, shake

c [bâtiment, fenêtre] to shake, tremble; [plancher] to tremble, vibrate; [terre] to shake, quake, tremble ◆ **faire trembler le sol** to make the ground tremble, shake the ground ◆ **la terre a tremblé** there has been an earth tremor

d (fig: avoir peur) to tremble ◆ **trembler pour qn / qch** to fear for ou tremble for sb / sth, be anxious over sb / sth ◆ **trembler à la pensée de qch** to tremble at the (very) thought of sth ◆ **il tremble de l'avoir perdu** he is afraid ou he fears that he has lost it ◆ **je tremble qu'elle ne s'en remette pas** I fear that she may not recover ◆ **il fait trembler**

ses subordonnés he strikes fear (and trembling) into those under him, his subordinates live in dread of him

trembleur [tʀɑ̃blœʀ] → SYN nm (Élec) trembler

tremblotant, e [tʀɑ̃blɔtɑ̃, ɑ̃t] adj personne, main trembling, shaking; voix quavering (épith), tremulous; flamme trembling (épith), flickering (épith), wavering (épith); lumière trembling (épith), quivering (épith), flickering (épith)

tremblote* [tʀɑ̃blɔt] nf ◆ **avoir la tremblote** (froid) to have the shivers*; (peur) to have the jitters*; (vieillard) to have the shakes*

tremblotement [tʀɑ̃blɔtmɑ̃] nm (→ **trembloter**) trembling (NonC); shaking (NonC); quavering (NonC); flickering (NonC) ◆ **avec un tremblotement dans sa voix** with a tremble in his voice

trembloter [tʀɑ̃blɔte] → SYN ▸ conjug 1 ◂ vi [personne, mains] to tremble ou shake (slightly); [voix] to quaver, tremble; [lumière] to tremble, quiver, flicker; [flamme] to tremble, flicker, waver

trémelle [tʀemɛl] nf tremella

trémie [tʀemi] → SYN nf **a** (Tech: entonnoir) [concasseur, broyeur, trieuse] hopper
b (mangeoire) feedbox
c (Constr) [cheminée] hearth cavity ou space; [escalier] stair cavity

trémière [tʀemjɛʀ] adj f → **rose**

trémolo [tʀemɔlo] → SYN nm [instrument] tremolo; [voix] quaver, tremor ◆ **avec des trémolos dans la voix** with a quaver ou tremor in one's voice

trémoussement [tʀemusmɑ̃] → SYN nm jigging about (Brit) (NonC), wiggling (NonC)

trémousser (se) [tʀemuse] → SYN ▸ conjug 1 ◂ vpr to jig about (Brit), wiggle ◆ **se trémousser sur sa chaise** to wriggle ou jig about (Brit) on one's chair ◆ **marcher en se trémoussant** to wiggle as one walks

trempabilité [tʀɑ̃pabilite] nf quenchableness

trempage [tʀɑ̃paʒ] nm [linge, graines, semences] soaking; [papier] damping, wetting

trempe [tʀɑ̃p] → SYN nf **a** (Tech) [acier] (processus) quenching; (qualité) temper ◆ **de bonne trempe** well-tempered
b (fig) [personne, âme] calibre ◆ **un homme de sa trempe** a man of his calibre ou of his moral fibre
c (Tech: trempage) [papier] damping, wetting; [peaux] soaking
d (*) (correction) walloping*, hiding*; (gifle) slap, clout*

trempé, e [tʀɑ̃pe] → SYN (ptp de **tremper**) adj **a** (mouillé) vêtement, personne soaked, drenched ◆ **trempé de sueur** bathed ou soaked in ou streaming with perspiration ◆ **trempé jusqu'aux os** ou **comme une soupe*** wet through, soaked to the skin, absolutely drenched, like a drowned rat ◆ **visage trempé de pleurs** face bathed in tears
b (Tech) acier, verre tempered ◆ (fig) **caractère bien trempé** sturdy character

tremper [tʀɑ̃pe] → SYN ▸ conjug 1 ◂ **1** vt **a** (mouiller) to soak, drench; (gén **faire tremper**) linge, graines to soak; aliments to soak, steep; papier to damp, wet; tige de fleur to stand in water ◆ **la pluie a trempé sa veste / le tapis** the rain has soaked ou drenched his jacket / the carpet
b (plonger) mouchoir, plume to dip (*dans* into, in); pain, biscuit to dip, dunk (*dans* in) ◆ **tremper sa main dans l'eau** to dip one's hand in the water ◆ **tremper ses lèvres dans une boisson** to take just a sip of a drink ◆ **il n'aime pas qu'on lui trempe la tête dans l'eau** he doesn't like having his head ducked in the water ◆ **tremper la soupe†** to pour soup onto bread
c (Tech) métal, lame to quench → **acier**
d (littér: aguerrir, fortifier) personne, caractère, âme to steel, strengthen
2 vi **a** [tige de fleur] to stand in water; [linge, graines, semences] to soak ◆ **mettre le linge à tremper** to soak the washing, put the washing to soak
b (fig péj: participer) **tremper dans** crime, affaire, complot to take part in, have a hand in, be involved in
3 se tremper vpr (prendre un bain rapide) to have a quick dip; (se mouiller) to get (o.s.) soaked ou soaking wet, get drenched ◆ **je ne fais que me tremper** I'm just going for a quick dip

trempette [tʀɑ̃pɛt] nf **a** (pain trempé) piece of bread *(for dunking)*; (sucre trempé) sugar lump *(for dunking)* ◆ **faire trempette** to dunk one's bread; to dunk one's sugar
b (baignade) (quick) dip ◆ **faire trempette** to have a (quick) dip

trempeur [tʀɑ̃pœʀ] nm (Métal) quencher; [papier] damper, wetter

tremplin [tʀɑ̃plɛ̃] → SYN nm **a** (lit) [piscine] diving-board, springboard; [gymnase] springboard; (Ski) ski-jump
b (fig) springboard ◆ **servir de tremplin à qn** to be a springboard for sb

trémulation [tʀemylasjɔ̃] → SYN nf (Méd) tremor

trench-coat, pl **trench-coats** [tʀɛnʃkot] → SYN nm trench coat

trentain [tʀɑ̃tɛ̃] nm trental

trentaine [tʀɑ̃tɛn] nf (âge, nombre) about thirty, thirty or so ◆ **il a la trentaine** he's about thirty, he's thirty something, he's thirty-ish

trente [tʀɑ̃t] **1** adj inv, nm inv thirty → **concile, guerre**; pour loc voir **six**
2 COMP ▷ **trente et un** nm (lit, Cartes) thirty-one ◆ (fig) **être / se mettre sur son trente et un*** to be wearing / put on one's Sunday best ou one's glad rags*, be / get all dressed up to the nines*, be / get dressed to kill* ▷ **les trente glorieuses** (Hist) post World War II boom period

trente-et-quarante [tʀɑ̃tekaʀɑ̃t] nm inv (Jeux) trente et quarante

trentenaire [tʀɑ̃t(ə)nɛʀ] adj thirty-year ◆ **concession trentenaire** thirty-year lease ◆ **(personne) trentenaire** thirty-year old (person)

trente-six [tʀɑ̃tsis] adj inv (lit) thirty-six; (* fig: beaucoup) umpteen* ◆ **il y en a trente-six modèles** there are umpteen* models ◆ **il n'y a pas trente-six possibilités** there aren't all that many choices ◆ **faire trente-six choses en même temps** ou **à la fois** to (try to) do too many things at once, (try to) do a hundred things at once ◆ **tous les trente-six du mois** once in a blue moon ◆ **j'ai trente-six mille choses à faire** I've a thousand and one things to do ◆ **voir trente-six chandelles*** to see stars

trente-sixième [tʀɑ̃tsizjɛm] adj inv ◆ **dans le trente-sixième dessous** right down (Brit) ou way down (US) in the dumps*

trentième [tʀɑ̃tjɛm] adj, nm thirtieth; pour loc → **sixième**

trépan [tʀepɑ̃] → SYN nm (Méd) trephine, trepan; (Tech) trepan

trépanation [tʀepanasjɔ̃] nf (Méd) trephination, trepanation

trépané, e [tʀepane] (ptp de **trépaner**) **1** nmf (Méd) patient who has undergone trephination ou trepanation
2 adj ◆ **être trépané** to have undergone trephination ou trepanation

trépaner [tʀepane] ▸ conjug 1 ◂ vt (Méd) to trephine, trepan

trépas [tʀepɑ] → SYN nm (littér) demise, death → **vie**

trépassé, e [tʀepɑse] (ptp de **trépasser**) adj (littér) deceased, dead ◆ **les trépassés** the departed ◆ (Rel) **le jour** ou **la fête des Trépassés** All Souls' (Day)

trépasser [tʀepɑse] → SYN ▸ conjug 1 ◂ vi (littér) to pass away, depart this life

tréphone [tʀefɔn] nf trephone

trépidant, e [tʀepidɑ̃, ɑ̃t] → SYN adj plancher vibrating, quivering; machine vibrating, throbbing; rythme pulsating (épith), thrilling (épith); vie hectic, busy

trépidation [tʀepidasjɔ̃] → SYN nf vibration; (fig) [vie] flurry (NonC), whirl (NonC)

trépider [tʀepide] → SYN ▸ conjug 1 ◂ vi [plancher] to vibrate, reverberate; [machine] to vibrate, throb

trépied [tʀepje] nm (gén) tripod; (dans l'âtre) trivet

trépignement [tʀepiɲmɑ̃] nm stamping (of feet) (NonC)

trépigner [tʀepiɲe] → SYN ▸ conjug 1 ◂ **1** vi to stamp one's feet ◆ **trépigner d'impatience / d'enthousiasme** to stamp (one's feet) with impatience / enthusiasm ◆ **trépigner de colère** to stamp one's feet with rage, be hopping mad*
2 vt to stamp ou trample on

trépointe [tʀepwɛ̃t] nf welt

tréponématose [tʀepɔnematoz] nf treponematosis

tréponème [tʀepɔnɛm] nm treponema

très [tʀɛ] → SYN adv (avec adj) very, awfully*, terribly*, most; (avec adv) very; (devant certains ptp etc) (very) much, greatly, highly ◆ **très intelligent / difficile** very ou awfully* ou most ou pretty* ou terrifically* intelligent / difficult ◆ **très admiré** greatly ou highly ou (very) much admired ◆ **très industrialisé / automatisé** highly industrialized / automatized ◆ **il est très conscient de ...** he is very much aware of ou very conscious of ... ◆ **c'est très bien écrit / fait** it's very ou awfully* well written / done ◆ **très peu de gens** very few people ◆ **c'est un garçon très travailleur** he is a very ou most hard-working lad, he's a very ou an awfully* hard worker ◆ **elle est très grande dame** she is very much the great lady ou every bit a great lady ◆ **avoir très peur** to be very much afraid ou very ou terribly* ou dreadfully frightened ◆ **avoir très faim** to be very ou terribly* ou dreadfully hungry ◆ **elle a été vraiment très aimable** she was really most ou awfully* kind ◆ **c'est très nécessaire** it's most ou absolutely essential ◆ **ils sont très amis / très liés** they are great friends / very close (friends) ◆ **je suis très, très content** I'm very, very ou terribly, terribly* pleased ◆ **j'ai très envie de le rencontrer** I would very much like to meet him, I am very ou most anxious to meet him ◆ **il est très en avant / arrière** (sur le chemin) he is well ou a long way ahead / behind; (dans une salle) he is well forward ou a long way to the front / well back ou a long way back ◆ **un jeune homme très comme il faut** a well brought-up young man, a very respectable young man ◆ **être très à la page*** ou **dans le vent*** to be very ou terribly with-it* ◆ **je ne suis jamais très à mon aise avec lui** I never feel very ou particularly ou terribly* comfortable with him ◆ **êtes-vous fatigué?** – **très / pas très** are you tired? – very ou terribly* / not very ou not terribly* ◆ **très bien, si vous insistez** all right ou very well, if you insist ◆ **très bien, je vais le lui expliquer** all right ou fine* ou very good ou O.K.*, I'll explain to him ◆ **travailler le samedi? très peu pour moi!** work on Saturday? not likely!* ou not me! ◆ (Dieu) **le Très-Haut** the Almighty → **peu**

trescheur [tʀɛʃœʀ] nm tressure

trésor [tʀezɔʀ] → SYN nm **a** (richesses enfouies) treasure (NonC); (Jur: trouvé) treasure-trove; (fig: chose, personne, vertu précieuse) treasure ◆ **découvrir un trésor** to find some treasure ou a treasure-trove ◆ **course** ou **chasse au / chercheur de trésor** treasure hunt / hunter
b (petit musée) treasure-house, treasury ◆ **le trésor de Notre-Dame** the treasure-house of Notre-Dame
c (gén pl: richesses) treasure ◆ **les trésors du Louvre / de l'océan** the treasures ou riches of the Louvre / the ocean ◆ (hum) **je vais chercher dans mes trésors** I'll look through my treasures ou precious possessions
d (source) **un trésor de conseils / renseignements** a mine ou wealth ou store of advice / information ◆ (quantité) **des trésors de dévouement / de patience** a wealth of devotion / patience, boundless devotion / patience ◆ **dépenser des trésors d'ingéniosité** to expend boundless ingenuity
e (ouvrage) treasury
f (Admin, Fin: ressources) [roi, État] exchequer, finances; [organisation secrète] finances, funds ◆ (service) **le Trésor (public)** the public revenue department, ≃ the Treasury (Brit), the Treasury Department (US) → **bon**[2]

g (affectif) **mon (petit) trésor** my (little) treasure, my precious ◆ **tu es un trésor de m'avoir acheté ce disque** you're a (real) treasure for buying me this record
h (Fin) **trésor de guerre** war chest

trésorerie [tʀezɔʀʀi] → SYN nf **a** (bureaux) [Trésor public] public revenue office; [firme] accounts department ◆ **trésorerie générale** Treasury
b (gestion) accounts ◆ **leur trésorerie est bien / mal tenue** their accounts are well / badly kept → **moyen**
c (argent disponible) finances, funds ◆ **difficultés de trésorerie** cash shortage, cash (flow) problems, shortage of funds
d (fonction de trésorier) treasurership

trésorier, -ière [tʀezɔʀje, jɛʀ] → SYN nm,f (gén) [club, association] treasurer ◆ (Admin) **trésorier-payeur général** paymaster *(for a département)*

tressage [tʀesaʒ] nm (→ **tresser**) plaiting; braiding; weaving; twisting

tressaillement [tʀesajmɑ̃] → SYN nm (→ **tressaillir**) thrill; quiver, quivering (NonC); shudder, shuddering (NonC); wince; start; twitch, twitching (NonC); shaking (NonC), vibration

tressaillir [tʀesajiʀ] → SYN ▸conjug 13◂ vi **a** (frémir) (de plaisir) to thrill, quiver; (de peur) to shudder, shiver; (de douleur) to wince ◆ **son cœur tressaillait** his heart was fluttering
b (sursauter) to start, give a start ◆ **faire tressaillir qn** to startle sb, make sb jump
c (s'agiter) [personne, animal, nerf] to quiver, twitch; [plancher, véhicule] to shake, vibrate

tressautement [tʀesotmɑ̃] → SYN nm (→ **tressauter**) start; jump, jumping (NonC); jolt, jolting (NonC), tossing (NonC); shaking (NonC)

tressauter [tʀesote] → SYN ▸conjug 1◂ vi **a** (sursauter) to start, jump ◆ **faire tressauter qn** to startle sb, make sb jump
b (être secoué) [voyageurs] to be jolted ou tossed about; [objets] to shake about, jump about ◆ **faire tressauter les voyageurs** to toss the passengers about ◆ **les tasses tressautent sur le plateau** the cups are shaking ou jumping ou jiggling about on the tray

tresse [tʀɛs] → SYN nf **a** (cheveux) plait, braid
b (cordon) braid (NonC)
c (Archit : motif) strapwork

tresser [tʀese] → SYN ▸conjug 1◂ vt **a** cheveux, rubans to plait, braid; paille to plait
b panier, guirlande to weave; câble, corde, cordon to twist ◆ (fig) **tresser des couronnes** ou **des lauriers à qn** to laud sb to the skies, sing sb's praises

tréteau, pl **tréteaux** [tʀeto] → SYN nm **a** trestle ◆ **table à tréteaux** trestle table
b (Théât fig) **les tréteaux** the boards, the stage ◆ **monter sur les tréteaux** to go on the boards ou the stage

treuil [tʀœj] → SYN nm winch, windlass

treuillage [tʀœjaʒ] nm winching up

treuiller [tʀœje] ▸conjug 1◂ vt to winch up

trêve [tʀɛv] → SYN nf **a** (Mil, Pol) truce; (Sport) midwinter break ◆ (Hist) **trêve de Dieu** truce of God ◆ (hum) **trêve des confiseurs** Christmas ou New Year (political) truce
b (fig : répit) respite, rest ◆ **s'accorder une trêve** to allow o.s. a (moment's) respite ou a rest ◆ (littér) **faire trêve à** disputes, travaux to rest from
c **trêve de** (assez de) : **trêve de plaisanteries / d'atermoiement** enough of this joking / procrastination
d **sans trêve** (sans cesse) unremittingly, unceasingly, relentlessly

Trèves [tʀɛv] n Trier

trévire [tʀeviʀ] nf parbuckle

trévirer [tʀeviʀe] → SYN ▸conjug 1◂ vt to parbuckle

trévise [tʀeviz] nf radicchio lettuce

tri [tʀi] → SYN nm **a** (gén) sorting out; [fiches] sorting; [volontaires] selection; [wagons] marshalling, shunting; [lentilles] picking over; (calibrage) grading; (tamisage) sifting ◆ **faire le tri de** to sort out; to sort; to select; to marshal; to pick over; to grade; to sift ◆ **on a procédé à des tris successifs pour sélectionner les meilleurs candidats** they used a series of selection procedures to sift out the best candidates
b (Poste) sorting ◆ **le (bureau de) tri** the sorting office

tri... [tʀi] préf tri...

triacide [tʀiasid] nm triacid

triade [tʀijad] nf (littér) triad

triage [tʀijaʒ] nm ⇒ **tri**; → **gare**[1]

triaire [tʀijɛʀ] nm ◆ **les triaires** triarii

trial [tʀijal] nm motocross, scrambling (Brit) ◆ **faire du trial** to do motocross, go scrambling (Brit) → **moto**

triandrie [tʀi(j)ɑ̃dʀi] nf Triandria

triangle [tʀijɑ̃gl] → SYN nm (Géom, Mus) triangle ◆ **en triangle** in a triangle ◆ **triangle isocèle / équilatéral / rectangle / scalène** isosceles / equilateral / right-angled / scalene triangle ◆ **triangles semblables / égaux** similar / equal triangles ◆ **triangle quelconque** ordinary triangle ◆ **soit un triangle quelconque ABC** let ABC be any triangle ◆ (Aut) **triangle de signalisation** warning triangle ◆ **le triangle des Bermudes** the Bermuda Triangle ◆ **le Triangle d'Or** the golden triangle

triangulaire [tʀijɑ̃gylɛʀ] **1** adj section, voile, prisme triangular; débat, tournoi three-cornered ◆ (Hist) **commerce** ou **trafic triangulaire** triangular slave trade
2 nf ◆ **(élection) triangulaire** three-cornered (election) contest ou fight

triangulation [tʀijɑ̃gylasjɔ̃] nf triangulation

trianguler [tʀijɑ̃gyle] ▸conjug 1◂ vt to triangulate

trias [tʀijɑs] nm (terrain) trias ◆ (période) **le trias** the Triassic, the Trias

triasique [tʀijɑzik] adj Triassic

triathlète [tʀi(j)atlɛt] nmf triathlete

triathlon [tʀi(j)atlɔ̃] nm triathlon

triathlonien, -ienne [tʀi(j)atlɔnjɛ̃, jɛn] nmf triathlete

triatomique [tʀiatɔmik] adj triatomic

tribade [tʀibad] → SYN nf tribade

tribal, e, mpl **-aux** [tʀibal, o] adj tribal

tribalisme [tʀibalism] nm (littér) tribalism

tribasique [tʀibazik] adj tribasic

triboélectricité [tʀiboelɛktʀisite] nf tribo-electricity

triboélectrique [tʀiboelɛktʀik] adj tribo-electric

tribologie [tʀibɔlɔʒi] nf (Tech) tribology

triboluminescence [tʀibolyminesɑ̃s] nf triboluminescence

triboluminescent, e [tʀibolyminesɑ̃, ɑ̃t] adj triboluminescent

tribomètre [tʀibɔmɛtʀ] nm tribometer

tribord [tʀibɔʀ] nm starboard ◆ **à tribord** to starboard, on the starboard side

triboulet [tʀibulɛ] nm (tige graduée) triblet

tribu [tʀiby] → SYN nf (Ethnologie, Hist, fig) tribe

tribulations [tʀibylasjɔ̃] nfpl (mésaventures) tribulations, trials, troubles

tribun [tʀibœ̃] → SYN nm (Hist romaine) tribune; (orateur) powerful orator; (littér : défenseur) tribune (littér)

tribunal, pl **-aux** [tʀibynal, o] → SYN **1** nm **a** court ◆ **tribunal judiciaire / d'exception** judicial / special court ◆ **tribunal révolutionnaire / militaire** revolutionary / military tribunal ◆ **porter une affaire devant les tribunaux** to bring a case before the courts ◆ **affaire renvoyée d'un tribunal à l'autre** case referred from one court to another
b (fig) **le tribunal des hommes** the justice of men ◆ **être jugé par le tribunal suprême** ou **de Dieu** to appear before the judgment seat of God ◆ **être condamné par le tribunal de l'histoire** to be condemned by the judgment of history, be judged and condemned by history ◆ **s'ériger en tribunal du goût / des mœurs** to set o.s. up as an arbiter of (good) taste / morals
2 COMP ▷ **tribunal administratif** *tribunal dealing with internal disputes in the French civil service* ▷ **tribunal de commerce** commercial court ▷ **tribunal des conflits** jurisdictional court ▷ **tribunal correctionnel** ≃ magistrates' court *(dealing with criminal matters)* ▷ **tribunal pour enfants** juvenile court ▷ **tribunal de grande instance** ≃ county court ▷ **le Tribunal de l'Inquisition** The Tribunal of the Inquisition ▷ **tribunal d'instance** ≃ magistrates' court *(dealing with civil matters)* ▷ **tribunal de police** police court ▷ **tribunal de première instance**† ⇒ **tribunal de grande instance**

tribunat [tʀibyna] nm (charge, exercice) tribunate

tribune [tʀibyn] → SYN **1** nf **a** (pour le public) [église, assemblée, tribunal] gallery; (gén pl) [stade, champ de courses] stand ◆ **tribune d'honneur** grandstand ◆ **les tribunes du public / de la presse** public / press gallery ◆ **les applaudissements des tribunes** applause from the stands ◆ **il avait une tribune** he had a seat in the stand ◆ (Parl) **tribune du public** visitors' gallery
b (pour un orateur) platform, rostrum ◆ **monter à la tribune** to mount the platform ou rostrum, stand up to speak; (Parl : parler) to address the House, take the floor
c (fig : débat) forum ◆ **tribune radiophonique** radio forum ◆ **offrir une tribune à la contestation** to offer a forum ou platform for protest ◆ **tribune libre d'un journal** opinion column in ou of a newspaper ◆ **organiser une tribune sur un sujet d'actualité** to organize an open forum ou a free discussion on a topic of the day ◆ **se présenter à l'élection pour avoir une tribune afin de faire connaître ses vues** to stand for election to give o.s. a platform from which to publicize one's views
2 COMP ▷ **tribune d'orgue** organ loft

tribut [tʀiby] → SYN nm (lit, fig) tribute ◆ **payer tribut au vainqueur** to pay tribute to the conqueror *(money etc)* ◆ **rendre** ou **payer un tribut d'admiration / de respect à qn** to give sb the admiration / respect due to him ◆ (fig) **ils ont payé un lourd tribut à la maladie / guerre** disease / war has cost them dear, disease / war has taken heavy toll of ou among them ◆ (fig littér) **payer tribut à la nature** to go the way of all flesh, pay the debt of nature

tributaire [tʀibytɛʀ] → SYN adj **a** (dépendant) **être tributaire de** to be dependent ou reliant on
b (Géog) **être tributaire de** to be a tributary of, flow into
c (Hist) tributary ◆ **être tributaire de qn** to be a tributary of sb, pay tribute to sb

tric [tʀik] ⇒ **trick**

tricard, e* [tʀikaʀ, aʀd] nm,f illegal immigrant

tricennal, e mpl **-aux** [tʀisenal, o] adj tricennial

tricentenaire [tʀisɑ̃t(ə)nɛʀ] **1** adj three-hundred-year-old (épith)
2 nm tercentenary, tricentennial

tricéphale [tʀisefal] adj (littér) three-headed

triceps [tʀisɛps] adj, nm ◆ **(muscle) triceps** triceps (muscle) ◆ **triceps brachial / crural** brachial / crural triceps

tricératops [tʀiseʀatɔps] nm triceratops

triche* [tʀiʃ] nf cheating ◆ **c'est de la triche** it's cheating ou a cheat

tricher [tʀiʃe] → SYN ▸conjug 1◂ vi (gén) to cheat ◆ **tricher au jeu** to cheat at gambling ◆ **tricher sur son âge** to lie about ou cheat over one's age ◆ **tricher sur le poids / la longueur** to cheat over ou on the weight / the length, give short weight / short measure ◆ **tricher sur les prix** to cheat over the price, overcharge ◆ **tricher en affaires / en amour** to cheat in business / love ◆ **on a dû tricher un peu : un des murs est en contre-plaqué** we had to cheat a bit – one of the walls is plywood

tricherie [tʀiʃʀi] → SYN nf (tromperie) cheating (NonC) ◆ **gagner par tricherie** to win by cheating ◆ **c'est une tricherie** ou **de la tricherie** it's a cheat ou cheating ◆ (astuce) **on s'en tire avec une petite tricherie** we'll get round it by using a little trick to fix it, we'll cheat a bit to fix it

tricheur, -euse [tʀiʃœʀ, øz] → SYN nm,f (gén) cheater, cheat*; (en affaires) swindler, trickster, cheat

trichine [tʀikin] nf trichina

trichiné, e [tʀikine] adj trichinous

trichineux, -euse [tʀikinø, øz] adj trichinous

trichinose [tʀikinoz] nf trichinosis

trichite [tʀikit] nf trichite

trichloréthylène [tʀiklɔʀetilɛn] nm trichlorethylene, trichloroethylene

trichocéphale [tʀikosefal] nm whipworm

trichoma [tʀikɔma] nm plica

trichomonas [tʀikɔmɔnɑs] nm trichomonad

trichophyton [tʀikɔfitɔ̃] nm trichophyton

trichrome [tʀikʀom] adj (Tech) three-colour (épith), trichromatic

trichromie [tʀikʀɔmi] nf (Tech) three-colour process

trick [tʀik] nm (Bridge) seventh trick

triclinique [tʀiklinik] adj triclinic, anorthic

triclinium [tʀiklinjɔm] nm triclinium

tricoises [tʀikwaz] nfpl pincers

tricolore [tʀikɔlɔʀ] adj (gén) three-coloured, tricolour(ed) (frm); (aux couleurs françaises) red, white and blue ◆ **le drapeau tricolore** the (French) tricolour ◆ (fig) **le chauvinisme tricolore** French ou Gallic chauvinism ◆ (Sport) **l'équipe tricolore*, les tricolores*** the French team

tricorne [tʀikɔʀn] nm three-cornered hat, tricorn(e)

tricot [tʀiko] → SYN nm **a** (vêtement) jumper (Brit), sweater, jersey ◆ **tricot de corps** vest (Brit), undershirt (US) ◆ **emporte des tricots** take some woollens ou woollies* with you **b** (technique) knitting (NonC); (ouvrage) (gén) knitting (NonC); (Comm) knitwear (NonC) ◆ **faire du tricot** to knit, do some knitting ◆ **tricot jacquard** Jacquard knitwear ◆ **tricot plat** ordinary knitting, knitting on 2 needles ◆ **tricot rond** knitting on 4 needles → **point[2]** **c** (tissu) knitted fabric ◆ **en tricot** knitted ◆ **vêtements de tricot** knitwear

tricotage [tʀikɔtaʒ] nm knitting

tricoter [tʀikɔte] ▸ conjug 1 ◂ **1** vt vêtement, maille to knit **2** vi **a** (lit) to knit ◆ **tricoter serré / lâche** to be a tight / loose knitter → **aiguille, laine, machine** **b** (*) [cycliste] to twiddle* (Brit), pedal fast*; [danseur] to prance about ou jig about like a mad thing* (Brit) ou like crazy* ◆ **tricoter des jambes** [fugitif] to run like mad*; [danseur] to prance about ou jig about madly*

tricoteur, -euse [tʀikɔtœʀ, øz] **1** nm,f knitter ◆ **tricoteur de filets** netmaker **2** **tricoteuse** nf (machine) knitting machine; (meuble) tricoteuse

trictrac [tʀiktʀak] nm (Hist) (jeu) backgammon; (partie) game of backgammon; (plateau) backgammon board

tricuspide [tʀikyspid] adj tricuspid

tricycle [tʀisikl] nm [enfant] tricycle; [livreur] delivery tricycle

tridacne [tʀidakn] nm giant clam

tridactyle [tʀidaktil] adj tridactyl, tridactylous

trident [tʀidɑ̃] nm (Myth) trident; (Pêche) trident, fish-spear; (Agr) three-pronged fork

tridimensionnel, -elle [tʀidimɑ̃sjɔnɛl] adj three-dimensional

trièdre [tʀi(j)ɛdʀ] **1** adj trihedral **2** nm trihedron

triennal, e, mpl **-aux** [tʀijenal, o] adj prix, foire, élection triennial, three-yearly; charge, mandat, plan three-year (épith); magistrat, président elected ou appointed for three years ◆ (Agr) **assolement triennal** three-year rotation of crops

triennat [tʀiɛna] nm three-year period of office ◆ **durant son triennat** during his three years in office

trier [tʀije] → SYN ▸ conjug 7 ◂ vt **a** (classer) (gén) to sort out; lettres, fiches to sort; wagons to marshal; fruits to sort; (en calibrant) to grade **b** (sélectionner) grains, visiteurs to sort out; volontaires to select, pick; lentilles to pick over; (en tamisant) to sift ◆ (fig) **triés sur le volet** hand-picked

trière [tʀijɛʀ] nf trireme

Trieste [tʀijɛst] n Trieste

trieur, trieuse [tʀijœʀ, tʀijøz] **1** nm,f (personne) sorter; grader ◆ **trieur de minerai / de légumes** ore / vegetable grader **2** nm (machine) sorter ◆ **trieur de grains** grain sorter ◆ **trieur-calibreur** [fruits] sorter; [œufs] grader, grading machine **3** **trieuse** nf (machine) (gén) sorter; [ordinateur, photocopieur] sorting machine

trifide [tʀifid] adj trifid

trifolié, e [tʀifɔlje] adj trifoliate, trifoliated

triforium [tʀifɔʀjɔm] n triforium

trifouiller* [tʀifuje] ▸ conjug 1 ◂ **1** vt to rummage about in, root about in **2** vi to rummage about, root about

trigémellaire [tʀiʒemelɛʀ] adj ◆ **grossesse trigémellaire** triplet pregnancy

triglycéride [tʀigliseʀid] nm triglyceride

triglyphe [tʀiglif] nm triglyph

trigo* [tʀigo] nf (abrév de **trigonométrie**) trig*

trigone [tʀigɔn] **1** adj trigonal **2** nm triangle

trigonelle [tʀigɔnɛl] nf Trigonella

trigonocéphale [tʀigɔnɔsefal] nm *type of pit viper,* trigonocephalus (spéc)

trigonométrie [tʀigɔnɔmetʀi] nf trigonometry

trigonométrique [tʀigɔnɔmetʀik] adj trigonometric(al)

trijumeau, pl **trijumeaux** [tʀiʒymo] adj m, nm ◆ **(nerf) trijumeau** trigeminal ou trifacial nerve

trilatéral, e, mpl **-aux** [tʀilateʀal, o] adj **a** (Géom) trilateral, three-sided **b** (Écon) accords tripartite ◆ **la (commission) trilatérale** the Trilateral Commission

trilingue [tʀilɛ̃g] adj dictionnaire, secrétaire trilingual ◆ **il est trilingue** he's trilingual, he speaks three languages

trilitère [tʀilitɛʀ] adj triliteral

trille [tʀij] nm [oiseau, flûte] trill ◆ **faire des trilles** to trill

triller [tʀije] → SYN ▸ conjug 1 ◂ vt, vi to trill

trillion [tʀiljɔ̃] nm trillion

trilobé, e [tʀilɔbe] adj feuille trilobate; ogive trefoil (épith)

trilobites [tʀilɔbit] nmpl ◆ **les trilobites** trilobites, the Trilobita (spéc)

triloculaire [tʀilɔkylɛʀ] adj trilocular

trilogie [tʀilɔʒi] nf trilogy

trimaran [tʀimaʀɑ̃] nm trimaran

trimard*† [tʀimaʀ] nm road ◆ **prendre le trimard** to take to ou set out on the road

trimarder*† [tʀimaʀde] ▸ conjug 1 ◂ **1** vi (vagabonder) to walk the roads, be on the road **2** vt (transporter) to lug* ou cart* along

trimardeur, -euse*† [tʀimaʀdœʀ, øz] → SYN nm,f (vagabond) tramp (Brit), hobo (US)

trimbal(l)age [tʀɛ̃balaʒ] nm, **trimbal(l)ement** [tʀɛ̃balmɑ̃] nm [bagages, marchandises] carting ou lugging around* ◆ **on en a bien pour 3 à 4 heures de trimbal(l)age** we'll be carting ou lugging this stuff around for 3 or 4 hours*

trimbal(l)er [tʀɛ̃bale] ▸ conjug 1 ◂ **1** vt (*) bagages, marchandises to lug* ou cart* around; (péj) personne to trail along; rhume to carry around ◆ **qu'est-ce qu'il trimballe !‡** he's as thick (Brit) ou dumb as they come‡ **2** **se trimbal(l)er*** vpr to trail along ◆ **on a dû se trimbal(l)er en voiture jusque chez eux** we had to trail over to their place in the car ◆ **il a fallu que je me trimballe jusqu'à la gare avec mes valises** I had to trail all the way to the station with my suitcases

trimer* [tʀime] ▸ conjug 1 ◂ vi to slave away ◆ **faire trimer qn** to keep sb's nose to the grindstone, drive sb hard, keep sb hard at it*

trimère [tʀimɛʀ] **1** adj trimeric **2** nm trimer

trimestre [tʀimɛstʀ] nm **a** (période) (gén, Comm) quarter; (Scol) term ◆ (Scol) **premier / second / troisième trimestre** autumn / winter / summer term **b** (somme) (loyer) quarter, quarter's rent; (frais de scolarité) term's fees; (salaire) quarter's income

trimestriel, -elle [tʀimɛstʀijɛl] adj publication quarterly; paiement three-monthly, quarterly; fonction, charge three-month (épith), for three months (attrib); (Scol) bulletin, examen end-of-term (épith), termly (épith)

trimestriellement [tʀimɛstʀijɛlmɑ̃] adv payer on a quarterly ou three-monthly basis, every quarter, every three months; publier quarterly; (Scol) once a term

trimètre [tʀimɛtʀ] nm trimeter

trimmer [tʀimœʀ, tʀimɛʀ] nm trimmer

trimoteur [tʀimɔtœʀ] nm three-engined aircraft

trin [tʀɛ̃], **trine** [tʀin] adj (Rel, Astron) trine

tringle [tʀɛ̃gl] → SYN nf **a** (Tech) rod ◆ **tringle à rideaux** curtain rod ou rail **b** (Archit : moulure) tenia **c** **se mettre la tringle‡** to tighten one's belt

tringler [tʀɛ̃gle] ▸ conjug 1 ◂ vt **a** (Tech) to mark with a line **b** (**: sexuellement) to lay‡, screw**, fuck** ◆ **se faire tringler** to have it off‡ (*avec* with), get laid‡

trinidien, -ienne [tʀinidjɛ̃, jɛn] **1** adj Trinidadian **2** nm,f ◆ **Trinidien(ne)** Trinidadian

trinitaire [tʀinitɛʀ] adj, nmf (Rel) Trinitarian

trinité [tʀinite] nf **a** (triade) trinity ◆ **la Trinité** (dogme) the Trinity; (fête) Trinity Sunday ◆ **à la Trinité** on Trinity Sunday ◆ **la Sainte Trinité** the Holy Trinity → **Pâques** **b** (Géog) **Trinité et Tobago** Trinidad and Tobago ◆ **(l'île de) la Trinité** Trinidad

trinitrine [tʀinitʀin] nf nitroglycerin(e), trinitroglycerin

trinitrobenzène [tʀinitʀobɛ̃zɛn] nm trinitrobenzene

trinitrotoluène [tʀinitʀotɔlɥɛn] nm trinitrotoluene, trinitrotoluol

trinôme [tʀinom] nm (Math) trinomial

trinquer [tʀɛ̃ke] → SYN ▸ conjug 1 ◂ vi **a** (porter un toast) to clink glasses ◆ **trinquer à qch / qn** to drink sth / sb ◆ **trinquer à la santé de qn** to drink sb's health **b** (*: écoper) to cop it‡ (Brit), take the rap* ◆ **il a trinqué pour les autres** he took the rap for the others* ◆ **si on les prend, on va les faire trinquer** if we catch them we'll give them what for* ou we'll really make them pay (for it) **c** (†*: trop boire) to booze* **d** (†: se heurter) to knock ou bump into one another

trinquet [tʀɛ̃kɛ] nm (Naut) foremast

trinquette [tʀɛ̃kɛt] nf (Naut) fore(-topmast) staysail

trio [tʀijo] nm (Mus) trio; (groupe) threesome, trio ◆ (Turf) **trio urbain** *French system of betting on three horses in any order*

triode [tʀijɔd] nf triode

triolet [tʀijɔlɛ] nm (Mus) triplet; (Hist Littérat) triolet

triomphal, e, mpl **-aux** [tʀijɔ̃fal, o] → SYN adj succès, élection, marche triumphal; entrée, accueil, geste, air triumphant; (Hist romaine) triumphal

triomphalement [tʀijɔ̃falmɑ̃] adv accueillir, saluer in triumph; annoncer triumphantly

triomphalisme [tʀijɔ̃falism] nm triumphalism ◆ **ne faisons pas de triomphalisme** we shouldn't congratulate ourselves too much

triomphaliste [tʀijɔ̃falist] adj triumphalist

triomphant, e [tʀijɔ̃fɑ̃, ɑ̃t] → SYN adj triumphant ◆ **l'Église triomphante** the Church triumphant

triomphateur, -trice [tʀijɔ̃fatœʀ, tʀis] 1 adj parti, nation triumphant
2 nm,f (vainqueur) triumphant victor
3 nm (Hist romaine) triumphant general

triomphe [tʀijɔ̃f] → SYN nm a (Mil, Pol, Sport, gén) triumph; [maladie, mode] victory ◆ **le triomphe de la mini-jupe** the victory ou triumph of the mini-skirt ◆ **cet acquittement représente le triomphe de la justice / du bon sens** this acquittal represents the triumph of ou is a triumph for justice / common sense
b (Hist romaine, gén: honneurs) triumph ◆ **en triomphe** in triumph ◆ **porter qn en triomphe** to bear ou carry sb in triumph, carry sb shoulder-high (in triumph) → **arc**
c (exultation) triumph ◆ **air / cri de triomphe** air / cry of triumph, triumphant air / cry ◆ **leur triomphe fut de courte durée** their triumph was short-lived
d (succès) triumph ◆ **cette pièce / cet artiste a remporté un triomphe** this play / artist has been ou had a triumphant success ◆ **ce film / livre est un vrai triomphe** this film / book is a triumphant success ◆ **j'ai le triomphe modeste** I'm not one to boast

triompher [tʀijɔ̃fe] → SYN ▸conjug 1◂ 1 vi a (militairement) to triumph; (aux élections, en sport, gén) to triumph, win; [cause, raison] to prevail, be triumphant; [maladie] to claim its victim ◆ **faire triompher une cause** to bring ou give victory to a cause ◆ **il a fait triompher la mode des cheveux longs** he ensured success for the fashion for long hair → **vaincre**
b (crier victoire) to exult, rejoice
c (exceller) to triumph, excel ◆ [acteur] **triompher dans un rôle** to give a triumphant performance in a role
2 **triompher de** vt indir ennemi to beat, triumph over, vanquish; concurrent, rival to beat, triumph over, overcome; obstacle, difficulté to triumph over, surmount, overcome; peur, timidité to conquer, overcome

trip [tʀip] nm (arg Drogue) trip (arg) ◆ **c'est pas mon trip** it's not my thing* ◆ **quand il est en plein trip, quand il fait un trip** when he's tripping

tripaille⁑ [tʀipɑj] nf (péj) guts*, innards

tripale [tʀipal] adj hélice three-bladed

triparti, e [tʀipaʀti] adj (Bot, Pol: à trois éléments) tripartite; (Pol: à trois partis) three-party (épith)

tripartisme [tʀipaʀtism] nm three-party government

tripartite [tʀipaʀtit] adj ⇒ **triparti**

tripartition [tʀipaʀtisjɔ̃] nf tripartition

tripatouillage* [tʀipatujaʒ] nm (péj: action: → **tripatouiller**) fiddling about*; fiddling*; messing about* (*de* with); (opération malhonnête) fiddle* ◆ **tripatouillage électoral** election fiddle* (Brit), electoral jiggery-pokery* (NonC)

tripatouiller* [tʀipatuje] ▸conjug 1◂ vt (péj) a (remanier) texte to fiddle about with*, comptes, résultats électoraux to fiddle*, tamper with
b (manier) to fiddle ou mess about with*, toy with; femme to paw*

tripatouilleur, -euse* [tʀipatujœʀ, øz] nm,f (péj) (touche-à-tout) fiddler*; (affairiste) grafter* (péj)

tripe [tʀip] nf a (Culin) **tripes** tripe ◆ **tripes à la mode de Caen / à la lyonnaise** tripe à la mode de Caen / à la Lyonnaise
b (*: intestins) **tripes** guts* ◆ **cela vous prend aux tripes** that gets you in the guts* ou right there ◆ **rendre tripes et boyaux** to be as sick as a dog* ◆ [comédien] **il joue avec ses tripes** he puts his heart and soul into it ◆ **c'est un spectacle qui remue les tripes** it's the kind of show that really churns you up*
c (* fig: fibre) **avoir la tripe républicaine / royaliste** to be a republican / a royalist through and through ou to the core

triperie [tʀipʀi] nf (boutique) tripe shop; (commerce) tripe trade

tripette* [tʀipɛt] → **valoir** 1h

triphasé, e [tʀifɑze] 1 adj three-phase
2 nm three-phase current

triphénylméthane [tʀifenilmetan] nm triphenylmethane

triphtongue [tʀiftɔ̃g] nf triphthong

tripier, -ière [tʀipje, jɛʀ] nm,f tripe butcher

triplace [tʀiplas] adj three-seater

triplan [tʀiplɑ̃] nm triplane

triple [tʀipl] 1 adj a (à trois éléments ou aspects) triple; (trois fois plus grand) treble, triple ◆ **au triple galop** hell for leather* ◆ **le prix est triple de ce qu'il était** the price is three times ou treble what it was, the price has trebled ◆ **faire qch en triple exemplaire** to make three copies of sth, do sth in triplicate ◆ **il faut que l'épaisseur soit triple** three thicknesses are needed, a treble thickness is needed ◆ **avec triple couture** triple stitched ◆ **avec triple semelle** with a three-layer sole ◆ **les murs sont triples** there are three thicknesses of wall, the wall is in three sections ◆ **l'inconvénient en est triple, il y a un triple inconvénient** there are three disadvantages, the disadvantages are threefold ◆ **triple naissance** birth of triplets ◆ **prendre une triple dose (de)** to take three times the dose (of), take a triple dose (of)
b (intensif) **c'est un triple idiot** he's a prize idiot ◆ **triple idiot!** you great idiot! ou fool!
2 nm ◆ **manger / gagner le triple (de qn)** to eat / earn three times as much (as sb ou as sb does) ◆ **celui-ci pèse le triple de l'autre** this one weighs three times as much as the other ou is three times ou treble the weight of the other ◆ **9 est le triple de 3** 9 is three times 3 ◆ **c'est le triple du prix normal / de la distance Paris-Londres** it's three times ou treble the normal price / the distance between Paris and London ◆ **on a mis le triple de temps à le faire** it took three times as long ou treble the time to do it
3 COMP ▷ **la Triple Alliance** the Triple Alliance ▷ **triple croche** (Mus) demi-semiquaver (Brit), thirty-second note (US) ▷ **la Triple Entente** the Triple Entente ▷ **triple menton** (péj) row of chins ▷ **triple saut** (Sport) triple jump ◆ **triple saut périlleux** triple somersault

triplé, e [tʀiple] (ptp de **tripler**) 1 nm a (Courses de chevaux) treble *(betting on 3 different horses in 3 different races)*
b (Sport) [athlète] triple success ◆ **il a réussi un beau triplé** he came first in three events ◆ [équipe] **réussir le triplé dans le 4 000 mètres** to win the first three places ou come 1st, 2nd and 3rd in the 4,000 metres ◆ (fig iro) **c'est un beau triplé!** that's a fine catalogue of disasters!
2 **triplés** nmpl (bébés) triplets; (mâles) boy triplets
3 **triplées** nfpl girl triplets

triplement [tʀipləmɑ̃] 1 adv (pour trois raisons) in three ways; (à un degré triple, valeur intensive) trebly, three times over
2 nm (→ **tripler**) trebling (*de* of), tripling (*de* of); threefold increase (*de* in)

tripler [tʀiple] ▸conjug 1◂ 1 vt (gén) to treble, triple; (Scol, Univ) classe to do for the third time ◆ **il tripla la dose** he made the dose three times as big, he tripled ou trebled the dose ◆ **tripler la longueur / l'épaisseur de qch** to treble ou triple the length / thickness of sth, make sth three times as long / thick ◆ **tripler la couche protectrice** to put on three protective coats, give three layers of protective coating ◆ **tripler le service d'autobus / la garnison** to make the bus service three times as frequent / the garrison three times as large, treble the frequency of the bus service / the size of the garrison ◆ **tripler sa mise** to treble one's stake
2 vi to triple, treble, increase threefold ◆ **tripler de valeur / de poids** to treble in value / in weight

triplet [tʀiplɛ] nm (Math) triplet; (Opt) triple lens

triplette [tʀiplɛt] nf (Boules) threesome

Triplex® [tʀiplɛks] nm (verre) Triplex® (Brit), laminated safety glass

triplex [tʀiplɛks] nm (appartement) three-storey apartment ou flat (Brit), triplex (US)

triplicata [tʀiplikata] nm triplicate

triploïde [tʀiplɔid] adj triploid

triploïdie [tʀiplɔidi] nf triploidy

triplure [tʀiplyʀ] nf buckram

tripode [tʀipɔd] 1 adj tripodal ◆ **mât tripode** tripod (mast)
2 nm tripod

Tripoli [tʀipɔli] n Tripoli

tripoli [tʀipɔli] nm (Géol) tripoli

triporteur [tʀipɔʀtœʀ] nm delivery tricycle

tripot [tʀipo] → SYN nm (péj) dive*, joint*

tripotage [tʀipɔtaʒ] → SYN nm (péj: action: → **tripoter**) playing (*de* with); speculating (*de* with); fingering; fiddling (*de* with); pawing; (manigances) jiggery-pokery* (NonC) ◆ **tripotages électoraux** election fiddles* (Brit), electoral jiggery-pokery*

tripotée⁑ [tʀipɔte] nf a (correction) belting⁑, hiding*, thrashing
b (grand nombre) **une tripotée de ...** loads* of ...; lots of ... ◆ **avoir toute une tripotée d'enfants** to have a whole string of children*

tripoter* [tʀipɔte] ▸conjug 1◂ (péj) 1 vt a fonds to play with, speculate with
b objet, fruit to fiddle with, finger; (machinalement) montre, stylo, bouton to fiddle with, play with, toy with ◆ **se tripoter le nez / la barbe** to fiddle with one's nose / beard
c (⁑) personne, partie du corps to paw* ◆ **se tripoter** to play with o.s.
2 vi a (fouiller) to root about, rummage about ◆ **tripoter dans les affaires de qn / dans un tiroir** to root about ou rummage about in sb's things / in a drawer
b (trafiquer) **tripoter en Bourse / dans l'immobilier** to be ou get involved in some shady business on the Stock Market / in property ◆ **il a tripoté dans diverses affaires assez louches** he has had a hand in a few fairly shady affairs

tripoteur, -euse* [tʀipɔtœʀ, øz] → SYN nm,f (péj) (affairiste) shark*, shady dealer*; (⁑: peloteur) feeler⁑, groper⁑

tripous, tripoux [tʀipu] → SYN nmpl *dish (from Auvergne) of sheep's offal and sheep's feet*

triptyque [tʀiptik] nm a (Art, Littérat) triptych
b (Admin: classement) triptyque

triquard [tʀikaʀ] nm (arg Crime) ex-con (arg)

trique [tʀik] → SYN nf cudgel ◆ **mener qn à la trique** to bully sb along, drive sb like a slave ◆ **donner des coups de trique à** to cudgel, thrash ◆ **maigre ou sec comme un coup de trique** as skinny as a rake ◆ **avoir la trique**⁂ to have a hard-on⁂

trique-madame [tʀikmadam] nf inv white stonecrop

trirectangle [tʀiʀɛktɑ̃gl] adj trirectangular

trirème [tʀiʀɛm] nf trireme

trisaïeul, pl **trisaïeuls** [tʀizajœl] nm great-great-grandfather ◆ **les trisaïeuls** the great-great-grandparents

trisaïeule [tʀizajœl] nf great-great-grandmother

trisannuel, -elle [tʀizanɥɛl] adj fête, plante triennial

trisecteur, -trice [tʀisɛktœʀ, tʀis] adj trisecting (épith)

trisection [tʀisɛksjɔ̃] nf (Géom) trisection

triskèle [tʀiskɛl] nm triskelion, triskele

trismus [tʀismys] nm lockjaw, trismus (spéc)

trisomie [tʀizɔmi] nf trisomy ◆ **trisomie 21** trisomy of chromosome 21

trisomique [tʀizɔmik] 1 adj trisomic
2 nmf trisome ◆ **trisomique 21** person with Down's syndrome

trisser[1] [tʀise] ▸conjug 1◂ vt artiste to ask for a second encore from

trisser (se)⁑[2] [tʀise] ▸conjug 1◂ vpr (partir) to clear off*, skedaddle*

trissyllabe [tʀisi(l)lab] adj, nm ⇒ **trisyllabe**

trissyllabique [tʀisi(l)labik] adj ⇒ **trisyllabique**

Tristan [tʀistɑ̃] nm Tristan, Tristram ◆ **Tristan et Iseu(l)t** Tristan and Isolde

triste [tʀist] [→ SYN] adj **a** (malheureux, affligé) personne sad, unhappy; regard, sourire sad, sorrowful ◆ **d'un air triste** sadly, with a sad look ◆ **d'une voix triste** sadly, in a sad ou sorrowful voice ◆ **un enfant à l'air triste** a sad-looking ou an unhappy-looking child ◆ **les animaux en cage ont l'air triste** caged animals look sad ou miserable ◆ **être triste à l'idée** ou **à la pensée de partir** to be sad at the idea ou thought of leaving ◆ **elle était triste de voir partir ses enfants** she was sad to see her children go
b (sombre, maussade) personne, pensée sad, gloomy, glum; couleur, temps, journée dreary, dismal, miserable; paysage sad, bleak, dreary ◆ **il aime les chansons tristes** he likes sad ou melancholy songs ◆ **triste à pleurer** hopelessly miserable ◆ **il est triste comme une porte de prison** ou **un bonnet de nuit** he's as miserable as sin ◆ **faire triste mine** ou **figure à** to give a cool reception to, greet unenthusiastically ◆ **avoir** ou **faire triste mine, avoir** ou **faire triste figure** to cut a sorry figure, look a sorry sight → **vin**
c (attristant, pénible) nouvelle, épreuve, destin sad ◆ **depuis ces tristes événements** since these sad events took place ◆ **c'est une triste nécessité** it is a painful necessity, it is sadly necessary ◆ **il se lamente toujours sur son triste sort** he is always bewailing his unhappy ou sad fate ◆ **ce furent des mois bien tristes** these were very sad ou unhappy months ◆ **c'est triste à dire mais ...** it's sad to say but ... ◆ **il est de mon triste devoir de vous dire que ...** it is my painful duty to have to tell you that ... ◆ **triste chose que** it is a sorry ou sad state of affairs when ◆ **depuis son accident, il est dans un triste état** (ever) since his accident he has been in a sad ou sorry state ◆ **c'est pas triste!*** (c'est difficile) it's really tough!*, it's no joke!*; (c'est amusant) it's a laugh a minute!*; (c'est la pagaille) it's a real mess!
d (avant n: péj: lamentable) **quelle triste personne / époque** what a dreadful person / age ◆ **une triste réputation / affaire** a sorry reputation / business ◆ **un triste sire** ou **personnage** an unsavoury ou dreadful individual ◆ **ses tristes résultats à l'examen** his wretched ou deplorable exam results

tristement [tʀistəmɑ̃] adv **a** (d'un air triste) sadly, sorrowfully
b (de façon lugubre) sadly, gloomily, glumly
c (valeur intensive, péjorative) sadly, regrettably ◆ **il est tristement célèbre** he is regrettably well-known ◆ **c'est tristement vrai** sadly it is only too true, it is sadly true

tristesse [tʀistɛs] [→ SYN] GRAMMAIRE ACTIVE 24.4 nf **a** (caractère, état) [personne, pensée] sadness, gloominess; [couleur, temps, journée] dreariness; [paysage] sadness, bleakness, dreariness ◆ **il sourit toujours avec une certaine tristesse** there is always a certain sadness in his smile ◆ **enclin à la tristesse** given to melancholy, inclined to be gloomy ou sad
b (chagrin) sadness (NonC), sorrow ◆ **avoir un accès de tristesse** to be overcome by sadness ◆ **les tristesses de la vie** life's sorrows, the sorrows of life ◆ **c'est avec une grande tristesse que nous apprenons son décès** it is with deep sadness ou sorrow that we have learned of his death

tristounet, -ette* [tʀistunɛ, ɛt] adj temps, nouvelles gloomy, depressing ◆ **il avait l'air tristounet** he looked a bit down in the mouth* ou down in the dumps*

trisyllabe [tʀisi(l)lab] **1** adj trisyllabic
2 nm trisyllable

trisyllabique [tʀisi(l)labik] adj trisyllabic

triticale [tʀitikal] [→ SYN] nm triticale

tritium [tʀitjɔm] nm tritium

Triton [tʀitɔ̃] nm (Myth) Triton

triton[1] [tʀitɔ̃] nm (mollusque) triton; (amphibien) newt

triton[2] [tʀitɔ̃] nm (Mus) tritone, augmented fourth

triton[3] [tʀitɔ̃] nm (Chim) triton

triturateur [tʀityʀatœʀ] nm (Sci) grinder

trituration [tʀityʀasjɔ̃] nf (→ **triturer**) grinding up, trituration (spéc); pummelling, kneading; manipulation

triturer [tʀityʀe] [→ SYN] ▸ conjug 1 ◂ vt **a** (broyer) sel, médicament, fibres to grind up, triturate (spéc)
b (malaxer) pâte to pummel, knead; (fig: manipuler) objet, clef, poignée to manipulate ◆ **ce masseur vous triture les chairs** this masseur really pummels you ◆ **il s'agit non plus d'influencer, mais véritablement de triturer l'opinion** it's no longer a matter of influencing public opinion but of bludgeoning ou coercing it into changing
c se triturer la cervelle* ou **les méninges*** to rack ou cudgel one's brains*

triumvir [tʀijɔmviʀ] nm triumvir

triumviral, e, mpl **-aux** [tʀijɔmviʀal, o] adj triumviral

triumvirat [tʀijɔmviʀa] nm triumvirate

trivalence [tʀivalɑ̃s] nf trivalence, trivalency

trivalent, e [tʀivalɑ̃, ɑ̃t] adj trivalent

trivalve [tʀivalv] adj trivalve

trivial, e, mpl **-iaux** [tʀivjal, jo] [→ SYN] adj **a** (vulgaire) langage, plaisanterie coarse, crude
b (littér: ordinaire) objet, acte mundane, commonplace; détail mundane, trivial; (†: rebattu) trite, commonplace

trivialement [tʀivjalmɑ̃] adv (→ **trivial**) coarsely, crudely; in a mundane way; in a commonplace way; trivially; tritely

trivialité [tʀivjalite] [→ SYN] nf (→ **trivial**) **a** (caractère) coarseness, crudeness; mundane nature; commonplace nature; triviality; triteness
b (remarque) coarse ou crude remark; commonplace ou trite remark
c (détail) coarse ou crude detail; mundane ou trivial detail

trivium [tʀivjɔm] nm trivium

troc [tʀɔk] [→ SYN] nm (échange) exchange; (système) barter ◆ **faire un troc avec qn** to make an exchange with sb ◆ **faire le troc de qch avec qch d'autre** to barter ou exchange ou swap sth for sth else

trocart [tʀɔkaʀ] nm trocar

trochaïque [tʀɔkaik] adj trochaic

trochanter [tʀɔkɑ̃tɛʀ] nm trochanter

troche [tʀɔʃ] nf top shell

trochée [tʀɔʃe] nm trochee

trochile [tʀɔkil] nm hummingbird, trochilus (spéc)

trochilidés [tʀɔkilide] nmpl ◆ **les trochilidés** hummingbirds, the Trochilidae (spéc)

trochin [tʀɔʃɛ̃] nm lesser tuberosity of the humerus

trochiter [tʀɔkitɛʀ] nm greater tuberosity of the humerus

trochlée [tʀɔkle] nf trochlea

trochléen, -enne [tʀɔkleɛ̃, ɛn] adj trochlear

troène [tʀɔɛn] nm privet

troglodyte [tʀɔglɔdit] nm (Ethnologie) cave dweller; (fig) troglodyte; (Orn) wren

troglodytique [tʀɔglɔditik] adj (Ethnologie) troglodytic (spéc), cave-dwelling (épith) ◆ **habitation troglodytique** cave dwelling, cave-dweller's settlement

trogne [tʀɔɲ] [→ SYN] nf (péj: visage) mug⁎ (péj), face

trognon [tʀɔɲɔ̃] [→ SYN] **1** nm [fruit] core; [chou] stalk ◆ **trognon de pomme** apple core ◆ **se faire avoir jusqu'au trognon⁎** to be well and truly had⁎ ◆ **mon petit trognon*** sweetie pie*
2 adj inv (*: mignon) enfant, objet, vêtement cute*, lovely

Troie [tʀwa] n Troy ◆ **la guerre / le cheval de Troie** the Trojan War / Horse

troïka [tʀɔika] nf (lit, Pol) troika

trois [tʀwa] **1** adj inv **a** three; (troisième) third ◆ **volume / acte trois** volume / act three ◆ **le trois (janvier)** the third (of January) ◆ **Henri III** Henry the Third ◆ (Littérat) **"Les Trois Mousquetaires"** "The Three Musketeers" pour autres loc voir **six** et **fois, ménage** etc
b (approximation) **achète deux ou trois** ou **ou quatre citrons** buy a couple of lemons ◆ **je pars dans trois minutes** I'm off in a couple of ou a few minutes ◆ **il n'a pas dit trois mots** he hardly opened his mouth ou said a word → **cuiller**
2 nm inv three; (troisième) third; (Cartes, Dés) three ◆ [égratignure, cadeau] **c'est trois fois rien** it's nothing at all, it's hardly anything ◆ **ça coûte trois fois rien** it costs next to nothing ◆ **et de trois!** that makes three! pour loc voir **six**
3 COMP ▷ **les trois coups** mpl (Théât) the three knocks *(announcing beginning of play)* ▷ **les trois dimensions** fpl (Phys) the three dimensions ◆ **à trois dimensions** three-dimensional ▷ **trois étoiles** adj cognac, restaurant three-star (épith); nm (restaurant) three-star restaurant; (hôtel) three-star hotel ▷ **les Trois Glorieuses** (Hist) Les Trois Glorieuses ▷ **les trois Grâces** fpl (Myth) the three Graces ▷ **les trois ordres** mpl (Hist) the three estates ▷ **trois quarts** nmpl three-quarters ◆ **portrait de trois quarts** three-quarter(s) portrait ◆ **j'ai fait les trois quarts du travail** I've done three-quarters of the work ◆ **les trois quarts des gens l'ignorent** the great majority of people ou most people don't know this ◆ **aux trois quarts détruit** almost totally destroyed ▷ **trois temps** (Mus) three beats to the bar ◆ **à trois temps** in triple time

trois-deux [tʀwadø] nm inv (Mus) three-two time

trois-huit [tʀwaɥit] nm inv (Mus) three-eight (time) ◆ (travail) **faire les trois-huit** to operate three eight-hour shifts, operate round the clock in eight-hour shifts

troisième [tʀwazjɛm] **1** adj, nmf third ◆ **le troisième degré** (torture) the third degree ◆ **le troisième sexe** the third sex ◆ **le troisième âge** (période) the years of retirement; (groupe social) senior citizens ◆ **personne du troisième âge** senior citizen ◆ **troisième cycle d'université** graduate school ◆ **étudiant de troisième cycle** graduate ou post-graduate (Brit) student ◆ **être** ou **faire le troisième larron dans une affaire** to take advantage of the other two quarrelling over some business; pour autres loc voir **sixième**
2 nf **a** (Scol) **(classe de) troisième** fourth form ou year (Brit), 8th grade (US)
b (Aut) third (gear) ◆ **en troisième** in third (gear)

troisièmement [tʀwazjɛmmɑ̃] GRAMMAIRE ACTIVE 26.5 adv third(ly), in the third place

trois-mâts [tʀwamɑ] nm inv (Naut) three-master

trois-pièces [tʀwapjɛs] nm inv (complet) three-piece suit; (appartement) three-room flat (Brit) ou apartment (US)

trois-points [tʀwapwɛ̃] adj → **frère**

trois-portes [tʀwapɔʀt] nf inv (Aut) two-door hatchback

trois-quarts [tʀwakaʀ] nm inv (violon) three-quarter violin; (manteau) three-quarter (length) coat; (Rugby) three-quarter ◆ **il joue trois-quarts aile** he plays wing (three-quarter) ◆ (Rugby) **trois-quarts centre** centre (three-quarter) ◆ (Rugby) **la ligne des trois-quarts** the three-quarter line

trois-quatre [tʀwakatʀ] nm inv (Mus) three-four time

troll [tʀɔl] nm troll

trolley [tʀɔlɛ] nm (dispositif) trolley(-wheel); (*: bus) trolley bus

trolleybus [tʀɔlɛbys] nm trolley bus

trombe [tʀɔ̃b] [→ SYN] nf **a** (Mét) waterspout ◆ (fig: pluie) **une trombe d'eau, des trombes d'eau** a cloudburst, a downpour ◆ (fig) **des trombes de lave / débris** streams ou torrents of lava / debris
b entrer / sortir / passer en trombe to sweep in / out / by like a whirlwind

trombidion [tʀɔ̃bidjɔ̃] nm chigger, trombidium (spéc)

trombidiose [tʀɔ̃bidjoz] nf trombidiasis

trombine⁎ [tʀɔ̃bin] nf (visage) face, mug⁎ (péj); (tête) nut*

trombinoscope⁎ [tʀɔ̃binɔskɔp] nm **a** (photographie collective) group mug-shot⁎ (fig) b (annuaire de l'Assemblée nationale) *register, with photographs, of French deputés,* ≃ rogues' gallery* of MPs (Brit) ou representatives (US)

tromblon [tʀɔ̃blɔ̃] → SYN nm a (Mil) (Hist) blunderbuss; [fusil lance-roquettes] grenade launcher

b (‡: chapeau) hat, titfer (Brit arg), headgear* (NonC)

trombone [tʀɔ̃bɔn] → SYN nm a (Mus) (instrument) trombone; (tromboniste) trombonist, trombone (player) ◆ **trombone à coulisse/à pistons** slide/valve trombone ◆ **trombone basse** bass trombone

b (agrafe) paper clip

tromboniste [tʀɔ̃bonist] nmf trombonist, trombone (player)

trommel [tʀɔmɛl] nm trommel

trompe [tʀɔ̃p] → SYN 1 nf a (Mus) trumpet, horn; (†: avertisseur, sirène) horn ◆ **trompe de chasse** hunting horn ◆ **trompe de brume** fog horn → **son²**

b (Zool) [éléphant] trunk, proboscis (spéc); [insecte] proboscis; [tapir] snout, proboscis (spéc); (*: nez) proboscis (hum), snout*

c (Tech) **trompe à eau/mercure** water/mercury pump

d (Archit) squinch

2 COMP ▷ **trompe d'Eustache** (Anat) Eustachian tube ▷ **trompe de Fallope** ou **utérine** (Anat) Fallopian tube

trompe-la-mort [tʀɔ̃plamɔʀ] nmf inv death-dodger

trompe-l'œil [tʀɔ̃plœj] nm inv a trompe-l'œil ◆ **peinture en trompe-l'œil** trompe-l'œil painting ◆ **décor en trompe-l'œil** decor done in trompe-l'œil ◆ **peint en trompe-l'œil sur un mur** painted in trompe-l'œil on a wall

b (fig: esbroufe) eyewash* ◆ **c'est du trompe-l'œil** it's all eyewash*

tromper [tʀɔ̃pe] → SYN ▸ conjug 1 ◂ GRAMMAIRE ACTIVE 12.1, 18.2

1 vt a (duper) to deceive, trick, fool; (être infidèle à) époux to be unfaithful to, deceive ◆ **tromper qn sur qch** to deceive ou mislead sb about ou over sth ◆ **tromper sa femme avec une autre** to deceive one's wife ou be unfaithful to one's wife with another woman ◆ **un mari trompé** a husband who has been deceived ◆ **cela ne trompe personne** that doesn't fool anybody

b (induire en erreur par accident) [personne] to mislead; [symptômes] to deceive, mislead ◆ **les apparences trompent** appearances are deceptive ou misleading ◆ **c'est ce qui vous trompe** that's where you are mistaken ou wrong ◆ **c'est un signe qui ne trompe pas** it's a clear ou an unmistakable sign, it's clear proof

c (déjouer) poursuivants [personne] to elude, trick, escape from, outwit; [manœuvre] to fool, trick; vigilance to elude ◆ **il a trompé la surveillance de ses gardes et s'est enfui** he evaded ou eluded ou outwitted the guards and made his escape

d (décevoir) **tromper l'attente/l'espoir de qn** to fall short of ou fail to come up to ou deceive (frm) sb's expectations/hopes ◆ **être trompé dans son attente/ses espoirs** to be disappointed ou deceived (frm) in one's expectations/hopes ◆ **tromper la faim/la soif** to stave off one's hunger/thirst ◆ **pour tromper le temps** to kill ou pass time, to while away the time ◆ **pour tromper leur longue attente** to while away ou beguile (frm) their long wait

2 **se tromper** vpr a to make a mistake, be mistaken ◆ **se tromper de 5 F dans un calcul** to be 5 francs out (Brit) ou off (US) in one's calculations ◆ **tout le monde peut se tromper** anybody can make a mistake ◆ **se tromper sur les intentions de qn** to be mistaken about ou regarding sb's intentions, misjudge ou mistake sb's intentions ◆ **on pourrait s'y tromper, c'est à s'y tromper** you'd hardly know the difference ◆ **ne vous y trompez pas, il arrivera à ses fins** make no mistake – he will obtain his ends ◆ **si je ne me trompe** if I am not mistaken, unless I'm very much mistaken

b **se tromper de route/chapeau** to take the wrong road/hat ◆ **se tromper d'adresse** to get the wrong address ◆ (fig) **tu te trompes d'adresse** ou **de porte** you've come to the wrong place, you've got the wrong person ◆ **se tromper de jour/date** to get the day/date wrong, make a mistake about the day/date

tromperie [tʀɔ̃pʀi] → SYN nf a (duperie) deception, deceit, trickery (NonC)

b (littér: illusion) illusion

trompeter [tʀɔ̃pete] → SYN ▸ conjug 4 ◂ vt (péj) nouvelle to trumpet abroad, shout from the housetops

trompette [tʀɔ̃pɛt] → SYN 1 nf a (Mus) trumpet ◆ **trompette de cavalerie** bugle ◆ **trompette d'harmonie** ou **à pistons** ou **chromatique** ou **naturelle** orchestral ou valve ou chromatic ou natural trumpet ◆ **trompette basse/bouchée** bass/muted trumpet ◆ (Bible) **la trompette du Jugement dernier** the last Trump ◆ (littér) **la trompette de la Renommée** the Trumpet of Fame ◆ **avoir la queue en trompette** to have a turned-up tail → **nez, tambour**

b (Bot) **trompette de la mort** ou **des morts** horn of plenty

c (coquillage) trumpet shell

2 nm (trompettiste) trumpeter, trumpet (player); (Mil) bugler

trompettiste [tʀɔ̃petist] nmf trumpet player, trumpeter

trompeur, -euse [tʀɔ̃pœʀ, øz] → SYN 1 adj a personne deceitful, deceiving (épith); paroles, discours deceitful

b apparences deceptive, misleading; distance, profondeur deceptive ◆ **les apparences sont trompeuses** appearances are deceptive

2 nm,f deceiver ◆ (Prov) **à trompeur, trompeur et demi** every rogue has his match

trompeusement [tʀɔ̃pøzmɑ̃] adv (→ **trompeur**) deceitfully; deceptively

tronc [tʀɔ̃] → SYN 1 nm a [arbre] trunk; [colonne] shaft, trunk; (Géom) [cône, pyramide] frustum; (Anat) [nerf, vaisseau] trunk, mainstem ◆ **tronc d'arbre** tree trunk ◆ **tronc de cône/pyramide** truncated cone/pyramid

b (Anat: thorax et abdomen) trunk; [cadavre mutilé] torso

c (boîte) (collection) box ◆ **le tronc des pauvres** the poorbox

2 COMP ▷ **tronc commun** (Scol) common-core syllabus

troncation [tʀɔ̃kasjɔ̃] nf (Ling) truncating; (Ordin) truncation ◆ **recherche par troncation à droite/à gauche** search by truncating a word on the right/left

troncature [tʀɔ̃katyʀ] nf (Minér) truncation

tronche‡ [tʀɔ̃ʃ] nf (visage) mug‡; (tête) nut*, noggin‡ (US) ◆ **il a fait une drôle de tronche quand je lui ai dit ça** you should have seen the look on his face when I told him that

tronchet [tʀɔ̃ʃɛ] nm cooper's block

tronçon [tʀɔ̃sɔ̃] → SYN nm a [tube, colonne, serpent] section

b [route, voie] section, stretch; [convoi, colonne] section; [phrase, texte] part

tronconique [tʀɔ̃kɔnik] adj like a flattened cone ou a sawn-off cone

tronçonnage [tʀɔ̃sɔnaʒ] nm, **tronçonnement** [tʀɔ̃sɔnmɑ̃] nm (→ **tronçonner**) sawing ou cutting up; cutting into sections

tronçonner [tʀɔ̃sɔne] → SYN ▸ conjug 1 ◂ vt tronc to saw ou cut up; tube, barre to cut into sections

tronçonneur [tʀɔ̃sɔnœʀ] nm chain saw operator

tronçonneuse [tʀɔ̃sɔnøz] nf chain saw

trône [tʀon] → SYN nm a (siège, fonction) throne ◆ **trône pontifical** papal throne ◆ **placer qn/monter sur le trône** to put sb on/come to ou ascend the throne ◆ **chasser du trône** to dethrone, remove from the throne ◆ **le trône et l'autel** King and Church

b (‡ hum: W.-C.) throne* (hum) ◆ **être sur le trône** to be on the throne*

trôner [tʀone] → SYN ▸ conjug 1 ◂ vi a [roi, divinité] to sit enthroned, sit on the throne

b (avoir la place d'honneur) [personne] to sit enthroned; [chose] to sit imposingly; (péj: faire l'important) to lord it

tronquer [tʀɔ̃ke] → SYN ▸ conjug 1 ◂ vt a colonne statue to truncate

b (fig) citation, texte to truncate, curtail, cut down, shorten; détails, faits to abbreviate, cut out ◆ **version tronquée** shortened ou truncated version

trop [tʀo] → SYN

1 adv a (avec vb: à l'excès) too much; (devant adv, adj) too ◆ **beaucoup** ou **bien trop** manger etc far ou much too much ◆ **beaucoup** ou **bien** ou (littér) **par trop** (avec adj) far too, much too ◆ **il a trop mangé/bu** he has had too much to eat/drink, he has eaten/drunk too much ◆ **je suis exténué d'avoir trop marché** I'm exhausted from having walked too far ou too much ◆ **il a trop travaillé** he has worked too hard, he has done too much work, he has overworked ◆ **la pièce est trop chauffée** the room is overheated ◆ **la maison est trop grande/loin pour eux** the house is too large/far for them ◆ **un trop grand effort l'épuiserait** too great an effort would exhaust him ◆ **des restrictions trop sévères aggraveraient la situation économique** too severe restrictions would aggravate the economic situation ◆ **elle en a déjà bien trop dit** she has said far ou much too much already ◆ **il ne faut pas trop demander/insister** one mustn't be too greedy/pressing, one mustn't be overdemanding/overinsistent ◆ **tu as conduit trop vite/lentement** you drove too fast/slowly ◆ **tu as trop conduit** you drove for too long, you have been driving (for) too long ◆ **il ne faut pas trop aller le voir** we must not go to visit him too often, we mustn't overdo the visits ◆ **vous êtes trop (nombreux)/trop peu (nombreux)** there are too many/too few of you ◆ **une trop forte dose** an overdose ◆ **en faire trop, aller beaucoup trop loin** to go overboard*, go too far, overdo it ◆ **elle est trop, ta copine!*** your girlfriend's too much!* ◆ **elle en fait trop pour qu'on la croie vraiment malade** she makes so much fuss it's difficult to believe she's really ill

b **trop de** (quantité) too much; (nombre) too many ◆ **j'ai acheté trop de pain/d'oranges** I've bought too much bread/too many oranges ◆ **n'apportez pas de pain, il y en a déjà trop** don't bring any bread – there is too much already ◆ **n'apportez pas de verres, il y en a déjà trop** don't bring any glasses – there are too many already ◆ **s'il te reste trop de dollars, vends-les moi** if you have dollars left over ou to spare sell them to me ◆ **nous avons trop de personnel** we are overstaffed ◆ **il y a trop de monde dans la salle** the hall is overcrowded ou overfull, there are too many people in the hall ◆ **j'ai trop de travail** I'm overworked, I have too much work (to do) ◆ **ils ne seront pas trop de deux pour ce travail** this job will need at least the two of them (on it) ◆ **trop de bonté/d'égoïsme** excessive kindness/selfishness

c (avec conséquence) too much; (devant adj, adv) too ◆ **il mange beaucoup trop pour maigrir** he eats far too much to lose any weight ◆ **le village est trop loin pour qu'il puisse y aller à pied** the village is too far for him to walk there ◆ **elle a trop de travail pour qu'on lui permette de sortir tôt** she has too much work (to do) for her to be allowed out early ◆ **il est bien trop idiot pour comprendre** he is far too stupid ou too much of an idiot to understand ◆ **c'est trop beau pour être vrai!** it's too good to be true ◆ **les voyages à l'étranger sont trop rares pour ne pas en profiter** trips abroad are too rare to be missed

d (superl, intensif) too, so (very) ◆ **j'ai oublié mes papiers, c'est vraiment trop bête** how stupid (of me) ou it's too stupid for words – I've forgotten my papers ◆ **il y a vraiment par trop de gens égoïstes** there are far too many selfish people about ◆ **c'est par trop injuste** it's too unfair for words ◆ **c'est trop drôle!** it's too funny for words!, it's hilarious!, how funny! ◆ **il n'est pas trop satisfait/mécontent du résultat** he's not over-pleased ou too satisfied ou too pleased/not too unhappy ou dissatisfied with the result ◆ **nous n'avons pas trop de place chez nous** we haven't got (so) very much room ou (all) that much* room at our place ◆ **vous êtes trop aimable** you are too ou most kind ◆ **je ne sais trop que faire** I am not too ou quite sure what to do ou what I should do, I don't really know what to do ◆ **il n'aime pas trop ça*** he isn't too keen (Brit) ou overkeen (Brit) (on it), he doesn't like it overmuch ou (all) that much* ◆ **cela n'a que trop duré** it's gone on (far) too long already ◆ **je ne le sais que trop** I know only too well, I am only too well aware ◆ **je n'ai pas trop confiance en lui** I haven't much ou all that much* confidence in him ◆ **c'est trop !, c'en est trop !, trop c'est trop !** that's going too far!, enough is enough! ◆ **cela ne va pas trop bien** things are not going so ou terribly well ◆ **je n'en sais trop rien** I don't really know → **tôt**

e **de trop, en trop : il y a une personne / 2 personnes de trop** ou **en trop dans l'ascenseur** there is one person/there are 2 people too many in the lift ◆ **s'il y a du pain en trop, j'en emporterai** if there is any bread (left) over ou any bread extra ou any surplus bread I'll take some away ◆ **il m'a rendu 2 F de trop** ou **en trop** he gave me back 2 francs too much ◆ **ces 5 F sont de trop** that's 5 francs too much ◆ **l'argent versé en trop** the excess payment ◆ **il pèse 3 kg de trop** he is 3 kg overweight ◆ **ce régime vous fait perdre les kilos en trop** this diet will help you lose those extra pounds ◆ **si je suis de trop, je peux m'en aller !** if I'm in the way ou not welcome I can always leave! ◆ **cette remarque est de trop** that remark is uncalled-for ◆ **il a bu un verre** ou **un coup* de trop** he's had a drink ou one* too many ◆ **tu manges / bois de trop*** you eat/drink too much

2 nm excess, surplus ◆ **le trop d'importance accordé à ...** the excessive importance attributed to ... ◆ **que faire du trop qui reste ?** what is to be done with what is left (over)? ou with the extra?

trope [tʀɔp] nm (Littérat) trope

trophée [tʀɔfe] [→ SYN] nm trophy ◆ **trophée de chasse** hunting trophy

trophique [tʀɔfik] adj trophic

trophoblaste [tʀɔfoblast] nm trophoblast

tropical, e, mpl **-aux** [tʀɔpikal, o] [→ SYN] adj tropical

tropicalisation [tʀɔpikalizasjɔ̃] nf tropicalization

tropicaliser [tʀɔpikalize] ▸ conjug 1 ◂ vt matériel to tropicalize

tropique¹ [tʀɔpik] **1** adj année tropical

2 nm **a** (Géog : ligne) tropic ◆ **tropique du Cancer / Capricorne** tropic of Cancer/Capricorn

b (zone) **les tropiques** the tropics ◆ **le soleil des tropiques** the tropical sun ◆ **vivre sous les tropiques** to live in the tropics

tropique² [tʀɔpik] adj (Rhétorique) tropic

tropisme [tʀɔpism] nm (Bio) tropism

tropopause [tʀɔpopoz] nf tropopause

troposphère [tʀɔposfɛʀ] nf troposphere

trop-perçu, pl **trop-perçus** [tʀopɛʀsy] nm (Admin, Comm) excess (tax) payment, overpayment (of tax)

trop-plein, pl **trop-pleins** [tʀoplɛ̃] nm **a** (excès d'eau) [réservoir, barrage] overflow; [vase] excess water; (tuyau d'évacuation) overflow (pipe); (déversoir) overflow outlet

b (excès de contenu : grains etc) excess, surplus

c (fig) **trop-plein d'amour / d'amitié** overflowing love/friendship ◆ **trop-plein de vie** ou **d'énergie** surplus ou boundless energy ◆ **déverser le trop-plein de son cœur / âme** to pour out one's heart/soul ou all one's pent-up feelings

troquer [tʀɔke] [→ SYN] ▸ conjug 1 ◂ vt ◆ **troquer qch contre qch d'autre** to barter ou exchange ou trade ou swap sth for sth else; (fig : remplacer) to swap sth for sth else

troquet* [tʀɔkɛ] nm (small) café

trot [tʀo] nm [cheval] trot ◆ **petit / grand trot** jog/full trot ◆ **trot de manège** dressage trot ◆ **trot assis / enlevé** close/rising trot ◆ **course de trot attelé** trotting race ◆ **course de trot monté** *trotting race under saddle* ◆ (lit) **aller au trot** to trot along ◆ (fig) **au trot*** at the double ◆ **vas-y, et au trot !*** off you go, at the double ou and be quick about it! ◆ (lit,* fig) **partir au trot** to set off at a trot ◆ **prendre le trot** to break into a trot

Trotski [tʀɔtski] nm Trotsky

trotskisme, trotskysme [tʀɔtskism] nm Trotskyism

trotskiste, trotskyste [tʀɔtskist] adj, nmf Trotskyist, Trotskyite (péj)

trotte* [tʀɔt] nf ◆ **il y a** ou **ça fait une trotte (d'ici au village)** it's a fair step* ou distance (from here to the village) ◆ **on a fait une (jolie) trotte** we've come a good way, we covered a good distance

trotte-bébé [tʀɔtbebe] nm inv baby-walker, go-cart (US)

trotte-menu [tʀɔtməny] adj inv ◆ (hum) **la gent trotte-menu** mice

trotter [tʀɔte] [→ SYN] ▸ conjug 1 ◂ **1** vi **a** [cheval, cavalier] to trot

b (fig) [personne] (marcher à petits pas) to trot about (ou along etc); (marcher beaucoup) to run around, run hither and thither; [souris, enfants] to scurry (about), scamper (about); [bébé] to toddle along ◆ **un air / une idée qui vous trotte dans** ou **par la tête** ou **la cervelle** a tune/an idea which keeps running through your head

2 **se trotter*** vpr (se sauver) to dash (off)

trotteur, -euse [tʀɔtœʀ, øz] **1** nm,f (cheval) trotter, trotting horse

2 nm (chaussure) flat shoe; (pour bébé) baby-walker, go-cart (US)

3 **trotteuse** nf (aiguille) sweep ou second hand

trottin†† [tʀɔtɛ̃] nm (dressmaker's) errand girl

trottinement [tʀɔtinmɑ̃] nm (→ **trottiner**) jogging; trotting; scurrying, scampering; toddling

trottiner [tʀɔtine] ▸ conjug 1 ◂ vi [cheval] to jog along; [personne] to trot along; [souris] to scurry ou scamper about ou along; [bébé] to toddle along

trottinette [tʀɔtinɛt] [→ SYN] nf (jouet) (child's) scooter; (* : voiture) mini (car)

trottoir [tʀɔtwaʀ] [→ SYN] nm **a** pavement (Brit), sidewalk (US) ◆ **trottoir roulant** moving walkway, travelator (Brit)

b (péj) **faire le trottoir*** to walk the streets, be on the game‡

trou [tʀu] [→ SYN] **1** nm **a** (gén, Golf) hole; (terrier) hole, burrow; [flûte] (finger-)hole; [aiguille] eye ◆ **par le trou de la serrure** through the keyhole ◆ (Théât) **le trou du souffleur** the prompt box ◆ **faire un trou** (dans le sol) to dig ou make a hole; (dans une haie) to make a hole ou a gap; (dans un mur avec une vrille) to bore ou make a hole; (en perforant : dans le cuir, papier) to punch ou make a hole; (avec des ciseaux, un couteau) to cut a hole; (en usant, frottant) to wear a hole (*dans* in) ◆ (Golf) **faire un trou en un** to get a hole in one ◆ (Golf) **un 9 / 18 trous** a 9-hole/an 18-hole course ◆ **il a fait un trou à son pantalon** (usure) he has (worn) a hole in his trousers; (brûlure, acide) he has burnt a hole in his trousers; (déchirure) he has torn a hole in his trousers ◆ **ses chaussettes sont pleines de trous** ou **ont des trous partout** his socks are in holes ou are full of holes ◆ **sol / rocher creusé** ou **piqué de trous** ground/rock pitted with holes ◆ (fig) **une œuvre qui a des trous** a work with certain weaknesses ou weak parts

b (fig) (moment de libre) gap; (déficit) deficit; (Sport : trouée) gap, space ◆ **un trou (de 10 millions) dans la comptabilité** a deficit (of 10 million) in the accounts ◆ (Sport) **faire le trou** to break ou burst through ◆ **il y a des trous dans son témoignage** there are gaps in his account, there are things missing from his account ◆ **cela a fait un gros trou dans ses économies** it made quite a hole in his savings ◆ **j'ai un trou dans la matinée, venez me voir** I have a gap in my schedule during the morning so come and see me ◆ [professeur] **j'ai un trou** ou **une heure de trou** I have a free period ou an hour's free time ◆ **j'ai eu un trou (de mémoire)** my memory failed me for a moment, my mind went blank ◆ (Scol) **texte à trous** cloze text

c (Anat) foramen ◆ **trou optique** optic foramen ◆ **trous intervertébraux** intervertebral foramina ◆ **trou vertébral** vertebral canal ou foramen → **œil**

d (péj : localité) place, hole* (péj) ◆ **ce village est un trou** this village is a real hole* (péj) ou dump* (péj) ◆ **il n'est jamais sorti de son trou** he has never been out of his own backyard ◆ **chercher un petit trou pas cher** to look for a little place that's not too expensive ◆ **un trou perdu** ou **paumé*** a dead-and-alive (little) hole* (péj), a god forsaken hole* ou dump*

e (loc) (fig) **(se) faire son trou*** to make a niche for o.s. ◆ (fig) **vivre tranquille dans son trou** to live quietly in one's little hidey-hole* (Brit) ou hideaway ◆ (prison) **mettre / être au trou*** to put/be in (the) nick‡ (Brit) ou in clink‡ ◆ (fig) **quand on sera dans le trou*** when we're dead and buried ou dead and gone, when we're six feet under* → **boire**

2 COMP ▷ **trou d'aération** airhole, (air) vent ▷ **trou d'air** (Aviat) air pocket ▷ **trou de balle*‡** arsehole*‡ (Brit), asshole*‡ (US); (fig : imbécile) berk‡ (Brit), twat*‡ ▷ **trou du chat** (Naut) lubber's hole ▷ **trou du cul*‡** ⇒ **trou de balle*‡** ▷ **trou d'homme** manhole ▷ **trou de nez*** nostril ▷ **trou noir** (Astron) black hole ◆ (fig : désespoir) **c'était le trou noir** I (ou he etc) was in the depths of despair ▷ **trou normand** *glass of spirits, often Calvados, drunk between courses of meal* ▷ **trou d'obus** shell-hole, shell-crater ▷ **trou de souris** mousehole ◆ **elle était si gênée qu'elle serait rentrée dans un trou de souris** she was so embarrassed that she would have liked the ground to swallow her up

troubadour [tʀubaduʀ] [→ SYN] nm troubadour

troublant, e [tʀublɑ̃, ɑ̃t] [→ SYN] adj (déconcertant) disturbing, disquieting, unsettling; (sexuellement provocant) disturbing, arousing

trouble¹ [tʀubl] [→ SYN] **1** adj **a** eau, vin unclear, cloudy, turbid (littér); regard misty, dull; image blurred, misty, indistinct; photo blurred, out of focus ◆ **avoir la vue trouble** to have blurred vision → **pêcher¹**

b (fig) (impur, équivoque) personnage, rôle fishy, suspicious, dubious; affaire shady, murky, fishy; désir dark (épith); joie perverse (épith); (vague, pas franc) regard shifty, uneasy

2 adv ◆ **voir trouble** to have blurred vision, see things dimly ou as if through a mist

trouble² [tʀubl] [→ SYN] nm **a** (agitation, remue-ménage) tumult, turmoil; (zizanie, désunion) discord, trouble

b (émeute) **troubles** unrest (NonC), disturbances, troubles ◆ **troubles politiques / sociaux** political/social unrest (NonC) ou disturbances ou upheavals ◆ **des troubles sanglants** disturbances ou troubles causing bloodshed ◆ **des troubles ont éclaté dans le sud du pays** rioting has broken out ou disturbances have broken out in the south of the country → **fauteur**

c (émoi affectif ou sensuel) (inner) turmoil, agitation; (inquiétude, désarroi) distress; (gêne, perplexité) confusion, embarrassment ◆ **le trouble étrange qui s'empara d'elle** the strange feeling of turmoil ou agitation which overcame her ◆ **le trouble profond causé par ces événements traumatisants** the profound distress caused by these traumatic events ◆ (littér) **le trouble de son âme / cœur** the tumult ou turmoil in his soul/heart ◆ **le trouble de son esprit** the agitation in his mind, the turmoil his mind was in ◆ **dominer / se laisser trahir par son trouble** to overcome/give o.s. away by one's confusion ou embarrassment ◆ **semer le trouble dans l'esprit des gens** to sow confusion in peoples' minds

d (gén pl : Méd) trouble (NonC), disorder ◆ **troubles physiologiques / psychiques** physiological/psychological trouble ou disorders ◆ **il a des troubles de la vision** he has trouble with his (eye)sight ou vision ◆ **il a des troubles du sommeil** he has trouble sleeping ◆ **troubles de la personnalité** ou **du caractère** personality problems ou disorders ◆ **troubles du comportement** behavioural problems ◆ **troubles du langage** speech difficulties ◆ **ce n'est qu'un trouble passager** it's only a passing disorder

trouble-fête [tʀubləfɛt] [→ SYN] nmf inv spoilsport, killjoy

troubler [tʀuble] → SYN ▸conjug 1◂ **1** vt **a** (perturber) ordre to disturb, disrupt; sommeil, tranquillité, silence to disturb; représentation, réunion to disrupt; jugement, raison, esprit to cloud; digestion to upset ◆ **troubler l'ordre public** to disturb public order, cause a breach of public order, disturb the peace ◆ **en ces temps troublés** in these troubled times

b personne (démonter, impressionner) to disturb, disconcert; (inquiéter) to trouble, perturb; (gêner, embrouiller) to bother, confuse; (d'émoi amoureux) to disturb, agitate, arouse ◆ **ce film/cet événement l'a profondément troublé** this film/event has disturbed him deeply ◆ **la perspective d'un échec ne le trouble pas du tout** the prospect of failure doesn't perturb ou trouble him in the slightest ◆ **il y a quand même un détail qui me trouble** there's still a detail which is bothering ou confusing me ◆ **cesse de parler, tu me troubles (dans mes calculs)** stop talking – you are disturbing me ou putting me off (in my calculations) ◆ **troubler un candidat** to disconcert a candidate, put a candidate off ◆ **troubler (les sens de) qn** to disturb ou agitate sb

c (brouiller) eau to make cloudy ou muddy ou turbid (littér); vin to cloud, make cloudy; atmosphère to cloud; ciel to darken, cloud; (TV) image to upset, disturb ◆ **les larmes lui troublaient la vue** tears clouded ou blurred her vision

2 **se troubler** vpr **a** (devenir trouble) [eau] to cloud, become cloudy ou muddy ou turbid (littér); [temps] to become cloudy ou overcast; [ciel] to become cloudy ou overcast, darken

b (perdre contenance) to become flustered ◆ **il se trouble facilement aux examens/lorsqu'il a à parler** he is easily flustered ou disconcerted in exams/when he has to speak ◆ **il répondit sans se troubler** he replied unperturbed

troué, e [tʀue] (ptp de **trouer**) **1** adj ◆ **bas/sac troué** stocking/bag with a hole ou with holes in it ◆ **avoir un bas (de) troué** to have a hole in one's stocking, have a stocking with a hole in it ◆ **ce sac est troué** this bag has a hole ou holes (in it) ◆ **une veste toute trouée** a jacket that is full of holes ◆ **ses chaussettes sont toutes trouées** ou **trouées de partout** his socks are full of holes ◆ **ce seau est troué de partout** ou **comme une passoire** ou **comme une écumoire** this bucket has a bottom like a sieve ou colander, this bucket has as many holes in it as a sieve ou colander ◆ **corps troué comme une passoire** ou **écumoire** body riddled with bullets ◆ **son gant troué laissait passer son pouce** his thumb stuck ou poked out through a hole in his glove

2 **trouée** nf **a** [haie, forêt, nuages] gap, break (*de* in)

b (Mil) breach ◆ **faire une trouée** to make a breach, break through

c (Géog : défilé) gap ◆ **la trouée de Belfort** the Belfort Gap

trouer [tʀue] → SYN ▸conjug 1◂ vt **a** vêtement to make ou wear a hole in; ticket to punch (a hole in); (transpercer) to pierce ◆ **il a troué son pantalon** (avec une cigarette) he's burnt a hole in his trousers; (dans les ronces) he's torn ou ripped a hole in his trousers; (par usure) he's worn a hole in his trousers ◆ **ces chaussettes se sont trouées très vite** these socks soon got holes in them ou soon went into holes (Brit) ◆ **trouer qch de part en part** to pierce sth through, pierce a hole right through sth ◆ **la poitrine trouée d'une balle** his chest pierced by a bullet ◆ **trouer la peau à qn*** to put a bullet into sb* ◆ **se faire trouer la peau*** to get a bullet in one's hide* ◆ **un culot pareil, ça me troue*** such cheek is bloody* (Brit) ou damn* unbelievable

b (fig : traverser) silence, nuit to pierce ◆ **une fusée troua l'obscurité** a rocket pierced the darkness ◆ **le soleil troue les nuages** the sun breaks through the clouds

c (fig : parsemer : gén ptp) to dot ◆ **la plaine trouée d'ombres** the plain dotted with shadows

troufignon*† [tʀufiɲɔ̃] nm (derrière) backside*, arse** (Brit), ass** (US); (anus) arsehole** (Brit), asshole** (US)

troufion* [tʀufjɔ̃] nm soldier ◆ **quand j'étais troufion** when I was in the army ou a soldier

trouillard, e* [tʀujaʀ, aʀd] → SYN (péj) **1** adj yellow*, chicken* (attrib), yellow-bellied*

2 nm,f yellowbelly*

trouille* [tʀuj] nf ◆ **avoir la trouille** to be in a (blue) funk* (Brit), have the wind up* (Brit), be scared to death ◆ **j'ai eu la trouille de ma vie** I got the fright of my life ou a hell of a fright* ◆ **flanquer** ou **ficher la trouille à qn** to put the wind up sb* (Brit), scare the pants off sb*

trouillomètre* [tʀujɔmɛtʀ] nm ◆ **avoir le trouillomètre à zéro** to be in a blue funk* (Brit), be scared witless*

trou-madame, pl **trous-madame** [tʀumadam] nm troll-madam, *type of bagatelle*

troupe [tʀup] → SYN nf **a** (Mil, Scoutisme) troop ◆ (Mil) **la troupe** (l'armée) the army; (les simples soldats) the troops, the rank and file ◆ **les troupes** the troops ◆ **troupes de choc/de débarquement** shock/landing troops ◆ **lever des troupes** to raise troops ◆ **faire intervenir la troupe** to call ou bring in the army ◆ **réservé à la troupe** reserved for the troops ◆ **il y avait de la troupe cantonnée au village** there were some army units billeted in the village → **enfant, homme**

b [chanteurs, danseurs] troupe ◆ [acteurs] **troupe (de théâtre)** (theatrical) company

c [gens, animaux] band, group, troop ◆ **se déplacer en troupe** to go about in a band ou group ou troop

troupeau, pl **troupeaux** [tʀupo] → SYN nm [bœufs, chevaux] (dans un pré) herd; (transhumant) drove; [moutons, chèvres] flock; [éléphants, buffles, girafes] herd; [oies] gaggle; (péj) [touristes, prisonniers] herd (péj) ◆ (Rel) **le troupeau du Seigneur** the Lord's flock

troupiale [tʀupjal] nm (oiseau) troupial

troupier [tʀupje] → SYN **1** nm (†) private

2 adj → **comique**

troussage [tʀusaʒ] nm (Culin) trussing

trousse [tʀus] → SYN nf **a** (étui) (gén) case, kit; [médecin, chirurgien] instrument case; [écolier] pencil case ou wallet ◆ **trousse à aiguilles** needle case ◆ **trousse à couture** sewing case ou kit ◆ **trousse de maquillage** (mallette) vanity case ou bag; (sac) make-up bag ◆ **trousse à outils** toolkit ◆ **trousse à ongles** nail kit, manicure set ◆ **trousse de secours** first-aid kit ◆ **trousse de toilette** ou **de voyage** (sac) toilet bag, sponge bag; (mallette) travelling case, grip

b LOC **aux trousses de** (hot) on the heels of, on the tail of ◆ **les créanciers/policiers étaient à ses trousses** the creditors/policemen were on his tail ou (hot) on his heels ◆ **avoir la police aux trousses** to have the police on one's tail ou (hot) on one's heels

trousseau, pl **trousseaux** [tʀuso] → SYN nm **a** **trousseau de clefs** bunch of keys

b (vêtements, linge) [mariée] trousseau; [écolier] outfit

troussequin [tʀuskɛ̃] nm **a** (Équitation) cantle

b (outil) ⇒ **trusquin**

trousser [tʀuse] → SYN ▸conjug 1◂ vt **a** (Culin) volaille to truss

b (†: retrousser) robe, jupes to pick ou tuck up ◆ **se trousser** to pick ou tuck up one's skirts

c (†, hum) femme to tumble†

d (†: expédier) poème, article, discours to dash off, throw together ◆ **compliment bien troussé** well-phrased compliment

trousseur [tʀusœʀ] nm ◆ (†, hum) **trousseur de jupons** womanizer, ladykiller

trou-trou, pl **trou(s)-trou(s)** [tʀutʀu] nm (Tricot) *row of holes through which ribbon is passed*; (Couture) *lace trimming through which ribbon is passed*

trouvable [tʀuvabl] adj which can be found

trouvaille [tʀuvɑj] → SYN nf (objet) find; (fig : idée, métaphore, procédé) brainwave, stroke of inspiration; (mot) coinage ◆ (iro) **quelle est sa dernière trouvaille?** what's his latest brainwave?

trouver [tʀuve] → SYN ▸conjug 1◂ GRAMMAIRE ACTIVE 6.2, 26.5

1 vt **a** (en cherchant) objet, emploi, main-d'œuvre, renseignement to find ◆ **je ne le trouve pas** I can't find it ◆ **où peut-on le trouver?** where can he be found?, where is he to be found? ◆ **on lui a trouvé une place dans un lycée** he was found a place in a lycée, they found him a place ou a place for him in a lycée ◆ **est-ce qu'ils trouveront le chemin?** will they find the way? ou their way? ◆ **trouver le temps/l'énergie/le courage de faire qch** to find (the) time/the energy/the courage to do sth ◆ **trouver refuge** ou **asile/faveur auprès de qn** to find refuge/favour with sb ◆ **comment avez-vous trouvé un secrétaire si compétent?** how did you come by ou find such a competent secretary? ◆ **elle a trouvé en lui un ami sûr/un associé compétent** she has found in him a faithful friend/a competent partner → **chercher, enfant, objet**

b (rendre visite) **aller/venir trouver qn** to go/come and see sb

c (rencontrer par hasard) document, information, personne to find, come upon, come across; difficultés to meet with, come across, come up against ◆ **on trouve cette plante** ou **cette plante se trouve sous tous les climats humides** this plant is found ou is to be found in all damp climates

d (imaginer, inventer) solution, prétexte, cause, moyen to find, think out ◆ (énigme) **comment as-tu fait pour trouver?** how did you manage to find out?, how did you work it out? ◆ **j'ai trouvé!** I've got it!* ◆ **c'est tout trouvé** it's quite simple ou straightforward ◆ **formule bien trouvée** clever ou happy phrase ◆ (iro) **tu as trouvé ça tout seul!** did you think it out all by yourself? (iro) ◆ **où est-il allé trouver ça?** where (on earth) did he get that idea from?, whatever gave him that idea?

e (avec à + infin) **trouver à redire (à tout)** to find fault with everything, find something to criticize (in everything) ◆ **on ne peut rien trouver à redire là-dessus** there's nothing to say ou you can say to that ◆ **trouver à manger/à boire** to find something to eat/to drink ◆ **elle trouve toujours à faire dans la maison** she can always find something to do in the house ◆ **trouver à se distraire/à s'occuper** to find a way to amuse/occupy o.s., find something to amuse/occupy o.s. with ◆ **ils trouveront bien à les loger quelque part** they will surely find a way to put them up somewhere, they will surely find somewhere to put them up

f (éprouver) **trouver du plaisir à qch/à faire qch** to take pleasure in sth/in doing sth ◆ **trouver un malin plaisir à taquiner qn** to get a mischievous pleasure out of teasing sb, take a mischievous pleasure in teasing sb, derive a mischievous pleasure from teasing sb ◆ **trouver de la difficulté à faire** to find ou have difficulty (in) doing ◆ **trouver une consolation dans le travail** to find consolation in work ou in working

g (avec attribut du complément) (découvrir) to find; (penser) to think ◆ **trouver qch cassé/vide** to find sth broken/empty ◆ (estimer, juger) **trouver qch à son goût/trop cher** to find sth to one's liking/too expensive ◆ (fig) **j'ai trouvé les oiseaux envolés** I found the birds had flown ◆ **trouver porte close** to find nobody at home ou in ◆ **je l'ai trouvée en train de pleurer** I found her crying ◆ **trouver que** to find ou think that ◆ **tu ne trouves pas que j'ai raison?** don't you think I'm right? ◆ **je trouve cela trop sucré/lourd** I find it too sweet/heavy, it's too sweet/heavy for me ◆ **elle trouve qu'il fait trop chaud ici** she finds it too hot (in) here ◆ **je le trouve fatigué** I think he looks tired, I find him tired-looking, I find him looking tired ◆ **tu lui trouves bonne mine?** do you think he's looking well? ◆ **comment l'as-tu trouvé?** what did you think of him?, how did you find him? ◆ **vous la trouvez sympathique?** do you like her?, do you think she's nice?, do you find her a nice person? ◆ **on ne lui trouve que des qualités** he has only virtues ou good qualities ◆ **trouvez-vous cela normal?** do you think that's as it should be? ◆ **tu trouves ça drôle!** ou **que c'est drôle!** so you think that's funny!, so you find that funny! ◆ **vous trouvez?** (do) you think so? ◆ **il a trouvé bon de nous écrire**

he thought ou saw fit to write to us ◆ **trouver le temps court / long** to find that time passes quickly ou races on / passes slowly ou hangs heavy ou heavily on one's hands

h LOC **trouver grâce auprès** ou **aux yeux de qn** to find favour with sb ◆ **il a trouvé à qui parler** he met his match ◆ **il va trouver à qui parler** he'll get more than he bargained for ◆ **trouver son maître** to find one's master ◆ **cet objet n'avait pas trouvé d'amateur** no one had expressed ou shown any interest in the object ◆ **cet objet n'avait pas trouvé preneur** the object had had no takers ◆ **trouver la mort (dans un accident)** to meet one's death (in an accident) ◆ **je la trouve mauvaise !*** ou **saumâtre !*** I think it's a bit off* (Brit), I don't like it at all ◆ (hum) **trouvez-vous votre bonheur** ou **votre vie dans ce bric-à-brac ?** can you find what you're after ou what you're looking for in this jumble ? ◆ **ne pas trouver ses mots** to be at a loss for words ◆ **trouver le sommeil** to get to sleep, fall asleep ◆ **trouver chaussure à son pied** to find a suitable match ◆ (fig) **trouver le joint*** to come up with a solution, find an answer ou a way out ◆ **il a trouvé son compte dans cette affaire** he got something out of this bit of business ◆ (lit) **trouver le moyen de faire** to find some means of doing ◆ (fig hum) **il a trouvé le moyen de s'égarer** he managed ou contrived to get (himself) lost

2 **se trouver** vpr a (être dans une situation) [personne] to find o.s. ; [chose] to be ◆ **il se trouva nez à nez avec Paul** he found himself face to face with Paul ◆ **la question se trouva reléguée au second plan** the question was relegated to the background ◆ **la voiture se trouva coincée entre ...** the car was jammed between ... ◆ **je me suis trouvé dans l'impossibilité de répondre** I found myself unable to reply ◆ **nous nous trouvons dans une situation délicate** we are in a delicate situation ◆ **il se trouve dans l'impossibilité de venir** he is unable to come, he is not in a position to come ◆ **il se trouve dans l'obligation de partir** he has to ou is compelled to leave ◆ **et tu te trouves malin** ou **intelligent ! / spirituel !** I suppose you think that's clever ! / funny ! ◆ **et tu te trouves beau !** I suppose you think you look good ! ◆ (iro) **je me suis trouvé fin !** a fine ou right* fool I looked !

b (être situé) [personne] to be ; [chose] to be, be situated ◆ **ça ne se trouve pas sur la carte** it isn't ou doesn't appear on the map ◆ **son nom ne se trouve pas sur la liste** his name is not on ou does not appear on the list ◆ **je me trouvais près de l'entrée** I was (standing ou sitting etc) near the entrance ◆ **il ne fait pas bon se trouver dehors par ce froid** it's not pleasant to be out in this cold ◆ **la maison se trouve au coin de la rue** the house is (situated) ou stands on the corner of the street ◆ **où se trouve la poste ?** where is the post office ? ◆ **les toilettes se trouvent près de l'entrée** the toilets are (situated) near the entrance ◆ **ça ne se trouve pas sous le pas** ou **le sabot d'un cheval** it's not easy to find ou to come by

c (se sentir) to feel ◆ **se trouver bien** (dans un fauteuil etc) to feel comfortable ; (santé) to feel well ◆ **il se trouve mieux en montagne** he feels better in the mountains ◆ **elle se trouvait bien dans ce pays** she was happy in this country ◆ **se trouver mal** to faint, pass out ◆ **se trouver bien / mal d'avoir fait qch** to have reason to be glad / to regret having done sth ◆ **il s'en est bien trouvé** he benefited from it ◆ **il s'en est mal trouvé** he lived to regret it

d (avec infin : exprime la coïncidence) **se trouver être / avoir ...** to happen to be / have ... ◆ **elles se trouvaient avoir le même chapeau** it turned out that they had ou they happened to have the same hat

e (en méditant etc) **essayer de se trouver** to try to find o.s.

3 **se trouver** vpr impers a (le fait est) **il se trouve que c'est moi** it happens to be me, it's me as it happens ◆ **il se trouvait que j'étais là** I happened to be there ◆ **il se trouvait qu'elle avait menti** it turned out that she had been lying ◆ **comme il se trouve parfois / souvent** as is sometimes / often the case, as sometimes / often happens ◆ **et s'il se trouve qu'elles ne viennent pas ?** and what if ou and suppose ou supposing they don't come ?

b (il y a) **il se trouve toujours des gens qui disent ...** ou **pour dire ...** there are always people ou you'll always find people who will say ...

c (*) **ils sont sortis, si ça se trouve** they may well be out, they're probably out ◆ **si ça se trouve, il ne viendra pas** it's quite likely he won't come

trouvère [tʀuvɛʀ] → SYN nm trouvère

troy [tʀɔj] nm ◆ **le système troy** the troy system

troyen, -enne [tʀwajɛ̃, ɛn] 1 adj Trojan 2 nm,f ◆ **Troyen(ne)** Trojan

truand, e [tʀyɑ̃, ɑ̃d] → SYN 1 nm (gangster) gangster, mobster (US) ; (escroc) crook 2 nm,f († : mendiant) beggar

truander‡ [tʀyɑ̃de] ▸ conjug 1 ◂ 1 vt to swindle, do‡ ◆ **se faire truander** to be swindled ou done‡ 2 vi to cheat (à at)

truble [tʀybl] nf drop-net

trublion [tʀyblijɔ̃] → SYN nm troublemaker, agitator

truc[1] [tʀyk] → SYN GRAMMAIRE ACTIVE 7.3 nm a (*) (moyen, combine) way, trick ; (dispositif) thingummy*, whatsit* ◆ **il a trouvé le truc (pour le faire)** he's found the way (of doing it), he's got the trick (of doing it) ◆ **il n'a pas encore compris le truc** he's not yet grasped ou learnt the trick ◆ **avoir le truc** to have the knack ◆ **cherche un truc pour venir me voir** try to wangle coming to see me*, try to find some way of coming to see me ◆ **c'est connu leur truc*, on le connaît leur truc*** we know what they're up to* ou playing at*, we're onto their little game* ◆ **les trucs du métier** the tricks of the trade

b (tour) [prestidigitateur] trick ; (trucage : Ciné etc) trick, effect ◆ **c'est impressionnant mais ce n'est qu'un truc** it's impressive but it's only a trick ou an effect ◆ **il y a un truc !** there's a trick in it !

c (* : chose, idée) thing ◆ **on m'a raconté un truc extraordinaire** I've been told an extraordinary thing ◆ **j'ai pensé (à) un truc** I've thought of something, I've had a thought ◆ **il y a un tas de trucs à faire** there's a heap of things to do* ◆ **il n'y a pas un truc de vrai là-dedans** there's not a word of truth in it ◆ **le ski, c'est pas mon truc*** skiing's not my thing*

d (* : machin) (dont le nom échappe) thingumajig*, thingummy*, whatsit* ; (inconnu, jamais vu) contraption, thing, thingumajig* ; (tableau, statue bizarre) thing ◆ **méfie-toi de ces trucs-là** be careful of ou beware of those things

e (‡ : personne) **Truc (Chouette), Machin Truc** what's-his-(ou her-) name*, what-d'you-call-him* (ou -her), thingummybob*

truc[2] [tʀyk] nm (Rail) truck, waggon

trucage [tʀykaʒ] nm ⇒ **truquage**

truchement [tʀyʃmɑ̃] → SYN nm a **par le truchement de qn** through (the intervention of) sb ◆ **par le truchement de qch** with the aid of sth

b (††, littér : moyen d'expression, intermédiaire) medium, means of expression

trucider* [tʀyside] ▸ conjug 1 ◂ vt (hum) to knock off‡, bump off‡

truck [tʀyk] nm ⇒ **truc**[2]

trucmuche‡ [tʀykmyʃ] nm thingumajig*, thingummybob*, whatsit*

truculence [tʀykylɑ̃s] → SYN nf (→ **truculent**) vividness ; colourfulness ; raciness ◆ **la truculence de ce personnage** the liveliness ou verve of this character

truculent, e [tʀykylɑ̃, ɑ̃t] → SYN adj langage vivid, colourful, racy ; personnage colourful, larger-than-life (épith), larger than life (attrib)

truelle [tʀyɛl] → SYN nf [maçon] trowel ◆ (Culin) **truelle à poisson** fish slice

truffe [tʀyf] → SYN nf a (Bot) truffle ◆ **truffe noire / blanche** black / white truffle

b (Culin) **truffes (au chocolat)** (chocolate) truffles

c (nez du chien) nose ; (* : nez) conk* (Brit), hooter* (Brit)

d (* : idiot) nitwit*, twit*

truffer [tʀyfe] → SYN ▸ conjug 1 ◂ vt a (Culin) to garnish with truffles

b (fig : remplir) **truffer qch de** to pepper sth with ◆ **truffé de citations** peppered ou larded with quotations ◆ **truffé de pièges** bristling with traps ◆ **truffé de fautes** packed full of mistakes, riddled with mistakes

trufficulteur, -trice [tʀyfikyltœʀ, tʀis] nm,f truffle grower

trufficulture [tʀyfikyltyʀ] nf truffle growing

truffier, -ière [tʀyfje, jɛʀ] 1 adj région truffle (épith) ; chêne truffle-producing ◆ **chien truffier** truffle hound 2 **truffière** nf truffle field

truie [tʀɥi] → SYN nf (Zool) sow

truisme [tʀyism] → SYN nm (littér) truism

truite [tʀɥit] nf trout (pl inv) ◆ **truite saumonée** salmon trout ◆ **truite de mer** sea trout ◆ **truite arc-en-ciel** rainbow trout ◆ (Culin) **truite meunière** truite ou trout meunière

truité, e [tʀɥite] adj a (tacheté) cheval mottled, speckled ; chien spotted, speckled

b (craquelé) porcelaine crackled

trumeau, pl **trumeaux** [tʀymo] nm a (pilier) pier ; (entre portes, fenêtres) pier ; (panneau ou glace) pier glass ; [cheminée] overmantel

b (Culin) shin of beef

truquage [tʀykaʒ] → SYN nm a (action : → **truquer**) rigging ; fixing* ; adapting ; doctoring* ; fiddling* ; faking ◆ (Ciné) **le truquage d'une scène** using special effects in a scene

b (Ciné) **truquages** special effects ◆ **un truquage très réussi** a very successful effect ◆ **truquages optiques** optical effects ou illusions ◆ **truquages de laboratoire** lab effects

truqué, e [tʀyke] (ptp de **truquer**) adj élections rigged ; combat fixed* ; cartes, dés fixed* ◆ (Ciné) **une scène truquée** a scene involving special effects

truquer [tʀyke] → SYN ▸ conjug 1 ◂ vt a élections to rig, fix* ; (gén ptp) combat to fix ◆ (Ciné) **truquer une scène** to use special effects in a scene

b serrure, verrou to adapt, fix* ; cartes, dés to fix*

c († : falsifier) dossier to doctor* ; comptes to fiddle* ; œuvre d'art, meuble to fake

truqueur, -euse [tʀykœʀ, øz] → SYN nm,f a (fraudeur) cheat

b (Ciné) special effects man (ou woman)

truquiste [tʀykist(ə)] nm ⇒ **truqueur** b

trusquin [tʀyskɛ̃] nm marking gauge

trust [tʀœst] → SYN nm (Écon : cartel) trust ; (toute grande entreprise) corporation → **antitrust**

truster [tʀœste] → SYN ▸ conjug 1 ◂ vt (Écon) secteur du marché to monopolize, corner ; produit to have the monopoly of, monopolize ; (* : accaparer) to monopolize ◆ **ils ont trusté les médailles aux derniers Jeux olympiques** they carried off all the medals ou they made a clean sweep of the medals at the last Olympic Games

trypanosome [tʀipanozom] nm trypanosome

trypanosomiase [tʀipanozomjɑz] nf trypanosomiasis

trypsine [tʀipsin] nf trypsin

trypsinogène [tʀipsinɔʒɛn] nm trypsinogen

tryptamine [tʀiptamin] nf tryptamine

tryptophane [tʀiptɔfan] nm tryptophan

TSA [teɛsa] nf (abrév de **technologie des systèmes automatisés**) → **technologie**

tsar [dzaʀ] → SYN nm tsar, czar, tzar

tsarévitch [dzaʀevitʃ] nm tsarevich, czarevich, tzarevich

tsarine [dzaʀin] nf tsarina, czarina, tzarina

tsarisme [dzaʀism] nm tsarism, czarism, tzarism

tsariste [dzaʀist] adj tsarist, czarist, tzarist

tsé-tsé [tsetse] nf ◆ **(mouche) tsé-tsé** tsetse fly

TSF† [teɛsɛf] nf (abrév de **télégraphie sans fil**) (procédé) wireless telegraphy ; (radio) wireless, radio; (poste) wireless ◆ **à la TSF** on the radio ou wireless

T(-)shirt [tiʃœʀt] nm ⇒ **tee(-)shirt**

tsigane [tsigan] → SYN **1** adj (Hungarian) gypsy ou gipsy, tzigane ◆ **violoniste / musique tsigane** (Hungarian) gypsy violinist / music
2 nmf ◆ **Tsigane** (Hungarian) Gypsy ou Gipsy, Tzigane

tsoin-tsoin‡, **tsouin-tsouin**‡ [tswɛ̃tswɛ̃] excl boom-boom!

tss-tss [tsts] excl tut-tut!

tsunami [tsunami] nm tsunami

TSVP (abrév de **tournez s'il vous plaît**) PTO

TTC [tetese] (abrév de **toutes taxes comprises**) → **taxe**

tu, t'* [ty, t] **1** pron pers you *(as opposed to "vous": familiar form of address)*; (Rel) thou ◆ **t'as* de la chance** you're lucky
2 nm ◆ **employer le tu** to use the "tu" form ◆ **dire tu à qn** to address sb as "tu" ◆ **être à tu et à toi avec qn** to be on first-name terms with sb, be a great pal of sb*

TU [tey] nm (abrév de **temps universel**) → **temps**[2]

tuant, tuante [tɥɑ̃, tɥɑ̃t] → SYN adj (fatigant) killing, exhausting; (énervant) exasperating, tiresome

tub [tœb] nm (bassin) (bath)tub; (bain) bath

tuba [tyba] nm (Mus) tuba; (Sport) snorkel, breathing tube ◆ **tuba d'orchestre** bass tuba

tubage [tybaʒ] → SYN nm (Méd) intubation, cannulation

tubaire [tybɛʀ] adj (Méd) tubal

tubard, e‡ [tybaʀ, aʀd] (péj) (abrév de **tuberculeux**) **1** adj suffering from TB
2 nm,f TB case

tube [tyb] → SYN nm **a** (tuyau) (gén, de mesure, en verre) tube; (de canalisation, tubulure, métallique) pipe ◆ **tube capillaire** capillary tube ◆ **tube compte-gouttes** pipette ◆ **tube à essai** test tube ◆ (TV) **tube-image** cathode ray tube ◆ **tube à injection** hypodermic syringe ◆ (Mil) **tube lance-torpilles** torpedo tube ◆ (Élec) **tube au néon** neon tube ◆ (Élec) **tube redresseur** vacuum diode ◆ **tube régulateur de potentiel** triode ◆ (Élec, TV, Ordin) **tube cathodique** cathode ray tube ◆ **tube à vide** vacuum valve ou tube ◆ **tube de Crookes / de Pitot** Crookes / Pitot tube
b (emballage) [aspirine, comprimés, dentifrice etc] tube ◆ **tube de rouge (à lèvres)** lipstick ◆ **en tube** in a tube
c (Anat, Bot: conduit) **tube digestif** digestive tract, alimentary canal ◆ **tubes urinifères** uriniferous tubules ◆ **tube pollinique** pollen tube
d (*: chanson à succès) hit
e (vêtement) **jupe tube** tube skirt ◆ **pull tube** skinny-rib (sweater ou jumper)
f (*†: téléphone) **donner un coup de tube à qn** to give sb a buzz* ou a tinkle*
g (†*: haut-de-forme) topper*
h (loc) [moteur] **marcher à pleins tubes*** to be running full throttle ou at maximum revs ◆ (fig) **délirer** ou **déconner**‡ **à pleins tubes*** to be raving mad*, be off one's head* ou rocker‡

tubeless [tyblɛs] adj inv, nm inv ◆ **(pneu) tubeless** tubeless tyre (Brit) ou tire (US)

tuber [tybe] ▸ conjug 1 ◂ vt trou de sondes to tube; puits de pétrole to rase

tubéracées [tybeʀase] nfpl ◆ **les tubéracées** tubers, the Tuberaceae (spéc)

tubercule [tybɛʀkyl] → SYN nm (Anat, Méd) tubercle; (Bot) tuber

tuberculeux, -euse [tybɛʀkylø, øz] → SYN **1** adj **a** (Méd) tuberculous, tubercular ◆ **être tuberculeux** to suffer from tuberculosis ou TB, have tuberculosis ou TB
b (Bot) tuberous, tuberose
2 nm,f tuberculosis ou tubercular ou TB patient

tuberculine [tybɛʀkylin] nf tuberculin

tuberculinique [tybɛʀkylinik] adj test tuberculinic, tuberculin

tuberculisation [tybɛʀkylizasjɔ̃] nf tuberculation

tuberculose [tybɛʀkyloz] → SYN nf tuberculosis ◆ **tuberculose pulmonaire** pulmonary tuberculosis ◆ **tuberculose osseuse** tuberculosis of the bones

tubéreux, -euse [tybeʀø, øz] → SYN **1** adj tuberous
2 **tubéreuse** nf (Bot) tuberose

tubérisation [tybeʀizasjɔ̃] nf tuberization

tubérisé, e [tybeʀize] adj tuberous, tuberose

tubérosité [tybeʀozite] → SYN nf (Anat) tuberosity

tubicole [tybikɔl] nm tubicolous worm

tubifex [tybifɛks] nm tubifex

tubipore [tybipɔʀ] nm organ-pipe coral, tubipora (spéc)

tubiste [tybist] nmf tuba player

tubulaire [tybylɛʀ] → SYN adj tubular

tubule [tybyl] nm tubule

tubulé, e [tybyle] adj plante tubulate; flacon tubulated

tubuleux, -euse [tybylø, øz] adj tubulous, tubulate

tubuliflore [tybyliflɔʀ] adj tubuliflorous

tubulure [tybylyʀ] → SYN nf **a** (tube) pipe
b (Tech: ouverture) tubulure ◆ (tubes) **tubulures** piping ◆ (Aut) **tubulure d'échappement / d'admission** exhaust / inlet manifold ◆ **tubulure d'alimentation** feed ou supply pipe

TUC† [tyk] **1** nmpl (abrév de **travaux d'utilité collective**) → **travail**[1]
2 nmf ⇒ **tucard, tuciste**

tucard, e† [tykaʀ, d] nm,f, **tuciste**† [tysist] nmf (paid) community worker *(otherwise unemployed)*, ≃ employment trainee (Brit), ≃ YTS trainee (Brit)

tudieu†† [tydjø] excl zounds!††, 'sdeath!††

tué, e [tɥe] → SYN (ptp de **tuer**) nm,f (dans un accident, au combat) person killed ◆ **les tués** the dead, those killed ◆ **il y a eu 5 tués et 4 blessés** there were 5 (people) killed ou 5 dead and 4 injured

tue-mouche [tymuʃ] **1** nm inv ◆ (Bot) **(amanite) tue-mouche** fly agaric
2 adj ◆ **papier** ou **ruban tue-mouche(s)** fly-paper

tuer [tɥe] → SYN ▸ conjug 1 ◂ **1** vt **a** personne, animal to kill; (à la chasse) to shoot ◆ (Bible) **tu ne tueras point** thou shalt not kill ◆ **tuer qn à coups de pierre / de couteau** to stone / stab ou knife sb to death ◆ **tuer qn d'une balle** to shoot sb dead ◆ **l'alcool tue** alcohol can kill ou is a killer ◆ **la route tue** the highway is deadly ou is a killer ◆ (Psych) **tuer le père** to kill the father ◆ **cet enfant me tuera** this child will be the death of me ◆ **la honte / le déshonneur la tuerait** the shame / dishonour would kill her ◆ (fig) **il est à tuer!** you (ou I) could kill him! ◆ **il n'a jamais tué personne!** he wouldn't hurt a fly, he's quite harmless ◆ **quelle odeur! ça tue les mouches à 15 pas!*** what a stink!* it would kill a man at 15 paces! ◆ (fig) **un coup** ou **une gifle à tuer un bœuf** a blow to fell an ox ◆ **tuer la poule aux œufs d'or / le veau gras** to kill the goose that lays the golden eggs / the fatted calf ◆ **un culot pareil, ça me tue!*** I (just) can't believe the cheek of it!*, such cheek kills me* (US)
b (ruiner) to kill; (exténuer) to exhaust, wear out ◆ **la bureaucratie tue toute initiative** bureaucracy kills (off) all initiative ◆ **les supermarchés n'ont pas tué le petit commerce** supermarkets have not killed off small traders ◆ **ce rouge tue tout leur décor** this red kills (the effect of) their whole decor ◆ **ces escaliers / ces querelles me tuent** these stairs / quarrels will be the death of me ◆ **tuer qch dans l'œuf** to nip sth in the bud ◆ **tuer le temps** to kill time
2 **se tuer** vpr **a** (accident) to be killed ◆ **il s'est tué en montagne / en voiture** he was killed in a mountaineering / car accident
b (suicide) to kill o.s. ◆ **il s'est tué d'une balle dans la tête** he put a bullet through his head, he killed himself with a bullet through his ou the head
c (fig) **se tuer à la peine** ou **à la tâche** ou **au travail** to work o.s. to death, kill o.s. with work ◆ **se tuer à répéter / à essayer de faire comprendre qch à qn** to wear o.s. out repeating sth to sb / trying to make sb understand sth

tuerie [tyʀi] → SYN nf (carnage) slaughter, carnage

tue-tête [tytɛt] adv ◆ **crier / chanter à tue-tête** to shout / sing at the top of one's voice, shout / sing one's head off*

tueur, tueuse [tɥœʀ, tɥøz] **1** nm,f **a** (assassin) killer; (Pol) shark ◆ **tueur (à gages)** hired ou professional killer, contract killer, hitman*
b (chasseur) **tueur de lions / d'éléphants** lion- / elephant-killer
2 nm (d'abattoir) slaughterman, slaughterer

tuf [tyf] → SYN nm (Géol) (volcanique) tuff; (calcaire) tufa

tuile [tɥil] → SYN nf **a** (lit) tile ◆ **tuile creuse** ou **romaine** ou **ronde** curved tile ◆ **tuile faîtière** ridge tile ◆ **tuiles mécaniques** industrial ou interlocking tiles ◆ **couvrir un toit de tuiles** to tile a roof ◆ **tuiles de pierre / d'ardoise** stone / slate tiles ◆ **nous préférons la tuile à l'ardoise** we prefer tiles to slate
b (*: coup de malchance) blow ◆ **quelle tuile!** what a blow!
c (Culin) (thin sweet) biscuit

tuileau, pl **tuileaux** [tɥilo] nm tile fragment

tuilerie [tɥilʀi] nf (fabrique) tilery; (four) tilery, tile kiln

tuilier, -ière [tɥilje, jɛʀ] **1** adj tile (épith)
2 nm,f tile maker ou manufacturer

tularémie [tylaʀemi] nf tularaemia (Brit), tularemia (US)

tulipe [tylip] nf (Bot) tulip; (ornement) tulip-shaped glass (ou lamp etc)

tulipier [tylipje] nm tulip tree

tulle [tyl] → SYN nm tulle ◆ **robe de tulle** tulle dress ◆ (Méd) **tulle gras** sofra-tulle

tullier, -ière [tylje, jɛʀ] adj tulle (épith)

tulliste [tylist] nmf (ouvrier) tulle maker

tumbling [tœmbliŋ] → SYN nm (Sport) tumbling

tuméfaction [tymefaksjɔ̃] → SYN nf (effet) swelling ou puffing up, tumefaction (spéc); (partie tuméfiée) swelling

tuméfier [tymefje] ▸ conjug 7 ◂ **1** vt to cause to swell, tumefy (spéc) ◆ **visage / œil tuméfié** puffed-up ou swollen face / eye
2 **se tuméfier** vpr to swell ou puff up, tumefy (spéc)

tumescence [tymesɑ̃s] → SYN nf tumescence

tumescent, e [tymesɑ̃, ɑ̃t] → SYN adj tumescent

tumeur [tymœʀ] nf tumour (*de* of), growth (*de* in) ◆ **tumeur bénigne / maligne** benign / malignant tumour ◆ **tumeur au cerveau** brain tumour

tumoral, e, mpl **-aux** [tymɔʀal, o] adj tumorous, tumoral

tumulaire [tymylɛʀ] → SYN adj tumular

tumulte [tymylt] → SYN nm **a** (bruit) [foule] commotion; [voix] hubbub; [acclamations] thunder, tumult ◆ **un tumulte d'applaudissements** thunderous applause, a thunder of applause ◆ (littér) **le tumulte des flots / de l'orage** the tumult of the waves / of the storm
b (agitation) [affaires] hurly-burly; [passions] turmoil, tumult; [rue, ville] hustle and bustle (*de* in, of), commotion (*de* in)

tumultueusement [tymyltɥøzmɑ̃] adv (→ **tumultueux**) stormily; turbulently; tumultuously

tumultueux, -euse [tymyltɥø, øz] → SYN adj séance stormy, turbulent, tumultuous; foule turbulent, agitated; (littér) flots, bouillonnement turbulent; vie, période stormy, turbulent; passion tumultuous, turbulent

tumulus [tymylys] → SYN nm burial mound, tumulus (spéc), barrow (spéc)

tune [tyn] nf ⇒ **thune**

tuner [tynɛʀ] → SYN nm (amplificateur) tuner

tungstate [tœ̃kstat] nm tungstate

tungstène [tœ̃kstɛn] → SYN nm tungsten, wolfram

tungstique [tœ̃kstik] adj ◆ **acide tungstique** tungstic acid

tuniciers [tynisje] nmpl ◆ **les tuniciers** tunicates, the Tunicata (spéc)

tunique [tynik] ⇒ SYN nf **a** [soldat, écolier] tunic; [prêtre] tunicle, tunic; [femme] (droite) tunic; (à forme ample) smock; (longue) gown; (de gymnastique) gym-slip
b (Anat) tunic, tunica; (Bot) tunic ◆ **tunique de l'œil** tunica albuginea of the eye

Tunis [tynis] n Tunis

Tunisie [tynizi] nf Tunisia

tunisien, -ienne [tynizjɛ̃, jɛn] ⇒ SYN **1** adj Tunisian
2 nmf ◆ **Tunisien(ne)** Tunisian

tunnel [tynɛl] ⇒ SYN nm **a** (lit, gén) tunnel; (Horticulture) tunnel ◆ **tunnel ferroviaire / routier** railway / road tunnel ◆ **tunnel aérodynamique** wind tunnel ◆ **le tunnel sous la Manche** the Channel Tunnel, the Chunnel* ◆ (Sci) **effet tunnel** tunnel effect
b (fig) tunnel ◆ **arriver au bout** ou **voir le bout du tunnel** to come to the end of the tunnel

tunnelier [tynəlje] nm (ouvrier) tunneller; (machine) mole

TUP [typ] nm (abrév de **titre universel de paiement**) → **titre**

tupaïa, tupaja [typaja] nm tree shrew

tupi [typi] **1** nm (Ling) Tupi
2 nmf ◆ **Tupi** Tupi

tuque [tyk] nf (Can) woollen cap, tuque (Can)

turban [tyʀbɑ̃] ⇒ SYN nm turban

turbé, turbeh [tyʀbe] nm turbeh

turbide [tyʀbid] adj (littér) flots turbid

turbidité [tyʀbidite] ⇒ SYN nf (littér) turbidity, turbidness

turbin‡ [tyʀbɛ̃] nm (emploi) job ◆ **aller au turbin** to go off to the daily grind* ◆ **se remettre au turbin** to get back to the slog* ou the grind* ◆ **après le turbin** after the day's grind*, after work

turbine [tyʀbin] nf turbine ◆ **turbine hydraulique** water ou hydraulic turbine ◆ **turbine à réaction / à impulsion** reaction / impulse turbine ◆ **turbine à vapeur / à gaz** steam / gas turbine

turbiné, e [tyʀbine] adj turbinate(d), turbinal

turbiner[2]‡ [tyʀbine] ▸conjug 1◂ vi to graft (away)‡, slog away‡, slave away ◆ **faire turbiner qn** to make sb work, keep sb at it* ou with his nose to the grindstone*

turbiner[2] [tyʀbine] ▸conjug 1◂ vt (Tech) to put through a turbine

turbith [tyʀbit] nm turpeth

turbo [tyʀbo] **1** adj inv **a** (Aut) turbo
b (Ordin) **turbo pascal / C** turbo Pascal / C
2 nm (moteur) turbo ◆ (fig) **mettre le turbo*** to get a move on*, step on it*
3 nf (voiture) turbo, turbocar

turboalternateur [tyʀboaltɛʀnatœʀ] nm turboalternator

turbocompressé, e [tyʀbokɔ̃pʀese] adj turbocharged

turbocompresseur [tyʀbokɔ̃pʀesœʀ] nm turbocharger ◆ **turbocompresseur de suralimentation** turbosupercharger

turbodiesel [tyʀbodjezɛl] adj, nm turbodiesel

turbo-enseignant, e, pl **turbo-enseignants** [tyʀboɑ̃sɛɲɑ̃, ɑ̃t] nm,f *teacher commuting long distances*

turboforage [tyʀbofɔʀaʒ] nm turbodrilling

turbomachine [tyʀbomaʃin] nf turbomachine

turbomoteur [tyʀbomɔtœʀ] nm turbine engine

turbopompe [tyʀbopɔ̃p] nf turbopump, turbine-pump

turbo-prof*, pl **turbo-profs** [tyʀbopʀɔf] nmf *teacher commuting long distances*

turbopropulseur [tyʀbopʀɔpylsœʀ] n turboprop

turboréacteur [tyʀboʀeaktœʀ] nm turbojet (engine)

turbosoufflante [tyʀbosuflɑ̃t] nf turboblower

turbot [tyʀbo] nm turbot

turbotière [tyʀbɔtjɛʀ] nf fish kettle

turbotin [tyʀbɔtɛ̃] nm young turbot

turbotrain [tyʀbotʀɛ̃] nm turbotrain

turbulence [tyʀbylɑ̃s] ⇒ SYN nf **a** (agitation) excitement
b (dissipation) rowdiness, boisterousness, unruliness
c (Sci: remous) turbulence (NonC) ◆ (Aviat) **il y a des turbulences** there is (air) turbulence

turbulent, e [tyʀbylɑ̃, ɑ̃t] ⇒ SYN adj **a** enfant, élève rowdy, unruly, boisterous
b (littér: tumultueux) passion turbulent, stormy; (Sci) turbulent

turc, turque [tyʀk] ⇒ SYN **1** adj Turkish ◆ **à la turque** accroupi, assis cross-legged; cabinets seatless; (Mus) alla turca → **bain, café, fort, tête**
2 nm **a** (personne) **Turc** Turk ◆ (fig) **les jeunes Turcs d'un parti** the Young Turks of a party
b (Ling) Turkish
3 nf ◆ **Turque** Turkish woman

turcique [tyʀsik] adj ◆ **selle turcique** sella turcica

turdidés [tyʀdide] nmpl ◆ **les turdidés** the Turdidae (spéc)

turf [tyʀf] ⇒ SYN nm **a** (Sport) (terrain) racecourse ◆ (activité) **le turf** racing, the turf
b (arg Crime: prostitution) **le turf** streetwalking ◆ **aller au turf** to go and walk the streets
c (‡: travail) **aller au turf** to go off to the daily grind*, go to the salt mines (US)

turfiste [tyʀfist] ⇒ SYN nmf racegoer

turgescence [tyʀʒesɑ̃s] ⇒ SYN nf turgescence

turgescent, e [tyʀʒesɑ̃, ɑ̃t] ⇒ SYN adj turgescent

turgide [tyʀʒid] adj (littér) swollen

Turin [tyʀɛ̃] n Turin

turion [tyʀjɔ̃] nm turion

turista* [tuʀista] nf ≃ Delhi belly*, ≃ Montezuma's revenge*

turkmène [tyʀkmɛn] **1** adj Turkoman, Turkman
2 nm (Ling) Turkmen, Turkoman, Turkman
3 nmf ◆ **Turkmène** Turkoman, Turkman

Turkménistan [tyʀkmenistɑ̃] nm Turkmenistan

turlupiner* [tyʀlypine] ▸conjug 1◂ vt to bother, worry ◆ **ce qui me turlupine** what bugs me* ou worries me

turlutte [tyʀlyt] ⇒ SYN nf (Pêche) jig

turne [tyʀn] ⇒ SYN nf **a** († péj: logement) digs*
b (Scol: chambre) room

turonien, -ienne [tyʀɔnjɛ̃, jɛn] adj Turonian

turpide [tyʀpid] ⇒ SYN adj (littér) âme base

turpitude [tyʀpityd] ⇒ SYN nf **a** (caractère) turpitude
b (acte: gén pl) base act

turque [tyʀk] → **turc**

turquerie [tyʀk(ə)ʀi] nf Turkism

Turquie [tyʀki] nf Turkey

turquin [tyʀkɛ̃] adj m (littér) deep blue

turquoise [tyʀkwaz] nf, adj inv turquoise

turriculé, e [tyʀikyle] adj turreted, turriculate(d)

turriforme [tyʀifɔʀm] adj turriform

turritelle [tyʀitɛl] nf turritella

tussah [tysa] nm tussore, tusser, tussah (US)

tussilage [tysilaʒ] nm coltsfoot

tussor [tysɔʀ] nm tussore, tusser, tussah (US)

tutélaire [tytelɛʀ] ⇒ SYN adj (littér: protecteur) tutelary, protecting (épith); (Jur: de la tutelle) tutelary

tutelle [tytɛl] ⇒ SYN nf **a** (Jur) [mineur, aliéné] guardianship ◆ **avoir la tutelle de qn, avoir qn en tutelle** to have the guardianship of sb ◆ **mettre qn en tutelle** to put sb in the care of a guardian ◆ **enfant en tutelle** child under guardianship
b (dépendance) supervision; (protection) tutelage, protection ◆ **sous (la) tutelle américaine** under American supervision ◆ **mettre sous tutelle** to put under supervision ◆ **organisme de tutelle** parent organization ◆ **sous tutelle administrative / de l'État** under administrative / state supervision ◆ **territoires sous tutelle** trust territories ◆ **autorité de tutelle** regulatory authority ◆ **être sous la tutelle de qn** (dépendant) to be under sb's supervision; (protégé) to be in sb's tutelage ◆ **prendre qn sous sa tutelle** to take sb under one's wing

tuteur, -trice [tytœʀ, tʀis] ⇒ SYN **1** nm,f (Jur, fig littér: protecteur) guardian ◆ **tuteur légal / testamentaire** legal / testamentary guardian ◆ **tuteur ad hoc** *specially appointed guardian*
2 nm (Agr) stake, support, prop

tuteurage [tytœʀaʒ] nm (Agr) staking

tuteurer [tytœʀe] ▸conjug 1◂ vt (Agr) to stake (up)

tutoiement [tytwamɑ̃] nm use of (the familiar) "tu" *(instead of "vous")*

tutorat [tytɔʀa] nm (Scol) pastoral care, guidance (teaching); (Univ) student counselling

tutoyer [tytwaje] ▸conjug 8◂ vt **a** (lit) **tutoyer qn** to use (the familiar) "tu" when speaking to sb, address sb as "tu" *(instead of "vous")*
b (fig littér) to be on familiar ou intimate terms with

tutti [tu(t)ti] nm inv tutti

tutti frutti [tutifʀuti] loc adj inv tutti-frutti

tutti quanti [tutikwɑ̃ti] nmpl ◆ **et tutti quanti** and all the rest (of them), and all that lot* ou crowd*

tutu [tyty] nm tutu, ballet skirt

tuyau, pl **tuyaux** [tɥijo] ⇒ SYN **1** nm **a** (gén, rigide) pipe, length of piping; (flexible, en caoutchouc, vendu au mètre) length of rubber tubing, rubber tubing (NonC); [pipe] stem ◆ (fig) **il me l'a dit dans le tuyau de l'oreille*** he whispered it to me, he tipped me off about it
b (Habillement: pli) flute
c (fig*) (conseil) tip; (renseignement) gen* (NonC) ◆ **quelques tuyaux pour le bricoleur** a few tips for the do-it-yourself enthusiast ◆ **il nous a donné des tuyaux sur leurs activités / projets** he gave us some gen* on their activities / plans ◆ **tuyau crevé** useless tip
2 COMP ▹ **tuyau d'alimentation** feeder pipe ▹ **tuyau d'arrosage** hosepipe, garden hose ▹ **tuyau de cheminée** chimney pipe ou flue ▹ **tuyau de descente** (pluvial) downpipe (Brit), downspout (US); [lavabo, W.-C.] waste pipe ▹ **tuyau d'échappement** exhaust (pipe), tailpipe ▹ **tuyau d'orgue** (Géol, Mus) organ pipe ▹ **tuyau de poêle** stovepipe ◆ (*† fig) **(chapeau en) tuyau de poêle** stovepipe hat ◆ **quelle famille tuyau de poêle!**‡ (à problèmes) what a mixed-up family!*, what a mess of a family!*; (incestueuse) everybody sleeps with everybody in that family! ▹ **tuyau de pompe** pump pipe

tuyautage [tɥijɔtaʒ] ⇒ SYN nm **a** [linge] fluting, goffering
b (*: renseignement) tipping off

tuyauter [tɥijɔte] ▸conjug 1◂ vt **a** linge to flute, goffer ◆ **un tuyauté** a fluted frill
b (*) **tuyauter qn** (conseiller) to give sb a tip; (mettre au courant) to give sb some gen*, put sb in the know*, give sb the tip-off*

tuyauterie [tɥijɔtʀi] nf [machines, canalisations] piping (NonC); [orgue] pipes

tuyauteur, -euse* [tɥijɔtœʀ, øz] nm,f (qui renseigne) informant

tuyère [tyjɛʀ] ⇒ SYN nf [turbine] nozzle; [four, haut fourneau] tuyère, twyer ◆ **tuyère d'éjection** exhaust ou propulsion nozzle

TV [teve] (abrév de **télévision**) TV

TVA [tevea] nf (abrév de **taxe sur la valeur ajoutée**) VAT

tweed [twid] nm tweed

tweeter [twitœʀ] nm (Mus) tweeter

twin-set, pl **twin-sets** [twinsɛt] nm twinset

twist [twist] nm (danse) twist

twister [twiste] ▸conjug 1◂ vi (Danse) to twist

tylenchus [tilɛ̃kys] nm Tylenchus

tympan [tɛ̃pɑ̃] ⇒ SYN nm **a** (Anat) eardrum, tympanum (spéc) ◆ **bruit à vous déchirer** ou

crever les tympans earsplitting noise → **caisse**
b (Archit) tympan(um)
c (Tech: pignon) pinion

tympanal, e, mpl **-aux** [tɛ̃panal, o] adj, nm ◆ **(os) tympanal** tympanic bone

tympanique[1] [tɛ̃panik] adj (Anat) tympanic

tympanique[2] [tɛ̃panik] adj (Méd) son tympanic

tympanisme [tɛ̃panism] nm (Méd) tympanitis

tympanon [tɛ̃panɔ̃] nm (Mus) dulcimer

tyndallisation [tɛ̃dalizasjɔ̃] nf Tyndallization

type [tip] → SYN 1 nm a (modèle) type ◆ **il y a plusieurs types de bicyclettes** there are several types of bicycle ◆ **une pompe du type B5** a pump of type B5, a type B5 pump ◆ **une pompe du type réglementaire** a regulation-type pump ◆ **une voiture (de) type break** an estate-type (Brit) ou station-wagon-type (US) car ◆ **des savanes (du) type jungle** jungle-type savannas ◆ **certains types humains** certain human types ◆ **avoir le type oriental / nordique** to be Oriental-/ Nordic-looking, have Oriental / Nordic looks ◆ **un beau type de femme / d'homme** a fine specimen of womanhood / manhood ◆ **c'est le type d'homme à faire cela** he's the type ou sort of man who would do that ◆ **ce** ou **il / elle n'est pas mon type*** he / she is not my type ou sort
b (personne, chose: représentant) classic example ◆ **c'est le type (parfait** ou **même) de l'intellectuel / du vieux garçon** he's the epitome of ou he's the typical intellectual / old bachelor, he's a perfect ou classic example of the intellectual / old bachelor ◆ **il s'était efforcé de créer un type de beauté** he had striven to create an ideal type of beauty ◆ **c'est le type même de la machination politique** it's a classic example of political intrigue
c (*: individu) guy*, chap*, bloke* (Brit); (†: individu remarquable) character; (amant) boyfriend ◆ **quel sale type!** what a rotter* ou swine‡ ou bastard‡ he is! ◆ **c'est vraiment un type!**† he's quite a character!
d (Typ) (pièce, ensemble des caractères) type; (empreinte) typeface; (Numismatique) type
2 adj inv typical, classic; (Statistique) standard ◆ **l'erreur / le politicien type** the typical ou classic mistake / politician ◆ (Statistique) **l'écart type** the standard deviation ◆ **l'exemple / la situation type** the typical ou classic example / situation ◆ **lettre / contrat type** standard letter / contract ◆ **un portrait type du Français** a picture of the classic ou typical Frenchman

typer [tipe] → SYN ▸ conjug 1 ◂ vt a (caractériser) **auteur / acteur qui type son personnage** author / actor who brings out the features of the character well ◆ **un personnage bien typé** a character well rendered as a type ◆ **il est japonais mais il n'est pas très typé** he's Japanese but he doesn't look very Japanese
b (Tech) stamp, mark

typesse [tipɛs] nf (‡† péj) female* (péj)

typha [tifa] nm reed mace, (false) bulrush, cat's-tail

typhique [tifik] adj (du typhus) typhous; (de la typhoïde) typhic ◆ **bacille typhique** typhoid bacillus

typhoïde [tifɔid] adj typhoid ◆ **la (fièvre) typhoïde** typhoid (fever)

typhoïdique [tifɔidik] adj typhic

Typhon [tifɔ̃] nm Typhon

typhon [tifɔ̃] → SYN nm typhoon

typhose [tifoz] nf fowl pest

typhus [tifys] nm typhus (fever)

typique [tipik] → SYN adj (gén) typical; (Bio) true to type ◆ **typique de ...** typical of ... ◆ **sa réaction est typique** his reaction is typical (of him) ou true to form ou type ◆ **un cas typique de ...** a typical case of ...

typiquement [tipikmɑ̃] adv typically

typo* [tipo] 1 nf abrév de **typographie**
2 nm (abrév de **typographe**) typo*

typographe [tipɔgʀaf] → SYN nmf (gén) typographer; (compositeur à la main) hand compositor

typographie [tipɔgʀafi] → SYN nf a (procédé d'impression) letterpress (printing); (opérations de composition, art) typography
b (aspect) typography

typographique [tipɔgʀafik] adj procédé, impression letterpress (épith); opérations, art typographic(al) ◆ **erreur** ou **faute typographique** typographic(al) ou printer's error, misprint ◆ **argot typographique** typographers' jargon ◆ **cet ouvrage est une réussite typographique** this work is a success typographically ou as regards typography

typographiquement [tipɔgʀafikmɑ̃] adv imprimer by letter-press ◆ **livre typographiquement réussi** book that is a success typographically ou successful as regards typography

typolithographie [tipolitɔgʀafi] nf typolithography

typologie [tipɔlɔʒi] nf typology

typologique [tipɔlɔʒik] adj typological

typomètre [tipɔmɛtʀ] nm line ou type gauge

Tyr [tiʀ] n Tyre

tyran [tiʀɑ̃] → SYN nm (lit, fig) tyrant ◆ **c'est un tyran domestique** he's a tyrant at home

tyranneau, pl **tyranneaux** [tiʀano] nm (hum, péj) petty tyrant

tyrannicide [tiʀanisid] nmf, nm tyrannicide

tyrannie [tiʀani] → SYN nf (lit, fig) tyranny ◆ **la tyrannie de la mode / d'un mari** the tyranny of fashion / of a husband ◆ **exercer sa tyrannie sur qn** to tyrannize sb, wield one's tyrannical powers over sb

tyrannique [tiʀanik] → SYN adj tyrannical, tyrannous

tyranniquement [tiʀanikmɑ̃] adv tyrannically

tyranniser [tiʀanize] → SYN ▸ conjug 1 ◂ vt (lit, fig) to tyrannize

tyrannosaure [tiʀanɔzɔʀ] nm tyrannosaur, tyrannosaurus

Tyrol [tiʀɔl] nm ◆ **le Tyrol** the Tyrol

tyrolien, -ienne [tiʀɔljɛ̃, jɛn] 1 adj Tyrolean → **chapeau**
2 nm,f ◆ **Tyrolien(ne)** Tyrolean
3 **tyrolienne** nf (chant) yodel, Tyrolienne

tyrosinase [tiʀozinɑz] nf tyrosinase

tyrosine [tiʀozin] nf tyrosine

tyrothricine [tiʀɔtʀisin] nf tyrothricin

Tyrrhénienne [tiʀenjɛn] nf → **mer**

tzar [dzaʀ] nm, **tzarévitch** [dzaʀevitʃ] nm, **tzarine** [dzaʀin] nf ⇒ **tsar, tsarévitch, tsarine**

tzigane [dzigan] → SYN ⇒ **tsigane**

U

U, u [y] nm (lettre) U, u ◆ **poutre en U** U(-shaped) beam ◆ **vallée en U** U-shaped valley

UAL [yaɛl] nf (abrév de **unité arithmétique et logique**) ALU

ubac [ybak] nm (Géog) north(-facing) side, ubac (spéc)

ubiquité [ybikɥite] → SYN nf ubiquity ◆ **avoir le don d'ubiquité** to be ubiquitous, be everywhere at once (hum)

ubuesque [ybyɛsk] → SYN adj (grotesque) grotesque ; (Littérat) Ubuesque

UCE [yseə] nf (abrév de **unité de compte européenne**) EUA

UDF [ydeɛf] nf (abrév de **Union pour la démocratie française**) *French political party*

UE [yə] nf **a** (abrév de **Union européenne**) EU
b (abrév de **unité d'enseignement**) → **unité**

UEFA [yefa] nf (abrév de **Union of European Football Associations**) ◆ **la coupe de l'UEFA** the UEFA cup

UEM [yøɛm] nf (abrév de **Union économique et monétaire**) EMU

UEO [yəo] nf (abrév de **Union de l'Europe occidentale**) WEU

UER† [yœɛʀ] nf (abrév de **Unité d'enseignement et de recherche**) → **unité**

ufologie [yfɔlɔʒi] nf ufology

UFR [yɛfɛʀ] nf (abrév de **Unité de formation et de recherche**) → **unité**

UHF [yaʃɛf] (abrév de **ultra-high frequency**) UHF

uhlan [ylɑ̃] nm uhlan

UHT [yaʃte] nf (abrév de **ultra-haute température**) UHT

ukase [ukɑz] → SYN nm (Hist, fig) ukase

Ukraine [ykʀɛn] nf Ukraine

ukrainien, -ienne [ykʀɛnjɛ̃, jɛn] **1** adj Ukrainian
2 nm (Ling) Ukrainian
3 nm,f ◆ **Ukrainien(ne)** Ukrainian

ukulélé [jukulele] nm ukulele

ulcératif, -ive [ylseʀatif, iv] adj ulcerative

ulcération [ylseʀasjɔ̃] → SYN nf ulceration

ulcère [ylsɛʀ] nm ulcer ◆ **ulcère à l'estomac** stomach ulcer ◆ **ulcère variqueux** varicose ulcer

ulcérer [ylseʀe] → SYN ▸ conjug 6 ◂ vt **a** (révolter) to sicken, appal ◆ **être ulcéré (par l'attitude de qn)** to be sickened ou appalled (by sb's attitude)
b (Méd) to ulcerate ◆ **blessure qui s'ulcère** wound that ulcerates ou festers ◆ **plaie ulcérée** festering ou ulcerated wound

ulcéreux, -euse [ylseʀø, øz] adj ulcerated, ulcerous

uléma [ylema] → SYN nm ulema

ULM [yɛlɛm] nm (abrév de **ultra léger motorisé**) microlight, microlite

ulmaire [ylmɛʀ] → SYN nf (plante) meadowsweet

Ulster [ylstɛʀ] nm Ulster

ulstérien, -ienne [ylsteʀjɛ̃, jɛn] **1** adj Ulster (épith)
2 **Ulstérien** nm Ulsterman
3 **Ulstérienne** nf Ulsterwoman

ultérieur, e [ylteʀjœʀ] → SYN adj later, subsequent, ulterior ◆ **à une date ultérieure** at a later date ◆ (Comm) **commandes ultérieures** further orders

ultérieurement [ylteʀjœʀmɑ̃] adv later, subsequently

ultimatum [yltimatɔm] → SYN nm ultimatum ◆ **envoyer** ou **adresser un ultimatum à qn** to present sb with an ultimatum

ultime [yltim] → SYN adj ultimate, final

ultra [yltʀa] → SYN **1** nm (réactionnaire) extreme reactionary ; (extrémiste) extremist ◆ (Hist) **Ultra(royaliste)** ultra(-royalist)
2 préf ◆ **ultrachic / rapide / long** ultra-fashionable / -fast / -long ◆ **crème ultrapénétrante** deep-cleansing cream ◆ **ultracourt** (gén) ultra-short ◆ (Rad) **ondes ultracourtes** ultra-high frequency ◆ (Aviat) **ultra léger motorisé** nm microlight, microlite ◆ **ultrasecret** top-secret ◆ **ultrasensible** surface, balance ultrasensitive ; peau highly sensitive ◆ **film** ou **pellicule ultrasensible** high-speed film

ultracentrifugation [yltʀasɑ̃tʀifygasjɔ̃] nf ultracentrifugation

ultracentrifugeuse [yltʀasɑ̃tʀifyʒøz] nf ultracentrifuge

ultra-confidentiel, -ielle [yltʀakɔ̃fidɑ̃sjɛl] adj (gén) top secret ; (sur un dossier) top secret

ultrafiltration [yltʀafiltʀasjɔ̃] nf ultra filtration

ultramarin, e [yltʀamaʀɛ̃, in] adj ultramarine

ultramicroscope [yltʀamikʀɔskɔp] nm ultramicroscope

ultramicroscopique [yltʀamikʀɔskɔpik] adj ultramicroscopic

ultramoderne [yltʀamɔdɛʀn] adj (gén) ultra-modern ; équipement high tech, state-of-the-art (épith)

ultramontain, e [yltʀamɔ̃tɛ̃, ɛn] → SYN adj (Hist) ultramontane

ultrapression [yltʀapʀesjɔ̃] nf ultrahigh pressure

ultraroyaliste [yltʀaʀwajalist] adj, nmf ultra-royalist

ultrasensible [yltʀasɑ̃sibl] adj ultrasensitive

ultrason [yltʀasɔ̃] nm ultrasonic sound ◆ **les ultrasons** ultrasound (NonC)

ultrasonique [yltʀasɔnik], **ultrasonore** [yltʀasɔnɔʀ] adj ultrasonic

ultraviolet, -ette [yltʀavjɔlɛ, ɛt] **1** adj ultraviolet
2 nm ultraviolet ray

ultravirus [yltʀaviʀys] nm ultravirus

ululation [ylylasjɔ̃] nf, **ululement** [ylylmɑ̃] nm ⇒ **hululement**

ululer [ylyle] ▸ conjug 1 ◂ vi → **hululer**

Ulysse [ylis] nm Ulysses

un, une [œ̃, yn] → SYN
1 art indéf **a** a, an (devant voyelle) ; (un, une quelconque) some ◆ **ne venez pas un dimanche** don't come on a Sunday ◆ **le témoignage d'un enfant n'est pas valable** a child's evidence ou the evidence of a child is not valid ◆ **c'est l'œuvre d'un poète** it's the work of a poet ◆ **retrouvons-nous dans un café** let's meet in a café ou in some café (or other) ◆ **un jour / soir il partit** one day / evening he went away ◆ **une fois, il est venu avec un ami et ...** once he came with a friend and ... ◆ **passez un soir** drop in one ou some evening ◆ **un jour sur deux** every other day ◆ **une semaine sur trois** one week in every three, every third week, one week out of three ◆ **un jour, tu comprendras** one day ou some day you'll understand → **fois, pas[1]** etc
b (avec noms abstraits) **avec une grande sagesse / violence** with great wisdom / violence, very wisely / violently ◆ **des hommes d'un courage sans égal** men of unparalleled courage → **certain, rien**
c (avec nom propre) a, an ◆ **ce n'est pas un Picasso** (hum : personne) he's no Picasso, he's not exactly (a) Picasso ; (tableau) it's not a Picasso ◆ **un certain M. X** a (certain) Mr X, one Mr X ◆ **on a élu un (nommé)** ou **(certain) Dupont** a certain Dupont has been appointed, they've appointed a man called Dupont ◆ **Monsieur Untel** Mr so-and-so ◆ **Madame Unetelle** Mrs so-and-so ◆ **c'est encore un Kennedy qui fait parler de lui** that's yet another Kennedy in the news ◆ **il a le talent d'un Hugo** he has the talent of a Hugo ◆ **cet enfant sera un Paganini** this child will be another Paganini
d (intensif) **elle a fait une scène !** ou **une de ces scènes !** she made a dreadful scene ! ou such a scene !, what a scene she made ! ◆ **j'ai une faim / une soif !** ou **une de ces faims / une de ces soifs !** I'm so hungry / thirsty, I'm starving / terribly thirsty

◆ **il est d'un sale!** ou **d'une saleté!** he's so dirty!, he's filthy! → **besoin, comble, monde**

2 pron a one ◆ **prêtez-moi un de vos livres** lend me one of your books ◆ **prêtez-m'en un** lend me one (of them) ◆ **il est un des rares qui m'ont écrit** he's one of the few (people) who wrote to me ◆ **j'en connais un qui sera content!** I know someone ou somebody ou one person who'll be pleased! ◆ **il est un de ces enfants qui s'ennuient partout** he's the kind of child ou one of those children who gets bored wherever he goes ◆ **j'en ai vu un très joli de chapeau*** I've seen a very nice hat ◆ **un à qui je voudrais parler c'est Jean** there's someone ou one person I'd like to speak to and that is John, someone ou one person I'd like to speak to is John

b (avec art déf) **l'un** one ◆ **les uns** some ◆ **l'une des meilleures chanteuses** one of the best singers ◆ **l'un ... l'autre** (the) one ... the other ◆ **les uns disent ... les autres ...** some say ... others ... ◆ **prenez l'un ou l'autre** take one or the other ◆ **l'une et l'autre solution sont acceptables** either solution is acceptable, both solutions are acceptable ◆ **elles étaient assises en face l'une de l'autre** they were sitting opposite one another ou each other ◆ **ils se regardaient l'un l'autre** they looked at one another ou at each other ◆ **malgré ce que peuvent dire les uns et les autres** despite what some ou other people may say ◆ (Bible) **aimez-vous les uns les autres** love one another ◆ (à tout prendre) **l'un dans l'autre** on balance, by and large ◆ **l'un dans l'autre, cela fera dans les 2 000 F** (what) with one thing and another it will work out at some 2,000 francs ◆ LOC **à la une, à la deux, à la trois** with a one and a two and a three

3 adj a (cardinal) one ◆ **vingt et un** twenty-one ◆ **il n'en reste qu'un** there's only one left ◆ **nous sommes six contre un** we are six against one ◆ **un seul** one only, only one ◆ **pas un (seul)** not one; (emphatique) not a single one ◆ **il n'y en a pas eu un pour m'aider** not a soul ou nobody lifted a finger to help me ◆ **un à un, un par un** one by one, one after another ◆ **(l') un des trois a dû mentir** one of the three must have been lying ◆ **sans un (sou)*** penniless, broke* ◆ **le cavalier ne faisait qu'un avec son cheval** horse and rider were as one ◆ **les deux frères ne font qu'un** the two brothers are like one person ◆ **pour moi c'est tout un** as far as I'm concerned it amounts to the same thing ou it's all the same ◆ (Prov) **un(e) de perdu(e), dix de retrouvé(e)s** win a few – lose a few, there are plenty more fish in the sea → **fois, moins**

b (chiffre) one ◆ **un et un font deux** one and one are two ◆ **compter de un à 100** to count from one to a 100 ◆ **et d'un (de fait)** that's one done ou finished ou out of the way ◆ (d'abord) **et d'une!*** for a start! ◆ **personne ne t'a forcé de venir, et d'une!** no one forced you to come – that's the first thing!, for a start no one forced you to come! ◆ **il n'a fait ni une ni deux, il a accepté** he accepted without a second's hesitation ou like a shot ◆ **il n'a fait ni une ni deux et il est parti** he left there and then ou without further ado

c (ordinal) **page / chapitre un** page / chapter one

d (formant un tout) **le Dieu un et indivisible** the one and indivisible God

4 nf ◆ (Presse) **la une** the front page, page one ◆ (TV) **la une** channel one ◆ (Presse) **sur cinq colonnes à la une** in banner headlines on the front page

unanime [ynanim] → SYN adj témoins, sentiment, vote unanimous ◆ **unanimes pour** ou **à penser que** unanimous in thinking that

unanimement [ynanimmɑ̃] → SYN adv unanimously, with one accord

unanimisme [ynanimism] nm unanimism

unanimiste [ynanimist] 1 adj unanimist(ic)
2 nmf unanimist

unanimité [ynanimite] → SYN nf unanimity ◆ **vote acquis à l'unanimité** unanimous vote ◆ **ils ont voté à l'unanimité pour** they voted unanimously for ◆ **élu / voté à l'unanimité** elected / voted unanimously ◆ **il y a unanimité pour dire que** the unanimous opinion is that, everyone agrees that ◆ **élu à l'unanimité moins une voix** elected with only one vote against ou with only one dissenting vote ◆ **cette décision a fait l'unanimité** this decision was approved unanimously ◆ **il fait l'unanimité** there is general agreement about him ◆ **il fait l'unanimité contre lui** everyone thinks he's stupid (ou lazy ou incompetent etc)

unau [yno] → SYN nm unau, two-toed sloth

unciforme [ɔ̃sifɔʀm] adj unciform

unciné, e [ɔ̃sine] adj uncinate

une-deux [yndø] nm inv (Football) one-two

UNEDIC [ynedik] nf (abrév de **Union nationale pour l'emploi dans l'industrie et le commerce**) *French national organization managing unemployment benefit schemes*

UNEF [ynɛf] nf (abrév de **Union nationale des étudiants de France**) *French national students' union*

UNESCO [ynɛsko] nf (abrév de **United Nations Educational, Scientific and Cultural Organization**) UNESCO

unetelle [yntɛl] nf → **un** 1c

unguéal, e, mpl **-aux** [ɔ̃gɥeal, o] adj ungual

uni, e [yni] → SYN (ptp de **unir**) adj a (sans ornements) tissu, jupe plain, self-coloured (Brit); couleur plain ◆ **tissu de couleur unie** self-coloured (Brit) ou plain fabric ◆ **l'imprimé et l'uni** printed and plain ou self-coloured (Brit) fabrics ou material

b (soudé) couple, amis close; famille close(-knit) ◆ **ils sont unis comme les deux doigts de la main, ils sont très unis** they are very close ◆ (frm) **unis par les liens du mariage** joined in marriage ◆ **présenter un front uni contre l'adversaire** to present a united front to the enemy

c (uniforme, lisse) surface smooth, even; mer calm, unruffled ◆ (littér) **une vie unie et sans nuages** a serene untroubled life

uniate [ynjat] adj, nmf Uniat(e)

uniaxe [yniaks] adj uniaxial

UNICEF [ynisɛf] nf ou m (abrév de **United Nations Children's Fund**) UNICEF

unicellulaire [yniselylɛʀ] adj unicellular

unicité [ynisite] → SYN nf uniqueness, unicity (spéc)

unicolore [ynikɔlɔʀ] adj self-coloured (Brit), plain

unicorne [ynikɔʀn] 1 adj unicornous
2 nm unicorn

unidirectionnel, -elle [ynidiʀɛksjɔnɛl] adj unidirectional

unième [ynjɛm] adj ◆ **vingt / trente et unième** twenty- / thirty-first

unièmement [ynjɛmmɑ̃] adv ◆ **vingt / trente et unièmement** in the twenty- / thirty-first place

unificateur, -trice [ynifikatœʀ, tʀis] adj unifying

unification [ynifikasjɔ̃] → SYN nf (→ **unifier**) unification; standardization

unifier [ynifje] → SYN ▸ conjug 7 ◂ vt pays, systèmes to unify; parti to unify, unite; (Comm) tarifs etc to standardize, unify ◆ **des pays qui s'unifient lentement** countries that slowly become unified

unifilaire [ynifilɛʀ] adj unifilar

uniflore [yniflɔʀ] adj single-flowered (épith), uniflorous (spéc)

unifolié, e [ynifɔlje] adj unifoliate

uniforme [ynifɔʀm] → SYN 1 adj (gén) uniform; vitesse, mouvement regular, uniform, steady; terrain, surface even; style uniform, unvarying; vie, conduite unchanging, uniform

2 nm (lit, fig) (vêtement) uniform ◆ **en (grand) uniforme** in (dress) uniform, in full regalia ◆ **endosser / quitter l'uniforme** to join / leave the forces ◆ **il y avait beaucoup d'uniformes à ce dîner** there were a great many officers at the dinner ◆ **uniforme scolaire** school uniform

uniformément [ynifɔʀmemɑ̃] adv (→ **uniforme**) uniformly; regularly; steadily; evenly; unvaryingly; unchangingly ◆ **le temps s'écoule uniformément** time passes at a steady ou an unchanging pace ou rate, time goes steadily by ◆ (Phys) **vitesse uniformément accélérée** uniform (rate of) change of speed

uniformisation [ynifɔʀmizasjɔ̃] nf standardization

uniformiser [ynifɔʀmize] ▸ conjug 1 ◂ vt paysage, mœurs, tarifs to standardize; teinte to make uniform

uniformité [ynifɔʀmite] → SYN nf (→ **uniforme**) uniformity; regularity; steadiness; evenness

unijambiste [yniʒɑ̃bist] 1 adj one-legged
2 nmf one-legged man (ou woman)

unilatéral, e, mpl **-aux** [ynilateʀal, o] → SYN adj (gén, Bot, Jur) unilateral → **stationnement**

unilatéralement [ynilateʀalmɑ̃] adv unilaterally

unilingue [ynilɛ̃g] adj unilingual

unilobé, e [ynilɔbe] adj unilobar

uniloculaire [ynilɔkylɛʀ] adj unilocular

uniment [ynimɑ̃] → SYN adv (littér: uniformément) smoothly ◆ (†: simplement) **(tout) uniment** (quite) plainly

uninominal, e, mpl **-aux** [yninɔminal, o] adj vote for a single member (attrib)

union [ynjɔ̃] → SYN 1 nf a (alliance) [États, partis, fortunes] union ◆ **en union avec** in union with ◆ (Prov) **l'union fait la force** strength through unity

b (mariage) union

c (juxtaposition) [éléments, couleurs] combination, blending → **trait**

d (groupe) association, union ◆ **l'Union sportive de Strasbourg** etc Strasbourg etc sports club

2 COMP ▷ **union charnelle** union of the flesh ▷ **union conjugale** marital union ▷ **union de consommateurs** consumers' association ▷ **union douanière** customs union ▷ **Union de l'Europe occidentale** Western European Union ▷ **Union européenne** European Union ▷ **l'union libre** free love ▷ **union monogame** (Zool) pair-bonding ▷ **union mystique** (Rel) mystic union ▷ **Union des républiques socialistes soviétiques**† Union of Soviet Socialist Republics† ▷ **union sacrée** (Hist) union sacrée ◆ (fig) **l'union sacrée des syndicats contre la nouvelle loi** the trade unions' united front ou unholy alliance (iro) against the new law ▷ **l'Union soviétique**† the Soviet Union†

unionisme [ynjɔnism] nm (gén) unionism; (Hist) Unionism

unioniste [ynjɔnist] adj, nmf (gén) unionist; (Hist) Unionist

uniovulé, e [yniɔvyle] adj uniovular

unipare [ynipaʀ] adj uniparous

unipersonnel, -elle [ynipɛʀsɔnɛl] 1 adj (Ling) impersonal
2 nm (verbe) impersonal verb

unipolaire [ynipɔlɛʀ] adj unipolar

Uniprix ® [ynipʀi] nm department store *(for inexpensive goods),* ≃ Woolworth's ®, five and ten (US)

unique [ynik] → SYN GRAMMAIRE ACTIVE 5.2 adj a (seul) only ◆ **mon unique souci / espoir** my only ou sole (frm) ou one concern / hope ◆ **fils / fille unique** only son / daughter ◆ **c'est un fils / une fille unique** he is / she is an only child ◆ (Pol) **système à parti unique** one-party system ◆ (Rail) **voie unique** single track ◆ **route à voie unique** single-lane ou single-track road ◆ **ce n'est pas un cas unique** it's not an isolated case ◆ **unique en France / en Europe** unique ou the only one of its kind in France / in Europe ◆ **deux aspects d'un même et unique problème** two aspects of one and the same problem ◆ **rayon à prix unique** department where all items are at one price ◆ (dans un cinéma) **« places : prix unique 30 F »** "all seats 30 francs" → **acte, monnaie, salaire, sens, seul**

b (après nom : exceptionnel) livre, talent unique ◆ **unique en son genre** unique of its kind ◆ **un paysage unique au monde** an absolutely unique landscape

c (*: impayable) priceless* ◆ **il est unique ce gars-là!** that fellow's priceless!*

uniquement [ynikmɑ̃] [→ SYN] adv **a** (exclusivement) only, solely, exclusively ◆ **ne fais-tu que du classement ?** – **pas uniquement** are you only doing the sorting out? – not only ou not just that ◆ **il était venu uniquement pour me voir** he had come solely to see me, he had come for the sole purpose of seeing me ◆ **il pense uniquement à l'argent** he thinks only of money ◆ **si uniquement dévoué à son maître** so exclusively devoted to his master
b (simplement) only, merely, just ◆ **c'était uniquement par curiosité** it was only ou just ou merely out of curiosity

unir [yniʀ] [→ SYN] ▸ conjug 2 ◂ **1** vt **a** (associer) États, partis, fortunes to unite (*à* with) ◆ **unir ses forces** to combine one's forces ◆ **ces noms unis dans notre mémoire** these names linked in our memory ◆ **le sentiment commun qui les unit** the common feeling which binds them together ou unites them
b (marier) to unite, join together ◆ **unir en mariage** to unite ou join in marriage ◆ **ils ont voulu unir leurs deux destinées** they wanted to unite their destinies through marriage
c (juxtaposer, combiner) couleurs, qualités to combine (*à* with) ◆ **il unit l'intelligence au courage** he combines intelligence with courage
d (relier) continents, villes to link, join up
2 **s'unir** vpr **a** (s'associer) [pays, partis, fortunes] to unite (*à*, *avec* with) ◆ **s'unir contre un ennemi commun** to unite against a common enemy
b (se marier) to be joined (together) in marriage ◆ **des jeunes gens qui vont s'unir** a young couple who are going to be joined (together) in marriage
c (s'accoupler) **s'unir dans une étreinte fougueuse** to come together in a passionate embrace
d (se combiner) [mots, formes, couleurs, qualités] to combine (*à*, *avec* with)

unisexe [ynisɛks] adj inv unisex

unisexualité [ynisɛksɥalite] nf unisexuality

unisexué, e [ynisɛksɥe] adj (Bio, Bot) unisexual

unisson [ynisɔ̃] [→ SYN] nm (Mus) unison ◆ **à l'unisson** chanter in unison ; (fig) penser with one mind, identically

unitaire [ynitɛʀ] **1** adj (Comm, Math, Phys) unitary, unit (épith) ; (Pol) unitarian ; (Rel) Unitarian ◆ **prix unitaire** unit price
2 nmf (Rel) Unitarian

unitarien, -ienne [ynitaʀjɛ̃, jɛn] adj, nm,f (Pol) unitarian ; (Rel) Unitarian

unitarisme [ynitaʀism] nm (Pol) unitarianism ; (Rel) Unitarianism

unité [ynite] [→ SYN] nf **a** (cohésion) unity ◆ **unité de vues** unity ou unanimity of views ◆ **l'unité d'action des syndicats** the united action of the unions ◆ (Littérat) **les trois unités** the three unities ◆ **roman qui manque d'unité** novel lacking in unity ou cohesion
b (gén, Comm, Math : élément) unit ◆ **unité de mesure / de poids** unit of measure / of weight ◆ **unité administrative** administrative unit ◆ **unité monétaire** monetary unit ◆ **unité monétaire européenne** European monetary ou currency unit ◆ **unité de compte** unit of account ◆ **unité de compte européenne** European Unit of Account ◆ **unité de production / de fabrication** production / manufacturing unit ◆ **unité lexicale** lexical item ◆ **la colonne des unités** the units column ◆ **antibiotique à 100 000 unités** antibiotic with 100,000 units ◆ **prix de vente à l'unité** unit selling price, selling price per item ◆ **nous ne les vendons pas à l'unité** we don't sell them singly ou individually
c (troupe) unit ; (bateau) ship ◆ (Mil) **rejoindre son unité** to rejoin one's unit ◆ **unité mobile de police** police mobile unit ◆ **unité de réanimation** resuscitation unit
d (Univ) **unité de formation et de recherche, unité d'enseignement et de recherche†** university department ◆ **unité d'enseignement, unité de valeur†** ≃ credit, course
e (Ordin) **unité arithmétique et logique** arithmetic logic unit ◆ **unité centrale** mainframe, central processing unit ◆ **unité de commande** control unit ◆ **unité de (lecteur de) disquettes** disk drive unit ◆ **unité périphérique de sortie** output device
f (* : 10 000 F) ten thousand francs

unitif, -ive [ynitif, iv] [→ SYN] adj (Rel) unitive

univalent, e [ynivalɑ̃, ɑ̃t] [→ SYN] adj univalent, monovalent

univalve [ynivalv] adj univalve (épith)

univers [ynivɛʀ] [→ SYN] nm (gén) universe ; (milieu, domaine) world, universe ◆ **son univers se borne à son travail** his work is his whole universe ou world ◆ (Ling) **l'univers du discours** the universe of discourse ◆ **l'univers mathématique** the field of mathematics ◆ **s'exhiber aux yeux de (tout) l'univers** to show o.s. to the whole wide world ◆ **clamer qch à la face de l'univers** to shout sth from the rooftops ou for all the world to hear

universal, pl **-aux** [ynivɛʀsal, o] nm ◆ **universal (du langage)** (language) universal ◆ (Philos) **les universaux** the universals

universalisation [ynivɛʀsalizasjɔ̃] [→ SYN] nf universalization

universaliser [ynivɛʀsalize] [→ SYN] ▸ conjug 1 ◂ vt to universalize

universalisme [ynivɛʀsalism] [→ SYN] nm (Rel) Universalism ; (Philos) universalism

universaliste [ynivɛʀsalist] [→ SYN] adj, nmf (Rel) Universalist ; (Philos) universalist

universalité [ynivɛʀsalite] [→ SYN] nf universality

universel, -elle [ynivɛʀsɛl] [→ SYN] adj **a** (gén) universal ◆ **esprit universel** polymath ◆ **c'est un homme universel** he is a polymath ou a man of vast ou universal knowledge ◆ **un produit de réputation universelle** a world-famous product, a product which is universally renowned ◆ **il a une réputation universelle d'honnêteté** he is well-known for his honesty, his honesty is universally recognized → **exposition, légataire, suffrage**
b (aux applications multiples) outil, appareil universal, all-purpose (épith) ◆ **remède universel** universal remedy → **pince**

universellement [ynivɛʀsɛlmɑ̃] adv universally

universitaire [ynivɛʀsitɛʀ] [→ SYN] **1** adj vie étudiante, restaurant university (épith) ; études, milieux, carrière, diplôme university (épith), academic → **année, centre, cité**
2 nmf academic ◆ **une famille d'universitaires** a family of academics

université [ynivɛʀsite] [→ SYN] nf university ◆ **l'Université s'oppose à ...** the Universities are against ... ◆ **université du troisième âge** university of the third age, post-retirement ou senior citizens' university ◆ **université d'été** summer school

univitellin, e [ynivitelɛ̃, in] [→ SYN] adj ◆ **jumeaux univitellins** identical ou monozygotic (spéc) twins

univocité [ynivɔsite] nf (Math, Philos) univocity

univoque [ynivɔk] [→ SYN] adj mot univocal ; relation one-to-one

Untel, Unetelle [œ̃tɛl, yntɛl] nm,f → **un** 1c

upas [ypa(s)] nm upas, antiar

upérisation [ypeʀizasjɔ̃] [→ SYN] nf ultra heat treatment

upériser [ypeʀize] ▸ conjug 1 ◂ vt to sterilize at ultrahigh temperature ◆ **upérisé** ultra heat treated ◆ **lait upérisé** UHT milk

UPF [ypeɛf] nf (abrév de **Union pour la France**) *French political party*

uppercut [ypɛʀkyt] nm uppercut

upsilon [ypsilɔn] nm upsilon

uracile [yʀasil] nm uracil

uraète [yʀaɛt] [→ SYN] nm wedge-tailed eagle

uræus [yʀeys] nm uraeus

uranate [yʀanat] nm uranate

urane [yʀan] nm uranium oxide

uranie [yʀani] nf (Zool) uranid

uranifère [yʀanifɛʀ] adj uranium-bearing

uraninite [yʀaninit] [→ SYN] nf uraninite

uranique [yʀanik] adj uranic, uranous

uranisme [yʀanism] nm uranism

uranium [yʀanjɔm] nm uranium ◆ **uranium enrichi** enriched uranium

uranoscope [yʀanɔskɔp] nm (Zool) stargazer

Uranus [yʀanys] **1** nm (Myth) Uranus
2 nf (Astron) Uranus

uranyle [yʀanil] nm uranyl

urate [yʀat] nm urate

urbain, e [yʀbɛ̃, ɛn] [→ SYN] adj **a** (de la ville) (gén) urban ; transports city (épith), urban
b (littér : poli) urbane

urbanisation [yʀbanizasjɔ̃] nf urbanization

urbaniser [yʀbanize] ▸ conjug 1 ◂ vt to urbanize ◆ **la campagne environnante s'urbanise rapidement** the surrounding countryside is quickly becoming urbanized ou is being quickly built up → **zone**

urbanisme [yʀbanism] [→ SYN] nm town planning

urbaniste [yʀbanist] [→ SYN] **1** nmf town planner
2 adj ⇒ **urbanistique**

urbanistique [yʀbanistik] adj réglementation, impératifs town-planning (épith), urbanistic ◆ **nouvelles conceptions urbanistiques** new concepts in town planning

urbanité [yʀbanite] [→ SYN] nf urbanity

urbi et orbi [yʀbiɛtɔʀbi] [→ SYN] loc adv (Rel) urbi et orbi ◆ (fig) **proclamer qch urbi et orbi** to proclaim sth from the rooftops

urdu [uʀdu] adj ⇒ **ourdou**

urédinales [yʀedinal] nfpl ◆ **les urédinales** rust fungi, the Uredinales (spéc)

urédospore [yʀedɔspɔʀ] nf uredospore

urée [yʀe] nf urea

uréide [yʀeid] nm ureide

urémie [yʀemi] nf uraemia (Brit), uremia (US) ◆ **faire de l'urémie** to get uraemia (Brit) ou uremia (US)

urémique [yʀemik] adj uraemic (Brit), uremic (US)

urétéral, e, mpl **-aux** [yʀeteʀal, o] adj ureteral, ureteric

uretère [yʀ(ə)tɛʀ] nm ureter

urétérite [yʀeteʀit] nf ureteritis

uréthan(n)e [yʀetan] nm urethane, ethyl carbamate

urétral, e, mpl **-aux** [yʀetʀal, o] adj urethral

urètre [yʀɛtʀ] nm urethra

urétrite [yʀetʀit] nf urethritis

urgence [yʀʒɑ̃s] [→ SYN] nf **a** [décision, départ, situation] urgency ◆ **il y a urgence** it's urgent, it's a matter of (great) urgency ◆ **y a-t-il urgence à ce que nous fassions ... ?** is it urgent for us to do ... ? ◆ mesures, situation **d'urgence** emergency (épith) ◆ **faire qch d'urgence / de toute** ou **d'extrême urgence** to do sth as a matter of urgency / with the utmost urgency ◆ **transporté d'urgence à l'hôpital** rushed to hospital (Brit), rushed to the hospital (US) ◆ **être opéré d'urgence** to have an emergency operation ◆ **à envoyer d'urgence** to be sent immediately, for immediate dispatch ◆ **convoquer d'urgence les actionnaires** to call an emergency meeting of the shareholders → **cas, état**
b (cas urgent) emergency ◆ **service / salle des urgences** emergency department / ward

urgent, e [yʀʒɑ̃, ɑ̃t] [→ SYN] adj (pressant) urgent ◆ **rien d'urgent** nothing urgent ◆ **l'urgent est de** the most urgent thing is to ◆ **il est urgent de réparer le toit** the roof needs urgent repair ◆ **c'est plus qu'urgent** it's desperately urgent

urgentiste [yʀʒɑ̃tist] nmf (accident and) emergency physician

urger* [yʀʒe] ▸ conjug 3 ◂ vi ◆ **ça urge !** it's urgent !

uricémie [yʀisemi] nf uricaemia (Brit), uricemia (US)

urinaire [yʀinɛʀ] adj urinary

urinal, pl **-aux** [yʀinal, o] [→ SYN] nm (bed) urinal

urine [yʀin] [→ SYN] nf urine (NonC) ◆ **sucre dans les urines** sugar in the urine

uriner [yʀine] [→ SYN] ▸ conjug 1 ◂ vi to urinate, pass ou make water (spéc)

urineux, -euse [yʀ[illegible]ø, øz] adj urinous

urinifère [yʀinifɛʀ] adj uriniferous

urinoir [yʀinwaʀ] → SYN n (public) urinal

urique [yʀik] adj uric

urne [yʀn] → SYN nf **a** (Pol) **urne (électorale)** ballot box ◆ **aller aux urnes** to vote, go to the polls
b (vase) urn ◆ **urne funéraire** funeral urn

urobiline [yʀɔbilin] nf urobilin

urobilinurie [yʀɔbilinyʀi] nf urobilinuria

urodèles [yʀɔdɛl] nmpl ◆ **les urodèles** urodeles, the Urodela (spéc)

urogénital, e, mpl **-aux** [yʀoʒenital, o] adj urogenital

urographie [yʀɔgʀafi] nf intravenous pyelogram

urolagnie [yʀɔlagni] nf urolagnia

urologie [yʀɔlɔʒi] nf urology

urologue [yʀɔlɔg] nmf urologist

uromètre [yʀɔmɛtʀ] nm urinometer

uropode [yʀɔpɔd] nm uropod

uropygial, e, mpl **-aux** [yʀɔpiʒjal, jo] adj uropygial

uropygien, -ienne [yʀɔpiʒjɛ̃, jɛn] adj ◆ **glande uropygienne** uropygial gland

ursidés [yʀside] nmpl ursids

URSS [yʀs] nf (Hist) (abrév de **Union des républiques socialistes soviétiques**) USSR

URSSAF [yʀsaf] nf (abrév de **Union pour le recouvrement des cotisations de la Sécurité sociale et des allocations familiales**) *administrative body which collects social security contributions*

ursuline [yʀsylin] nf Ursuline

urticaire [yʀtikɛʀ] → SYN nf nettle rash, hives, urticaria (spéc) ◆ (fig) **donner** ou **filer de l'urticaire à qn*** to bring sb out in a rash*

urticant, e [yʀtikɑ̃, ɑ̃t] → SYN adj urticant

urtication [yʀtikasjɔ̃] → SYN nf urtication

urubu [yʀyby] → SYN nm buzzard

Uruguay [yʀygwɛ] nm Uruguay

uruguayen, -enne [yʀygwajɛ̃, ɛn] **1** adj Uruguayan
2 nm,f ◆ **Uruguayen(ne)** Uruguayan

US.... nf (abrév de **Union sportive de...**) → **union**

us [ys] nmpl (††) customs ◆ **us et coutumes** (habits and) customs

US(A) [yɛs(a)] nmpl (abrév de **United States (of America)**) US(A)

usage [yzaʒ] → SYN nm **a** (utilisation) [appareil, méthode] use ◆ **apprendre l'usage de la boussole** to learn how to use a compass ◆ **il fait un usage immodéré d'eau de toilette** he uses (far) too much ou an excessive amount of toilet water ◆ **abîmé par l'usage** damaged through constant use ◆ **elle nous laisse l'usage de son jardin** she lets us use her garden, she gives us ou allows us the use of her garden → **faux**[2], **garanti**
b (exercice, pratique) [membre, langue] use; [faculté] use, power ◆ **perdre l'usage de ses yeux / membres** to lose the use of one's eyes / limbs ◆ **perdre l'usage de la parole** to lose the power of speech ◆ (littér) **il n'a pas l'usage du monde** he lacks savoir-faire ou the social graces
c (fonction, application) [instrument] use ◆ **outil à usages multiples** multi-purpose tool ◆ (Méd) **à usage externe / interne** for external / internal use ◆ **servir à divers usages** to have several uses, serve several purposes ◆ **moquette / pile à usage intensif** heavy-duty carpeting / battery → **valeur**
d (coutume habitude) custom ◆ **un usage qui se perd** a vanishing custom, a custom which is dying out ◆ **c'est l'usage** it's the custom, it's what's done, it's the way things are done ◆ **ce n'est pas l'usage (de)** it's not done (to), it's not the custom (to) ◆ **entrer dans l'usage (courant)** [objet, mot] to come into common ou current use; [mœurs] to become common practice ◆ **contraire aux usages** contrary to common practice ou to custom ◆ **il n'est pas dans les usages de la compagnie de faire cela** the company is not in the habit of doing that, it is not the usual policy of the company to do that ou customary for the company to do that ◆ **il était d'usage** ou **c'était un usage de** it was customary ou a custom ou usual to ◆ **formule d'usage** set formula ◆ **après les compliments / recommandations d'usage** after the usual ou customary compliments / recommendations
e (Ling) **l'usage** usage ◆ **expression consacrée par l'usage** expression fixed by usage ◆ **l'usage écrit / oral** written / spoken usage ◆ **l'usage décide** (common) usage decides → **bon**[1]
f (littér: politesse) **avoir de l'usage** to have breeding ◆ **manquer d'usage** to lack breeding, be lacking in the social graces
g LOC **faire usage de** pouvoir, droit to exercise; permission, avantage to make use of; violence, force, procédé to use, employ; expression to use; objet, thème to make use of ◆ **faire (un) bon / mauvais usage de qch** to put sth to good / bad use, make good / bad use of sth ◆ **avoir l'usage de qch** (droit d'utiliser) to have the use of sth ◆ (occasion d'utiliser) **en aurez-vous l'usage?** will you have any use for it? ◆ **ce souliers ont fait de l'usage** these shoes have lasted a long time, I've (ou we've etc) had good use out of these shoes ◆ **vous verrez à l'usage comme c'est utile** you'll see when you use it how useful it is ◆ **ça s'assouplira à l'usage** it will soften with use ◆ **son français s'améliorera à l'usage** his French will improve with practice ◆ **à l'usage de** for use of, for ◆ **à son usage personnel, pour son propre usage** for his personal use ◆ **notice à l'usage de** notice for (the attention of) ◆ **à l'usage des écoles** émission for schools; manuel for use in schools ◆ dispositif, mot **en usage** in use → **hors**

usagé, e [yzaʒe] → SYN adj (qui a beaucoup servi) pneu, habits worn, old; (d'occasion) used, secondhand ◆ **quelques ustensiles usagés** some old utensils ◆ **huiles usagées** waste oil

usager, -ère [yzaʒe, ɛʀ] → SYN nm,f user ◆ **usager de la route** road user ◆ **usager de la drogue** drug user ◆ **les usagers de la langue française** French language users, speakers of the French language

usant, e* [yzɑ̃, ɑ̃t] adj (fatigant) travail exhausting, wearing; personne tiresome, wearing ◆ **il est usant avec ses discours** he wears ou tires you out with his talking

usé, e [yze] (ptp de **user**) adj **a** (détérioré) objet worn; vêtement, tapis worn, worn-out; (fig) personne worn-out *(in health or age)* ◆ **usé jusqu'à la corde** threadbare → **eau**
b (banal) thème, expression hackneyed, trite, well-worn; plaisanterie well-worn, stale, corny*

user [yze] → SYN ▸ conjug 1 ◂ **1** vt **a** (détériorer) outil, roches to wear away; vêtements to wear out ◆ **user un manteau jusqu'à la corde** to wear out a coat, wear a coat threadbare ◆ (hum) **ils ont usé leurs fonds de culottes sur les mêmes bancs** they were at school together
b (fig: épuiser) personne, forces to wear out; nerfs to wear down; influence to weaken, sap ◆ **la maladie l'avait usé** illness had worn him out
c (consommer) essence, charbon to use, burn; papier, huile, eau to use ◆ **ce poêle use trop de charbon** this stove uses ou burns too much coal ◆ **il use 2 paires de chaussures par mois** he goes through 2 pairs of shoes (in) a month
2 vi ◆ (littér: se comporter) **en user mal / bien avec** ou **à l'égard de qn** to treat ou use (littér) sb badly / well
3 **user de** vt indir (utiliser) pouvoir, patience, droit to exercise; permission, avantage to make use of; violence, force, procédé to use, employ; expression, mot to use; (littér) objet, thème to make use of ◆ **usant de douceur** using gentle means ◆ **il en a usé et abusé** he has used and abused it
4 **s'user** vpr [tissu, vêtement] to wear out ◆ **mon manteau s'use** my coat is showing signs of wear ◆ **elle s'use les yeux à trop lire** she's straining her eyes by reading too much ◆ **elle s'est usée au travail** she wore herself out with work

usinage [yzinaʒ] → SYN nm (→ **usiner**) machining; manufacturing

usine [yzin] → SYN **1** nf factory ◆ **un copain de l'usine** ou **d'usine** a mate from the works ou factory ◆ **travailler en usine** to work in a factory ◆ **travail en usine** factory work ◆ (fig) **ce bureau est une vraie usine!*** this office is like a factory! → **cheminée**
2 COMP ▷ **usine atomique** atomic energy station, atomic plant ▷ **usine automatisée** automated factory ▷ **usine d'automobiles** car factory ou plant ▷ **usine à gaz** gasworks ▷ **usine métallurgique** ironworks ▷ **usine de pâte à papier** paper mill ▷ **usine de raffinage** refinery ▷ **usine sidérurgique** steelworks, steel mill ▷ **usine textile** textile plant ou factory, mill ▷ **usine de traitement des ordures** sewage works ou farm ou plant

usiner [yzine] → SYN ▸ conjug 1 ◂ vt (travailler, traiter) to machine; (fabriquer) to manufacture ◆ (travailler dur) **ça usine dans le coin!*** they're hard at it round here!*

usinier, -ière [yzinje, jɛʀ] adj industrie factory (épith), manufacturing; faubourg working-class

usité, e [yzite] → SYN adj in common use, common ◆ **un temps très / peu usité** a very commonly-used / a rarely-used tense ◆ **le moins usité** the least (commonly) used ◆ **ce mot n'est plus usité** this word is no longer used ou in use

ustensile [ystɑ̃sil] → SYN nm (gén: outil, instrument) implement ◆ (*: attirail) **ustensiles*** implements, tackle (NonC), gear (NonC) ◆ **ustensile (de cuisine)** (kitchen) utensil ◆ **ustensiles de ménage** household cleaning stuff ou things ◆ **ustensiles de jardinage** gardening tools ou implements ◆ **qu'est-ce que c'est que cet ustensile?*** what's that gadget? ou contraption?

ustilaginales [ystilaʒinal] nfpl ◆ **les ustilaginales** smut fungi, the Ustilaginales (spéc)

usucapion [yzykapjɔ̃] → SYN nf usucapion, acquisitive prescription

usuel, -elle [yzɥɛl] → SYN **1** adj objet everyday (épith), ordinary; mot, expression, vocabulaire everyday (épith) ◆ **dénomination usuelle d'une plante** common name for ou of a plant ◆ **il est usuel de faire** it is usual to do, it is common practice to do
2 nm (livre) book on the open shelf ◆ **c'est un usuel** it's on the open shelves

usuellement [yzɥɛlmɑ̃] → SYN adv ordinarily, commonly

usufructuaire [yzyfʀyktɥɛʀ] adj usufructuary

usufruit [yzyfʀɥi] → SYN nm usufruct

usufruitier, -ière [yzyfʀɥitje, jɛʀ] → SYN adj, nm,f usufructuary

usuraire [yzyʀɛʀ] → SYN adj taux, prêt usurious

usure[1] [yzyʀ] → SYN nf **a** (processus) [vêtement] wear (and tear); [objet] wear; [terrain, roche] wearing away; [forces, énergie] wearing out; (Ling) [mot] weakening ◆ **usure normale** fair wear and tear ◆ **résiste à l'usure** resists wear, wears well ◆ **subir l'usure du temps** to be worn away by time ◆ (Pol) **c'est l'usure du pouvoir** it's the wearing effect of being in power ◆ **usure de la monnaie** debasement of the currency ◆ **on l'aura à l'usure*** we'll wear him down in the end → **guerre**
b (état) [objet, vêtement] worn state

usure[2] [yzyʀ] → SYN nf (intérêt) usury ◆ **prêter à usure** to lend at usurious rates of interest ◆ (fig littér) **je te le rendrai avec usure** I will pay you back (with interest), I will get my own back (on you) with interest (Brit)

usurier, -ière [yzyʀje, jɛʀ] → SYN nm,f usurer

usurpateur, -trice [yzyʀpatœʀ, tʀis] **1** adj tendance, pouvoir usurping (épith)
2 nm,f usurper

usurpation [yzyʀpasjɔ̃] → SYN nf (→ **usurper**) usurpation; encroachment

usurpatoire [yzyʀpatwaʀ] → SYN adj usurpatory ◆ (Jur) **signature usurpatoire** unauthorised signature

usurper [yzyʀpe] → SYN ▸ conjug 1 ◂ **1** vt pouvoir, honneur to usurp ◆ **il a usurpé le titre de docteur en médecine** he wrongfully took ou assumed the title of Doctor of Medicine ◆ **réputation usurpée** usurped reputation
2 vi ◆ (littér: empiéter) **usurper sur** to encroach (up)on

ut [yt] nm (Mus) (the note) C → **clef**

Utah [yta] nm Utah

utérin, e [ytenɛ̃, in] → SYN adj uterine

utérus [yterys] → SYN nm womb, uterus (spéc) ◆ **location** ou **prêt d'utérus** womb-leasing → **col**

utile [ytil] → SYN 1 adj a objet, appareil, action useful; aide, conseil useful, helpful (*à qn* to ou for sb) ◆ **livre utile à lire** useful book to read ◆ **cela vous sera certainement utile** that'll certainly be of use to you ◆ **ton parapluie m'a été bien utile ce matin** your umbrella came in very handy (for me) this morning ◆ **est-il vraiment utile d'y aller** ou **que j'y aille?** do I really need to go? ◆ **la vie utile d'un bien** the productive life of an asset → **charge, temps**[1], **voter**
b collaborateur, relation useful ◆ **il adore se rendre utile** he loves to make himself useful ◆ **puis-je vous être utile?** can I be of help?, can I do anything for you?
2 nm ◆ **l'utile** what is useful → **joindre**

utilement [ytilmɑ̃] adv (avec profit) profitably, usefully ◆ **conseiller utilement qn** to give sb useful advice

utilisable [ytilizabl] → SYN adj usable ◆ **est-ce encore utilisable?** [cahier, vêtement] can it still be used?, is it still usable?; [appareil] is it still usable? ou working?

utilisateur, -trice [ytilizatœr, tris] → SYN nm,f [appareil] user ◆ (Ordin) **utilisateur final** end user

utilisation [ytilizasjɔ̃] → SYN nf (gén) use; (Culin) [restes] using (up)

utiliser [ytilize] → SYN ▸ conjug 1 ◂ vt a (employer) appareil, système to use, utilize; outil, produit, mot to use; force, moyen to use, employ; droit to use; avantage to make use of ◆ **savoir utiliser les compétences** to know how to make the most of ou make use of people's abilities
b (tirer parti de) personne, incident to make use of; (Culin) restes to use (up)

utilitaire [ytilitɛr] → SYN 1 adj utilitarian → **véhicule**
2 nm (Ordin) utility

utilitarisme [ytilitarism] nm utilitarianism

utilitariste [ytilitarist] adj, nmf (Philos) utilitarian

utilité [ytilite] → SYN nf (caractère utile) usefulness; (utilisation possible) use ◆ **je ne conteste pas l'utilité de cet appareil** I don't deny the usefulness of this apparatus ◆ **cet outil a son utilité** this tool has its uses ◆ **cet outil peut avoir son utilité** this tool might come in handy ou useful ◆ **d'une grande utilité** very useful, of great use ou usefulness ou help (attrib) ◆ **ce livre ne m'est pas d'une grande utilité** this book isn't much use ou help ou a great deal of use ou help to me ◆ **de peu d'utilité** of little use ou help (attrib) ◆ **d'aucune utilité** (of) no use (attrib) ou help ◆ **sans utilité** useless ◆ **auras-tu l'utilité de cet objet?** can you make use of this object?, will you have any use for this object? ◆ **de quelle utilité est-ce que cela peut (bien) vous être?** what earthly use is it to you?, what on earth can you use it for? ◆ (Jur) **reconnu** ou **déclaré d'utilité publique** state-approved ◆ **jouer les utilités** (Théât) to play small ou bit parts; (fig) to play second fiddle

utopie [ytɔpi] → SYN nf a (genre, ouvrage, idéal politique) utopia, Utopia
b (idée, plan chimérique) utopian view ou idea etc ◆ **utopies** utopianism, utopian views ou ideas ◆ **ceci est une véritable utopie** that's sheer utopianism

utopique [ytɔpik] → SYN adj utopian, Utopian → **socialisme**

utopisme [ytɔpism] nm Utopianism

utopiste [ytɔpist] → SYN nmf utopian, Utopian

Utrecht [ytrɛʃt] n Utrecht

utriculaire [ytrikylɛr] nf bladderwort

utricule [ytrikyl] nm utricle, utriculus

UV [yve] 1 nf (†: Univ) (abrév de **unité de valeur**) → **unité**
2 nm (abrév de **ultraviolet**) → **ultraviolet**

uval, e, mpl **-aux** [yval, o] adj uval

uva-ursi [yvayrsi] nm inv bearberry

uvée [yve] nf uvea

uvéite [yveit] nf uveitis

uvulaire [yvylɛr] adj uvular

uvule [yvyl] → SYN nf (luette) uvula

V¹, v¹ [ve] nm (lettre) V, v ◆ **en V** V-shaped ◆ **moteur en V** V-engine ◆ **encolure en V** V-neck ◆ **un décolleté en V** a plunging (V-)neckline ◆ **le V de la victoire** the victory sign, the V for victory → **vitesse**

V², v² (abrév de **voir, voyez**) V

va [va] → **aller**

vacance [vakɑ̃s] [→ SYN] [1] nf **a** (Admin: poste) vacancy
b (Jur) **vacance de succession** abeyance of succession ◆ **vacance du pouvoir** power vacuum
c (littér: disponibilité) unencumbered state (littér) ◆ **en état de vacance** unencumbered (littér), vacant
[2] **vacances** nfpl **a** (gén: repos) holiday (Brit), vacation (US); (Scol) holiday(s) (Brit), vacation (US); (Univ) vacation, holiday(s) (Brit); [salariés] holiday(s) (Brit), vacation (US) ◆ **les vacances de Noël** the Christmas holidays ou vacation ◆ **partir en vacances** to go away on holiday ou on vacation ◆ **au moment de partir en vacances** at the time of setting off on (our) holiday ou on our holidays ou on (our) vacation ◆ **il n'a jamais pris de vacances** he has never taken a holiday ou vacation ◆ **avoir droit à 4 semaines de vacances** to be entitled to 4 weeks' holiday(s) ou vacation ◆ **prendre ses vacances en une fois** to take (all) one's holiday(s) ou vacation at once ◆ **être en vacances** to be on holiday ou vacation ◆ **j'ai besoin de vacances / de quelques jours de vacances** I need a holiday ou vacation / a few days' holiday ou vacation ◆ **aller en vacances en Angleterre** to go on holiday ou vacation to England ◆ **vacances de neige** winter sports holiday ou vacation ◆ **pays / lieu de vacances** holiday country / place ◆ **la ville est déserte pendant les vacances** the town is deserted during the holidays ou vacation ◆ **vacances actives / à thème** activity / special interest holiday(s) ou vacation → **colonie, devoir, grand**
b (Jur) **vacances judiciaires** recess, vacation ◆ **vacances parlementaires** parliamentary recess

vacancier, -ière [vakɑ̃sje, jɛʀ] [→ SYN] nm, f holiday-maker (Brit), vacationist (US)

vacant, e [vakɑ̃, ɑ̃t] [→ SYN] adj **a** poste, siège vacant; appartement unoccupied, vacant
b (Jur) biens, succession in abeyance (attrib)
c (fig littér) **l'air vacant** with a vacant air ◆ **un cœur / esprit vacant** an empty ou unencumbered (littér) heart / mind

vacarme [vakaʀm] [→ SYN] nm din, racket, row, pandemonium, hullabaloo* ◆ **faire du vacarme** to make a din ou racket ou row ◆ **un vacarme de klaxons** the blaring of hooters ◆ **un vacarme continuel de camions / de coups de marteau** a constant roaring of lorries / thumping of hammers

vacataire [vakatɛʀ] [→ SYN] nmf temporary replacement, stand-in; (Univ) part-time lecturer (on contract) ◆ **il est vacataire** he's on a temporary contract

vacation [vakasjɔ̃] [→ SYN] nf (Jur) [expert, notaire] (temps de travail) session, sitting; (honoraires) fee ◆ **être payé à la vacation** to be paid on a sessional basis ◆ (Jur: vacances) **vacations** recess, vacation

vaccaire [vakɛʀ] nf cow basil

vaccin [vaksɛ̃] [→ SYN] nm (substance) vaccine; (vaccination) vaccination, inoculation ◆ **faire un vaccin à qn** to give sb a vaccination ou inoculation ◆ (fig) **un vaccin contre qch** a safeguard against sth

vaccinable [vaksinabl] adj able to be vaccinated ou inoculated, that can be vaccinated ou inoculated

vaccinal, e, mpl **-aux** [vaksinal, o] adj vaccinal

vaccinateur, -trice [vaksinatœʀ, tʀis] [1] adj vaccinating (épith), inoculating (épith)
[2] nm, f vaccinator, inoculator

vaccination [vaksinasjɔ̃] nf vaccination, inoculation

vaccine [vaksin] nf (maladie) cowpox, vaccinia (spéc); (†: inoculation) inoculation of cowpox ◆ **fausse vaccine** vacinella, false vaccinia

vacciner [vaksine] [→ SYN] ▸ conjug 1 ◂ vt (Méd) to vaccinate, inoculate (*contre* against) ◆ **se faire vacciner** to have a vaccination ou an inoculation, get vaccinated ou inoculated ◆ (fig) **être vacciné contre qch*** to be cured of sth ◆ **merci, maintenant je suis vacciné!*** thanks, I've learnt my lesson! ou I'm cured of that!

vaccinide [vaksinid] nf vaccinoid reaction

vaccinostyle [vaksinɔstil] nm scarificator

vaccinothérapie [vaksinoteʀapi] nf vaccine therapy

vachard, e‡ [vaʃaʀ, aʀd] [→ SYN] adj (méchant) nasty, rotten*, mean

vache [vaʃ] [→ SYN] [1] nf **a** (Zool) cow; (cuir) cowhide ◆ **vache laitière** dairy cow ◆ (Vét) **maladie de la vache folle** mad cow disease → **lait, plancher¹**
b (‡ péj: police) **les vaches** the fuzz‡ ◆ (hum) **vache à roulettes**† motorbike cop*
c (‡: personne méchante) (femme) bitch‡, cow‡; (homme) swine‡, sod‡ ◆ **ah les vaches!** the swine(s)!‡ → **peau**
d (‡: intensif) **une vache de surprise / bagnole** a ou one hell of a surprise / car‡
e LOC **comme une vache qui regarde passer les trains** stolidly, phlegmatically, with a gormless* ou vacant air ◆ **il parle français comme une vache espagnole** he absolutely murders the French language ◆ **manger de la vache enragée** to go through hard ou lean times ◆ **période de vaches grasses / maigres pour l'économie française** good ou prosperous / lean ou hard times for the French economy ◆ **donner des coups de pied en vache à qn** to kick sb slyly ◆ **faire un coup en vache à qn** to pull a fast one on sb*, do the dirty on sb‡ (Brit) ◆ **ah la vache!‡** (surprise, admiration) wow!*, blimey!‡ (Brit), I'll be jiggered!*; (douleur, indignation) hell!‡, damn (me)!‡
[2] adj (‡: méchant, sévère) rotten*, mean* ◆ **il est vache** he's a (rotten) swine‡ ou sod‡, he's really rotten* ou mean ◆ **elle est vache** she's a (mean ou rotten) cow‡ ou bitch‡, she's really rotten* ou mean ◆ **il n'a pas été vache avec toi** he was quite kind ou good to you ◆ **c'est vache pour eux** it's really rotten for them*
[3] COMP ▷ **vache à eau** (canvas) water bag ▷ **vache à lait*** (péj) mug* (person) (péj) ▷ **vache sacrée** (lit, fig) sacred cow

vachement‡ [vaʃmɑ̃] adv **a** (très) **vachement bon / difficile** damned‡ ou bloody‡ (Brit) good / hard ◆ **on s'est vachement dépêchés** we rushed like hell‡ ◆ **ça m'a vachement aidé** it helped me a hell of a lot*, it helped me no end* ◆ **on s'est vachement trompés** we made one ou a hell of a mistake‡ ◆ **il pleut vachement** it's raining damned‡ ou bloody‡ (Brit) hard
b (méchamment) in a rotten* ou mean way

vacher [vaʃe] [→ SYN] nm cowherd

vachère [vaʃɛʀ] nf cowgirl

vacherie [vaʃʀi] [→ SYN] nf **a** (‡: méchanceté) [personne, remarque] rottenness*, meanness; (action) dirty trick*; (remarque) nasty ou bitchy‡ remark ◆ **faire une vacherie à qn** to play a dirty* ou mean trick on sb ◆ **dire des vacheries** to make nasty remarks
b (‡: intensif) **c'est de la vacherie** it's rubbish ou junk* ◆ **c'est une sacrée vacherie** [appareil] it's a dead loss*, it's a useless thing; [maladie] it's a nasty illness ◆ **cette vacherie d'appareil ne veut pas marcher** this damned‡ ou blasted* ou confounded ou bloody‡ (Brit) machine refuses to go ◆ **quelle vacherie de temps!** what damned‡ ou bloody‡ (Brit) awful weather!
c (†: étable) cowshed, byre

vacherin [vaʃʀɛ̃] [→ SYN] nm (glace) vacherin; (fromage) vacherin cheese

vachette [vaʃɛt] nf **a** (jeune vache) young cow
b (cuir) calfskin

vacillant, e [vasijɑ̃, ɑ̃t] → SYN adj **a** (lit) jambes, démarche unsteady, shaky, wobbly; lueur, flamme flickering (épith)
b (fig) santé, mémoire shaky, failing; raison failing; courage wavering, faltering; caractère indecisive, wavering (épith)

vacillation [vasijasjɔ̃] → SYN nf [démarche] unsteadiness, shakiness; [flamme] flickering ◆ **les vacillations de son esprit / sa raison** the wavering of his mind / reason, his wavering ou failing mind / reason

vacillement [vasijmɑ̃] nm (→ **vaciller**) swaying; wobbling; faltering, wavering, flickering ◆ **ses vacillements m'inquiétaient: je craignais qu'elle ne fût malade** her unsteadiness ou shakiness worried me and I feared that she might be ill

vaciller [vasije] → SYN ▸conjug 1◂ vi **a** (lit) [personne] to sway (to and fro); [blessé, ivrogne] to totter, reel, stagger; [bébé] to wobble; [mur, poteau] to sway (to and fro); [meuble] to wobble ◆ **vaciller sur ses jambes** to stand unsteadily on one's legs, sway to and fro (on one's legs) ◆ **il s'avança en vacillant vers la porte** he tottered ou reeled ou staggered towards the door
b [flamme, lumière] to flicker
c (fig) [voix] to shake; [résolution, courage] to falter, waver; [raison, intelligence] to fail; [santé, mémoire] to be shaky, be failing ◆ **il vacillait dans ses résolutions** he wavered ou vacillated in his resolution

va-comme-je-te-pousse [vakɔmʒtəpus] adv ◆ **à la va-comme-je-te-pousse** in a slapdash manner, any old how* ou way

vacuité [vakɥite] → SYN nf (littér: vide) vacuity (littér), emptiness; (intellectuelle, spirituelle) vacuity, vacuousness

vacuolaire [vakɥɔlɛʀ] adj vacuolar, vacuolate

vacuole [vakɥɔl] → SYN nf (Bio) vacuole

vacuome [vakɥɔm, vakɥom] nm vacuome

vacuum [vakɥɔm] nm vacuum

vade-mecum [vademekɔm] → SYN nm inv pocketbook, vade mecum

vadrouille[1]* [vadʀuj] → SYN nf ramble, jaunt ◆ **être en vadrouille** to be out on a ramble ◆ **faire une vadrouille** to go on a ramble ou jaunt

vadrouille[2] [vadʀuj] → SYN nf (Can: balai) dust mop; (Naut) swab

vadrouiller* [vadʀuje] ▸conjug 1◂ vi to rove around ou about ◆ **vadrouiller dans les rues de Paris** to knock* ou rove about the streets of Paris

vadrouilleur, -euse* [vadʀujœʀ, øz] → SYN nm,f rover

Vaduz [vadyz] n Vaduz

va-et-vient [vaevjɛ̃] → SYN nm inv **a** [personnes, véhicules] comings and goings (pl), to-ings and fro-ings (pl); [rue, bureau, café] comings and goings (pl) (*de* in), to-ings and fro-ings (pl) (*de* in)
b [piston, pièce] **(mouvement de) va-et-vient** (gén) to and fro (motion), backwards and forwards motion; (verticalement) up-and-down movement ◆ **faire le va-et-vient entre** [bateau, train] to go to and fro between, ply between; [pièce de mécanisme, personne] to go to and fro between
c (gond) helical hinge ◆ **porte à va-et-vient** swing door
d (bac) (small) ferryboat
e (téléphérage) jig-back
f (Élec) **(interrupteur de) va-et-vient** two-way switch ◆ **circuit de va-et-vient** two-way wiring (NonC) ou wiring system

vagabond, e [vagabɔ̃, ɔ̃d] → SYN **1** adj (littér) peuple, vie wandering (épith); imagination roaming (épith), roving (épith), restless ◆ **avoir l'humeur vagabonde** to be in a restless mood
2 nm,f (péj: rôdeur) tramp, vagrant, vagabond; (littér: aventurier) wanderer

vagabondage [vagabɔ̃daʒ] → SYN nm (errance) wandering, roaming; (Jur, péj: vie sans domicile fixe) vagrancy ◆ **leurs vagabondages à travers l'Europe** their wanderings ou roamings across Europe ◆ **après une longue période de vagabondage il échoua en prison** after a long period of vagrancy he ended up in prison ◆ **le vagabondage de son imagination** the rovings of his imagination

vagabonder [vagabɔ̃de] → SYN ▸conjug 1◂ vi [personne] to roam, wander; (fig) [imagination, esprit] to roam, rove, wander ◆ **vagabonder à travers l'Europe** to roam the length and breadth of Europe, wander across Europe

vagal, e, mpl **-aux** [vagal, o] adj vagal

vagin [vaʒɛ̃] → SYN nm vagina

vaginal, e, mpl **-aux** [vaʒinal, o] adj vaginal → **frottis**

vaginisme [vaʒinism] nm vaginismus

vaginite [vaʒinit] nf vaginitis (NonC)

vagir [vaʒiʀ] → SYN ▸conjug 2◂ vi [bébé] to wail, cry

vagissant, e [vaʒisɑ̃, ɑ̃t] adj wailing, crying

vagissement [vaʒismɑ̃] → SYN nm cry, wail

vagotonie [vagɔtɔni] nf vagotonia

vagotonique [vagɔtɔnik] **1** adj vagotonic
2 nmf person suffering from vagotonia

vague[1] [vag] → SYN **1** adj **a** (imprécis) renseignement, geste vague; notion, idée vague, hazy; sentiment, forme vague, indistinct; (distrait) air, regard faraway (épith), abstracted (épith); (ample) robe, manteau loose(-fitting) ◆ **un vague cousin** some sort of distant cousin ◆ **il avait un vague diplôme** he had a diploma of sorts ou some kind of (a) diploma ◆ **d'un air vague** with a faraway look, with an abstracted expression ◆ **il y avait rencontré une vague parente** there he had met someone vaguely related to him ou some distant relation or other → **nerf, terrain**
2 nm **a** (littér) [forme] vagueness, indistinctness; [passions, sentiments] vagueness
b **le vague** vagueness ◆ **j'ai horreur du vague** I can't bear vagueness ◆ **nous sommes dans le vague** things are rather unclear to us ◆ **il est resté dans le vague** he kept it all rather vague ◆ **regarder dans le vague** to gaze (vacantly) into space ou into the blue ◆ **les yeux perdus dans le vague** with a faraway look in his eyes
c **vague à l'âme** vague melancholy ◆ **avoir du** ou **le vague à l'âme** to feel vaguely melancholic

vague[2] [vag] → SYN nf **a** (lit) wave ◆ **vague de fond** (lit) ground swell (NonC); (fig) surge of opinion ◆ (littér) **le gonflement de la vague** the swelling of the waves
b (fig: déferlement) wave ◆ **vague d'enthousiasme / de tendresse** wave ou surge of enthusiasm / tenderness ◆ **vague d'applaudissements / de protestations** wave of applause / protest(s) ◆ **premières vagues de touristes / d'immigrants** first influxes of tourists / immigrants ◆ (Mil) **vague d'assaut** wave of assault ◆ (Mét) **vague de chaleur** heatwave ◆ (Mét) **vague de froid** cold spell ou snap ◆ **vague de criminalité** crime wave → **nouveau**
c [émanations] wave ◆ **une vague de gaz se propagea jusqu'à nous** a smell of gas drifted ou wafted up to us
d (fig: ondulation) (Archit) waved motif; [chevelure] wave; (littér) [blés, fougères etc] wave, undulation (littér) ◆ **effet de vague** ripple effect ◆ (complications) **faire des vagues** to make waves ◆ **surtout pas de vagues** above all let's avoid a scandal

vaguelette [vaglɛt] nf wavelet, ripple

vaguement [vagmɑ̃] → SYN adv vaguely ◆ **un geste vaguement surpris / incrédule** a gesture of vague surprise / incredulity, a vaguely surprised / incredulous gesture

vaguemestre [vagmɛstʀ] → SYN nm (Mil, Naut) *officer responsible for the delivery of mail*

vaguer [vage] → SYN ▸conjug 1◂ vi (littér) [personne] to wander, roam ◆ **laisser vaguer son imagination / son regard** to let one's imagination / one's eyes wander

vahiné [vaine] nf vahine

vaillamment [vajamɑ̃] adv (→ **vaillant**) bravely, courageously; valiantly, gallantly

vaillance [vajɑ̃s] → SYN nf (courage) courage, bravery; (au combat) valour, gallantry, valiance

vaillant, e [vajɑ̃, ɑ̃t] → SYN adj **a** (courageux) brave, courageous; (au combat) valiant, gallant → **à, sou**
b (vigoureux, plein de santé) vigorous, hale and hearty, robust ◆ **je ne me sens pas très vaillant** I'm feeling (a bit) under the weather, I don't feel particularly great today*

vaille que vaille [vajkəvaj] loc adv after a fashion, somehow (or other)

vain, e [vɛ̃, vɛn] → SYN **1** adj **a** (futile) paroles, promesse empty, hollow, vain (épith); craintes, espoir, plaisirs vain (épith), empty ◆ **des gens pour qui la loyauté n'est pas un vain mot** people for whom loyalty is not an empty word, people for whom the word loyalty really means something
b (frivole) personne, peuple shallow, superficial
c (infructueux) effort, tentative, attente vain (épith), in vain (attrib), futile, fruitless; (stérile) regrets, discussion vain (épith), useless, idle (épith) ◆ **son sacrifice n'aura pas été vain** his sacrifice will not have been in vain ◆ **il est vain d'essayer de ...** it is futile to try to ...
d (littér: vaniteux) vain (*de* of) ◆ **contrairement à ce qu'un vain peuple pense** contrary to accepted belief
e LOC **en vain** in vain ◆ **elle essaya en vain de s'en souvenir** she tried vainly ou in vain to remember ◆ **ce ne fut pas en vain que ...** it was not in vain that ... ◆ **je essayai, mais en vain** I tried again, but in vain ou but to no avail ◆ (frm) **invoquer le nom de Dieu en vain** to take the name of God in vain
2 COMP ▷ **vaine pâture** (Jur) common grazing land

vaincre [vɛ̃kʀ] → SYN ▸conjug 42◂ vt **a** rival, concurrent to defeat, beat; armée, ennemi to defeat, vanquish (littér), conquer ◆ **les meilleurs ont fini par vaincre** the best men finally won ◆ **sachons vaincre ou sachons périr!** do or die! ◆ (Prov) **à vaincre sans péril, on triomphe sans gloire** triumph without peril brings no glory ◆ **nous vaincrons** we shall overcome
b obstacle to overcome; difficulté, maladie to overcome, triumph over, conquer; instincts, timidité, sentiment to triumph over, conquer, overcome; résistance to overcome, defeat ◆ **vaincu par le sommeil** overcome by sleep

vaincu, e [vɛ̃ky] → SYN (ptp de **vaincre**) **1** adj beaten, defeated, vanquished (littér) ◆ **s'avouer vaincu** to admit defeat, confess o.s. beaten ◆ **il part vaincu d'avance** he feels he's beaten ou defeated before he begins
2 nm,f defeated man (ou woman) ◆ **les vaincus** the vanquished (littér), the defeated ◆ **malheur aux vaincus!** woe to the vanquished! (littér) ◆ **mentalité / attitude de vaincu** defeatist mentality / attitude

vainement [vɛnmɑ̃] → SYN adv vainly, unavailingly ◆ **j'ai vainement essayé de lui expliquer** I tried in vain to explain to him, I tried to explain to him (but) to no avail

vainqueur [vɛ̃kœʀ] → SYN **1** nm (à la guerre) conqueror, victor; (en sport) winner ◆ **le vainqueur de l'Everest** the conqueror of Everest ◆ **les vainqueurs de cette équipe** the conquerors of this team ◆ **les vainqueurs de cette compétition** the winners in ou of this competition ◆ **sortir vainqueur d'une épreuve** to emerge (as) the winner of a contest ◆ **arriver quelque part en vainqueur** to arrive somewhere as a winner ou as conqueror
2 adj m victorious, triumphant

vair [vɛʀ] → SYN nm vair

vairé, e [veʀe] adj (Hér) vairy

vairon[1] [vɛʀɔ̃] → SYN nm (Zool) minnow

vairon[2] [vɛʀɔ̃] → SYN adj m ◆ **yeux vairons** (cerclés de blanc) wall eyes; (de couleurs différentes) eyes of different colours

vaisseau, pl **vaisseaux** [vɛso] → SYN nm **a** (Naut) vessel (frm), ship ◆ **vaisseau amiral** flagship ◆ **vaisseau de guerre** warship ◆ **vaisseau fantôme** ghost ship ◆ (Mus) **le Vaisseau fantôme** the Flying Dutchman ◆ (Aviat) **vaisseau spatial** spaceship → **brûler, capitaine, enseigne, lieutenant**
b (Anat) vessel ◆ **vaisseau sanguin / lymphatique / capillaire** blood / lymphatic / capillary vessel
c (Bot) vessel ◆ **plante à vaisseaux** vascular plant
d (Archit) nave
e (littér: récipient) vessel

vaisselier [vɛsəlje] nm dresser *(cupboard)*

vaisselle [vɛsɛl] → SYN nf (plats) crockery; (plats à laver) dishes (pl), crockery; (lavage) washing-up (Brit), dishes (pl) ◆ **vaisselle de porcelaine / faïence** china / earthenware crockery ◆ **vaisselle plate** (gold ou silver) plate ◆ **faire la vaisselle** to wash up, do the washing-up (Brit) ou the dishes ◆ **la vaisselle était faite en deux minutes** the washing-up (Brit) was ou the dishes were done in two minutes ◆ **on peut discuter sans s'envoyer la vaisselle à la tête!** we can talk without throwing things at each other! → **eau**

val, pl **vals** ou **vaux** [val, vo] → SYN nm (gén dans noms de lieux) valley ◆ **le Val de Loire** the Val de Loire, the Loire Valley ◆ **le Val d'Aoste** Valle d'Aosta → **mont**

valable [valabl] → SYN adj **a** (utilisable, légitime) contrat, passeport, (Jur) valid; excuse, raison valid, legitimate, good (épith); loi, critère, théorie, motif valid ◆ **elle n'a aucune raison valable de le faire** she has no good ou valid reason for doing so ◆ **ce n'est valable que dans certains cas** it is only valid ou it only holds ou applies in certain cases ◆ **il faut que cela soit jugé valable par les scientifiques** it must pass muster with the scientists ou be accepted as valid by the scientists ◆ (Comm) **offre valable une semaine** firm offer for a week, offer which remains valid for a week

b (de qualité) œuvre, solution, commentaire really good, worthwhile; équipements acceptable, decent, worthwhile; concurrent, auteur really good, worth his (ou her) salt (attrib) ◆ **financièrement, ce n'est pas valable*** financially, it's not worthwhile → **interlocuteur**

valablement [valabləmɑ̃] adv **a** (légitimement: → **valable**) validly; legitimately ◆ **ce billet ne peut pas être valablement utilisé** this ticket is not valid ◆ **ne pouvant valablement soutenir que ...** not being able to uphold legitimately ou justifiably that ...

b (de façon satisfaisante) **pour en parler valablement, il faut des connaissances en linguistique** to be able to say anything worthwhile ou valid about it one would have to know something about linguistics, to have anything worth saying ou any valid comments to make one would have to know something about linguistics

Valais [valɛ] nm ◆ **le Valais** Valais

valaisan, -anne [valɛzɑ̃, an] **1** adj of ou from Valais

2 nm,f ◆ **Valaisan(ne)** inhabitant ou native of Valais

valdinguer* [valdɛ̃ge] ▸conjug 1◂ vi ◆ **aller valdinguer** [personne] to go flat on one's face*, go sprawling ◆ **les boîtes ont failli valdinguer (par terre)** the boxes nearly came crashing down ou nearly went flying* ◆ (fig) **envoyer valdinguer qn** to tell sb to clear off* ou buzz off*, send sb packing*, send sb off with a flea in his ear* ◆ **envoyer valdinguer qch** to send sth flying*

Valence [valɑ̃s] n (en Espagne) Valencia; (en France) Valence

valence [valɑ̃s] nf (Phys) valency (Brit), valence (US) ◆ **valence-gramme** gramme-equivalent

valenciennes [valɑ̃sjɛn] nf inv Valenciennes lace

Valentin [valɑ̃tɛ̃] nm Valentine

valentinite [valɑ̃tinit] nf valentinite

valériane [valeʀjan] nf valerian

valérianelle [valeʀjanɛl] nf corn salad, lamb's lettuce

valet [valɛ] → SYN **1** nm **a** (domestique) (man) servant; (Hist) [seigneur] valet; (péj Pol) lackey (péj) ◆ **premier valet de chambre du roi** king's first valet ◆ (Théât) **valet de comédie** manservant (part ou role) ◆ (Théât) **jouer les valets** to play servant parts ou roles

b (Cartes) jack, knave ◆ **valet de cœur** jack ou knave of hearts

c (cintre) **valet (de nuit)** valet

d (Tech) **valet (de menuisier)** (woodworker's) clamp

2 COMP ▹ **valet d'âtre** companion set ▹ **valet de chambre** manservant, valet ▹ **valet d'écurie** groom, stableboy, stable lad (Brit) ▹ **valet de ferme** farmhand ▹ **valet de pied** footman

valetaille [valtɑj] nf († ou péj) menials (pl), flunkeys† (pl)

valétudinaire [valetydinɛʀ] → SYN adj, nmf (littér) valetudinarian

valeur [valœʀ] → SYN nf **a** (prix) value, worth; (Fin) [devise, action] value, price ◆ (Écon) **valeur d'usage / d'échange** usage ou practical / exchange value ◆ (Comm) **valeur marchande** market value ◆ **valeur vénale** monetary value ◆ **vu la valeur de ces objets il faudra les faire assurer** in view of the value of these things they will have to be insured ◆ **quelle est la valeur de cet objet?** what is this object worth?, what is the value of this object? ◆ **prendre / perdre de la valeur** to go up / down in value, lose / gain in value ◆ **la valeur intrinsèque de qch** the intrinsic value ou worth of sth ◆ **fixer la valeur d'une devise** to fix the value ou price of a currency ◆ **quelle est la valeur de la livre en ce moment?** what is the pound worth ou what is the value of the pound at the moment? ◆ (jugement subjectif) **la livre / le franc / cette pièce n'a plus de valeur** the pound / franc / this coin is worthless ◆ **estimer la valeur d'un terrain / tableau à 80 000 F** to value a piece of land / a picture at 80,000 francs, put the value ou estimate the value of a piece of land / of a picture at 80,000 francs ◆ **ces tableaux sont de même valeur** ou **ont la même valeur** these pictures are of equal value ou have the same value ou are worth the same amount ◆ (Poste) **en valeur déclarée** value declared ◆ **valeur faciale** ou **nominale** face ou nominal value ◆ **valeur ajoutée** added value → **taxe**

b (Bourse: gén pl: titre) security ◆ (Bourse) **valeurs (boursières)** securities, stocks and shares; (Comm: effet) bill (of exchange) ◆ **valeurs (mobilières)** transferable securities ◆ (Comm) **valeur en compte** value in account ◆ **valeurs disponibles** liquid assets ◆ **valeurs de premier ordre** ou **de tout repos** ou **de père de famille** gilt-edged ou blue-chip securities ◆ **valeurs vedettes de la cote** leaders → **bourse, refuge**

c (qualité) [personne, auteur] worth, merit; [roman, tableau] value, merit; [science, théorie] value ◆ **un homme de (grande) valeur** a man of great personal worth ou merit ◆ **professeur / acteur de valeur** teacher / actor of considerable merit ◆ **la valeur de cette méthode / découverte reste à prouver** the value of this method / discovery is still to be proved ◆ **estimer** ou **juger qn / qch à sa (juste) valeur** to estimate ou judge sb / sth at his / its true value ou worth ◆ **son œuvre n'est pas sans valeur** his work is not without value ou merit ◆ **je doute de la valeur de cette méthode** I am doubtful as to the value ou merit(s) of this method ou as to how valuable this method is ◆ **ce meuble n'a qu'une valeur sentimentale** this piece of furniture has only sentimental value ◆ **accorder** ou **attacher de la valeur à qch** to value sth, place value on sth → **jugement**

d **valeurs (morales / intellectuelles)** (moral / intellectual) values ◆ **échelle** ou **hiérarchie des valeurs** scale of values ◆ **système de valeurs** value system

e (idée de mesure, de délimitation) [couleur, terme, carte à jouer] value; (Math) [fonction] value; (Mus) [note] value, length ◆ **la valeur affective / poétique d'un mot** the emotive / poetic value of a word ◆ (Math) **valeur absolue** absolute value ◆ **valeur relative / absolue d'un terme** relative / absolute value of a term ◆ **en valeur absolue / relative l'ouvrier américain gagne plus que son homologue français** in absolute / relative terms American workmen earn more than their French counterparts ◆ (Mus) **la valeur d'une blanche est deux noires** one minim (Brit) ou half note (US) is equivalent to ou equals ou is worth two crochets (Brit) ou quarter notes (US) ◆ **donnez-lui la valeur d'un verre à liqueur / d'une cuiller à café** give him the equivalent of a liqueur glass / a teaspoonful

f LOC bijou, meuble **de valeur** valuable, of value ◆ **objets de valeur** valuables, articles of value ◆ **sans valeur** objet valueless, worthless; témoignage invalid, valueless ◆ **mettre en valeur** bien, terrain to exploit; capitaux to exploit, turn to good account; détail, caractéristique to bring out, highlight; objet décoratif to set off, show (off) to advantage, highlight; personne to show to advantage ou in a flattering light ◆ **se mettre en valeur** to show o.s. off to advantage ◆ **ce chapeau te met en valeur** that hat (of yours) is very flattering ou becoming, that hat really suits you → **mise²**

valeureusement [valœʀøzmɑ̃] → SYN adv valorously

valeureux, -euse [valœʀø, øz] → SYN adj valorous

valgus [valgys] **1** adj valgus

2 nm ◆ **valgus du pied** talipes valgus

validation [validasjɔ̃] → SYN nf (→ **valider**) validation; authentication; ratification; stamping

valide [valid] → SYN adj **a** personne (non blessé ou handicapé) able, able-bodied; (en bonne santé) fit, well (attrib); membre good (épith) ◆ **la population valide** the able-bodied population ◆ **se sentir assez valide pour faire** to feel fit ou well enough to do, feel up to doing

b billet, carte d'identité valid

validement [validmɑ̃] adv (Jur) validly

valider [valide] → SYN ▸conjug 1◂ vt passeport, billet to validate; document to authenticate; décision to ratify ◆ **faire valider un bulletin** to get a coupon validated ou stamped

validité [validite] → SYN nf validity ◆ **durée de validité d'un billet** (period of) validity of a ticket

valine [valin] nf valine

valise [valiz] → SYN nf (suit)case, bag ◆ **faire sa valise / ses valises** to pack one's (suit)case / (suit)cases ou bags, pack ◆ (fig: partir) **faire ses valises** ou **sa valise** to pack one's bags, pack up and leave ◆ **la valise (diplomatique)** the diplomatic bag ou pouch (US) ◆ **avoir des valises sous les yeux*** to have bags ou pouches under one's eyes → **boucler**

Valkyrie [valkiʀi] nf Valkyrie, Walkyrie

vallée [vale] → SYN nf (Géog) valley ◆ **les gens de la vallée** the lowland people ◆ **vallée suspendue / glaciaire** hanging / U-shaped ou glaciated valley ◆ **vallée sèche** ou **morte** dry valley ◆ **la vallée de la Loire / du Nil** the Loire / Nile valley ◆ **la Vallée des Rois / Reines** the Valley of the Tombs of the Kings / Queens ◆ (fig littér) **la vie est une vallée de larmes** life is a vale ou valley of tears (littér)

vallisnérie [valisneʀi] nf tape grass, wild celery

vallon [valɔ̃] nm small valley

vallonné, e [valɔne] → SYN adj undulating, cut by valleys (attrib)

vallonnement [valɔnmɑ̃] → SYN nm undulation

valoche* [valɔʃ] nf case, bag

valoir [valwaʀ] → SYN ▸conjug 29◂ GRAMMAIRE ACTIVE 1.1, 2.2

1 vi **a** [propriété, bijou] **valoir (un certain prix / une certaine somme)** to be worth (a certain price / amount) ◆ **ça vaut combien?** how much is it (worth)? ◆ **valoir de l'argent** to be worth money ◆ **ça vaut bien 50 F** (estimation) it must be worth 50 francs; (jugement) it is well worth 50 francs ◆ **valoir cher / encore plus cher** to be worth a lot / still more ◆ **cette montre vaut-elle plus cher que l'autre? – elles se valent à peu près** is this watch worth more than the other one? – they are worth about the same (amount) → **pesant**

b (avoir certaines qualités) **que vaut cet auteur / cette pièce / le nouveau maire?** is this author / this play / the new mayor any good? ◆ **sa dernière pièce ne valait pas grand-chose** his last play wasn't particularly good, his last play wasn't up to much* (Brit) ◆ **ils ne valent pas mieux l'un que l'autre** there's nothing to choose between them, they are two of a kind, one's as bad as the other ◆ **leur fils ne vaut pas cher!** their son isn't much good, their son's a bit of a waster ou a bad egg* ◆ **tissu / marchandise qui ne vaut rien** material / article which is no good, rubbishy ou trashy material/article ◆ **prendre une chose pour ce qu'elle vaut** to take a thing for what it is ◆ **il a conscience de ce qu'il vaut** he is aware of his worth, he knows his (own) worth ou value, he knows what he's worth ◆ **ce climat ne vaut rien pour les rhumatismes** this climate is no good (at all) for rheumatism ◆ **l'inaction ne lui vaut rien** inactivity does not suit him ou isn't (any) good for him ou does nothing for him* ◆ **ça ne lui a rien valu** that didn't do him any good ◆ **votre argument ne vaut rien** your argument is worthless ◆ **cet outil ne vaut rien** this tool is useless ou no good ou no use

c (être valable) to hold, apply, be valid ◆ **ceci ne vaut que dans certains cas** this only holds ou applies ou is only valid in certain cases ◆ **la décision vaut pour tout le monde** the decision goes for ou applies to ou is applicable to everyone ◆ **cette pièce/cet auteur vaut surtout par son originalité** this play's/author's merit ou worth lies chiefly in its/his originality, the chief ou principal merit of this play/author lies in its/his originality → aussi **vaille que vaille**

d (équivaloir à) **la campagne vaut bien la mer** the countryside is just as good ou is every bit as good as the seaside ◆ (Mus) **une blanche vaut deux noires** one minim (Brit) ou half note (US) is equivalent to ou equals two crochets (Brit) ou quarter notes (US), one minim (Brit) ou half note (US) is worth (the same as) two crochets (Brit) ou quarter notes (US) ◆ **il vaut largement son frère** he is every bit as good as his brother ou quite the equal of his brother ◆ **ce nouveau médicament/traitement ne vaut pas le précédent** this new medicine/treatment is not as good as ou isn't up to* (Brit) ou isn't a patch on* (Brit) the previous one ◆ **tout cela ne vaut pas la mer/la liberté** this is all very well but it's not like the seaside/having one's freedom ou but give me the seaside/freedom any day! ◆ **rien ne vaut la mer** there's nothing like the sea, there's nothing to beat the sea ◆ **ces deux candidats/méthodes se valent** there's nothing to choose between these two applicants/methods, these two applicants/methods are of equal merit ou are much of a muchness* ◆ **cette méthode en vaut une autre** it's as good a method as any (other) ◆ (en mal) **ces deux frères se valent** these two brothers are two of a kind ou are both about as bad as each other ◆ **ça se vaut*** it's six of one and half a dozen of the other*, it's all one, it's all the same → **homme**

e (justifier) to be worth ◆ **Lyon vaut (bien) une visite/le déplacement/le voyage*** Lyons is (well) worth a visit/the journey ◆ **le musée valait le détour** the museum was worth the detour ◆ **cela vaut la peine** it's worth it, it's worth the trouble ◆ **le film vaut (la peine) d'être vu** ou **qu'on le voie** the film is worth seeing ◆ **cela valait la peine d'essayer** it was worth trying ou a try ou a go ◆ **ça vaut la peine qu'il y aille** it's worth it for him to go, it's worth his while going ◆ **cela ne vaut pas la peine d'en parler** (c'est trop mauvais) it's not worth wasting one's breath over, it's not worth talking about; (c'est insignifiant) it's hardly ou not worth mentioning

f (Comm) **à valoir** to be deducted ◆ **paiement/acompte à valoir sur ...** payment/deposit to be deducted from ... ◆ **j'ai 90 F à valoir** ou **j'ai un à valoir de 90 F dans ce grand magasin** I've 90 francs' credit at this store

g **faire valoir** domaine to exploit; titres, capitaux to exploit, turn to (good) account, invest profitably; droits to assert; fait, argument to emphasize; (mettre en vedette) caractéristique to highlight, bring out; personne to show off to advantage ◆ **je lui fis valoir que ...** I impressed upon him that ..., I pointed out to him that ... ◆ **se faire valoir** to push o.s. forward, get o.s. noticed ◆ **il ne sait pas se faire valoir** he doesn't know how to make sure he's noticed ou to show himself off to best advantage

h LOC **ça/il ne vaut pas tripette*** ou **un clou*** ou **un pet de lapin*** ou **un pet de coucou*** [machine, film, auteur] it's/he's a dead loss* ◆ **il ne vaut pas la corde pour le pendre** let's not waste a second on him – he's not worth it ◆ **ne faire/n'écrire rien qui vaille** to do/write nothing useful ou worthwhile ou of any use ◆ **cela ne me dit rien qui vaille** it doesn't appeal to me in the least ou slightest ◆ **ça vaut le coup** it's worth it ◆ **c'est un spectacle qui vaut le coup** it's a show worth seeing ◆ **ça ne vaut pas le coup de partir pour 2 jours*** it's not worth going (just) for 2 days ◆ **il vaut mieux refuser, mieux vaut refuser** it is better to refuse ◆ **il vaudrait mieux que vous refusiez** you had better refuse, you would do better ou best to refuse, you had best refuse ◆ **avertis-le, ça vaut mieux** I would tell him if I were you, it would be better if you told him ◆ **il vaut mieux le prévenir** we (ou you etc) had better tell him ◆ **mieux vaut trop de travail que pas assez** too much work is better than not enough ◆ **il vaut mieux entendre ça que d'être sourd !*** what a stupid thing to say! → **mieux, vaille que vaille**

2 vt ◆ (causer, coûter) **valoir qch à qn** to earn sb sth ◆ **ceci lui a valu des louanges/des reproches** this earned ou brought him praise/reproaches ou brought praise/reproaches upon him ◆ **les soucis/les ennuis que nous a valus cette affaire !** the worry/trouble that this business has cost ou brought us! ◆ **qu'est ce qui nous vaut l'honneur de cette visite ?** to what do we owe the honour of this visit? ◆ **l'incident lui a valu d'être accusé d'imprudence** the incident earned him the accusation of carelessness ◆ **un bon rhume, c'est tout ce que cela lui a valu de sortir sous la pluie** a bad cold is all he gained ou got for going out in the rain

Valois [valwa] nmpl ◆ **les Valois** the Valois

valorisant, e [valɔʀizɑ̃, ɑ̃t] adj status-enhancing (épith) ◆ **il est très attentionné avec moi, c'est très valorisant** he's very attentive with me, it makes me feel very worthwhile

valorisation [valɔʀizasjɔ̃] → SYN nf **a** [région] (economic) development; [produit] enhanced value; (Psych) self-actualization (spéc)
b [entreprise] valuation
c [déchets] recovering

valoriser [valɔʀize] → SYN ▸ conjug 1 ◂ **1** vt **a** (mettre en valeur) région to develop (the economy of); produit to enhance the value of; conduite, personne to increase the standing of, actualize (spéc)
b (évaluer, expertiser) to value
c (École) déchets to recover
2 **se valoriser** vpr [immeuble] to increase in value; [personne] to increase one's standing, self-actualize (spéc)

Valparaiso [valpaʀezo] n Valparaiso

valse [vals] → SYN nf **a** (danse, air) waltz ◆ **valse lente/viennoise** slow/Viennese waltz ◆ **valse musette** waltz *(to accordion accompaniment)* ◆ (Mus) **"La Valse de l'empereur"** "The Emperor Waltz"
b (fig: carrousel) musical chairs ◆ **la valse des étiquettes** constant price rises ◆ **la valse des ministres** ou **des portefeuilles** the ministerial musical chairs ◆ **valse-hésitation** pussyfooting* (NonC)

valser [valse] → SYN ▸ conjug 1 ◂ vi **a** (danser) to waltz
b (*: fig) **envoyer valser qch/qn** (en heurtant) to send sth/sb flying ◆ (renvoyer) **envoyer valser qn** to send sb packing* ◆ **il est allé valser contre le mur** he went flying against the wall ◆ **faire valser l'argent** to spend money like water, throw money around ◆ **faire valser les chiffres** to dazzle people with figures ◆ **faire valser les étiquettes** ou **les prix*** to jack up the prices ◆ **faire valser les ministres/les employés** to play musical chairs with ministerial/staff posts

valseur, -euse [valsœʀ, øz] **1** nm,f (Danse) waltzer
2 nm (**: postérieur) backside*, bum‡ (Brit)
3 **valseuses** fpl (‡: testicules) balls**

valvaire [valvɛʀ] adj valvular

valve [valv] nf (Bot, Élec, Tech, Zool) valve

valvé, e [valve] adj valvate

valvulaire [valvylɛʀ] adj (Anat, Méd) valvular

valvule [valvyl] nf (Anat, Tech) valve; (Bot) valvule ◆ **valvule mitrale** mitral valve

vamp [vɑ̃p] → SYN nf vamp

vamper* [vɑ̃pe] ▸ conjug 1 ◂ vt to vamp

vampire [vɑ̃piʀ] → SYN nm **a** (fantôme) vampire
b (fig) (†: criminel) vampire; (escroc, requin) vulture, vampire, bloodsucker
c (Zool) vampire bat

vampirique [vɑ̃piʀik] adj vampiric

vampiriser [vɑ̃piʀize] ▸ conjug 1 ◂ vt (lit) to suck the blood of; (fig) to suck the lifeblood out of

vampirisme [vɑ̃piʀism] → SYN nm (Psych, fig: rapacité) vampirism

van¹ [vɑ̃] → SYN nm (panier) winnowing basket

van² [vɑ̃] → SYN nm (véhicule) horse-box (Brit), horse trailer (US)

vanadinite [vanadinit] nf vanadinite

vanadique [vanadik] adj vanadic

vanadium [vanadjɔm] nm vanadium

Vancouver [vɑ̃kuvɛʀ] n Vancouver ◆ **île de Vancouver** Vancouver Island

vanda [vɑ̃da] nf vanda

vandale [vɑ̃dal] → SYN **1** nmf vandal; (Hist) Vandal
2 adj vandal (épith); (Hist) Vandalic

vandaliser [vɑ̃dalize] ▸ conjug 1 ◂ vt to vandalize

vandalisme [vɑ̃dalism] → SYN nm vandalism

vandoise [vɑ̃dwaz] nf dace, chub

vanesse [vanɛs] → SYN nf vanessa

vanille [vanij] nf (Bot, Culin) vanilla ◆ **crème/glace à la vanille** vanilla cream/ice cream

vanillé, e [vanije] adj sucre, thé vanilla (épith); parfum vanilla-scented

vanillier [vanije] nm vanilla plant

vanilline [vanilin] nf vanillin

vanilliné, e [vaniline] adj sucre vanilla-flavoured

vanillon [vanijɔ̃] nm vanillon

vanité [vanite] → SYN nf **a** (amour-propre) vanity, conceit; (frivolité) shallowness, superficiality ◆ **il avait des petites vanités d'artiste** he had the little conceits of an artist ◆ **je le dis sans vanité** I say it without bragging ◆ **tirer vanité de** to pride o.s. on ◆ **flatter/blesser qn dans sa vanité** to flatter/wound sb's pride
b (littér: futilité: → **vain**) emptiness; hollowness; vanity; shallowness, superficiality; futility, fruitlessness; uselessness, idleness

vaniteusement [vanitøzmɑ̃] adv vainly, conceitedly

vaniteux, -euse [vanitø, øz] → SYN **1** adj vain, conceited
2 nm,f vain ou conceited person

vanity-case, pl **vanity-cases** [vanitikɛz] nm vanity case

vannage [vanaʒ] nm (Agr) winnowing

vanne [van] → SYN nf **a** [écluse] (lock) gate, sluice (gate); [barrage, digue] floodgate, (sluice) gate; [moulin] (weir) hatch; [canalisation] gate ◆ (Aut) **vanne thermostatique** thermostat ◆ (fig) **ouvrir les vannes** to turn on the waterworks*
b (*: remarque) dig*, jibe ◆ **envoyer une vanne à qn** to have a dig at sb*, jibe at sb

vanneau, pl **vanneaux** [vano] nm peewit, lapwing

vannelle [vanɛl] nf [écluse] paddle

vanner [vane] → SYN ▸ conjug 1 ◂ vt **a** (Agr) to winnow
b (‡: fatiguer) to fag out* (Brit), do in*, knacker‡ (Brit) ◆ **je suis vanné** I'm dead-beat* ou fagged out* (Brit) ou knackered‡ (Brit)

vannerie [vanʀi] → SYN nf (métier) basketry, basketwork; (objets) wickerwork, basketwork

vanneur, -euse [vanœʀ, øz] nm,f winnower

vannier [vanje] nm basket maker, basket worker

vantail, pl **-aux** [vɑ̃taj, o] → SYN nm [porte] leaf; [armoire] door ◆ **porte à double vantail** ou **à (deux) vantaux** Dutch door

vantard, e [vɑ̃taʀ, aʀd] [→ SYN] [1] adj boastful, bragging (épith), boasting (épith)
[2] nm,f braggart, boaster

vantardise [vɑ̃taʀdiz] [→ SYN] nf (caractère) boastfulness; (propos) boast, boasting (NonC), bragging (NonC)

vanter [vɑ̃te] [→ SYN] ▸ conjug 1 ◂ [1] vt (recommander, préconiser) auteur, endroit to speak highly of, speak in praise of; qualités to vaunt (frm), praise, speak highly of, speak in praise of; méthode, avantages, marchandises to vaunt; (frm: louer) personne, qualités to extol (frm), laud (frm), sing the praises of ◆ **film dont on vante les mérites** much-praised film
[2] **se vanter** vpr a (fanfaronner) to boast, brag ◆ **sans (vouloir) me vanter** without wishing to blow my own trumpet, without false modesty, without wishing to boast ou brag
b (se targuer) **se vanter de** to pride o.s. on ◆ **se vanter d'avoir fait qch** to pride o.s. on having done sth ◆ **il se vante de (pouvoir) faire ...** he boasts he can ou will do ... ◆ (iro) **il ne s'en est pas vanté** he kept quiet about it ◆ **il n'y a pas de quoi se vanter** there's nothing to be proud of ou to boast about ◆ **et il s'en vante!** and he's proud of it!

Vanuatu [vanwatu] n Vanuatu

va-nu-pieds [vanypje] [→ SYN] nmf inv (péj) tramp, beggar

vapes‡ [vap] nfpl ◆ **tomber dans les vapes** to fall into a dead faint, pass out ◆ **être dans les vapes** (distrait) to have one's head in the clouds; (évanoui) to be out for the count* ou out cold*; (drogué, après un choc) to be woozy* ou in a daze

vapeur [vapœʀ] [→ SYN] [1] nf a (littér: brouillard) haze (NonC), vapour (NonC)
b **vapeur (d'eau)** steam, (water) vapour ◆ **vapeur atmosphérique** atmospheric vapour ◆ (Tech) **à vapeur** steam (épith) ◆ **bateau à vapeur** steamship, steamer ◆ **repassage à la vapeur** steam-ironing ◆ (Culin) **(cuit à la) vapeur** steamed
c (émanation: Chim, Phys) vapour ◆ (nocives) **vapeurs** fumes ◆ **vapeurs d'essence** petrol (Brit) ou gasoline (US) fumes ◆ **vapeur saturante** saturated vapour ◆ **vapeur sèche** dry steam
d (†: gén pl: malaises) **vapeurs** vapours† ◆ **avoir ses vapeurs** (bouffées de chaleur) to have hot flushes; (†: malaise) to have the vapours†
e (gén pl: griserie) **les vapeurs de l'ivresse / de la gloire** the heady fumes of intoxication / of glory
f LOC **aller à toute vapeur** [navire] to sail full steam ahead; (*: fig) to go at full speed, go full steam ahead (fig) ◆ **renverser la vapeur** (lit) to reverse engines; (fig) to go into reverse
[2] nm (bateau) steamship, steamer

vapocraquage [vapokʀakaʒ] nm steam reforming

vapocraqueur [vapɔkʀakœʀ] nm steam reformer

vaporeusement [vapɔʀøzmɑ̃] adv vaporously

vaporeux, -euse [vapɔʀø, øz] [→ SYN] adj tissu, robe filmy, gossamer (épith, littér), diaphanous; (littér) lumière, atmosphère hazy, misty, vaporous; nuage, cheveux gossamer (épith, littér) ◆ (Art) **lointain vaporeux** sfumato background

vaporisage [vapɔʀizaʒ] nm (Tex) steaming

vaporisateur [vapɔʀizatœʀ] [→ SYN] nm (à parfum) spray, atomizer; (Agr) spray; (Tech) vaporizer

vaporisation [vapɔʀizasjɔ̃] [→ SYN] nf (→ **vaporiser**) spraying; vaporization

vaporiser [vapɔʀize] [→ SYN] ▸ conjug 1 ◂ [1] vt a parfum, insecticide, surface to spray
b (Phys) to vaporize, turn to vapour
[2] **se vaporiser** vpr (Phys) to vaporize

vaquer [vake] [→ SYN] ▸ conjug 1 ◂ [1] **vaquer à** vt indir (s'occuper de) to attend to, see to ◆ **vaquer à ses occupations** to attend to one's affairs, go about one's business
[2] vi a (†: être vacant) to stand ou be vacant
b (Admin: être en vacances) to be on vacation

var [vaʀ] nm var

varan [vaʀɑ̃] [→ SYN] nm varanus

varangue[1] [vaʀɑ̃g] nf (Naut) floor plate

varangue[2] [vaʀɑ̃g] nf [maison] veranda(h)

varappe [vaʀap] nf (sport) rock-climbing; (ascension) (rock) climb ◆ **faire de la varappe** to go rock-climbing

varapper [vaʀape] ▸ conjug 1 ◂ vi to rock-climb

varappeur [vaʀapœʀ] nm (rock-)climber, cragsman

varappeuse [vaʀapøz] nf (rock-)climber

varech [vaʀɛk] [→ SYN] nm wrack, kelp, varec

vareuse [vaʀøz] [→ SYN] nf [pêcheur, marin] pea jacket; (d'uniforme) tunic; (de ville) jacket

varia [vaʀja] nmpl varia

variabilité [vaʀjabilite] [→ SYN] nf a [temps, humeur] changeableness, variableness
b (Math, Sci) variability

variable [vaʀjabl] [→ SYN] [1] adj a (incertain) temps variable, changeable, unsettled; humeur changeable, variable; (Mét) vent variable ◆ **le baromètre est au variable** the barometer is at ou reads "change" ◆ **le temps est au variable** the weather is variable ou changeable ou unsettled
b (susceptible de changements) montant, allocation, part variable; dimensions, modalités, formes adaptable, variable; (Math, Sci) grandeur, quantité, facteur variable; (Ling) forme, mot inflectional, inflected (épith) ◆ (Fin) **à revenu variable** variable yield (épith) ◆ **la récolte est variable: parfois bonne, parfois maigre** the harvest is variable ou varies: sometimes good, sometimes poor ◆ **mot variable en genre** word that is inflected ou marked for gender → **foyer, géométrie**
c (au pl: varié) résultats, réactions varied, various, varying (épith) ◆ **les réactions sont très variables: certains sont pour, d'autres sont contre** reactions are very varied ou vary greatly: some are for and others are against
[2] nf (Chim, Ling, Math, Phys, Statistique) variable ◆ **variable aléatoire / continue / discrète** random / continuous / discrete variable ◆ (Ordin) **variable entière / numérique** integer / numeric variable

variance [vaʀjɑ̃s] nf (Sci) variance

variante [vaʀjɑ̃t] [→ SYN] nf (gén) variant (*de* of), variation (*de* on); (Ling, Littérat) variant (*de* of) ◆ **variante (d'itinéraire)** alternative route

variateur [vaʀjatœʀ] nm ◆ **variateur de vitesse** speed variator ◆ **variateur (de lumière)** dimmer

variation [vaʀjasjɔ̃] [→ SYN] nf a (action: → **varier**) variation, varying; change, changing
b (écart, changement, Sci) variation (*de* in); (transformation) change (*de* in) ◆ **les variations de la température** the variations in (the) temperature, the temperature variations ◆ **les variations du mode de vie au cours des siècles** the changes in life-style through the centuries ◆ **les variations orthographiques / phonétiques au cours des siècles / selon les régions** spelling / phonetic variations ou variants throughout the centuries / from region to region ◆ (Écon) **corrigé des variations saisonnières** seasonally adjusted
c (Mus) variation ◆ (fig hum) **variations sur un thème connu** variations on the same old theme ou on a well-worn theme

varice [vaʀis] nf (Méd) varicose vein, varix (spéc) ◆ **bas à varices** support stockings

varicelle [vaʀisɛl] nf chickenpox, varicella (spéc)

varicocèle [vaʀikɔsɛl] nf varicocele

varié, e [vaʀje] [→ SYN] (ptp de **varier**) adj a (non monotone) style, existence, paysage varied, varying (épith); programme, menu (qu'on change souvent) varying (épith); (diversifié) varied ◆ **un travail très varié** a very varied job ◆ (Mil) **en terrain varié** on irregular terrain ◆ (Mus) **air varié** theme with ou and variations → **musique**
b (littér: non uni) tissu, couleur variegated
c (divers) résultats various, varying (épith), varied; produits, sujets, objets various ◆ **hors-d'œuvre variés** selection of hors d'œuvres, hors d'œuvres variés ◆ **ayant recours à des arguments variés** having recourse to various arguments ◆ **on rencontre les opinions les plus variées** you come across the most varied ou diverse opinions on the subject

varier [vaʀje] [→ SYN] ▸ conjug 7 ◂ [1] vi a (changer) to vary, change ◆ (Math) **faire varier une fonction** to vary a function → **souvent**
b (différer, présenter divers aspects ou degrés, Sci) to vary; (Ling) [mot, forme] to be inflected ◆ **les professeurs varient souvent dans leurs opinions au sujet de ...** teachers' opinions often vary on the subject of ... ◆ **elle n'a jamais varié sur ce point** she has never changed her opinion on that ◆ **ce mot varie en genre et en nombre** this word inflects in gender and number
[2] vt a style, vie (changer) to vary; (rendre moins monotone) to vary, lend ou give variety to ◆ (iro) **pour varier les plaisirs** just for a pleasant change (iro) ◆ **ils ne font que varier la sauce*** they only dress it up differently, they just make it look different ◆ **elle variait souvent sa coiffure / le menu** she often varied ou changed her hair style / the menu ou rang the changes on her hair style / the menu
b problèmes, thèmes, produits to vary, diversify

variétal, e, mpl **-aux** [vaʀjetal, o] adj varietal

variété [vaʀjete] [→ SYN] nf a (caractère: → **varié**) variety, diversity ◆ **étonné par la grande variété des produits / opinions** surprised at the great variety ou diversity ou the wide range of products / opinions ◆ **aimer la variété** to like variety ◆ **variété des langues** language variety
b (type, espèce) variety; (aspect, forme) variety, type ◆ **il cultive exclusivement cette variété de rose** he cultivates exclusively this variety of rose ◆ **on y rencontrait toutes les variétés de criminels / de costumes** there you could find every possible variety ou type of criminal / costume
c **variétés** (Littérat) miscellanies; (Music hall) variety show; (Rad, TV: musique) light music (NonC) ◆ **émission / spectacle / théâtre de variétés** variety programme / show / hall

variole [vaʀjɔl] [→ SYN] nf smallpox, variola (spéc)

variolé, e [vaʀjɔle] adj pockmarked

varioleux, -euse [vaʀjɔlø, øz] [1] adj suffering from smallpox, variolous (spéc)
[2] nm (gén pl) smallpox case, patient suffering from smallpox

variolique [vaʀjɔlik] adj smallpox (épith), variolous (spéc)

variomètre [vaʀjɔmɛtʀ] nm variometer

variqueux, -euse [vaʀikø, øz] adj ulcère varicose

varlope [vaʀlɔp] nf trying-plane

varloper [vaʀlɔpe] ▸ conjug 1 ◂ vt to plane (down)

Varsovie [vaʀsɔvi] n Warsaw ◆ **le pacte de Varsovie** the Warsaw Pact

Varuna [vaʀuna] nm Varuna

varus [vaʀys] [1] adj varus
[2] nm talipes varus

varve [vaʀv] nf varve

vasculaire [vaskylɛʀ] adj (Anat, Bot) vascular ◆ **système vasculaire sanguin** blood-vascular system

vascularisation [vaskylaʀizasjɔ̃] nf (processus) vascularization; (réseau) vascularity

vascularisé, e [vaskylaʀize] adj vascular

vase[1] [vɑz] [→ SYN] [1] nm (à fleurs, décoratif) vase, bowl ◆ (fig) **en vase clos** vivre, croître in isolation, cut off from the world, in seclusion; étudier, discuter behind closed doors, in seclusion ◆ (Horticulture) **taillé en vase** cut in the shape of a vase, vase-shaped → **goutte**
[2] COMP ▷ **vases communicants** communicating vessels ▷ **vase d'expansion** (Aut) expansion bottle ou tank ▷ **le vase de Mariotte** Mariotte's bottle ou flask ▷ **vase de nuit** chamber(pot) ▷ **vases sacrés** (Rel) sacred vessels

vase[2] [vɑz] ⇒ SYN nf silt, mud, sludge *(on riverbed)*

vasectomie [vazɛktɔmi] nf vasectomy

vaseline [vaz(ə)lin] ⇒ SYN nf Vaseline®, petroleum jelly

vaseliner [vaz(ə)line] ▸conjug 1◂ vt to put Vaseline® ou petroleum jelly on

vaseux, -euse [vazø, øz] ⇒ SYN adj **a** (*) (fatigué, drogué) woozy*, in a daze*; (confus) raisonnement woolly*, hazy, muddled
b (boueux) silty, muddy, sludgy
c (médiocre) astuce, plaisanterie pathetic*, lousy‡

vasière [vɑzjɛʀ] nf [marais salant] tidal reservoir

vasistas [vazistɑs] ⇒ SYN nm [porte] (opening) window, fanlight; [fenêtre] fanlight

vaso(-)constricteur, pl **vaso(-)constricteurs** [vazoykɔ̃stʀiktœʀ] **1** adj m vasoconstrictor (épith)
2 nm vasoconstrictor

vaso(-)constriction [vazokɔ̃stʀiksjɔ̃] nf vasoconstriction

vaso(-)dilatateur, pl **vaso(-)dilatateurs** [vazodilatatœʀ] **1** adj m vasodilator (épith)
2 nm vasodilator

vaso(-)dilatation [vazodilatasjɔ̃] nf vasodil(at)ation

vaso(-)moteur, -trice [vazomɔtœʀ, tʀis] adj vasomotor (épith)

vasopressine [vazopʀesin] nf vasopressin, antidiuretic hormone, ADH

vasouillard, e* [vazujaʀ, aʀd] adj personne woozy*, in a daze; explication, raisonnement woolly*, hazy, muddled

vasouiller* [vazuje] ▸conjug 1◂ vi [personne] to flounder, struggle, fumble about; [opération, affaire] to struggle along, limp along; [argument, article] to go haywire*

vasque [vask] ⇒ SYN nf (bassin, lavabo) basin; (coupe) bowl

vassal, e, mpl **-aux** [vasal, o] ⇒ SYN nm,f (Hist, fig) vassal

vassalité [vasalite] ⇒ SYN nf, **vasselage** [vaslaʒ] nm (Hist, fig) vassalage

vaste [vast] ⇒ SYN adj **a** surface, édifice, salle vast, immense, enormous, huge; vêtement huge, enormous; organisation, groupement vast, huge ◆ **à la tête d'un vaste empire industriel** at the head of a vast ou huge industrial empire ◆ **de par le vaste monde** throughout the whole wide world
b (fig) connaissances, érudition, ambitions vast, immense, enormous, far-reaching; génie, culture immense, enormous; domaine, sujet wide(-ranging), huge, vast; problème wide-ranging, far-reaching ◆ **un homme d'une vaste culture** a man of immense or enormous culture, a highly cultured man ◆ **ce sujet est trop vaste** this subject is far too wide(-ranging) ou vast
c (*: intensif) **c'est une vaste rigolade** ou **plaisanterie** ou **fumisterie** it's a huge ou an enormous joke ou hoax ou farce

vastitude [vastityd] ⇒ SYN nf (littér) vastness

va-t-en-guerre [vatɑ̃gɛʀ] nm inv warmonger

Vatican [vatikɑ̃] nm ◆ **le Vatican** the Vatican

Vaticane [vatikan] adj f ◆ **la (bibliothèque) Vaticane** the Vatican Library

vaticinateur, -trice [vatisinatœʀ, tʀis] ⇒ SYN nm,f (littér) vaticinator (frm, littér)

vaticination [vatisinasjɔ̃] ⇒ SYN nf (littér) vaticination (frm, littér) ◆ (péj) **vaticinations** pompous predictions ou prophecies

vaticiner [vatisine] ⇒ SYN ▸conjug 1◂ vi (littér: prophétiser) to vaticinate (frm, littér); (péj) to make pompous predictions ou prophecies

va-tout [vatu] nm ◆ **jouer son va-tout** to stake ou risk one's all

vauchérie [voʃeʀi] nf vaucheria

Vaud [vo] nm ◆ **le canton de Vaud** the canton of Vaud

vaudeville [vod(ə)vil] ⇒ SYN nm vaudeville, light comedy ◆ (fig) **ça tourne au vaudeville** it's turning into a farce

vaudevillesque [vod(ə)vilɛsk] adj vaudeville (épith); (fig) farcical

vaudevilliste [vod(ə)vilist] nm writer of vaudeville

vaudois, e [vodwa, waz] **1** adj (Hist) Waldensian; (Géog) Vaudois, of ou from the canton of Vaud
2 nm,f (Hist) Waldensian ◆ (Géog) **Vaudois(e)** Vaudois

vaudou [vodu] **1** nm ◆ **le (culte du) vaudou** voodoo
2 adj inv voodoo (épith)

vau-l'eau [volo] adv ◆ **à vau-l'eau** (lit) with the stream ou current ◆ (fig) **aller** ou **s'en aller à vau-l'eau** to be on the road to ruin, go to the dogs* ◆ **voilà tous mes projets à vau-l'eau!** there are all my plans in ruins! ou down the drain!* ou gone for a burton!* (Brit)

vaurien, -ienne [voʀjɛ̃, jɛn] ⇒ SYN **1** nm,f (voyou) good-for-nothing; (garnement) little devil* ◆ **petit vaurien!** little devil!*
2 nm (Naut) small yacht ou sailing boat

vaut [vo] → **valoir**

vautour [votuʀ] ⇒ SYN nm (Zool, fig) vulture

vautrait [votʀɛ] ⇒ SYN nm pack of hounds *(for wild boar hunting)*

vautrer (se) [votʀe] ⇒ SYN ▸conjug 1◂ vpr ◆ **se vautrer dans** boue, (fig) vice, obscénité, oisiveté to wallow in; fauteuil to loll ou slouch in ◆ **se vautrer sur** tapis, canapé to sprawl on ◆ **vautré à plat ventre** ou **par terre** sprawling ou sprawled (flat) on the ground ◆ **vautré dans l'herbe / sur le tapis** sprawling ou sprawled in the grass / on the carpet ◆ (fig littér) **se vautrer dans la fange** to wallow in the mire

vauvert [vovɛʀ] → **diable**

vaux [vo] nmpl → **val**

vavasseur [vavasœʀ] nm vavas(s)or, vavasour

va-vite* [vavit] adv ◆ **à la va-vite** in a rush ou hurry ◆ **faire qch à la va-vite** to rush sth, do sth in a rush ou hurry

VDQS (abrév de **vin délimité de qualité supérieure**) *label guaranteeing quality of wine*

veau, pl **veaux** [vo] ⇒ SYN nm **a** (Zool) calf ◆ **veau marin** seal ◆ (Bible) **le Veau d'or** the golden calf ◆ **adorer le Veau d'or** to worship Mammon ◆ **tuer le veau gras** to kill the fatted calf → **crier, pleurer**
b (Culin) veal ◆ **escalope / côte / paupiettes de veau** veal escalope / chop / olives ◆ **foie / pied / tête de veau** calf's liver / foot / head ◆ **rôti de veau** roast veal ◆ **veau marengo** veal marengo → **blanquette, ris**[1]
c (cuir) calfskin
d (*: péj) (personne) sheep; (cheval) nag (péj); (automobile) tank* (péj)

vécés* [vese] nmpl ◆ **les vécés** the toilet, the restroom (US)

vecteur [vɛktœʀ] ⇒ SYN **1** adj m ◆ (Astron, Géom) **rayon vecteur** radius vector
2 nm (Math) vector; (Mil: véhicule) carrier; (Bio: d'un virus) carrier, vector (spéc); (fig) vehicle, medium ◆ (Math) **vecteur glissant** sliding vector

vectoriel, -elle [vɛktɔʀjɛl] adj (Math) vectorial, vector (épith) ◆ **calcul vectoriel** vector ou vectorial analysis

vécu, e [veky] (ptp de **vivre**) **1** adj histoire, aventure real(-life) (épith), true(-life) (épith); roman real-life (épith), based on fact (attrib); (Philos) temps, durée lived
2 nm ◆ (Philos) **le vécu** that which has been lived ◆ **ce que le lecteur veut, c'est du vécu** what the reader wants is real-life ou actual experience

Véda [veda] nm Veda

vedettariat [vədetaʀja] nm (état) stardom; (vedettes) stars (pl) ◆ **détester le vedettariat politique** to hate the way politicians try to achieve stardom ou the way politicians behave like stars

vedette [vədɛt] ⇒ SYN nf **a** (artiste, fig: personnage en vue) star ◆ **les vedettes de l'écran / du cinéma** screen / film stars ◆ **une vedette de la diplomatie / de la politique** a leading light ou figure in diplomacy / politics ◆ **joueur vedette** star ou top player ◆ **mannequin vedette** top model ◆ (fig) **produit-vedette** leading product, flagship (fig) ◆ **station-vedette** leading station ◆ [dictionnaire] **(mot) vedette** headword, entry word (US)
b (Ciné, Théât: première place) **avoir la vedette** to top the bill, have star billing ◆ (fig) **avoir** ou **tenir la vedette (de l'actualité)** to be in the spotlight, make the headlines ◆ (fig) **pendant toute la soirée il a eu la vedette** he was in the limelight ou was the centre of attraction all evening ◆ **partager la vedette avec qn** (Théât) to share star billing with sb, top the bill alongside sb; (fig) to share the limelight with sb ◆ **mettre qn en vedette** (Ciné) to give sb star billing; (fig) to push sb into the limelight, put the spotlight on sb ◆ (fig) **ravir la vedette** to steal the show (*à qn* from sb) ◆ **en vedette américaine** as a special guest star ◆ (fig) **jouer les vedettes*** to act like a star
c (embarcation) launch; (Mil) patrol boat; (munie de canons) gun boat ◆ **vedette lance-torpilles** motor torpedo boat ◆ **vedette lance-missiles** missile-carrying launch
d (Mil ††: guetteur) sentinel
e (Fin) **vedettes de la cote** leaders

vedettisation [vədɛtizasjɔ̃] nf ◆ **la vedettisation de qn** pushing sb into the limelight, putting the spotlight on sb

védique [vedik] adj, nm Vedic

védisme [vedism] nm Vedaism

Véga [vega] nf Vega

végétal, e, mpl **-aux** [veʒetal, o] ⇒ SYN **1** adj graisses, teintures, huiles vegetable (épith); biologie, histologie, fibres, cellules plant (épith); sol rich in humus; ornementation plant-like → **règne**
2 nm vegetable, plant

végétalien, -ienne [veʒetaljɛ̃, jɛn] ⇒ SYN adj, nm,f vegan

végétalisme [veʒetalism] nm veganism

végétarien, -ienne [veʒetaʀjɛ̃, jɛn] adj, nm,f vegetarian

végétarisme [veʒetaʀism] nm vegetarianism

végétatif, -ive [veʒetatif, iv] ⇒ SYN adj **a** (Bot, Physiol) vegetative
b (fig péj) vegetative, vegetable (épith)

végétation [veʒetasjɔ̃] ⇒ SYN nf **a** (Bot) vegetation
b (Méd) **végétations (adénoïdes)** adenoids ◆ **se faire opérer des végétations** to have one's adenoids removed ou out*

végéter [veʒete] ⇒ SYN ▸conjug 6◂ vi **a** (péj) [personne] to vegetate; [affaire] to stagnate
b (Agr) (être chétif) to grow poorly, be stunted; (†: pousser) to grow, vegetate

véhémence [veemɑ̃s] ⇒ SYN nf (littér) vehemence ◆ **protester avec véhémence** to protest vehemently

véhément, e [veemɑ̃, ɑ̃t] ⇒ SYN adj (littér) vehement ◆ **d'un ton véhément** vehemently

véhémentement [veemɑ̃tmɑ̃] adv (littér) vehemently

véhiculaire [veikylɛʀ] adj ◆ (Ling) **langue véhiculaire** lingua franca, common language

véhicule [veikyl] ⇒ SYN nm **a** (moyen de transport, agent de transmission) vehicle ◆ **véhicule automobile / utilitaire / industriel** motor / commercial / industrial vehicle ◆ **véhicule spatial** spacecraft ◆ **véhicule tout terrain** all-purpose ou all-roads vehicle
b (fig) vehicle, medium ◆ **le langage est le véhicule de la pensée** language is the vehicle ou medium of thought
c (Rel) **petit / grand véhicule** Hinayana / Mahayana Buddhism
d (Pharm) vehicle

véhiculer [veikyle] ⇒ SYN ▸conjug 1◂ vt marchandises, troupes to convey, transport; (fig) substance, idées to convey, serve as a vehicle for

veille [vɛj] ⇒ SYN nf **a** (état) wakefulness; (période) period of wakefulness ◆ **en état de veille** in a waking state, awake ◆ **entre la veille et le sommeil** between waking and sleeping ◆ **faire de la veille technologique** to monitor technological development
b (garde) (night) watch ◆ **homme de veille** (night) watch ◆ **prendre la veille** to take one's turn on watch

c (jour précédent) **la veille** the day before ♦ **la veille au soir** the previous evening, the night ou evening before ♦ **la veille de Pâques / de cet examen** the day before Easter / that exam ♦ **la veille de Noël / du jour de l'an** Christmas / New Year's Eve ♦ **la veille de sa mort** on the eve of his death, on the day before his death → **demain**

d (fig) **à la veille de** guerre, révolution on the eve of ♦ **être à la veille de commettre une grave injustice / une grosse erreur** to be on the brink ou verge of committing a grave injustice / of making a big mistake ♦ **ils étaient à la veille d'être renvoyés / de manquer de vivres** they were on the point of being dismissed / of running out of supplies

veillée [veje] → SYN nf a (période) evening *(spent in company)*; (réunion) evening gathering ou meeting ♦ **passer la veillée à jouer aux cartes** to spend the evening playing cards ♦ **il se souvient de ces veillées d'hiver** he remembers those winter evening gatherings ♦ **veillée d'armes** (Hist) knightly vigil; (fig) night before combat (fig)

b **veillée (funèbre)** wake

veiller [veje] → SYN ▸ conjug 1 ◂ 1 vi a (ne pas se coucher) to stay up, sit up ♦ **veiller au chevet d'un malade** to sit up at the bedside of a sick person ♦ **veiller auprès du mort** to keep watch over the body

b (être de garde) to be on watch; (rester vigilant) to be watchful, be vigilant

c (être en état de veille) to be awake

d (faire la veillée) to spend the evening in company

2 vt mort, malade to watch over, sit up with ♦ (fig: obscurité) **on veille les morts ici!** it's pitch dark in here

3 vt indir a **veiller à** intérêts, approvisionnement to attend to, see to, look after; bon fonctionnement, bonne marche de qch to attend to, see to ♦ **veiller au bon fonctionnement d'une machine** to see to it that a machine is working properly, attend ou see to the proper working of a machine ♦ **veiller à ce que ...** to see to it that ..., make sure that ... ♦ **veillez à ce que tout soit prêt** make sure that ou ensure that everything is ready ♦ (fig) **veiller au grain** to keep an eye open for trouble ou problems, look out for squalls (fig)

b (surveiller) **veiller sur** personne, santé, bonheur de qn to watch over, keep a watchful eye on

veilleur [vɛjœʀ] → SYN nm a **veilleur (de nuit)** (night) watchman

b (Mil) look-out

veilleuse [vɛjøz] → SYN nf a (lampe) night light; (Aut) sidelight ♦ **mettre en veilleuse** lampe to dim; projet to shelve ♦ (Aut) **se mettre en veilleuse** to put one's sidelights on ♦ **mets-la en veilleuse!**⁑ cool it!⁑

b (flamme) pilot light

veinard, e* [vɛnaʀ, aʀd] → SYN 1 adj lucky, jammy⁑ (Brit)

2 nm,f lucky devil* ou dog*, jammy so-and-so⁑ (Brit)

veine [vɛn] → SYN nf a (Anat) vein ♦ **veine coronaire / pulmonaire** coronary / pulmonary vein ♦ **veine cave** vena cava ♦ **veine porte** portal vein ♦ (fig) **avoir du feu dans les veines** to have fire in one's veins → **ouvrir, saigner, sang**

b (nervure) vein; (filon) [houille] seam, vein; [minerai non ferreux] vein; [minerai de fer] lode, vein

c (fig: inspiration) inspiration ♦ **veine poétique / dramatique** poetic / dramatic inspiration ♦ **sa veine est tarie** his inspiration has dried up ♦ **de la même veine** in the same vein ♦ **être en veine** to be inspired, have a fit of inspiration ♦ **être en veine de patience / bonté / confidences** to be in a patient / benevolent / confiding mood ou frame of mind

d (*: chance) luck ♦ **c'est une veine** that's a bit of luck, what a bit of luck ♦ **un coup de veine** a stroke of luck ♦ **pas de veine!** hard ou bad ou rotten* luck! ♦ **avoir de la veine** to be lucky ♦ **il n'a pas de veine** (dans la vie) he has no luck; (aujourd'hui) he's out of luck ♦ **ce type a de la veine** that fellow's a lucky devil* ou dog* ♦ **avoir une veine de cocu**⁑ ou **pendu*** to have the luck of the devil* ♦ **il a eu de la veine aux examens** he was lucky ou in luck at the exams, his luck was in at the exams ♦ **il n'a pas eu de veine aux examens** he was unlucky in the exams, his luck was out at the exams ♦ (iro) **c'est bien ma veine** that's just my (rotten*) luck

veiné, e [vene] → SYN (ptp de **veiner**) adj a bras, peau veined, veiny ♦ **bras à la peau veinée** arm with the veins apparent on the skin

b (fig) bois grained; marbre veined ♦ **marbre veiné de vert** marble with green veins, green-veined marble

veiner [vene] ▸ conjug 1 ◂ vt (pour donner l'aspect du bois) to grain; (pour donner l'aspect du marbre) to vein ♦ **les stries qui veinent une dalle de marbre** the streaks veining the surface of a marble slab ♦ **les nervures qui veinent une feuille** the veins that appear on the surface of a leaf

veineux, -euse [vɛnø, øz] adj a système, sang venous

b bois grainy; marbre veined

veinule [venyl] nf (Anat) veinlet, venule (spéc); (Bot) venule

veinure [venyʀ] nf (→ **veiner**) graining; veining ♦ **admirant la veinure du marbre** admiring the veins ou veining of the marble

vêlage [vɛlaʒ] nm (Géog, Zool) calving

vélaire [velɛʀ] adj, nf ♦ **(consonne / voyelle) vélaire** velar (consonant / vowel)

vélani [velani] nm valonia oak

vélar [velaʀ] nm hedge mustard

vélarisation [velaʀizasjɔ̃] nf velarization

vélariser [velaʀize] ▸ conjug 1 ◂ vt to velarize

velarium, vélarium [velaʀjɔm] nm velarium

velche [vɛlʃ] nmf (Helv) French-speaking Swiss

Velcro ® [vɛlkʀo] nm Velcro ®

veld(t) [vɛlt] nm veld(t)

vêlement [vɛlmɑ̃] nm ⇒ **vêlage**

vêler [vele] ▸ conjug 1 ◂ vi to calve

vélie [veli] nf water cricket

vélin [velɛ̃] nm (peau) vellum ♦ **(papier) vélin** vellum (paper)

véliplanchiste [veliplɑ̃ʃist] nmf windsurfer

vélique [velik] adj sails (épith) ♦ **point vélique** centre of effort

vélite [velit] nm ♦ (Hist) **vélites** velites

vélivole [velivɔl] 1 adj gliding (épith)

2 nmf glider pilot

velléitaire [veleitɛʀ] → SYN 1 adj irresolute, indecisive, wavering (épith)

2 nmf waverer

velléité [veleite] → SYN nf vague desire, vague impulse ♦ **leurs velléités révolutionnaires ne m'effrayaient guère** I was scarcely alarmed by their vague desire for revolution ou their vague revolutionary impulses ♦ **une velléité de sourire / menace** a hint of a smile / threat

vélo [velo] → SYN nm bike, cycle ♦ **vélo de course** racing cycle ♦ **vélo de santé, vélo d'appartement** exercise bike ♦ **vélo-cross** (sport) stunt-riding; (vélo) stunt bike ♦ **faire du vélo-cross** to go stunt-riding ♦ **vélo tout terrain** mountain bike ♦ **faire du vélo tout terrain** to go mountain-biking ♦ **être à** ou **en vélo** to be on a bike ♦ **venir à** ou **en vélo** to come by bike ou on a bike ♦ **il sait faire du vélo** he can ride a bike ♦ **je fais beaucoup de vélo** I cycle a lot, I do a lot of cycling ♦ **on va faire un peu de vélo** we're going out (for a ride) on our bikes ♦ **à 5 ans il allait déjà à vélo** he could already ride a bike at 5 ♦ **on y va à vélo?** shall we go by bike? ou on our bikes?, shall we cycle there? ♦ (fig) **il a un (petit) vélo dans la tête*** he's got a screw loose* (Brit), he isn't all there*

véloce [velɔs] → SYN adj (littér) swift, fleet (littér)

vélocement [velɔsmɑ̃] adv (littér) swiftly, fleetly (littér)

vélocimétrie [velɔsimetʀi] nf velocimetry ♦ **vélocimétrie Doppler** Doppler's method

vélocipède†† [velɔsipɛd] nm velocipede

vélociste [velɔsist] nmf bicycle sales and repair man (ou woman)

vélocité [velɔsite] → SYN nf a (Mus) nimbleness, swiftness ♦ **exercices de vélocité** exercises for the agility of the fingers

b (Tech) velocity; (littér: vitesse) swiftness, fleetness (littér)

vélodrome [velodʀom] nm velodrome

vélomoteur [velɔmɔtœʀ] → SYN nm motorized bike, velosolex ®

vélomotoriste [velɔmɔtɔʀist] nmf rider of a velosolex ®

vélopousse nm, **vélo-pousse** [velopus] nm inv bicycle rickshaw

véloski [veloski] nm skibob

velot [vəlo] nm (veau) stillborn calf; (peau) (stillborn) calfskin

velours [v(ə)luʀ] → SYN nm a (tissu) velvet ♦ **velours de coton / de laine** cotton / wool velvet ♦ **velours côtelé** corduroy, cord ♦ **velours uni** velvet → **jouer, main**

b (velouté) velvet ♦ **le velours de la pêche** the bloom of the peach ♦ **le velours de sa joue** the velvety texture of her cheek, her velvet(y) cheek ♦ **peau / yeux de velours** velvet(y) skin / eyes ♦ (fig) **faire des yeux de velours à qn** to make sheep's eyes at sb ♦ **ce potage / cette crème est un vrai velours** this soup / cream dessert is velvety-smooth → **œil, patte**[1]

velouté, e [vəlute] → SYN (ptp de **velouter**) 1 adj a (Tex) brushed; (à motifs) with a raised velvet pattern

b (fig: doux) joues velvet (épith), velvety, velvet-smooth; pêche velvety, downy; crème, potage velvety, smooth; vin smooth, velvety; lumière, regard soft, mellow; voix velvet-smooth, mellow

2 nm a (douceur: voir adj) velvetiness; smoothness; downiness; softness; mellowness

b (Culin) (sauce) velouté sauce; (potage) velouté ♦ **velouté de tomates / d'asperges** cream of tomato / asparagus soup

veloutement [vəlutmɑ̃] nm (aspect) velvety appearance, velvetiness

velouter [vəlute] ▸ conjug 1 ◂ 1 vt a papier to put a velvety finish on

b joues, pêche to give a velvet(y) texture to; vin, crème, potage to make smooth; lumière, regard to soften, mellow; voix to mellow ♦ (fig) **le duvet qui veloutait ses joues** the down that gave a velvet softness to her cheeks

2 **se velouter** vpr (→ **velouter**) to take on a velvety texture; to become smooth; to soften; to mellow

velouteux, -euse [vəlutø, øz] adj velvet-like, velvety

veloutier [vəlutje] nm velvet weaver

veloutine [vəlutin] nf velveteen

Velpeau ® [vɛlpo] nm → **bande**[1]

velu, e [vəly] → SYN adj main hairy; plante hairy, villous (spéc)

velum, vélum [velɔm] nm canopy

Vélux ® [velyks] nm skylight

velvote [vɛlvɔt] nf toadflax, butter-and-eggs

venaison [vənɛzɔ̃] → SYN nf venison

vénal, e, mpl **-aux** [venal, o] → SYN adj a personne venal, mercenary; activité, affection venal

b (Hist) office venal → **valeur**

vénalement [venalmɑ̃] adv venally

vénalité [venalite] → SYN nf venality

venant [v(ə)nɑ̃] nm ♦ **à tout venant** to all and sundry

vendable [vɑ̃dabl] → SYN adj saleable, marketable

vendange [vɑ̃dɑ̃ʒ] → SYN nf (parfois pl: récolte) wine harvest, grape harvest ou picking, vintage; (raisins récoltés) grapes (harvested), grape crop; (gén pl: période) grape harvest ou picking (time), vintage ♦ **pendant les vendanges** during the grape harvest ou picking (time), during the vintage ♦ **faire la vendange** ou **les vendanges** to harvest ou pick the grapes

vendangeoir [vɑ̃dɑ̃ʒwaʀ] nm grape-picker's basket

vendanger [vɑ̃dɑ̃ʒe] ▸conjug 3◂ 1 vt vigne to gather ou pick ou harvest grapes from; raisins to pick, harvest, vintage
2 vi (faire la vendange) to pick ou harvest the grapes; (presser le raisin) to press the grapes

vendangeur, -euse [vɑ̃dɑ̃ʒœʀ, øz] → SYN
1 nm,f grape-picker, vintager
2 **vendangeuse** nf (machine à vendanger) grape harvester; (fleur) aster

vendéen, -enne [vɑ̃deɛ̃, ɛn] → SYN 1 adj of ou from the Vendée
2 nm,f ◆ **Vendéen(ne)** inhabitant ou native of the Vendée

vendémiaire [vɑ̃demjɛʀ] nm Vendémiaire *(1st month of French Republican calendar)*

venderesse [vɑ̃dʀɛs] nf vendor

vendetta [vɑ̃deta] → SYN nf vendetta

vendeur, euse [vɑ̃dœʀ, øz] → SYN 1 nm a (dans un magasin) shop assistant (Brit), salesman, salesclerk (US); [grand magasin] shop assistant (Brit), sales assistant, salesman ◆ **« cherchons 2 vendeurs, rayon librairie »** "2 sales assistants required for our book department"
b (marchand) seller, salesman ◆ **vendeur ambulant** itinerant ou travelling salesman ◆ **vendeur à la sauvette** street hawker ◆ **vendeur de journaux** newsvendor, newspaper seller
c (Comm: chargé des ventes) salesman ◆ (fig) **c'est un excellent vendeur** he is an excellent salesman, he has a flair for selling
d (Jur) vendor, seller; (Écon) seller ◆ **cette responsabilité incombe au vendeur** this responsibility falls on the vendor ou seller ◆ **je ne suis pas vendeur** I'm not selling ◆ **il serait vendeur** he'd be ready ou willing to sell ◆ **les pays vendeurs de cacao** the cocoa-selling countries
2 **vendeuse** nf a (dans un magasin) shop assistant (Brit), saleswoman, salesclerk (US); [grand magasin] shop assistant (Brit), sales assistant, saleswoman; (jeune) salesgirl
b (marchande) seller, saleswoman ◆ **vendeuse de poissons / légumes** fish / vegetable seller ou saleswoman
3 adj slogan which boosts sales ou gets things sold

vendre [vɑ̃dʀ] → SYN ▸conjug 41◂ 1 vt a marchandise, valeurs to sell (*à* to) ◆ **vendre qch à qn** to sell sb sth ou sth to sb ◆ **elle vend des foulards à 400 F** she sells scarves for ou at 400 francs ◆ **il m'a vendu un tableau 3 000 F** he sold me a picture for 3,000 francs ◆ **l'art de vendre** the art of selling ◆ **elle vend cher** she is expensive ou dear (Brit), her prices are high ◆ (Comm) **ces affiches publicitaires font vendre** these advertising posters get things sold ou are boosting sales ◆ **vendre qch aux enchères** to sell sth by auction ◆ **vendre sa part d'une affaire** to sell (out) one's share of a business ◆ **(maison / terrain) à vendre** (house / land) for sale ◆ (Bible) **vendre son droit d'aînesse pour un plat de lentilles** to sell one's birthright for a mess of potage → **crédit, perte, prix** etc
b (péj) droit, honneur, charge to sell ◆ **vendre son âme / honneur** to sell one's soul / honour ◆ **vendre son silence** to be paid for one's silence ◆ **il vendrait (ses) père et mère** he would sell his father and mother
c (fig: faire payer) **ils nous ont vendu très cher ce droit / cet avantage** they made us pay dear ou dearly for this right / advantage ◆ **vendre chèrement sa vie** ou **sa peau*** to sell one's life ou one's skin dearly
d (*: trahir) personne, complice to sell
e LOC **vendre la peau de l'ours (avant de l'avoir tué)** to count one's chickens (before they are hatched) ◆ **vendre la mèche*** (volontairement) to give the game ou show away*; (involontairement) to let the cat out of the bag, give the game ou show away*
2 **se vendre** vpr a [marchandise] to sell, be sold ◆ **se vendre à la pièce / douzaine** to be sold singly / by the dozen ◆ **ça se vend bien / comme des petits pains** that sells well / like hot cakes ◆ **un ouvrage / auteur qui se vend bien** a work / an author that sells well
b [personne] (aussi péj) to sell o.s. ◆ **se vendre à un parti / l'ennemi** to sell o.s. to a party / the enemy

vendredi [vɑ̃dʀədi] nm Friday ◆ (personnage de Robinson Crusoé) **Vendredi** Man Friday ◆ **vendredi saint** Good Friday ◆ **c'était un vendredi treize** it was Friday the thirteenth; pour autres loc voir **samedi**

vendu, e [vɑ̃dy] → SYN (ptp de **vendre**) 1 adj fonctionnaire, juge bribed, who has sold himself for money → **adjuger**
2 nm (péj) Judas, mercenary traitor

venelle [vənɛl] → SYN nf alley

vénéneux, -euse [venenø, øz] → SYN adj (lit) poisonous; (fig littér) pernicious, harmful

vénérable [veneʀabl] → SYN 1 adj (littér, hum: respectable) venerable; (hum: très vieux) personne ancient, venerable; chose ancient ◆ **une automobile d'un âge vénérable** a motorcar of venerable age, an ancient motorcar
2 nm (Rel) Venerable; (Franc-Maçonnerie) Worshipful Master

vénération [veneʀasjɔ̃] → SYN nf (Rel) veneration; (gén: grande estime) veneration, reverence

vénéréologie [veneʀeɔlɔʒi] nf ⇒ **vénérologie**

vénéréologue [veneʀeɔlɔg] nmf ⇒ **vénérologue**

vénérer [veneʀe] → SYN ▸conjug 6◂ vt (Rel) to venerate; (gén) to venerate, revere

vénéricarde [veneʀikaʀd] nf heart shell

vénerie [venʀi] → SYN nf a (art) venery (spéc), hunting ◆ **petite vénerie** small game hunting ◆ **grande vénerie** hunting of larger animals
b (administration) **la vénerie** the Hunt

vénérien, -ienne [veneʀjɛ̃, jɛn] 1 adj a (Méd) venereal ◆ **maladies vénériennes** venereal diseases, V.D., sexually transmitted diseases
b (††: sexuel) venereal††, sexual
2 nm (gén pl: malade) V.D. patient, person with V.D. ou venereal disease

vénérologie [veneʀɔlɔʒi] nf venereology

vénérologue [veneʀɔlɔg] nmf venereologist

Vénétie [venesi] nf Venetia

veneur [vənœʀ] nm (Hist) huntsman, venerer†† → **grand**

Venezuela [venezɥela] nm Venezuela

vénézuélien, -ienne [venezɥeljɛ̃, jɛn] 1 adj Venezuelan
2 nm,f ◆ **Vénézuélien(ne)** Venezuelan

vengeance [vɑ̃ʒɑ̃s] → SYN nf (→ **se venger**) vengeance, revenge ◆ **tirer vengeance de** to be avenged for, be revenged for ◆ **exercer sa vengeance sur** to take (one's) vengeance ou revenge on ◆ **ce forfait crie** ou **demande vengeance** this crime cries out for ou demands vengeance ou revenge ◆ **agir par vengeance** to act out of revenge ◆ **de petites vengeances** petty acts of vengeance ou revenge ◆ **une vengeance cruelle** cruel vengeance ou revenge ◆ **la vengeance divine** divine vengeance ◆ (Prov) **la vengeance est un plat qui se mange froid** never take revenge in the heat of the moment

venger [vɑ̃ʒe] → SYN ▸conjug 3◂ 1 vt a personne, honneur, mémoire to avenge (*de* for)
b injustice, affront to avenge ◆ **rien ne vengera cette injustice** nothing will avenge this injustice, there is no revenge for this injustice
2 **se venger** vpr to avenge o.s., take (one's) revenge ou vengeance ◆ **se venger de qn** to take revenge ou vengeance on sb, get one's own back on sb (*sur qn d'autre* through sb else) ◆ **se venger de qch** to avenge o.s. for sth, to take one's revenge for sth ◆ **je me vengerai** I shall be avenged, I shall get ou have ou take my revenge ◆ **je n'ai pas pris de fromage mais je me vengerai sur les fruits** I haven't had any cheese but I'll make up for it with the fruit

vengeur, -geresse [vɑ̃ʒœʀ, ʒ(ə)ʀɛs] → SYN
1 adj personne (re)vengeful; bras, lettre, pamphlet avenging (épith)
2 nm,f avenger

véniel, -elle [venjɛl] → SYN adj faute, oubli venial (littér), pardonable, excusable → **péché**

véniellement [venjɛlmɑ̃] adv venially

venimeux, -euse [vənimø, øz] → SYN adj a (lit) serpent, piqûre venomous, poisonous
b (fig) personne, voix venomous, vicious; remarque, haine venomous, envenomed, vicious ◆ **une langue venimeuse** a poisonous ou venomous ou vicious tongue

venimosité [vənimozite] nf venomousness, venom

venin [vənɛ̃] → SYN nm a (lit) venom, poison ◆ **venin de serpent** snake venom ◆ **crochets à venin** poison fangs ◆ **sérum contre les venins** anti-venom serum
b (fig) venom, viciousness ◆ **jeter** ou **cracher son venin** to spit out one's venom ◆ **répandre son venin contre qn** to pour out one's venom against sb ◆ **paroles pleines de venin** venomous ou envenomed words, words full of venom ou viciousness

venir [v(ə)niʀ] → SYN ▸conjug 22◂
1 vi a (gén) to come ◆ **ils sont venus en voiture** they came by car, they drove (here) ◆ **ils sont venus par le train** they came by train ◆ **ils sont venus en avion** they came by air, they flew (here) ◆ **je viens!** I'm coming!, I'm on my way! ◆ **je viens dans un instant** I'm coming ou I'll be there in a moment ◆ **le voisin est venu** the man from next door came round ou called ◆ **il vint vers moi** he came up to ou towards me ◆ **il venait sur nous sans nous voir / l'air furieux** he advanced upon us without seeing us / looking furious ◆ (s'adresser à) **il est venu à nous plutôt qu'à son supérieur** he came to us rather than (to) his superior ◆ **il vient chez nous tous les jeudis** he comes (round) to our house ou to us every Thursday ◆ **il ne vient jamais aux réunions** he never comes to meetings ◆ **je viens de la part de Jules** I've come ou I'm here on behalf of Jules ◆ **de la part de qui venez-vous?** who asked you to come?, who sent you?, who had you come? → **aller**
b **faire venir** médecin, plombier to call, send for ◆ **tu nous as fait venir pour rien: la réunion n'a pas eu lieu** you got us to come ou you made us come for nothing – the meeting didn't take place ◆ **faire venir son vin de Provence / ses robes de Paris** to have ou get one's wine sent from Provence / one's dresses sent from Paris, send to Provence for one's wine / to Paris for one's dresses ◆ **on va prendre l'apéritif, ça les fera peut-être venir** we'll have a pre-dinner drink and perhaps that will make them come (along) ◆ **ferme la fenêtre tu vas faire venir les moustiques** shut the window or you'll attract the mosquitoes ou bring in the mosquitoes ◆ **le patron l'a fait venir dans son bureau** the boss called him into his office ◆ **ça me fait venir des démangeaisons** it makes me itch
c (fig) [idées, bruit] to come ◆ **mot qui vient sur les lèvres / sous la plume** word that comes to the tongue / pen ◆ **les idées ne viennent pas** the ideas aren't coming ◆ **le bruit est venu jusqu'à nous que ...** word has reached us ou come to us that ... ◆ **l'idée lui est venue de ...** the idea came ou occurred to him to ..., it occurred to him to ... ◆ **ça ne me serait pas venu à l'idée** ou **à l'esprit** that would never have occurred to me ou entered my head, I should never have thought of that ◆ **une idée m'est venue (à l'esprit)** an idea crossed my mind, an idea occurred to me ◆ **comment (en) est-il venu au sport / à la religion?** how did he (first) come to sport / religion?
d (survenir) to come ◆ **quand l'aube vint** when dawn came ◆ **la nuit vient vite** night is coming (on) fast ◆ **ceci vient à point / mal à propos** this comes (along) just at the right / wrong moment → **voir**
e (dans le temps, dans une série) to come ◆ **ça vient avant / après** that comes before / after ◆ **le moment viendra où ...** the time will come when ... ◆ **la semaine / l'année qui vient** the coming week / year → **venu**
f (se développer) [plante] to come along ◆ **cette plante vient bien** this plant is coming along ou is doing well ou nicely
g **venir de** (provenance, cause) to come from; (Ling) to derive from ◆ **ils viennent de Paris** (en voyage) they're coming from Paris; (par les origines) they come ou are from Paris ◆ **les victimes venaient de Lyon** the casualties were on their way ou were coming from

Lyons ◆ **ce produit vient du Maroc** this product comes from Morocco ◆ **l'épée lui vient de son oncle** the sword has been passed down to him by his uncle ◆ **ces troubles viennent du foie** this trouble comes ou stems from the liver ◆ **ceci vient de son imprudence** this is the result of his carelessness, this comes from his carelessness ◆ **d'où vient que ... ?** how is it that ...?, what is the reason that ...? ◆ **de là vient que ...** the result of this is that ... ◆ **d'où vient cette hâte soudaine ?** what's the reason for this sudden haste?, how come* ou why this sudden haste? ◆ **ça vient de ce que ...** it comes ou results ou stems from the fact that ...

h (atteindre) **venir à** (vers le haut) to come up to, reach (up to); (vers le bas) to come down to, reach (down to); (en longueur, en superficie) to come out to, reach ◆ **l'eau nous vient aux genoux** the water comes up to ou reaches (up to) our knees, we are knee-deep in (the) water ◆ **il me vient à l'épaule** he comes up to my shoulder ◆ **sa jupe lui vient aux genoux** her skirt comes (down) to ou reaches her knees ◆ **la forêt vient jusqu'à la route** the forest comes (right) to ou reaches the road

i **en venir à : j'en viens maintenant à votre question / à cet aspect du problème** I shall now come ou turn to your question/that aspect of the problem ◆ **venons-en au fait** let's get to the point ◆ **j'en viens à la conclusion que ...** I have come to ou reached the conclusion that ..., I'm coming to the conclusion that ... ◆ **j'en viens à leur avis** I'm coming round to their opinion ◆ **j'en viens à me demander si ...** I'm beginning to wonder if ... ◆ **il faudra bien en venir là** we'll have to come ou resort to that in the end, that's what it'll come to in the end ◆ **il en est venu à mendier** he was reduced to begging, he had to resort to begging ◆ **il en est venu à haïr ses parents** he has come to loathe his parents, he has got to the stage of loathing his parents ◆ **comment les choses en sont-elles venues là ?** how did things come to this? ou get to this stage? ou get into this state? ◆ **en venir aux mains** ou **coups** to come to blows ◆ **où voulez-vous en venir ?** what are you getting ou driving at?

j **y venir : j'y viens, mais ne me brusquez pas** I'm coming round to it ou to the idea, but don't hustle me ◆ **il faudra bien qu'il y vienne** he'll just have to come round to it

k LOC **venir au monde** to come into the world, be born ◆ **il est allé** ou **retourné comme il est venu** he left as he came ◆ (menace) **viens-y !** just (you) come here! ◆ (menace) **qu'il y vienne !** just let him come! ◆ (impatience) **ça vient ?** well, when are we getting it?, come on! ◆ **alors ce dossier ça vient ?** well, when am I (ou are we) getting this file?, how much longer must I (ou we etc) wait for this file? ◆ **les années / générations à venir** the years/generations to come, future years/generations ◆ **venir à bout de** travail to get through, get to the end of; adversaire to get the better of, overcome; repas, gâteau to get through ◆ **je n'en viendrai jamais à bout** I'll never manage it, I'll never get through it, I'll never see the end of it → **tout**

2 vb aux **a** (se déplacer pour) **je suis venu travailler** I have come to work ◆ **il va venir la voir** he's going to come to see her ◆ **viens m'aider** come and help me ◆ **après cela ne viens pas te plaindre !** and don't (you) come and complain ou come complaining afterwards!

b (passé récent) **venir de faire** to have just done ◆ **il vient d'arriver** he has just arrived ◆ **elle venait de se lever** she had just got up

c (éventualité) **s'il venait à mourir** if he were to die ou if he should (happen to) die ◆ **vint à passer un officier** an officer happened to pass by ◆ **s'il venait à passer par là** if he should (happen ou chance to) go that way

3 vb impers **a** **il vient beaucoup d'enfants** a lot of children are coming, there are a lot of children coming ◆ **il lui est venu des boutons** he came out in spots ◆ **il ne lui viendrait pas à l'idée** ou **à l'esprit que ...** it wouldn't occur to him that ..., it wouldn't enter his head that ..., it wouldn't cross his mind that ...

b **il vient un temps / une heure où ...** the time/the hour comes when ...

c (éventualité) **s'il vient à pleuvoir / neiger** if it should (happen to) rain/snow

4 **s'en venir** vpr (littér, †) to come, approach ◆ **il s'en venait tranquillement** he was coming along ou approaching unhurriedly ◆ **il s'en vint nous voir** he came to see us

Venise [vəniz] n Venice

vénitien, -ienne [venisjɛ̃, jɛn] **1** adj Venetian → **lanterne, store**

2 nm,f ◆ **Vénitien(ne)** Venetian

vent [vɑ̃] → SYN **1** nm **a** wind ◆ **vent du nord / d'ouest** North/West wind ◆ **le vent du large** the sea breeze ◆ (Astron) **vent solaire** solar wind ◆ **il y a** ou **il fait du vent** it is windy, there's a wind blowing ◆ (lit, fig) **le vent tourne** the wind is turning ◆ **un vent d'orage** a stormy wind ◆ **un vent à décorner les bœufs** a fierce gale, a howling wind ◆ **coup de vent** (Naut) gale ◆ **un coup** ou **une rafale de vent a emporté son chapeau** a gust of wind carried ou blew his hat off ◆ **flotter au vent** to flutter in the wind ◆ (lit, fig) **observer d'où vient le vent** to see how the wind blows ou (from) which way the wind blows ◆ (fig) **il a senti le vent du boulet** he had a narrow escape ◆ **être en plein vent** to be exposed to the wind → **moulin**

b (fig : tendance) **le vent est à l'optimisme** there is a feeling of optimism, there is optimism in the air ◆ **un vent de révolte / contestation soufflait** a wind of revolt/protest was blowing

c (euph, † : gaz intestinal) wind (NonC) ◆ **il a des vents** he has wind ◆ **lâcher un vent** to break wind

d (loc : Chasse, Naut) **au vent (de)** to windward (of) ◆ **sous le vent (de)** to leeward (of) ◆ **avoir bon vent** to have a fair wind ◆ **bon vent !** (Naut) fair journey!; (* : fichez le camp) good riddance! ◆ **prendre le vent** (lit) to test the wind; (fig) to find out ou see how the wind blows ou (from) which way the wind is blowing ou how the land lies ◆ **venir au vent** to turn into the wind ◆ **vent arrière / debout** ou **contraire** rear/head wind ◆ **avoir le vent debout** to head into the wind ◆ **avoir le vent arrière** ou **en poupe** to have the wind astern, sail ou run before the wind ◆ (fig) **il a le vent en poupe** he has the wind in his sails ◆ **l'entreprise a le vent en poupe** the company is on the roll ◆ **aller contre le vent** to go into the wind ◆ **chasser au vent** ou **dans le vent** to hunt upwind

e LOC **les quatre vents** the four winds ◆ **à tous les vents, aux quatre vents** to the four winds (of heaven), to all (four) points of the compass ◆ **être dans le vent*** to be with it* ou hip*, be trendy* (Brit) ◆ **il est dans le vent*** he's very with it* ou hip* ◆ **une jeune fille / robe dans le vent*** a trendy ou with it* girl/dress* ◆ (péj) **c'est du vent*** it's all wind ou hot air* ◆ (* : allez-vous-en) **du vent !** away with you! ◆ **avoir vent de** to get wind of ◆ **ayant eu vent de sa nomination** having got wind of his nomination ◆ (gén hum) **quel bon vent vous amène ?** to what do I (ou we) owe the pleasure (of seeing you ou of your visit)? (hum) ◆ **elle l'a fait contre vents et marées** she did it against all the odds ou despite all the obstacles ◆ **je le ferai contre vents et marées** I'll do it come hell or high water ◆ **faire du vent** [éventail] to create a breeze; (sur le feu) to fan the flame, blow up the fire; (péj : être inefficace) to make a lot of hot air* ◆ (être ivre) **avoir du vent dans les voiles*** to be half-seas over* (Brit), be under the influence*, be tiddly* ◆ **rapide comme le vent** swift as the wind

2 COMP ▷ **vent coulis** draught

ventail, pl **-aux** [vɑ̃taj, o] nm ventail

vente [vɑ̃t] → SYN **1** nf **a** (action) sale ◆ **la vente de cet article est interdite** the sale of this article is forbidden ◆ **bureau de vente** sales office ◆ **être en vente libre** (gén) to be freely sold, have no sales restrictions; (sans ordonnance) to be sold without prescription ◆ **en vente dès demain** available ou on sale (as) from tomorrow ◆ **en vente dans toutes les pharmacies / chez votre libraire** available ou on sale at all chemists/at your local bookshop ◆ **tous les articles exposés sont en vente** all (the) goods on show are for sale ◆ **mettre en vente** produit to put on sale; maison, objet personnel to put up for sale ◆ **mise en vente** [maison] putting up for sale; [produit] putting on sale ◆ **les articles en vente dans ce magasin** the goods on sale in this store ◆ **nous n'en avons pas la vente** we have no demand ou sale for that, we can't sell that ◆ **contrat / promesse de vente** sales contract/agreement → **crédit, point¹, sauvette** etc

b (Comm) (transaction) sale ◆ **la vente** (service) sales (pl); (technique) selling ◆ **avoir l'expérience de la vente** to have sales experience, have experience in selling ◆ **s'occuper de la vente** (dans une affaire) to deal with the sales ◆ **il a un pourcentage sur les ventes** he gets a percentage on sales ◆ **directeur / direction / service des ventes** sales director/management/department

c **vente (aux enchères)** (auction) sale, auction ◆ **courir les ventes** to do the rounds of the sales ou auctions → **hôtel, salle**

d (Bourse) selling ◆ **la livre vaut 10 F à la vente** the selling rate for (the pound) sterling is 10 francs

2 COMP ▷ **vente par adjudication** sale by auction ▷ **vente de charité** charity sale ou bazaar, jumble sale, sale of work ▷ **vente par correspondance** mail-order selling ▷ **vente par courtage** direct selling ▷ **vente directe** direct selling ou sales ▷ **vente à domicile** door-to-door selling ▷ **vente judiciaire** auction by order of the court ▷ **vente paroissiale** church sale ou bazaar ▷ **vente publique** public sale ▷ **vente par téléphone** telephone sales, telesales, telemarketing ▷ **vente à tempérament** hire purchase (Brit), installment plan (US)

venté, e [vɑ̃te] → SYN (ptp de **venter**) adj windswept, windy

venter [vɑ̃te] → SYN ▸ conjug 1 ◂ vb impers ◆ (littér) **il vente** the wind blows ou is blowing, it is windy → **pleuvoir**

venteux, -euse [vɑ̃tø, øz] adj windswept, windy

ventilateur [vɑ̃tilatœʀ] → SYN nm (gén) fan; (dans un mur, une fenêtre) ventilator, fan ◆ **ventilateur électrique** electric fan ◆ **ventilateur à hélice** blade fan ◆ **ventilateur à turbine** turbine ventilator → **courroie**

ventilation [vɑ̃tilasjɔ̃] → SYN nf **a** (aération) ventilation ◆ (Méd) **ventilation respiratoire** respiratory ventilation ◆ **il y a une bonne ventilation dans cette pièce** this room is well ventilated, this room has good ventilation

b [sommes] breaking down; (Jur : évaluation) separate valuation ◆ **voici la ventilation des ventes pour l'année 1976** here is the breakdown of sales for (the year) 1976

ventiler [vɑ̃tile] → SYN ▸ conjug 1 ◂ vt **a** (aérer) pièce, tunnel to ventilate ◆ **pièce bien / mal ventilée** well/poorly ventilated room

b (décomposer) total, chiffre, somme to break down; (Jur) produit d'une vente to value separately

c (répartir) touristes, élèves to divide up (into groups)

ventis [vɑ̃ti] nmpl *trees blown down by the wind*

ventôse [vɑ̃toz] nm Ventôse *(6th month of French Republican calendar)*

ventouse [vɑ̃tuz] nf **a** (Méd) cupping glass ◆ **poser des ventouses à qn** to place cupping glasses on sb, cup sb

b (Zool) sucker

c (dispositif adhésif) suction disc, suction pad; (pour déboucher) plunger ◆ **faire ventouse** to cling, adhere ◆ **porte-savon à ventouse** suction-grip soap holder, self-adhering soap holder → **voiture**

d (Tech : ouverture) airhole, air-vent

ventral, e, mpl **-aux** [vɑ̃tʀal, o] → SYN adj ventral → **parachute, rouleau**

ventre [vɑ̃tʀ] → SYN nm **a** (abdomen) stomach, tummy* (gén langage enfantin), belly ◆ **dormir / être étendu sur le ventre** to sleep/be lying on one's stomach ou front ◆ **avoir / prendre du ventre** to have/be getting rather a paunch, have/be getting a bit of a tummy* ou belly ◆ **rentrer le ventre** to hold ou pull in one's stomach ◆ (fig) **passer sur le ventre de qn** to ride roughshod over sb, walk over sb ◆ **il faudra me passer sur le ventre !** over my dead body! → **danse, plat¹**

b (estomac) stomach ◆ **avoir le ventre creux** to have an empty stomach ◆ **avoir le ventre plein** to be full ◆ **avoir mal au ventre, avoir des maux de ventre** to have stomach ache ou (a) tummy ache* ◆ (fig) **ça me ferait mal au ventre*** it would sicken me, it would make me sick ◆ (Prov) **ventre affamé n'a point d'oreilles** words are wasted on a starving man ◆ **le ventre de la terre** the bowels of the earth → **œil, reconnaissance, taper**[1]
c (utérus) womb
d [animal] (under)belly
e [cruche, vase] bulb, bulbous part; [bateau] belly, bilge; [avion] belly → **atterrissage**
f (Tech) **faire ventre** [mur] to bulge; [plafond] to sag, bulge
g (Phys) [onde] antinode
h LOC **courir** ou **aller ventre à terre** to go flat out* (Brit) ou at top speed, go hell for leather* (Brit) ou hell bent for leather* (US) ◆ **galoper ventre à terre** to gallop flat out*, go at full gallop ◆ **nous allons voir s'il a quelque chose dans le ventre** we'll see what he's made of, we'll see if he has guts* ◆ **il n'a rien dans le ventre** he has no guts*, he's spineless ◆ **chercher à savoir ce que qn a dans le ventre** to try and find out what is (going on) in sb's mind ◆ (fig) **ouvrir sa montre pour voir ce qu'elle a dans le ventre*** to open (up) one's watch to see what it has got inside ou what's inside it ◆ (fig) **ce pays est le ventre mou de l'Europe** this country is the soft underbelly of Europe → **cœur**

ventrebleu†† [vɑ̃tʀəblø] excl gadzooks!††, zounds!††

ventrée† [vɑ̃tʀe] nf (repas) stuffing* (NonC) ◆ **une ventrée de pâtes** a good bellyful* of pasta ◆ **on s'en est mis une bonne ventrée*** we pigged; ou stuffed* ourselves on it

ventre-saint-gris†† [vɑ̃tʀəsɛ̃gʀi] excl gadzooks!††, zounds!††

ventriculaire [vɑ̃tʀikylɛʀ] adj ventricular

ventricule [vɑ̃tʀikyl] nm ventricle

ventrière [vɑ̃tʀijɛʀ] nf **a** (sangle) girth; (toile de transport) sling
b (Constr) purlin; (Naut) bilge block

ventriloque [vɑ̃tʀilɔk] nmf ventriloquist ◆ **il est ventriloque** he can throw his voice; (de profession) he's a ventriloquist

ventriloquie [vɑ̃tʀilɔki] nf ventriloquy, ventriloquism

ventripotent, e [vɑ̃tʀipɔtɑ̃, ɑ̃t] → SYN adj potbellied

ventru, e [vɑ̃tʀy] → SYN adj personne potbellied; pot, commode bulbous

venturi [vɛ̃tyʀi] nm Venturi meter

venu, e [v(ə)ny] (ptp de **venir**) **1** adj **a** (fondé, placé) **être bien venu de faire** to have (good) grounds for doing ◆ **être mal venu de faire** to have no grounds for doing, be in no position to do ◆ **il serait mal venu de se plaindre / refuser** he is in no position to complain / refuse, he should be the last to complain / refuse
b (à propos) **bien venu** événement, question, remarque timely, apposite ◆ **mal venu** événement, question untimely, inapposite, out-of-place (épith) ◆ **sa remarque était plutôt mal venue** his remark was rather out of place ou uncalled-for, his remark was a bit off* ◆ **un empressement mal venu** unseemly ou unfitting haste ◆ **il serait mal venu de lui poser cette question** it would not be fitting ou it would be a bit out of place to ask him (that)
c (développé) **bien venu** enfant sturdy, sturdily built; plante, arbre well-developed, fine; pièce, œuvre well-written ◆ **mal venu** enfant, arbre stunted
d (arrivé) **tard venu** late ◆ **tôt venu** early → **dernier, nouveau, premier**
2 venue nf **a** [personne] coming ◆ **à l'occasion de sa venue nous irons ...** when he comes we'll go ... → **allée**
b (littér: avènement) coming ◆ **la venue du printemps / du Christ** the coming of spring / of Christ ◆ **lors de ma venue au monde** when I came into the world
c (loc: littér) **d'une seule venue, tout d'une venue** arbre straight-growing (épith) ◆ **d'une belle venue** finely ou beautifully developed

Vénus [venys] nf (Astron, Myth) Venus; (Zool) venus ◆ (fig: femme) **une Vénus** a venus, a great beauty → **mont**

vénusien, -ienne [venyzjɛ̃, jɛn] adj Venusian

vépéciste [vepesist] nmf (entreprise) mail-order firm

vêpres [vɛpʀ] nfpl vespers ◆ **sonner les vêpres** to ring the vespers bell

ver [vɛʀ] → SYN **1** nm (gén) worm; (larve) grub; [viande, fruits, fromage] maggot; [bois] woodworm (NonC) ◆ **mangé** ou **rongé aux vers** worm-eaten ◆ (Méd) **avoir des vers** to have worms ◆ (Agr) **mes poireaux ont le ver** my leeks have been eaten ou attacked by grubs ◆ (fig) **le ver est dans le fruit** the rot has already set in ◆ **tirer les vers du nez à qn*** to worm information out of sb ◆ **se tordre** ou **se tortiller comme un ver** to wriggle like an eel → **nu**[1], **piqué**
2 COMP ▷ **ver d'eau** caddis worm ▷ **ver blanc** May beetle grub ▷ **ver luisant** glow-worm ▷ **ver de sable** sea slug ▷ **ver à soie** silkworm ▷ **ver solitaire** tapeworm ▷ **ver de terre** (lit) earthworm; (fig péj) worm ▷ **ver de vase** bloodworm

véracité [veʀasite] → SYN nf [rapport, récit, témoin] veracity (frm), truthfulness; [déclaration, fait] truth, veracity (frm) ◆ **raconter qch avec véracité** to tell sth truthfully

véraison [veʀɛzɔ̃] → SYN nf [fruits] ripening

véranda [veʀɑ̃da] → SYN nf veranda(h)

vératre [veʀatʀ] nm false hellebore

vératrine [veʀatʀin] nf veratrin(e)

verbal, e, mpl **-aux** [vɛʀbal, o] → SYN adj **a** (oral) verbal → **rapport**
b (Ling) adjectif, locution verbal; système, forme, terminaison verb (épith), verbal ◆ **groupe verbal** verb phrase

verbalement [vɛʀbalmɑ̃] adv dire, faire savoir verbally, by word of mouth; approuver, donner son accord verbally

verbalisateur [vɛʀbalizatœʀ] adj m ◆ **l'agent verbalisateur doit toujours ...** an officer reporting an offence must always ... ◆ **l'agent verbalisateur a oublié de ...** the officer who booked* (Brit) ou reported me (ou him etc) forgot to ...

verbalisation [vɛʀbalizasjɔ̃] nf **a** (Police) *reporting (by an officer) of an offence*
b (Psych) verbalization

verbaliser [vɛʀbalize] ▸ conjug 1 ◂ **1** vi **a** (Police) **l'agent a dû verbaliser** the officer had to book* (Brit) ou report him (*ou* me etc)
b (Psych) to verbalize
2 vt (Psych) to verbalize

verbalisme [vɛʀbalism] → SYN nm verbalism

verbe [vɛʀb] → SYN nm **a** (Gram) verb ◆ **verbe défectif / impersonnel** defective / impersonal verb ◆ **verbe transitif / intransitif** transitive / intransitive verb ◆ **verbe pronominal** pronominal verb ◆ **verbe actif / passif** active / passive verb, verb in the active / passive (voice) ◆ **verbe d'action / d'état** verb of action / state ◆ **verbe fort** strong verb ◆ **verbe à particule** phrasal verb
b (Rel) **le Verbe** the Word ◆ **le Verbe s'est fait chair** the Word was made flesh ◆ **le Verbe incarné** the Word incarnate
c (littér: mots, langage) language, word ◆ **la magie du verbe** the magic of language ou the word
d (littér: ton de voix) tone (of voice) ◆ **avoir le verbe haut** to speak in a high and mighty tone, sound high and mighty

verbeusement [vɛʀbøzmɑ̃] adv verbosely

verbeux, -euse [vɛʀbø, øz] → SYN adj verbose, wordy, prolix

verbiage [vɛʀbjaʒ] → SYN nm verbiage

verbicruciste [vɛʀbikʀysist] nmf crossword compiler, compiler of crossword puzzles

verbigération [vɛʀbiʒeʀasjɔ̃] nf verbigeration

verbosité [vɛʀbozite] → SYN nf verbosity, wordiness, prolixity

Vercingétorix [vɛʀsɛ̃ʒetɔʀiks] nm Vercingetorix

verdage [vɛʀdaʒ] nm green manure

verdâtre [vɛʀdɑtʀ] → SYN adj greenish

verdelet, -ette [vɛʀdəlɛ, ɛt] adj vin youngish

verdet [vɛʀdɛ] nm verdigris

verdeur [vɛʀdœʀ] → SYN nf **a** (jeunesse) vigour, vitality
b [fruit] tartness, sharpness; [vin] acidity
c [langage] forthrightness

verdict [vɛʀdik(t)] → SYN nm (Jur, gén) verdict ◆ (Jur) **verdict de culpabilité / d'acquittement** verdict of guilty / of not guilty ◆ **rendre un verdict** to give a verdict, return a verdict

verdier [vɛʀdje] nm greenfinch

verdir [vɛʀdiʀ] → SYN ▸ conjug 2 ◂ **1** vi [feuilles, arbres] to turn ou go green, green; [personne] to blench
2 vt to turn green

verdissant, e [vɛʀdisɑ̃, ɑ̃t] adj turning ou going green, greening

verdissement [vɛʀdismɑ̃] nm turning ou going green, greening

verdoiement [vɛʀdwamɑ̃] nm (état) verdancy (littér), greenness ◆ (action) **le verdoiement des prés au printemps** the greening of the meadows ou the verdant hue taken on by the meadows in spring (littér)

verdoyant, e [vɛʀdwajɑ̃, ɑ̃t] → SYN adj verdant (littér), green

verdoyer [vɛʀdwaje] ▸ conjug 8 ◂ vi (être vert) to be verdant (littér) ou green; (devenir vert) to become verdant (littér) ou green

verdunisation [vɛʀdynizasjɔ̃] → SYN nf chlorination

verduniser [vɛʀdynize] ▸ conjug 1 ◂ vt to chlorinate

verdure [vɛʀdyʀ] → SYN nf **a** (végétation) greenery (NonC), verdure (NonC) (littér) ◆ **tapis de verdure** greensward (littér) ◆ **rideau de verdure** curtain of greenery ou verdure (littér) ◆ **tapisserie de verdure** ou **à verdures** verdure *(tapestry)* ◆ **je vous mets un peu de verdure?** (pour un bouquet) shall I put some greenery in for you? → **théâtre**
b (littér: couleur) verdure (littér), greenness
c (légumes verts) green vegetable, greenstuff (NonC)

vérétille [veʀetij] nm ou f veretillum

véreux, -euse [veʀø, øz] → SYN adj **a** (lit) aliment maggoty, worm-eaten
b (fig) agent, financier dubious, shady*; affaire dubious, fishy*, shady*

verge [vɛʀʒ] → SYN nf **a** (†: baguette) stick, cane, rod ◆ (pour fouetter) **verges** birch(-rod) ◆ **ce serait lui donner des verges pour nous faire battre** that would be giving him a stick to beat us with
b (Hist: insigne d'autorité) [huissier] wand; [bedeau] rod
c (Anat) penis
d (Tech: tringle) shank
e (Can) yard *(0,914 m)*

vergé, e [vɛʀʒe] → SYN adj, nm ◆ **(papier) vergé** laid paper

vergence [vɛʀʒɑ̃s] nf (Phys) vergency

vergeoise [vɛʀʒwaz] nf brown sugar

verger [vɛʀʒe] → SYN nm orchard

vergeté, e [vɛʀʒəte] → SYN adj peau stretch marked

vergette [vɛʀʒɛt] nf (Hér) palet

vergeture [vɛʀʒətyʀ] nf stretch mark

verglaçant, e [vɛʀglasɑ̃, ɑ̃t] adj pluie freezing

verglacé, e [vɛʀglase] adj icy, iced-over (attrib)

verglas [vɛʀglɑ] nm (black) ice *(on road etc)*

vergogne [vɛʀgɔɲ] → SYN nf ◆ **sans vergogne** (adj) shameless; (adv) shamelessly

vergue [vɛʀg] → SYN nf (Naut) yard ◆ **grand-vergue** main yard ◆ **vergue de misaine** foreyard ◆ **vergue de hune** topsail yard

véridicité [veʀidisite] → SYN nf (littér) [récit, témoignage] veracity (frm), truthfulness, truth

véridique [veʀidik] → SYN adj récit, témoignage truthful, true, veracious (frm); témoin truthful, veracious (frm); repentir, douleur genuine, authentic

véridiquement [veʀidikmɑ̃] → SYN adv truthfully, veraciously (frm)

vérifiable [veʀifjabl] → SYN adj verifiable ◆ **c'est aisément vérifiable** it can easily be checked

vérificateur, -trice [veʀifikatœʀ, tʀis] → SYN
1 adj appareil, système checking (épith), verifying (épith) ◆ **employé vérificateur** controller, checker
2 nm,f controller, checker ◆ **vérificateur des douanes** Customs inspector ◆ (Fin) **vérificateur des comptes** auditor ◆ (Can) **vérificateur général** Auditor General ◆ (Ordin) **vérificateur orthographique** ou **d'orthographe** spellchecker, spelling checker
3 **vérificatrice** nf (Tech) verifier

vérificatif, -ive [veʀifikatif, iv] adj checking (épith)

vérification [veʀifikasjɔ̃] → SYN nf **a** (contrôle) check; (action: → **vérifier** a) checking; verifying; verification; ascertaining; auditing ◆ (opération) **une ou plusieurs vérifications** one or several checks ◆ **vérification faite, il se trouve que ...** on checking, we find that ... ◆ (Police) **vérification d'identité** identity check ◆ (lors d'une assemblée générale) **vérification des pouvoirs** check on proxies given to shareholders ◆ (Pol) **vérification du scrutin** ou **des votes** scrutiny of votes ◆ **vérification comptable** auditing, audit
b (preuve) proof; (confirmation) confirmation; (action: → **vérifier** b) establishing; confirming; proving (to be true)

vérifier [veʀifje] → SYN ▸ conjug 7 ◂ **1** vt **a** (contrôler) affirmation, fait, récit to check, verify; adresse, renseignement to check; véracité, authenticité to ascertain, verify, check; (Fin) comptes to audit; poids, mesure, classement to check ◆ **ne vous faites pas de souci, cela a été vérifié et revérifié** don't worry – it has been checked and double-checked ou cross-checked ◆ **vérifie que / si la porte est bien fermée** check that / if the door is properly closed ◆ **vérifier ses freins / le niveau d'huile** to check one's brakes / the oil (level)
b (confirmer, prouver) affirmation, fait to establish the truth of, confirm (the truth of), prove to be true; axiome to establish ou confirm the truth of; témoignage to establish the truth ou veracity (frm) of, confirm (the veracity of); authenticité, véracité to establish, confirm, prove; soupçons, conjecture to bear out, confirm; hypothèse, théorie to bear out, confirm, prove ◆ **cet accident a vérifié mes craintes** this accident has borne out ou confirmed my fears
2 **se vérifier** vpr [craintes] to be borne out, be confirmed; [théorie] to be borne out, be proved

vérifieur, -ieuse [veʀifjœʀ, jøz] nm,f (personne) checker

vérin [veʀɛ̃] nm jack ◆ **vérin hydraulique / pneumatique** hydraulic / pneumatic jack ◆ **monté sur vérin** raised on a jack

vérisme [veʀism] nm verism

vériste [veʀist] adj, nmf verist

véritable [veʀitabl] → SYN adj **a** (authentique) cuir, perles, larmes, colère real, genuine; argent, or real; ami, artiste, vocation real (épith), genuine, true (épith) ◆ **l'art / l'amour véritable se reconnaît d'emblée** true art / love is immediately recognizable
b (épith: vrai, réel) identité, raisons true, real; nom real ◆ **la véritable religion / joie** true religion / joy ◆ **sous son jour véritable** in its (ou his etc) true light ◆ **ça n'a pas de véritable fondement** that has no real foundation
c (intensif: qui mérite bien son nom) real ◆ **un véritable coquin** an absolute ou a real ou a downright rogue ◆ **véritable provocation** real ou downright ou sheer provocation ◆ **c'est une véritable folie** it's absolute ou sheer madness ◆ **c'est une véritable expédition / révolution** it's a real ou veritable (frm) expedition / revolution

véritablement [veʀitabləmɑ̃] → SYN adv really ◆ **est-il véritablement fatigué / diplômé?** is he really ou truly tired / qualified? ◆ **il l'a véritablement fait / rencontré** he actually ou really did it / met him ◆ **ce n'est pas truqué: ils traversent véritablement les flammes** it isn't fixed – they really ou genuinely do go through the flames ◆ **ce n'est pas véritablement un roman / dictionnaire** it's not really ou exactly a novel / dictionary, it's not a real ou proper novel / dictionary ◆ (intensif) **c'est véritablement délicieux** it's absolutely ou positively ou really delicious

vérité [veʀite] → SYN GRAMMAIRE ACTIVE 26.4 nf **a** **la vérité** (connaissance du vrai) truth; (conformité aux faits) the truth ◆ **nul n'est dépositaire de la vérité** no one has a monopoly of truth ◆ **la vérité d'un fait / principe** the truth of a fact / principle ◆ **c'est l'entière vérité** it is the whole truth ◆ **c'est la vérité vraie*** it's the honest truth* ◆ **la vérité toute nue** the naked ou unadorned truth ◆ **son souci de (la) vérité** his desire for (the) truth ◆ **dire la vérité** to tell ou speak the truth ◆ (Jur, hum) **jurez de dire la vérité, toute la vérité, rien que la vérité** do you swear to tell the truth, the whole truth and nothing but the truth? ◆ **la vérité historique / matérielle** historical / material truth ◆ (Prov) **la vérité sort de la bouche des enfants** out of the mouths of babes and sucklings (comes forth truth) (Prov) ◆ (Prov) **la vérité n'est pas toujours bonne à dire** the truth is sometimes best left unsaid
b (vraisemblance, ressemblance au réel) [portrait] lifelikeness, trueness to life; [tableau, personnage] trueness to life ◆ **s'efforcer à la vérité en art** to strive to be true to life in art ◆ **le désespoir de ce peintre était de ne pouvoir rendre la vérité de certains objets** it was the despair of this painter that he was unable to depict the true nature of certain objects ◆ (la réalité) **la vérité dépasse souvent ce qu'on imagine** (the) truth often surpasses one's imaginings, truth is often stranger than fiction
c (sincérité, authenticité) truthfulness, sincerity ◆ **un air / accent de vérité** an air / a note of sincerity ou truthfulness, a truthful look / note ◆ **ce jeune auteur s'exprime avec une vérité rafraîchissante** this young author expresses himself with refreshing sincerity ou truthfulness ou openness
d (fait vrai, évidence) truth ◆ **une vérité bien sentie** a heartfelt truth ◆ **vérités éternelles / premières** eternal / first truths ou verities (frm) ◆ **c'est une vérité de La Palice** it's stating the obvious to say that → **quatre**
e LOC **en vérité** (en fait) really, actually ◆ **c'est (bien) peu de chose, en vérité** it's really ou actually nothing very much ◆ (Bible) **« en vérité je vous le dis »** "verily I say unto you" ◆ (frm) **à la vérité, en vérité** (à dire vrai) to tell the truth, truth to tell, to be honest ◆ (frm) **à la vérité** ou **en vérité il préfère s'amuser que de travailler** to tell the truth ou truth to tell ou to be honest he prefers to enjoy himself rather than work ◆ **plus qu'il n'en faut, en vérité, pour en causer la ruine** in fact ou indeed more than enough to cause its downfall ◆ **j'étais à la vérité loin de m'en douter** to tell the truth ou truth to tell I was far from suspecting it ◆ **la vérité, c'est que je n'en sais rien** the truth (of the matter) is that ou to tell the truth I know nothing about it ◆ **l'heure** ou **la minute** etc **de vérité** the moment of truth → **sérum**

verjus [vɛʀʒy] nm verjuice

verjuter [vɛʀʒyte] ▸ conjug 1 ◂ vt to prepare with verjuice ◆ **sauce verjutée** verjuice sauce

verlan [vɛʀlɑ̃] nm (back) slang

vermeil, -eille [vɛʀmɛj] → SYN **1** adj tissu, objet vermilion, bright red; bouche ruby (épith), cherry (épith), ruby- ou cherry-red; teint rosy → **carte**
2 nm (métal) vermeil

vermet [vɛʀmɛ] → SYN nm worm shell

vermicelle [vɛʀmisɛl] nm ◆ (souvent pl) (pâtes) **vermicelle(s)** vermicelli; (granules en sucre) hundreds and thousands ◆ **potage au vermicelle** vermicelli soup ◆ **vermicelle chinois** fine Chinese rice noodles

vermiculaire [vɛʀmikylɛʀ] → SYN adj (Anat) vermicular, vermiform ◆ **appendice vermiculaire** vermiform appendix ◆ **éminence vermiculaire** vermis ◆ **contraction vermiculaire** peristalsis (NonC)

vermiculé, e [vɛʀmikyle] → SYN adj vermiculated

vermiculure [vɛʀmikylyʀ] nf (gén pl) vermiculation (NonC)

vermiforme [vɛʀmifɔʀm] adj vermiform

vermifuge [vɛʀmifyʒ] → SYN adj, nm vermifuge (spéc) ◆ **poudre vermifuge** worm powder

vermille [vɛʀmij] nf ground line

vermiller [vɛʀmije] → SYN ▸ conjug 1 ◂ vi [sanglier] to root

vermillon [vɛʀmijɔ̃] → SYN **1** nm (poudre) vermilion, cinnabar ◆ (couleur) **(rouge) vermillon** vermilion, scarlet
2 adj inv vermilion, scarlet

vermillonner [vɛʀmijɔne] ▸ conjug 1 ◂ vi to burrow

vermine [vɛʀmin] → SYN nf **a** (parasites) vermin (NonC) ◆ **couvert de vermine** crawling with vermin, lice-ridden
b (littér péj: racaille) vermin; († péj: vaurien) knave (†, littér), cur (†, littér)

vermineux, -euse [vɛʀminø, øz] → SYN adj verminous

vermis [vɛʀmis] nm vermis

vermisseau, pl **vermisseaux** [vɛʀmiso] nm (ver) small worm, vermicule (spéc) ◆ (fig) **un vermisseau** a mere worm

vermivore [vɛʀmivɔʀ] adj vermivorous

Vermont [vɛʀmɔ̃] nm Vermont

vermoulu, e [vɛʀmuly] → SYN adj bois full of woodworm, worm-eaten ◆ **cette commode est vermoulue** there is woodworm in this chest, this chest is full of woodworm ou is worm-eaten

vermoulure [vɛʀmulyʀ] nf (traces) woodworm (NonC), worm holes (pl)

vermout(h) [vɛʀmut] nm vermouth

vernaculaire [vɛʀnakylɛʀ] → SYN adj vernacular ◆ **langue vernaculaire** vernacular

vernal, e, mpl **-aux** [vɛʀnal, o] adj (littér) vernal (littér)

vernalisation [vɛʀnalizasjɔ̃] nf vernalization

vernation [vɛʀnasjɔ̃] nf vernation

verni, e [vɛʀni] (ptp de **vernir**) adj **a** bois varnished; (fig: luisant) feuilles shiny, glossy ◆ **cuir verni** patent leather ◆ **souliers vernis** patent (leather) shoes ◆ **poterie vernie** glazed earthenware
b (*: chanceux) lucky, jammy‡ (Brit) ◆ **il est verni, c'est un verni** he's lucky ou jammy‡ (Brit), he's a lucky devil* ou dog*

vernier [vɛʀnje] nm vernier (scale)

vernir [vɛʀniʀ] → SYN ▸ conjug 2 ◂ vt bois, tableau, ongles, cuir to varnish; poterie to glaze ◆ (Ébénisterie) **vernir au tampon** to French polish

vernis [vɛʀni] → SYN nm **a** [bois, tableau, mur] varnish; [poterie] glaze ◆ **vernis (à ongles)** nail varnish ou polish ◆ **vernis cellulosique / synthétique** cellulose / synthetic varnish ◆ **vernis au tampon** French polish
b (éclat) shine, gloss ◆ **des chaussures d'un vernis éclatant** shoes with a brilliant shine ou a high gloss (on them)
c (fig) veneer (fig) ◆ **un vernis de culture** a veneer of culture

vernissage [vɛʀnisaʒ] → SYN nm **a** (action: → **vernir**) varnishing; glazing (→ **vernisser**); glazing
b (exposition) private viewing, preview *(at art gallery)*

vernissé, e [vɛʀnise] → SYN (ptp de **vernisser**) adj poterie, tuile glazed; (fig: luisant) feuillage shiny, glossy

vernisser [vɛʀnise] → SYN ▸ conjug 1 ◂ vt to glaze

vernisseur, -euse [vɛʀnisœʀ, øz] nm,f [bois] varnisher; [poterie] glazer

vérole [veʀɔl] → SYN nf **a** (variole) → **petit**
b (‡: syphilis) pox‡ ◆ **il a / il a attrapé la vérole** he's got / he has caught the pox‡

vérolé, e‡ [veʀɔle] adj ◆ **il est vérolé** he has the pox‡

véronal [veʀɔnal] nm (Pharm) veronal

Vérone [veʀɔn] n Verona

Véronique [veʀɔnik] nf Veronica

véronique [veʀɔnik] nf (Bot) speedwell, veronica; (Tauromachie) veronica

verrat [veʀa] → SYN nm boar

verre [vɛʀ] → SYN 1 nm a (substance) glass ♦ **verre moulé / étiré / coulé** pressed / cast / drawn glass ♦ **cela se casse** ou **se brise comme du verre** it's as brittle as glass → **laine, papier, pâte**
b (objet) [vitre, cadre] glass; [lunettes] lens ♦ **mettre qch sous verre** to put sth under glass ♦ **verre grossissant / déformant** magnifying / distorting glass ♦ **porter des verres** to wear glasses
c (récipient, contenu) glass ♦ **verre à bière / liqueur** beer / liqueur glass ♦ (pour une recette) **ajouter un verre à liqueur de ... / un verre de lait** ≈ add two tablespoons of ... / one cup of milk ♦ **un verre d'eau / de bière** a glass of water / beer → **noyer**², **qui, tempête**
d (boisson alcoolique) drink ♦ **payer un verre à qn** to buy ou offer sb a drink ♦ **boire** ou **prendre un verre** to have a drink ♦ **lever son verre** to raise one's glass ♦ **videz vos verres!** drink up! ♦ **un petit verre*** a quick one*, a dram* (Brit) ♦ **il est toujours entre deux verres*** he's always on the bottle* ♦ **avoir bu un verre de trop*, avoir un verre dans le nez*** to have had one too many*, have had a drop too much*, have had one over the eight*
2 COMP ▷ **verre armé** wired glass ▷ **verre ballon** balloon glass, brandy glass ▷ **verre blanc** plain glass ▷ **verre cathédrale** cathedral glass ▷ **verres de contact (souples / durs)** (soft / hard) contact lenses ▷ **verres correcteurs** corrective lenses ▷ **verre à** ou **de dégustation** wine-tasting glass ▷ **verre à dents** tooth mug ou glass ▷ **verre dépoli** frosted glass ▷ **verre feuilleté** laminated glass ▷ **verre fumé** smoked glass ▷ **verres fumés** (lunettes) tinted lenses ▷ **verre incassable** unbreakable glass ▷ **verre de lampe** lamp glass, (lamp) chimney ▷ **verre de montre** watch glass ▷ **verre à moutarde** (glass) mustard jar ▷ **verre à pied** stemmed glass ▷ **verres progressifs** multifocal lenses, multifocals ▷ **verre de sécurité** safety glass ▷ **verre trempé** toughened glass ▷ **verre à vin** wineglass ▷ **verre à vitre** window glass ▷ **verre à whisky** whisky glass ou tumbler

verré, e¹ [veʀe] adj ♦ **papier verré** sandpaper

verrée² [veʀe] nf (Helv) toast

verrerie [vɛʀʀi] nf (usine) glassworks, glass factory; (fabrication du verre) glass-making; (manufacture d'objets) glass-working; (objets) glassware; (commerce) glass trade ou industry

verrier [vɛʀje] nm (ouvrier) glassworker; (artiste) glass artist, artist in glass

verrière [vɛʀjɛʀ] → SYN nf a (fenêtre) [église, édifice] window
b (toit vitré) glass roof
c (paroi vitrée) glass wall
d (Aviat) canopy

verroterie [vɛʀɔtʀi] → SYN nf glass jewellery ♦ **un collier de verroterie** a necklace of glass beads ♦ **bijoux en verroterie** glass jewellery

verrou [veʀu] → SYN nm a [porte] bolt ♦ **tire / pousse le verrou** unbolt / bolt the door ♦ **as-tu mis le verrou?** have you bolted the door? ♦ (fig) **mettre qn sous les verrous** to put sb under lock and key ♦ **être sous les verrous** to be behind bars
b (Tech) [aiguillage] facing point lock; [culasse] bolt
c (Géol) constriction
d (Mil) stopper *(in breach)*
e (Ordin) lock

verrouillage [veʀujaʒ] nm a (action: → **verrouiller**) bolting; locking; closing ♦ (Aut) **verrouillage automatique des portes** central (door) locking
b (dispositif) locking mechanism

verrouiller [veʀuje] → SYN ▸ conjug 1 ◂ vt porte to bolt; culasse to lock; (Mil) brèche to close; (Ordin) to lock; processus to stalemate ♦ (lit, fig) **ses parents le verrouillent** his parents keep him locked in ♦ **la police a verrouillé le quartier** the police cordoned off the area ♦ (fig) **se verrouiller chez soi** to shut o.s. away at home ♦ (fig: vérifier) **j'ai tout verrouillé** I've got everything under control

verrouilleur [veʀujœʀ] nm (Rugby) last man in the line-out

verrucosité [veʀykozite] nf verrucosity

verrue [veʀy] → SYN nf (lit) wart, verruca (spéc); (fig) eyesore ♦ **verrue plantaire** verruca ♦ **cette usine est une verrue au milieu du paysage** this factory is a blot on the landscape ou an eyesore in the middle of the countryside

verruqueux, -euse [veʀykø, øz] adj warty, verrucose (spéc)

vers¹ [vɛʀ] → SYN prép a (direction) toward(s), to ♦ **en allant vers Aix / la gare** going to ou toward(s) Aix / the station ♦ **le lieu vers lequel il nous menait** the place he was leading us to ou to which he was leading us ♦ **vers la droite, la brume se levait** to ou toward(s) the right the mist was rising ♦ **la foule se dirigeait vers la plage** the crowd was making for the beach ♦ **«vers la plage»** "to the beach" ♦ **elle fit un pas vers la fenêtre** she took a step toward(s) the window ♦ **notre chambre regarde vers le sud / la colline** our bedroom faces ou looks south / faces the hills ou looks toward(s) the hills ♦ **il tendit la main vers la bouteille** he reached out for the bottle, he stretched out his hand toward(s) the bottle ♦ **le pays se dirige droit vers l'abîme** the country is heading straight for disaster ♦ **c'est un pas vers la paix / la vérité** it's a step toward(s) (establishing) peace / (finding out) the truth ♦ (titre) **«Vers une sémantique de l'anglais»** "Towards a Semantics of English" ♦ **traduire vers le français / l'espagnol** to translate into French / Spanish
b (aux environs de) around ♦ **c'est vers Aix que nous avons eu une panne** it was (somewhere) near Aix ou round about Aix that we broke down ♦ **vers 2000 mètres l'air est frais** at around the 2,000 metres mark ou at about 2,000 metres the air is cool
c (temps: approximation) (at) about, (at) around ♦ **vers quelle heure doit-il venir?** (at) around ou (at) about what time is he due? ♦ **elle a commencé à lire vers 6 ans** she started reading at about 6 ou around 6 ♦ **il était vers (les) 3 heures quand je suis rentré** it was about ou around 3 when I came home ♦ **vers la fin de la soirée / de l'année** toward(s) ou going on for (Brit) the end of the evening / the year ♦ **vers 1900 / le début du siècle** toward(s) ou about 1900 / the turn of the century

vers² [vɛʀ] → SYN nm a (sg: ligne) line ♦ **au 3ᵉ vers** in line 3, in the 3rd line ♦ **vers de dix syllabes, vers décasyllabe** line of ten syllables, decasyllabic line ♦ **vers blancs / libres** blank / free verse ♦ **un vers boiteux** a short line, a hypometric line (spéc) ♦ **je me souviens d'un vers de Virgile** I recall a line by Virgil ♦ **réciter quelques vers** to recite a few lines of poetry
b (pl: poésie) verse (NonC) ♦ **vers de circonstance** occasional verse ♦ **traduction en vers** verse translation ♦ **faire** ou **écrire des vers** to write verse, versify (péj) ♦ **mettre en vers** to put into verse ♦ **il fait des vers de temps en temps** he writes a little verse from time to time ♦ **écrire des vers de mirliton** to write a bit of doggerel

versaillais, e [vɛʀsajɛ, ɛz] 1 adj from ou of Versailles ♦ (Hist) **l'armée versaillaise** *army which suppressed the Commune of 1871*
2 nm,f (gén) inhabitant ou native of Versailles

Versailles [vɛʀsaj] n Versailles ♦ **le château / traité de Versailles** the palace / Treaty of Versailles ♦ (fig) **c'est Versailles!** [appartement] it's like a palace!, it's SOME place!*; [événement, réception] it's really spectacular!

versant [vɛʀsɑ̃] → SYN nm [vallée, toit] side; [massif] slopes (pl) ♦ **les Pyrénées ont un versant français et un versant espagnol** the Pyrenees have a French side and a Spanish side ♦ **le versant nord / français de ce massif** the northern / French slopes of this range

versatile [vɛʀsatil] → SYN adj fickle, changeable, capricious

versatilité [vɛʀsatilite] → SYN nf fickleness, changeability, capriciousness

verse [vɛʀs] adv ♦ **à verse** in torrents ♦ **il pleut à verse** it is pouring down, it's coming down in torrents ou in buckets*

versé, e [vɛʀse] (ptp de verser) adj ♦ **versé / peu versé dans l'histoire ancienne** (well-) -versed / ill-versed in ancient history ♦ **versé / peu versé dans l'art de l'escrime** (highly) skilled ou accomplished / unaccomplished in the art of fencing ♦ **l'homme le plus versé de France dans l'art chaldéen** the most learned man in France in the field of Chaldean art

Verseau [vɛʀso] nm ♦ (Astron) **le Verseau** Aquarius, the Water-carrier ♦ **être (du) Verseau** to be (an) Aquarius ou an Aquarian

versement [vɛʀsəmɑ̃] → SYN nm payment; (échelonné) instalment ♦ **le versement d'une somme sur un compte** the payment of a sum into an account ♦ **versement par chèque / virement** payment by cheque / credit transfer ♦ **en versements (échelonnés)** in ou by instalments ♦ **je veux faire un versement sur mon compte** I want to put some money into my account, I want to make a deposit into my account ♦ **le versement de ces sommes se fera le mois prochain** these sums will be paid next month ♦ **versement en espèces** cash deposit ♦ **versement à une œuvre** donation to a charity ♦ **un premier versement** ou **un versement initial de 1000 F** a first ou an initial payment of 1,000 francs

verser [vɛʀse] → SYN ▸ conjug 1 ◂ 1 vt a liquide, grains to pour, tip (*dans* into, *sur* onto); (servir) thé, café, vin to pour (out) (*dans* into) ♦ **verser le café dans les tasses** to pour the coffee into the cups ♦ **verser des haricots (d'un sac) dans un bocal** to pour ou tip beans (from a bag) into a jar ♦ **verser du vin à qn** to pour sb some wine ♦ **verser un verre de vin à qn** to pour sb a glass of wine, pour a glass of wine for sb ♦ **verse-lui / -toi à boire** pour him / yourself a drink ♦ **veux-tu verser à boire / le vin s'il te plaît?** will you pour (out) ou serve the drinks / the wine please? → **huile**
b (répandre) larmes, sang, (littér) clarté to shed; (déverser) to pour out, scatter (*sur* onto); (littér: apporter) apaisement etc to dispense, pour forth (*à qn* to sb) ♦ (tuer) **verser le sang** to shed ou spill blood ♦ **sans verser une goutte de sang** without shedding ou spilling a drop of blood ♦ (littér, hum) **verser un pleur / quelques pleurs** to shed a tear / a few tears ♦ **ils versaient des brouettées de fleurs devant la procession** they scattered ou strewed barrowfuls of flowers in front of the procession ♦ **drogue qui verse l'oubli** drug which brings oblivion
c (classer) **verser une pièce à un dossier** to add an item to a file
d (payer: gén, Fin) to pay ♦ **verser une somme à un compte** to pay a sum of money into an account, deposit a sum of money in an account ♦ **verser des intérêts à qn** to pay sb interest ♦ **verser des arrhes** to put down ou pay a deposit ♦ **verser une rente à qn** to pay sb a pension
e (affecter, incorporer) **verser qn dans** to assign ou attach sb to ♦ **se faire verser dans l'infanterie** to get o.s. assigned ou attached to the infantry
f (renverser: plus gén **faire verser**) voiture to overturn ♦ **le chauffeur les a versés dans la rivière** the driver tipped them into the river
2 vi a (basculer) [véhicule] to overturn ♦ **il va nous faire verser dans le fossé** he'll tip us into the ditch, we'll end up in the ditch because of him ♦ **il a déjà versé deux fois** he has already overturned twice
b (tomber dans) **verser dans** sentimentalité etc to lapse into

verset [vɛʀsɛ] → SYN nm (Rel) (passage de la Bible) verse; (prière) versicle; (Littérat) verse

verseur, -euse [vɛʀsœʀ, øz] 1 adj ♦ **bec verseur** (pouring) lip ♦ **bouchon verseur** pour-through stopper ♦ **sucrier verseur** sugar dispenser
2 nm (dispositif) pourer
3 **verseuse** nf (cafetière) coffeepot

versicolore [vɛʀsikɔlɔʀ] → SYN adj versicolour

versificateur [vɛʀsifikatœʀ] → SYN nm writer of verse, versifier (péj), rhymester (péj)

versification [vɛʀsifikasjɔ̃] → SYN nf versification

versifier [vɛʀsifje] ⇒ SYN ▸conjug 7◂ 1 vt to put into verse ◆ **une œuvre versifiée** a work put into verse
2 vi to write verse, versify (péj)

version [vɛʀsjɔ̃] ⇒ SYN nf a (Scol : traduction) translation *(into the mother tongue)*, unseen (translation) ◆ **version grecque / anglaise** Greek / English unseen (translation), translation from Greek / English ◆ **« Casablanca » en version originale (sous-titrée)** "Casablanca" in English (with French subtitles)
b (variante) [œuvre, texte] version ◆ **film en version originale** film in the original language ou version ◆ **version originale sous-titrée** original version with subtitles ◆ **la version française du film** the French version of the film ◆ **film italien en version française** Italian film dubbed in French ◆ (Aut) **version 4 portes** 4-door model
c (interprétation) [incident, faits] version ◆ **donner sa version des faits** to give one's (own) version of the facts

vers-libriste, pl **vers-libristes** [vɛʀlibʀist] nmf free verse writer

verso [vɛʀso] ⇒ SYN nm back ◆ **au verso** on the back (of the page) ◆ **« voir au verso »** "see over(leaf)"

versoir [vɛʀswaʀ] nm mouldboard

verste [vɛʀst] nf verst

versus [vɛʀsys] prép versus

vert, verte [vɛʀ, vɛʀt] ⇒ SYN 1 adj a (couleur) green ◆ **vert de peur** green with fear ◆ (hum) **les petits hommes verts** the little green men (hum) → **feu¹, haricot, numéro, tapis** etc
b (pas mûr) céréale, fruit unripe, green ; vin young ; (frais, non séché) foin, bois green ◆ **être au régime vert** to be on a green-vegetable diet ou a diet of green vegetables ◆ (fig : par dépit) **ils sont trop verts !** it's sour grapes → **cuir**
c (fig) vieillard vigorous, sprightly, spry ◆ **au temps de sa verte jeunesse** in the first bloom of his youth
d († : sévère) réprimande sharp, stiff
e propos, histoire spicy, saucy ◆ **elle en a vu des vertes et des pas mûres*** she has been through it, she has had a hard time (of it) ◆ **il en a dit des vertes (et des pas mûres)*** he said some pretty spicy ou saucy things → **langue**
f (Agr) **tourisme vert** country holidays ◆ **classe verte** school camp ◆ **l'Europe verte** European agriculture ◆ **avoir les pouces verts** ou **la main verte** to have green fingers (Brit), have a green thumb (US)
g (écologiste) green (épith) ◆ **le parti vert** the Green Party
2 nm a (couleur) green ; (Golf) green ◆ **vert olive / pistache / émeraude** olive / pistachio / emerald(-green) ◆ **vert pomme / d'eau / bouteille** apple- / sea- / bottle-green ◆ **vert amande / mousse** almond / moss green ◆ **vert sapin** forest green ◆ **mettre un cheval au vert** to put a horse out to grass ou to pasture ◆ (fig) **se mettre au vert** [vacancier] to take a rest ou a refreshing break in the country ; [gangster] to lie low ou hole up for a while in the country ◆ (Aut) **passer au vert** to go through on the green light → **tendre²**
b (Pol : écologistes) **les Verts** the Greens
3 **verte** nf († * : absinthe) absinth(e)

vert-de-gris [vɛʀdəgʀi] 1 nm inv verdigris
2 adj inv grey(ish)-green

vert-de-grisé, e, pl **vert-de-grisés, es** [vɛʀdəgʀize] adj coated with verdigris ; (fig) grey(ish)-green

vertébral, e, mpl **-aux** [vɛʀtebʀal, o] adj vertebral → **colonne**

vertèbre [vɛʀtɛbʀ] ⇒ SYN nf vertebra ◆ **se déplacer une vertèbre** to slip a disc, dislocate a vertebra (spéc)

vertébré, e [vɛʀtebʀe] adj, nm vertebrate

vertébrothérapie [vɛʀtebʀoteʀapi] nf ≃ chiropractic

vertement [vɛʀtəmɑ̃] adv réprimander, répliquer sharply, in no uncertain terms

vertex [vɛʀtɛks] nm (Anat) vertex

vertical, e, mpl **-aux** [vɛʀtikal, o] ⇒ SYN 1 adj (gén) ligne, plan, éclairage vertical ; position du corps, station vertical, upright → **concentration**
2 **verticale** nf a **la verticale** the vertical ◆ s'élever, tomber **à la verticale** vertically ◆ **falaise à la verticale** vertical ou sheer cliff ◆ **écarté de la verticale** off the vertical
b (ligne, Archit) vertical line
3 nm (Astron) vertical circle

verticalement [vɛʀtikalmɑ̃] ⇒ SYN adv monter vertically, straight up ; descendre vertically, straight down

verticalité [vɛʀtikalite] nf verticalness, verticality

verticille [vɛʀtisil] nm verticil

verticillé, e [vɛʀtisile] adj verticillate

vertige [vɛʀtiʒ] ⇒ SYN nm a (peur du vide) **le vertige** vertigo ◆ **avoir le vertige** to suffer from vertigo, get dizzy ou giddy ◆ **il eut soudain le vertige** ou **fut pris soudain de vertige** he was suddenly overcome by vertigo ou dizziness ou giddiness, he suddenly felt dizzy ou giddy, he had a sudden fit of vertigo ou dizziness ou giddiness ◆ **un précipice à donner le vertige** a precipice that would make you (feel) dizzy ou giddy ◆ **cela me donne le vertige** it makes me feel dizzy ou giddy, it gives me vertigo
b (étourdissement) dizzy ou giddy spell, dizziness (NonC), giddiness (NonC) ◆ **avoir un vertige** to have a dizzy ou giddy spell ou turn ◆ **être pris de vertiges** to get dizzy ou giddy turns ou spells
c (fig : égarement) fever ◆ **les spéculateurs étaient gagnés par ce vertige** the speculators had caught this fever ◆ **le vertige de la gloire** the intoxication of glory ◆ **d'autres, gagnés eux aussi par le vertige de l'expansion ...** others, who had also been bitten by the expansion bug ... ou who had also caught the expansion fever ... ◆ **le vertige de la violence** the heady lure of violence

vertigineusement [vɛʀtiʒinøzmɑ̃] adv ◆ **vertigineusement haut** vertiginously ou breathtakingly high, of a dizzy height ◆ **se lancer vertigineusement dans la descente** to plunge into a vertiginous ou breathtaking descent ◆ **les prix montent vertigineusement** prices are rising at a dizzy ou breathtaking rate, prices are rocketing ou are going sky-high* ◆ **les cours se sont effondrés vertigineusement** stock market prices have dropped at a dizzy ou breathtaking rate

vertigineux, -euse [vɛʀtiʒinø, øz] ⇒ SYN adj a plongée, descente vertiginous, breathtaking ; précipice breathtakingly high ; vitesse, hauteur breathtaking, dizzy (épith), giddy (épith) ◆ **nous descendions par un sentier vertigineux** we came down by a vertiginous path
b (fig : très rapide) breathtaking ◆ **une hausse / baisse de prix vertigineuse** a breathtaking rise / drop in price
c (Méd) vertiginous

vertigo [vɛʀtigo] ⇒ SYN nm (Vét) (blind) staggers

vertu [vɛʀty] ⇒ SYN nf a (gén : morale) virtue ◆ **à la vertu farouche** of fierce virtue ◆ (fig : personne) **ce n'est pas une vertu** she's no saint ou angel, she's no paragon of virtue ◆ **les vertus bourgeoises** the bourgeois virtues ◆ **les (quatre) vertus cardinales** the (four) cardinal virtues ◆ **vertus théologales** theological virtues ◆ (anges) **Vertus** Virtues → **femme, nécessité, parer¹, prix**
b (littér) (pouvoir) virtue (†, littér), power ; (courage) courage, bravery ◆ **vertu magique** magic power ◆ **vertu curative** healing virtue
c **en vertu de** in accordance with ◆ **en vertu des pouvoirs qui me sont conférés** in accordance with ou by virtue of the powers conferred upon me ◆ **en vertu de l'article 4 de la loi** in accordance ou compliance with article 4 of the law ◆ **en vertu de quoi je déclare** in accordance with which I declare, by virtue of which I declare

vertueusement [vɛʀtɥøzmɑ̃] adv virtuously

vertueux, -euse [vɛʀtɥø, øz] ⇒ SYN adj virtuous

vertugadin [vɛʀtygadɛ̃] ⇒ SYN nm (Hist : vêtement) farthingale

verve [vɛʀv] ⇒ SYN nf a (esprit, éloquence) witty eloquence ◆ **être en verve** to be in brilliant form
b (littér : fougue, entrain) verve, vigour, zest ◆ **la verve de son style** the verve ou vigour of his style

verveine [vɛʀvɛn] nf (plante) vervain, verbena ; (tisane) verbena tea ; (liqueur) vervain liqueur

verveux¹ [vɛʀvø] nm hoop net

verveux², **-euse** [vɛʀvø, øz] adj (littér) personne, discussion vigorous, zestful

vésanie [vezani] ⇒ SYN nf vesania

vesce [vɛs] ⇒ SYN nf vetch

vésical, e, mpl **-aux** [vezikal, o] adj vesical

vésicant, e [vezikɑ̃, ɑ̃t] adj vesicant, vesicatory

vésication [vezikasjɔ̃] nf vesication

vésicatoire [vezikatwaʀ] ⇒ SYN 1 adj vesicatory
2 nm (Méd) vesicatory

vésiculaire [vezikylɛʀ] adj vesicular

vésicule [vezikyl] ⇒ SYN nf vesicle ◆ **la vésicule (biliaire)** the gall-bladder

vésiculeux, -euse [vezikylø, øz] ⇒ SYN adj ⇒ **vésiculaire**

vesou [vəzu] nm sugar cane juice

Vespa ® [vɛspa] nf Vespa ®

vespasienne [vɛspazjɛn] ⇒ SYN nf urinal

vespéral, e, mpl **-aux** [vɛspeʀal, o] 1 adj (littér) evening (épith)
2 nm (Rel) vesperal

vespertilion [vɛspɛʀtiljɔ̃] nm vespertilio

vespidés [vɛspide] nmpl ◆ **les vespidés** vespid insects, the Vespidae (spéc)

vesse-de-loup, pl **vesses-de-loup** [vɛsdəlu] nf (Bot) puffball

vessie [vesi] nf (Anat) bladder, vesica (spéc) ; (animale : utilisée comme sac) bladder ◆ **vessie natatoire** swim bladder ◆ **elle veut nous faire prendre des vessies pour des lanternes** she would have us believe that the moon is made of green cheese, she's trying to pull the wool over our eyes

Vesta [vɛsta] nf Vesta

vestale [vɛstal] nf (Hist) vestal ; (fig littér) vestal, vestal virgin

veste [vɛst] ⇒ SYN nf a jacket ◆ **veste droite / croisée** single- / double-breasted jacket ◆ **veste de pyjama** pyjama jacket ou top ◆ **veste d'intérieur** smoking jacket
b (*loc) **retourner sa veste** to turn one's coat, change one's colours ◆ **ramasser** ou **prendre une veste** (gén) to come a cropper* (Brit), fall flat on one's face ; (dans une élection etc) to be beaten hollow → **tomber**

vestiaire [vɛstjɛʀ] nm a [théâtre, restaurant] cloakroom ; [stade, piscine] changing-room ◆ **la dame du vestiaire** the cloakroom attendant ou lady ◆ **réclamer son vestiaire** to get one's belongings out of ou collect one's belongings from the cloakroom ◆ **au vestiaire ! au vestiaire !*** get off ! ◆ **il a dû laisser sa fierté / ses convictions au vestiaire** he had to leave his pride / his convictions behind
b (meuble) coat stand, hat stand ◆ (métallique) **(armoire-)vestiaire** locker
c (garde-robe) wardrobe ◆ **un vestiaire bien fourni** a well-stocked wardrobe

vestibulaire [vɛstibylɛʀ] adj vestibular

vestibule [vɛstibyl] ⇒ SYN nm a [maison] hall ; [hôtel] hall, vestibule ; [église] vestibule
b (Anat) vestibule

vestige [vɛstiʒ] ⇒ SYN nm (objet) relic ; (fragment) trace ; [coutume, splendeur, gloire] vestige, remnant, relic ◆ **vestiges** [ville] remains, vestiges ; [civilisation, passé] vestiges, remnants, relics ◆ **il avait gardé un vestige de son ancienne arrogance** he had retained a trace ou vestige of his former arrogance ◆ **les vestiges de leur armée décimée** the remnants of their decimated army ◆ **les vestiges de la guerre** the vestiges of war

vestimentaire [vɛstimɑ̃tɛʀ] adj ◆ **dépenses vestimentaires** clothing expenditure, expenditure on clothing ◆ **élégance vestimentaire** sartorial elegance ◆ **ces fantaisies vestimentaires n'étaient pas de son goût** these eccentricities of dress were not to his taste ◆ **il se préoccupait beaucoup de détails vestimen-**

taires he was very preoccupied with the details of his dress

veston [vɛstɔ̃] nm jacket → **complet**

Vésuve [vezyv] nm Vesuvius

vêtement [vɛtmɑ̃] → SYN nm **a** (article d'habillement) garment, item ou article of clothing; (ensemble, combinaison) set of clothes, clothing (NonC), clothes (pl); (frm: de dessus: manteau, veste) coat ◆ (Comm: industrie) **le vêtement** the clothing industry, the rag trade*, the garment industry (US) ◆ **c'est un vêtement très pratique** it's a very practical garment ou item of clothing ou article of clothing ◆ **le vêtement anti-g des astronautes** astronauts' anti-gravity clothing ou clothes
b **vêtements** clothes ◆ **où ai-je mis mes vêtements?** where did I put my clothes? ou things?* ◆ **emporte des vêtements chauds** take (some) warm clothes ou clothing ◆ **porter des vêtements de sport/de ville** to wear sports/town clothes ou sports/town gear* ◆ **acheter des vêtements de bébé** to buy baby garments ou clothes ◆ **il portait des vêtements de tous les jours** he was wearing ordinary ou everyday clothes ◆ **vêtements sacerdotaux** pastoral robes ◆ **vêtements de travail** working clothes ◆ **vêtements de deuil** mourning clothes ◆ **vêtements du dimanche** Sunday clothes, Sunday best (parfois hum ou péj)
c (rayon de magasin) **(rayon) vêtements** clothing department ◆ **vêtements pour dames/enfants** ladies' wear (NonC) /children's wear (NonC) ◆ **vêtements pour hommes** menswear (NonC) ◆ **vêtements de sport** sportswear (NonC) ◆ **vêtements de ski** skiwear (NonC) ◆ **vêtements de bébé** babywear (NonC)
d (parure) garment (fig) ◆ **le langage est le vêtement de la pensée** language clothes thought

vétéran [veterɑ̃] → SYN nm (Mil) veteran, old campaigner; (fig) veteran, old hand, old stager; (sportif) veteran ◆ **un vétéran de l'enseignement primaire** a veteran of ou an old hand* at primary teaching

vétérinaire [veterinɛr] → SYN **1** nmf vet, veterinary surgeon (Brit), veterinarian (US)
2 adj veterinary ◆ **école vétérinaire** veterinary college ou school

vétille [vetij] → SYN nf trifle, triviality ◆ **ergoter sur des vétilles** to quibble over trifles ou trivia ou trivialities

vétilleux, -euse [vetijø, øz] → SYN adj punctilious

vêtir [vetir] → SYN ▸ conjug 20 ◂ **1** vt **a** (habiller) enfant, miséreux to clothe, dress (*de* in)
b (revêtir) uniforme to don (frm), put on
2 **se vêtir** vpr to dress (o.s.) ◆ **aider qn à se vêtir** to help sb (to) get dressed ◆ (littér) **les monts se vêtaient de pourpre** the mountains were clothed ou clad in purple (littér)

vétiver [vetivɛr] nm vetiver

veto [veto] nm (Pol, gén) veto ◆ **opposer son veto à qch** to veto sth ◆ **droit de veto** right of veto ◆ **je mets mon veto** I veto that

véto* [veto] nmf (abrév de **vétérinaire**) vet (Brit), veterinarian (US)

vêtu, e [vety] → SYN (ptp de **vêtir**) adj dressed ◆ **bien/mal vêtu** well-/badly-dressed ◆ **court vêtue** short-skirted ◆ **à demi-vêtu** half-dressed, half-clad ◆ **vêtu de** dressed in, wearing ◆ **vêtue d'une jupe** wearing a skirt, dressed ou clad in a skirt, with a skirt on ◆ **vêtu de bleu** dressed in ou wearing blue ◆ (littér) **colline vêtue des ors de l'automne** hill clad ou clothed in the golden hues of autumn (littér)

vêture [vetyr] nf (Rel) taking of the habit

vétuste [vetyst] → SYN adj dilapidated, ancient, timeworn

vétusté [vetyste] → SYN nf [objet] dilapidation, (great) age ◆ **clause de vétusté** obsolescence clause

veuf, veuve [vœf, vœv] **1** adj **a** widowed ◆ **il est deux fois veuf** he has been twice widowed, he is a widower twice over ◆ **rester veuf/veuve de qn** to be left sb's widower/widow ◆ (fig) **ce soir je suis veuf/veuve** I'm a bachelor/grass widow tonight
b (fig littér) **veuf de** bereft of
2 nm widower
3 **veuve** nf **a** (gén) widow ◆ **défenseur de la veuve et de l'orphelin** defender of the weak and of the oppressed ◆ **la veuve poignet**†* masturbation ◆ (Mus) **"La Veuve joyeuse"** "The Merry widow"
b (Orn) whydah (bird), widow bird

veule [vøl] → SYN adj personne, air spineless

veulerie [vølri] → SYN nf spinelessness

veuvage [vœvaʒ] → SYN nm [femme] widowhood; [homme] widowerhood

veuve [vœv] → SYN → **veuf**

vexant, e [vɛksɑ̃, ɑ̃t] adj **a** (contrariant) annoying, vexing ◆ **c'est vexant de ne pas pouvoir profiter de l'occasion** it's annoying ou vexing ou a nuisance not to be able to take advantage of the opportunity
b (blessant) paroles hurtful (*pour* to)

vexation [vɛksasjɔ̃] → SYN nf **a** (humiliation) (little) humiliation ◆ **essuyer des vexations** to suffer (little) humiliations
b (littér, †: exaction) harassment

vexatoire [vɛksatwar] → SYN adj procédés, attitude persecutory, hurtful ◆ **mesures vexatoires** harassment

vexer [vɛkse] → SYN ▸ conjug 1 ◂ **1** vt (offenser) to hurt, upset, offend ◆ **être vexé par qch** to be hurt by sth, be upset ou offended at sth ◆ **vexé comme un pou*** really livid* ou mad*
2 **se vexer** vpr to be hurt (*de* by), be ou get upset ou offended (*de* at) ◆ **se vexer d'un rien** to be easily hurt ou upset ou offended

vexillaire [vɛksilɛr] nm (Hist) standard bearer

vexille [vɛksil] nm vexillum

vexillologie [vɛksilɔlɔʒi] nf vexillology

VF [veɛf] nf (abrév de **version française**) → **version**

VHF [veaʃɛf] (abrév de **very high frequency**) VHF ◆ **antenne VHF** VHF aerial

via [vja] prép via, by way of

viabilisé, e [vjabilize] adj terrain with services (laid on), serviced ◆ **entièrement viabilisé** fully serviced

viabiliser [vjabilize] ▸ conjug 1 ◂ vt terrain to service

viabilité [vjabilite] → SYN nf **a** [chemin] practicability ◆ **avec/sans viabilité** terrain with/without services (laid on), serviced/unserviced
b [organisme, entreprise] viability

viable [vjabl] → SYN adj situation, enfant, compromis viable

viaduc [vjadyk] → SYN nm viaduct

viager, -ère [vjaʒe, ɛr] **1** adj (Jur) rente, revenue life (épith), for life (attrib) ◆ **à titre viager** for as long as one lives, for the duration of one's life
2 nm (rente) life annuity; (bien) *property mortgaged for a life annuity* ◆ **mettre/acheter un bien en viager** *to sell/buy a property in return for a life annuity*

viande [vjɑ̃d] → SYN nf **a** meat ◆ **viande rouge/blanche** red/white meat ◆ **viande de boucherie** fresh meat, (butcher's) meat ◆ (charcuterie) **viandes froides** cold meat(s) ◆ (arg) **viande froide** dead meat (arg) ◆ **viande hachée** minced meat (Brit), mince (Brit), ground meat (US), hamburger (US) → **plat²**
b (‡) **montrer sa viande** to bare one's flesh ◆ **amène ta viande!** shift your carcass ou butt (US) over here!‡ → **sac¹**

viander (se)* [vjɑ̃de] ▸ conjug 1 ◂ vpr to smash o.s. up* ou get smashed up* in an accident

viatique [vjatik] → SYN nm (argent) money (for the journey); (provisions) provisions (pl) (for the journey); (Rel: communion) viaticum; (littér: soutien) (precious) asset ◆ **la culture est un viatique** culture is a precious asset

vibices [vibis] nfpl vibices

vibrage [vibraʒ] nm (Tech) vibration

vibrant, e [vibrɑ̃, ɑ̃t] → SYN **1** adj **a** (lit) corde, membrane vibrating
b son, voix vibrant, resonant; (Phonétique) consonne lateral, vibrant ◆ **voix vibrante d'émotion** voice vibrant ou resonant with emotion
c discours (powerfully) emotive; nature emotive ◆ **vibrant d'émotion contenue** vibrant with suppressed emotion
2 **vibrante** nf (consonne) vibrant

vibraphone [vibrafɔn] nm vibraphone, vibes (pl)

vibraphoniste [vibrafɔnist] nmf vibraphone player, vibes player

vibrateur [vibratœr] nm vibrator

vibratile [vibratil] adj vibratile

vibration [vibrasjɔ̃] → SYN nf (gén, Phys) vibration ◆ **la vibration de sa voix** the vibration ou resonance of his voice ◆ **la vibration de l'air (due à la chaleur)** the quivering ou shimmering of the air (due to the heat)

vibrato [vibrato] nm vibrato ◆ **jouer qch avec vibrato** to play sth (with) vibrato

vibratoire [vibratwar] adj vibratory

vibrer [vibre] → SYN ▸ conjug 1 ◂ **1** vi **a** (gén, Phys) to vibrate ◆ **faire vibrer qch** to cause sth to vibrate, vibrate sth
b (d'émotion) [voix] to quiver, be vibrant ou resonant; [passion] to be stirred; [personne, âme] to thrill (*de* with) ◆ **vibrer en écoutant Beethoven** to be stirred when listening to a piece by Beethoven ◆ **faire vibrer qn/un auditoire** to stir ou thrill sb/an audience, send a thrill through sb/an audience ◆ **vibrer d'enthousiasme** to be vibrant with enthusiasm ◆ **des accents qui font vibrer l'âme** accents which stir ou thrill the soul
2 vt (Tech) béton to vibrate

vibreur [vibrœr] nm vibrator

vibrion [vibrijɔ̃] nm (bacille) vibrio; (*: enfant) fidget*

vibrionner [vibrijɔne] ▸ conjug 1 ◂ vi to fidget*

vibrisse [vibris] nf vibrissa

vibromasseur [vibromasœr] nm vibrator

vicaire [vikɛr] → SYN nm [paroisse] curate ◆ [évêque] **grand vicaire, vicaire général** vicar-general ◆ [pape] **vicaire apostolique** vicar apostolic ◆ **le vicaire de Jésus-Christ** the vicar of Christ

vicariance [vikarjɑ̃s] nf vicariousness

vicariant, e [vikarjɑ̃, jɑ̃t] adj vicarious

vicariat [vikarja] nm curacy

vice [vis] → SYN nm **a** (défaut moral, mauvais penchant) vice ◆ (mal, débauche) **le vice** vice ◆ (hum) **le tabac est mon vice** tobacco is my vice (hum) ◆ **elle travaille quinze heures par jour: c'est du vice!*** it's perverted ou it's sheer perversion the way she works 15 hours a day like that! ◆ **vivre dans le vice** to live a life of vice → **oisiveté, pauvreté**
b (défectuosité) fault, defect; (Jur) defect ◆ **vice de prononciation** fault in pronunciation ◆ **vice de conformation** congenital malformation ◆ **vice de construction** construction fault ou defect, fault ou defect in construction ◆ (Jur) **vice rédhibitoire** redhibitory defect ◆ (Jur) **vice de forme** legal flaw ou irregularity ◆ **vice caché** latent defect

vice-amiral, pl **vice-amiraux** [visamiral, o] nm vice-admiral, rear admiral ◆ **vice-amiral d'escadre** vice-admiral

vice-chancelier, pl **vice-chanceliers** [visʃɑ̃səlje] nm vice-chancellor

vice-consul, pl **vice-consuls** [viskɔ̃syl] nm vice-consul

vice-consulat, pl **vice-consulats** [viskɔ̃syla] nm vice-consulate

vicelard, e* [vis(ə)lar, ard] adj, nm,f ⇒ **vicieux**

vice-légat, pl **vice-légats** [vislega] nm vice-legate

vice-légation, pl **vice-légations** [vislegasjɔ̃] nf vice-legateship

vicennal, e, mpl **-aux** [visenal, o] adj vicennial

vice-présidence, pl **vice-présidences** [visprezidɑ̃s] nf vice-presidency, vice-chairmanship

vice-président, e, pl **vice-présidents, es** [visprezidɑ̃, ɑ̃t] nm,f vice-president, vice-chairman

vice-reine, pl **vice-reines** [visrɛn] nf lady viceroy, vicereine

vice-roi, pl **vice-rois** [visʀwa] nm viceroy

vice-royauté, pl **vice-royautés** [visʀwajote] nf viceroyalty

vicésimal, e, mpl **-aux** [visezimal, o] adj vigesimal, vicenary

vice versa [visevɛʀsa] → SYN adv vice versa

vichy [viʃi] nm **a** (Tex) gingham

b **(eau de) Vichy** vichy ou Vichy water ◆ **vichy fraise** strawberry syrup in vichy water ◆ **carottes vichy** boiled carrots, carrots vichy ◆ (Pol) **le gouvernement de Vichy** the Vichy government

vichyssois, e [viʃiswa, waz] adj gouvernement Vichy (épith); population of Vichy

viciation [visjasjɔ̃] → SYN nf (→ **vicier**) pollution; tainting; vitiation (frm); contamination

vicié, e [visje] (ptp de **vicier**) adj (→ **vicier**) polluted; tainted; vitiated (frm); contaminated

vicier [visje] → SYN ▸ conjug 7 ◂ vt **a** atmosphère to pollute, taint, vitiate (frm); sang to contaminate, taint, vitiate (frm)

b (fig) rapports to taint; esprit, atmosphère to taint, pollute

c (Jur) élection to invalidate; acte juridique to vitiate, invalidate

vicieusement [visjøzmɑ̃] adv (→ **vicieux**) licentiously; lecherously; pervertedly; nastily*; incorrectly; wrongly

vicieux, -ieuse [visjø, jøz] → SYN **1** adj **a** (pervers) personne, penchant licentious, dissolute, lecherous, perverted, depraved ◆ **c'est un petit vicieux** he's a little lecher

b (littér: pourri de vices) vicious (littér), depraved, vice-ridden

c (rétif) cheval restive, unruly

d (trompeur, pas franc) attaque, balle well-disguised, nasty* → **cercle**

e (fautif) prononciation, expression incorrect, wrong

2 nm,f pervert

vicinal, e, mpl **-aux** [visinal, o] adj ◆ (Admin) **chemin vicinal** by-road, byway

vicinalité [visinalite] nf (statut) vicinal status; (chemins) by-road, byways, vicinal roads

vicissitudes [visisityd] nfpl (infortunes) vicissitudes, tribulations, trials, trials and tribulations; (littér: variations, événements) vicissitudes, vagaries ◆ **il a connu bien des vicissitudes** he has had many ups and downs ou trials and tribulations

vicomtal, e, mpl **-aux** [vikɔ̃tal, o] adj (de vicomte) of a viscount; (de vicomtesse) of a viscountess; (de vicomté) of a viscountcy

vicomte [vikɔ̃t] nm viscount

vicomté [vikɔ̃te] nf viscountcy, viscounty

vicomtesse [vikɔ̃tɛs] nf viscountess

victime [viktim] → SYN nf (gén) victim; [accident, catastrophe] casualty, victim; (Jur) aggrieved party, victim ◆ **la victime du sacrifice** the sacrificial victim ◆ **entreprise victime de la concurrence** business which was a victim of competition ◆ **il a été victime de son imprudence / imprévoyance** he was the victim of his own imprudence / lack of foresight ◆ **être victime de** escroc, crise cardiaque, calomnie to be the victim of ◆ **l'incendie a fait de nombreuses victimes** the fire claimed many casualties ou victims

victimologie [viktimɔlɔʒi] nf victimology

victoire [viktwaʀ] → SYN nf (gén) victory; (Sport) win, victory ◆ (Boxe) **victoire aux points** win on points ◆ **victoire à la Pyrrhus** Pyrrhic victory ◆ **crier** ou **chanter victoire** to crow (over one's victory) ◆ **ne criez pas victoire trop tôt** don't count your chickens before they're hatched

Victor [viktɔʀ] nm Victor

Victoria [viktɔʀja] **1** nf Victoria ◆ **le lac Victoria** Lake Victoria

2 nm (Géog) Victoria

victoria [viktɔʀja] nf (Bot, Hist: voiture) victoria

victorien, -ienne [viktɔʀjɛ̃, jɛn] adj Victorian

victorieusement [viktɔʀjøzmɑ̃] → SYN adv (→ **victorieux**) victoriously; triumphantly

victorieux, -ieuse [viktɔʀjø, jøz] → SYN adj général, campagne, armée victorious; équipe winning (épith), victorious; parti victorious; air, sourire triumphant

victuailles [viktɥaj] → SYN nfpl provisions, victuals

vidage [vidaʒ] nm **a** [récipient] emptying

b (*: expulsion) kicking out*, chucking out*

vidame [vidam] nm (Hist) vidame

vidamé [vidame] nm, **vidamie** [vidami] nf (dignité) vidame's office; (terre) vidame's land

vidange [vidɑ̃ʒ] → SYN nf **a** [fosse, tonneau, réservoir, fosse d'aisance] emptying; (Aut) oil change ◆ **entreprise de vidange** sewage disposal business ◆ (Aut) **faire la vidange** to change the oil, do an ou the oil change

b (matières) **vidanges** sewage

c (dispositif) [lavabo] waste outlet

vidanger [vidɑ̃ʒe] → SYN ▸ conjug 3 ◂ vt **a** réservoir, fosse d'aisance to empty

b huile, eau to drain (off), empty out

vidangeur [vidɑ̃ʒœʀ] → SYN nm cesspool emptier

vide [vid] → SYN **1** adj **a** (lit) (gén) empty; (disponible) appartement, siège empty, vacant; (Ling) élément empty ◆ **avoir l'estomac** ou **le ventre vide** to have an empty stomach ◆ **ne partez pas le ventre vide** don't leave on an empty stomach ◆ (Comm) **bouteilles / caisses vides** empty bottles / cases, empties* → **case, ensemble, main**

b (fig) (sans intérêt, creux) journée, heures empty; (stérile) discussion, paroles, style empty, vacuous ◆ **sa vie était vide** his life was empty ou a void ◆ **passer une journée vide** to spend a day with nothing to do, spend an empty day → **tête**

c **vide de** empty ou (de)void of ◆ **vide de sens** mot, expression meaningless, empty ou (de)void of (all) meaning; paroles meaningless, empty ◆ **les rues vides de voitures** the streets empty ou devoid of cars ◆ **elle se sentait vide de tout sentiment** she felt (de)void ou empty of all feeling

2 nm **a** (absence d'air) vacuum ◆ **le vide absolu** an absolute vacuum ◆ **pompe à vide** vacuum pump ◆ **faire le vide dans un récipient** to create a vacuum in a container ◆ **sous vide** under vacuum ◆ **emballé sous vide** vacuum-packed ◆ **emballage sous vide** vacuum packing → **nature, tube**

b (trou) (entre objets) gap, empty space; (Archit) void ◆ (Constr) **vide sanitaire** underfloor space

c (abîme) drop ◆ (l'espace) **le vide** the void ◆ **être au-dessus du vide** to be over ou above a drop ◆ **tomber dans le vide** to fall into empty space ou into the void ◆ **j'ai peur / je n'ai pas peur du vide** I am / I am not afraid of heights, I have no head / I have a good head for heights

d (néant) emptiness ◆ **le vide de l'existence** the emptiness of life ◆ **ce lieu n'est que vide et silence** this place is nothing but emptiness and silence ◆ **regarder dans le vide** to gaze ou stare into space ou emptiness

e (fig: manque) **un vide douloureux dans son cœur** an aching void in one's heart ◆ **son départ / sa mort laisse un grand vide** his departure / his death leaves a big empty space ou a great emptiness ◆ **vide juridique** gap in the law

f LOC **faire le vide autour de soi** to isolate o.s., drive everyone away ◆ **faire le vide autour de qn** to isolate sb completely, leave sb on his own ◆ **faire le vide dans son esprit** to make one's mind go blank, empty one's mind ◆ **parler dans le vide** (sans objet) to talk vacuously; (personne n'écoute) to talk to a brick wall, waste one's breath ◆ [camion] **repartir à vide** to go off again empty → **nettoyage, passage, tourner**

vidé, e [vide] (ptp de **vider**) adj (*) personne worn out, dead beat*, all in*

vidéaste [videast] nmf video director

vidéo [video] **1** adj inv video ◆ **caméra / jeu / signal vidéo** video camera / game / signal ◆ **cassette vidéo** video cassette

2 nf video

vidéocassette [videokasɛt] nf video cassette

vidéoclip [videoklip] nm (chanson) video

vidéoclub [videoklœb] nm videoclub

vidéocommunication [videokɔmynikasjɔ̃] nf video communication

vidéoconférence [videokɔ̃feʀɑ̃s] nf videoconference, teleconference

vidéodisque [videodisk] nm videodisk

vidéofréquence [videofʀekɑ̃s] nf video frequency

vidéogramme [videɔgʀam] nm video recording

vidéographie [videɔgʀafi] nf videotext ◆ **vidéographie interactive** Videotex®

vidéolecteur [videɔlɛktœʀ] nm videodisk player

vide-ordures [vidɔʀdyʀ] nm inv rubbish chute (Brit), garbage chute (US)

vidéotex® [videɔtɛks] adj inv, nm inv videotex®

vidéothèque [videɔtɛk] nf video library

vidéotransmission [videotʀɑ̃smisjɔ̃] nf video transmission

vide-poche, pl **vide-poches** [vidpɔʃ] nm (récipient) tidy; (Aut) side pocket

vide-pomme, pl **vide-pommes** [vidpɔm] nm apple-corer

vider [vide] → SYN ▸ conjug 1 ◂ **1** vt **a** récipient, réservoir, meuble, pièce to empty; étang, citerne to empty, drain ◆ **vider un appartement de ses meubles** to empty ou clear a flat of its furniture ◆ **vider un étang de ses poissons** to empty ou clear a pond of fish ◆ **vider un tiroir sur la table / dans une corbeille** to empty a drawer (out) onto the table / into a wastebasket ◆ (en consommant) **ils ont vidé 3 bouteilles** they emptied ou drained 3 bottles ◆ **il vida son verre et partit** he emptied ou drained his glass and left ◆ (en emportant) **ils ont vidé tous les tiroirs** they cleaned out ou emptied all the drawers

b contenu to empty (out) ◆ **vider l'eau d'un bassin** to empty the water out of a basin ◆ **va vider les ordures** go and empty (out) the rubbish ◆ **vider des déchets dans une poubelle** to empty waste into a dustbin

c (faire évacuer) lieu to empty, clear ◆ **la pluie a vidé les rues** the rain emptied ou cleared the streets

d (quitter) endroit, logement to quit, vacate ◆ **vider les lieux** to quit ou vacate the premises

e (évider) poisson, poulet to gut, clean out; pomme to core

f (†: régler) querelle, affaire to settle

g (Équitation) cavalier to throw ◆ **vider les arçons / les étriers** to leave the saddle / the stirrups

h (*: expulser) trouble-fête, indésirable to throw out*, chuck out* ◆ **vider qn d'une réunion / d'un bistro** to throw ou chuck sb out of a meeting / café*

i (épuiser) to wear out ◆ **ce travail m'a vidé*** this piece of work has worn me out ◆ **travail qui vous vide l'esprit** occupation that leaves you mentally drained ou exhausted

j LOC **vider son sac*** to come out with it* ◆ **vider l'abcès** to root out the evil ◆ **vider son cœur** to pour out one's heart

2 **se vider** vpr [récipient, réservoir, bassin] to empty ◆ **les eaux sales se vident dans l'égout** the dirty water empties ou drains into the sewer ◆ **ce réservoir se vide dans un canal** this reservoir empties into a canal ◆ **en août, la ville se vide (de ses habitants)** in August, the town empties (of its inhabitants)

videur [vidœʀ] nm [boîte de nuit] bouncer*

viduité [vidɥite] → SYN nf (Jur) [femme] widowhood, viduity (spéc); [homme] widowerhood, viduity (spéc) ◆ **délai de viduité** minimum legal period of widowhood (ou widowerhood)

vidure [vidyʀ] nf [volaille, poisson] guts

vie [vi] → SYN nf

a (gén, Bio, fig) life ◆ **la vie** life ◆ (Rel) **la Vie** the Life ◆ **être en vie** to be alive ◆ **être bien en vie** to be well and truly alive, be alive and kicking* ◆ **donner la vie** to give birth (*à* to) ◆ **donner / risquer sa vie pour**

to give/risk one's life for ◆ **rappeler qn à/revenir à la vie** to bring sb back/come back to life ◆ **tôt/tard dans la vie** early/late in life ◆ **attends de connaître la vie pour juger** wait until you know (something) about life before you pass judgment ◆ **vie intra-utérine** life in the womb, intra-uterine life (spéc) ◆ **vie végétative** vegetable existence

b (animation) life ◆ **être plein de vie** to be full of life ◆ **donner de la vie à, mettre de la vie dans** to liven up, enliven, bring life to ◆ **sa présence met de la vie dans la maison** he brings some life ou a bit of life into the house, he livens the house up

c (activités) life ◆ **dans la vie courante** in everyday life ◆ **(mode de) vie** way of life, life style ◆ **avoir/mener une vie facile/dure** to have/lead an easy/a hard life ◆ **mener une vie sédentaire** to have a sedentary way of life ou a sedentary life style, lead a sedentary life ◆ **mener joyeuse vie** to have a happy life, lead a happy ou lively existence ◆ **la vie intellectuelle à Paris** the intellectual life of Paris, intellectual life in Paris ◆ **vie sentimentale/conjugale/professionnelle** love/married/professional life ◆ **vie de garçon** bachelor's life ou existence ◆ **la vie militaire** life in the services ◆ **la vie d'un professeur n'est pas toujours drôle** a teacher's life ou the life of a teacher isn't always much fun ◆ **la vie des animaux/des plantes** animal/plant life ◆ **il poursuivit sa petite vie** he carried on with his day-to-day existence ou his daily affairs ◆ **la vie (à l') américaine** the American way of life ◆ **vie de bohème/de patachon*** bohemian/disorderly way of life ou life style ◆ **mener la vie de château** to live a life of luxury ou the life of Riley* → **certificat, vivre** etc

d (moyens matériels) living ◆ **(le coût de) la vie** the cost of living ◆ **la vie augmente** the cost of living is rising ou going up ◆ **la vie chère est la cause du mécontentement** the high cost of living is the cause of discontent → **coût, gagner, niveau**

e (durée) life(time) ◆ **il a habité ici toute sa vie** he lived here all his life ◆ **des habits qui durent une vie** clothes that last a lifetime ◆ **faire qch une fois dans sa vie** to do sth once in one's life(time) ◆ **une telle occasion arrive une seule fois dans la vie** such an opportunity occurs ou happens only once in a lifetime

f (biographie) life (story) ◆ **écrire/lire une vie de qn** to write/read a life of sb ◆ **j'ai lu la vie de Hitler** I read Hitler's life story ou the story of Hitler's life ◆ **elle m'a raconté toute sa vie** she told me her whole life story, she told me the story of her life

g (loc) (nommer qn etc) **à vie** for life ◆ **il est nommé à vie** he is appointed for life, he has a life appointment ◆ **directeur nommé à vie** life director, director for life ◆ **à la vie à la mort** amitié, fidélité undying (épith) ◆ **amis à la vie à la mort** friends for life ◆ **entre nous, c'est à la vie à la mort** we have sworn eternal friendship, we are friends for life ◆ **rester fidèle à qn à la vie à la mort** to remain faithful to sb to one's dying day ◆ **il est infirme pour la vie** he is an invalid for life ◆ **amis pour la vie** friends for life, lifelong friends ◆ **passer de vie à trépas** to pass on ◆ **faire passer qn de vie à trépas** to dispatch sb into the next world ◆ **une question de vie ou de mort** a matter of life and death ◆ **de ma vie je n'ai jamais vu de telles idioties** never (in my life) have I seen such stupidity, I have never (in my life) seen such stupidity ◆ **c'était la belle vie!** those were the days! ◆ **il a la belle vie** he has an easy ou a cushy* life ◆ **c'est la belle vie!** this is the life! ◆ **ce n'est pas une vie!** it's a rotten* ou hard life! ◆ **vie de bâton de chaise** riotous ou wild existence ◆ **c'est une vie de chien!*** it's a rotten ou a dog's life!* ◆ **c'est la vie!** that's life! ◆ **la vie est ainsi faite!** such is life!, that's life! ◆ **jamais de la vie je n'y retournerai** I shall never go back there in my life, I shall never go there again, I shall never ever go back there ◆ **jamais de la vie!** never!, not on your life! ◆ **être entre la vie et la mort** to be at death's door ◆ **avoir la vie dure** [personne, animal] to have nine lives; [superstitions] to die hard ◆ **mener la vie dure à qn** to give sb a hard time of it, make life hard for sb ◆ **sans vie** personne (mort) lifeless; (évanoui) insensible; (amorphe) lifeless, listless; regard lifeless, listless ◆ **vivre sa vie** to live (one's life) as one pleases ou sees fit, live one's own life ◆ **elle a refait sa vie avec lui** she started ou made a new life with him ◆ **faire la vie** (se débaucher) to live it up, lead a life of pleasure; (*: faire une scène) to kick up* a fuss ou a row, make a scene ◆ **chaque fois, elle me fait la vie** she goes on (and on) at me every time ◆ **il en a fait une vie lorsque ...** he kicked up a real row* ou fuss* ou made a real scene when ... ◆ **faire une vie impossible à qn** to make sb's life intolerable ou impossible (for him) ◆ **laisser la vie sauve à qn** to spare sb's life ◆ **il dut à sa franchise d'avoir la vie sauve** he owed his life to his frankness, it was thanks to his frankness that his life was spared ◆ **voir la vie en rose** to see life through rose-tinted ou rose-coloured glasses, take a rosy view of life ◆ **ce roman montre la vie en rose** this novel gives a rosy picture ou view of life

vieil [vjɛj] adj m → **vieux**

vieillard [vjɛjaʀ] → SYN nm old man, old timer* ◆ **les vieillards** the elderly, old people ou men → **asile, hospice**

vieille[1] [vjɛj] → SYN → **vieux**

vieille[2] [vjɛj] nf (poisson) wrasse

vieillerie [vjɛjʀi] → SYN nf **a** (objet) old-fashioned thing; (idée) old ou worn-out ou stale idea ◆ **aimer les vieilleries** to like old ou old-fashioned things ou stuff ◆ (hum) **j'ai mal au dos – c'est la vieillerie*** I have a backache – it's old age

b (littér: cachet suranné) outdatedness, old-fashionedness

vieillesse [vjɛjɛs] → SYN nf **a** (période) old age; (fait d'être vieux) (old) age ◆ **mourir de vieillesse** to die of old age ◆ **dans sa vieillesse** in his old age → **assurance, bâton**

b (vieillards) **la vieillesse** the old, the elderly, the aged ◆ **aide à la vieillesse** help for the old ou the elderly ou the aged → **jeunesse**

c [choses] age, oldness

vieilli, e [vjeji] (ptp de **vieillir**) adj (marqué par l'âge) aged, grown old (attrib); (suranné) dated; (Mode) cuir distressed (épith) ◆ **vin vieilli en cave** wine aged in the cellar ◆ **vieilli dans la profession** grown old in the profession ◆ **une ville vieillie** a town which has aged ou grown old ◆ **une population vieillie** an ageing ou aged population

vieillir [vjejiʀ] → SYN ▸ conjug 2 ◂ **1** vi **a** (prendre de l'âge) [personne, maison, organe] to grow ou get old; [population] to age ◆ **vieillir dans un métier** to grow old in a job ◆ **savoir vieillir** to grow old gracefully ◆ **l'art de vieillir** the art of growing old gracefully ◆ **il a bien/mal vieilli** [personne] he has/has not aged well; [film] it has/has not stood the test of time, it has not/has become dated

b (paraître plus vieux) to age ◆ **il a vieilli de 10 ans en quelques jours** he aged (by) 10 years in a few days ◆ **je la trouve très vieillie** I find she has aged a lot ◆ **il ne vieillit pas** he doesn't get any older

c (fig: passer de mode) [auteur, mot, doctrine] to become (out)dated

d (Culin) [vin, fromage] to age

2 vt **a** [coiffure, maladie] to age, put years on ◆ **cette coiffure vous vieillit** that hair style ages you ou puts years on you ou makes you look older

b (par fausse estimation) **vieillir qn** to make sb older than he (really) is ◆ **vous me vieillissez de 5 ans** you're making me 5 years older than I (really) am

3 **se vieillir** vpr to make o.s. older ◆ **il se vieillit à plaisir** he makes himself older when it suits him

vieillissant, e [vjejisɑ̃, ɑ̃t] adj personne ageing, who is growing old; œuvre ageing, which is becoming (out)dated

vieillissement [vjejismɑ̃] → SYN nm **a** [personne, population, maison, institution] ageing ◆ **le vieillissement fait perdre à la peau son élasticité** ageing ou the ageing process makes the skin lose its elasticity

b [mot, doctrine, œuvre] becoming (out)dated ◆ **le vieillissement prématuré d'un auteur** an author's becoming dated before his time

c [vin, fromage] ageing ◆ **vieillissement forcé** artificial ageing

vieillot, -otte [vjɛjo, ɔt] → SYN adj **a** (démodé) antiquated, quaint

b (vieux) old-looking

vielle [vjɛl] nf hurdy-gurdy

vieller [vjele] ▸ conjug 1 ◂ vi to play the hurdy-gurdy

vielleur, -euse [vjelœʀ, øz], **vielleux, -euse** [vjelø, øz] nm,f hurdy-gurdy player

Vienne [vjɛn] n (en Autriche) Vienna; (en France) Vienne

viennois, e [vjenwa, waz] **1** adj (en Autriche) Viennese; (en France) of ou from Vienne ◆ **café/chocolat viennois** coffee/hot chocolate with whipped cream → **pain**

2 nm,f ◆ **Viennois(e)** (en Autriche) Viennese; (en France) native ou inhabitant of Vienne

viennoiserie [vjenwazʀi] nf Viennese bread and buns

Vientiane [vjɛntjan] n Vientiane

vierge [vjɛʀʒ] → SYN **1** nf **a** (pucelle) virgin

b (Rel) **la (Sainte) Vierge** the (Blessed) Virgin ◆ **la Vierge (Marie)** the Virgin (Mary) ◆ **la Vierge immaculée** the Immaculate Virgin, Immaculate Mary ◆ (tableau, statue) **une Vierge romane/gothique** a Romanesque/Gothic (statue of the) Virgin → **fil**

c (Astron) **la Vierge** Virgo, the Virgin ◆ **être (de la) Vierge** to be (a) Virgo ou a Virgoan

2 adj **a** personne virgin (épith) ◆ **rester/être vierge** to remain/be a virgin

b ovule unfertilized

c (fig) feuille de papier blank, virgin (épith); film unexposed; bande magnétique, disquette d'ordinateur blank; casier judiciaire clean; terre, neige virgin (épith); (Sport) sommet unclimbed → **huile, laine, vigne** etc

d (littér: exempt) **vierge de** free from, unsullied by ◆ **vierge de tout reproche** free from (all) reproach

Vierges [vjɛʀʒ] nfpl ◆ **les îles Vierges** the Virgin Islands

Viêtnam, Viêt Nam [vjɛtnam] nm Vietnam ◆ **Viêtnam du Nord/du Sud** North/South Vietnam

vietnamien, -ienne [vjɛtnamjɛ̃, jɛn] **1** adj Vietnamese

2 nm (Ling) Vietnamese

3 nm,f ◆ **Vietnamien(ne)** Vietnamese ◆ **Vietnamien(ne) du Nord/Sud** North/South Vietnamese

vieux [vjø], **vieille** [vjɛj], **vieil** [vjɛj] devant nm commençant par une voyelle ou un h muet, mpl **vieux** [vjø] → SYN

1 adj **a** (âgé) old ◆ **très vieux** ancient, very old ◆ **un vieil homme** an old man ◆ **une vieille femme** an old woman ◆ **c'est un homme déjà vieux** he's already an old man ◆ (Littérat) **"Le Vieil Homme et la Mer"** "The Old Man and the Sea" ◆ **les vieilles gens** old people, old folk, the aged ou elderly ◆ **il est plus vieux que moi** he is older than I am ◆ **vieux comme Hérode** ou **comme le monde** as old as the hills ◆ **histoire vieille de vingt ans** story which goes back twenty years ◆ **il commence à se faire vieux** he is getting on (in years), he's beginning to grow old ou to age ◆ **il est vieux avant l'âge** he is old before his time ◆ **sur ses vieux jours, il était devenu sourd** he had gone deaf in his old age ◆ **un vieux retraité** an old pensioner ◆ **il n'a pas fait de vieux os** he didn't last ou live long ◆ **il n'a pas fait de vieux os dans cette entreprise** he didn't last long in that firm → **retraite, vivre**

b (ancien: idée de valeur) demeure, bijoux, meuble old ◆ **une belle vieille demeure** a fine old house ◆ **un vin vieux** an old wine ◆ **vieilles danses** old dances ◆ **vieux français** Old French ◆ **vieil anglais** Old English

c (expérimenté) marin, soldat, guide old, seasoned ◆ **un vieux renard** a sly old fox ou dog ◆ **un vieux routier de la politique** a wily old politician, an old hand at politics ◆ **un vieux loup de mer** an old sea dog

d (usé) objet, maison, habits old ◆ **ce pull est très vieux** this sweater is ancient ou very old ◆ **vieux papiers** waste paper ◆ **vieux journaux** old (news)papers ◆ **de vieilles nouvelles** old news e (avant n : de longue date) ami, habitude, amitié old, long-standing ; (passé) coutumes old, ancient ◆ **un vieil ami, un ami de vieille date** a long-standing friend, a friend of long standing ◆ **de vieille race** ou **souche** of ancient lineage ◆ **vieille famille** old ou ancient family ◆ **connaître qn de vieille date** to have known sb for a very long time ◆ **c'est une vieille histoire** it's an old story ◆ **nous avons beaucoup de vieux souvenirs en commun** we have a lot of old memories in common ◆ **c'est la vieille question / le vieux problème** it's the same old question / problem ◆ **traîner un vieux rhume** to have a cold that is dragging on

f (avant nom : de naguère) old ; (précédent) old, former, previous ◆ **la vieille génération** the older generation ◆ **mon vieil enthousiasme** my old ou former ou previous enthusiasm ◆ **ma vieille voiture était plus rapide que la nouvelle** my old ou former ou previous car was quicker than the new one ◆ **le vieux Paris / Lyon** old Paris / Lyons ◆ **dans le bon vieux temps** in the good old days ou times ◆ **la vieille France / Angleterre** the France / England of bygone days ◆ **il est de la vieille école** he belongs to ou is (one) of the old school ◆ **ses vieilles craintes se réveillaient** his old fears were aroused once more

g (péj : intensif) **vieille bique**⁑, **vieille peau**⁑ old bag⁑ ◆ **vieux jeton*** ou **schnock**⁑ old misery* ◆ **vieille noix*** (silly) old twit* ou fathead⁑ ◆ **quel vieux chameau !*** what an old beast !* ou pig !⁑ ◆ **espèce de vieux crétin* !** stupid twit !* ◆ **c'est un vieux gâteux*** he's an old dodderer* ◆ **n'importe quel vieux bout de papier fera l'affaire** any old bit of paper will do → **bon**[1]

2 nm a old man, old timer* ◆ **les vieux** the old ou aged ou elderly, old people, old folk ◆ **un vieux de la vieille*** one of the old brigade ◆ (père) **le vieux**⁑ my ou the old man⁑ ◆ (parents) **ses vieux**⁑ his folks*, his old man and woman ou lady⁑ ◆ **un petit vieux** a little old man ◆ **mon (petit) vieux*, tu vas m'expliquer ça** listen you, you're going to give me an explanation ◆ **alors, (mon) vieux*, tu viens ?** are you coming then, old man ?* ou old chap ?* (Brit) ou old boy ?* (Brit) ou old buddy* (US) ◆ **comment ça va, mon vieux ?*** how are you, old boy ?* (Brit) ou old buddy ?* (US) ◆ **tu fais partie des vieux maintenant** you're one of the old folks* now → **petit**

b **préférer le vieux au neuf** to prefer old things to new ◆ **faire du neuf avec du vieux** to turn old into new ◆ **il a pris un coup de vieux depuis l'été dernier** he's really aged ou the years have really begun to show on him since last summer

3 **vieille** nf old woman ◆ (mère) **la vieille**⁑ my ou the old woman⁑ ou lady⁑ ◆ **alors, ma vieille*, tu viens ?** are you coming then, old girl ?* ; (hum : à un homme) are you coming then, old man ?* ou old chap ?* (Brit) ou old boy ?* (Brit) ◆ **comment ça va, ma vieille ?*** how are you, old girl ?* → **petit**

4 adv vivre to an old age, to a ripe old age ; s'habiller old ◆ **elle s'habille trop vieux** she dresses too old (for herself) ◆ **ce manteau fait vieux** this coat makes you (look) old

5 COMP ▷ **vieux beau** (péj) ageing beau ▷ **vieille branche** (fig : † ou **hum)** old fruit* (Brit) ou bean* (hum) ▷ **vieille fille** spinster, old maid ◆ **elle est très vieille fille** she is very old-maidish ▷ **vieille France** adj inv personne, politesse old-world, old(e)-world(e) (hum) ▷ **vieux garçon** bachelor ◆ **des habitudes de vieux garçon** bachelor ways ▷ **la vieille garde** the old guard ▷ **vieux jeu** adj inv idées old hat (attrib), outmoded ; personne behind the times (attrib), old-fashioned, old hat (attrib) ; vêtement old-fashioned, out-of-date (épith), out of date (attrib) ▷ **vieilles lunes** olden days ▷ **le Vieux Monde** the Old World ▷ **vieil or** adj inv old gold ▷ **vieux rose** adj inv old rose

vif, vive[1] [vif, viv] → SYN 1 adj a (plein de vie) enfant, personne lively, vivacious ; mouvement, rythme, style lively, animated, brisk ; (alerte) sharp, quick (attrib) ; imagination lively, keen ; intelligence keen, quick ◆ **il a l'œil** ou **le regard vif** he has a sharp ou keen eye ◆ **à l'esprit vif** quick-witted ◆ **eau vive** running water → **hale, mémoire**[1]

b (brusque, emporté) personne sharp, brusque, quick-tempered ; ton, propos, attitude sharp, brusque, curt ◆ **il s'est montré un peu vif avec elle** he was rather sharp ou brusque ou curt ou quick-tempered with her ◆ **le débat prit un tour assez vif** the discussion took on a rather acrimonious tone

c (profond) émotion keen (épith), intense, strong ; souvenirs vivid ; impression vivid, intense ; plaisirs, désir intense, keen (épith) ; déception acute, keen (épith), intense ◆ **j'ai le sentiment très vif de l'avoir vexé** I have the distinct feeling that I have offended him

d (fort, grand) goût strong, distinct ; chagrin, regret, satisfaction deep, great ; critiques, réprobation strong, severe ◆ **une vive satisfaction** a great ou deep feeling of satisfaction, deep ou great satisfaction ◆ **une vive impatience** great impatience ◆ **il lui fit de vifs reproches** he severely reprimanded him ◆ **un vif penchant pour ...** a strong liking ou inclination for ... ◆ **à vive allure** at a brisk pace ◆ (formules de politesse) **avec mes plus vifs remerciements** with my most profound thanks ◆ **c'est avec un vif plaisir que ...** it is with very great pleasure that ...

e (cru, aigu) lumière, éclat bright, brilliant ; couleur vivid, brilliant ; froid biting, bitter, sharp ; douleur sharp ; vent keen, biting, bitter ; ongles, arête sharp ◆ **l'air vif les revigorait** the sharp ou bracing air gave them new life ◆ **rouge vif** vivid ou brilliant red ◆ **il faisait un froid très vif** it was bitterly cold

f (à nu) pierre bare ; joints dry

g († : vivant) alive ◆ **être brûlé / enterré vif** to be burnt / buried alive ◆ **de vive voix** renseigner, communiquer, remercier personally, in person ◆ **il vous le dira de vive voix** he'll tell you himself ou in person → **chaux, mort**[2], **œuvre** etc

2 nm a LOC **à vif** chair bared ; plaie open ◆ **avoir les nerfs à vif** to have frayed nerves, be on edge ◆ **avoir la sensibilité à vif** to be highly strung ou very sensitive ◆ **être atteint** ou **touché** ou **piqué au vif** to be cut ou hurt to the quick ◆ **tailler** ou **couper** ou **trancher dans le vif** (lit) to cut into the living flesh ; (fig : prendre une décision) to take strong ou firm action ◆ **entrer dans le vif du sujet** to get to the heart of the matter ◆ **sur le vif** peindre, décrire from life ◆ **prendre qn (en photo) sur le vif** to photograph sb in a real-life situation ◆ **faire un reportage sur le vif** to do a live ou on-the-spot broadcast ◆ **les réactions de qn sur le vif** sb's instant ou on-the-spot reactions

b (Pêche) live bait (NonC) ◆ **pêcher au vif** to fish with live bait

c (Jur : personne vivante) living person ◆ **donation entre vifs** donation inter vivos → **mort**[2]

vif-argent [vifaʀʒɑ̃] → SYN nm inv (Chim) quicksilver ◆ (fig : †) **il a du vif-argent dans les veines, c'est du vif-argent** he is a real live wire*

vigie [viʒi] nf a (Naut) (matelot) look-out, watch ; (poste) [mât] look-out post, crow's-nest ; [proue] look-out post ◆ **être en vigie** to be on watch

b (Rail) **vigie de frein** brake cabin

vigilance [viʒilɑ̃s] → SYN nf (→ **vigilant**) vigilance ; watchfulness

vigilant, e [viʒilɑ̃, ɑ̃t] → SYN adj personne, œil vigilant, watchful ; attention, soins vigilant

vigile[1] [viʒil] → SYN nf (Rel) vigil

vigile[2] [viʒil] → SYN nm (Hist) watch ; (veilleur de nuit) (night) watchman ; [police privée] vigilante

vigne [viɲ] → SYN 1 nf a (plante) vine ◆ (†) **être dans les vignes du Seigneur** to be in one's cups† → **cep, feuille, pied**

b (vignoble) vineyard ◆ **des champs de vigne** vineyards ◆ (activité) **la vigne rapporte peu** wine-growing is not profitable ◆ **les produits de la vigne** the produce of the vineyards → **pêche**[1]

2 COMP ▷ **vigne vierge** Virginia creeper

vigneau, pl **vigneaux** [viɲo] → SYN nm winkle

vigneron, -onne [viɲ(ə)ʀɔ̃, ɔn] → SYN nm,f wine grower

vignetage [viɲ(ə)taʒ], **vignettage** [viɲetaʒ] nm (Phot) vignetting

vignette [viɲɛt] → SYN nf a (Art : motif) vignette

b († : illustration) illustration

c (Comm : timbre) (manufacturer's) label ou seal ◆ (Aut) **la vignette (automobile)** ≃ the (road) tax disc (Brit), (annual) licence tag (US) ◆ **vignette de la Sécurité sociale** *price label on medicines for reimbursement by Social Security*

vignettiste [viɲetist] nmf vignette artist

vigneture [viɲ(ə)tyʀ] nf vine-leaf border

vignoble [viɲɔbl] → SYN nm vineyard ◆ (ensemble de vignobles) **le vignoble français / bordelais** the vineyards of France / Bordeaux

vignot [viɲo] nm ⇒ **vigneau**

vigogne [vigɔɲ] nf (Zool) vicuna ; (Tex) vicuna (wool)

vigoureusement [viguʀøzmɑ̃] adv taper, frotter vigorously, energetically ; protester, résister vigorously ; peindre, écrire vigorously, with vigour ◆ **plante qui pousse vigoureusement** plant that grows vigorously ou sturdily

vigoureux, -euse [viguʀø, øz] → SYN adj a (robuste) personne sturdy, vigorous ; corps robust, vigorous ; bras sturdy, strong ; mains strong, powerful ; santé robust ; plante vigorous, sturdy, robust ◆ **manier la hache d'un bras vigoureux** to wield the axe with vigour, wield the axe vigorously ◆ **il est encore vigoureux pour son âge** he's still hale and hearty ou still vigorous for his age

b (fig) esprit vigorous ; style, dessin vigorous, energetic ; sentiment, passion strong ; résistance, protestations vigorous, strenuous ◆ **donner de vigoureux coups de poing à qch** to deal sth sturdy ou strong ou energetic blows

vigueur [vigœʀ] → SYN nf a (robustesse : → **vigoureux**) sturdiness ; vigour ; robustness ; strength ◆ **sans vigueur** without vigour ◆ **dans toute la vigueur de la jeunesse** in the full vigour of youth ◆ **se débattre avec vigueur** to defend o.s. vigorously ou with vigour ◆ **donner de la vigueur à** to invigorate

b (spirituelle, morale) vigour, strength ; [réaction, protestation] vigour, vigorousness ◆ **vigueur intellectuelle** intellectual vigour ◆ **s'exprimer / protester avec vigueur** to express o.s. / protest vigorously

c (fermeté) [coloris, style] vigour, energy

d **en vigueur** loi, dispositions in force ; terminologie, formule current, in use ◆ **entrer en vigueur** to come into force ou effect ◆ **en vigueur depuis hier** in force as of ou from yesterday ◆ **faire entrer en vigueur** to bring into force ou effect ou operation ◆ **cesser d'être en vigueur** to cease to apply

VIH [veiaʃ] nm (abrév de **virus de l'immunodéficience humaine**) HIV

Viking [vikiŋ] nm Viking

vil, e [vil] → SYN adj a (littér : méprisable) vile, base

b († : non noble) low(ly)

c († : sans valeur) marchandises worthless, cheap ◆ **métaux vils** base metals

d **à vil prix** at a very low price

vilain, e [vilɛ̃, ɛn] → SYN 1 adj a (laid à voir) personne, visage plain(-looking), ugly(-looking) ; vêtement ugly, unattractive ; couleur nasty ◆ **elle n'est pas vilaine** she's not bad-looking, she's not unattractive ◆ (Littérat) **"Le Vilain Petit Canard"** "the Ugly Duckling" ◆ (fig) **1 000 F d'augmentation, ce n'est pas vilain** 1,000 francs rise – that's not bad

b (mauvais) temps nasty, bad, lousy* ; odeur nasty, bad ◆ **il a fait vilain toute la semaine*** it has been nasty ou lousy* (weather) all week

c (grave, dangereux) blessure, affaire nasty, bad ◆ **une vilaine plaie** a nasty wound → **drap**

d (méchant) action, pensée wicked ; enfant, conduite naughty, bad ◆ **vilains mots** naughty ou wicked words ◆ **c'est un vilain monsieur** ou **coco*** he's a nasty customer ou piece of work* (Brit) ◆ **il a été vilain** he was a naughty ou bad boy (*avec* with) ◆ **il a été vilain au cinéma / avec sa grand-mère** he was naughty at the cinema / with his grandmother ◆ **jouer un vilain tour à qn** to play a nasty ou naughty trick on sb

2 nm a (Hist) villein, villain

b (méchant) (garçon) naughty ou bad boy ◆ **oh le (gros) vilain !** what a naughty boy (you are) !

c (*: loc) **il va y avoir du vilain, ça va tourner au vilain, ça va faire du vilain** it's going to turn nasty

3 **vilaine** nf (méchant) naughty ou bad girl ◆ **oh la (grosse) vilaine!** what a naughty girl (you are)!

vilainement [vilɛnmɑ̃] adv wickedly

vilebrequin [vilbʀəkɛ̃] → SYN nm (outil) (bit-)brace; (Aut) crankshaft

vilement [vilmɑ̃] adv (littér) vilely, basely

vilenie [vil(ə)ni] → SYN nf (littér) (caractère) vileness, baseness; (acte) villainy, vile ou base deed

vilipender [vilipɑ̃de] → SYN ▸conjug 1◂ vt (littér) to revile, vilify, inveigh against

villa [villa] → SYN nf **a** (maison) villa, (detached) house ◆ (Antiq) **les villas romaines** Roman villas

b (impasse privée) ≃ mews

villafranchien, -ienne [vilafʀɑ̃ʃjɛ̃, jɛn] **1** adj Villafranchian

2 nm ◆ **le villafranchien** the Villafranchian stage

village [vilaʒ] → SYN nm (bourg, habitants) village ◆ **village de toile** tent village, holiday encampment (Brit) ◆ **village de vacances** holiday (Brit) ou vacation (US) village ◆ **village club** holiday village → **idiot**

villageois, e [vilaʒwa, waz] → SYN **1** adj atmosphère, coutumes village (épith), rustic (épith) ◆ **un air villageois** a rustic air

2 nm (résident) villager, village resident; (†: campagnard) countryman

3 **villageoise** nf villager, village resident; countrywoman

villanelle [vilanɛl] nf villanelle

ville [vil] → SYN **1** nf **a** (cité, habitants) town; (plus importante) city ◆ **en ville, à la ville** in town, in the city ◆ **aller en ville** to go into town ◆ **habiter la ville** to live in a town ou city ◆ **sa ville d'attache était Genève** the town he had most links with was Geneva, Geneva was his home-base → **centre, hôtel, opération, sergent**[1]

b (quartier) **ville basse/haute** lower/upper (part of the) town ◆ **vieille ville** old (part of) town ◆ **ville arabe/européenne** Arab/European quarter

c (municipalité) ≃ local authority, town ou city council ◆ **dépenses assumées par la ville** local authority spending ou expenditure

d (vie urbaine) **la ville** town ou city life, the town ou city ◆ **aimer la ville** to like town ou city life ou the town ou city ◆ **les gens de la ville** townspeople, townsfolk, city folk ◆ **vêtements de ville** town wear ou clothes

2 COMP ▹ **ville champignon** mushroom town ▹ **ville d'eaux** spa (town) ▹ **la Ville éternelle** the Eternal City ▹ **ville forte** fortified town ▹ **ville industrielle** industrial town ou city ▹ **la Ville lumière** the City of Light, Paris ▹ **ville nouvelle** new town ▹ **ville ouverte** open city ▹ **Ville sainte** Holy City ▹ **ville satellite** satellite town ▹ **ville universitaire** university town ou city

villégiature [vi(l)leʒjatyʀ] → SYN nf **a** (séjour) holiday (Brit), vacation (US) ◆ **être en villégiature quelque part** to be on holiday (Brit) ou vacation (US) ou to be holidaying (Brit) ou vacationing (US) somewhere ◆ **aller en villégiature dans sa maison de campagne** to go for a holiday (Brit) ou vacation (US) ou to holiday (Brit) ou vacation (US) in one's country cottage

b **(lieu de) villégiature** (holiday (Brit) ou vacation (US)) resort

villeux, -euse [vilø, øz] → SYN adj villous

villosité [vilozite] → SYN nf villosity

Vilnius [vilnjys] n Vilnius

vin [vɛ̃] → SYN nm **a** wine ◆ **vin blanc/rouge/rosé** white/red/rosé wine ◆ **vin gris** *type of rosé wine* ◆ **vin mousseux/de liqueur/de coupage** sparkling/fortified/blended wine ◆ **vin ordinaire** ou **de table/de messe** ordinary ou table/altar ou communion wine ◆ **vin nouveau** new wine ◆ **grand vin, vin fin** vintage wine ◆ **petit vin, vin de pays** local wine ◆ **vin chaud** mulled wine ◆ **vin cuit** liqueur wine → **lie, quand** etc

b (réunion) **vin d'honneur** reception *(where wine is served)*

c (liqueur) **vin de palme/de canne** palm/cane wine

d LOC **être entre deux vins** to be tipsy ◆ **avoir le vin gai/triste/mauvais** to get happy/get depressed/turn nasty when one has had a drink ou after a few glasses (of wine etc)

vinage [vinaʒ] nm [vin] fortifying

vinaigre [vinɛgʀ] nm vinegar ◆ **vinaigre de vin/d'alcool** wine/spirit vinegar ◆ (fig) **tourner au vinaigre** to turn sour ◆ (fig) **faire vinaigre*** to hurry up, get a move on → **mère, mouche**

vinaigrer [vinegʀe] ▸conjug 1◂ vt to season with vinegar ◆ **salade trop vinaigrée** salad with too much vinegar (on it)

vinaigrerie [vinɛgʀəʀi] nf (fabrication) vinegar-making; (usine) vinegar factory

vinaigrette [vinɛgʀɛt] nf French dressing, vinaigrette, oil and vinegar dressing ◆ **tomates (en** ou **à la) vinaigrette** tomatoes in French dressing ou in oil and vinegar dressing, tomatoes (in) vinaigrette

vinaigrier [vinɛgʀije] nm **a** (fabricant) vinegar-maker; (commerçant) vinegar dealer

b (flacon) vinegar cruet ou bottle

vinasse [vinas] nf (péj) plonk* (Brit péj), cheap wine; (Tech) vinasse

Vincent [vɛ̃sɑ̃] nm Vincent

vindicatif, -ive [vɛ̃dikatif, iv] → SYN adj vindictive

vindicte [vɛ̃dikt] → SYN nf ◆ (Jur) **vindicte publique** prosecution and conviction ◆ **désigner qn à la vindicte publique** to expose sb to public condemnation

viner [vine] ▸conjug 1◂ vt vin to fortify

vineux, -euse [vinø, øz] adj **a** couleur, odeur, goût win(e)y, of wine; pêche wine flavoured, that tastes win(e)y; haleine wine-laden (épith), that smells of wine; teint (cherry-)red ◆ **d'une couleur vineuse** wine-coloured, win(e)y-coloured, the colour of wine ◆ **rouge vineux** wine-red, win(e)y red

b (Tech) full-bodied

c (†: riche en vin) **coteaux vineux** vine-covered hills ◆ **une région vineuse** a rich wine-growing area

vingt [vɛ̃] ([vɛ̃t] en liaison et dans les nombres de 22 à 29) **1** adj inv, nm inv twenty ◆ **je te l'ai dit vingt fois** I've told you a hundred times ◆ **il n'avait plus son cœur/ses jambes de vingt ans** he no longer had the heart/legs of a young man ou of a twenty-year-old ◆ **vingt dieux!** ye gods! ◆ **il mérite vingt sur vingt** he deserves full marks ◆ (Littérat) **"Vingt mille lieues sous les mers"** "Twenty Thousand Leagues Under the Sea" pour autres loc voir **six, soixante**

2 COMP▹ **vingt-quatre heures** twenty-four hours ◆ **vingt-quatre heures sur vingt-quatre** round the clock, twenty-four hours a day ▹ **vingt et un** (nombre) twenty-one ◆ (jeu) **le vingt-et-un** blackjack, pontoon, vingt-et-un, twenty-one (US)

vingtaine [vɛ̃tɛn] nf ◆ **une vingtaine** about twenty, twenty or so, (about) a score ◆ **une vingtaine de personnes** (about) a score of people, twenty people or so, about twenty people ◆ **un jeune homme d'une vingtaine d'années** a young man of around ou about twenty ou of twenty or so

vingt-deux [vɛ̃tdø] adj inv, nm inv twenty-two ◆ **vingt-deux!*** watch out! ◆ **vingt-deux (voilà) les flics!**⁑ watch out! it's the fuzz!⁑ ◆ (carabine) **22 Long Rifle** .22 rifle, point two two rifle

vingtième [vɛ̃tjɛm] **1** adj twentieth ◆ **la vingtième partie** the twentieth part ◆ **au vingtième siècle** in the twentieth century

2 nm twentieth, twentieth part

vingtièmement [vɛ̃tjɛmmɑ̃] adv in the twentieth place

vinicole [vinikɔl] → SYN adj industrie wine (épith); région wine-growing (épith), wine-producing; établissement wine-making (épith)

vinifère [vinifɛʀ] adj viniferous

vinificateur, -trice [vinifikatœʀ, tʀis] nm,f wine producer

vinification [vinifikasjɔ̃] nf [raisin] wine-making (process), wine production; [sucres] vinification

vinifier [vinifje] ▸conjug 7◂ vt moût to convert into wine

vinique [vinik] adj vinic

vinosité [vinozite] nf vinosity

vinyle [vinil] nm vinyl

vinylique [vinilik] adj (peinture) vinyl (épith)

vioc⁑ [vjɔk] nmf ⇒ **vioque**⁑

viol [vjɔl] → SYN nm [femme] rape; [temple] violation, desecration ◆ **au viol!** rape!

violacé, e [vjɔlase] (ptp de **violacer**) **1** adj purplish, mauvish

2 **violacée** nf ◆ (Bot) **les violacées** the violaceae

violacer [vjɔlase] ▸conjug 3◂ **1** vt to make ou turn purple ou mauve

2 **se violacer** vpr to turn ou become purple ou mauve, take on a purple hue (littér)

violateur, -trice [vjɔlatœʀ, tʀis] → SYN nm,f **a** (profanateur) [tombeau] violator, desecrator; [lois] transgressor

b (††) [femme] ravisher (littér)

violation [vjɔlasjɔ̃] → SYN nf (→ **violer**) violation; breaking; transgression; infringement; desecration ◆ (Jur) **violation de domicile** forcible entry *(into a person's home)* ◆ (Jur) **violation du secret professionnel** breach ou violation of professional secrecy ◆ (Jur) **violation de sépulture** violation ou desecration of graves

violâtre [vjɔlɑtʀ] adj purplish, mauvish

viole [vjɔl] → SYN nf viol ◆ **viole d'amour** viola d'amore ◆ **viole de gambe** viola da gamba, bass viol

violemment [vjɔlamɑ̃] adv violently

violence [vjɔlɑ̃s] → SYN nf **a** (caractère: → **violent**) violence; pungency; fierceness; strenuousness; drastic nature

b (force brutale) violence; (acte) violence (NonC), act of violence ◆ **mouvement de violence** violent impulse ◆ **répondre à la violence par la violence** to meet violence with violence ◆ **commettre des violences contre qn** to commit acts of violence against sb ◆ **inculpé de violence à agent** found guilty of assaulting a police officer ou of an assault on a police officer

c (contrainte) **faire violence à qn** to do violence to sb ◆ **faire violence à une femme**† to use a woman violently†† ◆ **se faire violence** to force o.s. ◆ **faire violence à** texte, sentiments to do violence to, savage, desecrate → **doux**

violent, e [vjɔlɑ̃, ɑ̃t] → SYN adj **a** (gén) violent; odeur pungent; orage, vent violent, fierce; exercice, effort violent, strenuous; remède drastic ◆ **c'est un violent** he is a violent man ◆ **violent besoin de s'affirmer** intense ou urgent need to assert o.s. ◆ **saisi d'une peur violente** seized by a violent ou rabid fear → **mort**[1], **révolution**

b (*: excessif) **c'est un peu violent!** it's a bit much!*, that's going a bit far!*

violenter [vjɔlɑ̃te] → SYN ▸conjug 1◂ vt **a** femme to assault (sexually) ◆ **elle a été violentée** she has been sexually assaulted

b (littér) texte, désir to do violence to, desecrate, savage

violer [vjɔle] → SYN ▸conjug 1◂ vt **a** traité to violate, break; loi to violate, transgress, break; droit to violate, infringe; promesse to break

b sépulture, temple to violate, desecrate; frontières, territoire to violate ◆ **violer le domicile de qn** to force an entry into sb's home

c consciences to violate

d femme to rape, ravish (†, littér), violate (littér) ◆ **se faire violer** to be raped

violet, -ette [vjɔlɛ, ɛt] → SYN **1** adj purple; (pâle) violet

2 nm (couleur) purple; (pâle) violet ◆ **le violet lui va bien** purple suits him (well) ◆ **porter du violet** to wear purple ◆ **peindre qch en violet** to paint sth purple ◆ (Peinture) **un tube de violet** a tube of purple ◆ **robe d'un violet assez pâle** dress in a rather pale shade of purple ou violet, dress in (a) rather pale purple ou violet

3 **violette** nf (Bot) violet ◆ **violette odorante** sweet violet ◆ **violette de Parme** Parma violet

violeur, -euse [vjɔlœʀ, øz] → SYN nm,f rapist

violier [vjɔlje] nm evening stock

violine [vjɔlin] adj dark purple, deep purple

violiste [vjɔlist] nmf [viole] viola player, violist (US); [viole de gambe] violist

violon [vjɔlɔ̃] → SYN nm a (instrument d'orchestre) violin, fiddle*; (de violoneux) fiddle → **accorder**
b (musicien d'orchestre) violin, fiddle* ◆ **premier violon** [orchestre] leader; [quatuor] first violin ou fiddle* ◆ **second violon** second violin ou fiddle* ◆ (groupe) **les premiers / seconds violons** the first / second violins → **vite**
c (*: prison) cells (pl), jug‡, nick‡ (Brit) ◆ **au violon** in the cells ou the jug‡ ou the nick‡ (Brit)
d **violon d'Ingres** (artistic) hobby

violoncelle [vjɔlɔ̃sɛl] nm cello, violoncello (spéc)

violoncelliste [vjɔlɔ̃selist] nmf cellist, cello player, violoncellist (spéc)

violoneux [vjɔlɔnø] → SYN nm (de village, péj) fiddler*

violoniste [vjɔlɔnist] → SYN nmf violinist, violin player, fiddler*

vioque‡ [vjɔk] nmf (vieillard) old person, old timer* ◆ (père, mère) **le vioque** my ou the old man‡ ◆ **la vioque** my ou the old woman‡ ou lady‡ ◆ **mes vioques** my folks*

viorne [vjɔʀn] → SYN nf (Bot) viburnum

VIP [veipe] nmf (abrév de **Very Important Person**) VIP

vipère [vipɛʀ] → SYN nf adder, viper ◆ **vipère aspic** asp ◆ **cette femme est une vipère** that woman is a (real) viper ◆ **elle a une langue de vipère** she's got a viper's tongue ou a poisonous ou venomous tongue → **nœud**

vipereau, pl **vipereaux** [vip(ə)ʀo] nm young viper

vipéridés [vipeʀide] nmpl ◆ **les vipéridés** vipers, the Viperidae (spéc)

vipérin, e [vipeʀɛ̃, in] → SYN 1 adj (Zool) viperine; (fig) propos vicious, poisonous
2 **vipérine** nf a (Bot) viper's bugloss
b (Zool) **(couleuvre) vipérine** viperine snake (spéc), grass snake

virage [viʀaʒ] → SYN nm a (action) [avion, véhicule, coureur, skieur] turn ◆ (Aviat) **faire un virage sur l'aile** to bank ◆ (Aut) **prendre un virage sur les chapeaux de roues** to take a bend (Brit) ou curve (US) ou turn (US) on two wheels ou on one's hub caps ◆ **prendre un virage à la corde** to hug the bend ou turn ◆ (Ski) **virage parallèle** parallel turn
b (Aut: tournant) bend (Brit), turn (US) ◆ **virage en épingle à cheveux** hairpin bend ou turn ◆ **virage en S** S-bend, S-curve (US) ◆ **« virages sur 3 km »** "bends for 3 km" ◆ **virage relevé** banked corner ◆ **voiture qui chasse dans les virages** car which skids round bends ou turns ◆ **cette voiture prend bien les virages** this car corners well, this car takes bends ou corners well ◆ **il a pris son virage trop vite** he went into ou took the bend ou curve (US) too fast ◆ **accélérer dans les virages** to accelerate round the bends ou corners
c (fig) change in policy ou of direction ◆ **le virage européen du gouvernement britannique** the British government's change of policy ou direction over Europe, the change in the British government's European policy ◆ **amorcer un virage à droite** to take a turn to the right ◆ **un virage à 180 degrés de la politique française** a U-turn in French politics ◆ **savoir prendre le virage** to adapt to meet new circumstances
d (transformation) (Chim) [papier de tournesol] change in colour ◆ (Phot) **virage à l'or / au cuivre** gold / copper toning ◆ (Méd) **virage d'une cuti-réaction** positive reaction of a skin test

virago [viʀago] → SYN nf virago

viral, e, mpl **-aux** [viʀal, o] adj viral

vire [viʀ] nf [paroi rocheuse] ledge

virée [viʀe] → SYN nf (en voiture) drive, run, trip, ride, spin; (de plusieurs jours) trip, tour; (à pied) walk; (de plusieurs jours) walking ou hiking tour; (en vélo) run, trip; (de plusieurs jours) trip; (dans les cafés etc) tour ◆ **faire une virée** to go for a run (ou walk, drive etc) ◆ **faire une belle virée (à vélo) dans la campagne** to go for a nice (bicycle) run in the country, go for a nice run ou trip in the country (on one's bicycle) ◆ **faire une virée en voiture** to go for a drive, go for a run ou trip ou ride ou spin in the car ◆ **on a fait une virée en Espagne** we went on a trip ou tour round Spain ◆ **cette virée dans les cafés de la région s'est mal terminée** this tour of the cafés of the district had an unhappy ending

virelai [viʀlɛ] nm (Littérat) virelay

virement [viʀmɑ̃] → SYN nm a (Fin) **virement (bancaire)** credit transfer ◆ **virement postal** ≃ (National) Giro transfer (Brit) ◆ **faire un virement (d'un compte sur un autre)** to make a (credit) transfer (from one account to another) ◆ **virement budgétaire** reallocation of funds
b (Naut) **virement de bord** tacking

virémie [viʀemi] nf viremia

virer [viʀe] → SYN ▸ conjug 1 ◂ 1 vi a (changer de direction) [véhicule, avion, bateau] to turn ◆ (Aviat) **virer sur l'aile** to bank
b (Naut) **virer de bord** to tack ◆ **virer vent devant** to go about ◆ **virer vent arrière** to wear ◆ **virer sur ses amarres** to turn at anchor ◆ **virer au cabestan** to heave at the capstan
c (changer de place) to move (out of the way) ◆ (littér, †) **virer à tout vent** to be as changeable as a weathercock
d (changer de couleur, d'aspect) [couleur] to turn, change; (Phot) [épreuves] to tone; (Méd) [cuti-réaction] to come up positive ◆ **bleu qui vire au violet** blue which is turning purple, blue which is changing to purple ◆ **virer à l'aigre** to turn sour ◆ [temps] **virer au froid / à la pluie / au beau** to turn cold / rainy / fine ou fair
2 vt a (Fin) to transfer (*à un compte* (in) to an account)
b (*) (expulser) to kick out*, chuck out*; (renvoyer) to sack (Brit), kick out*, chuck out* ◆ **virer qn d'une réunion** to kick ou chuck sb out of a meeting* ◆ **se faire virer** (expulser) to get o.s. kicked ou thrown out, get put out (*de* of); (renvoyer) to get (o.s.) kicked ou chucked out (of one's job)*, get the sack (Brit)
c (*) (jeter) to chuck out*, throw out, get rid of; (changer de place) to get rid of
d (Phot) épreuve to tone ◆ (Méd) **il a viré sa cuti(-réaction)*** he gave a positive skin test, his skin test came up positive ◆ (fig) **virer sa cuti*** to throw off the fetters (fig)

virescence [viʀesɑ̃s] nf virescence

vireur [viʀœʀ] nm turning gear

vireux, -euse [viʀø, øz] adj (littér) noxious ◆ **amanite vireuse** amanita virosa

virevoltant, e [viʀvɔltɑ̃, ɑ̃t] adj danseuse twirling, pirouetting; cheval pirouetting; jupons twirling

virevolte [viʀvɔlt] → SYN nf [danseuse] twirl, pirouette; [cheval] demivolt, pirouette; (fig: volte-face) about-turn, volte-face ◆ **les virevoltes élégantes de la danseuse** the elegant twirling of the dancer

virevolter [viʀvɔlte] → SYN ▸ conjug 1 ◂ vi [danseuse] to twirl around, pirouette; [cheval] to do a demivolt, pirouette

Virgile [viʀʒil] nm Virgil

virginal, e, mpl **-aux** [viʀʒinal, o] → SYN 1 adj (littér) virginal, maidenly (littér) ◆ **blanc virginal** virgin white
2 nm (Mus) virginal, virginals (pl)

Virginie [viʀʒini] nf a (Géog) Virginia ◆ **Virginie-Occidentale** West Virginia
b (prénom) Virginia

virginie [viʀʒini] nm (tabac) Virginia

virginité [viʀʒinite] → SYN nf a (lit) virginity, maidenhood (littér) ◆ (hum) **se refaire une virginité** to restore one's image
b (fig littér) [neige, aube, âme] purity ◆ **il voulait rendre à ce lieu sa virginité** he wished to give back to this place its untouched ou virgin quality

virgule [viʀgyl] nf a (ponctuation) comma ◆ **mettre une virgule** to put a comma ◆ (fig) **sans y changer une virgule** without changing a (single) thing, without touching a single comma ◆ (fig) **moustaches en virgule** curled moustache
b (Math) (decimal) point ◆ **(arrondi à) 3 chiffres après la virgule** (correct to) 3 decimal places ◆ **5 virgule 2** 5 point 2 ◆ **virgule fixe / flottante** fixed / floating decimal (point)

viril, e [viʀil] → SYN adj attributs, apparence, formes male, masculine; attitude, courage, langage, traits manly, virile; prouesses, amant virile ◆ **force virile** virile ou manly strength ◆ (Sport) **jeu viril** aggressive style → **âge, membre, toge**

virilement [viʀilmɑ̃] adv in a manly ou virile way

virilisant, e [viʀilizɑ̃, ɑ̃t] adj médicament that provokes male characteristics

virilisation [viʀilizasjɔ̃] nf (Méd) virilism

viriliser [viʀilize] → SYN ▸ conjug 1 ◂ vt (Bio) to give male characteristics to; (en apparence) femme to make appear mannish ou masculine; homme to make (appear) more manly ou masculine

virilisme [viʀilism] nm virility; (Méd) virilism

virilité [viʀilite] → SYN nf (→ **viril**) masculinity; manliness; virility

virion [viʀjɔ̃] nm virion

virocide [viʀɔsid] 1 adj viricidal
2 nm viricide

virole [viʀɔl] nf a (bague) ferrule
b (Tech: moule) collar

viroler [viʀɔle] ▸ conjug 1 ◂ vt a couteau, parapluie to ferrule, fit with a ferrule
b (Tech) to place in a collar

virolier, -ière [viʀɔlje, jɛʀ] nm,f (Tech) collar maker

virologie [viʀɔlɔʒi] nf virology

virologique [viʀɔlɔʒik] adj virological

virologiste [viʀɔlɔʒist] nmf, **virologue** [viʀɔlɔg] nmf virologist

virose [viʀoz] nf viral infection

virtualité [viʀtɥalite] → SYN nf (→ **virtuel**) potentiality; virtuality

virtuel, -elle [viʀtɥɛl] → SYN adj (gén) sens, revenu potential; (Philos, Phys) virtual → **image**

virtuellement [viʀtɥɛlmɑ̃] adv a (littér: en puissance) potentially
b (pratiquement) virtually, to all intents and purposes ◆ **c'était virtuellement fini** it was virtually finished, to all intents and purposes it was finished, it was as good as finished

virtuose [viʀtɥoz] → SYN 1 nmf (Mus) virtuoso; (fig: artiste) master, virtuoso ◆ **virtuose du violon** violin virtuoso ◆ **virtuose de la plume** master of the pen, virtuosic writer ◆ **virtuose du pinceau** master of the brush, virtuosic painter
2 adj virtuoso

virtuosité [viʀtɥozite] → SYN nf virtuosity ◆ (Mus) **exercices de virtuosité** exercises in virtuosity ◆ (péj) **c'est de la virtuosité pure** it's technically brilliant (but lacking in feeling)

virucide [viʀysid] adj, nm ⇒ **virocide**

virulence [viʀylɑ̃s] → SYN nf virulence, viciousness, harshness ◆ **critiquer avec virulence** to criticize virulently ou viciously ou harshly

virulent, e [viʀylɑ̃, ɑ̃t] → SYN adj virulent, vicious, harsh

virure [viʀyʀ] nf (Naut) strake, streak

virus [viʀys] → SYN nm (lit, Ordin) virus ◆ **virus de la rage** rabies virus ◆ (fig) **le virus de la danse / du jeu** the dancing / gambling bug* ◆ **attraper le virus du jeu** to be bitten by the gambling bug*

vis[1] [vis] 1 nf a (à bois etc) screw ◆ **vis à bois** wood screw ◆ **vis à métaux** metal screw ◆ **vis à tête plate / à tête ronde** flat-headed / round-headed screw ◆ **vis à ailettes** wing nut ◆ **vis cruciforme** Phillips screw® ◆ **il faudra don-**

ner un tour de vis you'll have to give the screw a turn ou tighten the screw a little → **pas**[1], **serrer**, **tour**[2]
b **escalier à vis**, **vis†** spiral staircase
2 COMP ▷ **vis d'Archimède** Archimedes' screw ▷ **vis sans fin** worm, endless screw ▷ **vis micrométrique** micrometer screw ▷ **vis platinées** (Aut) (contact) points ▷ **vis de pressoir** press screw ▷ **vis de serrage** binding ou clamping screw

vis[2] [vi] → **vivre**, **voir**

visa [viza] ⇒ SYN nm (gén) stamp; [passeport] visa ◆ **visa de censure** (censor's) certificate ◆ (fig) **visa pour ...** passport to ... ◆ (Fin) **carte visa** ® Visa ® card

visage [vizaʒ] ⇒ SYN **1** nm **a** (figure, fig: expression, personne, aspect) face ◆ **au visage pâle / joufflu** pale-/ chubby-faced ◆ **un visage connu / ami** a known/ friendly face ◆ **je lui trouve bon visage** (to me) he is looking well ◆ **sans visage** faceless ◆ **le vrai visage de ...** the true face of ... ◆ **un homme à deux visages** a two-faced man ◆ (fig) **donner un nouveau visage à** ville to give au new look to; entreprise, parti to change the face of ◆ **à visage humain** socialisme, entreprise with a human face → **soin**
b LOC **agir / parler à visage découvert** to act / speak openly ◆ **elle changea de visage** her face ou expression changed ◆ **faire bon visage** to put a good face on it ◆ **faire bon visage à qn** to put on a show of friendliness ou amiability (frm) for sb ◆ **montrer son vrai visage** to show one's true colours
2 COMP ▷ **Visage pâle** paleface

visagisme ® [vizaʒism] nm (coiffure) hair styling; (esthétique) cosmetician

visagiste ® [vizaʒist] nmf ◆ **(coiffeur) visagiste** (hair) stylist ◆ **(maquilleur) visagiste** cosmetician

vis-à-vis [vizavi] ⇒ SYN **1** prép **a** (en face de) **vis-à-vis de la place** opposite ou vis-à-vis the square
b (comparé à) **vis-à-vis de** beside, vis-à-vis, next to, against ◆ **mon savoir est nul vis-à-vis du sien** my knowledge is nothing next to ou beside ou against ou vis-à-vis his
c **vis-à-vis de** (envers) towards, vis-à-vis; (à l'égard de) as regards, with regard to, vis à vis ◆ **être sincère vis-à-vis de soi-même** to be frank with oneself ◆ **être méfiant vis-à-vis de la littérature** to be mistrustful towards literature ◆ **j'en ai honte vis-à-vis de lui** I'm ashamed of it in front of ou before him
2 adv (face à face) face to face ◆ **leurs maisons se font vis-à-vis** their houses are facing ou opposite each other
3 nm inv **a** (position) **en vis-à-vis** facing ou opposite each other ◆ **des immeubles en vis-à-vis** buildings facing ou opposite each other ◆ **assis en vis-à-vis** sitting facing ou opposite each other, sitting face to face
b (tête-à-tête) encounter, meeting ◆ **un vis-à-vis ennuyeux** a tiresome encounter ou meeting
c (personne faisant face) person opposite; (aux cartes: partenaire) partner; (homologue) opposite number, counterpart
d (immeuble etc) **immeuble sans vis-à-vis** building with an open ou unimpeded outlook ◆ **avoir une école pour vis-à-vis** to have a school opposite, look out at ou on a school
e (canapé) tête-à-tête

viscache [viskaʃ] nf viscacha, vizcacha

viscéral, e, mpl **-aux** [viseʀal, o] ⇒ SYN adj **a** (Anat) visceral
b (fig) haine, peur visceral, deep-seated, deep-rooted

viscéralement [viseʀalmɑ̃] ⇒ SYN adv ◆ **détester viscéralement qch** to have a gut* ou visceral hatred of sth ◆ **viscéralement jaloux** pathologically jealous

viscère [visɛʀ] ⇒ SYN nm ◆ (gén pl) **viscères** intestines, entrails, viscera (spéc)

viscose [viskoz] nf viscose

viscosimètre [viskozimɛtʀ] nm visco(si)meter

viscosité [viskozite] ⇒ SYN nf [liquide] viscosity; [surface gluante] stickiness, viscosity

visé [vize] nm ◆ **tirer au visé** to shoot with aim, aim and shoot

visée [vize] ⇒ SYN nf **a** (avec une arme) taking aim (NonC), aiming (NonC); (Arpentage) sighting ◆ **pour faciliter la visée, ce fusil comporte un dispositif spécial** to help you to (take) aim ou to help your aim, this rifle comes equipped with a special device → **ligne**[1]
b (gén pl: dessein) aim, design ◆ **avoir des visées sur qn / qch** to have designs on sb / sth ◆ **visées coupables** wicked designs

viser[1] [vize] ⇒ SYN ▸ conjug 1 ◂ **1** vt **a** objectif to aim at ou for; cible to aim at
b (ambitionner) effet to aim at; carrière to aim at, set one's sights on
c (concerner) [mesure] to be aimed at, be directed at; [remarque] to be aimed ou directed at, be meant ou intended for ◆ **cette mesure vise tout le monde** this measure applies to everyone, everyone is affected by this measure ◆ **se sentir visé** to feel one is being got at*
d (‡: regarder) to have a dekko‡ (Brit) at, take a look at ◆ **vise un peu ça!** just have a dekko‡ (Brit) ou take a look at that!
2 vi **a** [tireur] to aim, take aim ◆ **viser juste / trop haut / trop bas** to aim accurately / (too) high / (too) low ◆ **viser à la tête / au cœur** to aim for the head / heart
b (fig: ambitionner) **viser haut / plus haut** to set one's sights high / higher, aim high / higher
3 **viser à** vt indir ◆ (avoir pour but de) **viser à qch / à faire** to aim at sth / at doing ou to do ◆ **scène qui vise à provoquer le rire** scene which sets out to raise a laugh ou to make people laugh ◆ **mesures qui visent à la réunification de la majorité** measures which are aimed at reuniting ou which aim ou are intended to reunite the majority

viser[2] [vize] ⇒ SYN ▸ conjug 1 ◂ vt (Admin) passeport to visa; document to stamp ◆ **faire viser un passeport** to have a passport visaed

viseur [vizœʀ] nm **a** [arme] sights (pl); [caméra, appareil photo] viewfinder ◆ (Phot) **viseur à cadre lumineux** collimator viewfinder
b (Astron: lunette) telescopic sight

Vishnou, Vishnu [viʃnu] nm Vishnu

visibilité [vizibilite] ⇒ SYN nf (gén, Sci) visibility ◆ **bonne / mauvaise visibilité** good / bad visibility ◆ **visibilité nulle** nil ou zero visibility ◆ **ce pare-brise permet une très bonne visibilité** this windscreen gives excellent visibility ◆ pilotage, virage **sans visibilité** blind (épith)

visible [vizibl] ⇒ SYN adj **a** (lit) visible ◆ **visible à l'œil nu / au microscope** visible to the naked eye / under a microscope
b (fig: évident, net) embarras, surprise obvious, evident, visible, amélioration, progrès clear, visible, perceptible; réparation, reprise obvious ◆ **son embarras était visible** his embarrassment was obvious ou evident ou visible, you could see his embarrassment ou that he was embarrassed ◆ **il ne le veut pas, c'est visible** he doesn't want to, that's obvious ou apparent ou clear ◆ **il est visible que ...** it is obvious ou apparent ou clear that ...
c (en état de recevoir) **Monsieur est-il visible?** is Mr X (ou Lord X etc) able to receive visitors?, is Mr X (ou Lord X etc) receiving visitors? ◆ **elle n'est pas visible le matin** she's not at home to visitors ou not in to visitors in the morning

visiblement [viziblәmɑ̃] adv **a** (manifestement) visibly, obviously, clearly ◆ **il était visiblement inquiet** he was visibly ou obviously ou clearly worried ◆ **visiblement, c'est une erreur** obviously ou clearly it's a mistake
b (de façon perceptible à l'œil) visibly, perceptibly

visière [vizjɛʀ] ⇒ SYN nf **a** [casquette plate, képi etc] peak; (pour le soleil, en celluloïd) eyeshade ◆ **mettre sa main en visière** to shade one's eyes with one's hand
b [armure] visor → **rompre**

visioconférence [vizjokɔ̃feʀɑ̃s] nf videoconference, teleconference

vision [vizjɔ̃] ⇒ SYN nf **a** (action de voir qch) **la vision de ce film l'avait bouleversé** seeing this film had really upset him
b (faculté) (eye)sight, vision (frm, spéc); (perception) vision, sight ◆ **une vision défectueuse** defective (eye)sight ou vision ◆ **le mécanisme de la vision** the mechanism of vision ou sight ◆ **champ de vision** field of view ou vision ◆ **pour faciliter la vision** to aid (eye)sight ou vision ◆ **vision nette / floue** clear / hazy vision ◆ **porter des lunettes pour la vision de loin** to wear glasses for seeing distances ou for seeing at a distance
c (conception) vision ◆ **la vision romantique de ce peintre** this painter's romantic vision
d (image, apparition, mirage) vision ◆ **tu as des visions*** you're seeing things

visionnage [vizjɔnaʒ] nm viewing

visionnaire [vizjɔnɛʀ] ⇒ SYN adj, nmf visionary

visionner [vizjɔne] ▸ conjug 1 ◂ vt to view

visionneuse [vizjɔnøz] nf viewer *(for transparencies or film)*

visiophone [vizjɔfɔn] nm videophone, viewphone

visitandine [vizitɑ̃din] nf Visitandine

Visitation [vizitasjɔ̃] nf ◆ (Rel) **la Visitation** the Visitation ◆ **Ordre de la Visitation** Order of the Visitation

visite [vizit] ⇒ SYN **1** nf **a** (action: → **visiter**) visiting; going round; examination, inspection; going over, searching; going through; calling on ◆ (à la prison, l'hôpital) **heures / jour de visite** ou **des visites** visiting hours / day ◆ **la visite du château a duré 2 heures** it took 2 hours to go round (Brit) ou go through (US) the castle → **droit**[3]
b (tournée, inspection) visit; (Méd) [médecin hospitalier avec ses étudiants] ward round ◆ **visite de douane** customs inspection ou examination ◆ **droit de visite** right of search ◆ **au programme il y a des visites de musées** there are museum visits on the programme ◆ **visite accompagnée** ou **guidée** guided tour ◆ **ces visites nocturnes au garde-manger** these nocturnal visits ou trips to the pantry ◆ **il redoutait les visites de l'inspecteur** he feared the inspector's visits
c (chez une connaissance etc) visit ◆ **une courte visite** a short visit, a call ◆ **une visite de politesse / de remerciements** a courtesy / thank you call ou visit ◆ **être en visite chez qn** to be paying sb a visit, be on a visit to sb ◆ **rendre visite à qn** to pay sb a visit, call on sb, visit sb ◆ **je vais lui faire une petite visite, cela lui fera plaisir** I'm going to pay him a call ou a short visit ou I'm going to call on him – that will please him ◆ **rendre à qn sa visite** to return sb's visit, pay sb a return visit ◆ **avoir** ou **recevoir la visite de qn** to have a visit from sb ◆ (Jur) [parent divorcé] **droit de visite** right of access → **carte**
d (visiteur) visitor ◆ **nous avons des visites** we've got visitors ou company ou guests ◆ **j'ai une visite dans le salon** I have a visitor ou I have company in the lounge ◆ **nous attendons de la visite** ou **des visites** we are expecting visitors ou company ou guests ◆ (hum) **tiens, nous avons de la visite*** hey, we've got company ou guests
e (officielle) [chef d'État] visit ◆ **en visite officielle au Japon** on an official visit to Japan
f (médicale) **visite (à domicile)** (house)call, visit ◆ **visite de contrôle** follow-up visit ◆ **la visite** (chez le médecin) (medical) consultation; (Mil) (quotidienne) sick parade; (d'entrée) medical (Brit), medical examination (Brit), physical examination (US) ◆ **aller à la visite** to go to the surgery (for a consultation) ◆ [recrue etc] **passer à la visite (médicale)** to have a medical (Brit) ou physical (US) examination ◆ **l'heure de la visite dans un service d'hôpital** the time when the doctor does his ward round(s) in hospital ◆ **ce médecin ne fait pas de visites à domicile** this doctor doesn't make housecalls
g (Comm) visit, call; (d'expert) inspection ◆ **j'ai reçu la visite d'un représentant** I received a visit ou call from a representative, a representative called (on me)
2 COMP ▷ **visite du diocèse** (Rel) ⇒ **visite épiscopale** ▷ **visite domiciliaire** (Jur) house search ▷ **visite de douane** customs inspection ou examination ▷ **visite épiscopale** (Rel) pastoral visitation

visiter [vizite] ⇒ SYN ▸ conjug 1 ◂ vt **a** (en touriste, curieux) pays, ville to visit; château, musée to go round, visit ◆ **visiter une maison** (à vendre) to go over ou view a house, look a house over, look over a house ◆ **il me fit visiter sa maison / son laboratoire** he showed me round (Brit) ou through (US) his house / his laboratory ◆ **il nous a fait visiter la maison que nous envisagions d'acheter** he showed us round (Brit) ou through (US) ou over (Brit) the house we were thinking of buying

b (en cherchant qch) bagages to examine, inspect; boutiques to go over, search; recoins to search (in), examine; armoire to go through, search (in); (Admin) navire to inspect; (hum) coffre-fort to visit (hum), pay a visit to (hum)

c (par charité) malades, prisonniers to visit

d [médecin, représentant, inspecteur] to visit, call on

e (Rel) to visit

f (fréquenter) voisins, connaissances to visit, call on

visiteur, -euse [vizitœʀ, øz] → SYN **1** nm,f (gén: touriste, à l'hôpital) visitor ◆ (représentant) **visiteur en bonneterie / pharmacie** hosiery / pharmaceutical ou drugs representative ou rep* → **infirmière**[2]

2 COMP ▷ **visiteur des douanes** customs inspector ▷ **visiteur médical** medical representative ou rep* ▷ **visiteur de prison** prison visitor

vison [vizɔ̃] → SYN nm (animal, fourrure) mink; (manteau) mink (coat)

visonnière [vizɔnjɛʀ] nf (Can) mink farm, minkery (Can)

visqueux, -euse [viskø, øz] → SYN adj **a** liquide viscous, thick; pâte sticky, viscous; (péj) surface, objet sticky, goo(e)y*, viscous

b (fig péj) personne, manière smarmy (Brit), slimy

vissage [visaʒ] nm screwing (on ou down)

visser [vise] → SYN ▸ conjug 1 ◂ vt **a** (au moyen de vis) plaque, serrure to screw on; couvercle to screw down ou on ◆ **ce n'est pas bien vissé** it's not screwed down ou up properly ◆ **visser un objet sur qch** to screw an object on to sth ◆ (fig) **rester vissé sur sa chaise** to be ou sit rooted ou glued to one's chair ◆ (fig) **rester vissé devant qn** to be rooted to the spot before sb ◆ **le chapeau vissé sur la tête** with his hat jammed hard ou tight on his head

b (en tournant) couvercle, bouchon, écrou to screw on ◆ **ce couvercle se visse** this is a screw-on lid, this lid screws on ◆ **ce n'est pas bien vissé** [bouchon] it's not screwed on ou down properly; [écrou] it's not screwed down ou up properly

c (Sport: donner de l'effet à) balle to put (a) spin on

d (*: surveiller) élève, employé to keep a tight rein on, crack down on* ◆ **depuis la fugue du petit Marcel, ils les vissent** ever since little Marcel ran off they keep a tight rein on them ou they have really cracked down on them*

visseuse [visøz] nf screwing machine

Vistule [vistyl] nf ◆ **la Vistule** the Vistula

visu [vizy] adv ◆ **de visu** with one's own eyes ◆ **s'assurer de qch de visu** to check sth with one's own eyes ou for oneself

visualisation [vizɥalizasjɔ̃] nf (→ **visualiser**) visualization; making visual; (Ordin) display → **console, écran**

visualiser [vizɥalize] ▸ conjug 1 ◂ vt (Tech: par fluorescence etc) courant de particules etc to make visible, visualize; (audiovisuel) concept, idée to make visual; (Ordin) to display

visuel, -elle [vizɥɛl] **1** adj (gén) visual ◆ **troubles visuels** eye trouble (NonC) ◆ **cet écrivain est un visuel** visual images predominate in the writings of this author → **champ**[1]

2 nm (Ordin) visual display unit, VDU; (Publicité) visual ◆ **visuel graphique** graphical display unit

visuellement [vizɥɛlmɑ̃] adv visually

vit [vi] → **vivre, voir**

vital, e, mpl **-aux** [vital, o] → SYN adj (Bio, gén) vital → **centre, espace**[1], **minimum**

vitalisme [vitalism] → SYN nm (Philos) vitalism

vitaliste [vitalist] **1** adj vitalist(ic)

2 nmf vitalist

vitalité [vitalite] → SYN nf [personne] energy, vitality; [institution, terme] vitality ◆ **il est plein de vitalité** he's full of energy ou go ou vitality ◆ **la vitalité de ces enfants est incroyable** the energy of these children is unbelievable

vitamine [vitamin] nf vitamin ◆ **vitamine A / C / D** etc vitamin A / C / D etc → **carence**

vitaminé, e [vitamine] adj with added vitamins

vitaminique [vitaminik] adj vitamin (épith)

vite [vit] → SYN **1** adv **a** (à vive allure) rouler, marcher fast, quickly; progresser, avancer quickly, rapidly, swiftly

b (rapidement) travailler, se dérouler, se passer quickly, fast; (en hâte) faire un travail quickly, in a rush ou hurry ◆ **ça s'est passé si vite, je n'ai rien vu** it happened so quickly ou fast I didn't see a thing ◆ **il travaille vite et bien** he works quickly ou fast and well ◆ **c'est trop vite fait** it was done too quickly ou in too much of a rush ou hurry ◆ **inutile d'essayer de faire cela vite: ce sera du mauvais travail** there's no point in trying to do that quickly ou in a hurry ou rush – it will just be a bad piece of work ◆ **vous avez fait vite pour venir** it didn't take you long to come, you were quick getting here ◆ **ça ne va pas vite** it's slow work ◆ **fais vite!** be quick about it!, look sharp!* ◆ **le temps passe vite** time flies ◆ (fig) **la police est allée vite en besogne*** the police were quick off the mark ou worked fast ou didn't waste any time ◆ **vous allez un peu vite en besogne*** you're going too fast, you're a bit too quick off the mark ◆ **aller plus vite que les violons** ou **la musique** to jump the gun ◆ **elle s'est tirée vite fait*** she took off as quick as a flash* ◆ **il faut que tu termines ça, vite fait (sur le gaz)*** you have to finish that, pronto* ◆ **on prend une bière, mais vite fait (sur le gaz)*** we'll have a beer, but a quick one* ou a quickie* ◆ **il l'a terminé vite fait, bien fait** he finished it nice and quickly* ◆ **il l'a peint vite fait, bien fait** he gave it a quick coat of paint ◆ **c'est du vite fait, bien fait** it's a nice quick job ◆ **c'est vite dit*** it's easier said than done → **aller**

c (sous peu, tôt) soon, in no time ◆ **on a vite fait de dire que ...** it's easy to say that ... ◆ **il eut vite fait de découvrir que ...** he soon ou quickly discovered that ..., in no time he discovered that ... ◆ **ce sera vite fait** it won't take long, it won't take a moment ou a second ◆ **elle sera vite arrivée / guérie** she'll soon be here / better, she'll be here / better in no time

d (sans délai, toute de suite) quick ◆ **lève-toi vite!** get up quick! ◆ **va vite voir!** go and see quick! ◆ **au plus vite** as quickly as possible ◆ **il faut le prévenir au plus vite** he must be warned as quickly ou as soon as possible ◆ **faites-moi ça, et vite!** do this for me and be quick about it! ◆ **eh, pas si vite!** hey, not so fast!, hey, hold on (a minute)! ◆ **vite! un médecin** quick! a doctor ◆ **et plus vite que ça!** and get a move on!*, and be quick about it! ◆ **là il (y) va un peu vite** he's being a bit hasty

2 adj (style journalistique: Sport) fast

vitellin, e [vitelɛ̃, in] adj vitelline

vitellus [vitelys] nm (Bio) vitellin

vitesse [vitɛs] → SYN **1** nf **a** (promptitude, hâte) speed, quickness, rapidity ◆ **surpris de la vitesse avec laquelle ils ont fait ce travail / répondu** surprised at the speed ou quickness ou rapidity with which they did this piece of work / replied ◆ **en vitesse** (rapidement) quickly; (en hâte) in a hurry ou rush ◆ **faites-moi ça en vitesse** do this for me quickly ◆ **faites-moi ça, et en vitesse!** do this for me and be quick about it! ◆ **on va prendre un verre en vitesse** we'll go for a quick drink ◆ **écrire un petit mot en vitesse** to scribble a hasty note ◆ **j'ai préparé le déjeuner / cette conférence un peu en vitesse** I prepared lunch / this lecture in a bit of a hurry ou rush ◆ **à toute vitesse, en quatrième vitesse** at full ou top speed ◆ **il faut toujours tout faire en quatrième vitesse** everything always has to be done at top speed ou in a great rush ◆ **(à la nouvelle) il est arrivé en quatrième vitesse** ou **à toute vitesse** (on hearing the news) he came like a shot ou at the double

b [courant, processus] speed; [véhicule, projectile] speed, velocity ◆ **aimer la vitesse** to love speed ◆ **à la vitesse de 60 km / h** at (a speed of) 60 km / h ◆ **à quelle vitesse allait-il, quelle vitesse faisait-il?** what speed was he going at? ou doing? ◆ **faire de la vitesse** to go ou drive fast ◆ **faire une vitesse (moyenne) de 60** to do an average (speed) of 60 ◆ **prendre de la vitesse** to gather ou increase speed, pick up speed ◆ **gagner** ou **prendre qn de vitesse** (lit) to beat sb, outstrip sb; (fig) to beat sb to it, pip sb at the post* (Brit), beat sb by a nose (US) ◆ **entraîné par sa propre vitesse** carried along by his own momentum ◆ **vitesse moyenne / maximale** average / maximum speed ◆ **vitesse de propagation / réaction / rotation** speed of propagation / reaction / rotation → **course, deux, excès, perte**

c (Rail) **grande / petite vitesse** fast / slow goods service ◆ **expédier un colis en petite vitesse** to send a parcel by slow goods service ◆ **expédier un colis en grande vitesse** to express (Brit) a parcel, send a parcel express ou by fast goods service

d (Aut) gear ◆ **changer de vitesse** to change ou shift (US) gear ◆ **2e / 4e vitesse** 2nd / 4th gear ◆ **passer les vitesses** to go ou run through the gears ◆ (fig) **passer la vitesse supérieure** to get a move-on*, shift into high gear (US) → **boîte**

e LOC **à la vitesse grand V*** fast with a capital F*, real fast* (US) ◆ **il est parti à la vitesse grand V*** he went tearing off*, he left like a bullet from a gun

2 COMP ▷ **vitesse acquise** momentum ▷ **vitesse de croisière** cruising speed ▷ **vitesse initiale** muzzle velocity ▷ **vitesse de libération** escape velocity ou speed ▷ **vitesse de pointe** maximum ou top speed ▷ **vitesse de sédimentation** sedimentation speed ▷ **vitesse du son** speed of sound ▷ **vitesse de sustentation** minimum flying speed

viticole [vitikɔl] → SYN adj industrie wine (épith); région wine-growing (épith), wine-producing; établissement wine-producing, wine-making (épith) ◆ **culture viticole** wine growing, viticulture (spéc)

viticulteur, -trice [vitikyltœʀ, tʀis] → SYN nm,f wine grower, viticulturist (spéc)

viticulture [vitikyltyʀ] nf wine growing, viticulture (spéc)

vitiligo [vitiligo] nm leucoderma, vitiligo

vitrage [vitʀaʒ] nm **a** (action: → **vitrer**) glazing

b (vitres) windows (pl); (cloison) glass partition; (toit) glass roof ◆ **double vitrage** double glazing

c (rideau) net curtain; (tissu) net curtaining

vitrail, pl -aux [vitʀaj, o] → SYN nm stained-glass window, church window ◆ **l'art du vitrail, le vitrail** the art of stained-glass window making

vitre [vitʀ] → SYN nf **a** [fenêtre, vitrine] (window) pane, pane (of glass); [voiture] window ◆ **poser / mastiquer une vitre** to put in / putty a window pane ou a pane of glass ◆ **verre à vitre** window glass ◆ **laver les vitres** to wash the windows ◆ **appuyer son front à la vitre** to press one's forehead against the window (pane) ◆ **les camions font trembler les vitres** the lorries make the window panes ou the windows rattle ◆ **casser une vitre** to break a window (pane) ◆ (Aut) **la vitre arrière** the rear window ou windscreen (Brit) ou windshield (US)

b (fenêtre) **vitres** windows ◆ **fermer les vitres** to close the windows

vitré, e [vitʀe] (ptp de vitrer) adj **a** porte, cloison glass (épith) → **baie**[2]

b (Anat) **corps vitré** vitreous body ◆ **humeur vitrée** vitreous humour

vitrer [vitʀe] ▸ conjug 1 ◂ vt fenêtre to glaze, put glass in; véranda, porte to put windows in, put glass in

vitrerie [vitʀəʀi] nf (activité) glaziery, glazing; (marchandise) glass

vitreux, -euse [vitʀø, øz] → SYN adj **a** (Anat) humeur vitreous

b (Géol) vitreous → **porcelaine**

c (péj : terne, glauque) yeux glassy, dull ; regard glassy, glazed, lacklustre (épith) ; surface, eau dull

vitrier [vitʀije] nm glazier

vitrifiable [vitʀifjabl] adj (→ **vitrifier**) vitrifiable ; sealable

vitrification [vitʀifikasjɔ̃] nf (→ **vitrifier**) vitrification ; glazing ; sealing, varnishing

vitrifier [vitʀifje] ▸ conjug 7 ◂ 1 vt (par fusion) to vitrify ; (par enduit) to glaze, put a glaze on ; parquet to seal, varnish

2 **se vitrifier** vpr to vitrify

vitrine [vitʀin] → SYN nf a (devanture) (shop) window ◆ **en vitrine** in the window ◆ **la vitrine du boucher/de la pâtisserie** the butcher's/cake (Brit) ou pastry shop window ◆ **faire les vitrines** to dress the windows ◆ **vitrine publicitaire** display case, showcase ◆ (fig) **cette exposition est la vitrine de l'Europe** this exhibition is Europe's showcase → **lécher**

b (armoire) (chez soi) display cabinet ; (au musée etc) showcase, display cabinet

vitriol [vitʀijɔl] nm (Hist Chim) vitriol ◆ **huile de vitriol** oil of vitriol ◆ (fig) **une critique/un style au vitriol** a vitriolic review/style ◆ († fig) **un alcool au vitriol, du vitriol** firewater

vitriolage [vitʀijɔlaʒ] nm (Tech) vitriolization

vitrioler [vitʀijɔle] ▸ conjug 1 ◂ vt a (Tech) to vitriolize, treat with vitriol ou (concentrated) sulphuric acid

b victime d'agression to throw acid ou vitriol at

vitro [vitʀo] adj, adv → **in vitro**

vitrocéramique [vitʀoseʀamik] nf vitreous ceramic ◆ **table de cuisson en vitrocéramique** ceramic hob

vitulaire [vitylɛʀ] adj ◆ **fièvre vitulaire** vitular fever

vitupération [vitypeʀasjɔ̃] → SYN nf ◆ (propos) **vitupérations** rantings and ravings, vituperations (frm)

vitupérer [vitypeʀe] → SYN ▸ conjug 6 ◂ 1 vi to vituperate (*contre* against), rant and rave (*contre* about) ◆ **vitupérer contre qn/qch** to rail against sb/sth, rant and rave about sb/sth

2 vt (littér) to vituperate, revile, inveigh against

vivable [vivabl] → SYN adj a (*) personne livable-with* ◆ **il n'est pas vivable** he's not livable-with*, he's impossible to live with ◆ **ce n'est pas vivable !** it's unbearable ! ou intolerable !

b milieu, monde fit to live in ◆ **cette maison n'est pas vivable** this house is not fit to live in

vivace¹ [vivas] → SYN 1 adj a arbre hardy ◆ **plante vivace** (hardy) perennial

b préjugé inveterate, indestructible ; haine indestructible, inveterate, undying ; souvenir vivid ; foi steadfast, undying

2 nf (plante) perennial

vivace² [vivatʃe] adv, adj (Mus) vivace

vivacité [vivasite] → SYN nf a (rapidité, vie) [personne] liveliness, vivacity ; [mouvement] liveliness, briskness ; [intelligence] sharpness, quickness, keenness ◆ **vivacité d'esprit** quick-wittedness ◆ **avoir de la vivacité** to be lively ou vivacious

b (brusquerie) sharpness, brusqueness

c [lumière, éclat] brightness, brilliance ; [couleur] vividness ; [froid] bitterness ; [douleur] sharpness ; [vent] keenness

d (intensité) [émotion, plaisir] keenness, intensity ; [impression] vividness

vivandière [vivɑ̃djɛʀ] nf (Hist) vivandière

vivant, e [vivɑ̃, ɑ̃t] → SYN 1 adj a (en vie) living, alive (attrib), live (épith) ◆ **né vivant** born alive ◆ **il est encore vivant** he's still alive ou living ◆ **il n'en sortira pas vivant** he won't come out of it alive ◆ **expériences sur des animaux vivants** experiments on live ou living animals, live animal experiments ◆ (fig) **c'est un cadavre/squelette vivant** he's a living corpse/skeleton

b (plein de vie) regard, visage, enfant lively ; ville, quartier, rue lively, full of life (attrib) ; portrait lifelike, true to life (attrib) ; dialogue, récit, film lively ; (fig) personnage lifelike

c (doué de vie) matière, organisme living → **être**

d (constitué par des êtres vivants) machine, témoignage, preuve living ◆ **c'est le portrait vivant de sa mère** he's the (living) image of his mother → **tableau**

e (en usage) expression, croyance, influence living ◆ **une expression encore très vivante** an expression which is still very much alive → **langue**

f (Rel) **le pain vivant** the bread of life ◆ **le Dieu vivant** the living God

2 nm a (personne) (Rel) **les vivants** the living ◆ **les vivants et les morts** (gén) the living and the dead ; (Bible) the quick and the dead ◆ **rayer qn du nombre des vivants** to strike sb's name from the number of the living → **bon¹**

b (vie) **de son vivant** in his lifetime, while he was alive ◆ **du vivant de ma mère, mon père ne buvait pas beaucoup** in my mother's lifetime ou while my mother was alive, my father didn't drink much

vivarium [vivaʀjɔm] → SYN nm vivarium

vivat [viva] → SYN nm ◆ (gén pl) **vivats** cheers ◆ **il quitta la scène sous les vivats** he left stage to the cheers of the crowd

vive² [viv] 1 → **vif, vivre**

2 excl ◆ **vive le roi/la France/l'amour !** long live the king/France/love ! ◆ **vivent les vacances !** three cheers for ou hurrah for the holidays !

vive³ [viv] nf weever

vivement [vivmɑ̃] → SYN adv a (avec brusquerie) sharply, brusquely

b (beaucoup) regretter deeply, greatly ; désirer keenly, greatly ; affecter, ressentir, intéresser deeply, keenly ◆ **s'intéresser vivement à** to take a keen ou deep interest in, be keenly ou deeply interested in

c (avec éclat) colorer brilliantly, vividly ; briller brightly, brilliantly

d (littér : rapidement) agir, se mouvoir in a lively manner

e (marque un souhait) **vivement les vacances !** I can't wait for the holidays !, if only the vacation were here ! (US), roll on the holidays !* (Brit) ◆ **vivement que ce soit fini !** I'll be glad when it's all over !, roll on the end !* (Brit) ◆ **vivement ce soir qu'on se couche !*** I can't wait until bedtime !, roll on bedtime !* (Brit)

viveur [vivœʀ] → SYN nm high liver, reveller, roisterer

vivier [vivje] → SYN nm (étang) fishpond ; (réservoir) fish-tank ; (fig) breeding ground

vivifiant, e [vivifjɑ̃, jɑ̃t] → SYN adj air, brise invigorating, enlivening, bracing ; joie, ambiance invigorating, enlivening, vivifying → **grâce**

vivifier [vivifje] → SYN ▸ conjug 7 ◂ vt a personne to invigorate, enliven ; sang, plante to invigorate ; (fig littér) âme to vitalize, quicken (littér) ; race to vitalize, give life to

b (Rel, littér) [foi, force] to give life, quicken (littér) ◆ **l'esprit vivifie** the spirit gives life

vivipare [vivipaʀ] 1 adj viviparous

2 nm viviparous animal ◆ **vivipares** vivipara

viviparité [vivipaʀite] nf viviparity

vivisection [vivisɛksjɔ̃] nf vivisection

vivo [vivo] adj, adv → **in vivo**

vivoir [vivwaʀ] nm (Can) living room

vivoter [vivɔte] → SYN ▸ conjug 1 ◂ vi [personne] to rub ou get along (somehow), live from hand to mouth ; [entreprise] to struggle along

vivre [vivʀ] → SYN ▸ conjug 46 ◂ 1 vi a (être vivant) to live, be alive ◆ **il n'a vécu que quelques jours** he only lived a few days ◆ **je ne savais pas qu'il vivait encore** I did not know he was still alive ou living ◆ **quand l'ambulance est arrivée, il vivait encore** he was still alive when the ambulance arrived ◆ **quand elle arriva, il avait cessé de vivre** he was dead when she arrived ◆ **vivre vieux** to live to a ripe old age, live to a great age ◆ **il vivra centenaire** he'll live to be a hundred ◆ **le peu de temps qu'il lui reste à vivre** the little time he has left (to live) ◆ **le colonialisme a vécu** colonialism is a thing of the past, colonialism has had its day ◆ **ce manteau a vécu*** this coat is finished ou has had its day ◆ **il fait bon vivre** it's good to be alive, it's a good life → **âme, qui**

b (habiter) to live ◆ **vivre à Londres/en France** to live in London/in France ◆ **vivre avec qn** to live with sb ◆ **ils vivent ensemble/comme mari et femme** they live together/as husband and wife ◆ **vivre dans le passé/dans ses livres/dans la crainte** to live in the past/in one's books/in fear

c (exister, se comporter) to live ◆ **vivre saintement** to lead a saintly life, live like a saint ◆ **vivre en paix (avec soi-même)** to be at peace (with oneself) ◆ **vivre dangereusement** to live dangerously ◆ **se laisser vivre** to live for the day, take life ou each day as it comes ◆ **être facile/difficile à vivre** to be easy/difficult to live with ou to get on with ◆ **ces gens-là savent vivre** those people (really) know how to live → **apprendre**

d (exister) to live ◆ **on vit bien en France** life is good in France ◆ **c'est un homme qui a beaucoup vécu** he's a man who has seen a lot of life ◆ (fig) **elle ne vit plus depuis que son fils est pilote** she lives on her nerves since her son became a pilot ◆ **il ne vit que pour sa famille** he lives only for his family → **art, joie, savoir**

e (subsister) to live (*de* on) ◆ **vivre de laitages/de son traitement/de rentes** to live on dairy produce/one's salary/one's (private) income ◆ (Bible) **l'homme ne vit pas seulement de pain** man shall not live by bread alone ◆ **vivre au jour le jour** to live from day to day ou from hand to mouth ◆ **vivre largement** ou **bien** to live well ◆ **avoir (juste) de quoi vivre** to have (just) enough to live on ◆ **il vit de sa peinture/musique** he earns his living by painting/with his music ◆ **travailler/écrire pour vivre** to work/write for a living ◆ **il faut bien vivre !** a man (ou woman) has got to live !, you have to live ! ◆ **faire vivre qn** [personne] to provide for sb, support sb ◆ **je n'aime pas ce métier mais il me fait vivre** I don't like this job but it pays the bills* ou allows me to earn a living ◆ **seul son amour pour ses enfants le fait vivre** only his love for his children keeps him going ◆ **vivre de l'air du temps** to live on air ◆ **vivre d'amour et d'eau fraîche** to live on love alone ◆ **vivre sur sa réputation** to get by on the strength of one's reputation → **crochet**

f (fig) [portrait, idée, rue, paysage] to be alive ◆ **un portrait qui vit** a lively ou lifelike portrait, a portrait which seems alive ◆ **sa gloire vivra longtemps** his glory will live on ou will endure ◆ **les plantes et les roches vivent comme les hommes** plants and rocks are alive ou have a life of their own just like men

2 vt a (passer) to live, spend ◆ **vivre des jours heureux/des heures joyeuses** to live through ou spend happy days/hours ◆ **il vivait un beau roman d'amour** his life was a love story come true ◆ **la vie ne vaut pas la peine d'être vécue** life is not worth living

b (être mêlé à) événement, guerre to live through ◆ **nous vivons des temps troublés** we are living in ou through troubled times ◆ **le pays vit une période de crise** the country is going through a period of crisis

c (éprouver intensément) **vivre sa vie** to live one's own life, live as one pleases ou sees fit ◆ **vivre sa foi/son art** to live out one's faith/one's art ◆ **vivre l'instant/le présent** to live for the moment/the present ◆ **vivre son époque intensément** to be intensely involved in the period one lives in ◆ **il a mal vécu son divorce/son adolescence/la mort de sa mère** he had a hard time of it when he got divorced/as an adolescent/when his mother died

3 nm ◆ (littér) **le vivre et le couvert** bed and board ◆ **le vivre et le logement** board and lodging

4 nmpl ◆ **les vivres** supplies, provisions → **couper**

vivrier, -ière [vivʀije, ijɛʀ] adj food-producing (épith)

vizir [viziʀ] nm vizier

vizirat [viziʀa] nm vizierate

v'là [vla] prép (abrév de **voilà**) ◆ **v'là le facteur** here's the postman (Brit) ou mailman (US)

Vladivostok [vladivɔstɔk] n Vladivostok

vlan, v'lan [vlɑ̃] excl wham!, bang ◆ **et vlan! dans la figure** smack ou slap-bang in the face ◆ **et vlan! il est parti en claquant la porte** wham! ou bang! he slammed the door and left

VO [veo] nf (abrév de **version originale**) ◆ **film en VO** film in the original version ou language ◆ **en VO sous-titrée** in the original version with subtitles

vocable [vɔkabl] [→ SYN] nm a (mot) term
b (Rel) **église sous le vocable de saint Pierre** church dedicated to St Peter

vocabulaire [vɔkabylɛʀ] [→ SYN] nm a (dictionnaire) vocabulary, word list ◆ **vocabulaire français-anglais** French-English vocabulary ◆ **vocabulaire de la photographie** dictionary ou lexicon of photographic terms
b (d'un individu, d'un groupe; terminologie) vocabulary ◆ **vocabulaire actif / passif** active / passive vocabulary ◆ **enrichir son vocabulaire** to enrich one's vocabulary ◆ **il avait un vocabulaire exact** he had a very precise vocabulary ◆ **quel vocabulaire!** what language! ◆ **vocabulaire technique / médical** technical / medical vocabulary

vocal, e, mpl **-aux** [vɔkal, o] adj organe, musique vocal ◆ **synthèse vocale** voice ou speech synthesis → **corde**

vocalement [vɔkalmɑ̃] adv vocally

vocalique [vɔkalik] adj vowel (épith), vocalic ◆ **système vocalique** vowel system

vocalisation [vɔkalizasjɔ̃] nf (Ling) vocalization; (Mus) singing exercise

vocalise [vɔkaliz] [→ SYN] nf singing exercise ◆ **faire des vocalises** to practise (one's) singing exercises

vocaliser [vɔkalize] [→ SYN] ▸ conjug 1 ◂ 1 vt (Ling) to vocalize
2 vi (Mus) to practise (one's) singing exercises
3 **se vocaliser** vpr (Ling) to become vocalized

vocalisme [vɔkalism] nm (Ling) (théorie) vocalism; (système vocalique) vowel system; [mot] vowel pattern

vocatif [vɔkatif] nm vocative (case)

vocation [vɔkasjɔ̃] [→ SYN] nf a (Rel, pour un métier, une activité) vocation, calling ◆ **vocation contrariée** frustrated vocation ◆ **avoir / ne pas avoir la vocation** to have / lack a vocation ◆ **avoir la vocation de l'enseignement / du théâtre** to be cut out to be a teacher ou for teaching / for acting ou the theatre ◆ **vocation artistique** artistic calling ◆ **rater sa vocation** to miss one's vocation ◆ (hum) **il a la vocation** it's a real vocation for him
b (destin) vocation, calling ◆ **la vocation maternelle de la femme** woman's maternal vocation ou calling ◆ **la vocation industrielle du Japon** the industrial calling of Japan
c (Admin) **avoir vocation à** ou **pour** to have authority to

voceratrice [vɔtʃeʀatʀitʃe, vɔseʀatʀis], **vocératrice** [vɔseʀatʀis] nf (en Corse) (hired) mourner

vociférateur, -trice [vɔsifeʀatœʀ, tʀis] 1 adj vociferous
2 nm,f vociferator

vocifération [vɔsifeʀasjɔ̃] [→ SYN] nf cry of rage, vociferation

vociférer [vɔsifeʀe] [→ SYN] ▸ conjug 6 ◂ 1 vi to utter cries of rage, vociferate ◆ **vociférer contre qn** to shout angrily at sb, scream at sb
2 vt insulte, ordre to shout (out), scream ◆ **vociférer des injures** to hurl abuse, shout (out) ou scream insults

vocodeur [vɔkɔdœʀ] nm vocoder

vodka [vɔdka] nf vodka

vœu, pl **vœux** [vø] [→ SYN] GRAMMAIRE ACTIVE 23 nm
a (promesse) vow ◆ **faire (le) vœu de faire** to vow to do, make a vow to do ◆ **vœux de religion** religious vows ◆ **vœux de célibat** vows of celibacy ◆ (Rel) **prononcer ses vœux** to take one's vows ◆ **vœu de chasteté** vow of chastity ◆ **faire vœu de pauvreté** to take a vow of poverty
b (souhait) wish ◆ **faire un vœu** to make a wish ◆ **nous formons des vœux pour votre santé** we send our good wishes for your recovery ou health ◆ **tous nos vœux de prompt rétablissement** our best wishes for a speedy recovery ◆ **l'assemblée a émis le vœu que ...** the assembly expressed the wish ou its desire that ... ◆ **je fais le vœu qu'il me pardonne** I pray (that) he may forgive me ◆ **tous nos vœux (de bonheur)** all good wishes ou every good wish for your happiness ◆ **tous nos vœux vous accompagnent** our very best wishes go with you ◆ **vœu pieux** pious hope
c (au jour de l'an) **les vœux télévisés du président de la République** the President of the Republic's televised New Year speech ou address ◆ **il a reçu les vœux du corps diplomatique** he received New Year's greetings from the diplomatic corps ◆ **tous nos (meilleurs** ou **bons) vœux de bonne et heureuse année, meilleurs vœux** best wishes for the New Year, happy New Year; (sur une carte) "Season's Greetings"

vogoul(e) [vɔgul] adj, nm Vogul

vogue [vɔg] [→ SYN] nf a (popularité) fashion, vogue ◆ **connaître une vogue extraordinaire** to be extremely fashionable ou popular, be tremendously in vogue ◆ **être en vogue** to be in fashion ou vogue, be fashionable ◆ **la vogue de la mini-jupe est en baisse** miniskirts are going out of fashion, the fashion ou vogue for miniskirts is on the way out ◆ **c'est la grande vogue maintenant** it's all the rage now
b (dial: foire) fair

voguer [vɔge] [→ SYN] ▸ conjug 1 ◂ vi (littér) [embarcation, vaisseau spatial] to sail; (fig) [pensées] to drift, wander ◆ **nous voguions vers l'Amérique** we were sailing towards America ◆ **l'embarcation voguait au fil de l'eau** the boat was drifting ou floating along on ou with the current ◆ (fig) **nous voguons, frêles esquifs, au gré du hasard** we drift (along), frail vessels on the waters of fate (littér) ◆ (hum) **vogue la galère!** come what may!

voici [vwasi] prép a (pour désigner: opposé à voilà) here is, here are, this is, these are ◆ **voici mon bureau et voilà le vôtre** here is ou this is my office and there is ou that is yours ◆ **voici mon frère et voilà sa femme** this is ou here is my brother and there is ou that is his wife ◆ **voici mes parents** here are ou these are my parents
b (pour désigner: même valeur que voilà) here is, here are, this is, these are ◆ **voici mon frère** this is my brother ◆ **voici le livre que vous cherchiez** here's the book you were looking for ◆ **l'homme / la maison que voici** this (particular) man / house ◆ **M. Dupont, que voici** Mr Dupont here ◆ **il m'a raconté l'histoire que voici** he told me the following story
c (pour annoncer, introduire) here is, here are, this is, these are ◆ **voici le printemps / la pluie** here comes spring / the rain ◆ **voici la fin de l'hiver** the end of winter is here ◆ **me / nous / le** etc **voici** here I am / we are / he is etc ◆ **les voici prêts à partir** they're ready to leave, that's them ready to leave* ◆ **nous voici arrivés** here we are, we've arrived ◆ **le voici qui se plaint encore** there he goes, complaining again, that's him complaining again* ◆ **me voici à me ronger les sangs pendant que lui ...** (au présent) here am I ou here's me* in a terrible state while he ...; (au passé) there was I ou there was me* in a terrible state while he ... ◆ **vous voulez des preuves, en voici** you want proof, well here you are then ◆ **nous y voici** (lieu) here we are; (question délicate etc) now we're getting there ou near it ◆ **voici qui va vous surprendre** here's something that'll surprise you ◆ **voici qu'il se met à pleuvoir maintenant** and now it's starting to rain ◆ **voici ce que je compte faire** this is what I'm hoping to do ◆ **voici ce qu'il m'a dit / ce dont il s'agit** this is what he told me / what it's all about ◆ **voici comment il faut faire** this is the way to do it, this is how it's done ◆ **voici pourquoi je l'ai fait** this ou that was why I did it ◆ **voici pourquoi je l'avais supprimé** that was why I'd eliminated it ◆ **voici que tombe la nuit** night is falling, it is getting dark
d (il y a) **voici 5 ans que je ne l'ai pas vu** it's 5 years (now) since I last saw him, I haven't seen him for the past 5 years ◆ **il est parti voici une heure** he left an hour ago, it's an hour since he left ◆ **voici bientôt 20 ans que nous sommes mariés** it'll soon be 20 years since we got married, we'll have been married 20 years soon

voie [vwa] [→ SYN] 1 nf a (chemin) way; (Admin: route, rue) road; (itinéraire) route ◆ (Hist) **voie romaine / sacrée** Roman / sacred way ◆ **par la voie des airs** by air ◆ **emprunter la voie maritime** to go by sea, use the sea route ◆ **voies de communication** communication routes ◆ **voie sans issue** no through road, cul-de-sac ◆ **voie privée** private road ◆ **voie à double sens** two-way road ◆ **voie à sens unique** one-way road
b (partie d'une route) lane ◆ **« travaux – passage à voie unique »** "roadworks – single-lane traffic" ◆ **route à voie unique** single-lane road, single-track road ◆ **route à 3 / 4 voies** 3- / 4-lane road ◆ **voie réservée aux autobus** bus lane ◆ **voie à contresens** contraflow lane ◆ **une voie de circulation a été mise en sens inverse sur ...** there is a contraflow system in operation on ...
c (Rail) track, (railway) line ◆ **ligne à voie unique / à 2 voies** single- / double-track line ◆ **ligne à voie étroite** narrow-gauge line ◆ **on répare les voies** the line ou track is under repair ◆ **voie montante / descendante** up / down line ◆ **le train est annoncé sur la voie 2** the train will arrive at platform 2
d (Anat) **voies digestives / respiratoires / urinaires** digestive / respiratory / urinary tract ◆ **par voie buccale** ou **orale** orally ◆ **administrer qch par voie nasale / rectale** to administer sth through the nose / the rectum ◆ **évacuer qch par les voies naturelles** to get rid of sth by the natural routes ou naturally
e (fig) way ◆ **la voie du bien / mal** the path of good / evil ◆ **la voie de l'honneur** the honourable course ◆ **rester dans la voie du devoir** to keep to the line ou path of duty ◆ **entrer dans la voie des aveux** to make a confession ◆ **ouvrir / tracer / montrer la voie** to open up / mark out / show the way ◆ **préparer la voie à qn / qch** to prepare ou pave the way for sb / sth ◆ **continuez sur cette voie** continue in this way ◆ **il est sur la bonne voie** he's on the right track ◆ **l'affaire est en bonne voie** the matter is shaping ou going well ◆ **mettre qn sur la voie** to put sb on the right track ◆ **trouver sa voie** to find one's way (in life) ◆ **la voie est libre** the way is clear ou open
f (filière, moyen) **par des voies détournées** by devious ou roundabout means ◆ **par la voie hiérarchique / diplomatique** through official / diplomatic channels ◆ **par voie de conséquence** in consequence, as a result
g **en voie de: en voie de réorganisation** in the process of reorganization, undergoing reorganization ◆ **en voie d'exécution** in (the) process of being carried out, being carried out ◆ **pays en voie de développement** developing country ◆ **en voie de guérison** getting better, regaining one's health, on the road to recovery ◆ **en voie de cicatrisation** (well) on the way to healing over ◆ **en voie d'achèvement** (well) on the way to completion, nearing completion, being completed ◆ **elle est en voie de réussir** she's on the way ou road to success ◆ **il est en voie de perdre sa situation** he is on the way to losing his job, he's heading for dismissal
2 COMP ▹ **voie d'accès** access road ▹ **voie Appienne** Appian Way ▹ **voie de dégagement urbain** urban relief road ▹ **les voies de Dieu, les voies divines** the ways of God ou Providence ◆ **les voies de Dieu sont impénétrables** ou **insondables** the ways of God are unfathomable ▹ **voie d'eau** leak ▹ **voie express** motorway (Brit), freeway (US), expressway ▹ **voie de fait** (Jur) assault (and battery) (NonC) ◆ **voie de fait simple** common assault ◆ **se livrer à des voies de fait sur qn** to assault sb, commit an assault on sb ▹ **voie ferrée** (Rail) railway (Brit) ou railroad (US) line ▹ **voie de garage** (Rail) siding ◆ (fig) **mettre sur une voie de garage** affaire to shelve; personne to shunt to one side ◆ (Téléc) **on m'a mis sur une voie de gar-**

age they put my call on hold, they didn't put my call through ▷ **la voie lactée** the Milky Way ▷ **voies navigables** waterways ▷ **voie de passage** major route ▷ **les voies de la Providence** ⇒ **les voies de Dieu** ▷ **la voie publique** (Admin) the public highway ▷ **voie de raccordement** slip road ▷ **voie rapide** ⇒ **voie express** ▷ **les voies du Seigneur** ⇒ **les voies de Dieu** ▷ **voie vicinale** (Admin) local road

voilà [vwala] 1 prép a (pour désigner : opposé à voici) there is, there are, that is, those are ; (même sens que voici) here is, here are, this is, these are ◆ **voici mon bureau et voilà le vôtre** here's ou this is my office and there's ou and that's yours ◆ **voici mon frère et voilà sa femme** this is ou here is my brother and that is ou there is his wife ◆ **voilà mon frère** this is ou here is my brother ◆ **voilà le livre que vous cherchiez** there's ou here's the book you were looking for ◆ **l'homme / la maison que voilà** that man / house (there) ◆ **M. Dupont que voilà** Mr Dupont there ◆ **il m'a raconté l'histoire que voilà** he told me the following story

b (pour annoncer, introduire) there is, there are, that is, those are ◆ **voilà le printemps / la pluie** here comes spring / the rain ◆ **voilà la fin de l'hiver** the end of winter is here ◆ **le voilà, c'est lui** there he is, that's him ◆ **le voilà prêt à partir** he's ready to leave, that's him ready to leave* ◆ **le voilà qui se plaint encore** there he goes, complaining again, that's him complaining again* ◆ **me voilà à me ronger les sangs pendant que lui ...** (au présent) there am I ou there's me* in a terrible state while he ... ; (au passé) there was I ou there was me* in a terrible state while he ... ◆ **voilà ce que je compte faire** this is what I'm hoping to do ◆ **voilà ce qu'il m'a dit / ce dont il s'agit** that's ou this is what he told me / what it's all about ◆ **voilà comment il faut faire** that's how it's done ◆ **voilà pourquoi je l'ai fait** that's why I did it ◆ **voilà que tombe la nuit** night is falling, it's getting dark ◆ **voilà qu'il se met à pleuvoir maintenant** now it's starting to rain, here comes the rain now ◆ **voilà où je veux en venir** that's what I'm getting at, that's my point ◆ **nous y voilà** (lieu) here we are ; (question délicate etc) now we're getting there ou near it

c (pour résumer) **... et voilà pourquoi je n'ai pas pu le faire** ... and that's why ou that's the reason I wasn't able to do it ◆ **voilà ce qui fait que c'est impossible** that's what makes it impossible ◆ **voilà qui est louche** that's a bit odd ou suspicious ◆ **voilà qui s'appelle parler** that's what I call talking, that's something like talking* ◆ **voilà ce que c'est (que) de ne pas obéir** that's what comes of not doing what you're told, that's what happens when you don't do what you're told

d (il y a) **voilà une heure que je l'attends** I've been waiting for him for an hour now, that's a whole hour I've been waiting for him now ◆ **voilà 5 ans que je ne l'ai pas vu** it's 5 years since I last saw him, I haven't seen him for the past 5 years ◆ **il est parti voilà une heure** he left an hour ago, it's an hour since he left ◆ **voilà bientôt 20 ans que nous sommes mariés** it'll soon be 20 years since we got married, we'll have been married 20 years soon

e LOC **en voilà une histoire / blague !** what a story / joke !, that's some story / joke ! ◆ **en voilà un imbécile !** there's an idiot for you !, what a fool ! ◆ **en voilà assez !** that's enough !, that'll do ! ◆ **veux-tu de l'argent ? – en voilà** do you want some money ? – here's some ou here you are ◆ **vous voulez des preuves, en voilà** you want proof, well here you are then ◆ **voilà le hic** that's the snag ou catch, there's ou that's the hitch ◆ **voilà tout** that's all ◆ **et voilà tout** and that's all there is to it ou all there is to say, and that's the top and bottom of it* (Brit) ◆ **voilà bien les Français !** how like the French !, isn't that just like the French !, that's the French all over !* ◆ **(et) ne voilà-t-il pas qu'il s'avise de se déshabiller** lo and behold, he suddenly decides to get undressed !, I'm blest if he doesn't suddenly decide to get undressed ! ◆ **nous voilà frais !** now we're in a mess ! ou a nice pickle !*, that's a fine mess ou pickle we're in !* → **vouloir**

2 excl ◆ **voilà ! j'arrive !** here I come !, there – I'm coming ! ◆ **ah ! voilà ! je comprends !** oh, (so) that's it, I understand !, oh, I see ! ◆ **voilà autre chose !** (incident) that's all I need(ed) ! ; (impertinence) what a cheek !, the cheek of it ! ◆ **je n'ai pas pu le faire, et voilà !** I couldn't do it and that's all there was to it ! ou so there !* ◆ **voilà, je m'appelle M. Dupont et je suis votre nouvel instituteur** right (then), my name is Mr Dupont and I'm your new teacher ◆ **voilà, tu l'as cassé !** there you are, you've broken it !

voilage[1] [vwalaʒ] nm (rideau) net curtain ; (tissu) net (NonC), netting (NonC), veiling (NonC) ; [chapeau, vêtement] gauze (NonC), veiling (NonC)

voilage[2] [vwalaʒ] nm [roue] buckle ; [planche] warp

voile[1] [vwal] → SYN nf a [bateau] sail ◆ **voile carrée / latine** square / lateen sail ◆ **faire voile vers** to sail towards ◆ **mettre à la voile** to make way under sail ◆ (lit) **mettre toutes voiles dehors** to crowd ou cram on all sail ◆ **se rapprocher toutes voiles dehors** to draw near with full sail on ◆ (* fig) **mettre les voiles** to clear off‡, push off‡ ◆ [bisexuel] **marcher à voile et à vapeur**‡ to be AC / DC‡ ou bi‡, swing both ways‡ → **planche, vent, vol**[1] etc

b (gén littér : embarcation) sail (inv : littér), vessel

c (navigation, sport) sailing, yachting ◆ **faire de la voile** to sail, go sailing ou yachting ◆ **demain on va faire de la voile** we're going sailing ou yachting tomorrow

voile[2] [vwal] → SYN nm a (gén : coiffure, vêtement) veil ◆ **voile de deuil** (mourning) veil ◆ **les musulmanes portent le voile** Moslem women wear the veil ◆ (Rel) **prendre le voile** to take the veil

b [statue, plaque commémorative] veil

c (tissu) net (NonC), netting (NonC) ◆ **voile de coton / de tergal** ® cotton / Terylene ® net ou netting

d (fig : qui cache) veil ◆ **le voile de l'oubli** the veil of oblivion ◆ **sous le voile de la franchise** under the veil ou a pretence of candour ◆ **jeter / tirer un voile sur qch** to cast / draw a veil over sth ◆ **lever le voile de** to unveil, lift the veil from ◆ **soulever un coin du voile** to lift a corner of the veil

e (fig : qui rend flou) **voile de brume** veil of mist, veiling mist ◆ **avoir un voile devant les yeux** to have a film before one's eyes

f (Phot) fog (NonC) ◆ **un voile sur la photo** a shadow on the photo

g (Méd) **voile au poumon** shadow on the lung ◆ **le voile noir / gris / rouge des aviateurs** blackout / greyout / redout

h (Anat) **voile du palais** soft palate, velum

i (Bot) [champignon] veil

j (enregistrement du son) warp

voilé[1], **e**[1] [vwale] (ptp de **voiler**[1]) adj a femme, statue veiled

b termes, allusion, sens veiled ◆ **accusation à peine voilée** thinly disguised accusation ◆ **il fit une allusion peu voilée à** he made a broad hint at ou a thinly veiled reference to

c (flou) lumière, ciel, soleil hazy ; éclat dimmed ; regard misty ; contour hazy, misty ; photo fogged ◆ **les yeux voilés de larmes** his eyes misty ou misted (over) ou blurred with tears ◆ **sa voix était un peu voilée** his voice was slightly husky

voilé[2], **e**[2] [vwale] → SYN (ptp de **voiler**[2]) adj (tordu) roue buckled ; planche warped

voilement [vwalmɑ̃] nm (Tech) [roue] buckle ; [planche] warp

voiler[1] [vwale] → SYN ▸ conjug 1 ◂ 1 vt (lit, fig : littér) to veil ◆ **les larmes voilaient ses yeux** tears dimmed his eyes, his eyes were misty with tears ◆ **un brouillard voilait les sommets** the peaks were veiled in ou by ou shrouded in fog ◆ (fig) **je préfère lui voiler la vérité** I prefer to shield him from the truth ou to conceal the truth from him

2 **se voiler** vpr a **se voiler le visage** [musulmane] to wear a veil ◆ (fig) **se voiler la face** to hide one's face, look away, avert one's gaze

b (devenir flou) [horizon, soleil] to mist over ; [ciel] to grow hazy ou misty ; [regard, yeux] to mist over, become glazed ; [voix] to become husky

voiler[2] [vwale] ▸ conjug 1 ◂ 1 **se voiler** vpr [roue] to buckle ; [planche] to warp

2 vt to buckle ; to warp

voilerie [vwalʀi] nf sail-loft

voilette [vwalɛt] nf (hat) veil

voilier [vwalje] → SYN nm a (navire à voiles) sailing ship ; (de plaisance) sailing dinghy ou boat, yacht

b (fabricant de voiles) sail maker

c (Zool) long-flight bird

voilure[1] [vwalyʀ] nf a [bateau] sails ◆ **réduire la voilure** to shorten sail ◆ **une voilure de 1 000 m²** 1,000 m² of sail

b [planeur] aerofoils

c [parachute] canopy

voilure[2] [vwalyʀ] nf ⇒ **voilement**

voir [vwaʀ] → SYN ▸ conjug 30 ◂ GRAMMAIRE ACTIVE 26.2

1 vt a to see ◆ **je l'ai vu de mes (propres) yeux, je l'ai vu, de mes yeux vu** I saw it with my own eyes ◆ **est-ce que tu le vois ?** can you see it ? ◆ **je vois deux arbres** I (can) see two trees ◆ **on n'y voit rien** you can't see a thing ◆ **c'est un film à voir** it's a film worth seeing ◆ **aller voir un film / une exposition** to go to (see) a film / an exhibition ◆ **il a vu du pays** he has been around a bit ou seen the world ◆ **nous les avons vus sauter** we saw them jump ◆ **on a vu le voleur entrer** the thief was seen entering ◆ **j'ai vu bâtir ces maisons** I saw these houses being built ◆ **il faut le voir pour le croire** it has to be seen to be believed ◆ **as-tu jamais vu pareille impolitesse ?** have you ever seen ou did you ever see such rudeness ? ◆ **je voudrais la voir travailler avec plus d'enthousiasme** I'd like to see her work more enthusiastically ◆ **je voudrais t'y voir !** I'd like to see how you'd do it !, I'd like to see you try ! ◆ (fig) **je l'ai vu naître !** I've known him since he was born ou since he was a baby ◆ **le pays qui l'a vu naître** the land of his birth, his native country ◆ **il a vu deux guerres** he has lived through ou seen two wars ◆ **cette maison a vu bien des drames** this house has known ou seen many a drama ◆ **à le voir si joyeux / triste** seeing him look so happy / sad ◆ **vous m'en voyez ravi / navré** I'm delighted / terribly sorry about that, that's wonderful / dreadful (news) ! ◆ (fig) **on commence à y voir plus clair** the smoke is beginning to clear, things are beginning to come clear ◆ **voir Naples et mourir** see Naples and die

b (imaginer, se représenter) to see, imagine ◆ **je ne le vois pas** ou **je le vois mal habitant la banlieue** I (somehow) can't see ou imagine him living in the suburbs ◆ **nous ne voyons pas qu'il ait de quoi s'inquiéter** we can't see that he has any reason for worrying ◆ **ne voir que par qn** to see only ou see everything through sb's eyes ◆ **je le verrais bien dans ce rôle** I could just see him in this role ◆ **voyez-vous une solution ?** can you see a solution ? ◆ **voir la vie en rose** to look at life through rose-coloured glasses, take a rosy view of life ◆ **voir les choses en noir** to take a black view of things ◆ **voir loin** to see ahead ◆ **voir le problème sous un autre jour** to see ou view the problem in a different light ◆ **je ne vois pas comment ils auraient pu gagner** I can't ou don't see how they could have won ◆ **je n'y vois pas d'inconvénient** I can't see any drawback ◆ **on n'en voit pas le bout** ou **la fin** there seems to be no end to it

c (examiner, étudier) problème, dossier to look at ; leçon to look ou go over ; circulaire to see, read ◆ **il faudra voir la question de plus près** we'll have to look at ou into the question more closely, the question requires closer examination ◆ **il faut** ou **il faudra voir** we'll have to see ◆ **je verrai (ce que je dois faire)** I'll have to see, I'll think about it ou think what to do ◆ **il a encore 3 malades à voir** he still has 3 patients to see

d (juger, concevoir) to see ◆ **c'est à vous de voir s'il est compétent** it's up to you to see ou decide whether he is competent ◆ **voici comment on peut voir les choses** you can look at things this way ◆ **se faire mal voir (de qn)** to be frowned on (by sb) ◆ **se faire bien voir (de qn)** to (try to) make o.s. popular (with sb), be well viewed (by sb) ◆ **nous ne voyons pas le problème de la même façon** we don't see ou view the problem in the same way, we don't take the same view of the problem ◆ **façon de voir** view of things, outlook ◆ **il a vu petit / grand** he planned things on a small / grand ou big scale, he thought small / big ◆ **ne voir aucun mal à** to see no harm in ◆ **voir qch d'un bon / mauvais œil** to look on sth ou view sth with approval / disapproval ◆ **voir qn comme un ami** to look upon ou regard sb as a friend, consider sb a friend ◆ **ne voir que son intérêt** to consider only one's own interest ◆ **à voir son train de vie, elle doit être très riche** if her lifestyle is anything to go by she must be very rich

e (découvrir, constater) to see, find (out) ◆ **aller voir s'il y a quelqu'un** to go and see ou go and find out if there is anybody there ◆ **vous verrez que ce n'est pas leur faute** you will see ou find that they are not to blame ou that it's not their fault ◆ **il ne fera plus cette erreur – c'est à voir** he won't make the same mistake again – that remains to be seen ou – we shall see ◆ **nous allons bien voir!** we'll soon find out!, we'll see soon enough! ◆ **(attendons) on verra bien** let's wait and see ◆ **voyez si elle accepte** see if she'll agree ◆ **des meubles comme on en voit dans tous les appartements bourgeois** the sort of furniture you find in any middle-class home

f (recevoir, rendre visite à) médecin, avocat to see ◆ **il voit le directeur ce soir** he is seeing the manager tonight ◆ **on ne vous voit plus** we never see you these days, you've become quite a stranger ◆ **le ministre doit voir les délégués** the minister is to see ou meet the delegates ◆ **il la voit beaucoup** he sees a lot of her ◆ **passez me voir quand vous serez à Paris** look me up ou call in and see me (Brit) when you're in Paris ◆ **aller voir** docteur, avocat to go and see; connaissance to go and see, call on, visit ◆ **aller voir qn à l'hôpital** to visit sb ou go and see sb in hospital ◆ **je l'ai assez vu*** I've had (quite) enough of him*

g (faire l'expérience de) **il en a vu (de dures** ou **de toutes les couleurs** ou **des vertes et des pas mûres*)** he has been through the mill ou through some hard times, he has taken some hard knocks ◆ **en faire voir (de dures** ou **de toutes les couleurs) à qn** to give sb a hard time, lead sb a merry dance ◆ **j'en ai vu d'autres!** I've been through ou seen worse! ◆ **a-t-on jamais vu ça?, on n'a jamais vu ça!** did you ever see ou hear the like? ◆ **on aura tout vu!** we've seen everything now!, that beats all! ◆ **vous n'avez encore rien vu!** you haven't seen anything yet!

h (comprendre) to see ◆ **il ne voit pas ce que vous voulez dire** he doesn't see ou grasp what you mean ◆ **elle ne voyait pas le côté drôle de l'aventure** she could not see ou appreciate the funny side of what had happened ◆ **vous aurez du mal à lui faire voir que ...** you will find it difficult to make him see ou realize that ... ◆ **je ne vois pas comment il a pu oublier** I don't see how he could forget ◆ **voir clair dans un problème / une affaire** to have a clear understanding of a problem / matter, grasp a problem / matter clearly

i (avec faire, laisser, pouvoir) **laisser voir** (révéler) to show, reveal ◆ **il a bien laissé voir sa déception** he couldn't help showing his disappointment ou making his disappointment plain ◆ **faire voir** (montrer) to show ◆ **fais voir!** show me!, let me have a look! ◆ **faites-moi voir ce dessin** let me see ou show me this picture ◆ **elle ne peut pas le voir (en peinture)*** she can't stand (the sight of) him ◆ **va te faire voir (ailleurs)!‡** nothing doing!*, get lost!*, no way!* ◆ **qu'il aille se faire voir (chez les Grecs)!‡** he can go to hell!‡

j voir venir to wait and see ◆ **voir venir (les événements)** to wait and see (what happens) ◆ **on t'a vu venir*** they saw you coming!* ◆ **je te vois venir*** I can see what you're leading up to ou getting at

k (avec vb à l'infinitif: constater) to see ◆ **ce journal a vu son tirage augmenter** this newspaper has seen an increase in its circulation ◆ **un pays qui voit renaître le fascisme** a country which is witnessing ou seeing the rebirth ou re-emergence of fascism

l LOC **tu vois, vois-tu, voyez-vous** you see ◆ **voyons** let's see now ◆ **tu vois ça d'ici** you can just imagine it ◆ **un peu de charité, voyons!** come (on) now, let's be charitable ◆ **mais voyons, il n'a jamais dit cela!** come, come, ou come now, he never said that ◆ **dites voir, vous connaissez la nouvelle?** tell me, have you heard the news? ◆ **dis-moi voir** tell me ◆ **voyons voir!*** let's see now! ◆ **essaie voir!*** just try it and see!, just you try it! ◆ **c'est ce que nous verrons** we'll see about that ◆ **regarde voir ce qu'il a fait*** just look what he has done! ◆ **histoire de voir, pour voir** just to see ◆ (menace) **essaie un peu, pour voir!, faudrait voir à voir!*** just you try! ◆ **son travail est fait (il) faut voir (comme)!‡** you should just see the state of the work he has done! ◆ **c'est tout vu** it's a foregone conclusion ◆ **il ferait beau voir qu'il ...** it would be a fine thing if he ... ◆ **va voir ailleurs si j'y suis‡** get lost‡ ◆ **allez donc voir si c'est vrai!** just try and find out if it's true! ◆ **je n'ai rien à voir dans cette affaire** this matter has nothing to do with me ou is no concern of mine ◆ **cela n'a rien / a quelque chose à voir avec ...** this has got nothing / something to do with ... ◆ **n'y voir que du feu** to be completely hoodwinked ou taken in ◆ (être ivre) **voir double** to see double ◆ **voir trente-six chandelles** to see stars ◆ **ne pas voir plus loin que le bout de son nez** to see no further than the end of one's nose ◆ **je l'ai vu comme je vous vois** I saw him as plainly as I see you now

2 vi to be able to see ◆ **voir clair** to see clearly ◆ (fig) **je vois clair dans son jeu** I can see what his game is, I know exactly what he's up to* ◆ (fig) **reprenons tous ces arguments pour y voir plus clair** let's go over all the arguments again so we can sort our ideas out ◆ **voir mal** to have trouble seeing ◆ **on voit mal ici** you can't see very well here ◆ **voir trouble** to have blurred vision

3 voir à vt indir (littér: veiller à) to make sure that, see (to it) that ◆ **nous verrons à vous contenter** we shall do our best ou our utmost to please you ◆ **il faudra voir à ce qu'il obéisse** we must see ou make sure that he obeys ◆ **voyez à être à l'heure** see that ou make sure that you are on time ou are prompt ◆ (menace) **il faudrait voir à ne pas nous ennuyer** you had better make sure not to cause us any trouble, you had better not cause us any trouble

4 se voir vpr **a** (sens réfléchi) **se voir dans une glace** to see oneself in a mirror ◆ **il ne s'est pas vu mourir** death took him unawares ◆ **elle se voyait déjà célèbre** she pictured herself famous already ◆ **je me vois mal habiter** ou **habitant là** I can't see myself living there somehow

b (sens réciproque) to see each other ◆ **ils se voient beaucoup** they see a lot of each other ◆ **ils ne peuvent pas se voir*** they can't stand the sight of each other* ◆ **nous essayerons de nous voir à Londres** we shall try to see each other ou to meet (up) in London

c (se trouver) **se voir forcé de** to find o.s. forced to ◆ **je me vois dans la triste obligation de** sadly, I find myself obliged to ◆ **se voir soudain dans la misère** to find o.s. suddenly in poverty

d (être visible, évident) [tache, couleur, sentiments] to show ◆ **cette reprise / tache ne se voit pas** this alteration / stain doesn't show ◆ **cela se voit!** that's obvious! ◆ **cela se voit comme le nez au milieu du visage** ou **de la figure** it's as plain as the nose on your face* ou as a pikestaff

e (se produire) **cela se voit tous les jours** it happens every day, it's an every day occurrence ◆ **ça ne se voit pas tous les jours** it's not something you see every day, it's quite a rare event ◆ **cela ne s'est jamais vu!** it's unheard of! ◆ **une attitude qui ne se voit que trop fréquemment** an all-too-common attitude ◆ **des attitudes / préjugés qui se voient encore chez ...** attitudes / prejudices which are still commonplace ou encountered in ...

f (fonction passive) **ils se sont vu interdire l'accès du musée** they found themselves refused admission ou they were refused admission to the museum ◆ **ces outils se sont vus relégués au grenier** these tools have been put away in the attic ◆ **je me suis vu répondre que c'était trop tard** I was told (that) it was too late

voire [vwaʀ] → SYN adv **a** (frm: et même) indeed, nay (†, littér) ◆ **il faudrait attendre une semaine, voire un mois** you would have to wait a week or (perhaps) even a month ◆ **c'est révoltant, voire même criminel** it's disgusting, indeed even criminal

b (†, hum: j'en doute) indeed? (†, hum)

voirie [vwaʀi] → SYN nf **a** (enlèvement des ordures) refuse collection; (dépotoir) refuse dump

b (entretien des routes etc) highway maintenance; (service administratif) highways department; (voie publique) (public) highways

voisé, e [vwaze] adj (Phonétique) voiced

voisement [vwazmɑ̃] nm (Phonétique) voicing

voisin, e [vwazɛ̃, in] → SYN **1** adj **a** (proche) neighbouring; (adjacent) next ◆ **les maisons / rues voisines** the neighbouring houses / streets ◆ **il habite la maison / rue voisine** he lives in the next house / street ◆ **2 maisons voisines (l'une de l'autre)** 2 adjoining houses, 2 houses next to each other ◆ **une maison voisine de l'église** a house next to ou adjoining the church ◆ **les pays voisins de la Suisse** the countries bordering on ou adjoining Switzerland ◆ **les années voisines de 1870** the years around 1870

b (fig) idées, espèces, cas connected ◆ **voisin de** akin to, related to ◆ **un animal voisin du chat** an animal akin to ou related to the cat ◆ **dans un état voisin de la folie** in a state bordering on ou akin to madness

2 nm,f **a** (gén) neighbour ◆ **nos voisins d'à côté** our next-door neighbours, the people next door ◆ **nos voisins de palier** our neighbours across the landing ◆ **un de mes voisins de table** one of the people next to me at table, one of my neighbours at table ◆ **je demandai à mon voisin de me passer le sel** I asked the person (sitting) next to me ou my neighbour to pass me the salt ◆ (en classe) **qui est ta voisine cette année?** who is sitting next to you this year? ◆ **mon voisin de dortoir / de salle** the person in the next bed to mine (in the dormitory / ward) ◆ (pays) **notre voisin allemand** our neighbour, Germany, our German neighbours

b (fig: prochain) fellow

voisinage [vwazinaʒ] → SYN nm **a** (voisins) neighbourhood ◆ **ameuter tout le voisinage** to rouse the whole neighbourhood ◆ **être connu de tout le voisinage** to be known throughout the neighbourhood

b (relations) **être en bon voisinage avec qn, entretenir des relations de bon voisinage avec qn** to be on neighbourly terms with sb

c (environs) vicinity ◆ **les villages du voisinage** the villages in the vicinity, the villages round about ◆ **se trouver dans le voisinage** to be in the vicinity

d (proximité) proximity, closeness ◆ **le voisinage de la montagne** the proximity ou closeness of the mountains ◆ **il n'était pas enchanté du voisinage de cette usine** he wasn't very happy at having the factory so close ou on his doorstep

e (Math) [point] neighbourhood

voisiner [vwazine] → SYN ▸ conjug 1 ◂ vi ◆ (être près de) **voisiner avec qch** to be (placed) side by side with sth

voiture [vwatyʀ] → SYN nf **a** (automobile) car, motor car (Brit), automobile (US) ◆ **voiture-balai** (Tour de France) broom wagon; (métro) last train ◆ **voiture cellulaire** prison ou police van (Brit), patrol ou police wagon (US) ◆ **voiture de compétition** competition car ◆ **voiture de course** racing car ◆ **voiture décapotable** convertible ◆ **voiture-école** driving-school car ◆ **voiture de fonction** company car ◆ **voiture de formule un** Formula-One car ◆ (Admin) **voiture de grande remise** hired limousine (with chauffeur) ◆ **voiture de location** hire car (Brit), hired (Brit) ou rented car ◆ **voiture de maître** chauffeur-driven car ◆ **voiture particulière** private car ◆ **voiture pie†** ≃ panda car (Brit), police (patrol) car ◆ **voiture piégée** car bomb, booby-trapped car ◆ (Admin) **voiture de place** taxi cab, hackney carriage (Brit) ◆ **voiture de pompiers** fire engine ◆ (Tour de France) **voiture publicitaire** promoter's ou sponsor's back-up vehicle ◆ **voiture-radio** radio car ◆ **voiture sans chauffeur** self-drive hire car ◆ **voiture de service, voiture de société** company car ◆ **voiture de sport** sportscar ◆ **voiture de tourisme** saloon (Brit), sedan (US) ◆ **voiture-ventouse** illegally parked car *(exceeding the time limit for parking)*

b (wagon) carriage, coach (Brit), car (US) ◆ **voiture de tête/queue** front/back carriage ou coach (Brit) ou car (US) ◆ **voiture-bar** buffet car ◆ **voiture-couchette** couchette ◆ **voiture-lit** sleeper (Brit), Pullman (US) ◆ **voiture-restaurant** dining car ◆ **en voiture!** all aboard!

c (véhicule attelé, poussé) (pour marchandises) cart; (pour voyageurs) carriage, coach ◆ **voiture à bras** handcart ◆ **voiture à cheval** horse-drawn carriage ◆ **voiture d'enfant** pram (Brit), baby carriage (US), perambulator (Brit frm) ◆ **voiture d'infirme** wheelchair, invalid carriage (Brit) ◆ **voiture de poste** mailcoach, stagecoach ◆ **voiture des quatre saisons** costermonger's (Brit) ou greengrocer's (Brit) barrow, sidewalk vegetable barrow (US) → **petit**

voiturée† [vwatyʀe] nf [choses] cartload; [personnes] carriageful, coachload

voiturer [vwatyʀe] → SYN ▸ conjug 1 ◂ vt (†, hum) (sur un chariot) to wheel in; (*: en voiture) to take in the car

voiturette [vwatyʀɛt] nf (d'infirme) carriage; (petite auto) little ou small car

voiturier [vwatyʀje] → SYN nm (†, Jur) carrier, carter; [hôtel, casino] doorman *(responsible for parking clients' cars)*

voix [vwɑ] → SYN nf a (sons) voice ◆ **à voix basse/haute** in a low ou hushed/loud voice ◆ **ils parlaient à voix basse** they were talking in hushed ou low voices ou in undertones ◆ **voix de crécelle/de fausset/de gorge** rasping/falsetto/throaty voice ◆ **d'une voix blanche** in a toneless ou flat voice ◆ **à haute et intelligible voix** loud and clear ◆ **avoir de la voix** to have a good (singing) voice ◆ **être** ou **rester sans voix** to be speechless (*devant* before, at) ◆ **de la voix et du geste** by word and gesture, with words and gestures ◆ **une voix lui cria de monter** a voice shouted to him to come up ◆ **donner de la voix** (aboyer) to bay, give tongue; (*: crier) to bawl ◆ (Ciné, TV) **voix dans le champ** voice-in ◆ **voix hors champ** (gén) voice-off; (commentaire) voice-over ◆ **la voix des violons** the voice of the violins → **élever, gros, portée²** etc

b (conseil, avertissement) **voix de la conscience/raison** voice of conscience/reason ◆ **une petite voix m'a dit ...** something inside me said ... ◆ **se fier à la voix d'un ami** to rely on ou trust to a friend's advice ◆ **la voix du sang** the ties of blood, the call of the blood ◆ **c'est la voix du sang qui parle** he must heed the call of his blood

c (opinion) voice; (Pol: suffrage) vote ◆ **la voix du peuple** the voice of the people, vox populi ◆ **mettre qch aux voix** to put sth to the vote ◆ **la proposition a recueilli 30 voix** the proposal received ou got 30 votes ◆ **demander la mise aux voix d'une proposition** to ask for a vote on a proposal, ask for a proposal to be put to the vote ◆ **avoir voix consultative** to have consultative powers ou a consultative voice ◆ **avoir voix prépondérante** to have a casting vote ◆ **gagner des voix** to win votes ◆ **donner sa voix à un candidat** to give a candidate one's vote, vote for a candidate ◆ **le parti obtiendra peu de/beaucoup de voix en Écosse** the party will poll badly/heavily in Scotland ◆ **avoir voix au chapitre** to have a say in the matter

d (Mus) voice ◆ **chanter à 2/3 voix** to sing in 2/3 parts ◆ **fugue à 3 voix** fugue in 3 voices ◆ **voix de basse/de ténor** bass/tenor (voice) ◆ **chanter d'une voix fausse/juste** to sing out of tune/in tune ◆ **voix de tête/de poitrine** head/chest voice ◆ **être/ne pas être en voix** to be/not to be in good voice ◆ **la voix humaine/céleste de l'orgue** the vox humana/voix céleste on the organ

e (Ling) voice ◆ **à la voix active/passive** in the active/passive voice

vol¹ [vɔl] → SYN 1 nm a [oiseau, avion] (gén) flight ◆ (Zool) **vol ramé/plané** flapping/gliding flight ◆ **faire un vol plané** [oiseau] to glide through the air; (fig: tomber) to fall flat on one's face ◆ (Aviat) **vol d'essai/de nuit** trial/night flight ◆ **vol régulier** scheduled flight ◆ (Mus) **"le Vol du bourdon"** "The Flight of the Bumblebee" ◆ **il y a 8 heures de vol entre ...** it's an 8-hour flight between ... ◆ **le vol Paris-Londres** The Paris-London flight ◆ **heures/conditions de vol** flying hours/conditions ◆ **vol sec** flight *(booked without other travel arrangements)* ◆ (fig) **avoir plusieurs heures de vol*** (avoir de l'expérience) to have been around for many years; (péj) [femme] to look a bit worn (around the edges)* → **haut, ravitaillement**

b (Zool: formation) flock, flight ◆ **un vol de perdrix** a covey ou flock of partridges ◆ **un vol de canards sauvages** a flight of wild ducks ◆ **un vol de moucherons** a cloud of gnats

c LOC **en (plein) vol** in (full) flight ◆ **prendre son vol** (lit) to take wing, fly off ou away; (fig) to take off ◆ **attraper au vol** autobus to leap onto as it moves off; ballon, objet lancé to catch as it flies past, catch in midair ◆ **saisir une occasion au vol** to leap at ou seize an opportunity ◆ **saisir** ou **cueillir une remarque/une impression au vol** to catch a chance ou passing remark/impression ◆ **à vol d'oiseau** as the crow flies ◆ **tirer un oiseau au vol** to shoot (at) a bird on the wing

2 COMP ▷ **vol libre** hang-gliding ◆ **pratiquer le vol libre** to hang-glide, go hang-gliding ▷ **vol relatif** (Sport) style during free fall ▷ **vol à voile** gliding

vol² [vɔl] → SYN 1 nm (délit) theft ◆ (Jur) **vol simple/qualifié** common/aggravated ou compound theft ◆ **vols de voiture** car thefts ◆ (fig) **c'est du vol!** it's daylight robbery!, it's a rip-off!* ◆ (fig) **c'est du vol organisé** it's a racket

2 COMP ▷ **vol à l'arraché** bagsnatching ▷ **vol domestique** *theft committed by an employee* ▷ **vol avec effraction** robbery ou theft with breaking and entering ▷ **vol à l'étalage** shoplifting (NonC) ▷ **vol à main armée** armed robbery ▷ **vol à la roulotte** car theft, theft of objects from cars ▷ **vol à la tire** pickpocketing (NonC)

volage [vɔlaʒ] → SYN adj époux, cœur flighty, fickle, inconstant

volaille [vɔlɑj] → SYN nf ◆ (Culin, Zool) **une volaille** a fowl ◆ **la volaille** (lit) poultry; (*: les flics) the cops* (Brit), the fuzz*; (*: les femmes) the birds* (Brit), the chicks* (US) ◆ **les volailles cancanaient dans la basse-cour** the poultry ou fowls were cackling in the farmyard ◆ **volaille rôtie** roast poultry (NonC) ou fowl

volailler, -ère [vɔlɑje, ɛʀ] → SYN nm,f poulterer

volailleur, -euse [vɔlɑjœʀ, øz] → SYN nm,f poultry farmer

volant¹ [vɔlɑ̃] → SYN 1 nm a (Aut) steering wheel ◆ **être au volant** to be at ou behind the wheel ◆ **la femme au volant** the woman driver, women drivers ◆ **prendre le volant, se mettre au volant** to take the wheel ◆ **un brusque coup de volant** a sharp turn of the wheel ◆ **as du volant** crack ou ace driver

b (Tech: roue) (régulateur) flywheel; (de commande) (hand)wheel

c [rideau, robe] flounce ◆ **jupe à volants** flounced skirt, skirt with flounces

d (balle de badminton) shuttlecock; (jeu) badminton, battledore and shuttlecock††

e [carnet à souches] tear-off portion

2 COMP ▷ **volant magnétique** magneto ▷ **volant de sécurité** reserve, margin, safeguard ▷ **volant de trésorerie** cash reserve

volant², e [vɔlɑ̃, ɑ̃t] → SYN adj a (gén, Aviat: qui vole) flying ◆ (Aviat) **le personnel volant, les volants** the flight ou flying staff ou personnel → **poisson, soucoupe, tapis** etc

b (littér: fugace) ombre, forme fleeting

c (mobile, transportable) pont, camp, personnel flying ◆ (Police) **(brigade) volante** flying squad → **feuille**

volapük [vɔlapyk] nm Volapuk

volatil, e¹ [vɔlatil] → SYN adj (Chim) volatile; (littér: éphémère) evanescent, ephemeral → **alcali**

volatile² [vɔlatil] → SYN nm (gén hum) (volaille) fowl; (tout oiseau) winged ou feathered creature

volatilisable [vɔlatilizabl] adj volatilizable

volatilisation [vɔlatilizasjɔ̃] → SYN nf (→ **volatiliser**) volatilization; extinguishing; obliteration

volatiliser [vɔlatilize] → SYN ▸ conjug 1 ◂ 1 vt (Chim) to volatilize; (fig) to extinguish, obliterate

2 **se volatiliser** vpr (Chim) to volatilize; (fig) to vanish (into thin air)

volatilité [vɔlatilite] nf volatility

vol-au-vent [vɔlovɑ̃] → SYN nm inv vol-au-vent

volcan [vɔlkɑ̃] nm a (Géog) volcano ◆ **volcan en activité/éteint** active/extinct volcano

b (fig) (personne) spitfire; (situation) powder keg, volcano ◆ **nous sommes assis sur un volcan** we are sitting on a powder keg ou a volcano

volcanique [vɔlkanik] → SYN adj (lit, fig) volcanic

volcanisme [vɔlkanism] nm volcanism

volcanologie [vɔlkanɔlɔʒi] nf vulcanology

volcanologue [vɔlkanɔlɔg] nmf vulcanologist

vole [vɔl] nf (Cartes) vole

volée [vɔle] → SYN nf a [oiseaux] (envol, distance) flight ◆ (groupe) **une volée de moineaux/corbeaux** a flock ou flight of sparrows/crows ◆ (fig) **une volée d'enfants** a swarm of children ◆ **prendre sa volée** (lit) to take wing, fly off ou away; (fig: s'affranchir) to spread one's wings → **haut**

b (décharge, tir) **volée de flèches** flight ou volley of arrows ◆ **volée d'obus** volley of shells

c (suite de coups) volley ◆ **une volée de coups** a volley of blows ◆ **une volée de coups de bâton** a volley ou flurry of blows ◆ **une volée de bois vert** (†: coups) a volley ou flurry of blows; (réprimande) a volley of reproaches ◆ **administrer/recevoir une bonne volée** to give/get a sound thrashing ou beating

d (Ftbl, Tennis) volley ◆ **de volée** on the volley ◆ (Tennis) **volée croisée/de face** cross/forehand volley

e (Archit) **volée d'escalier** flight of stairs

f LOC **à la volée: jeter qch à la volée** to fling sth about ◆ **semer à la volée** to sow broadcast, broadcast ◆ **attraper la balle à la volée** to catch the ball in midair ◆ **saisir une allusion à la volée** to pick up a passing allusion ◆ **à la volée, à toute volée** gifler, lancer vigorously, with full force ◆ **les cloches sonnaient à toute volée** the bells were pealing out ◆ **il referma la porte/fenêtre à la volée** ou **à toute volée** he slammed the door/window shut

voler¹ [vɔle] → SYN ▸ conjug 1 ◂ vi a [oiseau, avion, pilote] to fly ◆ **vouloir voler avant d'avoir des ailes** to want to run before one can walk ◆ **voler de ses propres ailes** to stand on one's own two feet, fend for o.s. → **entendre**

b (fig) [flèche, pierres, insultes] to fly ◆ **voler en éclats** to fly ou smash into pieces ◆ [neige, voile, feuille] **voler au vent** to fly in the wind, float on the wind ◆ [nouvelles] **voler de bouche en bouche** to fly from mouth to mouth, spread like wildfire ◆ **plaisanterie qui vole bas*** feeble joke ◆ **ça ne vole pas haut!*** it's pretty low-level!*

c (s'élancer) **voler vers qn/dans les bras de qn** to fly to sb/into sb's arms ◆ **voler au secours de qn** to fly to sb's assistance ◆ **il lui a volé dans les plumes*** (physiquement) he flew at him, he attacked him, he went for him; (verbalement) he flew off the handle at him ◆ **se voler dans les plumes*** to go for each other, fly at each other

d (littér: passer, aller très vite) [temps] to fly; [embarcation, véhicule] to fly (along) ◆ **son cheval volait/semblait voler** his horse flew (along)/seemed to fly (along)

voler² [vɔle] → SYN ▸ conjug 1 ◂ vt a **voler de l'argent/une idée/un baiser** etc **à qn** to steal money/an idea/a kiss etc from sb ◆ **voler par nécessité** to steal out of necessity ◆ **se faire voler ses bagages** to have one's luggage stolen ◆ (fig) **il ne l'a pas volé !** he asked for it ! → **qui**

b **voler qn** (dérober son argent) to rob sb ◆ **voler les clients** to rob ou cheat customers ◆ **voler les clients sur le poids / la quantité** to cheat customers over (the) weight / quantity, give customers short measure ◆ **voler qn lors d'un partage** to cheat sb when sharing out ◆ **se sentir volé** (spectacle interrompu etc) to feel cheated ou robbed ◆ **on n'est pas volé*** you get your money's worth all right*, it's good value for money ◆ **le boucher ne t'a pas volé sur le poids** the butcher gave you good weight

volet [vɔlɛ] → SYN nm **a** [fenêtre, hublot] shutter

b (Aviat) flap ◆ **volet d'intrados / de freinage** split / brake flap ◆ **volet de courbure** [parachute] flap

c (Aut : panneau articulé) bonnet flap ; (Tech) [roue à aube] paddle ◆ **volet de carburateur** throttle valve, butterfly valve

d [triptyque] volet, wing ; [feuillet, carte] section → **trier**

e [émission, plan d'action] part

voleter [vɔl(ə)te] → SYN ▸ conjug 4 ◂ vi [oiseau] to flutter about, flit about ; [rubans, flocons] to flutter

voleur, -euse [vɔlœʀ, øz] → SYN **1** adj ◆ **être voleur** (gén) to be light-fingered, be a (bit of a) thief ; [commerçant] to be a cheat ou swindler, be dishonest ; [animal] to be a thief ◆ **voleur comme une pie** thievish as a magpie

2 nm,f (malfaiteur) thief ; (escroc, commerçant) swindler ◆ **voleur de grand chemin** highwayman ◆ **voleur à l'étalage** shoplifter ◆ **voleur à la tire†** pickpocket ◆ **voleur d'enfants†** kidnapper ◆ **au voleur !** stop thief ! ◆ **voleur de voitures** car thief ◆ **se sauver comme un voleur** to run off ou take to one's heels like a thief

Volga [vɔlga] nf Volga

volière [vɔljɛʀ] → SYN nf (cage) aviary ◆ (fig) **ce bureau est une volière** this office is a proper henhouse* (hum)

volige [vɔliʒ] → SYN nf [toit] lath

voliger [vɔliʒe] ▸ conjug 3 ◂ vt to lath

volitif, -ive [vɔlitif, iv] adj volitional, volitive

volition [vɔlisjɔ̃] nf volition

volley [vɔlɛ] nm, **volley-ball** [vɔlɛbol] nm volleyball

volleyer [vɔleje] ▸ conjug 8 ◂ vi (Tennis) to volley

volleyeur, -euse [vɔlɛjœʀ, øz] nm,f (Volley-ball) volleyball player ; (Tennis) volleyer

volontaire [vɔlɔ̃tɛʀ] → SYN **1** adj **a** (voulu) acte, enrôlement, prisonnier voluntary ; oubli intentional → **engagé**

b (décidé) personne self-willed, wilful, headstrong ; expression, menton determined

2 nmf (Mil, gén) volunteer ◆ **se porter volontaire pour qch** to volunteer for sth ◆ **volontaire du service national à l'étranger** ≃ *person doing his military service as a civilian working abroad*

volontairement [vɔlɔ̃tɛʀmɑ̃] → SYN adv **a** (de son plein gré) voluntarily, of one's own free will ; (Jur : facultativement) voluntarily

b (exprès) intentionally, deliberately ◆ **il a dit ça volontairement** he said it on purpose ou deliberately

c (d'une manière décidée) determinedly

volontariat [vɔlɔ̃taʀja] → SYN nm (gén) voluntary participation ; (Mil) voluntary service

volontarisme [vɔlɔ̃taʀism] nm voluntarism

volontariste [vɔlɔ̃taʀist] adj, nmf voluntarist

volonté [vɔlɔ̃te] → SYN nf **a** (faculté) will ; (souhait, intention) wish, will (frm) ◆ **manifester sa volonté de faire qch** to show one's intention of doing sth ◆ **accomplir / respecter la volonté de qn** to carry out / respect sb's wishes ◆ **la volonté nationale** the will of the nation ◆ **la volonté générale** the general will ◆ **volonté de puissance** will for power ◆ **volonté de guérir / réussir** will to recover / succeed ◆ (Rel) **que ta** ou **votre volonté soit faite** Thy will be done → **dernier, indépendant, quatre**

b (disposition) **bonne volonté** goodwill, willingness ◆ **mauvaise volonté** lack of goodwill, unwillingness ◆ **il a beaucoup de bonne volonté mais peu d'aptitude** he has a lot of goodwill but not much aptitude, he shows great willingness but not much aptitude ◆ **il met de la bonne / mauvaise volonté à faire son travail** he goes about his work with goodwill / grudgingly, he does his work willingly / unwillingly ou with a good / bad grace ◆ **il fait preuve de bonne / mauvaise volonté** his attitude is positive / negative ◆ **paix sur la terre, aux hommes de bonne volonté** peace on earth (and) goodwill to all men ◆ **faire appel aux bonnes volontés pour construire qch** to appeal to volunteers to construct sth ◆ **avec la meilleure volonté du monde** with the best will in the world

c (caractère, énergie) willpower, will ◆ **faire un effort de volonté** to make an effort of will(power) ◆ **avoir de la volonté** to have willpower ◆ **cet homme a une volonté de fer** this man has an iron will ou a will of iron ◆ **réussir à force de volonté** to succeed through sheer will(power) ou determination ◆ **échouer par manque de volonté** to fail through lack of will(power) ou determination ◆ **faire preuve de volonté** to display willpower

d LOC **servez-vous de pain à volonté** take as much bread as you like ◆ **« sucrer à volonté »** "sweeten to taste" ◆ **vous pouvez le prendre ou le laisser à volonté** you can take it or leave it as you wish ou just as you like ◆ **nous avons de l'eau à volonté** we have as much water as we want, we have plenty of water ◆ **vin à volonté pendant le repas** as much wine as one wants ou unlimited wine with the meal ◆ (Comm) **billet payable à volonté** promissory note payable on demand ◆ **il en fait toujours à sa volonté** he always does things his own way, he always does as he pleases ou likes, he always suits himself → **feu**[1]

volontiers [vɔlɔ̃tje] → SYN GRAMMAIRE ACTIVE 9.2 adv **a** (de bonne grâce) with pleasure, gladly, willingly ◆ **je l'aiderais volontiers** I would gladly ou willingly help him ◆ **voulez-vous dîner chez nous ? – volontiers** would you like to eat with us ? – I'd love to ou with pleasure

b (naturellement) readily, willingly ◆ **il lit volontiers pendant des heures** he will happily ou willingly read for hours on end ◆ **on croit volontiers que ...** people readily believe that ..., people are apt ou quite ready to believe that ... ◆ **il est volontiers pessimiste** he is given to pessimism, he is pessimistic by nature

volt [vɔlt] nm volt

voltage [vɔltaʒ] nm voltage

voltaïque [vɔltaik] adj voltaic, galvanic

voltaire [vɔltɛʀ] nm Voltaire chair

voltairianisme [vɔltɛʀjanism] nm Voltair(ian)ism

voltairien, -ienne [vɔltɛʀjɛ̃, jɛn] → SYN adj Voltairian, Voltairean

voltamètre [vɔltamɛtʀ] nm voltameter

voltampère [vɔltɑ̃pɛʀ] nm volt-ampere

volte [vɔlt] → SYN nf (Équitation) volte

volte-face [vɔltəfas] → SYN nf inv **a** (lit) **faire volte-face** to turn round

b (fig) volte-face, about-turn ◆ **faire une volte-face** to make a volte-face, do ou make an about-turn

volter [vɔlte] → SYN ▸ conjug 1 ◂ vi ◆ (Équitation) **faire volter un cheval** to make a horse circle

voltige [vɔltiʒ] → SYN nf (Équitation) trick riding ◆ (Aviat) **voltige (aérienne)** aerobatics (pl) ◆ (Gym) **(haute) voltige** acrobatics ◆ (Gym) **faire de la voltige** to do acrobatics ◆ **c'est de la (haute) voltige intellectuelle** it's mental gymnastics

voltigement [vɔltiʒmɑ̃] nm fluttering

voltiger [vɔltiʒe] → SYN ▸ conjug 3 ◂ vi [oiseaux] to flit about, flutter about ; [objet léger] to flutter about

voltigeur [vɔltiʒœʀ] → SYN nm **a** (acrobate) acrobat

b (Hist Mil) light infantryman

voltmètre [vɔltmɛtʀ] nm voltmeter

volubile [vɔlybil] → SYN adj **a** personne, élo[quence] voluble

b (Bot) voluble

volubilis [vɔlybilis] → SYN nm convolvulus, morning glory

volubilité [vɔlybilite] → SYN nf volubility

volucompteur ® [vɔlykɔ̃tœʀ] nm (volume) indicator

volume [vɔlym] → SYN nm **a** (livre, tome) volume

b (gén, Art, Géom, Sci : espace, quantité) volume ◆ **volume moléculaire / atomique** molecular / atomic volume ◆ **volume d'eau d'u[n] fleuve** volume of water in a river ◆ **eau oxygénée à 20 volumes** 20-volume hydrogen peroxide ◆ **le volume des importations** the volume of imports ◆ (Bourse) **volume des transactions** volume of transactions ◆ [gros objets] **faire du volume** to be bulky, take up space

c (intensité) [son] volume ◆ **volume de la voix / la radio** volume of the voice / radio ◆ **volume sonore** sound volume

volumétrie [vɔlymetʀi] nf volumetry

volumétrique [vɔlymetʀik] adj volumetric

volumineux, -euse [vɔlyminø, øz] → SYN adj voluminous, bulky

volumique [vɔlymik] adj ◆ **masse volumique d'un corps** voluminal mass of a body

volupté [vɔlypte] → SYN nf (sensuelle) sensual delight, sensual ou voluptuous pleasure ; (morale, intellectuelle) exquisite delight ou pleasure

voluptueusement [vɔlyptɥøzmɑ̃] adv voluptuously

voluptueux, -euse [vɔlyptɥø, øz] → SYN adj voluptuous

volute [vɔlyt] → SYN nf **a** [colonne, grille, escalier] volute, scroll ; [fumée] curl, wreath ; [vague] curl ◆ **en volute** voluted, scrolled

b (Zool) volute

volvaire [vɔlvɛʀ] nf volvaria

volve [vɔlv] nf volva

volvoce [vɔlvɔs], **volvox** [vɔlvɔks] nm volvox

volvulus [vɔlvylys] nm volvulus

vomer [vɔmɛʀ] nm vomer

vomi [vɔmi] → SYN nm vomit

vomique[1] [vɔmik] adj f → **noix**

vomique[2] [vɔmik] nf vomica

vomiquier [vɔmikje] nm nux vomica *(tree)*

vomir [vɔmiʀ] → SYN ▸ conjug 2 ◂ vt **a** aliments to vomit, bring up ; sang to spit, bring up

b (emploi absolu) to be sick, vomit ◆ **il a vomi partout** he was sick everywhere ◆ **ça te fera vomir** it'll make you vomit ou be sick ◆ **avoir envie de vomir** to want to be sick ◆ (fig) **cela donne envie de vomir, c'est à vomir** it makes you ou it's enough to make you sick, it's nauseating

c (fig) lave, flammes to belch forth, spew forth ; injures, haine to spew out

d (fig : détester) to loathe, abhor ◆ **il vomit les intellectuels** he has a loathing for ou loathes intellectuals

vomissement [vɔmismɑ̃] → SYN nm **a** (action) vomiting (NonC) ◆ **il fut pris de vomissements** he (suddenly) started vomiting

b (matières) vomit (NonC)

vomissure [vɔmisyʀ] nf vomit (NonC)

vomitif, -ive [vɔmitif, iv] → SYN adj, nm (Pharm) emetic, vomitory

vorace [vɔʀas] → SYN adj animal, personne, curiosité voracious ◆ **appétit vorace** voracious ou ravenous appetite ◆ **plantes voraces** plants which deplete the soil

voracement [vɔʀasmɑ̃] adv voraciously

voracité [vɔʀasite] → SYN nf voracity, voraciousness

vortex [vɔʀtɛks] nm (littér) vortex

vorticelle [vɔʀtisɛl] nf vorticella

vos [vo] adj poss → **votre**

Vosges [voʒ] nfpl ◆ **les Vosges** the Vosges

vosgien, -ienne [voʒjɛ̃, jɛn] **1** adj Vosges (épith), of ou from the Vosges

2 nm,f ◆ **Vosgien(ne)** inhabitant ou native of the Vosges

VOST (abrév de **version originale sous-titrée**) → **version**

votant, e [vɔtɑ̃, ɑ̃t] nm,f voter

votation [vɔtasjɔ̃] nf (Helv) voting

vote [vɔt] → SYN nm **a** [projet de loi] vote (*de* for); [loi, réforme] passing; [crédits] voting **b** (suffrage, acte, opération) vote; (ensemble des votants) voters ◆ **le vote socialiste** Socialist voters, the Socialist vote ◆ **vote de confiance** vote of confidence ◆ **vote à main levée** vote by a show of hands ◆ **vote à bulletin secret / par correspondance** secret / postal vote ou ballot ◆ **vote par procuration** proxy vote ◆ **vote direct / indirect** direct / indirect vote ◆ **procéder au vote** to proceed to a vote, take a vote → **bulletin, bureau, droit**[3]

voter [vɔte] → SYN ▸ conjug 1 ◂ **1** vi to vote ◆ **voter à main levée** to vote by a show of hands ◆ **voter à droite / pour X** to vote for the Right / for X ◆ **voter utile** to vote tactically ◆ **voter pour / contre qch** to vote for / against sth ◆ **j'ai voté contre** I voted against it ◆ **voter sur une motion** to vote on a motion ◆ **voter avec les** ou **ses pieds** to vote with one's feet **2** vt (adopter) projet de loi to vote for; loi, réforme to pass; crédits to vote ◆ **voter la censure** to pass a vote of censure ◆ **voter la reconduction d'une grève** to vote to renew a strike ◆ **ne pas voter** amendement to vote out ◆ **voter libéral / à gauche** to vote Liberal / left

votif, -ive [vɔtif, iv] adj votive

votre [vɔtʀ], pl **vos** [vo] adj poss your; (emphatique) your own; (†, Rel) thy ◆ **laissez votre manteau et vos gants au vestiaire** (à une personne) leave your coat and gloves in the cloakroom; (à plusieurs personnes) leave your coats and gloves in the cloakroom ◆ (†, Rel) **que votre volonté soit faite** Thy will be done (†) ◆ **Votre Excellence / Majesté** Your Excellency / Majesty; pour autres loc voir **son**[1], **ton**[1]

vôtre [votʀ] **1** pron poss ◆ **le vôtre, la vôtre, les vôtres** yours, your own ◆ **ce sac n'est pas le vôtre** this bag is not yours, this is not your bag ◆ **nos enfants sont sortis avec les vôtres** our children are out with yours ou your own ◆ **à la (bonne) vôtre!** your (good) health!, cheers! ◆ (fig) **vous voulez y aller quand même – à la (bonne) vôtre!** you still want to go? – rather you than me!; pour autres loc voir **sien**
2 nmf **a** **j'espère que vous y mettrez du vôtre** I hope you'll pull your weight ou do your bit* → aussi **sien**
b **les vôtres** your family, your (own) folks* ◆ **vous et tous les vôtres** you and all those like you, you and your ilk (péj) ◆ **bonne année à vous et à tous les vôtres** Happy New Year to you and yours ◆ **nous pourrons être des vôtres ce soir** we shall be able to join your party ou join you tonight → **sien**
3 adj poss (littér) yours ◆ **son cœur est vôtre depuis toujours** his (ou her) heart has always been yours → **sien**

vouer [vwe] → SYN ▸ conjug 1 ◂ vt **a** (Rel) **vouer qn à Dieu / à la Vierge** to dedicate sb to God / to the Virgin Mary → **savoir**
b (promettre) to vow ◆ **il lui a voué un amour éternel** he vowed his undying love to her
c (consacrer) to devote ◆ **vouer son temps à ses études** to devote one's time to one's studies ◆ **se vouer à une cause** to dedicate o.s. ou devote o.s. to a cause
d (gén ptp : condamner) to doom ◆ **projet voué à l'échec** plan doomed to ou destined for failure ◆ **famille vouée à la misère** family doomed to poverty

vouloir [vulwaʀ] → SYN ▸ conjug 31 ◂ GRAMMAIRE ACTIVE 1.1, 3, 4, 8, 9.3
1 vt **a** (sens fort : exiger) objet, augmentation, changement to want ◆ **vouloir faire** to want to do ◆ **je veux que tu viennes tout de suite** I want you to come at once ◆ **vouloir que qn fasse / qch se fasse** to want sb to do / sth to be done ◆ **il veut absolument ce jouet / venir / qu'elle parte** he is set on this toy / coming / her leaving, he is determined to have this toy / to come / (that) she should leave ◆ **il ne veut pas y aller / qu'elle y aille** he doesn't want to go / her to go ◆ (Prov) **vouloir, c'est pouvoir** where there's a will there's a way (Prov) ◆ **qu'est-ce qu'ils veulent maintenant?** what do they want now? ◆ **il sait ce qu'il veut** he knows what he wants
b (sens affaibli : désirer, souhaiter) **voulez-vous à boire / manger?** would you like something to drink / eat? ◆ **tu veux** (ou **vous voulez**) **quelque chose à boire?*** would you like ou do you want something to drink? ◆ **comment voulez-vous votre poisson, frit ou poché?** how would you like your fish – fried or poached? ◆ **je ne veux pas qu'il se croie obligé de ...** I shouldn't like ou I don't want him to feel obliged to ... ◆ **je voulais vous dire** I meant to tell you ◆ **il voulait partir hier mais ...** he meant ou intended to leave yesterday but ... ◆ **il ne voulait pas vous blesser** he didn't want ou mean to hurt you ◆ **ça va comme tu veux** (ou **vous voulez**)**?*** is everything going all right ou O.K. (for you)?* ◆ **veux-tu que je te dise** ou **raconte pourquoi ...?** shall I tell you why ...? ◆ **vouloir du bien / mal à qn** to wish sb well / ill ou harm, be well- / ill-disposed towards sb ◆ **je ne lui veux pas de mal** I don't wish him any harm ◆ (iro) **un ami qui vous veut du bien** a well-wisher (iro) ◆ **que lui voulez-vous?** what do you want with him?
c (avec le conditionnel) **je voudrais ceci / faire ceci / qu'il fasse cela** I would like this / to do this / him to do this ◆ **je voudrais une livre de beurre** I would like a pound of butter ◆ **il aurait voulu être médecin mais ...** he would have liked to be a doctor ou he'd like to have been a doctor but ... ◆ **je voudrais / j'aurais voulu que vous voyiez sa tête!** I wish you could see / could have seen his face! ◆ **je voudrais qu'il soit plus énergique**, (frm) **je lui voudrais plus d'énergie** I wish he showed ou would show more energy
d (avec si, comme) **si tu veux** (ou **vous voulez**) if you like ◆ **s'il voulait, il pourrait être ministre** if he wanted (to), he could be a minister, he could be a minister if he so desired ◆ **s'il voulait (bien) nous aider, cela gagnerait du temps** if he'd help us ou if he felt like helping us, it would save time ◆ **comme tu veux** (ou **vous voulez**) as you like ou wish ou please ◆ **bon, comme tu voudras** all right, have it your own way ou as you like ou suit yourself* ◆ **comme vous voulez, moi ça m'est égal** just as you like ou please ou wish, it makes no difference to me ◆ **oui, si on veut** (dans un sens, d'un côté) yes, if you like ◆ **s'ils veulent garder leur avance, ils ne peuvent se permettre de relâcher leur effort** if they want ou are ou intend to keep their lead they can't afford to reduce their efforts
e (escompter, demander) **vouloir qch de qn** to want sth from sb ◆ **je veux de vous plus de fermeté / une promesse** I want more firmness / a promise from you ◆ **vouloir un certain prix de qch** to want a certain price for sth ◆ **j'en veux 1 000 F** I want 1,000 francs for it
f **bien vouloir : je veux bien le faire / qu'il vienne** (très volontiers) I'm happy ou I'll be happy to do it / for him to come; (il n'y a pas d'inconvénient) I'm quite happy to do it / for him to come; (s'il le faut vraiment) I don't mind doing it / if he comes ◆ **moi je veux bien le croire mais ...** I'll take his word for it but ..., I'm quite willing ou prepared to believe him but ... ◆ **je voudrais bien y aller** I'd really like ou I'd love to go ◆ **si tu voulais bien le faire, ça nous rendrait service** if you'd care ou be willing to do it ou if you'd be kind enough to do it, you'd be doing us a favour ◆ **moi je veux bien, mais ...** fair enough*, but ...
g (consentir) **ils ne voulurent pas nous recevoir** they wouldn't see us, they weren't willing to see us ◆ **le moteur ne veut pas partir** the engine won't start ◆ **le feu n'a pas voulu prendre** the fire wouldn't light ou catch ◆ **il joue bien quand il veut** he plays well when he wants to ou has a mind (to) ou when he puts his mind to it
h [choses] (requérir) to want, require ◆ **ces plantes veulent de l'eau** these plants want ou need water ◆ **l'usage veut que ...** custom requires that ...
i (ordre) **veux-tu (bien) te taire!, voulez-vous (bien) vous taire!** will you be quiet! ◆ **veuillez quitter la pièce immédiatement** please leave the room at once ◆ **veux-tu bien arrêter!** will you please stop it!, stop it will you ou please!
j [destin, sort etc] **le hasard voulut que ...** chance decreed that ..., as fate would have it ...
k (chercher à, essayer) to try ◆ **elle voulut se lever mais elle retomba** she tried to get up but she fell back ◆ **il veut se faire remarquer** he wants to make himself noticed, he's out to be noticed
l (s'attendre à) to expect ◆ **comment voulez-vous que je sache?** how do you expect me to know?, how should I know? ◆ **il a tout, pourquoi voudriez-vous qu'il réclame?** he has everything so why should he complain? ◆ **qu'est-ce que vous voulez que j'y fasse?** what do you expect ou want me to do about it? ◆ **et dans ces conditions, vous voudriez que nous acceptions?** and under these conditions you expect us to agree? ou you would have us agree?
m (formules de politesse) **voulez-vous bien leur dire que ...** would you please tell them that ... ◆ **voudriez-vous avoir l'obligeance** ou **l'amabilité de** would you be so kind as to ◆ **veuillez croire à toute ma sympathie** please accept my deepest sympathy ◆ **voulez-vous me prêter ce livre?** will you lend me this book? ◆ **voudriez-vous fermer la fenêtre?** would you mind closing the window? → **agréer**
n (prétendre) to claim ◆ **une philosophie qui veut que l'homme soit ...** a philosophy which claims that man is ... ◆ **il veut que les hommes soient égaux : je ne suis pas d'accord avec lui** he'd have it that ou he makes out that men are equal but I don't agree with him
o **en vouloir à : en vouloir à qn** to have sth against sb, have a grudge against sb ◆ **en vouloir à qn de qch** to hold sth against sb ◆ **il m'en veut beaucoup d'avoir fait cela** he holds a tremendous grudge against me for having done that ◆ **il m'en veut d'avoir fait rater ce projet** he holds it against me that I made the plan fail, he has a grudge against me for making the plan fail ◆ **il m'en veut de mon incompréhension** he holds my lack of understanding against me, he resents my failure to understand ◆ **je m'en veux d'avoir accepté** I could kick myself ou I'm so annoyed with myself for accepting ◆ **ne m'en voulez pas**, (frm) **ne m'en veuillez pas** don't hold it against me ◆ **tu ne m'en veux pas?** no hard feelings? ◆ **en vouloir à qch** to be after sth ◆ **il en veut à son argent** he is after her money
p **vouloir dire** (signifier) to mean ◆ **qu'est-ce que cela veut dire?** [mot etc] what does that mean?; [attitude de qn] what does that imply? ou mean? ◆ **je veux dire qu'il a raison** I mean (to say) he's right, what I mean is he's right
q LOC **que voulez-vous!** (ou **que veux-tu!**), **qu'est-ce que vous voulez!** what can we do?, what can ou do you expect! ◆ **je voudrais bien vous y voir!** I'd like to see how you'd do it! ou you doing it! ◆ **je veux être pendu si ...** I'll be hanged ou damned if ... ◆ **qu'est-ce que vous voulez qu'on y fasse?** what can anyone do about it?, what can be done about it?, what do you expect us (ou them etc) to do? ◆ **sans le vouloir** unintentionally, involuntarily, inadvertently ◆ **tu l'as voulu** you asked for it ◆ **tu l'auras voulu** it'll have been your own fault, you'll have brought it on yourself ◆ **qu'il le veuille ou non** whether he likes it or not ◆ **il veut sans vouloir** he only half wants to ◆ **il y a eu des discours en veux-tu en voilà** there were speeches galore ◆ **elle fait de lui ce qu'elle veut** she does what she likes with him, she twists him round her little finger ◆ **ça te dirait d'aller à la mer? – je veux!*** how would you like to go to the seaside? – that would be great!* ou you bet!* ou I'd love to! ◆ **tu vas lui demander? – je veux!*** are you going to ask him? – you bet (I am)!*
2 **vouloir de** vt indir ◆ (gén nég, interrog) **vouloir de qn / qch** to want sb / sth ◆ **on ne veut plus de lui au bureau** they don't want him ou won't have him in the office any more ◆ **je ne veux pas de lui comme chauffeur** I don't

want him ou won't have him as a driver ◆ **voudront-ils de moi dans leur nouvelle maison?** will they want me in their new house? ◆ **elle ne veut plus de ce chapeau** she doesn't want this hat any more ◆ (gâteau) **est-ce que tu en veux?** do you want some?, would you like some? ◆ **il en veut** (lit) (gâteau) he wants some; (fig: il veut réussir) he's dead keen*, he wants to win ◆ **l'équipe de France en veut ce soir** the French team is raring to go* ou is out to win tonight

3 **se vouloir** vpr ◆ (vouloir être, prétendre être) **journal qui se veut objectif** newspaper that likes to think it's objective ◆ **peinture qui se veut réaliste** painting which is supposed to be realistic

4 nm a (littér: volonté) will

b **bon vouloir** goodwill ◆ **mauvais vouloir** ill will, reluctance ◆ **selon le bon vouloir de** according to the pleasure of ◆ **avec un mauvais vouloir évident** with obvious ill will ◆ **attendre le bon vouloir de qn** to wait on sb's pleasure ◆ **cette décision dépend du bon vouloir du ministre** this decision depends on the minister's good will

voulu, e [vuly] → SYN (ptp de **vouloir**) adj a (requis) required, requisite ◆ **il n'avait pas l'argent voulu** he didn't have the required ou requisite money ou the money required ◆ **le temps voulu** the time required

b (volontaire) deliberate, intentional ◆ **c'est voulu*** it's done on purpose, it's intentional ou deliberate

vous [vu] 1 pron pers a (sujet, objet) you; (sg: tu, toi) you ◆ (valeur indéfinie) **les gens qui viennent vous poser des questions** people who come asking questions ou who come and ask you questions ◆ **vous avez bien répondu tous les deux** you both answered well, the two of you answered well ◆ **vous et lui, vous êtes aussi têtus l'un que l'autre** you and he are as stubborn (the) one as the other, you are both equally stubborn ◆ **si j'étais vous, j'accepterais** if I were you ou in your shoes I'd accept ◆ **eux ont accepté, vous pas** ou **pas vous** they accepted but you didn't, they accepted but not you ◆ **vous parti(s), je pourrai travailler** once you've gone ou with you out of the way, I'll be able to work ◆ **c'est enfin vous, vous voilà enfin** here you are at last ◆ **qui l'a vu?, vous?** who saw him?, (did) you? ou was it you? ◆ **je vous ai demandé de m'aider** I asked you to help me ◆ **elle n'obéit qu'à vous** you're the only one ou ones she obeys

b (emphatique: insistance, apostrophe) (sujet) you, you yourself (sg), you yourselves (pl); (objet) you ◆ **vous tous écoutez-moi** listen to me all of you ou the lot of you* ◆ **vous, vous n'avez pas à vous plaindre** you have no cause to complain ◆ **vous ne le connaissez pas, vous** you don't know him ◆ **pourquoi ne le ferais-je pas: vous l'avez bien fait, vous!** why shouldn't I do it – you did (it)! ou you yourself ou you yourselves did it! ◆ **vous, mentir?, ce n'est pas possible** you tell a lie?, I can't believe it ◆ **alors vous, vous ne partez pas?** so what about you – aren't you going? ◆ **vous, aidez-moi!** you (there) ou hey you, give me a hand! ◆ **je vous demande à vous parce que je vous connais** I'm asking you because I know you ◆ **je vous connais, vous!** I know you ◆ **vous, vous m'agacez!, vous m'agacez, vous!** (oh) you're getting on my nerves! ◆ **vous, je vois que vous n'êtes pas bien** it's obvious to me that you are not well

c (emphatique avec qui, que) **c'est vous qui avez raison** it's you who is ou are right ◆ **vous tous qui m'écoutez** all of you listening to me ◆ **et vous qui détestiez le cinéma, vous avez bien changé** and (to think) you were the one who hated the cinema ou you used to say you hated the cinema – well you've changed a lot!

d (avec prép) you ◆ **à vous 4 vous pourrez le porter** with 4 of you ou between (the) 4 of you you'll be able to carry it ◆ **cette maison est-elle à vous?** does this house belong to you?, is this house yours? ou your own? ◆ **vous n'avez même pas une chambre à vous tout seul / tout seuls?** you don't even have a room of your own? ou a room to yourself / yourselves? ◆ **c'est à vous de décider** (sg) it's up to you ou to yourself to decide; (pl) it's up to you ou to yourselves to decide ◆ **l'un de vous** ou **d'entre vous doit le savoir** one of you must know ◆ **de vous à moi** between you and me ◆ **vous ne pensez qu'à vous** you think only of yourself ou yourselves

e (dans comparaisons) you ◆ **il me connaît mieux que vous** (mieux qu'il ne vous connaît) he knows me better than (he knows) you; (mieux que vous ne me connaissez) he knows me better than you do ◆ **il est plus / moins fort que vous** he is stronger than you / not as strong as you (are) ◆ **il a fait comme vous** he did as ou what you did, he did like you* ou the same as you

f (avec vpr: souvent non traduit) **vous êtes-vous bien amusé(s)?** did you have a good time? ◆ **je crois que vous vous connaissez** I believe you know each other ◆ **servez-vous donc** do help yourself ou yourselves ◆ **ne vous disputez pas** don't fight ◆ **asseyez-vous donc** do sit down

2 nm ◆ **dire vous à qn** to call sb "vous" ◆ **le vous est de moins en moins employé** (the form of address) "vous" ou the "vous" form is used less and less frequently

vous-même, pl **vous-mêmes** [vumɛm] pron → **même**

vousseau, pl **vousseaux** [vuso], **voussoir** [vuswaʀ] nm voussoir

voussoir [vuswaʀ] nm voussoir

voussoyer [vuswaje] ▸ conjug 8 ◂ vt ⇒ **vouvoyer**

voussure [vusyʀ] nf (courbure) arching; (partie cintrée) arch; (Archit: archivolte) archivolt

voûte [vut] → SYN 1 nf (Archit) vault; (porche) archway ◆ **voûte en plein cintre / d'arête** semicircular / groined vault ◆ **voûte en ogive / en berceau** ribbed / barrel vault ◆ **voûte en éventail** fan vaulting (NonC) ◆ **en voûte** vaulted ◆ (fig) **la voûte d'une caverne** the vault of a cave ◆ (fig) **une voûte d'arbres** an archway of trees → **clef**

2 COMP ▷ **la voûte céleste** the vault ou canopy of heaven ▷ **voûte crânienne** dome of the skull, vault of the cranium (spéc) ▷ **la voûte étoilée** the starry vault ou dome ▷ **voûte du palais** ou **palatine** roof of the mouth, hard palate ▷ **voûte plantaire** arch (of the foot)

voûté, e [vute] → SYN (ptp de **voûter**) adj a cave, plafond vaulted, arched

b dos bent; personne stooped ◆ **être voûté, avoir le dos voûté** to be stooped, have a stoop

voûter [vute] ▸ conjug 1 ◂ vt a (Archit) to arch, vault

b personne, dos to make stooped ◆ **la vieillesse l'a voûté** age has given him a stoop ◆ **il s'est voûté avec l'âge** he has become stooped with age

vouvoiement [vuvwamɑ̃] nm addressing sb as "vous", using the "vous" form

vouvoyer [vuvwaje] ▸ conjug 8 ◂ vt ◆ **vouvoyer qn** to address sb as "vous", use the "vous" form to sb

vox populi [vɔkspɔpyli] nf vox populi, voice of the people

voyage [vwajaʒ] → SYN nm a journey, trip ◆ **le voyage, les voyages** travelling ◆ **il aime les voyages** he likes travel ou travelling ◆ **le voyage le fatigue** travelling tires him ◆ **le voyage l'a fatigué** the journey tired him ◆ **j'ai fait un beau voyage** I had a very nice trip ◆ **les voyages de Christophe Colomb** the voyages ou journeys of Christopher Columbus ◆ (Littérat) **"Les Voyages de Gulliver"** "Gulliver's Travels" ◆ (Ciné) **"Voyage au bout de l'enfer"** "The Deerhunter" ◆ (Littérat) **"Voyage au bout de la nuit"** "Journey to the End of Night" ◆ **il revient de voyage** he's just come back from a journey ou a trip ◆ **les fatigues du voyage** the strain of the journey ◆ **il est en voyage** he's away ◆ **il est absent – il est parti en voyage** he's away – he has gone off on a trip ou a journey ◆ **au moment de partir en voyage** just as he (ou I etc) was setting off on his (ou my etc) journey ou travels ◆ **il reste 3 jours de voyage** there are still 3 days' travelling left, the journey will take another 3 days (to do) ◆ **lors de notre voyage en Espagne** on our trip to Spain, during ou on our travels in Spain ◆ **frais / souvenirs de voyage** travel expenses / souvenirs ◆ **voyage d'affaires / d'agrément / d'études** business / pleasure / study ou field trip ◆ **voyage d'information** fact-finding trip ◆ **voyage de noces** honeymoon ◆ **voyage organisé** ou **à forfait** package tour ou holiday (Brit) ◆ (euph) **faire le grand voyage** to leave this earth, depart ◆ (Prov) **les voyages forment la jeunesse** travel broadens the mind → **agence, bon[1], sac[1]** etc

b (course) trip, journey ◆ **faire 2 voyages pour transporter qch** to make 2 trips ou journeys to transport sth ◆ **j'ai dû faire le voyage de Grenoble une seconde fois** I had to make the trip ou journey to Grenoble a second time ◆ **un voyage de charbon devrait suffire** one load of coal should be enough

c (Drogue) trip

voyager [vwajaʒe] → SYN ▸ conjug 3 ◂ vi a (faire des voyages) to travel ◆ **comment as-tu voyagé?** how did you travel? ◆ **j'ai voyagé en avion / par mer / en 1re classe** I travelled by air / by sea / 1st class ◆ **aimer voyager** to be fond of travelling ◆ **il a beaucoup voyagé** he has travelled widely ou a great deal, he has done a lot of travelling → **qui**

b (Comm) to travel ◆ **voyager pour un quotidien parisien** to travel for a Paris daily paper

c [chose] to travel ◆ **cette malle a beaucoup voyagé** this trunk has travelled a great deal ou has done a lot of travelling ◆ **ces vins / ces denrées voyagent mal / bien** these wines / goods travel badly / well ◆ **ce paquet s'est abîmé en voyageant** this package has been damaged in transit

voyageur, -euse [vwajaʒœʀ, øz] → SYN 1 adj (littér) humeur, tempérament wayfaring (littér) → **commis, pigeon**

2 nm,f (explorateur, Comm) traveller; (passager) traveller, passenger ◆ **voyageur de commerce,** (Admin) **voyageur, représentant, placier** commercial traveller, sales representative

voyageur-kilomètre, pl **voyageurs-kilomètres** [vwajaʒœʀkilɔmɛtʀ] nm passenger kilometre

voyagiste [vwajaʒist] nm tour operator

voyance [vwajɑ̃s] → SYN nf clairvoyance

voyant, e [vwajɑ̃, ɑ̃t] → SYN 1 adj couleurs loud, gaudy, garish

2 nm,f (illuminé) visionary, seer; (personne qui voit) sighted person

3 **voyante** nf ◆ (cartomancienne etc) **voyante (extra-lucide)** clairvoyant

4 nm a (signal) **voyant (lumineux)** (warning) light ◆ **voyant d'essence / d'huile** petrol / oil warning light

b (de l'arpenteur) levelling rod ou staff

voyelle [vwajɛl] nf vowel ◆ **voyelle orale / nasale / cardinale / centrale** oral / nasal / cardinal / central vowel

voyeur, -euse [vwajœʀ, øz] → SYN nm,f (f rare) voyeur; (qui se cache) Peeping Tom

voyeurisme [vwajœʀism] nm voyeurism

voyou [vwaju] → SYN 1 nm a (délinquant) lout, hoodlum, hooligan, yobbo‡ (Brit)

b (garnement, enfant) street urchin, guttersnipe ◆ **espèce de petit voyou!** you little rascal!

2 adj (gén inv, f rare: **voyoute**) loutish ◆ **un air voyou** a loutish manner

voyoucratie [vwajukʀasi] nf ◆ **la voyoucratie (au gouvernement)** the government of things

VPC [vepese] nf (abrév de **vente par correspondance**) → **vente**

vrac [vʀak] → SYN adv ◆ **en vrac** (au poids, sans emballage) (au détail) loose; (en gros) in bulk ou quantity; (fig: en désordre) in a jumble, higgledy-piggledy ◆ **acheter du vin en vrac** to buy wine in bulk for bottling o.s. ◆ **il a tout mis en vrac dans la valise** he jumbled everything into the case, he filled the case any old how ◆ **il a cité en vrac Hugo, Balzac et Baudelaire** he quoted Hugo, Balzac and Baudelaire at random, he jumbled together quotes from Hugo, Balzac and Baudelaire

vrai, vraie [vʀɛ] → SYN GRAMMAIRE ACTIVE 26.1, 26.3

1 adj a (après n: exact) récit, fait true; (Art, Littérat) couleurs, personnage true ◆ **ce que tu dis est vrai** what you say is true ou right ◆ **c'est**

dangereux, c'est ou (frm) **il est vrai, mais ...** it's dangerous, it's true ou certainly, but ... ◆ **le tableau, tristement vrai, que cet auteur peint de notre société** the picture, sadly only too true (to life), which this author paints of our society ◆ **pas vrai ?*** right ?*, aren't (ou won't etc) we (ou you etc)? ◆ **c'est pas vrai !*** oh no! ◆ **il n'en est pas moins vrai que** it's nonetheless ou nevertheless true that ◆ **ce n'est que trop vrai** it's only too true ◆ **cela est si vrai que** it's absolutely true that → **trop, vérité**

b (gén avant nom : réel) real ◆ **ce sont ses vrais cheveux** that's his real ou own hair ◆ **une vraie blonde** a real ou genuine blonde ◆ **un vrai Picasso** a real ou genuine Picasso ◆ **son vrai nom c'est Charles** his real ou true name is Charles ◆ **des bijoux en or vrai** jewellery in real gold ◆ **lui c'est un cheik, un vrai de vrai*** he's a sheik – the real thing ou the genuine article ◆ **un vrai socialiste** a true socialist

c (avant nom : intensif) real ◆ **c'est un vrai fou !** he's really mad!, he's downright mad! ◆ **c'est un vrai mendiant !** he's a real beggar! ◆ **c'est une vraie mère pour moi** she's a real mother to me ◆ **un vrai chef-d'œuvre / héros** a real masterpiece / hero

d (avant nom : bon) real ◆ **c'est le vrai moyen de le faire** that's the real way to do it

e (Sci) **le temps solaire vrai** true solar time ◆ **le jour vrai** true time

2 nm **a** (la vérité) **le vrai** the truth ◆ **il y a du vrai dans ce qu'il dit** there's some truth ou there's an element of truth in what he says ◆ **distinguer le vrai du faux** to distinguish truth from falsehood ou the true from the false ◆ **être dans le vrai** to be right → **plaider**

b LOC **il dit vrai** he's right (in what he says), it's true what he says ◆ **à dire vrai, à vrai dire, à dire le vrai** to tell (you) the truth, in (actual) fact ◆ (gén langage enfantin) **pour de vrai*** for real*, really, seriously ◆ **c'est pour de vrai ?*** is it for real?*, do you (ou they etc) really mean it? ◆ **au vrai†, de vrai†** in (actual) fact

3 adv ◆ **faire vrai** [décor, perruque] to look real ou like the real thing; [peintre, artiste] to strive for realism, paint (ou draw etc) realistically ◆ **vrai†, quelle honte !** oh really, how shameful!

vraiment [vʀɛmɑ̃] → SYN adv **a** (véritablement) really ◆ **s'aiment-ils vraiment ?** do they really (and truly) love each other? ◆ **nous voulons vraiment la paix** we really (and truly) want peace

b (intensif) really ◆ **il est vraiment idiot** he's a real idiot ◆ **vraiment, il exagère !** really, he's going too far! ◆ **je ne sais vraiment pas quoi faire** I really ou honestly don't know what to do ◆ **oui vraiment, c'est dommage** yes, it's a real shame ◆ **vous trouvez ? – ah oui, vraiment !** do you think so? – oh yes, definitely!

c (de doute) – **vraiment ?** really?, is that so? ◆ **il est parti – vraiment ?** he has gone – (has he) really?

vraisemblable [vʀɛsɑ̃blabl] → SYN adj hypothèse, interprétation likely; situation, intrigue plausible, convincing ◆ excuse, histoire **peu vraisemblable** improbable, unlikely ◆ **il est (très) vraisemblable que** it's (highly ou very) likely ou probable that

vraisemblablement [vʀɛsɑ̃blabləmɑ̃] → SYN adv probably, in all likelihood ou probability, very likely ◆ **viendra-t-il ? – vraisemblablement / vraisemblablement pas** will he come? – probably / probably not ◆ **la fin, vraisemblablement proche, des hostilités** the likelihood of an imminent end to the hostilities

vraisemblance [vʀɛsɑ̃blɑ̃s] → SYN nf [hypothèse, interprétation] likelihood; [situation romanesque] plausibility, verisimilitude ◆ **selon toute vraisemblance** in all likelihood, in all probability

vraquier [vʀakje] nm bulk carrier

V / Réf (abrév de **votre référence**) your ref

vrillage [vʀijaʒ] nm (Tex) kink; (Aviat) twist

vrille [vʀij] → SYN nf **a** (Bot) tendril

b (Tech) gimlet

c (spirale) spiral; (Aviat) spin, tailspin ◆ **escalier en vrille** spiral staircase ◆ (Aviat) **descente en vrille** spiral dive ◆ (Aviat) **descendre en vrille** to spiral downwards, come down in a spin ◆ (Aviat) **se mettre en vrille** to go into a tailspin

vrillé, e [vʀije] → SYN (ptp de **vriller**) adj tige tendrilled; fil twisted

vrillée [vʀije] nf knotgrass

vriller [vʀije] → SYN ▸ conjug 1 ◂ **1** vt to bore into, pierce

2 vi (Aviat) to spiral, spin; [fil] to become twisted

vrillette [vʀijɛt] nf furniture beetle

vrombir [vʀɔ̃biʀ] → SYN ▸ conjug 2 ◂ vi [moteur] to roar, hum ◆ **faire vrombir son moteur** to rev one's engine

vrombissement [vʀɔ̃bismɑ̃] nm humming (NonC)

vroum [vʀum] excl brum! brum!

VRP [veɛʀpe] nm (abrév de **voyageur, représentant, placier**) sales rep* → aussi **voyageur**

vs (abrév de **versus**) vs, v

VSNE [veɛsɛnə] nm (abrév de **volontaire du service national à l'étranger**) → **volontaire**

VSO [veɛso] adj (abrév de **very superior old**) VSO

VSOP [veɛsɔpe] adj (abrév de **very superior old pale**) VSOP

VTT [vetete] nm (abrév de **vélo tout terrain**) mountain bike

vu[1], vue[1] [vy] (ptp de **voir**) **1** adj **a** (* : compris) **c'est vu ?** all right?, got it?*, understood? ◆ **c'est bien vu ?** all clear?*, is that quite clear? ◆ **vu ?** O.K.?*, right?* ◆ **c'est tout vu** it's a foregone conclusion → **ni**

b (jugé) **une balle / passe / remarque bien vue** a well-judged ball / pass / remark

c (considéré) **bien vu** personne well thought of, highly regarded; chose good form (attrib) ◆ **mal vu** personne poorly thought of; chose bad form (attrib) ◆ **il est mal vu du patron** the boss thinks poorly of him ou has a poor opinion of him ◆ **ici c'est bien vu de porter une cravate** it's good form ou the done thing here to wear a tie

2 nm ◆ **au vu et au su de tous** openly and publicly → **déjà**

vu[2] [vy] GRAMMAIRE ACTIVE 17.1 **1** prép (gén, Jur) in view of ◆ **vu la situation, cela valait mieux** it was better, in view of ou considering ou given the situation

2 conj ◆ (*) **vu que** in view of the fact that, seeing ou considering that ◆ **vu qu'il était tard, nous avons abandonné la partie** seeing ou considering how late it was, we abandoned the game

vue[2] [vy] → SYN GRAMMAIRE ACTIVE 8.1, 8.2 nf **a** (sens) sight, eyesight ◆ **perdre la vue** to lose one's (eye)sight ◆ **troubles de la vue** sight trouble, disorders of vision (frm) ◆ **il a la vue basse** ou **courte** he is short-sighted (Brit) ou near-sighted (US) ◆ **don de seconde** ou **double vue** gift of second sight

b (regard) **détourner la vue** to look away, avert one's gaze ◆ (littér) **porter la vue sur qn / qch** to cast one's eyes over sb / sth, look in sb's direction / in the direction of sth ◆ **s'offrir à la vue de tous** to present o.s. for all to see ◆ **il l'a fait à la vue de tous** he did it in full view of everybody ◆ (lit, fig) **perdre de vue** to lose sight of ◆ **il lui en a mis plein la vue*** he put on quite a show for her ◆ **il a essayé de m'en mettre plein la vue*** he tried to impress me

c (panorama) view ◆ **de cette colline, on a une très belle vue de la ville** there's a very fine view ou you get a very good ou fine view of the town from this hill ◆ **avec vue imprenable** with an open ou unobstructed view ou outlook *(no future building plans)* ◆ **ces immeubles nous bouchent la vue** those buildings block our view ◆ **cette pièce a vue sur la mer** this room looks out onto the sea ◆ **de là, on avait une vue de profil de la cathédrale** from there you had a side view of the cathedral → **perte, point[1]**

d (spectacle) sight ◆ **la vue du sang l'a fait s'évanouir** the sight of the blood made him faint ◆ **à la vue de** at the sight of ◆ **à sa vue elle s'est mise à rougir** when she saw him she began to blush

e (image) view ◆ **des vues de Paris** views of Paris ◆ **un film de 36 vues** a 36-exposure film ◆ **vue photographique** photographic view, shot ◆ **ils nous ont montré des vues prises lors de leurs vacances** they showed us some photos they'd taken on their holidays ◆ **vue de la ville sous la neige** view of the town in the snow → **pris**

f (opinion) **vues** views ◆ **présenter ses vues sur un sujet** to present one's views on a subject ◆ **de courtes vues** short-sighted views → **échange**

g (conception) view ◆ **il a une vue pessimiste de la situation** he has a pessimistic view of the situation ◆ **donner une vue d'ensemble** to give an overall view ou an overview ◆ **c'est une vue de l'esprit** that's a purely theoretical view → **point[1]**

h (projet) **vues** plans; (sur qn ou ses biens) designs ◆ **il a des vues sur la fortune de cette femme** he has designs on ou he has his eye on that woman's fortune ◆ **elle a des vues sur lui** (pour un projet, pour l'épouser) she has her eye on him

i (Jur : fenêtre) window

j LOC **de vue** by sight ◆ **je le connais de vue** I know him by sight ◆ **à vue** payable etc at sight; (Aviat) piloter, atterrir visually; atterrissage visual ◆ **à vue d'œil** (rapidement) before one's very eyes; (par une estimation rapide) at a quick glance ◆ **il maigrit à vue d'œil** he seems to be getting thinner before our very eyes ou by the minute* ◆ **à vue de nez*** roughly*, at a rough guess ◆ **en vue** (lit, fig : proche) in sight ◆ (en évidence) **(bien) en vue** conspicuous ◆ (célèbre) **très / assez en vue** very much / much in the public eye ◆ **il a mis sa pancarte bien en vue** he put his placard in a prominent ou a conspicuous position ou where everyone could see it ◆ **c'est un des politiciens les plus en vue** he's one of the most prominent ou best-known men in politics ◆ **avoir un poste en vue** to have one's sights on a job ◆ **avoir un collaborateur en vue** to have an associate in mind ◆ **avoir en vue de faire** to have it in mind to do, plan to do ◆ **il a acheté une maison en vue de son mariage** he has bought a house with his marriage in mind ◆ **il s'entraîne en vue de la course de dimanche / de devenir champion du monde** he's training with a view to the race on Sunday / becoming world champion ◆ **il a dit cela en vue de le décourager** he said that with the idea of ou with a view to discouraging him → **changement, garder, tirer**

Vulcain [vylkɛ̃] nm Vulcan

vulcain [vylkɛ̃] nm (papillon) red admiral

vulcanien, -ienne [vylkanjɛ̃, jɛn] adj vulcanian

vulcanisation [vylkanizasjɔ̃] nf vulcanization

vulcaniser [vylkanize] ▸ conjug 1 ◂ vt to vulcanize

vulcanologie [vylkanɔlɔʒi] nf vulcanology

vulcanologue [vylkanɔlɔg] nmf vulcanologist

vulgaire [vylgɛʀ] → SYN **1** adj **a** (grossier) langage, personne vulgar, coarse; genre, décor vulgar, crude

b (prosaïque) réalités, problèmes commonplace, everyday (épith), mundane

c (usuel, banal) common, popular ◆ **nom vulgaire** common ou popular name ◆ **langues vulgaires** common languages → **latin**

d (littér, † : du peuple) common ◆ **esprit vulgaire** common mind ◆ **l'opinion vulgaire** the common opinion

e (avant n : quelconque) common, ordinary ◆ **vulgaire escroc** common swindler ◆ **de la vulgaire matière plastique** ordinary plastic, common or garden plastic (Brit)

2 nm ◆ (†, hum : peuple) **le vulgaire** the common herd ◆ (la vulgarité) **tomber dans le vulgaire** to lapse into vulgarity

vulgairement [vylgɛʀmɑ̃] adv **a** (grossièrement) vulgarly, coarsely

b (couramment) dénommer popularly, commonly ◆ **le fruit de l'églantier, vulgairement appelé** ou **que l'on appelle vulgairement gratte-cul** the fruit of the wild rose, commonly known as ou called haws

vulgarisateur, -trice [vylgaʀizatœʀ, tʀis] → SYN nm,f popularizer

vulgarisation [vylgaʀizasjɔ̃] → SYN nf popularization ◆ **vulgarisation scientifique** scientific popularization ◆ **ouvrage de vulgarisation** popularizing work ◆ **ouvrage de vulgarisation scientifique** popular scientific work

vulgariser [vylgaʀize] → SYN ▸ conjug 1 ◂ vt **a** ouvrage to popularize
b (littér : rendre vulgaire) to coarsen ◆ **cet accent la vulgarise** this accent makes her sound coarse

vulgarisme [vylgaʀism] nm vulgarism

vulgarité [vylgaʀite] → SYN nf **a** (grossièreté) vulgarity, coarseness (NonC) ◆ **des vulgarités** vulgarities
b (littér : terre à terre) commonplaceness, ordinariness

vulgate [vylgat] nf vulgate

vulgum pecus* [vylgɔmpekys] → SYN nm ◆ (hum) **le vulgum pecus** the common herd

vulnérabilité [vylneʀabilite] → SYN nf vulnerability

vulnérable [vylneʀabl] → SYN adj (gén, Cartes) vulnerable

vulnéraire [vylneʀɛʀ] → SYN nf (Bot) kidney vetch, ladies' fingers

vulpin [vylpɛ̃] nm foxtail

vulvaire [vylvɛʀ] **1** adj (Anat) vulvar
2 nf (Bot) stinking goosefoot

vulve [vylv] → SYN nf vulva

vulvite [vylvit] nf vulvitis

vumètre [vymɛtʀ] nm recording level gauge

Vve abrév de **veuve**

W¹, w [dubləve] nm (lettre) W, w

W² (abrév de **Watt**) W

wagnérien, -ienne [vagneʀjɛ̃, jɛn] 1 adj Wagnerian
2 nm,f Wagnerian, Wagnerite

wagon [vagɔ̃] → SYN 1 nm a (Rail : véhicule) (de marchandises) truck, wagon, freight car (US) ; (de voyageurs) carriage, car (US)
b (contenu) truckload, wagonload ◆ **un plein wagon de marchandises** a truckful ou truckload of goods ◆ **il y en a tout un wagon*** there are stacks of them*, there's a whole pile of them*
2 COMP ▷ **wagon à bestiaux** cattle truck ou wagon ▷ **wagon frigorifique** refrigerated van ▷ **wagon de marchandises** goods truck, freight car (US) ▷ **wagon de voyageurs** passenger carriage ou car (US)

wagon-citerne, pl **wagons-citernes** [vagɔ̃sitɛʀn] nm tanker, tank wagon

wagon-couchettes, pl **wagons-couchettes** [vagɔ̃kuʃɛt] nm couchette car ou carriage, ≃ sleeping car

wagon-foudre, pl **wagons-foudres** [vagɔ̃fudʀ] nm (wine) tanker ou tank wagon

wagon-lit, pl **wagons-lits** [vagɔ̃li] → SYN nm sleeper (Brit), Pullman (US)

wagonnet [vagɔnɛ] → SYN nm small truck

wagon-poste, pl **wagons-postes** [vagɔ̃pɔst] nm mail van

wagon-réservoir, pl **wagons-réservoirs** [vagɔ̃ʀezɛʀvwaʀ] nm ⇒ **wagon-citerne**

wagon-restaurant, pl **wagons-restaurants** [vagɔ̃ʀɛstɔʀɑ̃] nm restaurant ou dining car

wagon-tombereau, pl **wagons-tombereaux** [vagɔ̃tɔ̃bʀo] nm high-sided wagon

wagon-trémie, pl **wagons-trémies** [vagɔ̃tʀemi] nm hopper wagon ou car

wahhabisme [waabism] nm Wa(h)habism

wahhabite [waabit] adj, nmf Wa(h)habi

Walhalla [valala] nm Valhalla

walkie-talkie, pl **walkies-talkies** [wokitoki] nm ⇒ **talkie-walkie**

Walkman ® [wɔkman] nm Walkman ®, personal stereo

walk-over [wɔ(l)kɔvœʀ, walkɔvœʀ] nm inv (Sport) walkover

walkyrie [valkiʀi] nf Valkyrie

wallaby, pl **wallabies** [walabi] nm wallaby

wallingant, e [walɛ̃gɑ̃, ɑ̃t] nm,f (péj) Walloon separatist

Wallis-et-Futuna [walisefutuna] n Wallis and Futuna Islands

wallon, -onne [walɔ̃, ɔn] 1 adj Walloon
2 nm (Ling) Walloon
3 nm,f ◆ **Wallon(ne)** Walloon

Wallonie [walɔni] nf Wallonia

wallonisme [walɔnism] nm Walloon-French word (ou expression)

wapiti [wapiti] nm wapiti

warning [waʀniŋ] nm (Aut) hazard warning light

warrant [vaʀɑ̃] → SYN nm a [magasins généraux] warrant, warehouse warrant ou receipt, bond warrant ; [port] dock ou deposit warrant
b (Bourse) warrant

warrantage [vaʀɑ̃taʒ] nm warrant discounting

warranter [vaʀɑ̃te] → SYN ▸ conjug 1 ◂ vt to warrant, secure by warrant, cover by a warehouse ou dock receipt

Washington [waʃiŋtɔn] 1 n (ville) Washington D.C.
2 nm a (personne) Washington
b (État) Washington (State)

wassingue [vasɛ̃g] → SYN nf floorcloth

water-ballast, pl **water-ballasts** [watɛʀbalast] nm water ballast tank

water-closet(s) [watɛʀklozɛt] nmpl ⇒ **waters**

watergang [watɛʀgɑ̃g] nm (Belg) watercourse

Waterloo [watɛʀlo] n Waterloo ◆ **la bataille de Waterloo** the Battle of Waterloo

water-polo [watɛʀpɔlo] nm water polo

waters [watɛʀ] nmpl toilet, lavatory, loo* (Brit) ◆ **où sont les waters ?** where is the toilet ?

watt [wat] nm watt

wattheure [watœʀ] nm watt hour

wattman† [watman] nm tram driver

wattmètre [watmɛtʀ] nm wattmeter

W.-C. [dubl(ə)vese] nmpl (abrév de **water-closet(s)**) ⇒ **waters**

weber [vebɛʀ] nm weber

week-end, pl **week-ends** [wikɛnd] → SYN nm weekend ◆ **partir en week-end** to go away for the weekend ◆ **partir en week-end prolongé** to go away on ou for a long weekend

Weimar [vajmaʀ] n Weimar ◆ **la république de Weimar** the Weimar Republic

Wellington [wɛliŋtɔn] n Wellington

wellingtonia [weliŋtɔnja] → SYN nm sequoia

welter [wɛltɛʀ] nm → **poids**

western [wɛstɛʀn] nm western ◆ **western-spaghetti** ou **italien** spaghetti western

Westphalie [vɛsfali] nf Westphalia

wharf [waʀf] → SYN nm wharf

whipcord [wipkɔʀd] nm whipcord

whisky, pl **whiskies** [wiski] → SYN nm (écossais) whisky ; (américain, irlandais) whiskey ◆ **whisky bourbon** bourbon ◆ **whisky soda** whisky and soda

whist [wist] nm whist

white-spirit [wajtspiʀit] nm white-spirit

Wight [wait] n ◆ **l'île de Wight** the Isle of Wight

wigwam [wigwam] → SYN nm wigwam

winch [win(t)ʃ] nm (Naut) winch

Winchester [winʃɛstɛʀ] 1 nf ◆ **(carabine) Winchester** Winchester (rifle)
2 nm ◆ (Ordin) **(disque) Winchester** Winchester disk

Windhoek [windøk] n Windhoek

Wisconsin [viskɔnsin] nm Wisconsin

wishbone [wiʃbon] nm (Naut) wishbone

wisigoth, e [vizigo, ɔt] → SYN 1 adj Visigothic
2 nm,f ◆ **Wisigoth(e)** Visigoth

wisigothique [vizigɔtik] adj Visigothic

wolfram [vɔlfʀam] → SYN nm wolfram

wolof [wɔlɔf] 1 adj Wolof
2 nm (Ling) Wolof
3 nmf ◆ **Wolof** Wolof

wombat [wɔ̃ba] nm wombat

woofer [wufœʀ] nm woofer

wormien [vɔʀmjɛ̃] adj m ◆ **os wormiens** wormian bones

würmien, -ienne [vyʀmjɛ̃, jɛn] adj wurmian

wyandotte [vjɑ̃dɔt] adj, nf Wyandotte

Wyoming [wajɔmiŋ] nm Wyoming

X, x [iks] nm **a** (lettre) X, x ; (Math) x ◆ (Bio) **chromosome X** X-chromosome ◆ (Math) **l'axe des x** the x axis ◆ **croisés en X** forming an x ◆ **ça fait x temps que je ne l'ai pas vu*** I haven't seen him for n months*, it's months since I (last) saw him ◆ **je te l'ai dit x fois** I've told you umpteen times ou innumerable times ◆ (Jur) **plainte contre X** action against person or persons unknown ◆ **Monsieur X** Mr X ◆ **film classé X** X film†, 18 film → **rayon**
b (arg Univ) **l'X** the École Polytechnique ◆ **un X** a student of the École Polytechnique

xanthie [gzɑ̃ti] nf orange sallow

xanthine [gzɑ̃tin] nf xanthin

xanthome [gzɑ̃tom] nm xanthoma

xanthophylle [gzɑ̃tɔfil] nf xanthophyl(l)

Xavier [gzavje] nm Xavier

xénarthres [gzenaʀtʀ] nmpl ◆ **les xénarthres** xenarthrans, the Xenarthra (spéc)

xénogreffe [gzenogʀɛf] nf xenograft, xenogeneic tissue graft

xénon [gzenɔ̃] nm xenon

xénophobe [gzenɔfɔb] → SYN **1** adj xenophobic
2 nmf xenophobe

xénophobie [gzenɔfɔbi] → SYN nf xenophobia

Xénophon [gzenɔfɔ̃] nm Xenophon

xéranthème [gzeʀɑ̃tɛm] nm xeranthemum

xérès [gzeʀɛs] → SYN **1** nm (vin) sherry
2 n ◆ **Xérès** (ville) Jerez

xérodermie [gzeʀɔdɛʀmi] nf xeroderm(i)a

xérographie [gzeʀɔgʀafi] nf xerography

xérophtalmie [gzeʀɔftalmi] nf xerophthalmia

xérophyte [gzeʀɔfit] nf xerophyte

xérus [gzeʀys, kseʀys] → SYN nm ground squirrel

Xerxès [gzɛʀsɛs] nm Xerxes

xi [ksi] nm xi

ximénie [gzimeni] nf mountain plum (tree), Ximenia (spéc)

xiphoïde [gzifɔid] adj ◆ **appendice xiphoïde** xiphisternum, xiphoid (process)

xiphoïdien, -ienne [gzifɔidjɛ̃, jɛn] adj xiphoid

xiphophore [gzifɔfɔʀ] nm swordtail

xylème [gzilɛm] nm xylem

xylène [gzilɛn] nm xylene

xylidine [gzilidin] nf xylidine

xylocope [gzilɔkɔp] nm carpenter bee

xylographe [gzilɔgʀaf] nm xylographer

xylographie [gzilɔgʀafi] nf (technique) xylography ; (gravure) xylograph

xylographique [gzilɔgʀafik] adj xylographic

xylophage [gzilɔfaʒ] **1** adj woodboring (épith)
2 nm woodborer

xylophène ® [gzilɔfɛn] nm woodworm and pesticide fluid

xylophone [gzilɔfɔn] nm xylophone

xylophoniste [gzilɔfɔnist] nmf xylophonist

xylose [gziloz] nm xylose

xyste [ksist] → SYN nm xyst(us)

Y, y[1] [igʀɛk] nm **a** (lettre) Y, y ◆ (Bio) **chromosome Y** Y-chromosome ◆ (Math) **l'axe des y** the y axis
b (abrév de **yen**) Y

y[2] [i] **1** adv (indiquant le lieu) there ◆ **restez-y** stay there ◆ **nous y avons passé 2 jours** we spent 2 days there ◆ **il avait une feuille de papier et il y dessinait un bateau** he had a sheet of paper and he was drawing a ship on it ◆ **avez-vous vu le film ?** – **j'y vais demain** have you seen the film? – I'm going (to see it) tomorrow ◆ **les maisons étaient neuves, personne n'y avait habité** the houses were new and nobody had lived in them ◆ **la pièce est sombre, quand on y entre, on n'y voit rien** the room is dark and when you go in you can't see a thing ◆ **j'y suis, j'y reste** here I am and here I stay ◆ (fig) **ah ! j'y suis !** (comprendre) oh, I understand!; (se rappeler) oh, I remember! ◆ **vous y allez, à ce dîner ?*** are you going to this dinner then? ◆ **je suis passé le voir mais il n'y était pas** I called in (Brit) ou I stopped by to see him but he wasn't there
2 pron pers **a** (gén se rapportant à des choses) it ◆ **vous serez là ?** – **n'y comptez pas** you'll be there? – it's highly unlikely ou I don't suppose so ou I doubt it ◆ **n'y pensez plus** forget (about) it, don't think about it ◆ **à votre place, je ne m'y fierais pas** if I were you I wouldn't trust it ◆ **il a plu alors que personne ne s'y attendait** it rained when no one was expecting it (to) ◆ **il y trouve du plaisir** he finds pleasure in it, he gets enjoyment out of it
b LOC **elle s'y connaît** she knows all about it, she's an expert ◆ **il faudra vous y faire** you'll just have to get used to it ◆ **je n'y suis pour rien** it is nothing to do with me, I had no part in it ◆ **je n'y suis pour personne** I'm not in to anyone ◆ **ça y est ! c'est fait !** that's it, it's done! ◆ **ça y est, il a cassé le verre** there you are, he's broken the glass ◆ **ça y est, il a signé le contrat** that's it ou that's settled, he's signed the contract ◆ **ça y est oui !, je peux parler ?** is that it then? ou have you finished then? can I talk now? ◆ **ça y est, tu es prêt ?** – **non ça n'y est pas** is that it then, are you ready? – no I'm not ◆ **ça y est pour quelque chose** it has something to do with it → **avoir, comprendre, voir** etc
c (*: il) (aussi iro) **c'est-y pas gentil ?** isn't it nice? ◆ **y en a qui exagèrent** some people ou folk go too far ◆ **du pain ? y en a pas** bread? there's none ou there isn't any

yacht [ˈjɔt] → SYN nm yacht ◆ **yacht-club** yacht club

yachting† [ˈjɔtiŋ] nm yachting ◆ **faire du yachting** to go out on one's yacht, go yachting

yacht(s)man† [ˈjɔtman], pl **yacht(s)men** [ˈjɔtmɛn] nm yacht owner, yacht(s)man

yack, yak [ˈjak] nm yak

Yahvé [ˈjave] nm Yahveh

yakusa [ˈjakuza] nm yakusa

Yalta [ˈjalta] nm Yalta ◆ **la conférence de Yalta** the Yalta conference

Yama [ˈjama] nm Yama

Yamoussoukro [ˈjamusukʀo] n Yamoussoukro

yang [ˈjɑ̃g, jɑ̃ŋ] nm yang

Yang-Tsê Kiang [ˈjɑ̃gtsekjɑ̃g] nm Yangtze (Kiang)

yankee [ˈjɑ̃ki] → SYN adj, nmf Yankee

Yaoundé [ˈjaunde] n Yaoundé

yaourt [ˈjauʀt] → SYN nm yog(h)urt

yaourtière [ˈjauʀtjɛʀ] nf yoghurt-maker

yard [ˈjaʀd] nm yard

yatagan [ˈjatagɑ̃] → SYN nm yataghan

yearling [ˈjœʀliŋ] nm (cheval) yearling

yèble [jɛbl] nf ⇒ **hièble**

Yémen [ˈjemɛn] nm ◆ **le Yémen** the Yemen ◆ **Nord-/Sud-Yémen** North/South Yemen

yéménite [ˈjemenit] **1** adj Yemeni
2 nmf ◆ **Yéménite** Yemeni

yen [ˈjɛn] nm (Fin) yen

yeti [ˈjeti] nm yeti

yeuse [jøz] → SYN nf holm oak, ilex

yeux [ˈjø] nmpl de **œil**

yé-yé*, **yé-yés** [ˈjeje] **1** adj inv ◆ **musique yé-yé** pop music *(of the early 1960s)* ◆ (fig) **il veut faire yé-yé** he wants to look with-it*
2 nmf inv *pop singer or teenage fan of the early 1960s*

yiddish [ˈjidiʃ] adj, nm Yiddish

Yi king [ˈjikiŋ] nm I Ching

yin [ˈjin] nm yin

ylang-ylang [ilɑ̃ilɑ̃] nm ylang-ylang, ilang-ilang

yod [ˈjɔd] nm yod

yoga [ˈjɔga] nm yoga ◆ **faire du yoga** to do yoga

yoghourt [ˈjɔguʀt] nm ⇒ **yaourt**

yogi [ˈjɔgi] → SYN nm yogi

yohimbehe [ˈjɔimbe] nm (Bot) yohimbé, yohimbi

yohimbine [ˈjɔimbin] nf yohimbine

Yokohama [jokoama] n Yokohama

yole [ˈjɔl] → SYN nf skiff

Yom Kippour [ˈjɔmkipuʀ] nm Yom Kippur

yorkshire-terrier, pl **yorkshire-terriers** [ˈjɔʀkʃœʀtɛʀje] nm Yorkshire terrier, yorkie*

yougoslave [ˈjugɔslav] **1** adj Yugoslav, Yugoslavian
2 nmf ◆ **Yougoslave** Yugoslav, Yugoslavian

Yougoslavie† [ˈjugɔslavi] nf Yugoslavia†

youp [ˈjup] excl hup ◆ **allez youp dégagez !** come on, get a move on!

youpi [ˈjupi] excl yippee

youpin, e** [ˈjupɛ̃, in] nm,f Yid**

yourte [ˈjuʀt] → SYN nf yurt

youyou [ˈjuju] → SYN nm (Naut) dinghy

Yo-Yo ® [ˈjojo] nm inv yo-yo

ypérite [ipeʀit] nf mustard gas, yperite (spéc)

ytterbine [itɛʀbin] nf ytterbia, ytterbium oxide

ytterbium [itɛʀbjɔm] nm ytterbium

yttria [itʀija] nm yttria, yttrium oxide

yttrifère [itʀifɛʀ] adj yttric, yttriferous

yttrique [itʀik] adj yttric

yttrium [itʀijɔm] nm yttrium

yucca [ˈjuka] nm yucca

Yukon [ˈjykɔ̃] nm Yukon ◆ **le (territoire du) Yukon** the Yukon (Territory)

Z

Z, z [zɛd] nm (lettre) Z, z → **A**[1]

ZAC [zak] nf (abrév de **zone d'aménagement concerté**) → **zone**

Zacharie [zakaʀi] nm Zechariah

ZAD [zad] nf (abrév de **zone d'aménagement différé**) → **zone**

Zagreb [ʒagʀɛb] n Zagreb

zain [zɛ̃] adj m ◆ **cheval zain** zain

Zaïre [zaiʀ] nm Zaire

zaïrois, -oise [zaiʀwa, waz] 1 adj Zairian 2 nm,f ◆ **Zaïrois(e)** Zairian

zakouski [zakuski] nmpl zakuski, zakouski

Zambèze [zɑ̃bɛz] nm ◆ **le Zambèze** the Zambezi

Zambie [zɑ̃bi] nf Zambia

zambien, -ienne [zɑ̃bjɛ̃, jɛn] 1 adj Zambian 2 nm,f ◆ **Zambien(ne)** Zambian

zamier [zamje] nm zamia

zancle [zɑ̃kl] nm (Zool) Moorish idol

zanzi [zɑ̃zi] nm dice game

Zanzibar [zɑ̃zibaʀ] n Zanzibar

Zapotèques [zapɔtɛk] nmpl ◆ **les Zapotèques** the Zapotec(an)s

zapper [zape] ▸ conjug 1 ◂ vi to zap

zapping [zapiŋ] nm zapping

Zarathoustra [zaʀatustʀa] nm Zarathustra ◆ (Littérat) **"Ainsi parlait Zarathoustra"** "Thus Spoke Zarathustra"

zazou [zazu] nmf (parfois péj) ≃ hepcat*

zébi [zebi] nm → **peau**

zèbre [zɛbʀ] → SYN nm (Zool) zebra ; (*: individu) bloke* (Brit), guy* ◆ **un drôle de zèbre** a queer fish*, an odd bod* (Brit) ◆ **filer** ou **courir comme un zèbre** to run like a hare ou the wind

zébrer [zebʀe] ▸ conjug 6 ◂ vt to stripe, streak (*de* with)

zébrure [zebʀyʀ] → SYN nf (rayure) stripe, streak ; [coup de fouet] weal, welt

zébu [zeby] nm zebu

zée [ze] nm (Zool) John Dory

Zélande [zelɑ̃d] nf Zealand

zélateur, -trice [zelatœʀ, tʀis] → SYN nm,f (gén) champion, partisan (péj), zealot (péj) ; (Rel) Zealot

zèle [zɛl] → SYN nm zeal ◆ **avec zèle** zealously, with zeal ◆ (péj) **faire du zèle** to be overzealous, overdo it ◆ **pas de zèle !** don't overdo it ! → **grève**

zélé, e [zele] → SYN adj zealous

zélote [zelɔt] nm (Hist) Zealot

zen [zɛn] nm, adj inv Zen

zénana [zenana] nm → **peau**

zénith [zenit] → SYN nm (lit, fig) zenith ◆ **le soleil est au zénith** ou **à son zénith** the sun is at its zenith ou height ◆ **au zénith de la gloire** at the zenith ou peak of glory

zénithal, e, mpl **-aux** [zenital, o] adj zenithal

Zénon [zenɔ̃] nm Zeno

zéolite, zéolithe [zeɔlit] nf zeolite

ZEP [zɛp] nf **a** (abrév de **zone d'éducation prioritaire**) → **zone**
b (abrév de **zone d'environnement protégé**) → **zone**

zéphyr [zefiʀ] → SYN nm (vent) zephyr ◆ (Myth) **Zéphyr** Zephyr(us)

zéphyrien, -ienne [zefiʀjɛ̃, jɛn] adj (littér) zephyr-like (littér)

zeppelin [zɛplɛ̃] → SYN nm zeppelin

zéro [zeʀo] → SYN 1 nm **a** (gén, Math) zero, nought (Brit) ; (compte à rebours) zero ; (dans un numéro de téléphone) O (Brit), zero (US) ◆ **remettre un compteur à zéro** to reset a meter at ou to zero ◆ **tout ça, pour moi, c'est zéro, je veux des preuves*** as far as I'm concerned that's worthless ou a waste of time – I want some proof ◆ **les avoir à zéro**‡ to be scared out of one's wits*, be scared stiff* ◆ **repartir de zéro, recommencer à zéro** to start from scratch ou rock-bottom again, go back to square one ◆ **taux de croissance zéro** zero growth ◆ (Mil) **l'option zéro** the zero option → **moral, partir**[1], **réduire**
b (température) freezing (point), zero *(Centigrade)* ◆ **3 degrés au-dessus de zéro** 3 degrees above freezing (point) ou above zero ◆ **3 degrés au-dessous de zéro** 3 degrees below freezing (point) ou below zero, 3 degrees below*, minus 3 (degrees Centigrade) ◆ **zéro absolu** absolute zero
c (Rugby, Ftbl) nil (Brit), zero, nothing (US) ; (Tennis) love ◆ (Tennis) **mener par 2 jeux / sets à zéro** to lead (by) 2 games/sets to love ◆ **zéro à zéro** ou **zéro partout à la mi-temps** no score at half time ◆ **gagner par 2 (buts) à zéro** to win 2 nil (Brit), win by 2 goals to nil (Brit) ou zero ◆ **la France avait zéro à la mi-temps** France hadn't scored ou had no score by half time
d (Scol) zero, nought ◆ **zéro de conduite** bad mark for behaviour ou conduct ◆ **zéro pointé** (Scol) nought (Brit), nothing *(counted in the final average mark)* ◆ (fig) **le gouvernement mérite un zéro pointé** the government deserves nothing out of 20 ◆ (fig) **mais en cuisine, zéro (pour la question)*** but as far as cooking goes he's (ou she's) useless ou a dead loss*
e (*: personne) nonentity, dead loss*, wash-out*
2 adj ◆ **zéro heure** (gén) midnight ; (heure GMT) zero hour ◆ **zéro heure trente** (gén) half-past midnight ; (heure GMT) zero thirty hours ◆ **il a fait zéro faute** he didn't make any mistakes, he didn't make a single mistake ◆ **j'ai eu zéro point** I got no marks (Brit) ou points (US) (at all), I got zero ◆ **ça m'a coûté zéro franc zéro centime*** I got it for precisely ou exactly nothing

zérotage [zeʀɔtaʒ] nm zero setting

zeste [zɛst] → SYN nm [citron, orange] peel (NonC) ; (en cuisine) zest (NonC), peel (NonC) ◆ **avec un zeste de citron** with a piece of lemon peel ◆ (fig) **un zeste de folie / d'humour** a touch ou spark of madness/humour

zêta [(d)zɛta] nm zeta

zeugma [zøgma], **zeugme** [zøgm] nm zeugma

Zeus [zøs] nm Zeus

zeuzère [zøzɛʀ] nf leopard moth

zézaiement [zezɛmɑ̃] → SYN nm lisp

zézayer [zezeje] → SYN ▸ conjug 8 ◂ vi to lisp

ZI [ʒɛdi] nf (abrév de **zone industrielle**) → **zone**

zibeline [ziblin] nf sable

zidovudine [zidɔvydin] nf zidovudine

zieuter‡ [zjøte] ▸ conjug 1 ◂ vt (longuement) to eye ; (rapidement) to have a dekko at‡ (Brit), have a squint at*

zig*† [zig] nm, **zigomar***† [zigɔmaʀ] nm, **zigoto***† [zigɔto] nm guy*, bloke* (Brit), chap* (Brit), geezer*† ◆ **c'est un drôle de zig** he's a queer fish*, he's a strange geezer*† ◆ **faire le zig** to muck about ou around

ziggourat [ziguʀat] nf ziggurat, zik(k)urat

zigouiller* [ziguje] ▸ conjug 1 ◂ vt to do in*

zigue*† [zig] nm ⇒ **zig***†

zigzag [zigzag] → SYN nm zigzag ◆ **route en zigzag** windy ou winding ou zigzagging road ◆ **faire des zigzags** [route] to zigzag ; [personne] to zigzag along ◆ (fig) **avoir fait** ou **eu une carrière en zigzag** to have a chequered career (péj), have a varied career

zigzaguer [zigzage] → SYN ▸ conjug 1 ◂ vi to zigzag (along)

Zimbabwe [zimbabwe] nm Zimbabwe

zimbabwéen, -enne [zimbabweɛ̃, ɛn] 1 adj Zimbabwean 2 nm,f ◆ **Zimbabwéen(ne)** Zimbabwean

zinc [zɛ̃g] → SYN nm **a** (métal) zinc
b (*: avion) plane

c (*: comptoir) bar, counter ◆ **boire un coup sur le zinc** to have a drink (up) at the bar ou counter

zincifère [zɛ̃sifɛʀ], **zincique** [zɛ̃sik] adj zinciferous, zincous

zingage [zɛ̃gaʒ] nm (→ **zinguer**) zinc coating

zinguer [zɛ̃ge] ▸ conjug 1 ◂ vt toiture, acier to coat with zinc

zingueur [zɛ̃gœʀ] nm zinc worker

zinjanthrope [zɛ̃ʒɑ̃tʀɔp] nm zinjanthropus

zinnia [zinja] nm zinnia

zinzin* [zɛ̃zɛ̃] **1** adj cracked*, nuts*, barmy* **2** nm thingummy(jig)* (Brit), thingamajig (US), what's-it*

zinzolin [zɛ̃zɔlɛ̃] (littér) **1** adj m reddish-purple **2** nm reddish-purple (colour)

zip ® [zip] → SYN nm zip

zippé, e [zipe] (ptp de **zipper**) adj zip-up (épith), with a zip

zipper [zipe] ▸ conjug 1 ◂ vt to zip up

zircon [ziʀkɔ̃] nm zircon

zircone [ziʀkɔn, ziʀkon] nf zirconium oxide, zirconia

zirconium [ziʀkɔnjɔm] nm zirconium

zizanie [zizani] → SYN nf ill-feeling ◆ **mettre** ou **semer la zizanie dans une famille** to set a family at loggerheads, stir up ill-feeling in a family

zizi[1] [zizi] nm (Zool) cirl bunting

zizi[2]* [zizi] → SYN nm (hum, langage enfantin: pénis) willy* (Brit hum), peter* (US hum)

zloty [zlɔti] nm zloty

zob** [zɔb] nm (pénis) dick**, prick**, cock**

Zodiac ® [zɔdjak] nm rubber dinghy

zodiacal, e, mpl **-aux** [zɔdjakal, o] → SYN adj constellation, signe of the zodiac; lumière zodiacal

zodiaque [zɔdjak] → SYN nm zodiac → **signe**

zoé [zɔe] nf zoaea (Brit), zoea (US)

Zohar [zɔaʀ] nm ◆ **le Zohar** the Zohar

zombi(e) [zɔ̃bi] nm zombie

zona [zona] nm shingles (sg), herpes zoster (spéc)

zonage [zonaʒ] nm (Urbanisme, Ordin) zoning

zonal, e, mpl **-aux** [zonal, o] adj zonal

zonard, e* [zonaʀ, aʀd] nm,f (marginal) drop-out*

zone [zon] → SYN **1** nf **a** (gén, Sci) zone, area ◆ (Agr) **zone d'élevage** etc cattle-breeding etc area ◆ **zone d'influence (d'un pays)** sphere ou zone of influence (of a country) ◆ **zone franc / sterling** franc / sterling area ◆ (fig) **de deuxième / troisième zone** second- / third-rate

b (bidonville) **la zone** the slum belt ◆ **enlève ce bric-à-brac de ton jardin, ça fait zone*** get rid of this junk in your garden, it looks like a tip

2 COMP ▹ **zone d'activités** business park, enterprise zone ▹ **zone d'aménagement concerté** urban development zone ▹ **zone d'aménagement différé** future development zone ▹ **la zone des armées** the war zone ▹ **zone artisanale** industrial estate (Brit) ou park (US) for small businesses ▹ **zone bleue** ≃ restricted parking zone ou area ▹ **zone dangereuse** danger zone ▹ **zone dépressionnaire** ou **de dépression** (Mét) trough of low pressure ▹ **zone d'éducation prioritaire** *area targeted for special help in education* ▹ **zone d'environnement protégé** environmentally protected zone, ≃ SSSI (Brit) ▹ **zone érogène** erogenous zone ▹ **zone d'exclusion** (Mil) exclusion zone ◆ **zone d'exclusion aérienne** no-fly zone ▹ **zone franche** free zone ▹ **zone industrielle** industrial estate (Brit) ou park (US) ▹ **zone libre** (Hist France) French zone ▹ **zone occupée** (Hist France) occupied zone ▹ **zone piétonnière** pedestrian precinct ▹ **zone à régime préférentiel** ≃ enterprise zone ▹ **zone de salaires** salary weighting ▹ **zone à urbaniser en priorité**† (Admin) urban development zone

zoné, e [zone] adj (Minér) banded, zoned

zoner [zone] ▸ conjug 1 ◂ **1** vt to zone **2** vi (*) [marginal] to bum around*

zonure [zonyʀ] nm zonurid

zoo [z(o)o] → SYN nm zoo

zoogamète [zoogamɛt] nm zoogamete

zoogéographie [zooʒeɔgʀafi] nf zoogeography

zooglée [zɔɔgle] nf zoogloea (Brit), zooglea (US)

zoolâtre [zɔɔlɑtʀ] **1** adj zoolatrous **2** nmf zoolater

zoolâtrie [zɔɔlɑtʀi] nf zoolatry

zoologie [zɔɔlɔʒi] → SYN nf zoology

zoologique [zɔɔlɔʒik] adj zoological

zoologiste [zɔɔlɔʒist] nmf, **zoologue** [zɔɔlɔg] nmf zoologist

zoom [zum] nm (objectif) zoom lens, (effet) zoom ◆ **faire un zoom sur** to zoom in on

zoomer [zume] ▸ conjug 1 ◂ vi to zoom in (*sur* on)

zoomorphe [zɔɔmɔʀf] adj zoomorphic

zoomorphisme [zɔɔmɔʀfism] nm zoomorphism

zoonose [zoonoz] nf zoonosis

zoopathie [zɔɔpati] nf zoanthropy

zoophile [zɔɔfil] **1** adj zoophilic **2** nmf zoophilist

zoophilie [zɔɔfili] nf (attachement) zoophilism; (perversion) zoophilia

zoophobie [zɔɔfɔbi] nf zoophobia

zoopsie [zɔɔpsi] nf zoopsia

zoospore [zɔɔspɔʀ] nm zoospore

zootechnicien, -ienne [zooteknisjɛ̃, jɛn] nmf zootechnician

zootechnie [zɔɔtɛkni] nf zootechnics (sg)

zootechnique [zɔɔtɛknik] adj zootechnic

zoreille* [zɔʀɛj] nmf *person from metropolitan France living in the overseas territories*

zorille [zɔʀij, zɔʀil] nf zorilla, zorille

Zoroastre [zɔʀɔastʀ] nm Zoroaster, Zarathustra

zoroastrien, -ienne [zɔʀɔastʀijɛ̃, jɛn] adj, nm,f Zoroastrian

zoroastrisme [zɔʀɔastʀism] nm Zoroastrianism, Zoroastrism

zostère [zɔstɛʀ] nf eelgrass

zostérien, -ienne [zɔsteʀjɛ̃, jɛn] adj shingles (épith), herpes zoster (spéc) (épith)

zou [zu] excl ◆ **(allez) zou!** (partez) off with you!, shoo!*; (dépêchez-vous) get a move on!* ◆ **et zou, les voilà partis!** zoom, off they go!*

zouave [zwav] → SYN nm Zouave, zouave ◆ **faire le zouave*** to play the fool, fool around

Zoulou [zulu] nm Zulu

zoulou, e [zulu] **1** adj Zulu **2** nm (Ling) Zulu **3** nm,f ◆ **Zoulou(e)** Zulu

Zoulouland [zululɑ̃d] nm Zululand

zozo*† [zozo] nm nit(wit)*, ninny*

zozoter [zɔzɔte] → SYN ▸ conjug 1 ◂ vi to lisp

ZUP† [zyp] nf (abrév de **zone à urbaniser en priorité**) → **zone**

Zurich [zyʀik] n Zurich ◆ **le lac de Zurich** Lake Zurich

zut* [zyt] excl (c'est embêtant) dash (it)!* (Brit), darn (it)!*, drat (it)!*; (tais-toi) (do) shut up!* ◆ **je fais ce que je veux, zut alors!** I'll do what I want, for goodness' sake! ◆ **et puis zut à la fin! j'abandonne!** what the heck*, I give up!

zutique [zytik] adj (Hist Littérat) Zutique

zutiste [zytist] nmf (Hist Littérat) Zutiste

zwanze [zwɑ̃z] nf (Belg) joke

zwanzer [zwɑ̃ze] ▸ conjug 1 ◂ vi (Belg) to joke

zwinglianisme [zvɛ̃glijanism] nm Zwinglianism

zygène [ziʒɛn] nf (papillon) burnet

zygoma [zigɔma] nm zygoma, zygomatic arch

zygomatique [zigɔmatik] **1** adj zygomatic ◆ **os / arcade zygomatique** zygomatic bone / arch **2** nm zygomatic major (muscle) (spéc)

zygomorphe [zigɔmɔʀf] adj zygomorphic, zygomorphous

zygomycètes [zigɔmisɛt] nmpl zygomycetes

zygote [zigɔt] nm zygote

zymase [zimaz] nf zymase

zymotique [zimɔtik] adj zymotic

ATLAS
MAPS

SYNONYMES FRANÇAIS
FRENCH THESAURUS

GRAMMAIRE ACTIVE
LANGUAGE IN USE

ANNEXES
APPENDICES

CARTES *MAPS*

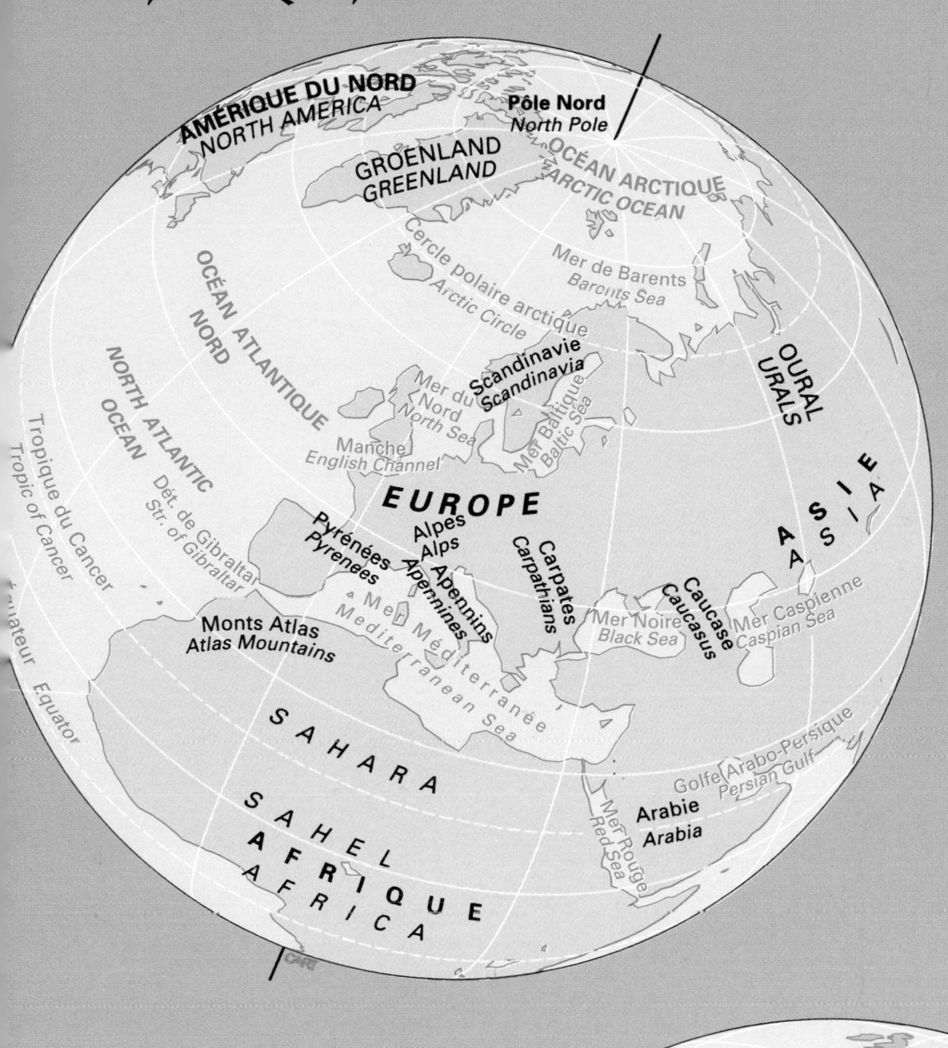
AMÉRIQUE DU NORD
NORTH AMERICA
Pôle Nord
North Pole
GROENLAND
GREENLAND
OCÉAN ARCTIQUE
ARCTIC OCEAN
Cercle polaire arctique
Arctic Circle
Mer de Barents
Barents Sea
OCÉAN ATLANTIQUE NORD
NORTH ATLANTIC OCEAN
Scandinavie
Scandinavia
Mer du Nord
North Sea
Mer Baltique
Baltic Sea
OURAL
URALS
Manche
English Channel
Tropique du Cancer
Tropic of Cancer
Dét. de Gibraltar
Str. of Gibraltar
EUROPE
ASIE
ASIA
Pyrénées
Pyrenees
Alpes
Alps
Apennins
Apennines
Carpates
Carpathians
Caucase
Caucasus
Mer Noire
Black Sea
Mer Caspienne
Caspian Sea
Monts Atlas
Atlas Mountains
Mer Méditerranée
Mediterranean Sea
Equator
SAHARA
SAHEL
AFRIQUE
AFRICA
Golfe Arabo-Persique
Persian Gulf
Arabie
Arabia
Mer Rouge
Red Sea

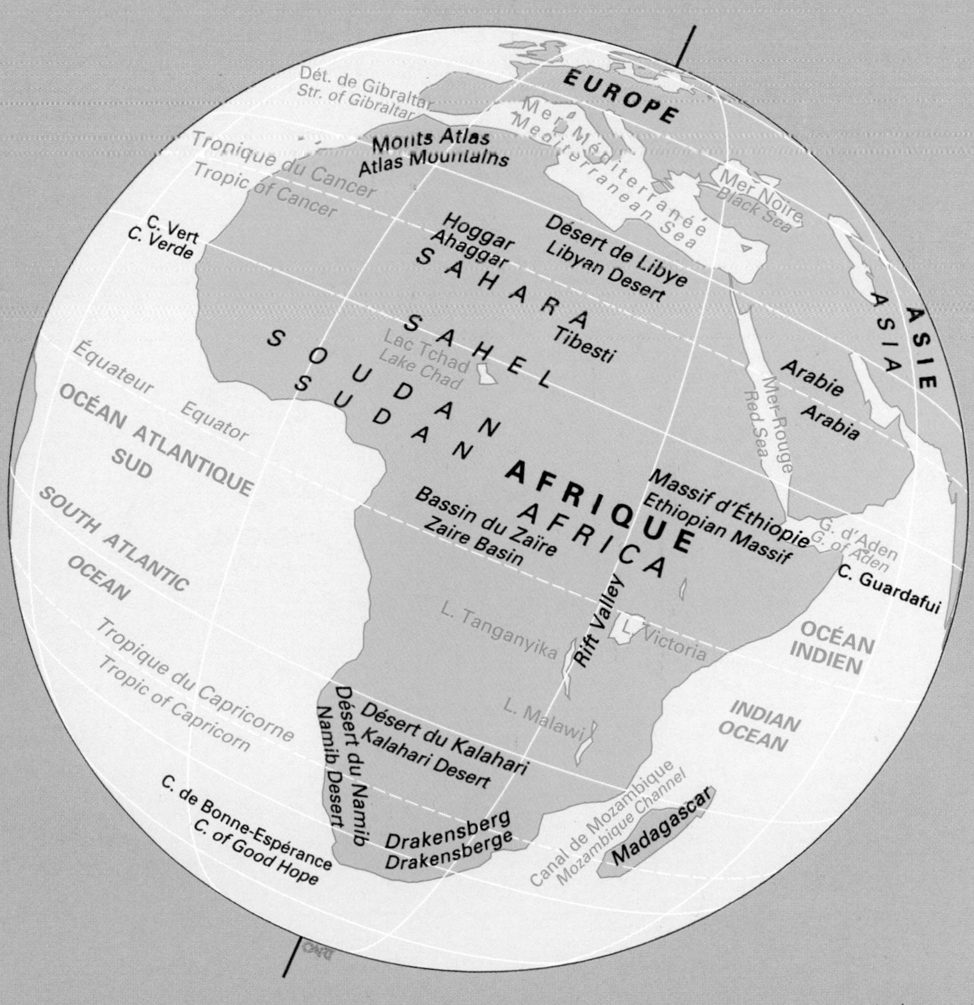
Dét. de Gibraltar
Str. of Gibraltar
EUROPE
Monts Atlas
Atlas Mountains
Mer Méditerranée
Mediterranean Sea
Tropique du Cancer
Tropic of Cancer
Mer Noire
Black Sea
C. Vert
C. Verde
Hoggar
Ahaggar
Désert de Libye
Libyan Desert
SAHARA
Tibesti
ASIE
ASIA
SAHEL
Lac Tchad
Lake Chad
SOUDAN
SUDAN
Arabie
Arabia
Mer Rouge
Red Sea
Équateur
Equator
OCÉAN ATLANTIQUE SUD
SOUTH ATLANTIC OCEAN
AFRIQUE
AFRICA
Massif d'Éthiopie
Ethiopian Massif
G. d'Aden
G. of Aden
Bassin du Zaïre
Zaire Basin
C. Guardafui
Rift Valley
L. Tanganyika
L. Victoria
OCÉAN INDIEN
INDIAN OCEAN
Tropique du Capricorne
Tropic of Capricorn
Désert du Kalahari
Kalahari Desert
Désert du Namib
Namib Desert
L. Malawi
Canal de Mozambique
Mozambique Channel
Madagascar
C. de Bonne-Espérance
C. of Good Hope
Drakensberg
Drakensberge

EUROPE POLITIQUE

Groenland (Dan.)
Greenland (Den.)
ISLANDE
ICELAND
REYKJAVÍK
Cercle polaire arctique
Arctic Circle
Îles Féroé (Dan.)
Faeroes (Den.)
0
1 000 km
0
500 miles
Bergen
ROYAUME-UNI
UNITED KINGDOM
Glasgow
Édimbourg
Edinburgh
Belfast
RÉPUBLIQUE D'IRLANDE
REPUBLIC OF IRELAND
DUBLIN
Cork
Liverpool
Leeds
Sheffield
Birmingham
Cardiff
LONDRES
LONDON
DANEMARK
DENMARK
Århus
PAYS-BAS
NETHERLANDS
AMSTERDAM
Rotterdam
Anvers
Antwerp
BRUXELLES
BRUSSELS
BELGIQUE
BELGIUM
LUX.
LUXEMBOURG
Brême
Bremen
Hanovre
Hanover
Düsseldorf
Bonn
Francfort
Frankfurt
Stuttgart
Strasbourg
Bâle
Basel
Zurich
BERNE
BERN
SUISSE
SWITZERLAND
LIE.
VADUZ
OCÉAN ATLANTIQUE
ATLANTIC OCEAN
Brest
Rouen
PARIS
Nantes
Tours
FRANCE
Limoges
Bordeaux
Lyon
Lyons
Milan
Venise
Venice
Toulouse
Marseille
Marseilles
MONACO
ANDORRE
ANDORRA
ITALIE
ITALY
Corse (Fr.)
Corsica
Ajaccio
Sardaigne (It.)
Sardinia
Cagliari
St-Jacques-de-Compostelle
Santiago de Compostela
Oviedo
Bilbao
Oporto
Pampelune
Pamplona
PORTUGAL
LISBONNE
LISBON
MADRID
Saragosse
Saragossa
Barcelone
Barcelona
ESPAGNE
SPAIN
Îles Baléares (Esp.)
Balearic Is. (Sp.)
Valence
Valencia
Palma de Majorque
Palma de Majorca
Séville
Seville
Málaga
Malaga
Tanger
Tangier
MER MÉDITERRANÉE
ALGER
ALGIERS
Oran
RABAT
Constantine
Annaba
TUNIS
Sidi Bel-Abbès
MAROC
MOROCCO
ALGÉRIE
ALGERIA
Batna
TUNISIE
TUNISIA
Sfax

Vorkouta
Vorkuta
Sourgout
Surgut
Vadsø
Tromsø
Mourmansk
Murmansk
FÉDÉRATION DE RUSSIE
RUSSIAN FEDERATION
Arkhangelsk
Archangel
Rovaniemi
Luleå
Oulu
Syktyvkar
FINLANDE
FINLAND
Vaasa
Jyväskylä
Tampere
Tioumen
Tyumen
Iekaterinbourg
Yekaterinburg
Perm
Tcheliabinsk
Chelyabinsk
Kirov
Koustanaï
Kustanay
Turku
HELSINKI
Saint-Pétersbourg
St. Petersburg
Oufa
Ufa
STOCKHOLM
TALLINN
ESTONIE
ESTONIA
Kazan
Magnitogorsk
Iaroslavl
Yaroslavl
Naberejnye Tchelny
Naberezhnye Chelny
Nijniy-Novgorod
Nizhniy Novgorod
Oulianovsk
Ulyanovsk
Togliatti
Tolyatti
Orenbourg
Orenburg
Orsk
Pskov
RIGA
LETTONIE
LATVIA
MOSCOU
MOSCOW
Saransk
Samara
Riazan
Ryazan
Penza
Aqtöbe
Aktyubinsk
LITUANIE
LITHUANIA
Toula
Tula
Ouralsk
Uralsk
Kaliningrad
RUSSIE
RUSSIA
VILNIUS
Smolensk
Saratov
MINSK
KAZAKHSTAN
POLOGNE
POLAND
Briansk
Bryansk
Voronej
Voronezh
BIÉLORUSSIE
BELARUS
Koursk
Kursk
VARSOVIE
WARSAW
Gouriev
Guryev
Łódź
Volgograd
Wrocław
Kharkov
KIEV
Cracovie
Cracow
UKRAINE
Astrakhan
Lvov
Donetsk
Dnipropetrovsk
Dnepropetrovsk
Rostov-sur-le-Don
Rostov-on-Don
SLOVAQUIE
SLOVAKIA
Krivoï-Rog
Krivoy Rog
Chevtchenko
Shevchenko
Miskolc
Debrecen
MOLDAVIE
MOLDOVA
Zaporojie
Zaporozhye
MER CASPIENNE
BUDAPEST
CHISINAU
HONGRIE
HUNGARY
Odessa
Krasnodar
Cluj-Napoca
Groznyï
Groznyy
CASPIAN SEA
ROUMANIE
ROMANIA
Braşov
BLACK SEA
GÉORGIE
GEORGIA
TBILISSI
TBILISI
BAKOU
BAKU
BELGRADE
BUCAREST
BUCHAREST
AZERBAÏDJAN
AZERBAIJAN
MER NOIRE
ARMÉNIE
ARMENIA
SERBIE
SERBIA
Varna
EREVAN
YEREVAN
BULGARIE
BULGARIA
SOFIA
Trabzon
Samsun
Erzurum
SKOPJE
Recht
Rasht
Istanbul
Üsküdar
TIRANA
MACÉDOINE
MACEDONIA
Tabriz
TÉHÉRAN
TEHRAN
Sivas
ALBANIE
ALBANIA
Salonique
Thessaloniki
Bursa
ANKARA
TURQUIE
TURKEY
Diyarbakir
IRAN
GRÈCE
GREECE
Mossoul
Mosul
İzmir
Konya
ATHÈNES
ATHENS
Adana
Hamādān
Patras
Alep
Aleppo
BAGDAD
BAGHDAD
Dezfoul
Dezfūl
SYRIE
SYRIA
Rhodes (Gr.)
NICOSIE
NICOSIA
Ramādī
Crète (Gr.)
Crete
LIBAN
LEBANON
CHYPRE
CYPRUS
Héraclion
Heraklion
DAMAS
DAMASCUS
IRAK
IRAQ
BEYROUTH
BEIRUT
Nasiriyah

FRANCE

ROYAUME-UNI
UNITED KINGDOM
PAYS-BAS
NETHERLANDS
BELGIQUE
BELGIUM
ALLEMAGNE
GERMANY
LUXEMBOURG
SUISSE
SWITZERLAND
ITALIE
ITALY
MONACO
ESPAGNE
SPAIN
ANDORRE
ANDORRA
MANCHE
ENGLISH CHANNEL
OCÉAN ATLANTIQUE
ATLANTIC OCEAN
MER MÉDITERRANÉE
MEDITERRANEAN SEA
NORD-PAS-DE-CALAIS
PICARDIE
PICARDY
HTE-NORMANDIE
BASSE-NORMANDIE
BRETAGNE
BRITTANY
PAYS-DE-LA-LOIRE
CENTRE
ÎLE-DE-FRANCE
CHAMPAGNE-ARDENNE
LORRAINE
ALSACE
BOURGOGNE
BURGUNDY
FRANCHE-COMTÉ
POITOU-CHARENTES
LIMOUSIN
AUVERGNE
RHÔNE-ALPES
AQUITAINE
MIDI-PYRÉNÉES
LANGUEDOC-ROUSSILLON
PROVENCE-ALPES-CÔTE D'AZUR
CORSE
CORSICA
Chef-lieu de région
Regional capital
Chef-lieu de département
Capital of department
Limite de région
Regional boundary
Limite de département
Department boundary
0 150 km
0 100 miles
0 25 km
0 20 miles

FRENCH OVERSEAS DEPARTMENTS AND TERRITORIES

GUYANE
FRENCH GUIANA

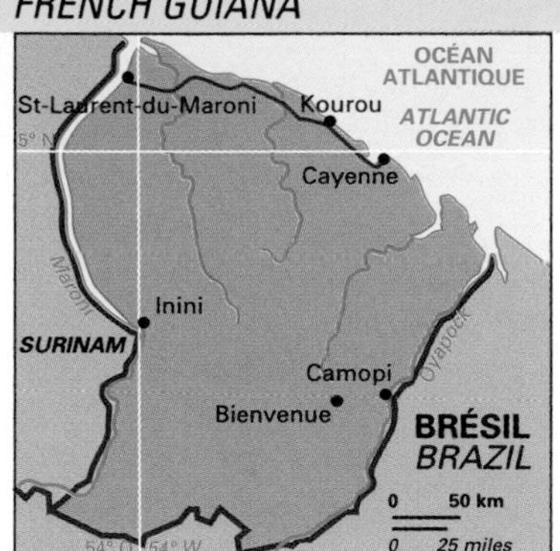

GUADELOUPE

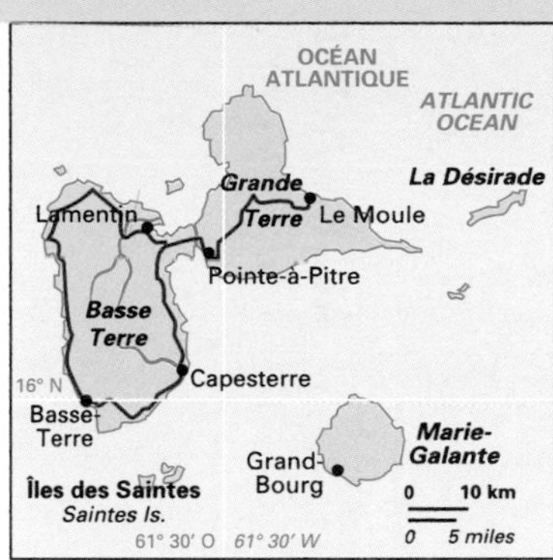

RÉUNION

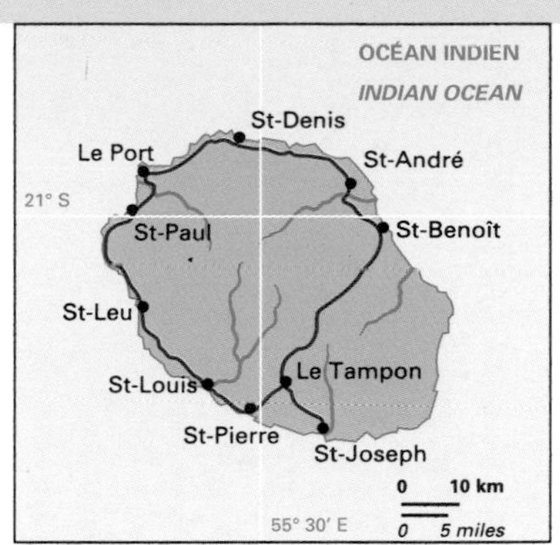

MARTINIQUE

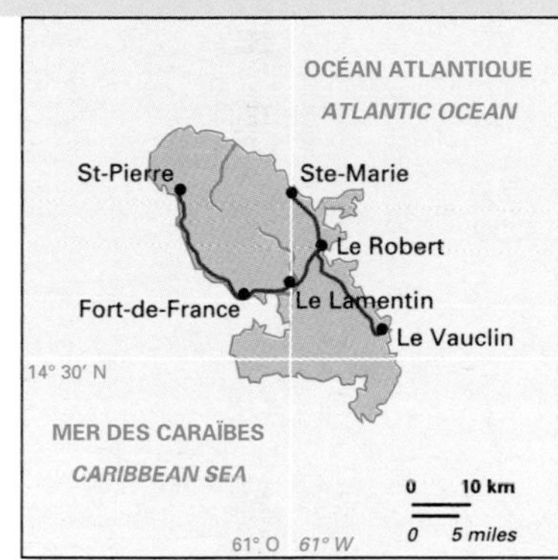

ST-PIERRE-ET-MIQUELON
ST. PIERRE AND MIQUELON

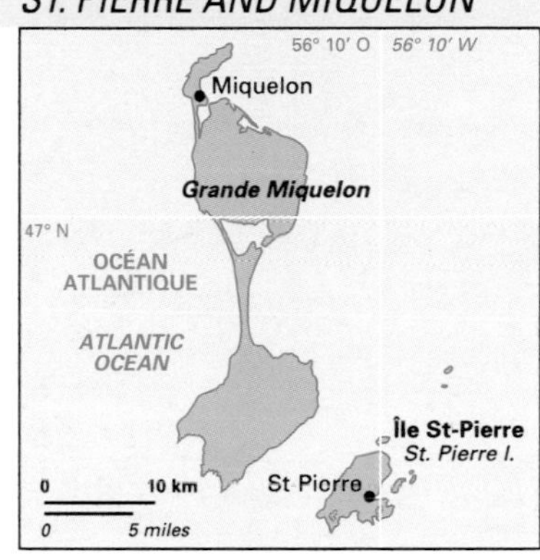

MAYOTTE

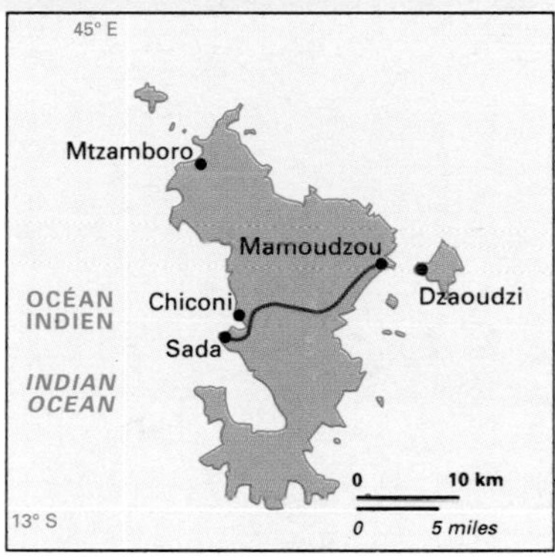

NOUVELLE-CALÉDONIE
NEW CALEDONIA

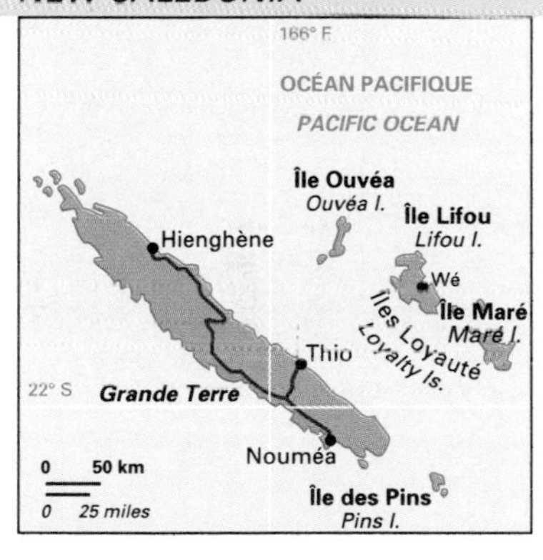

WALLIS-ET-FUTUNA
WALLIS AND FUTUNA

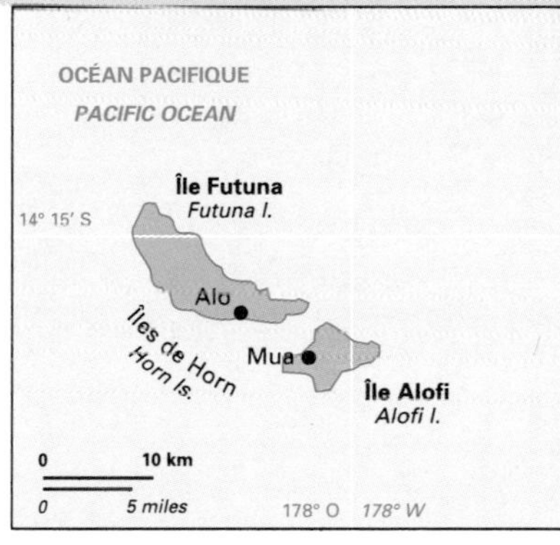

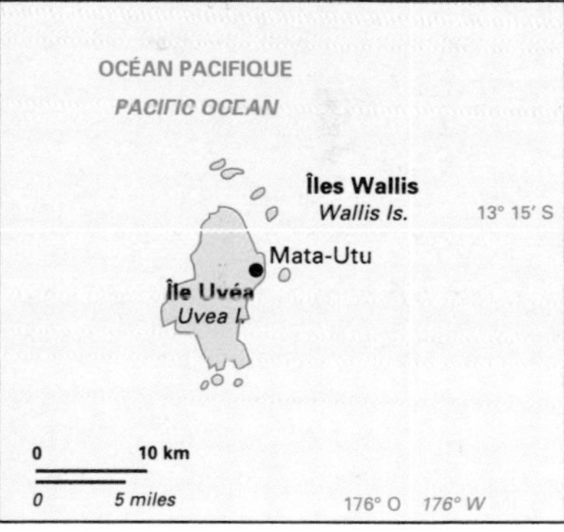

POLYNÉSIE-FRANÇAISE
FRENCH POLYNESIA

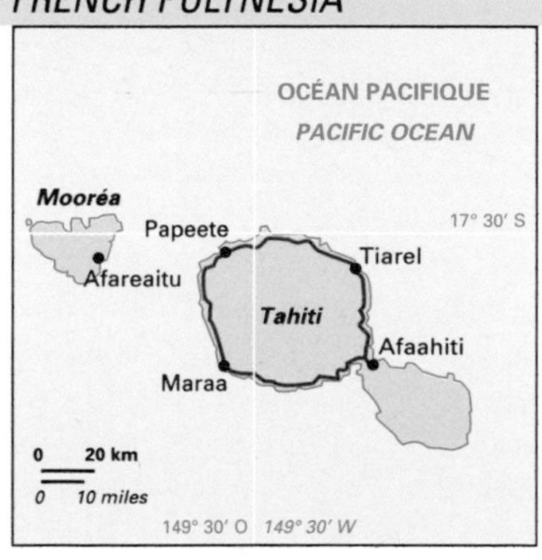

TAAF
French Southern and Antarctic Territories

Les terres Australes et Antarctiques françaises comprennent les îles Crozet, les îles Kerguelen, la terre Adélie, l'île Saint-Paul et l'île de la Nouvelle-Amsterdam.

The French Southern and Antarctic Territories consist of the Crozet Islands, Kerguelen Islands, Adelie Coast, St. Paul Island and Amsterdam Island.

DOM	Département d'outre-mer *Overseas department*
CT **TC**	Collectivité territoriale *Territorial collectivity*
TOM	Territoire d'outre-mer *Overseas territory*

BELGIQUE
BELGIUM
PAYS-BAS
NETHERLANDS
ALLEMAGNE
GERMANY
LUXEMBOURG
FRANCE
Mer du Nord
North Sea
ANVERS
ANTWERP, ANTWERPEN
LIMBOURG
LIMBURG
LIÈGE
LIÈGE, LUIK
BRABANT
NAMUR
LUXEMBOURG
HAINAUT
HAINAULT
FLANDRE-ORIENTALE
EAST FLANDERS
FLANDRE-OCCIDENTALE
WEST FLANDERS
BRUXELLES
BRUSSELS, BRUSSEL
Anvers
Antwerp, Antwerpen
Gand
Ghent, Gent
Bruges
Bruges, Brugge
Liège
Liège, Luik
Namur
Namen
Mons
Bergen
Hasselt
Arlon
LUXEMBOURG
Ostende
Ostend, Oostende
Louvain
Leuven
Malines
Mechelin, Mechelen
Tournai
Doornik
Courtrai
Kortrijk
Ypres
Ieper
Charleroi
Dinant
Bastogne
Spa
Verviers
Huy
Hoei
Essen
Düsseldorf
Cologne
Bonn
Aix-la-Chapelle
Aachen
Maastricht
Trèves
Trier
Lille
Cambrai
Arras
Amiens
St-Quentin
Charleville-Mézières
Dunkerque
Dunkirk
0
30 km
0
15 miles

ALLEMAGNE
GERMANY
AUTRICHE
AUSTRIA
LIECHTENSTEIN
FRANCE
ITALIE
ITALY
SUISSE
SWITZERLAND
SCHAFFHOUSE
SCHAFFHAUSEN
THURGOVIE
THURGAU
APPENZELL
SAINT-GALL
ZURICH
ARGOVIE
AARGAU
BÂLE-CAMPAGNE
BASEL-COUNTRY
BÂLE-VILLE
BASEL-TOWN
SOLEURE
SOLOTHURN
JURA
ZOUG
ZUG
SCHWYZ
LUCERNE
NIDWALD
NIDWALDEN
OBWALD
OBWALDEN
GLARIS
GLARUS
URI
GRISONS
GRAUBÜNDEN
TESSIN
TICINO
BERNE
BERN
FRIBOURG
NEUCHÂTEL
VAUD
VALAIS
GENÈVE
GENEVA
Lac de Constance
Lake Constance
Lac Léman
Lake Geneva
Lac de Neuchâtel
Lake Neuchâtel
L. des Quatre-Cantons
L. Lucerne
Lac de Côme
Lake Como
Lac Majeur
Lake Maggiore
Rhin
Rhine
Rhône
Friedrichshafen
Bregenz
Bludenz
Vaduz
Constance
Romanshorn
Rorschach
St-Gall
Herisau
Appenzell
Buchs
Frauenfeld
Schaffhouse
Schaffhausen
Winterthur
Zurich
Baden
Koblenz
Laufenburg
Lörrach
Bâle
Basel
Liestal
Aarau
Olten
Mulhouse
Delémont
Porrentruy
Moutier
Soleure
Solothurn
Bienne
Biel
St-Imier
La Chaux-de-Fonds
Neuchâtel
Burgdorf
Huttwil
Langnau
Sursee
Sempach
Lucerne
Zoug
Zug
Horgen
Rapperswil
Weesen
Glaris
Glarus
Elm
Linthal
Bad Ragaz
Coire
Chur
Reichenau
Ilanz
Thusis
Tiefencastel
Davos
Scuol
Zernez
St-Moritz
Silvaplana
Poschiavo
Arth
Schwyz
Brunnen
Altdorf
Stans
Sarnen
Engelberg
Meiringen
Amsteg
Wassen
Andermatt
Disentis
Airolo
Biasca
Bellinzona
Locarno
Bignasco
Mesocco
Berne
Bern
Koniz
Morat
Murten
Fribourg
Bulle
Gruyères
Thoune
Thun
Spiez
Interlaken
Brienz
Grindelwald
Lauterbrunnen
Mürren
Kandersteg
Frutigen
Zweisimmen
Lenk
Saanen
Sion
Sierre
Visp
Brig
Saas-Fee
Zermatt
Martigny
St-Maurice
Monthey
Aigle
Montreux
Lausanne
Morges
Rolle
Nyon
Genève
Geneva
Évian
Yverdon
Grandson
Moudon
Vallorbe
Pontarlier
Chamonix
Annecy
Aoste
Aosta
Domodossola
Verbania
Varese
Côme
Como
Lecco
Bergame
Bergamo
47°
46°
6°
7°
8°
9°
10°
0
30 km
0
20 miles

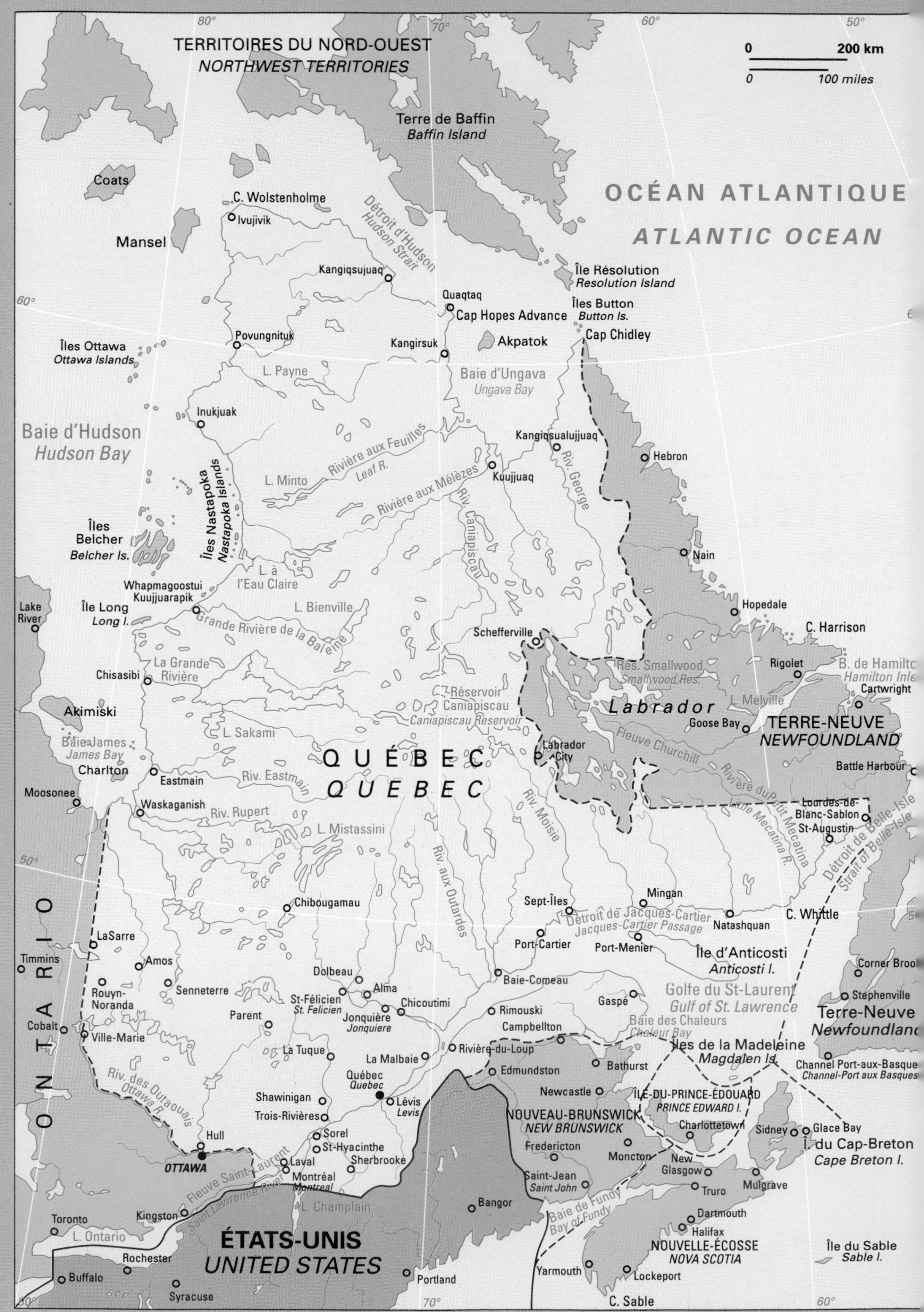
TERRITOIRES DU NORD-OUEST
NORTHWEST TERRITORIES
Terre de Baffin
Baffin Island
OCÉAN ATLANTIQUE
ATLANTIC OCEAN
Détroit d'Hudson
Hudson Strait
Baie d'Hudson
Hudson Bay
Baie d'Ungava
Ungava Bay
QUÉBEC
QUEBEC
Labrador
TERRE-NEUVE
NEWFOUNDLAND
ONTARIO
ÉTATS-UNIS
UNITED STATES
NOUVEAU-BRUNSWICK
NEW BRUNSWICK
NOUVELLE-ÉCOSSE
NOVA SCOTIA
ÎLE-DU-PRINCE-ÉDOUARD
PRINCE EDWARD I.
Golfe du St-Laurent
Gulf of St. Lawrence
Île d'Anticosti
Anticosti I.
Îles de la Madeleine
Magdalen Is.
Terre-Neuve
Newfoundland
Î. du Cap-Breton
Cape Breton I.
Île du Sable
Sable I.
Fleuve Saint-Laurent
Saint Lawrence River
Riv. des Outaouais
Ottawa R.
Fleuve Churchill
Détroit de Belle-Isle
Strait of Belle-Isle
Détroit de Jacques-Cartier
Jacques-Cartier Passage
Baie des Chaleurs
Chaleur Bay
Baie de Fundy
Bay of Fundy
Réservoir Caniapiscau
Caniapiscau Reservoir
Rés. Smallwood
Smallwood Res.
Îles Nastapoka
Nastapoka Islands
Îles Belcher
Belcher Is.
Îles Ottawa
Ottawa Islands
Île Long
Long I.
Île Résolution
Resolution Island
Îles Button
Button Is.
Cap Chidley
C. Wolstenholme
Coats
Mansel
Akpatok
Akimiski
Baie James
James Bay
B. de Hamilton
Hamilton Inlet
L. Melville
C. Harrison
C. Whittle
C. Sable
0 200 km
0 100 miles
Ivujivik
Kangiqsujuaq
Quaqtaq
Cap Hopes Advance
Povungnituk
Kangirsuk
Inukjuak
Kangiqsualujjuaq
Kuujjuaq
Hebron
Nain
Hopedale
Rigolet
Cartwright
Goose Bay
Battle Harbour
Schefferville
Labrador City
Whapmagoostui
Kuujjuarapik
Chisasibi
Lake River
Charlton
Eastmain
Waskaganish
Moosonee
Chibougamau
LaSarre
Timmins
Amos
Rouyn-Noranda
Senneterre
Cobalt
Ville-Marie
Parent
Dolbeau
Alma
St-Félicien
Chicoutimi
Jonquière
La Tuque
La Malbaie
Québec
Lévis
Shawinigan
Trois-Rivières
Sorel
St-Hyacinthe
Sherbrooke
Laval
Montréal
Hull
OTTAWA
Kingston
Toronto
Rochester
Buffalo
Syracuse
Portland
Bangor
Rivière-du-Loup
Rimouski
Baie-Comeau
Campbellton
Edmundston
Bathurst
Newcastle
Fredericton
Moncton
Saint-Jean
Saint John
Charlottetown
New Glasgow
Truro
Mulgrave
Sidney
Glace Bay
Dartmouth
Halifax
Yarmouth
Lockeport
Gaspé
Sept-Îles
Port-Cartier
Port-Menier
Mingan
Natashquan
Lourdes-de-Blanc-Sablon
St-Augustin
Corner Brook
Stephenville
Channel Port-aux-Basques
L. Payne
L. Minto
L. à l'Eau Claire
L. Bienville
La Grande Rivière
L. Sakami
L. Mistassini
L. Champlain
L. Ontario
Rivière aux Feuilles
Leaf R.
Rivière aux Mélèzes
Riv. Caniapiscau
Riv. George
Grande Rivière de la Baleine
Riv. Eastmain
Riv. Rupert
Riv. Moisie
Riv. aux Outardes
Rivière du Petit Mecatina
Little Mecatina R.
80°
70°
60°
50°

DICTIONNAIRE DE SYNONYMES FRANÇAIS

FRENCH THESAURUS

ABRÉVIATIONS/ABBREVIATIONS

adj. adjectif
adm. administration
adv. adverbe
agr. agriculture
all. allemand
amér. américain
anat. anatomie
angl. anglais
anim. animaux
arch. architecture
arg. scol. argot scolaire
audio. audiovisuel
au phys. au physique
au pl. au pluriel
au pr. au propre
au sing. au singulier
autom. automobile
aviat. aviation
belg. belgicisme
blas. blason
botan. botanique
chir. chirurgie
compl. circ. complément circonstanciel
compl. d'obj. complément d'objet
conj. conjonction
dial. dialectal
eccl. ecclésiastique
écon. économie
électron. électronique
enf. enfantin
équit. équitation
esp. espagnol
ex. exemple
fam. familier
fav. favorable
fém. féminin
fig. figuré
génér. généralement
géogr. géographie
géol. géologie
gram. grammaire
helv. helvétisme
impers. impersonnel
ind. indirect indirectement
inf. infinitif
inform. informatique
interj. interjection
invar. invariable
ital. italien
jurid. juridique
lég. péj. légèrement péjoratif
ling. linguistique
litt. littérature
liturg. liturgie
loc. adv. locution adverbiale
log. logique
mar. marine
masc. masculin
math. mathématique
méc. mécanique
méd. médecine
mérid. méridional
milit. militaire
mus. musique
myth. mythologie
n. f. nom féminin
n. m. nom masculin
nucl. industrie nucléaire
off. recommandation officielle
par anal. par analogie
par ext. par extension
p. ex. par exemple
part. participe
partic. particulier
pass. forme passive
path. pathologie
peint. peinture
péj. péjoratif
pétr. industrie pétrolière
philos. philosophie
phys. physique
poét. poétique
pol. politique
prép. préposition
pron. pronominal
prot. protocole
psych. psychologie
québ. québécois
rég. régional
relig. religieux
rhétor. rhétorique
scient. scientifique
spat. industrie spatiale
subst. substantif
syn. synonyme
techn. technique
télécom. télécommunication
théol. théologie
tour. tourisme
transp. transport
tr. pub. travaux publiques
typo. typographie
vén. vénerie
vétér. vétérinaire
v. intr. verbe intransitif
v. pron. verbe pronominal
v. récipr. verbe réciproque
v. tr. verbe transitif
vx vieux
vulg. vulgaire
zool. zoologie

Abréviations utilisées dans le dictionnaire de synonymes (qui peuvent être différentes de celles qui figurent dans le texte français-anglais).

Abbreviations used in the thesaurus (which could be different from those used in the French-English dictionary).

DICTIONNAIRE DE SYNONYMES FRANÇAIS

Le présent DICTIONNAIRE DE SYNONYMES a été constitué à partir de la dernière édition du *DICTIONNAIRE DES SYNONYMES* Le Robert, ouvrage couronné par l'Académie française. Il contient 21 000 entrées et plus de 200 000 équivalents. Ce dictionnaire peut être utilisé seul ou en liaison avec la partie français-anglais. Tous les mots de la partie bilingue faisant l'objet d'un développement synonymique sont suivis de l'indication [→ SYN]. Par exemple :

dictionnaire [diksjɔnɛʀ] [→ SYN] nm dictionary ◆ **dictionnaire des synonymes** dictionary of synonyms, thesaurus ◆ **dictionnaire de langue / de rimes** language / rhyme dictionary ◆ (Ordin) **dictionnaire de données** data directory ou dictionary ◆ **dictionnaire encyclopédique / étymologique** encyclopaedic / etymological dictionary ◆ **dictionnaire géographique** gazetteer ◆ **c'est un vrai dictionnaire** ou **un dictionnaire vivant** he's a walking encyclopaedia

REMARQUE : Le dictionnaire de synonymes français du **SUPER SENIOR** est un texte monolingue qui obéit à sa logique propre. Sa structure, son découpage syntaxique et sémantique, ses indications de style, de registre et de domaines sont différents de ceux du dictionnaire traductif qui par définition s'attache à mettre en évidence les rapports qui existent entre les langues. Les auteurs ne prétendent donc pas soumettre les articles de l'un et de l'autre à un quelconque parallélisme de présentation qui ne pourrait qu'être artificiel. De même, les éléments de phraséologie proposés dans les articles du dictionnaire de synonymes figurent en raison de leur richesse et de leur force évocatrice mais ils ne sont pas tous systématiquement repris dans les articles du dictionnaire traductif.

FRENCH THESAURUS

This THESAURUS is based on the latest edition of Le Robert's *DICTIONNAIRE DES SYNONYMES*, which was awarded a prize by the Académie française. It contains 21,000 entries and over 200,000 synonyms. It can be used alone or in conjunction with the French-English dictionary. Each dictionary entry for which a list of synonyms is given in the thesaurus is marked [→ SYN]. For example:

dictionnaire [diksjɔnɛʀ] [→ SYN] nm dictionary ◆ **dictionnaire des synonymes** dictionary of synonyms, thesaurus ◆ **dictionnaire de langue / de rimes** language / rhyme dictionary ◆ (Ordin) **dictionnaire de données** data directory ou dictionary ◆ **dictionnaire encyclopédique / étymologique** encyclopaedic / etymological dictionary ◆ **dictionnaire géographique** gazetteer ◆ **c'est un vrai dictionnaire** ou **un dictionnaire vivant** he's a walking encyclopaedia

However, a monolingual text in which the internal relationships are fully respected will always differ in structure from a bilingual text, which, of necessity, concentrates on relationships across languages. The structure of the French thesaurus, therefore, does not always correspond to that of the bilingual French-English dictionary. The grammatical and semantic splits and style, register and subject field labels differ in some respects and we have not attempted to give the two texts an artificially parallel presentation. By the same token, the illustrative phrases which are given in the thesaurus are there to show the richness and the descriptive power of the language but they are not systematically covered in the entries of the bilingual dictionary.

A

abaca n.m. chanvre de Manille, tagal

abacule n.m. cube, mosaïque

abaissable → **rabattable**

abaissant → **honteux**

abaisse n.f. feuille/pâte amincie

abaissement n.m. 1 d'une chose. a au pr. : descente, fermeture b par ext. : affaiblissement, affaissement, affalement, amenuisement, amoindrissement, baisse, chute, dégradation, dépréciation, détérioration, dévaluation, fléchissement → **diminution** c partic. : prolapsus, ptose 2 de quelqu'un : abjection, amollissement, aplatissement, avachissement, avilissement, bassesse, décadence, déchéance, déclin, dégénérescence, dépendance, esclavage, pourriture, servitude, soumission → **humiliation, humilité** 3 par ext. → **dégénérescence**

abaisser 1 une chose : amenuiser, amoindrir, baisser, déprécier, descendre, dévaluer, diminuer, faire tomber, fermer, rabaisser, rabattre, rapetisser, ravaler, réduire, ternir 2 quelqu'un : a affaiblir, amoindrir, avilir, dégrader, déprécier, inférioriser, rabaisser, vilipender → **humilier** b → **détrôner** 3 v. pron. a une chose : s'affaisser, descendre, diminuer b quelqu'un : s'avilir, se commettre/compromettre, condescendre, déchoir, se déclasser/dégrader, déroger, descendre, en venir à, s'humilier, se plier/prêter/ravaler à, tomber → **soumettre (se)** c fam. : s'aplatir, écraser, faire de la lèche/des bassesses, fayoter d → **daigner**

abajoue n.f. → **joue**

abandon n.m. 1 d'une chose. a au pr. : cessation, changement, cession, consentement, désuétude, don, donation, non-usage, passation, renoncement, renonciation, suppression b délaissement, démission, désengagement, désistement, dessaisissement, forfait, inaccomplissement, inachèvement, lâchage, non-lieu (jurid.), retrait, résignation (partic.) c abjuration, apostasie, reniement, rétractation d abdication, capitulation, desertion, incurie, insouciance, laisser-aller, négligence e → **fuite** f → **recul** g → **vieillesse** h **à l'abandon :** à vau-l'eau, à la dérive, en rade 2 de quelqu'un. a confiance, détachement, familiarité, insouciance, liberté, naturel b lâchage, largage, non-assistance, plaquage c délaissement, déréliction

abandonnataire n.m. et f. → **bénéficiaire**

abandonné, e 1 quelque chose → **vide** 2 quelqu'un a → **consentant** b abandonnique (psych.), délaissé, négligé

abandonner 1 une chose. a au pr. : céder, cesser, se démettre/départir/déposséder/dépouiller/désister/dessaisir de, démissionner, dételer (fam.), donner, faire donation, lâcher, laisser, passer la main, renoncer à → **quitter** b s'en aller, déménager, évacuer, laisser → **quitter** c abjurer d battre en retraite, décamper, décrocher, se replier e déclarer forfait, se retirer 2 non fav. a abdiquer, délaisser, démissionner, se désintéresser/détacher de, laisser aller, laisser aller à vau-l'eau, laisser attendre/courir/péricliter/tomber/traîner, se laisser déposséder, renoncer à, sacrifier b fam. : en avoir marre, caler, caner, craquer, se déballonner/déculotter/dégonfler, dételer, jeter le gant, planter là, plaquer c déguerpir, déloger, évacuer, plier bagage, vider la place/les lieux d abjurer, apostasier, défroquer, renier sa foi e capituler, céder, déserter, évacuer, fuir f baisser pavillon, céder, couper là, s'incliner, lâcher pied, mettre les pouces, passer la main, rabattre, se rendre/résigner/soumettre g quelqu'un : délaisser, se déprendre/désintéresser/détacher de, dire adieu/au revoir, écarter, fausser compagnie, lâcher, laisser, négliger, oublier, quitter, rejeter, renoncer à, renvoyer, rompre, se séparer de 3 fam. : balancer, laisser en rade, larguer, planter là, plaquer, semer 4 v. pron. a se dérégler/dévoyer, être en proie à, s'en ficher/foutre (fam.), se jeter/plonger/vautrer dans, se laisser aller/glisser, se livrer à, se négliger, s'oublier, succomber à b → **confier (se)**

abaque n.m. 1 arch. : tailloir 2 → **table** 3 → **couronne**

abasie n.f. → **paralysie**

abasourdi, e 1 → **ébahi** 2 → **stupéfait**

abasourdir 1 neutre : accabler, étourdir, surprendre • au passif (fam.) : en rester baba/comme deux ronds de flan 2 fav. : ébahir, éberluer, estomaquer (fam.), étonner, interloquer, méduser, sidérer 3 non fav. : abrutir, accabler, assommer, choquer, consterner, étourdir, hébéter, interloquer, pétrifier, stupéfier, traumatiser → **abêtir**

abasourdissement n.m. → **stupéfaction**

abâtardir 1 quelqu'un ou un animal : abaisser, affaiblir, altérer, avilir, baisser, corrompre, dégénérer, dégrader, métisser 2 une chose → **altérer**

abâtardissement n.m. 1 → **dégénérescence** 2 → **abaissement**

abat-jour n.m. céladon vx : casque (colonial), visière

abats n.m. pl. bas morceaux, fressure, triperie vén. : curée, fouaille

abattage n.m. 1 bagou, brillant, brio, chic, dynamisme, personnalité 2 égorgement, sacrifice, tuage, tuerie a de roches : havage b d'arbres : coupe 3 **maison d'abattage** → **lupanar** 4 québ. → **reproche**

abattant n.m. couvercle, miséricorde

abattement n.m. 1 d'une chose. a sur une somme : déduction, escompte, réfaction, ristourne b techn. : finition, parement 2 de quelqu'un : accablement, anéantissement, consternation, découragement, démoralisation, effondrement, épuisement, harassement, lassitude, prostration → **fatigue**

abattis n.m. pl. 1 bras, jambes, membres 2 → **entassement** 3 → **déboisement**

abattoir n.m. 1 au pr. : assommoir, échaudoir, tuerie 2 par ext. a champ de bataille, danger public → **carnage** b équarrissoir

abattre 1 une chose. a au pr. : démanteler, démolir, détruire, faire tomber, jeter à terre/par terre, mettre à bas/à terre/par terre, raser, renverser b par ext. : couper, faire tomber, haver, scier c étaler/montrer son jeu d **abattre du travail :** bosser, boulonner, en foutre/en mettre un coup, trimer, turbiner e non fav. : anéantir, annihiler, briser, décourager, démolir, démonter, démoraliser, détruire, faucher, ruiner, vaincre, vider (fam.) 2 quelqu'un. a au pr. → **tuer** b fig. : accabler, affaiblir, décourager, démolir, déprimer, descendre, disqualifier, écraser, éliminer, épuiser, liquider, régler son compte à, vaincre 3 un animal. a tirer, tuer, servir (vén.) b assommer, égorger, saigner, tuer 4 **être abattu :** être prostré 5 v. pron. a s'affaisser dégringoler (fam.), s'écraser, s'écrouler, s'effondrer, s'étaler (fam.), se renverser, tomber b fondre/se précipiter/pleuvoir/tomber à bras raccourcis sur

abbaye n.f. 1 béguinage, cloître, communauté, couvent, laure, monastère, moutier, prieuré → **cloître** • mérid. : 2 → **lupanar** 3 → **guillotine**

abbé n.m. 1 dignitaire, pontife, prélat 2 aumônier, curé, ecclésiastique, pasteur, prêtre, vicaire 3 non fav. : corbeau, curaillon, cureton, prédicant, ratichon

abbesse n.f. 1 (mère) prieure/supérieure → **religieuse** 2 → **proxénète**

abcès n.m. adénite, anthrax, bubon, chancre, clou, dépôt, écrouelles, empyème, fluxion, furoncle, grosseur, kyste, panaris, parulie, phlegmon, pustule, scrofule, tourniole, tumeur → **boursouflure**

abdication n.f. → **abandon**

abdiquer se démettre, démissionner, se désister, quitter → **abandonner**

abdomen n.m. 1 bas-ventre, épigastre, hypocondre (vx), hypogastre, intestins, transit, ventre 2 fam. : avant-scène, ballon, barrique, bedaine, bedon, bide, bonbonne, boyaux, brioche, buffet, burlingue, coffre, devant, fanal, œuf d'autruche/de Pâques, paillasse, panse, placard, tripes 3 d'un animal : hypogastre, panse

abdominal, e épigastrique, hypocondriaque (vx), hypogastrique, intestinal, ventral

abécédaire n.m. a.b.c., alphabet, syllabaire

abeille n.f. cirière, faux bourdon (vx), hyménoptère, mouche à miel, ouvrière, reine

aberrant, e 1 anormal, confusionnel, déraisonnable, illogique, insensé 2 absurde, con (fam.), extravagant, faux, fou, grotesque, idiot, imbécile, loufoque, ridicule, saugrenu → **bête**

aberration n.f. 1 aberrance, égarement, erreur, fourvoiement, méprise 2 absurdité, aliénation, bévue, extravagance, folie, idiotie, illogisme, imbécillité, non-sens, stupidité → **bêtise**

abêtir abasourdir, abrutir, affaiblir, altérer, bêtifier, crétiniser, débiliter, décérébrer, décerveler, dégrader, diminuer, encroûter, engourdir, faire tourner en bourrique (fam.), fossiliser, hébéter, infantiliser, momifier, ramollir

abêtissement n.m. abrutissement, ahurissement, aveulissement, avilissement, connerie (fam.), contre-culture, crétinisation, crétinisme, décervelage, encroûtement, gâtisme, hébétude, idiotie, imbécillité, infantilisme, stupidité

abhorrer abominer, avoir en aversion/en horreur, détester, éprouver de l'antipathie/de l'aversion/du dégoût/de l'horreur/de la répugnance, exécrer, haïr, honnir, maudire, vomir

abîme n.m. 1 abysse, aven, bétoire, fosse, gouffre, igue, perte, précipice 2 fig. a catastrophe, chaos, néant, ruine b différence, distance, divorce, fossé, immensité, incompréhension, intervalle

abîmer 1 une chose. a au pr. : casser, dégrader, démolir, détériorer, détraquer, ébrécher, endommager, esquinter, massacrer, gâter, mettre hors de service/d'usage, rayer, saboter, saccager, salir, user b fam. : amocher, bousiller, cochonner, coupailler, déglinguer, fusiller, massacrer, saloper c sa santé : compromettre, détraquer, esquinter, ruiner 2 quelqu'un. baver sur, calomnier, compromettre, démolir, déshonorer, flétrir, salir, ternir 3 v. pron. a un navire : aller par le fond, chavirer, couler, disparaître, s'enfoncer, s'engloutir, se perdre, sombrer b quelqu'un : s'abandonner à, s'absorber dans, s'adonner à, s'enfoncer dans, être enseveli, s'ensevelir/se plonger/sombrer/tomber/se vautrer dans (péj.)

abject, e abominable, avili, bas, dégoûtant, écœurant, grossier, honteux, ignoble, ignominieux, indigne, infâme, infect, laid, méprisable, misérable, obscène, odieux, plat, rampant, repoussant, répugnant, sale, sordide, vil, vilain, visqueux • vulg. : dégueulasse, salaud

abjection n.f. abomination, avilissement, bassesse, boue, crasse, dégoûtation, fange, grossièreté, honte, ignominie, ilotisme, indignité, infamie, laideur, obscénité, platitude, saleté, vilenie → **abaissement** • vulg. : saloperie

abjuration n.f. → **abandon**

abjurer apostasier (péj.), faire son autocritique/sa confession publique, renier, se rétracter → **abandonner**

ablation n.f. chir. : amputation, autotomie, castration, coupe, excision, exérèse, mutilation, opération, rescision, résection, sectionnement

ablette n.f. → **poisson**

ablution n.f. 1 au pr. a au sing. : affusion, lavage, nettoyage, rinçage b au pl. : bain, douche, lavage, nettoyage, toilette 2 purification (relig.)

abnégation n.f. abandon, altruisme, désintéressement, détachement, dévouement, holocauste, oubli de soi, renoncement, sacrifice

aboi n.m. 1 d'un chien. a sing. et pl. : aboiement, glapissement, hurlement, jappement b vén. : chant, cri, voix 2 **être aux abois :** à quia, en déconfiture, en difficulté, en faillite, réduit à la dernière extrémité

abolir 1 abandonner, abroger, anéantir, annuler, casser, démanteler, détruire, effacer, éteindre, faire cesser/disparaître, infirmer, invalider, lever, prescrire, rapporter, rescinder, résoudre, révoquer, ruiner, supprimer 2 par ext. : absoudre, amnistier, gracier, pardonner, remettre

abolition n.f. 1 → **abrogation** 2 → **absolution** 3 → **amnistie**

abominable → **affreux**

abomination n.f. 1 → **honte** 2 → **horreur**

abominer → **haïr**

abondamment → **beaucoup**

abondance n.f. 1 → **affluence** 2 → **profusion** 3 → **richesse** 4 a **parler d'abondance :** avec volubilité, avoir du bagou, être intarissable b **en abondance :** à foison/gogo, en pagaille, en veux-tu en voilà

abondant, e 1 au pr. a commun, considérable, copieux, courant, exubérant, fécond, fertile, fructueux, généreux, inépuisable, intarissable, luxuriant, opulent, plantureux, pléthorique, profus, prolifique, riche, somptueux b à foison, considérable, foisonnant, fourmillant, gargantuesque, grouillant, innombrable, incommensurable, nombreux, pantagruélique, pullulant, surabondant 2 fig. : a ample, charnu, dense, dru, énorme, épais, étoffé, fort, fourni, garni, généreux, gras, gros, long, pantagruélique, rempli, replet b diffus, intarissable, long, prolixe, torrentiel, touffu, verbeux

abondement n.m. → **addition**

abonder 1 au pr. : floconner, foisonner, fourmiller, grouiller, infester, proliférer, pulluler 2 par ext. a être fertile en/plein de/prodigue en/riche en, regorger de, se répandre en b **il abonde dans mon sens :** approuver, se rallier à, se ranger à un avis

abonnement n.m. carte, forfait, série, souscription

abord 1 n.m. a au sing. : accueil, approche, caractère, comportement, réception b au pl. : accès, alentours, approches, arrivées, entrées, environs 2 a **d'abord :** a priori, au commencement, auparavant, au préalable, avant tout, en premier lieu, premièrement, primo b **dès l'abord :** dès le commencement, sur le coup, dès le début, immédiatement, incontinent, à première vue, tout de suite c **tout d'abord :** aussitôt, sur-le-champ, dès le premier instant d **au premier/de prime abord :** dès le commencement, à la première rencontre, à première vue

abordable 1 quelqu'un : accessible, accueillant, bienveillant, facile, pas fier (fam.) 2 une chose. a bon marché, pas cher, possible, réalisable b accostable, approchable, facile

abordage n.m. 1 arraisonnement, assaut, collision 2 accostage, atterrage, débarquement

aborder 1 une chose. a au pr. : accéder à, accoster, approcher de, arriver à, atteindre, avoir accès à, mettre pied à terre → **toucher** b une difficulté → **affronter** c un virage : négocier 2 quelqu'un → **accoster** 3 mar. : arraisonner

aborigène n. et adj. autochtone, indigène, natif, naturel

abouchement n.m. 1 aboutement, accouplement, anastomose (méd.), jonction, jumelage, raccordement, rapport, union 2 conférence, entrevue, rencontre

aboucher 1 abouter, accoupler, ajointer, anastomoser (méd.), joindre, jumeler, mettre bout à bout/en rapport, raccorder, réunir 2 ménager/procurer une entrevue/un rendez-vous, mettre en rapport/en relation, rapprocher, réunir 3 v. pron. : communiquer, entrer/se mettre en conférence/pourparlers/rapport/relation, s'entretenir, négocier, prendre date/rendez-vous

abouler 1 fam. : apporter, donner 2 v. pron. : s'amener, arriver, se pointer, se propulser, se radiner, rappliquer, venir

aboulie n.f. → **apathie**

aboulique amorphe, apathique, faible, impuissant, mou, sans volonté, velléitaire → **paresseux** ♦ fam. : crevé, lavette, vidé

about n.m. → **ajout**

abouter 1 → **joindre** 2 tailler (la vigne) 3 → **aboucher**

aboutir 1 accéder à, achever, arriver à, atteindre, se diriger vers, finir à/dans/en/par, se jeter/tomber dans → **terminer (se)** 2 avoir du succès, être couronné de succès, mener à sa fin/son issue/son terme, parvenir à → **réussir**

aboutissant loc. **les tenants et les aboutissants :** les causes et les conséquences, les données

aboutissement n.m. but, couronnement, fin, issue, point final, réalisation, résultat, terme

aboyer 1 au pr. : crier, japper, hurler ♦ vén. : chanter 2 par ext. : braire, clabauder, crier, glapir, gueuler (vulg.), japper, hurler

aboyeur n.m. crieur, commissaire-priseur → **huissier**

abracadabrant, e ahurissant, baroque, biscornu, bizarre, délirant, démentiel, déraisonnable, époustouflant, étrange, extraordinaire, extravagant, fantasmagorique, fantasque, fantastique, farfelu, fou, grand-guignolesque, incohérent, incompréhensible, incroyable, insolite, rocambolesque, sans queue ni tête, saugrenu, singulier, stupéfiant, surprenant, ubuesque, unique

abraser 1 → **polir** 2 → **user**

abrasion n.f. 1 → **polissage** 2 → **usure**

abrégé n.m. abréviation, accourci (vx), acronyme, aide-mémoire, analyse, aperçu, argument, bréviaire (relig.), compendium, digest, diminutif, éléments, épitomé, esquisse, extrait, manuel, notice, plan, précis, raccourci, récapitulation, réduction, résumé, rudiment, schéma, sommaire, somme, topo (fam.)

abrégé adj. 1 fav. : amoindri, bref, concis, court, cursif, diminué, écourté, lapidaire, limité, raccourci, rapetissé, réduit, resserré, restreint, résumé, simplifié, sommaire, succinct 2 non fav. : compendieux, laconique, tronqué

abrégement n.m. diminution, raccourcissement, réduction

abréger accourcir, alléger, amoindrir, borner, diminuer, écourter, limiter, raccourcir, rapetisser, réduire, resserrer, restreindre, résumer, simplifier, tronquer

abreuver 1 au pr. : apporter de l'eau, désaltérer, étancher la soif, faire boire, verser à boire 2 par ext. a accabler/arroser/combler/couvrir/imprégner/inonder de b non fav. : accabler de, agonir, couvrir/inonder de c → **humecter** d → **remplir** 3 v. pron. : a une chose : absorber, s'arroser, s'humecter, s'imbiber, s'imprégner, s'inonder, se mouiller, se pénétrer b quelqu'un (fam.) : absorber, arroser, biberonner, se cocarder, écluser, entonner, éponger/étancher sa soif, s'humecter le gosier, s'imbiber, s'imprégner, lamper, se lester, lever le coude, licher, picoler, pinter, pomper, se rafraîchir, se remplir, se rincer la dalle/le gosier, siroter, sucer, se taper/vider un verre, téter → **enivrer (s')** c un animal : boire, se désaltérer, étancher sa soif, laper, super

abreuvoir n.m. auge, baquet, bassin

abréviation n.f. 1 abrégement, acronyme, initiales, raccourci, sigle 2 → **abrégé** 3 → **diminution**

abri n.m. 1 au pr. a asile, cache, cachette, lieu sûr, oasis, refuge, retraite b non fav. : antre, repaire c d'un animal : bauge, gîte, refuge, repaire, reposée, soue, trou → **tanière** d → **port** e Abribus®, arrêt, aubette f → **caverne** 2 milit. : bunker, cagna, casemate, fortin, guitoune 3 par ext. : assurance, défense, garantie, protection, refuge, sécurité, sûreté 4 **être à l'abri :** à couvert, à l'écart, à l'ombre (fam.), hors d'atteinte/de portée, en lieu sûr, en sécurité, en sûreté, planqué (fam.)

Abribus® n.m. off. : aubette

abriter 1 → **couvrir** 2 → **cacher** 3 → **protéger** 4 → **recevoir**

abrogation n.f. 1 au pr. : abolition, annulation, cassation, cessation, contre-lettre, infirmation, invalidation, prescription, rédhibition, résiliation, résolution, retrait, révocation, suppression 2 par ext. a anéantissement, destruction, disparition, effacement b → **absolution**

abroger 1 → **abolir** 2 v. pron. : s'abolir, s'annuler, cesser son effet, s'effacer, s'éteindre, être abrogeable, se prescrire

abrupt, e 1 accore (mar.), à pic, escarpé, montant, raide, roide, rude 2 acariâtre, acerbe, acrimonieux, aigre, bourru, brusque, brutal, direct, dur, haché, hargneux, heurté, inculte, rébarbatif, revêche, rogue, sauvage, tout de go (fam.)

abruti, e nom et adj. → **bête**

abrutir 1 → **abêtir** 2 → **fatiguer** 3 → **abasourdir**

abrutissement n.m. abasourdissement, abêtissement, ahurissement, animalité, avilissement, bestialité, connerie (fam.), crétinisme, décervelage, engourdissement, gâtisme, hébétement, hébétude, idiotie, imbécillité, stupeur, stupidité → **bêtise**

abscisse n.f. → **coordonnées**

abscons, e → **difficile**

absence n.f. 1 au pr. a carence, défaut, défection, éclipse, indisponibilité, manque b départ, disparition, échappée, école buissonnière, éloignement, escapade, fugue 2 par ext. : omission, privation 3 **avoir des absences :** amnésie, distractions, oublis, trous

absent, e 1 contumace, défaillant, indisponible, manquant 2 ailleurs, dans la lune (fam.), inattentif, lointain, rêveur → **distrait**

absenter (s') 1 neutre : s'éloigner, partir, quitter, se retirer, sortir 2 non fav. : disparaître, s'éclipser, faire défaut, faire l'école buissonnière, manquer, pratiquer l'absentéisme ♦ fam. : jouer la fille de l'air, tirer au flanc/au cul

abside n.f. absidiole, chevet

absinthe n.f. → **armoise**

absolu, e 1 adj. a au pr. : catégorique, complet, dirimant, discrétionnaire, dogmatique, entier, exclusif, foncier, formel, impératif, impérieux, inconditionnel, indispensable, infini, parfait, plein, radical, rédhibitoire, total, unilatéral b quelqu'un : autocratique, autoritaire, arbitraire, cassant, césarien, despotique, dictatorial, dogmatique, exclusif, impérieux, intransigeant, jupitérien, omnipotent, souverain, totalitaire, tout-puissant, tyrannique 2 nom : idéal, infini, intégrité, intransigeance, perfection, plénitude

absolument 1 à fond/toute force, carrément, diamétralement, nécessairement, tout à fait 2 → **complètement**

absolution n.f. 1 abolition, abrogation, acquittement, amnistie, annulation, cassation, extinction, grâce, pénitence, prescription, rémission, remise/suppression de peine 2 → **pardon**

absolutisme n.m. 1 arbitraire, autocratie, autoritarisme, caporalisme, césarisme, despotisme, dictature, domination, fascisme, hégémonie, nazisme, omnipotence, oppression, pouvoir personnel, totalitarisme, tyrannie 2 → **intolérance** 3 par ext. : monocratie → **royauté**

absolutiste n. et adj. → **intégriste**

absolutoire → **irréversible**

absorbé, e 1 neutre : absent, méditatif, occupé, préoccupé 2 non fav. : abruti, ahuri → **distrait**

absorber 1 avaler, boire, s'imbiber/imprégner/se pénétrer de, pomper, résorber → **boire** 2 avaler, assimiler, consommer, déglutir, dévorer, engloutir, engouffrer, épuiser, faire disparaître/fondre, ingérer, ingurgiter, liquider, manger, nettoyer, phagocyter (fam.) 3 accaparer, annexer, dévorer, prendre, retenir 4 v. pron. a s'abîmer, s'abstraire, s'attacher à, se recueillir b s'enfoncer dans, s'engloutir, s'ensevelir, se plonger, sombrer

absorbeur n.m. saturateur

absorption n.f. 1 alimentation, consommation, imbibition, imprégnation, ingestion, ingurgitation, manducation 2 disparition, effacement, liquidation, suppression 3 fusionnement, intégration, unification

absoudre 1 quelqu'un → **acquitter** 2 une faute : effacer, excuser, pardonner, remettre

abstème → **sobre**

abstenir (s') se déporter (vx)/dispenser, éviter, s'exempter de, se garder de, s'interdire de, négliger de, ne pas participer à, ne pas prendre part à, se passer de, se priver de, se refuser à/de, se récuser, renoncer à, rester neutre, se retenir de

abstention n.f. 1 neutralité, non-belligérance, non-engagement, non-intervention 2 privation, récusation, refus, renonciation, renoncement, restriction

abstinence n.f. 1 → **jeûne** 2 → **continence**

abstinent, e 1 au pr. : frugal, modéré, tempérant → **sobre** 2 par ext. a chaste, continent b d'alcool : abstème

abstract n.m. off. → **abrégé**

abstraction n.f. 1 au pr. : axiome, catégorie, concept, notion 2 non fav. : chimère, irréalité, fiction, utopie 3 a **faire abstraction de :** écarter, éliminer, exclure, laisser de côté, mettre à part, omettre, ôter, retirer, retrancher, sortir, supprimer b **abstraction faite de :** en dehors de, excepté, à l'exception de, hormis, à part c **faculté d'abstraction :** absence, indifférence, méditation, réflexion, repli sur soi

abstraire 1 → **éliminer** 2 v. pron. : s'absenter, se défiler (fam.), s'écarter de, se détacher de, s'éliminer, s'exclure, se mettre à part, prendre ses distances, se replier sur soi

abstrait, e 1 une chose. a neutre : axiomatique, irréel, non figuratif, profond, spéculatif, subtil, théorique, virtuel b non fav. : abscons, abstrus, chimérique, difficile, fumeux (fam.), obscur, utopique, vague 2 quelqu'un. a fav. : profond, subtil b non fav. : *ses idées* : abscons, chimérique, difficile, irréel, obscur, utopique, vague; *son comportement* : absent, absorbé, distrait, indifférent, méditatif, paumé (fam.), rêveur

abstrus, e 1 → **obscur** 2 → **difficile**

absurde aberrant, abracadabrant, biscornu, contradictoire, démentiel, déraisonnable, énorme, extravagant, fou, illogique, imaginaire, incohérent, incongru, inconséquent, inepte, insane, irrationnel, saugrenu, stupide, ubuesque → **bête, insensé** ◆ fam. : brindezingue, con, dingue, farfelu

absurdité n.f. aberration, aporie, conte, contradiction, contresens, contre-vérité, déraison, énormité, extravagance, folie, illogisme, incohérence, incongruité, inconséquence, ineptie, insanité, irrationalité, loufoquerie, non-sens, rêve, stupidité → **bêtise** ◆ fam. : bobard, connerie, dinguerie, tuyau crevé

abus n.m. 1 exagération, excès, exploitation 2 débordements, dérèglement, désordre, errements, immodération, inconduite, intempérance 3 → **injustice**

abuser 1 v. intr. a au pr. : dépasser/passer les bornes/la mesure, exagérer, exploiter, mésuser, outrepasser ◆ fam. : attiger, charrier b d'une femme : déshonorer, faire violence, posséder, violer, violenter 2 v. tr. → **tromper** 3 v. pron. : cafouiller, s'égarer, errer, faillir, faire erreur, se faire illusion, s'illusionner, se leurrer, méjuger, se méprendre, prendre le change, sous-estimer, se tromper fam. : déconner, se ficher/foutre dedans, se gourer, se mettre le doigt dans l'œil

abusif, ive 1 neutre : envahissant, immodéré → **excessif** 2 non fav. a injurieux (vx), injuste, léonin, trop dur/sévère b impropre, incorrect, mauvais

abusivement 1 excessivement, immodérément 2 improprement, indûment, injustement 3 incorrectement

abyssal, e → **profond**

abysse n.m. → **abîme**

acabit n.m. catégorie, espèce, genre, manière, nature, qualité, sorte, type ◆ fam. : farine, tabac

acacia n.m. partic. : cachou, casse, cassier, mimosa, robinier

académicien, ne habit vert, immortel, membre de l'Institut, un des quarante

académie n.f. 1 au pr. a Académie française : institut, palais Mazarin, quai Conti b universitaire : institut, rectorat, université 2 par ext. : collège, conservatoire, école, faculté, gymnase, institut, lycée 3 beaux-arts : modèle, nu

académique 1 neutre : conformiste, conventionnel 2 non fav. : ampoulé, compassé, constipé (fam.), démodé, emmerdant (grossier), empesé, emphatique, ennuyeux, fossilisé, froid, guindé, prétentieux, recherché, sans originalité/relief, ridicule, vieux jeu

académisme n.m. conformisme, convention

acajou n.m. anacardier, teck

acariâtre 1 acerbe, acide, acrimonieux, aigre, atrabilaire, bilieux, bougon, criard, grincheux, grognon, gueulard, hargneux, hypocondriaque, incommode, insociable, intraitable, maussade, morose, querelleur, quinteux, rébarbatif, revêche, rogue, rude, teigneux -fam. et/ou grossier : bâton merdeux, grande gueule, merdeux, pète-sec 2 **une femme acariâtre** → **mégère**

accablant, e 1 brûlant, écrasant, étouffant, fatigant, impitoyable, inexorable, intolérable, kafkaïen, lourd, oppressant, orageux, pesant, suffocant, tropical 2 → **tuant** 3 débilitant, décourageant, déroutant, désarmant, désespérant, irréfutable

accablement n.m. → **abattement**

accabler 1 → **charger** 2 → **abattre** 3 surcharger

accalmie n.f. 1 → **apaisement** 2 → **embellie**

accaparement n.m. monopolisation, spéculation, stockage, thésaurisation

accaparer 1 → **accumuler** 2 → **absorber** 3 → **envahir**

accapareur n.m. → **spéculateur**

accastillage n.m. 1 drome, quincaillerie marine 2 amarinage, approvisionnement

accastiller amariner, approvisionner, armer, avitailler, fournir, gréer, munir

accéder 1 v. intr. a → **aboutir** b → **accoster** 2 v. tr. ind. a → **accepter** b → **consentir**

accelerando → **rythme**

accélérateur n.m. 1 spat. : booster 2 fam. : champignon

accélération n.f. accroissement, activation, augmentation de cadence/rythme/vitesse, célérité, hâte, précipitation

accéléré, e → **rapide**

accélérer 1 au pr. : accroître, activer, augmenter, avancer, dépêcher, expédier, hâter, pousser, précipiter, presser, sprinter, stimuler, trousser 2 auto : appuyer sur/écraser le champignon, mettre la gomme/les gaz, pousser, presser 3 v. pron. : faire diligence fam. : se dégrouiller/grouiller/manier ou magner/remuer, faire ficelle/fissa

accent n.m. 1 accentuation, marque, signe 2 emphase, intensité, modulation, prononciation, ton, tonalité

accentuation n.f. → **augmentation**

accenteur n.m. → **passereau**

accentuer 1 accroître, accuser, appuyer sur, augmenter, déclamer, donner de l'intensité/du relief à, faire ressortir, insister sur, intensifier, marteler, montrer, peser sur, ponctuer, renforcer, rythmer, scander, souligner 2 → **prononcer** 3 v. pron. : devenir plus apparent/évident/fort/net, se mettre en évidence/relief, ressortir

acceptable admissible, bon, convenable, correct, passable, possible, potable, présentable, recevable, satisfaisant, suffisant, valable

acceptation n.f. → **accord**

accepter 1 neutre a une chose → **agréer** b quelqu'un → **accueillir** c → **endosser** d accéder/acquiescer/adhérer à, admettre, agréer, approuver, se conformer à, condescendre à, consentir à, dire oui, donner son accord/consentement, se joindre à, opiner, permettre, se prêter à, se rallier à, ratifier, recevoir, se rendre à, se soumettre à, souscrire à, toper (fam.), trouver bon e agréer, recevoir 2 non fav. : s'accommoder de, admettre, avaler, endurer, pâtir, se résigner à, souffrir, subir, supporter, tolérer

accepteur n.m. et adj. souscripteur, tiré

acception n.f. 1 sens, signification 2 → **préférence**

accès n.m. 1 abord, bord, entrée, input (par tic), introduction, ouverture, seuil 2 fig. a → **accueil** b méd. : attaque, atteinte, crise, poussée c de colère : bouffée, corrida (fam.), scène 3 **par accès** : par intermittence, récurrent

accessibilité n.f. → **facilité**

accessible 1 au pr. : accort, accueillant, affable, aimable, amène, facile, ouvert à, sensible, simple 2 abordable, atteignable 3 à disposition, consultable, libre 4 par ext. : approchable, compréhensible, intelligible, à portée, simple

accession n.f. 1 admission, arrivée, avancement, avènement, venue 2 → **promotion** 3 → **acquêt**

accessit n.m. distinction, nomination, prix, récompense

accessoire 1 adj. a auxiliaire, concomitant, inutile, marginal, négligeable, secondaire, subsidiaire, superfétatoire, superflu b additionnel, annexe, auxiliaire, complémentaire, dépendant, incident, supplémentaire 2 n.m. : instrument, outil, pièce → **ustensile**

accessoirement 1 éventuellement, incidemment, secondairement, subsidiairement 2 → **peut-être**

accident n.m. 1 au pr. a affaire, aventure, épisode, événement, incident, péripétie, phénomène b accroc, accrochage, aléa, anicroche, avatar (par ext.), aventure, calamité, catastrophe, contretemps, coup dur/du sort, ennui, les hauts et les bas, malheur, mésaventure, revers, traverse, vicissitudes c capotage, carambolage, choc, collision, crash, chute, dérapage, dévissage, éboulement, effondrement, électrocution, emboutissage, explosion, incendie, noyade, télescopage, tête-à-queue, tonneau d avalanche, éruption volcanique, glissement de terrain, inondation, raz de marée, tremblement de terre e avarie, chavirement, naufrage, perte f → **contingence** g → **exception** h arg. ou fam. : bin's, bite, bûche, caille, contrecarre, couille, manque de bol/pot, merde, os, pépin, salade, tuile 2 par ext. a de terrain : aspérité, creux et bosses, dénivellation, mouvement de terrain, pli, plissement, relief b **par accident** : par extraordinaire, fortuitement, par hasard/inadvertance/occasion, rarement

accidenté, e 1 au pr. a quelqu'un : abîmé, amoché, atteint, blessé, esquinté, touché, traumatisé b une chose : accroché, bousillé, cabossé, carambolé, cassé, démoli, détérioré, détraqué, détruit, endommagé, esquinté 2 par ext. a agité, dangereux, imprévu b inégal, irrégulier, mamelonné, montagneux, montueux, mouvementé, pittoresque, vallonné, varié

accidentel, le accessoire, acquis, adventice, brutal, casuel (vx), mamelonné, contingent, épisodique, événementiel, éventuel, exceptionnel, extraordinaire, extrinsèque, fortuit, imprévu, inattendu, incident, inhabituel, occasionnel, violent

accidentellement 1 d'aventure, fortuitement, inopinément, malencontreusement, par accident, par hasard, sans cause 2 → **peut-être**

accidenter abîmer, accrocher, amocher, bousiller, cabosser, caramboler, casser, démolir, détériorer, détraquer, détruire, endommager, esquinter, modifier

accise n.f. → **impôt**

acclamation n.f. applaudissement, approbation, bis, bravo, éloge, hourra, louange, ovation, rappel, triomphe, vivat

acclamer applaudir, bisser, faire une ovation, ovationner, rappeler

acclimatation n.f. 1 apprivoisement, naturalisation 2 jardin d'acclimatation : jardin zoologique → **zoo**

acclimatement n.m. accommodation, accoutumance, adaptation, apprivoisement, habitude

acclimater 1 accoutumer, adapter, apprivoiser, entraîner, familiariser, habituer, importer, initier, introduire, naturaliser, transplanter 2 v. pron. quelqu'un : s'accoutumer, s'adapter, s'y faire, s'habituer 3 une chose : s'établir, s'implanter, s'introduire, prendre place

accointance n.f. amitié, attache, camaraderie, connaissance, fréquentation, intelligence, intimité, liaison, lien, parenté, piston (fam.), rapport, relation

accolade n.f. fam. : bise, embrassade

accoler 1 au pr. : **baiser** 2 par ext. a → **adjoindre** b → **serrer** c → **accoupler**

accommodant, e arrangeant, aisé à vivre, bienveillant, bon enfant/prince, complaisant, compréhensif, conciliant, condescendant, coulant, débonnaire, de bonne composition, (esprit) large, facile à contenter/à satisfaire/à vivre, laxiste (péj.), sociable, souple, traitable

accommodation n.f. → **adaptation**

accommodement n.m. accord, ajustement, amodiation, arrangement, capitulation (fam.), composition, compromis, conciliation, entente, expédient, raccommodement, rapprochement, règlement amiable

accommoder 1 une chose → **adapter** 2 cuisine → **apprêter** 3 quelqu'un. a au pr. → **accorder** b habillement → **accoutrer** 4 v. pron. : accepter, admettre, s'arranger de (fam.), se contenter de, se faire à, faire son affaire de, s'habituer à, prendre son parti de, se satisfaire de, se soumettre à, tirer parti de

accompagnateur, trice → **guide**

accompagnement n.m. 1 convoi, cortège, équipage, escorte, pompe, suite 2 accessoire, appareil, attirail, complément, garniture 3 accord, arrangement, coexistence, harmonisation 4 → **conséquence**

accompagner 1 au pr. : aller avec/de conserve, assister, chaperonner, conduire, convoyer, escorter, flanquer, guider, protéger, reconduire, suivre, surveiller 2 par ext. : assortir, coexister, joindre, marier 3 v. pron. : s'adjoindre, s'assortir de, avoir pour conséquence/suite, se marier avec, être suivi de

accompli, e 1 une chose. a achevé, complet, effectué, fait, fini, réalisé, terminé b consommé, idéal, impeccable, incomparable, irréprochable, magistral → **parfait** 2 quelqu'un : bien élevé, complet, consommé, distingué, idéal, modèle, mûr → **parfait** 3 **le**

fait accompli définitif, irréparable, irréversible, irrévocable

accomplir 1 au pr. : aboutir, achever, consommer, effectuer, faire, finir, parachever, réaliser, terminer 2 non fav. : commettre, perpétrer 3 par ext. : s'acquitter de, mener à bien / bon terme, se plier à, réaliser, remplir → **observer** 4 v. pron. : arriver, avoir lieu, se passer, se produire

accomplissement n.m. achèvement, exécution, performance, réalisation

accord n.m. 1 au pr. a affinité, amitié, bonne intelligence, communauté de goûts / vues, communion, compatibilité, complicité, com préhension, concorde, connivence, fraternité, harmonie, intelligence, paix, union → **sympathie** b accommodement, acquiescement, adhésion, alliance, arrangement, collusion, compromis, consensus, contrat, convention, conventionnement, entente, gentlemen's agreement, marché, modus vivendi, pacte, traité, transaction, volontariat 2 par ext. a adéquation, analogie, cohérence, concert, concordance, conformité, conjonction, convenance, convergence, correspondance, équilibre, harmonie, proportion, rapport, symétrie b acceptation, admission, agrément, approbation, assentiment, autorisation, caution, consentement, engagement, le feu vert (fam.), permission 3 a **d'accord :** assurément, certainement, c'est convenu, c'est entendu, oui bien sûr ◆ fam. : banco, bien, ça va, O.K., ouais, oui, partant b **d'un commun accord :** à l'unanimité, à l'unisson, du même avis, par accord mutuel, tous ensemble, unanimement c **mettre d'accord** → **accorder** d **être / tomber d'accord** → **consentir**

accordéon n.m. 1 fam. : piano à bretelles / du pauvre, soufflet à punaises 2 par ext. : bandonéon

accorder 1 au pr. a accommoder, adapter, agencer, ajuster, allier, aménager, apparier, appliquer, apprêter, approprier, arranger, assembler, associer, assortir, combiner, conformer, disposer, équilibrer, faire aller / coïncider, goupiller (fam.), harmoniser, installer, joindre, mettre en accord / état / harmonie / proportion / rapport, proportionner, rattacher, régler sur, réunir b adjuger, allouer, attribuer, avancer, céder, concéder, décerner, donner, doter, exaucer, faire don, fournir, gratifier, impartir, lâcher, octroyer, offrir, satisfaire c allier, associer, lier, unir d apaiser, arranger, régler 2 par ext. a → **convenir** b → **réconcilier** c → **consentir** d → **acquiescer** 3 v. pron. : a → **correspondre** b → **entendre (s')**

accordeur n.m. conseilleur, entremetteur, intermédiaire, truchement → **arbitre**

accore mar. 1 n.m. a → **soutien** b → **bord** 2 adj. → **abrupt**

accostable abordable, accessible

accostage n.m. → **abordage**

accoster 1 au pr. : aborder, aboutir, arriver, entrer, jeter l'ancre, se ranger contre, toucher terre 2 par ext. : aller à la rencontre de, approcher, arraisonner (mar.), atteindre, joindre, parvenir à, se porter à la rencontre de, racoler (péj.), se rapprocher de, rencontrer

accotement n.m. → **bord**

accoter → **appuyer**

accotoir n.m. → **accoudoir**

accouchement n.m. 1 au pr. : maïeutique, parturition, travail → **enfantement** 2 fig. → **réalisation**

accoucher 1 a avoir / faire ses couches, donner naissance / la vie, enfanter, être en gésine (vx) / mal d'enfant / parturition / travail, mettre au monde, pondre (fam.) b pour les animaux : agneler, chatonner, faire ses petits, levretter, louveter, mettre bas, pouliner, vêler 2 fig. : composer, écrire, faire, peindre, produire, publier, réaliser → **engendrer**

accoucheur, euse → **gynécologue, sage-femme**

accoudoir n.m. accotoir, appui-bras / coude / main / nuque / tête, balcon, balustrade, bras (de fauteuil), custode (vx), repose-bras

accouple n.f. → **attache**

accouplement n.m. 1 de choses : ajustage, assemblage, conjonction, liaison, mariage, mise en couple, mixage, transmission, union 2 d'animaux : appariement, monte, pariade, remonte, saillie, saut 3 d'humains : coït, congrès, copulation, rapports

accoupler 1 accoler, appareiller, apparier, assembler, assortir, joindre, jumeler, lier, mettre en couple / ensemble, réunir, unir 2 v. pron. a animaux : s'apparier, s'assortir, bouquiner, chevaucher, côcher, couvrir, demander / faire la monte / la saillie, frayer, monter, réclamer le veau, se reproduire, retourner à son espèce, saillir, sauter, servir b humains : accomplir l'acte de chair / ses devoirs conjugaux, s'accorder, baiser (vulg.), coïter, connaître au sens biblique, consommer, copuler, faire l'amour / la bête à deux dos / la chose, fauter, forniquer, honorer, se prendre, s'unir

accourir arriver en hâte, courir, se hâter, se précipiter, se rapprocher, venir en courant

accoutrement n.m. 1 affiquet, affublement, affûtiaux, ajustement, atours, attifement, attirail, défroque, déguisement, équipage, habillement, mise, tenue, travesti 2 non fav. : haillons, harnachement, nippes (fam.), oripeaux 3 → **vêtement**

accoutrer affubler, ajuster, arranger, déguiser, équiper, habiller → **vêtir** ◆ fam. : enharnacher, fagoter, fringuer, harnacher, nipper

accoutumance n.f. 1 acclimatement, accommodation, adaptation, assuétude, endurcissement, habitude, immunité, insensibilité 2 immunisation, insensibilisation, mithridatisation, tolérance 3 dépendance, toxicomanie

accoutumé, e courant, coutumier, habituel, ordinaire

accoutumer 1 au pr. : adapter, aguerrir, façonner, faire, familiariser, habituer, plier / préparer / rompre à → **acclimater** 2 au poison : habituer, mithridatiser 3 méd. : immuniser, prémunir, vacciner

accréditer 1 une chose : affirmer, autoriser, confirmer, propager, répandre, rendre crédible 2 quelqu'un : autoriser, habiliter, installer, introduire, mettre en place, présenter

accréditeur, trice → **caution**

accrétion n.f. → **augmentation**

accroc n.m. 1 au pr. : déchirure 2 fig. a contretemps, incident malheureux, obstacle → **difficulté** b entorse, infraction c faute, souillure, tache

accrochage n.m. 1 accident, dispute, heurt, incident, querelle ◆ fam. : engueulade, prise de bec 2 milit. : affaire, combat, embuscade, engagement

accroche-cœur n.m. frisette, guiche

accrocher 1 au pr. : appendre, attacher, crocher (vx), pendre, suspendre 2 fig. a attraper, gagner, enlever, obtenir, saisir b non fav. : bousculer, déchirer, déplacer, heurter c milit. : fixer, immobiliser, retarder, trouver le contact d quelqu'un : aborder, arrêter, casser les pieds (péj.), importuner, retenir l'attention 3 v. pron. a s'agripper, s'attacher, se cramponner, se retenir à, se suspendre à, se tenir à b s'accrocher avec quelqu'un : se disputer, se quereller c s'accrocher à quelqu'un : coller, se cramponner à, importuner d **se l'accrocher** (fam.) : s'en passer, s'en priver, repasser

accrocheur, euse 1 adj. : combatif, tenace ◆ fam. : collant, emmerdant 2 nom. battant ◆ fam. : casse-pied, emmerdeur, pot de colle → **fâcheux**

accroire (faire) faire avaler, la bailler belle, mentir, monter le coup → **tromper**

accroissement n.m. 1 fav. a accroît, accrue → **accélération** b → **agrandissement** c → **augmentation** d → **profit** 2 non fav. → **aggravation**

accroître 1 → **accélérer** 2 → **agrandir** 3 → **aggraver** 4 v. pron. : croître, grandir, grossir, monter

accroupir (s') se baisser, baraquer, être / se mettre à croupetons, se pelotonner, se ramasser, se tasser → **blottir (se)**

accroupissement n.m. fig. → **humiliation**

accru n.m. → **pousse**

accrue n.f. → **augmentation**

accueil n.m. 1 abord, accès, bienvenue, mine, réception, tête, traitement 2 réaction, réflexe 3 hospitalité

accueillant, e abordable, accessible, attirant, avenant, bienveillant, cordial, familier, gracieux, hospitalier, liant, ouvert, propice, serviable, sociable, sympathique → **aimable**

accueillir 1 quelqu'un : accepter, admettre, agréer, faire fête, recevoir 2 une chose : abonder dans le sens, admettre, apprendre, écouter, recevoir 3 **accueillir par des huées :** chahuter, conspuer, faire la fête à (fam.)

acculée n.f. → **recul**

acculer buter, pousser dans ses derniers retranchements → **obliger**

acculturation n.f. 1 → **instruction** 2 → **adaptation**

accumulateur n.m. batterie, condensateur, pile

accumulation n.f. 1 de choses. a abondance, addition, agglomération, agrégation, amas, assemblage, collection, échafaudage, emmagasinage, étagement, faisceau, monceau, montagne, quantité, superposition, tas b accaparement, accroissement, capitalisation, cumul, intérêts composés, thésaurisation c amoncellement, déballage, empilage, entassement, fatras, fouillis d bouchon, congestion, encombrement, saturation e alluvion, terrassement 2 de personnes : attroupement, concentration, foule, groupement, masse, rassemblement, réunion

accumuler 1 agglomérer, amasser, amonceler, assembler, collectionner, emmagasiner, empiler, engranger, entasser, étager, grouper, masser, prélever, rassembler, recueillir, réunir, stratifier, superposer 2 non fav. : accaparer, s'approprier, bloquer, cumuler, s'emparer de, empiler, enlever, entasser, mettre l'embargo / le grappin / la main sur, monopoliser, rafler, spéculer, superposer, thésauriser, truster

accusateur, trice 1 calomniateur, délateur, dénonciateur, détracteur, indicateur, sycophante → **espion** 2 accusateur public : procureur, substitut 3 une chose : révélateur

accusation n.f. 1 imputation, incrimination, inculpation, plainte, poursuite, prise à partie, réquisitoire 2 par ext. a attaque, balance (arg.), calomnie, délation, dénigrement, dénonciation, diffamation, médisance, mouchardage, ragots, rumeur b → **reproche**

accusé, e inculpé, prévenu

accuser 1 au pr. a attaquer, charger, criminaliser (vx), dénoncer, incriminer, impliquer, imputer à, inculper, poursuivre, prendre à partie, requérir contre b → **dénigrer** 2 a **accuser le coup** (fam.) : encaisser, marquer, souligner b **accuser réception de :** délivrer / donner quittance

acerbe → **aigre**

acéré, e 1 → **aigu** 2 → **aigre**

acescence n.f. → **aigreur**

acescent, e → **aigre**

achalandé, e actif, animé, bien approvisionné / assorti / pourvu / tenu, commerçant, fréquenté, très couru / pratiqué, vivant

achards n.m.pl. → **assaisonnement**

acharné, e 1 bourreau de travail, courageux, obstiné, vaillant 2 cruel, dur, endiablé, enragé, entêté, furieux, obstiné, opiniâtre, tenace, têtu

acharnement n.m. 1 ardeur, effort, énergie, lutte, persévérance, ténacité 2 avec acharnement : d'arrache-pied 3 non fav. : cruauté, entêtement, fureur, furie, obstination, opiniâtreté, rage, sadisme

acharner 1 vx. : animer, exciter, irriter à l'encontre de / contre 2 v. pron. a sur quelqu'un : persécuter, poursuivre. s'entêter, lutter, persévérer, poursuivre b à quelque chose : s'attacher à, continuer, s'obstiner, s'occuper de, s'opiniâtrer → **vouloir**

achat n.m. 1 au pr. a acquisition, appropriation, emplette b par une communauté d'époux : acquêt c par une administration : adjudication 2 fig. : corruption

acheminement n.m. amenée, convoi, diffusion, distribution, envoi, expédition, livraison, marche, progression, transport

acheminer 1 adresser, conduire, convoyer, diffuser, diriger, distribuer, envoyer, expédier, faire parvenir, livrer, négocier, traiter, transporter 2 v. pron. a aller, avancer, se diriger / marcher vers b une chose : aboutir, aller vers, tendre à / vers

acheter 1 au pr. : acquérir, faire l'acquisition / l'emplette de 2 non fav. : corrompre, soudoyer

acheteur, euse n.m. ou f. 1 acquéreur, adjudicataire, ayant cause, cessionnaire, chaland, client, destinataire, importateur, intermédiaire, négociateur, preneur, prospect (anglicisme), usager 2 au pl. : achalandage, chalandise (vx), clientèle

achevé, e 1 une chose : accompli, complet, cousu main (fam.), entier, fin, fignolé, fini, mené à bien, parfait 2 quelqu'un : accompli, complet, consommé, extrême, fieffé (péj.) 3 **être achevé :** a accablé, anéanti, épuisé, fatigué, fini, ruiné b fam. : cané, claqué, crevé, cuit, has been, mort, ratatiné, rétamé, vidé

achèvement n.m. 1 au pr. : aboutissement, accomplissement, apothéose, but, chute, conclusion, consommation, couronnement, dénouement, entéléchie (philos.), exécution, fin, finition, issue, réception, terme 2 péj. : coup de grâce

achever 1 au pr. a → **aboutir** b → **accomplir** 2 par ext. a → **conclure** b non fav. → **abattre** 3 v. pron. a arriver / être conduit / mené à bien / à sa fin / à son terme, être mis au net / au point, se terminer b se consommer, s'éteindre

achigan n.m. québ. : black-bass, perche noire / truitée

achondroplasie n.f. nanisme

achoppement n.m. 1 difficulté, écueil, hic, os, pépin 2 → **obstacle**

achopper s'arrêter, broncher, buter contre, échouer, faire un faux pas, heurter, trébucher

achromie n.f. albinisme, chlorose, dyschromie, vitiligo

aciculaire → **aigu**

acide et **acidulé, e** → **aigre**

acidulé, e → **aigre**

acidité n.f. → **aigreur**

aciduler → **aigrir**

aciériste → **métallurgiste**

acmé n.m. ou f. → **apogée**

acné n.f. → **bouton**

acolyte n.m. adjoint, aide, ami, associé, camarade, collègue, compagnon, comparse, compère, confrère, connaissance, partenaire, servant (relig.) → **complice** ◆ fam. : copain

acompte n.m. arrhes, à-valoir, avance, provision, tiers provisionnel

acon ou **accon** n.m. allège, pousse-pied → **bateau**

aconage ou **acconage** n.m. chargement, déchargement

acoquiner (s') s'associer, se commettre, fréquenter, se mêler

à-côté n.m. accessoire, détail, digression, parenthèse, superflu → **supplément**

à-coup n.m. 1 cahot, raté, saccade, secousse, soubresaut 2 a **par à-coups :** par accès / intermittence / saccades b **sans à-coups :** sans imprévu / incident / heurt

acquéreur n.m. 1 acheteur, adjudicataire, cessionnaire, client, preneur 2 bénéficiaire, donataire, héritier, légataire

acquérir 1 au pr. : acheter, devenir propriétaire 2 par ext. a hériter, recevoir, recueillir b arriver à, découvrir, parvenir à, prendre c capter (péj.), conquérir, gagner → **obtenir** d s'améliorer, se bonifier, se perfectionner 3 a **acquérir les faveurs de quelqu'un :** s'attirer les bonnes grâces / les sympathies de, se concilier b **être acquis à quelqu'un :** être attaché / dévoué à c **être acquis à une opinion :** être convaincu / du même avis

acquêt n.m. achat en communauté, acquisition, gain, profit

acquiescement n.m. 1 acceptation, accord, adhésion, agrément, assentiment, autorisation, consentement, permission → **approbation** 2 → **tolérance**

acquiescer 1 dire oui, être d'accord, opiner 2 → **accepter** 3 → **convenir**

acquis, e → **accidentel**

acquisition n.f. 1 → **achat** 2 → **instruction** 3 → **acquêt**

acquit n.m. congé, décharge, laissez-passer, passavant, passe-debout, quittance, quitus, récépissé, reçu

acquittement n.m. 1 d'une dette : libération, paiement, règlement, remboursement 2 de quelqu'un. → **amnistie**

acquitter 1 quelqu'un : absoudre, amnistier, déclarer non coupable, déculpabiliser, disculper, gracier, libérer, pardonner, relaxer 2 une chose. a un compte : apurer, éteindre, liquider, payer, régler b une promesse : accomplir, remplir 3 v. pron. a d'un devoir : accomplir, remplir, se revancher (vx) b de ses dettes : se libérer de, rembourser c d'une commission : exécuter, faire d de ses engagements : faire honneur à, satisfaire à

âcre et **acrimonieux** → **aigre**

âcreté et **acrimonie** n.f. → **aigreur**

acrobate n.m. et f. cascadeur, contorsionniste, danseur de corde, équilibriste, fil-de-fériste, funambule, gymnaste, jongleur, trapéziste, voltigeur ◆ vx : pétauriste

acrobatie n.f. 1 au pr. : assiettes, agrès, cascade(s), contorsions, corde raide, jeux icariens (vx), jonglerie, saut périlleux, trapèze volant, voltige 2 fig. : expédient, tour de passe-passe, truc

acrobatique → **périlleux**

acronyme n.m. → **contraction**

acrophobie n.f. → **névrose**

acrostiche n.m. → **poème**

acrotère n.m. 1 → **appui** 2 → **saillie** 3 → **ornement**

acte n.m. 1 au pr. : action, choix, comportement, décision, démarche, geste, intervention, manifestation, réalisation 2 fav. : exploit, geste, trait 3 jurid. a privé : certificat, cession, contrat, convention, document, expédition, grosse, minute, testament, titre b public : arrêté, charte, constitution, décret, décret-loi, habeas corpus, loi, réquisitoire 4 **prendre acte d'une chose :** constater, enregistrer, entériner

acteur, trice n.m., n.f. → **comédien**

actif n.m. → **bénéfice**

actif, ive 1 quelqu'un : agissant, allant, diligent, en activité, efficace, énergique, entreprenant, increvable (fam.), infatigable, laborieux, occupé, remuant, vif, vivant, zélé 2 une chose : agissant, efficace, énergique, fort, manifeste, opérant, prompt, rapide, violent

actinie n.f. anémone / ortie de mer

actinite n.f. coup de soleil, inflammation, rougeur(s)

action n.f. 1 d'une chose. a d'un remède : effet, efficacité b d'une force : énergie, force, intervention, rapport, réaction c d'un mouvement : jeu 2 de quelqu'un. a fav. ou neutre : acte, conduite, décision, démarche, entreprise, initiative, œuvre b non fav. : agissements, comportement, manœuvre 3 par ext. a bataille, choc, combat, engagement b exploit, prouesse, trait de courage c animation, ardeur, chaleur, enthousiasme, mouvement, véhémence, vie d jurid. : assignation, demande, plainte, poursuite, procès, recours, référé, requête e théâtre : intrigue, péripétie, scénario, vie

actionnaire n.m. et f. → **associé**

actionnariat n.m. partenariat

actionner 1 une chose : entraîner, faire fonctionner, mettre en marche / en route, produire / transmettre le mouvement, stimuler 2 quelqu'un ◆ jurid. : déposer une plainte, engager une procédure, introduire une instance / requête

activation n.f. → **augmentation**

activer 1 accélérer, aviver, exciter, hâter, presser, stimuler 2 v. pron. : s'affairer, se décarcasser / hâter / magner ou manier, s'occuper, se presser

activeur n.m. promoteur

activiste n. et adj. → **extrémiste**

activité n.f. 1 au pr. : allant, application, ardeur, célérité, diligence, dynamisme, efficacité, efforts, énergie, entrain, promptitude, rapidité, vigueur, vitalité, vivacité, zèle 2 par ext. : animation, ballet, boom, circulation, coup de feu, heure de pointe, presse, mouvement, occupation(s), presse 3 **en activité :** a quelqu'un : en fonction b une chose : essor, fonctionnement, marche, mouvement, prospérité, travail

actualisation n.f. → **revalorisation**

actualiser → **revaloriser**

actualité n.f. 1 mode, modernité, nouveauté, pertinence, présent 2 au sing. et au pl. : événements, journal parlé, nouvelles

actuel, le 1 → **réel** 2 contemporain, courant, d'aujourd'hui, existant, moderne, nouveau, présent

actuellement aujourd'hui, de nos jours, maintenant, pour l'instant / le moment, présentement

acuité n.f. 1 clairvoyance, finesse, flair, habileté, intelligence, intensité, jugement, lucidité, netteté, pénétration, perspicacité, subtilité, vivacité → **piquant** 2 crise, gravité, instabilité, précarité, urgence

a.d.a.c. n.m. → **aérodyne**

adage n.m. → **maxime**

adamantin, e 1 → **dur** 2 → **brillant**

adaptation n.f. 1 acclimatement, accommodation, accoutumance, acculturation, anergie (méd.), appropriation, intégration, mise à jour / au courant 2 acclimatation, accommodat, apprivoisement, domestication, dressage, somation 3 d'un objet : ajustement, application 4 par ext. : a aggiornamento b → **traduction**

adapter 1 a coder, encoder, programmer b acclimater, accommoder, accorder, agencer, ajuster, allier, aménager, apparier, appliquer, apprêter, approprier, arranger, assembler, associer, assortir, combiner, conformer, disposer, équilibrer, faire aller / coïncider, harmoniser, installer, joindre, mettre en accord / état / harmonie / proportion / rapport, moduler, proportionner, rattacher, régler sur, réunir c → **traduire** 2 v. pron. a s'acclimater à, s'accommoder de, s'accorder à, s'accoutumer à, s'habituer à, se mettre en accord avec b non fav. : se contenter de, se faire une raison de, se plier à, se soumettre à c convenir, s'harmoniser

additif, ive → **additionnel**

addition n.f. 1 au pr. : abondement, accroissement, addenda, additif, adjonction, ajout, annexe, appendice, codicille, complément, rallonge, supplément, totalisation → **augmentation** 2 fig. : compte, décompte, dû, facture, frais, note, relevé ◆ fam. : douloureuse, quart d'heure de Rabelais

additionnel, elle additif, adjoint, ajouté, annexé, codicillaire, complémentaire, en supplément, joint, supplémentaire

additionner 1 au pr. : ajouter, augmenter, compléter, intégrer, rallonger, sommer, totaliser 2 additionner d'eau : allonger, baptiser (fam.), couper de, diluer, étendre de

adducteur et **adduction** n.m., n.f. 1 → **canal** 2 → **conduite**

adénite et **adénome** n.f., n.m. → **boursouflure**

adepte n.m., f. adhérent, affidé, allié, ami, défenseur, disciple, fidèle, militant, partisan, prosélyte, recrue, sectateur, soutien, sympathisant, tenant, zélateur

adéquat, e approprié, coïncident, concordant, conforme, congru, congruent, convenable, idoine, juste ◆ fam. : au poil, comme un gant, étudié pour

adéquation n.f. → **accord**

adhérence n.f. agglutination, assemblage, collage, contiguïté, convenance, encollage, jonction, liaison, réunion, soudure, union

adhérent, e 1 adj. a → **affilié** b accolé à, adhésif, agglutiné / assemblé / collé / contigu / joint / lié / réuni / soudé à, tenace, uni à 2 nom : cotisant, membre, participant, partisan, recrue, souscripteur, soutien, sympathisant → **camarade, adepte**

adhérer 1 quelqu'un : accéder à, accorder / apporter sa sympathie / son consentement / son soutien à, acquiescer, s'affilier, approuver, cotiser à, s'enrôler dans, entrer dans, faire partie de, joindre, opiner en faveur de, participer, payer sa cotisation, se rallier à, rejoindre, souscrire à, suivre, tomber d'accord 2 une chose adhère à : s'appliquer, coller, se coller, entrer / être en contact, faire corps, se joindre, se réunir, se souder, tenir, s'unir

adhésif, ive autocollant

adhésion n.f. → **accord**

adiante n.m. → **fougère**

adieu 1 → **revoir (au)** 2 → **salut** 3 dire adieu : dire au revoir, prendre congé, présenter ses devoirs, quitter, saluer 4 → **renoncer**

adipeux, euse arrondi, bedonnant, bouffi, gras, grassouillet, gros, obèse, pansu, rondouillard, ventru

adipose et **adiposité** n.f. → **grosseur**

adjacent, e attenant, contigu, côte à côte, joignant, jouxtant, juxtaposé, mis / placé à côté de, proche, voisin

adjectif n.m. déterminant, déterminatif, épithète

adjoindre 1 quelqu'un : affecter, ajouter, associer, attacher, détacher, mettre à la disposition de, prêter 2 une chose : accoler, ajouter, annexer, apposer, joindre, juxtaposer, lier, rapprocher, rattacher, réunir, unir 3 v. pron.

a s'associer, s'attacher b s'ajouter à, s'annexer à, se mettre à côté de, se placer à côté de, se réunir à

adjoint, e [1] adjuvant, aide, alter ego, assesseur, assistant, associé, attaché, autre moi-même, auxiliaire, bras droit, coadjuteur, codirecteur, cogérant, définiteur (relig.), collaborateur, collègue, confrère, fondé de pouvoir, lieutenant, partenaire, préparateur → **remplaçant** [2] vx : adjudant, aidant, alloué [3] péj. : porte-coton/pipe, second couteau/rôle, sous-fifre, sous-verge

adjonction n.f. [1] l'action d'ajouter : aboutement, addition, annexion, association, jonction, rattachement, réunion [2] ce qu'on ajoute : about, ajout, allonge, annexe, raccord, rajout, rallonge

adjudant n.m. [1] fam. et péj. : chien de quartier, juteux [2] **femme de l'adjudant :** salle de police

adjudicataire n.m. et f. acheteur, acquéreur, bénéficiaire, concessionnaire, le plus offrant et dernier enchérisseur, soumissionnaire

adjudicateur, trice aboyeur (fam. ou péj.), commissaire-priseur, greffier-adjudicateur, huissier, notaire, vendeur

adjudication n.f. [1] au pr. : attribution [2] vente : vente à l'encan/aux chandelles/aux enchères/au plus offrant et dernier enchérisseur

adjuger [1] au pr. : accorder, attribuer, concéder, décréter/dire par jugement, juger [2] un prix : accorder, attribuer, décerner, donner, gratifier de, remettre [3] v. pron. : s'annexer, s'approprier, s'emparer de, faire main basse sur, rafler

adjuration n.f. [1] conjuration, exorcisme, invocation, obsécration [2] imploration, prière instante, supplication

adjurer conjurer, implorer, invoquer, prier, supplier

admettre [1] quelqu'un : accepter, accueillir, affilier, agréer, faire participer/venir, incorporer, introduire, introniser, reconnaître, voir → **recevoir** [2] quelque chose. a des raisons : reconnaître, tenir compte de, tenir pour acceptable/recevable/valable b une hypothèse : adopter, approuver, croire, imaginer, penser, souscrire à, supposer, tenir pour possible c un raisonnement : avouer, céder, concéder, consentir à croire d des excuses : excuser, pardonner, passer l'éponge (fam.) e une contrariété : permettre, souffrir, supporter, tolérer [3] par ext. : → **comporter**

administrateur, trice [1] d'un service : agent, dirigeant, fonctionnaire, gestionnaire, grand commis (vx), manager [2] de biens : curateur, directeur, fondé de pouvoir, gérant, intendant, liquidateur, régisseur, séquestre, syndic, tuteur

administratif, ive [1] au pr. : officiel, public, réglementaire [2] péj. : bureaucratique, étatique, formaliste, paperassier, tatillon

administration n.f. [1] conduite, direction, gérance, gestion, management [2] relig. : curie, prélature, questure [3] affaires/grands corps de l'État, bureaux, ministères, organismes, secrétariat, secteur tertiaire, services, technostructure

administrer [1] assujettir, commander, conduire, contrôler, coordonner, diriger, faire marcher, gérer, gouverner, manager, mener, organiser, planifier, prévoir, régir, réglementer [2] appliquer, conférer, donner, faire prendre, munir de, prescrire [3] **une correction** → **battre** [4] **une preuve :** apporter, fournir, produire

admirable [1] → **beau** [2] → **étonnant** [3] → **remarquable**

admirablement à croquer, à merveille, à ravir

admirateur, trice → **adorateur**

admiratif, ive → **enthousiaste**

admiration n.f. [1] → **attachement** [2] → **enthousiasme** [3] → **adoration**

admirer [1] au pr. : apprécier, être ébloui/émerveillé, s'émerveiller de, être enthousiasmé par, s'enthousiasmer de, s'extasier de, faire compliment/grand cas de, louanger, louer, porter aux nues, trouver → **admirable** [2] péj. : constater que, s'étonner que, trouver bizarre/étrange/singulier que, voir avec étonnement que

admissible → **acceptable**

admission n.f. → **réception**

admonestation n.f. admonition, avertissement, blâme, correction, exhortation, gronderie, leçon, mercuriale, objurgation, remontrance, réprimande, semonce → **reproche**

admonester avertir, chapitrer, donner un avertissement, faire la morale/des réprimandes/des reproches à, gronder, moraliser, morigéner, prévenir, réprimander, sabouler (vx), semoncer, sermonner, tancer ♦ fam. : engueuler, houspiller, passer une engueulade, secouer (les poux/puces), sonner les cloches à

admonition n.f. → **avertissement**

adobe n.m. → **brique**

adolescence n.f. jeunes, jeunes gens, jeunesse, puberté, teenagers

adolescent, e jouvenceau, jouvencelle, teenager → **jeune** ♦ fam. : ado, adonis, éphèbe, minet, minette, puceau, pucelle

adonis n.m. [1] → **jeune** [2] → **papillon**

adonner (s') s'abandonner à, s'appliquer à, s'attacher à, se consacrer à, se livrer à, s'occuper à/de, tourner toutes ses pensées vers

adopter [1] quelqu'un : admettre, s'attacher, choisir, coopter, prendre [2] une chose a une opinion : acquiescer à, admettre, s'aligner sur, approuver, consentir à, donner son approbation/son aval/son consentement à, épouser, être d'accord avec, faire partie de, faire sienne l'opinion de, opter pour, se rallier à, se ranger à, souscrire à b une attitude : employer, emprunter, imiter, prendre, singer (péj.) c une religion : se convertir à, embrasser, suivre d une loi, une motion : approuver, entériner, faire passer, promulguer, ratifier, voter e mettre en circulation/en service

adoption n.f. [1] admission, assimilation, choix, cooptation, insertion [2] accord, acquiescement, alignement, approbation, choix, consentement, conversion, emploi, emprunt, imitation, ralliement, singerie (péj.), vote

adorable admirable, gentil, joli, mignon, parfait, pimpant, ravissant → **aimable**

adorateur, trice admirateur, adorant (vx), adulateur, amoureux, courtisan, dévot, fan (fam.), fanatique, fervent, idolâtre, sectateur, soupirant, suivant → **amant**

adoration n.f. [1] admiration, adulation, attachement, amour, culte, dévotion, emballement, engouement, fanatisme, ferveur, iconolâtrie, idolâtrie, latrie, passion, respect, vénération [2] péj. : encens, flagornerie, flatterie

adorer [1] dieu : aimer, bénir, glorifier, rendre un culte à, servir [2] les idoles : idolâtrer [3] quelqu'un. a fav. ou neutre : admirer, aimer, honorer, respecter, révérer, vénérer b avec excès : idolâtrer c non fav. : aduler, courtiser, encenser, être/se mettre à plat ventre devant, flagorner, flatter, se prosterner devant

ados n.m. → **talus**

adosser [1] arc-bouter, aligner/appuyer/mettre/placer/plaquer contre [2] v. pron. : s'appuyer, s'arc-bouter, se mettre dos à, se placer contre

adoubement n.m. [1] armement [2] → **réception**

adouber [1] → **fournir** [2] → **recevoir**

adoucir [1] quelqu'un : amollir, apprivoiser, attendrir, fléchir, humaniser, toucher [2] la peine : alléger, atténuer, rendre plus supportable, tempérer [3] une chose. a l'amertume : atténuer, diminuer, édulcorer, modérer, réduire, sucrer b la lumière : abaisser, baisser, filtrer, réduire, tamiser c le ton : amortir, baisser, bémoliser, mettre une sourdine d la température : attiédir, climatiser, tempérer e une douleur, un mal : alléger, amortir, anesthésier, calmer, cicatriser, consoler, émousser, endormir, estomper, lénifier, panser, soulager f un courroux : amadouer, apaiser, apprivoiser, désarmer, humaniser, lénifier, modérer, pacifier, policer, radoucir, rasséréner, tempérer g ses expressions : châtier, corriger, estomper, tempérer h les coloris → **affadir** i les mœurs : améliorer, civiliser, humaniser, policer [4] techn. a une glace : polir b l'eau : filtrer, purifier, traiter [5] v. pron. : se laisser amollir/attendrir/fléchir/toucher

adoucissement n.m. [1] au pr. : a allégement, amélioration, amoindrissement, apaisement, assouplissement, atténuation, consolation, mitigation, secours, soulagement b civilisation, humanisation, progrès c vx : allégeance, dictame [2] de la température : amélioration, attiédissement, radoucissement, réchauffement, redoux [3] veloutement [4] adoucissage, polissage

adoucisseur n.m. amortisseur, filtre

adresse n.f. [1] coordonnées (fam.), domicile, habitation, résidence, villégiature [2] agilité, dextérité, précision, prestesse, souplesse [3] aptitude, don, finesse, habileté, ingéniosité, intelligence, science, souplesse, subtilité, talent, vivacité → **habileté** [4] vx : raccourci, traverse [5] **tour d'adresse :** jonglerie, prestidigitation → **acrobatie**

adresser [1] un envoi : diriger, envoyer, expédier, faire partir/parvenir/porter, mettre à la poste, poster, transmettre [2] une œuvre : dédier, faire hommage [3] un conseil : donner, prodiguer [4] fam. : coller, envoyer, ficher, flanquer, foutre [5] un regard : jeter [6] la parole : interpeller, parler [7] des questions : poser, questionner, soumettre [8] des menaces : faire, prodiguer, proférer [9] des compliments : faire agréer, faire part, présenter, transmettre [10] v. pron. : a avoir recours à/demander à, faire appel à, parler à, solliciter, se tourner vers b concerner, être destiné à, être de la compétence/du ressort de. regarder

adret n.m. au soleil

adroit, e [1] au pr. a apte, bon à, expérimenté, précis, rompu à b agile, en forme, exercé, preste, rompu, souple [2] vx : accort [3] par ext. : capable, dégourdi, délié, diplomate, entendu, expérimenté, fin, industrieux, ingénieux, intelligent, leste, persuasif, politique, subtil → **habile**

adulateur, trice péj. : caudataire, courtisan, dévot, encenseur, flagorneur, flatteur, génuflecteur, louangeur, obséquieux → **adorateur** ♦ fam. : fan, godillot, lèche-bottes/cul

adulation n.f. cour, courtisanerie, culte, dévotion, encensement, flagornerie, flatterie, servilité → **adoration**

aduler caresser, courtiser, encenser, flagorner, flatter, louanger → **adorer**

adulte [1] nom : femme/homme fait(e) /venu(e) [2] adj. : accompli, développé, formé, grand, grandi, majeur, mûr, raisonnable, responsable, sérieux

adultère n.m. cocuage, coup de canif (dans le contrat) (fam.), fornication, infidélité, trahison, tromperie

adultère adj. infidèle

adultérin, e bâtard, naturel

ad valorem → **proportionnel**

advenir arriver, arriver par surprise, se passer, se produire, réussir, survenir

adventice accessoire, marginal, parasite, secondaire, superfétatoire, supplémentaire → **accidentel**

adventif, ive jurid. → **indirect**

adversaire n.m. et f. et adj. [1] antagoniste, challenger, compétiteur, concurrent, contre-manifestant, rival [2] contestataire, contradicteur, débatteur, opposant, pourfendeur → **ennemi**

adverse contraire, défavorable, hostile, néfaste, opposé

adversité n.f. avatars, circonstances, coup du sort, destin, détresse, difficulté, disgrâce, événement/fortune contraire, fatalité, hostilité, infortune, inimitié, malchance, malheur, misère, obstacle, tribulation(s) ♦ fam. : cerise, débine, déveine, mouise, poisse

ad vitam æternam → **toujours**

adynamie n.f. → **faiblesse**

aède n.m. [1] → **poète** [2] → **moustique**

aérateur n.m. climatiseur, ventilateur

aération n.f. → **ventilation**

aérer [1] assainir, changer d'air, purifier, ventiler [2] fig. a alléger, cultiver, éclaircir, façonner b dégourdir, distraire, sortir [3] v. pron. a s'oxygéner, prendre l'air, sortir b se changer les idées, se dégourdir, se distraire, sortir, s'ouvrir

aérien, ne [1] au-dessus du sol, au ciel, élevé, en l'air, en surface, supérieur [2] fig. : céleste, élancé, élevé, éthéré, immatériel, léger, poétique, pur, svelte, vaporeux

aérium n.m. centre aéré/de convalescence/de prévention/de repos, préventorium, sanatorium

aérodrome n.m. [1] aéroport, base aérienne, terrain d'atterrissage/d'aviation [2] par ext. :

aérogare, aire/base de lancement, altiport, cosmodrome, héliport, hélistation (off.)

aérodyne et **aéronef** et **aérostat** n.m. 1 → **ballon** 2 → **avion** 3 aéroglisseur, aile volante, cerf-volant, deltaplane, hovercraft, naviplane, parachute, planeur 4 vx : alérion, aéroplane 5 autogire, combiné, giravion, girodyne, hélicoptère 6 canadair, hydravion 7 A.D.A.C./A.D.A.V. (avion à décollage et atterrissage courts/verticaux), U.L.M. (ultra-léger motorisé) 8 par ext. a astronef, camion de l'espace, capsule, fusée, navette/plateforme (spatiale), satellite, spationef, station orbitale/spatiale b ovni, soucoupe volante

aéroglisseur n.m. 1 hovercraft, hydroglisseur, naviplane 2 aérotrain

aérolite ou **aérolithe** n.m. astéroïde, bolide, étoile filante, météorite

aéromobile aéroporté

aéronaute n.m. et f. → **aviateur**

aéronef et **aéroplane** n.m. → **aérodyne**

æschne n.f. → **libellule**

affabilité n.f. → **amabilité**

affable → **aimable**

affabulation n.f. → **fable**

affabuler → **hâbler**

affadir 1 adoucir, affaiblir, amatir, amoindrir, atténuer, dénaturer, édulcorer, émousser, réduire, rendre fade/insignifiant/insipide, ôter la saveur 2 décolorer, délaver, détremper, éclaircir, effacer, estomper, faire pâlir/passer, modérer, pâlir, tempérer 3 vx : amollir, écœurer, énerver 4 v. pron. : a devenir fade, passer b devenir affecté/amolli / banal / conformiste /décoloré/doucereux / ennuyeux / faible / froid / incolore/inodore et sans saveur (loc. fam.)/lâche/monotone/mou/neutre/ordinaire/pâle / quelconque / sans originalité / sans saveur/tiède/trivial

affadissement n.m. → **affaiblissement**

affaiblir 1 abattre, abrutir, amaigrir, amoindrir, amollir, anémier, atrophier, briser, casser, consumer, débiliter, déprimer, ébranler, épuiser, éreinter, exténuer, faire dépérir, fatiguer, miner, rabaisser, ruiner 2 par ext. a la sensibilité : altérer, amoindrir, amortir, attendrir, blaser, émousser, éteindre, fragiliser (psych.) user b les qualités : abâtardir, abattre, abrutir, amoindrir, amollir, appauvrir, avachir, aveulir, briser, décourager, efféminer, émasculer, étioler, faire déchoir, laisser dégénérer, rabaisser, ruiner c l'autorité : abaisser, abattre, amoindrir, atteindre, atténuer, briser, ébranler, émousser, fléchir, rabattre, relâcher, ruiner, saper d une saveur, une couleur → **affadir** e un son : assourdir, bémoliser, étouffer, réduire 3 v. pron. : être abattu, s'alanguir, s'amoindrir, s'amollir, s'anémier, baisser, se débiliter, décliner, décroître, défaillir, dépérir, se déprimer, diminuer, faiblir, être fatigué, se miner, perdre des forces/des moyens, vaciller, vieillir

affaiblissement n.m. 1 → **abaissement** 2 abâtardissement, affadissement, altération, amaigrissement, amoindrissement, amollissement, attiédissement, avachissement, aveulissement, collapsus (méd.), décadence, déchéance, découragement, défaillance, dégénérescence, dépérissement, épuisement, fragilisation (psych.), laxisme, rabaissement, relâchement, sape, usure

affaire n.f. 1 *au sing. et au pl. sert de substitut à un grand nombre de substantifs au même titre que :* bazar, bidule, chose, machin → **truc** 2 au pr. a besogne (vx), besoin, devoir, obligation, occupation, tâche, travail b agence, atelier, boutique, bureau, cabinet, chantier, commerce, entreprise, firme, holding, industrie, magasin, société, trust, usine 3 a **c'est une affaire de goût :** problème, question b **d'amour :** anecdote (fam.), chronique (fam.), histoire, intrigue c **d'intérêt :** arbitrage, contestation, débat, démêlé, différend, discussion, dispute, expertise, négociation, querelle, règlement, spéculation, tractation d **d'honneur :** duel, jury d'honneur, rencontre, réparation e **de conscience :** cas, problème, question f **en toute affaire :** aventure, chose, circonstance, conjoncture, événement, fait, occasion, occurrence g **c'est l'affaire de :** but, objet, rôle h jurid. : accusation, différend, enquête, litige, procès, querelle, scandale i **s'attirer une sale affaire :** complication, difficulté, embarras, ennui, souci j **se tirer d'affaire :** danger, difficulté, embarras, péril k **son affaire est claire :** son compte est bon l **il a son affaire :** il a son compte (fam.) m **c'est mon affaire :** cela ou ça me regarde n **ce n'est pas une petite affaire :** ce n'est pas facile o **c'est une autre affaire :** c'est une autre paire de manches (fam.) p **faire l'affaire :** aller, convenir à, être adéquat q **faire son affaire à quelqu'un :** attaquer, corriger, donner/flanquer une correction/dérouillée/leçon/volée à, régler son compte à r **être à son affaire :** bicher (fam.), être heureux de/très occupé par, se plaire à s **faire affaire avec quelqu'un :** conclure un marché, enlever un marché, se mettre d'accord, mener à bien une négociation, signer un contrat, soumissionner, fam. : taper là, toper t **en faire toute une affaire :** histoire, monde, plat (fam.) 4 pl. a au pr. : activités commerciales, bourse, business, commerce, industrie, négoce b par ext. : conjoncture, événements, échanges, politique, situation, transactions, ventes c affaires de l'État : politique, problèmes d ce qui vous appartient fam. : arsenal, barda, bataclan, bazar, bidule, bordel (grossier), choses, falbala, frusques, livres, machin, meubles, saint-frusquin, trucs, vêtements, etc e arg. : nib, pain, topo f **avoir ses affaires** (fam. pour une femme) : avoir ses règles, être indisposée g faire ses affaires : faire son beurre/fortune, réussir

affairé, e actif, occupé, surchargé, surmené

affairement n.m. 1 activité, agitation, remue-ménage, surmenage 2 fam. : bougeotte, boum, branle-bas de combat, coup de feu

affairer (s') s'activer, s'agiter, se manier (fam.), s'occuper de, se préoccuper de, se surmener

affairisme n.m. agiotage, combine, intrigue, spéculation, tripotage

affairiste n.m. et f. agent/agioteur, bricoleur, chevalier d'industrie, combinard, intermédiaire, intermédiaire marron, intrigant, spéculateur, tripoteur

affaissement n.m. → **abaissement**

affaisser 1 faire plier 2 v. pron. a au pr. : s'affaler, s'avachir (fam.), se courber, crouler, descendre, s'ébouler, s'écrouler, s'effondrer, fléchir, glisser, plier, ployer, tomber b fig. : s'affaiblir, s'amoindrir, baisser, crouler, décliner, se déprimer, se laisser abattre/aller, glisser, succomber

affaler mar. : descendre, haler, trévirer

affaler (s') et **être affalé** s'abattre, s'avachir, s'écrouler, s'effondrer, s'étaler, s'étendre, se laisser aller/glisser/tomber, se répandre, se vautrer → **tomber**

affamé, e 1 au pr. a à jeun, famélique, misérable → **vorace** b claque-dent, claque-faim, crève-la-faim, meurt-de-faim c fam. : crevard, morfal 2 fig. : altéré, ardent, assoiffé, avide, exigeant, inassouvi, insatiable, insatisfait, passionné, soucieux de

affamer 1 faire crever/mourir de faim 2 fig. : accaparer, agioter, gruger, monopoliser, prêter à gages, raréfier, spéculer, trafiquer, tripoter

affameur, euse n.m. ou f. accapareur, agioteur, monopoleur, prêteur sur gages, spéculateur, trafiquant, tripoteur, usurier

affect n.m. → **disposition**

affectation n.f. 1 on affecte une chose : assignation, attribution, consécration, destination, imputation 2 on affecte quelqu'un. a déplacement, désignation, destination, installation, mise en place, mouvement, mutation, nomination b emploi, poste 3 on affecte une chose d'un signe : adjonction, désignation, marque, qualification, quantification, spécification 4 on affecte une attitude. a neutre ou légèrement péj. : afféterie, air, apparence, apprêt, attitude, bluff, cérémonie, chiqué (fam.), comédie, dandysme, embarras, emphase, façon, faste, feinte, genre, imitation, jeu, manières, manque de naturel, marivaudage, mignardise, minauderie, mine, originalité, purisme, raffinement, recherche, sensiblerie, sentimentalisme, singularité → **préciosité** b non fav. : anglomanie, bégueulerie, cabotinage, charlatanerie, chattemite, chichi (fam.), contorsion, cuistrerie, façon, fanfaronnade, faste, fausseté, faux-semblant, forfanterie, grimace, girie, grandiloquence, hypocrisie, imposture, maniérisme, mièvrerie, momerie, montre, morgue, ostentation, outrance, parade, pédanterie, pédantisme, pharisaïsme, pose, prétention, provocation, pruderie, pudibonderie, puritanisme, raideur, simagrée, simulation, singerie, snobisme, suffisance, tartuferie

affecté, e 1 quelqu'un est affecté à un poste : déplacé, désigné, installé, limogé (péj.), mis en place, muté, nommé 2 une chose est affectée. a assignée, attribuée, consacrée, destinée, imputée, réservée b désignée, marquée, qualifiée, quantifiée, spécifiée 3 un comportement. a au pr. neutre ou légèrement péj. : affété (vx), apprêté, artificiel, cérémonieux, comédien, de commande, composé, contraint, conventionnel, emphatique, emprunté, étudié, à façons, factice, fastueux, feint, forcé, à manières, mignard, minaudier, peu naturel, poseur, précieux, puriste, raffiné, recherché, sophistiqué, singulier b non fav. : bégueule, cabotin, charlatan, chattemite, à chichis, collet monté, compassé, contorsionné, contrefait, cuistre, fabriqué, façonnier, à façons, fanfaron, fardé, fastueux, faux, grimacier, gourmé, glorieux (fam.), grandiloquent, guindé, important, insincère, maniéré, mièvre, outré, pédant, pharisien, plein de morgue/d'ostentation, poseur, pour la montre/la parade, prétentieux, provocant, prude, pudibond, puritain, raide, simulé, snob, tarabiscoté (fam.), tartufe → **hypocrite** 4 un style : alambiqué, contourné, entortillé, maniéré, précieux, puriste, recherché

affecter 1 on affecte a une chose : assigner, attribuer, consacrer, destiner, imputer b quelqu'un : déplacer (péj.), désigner, destiner, installer, mettre en place, muter, nommer c d'un signe : adjoindre, désigner, marquer, qualifier, quantifier, spécifier d un comportement : afficher, avoir l'air de, bluffer, se composer, se contorsionner, contrefaire, crâner, emprunter, étaler, s'étudier, être poseur/snob, faire des manières/semblant de, faire le, feindre, frimer (fam.), jouer les, se piquer de, plastronner, pontifier, poser, prétendre, rechercher, simuler 2 → **affliger**

affectif, ive émotionnel, passionnel, sentimental → **sensible**

affection n.f. 1 pour quelqu'un : affinité, amitié, amour, atomes crochus, attachement, béguin (fam.), bonté, complaisance, coup de cœur/de foudre, dévotion, dévouement, dilection, douceur, inclination, intérêt, lien, penchant, piété, respect, sollicitude, sympathie, tendresse, union, vénération 2 pour une chose : amour, attachement, dévouement, goût, inclination, intérêt, penchant, prédilection, tendresse, vocation 3 méd. : altération, anomalie, attaque, dysfonctionnement, indisposition, lésion, mal, malaise, syndrome → **maladie** 4 quelques termes d'affection : agneau, aimé(e), âme, ami(e), amour, ange, beau, belle, biche, bichette, bichon, bicot(te), bien-aimé(e), bijou, biquet(te), bon(ne), bon(ne) ami(e), boudin, caille, charmant(e), chat(te), cher(e), chéri(e), chevrette, chou, chouchou, coco, cocotte, cœur, crotte, doudou, enfant, fille, fils, gros(se), joli(e), joujou, lapin, loulou, m'amie, m'amour, mie, mien(ne), mignon(ne), mimi, minet(te), moineau, oiseau, petite (bonne) femme/mère/sœur, petit (bon) homme/frère/père, poule, poulet(te), poupée, poussin(e), prince(sse), puce, rat, raton, roi, reine, saucisse, tourterelle, trésor, vieux, vieille branche/noix

affectionné, e affectueux, aimant, attaché, dévoué, fidèle, tendre

affectionner 1 → **aimer** 2 → **préférer**

affectivité n.f. émotivité → **sensibilité**

affectueux, euse 1 → **amoureux** 2 → **aimable**

afférent, e adm. : annexe, connexe, rattaché à, relatif à

affermer → **louer**

affermir 1 affirmer, améliorer, ancrer, asseoir, assurer, augmenter, cimenter, confirmer, conforter, consolider, durcir, endurcir, encourager, étayer, fixer, fonder, fortifier, garantir, garnir, haubaner, protéger, raffermir, raidir, réconforter, renforcer, revigorer, sceller, stabiliser, tremper 2 v. pron. : devenir plus ferme/fort/stable

affermissement n.m. 1 affirmation, amélioration, ancrage, assurance, consolidation, durcissement, fixation, garantie, protection, radicalisation, raffermissement, raidissement, réconfort, renforcement, scellement, stabilisation 2 → **soutien**

afféterie n. f. → **affectation**

affété, e → **affecté**

affichage n. m. annonce, étalage, panneau, publication, publicité

affiche [1] affichette, annonce, avis, écriteau, logo, pancarte, panneau, placard, poster, proclamation, programme, publicité, réclame [2] → **agrafe** [3] → **perche**

afficher [1] au pr. : coller/poser des affiches, faire connaître/savoir, indiquer, placarder, publier, rendre public, signaler, visualiser [2] fig. : accentuer, accuser, affecter, affirmer, annoncer, arborer, attester, déballer (fam.), déclarer, découvrir, décrire, démontrer, dénuder, déployer, développer, dévoiler, étaler, évoquer, exhiber, exposer, extérioriser, faire étalage de/montre de/parade de, manifester, marquer, mettre, montrer, offrir, porter, présenter, prodiguer, produire, prouver, représenter, respirer, révéler, signifier, témoigner [3] v. pron. [a] apparaître, attirer l'attention/l'œil/le regard/la vue, faire étalage, faire le glorieux/le malin, faire montre/parade de, se faire admirer/valoir/voir, se mettre à l'étalage/en vitrine, montrer son nez, parader, paraître, pavaner, se pavaner, se peindre, se répandre (fam.) [b] **s'afficher avec quelqu'un :** se compromettre (péj.), fréquenter, hanter [4] vx : tailler en pointe

afficheur, euse colleur/poseur d'affiches

affichiste n. m. et f. → **dessinateur**

affidé, e [1] neutre : → **confident** [2] non fav. : agent secret, complice, espion, indicateur

affilage n. m. affût, affûtage, aiguisage, émorfilage, repassage

affilé, e [1] acéré, affûté, aiguisé, coupant, émorfilé, émoulu, repassé, taillant, tranchant [2] → **mordant** [3] fig. **la langue bien affilée :** bien pendue

affilée (d') à la file, de suite, sans discontinuer, sans interruption

affiler affûter, aiguiser, appointer, donner du fil/du tranchant, émorfiler, meuler, repasser, tailler ♦ vx : acérer

affiliation n. f. adhésion, adjonction, admission, adoption, agrégation, association, contrat, conventionnement, cooptation, enrôlement, entrée, incorporation, initiation, inscription, intégration, mobilisation (péj.), rattachement, réception

affilié, e adhérent, adjoint, admis, adopté, agrégé, associé, assujetti, contractuel, conventionné, coopté, cotisant, enrôlé, incorporé, initié, inscrit, intégré, mobilisé (péj.), rattaché, reçu → **camarade**

affilier [1] adjoindre, admettre, adopter, agréger, associer, coopter, enrôler, incorporer, initier, inscrire, intégrer, faire cotiser/entrer, mobiliser, rattacher, recevoir [2] v. pron. : adhérer, cotiser, entrer à, entrer dans, rejoindre, se faire admettre

affiloir n. m. → **aiguisoir**

affinage n. m. [1] décarburation, dépuration, épuration, puddlage, raffinage [2] achèvement, assainissement, élimination, façon, façonnage, façonnement, finissage, finition, maturation, nettoiement, nettoyage

affinement n. m. dressage (péj.), éducation, perfectionnement

affiner [1] au pr. : assainir, décarburer, épurer, nettoyer, puddler, purifier, raffiner [2] fig. → **façonner** [3] v. pron. : s'apprivoiser, se civiliser, se dégourdir, se dégrossir, s'éduquer, se faire, se perfectionner, se polir

affinité n. f. [1] → **alliance** [2] → **analogie** [3] → **affection** [4] → **parenté**

affiquet n. m. → **bagatelle**

affirmatif, ive apodictique, approbatif, assertif, assertorique, assuré, catégorique, décisif, déclaratif, didactique, ferme, péremptoire, positif, tranchant

affirmation n. f. [1] assertion, assurance, attestation, prise de position, proposition, théorème, thèse → **allégation** [2] approbation, confirmation, démonstration, expression, extériorisation, jugement, manifestation, preuve, témoignage

affirmer [1] arguer, argumenter, articuler, assurer, attester, certifier, déclarer, dire, donner sa parole, faire serment, gager, garantir, jurer, maintenir, parier, prétendre, proclamer, proférer, promettre, prononcer, protester, en répondre, soutenir → **alléguer** [2] avancer, confirmer, crier, démontrer, exprimer, extérioriser, faire état de, manifester, montrer, produire, prouver, témoigner [3] → **souligner** [4] donner sa tête à couper, ficher/foutre son billet (pop.), mettre sa main au feu (fam.) [5] v. pron. : s'affermir, se déclarer, se confirmer, s'exprimer, s'extérioriser, se manifester, se montrer, se produire, se renforcer

affleurement n. m. émergence, saillie, surgissement

affleurer [1] → **apparaître** [2] → **égaliser**

afflictif, ive → **pénible**

affliction n. f. [1] abattement, amertume, angoisse, chagrin, consternation, déchirement, désespoir, désolation, détresse, douleur, peine, souffrance → **tristesse** [2] brisement de cœur, calvaire, chemin de croix, crève-cœur, deuil, difficulté, enfer, épreuve, martyre, supplice, torture, tourment, traverse, tribulation → **malheur**

affligé, e déshérité, infortuné, malchanceux, malheureux, miséreux, paria, pauvre, réprouvé ♦ péj. : gueux, miteux, paumé

affligeant, e accablant, attristant, chagrinant, cruel, décourageant, démoralisant, déplorable, déprimant, désastreux, désespérant, désolant, douloureux, dur, embarrassant, embêtant, emmerdant (grossier), ennuyeux, fâcheux, funeste, injuste, lamentable, malheureux, mauvais, navrant, pénible, regrettable, sot, triste

affliger [1] au pr. : abattre, accabler, affecter, arracher des larmes, assombrir, atterrer, attrister, chagriner, contrarier, contrister, déchirer, désespérer, désoler, émouvoir, endeuiller, enténébrer, éprouver, fâcher, faire souffrir, fendre le cœur, frapper, mettre à l'épreuve/au supplice/à la torture, navrer, peiner, percer le cœur, torturer, toucher, tourmenter, troubler [2] par ironie : doter, nantir [3] relig. : appliquer la discipline, macérer [4] v. pron. : déplorer, éprouver de l'affliction/de la douleur/du chagrin

affluence n. f. [1] au pr. : afflux, arrivées, circulation, écoulement, flot, flux, issue [2] fig. [a] de choses : abondance, avalanche, débordement, déferlement, déluge, excès, exubérance, foison, foisonnement, inondation, luxuriance, opulence, pagaille (fam.), pléthore, pluie, profusion, quantité, richesse, surabondance, tas [b] de gens : abord (québ.), amas, armée, concentration, concours, encombrement, essaim, flot, forêt, foule, fourmilière, fourmillement, grouillement, mascaret, masse, monde, multitude, peuple, presse, pullulement, ramas (vx), rassemblement, régiment, réunion, ruche, rush, tas [c] fam. : flopée, foultitude, potée, ramassis, tapée, tripotée

affluent n. m. → **rivière**

affluer [1] un liquide. [a] le sang : arriver, circuler, monter [b] un cours d'eau : aboutir à, aller/couler vers, se déverser dans [2] abonder, accourir, arriver, converger, courir/se porter/se presser vers, déferler, survenir, venir en foule

afflux n. m. [1] au pr. → **affluence** [2] fig. : bouchon, débordement, déferlement, embouteillage, encombrement, flot, foule, masse, rassemblement, rush ♦ fam. : boom, chiée, flopée, foultitude

affolant, e [1] → **alarmant** [2] → **affriolant**

affolement n. m. [1] → **agitation** [2] → **inquiétude**

affoler [1] v. tr. [a] au pr. → **agiter, alarmer** [b] fig. → **affrioler** [2] v. intr. : se dégrouiller (fam.), se démerder (grossier), se dépêcher, se hâter [3] v. pron. : s'agiter, s'alarmer, s'angoisser, être bouleversé, s'effrayer, s'émouvoir, s'épouvanter, se faire du souci, se frapper, s'inquiéter, paniquer, perdre le nord/la tête, prendre peur, être pris de panique/terrifié/tracassé/troublé

affouillement n. m. → **creusage**

affouiller → **creuser**

affourager → **nourrir**

affranchi, e [1] adj. → **libre** [2] nom fam. : affidé, complice, confident, dur (arg.), initié, souteneur, truand, voyou

affranchir [1] briser/rompre/secouer les chaînes/le joug/les liens, débarrasser, délier, délivrer, émanciper, libérer, rendre la liberté, soustraire à ♦ fam. : initier, informer, mettre dans le coup/au courant/au parfum, renseigner [2] composter, payer le port, surtaxer, taxer, timbrer [3] détaxer, libérer, exonérer

affranchissement n. m. [1] délivrance, émancipation, libération, manumission [2] compostage, frais de port, surtaxe, taxe, timbre

affres n. f. pl. agonie, alarme, angoisse, anxiété, crainte, douleur, doute, effroi, émoi, émotion, épouvante, inquiétude, tourment, transe → **peur**

affrètement n. m. [1] agence de fret [2] chargement, charte-partie, charter, contrat, nolisement

affréter charger, louer, noliser, pourvoir

affréteur n. m. agent, charter, organisateur, pourvoyeur, répartiteur, subrécargue

affreux, euse [1] adj. : [a] abominable, atroce, barbare, criminel, cruel, dégoûtant, déplaisant, désagréable, détestable, effrayant, effroyable, épouvantable, exécrable, féroce, hideux, horrible, ignoble, infâme, mauvais, monstrueux, noir, repoussant, répugnant, terrible [b] difforme, disgracieux, inesthétique, laid, informe, mal fait/fichu/foutu (fam.)/tourné, moche, vilain [c] → **méchant** [2] [a] nom : mercenaire, spadassin [b] péj. : dégueulasse, fumier, salaud, saligaud, salopard, satyre, vicieux

affriander [1] → **affrioler** [2] → **amorcer**

affriolant, e affolant, affriandant, agaçant, aguichant, alléchant, aimable, aphrodisiaque, appétissant, attirant, attrayant, charmant, charmeur, croquignolet, désirable, engageant, ensorcelant, envoûtant, excitant, grisant, plaisant, ragoûtant, séduisant, stimulant, tentant, troublant ♦ fam. : bandant, jouissif, sexy

affrioler affoler, affriander, agacer, aguicher, allécher, attirer, charmer, engager, ensorceler, envoûter, exciter, faire du charme, griser, minauder, séduire, stimuler, tenter, troubler → **flatter**

affront n. m. attaque, atteinte, avanie, baffe (fam.), blasphème, camouflet, grossièreté, humiliation, incongruité, injure, insolence, insulte, mortification, nasarde, offense, outrage, soufflet, vanne (arg.), vexation → **gifle**

affrontement n. m. attaque, bataille, challenge, choc, combat, compétition, concurrence, confirmation, défi, duel, échange, engagement, face à face, heurt, lutte, match, mise en présence, provocation, rencontre, tournoi → **guerre**

affronter [1] quelqu'un : s'aligner, aller au-devant de, approcher de, attaquer, combattre, défier, faire face/front à, se heurter à, lutter contre, se mesurer à, rencontrer, résister → **braver** [2] une difficulté : aller au-devant de, chercher, combattre, courir, défier, endurer, s'exposer/se mesurer à, faire face/front à, lutter contre, se mesurer à [3] v. pron. : être en compétition/concurrence/conflit, s'expliquer (fam.), se faire concurrence/face, se heurter, se livrer un combat, se mesurer à, se rencontrer sur le terrain

affublement n. m. → **accoutrement**

affubler coller, donner, gratifier de, octroyer, qualifier de → **accoutrer**

affusion n. f. → **ablution**

affût n. m. [1] le lieu : cabane, cache, embuscade, poste, réduit [2] bâti, support, trépied [3] → **affilage** [4] **être à l'affût :** attendre, être à l'arrêt/aux aguets/à l'écoute, guetter, observer, patienter, surveiller → **épier**

affûtage n. m. → **affilage**

affûter → **affiler**

affûteur n. m. [1] → **rémouleur** [2] → **lime**

aficionado fervent → **amateur**

afin de et **afin que** dans le but de (fam.)/le dessein de/l'intention de, en vue de, pour, pour que

a fortiori à plus forte raison, raison de plus

agaçant, e [1] contrariant, crispant, déplaisant, désagréable, échauffant, énervant, enrageant, exacerbant, exaspérant, excédant, excitant, horripilant, insupportable, irritant, lancinant, lassant, provocant, rageant, surexcitant, vexant [2] → **affriolant** [3] fam. : asticotant, embêtant, emmerdant, enquiquinant

agacement n. m. agacerie, contrariété, déplaisir, désagrément, embêtement, emmerdement (grossier), énervement, ennui, exacerbation, exaspération, impatience, irritation, titillation

agacer [1] asticoter, bourdonner, casser les pieds, chercher des crosses, chercher noise/querelle à, contrarier, courroucer, crisper, donner sur les nerfs, échauffer, échauffer la bile/les oreilles, embêter, emmerder (grossier), énerver, ennuyer, enquiquiner, exacerber, exaspérer, excéder, exciter, fâcher, faire enrager/sortir de ses gonds, hérisser, horripiler, impatienter, indisposer, irriter, lanciner, lasser, mécontenter, mettre en colère/rogne (fam.), porter sur les nerfs, piquer, provoquer, taquiner, titiller [2] → **affrioler**

agacerie n.f. [1] agacement, pique, provocation, taquinerie [2] avances, coquetterie, manège, marivaudage, minauderie

agame [1] nom et adj. → **célibataire** [2] n.m. → **saurien**

agami n.m. → **échassier**

agamie n.f. → **reproduction**

agape(s) n.f. banquet, festin, fête, grand repas, réjouissances → **repas** ♦ fam. : bombance, bombe, gueuleton, ripaille

agaric n.m. → **champignon**

agate n.f. [1] calcédoine [2] chrysoprase, cornaline, jaspe, onyx, sardoine [3] bille, camée

agatisé, e [1] → **brillant** [2] → **poli**

âge n.m. [1] ancienneté, époque, ère, génération, heure, période, temps, vieillesse [2] a assurance, autorité, expérience b arg. : bouteille, carat, flacon, galon, grade

âgé, e [1] avancé, d'âge canonique (fam.), sénescent, usé, vieux [2] une chose : ancien, déclassé, démodé, hors service, hors d'usage, au rebut, sur le tard, tard d'époque (fam. et par ext.) → **vieux**

agence n.f. affaire, bureau, cabinet, chantier, commerce, comptoir, dépôt, entrepôt, office, succursale

agencement n.m. [1] accommodation, accommodement, ajustement, aménagement, arrangement, combinaison, composition, contexture, coordination, dispositif, disposition, distribution, enchaînement, liaison, mécanisme, mise en ordre/place, ordonnance, ordre, organisation, réglementation, structure, texture [2] → **décor**

agencer aménager, composer, coordonner, décorer, distribuer, enchaîner, goupiller (fam.), lier, mettre en ordre/place, meubler, monter, ordonner, organiser, présenter, structurer, tisser → **adapter**

agencier n.m. → **journaliste**

agenda n.m. [1] almanach, bloc-notes, calendrier, calepin, carnet, éphémérides, mémento, registre, répertoire [2] relig. : ordo

agénésie n.f. → **impuissance**

agenouillement n.m. [1] au pr. : génuflexion, inclinaison, prosternation, prosternement [2] fig. : abaissement, bigoterie, complaisance, humiliation, lâcheté, tartuferie

agenouiller (s') [1] au pr. : s'incliner, se prosterner [2] par ext. a admirer, adorer, faire oraison, prier, vénérer b non fav. : s'abaisser, capituler, céder, s'humilier, mettre les pouces (fam.) → **soumettre (se)**

agenouilloir n.m. prie-Dieu

agent n.m. [1] au pr. ce qui agit : action, âme, bras, cause, facteur, ferment, instrument, moteur, moyen, objet, organe, origine, principe, source [2] quelqu'un : âme damnée (péj.), auxiliaire, bras droit, commis, commissaire, commissionnaire, consignataire, correspondant, courtier, délégué, émissaire, employé, envoyé, exécutant, facteur, factotum, fonctionnaire, fondé de pouvoir, gérant, homme de confiance, inspecteur, intendant, intermédiaire, mandataire, messager, négociateur, préposé, représentant, serviteur, substitut, suppléant, transitaire [3] de police. a contractuel(le), gardien de la paix, pèlerin, pèlerine, policier, sergent de ville → **policier** b arg. et péj. : argousin, bourre, bourrique, cogne, condé, flic, guignol, hirondelle, poulet, sbire, vache [4] a **agent secret** : affidé, correspondant, espion (péj.), indicateur b **agent de l'ennemi** : espion, traître c **agent d'exécution** : bourreau, exécuteur, homme de loi/de main/de paille, huissier, séide, tueur (à gages) d **agent de liaison** : courrier, estafette e **agent provocateur** : agitateur, brebis galeuse, indicateur, mouton f **agent diplomatique** : ambassadeur, chargé d'affaires, consul, légat, ministre, ministre plénipotentiaire, nonce

aggiornamento n.m. adaptation, mise à jour → **changement**

aggloméré n.m. [1] au pr. : agglomérés, agrégat, amas, amoncellement, bloc, conglomérat, conglutination, éboulis, entassement, masse, sédiment, tas [2] fines, granulat [3] par ext. a accrétion, accumulation, agglomération, agglutination, agrégation, amalgame, amas, assemblage, bloc, conglomérat, entassement, réunion, tas b → **rassemblement**

agglomération n.f. [1] banlieue, bidonville, bloc, bourg, bourgade, camp, campement, capitale, centre, chef-lieu, cité, colonie, conurbation, décapole, douar, ensemble, faubourg, favela, feux, foyers, grand ensemble, habitat, hameau, localité, métropole, paroisse, station, technopole, village, ville, zone urbaine [2] → **aggloméré**

aggloméré n.m. brique, briquette, carreau de plâtre, hourdis, parpaing, préfabriqué, staff, stuc, synderme (techn.)

agglomérer et **agglutiner** accumuler, agréger, amasser, amonceler, assembler, attrouper, coller, conglomérer, conglutiner, empiler, entasser, entremêler, mélanger, mêler, mettre en bloc/ensemble/en tas, rassembler, réunir, unir

agglutination n.f. [1] → **agglomérat** [2] → **agglomération**

aggravant, e accablant, à charge

aggravation n.f. accroissement, alourdissement, amplification, augmentation, complication, croissance, développement, escalade, exacerbation, exaspération, intensification, progrès, progression, propagation, rechute, recrudescence, redoublement

aggraver [1] une charge : accroître, alourdir, amplifier, appesantir, augmenter, charger, compliquer, développer, empirer, envenimer, étendre, exacerber, exagérer, exaspérer, exciter, grever, redoubler, surcharger [2] une condamnation : ajouter, allonger, augmenter, grandir, grossir, rallonger [3] un sentiment : exacerber, exaspérer, exciter, intensifier, irriter, renforcer [4] mar. vx. → **échouer** [5] v. pron. : se détériorer, empirer, progresser

agile [1] adroit, aisé, à l'aise, alerte, allègre, découplé, délié, élastique, frétillant, fringant, élégant, félin, gracieux, habile, ingambe, léger, leste, mobile, preste, prompt, rapide, sémillant, souple, véloce, vite → **vif** [2] vx : accort

agilité n.f. adresse, aisance, allégresse, élasticité, élégance, grâce, habileté, légèreté, mobilité, prestesse, promptitude, rapidité, souplesse, vélocité, virtuosité, vitesse → **vivacité**

agio n.m. [1] charges, commission, crédit, frais, guelte, intérêts, plus-value, prélèvement [2] vx. → **façon**

agiotage n.m. accaparement, coup de bourse, spéculation, trafic, tripotage

agioter accaparer, hasarder une mise, jouer à la bourse, miser, spéculer ♦ fam. ou péj. : boursicoter, traficoter, trafiquer, tripoter

agioteur, euse → **spéculateur**

agir [1] on fait une chose. a fav. : aller de l'avant, animer, célébrer, collaborer à, se comporter, conduire, se conduire, concourir à, contribuer à, se dépenser, employer, s'employer à, entraîner, s'entremettre, entreprendre, exécuter, exercer une action/une influence sur, faire, faire appel à, intercéder, intervenir, jouer, manifester, manœuvrer, mener, mettre en action/en œuvre, mouvoir, négocier, s'occuper de, œuvrer, officier, opérer, persuader, pousser, procéder à, provoquer, travailler, vivre b non fav. : abuser, contrarier, contrecarrer, contredire, contrevenir, en faire à sa tête, impressionner, inciter à, influencer, influer sur, lutter, se mettre en travers, s'opposer à, sévir, traiter, en user avec [2] une chose agit sur quelqu'un ou quelque chose : avoir pour conséquence/effet, concourir à, contribuer à, entraîner, exercer une action/une influence sur, faire effet sur, influer sur, opérer, provoquer, travailler [3] **agir en justice** : actionner, entamer une procédure, introduire une requête, poursuivre [4] v. pron. impers. : il convient, il est nécessaire/question, il faut

agissant, e [1] → **actif** [2] allant, entreprenant, influent, qui a le bras long

agissements n.m.pl. péj. : allées et venues, aventures, comportement, conduite, démarche, façons, intrigues, machinations, manières, manigances, manœuvres, menées, micmac, pratiques, procédés ♦ fam. : cinéma, combines, magouilles, salades

agitateur, trice → **factieux**

agitation n.f. [1] au pr. a activité, animation, bouillonnement, effervescence, flux et reflux, grouillement, houle, maelström, mouvement, ondulation, orage, raz-de-marée, remous, secousse, tempête, tohu-bohu, tourbillon, tourmente, trépidation, trouble, tumulte, turbulence, va-et-vient b du corps (neutre ou fav.) : activité, affairement, animation, hâte, mouvement, tortillement, trémoussement non fav. : affolement, alarme, bruit, désordre, effervescence, énervement, excitation, incohérence, précipitation, remue-ménage, surexcitation, tourbillon, tourmente, tressaillement, trouble, tumulte, turbulence, vent c méd. : angoisse, délire, excitation, fébrilité, fièvre, hystérie, nervosité [2] fig. a des sentiments : affres, angoisse, anxiété, appréhension, bouillonnement, bouleversement, colère, confusion, convulsion, déchaînement, délire, désarroi, ébranlement, ébullition, effervescence, effroi, embrasement, émoi, émotion, exaspération, fièvre, flottement, frayeur, frénésie, hésitation, inquiétude, lutte, mouvement, orage, passion, préoccupation, remous, secousse, souci, terreur, tourment, tracas, trouble, tumulte, violence b d'une foule : activité, animation, bouillonnement, convulsion, déchaînement, délire, démonstration, effervescence, embrasement, émeute, excitation, faction, fermentation, fièvre, flux et reflux, fourmillement, grouillement, houle, lutte, manifestation, mêlée, mouvement, orage, pagaille, panique, remous, remue-ménage, révolte, révolution, secousse, sédition, tourmente, trouble, violence ♦ fam. micmac, pastis

agité, e [1] → **fiévreux** [2] → **troublé** [3] → **inquiet**

agiter [1] on agite. a une chose : ballotter, battre, brandir, brouiller, secouer → **remuer** b le corps : balancer, battre, bercer, branler, dodeliner, frétiller, gambiller, gesticuler, gigoter, hocher, secouer, soulever, trémuler c une question : analyser, avancer, débattre de, discuter de, examiner, mettre à l'ordre du jour, proposer, soulever, soumettre, traiter [2] une chose agite quelqu'un ou un groupe : affoler, alarmer, angoisser, animer, bouleverser, ébranler, effrayer, embraser, émouvoir, énerver, enfiévrer, enflammer, enthousiasmer, envahir, épouvanter, exciter, faire peur, inquiéter, irriter, mettre en effervescence/en émoi, occuper, paniquer (fam.), préoccuper, remuer, rendre soucieux, révolter, révolutionner, soulever, terrifier, torturer, tourmenter, tracasser, transporter, travailler, troubler [3] v. pron. a s'affairer, aller et venir, s'animer, bouger, circuler, courir, se dandiner, se démener, s'empresser, frétiller, gesticuler, gigoter, se précipiter, remuer, se secouer, se tortiller, se trémousser, vibrionner b équit. broncher, cogner, s'ébrouer, piaffer, ruer c clapoter, claquer, flotter, frémir, frissonner d vx : se débattre, se discuter, être en question

agneau, elle agnelet, antenais(e), bête à laine, broutard, nourrisson, pré-salé, vacive → **mouton**

agnelage n.m. mise bas, naissance, parturition

agneline n.f. → **laine**

agnosticisme n.m. [1] → **scepticisme** [2] → **humanisme**

agnus dei n.m. → **fétiche**

agnostique → **incroyant**

agonie (à l') n.f. [1] au pr. : à la mort, à l'article de la mort, dernière extrémité/heure, derniers instants/moments/soupirs, extrémité, fin, in extremis [2] fig. a affres, angoisse, crainte, détresse b chute, crépuscule, décadence, déclin, fin, souffrance

agonir accabler, couvrir d'injures, honnir (vx), injurier, maudire, déverser/verser un tombereau d'injures → **vilipender** ♦ fam. : engueuler, passer une engueulade

agonisant, e à l'article de la mort, moribond, mourant ♦ arg. : crevard, foutu, raide

agoniser s'éteindre, expirer, passer, râler, tirer à sa fin → **mourir**

agoniste n.m. → **gymnaste**

agora n.f. espace piétonnier, forum, place piétonnière

agoraphobie n.f. → **névrose**

agrafe n.f. 1 sur un vêtement : attache, boucle, broche, clip, épingle, fermail, fibule ♦ vx : accroche, affiche 2 autres usages : cavalier, épingle, fermoir, trombone

agrafer accrocher, adapter, ajuster, assembler, attacher, épingler, fixer, joindre, maintenir, mettre, retenir

agraire agrarien, agricole, foncier, rural

agrandir 1 au pr. : accroître, ajouter à, allonger, amplifier, annexer, arrondir, augmenter, développer, dilater, donner du champ/de l'expansion/du large, élargir, élever, étendre, étirer, évaser, exhausser, gonfler, grossir, grouper, hausser, reculer les bornes/les limites, regrouper, surélever 2 fig. a détailler, élargir, élever, ennoblir, enrichir, étendre, fortifier, grandir, honorer, porter plus haut, propager, renforcer b amplifier, enfler, exagérer, gonfler, grossir, paraphraser 3 v. pron. : accroître son activité, devenir plus grand/fort/important/puissant, étendre ses biens/son domaine

agrandissement n.m. 1 accroissement, amplification, annexion, conquête, croissance, développement, dilatation, élargissement, élévation, enflure, ennoblissement, enrichissement, évasement, exagération, extension, gain, gonflement, grossissement, groupement, regroupement, renforcement, surélévation 2 → **amélioration** 3 → **augmentation**

agrarien, ne 1 adj. → **agraire** 2 nom : propriétaire foncier/rural/terrien

agréable 1 quelqu'un. a abordable, accommodant, accompli, accort (vx), accueillant, affable, aimable, amène, attachant, attirant, beau, bien, bien élevé, bon, bon vivant, charmant, chic, doux, exquis, facile, fascinant, gai, galant, gentil, gracieux, joli, joyeux, parfait, piquant, plaisant, prévenant, séduisant, serviable, sociable, sympathique b fam. : bath, chouette, cool, sympa c partic. : ciné/phono/photo/radio/télégénique 2 une chose. a un endroit : attirant, attrayant, beau, bien conçu/situé, captivant, charmant, commode, confortable, enchanteur, fascinant, joli, plaisant, ravissant, riant, splendide b un rêve, un moment : captivant, charmant, doré, doux, enchanteur, enivrant, heureux c une friandise, un repas : affriolant, appétissant, délectable, délicieux, engageant, exquis, fameux, ragoûtant, savoureux d un vin : acidulé, aimable, ample, bâti, boisé, bouqueté, capiteux, charpenté, complet, corsé, coulant, cristallin, doux, élégant, épanoui, équilibré, fin, frais, fruité, gai, gouleyant, goulu, harmonieux, léger, liquoreux, mâché, moelleux, nerveux, noble, onctueux, perlant, plaisant, plein, puissant, riche, robuste, rond, sec, soutenu, soyeux, vif, vineux locutions : bien/long en bouche, qui a du bouquet/de la chair/du caractère/du corps/du cuir/de la cuisse/de la douceur/de la finesse/de la longueur/de la noblesse/de la puissance/de la race/de la rondeur/de la sève, qui a un goût/parfum de feuilles mortes/de fraise des bois/de framboise/de groseille/de mûre/de myrtille/de pêche e un son : aérien, doux, euphorique, harmonieux, léger, mélodieux, suave f un parfum : aromatique, capiteux, embaumant, enivrant, fragrant, léger, suave, subtil g un propos : aimable, doux, flatteur h un spectacle → **amusant, attirant, beau, émouvant**

agréé, e n.m. et f. avocat, avoué, chargé d'affaires, comptable, conseiller juridique, fondé de pouvoir, mandataire

agréer 1 v. intr. : aller à, convenir, faire l'affaire, être au gré de, plaire 2 v. tr. : accepter, acquiescer, accueillir, admettre, approuver, donner son accord à, goûter, recevoir, recevoir favorablement, trouver bon/convenable/à sa convenance

agrégat n.m. accumulation, amas, assemblage, bloc, conglomérat, masse, sédiment → **agglomérat**

agrégation n.f. agglomération, association, sédimentation

agréger adjoindre, admettre, affilier, agglomérer, assembler, associer, attacher, choisir, coopter, élire, faire entrer, incorporer, recruter, réunir, unir

agrément n.m. 1 au pr. : acceptation, accord, acquiescement, adhésion, admission, affiliation, approbation, autorisation, association, choix, consentement, cooptation, élection 2 relig. : celebret, créance, imprimatur 3 par ext. : aisance, aménité, attrait, charme, élégance, exquisité, grâce, mérite, piquant, qualité, séduction 4 au plur. a de la vie : amusement, bien-être, bonheur, charmes, commodité, confort, distraction, divertissement, joie, plaisir b pour orner : accessoires, assaisonnement (vx), enjolivement, fioriture, garniture, ornement, superflu

agrémenter assaisonner (vx), embellir, enjoliver, enrichir, garnir, orner, parer, relever

agrès n.m.pl. 1 apparaux, armement, gréement, superstructures 2 anneaux, appareils, balançoire, barre, corde lisse/à nœuds, portique, trapèze

agresser → **attaquer**

agresseur n.m. assaillant, attaquant, insultant (vx), offenseur, oppresseur, persécuteur, provocateur

agressif, ive ardent, bagarreur, batailleur, belliqueux, chercheur, combatif, fonceur, malveillant, méchant, menaçant, mordant, provocateur, pugnace, querelleur → **violent**

agression n.f. 1 action, attaque, déferlement, envahissement, intervention, invasion, viol, violence 2 cambriolage, effraction, fric-frac, hold-up, intrusion → **vol**

agressivité n.f. ardeur, brutalité, combativité, esprit querelleur, malveillance, méchanceté, provocation, pugnacité, quérulence (méd.) → **violence**

agreste agraire, agricole, bucolique, campagnard, champêtre, forestier, pastoral, paysan, rural, rustique, terrien ♦ péj. : abrupt, grossier, inculte, rude, rustique, sauvage

agricole agraire, agronomique, agro-pastoral, cultural → **agreste**

agriculteur, trice 1 agrarien, agronome, cultivateur, cul-terreux (péj.), exploitant, fermier, laboureur, pasteur, paysan, planteur, producteur, propriétaire foncier/rural/terrien 2 apiculteur, arboriculteur, aviculteur, betteravier, céréalier, éleveur, fraisiculteur, herbager, horticulteur, houblonnier, maraîcher, pisciculteur, sériciculteur, sylviculteur, tabaculteur, trufficulteur, viticulteur 3 par ext. : aide rural(e), berger, bûcheron, domestique, journalier, ouvrier agricole, garde-chasse, garde-pêche, jardinier 4 vx ou rég. : bordier, bouvier, charretier, colon, laboureur, métayer, moissonneur, pasteur, planteur, semeur, tâcheron

agriculture n.f. 1 agronomie, culture, économie rurale, élevage, paysannerie, production agricole, produits du sol, secteur primaire 2 faire-valoir (direct), fermage, métayage 3 agrumiculture, apiculture, arboriculture, aviculture, céréaliculture, élevage, embouche, horticulture, hortillonnage, maraîchage, monoculture, pisciculture, polyculture, pomoculture, sériciculture, sylviculture, trufficulture, viticulture

agrion n.m. → **libellule**

agrippement n.m. → **étreinte**

agripper 1 accrocher, attraper, cramponner, harponner, retenir, saisir, tenir 2 vx → **agrafer** 3 a arg.→ **arrêter** b → **voler**

agrume n.m. 1 bergamote, bigarade, cédrat, citron, citrus, clémentine, kumquat, lime, limette, limon, mandarine, orange, orangette, pamplemousse, pomélo, tangerine 2 → **prune**

aguerrir accoutumer, affermir, cuirasser, endurcir, entraîner, éprouver, fortifier, préparer, rompre, tremper

aguets (être aux) n.m.pl. à l'affût, à l'arrêt, à l'écoute, à son poste, au guet, aux écoutes, en embuscade, en éveil, en observation, sur ses gardes, épier, faire attention/gaffe (fam.)/ le guet/le pet (arg.), guetter, observer, surveiller

aguichant, e → **affriolant**

aguicher → **affrioler**

aguicheur, euse 1 fém. : allumeuse, charmeuse, coquette, flambeuse, flirteuse, provocatrice, séductrice, tentatrice, vamp 2 masc. : a charmeur, flirteur, séducteur, tentateur b fam. : allumeur, dragueur, flambeur, joli-cœur

ahan n.m. → **effort**

ahaner 1 s'essouffler, faire effort, fatiguer, haleter, souffler, souffrir, suer 2 → **peiner**

ahuri, e → **bête**

ahurir abasourdir, abêtir, abrutir (péj.), confondre, déconcentrer, décontenancer, démonter, dérouter, ébahir, éberluer, effarer, étonner, faire perdre la tête, hébéter, jeter dans le trouble, laisser interdit/pantois/stupéfait/stupide, prendre au dépourvu, stupéfier, surprendre, troubler ♦ fam. : ébouriffer, époustoufler

ahurissant, e → **étonnant**

ahurissement n.m. → **surprise**

aiche ou **èche** n.f. aguiche *ou* amorce, appât, asticot, boite, capelan, devon, leurre, manne, mouche, rogue, teigne, ver de farine/de terre/de vase, vermée, vif

aide 1 n.f. a au pr. : aumône, avance, bienfait, bourse, cadeau, charité, dépannage, don, facilité, faveur, grâce, prêt, prêt d'honneur, secours, soulagement, subside, subvention b par ext. : adjuvat (méd.), appui, assistance, bienveillance, bons offices, collaboration, complaisance, concours, connivence (péj.), conseil, contribution, convergence, coopération, coup de main/d'épaule/de pouce, encouragement, entraide, intervention, main-forte, office, participation, patronage, piston (fam.), protection, réconfort, renfort, repêchage, rescousse, secours, service → **soutien** c au pl. → **impôt** 2 n.m. : → **adjoint** 3 à l'aide de : → **avec**

aide-mémoire n.m. 1 croquis, dessin, guide-âne, pense-bête 2 → **mémento** 3 → **abrégé**

aider 1 v. tr. : agir, appuyer, assister, avantager, collaborer, concourir, conforter, contribuer, dépanner, donner la main à, s'entraider, épauler, étayer, faciliter, faire beaucoup pour/le jeu de/quelque chose pour, favoriser, jouer le jeu de, lancer, mettre à l'aise/dans la voie/le pied à l'étrier, obliger, offrir, partager, participer, patronner, pousser, prendre part à, prêter la main/main-forte, protéger, réconforter, rendre service, renflouer, renforcer, repêcher, seconder, secourir, servir, soulager, soutenir, subventionner, tendre la main, venir à l'aide/à la rescousse/au secours fam. : donner un coup de main/de piston/de pouce, faire la courte échelle 2 v. tr. ind. : contribuer à, faciliter, favoriser, permettre 3 v. pron. : s'appuyer sur, faire feu de tout bois (fam.), prendre appui sur, se servir de, tirer parti de

aïeul, aïeule, aïeux aîné, ancêtre, ascendant, auteur, bisaïeul, devancier, (arrière-) grand-mère, (arrière-) grand-oncle, (arrière-) grand-père, (arrière-) grand-tante, (arrière-) grands-parents, parent, prédécesseur, trisaïeul

aigle 1 n.m. et fém. a au pr. : aigle blanc/de mer/impérial/jean-le-blanc/pêcheur/royal, aiglon, balbuzard, circaète, frégate, gypaète, harpie, huard, orfraie, pygargue, rapace, uraète b fig. : as, champion, fort en thème, grosse tête (fam.), phénomène, phénix, prodige, tête d'œuf (arg.) 2 n.f. sing. et pl. : armoirie, bannière, drapeau, emblème, empire, enseigne, étendard

aigre 1 au pr. a acerbe, acescent, acide, acidulé, âcre, aigre-doux, aigrelet, aigri, astringent, piquant, piqué, raide, rance, reginglard, sur, suret, tourné, vert ♦ vx : acidule b un son : aigu, assourdissant, criard, déplaisant, désagréable, grinçant, perçant, sifflant, strident 2 fig. a le froid : acéré, coupant, cuisant, désagréable, glacé, glacial, mordant, mortel, pénible, piquant, saisissant, vif b quelqu'un : acariâtre, acerbe, acide, âcre, acrimonieux, agressif, amer, âpre, atrabilaire, blessant, cassant, caustique, déplaisant, désagréable, dur, fielleux, hargneux, incisif, malveillant, mordant, pète-sec, piquant, pisse-vinaigre, pointu, râleur, revêche, rude, sarcastique, sec, sévère, tranchant, venimeux, violent, virulent

aigrefin n.m. chevalier d'industrie, coquin, escroc, filou, fourbe, malandrin, malhonnête, voyou → **voleur**

aigrelet, ette 1 acidulé, ginguet, piquant, piqué, raide, reginglard, sur, tourné, vert 2 fig. → **malveillant**

aigrette n.f. 1 héron blanc 2 panache, plume, plumet

aigreur 1 au pr. : acescence, acétification, acidité, amertume, hyperchlorhydrie, verdeur 2 fig. : acerbité, acidité, âcreté, acrimonie, agressivité, amertume, animosité, âpreté, brouille, causticité, colère, dépit, désagrément, dureté, fiel, haine, hargne, humeur, irritation, malveillance, maussaderie, méchanceté, mordacité, mordant, pique, rancœur, rancune, récrimination, ressentiment, rouspétance (fam.), rudesse, vindicte

aigri, e 1 dégoûté, désabusé, désenchanté 2 suri → **aigre**

aigrir 1 v. tr. a aciduler, altérer, corrompre, faire tourner, gâter, piquer, rendre aigre b fig. : aggraver, attiser, aviver, brouiller, envenimer, exaspérer, exciter la colère/le dépit/le ressentiment, fâcher, indisposer, irriter, mettre de l'huile sur le feu (fam.)/en colère/la zizanie, rendre amer, piquer, souffler la discorde/la haine/la zizanie, vexer 2 v. intr. : rancir, surir, tourner

aigu, uë 1 acéré, aciculaire, acuminé, affûté, affilé, aiguisé, anguleux, coupant, émorfilé, fin, lancéolé, perçant, piquant, pointu, saillant, subulé, tranchant 2 fig. a les sons : aigre, clair, criard, déchirant, élevé, haut, flûté, glapissant, grinçant, perçant, pointu, strident, suraigu, voix de clairon/de clarine/de crécelle/de fausset b le regard : mobile, perçant, scrutateur, vif c une souffrance : cuisant, déchirant, intolérable, lancinant, piquant, taraudant, térébrant, torturant, vif, violent d l'esprit : analytique, délié, doué, incisif, intelligent, lucide, mordant, ouvert, perçant, pénétrant, piquant, profond, subtil, vif

aiguière n.f. → **lavabo**

aiguillage n.m. bifurcation, branchement, bretelle, changement, orientation

aiguille n.f. 1 alène, broche, brochette, épingle, épinglette, ferret, lardoire, piquoir, poinçon, pointe 2 mont, pic, piton 3 flèche, obélisque

aiguiller → **diriger**

aiguillette n.f. 1 → **corde** 2 → **ruban**

aiguillon n.m. 1 arête, bec, crochet, dard, dent, éperon, épine, piquant, rostre 2 incitation, motivation, stimulant, stimulation

aiguillonner 1 au pr. : percer, piquer, toucher 2 fig. : aiguiser, animer, échauffer, électriser, encourager, enflammer, enhardir, éperonner, éveiller, exalter, exciter, fouetter, inciter, influencer, influer sur, inspirer, piquer, pousser, presser, provoquer, remplir d'ardeur, stimuler, tenir la carotte (fam.), tourmenter

aiguisage n.m. → **affilage**

aiguiser 1 → **affiler** 2 fig. : accroître, achever, aiguillonner, augmenter, aviver, délier, exciter, fignoler, parfaire, polir, stimuler, travailler

aiguiseur n.m. affûteur, rémouleur, repasseur

aiguisoir n.m. affiloir, fusil, meule, périgueux, pierre à aiguiser, queux

aïkido n.m. → **judo**

ailante n.m. → **papillon**

aile n.f. 1 aileron, balancier, élytre, empennage, penne, voilure 2 par ext. : abri, égide, parrainage, protection, sauvegarde, soutien, surveillance 3 pales 4 corps de logis, pavillon 5 détachement, flanc 6 volets d'extrados/d'intrados 7 garde-boue

ailé, e 1 empenné 2 aérien, céleste, élancé, éthéré, immatériel, léger, poétique, pur, rapide, rêveur, souple, sublime, svelte, vaporeux

aileron n.m. 1 aile, nageoire 2 dérive, empennage, gouverne, volet d'extrados/d'intrados 3 arg. : bras

ailleurs 1 autre part, dans un autre endroit/lieu/monde, là-bas, où l'on n'est pas 2 **d'ailleurs :** d'autre part, d'un autre côté, de plus, au reste, du reste, en outre, par contre, pour le reste 3 **par ailleurs :** autrement, d'un autre côté, d'une autre façon, pour le reste 4 être ailleurs → **absent**

aimable 1 quelqu'un : a abordable, accommodant, accueillant, adorable, affable, affectueux, agréable, amène, attentionné, attirant, avenant, beau, bien, bien élevé, bienveillant, bon, bon enfant, charmant, charmeur, chic, complaisant, convivial, courtois, délicat, délicieux, dévoué, doux, engageant, exquis, fondant, gentil, gracieux, hospitalier, liant, mignon, obligeant, ouvert, plaisant, poli, prévenant, séduisant, serviable, sociable, souriant, sympathique b vx ou rég. : accort, bénin, gent, gentillet, mignard, traitable c fam. : chou, chouette, à croquer, croquignole, (super) sympa 2 une chose, un lieu : accueillant, agréable, attirant, attrayant, beau, bien conçu/situé, charmant, chic, commode, confortable, convivial, coquet, délicat, enchanteur, fascinant, festif, hospitalier, joli, plaisant, ravissant, riant, séduisant, sympathique

aimant, e → **amoureux**

aimant n.m. 1 au pr. : boussole, électro-aimant, sidérite (vx) 2 fig. : ascendance, attirance, attraction, attrait, envoûtement, fascination, influence, séduction

aimantation n.f. électromagnétisme, induction, magnétisme

aimer 1 quelqu'un : adorer, affectionner, s'amouracher, s'attacher à, avoir de l'affection/de l'attachement/un coup de cœur/le coup de foudre/du sentiment/de la sympathie/de la tendresse, chérir, désirer, s'embraser pour, s'enamourer de, s'enflammer pour, s'entendre, s'enticher de, s'éprendre de, estimer, être amoureux de/épris de/fou de/pris/uni à, brûler pour, idolâtrer, raffoler de, tomber amoureux, se toquer de, s'unir, vénérer ◆ fam : s'acoquiner (péj.), avoir à la bonne/le béguin/dans la peau, blairer, en pincer pour, être coiffé 2 une chose : adorer, affectionner, avoir envie de, avoir du goût pour, désirer, estimer, être amateur/friand de, être porté sur/ravi de, faire cas de, goûter, s'intéresser à, se passionner pour, se plaire à, prendre plaisir à, trouver agréable 3 par ext. : avoir besoin de, demander, désirer, falloir à, réclamer 4 a **j'aimerais que :** demander, désirer, souhaiter b **aimer mieux** → **préférer** c **être aimé des dieux :** béni, chéri, favorisé

aine n.f. 1 hanche, haut de la cuisse, pli du bas-ventre/inguinal 2 → **baguette**

aîné, e grand, héritier du nom et des armes, premier-né

aînesse n.f. primogéniture, séniorité

ainsi 1 comme cela, de cette façon/manière, de la sorte 2 de la même façon/manière, pareillement 3 **ainsi que :** à l'exemple de, à l'instar de, comme, de même façon/manière que

air n.m. 1 au pr. a atmosphère, bouffée, brin d'air, brise, ciel, couche atmosphérique/respirable, courant d'air, espace, éther, souffle, température, temps, vent b **prendre l'air :** se promener, respirer, sortir c **changer d'air :** s'en aller, déménager, partir d **donner de l'air :** aérer, éventer, oxygéner, ventiler e **jouer la fille de l'air :** s'échapper, s'enfuir, s'évader, prendre la fuite/la poudre d'escampette, mettre les bouts (fam.) 2 avoir un air : affectation (péj.), allure, apparence, aspect, attitude, caractère, comportement, composition, contenance, dehors, démarche, embarras, expression, extérieur, façon, figure, forme, grâce, habitus (méd.), impression, look, maintien, manière, mine, physionomie, port, ressemblance, ton, visage ◆ fam. : dégaine, gueule, look, touche 3 aria, ariette, arioso, capriccio, chanson, chant, chœur, couplet, mélodie, refrain, solo, thème, trio

airain 1 au pr. : bronze 2 fig. : durée, dureté, caractère, fermeté, force, sécurité, solidité

Airbus n.m. → **avion**

aire n.f. 1 assise, champ, concession, domaine, emplacement, espace, massif, place, plancher, plate-forme, région, sphère, superficie, surface, terrain, territoire, zone 2 nid, repaire 3 mar. : rhumb 4 aire de repos : halte routière (québ.), parcage (helv. et belg.), parc de stationnement

airedale n.m. et f. → **chien**

airelle n.f. → **myrtille**

airer → **nicher**

aisance n.f. 1 agilité, assurance, boute-hors (vx), décontraction, désinvolture, distinction, facilité, grâce, habileté, légèreté, naturel, rondeur, souplesse 2 abondance, aise, bien-être, confort, opulence, richesse 3 lieux d'aisances → **water-closet**

aise 1 n.f. : contentement, décontraction, euphorie, félicité, joie, liberté, relaxation, satisfaction → **aisance** 2 adj. → **content**

aisé, e 1 au pr. a content, décontracté, dégagé, désinvolte, naturel, relax (fam.), relaxé, simple b → **nanti** 2 par ext. : accommodant, coulant, facile, large, naturel, ouvert, souple, spontané

aisément amplement, facilement, largement, naturellement, ouvertement, simplement, spontanément, volontiers

aisselle n.f. dessous de bras, gousset, région axillaire

ajointer → **aboucher**

ajonc n.m. landier, vigneau

ajour n.m. → **ouverture**

ajouré, e aéré, festonné, orné, ouvert, percé, treillissé

ajournement n.m. atermoiement, procrastination, réforme, refus, remise, renvoi, report, retard, temporisation

ajourner 1 une chose : atermoyer, différer, reculer, remettre, renvoyer, reporter, retarder, temporiser 2 quelqu'un : blackbouler, écarter, éliminer, recaler, réformer, refuser ◆ fam. : coller, retaper

ajout n.m. 1 addition, adjonction, allonge, annexe, augment, augmentation, béquet, rallonge, supplément → **correction** 2 about, aboutement, assemblage, ajutage, emboîtement, emboîture, embrèvement, enture, joint, raccord 3 rég. ajoute 4 mar. : ajut

ajouter 1 abouter, accoler, accroître, additionner, adjoindre, agrandir, allonger, améliorer, amplifier, annexer, apporter, augmenter, compléter, corriger, dire, embellir, enchérir, enrichir, enter, étendre, exagérer, greffer, grossir, insérer, intercaler, joindre, orner, parfaire, rabouter, rajouter, en remettre (fam.), suppléer, surcharger, surenchérir, unir 2 à du vin : baptiser (fam. et péj.), couper, étendre de, ouiller 3 v. pron. : accompagner, compléter, grossir, renforcer

ajustage n.m. alésage, brunissage, débourrage, grattage, limage, montage, polissage, rodage, taraudage

ajustement n.m. 1 au pr. : accommodation, accord, adaptation, agencement, arrangement, classement, disposition, mise en place, rapport, reclassement, réglage 2 par ext. a accoutrement, déguisement, habillement, mise, parure, tenue, toilette, vêtements, vêture b accommodement, arbitrage, compromis, conciliation, entente, protocole

ajuster 1 accommoder, accorder, accoutrer, adapter, affecter, agencer, appliquer, arranger, assembler, calculer, coller, combiner, composer, concilier, conformer, disposer, égaliser, embellir, emboîter, embroncher, enchevaucher, enchevêtrer, entabler, faire aller/cadrer/coller/marcher, gabarier (techn.), habiller, joindre, jumeler, mettre d'accord/en place, monter, mouler, ordonner, organiser, orner, parer, revêtir, vêtir 2 → **viser** 3 v. pron. : aller bien, cadrer avec, coïncider, être d'accord, s'entendre avec

ajutage n.m. → **tube**

akène n.m. → **baie**

alacrité n.f. → **vivacité**

alambic n.m. athanor → **ustensile**

alambiqué, e amphigourique, compliqué, confus, contourné, embarrassé, précieux, quintessencié, raffiné, recherché, sophistiqué, subtil, tarabiscoté, torturé

alangui, e → **langoureux**

alanguir abattre, affaiblir, amollir, assoupir, détendre, fatiguer, ramollir, rendre indolent/languissant/langoureux/nonchalant/paresseux/ramollo (fam.)/sentimental/somnolent

alanguissement n.m. abandon, abattement, affaiblissement, amollissement, anémie, assoupissement, détente, fatigue, indolence, langueur, lenteur, mollesse, nonchalance, paresse, ramollissement, relâchement, relaxation, somnolence

alarmant, e affolant, angoissant, bouleversant, dangereux, dramatique, effrayant, épouvantable, grand, inquiétant, préoccupant, terrible, terrifiant, tragique

alarme n.f. 1 alerte, appel, avertissement, branle-bas, clignotant, cri, dispositif d'alarme/d'urgence, plan d'urgence, signal, sirène, S.O.S., tocsin 2 affolement, appréhension, crainte, effroi, émoi, émotion, épouvante, éveil, frayeur, frousse, inquiétude, panique, peur, souci, terreur, transe

alarmer 1 affoler, alerter, déboussoler, donner les foies (arg.), effaroucher, effrayer, émouvoir, éveiller, faire peur, inquiéter, mettre en alerte/en transes, paniquer (fam.), remplir de crainte/de frayeur, remuer, terrifier, troubler 2 v. pron. → **craindre**

alarmiste n. et adj. cafardeux, capon, craintif, défaitiste, timoré → **pessimiste**

albâtre n.m. 1 → vase 2 → blancheur

albatros n.m. → palmipède

albigeois n.m. cathare → hérétique

album n.m. cahier, classeur, keepsake, livre blanc/d'or, recueil, registre, souvenirs

alcali n.m. ammoniaque, potasse, soude

alcalin, e basique

alcarazas n.m. cruche, gargoulette → vase

alchimie n.f. → occultisme

alchimiste n.m. adepte, souffleur → sorcier

alcool n.m. 1 alcool éthylique/méthylique, esprit-de-bois/de-vin, éthanol 2 eau-de-vie, liqueur, marc 3 aguardiente, aquavit, arack, armagnac, bourbon, brandy, calvados, cognac, genièvre, gin, rhum, schiedam, vodka, whisky 4 apéritif, cordial, digestif 5 framboise, kirsch, mirabelle, poire, prune, quetsche 6 fam. : antigel, bibine, bistouille, blanche, carburant, casse-gueule/pattes/poitrine, cric, dur, fil, gnôle, goutte, petit verre, pétrole, poivre, pousse-au-crime, pousse-café, raide, remontant, rincette, rogomme, schnaps, tord-boyaux, vitriol

alcoolique n.m. et f. buveur, dipsomane, drogué, éthylique, imbibé (fam.), intoxiqué → ivrogne

alcooliser (s') boire ♦ fam. : s'imbiber, s'imprégner/s'intoxiquer, picoler, pinter, prendre une biture/une cuite, se soûler → enivrer (s')

alcoolisme n.m. absinthisme, alcoolémie, dipsomanie, œnolisme, éthylisme, ivrognerie, soûlographie (fam.) → ivresse

alcôve n.f. 1 lit, niche, réduit, renfoncement, ruelle 2 → chambre 3 → galanterie

alcyon n.m. litt. : goéland, martin-pêcheur, pétrel

aléa n.m. chance incertaine, danger, hasard, incertitude, péril, risque

aléatoire chanceux, conjectural, dangereux, douteux, hasardeux, improbable, incertain, périlleux, problématique, risqué, stochastique

alène n.f. 1 → poinçon 2 raie → poisson

alentour ou **à l'entour** 1 adv. : à la ronde, à proximité, autour de, aux environs, dans les parages 2 n.m. pl. : abords, bordures, entourage, entours, environnement, environs, parages, proximité, voisinage

alerte 1 nom. fém. danger, péril → alarme 2 adj. : agile, aisé, éveillé, fin, fringant, ingambe, leste, pimpant, preste, prompt, rapide, souple → vif

alerter 1 avertir, aviser, donner l'alerte/avis, faire savoir, prévenir, renseigner, signaler 2 appeler/attirer l'attention, inquiéter, mettre en éveil/la puce à l'oreille (fam.)

alésage n.m. 1 ajustage, calibrage, fraisage, rectification, tournage, usinage 2 calibre, cylindrée, volume

aléser ajuster, calibrer, cylindrer, évaser, fraiser, percer, rectifier, tourner, trouer, usiner

aléseuse n.f. par ext. : calibreur, fraiseuse, machine-outil, meule, rectifieuse, tour

alevin n.m. nourrain → poisson

alevinage n.m. empoissonnement, peuplement

alevinier ou **alevinière** n.m., n.f. → vivier

alexandrin n.m. 1 dodécasyllabe, (double) hexamètre, vers de douze pieds 2 adj. → alambiqué

alfa n.m. crin végétal, doum

algazelle n.f. → antilope

algarade n.f. altercation, attaque, dispute, échange de coups/de propos vifs, incident, insulte, querelle, scène, sortie

algérien, ne → maghrébin

algie n.f. → douleur

algorithme n.m. 1 → programme 2 → calcul

algue n.f. agar-agar, chlorelle, coralline, goémon, laminaire, ulve, varech

alias autrement, autrement dit/nommé, d'une autre manière

alibi n.m. 1 → diversion 2 → excuse

alidade → règle

aliénable → cessible

aliénataire → bénéficiaire

aliénateur, trice → donateur

aliénation n.f. 1 abandon, cession, dispositions, distribution, donation, échange, fondation, legs, partage, perte, transfert, vente 2 aberration, confusion mentale, dérangement/déséquilibre/égarement/trouble (cérébral/d'esprit), démence, maladie mentale, névrose, psychose, troubles psychiques → folie

aliéné, e 1 nom. a au pr. : dément, déséquilibré, détraqué, furieux, interné, malade, maniaque, névrosé, paranoïaque, schizophrène → fou b fam. et par ext. : braque, cinglé, dingo, dingue, fêlé, follet, frappé, jobard (arg.), loufoque, maboul, marteau, piqué, sonné, tapé, timbré, toc-toc, toqué 2 adj. : frustré, privé

aliéner 1 au pr. : abandonner, céder, disposer, distribuer, donner, échanger, laisser, léguer, partager, perdre, transférer, vendre 2 par ext. : déranger, égarer, frustrer, rendre fou, troubler 3 v. pron. : écarter, perdre, se priver de, se séparer de

alignement n.m. 1 accordement, ajustement, arrangement, disposition, mise en ligne/ordre, nivellement, piquetage, rangement, tracé 2 normalisation, régularisation, standardisation, uniformisation 3 dévaluation, réévaluation

aligner 1 accorder, ajuster, arranger, disposer, dresser, mettre en ligne/ordre, niveler, piqueter, ranger, tracer 2 normaliser, régulariser, standardiser, uniformiser 3 avancer, donner, dresser, fournir, payer, présenter 4 dévaluer, réévaluer 5 v. pron. a → affronter b → soumettre (se)

aliment n.m. 1 comestible, denrée, pitance, produit, provision, subsistance → nourriture 2 → prétexte

alimentaire comestible, digestible, digestif, nourrissant, nutritif

alimentation n.f. 1 allaitement, élevage, sustentation 2 a → absorption b → nutrition 3 cuisine, diététique, gastronomie, menu, nourriture, régime, repas 4 approvisionnement, fourniture, ravitaillement → provision 5 régime macrobiotique/omnivore/végétalien/végétarien, végétalisme, végétarisme

alimenter 1 au pr. : approvisionner, composer un menu/un régime/un repas, donner à manger, entretenir, faire prendre/subsister, fournir, nourrir, pourvoir, soutenir, sustenter 2 des bestiaux : affourager

alinéa n.m. 1 à la ligne, en retrait 2 article, paragraphe, passage

alisier n.m. par ext. : cormier, cornouiller, sorbier

aliter 1 allonger/étendre sur un lit, coucher, faire prendre le lit, mettre au lit/au repos 2 v. pron. : s'allonger, se coucher, s'étendre, garder la chambre, se mettre au lit

alizé n.m. → vent

allaitement n.m. alimentation, lactation, nourriture, tétée

allaiter alimenter, donner le sein, nourrir

allant, e alerte, allègre, bien conservé, dynamique, ingambe, vif, vigoureux → actif

allant n.m. alacrité, dynamisme, entrain, initiative → activité

alléchant, e affriolant, appétissant, attirant, attrayant, engageant, tentant → séduisant

allécher 1 au pr. et fig. : affriander, affrioler, aguicher, amadouer, amorcer, appâter, attirer, engager, séduire, tenter 2 fig. : faire du baratin/du boniment, faire miroiter

allée n.f. 1 au pr. dans la loc. **allées et venues :** courses, démarches, déplacements, navettes, navigations, pas, trajets, va-et-vient, visites, voyages 2 par ext. : accès, avenue, charmille, chemin, cours, contre-allée, drève, laie, layon, mail, ouillère, passage, ruelle, sentier, tortille, voie

allégation n.f. 1 affirmation, argumentation, assertion, déclaration, dire, position, propos, proposition, raison 2 non fav. : apriorisme, calomnie, fable, imputation, insinuation, méchanceté, médisance, potins, prétexte, propos malveillants, ragots, vilenie

allège n.f. 1 → bateau 2 → mur

allégeance n.f. 1 fidélité, soumission, subordination, vassalité 2 appartenance, autorité, juridiction, mouvance, nationalité, statut, tenure 3 vx : → adoucissement 4 mar. : handicap

allégement n.m. adoucissement, aide, allégeance (vx), amélioration, apaisement, atténuation, consolation, dégrèvement, délestage, diminution, remise, retrait, soulagement, sursis

alléger 1 accorder un sursis, adoucir, aérer, aider, améliorer, apaiser, atténuer, consoler, dégrever, délester, diminuer, ôter, remettre, retirer, soulager

allégorie n.f. apologue, conte, convention, emblème, fable, fiction, figure, histoire, image, label, marque, métaphore, mystère, mythe, œuvre, parabole, personnification, récit, représentation, signe, statue, symbole, tableau

allégorique conventionnel, emblématique, fabuleux, fictif, hiératique, imaginaire, métaphorique, mythique, symbolique, typique

allègre actif, agile, alerte, allant, bien-allant, bouillant, brillant, dispos, exultant, gai, gaillard, ingambe, joyeux, léger, leste, plein d'entrain/de vie, vert, vif, vigoureux

allégresse n.f. 1 au pr. : bonheur, enthousiasme, exultation, gaieté, joie, liesse, ravissement, réjouissance, transe, transport 2 par ext. : activité, agilité, alacrité, allant, entrain, forme, gaillardise, légèreté, satisfaction, verdeur, vie, vigueur, vivacité

allegretto et **allegro** n.m. et adv. → rythme

alléguer apporter, s'appuyer sur, arguer de, avancer, déposer des conclusions, exciper de, fournir, invoquer, objecter, opposer, poser, prétendre, prétexter, se prévaloir de, produire, rapporter → affirmer

allemand, e 1 alémanique, germain, germanique, teuton, teutonique, tudesque 2 bavarois, brandebourgeois, hanovrien, prussien, rhénan, saxon 3 injurieux : boche, doryphore, fridolin, frisé, fritz, vert-de-gris 4 germanisme, germaniste

allemande n.f. → danse

aller n.m. trajet simple

aller 1 au pr. : a s'acheminer, s'approcher de, avancer, cheminer, cingler vers, circuler, converger, courir, déambuler, se déplacer, se diriger, faire route sur ou vers, filer, galoper, gagner, marcher, mettre le cap sur, se mettre en route, se mouvoir, parcourir, passer par, piquer sur, se porter/poursuivre/pousser/progresser vers, se promener, remonter, se rendre à, suivre, tendre/tirer/tourner ses pas/se transporter sur/vers, traverser, voyager vers b fam. : se dégrouiller, gazer, se propulser 2 a un fluide : affluer, s'écouler dans ou vers, se jeter dans b aller jusqu'à une limite : aboutir à, atteindre, arriver à, confiner à, finir à, s'étendre jusqu'à c aller avec quelqu'un : accompagner, aller devant, devancer, distancer, précéder d aller en arrière : marcher à reculons, rebrousser chemin, reculer, refluer, retourner, revenir sur ses pas e aller en travers : biaiser, dériver, se détourner, obliquer, prendre un raccourci f aller en hésitant ou au hasard : baguenauder (fam.), errer, évoluer, serpenter, vaguer, zigzaguer 3 fig. a on va à quelqu'un : s'adresser/commander à, former un recours auprès de, solliciter b on va aux nouvelles : s'informer, se renseigner c une chose va à quelqu'un : s'adresser à, agréer, concerner, convenir à, être destiné à, intéresser, plaire, toucher d une chose va : s'adapter, fonctionner, marcher e une chose va bien avec : accompagner, s'accorder, s'adapter, cadrer, concorder, s'harmoniser f aller bien → correspondre arg. : baigner, bicher, boulotter, gazer; g aller mal : être malade/inadapté, galérer (arg.)

aller (s'en) 1 quelqu'un. a au pr. → partir b → baisser, mourir 2 une chose. a → disparaître b → fuir

allergie n.f. 1 anaphylaxie, hypersensibilité, sensibilisation 2 fig. : antipathie, dégoût, idée préconçue, méfiance, prévention, répugnance, répulsion

allergique 1 au pr. : anaphylactique, sensibilisé, sensible 2 fig. **être allergique à quelqu'un ou à quelque chose :** avoir de l'antipathie/un préjugé défavorable/de la répugnance/de la répulsion, se défier de, être dégoûté de/écœuré par, se méfier de, répugner à

alliage n.m. → mélange

alliance n.f. 1 avec quelqu'un : affinité, amitié, assemblage, association, combinaison, contrat, convention, hyménée, mariage, mélange, pacte, parenté, rapprochement, sympathie, union → accord 2 polit. : accord, agrément, apparentement, assistance, association, cartel, coalition, confédération, convention, entente, fédération, ligue, pacte, protocole, union 3 anneau

allié, e n.m., f. et adj. 1 polit. : ami, coalisé, confédéré, fédéré, partenaire, satellite, second 2 quelqu'un : adjoint, aide, ami, associé, auxiliaire, complice (fam. ou péj.), copain (fam.), partenaire, second → **parent**

allier ou **hallier** n.m. → **filet**

allier [1] accommoder, accorder, apparenter, assembler, associer, assortir, coaliser, concilier, confédérer, faire aller avec, faire entrer dans, fédérer, harmoniser, joindre, lier, liguer, marier, mélanger, mêler, rapprocher, unir [2] v. pron. : aller avec/ensemble, entrer dans, faire cause commune/équipe avec, signer avec

alligator n.m. caïman, crocodile, gavial

allitération n.f. assonance, harmonie imitative, récurrence phonique, répétition

allocataire n.m. et f. assujetti, attributaire, ayant droit, prestataire → **bénéficiaire**

allocation n.f. arrérages, attribution, indemnité, mensualité, pension, prestation, rente, secours, subside, subvention

allochtone n.m. et adj. allogène, étranger

allocution n.f. adresse, discours, harangue, laïus, mot, speech, toast, topo (fam.) ✦ relig. : homélie, sermon

allogène allochtone, étranger

allonge n.f. [1] → **allongement** [2] par ext. : attaque, frappe, garde, poing, punch, riposte

allongé, e [1] anguiforme, anguilliforme, barlong, comme un fil, effilé, en pointe, étiré, fin, fusiforme, long, longiligne, mince, naviculaire, serpentin, sinueux [2] à plat dos/ventre, au repos, couché, décontracté, étendu, horizontal, relaxé, sur le côté

allongement n.m. [1] accroissement, affinement, allonge, ajout, appendice, augmentation, développement, élongation, étirage, étirement, excroissance, extension, prolongement, rallonge, tension [2] → **délai**

allonger [1] au pr. a ajouter, augmenter, développer b accroître, affiner, déployer, détirer, étendre, étirer, rallonger, tendre, tirer [2] par ext. a allonger un coup : assener, coller, donner, envoyer, lancer, porter ✦ fam. : ficher, flanquer, fourrer, foutre b allonger un délai : accorder un délai/un sursis, éterniser, faire durer/tirer/traîner en longueur, pérenniser, pousser, prolonger, proroger, repousser, retarder, temporiser c allonger le pas : se presser, presser le pas d les allonger (fam.) : donner → **payer** e allonger quelqu'un, coucher → **tuer** [3] v. pron. se coucher, se décontracter, se détendre, s'étaler (fam.), s'étendre, faire la sieste, se mettre au lit, se relaxer, se reposer

allophone → **étranger**

allotissement n.m. → **répartition**

allouer accorder, attribuer, avancer, bailler (vx), céder, concéder, décerner, donner, doter, faire don, gratifier, octroyer, offrir

allumage n.m. [1] autom. : combustion, contact, démarrage, départ, explosion [2] embrasement, mise à feu

allumé, e → **fanatique**

allumette n.f. [1] vx : allume [2] fam. : bûche, craquante, flambante, frotte, frotteuse

allumer [1] au pr. a embraser, enflammer, incendier, mettre le feu b donner de la lumière, éclairer, illuminer, mettre de la lumière, tourner le bouton/le commutateur/l'interrupteur [2] fig. : animer, attiser, bouter le feu, commencer, déclencher, embraser, enflammer, exalter, exciter, fanatiser, mettre le feu, occasionner, provoquer, susciter

allumeuse n.f. → **aguicheur, euse**

allure n.f. [1] de quelqu'un : accent (québ.), air, apparence, aspect, attitude, caractère, comportement, conduite, contenance, démarche, extérieur, façon, genre, ligne, maintien, manière, mine, panache, physique, port, prestance, silhouette, tenue, ton, tournure ✦ fam. : dégaine, gueule, look, touche [2] d'un mouvement : course, erre, marche, mouvement, pas, tempo, train, vitesse → **rythme** [3] du cheval : accent (québ.), amble, aubin, canter, galop, pas, trac, train, traquenard, trot

alluré, e → **distingué**

allusif, ive → **indirect**

allusion n.f. [1] allégorie, comparaison, évocation, insinuation, mention, sous-entendu, rappel [2] → **médisance**

alluvial, e, aux alluvionnaire

alluvion n.f. [1] apport, boue, dépôt, limon, lœss, sédiment [2] le résultat : accroissement, accrue, alluvionnement, atterrissement, lais, laisse, relais

alluvionner [1] → **recouvrir** [2] → **combler**

almanach n.m. [1] agenda, annuaire, calendrier, calepin, carnet, éphéméride, mémento, répertoire [2] bottin

almée n.f. [1] → **danseuse** [2] → **beauté**

aloès n.m. chicotin

aloi n.m. [1] alliage [2] goût, qualité, réputation, valeur

alopécie n.f. → **calvitie**

alors [1] à ce moment-là, à cette heure-là, ainsi, en ce moment-là, en ce temps-là, dans ces conditions, eh bien, sur ces entrefaites → **donc** [2] **jusqu'alors** : jusqu'à ce moment-là/ce temps-là [3] **alors que** a au moment de, dans le moment où b au lieu que, tandis que [4] **alors même que** : lors même que, même dans le cas où, quand bien même

alose n.f. → **poisson**

alouate n.m. → **singe**

alouette n.f. [1] calandre, hausse-col, lulu, mauviette, sirli [2] de mer : bécasseau [3] a **pied d'alouette** : dauphinelle b **miroir aux alouettes** → **illusion, tromperie**

alourdir [1] au pr. : appesantir, charger, lester, surcharger [2] par ext. : accabler, aggraver, augmenter, embarrasser, faire peser, frapper, grever, opprimer, peser, presser [3] fig. a appesantir, endormir, engourdir b engraisser, enrichir, épaissir, garnir, renforcer, surcharger [4] v. pron. : devenir gras/gros/lourd/massif/pesant, s'empâter, enfler, s'enfler, engraisser, épaissir, s'épaissir, forcir, gonfler, grossir, prendre du poids/de la rondeur/du ventre ✦ fam. faire du lard

alourdissement n.m. [1] accroissement/augmentation de poids, surcharge [2] fig. : accablement, accroissement, aggravation, appesantissement, assoupissement, augmentation, embarras, engourdissement, épaississement, fatigue, indigestion, lourdeur, oppression, somnolence, surcharge

alpage, alpe n.m., n.f. → **pâturage**

alpaguer → **prendre**

alpestre alpin, blanc, montagneux, neigeux

alphabet n.m. [1] a.b.c., abécédaire, b.a.-ba, syllabaire [2] braille, morse

alphabétisation n.f. initiation, instruction élémentaire

alphabétiser apprendre à lire et à écrire, initier, instruire

alpin, e → **alpestre**

alpinisme n.m. [1] ascension, escalade, grimpe (fam.), montagne, randonnée, varappe [2] hivernale

alpiniste ascensionniste, grimpeur, montagnard, randonneur, rochassier, varappeur

altérabilité n.f. [1] fragilité, tendreté [2] par ext. → **faiblesse**

altérable corruptible, fragile, instable, mobile, variable

altération n.f. [1] abâtardissement, adultération, affaiblissement, appauvrissement, atteinte, avarie, avilissement, barbouillage, bricolage, contamination, contrefaçon, corruption, décomposition, déformation, dégât, dégénération, dégénérescence, dégradation, déguisement, dénaturation, dépravation, désordre, détérioration, diminution, ébranlement, entorse, falsification, fardage, faux, fraude, frelatage, gauchissement, maquillage, modification, mutilation, pourriture, putréfaction, sophistication, tache, tare, tromperie, trouble, truquage [2] pollution, viciation [3] techn. : artefact, attaque, changement, décomposition, déformation, dénaturation, désintégration, diminution, échauffement, flétrissure, métamorphisme, métamorphose, métathèse, modification, mutation, oxydation, passage, perte, rouille, saut, séparation, tourne, transformation

altercation n.f. attaque, chicane, contestation, controverse, débat, démêlé, différend, discussion, dispute, empoignade, joute oratoire, passe d'armes → **querelle** ✦ fam. : engueulade, prise de bec

alter ego n.m. [1] adjoint, associé, autre moi/soi-même, bras droit, coadjuteur, codirecteur, cogérant, collaborateur, compagnon, compère, complice (péj.), confrère, coopérateur, fondé de pouvoir, homologue, jumeau, partenaire [2] par ext. : compagne, double, épouse, femme, gouvernement (fam.), moitié

altérer [1] assécher, assoiffer, déshydrater, dessécher, donner la pépie (fam.)/soif, faire crever de soif (fam.), rendre avide de [2] par ext. a non fav. : abâtardir, adultérer, affaiblir, affecter, aigrir, aliéner, appauvrir, atteindre, atténuer, avarier, avilir, barbouiller, bouleverser, bricoler, changer, compromettre, contrefaire, corrompre, décomposer, défigurer, déformer, dégénérer, dégrader, déguiser, dénaturer, dépraver, détériorer, détraquer, diminuer, ébranler, empoisonner, endommager, enfieller, estropier, falsifier, farder, fausser, frauder, frelater, gâter, infecter, maquiller, modifier, mutiler, pourrir, putréfier, salir, sophistiquer, souiller, tacher, tarer, ternir, tromper, tronquer, troubler, truquer, vicier b les traits, la voix : bouleverser, changer, décomposer, défigurer, déformer, dénaturer, émouvoir, troubler c techn. ou neutre : aigrir, attaquer, changer, décomposer, déformer, dénaturer, déplacer, désintégrer, diminuer, éventer, influer sur, métamorphoser, modifier, oxyder, polluer, ronger, rouiller, séparer, transformer, transmuer, vicier

altérité n.f. [1] → **différence** [2] → **changement**

alternance n.f. [1] agr. : assolement, rotation [2] allée et venue, alternative, balancement, battement, bercement, branle, branlement, cadence, changement alternatif, flux et reflux, intermittence, ondulation, ordre alterné, oscillation, palpitation, période, pulsation, périodicité, récurrence, récursivité, retour, roulement, rythme, sinusoïde, succession, suite, tour, va-et-vient, variation

alternant, e alterne, changeant, périodique, récurrent, récursif, rythmé, sinusoïdal, successif

alternateur n.m. dynamo, génératrice, machine de Gramme

alternatif, ive balancé, cadencé, ondulatoire, oscillant, périodique, récurrent, récursif, rythmique, sinusoïdal, successif

alternative n.f. changement, choix, dilemme, fourche (vx), haut et bas, jeu de bascule, option, système d'opposition, vicissitude → **alternance**

alternativement à tour de rôle, chacun son tour, coup sur coup, l'un après l'autre, périodiquement, rythmiquement, successivement, tour à tour

alterne [1] → **alternant** [2] → **différent**

alterner aller/faire par roulement, assoler (agr.), se relayer, se remplacer, se succéder, tourner

altesse n.f. → **prince**

althæa n.m. rose trémière

altier, ère [1] → **grand** [2] → **arrogant**

altiport n.m. → **aérodrome**

altiste n.m. et f. → **musicien**

altitude n.f. hauteur, élévation, niveau au-dessus de la mer, plafond

alto n.m. [1] → **corde(s)** [2] → **voix**

altruisme n.m. abnégation, allocentrisme, amour d'autrui, bienveillance, bonté, charité, convivialité, désintéressement, dévouement, don de soi, empathie, extraversion (psych.), générosité, humanité

altruiste → **généreux**

alucite n.f. → **papillon**

alunir off. : atterrir

alunissage n.m. off. : atterrissage

alvéole n.m. ou f. → **cavité**

amabilité n.f. accueil, affabilité, agrément, altruisme, aménité, attention, atticisme, bienveillance, bonne grâce, bonté, charme, civilité, courtoisie, délicatesse, douceur, gentillesse, grâce, hospitalité, obligeance, ouverture, politesse, prévenance, savoir-vivre, sens des autres, serviabilité, urbanité ✦ vx : bénignité

amadouer [1] adoucir, amollir, apaiser, apprivoiser, attendrir, cajoler, calmer, caresser, fléchir, persuader, rassurer, toucher [2] non fav. : chatouiller, enjôler, entortiller, flagorner, mettre dans son jeu [3] vx : caresser, peloter

amaigrissement n.m. [1] amincissement, cure [2] non fav. : atrophie, cachexie, consomption, dépérissement, dessèchement, émaciation, étisie, maigreur, marasme

amaigrir [1] → **maigrir** [2] → **diminuer** [3] → **affaiblir**

amalgame n.m. → **mélange**

amalgamer 1 → **mélanger** 2 v. pron. : fusionner

amandine n.f. → **gâteau**

amanite n.f. → **champignon**

amant n.m. 1 a adorateur, ami, amoureux, béguin (fam.), berger (vx et/ou fam.), bien-aimé, bon ami, céladon (vx), chéri, favori, galant, soupirant, tourtereau b fam. : bonhomme, branque, guignol, homme, jules, mec, régulier, type 2 péj : gigolo, giton, godelureau, greluchon, maquereau, micheton, minet, playboy, vieux, vieux beau 3 fig. → **amateur**

amante n.f. 1 âme sœur, amie, amoureuse, béguin (fam.), belle, bergère (fam. ou vx), bien-aimée, bonne amie, chérie, dulcinée, maîtresse, mignonne, muse ♦ vx : dame, favorite 2 connaissance, fréquentation → **fille**

amarante → **rouge**

amarrage n.m. 1 ancrage, embossage, mouillage 2 attache, fixation

amarre n.f. → **cordage**

amarrer 1 mar. : a affourcher, ancrer, arrimer, assurer, mouiller b aiguilleter, étalinguer 2 attacher, enchaîner, fixer, immobiliser, lier, retenir

amaryllis n.f. → **papillon**

amas n.m. 1 de choses : a accumulation, amoncellement, assemblage, bloc, collection, concentration, dépôt, échafaudage, empilement, encombrement, entassement, liasse, masse, mélange, meule, monceau, montagne, pile, pyramide, tas, vrac b agglomérat, agglomération, agrégat, alluvion, atterrissement, banc, bloc, cailloutis, concrétion, congère, conglomérat, conglomération, dépôt c fam. ou vx : aria, attirail, bataclan, bazar, bordel, fatras, foutoir 2 de personnes : a affluence, attroupement, concours, foule, multitude, presse, rassemblement, réunion b fam. et/ou péj. : ramas, ramassis, tapée

amasser 1 → **accumuler** 2 → **assembler**

amateur n.m. 1 aficionado, amant, esthète, friand, gastronome, gourmand, gourmet 2 non fav. : acrobate, demi-sel, dilettante, fantaisiste, fumiste (fam.), sauteur, touche-à-tout 3 → **collectionneur** 4 → **prétendant**

amateurisme n.m. dilettantisme, fumisterie (fam. et péj.)

amatir → **ternir**

amaurose n.f. → **cécité**

amazone n.f. 1 cavalière, écuyère 2 → **jupe** 3 → **prostituée**

ambages (sans) bille en tête (arg.), catégoriquement, directement, franchement, sans ambiguïté/circonlocutions/détour/équivoque/hésitation/obscurité, tout à trac/de go

ambassade n.f. 1 carrière, consulat, diplomatie 2 par ext. : consulat, légation, résidence 3 → **mission**

ambassadeur, drice n.m., f. agent, attaché, chargé d'affaires, chargé de mission, diplomate, émissaire, envoyé, excellence, internonce, légat, messager, ministre, ministre plénipotentiaire, négociateur, nonce, parlementaire, plénipotentiaire, représentant, résident (général)

ambiance n.f. 1 → **milieu** 2 → **gaieté**

ambiant, e → **environnant**

ambigu, uë ambivalent, amphibole, amphibolique, amphibologique, bigarré (vx), bivalent, double, douteux, énigmatique, équivoque, flottant, indécis, louche, obscur, plurivoque → **incertain**

ambiguïté n.f. ambivalence, amphibologie, amphigouri, bivalence, double sens, énigme, équivoque, incertitude, obscurité, plurivocité

ambitieux, euse 1 quelqu'un : arriviste, cumulard, présomptueux, téméraire 2 une chose : affecté, compliqué, pompeux, prétentieux, recherché

ambition n.f. 1 le comportement : appétit, ardeur, aspiration, brigue, convoitise, désir, faim, fringale, idéal, passion, prétention, quête, recherche, soif ♦ péj. : arrivisme, mégalomanie 2 l'objet : but, dessein, fin, mobile, objet, projet, rêve, visée, vue

ambitionner aspirer à, avoir des vues sur, briguer, caresser, convoiter, désirer, poursuivre, prétendre, projeter, quêter, rechercher, rêver, viser

ambitus n.m. 1 → **pourtour** 2 → **cavité** 3 → **registre**

ambivalence n.f. → **ambiguïté**

ambivalent, e → **ambigu**

amble n.m. → **allure**

amblystome n.m. → **batracien**

ambre n.m. bakélite, herpès, succin

ambré, e blond, doré, fauve, jaune, miel

ambulance n.f. antenne, hôpital, infirmerie, poste de secours

ambulancier, ère infirmier, secouriste

ambulant, e auxiliaire, baladeur (fam.), changeant, errant, instable, intérimaire, itinérant, mobile, navigant, nomade, roulant, vagabond, variable → **voyageur**

ambulatoire → **changeant**

âme n.f. 1 cœur, conscience, dedans, esprit, fond, intérieur, mystère, pensée, principe, secret, spiritualité, transcendance, vie 2 force d'âme : ardeur, audace, bonté, caractère, charité, cœur, conscience, constance, courage, élan, énergie, fermeté, force, générosité, héroïsme, intrépidité, magnanimité, noblesse, trempe, valeur, vigueur, volonté 3 par ext. a air, ectoplasme, émanation, essence, éther, étincelle, feu, flamme, mystère, souffle, vapeur b litt. : émotion, expression, intelligence, sensibilité, sentiment c → **intérieur** d → **habitant** e **âme d'un complot :** agent, animateur, centre, cerveau, chef, instigateur, maître, moteur, nœud, organisateur, patron, responsable

améliorable → **perfectible**

amélioration n.f. 1 abonnissement, anoblissement, bonification, changement, ennoblissement, enrichissement, mieux, optimisation, perfectionnement, poétisation, progrès, transformation 2 → **amendement** 3 par ext. a affermissement, convalescence, guérison, mieux, rémission, répit, rétablissement b éclaircie, embellie, radoucissement, redoux c achèvement, correction, fignolage (fam.), finition, mise au point, retouche, révision d adoucissement, assagissement, civilisation, évolution, mieux-être, réforme, régénération, rénovation e avancement, élévation, promotion f apport, arrangement, commodités, confort, décoration, embellissement, modification, plus-value, ravalement, renforcement, rénovation, réparation, restauration g armistice, compromis, détente, entente, issue, modus vivendi, normalisation, réconciliation

améliorer 1 au pr. : abonnir, achever, amender, anoblir, bonifier, changer en mieux, corriger, faire progresser, fignoler, finir, lécher, mettre au point, optimiser, parfaire, perfectionner, raffiner, retoucher, réviser, transformer 2 par ext. a affermir, guérir, rétablir b adoucir, civiliser, convertir, élever, épurer, faire évoluer, faire progresser, promouvoir, réformer, régénérer, rénover, sanctifier c avancer, être élevé, être promu d arranger, décorer, donner une plus-value, embellir, modifier, ravaler, renforcer, rénover, réparer, restaurer e détendre, normaliser, réconcilier 3 un sol : abonnir, amender, ameublir, bonifier, chauler, cultiver, engraisser, enrichir, ensemencer, façonner, fertiliser, fumer, marner, mettre en valeur, planter, plâtrer, terreauter, travailler 4 v. pron. : aller mieux, s'amender, se corriger, devenir meilleur, se faire meilleur, prendre de la qualité

amen 1 d'accord, ainsi soit-il, comme vous voudrez 2 **dire amen** → **approuver**

aménagement n.m. → **agencement**

aménager → **agencer**

aménageur, euse aménagiste, arrangeur, façonnier, finisseur, maître d'œuvre

amendable → **perfectible**

amende n.f. 1 → **contravention** 2 astreinte, contrainte 3 **amende honorable :** excuses publiques, pardon public, réparation, résipiscence

amendement n.m. 1 → **amélioration** 2 du sol : a abonnissement, amélioration, ameublissement, assolement, bonification, chaulage, culture, engraissement, en jachère, enrichissement, ensemencement, fertilisation, fumure, marnage, mise en valeur, plâtrage, travaux b engrais, chaux, craie, falun, glaise, marne, plâtre, tangue → **fumier** 3 polit. : changement, correction, modification, réforme

amender 1 → **améliorer** 2 v. pron. a → **améliorer (s')** b → **corriger (se)**

amène → **aimable**

amener 1 → **conduire** 2 fig. a quelqu'un à une opinion : attirer, conquérir, convaincre, convertir, déterminer, engager, enrôler, entraîner, faire adopter, retourner, séduire b une chose : attirer, causer, déterminer, entraîner, induire, ménager, occasionner, préparer, présenter, produire, provoquer, susciter, traîner après/avec soi 3 fam. → **venir**

aménité n.f. → **amabilité**

aménorrhée n.f. → **ménopause**

amenuisement n.m. affaiblissement, allégement, amincissement, amputation, découpage, diminution, disparition, évaporation, rapetissement, raréfaction, réduction, tarissement, ténuité

amenuiser 1 affaiblir, alléger, amaigrir, amener la disparition de, amincir, amputer, couper, découper, diminuer, effiler, faire disparaître, provoquer la disparition de, rapetisser, raréfier, réduire, retrancher, rogner, tarir, trancher 2 v. pron. : s'amoindrir, s'anéantir, cesser d'être visible, diminuer, disparaître, se dissiper, se dissoudre, s'éclipser, s'effacer, s'éloigner, s'estomper, s'évanouir, s'évaporer, finir, mourir, se noyer dans, se perdre, se retirer, se soustraire à la vue, se volatiliser

amer n.m. 1 apéritif, bitter 2 bile, fiel 3 mar. → **repère** 4 au pl. : absinthe, aloès, armoise, camomille, centaurée, chénopode, chicorée, chicotin, coloquinte, genièvre, gentiane, germandrée, houblon, menthe, noix vomique, pavot, quinquina, rhubarbe, romarin, sauge, semen-contra, simaruba, tanaisie

amer, ère 1 une chose. a au pr. : âcre, aigre, âpre, désagréable, écœurant, fort, irritant, saumâtre b fig. : affligeant, âpre, attristant, cruel, cuisant, décevant, décourageant, déplaisant, désagréable, désolant, douloureux, dur, humiliant, mélancolique, morose, pénible, sévère, sombre, triste 2 quelqu'un dans son comportement, ses propos : acariâtre, acerbe, acide, âcre, acrimonieux, agressif, aigre, âpre, blessant, caustique, déplaisant, désagréable, fielleux, hargneux, ironique, maussade, mauvais, méchant, mordant, offensant, piquant, rude, sarcastique, sévère, solitaire, taciturne

amèrement 1 cruellement, douloureusement, durement, mélancoliquement, péniblement, sévèrement, sombrement, tristement 2 agressivement, aigrement, âprement, désagréablement, hargneusement, ironiquement, méchamment, rudement, sarcastiquement

américain, e → **yankee**

amertume n.f. 1 au pr. : âcreté, aigreur, âpreté, goût amer, rudesse 2 fig. a affliction, aigreur, âpreté, chagrin, chose/pensée/souvenir amer, cruauté, déception, découragement, dégoût, dépit, déplaisir, désagrément, désappointement, désolation, douleur, dureté, écœurement, humiliation, mélancolie, peine, regret, tourment, tristesse b acerbité, acidité, âcreté, acrimonie, agressivité, aigreur, animosité, âpreté, causticité, comportement/propos amer, fiel, hargne, ironie, maussaderie, mauvaise humeur, méchanceté, rudesse

ameublement n.m. → **agencement**

ameublir amender, bêcher, biner, cultiver, décavaillonner, façonner, gratter, herser, labourer, sarcler, scarifier

ameuter appeler, attrouper, battre le rappel, déchaîner, exciter, grouper, liguer, masser, rameuter, rassembler, regrouper, sonner le ralliement/le tocsin, soulever

ami, e 1 nom a au pr. : camarade, compagnon, connaissance, familier, inséparable, intime, relation b fam. et/ou arg. : colibri, colon, copain, copine, fias, frange, frangin, pote, poteau, vieille branche/noix, zig c allié, alter ego, coalisé d → **amant** 2 adj. a → **amateur** b assorti → **allié** c → **amoureux** d bienveillant, dévoué, favorable, propice

amiable (à l') amicalement, de gré à gré, volontaire, volontairement

amibe n.f. par ext. → **microbe**

amical, e → **bienveillant**

amicalement → **amiable (à l')**

amidon n.m. apprêt, colle, empois, fécule, glycogène

amidonner apprêter, empeser
amincir → **diminuer**
amincissement n.m. → **diminution**
amitié n.f. 1 pour quelqu'un. a → **affection** b → **bienveillance** c → **bonté** 2 accord, bonne intelligence, cordialité, entente, sympathie 3 **faire des amitiés :** a fav. : amabilité, bon/meilleur souvenir, compliment, hommages, sympathie b non fav. : caresse, flagornerie, flatterie, grimace
ammoniac n.m. alcali (volatil)
amnésie n.f. oubli, perte/trou de mémoire
amnistiable → **excusable**
amnistie n.f. par anal. : absolution, acquittement, disculpation, grâce, mise hors de cause, oubli, pardon, relaxe, remise de peine
amnistier absoudre, effacer, excuser, faire oublier/pardonner, gracier, oublier, pardonner, passer l'éponge (fam.), relaxer, remettre
amocher 1 → **abîmer** 2 → **dégrader**
amoindrir → **diminuer**
amoindrissement n.m. 1 diminution 2 → **dégradation**
amok n.m. 1 → **délire** 2 → **fou**
amollir 1 → **affaiblir** 2 v. pron. : → **affaiblir (s')**
amollissement n.m. → **affaiblissement**
amonceler → **accumuler**
amoncellement n.m. → **accumulation**
amont (en) au-dessus, en haut, plus haut
amoral, e indifférent, laxiste, libertaire, libre, nature (fam.), sans foi ni loi (péj.)
amoralisme n.m. → **philosophie**
amoralité n.f. → **neutralité**
amorce n.f. 1 détonateur, étoupille, fulminate 2 → **aiche** 3 → **ébauche**
amorcer 1 au pr. : affriander, allécher, appâter, attirer 2 → **ébaucher** 3 → **allécher**
amoroso → **rythme**
amorphe 1 au pr. : informe, sans → **forme** 2 fig. → **apathique**
amorti, e 1 assourdi, couvert, doux, feutré, sourd 2 a éteint, remboursé b hors d'usage, usagé, usé c démodé, vieilli → **vieux**
amortir 1 finances : couvrir, éponger, éteindre, rembourser 2 un objet : employer, faire rendre/servir/travailler, utiliser 3 → **affaiblir**
amortissement n.m. 1 finances : couverture, extinction, remboursement 2 d'un objet : plein emploi, rendement, travail, utilisation 3 fig. : adoucissement, affaiblissement, apaisement, attiédissement
amour n.m. 1 au pr. a de Dieu : adoration, charité, contemplation, culte, dévotion, dilection, ferveur, mysticisme, piété b → **affection** 2 d'un sexe pour l'autre. a → **passion** b amour conjugal : hymen, hyménée, mariage c par ext. : association, concubinage, en ménage d → **sympathie** e légèrement péj. : acoquinement, amourette, amusement, aventure, badinage, bagatelle, batifolage, béguin, bluette, bricole, caprice, coquetterie, coup de foudre, engouement, fantaisie, fleurette, flirt, galanterie, intrigue, liaison, marivaudage, passade, passion, touche (fam.) 3 déesse de l'amour : Aphrodite, Vénus 4 dieu de l'amour : archer, Cupidon, Éros, petit archer 5 amour d'une chose : admiration, adoration, attachement, dévotion, engouement, enthousiasme, estime, faible, folie, goût, intérêt, passion, penchant, plaisir
amouracher (s') s'acoquiner, avoir le béguin (fam.), s'éprendre → **aimer**
amourette n.f. 1 → **amour** 2 au pl. a morceau du boucher, rognons blancs, testicules b moëlle épinière, morceau du boucher
amoureux, euse 1 adj. a affectionné, affectueux, aimable, aimant, amical, ardent, attaché, brûlant, câlin, caressant, chaud, coiffé, dévoué, doux, éperdu, épris, fou, galant, langoureux, lascif, mordu, passionné, sensible, sensuel, tendre, toqué, voluptueux ◆ vx : adorant b **être amoureux** ◆ arg. : avoir le casque/dans la peau/la trique, en croquer/pincer, s'en ressentir, être chipé/groupé c d'une chose : admirateur, adorateur, amateur, ami, avide, fana (fam.), fanatique, féru, fervent, fou, infatué (péj.), passionné 2 nom → **amant, amante**
amour-propre n.m. 1 au pr. : dignité, émulation, fierté, respect 2 péj. : orgueil, susceptibilité, vanité

amovibilité n.f. → **instabilité**
amovible 1 une chose : interchangeable, mobile, modifiable, momentané, provisoire, transformable, transportable → **précaire** 2 quelqu'un : auxiliaire, contractuel, intérimaire, occasionnel, remplaçable, révocable
amphibie par ext. : bivalent, double, hybride
amphibien n.m. → **batracien**
amphibole → **ambigu**
amphibologie n.f. ambiguïté, anomalie, bivalence, double sens, équivoque, sens douteux
amphigouri n.m. → **galimatias**
amphigourique ambigu, confus, douteux, embrouillé, entortillé, équivoque, incompréhensible, inintelligible, nébuleux, obscur, peu clair → **galimatias**
amphineure n.m. chiton, oscabrion → **mollusque**
amphisbène n.m. 1 → **dragon** 2 → **saurien**
amphithéâtre n.m. 1 arène, carrière, cirque, gradins, hémicycle, théâtre 2 auditorium, aula (helv.), salle de concert/de spectacle 3 salle de conférence/cours/dissection
amphitryon n.m. hôte, maître de maison, mécène
amphore n.f. → **vase**
ample 1 : développé, élevé, épanoui, fort, grand, gras, gros, immense, large, majestueux, plein, rebondi, spacieux, vaste, volumineux 2 abondant, considérable, copieux, étendu, sonore 3 ballonnant, blousant, bouffant, gonflant
amplement 1 → **beaucoup** 2 → **aisément**
ampleur n.f. 1 → **étendue** 2 → **largeur** 3 → **profusion**
ampliatif, ive → **supplémentaire**
ampliation n.f. complément, copie, duplicata, duplication, expédition, grosse
amplificateur n.m. 1 agrandisseur, ampli, haut-parleur, pick-up 2 audiophone, sonotone
amplification n.f. 1 développement, paraphrase 2 allongement, alourdissement, boursouflure, broderie, emphase, enflure, enjolivure, exagération, grossissement, outrance, redondance, renchérissement 3 → **agrandissement**
amplifier 1 → **agrandir** 2 → **exagérer**
amplitude n.f. 1 au pr. a → **immensité** b scient. : écart, inclinaison, oscillation, portée, variation 2 fig. → **intensité**
ampoule n.f. 1 burette, fiole, flacon 2 méd. → **boursouflure**
ampoulé, e amphigourique, bouffi, boursouflé, creux, déclamateur, déclamatoire, emphatique, enflé, grandiloquent, guindé, pindarique, pompeux, redondant, ronflant, sonore, vide
amputation n.f. 1 chir. : ablation, autotomie, mutilation, opération, résection, sectionnement 2 fig. : allégement, censure, retrait, suppression → **diminution**
amputé, e estropié, handicapé, invalide, mutilé
amputer 1 au pr. : enlever, mutiler, opérer, ôter, procéder à l'ablation de, réséquer, retrancher, sectionner, supprimer → **couper** 2 fig. : alléger, censurer, diminuer, retirer, retrancher, supprimer, tailler, tronquer → **couper**
amulette n.f. → **fétiche**
amure n.f. 1 → **flanc** 2 → **fixation**
amurer → **fixer**
amusant, e 1 agréable, badin, bouffon (péj.), boute-en-train, burlesque, clownesque (péj.), cocasse, comique, désopilant, distrayant, divertissant, drôle, folâtre, gai, hilarant, humoriste, joyeux, plaisant, réjouissant, spirituel → **risible** 2 une chose : délassant, drolatique, égayant, humoristique, récréatif 3 fam. : bidonnant, boyautant, crevant, du tonnerre, folichon, gondolant, gonflant, impayable, jouasse, marrant, pilant, pissant, poilant, rigolard, rigolo, roulant, tordant 4 fam. : du tonnerre, le pied 5 par ext. → **bizarre**
amuse-gueule n.m. → **collation**
amusement n.m. 1 fav. a agrément, délassement, dérivatif, distraction, divertissement, fête, frairie, jeu, kermesse, passe-temps, plaisir, récréation, réjouissance b futilité ou galanterie → **bagatelle** 2 non fav. a quelqu'un : dérision, fable, raillerie, ridicule, rigolade, souffre-douleur, tête de Turc, tourment b une chose : change, distraction, diversion, duperie, illusion, leurre, tromperie c → **délai**

amuser 1 délasser, désennuyer, distraire, divertir, égayer, faire jouer/rire, intéresser, mettre en gaieté/train, récréer, réjouir 2 non fav. : abuser, duper, endormir, enjôler, flatter, flouer, jouer, leurrer, mener en bateau, tromper 3 v. pron. a s'ébattre, jouer → **rire** b abuser de, brocarder, se jouer de, se moquer de, plaisanter, railler, taquiner, tourmenter, tourner en dérision/ridicule c baguenauder, batifoler, bricoler, folâtrer, lambiner, muser, passer le temps à, perdre son temps, tourner en rond, vétiller d bambocher, faire la fête/la foire/la java/la noce/les quatre cents coups/ripaille, ripailler, se donner/prendre du bon temps
amusette n.f. → **bagatelle**
amuseur, euse → **farceur**
amusie n.f. → **mutité**
an n.m. 1 année, cycle, période, temps 2 âge, hiver, printemps ◆ arg. : balai, bâton, berge, carat, gerbe, longe, pige, plombe
anabaptiste baptiste, mennonite → **protestant**
anabiose n.f. 1 → **renaissance** 2 → **congélation**
anabolisme n.m. assimilation, métabolisme
anacarde n.m. noix de cajou
anachorète n.m. ermite, religieux, solitaire
anachronique démodé, désuet, erroné, inexact, obsolète, périmé
anachronisme n.m. parachronisme, survivance
anaconda n.m. eunecte → **boa**
anacréontique → **érotique**
anagogie n.f. 1 contemplation, élévation, extase, mysticisme, ravissement 2 commentaire, interprétation, leçon, exégèse, explication, herméneutique, symbolisme
anagogique 1 contemplatif, mystique 2 → **symbolique**
analeptique → **fortifiant**
analgésie n.f. → **anesthésie**
analgésique n.m. et adj. → **anesthésique**
analogie n.f. 1 déduction, homologie, hypallage, induction, métaphore, métonymie, synecdoque 2 accord, affinité, analogon, association (d'idées), communauté, comparaison, conformité, connexion, connotation, contiguïté, convenance, correspondance, équivalence, lien, parenté, rapport, relation, ressemblance, similitude, suggestion, voisinage
analogique associatif, commun, comparable, connexe, contigu, correspondant, en analogie, lié, métaphorique, parent, relié, similaire, voisin
analogue analogon, approchant, assimilable, comparable, conforme, connexe, contigu, correspondant, équivalent, homologue, identique, pareil, parent, ressemblant, similaire, voisin → **semblable**
analphabète ignare, ignorant, illettré, inculte
analphabétisme n.m. → **ignorance**
analyse n.f. 1 l'acte : anatomie (vx), décomposition, dissection, dissociation, dissolution, division, étude, examen, prélèvement, séparation 2 par ext. : abrégé, codex, compendium, compte rendu, critique, digest, énumération, exposé, extrait, index, notice, précis, raccourci, rapport, résumé, sommaire 3 analyse en composantes
analyser 1 au pr. : décomposer, dépecer, disséquer, dissocier, distinguer, diviser, énumérer, examiner, extraire, faire apparaître, prélever/réduire/séparer les éléments/unités, quintessencier 2 par ext. : approfondir, faire une analyse, chercher, critiquer, détailler, énumérer, étudier, examiner, rendre compte, résumer
anamorphose n.f. → **déformation**
anamnèse n.f. → **rappel**
anapeste n.m. → **pied**
anaphore n.f. 1 au pr. : répétition, retour 2 par ext. (gram.) : pronom, remplaçant, substitut
anaphrodisie n.f. → **impuissance**
anaphylaxie n.f. allergie, hypersensibilité, sensibilisation
anaplastie n.f. → **greffe**
anarchie n.f. 1 anomie 2 → **confusion**
anarchique 1 → **décousu** 2 → **illogique** 3 → **irrégulier**
anarchiste n. et adj. libertaire
anathématiser 1 → **blâmer** 2 → **maudire**
anathème n.m. 1 → **blâme** 2 → **malédiction**

anatife n.m. barnache ou barnacle, pousse-pied → crustacé

anatomie n.f. [1] au pr. : analyse, autopsie, dissection, vivisection [2] par ext. : académie, corps, format, forme, morphologie, musculature, nu, nudité, plastique, proportions, silhouette

anavenin n.m. → vaccin

ancestral, e → ancien

ancêtre n.m. [1] → aïeul [2] au pl. : aïeux, pères, prédécesseurs, race

anche n.f. [1] → robinet [2] basson, clarinette, cromorne, hautbois, saxophone [3] → conduit

anchoïade n.f. → sauce

anchois n.m. [1] par ext. : sprat → poisson [2] fam. → bête

ancien, ne [1] une chose. [a] ancestral, antérieur, antique, authentique, d'époque, éloigné, haute époque, obsolète, reculé, séculaire → vieux [b] archaïsant [c] antédiluvien, archaïque, croulant, démodé, désuet, en ruine, flétri, moyenâgeux, passé, périmé, suranné, usagé, usé, vétuste, vieillot → vieux [2] quelqu'un : âgé, briscard, chevronné, doyen, vétéran → vieux

anciennement → autrefois

ancienneté n.f. [1] antiquité, authenticité, origine [2] antécédence, antériorité, préexistence, vétusté [3] années, annuités, chevrons, points, temps → priorité

ancolie n.f. colombine, cornette, fleur du parfait amour, gant de Notre-Dame

ancrage n.m. [1] amarrage, embossage, mouillage [2] attache, fixation

ancrer [1] → amarrer [2] → fixer

andain n.m. → rang

andante, andantino n.m. et adv. → rythme

andouille n.m. → bête

andouiller n.m. → bois

androgyne n.m. et adj. → hermaphrodite

âne n.m. ânesse, ânon, baudet, bourricot, bourrique, bourriquet, grison, hémione, monture, onagre, zèbre → bête

anéantir [1] → détruire [2] → vaincre [3] v. pron. [a] → abattre (s') [b] → abîmer (s')

anéantissement n.m. [1] au pr. : consommation, disparition, engloutissement, extermination, extinction, fin, mort, néant [2] → destruction [3] par ext. [a] → abolition [b] → abaissement [c] → abattement

anecdote n.f. [1] → bruit [2] → fable

anecdotique [1] → insignifiant [2] → secondaire

anémiant, e affaiblissant, amollissant, débilitant, épuisant, fatigant

anémie n.f. [1] au pr. [a] hommes et animaux : abattement, affaiblissement, avitaminose, débilité, dépérissement, épuisement, faiblesse, langueur, pâleur [b] des végétaux : chlorose, défoliation [2] fig. → carence

anémié, e affaibli, anémique, chétif, débile, déficient, délicat, déprimé, étiolé, faible, fatigué, fluet, fragile, frêle, languissant, las, malingre, pâle, pâlot

anémier → affaiblir

anémique → anémié

anémomètre n.m. anémographe

anémone n.f. [1] fleur de Pâques / du Vendredi saint, herbe du vent, pâquerette [2] actinie ◆ par ext. impr. : étoile / ortie de mer

ânerie n.f. → bêtise

ânesse n.f. → âne

anesthésiant, e → anesthésique

anesthésie n.f. [1] au pr. : analgésie, apaisement, chloroformisation, cocaïnisation, éthérisation, insensibilisation, narcose, péridurale [2] fig. : apaisement, arrêt (de la sensibilité), ataraxie, détachement, hypnose, inconscience, indifférence, insensibilité, nirvana, rémission, sommeil, voyage (arg.)

anesthésier [1] chloroformer, endormir, éthériser, insensibiliser [2] fig. [a] apaiser, assoupir, calmer, endormir, rassurer [b] non fav. : abrutir, assommer, enivrer [c] fam. → assommer

anesthésique n.m. et adj. analgésique, anesthésiant, antalgique, antidouleur, calmant, narcotique, somnifère, stupéfiant

aneth n.m. fenouil ◆ par ext. → anis

anfractuosité n.f. [1] cavité, creux, crevasse, dentelure, détour, échancrure, enfoncement, sinuosité → trou [2] → difficulté

angarie n.f. mar. → confiscation

ange n.m. [1] au pr. [a] fav. : esprit, messager, ministre, pur esprit [b] chérubins, dominations, puissances, principautés, séraphins, trônes, vertus [c] non fav. → démon [2] fig. [a] conseil, exemple, génie, guide, inspirateur, instigateur (péj.), mentor, protecteur, providence, soutien [b] amour, angelot, chérubin, putto

angéite n.f. → inflammation

angélique [1] adj. [a] beau, bénin, bon, céleste, doux, innocent, parfait, pur, ravissant, saint, séraphique, vertueux [b] salutation angélique : Ave Maria [c] pain angélique : eucharistie [2] n.m. : teck de Guyane

angélisme n.m. → naïveté

angine n.f. → inflammation

angiome n.m. → tumeur

anglais, e [1] → britannique [2] anglicisme, angliciste [3] à l'anglaise : discrètement, en douce, furtivement

anglaise n.f. [1] → écriture [2] → danse [3] → dentelle [4] au pl. boucle

angle n.m. [1] par ext. : anglet, arête, carne (vx), carre, coin, corne, cornier, coude, écoinçon, empointure (mar.), encoignure, enfourchement, noue, pan, renfoncement, retour, saillant, tournant [2] fig. : aspérité, rudesse, rugosité [3] → aspect [4] unités de mesure : degré, grade, minute, radian, seconde

anglican, e n. et adj. conformiste, méthodiste → protestant

anglomanie n.f. snobisme → affectation

angoissant, e → inquiétant

angoisse n.f. → inquiétude

angoissé, e → inquiet

angoisser → inquiéter

angor n.m. angine de poitrine, serrement, oppression → douleur

angora n.m. mohair

anguiforme ou **anguilliforme** → allongé

anguille n.f. [a] civelle, lançon, leptocéphale, pibale ◆ par ext. : congre, gymnote [b] anguille de haie → couleuvre

anguillière n.f. → vivier

anguleux, euse → difficile

anhélation n.f. → essoufflement

anicroche n.f. → incident

animadversion n.f. → blâme

animal, aux [1] n.m. → bête [2] animaux fabuleux : alcyon, aspic, basilic, catoblépas, centaure, chimère, coquecigrue, dragon, griffon, guivre, harpie, hippocampe, hippogriffe, hydre, lamie, léviathan, licorne, loup-garou, minotaure, monstre, pégase, phénix, python, salamandre, sirène, sphinge, sphinx, tarasque [3] adj. → bestial

animalerie n.f. → ménagerie

animalier n.m. [1] → peintre [2] → sculpteur

animalité n.f. → bestialité

animateur, trice [1] adj. : créateur, vivifiant [2] nom [a] âme, boute-en-train, chef, cheville ouvrière, directeur, dirigeant, entraîneur, manager, moteur, organisateur, promoteur, protagoniste, responsable [b] disque-jockey, présentateur

animation n.f. [1] au pr. ardeur, branle (vx), branle-bas, chaleur, couleur (locale), éclat, entrain, exaltation, feu, fièvre, flamme, fougue, mouvement, passion, vie, vivacité → activité [2] fig. → feu

animé, e [1] acharné, agité, ardent, bouillant, bouillonnant, brûlant, chaleureux, chaud, coloré, enflammé, exalté, expressif, fougueux, passionné, vif [2] à la mode, couru, fréquenté, mouvementé, passager → achalandé

animer [1] au pr. [a] créer, donner le souffle, donner / insuffler l'âme / la vie, éveiller [b] activer, agir sur, communiquer le mouvement, diriger, entraîner, faire aller / marcher, impulser, mouvoir, promouvoir, provoquer, vivifier [2] fig. [a] → aiguillonner [b] → imprégner [c] → égayer [d] → exciter [e] → inspirer

animisme n.m. [1] par ext. : finalisme, organicisme, vitalisme → philosophie [2] → religion

animosité n.f. [1] ce qu'on éprouve : amertume, antipathie, aversion, fiel, haine, inimitié, malveillance, prévention, rancune, ressentiment, venin [2] ce qu'on manifeste : acharnement, âpreté, ardeur, chaleur, colère, emportement, véhémence, vigueur, violence, vivacité

anis n.m. [1] la plante, par ext. : aneth, badiane, cumin, fenouil [2] la boisson : anisette, ouzo, pastis, ratafia

ankylose n.f. [1] au pr. : courbature, engourdissement, paralysie, raideur [2] fig. : arrêt, blocage, marasme, morte-saison, paralysie, récession, stagnation

ankyloser [1] au pr. : engourdir, paralyser [2] fig. : arrêter, bloquer, paralyser, stopper

annales n.f.pl. [1] au pr. : chronique, commentaire(s), récit → histoire [2] par ext. : documents, éphémérides, fastes, recueil, revue

annaliste n.m. et f. biographe, chroniqueur, écrivain, historien, historiographe, mémorialiste

anneau n.m. [1] alliance → bague [2] techn. : bélière, bride, capucine, chaînon, collier, coulant, embout, frette, maillon, manchon, manille, morne, virole [3] mar. : amarre, boucle de pont / de quai, erse, estrope, organeau, torde [4] → bracelet [5] → boucle

année n.f. → an

annexe [1] n.f. [a] → accessoire [b] → ajout [c] dépendance, filiale, succursale [d] addition, complément, pièce jointe, supplément [2] adj. → subsidiaire

annexer [1] → joindre [2] v. pron. → approprier (s')

annexion n.f. [1] → confiscation [2] incorporation, jonction, rattachement, récupération, réunion

annihilation n.f. → destruction

annihiler abattre, abolir, anéantir, annuler, détruire, effacer, frapper d'impuissance, neutraliser, paralyser, supprimer

anniversaire [1] n.m. commémoration, fête, mémento, mémoire, souvenir [2] adj. : commémoratif

annonce n.f. [1] prédiction, prémonition, promesse, prophétie → présage [2] dépliant, écrit, faire-part, flash, insert, insertion, prospectus, publicité, spot, tract → affiche, note [3] non fav. → boniment

annoncer [1] on annonce une chose. [a] neutre ou fav. : apprendre, avertir de, aviser, clamer, communiquer, déclarer, dire, divulguer, faire connaître / paraître / savoir, indiquer, notifier, porter à la connaissance, proclamer, propager, publier, signaler [b] fam. : chanter / crier sur les toits, clabauder (péj.), claironner, publier à son de trompe [c] relig. : prêcher [d] → augurer [2] une chose annonce : dénoter, être l'indice / la marque / le présage / le signe / le signe avant-coureur de, faire / laisser deviner / pressentir, manifester, marquer, montrer, précéder, préluder à, préparer à, présager, prévenir de, promettre, prouver, révéler, signaler

annonceur, euse [1] agent de publicité, publiciste, publicitaire [2] → speaker

annonciateur, trice [1] → devin [2] → précurseur

annonciation n.f. → prédiction

annoncier, ère [1] → huissier [2] → journaliste

annotateur, trice → commentateur

annotation n.f. → note

annoter → noter

annuaire n.m. almanach, agenda, Bottin, Bottin mondain

annuité n.f. → échéance

annulable → précaire

annulation n.f. [1] → abrogation [2] → renvoi [3] → extinction

annuler [1] → abolir [2] → détruire [3] → décommander

anoblir → améliorer

anoblissement n.m. → amélioration

anodin, e [1] → inoffensif [2] → insignifiant

anodiser → galvaniser

anodonte [1] adj. : édenté [2] n.m. : moule d'étang → lamellibranche

anomal, e → irrégulier

anomalie n.f. → irrégularité

anomie n.f. [1] anarchie [2] → irrégularité [3] aphasie [4] estafette, pelure d'oignon → lamellibranche

ânonnement n.m. → balbutiement

ânonner → balbutier

anonymat n.m. banalité, humble origine, incognito, masque, obscurité

anonyme banal, caché, incognito, inconnu, masqué, mystérieux, ni vu ni connu, secret, voilé

anorak n.m. → veste

anordir → diriger

anorexie n.f. inappétence → indifférence

anormal, e [1] → **bizarre** [2] → **rare** [3] → **irrégulier** [4] arriéré, caractériel, handicapé, inadapté

anormalité n.f. → **irrégularité**

anovulation n.f. → **stérilité**

anse n.f. → **baie**

antagonisme n.m. [1] → **opposition** [2] → **rivalité**

antagoniste → **adversaire**

antalgique → **anesthésique**

antan → **autrefois**

antarctique n.m. et adj. → **austral**

ante n.f. → **colonne**

antécédence n.f. [1] → **ancienneté** [2] → **priorité**

antécédent, e → **antérieur**

antécime n.f. → **mont**

antédiluvien, ne → **ancien**

antéfixe n.f. → **ornement**

antenne n.f. [1] vergue [2] → **mât**

antéposer → **précéder**

antérieur, e antécédent, antéposé, antidaté, apriorique, frontal, passé, plus ancien, précédent, préexistant, premier

antérieurement → **auparavant**

antériorité n.f. [1] → **ancienneté** [2] → **priorité**

anthèse n.f. → **éclosion**

anthologie n.f. ana, choix, chrestomathie, collection, épitomé, florilège, mélanges, miscellanées, morceaux choisis, recueil, spicilège

anthracnose n.f. carie/charbon de la vigne, rouille noire

anthracose n.f. silicose

anthrax n.m. → **abcès**

anthropocentrisme n.m. → **philosophie**

anthropoïde → **humain**

anthropologie n.f. par ext. : ethnologie, paléontologie humaine, sociologie → **ethnographie**

anthropométrique signalétique

anthropomorphe → **humain**

anthropophage n. et adj. cannibale, ogre

antibois n.m. → **protection**

antichambre n.f. hall, passage, réception, salle d'attente → **vestibule**

antichrèse n.f. → **gage**

anticipation n.f. [1] au pr. (philos.) : prénotion, prolepse [2] par ext. [a] prescience, science-fiction [b] empiètement, usurpation [3] prévision → **présage**

anticipé, e [1] avancé, précoce → **prématuré** [2] préalable, préconçu

anticiper [1] → **escompter** [2] → **devancer**

anticonceptionnel, le contraceptif → **préservatif**

anticonstitutionnel, le → **irrégulier**

antidote n.m. [1] au pr. : contrepoison, mithridatisation [2] fig. : adoucissement, allégement, atténuation, contrepartie, correctif, dérivatif, distraction, préservatif, soulagement

antienne n.f. cantique, refrain, répons

antiféministe n.m. et adj. machiste, macho, misogyne, phallocrate, sexiste

antillais, e caraïbe, créole, cubain, guadeloupéen, haïtien, jamaïcain, martiniquais, portoricain

antilope n.f. par ext. : algazelle (vx), bubale, gazelle, gnou, impala, nilgaut, saïga

antinomie n.f. → **antiphrase**

antipathie n.f. [1] → **éloignement** [2] → **répugnance**

antipathique [1] → **désagréable** [2] fam. : blaireau, sale gueule/tête, tête à claques/gifles, tête de piaf/de pierrot

antiphrase n.f. antinomie, contraire, contrevérité, euphémisme, ironie, paradoxe

antipode n.m. au pl. : au diable/loin, contraire, extrême, inverse, opposé

antique → **ancien**

antiquité n.f. → **brocante**

antireligieux, euse au pr. agnostique, esprit fort (péj.), esprit libre, humaniste, laïc, libéral, libre penseur, neutre, philosophe

antisepsie n.f. → **prophylaxie**

antiseptique n.m. et adj. antiputride, antisepsie, désinfectant

antispasmodique n.m. et adj. → **calmant**

antithèse n.f. antilogie, antinomie, comparaison, contraste, opposition

antonyme n.m. et adj. contraire, opposé

antre n.m. → **abri**

anus n.m. fondement, rectum ◆ arg. : bague, fion, os, rosette, trou de balle/du cul, troufignon

anxiété n.f. → **inquiétude**

anxieux, euse → **inquiet**

aoûtat n.m. rouget, trombidion, vendangeon

apache n.m. → **bandit**

apaisant, e → **calmant**

apaisement n.m. [1] → **tranquillité** [2] accalmie, adoucissement, assagissement, baume, calme, consolation, dédramatisation, dégel, désescalade, guérison, modération, pacification, radoucissement, sédation, soulagement

apaiser [1] → **calmer** [2] → **adoucir** [3] cicatriser, consoler, dédramatiser, délivrer, dissiper, endormir, éteindre, fermer une plaie, guérir, lénifier, pacifier, rasséréner, soulager, verser un baume [4] → **assouvir**

apanage n.m. [1] → **bien** [2] → **privilège** [3] → **tenure**

aparté n.m. [1] conversation privée/à l'écart, entretien particulier [2] **en aparté** : cavalier seul, en Suisse (fam.)

apartheid n.m. → **séparation**

apathie n.f. [1] aboulie, absence, amollissement, anéantissement, apragmatisme, apraxie, assoupissement, asthénie, atonie, engourdissement, faiblesse, fatalisme, hypotonie, inapplication, inconsistance, indifférence, indolence, inertie, insensibilité, langueur, lenteur, léthargie, lourdeur, lymphatisme, malléabilité, marasme, mollesse, nonchalance, nonchaloir, paresse, plasticité, résignation, somnolence, torpeur, veulerie (péj.), vide [2] par ext. : ataraxie, calme, détachement, impassibilité, imperturbabilité, quiétude, sérénité, stoïcisme

apathique [1] aboulique, absent, amorphe, anéanti, assoupi, asthénique, ataraxique, atonique, engourdi, faible, fataliste, hypotonique, inappliqué, inconsistant, indifférent, indolent, inerte, informe, insensible, languide, lent, léthargique, lourd, lymphatique, malléable, mollasson (fam.), mou, nonchalant, paresseux, plastique, résigné, somnolent, veule (péj.), vide [2] par ext. : ataraxique, calme, détaché, impassible, imperturbable, quiet, serein, stoïque

apatride n. et adj. heimatlos, métèque (péj.), personne déplacée, sans patrie

aperception n.f. → **intuition**

apercevoir [1] → **voir** [2] appréhender, aviser, avoir connaissance, comprendre, connaître, constater, déceler, découvrir, deviner, distinguer, entraver (fam.), entrevoir, noter, pénétrer le sens, percevoir, piger (fam.), remarquer, saisir, sentir, voir [3] v. pron. [a] se voir [b] avoir conscience de, connaître que, découvrir, faire la connaissance/découverte de, remarquer, se rendre compte de

aperçu n.m. [1] → **estimation** [2] → **échantillon** [3] → **note**

apériteur, trice → **assureur**

apéritif [1] n.m. fam. : apéro, jaunet, perroquet, petite, tomate *et les marques commerciales* → **alcool** [2] adj. vx : diurétique, purgatif, rafraîchissant, stimulant, sudorifique

aperture n.f. anthèse → **ouverture**

à peu près loc. adv. → **environ**

à-peu-près n.m. calembour, jeu de mots

apeuré, e → **inquiet**

apex n.m. [1] → **baguette** [2] → **sommet**

aphélie n.m. → **apogée**

aphérèse n.f. [1] → **ellipse** [2] → **suppression**

aphorisme n.m. → **maxime**

aphrodisiaque → **affriolant**

aphte n.m. → **ulcération**

à-pic n.m. aplomb, dénivellement, paroi

apiculteur, trice berger/éleveur d'abeilles

apitoiement n.m. → **compassion**

apitoyer [1] → **émouvoir** [2] v. pron. → **plaindre**

aplanir [1] → **niveler** [2] → **faciliter**

aplanissement n.m. → **nivellement**

aplati, e camard, camus, cassé, comprimé, écrasé, étroit, mince, plat, raplapla (fam.)

aplatir [1] → **écraser** [2] v. pron. [a] → **abaisser (s')** [b] les cheveux : appliquer, brillantiner, calamistrer, coller, gominer, plaquer, pommader [c] fam. : s'allonger, se casser la figure/la gueule (fam.), s'étaler, s'étendre → **tomber**

aplatissement n.m. [1] écrasement [2] → **abaissement** [3] → **humiliation**

aplomb n.m. [1] → **équilibre** [2] **avoir de l'aplomb** : ne pas manquer d'air [3] fig. [a] → **confiance** [b] → **impudence**

apoastre n.m. → **apogée**

apocalyptique → **effrayant**

apocope n.f. → **suppression**

apocryphe par ext. : controuvé, douteux, faux, hérétique, inauthentique, supposé

apodictique [1] → **évident** [2] → **nécessaire**

apogée n.m. [1] acmé, apex, apothéose, comble, culmination, faîte, gloire, point culminant/le plus haut, sommet, summum, triomphe, zénith [2] aphélie, apoastre, apside

apolitique → **indifférent**

apolitisme n.m. → **neutralité**

apollon n.m. [1] → **beauté** [2] → **papillon**

apologétique [1] n.m. → **avocat** [2] n.f. → **défense**

apologie n.f. → **éloge**

apologue n.m. → **fable**

apophtegme n.m. → **maxime**

apophyse n.f. bosse, crête, éminence, épine, protubérance, saillie, tubérosité

apoplexie n.f. attaque, coup de sang, hémorragie cérébrale, ictus, paralysie générale

aporétique → **contradictoire**

aporie n.f. [1] → **contradiction** [2] → **paradoxe**

apostasie n.f. → **abandon**

apostasier → **abjurer**

apostat, e infidèle, renégat

a posteriori [1] après, en second lieu, ensuite [2] à l'expérience

apostille n.f. → **note**

apostiller → **noter**

apostolat n.m. catéchèse, catéchisme, croisade, endoctrinement, ministère, mission, prédication, propagation de la foi, prosélytisme

apostrophe n.f. par ext. : appel, interpellation, invective

apostropher aborder, appeler, interpeller, invectiver

apothéose n.f. [1] → **bouquet** [2] consécration, déification, épanouissement, exaltation, glorification, triomphe → **apogée**

apothicaire, esse n.m. et f. pharmacien, potard (péj.)

apôtre n.m. avocat, défenseur, disciple, ministre, missionnaire, prêcheur, prédicant, prédicateur, propagateur de la foi, prosélyte

apparaître [1] v. intr. : affleurer, arriver, atteindre, se découvrir, se dégager, se détacher, se dévoiler, éclore, se faire jour, se faire voir, jaillir, se lever, luire, se manifester, se montrer, naître, paraître, se présenter, poindre, se révéler, sortir, sourdre, surgir, survenir, transparaître, venir [2] impers. [a] sembler [b] ressortir, résulter de

apparat n.m. [1] appareil, cérémonie, décor, éclat, luxe, magnificence, munificence, pompe, solennité, splendeur → **équipage** [2] en grand arroi, étalage, faste, montre, ostentation, tralala (fam.)

appareil n.m. [1] → **équipage** [2] → **apparat** [3] techn. [a] arch. : assemblage, montage, taille [b] par ext. : arsenal, attirail, collection [c] l'appareil législatif : dispositions, ensemble, législation, système [d] dispositif, engin, gadget, instrument, machine, mécanique, métier (vx), outil, robot [e] fam. : bécane, bidule, machin, truc, zinc, zinzin

appareillage n.m. [1] mar. : départ, préparatifs de départ [2] → **appareil** [3] → **accouplement**

appareiller [1] v. intr. mar. : lever l'ancre, partir, quitter le mouillage [2] v. tr. [a] au pr. : accorder, accoupler, apparier, assortir, joindre, marier, réunir, unir [b] techn. : mar. : équiper, gréer arch. : agencer/assembler/disposer/monter/tailler les pierres

apparemment au premier abord, effectivement, en apparence, extérieurement, peut-être, probablement, sans doute, selon toute apparence/vraisemblance, visiblement, vraisemblablement

apparence n.f. [1] de quelqu'un → **air** [2] d'une chose. [a] → **aspect** [b] → **extérieur** [3] → **bienséance** [4] → **illusion** [5] philos. → **contingence** [6] **contre toute apparence** : crédibilité, probabilité, vérité, vraisemblance

apparent, e [1] neutre ou fav. : clair, discernable, évident, incontestable, manifeste, ostensible, perceptible, visible [2] → **réel** [3] non fav. → **incertain**

apparentement n.m. → **alliance**

apparenter [1] → **allier** [2] v. pron. → **convenir**

appariement n.m. → **accouplement**

apparier → **accoupler**

appariteur n.m. huissier, surveillant, tangente (arg.)

apparition n.f. 1 au pr. a sens général : arrivée, avènement, introduction, manifestation, parution, surgissement, survenance, venue b d'un phénomène : commencement, création, éclosion, émergence, éruption, explosion, genèse, germination, naissance, poussée, production c d'une œuvre : création, publication d **faire son apparition :** entrée 2 par anal. a épiphanie, vision b esprit, fantôme, revenant, spectre

appartement n.m. 1 chambre, duplex, enfilade, entresol, garçonnière, habitation, loft, logement, meublé, pied-à-terre, studette, studio, suite → **maison** 2 gynécée, harem, sérail

appartenance n.f. 1 → **possession** 2 → **dépendance**

appartenir 1 concerner, convenir à, dépendre de, être le bien/la propriété/le propre de, se rapporter à, relever de, tenir à 2 v. pron. : être à soi/libre/maître de soi, ne dépendre de personne

appas n.m.pl. agrément, amorces (vx), grâce → **charme**

appassionato → **rythme**

appât n.m. → **aiche**

appâter 1 → **amorcer** 2 → **allécher**

appauvrir 1 → **affaiblir** 2 → **altérer** 3 → **diminuer**

appauvrissement n.m. 1 abâtardissement, affaiblissement, amaigrissement, amputation, anémie, dégénérescence, diminution, épuisement, étiolement, perte, réduction 2 clochardisation → **ruine**

appeau n.m. 1 → **aiche** 2 → **appelant**

appel n.m. 1 on appelle. a → **cri** b → **signe** c → **convocation** d → **demande** e coup de cloche / corne / sifflet / sonnette / trompe 2 fig. : aspiration, attirance, excitation, fascination, impulsion, incitation, inspiration, invitation, invite, provocation, sollicitation, vocation, voix 3 → **mobilisation** 4 jurid. : appellation, intimation, pourvoi, recours 5 **sans appel :** définitivement, irrémédiablement

appelant n.m. appeau, chanterelle, courcaillet, leurre, moquette, pipeau

appelé n.m. → **soldat, novice**

appeler 1 on appelle quelqu'un. a → **crier** b → **convier** c non fav. : apostropher, assigner, citer, défier, provoquer d à une fonction : choisir, coopter, désigner, élire, nommer, prier, rappeler e baptiser, dénommer, donner un nom/titre, nommer, prénommer, qualifier f → **téléphoner** 2 par ext. a → **aspirer** b l'attention → **alerter** c non fav. → **réclamer** 3 **en appeler :** invoquer, se référer à, s'en remettre à, soumettre le cas à

appellation n.f. dénomination, désignation, label, marque, mot, qualification, vocable → **nom**

appendice n.m. 1 → **extrémité** 2 → **addition**

appentis n.m. → **hangar**

appertisation n.f. → **stérilisation**

appertiser → **stériliser**

appesantir → **alourdir**

appesantissement → **alourdissement**

appétence et **appétit** n.f., n.m. 1 au pr. a fav. ou neutre : besoin, désir, envie fam. : boyau vide, dent, fringale → **faim** b non fav. : boulimie, gloutonnerie, goinfrerie, gourmandise, voracité 2 par ext. a fav. ou neutre : aspiration, attrait, curiosité, désir, faim, goût, inclination, instinct, passion, soif, tendance b non fav. : concupiscence, convoitise → **désir**

appétissant, e affriandant, affriolant, agréable, alléchant, attirant, désirable, engageant, friand, qui met l'eau à la bouche, ragoûtant, sapide, savoureux, séduisant, succulent, tentant

applaudir 1 battre/claquer des mains → **acclamer** 2 → **approuver**

applaudissement n.m. 1 au pr. → **acclamation** 2 fig. → **approbation**

applicable adéquat, congru, congruent, convenable, imputable, possible, praticable, superposable

application n.f. 1 → **expérimentation** 2 → **attention**

applique n.f. → **chandelier**

appliqué, e 1 → **attentif** 2 → **soigneux**

appliquer 1 affecter à, apposer, attribuer, consacrer/destiner à, donner, employer à, faire respecter, faire servir à, imputer, mettre 2 afficher, aplatir, coller, clouer, étendre, imprimer, peindre, placer, plaquer, poser 3 → **battre** ♦ fam. : administrer, délivrer (vx), ficher, flanquer, foutre 4 v. pron. a → **pratiquer** b → **user** c → **approprier (s')** d → **adonner (s')** e → **occuper (s')** f → **correspondre**

appoggiature n.f. → **enjolivement**

appoint n.m. 1 → **supplément** 2 → **appui**

appointements n.m. → **rétribution**

appointer 1 → **affiler** 2 → **joindre** 3 → **payer**

appontement n.m. → **wharf**

apport n.m. 1 action, allocation, attribution, capital, cens, cheptel, contingent, contribution, cotisation, dot, dotation, écot, financement, fonds, fournissement, fraction, imposition, impôt, lot, mise, montant, obligation, part, participation, portion, pourcentage, quantité, quota, quote-part, quotité 2 → **réponse**

apporter 1 → **porter** 2 → **citer** 3 → **occasionner** 4 → **donner**

apposer → **appliquer**

appréciable → **grand**

appréciateur, trice arbitre, commissaire-priseur, connaisseur, dégustateur, enquêteur, expert, juge, œnologue

appréciatif, ive estimatif

appréciation n.f. 1 → **estimation** 2 → **évaluation**

apprécier 1 → **estimer** 2 → **juger**

appréhender 1 → **arrêter** 2 → **craindre**

appréhensif, ive 1 → **craintif** 2 → **timide**

appréhension n.f. 1 → **crainte** 2 → **timidité**

apprendre 1 une chose à quelqu'un : annoncer, aviser, communiquer, déclarer, découvrir, dire, éclairer, enseigner, faire connaître/savoir, inculquer, indiquer, informer, instruire, mettre au courant/au pas, montrer, renseigner, révéler ♦ fam. : mettre à la coule/dans le bain/au parfum 2 → **étudier**

apprenti, e 1 aide, apprenant, commis, galibot, gindre, mitron → **élève** 2 → **travailleur** 3 péj. : arpète, grouillot, moutard, petit salé, pignouf, saute-ruisseau

apprentissage n.m. → **instruction**

apprêt n.m. 1 apprêtage, calandrage, catissage, collage, corroi, corroyage, crêpage, cylindrage, empesage, encollage, feutrage, foulage, gaufrage, glaçage, gommage, grillage, lustrage, moirage, pressage, tirage, tondage, vaporisage 2 → **préparatif** 3 → **affectation**

apprêté, e 1 → **affecté** 2 accommodé, arrangé, assaisonné, cuisiné, disposé, préparé, relevé 3 → **étudié**

apprêter accommoder, arranger, assaisonner, cuisiner, disposer, faire cuire, préparer

apprivoisé, e 1 a domestique, domestiqué, dompté, dressé b vx : privé 2 fig. : adouci, amadoué, charmé, civilisé, conquis, gagné, humanisé, poli, séduit, soumis

apprivoisement n.m. 1 au pr. : affaitement, domestication, dressage 2 fig. : adoucissement, conquête, familiarisation, soumission

apprivoiser 1 charmer, domestiquer, dompter, dresser 2 adoucir, amadouer, charmer, civiliser, conquérir, familiariser, gagner, humaniser, polir, séduire, soumettre

approbateur, trice 1 adj. : affirmatif, approbatif, consentant, favorable 2 n.m. : adulateur, appréciateur, bénisseur, flatteur, laudateur, louangeur ♦ péj. : flagorneur, thuriféraire → **partisan**

approbation n.f. acceptation, accord, acquiescement, adhésion, admission, adoption, agrément, applaudissement, assentiment, autorisation, avis/déclaration favorable, chorus, confirmation, consentement, entérinement, déclaration, homologation, permission, ratification, sanction, suffrage, voix

approchable → **abordable**

approchant, e analogue, approximatif, comparable, équivalent, proche, ressemblant, semblable, tangent, voisin ♦ fam. : au pif/pifomètre

approche n.f. 1 → **abord** 2 → **arrivée** 3 → **estimation** 4 → **proximité**

approcher → **aborder**

approfondir → **creuser**

approfondissement n.m. 1 affouillement 2 affermissement, analyse, développement, enrichissement, étude, examen, exploration, introspection, méditation, pesée, progrès, recherche, réflexion, sondage

appropriation n.f. 1 → **adaptation** 2 → **conquête**

approprié, e → **propre**

approprier 1 accommoder, accorder, adapter, apprêter, arranger, conformer, proportionner 2 → **nettoyer** 3 v. pron. a s'adjuger/arroger/attribuer/emparer, se saisir, dérober, empocher, enlever, escroquer, grignoter, occuper, prendre, ravir, souffler, soustraire, usurper, voler b s'accommoder/accorder/adapter/appliquer/conformer, être proportionné à

approuver abonder dans, accepter, acquiescer, adhérer à, admettre, adopter, agréer, applaudir à, autoriser, complimenter, comprendre, confirmer, congratuler, consentir, dire amen, encourager, entériner, faire chorus, féliciter, glorifier, goûter, homologuer, juger/trouver bon, louanger, opiner du bonnet/du chef, permettre, se rallier à, ratifier, reconnaître, souscrire à → **soutenir**

approvisionnement n.m. 1 alimentation, accastillage, apport, avitaillement, fourniture, prévision, ravitaillement 2 → **provision**

approvisionner → **pourvoir**

approvisionneur, euse destinateur, fournisseur, pourvoyeur, ravitailleur → **vendeur**

approximatif, ive → **approchant**

approximation n.f. 1 → **imprécision** 2 → **évaluation**

approximativement → **environ**

appui n.m. 1 a aboutement (québ.), acrotère, adminicule, adossement, arc-boutant, arrière-bec, avant-mur, bajoyer, base, béquille, cale, chandelier, chevalement, colonne, console, contreboutant, contrecœur, contre-digue, contre-fiche, contrefort, contre-mur, culée, épaulement, éperon, étai, étançon, étrésillon, étrier, levier, modillon, palée, perré, pilier, pivot, pointal, racinal, soutènement, support, tasseau, tuteur → **soutien** b équit. : foulée c mar. : accore, bossoir 2 aide, apostille, appoint, assistance, collaboration, concours, coopération, coup d'épaule, égide, encouragement, influence, intervention, main-forte, patronage, piston (fam.), planche de salut, protection, recommandation, réconfort, rescousse, sauvegarde, secours, service, support → **soutien** 3 **être l'appui de :** auxiliaire, bouclier, bras, champion, défenseur, garant, patron, protecteur, second, souteneur (péj.), soutien, supporter, tenant

appui-bras/main/tête n.m. → **accoudoir**

appuyer 1 au pr. : accoter, adosser, appliquer, arc-bouter, buter, épauler, étançonner, étayer, faire reposer, maintenir, mettre, poser, renforcer, soutenir, supporter, tenir 2 par ext. a aider, assister, encourager, épauler, fortifier de son autorité/crédit, parrainer, patronner, pistonner (fam.), porter, pousser, prendre fait et cause, prêter main-forte, protéger, recommander, secourir, soutenir, venir à la rescousse b alléguer, arguer, confirmer, corroborer, exciper, fortifier, insister, renforcer c → **fixer** d mus. : pauser 3 v. intr. a se diriger, prendre b peser, presser c porter, reposer, retomber 4 v. pron. a → **fonder** b → **souffrir**

apragmatisme et **apraxie** n.m., n.f. → **apathie**

âpre → **rude**

âprement aigrement, ardemment, avidement, brusquement, brutalement, cruellement, cupidement, durement, farouchement, péniblement, rigoureusement, rudement, sévèrement, vertement, violemment, voracement

après 1 → **puis** 2 a **d'après** → **suivant** b **l'un après l'autre :** à la queue leu leu, alternativement, un à un

après-dîner n.m. vx : → **après-midi**

après-midi n.m. et f. invar. vx : après-dîner, tantôt (rég.)

âpreté n.f. 1 → **rudesse** 2 → **avarice**

a priori → **abord**

apriorisme n.m. → **allégation**

à propos 1 au sujet de, relativement à, sur 2 à bon escient, à pic, à point nommé 3 → **convenable**

à-propos n.m. bien-fondé, convenance, esprit, opportunité, pertinence, repartie

apside n.f. → **apogée**

apte adéquat, approprié, bon, capable, congru, convenable, de nature à, fait/prévu pour, habile à, idoine, juste, propre à, susceptible de ◆ fam. : ad hoc, étudié pour

aptère dépourvu d'/sans ailes

aptéryx n.m. kiwi, oiseau coureur

aptitude n.f. [1] → **capacité** [2] → **disposition**

apurement n.m. → **vérification**

apurer → **vérifier**

apyre → **incombustible**

aquafortiste n.m. et f. → **graveur**

aquamanile n.m. → **lavabo**

aquanaute n.m. et f. océanaute

aquaplaning off. : aquaplanage

aquarelle n.f. par ext. : aquatinte, gouache, lavis, peinture, pochade

aquarelliste n.m. et f. → **peintre**

aquatinte n.f. → **image**

aquatintiste n.m. et f. → **graveur**

aquatique amphibie, aquicole, marécageux, palustre

aquavit n.m. → **alcool**

aqueduc n.m. → **canal**

aqueux, euse aquifère, fluide, marécageux, spongieux → **humide**

aquiculture n.f. → **pisciculture**

aquilin, e busqué

aquilon n.m. → **vent**

arabe n. et adj. [1] arabesque (vx), sémite → **musulman** [2] arg. et péj. : arbi, beur, bicot, bique, bougnoul, crouille, melon, raton, sidi

arabesque n.f. broderie, dessin, fioriture, ligne, moresque, ornement, volute

arable cultivable, fertile, labourable

arachnéen, ne ou **aranéen, ne** → **léger**

arack ou **araki** n.m. → **alcool**

araignée n.f. [1] orbitèle [2] argyronète, épeire, faucheur, faucheux, lycose, mygale, tarentule, tégénaire, théridion, thomise, tubitèle

araire n.m. → **charrue**

araser [1] → **niveler** [2] → **user**

arbitrage n.m. [1] → **médiation** [2] → **compromis**

arbitraire [1] → **absolu** [2] → **injustifié**

arbitre n.m. [1] au pr. : a amiable compositeur, arrangeur, conciliateur, expert, juge, monsieur bons offices, ombudsman → **intermédiaire** b → **appréciateur** [2] par ext. : maître absolu, souverain [3] **libre arbitre** → **liberté**

arbitrer → **juger**

arborer [1] au pr. → **élever** [2] par ext. a → **montrer** b → **porter**

arboriculteur, trice horticulteur, jardinier, pépiniériste, planteur, pomiculteur, sylviculteur

arbre n.m. [1] conifère, épineux, feuillu, résineux, végétal [2] arbrisseau, baliveau, bonsaï, élève, houppier, lais, sauvageon, scion, témoin → **arbuste** [3] fût, marmenteau [4] a → **conifère** b → **bois** c quelques arbres d'ornement (haute tige) sous climat tempéré : acacia, araucaria, arbre de Judée, bouleau (pleureur), catalpa, cèdre (de l'Atlas/bleu/de l'Himalaya/du Liban/piquant/pleureur), chêne d'Amérique/du Canada, cornouiller, cyprès, cytise, faux poivrier, frêne blanc ou orne, genévrier de Virginie, ginkgo biloba, hêtre pourpre, if, lilas, liquidambar, magnolia, marronnier (blanc/rose), micocoulier, mimosa, mûrier, orme, ormeau, palmier, paulownia, peuplier d'Italie, platane, robinier, saule (de Babylone/pleureur), séquoia des jardiniers/wellingtonia, sophora, sorbier, thuya des jardiniers, tilleul, tulipier de Virginie d quelques arbres fruitiers sous climat tempéré : abricotier, amandier, cerisier, citronnier, cognassier, figuier, grenadier, néflier, noisetier ou coudrier, noyer, olivier, oranger, pêcher, poirier, pommier, prunier, vigne [5] par ext. : axe, bielle, essieu, manivelle, pivot, tige, vilebrequin

arbuste n.m. [1] arbrisseau, baliveau, basse tige, bonsaï, bouquet, buisson, élève, sauvageon, scion [2] quelques arbustes sous climat tempéré. a à feuilles caduques : ampélopsis ou vigne vierge, arbre de Judée, argousier, azalée, baguenaudier, berberis pourpre, boule-de-neige, buddleia, cerisier à fleurs/du Japon, chèvrefeuille, cornouiller, cytise, forsythia, glycine, groseillier à fleurs, hamamélis, hibiscus ou althæa, hortensia, lilas, magnolia, négondo, noisetier pourpre/tortueux, pommier à fleurs/du Japon, potentille, prunier d'ornement, seringa(t), spirée, sumac, sumac de Virginie, sureau panaché, symphorine, tamaris b à feuilles persistantes : aucuba du Japon, bambou, bruyère, buis, camélia, fusain, genêt d'Espagne, laurier-cerise, laurier-tin, lavande, magnolia, mahonia aquifolium, rhododendron, troène, yucca

arc n.m. courbe, doubleau, formeret → **voûte**

arcade et **arcature** n.f. → **voûte**

arcane n.m. et adj. → **secret**

arcanson n.m. → **résine**

arc-boutant n.m. → **appui**

arc-bouter → **appuyer**

arceau n.m. → **voûte**

arc-en-ciel n.m. écharpe d'Iris ◆ par anal. : arc-en-terre

archaïque [1] → **ancien** [2] → **vieux**

archange n.m. [1] → **ange** [2] quelques archanges : Gabriel, Michel, Raphaël

arche n.f. [1] vx. a → **coffre** b → **bateau** [2] arch. → **voûte**

archer n.m. [1] sagittaire [2] **le petit archer** : amour, Cupidon, Éros

archère n.f. [1] → **ouverture** [2] → **bandoulière**

archerie n.f. → **troupe**

archétype → **prototype**

archicube → **élève**

architecte n.m. et f. aménageur, bâtisseur, chef, concepteur, concepteur-projeteur, créateur, édificateur, ingénieur, inventeur, maître d'œuvre, ordonnateur, projeteur, urbaniste

architectural, e par ext. : architectonique, auguste, colossal, considérable, écrasant, élevé, énorme, étonnant, fantastique, formidable, grand, grandiose, imposant, impressionnant, magistral, magnifique, majestueux, monumental, noble, olympien, pyramidal, pompeux, solennel, somptueux, superbe

architecture n.f. [1] aménagement, architectonique, conception, domisme, urbanisme [2] par ext. : a charpente, ensemble, format, forme, ligne, ordonnance, plan, proportion, structure, style, volume b → **construction** c → **ornement** d → **appui**

architecturer → **bâtir**

architrave n.f. épistyle, linteau, poitrail, sommier, tailloir

archivage n.m. → **classement**

archiver → **classer**

archives [1] n.f. pl. : a minutier, sommier → **histoire** b de police, arg. : album de famille [2] n.m. pl.→ **bibliothèque**

arçon n.m. pommeau, troussequin

arctique → **boréal**

ardemment → **vivement**

ardent, e [1] au pr. → **chaud** [2] par ext. a actif, agile, alerte, allègre, amoureux, animé, brillant, brûlant, chaleureux, dégagé, déluré, dévoué, dispos, effervescent, embrasé, empressé, endiablé, enflammé, enthousiaste, éveillé, fervent, fougueux, frémissant, frétillant, fringant, gaillard, généreux, guilleret, impatient, ingambe, intelligent, léger, leste, mobile, passionné, pétillant, pétulant, pressant, primesautier, prompt, rapide, sémillant, vibrant, vif, vivant, volcanique, zélé → **bouillonnant** b → **rutilant** c non fav. : acharné, aigre, avide, brusque, brutal, coléreux, emballé, emporté, exalté, excessif, fanatique, fébrile, fiévreux, frénétique, impétueux, mordant, salace, sang chaud, soupe au lait, tout feu tout flamme, véhément, violent

ardeur n.f. [1] → **chaleur** [2] par ext. a → **vivacité** b → **bouillonnement** c → **zèle**

ardillon n.m. → **pointe**

ardu, e [1] → **escarpé** [2] → **difficile**

arène n.f. [1] calcul, castine, gravier, pierre, sable, sablon [2] par ext. : amphithéâtre, carrière, champ de bataille/de course, cirque, lice, théâtre

arénicole ammophile

aréolaire → **rond**

aréole n.f. [1] → **cercle** [2] → **nimbe**

aréomètre n.m. [1] alcoomètre, pèse-alcool, pèse-esprit (vx), pèse-liqueur, pèse-moût, pèse-vin [2] densimètre, glucomètre, lactomètre, oléomètre, pèse-acide, pèse-lait, pèse-sel, pèse-sirop, uromètre

aréopage n.m. → **réunion**

aréostyle n.m. → **bâtiment**

arête n.f. [1] aiguille, bord, piquant, pointe [2] angle

arêtière n.f. → **tuile**

argent n.m. [1] par ext. : argentan, électrum, métal anglais/blanc [2] par anal. a capital, deniers, disponibilités, espèces, finances, fonds, fortune, liquidités, monnaie, numéraire, pécule, recette, ressources, somme, trésor, trésorerie, viatique ◆ vx : écus b arg. : atout, avoine, balle, barda, beurre, biffeton, bigorneau, biscuit, blanc, blanquette, blé, bob, botte, boulange, boules, braise, bulle, cachet, cadeau, caisse, candélabre, carbure, demi-jambe, demi-sac, douille, engrais, faf, ferraille, flèche, flouze, foin, fraîche, fric, galette, gâteau, grisbi, houblon, huile, image, japonais, kilo, kopeck, laissez-passer, lové, matelas, mitraille, mornifle, noyaux, os, oseille, osier, papier, pépètes, pèze, picaillons, plâtre, pognon, poussier, poussière, quine, radis, rondelle, ronds, soudure, sous, taffetas, thune, ticket, tintins, trèfle, tuile, vaisselle, zinc c → **richesse** d → **pièce** e → **monnaie**

argenterie n.f. aiguière, bougeoir, cafetière, chandelier, couteau, couvert, cuiller, flambeau, fourchette, gobelet, manche à gigot, plateau, salière, saucière, service (à café/chocolat/moka/thé), soucoupe, sucrier, surtout, tasse, théière, timbale, vaisselle, vase, verseuse ◆ arg. : blanquette

argentier n.m. banquier, changeur, financier → **trésorier**

argentin, e [1] vx : argenté [2] → **clair**

argile n.f. [1] bentonite, calamite, gord, kaolin, sil, terre glaise/à foulon/à potier [2] ocre, terre noire [3] méd. : bol d'Arménie/oriental/de Sinope

argileux, euse collant, compact, glaiseux, imperméable, lourd

argonaute n.m. → **céphalopode**

argot n.m. [1] langue verte → **jargon** [2] bigorne, breton, jar, javanais

argousin n.m. → **policier**

arguer [1] au pr. → **inférer** [2] jurid. → **inculper**

argument et **argumentation** n.m. n.f. [1] → **abrégé** [2] → **raisonnement** [3] → **preuve**

argumentateur, trice → **chicaneur**

argumenter [1] → **ergoter** [2] → **raisonner**

argus n.m. [1] → **espion** [2] → **surveillant** [3] → **papillon**

argutie n.f. [1] abstraction, finesse, subtilité [2] artifice, byzantinisme, casuistique, chicane, équivoque, escamotage, pinaillage, ratiocination, procédé dilatoire ◆ fam. : chinoiserie, fumisterie

argyronète n.f. → **araignée**

aria [1] n.f. → **air** [2] n.m. a → **souci** b → **obstacle**

arianisme n.m. → **hérésie**

aride [1] abiotique, aréique, désert, desséché, improductif, inculte, incultivable, maigre, pauvre, sec, stérile [2] fig. : ingrat, insensible, froid, rébarbatif, sévère

aridité n.f. [1] → **sécheresse** [2] → **pauvreté**

arien, ienne → **hérétique**

ariette n.f. → **air**

arioso [1] adv. → **rythme** [2] n.m. → **air**

aristocrate n. et adj. → **noble**

aristocratie n.f. [1] → **oligarchie** [2] → **noblesse** [3] → **choix** [4] → **distinction**

aristocratique → **distingué**

aristoloche n.f. cabaret, oreille d'homme, sarrasine, serpentaire de Virginie, (aristoloche) siphon

arithmétique n.f. algorithme, calcul, opération → **mathématique**

arlequin n.m. [1] au pr. → **pantin** [2] vx et fam. : reliefs, restes

arlequinade n.f. → **bouffonnerie**

armada n.f. escadre, flotte, flottille

armagnac n.m. → **alcool**

armateur n.m. → **affréteur**

armature n.f. arcature, base, carcasse, charpente, cintre, échafaudage, ferraillage, infrastructure, ossature, soutien, squelette, support, treillis

arme n.f. [1] a armement, armure, défense, équipement, fer (litt.), instrument de combat, matériel de guerre, munition b assommoir (vx), bâton, canne, casse-tête, coup-de-poing (américain), gourdin, maillet, marteau, masse, massue, matraque, nerf de bœuf, plombée, trique c baïonnette, canne-épée, cimeterre, couteau, coutelas, dague, épée, glaive, sabre, stylet → poignard d angon, épieu, fauchard, faux, fléau, fourche, framée, francisque, guisarme, hache, hallebarde, pertuisane, pique, plançon, plommée, vouge → lance e arbalète, arc, boomerang, carreau, dard, falarique, flèche, fronde, grenade, javeline, javelot, pilum, sagaie f arquebuse, bazooka, carabine, escopette, espingole, fusil, mitraillette, mitrailleuse, mousquet, mousqueton, pistolet-mitrailleur, revolver, tromblon → pistolet g → canon h → tank i lance-flammes, lance-roquettes, lance-torpilles, mine j → avion k → bateau l arme atomique : bombe, fusée, missile, radiation m arme biologique, chimique, physico-chimique : bactéries, charge creuse, gaz, silicones, virus n arme psychologique : désinformation, espionnage, infiltration, propagande, renseignement o arg. : anguille, arbalète, article, artillerie, bastringue, biniou, blindé, brûle-parfums, brutal, calibre, outil, scion 2 fig. : argument, moyen, ressource 3 au pl. : → armoiries

armé, e → fourni

armée n.f. 1 → troupe 2 → multitude

armement n.m. 1 → arme 2 mar. : équipage, gréement, matériel

armer 1 au pr. → fortifier 2 par ext. a → fournir b → exciter

armilles n.f. pl. 1 → lunette 2 → moulure

armistice n.m. arrêt/cessation/interruption/suspension d'armes/des hostilités, cessez-le-feu, trêve

armoire n.f. par ext. : argentier, bahut, bibliothèque, bonnetière, buffet, cartonnier, encoignure, garde-robe, homme-debout, médaillier, penderie, semainier, vaisselier

armoiries n.f. pl. armes, blason, chiffre, écu, écusson, emblème, marque, panonceau, signes héraldiques

armoise n.f. 1 absinthe, citronnelle, génépi, herbe aux cent goûts/de saint-Jean, moxa 2 → tissu

armorial n.m. nobiliaire

armorier orner → peindre

armure n.f. 1 a cotte de jaque/de mailles, cuirasse b de tête : armet, bassinet, calotte, capeline, casque, chapeau, coiffe, couvre-nuque, crête, gorgerin, heaume, mentonnière, mézail, morion, nasal, oreillon, salade, secrète, ventail, visière, vue c du cou et des épaules : camail, épaulière, gousset, hausse-col d corps d'armure : braconnière, brigandine, chemise, corselet, cotte, cuirasse, dossière, garde-reins, halecret, haubert, jaque, jaseran, oreillon, pectoral, plastron, tunique e du bras : brassard, canon, cubitière f de la main : gant, gantelet, miton g de la jambe : cuissard, cuissot, genouillère, jambière ou jambart, tassette h du pied : poulaine, soleret i du cheval : barde, caparaçon, cervicale, chanfrein, garde-queue, têtière, tonnelle 2 → protection

arnaque n.f. → tromperie

arnaquer → tromper

arnaqueur, euse n.m., f. escroc, filou → fripon

arnica n.f. bétoine des montagnes, herbe aux chutes/aux pêcheurs, plantain des Alpes, tabac des Vosges

aromate n.m. 1 baume, essence, onguent, parfum 2 condiment, épices → assaisonnement 3 ail, anchois, aneth, angélique, anis, armoise, badiane, basilic ou pistou, cannelle, câpre, cardamome, cari ou curry, carvi, cerfeuil, champignon, chile, ciboule, ciboulette, citron, citronnelle, civette, clous de girofle, coriandre, cornichon, cresson, cubèbe, cumin, curry ou cari, échalote, estragon, fenouil, fines herbes, genièvre, gingembre, harissa, hysope, ketchup, laurier, livèche, macis, maniguette, marjolaine, mélisse, menthe, moutarde, muscade, myrte, oignon, origan, oseille, paprika, paradis, persil, pickles, piment, pimprenelle, poivre, quatre-épices, raifort, romarin, rose, safran, sarriette, sassafras, sauge, sel de céleri/de mer, serpolet, sucre, tanaisie, thym ou farigoule, tomate, truffe, vanille, vinaigre, verjus, violette 4 benjoin, camphre, cinnamome, coumarine, myrrhe, encens, eucalyptus, lavande, nard, niaouli, storax

aromatique → odorant

aromatiser → parfumer

arôme n.m. 1 neutre ou fav. : bouquet, effluves, émanations, empyreume, exhalaison, fragrance, fumet, odeur, parfum, senteur, trace 2 non fav. : relent, remugle → puanteur

aronde n.f. 1 → hirondelle 2 → lamellibranche

arpentage n.m. bornage, levé, mesure, relevé, topographie, triangulation

arpenter 1 → mesurer 2 → marcher

arpenteur n.m. → géomètre

arpenteuse n.f. → chenille

arpète n.f. 1 → apprenti 2 → midinette

arpion n.m. → pied

arqué, e busqué, cambré, convexe → courbe

arquebuse n.f. → arme

arquer (s') → courber (se)

arrachage et **arrachement** n.m. → déracinement

arrache-pied (d') avec acharnement

arracher 1 → déraciner 2 → extraire

arrachis n.m. → déracinement

arraisonnement n.m. abordage, contrôle, examen, inspection, interception, reconnaissance, visite

arraisonner aborder → reconnaître

arrangeable réparable → perfectible

arrangeant, e → conciliant

arrangement n.m. 1 → accommodement 2 → agencement 3 → ordre

arranger 1 → ranger 2 accommoder, accorder, adapter, agencer, ajuster, aménager, apprêter, approprier, arrimer, assembler, assortir, classer, combiner, composer, concilier, construire, coordonner, disposer, dresser, fignoler, grouper, harmoniser, installer, mettre ensemble, orchestrer, ordonner, organiser, placer, planifier, préparer, prévoir, ranger, régler, réparer, tourner (un compliment/une phrase), transformer, trier 3 agréer, aller bien, convenir 4 iron. → maltraiter 5 → parer 6 → réparer 7 v. pron. a → contenter (se) b → entendre (s')

arrangeur n.m. → intermédiaire

arrérages n.m. pl. → intérêt

arrestation n.f. 1 capture, coup de filet, prise 2 → emprisonnement

arrêt n.m. 1 accalmie (québ.), cessation, enraiement, interruption, latence, panne, pause, relâche, rémission, répit, repos, stagnation, stase (méd.) 2 → immobilité 3 abri, Abribus, aire de repos/stationnement, aubette, escale, étape, gare, halte, séjour, station, stationnement, stop 4 jurid. → jugement 5 arrêtoir, butée, cliquet, cran, dent, digue, mentonnet, taquet, tenon

arrêté n.m. arrêt, décision, décret, délibération, disposition, jugement, règlement, texte

arrêté, e → irréversible

arrêter 1 au pr. : ancrer, attacher, bloquer, contenir, empêcher, endiguer, enrayer, étancher, fixer, immobiliser, intercepter, interrompre, juguler, maintenir, mettre un frein/terme, paralyser, retenir, river, stopper, suspendre, tenir en échec → fixer, soumettre 2 par ext. a aborder, accoster, appréhender, arraisonner (mar.), capturer, s'emparer de, empoigner, emprisonner, enchaîner, prendre, s'assurer de b arg. ou fam. : accrocher, agrafer, alpaguer, bicher, bondir, calter, camoufler, chauffer, chiper, coiffer, coincer, coffrer, cravater, crever, crocher, croquer, cueillir, emballer, embarquer, emboîter, empaqueter, enfiler, envelopper, épingler, fabriquer, faisander, gaffer, gaufrer, gauler, gober, grouper, harponner, lourder, mettre au bloc/gnouf/trou/à l'ombre/la main au collet/le grappin sur, mordre, nettoyer, paumer, piger, pincer, piper, piquer, poisser, poivrer, ramasser, sauter, scalper, secouer, serrer, servir, souffler, sucrer ◆ être arrêté : se faire tâter, tomber c → prendre d → interrompre e → décider f engager, louer, réserver, retenir g cesser, finir 3 v. pron. : s'attarder, camper, cesser, demeurer, faire halte/relâche, se fixer, piétiner, relâcher, se relaisser (vén.), rester, séjourner, stationner, stopper, terminer, se terminer

arrêtoir n.m. → butée

arrhes n.f.pl. acompte, are, ars, art, avance, cautionnement, dédit, gage, hart, provision

arriération n.f. → idiotie

arrière n.m. et adj. 1 mar. → poupe 2 → derrière 3 → queue

arriéré n.m. arrérages, impayés, passif

arriéré, e 1 à la traîne, attardé, demeuré, diminué, en retard, inintelligent, retardataire, retardé, rétrograde, taré → idiot 2 → rude 3 → retardé

arrière-garde n.f. serre-file

arrière-goût n.m. → souvenir

arrière-pensée n.f. 1 calcul → méfiance 2 → hésitation

arrière-plan n.m. arrière-fond, coulisse

arriérer → retarder

arrière-saison n.f. automne, été de la Saint-Martin

arrière-train → derrière

arrimage n.m. chargement, mise en place

arrimer accrocher, affermir, amarrer, ancrer, arranger, arrêter, assembler, assujettir, assurer, attacher, boulonner, brêler, caler, centrer, charger, clouer, coincer, coller, consolider, cramponner, enclaver, enfoncer, enraciner, faire pénétrer/tenir, ficher, fixer, immobiliser, implanter, introduire, maintenir, mettre, nouer, pendre, planter, répartir, retenir, river, riveter, sceller, suspendre, soutenir, visser

arriser → diminuer

arrivage et **arrivée** n.m., n.f. 1 apparition, avent (vx et relig.), bienvenue, débarquement, survenance, venue 2 approche, avènement, commencement, début 3 afflux, approvisionnement, livraison, port

arriver 1 aborder, accéder, approcher, atteindre, devancer, être rendu, gagner, parvenir, surgir, surprendre, survenir, tomber sur, toucher, venir 2 arg. ou fam. : s'abouler, s'apporter, débarquer, débouler, se pointer, radiner, ramener sa fraise/sa graisse/sa viande/son nez, rappliquer 3 → réussir 4 → produire (se)

arrivisme n.m. 1 → ambition 2 → intrigue

arriviste n.m. et f. 1 → intrigant 2 → parvenu

arroche n.f. belle/bonne dame, chénopode, follette, pourpier de mer

arrogance n.f. air de supériorité, audace, cynisme, dédain, désinvolture, effronterie, fatuité, fierté, hardiesse, hauteur, impertinence, importance, impudence, insolence, mépris, morgue, orgueil, outrecuidance, présomption, suffisance, superbe

arrogant, e altier, audacieux, blessant, cavalier, cynique, dédaigneux, désinvolte, effronté, fat, fier, hardi, hautain, impertinent, important, impudent, insolent, insultant, méprisant, outrecuidant, péteux, présomptueux, rogue, suffisant, supérieur → orgueilleux

arroger (s') → approprier (s')

arroi n.m. 1 → équipage 2 → remue-ménage

arrondi, e 1 → courbe 2 → gros 3 contondant

arrondir → augmenter

arrondissement n.m. 1 → augmentation 2 → quartier

arrosage n.m. 1 affusion, arrosement, aspersion, bain, douche, irrigation 2 → gratification

arroser 1 asperger, baigner, bassiner, doucher, humecter, imbiber, inonder, irriguer, mouiller, traverser, tremper ◆ fam. → uriner 2 fig. → soudoyer (fig.)

arrosoir n.m. chantepleure

arroyo n.m. → canal

arsenal n.m. 1 atelier, chantier, magasin, manutention, réserve/stock/usine d'armement 2 fam. : affaire, équipage

arsenic n.m. orpiment, réalgar → poison

arsouille n.m. et f. 1 → ivrogne 2 → vaurien 3 → débauche

art n.m. 1 maîtrise, manière, procédé, science, technique, tour → artifice, habileté 2 a → poésie b arts libéraux : humanisme, lettres, philosophie, sciences humaines *trivium* : dialectique, grammaire, rhétorique *quadrivium* : arithmétique, astronomie, géométrie, musique c beaux-arts : architecture, arts décoratifs, cinéma, danse, dessin, gravure, musique, peinture, photographie, sculpture, théâtre

artefact 1 n.m. a artifice, convention b inform. off. : signe parasite 2 adj. → artificiel

artère n.f. → voie

article n.m. 1 billet, chronique, courrier, écho, écrit, éditorial, entrefilet, essai, étude, feuilleton, interview, leader, marronnier (fam. et

péj.), papier, premier-Paris, reportage, rez-de-chaussée, rubrique 2 zool. : articulation, jointure, segment 3 matière, objet, sujet 4 → **partie** 5 → **marchandise**
articulation n.f. 1 article (anat.), assemblage, attache, cardan, charnière, emboîtement, engrènement, cheville, jeu, joint, jointure, ligament, nœud 2 → **élocution**
articuler 1 → **dire** 2 → **énoncer** 3 → **prononcer** 4 → **joindre**
artifice n.m. 1 adresse, art, habileté, machiavélisme, malice, matoiserie, roublardise, rouerie, ruse 2 artefact, astuce, attrape-nigaud, carotte (fam.), cautèle, chausse-trape, détour, diplomatie, échappatoire, embûche, faux-fuyant, feinte, ficelle, finasserie, finesse, fourberie, fraude, intrigue, invention, machination, machine, manœuvre, méandre, perfidie, piège, politique, retour (vén.), rets, rubriques (vx), stratagème, subterfuge, subtilité, trame, tromperie, truc
artificiel, le 1 factice, faux, imité, inventé, postiche, reproduit 2 artefact, fabriqué, industriel, synthétique 3 affecté, arbitraire, arrangé, contraint, contrefait, conventionnel, convenu, de commande, emprunté, étudié, feint, forcé, littéraire, pastiché
artificiellement arbitrairement,
artificieux, euse 1 → **rusé** 2 → **hypocrite**
artilleur n.m. artificier, bombardier (vx), canonnier, chef de pièce, munitionnaire, pointeur, pourvoyeur, servant, torpilleur → **soldat**
artisan n.m. 1 artiste, compagnon, façonnier, maître ouvrier, patron, sous-traitant 2 auteur, cause, cheville ouvrière, responsable
artisanal, e fait main, manuel, traditionnel
artisanat n.m. compagnonnage, secteur tertiaire
artiste n.m. et f. 1 a acteur, chanteur, comédien, danseur, étoile, exécutant, fantaisiste, interprète, maître, musicien, virtuose b idole, locomotive, monstre sacré, star, starlette, superstar, vamp, vedette 2 architecte, artisan, coloriste, créateur, décorateur, dessinateur, écrivain, graveur, peintre, sculpteur → **poète** 3 → **amateur** 4 → **bohème**
artistique → **beau**
arum n.m. capuchon, gouet, langue-de-bœuf, petit-dragon, pied de veau, serpentaire
aruspice n.m. → **devin**
as n.m. aigle, caïd, champion, crack, étoile, génie, maître, phénix, savant, surdoué, virtuose
ascaride ou **ascaris** n.m. → **ver**
ascendance n.f. 1 → **naissance** 2 → **race**
ascendant 1 adj. → **montant** 2 n.m. a → **père** b → **influence**
ascenseur n.m. par ext. : élévateur, escalator, escalier mécanique, monte-charge
ascension n.f. → **montée**
ascensionnel, le → **perpendiculaire**
ascensionniste n.m. et f. → **alpiniste**
ascèse n.f. → **ascétisme**
ascète n.m. et f. anachorète, athlète, bonze, cénobite, ermite, fakir, flagellant, gourou, gymnosophiste, moine, oblat, pénitent, santon, stylite, thérapeute, yogi
ascétique austère, janséniste, puritain, rigide, rigoriste, rigoureux, rude, sévère, sobre, spartiate, stoïque → **simple**
ascétisme n.m. 1 ascèse, austérité, expiation, flagellation, jeûne, macération, mortification, pénitence, privation → **austérité** 2 cénobitisme, monachisme
ascite n.m. → **hérétique**
asclépiade n.m. 1 → **vers** 2 dompte-venin, herbe à la ouate
asdic n.m. sonar
asepsie n.f. → **assainissement**
aseptique aseptisé, stérile
aseptisation n.f. → **stérilisation**
aseptiser → **stériliser**
ashkénaze n. et adj. → **israélite**
ashram n.m. → **ermitage**
asiatique n. et adj. asiate ◆ arg. : jaunet
asile n.m. 1 hôpital, hospice, maison de retraite résidence pour personnes âgées 2 garderie, halte, orphelinat 3 clinique psychiatrique, maison de repos 4 → **abri**
asociabilité n.f. → **misanthropie**
asocial, e antisocial, clochardisé, inadapté, marginal, rejeté, réprouvé → **révolté**
aspect n.m. 1 abord, angle, apparence, cachet, caractère, configuration, côté, couleur, coup d'œil, endroit, extérieur, facette, forme, jour, perspective, point de vue, rapport, tour, vue 2 air, allure, contenance, dehors, écorce, face, faciès, figure, look, masque, physionomie, profil, tournure, train, visage
asperge n.f. 1 asparagus 2 a fam. → **grand** b arg. → **sexe**
asperger → **arroser**
aspergille n.f. → **crustacé**
aspérité n.f. 1 → **rugosité** 2 → **rudesse**
aspersoir n.m. aspergès, goupillon
asphalte n.m. 1 bitume, goudron, macadam, revêtement 2 → **rue** 3 → **prostitution**
asphalter → **bitumer**
asphyxie n.f. 1 anoxémie → **suffocation** 2 → **réplétion**
asphyxier → **étouffer**
aspic n.m. 1 → **vipère** 2 → **canon** 3 → **pâté** 4 grande lavande, lavande mâle
aspirant n.m. → **postulant**
aspiration n.f. 1 inhalation, inspiration, prise, respiration, succion 2 → **désir**
aspirer 1 absorber, avaler, humer, inhaler, inspirer, priser, renifler, respirer, siphonner, sucer, super 2 ambitionner, appeler, courir après, désirer, lever/porter ses yeux sur, prétendre, souhaiter, soupirer après/pour, tendre à → **vouloir**
assagir 1 atténuer, calmer, diminuer, modérer, tempérer 2 v. pron. : se ranger → **calmer (se)**
assagissement n.m. → **amendement, apaisement**
assaillant, e → **agresseur**
assaillir → **attaquer**
assainir → **purifier**
assainissement n.m. 1 antisepsie, asepsie, désinfection, détersion, nettoyage, prophylaxie, purification, stérilisation 2 assèchement, dessèchement, drainage, épuration, évacuation
assaisonnement n.m. 1 achards, apprêt, aromate, condiment, épice, garniture, harissa, ingrédient, ketchup, mayonnaise, moutarde, pickles, préparation, sauce, variantes (rég.), vinaigrette → **aromate** 2 → **piquant**
assaisonner accommoder, agrémenter, ailler, ajouter, apprêter, aromatiser, épicer, pimenter, poivrer, rehausser, relever, safraner, saler, vinaigrer → **embellir**
assassin n.m. et adj. → **homicide**
assassinat n.m. → **crime**
assassiner → **tuer**
assaut n.m. → **attaque**
asseau n.m. → **marteau**
assèchement n.m. dessèchement, drainage, épuisement, tarissement
assécher → **sécher**
assemblage n.m. 1 a ajustage, cadrature, crabotage, enlaçure, montage b agglomération, agrégat, amalgame, amas, arrangement, association, assortiment, collection, combinaison, composé, conjonction, disposition, échafaudage, groupement, jonction, juxtaposition, liaison, rapprochement, rassemblement, réunion, superposition, union c adent, attache, lien, moise, monture → **soudure** d armée, assemblée, colonie, condominium, confédération, fédération, nation, peuple, société, troupe, union e botte, bouquet, gerbe, tortis, tresse 2 couplage, groupage, jumelage, mariage, mixité, réunion, union 3 a → **assortiment** b → **collection**
assemblée n.f. 1 chambre, congrès, conseil, parlement 2 académie, compagnie, institut 3 → **réunion**, 4 → **fête**
assembler 1 appliquer, boulonner, cheviller, clouer, coller, emboîter, embrever, encastrer, enchâsser, enlier, enter, moiser, monter, mortaiser, river, riveter, sceller, souder, visser → **ajuster, joindre** 2 agglomérer, amasser, attrouper, battre le rappel, collecter, concentrer, conglomérer, conglutiner, grouper, lever, masser, mobiliser, rallier, ramasser, rassembler, recueillir, regrouper, remembrer, réunir, unir
assener → **frapper**
assentiment n.m. acceptation, accord, acquiescement, adhésion, agrément, approbation, autorisation, bon vouloir, commun accord, complaisance, consensus, consentement, permission, unanimité
asseoir → **fonder**
assertif, ive → **affirmatif**
assertion n.f. → **affirmation**
asservir → **soumettre**
asservissant, e aliénant, asservisseur (vx), assujettissant
asservissement n.m. → **servitude**
asservisseur, euse n. et adj. 1 → **asservissant** 2 → **tyran**
assesseur n.m. → **adjoint**
assez 1 à satiété, suffisamment 2 ça suffit, ça va, stop, top 3 passablement, plutôt 4 fam. : basta, baste (vx), y en a marre, ras-le-bol, rideau
assidu, e 1 → **continu** 2 → **exact**
assiduité n.f. 1 → **exactitude** 2 → **ténacité**
assidûment → **toujours**
assiégeant, e fig.→ **quémandeur**
assiéger 1 → **investir** 2 accabler, s'attacher à, bombarder (fam.), coller (fam.), obséder, poursuivre → **tourmenter**
assiette n.f. 1 calotte, écuelle, plat, vaisselle 2 équilibre, pose, position, posture, situation 3 → **répartition**
assiettée n.f. → **quantité**
assignat n.m. → **billet**
assignation n.f. 1 → **convocation** 2 → **attribution**
assigner 1 jurid. : appeler, citer, convoquer, mander 2 → **attribuer** 3 → **indiquer**
assimilable 1 → **comparable** 2 → **digeste**
assimilation n.f. 1 → **comparaison** 2 → **digestion** 3 ling. : → **contraction**
assimilé, e 1 au pr. : analogue, comparable, équivalent, identique, kif-kif (fam.), pareil, semblable, similaire, tel, tout comme 2 par ext. : acclimaté à, accoutumé à, apprivoisé, au courant, au fait, coutumier de, dressé, éduqué, endurci, entraîné, façonné, fait à, familiarisé avec, familier de, formé, mis au pas (péj.)/au pli, plié à, rompu à, stylé
assimiler 1 digérer, élaborer, transformer, utiliser 2 → **rapprocher**
assise n.f. 1 au sing. → **fondement** 2 au pl. a → **réunion** b juridiction populaire
assistance n.f. 1 → **appui** 2 → **public**
assistant, e → **adjoint**
assister 1 a → **aider** b → **appuyer** 2 entendre, être présent, suivre, voir
association n.f. 1 adjonction, affiliation, agrégation, alliance, assemblage, fusion, groupement, incorporation, intégration, liaison, réunion 2 alliance, attelage, collage (péj.), liaison, mariage, union (libre) 3 → **coopération** 4 congrégation, corps → **société** 5 → **participation**
associé, e acolyte, actionnaire, bras droit, collaborateur, consort (partic.), contractant, coopérant, coopérateur, nègre (fam. et péj.), intervenant, porteur (d'actions/de parts) → **adjoint**
associer accorder, adjoindre, affilier, agréger, attacher, enrôler, fédérer, incorporer, intégrer, intéresser, joindre, lier, liguer, rapprocher, réunir, solidariser, syndiquer, unir
assoiffer altérer, assécher, déshydrater, dessécher, donner la pépie (fam.)/soif, faire crever de soif (fam.), pousser à boire, rendre avide de
assolement n.m. → **alternance**
assoler → **alterner**
assombrir 1 → **obscurcir** 2 → **affliger**
assommant, e → **ennuyeux**
assommer 1 fam. : a anesthésier, calmer, coucher/laisser sur le carreau, effacer, endormir, engourdir, estourbir, étendre, étourdir, gonfler, répandre, sécher, sonner → **battre** b → **tuer** 2 a → **ennuyer** b → **abasourdir**
assommoir n.m. 1 → **arme** 2 → **cabaret**
assonance n.f. 1 → **consonance** 2 → **harmonie**
assortiment n.m. assemblage, choix, garniture, jeu
assortir 1 → **accoupler** 2 → **fournir**
assortir (s') → **plaire (se)**
assoupir 1 → **endormir** 2 v. pron. → **dormir**
assoupissement n.m. appesantissement, endormissement (vx), engourdissement, hypnose, léthargie, narcose, sommeil, somnolence → **apathie** ◆ méd. : coma
assouplir 1 → **modérer** 2 → **lâcher**

assouplissement n.m. → **modération**

assourdir 1 → **abasourdir** 2 → **étouffer**

assourdissant, e → **bruyant**

assouvir apaiser, contenter, étancher, calmer, contenter, rassasier, remplir, satisfaire

assouvissement n.m. apaisement, contentement, satisfaction

assuétude n.f. → **accoutumance**

assujetti, e 1 → **affilié** 2 → **contribuable**

assujettir 1 → **fixer** 2 → **obliger** 3 → **soumettre**

assujettissement n.m. 1 → **obligation** 2 → **subordination**

assumer se charger, endosser, porter la médaille/le chapeau (fam.), prendre sur soi, revendiquer

assurage n.m. → **sécurité**

assurance n.f. 1 → **garantie** 2 → **promesse** 3 → **confiance** 4 au pl. : secteur tertiaire 5 → **sûreté**

assuré, e 1 → **décidé** 2 → **évident** 3 → **sûr**

assurément → **évidemment**

assurer 1 affermir, consolider, fixer 2 → **garantir** 3 → **procurer** 4 → **affirmer** 5 → **promettre** 6 v. pron. a → **vérifier** b → **emparer (s')**

assureur n.m. 1 agent, apériteur, courtier, inspecteur (d'assurances) 2 arg. → **voleur**

aster n.m. reine-marguerite

astérie n.f. étoile de mer

astéroïde n.m. aérolithe, bolide, étoile (filante), météore

asthénie n.f. → **fatigue**

asthénique → **faible**

asthme n.m. → **suffocation**

asticot n.m. 1 → **aiche** 2 → **type**

asticoter 1 → **taquiner** 2 → **tourmenter**

astiquer briquer, cirer, faire briller/reluire, fourbir, frictionner, froisser, frotter, nettoyer, peaufiner (fam.), polir, poncer, récurer

astragale 1 n.m. → **moulure** 2 n.f. barbe de renard

astrakan n.m. breitschwanz

astral, e céleste, cosmique, lunaire, sidéral, solaire, stellaire, zodiacal

astre n.m. 1 astéroïde, céphéide, comète, étoile, naine, nova, pentacle, planète, satellite, supernova 2 → **lune** 3 → **soleil** 4 vx globe, luminaire 5 destin, destinée, étoile, signe

astreignant, e → **pénible**

astreindre → **obliger**

astreinte n.f. → **obligation**

astringent, e 1 hémostatique, styptique 2 → **aigre**

astrologie n.f. → **divination**

astrologue n.m. et f. → **devin**

astronaute n.m. et f. cosmonaute, spationaute

astronef n.m. → **aérodyne**

astronomie n.f. 1 astrophotographie, astrophysique, astrométrie, cosmographie, cosmologie, radioastronomie, sciences de l'espace 2 par ext. → **cosmogonie**

astronomique → **démesuré**

astuce n.f. 1 adresse, art, artifice, attrape-nigaud, cautèle, chausse-trape, détour, diplomatie, échappatoire, embûche, faux-fuyant, feinte, ficelle, finasserie, finesse, fourberie, fraude, habileté, intrigue, invention, jésuitisme, machiavélisme, machination, machine, malice, malignité, manège, manœuvre, matoiserie, méandre, perfidie, piège, politique, retour (vén.), rets, roublardise, rouerie, rubriques (vx), ruse, stratagème, subterfuge, subtilité, trame, tromperie, truquage ◆ fam. : arnaque, carotte, truc 2 clairvoyance, discernement, ingéniosité, ouverture d'esprit, pénétration, sagacité → **intelligence** 3 → **plaisanterie**

astucieux, euse 1 → **intelligent** 2 → **malin**

asymétrie n.f. dissymétrie, irrégularité

asymétrique → **irrégulier**

asyndète n.f. ellipse

ataraxie n.f. → **apathie**

atavisme n.m. → **hérédité**

atèle n.m. → **singe**

atelier n.m. agence, boutique, cabinet, chantier, fabrique, laboratoire, manufacture, ouvroir, studio, usine ◆ fam. : turbin, turbine, turf

atellane n.f. → **pièce**

atermoiement n.m. ajournement, attentisme, délai, faux-fuyant, hésitation, lenteur, manœuvre dilatoire, remise, retard, retardement, temporisation, tergiversation

atermoyer → **retarder**

athanor n.m. → **ustensile**

athée n.m. et f. et adj. → **incroyant**

athéisme n.m. → **scepticisme**

athénée n.m. → **lycée**

athlète n.m. et f. boxeur, cavalier, champion, coureur, culturiste, décathlonien, discobole, escrimeur, gymnasiarque, gymnaste, haltérophile, judoka, lanceur, lutteur, nageur, patineur, pentathlonien, plongeur, recordman, sauteur, skieur, sportif, tennisman/woman, triathlonien → **cycliste** ◆ fam. : armoire à glace/normande

athlétique → **fort**

athlétisme n.m. 1 au pr. : biathlon, course à pied/de haie, décathlon, lancement du disque/du javelot/du marteau/du poids, marathon, pentathlon, saut, triathlon 2 par ext. : boxe (anglaise/française), cheval *ouéquitation*, culture physique, cyclisme, escrime, gymnastique, haltères ou haltérophilie, judo, karaté, lutte (gréco-romaine), marche, natation, pancrace, patinage, saut à la perche, ski, tennis, tremplin, triathlon → **sport**

atlante n.m. → **statue**

atmosphère n.f. 1 air, espace, éther, fluide, gaz, milieu 2 ambiance, aura, climat, entourage, environnement, fluide, influence

atoca n.m. airelle des marais, canneberge (québ.)

atome n.m. → **particule**

atomisation n.f. 1 → **dispersion** 2 → **pulvérisation**

atomiser 1 disperser, fractionner, pulvériser, vaporiser 2 vitrifier → **détruire**

atomiseur n.m. aérosol, bombe, nébuliseur, pulvérisateur, vaporisateur

atone → **inerte**

atonie n.f. 1 → **apathie** 2 → **inertie**

atour(s) n.m. → **ornement**

atout n.m. → **avantage**

atrabilaire → **bilieux**

âtre n.m. → **foyer**

atrium n.m. par anal. : narthex, parvis, patio

atroce 1 → **affreux** 2 → **méchant**

atrocité n.f. 1 → **barbarie** 2 → **horreur**

atrophie n.f. → **maigreur**

atrophier 1 → **affaiblir** 2 → **diminuer**

attachant, e 1 → **attirant** 2 → **intéressant**

attache n.f. 1 au pr. a accouple (vén.), chaîne, corde, laisse, licol, licou, lien, ligament, liure (mar.), longe, sandow → **agrafe** b épissure, ligature, nœud → **fixation, ruban** c vx : chevêtre, hart 2 fig. a → **attachement** b → **relation**

attaché, e 1 → **fidèle** 2 → **adjoint**

attachement n.m. admiration, adoration, affection, amitié, amour, application, assiduité, attache, constance, dévotion, dévouement, dilection (relig.), estime, fanatisme, fidélité, flamme, goût, idolâtrie, inclination, indéfectibilité, intérêt, lien, loyalisme, passion, sentiment, tendresse, zèle ◆ vx : complaisance, feu, nœud

attacher 1 accoupler, accrocher, agrafer, amarrer, ancrer, appendre, assembler, assujettir, atteler, botteler, brêler, cheviller, coller, cramponner, enchaîner, ficeler, garrotter, harder (vén.), joindre, lier, ligaturer, ligoter, maintenir, mettre, nouer, pendre, river, suspendre → **fixer** ◆ mar. : amurer, bosser, carguer, élinguer, enverguer, étalinguer 2 → **arrêter** 3 → **intéresser** 4 → **associer** 5 v. pron. : s'accrocher, s'agripper, se coller, se cramponner, se raccrocher → **aimer**

attaquable → **faible**

attaquant, e → **agresseur**

attaque n.f. 1 abordage (mar.), agression, assaut, attentat, bombardement, charge, offensive → **raid** 2 → **guet-apens** 3 accès, congestion, crise, ictus, paralysie 4 → **commencement** 5 → **médisance**

attaquer 1 a aborder, agresser, assaillir, chercher des crosses (fam.)/querelle, combattre, défier, entreprendre, fondre/se jeter/tomber sur, se frotter à, se lancer/se précipiter contre, livrer bataille/combat, pourfendre, prendre à partie, presser, quereller, rompre en visière, surprendre b arg. ou fam. : braquer, entrer/rentrer dans le chou/dans le lard/dedans, opérer, sauter sur le râble, tomber (sur le poil) 2 → **ronger** 3 → **commencer** 4 → **blâmer**

attarder (s') → **flâner**

atteindre 1 → **arriver** 2 → **toucher** 3 → **rejoindre**

atteinte n.f. 1 → **dommage** 2 → **crise**

attelage n.m. 1 armon, brancards, équipage, palonnier, timon → **harnachement** 2 → **association**

atteler 1 → **attacher** 2 v. pron. : s'adonner, s'appliquer, s'assujettir, s'attacher, se dévouer, s'enchaîner, se livrer, se mettre à

attelle n.f. 1 par ext. : contention, éclisse, gouttière 2 planchette, plaque

attenant, e → **prochain**

attendre 1 demeurer/rester sur place, guetter, languir, se morfondre, patienter 2 fam. : arracher du chiendent, croquer le marmot, droguer, faire antichambre/le pied de grue/le poireau/le singe, gaffer, gober les mouches, laisser pisser le mérinos/le mouton, mariner, mitonner, maronner, moisir, poireauter 3 a → **espérer** b → **présumer**

attendrir 1 au pr. → **affaiblir** 2 fig. a → **émouvoir** b → **fléchir**

attendrissant, e → **émouvant**

attendrissement n.m. → **compassion**

attendu que → **parce que**

attentat n.m. → **crime**

attentatoire → **contraire**

attente n.f. 1 espérance, expectation (vx), expectative, présomption → **désir** 2 faction, pause, station ◆ fam. : pied de grue, poireau

attenter → **entreprendre**

attentif, ive appliqué, circonspect, diligent, exact, observateur, soigneux, vigilant → **respectueux**

attention n.f. 1 application, concentration, contemplation, contention, diligence, étude, exactitude, méditation, réflexion, soin, tension d'esprit, vigilance → **curiosité** 2 → **égard(s)** 3 vx : audience 4 **faire attention :** faire gaffe (arg.), garder de (vx), se garder de, prendre garde 5 interj. : gare, pardon, poussez-vous ◆ fam. : chaud (devant), gaffe, pet, vingt-deux

attentionné, e → **attentif**

attentisme n.m. → **atermoiement**

attentivement diligemment, respectueusement, soigneusement

attentiste → **malin**

atténuation n.f. → **diminution**

atténuer 1 → **affaiblir** 2 → **modérer**

atterrant, e → **effrayant**

atterrer 1 → **épouvanter** 2 atterrir, toucher à terre 3 vx : abattre, mettre à bas/à terre, rabattre

attestation n.f. certificat, référence, vidimus (jurid.), visa → **déclaration**

attester 1 → **affirmer** 2 → **prouver** 3 → **confirmer**

atticisme n.m. bonnes manières, civilité, délicatesse, distinction, urbanité

attiédir 1 → **refroidir** 2 → **modérer**

attiédissement n.m. → **tiédeur**

attifer accoutrer, apprêter, arranger, bichonner, embellir, endimancher, garnir, orner, pomponner

attiger → **exagérer**

attique n.f. : étage supérieur ◆ par ext. : couronnement, comble(s), frise, mansarde

attirail n.m. affaires, appareil, bagage, bataclan, bazar, chargement, équipage, équipement, fourbi, fourniment, paquet, paquetage, train

attirance n.f. 1 → **inclination** 2 → **attraction** 3 → **charme**

attirant, e 1 attracteur, attractif, fascinateur, magnétique 2 fig. : aimable, attachant, attrayant, captivant, charismatique, charmant, enchanteur, engageant, ensorcelant, envoûtant, fascinant, insinuant, invitant (vx), prenant, ravissant, sexy → **séduisant**

attirer 1 une chose. a → **tirer** b → **occasionner** 2 un être : affriander, affrioler, aguicher, allécher, amorcer, appâter, charmer, gagner, séduire, tenter 3 v. pron. → **encourir**

attisement n.m. → **excitation**

attiser accroître, activer, aggraver, aiguillonner, allumer, animer, aviver, déchaîner, donner le branle/le mouvement/le signal, emballer, embraser, enflammer, enthousiasmer, exacerber, exalter, exaspérer, exciter, faire sortir de ses gonds, fomenter, fouetter, insuffler, mettre en branle/en mouvement/hors de ses gonds, mettre de l'huile sur le feu (fam.), piquer, pousser, relever, réveiller, souffler, souffler sur les braises (fam.), stimuler, surexciter, susciter, tisonner, travailler → **aigrir**

attitré, e habituel, patenté ◆ vén. : placé en relai, posté

attitude n.f. 1 → **position** 2 → **procédé** 3 spat. off. : orientation

attouchement n.m. 1 → **tact** 2 → **caresse**

attractif, ive 1 au pr. : attracteur, compétitif 2 par ext. → **attirant**

attraction n.f. 1 au pr. : gravitation 2 fig. : attirance, attrait, entraînement, fascination, goût, séduction → **charme** 3 → **spectacle**

attrait n.m. 1 → **attraction** 2 → **grâce** 3 → **charme**

attrapade n.f. 1 → **reproche** 2 → **pugilat**

attrape n.f. 1 → **piège** 2 → **plaisanterie** 3 → **tromperie**

attrape-nigaud n.m. attrape-couillon (rég. et fam.), attrape-gogo/lourdaud/niais → **tromperie**

attraper 1 neutre. a → **prendre** b → **arrêter** c → **obtenir** d → **rejoindre** e → **toucher** f → **entendre** 2 péj. a une maladie → **contracter** b → **tromper** c → **réprimander**

attrayant, e → **attirant**

attribuable dû/imputable à

attribuer 1 accorder, adjoindre, adjuger, affecter à, allouer, annexer, appliquer, assigner, attacher, concéder, conférer, consacrer, créditer, décerner, départir, distribuer, donner, doter, gratifier de, honorer, imputer, lotir, mettre/rejeter/reporter sur, octroyer, prêter, rattacher à, reconnaître, référer 2 → **supposer** 3 v. pron. → **approprier (s')**

attribut n.m. 1 gram. et log. : prédicat 2 → **qualité** 3 → **symbole** 4 → **contingence**

attributaire n.m. et f. et adj. → **bénéficiaire**

attribution n.f. 1 allocation, affectation, assignation, imputation, lot, octroi, part, remise → **distribution** 2 → **emploi** 3 → **prérogative**

attristant, e accablant, affligeant, chagrinant, consternant, cruel, décourageant, démoralisant, déplorable, déprimant, désastreux, désespérant, désolant, douloureux, dur, embarrassant, embêtant, emmerdant (grossier), ennuyeux, fâcheux, funeste, injuste, lamentable, malheureux, mauvais, navrant, pénible, regrettable, sot, triste

attrister 1 au pr. : abattre, accabler, affecter, affliger, arracher des larmes, assombrir, atterrer, chagriner, consterner, contrarier, contrister, déchirer, désespérer, désoler, embrumer, émouvoir, endeuiller, enténébrer, éprouver, fâcher, faire souffrir, fendre le cœur, frapper, mettre à l'épreuve/au supplice/à la torture, navrer, obscurcir, peiner, percer le cœur, rembrunir, torturer, toucher, tourmenter, troubler 2 par ironie : doter, nantir 3 relig. : appliquer la discipline, macérer 4 v. pron. : déplorer, éprouver de l'affliction/de la douleur/du chagrin

attrition n.f. → **regret**

attroupement n.m. → **rassemblement**

attrouper 1 → **ameuter** 2 → **assembler**

aubade n.f. 1 → **concert** 2 → **avanie**

aubaine n.f. 1 au pr. → **succession** 2 par ext. a → **profit** b → **chance**

aube n.f. 1 au pr. a aurore, avant-jour, lever du jour/du soleil, orient, pique/point/pointe du jour rég. : piquette b techn. : pale c **dès l'aube :** au chant de l'alouette/du coq 2 → **commencement**

aubépine n.f. azerolier, épine blanche

aubère → **robe (du cheval)**

auberge n.f. 1 → **cabaret** 2 → **hôtel** 3 → **restaurant**

aubergine n.f. 1 morelle 2 → **évêque** 3 → **nez** 4 → **policier**

aubergiste n.m. et f. hôtelier → **cabaretier**

aubette n.f. abri, Abribus®

aubier ou **aubour** n.m. rég. : cytise, viorne

aubin n.m. → **cheval**

aucun → **nul**

aucunement 1 → **pas** 2 → **rien**

aucuns (d') → **plusieurs**

audace n.f. → **hardiesse**

audacieux, euse 1 → **courageux**, 2 → **hardi** 3 → **arrogant**

audible clair, perceptible

audience n.f. 1 a → **public** b → **réception** 2 a → **influence** b → **popularité**

audit n.m. off. et québ. : auditeur

auditeur, trice → **public**

audition n.f. 1 → **concert** 2 épreuve, essai, test

auditionner → **questionner**

auditoire n.m. → **public**

auditorium n.m. aula (helv.), salle de concert/de conférence/de radio(diffusion) /de télé(vision)

auge n.f. auget, bac, bassin, binée, bouloir, crèche, mangeoire, maie

augmentation n.f. 1 → **hausse** 2 abondement, accentuation, accession, accrétion, accroissement, accrue, activation, addition, adjonction, agrandissement, allongement, amplification, arrondissement, boom ou boum, croissance, crue, développement, dilatation, distension, élargissement, élévation, enrichissement, exaltation (vx), extension, foisonnement, gradation, grossissement, intensification, majoration, montée, multiplication, rallonge, recrudescence, redoublement, renchérissement, renforcement → **gonflement** 3 → **hausse** 4 → **aggravation** 5 math. : incrément, pas

augmenter 1 v. intr. a s'accentuer, s'accroître, s'aggraver, s'agrandir, s'allonger, s'amplifier, s'arrondir, croître, s'élargir, s'étendre, grandir, grossir, s'intensifier, se multiplier, prolonger, rallonger, redoubler → **gonfler** b → **empirer** c → **affermir** 2 v. tr. : accentuer, accroître, adjoindre, aggraver, agrandir, ajouter à, arrondir, densifier, développer, doubler, élargir, élever, enfler, enrichir, étendre, graduer, grossir, hausser, intensifier, majorer, monter, multiplier, prolonger, rallonger, redoubler, renchérir, renforcer, valoriser

augure n.m. 1 → **devin** 2 → **présage**

augurer 1 → **présumer** 2 → **prédire**

auguste 1 adj. → **imposant** 2 n.m. → **clown**

augustin, e → **religieux**

augustinien, ne → **janséniste**

aujourd'hui → **présentement**

aula n.f. → **amphithéâtre**

aulne n.m. aune, bourdaine (rég.), vergne → **arbre**

aumône n.f. → **secours**

aumônier 1 n.m. : chapelain, babillard (arg.), ministre du culte → **prêtre** 2 adj. → **généreux**

aumônière n.f. 1 bourse, cassette, escarcelle, poche, porte-monnaie, réticule, sac 2 par ext. : bassinet (vx), chapeau, gobelet, plateau, timbale, tronc → **tirelire**

auparavant anciennement, antérieurement, au préalable, autrefois, ci-devant (vx), dans le passé, dans le temps, déjà, jadis, naguère, préalablement, précédemment, premièrement

auprès 1 → **près** 2 → **comparaison (en)**

aura n.f. 1 air, ambiance, atmosphère 2 vx : émanation, fluide, principe, semence, souffle 3 prestige → **influence**

auréole n.f. → **nimbe**

auréoler 1 nimber → **couronner** 2 → **louer**

auricule n.f. oreille de Judas → **champignon**

aurige n.m. → **cocher**

aurore n.f. → **aube**

auscultation n.f. → **recherche**

ausculter → **examiner**

auspice n.m. 1 → **devin** 2 → **présage** 3 au pl. : appui, conduite, direction, égide, patronage, protection, sauvegarde, tutelle

aussi 1 autant, encore, également, de même, pareillement, de plus 2 → **ainsi**

aussitôt 1 à l'instant, d'abord, d'emblée, illico (fam.), immédiatement, incessamment, incontinent, instantanément, sans délai/plus attendre, séance tenante, soudain, soudainement, sur-le-champ, tout de suite 2 fam. : aussi sec, illico

austère 1 → **rude** 2 abrupt, ascétique, grave, janséniste, puritain, rigide, rigoriste, rigoureux, sévère, sobre, spartiate, stoïque 3 → **simple**

austèrement → **simplement**

austérité n.f. abnégation, ascétisme, dureté, jansénisme, nudité, puritanisme, renoncement, rigidité, rigorisme, rigueur, rudesse, sévérité, simplicité, sobriété, stoïcisme → **pénitence**

austral, e antarctique, méridional, midi, sud

australien, ne aborigène ◆ arg. : kangourou

autan n.m. → **vent**

autant 1 → **aussi** 2 a autant que → **comme** b d'autant que → **parce que**

autarcie n.f. autoconsommation, autosuffisance → **isolement**

autel n.m. foyer, laraire, pierre, table du sacrifice

auteur n.m. et f. 1 → **cause** 2 → **écrivain**

authenticité n.f. → **bien-fondé**

authentifier → **certifier**

authentique 1 a → **évident** b → **vrai** 2 → **officiel**

autoberge n.f. voie sur berge

autobiographie n.f. → **mémoire** (n.m.)

autobus n.m. autocar, bus, car, microbus, minibus, omnibus, patache (vx)

autochtone n. et adj. aborigène, habitant, indigène, local, natif, naturel, originaire

autoclave n.m. → **étuve**

autocollant, e adhésif

autoconsommation n.f. → **autarcie**

autocrate n. et adj. → **monarque**

autocratie n.f. → **absolutisme**

autocratique → **absolu**

autocritique n.f. 1 → **confession** 2 → **introspection**

autocuiseur n.m. Cocotte-minute®, cuiseur, digesteur

autodestruction n.f. hara-kiri, suicide

autodrome n.m. circuit, piste

auto-érotisme n.m. masturbation, narcissisme, onanisme

autogestion n.f. → **socialisme**

autogire n.m. → **aérodyne**

automate n.m. et adj. 1 au pr. : androïde, robot 2 fig. → **fantoche**

automation n.f. automatisation (off.), robotique, télécommande, télégestion, téléguidage, téléinformatique, télémaintenance, télémesure, télésurveillance, télétraitement → **informatique**

automatique 1 convulsif, forcé, inconscient, instinctif, involontaire, irréfléchi, machinal, mécanique, passif, réflexe, spontané → **inévitable** 2 informatisé, programmé

automatiquement de soi-même, tout seul

automatiser informatiser, programmer

automatisme n.m. 1 → **habitude** 2 → **régularité**

automédon n.m. → **cocher**

automne n.m. arrière-saison, été indien/de la Saint-Martin

automobile n.f. → **voiture**

automotrice n.f. aérotrain, autorail, micheline, motrice

autonome → **libre**

autonomie n.f. → **liberté**

autonomiste n. et adj. → **séparatiste**

autopsie n.f. analyse, anatomie, dissection, docimasie, examen, vivisection

autorail n.m. → **automotrice**

autorisation n.f. → **permission**

autorisé, e 1 → **permis** 2 → **influent** 3 → **qualifié**

autoriser 1 accréditer, appuyer, confirmer, habiliter, justifier, qualifier 2 accepter, accorder, acquiescer, admettre, agréer, approuver, concéder, consentir, dispenser, donner la permission, laisser, passer, permettre 3 → **souffrir**

autoritaire absolu, absolutiste, altier, cassant, catégorique, conquérant, despotique, dictatorial, directif, dominateur, dur, facho (fam.), ferme, fort, impérieux, intraitable, intransigeant, irrésistible, net, péremptoire, pète-sec, pressant, raide, tranchant, tyrannique, volontaire

autoritarisme n.m. → **absolutisme**

autorité n.f. 1 bras de Dieu, commandement, domination, empire, férule, force, griffe, impérialisme, loi, magistère, main, omnipotence, pouvoir, prééminence, prépotence, puissance, régence, règne, souveraineté, supériorité, toute-puissance → **gouvernement** 2 → **absolutisme** 3 a → **charme** b → **habileté** c → **influence** d → **qualité** e → **tête**

autoroute n.f. par ext. : pénétrante, rocade

autosuffisance n.f. → **autarcie**

autotomie n.f. → **amputation**

autour 1 prép. et adv. : alentour, à la ronde → **environ** 2 n.m. → **rapace**

autre → **différent**

autre(s) → **autrui**

autrefois à l'origine, anciennement, au temps ancien/passé, dans l'antiquité/le temps, d'antan, en ce temps-là, il y a longtemps, jadis, naguère

autrement 1 alias 2 beaucoup plus 3 sans quoi, sinon

autruche n.f. autruchon par ext. : aptéryx, casoar, émeu, kiwi, nandou

autrui alter ego, les autres, prochain, semblable

auvent n.m. abri, aubette, avant-toit, banne, galerie, marquise

auvergnat, e 1 fam. : bougnat 2 → **cabaretier** 3 → **avare**

auxiliaire n.m. ou f. et adj. 1 à mi-temps, contractuel, extra, intérimaire, remplaçant, stagiaire, supplétif, surnuméraire → **adjoint** 2 → **complice** 3 accessoire, adjuvant, annexe, complémentaire, second, supplémentaire

avachi, e → **fatigué**

avachir → **affaiblir**

avachissement n.m. 1 veulerie → **faiblesse** 2 → **mollesse**

aval n.m. → **caution**

avalanche n.f. par ext.→ **pluie**

avaler 1 au pr. a absorber, déglutir, effacer (arg.), enfourner, engloutir, entonner, gober, ingérer, ingurgiter, prendre ◆ vx : friper, humer b mar. et sports : → **descendre** c → **boire** d → **manger** 2 fig. a → **croire** b → **recevoir** 3 v. pron. → **tomber**

avaleur, euse → **glouton**

avaliser → **garantir**

avaliseur n.m. et adj. → **garant**

à-valoir n.m.inv. → **acompte**

avance n.f. 1 → **acompte** 2 → **offre** 3 → **avancement** 4 **faire des avances** → **courtiser**

avancé, e 1 libre, progressiste, révolutionnaire → **extrémiste** 2 → **précoce** 3 → **gâté**

avancée n.f. 1 → **saillie** 2 → **promontoire** 3 → **progression** 4 ski : flexion vers l'avant

avancement n.m. 1 au pr. : avance, développement, essor, évolution, marche, progrès, progression 2 par ext. : amélioration, élévation, marche en avant, nomination, perfectionnement, progression, promotion

avancer 1 au pr. a gagner, gagner du terrain, marcher, pousser, progresser b → **accélérer** c → **rapprocher** 2 par ext. a → **affirmer** b → **hasarder**

avanie n.f. algarade, brimade, camouflet, incartade, mortification, nasarde, scène, sortie, soufflet → **offense** ◆ vx et/ou fam. : accroche, aubade, couleuvres

avant 1 prép. : devant 2 adv. : anciennement, antérieurement, auparavant, au préalable, autrefois, ci-devant (vx), dans le passé, déjà, jadis, naguère, préalablement, précédemment, premièrement 3 mar. : étrave, proue

avantage n.m. 1 atout, attribut, avance, commodité, dessus, droit, préciput, prééminence, prérogative, privilège, profit, succès, supériorité, utilité 2 a → **cadeau** b → **profit**

avantager → **favoriser**

avantageusement bien, favorablement, heureusement, honorablement, profitablement, utilement

avantageux, euse 1 → **profitable** 2 → **orgueilleux**

avant-coureur n.m. → **précurseur**

avant-dernier pénultième

avant-garde n.f. avant-coureur, avant-courrier, éclaireur, pointe, tête

avant-gardisme n.m. 1 → **mode** 2 → **progressisme**

avant-gardiste n.m. 1 → **snob** 2 → **progressiste**

avant-goût n.m. anticipation, aperçu, avant-première, échantillon, essai, exemple, idée, image, pensée, perspective, tableau, topo (fam.) → **pressentiment**

avant-première n.f. couturière, générale, répétition générale → **avant-goût**

avant-projet n.m. devis, esquisse, maquette, plan, proposition, tracé

avant-propos n.m. → **préface**

avant-scène n.f. proscenium

avant-toit n.m. abri, aubette, auvent, galerie, marquise, véranda

avare n. et adj. 1 a âpre au gain, auvergnat, avide, baise-la-piastre (québ.), boîte-à-sous, chiche, chien, coquin, crasseux, créancier, cupide, dur, écossais, égoïste, grigou, grippe-sou, harpagon, intéressé, jean-foutre, ladre, mesquin, parcimonieux, pignouf, pingre, pisse-vinaigre, près-de-ses-sous, prêteur sur gage, radin, rapace, rapiat, rat, regardant, regrattier, serré, sordide, thésauriseur, tire-lire, tire-sous, tronc, usurier, vautour, vilain b vx : avaricieux, fesse-mathieu, gredin, happe-chair, levantin, pince-maille, pleure-misère, racle-denier, taquin, tenant c arg. : aspic, mange-merde, pain dur, pas large du dos, pierre de taille, râpé 2 → **aride**

avarice n.f. âpreté (au gain), avidité, chiennerie, crasse, cupidité, égoïsme, gredinerie (vx), ladrerie, lésine, lésinerie, mesquinerie, parcimonie, pingrerie, pouillerie, radinerie, rapacité, thésaurisation, usure, vilenie ◆ arg. : mégotage

avarie → **dommage**

avarier 1 altérer, corrompre, dénaturer, détériorer, endommager, éventer, gâter, meurtrir, perdre, pourrir, putréfier, tarer, vicier 2 par ext. → **gâcher**

avatar n.m. → **transformation**

avec 1 à, ainsi que, en compagnie de, en même temps, du même coup, par 2 à l'aide/au moyen/au prix de, grâce à, moyennant

aveline n.f. noisette

avelinier n.m. coudre, coudrier, noisetier

aven n.m. → **abîme**

avenant, e → **aimable**

avenant n.m. 1 adjonction, codicille, modification, supplément 2 **à l'avenant** : en accord/conformité/rapport, de même, pareillement

avènement n.m. accession, apparition, arrivée, élévation, naissance, venue

avenir n.m. 1 futur, horizon, lendemain 2 a au-delà, autre vie, destinée, éternité, temps/vie futur(e) b → **destin** c → **postérité** 3 **à/dans l'avenir** : à bref délai, avant longtemps, demain, dès maintenant, désormais, dorénavant, dans/par la suite, plus tard, prochainement, sous peu, tantôt, ultérieurement

aventure n.f. 1 au pr. a → **événement** b → **entreprise** 2 par ext. a → **hasard** b → **destin, destinée** c → **amour** 3 a **bonne aventure** → **divination** b **d'aventure** → **peut-être**

aventurer commettre, compromettre (péj.), émettre, essayer, exposer, hasarder, jouer, jouer son va-tout, se lancer, risquer, risquer le paquet (fam.), tenter → **expérimenter**

aventureux, euse audacieux, aventurier (vx), entreprenant, hardi, hasardeux, imprévoyant, imprudent, osé, téméraire → **risqué**

aventurier, ère 1 nom → **intrigant** 2 adj. → **aventureux**

avenue n.f. 1 → **allée** 2 → **rue** 3 → **voie**

avéré, e → **vrai**

avérer 1 a → **vérifier** b → **confirmer** 2 v. pron. a → **paraître** b → **ressortir**

avers n.m. endroit, face, recto

averse n.f. → **pluie**

aversion n.f. 1 → **éloignement** 2 → **répugnance**

averti, e → **capable**

avertir 1 alerter, annoncer, apprendre, aviser, crier de (vx), crier casse-cou/gare, dénoncer, dire, donner avis, éclairer, faire connaître/savoir, indiquer, informer de, instruire, mettre en demeure/en garde, montrer, notifier, porter à la connaissance, prévenir, renseigner, signaler 2 → **réprimander** 3 corner, klaxonner, sonner 4 arg. : rancarder

avertissement n.m. 1 avis, communication, conseil, indication, information, instruction, monition (relig.), recommandation, renseignement, signalement, suggestion 2 non fav. : admonestation, admonition, leçon, observation, remontrance, représentation, réprimande, semonce, tablature (vx) → **reproche** 3 par ext. a → **préface** b → **lettre** c → **présage** d → **notification**

avertisseur n.m. bruiteur, corne, Klaxon, signal, sirène, sonnerie, sonnette, trompe

aveu n.m. approbation, confidence, consentement, déclaration, mea culpa, reconnaissance → **confession**

aveuglant, e 1 → **éblouissant** 2 → **évident**

aveugle n. et adj. 1 mal-voyant 2 bât. : orbe 3 → **stupide**

aveuglement 1 au pr. : cécité 2 fig. : confusion, déraison, égarement, entêtement, erreur, fascination, folie, illusion, imprévision, indifférence, ignorance, obscurcissement, opiniâtreté → **stupidité** 3 → **trouble**

aveuglément à l'aveugle/l'aveuglette/tâtons, sans regarder, sans voir

aveugler 1 au pr. → **boucher** 2 fig. a → **éblouir** b → **troubler** c → **tromper**

aveuglette (à l') → **aveuglément**

aveulir → **affaiblir**

aveulissement n.m. → **dégradation**

aviateur, trice 1 aéronaute, bombardier, chasseur, commandant de bord, mécanicien volant, mitrailleur, navigant, navigateur, observateur, personnel navigant, pilote 2 par ext. : aérostier

aviation n.f. 1 aéronautique, air, navigation aérienne, sports/transports aériens 2 aéronavale, aéropostale, aérospatiale, aérostation, aérotechnique, armée de l'air

aviculteur, trice volailleur

avide 1 au pr. → **glouton** 2 fig. a → **intéressé** b → **avare** c → **envieux**

avidité n.f. 1 ambition, concupiscence, convoitise, cupidité, désir ardent/insatiable, envie, rapacité, vampirisme → **voracité** 2 → **faim** 3 → **avarice**

avilir → **abaisser**

avilissant, e abaissant, abject, bas, dégradant, déshonorant, humiliant, indigne, infamant, infâme, méprisable, servile → **honteux**

avilissement n.m. → **dégradation**

aviné, e → **ivre**

avion n.m. 1 aéroplane, airbus, appareil, avion de ligne, long courrier, avion cargo/cible/citerne/école/suicide/taxi, avionnette, charter, gros porteur, jet, jumbo jet, machine, supersonique 2 bi/mono/quadri/tri-moteur, d'appui/d'assaut/de bombardement / de chasse / d'interception/d'observation/de ravitaillement/de renseignement/de transport, bombardier, chasseur, intercepteur, ravitailleur 3 fam. et/ou péj. : cage à poules, carcasse, cercueil volant, coucou, fer à repasser, lampe à souder, libellule, pou du ciel, tacot, taxi, zinc 4 → **aérodyne**

aviron n.m. 1 godille, pagaie, rame 2 par ext. : régates

avis n.m. 1 → **avertissement** 2 → **opinion** 3 → **préface** 4 → **proclamation** 5 **donner avis** → **avertir**

avisé, e 1 → **habile** 2 → **prudent** 3 → **raisonnable**

aviser 1 v. tr. a → **avertir** b → **voir** 2 v. intr. → **pourvoir** 3 v. pron. a → **oser** b → **trouver** c → **penser**

aviso n.m. mar. : escorteur, messager → **bateau**

avitailler → **pourvoir**

avitaminose n.f. béribéri, rachitisme, scorbut

aviver → **augmenter**

avocasserie n.f. 1 → **chicane** 2 → **bavardage**

avocat, e 1 attorney (angl.), avoué, bâtonnier, conseil, consultant, défenseur, membre du barreau 2 péj. : avocaillon, avocassier, chicaneur, chicanier 3 arg. : babillard, bavard, baveux, blanchisseur, parrain, vermine 4 apologétique, apôtre, champion, intercesseur, partisan, protecteur, redresseur de torts, serviteur, soutien, tenant 5 avocat général → **procureur**

avocette n.f. → **échassier**

avoine n.f. 1 fromental 2 fam. → **volée**

avoir 1 n. m. a → **bénéfice** b → **bien** (n. m.) 2 v. tr. a détenir, jouir de, posséder, tenir b → **obtenir** 3 par ext. a → **tromper** b → **vaincre**

avoisinant, e → **prochain**

avoisiner → **toucher**

avortement n.m. 1 au pr. : arrêt/interruption volontaire de grossesse, fausse couche, I.V.G 2 fig. : déconfiture, défaite, échec, faillite, insuccès, perte, revers

avorter chuter, faire long feu/fiasco, manquer, rater → **échouer**

avorteuse n.f. fam. : faiseuse d'anges, mère guette-au-trou, tricoteuse, videuse

avorton n.m. 1 au pr. : fausse couche 2 par ext. a embryon, fœtus, germe, graine, œuf b aztèque, déchet, freluquet, gnome, homoncule, lilliputien, magot, microbe, myrmidon, nabot, nain, pot à tabac, pygmée, ragot, rase-mottes, tom-pouce

avouable → **honnête**

avoué n.m. → **avocat**

avouer 1 au pr. : accorder, admettre, concéder, confesser, confier, constater, convenir, décharger/dégager sa conscience, déclarer, déclencher (dial.), dire (la vérité), reconnaître, tomber d'accord 2 arg. et/ou fam. : s'aligner, s'allonger, balancer, bouffer/casser/cracher/lâcher/manger/sortir le morceau/le paquet, déballer (ses outils), se déboutonner, se dégonfler, s'étaler, jacter, manger du lard, se mettre à table, ouvrir sa gueule, vider son sac

avulsion n.f. arrachage, arrachement, déracinement, divulsion, éradication, évulsion, extirpation, extraction

axe n.m. arbre, essieu, ligne, pivot, vecteur

axer → **diriger**

axiomatique → **évident**

axiome n.m. 1 énoncé, évidence, exactitude, hypothèse, lemme, postulat, proposition, prémisse, principe, proposition, théorème, vérité 2 adage, aphorisme, apophtegme, maxime, morale, pensée, sentence

axis n.m. cerf du Bengale/du Gange/de l'Inde

ayant cause et **ayant droit** n.m. acheteur, bénéficiaire, donataire, légataire → **héritier**

azimut n.m. → **direction**

azoospermie n.f. → **stérilité**

azur n.m. air, atmosphère, bleu, ciel, éther, firmament, voûte céleste

azuré, e bleuâtre, bleuté, céleste, céruléen, lapis-lazuli, myosotis, pervenche, saphir → **bleu**

B

baba 1 adj. : abasourdi, comme deux ronds de flan, ébahi, étonné, stupéfait, surpris 2 n.m. a marquise, savarin b → **fessier**

b-a-ba n.m. → **alphabet**

babil et **babillage** n.m. 1 bavardage, gazouillement, gazouillis, lallation, ramage 2 bruit, murmure 3 cancan, caquet, caquetage, jacassement

babillard, e → **bavard**

babillarde n.f. lettre, message, missive ◆ fam. : bafouille, poulet

babiller 1 bavarder, gazouiller 2 non fav. : cancaner, caqueter, jacasser, jaser, médire → **bavarder**

babines n.f. a d'un animal : lèvres, lippes b de quelqu'un : badigoinces (fam.), lèvres, lippes

babiole n.f. 1 chose sans importance : affiquet, amusement, amusette, bagatelle, baliverne, bêtise, bibelot, breloque, bricole, brimborion, caprice, colifichet, connerie (vulg.), fanfreluche, fantaisie, frivolité, futilité, jouet, joujou, gadget, petit quelque chose, rien 2 affaire sans importance : a amusement, badinerie, bricole (fam.), broutille, futilité, jeu, plaisanterie, rien b non fav. : baliverne, bêtise, chanson, fadaise, futilité, niaiserie, sornette, sottise, vétille 3 par ext. : amourette, badinage, chose, flirt, galanterie → **amour**

babiroussa n.m. → **sanglier**

bâbord côté gauche

babouche n.f. chaussure, mule, pantoufle, savate

babouin n.m. cynocéphale, papion

bac n.m. 1 bachot, bateau plat, embarcation, ferry-boat, toue, traille, traversier (québ.), vidoir, va-et-vient → **bateau** 2 auge, baquet, bassin, cuve, timbre, vidoir 3 → **baccalauréat**

baccalauréat n.m. premier grade universitaire fam. : bac, bachot, peau d'âne

baccara n.m. chemin de fer → **carte**

baccarat n.m. → **cristal**

bacchanale n.f. → **tohu-bohu**

bacchante n.f. 1 ménade, thyade 2 → **moustache** 3 → **mégère**

bâche n.f. banne, capote, couverture, toile ◆ mar. : prélart, taud

bâcher → **couvrir**

bachot n.m. 1 → **bateau** 2 → **baccalauréat**

bacillaire bactérien, microbien, parasite

bacille n.m. → **microbe**

bâclage n.m. expédition, fagotage, gâchis, liquidation, sabotage, sabrage

bâcle n.f. → **barre**

bâcler brocher, expédier, fagoter, finir, gâcher, liquider, maltraiter, négliger, saboter, sabrer, torcher (fam.)

bacon n.m. → **charcuterie**

bactérie n.f. → **microbe**

bactérien, ne bacillaire, microbien, parasite

bactériologie n.f. → **biologie**

badaud n.m. 1 non fav. : crédule, gobe-mouches (fam.), niais, nigaud, oisif, sot 2 arg. : cave, flanelle, pingouin → **bête** 3 neutre : curieux, flâneur, lèche-vitrine (fam.), promeneur

badauderie n.f. crédulité, niaiserie, nigauderie, oisiveté, sottise → **bêtise**

baderne n.f. 1 mar. : protection 2 **vieille baderne :** a culotte de peau, peau de vache b vieux chose/con/machin/truc, vieille vache

badge n.m. → **insigne**

badiane n.f. → **anis**

badigeon n.m. enduit → **peinture**

badigeonnage n.m. barbouillage (péj.), enduit → **peinture**

badigeonner 1 enduire, peindre 2 par ext. : barbouiller, enduire, farder, oindre, recouvrir → **peindre**

badigeonneur n.m. → **barbouilleur**

badigoinces n.f. → **babines**

badin, e 1 amusant, drôle, enjoué, espiègle, folâtre, fou, gai, gamin, mutin, rigolo 2 non fav. : désinvolte, frivole, léger, libre

badinage n.m. 1 au pr. : amusement, amusette, badinerie, batifolage, enjouement, gaieté, jeu, mutinerie, plaisanterie 2 bluette, fleurette, flirt, galanterie, marivaudage

badine 1 n.f. : canne, cravache, baguette, jonc, stick 2 n.f. pl. : pincettes

badiner 1 s'amuser, jouer, plaisanter, rigoler (fam.), taquiner 2 baratiner (fam.), conter fleurette, flirter, marivauder → **courtiser**

badinerie n.f. → **badinage**

baffe n.f. → **gifle**

baffle n.m. off. : écran, enceinte acoustique (par ext.)

bafouer abaisser, brocarder, conspuer, fouler aux pieds, se gausser de, humilier, maltraiter, mépriser, mettre en boîte, se moquer de, outrager, se payer la tête de, persifler, railler, ridiculiser, vilipender

bafouillage n.m. 1 amphigouri, baragouin, baragouinage, bredouillement, cafouillage, charabia, jargon 2 scient. : glossolalie, palilalie 3 par ext. : aphasie 4 fam. : déconnage

bafouille n.f. babillarde, lettre, message, missive, poulet

bafouiller balbutier, baragouiner, bégayer, bredouiller, cafouiller, déconner (grossier), s'embrouiller, jargonner, manger ses mots, marmonner, merdoyer (grossier), murmurer

bafouilleur, euse baragouineur, bredouilleur, cafouilleur ◆ vulg. : déconneur

bâfrer péj. : avaler, bouffer, déglutir, empiffrer, s'empiffrer, engloutir, faire ripaille, goinfrer, se goinfrer, gueuletonner, s'en mettre plein la lampe, phagocyter, se taper la cloche, tortorer

bâfreur n.m. bouffeur, glouton, goinfre, goulu, gourmand, ogre, phagocyte, ripailleur

bagage n.m. 1 au pr. a affaires b attirail, caisse, chargement, coffre, colis, équipement, fourbi (fam.), fourniment, impedimenta, malle, paquet, sac, valise → **ballot** c milit. : barda, cantine, paquetage d vx ou fam. : arroi, équipage, harnois, train 2 par ext. : acquis, compétence, connaissance, savoir 3 a **avec armes et bagages :** totalement et rapidement, sans demander son reste b **plier bagage :** déguerpir, s'enfuir, partir rapidement

bagagiste n.m. → **porteur**

bagarre n.f. 1 altercation, baroud (milit.), bataille, combat, crosses (fam.), discussion, dispute, échauffourée, empoignade, explication, lutte, noise, querelle, rixe 2 entre femmes : crêpage de chignons

bagarrer et **se bagarrer** 1 au pr. : batailler, se battre, se disputer, se quereller, chercher des crosses/noise/des noises/querelle 2 par ext. : agir/discuter avec ardeur/conviction, lutter

bagarreur, euse agressif, baroudeur (milit.), batailleur, combatif, mauvais coucheur, querelleur

bagasse n.f. → **prostituée**

bagatelle n.f. 1 chose : affiquet, amusement, amusette, babiole, baliverne, bêtise, bibelot, breloque, bricole, brimborion, caprice, chiffon, colifichet, fanfreluche, fantaisie, fifrelin, frivolité, futilité, rien 2 affaire sans importance. a amusement, badinerie, broutille, futilité, je-ne-sais-quoi, jeu, plaisanterie, rien b baliverne, bêtise, chanson, détail, enfantillage, fadaise, hochet, jouet, sornette, sottise, vétille c fam. : bricole, connerie, foutaise, gaudriole d vx : gentillesse, petite-oie, venez-y-voir 3 par ext. : amourette, anecdote, badinage, chose, flirt, galanterie → **amour**

bagnard n.m. convict, détenu, forçat, galérien, interné, relégué, transporté ◆ arg. : crâne, fagot

bagne n.m. chiourme, détention, réclusion criminelle, grotte (arg.), pénitencier, présides (vx), relégation, transportation, travaux forcés

bagnole n.f. 1 au pr. : auto, automobile, taxi, tire (arg.), véhicule → **voiture** 2 péj. : clou, ferraille, poubelle, tacot, tas de ferraille

bagou ou **bagout** n.m. 1 au pr. : babil, babillage, baratin, bavardage, boniment, caquetage, jacasserie, logorrhée, loquacité, papotage, parlote, patati et patata, verbiage → **éloquence** 2 par ext. : → **médisance**

bague n.f. 1 alliance, anneau, bagouse (arg.), brillant, chevalière, diamant, jonc, marguerite, marquise, solitaire 2 méc. : → **douille** 3 fauconnerie : vervelle

baguenaude n.f. → **promenade**

baguenauder (se) se balader, faire un tour, flâner, lanterner, musarder, muser, prendre l'air, se promener, sortir, se traîner, se trimbaler (fam.), vadrouiller

baguer 1 marquer 2 coudre

baguette n.f. 1 aine, apex, bâtonnet, jonchet, petit bâton, moxa (méd.), tige 2 antibois, frette, listel, membron, petit bois → **moulure** 3 badine, canne, cravache, jonc, stick, verge 4 **d'un coup de baguette :** par enchantement/magie/miracle

baguier n.m. → **boîte**

bahut n.m. 1 meuble : armoire, buffet, coffre, dressoir, huche, maie, semainier, vaisselier 2 arg. scol. : école, collège, lycée 3 → **camion** 4 arch. : appui, assise, chaperon

bai, e 1 → **brun** 2 → **robe (du cheval)**

baie n.f. 1 anse, calanque, crique, havre → **golfe** 2 châssis, croisée, double fenêtre, fenêtre, lucarne → **ouverture** 3 akène, drupe, fruit, graine

baignade n.f. → **bain**

baigner 1 v. tr. a on baigne quelqu'un ou quelque chose : laver, mettre dans l'eau, mouiller, nettoyer, plonger dans l'eau, tremper b un fleuve : arroser, couler dans, irriguer, traverser c la mer : entourer d par ext. : inonder, mouiller, remplir 2 v. intr. : immerger, nager, noyer (péj.), être plongé, tremper 3 v. pron. : se baquer (arg.), s'étuver (vx), faire trempette (fam.), se laver, nager, se nettoyer, se plonger dans l'eau, prendre un bain, se tremper

baigneur, euse 1 au pr. : nageur 2 par ext. : aoûtien (fam.), curiste, touriste, vacancier

baignoire n.f. 1 piscine, tub 2 théâtre : avant-scène, loge, mezzanine

bail, baux n.m. amodiation, commandite, contrat, convention, fermage, location, loyer

baille n.f. 1 → **baquet** 2 → **bateau** 3 → **eau**

bâillement n.m. échancrure, ouverture

bailler → **donner**

bâiller 1 fam. : se décrocher la mâchoire, ouvrir un four 2 par ext. : être béant/entrouvert/mal ajusté/mal fermé/mal joint/mal tendu

bailleur, eresse 1 propriétaire, proprio (arg.) 2 capitaliste, commanditaire, créancier, prêteur

bailli n.m. → **édile**

bâillon n.m. bandeau, muselière, tampon

bâillonner 1 museler 2 fig. : étouffer, museler, réduire au silence

bain n.m. 1 ablution, baignade, douche, immersion, toilette, trempette 2 → **hydrothérapie** 3 le lieu. a plage, rivière b bain turc, hammam, piscine, sauna, thermes 4 **être dans le bain :** être compromis/impliqué dans ◆ fam. : être mouillé, porter le chapeau

baïonnette n.f. vx et fam. : lame, lardoire

baise n.f. → **accouplement**

baiser 1 v. tr. : accoler (vx), bécoter (fam.), biser, donner/poser un baiser, embrasser ◆ fam. : bécoter, faire la bise, sucer la pomme ◆ rég. : licher 2 par ext. a vulg. → **accoupler (s')** b → **tromper** c **se faire baiser** (grossier) : être abusé/dupé/feinté/pris/roulé/trompé, se faire avoir/posséder/prendre/rouler

baiser n.m. 1 accolade, embrassade 2 fam. : bécot, bisou, galoche, palot, patin, saucisse, suçon 3 rég. : bec → **bise** 4 **de Judas** : fourberie, mensonge, trahison, traîtrise → **hypocrisie**

baiseur, euse arg. : pointeur

baisse n.f. abaissement, affaiblissement, affaissement, amoindrissement, chute, déclin, décrue, dépréciation, descente, diminution, effondrement, fléchissement, recul, reflux

baisser 1 a abaisser, descendre, rabaisser, rabattre, surbaisser b la tête : courber, incliner, pencher c par ext. : abattre, démarquer, diminuer, faire un abattement, réduire 2 a quelqu'un : s'affaiblir, décliner, décroître, diminuer ◆ fam. : devenir gâteux, sucrer les fraises b chuter, descendre, s'effondrer, faiblir, refluer, rétrograder

bajoue n.f. → **joue**

bakchich n.m. → **gratification**

bal n.m. 1 au pr. a dancing, night-club, salle de bal, salon b non fav. : bastringue, boîte, guinche, guinguette, pince-fesses (fam.) c bal champêtre : frairie, musette 2 par ext. a fête, réception, redoute (vx), soirée, surprise-partie b l'après-midi : cinq à sept, cocktail dansant, sauterie, thé dansant c fam. : boum, quelque chose, surboum, surpatte

balade n.f. excursion, randonnée, sortie, tour, voyage → **promenade**

balader 1 faire faire un tour, faire prendre l'air à, promener, sortir, trimbaler (fam. et péj.) 2 v. pron. a se baguenauder, errer, faire un tour, flâner, lanterner, lécher les vitrines, musarder, muser, prendre l'air, se promener, sortir, se traîner, se trimbaler, vadrouiller b par ext. : faire une excursion/du tourisme/un voyage, voir du pays, voyager

baladin, e acteur ambulant, acrobate, ballerine, bateleur, bouffon, clown, comédien, danseur, enfant de la balle, histrion, paillasse, saltimbanque

balafon n.m. → **percussion**

balafre n.f. couture, cicatrice, coupure, entaille, estafilade, taillade → **blessure**

balafrer couper, entailler, taillader, tailler → **blesser**

balai n.m. 1 aspirateur (par ext.), balayette, brosse, écouvillon, époussette, faubert (mar.), goret, guipon, houssoir, lave-pont, tête de loup, vadrouille, vergette 2 coup de balai : a → **nettoiement** b → **épuration**

balalaïka n.f. → **guitare**

balance n.f. 1 au pr. a pèse-bébé, pèse-grains, pèse-lettre, pesette, pèse-personnes, peson, romaine, trébuchet b bascule, poids public c de pêche : caudrette, truble → **filet** 2 fig. : équilibre, rapport 3 arg. → **mouchard** 4 a **mettre en balance** → **comparer** b **rester/être en balance** → **hésiter** c **tenir en balance** : laisser dans l'incertitude, rendre hésitant 5 comptabilité : bilan, compte, différence, solde

balancé, e (bien) 1 un garçon : balèze (fam.), beau gars, bien baraqué (arg.)/bâti/proportionné, costaud 2 une fille : beau brin de fille, beau châssis (arg.), belle fille, bien bâtie/faite/proportionnée/roulée/tournée, faite au moule → **jeune**

balancelle n.f. 1 → **balançoire** 2 → **bateau**

balancement n.m. 1 au pr. a alternance, bascule, battement, bercement, branle, branlement (vx), flottement, fluctuation, flux et reflux, libration, nutation, ondulation, oscillation, roulis, secouement, tangage, tortillement, trémoussement, vacillation, va-et-vient b dandinement, déhanchement, dodelinement 2 par ext. a flottement, hésitation b littérature : cadence, harmonie, rythme 3 fig. : compensation, équilibre, pondération

balancer 1 v. tr. a agiter, bercer, branler (vx), dandiner, dodeliner, faire aller et venir/osciller, hocher → **remuer** b par ext. : balayer, bazarder (fam.), chasser, congédier, se débarrasser de, donner son compte à, envoyer promener/valser, expulser, faire danser (fam.)/valser (fam.), ficher/foutre (grossier), jeter à la porte, remercier, renvoyer c comptabilité : couvrir, solder d une force : compenser, contrebalancer, équilibrer, neutraliser 2 v. intr. a au pr. : aller de droite et de gauche, baller, ballotter, brimbaler, bringuebaler, être secoué, onduler, osciller, remuer, rouler, tanguer, vaciller b fig. : comparer, examiner, flotter, hésiter, opposer, peser le pour et le contre 3 a **je m'en balance** : ça m'est égal, je m'en fiche, je m'en fous (vulg.), je m'en moque b **envoyer balancer** : bazarder, se décourager (au fig.), envoyer promener (fam.), liquider, renoncer à, vendre c **ça se balance** : s'équilibrer, se neutraliser, se valoir

balancier n.m. → **pendule**

balancine n.f. → **cordage**

balançoire n.f. 1 balancelle, escarpolette ◆ vx : bascule 2 fig. → **baliverne**

balanite n.f. → **inflammation**

balayage n.m. 1 → **nettoiement** 2 → **épuration**

balayer 1 brosser, donner un coup de balai, enlever la poussière, frotter, passer le balai → **nettoyer** 2 fig. a une chose : déblayer, dégager, écarter, refouler, rejeter, repousser → **chasser** b → **retrancher**

balayette n.f. → **balai**

balayeur, euse boueux, employé au petit génie, technicien de surface

balayure n.f. 1 → **débris** 2 → **ordure**

balbutiement n.m. 1 babil, murmure 2 ânonnement, bafouillage, baragouin, bégaiement, bredouillement, mussitation 3 fig. : aube, aurore, commencement, début, enfance

balbutier 1 articuler, babiller, murmurer 2 ânonner, bafouiller, baragouiner, bégayer, bredouiller, hésiter, marmonner, marmotter, merdoyer (fam.), se troubler

balbuzard n.m. → **rapace**

balcon n.m. 1 avancée, galerie, loggia, mezzanine, moucharabieh 2 par ext. : → **balustrade**

balconnet n.m. → **soutien-gorge**

baldaquin n.m. 1 dais 2 ciel de lit

baleine n.f. 1 baleineau, baleinoptère ou rorqual, bélouga, épaulard ou orque, jubarte, mégaptère → **cétacé** 2 de corset : busc, fanon

baleinier n.m. → **bateau**

baleinière n.f. canot, chaloupe, embarcation → **bateau**

balèze n. et adj. 1 baraqué (arg.), costaud, fort, grand 2 armoire à glace, fort comme un Turc

balisage n.m. guidage, radioguidage, signalement

balise n.f. amer, bouée, clignotant, émetteur, feu, feu clignotant, jalon, marque, poteau, réflecteur, signal, tourelle

baliser flécher, indiquer, marquer, munir de balises, signaler, tracer → **trembler**

balisier n.m. canna

baliste n.f. → **catapulte**

balistique n.f. aérodynamique, astronautique, cinématique, cinétique, dynamique, mécanique

baliveau n.m. → **arbre**

baliverne n.f. 1 balançoire, billevesée, bourde, calembredaine, chanson, connerie (fam.), conte, coquecigrue, couillonnade (mérid.), enfantillage, fable, facétie, fadaise, faribole, futilité, histoire, niaiserie, puérilité, rien, sornette, sottise ◆ vx : lanterne 2 → **bagatelle** 3 → **bêtise**

balkanisation n.f. → **division**

ballade n.f. chanson, lied, refrain → **poème**

ballant, e 1 adj. : oscillant, pendant 2 **donner du ballant** : détendre, donner du mou, relâcher

ballast n.m. 1 d'une voie : remblai 2 mar. a lest b réservoir c compartiment

balle n.f. 1 ballon, ballotte (vx), éteuf, pelote 2 **balle au panier** : basket-ball 3 cartouche, chevrotine, plomb, projectile ◆ arg. : bastos, dragée, pastille, praline, pruneau 4 affaires, attirail, ballot, balluchon, barda (arg. milit.), caisse, cantine, colis, fourbi (fam.), paquet, paquetage (milit.), sac 5 fam. → **tête** 6 botan. : cosse, enveloppe, glume, glumelle

baller → **danser**

ballerine n.f. 1 danseuse, étoile, petit rat, premier sujet 2 → **chausson**

ballet n.m. chorégraphie, comédie musicale, danse, divertissement, spectacle de danse

ballon 1 balle, punching-ball 2 a **ballon rond** : foot, football b **ballon ovale** : rugby, jeu à treize/à quinze 3 aéronef, aérostat, dirigeable, montgolfière, saucisse, zeppelin 4 → **hauteur**

ballonnement n.m. enflure, flatulence, flatuosité, gonflement, météorisation, météorisme, tension

ballonner → **gonfler**

ballot n.m. 1 au pr. a affaires, attirail, balle, balluchon, barda, caisse, cantine, chargement, colis, équipement, fourbi, paquet, paquetage, sac ◆ arg. : malle à quatre nœuds, pacson b → **bagage** 2 par ext. : acquis, compétence, connaissance, savoir 3 fig. → **bête**

ballote n.f. → **marrube**

ballottement n.m. agitation, balancement, remuement, secousse, va-et-vient

ballotter 1 agiter, balancer, baller (vx), cahoter, remuer, secouer 2 rendre hésitant/indécis, tirailler

ballottine n.f. galantine

balluchon n.m. → **ballot**

balnéaire 1 station balnéaire : station thermale 2 bord de mer

balnéothérapie n.f. → **hydrothérapie**

balourd, e emprunté, fruste, gaffeur, gauche, grossier, lourd, lourdaud, maladroit, rustaud, rustre → **bête**

balourdise gaffe, gaucherie, grossièreté, lourdeur, maladresse, rusticité, sottise, stupidité → **bêtise**

balsamine n.f. impatiente, noli me tangere

balthazar ou **balthasar** n.m. → **bouteille**

balustrade n.f. bahut, garde-corps, garde-fou, parapet, rambarde

balustre n.m. → **ornement**

balzan n. et adj. invar. → **robe (du cheval)**

bambin n.m. bébé, chérubin, gamin, petiot (fam.), petit → **enfant**

bambocher → **festoyer**

bambocheur n.m. → **fêtard**

bambou n.m. fam. **coup de bambou** : coup de barre/de fusil → **folie**

ban n.m. 1 proclamation, publication 2 applaudissement, hourra, ovation 3 a **le ban et l'arrière-ban** : tout le monde b **mettre au ban de** : bannir, chasser, exiler, expulser, mettre en marge de, refouler, repousser

banal, e 1 communal, coutumier, paroissial, public 2 commun, conforme, courant, expérimenté, habituel, ordinaire → **normal** 3 battu, classique, conformiste, conventionnel, convenu, impersonnel, incolore, insignifiant, insipide, oubliable, pauvre, plat, quelconque, rebattu, sans originalité, terne, trivial, usé, vieux, vulgaire

banalement → **ordinairement**

banalisation → **vulgarisation**

banaliser 1 rendre → **banal** 2 → **répandre**

banalité n.f. 1 cliché, évidence, fadaise, lapalissade, lieu commun, médiocrité, pauvreté, poncif, redite, stéréotype, trivialité, truisme → **platitude** 2 conformisme, coutume, impersonnalité

banane n.f. → **décoration**

banc n.m. 1 banquette, gradins, siège 2 bâti, établi, table 3 mar. : banquise, bas-fond, brisant, écueil, haut-fond, récif 4 géol. : amas, assise, couche, lit, strate 5 relig. : exèdre

bancal, e 1 bancroche, boiteux, éclopé 2 un objet : boiteux, branlant, déglingué (fam.), de guingois (fam.), en mauvais état 3 un raisonnement : boiteux, contestable, faux, fumeux (fam.), illogique, spécieux

bandage n.m. 1 appareil, attelle, bande, écharpe, ligature, minerve, orthopédie, pansement 2 tension

bande n.f. 1 bandage, bandeau, bandelette, ceinture, pansement, sangle → **ruban** 2 par ext. a bras, coin, détroit, isthme, langue, morceau b cassette, film, pellicule 3 a armée, association, cohorte, compagnie, équipe, groupe, parti, troupe b clan, clique, coterie, gang, horde, ligue, meute 4 d'animaux : harde, meute, troupe, troupeau

bandeau n.m. 1 bandelette, diadème, infule (antiq.), serre-tête, tour de tête, turban 2 arch. : frise, moulure, plate-bande

bander 1 au pr. : faire un pansement, panser, soigner 2 par ext. a fermer, obturer b raidir, tendre c appliquer son attention à, concentrer, tendre son esprit à d être en érection

banderole n.f. calicot, flamme, oriflamme, phylactère → **bannière**

bandit n.m. apache, assassin, bon à rien, chenapan, criminel, desperado, forban, fripouille, gangster, hors-la-loi, malandrin, malfaiteur, pirate (fam.), sacripant, terreur, voleur, voyou → **brigand, vaurien**

banditisme n.m. → **brigandage**

bandoulière n.f. archère, bretelle

banlieue n.f. agglomération, alentours, barrière (vx), ceinture, cité-dortoir (péj.), cité-satellite, environs, extension, faubourg, favela, périphérie, quartiers excentriques, zone suburbaine

banne n.f. 1 → **bâche** 2 → **voiture** 3 → **panier**

banneton ou **bannette** n.m., n.f. → **panier**

banni, e bagnard, déporté, expatrié, exilé, expulsé, interdit de séjour, proscrit, refoulé, relégué, transporté (vx)

bannière n.f. 1 banderole, couleurs, drapeau, enseigne, étendard, fanion, flamme, guidon, gonfalon, oriflamme, pavillon, pennon 2 a **c'est la croix et la bannière :** c'est très difficile, il faut y mettre beaucoup de formes b **se ranger sous la bannière :** adhérer, adopter, participer, se ranger à l'avis c **arborer, déployer la bannière de :** afficher, donner le signal de, soulever au nom de d **se promener en bannière** (fam.) : en pan de chemise

bannir 1 chasser, contraindre à quitter le territoire, dépatrier, déporter, exclure, exiler, expatrier, expulser, frapper d'ostracisme, interdire de séjour, limoger, mettre au ban, ostraciser, proscrire, refouler, reléguer 2 fig. : s'abstenir de, arracher, chasser, condamner, écarter, éloigner, éviter, exclure, fuir, ôter, se priver de, proscrire, rayer, refouler, rejeter, repousser, supprimer 3 vx a transporter b → **proclamer**

bannissement n.m. 1 de quelqu'un : bagne, déportation, exclusion, exil, expatriation, expulsion, interdiction de séjour, limogeage, proscription, relégation, transportation (vx) 2 d'une chose : abandon, abstention, abstinence, condamnation, éloignement, exclusion, interdiction, proscription, rejet, suppression 3 ostracisme

banque n.f. 1 caisse / comptoir / établissement de crédit / de dépôts / d'épargne / d'escompte → **réserve** 2 **billet de banque :** argent, assignat (vx), coupure, espèces, fonds, monnaie, papier, papier-monnaie ♦ fam. : fafiot, image, pèze, ticket 3 secteur tertiaire

banquer → **payer**

banqueroute n.f. déconfiture, faillite, krach, liquidation, ruine

banqueroutier, ère → **voleur**

banquet n.m. agapes, bombe, festin, festivité, fête, grand repas, réjouissances, repas d'apparat, ripaille (péj.) ♦ fam. : bombance, gueuleton

banqueter 1 au pr. a faire des agapes / un bon repas / un festin / la fête → **festoyer** b fam. : faire bombance / la bombe / ripaille, gueuletonner, s'en mettre plein la lampe, se remplir la panse, ripailler, se taper la cloche 2 non fav. : bambocher, faire la bamboula / la noce / ripaille, ripailler

banqueteur n.m. 1 → **convive** 2 → **glouton**

banquette n.f. banc, pouf, siège

banquier n.m. cambiste, financier → **prêteur**

banquise n.f. banc de glace, iceberg (par ext.)

banquiste n.m. bonimenteur ♦ par ext. → **bateleur**

baptême n.m. 1 bain purificateur, engagement, immersion, onction, ondoiement, purification, régénération 2 début, consécration, initiation, révélation

baptiser n.m. 1 administrer le baptême, immerger, oindre, ondoyer, purifier, régénérer 2 fig. : bénir, consacrer, initier, révéler 3 → **appeler**

baptiste n.m. → **protestant**

baquet n.m. auge, bac, baille, brassin, cagnotte, comporte, cuve, cuveau, cuvier, jale, récipient, sapine, seille, seillon, souillarde (rég.)

bar n.m. bistrot (péj.), brasserie, buvette, cabaret, café, café-tabac, club, comptoir, débit de boissons, discothèque, night-club, pub (angl.), saloon (amér.), snack-bar, tabac, taverne, troquet (fam.), whisky-club, zinc

bar n.m. loup → **poisson**

baragouin n.m. baragouinage, bredouillement, cafouillage, charabia, jargon ♦ grossier : déconnage

baragouiner 1 bafouiller, balbutier, bégayer, bredouiller, cafouiller, s'embrouiller, manger ses mots, marmonner, marmotter, murmurer 2 grossier : déconner, merdoyer

baragouineur, euse bafouilleur, bredouilleur, cafouilleur ♦ grossier : déconneur

baraka n.f. → **protection**

baraque n.f. 1 abri, appentis, baraquement, cabane, cabanon, cassine, échoppe, hangar, hutte, loge 2 bicoque, boîte, boutique, cabane, crèche, crémerie, masure

baraqué, e armoire à glace, balancé, balèze, beau gars, belle fille, bien balancé / bâti / fait / proportionné / roulé / tourné, costaud, fait au moule, fort, fort comme un Turc, grand, membré, puissant, râblé

baraquement n.m. 1 → **baraque** 2 milit. : camp, cantonnement, casernement

baraterie n.f. → **faute**

baratin n.m. abattage, bagou, boniment, brio, charme, faconde, hâblerie, parlote, platine (vx)

baratiner 1 avoir du bagou, bateler, bavarder, bonimenter, chercher à convaincre / à persuader, faire du boniment, tartiner 2 complimenter, entreprendre, faire du boniment / du charme / des compliments / la cour, jeter du grain (arg.), raconter des salades (arg.), séduire → **courtiser**

baratineur, euse bavard, beau parleur, bonimenteur, charmeur, séducteur → **hâbleur**

barbacane n.f. → **ouverture**

barbant, e assommant, barbifiant, embêtant, emmerdant (vulg.), la barbe, rasant, rasoir → **ennuyeux**

barbaque n.f. → **chair**

barbare n. et adj. 1 arriéré, béotien, grossier, ignorant, inculte, non civilisé / policé, primitif 2 bestial, brutal, brute, cruel, dur, farouche, féroce, impitoyable, inhumain, sanguinaire, truculent (vx) → **sauvage**

barbarie n.f. atrocité, bestialité, brutalité, cruauté, état de nature, férocité, grossièreté, inhumanité, inconvenance, incorrection, sauvagerie, vandalisme → **méchanceté**

barbarisme n.m. → **faute**

barbe n.f. bouc, collier, duvet, favori, impériale, mouche, royale → **poil** ♦ fam. : barbiche, barbichette, barbouze, birbe

barbeau n.m. 1 → **bleuet** 2 → **proxénète**

barbecue n.m. fourneau, rôtissoire, tournebroche

barbelé, e 1 piquant 2 fil barbelé : ronce 3 pl. : barbelure, chevaux de frise

barber 1 fam. : gratter 2 fig. : assommer, barbifier, embêter, emmerder (vulg.), ennuyer, raser

barbier n.m. coiffeur, figaro, merlan (vx), perruquier

barbiturique n.m. hypnotique, sédatif, somnifère, tranquillisant

barbon n.m. baderne, (vieux) birbe, chef-d'œuvre en péril, grison, vieillard, vieille bête, vieux

barbote n.f. loche, lotte → **poisson**

barboter 1 v. intr. : s'agiter dans, s'embourber, s'empêtrer, s'enliser, fouiller dans, patauger, patouiller, tremper / se vautrer dans 2 v. tr. : chaparder, chiper, piquer, prendre, soustraire → **voler**

barboteur, euse → **voleur**

barbotin n.m. → **roue**

barbotine n.f. → **pâte**

barbouillage n.m. 1 barbouille, bariolage, croûte (péj.), dessin d'enfant, gribouillage, gribouillis, griffonnage, grimoire, hiéroglyphe, mauvaise peinture, pattes de mouche 2 → **souillure**

barbouiller badigeonner, barioler, couvrir, embarbouiller, encrasser, enduire, gâter, gribouiller, griffonner, maculer, noircir, peindre, peinturer, peinturlurer, salir, souiller, tacher

barbouilleur n.m. péj. a un écrivain : écrivailleur, écrivassier, gendelettre, gribouilleur, pissecopie, plumitif b un peintre : gribouilleur, mauvais peintre, pompier, rapin

barbouze n.m. → **policier**

barbu, e hispide, poilu, velu

barbue n.f. 1 → **poisson** 2 → **bouture**

bard n.m. 1 → **brancard** 2 → **civière**

barda n.m. 1 → **bagage** 2 → **ballot**

bardage n.m. → **protection**

barde 1 n.f. lamelle, tranche de lard 2 n.m. a → **chanteur** b → **poète**

barder 1 v. tr. a armer, caparaçonner, couvrir, cuirasser, garnir, protéger, recouvrir b consteller, garnir 2 v. intr. : aller mal, chambarder, chauffer, chier (grossier), fumer, se gâter, prendre mauvaise tournure

barème n.m. échelle, recueil, répertoire, table, tarif

barge n.f. 1 → **barque** 2 → **échassier**

barguigner argumenter, discuter, hésiter, marchander

baril n.m. 1 pour le vin : barrique, demie, demi-muid, feuillette, foudre, fût, futaille, muid, pièce, quartaut, tonne, tonneau, tonnelet 2 pour le poisson : barrot, caque 3 par ext. : tinette

bariolage n.m. barbouillage, bigarrure, chamarrure, couleur, diaprure, mélange

bariolé, e barbouillé, bigarré, chamarré, chiné, coloré, composite, diapré, divers, mélangé, multicolore, panaché, peinturluré, varié

barioler barbouiller, bigarrer, chamarrer, colorer, diaprer, mélanger, panacher, peinturlurer → **peindre**

barman n.m. garçon, serveur, steward

barographe et **baromètre** n.m. → **enregistreur**

baron, baronne → **noble**

baroque 1 rococo 2 par ext. : abracadabrant, biscornu, bizarre, choquant, étrange, excentrique, extravagant, exubérant, fantaisiste, fantasque, farfelu, insolite, irrégulier, kitsch, original, singulier, surchargé, tard d'époque

baroud n.m. affaire, bagarre, barouf, bataille, combat, engagement, lutte

baroudeur n.m. ardent, aventurier, bagarreur, batailleur, combatif, courageux, fonceur, guerrier, pugnace

barouf n.m. bagarre, baroud, bruit, chahut, cris, dispute, scandale, tapage, trouble, vacarme

barque n.f. bac, bachot, barcasse, barge, barquette, cange, canoë, canot, embarcation, esquif, gondole, kayak, nacelle, norvégienne, patache, périssoire, pinasse, pirogue, plate, taureau, toue, youyou → **bateau**

barracuda n.m. sphyrène → **poisson**

barrage n.m. 1 au pr. : batardeau, digue, duit, écluse, estacade, jetée, levée, ouvrage d'art, retenue 2 par ext. a arrêt, barrière, borne, clôture, écran, fermeture, obstacle b de police : cordon c de manifestants : barricade, blocage de la circulation, bouchon, manifestation, obstruction

barre n.f. 1 au pr. : bâcle, baguette, barlotière, barreau, bâton, tige, timon, traverse, tringle 2 par ext. a arbre, axe, barre à mine, chien, davier, fourgon, levier, pince, râble, ringard, tisonnier b d'or : lingot c mar. : flot, mascaret, raz d écriture : bâton, biffure, rature, trait e d'un bateau : gouvernail, timon (vx), timonerie f d'un cheval : ganache, mâchoires 3 **avoir barre sur :** dominer, l'emporter sur

barreau 1 au pr. : arc-boutant, barre, montant, traverse 2 jurid. : basoche, profession d'avocat

barrer 1 arrêter, barricader, bloquer, boucher, construire / édifier un barrage, clore, clôturer, colmater, couper, endiguer, faire écran / obstacle / obstruction, fermer, former un cordon (police), obstruer, retenir 2 une chose, un mot : annuler, biffer, effacer, enlever, ôter, raturer, rayer, rectifier, retirer, retrancher, soustraire, supprimer 3 mar. : diriger, gouverner, mettre le cap 4 v. pron. s'en aller ♦ fam. : se cavaler, ficher le camp, foutre le camp, mettre les bouts, se tirer

barrette n.f. 1 → **broche** 2 → **décoration** 3 → **coiffure**

barreur n.m. pilote, skipper

barricade n.f. arrêt, barrage, barrière, clôture, digue, écran, empêchement, fermeture, obstacle, obstruction, retenue, séparation → **émeute**

barricader 1 arrêter, bloquer, boucher, construire / édifier une barricade, clore, clôturer, colmater, endiguer, faire écran / obstacle / obstruction, fermer, obstruer, retenir 2 → **enfermer** 3 v. pron. : se claustrer, se cloîtrer, condamner sa porte, s'enfermer, s'isoler, refuser de recevoir/de voir, se retirer, se retrancher

barrière n.f. 1 au pr. : arrêt, barrage, barricade, fermeture, garde-corps, garde-fou, haie, lice, lisse, obstacle, palissade, séparation, stop → **clôture** 2 fig. : arrêt, borne, empêchement, limite, obstacle

barrique n.f. → **baril**

barrir → **crier**

barrissement ou **barrit** n.m. → **cri**

barrot n.m. caque → **baril**

bartavelle n.f. perdrix rouge

barycentre n.m. spat. off. : centre de masse

bas, basse 1 au pr. : inférieur → **petit** 2 fig. péj. : abject, avili, avilissant, crapuleux, dégradant, grivois, grossier, honteux, ignoble, immoral, impur, indigne, infâme, lâche, laid, lèche-cul (grossier), libre, licencieux, mauvais, méchant, médiocre, méprisable, mesquin, obscène, plat, pornographique, rampant, ravalé (vx), servile, sordide, terre à terre, vénal, vicieux, vil, vulgaire 3 a **à bas prix :** bon marché, en solde, infime, modéré, modique, petit, vil b **la rivière est basse :** à l'étiage c **l'oreille basse :** confus, honteux, humilié, mortifié, penaud d **à voix basse :** doucement e **une voix basse :** assourdi f **le bas pays :** plat g **le bas clergé/peuple :** menu, petit h **basse littérature :** mauvais, méchant, médiocre, minable (fam.), pauvre, piètre i **basse époque :** décadente, tardive j **au bas mot :** au plus faible, au plus juste, au minimum k **mettre bas :** → **accoucher**

bas n.m. 1 assise, base, dessous, embase, fond, fondation, fondement, pied, socle, soubassement, support 2 par ext. → **chute** 3 chaussette, mi-bas, socquette

basane n.f. cuir, peau de chamois/de mouton

basané, e 1 bistré, boucané, bronzé, brun, café au lait, foncé, hâlé, moricaud, noir, noirâtre, noiraud, tanné 2 arg. → **maghrébin**

bas-côté n.m. 1 au pr. : accotement, banquette, berme, bord, bordure, caniveau, fossé, trottoir 2 arch. : collatéral, déambulatoire, nef latérale

bascule n.f. 1 au pr. : balance, poids public, romaine 2 jeu : balançoire 3 par ext. : capotage, chute, culbute, cul par-dessus tête, renversement, retournement, tonneau

basculer capoter, chavirer, chuter, culbuter, faire passer cul par-dessus tête (fam.), pousser, renverser → **tomber**

base n.f. 1 au pr. : appui, assiette, assise, bas, dessous, embase, embasement, empattement, fond, fondation, fondement, pied, piètement, radier, socle, soubassement, support 2 milit. : centre, point d'appui/de départ, tête de pont 3 par ext. a appui, assiette, assise, centre, condition, origine, pivot, plan, point de départ, prémisse, principe, siège, source, soutien, support b finances : taux

baser appuyer, échafauder, établir, faire reposer sur, fonder, tabler

baser (se) s'appuyer, s'établir, se fonder, partir de, tabler sur

bas-fond n.m. 1 au pr. : cloaque, creux, dépression, endroit humide, fond, gour, marais, marécage, ravin, sentine 2 fig. a bas étage, boue, fange, pègre b bas quartiers, quartiers pauvres, sous-prolétariat

basilic n.m. 1 mérid. : pistou 2 → **saurien** 3 → **dragon**

basilique n.f. cathédrale, église privilégiée, haut lieu du culte, monument religieux, sanctuaire

bas-jointé, e → **cheval**

basket-ball n.m. balle au panier

basque n.f. 1 pan, queue, queue-de-pie 2 **être pendu aux basques de quelqu'un :** abuser de, coller, être dans les jambes/au crochet de

bas-relief n.m. → **sculpture**

basse-cour n.f. cabane à poules, ménagerie (vx), poulailler, volière

basse-fosse n.f. → **cachot**

bassement abjectement, crapuleusement, grossièrement, honteusement, ignoblement, indignement, lâchement, méchamment, médiocrement, odieusement, platement, servilement, sordidement, vicieusement, vulgairement

bassesse n.f. 1 faiblesse, humilité, misère, obscurité, pauvreté 2 compromission, corruption, courbette, crasse, dégradation, flatterie, grossièreté, ignominie, impureté, indignité, infamie, lâcheté, platitude, ravalement, servilité, trahison, traîtrise, truanderie, turpitude, vice, vilenie → **malhonnêteté** 3 abaissement, abjection, aplatissement, aveulissement, avilissement, bestialité, crapulerie, laideur, malignité, méchanceté, mesquinerie, petitesse, trivialité, vénalité, vulgarité 4 **faire des bassesses** → **flatter**

basset n.m. 1 → **chien** 2 → **cuivre**

basse-taille n.f. basse chantante → **voix**

bassin 1 auge, bac, baquet, bassine, bassinet, chaudron, cuvette, récipient, tub, vase → **lavabo** 2 a claire, étang, pièce d'eau, piscine, réserve → **vivier** b impluvium, vasque 3 mar. : avant-port, darse, dock 4 géogr. : cuvette, dépression, plaine 5 anat. : abdomen, bas-ventre, ceinture, lombes

bassine n.f. → **bassin**

bassiner 1 au pr. : chauffer un lit, réchauffer 2 fam. : barber, barbifier, casser les pieds, emmerder (vulg.), faire chier (grossier)/suer, raser → **ennuyer**

bassinoire n.f. 1 → **chaufferette** 2 → **fâcheux**

basson n.m. 1 → **musicien** 2 → **bois**

baste n.m. 1 as de trèfle 2 → **bât** 3 → **panier**

bastide n.f. 1 bastidon, mas → **habitation** 2 → **forteresse**

bastille n.f. 1 château fort, prison → **forteresse** 2 fig. : abus, pouvoir arbitraire, privilèges

bastingage n.m. garde-corps, garde-fou, rambarde

bastion n.m. casemate, défense, fortification, protection, rempart, retranchement

bastonnade n.f. correction, coups de bâton, fustigation ♦ par ext. : → **torgnole**

bastos n.m. ou f. → **balle**

bastringue n.m. 1 bal, dancing, guinche, guinguette, musette, pince-fesses 2 → **cabaret** 3 par ext. a bruit, chahut, désordre, tapage, tohu-bohu, vacarme b attirail, bataclan, bazar, bordel (grossier), désordre, fourbi, foutoir (vulg.)

bas-ventre n.m. abdomen, bassin, cavité pelvienne, ceinture, hypogastre, lombes, nature (vx ou rég.), parties, parties sexuelles, pubis, sexe

bat n.m. → **batte**

bât n.m. 1 au pr. : baste, brêle, cacolet, harnais, selle 2 fig. : défaut, difficulté, embarras, gêne, souffrance

bataclan n.m. attirail, bastringue, bazar, bordel (grossier), fourbi, foutoir (vulg.), frusques

bataille n.f. 1 au pr. ♦ milit. : accrochage, action, affaire, affrontement, choc, combat, escarmouche, guerre, lutte, mêlée, opération, rencontre 2 par ext. : bagarre, échauffourée, querelle → **rixe** 3 fig. a concurrence, émulation, rivalité b → **discussion** c **cheval de bataille** → **manie, poncif**

batailler 1 au pr. : affronter, agir, se bagarrer, se battre, combattre, lutter 2 fig. a pour réussir : s'accrocher, agir, bagarrer, se battre, se crever (fam.), s'échiner, foncer, lutter, rivaliser b pour convaincre : argumenter, discuter, disputer, militer

batailleur, euse 1 accrocheur, actif, ardent, bagarreur, combatif, courageux, fonceur, lutteur, militant 2 bagarreur, battant, belliqueux, irascible, querelleur

bataillon n.m. 1 fig. : accompagnement, cohorte, compagnie, escouade, régiment → **troupe** 2 bataillon d'Afrique : disciplinaire, les durs

bâtard, e 1 au pr. a adultérin, champi (dial.), illégitime, naturel b animaux : corniaud, croisé, hybride, mélangé, métis, métissé 2 par ext. : complexe, composite, mélangé, mixte

batardeau n.m. → **barrage**

bateau n.m. 1 au pr. a bâtiment, navire, steamer, submersible, unité, vaisseau, vapeur, voile (vx), voilier b baleinière, barque, canot, chaloupe, dinghy, embarcation, esquif, radeau, yole, youyou c chaland, péniche d caboteur, cargo, convoyeur, courrier, dragueur, liner, long-courrier, paquebot, pousseur, remorqueur, toueur, transatlantique, vraquier e plaisancier, yacht f baleinier, chalutier, crevettier, dériveur ou drifter, harenguier, langoustier, morutier, sardinier, tartane, thonier g bananier, fruitier h barge, cange, doris, gondole, norvégienne, patache, pinasse, plate, taureau, toue i canoë, kayak, périssoire, pirogue j brick, brigantin, caravelle, cinq-mâts, cotre, cruiser, cutter, dundee, galion, galiote, goélette, ketch, lougre, quatre-mâts, racer, schooner, sloop, trois-mâts k bateau-citerne, brise-glace, charbonnier, ferry-boat, liberty ship, marie-salope, méthanier, minéralier, pétrolier, pinardier, porte-containers, propanier, supertanker, tanker l bateau-feu ou phare, bateau-pilote, bateau-pompe m bateau-lavoir, bateau-mouche n bélouga, catamaran, dériveur, monocoque, quillard, trimaran, vaurien o hors-bord, runabout p outrigger q hydrofoil, hydroglisseur r fam. et/ou péj. : baille, coquille de noix, patouillard, rafiot s partic. et/ou vx : allège, bac, bachot, balancelle, barcasse, barquette, bette, boutre, caïque, caraque, chasse-marée, chébec, coche, drakkar, felouque, gabare, galéasse, hourque, jonque, péotte, polacre, pousse-pied, sacolève, sampan, senau, traille, traversier, trinquart, vedette t corsaire, interlope, pirate u poét. : arche, nacelle, nef v galères : birème, quadrirème, réale, trirème w bathyscaphe, mésoscaphe x mar. milit. : aviso, bâtiment de guerre, flûte (vx), canonnière, contre-torpilleur, corvette, croiseur, cuirassé, destroyer, dragueur de mines, frégate, garde-côte, mouilleur de mines, péniche de débarquement, porte-avions, porte-hélicoptères, prame, sous-marin, torpilleur, unité, vaisseau, vaisseau amiral, vedette 2 fig. a attrape, blague, craque, farce, fourberie, histoire, intrigue, invention, mensonge, mystification, ruse, tromperie b dada, enfant chéri, idée fixe, lubie, manie, marotte, radotage c cliché, lieu commun

batée ou **battée** n.f. → **crible**

bateleur n.m. acrobate, amuseur, baladin, banquiste, bouffon, charlatan, équilibriste, farceur, forain, funambule, hercule, histrion, jongleur, lutteur, opérateur, prestidigitateur, saltimbanque, sauteur

batelier n.m. canotier, gondolier, marinier, nautonier, passeur, pilote, piroguier

batellerie n.f. marine/navigation/transport fluvial(e)

bâter brêler → **charger**

bat-flanc n.m. cloison, planche, plancher, séparation

bath fam. : agréable, beau, chic, chouette, gentil, serviable

bâti 1 n.m. : assemblage, cadre, support 2 **bien bâti :** balancé, balèze, baraqué, bien fait/roulé, costaud, fort

batifolage n.m. amusement, amusette, amourette, badinage, badinerie, bagatelle, caprice, chose (fam.), flirt, folâtrerie, gaminerie, jeu folâtre/galant/léger, marivaudage → **amour**

batifoler s'amuser, s'ébattre, faire le fou, folâtrer, lutiner, marivauder, papillonner, perdre son temps

bâtiment n.m. 1 au pr. : abri, architecture, aréostyle, bâtisse, caserne, château, construction, édifice, fortification, gros-œuvre, habitat, habitation, H.L.M., hôtel (particulier), immeuble, local, monument, tour → **grange** 2 → **maison** 3 → **église** 4 → **temple** 5 → **château** 6 éléments d'un bâtiment : aile, arc, arcade, arrière-corps, avant-corps, cave, chapiteau, charpente, clocher, colonne, comble, communs, corniche, corps de logis, coupole, couronnement, entablement, escalier, façade, fenêtre, fronton, galerie, lobe, maçonnerie, mur, pilastre, pilier, plafond, portique, poutre, saillie, sculpture, socle, soubassement, sous-sol, statue, support, tablette, terrasse, toit, voûte 7 mar. : embarcation, navire, unité, vaisseau → **bateau**

bâtir 1 au pr. : construire, édifier, élever, ériger, monter → **cimenter** 2 fig. : agencer, architecturer, échafauder, édifier, établir, fonder, monter

bâtisse n.f. 1 abri, appentis, masure 2 a → **bâtiment** b → **grange**

bâtisseur n.m. 1 architecte, constructeur, entrepreneur, fondateur, maçon, promoteur 2 conquérant, créateur, initiateur, instaurateur, instigateur, instituteur (vx), organisateur, père

batiste n.f. 1 → **coton** 2 → **tissu**

bâton n.m. 1 a → **baguette** b aiguillon, épieu, férule, gourdin, maquilla, matraque, nerf de bœuf, tricot, trique c échalas, gaule, jalon, latte, marquant, paisseau, pieu, tuteur d digon, hampe, manche e alpenstock, piolet f béquille, bourdon, canne, crosse, houlette g batte, ferrement (vx), palanche, tribart, tringle h caducée, main de justice, sceptre, thyrse, verge i jambier j arg. ou fam. : pouvoir exécutif 2 a **à bâtons rompus :** décontracté (fam.), discontinu, libre, sans suite b **bâton de maréchal :** être à son apogée / au faîte de sa carrière / au plafond / au summum c **bâtons dans les roues :** difficulté, empêchement, entrave, obstacle, obstruction d **bâton de vieillesse :** aide, consolation, réconfort, soutien, support e **une vie de bâton de chaise :** agitée, débauchée, déréglée, impossible, inimitable (vx)

bâtonnet n.m. → **baguette**

batoude n.f. tremplin

batracien n.m. 1 amphibien 2 alyte, crapaud, grenouille, ouaouaron, pipa, rainette, salamandre, triton

battage n.m. 1 bluff, bruit, charlatanisme, publicité, réclame, vent 2 des céréales : dépiquage, vannage

battant n.m. 1 menuiserie, vantail 2 de cloche : marteau 3 arg. : cœur 4 fonceur → **courageux** 5 techn. traquet 6 mar. : longueur, horizontale

batte n.f. bat, battoir, maillet, massue, palette, tapette, thèque → **bâton**

battement n.m. 1 choc, coup, frappement, heurt, martèlement 2 entracte (théâtre), interclasse (scol.), interlude, intervalle, mi-temps (sport) 3 choc répété. a de mains : applaudissements, bravos b d'yeux : cillement, clignement / clins d'yeux ou clins d'œil c de cœur : accélération, palpitation, pulsation, rythme

batterie n.f. 1 accumulateur, accus, pile 2 → **percussion** 3 a au pr. : artillerie, canons, pièces à feu b fig. : artifices, moyens, ruses 4 de cuisine : accessoires, casseroles, fait-tout ou faitout, marmites, plats, poêles, ustensiles 5 de tambour : breloque, chamade, champ, charge, colin-tampon, diane, dragonne, générale, rappel, réveil, roulement 6 caisse, cliquette, crotale, cymbale, timbale, triangle → **percussion**

batteur n.m. 1 percussionniste 2 fouet, moussoir

batteuse n.f. battoir, tarare, trieur, van

battitures n.f. pl. → **déchet**

battle-dress n.m. → **veste**

battoir n.m. → **main**

battre 1 au pr. a administrer / appliquer / distribuer / donner / infliger des coups / une leçon / une volée, châtier, corriger, frapper, lever / porter la main sur, malmener, maltraiter, punir, taper b vx : échiner, houspiller c assommer, bâtonner, bourrer, boxer, bûcher, calotter, claquer, cravacher, en découdre, éreinter, étriller, faire sa fête, fesser, flageller, fouailler, fouetter, fouler aux pieds, fustiger (vx), gifler, lyncher, matraquer, piétiner, rosser, rouer, sangler, souffleter, talocher d fam. : arranger / rectifier / refaire / retoucher le portrait, assaisonner, bigorner, casser la figure / la gueule, castagner, châtaigner, dérouiller, donner / filer / flanquer / foutre une danse → **volée**, écharper, enfoncer les côtes, épousseter, estourbir, mettre la tête au carré, passer à tabac, piler, rentrer dedans / dans le mou, secouer les grelots / les puces, soigner, sonner, tabasser, tanner, tomber dessus / sur le paletot, torcher 2 avoir le dessus, s'expliquer → **vaincre** 3 a **chien battu :** brimé, humilié b **yeux battus :** cernés, fatigués, avoir des poches / des valises sous les yeux 4 a le fer : façonner, forger, taper b un tapis : agiter, dépoussiérer, secouer, taper c les céréales : dépiquer, vanner d les œufs : brouiller, mélanger, mêler, secouer e la monnaie : frapper f les mains : applaudir, faire bravo, frapper, taper g les cartes : brouiller, mélanger, mêler h la campagne, le pays : arpenter, chercher, explorer, fouiller, parcourir, rechercher, reconnaître i la campagne (fig.) → **déraisonner** j le pavé → **errer** k en retraite : → **abandonner, enfuir (s')** l arg. : sa femme : remonter sa pendule 5 partic. a la mer : assaillir, attaquer, fouetter, frapper b la pluie : cingler, claquer, fouetter, frapper, marteler, tambouriner, taper 6 v. intr. a une porte : cogner, frapper, taper b le cœur : (au pr.) avoir des pulsations, fonctionner, palpiter (au fig.) → **aimer** 7 v. pron. → **lutter**

battue n.f. chasse, rabattage

batture n.f. québ. : estran

bau n.m. barrot → **poutre**

baudet n.m. 1 au pr. : âne, bardot, bourricot, bourrique, bourriquet, grison, ministre (fam.), roussin d'Arcadie 2 fig. a → **bête** b → **chevalet**

baudrier n.m. bandoulière, ceinture, écharpe

baudroie n.f. lotte (de mer) → **poisson**

baudruche n.m. 1 au pr. : ballon, boyau, pellicule 2 fig. : erreur, fragilité, illusion, inconsistance, prétention, vanité

bauge n.f. 1 bousillage, mortier de terre, pisé, torchis 2 du sanglier ou par anal. : abri, gîte, loge, repaire, soue, souille, tanière 3 par ext. : bordel (grossier), fange, souillarde, tas de fumier, taudis

baume n.m. 1 au pr. a vx : menthe b balsamique, liniment, vulnéraire c aliboufier, benjoin, liquidambar, styrax d cérat, essence, extrait, gemme, huile, laque, onguent, résine e saint chrême 2 fig. : adoucissement, apaisement, consolation, dictame, remède, rémission

bavard, e 1 avocat, babillard, baratineur (fam.), bonimenteur, bon caquet / grelot, bonne tapette, bruyant, discoureur, jaboteur, jacasseur, jaseur, loquace, moulin à paroles, parleur, phraseur, pie, pipelet, prolixe, verbeux, volubile ◆ vx : profus 2 cancanier, commère, concierge, indiscret, médisant, qui a la langue trop longue, va-de-la-gueule 3 → **diffus**

bavardage n.m. 1 babil, babillage, bagou, baratin, bavette, blablabla, boniment, caquetage, jacassement, jacasserie, jactance, logorrhée, loquacité, parlote, patati et patata, verbalisme, verbiage ◆ vx : avocasserie, ravaudage 2 anecdote, cancans, chronique, commérage, histoires, indiscrétion, médisance, papotage, potins, racontars, ragots

bavarder 1 a babiller, caqueter, débiter, discourir, jacasser, jacter, jaspiner (arg.), palabrer, papoter, parler, potiner, répandre, tailler la bavette b péj. : baratiner, bateler, bavasser, baver, bonimenter, broder, cancaner, clabauder, colporter, commérer, débiner, débiter, déblatérer, dégoiser, jaboter, jaser, potiner, publier, raconter, répandre, tartiner c vx : débagouler, verbaliser 2 s'abandonner, causer, converser, deviser, échanger, s'entretenir

bave n.f. écume, mucus, pituite, salive, spumosité, venin

baver 1 quelqu'un : écumer, postillonner, saliver 2 une chose : couler, dégouliner, mouiller 3 fig. calomnier, médire, nuire, salir, souiller 4 **en baver :** être éprouvé → **souffrir,** (fam.) en chier, en voir de toutes les couleurs

baveux, euse 1 au pr. : coulant, écumeux, liquide, spumescent 2 fig. quelqu'un : fielleux, malveillant, médisant, menteur, sournois → **tartufe**

bavoir n.m. bavette

bavolet n.m. 1 → **coiffure** 2 → **protection**

bavure n.f. 1 au pr. a macule, mouillure, tache b techn. : barbe, barbille, ébarbure, masselotte 2 fig. : erreur, imperfection, faute

bayadère n.f. → **danseuse**

bayer être dans la lune, rêvasser, rêver

bayou n.m. → **marais**

bazar n.m. 1 au pr. : bimbeloterie, galerie, magasin, marché, passage, souk 2 fam. a attirail, bagage, barda, bastringue, bin's, bordel, bric-à-brac, fourbi, foutoir, merdier, saint-frusquin b péj. : bahut, boîte, boutique, pétaudière 3 **tout le bazar :** toute la boutique, tout le tremblement / le toutim → **truc**

bazarder brader, se débarrasser de, fourguer, liquider, solder, vendre

beagle ou **bigle** n.m. → **chien**

béance n.f. → **ouverture**

béant, e grand, large, ouvert

béat, e 1 bienheureux, calme, heureux, niais, paisible, rassasié, ravi, repu, satisfait, tranquille 2 → **bête**

béatification n.f. canonisation, introduction au calendrier

béatifier canoniser, inscrire / introduire / mettre au calendrier

béatitude n.f. ataraxie, bien-être, bonheur, calme, contentement, euphorie, extase, félicité, kief, quiétude, réplétion (péj.), satisfaction ◆ au pl. : vertus

beatnik n.m. → **hippie**

beau ou **bel, belle** 1 au pr. a qualité physique ou morale : achevé, admirable, adorable, agréable, aimable, angélique, artistique, bien, bien tourné, bon, brillant, céleste, charmant, chic, coquet, décoratif, délicat, délicieux, distingué, divin, éblouissant, éclatant, élégant, enchanteur, esthétique, étonnant, exquis, fameux, fastueux, féerique, fin, formidable, fort, gent, gentil, glorieux, gracieux, grand, grandiose, harmonieux, idéal, imposant, incomparable, joli, magique, magnifique, majestueux, merveilleux, mignon, mirifique, noble, non-pareil, ornemental, parfait, piquant, plaisant, proportionné, pur, radieux, ravissant, remarquable, resplendissant, riche, robuste, sculptural, séduisant, somptueux, splendide, stupéfiant, sublime, superbe, supérieur b partic. : ciné / photo / phono / radio / télégénique c fam. : balancé, bath, bien roulé, chouette, girond, jojo, terrible, trognon d qualité de l'esprit : accompli, achevé, bien, brillant, charmeur, cultivé, délicat, distingué, divin, éblouissant, éclatant, élégant, enchanteur, esthétique, étonnant, exquis, fin, formidable, fort, génial, gracieux, grand, grandiose, incomparable, magistral, magnifique, merveilleux, noble, non-pareil, parfait, piquant, plaisant, poétique, pur, ravissant, remarquable, riche, robuste, séduisant, somptueux, splendide, stupéfiant, sublime, superbe, supérieur, surprenant, unique e qualité morale : admirable, digne, élevé, estimable, généreux, glorieux, grand, honorable, juste, magnanime, magnifique, pur, saint, sublime, vertueux f du temps : calme, clair, ensoleillé, limpide, printanier, pur, radieux, serein, souriant g beau temps : éclaircie, embellie h notion de quantité : considérable, fort, grand, gros, important 2 en emploi péj. a **un beau monsieur :** triste personnage / sire, vilain monsieur b **un beau rhume :** gros, méchant, tenace c **du beau travail :** de beaux draps, gâchis, mauvaise position / posture / situation, sale affaire d **un beau discours :** fallacieux, trompeur e **une belle question :** enfantin, naïf, ridicule, stupide f **bel esprit :** léger, mondain, prétentieux, snob, superficiel, vain g **de belle manière :** convenablement, correctement h **le plus beau :** amusant, comique, drôle, étonnant, extraordinaire, fantastique, formidable, intéressant, merveilleux, plaisant ◆ fam. : fumant, marrant, rigolo i **pour les beaux yeux :** gracieusement, gratuitement, par amour, pour rien j **un vieux beau :** barbon, grison, vieux coureur / galant / marcheur 3 a **le bel âge :** en pleine force, force de l'âge, jeunesse, maturité b **beau joueur :** conciliant, large, régulier c **belle humeur :** aimable, enjoué, gai, rieur

beau n.m. art, beauté, esthétique, perfection

beaucoup 1 abondamment, en abondance, amplement, bien, considérablement, copieusement, diablement, énormément, fabuleusement, à foison, force, formidablement, fort, grandement, gros, infiniment, joliment, largement, libéralement, longuement, lourdement, magnifiquement, maint, moult, passionnément, plantureusement, plein, prodigieusement, à profusion, richement, en quantité, tant et plus, tout, très, vivement, à volonté ◆ fam. : bésef, bigrement, bougrement, comme quatre, drôlement, à gogo / tire-larigot, en veux-tu en voilà, lerche, salement, terriblement, vachement 2 partic. : à tue-tête, à verse, d'arrache-pied 3 bruyamment, tapageusement, tumultueusement 4 beaucoup de : abondance, foisonnement, foule, foultitude (fam.), fourmillement, grouillement, multitude, nombre, pullulement → **quantité**

beau-fils n.m. gendre

beau-père n.m. vx : parâtre

beauté n.f. 1 au pr. a une chose : agrément, art, attrait, charme, délicatesse, distinction, éclat, élégance, esthétique, faste, féerie, finesse, force, forme, fraîcheur, grâce, grandeur, harmonie, joliesse, lustre, magie, magnificence, majesté, noblesse, parfum, perfection, piquant, poésie, pureté, richesse, séduction, somptuosité, splendeur, sublimité, symétrie, vénusté b adonis, apollon, tanagra c une femme : almée, aphrodite, belle, houri, odalisque, pin-up, star, sultane, vamp, vénus 2 **grain de beauté :** mouche 3 pl. : appas, charmes, sex-appeal, trésors

beaux-arts n.m. pl. académie, architecture, arts d'agrément / graphiques / plastiques, conservatoire → **art**

bébé n.m. 1 au pr. : baby, bambin, nourrisson, nouveau-né, petit, poupon → **enfant** 2 jouet : baigneur, poupée, poupon

bec n.m. 1 bouche, rostre 2 par ext. a géo : cap, confluent, embouchure, promontoire b bouche, clapet, goule, goulot, gueule c bec de gaz : brûleur, lampadaire, réverbère 3 a **bon bec :** bavard b **coup de bec :** méchanceté, médisance c **bec fin :** bon vivant, connaisseur, fine gueule, gourmand, gourmet

bécane n.f. 1 bicyclette, clou, cycle, petite reine, vélo 2 par ext. : guillotine, machine

bécasse n.f. 1 par ext. : barge, bécard, bécasseau, bécot, chevalier, courlis, échassier, huîtrier, maubèche, outarde, sanderling 2 fig. : bécassine, bêtasse, cruche, empotée, gnangnan, gourde, idiote, naïve, nunuche, oie blanche, outarde, sotte, stupide → **bête**

bêchage n.m. → **médisance**

bêche n.f. par ext. : béquille, houlette, louchet, palot, pelle

bêcher 1 au pr. : cultiver, labourer, retourner 2 fig. fam. : débiner, gloser, médire, snober, tenir à distance

bêcheur, euse aigri, arrogant, distant, faiseur, fier, jaloux, médisant, méprisant, orgueilleux, péteux, prétentieux, snob, vaniteux → **bête**

bécot n.m. 1 fam. : bec (rég.), bise, petit baiser → **baiser** 2 → **bécasse**

bécoter fam. : becqueter, biser, embrasser, faire la bise

becquée n.f. nourriture, pâture, pitance

becquet ou **béquet** n.m. 1 → **ajout** 2 → **bec** 3 → **brochet**

becquetance ou **bectance** n.f. → **nourriture**

becqueter ou **béqueter** 1 béquiller (arg.), mordiller, picorer, picoter → **manger** 2 → **bécoter**

bedaine n.f. avant-scène, ballon, barrique, bedon, bide, bonbonne, brioche, buffet, burlingue, devant, embonpoint, œuf d'autruche/de Pâques, paillasse, panse, tripes → **abdomen**

bedeau n.m. par ext. : hiérodule (vx. ou fam.), porte-verge, sacristain, suisse

bedonnant, e adipeux, bibendum, grassouillet, obèse, pansu, patapouf, poussa ou poussah, rondouillard, ventripotent, ventru → **gros**

bedonner s'arrondir, devenir bedonnant, enfler, être obèse, gonfler, grossir

béer 1 admirer, bayer, ouvrir le bec, regarder avec admiration/étonnement/stupéfaction/stupeur 2 rêver, rêvasser 3 **bouche bée :** → **ébahi**

beffroi n.m. campanile, clocher, jaquemart ou jacquemart, tour

bégaiement n.m. 1 bafouillage, balbutiement, bredouillement, palilalie 2 commencement, début, tâtonnement

bégayer bafouiller, balbutier, bredouiller

bègue n. et adj. bafouilleur (péj.), bredouilleur (péj.)

bégueule n. et adj. 1 neutre : austère, bienséant, convenable, correct, décent 2 péj. : affecté, effarouché, étroit, farouche, pisse-froid (fam.), prude, raide, rigide, rigoriste, rigoureux, tartufe ou tartuffe → **hypocrite**

bégueulerie n.f. → **hypocrisie**

béguin n.m. 1 au pr. : bonnet, coiffe 2 fig. et fam. a la personne : amoureux, flirt b la chose : amourette, aventure, flirt, pépin, touche → **caprice** 3 a **avoir le béguin :** être amoureux, être coiffé de b **faire un béguin :** avoir une amourette/un flirt, faire une touche (fam.), tomber une fille

béguinage n.m. → **cloître**

béguine n.f. → **religieuse**

behaviorisme n.m. théorie du comportement → **philosophie**

beige bis, gris, marron clair, sable ◆ non fav. : beigeasse, beigeâtre, jaunâtre

beigne n.f. fam. 1 avoir une beigne → **blessure** 2 recevoir une beigne → **coup, gifle** 3 québ. → **beignet**

beignet n.m. par ext. : pet de nonne, soufflet vx ou rég. : beigne (québ.), brick, merveille, polenta, rissole

bel n.m. → **mesure**

bêlant, e fig. bête, mélodramatique, moutonnier, stupide

bel canto n.m. → **opéra**

bêlement n.m. 1 au pr. : béguètement, chevrotement, cri 2 fig. : braiment, braillement, cri, criaillerie, jérémiade, niaiserie, piaillerie, plainte, rouspétance, stupidité → **bêtise**

bêler 1 au pr. : appeler, bégueter, chevroter, crier 2 fig. : braire, brailler, bramer, criailler, crier, piailler, se plaindre, rouspéter

belge 1 flamand, flamingant, wallon 2 belgicisme

bélier n.m. 1 → **mouton** 2 boutoir → **hie**

bélître n.m. 1 → **gueux** 2 → **vaurien**

bellâtre n.m. avantageux, bélitre, fat, plastron, poseur → **hâbleur**

belle n.f. 1 → **revanche** 2 → **fuite**

belle-dame n.f. 1 paon de jour, vanesse → **papillon** 2 arroche, belladone

belle-de-jour n.f. 1 → **liseron** 2 → **prostituée**

belle-de-nuit n.f. 1 → **fleur** 2 fauvette des marais/des roseaux, phragmite des joncs, rousserolle → **passereau** 3 → **prostituée**

belle-fille n.f. bru

belle-mère n.f. 1 seconde femme d'un veuf : marâtre (péj. ou vx) 2 belle-maman, belle-doche (arg.)

bellicisme n.m. amour de la guerre, culte de la guerre/de la violence, jusqu'au-boutisme (fam.)

belliciste n.m. belliqueux, boute-feu, épervier, guerrier, jusqu'au-boutiste, va-t-en-guerre

belligérance n.f. affrontement, conflit, état de guerre, guerre, intervention

belligérant, e adversaire, affronté, aux prises, combattant, ennemi, en état de guerre, mêlé au conflit

belliqueux, euse 1 a agressif, guerrier, martial b boutefeu, épervier, va-t-en-guerre 2 bagarreur, batailleur, chicaneur, chicanier, combatif, mordant, procédurier, querelleur

belon n.f. → **huître**

bélouga ou **béluga** n.m. 1 → **cétacé** 2 → **bateau** 3 caviar 4 Bretagne : gros poisson

belvédère n.m. 1 naturel : falaise, hauteur, point de vue, terrasse 2 construit : gloriette, kiosque, mirador, pavillon, terrasse 3 belle-à-voir → **fleur**

bémoliser → **adoucir**

bénédictin n.m. 1 ascète : cénobite, moine → **religieux** 2 a **ordre des bénédictins :** ordre régulier, règle de saint Benoît b **travail de bénédictin :** considérable, énorme, érudit, long, minutieux, soigné, parfait, persévérant

bénédiction n.f. 1 baraka, faveur, grâce, protection 2 abondance, bienfait, bonheur, chance, événement favorable/heureux, prospérité, succès, veine (fam.) 3 relig. a bénédicité, prière du matin/du soir, urbi et orbi, salut b absolution, baptême, confession, confirmation, consécration, extrême-onction, mariage, onction, ordre, pénitence, sacrement 4 fig. : affection, approbation, estime, reconnaissance, vénération

bénéfice n.m. 1 actif, avantage, avoir, boni, crédit, excédent, fruit, gain, guelte, produit, profit, rapport, reliquat, reste, revenant-bon, revenu, solde positif fam. : bénef, gratte, plâtre, velours 2 avantage, bienfait, droit, faveur, grâce, incrément, privilège, récompense, résultat, service, utilité → **bien** 3 a **au bénéfice de :** pour le motif de, par privilège de, en raison de b **sous bénéfice de :** sous condition de, sous réserve de, avec restriction de 4 relig. : abbaye, canonicat, chapellenie, commanderie, commende, confidence, cure, doyenné, évêché, portion congrue, prébende, prieuré, récréance

bénéficiaire 1 adj. : juteux (fam.), profitable, rentable 2 nom : abandonnataire, adjudicataire, aliénataire, allocataire, attributaire, cessionnaire, client, crédirentier, indemnitaire, indivisaire, propriétaire, rentier ◆ vx : bénéficiant, bénéficier

bénéficier n.m. → **bénéficiaire**

bénéficier jouir de, profiter de, retirer de, tirer avantage

bénéfique avantageux, bienfaisant, favorable, gratifiant, heureux, talismanique → **profitable**

benêt n.m. fam. : andouille, âne, bêta, con, connard, corniaud, couillon (mérid.), dadais, empoté, godiche, demeuré, jocrisse, niais, nigaud, sot → **bête**

bénévolat n.m. apostolat, complaisance, désintéressement, dévouement, don de soi, générosité, volontariat

bénévole à titre gracieux, complaisant, de bon gré, désintéressé, extra, gracieux, gratuit, spontané, volontaire

bénévolement de bonne grâce, de bon gré, complaisamment, de façon désintéressée, gracieusement, gratuitement, de son plein gré, spontanément, volontairement

bengali n.m. → **passereau**

bénignité n.f. affabilité, bienveillance, bon accueil, bonté, charité, douceur, indulgence, longanimité, mansuétude, onction → **amabilité**

bénin, igne 1 quelqu'un : accueillant, affable, aimable, bienveillant, bon, brave, charitable, doux, indulgent, plein de mansuétude/d'onction → **doux** 2 une chose. a bénéfique, favorable, inoffensif, propice b méd. affection bénigne : anodin, léger, peu grave, sans gravité, superficiel

bénir 1 Dieu a bénir Dieu : adorer, exalter, louer, glorifier, remercier, rendre grâce b Dieu bénit : accorder, consoler, protéger, récompenser, répandre des bienfaits/des grâces 2 bénir quelqu'un. a attirer/implorer les faveurs/les grâces de Dieu sur, consacrer, oindre, recommander à Dieu b applaudir, dire du bien de, estimer, être reconnaissant à, exalter, glorifier, louanger, louer, remercier, vénérer 3 bénir une chose. a un bateau : baptiser b une circonstance : s'en féliciter

bénit,e 1 → **favorable** 2 → **paradisiaque**

benjamin n.m. dernier, dernier né, petit dernier, le plus jeune

benne n.f. 1 comporte, hotte, panier, récipient 2 banne, berline, caisse, chariot, decauville, téléphérique, wagonnet

benoît, e 1 bénin, bon, doux, indulgent 2 non fav. : chafouin, doucereux, patelin, rusé, sournois, tartufe ou tartuffe → **hypocrite**

benoîtement péj. : doucereusement, en dessous, hypocritement, mine de rien, sournoisement

bentonite n.f. → **argile**

benzène n.m. dérivé du goudron, détachant, hydrocarbure

benzine n.f. → **benzène**

béotien, ne balourd, bovin, épais, grossier, inculte, lent, lourd, obtus, rustre ◆ fam. : bouché, cul de plomb, cul-terreux, lourdingue, pedzouille, plouc

béquille n.f. 1 bâton, canne, canne anglaise, échasse (québ.), support, soutien 2 cale, étai, étançon, tin 3 → **bêche** 4 → **gibet**

ber n.m. → **berceau**

berbère chleuh, kabyle, kroumir → **maghrébin**

bercail n.m. 1 au pr. : abri, appentis, bergerie, hangar, parc, toit 2 fig. : domicile, foyer, maison, pénates

berceau n.m. 1 au pr. a lit d'enfant : berce, bercelonnette, couffin, crèche, moïse, nacelle, panier b arch. : arc, cintre, voûte c de jardin : brandebourg, charmille, gloriette, tonnelle d mar. : ber, bers 2 fig. : commencement, début, endroit, lieu, naissance, origine, place

bercement n.m. 1 → **balancement** 2 fig. : adoucissant, adoucissement, apaisement, atténuation, calme, charme, consolation, douceur, enchantement, soulagement

bercer 1 agiter, balancer, branler (vx), dodeliner, faire aller et venir, faire aller d'avant en arrière/en cadence, ondoyer, onduler, remuer, rythmer, secouer 2 fig. a une peine : adoucir, apaiser, atténuer, calmer, charmer, consoler, endormir, partager, soulager b **se laisser bercer par :** amuser, berner, emporter, endormir, flatter, illusionner, leurrer, mystifier, tromper 3 **son enfance a été bercée par :** enchanter, imprégner, nourrir, remplir 4 v. pron. : s'endormir, se faire des illusions, s'illusionner, se leurrer, se tromper

berceur, euse adoucissant, apaisant, cadencé, calmant, charmeur, consolant, consolateur, doux, enchanteur, lénifiant, ondoyant, ondulant, rythmé

béret n.m. 1 calot, coiffure basque, galette (fam.), toque 2 d'étudiant : faluche

bergamasque n.f. → **danse**

bergamote n.f. 1 → **agrume** 2 → **poire** 3 → **bonbon**

berge n.f. 1 au pr. : berme, bord, levée, rivage, rive, talus 2 arg. → **an**

berger, ère 1 au pr. : bergeronnette, conducteur de troupeaux, gardeur, gardien, majoral (rég.), pasteur, pastoureau, pâtre 2 fig. : chef, conducteur, guide, pasteur, souverain

bergère n.f. 1 fauteuil, siège 2 → **femme**

bergerie n.f. 1 jas (rég.), parc à moutons → **bercail** 2 bucolique, églogue, pastorale

bergeronnette n.f. bergère, hochequeue, lavandière → **passereau**

béribéri n.m. avitaminose

berline n.f. 1 → **voiture** 2 → **benne**

berlingot n.m. 1 bêtise de Cambrai, friandise, sucrerie → **bonbon** 2 roulotte → **voiture**

berlue n. f. vx 1 éblouissement, hallucination 2 arg. : couverture 3 **avoir la berlue** → **tromper (se)**

berme n.f. → **berge**

bermuda n.m. → **culotte**

bernache ou **bernacle** n.f. barnache → **palmipède**

bernardin, e n.m. ou f. → **religieux**

bernard l'hermite n.m. pagure

berne n.f. 1 **en berne** : en deuil, voilé 2 vx a → **couverture** b → **tromperie**

berner 1 abuser, amuser, attraper, décevoir, duper, enjôler, escroquer, faire croire/marcher, flouer, frauder, jouer, leurrer, monter le coup/un bateau à, mystifier, piper, railler, rouler, surprendre, trahir, tromper 2 fam. : avoir, baiser (vulg.), blouser, bourrer la caisse/le mou, carotter, couillonner (mérid.), embobiner, emmener/mener en bateau, empaumer, entuber, pigeonner 3 vx : → **brimer**

bernique → **rien**

bersaglier n.m. → **soldat**

berzingue (à tout) → **vite**

besace n.f. → **sac**

besant n.m. → **ornement**

besicles n.f. pl. → **lunettes**

bésigue n.m. → **carte**

besogne n.f. affaire, business, corvée, labeur, mission, occupation, œuvre, ouvrage, tâche, turbin → **travail** ♦ fam. : boulot, job

besogner → **travailler**

besogneux, euse chétif, dans la dèche, décavé, déshérité, économiquement faible, fauché, gagne-petit, impécunieux, malheureux, misérable, miséreux, miteux, nécessiteux, paumé, pauvre diable/drille/type, purotin, ruiné → **pauvre, mendiant**

besoin n.m. 1 au pr. : appétence, appétit, désir, envie, exigence, faim, goût, insatisfaction, manque, nécessité, soif, utilité 2 a **faire besoin** → **nécessaire** b **au besoin** : à la rigueur, en cas de nécessité, le cas échéant, sait-on jamais, si nécessaire c **être dans le besoin** : dénuement, disette, gêne, impécuniosité, indigence, manque, misère, nécessité, pauvreté, en panne, en peine ♦ fam. : débine, dèche, mistoufle, mouise, mouscaille, panade, pétrin, purée d **avoir besoin de** : devoir, falloir e **faire ses besoins** : aller aux toilettes/ à la selle/sur le pot, chier (vulg.), crotter, déféquer, évacuer, s'exonérer, faire, faire caca/la grosse commission, faire pipi/la petite commission, poser culotte, se soulager

bestiaire n.m. → **ménagerie**

bestial, e animal, bête, brutal, brute, féroce, glouton, goujat, grossier, lubrique, sauvage

bestialité n.f. animalité, bas instincts, concupiscence, gloutonnerie, goujaterie, instinct animal, lubricité → **brutalité**

bestiaux n.m. pl. animaux de ferme, basse-cour, cheptel vif, bétail, élevage, écurie, porcherie, volaille

bestiole n.f. insecte, petite bête

best-seller n.m. → **succès**

bêta, bêtasse fam. → **bête**

bétail n.m. 1 au pr. : animaux de boucherie/d'élevage/d'embouche/de ferme, bergerie, bestiaux, bêtes de somme, bovins, caprins, cheptel vif, équidés, écurie, étable, ovins, porcherie, porcins, troupeau, volailles 2 fig. en parlant d'hommes. a péj. : chair à canon, matériau, matière première, ménagerie, populo → **populace** b non péj. : foule, masse

bétaillère n.f. → **voiture**

bête n. f. 1 au pr. : animal, batracien, bestiole, cétacé, insecte, invertébré, mammifère, oiseau, poisson, reptile, saurien, vertébré ♦ vx : pécore 2 a **bête à bon Dieu** : coccinelle b **bête de boucherie** : agneau, âne, baby-bœuf, bœuf, cheval, chevreau, cochon, mouton, mulet, porc, veau c **bête de somme** : âne, bœuf, bourricot, chameau, cheval, dromadaire, éléphant, hongre, jument, lama, mule, mulet, yack ou yak, zébu d **chercher la petite bête** : chercher le petit défaut/le détail infime/minime/des crosses/des poux (fam. et péj.)/des vétilles 3 fig. en parlant de quelqu'un, non favorable, avec l'adj. mauvais, méchant, sale, vilain : animal, bonhomme, brute, butor, coco, con, fauve, fumier (grossier), jojo, mec, moineau, monsieur, mufle, oiseau, piaf, piège, pierrot, rapace, sauvage, vache, zigoto → **type** 4 **c'est une bête** : a andouille, âne, animal, badaud, ballot, balluchon, balourd, baudet, bécasse, béjaune, benêt, bêta, bigorneau, bourricot, bourrin, bourrique, brute, bûche, buse, butor, cloche, cochon, con, conasse, connard, conneau, corniaud, cornichon, couillon (mérid.), crétin, cruche, cruchon, dadais, demeuré, dindon, empoté, enfoiré (vulg.), fada, fat, flandrin, force de la nature, fourneau, ganache, gogo, gourde, guignol, idiot, imbécile, mâchoire, moule, niais, nicodème, nigaud, noix, nouille, nullité, oie, oison, paltoquet, panier, paon, patate, pauvre/simple d'esprit, pochetée, porc, prétentieux, ridicule, rustre, sagouin, salaud, saligaud, serin, simplet, tarte, tourte, trou du cul (vulg.), truffe → **stupide** b vx ou rég. : gille 5 avec l'adj. bon, brave, pas mauvais, pas méchant : bougre, garçon, gars, pâte, zig → **type** ♦ fam. : guignol, mec 6 **bête noire.** a qu'on subit : cauchemar, croix, épouvantail, poison, pot de colle, supplice, torture, tourment b à qui on fait subir : martyr, os à ronger, souffre-douleur, victime 7 **reprendre du poil de la bête.** a au phys. : bonne mine, le dessus, force, santé, vie, vigueur b au moral : agressivité, ardeur, confiance, courage, du mordant, du punch, le dessus

bête adj. 1 quelqu'un : abruti, absurde, ahuri, ballot, balourd, bâté, béat, bébête, bécasse, benêt, bêta, bêtasse, borné, bouché, bovin, con, crétin, cucul, cucul la praline, demeuré, déraisonnable, empoté, emprunté, enflé, enfoiré (vulg.), fada, fat, pas fin/finaud, fruste, gauche, godiche, gourde, idiot, imbécile, indigent, inepte, innocent, insane, insensé, jobard, lourd, lourdaud, lourdbalourd, lourdingue, maladroit, malavisé, minus, miro, naïf, niais, nigaud, nouille, nul, nunuche, obtus, patate, pauvre/simple d'esprit, philistin, poire, prétentieux, ridicule, rustre, tordu, zozo → **stupide** 2 → **facile** 3 a **se trouver tout bête** : comme deux ronds de flan, confus, décontenancé, désarçonné, désemparé, entre deux chaises, gêné, idiot, interdit, interloqué, maladroit, mal à l'aise, penaud, quinaud b **c'est bête** : aberrant, absurde, dément, dingue, dommage, ennuyeux, fâcheux, fat, grotesque, idiot, impardonnable, inepte, inutile, regrettable, ridicule, stupide, ubuesque, vain → **sot** ♦ fam. : con, cucul

bêtement 1 connement (fam.), gauchement, innocemment, lourdement, maladroitement, naïvement, niaisement, prétentieusement, ridiculement, sans réfléchir, simplement, sottement, stupidement 2 fig. : bonnement, comme ça, naïvement, simplement

bêtifier 1 v. intr. : dire des âneries/bêtises, être gnangnan, faire l'âne/ l'idiot/l'imbécile, gâtifier 2 v. tr. : abêtir, abrutir, rendre → **bête**

bêtise n.f. 1 comportement : abrutissement, absurdité, ahurissement, angélisme, badauderie, balourdise, béotisme, connerie, couche, crétinerie, crétinisme, étourderie, fatuité, ganacherie, gaucherie, idiotie, imbécillité, indigence, ineptie, inintelligence, innocence, jobarderie, lourdeur, maladresse, naïveté, niaiserie, nigauderie, paquet, pauvreté d'esprit, pesanteur, philistinisme, pochetée, prétention, ridicule, rusticité, simplicité d'esprit → **sottise, stupidité** 2 acte ou parole. a au pr. : absurdité, ânerie, balourdise, bêlement, bévue, bourde, cliché, cuir, drôlerie, écart, fadaise, faute, faux pas, folie, gaffe, gauloiserie, grossièreté, histoires, idiotie, imbécillité, impair, ineptie, insanité, lapalissade, lieu commun, maladresse, maldonne, méprise, naïveté, niaiserie, non-sens, pas de clerc, pauvreté, perle, platitude, sottise, stupidité ♦ fam. : boulette, connerie, vanne b neutre ou fav., génér. au pl. : astuces, attrapes, balivernes, baratin, blague, boniments, couillonnade (mérid.), drôleries, facéties, farces, fredaine, gaillardises, gauloiseries, grivoiseries (péj.), histoires drôles/gauloises/marseillaises/paillardes, paillardises, plaisanteries, propos légers/lestes ♦ fam. : conneries, gaudrioles c une chose sans importance → **bagatelle**

bêtisier n.m. dictionnaire de lieux communs/des idées reçues, recueil de perles/de sottises, sottisier

béton n.m. aggloméré, ciment, gunite, matériau, mortier

bétonner cimenter, renforcer

bétonnière n.f. malaxeur

bette n.f. 1 blette, carde, cardon 2 marie-salope → **bateau**

beuglant n.m. assommoir, bal musette, bastringue, boîte, bouge, bousin, caboulot, café-concert, gargote, guinche, guinguette, night-club, tapis-franc (vx), taverne

beuglante n.f. 1 → **cri** 2 → **chant**

beuglement n.m. appel, braiment, braillement, hurlement, meuglement, mugissement, vocifération → **cri** ♦ fam. : gueulante

beugler 1 au pr. : appeler, bramer, meugler, mugir → **crier** 2 fig. : appeler, brailler, braire, hurler, gueuler, vociférer → **crier**

beur n. invar. → **maghrébin**

beurre n.m. a **comme dans du beurre** : avec aisance, comme sur des roulettes, facilement, tout seul b **compter pour du beurre** : pour des nèfles/des prunes/rien c **assiette au beurre** : affaire juteuse, pouvoir politique d **mettre du beurre dans les épinards** : améliorer l'ordinaire/la situation e **c'est du beurre** : c'est avantageux/bon/facile/une sinécure f **faire son beurre** : faire des bénéfices, prospérer, s'enrichir g **couleur beurre frais** : blanc cassé, jaune clair h **petit-beurre** : biscuit i **œil au beurre noir** : coquard, ecchymose, œil poché, tuméfaction

beurrer 1 foncer, garnir, tartiner 2 → **enivrer**

beurrier n.m. 1 pot à beurre, récipient 2 celui qui fait du beurre : crémier, fermier, laitier

beuverie n.f. bacchanale, bombance, bombe, bringue, débauche, dégagement (milit.), fête bachique, foire, godaille, libation, noce, nouba, orgie, ribote, ribouldingue, ripaille, soûlerie, soûlographie, tournée des grands-ducs

bévue n.f. ânerie, balourdise, boulette, bourde, cuir, erreur, étourderie, faute, faux pas, gaffe, impair, maladresse, maldonne, méprise, pas de clerc → **bêtise** ♦ fam. : connerie, perle, vanne

bey n.m. → **monarque**

bézoard n.m. → **calcul**

biais n.m. 1 aspect, côté, diagonale, ligne oblique, travers 2 artifice, détour, moyen 3 a **de biais** : en diagonale, de travers, en travers, obliquement b **par le biais de** : par le détour/l'intermédiaire/le moyen/le truchement de

biaiser 1 gauchir, obliquer 2 fig. : atermoyer, composer, feinter, louvoyer, temporiser, tergiverser, user de procédés dilatoires

biathlon n.m. → **athlétisme**

bibelot n.m. 1 au pr. : biscuit, chinoiserie, japonaiserie, objet d'art/fragile, petit objet, saxe, sèvres, souvenir 2 fig. : affiquet, amusement, amusette, babiole, bagatelle, baliverne, bêtise, breloque, bricole, brimborion, caprice, colifichet, fanfreluche, fantaisie, frivolité, futilité, rien

biberon n.m. 1 au pr. : flacon gradué 2 fig. : → **ivrogne**

biberonner → **boire**

bibi n.m. 1 au pr. fam. : chapeau, galure, galurin → **coiffure** 2 pron. pers. fam. : mézigue, moi

bibine n.f. → **alcool**

bible n.f. 1 au pr. : écritures, Évangile, le Livre, la Parole de Dieu, Révélation, les Saintes Écritures, le Testament (Ancien et Nouveau) 2 par ext. a autorité, base, dogme, fondement b bréviaire, livre de chevet/de prières, manuel, ouvrage de base/fondamental/usuel

bibliographie n.f. catalogue, liste, nomenclature, référence

bibliophile amateur de livres, collectionneur de livres, paléographe (par ext.) ♦ iron. : bibliomane

bibliophilie n.f. paléographie (par ext.) ♦ iron. : bibliomanie

bibliothécaire n.m., n.f. archiviste, chartiste, conservateur, libraire, paléographe, rat de bibliothèque (péj.)

bibliothèque n.f. 1 le lieu : archives, bureau, cabinet, collection, librairie 2 de gare :

kiosque 3 le meuble : armoire à livres, bibliobus, casier, étagère, rayon, rayonnage, tablette

biblique hébraïque, inspiré, judaïque, révélé, sacré

Bic ® n.m. → **porte-plume**

biceps n.m. 1 au pr. : bicipital (adj.), bras, muscle 2 par ext. : force, puissance, vigueur

biche n.f. 1 → **biquet** 2 → **affection**

bicher 1 pop. aller, aller au poil/bien, boumer, coller, gazer, marcher, rouler 2 → **réjouir (se)**

bichette n.f. 1 → **biquet** 2 → **affection**

bichon n.m. 1 → **chien** 2 → **biquet** 3 → **affection**

bichonnage n.m. → **nettoiement**

bichonner 1 au pr. : attifer, boucler, friser, parer, pomponner 2 fig. : choyer, s'empresser auprès de, entourer de soins, gâter

bicolore → **bigarré**

bicoque n.f. abri, appentis, baraque, cabane, cabanon, cassine, maison, masure, taudis (péj.)

bicorne n.m. bicuspide → **coiffure**

bicot n.m. 1 → **biquet** 2 → **affection** 3 → **maghrébin**

bicyclette n.f. bécane, clou (péj.), petite reine, vélo → **cycle**

bidasse n.m. → **soldat**

bide n.m. 1 → **bedaine** 2 → **insuccès**

bidet n.m. 1 bol de toilette, cuvette 2 cob, mule, mulet, postier → **cheval**

bidoche n.f. pop. et péj. : barbaque, cuir, mauvaise viande, semelle

bidon n.m. 1 gourde 2 fût, jerricane ou jerrycan, nourrice → **bouille** 3 container ou conteneur, cuve, réservoir, touque 4 fig. → **insuccès**

bidonnant fam. : boyautant, crevant, marrant, poilant, rigolo, roulant, sucré, tordant

bidonner (se) se boyauter, se marrer, se poiler, rigoler, se rouler, se torboyauter, se tordre (de rire)

bidonville n.f. baraquement, camp, campement ♦ par ext. : favela, ghetto, zone

bidule n.m. → **truc**

bief n.m. → **canal**

bielle n.f. arbre, axe, balancier, biellette, bras, embiellage, manivelle, tige, transmission

bien adv. 1 tous les dérivés en -ment d'adj. d'achèvement, d'avantage, de grandeur, d'intensité, d'intérêt, de qualité, de quantité, etc., par ex. : admirablement, adroitement, agréablement, aimablement, aisément, assurément, avantageusement, bellement, bonnement, commodément, complètement, confortablement, convenablement, correctement, dignement, dûment, éloquemment, éminemment, entièrement, expressément, extrêmement, favorablement, fermement, formellement, formidablement, gracieusement, grandement, habilement, heureusement, honnêtement, honorablement, intégralement, intensément, joliment, judicieusement, largement, longuement, merveilleusement, nettement, noblement, parfaitement, passablement, pleinement, profondément, prudemment, raisonnablement, réellement, sagement, savoureusement, totalement, utilement, vraiment ♦ fam. : bigrement, bougrement, drôlement, salement, super, vachement 2 tous les compl. circ. de manière réalisés par un subst. amplifiant ou valorisant ce qu'exprime le verbe, par ex. : de façon admirable, avec adresse/aisance/amabilité/appétit/assurance/avantage, sans bavure (fam.), en beauté, avec bonheur/bonté/charme/confort/correction, de façon correcte, avec dignité/élégance/éloquence, de façon complète/éminente, avec faveur/fermeté, en force, avec grâce/habileté, en long et en large, avec netteté/noblesse, de manière parfaite, avec plénitude, en profondeur, avec prudence, de façon raisonnable, en réalité, avec sagesse, en totalité, de manière utile, en vérité 3 devant un adj. : absolument, complètement, dûment, entièrement, extrêmement, fameusement, formidablement, fort, intégralement, nettement, pleinement, profondément, réellement, sérieusement, totalement, tout, tout à fait, très 4 a **il est bien grand :** ce que/comme/qu'est-ce qu'il est grand b **bien des + un nom :** beaucoup de, une foule de, nombre de, quantité de, des tas de c **aussi bien :** d'ailleurs, du reste, en outre d **bien entendu :** évidemment e **bien :** certes

bien bon, compétent, consciencieux, distingué, droit, honnête, lucide, sérieux, sûr, sympathique → **beau, remarquable** ♦ fam. : au poil, bandant, bath, branché, chouette, génial, super, sympa

bien n.m. 1 abstrait : beau, beauté, bon, bonheur, bonté, devoir, droit, honneur, idéal, justice, perfection, progrès, sainteté, vérité, vertu 2 concret, souvent au pl. : acquêt, avoir, capital, cheptel, chose, domaine, don, dot, dotation, exploitation, fonds, fortune, fruit, gain, héritage, immeuble, maison, patrimoine, portefeuille, possession, produit, propriété, récolte, rente, richesse, valeur ♦ vx : alleu, apanage, douaire, fief, franc-alleu, manse, tenure, vaillant 3 a **le bien public :** intérêt, service b **faire du bien :** jouissance, plaisir, profit, satisfaction, soulagement, volupté c **attendre un bien :** avantage, bénéfice, bienfait, résultat, satisfaction, secours, service, soulagement, utilité d **dire du bien :** un compliment/un éloge/une louange

bien-aimé, e amant, amoureux, chéri, chouchou (fam.), élu, fiancé, flirt, maîtresse, préféré → **biquet**

bien-dire n.m. → **éloquence**

bien-être n.m. 1 la sensation : agrément, aise, béatitude, bien-aise, bien-vivre, bonheur, calme, contentement, décontraction, détente, euphorie, félicité, jouissance, plaisir, quiétude, relaxation, satisfaction, sérénité, soulagement 2 la situation : abondance, aisance, confort, luxe, prospérité, vie facile/large

bienfaisance n.f. 1 aide, assistance, mécénat, secours 2 qualité : bénignité, bienveillance, charité, générosité, humanité, philanthropie, serviabilité → **bonté**

bienfaisant, e 1 bénéfique, efficace, favorable, tutélaire 2 charitable, généreux, humain, philanthropique, serviable → **bon**

bienfait n.m. 1 qu'on donne : aumône, bon office, cadeau, charité, don, faveur, fleur (fam.), générosité, grâce, largesse, libéralité, obole, office, plaisir, présent, service, social 2 qu'on reçoit : avantage, bénéfice, profit, utilité → **bienfaisance**

bienfaiteur, trice ami, donateur, inventeur, mécène, philanthrope, protecteur, sauveur → **bienfaisant**

bien-fondé n.m. authenticité, bon droit, conformité, correction, exactitude, excellence, justesse, justice, légitimité, pertinence, recevabilité, solidité, validité, vérité

bien-fonds n.m. → **immeuble**

bienheureux, euse 1 assouvi, béat (péj.), bien-aise, comblé, content, euphorique, repu, satisfait → **heureux** 2 nom : béatifié, élu, saint 3 **dormir comme un bienheureux :** comme un loir/une souche/un sourd

biennal, e bisannuel

bien-pensant n.m. 1 conformiste, intégriste, pratiquant, traditionnel 2 par ext. péj. : béni-oui-oui → **bigot, tartufe**

bienséance n.f. 1 apparences, convenance, correction, décence, honnêteté, manières, politesse, pudeur, savoir-vivre 2 étiquette, protocole, usage

bienséant, e agréable, comme il faut, congru, convenable, correct, décent, délicat, honnête, poli, séant

bientôt dans peu de temps/quelque temps, d'ici peu, incessamment, plus tard, prochainement, promptement, rapidement, sans retard/tarder

bienveillance n.f. affabilité, altruisme, amabilité, bénignité, bon accueil, bonne volonté, bonté, complaisance, compréhension, convivialité, cordialité, gentillesse, indulgence, mansuétude, obligeance, ouverture d'esprit, prévenance, sympathie → **faveur**

bienveillant, e accueillant, affable, affectueux, aimable, amical, bon, brave, complaisant, compréhensif, convivial, coopératif (fam.), cordial, débonnaire, favorable, fraternel, gentil, intentionné, miséricordieux, obligeant, ouvert, prévenant, sympathique → **indulgent**

bienvenu, e bien/favorablement accueilli/reçu, celui qu'on attend, ne pouvant mieux tomber, opportun, tombant à pic/à point/juste

bienvenue n.f. bon accueil, bonjour, bonne étrenne, salut, salutations

bière n.f. 1 ale, cervoise, faro, pale-ale, stout ♦ antiq. : zythum 2 baron, bock, demi, double, formidable, galopin, quart (vx) 3 → **cercueil**

biffage n.m. annulation, barre, mot rayé, rature, repentir, suppression, trait de plume

biffe n.f. 1 → **infanterie** 2 → **tromperie** 3 → **tissu**

biffer annuler, barrer, corriger, effacer, raturer, rayer, supprimer

biffin n.m. chiffonnier, fantassin

biffure n.f. rature, rayure, repentir, retouche, trait

bifteck n.m. châteaubriant, filet, grillade, rumsteck, steak, tournedos, tranche, viande grillée ♦ péj. : barbaque, semelle

bifurcation 1 enfourchure (vx), carrefour, division, embranchement, fourche, patte-d'oie 2 changement d'orientation 3 → **séparation**

bifurquer 1 diverger, se dédoubler/diviser 2 être aiguillé, se diriger, s'orienter

bigarade n.f. 1 → **agrume** 2 → **poire**

bigarré, e bariolé, chamarré, disparate, diversifié, hétérogène, maillé, mâtiné, mélangé, mêlé, multicolore, polychrome, vairon, varié, versicolore

bigarreau n.m. → **cerise**

bigarrure n.f. bariolage, disparité, hétérogénéité, mélange, polychromie, variété

bigler (pop.) 1 ciller, cligner des yeux, loucher, être myope, mal voir 2 contempler, loucher sur, mater, mirer, regarder avec attention/envie/étonnement, zieuter

bigleux, euse bigle (vx) → **myope**

bigophone n.m. → **téléphone**

bigophoner → **téléphoner**

bigorneau n.m. 1 coquillage, littorine, vigneau 2 fam. : écouteur → **téléphone** 3 → **bête**

bigorner (pop.) 1 quelqu'un : abîmer le portrait, amocher, casser la figure/la gueule, castagner, cogner, coller une châtaigne, corriger, donner des coups, endommager, endommager le portrait, esquinter, flanquer/foutre (grossier) une correction/une dérouillée/une trempe/une volée → **battre** 2 une chose : abîmer, accrocher, amocher, aplatir, briser, casser, écraser, endommager, entrer en collision, esquinter, friser la tôle, froisser, heurter, télescoper 3 v. pron. : se casser la figure/la gueule, se cogner dessus, se donner des coups, se ficher/flanquer/foutre une trempe/une volée, se quereller, se taper dessus

bigot, e n.m., f. bedeau, bondieusard, cafard, cagot, calotin, cul-bénit, dévot, grenouille de bénitier, iconolâtre, marguillier, petit saint, punaise de sacristie, sacristain, tala (arg. scol.) → **tartufe**

bigoterie n.f. 1 → **tartuferie** 2 → **religion**

bigrement → **beaucoup**

bigue n.f. chèvre, grue, mât de charge, palan

biguine n.f. → **danse**

bihoreau n.m. → **échassier**

bijou n.m. 1 joyau ♦ fam. : crachat, jonc, quincaillerie, verroterie 2 agrafe, aigrette, alliance, anneau, bague, bandeau, boucle, boucle d'oreille, bracelet, bracelet-montre, breloque, broche, camée, chaîne, chevalière, clip, cœur, coulant, couronne, croix, diadème, dormeuse, épingle, esclavage, ferronnière, fronteau, gourmette, jeannette, médaillon, parure, pendant, pendeloque, pendentif, plaque, rang de perles, rivière, sautoir 3 beauté, chef-d'œuvre, merveille, perfection 4 → **affection**

bijouterie n.f. 1 horlogerie, joaillerie, orfèvrerie 2 chef-d'œuvre, merveille, perfection, technique parfaite, travail achevé/parfait/précis

bijoutier, ère horloger, joaillier, orfèvre

bikini n.m. deux-pièces

bilan n.m. 1 au pr. : balance, conclusion, état, inventaire, point, situation, tableau 2 a **déposer son bilan :** capituler, être en déconfiture/difficulté/faillite/liquidation, faire la culbute/de mauvaises affaires b **faire le bilan :** conclure, tirer la conclusion/les conséquences 3 fig. : conséquences, résultats, séquelles, suites 4 check-up

bilatéral, e zool. : artiozoaire → **semblable**

bile n.f. 1 atrabile (vx), fiel, glaire, humeur (vx) 2 fig. : amertume, colère, fiel, maussaderie, mauvais caractère, méchanceté, récriminations, venin → **aigreur** 3 a **échauffer la bile :**

casser les pieds, chauffer les oreilles, excéder, faire sortir de ses gonds (fam.), mettre à bout/en colère/hors de soi b **se faire de la bile :** avoir des idées noires, se biler (fam.), s'en faire, être pessimiste/soucieux/tourmenté, se faire du mauvais sang/du mouron (fam.)/du souci/du tourment, s'inquiéter, se préoccuper, se soucier de, se tourmenter

biler (se) → **inquiéter**

bileux, bilieux, euse 1 au pr. a atrabilaire, hépatique, hypocondre, hypocondriaque b jaunâtre, jaune, vert 2 fig. a anxieux, chagrin, inquiet, mélancolique, pessimiste, soucieux, tourmenté, troublé b péj. : atrabilaire, bâton merdeux, coléreux, masochiste, maussade, mauvais coucheur, misanthrope, ombrageux, soupçonneux, susceptible

bilingue 1 quelqu'un : interprète, polyglotte, traducteur, truchement 2 une chose : sous-titré, synoptique

bilinguisme n.m. par ext. : biculturalisme, multilinguisme, plurilinguisme

billard n.m. 1 par ext. : fumoir, salle de jeux 2 fig. : salle/table d'opération 3 **c'est du billard :** ça va comme sur des roulettes (fam.), c'est du beurre/de la tarte → **facile**

bille n.f. 1 au pr. a agate, boule, calot b bille de bois : billette, bitte (mar.), morceau, tronc, tronçon 2 fig. → **tête, visage** 3 **une bonne bille :** l'air avenant/bien intentionné/honnête/jovial/sympathique

billet n.m. 1 au pr. a → **lettre** b attestation, billette (vx), bon, carte, certificat, contremarque, coupon, récépissé, reçu, ticket c billet de banque : assignat (vx), coupure, devise, espèces, monnaie, monnaie fiduciaire, numéraire arg. : fafiot, raide, sac, taffetas, ticket d billet à ordre : cédule (vx), effet, lettre de change, traite, valeur 2 **je vous en fiche mon billet** (fam.) → **affirmer**

billette n.f. → **moulure**

billevesées n.f. pl. balivernes, chimères, conneries (fam.), coquecigrues, fadaises, fantaisies, fantasmagories, imaginations, sornettes, sottises, utopies

billion n.m. million de millions ♦ vx : milliard, trillion

billot n.m. 1 bille/bloc de bois, bitte (mar.), planche à découper/à trancher 2 tin 3 tronchet 4 → **supplice**

bimbeloterie n.f. → **bazar**

bimoteur nom et adj. biréacteur, biturbine

binaire alternatif, alterné, à deux aspects/faces/temps/termes/unités, dichotomique, en opposition, en relation

binage n.m. ameublissement, bêchage, façonnage, grattage, sarclage, serfouissage

biner aérer/ameublir/briser le sol, bêcher, cultiver, désherber, façonner, gratter, sarcler, serfouir

binette n.f. 1 bident, grattoir, houe, hoyau, ratissoire, sarclette, sarcloir, serfouette, tranche 2 → **tête, visage**

bingo n.m. → **loterie**

biniou n.m. bombarde, cornemuse, loure, musette

binoclard, e → **myope**

binocle n.m. besicles, face-à-main, lorgnon, lunettes, pince-nez

binz ou **bin's** n.m. → **bazar**

biodégradable → **destructible**

biographie n.f. biobibliographie, hagiographie, histoire personnelle, journal, mémoires, notice, vie

biologie n.f. bactériologie, cytologie, embryologie, génétique, histologie, virologie

biologique par ext. : écologique, naturel, sain

bionique → **cybernétique**

bipenne n.f. → **hache**

bique n.f. 1 au pr. : cabri, caprin, chèvre 2 **vieille bique** → **mégère**

biquet, ette n.m. ou f. 1 au pr. : chevreau, chevrette 2 fig. et fam. → **affection**

birbe n.m. → **barbon**

biréacteur nom et adj. bimoteur, biturbine

birème n.f. → **galère**

bis 1 interj. : bravo, encore, hourra 2 n.m. → **acclamation**

bis, e 1 basané, bistre, bistré, brun, brunâtre, gris, jaunâtre, marron clair 2 **pain bis :** pain de campagne/complet/de seigle/noir

bisaïeul, e n.m. ou f. arrière-grand-père/mère

bisbille n.f. (fam.) bouderie, brouillerie, dépit, désaccord, différend, discorde, dispute, fâcherie, humeur, malentendu, mésentente, querelle, trouble

biscornu, e 1 à deux cornes, cornu, irrégulier 2 absurde, bizarre, confus, échevelé, farfelu (fam.), grotesque → **absurde**

biscuit n.m. 1 biscotte, boudoir, bretzel, cracker, craquelin, croquet, friandise, galette, gâteau, gaufrette, macaron, pâtisserie, petit-beurre, sablé, spéculoos, toast 2 pain azyme 3 bibelot, porcelaine, saxe, sèvres, statuette

bise n.f. 1 blizzard, vent froid/du Nord 2 bécot, bisou, petit baiser → **baiser**

biseau (en) en biais, entaillé, oblique

biser → **baiser**

biset n.m. → **colombin**

bisexué, e → **hermaphrodite**

bison n.m. → **bœuf**

bisou n.m. → **bise**

bisque n.f. consommé → **potage**

bisquer (faire) asticoter, ennuyer, faire enrager/maronner/râler, taquiner, vexer

bisser applaudir, en redemander, faire une ovation/un triomphe, ovationner, rappeler, réclamer

bistouille n.f. → **alcool**

bistouri n.m. couteau, lame, scalpel

bistre et **bistré, e** → **bis, e**

bistrot n.m. 1 → **cabaret** 2 → **cabaretier**

bite ou **bitte** n.f. 1 billot, bollard, borne 2 → **verge**

bitos n.m. → **coiffure**

bitumage n.m. asphaltage, goudronnage, macadamisage, revêtement

bitume n.m. 1 au pr. : asphalte, coaltar, goudron, macadam, revêtement 2 → **prostitution**

bitumer asphalter, entretenir, goudronner, macadamiser, revêtir

biture ou **bitture** n.f. 1 **à toute biture** → **vite** 2 → **ivresse**

biveau n.m. équerre

bivouac n.m. abrivent, campement, camping, cantonnement, castramétation, faisceaux, halte, installation de nuit

bivouaquer camper, cantonner, dresser les tentes, faire halte, former les faisceaux, installer le bivouac, planter les tentes

bizarre 1 quelque chose ou quelqu'un (général. non favorable) : abracadabrant, abrupt, amusant, anormal, baroque, biscornu, capricieux, changeant, chinois, cocasse, comique, curieux, drôle, étonnant, étrange, excentrique, exceptionnel, extraordinaire, extravagant, fantaisiste, fantasmagorique, fantasque, fantastique, farfelu, funambulesque, grotesque, hétéroclite, impossible, incompréhensible, inattendu, inégal, inhabituel, inquiétant, insolite, mobile, monstrueux, original, plaisant, rare, remarquable, ridicule, rocambolesque, saugrenu, singulier, surprenant ♦ fam. : bizarroïde, marrant 2 quelqu'un (péj.) : aliéné, autre, braque, brindezingue, cinglé, dérangé, fou, halluciné, hurluberlu, iroquois, loufoque, lunatique, maniaque, numéro, olibrius, original, phénomène, pistolet, tout chose, type, zèbre, zigoto

bizarrerie n.f. 1 anomalie, caprice, chinoiserie, cocasserie, comportement → **bizarre**, curiosité, déviance, drôlerie, étrangeté, excentricité, extravagance, fantaisie, fantasmagorie, folie, monstruosité, nouveauté, originalité, ridicule, singularité 2 de quelqu'un (péj.) : aliénation, dérangement, folie, hallucination, loufoquerie, manie

bizut ou **bizuth** n.m. → **novice**

bizutage n.m. → **brimade**

bizuter → **chahuter**

blablabla n.m. → **bavardage**

black-bass n.m. → **poisson**

blackboulage n.m. → **refus**

blackbouler → **refuser**

black-out n.m. 1 obscurité → **silence** 2 spat. off. : occultation, silence radio

blafard, e → **blême, pâle**

blague n.f. 1 poche/sac à tabac 2 astuce, bobard, canular, craque, drôlerie, exagération, farce, galéjade, hâblerie, histoire drôle, mensonge, niche, plaisanterie, sornette 3 erreur, faute, gaffe, maladresse, sottise → **bêtise**

blaguer 1 v. tr. : asticoter (fam.), chahuter, faire marcher, se moquer de, railler, taquiner, tourner en dérision 2 v. intr. a au pr. : exagérer, faire des astuces, galéjer, mentir, plaisanter, raconter des blagues b par ext. : bavarder, causer, passer le temps

blagueur, euse 1 → **hâbleur** 2 → **taquin**

blair n.m. → **nez**

blaireau n.m. 1 grisard 2 → **pinceau**

blairer estimer → **aimer**

blâmable condamnable, critiquable, déplorable, répréhensible

blâme n.m. accusation, anathème, animadversion, attaque, avertissement, censure, condamnation, critique, désapprobation, grief, improbation, mise à l'index, objurgation, pain (arg.), punition, remontrance, répréhension, réprimande, réprobation, reproche, semonce, stigmatisation, tollé, vitupération, vitupère (vx)

blâmer accuser, anathématiser, attaquer, charger, censurer, condamner, critiquer, désapprouver, désavouer, donner un avertissement, faire grief de, faire reproche de, flageller, flétrir, fustiger, incriminer, jeter la pierre, juger, pourfendre, punir, reprendre, réprimander, reprocher, réprouver, semoncer, sermonner, stigmatiser, trouver à redire, vitupérer ♦ vx : criminaliser, draper, fulminer, honnir

blanc, blanche 1 adj. a au pr. : albâtre, argenté, beurre frais, blafard, blême, chenu, clair, crème, crayeux, immaculé, incolore, ivoire, ivoirin, lacté, lactescent, laiteux, limpide, marmoréen, net, opalescent, opalin, pâle, platine, propre, pur b → **blanchâtre** c fig. : candide, clair, immaculé, innocent, lilial, net, pur, virginal 2 n.m. typo. : espace, interligne, intervalle, vide 3 a **saigner à blanc :** épuiser, vider b **le blanc de l'œil :** cornée, sclérotique c **de but en blanc :** de façon abrupte, directement, sans crier gare, sans préparation

blanc-bec n.m. arrogant, béjaune, insolent, morveux, niais, prétentieux, sot

blanchaille n.f. → **fretin**

blanchâtre albuginé, blafard, blême, éburné, éburnéen, lacté, lactescent, laiteux, nacré, opalescent, opalin

blancheur n.f. 1 au pr. : clarté, lactescence, netteté, propreté, pureté 2 albâtre (vx.), blêmissement, lividité, pâleur 3 fig. : candeur, innocence, pureté, virginité

blanchiment et **blanchissage** n.m. décoloration, échaudage, finissage, herberie (vx.), lessivage, lessive, nettoiement, savonnage

blanchir 1 au pr. a frotter, lessiver, nettoyer, savonner b typo. : éclaircir c un mur : chauler, échauder, sabler d quelqu'un → **blêmir** e prendre de l'âge, vieillir 2 fig. → **excuser**

blanchisserie n.f. buanderie, laverie, lavoir

blanchisseur, euse n.m. ou f. vx : buandier (québ.), lavandière, laveur, laveuse, lessivier

blanc-manger n.m. caillé, caillebotte, gelée, yaourt, yoghourt

blanc-seing n.f. carte blanche, chèque en blanc, liberté de manœuvre, mandat, procuration en blanc

blanquette n.f. 1 ragoût 2 chasselas, clairette, vin clairet

blase n.m. fam. : → **nez**

blasé, e assouvi, dégoûté, désabusé, désenchanté, difficile, fatigué, froid, indifférent, insensible, rassasié, repu, revenu de tout, sceptique, usé

blaser dégoûter, désabuser, fatiguer, laisser froid, lasser, rassasier, soûler

blason n.m. 1 armes, armoiries, cartouche, chiffre, écu, écusson, marque, panonceau, pennon, sceau 2 pièces du blason → **pièce**

blasonner orner → **peindre**

blasphémateur, trice n.m. ou f. apostat, impie, parjure, sacrilège

blasphématoire impie, sacrilège

blasphème n.m. gros mot, grossièreté, impiété, imprécation, injure, insulte, jurement, juron, outrage, sacrilège

blasphémer 1 v. tr. : injurier, insulter, maudire, se moquer de, outrager 2 v. intr. : jurer, proférer des blasphèmes/imprécations, sacrer

blatérer → **crier**

blatte n.f. cafard, cancrelat

blazer n.m. flanelle, veste, veston

blé n.m. céréale, épeautre, froment, sarrasin, triticale (par ext.)

bled n.m. brousse, pays perdu/sauvage, petite ville, petit village, trou

bledard n.m. → **soldat**

blême blafard, blanchâtre, bleu, cadavérique, décoloré, exsangue, hâve, incolore, livide, pâle, pâlot, plombé, terne, terreux, vert

blêmir blanchir, se décomposer, devenir livide, pâlir, verdir

blêmissement n.m. → **blancheur**

blennie n.f. baveuse → **poisson**

blennorragie n.f. blennorrhée, gonococcie ♦ arg. : chaude-pisse, chtouille,

blépharite n.f. → **inflammation**

blèsement n.m. blésité, zézaiement

bléser zézayer, zozoter

blessant, e agressif, arrogant, choquant, contrariant, déplaisant, désagréable, désobligeant, grossier, impoli, inconvenant, injurieux, irrespectueux, mal embouché, mortifiant, offensant, piquant, vexant

blessé, e éclopé, estropié, invalide, mutilé

blesser 1 abîmer, assommer, balafrer, battre, broyer, brûler, contusionner, corriger, couper, couronner, déchirer, découdre (vén.), écharper, écorcher, écraser, encorner, entailler, entamer, érafler, éreinter, estropier, éventrer, faire une entorse, fouler, frapper, froisser, léser, luxer, maltraiter, meurtrir, mordre, mutiler, navrer (vx), percer, piquer, poignarder, saigner ♦ fam. : amocher, arranger (le portrait) 2 la vue, les oreilles : affecter, casser, causer une sensation désagréable, déchirer, écorcher, effaroucher, irriter, rompre 3 fig. a atteindre, choquer, contrarier, déplaire, égratigner, faire de la peine, froisser, heurter, irriter, offenser, piquer, toucher, ulcérer, vexer b attenter à, enfreindre, être contraire à, heurter, porter atteinte, violer c causer du préjudice, faire tort, léser, nuire, porter préjudice, préjudicier 4 pron. fig. : être susceptible, se formaliser, s'offenser, s'offusquer, se piquer, se vexer

blessure n.f. 1 a balafre, bleu, bobo (fam.), bosse, boutonnière, brûlure, choc, cicatrice, contusion, coquard, coupure, distension, ecchymose, égratignure, élongation, entaille, entorse, éraflure, éraillement, estafilade, estocade, fêlure, foulure, fracture, froissement, lésion, luxation, meurtrissure, morsure, moucheture, mutilation, piqûre, plaie, scarification, taillade, trauma, traumatisme, tuméfaction → **coup** b vét. : enchevêtrure, enclouure c vén. : décousure, dentée 2 moral : atteinte, brûlure, coup, coup dur, douleur, froissement, offense, pique, plaie, souffrance, trait

blet, blette avancé → **gâté**

blettir → **pourrir**

blettissement ou **blettissure** n.m., n.f. → **pourriture**

bleu, e 1 adj. : ardoise, azur, barbeau, bleuâtre, bleuet, canard, céleste, céruléen, glacier, lapis-lazuli, myosotis, outremer, pers, pervenche, safre, saphir, smalt, turquoise, ultramarin 2 n.m. a azur, ciel b → **novice** c coquard, ecchymose, meurtrissure, œil au beurre noir, tuméfaction → **coup** 3 a **sang bleu :** noble b **fleur bleue :** sentimental, tendre c **bas bleu :** pédante d **cordon bleu :** bonne cuisinière

bleuet n.m. 1 barbeau, casse-lunettes, centaurée 2 québ. → **myrtille**

bleusaille n.f. fam. → **novice**

blindage n.m. abri, bardage, boisage, bouclier, carter, cuirasse, écran, protection

blinde n.f. → **poutre**

blindé 1 n.m. : automitrailleuse, char, char d'assaut, char de combat, half-track, tank 2 adj. : blasé, endurci, immunisé → **ivre**

blinder 1 abriter, boiser, cuirasser, protéger, renforcer 2 fig. : endurcir, immuniser, protéger, renforcer 3 v. pron. fam. → **enivrer (s')**

blinis n.m. par ext. : crêpe, hors-d'œuvre, toast

blizzard n.m. → **vent**

bloc n.m. 1 bille, masse, pavé, pièce, roche, rocher 2 a amas, assemblage, ensemble, ouvrage, quantité, totalité, tout, unité b → **coalition** c géol. : graben, horst d → **prison** e à/en bloc → **maximum, totalement**

blocage n.m. 1 arrêt, barrage, coup d'arrêt, stabilisation 2 empilage, remplage, serrage 3 frein, impuissance, inhibition, paralysie

blockhaus n.m. abri, bunker, casemate, fortification, fortin, ouvrage, redoute

bloc-notes n.m. → **carnet**

blocus n.m. boycott, boycottage, investissement, isolement, siège

blond, e 1 blondasse (péj.), blondin, blondinet, doré, lin, platiné 2 → **jaune**

blonde n.f. 1 → **dentelle** 2 → **fille**

blondin n.m. → **galant**

bloquer 1 au pr. : amasser, empiler, entasser, grouper, masser, rassembler, réunir 2 par ext. a assiéger, cerner, encercler, entourer, envelopper, fermer, investir b → **arrêter** c les crédits : geler, immobiliser, suspendre d un passage : coincer, condamner, encombrer, obstruer e arg. scol. → **étudier** f méd. : boucher, constiper

blottir (se) s'accroupir, se cacher/clapir/coucher, s'enfouir, se mettre en boule/pelotonner / presser / ramasser / recroqueviller / réfugier/replier/serrer contre/tapir

blousant, e bouffant → **ample**

blouse n.f. 1 bourgeron, camisole, caraco, sarrau, tablier, vareuse 2 chemisette, chemisier, corsage, marinière

blouser 1 v. tr. → **tromper** 2 v. intr. : bouffer, gonfler

blouson n.m. par ext. → **veste**

blue-jean n.m. 1 denim 2 → **culotte**

bluff n.m. 1 audace, bagou, battage, chantage, intimidation, tromperie, vantardise 2 fam. : baratin, culot, épate, esbroufe, frime → **hâblerie**

bluffer 1 abuser, épater, faire du chantage, intimider, leurrer, tromper, se vanter 2 fam. : aller au culot, baratiner, esbroufer, faire de l'esbroufe/de l'épate/de la frime/du vent, frimer, masser → **hâbler**

bluffeur, euse → **hâbleur**

bluter passer, tamiser

blutoir n.m. sas, tamis

boa n.m. → **serpent** ♦ par ext. : anaconda, devin, python

bobard n.m. bateau, blague, boniment, fantaisie, fausse nouvelle, mensonge, plaisanterie, postiche, ragot, tromperie, tuyau, vantardise

bobèche n.f. coupelle → **tête**

bobine n.f. 1 au pr. : bobineau, broche, dévidoir, fuseau, fusette, navette, nille, rochet, roquetin, rouleau 2 fig. → **tête**

bobiner enrouler, renvider

bobinette n.f. → **loquet**

bobonne n.f. → **femme**

bocage n.m. boqueteau, bosquet, chemin creux, garenne, petit bois

bocager, ère agreste, boisé, bucolique, champêtre, mythologique, pastoral

bocal n.m. pot, récipient, vase

bocard n.m. → **broyeur**

bock n.m. → **bière**

bœuf 1 nom : a aurochs, bison, gaur, gayal, ovibos ou bœuf musqué, yack, zébu b → **bovidés** c conserve : singe 2 adj. fig. : colossal, énorme, extraordinaire, formidable, monstre, surprenant

boghei ou **buggy** n.m. → **voiture**

bogue n.f. capsule, enveloppe → **boucle**

bohème nom et adj. 1 artiste, fantaisiste, indépendant, insouciant 2 péj. : asocial, débraillé, désordonné, instable, marginal, original, peu soigné, vagabond

bohémien, ne n.m. ou f. camp-volant, égyptien, fils du vent, gitan, manouche, nomade, romanichel, romano, zingaro

boire 1 v. tr. a absorber, avaler, ingurgiter, prendre b absorber, s'imbiber de, s'imprégner de 2 v. intr. a un animal : s'abreuver, se désaltérer, laper b l'homme. Neutre : se désaltérer, étancher sa soif, prendre un verre, se rafraîchir, sabler ♦ fam. : s'abreuver, absorber, arroser, biberonner, se cocarder, écluser, entonner, éponger, godailler, s'humecter/se rincer le gosier, s'imbiber, s'imprégner, lamper, se lester, lever le coude, licher, se mouiller, picoler, pinter, pomper, se rafraîchir, se remplir, siffler, siphonner, siroter, sucer, téter, se taper/vider un verre

bois n.m. 1 bocage, boqueteau, bosquet, bouquet d'arbres, chablis, châtaigneraie, chênaie, coudraie, garenne, forêt, fourré, frondaison, futaie, hallier, hêtraie, marmenteau, massif d'arbres, pinède, sapinière, ségrairie, ségrais, selve, sous-bois, sylve, taillis → **plantation** 2 bille, billette, billot, bourrée, branche, brasse, brassée, brindille, bûche, bûchette, cotret, fagot, fagotin, falourde, fascine, rondin 3 copeau, déchet, sciure 4 bois d'œuvre ou de chauffage sous climat tempéré a → **conifère** b à feuilles caduques : acacia, bouleau, cerisier, charme, châtaignier, chêne, chêne-vert ou yeuse, cormier ou cornouiller ou sorbier, érable ou sycomore, frêne, hêtre ou fayard, merisier, noisetier ou noyer, orme ou ormeau, peuplier, platane, tilleul 5 bois brûlé : arsin 6 des cervidés : andouiller, corne, cors, dague, empaumure, épois, merrain, paumure, ramure, revenue 7 mus. : basson, clarinette, contrebasson, cor anglais, cromorne, flûte, hautbois

boisage n.m. 1 consolidation, cuvelage, garnissage, renforcement, soutènement 2 cadre, chapeau, corniche, étai, montant, palplanche, semelle, sole

boisement n.m. pépinière, plantation, repeuplement, semis

boiser 1 ensemencer, garnir, planter, repeupler 2 consolider, cuveler, étayer, garnir, renforcer, soutenir

boiserie n.f. charpente, châssis, huisserie, lambris, menuiserie, moulure, panneau, parquet

boisson n.f. apéritif, bière, bouillon, breuvage, café, chaudeau, chocolat, cidre, citronnade, cocktail, coco, cordial, décoction, digestif, drink, eau, eau de mélisse, eau-de-vie, élixir, émulsion, grog, hydromel, hypocras, infusion, julep, jus de fruit, kwas, lait, limonade, liqueur, liquide, maté, mélange, mixture, nectar, orangeade, piquette, poiré, potion, punch, rafraîchissement, remontant, sirop, soda, thé, tisane, vin, vulnéraire → **alcool** ♦ péj. : bibine, rinçure

boîte n.f. 1 au pr. : baguier, boîtier, bonbonnière, cagnotte, caisse, caque, carton, case, casier, cassette, cercueil, chancelière, châsse, chocolatière, coffre, coffret, contenant, custode (relig.), drageoir, écrin, emballage, étui, malle, marmotte, nécessaire, plumier, poubelle, poudrier, récipient, reliquaire, tabatière, tirelire, tronc, trousse, valise, vanity-case ♦ vx : cadenas, layette 2 par ext. a arg. scol. : bahut, collège, école, lycée, pension b administration, affaire, atelier, boutique, bureau, chantier, commerce, entreprise, firme, maison, société, usine c → **cabaret** 3 a **mise en boîte → raillerie** b **boîte à sous → avare** c **boîte noire → enregistreur**

boitement ou **boiterie** n.m. ou f. boiterie, boitillement, claudication

boiter 1 aller clopin-clopant/de travers, béquiller, boitiller, claudiquer, clocher, clopiner, se déhancher 2 brimbaler, bringuebaler, osciller 3 fig. : aller cahin-caha/de travers/mal, clocher, laisser à désirer

boiteux, euse 1 a bancal, claudicant, éclopé, estropié, infirme, invalide b fam. : bancroche, béquillard 2 branlant, de travers, de traviole (fam.), esquinté, inégal, instable, sur trois pattes/pieds 3 faux, incomplet, spécieux

boîtier n.m. écrin, étui, palastre ou palâtre → **boîte**

boitillant, e dissymétrique, irrégulier, saccadé, sautillant, syncopé

bol n.m. coupe, jatte, récipient, tasse

bolchevique ou **bolcheviste** nom et adj. communiste, marxiste, révolutionnaire, rouge, socialiste, soviétique

bolchevisme n.m. collectivisme, communisme, marxisme, socialisme

bolduc n.m. faveur, ruban → **corde**

bolée n.f. → **quantité**

boléro n.m. 1 → **danse** 2 → **coiffure** 3 → **veste**

bolet n.m. bordelais, champignon, cèpe, tête-de-nègre

bolide n.m. 1 au pr. : aérolithe, astéroïde, corps céleste, étoile filante, météore, météorite, projectile céleste 2 voiture de course

bolier ou **boulier** n.m. → **filet**

bolivar n.m. → **coiffure**

bollard n.m. → **bite**

bombance n.f. fam. bamboche, bamboula, bombe, bringue, dégagement, foire, godaille, java, liesse, partie, réjouissances, ronflée → **fête, repas**

bombarde n.f. 1 bouche à feu, canon, mortier, pièce d'artillerie 2 flageolet, hautbois

bombardement n.m. arrosage (arg.), barrage, canonnade, marmitage (fam.), mitraillade, mitraillage, tir

bombarder 1 canonner, écraser, lancer des bombes, mitrailler, tirer ◆ arg. : arroser, canarder, marmiter 2 accabler, cribler, jeter, lancer, obséder

bombardier n.m. 1 → **aviateur** 2 → **avion**

bombardon n.m. → **cuivre**

bombe n.f. 1 au pr. : charge de plastic, engin, explosif, grenade, machine infernale, obus, projectile, torpille 2 fig. → **bombance** 3 crème glacée, glace, sorbet

bombé, e arrondi, bossu, convexe, cintré, courbe, fusiforme, gonflé, renflé, ventru

bombement n.m. arrondi, bosse, bouge (techn.), convexité, cintre, courbe, dos d'âne, enflure, gonflement, renflement, tonture, ventre

bomber arrondir, cambrer, cintrer, courber, enfler, gondoler, gonfler, redresser, renfler

bombyx n.m. → **papillon**

bon n.m. attestation, billet, certificat, coupon, coupure, ticket, titre

bon, bonne 1 au pr. : accueillant, agréable, amical, avantageux, beau, bien, bienfaisant, bienveillant, congru, convenable, favorable, heureux, intéressant, juste, profitable, propice, propre, salutaire, utile 2 par ext. : acceptable, correct, excellent, exemplaire, incomparable, meilleur, moyen, parfait, passable, satisfaisant, suffisant, utilisable 3 une chose. a un mets : délectable, délicat, excellent, exquis, gustatif, parfait, savoureux, succulent → **fin** b une activité → **rémunérateur** c un sol → **fertile** d une situation : certain, enviable, solide, stable, sûr e un compte : exact, rigoureux, sérieux, strict f un conseil : avisé, éclairé, judicieux, pondéré, prudent, raisonnable, sage, utile g un motif : admissible, convaincant, plausible, recevable, valable h un remède, un moyen : approprié, efficace, opérant, réconfortant, salutaire i activités de l'esprit : adroit, agréable, amusant, beau, bien, drôle, émouvant, habile, instructif, plaisant, spirituel, sublime, touchant j une odeur, un vin → **agréable** 4 la quantité : abondant, complet, considérable, grand, plein 5 par ironie une bonne maladie : bien tassé, carabiné, mauvais, sale 6 quelqu'un. a le corps : bien bâti / planté, costaud, fort, girond, robuste, sain, solide b le caractère : accessible, accueillant, agréable, aimable, altruiste, bénin, benoît, bienfaisant, bienveillant, brave, charitable, clément, compatissant, complaisant, débonnaire, dévoué, doux, estimable, franc, généreux, gentil, gracieux, honnête, humain, humanitaire, indulgent, magnanime, miséricordieux, obligeant, ouvert, philanthrope, pitoyable (vx), secourable, sensible, serviable, sociable *non favorable* : bénin, bonasse, brave, candide, crédule, débonnaire, gogo (fam.), ingénu, innocent, naïf, paterne, simple c le comportement : beau, caritatif, charitable, convenable, courageux, digne, distingué, droit, efficace, énergique, équitable, exemplaire, généreux, héroïque, honnête, honorable, judicieux, juste, louable, méritoire, modèle, moral, noble, raisonnable, utile, vertueux 7 a **bon à, bon pour :** apte, capable, convenable, correct, digne, efficace, favorable, prêt, propice, propre, utile, valable b **faire bon :** agréable, beau, doux, reposant c **tenir bon :** dur, ferme, fermement, fort, solidement d **tout de bon :** effectivement, réellement, sérieusement e **bon à rien** → **fainéant**

bonasse crédule, faible, mou, naïf, simple, timoré → **bon** (par ext.)

bonbon n.m. bergamote, berlingot, bêtises, calisson, caramel, chatterie, chocolat, confiserie, crotte de chocolat, dragée, fourrés, gourmandise, papillote, pastille, pâte de fruit, praline, roudoudou, sucette, sucre d'orge, sucrerie

bonbonne n.f. bouteille, dame-jeanne, fiasque, jaquelin, tourie

bonbonnière n.f. 1 au pr. : boîte, chocolatière, coffret, drageoir 2 fig. : boudoir, garçonnière, petit appartement, studio

bond n.m. 1 au pr. : bondissement, cabriole, cahot, cascade, entrechat, rebond, ricochet, saut, secousse, sursaut, vol plané 2 par ext. les prix : boom, hausse

bonde n.f. 1 d'un étang : daraise, déversoir, tampon, vanne 2 d'un tonneau : bouchon, tampon

bondé, e bourré, comble, complet, plein

bondérisation n.f. → **galvanisation**

bondieusard, e → **bigot**

bondieuserie n.f. 1 → **tartuferie** 2 → **fétiche**

bondir cabrioler, cahoter, cascader, s'élancer, s'élever, faire des cabrioles / des entrechats / un vol plané, gambader, rebondir, ricocher, sauter, sursauter, voltiger

bondissant → **saccadé**

bondissement n.m. → **bond**

bondrée n.f. → **buse**

bonheur n.m. 1 neutre ou fav. a un événement : aubaine, bénédiction, faveur, fortune, heur (vx), pot (arg.), réussite, succès, veine (fam.) → **chance** b un état : ataraxie, béatitude, bien, bien-être, calme, contentement, délices, enchantement, euphorie, extase, félicité, joie (de vivre), le pied (fam.), nirvana, paix, plaisir, prospérité, ravissement, relaxation, satisfaction, septième ciel, sérénité, volupté, voyage (arg.) 2 agrément, avantage, honneur, plaisir 3 épicurisme, eudémonisme, hédonisme

bonheur-du-jour n.m. 1 → **bureau** 2 → **commode**

bonhomie n.f. 1 amabilité, bonté, douceur, facilité, familiarité, gentillesse, indulgence, simplicité 2 péj. : bonasserie, finasserie, rouerie

bonhomme n.m. et adj. a aimable, altruiste, bon, bonasse (péj.), bon enfant, brave, débonnaire, facile, gentil, obligeant, serviable, simple b → **naïf** c péj. : faux jeton (fam.), patelin, simulateur, trompeur → **hypocrite** d fam. : guignol, mec, zigue → **type**

boni n.m. avantage, bénéfice, bonus-malus, excédent, gain, guelte, profit, rapport, reliquat, reste, revenant-bon, revenu, solde positif ◆ fam. : bénef, gratte

boniche ou **bonniche** n.f. → **bonne**

bonification n.f. 1 → **amélioration** 2 → **amendement** 3 → **gratification**

bonifier 1 au pr. → **améliorer** 2 par ext. → **gratifier**

boniment n.m. 1 battage, bluff, bruit, charlatanisme, parade, publicité, réclame 2 abattage, bagou, bavardage, blague, bobard, compliment, craque, discours, fadaise, hâblerie, histoire, mensonge, parlote, verbiage ◆ fam. : baratin, postiche, salade

bonimenter → **baratiner**

bonimenteur n.m. 1 au pr. : banquiste, bateleur, bonneteur, camelot, charlatan, forain, rabatteur 2 par anal. : baratineur, beau parleur, blagueur, bluffeur, charlatan, complimenteur, discoureur, flatteur, hâbleur, menteur, raconteur de boniments

bonite n.f. pélamyde, thon → **poisson**

bonjour n.m. → **salut**

bonne n.f. 1 domestique, employée de maison, factotum, femme de chambre / de ménage, servante ◆ péj. : boniche maritorne, souillon 2 bonne d'enfants : gouvernante, nurse

bonne-maman n.f. grand-maman, grand-mère, mamie, mémé

bonnement de bonne foi, franchement, naïvement, réellement, simplement, sincèrement, vraiment

bonnet n.m. 1 baigneuse, bavolet, béguin, charlotte, coiffe, toque 2 d'homme. a béret, calot, chapka, coiffe, colback, couvre-chef, passe-montagne, serre-tête, toque b partic. : barrette, calot, calotte, faluche, mortier 3 → **coiffure** 4 a bonnet de nuit : casque à mèche (fam.) b par anal., quelqu'un, péj. et fam. : baderne, barbon, emmerdeur (grossier), éteignoir, vieille bête

bonneteau n.m. → **carte**

bonneterie n.f. jersey, sous-vêtement, tricot

bonnette n.f. 1 → **forteresse** 2 → **voile**

bon-papa n.m. grand-papa, grand-père, papy, pépé

bonsoir n.m. adieu, au revoir, bonne nuit, salut

bonté n.f. 1 qualité morale. a abnégation, accueil, agrément, altruisme, amabilité, amitié, bénignité, bienfaisance, bienveillance, bonhomie, charité, clémence, compassion, complaisance, cordialité, dévouement, douceur, facilité d'humeur, générosité, gentillesse, gracieuseté, honnêteté, humanité, indulgence, magnanimité, mansuétude, miséricorde, obligeance, ouverture, philanthropie, pitié, serviabilité, sociabilité, tendresse b vx : débonnaireté, dilection c → **qualité** d péj. : candeur, crédulité, ingénuité, innocence, naïveté, simplicité 2 une chose : agrément, avantage, beauté, bienfaisance, convenance, exactitude, excellence, exquisité, force, intérêt, justice, perfection, propriété, utilité, vérité

bonus n.m. → **gratification**

bonze n.m. 1 moine bouddhiste, prêtre 2 fig. (péj.) : fossile, gâteux, mandarin, pédant, pontife, vieux con, vieil imbécile

bonzerie n.f. → **monastère**

boogie-woogie n.m. → **danse**

boom n.m. 1 accroissement, augmentation, bond, essor, hausse, prospérité, relance 2 → **bal, fête**

booster n.m. off. a spat. : accélérateur / impulseur / lanceur / pousseur / propulseur auxiliaire b audiov. : suramplificateur

boots n.m. pl. → **botte**

boqueteau n.m. → **bois**

bora n.f. → **vent**

borborygme n.m. bruit, flatulence, flatuosité, gargouillement, gargouillis, murmure confus, ronflement, rot

bord n.m. 1 d'une surface : arête, contour, côté, limbe, limite, périmètre, périphérie, pourtour → **bordure** 2 de la mer : accore, batture, côte, estran, grève, lais, laisse (des basses / hautes eaux), littoral, plage, rivage 3 d'une rivière : berge, grève, levée, rivage, rive 4 d'un bois : bordure, lisière, orée 5 d'un puits : margelle, rebord 6 d'une route : banquette, bas-côté, berme, bordure, fossé 7 d'un bateau → **bordage** 8 d'un objet : arête, cadre, contour, entourage, extrémité, frange, grènetis, marge, marli, ourlet, rempli, tranche 9 d'un lit : chevet ◆ vx : rive, ruelle

bordage n.m. 1 bord, bordé 2 par ext. : bâbord, bastingage, bau, coupée, couple, pavois, plat-bord, préceinte, rance, tribord, virure

bordé n.m. 1 → **bordage** 2 passement

bordée n.f. 1 au pr. : ligne de canons, salve 2 fig. et fam. a **tirer une bordée :** escapade, sortie, tournée, virée b **une bordée d'injures :** avalanche, averse, brouettée, charretée, collection, déluge, orage, pelletée, pluie, tas, tombereau

bordel n.m. 1 → **lupanar** 2 → **bruit** 3 → **désordre** 4 → **truc**

border 1 mar. : caboter, côtoyer, longer, louvoyer 2 s'étendre le long de, limiter, longer 3 par ext. : on borde une chose : cadrer, encadrer, entourer, franger, garnir, liserer, ourler, remplier

bordereau n.m. état, facture, justificatif, liste, note, récapitulatif, récapitulation, relevé

bordier, ère 1 métayer 2 frontalier, mitoyen

bordigue n.f. 1 → **claie** 2 → **enceinte**

bordure n.f. 1 agrément, ajout, cordon, crénelage, feston, garniture, grébiche ou grènetis, ligne, ornement 2 → **haie** 3 → **bord**

boréal, e arctique, du nord, hyperboréen, nordique, polaire, septentrional

borgne, esse hôtel borgne → **lupanar**

bornage n.m. délimitation, jalonnement, limite, tracé

borne n.f. 1 fin, limite, frontière, marque, terme 2 billot, bitte, bollard, bouteroue 3 fam. : kilomètre

borné, e 1 cadastré, circonscrit, défini, délimité, entouré, limité, marqué, tracé 2 fig. : à courte vue, bouché, étroit, limité, obtus, rétréci → **bête**

borner 1 au pr. : cadastrer, circonscrire, délimiter, entourer, limiter, marquer 2 par ext. a confiner à, être en limite de, terminer, toucher à b arrêter, barrer, boucher, fermer, intercepter, restreindre 3 fig. : faire obstacle à, mettre un terme à, modérer, réduire 4 v. pron. : se cantonner dans, se circonscrire à, se confiner dans, se contenter de, ne faire que, se limiter / se réduire / se restreindre / s'en tenir à

bort n.m. → **diamant**

bortsch n.m. → **potage**

bosquet n.m. → **bois**

bossage n.m. anglet, refend, relief, ronde-bosse, saillie

bossa-nova n.f. → **danse**

bosse n.f. 1 au pr. : beigne, cabosse, cyphose, enflure, excroissance, gibbosité, grosseur, protubérance, tumeur 2 fig. a arrondi, bosselure, convexité, éminence, enflure, excroissance, grosseur, protubérance, renflement b → **don**

bosseler abîmer, bossuer, cabosser, déformer, fausser, marteler

bosselure n.f. → **déformation**

bosser fam. : turbiner → **travailler**

bosseur n.m. → **travailleur**

bossu, e au pr. : boscot, contrefait, difforme, estropié, gibbeux, tordu

bot, e varus (vét.)

botanique n.f. étude des végétaux, herborisation (vx)

botaniste n.m. herborisateur (vx)

botte n.m. ou f. [1] balle, bouquet, bourrée, brassée, fagot, faisceau, gerbe, javelle, manoque, touffe [2] boots, bottillon, bottine, brodequin, cuissardes, houseaux, snow-boot [3] a **lécher les bottes :** courtiser, flagorner, flatter b **à sa botte :** à sa dévotion, à ses ordres c **coup de botte :** coup de pied, shoot d **ça fait ma botte :** ça me convient, ça fait mon affaire, ça me va e **y laisser ses bottes :** y perdre tout, être tué [4] escrime : attaque, coup, secret

botteler assembler, attacher, gerber, grouper, lier

botter [1] chausser [2] aller, convenir, faire l'affaire, plaire, trouver chaussure à son pied [3] shooter, taper

bottier n.m. chausseur → **cordonnier**

bottine n.f. [1] → **botte** [2] → **chaussure**

botulisme n.m. intoxication botulique → **maladie**

boubouler hululer → **crier**

boucan n.m. [1] fam. : raffut, tapage, vacarme → **bruit** [2] → **gril**

boucaner dessécher, durcir, conserver, cuire au soleil, fumer (par ext.), sécher

boucanier n.m. aventurier, coureur/écumeur des mers, pirate

bouchage n.m. fermeture, obturation, occultation, réparation (méd.)

boucharde n.f. → **marteau**

bouche n.f. [1] cavité buccale [2] fam. : bec, boîte, claque-merde, claquette, goule, gueule, margoulette, moule à gaufres, museau, piège à mouches → **gosier** [3] bec, gueule, mandibule, suçoir, trompe [4] fig. : embouchure, entrée, orifice, ouverture [5] **fine bouche :** délicat, difficile, fin bec, gourmand, gourmet

bouché, e [1] au pr. : fermé, obstrué, obturé, occulté [2] le temps : bas, brumeux, couvert, menaçant [3] fig. → **bête**

bouchée n.f. [1] becquée, goulée, lippée, morceau [2] **bouchée à la reine :** timbale, vol-au-vent

boucher [1] au pr. a sens général : clore, fermer, jointoyer, obstruer, obturer b un trou : aveugler, calfeutrer, colmater, luter, obstruer, occulter, ruiler, taper (mar.) c une voie d'eau : aveugler, étancher, étouper, tamponner (vx) d un passage : barrer, condamner, encombrer, murer e la vue : intercepter, offusquer f méd. : bloquer, constiper [2] fig. **en boucher un coin :** clouer le bec, épater, étonner, laisser pantois/sans voix, réduire au silence [3] v. pron. : s'engorger

boucher, ère n.m. ou f. [1] au pr. : chevillard, détaillant, étalier, tueur [2] fig. péj. : bourreau, chasseur, chirurgien, militaire

boucherie n.f. [1] au pr. : abattoir, commerce de la viande, échaudoir, étal [2] fig. : carnage, guerre, massacre, tuerie

bouche-trou n.m. fig. fam. : doublure, extra, figurant, remplaçant, utilité

bouchon n.m. [1] poignée de paille, tampon, tapon [2] petit restaurant → **cabaret** [3] bonde, bondon, fermeture → **clapet**

bouchonnage et **bouchonnement** n.m. friction, massage, pansage, soins

bouchonner [1] chiffonner, froisser, mettre en bouchon, tordre [2] frictionner, frotter, masser, panser, soigner

bouchot n.m. moulière, parc à moules

bouclage n.m. techn. : feed-back, rétroaction → **fermeture**

boucle n.f. [1] au pr. a agrafe, anneau, ardillon, assemblage, attache, bélière, bogue, erse, esse, faucre, fermeture, fermoir, fibule, œillet, vervelle b mar. : estrope, organeau c bijou, clip, dormeuse, pendant d'oreille [2] par ext. : accroche-cœur, anglaises, bouclette, boudin, crêpelure, frisette, frison, frisottis, frisure, guiches

boucler [1] friser, onduler ♦ vx ou rég. : calamistrer, ourler [2] v. tr. attacher, capeler (mar.), fermer, serrer [3] fam. enfermer, mettre au clou/au gnouf/à l'ombre/au trou → **emprisonner**

bouclier n.m. [1] au pr. : arme, écu, pavois, rondache, rondelle, targe, tortue [2] fig. : abri, carapace, cuirasse, défense, palladium, protection, rempart, sauvegarde

bouder battre froid, être fâché/en froid/maussade/de mauvaise humeur, faire la grimace/la gueule/la tête/la moue, grogner, rochigner, refuser

bouderie n.f. brouille, brouillerie, dépit, désaccord, différend, discorde, dispute, fâcherie, humeur, malentendu, mésentente, moue, querelle, trouble

boudeur, euse buté, grognon, maussade, renfrogné

boudin n.m. [1] bourrelet [2] → **boucle** [3] → **fille**

boudiné, e [1] collant, comprimé, entortillé, étouffé, étriqué, saucissonné, serré, tordu, tortillé [2] → **rondelet**

boudoir n.m. cabinet particulier, petit bureau/salon

boue n.f. [1] au pr. : alluvion, bourbe, crotte, crottin, dépôt, éclaboussure, fagne, fange, gâchis, gadoue, immondices, jet, lie, limon, margouillis, merde, mouscaille, sédiment, tourbe, vase [2] fig. : abjection, abomination, bassesse, corruption, débauche, impureté, infamie, ordure, stupre, vice, vilenie

bouée n.f. balise, flotteur, gilet de sauvetage

boueux, euse [1] au pr. : bourbeux, fangeux, limoneux, marécageux, merdeux, palustre, tourbeux, vaseux [2] fig. : abject, bas, corrompu, impur, infâme, malodorant, ordurier, trouble, vicieux

bouffant, e ballonnant, blousant, gonflant → **ample**

bouffarde n.f. brûle-gueule, pipe

bouffe adj. bouffon, burlesque → **comique**

bouffe n.f. → **cuisine**

bouffée n.f. [1] au pr. : accès de chaleur, courant d'air, émanation, exhalaison, haleine, halenée, souffle, vapeur [2] fig. : accès, explosion, manifestation, mouvement, passage, traînée [3] **par bouffées :** par accès/à-coups/intervalles

bouffer [1] au pr. : ballonner, enfler, gonfler [2] → **bâfrer**

bouffetance n.f. → **cuisine**

bouffeur → **bâfreur**

bouffi, e [1] ballonné, boursouflé, empâté, enflé, gras, gros, joufflu, mafflu, obèse, soufflé, turgescent, turgide, vultueux → **gonflé** [2] → **orgueilleux** [3] plein, rempli → **ampoulé**

bouffir ballonner, boursoufler, devenir bouffi, enfler, engraisser, gonfler, grossir

bouffissure n.f. [1] quelqu'un. a au pr. : ballonnement, bosse, boursouflure, cloque, embonpoint, empâtement, enflure, gonflement, grosseur, intumescence, obésité b fig. → **vanité** [2] une chose : boursouflage, emphase, gongorisme, grandiloquence

bouffon n.m. [1] arlequin, baladin, bateleur, bobèche (vx), bouffe, clown, comique, fagotin, farceur, gille, gugusse, histrion, nain, paillasse, pantalon, pantin, pasquin, pitre, plaisantin, polichinelle, queue-rouge, saltimbanque, zanni → **fou** [2] adj. : burlesque, cocasse, comique, drôle, fantaisiste, folâtre, grotesque, ridicule, rigolo, truculent

bouffonnerie n.f. arlequinade, atellanes, batelage, clownerie, comédie, drôlerie, farce, joyeuseté, pantalonnade, pasquinade, pitrerie, plaisanterie

bouge n.m. [1] → **taudis** [2] a → **cabaret** b → **lupanar** [3] techn. : bombement, convexité, incurvation, renflement

bougeoir n.m. par ext. : bobèche, brûle-tout, chandelier, chandelle, lumière, lumignon

bouger [1] v. intr. : s'agiter, aller et venir, avoir la bougeotte, broncher, changer de place, ciller, se déplacer/déranger/mouvoir, locher (vx), partir, remuer, ne pas rester en place, voyager [2] v. tr. : agiter, changer, déplacer, déranger, mouvoir → **remuer**

bougie n.f. chandelle, cierge, lumignon ♦ arg. : camoufle

bougna ou **bougnat** n.m. [1] → **auvergnat** [2] → **cabaretier**

bougnoul ou **bougnoule** ou **bounioul** n.m. → **maghrébin**

bougon, ne → **grognon**

bougonnement n.m. → **protestation**

bougonner → **grogner**

bougre, esse [1] nom. a bonhomme, brave homme, drôle, gaillard, luron b non fav. : individu, oiseau, pistolet, quidam → **type** [2] interj. : bigre, fichtre, foutre (grossier) [3] **bougre de :** espèce de

bougrement bigrement, drôlement, terriblement, vachement (fam.) → **beaucoup**

boui-boui n.m. → **bouge**

bouif n.m. → **cordonnier**

bouillabaisse n.f. [1] par ext. : matelote, soupe de poisson [2] fig. : bazar, embrouillamini, fourbi, gâchis, mélange, pastis, salade

bouillant, e fig. → **bouillonnant**

bouille n.f. [1] au pr. a pour le lait : berthe, pot, récipient, vase b pour la vendange : hotte [2] fig. → **tête**

bouilleur n.m. distillateur

bouilli n.m. → **pot-au-feu**

bouilli, e adj. : cuit, ramolli, stérilisé

bouillie n.f. [1] au pr. a blanc-manger, compote, consommé, coulis, crème, décoction, gaude, marmelade, polenta, purée b techn. : barbotine, laitance, laitier, pulpe c méd. : chyme, exsudat [2] fig. → **confusion**

bouillir [1] bouillonner, bouillotter, cuire, frémir, mijoter, mitonner [2] fig. : s'agiter, bouillonner, s'échauffer, s'emporter, être en effervescence, s'exaspérer, exploser, fermenter, frémir, s'impatienter, se mettre en colère/en fureur, ronger son frein, sortir de ses gonds

bouilloire n.f. bouillotte, coquemar, samovar

bouillon n.m. [1] bisque, bortsch, brouet, chaudeau, concentré, consommé, court-bouillon, pot-au-feu, soupe, velouté → **potage** [2] par ext. : gargote (péj.), restaurant, self-service [3] fig. **boire un bouillon :** la tasse → **échouer**

bouillonnant, e actif, ardent, bouillant, chaleureux, chaud, effervescent, emballé, embrasé, emporté, endiablé, enflammé, enthousiaste, exalté, excité, fanatique, fébrile, fervent, fiévreux, fougueux, frémissant, frénétique, furieux, généreux, impatient, impétueux, incandescent, le sang chaud/prompt/vif, passionné, prompt, spumescent, spumeux, tout feu tout flamme, tumultueux, véhément, vif, violent, volcanique

bouillonnement n.m. [1] au pr. : ébullition, fermentation [2] fig. : activité, acharnement, agitation, alacrité, amour, animation, ardeur, avidité, brasier, chaleur, convoitise, désir, échauffement, effervescence, emballement, embrasement, émotion, emportement, empressement, enthousiasme, éruption, exaltation, excitation, fanatisme, fébrilité, ferveur, feu, flamme, force, fougue, frémissement, frénésie, fureur, impatience, impétuosité, incandescence, lyrisme, mouvement, passion, promptitude, surexcitation, tumulte, véhémence, vie, vigueur, violence, vitalité, vivacité, volcanisme

bouillonner → **bouillir**

bouillotte n.f. [1] brelan, jeu de cartes [2] → **bouilloire** [3] boule, bouteille, cruche, cruchon [4] par ext. : brique, chaufferette, moine [5] → **bouille**

bouillotter → **bouillir**

boulange n.f. fam. : boulangerie

boulanger, ère [1] nom, par ext. : gindre, mitron [2] adj. : panifiable

boule n.f. [1] au pr. : balle, ballon, ballotte (vx), bille, boulet, boulette, bulle, cochonnet, globe, pelote, peloton, pomme, pommeau, sphère [2] jeu de boules : bilboquet, billard, billard japonais, billard nicolas, boule lyonnaise, boulier, bowling, passe-boules, pétanque, quilles [3] a **se mettre en boule** → **colère** b **perdre la boule :** le nord, la tête

bouleau n.m. → **bois**

boule-de-neige n.f. obier → **viorne**

bouledogue n.m. → **chien**

bouler [1] débouler, dégringoler, dévaler, s'écrouler, s'effondrer, rouler, tomber [2] agiter, bouillir, fatiguer, remuer, touiller, troubler [3] fig. **envoyer bouler :** éconduire, envoyer promener, repousser

boulet n.m. [1] au pr. : obus, projectile [2] fig. : affliction, angoisse, chagrin, châtiment (péj.), désespoir, douleur, épreuve, peine (neutre ou péj.), souci, souffrance, tourment

boulette n.f. [1] au pr. : croquette [2] fig. → **erreur**

boulevard n.m. allée, avenue, cours, levée, mail, promenade, rempart, rocade

boulevardier, ère par ext. : à la mode, mondain, primesautier, railleur, satirique, vif, viveur (péj.)
bouleversant, e → **émouvant**
bouleversement n.m. 1 → **agitation** 2 → **changement**
bouleverser 1 quelque chose. a abattre, agiter, brouiller, casser, changer, contester, déranger, détruire, ébranler, faire sauter, fouiller, modifier, perturber, propager la subversion, ravager, réformer, renverser, révolutionner, ruiner, saccager, subvertir (vx), troubler b fam. : chambarder, chambouler, farfouiller, ficher/foutre/mettre en l'air le bazar/bordel/en désordre/sens dessus dessous/en pagaille, trifouiller, tripatouiller 2 on bouleverse quelqu'un : déconcerter, décontenancer, ébranler, émouvoir, mettre sens dessus dessous, paniquer (fam.), retourner, secouer, toucher, tournebouler, troubler
boulier n.f. abaque, calculateur, compteur
boulimie n.f. 1 au pr. : appétit, faim, gloutonnerie, goinfrerie, grand-faim, insatiabilité 2 fig. : appétit, ardeur, curiosité, désir
boulimique → **glouton**
boulin n.m. 1 → **poutre** 2 → **trou**
bouline n.f. → **cordage**
boulingrin n.m. gazon, jeu de boules, parterre, tapis vert
bouloir n.m. → **auge**
boulon n.m. → **cheville**
boulonner 1 au pr. : assujettir, assurer, attacher, fixer, lier, maintenir, river, visser 2 fig. → **travailler**
boulot, te court, courtaud, gras, grassouillet, obèse, rond, rondouillard, rondelet, trapu
boulot n.m. → **travail**
boulotter → **manger**
boum 1 n.f.→ **bal** 2 n.m.→ **travail**
boumer → **bicher**
bouquet n.m. 1 brassée, gerbe 2 fig. a **c'est le bouquet** : le comble, le plus beau, il ne manquait plus que ça (fam.) b assemblage, assemblée, assistance, groupe, parterre, réunion c apothéose, clou, finale, sommet, summum 3 d'arbres → **bois**
bouquetier, ère n.m. ou f. fleuriste
bouquin n.m. 1 au pr. : bouc, lièvre mâle 2 par anal. a satyre b → **livre** c → **cor**
bouquiner 1 → **lire** 2 → **brocanter** 3 → **accoupler (s')**
bouquiniste n.m. ou f. → **brocanteur**
bourbeux, euse 1 → **boueux** 2 → **impur**
bourbier n.m. 1 → **marais** 2 → **impureté**
bourbillon n.m. → **bouton**
bourbon n.m. → **alcool**
bourbonien → **busqué**
bourde n.f. 1 → **bêtise** 2 → **erreur**
bourdon n.m. 1 bâton, canne, houlette 2 cloche 3 cafard, découragement, ennui, mélancolie, spleen, tristesse, vague à l'âme
bourdonnant, e → **bruyant**
bourdonnement n.m. bruissement, bruit de ruche/sourd et continu, chuchotement, chuintement, cornement, fredonnement, froufroutement, murmure, musique, ronflement, ronron, ronronnement, vrombissement
bourdonner bruire, fredonner, froufrouter, murmurer, ronfler, ronronner, vrombir
bourg → **village**
bourgade → **village**
bourgeois, oise n.m. ou f. 1 au pr. a citadin, habitant des villes b classe sociale : cadre, dirigeant, élite, homme à l'aise, rentier, riche c arg. : cave 2 par ext. a civil b employeur, patron, singe (arg.) c au fém. : épouse, femme ◆ fam. : gouvernement, moitié, patronne d → **réactionnaire** e → **policier** 3 péj. : béotien, borné, commun, conformiste, conservateur, égoïste, étriqué, grossier, lourd, médiocre, nanti, pantouflard, philistin, repu, vulgaire
bourgeoisie n.f. gens à l'aise
bourgeon n.m. 1 au pr. : bourre, bouton, bulbille, caïeu, chaton, drageon, gemme, gemmule, greffe, maille, mailleton, pousse, rejet, rejeton, stolon, turion 2 fig. : acné, bouton, gourme
bourgeonnement n.m. au pr. : débourrement, démarrage, départ, pousse
bourgeonner 1 au pr. : débourrer, jeter/mettre/pousser des bourgeons 2 fig. : avoir des boutons, boutonner, fleurir
bourgmestre n.m. → **maire**
bourlinguer → **naviguer**
bourrache n.f. → **tisane**
bourrade n.f. → **poussée**
bourrage n.m. 1 au pr. a action de bourrer : approvisionnement, chargement, garnissage, empilage, remplissage, tassement b matière : bourre, capiton, crin, duvet, garniture, kapok, laine, rembourrage 2 fig. bourrage de crâne : baratin, battage, bluff, boniment, exagération, mensonge, mise en condition, persuasion, propagande, publicité
bourrasque n.f. coup de chien/de tabac/de vent, cyclone, orage, ouragan, rafale, tempête, tornade, tourbillon, tourmente, trombe, typhon, vent, vente, ventée
bourratif, ive → **nourrissant**
bourre 1 au pr. : n.f. a duvet, jarre, feutre, poil b → **bourrage** 2 fig. n.m. (arg.) → **policier**
bourré, e 1 au pr. : complet, empli, plein, rassasié, rempli 2 fig. → **ivre**
bourreau n.m. 1 bras séculier (vx), exécuteur/maître des hautes œuvres, guillotineur, monsieur de Paris, tueur ◆ arg. : béquillard 2 fig. meurtrier, sadique, sanguinaire, tortionnaire
bourrée n.f. 1 → **danse** 2 → **fagot**
bourrèlement n.m. → **tourment**
bourreler → **tourmenter**
bourrelet n.m. 1 au pr. : calfeutrage, garniture 2 par ext. : boudin, enflure, excroissance, grosseur, renflement, retroussis, saillie
bourrelier n.m. sellier
bourrellerie n.f. sellerie
bourrer 1 au pr. a sens général : approvisionner, charger, combler, empiler, emplir, garnir, remplir, tasser b techn. : capitonner, cotonner, empailler, fourrer, garnir, matelasser, rembourrer 2 fig. a quelqu'un. De victuailles : faire bouffer, gaver, gorger (rég.), remplir b de travail → **accabler** c de coups → **battre** d le crâne : baratiner (fam.), faire du battage *et les syn. de* battage, faire de la propagande/de la publicité, bluffer, bonimenter (fam.), endormir, exagérer, mentir, mettre en condition, persuader e une chose : farcir, garnir, orner, truffer
bourrer (se) → **enivrer (s')**
bourriche n.f. → **panier**
bourrichon n.m. (fam.) Bonnet, caboche, cafetière, caillou, cervelle, crâne → **tête**
bourricot ou **bourriquot** n.m. ânon, bourriquet, petit âne → **âne**
bourrin n.m. canasson → **cheval**
bourrique n.f. 1 au pr. → **âne** 2 fig. a → **bête** b → **policier**
bourru, e 1 au pr. : brut, grossier, mal dégrossi, rude 2 fig. : abrupt, acariâtre, brusque, brutal, cassant, chagrin, cru, disgracieux, hargneux, hirsute, maussade, mauvais, de mauvaise/méchante humeur, peu avenant, raide, rébarbatif, renfrogné, rude, sec
bourse n.f. 1 objet. : aumônière, cassette, escarcelle, gibecière, poche, porte-monnaie, sac, sacoche 2 le lieu : corbeille, coulisse, marché, parquet 3 par ext. : aide, argent, avance, dépannage, don, facilité, prêt, prêt d'honneur, secours, subside, subvention 4 capsule, enveloppe, poche, sac 5 au pl. a gonade mâle, parties nobles, sac, scrotum, testicules b triperie : amourettes, rognons blancs c arg. : attributs, bijoux de famille, bonbons (du baptême), burettes, choses, couilles, joyeuses, noix, précieuses, roubignoles, roustons, valseuses d **bourse-à-pasteur** : capselle
boursicotage n.m. → **spéculation**
boursicoter agioter, bricoler à la Bourse, hasarder, jouer, miser, spéculer, traficoter, trafiquer, tripoter (péj.)
boursicoteur, euse ou **boursicotier, ière** → **spéculateur**
boursouflé, e 1 phys. → **bouffi** 2 fig. → **ampoulé**
boursoufler (se) se ballonner, se bouffir, se cloquer, enfler, gonfler, grossir, se météoriser, se soulever, se tendre, se tuméfier
boursouflure n.f. 1 adénite, adénome, ampoule, anasarque, ballonnement, bouffissure, boursouflage, boursouflement, bubon, bulle, cloche, cloque, enflure, gonflement, grosseur, météorisation, œdème, pétéchie, phlébite, phlyctène, soufflure, soulèvement, tension, tuméfaction, tumeur, turgescence, vésicule 2 végétaux : galle, teigne
bouscueil n.m. → **débâcle**
bousculade n.f. accrochage, chahut (fam.), désordre, échauffourée, heurt, mouvement, remous, secousse
bousculer 1 au pr. a sens général : bouleverser, chahuter, chambouler, déranger, mettre en désordre/sens dessus dessous, secouer b un adversaire : battre, chasser, culbuter, éliminer, évincer, pousser, repousser, vaincre c quelqu'un : accrocher, heurter, pousser 2 fig. : agiter, aiguillonner, avertir, donner un avertissement, exciter, exhorter, gourmander, presser, rappeler à l'ordre, secouer, stimuler ◆ fam. : asticoter, tarabiscoter, tarabuster
bouse n.f. bousin, excrément, fient, fiente, merde → **excrément**
bousillage n.m. 1 bauge, mortier de terre, pisé, torchis 2 fig. : gâchis, massacre, matraquage
bousiller 1 techn. : bâtir, construire en bousillage 2 → **abîmer**
bousilleur, euse → **destructeur**
boussole n.f. compas, déclinatoire, rose des vents
boustifaille n.f. 1 → **nourriture** 2 → **bombance**
bout n.m. 1 → **extrémité** 2 → **morceau** 3 a **bout à bout :** à la queue leu leu, à la suite, l'un après l'autre b **le bout du sein :** aréole, bouton, mamelon, tétin, téton c **à bout portant :** à brûle-pourpoint, au débotté, directement, ex abrupto, immédiatement, sans crier gare d **mettre les bouts** (fam.) : décamper, décaniller, filer, se tirer e **être à bout.** phys. : anéanti, claqué, crevé, épuisé, fatigué, rendu, rompu, sur les genoux, sur les rotules (fam.) ◆ moral : anéanti, à quia, dégonflé, démoralisé, n'en pouvoir plus, être déprimé/excédé/vaincu → **capituler** f **venir à bout** → **réussir** g **mettre bout à bout** → **joindre** h **mener à bout :** à bonne fin, à terme i **de cigarette :** mégot j **de pain, de viande :** miette, morceau, tranche
boutade n.f. mot, pique, plaisanterie, pointe, propos, repartie, saillie, trait ◆ péj. : accès, à-coup, bizarrerie, bouderie, brusquerie, caprice, extravagance, fantaisie, foucade, humeur, incartade, lubie, mauvaise humeur, méchanceté, mouvement, pique, saute, toquade
boute-en-train n.m. → **farceur**
boutefeu n.m. contestataire, extrémiste, fanatique, querelleur, terroriste
bouteille n.f. 1 balthazar, bordelaise, canette ou cannette, carafe, carafon, chopine, dame-jeanne, demie, enfant de chœur, fiasque, fillette, fiole, flacon, frontignan, gourde, impériale, jéroboam, litre, magnum, mathusalem ou impériale, nabuchodonosor, quart, siphon, tourie ◆ arg. : betterave, kil, litron, pieu, roteuse, rouille, trou 2 vide : cadavre (fam.) 3 pl. (mar.) → **water-closet**
bouteiller ou **boutillier** n.m. → **échanson**
bouter → **repousser**
bouteur n.m. → **bulldozer**
boutique n.f. 1 au pr. → **magasin** 2 fig. a un lieu → **boîte** b des objets → **bazar**
boutiquier, ère n.m. ou f. → **marchand**
boutisse n.f. → **pierre**
boutoir n.m. → **défense**
bouton n.m. 1 → **bourgeon** 2 de porte : bec-de-cane, loquet, poignée 3 électrique : commutateur, interrupteur 4 méd. : acné, bourbillon, chancre, excoriation, pétéchie, pustule, scrofule, tumeur, urtication, vérole, vésicule → **boursouflure, verrue**
bouton-d'argent n.m. achillée, corbeille-d'argent, millefeuille, renoncule
bouton-d'or n.m. bassinet, populage, renoncule, souci d'eau
boutonner 1 → **bourgeonner** 2 assurer, attacher, fermer, fixer
boutonneux, euse acnéique, bourgeonnant, grêlé, grenu, pustuleux
boutonnière n.f. 1 au pr. : bride, fente, œillet, ouverture 2 par ext. (méd.) : incision, ouverture
boutre n.m. → **bateau**
bouture n.f. par ext. : barbue (helv.), crossette, drageon, greffe, greffon, mailleton, marcotte, plançon, plantard, provin, sautelle
bouturer par ext. : enter, greffer

bouverie n.f. → **étable**

bouvet n.m. gorget, rabot

bouvier, ère n.m. ou f. cow-boy (vx et partic.), gardian, gaucho, toucheur de bœufs, vacher

bouvière n.f. [1] bouvril → **étable** [2] cyprin → **poisson**

bouvillon n.m. jeune bœuf, taurillon, veau

bouvreuil n.m. petit-bœuf, pivoine

bovarysme n.m. ambition/imagination délirante, insatisfaction → **ennui**

bovidés n.m. pl. [1] bovin, cavicorne a → **bœuf** b → **vache** c → **antilope** d → **chèvre** e → **chamois** f → **mouton** [2] par ext. : → **bête**

bovin, ine [1] → **bovidés** [2] → **bête**

bow-window n.m. bay-window, oriel

box n.m. [1] a alcôve, case, cellule, chambrette, coin, compartiment, logement, logette, réduit b des accusés : banc, coin [2] pour animaux et/ou choses : case, coin, écurie, garage, loge, réduit, remise

boxe n.f. [1] boxe anglaise : art pugilistique, noble art, pugilat [2] boxe française : savate

boxer n.m. → **chien**

boxer assener un coup, cogner, marteler, tambouriner, taper → **battre**

boxeur, euse pugiliste, poids coq/léger/lourd/moyen/plume

boxon n.m. → **lupanar**

boy n.m. cuisinier, domestique, factotum, garçon, groom, jardinier, serviteur

boyard n.m. → **noble**

boyau n.m. [1] au pr. : entrailles, tripes (animaux ou péj.), viscères [2] **boyau de chat :** catgut [3] par ext. a conduit, tube, tuyau b chemin, communication, galerie, passage, tranchée

boyauter (se) → **rire**

boycott ou **boycottage** n.m. [1] → **blocus** [2] → **quarantaine**

boycotter frapper d'interdit/d'ostracisme, interdire, jeter l'interdit, mettre à l'index/en quarantaine, refouler, refuser, rejeter, suspendre les achats/les affaires/le commerce/les échanges/les relations commerciales

boy-scout n.m. éclaireur, louveteau, pionnier, ranger, routier, scout

brabant n.m. → **charrue**

bracelet n.m. anneau, bijou, chaîne, gourmette, jonc

braconnage n.m. chasse, délit de chasse/de pêche, piégeage

braconner chasser, écumer, fureter, pêcher, poser des collets, tendre des pièges

braconnier n.m. colleteur, écumeur (fig.), piégeur, poseur/tendeur de collets/pièges, tueur

brader bazarder (fam.), liquider, mettre en solde, sacrifier, solder

braderie n.f. foire, kermesse, liquidation, marché, soldes, vente publique

bradype n.m. aï, paresseux → **singe**

braguette n.f. [1] arg. : coquette ◆ [2] par ext. : aiguillette (vx), pont (mar.)

brahmane n.m. → **prêtre**

brahmanisme n.f. hindouisme (par ext.), métempsycose

brai n.m. [1] → **résidu** [2] → **goudron**

braie n.f. → **culotte**

braillard, e ou **brailleur, euse** n. et adj. criard, fort en gueule, gueulard, piaillard, pleurard, pleurnichard, pleurnicheur

braillement n.m. → **bramement**

brailler → **crier**

braiment n.m. → **bramement**

brain-trust n.m. experts, technocrates

braire → **crier**

braise n.f. [1] au pr. : brandon, charbon de bois, fumeron, tison [2] arg. → **argent**

braisière n.f. cocotte, daubière, fait-tout ou faitout, huguenote, marmite

bramement n.m. [1] au pr. : appel, braiment, chant, cri, plainte, voix [2] fig. : braillement, hurlement, jérémiade, plainte ◆ fam. : criaillerie, gueulante

bramer → **crier**

bran n.m. [1] son [2] sciure [3] → **excrément** [4] → **déchet**

brancard n.m. [1] au pr. d'une voiture : limon, limonière, longeron, prolonge [2] par ext. : bard, chaise, civière, comète, filanzane, palanquin, timon

brancardier, ère n.m. ou f. ambulancier, infirmier, secouriste

branchage n.m. frondaison, ramée, ramure → **branche**

branche n.f. [1] au pr. : branchette, brin, brindille, crossette, ergot, feuillard, flèche, gourmand, marre, palme, pampre, rameau, ramée, ramille, ramure, rouette, scion, têteau, tige [2] d'un cerf → **bois** [3] fig. a d'une voûte : nervure b généalogie : ascendance, famille, filiation, lignée c d'une science : département, discipline, division, spécialité

branchement n.m. [1] bifurcation, carrefour, fourche [2] articulation, assemblage, conjonction, conjugaison, contact, jointure, jonction, raccord, suture, union [3] par ext. : changement, orientation

brancher [1] pendre [2] → **joindre**

branchies n.f. pl. opercules, ouïes

brande n.f. [1] bruyère, lande [2] brassée, brindilles, fagot, ramée

brandebourg n.m. [1] broderie, cordon, galon, passementerie [2] abri, berceau, fabrique, gloriette, kiosque, pavillon, tonnelle

brandir agiter, balancer, élever, exposer, mettre en avant, montrer

brandon n.m. [1] braise, charbon, escarbille, étincelle, flambeau, tison, torche [2] fig. : cause, élément, ferment, prétexte, provocation

brandy n.m. → **alcool**

branlant, e brimbalant, bringuebalant, cahotant, chancelant, flexible, incertain, instable, peu sûr

branle n.f. [1] → **balancement** [2] → **mouvement** [3] hamac

branle-bas n.m. [1] au pr. : alarme, alerte, appel, avertissement, dispositif d'alarme / d'urgence, signal d'alarme [2] par ext. : affolement, agitation, effroi, émoi, émotion, épouvante, frayeur, frousse, panique, qui-vive, transe

branlement n.m. → **balancement**

branler [1] → **agiter** [2] → **chanceler**

braque n.m. [1] au pr. un chien : braque allemand/français/hongrois/italien/saint-Germain/de Weimar, chien d'arrêt/du Bengale/du Bourbonnais [2] quelqu'un : brindezingue (fam.), lunatique, mauvais caractère/coucheur (fam.) → **bizarre**

braquer [1] une chose. → **diriger** [2] quelqu'un. a → **contrarier** b → **viser** c quelqu'un contre → **exciter** [3] autom. : obliquer, tourner, virer

braquet n.m. dérailleur, pignon

bras n.m. [1] fig. a agent, aide, bourreau, défenseur, homme, instrument, main-d'œuvre, manœuvre, soldat, travailleur b bras droit → **adjoint** c vivre de ses bras : activité, labeur → **travail** d le bras de Dieu : autorité, châtiment, force, pouvoir, puissance, vengeance e bras d'un fauteuil : accoudoir, appui f méc. → **bielle** g bras de mer : chenal, détroit, lagune h le bras long : autorité, crédit, influence i bras de chemise : manche j un bras de fer : autorité, brutalité, courage, décision, force, inflexibilité, tyrannie, volonté [2] par ext. : giron, sein

brasage n.m. → **soudure**

braser n.m. souder → **joindre**

brasero n.m. barbecue, chaufferette

brasier n.m. [1] au pr. : feu, fournaise, foyer, incendie [2] fig. : ardeur, passion

brasiller [1] briller, étinceler, flamboyer, scintiller [2] → **griller**

brassage n.m. → **mélange**

brassard n.m. bande, bandeau, crêpe, signe

brasse n.f. [1] → **longueur** [2] → **capacité** [3] → **nage**

brassée n.f. → **quantité**

brasser [1] → **mélanger** [2] pétrir [3] machiner, ourdir, remuer, traiter, tramer

brasserie n.f. bar, bouillon, buffet, cafétéria, drugstore, estaminet, grill, pub, rôtisserie, self-service, snack, snack-bar, taverne → **cabaret, restaurant**

brassière n.f. [1] vêtement : cache-cœur, camisole, chemisette, gilet, liseuse [2] appareil : bretelle, bricole, courroie, lanière

brassin n.m. → **récipient**

brasure → **soudure**

bravache n.m. brave, bravo, capitan, fanfaron, fendant, fier-à-bras, mâchefer, rodomont, tranche-montagne, vantard → **hâbleur**

bravade n.f. → **défi**

brave n.m. → **héros**

brave adj. [1] audacieux, crâne, décidé, dévoué, énergique, entreprenant, généreux, hardi, héroïque, intrépide, invincible, résolu, téméraire, vaillant, valeureux → **courageux** [2] aimable, altruiste, bénin, bon, bonasse (péj.), bonhomme, clément, complaisant, débonnaire, doux, facile, franc, généreux, gentil, honnête, inoffensif, obligeant, pacifique, paternel, patient, serviable, simple [3] vx : beau, distingué, élégant

braver [1] quelqu'un. a affronter, aller au devant de, attaquer, combattre, défier, faire face à, jeter le gant, se heurter à, lutter contre, se mesurer à, s'opposer à, provoquer, relever le défi, rencontrer b non fav. : crâner, faire la nique à, insulter, menacer, se moquer de, narguer, provoquer [2] une chose. a neutre : dédaigner, défier, faire fi de, mépriser, se moquer de, narguer b non fav. les convenances : s'asseoir sur, jeter son bonnet par-dessus les moulins, mépriser, se moquer de, offenser, pisser au bénitier (fam.), violer

bravo [1] adv. : bis, encore, hourra, très bien, vivat, vive [2] n.m. a applaudissement, hourra, vivat b assassin, tueur à gages → **bravache**

bravoure n.f. [1] → **courage** [2] → **exploit**

break n.m. [1] arrêt, attente, coupure, entracte, interruption, mi-temps, pause, rupture, silence [2] → **voiture**

brebis n.f. agnelle, antenaise, ouaille, vacive → **mouton**

brèche n.f. [1] au pr. : cassure, écornure, entaille, entame, éraflure, hoche (vx), ouverture, passage, trou, trouée [2] géo. : cluse, col, passage, port, trouée [3] fig. : déficit, dommage, manque, perte, prélèvement, tort, trou

bréchet n.m. fourchette, poitrine, sternum

bredouillage ou **bredouillement** n.m. baragouin, baragouinage, bredouillement, cafouillage, charabia (fam.), jargon, marmonnement, marmottement ◆ grossier : déconnage

bredouille **revenir bredouille :** capot, quinaud → **échouer**

bredouiller balbutier, baragouiner, bégayer, cafouiller, s'embrouiller, marmonner, marmotter, murmurer ◆ fam. : ça se bouscule au portillon, déconner, manger ses mots, merdoyer

bredouilleur, euse n.m. ou f. → **bafouilleur**

bref n.m. par ext. : bulle, rescrit

bref, brève [1] adj. a → **court** b brusque, brutal, coupant, impératif, incisif, sans appel, sec, tranchant [2] adv. : en conclusion, enfin, en résumé, en un mot, pour conclure, pour finir, pour en finir

bréhaigne inféconde, mule, stérile

brelan n.m. [1] jeu de cartes [2] par ext. et vx : maison de jeu, tripot

brêler [1] bâter → **attacher** [2] → **charger**

breloque n.f. [1] au pr. : affiquet, bijou, chaîne, chaînette, colifichet, fantaisie, porte-bonheur [2] par ext. : amusement, amusette, bagatelle, bibelot, bricole, brimborion, caprice, fanfreluche, frivolité, futilité, rien [3] **battre la breloque.** a quelque chose : cafouiller, se détraquer, marcher mal b quelqu'un : battre la campagne, délirer, déménager, dérailler, déraisonner, divaguer, extravaguer, gâtifier, perdre l'esprit/la raison, radoter, rêver

bretèche n.f. [1] → **guérite** [2] → **tourelle**

bretelle n.f. [1] balancines (fam.), bandeau de cuir, bandoulière, brassière, brayer, bricole, courroie, lanière [2] bifurcation, embranchement, patte d'oie, raccord, trèfle

bretteler denteler, rayer, strier, tailler

bretteur n.m. → **ferrailleur**

bretzel n.m. → **pâtisserie**

breuvage n.m. [1] → **boisson** [2] par ext. : médicament, nectar, philtre

brevet n.m. acte, certificat, commission, diplôme, garantie, licence

breveté, e certifié, diplômé, garanti

breveter [1] → **inscrire** [2] → **protéger**

bréviaire n.m. [1] au pr. : bref, livre d'heures, office, psautier, rubrique [2] par ext. : bible, livre de chevet

bréviligne → **petit**

briard n.m. → **chien**

bribe n.f. [1] au pr. → **morceau** [2] fig. : citation, extrait, passage, référence

bric-à-brac n.m. attirail, bagage, barda, bazar, boutique ◆ fam. : bordel, fourbi, foutoir, tremblement, toutim

brick n.m. → **bateau**

bricolage n.m. → **réparation**

bricole n.f. 1 au pr. : harnais → **bretelle** 2 par ext. a chose sans importance : affiquet, amusement, amusette, babiole, baliverne, bibelot, breloque, brimborion, caprice, colifichet, connerie (vulg.), fanfreluche, fantaisie, fifrelin, frivolité, futilité, rien b affaire sans importance : badinerie, baliverne, broutille, chanson, fadaise, futilité, jeu, plaisanterie, sornette, sottise, vétille → **bêtise** c marchandise d amourette, badinage, chose, flirt, galanterie → **amour**

bricoler 1 au pr. : décorer, entretenir, gratter, jardiner, menuiser, nettoyer, orner, peindre, ravaler, refaire, restaurer 2 péj. → **trafiquer**

bricoleur, euse 1 amateur, habile 2 → **trafiquant**

bride n.f. 1 de cheval : bridon, guide, rêne 2 par ext. : jugulaire, sous-mentonnière 3 assemblage, serre-joint 4 a **lâcher la bride** : lever la contrainte / l'interdiction / l'interdit b **à bride abattue, à toute bride** : à toute vitesse, à fond de train (fam.), à tout berzingue (arg. scol.), rapidement c **la bride sur le cou** : décontracté, détendu, lâché → **libre**

brider 1 un cheval (par ext.) : atteler, seller 2 fig. : attacher, comprimer, contenir, contraindre, empêcher, ficeler, forcer, freiner, gêner, refréner, réprimer, serrer

bridge n.m. 1 whist 2 prothèse

bridon n.m. → **bride**

brie n.m. → **fromage**

briefing n.m. → **réunion**

brièvement 1 compendieusement, en peu de mots, laconiquement, succinctement 2 → **provisoirement**

brièveté n.f. 1 concision, densité, dépouillement, fugacité, laconisme, précision, rapidité 2 → **précarité**

brigade n.f. équipe, escouade, formation, groupe, peloton, quart, tour de garde / de service, troupe

brigadier n.m. 1 caporal, chef d'escouade 2 général de brigade

brigand n.m. assassin, bandit, chenapan, coquin, coupe-jarret, criminel, détrousseur, forban, fripouille, gangster, hors-la-loi, malandrin, malfaiteur, pillard, pirate, sacripant, terreur, truand, vandale, voleur → **vaurien** ◆ vx : chauffeur, routier

brigandage n.m. banditisme, concussion, crime, déprédation, exaction, fripouillerie, gangstérisme, pillage, piraterie, prise d'otage(s), terrorisme, vandalisme, vol

brigantin n.m. → **bateau**

brigantine n.f. → **voile**

brigue n.f. cabale, complot, conjuration, conspiration, démarche, faction, ligue, manœuvre, parti

briguer 1 v. intr. → **intriguer** 2 v. tr. : ambitionner, convoiter, poursuivre, rechercher, solliciter

brillance n.f. éclat, intensité, luminescence, luminosité, nitescence

brillant n.m. 1 fav. ou neutre : beauté, brillance, chatoiement, clarté, éclat, faste, fulgurance, fulguration, gloire, intensité, jeunesse, lumière, luminescence, luminosité, lustre, magnificence, nitescence, phosphorescence, relief, resplendissement, ruissellement, rutilance, somptuosité, splendeur, vigueur 2 non fav. : apparence, clinquant, fard, faux-semblant, oripeau, tape-à-l'œil, toc, vernis 3 diamant, marguerite, marquise, rose, solitaire

brillant, e 1 fav. ou neutre. a au phys. : agatisé, adamantin, argenté, brasillant, chatoyant, clair, coruscant, diamantin, doré, éblouissant, éclatant, étincelant, flamboyant, fulgurant, illuminé, luisant, luminescent, lumineux, lustré, métallique, miroitant, phosphorescent, poli, radieux, rayonnant, resplendissant, rutilant, satiné, scintillant, soyeux b par ext. : allègre, ardent, attirant, attrayant, beau, bien, captivant, célèbre, distingué, doué, éblouissant, éclatant, élégant, étincelant, fameux, fastueux, fin, flambant, florissant, glorieux, habile, heureux, illustre, intelligent, intéressant, jeune, lucide, luxueux, magnifique, majestueux, mondain, opulent, pétillant, prospère, reluisant, remarquable, riche, séduisant, somptueux, spirituel, splendide, verveux, vif, vivant 2 non fav. : clinquant, criard, superficiel, tape à l'œil, trompeur

brillantiner → **aplatir**

briller 1 quelque chose. a aveugler, brasiller, brillanter, chatoyer, éblouir, éclater, étinceler, flamboyer, illuminer, iriser, irradier, luire, miroiter, pétiller, poudroyer, radier, rayonner, réfléchir, refléter, reluire, resplendir, rutiler, scintiller b faire briller : astiquer, briquer (fam.), cirer, polir, reluire 2 quelqu'un. a par sa beauté, par son éclat : charmer, éblouir, ensorceler, être mis en relief, frapper, impressionner, paraître, ravir, rayonner, resplendir, ressortir b par son comportement : se distinguer, éclabousser (péj.), l'emporter sur, faire florès / des étincelles, se faire remarquer, paraître, réussir 3 **faire briller un avantage** : allécher, appâter, étaler, faire miroiter / valoir, manifester, montrer, promettre, séduire

brimade n.f. bizutage, chahut, épreuve, jeu, mauvais traitement, persécution, plaisanterie, raillerie, taquinerie, tourment, vexation ◆ vx : berne

brimbaler et **bringuebaler** → **balancer**

brimborion n.m. → **bagatelle**

brimer 1 berner, chahuter, flouer, mettre à l'épreuve, railler, taquiner, tourmenter, vexer 2 contrarier, défavoriser, entraver, maltraiter, opprimer, priver

brin n.m. 1 → **branche** 2 par ext. : bout, fétu, fil, filament, morceau 3 **un brin** : un doigt, une goutte, un grain, une larme, un peu, un souffle

brindezingue 1 → **fou** 2 → **ivre**

brindille n.f. → **branche**

bringue n.f. fam. 1 agape, bamboche, bamboula, bombe, banquet, débauche (péj.), dégagement, festin, festivité, fiesta, foire, gueuleton, java, noce, partie, ripaille, réjouissance → **bombance** 2 **grande bringue** (péj.) : cheval, jument, femme, fille

brio n.m. adresse, aisance, bonheur, brillant, chaleur, désinvolture, éclat, élégance, entrain, esprit, facilité, forme, fougue, furia, génie, maestria, maîtrise, parade, pétulance, talent, virtuosité, vivacité

brioche n.f. 1 fouace, fougasse, kouglof, massepain, pain de Gênes / de Savoie 2 → **bedaine** 3 → **tête**

brique n.f. 1 adobe, aggloméré, briquette, chantignole 2 million, unité

briquer → **frotter**

briquet n.m. 1 → **chien** 2 par ext. allume-cigare / feu / gaz

bris n.m. 1 l'acte : brisement, casse, démantèlement, démolition, descellement, effraction, rupture, viol 2 cassures, débris, morceaux

brisants n.m. pl. écume ◆ par ext. : écueil, haut-fond, rocher

briscard ou **brisquard** n.m. ancien, chevronné, vétéran

brise n.f. → **vent**

brise-bise n.m. → **rideau**

brisées n.f. pl. 1 exemple, traces 2 **marcher sur les brisées de quelqu'un** : copier, faire concurrence, imiter, plagier, rivaliser avec

brise-fer n.m. invar. → **gamin**

brise-glace(s) n.m. → **bateau**

brise-lames n.m. digue, jetée, portes de flot

brise-mottes n.m. croskill → **herse**

briser 1 au pr. : abattre, aplatir, broyer, casser, défoncer, démolir, desceller, détruire, disloquer, écraser, effondrer, faire éclater, forcer, fracasser, fracturer, hacher, mettre à bas / en morceaux / en pièces, pulvériser, réduire en miettes, renverser, rompre 2 fig. a au moral : abattre, accabler, affaiblir, affliger, anéantir, bouleverser, casser (fam.), décourager, déprimer, émouvoir, faire de la peine à, fendre le cœur à b au phys. : abattre, accabler, casser, disloquer, éreinter, fatiguer, harasser, harceler, moudre c dépasser, enfreindre, interrompre, renverser, rompre 3 **briser les chaînes** : délivrer, libérer

brise-soleil n.m. → **rideau**

brise-tout n.m.f. invar. → **maladroit**

briseur, euse n.m., n.f. brise-fer, brise-tout, casseur, destructeur, iconoclaste, sans-soin

brise-vent n.m. abri, alignement d'arbres, claie, cloison, clôture, haie, mur, rideau

brisis n.m. → **pente**

brisure n.f. 1 brèche, cassure, éclat, entaille, faille, fêlure, fente, fracture, rupture 2 brin, chute, fragment, miette, morceau 3 → **déchet**

britannique 1 anglais, anglo-saxon, écossais, gallois, orangiste 2 fam. et/ou péj. : fils d'Albion, rosbif, sujet de Sa Gracieuse Majesté, tommy 3 anglicisme, angliciste

brize n.f. amourette

broc n.m. bidon, pichet, pot à eau

brocante n.f. antiquaille (s) (fam.), antiquités, chine, décrochez-moi-ça, ferraille, friperie, fripes, les puces, marché aux puces, occasions, vieilleries ◆ vx : brocantage, regrat

brocanter acheter, bazarder, bouquiner, brader, chiner, échanger, faire des affaires, marchander, revendre, troquer, vendre

brocanteur, euse n.m. ou f. antiquaire, bouquiniste, camelot, casseur, chiffonnier, chineur, ferrailleur, fripier, regrattier (vx) ◆ arg. : biffin, broc

brocard n.m. 1 apostrophe, caricature, chiquenaude, épigramme, flèche, insulte, interpellation, invective, lazzi, moquerie, pamphlet, persiflage, pointe, quolibet, raillerie, saillie, sarcasme, trait, vanne (arg.) → **plaisanterie** 2 cerf, daim, chevreuil

brocarder 1 neutre : caricaturer, faire des plaisanteries, se moquer de, plaisanter 2 péj. : apostropher, insulter, interpeller, invectiver, lâcher une vanne (arg.), / des lazzi, persifler, tourner en dérision / en ridicule

brocart n.m. brocatelle, samit, soierie, tenture, tissu

brocatelle n.f. 1 → **marbre** 2 → **tissu**

brochage n.m. assemblage, couture, mise en presse, pliage, pliure, reliure

broche n.f. 1 par ext. : barbecue, brochette, hâtelet, lardoire, lèchefrite 2 agrafe, attache, barrette, bijou, épingle, fibule

brocher 1 assembler, relier 2 fig. et fam. → **bâcler**

brochet n.m. bécard, requin d'eau douce

brochure n.f. → **livre**

brodequin n.m. bottillon, bottine, chaussure, godillot, napolitain, soulier

broder 1 au pr. → **festonner** 2 fig. a agrémenter, amplifier, chamarrer, développer, embellir, orner, parer b → **exagérer**

broderie n.f. 1 damas, dentelle, entre-deux, feston, filet, guipure, orfroi, smocks 2 fig. → **exagération**

bronche n.f. → **poumon**

broncher 1 au pr. : achopper, buter, chopper, faire un faux pas, trébucher 2 fig. a commettre une erreur, faillir, hésiter, se tromper b s'agiter, bouger, chahuter, ciller, contester, se déplacer, manifester, murmurer, remuer, rouspéter

bronchite n.f. broncho-pneumonie, bronchorrhée, dyspnée, inflammation, toux

bronze n.m. 1 → **airain** 2 buste, objet d'art, statue, statuette

bronzé, e n.m. ou f. 1 → **estivant** 2 → **maghrébin**

bronzer 1 brunir, cuivrer, dorer, hâler, noircir 2 par ext. : boucaner, dessécher → **cuire**

broquette n.f. → **pointe**

brossage n.m. → **nettoiement**

brosse n.f. 1 sens général : balai, décrottoir, époussette, fermière, frottoir, vergette 2 pour chevaux : étrille, limande 3 pour la barbe : blaireau 4 ramasse-miettes 5 pinceau, saie, spalter, veinette 6 **cheveux en brosse** : à la bressant

brosser 1 au pr. a balayer, battre, décrotter, détacher, donner un coup de brosse, dépoussiérer, épousseter, faire reluire, frotter, polir, saietter b un cheval : bouchonner, étriller, panser, soigner 2 par ext. : dépeindre, peindre, faire une description / un portrait, raconter 3 fig. fam. battre, donner une correction / leçon / peignée / raclée → **volée**

brosser (se) fam. faire tintin, se passer / priver de, renoncer à

brou n.m. bogue, coque, écale, enveloppe

brouet n.m. bouillon, chaudeau, jus, potage, ragoût, soupe

brouette n.f. diable, vinaigrette

brouettée n.f. → **quantité**

brouetter → **transporter**

brouhaha n.m. bruit confus/divers, confusion, rumeur, tapage, tumulte

brouillage n.m. perturbation, trouble → **confusion**

brouillamini n.m. complication, confusion, désordre, embrouillement, méli-mélo, pagaille

brouillard n.m. 1 au pr. : brouillasse, bruine, brume, crachin, embrun, mouscaille (arg.), nuage, purée de pois, smog, vapeur ◆ vx : brouillas 2 fig. : obscurité, ténèbres 3 brouillon, main courante

brouillasser bruiner

brouille n.f. bisbille, bouderie, brouillerie, dépit, désaccord, désunion, différend, discorde, dispute, dissension, division, divorce, fâcherie, humeur, malentendu, mésentente, querelle, rupture, trouble → **mésintelligence**

brouillé, e 1 en froid, fâché 2 confus, disparate, incertain

brouiller 1 au pr. : battre, bouleverser, confondre, emmêler, empêtrer, enchevêtrer, mélanger, mêler, mettre en désordre/en pagaille/pêle-mêle, touiller 2 par ext. : agiter, altérer, déranger, désunir, diviser, embrouiller, gâter, troubler 3 v. intr. : bafouiller, bredouiller, s'embarrasser, s'embrouiller 4 v. pron. → **fâcher (se)**

brouillon n.m. brouillard, ébauche, esquisse, plan, schéma, topo (fam.)

brouillon, ne agité, compliqué, confus, désordonné, dissipé, embrouillé, étourdi, filandreux, gribouille, instable, taquin, tracassier, trublion

broussaille n.f. arbustes, brousse, épinaie, épinier, essarts, fardoches (rég. et québ.), garrigue, haie, hallier, maquis, ronce, touffe

broussailleux, euse → **épais**

brousse n.f. bush, savane, scrub, sertao → **bled**

broutard n.m. agneau, chevreau, poulain, veau

brouter gagner, manger, paître

broutille n.f. → **bagatelle**

broyage n.m. 1 aplatissage, aplatissement, bris, brisement, broiement, concassage, déchiquetage, écrabouillage, écrasement, égrugeage, malaxage, mastication, pulvérisation, trituration 2 → **destruction**

broyer 1 aplatir, bocarder, briser, concasser, écacher, écrabouiller, écraser, égruger, malaxer, mettre en morceaux, moudre, pulvériser, réduire en miettes, triturer 2 croquer, déchiqueter, déchirer, mâcher, mastiquer, triturer 3 abattre, anéantir, détruire, maltraiter, réduire à néant, renverser

broyeur ou **broyeuse** n.m. ou f. bocard, broie, concasseur, égrugeoir, macque, pilon, pressoir

bru n.f. belle-fille

bruant n.m. → **passereau**

brucelles n.f. pl. pinces

brugnon n.m. nectarine

bruine n.f. → **brouillard**

bruiner brouillasser → **pleuvoir**

bruineux, euse → **humide**

bruire bourdonner, chuchoter, chuinter, crier, fredonner, froufrouter, gargouiller, gazouiller, gémir, grincer, murmurer, siffler

bruissement n.m. battement d'ailes, bourdonnement, chuchotement, chuintement, cri, fredonnement, frémissement, friselis, froufrou, froufroutement, gazouillement, gémissement, grincement, murmure, sifflement

bruit n.m. 1 au pr. a babil, battement, borborygme, bourdonnement, chanson, chant, chuintement, clameur, clapotement, clapotis, clappement, claque, claquement, cliquetis, coup, craquement, craquètement, crépitation, crépitement, cri, criaillerie, crissement, croule, déclic, décrépitation, déflagration, détonation, ébrouement, écho, éclat, éclatement, explosion, fracas, friselis, froissement, frôlement, frottement, froufrou, gargouillement, gargouillis, gazouillement, gémissement, grésillement, grincement, grognement, grondement, hurlement, murmure, musique, onomatopée, pépiement, pétarade, pétillement, râlement, ramage, ronflement, ronron, ronronnement, roulement, rumeur, sifflement, sonnerie, souffle, soupir, stridence, stridulation, susurrement, tapement, tintement, ululation, ululement, vagissement, vocifération, voix, vrombissement b → **son** c fam. : bacchanale, bagarre, barouf, bastringue, bazar, bordel, boucan, bousin, brouhaha, cacophonie, carillon, chahut, chamaille, chamaillerie, chambard, charivari, corrida, couac, esclandre, foin, grabuge, hourvari, huée, pétard, potin, raffut, ramdam, sabbat, schproum, tapage, tintamarre, tintouin, tohu-bohu, train, tumulte, vacarme → **bruissement** 2 par ext. a méd. : cornage, éructation, flatuosité, gaz, hoquet, pet, râle, rot, souffle, soupir, toux → **vent** b du pas d'un cheval : battue 3 fig. a → **agitation** b anecdote, bavardage, chronique, commérage, confidence, conte, dire, éclat, fable, histoire, jacasserie, nouvelle, potin, ragot, renommée, réputation, rumeur

bruitage n.m. → **reproduction**

bruiter → **reproduire**

brûlage n.m. 1 écobuage 2 brûlis 3 crémation, incinération

brûlant, e 1 au pr. : bouillant, cuisant, desséchant, embrasé, igné, torride 2 fig. a actuel, dangereux, délicat, épineux, périlleux, plein d'intérêt, tabou b ardent, bouillonnant, dévorant, dévoré, enflammé, enthousiaste, fervent, passionné, vif

brûle-gueule n.m. bouffarde, pipe

brûle-parfum n.m. cassolette, encensoir

brûle-pourpoint (à) à bout portant, brusquement, de but en blanc, directement, immédiatement, sans avertissement, sans crier gare, sans ménagement/préparation

brûler 1 v. tr. a au pr. : attiser, calciner, carboniser, consumer, détruire par le feu, ébouillanter, embraser, enflammer, faire cramer/flamber/roussir, flamber, griller, incendier, incinérer, réduire en cendres, rôtir ◆ fam. : cramer, roustir vx : bouter le feu b fig. : attiser, consumer, dévorer, embraser, enfiévrer, enflammer, exciter, jeter de l'huile sur le feu, miner, passionner, ravager c par ext. un condamné : faire un autodafé, jeter au bûcher, supplicier par le feu ◆ méd. : cautériser ◆ un cadavre, des ordures : incinérer ◆ des herbes : écobuer d **brûler la politesse :** s'enfuir, filer, partir, planter là e **brûler de l'encens :** aduler, flagorner, flatter 2 v. intr. : charbonner, se consumer, couver, cramer, flamber, roussir 3 v. pron. : s'ébouillanter, s'échauder

brûlerie n.f. distillerie, rhumerie

brûleur, euse n.m. ou f. 1 quelqu'un. a boutefeu, brûlot, flambeur, incendiaire, pyromane b bouilleur de cru, distillateur 2 une chose : appareil, bec, réchaud, tuyère

brûlis n.m. arsin → **brûlage**

brûloir n.m. crématoire, fourneau, foyer, incinérateur, réchaud, torréfacteur

brûlot n.m. 1 au pr. : torpille 2 fig. a quelqu'un → **brûleur** b quelque chose → **brûlant**

brûlure n.f. 1 sur quelqu'un. a phys., souvent par analogie : actinite, aigreur, ampoule, blessure, cloque, douleur, échauffement, escarre, fièvre, fer chaud, feu, inflammation, insolation, irradiation, irritation, lésion, mortification, rougeur, ulcération, urtication b moral → **blessure** 2 une chose. a un vêtement : tache, trou b des végétaux : dessèchement

brume n.f. 1 au pr. → **brouillard** 2 fig. : grisaille, incertitude, obscurité, ombre, spleen, tristesse → **mélancolie**

brumeux, euse 1 au pr. : couvert, nébuleux, obscur, ouaté 2 fig. a neutre : mélancolique, sombre, triste b non fav. → **sombre**

brun, e 1 auburn, bis, bistre, boucané, bronzé, brou de noix, brûlé, brunâtre, café au lait, châtain, chocolat, hâlé, kaki, marron, mordoré, noisette, tabac, terreux 2 une chose : alouette, brou de noix, châtaigne, chêne, kaki, moka, noyer, puce, rouille, tabac, terre, terre de sienne, tête-de-maure, tête-de-nègre 3 un cheval : bai 4 **à la brune :** crépuscule, entre chien et loup, soir

brune n.f. crépuscule, déclin/tombée du jour, entre chien et loup

brushing n.m. mise en plis

brusque 1 quelqu'un : abrupt, autoritaire, bourru, bref, brutal, cassant, cavalier, cru, grossier (péj.), impatient, impétueux, nerveux, prompt, raide, rébarbatif, rude, sec, vif, violent 2 une chose. a une pente : escarpée b un événement : brutal, imprévu, inattendu, inopiné, précipité, rapide, soudain, subit, surprenant

brusquement 1 → **soudain** 2 → **vite**

brusquer 1 quelqu'un. a → **obliger** b envoyer promener, rabrouer, rembarrer (fam.), rudoyer, secouer 2 une chose : accélérer, avancer, expédier, forcer, hâter, pousser, précipiter, presser

brusquerie n.f. → **rudesse**

brut, e 1 une chose ou quelqu'un. a neutre : à l'état de nature, élémentaire, grossier, imparfait, informe, inorganique, rudimentaire, simple b non fav. : abrupt, balourd, barbare, bestial, brutal, épais, fruste, grossier, illettré, impoli, inculte, inintelligent, lourd, rude, sauvage, simple, stupide, vulgaire 2 a une chose : écru, grège, en friche, inachevé, inculte, natif, naturel, originel, primitif, pur, rustique, sauvage, vierge

brutal, e animal, âpre, barbare, bas, bestial, bourru, brusque, cru, cruel, direct, dur, emporté, entier, féroce, fort, franc, grossier, irascible, matériel, mauvais, méchant, rude, sec, vif, violent

brutaliser battre, brusquer, cogner, corriger, exercer des sévices sur, faire violence à, frapper, houspiller, malmener, maltraiter, molester, rosser, rouer de coups, rudoyer, taper, tourmenter ◆ fam. : passer à tabac, tabasser, torcher

brutalité n.f. animalité, âpreté, barbarie, bassesse, bestialité, brusquerie, cruauté, dureté, férocité, grossièreté, impolitesse, inhumanité, lourdeur, rudesse, rusticité, sauvagerie, stupidité, violence, vulgarité

brute n.f. → **bête**

bruyamment tapageusement, tumultueusement → **beaucoup**

bruyant, e assourdissant, bourdonnant, braillard, criard, éclatant, gueulard, hurleur, indiscret, piaillard, ronflant, rugissant, sonore, strident, stridulant, tapageur, tonitruant, tumultueux → **turbulent** ◆ méd. : striduleux, stertoreux

bruyère n.f. brande, lande

buanderie n.f. blanchisserie, laverie, lavoir

buandier, ère n.m. ou f. → **blanchisseur**

bubale n.m. → **antilope**

bubon n.m. → **abcès**

buccin n.m. 1 → **trompette** 2 → **gastéropode**

bûche n.f. 1 bille, billot, (bois de) boulange, branche, rondin, souche, tronche 2 fig. a → **bête** b → **chute**

bûcher n.m. appentis, cave, resserre

bûcher 1 par ext. → **battre** 2 fig. et fam. : bosser, buriner, chiader, en foutre/en mettre un coup, étudier, gratter, piler, piocher, potasser, repasser, turbiner → **travailler**

bûcheur, euse bœuf, bosseur, bourreau de travail, burineur, fonceur, gratteur, piocheur, travailleur

bucolique agreste, campagnard, champêtre, forestier, idyllique, pastoral, paysan, rustique

bucrane n.m. → **ornement**

budget n.m. balance, bilan, comptabilité, compte, crédit, dépense, gain, moyens, plan, prévision, recette, rentrée, répartition, revenu, salaire

budgétivore n. et adj. → **parasite**

buée n.f. condensation, vapeur

buffet n.m. 1 argentier, bahut, cabinet, crédence, desserte, encoignure, placard, vaisselier 2 bar, buvette, café, cantine, estaminet, restaurant

buffle n.m. bœuf, karbau, yack

bugle n.m. → **cuivre**

bugrane n.f. arrête-bœufs, ononis rampant

buire n.f. → **vase**

buis n.m. rameau

buisson n.m. broussaille, épines, haie, hallier, ronce → **fourré**

buissonneux, euse → **épais**

bulbe n.m. 1 oignon 2 coupole

bulbeux, euse → **renflé**

bullaire n.m. → **recueil**

bulldozer n.m. angledozer, bouteur (off.), pelle mécanique, pelleteuse

bulle n.f. 1 boule, globule 2 bref, décrétale, mandement, rescrit, sceau 3 phylactère

bulletin n.m. 1 billet, papier 2 par ext. a annonce, avis, carnet, chronique, communiqué, rapport b acte, attestation, certificat, récépissé, reçu c bordereau, ordre, relevé d annales, cote, feuille, hebdomadaire, information, journal, lettre, lien, magazine, missive, périodique, revue

bull-terrier n.m. → **chien**

bungalow n.m. chartreuse, maison coloniale, véranda → **pavillon**

bunker n.m. 1 → **abri, casemate** 2 pétr. off. : soutes

buraliste n.m. débitant, préposé, receveur

bure 1 n.f. → **lainage** 2 n.m. → **puits**

bureau n.m. 1 le meuble : bonheur-du-jour, cabinet, classeur, écritoire, pupitre, secrétaire, table de travail 2 le lieu : administration, agence, cabinet, caisse, comptoir, direction, étude, office, officine, secrétariat, service ♦ fam. : boîte, burlingue 3 administration, assemblée, collège, comité, commission, conseil, direction, directoire

bureaucrate n.m. ou f. gén. péj. fonctionnaire, gratte-papier, gratteur, paperassier, pisse-copie, plumitif, rond-de-cuir, scribe, scribouillard

bureaucratie n.f. administration, fonction publique, magistrature, ministères, services (publics)

bureautique n.f. → **informatique**

burette n.f. 1 au sing. a au pr. : aiguière, fiole, flacon b fig. → **tête**

burgrave n.m. 1 → **édile** 2 **noble**

burin n.m. charnière, drille, échoppe, guilloche, onglette, pointe, rénette, rouanne, rouannette

buriner 1 champlever, graver 2 par ext. : marquer, souligner 3 fig. → **bûcher**

burlesque 1 adj. → **comique** 2 n.m. : baroque, grandguignolesque, grotesque, tragi-comique

burlingue n.m. → **bureau**

burnous n.m. → **manteau**

bus n.m. → **autobus**

buse n.f. 1 bondrée, busard, harpie, rapace 2 bief, canal, canalisation, conduit, poterie, tuyau, tuyère 3 fig. → **bête**

business n.m. 1 → **affaires** 2 → **truc**

busqué, e 1 arqué, bombé, convexe, courbé 2 le nez : aquilin, bourbon, bourbonien

buste n.m. 1 au pr. : corsage, estomac (vx), gorge, poitrine, sein, torse 2 par ext. a effigie, figure, portrait, sculpture, traits b selon la matière employée : albâtre, argile, bronze, cire, marbre, plâtre, terre cuite

bustier n.m. → **soutien-gorge**

but n.m. 1 au pr. : carton, cible, mille, mire, mouche, objectif, point de mire, silhouette, tilt 2 par ext. a ce qui est atteint : aboutissement, achèvement, arrivée, destination, objectif, point final, port, terme, terminus b ce qu'on veut atteindre : ambition, dessein, détermination, direction, fin, intention, plan, projet, propos, réquisit, résolution, visée, vue c d'une action, de la vie : cause, destination, destinée, direction, fin, finalité, fins dernières, issues, ligne de conduite, motif, motivation, objet, raison d sport : arrivée, bois, coup, essai, filet, goal, marque, panier, poteau

buté, e arrêté, bloqué, braqué, entêté, étroit, fermé, méfiant, obstiné, opiniâtre, têtu

butée n.f. arrêtoir, contrefort, culée, massif, taquet

buter 1 on bute contre une chose : achopper, broncher, chopper, cogner, heurter, trébucher 2 une chose ou quelqu'un prend appui sur : s'appuyer, s'arc-bouter, s'arrêter, se bloquer, se caler, se coincer, être épaulé/étayé/maintenu/soutenu par, prendre appui 3 arg. → **tuer**

buter (se) s'arrêter à, se bloquer, se braquer, s'entêter, se fermer, se heurter, se méfier, s'obstiner, s'opiniâtrer

butin n.m. 1 au pr. a neutre : capture, confiscation, conquête, dépouille, matériel, opimes, prise, proie, trésor de guerre, trophée b péj. : rançon, rapine, vol c arg. : fade, pied 2 fig. fav. : aubaine, découverte, profit, provision, récolte, richesse, trouvaille

butiner → **recueillir**

butoir n.m. amortisseur, butée, heurtoir

butome n.m. jonc fleuri

butor n.m. 1 → **bête** 2 → **impoli** 3 → **maladroit**

butte n.f. 1 colline, dune, éminence, erg, hauteur, inselberg, mont, monticule, motte, tertre 2 **être en butte à :** donner prise à, être la cible/le point de mire/le souffre-douleur, prêter le flanc à

butter 1 chausser, garnir 2 arg. butter ou buter → **tuer**

buttoir n.m. → **charrue**

butyreux, euse → **gras**

buvable 1 au pr. : potable, sain 2 fig. : acceptable, admissible, endurable, possible, potable, recevable, supportable → **tolérable**

buvard 1 adj. : absorbant 2 nom masc. : sous main

buvette n.f. bar, bistrot (fam.), bouchon, buffet, café, café-tabac, cafétéria, cantine, débit de boissons, taverne → **brasserie, cabaret**

buveur, euse n.m. ou f. → **ivrogne**

by-pass n.m. bipasse, circuit de dérivation, contournement, dérivation, déviation, évitement

byssus n.m. attache, cordon, faisceau, fibre, filament, ligament, membrane, pied

byte n.m. inform. off. : octet

byzantin, e fam. et par ext. : chinois, compliqué, emberlificoté, entortillé, farfelu, futile, oiseux, pédant, tarabiscoté

byzantinisme n.m. → **préciosité**

C

cabale n.f. 1 ésotérisme, herméneutique, interprétation, kabbale, occultisme 2 par ext. a arcane (vx), magie, mystère, sabbat, théosophie b association secrète, brigue, charivari, clique, coalition, complot, conjuration, conspiration, coterie, faction, intrigue, ligue, machination, menée, parti ♦ vx : carte

cabaliste nom → **conspirateur**

cabalistique abscons, ésotérique, magique, mystérieux, obscur, occulte → **secret**

caban n.m. 1 → **manteau** 2 **veste**

cabane n.f. abri, appentis, baraque, bicoque, cabanon, cagibi, cahute, carbet, case, cassine, chalet, chaume, chaumière, chaumine, gloriette, gourbi, guitoune, hutte, loge, logette, maisonnette, masure, paillote, refuge, wigwam, iourte ou yourte ♦ rég. ou vx : buron, tone

cabanon 1 → **cabane** 2 asile d'aliénés, cellule/chambre de force, hôpital psychiatrique, petites maisons (vx)

cabaret n.m. 1 a neutre : auberge, bar, buffet, buvette, café, cafétéria, comptoir, débit, estaminet, hôtellerie → **brasserie** b vx et/ou fam. : abreuvoir, aquarium, assommoir, bistrot, bouchon, bouge, bousin, caboulot, cambuse, coupe-gorge, crémerie, gargote, guinguette, mastroquet, rade, rastel (mérid.), sirop, tabagie, tapis-franc, taverne, troquet, zinc 2 a neutre : boîte, boîte de nuit, café-concert, caveau, club, dancing, discothèque, établissement/restaurant de nuit, music-hall, nightclub b péj. : bastringue, beuglant, bouiboui, tripot 3 cave/plateau/service à liqueurs 4 vx : chardonneret

cabaretier, ère n.m. ou f. aubergiste, auvergnat, bistrot, bougnat, buffetier, cafetier, crémier, limonadier, marchand de vin, mastroquet, patron, restaurateur, taulier, tavernier, tenancier, troquet

cabas n.m. couffin, panier, sac, sachet, sacoche

cabestan n.m. → **treuil**

cabine n.f. 1 cabinet, cagibi, isoloir, réduit 2 abri, cockpit, guérite, loge, poste 3 cockpit, habitacle, poste de pilotage 4 compartiment, couchette

cabinet n.m. 1 → **cabine** 2 → **water-closet** 3 agence, bureau, étude, studio 4 bibliothèque, collection, médaillier, musée, pinacothèque 5 équipe ministérielle, gouvernement, ministère 6 laboratoire 7 **de verdure :** abri, berceau, brandebourg, fabrique, gloriette, kiosque, pavillon, reposoir, tonnelle 8 bahut, bonheur-du-jour, bonnetière, buffet, bureau, meuble, secrétaire, semainier

câble n.m. 1 chaîne, corde, filin, orin, remorque, touée → **cordage** 2 bleu, câblogramme, dépêche, exprès, message, pneu, télégramme, télex

câbler envoyer/expédier une dépêche, télégraphier

cabochard, e n. et adj. entêté, opiniâtre, tête de cochon/de lard/de mule, têtu

caboche n.f. → **tête**

cabosser 1 au pr. : bosseler, bossuer, déformer 2 par ext. : battre, blesser, contusionner, meurtrir

cabot n.m. 1 → **chien** 2 → **caporal** 3 → **cabotin** 4 chabot, cotte, meunier, têtard

cabotage n.m. → **navigation**

caboteur n.m. balancelle, chasse-marée, galiote, lougre → **bateau**

cabotin, e nom et adj. péj. : acteur, bouffon, cabot, charlatan, clown, comédien, histrion, m'as-tu-vu, ringard → **hypocrite**

cabotinage n.m. affectation, charlatanisme, comédie → **hypocrisie**

caboulot n.m. 1 → **cabaret** 2 → **bistrot**

cabrer 1 par ext. : choquer, dresser, irriter, révolter 2 v. pron. a au pr. : se dresser, pointer b fig. : se dresser, s'insurger, se lever, s'opposer, protester, résister, se révolter c par ext. : s'emporter, s'entêter, se fâcher, s'irriter, s'obstiner, s'opiniâtrer, se raidir

cabri n.m. biquet, chevreau, chevrette

cabrioler 1 → **danser** 2 → **sauter**

cabriole n.f. 1 au pr. : bond, culbute, entrechat, galipette, gambade, gambille, pirouette, saut, voltige 2 par ext. a chute, dégringolade, échec, faillite, krach b bouffonnerie, drôlerie, grimace c flagornerie, flatterie, servilité d apostasie, échappatoire, pirouette, reniement, retournement, revirement

cabriolet n.m. 1 boghei, cab, tandem, tilbury, tonneau 2 cadenas, menotte

caca n.m. → **excrément**

cachalot n.m. → **cétacé**

caché, e mystérieux → **secret**

cache 1 n.f. : abri, antre, asile, cachette, coin, gîte, nid, planque, refuge, retraite, terrier, trou 2 n.m. : écran

cache-cache n.m. cache-tampon, cligne-musette

cacher 1 au pr. : abriter, camoufler, celer, couvrir, déguiser, dissimuler, enfermer, enfouir, enserrer, ensevelir, enterrer, envelopper, escamoter, faire disparaître, masquer, mettre en sûreté/sous clef, murer, receler, recouvrir, rentrer, serrer, voiler 2 par ext. a arrêter la vue, aveugler, boucher, éclipser, intercepter, obscurcir, obstruer, occulter, offusquer, ombrager, pallier b agir en cachette/catimini/douce/secret/tapinois, celer, déguiser, dissimuler, étouffer, faire des cachotteries, farder, garder (secret), garder, mettre sous le boisseau, ne pas s'en vanter, sceller, scotomiser, taire, tenir secret, tirer un rideau/un voile, voiler 3 v. pron. : s'abriter/blottir/clapir/défiler (fam.)/dérober, disparaître, se dissimuler/éclipser/embusquer, éviter, fuir, se mettre à l'abri, se motter (vx), se murer/nicher/planquer (fam.)/retirer/soustraire/tapir/tenir à l'écart/terrer

cache-sexe n.m. culotte, slip, sous-vêtement

cachet n.m. 1 armes, armoiries, bulle, chiffre, empreinte, estampille, marque, monogramme, oblitération, poinçon, sceau, scellé, seing, tampon, timbre 2 caractéristique, griffe, main, originalité, patte, signe 3 casuel, honoraires, prix, rétribution, salaire 4 capsule, comprimé, gélule, linguette, pastille

cache-tampon n.m. → **cache-cache**

cacheter 1 clore, coller, fermer 2 estampiller, marquer, oblitérer, plomber, poinçonner, sceller, tamponner, timbrer

cachette n.f. 1 abri, antre, asile, cache, lieu sûr, mystère, placard (arg.), planque, refuge, retraite, secret, sûreté, terrier 2 **en cachette :** à la dérobée, clandestinement, dans sa barbe, discrètement, en catimini/contrebande/secret/tapinois, furtivement, secrètement, sous cape

cachexie n.f. amaigrissement, ankylostomiase, carence, consomption, distomatose (vét.), étisie, fatigue, maigreur, marasme ♦ partic. : fluorose, silicose

cachot n.m. basse-fosse, cabanon, cabinet noir, casemate, cellule, coin, cul-de-basse-fosse, ergastule, geôle, in-pace, oubliette, salle de police, salle forte, violon ♦ arg. : mitard → **prison**

cachotterie n.f. feinte, mystère, secret, secret de Polichinelle

cachottier, ère nom et adj. 1 → **secret** 2 → **sournois**

cacochyme nom et adj. débile, déficient, faible, impuissant, infirme, invalide, maladif, malingre, pituitaire, valétudinaire → **quinteux**

cacophonie n.f. bruit, chahut, charivari, confusion, désaccord, désordre, discordance, disharmonie, dissonance, sérénade, tapage, tintamarre, tumulte

cadavérique → **pâle**

cadavre n.m. corps, dépouille mortelle, macchabée (fam.), momie, reliques, restes, sujet d'anatomie → **mort**

cadeau n.m. avantage, bakchich, bienfait, bouquet, corbeille, divertissement (vx), don, donation, dot, envoi, étrenne, fleur (fam.), générosité, largesse, libéralité, sportule (antiq.), offrande, pièce, pot-de-vin, pourboire, présent, prix, quine, souvenir, surprise → **gratification**

cadenas n.m. 1 fermeture, loquet, serrure, sûreté, verrou 2 coffret, ménagère 3 arrêt

cadenasser barrer, clore, écrouer, emprisonner, enfermer, fermer, verrouiller

cadence n.f. accord, harmonie, mesure, mouvement, nombre → **rythme**

cadencer accorder, conformer, mesurer, rythmer

cadet, ette n.m. ou f. benjamin, jeune, junior, puîné

cadran n.m. gnomon, horloge

cadre n.m. 1 au pr. bordure, encadrement, marie-louise, passe-partout 2 a boisage, chambranle, châssis, coffrage, huisserie b → **caisse** 3 décor, disposition, ensemble, entourage 4 au pl. → **hiérarchie** 5 fig. a borne, limite b carcan, contrainte, corset, enveloppe

cadrer 1 s'accorder, s'adapter, s'ajuster, s'allier, s'assortir, concorder, convenir, plaire, se rapporter 2 **faire cadrer** → **concilier**

caduc, uque 1 annulé, cassé, démodé, dépassé, nul, obsolète, passager, périmé, périssable, précaire, suranné 2 abattu, affaibli, âgé, chancelant, débile, décrépit, épuisé, fragile, impotent, usé → **vieux**

cafard n.m. blatte, cancrelat

cafard, e nom et adj. 1 a cagot, faux dévot, imposteur, perfide → **bigot** b **hypocrite** c cafteur, cuistre, délateur, dénonciateur, espion, mouchard, mouche, mouton, rapporteur 2 bourdon, découragement, dépression, mélancolie, nostalgie, noir, spleen, tristesse, vague à l'âme 3 → **cafardeux**

cafardage n.m. cuistrerie, délation, dénonciation, espionnage, mouchardage

cafarder cafter, dénoncer, moucharder, rapporter, vendre la mèche

cafardeux, euse abattu, découragé, démoralisé, déprimé, fermé, mélancolique, nostalgique, triste

café n.m. 1 fam. : caoua, jus 2 → **cabaret**

cafetier n.m. → **cabaretier**

cafetière n.f. 1 filtre, percolateur 2 → **tête**

cage n.f. 1 case, chanterelle, clapier, épinette, gloriette, lapinière, loge, logette, ménagerie, mésangette, mue, niche, oisellerie, poussinière, tournette, volière 2 enceinte → **prison** 3 chaîne, fil, lien, servitude 4 boîte, boîtier

cageot n.m. billot, bourriche, cagette, caisse, caissette, emballage, flein, harasse

cagibi n.m. appentis, cabane, cabinet, cage, cagna, case, chambre, guichet, local, mansarde, penderie, placard, réduit, souillarde, soupente

cagna n.f. abri, baraquement, guérite, hutte, maisonnette, tranchée → **cabane**

cagnard, e apathique, cossard, engourdi, fainéant, flemmard, indolent, inerte, lent, loche, mou, nonchalant, oisif → **paresseux**

cagneux, euse bancal, bancroche, inégal, noueux, tordu, tors, tortu

cagnotte n.f. 1 bas de laine, boîte, bourse, caisse, coffret, corbeille, crapaud, tirelire, tontine 2 économie, fonds, somme

cagot, e n.m. ou f. → **cafard**

cagoule n.f. capuchon, coule, froc → **manteau** (par ext.)

cahier n.m. album, bloc-notes, calepin, carnet, livre, livret, registre

cahin-caha clopin-clopant, péniblement, tant bien que mal, à la va comme je te pousse

cahot n.m. 1 bond, cahotement, heurt, mouvement, saut, secousse 2 par ext. : contrariété, difficulté, obstacle, traverse, vicissitude

cahotant, e brimbalant, bringuebalant, cahoteux, mal suspendu

cahoter v. intr. et tr. agiter, ballotter, malmener, secouer, tourmenter ♦ fam. : brimbaler, bringuebaler

cahoteux, euse mauvais → **cahotant**

cahute n.f. → **cabane**

caïd n.m. → **chef**

caïeu n.m. → **bourgeon**

caillasse n.f. caillou, cailloutis, déblai, décharge, empierrement, pierraille, pierre, rocaille

caille n.f. → **gallinacé**

caillé n.m. 1 caséine 2 caillebotte, fromage frais

caillebotis n.m. 1 lattis, treillis 2 plancher

caillebotte n.f. → **caillé**

caillement n.m. → **prise**

caillot n.m. flocon, floculation, grumeau

caillou n.m. 1 caillasse, cailloutis, galet, gravier, palet, pierre, silex 2 fig. a cahot, contrariété, difficulté, embarras, empêchement, inconvénient, obstacle, souci, traverse, vicissitude b → **tête**

cailloutage n.m. → **pavage**

caillouter → **paver**

caillouteux, euse → **pierreux**

cailloutis n.m. → **pavage**

caïman n.m. → **alligator**

caisse n.f. 1 au pr. : banne, benne, billot, boîte, boîtier, cadre, cageot, caissette, caisson, coffre, colis, emballage, harasse 2 par ext. a coffre-fort → **cagnotte** b bureau, comptabilité, guichet c actif, encaisse, montant, trésorerie d tambour, timbale 3 fam. : coffre, estomac, poitrine 4 vx ou rég. : cercueil

caissier, ère n.m. ou f. comptable, gestionnaire, intendant, receveur, trésorier

cajoler → **caresser**

cajolerie n.f. → **caresse**

cajoleur, euse nom et adj. caressant, courtisan, enjôleur, flagorneur, flatteur, peloteur → **séducteur**

cal n.m. callosité, cor, durillon, induration, œil-de-perdrix, oignon

calaison n.f. tirant d'eau

calamité n.f. accident, adversité, cataclysme, catastrophe, chagrin, contrariété, déboire, déception, désastre, désolation, détresse, deuil, déveine, disgrâce, drame, échec, épreuve, fatalité, fléau, guignon, infortune, insuccès, malheur, misère, orage, tourmente, tribulation, tristesse, vaches maigres

calamiteux, euse catastrophique, désastreux, désolant, dramatique, funeste, malheureux, triste

calanque n.m. anse, crique, golfe

calciner brûler, carboniser, charbonner, cuire, dessécher, griller, torréfier

calcul n.m. 1 algèbre, arithmétique, axiomatique, mathématique 2 addition, algorithme, analyse, appréciation, compte, comput, computation, décompte, division, estimation, évaluation, multiplication, opération, prévision, soustraction, spéculation, supputation 3 combinaison, dessein, mesure, moyen, plan, planning, projet 4 arrière-pensée, préméditation 5 bézoard, concrétion, égagropile, gravelle, lithiase, pierre

calculable → **probable**

calculateur, trice nom et adj. 1 abaque, boulier, calculette, nomogramme, ordinateur, table ♦ vx : arithmographe, arithmomètre 2 → **comptable** 3 → **malin**

calculer 1 au pr. → **compter** 2 par ext. : adapter, agencer, ajuster, apprécier, apprêter, arranger, combiner, coordonner, déterminer, estimer, établir, évaluer, méditer, peser, préméditer, prévoir, proportionner, raisonner, réfléchir, régler, supputer

cale n.f. 1 coin, couchis, étai, étançon, moque (mar.), sole, soutien, support 2 soute, plateforme

calé, e 1 → **instruit** 2 ardu, complexe, compliqué, difficile

caleçon n.m. 1 fam. : calecif 2 vx : chausse, culotte, pantalon 3 par ext. : slip

calembour n.m. à peu près, astuce, contrepèterie, équivoque, homonymie, homophonie, janotisme, jeu de mots → **calembredaine**

calembredaine n.f. baliverne, bateau, bourde, chanson, conte à dormir debout, coquecigrue, faribole, lanterne (vx), plaisanterie, sornette, sottise

calendrier n.m. 1 agenda, almanach, annuaire, bref, chronologie, comput, éphéméride, martyrologe, ordo, table, tableau → **programme** 2 calendrier républicain a jours : primidi, duodi, tridi, quartidi, quintidi, sextidi, septidi, octidi, nonidi, décadi b mois : vendémiaire, brumaire, frimaire, nivôse, pluviôse, ventôse, germinal, floréal, prairial, messidor, thermidor, fructidor

calepin n.m. aide-mémoire, cahier, carnet, mémento, recueil, répertoire

caler 1 v. intr. : baisser pavillon, caner, céder, filer doux, rabattre, reculer 2 v. tr. : ajuster, arrêter, assujettir, bloquer, étayer, fixer, serrer, soutenir, stabiliser

calfater aveugler, boucher, brayer, caréner, goudronner, obturer, radouber

calfeutrer 1 → **boucher** 2 → **enfermer**

calibre n.m. acabit, classe, espèce, genre → **dimension, qualité**

calibrer classer, mesurer, proportionner

calice n.m. 1 → **coupe** 2 → **mal** 3 enveloppe

calicot n.m. → **vendeur**

califourchon (à) à cheval/chevauchons (vx)/dada (fam.)

câlin, e → **caressant**

câliner 1 → **caresser** 2 → **soigner**

câlinerie n.f. → **caresse**

calleux, euse corné, dur, endurci, insensible → **rude**

calligraphie n.f. → **écriture**

callosité n.f. → **cal**

calmant, e nom et adj. 1 → **conciliant** 2 adoucissant, analgésique, anesthésique, anodin, antalgique, antipyrétique, antispasmodique, apaisant, balsamique, consolant, émollient, hypnotique, lénifiant, lénitif, neuroleptique, parégorique, rafraîchissant, relaxant, réconfortant, reposant, sédatif, tranquillisant, vulnéraire → **narcotique**

calmar ou **calamar** n.m. encornet, seiche, supion

calme 1 adj. a → **impassible** b → **tranquille** 2 n.m. a → **tranquillité** b assurance, équanimité, équilibre, flegme, irénisme, maîtrise/possession de soi, mesure, patience, sagesse, sang-froid, silence c → **prudence** d accalmie, beau fixe, beau temps, bonace, calmie, embellie e stabilité

calmer 1 adoucir, alléger, apaiser, arrêter, assagir, assoupir, assourdir, assouvir, attiédir, consoler, dédramatiser, dépassionner, désaltérer, désarmer, détendre, dompter, endormir, étancher, éteindre, étouffer, faire taire, immobiliser, imposer silence, lénifier, maîtriser, mater, modérer, pacifier, panser, pondérer, rasséréner, rassurer, refroidir, satisfaire, soulager, tranquilliser vx : rasseoir 2 v. pron. : calmir, tomber

calomniateur, trice 1 détracteur, diffamateur 2 par ext. : accusateur, délateur, dénonciateur, imposteur, mauvaise/méchante langue, médisant, menteur 3 fam. : cafteur, cancanier, corbeau (partic.), cuistre, langue de serpent/fourchue/venimeuse/de vipère, sycophante

calomnie n.f. 1 au pr. : allégation, détraction, diffamation, horreur (fam.), imputation fausse, insinuation, mensonge, menterie (pop) 2 par ext. : accusation, attaque, cancan (fam.), délation, dénonciation, injure, méchanceté, perfidie, traîtrise

calomnier 1 baver/cracher sur quelqu'un, casser du sucre sur le dos, déchirer, dénaturer les faits, diffamer, dire du mal, distiller du venin, entacher l'honneur, habiller, insinuer, mentir, noircir, parler mal/contre, répandre des calomnies, traîner dans la boue, vomir son venin → **dénigrer** 2 par ext. : accuser, attaquer, décrier, médire, tirer à boulets rouges (fam.), tomber sur

calomnieux, euse allusif, diffamant, diffamatoire, faux, infamant, inique, injurieux, injuste, mensonger, venimeux

calot n.m. 1 → **coiffure** 2 → **œil**

calotin, e n.m. ou f. → **bigot**

calotte n.f. 1 → **bonnet** 2 baffe, claque, coup, gifle, giroflée, mornifle, soufflet, taloche, tape → **camouflet** 3 coupole, dôme, voûte 4 hémisphère, pôle 5 calotte de glace, couche, épaisseur

calotter → **gifler**
calquage n.m. → **imitation**
calque n.m. → **imitation**
calquer contre-tirer (vx), imiter
calumet n.m. → **pipe**
calvaire n.m. 1 golgotha 2 par ext. : affliction, chemin de croix, croix, épreuve, martyre, peine, supplice
calviniste nom et adj. → **protestant**
calvitie n.f. 1 alopécie 2 favus, pelade, teigne
camaïeu n.m. sgraffite
camarade n.m. ou f. 1 adhérent, ami, apparatchik, associé, collègue, compagnon, condisciple, confrère, connaissance, égal, partenaire 2 fam. : copain, frère, pote, poteau, vieille branche / noix
camaraderie amitié, bonne intelligence, camarilla, copinage, copinerie, coterie, entente, entraide, familiarité, franc-maçonnerie, liaison, union, solidarité
camard, e → **camus**
cambrer 1 arc-bouter, arquer, arrondir, cintrer, couder, courber, infléchir, plier, ployer, recourber, voûter 2 v. pron. : bomber le torse, se redresser
cambriolage n.m. → **vol**
cambrioler → **voler**
cambrioleur n.m. → **voleur**
cambrouse ou **cambrousse** n.f. → **campagne**
cambrure 1 cintrage, courbure, ensellure 2 méd. : lordose 3 fig. : apprêt, pose, recherche
cambuse n.f. 1 cantine, cuisine, magasin, réfectoire 2 → **cabaret** 3 → **cabane** 4 antre, bouge, réduit, souillarde, taudis
cambusier n.m. cantinier → **marchand**
came n.f. → **drogue**
caméléon n.m. → **saurien**
camelot n.m. bonimenteur, charlatan, marchand forain, saladier (arg.)
camelote n.f. 1 → **marchandise** 2 → **saleté**
camembert n.m. → **fromage**
camer (se) → **droguer (se)**
cameraman n.m. audiov. off. : cadreur
caméristе n.f. dame d'atours / d'honneur / de compagnie, femme de chambre, servante, soubrette, suivante
camerlingue n.m. → **chambellan**
camion n.m. 1 chariot, fardier, voiture 2 benne, bétaillère, citerne, fourgon, poids lourd, véhicule 3 fam. : bahut, gros-cul 4 pot à peinture
camionneur n.m. routier, transporteur
camisole n.f. brassière, caraco, casaquin, chemise, corsage, gilet, guimpe
camouflage n.m. déguisement, maquillage, occultation, masque
camoufler cacher, celer, couvrir, déguiser, dissimuler, maquiller, masquer, pallier, renfermer, voiler
camouflet n.m. affront, avanie, mortification, nasarde, offense, vexation → **calotte**
camp n.m. 1 bivouac, campement, cantonnement, castramétation, quartier 2 camping, plein air 3 côté, équipe, faction, groupe, parti 4 a **camp d'aviation :** aérodrome, aéroport, base aérienne, champ, terrain b **camp volant** → **tzigane**
campagnard, e 1 nom : hobereau → **paysan** 2 adj. a → **agreste** b non fav. : grossier, lourdaud, rustre
campagne n.f. 1 champ, champagne, nature, pays, plaine, sillon (poét.), terre ♦ fam. : bled, brousse, cambrouse, cambrousse 2 par ext. a cabale, croisade, propagande, prospection, publicité, saison b combat, équipée, expédition, guerre, intervention, manœuvre, offensive, opération, voyage c chartreuse, château, cottage, domaine, ferme, folie, maison, moulin, propriété, résidence secondaire, villégiature 3 **partie de campagne :** excursion, pique-nique, promenade, sortie
campanile n.m. clocher, lanterne, tour
campement et **camping** n.m. → **camp**
camper 1 bivouaquer, cantonner, s'établir, s'installer, nomadiser, planter sa tente, séjourner 2 affermir, asseoir, dresser, établir, fixer, installer, loger, mettre, placer, planter, poser, poster 3 v. pron. : hancher
campos n.m. → **vacances**
campus n.m. → **faculté**
camus, e 1 au pr. : aplati, camard, court, écaché, écrasé, épaté, plat 2 fig. : confus, déconcerté, désappointé, ébahi, embarrassé, honteux, interdit, penaud, quinaud
canaille n.f. 1 → **vaurien** 2 → **populace**
canaillerie n.f. coquinerie (vx), crapulerie, friponnerie, improbité, indélicatesse, malhonnêteté, polissonnerie, saleté, trivialité, vulgarité
canal n.m. 1 adduction, abée, adducteur, aqueduc, arroyo, buse, caniveau, chenal, chéneau, conduit, conduite, coursier, dalle, dalot, drain, égout, émissaire, étier, fossé, gargouille, goulot, goulotte, gouttière, noue, noulet, oléoduc, pierrée, pipe-line, rigole, saignée, sangsue, seguia, tranchée, tube, tuyau 2 par ext. a bief, boucau (mérid.), bras, cours d'eau, détroit, duit, embouchure, grau, lit, marigot, passage, passe, rivière, watergang b bassin, miroir / pièce d'eau c arch. : cannelure, glyphe, gorge, rainure, sillon 3 fig. : agent, boîte aux lettres, entremise, filière, intermédiaire, moyen, source, voie
canalisation n.f. branchement, colonne, conduite, égout, émissaire, griffon, manifold, réseau, tout-à-l'égout, tuyauterie
canaliser 1 → **conduire** 2 centraliser, concentrer, diriger, grouper, rassembler, réunir
canapé n.m. borne, causeuse, chaise longue, confident, cosy-corner, divan, fauteuil, lit, méridienne, ottomane, siège, sofa
canard n.m. 1 anas, barbarie, cane, caneton, colvert, eider, garrot, halbran, macreuse, malard, mandarin, milouin, morillon, mulard, palmipède, pétrin, pilet, sarcelle, siffleur, souchet, tadorne 2 par ext. a cacophonie, couac b bobard, bruit, canular, nouvelle, tuyau c → **journal**
canarder → **tirer**
canasson n.m. → **cheval**
cancan n.m. bavardage, calomnie, caquet, caquetage, clabaudage, commérage, médisance, potin, racontar, ragot, scandale
cancaner → **médire**
cancanier, ère n. et adj. → **calomniateur**
cancer n.m. carcinome, épithélioma, fongus malin, leucémie, métastase, néoplasme, sarcome, squirre, tumeur ♦ arg. : crabe
cancre n.m. 1 → **élève** 2 → **paresseux**
candélabre n.m. → **chandelier**
candeur n.f. blancheur, crédulité, franchise, ingénuité, innocence, naïveté, niaiserie (péj.), pureté, simplicité, sincérité
candidat, e n.m. ou f. → **postulant**
candide blanc, crédule, franc, ingénu, innocent, naïf, naturel, puéril, pur, simple, sincère, virginal
cane n.f. → **palmipède**
caner céder, flancher, reculer → **mourir**
caneton n.m. → **palmipède**
canette n.f. 1 → **palmipède** 2 → **bouteille**
canevas n.m. essai, modèle, ossature, plan, pochade, scénario, squelette, synopsis, tableau → **ébauche**
canicule n.f. chaleur, été
canif n.m. 1 → **couteau** ♦ vx : jambette 2 par ext. : grattoir, onglet, onglette
canine n.f. croc, défense, dent
caniveau n.m. conduit, rigole → **canal**
canne n.f. 1 → **bâton** 2 balisier, bambou, roseau
cannelé, e creusé, mouluré, rainuré, sillonné, strié
cannelle n.f. cannelier, casse, cassier
cannelure n.f. gorge, moulure, rainure, strie
canner par ext. : joncer
cannibale nom et adj. 1 anthropophage 2 cruel, féroce, ogre, sauvage
cannibaliser → **prendre**
canoë n.m. barque, canadien, canot, périssoire, pirogue → **bateau**
canon n.m. 1 arme, artillerie, aspic, batterie, bombarde, bouche à feu, caronade, couleuvrine, crapouillot, faucon, fauconneau, mortier, obusier, pièce d'artillerie, pierrier, ribaude, ribaudequin, veuglaire 2 airain, bronze, brutal (arg.), foudre 3 a catalogue, décision, droit, règle, règlement b idéal, modèle, module, norme, règle, type
cañon n.m. col, défilé, gorge, ravin
canonique conforme, convenable, exact, obligatoire, réglé, réglementaire, régulier
canonisation n.f. par ext. : béatification
canoniser 1 au pr. : béatifier, déclarer canonique, mettre / inscrire au calendrier, sanctifier 2 par ext. : encenser, glorifier, louer, prôner
canonner arroser, battre, bombarder, canarder, pilonner, soumettre au tir
canot n.m. baleinière, barque, canadien, canoë, chaloupe, embarcation, esquif, flambard, hors-bord, nacelle, périssoire, skiff, vedette, yole, youyou → **bateau**
cantate et **cantilène** n.f. → **chant**
cantatrice n.f. → **chanteuse**
cantilever n.m. et adj. aviat. et tr. pub. off. : en porte à faux
cantine n.f. 1 → **cabaret** 2 bagage, caisse, coffre, malle, marmotte, portemanteau
cantinière n.f. vivandière (vx)
cantique n.m. antienne, chant, hymne, motet, noël, poème, prose, psaume, répons
canton n.m. circonscription, coin, lieu, pays, région, territoire, zone
cantonnement n.m. → **camp**
cantonner 1 → **camper** 2 v. pron. a s'établir, se fortifier, s'isoler, se renfermer, se retirer b → **limiter (se)**
cantonnier n.m. employé municipal
cantonnière n.f. → **rideau**
canular n.m. → **mystification**
canule n.f. cannelle, cathéter, drain, sonde
canuler 1 casser les pieds, ennuyer, fatiguer, importuner 2 abuser, mystifier
cap n.m. 1 avancée, bec, pointe, promontoire, ras 2 → **extrémité**
capable adroit, apte, averti, bastant (vx), bon, chevronné, compétent, compétitif, dégourdi, doué, entendu, exercé, expérimenté, expert, fort, fortiche (fam.), habile, habilité, idoine, industrieux, ingénieux, intelligent, malin, puissant, qualifié, savant, susceptible de, talentueux, versé dans
capacité n.f. 1 a contenance, cubage, cylindrée, épaisseur, étendue, grosseur, jauge, mesure, portée, profondeur, tirant d'eau, tonnage, volume → **quantité** b litre *et dérivés* c brasse, corde, cordée, cube *et dérivés*, stère, voie d partic. ou vx : arrobe, baril, barrique, bock, boisseau, canin, chopine, congé, demi, demiard, feuillette, gallon, hémine, litron, mesure, mine, minot, moque, muid, picotin, pièce, pinte, pipe, pot, quart, quartaut, quarte, sac, setier, tonneau, velte e mar. : jauge, tonneau 2 adresse, aptitude, compétence, disposition, esprit, expérience, faculté, force, génie, habileté, habilité, inclination, industrie, ingéniosité, intelligence, mérite, pouvoir, qualité, rayon (fam.), savoir, science, talent, valeur, vertu
caparaçon n.m. armure, couverture, harnais, housse
cape n.f. → **manteau**
capelan n.m. → **prêtre**
capeler mar. 1 → **boucler** 2 → **fixer**
capharnaüm n.m. amas, attirail, bagage, bazar, bordel (grossier), bric-à-brac, confusion, désordre, entassement, fourbi, méli-mélo, pêle-mêle
capilotade n.f. déconfiture, gâchis, marmelade
capitaine n.m. commandant, gouverneur, lieutenant de vaisseau → **chef**
capital n.m. 1 → **argent** 2 → **bien** 3 → **terre** 4 → **établissement**
capital, e → **principal**
capitale n.f. 1 Babel, Babylone, chef-lieu, métropole, pandémonium 2 → **majuscule**
capitalisme n.m. par ext. : actionnariat, libéralisme, libre entreprise, multinationales
capitaliste nom et adj. 1 bourgeois, libéral (par ext.), riche 2 → **prêteur**
capiteux, euse alcoolisé, échauffant, enivrant, entêtant, étourdissant, exaltant, excitant, généreux, grisant, qui monte / porte à la tête, troublant
capitonner étouper, garnir, rembourrer, remplir
capitulard → **lâche**
capitulation n.f. abandon, abdication, accommodement, armistice, cession, convention, défaite, démission, reddition, renoncement, renonciation
capituler abandonner, abdiquer, battre la chamade, céder, se déculotter (fam.), demander

grâce/merci, se démettre, déposer/jeter bas/mettre bas/poser/rendre les armes, hisser le drapeau blanc, lâcher prise, livrer les clefs, mettre les pouces, ouvrir les portes, parlementer, se rendre, renoncer, se retirer, se soumettre

capon, ne nom et adj. ① alarmiste, couard, craintif, dégonflé, flagorneur (vx), froussard, lâche, mazette, peureux, pleutre, poltron, poule mouillée, pusillanime, rapporteur, timide, timoré, trembleur ② → **lâche** • vx : flagorneur ③ arg. ou fam. : chevreuil, foireux, péteux, pétochard, trouillard

caporal n.m. brigadier, cabot, crabe (arg.), gradé

caporalisme n.m. absolutisme, autocratie, autoritarisme, césarisme, dictature, militarisme, pouvoir absolu/discrétionnaire, prépotence

capot confus, embarrassé, honteux, interdit

capote ① → **manteau** ② → **préservatif**

capoter aller à Versailles (vx), chavirer, culbuter, se renverser, se retourner

câpre n.f. → **aromate**

caprice n.m. ① au pr. : accès, arbitraire, bizarrerie, bon plaisir, boutade, changement, chimère, coup de tête, envie, extravagance, fantaisie, folie, foucade, fougasse, gré, humeur, impatience, incartade, inconséquence, inconstance, infantilisme, instabilité, légèreté, lubie, lune, marotte, mobilité, mouvement, originalité, quinte, saillie, saute d'humeur, singularité, toquade, variation, versatilité, vertigo, volonté • québ. : accent ② par ext. : amour, amourette, béguin, dada (fam.), enfantillage, escapade, étrangeté, excentricité, frasque, fredaine, flirt, idylle, oaristys (litt.), passade, pépin, toquade

capricieux, euse ① au pr. : arbitraire, bizarre, braque, capricant, changeant, excentrique, extravagant, fantaisiste, fantasque, fou, gâté, inconséquent, inconstant, instable, irréfléchi, irrégulier, labile, léger, lunatique, maniaque, mobile, ondoyant, original, quinteux, sautillant, variable, versatile ② par ext. : anormal, saugrenu, surprenant

capselle n.f. bourse-à-pasteur

capsule n.f. → **enveloppe**

capsuler boucher, cacheter, clore, fermer, obturer, sceller

captation n.f. ① jurid. : détournement, dol, subornation, suggestion ② captage, prélèvement, prise, recel

capter ① canaliser, conduire, prélever, pomper ② intercepter, surprendre ③ rassembler, recueillir, réunir ④ quelqu'un : attirer, captiver, charmer, conquérir, gagner, obtenir, vaincre • péj. : abuser, accaparer, attraper, circonvenir, duper, embobeliner, embobiner, enjôler, fourvoyer, leurrer, surprendre, tromper

captieux, euse abusif, artificieux, déloyal, égarant, endormant, enjôleur, fallacieux, faux, fourbe, fourvoyant, insidieux, mensonger, mystifiant, retors, roué, séduisant, sophistiqué, spécieux, trompeur

captif, ive nom et adj. ① asservi, attaché, cadenassé, contraint, dépendant, détenu, écroué, emprisonné, enchaîné, enfermé, esclave, gêné, incarcéré, interné, otage, prisonnier, reclus, relégué, séquestré ② forçat, relégué, transporté

captivant, e attachant, attirant, charismatique, charmant, charmeur, ensorcelant, ensorceleur, enthousiasmant, enveloppant, fascinant, intéressant, magique, prenant, ravissant, séduisant, vainqueur

captiver absorber, asservir, assujettir, attacher, capter, charmer, conquérir, convaincre, dompter, enchaîner, enchanter, enjôler, ensorceler, enthousiasmer, entraîner, fasciner, gagner, intéresser, maîtriser, occuper, passionner, persuader, plaire, ravir, réduire à sa merci, saisir, séduire, soumettre, vaincre

captivité n.f. → **emprisonnement**

capture n.f. ① → **arrestation** ② → **butin**

capturer → **prendre**

capuchon n.m. ① ⓐ aumusse, béguin, cagoule, camail, capeline, capuche, capuce, chaperon, coiffure, coule, couvre-chef, cuculle ⓑ couvercle, opercule, protection ② par ext. : caban, capote, coule, crispin, domino, duffel-coat, pèlerine

capucin, e ① franciscain, moine ② vén. : lièvre ③ saï, sapajou, singe d'Amérique

caque n.f. barrot → **baril**

caquet et **caquetage** n.m. → **bavardage**

caqueter → **bavarder**

car conj. attendu que, du fait que, en effet, étant donné que, parce que, puisque, vu que

car n.m. autobus, autocar, courrier, patache, pullman

carabin n.m. → **médecin**

carabine n.f. → **fusil**

carabiné, e → **excessif**

caractère n.m. ① chiffre, écrit, écriture, empreinte, graphie, gravure, inscription, lettre, sceau, sigle, signe, symbole, texte, trait ② d'une chose : attribut, cachet, caractéristique, critérium, essence, facture, indice, marque, nature, particularité, propriété, qualité, relief, sens, signe, signification, titre, ton, trait ③ de quelqu'un : air, allure, apparence, aspect, constitution, expression, extérieur, façons, figure, fond, génie, goût, humeur, idiosyncrasie, manière, marque, naturel, originalité, personnalité, psychologie, qualité, relief, style, tempérament, visage ④ par ext. : assurance, audace, constance, courage, détermination, dignité, empire sur soi, énergie, entêtement, fermeté, fierté, force, grandeur d'âme, héroïsme, inflexibilité, loyauté, maîtrise de soi, opiniâtreté, orgueil, résolution, stoïcisme, ténacité, trempe, valeur, volonté ⑤ d'une nation : âme, génie, mœurs, originalité, particularisme, particularité, spécificité ⑥ d'imprimerie : antique, bas de casse, canon, capitale, cicéro, égyptienne, elzévir, gaillarde, italique, majuscule, mignonne, minuscule, normande, parangon, parisienne, romain

caractériel, le nom et adj. inadapté → **mythomane**

caractériser analyser, constituer, définir, dépeindre, désigner, déterminer, distinguer, expliciter, indiquer, individualiser, marquer, montrer, particulariser, personnaliser, peindre, préciser, spécifier

caractéristique ① adj. : déterminant, distinctif, dominant, essentiel, indicatif, notable, original, particulier, patent, personnel, propre, remarquable, saillant, significatif, spécifique, symptomatique, typique, visible ② n.f. : aspect, attribut, caractère, disposition particulière, distinction, indice, marque, originalité, particularité, propriété, qualité, signe, singularité, spécificité, trait

carambolage n.m. → **heurt**

caramboler n.m. → **heurter**

carapace n.f. → **protection**

caravane n.f. ① caravansérail, smala ② → **troupe** ③ → **convoi** ④ remorque, roulotte

caravaning n.m. off. : tourisme en caravane

caravansérail n.m. auberge, étape, fondouk, gîte, hôtellerie, khan, refuge

carbonade n.f. bifteck, grillade, steak

carboniser brûler, calciner, charbonner, consumer, cuire, réduire en charbon, rôtir

carburant n.m. → **combustible**

carcan n.m. ① cangue, pilori ② → **collier** ③ → **servitude** ④ → **cheval**

carcasse n.f. ① charpente, ossature, squelette ② armature, charpente, châssis, coque ③ canevas, esquisse, plan, projet, topo

carde n.f. bette, blette, cardon

carder battre, démêler, dénouer, peigner

cardinal, e → **principal**

cardon n.m. → **carde**

carême n.m. ① → **jeûne** ② **carême-prenant** → **carnaval**

carence n.f. ① absence, défaut, défection, défectuosité, dénuement, disette, imperfection, incomplétude, indigence, insolvabilité, insuffisance, manque, manquement, oubli, pénurie, privation ② abstention, impuissance, inaction ③ méd. : anémie, avitaminose, malnutrition, sous-alimentation ④ → **pauvreté**

caressant, e affectueux, aimable, aimant, amoureux, attentionné, cajoleur, câlin, démonstratif, doux, enjôleur, expansif, flatteur, tendre, voluptueux

caresse n.f. ① accolade, agacerie, amabilités, aménités, amitiés, attentions, attouchement, baiser, bontés, cajolerie, câlinerie, chatouille, chatouillement, chatouillis, chatterie, contact, douceurs, ébats, effleurement, égards, embrassement, enlacement, étreinte, familiarité, flatterie, frôlement, frottement, frotti-frotta, gâteries, gentillesse, geste, gouzi-gouzi, guili-guili, lèchement, mamours, mignardise, papouille, passes (vulg.), patinage, patte de velours, pelotage, pression, prévenances, privauté, tendresse, titillation, zig-zig ② → **masturbation** ③ fig. : bain, délice, faveur, illusion, volupté

caresser ① au pr. : ⓐ baiser, bécoter, becqueter, bichonner, bouchonner, cajoler, câliner, chatouiller, chiffonner, couvrir de caresses, dorloter, s'ébattre, effleurer, embrasser, enlacer, étreindre, flatter, frôler, frotter, lécher, manier, manger de baisers, masser, passer/promener la main, patouiller, peloter, presser, serrer, tapoter, titiller, toucher, tripoter, trousser ⓑ vx : accoler, avoir des bontés, gratter, mignoter, patiner ② par ext. ⓐ bercer, se complaire, entretenir, nourrir, projeter, ressasser ⓑ aduler, amadouer, cajoler, choyer, courtiser, faire du plat, flagorner, lécher les bottes → **flatter**

car-ferry n.m. mar. off. : (navire) transbordeur

cargaison n.f. ① charge, chargement, fret, marchandises ② bagage, collection, provision, réserve ③ → **quantité**

cargo n.m. → **bateau**

carguer plier → **serrer**

caricatural, e bouffon, burlesque, carnavalesque, clownesque, comique, contrefait, difforme, grotesque, parodique, ridicule

caricature n.f. ① charge, dessin, effigie, peinture, pochade, silhouette, traits ② contrefaçon, déformation, farce, grimace, parodie, raillerie, satire

caricaturer charger, contrefaire, croquer, parodier, railler, ridiculiser, tourner en ridicule

carie n.f. bot. : anthracnose, charbon, rouille noire de la vigne

carier abîmer, altérer, avarier, corrompre, détériorer, endommager, gâter, gangrener, infecter, nécroser, pourrir

carillon n.m. ① → **cloche** ② sonnerie ③ chahut, charivari, criaillerie, micmac, scène, tapage, tohu-bohu

carillonner ① → **sonner** ② → **publier**

carillonneur n.m. sonneur

cariste n.m. manutentionnaire

carlin n.m. → **chien**

carline n.f. → **chardon**

carlingue n.f. ① → **habitacle** ② mar. → **poutre**

carmagnole n.f. ① → **veste** ② → **danse**

carme n.m. → **religieux**

carmélite n.f. → **religieuse**

carmin n.m. et adj. → **rouge**

carnage n.m. ① au pr. vx : chair, nourriture, viande ② par ext. : abattoir, boucherie, décimation, étripage (fam.), hécatombe, massacre, tuerie ③ fig. : destruction, dévastation, extermination, gâchis, génocide, pogrom, ravage, ruine, Saint-Barthélemy

carnassier, ère → **carnivore**

carnassière n.f. carnier, gibecière, havresac, musette

carnation n.f. ① au pr. : apparence, coloration, couleur, mine, teint ② par ext. : chair, peau

carnaval n.m. ① amusement, cavalcade, célébration du mardi gras/de la mi-carême, défilé, déguisement, divertissement, mascarade, travestissement ② domino, masque ③ vx : carême-prenant, chienlit, momerie

carne n.f. ① → **chair** ② → **cheval** ③ → **virago**

carné, e couleur chair, cuisse de nymphe émue (vx)

carneau n.m. → **conduit**

carnet n.m. agenda, bloc-notes, cahier, calepin, journal, livret, manifold, mémento, mémoires, mémorandum, notes, registre, répertoire

carnier n.m. → **carnassière**

carnivore nom et adj. ① carnassier, sanguinaire ② belette, brochet, chat, chien, civette, coati, épaulard, fouine, furet, glouton, hyène, lion, loup, loutre, lycaon, mangouste, martre, mouffette, musaraigne, otocyon, ours, panda, protèle, puma, putois, oiseau de proie, rapace, ratel, renard, requin, suricate, tigre, varan, zorille

carottage n.m. ① → **tromperie** ② → **vol**

carotte n.f. ① par ext. ⓐ échantillon, prélèvement ⓑ chique ② fig. : artifice, carottage, duperie, escroquerie, exploitation, ficelle, filouterie, illusion, leurre, mensonge, piperie, resquille, ruse → **tromperie**

carotter → **tromper**

carotteur, euse nom et adj. 1 → **fripon** 2 → **voleur**

carpette n.f. → **tapis**

carre n.f. 1 → **angle** 2 → **épaisseur**

carré n.m. 1 au pr. : quadrilatère 2 par ext. a carreau, case, quadrillage b jardinage : corbeille, massif, parterre, planche, plate-bande c bout, coin, morceau, pièce

carré, e fig. : droit, ferme, franc, loyal, net, ouvert, sincère, vrai

carreau n.m. 1 → **carrelage** 2 croisée, fenêtre, glace, panneau, verre, vitre 3 → **coussin** 4 → **trait**

carrée n.f. 1 → **encadrement** 2 → **chambre**

carrefour n.m. bifurcation, croisée des chemins, croisement, embranchement, étoile, fourche, patte d'oie, rond-point

carrelage n.m. carreaux, dallage, dalles, mosaïque, sol → **céramique**

carreler 1 → **paver** 2 quadriller

carrelet n.m. 1 ableret, araignée, filet 2 aiguille, lime, règle

carrément abruptement, absolument, d'autorité, catégoriquement, hardiment, librement, sans ambages/détour/faux-fuyant/hésitation/histoires

carrer 1 élever au carré 2 → **tailler** 3 → **enfoncer** 4 v. pron. → **prélasser (se)**

carrier n.m. exploitant de carrières

carrière n.f. 1 ardoisière, ballastière, glaisière, grésière, marbrière, marnière, meulière, mine, plâtrière, sablière 2 arène, champ de courses, lice, manège (par ext.), stade 3 curriculum, état, fonction, métier, occupation, profession 4 **donner carrière :** champ, cours, course, liberté

carriole n.f. → **charrette**

carrossable praticable

carrosse n.m. → **coche**

carrosserie n.f. bâti, caisse, tolerie → **voiture**

carrossier n.m. 1 charron 2 couturier de la voiture, modéliste

carrousel n.m. fantasia, parade, reprise, tournoi *et par ext.* ronde

carrure n.f. → **taille**

cartable n.m. carton, cartonnier, musette d'écolier, porte-documents, portefeuille, sac, sacoche, serviette, sous main

carte n.f. 1 à jouer. a as, atout, carreau, cœur, dame, manillon, pique, reine, roi, tarot, trèfle, valet b baccara, bataille, belote, bonneteau, boston, bouillotte, brelan, bridge, canasta, chemin de fer, crapette, drogue, écarté, grabuge, impériale, lansquenet, manille, mariage, mistigri, mouche, nain jaune, pharaon, piquet, poker, quadrille, réussite, tarot, trente et un, trente-et-quarante, tri, triomphe, vingt-et-un, whist c arg. : brème, carton 2 géogr. : atlas, carton, croquis, mappemonde, plan, planisphère, portulan, projection, représentation 3 de correspondance : a bristol, carte-lettre, lettre, pneu, pneumatique b paysage, photo, vue 4 autorisation, billet, coupe-file, laissez-passer, ticket, titre, visa 5 catalogue, choix, menu, prix

cartel n.m. 1 billet, bristol, carte, papier 2 par ext. a vx : convention, traité b défi, provocation 3 cartouche, encadrement, horloge, pendule, régulateur 4 association, bloc, comptoir de vente, concentration, consortium, entente, société, trust

cartésien, enne → **logique**

cartomancie n.f. par ext. → **divination**

cartomancien, ne n.m. ou f. diseur, (euse) de bonne aventure, tireur, (euse) de cartes *et par ext.*→ **devin**

carton n.m. 1 → **carte** 2 boîte → **cartable** 3 croquis, dessin, étude, modèle, patron, plan, projet 4 → **feuille**

cartouche 1 n.m. : blason, cadre, cartel, encadrement, mandorle 2 n.f. : explosif, mine, munition, pétard → **balle**

cartouchière n.f. giberne, musette, sac, sacoche

cartulaire n.m. chartrier, terrier

cas n.m. 1 accident, aventure, circonstance, conjoncture, contingence, événement, éventualité, fait, hasard, histoire, hypothèse, matière, occasion, occurrence, possibilité, rencontre, situation 2 jurid. : action, affaire, cause, crime, délit, fait, procès 3 a **c'est le cas :** lieu, moment, occasion, opportunité b **en ce cas :** alors c **en aucun cas :** façon, manière d **cas de conscience :** difficulté, scrupule e **en tout cas :** de toute façon, en toute hypothèse, quoi qu'il arrive f **en-cas :** casse-croûte (fam.), collation, goûter, repas léger g **au cas où, en cas que :** à supposer que, en admettant que, quand, si, s'il arrivait/survenait/venait que h **faire cas de** → **estimer** i **cas social** → **déchu, pauvre**

casanier, ère 1 au pr. a fam. : cul-de-plomb, notaire, pantouflard, popote, pot-au-feu b sédentaire, solitaire 2 par ext. : bourru, ours, sauvage

casaque n.f. 1 → **corsage** 2 → **manteau** 3 des condamnés de l'Inquisition : san-benito 4 vx : cotte, hoqueton, jaquette, sayon, soubreveste 5 **tourner casaque** → **changer**

cascade et **cascatelle** n.f. 1 au pr. : buffet d'eau, cataracte, chute, rapides 2 fig. : a → **acrobatie** b avalanche, culbute, dégringolade, rebondissement, ricochet, saccade, succession, suite

cascader 1 → **couler** 2 faire de l'acrobatie

cascadeur, euse nom et adj. 1 → **acrobate** 2 → **fêtard**

case n.f. 1 → **cabane** 2 alvéole, carré, casier, cellule, compartiment, division, subdivision, vide

casemate n.f. abri, blockhaus, bunker, fortification, fortin, ouvrage fortifié, tourelle

caser 1 au pr. : aligner, classer, disposer, installer, loger, mettre, ordonner, placer, ranger, serrer 2 par ext. : établir, faire nommer, fixer, procurer un emploi

caserne n.f. baraquement, base, cantonnement, casernement, dépôt, garnison, place, quartier

cash → **comptant**

casier n.m. 1 cartonnier, cases, classeur, compartiments, fichier, rayons, tiroir 2 nasse

casque n.m. 1 au pr. : armet, bassinet, capeline, chapeau, gamelle (arg. milit.), heaume, morion, pot de fer, salade 2 par ext. : bombe, calotte, chevelure, coiffure 3 **casque à mèche :** bonnet de nuit

casquer → **payer**

casquette n.f. 1 → **coiffure** 2 arg. : bâche, grivelle, tampon

cassant, e 1 au pr. : cassable, délicat, destructible, faible, fissible, friable, fragile, gélif, vermoulu 2 par ext. : absolu, aigre, âpre, autoritaire, bourru, brusque, dur, impérieux, inflexible, insolent, rude, sec, sévère, tranchant

cassation n.f. 1 jurid. : abrogation, annulation, dégradation (milit.), remise, renvoi 2 → **concert**

casse n.f. 1 bagarre, bris, dégâts, démolition, désagrément, destruction, dommage, ennui, grabuge, perte 2 bassine, lèchefrite, poêle, poêlon, récipient → **casserole** 3 imprim. : bardeau, casier, casseau 4 → **cannelle** 5 **faire un casse** (arg.) : cambrioler → **voler**

cassé, e 1 au pr. → **casser** 2 par ext. quelqu'un : âgé, anémique, brisé, caduc, courbé, débile, décrépit, estropié, faible, infirme, tremblant, usé, vieux, voûté

casse-cou n.m. 1 n.m. → **danger** 2 adj. : audacieux, brise-tout, brûlot, cascadeur, casse-gueule, étourdi, hardi, imprudent, inconscient, irréfléchi, présomptueux, risque-tout, téméraire 3 **crier casse-cou** → **avertir**

casse-croûte n.m. acompte, amuse-gueule, casse-dalle/graine, collation, croque-monsieur, croustille, en-cas, fast-food, goûter, mâchon, repas froid/léger/rapide/sur le pouce, sandwich

casse-gueule n.m. 1 → **danger** 2 péj. → **alcool**

cassement n.m. bruit, casse-tête, ennui, fatigue, préoccupation, rompement de tête (rég.), souci, tracas

casse-pieds n.m. → **importun**

casse-pipe(s) n.m. → **guerre**

casser 1 v. tr. a au pr. : briser, broyer, concasser, craqueler, déchirer, délabrer, désagréger, détériorer, détruire, disloquer, ébrécher, éclater, écorner, écraser, effondrer, émietter, entailler, entamer, éventrer, fêler, fendiller, fendre, fracasser, fractionner, fracturer, fragmenter, morceler, péter (fam.), piler, rompre → **abîmer** 2 fig. a **à tout casser** (fam.) → **extraordinaire** b **casser les vitres :** chambarder, s'emporter, faire un éclat, manifester, se mettre en colère c **casser le morceau :** avouer, dénoncer d **casser du sucre** → **calomnier** e **casser les pieds/la tête :** assommer, assourdir, ennuyer, étourdir, fatiguer, importuner f **casser la figure** → **battre** g **casser les bras :** affaiblir, choquer, couper les bras, décourager, démolir, démoraliser, éreinter, frapper, mettre à plat h jurid. : abolir, abroger, annuler, infirmer, rejeter, rescinder, rompre i milit. : dégrader j par ext. : démettre, déposer, destituer, renvoyer, révoquer, supprimer, suspendre 3 v. intr. : céder, craquer, flancher, péter (fam.), tomber 4 v. pron. → **partir**

casserole n.f. casse, sauteuse, sautoir *et par ext.* : braisière, cocotte, faitout ou fait-tout, friteuse, lèchefrite, marmite, œufrier, poêle, poêlon, poissonnière, turbotière

casse-tête n.m. 1 au pr. : coup-de-poing, gourdin, masse, massue, matraque, merlin, nerf de bœuf, plombée 2 → **cassement**

cassette n.f. → **boîte**

casseur, euse n.m. ou f. 1 récupérateur 2 → **hâbleur** 3 → **voleur** 4 → **destructeur**

cassier n.m. → **cannelle**

cassis n.m. 1 groseillier noir 2 dos-d'âne, fondrière, nid-de-poule, rigole

cassolette n.f. brûle-parfum

casson n.m. → **déchet**

cassure n.f. 1 au pr. : arête, brèche, brisure, casse, crevasse, faille, fente, fissure, fracture, joint 2 par ext. a → **débris** b coupure, disjonction, dislocation, distinction, écornure, fêlure, rupture

caste n.f. → **rang**

castel n.m. chartreuse, château, folie, gentilhommière, logis, manoir, pavillon, rendez-vous de chasse

castor n.m. 1 bièvre (vx) 2 → **coiffure**

castrat n.m. 1 au pr. : châtré, eunuque 2 par ext. : chanteur, haute-contre, sopraniste 3 anim. → **châtré**

castration n.f. émasculation, ovariectomie, stérilisation, vasectomie

castrer → **châtrer**

casuel, le 1 adj. : accidentel, contingent, conditionnel, événementiel, éventuel, fortuit, incertain, occasionnel, possible 2 n.m. : avantage, émolument, gain, honoraires, profit, rapport, rémunération, rétribution, revenu

casuiste n.m. 1 jésuite, juge, ordinaire, théologien 2 sophiste → **hypocrite**

casuistique n.f. 1 théologie morale 2 sophistique, subtilité → **hypocrisie**

cataclysme n.m. accident, anéantissement, bouleversement, calamité, catastrophe, crise, cyclone, débordement, déluge, désastre, désordre, destruction, dévastation, éruption volcanique, fléau, guerre, inondation, maelström, ouragan, ravage, raz de marée, révolution, ruine, séisme, sinistre, tempête, tornade, tremblement de terre, troubles

catacombe n.f. carrière, cavité, cimetière, excavation, grotte, hypogée, ossuaire, souterrain

catadioptre n.m. cataphote

catafalque n.m. cénotaphe, chapelle ardente, décoration funèbre, estrade, mausolée, pompe funèbre

catalepsie n.f. cataplexie, extase, fixité, hypnose, immobilité, insensibilité, léthargie, mort apparente, paralysie, tétanisation

catalogue n.m. 1 dénombrement, énumération, état, inventaire, liste, mémoire, nomenclature, recueil, relevé, répertoire, rôle 2 bibliographie, collection, fichier, index, table 3 livret, programme 4 rel. : canon, martyrologe 5 méd. : codex, formulaire

cataloguer classer, dénombrer, inscrire, juger (fig.)

cataplasme n.m. bouillie, embrocation, emplâtre, fomentation, rubéfiant, sinapisme, topique, vésicatoire

catapulte n.f. baliste, bricole, machine, onagre, scorpion

catapulter → **lancer**

cataracte n.f. 1 au pr. → **cascade** 2 par ext. : avalanche, déluge, écluse, torrent, trombe, vanne

catarrhe n.m. influenza, grippe, refroidissement, rhume de cerveau

catastrophe n.f. 1 → **calamité** 2 → **dénouement** 3 → **péripétie**

catch n.m. lutte, pancrace, pugilat

catéchiser 1 au pr. : endoctriner, évangéliser, initier, instruire, moraliser, persuader, prêcher 2 par ext. a chapitrer, gourmander, gronder, réprimander, sermonner b dresser, former, styler

catéchisme n.m. 1 abrégé, catéchèse, instruction, recueil, rudiment 2 credo, dogme, foi 3 capucinade (péj.), leçon de morale, remontrance, sermon

catégorie n.f. 1 catégorème, concept, critère, idée 2 phil. a les dix catégories d'Aristote : action, essence, lieu, manière d'être, qualité, quantité, relation, situation, substance, temps b Kant, les quatre classes des douze catégories : modalité, qualité, quantité, relation 3 par ext. : classe, classification, couche, délimitation, division, espèce, famille, genre, groupe, nature, ordre, race, série, sorte

catégorique absolu, affirmatif, clair, dirimant, dogmatique, explicite, formel, franc, impératif, indiscutable, net, péremptoire, positif, précis, rédhibitoire, strict, volontaire

cathare nom et adj. albigeois, parfait

catharsis n.f. 1 purgation, purge 2 abréaction, défoulement, évacuation, libération

cathédrale n.f. église, métropole, monument

catholicisme n.m. catholicité, christianisme, Église, papisme (péj.), romanisme

catholicité → **catholicisme**

catholique 1 œcuménique, universel 2 baptisé, chrétien, converti, croyant, fidèle, pratiquant vx et/ou péj. : calotin, papiste, tala

catimini (en) en cachette, en douce, en secret, secrètement, en tapinois

catin n.f. → **prostituée**

cauchemar n.m. crainte, délire, hallucination, idée fixe, obsession, peur, rêve, songe, tourment

cauchemardesque → **effrayant**

causant, e communicatif, confiant, expansif, exubérant, loquace, ouvert

cause n.f. 1 au pr. : a agent, artisan, auteur, créateur, inspirateur, instigateur, promoteur, responsable b base, départ, étincelle, ferment, germe, mère, moyen, occasion, origine, principe, source c explication, fondement, inspiration, sujet 2 par ext. : aboutissement, but, considération, intention, mobile, moteur, motif, objet, pourquoi, prétexte, raison 3 jurid. : affaire, chicane, procès 4 méd. : contage, étiologie 5 **à cause de :** en considération/raison de, par, pour

causer 1 v. tr. : allumer, amener, apporter, attirer, déterminer, donner lieu, entraîner, exciter, faire, faire naître, fomenter, inspirer, motiver, occasionner, produire, provoquer, susciter 2 v. intr. → **bavarder**

causerie et **causette** n.f. 1 → **conversation** 2 → **conférence**

causeur, euse nom et adj. babillard, bavard, parleur → **causant**

causeuse n.f. → **canapé**

causticité n.f. mordacité → **aigreur**

caustique → **mordant**

cautèle n.f. défiance, finesse, habileté, prudence, roublardise, rouerie, ruse → **hypocrisie**

cauteleux, euse adroit, chafouin, défiant, fin, flatteur, habile, roublard, roué, rusé → **hypocrite**

cautère n.m. 1 brûlure, escarre, exutoire, plaie artificielle, pointe de feu, ulcération 2 coagulateur, moxa, stérilisateur, thermocautère

cautérisation n.f. pointe de feu

cautériser aseptiser, brûler, nettoyer, purifier, stériliser

caution n.f. 1 arrhes, assurance, cautionnement, consigne, dépôt, endos, fidéjussion, gage, garantie, hypothèque, preuve, sûreté, warrant 2 **sujet à caution** → **suspect** 3 accréditeur, aval, endosseur, fidéjusseur, garant, otage, parrain, répondant, soutien, témoin

cautionner → **garantir**

cavalcade n.f. → **défilé**

cavalcader → **chevaucher**

cavale n.f. haquenée, jument, pouliche, poulinière ◆ arg. → **fuite**

cavaler → **courir**

cavalerie n.f. 1 écurie, remonte 2 par anal. : arme blindée, chars

cavaleur nom et adj. → **coureur**

cavalier, ère nom 1 amazone, écuyer, jockey, messager, postier, postillon 2 milit. : carabin, carabinier, cent-garde, chasseur, chevau-léger, cornette, cosaque, cravate, cuirassier, dragon, éclaireur, estradiot, gendarme, goumier, guide, hussard, lancier, mamelouk, mousquetaire, reître, polaque, spahi, uhlan, vedette 3 chevalier, écuyer, gentilhomme, noble, seigneur 4 chaperon, chevalier servant, galant, sigisbée 5 déblai, retranchement, talus

cavalier, ère adj. 1 fav. ou neutre : aisé, dégagé, élégant, hardi, libre, souple 2 non fav. : arrogant, brusque, désinvolte, hautain, impertinent, inconvenant, indiscret, insolent, leste, malhonnête, sans gêne

cavatine n.f. → **chant**

cave nom et adj. 1 a caveau, caverne, excavation, grotte, oubliette, silo, sous-sol, souterrain b chai, cellier, cuvier, sommellerie c enjeu, mise 2 a → **creux** b → **naïf**

caveau n.m. 1 → **cave** 2 → **cabaret** 3 columbarium, crypte, hypogée, mausolée, niche, sépulture, tombe, tombeau

caver 1 approfondir, creuser, fouiller, miner, sonder 2 faire mise, jeter/mettre en jeu, miser

caverne n.f. 1 au pr. : abri-sous-roche, baume, grotte, station archéologique → **cavité** 2 par ext. : antre, gîte, refuge, repaire, retraite, tanière, terrier

caverneux, euse bas, grave, profond, sépulcral, sourd, voilé

caviar n.m. par ext. : *ou* poutargue, œufs de cabillaud/lump/muge/saumon

caviarder barrer, biffer, censurer, effacer, supprimer

caviste n.m. → **sommelier**

cavité n.f. ambitus, abîme, alvéole, anfractuosité, antre, aven, bassin, bétoire, boulin, brèche, canal, cave, caveau, caverne, concavité, cratère, creux, crevasse, crypte, doline, embrasure, encoignure, enfeu, enfonçure, évidure, excavation, fente, fosse, fossé, galerie, gouffre, grotte, igue, loge, mine, niche, ouverture, poche, poljé, précipice, puits, rainure, ravin, strie, tranchée, trou, vacuole, vide

céans dedans, ici

cécité n.f. amaurose, cataracte, goutte de l'œil → **aveuglement**

céder 1 v. tr. : abandonner, accorder, aliéner, baisser les bras/pavillon, concéder, délaisser, se dessaisir, donner, livrer, passer, refiler (fam.), rétrocéder, transférer, transmettre, vendre 2 v. intr. a s'abandonner, abdiquer, acquiescer, approuver, battre en retraite/la chamade, broncher, caler, capituler, composer, concéder, condescendre, consentir, craquer, déférer, écouter, s'effondrer, faiblir, flancher, fléchir, s'incliner, jeter du lest, lâcher pied/prise, mettre les pouces, mollir, obéir, obtempérer, perdre du terrain, se plier, reculer, se rendre, renoncer, se résigner, rompre, se soumettre, succomber, transiger ◆ fam. : caner, se déculotter, lâcher les pédales b une chose : s'abaisser, s'affaisser, casser, cesser, se courber, diminuer, s'écrouler, s'effondrer, s'enfoncer, fléchir, plier, ployer, rompre, tomber

cédule n.f. billet, fiche, liste, ordonnance, titre

ceindre 1 attacher, ceinturer, entourer, sangler, serrer 2 auréoler, border, clôturer, couronner, disposer, enceindre, encercler, enclore, enserrer, entourer, envelopper, environner, palissader, placer, renfermer

ceinture n.f. 1 bande, bandelette, ceinturon, cordelière, cordon, écharpe, obi 2 bandage, corset, flanelle, gaine, sangle, soutien 3 taille, tour de hanches 4 clôture, encadrement, entourage 5 banlieue, faubourgs, zone

ceinturer 1 → **ceindre** 2 → **prendre**

ceinturon n.m. baudrier, buffleterie, porte-épée, porte-glaive

céladon n.m. 1 → **amant** 2 → **vert**

célébration n.f. 1 anniversaire, cérémonie, commémoration, culte, fête, mémento, mémoire, solennité, souvenir, tombeau (litt.), triomphe 2 apologie, compliment, éloge, encensement, exaltation, gloria, glorification, hosanna, louange, oraison, panégyrique, prône

célèbre connu, distingué, éclatant, éminent, estimé, fameux, glorieux, historique, immortel, légendaire, renommé, réputé → **illustre**

célébrer 1 commémorer, fêter, marquer, officier, procéder à, se réjouir, sanctifier, solenniser 2 admirer, chanter, encenser, entonner, exalter, faire l'éloge, fêter, glorifier, louer, préconiser, prôner, publier, rendre hommage/les honneurs/un culte, vanter

célébrité n.f. 1 considération, crédit, éclat, faveur, gloire, marque, nom, notoriété, popularité, renom, renommée, réputation, succès, vogue 2 éminence, personnalité, sommité, vedette

celer → **cacher**

céleri n.m. ache

célérité n.f. activité, agilité, diligence, hâte, empressement, précipitation, prestesse, promptitude, rapidité, vélocité, vitesse, zèle

céleste → **divin**

célibat n.m. → **solitude**

célibataire nom et adj. agame, catherinette, demoiselle, garçon, homme seul, jeune homme/fille, libre, seul, solitaire, vieille fille, vieux garçon

cellier n.m. hangar → **cave**

cellule n.f. 1 carré, case, chambre, chambrette, loge, logette 2 → **cachot** 3 alvéole 4 groupe, noyau, section

cellulose n.f. viscose

celte nom et adj. breton, celtique, gallois, gaulois

celtique nom et adj. breton, celte, cornique, gaélique, gallois, gaulois, kymrique

cénacle n.m. cercle, chapelle, club, école, groupe, pléiade, réunion

cendre n.f. 1 au sing. a au pr. : escarbille, fraisil, lave, lapilli, poussière, résidu, scorie b fig. → **ruine, pénitence** 2 au pl. : débris, reliques, restes, souvenir

cendrillon n.f. → **servante**

cène n.f. célébration, communion, repas mystique → **eucharistie**

cénobite n.m. → **religieux**

cénotaphe n.m. catafalque, mausolée, monument, sarcophage, sépulture, tombe, tombeau

cens n.m. 1 décompte, dénombrement, recensement 2 champart, dîme, imposition, impôt, quotité, redevance, taille

censé, e admis, présumé, regardé comme, réputé, supposé

censeur n.m. 1 critique, critiqueur, juge ◆ vx : observateur 2 péj. a bégueule, prude b contempteur, pédant 3 commissaire aux comptes, questeur 4 → **maître**

censure n.f. 1 autorisation, contrôle, filtre, imprimatur, index, veto 2 animadversion, blâme, condamnation, critique, désapprobation, désaveu, détraction, examen, improbation, jugement, réprimande, réprobation 3 avertissement, observations, recommandations 4 relig. : excommunication, interdit, monition, suspense

censurer 1 blâmer, critiquer, désapprouver, flétrir, mettre à l'index, punir, reprendre, reprocher, réprouver, suspendre, tancer, trouver à redire 2 barrer, biffer, caviarder, condamner, contrôler, couper, défendre, effacer, faire des coupures, gratter, interdire, retirer, retrancher, sabrer, supprimer, taillader

centaurée n.f. barbeau, bleuet

centenaire nom et adj. antique, séculaire, vieux → **vieillard**

centon n.m. pastiche, pot-pourri, rhapsodie → **mélange**

centralisation n.f. concentration, rassemblement, réunification, réunion

centraliser concentrer, grouper, masser, ramener, rassembler, regrouper, réunir

centre n.m. 1 axe, clef de voûte, cœur, fort, foyer, lieu géométrique, métacentre, milieu, mitan, nœud, nombril, noyau, point, sein 2 par ext. a base, citadelle, fondement, principe, siège b agglomération, capitale, chef-lieu, métropole c animateur, cerveau, cheville ouvrière, organe essentiel, pivot, promoteur

centrer ajuster, cadrer, mettre au point, régler

centupler agrandir, augmenter, décupler, multiplier

centurie n.f. → **troupe**

centurion n.m. → **chef**

cénure ou **cœnure** n.m. → **ver**

cep n.m. → **vigne**

cépage n.m. → **raisin**

cèpe n.m. bolet, tête de nègre

cependant [1] adv. : alors, au moment même, en attendant [2] conj. : avec tout cela, en regard de, en tout cas, mais, malgré cela/tout, néanmoins, n'empêche que, nonobstant, pourtant, toujours est-il, toutefois [3] **cependant que :** alors/durant/pendant/tandis que, au moment où

céphalique par ext. : cervical, crânien, encéphalique

céphalopode n.m. ammonite, bélemnite, calmar ou encornet, nautile ou argonaute, poulpe ou pieuvre, seiche

céphéide n.f. → **astre**

cérambyx n.m. capricorne, coléoptère, longicorne

cérame n.m. → **vase**

céramique n.f. abacule, azulejo, biscuit, carreau, émail, faïence, gemmail, grès, mosaïque, porcelaine, poterie, tomette, terre cuite, zellige

céraste n.f. → **vipère**

cérat n.m. [1] → **baume** [2] → **pommade**

cerbère n.m. chien de garde, concierge, garde, garde du corps, gardien, geôlier, molosse, sentinelle, surveillant → **portier**

cercaire n.f. → **ver**

cerceau n.m. [1] feuillard [2] → **cercle** [3] → **voûte** [4] → **sommier**

cercle n.m. [1] aréole, auréole, cerne, disque, halo, nimbe, périmètre, rond, rondelle [2] arch. : abside, amphithéâtre, arcade, arceau, cerce, cintre, cirque, lobe, rosace, voûte [3] par ext. [a] circonférence, contour, courbe, écliptique, épicycle, équateur, méridien, orbe, orbite, parallèle, tour, tropique, zodiaque, zone [b] circonvolution, circuit, cycle, giration, périple, révolution, rotation [c] anneau, armille, bague, bracelet, collier, couronne [d] bandage, cerceau, collerette, entourage, frette, roue [e] assemblée, association, cénacle, chapelle, club, école, groupe, réunion, salon, société [f] domaine, étendue, limite, périphérie [g] étreinte, piège, prison, tourbillon

cercler border, borner, clore, consolider, courber, enclore, entourer, fermer, garnir/munir de cercles, renforcer

cercueil n.m. bière, sarcophage ◆ arg. : boîte, boîte à dominos, caisse, manteau/paletot de bois/sans manches/de sapin, sapin

céréale n.f. [1] graminée [2] avoine, blé, froment, maïs, millet, orge, riz, seigle, sorgho, triticale

céréaliculture n.f. → **agriculture**

céréalier n.m. → **agriculteur**

cérébral, e → **intellectuel**

cérémonial n.m. → **protocole**

cérémonie n.f. [1] célébration, cérémonial, culte, fête, liturgie, office, messe, procession, rite, sacre, sacrement, service divin/funèbre, solennité [2] anniversaire, apparat, appareil, cavalcade, commémoration, cortège, défilé, gala, inauguration, parade, pompe, réception, raout ou rout (angl.) [3] par anal., au pl. [a] civilités, code, convenances, courtoisie, décorum, déférence, formes, honneurs, politesses, protocole, règles, rite, usages [b] péj. : affectation, chichis, chinoiseries, complications, embarras, formalités, manières

cérémonieux, euse académique, affecté, apprêté, compliqué, façonnier (fam.), formaliste, grave, guindé, maniéré, mondain, noble, obséquieux, poli, protocolaire, recherché, révérencieux, solennel

cerf n.m. axis, bête fauve (vén.), biche, brocard, daguet, faon, hère, six/dix cors, wapiti → **cervidé**

cerise n.f. bigarreau, cerisette, cœur de pigeon, courte-queue, griotte, guigne, guignon, marasque, merise, montmorency

cerisier n.m. guignier, merisier

cerne n.m. [1] → **cercle** [2] bleu, marbrure, poches/valises sous les yeux

cerné, e par ext. : battu, bouffi, creux, fatigué, gonflé

cerner → **encercler**

certain, e [1] une chose : absolu, admis, assuré, attesté, authentique, avéré, certifié, clair, confirmé, connu, constant, constaté, contrôlé, décisif, démontré, déterminé, effectif, évident, exact, fixe, fixé d'avance, flagrant, fondé, formel, franc, historique, immanquable, inattaquable, incontestable, incontesté, indéniable, indiscutable, indiscuté, indubitable, inévitable, infaillible, invariable, irrécusable, irréfutable, manifeste, mathématique, net, notoire, officiel, palpable, patent, péremptoire, positif, précis, reconnu, réel, rigoureux, sans conteste, solide, sûr, tangible, véridique, visible, vrai [2] quelqu'un : affirmatif, assuré, convaincu, dogmatique, pénétré, sûr

certainement et **certes** [1] absolument, exactement, formellement, incontestablement, indéniablement, indiscutablement, indubitablement, je veux (fam.) [2] à coup sûr, avec certitude, fatalement, inévitablement, nécessairement, sûrement [3] assurément, bien sûr, clairement, en vérité, évidemment, franchement, naturellement, nettement, oui, parfaitement, précisément, réellement, sans doute, vraiment

certains d'aucuns, plusieurs, quelques-uns, tels

certes → **oui**

certificat n.m. acte, assurance, attestation, brevet, constat, constatation, diplôme, laissez-passer, papier, parère, passeport, patente, preuve, procès-verbal, référence, témoignage, vidimus (vx)

certification n.f. assurance, authentification

certifier affirmer, assurer, attester, authentifier, confirmer, constater, donner/ficher/flanquer son billet (fam.), garantir, légaliser, maintenir, quittancer, témoigner, vidimer ◆ vx : authentiquer

certitude n.f. [1] assurance, conviction, croyance, foi, opinion [2] dogme, évidence, parole d'Évangile, sûreté [3] autorité, clarté, fermeté, infaillibilité, netteté [4] → **réalité** [5] **avec certitude** → **certainement**

cerveau n.m. [1] au pr. : cervelle, encéphale [2] par ext. [a] cervelle, crâne, matière/substance grise, méninges, petite tête → **tête** [b] entendement, esprit, intelligence, jugement, jugeote, raison [c] auteur, centre, génie, grand esprit, intelligence, meneur, prophète, visionnaire

cervelle n.f. par ext. → **cerveau**

cervidé n.m. caribou, chevreuil, daim, élan, muntjac, orignal, renne → **cerf**

cessation n.f. [1] au pr. [a] abandon, annulation, arrêt, disparition, fermeture, fin, liquidation, suppression [b] apaisement, armistice, discontinuation, discontinuité, grève, halte, interruption, pause, relâche, rémission, répit, repos, suspension, trêve, vacation [c] chômage, faillite [2] par ext. [a] accalmie, bonace [b] aboutissement, échéance, tarissement, terme, terminaison

cesse (sans) → **toujours**

cesser [1] v. intr. [a] au pr. : s'apaiser, s'arrêter, se calmer, céder, discontinuer, disparaître, dissiper, s'effacer, s'enfuir, s'évanouir, finir, s'interrompre, perdre de sa vigueur/de son intensité, se tarir, se terminer, tomber, tourner court [b] par ext. : abandonner, abolir, abroger, s'abstenir, achever, briser là, chômer, se déprendre, se détacher, diminuer, s'éteindre, expirer, faire grève, lâcher, mourir, passer, renoncer [c] faire cesser : abattre, anéantir, apaiser, arrêter, bannir, briser, calmer, chasser, couper court, détruire, dissiper, écarter, enlever, étouffer, faire tomber, lever, mettre le holà/un frein/un terme, ôter, rabattre, supprimer, suspendre, tuer [2] v. tr. : abandonner, arrêter, faire taire, interrompre, suspendre

cessible aliénable, négociable, transférable, vendable

cession n.f. abandon, aliénation, concession, délaissement, dessaisissement, donation, octroi, renonciation, transfert, transmission, transport, vente

cessionnaire nom et adj. acquéreur, bénéficiaire, crédirentier, donataire

c'est-à-dire à savoir, disons, entendez, j'en conclus, j'entends, je veux dire, seulement, simplement, surtout

césure n.f. coupe, coupure, hémistiche, pause, repos

cétacé n.m. [1] → **baleine** [2] bélouga, cachalot, dauphin, marsouin, narval, souffleur

chafouin, e nom et adj. cauteleux, rusé, sournois → **hypocrite**

chagrin, e abattu, affecté, affligé, aigre, assombri, atrabilaire, attristé, bilieux, bourru, colère, consterné, contrit, désolé, dolent, douloureux, éploré, gémissant, inconsolable, inquiet, larmoyant, lugubre, maussade, mélancolique, misanthrope, morne, morose, mortifié, peiné, plaintif, sinistre, sombre, soucieux, triste, tristounet (fam.) ◆ vx : grimaud, hypocondriaque, marri

chagrin n.m. [1] au pr. accablement, affliction, amertume, consternation, déchirement, déplaisir, désespoir, désolation, douleur, ennui, mal, malheur, misère, peine, souci, souffrance, tourment, tristesse [2] par ext. [a] accident, angoisse, contrariété, déboire, déception, dégoût, dépit, désagrément, désappointement, deuil, inquiétude, mécontentement, regret, remords, tracasserie [b] atrabile, bile, cafard, humeur noire, hypocondrie, maussaderie, mauvaise humeur, mélancolie, morosité, spleen

chagriner affecter, affliger, agacer, angoisser, assombrir, attrister, consterner, contrarier, contrister, décevoir, déchirer, dépiter, désappointer, désenchanter, désespérer, désoler, endeuiller, endolorir, ennuyer, fâcher, faire de la peine, faire souffrir, fendre le cœur, gêner (vx), inquiéter, mécontenter, mortifier, navrer, oppresser, peiner, percer le cœur, rembrunir, torturer, tourmenter, tracasser, tuer (fig.)

chahut n.m. fam. : bacchanale, bagarre, barouf, bastringue, bazar, boucan, bousin, brouhaha, bruit, cacophonie, carillon, chambard, charivari, concert, cirque, désordre, dissonance, esclandre, foin, fracas, grabuge, hourvari, huée, pétard, potin, raffut, ramdam, sabbat, sarabande, scandale, sérénade, tapage, tintamarre, tintouin, tohu-bohu, train, tumulte, vacarme

chahuter [1] s'agiter, crier, faire du chahut, manifester, perturber, protester, tapager [2] bousculer, culbuter, renverser, secouer [3] bizuter (fam.), brimer, lutiner, se moquer, taquiner

chahuteur → **farceur**

chai n.m. [1] → **cave** [2] **maître de chai :** caviste → **sommelier**

chaîne n.f. [1] bijou, chaînette, châtelaine, clavier, collier, ferronnière, gourmette, jaseran, mancelle, sautoir [2] de captif : cabriolet, fers, liens, menottes, poucettes, seps (vx) [3] par ext. : asservissement, assujettissement, captivité, dépendance, discipline, engagement, entrave, esclavage, gêne, geôle, joug, lien, obligation, prison, servitude, sujétion, tyrannie [4] fig. : affection, alliance, attache, attachement, liaison, mariage, parenté, union [5] par anal. : association, continuité, cortège, enchaînement, entrelacement, liaison, série, solidité, succession, suite [6] géogr. : cordillère, serra, sierra

chaîner [1] → **mesurer** [2] → **unir**

chaînon n.m. anneau, maille, maillon

chair n.f. [1] carnation, corps, enveloppe, forme, muscle, peau, pulpe, tissu [2] des animaux. [a] venaison, viande [b] péj. : barbaque, bidoche, carne, charogne [3] par métaphore : concupiscence, faiblesse, instincts sexuels, libido, luxure, nature humaine, sens, sensualité, tentation [4] **œuvre de chair :** accouplement, coït, congrès, copulation, fornication, procréation, rapport sexuel, reproduction, union ◆ fam. : baise, besogne (vx) [5] → **corps**

chaire n.f. [1] ambon, estrade, pupitre, siège, tribune [2] par ext. : enseignement, prédication, professorat

chaise n.f. [1] chauffeuse, dormeuse → **siège** [2] à porteurs : brouette, filanzane, palanquin, vinaigrette

chaland n.m. [1] barque, bette, coche d'eau, drague, gabarre, marie-salope, ponton → **bateau** [2] acheteur, amateur, client, clientèle, pratique

châle n.m. cachemire, carré, écharpe, fichu, pointe, sautoir, taleth

chalet n.m. buron, cabane, villa → **maison**

chaleur n.f. [1] au pr. [a] calorification [b] bouffée/coup/vague de chaleur, canicule, étuve, fournaise, rayonnement, réverbération, sécheresse, touffeur [c] unités de mesure : calorie, degré, frigorie, thermie [2] par ext. [a] des sentiments : amour, ardeur, concupiscence, désir, feu (vx), flamme, folie, libido, lubricité [b] des rapports : convivialité, cordialité, expansivité, humanité, jovialité, sens des contacts/relations, sympathie → **amabilité** [c] des passions : action, animation, animosité, ardeur, brio, cœur, cordialité, courage, élan, empressement, énergie, enthousiasme, entrain, exaltation, excitation, feu, fièvre, flamme, force, impétuosité, lyrisme, passion, promptitude, trempe, véhémence, verve, vie, vigueur, violence, vivacité d des animaux. **être en chaleur :** demander / quêter / réclamer / vouloir le mâle, en vouloir, être en chasse / en folie / en rut, retourner à l'espèce, vouloir le veau (bovins)

chaleureux, euse amical, animé, ardent, bouillant, chaud, empressé, enflammé, enthousiaste, fanatique, fervent, pressant, prompt, véhément, vif, zélé

challenge n.m. → **compétition**

chaloupe n.f. baleinière, berge, embarcation, péniche → **bateau**

chalumeau n.m. flûteau, flûtiau, galoubet, pipeau, tige → **flûte**

chalutier n.m. → **bateau**

chamailler (se) 1 → **chicaner** 2 → **quereller**

chamaillerie n.f. → **querelle**

chamailleur, euse nom et adj. → **querelleur**

chamarré, e → **bariolé**

chamarrer → **orner**

chambard n.m. → **chahut**

chambardement n.m. bouleversement, changement, chaos, dérangement, désorganisation, fatras, fouillis, gâchis, mélange, perturbation, remue-ménage, renversement, révolution, saccage, tohu-bohu, transformation

chambarder bouleverser, chambouler, changer, mettre sens dessus dessous, renverser, révolutionner, saccager, transformer

chambellan n.m. camérier, officier

chambouler → **chambarder**

chambre n.f. 1 au pr. a antichambre, cabinet, pièce, salle b nursery c chambrée, dortoir d alcôve, cagibi, cellule, chambrette, galetas, garni, mansarde, studio 2 fam. : cambuse, carrée, crèche, foutoir, gourbi, piaule, taule, turne 3 assemblée, corps, parlement, tribunal 4 alvéole, case, cavité, compartiment, creux, vide

chambrée n.f. 1 → **chambre** 2 auditoire, public, réunion

chambrer 1 → **enfermer** 2 du vin : réchauffer, tempérer 3 fig. : circonvenir, endoctriner, envelopper, mettre en condition, prendre en main, sermonner

chambrière n.f. 1 caméristé, femme de chambre, servante 2 → **fouet**

chameau n.m. 1 chamelon, dromadaire, méhari 2 chamelle → **méchant**

chamois n.m. bouquetin, isard, mouflon

champ n.m. 1 au pr. a au pl. : campagne, culture, espace, glèbe, lopin, nature, terrain, terre, terroir b au sing. : brûlis, chaume, chènevière, emblavure, essarts, fougeraie, fourragère, friche, garancière, garenne, genêtière, guéret, houblonnière, labour, melonnière, pâtis, pâturage, plantation, prairie, pré, sole, verger 2 arène, carrière, lice, stade 3 fig. : carrière, cercle, domaine, état, matière, objet, occasion, perspective, profession, sphère, sujet 4 a **champ de courses :** carrière, hippodrome, pelouse, turf b **champ de repos** → **cimetière** c **champ de foire :** foirail, marché d **sur-le-champ :** à l'instant, aussitôt, comptant, ex abrupto, immédiatement, instantanément, maintenant, sans délai / désemparer, sur l'heure, tout de suite, vite ♦ fam. : bille en tête, illico, sans débander (arg.)

champêtre agreste, bucolique, campagnard, pastoral → **rustique**

champignon n.m. 1 cryptogame 2 levure, moisissure, mucor, penicillium 3 agaric, amadouvier, amanite, armillaire, barbe-de-capucin, bolet, boule-de-neige, cèpe, champignon de Paris, chanterelle, charbonnier, chevalier, clavaire, clitocybe, coprin, corne-d'abondance, cortinaire, coucoumelle, coulemelle, girolle, craterelle ou trompette-de-la-mort, entolome, fistuline, foie-de-bœuf, golmotte, helvelle, hérisson, hydne, lactaire, langue-de-bœuf, lépiote, marasme, menotte, morille, mousseron, nez-de-chat, oreillette, oronge, pholiote, pied-de-mouton, pleurote, polypore, potiron, psalliote, rosé, russule, souchette, trémelle, tricholome, truffe, vesse-de-loup, volvaire

champion, ne n.m., n.f. 1 recordman / woman, tenant, vainqueur, vedette 2 combattant, concurrent, défenseur, partisan, zélateur 3 as, crack, gagnant, leader, maître, virtuose

championnat n.m. → **compétition**

chance n.f. 1 atout, aubaine, auspice, baraka, bonheur, étoile, faveur, filon, fortune, heur (vx), loterie, réussite, succès, veine ♦ fam. : anneau, bock, bol, frite, godet, pêche, pot, tasse, terrine, vase 2 aléa, circonstance, éventualité, hasard, occasion, possibilité, probabilité, risque, sort 3 **par chance :** d'aventure, éventuellement, incidemment, le cas échéant, par hasard

chancelant, e branlant, faible, flageolant, hésitant, incertain, oscillant, titubant, trébuchant, vacillant

chanceler basculer, branler, broncher, buter, chavirer, chopper (vx), faiblir, flageoler, fléchir, flotter, glisser, hésiter, lâcher pied, osciller, tituber, trébucher, trembler, vaciller

chancelier n.m. connétable, consul, dataire (relig.), garde des Sceaux, ministre de la Justice, secrétaire

chancellerie n.f. administration, ambassade, bureaux, consulat, daterie (relig.), ministère de la Justice, secrétariat, services

chanceux, euse 1 aléatoire, aventureux, dangereux, hasardeux, incertain, risqué 2 fam. : chançard, cocu, coiffé, veinard, verni → **heureux**

chancre n.m. bobo, bouton, bubon, exulcération, exutoire, lésion, lupus, ulcération → **abcès**

chandail n.m. débardeur, gilet, lainage, laine, maillot, pull-over, sweater, sweat-shirt, tricot

chandelier n.m. par ext. : applique, bougeoir, bras, candélabre, flambeau, girandole, lustre, martinet, torchère

chandelle n.f. 1 bougie, cierge, flambeau, luminon, luminaire, oribus 2 feu d'artifice, fusée

change n.m. 1 au pr. : changement, échange, permutation, troc 2 agio, agiotage, banque, bourse, commission, courtage, marché des valeurs, spéculation 3 arbitrage, compensation 4 a **agent de change :** coulissier, remisier b **lettre de change :** billet à ordre, effet de commerce, traite c **donner / prendre le change** → **abuser**

changeant, e ambulatoire (vx), arlequin, caméléon, capricant, capricieux, chatoyant, discontinu, divers, diversiforme, élastique, éphémère, erratique, fantaisiste, fantasque, flottant, fluent, hétéromorphe, incertain, inconsistant, inconstant, indécis, inégal, infidèle, instable, irrégulier, journalier, labile, léger, lunatique, mobile, mouvant, ondoyant, opportuniste, oscillant, papillonnant, protéiforme, sauteur, touche-à-tout, vacillant, variable, versatile, volage

changement n.m. 1 abandon, adaptation, aggiornamento, allotropie, altérité, alternance, alternat, amélioration, amendement, assolement, augmentation, avatar, balancement, bascule, cession, change, commutation, contraste, conversion, correction, coup de balai, déménagement, dénivellation, dépaysement, déplacement, dérangement, détour, déviation, différence, écart, échange, émigration, évolution, expatriation, fluctuation, gradation, immigration, inflexion, innovation, interchangeabilité, interversion, inversion, métamorphose, métaplasie, métaphore, métastase, métonymie, mobilité, modification, modulation, mouvement, muance, mue, mutation, nouveauté, novation, nuance, ondoiement, oscillation, passage, permutation, phase, rectification, réduction, refonte, réformation, réforme, remaniement, remplacement, remue-ménage, renouvellement, rénovation, renversement, retournement, révolution, rotation, saute, substitution, transfiguration, transition, transmutation, transplantation, transport, transposition, transsubstantiation, troc, vacillement, variante, variation, vicariance, virage → **transformation** 2 désaccoutumance, désadaptation 3 éclaircie, embellie 4 péj. : abandon, accident, adultération, aggravation, altération, avatar, bouleversement, caprice, corruption, déclassement, défiguration, déformation, dégénérescence, déguisement, dénaturation, dérangement, diminution, falsification, inconstance, infidélité, instabilité, irrégularité, légèreté, palinodie, perversion, réduction, remous, replâtrage, rétractation, retournement, revirement, saute, travestissement, valse, versatilité, vicissitude, virevolte, volte-face, voltige, voltigement

changer 1 v. tr. a agrandir, augmenter, bouleverser, chambarder, chambouler, commuer, convertir, corriger, infléchir, innover, interagir, métamorphoser, modérer, modifier, muer, nuancer, réadapter, réaménager, rectifier, redéfinir, refondre, réformer, remanier, remodeler, renouveler, rénover, renverser, restructurer, révolutionner, toucher à, transfigurer, transformer, transmuer, transposer, troquer b péj. : aggraver, altérer, contrefaire, défigurer, déformer, déguiser, dénaturer, diminuer, fausser, réduire, replâtrer, travestir, truquer c de place : alterner, bouger, commuter, copermuter, déloger, déménager, déplacer, déranger, se détourner, se dévier, écarter, émigrer, enlever, s'expatrier, intervertir, inverser, muter, passer, permuter, quitter, tourner bride, transférer, transplanter, transposer, virer → **transporter** d de nom : débaptiser, rebaptiser e de l'argent : convertir, échanger f d'attitude, d'opinion : se convertir, se dédire / déjuger, évoluer, fluctuer, papillonner, se raviser, se retourner, retourner sa veste, se rétracter, revenir sur, tourner bride / casaque, varier, virer, virevolter, voleter, voltiger 2 v. int. a augmenter, devenir *(suivi d'un attribut)*, diminuer, empirer, évoluer, grandir, passer, rapetisser, tourner, vieillir b se déshabituer c moral : s'améliorer / amender, se corriger / modifier / pervertir / transformer

chanoine n.m. doyen, grand chantre, princier, théologal

chanson n.f. 1 → **chant** 2 fig. : a babil, bruit, chant, gazouillis, murmure, ramage, refrain, roucoulement b bagatelle, baliverne, bateau, billevesée, bourde, calembredaine, conte, coquecigrue, fadaise, faribole, lanterne, sornette, sottise → **bêtise**

chansonnier n.m. auteur, compositeur, humoriste, librettiste, mélodiste → **chanteur**

chant n.m. 1 air, aria, ariette, arioso, aubade, ballade, barcarolle, berceuse, blues, cantabile, cantilène, cavatine, chanson, chansonnette, complainte, comptine, couplet, épithalame, gospel, hymne, incantation, lamento, lied, mélodie, mélopée, monodie, negro spiritual, pastourelle, pont-neuf, pot-pourri, psalmodie, ranz, récitatif, refrain, rengaine, rhapsodie, ritournelle, romance, ronde, rondeau, roulade, scie, sérénade, tyrolienne, variation, vaudeville, villanelle, vocero ♦ fam. : goualante, lampons (vx), tube 2 liturg. a cantate, choral, messe, oratorio b antienne, cantique, grégorien, hymne, litanie, motet, plain-chant, prose, psaume, répons, séquence c agnus Dei, alléluia, dies irae, gloria, hosanna, kyrie, magnificat, miserere, noël, requiem, sanctus, te deum 3 comédie lyrique / musicale, opéra, opéra-comique, opérette, vaudeville 4 canon, choral, chœur, duo, polyphonie, trio 5 fam. → **chahut** 6 → **chanson** 7 → **poème**

chantage n.m. extorsion de fonds, prélèvement, pression, racket → **menace, vol**

chantepleure n.f. 1 → **arrosoir** 2 → **ouverture**

chanter 1 v. intr. a au pr. : bourdonner, chantonner, cultiver / développer / travailler sa voix, déchiffrer, fredonner, jodler, lourer, moduler, nuancer, psalmodier, solfier, ténoriser, vocaliser b fam. et péj. : beugler, brailler, braire, bramer, chantonner, chevroter, crier, dégoiser, détonner, s'égosiller, hurler, miauler, roucouler c oiseaux : crier, gazouiller, jaser, pépier, ramager, roucouler, siffler, triller, zinzinuler → **crier** 2 v. tr. a au pr. : exécuter b péj. : conter, dire, rabâcher, raconter, radoter, répéter 3 **chanter victoire :** se glorifier, louer, se vanter

chanterelle n.f. 1 girolle 2 → **appelant**

chanteur n.m. acteur, aède, artiste, barde, castrat, chansonnier, chantre, choreute, choriste, coryphée, croque-note (fam.), duettiste, exécutant, interprète, ménestrel, minnesinger, rhapsode, scalde, soliste, troubadour, trouvère, virtuose → **voix**

chanteuse n.f. actrice, artiste, cantatrice, diva, divette, prima donna, vedette → **voix**

chantier n.m. 1 arsenal, atelier, dépôt, entrepôt, fabrique, magasin 2 → **chaos** 3 **en chantier :** en cours / route / train → **commencer**

chantonner → **chanter**
chantre n.m. → **chanteur**
chaos n.m. anarchie, bazar, bordel (grossier), bouleversement, cataclysme, chantier, cohue, complication, confusion, débâcle, désordre, désorganisation, discorde, foutoir, incohérence, marasme, mêlée, méli-mélo, pastis, pêle-mêle, perturbation, tohu-bohu, trouble, zizanie
chaotique → **confus**
chaparder → **voler**
chape n.f. → **manteau**
chapeau n.m. → **coiffure**
chapelain n.m. aumônier → **prêtre**
chapelet n.m. 1 ave Maria, rosaire 2 → **suite**
chapelle n.f. 1 → **église** 2 → **coterie**
chapelure n.f. panure
chaperon n.m. 1 duègne, gouvernante, suivante 2 → **coiffure**
chaperonner accompagner, conseiller, couvrir, défendre, diriger, garantir, garder, parrainer, patronner, piloter, préserver, protéger, sauvegarder, suivre, surveiller, veiller sur
chapiteau n.m. cirque, tente
chapitre n.m. 1 article, livre, matière, objet, partie, question, section, sujet, titre 2 assemblée, conseil, réunion
chapitrer blâmer, catéchiser, donner/infliger un avertissement/un blâme, faire la leçon/la morale, gourmander, gronder, laver la tête (fam.), morigéner, reprendre, réprimander, semoncer, sermonner, tancer
chaptalisation n.f. sucrage
chaptaliser → **sucrer**
chaque chacun, tout
char n.m. 1 → **chariot** 2 antiq. quadrige 3 char de combat, d'assaut : blindé, tank
charabia n.m. → **galimatias**
charade n.f. devinette, énigme, jeu de mots, rébus
charbon n.m. 1 anthracite, boghead, boulet, briquette, coke, combustible, escarbille, houille, lignite, noisette, poussier, tourbe 2 anthracnose, carie, rouille noire de la vigne
charbonner 1 → **calciner** 2 → **salir** 3 → **pourvoir**
charbonnier n.m. 1 bougnat 2 → **bateau**
charcuter → **découper**
charcuterie n.f. 1 andouille, andouillette, bacon, boudin, cervelas, cochonnaille, confit, crépinette, cuisine, foie gras, fromage de tête, galantine, jambon, jambonneau, jésus, lard, mortadelle, panne, pâté, plats cuisinés, porc, rillettes, rosette, salé → **saucisse, saucisson**
charcutier, ère n.m., n.f. cuisinier, traiteur
chardon 1 par ext. : artichaut, cardon, carline 2 fig. → **difficulté**
charge n.f. 1 au pr. : batelée, brouettée, capacité, cargaison, chargement, charretée, contenu, emport, faix, fardeau, fret, lest, mesure, poids, quantité, somme, voiturée 2 mar. : estive, pontée 3 phys. : poussée, pression 4 **en charge :** en fonction, en service, sous tension 5 fig. a non fav. : boulet, corvée, embarras, gêne, incommodité, servitude b dépense, dette, devoir, frais, hypothèque, imposition, impôt, intérêt, obligation, prélèvement, prestation, redevance, responsabilité, servitude c accusation, (chef d') inculpation, indice, présomption, preuve d → **caricature** e canular, mystification, plaisanterie f assaut, attaque, chasse, choc, offensive, poursuite g fav. ou neutre : dignité, emploi, endosse (vx), fonction, ministère, office, place, poste, sinécure
chargé, e 1 → **plein** 2 → **excessif** 3 → **épais** 4 baroque, fleuri, lourd, rococo, tarabiscoté, touffu
chargement n.m. aconage (mar.), arrimage → **charge**
charger 1 au pr. : arrimer, bâter, brêler, combler, disposer, embarquer, empiler, emplir, fréter, garnir, lester, mettre, placer, poser, remplir 2 avec excès : accabler, couvrir, écraser, fouler, recouvrir 3 fig. a accuser, aggraver, calomnier, déposer contre, imputer, inculper, noircir b la mémoire : encombrer, remplir, surcharger c d'obligations : accabler, écraser, frapper, grever, imposer, obérer, taxer d des faits : amplifier, enchérir, exagérer, grossir e un portrait : caricaturer, forcer, outrer, tourner en ridicule f d'une fonction : commettre, commissionner, déléguer, donner à faire, préposer à g milit. ou vén. : attaquer, s'élancer, foncer, fondre sur h forme pron. → **assumer**
chargeur n.m. → **docker**
chariot n.m. berline, charreton, caisson, camion, char, charrette, diable, fardier, fourgon, fourragère, guimbarde, ribaudequin, triqueballe, truck
charisme n.m. charme, don, influence, force
charitable 1 caritatif 2 → **bon**
charitablement aimablement, généreusement, humainement, justement, magnanimement, miséricordieusement, sensiblement
charité n.f. → **bonté**
charivari n.m. → **chahut**
charlatan n.m. banquiste (vx), bonimenteur, camelot, empirique, guérisseur, marchand forain, médicastre, rebouteux → **hâbleur**
charmant, e agréable, aimable, amène, amusant, attachant, attirant, beau, captivant, charismatique, charmeur, enchanteur, enivrant, ensorcelant, ensorceleur, envoûtant, fascinant, galant, gentil, gracieux, grisant, intéressant, joli, merveilleux, piquant, plaisant, ravissant, riant, séducteur, séduisant, souriant
charme n.m. 1 breuvage, conjuration, enchantement, ensorcellement, envoûtement, illusion, incantation, magie, magnétisme, philtre, pouvoir, sorcellerie, sort, sortilège 2 agrément, blandice (litt.), délice, fascination, intérêt, plaisir, ravissement 3 ascendant, autorité, charisme, influence, insinuation (vx), prestige 4 amorce (vx), appas, attrait, avantages, beauté, chic, chien, élégance, grâce, séduction, sex-appeal, vénusté
charmé, e comblé, conquis, content, émerveillé, enchanté, heureux, pris, ravi, séduit
charmer 1 au pr. : conjurer, enchanter, ensorceler, envoûter, fasciner, hypnotiser ◆ vx : diaboliser 2 fig. a adoucir, apaiser, calmer, tenir sous le charme b apprivoiser, attirer, chatouiller, conquérir, émerveiller, entraîner, ravir, séduire, tenter c captiver, complaire, délecter, donner dans l'œil/dans la vue, éblouir, enlever, enthousiasmer, flatter, parler aux yeux, plaire, séduire, transporter, verser l'ambroisie/le miel
charmeur, euse n.m. ou f. enjôleur, ensorceleur, magicien, psylle → **séducteur**
charmille n.f. 1 allée, berceau, chemin 2 bocage, bosquet 3 haie, palissade
charnel, le 1 corporel, naturel, physique, sexuel 2 par ext. a matériel, sensible, tangible, temporel, terrestre b animal, bestial, impur, lascif, libidineux, lubrique, luxurieux, sensuel c érotique
charnier n.m. 1 → **cimetière** 2 → **cloaque**
charnière n.f. gond, paumelle, penture
charnu, e bien en chair, corpulent, dodu, épais, gras, grassouillet, potelé, replet, rond, rondouillard, viandé (fam.)
charogne n.f. → **chair**
charpente n.f. 1 → **carcasse** 2 → **poutre** 3 → **composition**
charpenté, e → **fort**
charpentier n.m. → **menuisier**
charpie n.f. pansement
charretier n.m. cocher, conducteur, roulier, voiturier
charrette n.f. carriole, char, chariot, haquet, surtout, téléga, tombereau → **voiture**
charrier 1 → **transporter** 2 → **emporter** 3 → **exagérer**
charroi n.m. équipage, train, transport → **charge**
charroyer → **charrier**
charrue n.f. araire, brabant, buttoir, canadienne, cultivateur, déchaumeuse, défonceuse, polysoc, trisoc, vigneronne ◆ parties de la charrue : age, coutre, entretoise, étançon, étrier, mancheron, palonnier, régulateur, soc, versoir, timon
charte n.f. 1 → **titre** 2 → **règlement**
charter 1 off. : n.m. avion nolisé 2 v. tr. off. : affréter, fréter
chartreuse n.f. 1 → **cloître** 2 → **pavillon**
chas n.m. → **trou**
chasse n.f. 1 au pr. : affût, art cynégétique, battue, fauconnerie, piégeage, safari, tenderie, traque, trolle, vénerie, volerie 2 par ext. → **recherche**
châsse n.f. 1 boîte, coffre, reliquaire 2 arg. → **œil**
chasser 1 donner la chasse, poursuivre, quêter 2 balayer, bouter, congédier, conjurer (relig. ou partic.), débusquer, déjucher, déloger, dénicher, dissiper, écarter, éconduire, éjecter, éliminer, éloigner, enlever, exclure, expulser, faire disparaître/fuir, forcer, mettre à la porte/dehors/en fuite, ostraciser, ôter, pourchasser, purger, reconduire, refouler, rejeter, remercier, renvoyer, repousser, se séparer de, supprimer, vider, vomir ◆ vx : dégoter 3 un gouvernant : bannir, démettre, déposer, destituer, détrôner, disgracier, évincer, exiler 4 vén. : battre les buissons, courir, débucher, débusquer, dépister, forlancer, lancer, piéger, quêter, rabattre, relancer, rembucher, servir ◆ vx : briller 5 → **glisser**
chasseur n.m. 1 a boucanier, fauconnier, perce-forêt, piqueur, pisteur, quêteur, rabatteur, trappeur, veneur b amazone, chasseresse, chasseuse, diane c tueur → **braconnier** 2 groom, portier
chassie n.f. → **excrément**
châssis n.m. → **encadrement**
chaste 1 abstinent, ascétique, continent, honnête, pur, rangé, sage, vertueux, vierge 2 angélique, décent, immaculé, innocent, modeste, platonique, prude, pudique, virginal
chasteté n.f. → **continence**
chasuble n.f. dalmatique, manteau
chat, chatte n.m. ou f. 1 chaton, félin, haret, matou 2 fam. : chattemite, greffier, mimi, minet, minette, minou, mistigri, moumoute 3 chat sauvage : haret, margay 4 quelques races : abyssin, américain, angora, bleu russe, chartreux, européen, égyptien, oriental, persan, siamois, sphinx, turc 5 **chat dans la gorge** → **enrouement**
châtaigne n.f. 1 au pr. : macre, marron 2 fig. → **coup**
château n.m. 1 bastide, bastille, citadelle, donjon, fort, forteresse 2 castel, chartreuse, demeure, folie, gentilhommière, hôtel, manoir, palais, pavillon, rendez-vous de chasse, résidence 3 château d'eau : réservoir
chat-huant n.m. → **hulotte**
châtié, e académique, classique, dépouillé, épuré, poli, pur
châtier 1 battre, corriger, punir, réprimer, sévir 2 corriger, épurer, perfectionner, polir, raboter, rectifier, retoucher, revoir 3 améliorer, guérir de
châtiment n.m. → **punition**
chatoiement n.m. → **reflet**
chatouillement n.m. 1 → **caresse** 2 agacerie, démangeaison, excitation, impatiences, prurit, titillation → **picotement**
chatouiller 1 → **caresser** 2 agacer, démanger, exciter, gratter, horripiler, impatienter, picoter 3 par ext. → **charmer**
chatouilleux, euse 1 délicat, douillet, sensible 2 → **susceptible**
chatoyant, e brillant, changeant, coloré, coruscant, étincelant, imagé, luisant, miroitant, moiré, riche, séduisant, versicolore
chatoyer briller, étinceler, jeter des reflets, luire, miroiter, pétiller, rutiler
châtré, e 1 castrat, eunuque 2 bréhaigne, bœuf, chapon, hongre, mouton, mule, mulet, porc
châtrer bistourner, castrer, couper, démascler (mérid.), déviriliser, émasculer, hongrer, mutiler, stériliser ◆ vx : affranchir
chattemite n.f. → **patelin**
chatterie n.f. 1 → **caresse** 2 douceur, friandise, gâterie, sucrerie
chaud n.m. → **chaleur**
chaud, e 1 bouillant, brûlant, cuisant, équatorial, étouffant, fumant, igné, incandescent, tiède, torride, tropical 2 fig. a affectueux, amoureux, ardent, chaleureux, décidé, délirant, déterminé, échauffé, emballé, emporté, empressé, enthousiaste, expansif, fanatique, fervent, fougueux, frénétique, passionné, pressant, vif, zélé b âpre, dur, sanglant, sévère
chaudron n.m. → **ustensile**
chaudronnerie n.f. 1 dinanderie 2 batterie/ustensiles de cuisine
chauffage n.m. 1 climatisation 2 caléfaction, distillation 3 appareils : athanor, bassinoire, bouillotte, brasero, calorifère, chaufferette,

chauffe-pieds, cheminée, cuisinière, fourneau, gazinière, moine, poêle, potager, radiateur, réchaud, salamandre, thermosiphon

chauffard n.m. → **chauffeur**

chauffer 1 v. tr. au pr. : bassiner, braiser, brûler, calciner, cuire, faire bouillir / cuire / réduire, échauffer, embraser, étuver, griller, réchauffer, rendre chaud, rôtir, surchauffer 2 fig. a attiser, exciter, mener rondement, presser b bachoter, réviser c → **voler** 3 v. intr. a s'échauffer, être sous pression b → **barder**

chaufferette n.f. bassinoire, moine, réchaud

chauffeur n.m. cariste, conducteur, loche (arg.), machiniste, pilote, tankiste, tractoriste ◆ péj. : chauffard, écraseur

chaume n.m. 1 éteule, glui, paille, tige 2 → **cabane**

chaumer déchaumer

chaumière et **chaumine** n.f. → **cabane**

chausse n.f. 1 bas, culotte, guêtre, jambière 2 **être aux chausses de :** aux trousses, harceler, poursuivre, serrer de près

chaussée n.f. 1 digue, duit, levée, remblai, talus 2 chemin, piste, route, rue, voie

chausser par ext. : adopter, garnir, pourvoir

chausse-trape n.f. → **piège**

chausseur n.m. → **cordonnier**

chausson n.m. babouche, ballerine, charentaise, espadrille, kroumir, mule, pantoufle, patin, savate

chaussure n.f. 1 après-ski, boots, botte, bottillon, bottine, brodequin, cothurne, escarpin, galoche, mocassin, nu-pieds, richelieu, sabot, savate, snow-boot, socque, soulier, spartiate → **chausson** 2 fam. : bateau, bottine, croquenot, écrase-merde, galette, godasse, godillot, grolle, latte, péniche, pompe, ripaton, targette, tartine, tatane

chauve dégarni, déplumé, glabre, lisse, pelé

chauve-souris n.f. chiroptère, harpie, noctule, oreillard, pipistrelle, rhinolophe, roussette, vampire, vespertilion

chauvin, e belliqueux, borné, cocardier, étroit, fanatique, intolérant, nationaliste, patriotard, xénophobe ◆ vx : chauviniste

chauvinisme n.m. ethnocentrisme, fanatisme, intolérance, nationalisme, xénophobie

chaux n.f. oxyde / hydroxyde de calcium

chavirer 1 v. intr. a s'abîmer, basculer, cabaner, couler, dessaler, faire naufrage, se renverser, se retourner, sombrer b chanceler, tanguer, tituber, trébucher, vaciller c **les yeux chavirent :** se révulser 2 v. tr. a bousculer, cabaner, renverser b **chavirer le cœur / l'estomac :** barbouiller

check-list n.f. aviat. et spat. off. : liste de contrôle / vérification

check-up n.m. méd. off. : bilan de santé

chef n.m. 1 → **tête** 2 a au pr. : administrateur, animateur, architecte, autorité, commandant, conducteur, décideur, despote (péj.), dignitaire, directeur, dirigeant, dominateur, entraîneur, fédérateur, fondateur, gouverneur, gradé, guide, leader, maître, meneur, pasteur, patron, rassembleur, responsable, stratège, tête → **tyran** b consul, dictateur, président, régent → **monarque** c échevin, magistrat, maire, ministre d abbé, agha, agha khan, archevêque, archimandrite, ayatollah, commandeur des croyants, dalaï-lama, évêque, imam, marabout, métropolite, mollah, pape, patriarche, supérieur e cacique, caïd, cheik, pacha, sachem f cadre, contremaître, ingénieur g centenier, centurion, condottiere, doge, polémarque, tétrarque, triérarque, vergobret h effendi i officier : amiral, amiral de la flotte / de France (vx), aspirant, capitaine, capitaine de frégate / corvette / vaisseau, chef de bataillon / d'escadron, colonel, commandant, contre-amiral, enseigne / lieutenant de vaisseau, général d'armée / de brigade / de corps d'armée / de division, généralissime, lieutenant, lieutenant-colonel, major, maréchal, sous-lieutenant, vice-amiral, vice-amiral d'escadre j sous-officier : adjudant, adjudant-chef, brigadier, caporal, caporal-chef, maître, major, maréchal des logis, maréchal des logis-chef, quartier-maître, second maître, sergent-chef k chef d'orchestre, coryphée (péj.) l cheftaine m chef-d'œuvre → **ouvrage** 3 → **cuisinier** 4 → **matière** 5 → **gardien**

cheik n.m. → **chef**

chélidoine n.f. éclaire

chemin n.m. 1 accès, allée, artère, avenue, boulevard, cavée, chaussée, draille, drève, laie, layon, lé, ligne, passage, piste, raidillon, rampe, ravin, rocade, route, rue, sente, sentier, taxiway (aviat.), tortille, trimard (fam.) 2 → **voie** 3 → **trajet** 4 → **méthode** 5 chemin de fer → **train**

chemineau n.m. → **vagabond**

cheminée n.f. 1 âtre, feu, foyer 2 puits, trou

cheminement n.m. approche, avance, démarche, marche, progrès, progression

cheminer → **marcher**

cheminot n.m. → **travailleur**

chemise n.f. 1 → **dossier** 2 brassière, camisole, chemisette, combinaison, linge de corps, lingerie, nuisette, parure, tee-shirt ◆ fam. : bannière, limace, liquette

chemiser → **réparer**

chemisette n.f. 1 → **chemise** 2 → **corsage**

chemisier n.m. → **corsage**

chênaie n.f. → **plantation**

chenal n.m. → **canal**

chenapan n.m. → **vaurien**

chêne n.m. rouge d'Amérique / du Canada, rouvre ◆ chêne-vert : yeuse

chéneau n.m. → **gouttière**

chenet n.m. chevrette, hâtier, landier

chenille n.f. 1 arpenteuse ou géomètre, bombyx, fileuse, zeuzère 2 → **char**

cheptel n.m. 1 cheptel vif : animaux, bergerie, bestiaux, bétail, capital, écurie, étable, troupeau 2 cheptel mort : capital, équipement, instruments, machines, matériel, outillage

cher, ère 1 adoré, adulé, affectionné, aimé, bien-aimé, chéri 2 une chose : agréable, aimable, estimable, précieux, rare 3 coûteux, désavantageux, dispendieux, hors de portée / de prix, inabordable, lourd, pesant, onéreux, ruineux ◆ fam. : chaud, chérot, coup de barre / fusil, salé

chercher 1 un objet : aller à la découverte / recherche, aller en reconnaissance, battre la campagne / les buissons, chiner, être en quête, explorer, fouiller, fourrager, fureter, quérir (vx), quêter, rechercher, triturer 2 une solution : s'appliquer à, se battre les flancs (fam.), calculer, consulter, demander, s'enquérir, enquêter, examiner, imaginer, s'informer, interroger, inventer, se pencher sur, penser / réfléchir à, scruter, sonder, supposer 3 s'efforcer, s'évertuer, poursuivre, tâcher, tendre, tenter, viser 4 intriguer, rechercher, solliciter 5 quelqu'un : aller / envoyer / faire / venir prendre, quérir, requérir

chercheur, euse nom et adj. 1 explorateur 2 curieux, enquêteur, érudit, fouineur, fureteur, inventeur, investigateur, savant, spécialiste 3 détecteur 4 **chercheur d'or :** orpailleur

chère n.f. bombance, bonne table, gastronomie, menu, ordinaire, plaisir de la table, ripaille

chèrement 1 → **cher** 2 affectueusement, amoureusement, avec affection / amour / piété / sollicitude / tendresse, pieusement, tendrement

chéri, e nom et adj. 1 → **cher** 2 → **amant**

chérir → **aimer**

cherté n.f. → **prix**

chérubin n.m. 1 → **enfant** 2 → **ange**

chétif, ive 1 a → **faible** b → **petit** 2 → **mauvais** 3 → **misérable**

cheval n.m. 1 équidé, solipède 2 étalon, hongre, jument, poney, poulain, pouliche, yearling 3 fam. a bidet, bourdon, bourrin, bourrique, canard, canasson, carcan, carne, claquette, criquet, haridelle, mazette, oignon, rossard, rosse, rossinante, sardine, tréteau, veau, vieille bique b coco, dada 4 carrossier, cheval d'armes / de chasse / de cirque / de concours / de course / d'élevage / de fond / de parade / de remonte, cob, coureur, courtaud, crack, favori, hurdler, limonier, postier, sauteur, stayer, trotteur 5 cheval sauvage, marron, mustang, tarpan 6 vx ou poét. : cavale, coursier, destrier, haquenée, palefroi, sommier 7 équipage, monture 8 mythiques : centaure, hippogriffe, licorne, pégase 9 quelques races : andalou, anglais, anglo-normand, arabe, auvergnat, barbe, belge, berrichon, boulonnais, bourbonien, breton, camarguais, charentais, comtois, corse, danois, flamand, genet, hanovrien, hollandais, hongrois, irlandais, kabyle, kirghiz, landais, limousin, lorrain, mongol, navarrais, normand, percheron, persan, picard, poitevin, russe, tartare, turc ◆ d'après la couleur → **robe** 10 a **cheval de bataille** fig. : argument, dada, idée fixe b **aller / monter à cheval** → **chevaucher**

chevaler → **soutenir**

chevaleresque → **généreux**

chevalerie n.f. féodalité, institution / ordre militaire, noblesse

chevalet n.m. banc, baudet, chèvre, échafaudage, support, tréteau

chevalier n.m. 1 bachelier (vx), écuyer, noble, paladin, preux, suzerain, vassal → **cavalier** 2 a **chevalier d'industrie :** faisan → **voleur** b **chevalier servant** → **cavalier**

chevalière n.f. anneau, armes, armoiries, bague

chevauchée n.f. 1 au pr. : cavalcade, course, promenade, reconnaissance, tournée, traite 2 par ext. : incursion, investigation, raid

chevaucher 1 v. intr. a aller / monter à cheval, caracoler, cavalcader, galoper, parader, trotter b s'affourcher, se croiser, empiéter, être mal aligné, mordre sur, se recouvrir 2 v. tr. : couvrir, enjamber, passer au-dessus / par-dessus, recouvrir 3 **à chevauchons** (vx) : à califourchon, à cheval, à dada (fam.)

chevêche n.f. → **hulotte**

chevelu, e → **poilu**

chevelure n.f. 1 a coiffure, toison b peignures, tonsure 2 fam. : crayons, cresson, crinière, crins, douilles, guiches, mourons, plumes, poils, roseaux, tifs, tignasse → **postiche**

chevesne n.m. dard, meunier, vandoise → **poisson**

chevet n.m. 1 tête (de lit), traversin (vx) 2 abside, absidiole 3 lit (d'un filon)

cheveu n.m. 1 → **chevelure** 2 **cheveux blancs :** a canitie b fig. → **souci**

chevillard n.m. boucher, commissionnaire, grossiste

cheville n.f. 1 cabillot, clavette, enture, esse, fausset, goujon, goupille, taquet, tampon 2 mar. : gournable, tolet 3 par ext. : boulon, tenon 4 fig. : inutilité, pléonasme, redondance, superfluité

cheviller 1 → **fixer** 2 → **enfoncer**

chèvre n.f. 1 bique, biquet, biquette, cabri, caprin, chevreau, chevrette 2 appareil de levage, bigue, grue, treuil → **chevalet**

chevreuil n.m. brocard, chevrette, chevrillard, chevrotin

chevron n.m. → **poutre**

chevronné, e 1 → **ancien** 2 → **capable**

chevroter 1 → **trembler** 2 → **chanter**

chiasse n.f. 1 → **excrément** 2 → **diarrhée**

chic 1 nom a → **élégance** b → **habileté** 2 adj. a → **aimable** b → **élégant**

chicane, chicanerie n.f. 1 avocasserie, incident / procédé dilatoire, procédure, procès ◆ vx : plaids 2 argutie, artifice, chinoiserie, contestation, controverse, équivoque, ergotage, ergoterie, logomachie, pinaillage (fam.), pointille, quérulence, ratiocination, subtilité 3 altercation, bagarre, bataille, bisbille, chamaillerie, chipotage, conflit, contradiction, contrariété, critique, démêlé, désaccord, différend, discordance, dispute, marchandage, mésentente, noise, passe d'armes, polémique, querelle, réprimande, scène, tracasserie

chicaner 1 arguer, argumenter, batailler, chamailler, chipoter, chercher des crosses / noise / la petite bête / des poux / querelle, contester, contrarier, contredire, controverser, critiquer, discuter, disputer, épiloguer, ergoter, gloser, objecter, pointiller, polémiquer, provoquer, soulever un incident, trouver à redire, vétiller ◆ vx : incidenter 2 a barguigner, lésiner, marchander b → **tourmenter**

chicaneur, euse ou **chicanier, ère** n.m. ou f. argumentateur, avocassier, batailleur, chercheur, chinois, chipoteur, contestataire, coupeur de cheveux en quatre, discuteur, enculeur de mouches (fam. et / ou grossier), éplucheur d'écrevisses, ergoteur, mauvais coucheur, plaideur, pointilleux, polémiste, procédurier, processif, querelleur, raisonneur, ratiocineur, rhétoricien, sophiste, vétillard, vétilleux

chiche [1] crasseux, parcimonieux → **avare** [2] chétif, léger, mesquin, mesuré, pauvre, sordide

chichi n.m. [1] affectation, cérémonie, embarras, façon, girie (fam.), manière, mignardise, minauderie, simagrée [2] boucle/mèche de cheveux → **postiche**

chicorée n.f. endive, witloof

chicot n.m. croc, débris, dent, fragment, morceau

chien, chienne n.m. ou f. [1] au pr. a canidé b chien sauvage : dingo, lycaon, otocyon, paria c chienne, chiot, courtaud, étalon, lice d berger, bouvier, chien d'arrêt/courant, corniaud, garde, gardien, limier, mâtin, molosse, pointer, policier, ratier, retriever, roquet, setter, springer, terrier, vautre e fam. : cabot, cador, cerbère, clébard, clebs, toutou f quelques races : afghan, airedale, alaskan, barbet, barzoï, beauceron, basset, beagle, berger allemand / alsacien / belge / hongrois/des Pyrénées, bichon, bleu d'Auvergne/de Gascogne, bobtail, bouledogue, bouvier, boxer, braque, briard, briquet, bull-terrier, caniche, carlin, chihuahua, chow-chow, cocker, colley ou collie, dalmatien, danois, doberman, dogue, épagneul, esquimau, griffon, groenendael, groenlandais, havanais, husky, king-charles, labrador, levrette, lévrier, loulou, malinois, maltais, mastiff, pékinois, persan, poitevin, porcelaine, saint-bernard, samoyède, schipperke, schnauzer, scottish/welsh/yorkshire terrier, setter, sloughi, teckel, terre-neuve, tricolore [2] fig. : attrait, chic, élégance, sex-appeal

chier → **besoins (faire ses)**

chiffon n.m. [1] au pr. : chiffre, défroque, drapeau (vx), drille, guenille, haillon, lambeau, loque, morceau, oripeau, peille, pilot, serpillière, souquenille [2] → **bagatelle**

chiffonner [1] bouchonner, friper, froisser, manier, mettre en tampon, plisser, remuer, tripoter [2] attrister, chagriner, choquer, contrarier, faire de la peine, fâcher, froisser, heurter, intriguer, meurtrir, offenser, piquer, préoccuper, taquiner, tracasser

chiffonnier, ère n.m. ou f. [1] au pr. : biffin, brocanteur, chiffe, chineur, fripier, regrattier (vx), trimardeur [2] par ext. → **vagabond** [3] bonheur-du-jour, bonnetière, commode, table à ouvrage, travailleuse

chiffre n.m. [1] → **nombre** [2] → **somme** [3] → **marque**

chiffrer [1] → **évaluer** [2] coder, mettre/transcrire en chiffre/code

chignole n.f. → **perceuse**

chignon n.m. → **coiffure**

chimère n.f. → **illusion**

chimérique → **imaginaire**

chine n.f. [1] → **brocante** [2] → **vente**

chiné, e → **bariolé**

chiner [1] → **chercher** [2] → **taquiner**

chinois, e nom et adj. [1] au pr. : asiate, asiatique, jaune [2] fig. a → **original** b → **compliqué** [3] → **tamis**

chinoiserie n.f. complication, formalité → **chicane**

chiot n.m. → **chien**

chiper → **voler**

chipie n.f. → **mégère, pimbêche**

chipoter [1] → **manger** [2] → **chicaner** [3] → **hésiter**

chiqué n.m. → **tromperie**

chiquenaude n.f. croquignole, nasarde, pichenette, tapette

chiromancien, ne n.m. ou f. → **devin**

chirurgien n.m. [1] → **médecin** [2] vx : barbier, opérateur [3] péj. : boucher, charcutier

chiure n.f. → **excrément**

choc n.m. [1] abordage, accident, accrochage, carambolage, collision, coup, heurt, percussion, tamponnement, télescopage [2] milit. : affaire, assaut, attaque, bataille, charge, combat, corps à corps, engagement, lutte, offensive [3] par ext. → **émotion**

chocolat n.m. [1] cacao [2] bille, bonbon, bouchée, croquette, crotte, pastille, plaque, tablette, truffe

chœur n.m. choral, chorale, manécanterie, orphéon

choir → **tomber**

choisi, e [1] → **précieux** [2] oint, prédestiné

choisir adopter, aimer mieux, coopter, se décider pour, départager, désigner, distinguer, élire, embrasser, s'engager, faire choix, fixer son choix, jeter son dévolu, mandater, nommer, opter, plébisciter, préférer, prendre, sélecter, sélectionner, trancher, trier sur le volet

choix n.m. [1] au pr. : acceptation, adoption, cooptation, décision, désignation, discernement, élection, nomination, prédilection, préférence, résolution, sélection, triage [2] alternative, dilemme, option [3] assortiment, collection, dessus du panier, échelle, éventail, prix, qualité, réunion, tri [4] morceaux choisis, recueil → **anthologie** [5] aristocratie, carat (vx), crème, élite, fine fleur, gratin, happy few

choléra n.m. [1] → **peste** [2] → **méchant**

chômage n.m. crise, manque de travail, marasme, morte-saison

chômé, e → **férié**

chômer arrêter/cesser/suspendre le travail, faire le pont → **fêter**

chômeur, euse n.m. ou f. → **demandeur**

choper [1] → **prendre** [2] → **voler**

choquant, e → **désagréable**

choquer [1] buter, donner contre, frapper, heurter, taper [2] atteindre, blesser, commotionner, contrarier, déplaire, ébranler, écorcher, effaroucher, faire mauvais effet, froisser, heurter, indigner, offenser, offusquer, mécontenter, rebuter, révolter, scandaliser, secouer, sonner mal, soulever l'indignation, traumatiser, vexer

choral n.m. → **chœur**

chorale n.f. → **chœur**

chorégraphie n.f. → **danse**

choreute et **choriste** n.m. → **chanteur**

chorus (faire) → **approuver**

chose n.f. [1] → **objet** [2] → **truc**

chosifier dépersonnaliser, déshumaniser, réifier

chouchou n.m. cristophine

chouchou, oute n.m. ou f. → **favori**

chouchouter et **choyer** [1] → **caresser** [2] → **soigner**

chouette [1] n.f. → **hulotte** [2] adj. → **beau**

chrême n.m. baume, huile sainte

chrestomathie n.f. → **anthologie**

chrétien, ne nom et adj. [1] baptisé, copte, maronite, orthodoxe, sabéen, schismatique, uniate → **catholique, protestant** [2] fidèle, ouaille, paroissien [3] par ext. a → **bon** b → **homme**

chronique [1] adj. → **durable** [2] n.f. a → **histoire** b → **article**

chroniqueur n.m. → **historien**

chronologie n.f. → **histoire**

chuchotement n.m. bruit, bruissement, chuchoterie, chuchotis, gazouillement, gazouillis, murmure, susurrement

chuchoter → **murmurer**

chuchoterie n.f. → **chuchotement**

chuinter bléser, zézayer, zozoter

chut paix, silence, taisez-vous

chute n.f. [1] au pr. a affaissement, avalanche, descente, éboulement, écrasement, écroulement, effondrement, glissement b abattée (aviat.), cabriole, carambolage, cascade, culbute, dégringolade, glissade, plongeon c fam. : bûche, gadin, gamelle, pelle, valdingue [2] méd. : déplacement, descente, procidence, prolapsus, ptose [3] abdication, capitulation, déconfiture, défaite, disgrâce, échec, faillite, insuccès, renversement [4] a crise, décadence, déchéance, faute, péché, scandale b abattement, découragement, démoralisation, perte de confiance c baisse, dépréciation, désescalade, dévaluation, diminution d bas, extrémité, fin, terminaison e → **abaissement** [5] rapide → **cascade** [6] → **déchet** [7] a **chute du jour** : crépuscule, déclin, tombée b **chute des feuilles** : effeuillaison

chuter [1] → **baisser** [2] → **tomber**

cible n.f. but, carton, mouche, papegai

ciboule n.f. ciboulette, cive, civette → **tête**

cicatrice n.f. [1] balafre, couture, marque, signe, souvenir, stigmate, trace [2] par ext. : brèche, défiguration, lézarde, mutilation

cicatrisation n.f. [1] guérison, réparation, rétablissement [2] fig. : adoucissement, apaisement, consolation, soulagement

cicatriser [1] au pr. : se dessécher, se fermer, guérir [2] fig. : adoucir, apaiser, consoler, soulager

cicérone n.m. → **guide**

ci-devant [1] adv. → **avant** [2] n.m. → **noble**

ciel, ciels, cieux n.m. [1] atmosphère, calotte/voûte céleste/des cieux, coupole/dôme du ciel, espace, éther, firmament, infini, nuages, nue (vx), univers [2] sing. et pl. : au-delà, céleste empire/séjour, éden, empyrée, Jérusalem céleste, là-haut, paradis, patrie des élus, séjour des bienheureux/des élus, walhalla [3] par ext. → **dieu** [4] ciel de lit → **dais**

cierge n.m. → **chandelle**

cigare n.m. havane, londrès, manille

cigarette n.f. arg. : cibiche, clope, cousue, femelle, mégot, orphelin, pipe, sèche, taquée, tige

ciguë n.f. [1] faux persil [2] ciguë comestible : maceron

ci-joint ci-annexé, ci-inclus

cilice n.m. [1] au pr. : haire [2] par ext. : mortification, pénitence

ciller [1] v. tr. : bornoyer, cligner, clignoter, papilloter [2] v. intr. : broncher, s'émouvoir, marquer le coup

cime n.f. → **sommet**

ciment n.m. béton, liant, lien, mortier

cimenter affermir, amalgamer, consolider, lier, limousiner, raffermir, sceller, unir

cimeterre n.m. → **épée**

cimetière n.m. catacombe, champ des morts/du repos, charnier, columbarium, crypte, nécropole, ossuaire ◆ arg. : quatre-arpents

cinéaste n.m. chef de production, dialoguiste, metteur en scène, opérateur, producteur, réalisateur, scénariste

cinéma n.m. [1] a septième art b ciné, cinérama, cinoche (fam.), grand écran, permanent, salle, salle obscure, spectacle [2] → **comédie**

cinématographier enregistrer, filmer, photographier, prendre un film, tourner

cinglant, e blessant, cruel, dur, sévère, vexant

cinglé, e n.m. ou f. → **fou**

cingler [1] aller, s'avancer, faire route/voile, marcher, naviguer, progresser, voguer [2] v. tr. a au pr. : battre, cravacher, flageller, fouailler, fouetter, frapper, fustiger, sangler b fig. : attaquer, attiser, blesser, critiquer, exciter, moucher, vexer

cintre n.m. [1] arc, arcade, arceau, cerceau, courbure, ogive, voussure, voûte [2] armature, coffrage [3] portemanteau

cintrer → **bomber**

circonférence n.f. [1] → **tour** [2] → **rond**

circonflexe → **tordu**

circonlocution n.f. → **périphrase**

circonscription n.f. → **division**

circonscrire → **limiter**

circonspect, e → **prudent**

circonspection n.f. attention, calme, considération, défiance, diplomatie, discernement, discrétion, égard, habileté, ménagement, mesure, modération, politique, précaution, prévoyance, prudence, quant-à-soi, réflexion, réserve, retenue, sagesse

circonstance n.f. [1] accident, climat, condition, contingence, détail, détermination, donnée, élément, modalité, particularité [2] actualité, conjoncture, état des choses, événement, heure, moment, situation, temps [3] cas, chance, coïncidence, entrefaite, épisode, éventualité, hasard, incidence, incident, occasion, occurrence, péripétie, rencontre [4] à-propos, opportunité

circonstancié, e → **détaillé**

circonvenir → **séduire**

circonvolution n.f. → **tour**

circuit n.m. → **tour**

circulaire → **rond**

circulation n.f. [1] → **mouvement** [2] → **trafic**

circuler → **mouvoir (se)**

cire n.f. par ext. : a ozocérite, paraffine b encaustique c cérumen

ciré n.m. → **imperméable**

cirer encaustiquer → **frotter**

cirier, ère n.m. ou f. [1] → **abeille** [2] fabricant/marchand de bougies/cierges/cire

ciron n.m. → **mite**

cirque n.m. 1 au pr. : amphithéâtre, arène, carrière, chapiteau, colisée, hippodrome, naumachie, piste, représentation, scène, spectacle, stade, tauromachie, voltige 2 fig. → **chahut**

cisaille n.f. cueilloir → **ciseau**

cisailler ébarber, élaguer → **couper**

ciseau n.m. 1 sing. : bec-de-corbin, bédane, berceau, besaiguë, biseau, ciselet, ébauchoir, fermoir, gouge, grattoir, matoir, plane, planoir, poinçon, pointe, repoussoir, riflard, rondelle → **burin** 2 plur. : cisaille, cueille-fleurs, cueilloir, forces, mouchette, sécateur

ciseler 1 → **tailler** 2 → **parfaire**

citadelle n.f. → **forteresse**

citadin, e 1 adj. → **urbain** 2 nom → **habitant**

citation n.f. → **extrait**

cité n.f. 1 → **agglomération** 2 → **village**

citer 1 au pr. : ajourner, appeler en justice, assigner, convoquer, faire sommation/venir, intimer, mander, sommer, traduire en justice 2 par ext. : alléguer, apporter, avancer, consigner, donner/fournir en exemple/référence, évoquer, indiquer, invoquer, mentionner, nommer, produire, rappeler, rapporter, signaler, viser

citerne n.f. → **réservoir**

citoyen, ne n.m. ou f. → **habitant**

citron n.m. agrume, bergamote, cédrat, citrus, lime, limette, limon → **agrume**

citrouille n.f. → **courge**

civette n.f. 1 → **genette** 2 → **ciboule**

civière n.f. bard, brancard, litière, oiseau

civil, e 1 adj. a civique, laïque, mondain, profane b affable, aimable, bien élevé, convenable, correct, courtois, empressé, galant, gentil, gracieux, honnête, poli 2 nom : bourgeois, pékin (fam.)

civilisation n.f. avancement, culture, évolution, humanisation, perfectionnement, progrès

civilisé, e → **policé**

civiliser → **policer**

civilité n.f. 1 affabilité, amabilité, atticisme, bonnes manières, convenances, correction, courtoisie, éducation, gentillesse, gracieuseté, honnêteté, politesse, raffinement, savoir-vivre, sociabilité, urbanité, usage 2 plur. a amabilités, amitiés, baisemain, bien des choses, compliments, devoirs, hommages, politesses, respects, salutations b cérémonies

civisme n.m. → **patriotisme**

clabauder → **médire**

claie n.f. 1 clayon, clisse, crible, éclisse, hayon, sas, tamis, volette 2 bordigue, gord, nasse 3 abri, brise-vent, clôture, grille, paillasson, treillage 4 hayon, panneau

clair, e 1 a brillant, éblouissant, éclatant, éclairé, illuminé, limpide, luisant, lumineux, net, poli, pur, serein, transparent b clairet, clairsemé, léger, rare c aigu, argentin, vif d → **pâle** e → **fluide** 2 fig. a aisé, explicite, facile, intelligible, précis, tranché b apparent, certain, connu, distinct, évident, manifeste, net, notoire, palpable, précis, sûr c cartésien, catégorique, délié, formel, lucide, pénétrant, perspicace, sans ambiguïté, sûr, univoque

claire n.f. → **marais**

clairière n.f. clair, échappée, éclaircie, trouée

clairon n.m. clique, fanfare, trompette

claironner → **publier**

clairsemé, e maigre → **épars**

clairvoyance n.f. → **pénétration**

clairvoyant, e 1 → **pénétrant** 2 → **intelligent**

clamer → **crier**

clameur n.f. → **cri**

clamp n.m. → **pince**

clan n.m. 1 → **tribu** 2 → **coterie** 3 → **parti**

clandestin, e → **secret**

clapet n.m. bouchon, obturateur, soupape, valve

claque 1 n.f. → **gifle** 2 n.m. → **lupanar**

claquement n.m. 1 fouettement 2 → **bruit**

claquemurer 1 → **coffrer** 2 → **enfermer**

claquer 1 v. tr. a → **frapper** b → **dépenser** c → **fatiguer** 2 v. intr. a → **rompre** b → **mourir**

clarifier 1 → **éclaircir** 2 → **purifier**

clarté n.f. 1 clair-obscur, demi-jour, éclat, embrasement, lueur, lumière, nitescence 2 fig. a diaphanéité, limpidité, luminosité, pureté, transparence, visibilité b intelligibilité, netteté, perspicacité, précision

classe n.f. 1 au pr. : caste, catégorie, clan, division, état, famille, gent, groupe, ordre, rang, série, standing 2 → **école** 3 carrure, chic, chien, dimension, distinction, élégance, génie, présence, talent, valeur

classement n.m. archivage, arrangement, bertillonnage, catalogue, classification, collocation, index, nomenclature, ordre, rangement, répertoire, statistique, taxinomie

classer archiver, arranger, assigner, attribuer, cataloguer, classifier, différencier, diviser, grouper, ordonner, placer, ranger, répartir, répertorier, séparer, sérier, subsumer, trier

classification n.f. → **classement**

classifier → **classer**

classique nom et adj. 1 → **normal** 2 → **traditionnel**

clause n.f. 1 → **disposition** 2 **clause pénale** : cautionnement, dédit, dédommagement, garantie, sûreté

claustral, e ascétique, cénobitique, monacal, monastique, religieux

claustration n.f. → **isolement**

claustrer → **enfermer**

clausule n.f. → **terminaison**

clavecin n.m. clavicorde, épinette, virginal

clef n.f. 1 sûreté → **passe-partout, rossignol** 2 explication, fil conducteur, introduction, sens, signification, solution 3 → **dénouement**

clémence n.f. → **générosité**

clément, e → **indulgent**

clerc n.m. 1 → **prêtre** 2 → **savant** 3 actuaire, commis, employé, principal, saute-ruisseau, secrétaire, tabellion

clergé n.m. 1 Église, ordre 2 a → **sacerdoce** b → **prêtre** 3 péj. : calotte, clergie

cliché n.m. 1 épreuve, image, négatif, pellicule, phototype, stéréotype 2 → **banalité**

client, e et **clientèle** n.m. ou f. 1 → **acheteur** 2 → **protégé**

clignement n.m. → **clin d'œil**

cligner et **clignoter** 1 → **ciller** 2 → **vaciller**

clignotant n.m. 1 feu de direction 2 alarme, signal → **signe**

climat n.m. 1 ciel, circonstances/conditions atmosphériques / climatiques / météorologiques, régime, température 2 atmosphère, ambiance, environnement, milieu → **pays**

climatère n.m. andro/ménopause

clin d'œil n.m. 1 battement, clignement, coup d'œil, œillade 2 méd. : nictation, nictitation 3 **en un clin d'œil** → **vite**

clinicien n.m. praticien → **médecin**

clinique n.f. → **hôpital**

clinquant n.m. camelote, éclat, faux, imitation, pacotille, quincaillerie, simili, verroterie

clinquant, e adj. → **voyant**

clip n.m. → **agrafe**

clique n.f. 1 → **orchestre** 2 → **coterie**

cliquetis n.m. → **bruit**

clivage n.m. → **séparation**

cliver déliter → **séparer**

cloaque n.m. 1 au pr. a bourbier, charnier, décharge, égout, margouillis, sentine, voirie b → **water-closet** 2 par ext. a → **abjection** b → **bas-fond**

clochard, e n.m. ou f. chemineau, cloche, clodo (fam.), trimard, trimardeur, vagabond → **mendiant**

clochardisation n.f. → **appauvrissement**

cloche n.f. 1 au pr. : beffroi, bélière, bourdon, campane, carillon, clarine, clochette, grelot, sonnaille, timbre 2 poét. : airain, bronze 3 par ext. : appel, signal, sonnerie 4 → **boursouflure** 5 → **clochard** 6 adj. → **bête**

clocher n.m. beffroi, bulbe, campanile, clocheton, flèche, tour

clocher 1 aller à cloche-pied, boiter, broncher, claudiquer, clopiner 2 → **décliner**

clochette n.f. → **cloche**

cloison n.f. 1 → **mur** 2 → **séparation**

cloisonner → **séparer**

cloître n.m. 1 déambulatoire, patio, préau, promenoir 2 abbaye, ashram, béguinage, chartreuse, communauté, couvent, ermitage, lamaserie, laure, monastère, moutier, retraite, trappe

cloîtrer → **enfermer**

clopiner → **clocher**

cloque n.f. → **boursouflure**

cloquer 1 gaufrer → **gonfler** 2 a → **donner** b → **mettre** c → **placer**

clore 1 → **fermer** 2 → **entourer** 3 → **finir**

clos nom et adj. 1 → **enceinte** 2 → **champ** 3 → **vigne**

clôture n.f. 1 au pr. : balustre, barbelé, barricade, barrière, chaîne, claie, échalier, enceinte, entourage, fermeture, grillage, grille, haie, herse, lice, mur, muraille, palanque, palis, palissade, treillage, treillis 2 → **fin**

clôturer 1 → **entourer** 2 → **finir**

clou n.m. 1 → **pointe** 2 → **abcès** 3 → **mont-de-piété** 4 → **bouquet**

clouer → **fixer**

clown n.m. 1 auguste, bateleur, bouffon, gugusse, paillasse, pitre 2 acrobate, artiste, fantaisiste → **farceur**

club n.m. 1 → **cercle** 2 **club house** off. : local

cluse n.f. → **vallée**

cluster n.m. méc. off. : en barillet/faisceau/grappe

coaccusé, e n.m. → **complice**

coadjuteur n.m. adjoint, aide, assesseur, auxiliaire, suppléant

coaguler v. tr. et intr. caillebotter, cailler, congeler, durcir, épaissir, figer, floculer, geler, grumeler, prendre, solidifier

coaliser → **unir**

coalition n.f. alliance, archiconfrérie, association, bloc, cartel, collusion, confédération, entente, front, groupement, intelligence, ligue, trust, union

coaltar n.m. → **goudron**

coasser fig. : bavarder, cabaler, clabauder, criailler, jacasser, jaser, médire

cobaye n.m. cochon d'Inde

cocagne n.f. abondance, eldorado, paradis, pays des merveilles/de rêve, réjouissance

cocarde n.f. → **emblème**

cocardier, ère n.m. ou f. → **patriote**

cocasse → **risible**

coche n.m. 1 berline, carrosse, chaise de poste, courrier, dame-blanche, diligence, malle, malle-poste, patache → **voiture** 2 coche d'eau : bac, bachot, bateau-mouche → **bateau** 3 → **porc** 4 → **entaille**

cocher n.m. aurige, conducteur, patachon, phaéton, postillon, roulier, voiturier

cocher → **entailler**

cochon n.m. 1 au pr. → **porc** 2 fig. a → **obscène** b → **débauché**

cochonnaille n.f. → **charcuterie**

cochonner → **gâcher**

cochonnerie n.f. 1 → **obscénité** 2 → **saleté**

cochonnet n.m. 1 au pr. : but 2 fam. : ministre, peintre

cockpit n.m. aviat. off. : habitacle, poste de pilotage

cocotte n.f. autocuiseur → **prostituée**

cocu, e nom et adj. bafoué, berné, blousé, coiffé, cornard, cornu, trompé

cocufier → **tromper**

code n.m. 1 loi 2 → **règlement** 3 grammaire, langue 4 → **recueil**

coder → **programmer**

codicillaire → **additionnel**

codicille n.m. → **addition**

codifier → **régler**

coefficient n.m. facteur, pourcentage

coéquipier n.m. → **partenaire**

coercition n.f. → **contrainte**

cœur n.m. 1 → **âme** 2 → **nature** 3 → **sensibilité** 4 → **générosité** 5 → **chaleur** 6 → **courage** 7 → **estomac** 8 → **conscience** 9 → **mémoire** 10 → **intuition** 11 → **centre** 12 a **à cœur ouvert :** avec abandon/confiance, franchement, librement b **de bon cœur :** avec joie/plaisir, de bon gré, volontairement, volontiers 13 arg. : battant, chouan, palpitant

coexistence n.f. 1 → **simultanéité** 2 → **accompagnement**

coexister → **accompagner**

coffre n.m. 1 a arche (vx), bahut, boîte, caisse, caisson, cassette, coffre-fort, coffret, malle b huche, maie, panetière, saunière 2 fig. : culot, estomac, souffle, toupet → **poitrine**

coffrer arrêter, claquemurer, emprisonner, mettre à l'ombre/en prison

coffret n.m. → **boîte**

cogiter → **penser**

cognat n.m. → **parent**

cognée n.f. → hache
cogner [1] → battre [2] → frapper [3] → heurter
cognition n.f. → conscience
cohabitation n.f. concubinage, mixité, promiscuité, voisinage
cohabiter vivre en promiscuité, voisiner
cohérence et **cohésion** n.f. [1] → adhérence [2] → liaison
cohérent, e → logique
cohorte n.f. → troupe
cohue n.f. [1] affluence, foule, mêlée, multitude, presse [2] bousculade, confusion, désordre, tumulte
coi, coite [1] → tranquille [2] abasourdi, muet, sidéré, stupéfait
coiffe n.f. cale (vx), cornette → bonnet
coiffer [1] ceindre, chapeauter, couvrir [2] → peigner [3] avoir la responsabilité, diriger, superviser [4] v. pron. fig. → engouer (s')
coiffeur, euse n.m. ou f. [1] vx ou fam. : barbier, figaro, merlan, perruquier [2] artiste capillaire, capilliculteur
coiffure n.f. [1] atour, barrette, battant l'œil, bavolet, béret, bi/tricorne, boléro, bolivar, cabriolet, cagoule, calot, calotte, canotier, cape, capuche, capuchon, carré, casque, casquette, castor, chapeau, chaperon, chapska, chéchia, claque, coiffe, cornette, couronne, couvre-chef, diadème, faluche, fanchon, feutre, fez, filet, fontange, foulard, haut-de-forme, hennin, huit-reflets, képi, madras, mante, mantille, marmotte, melon, mitre, mortier, mouchoir, panama, passe-montagne, perruque, polo, pschent, résille, réticule, ruban, serre-tête, shako, sombrero, suroît, talpack, tiare, toque, tortil, tortillon, turban, voile ◆ vx : cale, chapelet, claque-oreilles fam. : bibi, bitos, galette, galure, galurin [2] → bonnet [3] accroche-cœur, aile-de-pigeon, à la Berthe, à la chien, à la Titus, anglaise, bandeau, boucle, catogan, chignon, coque, fontange, frange, garcette, macaron, nattes, queue, rouleau, torsade, tresse
coin n.m. [1] cachet, empreinte, estampille, marque, poinçon, sceau [2] angle, diverticule, encoignure, recoin, renfoncement, retrait [3] **coin de la rue** : croisement, détour, tournant [4] → pays [5] → solitude [6] bout, extrémité, morceau, partie, secteur [7] cale, patarasse
coincer [1] → fixer [2] → prendre
coïncidence n.f. concomitance, concours de circonstances, isochronisme, rencontre, simultanéité, synchronie
coïncider → correspondre
coït n.m. → accouplement
coke n.m. → charbon
col n.m. [1] → cou [2] → collet [3] → défilé
colère n.f. [1] agitation, agressivité, atrabile, bile, bourrasque, courroux, déchaînement, dépit, ébullition, effervescence, emportement, exaspération, explosion, foudres, fulmination, fureur, furie, hargne, impatience, indignation, irascibilité, ire, irritation, rage, surexcitation, transport (vx), violence [2] fam. : à cran, en boule/pétard/rogne, fumasse [3] **se mettre en colère** : → emporter (s)
colère, coléreux, euse, colérique adj. agité, agressif, atrabilaire, bilieux, chagrin, courroucé, emporté, exaspéré, excitable, fulminant, furax (fam.), furieux, hargneux, impatient, irascible, irritable, monté contre, rageur, sanguin, soupe au lait
colifichet n.m. → bagatelle
colimaçon n.m. → limaçon
colin n.m. → gade
colique n.f. [1] au pr. [a] colite, crampe, débâcle, déchirement d'entrailles, dysenterie, entérite, entérocolite, épreinte, flatuosité, indigestion, intoxication, occlusion intestinale, ténesme, tiraillement d'intestin → diarrhée [b] néphrétique : anurie, dysurie, hématurie [c] de plomb : saturnisme [d] fam. : chiasse, cliche, courante, foire [2] fig. → importun
colis n.m. → paquet
collaborateur, trice n.m. ou f. → associé
collaboration n.f. → coopération
collaborer → participer
collant n.m. → maillot
collant, e [1] adhésif, gluant, glutineux, visqueux [2] près du corps → boudiné [3] → importun
collatéral, e → parent
collation n.f. [1] casse-croûte, cocktail, en-cas, goûter, lunch, mâchon, quatre-heures, rafraîchissement, réfection, régal, souper, thé [2] comparaison, confrontation, correction, lecture, vérification [3] attribution, distribution, remise
collationner → comparer
colle n.f. [1] empois, glu, maroufle, poix [2] → question
collecte n.f. [1] cueillette, ramassage, récolte [2] → quête
collecter → assembler
collecteur n.m. [1] → conduit [2] → percepteur
collectif, ive [1] communautaire → général [2] → commun (en)
collection n.f. [1] au pr. : accumulation, amas, appareil, assemblage, assortiment, attirail, compilation, ensemble, foule, groupe, nombre, quantité, ramas (péj.), ramassis (péj.), réunion, tas, variété [2] par ext. : album, anthologie, bibliothèque, catalogue, cinémathèque, code, coquillier, discothèque, galerie, herbier, iconographie, médaillier, ménagerie, musée, panoplie, philatélie, pinacothèque, sonothèque, vitrine
collectionner accumuler, amasser, assembler, colliger, entasser, grouper, ramasser, réunir
collectionneur, euse n.m. ou f. amateur, bibliomane, bibliophile, chercheur, connaisseur, curieux, fouineur, numismate, philatéliste
collectivisation n.f. étatisation, réquisition, socialisation
collectiviser → nationaliser
collectivisme n.m. autogestion, babouvisme, bolchevisme, collégialité, communisme, marxisme, mutualisme, saint-simonisme, socialisme
collectivité n.f. collège, communauté, ensemble, phalanstère, société, soviet
collège n.m. [1] → corporation [2] → lycée
collégialité n.f. → collectivisme
collégien, ne n.m. ou f. → élève
collègue n.m. ou f. associé, camarade, compagnon, confrère, consœur
coller [1] → appliquer [2] → mettre [3] → joindre [4] → poisser [5] fam. : ajourner, refuser
collet n.m. [1] col, colback (fam.), collerette, encolure, fraise, gorgerette, jabot, parementure, rabat [2] lacet, lacs, piège [3] **collet monté** : affecté, guindé, revêche → prude
colleter [1] → lutter [2] → prendre
colley n.m. → chien
collier n.m. [1] au pr. : bijou, carcan, chaîne, rang de perles, rivière de diamants, sautoir, torque [2] par ext. : [a] harnais, joug [b] méc. : bague, manchon [c] → servitude
colliger → réunir
colline n.f. → hauteur
collision n.f. [1] → heurt [2] → engagement
colloque n.m. → conversation
collusion n.f. → complicité
colmater → boucher
colombe n.f. → colombin
colombier n.m. → pigeonnier
colombin n.m. [1] biset, colombe, palombe, pigeon, pigeonneau, ramier, tourtereau, tourterelle [2] → excrément
colon n.m. [1] agriculteur, cultivateur, exploitant, fermier, locataire, métayer, occupant, planteur, preneur [2] → pionnier
colonialisme n.m. expansionnisme, exploitation (coloniale), impérialisme
colonie n.f. [1] ensemble, famille, groupe [2] comptoir, condominium, département/territoire d'outre-mer, empire, établissement, factorerie, fondation, plantation, protectorat
colonisation n.f. colonialisme, expansion, hégémonie, impérialisme, occupation
coloniser occuper → prendre
colonne n.f. [1] ante, contrefort, fût, montant, pilastre, pilier, poteau, pylône, soutènement, soutien, support [2] aiguille, cippe, obélisque, stèle [3] colonne vertébrale : échine, épine dorsale, rachis, vertèbres [4] commando, escouade, renfort, section
colophane n.m. arcanson
coloration n.f. → couleur
coloré, e [1] barbouillé (péj.), colorié, enluminé, peinturluré, polychrome, teinté [2] animé, expressif, imagé, vif, vivant [3] bonne mine, (teint) frais/hâlé/vermeil → basané
colorer barbouiller (péj.), barioler, colorier, embellir, enluminer, farder, orner, peindre, peinturlurer, rehausser, relever, teindre, teinter
colorier → colorer
coloris n.m. → couleur
colossal, e → gigantesque
colosse n.m. → géant
colporter → répandre
coltiner → porter
coma n.m. assoupissement, évanouissement, insensibilité, léthargie, perte de connaissance, sommeil
combat n.m. [1] → bataille [2] → conflit
combatif, ive accrocheur, agressif, bagarreur, baroudeur, batailleur, lutteur, pugnace, querelleur, vif → belliqueux
combativité n.f. → agressivité
combattant, e n.m. ou f. [1] guerrier, homme, soldat [2] par ext. [a] adversaire, antagoniste, challenger, rival [b] apôtre, champion, militant, prosélyte
combattre v. tr. et intr. → lutter
combe n.f. → vallée
combinaison n.f. [1] → cotte [2] → mélange [3] → plan
combinard n.m. → malin
combine n.f. [1] astuce, embrouille, filon, manigance, moyen, planque, système, tour, truc, tuyau [2] favoritisme, passe-droit, passe-passe, piston
combiner [1] allier, arranger, assembler, associer, assortir, composer, coordonner, disposer, joindre, marier, mélanger, mêler, ordonner, réunir, synthétiser, unir [2] agencer, calculer, concerter, construire, élaborer, imaginer, machiner, manigancer, méditer, organiser, ourdir, préparer, spéculer, trafiquer, tramer ◆ fam. : concocter, gamberger
comble → plein
comble n.m. [a] au pr. : supplément, surcroît, surplus, trop-plein [b] par ext. : apogée, excès, faîte, fort, limite, maximum, période, pinacle, sommet, summum, triomphe, zénith [c] arch. : attique, couronnement, faîte, haut, mansarde, pignon, pinacle, toit
combler [1] emplir, remplir, saturer, surcharger [2] abreuver, accabler, charger, couvrir, donner, favoriser, gâter, gorger, gratifier, satisfaire [3] alluvionner, aplanir, boucher, bourrer, ensabler, niveler, obturer, remblayer, remplir [4] **combler la mesure** → exagérer
combustible n.m. aliment, carburant, *et par ext.* comburant, matière inflammable
combustible → inflammable
combustion n.f. calcination, crémation, ignition, incendie, incinération, inflammation, oxydation
comédie n.f. [1] arlequinade, atellanes, bouffonnerie, farce, momerie, pantalonnade, pièce, proverbe, saynète, sketch, sotie, spectacle, théâtre, vaudeville, zarzuela [2] péj. : cabotinage, cinéma, déguisement, feinte, frime, invention, mensonge, plaisanterie, simulation, tromperie → subterfuge [3] **Comédie-Française** : le Français, le Théâtre-Français
comédien, ne n.m. ou f. [1] acteur, artiste, comique, doublure, figurant, ingénu, interprète, mime, pensionnaire/sociétaire de la Comédie-Française, petit/premier rôle, protagoniste, second couteau, tragédien, utilité(s) [2] étoile, star, vedette [3] péj. : baladin, cabot, histrion, ringard, théâtreux [4] → farceur [5] → hypocrite
comestible [1] n.m. → subsistance [2] adj. → mangeable
comice n.m. → réunion
comique [1] n.m. [a] → bouffon [b] → écrivain [2] adj. [a] abracadabrant, absurde, amusant, bizarre, bouffe, bouffon, burlesque, caricatural, cocasse, désopilant, drôle, facétieux, falot, gai, grotesque, hilarant, inénarrable, loufoque, plaisant, ridicule, risible, saugrenu, ubuesque, vaudevillesque [b] fam. : au poil, bidonnant, boyautant, crevant, fumant, gondolant, impayable, marrant, pilant, pissant, poilant, rigolo, roulant, tordant
comité n.m. commission, soviet → réunion
comma n.m. → espace
commandant n.m. → chef
commande n.f. [1] achat, ordre [2] **de commande** : affecté, artificiel, factice, feint, simulé → obligatoire [3] au pl. : gouvernes, poste de pilotage

commandement n.m. 1 avertissement, injonction, intimation, jussion (vx), ordre, soit-communiqué (jurid.), sommation 2 relig. : décalogue, devoir, loi, obligation, précepte, prescription, règle 3 autorité, dictée (péj.), direction, pouvoir, puissance, responsabilité 4 état-major

commander 1 v. tr. a avoir la haute main sur, contraindre, décréter, disposer, donner l'ordre, enjoindre, exiger, imposer, intimer, mettre en demeure, obliger, ordonner, prescrire, recommander, sommer b conduire, diriger, dominer, gouverner, mener c appeler, attirer, entraîner, imposer, inspirer, nécessiter, réclamer d acheter, faire/passer commande 2 v. intr. : dominer, être le maître, gouverner

commanditaire n.m. bailleur de fonds, financier, mécène, sponsor → **parrain**

commanditer → **financer**

commando n.m. → **troupe**

comme 1 ainsi que, à l'égal/à l'instar de, aussi bien/autant/de même/non moins/pareillement que, comment, kif (fam.) → **comparable** 2 → **puisque** 3 → **quand** 4 **comme quoi** : → **définitive (en)**

commémoration n.f. anniversaire, célébration, commémoraison, fête, mémento, mémoire, rappel, remémoration, souvenir

commémorer 1 → **fêter** 2 → **rappeler**

commencement n.m. 1 abc, adolescence, alpha, amorce, apparition, arrivée, attaque, aube, aurore, avant-propos, avènement, b.a.-ba, balbutiement, bégaiement, berceau, bord, création, début, déclenchement, décollage, démarrage, départ, ébauche, embryon, enfance, engagement, entrée, esquisse, essai, exposition, exorde, fleur, fondement, inauguration, incipit, introduction, liminaire, matin, mise en train, naissance, orée, origine, ouverture, point initial, préambule, préface, préliminaires, premier pas, prémices, primeur, prolégomènes, prologue, racine, rudiment, seuil, source, tête 2 axiome, postulat, prémisse, principe

commencer 1 v. tr. : aligner, amorcer, attaquer, débuter, déclencher, démarrer, ébaucher, embarquer, embrayer, emmancher, enclencher, enfourner (fam.), engager, engrener, entamer, entonner, entreprendre, esquisser, étrenner, fonder, former, inaugurer, instituer, lancer, mener, mettre en œuvre/en route/en train, se mettre/prendre à, ouvrir 2 v. intr. a au pr. → **partir** b fig. : ânonner, balbutier, débuter, éclater, éclore, émerger, se lever, naître, poindre, progresser, se risquer, tâtonner

commende n.f. → **bénéfice**

commensal n.m. → **convive**

commensurable comparable, mesurable

comment 1 de quelle façon 2 interrog. : pardon, plaît-il, s'il vous plaît fam. : hein, quoi, tu dis 3 **comment donc, et comment** → **évidemment**

commentaire n.m. 1 annotation, critique, exégèse, explication, glose, herméneutique, massorah, note, paraphrase, scolie 2 au pl. a → **histoire** b → **bavardage**

commentateur, trice n.m. et f. annotateur, critique, exégète, glossateur, interprète, massorète, scoliaste

commenter → **expliquer**

commérage n.m. → **médisance**

commerçant, e 1 adj. → **achalandé** 2 nom. : boutiquier, commissionnaire, consignataire, débitant, détaillant, expéditeur, exportateur, fournisseur, grossiste, marchand, négociant, stockiste, transitaire ◆ péj. : mercanti, trafiquant

commerce n.m. 1 au pr. : échange, négoce, offre et demande, trafic 2 vx : négociation, traite 3 par ext. a affaires, Bourse, courtage, exportation, importation, marché, secteur tertiaire b → **magasin** c → **établissement** 4 péj. a bricolage, brocantage, brocante, friperie, maquignonnage b → **malversation** 5 fig. : amitié, fréquentation, rapport, relation

commercer négocier, trafiquer

commère n.f. 1 au pr. : belle-mère, marraine 2 fig. → **bavard**

commérer → **médire**

commettant n.m. délégant, mandant

commettre 1 → **remettre** 2 → **hasarder** 3 → **préposer** 4 → **entreprendre** 5 mar. → **tordre**

comminatoire → **menaçant**

commis, e n.m. ou f. 1 → **employé** 2 → **vendeur** 3 → **représentant**

commisération n.f. → **pitié**

commissaire n.m. délégué, chargé d'affaires/de mission, mandataire, représentant

commissaire-priseur n.m. 1 → **adjudicateur** 2 rég. ou part. : sapiteur

commission n.f. 1 → **mission** 2 → **course** 3 → **comité** 4 → **courtage** 5 → **gratification**

commissionnaire n.m. 1 → **intermédiaire** 2 → **messager** 3 → **porteur**

commissionner → **charger**

commissure n.f. fente, jonction, joint, ouverture, pli, repli

commode n.f. par ext. : armoire, bonheur-du-jour, bahut, bonnetière, chiffonnier, chiffonnière, coffre, semainier

commode adj. 1 agréable, aisé, avantageux, bien, bon, confortable, convenable, expédient, facile, favorable, fonctionnel, habitable, logeable, maniable, pratique, propre, vivable 2 libre, relâché 3 quelqu'un : accommodant, agréable, aimable, arrangeant, bon vivant, complaisant, facile, indulgent

commodité n.f. 1 au sing. : agrément, aise, avantage, bienséance (vx), confort, facilité, habitabilité, utilité 2 au pl. → **water-closet**

commotion n.f. 1 → **secousse** 2 → **ébranlement** 3 → **séisme**

commotionner → **choquer**

commuer → **changer**

commun n.m. 1 → **peuple** 2 au pl. : ailes, débarras, cuisines, écuries, ménagerie (vx), pavillons, remises, services, servitudes

commun, e 1 accoutumé, banal, conventionnel, courant, général, habituel, naturel, ordinaire, public, quelconque, rebattu, standard, universel, usuel, utilitaire 2 non fav. : bas, bourgeois, épicier, grossier, inélégant, inférieur, marchand, médiocre, pauvre, populaire, prolo, prosaïque, trivial, vulgaire 3 par ext. → **abondant** 4 **en commun** : a épicène (partic.) b collectif, communautaire, en communauté, dans l'indivision, de concert, ensemble, indivis

communal, e édilitaire, municipal, public, urbain

communard n.m. fédéré

communautaire 1 → **commun (en)** 2 → **religieux**

communauté n.f. 1 → **société** 2 → **congrégation** 3 → **groupe**

commune n.f. agglomération, bourg, bourgade, centre, conseil municipal, échevinage, édilité, municipalité, paroisse, village, ville

communicatif, ive 1 causant, confiant, démonstratif, disert, enthousiaste, expansif, exubérant, parleur, ouvert, volubile 2 contagieux, épidémique, pathogène, pestilentiel, transmissible

communication n.f. 1 adresse, annonce, avis, confidence, correspondance, dépêche, liaison, message, note, nouvelle, rapport, renseignement, spot 2 → **relation** 3 communion, échange, télépathie, transmission

communion n.f. 1 → **union** 2 relig. : agape, cène, échange, partage, repas mystique, viatique → **eucharistie**

communiqué n.m. → **avertissement**

communiquer 1 v. intr. a communier, correspondre, s'entendre, se mettre en communication/relation avec b une chose. faire communiquer : commander, desservir, relier 2 v. tr. a confier, découvrir, dire, divulguer, donner, échanger, écrire, enseigner, épancher, expliquer, faire connaître/partager/part de/savoir, indiquer, livrer, mander, parler, publier b une chose : envahir, gagner, imprimer c une maladie : inoculer, passer, transmettre

communisme n.m. → **socialisme**

communiste nom et adj. 1 bolchevik, bolcheviste, socialiste, soviet ◆ péj. : coco, cosaque, popov 2 vx : partageux

commutateur n.m. bouton, disjoncteur, jack, relais → **interrupteur**

commutation n.f. → **remplacement**

commuter → **changer**

compact, e 1 → **dense** 2 → **épais**

compactage n.m. damage, roulage, tassage

compagne n.f. → **épouse**

compagnie n.f. assemblée, collège, comité, entourage, réunion, société, troupe

compagnon n.m. 1 acolyte, ami, antrustion, associé, camarade, chevalier servant, coéquipier, collègue, commensal, compère, complice (péj.), condisciple, partenaire ◆ fam. : copain, pote, poteau 2 → **travailleur** 3 → **gaillard**

comparable analogue, approchant, assimilable, comme, égal, semblable

comparaison n.f. 1 au pr. : balance, collation, collationnement, confrontation, mesure, parallèle, rapprochement, recension 2 par ext. : allusion, analogie, assimilation, image, métaphore, métonymie, parabole, similitude 3 **en comparaison de** : auprès/au prix/au regard de, par rapport à

comparaître → **présenter (se)**

comparer analyser, apprécier, balancer, collationner, conférer, confronter, évaluer, examiner, mesurer, mettre au niveau de/en balance/en parallèle/en regard, opposer, parangonner (vx), rapprocher, vidimer

comparse n.m. figurant → **complice**

compartiment n.m. alvéole, case, casier, casse, cellule, classeur, division, subdivision

compartimenter → **séparer**

compas n.m. 1 balustre, boussole, rose des vents 2 partic. : maître à danser, rouanne → **règle**

compassé, e → **étudié**

compassion n.f. apitoiement, attendrissement, cœur, commisération, humanité, miséricorde, pitié, sensibilité

compatibilité n.f. → **accord**

compatible 1 → **conciliable** 2 → **convenable**

compatir → **plaindre**

compatissant, e → **bon**

compatriote n.m. ou f. → **concitoyen**

compendium n.m. abrégé, condensé, digest, somme → **résumé**

compensation n.f. 1 a contre-valeur, dédommagement, indemnisation, indemnité, prix, rançon, récompense, réparation, retour, soulte b balance, contrepartie, contrepoids, égalisation, égalité, équilibre, équivalent, l'un dans l'autre, moyenne, neutralisation, réciprocité 2 consolation, correctif, récompense, revanche 3 **en compensation** : en échange, en revanche, mais

compenser balancer, consoler, contrebalancer, corriger, dédommager, égaliser, équilibrer, faire bon poids, indemniser, neutraliser, réparer

compère n.m. 1 → **compagnon** 2 → **complice** 3 beau-père, parrain

compère-loriot n.m. chalaze, chalazion, grain d'orge, orgelet

compétence n.f. attribution, autorité, pouvoir, qualité, rayon (fam.), ressort → **capacité**

compétent, e → **capable**

compétiteur, trice n.m. ou f. → **concurrent**

compétitif, ive 1 → **attractif** 2 → **marché (bon)**

compétition n.f. challenge, championnat, concours, concurrence, conflit, coupe, course, critérium, défi, épreuve, match, omnium, poule, régate ◆ vx : compétence, concertation → **rivalité**

compilation n.f. 1 au pr. a → **collection** b → **mélange** 2 par ext. → **imitation**

compiler → **imiter**

complainte n.f. 1 au pr.(vx) → **gémissement** 2 par ext. → **chant**

complaire → **plaire**

complaisance n.f. 1 affection, amabilité, amitié, attention, bienveillance, bonté, charité, civilité, condescendance, déférence, empressement, facilité, indulgence, obligeance, politesse, prévenance, serviabilité, soin, zèle 2 → **servilité, plaisir**

complaisant, e 1 aimable, amical, attentionné, bienveillant, bon, charitable, civil, déférent, empressé, indulgent, obligeant, poli, prévenant, serviable, zélé 2 péj. : arrangeant, commode, coulant, facile, flagorneur, flatteur, godillot, paillasson, satisfait, servile

complément n.m. → **supplément**

complémentaire → **supplémentaire**

complet, ète, 1 → **entier** 2 → **plein** 3 absolu, exhaustif, intégral, radical, sans restriction, total

complètement absolument, à fond, carrément, de fond en comble, de pied en cap, des pieds à la tête, du haut en bas, en bloc, entièrement, in extenso, intégralement, jusqu'au bout, jusqu'aux oreilles, parfaitement, pleinement, profondément, purement et simplement, radicalement, tout à fait, tout au long

compléter achever, adjoindre, ajouter, améliorer, arrondir, assortir, augmenter, combler, conclure, couronner, embellir, enrichir, finir, parachever, parfaire, perfectionner, rajouter, rapporter, suppléer

complexe [1] adj. → **compliqué** [2] nom → **obsession** [3] combinat, ensemble, groupe, groupement, holding, trust

complexer → **gêner**

complexion n.f. [1] → **mine** [2] → **nature**

complication n.f. → **difficulté**

complice n.m. et n.f. acolyte, affidé, aide, associé, auxiliaire, baron (arg.), coaccusé, compagnon, comparse, compère, consort, fauteur, suppôt

complicité n.f. accord, aide, assistance, association, collaboration, collusion, compérage, connivence, coopération, entente, entraide, implication, intelligence

compliment n.m. [1] → **félicitation** [2] → **éloge** [3] → **discours** [4] → **civilités**

complimenter applaudir, approuver, congratuler, faire des civilités/politesses, féliciter, flatter, glorifier, louanger, louer, tirer son chapeau, vanter

compliqué, e alambiqué, apprêté, complexe, composé, confus, contourné, détaillé, difficile, embarrassé, embrouillé, entortillé, implexe, machiavélique, obscur, quintessencié, raffiné, recherché, savant, subtil, touffu, tourmenté, trouble ♦ fam. : chinois, emberlificoté ♦ vx : affété, intriqué

compliquer apprêter, brouiller, complexifier, couper les cheveux en quatre, embarrasser, embrouiller, embroussailler, emmêler, entortiller, obscurcir, quintessencier, raffiner, rendre confus ♦ fam. : chinoiser, emberlificoter ♦ vx : intriquer

complot n.m. association, attentat, brigue, cabale, coalition, concert, conciliabule, conjuration, conspiration, coup d'État, coup monté, faction, fomentation, intrigue, ligue, machination, menée, parti, ruse, sédition, trame

comploter v. tr. et intr. s'associer, briguer, cabaler, se coaliser, se concerter, conjurer, conspirer, intriguer, se liguer, machiner, manigancer, minuter (vx), ourdir, projeter, tramer

comploteur n.m. → **conspirateur**

componction n.f. [1] → **regret** [2] → **gravité**

comportement n.m. → **procédé**

comporter [1] admettre, autoriser, comprendre, contenir, emporter, enfermer, impliquer, inclure, justifier, permettre, renfermer, souffrir, supporter [2] v. pron. → **conduire (se)**

composant, e nom et adj. composé, corps, élément, terme, unité → **partie**

composé, e [1] adj. a → **étudié** b → **compliqué** [2] nom → **composant**

composer [1] v. tr. a agencer, apprêter, arranger, assembler, associer, bâtir, charpenter, ciseler, combiner, concevoir, confectionner, constituer, créer, disposer, dresser, écrire, élucubrer, faire, faufiler, former, imaginer, jeter les bases, organiser, polir, pondre, préparer, produire, rédiger, sculpter, travailler, trousser b adopter/se donner/emprunter/prendre une attitude/une contenance, affecter, apprêter, déguiser, étudier [2] v. intr. a s'accommoder, s'accorder, s'entendre, se faire b négocier, pactiser, traiter, transiger c capituler, céder, faiblir

composite → **mêlé**

compositeur n.m. [1] → **musicien** [2] → **typographe**

composition n.f. [1] au pr. a agencement, arrangement, assemblage, association, charpente, combinaison, constitution, construction, contexture, coupe, dessin, disposition, ensemble, formation, organisation, structure, synthèse, texture b alliage, composante, teneur c colle (fam.), concours, copie, devoir, dissertation, épreuve, examen, exercice, rédaction [2] par ext. a accommodement, accord, compromis, concession, transaction b caractère, disposition, humeur, pâte, tempérament [3] → **indemnité**

compost n.m. débris, engrais, feuilles mortes, fumier, humus, mélange, poudrette, terreau, terre de bruyère

compote n.f. → **confiture**

compréhensible → **intelligible**

compréhensif, ive [1] → **intelligent** [2] → **accommodant**

compréhension n.f. [1] → **accord** [2] → **entendement**

comprendre [1] comporter, compter, contenir, embrasser, enfermer, englober, envelopper, faire entrer, impliquer, inclure, incorporer, intégrer, mêler, renfermer [2] a → **entendre** b apercevoir, concevoir, déchiffrer, intellectualiser, interpréter, pénétrer, saisir, sentir, traduire, trouver, voir c fam. : bicher, biter, entraver, piger d apprendre, atteindre à, connaître, faire rentrer, s'y mettre, mordre, suivre e s'apercevoir/se rendre compte de [3] v. pron. : s'accorder, sympathiser

compresse n.f. gaze, pansement

compresser → **presser**

compressible → **élastique**

compression n.f. [1] → **réduction** [2] → **contrainte**

comprimé n.m. [1] → **cachet** [2] → **pilule**

comprimer → **presser**

compris, e admis, assimilé, enregistré, interprété, reçu, saisi, vu

compromettre [1] → **hasarder** [2] → **nuire**

compromis n.m. accord, amiable composition, amodiation, arbitrage, arrangement, composition, concession, conciliation, convention, cote mal taillée, entente, moyen terme, transaction

compromission n.f. → **malversation**

comptable n.m. et f. caissier, calculateur, commissaire aux comptes, facturier, ordonnateur, payeur, percepteur, questeur, receveur, trésorier

comptable adj. : redevable → **garant**

comptant à l'enlèvement, à livraison, à réception, cash

compte n.m. [1] addition, calcul, dénombrement, différence, énumération, nombre, recensement, somme, statistique, total [2] appoint, arrêté, avoir, balance, bénéfice, bilan, boni, bordereau, bulletin de paie, comptabilité, débit, décompte, découvert, déficit, dépens, écriture, encaisse, facture, gain, liquidation, mécompte, mémoire, montant, précompte, rectificatif, règlement, reliquat, revenant-bon, ristourne, solde, soulte, total [3] **compte rendu :** a analyse, bilan, critique, explication, exposé, mémorandum, note, procès-verbal, rapport, récit, relation, synthèse b **rendre compte** → **raconter**

compte-gouttes n.m. pipette

compter [1] v. tr. a calculer, chiffrer, compasser (vx), dénombrer, inventorier, mesurer, nombrer, précompter, supputer b considérer, examiner, peser, regarder c → **payer** d énumérer, facturer, faire payer, inclure, introduire e apprécier, considérer, estimer, évaluer, prendre f comprendre, englober, mettre au rang de [2] v. intr. a calculer b → **importer** c avoir l'intention, croire, espérer, estimer, former le projet, penser, projeter, se proposer de d s'attendre à, avoir/tenir pour certain/sûr, regarder comme certain/sûr

compteur n.m. → **enregistreur**

comptoir n.m. [1] → **table** [2] → **établissement**

compulser [1] → **examiner** [2] → **feuilleter**

comput n.m. ordo.→ **calcul**

comté n.m. → **fromage**

con nom et adj. [1] → **bête** [2] → **sexe**

concasser [1] → **broyer** [2] → **casser**

concasseur n.m. → **broyeur**

concave [1] → **creux** [2] → **courbe**

concavité n.f. → **excavation**

concéder [1] → **accorder** [2] → **avouer**

concentration n.f. [1] au pr. a accumulation, agglomération, amas, assemblage b association, cartel, consortium, entente, groupement, rassemblement, regroupement, réunion, trust [2] concentration d'esprit : application, attention, contention, recherche, recueillement, réflexion, tension

concentré, e [1] → **condensé** [2] → **secret**

concentrer [1] au pr. : accumuler, assembler, centraliser, diriger vers, faire converger, grouper, rassembler, réunir [2] un liquide : condenser, diminuer, réduire [3] fig. : appliquer son énergie/son esprit/ses forces/ses moyens, canaliser, focaliser, polariser, ramener, rapporter, se recueillir, réfléchir, tendre [4] ses passions : contenir, dissimuler, freiner, refouler, renfermer, rentrer [5] v. pron. a → **penser** b → **renfermer (se)**

concept n.m. → **idée**

concepteur n.m. → **architecte**

conception n.f. [1] → **entendement** [2] → **idée**

conceptuel, le idéel

concernant → **touchant**

concerner s'appliquer à, dépendre de, être de la juridiction/du rayon/du ressort de, être relatif à, intéresser, porter sur, se rapporter à, regarder, relever de, toucher

concert n.m. [1] a aubade, audition, cassation, divertissement, festival, récital, sérénade b bœuf (arg.), improvisation, jam-session [2] fig. → **chahut** [3] accord, ensemble, entente, harmonie, intelligence, union [4] **de concert :** concurremment, conjointement, de connivence, de conserve, en accord/harmonie, ensemble

concertation n.f. → **conversation**

concerté, e → **étudié**

concerter [1] → **préparer** [2] v. pron. → **entendre (s')**

concession n.f. [1] → **cession** [2] → **tombe** [3] → **renoncement**

concetti n.m. bon mot, pensée, mot/trait d'esprit/piquant

concevable → **intelligible**

concevoir [1] → **créer** [2] → **entendre** [3] → **trouver**

concierge n.m. ou f. → **portier**

conciergerie n.f. porterie, tour (relig.)

concile n.m. [1] → **consistoire** [2] → **réunion**

conciliable compatible, mariable → **possible**

conciliabule n.m. [1] → **consistoire** [2] → **réunion** [3] → **conversation**

conciliant, e apaisant, arrangeant, calmant, compatible (vx), conciliateur, conciliatoire, coulant, diplomate, doux, facile, libéral, traitable → **accommodant**

conciliateur, trice arbitre, médiateur, pacificateur → **intermédiaire**

conciliation n.m. → **compromis**

concilier [1] accorder, allier, arbitrer, arranger, mettre d'accord, raccommoder, rapprocher, réconcilier, réunir [2] adoucir, ajuster, faire aller/cadrer/concorder, harmoniser [3] v. pron. → **gagner**

concis, e bref, dense, dépouillé, incisif, laconique, lapidaire, lumineux, nerveux, net, précis, ramassé, sec, serré, sobre, succinct, tendu, vigoureux → **court**

concision n.f. brièveté, densité, laconisme, netteté, précision, sécheresse, sobriété

concitoyen, ne n.m. ou f. compagnon, compatriote, pays (fam.)

concluant, e convaincant, décisif, définitif, irrésistible, probant

conclure [1] une affaire : s'accorder, achever, arranger, arrêter, clore, contracter une obligation, convenir de, couronner, s'entendre, finir, fixer, mener à bonne fin, passer/signer/traiter un arrangement/une convention/un marché/un traité, régler, résoudre, terminer [2] par ext. : arguer, argumenter, conduire un raisonnement, colliger (vx), déduire, démontrer, induire, inférer, juger, opiner, prononcer un jugement, tirer une conclusion/une conséquence/une leçon [3] v. intr. : décider, prendre une décision, se résoudre

conclusion n.f. [1] arrangement, clôture, convention, couronnement, dénouement, entente, épilogue, fin, péroraison, postface, règlement, solution, terminaison [2] conséquence, déduction, enseignement, leçon, morale, moralité, résultat

concombre n.m. par anal. : coloquinte, cornichon, cucurbitacée

concomitance n.f. accompagnement, coexistence, coïncidence, rapport, simultanéité, synchronisation

concomitant, e coexistant, coïncident, secondaire, simultané

concordance n.f. [1] → **concomitance** [2] → **rapport** [3] → **conformité**

concordant, e [1] → **semblable** [2] → **convenable**

concordat n.m. → **traité**

concorde n.f. → **union**

concorder → **correspondre**

concourant, e convergent

concourir → **participer**

concours n.m. 1 → **compétition** 2 → **examen** 3 → **multitude** 4 → **rencontre** 5 → **appui** 6 → **exposition**

concrescence n.f. → **soudure**

concret, ète 1 → **épais** 2 → **réel** 3 → **manifeste**

concrètement → **réellement**

concrétisation n.f. → **réalisation**

concrétiser → **matérialiser**

concubinage n.m. → **cohabitation**

concubine n.f. → **maîtresse**

concupiscence n.f. amour, appétit, avidité, bestialité, chair, convoitise, cupidité, désir, faiblesse, instinct, lascivité, libido, penchant, sens, sensualité, soif de plaisir

concupiscent, e → **lascif**

concurrence n.f. → **lutte**

concurrencer → **opposer (s')**

concurrent, e nom et adj. adversaire, candidat, challenger, champion, compétiteur, émule, outsider, participant, rival

concussion n.f. → **malversation**

condamnable blâmable, critiquable, damnable (vx), déplorable, inexcusable, répréhensible

condamnation n.f. 1 la peine : anathème, arrêt, bagne, bannissement, bûcher, confiscation, damnation, décision, déportation, détention, exil, expatriation, index, indignité nationale, interdiction de séjour, interdit, peine, prison, prohibition, punition, réclusion, relégation, sanction, sentence ♦ arg. : sape, sapement 2 l'action : accusation, anathème, animadversion, attaque, blâme, censure, critique, désapprobation, désaveu, fulmination, improbation, interdiction, interdit, opposition, procès, réprimande, réprobation

condamné, e nom et adj. 1 bagnard, banni, déporté, détenu, repris de justice, transporté → **prisonnier** 2 → **incurable**

condamner 1 → **blâmer** 2 → **obliger** 3 → **fermer** 4 → **punir**

condé n.m. → **policier**

condensable → **réductible**

condensateur n.m. → **accumulateur**

condensation n.f. accumulation, pression, tension

condensé, e 1 au pr. : concentré, réduit 2 fig. a → **dense** b → **court**

condenser → **resserrer**

condescendance n.f. 1 → **complaisance** 2 → **dédain**

condescendant, e 1 → **complaisant** 2 → **dédaigneux**

condescendre 1 → **abaisser (s')** 2 → **céder** 3 → **daigner**

condiment n.m. 1 → **assaisonnement** 2 → **aromate**

condisciple n.m. → **camarade**

condition n.f. 1 → **état** 2 → **rang** 3 → **disposition** 4 vx : **de condition** → **noble**

conditionnel, le → **incertain**

conditionnellement → **réserve (sous)**

conditionnement n.m. 1 → **emballage** 2 → **influence**

conditionner 1 déterminer → **fixer** 2 → **préparer**

condoléance n.f. → **sympathie**

condom n.m. → **préservatif**

conducteur, trice 1 → **chauffeur** 2 → **guide** 3 → **cocher** 4 → **voiturier**

conduire 1 au pr. : accompagner, chaperonner, diriger, emmener, entraîner, faire aller/venir, guider, manœuvrer, mener, piloter, promener, raccompagner, reconduire 2 par ext. a aboutir, amener, canaliser, déboucher b conclure, déduire, induire, introduire, raisonner c administrer, animer, commander, diriger, entraîner, exciter, gérer, gouverner, influencer, pousser, soulever d acculer, convaincre, persuader, réduire e driver 3 v. pron. : agir, se comporter, se diriger, procéder, en user, vivre

conduit n.m. 1 anche, boyau, canal, canalicule, canalisation, carneau, chemin, conduite, dalot, drain, écoulement, méat, tube, tubulure, tuyau 2 adduction, amenée, aqueduc, buse, chéneau, collecteur, égout, goulotte, gouttière, tuyauterie

conduite n.f. 1 → **conduit** 2 → **procédé** 3 → **direction**

confection n.f. → **fabrication**

confectionner → **produire**

confédération n.f. 1 → **alliance** 2 → **fédération**

confédéré, e nom et adj. → **allié**

confédérer → **unir**

conférence n.f. 1 → **conversation** 2 assemblée, colloque, congrès, conseil, consultation, entretien, réunion, séminaire, symposium, table ronde 3 péj. : palabre, parlote

conférencier, ère → **orateur**

conférer 1 → **comparer** 2 administrer, attribuer, déférer, donner

confesse n.f. → **confession**

confesser 1 → **avouer** 2 → **convenir**

confesseur n.m. 1 prosélyte, témoin 2 aumônier, directeur de conscience/spirituel

confession n.f. 1 au pr. : a confesse, sacrement de pénitence b autocritique, aveu, culpabilisation, déballage (fam.), déclaration, reconnaissance 2 par ext. : confiteor, credo, croyance, église, foi, mea culpa, religion 3 → **regret**

confiance n.f. 1 au pr. : a aplomb, assurance, courage, culot (fam.), hardiesse, outrecuidance, présomption, toupet (fam.) b crédit, fiance (vx), foi, sécurité 2 → **abandon** 3 → **espérance**

confiant, e 1 a assuré, hardi, sûr de soi b communicatif, ouvert 2 péj. a → **naïf** b → **présomptueux**

confidence n.f. 1 vx → **confiance** 2 révélation, secret

confident, e n.m. ou f. affidé, ami, confesseur, dépositaire

confidentiel, le → **secret**

confier 1 abandonner, commettre (vx), communiquer, conférer, déléguer, faire tomber, laisser, livrer, mandater, remettre, souffler/verser dans l'oreille 2 v. pron. : s'épancher, se fier, s'ouvrir ♦ fam. : déballer, se déboutonner

configuration n.f. → **forme**

confiner → **reléguer**

confins n.m. pl. → **limite**

confirmation n.f. affirmation, approbation, assurance, attestation, certitude, consécration, continuation, corroboration, entérinement, garantie, homologation, légalisation, maintenance (vx), maintien, preuve, ratification, reconduction, renouvellement, sanction, validation, vérification

confirmer 1 a affermir, affirmer, approuver, appuyer, assurer, attester, avérer, certifier, consacrer, cimenter, compléter, corroborer, démontrer, entériner, garantir, homologuer, légaliser, légitimer, maintenir, mettre un sceau, plébisciter, prouver, ratifier, réglementer, renforcer, sanctionner, sceller, valider, vérifier b → **réaliser** c → **continuer** 2 quelqu'un : encourager, fortifier, soutenir 3 v. pron. : s'avérer

confiscation n.f. angarie (mar.), annexion, appropriation, dépossession, embargo, expropriation, gel, immobilisation, mainmise, prise, privation, rétention, saisie, suppression

confiserie n.f. → **friandise**

confisquer → **prendre**

confiture n.f. compote, conserve de fruits, cotignac, gelée, marmelade, pâte, raisiné, rob, tournures (vx)

conflagration n.f. 1 → **incendie** 2 → **guerre**

conflictuel, le → **sérieux**

conflit n.m. 1 → **guerre** 2 antagonisme, compétition, contestation, désaccord, dispute, lutte, opposition, rivalité, tiraillement 3 → **contestation**

confluent 1 n.m. affluent, bec, jonction, rencontre 2 adj. : concourant, convergent

confluer affluer, se joindre, se rejoindre, se réunir, s'unir

confondre 1 au pr. : amalgamer, associer, effacer les différences, entrelacer, fondre, fusionner, identifier, mélanger, mêler, réunir, unir 2 par ext. a → **humilier** b → **convaincre**

conformation n.f. → **forme**

conforme 1 → **semblable** 2 → **convenable**

conformément d'après, en conformité/conséquence, selon, suivant

conformer 1 → **former** 2 v. pron. a → **soumettre (se)** b → **régler (se)**

conformisme n.m. → **conservatisme**

conformiste nom et adj. 1 béni-oui-oui, conservateur, intégriste, orthodoxe, traditionaliste → **réactionnaire** 2 **non-conformiste** a → **original** b → **marginal**

conformité n.f. accord, affinité, analogie, concordance, convenance, correspondance, harmonie, rapport, ressemblance, similitude, sympathie, unanimité, union, unisson, unité

confort n.m. aise, bien-être, commodité, luxe, niveau de vie, standing

confortable → **commode**

conforter → **consoler**

confrère n.m. → **collègue**

confrérie n.f. association, communauté, congrégation, corporation, corps, gilde, guilde, réunion

confrontation n.f. → **comparaison**

confronter → **comparer**

confus, e 1 chaotique, confondu, désordonné, disparate, indistinct, pêle-mêle 2 fig. a alambiqué, amphigourique, brouillé, brouillon, cafouilleux, compliqué, embarrassé, embrouillé, entortillé, équivoque, filandreux, incertain, indécis, indéterminé, indigeste, indistinct, inintelligible, lourd, nébuleux, obscur, vague b quelqu'un : camus, capot, déconcerté, désolé, embarrassé, ennuyé, honteux, penaud, piteux, quinaud, sot, troublé ♦ mérid. : couillon, couillonné

confusion n.f. 1 dans les choses : anarchie, bouillie, bouleversement, brouhaha, brouillamini, cafouillage, capharnaüm, chaos, complication, cohue, cour des miracles, débâcle, débandade, dédale, désordre, désorganisation, ébranlement, embarras, embrouillamini, embrouillement, enchevêtrement, enfer, fatras, fouillis, gâchis, imbroglio, inorganisation, labyrinthe, mélange, mêlée, méli-mélo, obscurité, pastis, pêle-mêle, pétaudière, ramassis, remue-ménage, réseau, saccade, salade, salmigondis, tintamarre, tohu-bohu, trouble, tumulte, vague 2 de quelqu'un. a confusionnisme (psych.), désarroi, égarement, erreur, indécision, indétermination, méprise b dépit, embarras, gêne, honte, sottise, timidité, trouble

confusionnel, le → **aberrant**

confusionnisme n.m. → **confusion**

conga n.f. → **danse**

congé n.m. 1 → **permission** 2 → **vacances** 3 → **renvoi**

congédier balancer, casser aux gages, chasser, débarquer, débaucher, dégommer, dégraisser, destituer, donner sa bénédiction/ses huit jours/son compte/son congé, écarter, éconduire, éloigner, emballer, envoyer dinguer/paître/péter/valser, expédier, ficher/flanquer/foutre (grossier)/jeter/mettre à la porte, licencier, limoger, liquider, lourder (arg.), remercier, renvoyer, révoquer, sacquer, vider, virer

congélateur n.m. → **réfrigérateur**

congélation n.f. anabiose, coagulation, gelure, réfrigération, refroidissement, surgélation

congeler 1 → **geler** 2 → **frigorifier**

congénère n.m. → **semblable**

congénital, e → **inné**

congestion n.f. afflux/coup de sang, apoplexie, attaque, cataplexie, embolie, hémorragie, hyperémie, hypostase, ictus, pléthore, stase, tension, thrombose, transport au cerveau, turgescence

congestionner fig. : alourdir, embouteiller, encombrer

conglomérat n.m. 1 agglomérat, agglomération, agglutination, conglomération → **amas** 2 → **trust**

conglomération n.f. → **conglomérat**

conglomérer → **agglomérer**

congratulation n.f. → **félicitation**

congratuler → **féliciter**

congre n.m. → **poisson**

congréer mar. : → **renforcer**

congréganiste nom et adj. → **religieux**

congrégation n.f. communauté, compagnie, corps, ordre, réunion, société

congrès n.m. 1 vx : coït 2 → **réunion** 3 → **assemblée**

congressiste n.m. ou f. → **envoyé**

congru, e 1 → **propre** 2 → **pauvre**

congruent, e → **convenable**

conifère n.m. 1 résineux 2 araucaria, arolle (helv.), cèdre, cyprès, épicéa, ginkgo, if, mélèze, pesse (vx), pin, sapin, séquoia ou wellingtonia, thuya

conique → pointu
conjectural → incertain
conjecture n.f. 1 → présomption 2 → supposition
conjecturer 1 → présumer 2 → supposer
conjoint, e n.m. ou f. → époux
conjointement → ensemble
conjonction n.f. 1 au pr. : assemblage, jonction, rencontre, réunion, union 2 → accouplement
conjoncture n.f. → cas
conjugal, e → nuptial
conjuguer → joindre
conjuration n.f. 1 → complot 2 → magie 3 → prière
conjuré n.m. → conspirateur
conjurer 1 → adjurer 2 → parer 3 → prier 4 → charmer 5 → chasser 6 → comploter
connaissance n.f. 1 philos. → conscience 2 au pr. a → idée, notion b → expérience 3 par ext. a → ami b → amante
connaisseur n.m. 1 → savant 2 → collectionneur
connaître 1 une chose : apercevoir, apprendre, avoir connaissance / la pratique / l'usage, entrevoir, être branché (fam.), être au courant / au fait / averti / calé / compétent / entendu / expert / ferré / informé / qualifié / savant, percevoir, posséder, savoir, sentir ♦ arg. : être au parfum / branché, tapisser 2 quelqu'un : apprécier, comprendre, juger 3 faire connaître : apprendre, communiquer, dévoiler, divulguer, exposer, exprimer, extérioriser, faire entendre / savoir, informer, instruire, lancer, manifester, marquer, montrer, présenter, propager, publier, témoigner, vulgariser
connard, e ou **conard, e** nom et adj. → bête
connasse n.f. 1 → bête 2 → vulve
connecter → joindre
connerie n.f. → bêtise
connexe adhérent, analogue, dépendant, joint, lié, uni, voisin
connexion, connexité n.f. → liaison
connivence n.f. → complicité
connivent, e → plissé
connotation n.f. → analogie
connoter → inspirer
connu, e 1 commun, découvert, éprouvé, évident, notoire, officiel, présenté, proverbial, public, rebattu, révélé 2 → familier 3 → célèbre
conoïde → pointu
conopée n.m. → rideau
conque n.f. 1 antiq. : trompe 2 → coquillage
conquérant, e nom et adj. 1 conquistador, dominateur, fier, guerrier → vainqueur 2 → dédaigneux
conquérir 1 → charmer 2 → vaincre
conquête n.f. 1 appropriation, assujettissement, capture, domination, gain, guerre, prise, soumission, victoire 2 par ext. : amour, séduction, soumission, sympathie 3 annexion, colonie, territoire
conquistador n.m. → conquérant
consacré, e → usité
consacrer 1 → sacrer 2 → vouer 3 → confirmer 4 v. pron. → adonner (s')
consanguin, e → parent
consanguinité n.f. endogamie → parenté
consciemment activement, délibérément, de plein gré, en (toute) connaissance de cause, intentionnellement, sciemment → volontairement
conscience n.f. 1 cognition, conation, connaissance, expérience, intuition, lucidité, notion, pressentiment, sentiment 2 cœur, for intérieur, honnêteté, sens moral 3 → soin
consciencieux, euse attentif, délicat, exact, honnête, minutieux, scrupuleux, soigné, soigneux, travailleur
conscient, e 1 un acte : délibéré, intentionnel, médité, prémédité, réfléchi, volontaire 2 quelqu'un : éveillé, responsable
conscription n.f. appel, enrôlement, recensement, recrutement
conscrit n.m. 1 → soldat 2 → novice
consécration n.f. 1 → bénédiction 2 → confirmation 3 → succès
consécutif, ive 1 à la file / suite 2 résultant
consécution n.f. → suite
conseil n.m. 1 → avertissement 2 → assemblée 3 → conseiller 4 → résolution 5 → défenseur

conseiller 1 → diriger 2 → recommander 3 → inspirer
conseiller, ère n.m. ou f. 1 conducteur, conseil, conseilleur, consulteur (vx), directeur, égérie (fém.), éveilleur, guide, inspirateur, instigateur, mentor, orienteur 2 conseiller municipal (vx) : capitoul, consul, échevin
conseilleur, euse n.m. ou f. → accordeur
consensuel, le contractuel, d'un commun accord, par consensus / consentement mutuel
consensus et **consentement** n.m. acceptation, accord, acquiescement, adhésion, agrément, approbation, assentiment, autorisation, commun accord, complaisance, permission, unanimité
consentant, e abandonné, conquis, convaincu, donné, réduit, soumis, vaincu
consentir 1 s'abandonner, accéder, accepter, accorder, acquiescer, adhérer, admettre, adopter, applaudir, approuver, autoriser, avoir pour agréable, capituler, céder, condescendre, donner les mains (vx), dire amen, se laisser faire, opiner, permettre, se prêter, se soumettre, souscrire, tomber d'accord, toper, vouloir bien 2 accorder, octroyer
conséquence n.f. 1 accompagnement, conclusion, contrecoup, corollaire, effet, fruit, implication, réaction, rejaillissement, résultat, retentissement, ricochet, séquelle, suite 2 → importance 3 a de conséquence → important b en conséquence : conséquemment, donc, par conséquent / suite c en conséquence de : en vertu de
conséquent, e 1 → logique 2 par conséquent : ainsi, dès lors, donc, partant
conservateur, trice 1 → gardien 2 → réactionnaire 3 → traditionaliste
conservation n.f. 1 conserve, entretien, garde, maintenance, maintien, préservation, protection, sauvegarde 2 → congélation 3 → stérilisation
conservatisme n.m. conformisme, contre-réforme, contre-révolution, conventionnalisme, droite, immobilisme, intégrisme, poujadisme, réaction
conservatoire n.m. 1 → école 2 → musée
conserve n.f. 1 boucan, confit, corned-beef, pemmican, singe (fam.) 2 → congeler 3 → stériliser 4 de conserve → ensemble
conserver détenir, entretenir, épargner, garantir, garder, maintenir, ménager, préserver, protéger, réserver, sauvegarder, sauver, soigner, stocker, tenir en état
considérable → grand
considérablement → beaucoup
considérant n.m. → motif
considération n.f. 1 attention, étude, examen, observation, réflexion, remarque 2 circonspection, tact 3 autorité, crédit, déférence, égard, estime, faveur, grâce, honneur, renommée, révérence, vénération 4 → respect 5 en considération de : à cause de, au nom de, en faveur de, en vue de, eu égard à, par égard pour, pour
considérer 1 admirer, contempler, observer, regarder, toiser (péj.), tourner les yeux sur 2 apprécier, approfondir, balancer, envisager, estimer, étudier, examiner, juger, observer, peser, voir 3 s'attacher, avoir égard, prendre garde, se préoccuper, songer, se souvenir, tenir compte 4 prendre pour, regarder comme, réputer, tenir pour, traiter de 5 révérer, vénérer
consignataire n.m. ou f. agent, commissionnaire, correspondant, dépositaire, gardien, transitaire → intermédiaire
consignation n.f. → dépôt
consigne n.f. 1 → instruction 2 → punition
consigner 1 → noter 2 → citer 3 → défendre 4 → enfermer
consistance n.f. → solidité
consistant, e → solide
consister avoir pour nature, comporter, se composer de, comprendre, être constitué / formé de, reposer sur, résider dans
consistoire n.m. assemblée, conciliabule, concile, réunion, symposium, synode
consœur n.f. → collègue
consolant, e et **consolateur, trice** nom et adj. apaisant, calmant, consolateur, lénitif, réconfortant

consolation n.f. 1 adoucissement, allégement, apaisement, baume, bercement, réconfort, soulagement 2 a appui, consolateur, soutien b dédommagement, joie, plaisir, satisfaction, sujet de satisfaction
console n.f. → appui
consoler 1 au pr. : apaiser, calmer, cicatriser, dérider, diminuer la peine, distraire, égayer, essuyer les larmes, guérir, rasséréner, rassurer, réconforter, relever / remonter le moral, sécher les larmes, verser du baume sur le cœur / les plaies ♦ vx : conforter, dépiquer 2 fig. : adoucir, alléger, assoupir, atténuer, bercer, compenser, diminuer, endormir, flatter, soulager, tromper
consolidation n.f. 1 → renforcement 2 → affermissement
consolider 1 → affermir 2 → préparer 3 → soutenir
consommable 1 → mangeable 2 → destructible
consommateur, trice n.m. ou f. → acheteur
consommation n.f. 1 achèvement, couronnement, fin, terminaison 2 boisson, commande, rafraîchissement 3 consumérisme
consommé n.m. → bouillon
consommé, e adj. → parfait
consommer 1 → réaliser 2 → finir 3 absorber, boire, manger, se nourrir, user de, vivre de 4 brûler, consumer, employer
consomptible biodégradable
consomption n.f. 1 → langueur 2 → maigreur 3 → cachexie
consonance n.f. assonance, concordance, écho, harmonie, rime
consort n.m. 1 → associé 2 → complice
consortium n.m. → trust
conspirateur, trice n.m. ou f. comploteur, conjuré, factieux, instigateur, intrigant, meneur, partisan, séditieux ♦ vx : cabaliste, coalisé, conjurateur, ligueur
conspiration n.f. → complot
conspirer 1 → comploter 2 → participer
conspuer → vilipender
constamment assidûment, continuellement, continûment, éternellement, en permanence, fermement, fréquemment, incessamment, invariablement, perpétuellement, régulièrement, sans arrêt / cesse / désemparer / fin / interruption / relâche / répit / trêve, toujours
constance n.f. 1 a courage, énergie, entêtement, fermeté, force, patience, résignation, résolution, stoïcisme, volonté b assiduité, fidélité, indéfectibilité, obstination, opiniâtreté, persévérance, régularité 2 continuité, durabilité, fixité, immutabilité, invariabilité, permanence, persistance, régularité, stabilité
constant, e 1 quelqu'un. a courageux, énergique, ferme, fort, inaltérable, inébranlable, inflexible, résigné, résolu b assidu, égal, fidèle, même, obstiné, opiniâtre, patient, persévérant, régulier 2 une chose. a continuel, durable, fixe, immuable, invariable, pareil, permanent, persistant, régulier, soutenu, stable, un, unique b assuré, authentique, certain, établi, évident, formel, incontestable, indubitable, patent, positif, sûr
constat n.m. acte, procès-verbal, rapport
constatation n.f. → observation
constater → vérifier
constellation n.f. pléiade → groupe
constellé, e agrémenté, brillant, étoilé, orné, parsemé, semé
consteller → recouvrir
consternant, e → étonnant
consternation n.f. → stupéfaction
consterner 1 → chagriner 2 → épouvanter
constipation n.f. → oblitération
constipé, e fig. : anxieux, compassé, contraint, embarrassé, froid, guindé, solennel, triste
constiper 1 → boucher 2 → bloquer
constituant n.m. philos. et théol. : hypostase
constituant, e → constitutif
constitué, e établi, légal, organisé, régulier
constituer 1 au pr. : assigner, composer, créer, établir, faire, former, instaurer, instituer, mettre à la tête, placer, préposer 2 par ext. a arranger, bâtir, charpenter, construire, disposer, édifier, élaborer, fonder, mettre en œuvre / sur pied, monter, organiser b asseoir, caractériser, consister dans, représenter

constitutif, ive caractéristique, constituant, essentiel, fondamental

constitution n.f. 1 → **composition** 2 → **nature** 3 → **règlement** 4 → **rescrit** 5 → **loi**

constriction n.f. → **contraction**

constructeur, trice n.m. ou f. architecte, bâtisseur, créateur, entrepreneur, fondateur, ingénieur, maître d'œuvre, organisateur, promoteur

constructif, ive → **réaliste**

construction n.f. 1 → **bâtiment** 2 → **composition** 3 → **structure** 4 → **érection** 5 → **expression**

construire → **bâtir**

consubstantialité n.f. coexistence, unicité

consubstantiation n.f. → **eucharistie**

consubstantiel, le coexistant, inséparable

consul n.m. → **édile**

consulaire diplomatique

consulat n.m. ambassade, chancellerie ◆ par ext. : représentation diplomatique

consultable → **accessible**

consultant, e 1 → **défenseur** 2 → **malade**

consultation n.f. 1 méd. : examen, visite 2 enquête, plébiscite, référendum, vote

consulter 1 → **examiner** 2 → **demander**

consumer 1 → **consommer** 2 absorber, anéantir, brûler, calciner, corroder, détruire, dévorer, dissiper, embraser, engloutir, épuiser, incendier, manger, oxyder, ronger, user 3 → **abattre** 4 → **ruiner**

contact n.m. 1 fig. → **tact** 2 → **relation**

contacter → **rencontrer**

contage n.m. → **cause**

contagieux, euse 1 → **pestilentiel** 2 → **communicatif**

contagion n.f. 1 au pr. : communication, contamination, infection, transmission 2 fig. : diffusion, imitation, influence, propagation, virus

container n.m. cadre → **contenant** ◆ off. : conteneur, gaine

contamination n.f. 1 → **contagion** 2 → **altération** 3 par ext. → **mélange**

contaminer → **salir**

conte n.m. 1 → **roman** 2 → **histoire**

contemplateur, trice n.m. ou f. → **penseur**

contemplatif, ive cloîtré, mystique, religieux

contemplation n.f. 1 → **attention** 2 → **pensée**

contempler 1 → **regarder** 2 → **penser**

contemporain, e → **présent**

contemporanéité n.f. → **simultanéité**

contempteur, trice 1 → **méprisant** 2 → **médisant**

contenance n.f. 1 capacité, contenu, cubage, cubature, étendue, jauge, mesure, quantité, superficie, surface, tonnage, volume 2 affectation, air, allure, aplomb, assurance, attitude, dégaine (fam.), figure, maintien, mine, port, posture, prestance

contenant n.m. boîte, cadre, cageot, caisse, cantine, caque, container, conteneur, emballage, enveloppe, malle, panier, plat, réceptacle, récipient, sac, touque, vaisseau (vx), vaisselle, valise, vase → **ustensile**

conteneur n.m. → **container**

conteneuriser charger, emballer, stocker

contenir 1 capacité : avoir, comporter, comprendre, compter, embrasser, enfermer, s'étendre, être composé de, impliquer, inclure, mesurer, posséder, receler, recevoir, renfermer, tenir 2 arrêter, assujettir, borner, contrôler, dominer, dompter, emprisonner, endiguer, enfermer, enserrer, limiter, maintenir, maîtriser, refouler, refréner, réprimer, retenir, tenir 3 v. pron. : se contraindre, se contrôler, se dominer, être maître de soi, se faire violence, se maîtriser, se modérer, se posséder, se retenir

content, e 1 aise, béat, enchanté, gai, heureux, jouasse (fam.), joyeux, jubilant, radieux, ravi, réjoui, satisfait, triomphant 2 content de soi : fat, orgueilleux, présomptueux, suffisant, vaniteux

contentement n.m. → **plaisir**

contenter 1 → **satisfaire** 2 v. pron. : s'accommoder, s'arranger, avoir assez, se borner, faire avec, se payer de

contentieux, euse contesté, litigieux

contention n.f. 1 → **effort** 2 → **attention** 3 vx → **discussion**

contenu n.m. → **contenance**

contenu, e → **retenu**

conter décrire, dire, exposer, faire un récit, narrer, raconter, rapporter, relater, retracer

contestable → **incertain**

contestataire nom et adj. → **mécontent**

contestation n.f. 1 altercation, chicane, conflit, contradiction, controverse, débat, démêlé, dénégation, désaveu, différend, difficulté, discussion, dispute, incident, instance, litige, mise en cause, objection, opposition, pointille, procédure, procès, protestation, querelle 2 déviationnisme, réformisme, révisionnisme, situationnisme

conteste n.m. 1 vx → **contestation** 2 **sans conteste** → **évidemment**

contester 1 arguer, contredire, controverser, débattre, dénier, discuter, disputer, douter, nier, s'opposer, plaider, quereller, réclamer, récuser, refuser, résister, révoquer en doute 2 attaquer, batailler, chicaner, chipoter, méconnaître, mettre en cause/en doute/en question, pointiller, protester, revendiquer

conteur, euse n.m. ou f. diseur, griot, narrateur

contexte n.m. → **texte**

contexture n.f. 1 au pr. → **tissu** 2 fig. → **composition**

contigu, uë → **prochain**

contiguïté n.f. → **proximité**

continence n.f. abstinence, ascétisme, chasteté, modération, mortification, privation, pudeur, pudicité, pureté, sagesse, sobriété, tempérance, vertu

continent, e abstinent, ascétique, chaste, décent, innocent, modéré, pudique, pur, sage, sobre, tempérant, vertueux, vierge

continental, e → **terrestre**

contingence n.f. 1 accident, apparence, attribut, forme 2 → **cas**

contingent n.m. → **part**

contingent adj. accidentel, casuel, circonstanciel, conditionnel, événementiel, éventuel, facultatif, fortuit, incertain, occasionnel, possible, relatif

contingentement n.m. → **répartition**

continu, e nom et adj. assidu, constant, continuel, d'affilée, durable, éternel, immuable, incessant, indéfectible, infini, ininterrompu, interminable, invariable, non-stop, opiniâtre, permanent, perpétuel, persistant, prolongé, réglé, régulier, sans arrêt/cesse/désemparer/fin/interruption/répit/trêve, sempiternel, soutenu, successif, suivi

continuateur, trice n.m. ou f. 1 → **successeur** 2 → **disciple**

continuation n.f. continuité, maintien, perpétuation, persévérance, persistance, poursuite, prolongation, prolongement, prorogation, reprise, succession, suite

continuel, le 1 → **continu** 2 → **éternel**

continuellement 1 → **toujours** 2 → **continûment**

continuer 1 v. tr. : achever, allonger, augmenter, conserver, donner suite, durer, étendre, éterniser, laisser, maintenir, perpétuer, persévérer, persister, poursuivre, pousser jusqu'au bout, prolonger, reconduire, reprendre 2 v. intr. a quelqu'un : s'acharner, s'entêter, s'obstiner, s'opiniâtrer, ne pas cesser/laisser de b une route : aller, s'étendre, se poursuivre, se prolonger c une chose : durer, se succéder, tenir

continuité n.f. → **continuation**

continûment assidûment, constamment, continuellement, d'affilée, durablement, en permanence, éternellement, fermement, immuablement, indéfectiblement, infiniment, interminablement, invariablement, perpétuellement, régulièrement, sans arrêt/cesse/désemparer/fin/interruption/relâche/répit/trêve, sempiternellement, toujours

continuum n.m. → **totalité**

contondant, e arrondi

contorsion n.f. 1 → **torsion** 2 → **grimace** 3 → **acrobatie**

contorsionner (se) 1 → **grimacer** 2 → **poser**

contorsionniste n.m. ou f. → **acrobate**

contour n.m. 1 → **tour** 2 → **ligne**

contourné, e 1 → **détourné** 2 → **embarrassé**

contourner → **tourner**

contraceptif nom et adj. → **préservatif**

contraception n.f. 1 interruption volontaire de grossesse (I.V.G.) → **avortement** 2 par ext. : contrôle des naissances, orthogénie, planning familial → **préservatif**

contractant, e → **associé**

contracté, e → **inquiet**

contracter 1 au pr. → **resserrer** 2 par ext. a une maladie : attraper, gagner, prendre ◆ fam : choper, piger, pincer, piquer, ramasser b → **acquérir** c → **endetter (s')**

contractile → **souple**

contractilité n.f. → **souplesse**

contraction n.f. 1 angoisse, constriction, contracture, convulsion, crampe, crispation, épreinte, impatiences, resserrement, rétraction, spasme, tétanie, tétanisation 2 → **rétrécissement** 3 ling. : acronyme, assimilation, coalescence, crase

contractuel, le nom et adj. 1 → **auxiliaire** 2 → **consensuel** 3 a → **agent** b péj. : aubergine, pervenche → **policier**

contracture n.f. → **contraction**

contradicteur n.m. adversaire, antagoniste, contestataire, contredisant, débatteur, interlocuteur, interpellateur, interrupteur, intervenant, objecteur, opposant

contradiction n.f. 1 absurdité, antilogie, antinomie, aporie, barrière, contradictoires (log. et ling.), contraste, contre-exemple, empêchement, impossibilité, incompatibilité, inconséquence, obstacle 2 chicane, conflit, contestation, démenti, dénégation, désaccord, dispute, négation, objection, opposition, réfutation

contradictoire vx ou relig. : 1 dirimant, nécessitant 2 → **opposé**

contraignant, e → **pénible**

contraindre → **obliger**

contraint, e 1 → **obligé** 2 → **embarrassé** 3 → **artificiel**

contrainte n.f. 1 au pr. : autorité, coercition, compression, empêchement, entrave, force, gêne, obstacle, pression, violence 2 par ext. a discipline, exigence, loi, nécessité, obligation, règle, réglementation b affectation, confusion, gêne, pudeur, respect humain, retenue c asservissement, assujettissement, captivité, chaîne, dépendance, esclavage, joug, musellement, oppression, servitude, sujétion, tutelle d astreinte, commandement, mise en demeure, poursuite

contraire 1 nom masc : antithèse, antonyme, contraste, contre-pied, inverse, négation, opposé, opposition 2 adj. a : antinomique, antithétique, contradictoire, différent, dirimant (jurid.), incompatible, inverse, opposé, paradoxal b péj. : adverse, antagoniste, attentatoire, défavorable, ennemi, hostile, néfaste, nuisible, préjudiciable 3 **au contraire** : a contrario, à l'encontre, à l'opposé, au rebours, contrairement, en revanche, loin de là, par contre, tant s'en faut, tout autrement

contrairement → **opposé (à l')**

contralto n.m. ou f. → **voix**

contrapuntiste n.m. ou f. → **musicien**

contrariant, e → **ennuyeux**

contrarier 1 au pr. : agir/aller contre, barrer, combattre, contrecarrer, contredire, contrer, déranger, empêcher, entraver, être contraire/en opposition/en travers, faire empêchement/entrave/obstacle, freiner, gêner, mettre des bâtons dans les roues (fam.), nuire, s'oppposer à, repousser 2 fig. : brimer, forcer, violer, violenter 3 péj. : agacer, blesser, braquer, casser les pieds, causer du dépit/du mécontentement, chagriner, chicaner, chiffonner, choquer, dépiter, déranger, désespérer, désoler, embêter, ennuyer, fâcher, faire faire une crise/une maladie/du mauvais sang, heurter, inquiéter, irriter, mécontenter, offusquer, rembrunir, tarabuster, tracasser, traverser (vx), troubler, vexer

contrariété n.f. → **ennui**

contrastant, e → **différent**

contraste n.m. 1 → **opposition** 2 → **changement**

contrasté, e → **varié**

contraster détonner, discorder, dissoner, hurler, jurer, s'opposer, ressortir, trancher

contrat n.m. → **convention**

contravention n.f. 1 entorse, infraction, violation 2 amende, peine, pénalisation, pénalité, procès-verbal ◆ fam. : biscuit, cheville, contredanse

contre [1] auprès de, en face de, près de, sur [2] à l'encontre de, à l'opposé de, malgré, nonobstant (vx) [3] par contre : au contraire, en compensation, en revanche, mais
contre-alizé n.m. → **vent**
contre-allée n.f. → **allée**
contre-amiral n.m. → **chef**
contre-attaque n.f. → **riposte**
contre-attaquer → **répondre**
contrebalancer [1] → **équilibrer** [2] → **égaler**
contrebande n.f. fraude, interlope (vx)
contrebandier, ière n.m. ou f. bootlegger, fraudeur, passeur
contrebas (en) → **dessous**
contrebasse n.f. → **corde(s)**
contrebassiste n.m. ou f. → **musicien**
contrebasson n.m. → **bois**
contreboutant n.m. → **appui**
contrecarrer → **contrarier**
contrechamp n.m. → **opposé**
contre-chant n.m. par ext. : canon, contre-fugue, contrepoint, fugue, polyphonie
contreclef n.f. [1] claveau, vousseau ou voussoir → **pierre** [2] → **appui**
contrecœur n.m. contre-feu, plaque de cheminée
contrecœur (à) à regret/son corps défendant, avec répugnance, contre sa volonté, malgré soi
contrecoup n.m. [1] au pr. : choc en retour, rebondissement, répercussion, ricochet [2] fig. : conséquence, éclaboussure, effet, réaction, réponse, résultat, retentissement, suite
contre-courant n.m. → **opposé**
contre-culture n.f. → **abêtissement**
contredanse n.f. [1] → **danse** [2] → **contravention**
contre-digue n.f. → **appui**
contredire [1] au pr. : aller à l'encontre, contester, dédire, démentir, désavouer, infirmer, s'inscrire en faux, opposer, réfuter, répondre [2] par ext. → **contrarier**
contredit n.m. [1] réfutation [2] contradiction, contradictoire, objection [3] **sans contredit :** à l'évidence, assurément, certainement, de toute évidence, évidemment, sans aucun doute, sans contestation/conteste
contrée n.f. → **pays**
contre-enquête n.f. → **vérification**
contre-épreuve n.f. → **vérification**
contre-essai n.m. → **vérification**
contre-exemple n.m. [1] → **exception** [2] → **opposé**
contre-expertise n.f. → **vérification**
contrefaçon n.f. [1] faux, fraude [2] caricature, contre-épreuve, copie, démarquage, falsification, imitation, parodie, pastiche, plagiat, vol
contrefaire [1] → **faire** [2] → **imiter** [3] feindre → **affecter**
contrefait, e [1] → **difforme** [2] → **faux**
contre-fer n.m. → **renforcement**
contre-feu n.m. → **contrecœur**
contre-fiche n.f. [1] → **renforcement** [2] → **appui**
contreficher (se) → **mépriser**
contre-fil n.m. → **opposé**
contrefort n.m. [1] → **colonne** [2] → **appui**
contrefoutre (se) → **mépriser**
contre-fugue n.f. → **contre-chant**
contre-haut (en) (au-) dessus
contre-indication n.f. → **défense**
contre-indiquer → **dissuader**
contre-jour n.m. [1] → **obscurité** [2] → **opposé**
contre-lettre n.f. → **abrogation**
contremaître n.m. chef d'atelier/de brigade/d'équipe, porion, prote
contre-manifestant, e n.m. ou f. → **adversaire**
contre-manifestation n.f. → **opposition**
contre-manifester → **opposer (s')**
contremarche n.f. → **opposé**
contremarque n.f. → **billet**
contre-offensive n.f. → **riposte**
contrepartie n.f. [1] → **opposé** [2] → **objection** [3] → **compensation**
contre-pente n.f. → **opposé**
contre-performance n.f. [1] → **insuccès** [2] → **opposé**
contrepèterie ou **contrepetterie** n.f. par ext. → **lapsus**
contre-pied n.m. [1] → **opposé** [2] **à contre-pied :** à contre-poil / contre-sens / l'encontre / l'envers/l'opposé, à rebours/rebrousse-poil, de travers
contre-plongée n.f. → **opposé**
contrepoids n.m. [1] balancier, équilibre [2] → **compensation**
contre-poil (à) → **contre-pied**
contrepoint n.m. → **harmonie**
contrepoison n.m. antidote, mithridatisation, remède, thériaque
contre-projet n.m. → **opposé**
contre-propagande n.f. → **opposé**
contre-proposition n.f. [1] → **réponse** [2] → **opposé**
contre-publicité n.f. → **opposé**
contrer → **contrarier**
contre-réforme n.f. [1] → **conservatisme** [2] → **opposition**
contre-révolution n.f. [1] → **conservatisme** [2] → **opposition**
contre-révolutionnaire nom et adj. → **réactionnaire**
contrescarpe n.f. glacis
contreseing n.m. → **signature**
contresens n.m. [1] erreur, faux-sens, non-sens, paradoxe [2] **à contresens** → **contre-pied**
contretemps n.m. [1] → **obstacle** [2] **à contretemps :** au mauvais moment, comme un chien dans un jeu de quilles (fam.), hors de saison, inopportunément, mal à propos
contre-torpilleur n.m. → **bateau**
contre-transfert n.m. → **opposé**
contre-valeur n.f. → **compensation**
contrevenant, e nom et adj. → **coupable**
contrevenir → **désobéir**
contrevent n.m. → **volet**
contrevérité n.f. [1] → **antiphrase** [2] → **mensonge**
contre-visite n.f. → **vérification**
contre-voie (à) → **opposé**
contribuable n.m. ou f. [1] assujetti, imposable, prestataire, redevable [2] vx : censitaire, corvéable, taillable
contribuer → **participer**
contribution n.f. [1] → **quota** [2] → **impôt**
contrister → **chagriner**
contrit, e → **honteux**
contrition n.f. → **regret**
contrôlable analysable, comparable, dénombrable, vérifiable
contrôle n.m. → **vérification**
contrôler [1] → **vérifier** [2] → **diriger** [3] → **censurer**
contrôleur, euse n.m. ou f. → **inspecteur**
contrordre n.m. annulation, avis/indication/ordre/prescription contraire, contre-avis, contre-passation
controuvé, e → **faux**
controverse n.f. → **polémique**
controversé, e → **incertain**
contumace n.f. et adj. → **défaut**
contus, e blessé, bosselé, contusionné, entamé, éraflé, lésé, mâché, mâchuré, meurtri
contusion n.f. bleu, bosse, coquard (fam.), coup, ecchymose, hématome, lésion, mâchure, meurtrissure, talure → **blessure**
contusionner → **meurtrir**
conurbation n.f. → **agglomération**
convaincant, e → **persuasif**
convaincre [1] amener, démontrer, dissuader, entraîner, expliquer, persuader, prouver, toucher [2] péj. : accabler, confondre
convaincu, e [1] → **certain** [2] → **disert** [3] → **probant**
convalescence n.f. → **rétablissement**
convalescent, e → **faible**
convection n.f. → **montée**
convenable [1] au pr. : adapté, ad hoc, approprié, à propos, assorti, commode (vx), compatible, conforme, congru, congruent, convenant, de saison, expédient, fait exprès, idoine, opportun, pertinent, présentable, propice, proportionné, propre, raisonnable, satisfaisant, seyant, sortable, topique, utile → **apte** [2] → **possible** [3] par ext. : beau, bien, bienséant, bon, comme il faut, correct, décent, digne, fair-play, fréquentable, honnête, honorable, juste, noble, poli, régulier (arg.), séant, sport
convenablement [1] à propos, conformément, congrûment, opportunément, pertinemment, proprement, raisonnablement, utilement [2] bien, bonnement, comme il faut, correctement, décemment, dignement, honnêtement, honorablement, justement, noblement, poliment, régulièrement, sportivement
convenance n.f. [1] accord, adaptation, adéquation, affinité, analogie, appropriation, assortiment, compatibilité, concordance, conformité, congruence, correspondance, harmonie, justesse, pertinence, proportion, propriété, rapport [2] par ext. [a] commodité, goût, gré, utilité [b] apparence, bienséance, bon ton, correction, décence, élégance, façons, forme, honnêteté, politesse, savoir-vivre, tact [c] code, décorum, étiquette, mondanités, protocole, règles, usage
convenir [1] s'accorder, acquiescer, admettre, s'apparenter, avouer, concéder, confesser, constater, déclarer, dire, reconnaître, tomber d'accord [2] → **décider** [3] → **correspondre** [4] → **plaire** [5] → **appartenir** [6] → **falloir**
convent n.m. → **réunion**
convention n.f. [1] au pr. : accommodement, accord, alliance, arrangement, capitulation, cartel, collaboration, compromis, concordat, connivence, contrat, covenant, conventionnement, engagement, entente, forfait, marché, pacte, promesse, protocole, traité, transaction, union [2] par ext. [a] acte, article, clause, condition, connaissement (mar.), disposition, recès, règle, résolution, stipulation [b] artefact, axiome, hypothèse, postulat, principe, supposition [c] deus ex machina, fiction, lieu commun, moyen, procédé [d] → **convenance**
conventionnalisme n.m. [1] → **conservatisme** [2] → **philosophie**
conventionné, e → **affilié**
conventionnel, le nom et adj. [1] → **artificiel** [2] → **traditionnel**
conventionnement n.m. [1] → **accord** [2] → **affiliation** [3] → **convention**
conventuel, le → **religieux**
convenu, e nom et adj. [1] → **artificiel** [2] → **banal** [3] → **décidé**
convergence n.f. [1] → **accord** [2] → **aide**
convergent, e → **harmonieux**
converger → **aller**
convers, e frère/sœur lai(e) /servant(e)
conversation n.f. [1] au pr. : aparté, causerie, colloque, concertation, conférence, confidence, débat, devis (vx), dialogue, échange, entretien, interview, pourparlers, propos, tête-à-tête [2] péj. : babillage, badinage, bavette, causette, commérage, conciliabule, jacasserie, palabre, parlote → **bavardage**
converser → **parler**
conversion n.f. [1] au pr. : changement, métamorphose, modification, mutation, transformation, virement [2] par ext. [a] relig. : abjuration, adhésion, apostasie, reniement, renoncement, volte-face [b] ralliement, retournement, révolution, tour, virage, volte
converti, e nom et adj. → **prosélyte**
convertible modifiable, transformable
convertir [1] → **transformer** [2] pron. : [a] → **changer** [b] → **renier**
convertissage n.m. → **transformation**
convertissement n.m. → **conversion**
convexe → **courbe**
convexité n.f. → **courbe**
conviction n.f. → **croyance**
convier [1] au pr. : appeler, convoquer, demander, inviter, mander, prier, traiter [2] fig. : engager, exciter, exhorter, inciter, induire, inviter, solliciter
convive n.m. ou f. [1] fav. : banqueteur, commensal, convié, hôte, invité ◆ au pl. : tablée [2] non fav. → **parasite**
convocation n.f. [1] appel, assignation, avertissement, citation, indiction, invitation, semonce (vx), sommation [2] incorporation, levée, mobilisation, recrutement
convoi n.m. [1] caravane, charroi, cordée, file, train [2] enterrement, funérailles, obsèques [3] convoiement, convoyage
convoiter → **vouloir**
convoitise n.f. [1] → **désir** [2] → **concupiscence**
convoler → **marier (se)**
convolvulacées n.f. pl. convolvulus, jalap, patate → **liseron**
convoquer [1] → **inviter** [2] → **mander**
convoyer → **accompagner**
convoyeur n.m. transporteur → **guide**

convulser 1 → **resserrer** 2 → **secouer**
convulsif, ive 1 → **automatique** 2 → **saccadé**
convulsion n.f. 1 contraction, saccades, secousse, soubresaut, spasme 2 partic. au pl. : éclampsie, épilepsie ◆ vx : haut mal, mal sacré 3 fig. a contorsion, distorsion, grimace b agitation, bouleversement, crise, remous, révolution, trouble
coolie n.m. → **porteur**
coopérant, e et **coopérateur, trice** nom et adj. → **associé**
coopératif, ive → **zélé**
coopération n.f. accord, aide, appui, association, collaboration, concours, contribution
coopérative n.f. artel, association, centre de distribution, familistère, fruitière (rég.), kolkhoze, mir, mutuelle, phalanstère, sovkhoze
coopérer → **participer**
cooptation n.f. → **choix**
coopter → **choisir**
coordination n.f. planification, synchronisation → **agencement**
coordonné, e → **réglé**
coordonnées n.f. pl. 1 abscisse, cote, méridien, ordonnée, parallèle 2 → **adresse**
coordonner → **combiner**
copain, copine n.m. ou f. → **compagnon**
copal n.m. → **résine**
copeau n.m. → **morceau**
copépode n.m. → **crustacé**
copiage n.m. → **imitation**
copie n.f. 1 au pr. : ampliatif, ampliation, calque, double, duplicata, épreuve, exemplaire, expédition, fac-similé, grosse, photocopie, reproduction, tirage, transcription 2 par ext. a → **imitation** b → **composition**
copier 1 au pr. a jurid. : expédier, grossoyer, inscrire, transcrire b calquer, noter, prendre en note, recopier, relever, reproduire, transcrire 2 par ext. → **imiter**
copieur, euse n.m. ou f. 1 → **imitateur** 2 → **tricheur**
copieusement → **beaucoup**
copieux, euse → **abondant**
copulation n.f. → **accouplement**
copule n.f. ling. → **relation**
copuler → **accoupler (s')**
copyright n.m. droit(s) réservé(s), exclusivité, monopole, privilège (vx)
coq n.m. 1 → **gallinacé** 2 mar. → **cuisinier**
coq-à-l'âne n.m. → **lapsus**
coquard ou **coquart** n.m. → **coup**
coque n.f. → **coquille**
coquelet n.m. poulet, poussin → **gallinacé**
coquelicot n.m. → **pavot**
coqueluche n.f. 1 → **maladie** 2 a → **toquade** b → **favori**
coquemar n.m. → **bouilloire**
coquerie n.f. → **cuisine**
coqueron n.m. → **réservoir**
coquet, te 1 → **élégant, joli, galant** 2 → **important** 3 → **pimbêche**
coquetier n.m. 1 volailler ◆ rég. : coqueleux 2 → **coupe**
coquetière n.f. → **ustensile**
coquetterie n.f. 1 → **amour** 2 → **minauderie** 3 → **élégance**
coquillage n.m. 1 conque, rocaille 2 fruits de mer → **mollusque** 3 quelques coquillages comestibles a amande de mer, bernique ou patelle, bigorneau, buccin ou bulot ou escargot de mer ou hélix ou trompette, clam, clovisse ou vénus, cône, coque, coquille Saint-Jacques ou pecten ou peigne, couteau ou solen, datte de mer, haliotide ou ormeau, jambonneau ou pinne, mye, olive de mer, palourde, pétoncle, praire, triton ou trompette, vanneau, verni, violet b → **huître** c → **moule**
coquille n.f. 1 au pr. : carapace, conque, coque, coquillage, écaille, enveloppe, test 2 fig. : erreur, faute, lapsus
coquillettes n.f. pl. → **pâte(s)**
coquillier, ère nom et adj. conchylien
coquin, e 1 nom. a bandit, canaille, escroc, scélérat → **voleur** b bélître, faquin, fripon, gredin, gueux, lâche, maraud, maroufle, mâtin, pendard, va-nu-pieds, vaurien c → **avare** d garnement, polisson 2 adj. : canaille, égrillard, espiègle, gaillard, gaulois, libertin, libre, malicieux, polisson

coquinerie n.f. → **malhonnêteté**
cor n.m. 1 → **cal** 2 vén. : andouiller, bois, branche, épois, perche, rameau, ramure, trochure 3 bouquin, corne, cornet, huchet, olifant, trompe
coracoïde → **pointu**
corail n.m. gorgone, millépore, polypier
coralline n.f. → **algue**
corbeau n.m. 1 corbillat 2 par ext. : choucas, corneille, crave 3 → **prêtre** 4 → **calomniateur**
corbeille n.f. 1 ciste, faisselle, manne, moïse, sultan, vannerie → **panier** 2 → **parterre** 3 théâtre : balcon, mezzanine
corbillard n.m. fourgon mortuaire
cordage n.m. 1 au pr. : bitord, brayer, câble, câblot, corde, filin, grelin, guiderope, guinderesse, lusin, manœuvres, merlin, ralingue, sciasse, trélingage 2 mar. : aiguillette, amure, balancine, bosse, bouline, cargue, commande, cravate, draille, drisse, drosse, écoute, élingue, enfléchure, erse, estrope, étai, étrangloir, filière, funin, galhauban, gambe, garcette, gerseau, grelin, guideau, guinderesse, hauban, haussière, laguis, lève-nez, liure, marguerite, martingale, orin, pantoire, pataras, ralingue, redresse, remorque, retenue, ride, saisine, sauvegarde, sous-barbe, suspente, tire-veille(s), touée, traille, traversière, trévire, va-et-vient
corde n.f. 1 bolduc, chapelière, cordeau, cordelette, cordelière, cordon, cordonnet, étendoir, ficelle, hart (vx), lacet, laisse, lasso, lien, longe, simbleau, tendeur → **cordage** 2 au pl. a alto, basse, contrebasse, harpe, mandoline, violoncelle → **violon** b → **guitare** c vx : basse de viole, mandore, pochette, rebab, rebec, vielle, viole, viole de gambe d → **luth** e → **lyre** f par ext. : cymbalum → **piano, clavecin**
cordé, e en forme de cœur
cordée n.f. 1 → **capacité** 2 → **quantité** 3 → **convoi**
cordeler, corder et **cordonner** → **tordre**
cordelette n.f. → **corde**
cordelier n.m. → **religieux**
cordelière n.f. 1 → **passement** 2 → **corde** 3 → **ceinture**
cordial, e 1 adj. → **franc** 2 n.m. → **fortifiant**
cordialement à cœur ouvert, amicalement, de bon cœur
cordialité n.f. 1 → **bonté** 2 → **franchise**
cordon n.m. 1 → **corde** 2 → **insigne** 3 → **ruban**
cordon-bleu n.m. ou f. → **cuisinier**
cordonnier,ière n.m. ou f. bottier, chausseur, savetier
coreligionnaire → **semblable**
coriace 1 → **dur** 2 → **résistant**
coriandre n.f. → **aromate**
corindon n.m. → **pierre**
cormier n.m. alisier, pain des oiseaux, sorbier
cormoran n.m. → **palmipède**
cornac n.m. → **guide**
cornage n.m. sifflage
cornaline n.f. → **pierre**
cornard n.m. → **cocu**
corne n.f. 1 au pr. : défense → **cor** 2 callosité, châtaigne, cornillon, kératine → **cal**
corneille n.f. choucas, corbillat, corvidé, freux
cornélien, ne → **héroïque**
cornemuse n.f. biniou, bombarde, loure, musette
cornemuseur ou **cornemuseux** n.m. sonneur → **musicien**
corner 1 → **publier** 2 bourdonner, claironner, siffler, sonner, tinter
cornet n.m. 1 → **étui** 2 → **cor**
cornette 1 n.f. a → **drapeau** b → **coiffure** 2 n.m. : porte-drapeau/-enseigne/-étendard
cornettiste n.m. ou f. → **musicien**
corniaud n.m. 1 → **chien** 2 → **bête**
corniche n.f. 1 par ext. : escarpement 2 chapiteau, couronnement, entablement, larmier, génoise, mouchette, soffite → **moulure**
cornichon n.m. 1 cucurbitacée ◆ par ext. → **concombre** 2 → **élève** 3 → **bête** 4 → **holothurie**
corniste n.m. ou f. → **musicien**
cornu, e 1 → **biscornu** 2 → **cocu**
cornue n.f. → **ustensile**
corollaire n.m. → **conséquence**
corolle n.f. → **couronne**

coronelle n.f. → **couleuvre**
corporation n.f. assemblée, association, collège, communauté, confrérie, congrégation, corps, gilde, groupement, guilde, hanse, jurande, maîtrise, métier, ordre, société
corporel, le → **physique**
corporellement matériellement, physiquement, réellement
corps n.m. 1 a → **objet** b → **substance** 2 anatomie, chair, individu, morphologie, personne, tronc → **cadavre** ◆ fam. : carcasse, châssis 3 a → **corporation** b → **congrégation**
corpulence n.f. → **grosseur**
corpulent, e → **gros**
corpus n.m. → **objet**
corpuscule n.m. → **particule**
corrasion n.f. → **corrosion**
correct, e 1 → **convenable** 2 → **exact** 3 → **poli**
correctement 1 à propos, bonnement, comme il faut, complètement, convenablement, exactement, fidèlement, justement, littéralement, minutieusement, nettement, normalement, opportunément, pertinemment, ponctuellement, précisément, proprement, raisonnablement, soigneusement, utilement, véritablement, vraiment 2 consciencieusement, décemment, dignement, honnêtement, honorablement, purement, régulièrement, scrupuleusement, sincèrement 3 aimablement, courtoisement, délicatement, galamment, poliment, respectueusement
correcteur, trice n.m. ou f. censeur, réviseur
correctif n.m. 1 → **correction** 2 → **antidote**
correction n.f. 1 amélioration, amendement, biffure, contre-passation, correctif, modification, rattrapage, rature, rectificatif, rectification, redressement, refonte, remaniement, repentir, retouche, révision, surcharge ◆ partic. : ajout, ajoute, ajouté 2 adoucissement, assouplissement, atténuation, compensation, contrepoids, tempérament 3 → **punition** 4 → **pureté** 5 → **civilité**
corrélation n.f. → **rapport**
corréler → **unir**
corrélatif, ive → **dépendant**
correspondance n.f. 1 → **rapport** 2 courrier, épître → **lettre** 3 chronique, reportage, rubrique 4 changement, relais 5 vente par correspondance : mailing, publipostage (off.)
correspondant, e 1 adj. → **dépendant** 2 nom → **journaliste**
correspondre 1 a s'accorder, aller, aller bien, s'appliquer à, coïncider, coller, concorder, se conformer, convenir, être conforme à, être en conformité/harmonie/rapport/symétrie, faire pendant, s'harmoniser, se prêter/rapporter/référer à, répondre, représenter, ressembler, rimer, satisfaire, synchroniser b arg. : bicher, botter, boumer, gazer, rouler 2 collaborer, écrire, être en relation, tenir au courant → **communiquer**
corrida n.f. par ext. 1 → **désordre** 2 → **tohu-bohu**
corridor n.m. → **passage**
corrigé n.m. livre du maître, modèle, plan, solution
corriger 1 au pr. : améliorer, amender, changer, civiliser, moraliser, perfectionner, policer, purifier, redresser, réformer, régénérer, relever, reprendre 2 par ext. a adoucir, atténuer, dégauchir, équilibrer, expurger, modérer, modifier, neutraliser, pallier, racheter, rectifier, refondre, remanier, remettre sur l'enclume/le métier, réparer, reprendre, retoucher, revenir sur, réviser, revoir, tempérer b balancer, compenser, contre-passer c → **réprimander** d → **punir** e → **abattre** 3 v. pron. : se convertir, se défaire de, se guérir, se reprendre
corrigible → **perfectible**
corroboration n.f. → **confirmation**
corroborer 1 → **fortifier** 2 → **confirmer**
corrodant, e → **mordant**
corroder → **ronger**
corroi n.m. → **apprêt**
corrompre 1 a → **gâter** b → **abâtardir** c → **altérer** d → **souiller** 2 → **séduire** 3 v. pron. → **pourrir**
corrompu, e 1 → **pourri** 2 fig. → **vicieux**
corrosif, ive → **mordant**
corrosion n.f. 1 abrasion, brûlure, oxydation 2 affouillement, corrasion, désagrégation, destruction, érosion, ravinement, usure

corroyage n.m. → **apprêt**

corrupteur, trice nom et adj. → **mauvais**

corruptible → **destructible**

corruption n.f. 1 → **altération** 2 → **dégradation** 3 → **subornation**

corsage n.m. 1 buste, poitrine 2 blouse, brassière, cache-cœur, camisole, canezou, caraco, casaque, casaquin, chemisette, guimpe, jersey

corsaire n.m. bandit, boucanier, écumeur des mers, flibustier, forban, frère de la côte, pirate, requin

corsé, e 1 → **fort** 2 → **poivré** 3 → **libre**

corser → **fortifier**

corset n.m. 1 par ext. : bustier, combiné, corselet, gaine, guêpière 2 fig. → **cadre**

corseter 1 → **soutenir** 2 → **gêner**

corso n.m. → **défilé**

cortège n.m. → **suite**

corvéable → **esclave**

corvée n.f. 1 → **devoir** 2 → **travail**

corvette n.f. → **bateau**

coryphée n.m. → **chef**

coryza n.m. catarrhe, écoulement, inflammation, rhume de cerveau

cosmétique n.m. 1 → **fard** 2 → **pommade**

cosmique astral, extra-galactique, extraterrestre, infini, universel

cosmogonie n.f. 1 cosmographie, cosmologie, description/interprétation de l'Univers 2 par ext. : astronomie, sciences de l'espace

cosmonaute n.m. ou f. astronaute, spationaute

cosmopolite → **international**

cosmopolitisme n.m. → **universalisme**

cosmos n.m. → **univers**

cossard, e nom et adj. → **paresseux**

cosse n.f. 1 bogue, brou, cossette, écale, écalure, enveloppe, gousse, tégument → **enveloppe** 2 → **paresse**

cossu, e → **riche**

costaud, e nom et adj. → **balèze**

costume n.m. → **vêtement**

costumer → **vêtir**

cosy-corner n.m. → **canapé**

cotation n.f. → **estimation**

cote n.f. 1 → **taxe** 2 → **impôt**

côte n.f. 1 → **bord** 2 → **hauteur** 3 → **montée**

côté n.m. 1 → **flanc** 2 → **aspect** 3 → **partie** 4 → **direction** 5 **à côté** → **près**

coteau n.m. → **hauteur**

coter 1 folioter, noter, numéroter, paginer 2 → **estimer**

coterie n.f. association, bande, cabale, camarilla, caste, cercle, chapelle, clan, clique, école, faction, famille, mafia, parti, secte, tribu

cothurne n.m. brodequin, chaussure, socque

cotignac n.m. → **confiture**

cotillon n.m. 1 → **jupe** 2 → **danse**

cotisation n.f. → **quote-part**

cotiser → **participer**

coton n.m. 1 jumel 2 ouate 3 batiste, calicot, cellular, cotonnade, coutil, cretonne, éponge, finette, flanelle, futaine, guinée, indienne, jaconas, linon, lustrine, madapolam, nankin, nansouk, oxford, percale, percaline, pilou, piqué, plumetis, satinette, siamoise, tarlatane, tennis, velours, vichy, voile, zéphyr 4 **c'est coton** → **difficile**

cotonneux, euse duveté, duveteux, ouaté, pelucheux, tomenteux

côtoyer → **longer**

cotre n.m. → **bateau**

cottage n.m. → **villa**

cotte n.f. 1 → **jupe** 2 bleu/vêtement de travail, combinaison, salopette

cou n.m. col, encolure

couac n.m. 1 cacophonie, canard → **bruit** 2 → **insuccès**

couard, e nom et adj. → **capon**

couardise n.f. → **lâcheté**

couchailler → **culbuter**

couchant n.m. occident, ouest, ponant

couche n.f. 1 crépi, croûte, enduit 2 assise, banc, formation, lit, nappe, région, sphère, strate 3 braie (vx), drapeau (vx), lange, linge, layette, maillot 4 → **catégorie** 5 → **lit** 6 → **enfantement** 7 **fausse couche** : avortement

coucher 1 → **étendre** 2 → **inscrire** 3 → **viser** 4 v. pron. a au pr. : s'aliter, s'allonger, se blottir, s'étendre, se glisser dans le lit/sous les draps, se mettre au lit b arg. ou fam. : aller au dodo/au paddock/au page/au pageot/au pieu, se bâcher, crécher, se pageoter/pagnoter/pieuter

coucher n.m. 1 abri, couchée (vx), étape, gîte, hospitalité, nuit 2 **coucher de soleil** : crépuscule (du soir), couchant

coucherie n.f. → **débauche**

couchette n.f. → **lit**

coucou n.m. 1 → **horloge** 2 locomotive, machine → **voiture**

coude n.m. angle, courbe, détour, méandre, retour, saillie, sinuosité, tour, tournant, virage

coudé, e → **courbe**

couder → **tordre**

coudoiement n.m. → **promiscuité**

coudoyer 1 → **heurter** 2 → **rencontrer**

coudraie n.f. noiseraie → **plantation**

coudre 1 au pr. : baguer, bâtir, faufiler, monter, ourler, raccommoder, rapiécer, ravauder, rentraire, repriser, surfiler, surjeter, suturer 2 par ext. → **joindre**

couenne n.f. lard → **peau**

couenneux, euse 1 → **dur** 2 → **résistant**

couette n.f. 1 mèche (de cheveux) 2 → **queue** 3 crapaudine, platine 4 → **couverture** 5 par ext. rég. → **matelas**

couffin n.m. → **cabas**

couille n.f. 1 → **bourse** 2 → **difficulté**

couillon n.m. 1 bourse 2 → **bête** (nom fém.)

couillon, onne n.m. ou f. → **naïf**

couillonnade n.f. 1 → **bêtise** 2 → **plaisanterie**

couillonner → **tromper**

couinement n.m. piaillement → **cri**

couiner piailler → **crier**

coulage n.m. 1 coulée 2 → **perte**

coulant, e 1 → **fluide** 2 → **naturel** 3 → **faible**

coulant n.m. 1 anneau 2 pousse, rejeton, stolon

coule n.f. 1 cagoule, cuculle → **capuchon** 2 **à la coule** : affranchi, au courant, au parfum, averti

coulée n.f. géogr. : cheire

coulemelle n.f. chevalier, filleul, lépiote élevée → **champignon**

couler 1 v. tr. a → **filtrer** b → **verser** c → **introduire** d mar. : envoyer par le fond, faire sombrer, torpiller → **sombrer** 2 v. intr. a affluer, arroser, baigner, courir, déborder, découler, dégouliner, se déverser, s'échapper, s'écouler, émaner, s'épancher, s'extravaser, filer, fluer, fuir, gicler, jaillir, juter, refluer, se répandre, ribouler (rég.), rouler, ruisseler, sourdre b dégoutter, s'égoutter, goutter, instiller, suinter, traverser c baver, exsuder, suer, suppurer, transpirer d cascader, descendre, glisser, se mouvoir, passer, tomber e un bateau : s'abîmer, chavirer, disparaître, s'enfoncer, s'engloutir, faire naufrage, s'immerger, se perdre, périr corps et biens, se saborder, sombrer 3 v. pron. : → **introduire (s')**

couleur n.f. 1 au pr. : carnation, coloration, coloris, demi-teinte, enluminure, nuance, pigmentation, teint, teinte, teinture, ton, tonalité 2 du cheval → **robe** 3 fig. a allure, apparence, aspect, brillant, caractère, éclat, force, truculence, vivacité b → **opinion** c → **prétexte** d au pl. → **drapeau**

couleuvre n.f. anguille de haie, bisse (blas.), coronelle, couleuvreau, ophidien → **reptile**

couleuvrine n.f. → **canon**

coulis n.m. bisque → **sauce**

coulisse n.f. 1 coulisseau, glissière, support mobile 2 arrière-fond/-plan 3 **dans la coulisse** → **secrètement**

coulisser → **glisser**

coulissier n.m. → **intermédiaire**

coulommiers n.m. brie → **fromage**

couloir n.m. → **passage**

coulpe n.f. → **péché**

coulure n.f. → **tache**

coumarine n.f. → **aromate**

coup n.m. 1 au pr. a choc, ébranlement, frappement, heurt, secousse, tamponnement b bastonnade, botte, bourrade, calotte, charge, châtiment, chiquenaude, claque, correction, décharge, distribution, estocade, fessée, gifle, horion, nasarde, pichenette, soufflet, tape c fam. : abattage, atout, baffe, bâfre, beigne, beignet, branlée, brossée, brûlée, castagne, châtaigne, contredanse, coquart, danse, dariole, déculottée, dérouillée, frottée, giboulée, giroflée, gnon, marron, mornifle, pain, peignée, pile, pochon, raclée, ramponneau, ratatouille, rincée, rossée, roulée, rouste, salsifis, tabac, talmouse, taloche, tampon, tannée, taquet, tarte, torgnole, tournée, trempe, tripotée d blessure, bleu, bosse, contusion, mauvais traitements, meurtrissure, violences, voie de fait 2 par ext. a coup de feu : arquebusade, canonnade, charge, décharge, détonation, fusillade, salve, tir b → **bruit** c → **émotion** d → **action** e → **gorgée** 3 a **coup de cœur/foudre** → **amour** b **coup de main** → **aide, engagement** c **coup de sang** → **congestion** d **coup d'État** : coup d'autorité/de force, changement, pronunciamiento, putsch, révolution e **coup de tête** → **caprice** f **coup de soleil** : actinite g **coup de théâtre** → **péripétie** h **coup d'œil** → **regard, vue** i **à coup sûr, à tout coup** : certainement, évidemment, sûrement j **tout à coup** : à brûle-pourpoint, à l'improviste, brusquement, en un instant, inopinément, soudain, subitement, subito k **un coup** : une fois l **coup sur coup** → **successivement** m **tenir le coup** → **durer** n **porter un coup** → **frapper, nuire**

coupable 1 adj. : blâmable, condamnable, damnable, délictueux, dolosif, fautif, honteux, illégitime, illicite, inavouable, indigne, infâme, mauvais, peccable, peccant, pendable, punissable, répréhensible 2 nom : contrevenant, criminel, délinquant, pécheur, responsable

coupage n.m. → **mélange**

coupant, e → **tranchant**

coupe n.f. 1 calice, coquetier, coupelle, cratère, gobelet, jatte, patère, ramequin, sébile, vase, vaisseau 2 → **compétition** 3 → **pièce** 4 → **plan** 5 césure, hémistiche, repos 6 déchiqueture, découpure, taillade 7 **coupe sombre** a → **sanction** b → **retranchement**

coupé n.m. → **voiture**

coupé, e → **court**

coupe-chou(x) n.m. 1 → **rasoir** 2 → **sabre**

coupe-cigare(s) n.m. guillotine

coupe-circuit n.m. → **fusible**

coupe-coupe n.m. → **serpe**

coupée n.f. accueil/entrée/sortie d'un navire

coupe-file n.m. → **laissez-passer**

coupe-gorge n.m. 1 → **piège** 2 → **cabaret**

coupe-jarret n.m. 1 → **tueur** 2 → **voleur**

coupelle n.f. 1 cuilleron → **coupe** 2 → **ustensile**

couper 1 au pr. : amputer, cerner (vx), champlever, chanfreiner, cisailler, coupailler, débillarder, découper, diviser, ébarber, élaguer, entamer, entrecouper, équeuter, exciser, hacher, inciser, massicoter, réséquer, scarifier, sectionner, taillader, tailler, trancher, tronçonner 2 vét. a les oreilles : essoriller b la queue : anglaiser c la queue et les oreilles : courtauder 3 par ext. a → **retrancher** b → **châtrer** c → **traverser** d → **mélanger** e → **interrompre** f → **abattre**

couperet n.m. coupe-coupe, hachoir, machette → **couteau**

couperose n.f. → **rougeur**

couperosé, e → **rouge**

couplage n.m. → **assemblage**

couple 1 n.f. : paire 2 n.m. a doublet, duo, paire, tandem b époux, ménage

couplet n.m. 1 → **poème** 2 → **chant** 3 → **tirade**

coupole n.f. → **dôme**

coupoir n.m. → **couteau**

coupon n.m. 1 → **pièce** 2 → **billet**

coupure n.f. 1 → **blessure** 2 → **billet**

cour n.f. 1 atrium, cloître, courée, courette, patio, préau 2 → **tribunal**

courage n.m. ardeur, assurance, audace, bravoure, cœur, confiance, constance, cran, crânerie, décision, énergie, fermeté, force, générosité, hardiesse, héroïcité, héroïsme, impétuosité, intrépidité, patience, persévérance, résolution, ressaisissement, stoïcisme, témérité, vaillance, valeur, volonté, zèle

courageux, euse ardent, assuré, audacieux, brave, confiant, constant, crâne, décidé, déterminé, dynamique, énergique, entreprenant, ferme, fonceur, fort, gonflé (fam.), hardi, héroïque, impétueux, intrépide, mâle, martial, noble, patient, persévérant, résolu, prométhéen, stoïque, téméraire, travailleur, vaillant, volontaire, zélé

couramment → **habituellement**

courant n.m. 1 → **cours** 2 a **être au courant** → **connaître** b **mettre/tenir au courant** → **informer**

courant, e 1 → **présent** 2 → **commun** 3 → **banal**

courante n.f. 1 → **diarrhée** 2 → **danse**

courbatu, e → **fatigué**

courbature n.f. → **douleur**

courbaturé, e → **fatigué**

courbaturer ankyloser, endolorir → **meurtrir**

courbe n.f. arabesque, arc, arcure, bombement, boucle, cambrure, cercle, cintrage, circonférence, convexité, coude, courbement, courbure, ellipse, enveloppée, feston, galbe, hyperbole, incurvation, méandre, ondulation, orbite, ovale, ove, parabole, serpentin, sinuosité, spirale, trajectoire, virage, volute ◆ mar. : bouge, tonture

courbe adj. : aquilin, arqué, arrondi, bombé, busqué, cambré, cassé, concave, convexe, coudé, courbé, crochu, cucurbitin, curviligne, galbé, incurvé, infléchi, mamelonné, rebondi, recourbé, renflé, rond, tordu, tors, tortu, tortueux, unciforme (anat.), unciné (bot.), verticillé, voûté

courber 1 au pr. a → **fléchir** b → **incliner** 2 fig. → **soumettre** 3 v. pron. a au pr. : s'arquer, s'arrondir, se busquer, se cambrer, se casser, se couder, s'incurver, s'infléchir, se recourber, se renfler, se tordre, se voûter b fig. → **humilier (s')**

courbette n.f. → **salut**

courbure n.m., n.f. → **courbe**

courcaillet n.m. 1 → **cri** 2 → **appelant**

courette n.f. → **cour**

coureur n.m. 1 → **messager** 2 aptéryx ou kiwi, autruche, autruchon

coureur, euse n.m. ou f. 1 cavaleur, tombeur 2 a → **séducteur** b → **débauché**

courge n.f. bonnet-de-prêtre/Turc, citrouille, coloquinte, concombre, courgette, cucurbitacée, gourde, pâtisson, potiron

courir 1 v. intr. a au pr. : bondir, détaler, dévorer l'espace, s'élancer, fendre l'air, galoper, se hâter, se précipiter, se presser, voler b fam. : avoir le diable à ses trousses/le feu au derrière, brûler le pavé, caleter, se carapater, cavaler, décaniller, droper, filer, filocher, foncer, gazer, jouer des flûtes/des gambettes/des pinceaux/des pincettes, mettre les bouts, pédaler, piquer un cent mètres, prendre ses jambes à son cou, se tirer, tracer, tricoter des pinceaux/des pincettes, trisser c vén. : piéter 2 v. tr. a → **chercher** b → **fréquenter** c → **poursuivre** d → **répandre (se)** e → **passer** f → **parcourir**

courlis n.m. bécasse de mer → **échassier**

couronne n.f. 1 au pr. : bandeau royal, diadème, pschent, tiare, tortil 2 par ext. : corolle, guirlande 3 fig. a attribut, emblème, ornement, signe b distinction, honneur, lauriers, palme, prix, récompense c empereur, empire, État, maison, monarchie, monarque, roi, royaume, royauté, souverain, souveraineté

couronnement n.m. sacre → **consécration**

couronner 1 au pr. : a auréoler, nimber b ceindre, coiffer c introniser, mettre sur le trône, porter au pouvoir, sacrer 2 par ext. : décerner un prix/une récompense 3 fig. a accomplir, achever, conclure, finir, parachever, parfaire, sommer, terminer b → **blesser**

courrier n.m. 1 → **messager** 2 → **bateau** 3 → **correspondance**

courriériste n.m. ou f. → **journaliste**

courroie n.f. par ext. : attache, bandoulière, bretelle, harnais, jugulaire, lanière, mancelle, raban, sangle

courroucer → **irriter**

courroux n.m. → **colère**

cours n.m. 1 carrière, chenal, courant, course, fil, mouvement 2 **cours d'eau** : a affluent, collecteur, émissaire, fleuve, gave, ravine, raz, rivière, ru, ruisseau, torrent, voie fluviale b → **canal** 3 → **promenade** 4 → **évolution** 5 → **traité** 6 → **leçon** 7 → **école** 8 → **prix** 9 **avoir cours** : avoir du crédit/de la vogue, déchaîner l'enthousiasme, être à la mode/dans le vent, faire fureur

course n.f. 1 a allées et venues, commissions, démarches b galopade 2 → **marche** 3 → **cours** 4 → **incursion** 5 → **trajet** 6 → **promenade** 7 → **compétition**

courser → **poursuivre**

coursier n.m. 1 → **cheval** 2 → **messager**

coursive n.f. → **passage**

court, e 1 de taille : bas, courtaud, étriqué, étroit, mince, minuscule, petit, rabougri, ramassé, ras, rétréci, tassé, trapu 2 de durée : bref, éphémère, fragile, fugace, fugitif, instantané, intérimaire, momentané, passager, périssable, précaire, pressé, prompt, provisoire, rapide, sporadique, temporaire, transitoire 3 par ext. : abrégé, accourci, bref, compendieux (vx), concis, condensé, contracté, coupé, dense, diminué, écourté, elliptique, haché, laconique, lapidaire, précis, raccourci, ramassé, réduit, resserré, restreint, résumé, serré, simple, sommaire, succinct, télégraphique

courtage n.m. 1 au pr. : commission, ducroire, pourcentage, prime, remise, rémunération → **agio** 2 par ext. : dessous-de-table, pot-de-vin, pourboire → **gratification**

courtaud, e 1 adj. → **court** 2 nom a → **cheval** b → **chien**

courtauder → **couper**

court-bouillon n.m. → **bouillon**

court-circuit n.m. 1 dérivation, shunt 2 fam. : court-jus, panne (d'électricité)

court-circuiter 1 shunter 2 a laisser (tomber), se passer de → **abandonner** b intercepter → **interrompre**

courtepointe n.f. → **couverture**

courtier, ière n.m. ou f. → **intermédiaire**

courtine n.f. 1 → **rideau** 2 → **rempart**

courtisan n.m. et adj. homme de cour → **flatteur**

courtisane n.f. → **prostituée**

courtiser 1 badiner, conter fleurette, faire des avances/la cour, marivauder, rechercher ◆ vx : caresser, coqueter 2 fam. : baratiner, causer, courir les filles/le guilledou, draguer, faire du gringue/les yeux doux, flirter, fréquenter, jeter du grain, sortir avec

courtois, e → **civil**

courtoisement → **correctement**

courtoisie n.f. → **civilité**

couru, e → **sûr**

cousette n.f. arpète, midinette, petite main, trottin

cousin n.m. → **moustique**

cousin, e n.m. ou f. → **parent**

cousinage n.m. → **parenté**

cousiner → **fréquenter**

coussin n.m. bourrelet, carreau, coussinet, oreiller, polochon, pouf, traversin

coût n.m. → **prix**

couteau n.m. 1 canif, couteau-scie, cutter, drayoir, éplucheur, jambette (rég.), lame, Opinel® 2 par ext. a entoir, greffoir b bistouri, lancette, scalpel c couperet, coupoir, coutelas, machette, saignoir, scramasaxe d → **poignard** e coutre, soc 3 arg. : charlemagne, cran d'arrêt, cure-dents, eustache, lame, lardoire, lingue, pointe, raide, rallonge, rapière, ratiche, schlass, scion, silencieux, surin, vendetta, vingt-deux

coutelier, ière n.m. ou f. taillandier

coutellerie n.f. taillanderie

coûter → **valoir**

coûteux, euse → **cher**

coutil n.m. → **coton**

coutre n.m. → **couteau**

coutume n.f. → **habitude**

coutumier, ère nom et adj. 1 → **accoutumé** 2 → **habitué** 3 → **ordinaire**

couture n.f. 1 piqûre, point, raccord, réparation 2 → **mode** 3 → **balafre**

couturé, e balafré, coupé, entaillé, tailladé

couturier, ère n.m. ou f. modéliste, tailleur → **cousette**

couvain n.m. → **œuf**

couvée n.f. nichée, portée, produit, race

couvent n.m. → **cloître**

couventine n.f. 1 → **pensionnaire** 2 → **religieuse**

couver 1 au pr. : incuber 2 par ext. a → **nourrir** b → **préparer** 3 **couver des yeux** → **regarder**

couvercle n.m. couvre-plat, dessus-de-plat

couvert n.m. 1 → **abri** 2 → **ombre** 3 → **maison** 4 a **à couvert** : à l'abri, garanti, protégé b **sous le couvert de** : caution/manteau/protection de

couvert, e 1 abrité, défendu, garanti, préservé, sauvegardé 2 coiffé, crêté (blas.) → **vêtu**

couverture n.f. 1 a chabraque, couette, couvre-lit, couvre-pied, édredon, plaid, poncho, tartan b vx : berne, courtepointe, housse c fam. : berlue, capot, couverte, couvrante 2 a bâche, capote b → **garantie** c → **toit** d → **prétexte**

couveuse n.f. couvoir, incubateur

couvre-chef n.m. → **coiffure**

couvre-lit et **couvre-pied** n.m. → **couverture**

couvrir 1 au pr. : appliquer/disposer/mettre sur, bâcher, barder, caparaçonner, coiffer, enduire, envelopper, habiller, natter, recouvrir, tauder (mar.) 2 par ext. a → **protéger** b → **cacher** c → **vêtir** d → **parcourir** e → **accoupler (s')** 3 fig. a → **répondre de** b → **déguiser** c → **remplir** d → **dominer**

cover-girl n.f. par ext. : mannequin, pin-up, starlette

cow-boy n.m. → **vacher**

coxalgie et **coxarthrose** n.f. → **maladie**

crabe n.m. 1 crustacé, décapode 2 araignée (de mer), dormeur, étrille, maïa, portune, poupart, tourteau

crabier n.m. → **échassier**

crachat et **crachement** n.m. 1 crachotement, expectoration, salivation 2 arg. : copeau, glaviot, gluau, graillon, huître 3 **crachat de crapaud/de grenouille :**

cracher 1 crachoter, crachouiller, expectorer, recracher, vomir 2 arg. : graillonner, juter

crachin n.m. → **pluie**

crachiner → **pleuvoir**

crachotement n.m. 1 → **crachat** 2 → **pluie**

crachoter → **cracher**

crachouiller 1 → **cracher** 2 → **pleuvoir**

crack n.m. → **as**

cracker n.m. amuse-gueule → **biscuit**

craie n.f. carbonate de calcium

craindre 1 s'alarmer, appréhender, avoir peur, être effrayé/épouvanté, redouter → **trembler** ◆ vx : s'épeurer 2 → **honorer**

crainte n.f. 1 alarme, angoisse, anxiété, appréhension, défiance, effarouchement, effroi, émoi, épouvante, frayeur, frousse, inquiétude, insécurité, méfiance, obsession, peur, phobie, pressentiment, terreur, transe, tremblement 2 respect, révérence, vénération

craintif, ive angoissé, anxieux, appréhensif, délicat, effarouché, effrayé, ému, épouvanté, frileux, honteux, inquiet, jaloux, méfiant, peureux, pusillanime, révérenciel, sauvage, scrupuleux, soupçonneux, terrifié, timide, timoré, tremblant, trembleur

cramer → **brûler**

cramoisi, e → **rouge**

crampe n.f. 1 → **contraction** 2 → **colique**

crampon n.m. 1 agrafe, attache, croc, crochet, grappin, griffe, happe, harpon, piton 2 → **importun**

cramponner 1 au pr. → **attacher** 2 fig. → **ennuyer** 3 v. pron. → **attacher (s')**

cran n.m. 1 → **entaille** 2 → **fermeté**

crâne n.m. → **tête**

crâne adj. → **brave**

crâner 1 → **braver** 2 → **poser**

crânerie n.f. 1 → **hâblerie** 2 → **courage**

crâneur, euse nom et adj. → **hâbleur**

crânien, ienne par ext. : céphalique, cervical, encéphalique

cranter → **entailler**

crapahuter → **marcher**

crapaudine n.f. 1 couette, platine 2 → **pierre** 3 → **grille**

crapouillot n.m. → **canon**

crapule n.f. 1 → **vaurien** 2 a → **débauche** b → **ivresse**

crapulerie n.f. bassesse, canaillerie, friponnerie, improbité, indélicatesse, lâcheté, malhonnêteté → **débauche**

crapuleux, euse 1 → **honteux** 2 → **malhonnête** 3 → **homicide**

craque n.f. → **hâblerie**

craquèlement ou **craquellement** et **craquelure** n.m., n.f. fendillement, fissure, gerçure, lézarde → **fente**

craqueler → **fendiller (se)**

craquement n.m. → **bruit**

craquer 1 claquer, crouler, se déchirer/défaire/détruire, s'effondrer, se rompre 2 crisser, croustiller, péter, pétiller, produire un → bruit 3 → crier

craqueter 1 → pétiller 2 → crier

crase n.f. → contraction

crash n.m. 1 atterrissage en catastrophe 2 → accident

craspec → malpropre

crasse 1 n.f. a → bassesse b → malpropreté 2 adj. → épais

crasseux, euse 1 → malpropre 2 → sordide 3 → avare

crassier n.m. terril

cratère n.m. 1 → dépression 2 → ouverture 3 → coupe

craterelle n.f. trompette de la mort → champignon

cravache n.f. → baguette

cravacher 1 → cingler 2 → hâter (se)

cravate n.f. lavallière, régate

cravater 1 → prendre 2 → tromper

crave n.m. → corbeau

crawl n.m. → nage

crayeux, euse crétacé → blanc

crayon n.m. 1 → ébauche 2 par ext. : Bic®, feutre, fusain, marqueur, stylobille, surligneur

crayonner → esquisser

créance n.f. 1 → dette 2 → foi

créancier, ère n.m. ou f. crédirentier

créateur, trice nom et adj. 1 → bâtisseur 2 → dieu

créatif, ive → ingénieux

création n.f. 1 original, princeps → univers 2 → ouvrage 3 → érection

créativité n.f. → imagination

créature n.f. 1 → homme 2 → protégé

crécelle n.f. → moulinet

crécerelle n.f. → rapace

crèche n.f. 1 → nursery 2 → auge

crécher → habiter

crédence n.f. desserte

crédibilité n.f. → vraisemblance

crédible 1 → sûr 2 → vrai

crédirentier, ière nom et adj. créancier

crédit n.m. 1 avoir, solde → bénéfice 2 arg. : ardoise 3 → influence 4 → faveur 5 → cours 6 à crédit : à tempérament/terme, par escompte/mensualités 7 crédit municipal a mont de piété b arg. ou fam. : clou, ma tante, plan, planque

créditer → attribuer

créditeur, créditrice n.m. ou f. 1 positif, provisionné 2 créancier, crédirentier

credo n.m. → foi

crédule 1 → naïf 2 → simple

crédulité n.f. → simplicité

créer 1 accoucher, composer, concevoir, découvrir, donner l'être/l'existence/la vie, élaborer, enfanter, engendrer, faire, faire naître, former, imaginer, innover, inventer, lancer, mettre au monde/en chantier/en œuvre, procréer, produire, réaliser, trouver 2 → occasionner 3 → établir

crémant n.m. et adj. mousseux, perlant, pétillant

crémation n.f. → incinération

crème n.f. fig. → choix

crémerie n.f. 1 beurrerie, laiterie 2 arg. → cabaret

crémeux, euse → gras

crémier, ière n.m. ou f. laitier

crémone n.f. espagnolette

créneau n.m. 1 embrasure, mâchicoulis, meurtrière, ouverture, parapet 2 a → possibilité b → marché

crénelé, e découpé, dentelé

créneler 1 → entailler 2 munir de créneaux

crénelure n.f. dentelure, grecque

créole n.m. ou f. 1 au pr. : colonial, insulaire, tropical 2 par ext. : métis .

crêpage n.m. → bagarre

crêpe 1 n.f. : blinis 2 n.m. → ruban

crêper → friser

crêperie n.f. → restaurant

crépi n.m. → enduit

crépine n.f. → passement

crépir → enduire

crépitation et **crépitement** n.f., n.m. → bruit

crépiter → pétiller

crépu, e → frisé

crépusculaire → sombre

crépuscule n.m. 1 au pr. a → aube b brunante (rég.), brune, croule (vén.), déclin/tombée du jour, entre chien et loup, rabat-jour 2 fig. → décadence

crescendo → rythme

cresson n.m. par ext. : cardamine, cressonnette, passerage

crésus n.m. → riche

crêt n.m. → sommet

crétacé, e n.m. et adj. calcaire, crayeux, secondaire, sédimentaire

crête n.f. 1 → sommet 2 → touffe

crétin, e n.m. ou f. 1 → stupide 2 → bête

crétinerie n.f. 1 → bêtise 2 → stupidité

crétiniser → abêtir

crétinisme n.m. 1 → idiotie 2 → bêtise

cretonne n.f. → coton

creusage et **creusement** n.m. affouillement, approfondissement, défonçage, défoncement, excavation (vx), fouille, pénétration, percement, piochage, taraudage, terrassement → forage

creuser 1 au pr. : affouiller, approfondir, bêcher, caver, champlever, défoncer, échancrer, enfoncer, évider, excaver, foncer, forer, fouiller, fouir, labourer, miner, pénétrer, percer, piocher, raviner, refouiller, sonder, tarauder, terrasser 2 fig. → étudier 3 v. pron. : se renforcer, rentrer

creuset n.m. 1 cubilot → ustensile 2 fig. → expérience

creux n.m. 1 → abîme 2 → excavation 3 → cavité

creux, creuse 1 au pr. : cave, concave, courbe, encaissé, ensellé, entaillé, évidé, rentrant 2 par ext. a → profond b → vide 3 fig. : chimérique, futile, vain → imaginaire

crevaison n.f. 1 éclatement 2 → mort 3 → fatigue

crevant, e 1 → risible 2 → tuant

crevard, e nom et adj. 1 → affamé 2 → faible

crevasse n.f. → fente

crevasser craqueler, fendiller, fendre, fissurer, gercer, lézarder

crève-cœur n.m. 1 → ennui 2 → peine

crève-la-faim n.m. ou f. → pauvre

crever 1 v. intr. a → mourir b → rompre (se) 2 v. tr. → fatiguer

crevette n.f. 1 de mer : bouc, bouquet, chevrette, palémon, salicoque 2 d'eau douce : gammare

crevettier n.m. → bateau

cri n.m. 1 vx : devise 2 neutre. a appel, avertissement, éclat (de voix), exclamation, son b → bruit 3 fav. a acclamation, alléluia, applaudissement, ban, hosanna, hourra, ovation b imploration, interjection, prière, supplication 4 non fav. a charivari, clabaudage, clabauderie, clameur, criaillement, criaillerie, glapissement, grognement, gueulement, haro, huée, hurlement, juron, piaillement, piaillerie, plainte, protestation, réclamation, récrimination, rumeur, tapage, tollé, tumulte, vacarme, vocifération b gémissement, lamentation, murmure, pleur, sanglot, vagissement c vén. : hallali, hourvari, huée, taïaut 5 d'animaux et par ext. d'humains : aboi, aboiement, babil, babillage, barrissement *(éléphant)*, béguètement *(chèvre)*, bêlement, beuglement *(bovidés)*, braiment *(âne)*, braillement *(paon)*, bramement *(cervidés)*, caquet *(poule)*, chant, chuchotement *(moineau)*, chuintement *(chouette)*, clabaudage, coassement *(crapaud et grenouille)*, cocorico, coin-coin *(canard)*, courcaillet *(caille)*, criaillement *(oie, paon)*, croassement *(corbeau)*, feulement *(chat, tigre)*, gazouillement, gazouillis, gémissement *(tourterelle)*, glapissement *(grue, renard)*, glouglou *(dindon)*, gloussement *(poule)*, grésillement *(grillon)*, grognement *et* grommellement *(ours, porc, sanglier)*, hennissement *(cheval)*, hululement *(chouette, hibou)*, hurlement *(chien, loup, ours)*, jacassement *et* jacasserie *(pie)*, jappement *(chien)*, meuglement *(bovidés)*, miaulement, mugissement, pépiement, piaulement, ramage, rauquement *(tigre)*, roucoulement, rugissement, sifflement, stridulation *(cigale)*, tirelire *(alouette)*, ululation et ululement *(chouette, hibou)*.

criant, e 1 → évident 2 → révoltant

criard, e 1 → aigu 2 → voyant

criblage n.m. calibrage, tri, triage

crible n.m. batée, calibreur, claie, cribleur, grille, passoire, sas, tamis, tarare, trémie, trieur

cribler 1 → tamiser 2 → percer

cric n.m. levier, vérin

cricoïde → rond

cri-cri n.m. invar. → grillon

criée n.f. 1 → enchère 2 → vente

crier 1 v. intr. a au pr. : acclamer, appeler, avertir, clamer, dire, s'écrier, s'égosiller, s'époumoner, s'exclamer, gueuler, héler, hucher, hurler, proclamer, tonitruer, tonner, trompeter, vagir, vociférer b par ext. : fulminer, gémir, implorer, jurer, se plaindre, prier, récriminer, sacrer, supplier c contre quelqu'un : accuser, apostropher, attraper, clabauder, conspuer, couiner, criailler, se fâcher, faire de la musique, gronder, interpeller, invectiver, se plaindre de, rager, râler, se récrier, réprimander, tempêter, vitupérer → protester d animaux et par ext. humains : aboyer, babiller, barrir *(éléphant)*, bégueter *(chèvre)*, bêler *(ovidés)*, beugler *(bovidés)*, blatérer *(chameau)*, boubouler *(hibou)*, brailler *(paon)*, braire, bramer *(cervidés)*, cacaber *(perdrix)*, cacarder *(oie)*, cajoler *(geai, pie)*, caqueter, carcailler *(caille)*, chanter, chuchoter *(moineau)*, chuinter *(chouette)*, clabauder, clapir *(lapin)*, coasser *(crapaud, grenouille)*, couiner, craquer *et* craqueter *(cigale, cigogne, grue)*, criailler *(oie, paon)*, croasser *(corbeau)*, crouler *(bécasse)*, feuler *(tigre)*, flûter *(merle)*, gazouiller, gémir *(tourterelle)*, glapir *(grue, renard)*, glatir *(aigle)*, glouglouter *(dindon)*, glousser *(perdrix, poule)*, grésiller *(grillon)*, grisoller *(alouette)*, grogner *et* grommeler *(ours, porc, sanglier)*, hennir *(cheval)*, huer *et* hululer *(chouette, hibou)*, hurler *(chien, loup, ours)*, jaboter *(pélican)*, jacasser *(pie)*, japper, jargonner *(jars)*, jaser *(pie)*, lamenter *(crocodile)*, margoter *(caille)*, meugler *(bovidés)*, miauler, mugir, nasiller *(canard)*, pépier, piailler, piauler, râler *et* raller *(cervidés)*, ramager *(oiseaux)*, rauquer *(tigre)*, roucouler *(colombe, pigeon, ramier, tourterelle)*, rugir *(lion)*, siffler, striduler *(cigale)*, trisser *(hirondelle)*, trompeter *(aigle, cygne, grue)*, zinzinuler *(mésange, fauvette)*. e imiter le cri : frouer *(chouette)*, 2 v. tr. a → publier b → affirmer

crieur n.m. aboyeur (fam.), annonceur, huissier, tambour de ville

crime n.m. 1 assassinat, attentat, brigandage, complot, délit, empoisonnement, espionnage, faute, faux, forfait, forfaiture, fraude, inceste, infraction, mal, meurtre, péché, stupre, trahison, viol → vol 2 ethnocide, génocide

criminalité n.f. délinquance, truanderie

criminel, le nom et adj. 1 → homicide 2 → malfaiteur 3 → scélérat

crin n.m. 1 → fil 2 → chevelure

crinière n.f. → chevelure

crinoline n.f. → panier

crique n.f. → golfe

criquet n.m. 1 acridien, locuste, sauterelle 2 arg. → cheval

crise n.f. 1 au pr. : accès, attaque, atteinte, bouffée, poussée, quinte 2 par ext. a → péripétie b alarme, angoisse, danger, débâcle, dépression, détresse, difficulté, krach, malaise, manque, marasme, mévente, misère, pénurie, péril, perturbation, phase critique, récession, rupture d'équilibre, stagnation, tension, trouble

crispant, e → agaçant

crispation n.f. → contraction

crisper 1 → resserrer 2 → énerver

crispin n.m. → manchette

criss n.m. → poignard

crissement n.m. → bruit

crisser craquer, frotter, grincer

cristal n.m. 1 quartz, spath 2 baccarat, bohème, saint-louis → verre

cristallin, e adj. et n.m. 1 → pur 2 → transparent

cristallisation n.f. → précipitation

cristalliser 1 → solidifier 2 fig. a → matérialiser b → fixer

cristophine n.f. chouchou

critère n.m. → modèle

critérium n.m. → compétition

criticailler → discuter

criticisme n.m. kantisme → philosophie

critique 1 adj. a → décisif b → sérieux 2 n.f. a → jugement b → reproche c → censure 3 n.m. → censeur

critiquable 1 → incertain 2 → suspect
critiquer 1 → blâmer 2 → chicaner 3 → discuter
critiqueur n.m. → censeur
croassement n.m. → cri
croasser → crier
croc n.m. 1 → dent 2 → harpon
croc-en-jambe et **croche-pied** n.m. → piège
croche n.f. mus. : huitième de ronde
crocher → prendre
crochet n.m. 1 a accroche-plat, esse, patte, piton b → agrafe c de boucher : allonge, croc, pendoir d mar. : suspensoir e angon, foëne → pique f binette, fourche à fumier, pélican, renard g passe-partout, pince(-monseigneur) ◆ arg. : carreau, passe, peigne, tournante h → pique-feu i méd. : araignée, érigne, forceps 2 → dent 3 → détour
crocheter → ouvrir
crocheteur n.m. → porteur
crochu, e → courbe
crocodile n.m. 1 → alligator 2 → scie 3 → signal
crocus n.m. safran
croire 1 v. tr. a accepter, admettre, être convaincu de, penser, regarder/tenir comme/pour certain/sûr/véridique/vrai b non fav. : avaler, donner dans, gober, marcher, mordre à l'hameçon, prendre pour argent comptant, prêter l'oreille, être → crédule c faire croire : abuser, faire accroire, mener en bateau, monter le coup/un bateau, tromper d croire que : considérer, estimer, être convaincu/persuadé, se figurer, s'imaginer, juger, penser, préjuger, présumer, sembler, supposer 2 v. intr. : adhérer à, compter sur, se faire disciple de, faire confiance/se fier/se rallier à 3 v. pron. → vanter (se)
croisade n.f. 1 expédition, guerre sainte 2 → campagne
croisé n.m. chevalier de l'Ordre de Jérusalem/de Malte/du Temple ou templier, chevalier teutonique, soldat du Christ
croisé, e 1 emmêlé, enchevêtré, superposé 2 → métis
croisée n.f. 1 → carrefour 2 → fenêtre
croisement n.m. 1 → carrefour 2 → métissage
croiser 1 v. intr. → montrer (se) 2 v. tr. a entrecroiser, entrelacer b couper, hybrider, mâtiner, mélanger, mêler, métisser c → traverser d → rencontrer
croiseur n.m. → bateau
croisière n.f. → voyage
croissance n.f. accroissement, agrandissement, augmentation, avancement, crue, développement, poussée, progrès, progression, recrudescence
croissant n.m. → pâtisserie
croissant, e 1 → prometteur 2 → inquiétant
croît n.m. → bénéfice
croître s'accroître, s'agrandir, augmenter, se développer, s'élever, s'enfler, s'épanouir, s'étendre, fructifier, gagner, grandir, grossir, monter, multiplier, pousser, prendre de la taille, profiter, progresser, prospérer, pulluler, venir
croix n.f. 1 calvaire, crucifix 2 → gibet
cromorne n.m. mus. → bois
croquant n.m. → paysan
croque-au-sel cru, nature
croquembouche n.m. → pâtisserie
croque-mitaine n.m. → ogre
croque-monsieur n.m. → casse-croûte
croque-mort n.m. employé/ordonnateur des pompes funèbres
croquenot n.m. → chaussure
croquer 1 → broyer 2 → manger 3 → dépenser 4 → ébaucher 5 croquer le marmot → attendre
croquet n.m. 1 → biscuit 2 → passement 3 → jeu
croquette n.f. → boulette
croquignolet, te 1 → ridicule 2 → élégant
croquis n.m. → ébauche
crosse n.f. 1 → bâton 2 au pl. → querelle
crossé adj.m. relig. (d'un évêque) : célébrant, consacrant, investi, sacré, titulaire d'une abbaye/d'un évêché
crossette n.f. → bouture
crotale n.m. → serpent
croton n.m. → poison
crotte et **crottin** n.f., n.m. 1 → excrément 2 → boue 3 → ordure
crotter 1 → besoins (faire ses) 2 → salir
crottin n.m. 1 → excrément 2 → boue 3 → ordure
croulant, e nom et adj. → vieux
crouler 1 s'abattre, s'abîmer, s'affaler, craquer, se défoncer, s'ébouler, s'écrouler, s'effondrer, se renverser, se ruiner, tomber → affaisser (s') 2 → crier
croup n.m. diphtérie
croupe n.f. 1 → derrière 2 → sommet
croupi, e → pourri
croupière n.f. culeron
croupion n.m. 1 as de pique, sot-l'y-laisse (par ext.) 2 → derrière
croupir 1 → séjourner 2 → pourrir
croupissant, e 1 → stagnant 2 → inactif
croupon n.m. → cuir
croustade n.f. → pâté
croustillant, e ou **croustilleux, euse** → obscène
croustiller → craquer
croûte et **croûton** n.f., n.m. 1 → morceau 2 → tableau
croûter → manger
croûteux, euse → rude
croûton n.m. → morceau
croyable → vraisemblable
croyance n.f. 1 adhésion, assentiment, certitude, savoir 2 péj. : crédulité, superstition 3 relig. : confiance, conviction, doctrine, dogme, espérance, foi, religion, révélation, tradition 4 attente, conscience, créance, crédit, idée, opinion, pensée, persuasion, prévision, soupçon
croyant, e 1 adj. → religieux 2 nom → fidèle
c.r.s. (compagnies républicaines de sécurité) n.m. → policier
cru n.m. terroir, vignoble → vin
cru, e 1 → indigeste 2 croque-au-sel, nature → naturel 3 → rude 4 → obscène
cruauté n.f. → barbarie, dureté
cruche et **cruchon** n.f., n.m. 1 → pot 2 → bête 3 → lourdaud
crucial, e → décisif, délicat
crucifier → tourmenter
crucifix n.m. → croix
crucifixion n.f. crucifiement → supplice
cruciverbiste n.m. ou n.f. mots-croisiste, verbicruciste
crudité n.f. brutalité, réalisme
crue 1 → inondation 2 → croissance
cruel, le 1 → barbare 2 → dur 3 → insensible 4 → douloureux
cruellement 1 abominablement, affreusement, agressivement, aigrement, atrocement, brutalement, diaboliquement, durement, égoïstement, férocement, haineusement, indignement, inhumainement, malignement, méchamment, odieusement, perfidement, perversement, rudement, sadiquement, vicieusement 2 amèrement, douloureusement, dramatiquement, épouvantablement, funestement, intolérablement, lamentablement, péniblement, pitoyablement, tragiquement, tristement
cruiser n.m. → bateau
crûment brutalement, durement, tout de go/net, rudement, sans ménagement, sèchement
crural, e fémoral
crustacé n.m. 1 macroure 2 → crabe 3 araignée (de mer) ou maïa, bernard-l'hermite ou pagure, bouquet, cigale (de mer), crevette, écrevisse, gambas, homard, langouste, langoustine, squille 4 amathie, anatife, balane, copépode, daphnie 5 aselle, cloporte, ligie
crypte n.f. caveau, chapelle, grotte, hypogée
cryptique → secret
cryptogramme n.m. → secret
cubage et **cubature** n.m., n.f. → volume
cube n.m. hexaèdre
cuber → évaluer
cubilot n.m. creuset
cucul → bête
cuculle n.f. → capuchon
cucurbitacée n.f. 1 → courge 2 → melon 3 → pastèque
cucurbite n.f. chaudron → ustensile
cueillette n.f. collecte, cueillaison, ramassage, récolte ◆ vx ou rég. : cueille
cueillir 1 → recueillir 2 → arrêter
cueilloir n.m. cisaille
cuiller ou **cuillère** n.f. par ext. : cuilleron, louche, pochon → ustensile
cuillerée n.f. → quantité
cuilleron n.m. coupelle → cuiller
cuir n.m. 1 → peau 2 → lapsus
cuirasse n.f. → armure
cuirassé n.m. → bateau
cuirassement n.m. → renforcement
cuirasser 1 → protéger 2 → endurcir (s')
cuirassier n.m. → soldat
cuire 1 bouillir, braiser, étuver, faire revenir/sauter, fricoter, frire, griller, mijoter, mitonner, poêler, rôtir → cuisiner 2 v. intr. a → chauffer b → brûler c → bronzer
cuisant, e 1 → douloureux 2 → vif
cuiseur n.m. autocuiseur, Cocotte-minute ®
cuisine n.f. 1 casseroles, coquerie (mar.), feux, fourneaux, marmite, office, queue de la poêle, souillarde (péj.) 2 chère, menu, mets, ordinaire, préparation, repas, table 3 fam. : becquetance, bouffe, bouffetance, cuistance, frichti, fricot, graille, manger, popote, ragougnasse, rata, soupe, tambouille, tortore 4 fig. → manigance
cuisiner accommoder, assaisonner, blanchir, blondir, coller, concocter, décanter, déglacer, dégraisser, détendre, dorer, écumer, étuver, faire revenir/sauter/suer/tomber, flamber, mouiller, napper, pincer, rafraîchir, raidir, rassir, rectifier, réduire, rissoler, saisir, singer, touiller, travailler, vanner → cuire, préparer
cuisinier, ère n.m. ou f. 1 au pr. : bonne, chef, coq (mar.), cordon bleu, maître coq, maître d'hôtel, maître queux, rôtisseur, saucier, traiteur ◆ vx : officier de bouche, queux 2 fam. : cuistot, empoisonneur, fouille-au-pot, gargotier, gâte-sauce, marmiton, souillon, tournebroche
cuisinière n.f. fourneau, gazinière, potager → réchaud
cuissard n.m. → protection
cuissardes n.f.pl. → botte
cuisse ou **cuisseau** ou **cuissot** n.f., n.m., n.m. boucherie : baron, culotte, gigot, gigue, gîte, jambon, pilon, quasi, tranche
cuisse-madame n.f. → poire
cuisson n.f. caléfaction, coction, concoction, cuite, préparation
cuistance n.f. → cuisine
cuistot n.m. → cuisinier
cuistre n.m. → pédant
cuistrerie n.f. → pédantisme
cuit, e à point, bleu, saignant
cuite n.f. 1 → cuisson 2 → ivresse
cuiter (se) → enivrer (s')
cuivre n.m. 1 billon 2 par ext. : basset (clarinette/cor de), bombardon, bugle, cor, cornet, hélicon, ophicléide, sarrussophone, saxhorn, saxophone, trombone, trompette, tuba
cuivré, e bronzé, bruni, hâlé, noirci
cuivrer → bronzer
cuivreux, euse cuprifère, cuprique
cul n.m. 1 → derrière 2 → fessier 3 → fond
cul-blanc n.m. 1 pétrel → palmipède 2 motteux, traquet → passereau
culbute n.f. → cabriole
culbuter 1 v. intr. a → tomber b → capoter 2 v. tr. a → abattre b → enfoncer c → vaincre
culbuteur n.m. basculeur
cul-de-basse-fosse n.m. → cachot
cul-de-four n.m. → voûte
cul-de-jatte n.m. → estropié
cul-de-lampe n.m. → image
cul-de-sac n.m. → impasse
culée n.f. → appui
culer → reculer
culière n.f. → harnachement
culinaire gastronomique
culminant (point) n.m. → apogée
culmination n.f. → apogée
culminer atteindre, dominer, plafonner, surplomber
culot n.m. 1 → hardiesse 2 → confiance
culottage n.m. → vieillissement
culotte n.f. 1 au pr. a vx : braies, chausses, grègues, haut de chausses, rhingrave, trousses b caleçon, flottant, short c de

femme : cache-sexe, collant, dessous, lingerie, parure, slip d par ext. : bermuda, bloomer, blue-jean, corsaire, denim, fuseau, jeans, jodhpurs, knickerbockers, pantalon, sampot e arg. : bénard, culbutant, falzar, fendard, froc, futal, grimpant, sac à miches/à purge, valseur 2 fig. → **perte**

culotté, e → **impudent**

culotter noircir, roder, salir, user

culottier, ière n.m. ou f. → **tailleur**

culpabilisation n.f. → **confession**

culpabiliser rendre → **responsable**

culpabilité n.f. faute, imputabilité, responsabilité

culte n.m. 1 dévotion, dulie, hyperdulie, latrie → **religion** 2 → **respect** 3 **rendre un culte** → **honorer**

cul-terreux n.m. → **paysan**

cultivable arable, exploitable, fertile, labourable, rentable

cultivateur, trice n.m. ou f. → **agriculteur**

cultivé, e 1 → **raffiné** 2 → **instruit**

cultiver 1 a exploiter, faire pousser/venir, mettre en culture/valeur b amender, ameublir, arracher, arroser, battre, bêcher, biner, botteler, butter, chauler, cueillir, débroussailler, décavaillonner, déchaumer, défoncer, dépiquer, écimer, éclaircir, écobuer, égrener, emblaver, émotter, enfouir, ensemencer, ensiler, épamprer, épandre, épierrer, essarter, faner, faucher, fertiliser, forcer, fumer, herser, irriguer, jardiner, labourer, marcotter, marner, moissonner, plâtrer, praliner, racler, râteler, récolter, repiquer, rouler, sarcler, scarifier, sécher, semer, serfouir, soigner, soufrer, sulfater, tailler, vanner, vendanger 2 → **former** 3 → **pratiquer** 4 → **soigner** 5 → **fréquenter**

cultuel, le → **religieux**

culture n.f. 1 a → **agriculture** b → **élevage** 2 → **savoir** 3 → **civilisation**

culturel, le → **didactique**

culturisme n.m. → **gymnastique**

culturiste n.m. ou f. → **gymnaste**

cumin n.m. carvi → **aromate**

cumul n.m. → **accumulation**

cumulard n.m. 1 → **ambitieux** 2 → **spéculateur**

cumuler 1 → **accumuler** 2 → **réunir**

cupide → **avare**

cupidité n.f. → **avarice**

cuprifère cuivreux, cuprique

cupule n.f. induvie

curable → **perfectible**

curage n.m. → **nettoiement**

curaillon n.m. → **prêtre**

curatelle n.f. 1 → **gestion** 2 → **surveillance**

curateur, trice n.m. ou f. 1 → **représentant** 2 → **gérant** 3 → **surveillant**

curatif, ive → **efficace**

cure n.f. 1 → **soins** 2 → **guérison** 3 maison curiale/presbytérale, presbytère

curé n.m. → **prêtre**

curée n.f. 1 → **nourriture** 2 → **pillage**

curer → **nettoyer**

curetage n.m. 1 → **nettoiement** 2 → **suppression**

cureter 1 → **nettoyer** 2 → **retrancher**

cureton n.m. → **prêtre**

curette n.f. racle, raclette, racloir

curie n.f. gouvernement pontifical, Saint-Siège, siège apostolique, Vatican

curieusement bizarrement, drôlement, étrangement

curieux, euse 1 adj. a → **soigneux** (vx) b → **indiscret** c → **rare** d → **intéressant** 2 nom. a → **collectionneur** b → **badaud**

curiosité n.f. 1 neutre. a appétit, attention, avidité, intérêt, recherche, soif de connaître, suspense b nouveauté, rareté, singularité → **bibelot** 2 non fav. : espionnage, indiscrétion

curiste n.m. ou f. → **visiteur**

curry n.m. cari → **aromate**

cursif, ive → **rapide**

cursus n.m. → **programme**

curviligne → **courbe**

cuspide n.f. → **pointe**

cutané, e dermique, épidermique, peaucier

cuvage n.m. cuvaison, vinification

cuve n.f., n.m. → **baquet**

cuvée n.f. → **origine**

cuver → **digérer**

cuvette n.f. 1 → **dépression** 2 → **baquet**

cyanhydrique prussique (vx)

cybernétique n.f. automation, automatisation (off.), biomécanique, bionique, biophysique électronique, robotique

cycle n.m. 1 → **vélo** 2 vx : célérifère, draisienne, vélocipède 3 monocycle, tandem, triplette

cycle n.m. → **époque**

cycliste n.m. ou f. amateur, coureur, cyclotouriste, pistard, professionnel, randonneur ◆ vx : écureuil (du Vel'd'hiv')

cyclomoteur n.m. 1 bécane, derny, deux-roues, dragster, moto, motocyclette, scooter, vélomoteur 2 fam. : essoreuse, gros cube, meule, pétard

cyclone n.m. → **bourrasque**

cyclope n.m. → **géant**

cyclopéen, ne → **gigantesque**

cyclotron n.m. accélérateur de particules

cygne n.m. oiseau de Léda

cylindre n.m. ensouple, meule, rouleau

cylindrée n.f. cubage, cube, litre, puissance, volume

cymbalum ou **czimbalum** n.m. → **corde(s)**

cynique → **impudent**

cynisme n.m. brutalité, immoralité, impudence → **lasciveté**

cytologie n.f. → **biologie**

D

dab n.m. 1 → **parent** 2 → **père**

da capo → **rythme**

Dacron® n.m. → **tissu**

dactyle n.m. → **pied**

dada n.m. hobby, idée fixe, lubie, manie, marotte, mode, passe-temps, tic, violon d'Ingres, vogue

dadais n.m. ballot, niais, nigaud → **sot**

dadaïsme n.m. → **peinture**

dague n.f. → **poignard**

daguerréotype n.m. → **photographie**

daguet n.m. → **cervidé**

daigner s'abaisser à, accepter, acquiescer, admettre, agréer, autoriser, condescendre à, consentir à, permettre, tolérer, vouloir bien

daim n.m. daine → **cervidé**

dais n.m. abri, baldaquin, chapiteau, ciel, ciel de lit, lambrequin, poêle, volum, voûte

dallage n.m. 1 → **pavé** 2 → **revêtement**

dalle n.f. 1 carreau, pierre → **céramique** 2 → **gouttière**

daller carreler, empierrer, paver, revêtir

dalmatique n.f. chasuble, tunique, vêtement sacerdotal

dalot n.m. → **conduit**

dam n.m. → **dommage**

damas n.m. → **tissu**

damasquiner → **incruster**

dame n.f. 1 → **femme** 2 → **hie**

dame-jeanne n.f. → **bouteille**

damer tasser → **presser**

damier n.m. 1 échiquier, tablier (vx) 2 par ext. : costume/habit d'Arlequin, marqueterie, mosaïque, patchwork → **mélange**

damnable → **condamnable**

damnation n.f. châtiment → **punition**

damné, e nom et adj. 1 → **maudit** 2 → **détestable**

damner → **tourmenter**

damoiseau, elle n.m. ou f. 1 → **jeune (homme)** 2 → **fille** 3 → **galant**

dancing n.m. → **bal**

dandinement n.m. → **balancement**

dandiner → **balancer**

dandy n.m. → **élégant**

dandysme n.m. → **affectation**

danger n.m. abîme, affaire, alarme, aléa, alerte, casse-cou/gueule, détresse, difficulté, écueil, embarras, embûche, guêpier, hasard, impasse, imprudence, inconvénient, inquiétude, insécurité, mauvais pas, menace, perdition, péril, point chaud/sensible, risque, S.O.S., traverse, urgence ◆ arg. : deuil, pet, pétard, schproum

dangereux, euse 1 → **périlleux** 2 → **mauvais** 3 → **imprudent** 4 → **sérieux** 5 → **difficile**

danois n.m. → **chien**

dans 1 au milieu/au sein de, chez, en, ès (vx) 2 → **selon** 3 → **avec** 4 → **pendant** 5 temps : d'ici

dansant, e → **rythmé**

danse n.f. 1 au pr. a ballet, chorégraphie, mime, mimique, orchestique *ou* pantomime → **bal** b chaîne, claquettes, entrechat, évolution, farandole, gambille (fam.), ronde, sauterie 2 par ext. a vx : allemande, anglaise, aragonaise, bergamasque, bourrée, branle, carmagnole, chaconne, chahut, contredanse, cotillon, courante, dérobée, écossaise, fricassée, gaillarde, galop, gavotte, gigue, guimbarde, hussarde, lanciers, loure, mascarade, mazurka, menuet, momerie, olivettes, passacaille, passe-pied, pastourelle, pavane, polonaise, polka, quadrille, sabotière, saltarelle, saltation, sarabande, tambourin, tricotets, villanelle b antiq. : bacchanale, pyrrhique c de nombreux termes en fonction de la mode ou des coutumes régionales : bamboula, be-bop, biguine, blues, boléro, boogie-woogie, bossa-nova, boston, cake-walk, calypso, cha-cha-cha, chaloupée, charleston, conga, danse des derviches/du ventre, fandango, flamenco, forlane, fox-trot, habanera, java, jerk, jota, mambo, marche, matchiche, one-step, pas de quatre, paso doble, ridée, rock and roll, rumba, salsa, samba, sardane, scottish, shimmy, sicilienne, sirtaki, ska, slow, swing, tamouré, tango, tarantelle, tyrolienne, twist, valse, zapatéado 3 fig. a → **reproche** b → **volée** 4 a **entrer en danse** → **intervenir** b **mener la danse** → **gouverner** c **donner une danse** → **battre, réprimander**

danser 1 au pr. a s'agiter, cabrioler, faire des entrechats, gambiller, gigoter, sauter, sautiller, se trémousser, valser b arg. : frotter, guincher c vx : baller, fringuer d dinguer, valdinguer 2 **ne savoir sur quel pied danser** → **hésiter**

danseur n.m. 1 cavalier, partenaire 2 rockeur, valseur 3 par ext. a bateleur, saltimbanque b vx : baladin c **danseur de corde** : funambule d **danseur mondain** : gigolo

danseuse n.f. 1 au pr. almée, ballerine, bayadère, chorégraphe, choriste, étoile, girl, petit rat, sujet 2 par ext. a acrobate, baladin (vx) b cavalière, partenaire c entraîneuse, taxi-girl

dantesque 1 → **effrayant** 2 → **tourmenté**

daphné n.m. bois-gentil, garou, sainbois

dard n.m. 1 aiguillon, barbillon, crochet → **trait** 2 vandoise → **poisson**

darder → **lancer**

dare-dare → **vite**

dariole n.f. → **pâtisserie**

darne n.f. → **tranche**

dartre n.f. pityriasis → **tache**

dartreux, euse → **lépreux**

darwinisme → **évolutionnisme**

dasyure n.m. macroure → **crustacé**

datcha n.f. → **habitation**

date n.f. 1 an, année, époque, jour, millésime, moment, période, quantième, rubrique, temps 2 par ext. → **délai** 3 fausse date : antidaté, postdaté

dater 1 → **vieillir** 2 → **venir (de)**

dation n.f. → **don**

dauber 1 → **dénigrer** 2 → **railler**

daubière n.f. → **braisière**

dauphin n.m. 1 → **cétacé** 2 → **successeur**

dauphinelle n.f. consoude, delphinium, herbe aux poux, pied d'alouette, staphisaigre

davantage → **plus**

davier n.m. 1 → **pince** 2 → **levier** 3 mar. → **rouleau**

dazibao n.m. journal mural → **placard**

de en, entre, par, parmi, pour, selon, suivant

dé n.m. 1 cochonnet, cube, toton 2 bob, jacquet, passe-dix, poker, zanzi 3 coups de dés : brelan, rafle, sonnez, terne

dealer écon. et pétr. off. : revendeur

déambulatoire n.m. → **promenoir**

déambuler → **marcher**

débâcle n.f. 1 au pr. a bouscueil (québ.), dégel b incontinence → **diarrhée** 2 fig. : catastrophe, chute, culbute, débandade, débine (fam.), déconfiture, défaite, démolition, déroute, désastre, échec, écroulement, effondrement, faillite, fin, fuite, krach, naufrage, revers, ruine

déballer 1 → **défaire** 2 → **montrer** 3 → **confier (se)**

débandade n.f. 1 → **fuite** 2 → **défaite**

débander → **lâcher**

débander (se) → **disperser (se)**

débarbouiller → **nettoyer**

débarcadère n.m. → **quai**

débardeur n.m. → **porteur**

débarquement → **arrivée**

débarquer 1 → **arriver** 2 → **destituer**

débarras n.m. 1 → **grenier** 2 → **remise**

débarrasser 1 alléger, arracher, balayer, déblayer, débrouiller, décharger, décoiffer, défaire, dégager, dégorger, délivrer, dépêtrer, déposséder, dépouiller, désencombrer, désobstruer, désopiler (méd.), écheniller, écumer, enlever, évacuer, exonérer, extirper, extraire, filtrer, libérer, nettoyer, ôter, purger, purifier, quitter, retirer, retrancher, sarcler, soulager, soustraire, supprimer, tailler, vider 2 v. pron. : abandonner, s'acquitter/s'affranchir de, balancer, bazarder (fam.), se défaire/défausser/dépouiller de, jeter, en finir, liquider, ôter, oublier, quitter, rejeter → **vendre**

débat n.m. 1 → **contestation** 2 → **discussion** 3 → **procès**

débâtir → **démolir**

débattre 1 → **discuter** 2 v. pron. → **démener (se)**

débauche n.f. 1 au pr. a l'acte : arsouille, bacchanale, bamboche, bamboula, beuverie, bombe, bordée, boucan, bousin, bringue, coucherie, crapule, crapulerie, débordement, déportement, dérèglement, désordre, écart de conduite, foire, fornication, fredaine, frottifrotta, godaille, goguette, gouape, libation, noce, nouba, orgie, partie, ribote, ribouldingue, ripaille, scandale, soûlerie, vadrouille, vie de bâton de chaise → **fête** b le comportement : abus, corruption, dépravation, dévergondage, dissipation, dissolution, errements, excès, fange, galanterie, immoralité, impudicité, inconduite, incontinence, indécence, intempérance, ivrognerie, jouissance, libertinage, licence, luxure, ordure, paillardise, polissonnerie, stupre, sybaritisme, turpitude, vice, volupté 2 par ext. : étalage, luxe, quantité, surabondance → **profusion**

débauché, e n. ou adj. arsouille, bambocheur, cavaleur, cochon, corrompu, coureur, crapuleux, cynique, dépravé, déréglé, dévergondé, dissipateur, dissolu, don juan, drille, flirteur, grivois, immoral, impudique, indécent, ivrogne, jouisseur, libertin, libidineux, licencieux, lovelace, luxurieux, mauvais sujet, noceur, obscène, orgiaque, paillard, pervers, polisson, porc, ribaud, sardanapalesque, satrape, satyre, sybarite, vaurien, vicieux, viveur ♦ grossier : putassier, verrat ♦ vx : roué, ruffian

débaucher 1 → **congédier** 2 → **séduire** 3 v. pron. : mener une vie de bâton de chaise (fam.)

débile 1 → **faible** 2 → **bête**

débilitant, e 1 → **démoralisant** 2 → **tuant**

débilité n.f. abattement, aboulie, adynamie, anémie, asthénie, atonie, chétivité, consomption, délicatesse, faiblesse, fragilité, idiotie, imbécillité, impotence, impuissance, langueur, oligophrénie, psychasthénie

débiliter → **affaiblir**

débine n.f. → **dèche**

débiner → **dénigrer**

débit n.m. 1 → **magasin** 2 → **élocution** 3 → **dette** 4 → **écoulement** 5 → **quantité**

débitant, e → **commerçant**

débiter 1 → **vendre** 2 → **découper** 3 → **prononcer, dire**

débiteur, trice n.m. ou f. 1 débirentier, emprunteur, redevable 2 au rouge (fam.), sans provision

déblai n.m. 1 aplanissement, débarras, déblaiement, déblayage, dégagement, dépouillement, nettoyage 2 débris, décharge, décombre, gravats, gravois, plâtras

déblatérer → **invectiver**

déblayer → **débarrasser**

débloquer → **dégager**

déboire n.m. → **déception**

déboisement n.m. abattis, coupe claire/sombre, déforestation, dépeuplement

déboiser défricher, dégarnir, déplanter, éclaircir

déboîtement n.m. → **entorse**

déboîter 1 → **disloquer** 2 → **dépasser**

débonder 1 au pr. : mettre en perce, ouvrir 2 fig. : éclater, épancher, se répandre, soulager, vider

débonnaire 1 → **bénin** 2 → **brave**

débord n.m. dépassant, dépassement

débordant, e fig. : abondant, actif, animé, enthousiaste, expansif, exubérant, exultant, fourmillant, gonflé, impétueux, pétulant, plein, prodigue, pullulant, regorgeant, rempli, surabondant, vif, vivant

débordement n.m. 1 au pr. : cataclysme, crue, débord, déferlement, déluge, dérèglement, écoulement, diffusion, expansion, explosion, flot, flux, inondation, invasion, irruption, marée, regorgement (vx), submersion 2 par ext. a abus, déchaînement, démesure, dérèglement, dévergondage, dissolution, effusion, excès, exubérance, libertinage, licence, profusion, surabondance → **débauche** b bordée, déluge, flot, torrent

déborder 1 se déchaîner, déferler, dépasser, se déverser, échapper, envahir, s'épancher, s'épandre, faire irruption, inonder, noyer, se répandre, sortir de, submerger → **couler** 2 par ext. a être plein/rempli de, fourmiller, regorger, surabonder b contourner, dépasser, tourner c éclater, exploser 3 fig. : s'écarter/s'éloigner/sortir de 4 → **emporter (s')**

débotté (au) impromptu

débouché n.m. 1 clientèle, marché, suite 2 → **sortie**

déboucher 1 → **ouvrir** 2 → **sortir** 3 → **jeter (se)**

déboucler → **défaire**

débouler → **enfuir (s')**

débouquer → **sortir**

débourrer 1 dépiler, ébourrer, épiler 2 décharger, décongestionner, dégager, vider 3 → **préparer**

débours n.m. → **dépense**

débourser → **payer**

debout carré, dressé, droit, en pied (beaux-arts), érigé, levé, sur pied, sur ses jambes

débouter ajourner, éloigner, récuser, refuser, rejeter, renvoyer, repousser

déboutonner (se) fig. 1 → **confier (se)** 2 → **payer**

débraillé, e → **négligé**

débrailler (se) → **découvrir (se)**

débrancher et **débrayer** → **interrompre**

débridé, e → **excessif**

débridement n.m. 1 → **libération** 2 → **violence**

débrider 1 couper, exciser, inciser, ouvrir 2 par ext. : déchaîner, donner libre cours

débris n.m. balayures, bribes, bris, capilotade, casson, cendre, copeau, déchet, décombre, défet, détritus, épave, ferraille, fragment, limaille, miette, morceau, ossement, plâtras, ramas, rebut, relique, résidu, reste, rogaton, rognure, ruine, sciure, tesson, tombée, tournure, trognon → **déblai**

débrouillard, e → **malin**

débrouillardise n.f. → **habileté**

débrouiller 1 a → **distinguer** b → **éclaircir** 2 v. pron. : s'arranger, bricoler, combiner, se démerder/dépatouiller/dépêtrer/tirer d'affaire

débroussailler 1 au pr. : défricher, dégager, éclaircir, essarter 2 fig. : débrouiller, dégrossir

débusquer → **chasser**

début n.m. → **commencement**

débutant, e nom et adj. → **novice**

débuter → **commencer**

décacheter briser/rompre le cachet/le sceau, desceller (vx), ouvrir

décadence n.f. 1 abaissement, affaiblissement, affaissement, chute, crépuscule, déchéance, déclin, décrépitude, dégénérescence, dégradation, dégringolade, déliquescence, dépérissement, descente, destruction, détérioration, disgrâce, écroulement, effondrement, étiolement, étiolement, fin, flétrissement, marcescence, pente, recul, régression, renversement, ruine 2 méd. : cachexie, catabolisme, désassimilation

décadent, e 1 abâtardi, décrépit, dégénéré, déliquescent, étiolé, fin de race, ramolli 2 baroque, crépusculaire, tard d'époque

décaisser → **payer**

décalage n.m. 1 → **écart** 2 → **rupture**

décaler → **retarder**

décamper → **partir**

décantation n.f. centrifugation, clarification, décantage, transvasement

décanter → **transvaser**

décapant, e → **tordant**

décaper → **nettoyer**

décapiter 1 au pr. : couper le cou/la tête, décoller, faire sauter/tomber/voler la tête, guillotiner, mettre à mort, raccourcir (arg.), supplicier, trancher, tuer 2 par ext. → **abattre** 3 bot. : écimer, écrêter, émonder, étêter

décarcasser (se) → **démener (se)**

décati, e → **fané**

déceler → **découvrir**

décélérer freiner, ralentir

décence n.f. bienséance, bon aloi, bon ton, chasteté, convenance, correction, délicatesse, dignité, discrétion, éducation, gravité, honnêteté, honneur, modération, modestie, moralité, politesse, propreté, pudeur, pudicité, réserve, respect, retenue, sagesse, tact, tenue, vergogne (vx), vertu

décent, e bienséant, bon, chaste, comme il faut, congru, congruent, convenable, correct, délicat, digne, discret, grave, honnête, modeste, poli, propre, pudique, raisonnable, réservé, retenu, sage, séant, sortable, vertueux

déception n.f. chagrin, déboire, déconvenue, défrisement, dégrisement, dépit, désabusement, désappointement, désenchantement, désillusion, douche, échec, ennui, infortune, insuccès, mécompte, peine, revers ♦ vx : décompte, tire-laisse

décerner → **attribuer**

décès n.m. → **mort**

décevant, e 1 contrariant, ennuyeux, râlant (fam.) 2 → **trompeur**

décevoir → **tromper**

déchaînement n.m. 1 → **fureur** 2 → **violence**

déchaîner 1 → **occasionner** 2 → **exciter** 3 → **emporter (s')**

déchanter se modérer, perdre ses illusions, rabattre de ses prétentions, tomber de haut

décharge n.f. 1 bordée, coup, détonation, feu, fusillade, rafale, salve, volée 2 → **débris** 3 accusé de réception, acquit, débarras, déchargement, diminution, quittance, quitus, récépissé, reçu

déchargement n.m. aconage (mar.), débardage, débarquement, délestage, livraison, mise à quai/en chantier/en stock

décharger 1 au pr. : alléger, débarder, débarquer, débarrasser, délester, diminuer, enlever, libérer, ôter 2 par ext. a acquitter, dégrever, dispenser, exempter, excuser, soulager b assener, tirer c blanchir, disculper, innocenter, justifier, renvoyer d'accusation d déteindre

décharné, e 1 → **maigre** 2 → **pauvre**

déchausser 1 au pr. : dégravoyer 2 par ext. a débotter b dénuder, dépouiller, déraciner c agr. : décavaillonner

dèche n.f. besoin, dénuement, gêne, indigence, manque d'argent, médiocrité, misère, nécessité, pauvreté, pénurie ♦ fam. : débine, purée

déchéance n.f. 1 cassation, forclusion, prescription 2 bannissement, déclassement, dégradation, déposition, destitution, disgrâce, exclusion, interdiction, licenciement, privation de droits, radiation, renvoi, rétrogradation, révocation, suspension 3 abaissement, avilissement, bassesse, chute, décadence, déclin, décri, dégénération, dégénérescence, déshonneur, discrédit, faute, flétrissure, forfaiture, honte, ignominie, inconduite, indignité, infamie, mésalliance, ruine, souillure, turpitude

déchet n.m. 1 battitures, bran, bris, casson, chute, copeau, débris, déperdition, dépôt, détritus, discale, épluchure, falun, freinte, lavure, lie, morceau, ordure, parcelle, perte, pluches, raclure, ramas, rebut, relief, reliquat, résidu, reste, riblon, rinçure, rogaton, rognure, saleté, scorie, tombée, tournure → **excrément** 2 → **avorton**

déchiffrer analyser, comprendre, décoder, découvrir, décrypter, démêler, deviner, éclaircir, épeler, expliquer, lire, pénétrer, résoudre, saisir, traduire

déchiqueter broyer, couper, déchirer, découper, dépecer, dilacérer, hacher, labourer, lacérer, mettre en charpie/lambeaux/morceaux/pièces, morceler, mordre, pulvériser, sectionner, séparer, taillader, tailler

déchiqueture n.f. 1 → **coupe** 2 → **déchirure**

déchirant, e 1 aigu, perçant, suraigu 2 bouleversant, douloureux, émouvant, lancinant, navrant, triste

déchirement n.m. 1 au pr. : cassure, déchirure, égratignure, éraflure, griffure, lacération, rupture 2 par ext. a affliction, arrachement, chagrin, douleur, épreuve, plaie, souffrance, tourment b discorde, discussion, division, trouble, zizanie

déchirer 1 au pr. : carder, couper, déchiqueter, découdre, défaire, délabrer, détériorer, dilacérer, diviser, écarteler, écorcher, égratigner, élargir, entamer, épaufrer, érafler, érailler, excorier, fendre, griffer, labourer, lacérer, mettre en charpie/lambeaux/morceaux/pièces, morceler, ouvrir, percer, rompre, taillader, tailler, traverser → **dépecer** 2 fig. a calomnier, dénigrer, diffamer, médire, offenser, outrager b dévoiler, révéler c affliger, arracher, attrister, désoler, émouvoir, fendre le cœur, meurtrir, navrer, tourmenter

déchirure n.f. 1 au pr. : accroc, coupure, déchiqueture, échancrure, écorchure, égratignure, épaufrure, entaille, éraflure, éraillure, excoriation, fente, griffure, rupture, taillade 2 fig. a blessure, déchirement, peine b crevasse, faille, fissuration, fissure, ouverture, percée, trouée

déchoir s'abaisser, s'affaiblir, s'amoindrir, s'avilir, baisser, se déclasser, décliner, décroître, se dégrader, dégringoler, démériter, déroger, descendre, dévier, diminuer, s'encanailler, encourir le blâme/la désapprobation, s'enfoncer, forligner (vx), se mésallier, rétrograder, rouler dans, tomber, vieillir → **dégénérer**

déchu, e 1 forclos, prescrit 2 abaissé, affaibli, amoindri, avili, cas social, déclassé, dégénéré, dépossédé, déposé, diminué, exclu, irrécupérable, maudit, mis au ban, pauvre, privé de, tombé

déchristianiser laïciser, paganiser

décidable résoluble, soluble

décidé, e 1 quelqu'un : assuré, audacieux, brave, carré, convaincu, courageux, crâne, déterminé, ferme, fixé, franc, hardi, net, résolu, tranchant, volontaire 2 quelque chose : arrêté, certain, choisi, conclu, convenu, décisif, décrété, définitif, délibéré, entendu, fixé, jugé, ordonné, prononcé, réglé, résolu, tranché, vu

décidément assurément, certainement, eh bien, en définitive, franchement, manifestement

décider 1 décider quelque chose : arbitrer, arrêter, choisir, conclure, convenir de, décréter, définir, délibérer de, déterminer, se déterminer à, dire, disposer, finir, fixer, juger, ordonner, se promettre, prononcer, régler, résoudre, solutionner, statuer, tirer au sort, trancher, vider 2 quelqu'un : convaincre, entraîner, faire admettre à, persuader, pousser 3 v. pron. : adopter un parti/une solution, finir par, se hasarder à, prendre parti, se résoudre à

décideur n.m. chef, maître de l'ouvrage, responsable

décimation n.f. → **carnage**

décimer → **tuer**

décisif, ive capital, concluant, convaincant, critique, crucial, décidé, décisoire (jurid.), définitif, dernier, déterminant, déterminé, important, irréfutable, prépondérant, principal, probant → **tranchant**

décision n.f. 1 l'acte. a individuel : choix, conclusion, détermination, parti, résolution b public : arrêt, arrêté, décret, délibération, édit, jugement, ordonnance, règlement, résolution, résultat, sentence, ukase, verdict c relig. : bref, bulle, canon, décrétale, rescrit 2 la faculté. a assurance, caractère, courage, énergie, fermeté, hardiesse, initiative, présence d'esprit, réflexe, résolution, volonté b audace, caprice

déclamateur, trice 1 n.m. → **orateur** 2 adj. → **emphatique**

déclamation n.f. 1 → **éloquence** 2 → **emphase**

déclamatoire → **emphatique**

déclamer 1 → **prononcer** 2 → **invectiver**

déclaration affirmation, annonce, assurance, attestation, aveu, ban, communication, confession, déposition, dire, discours, énonciation, énumération, état, indication, information, manifestation, manifeste, notification, parole, proclamation, profession de foi, promesse, révélation, témoignage, version

déclarer affirmer, annoncer, apprendre, assurer, attester, avouer, certifier, communiquer, confesser, confier, découvrir, dénoncer, déposer, dévoiler, dire, s'engager, énoncer, énumérer, s'expliquer, exposer, exprimer, faire état de, indiquer, informer de, manifester, montrer, notifier, porter à la connaissance, prétendre, proclamer, professer, promettre, se prononcer, protester, publier, reconnaître, révéler, signaler, signifier, stipuler, témoigner 1 v. pron. a au pr. : s'avouer, se compromettre, s'expliquer, se reconnaître b fig. : apparaître, se déclencher, survenir

déclassement n.m. → **déchéance**

déclassé, e → **déchu**

déclasser → **déplacer**

déclenchement n.m. → **commencement**

déclencher 1 → **mouvoir** 2 → **commencer** 3 → **occasionner**

déclic n.m. → **bruit**

déclin n.m. 1 au pr. : abaissement, affaissement, baisse, chute, décadence, décours, décroissance, décroissement, décroît, diminution, fin, recul, régression 2 par ext. : déchéance, dégénérescence, étiolement, penchant, vieillesse 3 fig. : agonie, couchant, crépuscule, soir, tombée

déclinatoire n.m. boussole

décliner 1 au pr. : s'achever, s'affaiblir, baisser, décroître, dépérir, diminuer, disparaître, empirer, finir, languir, péricliter, reculer, régresser, se terminer, tomber 2 par ext. : clocher, déchoir, dégénérer, s'écarter, s'étioler, vieillir 3 écarter, éloigner, éviter, refuser, rejeter, renvoyer, repousser

déclivité n.f. → **pente**

décocher → **lancer**

décoction n.f. → **tisane**

décoder → **traduire**

décoiffer dépeigner, ébouriffer, écheveler, hérisser

décoincer → **dégager**

décollage n.m. → **départ**

décollement n.m. → **séparation**

décoller 1 → **séparer** 2 → **décapiter**

décolleté, e 1 adj. : dénudé, échancré, ouvert 2 n.m. : → **gorge**

décoloration n.f. 1 → **blancheur** 2 matité, noircissement, noircissure, ternissement, ternissure

décoloré → **terne**

décolorer → **ternir**

décombres n.m. pl. déblai, débris, décharge, démolitions, éboulis, épave, gravats, gravois, miettes, plâtras, reste, ruines, vestiges

décommander annuler, rapporter, refuser, revenir sur

décomposable divisible, sécable

décomposer 1 au pr. : analyser, cliver, déliter, désagréger, désintégrer, dissocier, dissoudre, diviser, résoudre, scinder, séparer 2 par ext. a dépecer, désosser, disséquer b altérer, corrompre, désorganiser, faisander, gâter, mortifier, pourrir, putréfier 3 fig. les traits du visage : altérer, troubler

décomposition n.f. 1 au pr. a analyse, désintégration, dissociation, dissolution, division, séparation b altération, corruption, dégradation, désagrégation, désorganisation, gangrène, moisissure, pourriture, putréfaction 2 par ext. a agonie, décadence, mort b altération, convulsion, trouble

décompresser et **décomprimer** 1 → **lâcher** 2 → **réduire**

décompte n.m. 1 d'argent. a compte, détail b déduction, réduction, retranchement 2 → **déception**

décompter → **retrancher**

déconcertant, e bizarre, démontant, déroutant, embarrassant, imprévu, inattendu, inquiétant, renversant, surprenant, troublant → **étonnant**

déconcerté, e confondu, confus, déconfit, décontenancé, défait, déferré, démonté, dépaysé, dérouté, désarçonné, désemparé, désorienté, étourdi, inquiet, interdit, pantois, penaud, renversé, sot, stupéfait, surpris, troublé ◆ fam. : mis en boîte, paumé → **étonné**

déconcerter confondre, décontenancer, défaire, déferrer, déjouer, démonter, démoraliser, dépayser, déranger, dérouter, désarçonner, désorienter, embarrasser, embrouiller, inquiéter, interdire, interloquer, intimider, surprendre, troubler → **étonner**

déconfit, e 1 → **déconcerté** 2 → **honteux**

déconfiture n.f. 1 → **défaite** 2 → **ruine** 3 → **faillite**

décongestionner → **dégager**

déconner → **déraisonner**

déconseiller décourager, dégoûter, détourner, dissuader, écarter, éloigner

déconsidérer → **dénigrer**

décontenancer → **déconcerter**

décontracté, e 1 → **dégagé** 2 → **souple**

décontraction n.f. → **aisance**

déconvenue n.f. 1 chagrin, déboire, déception, défrisement, dégrisement, dépit, désabusement, désappointement, désenchantement, désillusion, douche, échec, ennui, infortune, insuccès, mécompte, peine, revers ◆ vx : décompte, tire-laisse 2 → **mésaventure**

décor n.m. 1 ambiance, apparence, atmosphère, cadre, décoration, milieu, paysage 2 agencement, mansion (vx), mise en scène, praticable, scène, spectacle

décorateur, trice n.m. ou f. antiquaire, architecte, ensemblier, modéliste

décoratif, ive → **beau**

décoration n.f. 1 → **ornement** 2 → **moulure** 3 a chaîne, cordon, croix, étoile, insigne, médaille, palme, plaque, rosette, ruban ◆ fam. : banane, batterie de cuisine, bijoux (de famille), crachat, hochet, vaisselle b françaises anciennes : mérite militaire, ordre de la couronne de fer/de la Réunion/de Saint-Hubert/de Saint-Lazare/de Saint-Louis/de Saint-Michel/du Saint-Esprit c militaires modernes : croix de guerre/croix de guerre T.O.E./de la Libération/de la valeur militaire/du combattant, médaille militaire, médaille de l'engagé volontaire/de la Résistance/de Verdun, médailles commémoratives d coloniales : dragon de l'Annam, médaille d'or du Bénin, mille millions d'éléphants blancs e civiles : médaille de l'aéronautique/d'honneur des actes de courage et de dévouement, Mérite agricole/maritime, ordre des Arts et des Lettres, ordre national du Mérite, Palmes académiques f étrangères : croix fédérale du Mérite (Allem.), croix de Léopold (Belg.), grand condor des Andes (Chili), ordre royal de Charles III (Esp.), médaille d'honneur (États-Unis), ordre du bain/de la jarretière, Victoria cross (Angl.), ordre du Christ (Portugal), drapeau/étoile rouge soviétique, Toison d'or (Saint-Empire)

décorer 1 → **orner** 2 → **récompenser**

décortiquer → **éplucher**

décorum n.m. → **convenance**

découdre → **défaire**

découdre (en) s'acharner, affronter, attaquer, bagarrer, batailler, se battre, se colleter, combattre, se débattre, se défendre, se démener, disputer de, s'efforcer, s'escrimer, être aux prises, s'évertuer, ferrailler, guerroyer, se heurter, jouter, livrer bataille, lutter, se mesurer à/avec, résister, rivaliser, rompre des lances

découler couler, se déduire, dériver, émaner, procéder, provenir, résulter, tenir à, tirer sa source/son origine de, venir de

découpage n.m. 1 coupe, débitage, dépeçage, équarrissage 2 → **suite** 3 → **segmentation**

découpé, e accidenté, crénelé, dentelé, engrêlé (blas.), irrégulier, sinué, sinueux, varié

découper 1 au pr. : chantourner, charcuter (fam. et péj.), couper, débiter, déchiqueter, démembrer, dépecer, détacher, détailler, diviser, échancrer, équarrir, évider, lever, morceler, partager, trancher 2 par ext. : denteler, détacher, profiler

découplé, e 1 → **taillé** 2 → **dispos**

découpure n.f. coupe, déchiqueture, incisure, ouverture, taillade

décourageant, e affligeant

découragement n.m. abattement, accablement, anéantissement, consternation, déception, démoralisation, déréliction, désappointement, désenchantement, désespérance, désespoir, écœurement, lassitude, tristesse ◆ fam. : → **cafard**

décourager [1] abattre, accabler, briser, consterner, débiliter, décevoir, dégoûter, démobiliser, démonter, démoraliser, démotiver, déprimer, désenchanter, désespérer, détourner, dissuader, doucher, écœurer, faire perdre confiance/courage, lasser, rebuter, refroidir ◆ fam. : déballonner, dégonfler [2] v. pron. : s'effrayer, renoncer

décours n.m. → **déclin**

décousu, e anarchique, cafouilleux (fam.), culbuté (vx), désordonné, disloqué, haché, heurté, illogique, incohérent, inconséquent, sans queue ni tête, sautillant

découvert (à) à la lumière, à nu, au grand jour, clairement, franchement, ouvertement

découverte n.f. astuce (fam.), exploration, illumination, invention, trait de génie/lumière, trouvaille → **recherche**

découvrir [1] au pr. : décalotter, décapoter, décapuchonner, déchaperonner, décoiffer, décolleter, dégager, démasquer, dénuder, dévoiler, enlever, laisser voir, ôter [2] par ext. a apprendre, avouer, confesser, confier, déceler, déclarer, déclencher (dial.), dénoncer, dévoiler, dire, divulguer, exposer, laisser percer/voir, lever le voile, mettre au jour, montrer, ouvrir, percer à jour, publier, révéler, trahir (péj.), vendre la mèche (fam.) b apercevoir, comprendre, diagnostiquer, discerner, reconnaître, remarquer, repérer, saisir, voir [3] fig. : déceler, déchiffrer, dégoter (fam.), dénicher, dépister, détecter, déterrer, deviner, éventer, lire, pénétrer, percer, repérer, trouver [4] v. pron. a se débrailler (péj.)/décolleter/dénuder/déshabiller/dévêtir/exposer/mettre (à) nu/montrer b saluer c le temps : se dégager, s'éclaircir, s'éclairer

décrassage n.m. → **nettoiement**

décrasser [1] → **nettoyer** [2] → **dégrossir**

décrépit, e → **vieux**

décrépitude n.f. → **vieillesse**

décret n.m. [1] → **décision** [2] → **loi** [3] → **commandement**

décréter [1] disposer, légiférer, ordonner → **décider** [2] → **commander**

décrier → **dénigrer**

décrire [1] → **tracer** [2] → **représenter**

décrochage n.m. → **recul**

décrocher [1] dépendre, ôter [2] → **reculer**

décroissance n.f. → **diminution**

décroissement n.m. [1] → **diminution** [2] → **déclin**

décroître → **diminuer**

décrue n.f. → **diminution**

décrypter → **déchiffrer**

de cujus n.m. ou f. défunt (off.), testateur → **mort**

déculpabiliser innocenter → **excuser**

dédaigner faire fi, laisser, mépriser, mésestimer, négliger, refuser, rejeter, repousser, rire de, snober, tourner le dos

dédaigneux, euse altier, arrogant, condescendant, distant, farouche, fier, froid, haut, hautain, impérieux, indépendant, indifférent, insolent, méprisant, moqueur, orgueilleux, paternaliste, protecteur, renchéri, réservé, rogue, snob, snobinard, superbe, supérieur ◆ fam. : bêcheur, fine gueule

dédain n.m. air/sourire/ton protecteur, arrogance, condescendance, crânerie, déconsidération, dérision, distance, ignorance, fierté, hauteur, indifférence, insolence, mépris, mésestime, moquerie, morgue, orgueil, paternalisme, snobisme, superbe

dédale n.m. → **labyrinthe**

dedans → **intérieur**

dédicace n.f. consécration, envoi, invocation

dédier consacrer, dédicacer, dévouer, faire hommage, offrir, vouer

dédire [1] contredire, démentir, désavouer [2] v. pron. : annuler, se contredire, déclarer forfait, se délier, se démentir, se désavouer, se désengager, se désister, manquer à sa parole, se raviser, reprendre sa parole, se rétracter, revenir sur, révoquer

dédit n.m. [1] annulation, désistement, résiliation, rétractation, révocation [2] jurid. : clause pénale, sûreté → **dédommagement**

dédommagement n.m. compensation, consolation, dédit, dommages et intérêts, indemnité, réparation

dédommager [1] compenser, donner en dédommagement, indemniser, payer, récompenser, remercier, rémunérer, réparer [2] v. pron. : → **rattraper (se)**

dédoublement n.m. → **ubiquité**

dédoubler → **partager**

dédramatiser minimiser → **calmer**

déductif, ive → **logique**

déduction n.f. [1] conclusion, démonstration, développement, énumération, raisonnement, récit [2] extrapolation, syllogisme [3] décompte, défalcation, remise, retranchement, ristourne, soustraction

déduire [1] → **retrancher** [2] → **exposer** [3] → **inférer**

déesse n.f. beauté, déité, dive, divinité, fée, grâce, muse, nymphe, ondine, parque, walkyrie

défaillance n.f. [1] → **manquement** [2] → **évanouissement**

défaillant, e → **faible**

défaillir [1] → **affaiblir (s')** [2] → **évanouir (s')**

défaire [1] au pr. a neutre : déballer, débarrasser, débâtir, déboucler, déboutonner, décintrer, déclouer, décomposer, découdre, déficeler, dégager, dégrafer, délacer, délier, démonter, dénouer, dépaqueter, déplier, désagrafer, déshabiller, dessangler, détacher, détraquer, disloquer, enlever, étaler, ôter, ouvrir, quitter b non fav. : abattre, affaiblir, bouleverser, casser, changer, démolir, déranger, détruire, faire table rase, mettre sens dessus dessous, miner, modifier, renverser, rompre, saper [2] par ext. a quelqu'un : affranchir, débarrasser, dégager, délivrer, dépêtrer (fam.), libérer b milit. : battre, culbuter, enfoncer, tailler en pièces, vaincre [3] v. pron. a on se défait de quelqu'un : s'affranchir, congédier, se débarrasser, se dégager, se délivrer, se dépêtrer, se déprendre, se détacher, s'écarter, éliminer, renvoyer b d'une chose : abandonner, aliéner, débarrasser, délaisser, donner, écarter, échanger, jeter, laisser, laisser tomber, liquider, nettoyer, renoncer à, se séparer de, vendre ◆ fam. : balancer, bazarder, mettre au rancart c se dépouiller, se déshabiller, ôter/quitter ses vêtements d s'amender, se corriger, perdre, quitter

défait, e [1] → **déconcerté** [2] → **maigre**

défaite n.f. débâcle, débandade, déconfiture, déroute, désavantage, dessous, échec, écrasement, fuite, insuccès, retraite, revers ◆ fam. : branlée, brossée, déculottée, dégelée, frottée, pile, piquette, rossée, rouste → **volée**

défaitiste n.m. ou f. [1] → **pessimiste** [2] → **lâche**

défalcation n.f. → **déduction**

défalquer → **retrancher**

défaut n.m. [1] jurid. : contumace [2] au pr. : absence, anomalie, carence, disette, frustration, insuffisance, manque, pénurie, privation, rareté → **faute** [3] → **imperfection** [4] a **être en défaut** → **tromper (se)** b **faire défaut** → **manquer** c **mettre en défaut** → **insuccès** d **défaut de prononciation** → **zézaiement**

défaveur n.f. [1] décri, discrédit, disgrâce [2] défiance, éclipse, hostilité, inimitié [3] charge, débit

défavorable adverse, contraire, dépréciatif, désavantageux, ennemi, fâcheux, funeste, hostile, inamical, mauvais, néfaste, négatif, nuisible, opposé, péjoratif

défavoriser → **désavantager**

défécation n.f. → **excrément**

défection n.f. abandon, apostasie, carence, débandade, déroute, désertion, lâchage, trahison

défectueux, euse → **imparfait**

défectuosité n.f. → **imperfection**

défendable excusable, justifiable, plaidable, soutenable

défendeur, défenderesse n.m. ou f. appelé, cité, convoqué, intimé

défendre [1] protection. a sens général : aider, aller à la rescousse, protéger, secourir, soutenir b excuser, intercéder, intervenir, justifier, plaider, prendre en main/protection/sauvegarde, sauvegarder c milit. : abriter, couvrir, flanquer, fortifier, garantir, garder, interdire, préserver, protéger, tenir [2] prohibition : empêcher, inhiber (vx), interdire, prescrire, prohiber, proscrire [3] condamner, consigner, fermer [4] v. pron. a se battre, se débattre, lutter, parer, résister, riposter b se justifier, réfuter, répondre

défendu, e [1] abrité, couvert, en défens, flanqué, fortifié, imprenable, indépassable, garanti, gardé, préservé, protégé, secouru, tenu [2] clandestin, illégal, illégitime, illicite, interdit, irrégulier, prohibé [3] → **secret**

défense n.f. [1] l'acte. a aide, esquive, parade, protection, réaction, repli, rescousse, retraite, riposte, sauvegarde, secours b apologie, apologétique (relig.), éloge, excuse, glorification, justification, louange, plaidoirie, plaidoyer, polémique, réponse c équit. : cabrage, pesage, ruade d contre-indication, défens (vx), embargo, inhibition, interdiction, prohibition e → **interdit** [2] l'ouvrage : abri, asile, bouclier, boulevard, citadelle, couverture, cuirasse, fortification, fossé, glacis, mâchicoulis, muraille, réduit, rempart, retranchement [3] → **défenseur** [4] vén. au pl. : broches, boutoir, ivoire

défenseur n.m. [1] apologétique (vx), apôtre, champion, partisan, protecteur, redresseur de torts, soutien, tenant [2] attorney (angl.), avocat, avoué, conseil, consultant [3] péj. : avocaillon, avocassier, chicaneur, chicanier [4] arg. : bavard

défensive n.f. → **réserve**

déféquer [1] → **purifier** [2] faire ses → **besoins**

déférence n.f. [1] → **complaisance** [2] → **égard(s)**

déférent, e → **complaisant**

déférer [1] → **conférer** [2] → **céder** [3] → **inculper**

déferlement n.m. → **incursion**

déferler se briser

défet n.m. → **imperfection**

défi n.m. [1] appel, bravade, cartel, challenge, crânerie, fanfaronnade, figue (vx), gageure, menace, provocation, sommation, ultimatum [2] **mettre au défi** → **inviter**

défiance n.f. [1] → **crainte** [2] → **méfiance**

défiant, e → **méfiant**

déficeler → **défaire**

déficience n.f. → **manque**

déficient, e → **faible**

déficit n.m. → **manque**

déficitaire → **insuffisant**

défier [1] → **braver** [2] → **inviter** [3] v. pron. → **méfier (se)**

défigurer → **déformer**

défilé n.m. [1] géogr. a sur terre : cañon, cluse, col, couloir, faille, gorge, pas, passage, port, porte b de mer : bras, canal, détroit, fjord, grau, passe, pertuis [2] cavalcade, colonne, corso, cortège, file, manifestation, mascarade, monôme, procession, retraite, succession, théorie

défiler [1] → **passer** [2] v. pron. fam. → **partir**

défini, e → **précis**

définir [1] → **fixer** [2] → **décider**

définitif, ive [1] → **irréversible** [2] → **durable** [3] → **final** [4] → **éternel**

définition n.f. → **explication**

définitive (en) ainsi donc, au bout du compte, comme quoi, définitivement, donc, en dernière analyse, en fin de compte, en un mot, finalement, pour conclure/finir/terminer, tout compte fait

définitivement → **toujours**

déflagration n.f. → **explosion**

défleurir v. tr. et intr. déflorer, défraîchir, faner, flétrir

déflorer [1] → **dépuceler** [2] → **profaner**

défonçage ou **défoncement** n.m. ameublissement, piochage → **labour**

défoncer [1] → **enfoncer** [2] → **labourer** [3] pron. a → **crouler** b → **droguer (se)**

déformation n.f. [1] altération, anamorphose, bosselure, faute, gauchissement, imperfection, incorrection [2] difformité, contorsion, gibbosité, grimace, infirmité, malformation

déformer [1] altérer, changer, transformer [2] aller mal, amocher, avachir, bistourner (techn. ou fam.), contourner, contrefaire, corrompre, courber, défigurer, dénaturer, déparer, dépraver, distordre, écorcher, enlaidir, estropier, fausser, gâter, gauchir, massacrer, mutiler, tordre, trahir, travestir

défoulement n.m. → **libération**

défraîchi, e → fatigué
défrayer 1 → payer 2 → occuper
défrichage et **défrichement** n.m. abattage, arrachis, coupe, déforestation, essartage
défricher 1 → cultiver 2 → éclaircir
défricheur n.m. pionnier, précurseur
défriper et **défroisser** → repasser
défroque n.f. 1 déguisement, frusque (fam.), guenille, haillon, harde 2 par ext. : carcasse, chair, corps
défunt, e adj. et n. → mort
dégagé, e 1 quelqu'un. a fav. : aisé, alerte, élégant, souple, vif b neutre : affranchi, débarrassé, décomplexé, décontracté, défoulé, détaché, libéré ◆ fam. : relax c non fav. : affranchi, cavalier, délibéré, désinvolte, indifférent, léger, leste, libre, sans-gêne 2 une chose : accessible, clair, débarrassé, découvert, dégagé, facile, libre, ouvert
dégagement n.m. 1 → indifférence 2 → passage 3 → émanation 4 → nettoiement
dégager 1 débarrasser, déblayer, débloquer, débourrer, débroussailler, décoincer, décongestionner, découvrir, dénuder, dépouiller, désencombrer, élaguer, enlever, épurer, évacuer, extraire, nettoyer, ôter, ouvrir, retirer 2 par ext. : affranchir, décharger, déconsigner, dédouaner, dégrever, dispenser, exonérer, libérer, soustraire 3 fam. : s'en aller, circuler, débarrasser/vider les lieux/la place/le terrain, décamper, déguerpir, ficher/foutre (grossier) le camp, partir, sortir, se tirer de 4 un concept : avancer, distinguer, extraire, isoler, manifester, mettre en évidence, rendre évident/manifeste, séparer 5 une odeur : émettre, exhaler, produire, puer, répandre, sentir 6 v. pron. a se déprendre, échapper, se libérer, quitter, rompre, se séparer b apparaître, se découvrir, s'éclaircir, émaner, émerger, s'exhaler, jaillir, se montrer, se répandre, sortir c se faire jour, se manifester, ressortir, résulter
dégaine n.f. accent (québ.), attitude, comportement, conduite, démarche, genre, port, silhouette, touche, tournure ◆ fam. : gueule, look → allure
dégarni, e → vide
dégarnir 1 débarrasser, découvrir, déménager, démeubler, démunir, dépeupler, dépouiller, vider 2 déboiser, élaguer, émonder, tailler
dégât n.m. avarie, bris, casse, débâcle, dégradation, déprédation, destruction, détérioration, dévastation, dommage, grabuge, méfait, perte, ravage, ruine
dégauchir aplanir, corriger, dégourdir, dégrossir, raboter, redresser
dégel n.m. débâcle → apaisement
dégeler fig. : amuser, animer, dérider, faire rire/sourire, mettre de l'animation/de la vie, ranimer, réchauffer
dégénéré, e nom et adj. abâtardi, arriéré, bâtard, débile, fin de race, idiot, imbécile, minus, taré → décadent
dégénérer s'abâtardir, s'appauvrir, s'avilir, changer, déchoir, décliner, se dégrader, déroger, se détériorer, s'étioler, forligner (vx), perdre, se pervertir, tomber, se transformer
dégénérescence n.f. 1 au pr. : abaissement, abâtardissement, appauvrissement, avilissement, baisse, catabolisme, chute, décadence, déchéance, déclin, dégradation, déliquescence, détérioration, étiolement, gérontisme, perte, perversion, pervertissement, ravalement (vx) 2 non fav. : crétinisme, débilité, gâtisme, idiotie, imbécillité, tare
déglinguer → démolir
déglutir → avaler
dégommer → congédier
dégonflé, e nom et adj. → peureux
dégonfler → réduire
dégorgement n.m. → épanchement
dégorger 1 → vomir 2 → débarrasser
dégoter 1 → trouver 2 → surpasser (se) 3 vx → renvoyer
dégouliner → dégoutter
dégourdi, e → éveillé
dégourdir → dégrossir
dégoût n.m. abattement, allergie, amertume, anorexie, antipathie, aversion, blasement, chagrin, déboire, déception, dégoûtation, dépit, déplaisir, désenchantement, écœurement, éloignement, ennui, exécration, haine, haut-le-cœur, honte, horreur, humiliation, inappétence, indigestion, lassitude, mélancolie, mépris, mortification, nausée, ras-le-bol (fam.), réplétion, répugnance, répulsion, satiété, spleen, tristesse
dégoûtant, e n. et adj. 1 abject, affreux, cochon, crasseux, débectant, décourageant, dégueulasse (grossier), déplaisant, désagréable, écœurant, exécrable, fastidieux, fétide, horrible, ignoble, immangeable, immonde, incongru, infect, innommable, inqualifiable, insupportable, laid, merdique (grossier), nauséabond, nauséeux, odieux, peu ragoûtant, puant, rebutant, repoussant, répugnant, révoltant, sale, sordide → malpropre 2 → honteux 3 → obscène
dégoûté, e → difficile
dégoûter blaser, débecter, déplaire, désenchanter, détourner, dissuader, écœurer, ennuyer, fatiguer, inspirer du dégoût, lasser, ôter l'envie, peser, rebuter, répugner, révolter, soulever le cœur
dégoutter couler, dégouliner, distiller, exhaler, fluer, ruisseler, suinter, tomber
dégradant, e → honteux
dégradation n.f. 1 au pr. : bris, casse, dégât, dégravoiement, délabrement, déprédation, destruction, détérioration, dommage, effritement, égratignure, endommagement, éraflure, érosion, graffiti, mutilation, profanation, ruine 2 par ext. a abaissement, abrutissement, altération, aveulissement, avilissement, corruption, décadence, déchéance, décomposition, déculturation, dégénération, dégénérescence, déliquescence, dépravation, flétrissure, honte, humiliation, ignominie, prostitution, souillure, tache, tare b → perversion
dégrader 1 au pr. : abîmer, amocher, barbouiller, briser, casser, dégravoyer, délabrer, démolir, détériorer, détraquer, détruire, ébrécher, endommager, enlaidir, égratigner, érafler, fausser, gâter, mutiler, profaner, ruiner, saboter, salir, souiller ◆ fam. : amocher, bousiller, déglinguer, esquinter 2 par ext. : abaisser, abrutir, acoquiner, avilir, corrompre, déchoir, déformer, dépraver, déprimer, déshonorer, déshumaniser, dévaluer, diminuer, disqualifier, flétrir, gâter, humilier, pervertir, profaner, prostituer, rabaisser, ridiculiser 3 géol. : affouiller, éroder, ronger, saper 4 v. pron. : s'affaiblir, s'avilir, baisser, déchoir, dégénérer, dépérir, déroger, descendre, se déshonorer, diminuer, faiblir, tomber
dégrafer → défaire
dégraisser 1 délarder 2 → nettoyer
degré n.m. 1 échelon, escalier, grade, gradin, graduation, étage, marche, marchepied, perron, rang, rangée, rayon 2 paroxysme, période, phase, point, stade 3 amplitude, niveau 4 carat, classe, cran, échelon, étape, grade, niveau, position, rang 5 différence, gradation, nuance 6 **par degrés :** au fur et à mesure, par échelon/étape/palier, pied à pied, de proche en proche, progressivement
dégrèvement n.m. → diminution
dégrever → soulager
dégringolade n.f. → chute
dégringoler 1 → descendre 2 → tomber
dégriser 1 désenivrer, dessoûler 2 → désillusionner
dégrossir 1 affiner, commencer, débourrer, décrasser (fam.), dégauchir, dérouiller, ébaucher, éclaircir, former 2 débrouiller, dégourdir, déniaiser, désencroûter, dessaler, initier, instruire
dégrouiller (se) → hâter (se)
déguenillé, e dépenaillé, haillonneux, loqueteux, négligé, va-nu-pieds
déguerpir → partir
déguisement n.m. 1 au pr. : accoutrement, carnaval, chienlit, costume, mascarade, masque, momerie, travesti, travestissement 2 par ext. : artifice, camouflage, couverture, dissimulation, fard, feinte, feintise
déguiser 1 au pr. : accoutrer, affubler, costumer, maquiller, masquer, travestir 2 par ext. : arranger, cacher, camoufler, celer, changer, contrefaire, couvrir, dénaturer, dissimuler, donner le change, se donner une contenance, dorer la pilule (fam.), emmitoufler, envelopper, farder, habiller, gazer (vx), maquiller, pallier, plâtrer, recouvrir, taire, travestir, tromper
déguster → savourer
déhancher (se) 1 se dandiner/tortiller 2 → remuer
dehors 1 adv. → extérieur 2 n.m. → apparence
déification n.f. → apothéose
déifier → louer
déisme n.m. théisme
déité n.f. déesse, dieu, divinité, idole
déjà 1 → tôt 2 → vite
déjection n.f. → excrément
déjeté, e → détourné
déjeuner 1 v. intr. → manger 2 n.m. → repas
déjouer → empêcher
déjuger (se) → changer
délabrement n.m. → dégradation
délabrer → détériorer
délacer → défaire
délai n.m. 1 au pr. : date, temps 2 par ext. a non fav. : atermoiement, manœuvre dilatoire, retard, retardement, temporisation b neutre : crédit, facilité, loisir, marge, moratoire, préavis, probation, prolongation, prorogation, remise, renvoi, répit, report, surséance (vx), sursis, suspension, trêve c mar. : estarie, jour(s) de planche, surestarie 3 **sans délai :** aussitôt, immédiatement, sans déport (vx), séance tenante, sur-le-champ, tout de suite, toutes affaires cessantes
délaissement n.m. 1 au pr. a abandon, cession, défection, déguerpissement (fam.), déréliction (relig.), renonciation b → isolement 2 par ext. : désertion, lâcheté
délaisser abandonner, déserter, se désintéresser de, lâcher, laisser tomber, négliger, quitter, renoncer à, tourner le dos à → dédaigner
délassement 1 → repos 2 → divertissement
délasser 1 → reposer 2 → distraire
délateur, trice n.m. ou f. → accusateur
délation n.f. → accusation
délaver → humecter
délayage n.m. → remplissage
délayer 1 au pr. : couler, détremper, diluer, dissoudre, étendre, fondre, gâcher 2 fig. : allonger, noyer, paraphraser, tourner autour
délectable agréable, ambrosiaque, bon, délicat, délicieux, doux, exquis, friand, savoureux
délectation n.f. → plaisir
délecter (se) → régaler (se)
délégant, e n.m. ou f. commettant, mandant
délégation n.f. 1 ambassade, députation 2 attribution, mandat, procuration, représentation
délégué, e nom et adj. 1 → représentant 2 → envoyé
déléguer 1 → envoyer 2 → transmettre
délester 1 → alléger 2 → soulager
délétère 1 asphyxiant, irrespirable, nocif, nuisible, toxique 2 → mauvais
délibération n.f. conseil, consultation, conservation, débat, décision, délibéré, discussion, examen, réflexion, résolution
délibéré, e adj. 1 → dégagé 2 → décidé
délibéré n.m. → délibération
délibérément → volontairement
délibérer 1 → discuter, opiner 2 → décider 3 → penser
délicat, e 1 fav. ou neutre. a quelqu'un : agréable, aimable, bon, courtois, délicieux, discret, distingué, doux, élégant, exquis, fin, galant, gentil, gracieux, honnête, humain, joli, mignon, obligeant, parfait, pénétrant, plein de tact, poli, prévenant, probe, pur, raffiné, scrupuleux, sensible, soigné, subtil, tendre b → svelte c une chose : adroit, aérien, arachnéen, beau, bon, délectable, délié, élégant, éthéré, fignolé (fam.), friand, habile, harmonieux, léché, léger, recherché, savoureux, suave, subtil, succulent, ténu, vaporeux ◆ vx : mignard, tiré 2 péj. a quelqu'un : blasé, chatouilleux, chétif, compliqué, débile, difficile, douillet, efféminé, exigeant, faible, fluet, fragile, frêle, maigre, malingre, mince, ombrageux, petit, recherché, susceptible b une chose : complexe, critique, crucial, dangereux, embarrassant, malaisé, périlleux, scabreux
délicatesse n.f. 1 fav. a du caractère, du comportement : agrément, amabilité, amour, attention, bon goût, bonté, circonspection, courtoisie, discrétion, distinction, douceur, élégance,

finesse, galanterie, gentillesse, grâce, gracilité, honnêteté, humanité, joliesse, ménagement, obligeance, pénétration, politesse, prévenance, probité, pudeur, pureté, raffinement, réserve, sagacité, scrupule, sensibilité, sociabilité, soin, subtilité, tact, tendresse b des actes : adresse, dextérité, habileté, soin c d'une chose : finesse, harmonie, légèreté, pureté, recherche, suavité, subtilité, succulence, transparence 2 non fav. a de quelqu'un ♦ phys. : débilité, faiblesse, fragilité, maigreur, mignardise, minceur, ténuité ♦ caractère : difficulté, mollesse, susceptibilité b d'une chose : complexité, danger, difficulté, péril

délice n.m. → **plaisir**

délicieux, euse → **délectable**

délictueux, euse coupable, criminel, délictuel, fautif, interdit, peccant (vx), répréhensible, susceptible de poursuites

délié, e nom et adj. 1 → **menu** 2 → **délicat** 3 → **éveillé**

délier 1 → **défaire** 2 → **libérer**

délimitation n.f. → **bornage**

délimiter 1 → **limiter** 2 → **fixer**

délinquance n.f. criminalité, truanderie

délinquant, e nom et adj. → **coupable**

déliquescence n.f. 1 liquéfaction 2 → **dégradation** 3 → **décadence**

déliquescent, e 1 → **fluide** 2 → **décadent** 3 → **gâteux**

délirant, e 1 → **extraordinaire** 2 → **violent**

délire n.m. 1 au pr. : agitation, aliénation, amok, delirium tremens, divagation, égarement, excitation, folie, frénésie, hallucination, surexcitation 2 par ext. a feu sacré, inspiration b enthousiasme, exultation, frémissement, passion, trouble

délirer → **déraisonner**

délit n.m. → **faute**

déliter 1 cliver → **séparer** 2 → **décomposer**

délivrance n.f. 1 → **libération** 2 → **enfantement** 3 → **remise**

délivrer 1 → **remettre** 2 → **libérer**

déloger 1 → **chasser** 2 → **partir**

déloyal, e 1 → **infidèle** 2 → **hypocrite**

déloyauté n.f. 1 → **infidélité** 2 → **hypocrisie**

delta n.m. → **embouchure**

déluge n.m. 1 → **débordement** 2 → **pluie**

déluré, e 1 → **éveillé** 2 → **hardi**

démagogue n.m. 1 → **politicien** 2 → **flatteur**

demain adv. et n.m. **le lendemain** → **bientôt**

démancher 1 briser, casser, déboîter, déglinguer, démancher, démantibuler, démettre, démolir, désarticuler, désemparer, désunir, détraquer, disloquer, diviser, écarteler, fausser, luxer 2 v. pron. ♦ fam. s'agiter, se battre, se colleter, se débattre, se débrouiller, se décarcasser, se démener, se démultiplier, discuter, se donner du mal / de la peine / du tintouin, s'émouvoir, s'empresser de, faire du vent, faire feu des quatre fers, lutter

demande n.f. 1 adjuration, appel, conjuration, doléance, imploration, instance, interpellation, interrogation, prière, question, quête (vx), revendication, sollicitation 2 écrit, pétition, placet, réclamation, recours, requête, supplique, vœu 3 candidature, démarche, désir, envie, exigence, prétention 4 commandement, mandement, ordre, sommation

demander adresser / faire / former / formuler / présenter une demande, briguer, commander, consulter, cuisiner (fam.), désirer, dire, enjoindre, exiger, exprimer un désir / souhait, implorer, imposer, insister, interpeller, interroger, mander, mendier (péj.), ordonner, pétitionner, postuler, prescrire, présenter un placet / une requête / une supplique, prétendre à, prier, quémander, questionner, quêter, rechercher, réclamer, se recommander de, requérir, revendiquer, solliciter, sommer, souhaiter, supplier, vouloir

demandeur, deresse n.m. ou f. jurid. : appelant, poursuivant, requérant

demandeur, euse n.m. ou f. 1 quémandeur, solliciteur, tapeur 2 d'emploi : chômeur, inactif, sans emploi / travail

démangeaison n.f. 1 → **picotement** 2 → **désir**

démanger → **piquer**

démantèlement n.m. → **destruction**

démanteler 1 abattre, culbuter, débâtir, déconstruire, défaire, démolir, démonter, détruire, disloquer, mettre à bas, raser, renverser 2 par ext. a des institutions : abolir, faire table rase, supprimer b une chose : abîmer, bousiller, briser, casser, déglinguer, démolir, démonter, détraquer, endommager, esquinter

démantibuler → **disloquer**

démaquiller → **nettoyer**

démarcation n.f. 1 → **limite** 2 → **séparation**

démarchage n.m. → **vente**

démarche n.f. 1 air, allure, aspect, dégaine, dehors, maintien, marche, mine, pas, port, tenue, tournure 2 par ext. a action, attitude, comportement, conduite b agissement, approche, cheminement, déplacement, tentative → **demande** c → **méthode**

démarcheur, euse n.m. ou f. → **représentant**

démarque n.f. 1 → **rabais** 2 → **solde**

démarquer 1 → **reproduire** 2 → **limiter**

démarrage n.m. → **départ**

démarrer 1 → **partir** 2 → **commencer**

démasquer → **découvrir**

démêlé n.m. → **contestation**

démêler 1 → **distinguer** 2 → **éclaircir**

démembrement n.m. → **division**

démembrer 1 → **découper** 2 → **partager**

déménagement n.m. → **changement**

déménager 1 → **transporter** 2 → **partir** 3 → **déraisonner**

démence n.f. → **folie**

démener (se) s'agiter, se battre / colleter / débattre / débrouiller / démultiplier / dépenser, discuter, se donner du mal / de la peine, s'émouvoir, s'empresser de, lutter, se mouvoir / multiplier / remuer ♦ fam. : se décarcasser / démancher, faire fissa / feu des quatre fers, se magner, pédaler, péter la flamme / le feu, remuer l'air, se secouer / trémousser

dément, e nom et adj. → **fou**

démenti n.m. 1 → **dénégation** 2 → **offense**

démentiel, le → **absurde**

démentir contester, contredire, couper, décevoir, dédire, désavouer, infirmer, s'inscrire en faux, nier, s'opposer à, opposer un démenti

démérite n.m. 1 → **faute** 2 → **honte**

démériter → **déchoir**

démesure n.f. → **excès**

démesuré, e astronomique, colossal, déraisonnable, disproportionné, éléphantesque, énorme, exagéré, excessif, exorbitant, extraordinaire, extrême, fantastique, faramineux, formidable, géant, gigantesque, grand, hippopotamesque, illimité, immense, immodéré, incommensurable, infini, monstrueux, monumental, outré, pyramidal, tentaculaire, titanesque, vertigineux ♦ arg. : maousse

démettre 1 → **disloquer** 2 → **destituer** 3 → **abdiquer**

demeurant (au) après tout, au fond, au / pour le reste, d'ailleurs, en somme

demeure n.f. 1 au pr. : adresse, domicile, foyer, habitacle, logis → **habitation** ♦ fam. : pénates 2 a sans demeure (vx) : sans délai / retard / retardement b **à demeure** : en permanence, fixe c **mettre en demeure** → **commander** d **il y a péril en la demeure** il faut agir rapidement

demeuré, e nom et adj. → **bête**

demeurer 1 s'arrêter, s'attarder, attendre, coller, s'établir, s'éterniser, s'installer, prendre racine, rester, stationner, tarder 2 continuer, durer, s'entêter, lutter, se maintenir, s'obstiner, persévérer, persister, rester, subsister, survivre, tenir bon / ferme 3 descendre / être / être domicilié à, habiter, loger, occuper, repairer (vén.), résider, séjourner, se tenir, vivre ♦ fam. : crécher, gîter, jucher, nicher, percher

demi-mondaine n.f. → **prostituée**

demi-mot n.m. → **insinuation**

demi-portion n.f. → **gringalet**

demi-sel n.m. 1 → **amateur** 2 → **lâche**

démission n.f. → **abandon**

démissionner 1 → **renoncer** 2 → **abdiquer**

demi-teinte n.f. → **couleur**

démiurge n.m. bienfaiteur, demi-dieu, dieu, divinité, héros, génie, grand

démobiliser 1 renvoyer dans ses foyers 2 → **libérer** 3 fig. → **décourager**

démocrate nom et adj. de gauche, démocratique, égalitaire, jacobin, libéral, non directif, républicain

démocratie n.f. république, suffrage universel

démocratique égalitaire, jacobin, libéral, non-directif, républicain

démodé, e → **désuet**

demoiselle n.f. 1 → **fille** 2 → **célibataire** 3 → **femme** 4 libellule 5 bélier, dame, hie

démolir 1 au pr. : abattre, culbuter, débâtir, déconstruire, défaire, démanteler, démonter, mettre à bas, raser, renverser 2 par ext. a des institutions : abolir, faire table rase, saper, supprimer → **détruire** b une chose : abîmer, briser, casser, démonter, endommager ♦ fam. : bousiller, déglinguer, démantibuler, détraquer, esquinter c quelqu'un : battre, critiquer, déboulonner, épuiser, éreinter, esquinter, perdre, ruiner, terrasser, tuer

démolisseur, euse n.m. ou f. → **destructeur**

démolition n.f. 1 → **destruction** 2 au pl. : déblai, débris, décharge, décombres, éboulis, épave, gravats, gravois, miettes, plâtras, restes, ruines, vestiges

démon, démone n.m., n.f. 1 → **diable** 2 → **génie** 3 → **enthousiasme**

démoniaque nom et adj. 1 → **diabolique** 2 → **turbulent** 3 → **énergumène**

démonstratif, ive 1 → **communicatif** 2 → **logique**

démonstration n.f. 1 argumentation, déduction, expérience, induction, justification, preuve, raisonnement 2 civilités, étalage (péj.), expression, manifestation, marque, preuve, protestations, témoignage

démonté, e → **déconcerté**

démonter 1 → **défaire** 2 → **déconcerter**

démontrer → **prouver**

démoralisant, e accablant, affligeant, consternant, débilitant, décevant, déprimant, désespérant, écœurant, effrayant, lassant, rebutant, refroidissant

démoralisateur, trice nom et adj. → **pessimiste**

démoralisation n.f. → **découragement**

démoraliser → **décourager**

démordre → **renoncer**

démotique nom et adj. commun, populaire, vulgaire

démuni, e dénué, dépouillé, dépourvu, destitué, nu, privé → **pauvre**

démunir 1 arracher, défaire, dégager, dégarnir, dénuder, dépecer, dépiauter (fam.), dépouiller, déshabiller, dévêtir, écorcher, enlever, ôter, peler, tondre 2 par ext. → **voler**

démystifier et **démythifier** → **détromper**

dénatalité n.f. → **dépeuplement**

dénationalisation n.f. → **privatisation**

dénaturé, e → **vicieux**

dénaturer → **altérer**

dénégation n.f. contestation, controverse, démenti, déni, désaveu, négation, refus, rétractation

déni n.m. 1 → **dénégation** 2 → **refus**

déniaiser 1 → **dépuceler** 2 → **dégrossir**

dénicher 1 au pr. : braconner, chasser, débusquer, enlever 2 par ext. : découvrir → **trouver**

denier n.m. 1 → **argent** 2 → **intérêt** 3 → **arrhes**

dénier 1 → **nier** 2 → **refuser**

dénigrement n.m. → **médisance**

dénigrer attaquer, calomnier, condamner, couler, critiquer (par ext.), décauser (rég.), déchiqueter, déchirer, déconsidérer, décréditer, décrier, déprécier, déshonorer, diffamer, discréditer, draper (vx), médire, mépriser, moquer, noircir, perdre de réputation, rabaisser, railler, salir, tympaniser, vilipender ♦ fam. : baver, clabauder, dauber, débiner, déblatérer, éreinter

dénivellation n.f. dénivelée, dénivellement, différence, rupture

dénombrement n.m. catalogue, cens, compte, détail, économétrie, énumération, état, évaluation, inventaire, liste, litanie, recensement, rôle, statistique

dénombrer cataloguer, classer, compter, détailler, dresser l'état / l'inventaire / la liste / le rôle, égrener, énumérer, évaluer, faire le compte, inventorier, nombrer, recenser

dénomination n.f. → **nom**

dénommer → **appeler**

dénoncer 1 accuser, déclarer, désigner, dévoiler, donner, indiquer, livrer, nommer, rapporter, révéler, trahir, vendre ♦ fam. : s'allonger, balancer, brûler, cafarder, cafter, cracher/manger le morceau, donner, en croquer, fourguer, se mettre à table, moucharder 2 annoncer, déclarer, faire savoir, notifier, proclamer, publier, signifier 3 annuler, renoncer, rompre 4 dénoter, faire connaître/sentir, manifester, montrer, sentir

dénonciateur, trice n.m. ou f. → **accusateur**

dénonciation n.f. 1 → **accusation** 2 → **rupture** 3 → **notification**

dénoter → **indiquer**

dénouement n.m. achèvement, catastrophe, bout, conclusion, démêlement (vx), épilogue, extrémité, fin, queue, résolution, résultat, solution, terme

dénouer 1 → **défaire** 2 → **résorber**

denrée n.f. 1 → **marchandise** 2 → **subsistance**

dense 1 au pr. : abondant, compact, condensé, dru, épais, feuillu, fort, impénétrable, pilé, plein, serré, tassé, touffu 2 par ext. : compact, concis, condensé, dru, lourd, nombreux, nourri, plein, ramassé, sobre

densité n.f. compacité, épaisseur, force → **poids**

dent n.f. 1 broche (vén.), canine, carnassière, croc, crochet, défense, denticule, incisive, pince, molaire, pince, prémolaire, surdent ♦ fam. : chicot, clavier, domino, quenotte, ratiche, tabouret 2 par anal. a méc. : alluchon, came, cran b arch. : denticule, feston c géogr. : aiguille, crête, pic 3 fig. : → **animosité**

dent-de-lion n.m. pissenlit

dentelé, e → **découpé**

dentelle n.f. broderie, filet, guipure, macramé, point

dentelure n.f. → **échancrure**

dentier n.m. prothèse, râtelier (fam.)

dentiste n.m. ou f. arracheur de dents (vx et péj.), stomatologiste

dentisterie n.f. art/chirurgie/médecine dentaire, odontostomatologie

dentition n.f. 1 fam. : clavier, dominos 2 dentier, râtelier (fam.) 3 méc. : denture

denture n.f. 1 → **dentier** 2 → **dentition**

dénuder 1 → **dépouiller** 2 → **dévêtir**

dénué, e démuni, dépouillé, dépourvu, destitué, nu, pauvre, privé

dénuement n.m. 1 → **carence** 2 → **sécheresse** 3 → **pauvreté**

déodorant n.m. off. : désodorisant

dépanner 1 → **aider** 2 → **réparer**

dépareiller amputer, déparier, désaccoupler, désapparier, désassortir, diminuer

déparer 1 → **déformer** 2 → **nuire à**

déparier → **dépareiller**

départ n.m. 1 commencement, début, origine 2 appareillage, décollage, démarrage, embarquement, envoi, envol, expédition, partance 3 congédiement, démission, exil, licenciement 4 vx → **distribution**

départager 1 → **choisir** 2 → **juger**

département n.m. charge, district, domaine, institut, ministère, préfecture, secteur, spécialité, sphère

départir 1 → **séparer** 2 → **distribuer** 3 → **renoncer**

dépassé, e → **désuet**

dépassement n.m. → **excès**

dépasser 1 au pr. a déboîter, déborder, devancer, doubler, gagner de vitesse, gratter (fam.), l'emporter/mordre sur, passer, trémater (mar.) b forjeter, saillir, surpasser, surplomber 2 par ext. : enchérir, exagérer, excéder, faire de la surenchère, franchir, s'oublier, outrepasser les bornes/les limites 3 **ça me dépasse** → **dérouter**

dépaysement n.m. → **changement**

dépayser → **dérouter**

dépecer 1 → **découper** 2 → **partager**

dépêche n.f. avis, billet, câble, câblogramme, correspondance, courrier, lettre, message, missive, petit bleu, pli, pneu, pneumatique, télégramme, télex

dépêcher 1 → **accélérer** 2 → **envoyer** 3 → **tuer** 4 v. pron. → **hâter (se)**

dépeigner décoiffer, ébouriffer, écheveler, hérisser

dépeindre → **peindre**

dépenaillé, e 1 → **déguenillé** 2 → **négligé**

dépendance n.f. 1 log. : analogie, causalité, conséquence, corrélation, enchaînement, interdépendance, liaison, rapport, solidarité 2 fig. : appendice, complément, conséquence, effet, épisode, suite, tenants et aboutissants 3 par ext. a accessoire, annexe, bâtiment, communs, succursale b on est dans la dépendance de : appartenance, asservissement, assujettissement, attachement, captivité, chaîne, colonisation, contrainte, coupe, domesticité, domination, emprise, esclavage, gêne, griffe, joug, main, mainmise, merci, mouvance, obédience, obéissance, oppression, patte, pouvoir, protectorat, puissance, ressort, servage, servilité, servitude, soumission, subordination, sujétion, tenure (vx), tutelle, vassalité

dépendant, e accessoire, corrélatif, correspondant, inférieur, interdépendant, relatif, soumis, subordonné, sujet

dépendre 1 appartenir à, découler de, être attaché/enchaîné/lié à/à la merci/sous l'autorité/sous la dépendance de, procéder/provenir/relever/résulter de, se rattacher à, reposer sur, ressortir à, rouler sur, tenir à 2 décrocher, détacher, retirer

dépens n.m. pl. charge, compte, coût, crochet, débours, dépense, détriment, frais, prix

dépense n.f. 1 l'endroit : cambuse, cellier, garde-manger, office, questure, resserre, réserve 2 l'action de dépenser. a au pr. neutre : charge, contribution, cotisation, coût, débours, déboursé, décaissement, dépens, écot, extra, faux frais, frais, impense, investissement, mise, paiement, participation, quote-part, sortie b non fav. : dilapidation, dissipation, étalage, exhibition, gaspillage, luxe, montre, prodigalité, profusions (vx)

dépenser 1 au pr. : débourser, payer 2 non fav. : a consumer, dilapider, dissiper, engloutir, escompter, faire/jouer le grand seigneur, gaspiller, jeter l'argent par les fenêtres, manger, mener grand train, prodiguer, se ruiner, se saigner aux quatre veines, semer son argent, vivre bien/largement/en grand seigneur/sur un grand pied b fam. : allonger, banquer, bouffer, casquer, claquer, croquer, dévorer, douiller, écorner son avoir, faire danser les écus/picaillons/sous, flamber, fricasser, fricoter, friper, manger ses quatre sous/son blé en herbe, moyenner (vx), passer au refile, raquer 3 v. pron. : se démener, se dévouer, se fatiguer

dépensier n.m. → **économe**

dépensier, ière nom et adj. croqueur, dissipateur, dilapidateur, gaspilleur, gouffre, panier percé (fam.), prodigue

déperdition n.f. affaiblissement, dégradation, dépérissement, diminution, épuisement, fuite, perte

dépérir s'affaiblir, s'altérer, s'anémier, s'atrophier, se consumer, décliner, défaillir, se délabrer, se démolir, dessécher, se détériorer, diminuer, s'étioler, se faner, languir, mourir, péricliter, sécher

dépérissement n.m. 1 → **décadence** 2 → **langueur**

dépêtrer → **débarrasser**

dépeuplement n.m. 1 dénatalité, dépopulation, disparition 2 par ext. → **déboisement**

dépeupler → **dégarnir**

déphasage n.m. → **écart**

déphasé, e → **insensé**

dépiauter → **dépouiller**

dépiler débourrer, épiler

dépistage n.m. chasse, repérage → **recherche**

dépister 1 → **découvrir** 2 → **dérouter**

dépit n.m. 1 → **aigreur** 2 → **colère** 3 → **fâcherie** 4 **en dépit de** → **malgré**

dépiter chagriner, contrarier, décevoir, désappointer, fâcher, froisser → **tromper**

déplacé, e désassorti (vx), grossier, hors de propos/saison, impertinent, importun, incongru, incorrect, inopportun, insolent, mal élevé, malséant, malsonnant, malvenu, scabreux → **inconvenant**

déplacement n.m. 1 → **voyage** 2 méd. : ectopie, hernie, prolapsus, ptose 3 météo : advection, convection ou convexion

déplacer 1 quelque chose : bouger, chambouler (fam.), changer, déboîter, décaler, déclasser, déménager, démettre, déranger, dériver, détourner, excentrer, intervertir, manipuler 2 → **transporter** 3 → **changer** 4 quelqu'un : faire valser (fam.), limoger (péj.), muter, nommer, promouvoir, reclasser 5 v. pron. : aller, avancer, bouger, circuler, déambuler, se déranger, marcher, se mouvoir, venir, voyager

déplaire attrister, blesser, choquer, contrarier, coûter, désobliger, ennuyer, fâcher, froisser, gêner, importuner, indisposer, mécontenter, offenser, offusquer, peiner, rebuter, répugner, vexer → **dégoûter**

déplaisant, e agaçant, antipathique, blessant, contrariant, dégoûtant, désobligeant, disgracieux, ennuyeux, fâcheux, fastidieux, gênant, irritant, laid, pénible, répugnant → **désagréable**

déplaisir n.m. → **ennui**

déplanter → **déraciner**

déplier → **étendre**

déplisser défriper, défroisser

déploiement n.m. défilé, démonstration, développement, étalage, étendue, exhibition, manifestation, manœuvre, montre

déplorable 1 → **pitoyable** 2 → **affligeant** 3 → **mauvais**

déplorer → **regretter**

déployer 1 déferler (mar.) 2 → **étendre** 3 → **montrer**

dépoitraillé, e → **négligé**

dépolir amatir, ternir

dépopulation n.f. → **dépeuplement**

déportation n.f. 1 → **relégation** 2 → **bannissement**

déportement n.m. → **dérèglement**

déporter 1 → **reléguer** 2 → **écarter**

déposer 1 → **mettre** 2 → **destituer** 3 → **quitter**

dépositaire n.m. ou f. concessionnaire, stockiste → **gardien**

déposition n.f. 1 → **déchéance** 2 → **témoignage**

déposséder dépouiller, déshériter, dessaisir, enlever, évincer, exproprier, frustrer, ôter, priver, soustraire, spolier, supplanter

dépossession n.f. → **confiscation**

dépôt n.m. 1 d'une valeur : arrhes, avance, caution, cautionnement, consignation, couverture, ducroire, gage, garantie, provision, remise, séquestre, sûreté 2 annexe, comptoir, dock, entrepôt, local, magasin, stock, succursale 3 garage, gare, quai, station 4 → **prison** 5 → **abcès** 6 géol. : agglomération, alluvion, couche, drift, éluvion, javeau, limon, lœss, moraine, sédiment, strate 7 décharge, dépotoir, voirie 8 boue, falun, incrustation, lie, précipité, tartre, vase 9 calamine, calcin, cendre

dépotoir n.m. vidoir → **dépôt**

dépouille n.f. 1 → **proie** 2 → **mort** 3 → **butin**

dépouillé, e 1 → **dénué** 2 → **simple**

dépouillement n.m. 1 → **renoncement** 2 → **sécheresse** 3 → **relevé**

dépouiller 1 au pr. : arracher, défaire, dégager, dégarnir, dénuder, dépecer, dépiauter (fam.), déshabiller, dévêtir, écorcher, enlever, excorier, ôter, peler, tondre 2 par ext. a → **voler** b → **abandonner** 3 v. pron. a au pr. : muer, perdre b par ext. → **abandonner**

dépourvu, e → **dénué**

dépravation n.f. → **dégradation**

dépravé, e → **vicieux**

dépraver → **gâter**

déprécation n.f. → **prière**

dépréciateur, trice n.m. ou f. contempteur, détracteur → **médisant**

dépréciatif, ive minoratif → **défavorable**

dépréciation n.f. dévalorisation, dévaluation, rabaissement, sous-estimation

déprécier abaisser, attaquer, avilir, baisser, critiquer, débiner (fam.), déconsidérer, décréditer, décrier, dégrader, démonétiser, déprimer, détruire, dévaloriser, dévaluer, diffamer, diminuer, discréditer, entacher, flétrir, honnir, méconnaître, méjuger, mépriser, mésestimer, perdre, rabaisser, rabattre, ravaler, salir, sous-estimer, ternir, vilipender ♦ vx : déprimer, détracter

déprédateur, trice nom et adj. → **nuisible**

déprédation n.f. 1 → **malversation** 2 → **dommage**

dépression n.f. 1 au pr. : abaissement, affaissement, bassin, cratère, creux, cuvette, enfoncement, flache, fosse, géosynclinal, vallée 2 par ext. : baisse, crise, dépréciation, diminution, marasme, pénurie, récession 3 → **fatigue** 4 météo : cyclone 5 méd. abattement, adynamie, affaiblissement, alanguissement, aliénation, anémie, asthénie, coma, déprime (fam.), langueur, mélancolie, prostration, sidération, torpeur, tristesse

déprimant, e → **affligeant**

déprimer 1 → **enfoncer** 2 → **déprécier** 3 → **décourager** 4 → **fatiguer**

dépuceler déflorer, dévirginiser ◆ fam. : faire perdre sa virginité, faire virer sa cuti

dépuratif, ive n.m. et adj. carminatif, diaphorétique, diurétique, purgatif, rafraîchissant, sudorifique

dépurer → **purifier**

députation n.f. → **mission**

député n.m. 1 ablégat, ambassadeur, amphictyon, commissaire, délégué, émissaire, envoyé, légat, mandataire, ministre, représentant 2 élu/représentant du peuple, membre du Parlement, parlementaire

déracinement n.m. 1 au pr. a arrachage, arrachement, arrachis, défrichement b avulsion, divulsion, énucléation, éradication, évulsion, extirpation, extraction 2 par ext. : déportation, émigration, exil, exode, expatriation

déraciner 1 au pr. : abattre, arracher, déplanter, détacher, déterrer, enlever, essoucher, exterminer, extirper, extraire, sarcler, transplanter 2 fig. : déplacer, déporter, détruire, éloigner, exiler, expatrier, faire émigrer

déraidir → **lâcher**

déraison n.f. → **folie**

déraisonnable aberrant, absurde, abusif, dément, déséquilibré, excessif, détraqué, excessif, exorbitant, extravagant, fou, illogique, inconscient, injuste, insensé, irraisonné, irrationnel, irréfléchi, léger, passionné → **bête**

déraisonner 1 délirer, devenir/être gaga/gâteux, divaguer, extravaguer, perdre l'esprit/la raison, radoter, ravauder (vx), rêver 2 fam. : battre la breloque/la campagne, débloquer, déconner, déménager, déparler (rég.), dérailler, pédaler dans la choucroute, perdre les pédales

dérangement n.m. 1 bouleversement, bousculade, chambardement, changement, débâcle, déplacement, dérèglement, déroute, déséquilibre, désordre, désorganisation, ennui, gêne, interruption, interversion, perturbation, remue-ménage, trouble 2 → **aliénation** 3 → **folie** 4 vx : démanchement, divertissement

déranger 1 → **déplacer** 2 → **troubler** 3 → **gêner**

dérapage n.m. → **glissement**

déraper chasser, glisser, patiner, riper, sousvirer, survirer

dérèglement n.m. débauche, débordement, déportement, dévergondage, dissolution, égarement, excès, illogisme, inconduite, inconséquence, iniquité, libertinage, licence → **dérangement**

dérégler → **troubler**

déréliction n.f. → **abandon**

dérider → **égayer**

dérision n.f. → **raillerie**

dérisoire 1 → **petit** 2 → **ridicule**

dérivatif n.m. → **diversion**

dérivation n.f. → **détour**

dérive n.f. 1 → **gouverne** 2 mar. : dérade 3 → **abandon**

dériver 1 → **écarter (s')** 2 → **découler**

dernier, ère 1 adj. a à la queue, ultime → **final** b décisif, définitif, extrême, infime, irrévocable, nouveau, seul, suprême 2 nom. a bout, derrière, lambin, lanterne, traînard ◆ fam. : culot, feu rouge, lanterne b benjamin, cadet

dernièrement → **récemment**

dérobade n.f. → **fuite**

dérobée (à la) → **secrètement**

dérober 1 au pr. : s'approprier, attraper, chaparder, dépouiller, détourner, distraire, s'emparer de, enlever, escamoter, escroquer, extorquer, marauder, picorer, piper, prendre, refaire, soustraire, subtiliser ◆ fam. : barboter, carotter, chauffer, chiper, choper, chouraver, emprunter, étouffer, faucher, gripper (vx), piquer → **voler** 2 par ext. a copier, imiter, plagier b cacher, dissimuler, masquer, voiler 3 v. pron. a se cacher, disparaître, échapper, s'éclipser, s'esquiver, éviter, se faufiler, fuir, se perdre, se réfugier, se retirer, se sauver, se soustraire, se tirer (fam.) b éluder, esquiver, éviter, fuir, manquer à, reculer

dérogation n.f. → **exception**

déroger 1 → **déchoir** 2 → **abaisser (s')** 3 faire exception → **transgresser**

dérouillée n.f. → **volée**

dérouiller 1 → **nettoyer** 2 → **dégrossir**

déroulement n.m. → **évolution**

dérouler → **étendre**

déroutant, e bizarre, déconcertant, embarrassant, étonnant, imprévisible, imprévu, inattendu, inespéré, inquiétant, stupéfiant, surprenant, troublant

déroute n.f. → **défaite**

dérouter 1 au pr. : déboussoler, dépister, détourner, dévier, écarter, égarer, éloigner, faire dévier, perdre, semer (fam.) 2 fig. : confondre, déconcerter, décontenancer, dépayser, déranger, désaccoutumer, déshabituer, désorienter, embarrasser, étonner, extravaguer, inquiéter, mettre en difficulté/échec, surprendre, troubler

derrick n.m. pétr. off. : tour (de forage)

derrière n.m. 1 au pr. : arrière, dos, envers, opposé, pile, rebours, revers 2 a par ext. : arrière-boutique-corps b arrière-train, bas du dos, coccyx, croupe, croupion, cul, dos, fesses, fond, fondement, postérieur, reins, séant, siège c prép. : après, à la suite de, en suite de

désabusé, e → **blasé**

désabusement n.m. → **déception**

désabuser → **détromper**

désaccord n.m. 1 → **mésintelligence** 2 → **opposition**

désaccorder brouiller, désunir, fâcher, mettre le trouble, semer la zizanie, opposer

désaccoupler découpler, dépareiller, désapparier, dételer, séparer

désaccoutumer → **dérouter**

désacraliser → **profaner**

désaffecter → **retrancher**

désaffection n.f. désintéressement, détachement → **indifférence**

désagréable 1 une chose. a affreux, agaçant, blessant, choquant, contraignant, contrariant, déplaisant, désobligeant, détestable, discordant, douloureux, emmerdant (vulg.), énervant, ennuyeux, fâcheux, fastidieux, fatigant, gênant, grossier, importun, inconfortable, insupportable, intolérable, irritant, laid, mal à propos, malencontreux, malheureux, malséant, mauvais, moche (fam.), obscène, pénible, rebutant, regrettable, répugnant, vexant b acide, âcre, aigre, âpre, dégoûtant, écœurant, fadasse, fade, fétide, incommodant, insipide, nauséabond, nauséeux, puant, putride, rance, sale, saumâtre, tourné c le vin : acide, aigre, âpre, astringent, desséché, doucereux, dur, goût de bouchon, soufré, gras, madérisé, mielleux, pâteux, piqué, plat, rugueux, vert 2 quelqu'un : acariâtre, acerbe, agaçant, agressif, antipathique, atrabilaire, bourru, brusque, désobligeant, disgracieux, fatigant, grossier, haïssable, hostile, impoli, impopulaire, inconvenant, indécent, ingrat, insolent, insupportable, intraitable, maussade, mauvais coucheur, méchant, odieux, offensant, réfrigérant, repoussant, rude, vilain → **revêche**

désagrégation n.f. atomisation, décomposition, déliquescence, désintégration, destruction, dislocation, dispersion, dissociation, dissolution, dysharmonie (méd.), écroulement, effritement, éparpillement, fractionnement, morcellement, pulvérisation, rupture, séparation

désagréger → **décomposer**

désagrément n.m. 1 → **ennui** 2 → **difficulté**

désaltérer (se) → **boire**

désappointement n.m. chagrin, déboire, déception, déconvenue, dégrisement, dépit, désabusement, désenchantement, désillusion, douche, échec, ennui, infortune, insuccès, mécompte, peine, revers ◆ vx : décompte, tirelaisse

désappointer chagriner, contrarier, décevoir, dépiter, fâcher, froisser

désapprendre → **oublier**

désapprobateur, trice critique, dénigreur, détracteur, improbateur, réprobateur

désapprobation n.f. → **condamnation**

désapprouver → **blâmer**

désarmant, e 1 → **étonnant** 2 → **touchant**

désarmer → **fléchir**

désarroi n.m. 1 → **trouble** 2 → **émotion**

désarticuler → **disloquer**

désassortir → **dépareiller**

désastre n.m. → **calamité**

désastreux, euse → **funeste**

désavantage n.m. 1 → **infériorité** 2 → **inconvénient** 3 → **dommage**

désavantager défavoriser, dépouiller, déséquilibrer, déshériter, desservir, exhéréder, frustrer, handicaper, léser, nuire, tourner au désavantage

désavantageux, euse 1 contraire, défavorable, dommageable, ennuyeux, fâcheux, mauvais, nuisible, pernicieux 2 → **cher**

désaveu n.m. 1 → **condamnation** 2 → **rétractation**

désavouer 1 → **blâmer** 2 → **nier** 3 → **rétracter (se)**

désaxé, e nom et adj. → **fou**

descellement n.m. → **enlèvement**

desceller 1 → **extraire** 2 → **briser**

descendance et **descendant** n.f., n.m. → **postérité**

descendre 1 aborder, avaler (mar. ou sports), couler, débarquer, débouler, dégringoler, dévaler, faire irruption, se jeter à bas, plonger, sauter, tomber, venir de 2 mar. : affaler, trévirer 3 par ext. a → **abaisser (s')** b → **demeurer** c → **diminuer** d → **tuer**

descente n.f. 1 → **incursion** 2 → **pente** 3 → **chute** 4 → **hernie** 5 ski : slalom

description n.f. → **image**

désemparé, e → **déconcerté**

désemplir → **vider**

désenchantement n.m. → **déception**

désengagement n.m. → **abandon**

désengager 1 → **retirer** 2 → **dédire**

déséquilibre n.m. → **différence**

déséquilibré, e → **fou**

déséquilibrer 1 → **pousser** 2 faire → **tomber**

désert 1 n.m. a au pr. : bled, erg, hamada, pampa, solitude, steppe, toundra b fig. : néant, rien, vide 2 adj. a → **vide** b → **stérile**

déserter 1 → **délaisser** 2 → **quitter**

déserteur n.m. 1 au pr. : insoumis, transfuge 2 par ext. : apostat, renégat, traître

désertion n.f. 1 → **défection** 2 → **insoumission**

désertique 1 → **aride** 2 → **vide**

désescalade n.f. 1 → **apaisement** 2 → **chute**

désespérance n.f. abattement, accablement, consternation, déception, découragement, déréliction, désappointement, désenchantement, désespoir, écœurement, lassitude, mal du siècle, tristesse ◆ fam. : bourdon, cafard

désespérant, e → **accablant**

désespéré, e 1 → **extrême** 2 → **misérable** 3 → **triste**

désespérer → **décourager**

désespoir n.m. 1 → **découragement** 2 → **désespérance** 3 → **douleur** 4 → **regret**

déshabillé, e 1 adj. a → **nu** b → **négligé** 2 n.m. → **robe**

déshabiller 1 → **dévêtir** 2 fig. → **médire**

déshabituer → **dérouter**

déshérité, e nom et adj. → **misérable**

déshériter défavoriser, dépouiller, désavantager, exhéréder, frustrer, priver

déshonnête 1 → **malhonnête** 2 **obscène**

déshonneur n.m. → **honte**

déshonorant, e → **honteux**

déshonorer 1 → **dénigrer** 2 → **abîmer** 3 → **séduire**

déshydrater lyophiliser → **sécher**

desiderata n.m. pl. 1 → **lacune** 2 → **désir**

design n.m. off. : stylique

désignation n.f. → **nom**

designer n.m. off. : → **styliste**

désigner v. tr. → **indiquer, choisir**

désillusion n.f. → **déception**

désillusionner décevoir, dégriser, désappointer, désenchanter, faire déchanter, refroidir

désinence n.f. → **terminaison**

désinfectant 1 n.m. : déodorant, désodorisant (off.) 2 adj. → **antiseptique**

désinfecter 1 → **purifier** 2 → **nettoyer** 3 désinsectiser, épouiller, épucer

désinfection n.f. 1 → **assainissement** 2 → **nettoiement** 3 épouillage
désintégration n.f. fission, radioactivité, transmutation → **destruction**
désintégrer → **décomposer**
désintéressé, e 1 → **généreux** 2 → **indifférent**
désintéressement n.m. 1 → **indifférence** 2 → **générosité**
désintéresser 1 contenter, dédommager, indemniser, intéresser, payer 2 v. pron. : se déprendre, se moquer de, négliger, oublier → **abandonner**
désintérêt n.m. → **indifférence**
désinvolte → **dégagé**
désinvolture n.f. 1 abandon, aisance, assurance, décontraction, facilité, familiarité, légèreté 2 non fav. : effronterie, grossièreté, impertinence, impudence, inconvenance, indiscrétion, laisser-aller, liberté, licence, négligence, privauté, sans-gêne
désir n.m. 1 au pr. : ambition, appel, appétence, appétit, aspiration, attente, attirance, attrait, besoin, but, caprice, convoitise, cupidité (péj.), curiosité, demande, démangeaison, desiderata, dessein, envie, espérance, espoir, exigence, faim, fantaisie, force, goût, impatience, inclination, intention, intentionnalité (psych.), intérêt, penchant, prétention, prurit, rêve, soif, souhait, tendance, tentation, vanité, velléité, visée, vœu, volonté, vouloir 2 → **passion**
désirable 1 → **appétissant** 2 → **séduisant** 3 → **souhaitable**
désirer → **vouloir**
désireux, euse affamé, altéré, assoiffé, attaché à, avide, curieux, envieux, impatient, jaloux
désistement n.m. → **renoncement**
désister (se) → **renoncer**
désobéir contrevenir, enfreindre, être insoumis, s'opposer, passer outre, se rebeller, refuser, résister, se révolter, rompre, transgresser → **violer**
désobéissance n.f. contravention, indiscipline, indocilité, infraction, inobservation, insoumission, insubordination, mutinerie, opposition, rébellion, refus, résistance, révolte → **violation**
désobéissant, e difficile, endévé (vx et fam.), endiablé, entêté, indiscipliné, indocile, insoumis, insubordonné, intraitable, mutin, opiniâtre, rebelle, récalcitrant, réfractaire, résistant, révolté
désobligeant, te blessant, choquant, déplaisant, malveillant, sec, vexant → **désagréable**
désobliger 1 → **froisser** 2 → **nuire**
désobstruer → **ouvrir**
désœuvrement n.m. → **inaction**
désolation n.f. → **affliction**
désoler 1 → **ravager** 2 → **chagriner**
désopilant, e → **risible**
désordonné, e 1 → **décousu** 2 → **illogique** 3 fam. : bordélique 4 insouciant, négligent, sans-soin
désordre n.m. 1 altération, anarchie, bouleversement, chahut, chambardement, chamboulement, chaos, confusion, débandade, décousu, dégât, dérangement, déroute, désarroi, désorganisation, dissension, embrouillement, enchevêtrement, flottement, gâchis, imbroglio, incohérence, irrégularité, panique, perturbation, pillage, querelle, révolte, révolution, sabotage, scandale, tapage, trouble, tumulte 2 vx : culbute 3 mar. : en pantenne 4 fam. : bin's, bordel, cafouillage, chienlit, fourbi, foutoir, gabegie, margaille (rég.), pastis, ramdam, rififi, salade, schproum, souk → **tohu-bohu** 5 → **débauche** 6 bric-à-brac, éparpillement, fatras, fouillis, jonchée, mélange, pagaille, pêle-mêle
désorganisation n.f. → **dérangement**
désorganiser → **troubler**
désorienter 1 → **dérouter** 2 → **égarer**
désormais → **dorénavant**
desperado n.m. → **révolutionnaire**
despote n.m. → **tyran**
despotique → **absolu**
despotiquement arbitrairement, autoritairement, cruellement, dictatorialement, fanatiquement, férocement, illégalement, inhumainement
despotisme n.m. → **absolutisme**
dessaisir 1 → **déposséder** 2 → **renoncer**
dessaisissement n.m. → **cession**
dessalé, e 1 → **éveillé** 2 → **libre**
desséchant, e → **brûlant**
dessèchement n.m. 1 au pr. : brûlure, déshydratation, dessiccation, flétrissement 2 par ext. : assainissement, assèchement, drainage, tarissement 3 fig. a phys. : amaigrissement, consomption, maigreur, momification b moral : dureté, endurcissement, sécheresse
dessécher 1 → **durcir** 2 → **sécher** 3 → **dépérir**
dessein n.m. 1 arrière-pensée, but, conception, conseil, décision, désir, détermination, disposition, entreprise, envie, gré, idée, intention, machination, objet, parti, pensée, plan, préméditation, prétention, programme, projet, propos, proposition, résolution, visée, volonté, vue 2 **à dessein** : avec intention, de propos délibéré, délibérément, en toute connaissance de cause, exprès, intentionnellement, volontairement
desserrer défaire, dévisser, écarter, ouvrir, relâcher
dessert n.m. fruits → **pâtisserie**
desserte n.f. 1 cure, paroisse 2 buffet, crédence, dressoir, vaisselier
desservant n.m. → **prêtre**
desservir 1 → **nuire** 2 débarrasser, enlever, ôter 3 s'arrêter à, passer par 4 déboucher sur, donner dans, faire communiquer
dessiccation n.f. → **dessèchement**
dessiller → **détromper**
dessin n.m. 1 axonométrie, canevas, coupe, croquis, design, ébauche, élévation, épure, esquisse, œuvre, plan, perspective, projection, projet, relevé, schéma, tracé 2 → **image** 3 crayon, fusain, lavis, pointe-sèche, sanguine, sépia 4 fam. : crobard, jus, merde, sous-cul 5 tatouage
dessinateur, trice n.m. ou f. affichiste, caricaturiste, fusainiste, graveur, illustrateur, imagier, modéliste → **styliste**
dessiner 1 → **tracer** 2 v. pron. a → **saillir** b → **profiler (se)**
dessous 1 adv. : à un niveau inférieur, en contrebas 2 n.m. a → **infériorité** b → **secret** c → **linge** 3 a en dessous → **sournois** b dessous-de-table → **gratification** c dessous du pied : plante, semelle (sports), sole (équit.)
dessus 1 n.m. → **avantage** 2 adv. au-dessus : en contre-haut, en haut
déstabilisation n.f. → **subversion**
destin n.m. aléa, avenir, destinée, fatalité, fatum, hasard, providence, sort, vie
destinataire n.m. ou f. 1 allocutaire, auditeur, interlocuteur, récepteur 2 → **acheteur**
destinateur n.m. 1 émetteur, locuteur, sujet (parlant) 2 → **approvisionneur**
destination n.f. 1 → **but** 2 → **fin** 3 → **usage**
destinée n.f. aventure, chance, destin, étoile, fortune, lot, partage, vie, vocation
destiner affecter, appliquer, assigner, attribuer, garder, prédestiner, préparer, promettre, réserver, vouer
destituer casser, chasser, congédier, débarquer, débouter, déchoir, dégommer (fam.), dégoter (fam.), dégrader, démettre de, démissionner, déplacer, déposer, dépouiller, détrôner, disgracier, faire sauter, licencier, limoger, mettre à pied/à la retraite/en disponibilité, priver, rappeler, relever de ses fonctions, révoquer, suspendre
destitution n.f. → **déchéance**
destrier n.m. → **cheval**
destructeur, trice et **destructif, ive** nom et adj. 1 bousilleur, brise-fer, démolisseur, déprédateur, exterminateur, iconoclaste, ravageur → **saboteur** 2 anéantissant, annihilant, dévastateur, nuisible, stérilisant
destructible biodégradable, consommable, consomptible, corruptible, délébile, fongible, gélif, marcescible
destruction n.f. abolition, affaiblissement, anéantissement, annihilation, annulation, broyage, défoliation, démantèlement, démolition, désagrégation, désintégration, dévastation, écocide, écrasement, extermination, liquidation, prédation, renversement, ruine, sabordage, sabotage, sape ♦ vx : débris
désuet, ète archaïque, démodé, dépassé, gothique (vx), obsolescent, obsolète, passé, périmé, prescrit, rebattu, suranné, vieillot, vieux ♦ fam. : fossile, ringard → **suranné**
désuétude n.f. 1 → **abandon** 2 → **vieillesse**
désunion n.f. → **mésintelligence**
désunir 1 → **séparer** 2 → **saillir**
détaché, e → **dégagé**
détachement n.m. 1 → **renoncement** 2 → **indifférence** 3 → **troupe**
détacher 1 → **libérer** 2 → **défaire** 3 → **séparer** 4 → **nettoyer** 5 v. pron. a → **renoncer** b → **tomber** c → **saillir**
détail n.m. 1 → **bagatelle** 2 → **circonstance** 3 → **dénombrement**
détaillant, e n.m. ou f. → **commerçant**
détaillé, e circonstancié, particularisé
détailler 1 → **découper** 2 → **vendre** 3 → **prononcer**
détaler → **enfuir (s')**
détaxe n.f. dégrèvement → **diminution**
détaxer → **exempter**
détecter → **découvrir**
détective n.m. → **policier**
déteindre sur → **influer**
dételer 1 → **défaire** 2 → **libérer** 3 → **abandonner**
détendre 1 → **apaiser** 2 → **calmer** 3 → **lâcher**
détendu, e 1 → **heureux** 2 → **tranquille**
détenir 1 → **conserver** 2 → **avoir** 3 → **emprisonner**
détente n.f. 1 → **repos** 2 → **divertissement** 3 → **trêve**
détention n.f. 1 → **possession** 2 → **emprisonnement**
détenu, e n.m. ou f. → **prisonnier**
détérioration n.f. 1 → **dégradation** 2 → **dommage**
détériorer abîmer, briser, casser, délabrer, démolir, détraquer, endommager, fausser, forcer, gâter, saboter, sabrer → **dégrader** ♦ fam. : amocher, arranger, bousiller, déglinguer, esquinter
détermination n.f. 1 → **résolution** 2 → **décision** 3 → **fixation**
déterminé, e 1 → **décidé** 2 → **parfait**
déterminer 1 → **fixer** 2 → **décider** 3 → **occasionner**
déterminisme n.m. 1 → **philosophie** 2 par ext. a → **prédisposition** b → **fatalisme**
déterrer exhumer, ressortir, sortir de terre
détestable abominable, affreux, damné, exécrable, haïssable, maudit, méprisable, odieux, sacré (par ext. et fam.), vilain → **mauvais**
détester → **haïr**
détonation n.f. → **explosion**
détoner → **éclater**
détonner → **contraster**
détordre mar. : décommettre
détour n.m. 1 angle, boucle, circuit, coude, courbe, crochet, dérivation, déviation, écart, méandre, sinuosité, tournant 2 biais, circonlocution, digression, diversion, faux-fuyant, hypocrisie, par la bande, périphrase, repli, ruse, secret, subterfuge, subtilité, tour 3 au pl. : ambages
détourné, e 1 au pr. : contourné, défléchi, déjeté, dévié, dévoyé, en biais, gauchi 2 par ext. a → **indirect** b → **écarté**
détournement n.m. 1 → **malversation** 2 flibuste, piraterie (aérienne)
détourner 1 abandonner, déconseiller, déplacer la question, déranger, dissuader, distraire, divertir, écarter, éloigner, éluder, empêcher, faire dévier, obliquer, préserver, rabattre, solliciter, soustraire, tourner → **voler** 2 v. pron. → **éviter**
détracteur, trice n.m. ou f. 1 → **médisant** 2 → **ennemi**
détraqué → **fou**
détraquer 1 → **détériorer** 2 → **troubler**
détremper → **délayer**
détresse n.f. 1 → **danger** 2 → **malheur**
détriment n.m. → **dommage**
détritus n.m. 1 → **déchet** 2 → **ordure**
détroit n.m. bras de mer, canal, chenal, défilé, gorge, grau, manche, pas, passage, passe, pertuis
détromper avertir, aviser, démystifier, démythifier, désabuser, désillusionner, dessiller les yeux, éclairer, faire voir, informer, instruire, montrer, signaler, tirer d'erreur
détrôner fig. : casser, débarquer, dégommer, dégoter, démettre de, démissionner, déplacer, déposer, dépouiller, destituer, discréditer, éclipser, effacer, faire sauter, limoger,

mettre en disponibilité, priver, rappeler, relever de ses fonctions, remettre à la base, renverser, rétrograder, révoquer, supprimer, suspendre

détrousser → **voler**

détruire abattre, abolir, anéantir, annihiler, annuler, atomiser, bousiller (fam.), briser, brûler, casser, consumer, corroder, défaire, démolir, désoler (vx), écraser, effacer, éliminer, éteindre, étouffer, exterminer, gommer, juguler, liquider, mettre en poudre, miner, néantiser, pulvériser, raser, ravager, renverser, ruiner, saper, supprimer, triturer → **tuer**

dette n.f. charge, créance, débet, débit, déficit, devoir, doit, dû, emprunt, obligation, passif, solde ◆ fam. : ardoise, drapeau, pouf

deuil n.m. [1] → **tristesse** [2] → **enterrement**

deuxième postérieur, second, suivant

dévaler → **descendre**

dévaliser → **voler**

dévalorisation n.f. → **dévaluation**

dévaloriser → **déprécier**

dévaluation n.f. rabaissement, sous-estimation → **dépréciation**

dévaluer → **déprécier**

devancer aller au-devant, anticiper, avoir le pas sur, dépasser, distancer, gagner de vitesse, précéder, prendre les devants, prévenir, primer, prévoir, surpasser ◆ fam. : gratter, semer

devancier, ière n.m. ou f. [1] → **précurseur** [2] → **aïeul**

devant [1] avant, en avant de, face à, en présence de [2] **prendre les devants** → **devancer**

devanture n.f. [1] → **façade** [2] → **étalage**

dévastateur, trice nom et adj. → **destructeur**

dévastation n.f. [1] → **destruction** [2] → **dégât**

dévaster → **ravager**

déveine n.f. → **malchance**

développement n.m. [1] amplification, croissance, déploiement, éclaircissement, épanouissement, essor, évolution, extension, propagation, progrès, rayonnement, suites [2] dissertation, essai, explication, explicitation, exposé, narration, paraphrase, rapport, récit, tartine (fam.), tirade

développer [1] agrandir, allonger, amplifier, croître, délayer, déployer, dérouler, étendre, s'étendre, filer, progresser [2] démontrer, éclaircir, enseigner, expliquer, exposer, paraphraser, projeter (math.), raconter, rapporter, traduire, traiter [3] → **former** [4] v. pron. → **croître**

devenir n.m. → **évolution**

devenir v. i. évoluer, se faire, se rendre, se transformer

dévergondage n.m. → **dérèglement**

dévergondé, e → **débauché**

dévers n.m. → **pente**

déverser → **verser**

déversoir n.m. daraise → **bonde**

dévêtir (se) se découvrir/dégarnir/dénuder/dépouiller/déshabiller, enlever, se mettre à poil (fam.), ôter

déviation n.f. [1] → **écart** [2] → **dissidence**

déviationniste nom et adj. → **révisionniste**

dévider [1] → **étendre** [2] fig. [a] → **raconter** [b] → **éclaircir**

dévier → **écarter (s')**

devin, devineresse n.m. ou f. annonciateur, aruspice, astrologue, augure, auspice, cartomancien, cassandre, chiromancien, clairvoyant, devineresse, devin, diseur de bonne aventure, extra-lucide, mage, magicien, médium, nécromancien, oniromancien, pronostiqueur, prophète, pythie, pythonisse, rhabdomancien, sibylle, somnambule, sorcier, vaticinateur, visionnaire, voyant

deviner [1] → **découvrir** [2] → **pressentir**

devinette n.f. → **énigme**

devis n.m. [1] → **projet** [2] → **conversation**

dévisager → **regarder**

devise n.f. [1] → **symbole** [2] → **pensée** [3] → **billet**

deviser → **parler**

dévoiler → **découvrir**

devoir n.m. [1] bien, droit chemin, vertu [2] corvée, exercice, pensum, tâche, travail [3] charge, office [4] dette, exigence, impératif, must (angl.), nécessité, obligation [5] au pl. → **civilités**

devoir v. tr. avoir à, être obligé, falloir, redevoir, tirer de

dévolu, e [1] → **réservé (être)** [2] **jeter son dévolu** → **choisir**

dévorant, e → **brûlant**

dévorer [1] → **manger** [2] → **consumer** [3] → **lire**

dévot, e nom et adj. [1] → **religieux** [2] → **bigot**

dévotion n.f. [1] dulie, latrie → **religion** [2] → **attachement**

dévoué, e → **généreux**

dévouement n.m. [1] → **attachement** [2] → **volontariat** [3] → **sacrifice**

dévouer [1] → **vouer** [2] v. pr. → **sacrifier (se)**

dévoyé, e n. et adj. [1] → **détourné** [2] → **égaré** [3] → **vaurien**

dextérité n.f. → **habileté**

diable n.m. [1] au pr. : ange déchu, démon, démone, diablesse, diablotin, diantre, dragon, génie du mal, incube, Lucifer, malin, maudit, mauvais ange, Méphistophélès, misérable, Satan, serpent, succube, tentateur [2] **à la diable** : à la hâte, de chiqué, en désordre/pagaille (fam.), négligemment, sans conscience/méthode/soin [3] brouette, chariot, fardier

diablement → **beaucoup**

diablerie n.f. espièglerie, machination, maléfice, malice, manigance, menée, mystère, sabbat, sortilège

diablesse n.f. démone, furie, harpie → **mégère**

diablotin n.m. → **diable**

diabolique [1] démoniaque, luciférien, méchant, méphistophélique, pernicieux, pervers, sarcastique, satanique [2] chtonien, infernal, luciférien

diadème n.m. [1] → **couronne** [2] → **nimbe**

diagnostiquer → **reconnaître**

diagramme n.m. courbe, graphique, plan, schéma

dialecte n.m. → **langue**

dialectique n.f. et adj. → **logique**

dialogue n.m. → **conversation**

dialoguer → **parler**

diamant n.m. [1] blanc-bleu (arg.), brillant, joyau, marguerite, marquise, pierre, rose, solitaire [2] bort, carbonado, égrisée

diamétralement → **absolument**

diane n.f. avertissement, réveil, signal, sonnerie

diantre → **diable**

diapason n.m. accord, niveau, registre, ton

diaphane [1] au pr. : clair, hyalin, limpide, luisant, lumineux, net, opalescent, translucide, transparent [2] fig. → **maigre**

diapré, e bariolé, bigarré, chatoyant, émaillé, jaspé

diarrhée n.f. [1] colique, colite, débâcle, dysenterie, entérite, sprue [2] fam. : chiasse, cliche, courante, foirade, foire, purée [3] vx : dévoiement, tranchées, trouille, venette

diatribe n.f. [1] → **reproche** [2] → **satire**

dictateur n.m. caudillo, Führer → **tyran**

dictatorial, e → **absolu**

dictature n.f. → **absolutisme**

dictée n.f. [1] au pr. : devoir/exercice d'orthographe [2] fig. péj. → **commandement**

dicter [1] → **inspirer** [2] → **prescrire**

diction n.f. → **élocution**

dictionnaire n.m. codex, encyclopédie, glossaire, lexique, nomenclature, répertoire, terminologie, trésor, usuel, vocabulaire ◆ vx : apparat, calepin, compilation, thésaurus

dicton n.m. adage, aphorisme, apophtegme, brocard, formule, locution, maxime, mot, parole, pensée, précepte, proverbe

didactique [1] adj. : culturel, documentaire, éducatif, formateur, instructif, pédagogique, scolaire [2] n.f. → **instruction**

diète n.f. [1] → **régime** [2] → **jeûne**

diététicien, ne n.m. ou f. diététiste, nutritionniste

diététique [1] n.f. → **hygiène** [2] adj. → **sain**

dieu n.m. [1] déité, démon, divinité, esprit, être, génie, héros, idole, immortel, principe, symbole → **déesse** [2] principales divinités. [a] tradition abrahamanique et philosophique : Allah, alpha et oméga, Bon Dieu, Créateur, démiurge, Dieu bon/éternel/saint, Esprit (Saint), Éternel, Être/Juge suprême, Fils de l'Homme, Grand Architecte de l'Univers, Iahvé, Infini, Jésus, Messie, Notre Seigneur, Père céleste/éternel/saint, Providence (divine), Pur Esprit, Saint Esprit, Sauveur (du Monde), Seigneur, Tout-Puissant, Trinité, Verbe, Yaweh [b] Grèce : Aphrodite, Artémis, Athéna, Cronos, Dionysos, Hécate, Héphaïstos, Héra, Hermès, Morphée, Pan, Poséidon, Thanatos, Zeus [c] Rome : Apollon, Bacchus, Diane, Junon, Jupiter, lares, mânes, Mars, Mercure, Minerve, Neptune, pénates, Saturne, Vénus, Vesta, Vulcain [d] Celtes, Germains et Nordiques : Bah, Odin, Teutatès [e] Égypte : Amon-Râ, Anubis, Horus, Isis, Osiris, Seth [f] bouddhisme, par ext. : Bouddha [g] hindouisme : Brahma, Siva, Krishna, Vishnu [h] arg. : grand Manitou

diffamant, e et **diffamatoire** [1] → **faux** [2] → **calomnieux**

diffamation n.f. → **médisance**

diffamer [1] → **dénigrer** [2] → **médire**

différence [1] altérité, antinomie, antithèse, caractéristique, contraste, déséquilibre, déviation, discordance, disparate, disparité, disproportion, dissemblance, dissimilitude, distance, distinction, distorsion, divergence, diversité, écart, éloignement, hétérogénéité, imparité, inégalité, nuance, opposition, particularité, séparation, spécificité, variante, variété [2] → **changement**

différenciation n.f. distinction, division, individuation, séparation, transformation

différencier apercevoir/établir/faire/marquer une différence, distinguer, différer, isoler, opposer, séparer

différend n.m. → **contestation**

différent, e alterne, autre, changé, contradictoire, contraire, contrastant, disjoint, disproportionné, dissemblable, distant, distinct, divergent, divers, éloigné, hétérogène, hétérologue, inégal, méconnaissable, modifié, mystérieux, non pareil, nouveau, opposé, particulier, pluriel, séparé, spécifique, tranché, transformé, varié

différer [1] → **distinguer (se)** [2] → **retarder**

difficile [1] au pr. : abscons, abstrait, abstrus, aporétique, ardu, chinois, complexe, compliqué, confus, coriace, délicat, diabolique, difficultueux, dur, embarrassant, embrouillé, énigmatique, épineux, ésotérique, exigeant, illisible, impénétrable, impossible, inassimilable, indéchiffrable, inextricable, infaisable, ingrat, inintelligible, insupportable, intraitable, introuvable, laborieux, malaisé, pénible, obscur, rude, scabreux, sorcier, subtil, ténébreux, transcendantal, trapu ◆ fam. : coton, duraille, durillon, indécrochable [2] par ext. [a] un accès : casse-cou, dangereux, escarpé, impraticable, inabordable, inaccessible, incommode, malcommode, périlleux, raboteux, raide, risqué [b] un caractère : acariâtre, anguleux, âpre, chicaneur, chicanier, contrariant, difficultueux, dur, exigeant, farouche, immariable, infréquentable, intraitable, invivable, irascible, mauvais coucheur, ombrageux, querelleur, rude → **revêche** [c] fam. : bâton merdeux, cactus [d] un goût : blasé, capricieux, dégoûté, délicat [e] équit. : quinteux, ramingue, rétif

difficulté n.f. [1] sens général : aporie, brouillamini, complexité, complication, confusion, danger, délicatesse, incommodité, gêne, obscurité, peine, péril, subtilité [2] quelque chose. [a] contrariété, contretemps, danger, désagrément, embarras, empêchement, ennui, épine, épreuve, friction, histoire, impossibilité, incident, intrication, labeur, objection, obstacle, opposition, pantenne (mar.), peine, point chaud/sensible, problème, puzzle, résistance, souci, tiraillement, tracas, travail, traverse, vicissitude(s) ◆ vx : accroche, anfractuosité, enclouure, involution [b] fam. : accroc, anicroche, aria, arnaque, bec, bin's, bite, cahot, casse-tête (chinois), chardon, cheveu, chiendent, chierie, cirage, couille, embrouille, emmerde, hic, mastic, os, pépin, pet, rififi, ronce, sac de nœuds, salade, tirage [3] → **incapacité**

difficultueux, euse → **difficile**

difforme affreux, amorphe, anormal, boiteux, bossu, cagneux, contrefait, cul-de-jatte, défiguré, déformé, dégingandé, déjeté, disgracié, éclopé, estropié, hideux, horrible, infirme, informe, ingrat, laid, mal bâti/fait, monstrueux, nain, rabougri, repoussant, tors ◆ fam. : bancroche, croche, tordu

difformité n.f. anomalie, défaut, déformation, disgrâce, gibbosité, handicap, infirmité, malformation, monstruosité

diffus, e abondant, bavard, déclamateur, délayé, désordonné, long, obscur, phraseur, prolixe, redondant, verbeux

diffuser → **répandre**

diffusion n.f. 1 → **propagation** 2 → **émission**

digérer 1 au pr. : absorber, assimiler, élaborer, transformer 2 fig. a accepter, avaler, endurer, souffrir, supporter b cuire, cuver, méditer, mijoter, mûrir 3 v. pron. : passer

digest n.m. 1 off. : condensé 2 → **revue**

digeste assimilable, digestible, léger, sain

digestif n.m. → **pousse-café**

digestion n.f. absorption, assimilation, coction, déglutition, élaboration, ingestion, nutrition, rumination, transformation

digit n.m. bit, chiffre, unité

digital, e inform. off. : binaire, numérique

digitale n.f. doigt de la Vierge, gant de Notre-Dame, pavée

digne 1 → **honnête** 2 → **convenable** 3 → **imposant** 4 **être digne de** → **mériter**

dignitaire n.m. → **chef**

dignité n.f. 1 → **décence** 2 → **majesté** 3 → **honneur**

digression n.f. à-côté, divagation, écart, épisode, excursion, hors-d'œuvre, parabase, parenthèse, placage

digue n.f. 1 au pr. : barrage, batardeau, brise-lames, chaussée, estacade, jetée, levée, môle, musoir, obstacle, palée, serrement 2 fig. : barrière, frein, obstacle

dilapidateur, trice nom et adj. → **dépensier**

dilapidation n.f. coulage, déprédation, dissipation, gâchage, gâchis, gaspillage, perte, prodigalité

dilapider → **dépenser**

dilatation n.f. ampliation, augmentation, distension, divulsion, élargissement, épanouissement, érection, évasement, expansion, extension, gonflement, grossissement, tumescence, turgescence

dilater 1 → **élargir** 2 → **grossir**

dilemme n.m. → **option**

dilettante n.m. ou f. → **amateur**

dilettantisme n.m. → **amateurisme**

diligence n.f. 1 → **activité** 2 → **attention** 3 → **coche** 4 a **à la diligence de** : à la demande de b **faire diligence** → **hâter (se)**

diligent, e 1 → **actif** 2 → **attentif**

diluer → **étendre**

dimension n.f. calibre, capacité, contenance, coordonnées, cotes, épaisseur, étendue, extension, force, format, gabarit, grandeur, grosseur, hauteur, jauge, jouée, largeur, longueur, mensuration, mesure, métrage, métré, module, perspective, pointure, profondeur, proportion, puissance, surface, taille, volume ◆ vx : arpent, aune, journal, toise

diminuer 1 au pr. on diminue une chose : abaisser, abréger, accourcir, affaiblir, affaisser, alléger, altérer, amaigrir, amenuiser, amincir, amoindrir, amputer, appauvrir, arriser (mar.), atrophier, atténuer, baisser, comprimer, concentrer, condenser, contracter, décharger, décroître, déduire, dégonfler, dégrossir, désenfler, diluer, diviser, ébouter, écimer, éclaircir, écourter, écrêter, effiler, effilocher, élégir, enlever, entamer, équeuter, étrécir, étriquer, évider, freiner, miniaturiser, minimiser, minorer, modérer, ôter, raccourcir, ralentir, rapetisser, réduire, resserrer, restreindre, résumer, retrancher, rétrécir, rogner, ronger, soulager, soustraire, tronquer, user 2 par ext. a on diminue quelqu'un : abaisser, abattre/affaiblir/atténuer/attiédir/émousser/faire tomber/modérer/rabattre/ralentir/relâcher l'ardeur/le courage, accabler, avilir, dégrader, dénigrer, déprécier, discréditer, flétrir, humilier, rabaisser, ternir b une chose diminue quelqu'un : alanguir, amoindrir, amollir, consumer, déprimer, émasculer, épuiser, exténuer, fatiguer c on diminue une peine : adoucir, alléger, apaiser, calmer, consoler, endormir, étourdir, pallier, soulager d on diminue l'autorité : compromettre, infirmer, miner, saper e on diminue les prix : casser/écraser les prix, pratiquer le dumping (péj.) fam. et péj. : cartonner, casser la baraque, faire un carton 3 v. intr. : baisser, se calmer, céder, cesser, déchoir, décliner, décroître, dépérir, descendre, disparaître, s'éclaircir, s'évanouir, faiblir, mollir, pâlir, perdre, rabattre, raccourcir, rapetisser, réduire, se relâcher, resserrer, tomber

diminutif n.m. hypocoristique, minoratif

diminution n.f. 1 abaissement, abrégement, abréviation, adoucissement, affaiblissement, affaissement, amputation, concentration, contraction, décours, décroissance, décroissement, décrue, dégonflement, dégradation, déperdition, déplétion, épuisement, mutilation, ralentissement, soustraction, suppression, tassement 2 abattement, affidavit, allégement, amoindrissement, atténuation, avoir (fiscal), baisse, bonification, compression, décharge, déflation, dégrèvement, dépréciation, détaxe, dévalorisation, exemption, mitigation, modération, moins-value, rabais, réduction, réfaction, remise, retranchement 3 amaigrissement, amenuisement, amincissement, atrophie, émaciation, raccourcissement, rapetissement, rétrécissement, soulagement 4 litote

dîner et **dînette** n.m., n.f. → **repas**

dingue nom et adj. → **fou**

diocèse n.m. → **évêché**

dionysiaque bachique

diphtérie n.f. croup

diplomate 1 n.m. a → **ambassadeur** b → **négociateur** 2 adj. a → **habile** b → **faux**

diplomatie n.f. → **politique**

diplomatique 1 consulaire 2 → **faux** 3 → **habile**

diplôme n.m. 1 brevet, certificat, degré, grade, parchemin, peau d'âne (fam.), titre 2 baccalauréat, doctorat, licence, maîtrise

dipsomane nom et adj. → **ivrogne**

dire v. 1 au pr. : articuler, avertir, colporter, communiquer, débiter, déclarer, déclamer, désigner, disserter (par ext.), donner, ébruiter, énoncer, exposer, exprimer, faire, indiquer, juger, narrer, nommer, opposer, parler, phraser, prédiquer, proférer, prononcer, propager, publier, raconter, réciter, relater, répandre, vomir (péj.) → **affirmer** ◆ fam. : accoucher, chanter, cloquer, dégoiser, enfiler, lâcher, sortir 2 par ext. a → **bavarder** b → **médire** c → **avouer**

dire n.m. → **allégation**

direct, e nom et adj. 1 → **immédiat** 2 → **naturel** 3 → **droit** 4 → **franc** 5 jurid. : advenant

directement tout droit/de go

directeur, directrice nom et adj. 1 au pr. : administrateur, dirigeant, gérant, gouvernant, intendant, maître, patron, principal, proviseur, recteur, régisseur, responsable, singe (arg.), supérieur, tête 2 **directeur de conscience** : confesseur, confident

directif, ive normatif → **autoritaire**

direction n.f. 1 administration, animation, autorité, conduite, directorat, gestion, gouvernement, intendance, organisation, présidence, régie, régime, règlement 2 but, chemin, côté, destination, ligne, orientation, route 3 gouvernail, levier de direction, timon, volant 4 brain-trust, commandement, état-major, leadership, quartier général, siège, tête 5 azimut, cap, point (cardinal), route, sens

directive n.f. → **instruction**

dirigeable n.m. → **ballon**

dirigeant, e nom et adj. → **gouvernant**

diriger 1 acheminer, aiguiller, amener, anordir, manœuvrer, orienter, piloter, porter sur/vers, rapporter à, tourner vers 2 administrer, animer, conduire, conseiller, contrôler, driver, gérer, gouverner, guider, inspirer, maîtriser, mener, organiser, régenter, régir, régler, superviser 3 ajuster, axer, braquer, darder, viser

diriger (se) cheminer, pousser, se tourner vers → **aller**

discernement n.m. → **entendement**

discerner 1 → **distinguer** 2 → **percevoir**

disciple n.m. ou f. 1 adepte, continuateur, épigone, fidèle, fils spirituel → **successeur** 2 → **partisan** 3 → **élève**

disciplinaire pénitentiaire, réglementaire

discipline n.f. 1 → **ordre** 2 → **enseignement** 3 → **fouet**

discipliné, e → **obéissant**

discipliner assujettir, dompter, dresser, éduquer, élever, former, plier, soumettre

discontinu, e → **intermittent**

discontinuer → **interrompre**

discontinuité n.f. arrêt, cessation, discontinuation, intermittence, interruption, suspension

disconvenance n.f. contradiction, contraste, désaccord, disproportion, impropriété, incompatibilité, opposition

discordance n.f. 1 → **mésintelligence** 2 → **dissonance** 3 → **différence**

discordant, e 1 criard, disparate, disproportionné, dissonant, faux, mêlé, opposé 2 adverse, chicanier, confus, contraire, défavorable, désordonné, désorganisé, faux, incohérent, incompatible, rebelle

discorde n.f. → **mésintelligence**

discount n.m. off. : ristourne

discoureur, euse n.m. ou f. → **bavard**

discourir bavarder, causer, débiter, déclamer, disserter, haranguer, palabrer, parler, pontifier, prêcher ◆ fam. : laïusser, pérorer, tartiner

discours n.m. 1 au pr. : adresse, allocution, apologie, catilinaire (péj.), causerie, compliment, conférence, conversation, déclaration ministérielle, défense, dialogue, éloge, entretien, exhortation, exposé, harangue, oraison, palabre, parabase, paraphrase, préface, proclamation, propos, prosopopée, traité ◆ fam. : baratin, jus, laïus, postiche, speech, tartine, topo → **bavardage** 2 par ext. a débit, élocution, galimatias (péj.), langage, langue, parole b jurid. : plaidoirie, plaidoyer, réquisitoire c relig. : homélie, instruction, oraison, panégyrique, prêche, prédication, prône, sermon d santé, toast

discourtois, e → **impoli**

discrédit n.m. 1 → **défaveur** 2 → **honte**

discréditer 1 au pr. : attaquer, baver, calomnier, clabauder (fam.), critiquer 2 par ext. : déchiqueter, déchirer, déconsidérer, décréditer, décrier, dénigrer, déprécier, déshonorer, détrôner, diffamer, médire, noircir, rabaisser, salir, tympaniser, vilipender ◆ fam. : dauber, débiner, déblatérer, démonétiser

discret, ète 1 a circonspect, mesuré, modéré, modeste, poli, pondéré, prudent, réservé, retenu → **silencieux** b vx : taiseux c → **distingué** 2 inaperçu, mis à part, retiré, secret 3 math. et log. : digital, discontinu, identifiable, indécomposable, isolable, nombrable, spécifique

discrètement en cachette, en catimini

discrétion n.f. 1 → **retenue** 2 **à discrétion** → **volonté (à)**

discrétionnaire → **absolu**

discrimination n.f. → **distinction**

discriminatoire → **honteux**

discriminer → **distinguer**

disculpation n.f. 1 → **excuse** 2 par anal. → **amnistie**

disculper → **excuser**

discursif, ive → **logique**

discussion n.f. 1 affaire, altercation, chicane, conflit, contestation, controverse, déchirement, démêlé, désaccord, discorde, dispute, dissension, heurt, litige, logomachie, marchandage, noise, palabre, polémique, querelle, rixe, scène ◆ fam. : attrapade, bisbille, chamaille, chamaillerie, grabuge, prise de bec, schproum, vie ◆ vx : contention 2 conversation, critique, débat, dissertation, étude, examen, explication, face à face → **conférence**

discutable → **incertain**

discuter 1 agiter, analyser, arguer, argumenter, barguigner, bavarder, conférer, colloquer, considérer, controverser, débattre, délibérer de, démêler, se disputer, échanger des idées/des points de vue, examiner, mettre en doute/en question, négocier, parlementer, passer en revue, tenir conseil, traiter 2 batailler, se chamailler, contester, criticailler, critiquer, discutailler, épiloguer, ergoter, s'escrimer, ferrailler, gloser, jouter, lutter, marchander, mégoter, nier, palabrer, polémiquer, politiquer (vx), se quereller, ratiociner, rompre des lances, sourciller, tailler le bout de gras (fam.), trouver à redire

disert, e bavard, beau diseur/parleur, convaincu, diseur, éloquent, fleuri

disette n.f. absence, besoin, dèche, défaut, dénuement, famine, manque, misère, nécessité, pénurie, rareté, vaches maigres (fam.) → **pauvreté** ◆ vx : stérilité

diseur, euse nom et adj. 1 → **disert** 2 **diseur de bonne aventure** → **voyant**
disgrâce n.f. 1 → **défaveur** 2 → **malheur**
disgracié, e → **laid**
disgracier → **destituer**
disgracieux, euse 1 abrupt, déplaisant, désagréable, détestable, discourtois, fâcheux, grincheux, grossier, impoli, malgracieux 2 → **difforme**
disharmonie n.f. → **dissonance**
disjoindre 1 → **disloquer** 2 → **écarter** 3 → **séparer**
disjoncteur n.m. → **interrupteur**
disjonction n.f. 1 bifurcation, désarticulation, désunion, dislocation, division, divorce, écartement, éloignement, scission, séparation 2 gram. : asyndète
dislocation n.f. 1 → **entorse** 2 → **dispersion**
disloquer 1 briser, casser, déboîter, déglinguer, démancher, démantibuler, démettre, démolir, désarticuler, désemparer, désunir, détraquer, disjoindre, diviser, écarteler, fausser, luxer 2 v. pron. : a une chose : se désagréger, se dissoudre, se séparer b. Quelqu'un : se contorsionner, se déformer, se désosser (fam.)
disparaître 1 dégénérer, s'éteindre, s'étioler → **mourir** 2 abandonner, s'absenter, s'anéantir, se cacher, cesser d'être visible/d'exister, se coucher, décamper, se dérober, diminuer, se dissimuler, se dissiper, se dissoudre, échapper aux regards/à la vue, s'éclipser, s'écouler, s'effacer, s'éloigner, s'en aller, s'enfoncer, s'enfuir, s'engouffrer, s'envoler, s'épuiser, s'escamoter, s'esquiver, s'estomper, être couvert/recouvert, s'évanouir, s'évaporer, finir, fuir, manquer à l'appel, se noyer dans, pâlir, partir, passer, se perdre, plonger, quitter, se retirer, se soustraire à la vue, tarir, se voiler, se volatiliser ◆ fam. : s'esbigner, prendre la poudre d'escampette, sauter, se tirer
disparate 1 n.f. → **opposition** 2 adj. a → **bigarré** b → **discordant**
disparité n.f. → **différence**
disparition n.f. 1 → **éloignement** 2 → **fin**
disparu, e → **mort**
dispatcher n.m. off. 1 milit. 2 écon. : répartiteur
dispatching n.m. off. 1 milit. largage 2 écon. : répartition
dispendieux, euse → **cher**
dispensaire n.m. → **hôpital**
dispensateur, trice distributeur, répartiteur
dispense n.f. 1 → **immunité** 2 → **permission**
dispenser 1 → **distribuer** 2 → **permettre** 3 → **exempter** 4 v. pron. → **abstenir (s')**
disperser 1 dilapider, disséminer, dissiper, émietter, éparpiller, jeter, parsemer, répandre, semer 2 désunir, diviser, répartir, séparer 3 balayer, battre, chasser, débander, mettre en déroute/en fuite 4 v. pron. a quelqu'un : se débander, s'écarter, s'égailler, s'égrener, s'enfuir, s'éparpiller, essaimer, fuir, rompre les rangs b une chose : brésiller, diffuser, irradier, rayonner
dispersion n.f. 1 atomisation, déflexion, diaspora, diffraction, diffusion, dislocation, dissémination, division, écartement, émiettement, éparpillement, fractionnement, séparation 2 par ext. : débandade, démanchement (vx), déroute, fuite, retraite 3 fig. → **distraction**
disponibilité n.f. 1 congé 2 → **liberté** 3 au pl. → **argent**
disponible 1 → **libre** 2 → **vacant**
dispos, e agile, alerte, allègre, bien portant, découplé, délié, en bonne santé/forme, éveillé, frais, gaillard, ingambe, léger, leste, ouvert, preste, reposé, sain, souple, vif, vite ◆ fam. : avoir la frite/la patate/la pêche
disposé, e 1 → **favorable** 2 → **mûr**
disposer 1 → **arranger** 2 → **préparer** 3 → **décider** 4 → **aliéner**
dispositif n.m. 1 machine, mécanique, mécanisme 2 agencement, arrangement, méthode, procédé → **disposition**
disposition n.f. 1 de quelqu'un : aptitude, bosse (fam.), capacité, dons, esprit, état, étoffe, facilités, fibre (fam.), goût, impulsion, inclination, innéité, instinct, mesure, moyens, orientation, penchant, prédestination, prédisposition, propension, qualités, sentiment, talent, tendance, vertu, vocation 2 disposition d'esprit : affect (psych.), condition, dessein, état, humeur, intention, sentiment 3 d'une chose : agencement, ajustement, appareil (arch.), arrangement, combinaison, composition, configuration, construction, coordination, dispositif, distribution, économie, êtres, modalités, montage, ordonnance, ordre, organisation, orientation, place, plan, position, rangement, répartition, situation 4 au pl. : arrangement, cadre, clause, condition, décision, mesure, précaution, préparatif, résolution, testament
disproportion n.f. → **différence**
disproportionné, e démesuré, déséquilibré, inégal, maladroit, mal proportionné
dispute n.f. 1 → **discussion** 2 → **querelle**
disputer 1 v. intr. → **discuter** 2 v. tr. a une chose à quelqu'un : briguer, défendre, soutenir b fam. quelqu'un : attraper, engueuler (vulg.), gourmander, gronder, réprimander → **tancer** 3 v. pron. : avoir des mots (fam.), se battre, se chamailler, se chicaner, se chipoter (fam.), échanger des mots/des paroles, se quereller
disqualification n.f. → **expulsion**
disqualifier 1 → **éliminer** 2 → **dégrader**
disque n.m. 1 enregistrement, microsillon, galette (fam.), 16/33/45/78-tours 2 pour jouer : fromage, palet
dissection n.f. → **anatomie**
dissemblable différent, disparate, divers, hétérogène, opposé
dissemblance n.f. → **différence**
dissémination n.f. dispersion, division, éparpillement → **propagation**
disséminer → **répandre**
dissension et **dissentiment** n.f., n.m. → **mésintelligence**
disséquer 1 → **couper** 2 → **examiner**
dissertation n.f. 1 → **traité** 2 → **rédaction** 3 → **discussion**
disserter → **discourir**
dissidence n.f. déviation, division, gauchissement, hérésie, insoumission, insurrection, rébellion, révolte, schisme, scission, sécession, séparation
dissident, e → **insoumis**
dissimulateur, trice → **sournois**
dissimulation n.f. 1 → **feinte** 2 → **hypocrisie**
dissimulé, e → **sournois**
dissimuler 1 atténuer, cacher, camoufler, celer, couvrir, déguiser, enfouir, envelopper, faire la conspiration du silence, faire semblant, farder, feindre, frauder, garder secret, masquer, pallier, taire, travestir, tricher, voiler ◆ vx : colorer, gazer, plâtrer 2 pron. → **cacher (se)**
dissipateur, trice → **prodigue**
dissipation n.f. 1 → **dépense** 2 → **distraction** 3 → **débauche**
dissipé, e → **turbulent**
dissiper 1 → **disperser** 2 → **dépenser** 3 v. pron. : a → **consumer** b → **disparaître**
dissociation n.f. → **désagrégation**
dissocier → **séparer**
dissolu, e → **vicieux**
dissolution n.f. 1 → **résolution** 2 → **cessation** 3 → **dérèglement**
dissonance n.f. cacophonie, charivari, contradiction, désaccord, discordance, disharmonie, disparate, opposition, tintamarre
dissonant, e → **discordant**
dissoudre 1 décomposer, délayer, dissocier, fondre, liquéfier, résorber 2 abroger, annihiler, annuler, arrêter, briser, casser, défaire, dénouer, détruire, faire cesser, mettre fin/un terme, résoudre, retirer les pouvoirs, rompre 3 v. pron. : fondre, se putréfier, se résoudre, se séparer
dissuader contre-indiquer, déconseiller, décourager, dégoûter, détourner, écarter, éloigner
dissuasif, ive → **décourageant**
dissuasion n.f. → **menace**
dissymétrique asymétrique → **irrégulier**
distance n.f. 1 a absence, éloignement, espace, intervalle, loin, lointain, recul b archée, enjambée, portée, trotte (fam.) 2 fig. a aversion, distanciation, froideur, mépris, réprobation b différence, disparité, dissemblance
distancer dépasser, devancer, écarter, éloigner, espacer, forlonger (vén.), lâcher, passer, précéder, semer, surpasser
distant, e 1 → **sauvage** 2 → **dédaigneux** 3 → **éloigné**
distension n.f. → **dilatation**
distiller 1 épancher, laisser couler, sécréter, suppurer 2 condenser, extraire, rectifier, réduire, sublimer, vaporiser ◆ vx : spiritualiser 3 fig. a épancher, répandre b dégoutter
distinct, e 1 → **différent** 2 → **clair**
distinctif, ive → **particulier**
distinction n.f. 1 démarcation, différence, différenciation, discrimination, diversification, division, séparation, tri 2 décoration, dignité, honneurs, égards, faveur, médaille, prérogative, respect 3 aristocratie, classe, éclat, éducation, élégance, finesse, grandeur, manières, mérite, noblesse, panache, race, talent, tenue, valeur
distingué, e affable, agréable, aimable, allure, aristocratique, beau, bien élevé, bon, brillant, célèbre, chic, courtois, de bonne compagnie/éducation, de bon goût/ton, délicat, digne, discret, éclatant, élégant, émérite, éminent, exquis, fin, galant, gracieux, hors pair, hors ligne, incomparable, noble, poli, raffiné, racé, rare, reconnu, remarquable, sans pareil, supérieur, transcendant
distinguer 1 a apercevoir, choisir, débrouiller, découvrir, démêler, différencier, discerner, discriminer, dissocier, préférer, reconnaître, remarquer, séparer, trier b → **honorer** 2 v. pron. : contraster, émerger, différer, diverger, faire une discrimination, faire figure, se faire remarquer/voir, s'illustrer, se montrer, s'opposer, paraître, se particulariser, percer, se signaler, se singulariser
distorsion n.f. 1 → **différence** 2 → **torsion**
distraction n.f. 1 absence d'esprit, coq-à-l'âne, dispersion, dissipation, divertissement, étourderie, inadvertance, inapplication, inattention, irréflexion, lapsus, légèreté, omission, oubli 2 ébats, jeu, récréation → **divertissement** 3 d'une chose : démembrement, séparation
distraire 1 déduire, démembrer, détacher, enlever, extraire, soustraire, prélever, retrancher, séparer → **détourner** 2 amuser, baguenauder, débaucher, délasser, désennuyer, détourner, divertir, égayer, étourdir, récréer, sortir 3 non fav. → **voler**
distrait, e absent, absorbé, abstrait, dispersé, dissipé, étourdi, inappliqué, inattentif, indifférent, négligent, préoccupé, rêveur, vague ◆ vx :
distraitement étourdiment
distrayant, e → **amusant**
distribuer 1 au pr. : arroser (fam.), assigner, attribuer, départir, dispenser, disposer, diviser, donner, gratifier, impartir, octroyer, ordonner, partager, prodiguer, ranger, répandre, répartir, semer 2 par ext. : agencer, aménager, amener, arranger, classer, classifier, coordonner, disposer, distinguer, diviser, ordonner, ranger
distributeur, trice n.m. ou f. 1 dispensateur, répartiteur 2 **distributeur de billets :** billetterie, Point argent
distribution n.f. 1 au pr. : attribution, bienfaisance, diffusion, dilapidation (péj.), disposition, don, largesse, libéralité, octroi, partage, partition, répartition 2 par ext. : agencement, aménagement, arrangement, classement, classification, départ (vx), dichotomie, disposition, donne, ordonnance, ordre, rang, rangement 3 fig. : correction, coup → **volée**
district n.m. 1 → **division** 2 → **charge**
dithyrambe n.m. → **éloge**
dithyrambique → **élogieux**
dito idem, susdit
diurne → **journalier**
diva n.f. → **chanteuse**
divagation n.f. 1 → **digression** 2 → **délire**
divaguer 1 → **déraisonner** 2 → **errer**
divan n.m. → **canapé**
divergence n.f. 1 → **différence** 2 → **mésintelligence**
divergent, e 1 → **différent** 2 → **opposé**
diverger 1 → **écarter (s')** 2 → **opposer (s')**
divers, e 1 → **changeant** 2 → **plusieurs** 3 → **varié** 4 → **différent**
diversification n.f. → **distinction**
diversifier varier → **changer**
diversion n.f. alibi, changement, dérivatif, distraction, divertissement, exutoire ◆ arg. : coupure, couvrante
diversité n.f. 1 → **différence** 2 → **variété**

divertir → **distraire**

divertissant, e 1 → **amusant** 2 → **risible**

divertissement n.m. 1 a aubade, ballet, concert, interlude, intermède, sérénade, spectacle b → **théâtre** 2 a agrément, amusement, amusette, bagatelle, déduit, délassement, détente, distraction, diversion, ébat, jeu, partie, passe-temps, plaisir, récréation, réjouissance, sport b vx : bouquet, déduit, régal c fam. : dégagement, rigolade

dividende n.m. → **rétribution**

divin, divine 1 céleste, ineffable, occulte, surnaturel 2 admirable, adorable, beau, bien, bon, charmant, délicieux, excellent, parfait, souverain, sublime, suprême

divination n.f. 1 augure, conjecture, horoscope, oracle, prédiction, présage, prévision, pronostic, prophétie, révélation, vision 2 clairvoyance, inspiration, intuition, prescience, pressentiment, sagacité 3 astrologie, bonne aventure, cartomancie, chiromancie, géomancie, mantique, nécromancie, oniromancie, ornithomancie, rhabdomancie, spiritisme, télépathie, vaticination, voyance → **magie**

diviniser 1 sacraliser, tabouiser 2 → **louer**

divinité n.f. → **dieu**

diviser 1 cliver, cloisonner, couper, débiter, décomposer, découper, dédoubler, déliter, démembrer, démultiplier, désagréger, détailler, diminuer, disjoindre, dissocier, distinguer, distribuer, fendre, fractionner, fragmenter, morceler, parceller, partager, partir (vx), scinder, sectionner, séparer, subdiviser, trancher, tronçonner 2 → **brouiller** 3 v. pron.→ **séparer (se)**

diviseur n.m. → **importun**

divisible sécable

division n.f. 1 arrondissement, canton, circonscription, commune, département, district, gouvernement, province, subdivision, zone 2 a classement, classification, clivage, coupure, déchirement, dichotomie, diérèse, fission, fractionnement, fragmentation, lotissement, partie, partition, scission, scissiparité, section, sectionnement, segmentation, séparation, subdivision b balkanisation, démembrement, éparpillement, morcellement 3 acte, alinéa, article, chant, chapitre, livre, paragraphe, rubrique, scène, section, strophe, titre, tome, verset 4 branche, département, discipline, section, spécialité 5 classe, embranchement, espèce, famille, genre, ordre, variété, type 6 fig. désaccord, dispute, divorce, mésintelligence, querelle, rupture, schisme, scission

divorce n.m. 1 répudiation, séparation 2 contradiction, désaccord, désunion, dissension, divergence, opposition, rupture, séparation

divorcer 1 se démarier, répudier, rompre, se séparer 2 par ext. : se brouiller, se désunir, se diviser, renoncer à

divulgateur, trice n.m. ou f. → **propagateur**

divulgation n.f. → **révélation**

divulguer → **publier**

divulsion n.f. → **déracinement**

djinn n.m. → **génie**

docile 1 → **doux** 2 → **obéissant**

docilité n.f. → **douceur** → **obéissance**

dock n.m. 1 → **bassin** 2 → **magasin**

docker n.m. arrimeur, chargeur → **porteur**

docte → **savant**

docteur n.m. 1 → **médecin** 2 → **théologien**

doctoral, e 1 → **pédant** 2 → **tranchant**

doctrinaire nom et adj. → **intolérant**

doctrine n.f. 1 → **théorie** 2 → **savoir** 3 → **principe**

document n.m. 1 → **renseignement** 2 → **titre**

documentaire n.m. et adj. → **didactique**

documentaliste n.m. ou f. fichiste

documentation n.f. → **renseignement**

documenter 1 → **informer** 2 → **renseigner**

dodelinement n.m. → **balancement**

dodeliner, dodiner → **balancer**

dodu, e → **gras**

dogmatique adj. dogmatiseur → **intolérant**

dogmatiser → **pontifier**

dogmatisme n.m. → **intolérance**

dogme n.m. 1 → **principe** 2 → **foi**

doigté n.m. → **habileté**

doigtier n.m. délot

doit n.m. → **dette**

dol n.m. → **tromperie**

doléances n.f. pl. → **gémissement**

dolent, e 1 → **triste** 2 → **malade**

dolosif, ive → **malhonnête**

domaine n.m. 1 → **bien** 2 → **propriété** 3 → **département**

dôme n.m. bulbe, ciel, coupole, hémisphère, voûte

domestication n.f. → **apprivoisement**

domesticité n.f. → **personnel**

domestique 1 nom a → **serviteur** b → **servante** c → **maison** 2 adj. a → **familier** b → **apprivoisé**

domestiquer → **apprivoiser**

domicile n.m. 1 → **demeure** 2 → **siège**

dominance n.f. génotype, hérédité, phénotype

dominant, e 1 → **haut** 2 → **principal**

dominateur, trice nom et adj. → **autoritaire**

domination n.f. → **autorité**

dominer 1 neutre : asservir, assujettir, commander, couvrir, l'emporter, gouverner, léguer, prédominer, prévaloir, régir, soumettre, surpasser, triompher, vaincre 2 par ext. non fav. : écraser, étouffer, imposer, maîtriser, subjuguer 3 fig. : couronner, dépasser, dresser, sommer (vx), surpasser, surplomber

domino n.m. → **masque**

dommage n.m. 1 atteinte, avarie, casse, coup, décollement, dégât, dégradation, déprédation, désavantage, détérioration, détriment, endommagement, inconvénient, injure, injustice, lésion, mal, outrage, perte, préjudice, sinistre, tort → **accident** ◆ vx : bris, dam, grief 2 → **réparation** 3 **c'est dommage** : fâcheux, regrettable, triste

dommageable → **nuisible**

dompter 1 → **apprivoiser** 2 → **vaincre**

dompteur, euse n.m. ou f. belluaire, charmeur, dresseur

don n.m. 1 au pr. : aumône, bakchich, bienfait, cadeau, dation, dépannage (fam.), disposition, distribution, donation, dotation, étrennes, faveur, générosité, gratification, hommage, honnêteté, largesse, legs, libéralités, oblation, octroi, offrande, pot-de-vin (péj.), pourboire, présent, secours, souvenir, sportule (antiq.), subside, subvention, surprise ◆ vx : dot, douaire, épices, trousseaux 2 par ext. a apanage, aptitude, art, bosse (fam.), capacité, disposition, facilité, esprit, génie, habileté, intelligence, qualité, talent b bénédiction, bienfait, faveur, grâce 3 titre → **prince**

donataire n.m. ou f. 1 → **bénéficiaire** 2 → **héritier**

donateur, trice n.m. ou f. aliénateur, apporteur, débirentier, souscripteur, testateur

donc 1 ainsi, comme ça/cela, conséquemment, en conclusion, en conséquence, or, par conséquent, par suite, partant, subséquemment 2 → **alors**

don juan n.m. → **séducteur**

donnant, e → **généreux**

donnée n.f. 1 → **énonciation** 2 → **principe**

donner 1 abandonner, accorder, administrer, apporter, assigner, attribuer, avancer, céder, communiquer, concéder, conférer, confier, consacrer, consentir, décerner, distribuer, doter, douer, employer, épandre, exposer, exprimer, faire → **don**, faire passer, fixer, fournir, gratifier de, impartir, imposer, jeter (péj.), léguer, livrer, nantir, occasionner, octroyer, offrir, partager, passer, payer, permettre, présenter, procurer, prodiguer, produire, remettre, rémunérer, rendre, répandre, répartir, rétribuer, sacrifier, tendre, transmettre, verser, vouer 2 vx : bailler 3 arg. ou fam. : abouler, allonger, cloquer, ficher, filer, foutre, mouiller

donzelle n.f. → **fille**

doper droguer, gonfler, stimuler

doping n.m. off. : dopage

dorade n.f. pageot, pagel, pagre → **poisson**

dorénavant à l'avenir, dans/par la suite, dès aujourd'hui/demain/maintenant, désormais, ores (vx)

dorloter → **soigner**

dormant, e → **tranquille**

dormir 1 au pr. : a s'assoupir, s'endormir, être dans les bras de Morphée, faire la sieste/un somme, fermer l'œil, repairer (vén.), reposer, somnoler b fam. : coincer la bulle, écraser, moudre, pioncer, piquer un roupillon, ronfler, roupiller, rouscailler, voir en dedans 2 fig. a négliger, oublier b → **traîner**

dormitif, ive → **narcotique**

dortoir n.m. chambrée

dos n.m. 1 colonne vertébrale, derrière, échine, lombes, râble, rachis, reins, revers 2 **tourner le dos à** → **délaisser**

dose n.f. → **quantité**

doser → **mélanger**

dossier n.m. 1 appui, appui-tête 2 a → **affaire, cas** b bordereau, chemise, classeur, farde (rég.), sac (vx)

dotation n.f. 1 → **don** 2 → **indemnité**

doter → **gratifier**

douairière n.f. 1 → **veuve** 2 → **vieille**

douanier n.m. agent/commis/employé/fonctionnaire/préposé des douanes ◆ fam. : gabelou, rat-de-cave

double 1 adj. a ambigu, bipolaire, complexe, géminé b péj. : dissimulé, équivoque, faux, sournois, à sous-entendu → **hypocrite** c par ext. : supérieur 2 n.m. a ampliation, contrepartie, copie, duplicata, expédition, grosse, photocopie, reproduction b quelqu'un : alter ego, jumeau c ectoplasme, fantôme, ombre d besson, doublon

doubler 1 → **dépasser** 2 → **remplacer** 3 → **augmenter**

doublet n.m. 1 homonyme, paronyme 2 → **couple**

douceâtre → **doux**

doucement 1 délicatement, doucettement, en douceur, faiblement, graduellement, légèrement, lentement, mollement, paisiblement, petit à petit, peu à peu, pianissimo, piano, posément, progressivement, tendrement, tout beau/doux 2 fam. : cahin-caha, chouïa, coucicouça, mollo, mou 3 mus. : adagio, andante, dolce, larghetto, largo, lento, maestoso, moderato, piano, pianissimo

doucereux, euse 1 douceâtre, emmiellé, onctueux, sucré → **doux** 2 chattemite, paterne → **hypocrite**

doucet, te → **doux**

doucette n.f. mâche

douceur n.f. 1 au pr. : délicatesse, légèreté, mesure, modération, non-violence 2 par ext. a de quelqu'un : affabilité, agrément, amabilité, aménité, bienveillance, bonté, calme, charité, clémence, débonnaireté, docilité, félinité, gentillesse, humanité, indulgence, mansuétude, onction, patience, persuasion, placidité, suavité ◆ vx : tendreté b bien-être, bonheur, joie, jouissance, plaisir, quiétude, satisfaction, tranquillité 3 → **friandise** 4 **en douceur** → **doucement**

douche n.f. 1 au pr. : affusion, aspersion, bain, hydrothérapie → **arrosage** 2 fig. : désappointement → **déception**

doucher → **arroser**

doucine n.f. → **rabot**

doucir → **polir**

doué, e → **capable**

douelle n.f. douve, douvelle

douer → **gratifier**

douille n.f. anneau, bague, collier, cylindre, davier (mar.), embouchoir, manchon, raccord, tube

douillet, te 1 → **moelleux** 2 → **sensible**

douillette n.f. → **manteau**

douleur n.f. 1 algie, angor, brûlure, céphalée, courbature, crampe, élancement, épreintes, inflammation, irritation, mal, migraine, névralgie, point, prurit, rage de dents, rhumatisme, souffrance 2 → **affliction**

douloureusement → **cruellement**

douloureux, euse 1 au pr. : algique, endolori, sensible, souffrant, souffreteux 2 par ext. : affligeant, affreux, amer, angoissant, atroce, attristant, crucifiant, cruel, cuisant, déchirant, difficile, dur, épouvantable, éprouvant, funeste, insupportable, intolérable, lamentable, lancinant, navrant, pénible, pitoyable, térébrant, triste

doute n.m. 1 → **incertitude** 2 → **scepticisme** 3 **sans doute** : à coup sûr, apparemment, assurément, certainement, probablement, selon toutes les apparences/toute vraisemblance, vraisemblablement

douter 1 → **hésiter** 2 → **pressentir**

douteur, euse → **incrédule**

douteux, euse 1 → **incertain** 2 → **suspect**

douve n.f. 1 → **fossé** 2 → **planche**

doux, douce 1 quelqu'un. a affable, agréable, aimable, amène, angélique, bénin, benoît, bienveillant, bon, bonhomme, calme, clément, complaisant, conciliant, débonnaire, docile, doucet, facile, gentil, humain, indulgent, liant, malléable, maniable, modéré, obéissant, pacifique, paisible, patient, sage, sociable, soumis, souple, tolérant, traitable, tranquille b péj. : agnelin, amolli, bonasse, coulant, doucereux, laxiste, mielleux, mièvre, paterne c affectueux, aimant, câlin, caressant, tendre 2 une chose. a agréable, bon, délectable, délicat, délicieux, exquis, léger, liquoreux, onctueux, savoureux, suave, succulent, sucré b péj. : douceâtre, fade, melliflue c douillet, duveté, duveteux, fin, léger, moelleux, mollet, mou, satiné, soyeux, tomenteux, uni, velouté d → **harmonieux** 3 **tout doux** → **doucement**

doxologie n.f. 1 → **éloge** 2 → **prière**

doyen, ne n.m. ou f. 1 aîné, ancien, chef, directeur, maître, patron, président, vétéran 2 → **prêtre**

draconien, ne → **sévère**

drageon n.m. 1 → **bourgeon** 2 → **pousse**

dragline n.m. méc. off. : défonçeuse tractée

dragon n.m. 1 amphisbène, basilic, chimère, guivre, hydre, monstre, tarasque 2 → **mégère**

dragonne n.f. → **passement**

drague n.f. 1 → **filet** 2 → **bateau** 3 fam. → **cour, flirt**

draguer curer, débourber → **nettoyer**

draille n.f. 1 → **sentier** 2 → **cordage**

drain n.m. 1 → **conduit** 2 → **tube**

drainage n.m. → **assèchement**

draine n.f. → **drenne**

drainer 1 → **sécher** 2 → **tirer**

draisienne n.f. → **cycle**

drakkar n.m. → **bateau**

dramatique 1 scénique, théâtral 2 émouvant, intéressant, passionnant, pathétique, poignant, terrible, touchant, tragique, triste 3 dangereux, difficile, grave, risqué, sérieux, à suspens

dramatiquement → **cruellement**

dramatisation n.f. → **exagération**

dramatiser → **exagérer**

dramaturge n.m. → **écrivain**

drame n.m. 1 a dramaturgie, mélodrame, opéra, opéra-comique, pièce, tragédie, tragicomédie b Japon : kabuki, nô c psychodrame, sociodrame, thérapie de groupe 2 → **calamité** 3 → **malheur**

drapeau n.m. banderole, bannière, couleurs, enseigne, étendard, fanion, guidon, pavillon (mar.) ◆ vx : cornette, fanon, flamme, gonfalon, labarum, oriflamme, pennon, vexille

draper → **envelopper**

draperie n.f. cantonnière, rideau, tapisserie, tenture

drastique 1 → **purgatif** 2 → **ferme**

drêche n.f. → **résidu**

drège 1 → **filet** 2 → **peigne**

drenne n.f. draine, grive, jocasse, litorne, tourd, vendangette

dressage n.m. 1 planage, rectification 2 → **installation** 3 → **apprivoisement** 4 → **instruction**

dresser 1 → **élever** 2 → **préparer** 3 → **instruire** 4 → **composer** 5 **dresser l'oreille** a → **écouter** b équit. : chauvir

dresseur, euse n.m. ou f. belluaire, dompteur

dressing(-) room n.m. off. : garde-robe, placard à vêtements

dressoir n.m. buffet, étagère, vaisselier

drill n.m. → **exercice**

drille 1 n.f. : burin, foret, mèche, trépan, vilebrequin, vrille 2 n.m. a → **gaillard** b → **misérable**

dringuelle n.f. → **gratification**

drogue n.f. 1 → **remède** 2 cannabis, chanvre (indien), cocaïne, éther, haschich, héroïne, laudanum, L.S.D., lysergide, marijuana, morphine, narcotique, opium, stupéfiant, toxique 3 arg. : a acide, blanche, came, choucroute, coco, dada, défonce, dope, douce, dure, fumette, hasch, herbe, kif, marie-jeanne, merde, naphtaline, neige, noire, poudre, poussière d'ange, pure, rail, schnouf, shit b trip, plan, voyage c joint, pétard, pipe, picouse

drogué, e nom et adj. alcoolique, cocaïnomane, éthéromane, héroïnomane, intoxiqué, morphinomane, opiomane, toxicomane ◆ arg. : accro, camé, déchiré, défoncé, fait, flippé, paumé, planeur, shooté, speedé, touchepiqûre, toxico

droguer 1 → **soigner** 2 → **attendre** 3 v. pron. : s'intoxiquer 4 arg. : s'accrocher, s'arracher, se camer, se charger, se défoncer, se doper, fumer, se piquer, planer, priser, se shooter, sniffer, visionner, voyager

droguet n.m. → **tissu**

droit, e 1 au pr. : abrupt, debout, direct, perpendiculaire, plan, rectiligne, vertical 2 fig. a quelqu'un : bon, désintéressé, équitable, franc, honnête, juste, loyal, probe, pur, sincère b une chose : direct, judicieux, positif, sain, sensé, strict, vrai 3 adv. : directement, tout de go

droit n.m. 1 barreau, basoche, code, coutume, digeste, justice, légalité, loi, morale, règlement 2 contribution, hallage, imposition, redevance, taxe → **impôt** 3 rétribution, salaire 4 autorisation, faculté, habilité, liberté, monopole, permission, possibilité, pouvoir, prérogative, privilège, usage, servitude 5 droits d'Ancien Régime a accordés : affouage, vaine pâture b dus : aide aubaine, ban, bâtardise, champart, capitation, corvée, cuissage, dîme, forage, gabelle, glèbe, lods, mainmorte, minage, mouvance, ost, patente, péage, suite, taille, terrage

droite n.f. 1 dextre 2 → **conservatisme**

droiture n.f. 1 → **rectitude** 2 → **justice**

drolatique et **drôle** 1 adj. → **amusant, bizarre, risible** 2 n.m. a → **gaillard** b → **enfant** c → **vaurien**

drôlement beaucoup, bien, bizarrement, bougrement, comiquement, diablement, extrêmement, furieusement (vx), joliment, plaisamment, rudement, très ◆ fam. : génial(ement), super, vachement

drôlerie n.f. → **bouffonnerie**

drôlesse n.f. 1 → **femme** 2 → **mégère**

dromadaire n.m. méhari

droper → **lâcher**

droppage n.m. largage, parachutage

drosser dériver, entraîner, pousser

dru, e 1 → **épais** 2 → **dense** 3 → **fort**

drugstore n.m. → **magasin**

druide n.m. barde, eubage → **prêtre**

dryade n.f. → **nymphe**

dualisme n.m. ambivalence, manichéisme

dubitatif, ive → **incrédule**

duc n.m. 1 → **voiture** 2 **duc d'Albe** → **pieu**

ducasse n.f. → **kermesse**

ductile → **flexible**

duègne n.f. → **gouvernante**

duel n.m. affaire, affaire d'honneur, combat, joute, lutte, opposition, ordalie, rencontre, réparation

duelliste n.m. → **ferrailleur**

dulcinée n.f. → **amante**

dulie n.f. → **culte**

dumper n.m. tr. pub. off. : tombereau

dune n.f. → **hauteur**

dupe n.f. et adj. → **naïf**

duper → **tromper**

duperie n.f. → **tromperie**

duplexer audiov. et inf. : dupliquer

duplicata ou **duplicatum** n.m. → **copie**

duplicité n.f. → **hypocrisie**

dupliquer audiov. et inf. : duplexer

dur, e 1 a adamantin, calleux, consistant, coriace, couenneux, empesé, épais, ferme, membraneux, pris, résistant, rigide, solide, tendineux b incoercible, incompressible, inextensible c → **pénible** 2 quelqu'un ◆ non fav. a autoritaire, blessant, brutal, cruel, endurci, exigeant, farouche, féroce, froid, impassible, impitoyable, implacable, indifférent, inébranlable, inexorable, inflexible, inhumain, insensible, intraitable, intransigeant, irréductible, mauvais, méchant, racorni, raide, rigide, rigoriste, sans âme / cœur / entrailles / merci, sec, sévère, strict, terrible b barbare, boucher, bourreau, brute, cannibale, chameau, chien, monstre, ogre, persécuteur, sauvage, tigre, tortionnaire, vache (fam.) 3 par ext. a âpre, inclément, inhospitalier, rigoureux, rude b difficile, dissipé, turbulent c → **bête** 4 a **dur d'oreille** → **sourd** b **dur à la détente** → **avare**

durabilité n.f. constance, continuité, éternité, fermeté, immortalité, immutabilité, indélébilité, invariabilité, longévité, permanence, persistance, résistance, solidité, stabilité, ténacité, viabilité, vivacité

durable assuré, chronique, constant, continu, de tout repos, endémique, enraciné, éternel, ferme, fiable, immortel, immuable, impérissable, inaltérable, inamissible, incorruptible, indélébile, indestructible, infrangible, invariable, pérenne (vx), permanent, perpétuel, persistant, profond, résistant, solide, stable, tenace, valable, viable, vivace, vivant

durant au cours de, au moment de, en même temps, pendant, tandis que

durcir affermir, dessécher, écrouir, endurcir, fortifier, indurer, racornir, raidir, rigidifier, tremper

durcissement n.m. → **prise**

durée n.f. 1 → **temps** 2 continuité, immuabilité, immutabilité, inaltérabilité, indestructibilité, pérennité → **éternité**

durement → **cruellement**

durer se conserver, continuer, demeurer, n'en plus finir, s'étendre, s'éterniser, se maintenir, se perpétuer, persévérer, se prolonger, résister, se soutenir, subsister, tenir (le coup), tirer en longueur, traîner, vivre

dureté n.f. 1 de quelque chôse. a consistance, imperméabilité, inextensibilité, résistance, rigidité, rudesse, solidité b inclémence, rigueur, rudesse, sécheresse 2 de quelqu'un : brutalité, cruauté, endurcissement, implacabilité, inflexibilité, inhumanité, insensibilité, méchanceté, rigueur, rudesse, sécheresse de cœur, sévérité → **fermeté**

durillon n.m. → **cal**

duvet n.m. 1 a → **poil** b → **plume** 2 édredon, sac de couchage

duveté, e et **duveteux, euse** 1 → **doux** 2 → **cotonneux**

dynamique 1 → **courageux** 2 → **ferme**

dynamiser → **exciter**

dynamisme → **force**

dynamo n.f. alternateur, génératrice, machine de Gramme

dynastie n.f. → **race**

dysenterie n.f. → **diarrhée**

E

eau n.f. 1 flot, onde 2 arg. : baille, bouillon, château-la-pompe, flotte, grenouillette, lance, limonade, vaseuse 3 au pl. → **bain** 4 eau-de-vie → **alcool**

ébahi, e abasourdi, ahuri, bouche bée, déconcerté, décontenancé, ébaubi, éberlué, ébouriffé, émerveillé, étonné, fasciné, interdit, médusé, penaud, pétrifié, sidéré, stupéfait, surpris, tombé des nues ◆ fam. : baba, comme deux ronds de flan, épaté, estomaqué

ébahir abasourdir, ahurir, déconcerter, éberluer, éblouir, étonner, interdire, méduser, stupéfier, surprendre ◆ fam. : épater, esbroufer, estomaquer

ébahissement n.m. → **stupéfaction**

ébat n.m. 1 au pr. : amusement, délassement, distraction, divertissement, ébats, jeu, mouvement (vx), oaristys (litt.), passe-temps, récréation, sport → **plaisir** 2 par ext. → **caresse**

ébattre (s') → **batifoler**

ébaubi, e → **ébahi**

ébauche n.f. amorce, canevas, carcasse, commencement, crayon, croquis, début, ébauchage, esquisse, essai, germe, griffonnement, idée, linéaments, maquette, pochade, premier jet, préparation, projet, schéma, schème, topo (fam.)

ébaucher amorcer, commencer, crayonner, croquer, dégrossir, dessiner, disposer, donner l'idée, entamer, épanneler, esquisser, préparer, projeter

ébaudir 1 → **égayer** 2 → **réjouir**

ébéniste n.m. marqueteur, menuisier, tabletier

ébénisterie n.f. marqueterie, tabletterie

éberlué, e → **ébahi**

éberluer → **ébahir**

éblouir 1 aveugler, blesser, offusquer 2 → **luire** 3 halluciner → **fasciner** 4 → **impressionner**

éblouissant, e 1 au pr. : aveuglant, brillant, éclatant, étincelant, illuminé 2 fig. : beau, brillant, étonnant, fascinant, merveilleux, séduisant, surprenant

éblouissement n.m. 1 au pr. : aveuglement 2 fig. : berlue, émerveillement, étonnement, fascination, hallucination, séduction, surprise 3 par ext. : malaise, syncope, trouble, vapeurs, vertige

ébouillanter blanchir, échauder

éboulement n.m. 1 → **chute** 2 → **glissement**

ébouler (s') → **crouler**

éboulis n.m. → **amas**

ébouriffant, e → **extraordinaire**

ébouriffé, e 1 → **hérissé** 2 → **ébahi**

ébrancher → **élaguer**

ébranlement n.m. 1 au pr. : choc, commotion, coup, émotion, secousse, traumatisme 2 par ext. : séisme, tremblement de terre 3 fig. → **agitation**

ébranler 1 → **remuer** 2 → **émouvoir** 3 → **affaiblir** 4 v. pron. → **partir**

ébrasement n.m. → **ouverture**

ébrécher → **entailler**

ébriété n.f. → **ivresse**

ébrouement n.m. 1 → **éternuement** 2 → **bruit**

ébrouer (s') 1 au pr. : éternuer, renifler, respirer, se secouer, souffler 2 fig. : s'ébattre, folâtrer, jouer

ébruitement n.m. → **révélation**

ébruiter → **publier**

ébullition n.f. 1 → **fermentation** 2 → **agitation**

écaille n.f. 1 squame (vx), squamule 2 → **coquille**

écailleux, euse rugueux, squameux, squamifère

écaler → **éplucher**

écarlate → **rouge**

écarquiller ribouler (vx) → **ouvrir**

écart n.m. 1 au pr. : a aberrance (math.), décalage, déflexion, déphasage, déviation, distance, distanciation, écartement, éloignement, embardée, marge, variante b mar. : abattée, acculée, auloffée 2 par ext. a → **digression** b → **village** c → **variation** 3 fig. : aberration, débordement, dévergondage, disparate (vx), échappée, équipée, erreur, escapade, extravagance, faute, faux pas, folie, frasque, fredaine, impertinence, incartade, incorrection, irrégularité, manquement, relâchement → **bêtise**

écarté n.m. jeu de cartes, triomphe (vx)

écarté, e à l'écart, détourné, égaré (vx), éloigné, isolé, perdu, retiré

écarteler → **tourmenter**

écartement n.m. empattement, séparation → **écart**

écarter 1 déporter, désassembler, désunir, détacher, détourner, disjoindre, disperser, dissocier, diviser, égarer, éliminer, éloigner, espacer, isoler, mettre à l'écart/à part/en quarantaine, partager, repousser, séparer ◆ vx : déclore, partir 2 pron. : biaiser, bifurquer, décliner, se cantonner/déporter/détourner, dériver, dévier, diverger, s'éloigner, gauchir, se séparer, sortir de

ecchymose n.f. → **contusion**

ecclésiastique n.m. → **prêtre**

écervelé, e → **étourdi**

échafaud n.m. 1 bois de justice, gibet → **guillotine** 2 → **pilori** 3 échafaudage, estrade, praticable, triquet

échafaudage n.m. 1 → **échafaud** 2 → **raisonnement**

échafauder → **préparer**

échalas n.m. → **bâton**

échalier n.m. 1 → **échelle** 2 → **clôture**

échancré, e décolleté, ouvert

échancrer → **tailler**

échancrure n.f. 1 coupure, crénelure, découpure, dentelure, encoche, entaille, faille, indentation, ouverture 2 brèche, trouée 3 décolleté

échange n.m. 1 information, interaction, interchangeabilité, interpénétration, intersubjectivité, osmose → **communication** 2 → **change** 3 → **commerce**

échanger 1 interpénétrer, réciproquer (vx ou rég.), rendre, renvoyer 2 → **changer**

échangeur n.m. tr. pub. : trèfle

échanson n.m. sommelier ◆ vx : serdeau

échantillon n.m. 1 au pr. : aperçu, approximation, exemplaire, exemple, modèle, spécimen, unité ◆ partic. : item, panel 2 fig. a → **idée** b démonstration, preuve

échantillonnage n.m. 1 inform. : quantification 2 vx : étalonnage

échappatoire n.f. 1 → **excuse** 2 → **fuite**

échappée n.f. 1 → **escapade** 2 → **écart**

échappement n.m. → **sortie**

échapper 1 v. tr. : faire/laisser tomber, perdre 2 v. intr. : éviter, glisser, réchapper 3 v. pron. a au pr. : se dérober, se dissiper, s'enfuir, s'esbigner (fam.), s'esquiver, s'évader, s'évanouir, éviter, fuir, se répandre, se sauver, sortir, s'en tirer b fig. : s'emporter, s'oublier

écharpe n.f. 1 cache-col/nez, carré, châle, éphod (relig.), fichu, guimpe, mantille, pointe, voile 2 bande, baudrier, ceinture 3 **en écharpe** a en bandoulière b en travers, par le flanc, sur le côté

écharper 1 → **blesser** 2 → **vaincre**

échassier n.m. agami, aigrette garzette, avocette, barge, bécasse, bécasseau, bécassine, bihoreau, chevalier, cigogne, courlis, crabier, flamant, foulque, glaréole, grue, guignard, héron, ibis, jabiru, judelle, kamichi, marabout, marouette, maubèche, oiseau-trompette, ombrette, outarde, pluvian, pluvier, poule d'eau, râle, sanderling, tantale, tournepierre, vanneau

échauder 1 → **ébouillanter** 2 → **tromper**

échauffement n.m. 1 → **altération** 2 → **irritation**

échauffer 1 → **chauffer** 2 → **enflammer**

échauffourée n.f. → **engagement**

échauguette n.f. 1 → **guérite** 2 → **tourelle**

èche ou **esche** n.f. → **aiche**

échéance n.f. annuité, date, expiration, fin de mois, mensualité, semestre, terme, trimestre

échec n.m. → **insuccès**

échelle n.f. 1 au pr. : degré, échalier, échelette, échelier, escabeau, marche ◆ vx ou rég. : escale, rancher, triquet 2 par ext. : comparaison, dimension, mesure, proportion, rapport 3 échelle de corde mar. : enfléchure 4 vx et partic. → **port** 5 fig. → **hiérarchie**

échelon n.m. 1 au pr. : barreau, degré, ranche (rég.) 2 fig. → **grade**

échelonnement n.m. fractionnement → **répartition**

échelonner 1 → **répartir** 2 → **ranger**

écheveau n.m. → **labyrinthe**

échevelé, e → **hérissé**

échevin n.m. → **édile**

échine n.f. colonne vertébrale, dos, épine dorsale, rachis

échiquier n.m. damier, tablier (vx) ◆ fig. → **imbroglio**

écho n.m. 1 anecdote, article, copie, histoire, nouvelle 2 imitation, redoublement, réduplication, répétition, reproduction, résonance 3 → **réponse** 4 → **bruit**

échoir 1 venir à terme 2 être dévolu, être donné en partage, être réservé à, incomber, obvenir, revenir à, tomber

échoppe n.f. 1 → **édicule** 2 → **magasin** 3 → **burin**

échouer 1 accoster, s'embouquer, s'engraver, s'enliser, s'ensabler, s'envaser, se briser, faire naufrage, heurter, se perdre, sombrer, talonner, toucher le fond 2 par ext. : avorter, buter, chuter, être/revenir bredouille, être battu/recalé, manquer, perdre, perdre la partie, rater, tomber ◆ fam. : faire long feu/fiasco/un bide/une toile, foirer, merder, se planter, prendre un bide/un bouillon/une couille/une pâtée

éclabousser → **salir**

éclaboussure n.f. → **boue**

éclair n.m. 1 → **lueur** 2 → **foudre** 3 **comme l'éclair** → **vite**

éclairage n.m. → **lumière**

éclaircie n.f. 1 → **embellie** 2 → **clairière**

éclaircir 1 au pr. : faire briller, faire reluire, nettoyer, polir 2 fig. : clarifier, débrouiller, déchiffrer, défricher, dégrossir, démêler, démontrer, désambiguïser, développer, dévider, éclairer, édifier, élucider, expliquer, illustrer, informer, instruire, mettre au net/en lumière/noir sur blanc, rendre intelligible, renseigner

éclaircissement n.m. → **explication**

éclairé, e → **instruit**

éclairer 1 au pr. : embraser, illuminer, insoler, luire 2 fig. a → **éclaircir** b → **instruire**

éclat n.m. 1 → **morceau** 2 → **bruit** 3 brillance, brillant, chatoiement, coloris, couleur, étincelle, feu, flamme, fulgurance, illumination, luisance, lumière, orient, resplendissement, scintillement → **reflet** 4 → **lustre** 5 → **apparat**

éclatant, e → **brillant**

éclatement n.m. → **explosion**

éclater 1 au pr. : se briser, déflagrer, détoner, exploser, imploser, se rompre, sauter 2 par ext. → **luire** 3 fig. a → **commencer** b → **révéler (se)** c → **emporter (s')** d → **rire**

éclectique dispersé (péj.), diversifié, ouvert, tolérant

éclectisme n.m. choix, dispersion (péj.), diversification, méthode, ouverture d'esprit, préférence, sélection, tolérance

éclipse n.f. 1 au pr. : absence, disparition, interposition, obscurcissement, occultation 2 fig. : affaissement, déchéance, défaillance, défaite, défaveur, échec, faillite, fiasco, ratage

éclipser 1 → **obscurcir** 2 v. pron. → **disparaître**

éclopé, e → **boiteux**

éclore → **naître**

éclosion n.f. anthèse, apparition, avènement, commencement, début, efflorescence, épanouissement, floraison, manifestation, naissance, production, sortie

écluse n.f. barrage, bonde, fermeture, vanne

écluser 1 arrêter, barrer, clore, enclaver, fermer, murer, obstruer, retenir 2 arg. → **boire**

écœurant, e 1 → **dégoûtant** 2 → **fade** 3 → **ennuyeux**

écœurement n.m. → **nausée**

écœurer 1 → **dégoûter** 2 → **décourager**

école n.f. 1 au pr. : académie, bahut (fam.), classe, collège, conservatoire, cours, établissement, faculté, gymnase, institut, institution → **lycée** 2 fig. a → **leçon, expérience** b → **secte** c cénacle, cercle, chapelle, club, groupe, pléiade, réunion

écolier, ière n.m., n.f. 1 → **élève** 2 → **novice**

écologie n.f. → **milieu**

écologique biologique, naturel, sain

éconduire 1 → **congédier** 2 → **refuser**

économat n.m. cambuse, intendance, magasin

économe 1 n.m. : administrateur, cellérier, comptable, dépensier, intendant, questeur 2 adj. a fav. : épargnant, ménager, parcimonieux, soucieux b non fav. → **avare**

économie n.f. 1 au pr. a au sing. : administration, bon emploi, épargne, frugalité, ménage (vx), organisation, parcimonie b → **avarice** c au pl. : bas de laine, éconocroques (fam.), épargne, matelas, pécule, thésaurisation, tirelire, tontine 2 par ext. a → **disposition** b → **harmonie**

économique bon marché → **profitable**

économiser amasser, épargner, lésiner, limiter, marchander, ménager, mesurer, mettre de côté, réduire, regarder, regratter, restreindre, serrer ◆ fam. : boursicoter, entasser, faire un matelas/sa pelote, gratter, mégoter, planquer

écoper 1 → **sécher** 2 → **recevoir**

écorce n.f. 1 → **peau** 2 → **cosse** 3 → **extérieur**

écorché, e 1 déchiré, dépouillé, égratigné, lacéré, mis à nu 2 fig. : calomnié, exploité, rançonné, volé

écorcher 1 → **dépouiller** 2 → **déchirer** 3 **écorcher les oreilles** → **choquer**

écorchure n.f. → **déchirure**

écorner → **entailler**

écornifleur, euse n.m. ou f. → **parasite**

écosser → **éplucher**

écot n.m. → **quota**

écoulement n.m. 1 circulation, débit, débordement, débouché, décharge, dégorgement, dégoulinade, dégoulinement, éruption, évacuation, exsudation, extravasation, extrusion, flux, jetage (vx), mouvement, passage, ruissellement, sortie, stillation, suage, suintement, transsudation, vidange ◆ vx : débord 2 → **vente** 3 → **perte**

écouler 1 → **vendre** 2 v. pron. a → **couler** b → **passer**

écourter → **diminuer**

écouter 1 accueillir, boire les paroles (fam.), dresser/prêter l'oreille, être attentif/aux écoutes/indiscret, ouïr 2 fig. a → **satisfaire** b → **obéir** 3 v. pron. : s'abandonner, s'amollir, se laisser aller, se soigner

écrabouiller → **écraser**

écran n.m. abri, cloison, éventail, filtre, panneau, paravent, pare-étincelles/feu, portière, protection, rideau, séparation, store, tapisserie, tenture, voilage

écrasement n.m. 1 → **broyage** 2 → **défaite**

écraser 1 aplatir, briser, broyer, écacher, égruger, mâchurer, moudre → **piler** ◆ fam. : bousiller, écrabouiller 2 par ext. a → **vaincre** b → **surcharger** c → **fatiguer** d → **subir** e → **taire (se)**

écraseur, euse n.m. ou f. → **chauffeur**

écrémage n.m. → **sélection**

écrémer → **sélectionner**

écrier (s') → **crier**

écrin n.m. → **boîte**

écrire 1 au pr. : a calligraphier, consigner, copier, correspondre, crayonner, dactylographier, fixer, former, griffonner, inscrire, libeller, marquer, minuter, noter, orthographier, ponctuer, recopier, rédiger, sténographier, taper, tracer, transcrire b jurid. : dresser, instrumenter 2 fam. : barbouiller, cartonner, gratter gribouiller ◆ péj. : écrivailler, écrivasser, tartiner 3 par ext. a → **composer** b → **informer**

écrit n.m. 1 → **libelle** 2 → **livre** 3 → **texte**

écriteau n.m. affiche, annonce, enseigne, épigraphe, étiquette, inscription, pancarte, panneau, panonceau, pictogramme, tablature, placard, programme, réclame

écritoire n.f. → **secrétaire**

écriture n.f. 1 au pr. : a graphie, graphisme, idéographie, orthographe b hiéroglyphe, idéogramme, pictogramme c braille, sténographie d démotique, hiératique, sacrée e anglaise, bâtarde, gothique, moulée, ronde, script 2 par ext. : calligraphie, griffe, main, manière, patte, plume, style 3 au pl. : bible, épître, prophétie → **évangile**

écrivain n.m. 1 au pr. : anecdotier, auteur, auteur comique/gai/tragique, biographe, chroniqueur, conteur, critique, dramaturge, échotier, épistolier, essayiste, fabuliste, fantaisiste, feuilletoniste, gazetier, glossateur, hagiographe, historien, homme de lettres, journaliste, légendaire (vx), libelliste, librettiste, littérateur, logographe, mémorialiste, moraliste, musicologue, mythographe, narrateur, nomographe, nouvelliste, pamphlétaire, parodiste, parolier, pasticheur, philosophe, plume, polémiste, pornographe, polygraphe, préfacier, prosateur, publiciste, revuiste, rhétoriqueur, romancier, satirique, sermonnaire, styliste, vaudevilliste → **poète** 2 péj. : barbouilleur, bas-bleu, cacographe, chieur d'encre, compilateur, écrivailleur, écrivaillon, écrivassier, faiseur de livres, folliculaire, gâcheur/gratteur de papier, gâte-papier, forgeur, gendelettre, gribouilleur, grimaud, noircisseur de papier, pisse-copie, plumitif 3 par ext. : calligraphe, commis aux écritures, copiste, gratte-papier, logographe, rédacteur, scribe, scribouillard (fam. et péj.), scripteur

écrouelles n.f. pl. → **scrofule**

écrouer → **emprisonner**

écroulement n.m. → **chute**

écrouler (s') 1 → **crouler** 2 → **tomber**

écru, e → **brut**

écu n.m. 1 → **bouclier** 2 → **emblème**

écueil n.m. 1 au pr. : brisant, récif, rocher 2 fig. → **obstacle**

écuelle n.f. → **assiette**

éculé, e 1 → **usagé** 2 → **suranné**

écumant, e → **écumeux**

écume n.f. 1 → **mousse** 2 → **salive** 3 → **rebut**

écumer 1 → **rager** 2 → **piller**

écumeur, euse n.m. ou f. → **corsaire**

écumeux, euse baveux, bouillonnant, écumant, effervescent, gazeux, mousseux, spumescent, spumeux

écureuil n.m. jacquet (rég.), menu-vair, pétauriste, petit-gris, polatouche, xérus

écurie n.f. → **étable**

écusson n.m. → **emblème**

écuyer n.m. 1 cavalcadour 2 → **noble**

écuyère n.f. → **amazone**

edelweiss n.m. immortelle des neiges

éden n.m. → **paradis**

édénique → **paradisiaque**

édenté, e → **anodonte**

édicter → **prescrire**

édicule n.m. abri, cabane, échoppe, gloriette, guérite, kiosque → **water-closet**

édifiant, e → **exemplaire**

édification n.f. 1 → **érection** 2 → **instruction**

édifice n.m. → **bâtiment**

édifier 1 → **bâtir** 2 → **fonder** 3 → **instruire**

édile n.m. bailli, bourgmestre, capitoul, conseiller municipal, consul, échevin, lord-maire (Grande-Bretagne), magistrat, maire, mairesse, podestat, prévôt, viguier ◆ antiq. : archonte, aréopage, éphore, éponyme, polémarque, zétète

édit n.m. → **loi**

éditer imprimer, lancer, publier, sortir

édition n.f. 1 on édite : composition, impression, publication, réédition, réimpression, tirage 2 ce qu'on édite : collection, publication, republication, reproduction 3 première édition : princeps

éditorial, aux n.m. premier-Paris (vx) → **article**

édredon n.m. → **couverture**

éducable → **perfectible**

éducateur, trice 1 nom : cicérone, éveilleur, instructeur, maître, mentor, moniteur, pédagogue → **instituteur** 2 adj. : éducatif, formateur, pédagogique

éducatif, ive 1 → **éducateur** 2 → **didactique**

éducation n.f. 1 → **instruction** 2 → **civilité**

édulcorer adoucir, affadir, affaiblir, défruiter, mitiger, sucrer, tempérer

éduquer 1 → **instruire** 2 → **élever**

effacé, e 1 → **modeste** 2 → **terne**

effacement n.m. 1 → **retenue** 2 → **suppression**

effacer 1 au pr. : barrer, biffer, caviarder, déléaturer (typo), démarquer, détruire, échopper, faire disparaître, faire une croix, gommer, gratter, laver, oblitérer, radier, raturer, rayer, sabrer, scotomiser (psych.), scratcher, supprimer 2 fig. a → **obscurcir** b faire oublier c → **amnistier** 3 v. pron. → **disparaître**

effarant, e → **étonnant**

effaré, e 1 → **étonné** 2 → **hagard**

effarement n.m. → **surprise**

effarer et **effaroucher** → **effrayer**

effectif 1 n.m. → **quantité** 2 adj. a → **efficace** b → **réel**

effectivement certainement, en effet, en fait, en réalité, évidemment, positivement, réellement, sûrement

effectuer → **réaliser**

efféminé, e 1 femelle, féminin 2 dévirilisé, émasculé, mièvre

efféminer 1 féminiser 2 péj. a émasculer b → **affaiblir**

effervescence n.f. 1 → **agitation** 2 → **fermentation**

effervescent, e 1 agité, bouillonnant, remuant 2 → **écumeux**

effet n.m. 1 au pr. a action, application, conclusion, conséquence, corollaire, exécution, fin, influence, portée, réalisation, résultat, suite b amélioration, choc, impression, jus (fam.), plaisir, sensation, soulagement, surprise 2 au pl. → **vêtement** 3 **en effet** → **effectivement**

effeuiller arracher, dégarnir, dépouiller, faire perdre/tomber ◆ v. pron. : perdre ses feuilles

efficace et **efficient** 1 actif, agissant, effectif, infaillible, opérant, puissant, radical 2 un remède : curatif, héroïque, préservatif, souverain 3 → **utile**

efficacité n.f. 1 → **action** 2 → **rendement**

effigie n.f. → **image**

effilé, e → **mince**

effiler et **effilocher** 1 amincir, atténuer, défaire, délier, effranger 2 → **diminuer**

efflanqué, e → **maigre**

effleurement n.m. → **caresse**

effleurer 1 au pr. :friser, frôler, glisser, passer près, raser, toucher → **caresser** 2 fig. a approcher, faire allusion à, suggérer, survoler b planer, superviser

efflorescence n.f. → **floraison**

effluve n.m. 1 → **émanation** 2 → **fluide**

effondré, e → **stupéfait**

effondrement n.m. 1 au pr. → **chute** 2 fig. → **décadence**

effondrer (s') 1 → **crouler** 2 → **tomber** 3 → **céder**

efforcer (s') → **essayer**

effort n.m. 1 au pr. : ahan (vx), application, concentration, contention, épaulée (vx), pesée 2 par ext. a → **violence** b → **hernie** c → **peine** d → **travail**

effraction n.f. forcement → **vol**

effraie n.f. → **hulotte**

effranger → **effiler**

effrayant, e abominable, affolant, affreux, alarmant, angoissant, apocalyptique, atterrant, cauchemardesque, cauchemardeux, dangereux (par ext.), dantesque, effarant, effarouchant, effroyable, épouvantable, excessif, formidable, hallucinant, horrible, inquiétant, intimidant, intimidateur (vx), mauvais, menaçant, monstrueux, pétrifiant, redoutable, terrible, terrifiant, terrorisant

effrayer alarmer, affoler, angoisser, apeurer, effarer, effaroucher, épouvanter, faire peur, halluciner, horrifier, inquiéter, menacer, pétrifier, terroriser

effréné, e → **excessif**

effritement n.m. → **désagrégation**

effriter → **pulvériser**

effroi n.m. → **épouvante**

effronté, e nom et adj. 1 → **hardi** 2 → **impoli** 3 → **arrogant**

effronterie n.f. 1 → **impudence** 2 → **arrogance**

effroyable → **effrayant**

effusion n.f. → **épanchement**

égagropile n.m. bézoard → **calcul**

égailler (s') → **disperser (se)**

égal, e 1 adj. a comparable, équipollent, équivalent, pareil, semblable b ex æquo, deadheat c horizontal, monotone, plain, plan, plat, ras d symétrique, uniforme 2 par ext. : a → **indifférent** b → **tranquille** 3 nom : alter ego, frère, jumeau, pair 4 **à l'égal de :** à l'instar, comme, de même que

également 1 → **aussi** 2 → **même**

égaler atteindre, balancer, contre-balancer, disputer, égaliser, équivaloir, rivaliser, valoir

égaliser aplanir, aplatir, araser, balancer, contrebalancer, égaler, équilibrer, laminer, mettre de niveau, niveler, parangonner, raser, régulariser, unifier, unir

égalitaire 1 adj. niveleur, paritaire 2 nom : égalitariste

égalité n.f. 1 au pr. : conformité, équation, équilibre, équipollence, équivalence, horizontalité, identité, parité, persistance, régularité, ressemblance, similitude, uniformité, unité 2 par ext. a collégialité b → **tranquillité**

égard(s) n.m. 1 au pr. : assiduité, attentions, condescendance (péj.), considération, courtoisie, déférence, estime, gentillesse, hommages, ménagements, petits soins, politesse, préférence, prévenance, respect, soins, vénération 2 a **à l'égard de :** à l'endroit de, au sujet de, avec, en ce qui concerne, envers, pour, pour ce qui est de, s'agissant de, vis-à-vis de b **avoir égard à** → **considérer**

égaré, e 1 au pr. a dévoyé, fourvoyé, perdu b clairsemé, dispersé, disséminé, éparpillé, épars, sporadique 2 fig. → **troublé**

égarement n.m. 1 → **délire** 2 → **dérèglement** 3 → **erreur**

égarer 1 → **écarter** 2 → **tromper** 3 → **perdre**

égarer (s') se dérouter, se désorienter, se détourner, se dévoyer, s'écarter, errer, se fourvoyer, se perdre ◆ vx : s'abuser

égayer 1 amuser, animer, délasser, délecter, dérider, désopiler, dilater/épanouir la rate (fam.), distraire, divertir, ébaudir (vx), enchanter, ensoleiller, récréer, réjouir 2 a → **orner** b → **élaguer** 3 v. pron. péj. → **railler**

égérie n.f. muse → **conseiller**

égide n.f. appui, auspices, bouclier, patronage, protection, sauvegarde, surveillance, tutelle

église n.f. 1 l'édifice : a abbatiale, basilique, cathédrale, chapelle, collégiale, martyrium, oratoire, paroisse, prieuré, primatiale, sanctuaire b par ext. : mosquée, synagogue → **temple** 2 l'institution : assemblée des fidèles, catholicité, clergé, communion des saints, sacerdoce 3 par ext. → **secte**

églogue n.f. bucolique, chant/idylle/poème/poésie pastoral(e) /rustique, géorgique, pastorale

égoïsme n.m. 1 amour de soi, amour-propre, captativité, culte du moi, égocentrisme, égotisme, incivisme, indifférence, individualisme, insensibilité, introversion, moi, narcissisme, nombrilisme, possessivité 2 → **avarice**

égoïste nom et adj. 1 au pr. : captatif, cœur sec, égocentrique, égotiste, entier, incivique, indifférent, individualiste, individuel, insensible, introverti, narcissique, personnel, possessif, sec 2 par ext. → **avare**

égorger 1 → **tuer** 2 fig. → **dépouiller**

égosiller (s') → **crier**

égotisme n.m. → **égoïsme**

égout n.m. → **cloaque**

égouttoir n.m. 1 cagerotte, clayon, clisse, éclisse, faisselle 2 hérisson, porte-bouteilles

égratigner 1 au pr. → **déchirer** 2 fig. → **blesser**

égratignure n.f. → **déchirure**

égrener 1 écosser, égrapper 2 v. pron. → **disperser (se)**

égrillard, e nom et adj. → **libre**

égruger → **broyer**

égrugeoir n.m. → **broyeur**

éhonté, e → **impudent**

éjaculation n.f. déjection, éjection, évacuation, miction, pollution, projection

éjecter → **jeter**

éjection n.f. → **expulsion**

élaboration n.f. accomplissement, conception, exécution, fabrication, mise au point, perfectionnement, préparation, réalisation, travail → **digestion**

élaborer 1 → **préparer** 2 → **digérer**

élagage n.m. → **taille**

élaguer couper, curer (rég.), dégager, dégarnir, diminuer, ébrancher, éclaircir, égayer, émonder, étêter, rapetisser, supprimer, tailler, tronquer → **retrancher**

élan n.m. 1 bond, coup, élancement, envolée, erre, essor, lancée, lancement, impulsion, mouvement, saut 2 fig. : ardeur, chaleur, élévation, emportement, émulation, enthousiasme, entraînement, fougue, furia, vivacité, zèle

élan n.m. → **cervidé**

élancé, e 1 → **allongé** 2 → **mince**

élancement n.m. 1 → **douleur** 2 → **élan**

élancer (s') bondir, charger, débouler, s'élever, s'essorer (vx), foncer, fondre, se jeter, se lancer, piquer, se précipiter, se ruer, sauter, tomber

élargir 1 accroître, arrondir, augmenter, dilater, distendre, évaser, fraiser 2 → **libérer**

élargissement n.m. 1 → **agrandissement** 2 → **dilatation** 3 → **libération**

élasticité n.f. → **souplesse**

élastique adj. 1 au pr. : compressible, extensible, flexible, mou, rénitent (méd.) 2 fig. a → **indulgent** b → **relâché**

eldorado n.m. éden, paradis, pays de Cocagne/de rêve, Pérou

élection n.f. 1 → **choix** 2 → **préférence** 3 → **vote**

électricité n.f. 1 énergie électrique 2 unités : ampère, coulomb, farad, gauss, œrsted, ohm, volt

électriser → **enflammer**

électronique n.f. et adj. par ext. → **informatique**

élégance n.f. 1 au pr. : agrément, allure, beauté, belle apparence, bonne mine, bon ton, cachet, chic, dandysme, distinction, goût, grâce, harmonie, perfection, race, sveltesse, tenue 2 par ext. a → **pureté** b → **simplicité** c → **habileté**

élégant, e 1 adj. a quelqu'un ou un groupe : agréable, à la mode, alluré, beau (comme un camion/melon), bien mis, chic, coquet, croquignolet (iron.), de bon goût, délicat, distingué, endimanché, fringant, gracieux, harmonieux, joli, parfait, pimpant, rider (arg.), sélect, smart, sur son trente et un, svelte, tiré à quatre épingles, trognon (fam. et iron.), ultrachic ♦ vx : faraud, galant b → **raffiné** c une chose → **pur** 2 nom : coque-plumet, dandy, gandin, gommeux (péj.), incroyable, jeune fat, merveilleux, mirliflore, muguet, muscadin, petit-maître, petite-maîtresse, plumet, vieux beau (péj.), zazou

élégiaque 1 au pr. : mélancolique, plaintif, tendre, triste 2 par ext. : abattu, affecté, attristé, chagrin

élégir → **diminuer**

élément n.m. 1 → **principe** 2 → **substance** 3 → **milieu**

élémentaire → **simple**

éléphant n.m. 1 mammouth (par ext.), pachyderme 2 de mer → **phoque** 3 → **marin**

élevage n.m. 1 apiculture, aquiculture, aviculture, colombophilie, conchyliculture, héliciculture, mytiliculture, ostréiculture, pisciculture, séricículture 2 embouche, engraissement → **nourriture**

élévateur n.m. 1 ascenseur, monte-charge 2 bélier, noria, pompe 3 cric, vérin → **grue, treuil**

élévation n.f. 1 au pr. a → **hauteur** b → **hausse** c → **augmentation** 2 fig. : dignité, éminence, grandeur, héroïsme, noblesse, sublimité, supériorité, tenue 3 relig. : porrection

élève n.m. ou f. 1 apprenti, cancre (péj.), collégien, disciple, écolier, étudiant, lycéen, potache 2 arg. scol. : ancien, archicube, bicarré, bizut, carré, cocon, conscrit, cornichon, tapir, taupin 3 vx : grimaud

élevé, e 1 au pr. → **haut** 2 par ext. : accru, augmenté, bon, éduqué, éminent, formé, grand, héroïque, instruit, magnifique, noble, relevé, soutenu, sublime, supérieur, transcendant ♦ péj. : emphatique, pompeux 3 a **bien élevé** → **civil** b **mal élevé** → **impoli**

élever 1 au pr. a accroître, arborer, augmenter, développer, dresser, exhausser, faire monter, hausser, lever, planter, rehausser, relever, soulever, surélever b bâtir, construire, édifier, ériger 2 élever un enfant : allaiter, cultiver, éduquer, entretenir, former, instruire, nourrir 3 par ext. on élève quelque chose ou quelqu'un a → **louer** b → **promouvoir** 4 on élève une objection → **prétexter** 5 v. pron. a → **opposer (s')** b → **protester** c → **monter** d → **naître**

éleveur n.m. engraisseur, herbager, nourrisseur, oiselier

elfe n.m. esprit, follet, génie, lutin, sylphe

élimination n.f. → **suppression**

éliminer abstraire, bannir, disqualifier, écarter, exclure, expulser, évincer, faire abstraction de, forclore (jurid.), laisser de côté, mettre à part/en quarantaine, néantiser, omettre, ostraciser, proscrire, radier, refuser, retirer, retrancher, supprimer, sortir

élire → **choisir**

élision n.f. par ext. : apocope

élite n.f. → **choix**

élitisme n.m. mandarinat

élitiste mandarinal

élixir n.m. essence, quintessence → **remède**

ellipse n.f. 1 → **ovale** 2 aphérèse, apocope, laconisme, raccourci, syncope

elliptique → **court**

élocution n.f. accent, articulation, débit, déclamation, diction, éloquence, énonciation, expression, langage, langue, parole, prononciation, style

éloge n.m. 1 au pr. : applaudissement, apologie, apothéose, approbation, célébration, compliment, dithyrambe, encens, encensement, exaltation, faire-valoir, félicitation, glorification, justification, louange, panégyrique ♦ péj. coups d'encensoir, flagornerie, lèche (fam) 2 par ext. : a chant, doxologie, gloria, hosanna, oraison funèbre, prône b → **flatterie**

élogieux, euse apologétique, dithyrambique, flatteur, laudatif → **louangeur**

éloigné, e à distance, au loin, détourné, distant, écarté, espacé, lointain, reculé, retiré

éloignement n.m. 1 au pr. a de quelqu'un : absence, disparition b d'une chose : intervalle, lointain, renfoncement → **distance** 2 fig. : antipathie, allergie, animosité, aversion, dégoût, détachement, détestation, exécration, haine, horreur, indifférence, nausée, prévention, répugnance, répulsion

éloigner 1 → **écarter** 2 v. pron. : s'absenter, céder la place, disparaître, s'écarter, s'en aller, quitter 3 vx : s'étranger

élongation n.f. → **entorse**

éloquence n.f. 1 ardeur, art, bien-dire, brillant, brio, chaleur, charme, conviction, élégance, maîtrise, parole, persuasion (par ext.), rhétorique, véhémence, verve 2 homilétique, rhétorique 3 péj. : bagou, boursouflure, débit, déclamation, emphase, faconde, pathos ♦ vx : boute-hors

éloquent, e 1 → **disert** 2 → **probant**

élu, e nom et adj. 1 → **député** 2 → **saint**

élucidation n.f. → **explication**

élucider → **éclaircir**

élucubration n.f. vaticination → **fable**

élucubrer → **composer**

éluder → **éviter**

élusif, ive → **évasif**

émaciation n.f. → **maigreur**

émacié, e → **maigre**

émail n.m. décoration, émaillure, nielle

émailler → **orner**

émanation n.f. 1 au pr. a agréable ou neutre : arôme, bouffée, dégagement, effluence, effluve, exhalaison, parfum, senteur → **odeur** b désagréable : miasmes, odeur, remugle → **puanteur** 2 fig. : alter ego, créature, dérivation, disciple, épigone, manifestation, produit

émancipateur, trice nom et adj. → **libérateur**

émancipation n.f. → **libération**

émanciper → **libérer**

émaner 1 → **dégager (se)** 2 → **découler**

émargement n.m. acquit, apostille, décharge, griffe, quittance, quitus, récépissé, reçu, signature, visa

émarger v. tr. et intr. 1 → **toucher** 2 apostiller, mettre sa griffe/marque, signer, viser

émasculation n.f. → **castration**

émasculer 1 au pr. : castrer, couper, déviriliser → **châtrer** 2 fig. : efféminer, féminiser → **affaiblir**

emballage n.m. 1 conditionnement, conteneurisation, empaquetage, pacquage 2 a → **cageot** b → **récipient**

emballement n.m. → **enthousiasme**

emballer 1 → **envelopper** 2 → **transporter** 3 conteneuriser 4 v. pron. → **emporter (s')**

emballeur, euse n.m. ou f. empaqueteur, paqueteur

embarcadère n.m. 1 → **quai** 2 → **wharf**

embarcation n.f. bachot, baleinière, barque, canoë, canot, chaloupe, esquif, nacelle, périssoire, pirogue, rafiot, skiff, vedette, yole, youyou → **bateau**

embardée n.f. → **écart**

embargo n.m. → **confiscation**

embarquement n.m. chargement → **départ**

embarquer 1 → **charger** 2 v. pron. a monter, partir b s'aventurer, s'engager, essayer, se lancer

embarras n.m. 1 → **obstacle** 2 → **ennui** 3 → **indétermination** 4 → **timidité** 5 → **malaise** 6 → **façon**

embarrassant, e 1 difficile, encombrant, gênant, incommodant, incommode, intransportable, malaisé, malcommode, obstrué, pénible 2 → **inquiétant**

embarrassé, e contourné, contraint, filandreux, pâteux → **embarrasser**

embarrasser 1 quelque chose → **obstruer** 2 quelqu'un → **gêner** 3 fig. : arrêter, compliquer, déconcerter, dérouter, embarbouiller, emberlificoter, embourber, embrouiller, empêcher, empêtrer, enchevêtrer, encombrer, enferrer, entortiller, entraver, gêner, importuner, incommoder, inquiéter, intimider, intriguer (vx), troubler

embastiller → **emprisonner**

embaucher → **engager**

embaumer momifier → **parfumer**

embaumeur n.m. taricheute

embellie n.f. accalmie, bonace, éclaircie

embellir v. tr. et intr. agrémenter, décorer, émailler, enjoliver, farder, flatter, garnir, idéaliser, illustrer, ornementer, parer, poétiser, rendre beau, sublimer → **orner** ♦ fam. : assaisonner

embellissement n.m. → **amélioration**

emberlificoter → **embarrasser**

embêtant, e → **ennuyeux**

embêtement n.m. → **ennui**

embêter → **ennuyer**

emblée (d') → **aussitôt**

emblématique → **symbolique**

emblème n.m. armes, armoiries, bannière, blason, cocarde, devise, drapeau, écu, écusson, étendard, figure, hiéroglyphe, image, insigne, panonceau, signe, symbole

emboîtement n.m. accouplement, ajustage, assemblage, emboîture, enchâssement, insertion, rapprochement, réunion, union

emboîter 1 → **insérer** 2 **emboîter le pas** → **suivre**

embolie n.f. → **congestion**

embonpoint n.m. → **grosseur**

embouchure n.f. 1 d'un instrument : bocal, bouquin, embouchoir, évasure 2 d'un cours d'eau : aber, bouches, delta, estuaire, grau, ria

embourber 1 fig. → **embarrasser** 2 pron. : a au pr. : s'embouquer (rég.), s'empêtrer, s'enfoncer, s'engluer, s'enliser, s'envaser, patauger, patiner b fig. : s'embrouiller, se tromper, se troubler

embouteiller → **obstruer**

emboutir → **heurter**

embranchement n.m. 1 → **fourche** 2 → **partie**

embrancher → **joindre**

embrasement n.m. 1 → **incendie** 2 fig. → **fermentation**

embraser 1 → **enflammer** 2 → **éclairer**

embrassade et **embrassement** n.f., n.m. accolade, baisement, baiser, caresse, enlacement, étreinte, resserrement, serrement

embrasse n.f. → **passement**

embrasser 1 au pr. a → **serrer** b → **baiser** 2 fig. a → **comprendre** b → **entendre** c → **suivre** d → **voir**

embrasure n.f. → **ouverture**

embrayer 1 enclencher 2 fig. → **entreprendre**

embrigadement n.m. encadrement, enrôlement, racolage, recrutement

embrigader → **enrôler**

embringuer → **entraîner**

embrocation n.f. → **pommade**

embrocher → **percer**

embrouillamini n.m. → **embrouillement**

embrouillé, e 1 → **compliqué** 2 → **obscur**

embrouillement n.m. brouillamini, confusion, désordre, embrouillamini, emmêlement, enchevêtrement, imbroglio, incertitude, involution (vx), obscurcissement, ombre, voile ♦ arg. ou fam. : bin's, cirage, embrouille, merdier, sac de nœuds, salade

embrouiller barbouiller (vx), brouiller, compliquer, confondre, embarbouiller, embarrasser, enchevêtrer, intriquer, mêler, obscurcir, troubler

embrumer → **obscurcir**

embrun n.m. poudrin

embryon n.m. 1 fœtus, germe, graine, œuf 2 → **commencement**

embryonnaire → **simple**

embûche et **embuscade** n.f. → **piège**

éméché, e → **ivre**

émeraude 1 adj. → **vert** 2 n.f. → **gemme**

émergence n.f. → **apparition**

émerger 1 au pr. : s'exonder, surgir → **sortir** 2 fig. → **distinguer (se)**

émérite 1 → **distingué** 2 → **honoraire**

émerveillement n.m. → **enthousiasme**

émerveiller 1 → **fasciner** 2 → **charmer** 3 → **étonner** 4 v. pron. → **enthousiasmer (s')**

émétique n.m. et adj. → **vomitif**

émettre 1 au pr. → **jeter** 2 radio : diffuser, produire, publier, radiodiffuser 3 fig. → **énoncer**

émeute n.f. agitation, barricades, coup de chien, désordre, émotion (vx), insoumission, insurrection, mutinerie, rébellion, révolte, révolution, sédition, soulèvement, trouble

émeutier, ère n.m. ou f. → **factieux**

émiettement n.m. → **dispersion**

émietter → **disperser**

émigrant, e nom et adj. → **émigré**

émigration n.f. 1 au pr. : exode, expatriation, migration, transmigration, transplantation 2 par ext. → **relégation**

émigré, e nom et adj. émigrant, exogène, expatrié, immigré, migrant, nouveau venu, personne déplacée, réfugié

émigrer s'expatrier → **partir**

éminence n.f. 1 → **hauteur** 2 → **saillie** 3 → **élévation** 4 protocolaire : Excellence, Grandeur, Monseigneur

éminemment au plus haut degré/point → **bien**

éminent, e 1 → **élevé** 2 → **distingué** 3 → **important**

émissaire n.m. 1 agent, chargé d'affaires, envoyé → **député** 2 → **espion** 3 → **cours (d'eau)**

émission n.f. 1 écoulement, éjaculation, émanation, éruption 2 diffusion, production, représentation, retransmission, transmission, vulgarisation

emmagasiner → **accumuler**

emmailloter → **envelopper**

emmêlement n.m. → **embrouillement**

emmêler → **mélanger**

emménagement n.m. → **installation**

emménager → **installer (s')**

emmener → **mener**

emmerdant, e → **ennuyeux**

emmerdement n.m. → **ennui**

emmerder 1 → **ennuyer** 2 → **souiller**

emmerdeur, euse n.m. ou f. → **fâcheux**

emmieller (fig.)1 → **adoucir** 2 → **ennuyer**

emmitoufler 1 au pr. → **envelopper** 2 fig. → **déguiser**

emmurer → **emprisonner**

émoi n.m. → **émotion**

émollient, e → **calmant**

émolument(s) n.m. → **rétribution**

émonder → **élaguer**

émotif, ive → **sensible**

émotion n.f. affolement, agitation, bouleversement, choc, commotion, coup, désarroi, ébranlement, effarement, effervescence, émoi, enthousiasme, fièvre, frisson, saisissement, secousse, serrement de cœur, transe, trauma, traumatisme, trouble → **sentiment**

émotivité n.f. → **sensibilité**

émoussé, e 1 au pr. : ébréché, écaché, épointé, mousse 2 fig. : abattu, affaibli, amorti, blasé, diminué, obtus, usé

émousser 1 → **user** 2 fig. → **affaiblir**

émoustiller → **exciter**

émouvant, e apitoyant, attendrissant, bouleversant, captivant, déchirant, désarmant, dramatique, éloquent, empoignant, excitant, expressif, frappant, impressionnant, inquiétant, larmoyant (péj.), navrant, pathétique, poignant, saisissant, touchant, tragique, troublant

émouvoir 1 affecter, agiter, alarmer, aller au cœur, apitoyer, attendrir, attrister, blesser, bouleverser, captiver, consterner, déchirer, ébranler, empoigner, enflammer, exciter un sentiment/la passion, faire vibrer, fléchir, frapper, froisser (péj.), impressionner, inquiéter, intéresser, piquer au vif, remuer, retourner, saisir, secouer, suffoquer, surexciter, toucher, transporter, troubler ♦ fam : chavirer, émotionner, révolutionner 2 pron. : être agité, s'insurger, réagir

empailler naturaliser

empailleur, euse n.m. ou f. naturaliste, taxidermiste

empaler → **percer**

empaquetage n.m. conditionnement, emballage

empaqueter → **envelopper**

emparer (s') accaparer, s'approprier, s'assurer, s'attribuer, capter, capturer, conquérir, emporter, enlever, envahir, escroquer (péj.), faucher (fam.), intercepter, mettre la main sur, occuper, prendre, rafler, se rendre maître de, soulever, usurper → **voler** ♦ fam. : faucher, mettre le grappin sur, piquer

empâtement n.m. → **grosseur**

empathie n.f. → **sympathie**

empaumer 1 → **séduire** 2 → **gouverner**

empêché, e → **embarrassé**

empêchement n.m. → **obstacle**

empêcher arrêter, bâillonner, barrer, bloquer, brider, condamner, conjurer, contraindre, contrarier, contrecarrer, contrer, couper, défendre, déjouer, dérober, dérouter, détourner, écarter, embarrasser, enchaîner, endiguer, enfermer, entraver, étouffer, exclure, éviter, faire obstacle, fermer, gêner, interdire, masquer, museler, offusquer, s'opposer à, paralyser, prévenir, prohiber, refuser, retenir, supprimer, tenir, traverser (vx)

empereur n.m. → **monarque**

empesé, e 1 au pr. : amidonné, apprêté, dur 2 fig. → **étudié**

empester → **puer**

empêtrer → **embarrasser**

emphase n.f. affectation, ampoule, bouffissure, boursouflure, cérémonie, complications, déclamation, démesure, enflure, excès, grandiloquence, grands airs, hyperbole, pathos, pédantisme, pompe, prétention, solennité

emphatique académique, affecté, ampoulé, apprêté, bouffi, boursouflé, cérémonieux, compliqué, creux, déclamateur, déclamatoire, démesuré, enflé, gonflé, grandiloquent, guindé, hyperbolique, magnifique (vx), pédantesque, pindarique, pompeux, pompier, prétentieux, ronflant, sentencieux, solennel, sonore, soufflé, vide

empiètement n.m. → **usurpation**

empiéter → **usurper**

empiffrer (s') → **manger**

empilage n.m. empilement → **entassement**

empiler 1 a → **accumuler** b → **entasser** 2 péj. a → **tromper** b voler

empire n.m. 1 → **autorité** 2 → **règne** 3 → **nation** 4 → **influence**

empirer s'aggraver, aigrir, augmenter, s'aviver, se corser, devenir plus grave, s'envenimer, péricliter, progresser

empirique expérimental, naïf, naturel, routinier

empirisme n.m. → **routine**

emplacement n.m. 1 → **lieu** 2 → **situation**

emplâtre n.m. 1 au pr. : antiphlogistique, cataplasme, compresse, diachylon, résolutoire, révulsif, sinapisme 2 fig. → **mou**

emplette n.f. achat, acquisition

emplir bourrer, charger, combler, embarquer, encombrer, entrelarder, envahir, farcir, fourrer, garnir, gonfler, insérer, larder, occuper, remplir, saturer, se répandre dans, truffer

emploi n.m. 1 attributions, charge, état, fonction, gagne-pain, ministère, occupation, office, place, poste, profession, rôle, service, sinécure, situation, travail ♦ arg. : fromage, gâche, placard, planque, savon 2 → **usage**

employé, e 1 nom. a au pr. : adjoint, agent, aide, apprenti, auxiliaire, commis, demoiselle, fonctionnaire, garçon, préposé, salarié, subordonné b par ext. : bureaucrate, cheminot, copiste, dactylographe, écrivain, expéditionnaire, greffier, saute-ruisseau, scribe, secrétaire, sténographe, surnuméraire c fam. et/ou péj. : arpète, col blanc, gratte-papier, grouillot, plumitif, rond-de-cuir, saute-ruisseau, scribouillard 2 adj. → **usité**

employer → **occuper**

employeur n.m. → **patron**

empocher → **recevoir**

empoignade n.f. → **altercation**

empoigner 1 au pr. → **prendre** 2 fig. → **émouvoir**

empoisonnement n.m. 1 au pr. : intoxication 2 fig. → **ennui**

empoisonner 1 au pr. : contaminer, envenimer, infecter, intoxiquer 2 fig. a → **altérer** b → **ennuyer** c → **puer**

empoisonneur, euse n.m. ou f. → **fâcheux**

emporté, e 1 → **impétueux** 2 → **colère** (adj.)

emportement n.m. 1 → **colère** 2 → **impétuosité**

emporter 1 au pr. a quelqu'un ou quelque chose emporte quelque chose : charrier, charroyer, embarquer (fam.), emmener, s'en aller avec, enlever, entraîner, prendre, rouler, transporter b une récompense → **obtenir** 2 par ext. : comporter, impliquer, renfermer 3 loc. a **l'emporter sur** → **prévaloir** b **une maladie l'a emporté** : faire mourir 4 v. pron. : se cabrer, déborder, se déchaîner, éclater, s'emballer, fulminer, se gendarmer, s'irriter, se mettre en colère ♦ fam. : monter sur ses grands chevaux, prendre le mors aux dents, sentir la moutarde monter au nez, sortir de ses gonds, voir rouge

empoté, e → **maladroit**

empreindre → **imprimer**

empreint, e → **plein**

empreinte n.f. → **trace**

empressé, e → **complaisant**

empressement n.m. ardeur, attention, avidité, célérité, complaisance, diligence, élan, galanterie, hâte, impatience, précipitation, presse, promptitude, soin, vivacité, zèle

empresser (s') s'affairer, courir, se démener, se dépêcher, se hâter, se mettre en quatre, se précipiter, se presser

emprise n.f. ascendant, autorité, dépendance, empire, influence, mainmise

emprisonnement n.m. captivité, claustration, détention, écrou, incarcération, internement, mise à l'ombre (fam.), réclusion, relégation, séquestration, transportation ◆ jurid. : contrainte par corps, prise de corps

emprisonner 1 arrêter, assurer, cadenasser, claquemurer, cloîtrer, détenir, écrouer, embastiller, emmurer, enchaîner, enfermer, incarcérer, interner, jeter, mettre à l'ombre / aux fers / sous les verrous / en prison, retenir captif, séquestrer 2 arg. ou fam. : boucler, coffrer, emballer, embarquer, emboîter, encabaner, encager, entoiler, foutre dedans, lourder 3 → **gêner**

emprunt n.m. 1 → **prêt** 2 → **imitation**

emprunté, e 1 → **artificiel** 2 → **embarrassé**

emprunter 1 → **quémander** 2 par ext. a → **user** b → **tirer** 3 fig. a → **voler** b → **imiter**

emprunteur, euse n.m. ou f. débiteur, tapeur

empuantir → **puer**

empyrée n.m. → **ciel**

ému, e affecté, affolé, agité, alarmé, apitoyé, attendri, attristé, blessé, bouleversé, captivé, consterné, déchiré, ébranlé, émotionné, empoigné, enflammé, éperdu, excité, frappé, impressionné, inquiété, pantelant, remué, retourné, révolutionné, saisi, secoué, suffoqué, surexcité, touché, troublé

émulation n.f. 1 au pr. : antagonisme, amour-propre, assaut, combat, compétition, concurrence, course, escalade, jalousie, lutte, rivalité, zèle 2 par ext. : énergie, enthousiasme, exaltation, incitation

émule nom et adj. → **rival**

en à la manière de, avec, dans

enamourer (s') → **éprendre (s')**

énarque n.m. → **technocrate**

encadrement n.m. 1 au pr. : baguette, bordure, cadre, carrée (vx), cartel, cartouche, chambranle, châssis, entourage, huisserie, listel, mandorle, marie-louise 2 par ext. a contrôle, restriction du crédit b → **hiérarchie**

encadrer 1 → **entourer** 2 → **insérer**

encaissé, e → **profond**

encaissement n.m. → **perception**

encaisser 1 → **toucher** 2 → **recevoir**

encaisseur n.m. garçon de recettes

encalminé, e mar. : dans un calme plat, en panne, sans vent, stoppé

encan (à l') → **enchère**

encanailler (s') → **déchoir**

encaquer → **entasser**

encarter → **insérer**

en-cas n.m. → **casse-croûte**

encastrer → **insérer**

encaustiquer cirer → **frotter**

enceindre → **entourer**

enceinte n.f. 1 bordigue, ceinture, claie, clayonnage, clos, clôture, contrescarpe, douves, enclos, escarpe, fortification, fossé, glacis, mur, palis, palissade, périmètre, rempart → **forteresse** 2 amphithéâtre, arène, carrière, champ, cirque, lice

enceinte adj. 1 dans une position intéressante (fam.), gestante, grosse, parturiente, prégnante ◆ arg. : avoir le ballon / un polichinelle dans le tiroir, cloquée 2 vétér. : gravide, pleine

encens n.m. fig. → **éloge**

encenser → **louer**

encenseur, euse n.m. ou f. → **louangeur**

encéphale n.m. → **cerveau**

encerclement n.m. → **siège**

encercler assiéger, cerner, contourner, enfermer, entourer, envelopper, investir, serrer de toutes parts

enchaînement n.m. → **suite**

enchaîner 1 → **attacher** 2 → **joindre** 3 → **soumettre** 4 → **retenir**

enchanté, e 1 → **enthousiasmé** 2 → **content**

enchantement n.m. 1 → **enthousiasme** 2 → **magie**

enchanter → **charmer**

enchanteur, teresse nom et adj. → **charmant**

enchâsser assembler, emboîter, encadrer, encastrer, enchatonner, fixer, monter, sertir → **insérer**

enchère n.f. adjudication à la chandelle, criée, encan, enchères à l'américaine, folle enchère, inflation (par ext.), licitation, surenchère, ultra-petita, vente, vente au plus offrant, vente publique

enchérir 1 au pr. : ajouter, aller sur, augmenter, dépasser le prix, rajouter, renchérir, surenchérir 2 par ext. : abonder dans le sens de, approuver

enchevêtrement n.m. → **embrouillement**

enchevêtrer 1 → **embrouiller** 2 v. pron. : se confondre, s'embarrasser, s'embarrer (équit.), s'embrouiller, s'emmêler, s'empêtrer, s'imbriquer, se mélanger, se mêler

enchifrené, e embarrassé, enrhumé, morveux, obstrué

enclave n.f. → **morceau**

enclaver 1 → **entourer** 2 → **fixer**

enclencher → **commencer**

enclin, e → **porté**

enclore → **entourer**

enclos n.m. 1 → **jardin** 2 → **pâturage** 3 → **cour**

enclume n.f. bigorne

encoche n.f. → **entaille**

encocher → **entailler**

encodage n.m. → **programme**

encoder → **programmer**

encodeur n.m. → **enregistreur**

encoignure n.f. écoinçon → **angle**

encolure n.f. → **cou**

encombrant, e → **embarrassant**

encombre (sans) → **obstacle**

encombrement n.m. affluence, amas, désordre, embâcle, embarras, entassement, obstruction, surabondance, surproduction

encombrer 1 → **obstruer** 2 → **embarrasser**

encontre (à l') → **opposé**

encorbellement n.m. → **saillie**

encore 1 → **aussi** 2 → **même**

encornet n.m. calmar ou calamar, seiche → **gastéropode**

encourageant, e 1 → **prometteur** 2 → **réconfortant**

encouragement n.m. aide, aiguillon, applaudissement, approbation, appui, compliment, éloge, exhortation, incitation, prime, prix, protection, récompense, réconfort, soutien, stimulant, subvention

encourager aider, aiguillonner, animer, applaudir, approuver, appuyer, complimenter, conforter, déterminer, dynamiser, enflammer, engager, enhardir, exalter, exciter, exhorter, favoriser, féliciter, flatter, inciter, louer, porter, pousser, préconiser, protéger, rassurer, récompenser, réconforter, soutenir, stimuler, subventionner

encourir s'attirer, être passible de (jurid.), s'exposer à, s'occasionner, risquer

encrassement n.m. → **souillure**

encrasser → **salir**

encrer → **enduire**

encroûté, e → **routinier**

encroûtement n.m. → **habitude**

encroûter (s') → **endormir (s')**

enculer → **sodomiser**

encyclique n.f. → **rescrit**

encyclopédie → **dictionnaire**

endémique → **durable**

endetter (s') contracter / faire des dettes, s'obérer

endeuiller → **chagriner**

endiablé, e → **impétueux**

endiguer → **retenir**

endimanché, e → **élégant**

endimancher → **parer**

endive n.f. chicon, chicorée, witloof

endoctrinement n.m. → **propagande**

endoctriner catéchiser, circonvenir, édifier, faire la leçon, faire du prosélytisme, gagner, haranguer, influencer, prêcher, sermonner ◆ fam. : chambrer, embaucher, entortiller ◆ vx : embobeliner, embobiner

endogamie n.f. consanguinité

endolori, e → **douloureux**

endolorir 1 → **chagriner** 2 → **courbaturer**

endommagement n.m. → **dommage**

endommager → **détériorer**

endormant, e → **somnifère**

endormi, e 1 → **engourdi** 2 → **lent**

endormir 1 au pr. : anesthésier, assoupir, chloroformer, hypnotiser, magnétiser 2 fig. a → **ennuyer** b → **soulager** c → **calmer** d → **tromper** 3 v. pron. : a au pr. → **dormir** b par ext. → **mourir** c fig. : s'amollir, s'encroûter, s'engourdir, s'illusionner, s'oublier, se rouiller

endos n.m. → **signature**

endosser 1 accepter, assumer, avaliser, battre sa coulpe, se charger, porter le chapeau (fam.), prendre la responsabilité, reconnaître, signer 2 → **vêtir**

endroit n.m. 1 recto 2 → **lieu** 3 → **face**

enduire appliquer, barbouiller, chemiser, couvrir, encrer, étaler, étendre, frotter, galipoter, luter, mastiquer, oindre, plaquer, praliner, recouvrir, revêtir, tapisser

enduit n.m. apprêt, couche, crépi, dépôt, fart, futée, galipot, gunite, incrustation, lut, maroufle, mastic, peinture, protection, revêtement, tain, vernis

endurance n.f. → **résistance**

endurant, e 1 → **résistant** 2 → **patient**

endurci, e → **dur**

endurcir 1 → **durcir** 2 → **exercer** 3 v. pron. : s'accoutumer, s'aguerrir, se blinder (fam.), se cuirasser, s'entraîner, s'exercer, se former, se fortifier, s'habituer, résister, se tremper

endurcissement n.m. 1 au pr. : cal, callosité, cor, durillon, induration, œil-de-perdrix, racornissement 2 fig. a non fav. : dessèchement, dureté, égocentrisme, égoïsme, impénitence, insensibilité, méchanceté b fav. : accoutumance, endurance, entraînement, habitude, résistance

endurer → **souffrir**

énergie n.f. 1 → **force** 2 → **fermeté**

énergique → **ferme**

énergumène n.m. ou f. agité, braillard, démoniaque, emporté, exalté, excité, extravagant, fanatique, forcené, furieux, original, passionné, possédé, violent

énervant, e 1 → **agaçant** 2 → **ennuyeux**

énervé, e 1 → **nerveux** 2 → **troublé**

énervement n.m. 1 → **agacement** 2 → **agitation**

énerver 1 au pr. : affadir, affaiblir, alanguir, amollir, aveulir, efféminer, fatiguer 2 par ext. a agacer, crisper, excéder, horripiler, impatienter, mettre à bout, obséder, porter / taper sur les nerfs / le système, tourmenter b échauffer, exciter, surexciter 3 v. pron. : a s'affoler b s'impatienter

enfance n.f. 1 impuberté 2 fig. → **commencement** 3 **en enfance** → **gâteux**

enfant n.m. ou f. 1 a amour, ange, angelot, bambin, chérubin, chiffon, diable, diablotin, drôle, fillette, gamin, garçonnet, infant, innocent, jésus, marmouset, mineur, mioche, nourrisson, nouveau-né, petit, petit démon / diable / dragon / drôle / garçon, petite fille, poupon, pupille, putto (peint.) → **bébé** b partic. : bâtard, jumeau, triplé, quadruplé, quintuplé, sextuplé c arg. ou fam. : babouin, braillard, chiard, chiffon, diable, diablotin, drôle, gars, gniard, gone, grimaud, gosse, grimaud, lardon, loupiot, marmaille, marmot, merdeux, mioche, miston, môme, morpion, morveux, moucheron, mouflet, moujingue, moutard, petit-salé, polichinelle, polisson, poupard, salé, têtard, trognon, trousse-pet 2 par ext. a → **fils** b → **postérité** c d'animaux : couvée, nichée, petits, portée, ventrée d clone (partic.) 3 **enfant de Marie** (péj.) : oie blanche, prude, rosière, sainte nitouche

enfantement n.m. 1 au pr. : accouchement, couches, délivrance, heureux événement (fam.), gésine, gestation (par ext.), mal d'enfant, mise bas (vét.), mise au monde, naissance, parturition 2 fig. : apparition, création, production

enfanter 1 au pr. : accoucher, donner le jour / naissance, mettre au monde 2 vétér. : agneler, cochonner, mettre bas, pouliner, vêler 3 par ext. a → **engendrer** b → **produire**

enfantillage n.m. frivolité, gaminerie, légèreté, infantilisme, puérilité → **bagatelle**

enfantin, e espiègle, gamin, gosse, immature, impubère, infantile, léger, mutin, puéril → **simple**

enfer n.m. 1 au pr. : abîme, champs Élysées, damnation, empire des morts, feu éternel, géhenne, léviathan, limbes, rives de Charon / du Styx, schéol, sombre demeure / empire / rivage / séjour, sombres bords, Tartare 2 par ext. a → **affliction** b → **tourment**

enfermer 1 au pr. on enferme une chose ou quelqu'un : barricader, boucler, calfeutrer, chambrer, claquemurer, claustrer, cloîtrer, coffrer (fam.), confiner, consigner, détenir, écrouer, emballer, emmurer, empêcher, encager, encercler, enserrer, entourer, faire entrer, interner, isoler, murer, parquer, renfermer, retenir, séquestrer, serrer, verrouiller → **emprisonner** [2] par ext. une chose enferme : comporter, comprendre, contenir, impliquer, renfermer

enferrer → **percer**

enfiévrer → **enflammer**

enfilade n.f. → **suite**

enfiler [1] → **percer** [2] → **entrer** [3] → **dire**

enfin à la fin, après tout, bref, en fin de compte, finalement, pour finir, somme toute, tout compte fait

enflammé, e fig. [1] phys. : allumé, brûlant, empourpré, en feu, igné, rouge [2] sentiments : animé, ardent, éloquent, embrasé, enfiévré, enthousiaste, passionné, surexcité

enflammer [1] au pr. : allumer, attiser, brûler, embraser, incendier, mettre le feu [2] fig. [a] accroître, animer, augmenter, communiquer, doper, échauffer, éclairer, électriser, emporter, empourprer, enfiévrer, enlever, enthousiasmer, entraîner, envenimer, exalter, exciter, galvaniser, illuminer, irriter, passionner, pousser, provoquer, stimuler, survolter [b] envenimer → **irriter** [3] v. pron. fig. : s'animer, s'emporter, se passionner, réagir, vibrer

enflé, e [1] → **gonflé** [2] → **emphatique**

enfler v. tr. et intr [1] → **gonfler** [2] → **grossir** [3] → **hausser**

enflure n.f. → **boursouflure**

enfoiré, e nom et adj. [1] → **bête** [2] → **maladroit**

enfoncé, e → **profond**

enfoncement n.m. → **excavation**

enfoncer [1] au pr. : [a] cheviller, entrer, ficher, fourrer, introduire, mettre, passer, planter, plonger, piquer [b] arg. : carrer [c] abattre, affaisser, briser, crever, défoncer, déprimer, forcer, renverser, rompre [2] fig. [a] battre, culbuter, percer, renverser, rompre, surpasser, vaincre [b] fam. → **surpasser** [3] v. pron. [a] → **couler** [b] → **entrer** [c] → **absorber (s')** [d] → **déchoir**

enfouir [1] → **enterrer** [2] → **introduire**

enfouissement n.m. → **enterrement**

enfourcher enjamber, monter/se mettre à califourchon

enfourner → **introduire**

enfreindre → **désobéir**

enfuir (s') [1] abandonner, s'en aller, battre en retraite, décamper, déguerpir, déloger, se dérober, détaler, disparaître, s'échapper, s'éclipser, s'éloigner, s'envoler, s'esquiver, s'évader, filer (à l'anglaise), fuir, gagner le large, lever le pied, partir, passer, plier bagages, prendre la clef des champs/la poudre d'escampette/ses jambes à son cou, quitter la place, se retirer, se sauver, tourner le dos/les talons [2] arg. ou fam. : se barrer / carapater / carrer / casser / débiner / esbigner/tailler/tirer, débouler, déhaler, déménager à la cloche de bois, dévisser, se faire la belle/la malle/la paire, ficher/foutre le camp, jouer les filles de l'air, mettre les bouts, ne pas demander son reste, ribouler, riper, tricoter

engageant, e [1] → **aimable** [2] → **attirant**

engagement n.m. [1] affaire, choc, collision, combat, coup de main, coup, échauffourée, escarmouche [2] → **promesse** [3] → **relation** [4] embarquement (vx), embauchage, embauche, enrôlement, recrutement

engager [1] → **introduire** [2] → **inviter** [3] → **obliger** [4] → **fiancer (se)** [5] → **commencer** [6] embaucher, employer, enrôler, prendre, recruter, retenir [7] v. pron. [a] → **entrer** [b] → **promettre** [c] fig. : s'aventurer, se compromettre, s'embarquer, s'embarrasser, s'embourber, s'embringuer, s'encombrer, s'enfourner, entreprendre, se jeter, se lancer, se mettre en avant

engeance n.f. → **race**

engelure n.f. crevasse, enflure, érythème, froidure, gelure, onglée, rougeur

engendrer [1] au pr. : concevoir, créer, donner la vie, enfanter, faire, féconder, générer, inséminer, procréer, produire, proliférer, reproduire [2] par ext. → **accoucher** [3] fig. → **occasionner**

engin n.m. → **appareil**

englober [1] → **réunir** [2] → **comprendre**

engloutir [1] → **avaler** [2] → **consumer** [3] v. pron. → **couler**

engloutissement n.m. → **anéantissement**

engluer → **poisser**

engorgement n.m. accumulation, congestion, obstruction, réplétion, saturation

engorger → **obstruer**

engouement n.m. → **enthousiasme**

engouer (s') s'acoquiner, se coiffer, s'emballer, s'entêter, s'enthousiasmer, s'enticher, s'éprendre, s'infatuer, se passionner, se préoccuper, se rassoter (vx), se toquer

engouffrer (s') → **entrer**

engourdi, e [1] au pr. : ankylosé, appesanti, assoupi, endormi, étourdi, gourd, inerte, paralysé, raide, rigide, rouillé [2] par ext. : empoté, hébété, lambin, lent, léthargique, sommeilleux

engourdir ankyloser, appesantir, assoupir, endormir, étourdir, hébéter, paralyser, rouiller

engourdissement n.m. [1] alourdissement, ankylose, apathie, appesantissement, assoupissement, atonie, hébétude, indolence, lenteur, léthargie, paralysie, paresse, somnolence, stupeur, torpeur [2] estivation, hibernation, onglée

engrais n.m. [1] → **nourriture** [2] acide phosphorique, azote, potasse [3] amendement, apport, compost, fertilisant, fertilisation, fumier, fumure, guano, limon, marne, poudrette, purin, terreau, terre de bruyère, wagage

engraisser [1] le sol : améliorer, amender, bonifier, enrichir, fumer [2] un animal : alimenter, emboucher, empâter, engraisser, gaver, gorger [3] v. intr. → **grossir** [4] v. pron. fig. → **enrichir (s')**

engranger → **accumuler**

engrenage n.m. → **entraînement**

engueulade n.f. [1] → **reproche** [2] → **injure**

engueuler [1] → **injurier** [2] → **réprimander**

enguirlander [1] au pr. → **orner** [2] fig. [a] → **louer** [b] → **injurier**

enhardir → **encourager**

énigmatique [1] → **obscur** [2] → **secret**

énigme n.f. [1] charade, bouts-rimés, devinette, logogriphe, mots croisés, rébus [2] fig. → **mystère**

enivrant, e [1] capiteux, entêtant, fort, grisant [2] fig. : exaltant, excitant, troublant

enivrement n.m. [1] au pr. → **ivresse** [2] fig. → **vertige**

enivrer [1] → **étourdir** [2] v. pron. [a] arg. ou fam. : s'alcooliser, s'aviner, se beurrer/biturer/blinder/bourrer/cuiter/défoncer/soûler, prendre une biture/une cuite, picoler, pinter, sacrifier à Bacchus/à la dive bouteille, sculpter une gueule de bois, siphonner, téter → **boire** [b] → **enthousiasmer (s')**

enjambée n.f. → **pas**

enjambement n.m. contre-rejet, rejet

enjamber [1] → **marcher** [2] → **franchir** [3] fig. → **usurper**

enjeu n.m. → **mise**

enjoindre → **commander**

enjôler → **tromper**

enjôleur, euse n.m. ou f. [1] → **séducteur** [2] → **trompeur**

enjolivement n.m. accessoire, appoggiature, enjolivure, fioriture, garniture, ornement

enjoliver → **orner**

enjoué, e → **gai**

enjouement n.m. → **vivacité**

enlacement n.m. → **étreinte**

enlacer → **serrer**

enlaidir [1] → **déformer** [2] → **dégrader** [3] → **nuire**

enlèvement n.m. [1] arrachage, descellement, extraction [2] kidnapping, prise, rapt, ravissement (vx), razzia, violence, voie de fait

enlever [1] → **lever** [2] arracher, confisquer, kidnapper, prendre, rafler, ravir, razzier [3] → **retrancher** [4] → **quitter** [5] → **entraîner** [6] → **transporter** [7] pass. → **mourir**

enliser → **embourber**

enluminer → **colorer**

enlumineur, euse n.m. ou f. miniaturiste

enluminure n.f. → **miniature**

ennéade n.f. neuvaine

ennemi, e [1] nom : adversaire, antagoniste, concurrent, détracteur, opposant, pourfendeur (vx ou fam.) [2] adj. → **défavorable**

ennoblir [1] anoblir [2] améliorer, élever, grandir, idéaliser, rehausser, sublimer, surélever, transposer

ennoblissement n.m. [1] → **amélioration** [2] → **élévation**

ennui n.m. [1] accroche (vx), avanie, avatar (par ext.), chiffonnement, contrariété, difficulté, embarras, embêtement, empoisonnement, épreuve, tracas → **inconvénient** [2] arg. ou fam. : anicroche, caille, chiasse, chierie, chiotte, couille, embrouille, emmerde, emmerdement, mélasse, merde, merdier, mistoufle, mouscaille, os, pain, panade, pastis, patate, pépin, sac de nœuds, salade, tuile, turbin [3] bourdon, bovarysme, cafard, chagrin, crève-cœur, déplaisir, désagrément, inquiétude, insatisfaction, lassitude, mal, malaise, mécontentement, mélancolie, migraine, nostalgie, nuage, papillons noirs, peine, souci, spleen, tristesse ◆ vx : dégoût

ennuyé, e → **fâché**

ennuyer [1] au pr. [a] agacer, assombrir, assommer, cramponner, embêter, endormir, étourdir, excéder, fatiguer, importuner, indisposer, insupporter, lanciner, lasser, obséder, peser, tourmenter [b] arg. ou fam. : barber, bassiner, courir sur le haricot, cramponner, emmerder, emmieller, emmouscailler, empoisonner, enquiquiner, faire chier/suer/tartir, peler, poisser, raser, taler, tanner [2] par ext. → **affliger** [3] tourner en rond

ennuyeux, euse [1] adj. [a] agaçant, assommant, assoupissant, contrariant, cramponnant, dégoûtant, désagréable, écœurant, embêtant, empoisonnant, endormant, énervant, ennuyant, fâcheux, fade, fastidieux, fatigant, harcelant, inintéressant, inquiétant, insupportable, lancinant, lent, mortel, narcotique, obsédant, oiseux, pénible, pesant, rasant, rebutant, sempiternel, soporifique, térébrant, triste [b] arg. ou fam. : barbant, barbifiant, bassinant, canulant, chiant, chiatique, emmerdant, emmouscaillant, râlant, rasoir, suant, tannant, vaseux, vasouillard [2] nom. → **importun**

énoncé n.m. → **énonciation**

énoncer affirmer, alléguer, articuler, avancer, déclarer, dire, écrire, émettre, expliciter, exposer, exprimer, former, formuler, notifier, parler, proférer, prononcer, proposer, stipuler

énonciation n.f. affirmation, articulation, communication, donnée, élocution, énoncé, expression, formulation, proposition, stipulation

enorgueillir (s') → **flatter (se)**

énorme [1] → **démesuré** [2] → **grand** [3] → **extraordinaire**

énormément [1] → **beaucoup** [2] → **très**

énormité n.f. [1] → **grandeur** [2] → **extravagance**

enquérir (s') chercher, couvrir (un événement), demander, enquêter, étudier, examiner, s'informer, s'instruire, observer, rechercher, se renseigner

enquête n.f. [1] → **recherche** [2] → **sondage**

enquêter → **enquérir (s')**

enquêteur, teuse n.m. ou f. [1] détective → **policier** [2] perquisiteur, sondeur

enquiquiner → **ennuyer**

enracinement n.m. → **fixation**

enraciner → **fixer**

enragé, e [1] → **violent** [2] → **furieux** [3] → **extrémiste**

enrager → **rager**

enrayer [1] → **freiner** [2] → **arrêter** [3] → **étouffer**

enrégimenter → **enrôler**

enregistrement n.m. [1] archivage, immatriculation, inscription, mention, transcription [2] bande, cassette, film, microsillon

enregistreur, euse nom et adj. compteur, encodeur, horodateur, indicateur, parcmètre, pointeuse, taximètre, thermostat ◆ fam. : boîte noire, mouchard

enregistrer [1] → **inscrire** [2] → **noter** [3] → **imprimer**

enrhumé, e enchifrené, tousseur

enrichir [1] [a] → **augmenter** [b] → **orner** [2] v. pron. [a] s'accroître, augmenter, se développer, s'engraisser, faire fortune/son beurre (fam.), profiter [b] doter, embellir, garnir, orner

enrichissant, e → **profitable**

enrichissement n.m. → **augmentation**

enrober [1] → **enduire** [2] → **envelopper**

enrôlement n.m. → **embrigadement**

enrôler embrigader, engager, enrégimenter, incorporer, lever des troupes, mobiliser, racoler, recruter

enroué → **rauque**

enrouement n.m. chat dans la gorge, éraillement, extinction de voix, raucité

enroulement n.m. → **volute**

enrouler → **rouler**

ensabler [1] → **combler** [2] v. pron. → **échouer**

enseignant, e nom et adj. → **maître**

enseigne [1] n.f. a : affiche, écusson, pancarte, panneau, panonceau b → **drapeau** [2] n.m. → **chef**

enseignement n.m. [1] → **leçon** [2] chaire, discipline, matière, pédagogie, professorat [3] apologue, fable, moralité

enseigner [1] au pr. : apprendre, démontrer, éclairer, éduquer, expliquer, faire connaître, former, inculquer, indiquer, initier, instruire, montrer, professer, révéler [2] relig. : catéchiser, convertir, évangéliser, prêcher

ensemble [1] adv. : à la fois, à l'unisson, au total, conjointement, collectivement, coude à coude, d'accord, de concert, de conserve, de front, du même pas, en accord/bloc/chœur/commun/concordance/harmonie/même temps, simultanément, totalement [2] n.m. a → **totalité** b → **union** [3] → **orchestre** [4] → **bâtiment**

ensemblier n.m. → **décorateur**

ensemencement n.m. semailles, semis

ensemencer → **semer**

enserrer [1] → **enfermer** [2] → **entourer**

ensevelir → **enterrer**

ensevelissement n.m. → **enterrement**

ensoleiller [1] au pr. : insoler [2] fig. → **égayer**

ensorcelant, e [1] → **attirant** [2] → **charmant**

ensorceler → **charmer**

ensorceleur, euse n.m. ou f. [1] → **séducteur** [2] → **sorcier**

ensorcellement n.m. → **magie**

ensuite → **puis**

ensuivre (s') → **résulter**

entablement n.m. → **corniche**

entacher → **salir**

entaille n.f. adent, coche, coupure, cran, crevasse, échancrure, encoche, épaufrure, faille, fente, feuillure, hoche, incision, mortaise, onglet, raie, rainure, rayure, ruinure, scarification, sillon, taille (vx) → **blessure**

entailler et **entamer** [1] cocher, couper, cranter, créneler, creuser, diminuer, ébrécher, écorner, encocher, épaufrer, haver, inciser, jabler, mortaiser, rainer, rainurer, toucher à [2] fig. a → **commencer** b → **entreprendre** c → **vaincre** d → **blesser**

entassement n.m. abattis, accumulation, agglomération, amas, amoncellement, assemblage, capharnaüm, chantier, empilage, empilement, encaquement, encombrement, pile, pyramide, rassemblement, réunion, tas

entasser [1] accumuler, agglomérer, amasser, amonceler, assembler, collectionner, emmagasiner, empiler, encaquer, gerber, mettre en pile/pilot/tas, multiplier, pacquer, presser, réunir, serrer, tasser [2] → **économiser** [3] v. pron. : s'écraser

ente n.f. → **greffe**

entendement n.m. bon sens, cerveau, cervelle, clairvoyance, compréhension, conception, discernement, esprit, faculté, imagination, intellect, intellection, intellectualisation, intelligence, jugement, lucidité, pénétration, raison, talent, tête

entendre [1] phys. : auditionner, écouter, percevoir [2] par ext. a attraper, avoir une idée, comprendre, concevoir, embrasser, pénétrer, réaliser, se rendre compte, saisir, voir b → **connaître** c → **vouloir** d → **consentir** [3] v. pron. a s'accorder, agir de concert, s'arranger, se concerter, être de connivence/d'intelligence, pactiser, s'unir b s'accorder, s'aimer, faire bon ménage, fraterniser, sympathiser, vivre en bonne intelligence ♦ vx : compatir, corder c se comprendre, s'interpréter, signifier

entendu, e → **capable**

enténébrer [1] → **obscurcir** [2] → **affliger**

entente n.f. [1] → **accord** [2] compréhension → **union**

enter [1] bouturer, greffer [2] → **ajouter**

entériner → **confirmer**

entérite n.f. colite, entérocolite

enterrement n.m. convoi, derniers devoirs/honneurs, deuil, enfouissement, ensevelissement, funérailles, inhumation, mise en bière/au sépulcre/au tombeau, obsèques → **sépulture**

enterrer [1] enfouir, ensevelir, inhumer, mettre/porter en terre, rendre les derniers honneurs [2] pron. : se cacher, se confiner, disparaître, faire/prendre retraite, s'isoler, se retirer

entêtant, e → **enivrant**

entêté, e → **têtu**

entêtement n.m. → **obstination**

entêter [1] → **étourdir** [2] v. pron. a au pr. → **engouer (s')** b par ext. : s'accrocher, se cramponner, s'enferrer, ne pas démordre, s'obstiner, s'opiniâtrer, persévérer, poursuivre, rester

enthousiasmant, e → **passionnant**

enthousiasme n.m. admiration, allégresse, ardeur, célébration, délire, démon, dithyrambe, ébahissement, éblouissement, emballement, émerveillement, enchantement, enfièvrement, engouement, entraînement, exaltation, extase, fanatisme, feu, flamme, frénésie, fureur, génie, inspiration, ivresse, joie, lyrisme, optimisme, passion, ravissement, succès, transport, triomphe, zèle

enthousiasmer [1] → **transporter** [2] v. pron. : admirer, s'emballer, s'émerveiller, s'échauffer, s'enfiévrer, s'enflammer, s'engouer, s'enivrer, s'exalter, s'exciter, s'extasier, se pâmer, se passionner, se récrier d'admiration

enthousiaste nom et adj. admirateur, ardent, brûlant, charmé, chaud, dévot, emballé, émerveillé, emporté, enchanté, enflammé, enfiévré, exalté, excité, fana (fam.), fanatique, fervent, idolâtre, idolâtrique, inassouvi, inspiré, lyrique, mordu, passionné, zélateur, zélé

entichement n.m. → **toquade**

enticher (s') → **engouer (s')**

entier, ère [1] absolu, aliquote, complet, franc, global, inentamé, intact, intégral, parfait, plein, plénier, sans réserve, total [2] → **têtu**

entièrement [1] → **absolument** [2] → **complètement**

entité n.f. abstraction, caractère, essence, être, existence, idée, nature

entôler → **voler**

entonner → **commencer**

entonnoir n.m. [1] chantepleure, trémie [2] anat. : infundibulum

entorse n.f. [1] au pr. : déboîtement, désarticulation, dislocation, effort, élongation, foulure, luxation [2] fig. : altération, atteinte, contravention, dommage, écart, entrave, erreur, faute, manquement

entortiller [1] au pr. → **envelopper** [2] fig. → **séduire**

entour(s) n.m. [1] → **entourage** [2] → **environs**

entourage n.m. cercle, compagnie, entours, environnement, milieu, proches, société, voisinage

entourer [1] au pr. : assiéger, border, ceindre, ceinturer, cerner, circonscrire, clore, clôturer, corseter, couronner, embrasser, encadrer, enceindre, enclaver, enclore, enfermer, enrouler, enserrer, envelopper, étreindre, fermer, garnir, hérisser, murer, palissader, resserrer [2] par ext. : accabler, assister, combler, être aux petits soins, prendre soin, vénérer [3] géogr. : baigner

entourloupette n.f. → **tromperie**

entracte n.m. [1] → **intervalle** [2] → **saynète**

entraide n.f. → **secours**

entraider (s') → **soutenir**

entrailles n.f. pl. → **viscère**

entrain n.m. [1] → **gaieté** [2] → **vivacité**

entraînant, e [1] → **gai** [2] → **probant**

entraînement n.m. [1] méc. : engrenage, mouvement, transmission [2] fig. a fav. : chaleur, élan, emballement, enthousiasme, exaltation b non fav. : faiblesse, impulsion [3] → **exercice**

entraîner [1] au pr. : attirer, charrier, embarquer, emporter, enlever, traîner [2] par ext. a → **inviter** b → **occasionner** c → **exercer** [3] v. pron. → **exercer (s')**

entraîneur n.m. [1] → **chef** [2] → **instructeur**

entraîneuse n.f. allumeuse (arg.), taxi-girl

entrait n.m. tirant

entrave n.f. [1] billot, chaîne, fer, lien [2] → **obstacle**

entraver [1] → **embarrasser** [2] → **empêcher** [3] v. pron. : s'embarrer (équit.) → **trébucher**

entre au milieu de, dans, parmi

entrebâiller → **ouvrir**

entrechat n.m. → **cabriole**

entrechoquer → **choquer**

entrecouper → **interrompre**

entrecroiser → **croiser**

entrée n.f. [1] → **accès** [2] → **ouverture** [3] → **seuil** [4] → **vestibule** [5] → **commencement** [6] **entrée en matière** → **introduction**

entrefaite n.f. [1] vx a → **intervalle** b → **moment** [2] **sur ces entrefaites** → **alors**

entrefilet n.m. → **article**

entregent n.m. → **habileté**

entrelacement n.m. entrecroisement, entrelacs, entremêlement (vx), lacis, réseau

entrelacer [1] → **serrer** [2] → **tresser**

entrelarder (fig.) [1] → **emplir** [2] → **insérer**

entremêler → **mélanger**

entremets n.m. → **pâtisserie**

entremetteur n.m. → **intermédiaire**

entremetteuse n.f. [1] maquerelle, sous-maîtresse, tôlière, vieille → **proxénète** [2] vx : appareilleuse, marchande à la toilette, matrone, pourvoyeuse [3] arg. : fourgueuse de poules, maqua, mère d'occase

entremettre (s') → **intervenir**

entremise n.f. arbitrage, canal, intercession, intermédiaire, interposition, intervention, médiation, ministère, moyen, organe, propitiation, soins, truchement, voie

entreposer déposer, stocker

entrepôt n.m. → **magasin**

entreprenant, e [1] → **actif** [2] → **hardi**

entreprendre [1] fav. ou neutre : attaquer, avoir/prendre l'initiative, commencer, se disposer à, embrayer, enclencher, engager, engrener, entamer, essayer, se mettre à, mettre la main à, prendre à tâche, se proposer de, tenter [2] non fav. : on entreprend quelque chose contre : attenter à/contre/sur, causer un dommage à, commettre, déclencher, déroger à, empiéter sur, perpétrer, porter atteinte/préjudice à, oser, risquer, toucher à

entrepreneur n.m. → **bâtisseur**

entreprise n.f. [1] action, affaire, aventure, chose, dessein, disposition, essai, mesures, œuvre, opération, ouvrage, plan, projet, tentative, travail [2] → **établissement**

entrer [1] accéder, aller, avancer, s'enfiler, s'enfoncer, s'engager, s'engouffrer, envahir, se faufiler, forcer, se glisser, s'introduire, se lancer, passer, pénétrer, venir [2] arg. : embusquer [3] → **adopter**

entresol n.m. mezzanine

entre-temps n.m. et adv. époque, ère, intervalle, période → **moment**

entretenir [1] a → **conserver** b → **nourrir** [2] v. pron. a → **exercer (s')** b → **parler**

entretien n.m. [1] → **conversation** [2] maintenance → **réparation**

entretoise n.f. → **traverse**

entrevoir → **voir**

entrevue n.f. → **rencontre**

entuber → **tromper**

énumération n.f. → **dénombrement**

énumérer → **dénombrer**

envahir [1] au pr. a → **emparer (s')** b → **remplir** [2] fig. : absorber, accaparer, coincer, coller, empiéter, s'étendre à, gagner, mettre le grappin/la main sur, occuper, retenir, tenir la jambe

envahissant, e → **importun**

envahissement n.m. → **incursion**

envahisseur n.m. agresseur, colonisateur, impérialiste, occupant

enveloppant, e → **séduisant**

enveloppe n.f. [1] au pr. a bot. : bale ou balle, bogue, brou, capsule, cerneau, cupule, écale, écalure, endocarpe, épiderme, gousse, membrane, peau, péricarpe, tégument, zeste b chape, contenant, cornet, écrin, emballage, étui, fourreau, gaine, housse, robe, taie, vêtement c zool. : carapace, coquille, cuirasse, écaille, tégument, test d anat. : capsule, péricarde, péritoine, plèvre e gangue [2] fig. → **symbole**

envelopper [1] au pr. : bander, couvrir, draper, emballer, embobeliner, emmailloter, emmitoufler, empaqueter, enrober, entortiller, entourer, guiper, habiller [2] fig. [a] → **cacher** [b] → **encercler** [c] → **comprendre**

envenimer [1] → **empoisonner** [2] → **irriter** [3] v. pron. → **empirer**

envergure n.f. → **largeur**

envers [1] prép. : à l'égard/l'endroit de, avec, pour, vis-à-vis de [2] n.m. → **revers**

envi (à l') à qui mieux mieux, en rivalisant

enviable → **souhaitable**

envie n.f. [1] au pr. [a] appétence, besoin, désir, faim, goût, inclination, libido, soif [b] non fav. : concupiscence, convoitise, cupidité, démangeaison, dépit, fringale, fureur, jalousie, lubie, rivalité [c] grain de beauté, nævus [2] [a] **avoir envie** → **vouloir** [b] **porter envie** → **envier**

envier [1] avoir envie, désirer, souhaiter → **vouloir** [2] non fav. : convoiter, haïr, jalouser, porter envie [3] par ext. → **refuser**

envieux, euse nom et adj. avide, baveux, cupide, jaloux, insatiable, insatisfait, zoïle

environ à peu près, approchant, approximativement, à première vue, autour de, bien, dans les, grossièrement, grosso modo, pas tout à fait, presque, un peu moins/plus, quelque, sommairement → **environs** ◆ fam. : au pif/pifomètre, à vue de nez, comme qui dirait, couci-couça

environnant, e ambiant, circonvoisin, proche, voisin

environnement n.m. [1] → **entourage** [2] → **environs**

environner → **entourer**

environs n.m. pl. abord, alentours, côté, environnement, périphérie, proximité, voisinage ◆ vx : contours, entours

envisageable → **possible**

envisager [1] → **regarder** [2] → **penser**

envoi n.m. [1] → **expédition** [2] → **dédicace**

envol n.m. décollage → **vol**

envolée n.f. [1] → **élan** [2] → **inspiration**

envoler (s') → **passer**

envoûtant, e → **attirant**

envoûtement n.m. → **magie**

envoûteur n.m. → **sorcier**

envoûteuse n.f. → **sorcière**

envoûter [1] au pr. → **charmer** [2] fig. → **gagner**

envoyé, e agent, ambassadeur, attaché, chargé d'affaires/de mission, commissaire, commissionnaire, congressiste, curateur, délégué, député, émissaire, fondé de pouvoir, héraut, homme de confiance, légat, mandataire, messager, ministre, missionnaire, parlementaire, participant, plénipotentiaire, représentant, responsable ◆ péj. : bouc émissaire, tête de Turc

envoyer [1] au pr. : adresser, commettre, déléguer, dépêcher, députer, expédier, mandater, subdéléguer [2] par ext. → **jeter**

épais, se [1] au pr. : abondant, broussailleux, buissonneux, compact, concret (vx), consistant, dense, dru, empâté, fort, fourni, gras, gros, grossier, large, oléiforme, profond [2] par ext. [a] béotien, crasse, lourd, pesant [b] carré, charnu, court, gras, gros, massif, mastoc, râblé, ramassé, trapu [3] **langue épaisse** : chargée, pâteuse

épaisseur n.f. [1] au pr. [a] abondance, consistance, étendue, grosseur, jouée (techn.), largeur, profondeur [b] carre, compacité, densité, lourdeur, viscosité [2] → **bêtise**

épaissir v. tr. et intr. → **grossir**

épaississement n.m. [1] → **grosseur** [2] → **obscurcissement**

épanchement n.m. [1] au pr. : dégorgement, déversement, écoulement, effusion, extravasation, hémorragie, infiltration, suffusion [2] par ext. : abandon, aveu, confidence, effusion, expansion

épancher [1] → **verser** [2] v. pron. [a] au pr. → **couler** [b] fig. s'abandonner, se confier, se débonder, déborder, exhaler, faire des confidences, se livrer, s'ouvrir, parler [c] vx : se dégorger, se répandre

épandre → **verser**

épanoui, e [1] → **ouvert** [2] → **réjoui**

épanouir [1] → **fleurir** [2] → **ouvrir**

épanouissement n.m. [1] → **éclosion** [2] → **plénitude**

épargne n.f. → **économie**

épargner [1] → **économiser** [2] → **ménager** [3] → **conserver** [4] → **préserver** [5] → **éviter**

éparpillement n.m. → **dispersion**

éparpiller → **disperser**

épars, e clair, clairsemé, constellé, dispersé, disséminé, dissocié, divisé, écarté, échevelé, égaré, éloigné, éparpillé, flottant, maigre, rare, raréfié, séparé, sporadique

épatant, e → **extraordinaire**

épaté, e [1] → **ébahi** [2] → **camus**

épatement n.m. → **surprise**

épate n.f. [1] → **bluff** [2] → **montre**

épater [1] → **ébahir** [2] → **étendre**

épaulement n.m. → **appui**

épauler fig. → **appuyer**

épave n.f. [1] → **décombres** [2] → **ruine** [3] → **loque** [4] (tas de) ferraille

épée n.f. arme blanche, bancal, braquemart, braquet, brette, briquet, carrelet, cimeterre, claymore, coupe-chou, coutelas, croisette, cure-dent (fam.), damas, espadon, estoc, estocade, estramaçon, fer, flambe, flamberge, fleuret, glaive, lame, latte, plommée, rapière, rondelle, sabre, spathe, yatagan

épeler → **déchiffrer**

éperdu, e → **ému**

éperdument follement → **beaucoup**

éperon n.m. [1] au pr. : ergot, molette [2] géogr. : dent, plateau, pointe, saillie [3] fig. : aiguillon, excitant, stimulant

éperonner → **exciter**

épervier n.m. [1] → **filet** [2] → **faucon**

éphèbe n.m. → **jeune**

éphémère → **passager**

éphéméride n.f. → **calendrier**

épice n.m. → **assaisonnement**

épicé, e → **poivré**

épicer → **assaisonner**

épicerie n.f. coopérative, magasin d'alimentation, self-service, supérette → **magasin**

épicier, ière n.m. ou f. → **commerçant**

épicurien, ne nom et adj. [1] bon vivant, charnel, hédoniste, jouisseur, libertin (vx), libre, passionné, sensuel, sybarite, voluptueux [2] luxurieux, pourceau d'Épicure

épicurisme n.m. eudémonisme, hédonisme

épidémie n.f. [1] contagion, enzootie, épizootie (vét.), trousse-galant (vx) [2] → **manie**

épidémique [1] contagieux, épizootique (vét.), pandémique, récurrent [2] fig. → **communicatif**

épiderme n.m. → **peau**

épier espionner, être/se tenir aux aguets, filer, guetter, se mettre/se tenir à l'affût, observer, pister, surveiller → **regarder** ◆ arg. : faire le pet, fliquer, pister, planquer

épieu n.m. → **bâton**

épigramme n.f. [1] → **satire** [2] → **brocard**

épigraphe n.f. → **inscription**

épilepsie n.f. → **convulsion**

épiler débourrer, dépiler

épilogue n.m. → **conclusion**

épiloguer → **chicaner**

épine n.f. [1] aiguillon, arête, écharde, spinelle [2] épine dorsale : colonne vertébrale, dos, échine, rachis [3] fig. → **difficulté**

épinette n.f. [1] cage, mue [2] → **clavecin**

épineux, euse → **difficile**

épingle n.f. [1] au pr. : agrafe, attache, broche, camion, clips, drapière, fibule, pince [2] fig. → **gratification** [3] [a] **tiré à quatre épingles** → **élégant** [b] **tirer son épingle du jeu** → **libérer (se)**

épingler [1] accrocher, agrafer, attacher, fixer, poser [2] → **arrêter**

épique [1] → **héroïque** [2] → **extraordinaire**

épisode n.m. [1] → **digression** [2] → **événement** [3] → **péripétie**

épisodique [1] → **intermittent** [2] → **secondaire**

épisser → **joindre**

épistaxis n.f. → **hémorragie**

épistolier, ère n.m. ou f. épistolaire → **écrivain**

épitaphe n.f. → **inscription**

épithète n.f. [1] adjectif, déterminant [2] par ext. [a] attribut, injure, invective, qualificatif [b] éloge, louange

épitomé n.m. → **abrégé**

épître n.f. → **lettre**

épizootique → **épidémique**

éploré, e → **chagrin**

éployer → **étendre**

éplucher [1] décortiquer, écaler, écorcer, écosser, nettoyer, peler [2] → **examiner**

épluchure n.f. [1] → **déchet** [2] → **reste**

éponger → **sécher**

épopée n.f. → **événement**

époque n.f. âge, cycle, date, ère, étape, jours, moment, monde, période, saison, siècle, temps

époumoner (s') → **crier**

épousailles n.f. pl. → **mariage**

épouse n.f. [1] au pr. : compagne, conjointe → **femme** [2] fam. : bobonne, bourgeoise, gouvernement, légitime, ministre, moitié, régulière

épousée n.f. → **mariée**

épouser [1] au pr. : s'allier, s'attacher à, choisir, convoler, se marier, s'unir [2] fig. → **embrasser**

épouseur n.m. → **fiancé**

épousseter → **nettoyer**

époustouflant, e → **extraordinaire**

époustoufler → **étonner**

épouvantable → **effrayant**

épouvantail n.m. croquemitaine, fantôme, loup-garou, mannequin → **ogre**

épouvante n.f. affolement, affres, alarme, angoisse, appréhension, consternation, crainte, effroi, épouvantement (vx), frayeur, horreur, inquiétude, panique, peur, terreur

épouvanter affoler, alarmer, angoisser, apeurer, atterrer, consterner, effarer, effrayer, faire fuir, horrifier, inquiéter, stupéfier, terrifier, terroriser

époux n.m. [1] compagnon, conjoint, mari, seigneur et maître → **homme** [2] arg. et/ou fam. : bonhomme, branque, jules, patron, porte-couilles

épreintes n.f. pl. → **colique**

éprendre (s') s'amouracher, s'attacher à, avoir le béguin/le coup de foudre, se coiffer de, s'emballer, s'embraser, s'énamourer, s'enflammer, s'engouer, s'enthousiasmer, s'enticher, gober, goder (arg.), se passionner, se toquer, tomber amoureux

épreuve n.f. [1] → **expérimentation** [2] → **compétition** [3] → **difficulté** [4] → **malheur**

épris, e [1] → **amoureux** [2] par ext. : féru, fou, passionné, polarisé (fam.), séduit

éprouvant, e → **pénible**

éprouvé, e → **sûr**

éprouver [1] → **expérimenter** [2] → **sentir** [3] → **recevoir**

épuisant, e → **tuant**

épuisé, e → **fatigué**

épuisement n.m. [1] → **fatigue** [2] → **langueur** [3] assèchement, tarissement

épuiser [1] au pr. : assécher, dessécher, mettre à sec, pomper, sécher, tarir, vider [2] par ext. [a] → **fatiguer** [b] → **affaiblir**

épuisette n.f. → **filet**

épuration n.f. [1] → **purification** [2] balayage, chasse aux sorcières, coup de balai, exclusion, expulsion, liquidation, purge, règlement de comptes

épure n.f. → **plan**

épurer [1] au pr. : apurer (vx), clarifier, décanter, déféquer, dépolluer, distiller, expurger, filtrer, purger, purifier, raffiner, rectifier [2] fig. [a] quelqu'un : expulser, supprimer, purger [b] une chose : affiner, améliorer, châtier, perfectionner, polir

équanimité n.f. → **impassibilité**

équarrir [1] → **découper** [2] → **tailler**

équerre n.f. biveau, graphomètre, sauterelle, té

équilibre n.m. [1] au pr. : aplomb, assiette, attitude, contrepoids, stabilité [2] fig. [a] accord, balance, balancement, compensation, égalité, harmonie, juste milieu, moyenne, pondération, symétrie [b] entrain, forme, plénitude, santé [c] coexistence pacifique, compromis, paix précaire/provisoire, statu quo

équilibré, e [1] → **modéré** [2] → **stable** [3] → **raisonnable**

équilibrer balancer, compenser, contrebalancer, corriger, égaler, équivaloir, neutraliser, pondérer, répartir, tarer

équilibriste n.m. ou f. → **acrobate**

équipage n.m. [1] → **bagage** [2] apparat, appareil, arsenal (fam.), arroi, attirail, cortège, escorte, suite, train, tralala, vautrait (vén.)

équipe n.f. brigade, écurie, escouade, groupe, pool, troupe

équipée n.f. [1] → **écart** [2] → **escapade**

équipement n.m. 1 → outillage 2 → bagage
équiper → pourvoir
équipier, ère n.m. ou f. → partenaire
équitable → juste
équitation n.f. art équestre, concours hippique, dressage, haute école, hippisme, manège, steeple-chase, voltige
équité n.f. → justice
équivalence n.f. → égalité
équivalent n.m. 1 → compensation 2 → synonyme
équivalent, e 1 → égal 2 → pareil
équivaloir → égaler
équivoque 1 adj. a au pr. → ambigu b par ext. → suspect 2 n.f. → jeu (de mots)
érafler → déchirer
éraflure n.f. → déchirure
éraillé, e 1 au pr. → usé 2 par ext. → rauque
ère n.f. → époque
érection n.f. 1 au pr. : construction, création, dressage, édification, élévation, établissement, fondation, institution, surrection, surgissement 2 méd. : dilatation, éréthisme, intumescence, raideur, redressement, rigidité, tension, tumescence, turgescence, vultuosité
éreintant, e → tuant
éreintement n.m. 1 → fatigue 2 → médisance
éreinter 1 au pr. a → fatiguer b → battre 2 fig. a → critiquer b → médire
éréthisme n.m. colère, courroux, énervement, exaltation, exaspération, excitation, fièvre, irritation, surexcitation, tension, violence → érection
ergastule n.m. 1 → cachot 2 → prison
ergot n.m. → ongle
ergotage n.m. → chicane
ergoteur, euse nom et adj. → chicaneur
ergoter argumenter, atermoyer, chicaner, discourir, discuter, disputer, disserter, épiloguer, pérorer, polémiquer, rabâcher, radoter, raisonner, ratiociner, tergiverser ♦ fam. : couper les cheveux en quatre, discutailler, disputailler, enculer les mouches (très fam.), noyer le poisson, pinailler
ériger 1 → élever 2 → établir 3 → promouvoir
ermitage n.m. 1 a au pr. : ashram, désert, retraite, solitude, thébaïde b par ext. : abbaye, chartreuse, cloître, couvent, monastère, prieuré 2 chalet, folie, pavillon → habitation
ermite n.m. 1 anachorète, ascète, dendrite, reclus, solitaire, stationnaire, stylite 2 par ext. non fav. : insociable, misanthrope, reclus, sauvage, vieux de la montagne
éroder → dégrader
érosion n.f. 1 → corrosion 2 → usure
érotique 1 amoureux, anacréontique, aphrodisiaque, excitant, galant, libéré, libre, sensuel, sexuel, sexy, voluptueux 2 non fav. : cochon, licencieux, polisson, pornographique (péj.), provocateur
érotisme n.m. → volupté
errance n.f. aventure, course, déplacement, égarement, fugue, instabilité, flânerie, nomadisme, pérégrination, promenade, randonnée, rêverie, vagabondage, voyage
errant, e 1 géol. : erratique 2 ambulant, aventurier, fugitif, fugueur, nomade, vagabond 3 égaré, flottant, furtif, instable, mobile, mouvant, perdu
erratique → mouvant
erre n.f. 1 → élan 2 → marche
errements n.m. pl. 1 comportement, conduite, habitude, méthode, procédé 2 non fav. : abus, bévue, dérèglement, désordre, divagation, écart, égarement, errance, erreur, faute, flottement, hésitation, impénitence, inconduite, indécision, ornière, péché, routine
errer 1 aller à l'aventure/à l'aveuglette/au hasard/çà et là, se balader, battre l'estrade/le pavé, courir les champs/les rues, déambuler, dévier de sa route/son chemin, divaguer, s'égarer, flâner, galérer (fam.), marcher, passer, se perdre, se promener, rôder, rouler sa bosse, tourner en rond, tournailler, traînasser, traîner, vadrouiller, vagabonder, vaguer 2 → rêver 3 → tromper (se)
erreur n.f. aberration, ânerie, bavure, béjaune (vx), bévue, blague, boulette, bourde, brioche, confusion, cuir, défaut, écart, égarement, errement, faute, fourvoiement, gaffe, illusion, lapsus, maldonne, malentendu, manquement, mastic, mécompte, mégarde, méprise, paralogisme, quiproquo, sophisme, vice de raisonnement → bêtise
erroné, e → faux
ersatz n.m. → succédané
erse et **erseau** n.f., n.m. → boucle
érubescence n.f. → rougeur
éructation n.f. exhalaison, hoquet, nausée, refoulement (fam.), renvoi, rot
éructer 1 → roter 2 → proférer
érudit, e nom et adj. → savant
érudition n.f. → savoir
éruption n.f. 1 au pr. : bouillonnement, débordement, ébullition, écoulement, émission, évacuation, explosion, jaillissement, sortie 2 méd. : confluence, dermatose, efflorescence, inflammation, poussée, rash, vaccinelle
esbroufe n.f. → hâblerie
escabeau n.m. 1 → siège 2 → échelle
escadron n.m. → troupe
escalade n.f. 1 ascension, grimpette (fam.), montée, varappe 2 → émulation 3 → menace
escalader → monter
escale n.f. 1 mar. : échelle (vx), port, relâche 2 → étape 3 faire escale → relâcher
escalier n.m. colimaçon, degré, descente, Escalator, marches, montée
escamotage n.m. 1 tour de passe-passe → prestidigitation 2 → tromperie 3 → habileté
escamoter 1 → dérober 2 → cacher
escamoteur, euse n.m. ou f. 1 au pr. : acrobate, illusionniste, jongleur, magicien, manipulateur, prestidigitateur, physicien (vx) 2 par ext. non fav. → voleur
escampette n.f. 1 → fuite 2 prendre la poudre d'escampette → enfuir (s')
escapade n.f. 1 neutre : absence, bordée, caprice, échappée, équipée, évasion, frasque, fredaine, fugue, prétentaine, sortie 2 non fav. → écart
escarbille n.f. 1 → charbon 2 → poussière
escarcelle n.f. → bourse
escargot n.m. → limaçon
escargotière n.f. héliciculture
escarmouche n.f. → engagement
escarpe 1 n.f. a → talus b → enceinte 2 n.m. → vaurien
escarpé, e abrupt, à pic, ardu, difficile, malaisé, montant, montueux, raide, roide
escarpement n.m. → pente
escarpin n.m. → soulier
escarpolette n.f. → balançoire
esche n.f. → aiche
escient (à bon) → sciemment
esclaffer (s') → rire
esclandre n.m. → scandale
esclavage n.m. → servitude
esclave n.m. ou f. et adj. 1 asservi, assujetti, captif, corvéable, dépendant, domestique, ilote, prisonnier, serf, valet → serviteur 2 fig. : chien, chose, inférieur, jouet, pantin
escogriffe n.m. → géant
escompte n.m. 1 avance 2 agio, boni, prime, réduction → remise
escompter 1 avancer, faire une avance, prendre un billet/un papier/une traite à l'escompte, hypothéquer 2 anticiper, attendre, compter sur, devancer, espérer, prévenir, prévoir
escopette n.f. espingole, tromblon
escorte n.f. → suite
escorter → accompagner
escouade n.f. → troupe
escrimer (s') 1 au pr. → lutter 2 fig. a → essayer b → discuter
escroc n.m. 1 → fripon 2 → voleur
escroquer → voler
escroquerie n.f. 1 → tromperie 2 → vol
ésotérique → secret
ésotérisme n.m. → occultisme
espace n.m. 1 atmosphère, ciel, étendue, éther, immensité, infini → univers 2 champ, distance, écart, écartement, éloignement, entrevous (techn.), intervalle, portion, superficie, surface, zone 3 a → rang b → fente 4 comma (mus.), durée, intervalle, laps
espacé, e 1 distant, échelonné, éloigné, épars 2 → rare
espacement n.m. alinéa, blanc, interligne, interstice, intervalle, marge
espacer → séparer
espadrille n.f. 1 → chausson 2 → soulier
espagnol, e nom et adj. 1 hispanique, ibère, ibérien, ibérique 2 hispanisant, hispanisme 3 andalou, basque, castillan, catalan, navarrais
espagnolette n.f. → poignée
espalier n.m. candélabre, cordon, palissade, palmette, treillage
espèce n.f. 1 → genre 2 → sorte 3 au pl. → argent
espérance aspiration, assurance, attente, certitude, confiance, conviction, croyance, désir, espoir, expectative, foi, illusion, perspective, prévision
espérer aspirer à, attendre, avoir confiance, compter sur, entrevoir, escompter, faire état de, se flatter de, penser, présumer, se promettre, souhaiter, tabler sur
espiègle nom et adj. agaçant (péj.), badin, coquin, démon, diable, diablotin, éveillé, folâtre, frétillant, fripon, lutin, malicieux, malin, mâtin, mièvre (vx), mutin, pétillant, polisson, subtil, turbulent
espièglerie n.f. → plaisanterie
espingole n.f. escopette, tromblon
espion, ne n.m. ou f. 1 agent, (honorable) correspondant, émissaire, indicateur, informateur, limier, sous-marin, taupe ♦ vx : affidé, argus, épieur 2 délateur, dénonciateur, mouchard, rapporteur, traître 3 arg. : balance, casserole, cuisinier, indic, mouche, mouton, treize-à-table
espionnage n.m. → surveillance
espionner → épier
esplanade n.f. → place
espoir n.m. → espérance
esprit n.m. 1 au pr. a âme, animation, caractère, cœur, conscience, être, homme, moi, pensée, personnalité, souffle, soupir, sujet, verbe, vie b alcool, essence, quintessence, vapeur 2 par ext. : adresse, à-propos, bon sens, brillant, causticité, discernement, disposition, entendement, finesse, génie, humour, imagination, ingéniosité, intellection, intelligence, invention, ironie, jugement, lucidité, malice, méditation, mentalité, naturel, raison, réflexion, sel, sens commun, talent, verve, vivacité ♦ fam. : comprenette, jugeote, méninges 3 être immatériel. a divinité → dieu b ange, démon, élu c fantôme, mânes, revenant, spectre d → génie 4 loc. a esprit fort → incroyant b bel esprit → spirituel c bon esprit → accommodant d mauvais esprit → insoumis (adj.) e dans l'esprit de : angle, aspect, but, dessein, idée, intention, point de vue f esprit de corps : chauvinisme (péj.), solidarité g trait d'esprit → trait h présence d'esprit → réflexe, décision
esquif n.m. → embarcation
esquinter 1 → détériorer 2 fig. a → médire b → fatiguer
esquisse n.f. → ébauche
esquisser 1 crayonner, croquer, dessiner, ébaucher, pocher, tracer 2 amorcer, brocher (vx), ébaucher, indiquer
esquive n.f. défense, parade, protection
esquiver 1 → éviter 2 v. pron. → enfuir (s')
essai n.m. 1 → expérimentation 2 → tentative 3 → article 4 → traité
essaim n.m. par ext. → multitude
essaimer 1 v. intr. : se disperser, se répandre 2 v. tr. : émettre, produire, répandre
essarter → débroussailler
essayer 1 v. tr. → expérimenter 2 v. intr. : chercher à, s'efforcer à/de, s'escrimer/s'évertuer à, faire l'impossible, s'ingénier à, tâcher à/de, tâtonner, tenter de
esse n.f. crochet → cheville
essence n.f. 1 → extrait 2 caractère, moelle, nature, qualité, quiddité (vx), quintessence, substance
essentiel, le → principal
essentiellement → principalement
esseulé, e → seul
essieu n.m. arbre, axe, boggie (par ext.), pivot
essor n.m. 1 → vol 2 → avancement
essorer centrifuger, sécher, tordre
essoufflement n.m. anhélation, dyspnée, étouffement, halètement, oppression, orthopnée, suffocation

essouffler (s') ahaner, anhéler, haleter

essuie-mains n.m. manuterge (relig.), serviette, torchon

essuyer 1 au pr. a → **nettoyer** b → **sécher** 2 fig. a → **recevoir** b → **subir**

est n.m. levant, orient

estacade n.f. → **digue**

estafette n.f. courrier, coursier, envoyé, exprès, messager

estafilade n.f. → **blessure**

estaminet n.m. → **cabaret**

estampe n.f. → **image**

estamper 1 au pr. → **imprimer** 2 fig. → **voler**

estampille n.f. → **marque**

estampiller → **imprimer**

estarie n.f. → **délai**

ester intenter, poursuivre, se présenter en justice

esthète nom et adj. amateur, artiste, connaisseur, dilettante, raffiné

esthéticien, ne n.m. ou f. visagiste

esthétique n.f. → **beau**

estimable aimable, appréciable, beau, bien, bon, honorable, louable, précieux, recommandable, respectable

estimation n.f. aperçu, appréciation, approche, approximation, arbitrage, calcul, cotation, détermination, devis, évaluation, expertise, mise à prix, prisée, taxation

estime n.f. → **égard(s)**

estimer 1 → **aimer** 2 apprécier, arbitrer, calculer, coter, déterminer, évaluer, expertiser, gober (arg.), mesurer, mettre à prix, priser, taxer 3 → **honorer** 4 compter, considérer, croire, être d'avis, faire cas, juger, penser, présumer, regarder comme, tenir pour

estivant, e n.m. ou f. aoûtien, bronzé, curiste, touriste, vacancier, villégiateur (vx)

estoc n.m. 1 racine, souche 2 vx → **race** 3 → **épée**

estocade n.f. attaque, botte, coup

estomac n.m. 1 au pr. a d'animaux : bonnet, caillette, feuillet, gésier, jabot, panse b gras-double, tripe 2 par ext. → **bedaine** 3 fig. : aplomb, cœur, courage, cran, culot

estomaquer → **étonner**

estomper 1 → **modérer** 2 v. pron. → **disparaître**

estonien, ne nom et adj. este

estoquer 1 → **tuer** 2 → **vaincre**

estourbir 1 → **battre** 2 → **tuer**

estrade n.f. chaire, échafaud, échafaudage, hourd (vx), podium, ring, scène, tréteaux, tribune

estran n.m. batture (québ.)

estrapade n.f. → **gibet**

estrope n.f. → **boucle**

estropié, e amputé, boiteux, cul-de-jatte, diminué physique, éclopé, essorillé (vx), handicapé, impotent, infirme, manchot, mutilé, unijambiste

estropier → **mutiler**

estuaire n.m. → **embouchure**

étable n.f. abri, bercail, bergerie, bouverie, bouvril, écurie, grange, hangar, porcherie, soue, vacherie

établir 1 → **prouver** 2 amener, commencer, constituer, créer, disposer, ériger, faire régner, fonder, former, impatroniser, implanter, importer, installer, instaurer, instituer, institutionnaliser, introduire, introniser, mettre, nommer, organiser, placer, poser 3 asseoir, bâtir, construire, édifier, fixer, fonder, jeter les fondements/les plans, placer, poser 4 camper, cantonner, loger, poster 5 fig. a caser, colloquer (vx), doter, marier b échafauder, forger, nouer 6 v. pron. : → **installer (s')**

établissement n.m. 1 agencement, constitution, création, disposition, érection, fondation, implantation, importation, installation, instauration, institution, introduction, intronisation, mise en place, nomination, organisation, placement, pose 2 affaire, atelier, boîte (fam.), chantier, commerce, comptoir, emporium, entreprise, exploitation, factorerie, firme, fonds, loge (vx), maison, usine

étage n.m. 1 → **palier** 2 → **rang**

étager → **ranger**

étagère n.f. 1 → **tablette** 2 partic. : archelle, balconnet

étai n.m. 1 → **appui** 2 → **soutien**

étal n.m. 1 → **table** 2 → **magasin**

étalage n.m. 1 au pr. : devanture, étal, éventaire, gondole, montre, présentoir, vitrine 2 fig. : montre, ostentation

étale → **stationnaire**

étalement n.m. → **répartition**

étaler 1 → **étendre** 2 → **montrer** 3 v. pron. a → **montrer (se)** b → **tomber**

étalon n.m. 1 → **cheval** 2 → **modèle**

étalonner calibrer → **vérifier**

étambot n.m. arrière, château, poupe

étanche → **imperméable**

étancher 1 → **sécher** 2 → **assouvir**

étançon n.m. → **appui**

étançonner 1 → **appuyer** 2 → **soutenir**

étang n.m. bassin, chott, lac, lagune, marais, mare, pièce d'eau, réservoir

étape n.f. 1 au pr. a auberge, caravansérail, couchée (vx), escale, gîte, halte, hôtel, relais b → **port** c par ext. : chemin, journée (vx), route, trajet 2 par ext. → **phase**

état n.m. 1 attitude, classe, condition, destin, existence, manière d'être, point, position, situation, sort, train de vie, vie 2 → **profession** 3 → **liste** 4 → **gouvernement** 5 → **nation** 6 loc. a **état d'esprit** → **mentalité** b **faire état** → **affirmer**

étatisation n.f. → **collectivisation**

étatiser → **nationaliser**

étatisme n.m. → **socialisme**

état-major n.m. bureaux, commandement, G.Q.G., quartier général, staff (arg. milit.), tête → **direction**

étau n.m. → **presse**

étayer 1 → **soutenir** 2 → **appuyer** 3 → **renforcer**

été n.m. beaux jours, belle saison, canicule, chaleurs, saison chaude/sèche

éteignoir n.m. fig. → **triste**

éteindre 1 consumer, étouffer 2 fig. a → **modérer** b → **détruire** 3 v. pron. → **mourir**

éteint, e → **terne**

étendard n.m. → **drapeau**

étendre 1 a allonger, déplier, déployer, dérouler, détirer, développer, dévider, épater, éployer, étaler, étirer, mettre, napper, ouvrir, placer, poser, recouvrir, tendre b beurrer, tartiner 2 quelqu'un : allonger, coucher 3 par ext. étendre un liquide : ajouter, allonger, augmenter, baptiser, couper, délayer, diluer, éclaircir, mouiller (du vin) 4 v. pron. a → **occuper** b → **coucher (se)** c → **répandre (se)** d → **durer**

étendu, e → **grand**

étendue n.f. 1 amplitude, champ, contenance, dimension, distance, domaine, durée, envergure, espace, grandeur, grosseur, immensité, importance, largeur, longueur, nappe, proportion, rayon, sphère, superficie, surface, vastitude, volume 2 ampleur, diapason, intensité, registre 3 capacité, compétence, domaine

éternel, le 1 constant, continuel, définitif, durable, immarcescible, immémorial, immortel, immuable, impérissable, imprescriptible, inaltérable, inamissible, inamovible, incessant, incorruptible, indéfectible, indéfini, indélébile, indestructible, indissoluble, infini, interminable, perdurable, pérenne, perpétuel, sempiternel 2 non fav. → **ennuyeux**

éternellement → **toujours**

éterniser 1 → **allonger** 2 pron. a → **demeurer** b → **durer**

éternité n.f. continuité, immortalité, immuabilité, indestructibilité, infini, infinitude, pérennité, perpétuation, perpétuité

éternuement n.m. ébrouement (anim.), sternutation (méd.)

étêter → **élaguer**

éteule n.f. → **chaume**

éther n.m. → **atmosphère**

éthéré, e → **pur**

éthique n.f. → **morale**

ethnie n.f. 1 → **tribu** 2 → **nation**

ethnique 1 racial 2 par ext. : culturel, spécifique

ethnographie n.f. par ext. : anthropologie, écologie, ethnologie, éthologie

éthylique n.m. ou f. → **ivrogne**

étincelant, e → **brillant**

étinceler brasiller, briller, chatoyer, iriser, luire, pétiller, poudroyer, scintiller

étincelle n.f. 1 au pr. : bluette (vx), escarbille, flammèche 2 fig. a cause b ardeur, feu sacré, flamme

étiolement n.m. 1 marcescence → **décadence** 2 → **ruine** 3 → **langueur**

étioler (s') → **dépérir**

étique amaigri, cachectique, cave, décharné, desséché, efflanqué, émacié, famélique, hâve, hectique, maigre, mal nourri, sec, squelettique

étiqueter → **ranger**

étiquette n.f. 1 → **écriteau** 2 → **protocole**

étirement n.m. → **extension**

étirer 1 → **tirer** 2 → **étendre**

étoffe n.f. 1 → **tissu** 2 par ext. → **matière** 3 fig. → **disposition**

étoffé, e → **gras**

étoffer → **garnir**

étoile n.f. 1 → **astre** 2 fig. a → **destinée** b → **artiste** 3 par ext. a carrefour, croisée/croisement de chemins/routes, échangeur, patte-d'oie, rond-point, trèfle b astérisque (typo.)

étonnant, e admirable, ahurissant, anormal, beau, bizarre, bouleversant, confondant, consternant, curieux, déconcertant, démontant, déroutant, désarmant, drôle, ébahissant, éblouissant, écrasant, effarant, étourdissant, étrange, exceptionnel, extraordinaire, fantastique, formidable, frappant, génial, gigantesque, impressionnant, inattendu, incomparable, inconcevable, incroyable, inhabituel, inouï, insolite, inusité, magique, magnifique, merveilleux, miraculeux, mirifique, monstrueux, original, parfait, particulier, phénoménal, prodigieux, rare, renversant, saisissant, singulier, spécial, splendide, stupéfiant, sublime, suffocant, superbe, surprenant, troublant ♦ fam. : ébouriffant, épatant, époustouflant, faramineux, fumant, mirobolant, faramineux, pyramidal (vx), soufflant

étonné, e abasourdi, ahuri, baba, confondu, déconcerté, désorienté, ébahi, ébaubi, éberlué, ébloui, ébouriffé, effaré, émerveillé, épaté, estomaqué, frappé, interdit, interloqué, médusé, renversé, saisi, soufflé, stupéfait, suffoqué, surpris ♦ fam. ou rég. : époustouflé

étonnement n.m. → **surprise**

étonner abasourdir, ahurir, confondre, déconcerter, désorienter, ébahir, éberluer, éblouir, ébouriffer, édifier, effarer, émerveiller, épater, époustoufler, esbroufer, estomaquer, étourdir, frapper, impressionner, interdire, interloquer, méduser, renverser, saisir, sidérer, souffler, stupéfier, suffoquer → **surprendre**

étouffant, e accablant, asphyxiant, suffocant → **chaud**

étouffement n.m. → **essoufflement**

étouffer 1 au pr. : anhéler, asphyxier, étrangler, garrotter, noyer, oppresser, suffoquer 2 par ext. un bruit → **dominer** 3 fig. : arrêter, assoupir, atténuer, briser, cacher, désamorcer, dissimuler, encager, enrayer, enterrer, escamoter, éteindre, étourdir, gêner, juguler, mater, mettre en sommeil/une sourdine, neutraliser, obscurcir, passer sous silence, réprimer, retenir, subtiliser, supprimer, tortiller (fam.), tuer dans l'œuf 4 v. pron. : s'engouer

étourderie n.f. → **distraction**

étourdi, e nom et adj. braque, brise-raison (vx), brouillon, distrait, écervelé, étourneau, évaporé, éventé, fou, frivole, imprudent, inattentif, inconséquent, inconsidéré, insouciant, irréfléchi, léger, malavisé ♦ fam. : darne (rég.), hanneton, hurluberlu, tête à l'envers/de linotte/en l'air/folle/légère, tout-fou

étourdir 1 au pr. a → **abasourdir** b chavirer, enivrer, entêter, griser, monter/porter à la tête, soûler, taper (fam.), tourner la tête 2 par ext. a → **soulager** b → **étouffer** 3 v. pron. → **distraire (se)**

étourdissant, e → **extraordinaire**

étourdissement n.m. → **vertige**

étourneau n.m. fig. → **étourdi**

étrange abracadabrant, baroque, biscornu, bizarre, choquant, déplacé, farfelu, inaccoutumé, indéfinissable, inquiétant, insolite, louche, rare, saugrenu, singulier → **étonnant**

étranger, ère nom et adj. 1 allochtone, allogène, allophone, exotique, extérieur, hors-frontières, immigrant, réfugié, résident, touriste 2 péj. : métèque, rasta, rastaquouère 3 par ext. a → **hétérogène** b → **inconnu** c → **indifférent**

étrangeté n.f. → **bizarrerie**

étranglé, e 1 asphyxié, étouffé, garrotté, strangulé 2 fig. → **étroit**

étranglement n.m. 1 au pr. : étouffement, garrot, strangulation 2 par ext. → **resserrement**

étrangler 1 étouffer, garrotter, pendre, resserrer, serrer le kiki (fam.)/la gorge, stranguler, tuer 2 mar. → **serrer**

étrave n.f. avant, proue

être 1 v. intr. a avoir l'existence, exister, régner, subsister, se trouver, vivre b **être à** → **appartenir** 2 n.m. a → **homme** b → **vie** c **être suprême** → **dieu**

étreindre → **serrer**

étreinte n.f. agrippement, embrassade, embrassement, enlacement, prise, serrement

étrenne n.f. 1 → **primeur** 2 au pl. → **don**

étrésillon et **étrier** n.m. 1 → **appui** 2 → **soutien**

étrier n.m. → **appui**

étrille n.f. → **racloir**

étriller 1 → **battre** 2 → **maltraiter**

étriper éventrer, vider → **tuer**

étriqué, e → **étroit**

étriquer → **resserrer**

étrivière n.f. → **fouet**

étroit, e 1 collant (vêtement), confiné, effilé, encaissé, étiré, étranglé, étréci, étriqué, exigu, fin, juste, maigre, mesquin, mince, petit, ratatiné, réduit, resserré, restreint, riquiqui, serré 2 fig a → **bête** b → **limité** c → **sévère**

étroitesse n.f. → **petitesse**

étron n.m. → **excrément**

étude n.f. 1 → **article** 2 → **traité** 3 → **exercice** 4 → **soin** 5 → **attention** 6 agence, cabinet, bureau, officine 7 → **recherche**

étudiant, e n.m. ou f. → **élève**

étudié, e affecté, apprêté, arrangé, calculé, compassé, composé, concerté, contraint, empesé, forcé, gourmé, guindé, maniéré, pincé, précieux, provoqué, recherché, soigné, sophistiqué, théâtral ♦ fam. : amidonné, coincé, corseté

étudier 1 apprendre, bûcher, s'instruire → **travailler** 2 fam. : bloquer, bûcher, chiader, creuser, marner, piocher, potasser 3 par ext. a → **examiner** b → **exercer (s')** 4 v. pron. : s'examiner, faire attention, s'observer, s'occuper à/de

étui n.m. cornet, fourniment (vx) → **enveloppe**

étuve n.f. 1 autoclave, four, fournaise, touraille 2 caldarium, hammam, sauna 3 hâloir, séchoir

étuver 1 → **sécher** 2 → **stériliser**

étymologie n.f. évolution, formation, origine, racine, source

eucharistie n.f. 1 consubstantiation, corps du Christ, hostie, pain de Dieu/de vie/vivant, impanation, sacrement, saintes espèces, transsubstantiation 2 agape, célébration, cène, communion, échange, messe, partage, repas mystique, service divin, viatique

eunuque n.m. → **châtré**

euphémisme n.m. → **litote**

euphorie n.f. 1 → **aise** 2 → **bonheur**

euphorique 1 → **heureux** 2 → **repu**

euphuisme n.m. → **préciosité**

eurythmie n.f. → **harmonie**

évacuation n.f. 1 → **écoulement** 2 → **expulsion**

évacuer 1 → **vider** 2 → **quitter**

évadé, e nom et adj. → **fugitif**

évader (s') → **enfuir (s')**

évaluation n.f. appréciation, approximation, calcul, comparaison, détermination, devis, estimation, expertise, inventaire, mesure, prisée, supputation

évaluer apprécier, arbitrer, calculer, chiffrer, coter, cuber, déterminer, estimer, expertiser, fixer la valeur, jauger, juger, mesurer, nombrer, peser, priser, supputer, ventiler

évanescent, e → **fugitif**

évangélisation n.f. → **mission**

évangéliser → **prêcher**

évangile n.m. 1 → **foi** 2 au pl. Écriture(s) sainte(s), Nouveau Testament, parole de Dieu/divine, synopse

évanouir (s') 1 au pr. : défaillir, tourner de l'œil (fam.), se trouver mal ♦ vx ou rég. : avoir des vapeurs, se pâmer 2 fig. a → **disparaître** b → **passer**

évanouissement n.m. 1 collapsus, coma, défaillance, éclampsie, faiblesse, pâmoison, syncope, vapeurs (vx), vertige ♦ fam. : cirage, sirop, vapes 2 fig. : anéantissement, disparition, effacement → **fuite**

évaporation n.f. → **vaporisation**

évaporé, e 1 → **étourdi** 2 → **frivole**

évaporer (s') fig. 1 → **disparaître** 2 → **passer**

évasement n.m. 1 → **agrandissement** 2 → **ouverture** 3 → **dilatation**

évaser → **élargir**

évasif, ive ambigu, détourné, dilatoire, douteux, élusif, énigmatique, équivoque, fuyant, incertain, réticent, vague

évasion n.f. → **fuite**

évêché n.m. diocèse, épiscopat, juridiction apostolique/épiscopale

éveil n.m. → **alarme**

éveillé, e 1 conscient 2 actif, alerte, animé, décidé, dégagé, dégourdi, délié, déluré, dessalé, diable, émerillonné, espiègle, excité, frétillant, fripon, futé, gai, intelligent, malicieux, malin, ouvert, remuant, vif-argent, vivant → **vif**

éveiller 1 au pr. : réveiller, tirer du sommeil 2 v. pron. → **lever (se)** 3 par ext. a → **provoquer** b → **animer**

événement n.m. 1 au pr. : accident, action, affaire, avatar, aventure, calamité, cas, cataclysme, catastrophe, chronique, circonstance, conjoncture, dénouement, désastre, drame, épisode, épopée, fait, fait divers, histoire, incident, intrigue, issue, malheur, mésaventure, nouvelle, occasion, occurrence, scandale, scène, tragédie, vicissitude 2 par ext. → **résultat**

éventail n.m. → **choix**

éventaire n.m. → **étalage**

éventé, e 1 au pr. → **gâté** 2 fig. → **étourdi**

éventer fig. 1 → **découvrir** 2 → **gâter**

éventualité n.f. 1 → **cas** 2 → **possibilité**

éventuel, le → **incertain**

éventuellement 1 → **peut-être** 2 → **accessoirement**

évêque n.m. 1 monseigneur, pontife, prélat, primat, prince de l'Église, vicaire apostolique 2 arg. : aubergine, prune de monsieur

évertuer (s') → **essayer**

éviction n.f. congédiement, dépossession, disgrace, élimination, éloignement, évincement, exclusion, excommunication, expulsion, licenciement, ostracisme, proscription, rejet, renvoi, révocation

évidement n.m. → **ouverture**

évidemment à coup sûr, à l'évidence, assurément, avec certitude, bien entendu/sûr, certainement, certes, de toute évidence, effectivement, en effet/fait/réalité, et comment, immanquablement, incontestablement, indubitablement, infailliblement, manifestement, oui, sans aucun doute, sans conteste/contredit/doute/faute, sûrement

évidence n.f. authenticité, axiome, certitude, clarté, flagrance, incontestabilité, lapalissade (péj.), netteté, prégnance, preuve, réalité, tautologie, truisme, vérité

évident, e apodictique, assuré, authentique, aveuglant, axiomatique, certain, clair, constant, convaincant, criant, éclatant, flagrant, formel, incontestable, indéniable, indiscutable, indubitable, irréfragable, irréfutable, limpide, manifeste, net, notoire, obvie, officiel, palpable, patent, positif, prégnant, public, sensible, sûr, tautologique, transparent, véridique, visible, vrai

évider 1 → **creuser** 2 → **tailler**

évincer 1 → **déposséder** 2 → **éliminer**

éviscération n.f. énucléation, évidage, évidement

éviter 1 une chose : s'abstenir, contourner, couper à (fam.), se dérober, se dispenser de, écarter, échapper à, éluder, empêcher, esquiver, fuir, se garer de, obvier à, parer, passer à travers, se préserver de, prévenir, se soustraire à 2 quelqu'un : couper à (fam.), se détourner de, échapper à, s'éloigner de, fuir 3 on évite une chose à quelqu'un : décharger/délivrer/dispenser de, épargner, garder/libérer/préserver de, sauver à (vx)

évocateur, trice → **suggestif**

évocation n.f. anamnèse, incantation → **rappel**

évolué, e → **policé**

évoluer aller/marcher de l'avant, changer, se dérouler, se développer, devenir, innover, manœuvrer, marcher, se modifier, se mouvoir, progresser, réformer, se transformer

évolution n.f. avancement, changement, cours, déroulement, développement, devenir, film, manœuvre, marche, métamorphose, mouvement, processus, progression, remous, spéciation, transformation

évolutionnisme n.m. biogenèse, biosynthèse, darwinisme, lamarckisme, mutationnisme, progrès, transformisme

évoquer aborder, appeler, décrire, effleurer, éveiller, faire allusion à, imaginer, interpeller, invoquer, montrer, rappeler, remémorer, repasser, représenter, réveiller, revivre, suggérer, susciter

exacerbation n.f. → **paroxysme**

exacerber → **irriter**

exact, e 1 une chose : au poil (fam.), authentique, certain, complet, conforme, congru, convenable, correct, fiable, fidèle, juste, littéral, mathématique, net, normal, précis, pur, réel, sincère, solide, sûr, textuel, véridique, véritable, vrai 2 quelqu'un : assidu, attentif, consciencieux, correct, minutieux, ponctuel, réglé, régulier, rigoureux, scrupuleux, strict, zélé

exaction n.f. → **malversation**

exactitude n.f. 1 d'une chose : authenticité, concordance, congruence, convenance, correction, fidélité, justesse, précision, rigueur, véracité, véridicité, vérité 2 de quelqu'un : application, assiduité, attention, conscience professionnelle, correction, fidélité, minutie, ponctualité, régularité, scrupule, sincérité, soin

ex-æquo → **égal**

exagération n.f. 1 hypertrophie 2 amplification, broderie, démesure, disproportion, dramatisation, emphase, enflure, exubérance, fanfaronnade, galéjade, gasconnade, histoire marseillaise, hyperbole, inflation (verbale), outrance, surenchère, vantardise → **hâblerie** ♦ fam. : frime 3 surévaluation → **excès**

exagéré, e → **excessif**

exagérément → **excessivement**

exagérer 1 on exagère ses propos : agrandir, ajouter, amplifier, augmenter, bluffer, broder, charger, développer, dramatiser, embellir, enfler, enjoliver, en remettre, faire valoir, forcer, galéjer, grandir, grossir, masser (fam.), ne pas y aller de main morte, outrer, pousser, rajouter, surfaire, se vanter → **hâbler** 2 on exagère dans son comportement : abuser, aller fort 3 arg. ou fam. : attiger, charrier, déconner, dépasser/passer/outrepasser les bornes/la limite/la mesure, faire déborder le vase, frimer, masser

exaltation n.f. → **enthousiasme**

exalter 1 → **louer** 2 → **exciter** 3 → **transporter** 4 v. pron. → **enthousiasmer (s')**

examen n.m. 1 → **recherche** 2 bac, baccalauréat, bachot, brevet, certificat d'études, colle, concours, diplôme, doctorat, épreuve, interrogation, licence, maîtrise, test

examiner 1 analyser, apprécier, approfondir, ausculter, comparer, compulser, considérer, consulter, contrôler, critiquer, débattre, décomposer, délibérer, dépouiller, désosser (fam.), disséquer, éplucher, éprouver, estimer, étudier, évaluer, expertiser, explorer, inspecter, instruire, inventorier, observer, palper, parcourir, peser, prospecter, reconnaître, regarder, scruter, sonder, toucher, viser, visiter, voir 2 auditionner, interroger, questionner 3 → **rechercher**

exaspérant, e → **agaçant**

exaspération n.f. 1 → **colère** 2 → **agitation** 3 → **paroxysme**

exaspérer → **irriter**

exaucement n.m. → **réalisation**

exaucer → **satisfaire**

excavation n.f. antre, aven, caverne, cavité, concavité, coupure, creux, enfoncement, enfonçure, entonnoir, évidement, fente, fondis ou fontis, fosse, grotte, hypogée, ouverture, puits, souterrain, tranchée, trou, vide

excédent n.m. → **excès**

excéder 1 → **dépasser** 2 → **fatiguer** 3 → **énerver**

excellemment → **bien**

excellence n.f. 1 prot. : Altesse, Éminence ◆ vx : Grâce, Grandeur, Hautesse, Seigneurie 2 → **perfection**

excellent, e 1 hors concours → **bon** 2 → **parfait**

exceller briller, être fort/habile à/le meilleur, surclasser, surpasser, triompher

excentricité n.f. → **extravagance**

excentrique nom et adj → **original**

excepté abstraction faite de, à la réserve/l'exception/l'exclusion de, à part cela, à cela près, à telle chose près, exclusivement, fors (vx), hormis, hors, mis à part, non compris, sauf, sinon

excepter écarter, enlever, épargner, exclure, négliger, oublier, pardonner, retrancher

exception n.f. 1 accident, anomalie, contre-exemple, dérogation, exclusion, particularité, réserve, restriction, singularité 2 → **permission** 3 **à l'exception de** → **excepté**

exceptionnel, le → **rare**

exceptionnellement 1 → **guère** 2 → **quelquefois**

excès n.m. 1 d'une chose : dépassement, disproportion, énormité, excédent, exubérance, luxe, luxuriance, plénitude, pléthore, profusion, quantité, redondance, reste, satiété, saturation, superfétation, superflu, superfluité, surabondance, surchauffe (écon.), surnombre, surplus, trop, trop-plein 2 dans un comportement : abus, bacchanale, débordement, démesure, dérèglement, exagération, extrême, extrémisme, extrémité, immodération, immodestie, inconduite, incontinence, intempérance, luxure, orgie, outrance, prouesse, ribote, violence → **débauche, festin**

excessif, ive 1 abusif, carabiné, chargé, démesuré, déraisonnable, déréglé, désordonné, effréné, énorme, exagéré, exorbitant, extraordinaire, extrême, forcé, fort, gros, hyperbolique, immense, immodéré, immodeste, incroyable, insensé, long, outrancier, outré, raide, rigoureux, trop 2 affreux, effrayant, effroyable, horrible, insupportable, intolérable, monstrueux, terrible 3 débridé, dévorant, enragé, fou, furieux, grimaçant, hystérique, incontinent, intempérant → **violent** 4 exubérant, luxuriant, prodigieux, surabondant 5 somptuaire

excessivement à l'excès, beaucoup, exagérément, outrageusement, outre mesure, plus qu'il ne convient/n'est convenable

exciper → **prétexter**

excision n.f. ablation, amputation, autotomie, circoncision, clitoridectomie, coupe, enlèvement, exérèse, extirpation, mutilation, opération, résection, sectionnement

excitabilité n.f. → **susceptibilité**

excitable → **susceptible**

excitant, e 1 → **fortifiant** 2 → **affriolant**

excitation n.f. 1 phys. : chaleur, fermentation, stimulus 2 état d'excitation : acharnement, agitation, aigreur, animation, ardeur, colère, déchaînement, délire, embrasement, émoi, emportement, énervement, enfièvrement, enthousiasme, éréthisme, exacerbation, exaltation, exaspération, faim, fébrilité, fièvre, irritation, ivresse, nervosité, ravissement, surexcitation, tension, trouble 3 action d'exciter : appel, attisement, chatouillement, émulation, encouragement, entraînement, exhortation, fomentation, impulsion, incitation, invitation, motivation, provocation, sollicitation, stimulation, stimulus, titillation

excité, e 1 adj. : agacé, agité, aguiché, allumé, animé, ardent, attisé, émoustillé, énervé, exacerbé, monté, nerveux, troublé 2 nom → **énergumène**

exciter 1 faire naître une réaction : actionner, allumer, animer, apitoyer, attendrir, attirer, causer, charmer, déchaîner, déclencher, donner le branle/le mouvement/le signal, ébranler, emballer, embraser, enflammer, enivrer, enlever, enthousiasmer, exalter, faire naître, fomenter, insuffler, inviter, mettre en branle/en mouvement, mettre de l'huile sur le feu (fam.), mouvoir, provoquer, solliciter, souffler la colère/le désordre/la haine/sur les braises, susciter 2 on fait croître une réaction : accroître, activer, aggraver, aigrir, aiguillonner, aiguiser, attiser, aviver, cingler, cravacher, doper, dynamiser, envenimer, éperonner, exacerber, exalter, exaspérer, faire sortir/mettre hors de ses gonds, flipper (fam.), fouetter, piquer, pousser, relever, renforcer, réveiller, stimuler, surexciter, titiller, travailler 3 on excite quelqu'un à quelque chose : aiguillonner, animer, convier, disposer, encourager, engager, entraîner, exhorter, galvaniser, inciter, instiguer, inviter, obliger, persuader, porter, pousser, presser, provoquer, solliciter, stimuler, tenter ◆ vx : piéter 4 on excite la foule : ameuter, électriser, enflammer, fanatiser, fomenter, soulever, transporter 5 on excite quelqu'un : agiter, animer, caresser, chatouiller, échauffer, émouvoir, enfiévrer, enivrer, exalter, flatter, fouetter, irriter, mettre en colère/en rogne (fam.), monter la tête, mouvoir, passionner, plaire, ranimer, remuer, soulever, surexciter, taquiner, transporter 6 on excite contre quelqu'un : acharner, armer, braquer, crier haro sur/vengeance, dresser, monter, opposer, soulever 7 le désir sexuel : agacer, aguicher, allumer, attiser, émoustiller, émouvoir, érotiser, troubler

exclamation n.f. → **cri**

exclamer (s') admirer, applaudir, s'écrier, s'étonner, se récrier

exclu, e forclos, forfait

exclure 1 → **éliminer** 2 → **empêcher** 3 → **excepter**

exclusif, ive 1 → **intolérant** 2 → **unique**

exclusion n.f. 1 → **expulsion** 2 → **exception**

exclusive n.f. → **interdit**

exclusivement 1 → **excepté** 2 → **seulement**

exclusivité n.f. scoop → **privilège**

excommunication n.f. anathème, bannissement, blâme, censure, exclusion, expulsion, foudres de l'Église, glaive spirituel, interdit, malédiction, ostracisme

excommunier anathématiser, bannir, blâmer, censurer, chasser, exclure, frapper, interdire, maudire, rejeter, renvoyer, repousser, retrancher

excrément n.m. 1 de l'homme. a méd. ou neutre : besoins, crotte, déchet, défécation, déjection, excrétion, exonération, fèces, matières, matières fécales, méconium (nouveau-né), selles b enf. : caca, gros, grosse commission, pot c vulg. ou arg. : chiasse, étron, marchandise, merde 2 anim. : bouse, chiure, colombine, crotte, crottin, fient, fiente, fumier, guano, jet, purin vén. : fumées, laissées, troches 3 par ext. a chassie, loup, mite → **morve** b boue, gadoue, immondice, ordure, poudrette, rebut, résidu

excréter → **expulser**

excrétion n.f. → **expulsion**

excroissance n.f. → **tumeur**

excursion n.f. 1 → **promenade** 2 → **voyage** 3 → **digression**

excusable admissible, amnistiable, défendable, justifiable, légitime, pardonnable, rémissible, supportable

excuse n.f. 1 au pr. : alibi, allégation, amende honorable, décharge, déculpabilisation, défense, disculpation, explication, justification, motif, pardon, raison, regret, ressource 2 par ext. a défaite, dérobade, échappatoire, faux-fuyant, moyen, prétexte b → **diversion**

excuser 1 absoudre, acquitter, admettre, alléguer, blanchir, couvrir, décharger, déculpabiliser, disculper, effacer, exempter, faire crédit, innocenter, justifier, laver, légitimer, pardonner, passer l'éponge, remettre, sauver, tolérer 2 v. pron. : demander pardon, se défendre

exécrable 1 → **détestable** 2 → **haïssable**

exécration n.f. 1 → **malédiction** 2 → **éloignement** 3 → **horreur**

exécrer → **haïr**

exécutable 1 → **facile** 2 → **réalisable**

exécutant, e n.m. ou f. 1 chanteur, choriste, concertiste, instrumentiste, virtuose → **musicien** 2 praticien, technicien 3 → **agent**

exécuter 1 → **réaliser** 2 → **tuer**

exécuteur, trice nom et adj. → **bourreau**

exécution n.f. 1 → **réalisation** 2 → **supplice**

exégèse n.f. → **commentaire**

exégète n.m. → **commentateur**

exemplaire 1 nom masc : archétype, canon, copie, échantillon, édition, épreuve, gabarit, leçon, modèle, patron, prototype, spécimen, type 2 adj. : bon, édifiant, parfait, représentatif, typique

exemple n.m. 1 au pr. : modèle, paradigme, parangon, règle 2 par ext. a contagion, édification, émulation, entraînement, imitation b aperçu, échantillon, preuve, type c citation d → **exemplaire** 3 jurid. : cas, jurisprudence, précédent 4 a **à l'exemple de** : à l'image/l'instar, comme, de même que b **par exemple** : ainsi, comme, en revanche, entre autres, mais, notamment, par contre

exempt, e affranchi, déchargé, dégagé, dépourvu, dispensé, exonéré, franc (de port), immunisé, indemne, libéré, libre, préservé, quitte

exempter 1 affranchir, amnistier, décharger, dégager, dégrever, détaxer, dispenser, épargner, éviter, excuser, exonérer, gracier, immuniser, libérer, préserver, tenir quitte 2 v. pron. : échapper à

exemption n.f. 1 → **diminution** 2 → **immunité**

exercé, e → **adroit**

exercer 1 on exerce une activité : acquitter, s'acquitter de, cultiver, déployer, employer, exécuter, faire, se livrer à, mettre en action/usage/pratique, pratiquer, professer, remplir 2 on exerce quelqu'un ou un animal : dresser, endurcir, entraîner, façonner, former, habituer, plier, viriliser 3 v. pron. : s'appliquer à, apprendre, s'entraîner, s'essayer, étudier, se faire la main

exercice n.m. 1 application, apprentissage, devoir, drill, entraînement, essai, étude, évolution, instruction, manœuvre, mouvement, pratique, sport, tour de force, training, travail, vocalise 2 application, commentaire, composition, conversation, copie, correction, devoir, dictée, dissertation, interrogation écrite, problème, récitation, rédaction, thème, version

exergue n.m. → **inscription**

exhalaison n.f. 1 arôme, bouffée, effluve, émanation, évaporation, fragrance, fumée, fumet, gaz, haleine, odeur, parfum, senteur, souffle, vapeur ◆ vx : exhalation, perspiration 2 non fav. : pestilence, puanteur, relent, remugle

exhaler 1 au pr. a dégager, embaumer, émettre, épancher, fleurer, produire, répandre, sentir b non fav. : empester, empuantir, puer, suer 2 par ext. : déverser, donner libre cours, exprimer, extérioriser, proférer, manifester 3 v. pron. : émaner, s'évaporer, transpirer

exhaussement n.m. → **haussement**

exhausser → **hausser**

exhaustif, ive 1 au pr. : achevé, complet, total 2 fig. : absorbant, accablant, épuisant, exténuant

exhiber → **montrer**

exhibition n.f. → **spectacle**

exhortation n.f. 1 → **encouragement** 2 → **sermon**

exhorter → **encourager**

exhumer 1 → **déterrer** 2 → **produire**

exigeant, e absorbant, accaparant, délicat, difficile, dur, envahissant, insatiable, intéressé, intraitable, maniaque, pointilleux, sévère, strict, tyrannique

exigence n.f. 1 → **revendication** 2 → **devoir** 3 → **obligation**

exiger → **réclamer**

exigu, uë → **petit**

exiguïté n.f. étroitesse, médiocrité, mesquinerie, modicité, petitesse

exil n.m. 1 ban, bannissement, déportation, expatriation, expulsion, ostracisme, proscription, relégation, transportation 2 départ, éloignement, isolement, réclusion, renvoi, retraite, séparation

exilé, e nom et adj. émigré → **banni**

exiler → **bannir**

existant, e 1 → **actuel** 2 → **présent**

existence n.f. 1 → **être** 2 → **vie**

exister 1 → **être** 2 → **vivre**

exode n.m. 1 → **émigration** 2 abandon, départ, dépeuplement, désertion

exonération n.f. 1 → **diminution** 2 → **immunité**

exonérer 1 → **exempter** 2 → **soulager**

exorbitant, e → **démesuré**

exorciser adjurer, chasser, conjurer, purifier, rompre le charme/l'enchantement/l'envoûtement

exorcisme n.m. adjuration, conjuration, délivrance, dépossession, désenvoûtement, évangile, formule cabalistique, prière, purification, supplication

exorciste n.m. 1 au pr. : conjurateur, exorciseur 2 par ext. : cabaliste, grand prêtre, mage, sorcier
exorde n.m. 1 → **introduction** 2 → **commencement**
exotique → **étranger**
expansible dilatable → **souple**
expansif, ive → **communicatif**
expansion n.f. 1 → **dilatation** 2 → **propagation** 3 → **progrès**
expatriation n.f. 1 → **émigration** 2 → **bannissement**
expatrié, e nom et adj. → **émigré**
expatrier 1 → **bannir** 2 v. pron. → **quitter**
expectative n.f. 1 attente, espérance, espoir, perspective 2 opportunisme → **habileté**
expectoration n.f. → **crachement**
expectorer → **cracher**
expédient, e → **convenable**
expédient n.m. accommodement, acrobatie, échappatoire, intrigue, mesure, moyen, procédé, ressource, rétablissement, ruse, tour, truc
expédier 1 au pr. → **envoyer** 2 par ext. a → **accélérer** b → **congédier** c → **tuer**
expéditeur, trice n.m. ou f. destinateur, envoyeur, expéditionnaire, exportateur → **commerçant**
expéditif, ive 1 → **actif** 2 → **rapide**
expédition n.m. 1 → **copie** 2 → **voyage** 3 → **réalisation** 4 milit. : campagne, coup de main, croisade, guerre, opération, raid, ratonnade (arg.) 5 chargement, consignation, courrier, émission, envoi, transport
expéditionnaire nom et adj. → **employé**
expérience n.f. 1 → **expérimentation** 2 acquis, connaissance, habitude, sagesse, savoir, science 3 apprentissage, creuset, école, pratique, routine, usage
expérimentation application, constatation, contrôle, démonstration, épreuve, essai, étude, expérience, observation, pratique, recherche, tentative, test, vérification
expérimenté, e → **capable**
expérimenter aventurer, constater, éprouver, essayer, étudier, goûter, hasarder, mettre à l'épreuve, observer, se rendre compte, se renseigner, risquer, tâter de, tenter, tester, vérifier, voir
expert n.m. appréciateur, commissaire-priseur, estimateur, sapiteur (mar.)
expert, e adj. → **capable**
expertise n.f. → **estimation**
expertiser → **examiner**
expiation n.f. 1 → **réparation** 2 → **punition**
expiatoire piaculaire
expier → **réparer**
expiration n.f. 1 haleine, halenée, respiration, souffle 2 échéance, fin, terme
expirer 1 au pr. : exhaler, respirer, souffler 2 par ext. : s'éteindre, mourir, rendre l'âme/le dernier soupir 3 fig. : cesser, disparaître, se dissiper, s'évanouir, finir, prendre fin, venir à son échéance/sa fin/son terme
explétif, ive → **superflu**
explicable → **intelligible**
explication n.f. 1 d'un texte : anagogie, appareil critique, commentaire, définition, éclaircissement, exégèse, exposé, exposition, glose, herméneutique, indication, interprétation, note, paraphrase, précision, remarque, renseignement, scolie 2 par ext. a cause, clartés (vx), éclaircissement, élucidation, explicitation, justification, motif, raison, spécification, version b altercation, débat, discussion, dispute, mise au point → **bagarre**
explicite 1 exprès, formel, formulé, net, positif, précis 2 → **clair**
expliciter → **énoncer**
expliquer 1 au pr. : annoncer, communiquer, déclarer, décrire, développer, dire, exposer, exprimer, faire connaître, montrer, raconter 2 par ext. a une chose explique une chose : manifester, montrer, prouver, trahir b on explique une chose : commenter, débrouiller, démêler, définir, éclaircir, éclairer, élucider, expliciter, faire comprendre, gloser, illustrer, interpréter, mettre au clair/au net/au point, rendre intelligible, traduire c apprendre, enseigner, montrer, rendre compte d donner/fournir des excuses/explications, justifier, motiver 3 v. pron. a se déclarer, se disculper, se justifier, parler b aller de soi, se comprendre
exploit n.m. 1 au pr. : acte/action d'éclat, bravoure, conduite, fait d'armes, haut fait, performance, prouesse, record, trait ◆ vx : geste 2 jurid. : ajournement, assignation, citation, commandement, notification, procès-verbal, signification, sommation
exploitant, e nom et adj. → **fermier**
exploitation n.f. 1 → **établissement** 2 → **abus**
exploiter 1 au pr. : faire valoir, mettre en valeur, tirer parti/profit 2 par ext. a → **abuser** b → **voler**
exploiteur, euse n.m. ou f. → **profiteur**
explorateur, trice n.m. ou f. 1 chercheur, découvreur, navigateur, prospecteur, voyageur 2 par ext. : aquanaute, astronaute, cosmonaute, océanaute, spéléologue, spéléonaute
exploration n.f. → **voyage**
exploratoire → **préalable**
explorer → **examiner**
exploser → **éclater**
explosif n.m. acide picrique, cheddite, cordite, coton-poudre, dynamite, fulminate (de mercure), fulmicoton, lyddite, mélinite, nitrobenzène, nitroglycérine, panclastite, plastic, tolite, trinitrotoluène
explosif, ive 1 → **impétueux** 2 → **sensationnel**
explosion n.f. 1 crépitation, déflagration, détonation, éclatement, fulmination, implosion (par ext.), pétarade 2 choc, commotion, désintégration, rupture, souffle 3 fig. : apparition, bouffée, débordement, déchaînement, manifestation, ouragan, saute d'humeur, tempête
exportateur, trice nom et adj. → **commerçant**
exportation n.f. commerce avec l'étranger, expatriation, expédition, transit → **commerce**
exporter → **vendre**
exposé n.m. 1 → **rapport** 2 → **récit**
exposer 1 au pr. a une chose : afficher, arranger, disposer, étalager, étaler, exhiber, mettre en vue, montrer, offrir à la vue, placer, présenter, publier, tourner vers b quelqu'un ou quelque chose : compromettre, découvrir, mettre en danger/péril → **hasarder** 2 par ext. : communiquer, conter, déclarer, décrire, déduire, détailler, développer, dire, donner, écrire, énoncer, expliquer, montrer, narrer, raconter, retracer, traiter 3 v. pron. → **risquer**
exposition n.f. 1 concours, démonstration, étalage, exhibition, foire, galerie, montre, présentation, retrospective, salon, vernissage 2 ban, carcan, pilori 3 relig. : porrection 4 par ext. a → **introduction** b → **position** c → **récit**
exprès n.m. → **messager**
exprès adv. à dessein, délibérément, intentionnellement, spécialement, volontairement
exprès, esse adj. clair, explicite, formel, impératif, net, positif, précis
expressément → **absolument**
expressif, ive 1 animé, bavard, démonstratif, énergique, mobile, vif 2 une chose : coloré, éloquent, manifeste, parlant, significatif, touchant, vigoureux, vivant
expression n.f. 1 au pr. ce qu'on dit : cliché (péj.), construction, énoncé, euphémisme, figure, forme, formulation, formule, idiotisme, image, locution, métaphore, mot, phrase, pointe, slogan, symbole, terme, touche, tour, tournure, trait, trope 2 manière d'être ou de se comporter. a attitude, caractère, comportement, génie, manière, physionomie, style, ton b animation, écho, émanation, incarnation, manifestation, objectivation, personnification c → **tête**
exprimer 1 au pr. a → **extraire** b → **presser** 2 par ext. : dire, énoncer, expliquer, exposer, extérioriser, faire connaître/entendre/savoir, figurer, manifester, objectiver, peindre, préciser, rendre, rendre compte, représenter, signifier, souhaiter, spécifier, tourner, traduire, vouloir dire 3 pron. → **parler**
expropriation n.f. → **expulsion**
exproprier → **déposséder**
expulser 1 au pr. : arracher à, bannir, chasser, déloger, éjecter, éliminer, évacuer, évincer, exclure, excommunier, exiler, expatrier, faire évacuer/sortir, licencier, ostraciser, proscrire, reconduire, refouler, renvoyer ◆ fam. : lourder, sortir, vider, virer 2 méd. : cracher, déféquer, émettre, éructer, excréter, expectorer, scotomiser (psych.), uriner, vomir
expulsion n.f. 1 bannissement, disgrâce (psych.), éjection, élimination, évacuation, éviction, exclusion, excommunication, exil, expatriation, expropriation, licenciement, ostracisme, proscription, refoulement, rejet, renvoi, vidage (fam.) 2 méd. : crachement, défécation, déjection, délivrance, émission, éructation, excrétion, exonération, expectoration, miction, scotomisation (psych.), vomissement 3 techn. : extrusion
expurger → **épurer**
exquis, e → **délectable**
exsangue → **pâle**
exsuder couler, distiller, émettre, exprimer, fluer, jeter, rejeter, sécréter, suer, suinter, transpirer
extase n.f. 1 fav. : admiration, adoration, anagogie, béatitude, contemplation, émerveillement, enivrement, exaltation, félicité, ivresse, lévitation, ravissement, transport, vénération 2 méd. : hystérie, névrose
extasier (s') crier au miracle, s'écrier, s'exclamer, se pâmer, se récrier → **enthousiasmer (s')**
extenseur n.m. exerciseur, sandow
extensible → **souple**
extension n.f. 1 accroissement, agrandissement, amplification, augmentation, déploiement, développement, élargissement, envergure, essor, étendue, expansion, généralisation, grossissement, planétarisation, prolongement, propagation 2 allongement, détente, distension, étirage, étirement, pandiculation (méd.)
exténuant, e → **tuant**
exténuer 1 → **fatiguer** 2 → **affaiblir**
extérieur, e adj. : apparent, externe, extra-muros, extrinsèque, manifeste, visible
extérieur n.m. 1 périphérie 2 air, allure, apparence, aspect, attitude, brillant, clinquant, couleur, croûte, déguisement, dehors, éclat, écorce, enduit, enveloppe, façade, face, fard, faux-semblant, figure, forme, jour, livrée, maintien, manière, masque, mine, physionomie, pose, superficie, superstructure, surface, tenue, tournure, vernis, visage 3 vx : appareil
extérioriser → **exprimer**
extermination n.f. → **carnage**
exterminer 1 → **tuer** 2 → **détruire** 3 → **déraciner**
externe 1 adj. → **extérieur** 2 nom → **médecin**
extinction n.f. 1 fig. : abolition, abrogation, anéantissement, annulation, arrêt, cessation, décharge (jurid.), destruction, disparition, épuisement, extermination, fin, prescription, suppression 2 de voix : aphonie
extirpation n.f. 1 → **déracinement** 2 → **excision**
extirper → **déraciner**
extorquer 1 → **obtenir** 2 → **voler**
extorsion n.f. → **malversation**
extra 1 adv. → **très** 2 adj. → **supérieur** 3 nom. a → **supplément** b → **serviteur**
extraction n.f. 1 → **déracinement** 2 → **enlèvement** 3 → **naissance**
extrader → **livrer**
extradition n.f. livraison, transfert
extraire 1 arracher, dégager, déraciner, desceller, détacher, distiller, enlever, énucléer, exprimer, extorquer, isoler, ôter, prélever, prendre, recueillir, relever, séparer, sortir, tirer 2 compiler, résumer
extrait n.m. 1 au pr. : esprit (vx), essence, quintessence 2 par ext. : abrégé, analyse, aperçu, bribe, citation, compendium, copie, digest, éléments, entrefilet, épitomé, esquisse, fragment, morceau, notice, partie, passage, plan, portion, précis, raccourci, récapitulation, résumé, rudiment, schéma, sommaire, topo (fam.)
extraordinaire 1 accidentel, admirable, à tout casser, colossal, considérable, curieux, désopilant, drôle, du tonnerre, énorme, épatant, épique, étonnant, étrange, exceptionnel, fabuleux, fameux, fantasmagorique, fantastique, faramineux, féerique, formidable, fort, fou, funambulesque, génial, gigantesque, grand, hallucinant, hors classe/du commun/ligne, immense, incroyable, inexplicable, inhabituel, inouï, insolite, intense, inusité, magnifique, merveilleux, miraculeux, nouveau, original, particulier, phénoménal, prodigieux, pyramidal, rare, remarquable, retentissant, romanesque, singulier, spécial, spectaculaire, sublime, supérieur, supplémentaire, surnatu-

rel, unique 2 non fav. : abracadabrant, accidentel, affreux, ahurissant, anormal, bizarre, délirant, démesuré, effrayant, énorme, épouvantable, étourdissant, excentrique, exorbitant, extravagant, fantasque, gros, grotesque, inconcevable, ineffable, inimaginable, inquiétant, intense, invraisemblable, mirobolant, mirifique, monstrueux, stupéfiant, terrible ♦ fam. : ébouriffant, époustouflant, esbroufant, gratiné

extrapolation n.f. application, calcul, déduction, généralisation, hypothèse, imagination, transposition → **supposition**

extrapoler 1 → **imaginer** 2 → **transposer**

extra-terrestre nom et adj. martien, petit homme vert, vénusien

extravagance n.f. absurdité, aliénation mentale, bizarrerie, caprice, démence, dérèglement, divagation, écart, énormité, erreur, excentricité, folie, frasque, incartade, insanité, originalité, singularité

extravagant, e nom et adj. 1 → **insensé** 2 → **capricieux** 3 → **extraordinaire**

extravaser (s') → **couler**

extrême 1 adj. a au pr. : dernier, final, fin fond, terminal, ultime b par ext. : affreux, définitif, désespéré, désordonné, disproportionné, éperdu, exagéré, exceptionnel, excessif, extraordinaire, fort, furieux, grand, héroïque, immense, immodéré, inouï, intense, intensif, mortel, outré, passionné, profond, risqué, suprême, violent 2 n.m. a sing. : borne, bout, comble, extrémité, limite, sommet b génér. plur. : antipode, contraire, opposé

extrêmement → **très**

extrême-onction n.f. derniers sacrements, sacrements de l'Église / des malades / des martyrs / des mourants, saintes huiles, viatique

extrémisme n.m. jusqu'au-boutisme → **excès**

extrémiste nom et adj. activiste, anar (fam.), anarchiste, avancé, contestataire, enragé, extrême droite / gauche, fasciste, gauchiste, intégriste, jusqu'au-boutiste, maoïste, maximaliste, progressiste, révolutionnaire, situationniste, subversif, ultra

extrémité n.f. 1 au pr. : aboutissement, appendice, bord, borne, bout, cap, confins, délimitation (par ext.), fin, frontière, limite, lisière, périphérie, pointe, pôle (par ext.), queue, terme, terminaison, tête → **extrême** 2 par ext. → **agonie**

extrinsèque → **extérieur**

extrusion n.f. 1 → **écoulement** 2 → **expulsion**

exubérance n.f. 1 → **affluence** 2 → **faconde**

exubérant, e 1 → **abondant** 2 → **communicatif**

exulcération n.f. → **ulcération**

exultation n.f. allégresse, débordement, éclatement, emballement, gaieté, joie, jubilation, transports

exulter → **réjouir (se)**

exutoire n.m. 1 émonctoire → **ulcération** 2 → **diversion**

ex-voto n.m. → **image**

F

fable n.f. 1 au pr. a allégorie, anecdote, apologue, conte, fabliau, fabulation, fiction, folklore, histoire, intrigue, légende, moralité, mythe, parabole, récit, scénario, thème, trame b non fav. : affabulation, allégation, baratin, blague, chimère, cinéma, contrevérité, craque, élucubration, fantaisie, galéjade (fam.), histoire, imagination, invention, mensonge, menterie (rég. ou fam.), roman, salade, tartine, tromperie, utopie 2 par ext. quelqu'un ♦ péj. : célébrité, phénomène, ridicule, rigolade (fam.), risée, sujet / thème des conversations

fabricant, e et **fabricateur, trice** n.m. ou f. artisan, confectionneur, façonnier, faiseur, forgeur, industriel, manufacturier, préparateur, réalisateur

fabrication n.f. agencement, confection, création, exécution, façon, façonnage, facture, formage, montage, préparation, production, réalisation, usinage

fabrique n.f. 1 au pr. : atelier, laboratoire, manufacture, usine 2 arch. : bâtiment / construction / édifice d'ornement 3 relig. a quelqu'un : conseiller, fabricien, marguillier, trésorier b conseil

fabriquer 1 fav. ou neutre : agencer, bâtir, confectionner, créer, élaborer, exécuter, façonner, faire, former, manufacturer, mettre en œuvre, modeler, monter, œuvrer, ouvrer, préparer, produire, réaliser, sortir, usiner 2 non fav. a une chose : bâcler, bricoler ♦ fam. : torcher, torchonner b une opinion : calomnier, falsifier, forger, inventer, médire c un événement : fomenter, monter, susciter

fabulateur, trice n.m. ou f. → **hâbleur**

fabulation n.f. → **fable**

fabuler → **inventer**

fabuleux, euse 1 étonnant, fantastique, formidable, grandiose, incroyable, légendaire, merveilleux, mythique, mythologique, prodigieux, stupéfiant, surnaturel → **extraordinaire** 2 non fav. : chimérique, exagéré, excessif, fabriqué, faux, feint, fictif, imaginaire, inconcevable, incroyable, inimaginable, inventé, invraisemblable, irréel, mensonger, romanesque

façade n.f. 1 au pr. : avant, devant, devanture, endroit, entrée, extérieur, face, front, fronton 2 fig. : apparence, dehors, extérieur, montre, surface, trompe-l'œil

face n.f. 1 avers, endroit → **visage** 2 fig. a → **façade** b angle, apparence, côté, point de vue, tournure 3 a **à la face de :** à la vue de, en présence de, ouvertement b **en face de :** à l'opposé de, devant, vis-à-vis de c **en face :** carrément, courageusement, par-devant, sans crainte d **faire face :** envisager, faire front, s'opposer, parer à, pourvoir, se préparer à, répondre, satisfaire à e **face à face :** de front, en face, les yeux dans les yeux, nez à nez, vis-à-vis *et par ext.* : conversation, débat, discussion, échange, entretien, entrevue, joute (oratoire), rencontre

facétie n.f. astuce, attrape, bouffe, bouffonnerie, canular, comédie, drôlerie, espièglerie, farce, galéjade, malice, mystification, niaiserie, niche, pantalonnade, pièce (vx), plaisanterie, tour, taquinerie, tromperie → **baliverne**

facétieux, euse → **farceur**

fâché, e chagriné, contrarié, courroucé, ennuyé, froissé, grognon, insatisfait, irrité, marri (vx), de mauvaise humeur, mécontent, offusqué, peiné, piqué, au regret, ulcéré, vexé

fâcher 1 → **affliger** 2 → **agacer** 3 v. pron. a avoir un accès / mouvement d'humeur, crier, éclater, s'emporter, se gendarmer, gronder, s'irriter, se mettre en colère, montrer les dents, prendre la mouche, sortir de ses gonds b se brouiller / formaliser / froisser / piquer / vexer

fâcherie n.f. colère, contrariété, dépit, déplaisir, mouvement d'humeur → **brouille**

fâcheux n.m. bassinoire, gêneur, importun, indiscret, trublion ♦ fam. : casse-pieds, emmerdeur (grossier), empêcheur de tourner en rond, empoisonneur, pot de colle, raseur, sangsue

fâcheux, euse adj. a → **affligeant** b → **inopportun**

faciès n.m. 1 au pr. → **visage** 2 par ext. : aspect, configuration, morphologie, structure

facile 1 quelque chose. a fav. ou neutre : abordable, accessible, accostable, agréable, aisé, à la portée, assimilable, clair, commode, compréhensible, coulant, dégagé, élémentaire, enfantin, exécutable, faisable, intelligible, jeu d'enfant, naturel, possible, praticable, réalisable, simple b non fav. : banal, bête, courant, ordinaire, plat, quelconque, vulgaire 2 quelqu'un a → **accommodant** b → **sociable** c débonnaire, élastique, faible, laxiste, léger, libre, mou, veule 3 **c'est facile :** du gâteau / nanan / nougat

facilité n.f. 1 d'une chose. a la qualité ♦ fav. : accessibilité, agrément, clarté, commodité, faisabilité, intelligibilité, possibilité, simplicité ♦ non fav. : banalité, platitude, vulgarité b le moyen : arrangement, chance, latitude, liberté, marge, moyen, occasion, offre, possibilité → **aide** 2 de quelqu'un. a fav. : brio, dons, intelligence → **aisance** b non fav. : complaisance, faconde, faiblesse, laisser-aller, laxisme, mollesse, paresse, relâchement

faciliter 1 → **aider** 2 aplanir les difficultés, arranger, égaliser, faire disparaître / lever la difficulté, mâcher le travail / la besogne (fam.), ménager, ouvrir / tracer la voie, préparer

façon n.f. 1 → **fabrication** 2 allure, coupe, exécution, facture, forme, griffe, manière, moyen, style, technique, travail 3 → **allure** 4 a **de toute façon :** en tout état de cause, immanquablement, quoi qu'il arrive, quoi qu'il en soit, qu'on le veuille ou non b **de façon que :** afin de / que, de manière / sorte que c **à sa façon :** à sa fantaisie / guise / manière / volonté d **en aucune façon :** cas, circonstance, manière e **sans façon :** sans gêne, tout de go 5 au pl. a → **agissements** b → **affectation** c **faire des façons :** cérémonies, complications, embarras, histoires, manières, politesses, salamalecs, tralala d vx : giries

faconde n.f. génér. péj. : abondance, bagou, bavardage, charlatanisme, éloquence, emballement, emportement, exubérance, facilité, logorrhée, loquacité, prolixité, verbiage, verbosité, verve, volubilité

façonner 1 quelque chose : arranger, disposer, transformer, travailler → **fabriquer** 2 par ext. a le sol : aérer, bêcher, biner, cultiver, décavaillonner, gratter, herser, labourer, rouler, sarcler, scarifier, travailler b un objet d'art : composer, décorer, orner c quelqu'un : affiner, apprivoiser, assouplir, civiliser, dégourdir, dégrossir, dérouiller, dresser, éduquer, faire, faire l'éducation de, former, modeler, modifier, perfectionner, pétrir, polir, transformer, tremper

façonnier, ère 1 nom : artisan, ouvrier 2 adj. → **affecté**

fac-similé n.m. copie, duplicata, imitation, photocopie, reproduction

facteur n.m. 1 quelqu'un. a d'instruments de musique : accordeur, fabricant, luthier b adm. : agent, commis, employé, messager (vx), porteur, préposé, télégraphiste, vaguemestre 2 par ext. a agent, cause, coefficient, élément b math. : coefficient, diviseur, multiplicande, multiplicateur, quotient, rapport

factice 1 quelqu'un → **affecté** 2 quelque chose : artificiel, fabriqué, faux, imité, postiche

factieux, euse 1 adj. : fasciste, illégal, réactionnaire, révolutionnaire, sectaire, séditieux, subversif 2 nom : agent provocateur, agitateur, comploteur, conjuré, conspirateur, contestataire, émeutier, excitateur, instigateur, insurgé, intrigant, meneur, mutin, partisan, rebelle, révolté, révolutionnaire, séditieux, semeur de troubles, suspect, trublion

faction n.f. 1 au pr. : agitation, brigue, cabale, complot, conjuration, conspiration, contestation, émeute, excitation, groupement, groupuscule, insurrection, intrigue, ligue, mutinerie, parti, rébellion, révolte, révolution, sédition, trouble, violence 2 milit. : garde, guet 3 **être de / en faction :** attendre, être de garde / en poste / sentinelle, faire le guet / le pet (arg.), guetter, surveiller

factionnaire n.m. → **sentinelle**

factoring n.m. off. : affacturage, recouvrement

factotum ou **factoton** n.m. homme à tout faire, homme de confiance, intendant, maître Jacques

factum n.m. diatribe, libelle, mémoire, pamphlet

facture n.f. 1 → **addition** 2 → **bordereau** 3 → **façon**

facturer → **compter**

facturier, ière n.m. ou f. → **comptable**

facultatif, ive à option, libre, optionnel → **contingent**

faculté n.f. 1 athénée, collège, campus, corps professoral, école, enseignement supérieur, institut, université 2 de quelqu'un. a sing. : aptitude, capacité, droit, force, génie, liberté, licence, moyen, possibilité, pouvoir, privilège, propriété, puissance, ressource, talent, vertu b plur. : activité, connaissance, discernement, entendement, esprit, intelligence, jugement, mémoire, parole, pensée, raison, sens, sensibilité 3 de quelque chose : capacité, propriété, vertu

fada n.m. et adj. → **bête**

fadaise n.f. 1 → **baliverne** 2 → **bêtise**

fade 1 au pr. a au goût : désagréable, douceâtre, écœurant, fadasse, insipide, melliflue, plat, quelconque, sans relief / saveur b par ext. : délavé, pâle, terne 2 fig. : affecté, conventionnel, ennuyeux, froid, inexpressif, insignifiant, langoureux, languissant, plat, sans caractère / intérêt / relief / saveur / vivacité, terne → **affadir (s')**

fadeur n.f. 1 au pr. : insipidité 2 fig. : affectation, convention, ennui, insignifiance, manque de caractère/intérêt/relief/saveur/vivacité, platitude

fading n.m. audiov. off. : évanouissement

faflot n.m. → **billet**

fagot n.m. brande, brassée, bourrée, cotret, fagotin, faisceau, falourde, fascine, hardée, javelle, ligot, mort-bois

fagoter → **vêtir**

faible 1 adj. a quelqu'un ◆ phys. : abattu, affaibli, anéanti, anémié, anémique, asthénique, asthmatique, bas, cacochyme, caduc, chancelant, chétif, convalescent, crevard (fam.), débile, défaillant, déficient, délicat, déprimé, épuisé, étiolé, faiblard, fatigué, flagada (fam.), fluet, fragile, frêle, grêle, impotent, infirme, invalide, languissant, las, lymphatique, malingre, pâle, pâlot, patraque, rachitique, souffreteux → **maigre** ◆ moral : aboulique, apathique, avachi, bonasse, complaisant, débonnaire, désarmé, doux, facile, faillible, impuissant, incertain, indécis, influençable, instable, insuffisant, labile, latitudinaire, laxiste, médiocre, mou, peccable, pusillanime, sans caractère/défense/volonté, velléitaire, veule, vulnérable → **lâche** b une chose : branlant, fragile, friable, inconsistant, instable, précaire ◆ un son : bas, étouffé, imperceptible, insensible, léger ◆ un travail : insuffisant, mauvais, médiocre, réfutable ◆ un style : fade, impersonnel, incolore, mauvais, médiocre, neutre ◆ un sentiment : tendre ◆ une quantité : bas, modéré, modique, petit ◆ une opinion : attaquable, critiquable, réfutable c une position : attaquable, découverte, exposée, fragile, ouverte, prenable, vulnérable 2 n.m. a quelqu'un : aboulique, apathique, avorton, freluquet, gringalet, imbécile, mauviette, mou, pauvre type, petit, simple, soliveau b comportement ◆ neutre ou fav. : complaisance, goût, penchant, prédilection, tendance, tendresse ◆ non fav. : défaut, faiblesse, infériorité, vice

faiblement 1 doucement, mal, mollement, à peine, peu, vaguement 2 → **imparfaitement**

faiblesse n.f. 1 phys. : abattement, adynamie, affaiblissement, altérabilité, anéantissement, anémie, apathie, asthénie, cachexie, débilité, défaillance, déficience, délicatesse, dépression, épuisement, étourdissement, évanouissement, fatigue, fragilité, impuissance, inanition, infériorité, infirmité, insuffisance, maigreur, misère (physiologique/physique), pâmoison, rachitisme, syncope 2 moral. a neutre : complaisance, inclination, indulgence, goût, penchant, prédilection, préférence b non fav. : abandon, aboulie, apathie, arriération, avachissement, aveulissement, bassesse, complaisance, complicité, débonnaireté, défaillance, défaut, démission, divisibilité, écart, entraînement, erreur, facilité, faillibilité, faute, faux pas, glissade, idiotie, imbécillité, inconsistance, indécision, indigence, inertie, insignifiance, insipidité, instabilité, infériorité, insuffisance, irrésolution, lâcheté, laisser-aller, laxisme, légèreté, licence, médiocrité, mesquinerie, mollesse, partialité, petitesse, pusillanimité, veulerie, vulnérabilité

faiblir 1 phys. → **affaiblir (s')** 2 moral : s'amollir, céder, fléchir, mollir, plier, ployer, se relâcher, se troubler

faïence n.f. 1 la matière : cailloutage, céramique, terre de pipe 2 l'objet : assiette, bol, carreau, carrelage, pichet, plat, pot, poterie 3 d'après le fabricant ou le lieu de fabrique, par ex. : de Bruxelles, de Delft, de Gien, de Jersey, de Lunéville, majolique, de Marseille, de Moustiers, de Nevers, de Quimper, de Strasbourg, de Wedgwood

faille n.f. 1 → **brisure** 2 → **fente**

faillible → **faible**

faillir v. intr. et tr. ind. → **manquer**

faillite n.f. 1 au pr. : déconfiture, dépôt de bilan 2 par ext. : banqueroute, chute, crise, culbute, débâcle, défaillance, échec, fiasco, insolvabilité, krach, liquidation, marasme, ruine

faim n.f. 1 appétit, besoin, boulimie, creux, dent, disette, famine, fringale, inanition, voracité 2 → **ambition** 3 → **envie** 4 **avoir faim** fam. : avoir la dent/les crocs/l'estomac dans les talons, claquer du bec, creuser, crever la faim → **affamé**

faîne n.f. amande, fruit, gland, graine

fainéant, e n. et adj. 1 au pr. : bon à rien, cancre, désœuvré, inactif, indolent, lézard, musard, nonchalant, oisif, paresseux, propre-à-rien, rêveur, vaurien 2 fam. : cagnard, cossard, feignant, flemmard, tire-au-cul, tire-au-flanc, tourne-pouces, traîne-savates/semelles

fainéanter → **paresser**

faire 1 un objet → **fabriquer** 2 une action → **accomplir** 3 une œuvre → **composer** 4 une loi → **constituer** 5 des richesses → **produire** 6 un être : reproduire → **accoucher** 7 ses besoins → **besoin** 8 un mauvais coup → **tuer, voler** 9 fam. : branler, ficher, foutre, goupiller

faire-part n.m. annonce, carton

fair-play sport → **convenable**

faisabilité n.f. 1 → **possibilité** 2 → **facilité**

faisable → **facile**

faisan n.m. → **fripon**

faisandé, e fig. : avancé, corrompu, douteux, malhonnête, malsain, pourri

faisceau n.m. 1 au pr. → **fagot** 2 par ext. → **accumulation**

faiseur, euse nom et adj. 1 → **fabricant** 2 → **bâtisseur** 3 → **bêcheur**

faisselle n.f. → **égouttoir**

fait n.m. 1 fav. ou neutre a → **acte** b → **affaire** 2 non fav. → **faute** 3 a **dire son fait à quelqu'un** : ses quatre vérités b **voie de fait** : coup, violence c **haut fait** : exploit, performance, prouesse d **mettre au fait** → **informer**

faîtage n.m. arête, charpente, comble, enfaîtement, faîte, ferme, poutres

faîte n.m. 1 au pr. → **faîtage** 2 par ext. : apex, apogée, cime, crête, haut, houppier, pinacle, point culminant, sommet, sommité, summum

faîtière n.f. enfaîteau, lucarne ◆ par ext. → **faîtage**

faitout n.m. → **marmite**

faix n.m. → **fardeau**

fakir n.m. 1 au pr. : ascète, derviche, mage, santon, yogi 2 par ext. : prestidigitateur, thaumaturge, voyant

falaise n.f. escarpement, mur, muraille, paroi, à-pic

falbala n.m. → **affaire**

fallacieux, euse 1 → **trompeur** 2 → **hypocrite**

falloir 1 devoir, être indispensable/nécessaire/obligatoire, il y a lieu de 2 a **peu s'en faut** : il a failli, il s'en est manqué de peu b **tant s'en faut** : au contraire, loin de c **il ne faut que** : il suffit de

falot n.m. 1 → **fanal** 2 arg. milit. : conseil de guerre, tribunal

falot, e adj. anodin, effacé, inconsistant, inoffensif, insignifiant, médiocre, négligeable, nul, pâle, terne

falsificateur, trice n. → **voleur**

falsification n.f. → **altération**

falsifier → **altérer**

famélique 1 → **affamé** 2 → **besogneux** 3 → **étique**

fameusement → **rudement**

fameux, euse 1 → **célèbre** 2 extraordinaire, remarquable 3 → **bon**

familial, e domestique, parental

familiariser → **acclimater**

familiarité n.f. 1 fav. a → **intimité** b → **abandon** 2 non fav. → **désinvolture**

familier, ère 1 nom → **ami** 2 adj. a quelque chose : aisé, commun, courant, domestique, habituel, facile, ordinaire, propre, simple, usuel b quelqu'un : accessible, amical, communicatif, connu, expansif, facile, gentil, intime, liant, libre, naturel, rassurant, sans-façon, simple, sociable, traitable c animal : acclimaté, apprivoisé, confiant, dressé, familiarisé

famille n.f. 1 au pr. a alliance, ascendance, auteurs, branche, descendance, dynastie, extraction, filiation, généalogie, génération, hérédité, lignage, lignée, maison, parenté, parents, postérité, race, sang, siens (les), souche b agnats, cognats, épigones c bercail, couvée, entourage, feu, foyer, logis, maison, maisonnée, marmaille (péj.), ménage, nichée, progéniture, smala, toit, tribu 2 par ext. : catégorie, clan, classe, collection, école, espèce, genre, gent

famine n.f. → **disette**

fan n.m. ou f. → **fanatique**

fan n.m. aviat. off. : soufflante, ventilateur

fanal n.m. falot, feu, flambeau, lanterne, phare

fanatique nom et adj. 1 non fav. : agité, allumé, exalté, excité, fondamentaliste, fou de Dieu, illuminé, intégriste → **intolérant** 2 fav. a amoureux, ardent, brûlant, chaleureux, chaud, emballé, en délire, enflammé, enthousiaste, fana (fam.), fervent, fou, frénétique, laudateur, louangeur, lyrique, mordu, mystique, passionné, zélateur b convaincu, courageux, dévoué, enragé, hardi, inconditionnel ◆ fam. : gonflé, jusqu'au-boutiste → **téméraire** c aficionado, fan, groupie, idolâtre

fanatiser → **exciter**

fanatisme n.m. 1 non fav. → **intolérance** 2 fav. a acharnement, amour, ardeur, chaleur, délire, dithyrambe, emballement, engouement, enthousiasme, exaltation, ferveur, feu, fièvre, flamme, folie, frénésie, fureur, lyrisme, passion, zèle b abnégation, acharnement, conviction, courage, dévouement, don de soi, hardiesse, héroïsme, jusqu'au-boutisme (fam.), témérité

fané, e abîmé, altéré, avachi, décati, décoloré, défraîchi, délavé, fatigué, flétri, pâli, pisseux, ridé, séché, terni, usagé, vieilli, vieux

faner (se) → **flétrir (se)**

fanfare n.f. 1 au pr. : clique, cors, cuivres, harmonie, lyre, nouba (partic.), orchestre, orphéon, philharmonie, trompes 2 fig. : bruit, démonstration, éclat, éloge, fracas, pompe

fanfaron, ne nom et adj. → **hâbleur**

fanfaronnade n.f. → **hâblerie**

fanfaronner → **hâbler**

fanfreluche n.f. → **bagatelle**

fange n.f. 1 → **boue** 2 → **bauge**

fangeux, euse → **boueux**

fanion n.m. → **bannière**

fanon n.m. 1 baleine, busc 2 → **pli**

fantaisie n.f. 1 → **imagination** 2 → **humeur** 3 → **bagatelle** 4 → **fable** 5 → **originalité** 6 → **inexactitude**

fantaisiste nom et adj. 1 → **amateur** 2 → **bohème**

fantasmagorie n.f. fantasme, grand guignol → **spectacle**

fantasmagorique 1 → **extraordinaire** 2 par ext. : énorme, étonnant, extraordinaire, extravagant, fantastique, formidable, hallucinatoire, incroyable, invraisemblable, rocambolesque, sensationnel

fantasme n.m. 1 → **imagination** 2 → **vision**

fantasmer 1 → **imaginer** 2 → **rêver**

fantasque → **bizarre**

fantassin n.m. 1 fam. : biffin → **soldat** 2 vx ou étrangers : hallebardier, heiduque, hoplite, mousquetaire, peltaste, piquier, suisse 3 → **infanterie**

fantastique → **extraordinaire**

fantoche nom et adj. 1 automate, guignol, mannequin, marionnette, pantin, polichinelle, poupée 2 par ext. : bidon (fam.), fantôme, inconsistant, inexistant, larve, sans valeur, simulacre 3 **gouvernement fantoche** : gouvernement de rencontre/usurpé

fantomatique → **imaginaire**

fantôme n.m. 1 au pr. : apparition, double, ectoplasme, empuse, esprit, lémure, ombre, revenant, spectre, vision, zombi 2 par ext. : apparence, chimère, épouvantail, fantasme, illusion, simulacre, vision

faon n.m. → **cerf**

faquin n.m. → **maraud**

far n.m. → **pâtisserie**

faramineux, euse → **extraordinaire**

farandole n.f. → **danse**

faraud, e 1 arrogant, fat, malin, prétentieux 2 → **hâbleur**

farce n.f. 1 → **hachis** 2 → **facétie**

farceur, euse 1 fav. ou neutre : amuseur, baladin, bateleur, blagueur, bouffon, boute-en-train, chahuteur, comédien, comique, conteur, drôle, espiègle, facétieux, gouailleur, loustic, moqueur, plaisantin vx : daubeur 2 non fav. : fumiste, histrion, mauvais plaisant, mystificateur, paillasse, pitre, sauteur

farci, e → **plein**

farcir → **remplir**

fard n.m. 1 artifice, brillant, déguisement, dissimulation, faux, trompe-l'œil 2 couleur, crème, eye-liner, fond de teint, henné, khôl, lait, lotion, mascara, poudre, rimmel, rouge à lèvres → **pommade** 3 barbouillage, grimage, maquillage, ornement, peinture

fardeau n.m. 1 au pr. : bagage, charge, chargement, colis, faix, poids, surcharge 2 fig. :

charge, croix, ennui, joug, souci, surcharge, tourment
farder 1 au pr. a colorer, embellir, faire une beauté, grimer, maquiller, peindre b ombrer 2 fig. a couvrir, défigurer, déguiser, dissimuler, embellir, envelopper, maquiller, marquer, replâtrer, pallier, plâtrer, voiler b → **altérer**
farder (se) s'embellir, s'enduire de fard, se faire une beauté / un ravalement (fam.), se parer
farfadet n.m. follet, lutin, nain
farfelu, e → **bizarre**
farfouiller bouleverser, brouiller, chercher, déranger, ficher / foutre (vulg.) / mettre le bordel (grossier) / le désordre / en désordre / en l'air, sens dessus dessous, retourner ◆ fam. : trifouiller, tripatouiller
faribole n.f. → **bagatelle**
farigoule n.f. pouliot, serpolet, thym
farine n.f. fécule, maïzena, recoupette
farniente n.m. → **oisiveté**
farouche 1 → **intraitable** 2 → **timide** 3 âpre, dur, effarouchant, fier → **sauvage**
fart n.m. 1 → **enduit** 2 → **graisse**
fascicule n.m. brochure, cahier, libelle, livraison, livre, livret, opuscule, plaquette, publication
fascinant, e 1 → **agréable** 2 → **séduisant**
fascination n.f. 1 au pr. : hypnose, hypnotisme, magie 2 par ext. : appel, ascendant, attirance, attraction, attrait, charme, éblouissement, enchantement, ensorcellement, envoûtement, magnétisme, séduction, trouble
fascine n.f. claie, gabion → **fagot**
fasciner 1 au pr. : charmer, ensorceler, hypnotiser, magnétiser 2 par ext. : appeler, attirer, captiver, charmer, éblouir, égarer, émerveiller, s'emparer de, enchanter, endormir, enivrer, ensorceler, envoûter, maîtriser, plaire à, séduire, troubler
fascisme n.m. 1 → **absolutisme** 2 par ext. → **hitlérisme**
fasciste nom et adj. chemise noire → **réactionnaire**
faste 1 adj. → **favorable** 2 n.m. → **apparat**
fastes n.m. pl. → **annales**
fastfood n.m. off. : prêt-à-manger, repas / restauration rapide
fastidieux, euse → **ennuyeux**
fastueux, euse 1 → **prodigue** 2 → **beau**
fat n.m. et adj. arrogant, avantageux, bellâtre, content de soi, dédaigneux, fanfaron, fiérot, galant, impertinent, infatué, orgueilleux, plastron, plat, plein de soi, poseur, précieux, prétentieux, rodomont, satisfait, sot, suffisant, vain, vaniteux
fatal, e 1 neutre : immanquable, inévitable, irrévocable, obligatoire → **sûr** 2 non fav. : déplorable, dommageable, fâcheux, fatidique, funeste, létal, malheureux, mauvais, mortel, néfaste
fatalement → **sûrement**
fatalisme n.m. abandon, acceptation, déterminisme, passivité, renoncement, résignation
fatalité n.f. 1 neutre : destin, destinée, éventualité, fortune, nécessité, sort 2 non fav. : catastrophe, désastre, fatum, inexorabilité, létalité, malédiction, malheur
fatidique → **fatal**
fatigant, e → **tuant**
fatigue n.f. 1 au pr. : abattement, accablement, affaissement, déprime, épuisement, éreintement, exténuation, faiblesse, forçage, fortraiture (équit.), harassement, labeur, lassitude, peine, surmenage ◆ fam. : crevaison, crève, vapes 2 par ext. → **ennui** 3 méd. : abattement, accablement, affaiblissement, alanguissement, anéantissement, asthénie, dépression, exhaustion, faiblesse, usure
fatigué, e 1 quelqu'un. a phys. : accablé, assommé, avachi, brisé, courbatu, courbaturé, écrasé, épuisé, éreinté, esquinté, excédé, exténué, flapi, fortrait (équit.), fourbu, harassé, indisposé, las, lourd, malade, mort, moulu, recru, rendu, rompu, roué de fatigue, surentraîné, surmené, vanné ◆ fam. : claqué, crevard, crevé, échiné, flagada, patraque, pompé, raplapla, sur les dents / les genoux / les rotules, vaseux, vasouillard, vermoulu, vidé b par ext. : abattu, à bout, abruti, accablé, assommé, blasé, brisé, cassé, dégoûté, démoralisé, déprimé, écœuré, ennuyé, excédé, importuné, macéré, lassé, saturé 2 une chose : abîmé, amorti, avachi, déformé, défraîchi, délabré, délavé, éculé, élimé, esquinté, fané, limé, râpé, usagé, usé, vétuste, vieux
fatiguer 1 au pr. phys. : abasourdir, abrutir, accabler, affaiblir, ahaner, assommer, avachir, briser, claquer, crever, déprimer, échiner, écraser, épuiser, éreinter, esquinter, estrapasser (équit.), être → **fatigué**, excéder, exténuer, fouler, harasser, lasser, moudre, rompre, suer, surentraîner, surmener, trimer, tuer, vanner, vider 2 fig. → **ennuyer**
fatras n.m. → **amas**
fatuité n.f. → **orgueil**
faubourg n.m. → **banlieue**
fauche n.f. → **vol**
fauché, e → **pauvre**
faucher → **abattre**
fauchet n.m. → **râteau**
faucille n.f. par ext. → **faux, serpe**
faucon n.m. béjaune, crécerelle, émerillon, émouchet, épervier, gerfaut, hobereau, laneret, lanier, sacre (vx), sacret, tiercelet → **rapace**
faufiler → **coudre**
faufiler (se) → **introduire (s')**
faune n.m. chèvre-pied, faunesse, satyre, sylvain
faune n.f. → **peuplement**
faussaire n.m. ou f. escroc → **fripon**
fausser → **altérer**
fausset n.m. 1 → **cheville** 2 **voix de fausset** → **aigu**
fausseté n.f. aberration, déloyauté, dissimulation, duplicité, erreur, escobarderie, feinte, fourberie, illégalité, illégitimité, imposture, inauthenticité, inexactitude, jésuitisme, mauvaise foi, mensonge, obliquité (vx), papelardise, pharisaïsme, sophisme, sophistique, sournoiserie, spéciosité, tartuferie, tromperie → **hypocrisie**
faute n.f. 1 au pr. a chute, coulpe (vx), démérite, écart, égarement, erreur, mal, peccadille, péché, vice b baraterie (mar.), contravention, crime, délit, forfaiture, infraction, manquement, mauvaise action, méfait c bévue, énormité, erratum, ignorance, maladresse, méprise, négligence, omission d défectuosité, imperfection, impropriété, inexactitude e absence, défaut, lacune, manque, privation f fam. : bavure, boulette, connerie, couille, gaffe, loup, manque, os, paillon 2 barbarisme, contresens, cuir, faux / non-sens, incorrection, pataquès, perle, solécisme → **lapsus** 3 imprimerie : bourdon, coquille, doublage, doublon, mastic, moine 4 a **sans faute** → **évidemment** b **faire faute** → **manquer**
fauteuil n.m. → **siège**
fauteur, trice n.m. ou f. 1 → **instigateur** 2 → **complice**
fautif, ive → **coupable**
fauve 1 adj. → **jaune** 2 n.m. : bête féroce / sauvage, carnassier, félidé, félin, léopard, lion, panthère, tigre
fauvette n.f. bec-figue / fin, traîne-buisson → **passereau**
faux n.m. → **fausseté**
faux n.f. faucard, fauchon
faux, fausse 1 quelqu'un : affecté, cabotin, calomniateur, chafouin, comédien, déloyal, de mauvaise foi, dissimulé, double, emprunté, étudié, fautif, félon, fourbe, grimacier, imposteur, médisant, menteur, papelard, patelin, perfide, pharisien, simulé, sournois, tartufe, traître, trompeur → **hypocrite** 2 une chose : aberrant, absurde, agrammatical, altéré, apocryphe, approximatif, artificiel, captieux, chimérique, contrefait, controuvé, copié, désaccordé, diffamatoire, diplomatique, emprunté, erroné, fabuleux, factice, fallacieux, falsifié, fardé, fautif, feint, fictif, imaginaire, imprécis, inauthentique, incorrect, inexact, infidèle, inventé, mal fondé, mensonger, pastiché, plagié, postiche, saugrenu, simili, simulé, sophistique, supposé, travesti, trompeur, truqué, usurpé, vain ◆ fam. : au flan, à la noix, bidon, toc
faux-fuyant n.m. 1 → **excuse** 2 → **fuite**
faux-semblant n.m. → **affectation**
favela n.f. → **bidonville**
faveur n.f. 1 → **ruban** 2 aide, amitié, appui, avantage, bénédiction, bénéfice, bienfait, bienveillance, bonnes grâces, bon office / procédé, bouquet, cadeau, complaisance, considération, crédit, distinction, dispense, don, égards, favoritisme, fleur (fam.), grâce, gratification, indulgence, libéralité, passe-droit, prédilection, préférence, privilège, protection, récompense, service, sympathie 3 faire la faveur de : aumône, bénignité (vx), grâce, plaisir, service
favorable accommodant, agréable, ami, avantageux, bénéfique, bénévole, bénin (vx), bénit, bienveillant, bon, clément, commode, convenable, faste, festif, gratifiant, heureux, indulgent, obligeant, propice, prospère, protecteur, salutaire, secourable, sympathique, tutélaire
favori n.m. 1 → **protégé** 2 côtelette, patte de lapin, rouflaquette
favori, ite nom et adj. chéri, choisi, chouchou, coqueluche, élu, enfant gâté, mignon, préféré, privilégié, protégé
favoriser 1 quelqu'un : accorder, aider, avantager, combler, douer, encourager, gratifier, pousser, prêter aide / assistance / la main, protéger, seconder, servir, soutenir ◆ fam. : chouchouter, donner un coup de pouce, pistonner, sucrer 2 quelqu'un ou quelque chose : faciliter, privilégier, promouvoir, servir
favorite n.f. → **amante**
favoritisme n.m. combine, népotisme, partialité, préférence
fayot 1 n.m. → **haricot** 2 nom et adj. → **zélé** 3 → **flatteur**
fazenda n.f. hacienda → **propriété**
féal, e 1 vx. : loyal 2 → **partisan**
fébrifuge n.m. et adj. acide acétylsalicylique, antipyrine, aspirine, cinchonine, quinine
fébrile 1 → **fiévreux** 2 → **violent**
fébrilité n.f. → **nervosité**
fèces n.f. pl. → **excrément**
fécond, e 1 au pr. : abondant, fertile, fructifiant, fructueux, généreux, gras, gros, inépuisable, intarissable, plantureux, producteur, productif, prolifique, surabondant 2 par ext. : a créateur, imaginatif, inventif, riche b → **efficace**
fécondation n.f. conception, conjugaison, ensemencement, génération, insémination, pariade, procréation, reproduction
féconder → **engendrer**
fécondité n.f. 1 → **fertilité** 2 → **rendement**
fédérateur, trice nom et adj. rassembleur, unitif (par ext.) → **chef**
fédération n.f. alliance, association, coalition, confédération, consortium, intergroupe, ligue, société, syndicat, union
fédéré, e 1 → **allié** 2 communard
fédérer allier, assembler, associer, coaliser, confédérer, liguer, rassembler, réunir, unir
fée n.f. → **génie**
feed-back n.m. off. : rétroaction
feeder n.m. télécom. off. : coaxial, ligne d'alimentation
féerie n.f. attraction, divertissement, exhibition, fantasmagorie, fantastique, magie, merveille, merveilleux, numéro, pièce, représentation, revue, scène, séance, show, spectacle, tableau
féerique 1 → **beau** 2 → **surnaturel**
feindre 1 → **affecter** 2 → **inventer** 3 → **botter**
feint → **faux**
feinte n.f. affectation, artifice, cabotinage, cachotterie, comédie, déguisement, dissimulation, duplicité, fard, faux-semblant, feintise, fiction, grimace, hypocrisie, invention, leurre, mensonge, momerie, pantalonnade, parade, ruse, simulation, singerie, sournoiserie, tromperie → **fausseté**
feinter → **tromper**
fêlé, e → **fou**
fêler → **fendre**
félibre n.m. majoral
félicitation n.f. apologie, applaudissement, bravo, compliment, congratulation, éloge, glorification, hourra, louange, panégyrique, satisfecit
félicité n.f. → **bonheur**
féliciter 1 applaudir, approuver, complimenter, congratuler, louanger, louer 2 pr. → **réjouir (se)**
félin n.m. → **chat**
félin, e 1 → **caressant** 2 → **hypocrite**
félon, ne → **infidèle**
félonie n.f. → **infidélité**
fêlure n.f. cheveu → **fente**

féminiser 1 efféminer 2 péj. : déviriliser → **affaiblir**

femme n.f. 1 au pr. : dame, demoiselle ♦ vx : le beau sexe 2 par ext. a neutre : compagne, concubine, égérie, épouse, fille d'Ève, moitié (fam.), muse → **beauté** b non fav. → **mégère** c → **fille** d partic. : fatma, moukère, mousmé e arg. et/ou fam. : baronne, bergère, bobonne, comtesse, frangine, gonzesse, laitue, légitime, linge, marquise, nana, pépée, poule, poupée, régulière, sœur, souris, ticket ♦ non favorable : brancard, bringue, cageot, dondon, fillasse, greluche, grenouille, grognasse, langouste, mocheté, pétasse, pouffiasse, punaise, radasse, rombière, → **prostituée**

fendiller (se) se craqueler, se crevasser, se disjoindre, s'étoiler, se fêler, se fendre, se fissurer, se gercer, se lézarder

fendre 1 sens général : cliver, couper, disjoindre, diviser, écuisser, entrouvrir, fêler, tailler 2 les pierres, le sol : craqueler, crevasser, failler, fêler, fendiller, fissurer, gercer, lézarder 3 la foule : écarter, entrouvrir, se frayer un chemin, ouvrir 4 **fendre le cœur** : briser/crever le cœur 5 fig. **se fendre de quelque chose** : se déboutonner (fam.), dépenser, donner, faire un cadeau, faire des largesses, offrir → **payer**

fenêtre n.f. 1 ajour, baie, bow-window, châssis, croisée, oriel 2 par ext. : hublot, lucarne, lunette, oculus, œil-de-bœuf, tabatière, vasistas, vitre → **ouverture**

fenil n.m. → **grange**

fennec n.m. renard des sables/du Sahara

fenouil n.m. ammi, aneth, herbe aux cure-dents, visnage

fente n.f. boutonnière, cassure, coupure, craquèlement, crevasse, déchirure, espace, excavation, faille, fêlure, fissure, gélivure, gerce, gerçure, grigne, hiatus, interstice, jour, lézarde, orifice, scissure, trou, vide → **ouverture**

féodal, e moyenâgeux, seigneurial

féodalité n.f. 1 Moyen Âge 2 abus, cartel, impérialisme, trust

fer n.m. 1 sens général : acier, métal 2 → **chaîne** 3 a **en fer à cheval** : en épingle b **de fer** ♦ au phys. : fort, résistant, robuste, sain, solide, vigoureux ♦ au moral : autoritaire, courageux, dur, impitoyable, inébranlable, inflexible, opiniâtre, têtu, volontaire c **mettre aux fers** : réduire en esclavage/en servitude → **emprisonner** d **mettre les fers** : le forceps e **les quatre fers en l'air** : dégringoler, se casser la figure, se casser la gueule (vulg.), tomber

férie n.f. jour chômé

férié, e chômé, congé, pont, vacances, week-end

fermage n.m. affermage, afferme, amodiation, arrérages, cession, ferme, location, louage, loyer, métayage (par ext.), redevance, terme

ferme n.m. 1 immeuble : domaine, exploitation, exploitation agricole, fazenda, fermette, ganaderia, hacienda, mas, métairie, ranch 2 montant d'une location : affermage, arrérages, fermage, louage, loyer, redevance, terme 3 sous l'Ancien Régime : collecte/perception des impôts, maltôte 4 charpente, comble

ferme adj. 1 quelque chose : assuré, compact, consistant, coriace, dur, fixe, homogène, immuable, résistant, solide, sûr 2 par ext. : ancré, arrêté, assuré, autoritaire, catégorique, constant, courageux, décidé, déterminé, drastique, dur, endurant, énergique, fort, impassible, imperturbable, implacable, inconvertible, inflexible, intraitable, intrépide, mâle, net, obstiné, résolu, rigoureux, sévère, solide, stoïque, strict, tenace, têtu, viril

ferme et **fermement** adv. avec fermeté, de façon/manière ferme, al dente (partic.), beaucoup, bien, bon, constamment, courageusement, dur, dur comme fer, durement, énergiquement, fixement, fort, fortement, immuablement, impassiblement, imperturbablement, inébranlablement, inflexiblement, intrépidement, nettement, résolument, sec, sévèrement, solidement, stoïquement, sûrement, tenacement, vigoureusement, virilement

ferment n.m. 1 au pr. : bacille, bactérie, diastase, enzyme, levain, levure, microcoque, moisissure, zymase 2 fig. de discorde : agent, cause, germe, levain, origine, principe, racine, source

fermentation n.f. 1 au pr. : cuvage, cuvaison, ébullition, échauffement, féculence (vx), travail 2 fig. : agitation, bouillonnement, ébullition, échauffement, effervescence, embrasement, excitation, mouvement, nervosité, préparation, remous, surexcitation

fermenter 1 au pr. : bouillir, chauffer, lever, travailler 2 fig. : s'agiter, bouillonner, s'échauffer, gonfler, lever, mijoter, se préparer, travailler

fermer 1 v. tr. a une porte, une fenêtre : bâcler (vx), barrer, barricader, boucler, cadenasser, claquer (péj.), clore, lourder (arg.), verrouiller b un passage : barrer, barricader, bloquer, boucher, clore, combler, condamner, faire barrage, interdire, murer, obstruer, obturer, occlure c une surface : barricader, clore, clôturer, enceindre, enclore, enfermer, entourer d un contenant : boucher, capsuler, plomber e une enveloppe : cacheter, clore, coller, sceller f un emballage : plier, replier g le courant : couper, disjoncter, éteindre, interrompre, occulter h un compte, une liste : arrêter, clore, clôturer i l'horizon, la vue : borner, intercepter 2 v. intr. : chômer, faire relâche, faire la semaine anglaise, relâcher 3 v. pron. a une blessure : se cicatriser, guérir, se refermer, se ressouder b fig. sur soi : se refuser, se replier

fermeté n.f. 1 de quelque chose : compacité, consistance, dureté, fixité, homogénéité, immuabilité, indivisibilité, insécabilité, irréductibilité, résistance, solidité, sûreté, unicité, unité 2 de quelqu'un : assurance, autorité, caractère, cœur, constance, courage, cran, décision, détermination, dureté, endurance, énergie, entêtement, estomac (fam.), exigence, force, impassibilité, inflexibilité, intransigeance, intrépidité, invincibilité, netteté, obstination, opiniâtreté, poigne, raideur, rectitude, résistance, résolution, ressort, rigidité, rigueur, sang-froid, sévérité, solidité, stoïcisme, ténacité, vigueur, virilité, volonté

fermeture n.f. 1 le dispositif : barrage, barreaux, barricade, barrière, bonde, cheval de frise, clôture, échalier, enceinte, enclos, entourage, fenêtre, grillage, grille, haie, herse, palis, palissade, palplanches, panneau, persienne, portail, porte, portillon, serrement (vx), store, treillage, treillis, volet 2 l'appareil : bondon, bouchon, capsule, clenche, couvercle, crochet, disjoncteur, gâche, gâchette, hayon, loquet, opercule, robinet, serrure, vanne, verrou 3 l'action (une circulation, un passage) : arrêt, barrage, bouclage, clôture, condamnation, coupure, interruption, oblitération, obstruction, obturation, occlusion, verrouillage 4 fermeture momentanée : coupure, interruption, suspension 5 fermeture du gaz, de l'électricité : coupure, disjonction, extinction, interruption de fourniture 6 d'un pli, d'une enveloppe : a l'action : cachetage, clôture, scellement b le moyen : bulle (vx et relig.), cachet, sceau 7 d'une affaire : a par autorité patronale : lock-out b pour cause de congé : relâche c faute de travail : cessation, chômage (technique), lock-out

fermier, ère n.m. ou f. 1 sens général : locataire, preneur, tenancier (vx) 2 qui cultive la terre : agriculteur, colon, cultivateur, exploitant agricole, métayer, paysan 3 fermier général : partisan → **percepteur**

fermoir n.m. 1 d'un vêtement : agrafe, aiguillette, attache, boucle, fermail, fermeture, ferret, fibule, zip 2 d'un coffret, d'une porte : bobinette, crochet, fermeture, loquet, moraillon, serrure, verrou

féroce 1 animal : cruel, fauve, sanguinaire, sauvage 2 quelqu'un. a au pr. : barbare, brutal, cannibale, cruel, sadique, sanguinaire, sauvage, violent b fig. : acharné, affreux, dur, épouvantable, forcené, horrible, impitoyable, implacable, inhumain, insensible, mauvais, méchant, terrible, violent

férocité n.f. 1 au pr. : barbarie, brutalité, cannibalisme, cruauté, instincts sanguinaires, sauvagerie, violence 2 fig. : acharnement, cruauté, dureté, horreur, insensibilité, méchanceté, raffinement, sadisme, sauvagerie, violence

ferrage n.m. appareillage métallique, assemblage en fer/métallique, ferrement, ferrure, garniture en fer, penture, protection en fer

ferraille n.f. 1 bouts de fer, copeaux, déchets, limaille, rebuts, vieux instruments, vieux morceaux 2 mitraille 3 assemblage/instrument/objet métallique 4 monnaie (fam.), pièce de monnaie (fam.) 5 a **tas de ferraille** péj. ou par ironie : auto, avion, bateau *et tout véhicule ou tout instrument.* b **mettre à la ferraille** : déclasser, jeter, mettre au rebut, réformer c **bruit de ferraille** : cliquetis

ferrailler (péj.) 1 au pr. : batailler, se battre, se battre à l'arme blanche, se battre en duel, battre le fer, combattre, croiser le fer, en découdre, escrimer 2 fig. : se battre, combattre, se disputer, lutter, se quereller

ferrailleur n.m. 1 bretteur, duelliste, escrimeur, lame, spadassin, traîne-rapière 2 → **querelleur** 3 brocanteur, casseur, chiffonnier, commerçant en ferraille

ferré, e 1 au pr. : bardé, garni de fer, paré, protégé 2 fig. : calé, compétent, connaisseur, érudit, fort, habile, instruit, savant ♦ fam. : grosse tête, tête d'œuf

ferrement n.m. 1 assemblage métallique, ensemble de pièces de métal, fer, ferrage, ferrure, instrument en fer, serrure 2 d'un poisson : accrochage, capture, coup, prise, touche

ferrer 1 au pr. : accrocher avec du fer, brocher, clouter, cramponner, engager le fer, garnir de fer, marquer au fer, parer, piquer, plomber, protéger 2 un poisson : accrocher, avoir une touche, capturer, piquer, prendre, tirer

ferret n.m. 1 → **fermoir** 2 → **aiguille**

ferronnier n.m. chaudronnier, forgeron, serrurier

ferronnière n.f. → **bijou**

ferrure n.f. assemblage en fer, charnière, ferrage, ferrement, ferronnerie, garniture de fer, instrument en fer, penture, serrure, serrurerie

ferry-boat n.m. off. : (navire) transbordeur → **bac**

fertile 1 abondant, bon, fécond, fructueux, généreux, gros, plantureux, prodigue, prolifique, riche 2 arable, cultivable, productif 3 imaginatif, ingénieux, inventif, rusé, subtil, superbe

fertilisation n.f. amélioration, amendement, bonification, écobuage, engraissement, enrichissement, fumure, marnage, mise en valeur

fertiliser améliorer, amender, bonifier, cultiver, engraisser, enrichir, ensemencer, fumer, terreauter

fertilité n.f. 1 sens général : abondance, fécondité, générosité, luxuriance, prodigalité, productivité, rendement, richesse 2 en parlant d'êtres animés : conception, fécondité, prolificité, reproduction

féru, e de quelque chose : chaud, engoué, enthousiaste, épris de, fou de, passionné de, polarisé par (fam.)

férule n.f. 1 au pr. : baguette, bâton, règle 2 fig. : autorité, dépendance, direction, pouvoir, règle

fervent, e ardent, brûlant, chaud, dévot, dévoué, enthousiaste, fanatique, fidèle, intense, zélé

ferveur n.f. 1 au pr. : adoration, amour, ardeur, chaleur, communion, dévotion, effusion, élan, enchantement, enthousiasme, force, zèle 2 **La ferveur du moment** : engouement, faveur, mode

fesse n.f. → **fessier**

fessée n.f. 1 au pr. : correction, coup, claque, fustigation 2 fig. et fam. : déculottée, défaite, échec, honte, pâtée, raclée, torchée

fesse-mathieu n.m. → **avare**

fesser battre, botter le train (arg.), châtier, corriger, donner des claques sur les fesses, fouetter, frapper, fustiger, punir, taper

fessier n.m. 1 arrière-train, as de pique/trèfle, bas du dos, coccyx, croupe, cul, derrière, fesses, fondement, parties charnues, postérieur, quelque part, raie, séant, siège, tournure 2 fam. : baba, croupion, dos, fouettard, hémisphères, jumelles, joufflu, lune, malle/train arrière, pétard, popotin 3 arg. : allumeuses, baigneur, derche, miches, panier, prose, train, valseur

fessu, e callipyge, charnu, qui a de grosses fesses, rebondi, rembourré, stéatopyge (litt. et iron.)

festin n.m. 1 agape, banquet, bonne chère, gala, rastel (mérid.), régal, réjouissance → **repas** 2 fam. : bombance, gueuleton, lippée, riboul-dingue, ripaille

festival n.m. 1 au pr. : festivité, fête, gala, régal 2 de danse, de musique, de poésie : célébration, colloque, congrès, démonstration, exhibition, foire, journées, kermesse, manifestation, organisation, présentation, représentation, récital, réunion, séminaire, symposium 3 par ext. → **profusion**

festivité n.f. allégresse, célébration, cérémonie, festival, fête, frairie, gala, joyeuseté, kermesse, manifestation, mondanités, partie, partie fine, réception, réjouissance, réunion

feston n.m. bordure, broderie, dent, frange, garniture, guirlande, lambrequin, ornement, passementerie, torsade

festonner v. tr. et intr. border, brocher, broder, découper, denteler, garnir, orner

festoyer v. tr. et intr. 1 banqueter, donner/faire/offrir un → **festin**, faire bombance/bonne chère/fête à, fêter, prendre part à, recevoir, régaler, se régaler → **manger** 2 fam. et/ou péj. : bambocher, faire la foire, gueuletonner, s'en mettre plein la lampe, ripailler

fêtard, e n.m. ou f. (péj.) arsouille, bambocheur, bon vivant, cascadeur, débauché, jouisseur, noceur, noctambule, rigolo, viveur

fête n.f. 1 anniversaire, apparat, bouquet (vx), célébration, centenaire, commémoration, concert, débauche (péj.), événement, festival, festivité, inauguration, jubilé, noces, solennité 2 a → **festin** b → **réunion** c → **bal** d → **défilé** e → **carnaval** 3 rég. : apport, assemblée, ballade, ducasse, kermesse, ferrade, foire, frairie, nouba, pardon, redoute, vogue 4 principales fêtes relig. a chrétiennes : Ascension, Assomption ou du 15-Août, Circoncision, Épiphanie ou des Rois (Mages), Fête-Dieu, Nativité ou Noël, Pâques, Pentecôte, Purification ou Chandeleur, Rameaux, Toussaint b juives : Dédicace, Expiation ou Yom Kippour, Pâque, Pentecôte, Pourim, Sabbat, Tabernacle c musulmanes : fête du Mouton/de la Rupture du jeûne/des Sacrifices/des Victimes d Grèce antiq. : dionysies, orphiques, panathénées, thesmophories e Rome antiq. : bacchanales, lupercales, orgies, parentales, saturnales, vulcanales 5 fam. ou arg. : bamboche, bamboula, bombe, dégagement, fiesta, foire, java, noce, tournée des grands-ducs

fêter accueillir, arroser, célébrer, commémorer, consacrer, faire fête à, festoyer, honorer, manifester, marquer, se réjouir de, sanctifier, solenniser

fétiche n.m. agnus-dei, amulette, bondieuserie, effigie, gri-gri, idole, image, main de Fatma, mascotte, phylactère, porte-bonheur, porte-chance, porte-veine, reliques, scapulaire, statuette, talisman, tephillim, totem → **médaille**

fétichisme n.m. 1 au pr. : animisme, culte des fétiches, culte des idoles, idolâtrie, totémisme 2 fig. admiration, attachement, culte, idolâtrie, religion, respect, superstition, vénération 3 psych. : idée fixe, perversion

fétichiste nom et adj. 1 au pr. : adepte du ou relatif au fétichisme, adorateur de ou relatif aux fétiches, superstitieux 2 fig. : admirateur, croyant, fidèle, idolâtre, religieux, superstitieux

fétide au pr. et au fig. : asphyxiant, corrompu, dégoûtant, délétère, désagréable, écœurant, empesté, empuanti, étouffant, excrémentiel, fécal, ignoble, immonde, innommable, infect, insalubre, malodorant, malpropre, malsain, mauvais, méphitique, nauséabond, nuisible, ordurier, pestilentiel, puant, putride, repoussant, répugnant

fétu n.m. 1 au pr. : brin, brindille 2 fig. : bagatelle, brimborion, misère, petite chose, peu, rien

fétuque n.f. graminée, herbe, fétuque ovine, fourrage

feu n.m. 1 au pr. a lieu où se produit le feu : astre, athanor, âtre, autodafé, bougie, brasero, brasier, braise, bûcher, cautère, chandelle, chaudière, cheminée, coin de feu, coin du feu, enfer, étincelle, étoile, fanal, flambeau, forge, four, fournaise, fourneau, incendie, lampe, météore, projecteur, signal, soleil b famille, foyer, maison c manifestation du feu : attise ou attisée, brûlure, caléfaction, calcination, cendre, chaleur, chauffage, combustion, consomption, crémation, éblouissement, échauffement, éclair, éclairage, éclat, embrasement, éruption, étincelle, flambée, flamboiement, flamme, fumée, fumerolle, furole, ignition, incandescence, lave, lueur, lumière, rif (fam.), rougeur, scintillement d rég. : régalade e par anal.méd. : démangeaison, éruption, furoncle, inflammation, irritation, prurit f feu d'artillerie : barrage, tir, pilonnage g feux tricolores : signal, signalisation, orange, rouge, vert h avez-vous du feu ? : allumettes, briquet i faire du feu : allumer, se chauffer j feu du ciel : foudre, orage, tonnerre k feu d'artifice : bouquet, pyrotechnie, soleil l feu follet : flammerole 2 fig. a fav. ou neutre : action, amour, animation, ardeur, bouillonnement, chaleur, combat, conviction, désir, empressement, enthousiasme, entrain, exaltation, excitation, flamme, fougue, inspiration, passion, tempérament, vivacité, zèle b non fav. : agitation, emballement, colère, combat, courroux, emportement, exagération, passion, véhémence, violence c alchimie. : archée d **feu du Ciel :** châtiment, colère/justice divine, punition

feuillage n.m. 1 au pr. : aiguille, branchage, branches, feuillée, feuilles, frondaison, palme, rameau, ramée, ramure, verdure 2 par ext. : abri, berceau, camouflage, charmille, chevelure, dais, tonnelle

feuillaison n.f. foliation, renouvellement

feuille n.f. 1 au pr. : fane, feuillage, feuillée, foliole, frondaison, pampre (du blé) 2 par ext. a carton, document, feuille de chou (péj.), feuillet, folio, journal, page, papier b fibre, lame, lamelle, lamine (vx), plaque 3 fam. → **oreille** 4 **dur de la feuille :** sourd, sourdingue (fam.)

feuilleret n.m. → **rabot**

feuillet n.m. cahier, feuille, folio, page, placard (typo), planche, pli

feuilleter compulser, jeter un coup d'œil sur, lire en diagonale (fam.)/rapidement, parcourir, survoler, tourner les pages

feuilleton n.m. anecdote, dramatique, histoire, livraison, nouvelle, roman

feuillu, e abondant, épais, feuillé, garni, touffu

feuillure n.f. entaille, rainure

feuler → **crier**

feulement n.m. → **cri**

feutre n.m. 1 blanchet, étamine, molleton 2 → **coiffure**

feutré, e 1 au pr. : garni, ouaté, rembourré 2 par ext. : amorti, discret, étouffé, mat, ouaté, silencieux

feutrer 1 au pr. : garnir, ouater, rembourrer 2 par ext. : amortir, étouffer

fi (faire) → **dédaigner**

fiabilité n.f. sûreté → **sécurité**

fiable → **sûr**

fiacre n.m. sapin → **voiture**

fiançailles n.f. pl. accordailles (vx), engagement, promesse de mariage

fiancé, e n.m. ou f. 1 accordé (vx), bien-aimé, futur, parti, prétendant, promis 2 fam. : galant, soupirant 3 rég. : épouseur, prétendu

fiancer (se) 1 au pr. : s'engager, promettre mariage 2 par ext. : allier, fier (se), mélanger, unir

fiasco n.m. → **insuccès**

fiasque n.f. → **bouteille**

fibre n.f. 1 au pr. : byssus, chalaze, chair, cirre, fibrille, fil, filament, filet, ligament, linéament, substance, tissu 2 par ext. → **disposition**

fibreux, euse dur, filandreux, nerveux

fibrome n.m. → **tumeur**

fibule n.f. → **agrafe**

ficelé, e fig. → **vêtu**

ficeler 1 au pr. → **attacher** 2 fig. → **vêtir**

ficelle n.f. 1 au pr. → **corde** 2 fig. a → **ruse** b → **procédé** c quelqu'un → **malin**

fiche n.f. 1 aiguille, broche, cheville, prise, tige 2 carte, carton, étiquette, feuille, papier 3 jeton, plaque

ficher 1 au pr. a → **fixer** b → **enfoncer** c → **mettre** d → **faire** 2 **ficher dedans** → **tromper** 3 v. pron. a → **railler** b → **mépriser**

fichier n.m. casier, classeur, documentation, dossier, meuble, registre

fichiste n.m. ou f. documentaliste

fichu n.m. cache-cœur/col/cou, carré, châle, écharpe, fanchon, foulard, madras, mantille, marmotte, mouchoir, pointe

fichu, e 1 fâcheux, foutu (fam.), sacré 2 → **déplaisant** 3 → **perdu**

fictif, ive → **imaginaire**

fiction n.f. 1 → **invention** 2 **science-fiction :** anticipation, futurisme

fidèle 1 n.m. ou fém. a adepte, assidu, croyant, ouaille, paroissien, partisan, pratiquant → **prosélyte** b antrustion, féal 2 adj. a quelqu'un : assidu, attaché, attentif, bon, conservateur, constant, dévoué, exact, favorable, féal, franc, honnête, loyal, obéissant, persévérant, probe, régulier, scrupuleux, sincère, solide, sûr, vrai b → **obligé** c quelque chose : conforme, correct, égal, éprouvé, exact, fiable, indéfectible, juste, réglé, sincère, sûr, véridique, vrai

fidélité n.f. 1 → **constance** 2 → **exactitude** 3 → **attachement** 4 → **foi** 5 → **vérité**

fief n.m. 1 dépendance, domaine, mouvance, seigneurie, suzeraineté 2 par ext. : domaine, spécialité

fieffé, e → **parfait**

fiel n.m. 1 au pr. → **bile** 2 par ext. a → **haine** b → **mal**

fielleux, euse acrimonieux, amer, haineux, malveillant, mauvais, méchant, venimeux

fiente n.f. → **excrément**

fier, ère 1 → **sauvage** 2 → **satisfait** 3 → **dédaigneux** 4 → **grand** 5 → **hardi**

fier (se) 1 → **confier (se)** 2 → **rapporter (se)**

fier-à-bras n.m. → **bravache**

fierté n.f. 1 → **dédain** 2 → **hardiesse** 3 → **honneur** 4 → **orgueil**

fièvre n.f. 1 fébricule, hyperthermie, malaria, paludisme, pyrexie, suette, température 2 affolement, agitation, ardeur, chaleur, désordre, hallucination, hâte, inquiétude, intensité, mouvement, nervosité, passion, tourment, trouble, violence → **émotion**

fiévreux, euse 1 fébrile 2 agité, ardent, brûlant, chaud, désordonné, halluciné, hâtif, inquiet, intense, malade, maladif, malsain, mouvementé, nerveux, passionné, tourmenté, troublé, violent

fifre n.m. → **flûte**

fifrelin n.m. → **bagatelle**

figé, e coagulé, contraint, conventionnel, glacé, immobile, immobilisé, immuable, paralysé, pétrifié, raide, raidi, sclérosé, statufié, stéréotypé, transi

figer 1 au pr. → **geler** 2 par ext. a → **immobiliser** b → **pétrifier**

fignolage n.m. arrangement, enjolivement, finition, léchage, parachèvement, polissage, raffinage, raffinement, soin

fignoler 1 → **orner** 2 → **parfaire**

figue n.f. **faire la figue** → **railler**

figurant, e n.m. ou f. acteur, comparse, doublure, passe-volant (milit. et vx), représentant, second rôle ♦ fam. : frimant

figuration n.f. carte, copie, dessin, fac-similé, image, plan, représentation, reproduction, schéma, symbole

figure n.f. 1 a → **visage** b → **forme** 2 par ext. a → **mine** b → **représentation** c → **statue** d → **symbole** e → **expression** f → **image** g → **rhétorique**

figuré, e imagé, métaphorique

figurer 1 avoir la forme de, être, incarner, jouer un rôle, paraitre, participer, représenter, se trouver, tenir un rang 2 dessiner, donner l'aspect, modeler, peindre, représenter, sculpter, symboliser, tracer 3 v. pron. → **imaginer**

figurine n.f. → **statue**

fil n.m. 1 archal, organsin → **fibre** 2 → **cours** 3 → **tranchant** 4 **fil de la vierge,** rég. : filandre

filament n.m. → **fibre**

filandreux, euse 1 au pr. : coriace, dur, fibreux, indigeste, nerveux 2 fig. : ampoulé, confus, délayé, diffus, embarrassé, empêtré, enchevêtré, entortillé, fumeux, indigeste, interminable, long, macaronique

filasse n.f. 1 n.f. : étoupe, lin 2 adj. : blond, clair, pâle, terne

file n.f. caravane, chapelet, colonne, cordon, enfilade, haie, ligne, procession, queue, rang, rangée, théorie, train → **suite**

filer 1 la laine : tordre 2 → **lâcher** 3 → **marcher** 4 → **suivre** 5 → **partir** 6 **filer doux** → **soumettre (se)**

filet n.m. 1 au pr. a pour la pêche : ableret, araignée, balance, bolier, bouterolle, carrelet, caudrette, chalut, drague, drège, échiquier, épervier, épuisette, folle, gabarre, guideau, haveneau, langoustier, madrague, nasse, pêchette, picot, poche, ridée, rissole, sardinier, senne, thonaire, traîne, traîneau, tramail, truble, vannet b pour les oiseaux : allier ou hallier, araignée, lacet, lacs, pan, pan de rets, panneau, pantenne, pantière, rets, ridée, tirasse 2 par ext. a porte-bagages, réseau b embûche, embuscade, piège, souricière

fileuse n.f. vx : filandière

filiale n.f. → **succursale**

filiation n.f. 1 au pr. → **naissance** 2 par ext. → **liaison**

filière n.f. → **hiérarchie**

filiforme allongé, délié, effilé, fin, grêle, longiligne, maigre, mince

filin n.m. → **cordage**

fille n.f. 1 au pr. a descendante, enfant, héritière b adolescente, bambine, blondinette, brin, brunette, catherinette, demoiselle, fillette, jeune fille, jeunesse, jouvencelle, nymphe, rosière (partic.), rouquine, rousse, vierge c vx ou rég. : drôlesse, menine, pucelle d fam. : boudin, briquette, cerneau, chameau (arg. scol.), craquette, cri-cri, fée, frangine, gamine, gazelle, gerce, gosse, grenouille, langoustine, mignonne, minette, mistonne, môme, musaraigne, nana, nénette, nymphette, oie blanche, oiselle, pépée, petit bout/lot/rat/sujet, petite, poulette, pouliche, poupée, prix de Diane, quille, sauterelle, souris, tendron, ticket, trottin e péj. : bécasse, bourrin, cageot, dondon, donzelle, fillasse, garçonne, gigolette, gigue, gonzesse, greluche, marmotte, perlasse, pétasse, péteuse, pisseuse, tas, typesse 2 par ext. a → **célibataire** b → **prostituée** c → **servante** d → **religieuse**

film n.m. 1 au pr. → **pellicule** 2 par ext. → **pièce**

filmer enregistrer, photographier, tourner

filon n.m. 1 au pr. : couche, masse, mine, source, strate, veine 2 fig. a → **chance** b combine

filou n.m. → **fripon**

filouter → **voler**

filouterie n.f. → **vol**

fils n.m. 1 au pr. : fiston, fruit, garçon, gars, grand, héritier, petit, progéniture, race, rejeton, sang (poét.), surgeon → **enfant** 2 par ext. a citoyen b descendant, parent c → **élève** 3 **fils de ses œuvres** a autodidacte, self-made-man b conséquence, effet, fruit, résultat

filtrage n.m. clarification, filtration, lixiviation

filtre n.m. antiparasite, blanchet, bougie, buvard, chausse, écran, épurateur, étamine, feutre, papier, passoire, percolateur, purificateur → **vérification**

filtrer 1 au pr. : clarifier, couler, épurer, passer, purifier, rendre potable, tamiser 2 par ext. a → **vérifier** b → **pénétrer** c → **répandre (se)** d → **percer**

fin n.f. 1 au pr. → **extrémité** 2 par ext. a aboutissement, accomplissement, achèvement, arrêt, borne, bout, but, cessation, chute, clôture, coda, conclusion, consommation, crépuscule, décadence, décision, déclin, dénouement, dépérissement, désinence, dessert, destination, destruction, disparition, épilogue, enterrement, épuisement, expiration, extrémité, final, finale, finalité, limite, objectif, objet, perfection, péroraison, prétexte, queue, réalisation, résultat, réussite, ruine, solution, sortie, suppression, tendance, terme, terminaison, terminus, visée b agonie, anéantissement, décès, déclin, mort, trépas 3 a **une fin de non-recevoir** → **refus** b **à cette fin** : intention, objet, motif, raison c **à la fin** : en définitive, enfin, finalement d **faire une fin** : se marier, se ranger e **mettre fin à** : achever, arrêter, clore, décider, dissiper, dissoudre, éliminer, expirer, faire cesser, finir, lever, parachever, se suicider, supprimer, terminer, tuer (se) f **sans fin** : sans arrêt/cesse/interruption/repos/trêve, continu, éternel, immense, immortel, indéfini, infini, interminable, pérenne, pérennisé, perpétuel, sans désemparer/discontinuer, sempiternel, toujours *et les adv. en possibles à partir des adj. de cette suite, ex.* : continuellement

fin adv. fin prêt : absolument, complètement, entièrement, tout à fait

fin, e 1 au pr. : affiné, allongé, arachnéen, beau, délicat, délié, doux, élancé, émincé, étroit, fluide, gracile, lamellaire, léger, maigre, menu, mince, petit, svelte, transparent, vaporeux 2 par ext. : a adroit, affiné, astucieux, averti, avisé, bel esprit, clairvoyant, délié, déniaisé (vx), diplomate, élégant, excellent, finaud, futé, galant, habile, ingénieux, intelligent, malin, pénétrant, perspicace, piquant, pointu, précieux, pur, raffiné, retors, rusé, sagace, sensible, subtil, supérieur, vif b distingué, élégant, racé c délicat, gastronomique, gourmand, raffiné, recherché → **bon** 3 a **fin mot** : dernier, véritable b **fin fond** : éloigné, extrême, loin, lointain, reculé c **fine fleur** : élite, supérieur d **fin du fin** : nec plus ultra e **fine champagne** : brandy, cognac

final, e définitif, dernier, extrême, téléologique, terminal, ultime

finale 1 n.m. a → **bouquet** b mus. : dernier mouvement 2 n.f. : belle, dernier match

finalement à la fin/limite, définitivement, en définitive, en dernier lieu, enfin, en fin de compte, pour en finir/en terminer, sans retour, tout compte fait

finalité n.f. 1 but, dessein, destination, fin, intentionnalité, motivation, orientation, prédestination, téléologie, tendance 2 adaptation, harmonie, perception 3 adaptation, besoin, détermination, instinct, sélection

finance n.f. 1 argent, ressources 2 au pl. : biens, budget, caisse, comptabilité, crédit, dépense, économie, fonds, recette, trésor, trésorerie 3 vx : ferme, régie 4 affaires, banque, bourse, capital, capitalisme, commerce, crédit

financement n.m. développement, entretien, paiement, placement, soutien, subvention, versement

financer avancer/bailler/placer/prêter des fonds, casquer (fam.), commanditer, entretenir, fournir, parrainer, payer, procurer de l'argent, régler, soutenir financièrement, sponsoriser, subventionner, verser

financier, ère n.m. ou f. agent de change, banquier, boursier, capitaliste, coulissier, gérant, gestionnaire, manieur d'argent, publicain, régisseur, spéculateur, sponsor ♦ vx : fermier, partisan, traitant

financier, ère adj. bancaire, budgétaire, monétaire, pécuniaire

finasser éviter, éluder/tourner la difficulté, user d'échappatoires/de faux-fuyants, ruser

finasserie n.f. finauderie, tromperie → **ruse**

finaud, e → **malin**

finauderie n.f. → **finasserie**

fine n.f. brandy, cognac, eau-de-vie

finement adroitement, astucieusement, délicatement, subtilement

fines n.f. pl. → **granulat**

finesse n.f. 1 délicatesse, étroitesse, fluidité, légèreté, minceur, petitesse, ténuité, transparence 2 fig. : acuité, adresse, artifice, astuce, clairvoyance, difficulté, diplomatie, justesse, malice, pénétration, précision, ruse, sagacité, sensibilité, souplesse, stratagème, subtilité, tact 3 par ext. : beauté, délicatesse, distinction, douceur, élégance, grâce, gracilité, raffinement, sveltesse

fini n.m. → **perfection**

fini, e 1 borné, défini, limité 2 accompli, achevé, consommé, révolu, terminé 3 → **fatigué** 4 → **parfait** 5 par ext. a quelqu'un : condamné, fait, fichu, fieffé, foutu, mort, perdu, usé b quelque chose : disparu, évanoui, fait, perdu

finir 1 v. tr. a neutre ou fav. : accomplir, achever, arrêter, cesser, clore, clôturer, conclure, consommer, couper, couronner, épuiser, expédier, fignoler, interrompre, lécher, mettre fin à, parachever, parfaire, polir, régler, terminer, trancher, user, vider b péj. : anéantir, bâcler 2 par ext. a → **mourir** b v. intr. : aboutir, achever, s'arrêter, arriver, cesser, disparaître, épuiser, s'évanouir, rompre, se terminer, tourner mal

finissage n.m. achèvement, fignolage, fin, finition, garnissage, perfectionnement

finition n.f. accomplissement, achèvement, arrêt, fin

finitude n.f. → **limite**

fiole n.f. 1 au pr. : ampoule, biberon, bouteille, flacon 2 fig. : bouille, figure → **tête**

floriture n.f. → **ornement**

firmament n.m. → **ciel**

firme n.f. → **établissement**

fisc n.m. finances, fiscalité, percepteur, Trésor public

fissile scissile → **cassant**

fission n.f. désintégration, division, séparation

fissure n.f. → **fente**

fissurer → **fendre**

fixation n.f. 1 au pr. a amarrage, amure (mar.), ancrage, attache, crampon, enracinement, établissement, fixage, implantation b attache, cramponnement, scellement 2 fig. : caractérisation, définition, délimitation, détermination, estimation, indiction, limitation, réglementation, stabilisation

fixe 1 adj. → **stable** 2 n.m. appointements, mensualité, pension, rente, salaire, traitement

fixement en face, intensément

fixer 1 au pr. : accrocher, adhérer, affermir, amarrer, ancrer, arrêter, arrimer, assembler, assujettir, assurer, attacher, boulonner, brêler, caler, carrer, centrer, cheviller, claveter, clouer, coincer, coller, consolider, cramponner, éclisser, enchâsser, enclaver (techn.), enfoncer, enraciner, faire pénétrer/tenir, ficher, haubaner, immobiliser, implanter, introduire, lier, ligaturer, maintenir, mettre, nouer, pendre, pétrifier, planter, punaiser, raciner, retenir, river, riveter, sceller, soutenir, suspendre, visser 2 mar. : amurer, capeler, carguer, élinguer, enverguer, étalinguer 3 fig. a arrêter, asseoir, assigner, conclure, décider, définir, délimiter, déterminer, envisager, établir, évaluer, formuler, imposer, indiquer, layer, limiter, marquer, normaliser, particulariser, poser, préciser, prédestiner, préfixer, prescrire, proposer, qualifier, réglementer, régler, régulariser, spécifier, stabiliser b attirer, captiver, choisir, conditionner, conquérir, gagner, retenir c cristalliser, graver, peindre, sculpter → **imprimer** d → **instruire** e → **regarder** 4 v. pron. : se caser, s'établir, établir sa résidence/ses pénates (fam.), habiter, s'implanter, s'installer, se localiser, prendre pied/racine, résider

fixité n.f. 1 consistance, fermeté, immobilité, immuabilité, immutabilité, incommutabilité, incompressibilité, incontestabilité, intangibilité, invariabilité, permanence, persistance, stabilité 2 constance, esprit de suite, fermeté, suite dans les idées → **obstination**

flaccidité n.f. → **ramollissement**

flacon n.m. fiasque, fiole, flasque, gourde → **bouteille**

fla-fla n.m. affectation, chichis, chiqué, esbroufe, étalage, façons, frime, manières, ostentation

flagellation n.f. fouet, fustigation

flageller 1 au pr. : battre, châtier, cingler, cravacher, donner la discipline/le martinet/les verges, fesser, fouetter, fustiger 2 fig. : attaquer, blâmer, critiquer, maltraiter, vilipender

flageolant, e → **chancelant**

flageoler → **chanceler**

flageolet n.m. → **flûte**

flagorner → **flatter**

flagornerie n.f. → **flatterie**

flagorneur, euse nom et adj. → **flatteur**

flagrance n.f. → **évidence**

flagrant, e certain, constant, constaté, éclatant, évident, incontestable, indéniable, manifeste, notoire, officiel, patent, probant, sans conteste, sur le fait, visible, vu

flair n.m. 1 au pr. → **odorat** 2 par ext. : clairvoyance, intuition, perspicacité → **pénétration**

flairer 1 au pr. → **sentir** 2 fig. → **pressentir**

flamant n.m. kamichi

flambant, e ardent, brasillant, brillant, brûlant, coruscant, éclatant, étincelant, flamboyant, fulgurant, incandescent, reluisant, resplendissant, rutilant, scintillant, superbe

flambard ou **flambart** n.m. → **hâbleur**

flambé, e fam. déconsidéré, découvert, fichu, foutu (vulg.), perdu, ruiné

flambeau n.m. 1 par ext. : bougie, brandon, candélabre, chandelier, chandelle, cierge, fanal, guide, lampe, lumière, phare, photophore, torche, torchère 2 → **chef**

flambée n.f. → **feu**

flamber 1 au pr. a v. intr. : brûler, cramer (fam.), s'embraser, s'enflammer, étinceler, flamboyer, scintiller b v. tr. : gazer, passer à la flamme, stériliser c → **briller** 2 fig. v. tr. : dépenser, dilapider, jouer, perdre, ruiner, voler

flamboiement n.m. 1 au pr. : éblouissement, éclat, embrasement, feu 2 fig. : ardeur, éclat
flamboyant, e 1 arch. : gothique, médiéval 2 → **flambant**
flamboyer 1 au pr. → **flamber** 2 fig. → **luire**
flamme n.f. 1 au pr. → **feu** 2 par ext. → **chaleur** 3 → **drapeau**
flan n.m. dariole, entremets
flanc n.m. 1 de quelqu'un ou d'un animal → **ventre** 2 par ext. : aile, bord, côté, pan ♦ mar. : amure, lof
flancher 1 → **céder** 2 → **reculer**
flandrin n.m. dadais → **bête**
flâner 1 s'amuser, badauder, déambuler, errer, folâtrer, musarder, muser, se promener, traîner, vadrouiller 2 fam. : baguenauder, gober les mouches, lécher les vitrines
flânerie n.f. → **promenade**
flâneur, euse nom et adj. 1 au pr. : badaud, promeneur 2 par ext. : désœuvré, fainéant, indolent, lambin, musard, oisif, paresseux, traînard → **vagabond**
flanquer 1 v. tr. → **jeter** 2 v. intr. a → **accompagner** b → **protéger** c → **mettre**
flapi, e → **fatigué**
flaque n.f. flache, mare, nappe
flash n.m. off. : éclair
flash-back n.m. audiov. off. : retour (en) arrière, retour visuel, rétrospective
flasque 1 adj. → **mou** 2 n.f. → **flacon**
flatter 1 a aduler, amadouer, cajoler, caresser, charmer, choyer, complaire à, complimenter, courtiser, flagorner, gratter, lécher, louanger, louer, parfaire, passer la main dans le dos, peloter, ramper, tromper b vx ou rég. : capter, chatouiller, délecter, gratter c fam. : faire risette, fayoter 2 embellir, enjoliver, idéaliser, parfaire 3 v. pron. a aimer à croire, s'applaudir, se donner les gants de (fam.), s'enorgueillir, se féliciter, se glorifier, s'illusionner, se persuader, se prévaloir, se targuer, tirer vanité, triompher, se vanter b compter, espérer, penser, prétendre
flatterie n.f. 1 adoration, adulation, cajolerie, câlinerie, caresse, chatouillement (vx), compliment, coups d'encensoir, cour, courbette, courtisanerie, douceurs, encens, flagornerie, génuflexion, hommage, hypocrisie, louange, mensonge, plat, pommade, tromperie 2 fam. : fayotage, lèche, pelotage 3 vx : chatouillement, gracieuseté
flatteur, euse nom et adj. 1 quelqu'un : a adorateur, adulateur, approbateur, bonimenteur, bonneteur, cajoleur, caudataire, complaisant, complimenteur, courtisan, démagogue, doucereux, encenseur, enjôleur, flagorneur, génuflecteur, louangeur, menteur, obséquieux, patelin, racoleur, séducteur, thuriféraire → **hypocrite** b fam. ou vx : démago, fayot, frotte-manche, godillot, lèche-bottes, lèche-cul, lèche-pompes, lécheur 2 quelque chose → **agréable**
→ **vent**
flatulent, e gazeux, venteux
flatuosité n.f. → **vent**
fléau n.m. 1 → **calamité** 2 → **punition**
flèche n.f. → **trait**
flécher → **tracer**
fléchir 1 v. tr. a au pr. : abaisser, courber, gauchir, incurver, infléchir, plier, ployer, recourber b fig. on fléchit quelqu'un : adoucir, apaiser, apitoyer, attendrir, calmer, désarmer, ébranler, émouvoir, gagner, plier, toucher, vaincre 2 v. intr. a au pr. : arquer, céder, se courber, craquer, faiblir, flancher, gauchir, s'infléchir, lâcher, manquer, plier, ployer, reculer, vaciller b fig. : s'abaisser, abandonner, s'agenouiller, capituler, céder, chanceler, faiblir, s'humilier, s'incliner, mollir, plier, se prosterner, se soumettre, succomber
fléchissement n.m. 1 au pr. : avancée, baisse, courbure, diminution, flexion → **abaissement** 2 fig. → **abandon**
flegmatique apathique, blasé, calme, décontracté, détaché, froid, imperturbable, indifférent, insensible, lymphatique, maître de soi, mou, olympien, patient, placide, posé, rassis, serein, tranquille → **impassible**
flegme n.m. apathie, calme, décontraction, détachement, égalité d'âme, équanimité, froideur, indifférence, insensibilité, lymphatisme, maîtrise, mollesse, patience, placidité, sang-froid, sérénité, tranquillité → **impassibilité**
flemmard, e nom et adj. → **paresseux**
flemmarder → **traîner**
flemme n.f. → **paresse**
flétri, e → **fané**
flétrissement et **flétrissure** n.m., n.f. 1 → **blâme** 2 → **honte**
flétrir 1 au pr. : altérer, blettir, décolorer, défraîchir, faner, froisser, gâter, pâlir, rider, sécher, ternir 2 par ext. : abaisser, abattre, avilir, blâmer, condamner, corrompre, décourager, défleurir, désespérer, déshonorer, désoler, dessécher, diffamer, enlaidir, gâter, mettre au pilori, punir, salir, souiller, stigmatiser, tarer, ternir 3 v. pron. : s'abîmer, passer, vieillir
fleur n.f. (fig.) 1 → **ornement** 2 → **lustre** 3 → **perfection** 4 → **choix** 5 → **phénix** 6 **Couvrir de fleurs** → **louer**
fleurer → **sentir**
fleuret n.m. → **épée**
fleurette n.f. → **galanterie**
fleurir 1 v. tr. → **orner** 2 v. intr. a au pr. : éclore, s'épanouir b par ext. : bourgeonner, briller, croître, se développer, embellir, enjoliver, s'enrichir, être florissant/prospère, faire florès, se former, gagner, grandir, se propager, prospérer
fleuriste n.m. ou f. bouquetière, horticulteur, jardinier
fleuron n.m. → **ornement**
fleuve n.m. → **cours (d'eau)**
flexibilité n.f. → **souplesse**
flexible 1 au pr. : élastique, maniable, mou, plastique, pliable, pliant, souple 2 fig. : docile, doux, ductile, influençable, malléable, maniable, obéissant, soumis, souple, traitable
flexion n.f. 1 → **fléchissement** 2 → **terminaison**
flexueux, euse → **sinueux**
flexuosité n.f. → **sinuosité**
flibustier n.m. → **corsaire**
flic n.m. → **policier**
flirt n.m. 1 → **béguin** 2 → **caprice**
flirter → **courtiser**
flopée n.f. → **multitude**
floraison n.f. anthèse, éclosion, efflorescence, épanouissement, estivation, fleuraison
flore n.f. → **végétation**
florès n.m. faire florès → **briller, fleurir**
florilège n.m. → **anthologie**
florissant, e à l'aise, beau, brillant, heureux, prospère, riche, sain
flot n.m. 1 au pr. → **marée** 2 fig. → **multitude** 3 plur. → **onde**
flottage n.m. drave (Canada)
flottant n.m. → **culotte**
flottant, e a → **changeant** b → **irrésolu**
flotte n.f. 1 au pr. : armada, équipages, escadre, flottille, force navale, marins, marine 2 fam. → **eau**
flottement n.m. 1 → **hésitation** 2 → **désordre**
flotter v. tr. et intr. 1 au pr. : affleurer, émerger, être à flot, nager, surnager 2 par ext. a agiter, errer, ondoyer, onduler, vaguer, voguer, voler, voltiger b → **hésiter**
flotteur n.m. 1 bouchon, flotte, plume 2 → **bouée**
flou, e brouillé, brumeux, effacé, fondu, fumeux, incertain, indécis, indéterminé, indistinct, lâche, léger, nébuleux, sfumato, trouble, vague, vaporeux
flouer 1 → **tromper** 2 → **voler**
fluctuant, e → **changeant**
fluctuation n.f. → **variation**
fluctuer → **changer**
fluer → **couler**
fluet, te → **menu**
fluide n.m. courant, effluve, émulsion, filtrat, flux, liquide, onde
fluide adj. clair, coulant, déliquescent, dilué, fluctuant, insaisissable, insinuant, instable, juteux, limpide, liquide, mouvant, régulier
fluidification n.f. → **fusion**
fluidifier → **fondre**
fluidité n.f. fig. : facilité, régularité → **souplesse**
fluorescence n.f. phosphorescence, photoluminescence
flush n.m. méd. off. : bouffée (congestive)
flûte n.f. allemande, chalumeau, diaule, fifre, flageolet, flûteau, flûte de Pan, flûtiau, galoubet, larigot, mirliton, ocarina, octavin, piccolo, pipeau, syrinx, traversière
flux n.m. 1 → **marée** 2 → **écoulement**
fluxion n.f. → **gonflement**
foc n.m. → **voile**
focaliser → **concentrer**
fœtus n.m. 1 au pr. : embryon, germe, œuf 2 par ext. : avorton, gringalet, mauviette
foi n.f. 1 l'objet de la foi : conviction, créance, credo, croyance, dogme, évangile, idéologie, mystique, opinion, religion 2 la qualité. a → **confiance** b → **exactitude** c droiture, engagement, enthousiasme, fidélité, franchise, honnêteté, honneur, loyauté, parole, probité, promesse, sincérité d par ext. péj. : dogmatisme, fanatisme, intolérance, obscurantisme 3 a **bonne foi** → **franchise** b **mauvaise foi** → **tromperie** c **faire foi** → **prouver**
foin n.m. 1 → **herbe** 2 → **pâturage**
foire n.f. 1 au pr. a → **marché** b → **fête** c → **exposition** 2 fam. et vx → **diarrhée**
foirer 1 → **échouer** 2 → **trembler**
foireux, euse nom et adj. → **peureux**
fois n.f. coup → **occasion**
foison (à) 1 → **abondant** 2 → **beaucoup**
foisonnant, e → **abondant**
foisonnement n.m. → **affluence**
foisonner → **abonder**
folâtre → **gai**
folâtrer → **batifoler**
folichon, ne → **gai**
folie n.f. 1 au pr. : aliénation mentale, amok, délire, démence, dépression, déraison, dérangement, déséquilibre, égarement, extravagance, fureur, grain, idiotie, maladie mentale, manie, névrose, psychose, rage, vésanie ♦ vx : vertigo 2 par ext. a → **aberration** b → **bêtise** c → **obstination** d → **manie** e → **extravagance** f → **habitation** 3 **à la folie** → **passionnément**
folioter → **numéroter**
folklore n.m. légende, mythe, romancero, saga, tradition
follement beaucoup, énormément
follet, te 1 → **fou** 2 → **capricieux** 3 a **esprit follet** → **génie** b **feu follet** : flammerole
folliculaire n.m. → **journaliste**
fomentateur, trice n.m. ou f. → **instigateur**
fomentation n.f. → **excitation**
fomenter → **exciter**
foncé, e → **sombre**
foncer → **élancer (s')**
fonceur, euse nom et adj. battant → **courageux**
foncier, ère 1 → **inné** 2 → **profond** 3 n.m. : cadastre, immeubles, impôt sur les immeubles
foncièrement à fond, extrêmement, naturellement, tout à fait
fonction n.f. → **emploi**
fonctionnaire n.m. ou f. → **employé**
fonctionnel, le 1 → **pratique** 2 → **rationnel**
fonctionner 1 → **agir** 2 → **marcher**
fond n.m. 1 de quelque chose : abysse, bas, base, bas-fond, creux, cul, cuvette, fondement, sole (mar. et techn.) 2 par ext. a base, substratum, toile b peint. : champ, perspective, plan c essence, nature, naturel d → **caractère** e → **matière** f → **intérieur** 3 **à fond, de fond en comble** → **totalement**
fondamental, e → **principal**
fondamentalement essentiellement, totalement
fondateur, trice n.m. ou f. → **bâtisseur**
fondation n.f. 1 → **établissement** 2 appui, assiette, assise → **fondement**
fondement n.m. 1 au pr. : assise, base, fondation, infrastructure, pied, radier, soubassement, sous-œuvre, soutènement, soutien 2 par ext. → **cause** 3 philos. et théol. : hypostase 4 cul, postérieur
fonder 1 au pr. : appuyer, asseoir, bâtir, créer, édifier, élever, enter, ériger, établir, instituer, lancer, mettre, poser, seoir (vx) → **installer** 2 par ext. : causer (vx), échafauder, justifier, motiver, tabler
fonderie n.f. aciérie, forge, haut fourneau, métallurgie, sidérurgie
fondre 1 v. tr. a on fond quelque chose : chauffer, désagréger, dissoudre, fluidifier, liquéfier, vitrifier b fig. : adoucir, attendrir, atténuer,

dégeler, diminuer, dissiper, effacer, estomper, mélanger, mêler, unir 2 v. intr. a s'amollir, brûler, couler, se désagréger, disparaître, se dissiper, se résorber, se résoudre b fig. : diminuer, maigrir

fondrière n.f. → **ornière**

fonds n.m. 1 au sing. a → **terre** b → **bien** c → **établissement** 2 au pl. → **argent**

fondu, e → **flou**

fongible → **destructible**

fontaine n.f. → **source**

fonte n.f. 1 → **fusion** 2 → **type**

football n.m. 1 association, balle au pied, ballon rond, foot 2 balle / ballon ovale

forage n.m. 1 → **creusage** 2 recherche, sondage

forain, e n.m. ou f. 1 → **nomade** 2 → **saltimbanque** 3 → **marchand**

forban n.m. → **corsaire**

forçat n.m. → **bagnard**

force n.f. 1 au pr. : capacité, dynamisme, énergie, forme, intensité, potentiel, pouvoir, puissance, violence 2 par ext. a force physique : biceps, fermeté, gaillardise (vx), muscle, nerf, puissance, résistance, robustesse, santé, sève, solidité, tonicité, tonus, verdeur, vigueur, virilité ◆ fam. : pêche, pep, punch b → **capacité** c force vitale : mana d → **contrainte** 3 adv. → **beaucoup** 4 au pl. a → **troupe** b cisaille, ciseaux, tondeuse 5 **par la force :** manu militari

forcé, e 1 → **inévitable** 2 → **artificiel** 3 → **étudié** 4 → **excessif** 5 → **obligatoire**

forcément 1 → **sûrement** 2 → **inconsciemment**

forcené, e nom et adj. → **furieux**

forceps n.m. → **fer**

forcer 1 → **obliger** 2 → **ouvrir** 3 → **prendre** 4 → **détériorer**

forcerie n.f. → **serre**

forcir → **grossir**

forclusion n.f. déchéance, prescription

forer → **percer**

forestier, ère sylvestre, sylvicole

foret n.m. fraise → **perceuse**

forêt n.f. → **bois**

forfaire → **manquer**

forfait et **forfaiture** n.m., n.f. 1 → **malversation** 2 → **trahison**

forfaitaire à forfait, à prix convenu, à prix fait, en bloc, en gros, en tout

forfanterie n.f. → **hâblerie**

forge n.f. fonderie, maréchalerie

forger (fig.) 1 → **inventer** 2 → **former**

forgeron n.m. maréchal-ferrant

forjeter → **dépasser**

forligner → **dégénérer**

formalisation n.f. axiomatisation

formaliser (se) → **offenser (s')**

formalisme n.m. → **légalisme**

formaliste nom et adj. à cheval (sur l'étiquette / la loi / le règlement), cérémonieux, façonnier, rigoriste, solennel

formalité n.f. 1 convenances, démarches, forme, règle 2 péj. : chinoiseries, paperasses, tracasseries

format n.m. 1 in-plano / -folio / -quarto / -octavo / -douze / -seize / -dix-huit / -vingt-quatre / -trente-deux 2 carré, couronne, écu, jésus, raisin 3 → **dimension**

formation n.f. 1 composition, conception, concrétion (géol.), constitution, élaboration, génération, genèse, gestation, organisation, production, structuration 2 → **instruction** 3 → **troupe**

forme n.f. 1 aspect, configuration, conformation, contingence, contour, dessin, enlevure, état, façon, figure, format, formule, lettre, ligne, manière, modelé, relief, silhouette, tracé 2 → **style** 3 → **formalité** 4 → **moule** 5 → **force** 6 au pl. a → **façon** b → **silhouette** 7 **en forme** → **dispos**

formé, e 1 → **adulte** 2 → **pubère**

formel, le 1 → **absolu** 2 → **clair** 3 → **évident**

formellement → **absolument**

former 1 au pr. : aménager, arranger, assembler, bâtir, composer, conformer, constituer, façonner, forger, gabarier, matricer, modeler, mouler, pétrir, sculpter 2 par ext. : cultiver, dégrossir, développer, éduquer, faire, instruire, perfectionner, polir 3 → **énoncer**

formidable 1 → **extraordinaire** 2 → **terrible**

formulation n.f. 1 → **énonciation** 2 → **réalisation**

formule n.f. 1 → **expression** 2 → **forme**

formuler → **énoncer**

fornication n.f. → **lasciveté**

forniquer → **accoupler (s')**

fors → **excepté**

fort n.m. 1 → **forteresse** 2 → **qualité**

fort adv. 1 → **beaucoup** 2 → **très**

fort, forte 1 au phys. a athlétique, bien charpenté, costaud, dru, ferme, force de la nature, grand, gros, herculéen, malabar, membru, musclé, puissant, râblé, résistant, robuste, sanguin, solide, vigoureux b vx : nerveux, ossu c arg. : balèze 2 par ext. a → **poivré** b → **libre** c → **excessif** d → **capable** e → **instruit**

fortement → **beaucoup**

forteresse n.f. bastille, blockhaus, bonnette, bretèche (mar. vx), casemate, château, château fort, citadelle, enceinte, fort, fortification, fortin, krak, oppidum, ouvrage, place forte, préside, redoute, repaire, retranchement

fortifiant n.m. et adj. analeptique, cordial, corroborant, énergétique, excitant, réconfortant, reconstituant, remontant, roboratif, stimulant, tonique

fortification n.f. 1 → **renforcement** 2 → **forteresse**

fortifier 1 a affermir, armer, consolider, équiper, renforcer → **protéger** b vx : hourder 2 aider, assurer, confirmer, conforter, corroborer, corser, dynamiser, réconforter, tonifier, tremper

fortin n.m. → **forteresse**

fortuit, e → **contingent**

fortuitement accidentellement, à l'occasion, occasionnellement, par hasard → **peut-être**

fortune n.f. 1 → **bien** 2 → **destinée** 3 → **hasard**

fortuné, e 1 → **riche** 2 → **heureux**

forum n.m. 1 → **place** 2 → **réunion**

fosse n.f. 1 boyau, cavité, contrevallation, douve, excavation, fossé, fouille, rigole, saut-de-loup, tranchée 2 géol. : abysse, dépression, effondrement, géosynclinal, gouffre, graben, orne, rift, synclinal 3 → **tombe** 4 fosse à purin : purot 5 fosse d'aisances : → **water-closet**

fossé n.m. 1 brook (équit.) → **fosse** 2 → **rigole** 3 → **séparation**

fossile n.m. et adj. 1 au pr. : paléontologique 2 par ext. a → **vieillard** b → **suranné**

fossoyeur n.m. → **destructeur**

fou, folle n. et adj. 1 au pr. : aliéné, amok, dément, désaxé, déséquilibré, détraqué, furieux, halluciné, hystérique, interné, malade, malade mental, maniaque, névrosé, paranoïaque, psychopathe, schizophrène 2 fam. et par ext. : azimuté, barjo, branquignole, braque, brindezingue, cerveau fêlé, chabraque, cinglé, déphasé, dingo, dingue, fêlé, follet, fondu, frappé, jobard (arg.), loufoque, maboul, marteau, piqué, sinoque, siphonné, sonné, tapé, timbré, toc-toc, toqué, zinzin 3 fig. a → **insensé** b → **extraordinaire** c → **excessif** d → **épris** e → **gai** 4 **devenir fou :** perdre la tête

foucade n.f. coup de tête, fougasse → **caprice**

foudre 1 n.m. → **tonneau** 2 n.f. : éclair, épars, feu du ciel, fulguration, tonnerre

foudres n.f. pl. → **colère**

foudroyant, e 1 → **fulminant** 2 → **soudain**

foudroyer 1 → **frapper** 2 → **vaincre**

fouet n.m. chambrière, chat à neuf queues, discipline, étrivières, knout, martinet, schlague

fouettement n.m. 1 claquement 2 fustigation

fouetter 1 au pr. a → **cingler** b → **frapper** 2 par ext. → **exciter** 3 arg. → **puer**

fougasse n.f. 1 coup de tête, foucade → **caprice** 2 → **brioche**

fougère n.f. 1 cheveux de Vénus, litière (rég.) 2 adiante, aigle, capillaire, osmonde, polypode, scolopendre

fougue n.f. → **impétuosité**

fougueux, euse → **impétueux**

fouille n.f. 1 → **fosse** 2 → **recherche**

fouiller 1 → **creuser** 2 battre, chercher, explorer, fouger (vén.), fouiner, fureter, inventorier, sonder 3 fam. : farfouiller, fourgonner, fourrager, trifouiller, tripoter, tripatouiller, vaguer

fouillis n.m. → **désordre**

fouiner → **fouiller**

fouir → **creuser**

foulard n.m. → **fichu**

foule n.f. 1 a affluence, cohue, masse, monde, multitude, peuple, populace, presse, troupeau b arg. : mare, populo 2 → **anonymat**

foulée n.f. 1 → **pas** 2 → **trace**

fouler 1 accabler → **charger** 2 → **marcher** 3 → **presser** 4 → **meurtrir** 5 v. pron. : se biler (fam.), s'en faire (fam.), se fatiguer → **travailler**

foulure n.f. → **entorse**

four n.m. 1 étuve, fournaise, fournil 2 fig. → **insuccès**

fourbe 1 → **faux** 2 → **trompeur**

fourberie n.f. 1 → **piège** 2 → **tromperie**

fourbi n.m. → **bazar**

fourbir → **frotter**

fourbu, e → **fatigué**

fourche n.f. 1 bident 2 par ext. : bifurcation, bretelle, carrefour, embranchement, raccordement

fourchette n.f. écart → **variation**

fourchu, e bifide

fourgon n.m. 1 → **voiture** 2 → **wagon**

fourgonner v. tr. et intr. 1 tisonner 2 → **fouiller**

fourguer → **vendre**

fourmilière n.f. → **multitude**

fourmillant, e → **abondant**

fourmillement n.m. → **picotement**

fourmiller 1 → **abonder** 2 → **remuer**

fournaise n.f. 1 → **four** 2 → **brasier**

fourneau n.m. → **réchaud**

fournée n.f. → **groupe**

fourni, e 1 approvisionné, armé, garni, livré, muni, nanti, pourvu, servi 2 → **épais**

fournil n.m. → **four**

fourniment n.m. → **bagage**

fournir adouber (vx), approvisionner, armer, assortir, avitailler, dispenser, garnir, lotir, meubler, munir, nantir, orner, pourvoir, procurer

fournisseur, euse n.m. ou f. apporteur, donateur, pourvoyeur, prestataire (de services), ravitailleur → **commerçant**

fourniture n.f. prestation → **provision**

fourrage n.m. 1 → **herbe** 2 → **pâturage**

fourrager v. tr. et intr. 1 → **ravager** 2 → **fouiller**

fourré n.m. buisson, épinaie, épines, haie, hallier, houssaie, massif, ronceraie, ronces

fourreau n.m. → **enveloppe**

fourrer 1 → **introduire** 2 → **mettre** 3 → **emplir**

fourre-tout n.m. 1 → **sac** 2 → **grenier**

fourrure n.f. 1 pelage → **poil** 2 a pelleterie, sauvagine b aumusse (eccl.) c agneau, astrakan, breitschwanz, castor, chat, chèvre, chinchilla, civette, écureuil, genette, hamster, hermine, kolinski, lapin, loutre, lynx, marmotte, martre, mouflon, mouton, murmel, ocelot, ondatra ou rat musqué, opossum, otarie, ours, ourson, panthère, petit-gris, phoque, poulain, putois, ragondin, renard, sconse, singe, taupe, vair (vx), vigogne, vison, zibeline → **manteau**

fourvoiement n.m. → **erreur**

fourvoyer (se) → **égarer (s')**

foutre a → **faire** b → **mettre**

foutu, e → **perdu**

foyer n.m. 1 au pr. : alandier, âtre, brasier, cheminée, feu, four, fournaise, incendie 2 par ext. a → **famille** b → **maison** c → **salle** d → **centre**

frac n.m. → **habit**

fracas n.m. → **bruit**

fracassant, e → **sensationnel**

fracasser → **casser**

fraction n.f. 1 l'action : cassure, coupure, division, fission, fracture, partage, scission, séparation 2 le résultat : aliquante, aliquote, élément, faille, fragment, morceau, parcelle, part, partie, quartier, tronçon

fractionnement n.m. → **segmentation**

fractionner → **partager**

fracture n.f. → **fraction**

fracturer → **casser**

fragile 1 cassant, friable, vermoulu 2 → **faible** 3 → **périssable**

fragiliser → **affaiblir**

fragilité n.f. altérabilité, tendreté → **faiblesse**

fragment n.m. 1 → **fraction** 2 → **morceau**

fragmentaire → **partiel**

fragmentation n.f. → **segmentation**

fragmenter → partager

fragrance n.f. → parfum

fragrant, e → odorant

frai n.m. 1 → germe 2 → usure

fraîcheur n.f. 1 au pr. : fraîche, frais, froid, humidité 2 par ext. a → grâce b → lustre c → pureté

frais, fraîche 1 → froid 2 → nouveau 3 → reposé 4 → pur 5 → mangeable

frais n.m. pl. → dépense

fraiseuse n.f. → perceuse

franc, franche 1 candide (vx), catégorique, clair, cordial, cru, direct, droit, entier, libre, loyal, net, nu, ouvert, parfait, sans-façon, simple, sincère, tranché, vrai ◆ fam. : carré, réglo, régulier, rond 2 féodal : allodial

français, e nom et adj. 1 par ext. : gaulois, latin 2 fam. : a hexagonal b francité 3 péj. : bien de chez nous, bof ou beauf, cocorico, franchouillard, fransquillon, Germaine, mangeur de grenouilles/de pain 4 outre-mer : zoreille, caldoche, créole

franchir boire l'obstacle (fam.), dépasser, enjamber, escalader, sauter, surmonter → passer

franchise n.f. 1 abandon, bonne foi, candeur (vx), confiance, cordialité, droiture, francparler, netteté, rondeur, simplicité, sincérité 2 → vérité 3 → liberté

franchissable carrossable → possible

franchissement n.m. escalade, saut → traversée

franc-maçon n.m. → maçon

franco gratis, gratuitement, port payé, sans frais

franc-tireur n.m. → soldat

frange n.f. 1 → bord 2 → ruban

franger → border

franquette (à la bonne) sans façon, simplement

frappant, e → émouvant

frappe n.f. 1 → marque 2 → fripouille

frappé, e 1 → ému 2 → fou 3 congelé, frais, froid, glacé, rafraîchi, refroidi

frapper 1 appliquer/assener/porter un coup, battre, bourrer, cogner, fouetter, gifler, taper 2 claquer, heurter, marteler, pianoter, tambouriner, tapoter 3 → toucher 4 → émouvoir 5 → punir 6 → refroidir

frasque n.f. → fredaine

fraternel, le → bienveillant

fraterniser s'accorder, se comprendre, s'entendre, être de connivence/d'intelligence, contracter amitié, faire bon ménage, se lier, nouer amitié, pactiser, se solidariser, sympathiser, s'unir

fraternité n.f. accord, amitié, bonne intelligence, bons termes, camaraderie, charité, communion, compagnonnage, concert, concorde, confiance, conformité, ensemble, entente, harmonie, intelligence, sympathie, union, unisson → solidarité

fraude n.f. 1 contrebande, interlope (vx) 2 → tromperie

frauder v. tr. et intr. 1 → altérer 2 → tromper

fraudeur, euse n.m. ou f. → voleur

frauduleux, euse → malhonnête

frayer 1 v. tr. : établir, entrouvrir, percer, tracer → ouvrir 2 v. intr. : aller, commercer/converser/être en relation avec, fréquenter, se frotter à/avec (fam.), hanter, pratiquer, voir, voisiner

frayeur n.f. affolement, affres, alarme, angoisse, anxiété, appréhension, consternation, crainte, effroi, épouvante, horreur, inquiétude, panique, terreur, trac, transe, tremblement ◆ vx : épouvantement → peur

fredaine n.f. aberration, débordement, dévergondage, disparate (vx), écart, échappée, équipée, erreurs (péj.), escapade, extravagance, faute (péj.), faux pas, folie, frasque, impertinence, incartade, incorrection, irrégularité, manquement, relâchement → bêtise

fredonner → chanter

frein n.m. 1 → mors 2 → obstacle 3 aviat. : déviateur, volet

freinage n.m. ralentissement → diminution

freiner 1 au pr. a décélérer, ralentir, retenir, serrer b arrêter, bloquer, stopper 2 fig. : enrayer, faire obstacle → modérer

frelater abâtardir, adultérer, affaiblir, aigrir, appauvrir, atténuer, avarier, avilir, bricoler (fam.), changer, contrefaire, corrompre, décomposer, défigurer, déformer, dégénérer, dégrader, déguiser, dénaturer, dépraver, détériorer, détraquer, falsifier, farder, fausser, frauder, gâter, maquiller, modifier, salir, tarer, tronquer, truquer, vicier → altérer

frêle → faible

freluquet n.m. 1 avorton, aztèque, demi-portion, efflanqué, faible, gringalet, mauviette, minus, sautereau 2 → galant

frémir → trembler

frémissant, e 1 → ardent 2 → tremblant

frémissement n.m. → bruissement

frénésie n.f. 1 au pr. : agitation, aliénation, bouillonnement, délire, delirium tremens, divagation, égarement, emportement, exaltation, excitation, fièvre, folie, hallucination, ivresse, paroxysme, surexcitation, transes 2 par ext. non fav. → fureur

frénétique 1 → furieux 2 → violent 3 → chaud

fréquemment continuellement, d'ordinaire, généralement, habituellement, journellement, maintes fois, plusieurs fois, souvent

fréquence n.f. → répétition

fréquent, e → habituel

fréquentable → présentable

fréquentation n.f. 1 au pr. : accointance, acoquinement (péj.), attache, bonne/mauvaise intelligence, bons/mauvais termes, commerce, communication, compagnie, contact, correspondance, habitude, intimité, liaison, lien, rapport, relation, société 2 par ext. a amour, amourette → amante b assiduité, exactitude, ponctualité, régularité

fréquenté, e 1 mouvementé, passant, passager 2 → achalandé

fréquenter s'acoquiner (péj.), aller/commercer/converser avec, s'associer, copiner, courir (fam. et péj.), cousiner, cultiver, être en relation avec, frayer, se frotter à/avec (fam.), graviter autour, hanter, pratiquer, visiter, voir, voisiner → courtiser

frère n.m. fam. : frangin, frérot → semblable

fresque n.f. 1 au pr. → peinture 2 fig. → image

fressure n.f. abats, bas morceaux, curée (vén.)

fret n.m. 1 au pr. : charge, chargement, marchandise 2 par ext. : batelée, capacité, cargaison, contenu, emport (aviat.), faix, fardeau, lest, nolis (mar.), poids, quantité, voiturée

fréter mar. : affréter, charger, louer, noliser, pourvoir

frétillant, e 1 → remuant 2 → fringant

frétiller se trémousser → remuer

fretin n.m. 1 au pr. : alevin, blanchaille, frai, nourrain 2 fig. → rebut

friable → cassant

friand, e 1 quelqu'un : amateur, avide de → gourmand 2 quelque chose : affriolant, agréable, alléchant, appétissant, engageant, ragoûtant, savoureux, séduisant, succulent, tentant

friandise n.f. 1 amuse-gueule, berlingot, chatterie, confiserie, douceur, gâterie, gourmandise, nanan (fam.), nougat, nougatine, roudoudou, sucreries, sucette 2 → bonbon 3 → pâtisserie

fricassée n.f. 1 au pr. → ragoût 2 fig. → mélange

fricasser 1 au pr. : braiser, cuire, cuisiner, faire revenir/sauter, fricoter, frire, griller, mijoter, mitonner, préparer, rissoler, rôtir 2 fig. → dépenser

friche n.f. 1 au pr. : brande, brousse, garrigue, gâtine, jachère, lande, maquis 2 par ext. → pâturage

fricot n.m. 1 → ragoût 2 → cuisine

fricoter 1 au pr. → fricasser 2 fig. → trafiquer

friction n.f. frottement → mésintelligence

frictionner 1 frotter, masser 2 lotionner, oindre, parfumer

frigide 1 → froid 2 → impuissant

frigidité n.f. 1 flegme, froid, froideur, impassibilité, indifférence, insensibilité, mésintelligence 2 apathie, impuissance, incapacité, inhibition, insuffisance, mollesse

frigorifier congeler, frapper, geler, glacer, réfrigérer, refroidir, surgeler

frigorifique n.m. et adj. 1 frigorifère 2 → froid

frileux, euse → craintif

frimas n.m. brouillard, brouillasse, bruine, brume, crachin, embrun, froid, froidure (vx), gelée, hiver, mauvais temps

frime n.f. 1 → comédie 2 → hâblerie

frimousse n.f. fam. : bec, bobine, bouille, minois, museau → visage

fringale n.f. 1 au pr. : appétit, avidité, besoin, boulimie, creux, dent, faim, famine, voracité 2 fig. a → ambition b → envie

fringant, e actif, agile, alerte, allègre, animé, ardent, brillant, chaleureux, dégagé, déluré, dispos, éveillé, fougueux, frétillant, gaillard, guilleret, ingambe, léger, leste, mobile, pétillant, pétulant, pimpant, primesautier, prompt, rapide, sémillant, vif, vivant

fringuer 1 v. tr. : accoutrer, ajuster, arranger, costumer, couvrir, déguiser, draper, endimancher, envelopper, équiper, habiller, travestir → habiller ◆ péj. : affubler, fagoter, ficeler, nipper 2 v. intr. → sauter

fringues n.f. pl. → vêtement

fripe n.f. → guenille

friper → froisser

friperie n.f. → brocante

fripier, ière n.m. ou f. → chiffonnier

fripon, ne nom et adj. 1 au pr. : aigrefin, arnaqueur, bandit, bonneteur, carotteur, chevalier d'industrie, chiqueur, coquin, coupeur de bourses, détrousseur, escroc, estampeur, faisan, faiseur, faussaire, faux-monnayeur, filou, flibustier, fripouille, gredin, maître-chanteur, pickpocket, pirate, rat d'hôtel, requin, tricheur, vaurien, vide-gousset → voleur 2 par ext. : coquin, espiègle, malin, mystificateur, polisson

friponnerie n.f. → malhonnêteté

fripouille n.f. 1 arsouille, aventurier, bandit, bon à rien, brigand, canaille, chenapan, coquin, crapule, débauché, dévoyé, drôle, fainéant, frappe, fripon, galapiat, galopin, gangster, garnement, gens de sac et de corde, gibier de potence, gouape, maquereau, nervi, plat personnage, poisse, ribaud (vx), rossard, sacripant, sale/triste coco (fam.)/individu/personnage → type, scélérat, truand, vaurien, vermine, vicieux, voyou → voleur 2 grossier : fumier, salaud, saligaud, saloperie

fripouillerie → malhonnêteté

friquet n.m. → moineau

frire → fricasser

frise n.f. bande, bandeau, bordure

frisé, e bouclé, calamistré, crêpé, crêpelé, crépu, frisotté, ondulé ◆ vx : annelé, cannelé

friser 1 au pr. : boucler, calamistrer, crêper, faire une mise en pli/une permanente, frisotter, mettre en plis, moutonner, onduler ◆ vx : canneler 2 par ext. a → effleurer b → risquer

frisette et **frisure** n.f. → boucle

frisson n.m. 1 au pr. : claquement de dents, convulsion, crispation, frémissement, frissonnement, haut-le-corps, horripilation, saisissement, soubresaut, spasme, sursaut, tremblement, tressaillement 2 par ext. : bruissement, friselis, froissement, frou-frou, ondoiement

frissonnement n.m. → tremblement

frissonner 1 au pr. : avoir froid, claquer des dents, frémir, grelotter, trembler, tressaillir 2 par ext. : clignoter, scintiller, trembloter, vaciller

friture n.f. 1 au pr. → poisson 2 par ext. → grésillement

frivole badin, désinvolte, dissipé, écervelé, évaporé, folâtre, futile, inconséquent, inconstant, inepte (péj.), insignifiant, insouciant, léger, musard, superficiel, vain, volage

frivolité n.f. 1 au pr. a de quelqu'un : inconstance, insouciance, légèreté, mondanité (vx), puérilité, vanité b quelque chose : affiquet, amusement, amusette, babiole, bagatelle, baliverne, bêtise, bibelot, breloque, bricole, brimborion, caprice, colifichet, connerie (vulg.), fanfreluche, fantaisie, futilité, rien 2 par ext. a neutre ou fav. : amusement, badinerie, bricole (fam.), broutille, futilité, gaminerie, jeu, mode, plaisanterie, rien b non fav. : baliverne, bêtise, chanson, fadaise, futilité, sornette, sottise, vétille

froid, e 1 au pr. : algide (méd.), congelé, frais, frappé, glacé, glacial, hivernal, polaire, rafraîchissant, réfrigéré, refroidi ◆ fam. : frisquet, glagla 2 fig. a quelqu'un : dédaigneux, distant, fier, flegmatique, frais, frigide, glaçant, glacial, hostile, inamical, indifférent, marmoréen, pisse-froid, réfrigérant, renfermé → impassible b une chose : cryogène → fade

froid et **froideur** n.m., n.f. 1 au pr. : algidité (méd.), froidure (vx) 2 par ext. a cérébralité, détachement, flegme, frigidité, impassibilité, indifférence, mésintelligence, réserve → **sécheresse** b gêne, malaise 3 **avoir froid** fam. : (se les) cailler, être gelé / mort / transi, peler (de froid)

froisser 1 au pr. a aplatir, bouchonner, broyer, chiffonner, écraser, fouler, friper, frotter, piétiner b → **meurtrir** 2 fig. a blesser, choquer, dépiter, déplaire à, désobliger, fâcher, heurter, indisposer, mortifier, offenser, offusquer, piquer / toucher au vif, ulcérer, vexer b → **aigrir** c → **affliger** 3 v. pron. : se fâcher, se piquer, prendre la mouche (fam.)

frôlement n.m. 1 → **bruit** 2 → **caresse**

frôler 1 au pr. : effleurer, friser, passer près, raser, toucher → **caresser** 2 par ext. → **risquer**

fromage n.m. 1 fig. → **sinécure** 2 quelques dénominations spécifiques parmi les centaines qui existent : beaufort, blanc fermier, bleu d'Auvergne / de Bresse / des Causses / de Gex / du Jura, boulette d'Avesnes, brie, brousse, caillé, caillebotte, camembert, cancoillotte, cantal, carré de l'Est, cendré de l'Yonne / du Loiret, chabichou, chaource, chaumes, cheddar, chester, chevrotin, cœur à la crème, comté, coulommiers, demi-suisse, double-crème, édam, emmenthal, fontainebleau, fourme d'Ambert / de Montbrison, fromage de monsieur ou monsieur-fromage ou monsieur, gorgonzola, gouda, gruyère, hollande, jonchée, livarot, mâcon, maroilles, mignon, mont-dore, morbier, munster, neufchâtel, parmesan, petit-suisse, pont-l'évêque, port-salut, raclette, reblochon, rigotte, romano, roquefort, saint-albray, sainte-maure, saint-marcellin, saint-nectaire, saint-paulin, saint-pierre, salers, sassenage, selles-sur-cher, sérac, stilton, tête de maure / de moine, tomme, vacherin, valençay, vieux pané, yaourt

fromagerie n.f. fruitière (rég.), laiterie

froment n.m. → **blé**

fronce n.f. → **pli**

froncement n.m. 1 → **pli** 2 grimace, lippe, mimique, mine, moue, plissement, rictus

froncer 1 → **plisser** 2 → **rider**

frondaison n.f. 1 au pr. : branchage, branches, feuillage, feuillée, feuilles, rameau, ramée, ramure, verdure 2 par ext. : abri, ombrages, ombre

fronde n.f. 1 mazarinade → **révolte** 2 lance-pierre(s)

fronder attaquer, brocarder, chahuter, chansonner, critiquer → **railler**

frondeur, euse n.m. ou f. contestataire, critique, dissipé, esprit fort, hâbleur, indiscipliné, moqueur, perturbateur, railleur, rebelle

front n.m. 1 au pr. : face, figure, glabelle (par ext.), tête → **visage** 2 par ext. a → **hardiesse** b → **sommet** c → **ligne** d → **coalition** e → **façade** 3 **de front** → **ensemble**

frontière n.f. bord, bordure, borne, bout, confins, démarcation, extrémité, fin, ligne, limes, limite, limite territoriale, marche, mur, terme

frontispice n.m. avis, en-tête, introduction, préface

fronton n.m. → **tympan**

frottement n.m. 1 → **bruit** 2 → **mésintelligence**

frotter 1 a éroder, frayer (vén.), frictionner, froisser, polir, poncer b astiquer, brosser, cirer, encaustiquer, éroder, essuyer, fourbir, lustrer, nettoyer, racler, récurer ◆ fam. : bichonner, briquer, calamistrer 2 v. pron. ◆ par ext. a → **fréquenter** b → **attaquer**

froussard, e nom et adj. capitulard, capon, dégonflé, embusqué, pleutre, poltron, pusillanime, timide ◆ vx : cerf, pied-plat ◆ fam. : foireux, jean-fesse / foutre, lièvre, péteux, pétochard, poule mouillée, trouillard → **lâche, peureux**

frousse n.f. affolement, affres, alarme, alerte, angoisse, appréhension, aversion, couardise, crainte, effroi, épouvante, frayeur, frisson, hantise, inquiétude, lâcheté, panique, phobie, pusillanimité, saisissement, terreur, trac, trouble ◆ fam. : foire, pétoche, trouille, venette, vesse → **peur**

fructifier abonder en, donner, être fécond, fournir, se multiplier, porter, produire, rapporter, rendre → **croître**

fructueux, euse abondant, avantageux, bon, fécond, fertile, juteux (fam.), lucratif, payant, productif, profitable, salutaire, utile

frugal, e → **sobre**

frugalité n.f. abstinence, modération, tempérance → **sobriété**

frugivore n.m. et adj. herbivore, végétarien

fruit n.m. 1 au pr. : agrume, akène, baie, drupe, grain, graine, samare, silique 2 méd. et vx : myrobolan 3 par ext. a → **fils** b → **profit** c → **résultat** d → **recette**

fruitier n.m. 1 resserre 2 → **arbre (fruitier)**

fruitière n.f. → **coopérative**

frusques n.f. pl. → **vêtement**

fruste balourd, béotien, bêta, grossier, inculte, lourd, lourdaud, primitif, rude, rudimentaire, rustaud, rustique, rustre, sauvage, simple → **paysan**

frustration n.f. 1 → **privation** 2 → **spoliation**

frustrer appauvrir, défavoriser, démunir, déposséder, dépouiller, désavantager, déshériter, enlever, léser, mutiler, ôter, priver, ravir, sevrer, spolier → **voler**

fugace 1 au pr. : changeant, fugitif, fuyant, instable 2 par ext. : bref, court, éphémère, momentané, passager, périssable → **rapide**

fugacité n.f. → **brièveté**

fugitif, ive 1 nom : banni, en cavale, évadé, fuyard, proscrit 2 adj. : bref, court, délitescent (méd.), éphémère, évanescent, fugace, fuyant, inconstant, instable, mobile, mouvant, passager, transitoire, variable

fugue n.f. absence, bordée, cavale, échappée, équipée, escapade, frasque, fredaine, galère (fam.)

fuir 1 v. tr. → **éviter** 2 v. intr. a abandonner, s'en aller, décamper, déguerpir, déloger, se dérober, détaler, disparaître, s'échapper, s'éclipser, s'éloigner, s'enfuir, s'envoler, s'esquiver, s'évader, filer, gagner le large, lever le pied, se retirer, se sauver → **partir** b → **passer** c → **couler** d → **perdre** e fam. : calter, déménager à la cloche de bois, faire un pouf, ficher / foutre le camp, jouer les filles de l'air, jouer des flûtes / des pattes, planter un drapeau, plier bagages, prendre la clef des champs / la poudre d'escampette / ses jambes à son cou, se tirer f fuguer, galérer

fuite n.f. 1 au pr. a abandon, débâcle, débandade, déroute, dispersion, échappement (vx), échappée, émigration, escapade, évasion, exode, panique, sauve-qui-peut → **fugue** b fam. : belle, cavale, poudre d'escampette 2 par ext. a écoulement, déperdition, hémorragie, perte b migration, passage, vol c esquive 3 fig. : défaite, dérobade, dilatoire, échappatoire, escobarderie, excuse, faux-fuyant, pantalonnade, pirouette, reculade, subterfuge, volte-face

fulgurance n.f. brillance → **lueur**

fulgurant, e 1 brillant, éclatant, étincelant 2 foudroyant, rapide, soudain → **violent**

fulguration éclair, feu, foudre

fulgurer brasiller, briller, chatoyer, étinceler, luire, pétiller, scintiller

fuligineux, euse 1 au pr. : enfumé, fumeux 2 par ext. : assombri, noir, noirâtre, obscur, opaque, sombre, ténébreux 3 fig. → **obscur**

fulminant, e 1 foudroyant, tonitruant, vociférant 2 agressif, comminatoire, furibond, grondant, inquiétant, menaçant

fulmination n.f. → **colère**

fulminer crier, déblatérer, déclamer, s'emporter, exploser, invectiver, pester, tempêter, tonner → **injurier**

fumant, e 1 au pr. : crachant la fumée, fuligineux, fumeux → **chaud** 2 fig. → **furieux**

fumée n.f. 1 par ext. : buée, émanation, exhalaison, fumerolle, gaz, mofette, nuage, nuée, vapeur 2 fig. a chimère, erreur, fragilité, frivolité, futilité, illusion, inanité, inconsistance, inefficacité, insignifiance, inutilité, mensonge, néant, pompe, vapeur, vent, vide → **vanité** b → **ivresse** c au pl. vén. → **excrément**

fumer 1 boucaner, enfumer, fumiger, saurer 2 du tabac. a péj. : mégoter, pétuner (vx) b arg. : bombarder, gazer, en griller une, mégoter, piper, tirer, tuber 3 agr. → **améliorer** 4 fig. et fam. : bisquer, écumer, endêver, enrager, être en colère / en fureur / en pétard / en rogne, rager, râler, rogner, ronchonner, se ronger les poings, rouspéter

fumet n.m. arôme, bouquet, fragrance → **odeur**

fumeux, euse 1 → **fumant** 2 → **enivrant** 3 → **obscur**

fumier n.m. amendement, apport, colombin, compost, écume, engrais, fertilisation, fumure, goémon, guano, limon, lisier, paillé, poudrette, purin, terreau, terre de bruyère, varech, wagage → **ordure**

fumiste nom et adj. (fig.) 1 → **farceur** 2 → **plaisant**

fumisterie n.f. (fig.) 1 → **invention** 2 → **tromperie**

fumure n.f. → **amendement**

funambule n.m. ou f. acrobate, danseur de corde, fil-de-fériste

funambulesque 1 → **extraordinaire** 2 → **ridicule**

funèbre 1 au pr. : macabre → **funéraire** 2 par ext. → **triste**

funérailles n.f. pl. 1 convoi, deuil, derniers devoirs / honneurs, ensevelissement, enterrement, inhumation, mise en bière / au sépulcre / au tombeau, obsèques, sépulture 2 crémation, incinération

funéraire funèbre, mortuaire, obituaire, tombal, tumulaire

funeste calamiteux, catastrophique, défavorable, déplorable, désastreux, dommageable, fâcheux, fatal, malheureux, mauvais, mortel, néfaste → **affligeant**

funiculaire n.m. téléphérique

fureter 1 fam. : farfouiller, fouiller, fouiner, fourgonner, trifouiller, tripatouiller 2 → **chercher**

fureteur, euse nom et adj. chercheur, curieux, écouteur, espion, fouilleur, fouineur, indiscret, inquisiteur, inquisitorial, touche-à-tout ◆ fam. : casse-pieds, fouinard

fureur n.f. 1 acharnement, agitation, déchaînement, exaspération, folie, frénésie, furie, rage, violence → **colère** 2 par ext. a → **manie** b → **mode** 3 **à la fureur** → **passionnément**

furie n.f. 1 → **fureur** 2 dame de la halle, dragon, gendarme, grenadier, grognasse, harengère, harpie, junon, maritorne, mégère, ménade, poissarde, pouffiasse, rombière, tricoteuse (vx), virago

furieux, se 1 adj. : acharné, agité, courroucé, déchaîné, délirant, enragé, exacerbé, exalté, excessif, frénétique, fulminant, fumant, furax, furibard, furibond, maniaque, possédé, violent 2 n.m. : énergumène, enragé, fanatique, forcené

furoncle n.m. abcès, anthrax, bouton, clou, enflure, pustule, tumeur

furtif, ive 1 au pr. : caché, clandestin, dissimulé, subreptice, secret 2 par ext. : à la dérobée, discret, errant, fugace, fugitif, insinuant, rapide

furtivement à la dérobée / l'échappée (vx), à pas de loup, en cachette, en secret

fuseau n.m. 1 bobine, broche 2 → **culotte**

fusée n.f. accélérateur, booster, lanceur, propulseur → **aérodyne**

fuselé, e allongé, délié, effilé, élancé, étroit, filiforme, fin, fluet, fragile, fusiforme, grêle, maigre, menu, mince, svelte, ténu

fuser bondir, charger, débouler, s'élancer, s'élever, foncer, fondre, glisser, se jeter, piquer, se précipiter, se répandre, se ruer, sauter, tomber

fusible 1 adj. liquéfiable 2 n.m. : coupe-circuit, plomb, sécurité

fusil n.m. 1 carabine, hammerless, lebel, mitraillette, mousqueton, rifle 2 vx : arquebuse, chassepot, couleuvrine à main, escopette, espingole, haquebute, mousquet, tromblon 3 arg. : clarinette, flingue, pétoire, sulfateuse (par ext.)

fusiller 1 au pr. : canarder (fam.), exécuter, passer par les armes, tuer 2 fig. → **abîmer**

fusion n.f. 1 au pr. : débâcle, dégel, fluidification, fonte, liquéfaction, réduction 2 par ext. → **union**

fusionnement n.m. 1 → **absorption** 2 → **réunion**

fusionner accoupler, agréger, allier, amalgamer, apparier, assembler, associer, assortir, confondre, conjuguer, coupler, enter, fondre, joindre, lier, marier, mélanger, mêler, rapprocher, rassembler, relier, réunir, souder → **unir**

fustiger 1 au pr. : cravacher, cingler, flageller, fouailler, fouetter, frapper, sangler → **battre** 2 par ext. a → **blâmer** b → **réprimander**

fût n.m. 1 → **tonneau** 2 → **colonne**

futaie n.f. par ext. : bois, boqueteau, bosquet, bouquet d'arbres, châtaigneraie, chênaie, forêt, fourré, frondaison, hallier, hêtraie, massif d'arbres, pinède, sapinière, sous-bois, sylve, taillis

futaille n.f. → tonneau
futaine n.f. → coton
futé, e adroit, astucieux, débrouillard, dégourdi, déluré, farceur, fin, finaud, fine mouche, habile, madré, malicieux, malin, matois, roué, rusé, spirituel, trompeur ◆ fam. : combinard, démerdard, ficelle, mariolle, renard, sac à malices, vieux routier/singe
futile anodin, badin, creux, désinvolte, évaporé, frivole, inconsistant, inepte, insignifiant, insouciant, léger, oiseux, puéril, superficiel, vain, vide
futilité n.f. 1 au pr. a de quelqu'un : enfantillage, inanité, inconsistance, insignifiance, insouciance, légèreté, mondanité (vx), nullité, puérilité, vanité, vide b quelque chose : affiquet, amusement, amusette, babiole, bagatelle, baliverne, bêtise, bibelot, breloque, bricole, brimborion, caprice, colifichet, connerie (vulg.), fanfreluche, fantaisie, frivolité, inutilité, rien 2 par ext. a neutre ou fav. : amusement, badinerie, bricole (fam.), broutille, gaminerie, jeu, mode, plaisanterie, rien b non fav. : baliverne, bêtise, chanson, fadaise, sornette, sottise, vétille
futur n.m. 1 au pr. : au-delà, autre vie, avenir, devenir, destinée, éternité, lendemain, plus tard, postérieur, postériorité, suite, temps à venir/futur, vie éternelle (par ext.) 2 vx ou rég. : accordé (vx), bien-aimé, fiancé, prétendu (région.), promis
futur, e non-advenu/révolu, postérieur, ultérieur → prochain
futurologie n.f. prospective
futurologue n.m. par ext. : planiste, prospecteur
fuyant, e 1 → fuyard 2 changeant, bref, court, éphémère, évanescent, fugace, fugitif, inconstant, instable, labile, mobile, momentané, passager, périssable, transitoire, variable 3 → secret
fuyard, e nom et adj. déserteur, évadé, fugitif, fuyant, lâcheur

G

gabardine n.f. → imperméable
gabarit n.m. arceau, calibre, cerce, dimension, forme, mesure, modèle, patron, tonnage
gabegie n.f. → désordre
gabelou n.m. → douanier
gabier n.m. gars de la marine (fam.), marin, matelot, mousse
gable n.m. fronton, pignon
gâchage n.m. 1 délayage, malaxage, mélange 2 → perte
gâcher 1 au pr. → délayer 2 par ext. a abîmer, avarier, bâcler, barbouiller, bousiller, cochonner, déparer, dissiper, enlaidir, galvauder, gaspiller, gâter, laisser → perdre, manquer, massacrer, négliger, perdre, rater, saboter, sabouler, sabrer, saloper, torcher, torchonner b anéantir, contrarier, diminuer, ruiner, supprimer
gâcheur, euse n.m. ou f. → saboteur
gâchis n.m. 1 → perte 2 → désordre
gade n.m. cabillaud, capelan, colin, lieu, merlan, merlu, merluche, morue, tacaud
gadget n.m. → truc
gadoue n.f. boue, compost, débris, détritus, engrais, fagne, fange, fumier, immondices, jet, ordures, poudrette, terreau, vidange
gaffe n.f. 1 bâton, perche 2 balourdise, bévue, blague, bourde, erreur, faute, gaucherie, impair, maladresse, sottise → bêtise
gaffeur, euse n. et adj. → maladroit
gag n.m. blague, effet/invention/sketch comique
gage n.m. 1 au sing. a au pr. : antichrèse, arrhes, aval, caution, cautionnement, couverture, dépôt, ducroire, garantie, hypothèque, nantissement, privilège, sûreté b par ext. : assurance, preuve, témoignage 2 au pl. : appointements, émoluments, paie ou paye, rétribution, salaire, traitement
gager 1 convenir, s'engager à, miser, parier, préjuger, promettre, risquer 2 → affirmer 3 → garantir
gageure n.f. défi, mise, pari, risque

gagnant, e nom et adj. sortant → vainqueur
gagne-pain n.m. → emploi
gagne-petit n.m. → smicard
gagner 1 → obtenir 2 → toucher 3 → vaincre 4 → mériter 5 → aller 6 → arriver 7 → avancer 8 → distancer 9 amadouer, apprivoiser, attirer, capter, captiver, charmer, se concilier, conquérir, convaincre, envoûter, persuader, séduire, subjuguer
gai, e 1 au pr. a allègre, animé, badin, bon vivant, boute-en-train, content, enjoué, enthousiaste, entraînant, espiègle, festif (vx), folâtre, folichon, fou, gaillard, guilleret, heureux, hilare, insouciant, jouasse (fam.), joueur, jovial, joyeux, joyeux drille/luron, jubilant, ludique, mutin, réjoui, réjouissant, riant, rieur, rigolard, rigoleur, souriant → content b éméché, émoustillé, gris, parti 2 par ext. a → comique b → libre
gaieté ou **gaîté** n.f. 1 alacrité, allant, allégresse, animation, ardeur, badinage, bonheur, bonne humeur, contentement, enjouement, enthousiasme, entrain, euphorie, exultation, gaillardise, goguette, hilarité, joie, jovialité, jubilation, liesse, plaisir, rayonnement, réjouissance, rire, satisfaction, vivacité 2 ambiance → fête
gaillard n.m. 1 bonhomme, bougre, compagnon, costaud, drille, drôle, gars, individu, lascar, loustic, luron, mâtin (vx), titi, zig, zigoto → type 2 mar. : dunette, vibord
gaillard, e 1 adj. a → gai b → libre c → valide
gaillardement avec bonne humeur, avec entrain
gaillardise n.f. → plaisanterie
gain n.m. 1 → bénéfice 2 → rétribution
gaine n.f. 1 → enveloppe 2 → corset
gainer → serrer
gala n.m. 1 → fête 2 → festin
galandage n.m. claustra, cloison, séparation
galant n.m. 1 amant, amoureux, beau, blondin, bourreau des cœurs, cavalier, chevalier, coq, cupidon, damoiseau, don juan, freluquet, godelureau, minet, mirliflore, play-boy, soupirant, trousseur de jupons, vert galant → séducteur 2 vx : céladon, coquard, muguet 3 péj. : fat, frotteur, marcheur, vieux beau → coureur 4 galant homme : homme de bien, honnête homme (vx)
galant, e 1 adj. a quelqu'un : aguichant, amène, avenant, de bon goût, civil, coquet, courtois, distingué, élégant, empressé, entreprenant, fin, gracieux, hardi, léger, libertin, poli, prévenant, sensuel, tendre, troublant, voluptueux b par ext. → érotique
galanterie n.f. 1 fav. : affabilité, agrément, amabilité, aménité, bonnes manières, civilité, complaisance, courtoisie, déférence, délicatesse, distinction, élégance, empressement, gentillesse, grâce, politesse, prévenance, respect, tendresse 2 non fav. a coucherie, débauche, galipettes, libertinage, prétentaine b vx : coquetterie c alcôve, douceurs, fadaises, fleurette, flirt, madrigal d fam. : drague, gringue
galantine n.f. ballottine
galapiat n.m. → vaurien
galbe n.m. 1 → courbe 2 → ligne
galbé, e 1 → courbe 2 → harmonieux
gale n.f. 1 au pr. fam. : a charmante, frotte, gratte, grattelle, rogne b vétér. : farcin c bot. : galle 2 fig. → méchant
galéjade n.f. → plaisanterie
galéjer → plaisanter
galère n.f. 1 au pr. : bi/trirème, galéasse, galion, galiote, mahonne, prame, réale, sultane, trière 2 fig. : guêpier, pétaudière, piège, traquenard 3 arg. ou fam. → fugue
galerie n.f. 1 au pr. a → passage b → vestibule c → balcon d → pièce e → souterrain 2 par ext. a → musée b → collection 3 fig. → public
galérien n.m. → bagnard
galet n.m. → pierre
galetas n.m. → grenier
galette n.f. 1 au pr. → pâtisserie 2 fig. → argent
galeux, euse → lépreux
galimatias n.m. 1 au pr. : amphigouri, argot, baragouin, bigorne (vx), charabia, dialecte, discours embrouillé, embrouillamini, franglais, javanais, langage inintelligible, logogriphe, loucherbem, pathos, patois, pidgin, sabir 2 par ext. : désordre, fatras, fouillis, imbroglio, méli-mélo

galipette n.f. 1 → cabriole 2 → polissonnerie
galle n.f. → boursouflure
gallinacé, e argus, bartavelle, caille, coq de bruyère, coquelet, dindon, faisan, ganga, gélinotte, hocco, lagopède, lophophore, paon, perdrix, pintade, poule, poulet, poulette, poussin, tétras, tinamou
gallup n.m. off. : enquête, sondage
galoche n.f. → sabot
galon n.m. 1 → passement 2 fam. : ficelle 3 → grade
galop et **galopade** n.m., n.f. allure, canter, course
galoper → courir
galopin n.m. → gamin
galvanisation n.f. par ext. : anodisation, bondérisation
galvaniser 1 anodiser, chromer, métalliser, nickeler, zinguer 2 → enflammer
galvauder 1 v. tr. → gâcher 2 v. intr. → traîner
galvaudeux, euse n.m. ou f. → vagabond
gambade n.f. → cabriole
gambader → sauter
gambiller 1 → remuer 2 → danser
gamelle n.f. 1 écuelle 2 → insuccès
gamète n.m. anthérozoïde (botan.), germen, oosphère, ovocyte, ovule, spermatozoïde
gamin, e 1 adj. → enfantin 2 nom. a gavroche, petit poulbot, titi → enfant b apprenti, arpète, gâte-sauce, marmiton, saute-ruisseau c péj. : brise-fer, chenapan, garnement, minet, minot, petit morveux/voyou, polisson, vaurien
gaminerie n.f. 1 → insouciance 2 → plaisanterie
gamme n.f. par ext. → suite
ganache n.f. 1 → bête 2 → méchant
gandin n.m. → élégant
gang n.m. → bande
ganglion n.m. par ext. → tumeur
gangrène n.f. 1 au pr. : mortification, nécrose, putréfaction 2 fig. → pourriture
gangrener → gâter
gangster n.m. → bandit
gangue n.f. → enveloppe
ganse n.f. → passement
gant n.m. 1 a ceste, gantelet b manicle, mitaine, moufle 2 a jeter le gant → braver b mettre des gants → ménager c se donner les gants → flatter (se)
gap n.m. off. : décalage, différence, écart, retard
garage n.m. remisage → remise
garant, e n.m. ou f. 1 quelque chose → garantie 2 quelqu'un : accréditeur, aval, avaliseur, caution, comptable, correspondant, endosseur, otage, parrain, redevable, répondant, responsable
garantie n.f. 1 arrhes, assurance, aval, caution, cautionnement, consignation, contre-assurance, couverture, dépôt, ducroire, engagement, fidéjussion, gage, garant, hypothèque, indexation, nantissement, obligation, palladium, parrainage, préservation, responsabilité, salut, sauvegarde, soulte, sûreté, warrant → précaution 2 attestation, cachet, certificat, estampille, poinçon
garantir 1 au pr. : abriter, assurer, avaliser, cautionner, consolider, couvrir, épargner, gager, garder, immuniser, indexer, mettre à couvert, précautionner/prémunir contre, préserver/protéger de/contre, répondre, sauvegarder, sauver, warranter 2 par ext. → affirmer
garce n.f. → mégère
garçon n.m. 1 → enfant 2 → fils 3 → célibataire 4 → jeune (homme) 5 → employé 6 → serveur 7 garçon de bureau → huissier
garçonnier, ière → mâle
garçonnière n.f. → appartement
garde n.m. ou f. 1 n.m. a gardeur, gardien, gorille, guet (vx), huissier, piquet, sentinelle, veilleur, vigie b garde-champêtre vx : verdier 2 n.f. → protection → suite 3 Prendre garde → attention
garde-corps et **garde-fou** n.m. balustrade, barrière, lisse, parapet, rambarde
garde-feu n.m. pare-étincelles
garde-malade n.m. ou f. → infirmière
garder 1 au pr. → conserver 2 par ext. a → destiner b → garantir c → observer d → veiller sur
garder de (se) → abstenir (s')
garderie n.f. → nursery

garde-robe n.f. [1] → **penderie** [2] → **trousseau** [3] → **water-closet**

gardien, ne n.m. ou f. [1] au pr. a → **garde** b → **veilleur** c → **portier** d goal e garde-chiourme, geôlier, guichetier, surveillant ◆ vx : argousin ◆ arg. : crabe, gaffe, maton, youyou [2] par ext. : champion, conservateur, défenseur, dépositaire, détenteur, guide, mainteneur, protecteur, tuteur [3] **gardien de la paix** → **policier** [4] → **berger, vacher**

gare n.f. → **arrêt**

gare interj. → **attention**

garer [1] → **ranger** [2] v. pron. → **éviter**

gargantuesque [1] → **abondant** [2] → **gigantesque**

gargariser (se) fig. → **régaler (se)**

gargote n.f. [1] → **cabaret** [2] → **restaurant**

gargouillement n.m. borborygme, gargouillis, glouglou

gargoulette n.f. alcarazas

garnement n.m. [1] → **gamin** [2] → **vaurien**

garni [1] n.m. → **hôtel** [2] adj. → **fourni**

garnison n.f. → **troupe**

garnissage n.m. → **finissage**

garnir [1] → **emplir** [2] → **remplir** [3] → **fournir** [4] → **orner** [5] → **rembourrer**

garniture n.f. [1] → **assortiment** [2] → **ornement** [3] renforcement → **soutien** [4] → **hachis**

garrigue n.f. → **lande**

garrot n.m. [1] épaule [2] → **supplice**

garrotter → **attacher**

gars au pr. : gaillard, garçon, jeune, jeune homme, fils, homme, mec (arg.) → **type**

gascon, ne nom et adj. → **hâbleur**

gasconnade n.f. → **hâblerie**

gasoil n.m. off. : gazole

gaspacho n.m. → **potage**

gaspillage n.m. → **dilapidation**

gaspiller [1] → **dépenser** [2] → **gâcher**

gaspilleur, euse n.m. ou f. → **prodigue**

gastéropode ou **gastropode** n.m. buccin ou trompette, calamar ou calmar ou encornet ou seiche ou supion, casque, cérite, cône, doris, escargot, fuseau, haliotide *ou* ormeau, harpe, limace, limaçon, limnée, littorine ou bigorneau ou vignot, mitre, murex ou rocher, olive, ombrelle, paludine, patelle, planorbe, pleurobranche, porcelaine, pourpre, testacelle, triton ou trompette, troque, turbinelle, turbo, turritelle, vermet

gastrique intestinal, stomacal

gastrite n.f. → **maladie**

gastronome nom et adj. → **gourmand**

gastronomie n.f. [1] art de la table/du bien-manger/du bien-vivre [2] → **gourmandise**

gastronomique [1] culinaire [2] → **fin**

gâté, e [1] au pr. : aigri, altéré, avancé, avarié, blessé, blet, corrompu, déformé, dénaturé, détérioré, endommagé, éventé, fermenté, malade, meurtri, moisi, perdu, pourri, putréfié, rance, taré, vicié [2] par ext. a capricieux, insupportable, mal élevé, pourri b cajolé, chéri, chouchouté, choyé, dorloté, favori, favorisé c péj. : perverti

gâteau n.m. [1] au pr. → **pâtisserie** [2] fig. → **profit**

gâter [1] au pr. ◆ quelque chose gâte quelque chose : aigrir, altérer, avarier, brouiller, corrompre, dénaturer, détériorer, endommager, éventer, meurtrir, moisir, perdre, pourrir, putréfier, tarer, vicier [2] par ext. ◆ quelqu'un gâte ou laisse gâter quelque chose. a → **gâcher** b → **salir** [3] fig. a fav. → **soigner** b péj. : avilir, compromettre, corrompre, défigurer, déformer, dégrader, dépraver, diminuer, enlaidir, gangrener, infecter, perdre, pervertir, pourrir, tarer [4] v. pron. → **pourrir**

gâterie n.f. [1] → **friandise** [2] → **soin**

gâteux, euse n. et adj. [1] affaibli, déliquescent, diminué, en enfance, radoteur [2] fam. : gaga, (il/elle) sucre les fraises, ramolli, ramollo

gâtisme n.m. → **radotage**

gauche [1] n.f. : a bâbord (mar.), côté cour (à gauche de l'acteur) b → **socialisme** [2] adj. a quelqu'un : balourd, contraint, disgracieux, embarrassé, emprunté, gêné, inhabile, lourd, lourdaud, maladroit, malavisé, malhabile, nigaud, pataud, pattu, raide, timide → **bête** ◆ fam. : emmanché, empaillé, empêtré, emplumé, empoté, godiche, manche, manchot b quelque chose : cintré, de/en biais, de travers/traviole, dévié, oblique, tordu, voilé

gaucherie n.f. → **maladresse**

gauchir [1] → **fléchir** [2] → **tordre** [3] → **écarter (s')** [4] → **biaiser**

gauchissement n.m. [1] → **déformation** [2] → **dissidence**

gauchiste nom et adj. contestataire → **mécontent**

gaudriole n.f. → **plaisanterie**

gaufrer → **gonfler**

gaule n.f. baguette, bâton, canne, échalas, ligne, perche, tuteur

gauler agiter, battre, ébranler, faire tomber, locher, secouer

gaulois, e [1] nom : celte [2] adj. a → **libre** b → **obscène**

gauloiserie n.f. → **plaisanterie**

gaur n.m. → **bœuf**

gausser (se) → **railler**

gave n.m. cours d'eau, rivière, ruisseau, torrent

gaver [1] au pr. → **engraisser** [2] fig. → **gorger**

gavial n.m. → **alligator**

gavroche n.m. → **gamin**

gaz n.m. [1] → **vapeur** [2] → **vent**

gaze n.f. [1] étoffe transparente, grenadine, mousseline, tissu léger, tulle, voile [2] pansement, taffetas, tampon

gazéifier → **vaporiser**

gazer [1] v. tr. : asphyxier [2] v. intr. (fam.) : aller, filer, foncer, marcher [3] vx → **déguiser**

gazetier, ière n.m. ou f. → **journaliste**

gazette n.f. → **journal**

gazeux, euse brumeux, fuligineux, fumeux, nébuleux, nuageux, vaporeux

gazon n.m. [1] → **herbe** [2] → **pelouse**

gazouillement n.m. babil, babillage, bruissement, chant, chuchotement, gazouillis, murmure, pépiement, ramage

gazouiller → **chanter**

gazouillis n.m. → **gazouillement**

geai n.m. rollier → **passereau**

géant, e [1] nom. a au pr. : colosse, cyclope, force de la nature, goliath, hercule, mastodonte, monstre, titan b fam. ou arg. : armoire à glace, balèze, cigogne, dépendeur d'andouilles, éléphant, escogriffe, flandrin, girafe, grande gigue/perche, malabar, maousse c par ext. : monopole, trust d fig. : champion, génie, héros, surhomme [2] adj. → **gigantesque**

géhenne n.f. [1] → **enfer** [2] → **supplice**

geignard, e → **plaintif**

geindre [1] → **gémir** [2] → **regretter**

gel n.m. [1] frimas → **confiscation** [2] → **gelée**

gelé, e → **transi**

gelée n.f. [1] frimas, froid, froidure (vx), gel, gelée blanche, givre, glace, verglas [2] → **confiture**

geler [1] v. tr. a au pr. : coaguler, figer, pétrifier → **frigorifier** b fig. : gener, glacer, intimider, mettre mal à l'aise, pétrifier, réfrigérer, refroidir [2] v. intr. a au pr. ◆ quelque chose : se congeler, se figer, givrer, se prendre b par ext. ◆ quelqu'un : cailler (fam.), être transi, grelotter → **froid (avoir)**

gémeau n.m. besson, double, doublon, jumeau, pareil, sosie

gémination n.f. fusion, jumelage, mélange, mixité

géminé, e → **double**

géminer accoupler, assembler, fondre, fusionner, jumeler, mélanger, réunir, unir

gémir [1] au pr. quelqu'un : appeler, crier, geindre, se lamenter, murmurer, se plaindre, pleurer, récriminer, reprocher [2] par ext. : peiner, souffrir [3] fig. quelque chose → **murmurer**

gémissant, e → **plaintif**

gémissement n.m. [1] au pr. : cri, doléances, geignement, girie (péj.), grincement, jérémiade, lamentation, lamento, murmure, plainte, pleur, sanglot, soupir ◆ vx : complainte [2] par ext. : douleur, souffrance

gemme n.f. [1] cabochon, corindon, diamant, escarboucle, loupe, parangon → **pierre** [2] → **résine**

gémonies n.f. pl. [1] → **honte** [2] **traîner/vouer aux gémonies** → **vilipender**

gênant, e assujettissant, déplaisant, désagréable, embarrassant, emmerdant (grossier), empêchant (vx), encombrant, ennuyeux, envahissant, fâcheux, gêneur, importun, incommodant

gendarme n.m. [1] brigadier, pandore → **policier** [2] arg. : balai, cogne, griffe, guignol, guignolet, hareng saur, hirondelle, marchand de passe-lacets [3] fig. → **virago**

gendarmer (se) → **fâcher (se)**

gendarmerie n.f. maréchaussée, prévôté (vx) → **police**

gendre n.m. beau-fils

gêne n.f. [1] atteinte à la liberté, chaîne, charge, contrainte, difficulté, embarras, entrave, esclavage, importunité, nécessité, violence [2] question, torture [3] → **inconvénient** [4] → **pauvreté** [5] → **obstacle** [6] → **trouble** [7] **sans gêne :** cavalier, désinvolte, effronté, égoïste, grossier, impoli

gêné, e → **embarrassé**

généalogie n.f. [1] ascendance, descendance, extraction, famille, filiation, lignée, origine, quartiers de noblesse, race, souche [2] des dieux : théogonie [3] des animaux : herd/stud-book, pedigree [4] des végétaux : phylogenèse [5] par ext. : classification, dérivation, suite

gêner [1] au pr. a brider, corseter, contraindre, déranger, desservir, embarrasser, empêcher, emprisonner, encombrer, engoncer, entraver, faire/mettre obstacle à, obstruer, oppresser, paralyser, restreindre, serrer b angoisser, contrarier, déplaire, importuner, incommoder, indisposer, se mettre en travers, nuire, opprimer, tourmenter [2] par ext. : affecter, bloquer, complexer, inhiber, intimider, troubler [3] vx. → **torturer**

général [1] n.m. → **chef** [2] adj. a collectif, global, total, unanime, universel b banal, commun, constant, courant, dominant, habituel, large, normal, ordinaire, standard c imprécis, indécis, vague d générique → **commun (en)** e → **public** [3] **en général :** communément, couramment, en règle commune/générale/habituelle/ordinaire, généralement, habituellement, à l'/d'ordinaire, ordinairement

générale n.f. théâtre : avant-première, couturière, répétition générale

généralement → **souvent**

généralisation n.f. → **extension**

généraliser → **répandre**

généraliste n.m. ou f. omnipraticien

généralité n.f. banalité, cliché, lapalissade, lieu commun, pauvreté, platitude, poncif, truisme → **majorité**

générateur, trice nom et adj. [1] au pr. : auteur, créateur, géniteur, mère, père reproducteur [2] techn. → **alternateur**

génération n.f. [1] → **postérité** [2] → **production**

généreux, euse [1] quelqu'un : altruiste, ardent, audacieux, beau, bienveillant, bon, brave, charitable, chevaleresque, clément, courageux, désintéressé, dévoué, donnant, extraverti (psych.), fort, fraternel, gentil, grand, hardi, héroïque, humain, indulgent, intrépide, large, libéral, magnanime, magnifique, mécène, munificent, noble, oblatif, obligeant, de sentiments élevés, pitoyable, prodigue, sain, sensible, vaillant ◆ vx : aumônier, débonnaire, fier [2] quelque chose. a corsé, fort, fortifiant, réconfortant, roboratif, tonique b abondant, copieux, fécond, fertile, plantureux, productif, riche, vigoureux, vivace

générique [1] adj. → **général** [2] n.m. : catalogue, casting (angl.), distribution, liste

générosité n.f. [1] de quelqu'un : abandon, abnégation, allocentrisme, altruisme, ardeur, audace, bienfaisance, bonté, charité, clémence, cœur, courage, désintéressement, dévouement, don, don de soi, fraternité, générosité, gentillesse, grandeur d'âme, hardiesse, héroïsme, humanité, indulgence, intrépidité, largesse, libéralité, magnanimité, magnificence, miséricorde, munificence, noblesse, oubli de soi, prodigalité, sens des autres/du prochain, vaillance, valeur ◆ vx : débonnaireté [2] de quelque chose. a force, saveur, valeur b abondance, fécondité, fertilité, productivité, richesse, vigueur, vivacité c → **don**

genèse n.f. [1] → **production** [2] → **origine**

génésique génital, reproducteur, sexuel

genet n.m. → **cheval**

genêt hérissonne

génétique n.f. → **biologie**

genette n.f. civette

gêneur, euse → **importun**

génial, e [1] → **ingénieux** [2] → **remarquable**

génie n.m. [1] ange, démon, divinité, djinn, dragon, elfe, esprit familier / follet, farfadet, fée, gnome, goule, kobold, korrigan, lutin, ondin, ondine, péri, salamandre, sylphe, sylphide, sylvain, troll [2] bosse (fam.), caractère, disposition, don, esprit, génialité, goût, imagination, nature, penchant, talent [3] quelqu'un : aigle, as, grand artiste / écrivain / homme / soldat, phénix

génisse n.f. → **vache**

génital, e génésique, reproducteur, sexuel

géniteur, trice n.m. ou f. → **mère, père**

genou n.m. [1] au pr. : articulation, jointure, rotule [2] **se mettre à genoux** → **agenouiller (s')**

genre n.m. [1] au pr. : catégorie, classe, embranchement, espèce, famille, ordre, race, sorte, type, variété [2] par ext. [a] acabit, farine, gent, nature, sorte [b] façon, griffe, manière, marque, mode, style [c] air, apparence, aspect, attitude, caractère, comportement, conduite, extérieur, façon, ligne, tenue, tournure ◆ fam. : dégaine, touche

gens n.m. pl. et f. si précédé d'un adj. au fém. [1] êtres, foule, hommes, individus, monde, nation, personnes, public [2] [a] **gens de maison** → **serviteur** [b] **gens de lettres** ou **gendelettre** → **écrivain**

gens et **gent** n.f. [1] → **famille** [2] → **genre**

gentil n.m. goy, idolâtre, infidèle, mécréant, païen

gentil, ille [1] → **bon** [2] → **aimable** ◆ fam. : chou, sympa, trognon

gentilhomme n.m. → **noble**

gentilhommière n.f. → **château**

gentillesse n.f. [1] au pr. → **amabilité** [2] par ext. [a] → **mot (d'esprit)** [b] → **tour** [c] → **bagatelle** [d] → **méchanceté**

génuflexion n.f. [1] → **agenouillement** [2] → **flatterie**

geôle n.f. → **prison**

geôlier, ière n.m. ou f. → **gardien**

géomètre n.m. arpenteur, mathématicien, métreur, topographe

géométrique exact, logique, mathématique, méthodique, précis, régulier, rigoureux, scientifique

gérance n.f. → **gestion**

gérant, e n.m. ou f. administrateur, agent, curateur, directeur, dirigeant, fondé de pouvoir, gestionnaire, intendant, mandataire, régisseur, tenancier

gerbe n.f. [1] botte [2] par ext. [a] bouquet, faisceau [b] **gerbe d'eau :** éclaboussure, colonne, jet

gerbier n.m. meule

gercer (se) → **fendiller (se)**

gerçure n.f. → **fente**

gérer [1] → **régir** [2] → **diriger**

germain, e consanguin, utérin

germe n.m. [1] au pr. [a] embryon, fœtus, frai, grain, graine, kyste, œuf, plantule, semence, sperme, spore [b] → **microbe** [2] par ext. : cause, commencement, départ, fondement, origine, principe, racine, rudiment, source [3] fig. **germe de discorde :** brandon, élément, ferment, levain, motif, prétexte

germer → **naître**

germon n.m. thon blanc → **poisson**

gésine n.f. accouchement, enfantement, mise bas (anim.) / au monde, parturition

gesse n.f. → **lentille**

gésir → **coucher (se)**

gestation n.f. [1] au pr. : génération, gravidité, grossesse [2] par ext. : genèse, production

geste et **gesticulation** n.m., n.f. action, allure, attitude, conduite, contenance, contorsion, démonstration, épopée, exploit, fait, gesticulation, jeu de mains, manière, mime, mimique, mouvement, œuvre, pantomime, posture, tenue

gesticuler → **remuer**

gestion n.f. administration, conduite, curatelle, direction, économat, économie, gérance, gouverne, gouvernement, intendance, maniement, organisation, régie

gestionnaire n.m. ou f. → **gérant**

gibbeux, euse → **bossu**

gibbosité n.f. → **bosse**

gibecière n.f. [1] besace, bissac, bourse, carnassière, carnier, musette, panetière, sacoche [2] par ext. → **giberne**

giberne n.f. [1] cartouchière, grenadière [2] par ext. → **gibecière**

gibet n.m. corde, croix, échafaud, estrapade, pilori, potence ◆ arg. : béquillard, béquille, credo → **supplice**

gibier n.m. [1] bêtes fauves / noires (vén.), faune [2] cuis. : venaison

giboulée n.f. → **pluie**

gibus n.m. → **haut-de-forme**

gicler → **jaillir**

gifle n.f. fam. : aller et retour, baffe, beigne, beignot, bourre-pif, calotte, claque, coup, emplâtre, giroflée, jeton, mandale, mornifle, pain, rouste, soufflet, talmouse, taloche, tape, tarte, torgnole, va-et-vient, va-te-laver

gifler battre, calotter, claquer, donner une gifle, souffleter, taper ◆ fam. : confirmer, talocher

gigantesque babylonien, colossal, considérable, cyclopéen, démesuré, éléphantesque, énorme, étonnant, excessif, fantastique, faramineux, formidable, gargantuesque, géant, grand, himalayen, immense, incommensurable, insondable, monstre, monstrueux, monumental, pantagruélique, pélagique, prodigieux, pyramidal, tentaculaire, titanesque ◆ arg. : maousse

gigolette n.f. demi-mondaine, femme entretenue / légère → **fille**

gigolo n.m. [1] → **amant** [2] → **jeune (homme)**

gigoter [1] → **remuer** [2] → **danser**

gigue n.f. [1] au pr. → **jambe** [2] fig. → **géant**

ginkgo n.m. arbre aux cent ou aux quarante écus, arbre du ciel, arbre sacré

girandole n.f. → **chandelier**

giration n.f. → **tour**

giratoire circulaire, rotatoire

girelle n.f. → **girolle**

girl n.f. → **danseuse**

giroflée n.f. [1] matthiole ou violier, quarantaine, ravenelle [2] → **gifle**

girolle n.f. chanterelle, girelle

giron n.m. → **sein**

girond, e → **beau**

girouette n.f. fig. → **pantin**

gisement n.m. [1] bassin, gîte, placer, veine [2] → **milieu**

gitan, e → **tzigane**

gîte n.m. au pr. [a] d'un animal : abri, aire, bauge, nid, refuge, repaire, retraite, terrier → **tanière** [b] d'un homme → **maison** [c] → **étape**

gîter → **demeurer**

givre n.m. → **gelée**

givrer → **geler**

glabre imberbe, lisse, nu → **chauve**

glace n.f. [1] → **miroir** [2] → **vitre** [3] → **sorbet** [4] → **glacier**

glacé, e [1] → **froid** [2] → **transi** [3] → **lustré**

glacer [1] → **geler** [2] → **pétrifier** [3] → **lustrer**

glacial, e → **froid**

glacier n.m. par ext. : banquise, calotte glaciaire, iceberg, inlandsis, sérac

glacière n.f. armoire frigorifique, chambre froide, congélateur, conservateur, freezer, Frigidaire (nom de marque), frigo (fam.), frigorifique, réfrigérateur

glacis n.m. [1] → **talus** [2] → **rempart**

gladiateur n.m. belluaire, bestiaire, mirmillon, rétiaire

glaire n.m. bave, crachat, humeur, mucosité, pituite

glaise n.f. kaolin, marne, terre à brique / pipe / tuile → **argile**

glaive n.m. → **épée**

glander → **traîner**

glaner butiner, cueillir, grappiller, gratter, puiser, ramasser, récolter, recueillir

glapir [1] → **aboyer** [2] → **crier**

glapissant, e → **aigu**

glapissement n.m. → **cri**

glauque → **vert**

glaviot n.m. → **crachat**

glèbe n.f. → **terre**

glissade n.f. [1] glissoire [2] → **chute**

glissant, e [1] → **périlleux** [2] → **hasardé**

glissement n.m. [1] au pr. [a] affaissement, chute, éboulement [b] dérapage, glissade, ripage [c] du sol : solifluxion [2] fig. : changement, évolution, modification

glisser [1] v. intr. [a] chasser, couler, coulisser, déraper, patiner, riper → **tomber** [b] s'affaler, changer, évoluer, se modifier [c] → **échapper** [2] v. tr. → **introduire** [3] v. pron. → **introduire (s')**

glissière n.f. coulisse, glissoir, guide

global, e → **entier**

globalement → **totalement**

globaliser [1] → **réunir** [2] par ext. → **répandre**

globe n.m. [1] → **boule** [2] → **sphère** [3] → **terre**

globe-trotter n.m. → **voyageur**

globule n.f. [1] boulette, grain → **pilule** [2] bulle

gloire n.f. [1] au pr. [a] beauté, célébrité, consécration, éclat, glorification, grandeur, hommage, honneur, illustration, immortalité, lauriers, louange, lumière, lustre, majesté, notoriété, phare, popularité, prestige, rayonnement, renom, renommée, réputation, splendeur [b] → **nimbe** [2] par ext. [a] → **sainteté** [b] → **respect**

gloriette n.f. → **tonnelle**

glorieux, euse [1] → **illustre** [2] → **splendide** [3] → **orgueilleux** [4] → **saint**

glorification n.f. → **éloge**

glorifier [1] → **louer** [2] pron. → **flatter (se)**

gloriole n.f. → **orgueil**

glose n.f. [1] → **commentaire** [2] → **parodie**

gloser [1] → **chicaner** [2] → **discuter** [3] → **railler**

glossaire n.m. → **dictionnaire**

glouton, ne avale-tout / tout-cru, avaleur, avide, bâfreur, banqueteur, boulimique, bouffe-tout, chancre, crevard, gamelle, gargamelle, gargantua, goinfre, goulu, grand / gros mangeur, inassouvissable, insatiable, morfal, va-de-la-bouche, va-de-la-gueule, vorace → **gourmand**

gloutonnerie n.f. avidité, goinfrerie, gourmandise, insatiabilité, voracité

gluant, e → **visqueux**

glume n.f. → **balle**

glutineux, euse → **visqueux**

glyphe n.m. → **trait**

gnome n.m. [1] → **génie** [2] → **nain**

gnomique → **sentencieux**

gnon n.m. → **coup**

gnose et **gnosticisme** n.f., n.m. ésotérisme, occultisme, théologie, théosophie → **savoir**

gnostique n.m. et adj. ophite, pneumatique, psychique

gobelet n.m. [1] au pr. : chope, godet, quart, shaker, tasse, timbale, vase, verre [2] par ext. ◆ vx : escamoteur, fourbe, hypocrite → **voleur**

gobe-mouches n.m. → **naïf**

gober [1] → **avaler** [2] → **croire** [3] → **éprendre (s')** [4] **gober les mouches** [a] → **attendre** [b] → **flâner**

goberger (se) [1] → **manger** [2] → **railler**

gobeur, euse n. et adj. → **naïf**

godelureau n.m. → **galant**

goder → **plisser**

godet n.m. [1] auget [2] → **gobelet** [3] → **pli**

godiche nom et adj. [1] → **gauche** [2] [a] → **naïf** [b] → **bête**

godille n.f. → **rame**

godillot n.m. [1] inconditionnel → **servile** [2] → **chaussure**

godiveau n.m. → **hachis**

godron n.m. → **pli**

goémon n.m. → **algue**

gogo n.m. et adj. [1] → **naïf** [2] **à gogo :** abondamment, à discrétion / satiété / souhait / volonté, par-dessus / ras bord

goguenard, e chineur, moqueur, narquois, railleur, taquin

goguenardise n.f. → **raillerie**

goguenot n.m. → **water-closet**

goguette n.f. → **gaieté**

goinfre nom et adj. → **glouton**

goinfrer → **manger**

goinfrerie n.f. → **gloutonnerie**

goitre n.m. strume

golfe n.m. aber, anse, baie, calanque, crique, échancrure, estuaire, fjord, ria

goliath n.m. → **géant**

gommer [1] coller [2] effacer, ôter, supprimer

gommeux, euse fig. → **élégant**

gond n.m. charnière, crapaudine, paumelle

gondolant, e → **tordant**

gondoler onduler → **gonfler**

gonfalon ou **gonfanon** n.m. bannière, enseigne, étendard, flamme, oriflamme → **drapeau**

gonflé, e [1] au pr. : ballonné, bombé, bouclé (maçonnerie), bouffant, bouffi, boursouflé, cloqué, congestionné, dilaté, distendu, empâté, enflé, gondolé, gros, hypertrophié, intumescent, joufflu, mafflu, météorisé, renflé, soufflé, tuméfié, tumescent, turgescent, turgide, ventru, vultueux [2] fig. [a] → **téméraire** [b] → **emphatique**

gonflement n.m. ballonnement, bombement, bouffissure, boursouflure, cloque, débordement, dilatation, distension, empâtement, emphase (fig.), emphysème (méd.), enflure, engorgement, fluxion, grosseur, grossissement, hypertrophie, intumescence, météorisation, météorisme, œdème, renflement, tuméfaction, tumescence, turgescence → **abcès**

gonfler [1] v. intr. : s'arrondir, augmenter, ballonner, bomber, boucler (maçonnerie), bouffer (plâtre), bouffir, boursoufler, cloquer, croître, devenir tumescent / turgescent / turgide, s'élargir, enfler, gondoler, grossir, météoriser, monter, renfler, se tuméfier [2] v. tr. : accroître, arrondir, augmenter, bouffir, boursoufler, dilater, distendre, emplir, enfler, farder (mar.), gaufrer, souffler, travailler [3] fig. : exagérer, grossir, intensifier, surestimer, tricher, tromper

gongorisme n.m. affectation, cultisme, euphuisme, marinisme, préciosité, recherche

gonococcie n.f. → **blennorragie**

gord n.m. [1] → **argile** [2] bordigue → **piège**

goret n.m. [1] → **porc** [2] → **balai**

gorge n.f. [1] au pr. [a] → **gosier** [b] → **défilé** [2] par ext. : buste, col, décolleté, poitrine, sein [3] [a] **rendre gorge** → **redonner** [b] **faire des gorges chaudes** → **railler**

gorgée n.f. coup, lampée, rasade, trait

gorger [1] au pr. : alimenter avec excès, bourrer, empiffrer, emplir, gaver, rassasier, remplir, soûler [2] fig. : combler, gâter, gaver

gorget n.m. → **rabot**

gosier n.m. [1] par ext. : amygdale, bouche, estomac, gorge, larynx, luette, œsophage, pharynx [2] fam. et / ou arg. : carafe, carafon, cloison, coco, col, corridor, dalle, descente, entonnoir, fusil, gargoulette, goulot, kiki, pavé, piston, rue au pain, sifflet, tromblon, trou sans fond

gospel n.m. negro spiritual

gosse n.m. et f. → **enfant**

gothique [1] → **vieux** [2] → **sauvage**

gouaille n.f. → **raillerie**

gouailler v. tr. et intr. → **railler**

gouaillerie n.f. → **raillerie**

gouailleur, euse n. et adj. → **farceur**

gouape n.f. → **vaurien**

goudron n.m. [1] au pr. : brai, coaltar, poix [2] par ext. : asphalte, bitume, macadam

goudronner → **bitumer**

gouet n.m. → **serpe**

gouffre n.m. → **précipice**

gouge n.f. [1] ciseau [2] → **servante** [3] → **fille** [4] → **prostituée**

gougnafier et **goujat** n.m. → **impoli**

goujaterie n.f. → **impolitesse**

goulée n.f. → **bouchée**

goulet n.m. → **passage**

goulotte n.f. [1] → **canal** [2] → **gouttière**

goulu, e → **glouton**

goupil n.m. → **renard**

goupille n.f. → **cheville**

goupiller → **préparer**

goupillon n.m. aspergès, aspersoir

gourbi n.m. [1] → **cabane** [2] → **chambre**

gourd, e → **engourdi**

gourde [1] n.f. : bidon, flacon, gargoulette [2] adj. → **bête**

gourdin n.m. bâton, matraque, rondin, trique → **casse-tête**

gourer (se) → **tromper (se)**

gourmand n.m. → **pousse**

gourmand, e [1] fav. ou neutre : amateur, avide, bec fin, bouche fine, fine gueule, friand, gastronome, gourmet, porté sur la bonne chère / la gueule (fam.) ◆ vx : coteau, gueulard [2] non fav. : chancre, goinfre, goulu, lécheur, morfal, ripailleur, sybarite, vorace → **glouton**

gourmander → **réprimander**

gourmandise n.f. [1] appétit, gastronomie, plaisirs de la table ◆ péj. : avidité, gloutonnerie, goinfrerie, voracité [2] → **friandise**

gourme n.f. eczéma, herpès, impétigo

gourmé, e → **étudié**

gourmet n.m. → **gourmand**

gourmette n.f. chaînette, châtelaine

gournable n.f. mar. → **cheville**

gourou n.m. → **maître**

gousse n.f. caïeu, cosse, écale, tête (d'ail)

gousset n.m. → **poche**

goût n.m. [1] au pr. → **saveur** [2] par ext. [a] → **attachement** [b] → **inclination** [c] → **style** [d] **goût du jour** → **mode**

goûter n.m. → **collation**

goûter [1] déguster, éprouver, essayer, estimer, expérimenter, sentir, tâter, toucher à [2] adorer, aimer, apprécier, approuver, se délecter, s'enthousiasmer pour, être coiffé / entiché / fana (fam.) / fanatique / fou de, jouir de, se plaire à, raffoler de, savourer

goutte n.f. [1] → **rien** [2] → **rhumatisme**

goutteux, euse nom et adj. arthritique, diathésique, impotent, podagre, rhumatisant

gouttière n.f. chéneau, dalle, larmier

gouvernail [1] au pr. [a] barre, leviers de commande, timon [b] aviat. : empennage, gouverne, manche à balai [2] fig. : conduite, direction, gouvernement

gouvernant n.m. [1] chef d'État, dirigeant, maître, monarque, Premier ministre, président, responsable ◆ péj. : cacique, dictateur, mandarin, potentat [2] au pl. : autorités, grands, grands de ce monde, hommes au pouvoir

gouvernante n.f. bonne d'enfants, chaperon, dame de compagnie, domestique, duègne (péj.), infirmière, nourrice, nurse, servante

gouverne n.f. [1] → **règle** [2] aileron, dérive, empennage, gouvernail, palonnier

gouvernement n.m. [1] au pr. [a] administration, affaires de l'État, autorité, conduite, direction, gestion, maniement des affaires / hommes [b] cabinet, conseil, constitution, État, institutions, ministère, pouvoir, protectorat, régence, régime, règne, structures, système [c] absolutisme, arbitraire, aristocratie, autocratie, despotisme, dictature, fascisme, gérontocratie, monarchie, théocratie [d] démocratie, parlementarisme, république [2] par ext. [a] économie, ménage [b] → **autorité**

gouverner [1] au pr. : administrer, commander, conduire, diriger, dominer, gérer, manier, manœuvrer, mener, piloter, prévoir, régenter, régir, régner, tyranniser (péj.) [2] par ext. [a] non fav. : avoir / jeter / mettre le grappin sur, empaumer, mener à la baguette / la danse / tambour battant / par le bout du nez [b] neutre : éduquer, élever, former, instruire, tenir

gouverneur n.m. [1] → **administrateur** [2] → **maître**

goy nom et adj. → **infidèle**

grabat n.m. → **lit**

grabataire nom et adj. → **infirme**

graben n.m. → **fosse**

grabuge n.m. [1] → **discussion** [2] → **dégât**

grâce n.f. [1] qualité. [a] au pr. : affabilité, agrément, aisance, amabilité, aménité, attrait, beauté, charme, délicatesse, douceur, élégance, finesse, fraîcheur, gentillesse, gracilité, joliesse, légèreté, poésie, sex-appeal, suavité, vénusté [b] beauté, déesse, divinité [c] par ext. (péj.) : alanguissement, désinvolture, langueur, mignardise, minauderie, mollesse, morbidesse [d] prot. → **excellence** [2] [a] → **service** [b] → **faveur** [c] → **pardon** [d] → **amnistie** [e] → **remerciement** [3] [a] **de bonne grâce** : avec plaisir, bénévolement, de bon gré, volontairement, volontiers [b] **grâce à** → **avec**

gracier absoudre, acquitter, amnistier, commuer, libérer, pardonner, relaxer, remettre

gracieuseté n.f. → **gratification**

gracieux, euse [1] adorable, affable, agréable, aimable, amène, attirant, attrayant, avenant, bienveillant, bon, charmant, civil, courtois, délicat, distingué, élégant, empressé, facile, favorable, gentil, gracile, joli, mignon, ouvert, plaisant, poli, raffiné, riant, souriant, sympathique, tendre ◆ vx : accort, gent, mignard [2] → **gratuit**

gracile [1] → **menu** [2] → **fin**

gracilité n.f. [1] minceur → **finesse** [2] → **grâce**

gradation n.f. → **progression**

grade n.m. catégorie, classe, degré, dignité, échelon, galon, honneur, indice

gradé, e → **chef**

grader n.m. tr. publ. off. : niveleuse

gradin n.m. → **degré**

graduel, le → **progressif**

graduellement [1] → **doucement** [2] → **peu à peu**

graduer → **augmenter**

graffito, ti n.m. → **inscription**

grailler [1] → **crier** [2] → **manger** [3] → **sonner**

graillon n.m. [1] → **lard** [2] → **crachat**

graillonner [1] → **cracher** [2] → **parler** [3] → **tousser**

grain n.m. [1] → **germe** [2] → **fruit** [3] par ext. [a] → **pluie** [b] → **rafale** [c] grain de beauté : envie, nævus

graine n.f. par ext. : akène, amande, gland, noix, noyau, pépin, semence → **germe**

graissage n.m. entretien, lubrification

graisse n.f. [1] corps gras, lipide, lipoïde, matière grasse [2] axonge, graille (péj.), graillon, gras, lard, panne, saindoux, suif [3] cambouis, lubrifiant [4] sébum, suint [5] fart [6] adiposité

graisser [1] au pr. : huiler, lubrifier, oindre, suiffer [2] par ext. : encrasser, salir, souiller

graisseux, euse → **gras**

graminée n.f. → **herbe**

grammaire n.f. bon usage, morphologie, norme, philologie, phonétique, phonologie, règles, structure, syntaxe ◆ par ext. → **linguistique**

grammairien, ne n.m. ou f. [1] philologue [2] par ext. : linguiste, puriste [3] péj. [a] cuistre, grammatiste, pédant [b] fém. : bas-bleu

grand, e [1] adj. [a] fav. ou neutre : abondant, altier, ample, appréciable, astronomique, colossal, considérable, démesuré, élancé, élevé, étendu, fort, géant, gigantesque, grandiose, gros, haut, immense, important, imposant, incommensurable, lâche, large, longiligne, magnifique, noble, profond, spacieux, vaste [b] adulte, âgé, grandelet, grandet, majeur, mûr [c] → **beau** [d] → **illustre** [e] non fav. : atroce, démesuré, effrayant, effroyable, éléphantesque, énorme, épouvantable, excessif, fier (culot / toupet), intense, monstrueux, terrible, vif, violent [f] fam. : balèze, malabar, maousse [2] n.m. [a] → **grandeur** [b] → **personnalité** [c] grand homme, fameux, génial, glorieux, illustre, supérieur → **héros** [d] non fav. : asperge, échalas, escogriffe → **géant**

grandement → **beaucoup**

grandeur n.f. [1] fav. ou neutre : abondance, ampleur, amplitude, bourre (fam.), distinction, élévation, étendue, excellence, force, fortune, gloire, honneur, immensité, importance, intensité, largeur, majesté, mérite, noblesse, pouvoir, puissance, stature, sublimité, taille, valeur, vastitude → **dimension** [2] non fav. : atrocité, énormité, gravité, monstruosité, noirceur [3] **grandeur d'âme** → **générosité** [4] prot. → **excellence**

grand-guignolesque [1] → **abracadabrant** [2] → **terrible**

grandiloquence n.f. → **emphase**

grandiloquent, e → **emphatique**

grandiose → **imposant**

grandir v. tr. et intr. → **croître**

grand-mère n.f. [1] aïeule, bonne-maman, mamie, mémé, mère-grand (vx) [2] par ext. → **vieille**

grand-père n.m. [1] aïeul, bon-papa, papi, pépé, pépère [2] par ext. → **vieillard**

grands-parents n.m. pl. aïeux, ascendants

grange n.f. bâtiment, fenil, grenier, hangar, magasin, pailler, remise, resserre

granité, e grenu

granulat n.m. agglomérat, agrégat, conglomérat, fines

granulé, e granulaire, granuleux

grape-fruit n.m. pamplemousse, pomélo

graphie n.f. → **écriture**

graphique [1] n.m. : courbe, dessin, diagramme, nomogramme, tableau, tracé [2] adj. : écrit, scripturaire

graphite n.m. plombagine

grappe n.f. [1] au pr. : pampre, raisin [2] par ext. → **groupe**

grappiller [1] → **glaner** [2] → **voler**

grappin n.m. [1] au pr. : ancre, chat, cigale, corbeau, crampon, croc, crochet, harpon [2] **jeter / mettre le grappin sur quelqu'un ou quelque chose** : accaparer, accrocher, s'emparer de, harponner, jeter son dévolu, saisir

gras, grasse [1] au pr. [a] qui a ou semble avoir de la graisse : abondant, adipeux, bien en chair, bouffi, charnu, corpulent, dodu, empâté, enveloppé, épais, étoffé, fort, gras, grasset (vx), obèse, pansu, plantureux, plein, potelé, rebondi, replet, rond, rondelet, ventru → **gros** ◆ fam. : grassouillet, rondouillard b butyreux, cérumineux, crémeux, lipoïde, oléiforme, onctueux, riche c qui est sali de graisse : glissant, gluant, graisseux, huileux, pâteux, poisseux, sale, suintant, suiffeux, visqueux 2 par ext. a → **obscène** b → **fécond** c → **moelleux**

grasseyer graillonner

gratification n.f. arrosage (fam.), avantage, bakchich, bonification, bonus, bouquet, cadeau, chapeau (mar.), commission, denier à Dieu, dessous-de-table, don, donation, étrenne, faveur, fleur, générosité, gracieuseté, guelte, largesse, libéralité, pièce, pot-de-vin, pourboire, présent, prime, récompense, ristourne, surpaye, sursalaire → **boni** ◆ vx : bonne-main, courtoisie, dringuelle, épices, épingles, sportule ◆ arg. : fraîcheur, gant

gratifier 1 accorder, allouer, attribuer, avantager, donner, doter, douer, faire don, favoriser, imputer, munir, nantir, pourvoir, renter (vx) 2 par antiphrase : battre, châtier, corriger, frapper, maltraiter

gratin n.m. → **choix**

gratiné, e fam.→ **extraordinaire**

gratis à titre gracieux / gratuit, en cadeau / prime, franco, gracieusement, gratuitement ◆ fam. : à l'as, à l'œil, gratos, pour fifre, pour le roi de Prusse / des nèfles / des prunes / que dalle / rien / pas un rond

gratitude n.f. gré, obligation, reconnaissance

gratte n.f. 1 → **profit** 2 → **gale**

gratte-ciel n.m. → **immeuble**

gratte-papier n.m. et f. → **employé**

gratter 1 au pr. → **racler** 2 par ext. a → **jouer** b bricoler, économiser, grappiller, grignoter, griveler (vx), ratisser 3 → **flatter** 4 dépasser, doubler

grattoir n.m. boësse, ébarboir → **racloir**

gratuit, e 1 au pr. : bénévole, désintéressé, gracieux → **gratis** 2 par ext. → **injustifié**

gratuitement → **gratis**

gravats n.m. pl. → **décombres**

grave 1 → **sérieux** 2 → **important** 3 → **cérémonieux**

graveleux, euse libre → **obscène**

gravement → **sérieusement**

graver buriner, dessiner, empreindre, engraver, enregistrer, fixer, guillocher, imprimer, insculper, intailler, lithographier, nieller, sculpter, tracer

graveur n.m. aquafortiste, aquatintiste, ciseleur, lithographe, nielleur, pyrograveur, sculpteur, xylographe → **dessinateur**

gravide → **enceinte**

gravier n.m. → **sable**

gravir v. tr. et intr. → **monter**

gravitation n.f. attraction, équilibre céleste / sidéral

gravité n.f. 1 → **pesanteur** 2 → **importance** 3 austérité, componction, décence, dignité, majesté, pompe, raideur, réserve, rigidité, sérieux, sévérité, solennité

graviter 1 orbiter, tourner autour 2 → **fréquenter**

gravure n.f. → **image**

gré n.m. 1 n.m. a → **volonté** b → **gratitude** 2 a **de bon gré :** avec plaisir, bénévolement, de bon cœur, de bonne volonté, de plein gré, librement, volontairement, volontiers → **grâce** b **au gré de :** à la merci de, selon, suivant c **de gré à gré** → **amiable (à l')**

gredin, e n.m. ou f. 1 → **vaurien** 2 → **avare**

gréement n.m. → **agrès**

greffe n.m. archives, secrétariat

greffe n.f. 1 au pr. : bouture, ente, enture, greffon, scion 2 chir. : anaplastie, autoplastie, hétéroplastie

greffer 1 au pr. : écussonner, enter 2 fig. → **ajouter** 3 v. pron. → **ajouter (s')**

greffier, ière n.m. ou f. 1 → **secrétaire** 2 au masc. arg. → **chat**

grégaire conformiste, docile, moutonnier

grêle n.f. 1 n.f. a au pr. : grain, grêlon, grésil b fig. : abattée (fam.), averse, dégringolade (fam.), déluge, pluie 2 adj. a → **menu** b → **faible**

grêlé, e → **marqué**

grêlon n.m. → **grêle**

grelot n.m. 1 au pr. : cloche, clochette, sonnaille, sonnette, timbre 2 arg. → **saleté**

grelotter claquer des dents, frissonner → **trembler**

grenadier n.m. 1 fig. : briscard, grognard, soldat, vétéran 2 péj. ◆ une femme : dragon, gendarme, maritorne, mégère, poissarde, poufﬁasse, rombière → **virago**

grenat 1 n.m. : almandin, escarboucle 2 adj. → **rouge**

grenier n.m. 1 → **grange** 2 comble, galetas, mansarde, taudis (péj.) 3 par ext. : débarras, fourre-tout

grenouillage n.m. → **tripotage**

grenouille n.f. ouaouaron, raine, rainette, roussette → **batracien**

grenu, e granité

grésil n.m. → **grêle**

grésillement n.m. bruissement, crépitement, friture, parasites

grésiller 1 v. intr. a crépiter b grêler 2 v. tr. : brûler, contracter, dessécher, plisser, racornir, rapetisser, rétrécir

grève n.f. 1 arrêt, cessation / interruption / suspension du travail, coalition (vx), lock-out 2 → **bord** 3 **grève de la faim** → **jeûne**

grever → **charger**

gribouillage n.m. → **barbouillage**

gribouille → **brouillon**

gribouiller → **barbouiller**

grief n.m. → **reproche**

grièvement → **sérieusement**

griffe n.f. 1 au pr. → **ongle** 2 fig. → **marque**

griffer → **déchirer**

griffon n.m. 1 → **monstre** 2 → **chien**

griffonnage n.m. → **barbouillage**

griffonner → **barbouiller**

griffure n.f. déchirure, écorchure, égratignure, éraflure, rayure

grigner → **plisser**

grignotement n.m. → **usure**

grignoter 1 → **manger** 2 → **ronger** 3 → **gratter**

grigou n.m. ou f. → **avare**

gril n.m. 1 barbecue, boucan, brasero rôtissoire 2 **être sur le gril** → **impatienter (s')**

grillade n.f. bifteck, carbonade, charbonnée (vx), steak

grille n.f. 1 clôture, grillage 2 entrée 3 barreaux 4 barbelure, cheval de frise, crapaudine, herse, sarrasine 5 → **modèle**

griller 1 au pr. : brasiller, brûler, chauffer, cuire au gril, rôtir, torréfier 2 fig. : brûler, désirer, être désireux / impatient de

grillon n.m. cri-cri

grill-room n.m. → **restaurant**

grimaçant, e antipathique, contorsionné, déplaisant, désagréable, coléreux, excessif, feint, maniéré, minaudier, plissé, renfrogné, simiesque

grimace n.f. 1 au pr. : contorsion, cul de poule, lippe, mimique, mine, moue, nique, renfrognement, rictus, simagrée, singerie 2 par ext. a → **feinte** b → **minauderie**

grimacer 1 se contorsionner, grigner 2 faire la grimace

grimacier, ère par ext. → **faux**

grimage n.m. → **fard**

grimer → **farder**

grimoire n.m. → **barbouillage**

grimper → **monter**

grimpette n.f. → **montée**

grimpeur, euse n.m. ou f. 1 alpiniste, rochassier 2 ordre d'oiseaux : ara, cacatoès, coucou, cul-rouge ou épeiche, épeichette, lori, papegai (vx), perroquet, perruche, pic, pivert, rosalbin, torcol, toucan

grincement n.m. → **bruit**

grincer 1 → **crisser** 2 → **gémir** 3 → **rager**

grincheux, euse 1 → **grognon** 2 → **revêche**

gringalet n.m. péj. : avorton, aztèque, craquelin (vx), demi-portion, efflanqué, faible, freluquet, lavette, mauviette, minus

grippe n.f. 1 coryza, courbature fébrile, influenza, refroidissement 2 **prendre en grippe** → **haïr**

gripper 1 → **prendre** 2 → **dérober** 3 v. intr. ou pr. : (se) bloquer / coincer, serrer

grippe-sou n.m. → **avare**

gris, e 1 → **terne** 2 → **ivre**

grisaille n.f. → **tristesse**

grisant, e 1 → **enivrant** 2 → **affriolant**

griser enivrer → **étourdir**

griserie n.f. enivrement, étourdissement, exaltation, excitation, ivresse

griset n.m. 1 → **passereau** 2 → **poisson**

grisette n.f. courtisane, femme légère, lisette, lorette, Mimi Pinson

grison n.m. 1 → **âne** 2 → **vieillard**

grisonnant, e poivre et sel

grive n.f. → **drenne**

grivèlerie n.f. → **vol**

grivois, e nom et adj. libre → **obscène**

grivoiserie n.f. → **obscénité**

groggy → **sonné**

grognard, e râleur, rouspéteur

grognasse n.f. → **virago**

grogne et **grognement** n.f., n.m. bougonnement, grommellement, mécontentement, récrimination, rogne, rouspétance → **protestation**

grogner 1 bougonner, crier, critiquer, geindre, grognonner, grommeler, gronder, marmonner, marmotter, maugréer, pester, protester, râler, rogner, rognonner, ronchonner, rouspéter, semoncer → **murmurer** 2 anim. → **crier**

grognon nom et adj. bougon, critiqueur, geignard, grincheux, grognard, grondeur, mécontent, rogneur, ronchon, ronchonneur, rouspéteur

groin n.m. → **museau**

grommeler → **murmurer**

grommellement n.m. → **grogne**

grondement n.m. → **bruit**

gronder 1 v. intr. → **murmurer** 2 v. tr. → **réprimander**

grondeur, euse → **grognon**

grondin n.m. cardinal, hirondelle de mer, rouget, trigle → **poisson**

groom n.m. → **chasseur**

gros, grosse 1 adj. a quelqu'un ou quelque chose : adipeux, ample, arrondi, ballonné, bedonnant, bombé, boulot, bouffi, boursouflé, charnu, corpulent, empâté, enflé, énorme, épais, épanoui, étoffé, fort, gonflé, gras, grossi, joufflu, large, lourd, massif, monolithique, monstrueux, obèse, opulent, pansu, pesant, plein, potelé, puissant, rebondi, renflé, replet, rond, rondelet, ventripotent, ventru, volumineux b arg. ou fam. : balèze, mafflu, mamelu, maousse, mastoc c quelque chose : abondant, considérable, immense, important, intense, opulent, riche, spacieux, volumineux d grossier → **obscène** e → **grand** f → **riche** g **grosse affaire :** firme, groupe, holding, trust, usine h **gros temps :** agité, orageux, venteux 2 n.m. a péj. : barrique, bedon, maousse, mastodonte, paquet, patapouf, pépère, poussah, tonneau b → **principal** c **gros bonnet** → **personnalité** 3 adv. → **beaucoup**

grosse 1 adj. → **enceinte** 2 n.f. : copie, expédition

grossesse n.f. → **gestation**

grosseur n.f. 1 de quelque chose : calibre, circonférence, dimension, épaisseur, largeur, taille, volume 2 de quelqu'un : adipose, adiposité, bouffissure, corpulence, embonpoint, empâtement, épaississement, graisse, hypertrophie, obésité, rondeur, rotondité 3 → **abcès**

grossier, ère 1 scatologique, stercoraire → **obscène** 2 → **impoli** 3 → **rude** 4 → **imparfait** 5 → **pesant** 6 → **gros** 7 → **rustaud**

grossièrement 1 → **imparfaitement** 2 brutalement, effrontément, impoliment, incorrectement, insolemment, lourdement, maladroitement 3 → **environ**

grossièreté n.f. 1 → **impolitesse** 2 → **maladresse** 3 → **obscénité** 4 → **impudence**

grossir 1 v. tr. a → **exagérer** b → **augmenter** 2 v. intr. : a augmenter, croître, se développer, devenir → **gros**, se dilater, s'empâter, enfler, s'enfler, engraisser, épaissir, s'épaissir, forcir, gonfler, se gonfler, prendre de l'embonpoint / du poids / du ventre, se tuméfier → **bedonner** b fam. : bâtir sur le devant, faire du lard, prendre de la brioche / de la rondeur, suiffer

grossissement n.m. → **agrandissement**

grotesque n.m. et adj. 1 → **burlesque** 2 → **ridicule**

grotte n.f. 1 au pr. : antre, baume, caverne, cavité, excavation, rocaille (arch.) 2 par ext. a crypte, refuge, repaire, retraite, tanière, terrier b station archéologique

grouillant, e → abondant

grouillement n.m. → multitude

grouiller 1 → abonder 2 → remuer

groupage n.m. allotissement → assemblage

groupe n.m. 1 au pr. a assemblée, association, atelier, cellule, cercle, collectif, collectivité, collège, comité, commission, communauté, compagnie, confrérie, église, équipe, groupement, groupuscule, loge, phalanstère, pléiade, réunion, section, société b armée, attroupement, bande, bataillon, brigade, compagnie, escadron, escouade, peloton, poignée, quarteron, régiment, section, troupe, unité c amas, assemblage, assortiment, collection, constellation, ensemble, essaim, fournée, grappe, noyau, paquet, pâté (de maisons), volée d clan, famille, nation, phratrie, race, tribu 2 → orchestre 3 → parti 4 litt. : chapelle, cénacle, cercle, coterie (péj.), école 5 catégorie, classe, division, espèce, famille, ordre, sorte

groupement n.m. → réunion

grouper 1 → assembler 2 → réunir

grue n.f. 1 → échassier 2 → prostituée 3 techn. : bigue, chèvre, chouleur, derrick, palan, sapine

gruger 1 → avaler 2 → ruiner 3 → voler 4 → briser

grumeau n.m. → caillot

grumeleux, euse rugueux → rude

gruyère n.m. comté, emmenthal, vacherin

guai n.m. → hareng

gué n.m. → passage

guelte n.f. → gratification

guenille n.f. chiffe, chiffon, défroque, fripe, haillon, harde, lambeau, loque, oripeau

guenon n.f. fig. → laideron

guêpe n.f. poliste

guêpier n.m. → piège

guère à peine, exceptionnellement, médiocrement, pas beaucoup / grand-chose / souvent / trop, peu, presque pas, rarement, très peu

guéret n.m. → champ

guéridon n.m. bouillotte, cabaret (vx), rognon, table ronde, trépied

guérilla n.f. 1 au pr. → troupe 2 par ext. → guerre

guérillero n.m. → maquisard

guérir 1 v. tr. → rétablir 2 v. intr. → rétablir (se)

guérison n.f. apaisement, cicatrisation, convalescence, cure, rétablissement, retour à la santé, salut, soulagement

guérissable curable → perfectible

guérisseur, euse n.m. ou f. 1 fav. ou neutre : rebouteur, rebouteux, rhabilleur, thérapeute ◆ vx : empirique, opérateur 2 non fav. : charlatan, sorcier

guérite n.f. par ext. : bretèche, échauguette, échiffre, guitoune, lanterne, moineau, poivrière, poste

guerre n.f. 1 au pr. : affaire, art militaire, attaque, bagarre, baroud, bataille, belligérance, boucherie, campagne, champ de bataille / d'honneur, combat, conflagration, conflit, croisade, démêlé, émeute, entreprise militaire, escarmouche, expédition, guérilla, hostilité, insurrection, invasion, lutte, offensive, révolution, stratégie, tactique, troubles ◆ fam. : casse-gueule / -pipe, grive, rif, riflette 2 fig. a → animosité b → conflit 3 a faire la guerre à → réprimander b nom de guerre : pseudonyme

guerrier, ière nom et adj. 1 → militaire 2 a → soldat b fém. : amazone

guerroyer se battre, combattre, faire la guerre

guet n.m. → surveillance

guet-apens n.m. attaque, attentat, embûche, embuscade, surprise, traquenard → piège

guêtre n.f. 1 houseaux, jambart, jambière, molletière 2 par ext. : cnémide 3 laisser ses guêtres → mourir

guetter → épier

guetteur n.m. factionnaire → veilleur

gueulard n.m. 1 bouche, orifice, ouverture 2 braillard, criard, fort en gueule, grande gueule, hurleur, râleur, rouspéteur

gueule n.f. 1 → bouche 2 → visage 3 → ouverture 4 gueule de bois : bouche forestière

gueuler v. tr. et intr. beugler, brailler, bramer, crier, hurler, protester, tempêter, tonitruer, vociférer

gueuleton n.m. → festin

gueuletonner → bâfrer

gueux, euse n.m. ou f. 1 neutre. a → pauvre b → mendiant 2 non fav. : bélître (vx), claque-pain, clochard, clodo, cloporte, pilon (arg.), pouilleux, traîne-misère / savate, truand, vagabond, va-nu-pieds → coquin

guichet n.m. 1 → ouverture 2 par ext. : bureau, caisse, office, officine, renseignements, station, succursale

guichetier, ière n.m. ou f. → gardien

guide 1 n.m. a quelqu'un : accompagnateur, chaperon, cicérone, conducteur, convoyeur, cornac (fam.), introducteur, mentor, pilote, sherpa b catalogue, dépliant, guide-âne, mémento, mode d'emploi, modèle, patron, pense-bête, pige, plan, recette, vade-mecum c coulisse, glissière, trusquin d fig. → conseiller 2 n.f. → bride

guider aider, conduire, conseiller, diriger, éclairer, éduquer, faire les honneurs de, faire voir, gouverner, indiquer, mener, mettre sur la voie, orienter, piloter, promener

guidon n.m. banderole, bannière, enseigne, étendard, fanion, oriflamme → drapeau

guigne n.f. → malchance

guigner 1 → regarder 2 → vouloir

guignette n.f. → serpe

guignol n.m. 1 → pantin 2 arg. a → gendarme b → juge c → tribunal

guilde n.f. → corporation

guilleret, te 1 → gai 2 → libre

guillotine n.f. 1 bois de justice, échafaud 2 arg. : abattoir, abbaye de monte-à-regret / de monte-à-rebours / de Saint-Pierre, bascule à Charlot, bécane, bute, coupe-cigare, faucheuse, guichet, lunette, machine (à raccourcir), Madame, Mademoiselle, massicot, mécanique, mouton, numéro cent un, panier de son, plat-ventre, sanguine, veuve, veuve rasibus ◆ vx : béquillarde, béquille

guillotiner 1 a couper / trancher la tête, décapiter, décoller, exécuter, faucher / faire tomber une tête, faire justice, supplicier b arg. : basculer, buter, décoller la cafetière / le citron, faire la barbe, faucher, massacrer, opérer, raccourcir, raser la tronche / le colbac, rogner 2 v. passif ◆ arg. : cracher / éternuer dans le panier / le sac / la sciure / le son, épouser / marida la veuve, faire la culbute, jouer à main chaude, monter à la butte / à l'échelle, y aller du gadin

guimbarde n.f. 1 → voiture 2 → rabot

guimpe n.f. → camisole

guindé, e 1 → étudié 2 → emphatique

guinder → raidir

guinderesse n.f. → cordage

guingois (de) loc. adv. : à la va-comme-je-te-pousse, de travers / traviole (fam.), mal équilibré / fichu / foutu (fam.), obliquement → bancal

guinguette n.f. 1 → cabaret 2 → bal

guipure n.f. dentelle, fanfreluche → passement

guirlande n.f. décor, décoration, feston, ornement

guise n.f. façon, fantaisie, goût, gré, manière, sorte, volonté

guitare n.f. par ext. : balalaïka, banjo, cithare, gratte (arg.), guzla, luth, lyre, mandoline, sitar ◆ vx : guimbarde

guitoune n.f. 1 → tente 2 → cabane

gunite n.f. → enduit

guttural, e → rauque

gymnase n.m. 1 sens actuel : centre sportif, palestre, stade 2 par anal. : académie, collège, école, institut, institution, lycée

gymnaste n.m. ou f. acrobate, culturiste, moniteur / professeur d'éducation physique / de gymnastique ◆ vx : agoniste, gymnasiarque

gymnastique n.f. acrobatie, agrès, anneaux, barre fixe, barres parallèles, cheval d'arçon, corde à nœuds / lisse, culture / éducation / travail physique, culturisme, délassement, entraînement, exercice gymnique, mouvement, sport, trapèze ◆ angl. : aérobic, body building, jogging, stretching → athlétisme

gynécée n.m. 1 au pr. appartements / quartier des dames / femmes, harem, sérail, zénana 2 par ext. non fav. : bordel, quartier réservé → lupanar

gynécologue n.m. ou f. 1 accoucheur, obstétricien vx : maïeuticien 2 obstétricienne, sage-femme ◆ vx : matrone

gypaète n.m. → aigle

gypse n.m. alabastrite, albâtre, pierre à plâtre, sulfate hydraté de calcium

H

habile 1 au pr. phys. : accort (vx), adroit, agile, exercé, leste, preste, prompt, vif 2 par ext. a apte, avisé, bon, capable, compétent, diligent, diplomate, docte, émérite, entendu, érudit, exercé, expérimenté, expert, fin, fort, industrieux, ingénieux, inspiré, intelligent, inventif, perspicace, politique, prudent, rompu à, sagace, savant, souple, subtil, talentueux, versé, virtuose → prudent ◆ fam. : astucieux, calé, démerdard, ferré, fortiche, marle, vicieux b une pratique : bien *suivi d'un part. passé valorisant, par ex.* : bien calculé / fait / joué / visé / vu c non fav. : artificieux, calculateur, débrouillard, diplomatique, finaud, futé, madré, malin, matois, navigateur, opportuniste, retors, roublard, roué, rusé, vieux routier

habileté n.f. 1 du corps : adresse, agilité, élégance, dextérité, facilité, métier, prestesse, promptitude, souplesse, technique, tour de main, vivacité 2 de l'esprit. a adresse, aisance, aptitude, art, astuce, autorité, bien-faire, bonheur, brio, capacité, chic, compétence, débrouillardise, débrouille, délicatesse, dextérité, diplomatie, doigté, don, élégance, éloquence, entregent, expérience, facilité, finesse, force, industrie, ingéniosité, intelligence, invention, maestria, main, maîtrise, patience, patte, perspicacité, persuasion, politique, pratique, précision, réalisme, savoir-faire, science, souplesse, subtilité, système D, tact, talent, technique, virtuosité b non fav. : artifice, escamotage, finasserie, jonglerie, opportunisme, rouerie, ruse, truquage ◆ fam. : démerde, ficelle, vice

habilitation et **habilité** n.f. → capacité

habiliter → permettre

habillage n.m. 1 → préparation 2 → revêtement

habillé, e → vêtu

habillement n.m. → vêtement

habiller 1 au pr. : accoutrer, ajuster, arranger, costumer, couvrir, déguiser, draper, endimancher, envelopper, équiper, travestir → vêtir ◆ fam. : affubler, enharnacher, fagoter, ficeler, fringuer, harnacher, nipper, sabouler, saper 2 → orner

habilleur, euse dame / femme d'atours, femme / valet de chambre → tailleur

habit n.m. 1 → vêtement 2 a frac, queue-de-morue / de-pie, tenue de cérémonie b par ext. : jaquette, redingote, smoking, spencer c fig. → aspect

habitabilité n.f. → commodité

habitable → commode

habitacle n.m. 1 d'avion : cabine, carlingue, cockpit 2 d'animaux : a carapace, conque, coque, coquillage, coquille, cuirasse, spirale, test b → tanière 3 mar. : boîte à compas 4 → logement

habitant, e 1 au pr. : aborigène, autochtone, banlieusard, bourgeois (vx), campagnard, citadin, citoyen, faubourien, hôte, indigène, insulaire, locataire, montagnard, natif, naturel, occupant, villageois 2 par ext. a âme, électeur, homme, individu, personne, résident b au pl. : faune, démographie, nation, peuple, peuplement, phratrie, population

habitat n.m. 1 → milieu 2 → logement

habitation n.f. 1 au pr. a sens général : chambre, chez-soi, demeure, domicile, gîte, home, logement, logette, logis, maison, mansion (vx), nid, résidence, retraite, séjour, toit → appartement b de ville : grand ensemble, H.L.M., immeuble, tour c de campagne : bastide, bastidon, chalet, chartreuse, château, domaine, ferme, fermette, gentilhommière, isba, logis, manoir, mas, métairie, moulin, pavillon, propriété, rendez-vous de chasse, villa ◆ vx : castel, folie, manse, vide-bouteille(s) d cahute, case, gourbi, hutte, isba, roulotte, tente → cabane e de prestige : datcha, hôtel particulier, palace, palais f fam. ou non fav. : casbah, galetas, trou, turne [2] par ext. a relig. : couvent, cure, doyenné, ermitage, presbytère b abri, asile, établissement

habité, e → **peuplé**

habiter camper, coucher, demeurer, s'établir, être domicilié, se fixer, loger, occuper, résider, rester, séjourner, vivre ◆ fam. : crêcher, gîter, hanter, nicher, percher, zoner

habitude n.f. [1] au pr. a fav. ou neutre : acclimatement, accoutumance, adaptation, aspect habituel, assuétude, attitude familière, coutume, déformation (péj.), disposition, entraînement, habitus, manière d'être/de faire/de vivre, mode, modus vivendi, mœurs, penchant, pli, pratique, règle, rite, seconde nature, tradition, us, usage b non fav. : automatisme, encroûtement, manie, marotte, routine, tic [2] → **relation**

habitué, e abonné (partic.), acclimaté à, accoutumé à, apprivoisé, au courant, au fait, coutumier de, dressé, éduqué, endurci, entraîné, façonné, fait à, familiarisé avec, familier de, formé, mis au pas (péj.)/au pli (fam.), plié à, rompu à, stylé

habituel, le chronique, classique, commun, consacré, conventionnel, courant, coutumier, familier, fréquent, général, hectique (méd.), machinal, normal, ordinaire, quotidien, régulier, répété, rituel, traditionnel, usité, usuel → **banal**

habituellement à l'accoutumée, d'ordinaire

habituer acclimater, accoutumer, acoquiner (vx), adapter, apprendre, apprivoiser, dresser, éduquer, endurcir, entraîner, façonner, faire à, familiariser, former, initier, mettre au courant/au fait de/au parfum (fam.), plier à, rompre

hâbler affabuler, amplifier, blaguer, bluffer, cravater, exagérer, dire/faire/raconter des blagues/contes/craques/galéjades/histoires, faire le malin, fanfaronner, frimer, galéjer, inventer, mentir, renchérir, se vanter

hâblerie n.f. blague, bluff, bravade, broderie, charlatanerie, charlatanisme, conte, crânerie, craque, épate, esbroufe, exagération, fanfaronnade, farce, forfanterie, galéjade, gasconnade, histoire bordelaise/marseillaise, jactance, mensonge, rodomontade, tromperie, vantardise ◆ fam. : frime, vanne ◆ vx : escobarderie, fanfare, menterie

hâbleur, euse nom et adj. [1] neutre : beau parleur, bellâtre, blagueur, bluffeur, brodeur, conteur, fabulateur, fanfaron, faraud, imposteur, jaseur, malin, menteur, mythomane, vantard [2] fam. et/ou vx : arracheur de dents, avaleur, baratineur, bélître, bellâtre, bordelais, bravache, capitan, charlatan, crâneur, esbroufeur, escobar, faiseur, faraud, farceur, fier-à-bras, forgeur, fracasse, frimeur, gascon, mâchefer, marseillais, masseur, m'as-tu-vu, matador, matamore, méridional, normand, olibrius, pistachier (mérid.), pourfendeur, rodomont, rouleur, tranche-montagne, vanneur

hache n.f. [1] au pr. : a bipenne, cognée b francisque, tomahawk [2] par ext. : aisseau, coupe-coupe, couperet, doleau, doloire, fendoir, hachereau, hachette, hachoir, hansart, herminette, merlin, serpe

haché, e fig. : abrupt, coupé, court, entrecoupé, heurté, interrompu, saccadé, sautillant, syncopé

hacher [1] au pr. : couper, déchiqueter, découper, diviser, fendre, mettre en morceaux, trancher [2] par ext. : détruire, ravager [3] fig. : couper, entrecouper, interrompre [4] **se faire hacher pour** → **sacrifier (se)**

hachich ou **hachisch** ou **haschich** ou **haschisch** n.m. cannabis, chanvre indien, hasch, herbe, kif, marie-jeanne, marijuana → **drogue**

hachis n.m. boulette, croquette, farce, farci, godiveau, quenelle

hachoir n.m. couperet, hache-viande, hansart

hachure n.f. entaille, raie, rayure, trait, zébrure

hachurer entailler, hacher, rayer, zébrer

hacienda n.f. fazenda → **propriété**

hagard, e [1] absent, délirant, dément, effaré, effrayé, égaré, épouvanté, fiévreux, fou, halluciné, horrifié, saisi, terrifié, terrorisé [2] → **sauvage** [3] → **troublé**

hagiographie n.f. [1] au pr. : histoire des saints, légende dorée [2] par ext. → **histoire**

haie n.f. [1] au pr. : âge (vx), bordure, brise-vent, buisson, charmille, clôture, entourage, obstacle → **hallier** [2] par ext. : cordon, file, rang, rangée

haillon n.m. affûtiaux, chiffon, défroque, guenille, harde, loque, nippe, oripeau → **vêtement**

haillonneux, euse → **déguenillé**

haine n.f. [1] au pr. a acrimonie, animadversion, animosité, antipathie, aversion, détestation, exécration, fanatisme, férocité, fiel, fureur, hostilité, inimitié, intolérance, jalousie, malignité, malveillance, misanthropie, passion, querelle, rancœur, rancune, répugnance, répulsion, ressentiment, vengeance, venin b racisme, xénophobie [2] par ext. : abomination, acharnement, aigreur, colère, cruauté, dégoût, dissension, éloignement, exaspération, folie, horreur, persécution, rivalité

haineux, euse → **malveillant**

haïr abhorrer, abominer, avoir en aversion/en horreur, détester, exécrer, fuir, honnir, maudire, ne pouvoir sentir, prendre en grippe, répugner à, en vouloir à

haire n.f. [1] au pr. : cilice [2] par ext. : macération, pénitence

haïssable abominable, antipathique, déplaisant, détestable, exécrable, insupportable, maudit, méprisable, odieux, rebutant, repoussant, réprouvé, répugnant

halage n.m. remorquage, tirage, touage

hâlé, e basané, bistré, boucané, bronzé, brûlé, bruni, cuivré, doré, mat

haleine n.f. [1] au pr. : anhélation, essoufflement, expiration, respiration, souffle [2] par ext. a bouffée, brise, fumée, souffle, vent b effluve, émanation, exhalaison, fumet, odeur, parfum [3] a **à perdre haleine :** à perdre le souffle, longuement, sans arrêt/discontinuer b **être hors d'haleine :** essoufflé, haletant

halener vén. → **sentir**

haler affaler (mar.) → **tirer**

hâler boucaner, bronzer, brûler, brunir, dorer, noircir

haletant, e [1] au pr. : anhélant, époumoné, épuisé, essoufflé, hors d'haleine, pantelant, pantois (vx), suffoqué [2] par ext. : bondissant, précipité, saccadé [3] fig. : ardent, avide, cupide (péj.), désireux, impatient

halètement n.m. → **essoufflement**

haleter anhéler, être à bout de souffle/haletant, panteler

hall n.m. [1] → **vestibule** [2] → **salle**

halle n.f. [1] entrepôt, hangar, magasin [2] foire, marché couvert

hallebarde n.f. → **lance**

hallier n.m. buisson, épinaie, épines, épinier, fourré, ronce → **haie**

hallucinant, e → **extraordinaire**

hallucination n.f. [1] par ext. : aliénation, apparition, cauchemar, chimère, délire, démence, déraison, divagation, fantasmagorie, fantasme, folie, hallucinose, illusion, mirage, rêve, vision [2] fig. : berlue (fam.), éblouissement, voix

halluciné, e nom et adj. [1] aliéné, bizarre, délirant, dément, égaré, hagard, visionnaire [2] affolé, angoissé, déséquilibré, épouvanté, fou, horrifié, médusé, terrifié, terrorisé

halluciner → **éblouir**

halo n.m. [1] → **lueur** [2] → **nimbe**

halte n.f. [1] arrêt, escale, étape, interruption, pause, relais, répit, repos, station → **abri** [2] → **nursery**

hameau n.m. bourg, bourgade, écart, lieu-dit ou lieudit, localité, village

hameçon n.m. → **piège**

hampe n.f. → **bâton**

hanap n.m. calice, coupe, cratère, pot, récipient, vase

hanche n.f. croupe, fémur, fesse, flanc, reins

handicap n.m. [1] → **infirmité** [2] → **inconvénient** [3] mar. : allégeance

handicaper → **désavantager**

hangar n.m. abri, appentis, dépendance, fenil, garage, grange, grenier, local, remise, resserre, toit → **magasin**

hanse n.f. → **société**

hanter [1] → **fréquenter** [2] → **tourmenter**

hantise n.f. → **obsession**

happening n.m. improvisation → **spectacle**

happer v. tr. et intr. adhérer à, s'agripper à, s'attacher à, attraper, s'emparer de, gripper, mettre le grappin/le harpon/la main sur, prendre, saisir

happy end n.m. deus ex machina, fin heureuse (off.)

haquenée n.f. [1] au pr. → **jument** [2] par ext. → **cheval**

haquet n.m. → **voiture**

hara-kiri n.m. [1] auto-destruction, suicide [2] **faire hara-kiri :** se donner la mort, s'éventrer, se frapper, s'immoler, se percer le flanc, se poignarder, se sacrifier, se suicider, se transpercer

harangue n.f. [1] au pr. : allocution, appel, catilinaire, discours, dissertation, exhortation, exposé, péroraison, philippique, plaidoyer, proclamation, prosopopée, sermon, speech, tirade, toast ◆ relig. : homélie, prêche ◆ vx : oraison [2] par ext. péj. : réprimande, semonce

haranguer → **sermonner**

harangueur, euse n.m. ou f. → **orateur**

haras n.m. station de remonte

harassant, e → **tuant**

harasse n.f. → **cageot**

harassé, e abattu, abruti, à bout, accablé, anéanti, annihilé, brisé, échiné, épuisé, éreinté, excédé, exténué, fatigué, las, vaincu ◆ fam. : claqué, crevé, flapi, mort, moulu, rendu, rompu, tué, vanné, vidé

harasser → **fatiguer**

harcelant, e → **ennuyeux**

harcèlement n.m. → **poursuite**

harceler s'acharner, agacer, aiguillonner, assaillir, assiéger, asticoter, attaquer, braver, empoisonner, exciter, fatiguer, gêner, importuner, inquiéter, obséder, pourchasser, poursuivre, pousser à bout, presser, provoquer, relancer, secouer, taler, talonner, taquiner, tarabuster, tirailler, tourmenter, tracasser, traquer → **ennuyer**

harde n.f. harpail

harder vén. → **attacher**

hardes n.f. pl. [1] → **vêtement** [2] → **haillon**

hardi, e [1] fav. ou neutre. a quelqu'un : aguerri, audacieux, aventureux, brave, casse-cou, courageux, crâne (vx), décidé, déluré, déterminé, énergique, entreprenant, fougueux, hasardeux, impavide, impétueux, intrépide, mâle, osé, résolu, vaillant, vigoureux ◆ vx : délibéré, fier b quelque chose : nouveau, original, osé, prométhéen [2] non fav. a au pr. : arrogant, cavalier, effronté, impudent, indiscret, insolent, présomptueux, risque-tout, téméraire b relatif aux mœurs : audacieux, gaillard, impudique, leste, osé, provocant, risqué c arg. ou fam. : à la redresse, (avoir) du coffre/de la santé, culotté, gonflé, soufflé

hardiesse n.f. [1] fav. ou neutre. a quelqu'un : assurance, audace, bravoure, cœur, courage, cran, décision, détermination, énergie, esprit d'entreprise, fermeté, fougue, impétuosité, intrépidité, résolution, vaillance b quelque chose : innovation, nouveauté, originalité [2] non fav. a quelqu'un : aplomb, arrogance, audace, crânerie, effronterie, front, imprudence, impudence, indiscrétion, insolence, outrecuidance, présomption, sans-gêne, témérité, toupet b relatif aux mœurs : impudicité, inconvenance, indécence, liberté, licence c arg. ou fam. : bide, coffre, culot, estomac, sang, santé, souffle

hardware n.m. inform. : matériel

harem n.m. → **gynécée**

hareng n.m. [1] bouffi, gendarme, guai, harenguet, kipper, rollmops, sauret, saurin, sprat [2] → **proxénète**

harengère n.f. dame de la halle, dragon, gendarme, grenadier, grognasse, maritorne, poissarde, pouffiasse, rombière, teigne, tricoteuse (vx), virago → **mégère**

haret n.m. et adj. [1] → **chat** [2] → **sauvage**

harfang n.m. → **hulotte**

hargne n.f. [1] → **méchanceté** [2] → **colère**

hargneux, euse → **acariâtre**

haricot n.m. [1] dolic, flageolet, mangetout, soissons [2] fam. : fayot

haridelle n.f. → **cheval**

harki n.m. supplétif → **soldat**

harmonie n.f. [1] chœur, concert, musique → **orchestre** [2] accompagnement, accord, arrangement, assonance, cadence, combinaison, consonance, contrepoint, euphonie, mélodie, mouvement, nombre, rondeur, rythme 3 fig. a entre personnes : accord, adaptation, affinité, agencement, alliance, amitié, bon esprit, communion, conciliation, concordance, concorde, conformité, correspondance, entente, équilibre, paix, réconciliation (par ext.), sympathie, unanimité, union b entre choses : balancement, beauté, cadence, cohérence, cohésion, combinaison, consonance, économie des parties, élégance, ensemble, équilibre, eurythmie, grâce, harmonisation, homogénéité, nombre, orchestration, ordre, organisation, pondération, proportion, régularité, rythme, symétrie, unité

harmonieux, euse et **harmonique** accordé, adapté, agréable, ajusté, balancé, beau, cadencé, cohérent, conforme, convergent, doux, élégant, équilibré, esthétique, euphonique, eurythmique, galbé, gracieux, homogène, juste, mélodieux, musical, nombreux, ordonné, organisé, pondéré, proportionné, régulier, rythmé, suave, symétrique

harmonisation n.f. accompagnement, arrangement, orchestration → **harmonie**

harmoniser accommoder, accorder, adapter, agencer, ajuster, aménager, apprêter, approprier, arranger, assembler, assortir, classer, combiner, composer, concilier, construire, coordonner, disposer, équilibrer, faire concorder, grouper, mettre ensemble, ordonner, organiser, pacifier, ranger, régler, unifier

harnachement n.m. 1 au pr. : attelage, bricole, caparaçon, équipement, harnais, joug, sellerie 2 par ext. : bricole, bride, bridon, cocarde, collier, courroie de reculement, culeron, culière, dossière, guide, licol, licou, longe, mancelle, martingale, œillère, porte-brancard, rênes, sangle, sous-ventrière, surdos, surfaix, têtière, trait, trousse-queue 3 fig. → **vêtement**

harnacher 1 par ext. : atteler, brider, caparaçonner, équiper, seller 2 fig. → **vêtir**

harnais n.m. → **harnachement**

haro (crier) → **vilipender**

harpagon n.m. → **avare**

harpail ou **harpaille** n.m., n.f. harde

harpe n.f. → **lyre**

harpie n.f. → **mégère**

harpon n.m. crampon, croc, crochet, dard, digon, foène, foëne, grappin

harponner → **prendre**

hasard n.m. 1 au pr. a neutre ou non fav. : accident, aléa, aventure, cas fortuit, circonstance, coïncidence, conjoncture, contingence, coup de dés/de pot (arg.)/du sort, destin, déveine, fatalité, fortune, impondérable, imprévu, incertitude, indétermination, malchance, manque de pot (arg.), occasion, occurrence, rencontre, risque, sort b fav. : aubaine, chance, coup de chance/de pot (arg.), fortune, veine 2 par ext. → **danger** 3 a **par hasard :** d'aventure, par aventure/chance/raccroc, fortuitement b **au hasard :** accidentellement, à l'aventure/l'aveuglette/ l'improviste, au flan (fam.), aveuglément, au petit bonheur, de façon/manière accidentelle/adventice/contingente/imprévisible/imprévue, inconsidérément, n'importe comment/où/quand, par raccroc

hasardé, e 1 aléatoire, audacieux, aventuré, casuel (vx), chanceux, dangereux, exposé, fortuit, fou, glissant, gratuit, hardi, hasardeux, imprudent, incertain, misé, osé, périlleux, risqué, téméraire, tenté 2 vx → **obscène**

hasarder 1 au pr. : avancer, aventurer, commettre, compromettre (péj.), se décider, émettre, essayer, exposer, jouer, jouer son va-tout, se lancer, oser, risquer, risquer le paquet (fam.), spéculer, tenter 2 par ext. → **expérimenter**

hasardeux, euse 1 → **hardi** 2 → **hasardé**

has been n.m. off. → **fini, vieux**

haschisch → **hachich**

hase n.f. → **lièvre**

hastaire n.m. → **soldat**

hâte n.f. 1 → **vitesse** 2 → **agitation** 3 **à la hâte, en hâte :** à la diable, à fond de train (fam.), avec promptitude, hâtivement, précipitamment, promptement, rapidement, d'urgence, vite, vivement 4 arg. : fissa,

hâter 1 → **accélérer** 2 → **brusquer** 3 v. pron. : s'agiter, courir, cravacher, se dépêcher, s'empresser, faire diligence, s'activer, se précipiter, se presser • arg. ou fam. : s'activer, bomber, se dégrouiller/démerder/grouiller/manier/trotter, faire fissa, filocher, pédaler, tracer, tricoter, trisser

hâtif, ive 1 fav. ou neutre : à la minute, avancé, immédiat, précoce, prématuré, pressé, rapide, sommaire 2 non fav. : à la va-vite, bâclé, gâché, précipité, saboté, sabré, torché

hauban n.m. → **cordage**

hausse n.f. accroissement, augmentation, bond, boom ou boum, croissance, crue, élévation, enchérissement, flambée/montée des prix, haussement, majoration, montée, poussée, progression, redressement, rehaussement, relèvement, renchérissement, revalorisation, valorisation

haussement n.m. 1 → **hausse** 2 crue, élévation, exhaussement, soulèvement, surélévation 3 **haussement d'épaules :** geste de dédain/de désintérêt/d'indifférence/de mépris, mouvement d'épaules

hausser 1 au pr. a une valeur : accroître, augmenter, élever, enchérir, faire monter, majorer, monter, rehausser, relever, remonter, renchérir, revaloriser, surenchérir b une dimension : agrandir, élever, enfler, exhausser c un objet : dresser, hisser, lever, monter, porter haut, redresser, remonter, surélever, surhausser 2 par ext. : élever, exalter, porter aux nues

haut, e 1 au pr. : culminant, dominant, dressé, élancé, élevé, grand, hauturier (vx), levé, long, perché, proéminent, relevé, surélevé 2 fig. a fav. : altier, digne, éclatant, élevé, éminent, fortuné, grand, important, noble, remarquable, sublime, supérieur, suprême b non fav. : arrogant, démesuré → **dédaigneux** c neutre : aigu, considérable, fort, grand, intense, relevé, vif d → **profond** e → **sonore** f → **ancien** 3 a **haut fait :** acte courageux/éclatant/héroïque/méritoire, action d'éclat b **haut mal :** épilepsie

haut n.m. cime, comble, couronnement, crête, dessus, faîte, flèche → **apogée**

hautain, e → **dédaigneux**

haut-de-forme n.m. claque, gibus, huit-reflets, tube, tuyau de poêle (fam.)

hautement → **beaucoup**

hauteur n.f. 1 au pr. : altitude, dimension, élévation, étage, étiage, hypsométrie, niveau, profondeur (de l'eau), stature, taille 2 par ext. : ballon, belvédère, butte, chaîne, colline, côte, coteau, crête, dune, élévation, éminence, falaise, gour, haut, inselberg, interfluve, ligne de partage des eaux, mamelon, mont, montagne (à vaches), montagnette, monticule, morne, motte, pic, piton, plateau, surplomb, talus, taupinière, tell, tertre, vallonnement 3 fig. → **dédain** 4 mar. : guindant

haut-fond n.m. atterrissement, banc, récif

haut-le-cœur n.m. → **dégoût**

haut-le-corps n.m. → **tressaillement**

haut-parleur n.m. par ext. : baffle, enceinte

hâve émacié, maigre → **pâle**

havre n.m. → **port**

havresac n.m. → **sac**

hayon n.m. 1 → **claie** 2 → **fermeture**

heaume n.m. → **casque**

hébergement n.m. → **logement**

héberger → **recevoir**

hébété, e → **stupide**

hébéter → **abêtir**

hébétude n.f. → **engourdissement**

hébraïque et **hébreu** → **israélite**

hécatombe n.f. 1 → **sacrifice** 2 → **carnage**

hédonisme n.m. épicurisme, eudémonisme, optimisme

hégémonie n.f. → **supériorité**

héler → **interpeller**

hélicoptère n.m. → **aérodyne**

hématome n.m. → **contusion**

hémicycle n.m. → **amphithéâtre**

hémiplégie n.f. → **paralysie**

hémisphère n.m. calotte sphérique → **dôme**

hémistiche n.m. césure, coupe, pause

hémorragie n.f. 1 épistaxis, hématémèse, hématurie, hémoptysie, ménorragie, métrorragie, perte, purpura, saignée, saignement → **congestion** 2 fig. → **fuite**

héraut n.m. → **messager**

herbage n.m. 1 → **herbe** 2 → **pâturage**

herbe n.f. 1 au pr. a graminée, légumineuse b brome, chiendent, crételle, dactyle, fétuque, folle avoine, ivraie, laîche, ray-grass c foin, fourrage, jarosse, lotier, luzerne, mélilot, minette, regain, trèfle, verdure, vert 2 par ext. a aromates, simples b alpages, champ, gazon, herbage, herbette, pâturage, prairie, pré, savane, tapis vert, verdure → **pelouse** c → **drogue** d **herbe aux poux** → **dauphinelle**

herbeux, euse enherbé, herbu, verdoyant, vert

herbivore n.m. et adj. 1 au pr. : ruminant 2 par ext. : végétarien

hercule, herculéen, enne → **fort**

hère n.m. → **homme**

héréditaire ancestral, atavique, congénital, successible, transmissible

hérédité n.f. 1 atavisme, génotype 2 antécédents, ascendance, caractère ancestral, parenté, ressemblance 3 héritage, legs, patrimoine, succession, transmissibilité, transmission

hérésie n.f. 1 apostasie, contre-vérité, dissidence, erreur, fausseté, hétérodoxie, impiété, non-conformisme, réforme, réformisme, reniement, révolte, sacrilège, schisme, séparation 2 principales hérésies : adamisme, arianisme, gnosticisme, manichéisme, montanisme, orphisme, quiétisme, socinianisme, unitarisme → **protestantisme**

hérétique nom et adj. 1 apostat, dissident, hérésiarque, hétérodoxe, impie, incroyant, infidèle, laps et relaps, non conformiste, réformateur, réformiste, renégat, révolté, sacrilège, schismatique, séparé 2 albigeois ou cathare, arien, ascite, bogomile, gnostique, manichéen, montaniste, ophite, quiétiste, sacramentaire, unitaire ou unitarien, vaudois → **protestant**

hérissé, e 1 au pr. : dressé, ébouriffé, échevelé, hirsute, hispide, horripilé, raide, rebroussé 2 par ext. : chargé, couvert, entouré/farci/garni/plein/rempli/truffé de, épineux, protégé de/par 3 fig. → **irrité**

hérisser 1 → **horripiler** 2 → **irriter**

hérisson n.m. 1 échinoderme 2 → **herse** 3 égouttoir, porte-bouteilles

héritage n.m. 1 au pr. : legs, succession • vx : douaire, hoirie, majorat 2 par ext. a bien, domaine, patrimoine, propriété b atavisme, hérédité

hériter v. tr. et intr. avoir en partage, recevoir, recueillir

héritier, ère n.m. ou f. 1 ayant cause/droit, colicitant, dépositaire, donataire, hoir (vx), légataire 2 par ext. a → **fils** b → **successeur**

hermaphrodite n.m. et adj. 1 ambisexué, androgyne, bisexué, intersexué, intersexuel, transsexuel 2 bot. : monoïque

herméneutique n.f. commentaire, critique, exégèse, interprétation

hermétique 1 → **secret** 2 → **obscur** 3 clos, fermé, joint

hermétiquement à fond, complètement, entièrement

hermétisme n.m. → **occultisme**

hermine n.f. roselet

hernie n.f. 1 a descente, étranglement, évagination, éventration, prolapsus b rég. : effort, grosseur 2 par ext. : tuméfaction, tumeur molle

héroï-comique bouffe, bouffon, burlesque, grotesque, macaronique, parodique

héroïne n.f. 1 → **héros** 2 → **drogue**

héroïque 1 chevaleresque, cornélien, élevé, épique, homérique, noble, stoïque 2 par ext. a → **généreux** b → **courageux** 3 fig. a → **efficace** b → **extrême**

héroïsme n.m. 1 → **générosité** 2 → **courage**

héron n.m. cendré, crabier ou garde-bœuf, huppe, pourpré → **échassier**

héros n.m. brave, demi-dieu, démiurge, géant, grand homme/personnage, héroïne, lion, paladin, preux, superman (fam.), surhomme

herse n.f. 1 brise-mottes, canadienne, croskill, émotteuse, hérisson, norvégienne 2 → **grille**

herser → **ameublir**

hésitant, e ballotté, en balance, chancelant, confus, craintif, désorienté, douteux, embarrassé, empêché, flottant, fluctuant, incertain, indécis, indéterminé, irrésolu, oscillant, partagé, perplexe, réservé, réticent, scrupuleux, suspendu, timide, velléitaire

hésitation n.f. arrière-pensée, atermoiement, balance, balancement, cafouillage, désarroi, doute, embarras, flottement, fluctuation, incertitude, indécision, indétermination, irrésolution, louvoiement, perplexité, réserve, résistance, réticence, scrupule, tâtonnement, tergiversation, vacillation

hésiter atermoyer, attendre, avoir scrupule, balancer, barguigner, broncher, craindre de, délibérer, se demander, être embarrassé / empêtré / en balance / incertain / indécis / indéterminé / irrésolu / partagé / perplexe / réticent, flotter, marchander, ne savoir que faire / sur quel pied danser, osciller, reculer, résister, rester en suspens, sourciller, se tâter, tâtonner, temporiser, tergiverser, vaciller, vasouiller → **balbutier** ♦ vx : consulter, douter ♦ fam. : barboter, cafouiller, chipoter, chiquer, se gratter, lanterner, patauger

hétaïre n.f. → **prostituée**

hétéroclite → **irrégulier**

hétérodoxe → **hérétique**

hétérogène allogène, amalgamé, bigarré, composite, disparate, dissemblable, divers, étranger, hétéroclite, impur, mêlé, varié

hétérogénéité n.f. → **différence**

hêtre n.m. fayard

heur n.m. → **bonheur**

heure n.f. **1** plombe (arg.) → **moment** **2** → **occasion** **3** **tout à l'heure :** **a** à l'instant, il y a peu **b** dans un moment, d'ici peu

heureusement → **bien**

heureux, euse **1** quelqu'un : aisé, à l'aise, béat, benoît, bien aise, bienheureux, calme, chanceux, charmé, comblé, content, détendu, enchanté, en paix, euphorique, exaucé, favorisé, florissant, fortuné, gai, joyeux, jubilant, nanti, optimiste, prospère, radieux, ravi, réjoui, repu, riche, sans souci, satisfait, tranquille, transporté, triomphant, veinard, verni **2** par ext. **a** → **favorable** **b** beau, bien venu, équilibré, habile, harmonieux, juste, original, plaisant, réussi, trouvé → **paradisiaque**

heuristique didactique, maïeutique

heurt n.m. **1** au pr. : abordage, accrochage, à-coup, cahot, carambolage, choc, collision, commotion, contact, coup, impact, percussion, rencontre, saccade, secousse, tamponnage, télescopage ♦ vx : hoquet **2** fig. : antagonisme, chicane, conflit, épreuve, friction, froissement, mésentente, obstacle, opposition, querelle

heurté, e fig. : abrupt, accidenté, décousu, désordonné, difficile, discordant, haché, inégal, interrompu, irrégulier, raboteux, rocailleux, rude, saccadé

heurter **1** v. tr. **a** au pr. : aborder, bigorner (fam.), accrocher, caramboler, choquer, cogner, coudoyer, emboutir, frapper, friser / froisser (la tôle), percuter, tamponner, télescoper **b** fig. : blesser, choquer, contrarier, déplaire à, écorcher, faire de la peine, froisser, offenser, offusquer, scandaliser, vexer **c** par ext. : affronter, attaquer, atteindre, combattre, étonner, frapper **2** v. intr. : achopper, buter, chopper, cogner, donner contre, gratter (à la porte) (vx), porter, rencontrer, taper **3** v. récipr. : s'accrocher, s'affronter, s'attraper, se combattre, s'entrechoquer

heurtoir n.m. amortisseur, butée, butoir

hiatus n.m. **1** cacophonie **2** espace, fente, interruption, interstice, solution de continuité **3** → **lacune**

hibernal, e hiémal, hivernal, nivéal

hibou n.m. chat-huant, grand-duc → **hulotte**

hic n.m. → **difficulté**

hideur n.f. → **laideur**

hideux, euse → **laid**

hie n.f. **1** dame, demoiselle **2** par ext. : bélier, mouton, sonnette

hiémal, e → **hibernal**

hiérarchie n.f. **1** au pr. : échelle, filière **2** par ext. **a** autorité, commandement, ordre, rang, subordination **b** cadres supérieurs, chefs, élite, encadrement, notabilité, staff, verticalité **3** fig. : agencement, classement, classification, coordination, distribution, échelonnement, étagement, gradation, hiérarchisation, organisation, structure, système

hiérarchiser agencer, classer, distribuer, échelonner, étager, graduer, mettre en ordre / en place, ordonner, organiser, poser, situer, structurer, subordonner, superposer

hiératique **1** → **sacré** **2** → **traditionnel** **3** → **imposant**

hiératisme n.m. **1** → **majesté** **2** → **immobilité**

hiéroglyphe n.m. **1** au pr. : écriture sacrée, idéogramme **2** fig. → **barbouillage**

hilarant, e → **risible**

hilare **1** → **gai** **2** → **réjoui**

hilarité n.f. → **gaieté**

himation n.m. → **manteau**

hippie n.m. asocial, beatnik, contestataire, marginal, non-conformiste

hippodrome n.m. **1** au pr. : champ de courses **2** par ext. : arène, cirque

hirondelle n.f. **1** **a** engoulevent, hirondeau, martinet → **passereau** **b** vx : aronde **2** par ext. :glaréole, sterne **3** **hirondelle de mer :** plie → **poisson** **4** arg. ou fam. → **policier**

hirsute et **hispide** → **hérissé**

hirsutisme n.m. pilosisme

hisser → **lever**

histoire n.f. **1** au pr. **a** archéologie, chronologie, diplomatique, épigraphie, généalogie, heuristique, paléographie, préhistoire, protohistoire **b** annales, archives, bible, biographie, chroniques, chronologie, commentaires, confessions, description, évangile, évocation, fastes, hagiographie, mémoires, narration, peinture, récit, relation, souvenir, version, vie ♦ vx dit, geste **c** anecdote, conte, écho, épisode, fable, historiette, légende, mythologie, saga **2** par ext. → **roman** **3** fig. **a** → **difficulté** **b** → **blague** **c** chicane, embarras, incident, querelle

histologie n.f. → **biologie**

historien, ne n.m. ou f. anecdotier, annaliste, auteur, biographe, chroniqueur, écrivain, historiographe, mémorialiste, narrateur, spécialiste de l'histoire

historier **1** → **peindre** **2** → **orner**

historiette n.f. → **histoire**

historique **1** adj. → **réel** **2** n.m. → **récit**

histrion n.m. **1** → **bouffon** **2** → **plaisant**

hitlérien, ne → **nazi**

hitlérisme n.m. national-socialisme, nazisme

hit-parade n.m. off. : palmarès, tableau d'honneur

hivernal, e → **hibernal**

hivernant, e n.m. ou f. touriste, vacancier

hobby n.m. off.→ **passe-temps**

hobereau n.m. → **noble**

hocher → **remuer**

hochet n.m. **1** → **vanité** **2** → **bagatelle**

holding n.m. → **trust**

hold-up n.m. attaque à main armée, braquage (arg.) → **vol**

hollandais, e nom et adj. frison, néerlandais

holocauste → **sacrifice**

holothurie n.f. bêche / biche / concombre / cornichon de mer

home n.m. → **maison**

homélie n.f. **1** au pr. : instruction, prêche, prône, sermon **2** par ext. : abattage, allocution, capucinade (péj.), discours, engueulade (fam.), remontrance, réprimande, semonce

homérique audacieux, bruyant, épique, héroïque, inextinguible, inoubliable, mémorable, noble, sublime, valeureux

homicide n.m. **1** n.m. **a** quelqu'un : assassin, criminel, fratricide, matricide, meurtrier, parricide, régicide → **tueur** **b** par ext. : déicide **c** l'acte : assassinat, crime, égorgement, exécution, infanticide, liquidation physique, meurtre **d** arg. : coup dur, grand truc **2** adj. : crapuleux, criminel, meurtrier, mortel

hominidé n.m. anthropopithèque, australopithèque, hominien, pithécanthrope, primate, sinanthrope, zinjanthrope

hommage n.m. **1** au sing. → **offrande** **2** au pl. **a** → **civilité** **b** → **respect**

hommasse mâle, masculin

homme n.m. **1** l'espèce. **a** anthropoïde, bimane, bipède (fam.), créature, créature ambidextre / douée de raison / intelligente, être humain, hominien, Homo sapiens, humain, mortel **b** espèce humaine, humanité, prochain, semblable, société **2** l'individu. **a** fav. ou neutre : âme, corps, esprit, individu, monsieur, personnage, personne, quelqu'un, tête **b** partic. : bras, citoyen, habitant, naturel, ouvrier, soldat, sujet **c** péj. ou arg. : bonhomme, bougre, chrétien, coco, croquant, diable, drôle, gaillard, gazier, gonze, guignol, hère, lascar, luron, mec, moineau, numéro, oiseau, paroissien, piaf, pierrot, pistolet, quidam, zèbre, zigomar, zigoto, zigue, zouave → **type** **3** par ext. **a** → **amant** **b** → **époux** **4** **a** **homme de bien :** brave / galant / honnête homme, gentilhomme, gentleman, homme d'honneur / de mérite **b** **homme d'État** → **politicien** **c** **homme de lettres** → **écrivain** **d** **homme de loi** → **légiste** **e** **homme de paille** → **intermédiaire** **f** **homme de qualité** → **noble** **g** **homme lige** → **partisan, vassal**

homogène analogue, cohérent, de même espèce / genre / nature, équilibré, harmonieux, identique, parallèle, pareil, proportionné, régulier, uni, uniforme, semblable, similaire

homogénéité n.f. → **harmonie**

homologation n.f. acceptation, approbation, authentification, autorisation, confirmation, décision, enregistrement, entérinement, officialisation, ratification, sanction, validation

homologue nom et adj. analogue, comparable, concordant, conforme, congénère, correspondant, équivalent, frère, identique, pareil, semblable, similaire → **alter ego**

homologuer accepter, approuver, authentifier, autoriser, confirmer, décider, enregistrer, entériner, officialiser, ratifier, sanctionner, valider

homoncule n.m. **1** → **avorton** **2** → **nain**

homosexualité n.f. **1** masculine : homophilie, inversion, pédérastie, pédophilie, uranisme **2** féminine : lesbianisme, saphisme → **lesbienne**

hongre n.m. **1** au pr. : castré, châtré, mule **2** par ext. : castrat, eunuque **3** → **cheval**

honnête **1** quelqu'un. **a** au pr. : brave, consciencieux, digne, droit, estimable, exact, fidèle, franc, honorable, incorruptible, insoupçonnable, intègre, irréprochable, juste, légal, licite, loyal, méritoire, moral, net, probe, propre, scrupuleux, solvable, vertueux **b** de bonne réputation, favorablement connu **c** par ext. : accompli, civil, comme il faut, convenable, correct, de bonne compagnie, décent, délicat, distingué, honorable, modeste, poli, rangé, réservé, sage, sérieux **2** quelque chose. **a** au pr. : avouable, beau, bien, bienséant, bon, convenable, décent, louable, moral, naturel, normal, raisonnable **b** par ext. : catholique (fam. et iron.), convenable, décent, honorable, juste, mettable, moyen, passable, satisfaisant, suffisant **3** **honnête homme :** accompli, galant (vx), gentleman, homme de bien

honnêteté n.f. **1** au pr. : conscience, dignité, droiture, exactitude, fidélité, franchise, incorruptibilité, intégrité, justice, loyauté, moralité, netteté, probité, scrupule, vertu **2** par ext. **a** amitié (vx), bienséance, bienveillance, civilité, correction, décence, délicatesse, distinction, honorabilité, politesse, qualité, respectabilité **b** chasteté, décence, fidélité, honneur, mérite, modestie, morale, pudeur, pureté, sagesse, vertu **c** solvabilité

honneur n.m. **1** dignité, estime, fierté **2** prérogative, privilège **3** culte, dévotion, vénération **4** → **décence** **5** → **honnêteté** **6** → **gloire** **7** → **respect** **8** au pl. : apothéose, charge, distinction, égards, faveur, grade, hochets (péj.), hommage, ovation, poste, triomphe

honnir → **vilipender**

honorabilité n.f. → **honnêteté**

honorable **1** quelqu'un : digne, distingué, estimable, méritant, noble (vx), respectable **2** quelque chose : honorifique → **honnête**

honoraire **1** adj. : à titre honorifique, émérite, retraité → **honorifique** **2** n.m. au pl. → **rétribution**

honorer **1** adorer, avoir / célébrer / rendre un culte, béatifier, décorer, déifier, élever, encenser, estimer, exalter, glorifier, gratifier d'estime / de faveur / d'honneur, magnifier, respecter, révérer, saluer la mémoire, sanctifier, tenir en estime ♦ vx → **craindre** **2** v. pron. : s'enorgueillir, se faire gloire

honorifique **1** flatteur, honorable → **honoraire** **2** partic. : ad honores, honoris causa, in partibus

honte n.f. **1** neutre : confusion, crainte, embarras, gêne, humilité, pudeur, réserve, respect humain, retenue, timidité, vergogne (vx) **2** non fav. **a** abaissement, abjection, affront, bassesse, dégradation, démérite, déshonneur, diffame (vx), discrédit, flétrissure, gémonies, humiliation, ignominie, indignité, infamie, mépris, opprobre, ridicule, scandale, ternissure, turpitude, vilenie b dégoût de soi, regrets, remords, repentir 3 **fausse honte → timidité**

honteux, euse 1 neutre. quelqu'un a au pr. : camus (vx), capot (fam.), confus, consterné, contrit, déconfit, gêné, penaud, quinaud, repentant b par ext. : caché, craintif, embarrassé, timide 2 non fav. une action : abaissant, abject, avilissant, bas, coupable, crapuleux, dégoûtant, dégradant, déshonorant, déshumanisant, discriminatoire, écœurant, humiliant, ignoble, ignominieux, immoral, inavouable, indigne, infamant, infâme, lâche, méprisable, obscène, ordurier, sale, scandaleux, trivial, turpide, vexatoire

hôpital n.m. 1 au pr. : asile, clinique, hospice, hosto (arg.), hôtel-Dieu, lazaret, maison de retraite/de santé, maternité, policlinique, préventorium, refuge 2 par ext. a ambulance, antenne chirurgicale, dispensaire, infirmerie b crèche, maternité c préventorium, sanatorium, solarium d mouroir, petites maisons (vx et partic.)

hoquet n.m. → **éructation**

hoqueton n.m. 1 → **manteau** 2 → **veste**

horaire n.m. → **programme**

horde n.f. 1 → **peuplade** 2 → **troupe**

horion n.m. → **coup**

horizon n.m. 1 au pr. : champ, distance, étendue, panorama, paysage, perspective, vue 2 fig. → **avenir**

horizontal, e → **allongé**

horizontalement à plat, en large, en long

horloge n.f. 1 au pr. : cadran, carillon, cartel, chronomètre, comtoise, coucou, jaquemart, pendule, régulateur, réveil, réveille-matin 2 par ext. : cadran solaire, clepsydre, gnomon, sablier

hormis → **excepté**

horodateur n.m. → **enregistreur**

horoscope n.m. → **prédiction**

horreur n.f. 1 sentiment qu'on éprouve : aversion, cauchemar, dégoût, détestation, effroi, éloignement, épouvante, épouvantement, exécration, haine, répugnance, répulsion, saisissement, terreur → **peur** 2 un acte : abjection, abomination, atrocité, crime, honte, ignominie, infamie, laideur, monstruosité, noirceur 3 au pl. **dire des horreurs** a calomnies, méchancetés, pis que pendre, vilenies b → **obscénité**

horrible 1 → **affreux** 2 → **effrayant** 3 → **laid**

horrifiant, e → **terrible**

horrifier → **épouvanter**

horripiler agacer, énerver, exaspérer, hérisser, impatienter, mettre hors de soi ♦ fam. : asticoter, faire sortir de ses gonds, prendre à contre-/rebrousse-poil

hors 1 adv. dehors 2 prép. → **excepté**

hors-d'œuvre n.m. 1 au pr. : amuse-gueule, blinis, crudités, zakouski 2 fig. → **digression**

hors-la-loi n.m. 1 → **bandit** 2 → **maudit**

horticulture n.f. → **jardinage**

hospice n.m. → **hôpital**

hospitalier, ère nom et adj. 1 accueillant, affable, aimable, amène, avenant, charitable, empressé, généreux, ouvert, sympathique 2 méd. : asilaire, médical, nosocomial

hospitalité n.f. 1 abri, asile, coucher, couvert, gîte, logement, refuge 2 accueil, réception

hostie n.f. 1 → **eucharistie** 2 → **victime**

hostile → **défavorable**

hostilité n.f. 1 → **guerre** 2 → **refus** 3 → **haine**

hôte, hôtesse n.m. ou f. 1 celui qui accueille. a amphitryon, maître de maison b aubergiste, cabaretier, gérant, hôtelier, logeur, propriétaire, restaurateur, tenancier c arg. et/ou péj. : gargotier, taulier, tavernier 2 celui qui est accueilli. a → **convive** b → **pensionnaire** c → **habitant**

hôtel n.m. 1 → **maison** 2 → **immeuble** 3 auberge, caravansérail, garni, gîte, hôtellerie, logis, meublé, motel, palace, pension de famille, posada, relais ♦ fam. et/ou péj. : cambuse, crèche, maison de passe, taule 4 **hôtel de ville :** mairie, maison commune/de ville 5 **hôtel-Dieu** → **hôpital** 6 **hôtel borgne** → **lupanar**

hôtelier, ière nom et adj. → **hôte**

hotte n.f. → **panier**

houe n.f. binette, bineuse, déchaussoir, fossoir, hoyau, marre, tranche ♦ par ext. : → **bêche**

houille n.f. → **charbon**

houillère n.f. charbonnage

houle n.f. → **vague**

houlette n.f. → **bâton**

houleux, euse fig. → **troublé**

houppe n.f. aigrette, bouffette, floche, houppette, huppe, pompon, touffe, toupet → **passement**

houpper 1 → **orner** 2 → **peigner**

houppelande n.f. cape, douillette, pelisse, robe de chambre

houri n.f. → **beauté**

hourque n.f. → **bateau**

hourvari n.m. → **tohu-bohu**

houspiller 1 → **secouer** 2 → **maltraiter** 3 → **réprimander**

housse n.f. → **enveloppe**

hovercraft n.m. off. : aéroglisseur, naviplane

hoyau n.m. → **houe**

hublot n.m. 1 → **fenêtre** 2 → **ouverture**

huche n.f. maie → **coffre**

huée n.f. bruit, chahut, charivari, cri, tollé

huer → **vilipender**

huguenot, e nom et adj. → **protestant**

huile n.f. 1 relig. : chrême 2 fig. → **personnalité** 3 loc. a **mettre de l'huile dans les rouages :** aider, faciliter, favoriser b **jeter/mettre de l'huile sur le feu :** attiser, envenimer, exciter, inciter/pousser à la chicane/dispute c **huile de coude :** effort, peine, soin, travail d **faire tache d'huile** → **répandre (se)**

huiler → **graisser**

huileux, euse → **gras**

huissier n.m. aboyeur, annoncier, appariteur, garçon de bureau, gardien, introducteur, portier, surveillant, tangente (arg.) ♦ vx : bedeau, recors

huître n.f. 1 a fine de claire, gryphée, perlot, pied de cheval, portugaise, spéciale b quelques désignations par le lieu d'élevage : belon, cap-ferret, marennes 2 perlière : méléagrine, pintadine

hulotte n.f. chat-huant, chevêche, chouette, corbeau de nuit, dame-blanche, effraie, harfang, hibou

humain 1 adj. a anthropique, anthropocentrique, anthropomorphe, anthropoïde b accessible, altruiste, bienfaisant, bienveillant, bon, charitable, clément, compatissant, doux, généreux, humanitaire, philanthrope, pitoyable, secourable, sensible 2 n.m. → **homme**

humainement avec bonté/générosité/humanité/justice

humanisation n.f. 1 → **adoucissement** 2 → **civilisation**

humaniser 1 → **adoucir** 2 → **policer**

humanisme n.m. 1 atticisme, classicisme, civilisation, culture, goût, hellénisme, libre-pensée, philosophie, sagesse, sapience, savoir 2 par ext. → **scepticisme**

humaniste n.m. et adj. 1 esprit fort (iron. et péj.), helléniste, lettré, libre-penseur, philosophe, sage 2 par ext. → **incroyant**

humanitaire → **humain**

humanité n.f. 1 → **bonté** 2 → **homme**

humble 1 → **modeste** 2 → **petit**

humecter 1 au pr. : abreuver, arroser, bassiner, délaver, humidifier, imbiber, imprégner, mouiller 2 techn. : hydrater

humer 1 → **sentir** 2 → **avaler**

humeur n.f. 1 disposition d'esprit. a fav. ou neutre : attitude, complexion (vx), désir, envie, esprit, fantaisie, goût, gré, idée, manière d'être, naturel, prédilection, volonté b non fav. : aigreur, atrabile, bizarrerie, caprice, extravagance, fantaisie, folie, impatience, irrégularité, irritation, lubie, manie, mécontentement, misanthropie, passade, vertigo → **fâcherie** 2 → **liquide** 3 → **sécrétion**

humide 1 aqueux, détrempé, embrumé, embué, fluide, frais, humecté, humidifié, hydraté, imbibé, imprégné, liquide, moite, mouillé, suintant vx : halitueux 2 bruineux, brumeux, neigeux, pluvieux

humidifier → **humecter**

humidité n.f. 1 brouillard, brouillasse, bruine, brume, fraîcheur, moiteur, mouillure, rosée, serein 2 aquosité, degré hygrométrique, imprégnation, infiltration, saturation, suage (mar. et techn.), suintement

humiliant, e → **honteux**

humiliation n.f. 1 on humilie ou on s'humilie : abaissement, accroupissement, agenouillement, aplatissement (fam.), confusion, dégradation, diminution, honte, infériorisation, mortification, rétrogradation 2 ce qui humilie : affront, avanie, blessure, camouflet, dégoût, gifle, honte, opprobre, outrage, vexation

humilier 1 abaisser, accabler, avilir, confondre, courber sous sa loi/volonté, dégrader, écraser, faire honte, gifler, inférioriser, mater, mettre plus bas que terre, mortifier, moucher (fam.), offenser, opprimer, rabaisser, rabattre, ravaler, rétrograder, souffleter, vexer ♦ fam. : donner son paquet, doucher, moucher 2 v. pron. : baiser les pieds, courber le dos/le front, fléchir/plier/ployer le genou, s'incliner, lécher les bottes, se mettre à plat ventre, se prosterner, ramper

humilité n.f. 1 fav. ou neutre : componction, modestie, renoncement, soumission, timidité 2 non fav. a bassesse, obséquiosité, platitude, servilité b abaissement, médiocrité, obscurité → **humiliation** 3 par ext. : abnégation, déférence, douceur, effacement, réserve, respect, simplicité

humoriste nom et adj. amuseur, caricaturiste, comique, fantaisiste, farceur, ironiste, moqueur, pince-sans-rire, plaisantin, railleur, rieur

humoristique → **risible**

humour n.m. 1 → **esprit** 2 → **plaisanterie**

humus n.m. → **terre**

huppe n.f. → **houppe**

huppé, e → **riche**

hure n.f. groin, museau → **tête**

hurlement n.m. → **cri**

hurler v. tr. et intr. → **crier**

hurluberlu, e → **étourdi**

hutte n.f. → **cabane**

hyacinthe n.f. jacinthe

hyalin, e → **transparent**

hybridation n.f. → **métissage**

hybride n.m. et adj. → **métis**

hybrider → **croiser**

hydrater → **humecter**

hydre n.f. → **dragon**

hydrofoil n.m. mar. off. : hydroptère

hydrographie n.f. océanographie

hydrothérapie n.f. bains de boue/d'eau de mer/de vapeur, balnéation, balnéothérapie, douches, eaux, enveloppements, sauna (par ext.), thalassothérapie

hygiène n.f. 1 antisepsie, asepsie, désinfection, pasteurisation, stérilisation 2 confort, diététique, grand air, propreté, régime, salubrité, santé, soin

hygiénique 1 → **sain** 2 → **propre**

hymen n.m. 1 → **mariage** 2 → **virginité**

hymne 1 n.m. : air, chant, marche, musique, ode, stances 2 n.f. : antienne, cantique, chœur, choral, prose, psaume, séquence

hyperbole n.f. → **exagération**

hyperbolique 1 → **excessif** 2 → **emphatique**

hyperboréen, ne → **nordique**

hyperesthésie n.f. → **sensibilité**

hypermarché n.m. → **magasin**

hypertrophie 1 → **gonflement** 2 → **exagération**

hypnose et **hypnotisme** n.f., n.m. catalepsie, envoûtement, état second, léthargie, magnétisation, magnétisme, narcose, sommeil, somnambulisme

hypnotique → **narcotique**

hypnotiser 1 → **endormir** 2 → **fasciner**

hypnotiseur n.m. magnétiseur

hypocondriaque et **hypocondre** → **bilieux**

hypocondrie n.f. → **mélancolie**

hypocrisie n.f. 1 le défaut : affectation, baiser de Judas, bégueulerie, bigoterie, cautèle, déloyauté, dissimulation, duplicité, escobarderie, fausseté, félinité, félonie, flatterie, fourberie, insincérité, jésuitisme, machiavélisme, onctuosité, papelardise, pelotage, pharisaïsme, pruderie, pudibonderie, simulation, tartuferie 2 l'acte : cabotinage, capucinade, comédie, double-jeu, faux-semblant, feinte, fraude, grimace, jonglerie, mascarade, mensonge, momerie, pantalonnade, simagrée, singerie, sournoiserie, trahison, tromperie ♦ vx : feintise

hypocrite nom et adj. 1 affecté, artificieux, baveux, bégueule, cabot, cabotin, cafard, cagot, caméléon, captieux, cauteleux, comédien, déloyal, dissimulateur, dissimulé, double-jeu, doucereux, escobar, fallacieux, faux, félin, félon, flatteur, fourbe, grimacier, imposteur, insidieux, insincère, insinuant, jésuite, jésuitique, judas, matois, matou, menteur, mielleux, onctueux, papelard, patelin, paterne, peloteur, pharisaïque, pharisien, prude, pudibond, renard, retors, simulateur, sournois, spécieux, sucré, tortueux, trompeur, visqueux 2 fam. : chafouin, faux-derche, faux-jeton, putassier, vicelard ◆ vx : chattemite 3 → **bigot** 4 → **tartufe**

hypogé, e → **souterrain**

hypogée n.m. cave, caveau, crypte, sépulture, souterrain, tombe, tombeau

hypothèque n.f. gage, privilège, sûreté → **garantie**

hypothéquer donner en hypothèque, grever

hypothèse n.f. 1 → **supposition** 2 → **principe**

hypothétique → **incertain**

hystérie n.f. pithiatisme → **nervosité**

hystérique pithiatique → **nerveux**

I

iambe n.m. → **poème**

ibère → **espagnol, portugais**

ibis n.m. → **échassier**

ici céans, ci (vx), deçà, en cet endroit, en ce lieu

iconoclaste → **vandale**

iconographie n.f. illustration → **image**

iconolâtre nom et adj. → **religieux**

ictère n.m. cholémie, hépatite, jaunisse

ictus n.m. → **apoplexie**

ide n.m. → **poisson**

idéal n.m. 1 fav. : aspiration, canon, idéalité, modèle, parangon, perfection, prototype, type 2 non fav. : fumée, imagination, moulin à vent, rêve, utopie

idéal, e adj. absolu, accompli, chimérique, élevé, exemplaire, idyllique, illusoire, imaginaire, inaccessible, merveilleux, parfait, pur, rêvé, souverain, sublime, suprême, transcendant, utopique

idéalisation n.f. déréalisation, embellissement, enjolivement, poétisation, transposition

idéaliser → **embellir**

idéalisme n.m. par ext., quelques courants pouvant se rattacher à l'idéalisme : (judéo-) christianisme, conceptualisme, soufisme, déisme, dualisme, essentialisme, fidéisme, finalisme, gnosticisme, immatérialisme, mysticisme, panpsychisme, panthéisme, personnalisme, (néo-) platonisme, providentialisme, pythagorisme, spiritualisme, subjectivisme, téléologie, théisme, transcendantalisme, vitalisme, zen

idéaliste par ext. : 1 → **spiritualiste** 2 → **sensible** 3 → **imaginaire**

idéation → **inspiration**

idée n.f. 1 archétype, concept, connaissance, conscience, notion 2 → **ébauche** 3 → **invention** 4 → **modèle** 5 aperçu, avant-goût, conception, échantillon, élucubration (péj.), essai (vx), exemple, image, intention, pensée, perspective, réflexion, vue 6 → **opinion** 7 a **idée fixe :** chimère, dada (fam.), hantise, manie, marotte, monoïdéisme, monomanie, obsession → **imagination** b **avoir dans l'idée :** avoir dans la tête/l'intention

idéel, le conceptuel

idem de même, dito, ibidem, ◆ fam. : du kif, itou, kif-kif

identifiable → **reconnaissable**

identification n.f. → **reconnaissance**

identifier → **reconnaître**

identique → **semblable**

identité n.f. 1 arg. : pedigree 2 → **similitude**

idéogramme n.m. hiéroglyphe

idéologie n.f. → **opinion**

idéologue n.m. → **théoricien**

idiome n.m. → **langue**

idiosyncrasie n.f. → **particularité**

idiot, e 1 arriéré, débile, demeuré, minus 2 → **stupide** 3 → **bête**

idiotie n.f. 1 aliénation, arriération, crétinisme, débilité mentale, imbécillité, infantilisme, oligophrénie (méd.) 2 → **bêtise**

idiotisme n.m. → **expression**

idoine → **convenable**

idolâtre adj. et n. → **païen**

idolâtrer → **aimer**

idolâtrie n.f. 1 → **religion** 2 → **attachement**

idole n.f. 1 → **dieu** 2 → **artiste**

idylle n.f. 1 → **pastorale** 2 → **caprice**

idyllique → **idéal**

ignare adj. et n. → **ignorant**

ignifuge apyre, incombustible, ininflammable, réfractaire

ignition n.f. → **combustion**

ignoble 1 → **bas** 2 → **dégoûtant**

ignominie n.f. → **honte**

ignominieux, euse → **honteux**

ignorance n.f. 1 amathie, analphabétisme, candeur, illettrisme, incompréhension, inculture, inexpérience, ingénuité, innocence, méconnaissance, naïveté, simplicité 2 abrutissement, ânerie, balourdise, bêtise, crasse, imbécillité, impéritie, impuissance, incapacité, incompétence, inconscience, inconséquence, insuffisance, lacune, nullité, obscurantisme, sottise

ignorant, e abruti, analphabète, âne, arriéré, balourd, baudet, béjaune, bête, cancre, candide, étranger à, ganache (péj.), ignare, ignorantin, illettré, impuissant, incapable, incompétent, incompréhensif, inconscient, inculte, inexpérimenté, ingénu, inhabile, malhabile, naïf, non informé/initié, nul, primitif, profane, sans connaissance/instruction/savoir, sot ◆ fam. et/ou péj. : âne, baudet, bourrique, croûte, ganache

ignorantin n.m. et adj. 1 → **religieux** 2 péj. : frère de la doctrine chrétienne

ignoré, e → **inconnu**

ignorer 1 → **méconnaître** 2 ne pas savoir

iguane n.m. → **saurien**

île n.f. par ext. → **îlot**

iléite n.f. → **inflammation**

iléus n.m. → **oblitération**

îlien, ne insulaire

illégal, e 1 → **défendu** 2 → **irrégulier** 3 → **injuste**

illégalité n.f. 1 → **irrégularité** 2 → **injustice**

illégitime 1 → **bâtard** 2 → **illégal**

illégitimité 1 → **fausseté** 2 → **injustice**

illettré, e → **ignorant**

illicite → **défendu**

illico → **aussitôt**

illimité, e → **immense**

illisible abracadabrant, entortillé, incompréhensible, indéchiffrable, inintelligible, obscur, sans queue ni tête

illogique aberrant, absurde, alogique, anarchique, anormal, aporétique, boiteux, contradictoire, décousu, dément, déraisonnable, désordonné, dogmatique, faux, incohérent, inconséquent, indémontrable, indu, invraisemblable, irrationnel, paradoxal (fam.), cafouilleux, cornu

illogisme n.m. → **dérèglement**

illumination n.f. 1 → **lumière** 2 → **inspiration**

illuminé, e 1 fig. → **inspiré** 2 → **visionnaire**

illuminer → **éclairer**

illusion n.f. 1 au pr. : a → **hallucination** b → **erreur** 2 par ext. : amusement, apparence, berlue, charme, chimère, duperie, enchantement, fantasmagorie, fantôme, féerie, fiction, fumée, hochet, leurre, idéal, idéalité, idée, image, imagination, immatérialité, irréalité, magie, manipulation, mirage, miroir aux alouettes, prestidigitation, prestige, reflet, rêvasserie, rêve, rêverie, semblant, simulation, songe, tour de passe-passe, utopie, vanité, vision

illusionner → **tromper**

illusionniste n.m. et f. acrobate (par ext.), escamoteur, jongleur, magicien, manipulateur, mystificateur, physicien (vx), prestidigitateur

illusoire apparent, chimérique, conventionnel, fabriqué, fallacieux, fantaisiste, fantasmagorique, faux, feint, fictif, imaginaire, imaginé, inexistant, inventé, irréel, mythique, romanesque, supposé, truqué, utopique, vain, virtuel → **trompeur**

illustrateur n.m. → **dessinateur**

illustration n.f. 1 au pr. a iconographie b → **image** 2 par ext. : célébrité, consécration, démonstration, éclat, exemple, gloire, glorification, grandeur, honneur, immortalité, lauriers, lumière, lustre, notoriété, phare, popularité, rayonnement, renom, renommée, réputation, splendeur

illustre brillant, célèbre, connu, consacré, distingué, éclatant, fameux, glorieux, grand, honorable, immortel, légendaire, noble, notoire, populaire, renommé, réputé

illustré n.m. → **revue**

illustrer 1 clarifier, débrouiller, déchiffrer, démontrer, développer, éclairer, élucider, exemplifier, expliquer, informer, instruire, mettre en lumière, rendre intelligible, renseigner → **éclaircir** 2 → **prouver**

illuviation, illuvium n.m. → **accumulation**

îlot n.m. 1 a atoll, javeau b au pl. archipel 2 par ext. : amas, assemblage, bloc, ensemble, groupe, pâté

îlotage n.m. 1 → **segmentation** 2 → **surveillance**

ilote n.m. et f. 1 → **bête** 2 → **ivrogne**

ilotisme n.m. 1 → **bêtise** 2 → **ivresse**

image n.f. 1 au pr. a → **représentation** b aquarelle, aquatinte, bois gravé, camaïeu, caricature, chromo, crayon, crobard (arg.), croquis, décalcomanie, dessin, eau-forte, estampe, fresque, gouache, gravure, héliogravure, lithographie, mezzo-tinto, mine de plomb, pyrogravure, sépia, simili, similigravure, xylographie c forme, ombre, silhouette, reflet d bosse, buste, cul-de-lampe, effigie, ex-libris, ex-voto, figurine, hors-texte, icône, illustration, miniature, nu, peinture, photo, planche, pochade, portrait, réplique, reproduction, schéma, statue, statuette, tableau, tête, vignette, vue e camée, intaille, médaille, médaillon f enseigne, figure, graphique, hiéroglyphe, hologramme, idéogramme, pictogramme, signe, tracé g bande dessinée, B.D., cartoon h clip (vidéo), logo, spot (publicitaire), vidéoclip 2 par ext. a cinéma, télévision b allégorie, catachrèse, cliché, comparaison, figure, métaphore, métonymie, parabole, symbole, synecdoque, trope c → **idée** d → **ressemblance** e → **symbole** f → **illusion** g → **signe**

imagé, e coloré, figuré, métaphorique, orné

imager agrémenter, ajouter, broder, colorer, décorer, égayer, émailler, embellir, enjoliver, enluminer, enrichir, farder, fignoler, fleurir, garnir, historier, ornementer, parer, rehausser → **orner**

imagier, ère 1 → **peintre** 2 → **sculpteur**

imaginable → **intelligible**

imaginaire allégorique, chimérique, conventionnel, creux, fabriqué, fabuleux, fantaisiste, fantasmagorique, fantastique, fantomatique, faux, feint, fictif, idéal, illusoire, imaginé, inexistant, inventé, irréel, légendaire, mensonger, mythique, onirique, prétendu, rêvé, romancé, romanesque, supposé, théorique, truqué, utopique, visionnaire

imaginatif, ive → **ingénieux**

imagination n.f. 1 faculté de l'esprit a neutre : conception, créativité, évasion, extrapolation, fantaisie, idée, imaginative (vx ou fam.), improvisation, inspiration, invention, inventivité, notion, rêverie, supposition b non fav. : divagation, élucubration, extravagance, fantasme, immatérialité, irréalité, puérilité, utopie, vaticination, vision 2 objet représenté a → **illusion** b → **fable**

imaginer 1 chercher, combiner, concevoir, conjecturer, construire, créer, découvrir, envisager, évoquer, extrapoler, fabriquer, fantasmer, se figurer, forger, former, improviser, inventer, prévoir, se représenter, rêver, songer, supposer, trouver 2 fam. : concocter, gamberger, visionner

imam n.m. → **prêtre**

imbattable → **irrésistible**

imbécile 1 → **bête** 2 → **idiot**

imbécillité n.f. 1 → **bêtise** 2 → **idiotie**

imberbe glabre, lisse, nu

imbiber 1 abreuver, arroser, bassiner, délaver, humecter, humidifier, imprégner, mouiller 2 techn. : hydrater, moitir 3 v. pron. : boire, pomper

imbibition n.f. → **absorption**

imbrication n.f. → **suite**

imbriquer → **insérer**
imbroglio n.m. 1 brouillamini, confusion, désordre, embrouillamini, embrouillement, emmêlement, enchevêtrement, incertitude, obscurcissement, ombre, voile 2 → **intrigue**
imbu, e → **pénétré**
imbuvable fig. → **intolérable**
imitable reproductible
imitateur, trice compilateur, copieur, copiste, mime, parodiste, pasticheur, plagiaire, simulateur, suiveur ◆ péj. : contrefacteur, faussaire, moutonnier, singe
imitation n.f. 1 l'acte d'imiter : calquage, copiage, démarcage ou démarquage, esclavage, grégarisme, mime, mimétisme, moutonnerie, servilité, simulation, singerie 2 l'objet : calque, caricature, charge, compilation, contrefaçon (péj.), copiage, copie, décalcage, démarcage ou démarquage, double, emprunt, fac-similé, image, parodie, pastiche, plagiat, répétition, réplique, reproduction, semblant, simulacre, toc (fam.)
imiter calquer, caricaturer, compiler, contrefaire, contre-tirer (vx), copier, décalquer, démarquer, emprunter, s'inspirer de, jouer, mimer, parodier, pasticher, picorer, plagier, répéter, reproduire, simuler, transcrire ◆ péj. : piler, piquer, pirater, singer
immaculé, e → **pur**
immanence n.f. → **réalité**
immanent, e → **immédiat**
immanentisme n.m. par ext. : panthéisme → **philosophie**
immangeable → **mauvais**
immanquable → **inévitable**
immanquablement à coup sûr, à tous les coups, pour sûr, inévitablement
immarcescible → **irrévocable**
immatérialisme n.m. par ext. : idéalisme → **philosophie**
immatérialité n.f. 1 incorporalité, incorporéité, intemporalité, irréalité, légèreté, pureté 2 → **imagination** 3 → **illusion**
immatériel, le aérien, impalpable, incorporel, inétendu, intemporel, intouchable, irréel, léger, pur esprit → **spirituel**
immatriculation n.f. enregistrement, identification, inscription, insertion, numéro matricule, repère
immatriculer enregistrer, identifier, inscrire, insérer, marquer, numéroter, repérer
immature 1 → **enfantin** 2 → **retardé**
immaturité n.f. → **retard**
immédiat, e direct, immanent, imminent, instantané, présent, prochain, proche, prompt, subit, sur-le-champ
immédiatement → **aussitôt**
immémorial, e → **vieux**
immense ample, colossal, considérable, cyclopéen, démesuré, discrétionnaire, effrayant, énorme, extrême, formidable, géant, gigantesque, grandiose, grandissime, gros, illimité, immensurable (vx), imposant, incommensurable, indéfini, inépuisable, inépuisé, infini, monumental, prodigieux, profond, vaste, vastitude → **grand**
immensité n.f. abîme, ampleur, amplitude, énormité, espace, étendue, grandeur, incommensurabilité, infini, infinité, infinitude, multitude, quantité, vastitude
immerger → **plonger**
immérité, e → **injuste**
immersion n.f. → **plongeon**
immettable → **impossible**
immeuble n.m. bâtiment, bien, bien-fonds, building, caserne (péj.), construction, édifice, ensemble, fonds, grand ensemble, gratte-ciel, H.L.M., hôtel, local, maison, palace, palais, propriété → **habitation**
immigration n.f. arrivée, déplacement, entrée, exil, exode, gain de population, migration, mouvement, nomadisme, peuplement, venue
immigré, e → **émigré**
imminence n.f. approche, instance, point critique, proximité
imminent, e critique, immédiat, instant, menaçant, prochain, proche
immiscer (s') → **intervenir**
immixtion n.f. → **intervention**
immobile 1 neutre : arrêté, calme, en repos, ferme, figé, fixe, hiératique, immuable, impassible, inactif, inébranlable, inerte, insensible, invariable, planté, rivé, stable, stationnaire, statique, sur place, tranquille 2 non fav. a quelqu'un : cloué, figé, interdit, interloqué, médusé, paralysé, pétrifié, sidéré, stupéfait, stupéfié, stupide b de l'eau : croupie, croupissante, dormante, gelée, stagnante c un véhicule : arrêté, à l'arrêt, calé, en panne, grippé, stoppé
immobilier, ère nom et adj. → **immeuble**
immobilisation n.f. 1 gel → **confiscation** 2 → **immobilité**
immobiliser 1 un véhicule : arrêter, bloquer, caler, stopper 2 un objet : affermir, assujettir, assurer, attacher, bloquer, clouer, coincer, ficher, fixer, maintenir immobile, planter, retenir, river, solidifier, tenir, visser 3 fig. : clouer, cristalliser, enchaîner, endormir, figer, fixer, freiner, geler, mobiliser, paralyser, pétrifier, scléroser
immobilisme n.m. conservatisme, intégrisme, réaction, statu quo
immobilité n.f. ankylose, arrêt, calme, fixité, hiératisme, immobilisme, immuabilité, impassibilité, inaction, inactivité, inertie, paralysie, permanence, piétinement, repos, stabilité, stagnation, statu quo
immodération n.f. → **excès**
immodéré, e → **excessif**
immodeste 1 → **inconvenant** 2 → **obscène**
immodestie n.f. → **lascivité**
immolateur n.m. antiq. : prêtre, sacrificateur, victimaire
immolation n.f. → **sacrifice**
immoler → **sacrifier**
immonde → **malpropre**
immondice n.f. → **ordure**
immoral, e → **débauché**
immoralisme → **philosophie**
immoralité n.f. amoralité, corruption, cynisme, débauche, dépravation, dévergondage, dissolution, immoralisme (par ext.), laxisme, liberté des mœurs, libertinage, licence, lubricité, mal, obscénité, stupre, vice
immortaliser conserver, éterniser, fixer, pérenniser, perpétuer, rendre éternel/impérissable/inoubliable, transmettre
immortalité n.f. 1 autre vie, éternité, survie, vie future 2 → **gloire**
immortel, le 1 adj. → **éternel** 2 nom : académicien
immortelle n.f. edelweiss, xéranthème
immotivé, e → **injustifiable**
immuable → **durable**
immunisation n.f. mithridatisation, tachyphylaxie → **vaccin**
immuniser 1 mithridatiser → **inoculer** 2 → **garantir**
immunité n.f. 1 jurid. : décharge, dispense, exemption, exonération, exterritorialité, franchise, inamovibilité, inviolabilité, irresponsabilité, libération, liberté, prérogative, privilège 2 méd. : accoutumance, mithridatisation, préservation, protection, vaccination
immutabilité n.f. constance, fixité, immuabilité, inaliénabilité, inaltérabilité, incessibilité, incommutabilité, invariabilité, pérennité
impact n.m. 1 but, choc, collision, coup, heurt 2 par ext. : bruit, conséquence, effet, retentissement
impair n.m. → **maladresse**
impala n.m. → **antilope**
impalpable 1 → **immatériel** 2 → **intouchable**
impanation n.f. → **eucharistie**
imparable → **impossible**
impardonnable inexcusable, injustifiable, irrémissible → **irrémédiable**
imparfait, e 1 approximatif, ébauché, embryonnaire, esquissé, imprécis, inaccompli, inachevé, incomplet, limitatif, partiel, relatif, restreint 2 avorté, défectueux, déficient, difforme, discutable, élémentaire, fautif, grossier, imprécis, indigent, inégal, insuffisant, lacunaire, loupé (fam.), manqué, mauvais, médiocre, moyen, négligé, raté, rudimentaire, vague, vicieux
imparfaitement défectueusement, difficilement, faiblement, grossièrement, improprement, incomplètement, incorrectement, insuffisamment, mal, maladroitement, malaisément, médiocrement, partiellement, pauvrement, péniblement
impartial, e → **juste**
impartialité n.f. → **justice**
impartir → **distribuer**
impasse n.f. 1 cul-de-sac, voie sans issue 2 fig. : danger, difficulté, mauvais pas → **obstacle**
impassibilité n.f. 1 apathie, ataraxie, calme, constance, équanimité, fermeté, flegme, immobilité, impartialité, impénétrabilité, imperturbabilité, intrépidité, irénisme, philosophie, placidité, sang-froid, stoïcisme, tranquillité 2 dureté, froideur, indifférence, insensibilité
impassible 1 apathique, calme, constant, décontracté, ferme, flegmatique, immobile, impartial, impavide, impénétrable, imperturbable, implacable, inébranlable, intrépide, irénique, maître de soi, marmoréen, philosophe, placide, relax (fam.), stoïque, tranquille 2 vx :rassis 3 dur, froid, indifférent, inflexible, insensible
impatience n.f. 1 au pr. : avidité, brusquerie, désir, empressement, fièvre, fougue, hâte, impétuosité, inquiétude, précipitation 2 par ext. : a agacement, colère, énervement, exaspération, irascibilité, irritabilité, irritation b supplice, torture c au pl. → **picotement**
impatient, e 1 → **brusque** 2 → **pressé**
impatiente n.f. balsamine, noli me tangere
impatienter 1 → **énerver** 2 v. pron. : se départir de son calme, être sur des charbons ardents/sur le gril, perdre patience, ronger son frein, sortir de ses gonds, se mettre en colère, se tourmenter
impatroniser (s') → **introduire (s')**
impavide audacieux, brave, courageux, crâne, déterminé, ferme, fier, généreux, hardi, imperturbable, inébranlable, intrépide, osé, résolu, téméraire, vaillant, valeureux
impayable → **risible**
impeccable 1 → **irréprochable** 2 → **parfait**
impécunieux, euse → **pauvre**
impécuniosité n.f. → **pauvreté**
impedimentum, a n.m. 1 → **bagage** 2 → **obstacle**
impénétrable → **secret**
impénitence n.f. → **endurcissement**
impénitent, e → **incorrigible**
impensable → **invraisemblable**
impératif n.m. priorité → **obligation**
impératif, ive → **absolu**
imperceptible atomique, caché, faible, illisible, impalpable, impondérable, inaudible, indiscernable, infime, inodore, insaisissable, insensible, insignifiant, invisible, léger, microscopique, minime, minuscule, petit, subtil
imperdable → **impossible**
imperfectible → **impossible**
imperfection n.f. 1 défaut, démérite, faible, faiblesse, faute, grossièreté, infirmité, insuffisance, lacune, manque, médiocrité, péché mignon/véniel, petitesse, ridicule, tache, tare, travers, vice 2 anomalie, crapaud, défectuosité, défet, difformité, inachèvement, incomplétude, incorrection, loup, malfaçon, mastic, moye
impérial, e → **imposant**
impérialisme n.m. colonialisme, expansionnisme → **autorité**
impérieux, euse 1 au pr. : absolu, altier, autoritaire, catégorique, contraignant, dictatorial, dominateur, formel, impératif, irrésistible, obligatoire, péremptoire, pressant, rigoureux, sérieux, strict, tranchant, tyrannique, urgent 2 par ext. → **dédaigneux**
impérissable → **éternel**
impéritie n.f. 1 → **incapacité** 2 → **maladresse**
imperméabilité n.f. 1 → **dureté** 2 → **indifférence**
imperméable 1 adj a au pr. : étanche b fig. : hermétique, impénétrable, inaccessible, insensible → **indifférent** 2 n.m. : caoutchouc, ciré, duffel-coat, gabardine, macfarlane, manteau de pluie, pèlerine, trench-coat, waterproof
impersonnalité n.f. → **neutralité**
impersonnel, le → **indifférent**
impertinence n.f. → **impolitesse**
impertinent, e 1 → **déplacé** 2 → **arrogant** 3 → **irrévérencieux** 4 → **sot**
imperturbabilité n.f. → **impassibilité**
imperturbable → **impassible**
impétrant bénéficiaire, lauréat
impétueux, euse ardent, bouillant, brusque, déchaîné, déferlant, de feu, effréné, emporté,

endiablé, explosif, fier, fort, fougueux, frénétique, furieux, inflammable, pétulant, précipité, prompt, torrentueux, véhément, vertigineux, vif, violent, volcanique

impétuosité n.f. ardeur, bouillonnement, brusquerie, déchaînement, déferlement, élan, emballement, emportement, exaltation, feu, fierté, fièvre, flamme, force, fougue, frénésie, furie, hâte, impatience, pétulance, précipitation, promptitude, rush, saillie (vx), tourbillon, transport, véhémence, violence, vivacité

impie → **incroyant**

impiété n.f. 1 apostasie, athéisme, blasphème, froideur, hérésie, incrédulité, incroyance, indifférence, infidélité, inobservance, irréligion, libertinage, péché, profanation, sacrilège, scandale 2 par ext. : agnosticisme, athéisme, libre-pensée, paganisme

impitoyable, implacable 1 → **dur** 2 → **inflexible**

implacabilité n.f. → **dureté**

implant n.m. pellet

implantation n.f. 1 → **établissement** 2 → **fixation**

implanter 1 → **fixer** 2 → **établir**

implication n.f. accusation, complicité, compromission, conséquence, responsabilité → **suite**

implicite allant de soi, convenu, inexprimé, sous-entendu, tacite

impliquer 1 compromettre 2 a → **comprendre** b → **renfermer**

implorant, e → **suppliant**

imploration n.f. → **prière**

implorer → **prier**

impluvium n.m. → **bassin**

impoli, e 1 balourd, bourru, brutal, butor, cavalier, déplacé, désagréable, désinvolte, discourtois, effronté, goujat, grossier, impertinent, importun, impudent, incivil, inconvenant, incorrect, indélicat, indiscret, injurieux, insolent, insultant, insulteur, irrespectueux, irrévérencieux, leste, lourd, malappris, mal élevé/embouché, malhonnête, malotru, malpoli, malséant, malsonnant, mufle, offensant, ordurier, rude, rustique, rustre, sans-gêne, vulgaire 2 vx : égueulé, maroufle, paltoquet 3 fam. : galapiat, gougnafier, huron, iroquois, ostrogoth, paltoquet, peigne-cul, pignouf, primate, rasta, rastaquouère, rustaud, sagouin, zoulou

impolitesse n.f. brutalité, désinvolture, discourtoisie, goujaterie, grossièreté, impertinence, importunité, incivilité, inconvenance, incorrection, indélicatesse, indiscrétion, injure, insolence, irrespect, irrévérence, lourdeur, malhonnêteté, mauvaise éducation, manque de savoir-vivre, muflerie, nasarde, rusticité, sans-gêne, vulgarité → **incongruité**

impondérable 1 n.m → **hasard** 2 adj. → **imperceptible**

impopulaire détesté, haï, honni, impolitique, mal accepté/vu, refusé, rejeté

impopularité n.f. → **refus**

importance n.f. 1 au pr. : conséquence, considération, étendue, grandeur, gravité, intérêt, nécessité, poids, portée, puissance, valeur 2 par ext. a → **influence** b → **orgueil** c → **richesse**

important, e adj. et n. 1 au pr. : appréciable, à prendre en considération/estime, capital, conséquent, considérable, coquet (fam.), corsé, crucial, décisif, de conséquence, de poids, d'importance, dominant, éminent, essentiel, étendu, fondamental, fort, frappant, grand, grave, gros, haut, incalculable, inestimable, influent, insigne, intéressant, le vif du débat/sujet, lourd, majeur, mémorable, nécessaire, notable, pierre angulaire, principal, rondelet, sérieux, substantiel, utile, valable → **remarquable** 2 par ext. a urgent, pressé b → **affecté** c → **orgueilleux**

importateur, trice nom et adj. → **acheteur**

importation n.f. → **introduction**

importer 1 v. tr. : commercer, faire venir, introduire 2 v. intr. a compter, entrer en ligne de compte → **intéresser** b **peu m'importe** : peu me chante/chaut

importun, e 1 accablant, agaçant, déplaisant, désagréable, de trop, embarrassant, embêtant, encombrant, énervant, ennuyeux, envahissant, étourdissant, excédant, fâcheux, fatigant, gênant, incommodant, incommode, indésirable, indiscret, inopportun, insupportable, intempestif, intercurrent, intervenant, intolérable, intrus, malséant, obsédant, officieux, pesant, tannant, tuant 2 génér. nom et fam. : bassinant, collant, crampon, diviseur, emmerdant, emmerdeur, gêneur, gluant, hurluberlu, mouche du coche, persona non grata, plaie, pot de colle, raseur, rasoir, sangsue, trouble-fête

importuner 1 → **tourmenter** 2 → **ennuyer** 3 → **gêner**

importunité n.f. → **inconvénient**

imposable taxable

imposant, e auguste, colossal, considérable, digne, écrasant, élevé, énorme, étonnant, fantastique, formidable, grand, grandiose, grave, impressionnant, magistral, magnifique, majestueux, monumental, noble, notoire, olympien, respectable, royal, solennel, stupéfiant, superbe, triomphal ♦ péj. : pompeux, prudhommesque

imposé, e → **obligatoire**

imposer 1 → **prescrire** 2 → **obliger** 3 → **impressionner** 4 charger, obérer, surtaxer, taxer 5 **en imposer** a → **tromper** b → **dominer** 6 v. pron. → **introduire (s')**

imposition n.f. → **impôt**

impossibilité n.f. 1 absurdité, aporie, chimère, contradiction, folie, illusion, inaccessibilité, incompatibilité, indisponibilité, intransmissibilité, irréalité, irrecevabilité, irréductibilité, irréversibilité, irrévocabilité, rêve, utopie 2 → **impuissance** 3 → **difficulté** 4 → **invraisemblance**

impossible 1 quelque chose. a absurde, chimérique, contradictoire, difficile, épineux, fou, illusoire, immettable, imparable, impartageable, impensable, imperdable, imperfectible, impraticable, impubliable, inabordable, inaccessible, inadmissible, inapplicable, inaudible, incompatible, inconcevable, inconciliable, inconnaissable, indécidable, indicible, inécoutable, inemployable, inexcusable, inexécutable, inexploitable, infaisable, infranchissable, ingagnable, injouable, inopérable, inracontable, insensé, insoluble, insupportable, insurmontable, intraduisible, intransmissible, intransportable, inutilisable, irrattrapable, irréalisable, irrecevable, irréductible, irrémissible, irréversible, irrévocable, utopique, vain b → **ridicule** 2 quelqu'un. a → **inconvenant** b → **difficile**

imposte n.f. vasistas → **ouverture**

imposteur n.m. 1 charlatan, esbroufeur, fallacieux, fourbe, mystificateur, perfide, simulateur, trompeur, usurpateur → **hâbleur** 2 → **hypocrite**

imposture n.f. 1 → **hâblerie** 2 → **fausseté** 3 → **tromperie**

impôt n.m. 1 accise (belg. et québ.), centimes additionnels, charge, contribution, cote, droit, fiscalité, imposition, levée, prestation, redevance, réquisition, surtaxe, taxation, taxe, tribut 2 vx : aides, annone, capitation, champart, corvée, dîme, fouage, gabelle, lods, maltôte, octroi, patente, paulette, péage, régale, taille, terrage, tonlieu → **droit**

impotence n.f. → **infirmité**

impotent, e → **infirme**

impraticable 1 au pr. : dangereux, difficile, impossible, inabordable, inaccessible, inapplicable, inexécutable, infranchissable, interdit, inutilisable, irréalisable, malaisé, obstrué 2 fig. : infréquentable, insociable, insupportable, invivable

imprécation n.f. → **malédiction**

imprécis, e → **vague**

imprécision approximation, flou, vague → **indétermination**

imprégnation → **absorption**

imprégner 1 au pr. : baigner, bassiner, détremper, humecter, moitir, pénétrer, tremper → **imbiber** 2 fig. : animer, communiquer, déteindre sur, envahir, imprimer, inculquer, infuser, insuffler, marquer, pénétrer, racer 3 v. pron. a au pr. : absorber, boire, s'imbiber, prendre l'eau b fig. : acquérir, assimiler, apprendre

imprenable à toute épreuve, blindé, inaccessible, inexpugnable, invincible, invulnérable

imprescriptible → **irrévocable**

impression n.f. 1 → **édition** 2 → **effet** 3 → **sensation** 4 → **opinion** 5 **faire impression**→ **impressionner**

impressionnabilité n.f. → **sensibilité**

impressionnable → **sensible**

impressionnant, e ahurissant, bouleversant, brillant, confondant, déroutant, effrayant, émouvant, étonnant, étourdissant, extraordinaire, formidable, frappant, imposant, incroyable, inimaginable, merveilleux, prodigieux, renversant, saisissant, sensationnel, spectaculaire, surprenant, troublant

impressionner 1 au pr. : affecter, agir sur, bouleverser, éblouir, ébranler, émouvoir, en imposer, étonner, faire impression, frapper, influencer, intimider, parler à, toucher, troubler 2 non fav. : éclabousser, épater, esbroufer, jeter de la poudre aux yeux, en mettre plein la vue, taper dans l'œil

imprévisibilité n.f. → **incertitude**

imprévisible 1 → **imprévu** 2 → **soudain**

imprévision n.f. 1 → **aveuglement** 2 → **insouciance**

imprévoyance n.f. 1 → **insouciance** 2 → **irréflexion**

imprévoyant, e écervelé, étourdi, évaporé, imprudent, inconséquent, insouciant, irréfléchi, léger, négligent, tête de linotte/en l'air

imprévu, e à l'improviste, fortuit, impromptu, inattendu, inespéré, inopiné, insoupçonné, soudain, subit, surprenant

imprimatur n.m. → **permission**

imprimé n.m. brochure, écrit, libelle, tract → **livre**

imprimer 1 au pr. : clicher, composer, éditer, empreindre, estamper, estampiller, fixer, frapper, gaufrer, graver, lister, marquer, mettre sous presse, timbrer, tirer → **publier** 2 fig. : animer, appliquer, communiquer, donner, enregistrer, imprégner, inculquer, inspirer, insuffler, marquer, pénétrer, photographier, transmettre, typer

imprimerie n.f. 1 → **typographie** 2 édition, journal, presse

improbabilité nf → **invraisemblance**

improbable 1 → **aléatoire** 2 → **invraisemblable**

improbateur, trice critique, dénigreur, désapprobateur, détracteur, réprobateur

improbité n.f. → **malhonnêteté**

improductif, ive → **stérile**

improductivité 1 → **stagnation** 2 → **sécheresse**

impromptu 1 adv. : à l'improviste, au pied levé, de manière imprévisible/inopinée, sans crier gare, sans préparation, sur-le-champ 2 n.m. : happening, improvisation 3 adj. : de premier jet, imaginé, improvisé, informel, inventé

imprononçable → **ineffable**

impropre 1 quelque chose : inadapté, inadéquat, inconvenant, incorrect, inexact, mal/peu approprié/propre à, saugrenu, vicieux 2 quelqu'un : inapte, incapable, incompétent, mal/peu propre à, rebelle à

improprement → **imparfaitement**

impropriété n.f. → **incongruité**

improvisation et **improvisé, e** → **impromptu**

improviser → **imaginer**

improviste (à l') au débotté/dépourvu, inopinément, sans crier gare, subitement, tout à coup/à trac

imprudence audace, bévue, étourderie, faute, hardiesse, imprévoyance, irréflexion, légèreté, maladresse, méprise, négligence, témérité

imprudent, e 1 audacieux, aventureux, cassecou, écervelé, étourdi, fautif, hasardeux, imprévoyant, inattentif, inconsidéré, insensé, irréfléchi, léger, maladroit, malavisé, négligent, présomptueux, risque-tout, téméraire 2 dangereux, hasardeux, osé, périlleux, risqué → **hasardé**

impubère mineur → **petit**

impubliable → **impossible**

impudence n.f. aplomb, arrogance, audace, cœur, culot (fam.), cynisme, effronterie, front, grossièreté, hardiesse, impertinence, impudeur, impudicité, inconvenance, incorrection, indécence, indiscrétion, insolence, liberté, licence, outrecuidance, sans-gêne, témérité, toupet

impudent, e arrogant, audacieux, culotté (fam.), cynique, effronté, éhonté, grossier, hardi, impudique, inconvenant, indécent, indiscret, insolent, licencieux, outrecuidant, sans gêne/vergogne, téméraire

impudeur n.f. → **impudence**
impudicité n.f. → **lascivité**
impudique ① → **lascif** ② → **obscène**
impuissance n.f. ① au pr. : aboulie, affaiblissement, affaissement, ankylose, débilité, engourdissement, faiblesse, impossibilité, impotence, inadaptation, inaptitude, incapacité, incompétence, inefficacité, inhibition, insuffisance, invalidité, paralysie, torpeur ② agénésie, anaphrodisie, anovulation, aspermie, azoospermie, frigidité, inappétence, incapacité, infécondité, stérilité
impuissant, e ① au pr. : aboulique, affaibli, ankylosé, débile, désarmé, engourdi, faible, impotent, improductif, inadapté, inapte, incapable, incompétent, inefficace, infertile, inhibé, inopérant, insuffisant, invalide, neutralisé, paralysé ② eunuque, frigide (seul. fém.), inécond, stérile
impulser → **inspirer**
impulsif, ive ① → **violent** ② → **spontané**
impulsion n.f. ① → **mouvement** ② → **disposition**
impulsivité n.f. → **violence**
impunité n.f. licence → **liberté**
impur, e ① quelqu'un : abject, avilissant, bas, dégradant, déshonoré, dévoyé, honteux, immoral, impudique, indécent, indigne, infâme, infect, lascif, malhonnête, malpropre, obscène, pécheur, repoussant, sale, sensuel, trivial, trouble, vicieux, vil ② quelque chose. ⓐ neutre → **mêlé** ⓑ non fav. : altéré, avarié, bas, boueux, bourbeux, contaminé, corrompu, déshonnête, empesté, empuanti, falsifié, fangeux, frelaté, immonde, immoral, infect, insalubre, malsain, mauvais, obscène, pollué, putride, sale, souillé, taré
impureté n.f. ① abjection, bassesse, corruption, déshonneur, faute, fornication, immoralité, imperfection, impudicité, indécence, indignité, infamie, lascivité, malpropreté, noirceur, obscénité, péché, sensualité, stupre, turpitude, vice ② boue, bourbe, bourbier, déjection, immondice, infection, insalubrité, macule, ordure, saleté, salissure, souillure, tache
imputabilité n.f. → **responsabilité**
imputable attribuable/dû à
imputation n.f. ① → **accusation** ② → **affectation**
imputer → **attribuer**
imputrescible → **incorruptible**
inabordable ① au pr. : abrupt, à pic, dangereux, élevé, escarpé, hors d'atteinte, impénétrable, inaccessible ② par ext. : ⓐ cher, coûteux, exorbitant, hors de portée/prix ⓑ inconnaissable, insondable ③ fig. : ⓐ imperméable, indifférent, insensible ⓑ bourru, brutal, distant, fier, insociable, insupportable, mal/peu gracieux, prétentieux, rébarbatif, revêche, rude
inabrogeable → **irrévocable**
inacceptable inadmissible, inconvenant, insupportable, intolérable, irrecevable, récusable, refusable, révoltant
inaccessibilité n.f. → **impossibilité**
inaccessible → **inabordable**
inaccompli, e → **imparfait**
inaccomplissement n.m. → **abandon**
inaccoutumé, e ① → **irrégulier** ② → **nouveau** ③ → **rare**
inachevé, e → **imparfait**
inachèvement n.m. → **abandon**
inactif, ive ① au pr. ⓐ neutre : chômeur, demandeur d'emploi, désœuvré, inoccupé, sans emploi/travail ⓑ non fav. : croupissant, endormi, fainéant, oisif, paresseux ◆ vx : oiseux ② par ext. → **inerte**
inaction et **inactivité** n.f. ① apathie, assoupissement, calme, engourdissement, immobilité, indolence, inertie, lenteur, mollesse, torpeur ② croupissement, désœuvrement, fainéantise, inoccupation, oisiveté, paresse, passivité ③ chômage, congé, marasme, ralentissement, stagnation, suspension ④ farniente, loisir, repos, sieste, sommeil, vacance, vacances, vacations (jurid.) ⑤ disponibilité, honorariat, retraite
inactuel, le → **anachronique**
inadaptation n.f. → **incapacité**
inadapté, e ① caractériel, déprimé, difficile, émotif, inhibé, insociable, instable, introverti, mythomane, sauvage ② fam. : mal dans sa peau, paumé ③ impropre, inadéquat, incommode

inadéquat, e → **inadapté**
inadéquation n.f. → **incapacité**
inadmissible → **intolérable**
inadvertance n.f. absence, dissipation, distraction, divagation, étourderie, faute, imprudence, inapplication, inattention, inconséquence, incurie, indifférence, inobservation, insouciance, irréflexion, laisser-aller, légèreté, manquement, mégarde, méprise, négligence, nonchalance, omission, oubli, relâchement
inaliénabilité n.f. → **immutabilité**
inaliénable incessible, incommutable, invendable, non → **cessible**
inaltérabilité n.f. → **immutabilité**
inaltérable → **durable**
inaltéré, e → **pur**
inamical → **défavorable**
inamissible → **irréversible**
inamovibilité n.f. → **stabilité**
inamovible ① → **éternel** ② → **stable**
inanimé, e → **mort**
inanité n.f. → **vanité**
inanition n.f. ① → **faim** ② → **langueur**
inapaisable implacable, inextinguible, inguérissable, insatiable, perpétuel, persistant
inapaisé, e inassouvi, insatisfait → **mécontent**
inaperçu, e → **discret**
inappétence n.f. ① anorexie ② → **indifférence**
inapplicable → **impossible**
inappliqué, e absent, distrait, écervelé, étourdi, inattentif, insoucieux, léger, négligent, oublieux
inappréciable → **précieux**
inapte → **impropre**
inaptitude n.f. → **incapacité**
inapplication n.f. → **inattention**
inarticulé, e → **inintelligible**
inassimilable ① au pr. : chargeant (vx), indigeste, lourd ② fig. ⓐ → **difficile** ⓑ → **pesant**
inassouvi, e inapaisé, insatisfait → **mécontent**
inassouvissable ① → **glouton** ② → **infatigable**
inassouvissement n.m. besoin, désir, envie, faim, fringale, frustration, insatisfaction, manque, non-satisfaction, soif
inattaquable impeccable, imprenable, inaccessible, inaltérable, incorruptible, indestructible, intouchable, invincible, invulnérable, irréprochable, résistant, solide
inattendu, e ① → **soudain** ② → **inespéré**
inattentif, ive absent, distrait, écervelé, étourdi, inappliqué, insoucieux, léger, négligent, oublieux
inattention n.f. absence, dissipation, distraction, divagation, étourderie, faute, imprudence, inadvertance, inapplication, inconséquence, incurie, indifférence, inobservation, insouciance, irréflexion, laisser-aller, légèreté, manquement, mégarde, méprise, négligence, nonchalance, omission, oubli, relâchement
inaudible brouillé, imperceptible, inécoutable (fam.)
inauguration n.f. baptême, commencement, consécration, début, dédicace, étrenne, générale, ouverture, première, sacre (vx), vernissage
inaugurer ① baptiser, célébrer l'achèvement/le commencement/le début, consacrer, dédicacer, étrenner, ouvrir ② → **commencer**
inauthenticité n.f. → **fausseté**
inauthentique → **apocryphe**
inavouable → **honteux**
incalculable ① au pr. : considérable, démesuré, énorme, extraordinaire, illimité, immense, important, inappréciable, incommensurable, indéfini, infini, innombrable, insoluble ② **conséquence incalculable** : grave, imprévisible
incandescence n.f. → **combustion**
incandescent, e ① → **phosphorescent** ② → **lumineux** ③ → **chaud**
incantation ① → **magie** ② → **chant**
incapable ① adj. : ignorant, imbécile, impropre, impuissant, inadapté, inadéquat, inapte, incompétent, inepte, inhabile, inopérant, insuffisant, maladroit, malhabile, nul, vain, velléitaire ② nom : foutriquet, ganache, ignorant, imbécile, impuissant, lavette, mazette, médiocre, nullité, pauvre type, ringard, triste individu/sire, zéro

incapacitant, e invalidant
incapacité n.f. ① au pr. : difficulté, engourdissement, inadaptation, inadéquation, ignorance, imbécillité, impéritie, impuissance, inaptitude, incompétence, ineptie, infirmité, inhabileté, insuffisance, maladresse, nullité ② méd. : ⓐ invalidité ⓑ → **impuissance** ③ jurid. : déchéance, inhabilité, interdiction, minorité
incarcération n.f. → **emprisonnement**
incarcérer → **emprisonner**
incarnadin, e et **incarnat, e** → **rouge**
incarnation n.f. ① → **ressemblance** ② → **transformation**
incarner → **symboliser**
incartade n.f. ① → **écart** ② → **avanie**
incassable → **solide**
incendiaire nom et adj. bandit, brûleur, chauffeur (vx), criminel, pyromane
incendie n.m. ① au pr. : brasier, combustion, conflagration, destruction par le feu, embrasement, feu, ignition, sinistre ② fig. : bouleversement, conflagration, guerre, révolution
incendier → **brûler**
incertain, e ① quelque chose : aléatoire, ambigu, apparent, aventureux, branlant, brouillé, brumeux, chancelant, chanceux (vx ou rég.), changeant, chimérique, conditionnel, confus, conjectural, contestable, contesté, contingent, controversable, controversé, critiquable, critiqué, discutable, discuté, douteux, équivoque, erroné, éventuel, faible, flottant, flou, fluctuant, fragile, fumeux, hasardé, hypothétique, ignoré, illusoire, imprécis, imprévu, improbable, inconnu, indéfini, indéterminé, indiscernable, instable, litigieux, louche, mis en doute, nébuleux, obscur, oscillant, peu sûr, précaire, présumé, prétendu, problématique, reprochable (jurid.) risqué, spécieux, supposé, suspect, suspendu, utopique, vacillant, vague, vaporeux, variable, vaseux, vasouillard ② quelqu'un : dubitatif, ébranlé, embarrassé, évasif, falot, hésitant, indécis, irrésolu, labile, perplexe, sceptique, velléitaire, versatile
incertitude n.f. ① de quelque chose : ambiguïté, chance, confusion, contingence, embrouillement, équivoque, éventualité, faiblesse, flottement, fluctuation, fragilité, hasard, illusion, imprécision, imprévisibilité, inconstance, obscurité, précarité, vague, variabilité ② de quelqu'un : anxiété, ballottement, changement, crise, désarroi, doute, embarras, flottement, fluctuation, hésitation, indécision, indétermination, inquiétude, instabilité, irrésolution, oscillation, perplexité, scrupule, tâtonnement, tergiversation, versatilité
incessamment ① → **bientôt** ② → **toujours**
incessant, e constant, continu, continué, continuel, éternel, ininterrompu, intarissable, permanent, perpétuel, reconduit, sempiternel, suivi
incessibilité n.f. → **immutabilité**
incessible → **inaliénable**
inceste n.m. → **crime**
incestueux, euse contre nature, coupable d'inceste
inchantable → **impossible**
incidemment ① → **peut-être** ② accessoirement, accidentellement, en passant, entre parenthèses, éventuellement, occasionnellement, par hasard, secondairement, subsidiairement
incidence n.f. → **suite**
incident ① n.m. : accroc, anicroche, aventure, cas, chicane, circonstance, difficulté, dispute, embarras, ennui, entrefaite, épisode, événement, éventualité, obstacle, occasion, occurrence, péripétie ② adj. ⓐ → **accessoire** ⓑ gram. : incise
incinérateur n.m. par ext. : crématorium, four crématoire
incinération n.f. crémation, combustion, destruction par le feu
incinérer → **brûler**
incirconcis n.m. et adj. du point de vue relig. : chrétien, goy, roumi
inciser → **couper**
incisif, ive → **mordant**
incision n.f. coupure → **excision**
incisure n.f. coupe, déchiqueture, découpure, ouverture, taillade
incitateur, trice → **instigateur**

inciter 1 → inviter 2 → exciter

incivil, e → impoli

incivilité → impolitesse

inclassable 1 → original 2 → unique

inclémence n.f. → rigueur

inclément, e → rigoureux

inclinaison n.f. 1 → obliquité 2 → pente

inclination n.f. 1 au pr. → inclinaison 2 fig. a appétit, aspiration, attirance, attrait, désir, disposition, envie, faible, faiblesse, goût, instinct, motivation, penchant, pente, préférence, propension, tendance b → attachement c spat. off. : inclinaison (d'une orbite)

incliné, e déclive, en pente, oblique, pentu → incliner

incliner 1 v. intr. : obliquer, pencher 2 v. tr. a au pr. : abaisser, baisser, courber, fléchir, infléchir, obliquer, pencher, plier, ployer b fig. : attirer, inciter, porter, pousser 3 v. pron. a se prosterner, saluer b → humilier (s') c → céder

inclure → introduire

inclus, e (ci-) annexé, joint

inclusion n.f. → introduction

inclusivement avec, en comprenant, y compris

incoercible 1 → incompressible 2 → irrésistible

incognito 1 adv. : à titre privé, discrètement, en cachette, secrètement 2 nom masc : anonymat 3 adj. → anonyme

incohérence n.f. → désordre

incohérent, e → absurde

incollable → savant

incolore 1 → pâle 2 → banal

incomber → revenir

incombustible apyre, ignifuge, infusible, ininflammable, réfractaire

incommensurable ample, colossal, considérable, cyclopéen, démesuré, discrétionnaire, effrayant, énorme, extrême, formidable, géant, gigantesque, grandiose, grandissime, gros, illimité, immense, immensurable (vx), imposant, indéfini, inépuisable, inépuisé, infini, monumental, prodigieux, profond, vaste, vastitude → grand

incommodant, e → désagréable

incommode 1 → difficile 2 → importun 3 → embarrassant

incommodément inconfortablement

incommoder → gêner

incommodité n.f. → inconvénient

incommunicable → ineffable

incommutabilité n.f. constance, fixité, immuabilité, immutabilité, inaliénabilité, inaltérabilité, incessibilité, invariabilité, pérennité

incommutable → inaliénable

incomparable 1 inégalable, parfait, unique, supérieur → bon 2 → distingué

incomparablement autrement, infiniment

incompatibilité n.f. → opposition

incompatible 1 antinomique, antipathique, antithétique, autre, contradictoire, contraire, désassorti, discordant, dissonant, exclusif de, inconciliable, inharmonieux, opposé 2 jurid. : dirimant, rescindant

incompétence n.f. → incapacité

incompétent, e → incapable

incomplet, e 1 → partiel 2 → imparfait

incomplètement → imparfaitement

incomplétude → manque

incompréhensible → inintelligible

incompréhensif, ive → ignorant

incompréhension n.f. 1 → mésintelligence 2 → ignorance

incompressible incoercible, irréductible, rigide, solide

incompris, e méconnu → inconnu

inconcevable 1 → inintelligible 2 → invraisemblable

inconciliable → incompatible

inconditionnel, le 1 → absolu 2 béni-oui-oui, godillot, suiviste → flatteur

inconduite n.f. → débauche

inconfort n.m. 1 → inconvénient 2 → malaise

inconfortable → désagréable

incongru, e → déplacé

incongruité n.f. 1 crudité, cynisme, désinvolture, écart de conduite/langage, grossièreté, impertinence (vx), impudicité, inconvenance, incorrection, indécence, liberté, licence, malhonnêteté, malpropreté, manque d'éducation/de tenue, mauvaise tenue, saleté, sans-gêne → impolitesse 2 → disconvenance 3 → vent

inconnaissable 1 → secret 2 → obscur

inconnu, e 1 anonyme, incognito 2 caché, clandestin, dissimulé, énigmatique, étranger, ignoré, impénétrable, inaccessible, incompris, inconnaissable, inédit, inexpérimenté, inexploré, innommé, inouï, méconnu, mystérieux, neuf, nouveau, obscur, occulte, oublié, secret, ténébreux, voilé 3 → inquiétant

inconscience n.f. absence, irresponsabilité, légèreté → indifférence

inconsciemment accidentellement, automatiquement, convulsivement, forcément, instinctivement, involontairement, machinalement, mécaniquement, naturellement, par accident/force/hasard/réflexe, passivement, spontanément

inconscient, e 1 nom → subconscient 2 adj. a → insensé b → inerte

inconséquence n.f. → dérèglement

inconséquent, e 1 → malavisé 2 → illogique

inconsidéré, e → malavisé

inconsidérément à la légère, étourdiment

inconsistance n.f. → faiblesse

inconsistant, e → mou

inconsolable et **inconsolé, e** → triste

inconsommable → mauvais

inconstance n.f. 1 → infidélité 2 → instabilité

inconstant, e → changeant

inconstatable incontrôlable, indémontrable, invérifiable

inconstitutionnalité n.f. → irrégularité

inconstitutionnel, le → irrégulier

incontestabilité n.f. → évidence

incontestable → évident

incontestablement → évidemment

incontesté, e → certain

incontinence n.f. 1 débâcle, énurésie → diarrhée 2 → débauche

incontinent, e 1 adj. → excessif 2 adv. → aussitôt

incontournable → infranchissable

incontrôlable et **incontrôlé, e** inconstatable, indémontrable, invérifiable → libre

inconvenance n.f. 1 → impudence 2 → incongruité

inconvenant, e choquant, déplacé, déshonnête, grossier, immodeste, impoli, importun, impossible, incongru, incorrect, indécent, indu, inopportun, intempestif, leste, libre, licencieux, mal élevé, malséant, malsonnant, pas montrable/sortable (fam.) → obscène

inconvénient n.m. aléa, danger, déplaisir, dérangement, désavantage, difficulté, ennui, gêne, handicap, importunité, incommodité, inconfort, pierre d'achoppement, servitude, sujétion, traverse → obstacle

inconvertible → ferme

incorporalité et **incorporéité** n.f. → immatérialité

incorporation n.f. 1 → mélange 2 → réunion

incorporel, le aérien, impalpable, immatériel, incréé, inétendu, intemporel, intouchable, léger, pur esprit → spirituel

incorporer → associer

incorrect, e 1 → faux 2 → déplacé 3 → inconvenant

incorrectement 1 → grossièrement 2 → imparfaitement

incorrection n.f. → incongruité

incorrigible endurci, entêté, impénitent, incurable, indécrottable, irrécupérable, récidiviste

incorruptibilité n.f. 1 → pureté 2 → probité

incorruptible 1 imputrescible, indestructible, stérilisé 2 → probe

incrédibilité n.f. → invraisemblance

incrédule 1 aporétique (philos.) défiant, douteur, dubitatif, méfiant, perplexe, pyrrhonien, sceptique, soupçonneux 2 → incroyant

incrédulité n.f. → scepticisme

incréé, e → incorporel

incrément n.m. augmentation minimale, pas

increvable costaud, dur, endurci, fort, inassouvissable, indomptable, infatigable, inlassable, invincible, résistant, robuste, solide, tenace, vigoureux

incriminer 1 → blâmer 2 vx → inculper

incroyable 1 adj. → invraisemblable 2 nom : jeune beau, élégant, gandin, merveilleux, muscadin

incroyance n.f. → scepticisme

incroyant, e agnostique, antireligieux, apostique, areligieux, athée, esprit fort, humaniste, impie, incrédule, indifférent, irréligieux, libre penseur, mécréant, païen, profane, sceptique → infidèle ◆ vx : libertin

incrustant, e durcissant, pétrifiant

incrustation n.f. inlay (chir.) → dépôt

incruster 1 damasquiner, nieller, orner, sertir 2 v. pron. → introduire (s')

incubateur n.m. couveuse

incubation n.f. 1 → maturation 2 → préparation

incube n.m. → diable

incuber → couver

inculcation n.f. → instruction

inculpation n.f. accusation, charge, imputation, présomption

inculpé, e adj. et n. accusé, chargé, prévenu, suspect

inculper accuser, arguer de (jurid.), charger, déférer/inférer au parquet/au tribunal, dénoncer, déposer une plainte, s'élever contre, faire le procès de, incriminer, mettre en cause, se plaindre de, porter plainte, poursuivre

inculquer 1 → enseigner 2 → imprimer

inculte 1 → stérile 2 → rude

incultivable → stérile

inculture n.f. 1 amathie, analphabétisme, candeur, illettrisme, incompréhension, ignorance, inexpérience, ingénuité, innocence, méconnaissance, naïveté, simplicité 2 abrutissement, ânerie, balourdise, bêtise, crasse, imbécillité, impéritie, impuissance, incapacité, incompétence, inconscience, inconséquence, insuffisance, lacune, nullité, obscurantisme, sottise

incurable adj. et n. 1 cas désespéré, condamné, fini, grabataire, handicapé physique, inguérissable, irrémédiable, irrévocable, malade chronique, perdu, valétudinaire ◆ fam. : fichu, foutu 2 fig. → incorrigible

incurie n.f. 1 → insouciance 2 → inattention

incuriosité n.f. → indifférence

incursion n.f. 1 au pr. : course (vx), débarquement, débordement, déferlement, déluge, descente, envahissement, exploration, ingression, inondation, invasion, irruption, pointe, raid, razzia, reconnaissance, submersion 2 par ext. a → voyage b → intervention

incurvé, e → courbe

incurver → fléchir

indébrouillable confus, dédaléen, désordonné, difficile, embrouillé, emmêlé, enchevêtré, entrecroisé, indéchiffrable, inextricable, labyrinthique, mêlé, obscur

indécence n.f. → impudence

indécent, e 1 → obscène 2 → inconvenant

indéchiffrable 1 → illisible 2 → secret 3 → obscur

indéchirable → solide

indécidable → impossible

indécis, e 1 → vague 2 → indéterminé

indécision n.f. → indétermination

indécollable → solide

indécrochable → difficile

indécrottable → incorrigible

indéfectibilité n.f. → constance

indéfectible 1 → éternel 2 → fidèle

indéfendable 1 → invraisemblable 2 → intolérable

indéfini, e 1 → immense 2 → éternel 3 → vague

indéfinissable 1 → ineffable 2 → vague

indéformable → solide

indéfrisable n.f. permanente

indélébile → ineffaçable

indélébilité n.f. → solidité

indélicat, e → malhonnête

indélicatesse n.f. 1 → impolitesse 2 → vol

indémaillable → solide

indemne → sauf

indemnisation n.f. 1 → indemnité 2 → réparation

indemniser → compenser

indemnitaire → bénéficiaire

indemnité n.f. 1 au pr. : allocation, casuel, compensation, dédommagement, dommages et intérêts, dotation, pécule, wergeld (vx) 2 par

ext. : émolument, liste civile, prestation, rémunération, rétribution, salaire, surestarie (mar.), surloyer, sursalaire, traitement
indémontable → solide
indémontrable → illogique
indéniable → évident
indentation n.f. → échancrure
indépassable [1] → parfait [2] → défendu
indépendamment → outre (en)
indépendance n.f. → liberté
indépendant, e → libre
indépendantiste → séparatiste
indéracinable → solide
indéréglable → sûr
indescriptible → ineffable
indésirable → importun
indestructibilité n.f. → solidité
indestructible [1] → éternel [2] → solide
indéterminable → vague
indétermination n.f. embarras, hésitation, imprécision, incertitude, indécision, irrésolution, perplexité, procrastination, scrupule, vacillation
indéterminé, e embarrassé, hésitant, incertain, indécis, indéterminable, irrésolu, perplexe → vague
indéterminisme n.m. → philosophie
index → table
indexation n.f. → garantie
indexer → garantir
indicateur, trice [1] nom a → espion b → enregistreur [2] adj. → indicatif
indicatif, ive approchant, approximatif, sans garantie
indication n.f. [1] → signe [2] charge, dénonciation, piste
indice n.m. → signe
indicible → ineffable
indiction n.f. → convocation
indienne n.f. → coton
indifféremment indistinctement
indifférence n.f. [1] aveuglement, désaffection, désintéressement, désinvolture, égoïsme, éloignement, froideur, imperméabilité, inappétence, inapplication (vx), inconscience, incuriosité, indolence, insensibilité, insouciance, laxisme, mollesse, nonchalance, sécheresse de cœur, tiédeur [2] anorexie, ataraxie, calme, dégagement (vx), désintérêt, détachement, équanimité, flegme, impassibilité, neutralité, sérénité → apathie [3] → scepticisme
indifférencié, e → semblable
indifférent, e [1] ce qui est indifférent à quelqu'un. a → égal b → insignifiant [2] quelqu'un : a apathique, apolitique, blasé, désintéressé, désinvolte, détaché, distant, égoïste, flegmatique, froid, glacé, impassible, imperméable, impersonnel, inaccessible, incurieux, indolent, inexpressif, insensible, insouciant, laxiste, neutre, nonchalant, passif, résigné, sourd, tiède, tolérant b → incroyant
indifférentisme n.m. → neutralité
indifférer être → égal
indigence n.f. → pauvreté
indigène nom et adj. aborigène, autochtone, local, natif, national, naturel, originaire, vernaculaire → habitant
indigent, e → pauvre
indigeste [1] au pr. : chargeant (vx), inassimilable, lourd [2] fig → pesant
indigestion n.f. [1] embarras gastrique, excès de table, indisposition [2] par ext. → dégoût
indigète → particulier
indignation n.f. → colère
indigne [1] quelqu'un. a → vil b → coupable [2] quelque chose : abominable, bas, déshonorant, exécrable, odieux, révoltant, trivial
indigné, e → outré
indigner → irriter
indignité n.f. [1] → déchéance [2] → offense
indiquer accuser, annoncer, assigner, citer, découvrir, dénoncer, dénoter, désigner, déterminer, dévoiler, dire, divulguer, enseigner, exposer, faire connaître/savoir, fixer, guider, marquer, montrer, nommer, représenter, révéler, signaler, signifier → tracer
indirect, e [1] compliqué, coudé, courbé, de biais, détourné, dévié, oblique, sinueux [2] allusif, évasif, évocateur, médiat, sous-entendu [3] jurid. : adventif
indiscernable [1] → imperceptible [2] → semblable
indiscipline n.f. contestation, désobéissance, désordre, fantaisie, indocilité, insoumission, insubordination, opiniâtreté, rébellion, refus d'obéissance, résistance, révolte
indiscipliné, e → indocile
indiscret, ète [1] quelque chose → voyant [2] quelqu'un : casse-pieds (fam.), curieux, écouteur, espion, fâcheux (vx), fouinard, fouineur, fureteur, importun, inquisiteur, inquisitorial, insistant, intrus, touche-à-tout, voyeur
indiscrètement à la légère, sans réserve/retenue
indiscrétion n.f. [1] → curiosité [2] → révélation
indiscutable → évident
indiscutablement certainement
indiscuté, e → certain
indispensable → nécessaire
indisponibilité n.f. [1] → absence [2] → impossibilité
indisponible [1] pas → libre [2] → absent [3] → malade [4] → occupé
indisposé, e [1] phys → fatigué [2] par ext. : agacé, choqué, contrarié, fâché, hostile, mécontent, prévenu, vexé
indisposer [1] → aigrir [2] → prévenir [3] → fatiguer
indisposition n.f. → malaise
indissociable → inséparable
indissolubilité n.f. fermeté, fixité, immuabilité, immutabilité, inamovibilité, indestructibilité, intangibilité, irréversibilité, irrévocabilité
indissoluble absolu, absolutoire, arrêté, décidé, définitif, ferme, fixe, formel, immarcescible, immuable, imprescriptible, inabrogeable, inamissible, inamovible, intangible, irrécusable, irréformable, irréversible, irrévocable, ne varietur, péremptoire, résolu, sans appel
indistinct, e → vague
indistinctement confusément → vague, indifféremment
individu n.m. [1] particulier, personne, unité [2] a → homme b → type [3] → spécimen
individualisation n.f. caractérisation, choix, définition, détermination, différenciation, distinction, élection, individuation, marque, particularisation, spécification, tri
individualiser → caractériser
individualisme n.m. → égoïsme
individualiste n.m [1] → égoïste [2] → original
individualité n.f. → personnalité
individuation n.f. → individualisation
individuel, le distinct, isolé, nominal, nominatif, particulier, personnel, privé, propre, séparé, singulier, spécial, spécifique, unique
individuellement à part, en particulier, l'un après l'autre
indivis, e → commun
indivisaire n.m. et f. → bénéficiaire
indivisément en commun/communauté
indivisibilité n.f. insécabilité, irréductibilité, unicité, unité → fermeté
indivisible insécable, irréductible → un
indivision n.f. communauté, copropriété
indocile désobéissant, dissipé, entêté, fermé, frondeur, indiscipliné, indomptable, insoumis, insubordonné, passif, rebelle, récalcitrant, réfractaire, regimbant, regimbeur, rétif, révolté, rude, subversif, têtu, vicieux, volontaire
indocilité n.f. → indiscipline
indolence n.f. [1] → apathie [2] → paresse [3] → mollesse
indolent, e [1] → mou [2] → paresseux [3] → apathique [4] → insensible
indolore → insensible
indomptable → indocile
indompté, e → sauvage
indu, e [1] → illogique [2] → inconvenant
indubitable → évident
inductif, ive → logique
induction n.f. [1] analogie, généralisation, inférence, ressemblance [2] action, excitation, influx, production
induire [1] → inférer [2] → inviter [3] induire en erreur → tromper
indulgence n.f. [1] fav. a bénignité, bienveillance, bonté, charité, clémence, compréhension, douceur, générosité, humanité, longanimité, magnanimité, mansuétude, miséricorde, patience, tolérance b excuse, exemption, faveur, grâce, pardon, rémission [2] péj. : complaisance, faiblesse, laisser-aller/-faire, laxisme, mollesse, permissivité
indulgent, e [1] bénin, bienveillant, bon, charitable, clément, compréhensif, doux, favorable, généreux, humain, large, latitudinaire (vx), magnanime, miséricordieux, oublieux, patient, permissif, sensible, tolérant [2] péj. : bonasse, complaisant, élastique, facile, faible, laxiste, mou
indult n.m. → privilège
industrialiser développer, équiper, mécaniser, outiller
industrie n.f. [1] secteur secondaire → usine [2] → habileté [3] par ext. :développement, équipement, machinisme, mécanisation, outillage
industriel n.m. entrepreneur, fabricant, manufacturier, usinier
industriel, le actif, développé, équipé, modernisé, urbanisé (par ext.)
industrieux, euse [1] → capable [2] → habile
inébranlable → constant
inécoutable inaudible → impossible
inédit, e → nouveau
ineffable [1] au pr. : extraordinaire, imprononçable, incommunicable, indéfinissable, indescriptible, indicible, inénarrable, inexprimable, intransmissible, inracontable [2] par ext. a → risible b céleste, divin, sacré, sublime
ineffaçable [1] au pr. : immarcescible, impérissable, inaltérable, indélébile [2] par ext. : éternel, immortel, indestructible
inefficace [1] improductif, impuissant, infructueux, inopérant, inutile, nul, stérile, vain [2] anodin, platonique
inégal, e [1] → irrégulier [2] → changeant [3] → différent [4] → injuste
inégalable → parfait
inégalé, e → unique
inégalité n.f. → différence
inélégance n.f. balourdise, goujaterie, grossièreté, laideur, lourdeur, vulgarité → maladresse
inélégant, e [1] au pr. : balourd, grossier, laid, lourd, lourdaud, lourdingue (fam.), ridicule, vulgaire [2] fig. : indélicat → malhonnête
inéluctable → inévitable
inemployable → impossible
inemployé, e → inusité
inénarrable [1] → ineffable [2] → risible
inentamé, e → entier
inéprouvé, e → nouveau
inepte [1] → bête [2] → incapable
ineptie n.f. [1] → bêtise [2] → incapacité
inépuisable [1] continu, durable, éternel, fécond, indéfini, inexhaustible, infini, inlassable, intarissable → abondant [2] → immense
inépuisé, e nouveau, renouvelé
inéquitable → injuste
inerte abandonné, apathique, atone, dormant, flasque, froid, immobile, improductif, inactif, inconscient, insensible, latent, lent, lourd, mort, mou, passif, stagnant
inertie n.f. [1] → inaction [2] → résistance [3] écon. → outillage
inespéré, e fortuit, imprévu, inattendu, inopiné, insoupçonné, providentiel, subit, surprenant
inesthétique → laid
inestimable [1] au pr. → précieux [2] par ext. → important
inévitable assuré, automatique, certain, écrit, fatal, forcé, habituel, immanquable, imparable, inéluctable, inexorable, infaillible, inséparable, logique, nécessaire, obligatoire, obligé, prédéterminé, rituel, sûr, vital
inexact, e → faux
inexactitude n.f. à-peu-près, approximation, contrefaçon, contresens, contrevérité, erreur, fantaisie, fausseté, faute, faux, faux sens, imperfection, imprécision, impropriété, incorrection, infidélité, mensonge, négligence, paralogisme
inexcusable → injustifiable
inexécutable injouable, impraticable → impossible
inexécution n.f. inobservation → violation
inexercé, e maladroit → inexpérimenté
inexigibilité n.f. → prescription
inexistant, e [1] → nul [2] → imaginaire
inexistence n.f. → manque

inexorabilité n.f. → **fatalité**

inexorable → **inflexible**

inexpérience n.f. → **maladresse**

inexpérimenté, e et **inexpert, e** apprenti, apprenti-sorcier, béjaune (péj.), gauche, ignorant, incompétent, inexercé, inhabile, jeune, malhabile, novice, profane → **maladroit**

inexpiable → **injustifiable**

inexplicable 1 énigmatique, miraculeux, mystérieux 2 → **obscur**

inexploitable → **impossible**

inexploité, e → **vide**

inexploré, e ignoré, inconnu, inexploité, vierge → **nouveau**

inexpressif, ive atone, figé, froid, vague → **terne**

inexprimable → **ineffable**

inexprimé, e → **implicite**

inexpugnable → **imprenable**

inextensible barré, borné, défini, dur, fermé, fini, limité

in extenso complètement, d'un bout à l'autre, en entier, entièrement, intégralement, totalement

inextinguible ardent, continu, excessif, inassouvissable, insatiable, intarissable, invincible, violent

inextirpable ancré, enraciné, fixé, indéracinable, invincible, tenace

in extremis 1 → **agonie** 2 à la course / la dernière minute / moins une, au dernier moment, au vol

inextricable confus, dédaléen, désordonné, difficile, embrouillé, emmêlé, enchevêtré, entrecroisé, indébrouillable, indéchiffrable, labyrinthique, mêlé, obscur

infaillibilité n.f. → **certitude**

infaillible 1 → **certain** 2 → **inévitable** 3 → **efficace**

infailliblement à coup sûr, à tous coups

infaisable → **impossible**

infalsifiable → **sûr**

infamant, e → **honteux**

infâme 1 → **bas** 2 → **honteux** 3 → **malpropre**

infamie n.f. 1 → **honte** 2 → **injure** 3 → **horreur**

infanterie n.f. biffe, griffe, grive, piétaille, reine des batailles ♦ de marine : la coloniale / martiale

infanticide n.m. → **homicide**

infantile → **enfantin**

infantiliser → **abêtir**

infantilisme n.m. 1 gâtisme, idiotie, puérilisme, retour à l'enfance, sénilité 2 → **caprice**

infatigable costaud, dur, endurci, fort, inassouvissable, incessant, increvable (fam.), indomptable, inlassable, invincible, résistant, robuste, solide, tenace, vigoureux, zélé

infatuation n.f. → **orgueil**

infatué, e enflé, épris, gonflé, orgueilleux, vaniteux

infatuer (s') → **engouer (s')**

infécond, e → **stérile**

infécondité n.f. → **impuissance**

infect, e 1 → **dégoûtant** 2 → **mauvais** 3 → **puant**

infecter 1 abîmer, contaminer, corrompre, empoisonner, gangrener, gâter, intoxiquer 2 → **puer**

infectieux, euse contagieux, septique → **pestilentiel**

infection n.f. altération, contagion, contamination, corruption, empoisonnement, épidémie, gangrène, infestation, intoxication, pestilence, putréfaction → **puanteur**

inféodation n.f. → **soumission**

inféoder (s') → **soumettre (se)**

inférence n.f. → **induction**

inférer conclure, déduire, dégager, induire, raisonner, tirer ♦ vx : arguer, colliger

inférieur, e 1 → **bas** 2 → **infime**

inférieur n.m. 1 humble, petit, second, subalterne, subordonné 2 domestique, esclave 3 fam. et péj. : sous-fifre

infériorisation n.f. → **humiliation**

inférioriser 1 → **humilier** 2 → **réduire**

infériorité n.f. 1 désavantage, dessous, faiblesse, handicap 2 → **subordination**

infermentescible appertisé, aseptisé, désinfecté, étuvé, javellisé, ozonisé, pasteurisé, purifié, stérilisé

infernal, e 1 → **diabolique** 2 → **méchant** 3 → **intolérable**

infertile → **stérile**

infestation n.f. → **infection**

infester 1 → **ravager** 2 → **abonder**

infidèle 1 adj. a adultère, inconstant, volage b déloyal, félon, fourbe, inexact, judas, malhonnête, parjure, perfide, renégat, scélérat, traître, trompeur, vendu → **faux** 2 vx : traditeur 3 nom. a apostat, hérétique, laps, relaps, schismatique → **païen** b islam. : giaour, roumi c israél. : goy, incirconcis

infidélité n.f. 1 abandon, déloyauté, félonie, inconstance, lâchage, manquement, parjure, perfidie, saloperie, scélératesse, trahison, traîtrise, tromperie 2 → **adultère** 3 → **inexactitude**

infiltration n.f. 1 entrisme, noyautage, pénétration 2 méd. → **piqûre**

infiltrer (s') → **pénétrer**

infime bas, dernier, élémentaire, groupusculaire, inférieur, insignifiant, menu, microscopique, minime, minoritaire, minuscule, modique, moindre, négligeable, nul, parcimonieux, petit, sommaire

infini, e 1 adj. : absolu, continu, énorme, éternel, illimité, immense, incalculable, incommensurable, inconditionné, inépuisable, interminable, perdurable, perpétuel, sans bornes, universel 2 n.m. → **immensité**

infiniment 1 → **beaucoup** 2 → **très**

infinité n.f. → **quantité**

infinitésimal, e atomique, imperceptible, microscopique, minuscule, négligeable, voisin de zéro → **infime**

infinitude n.f. → **immensité**

infirmation n.f. → **abrogation**

infirme adj. et n. 1 amputé, boiteux, bossu, cul-de-jatte, difforme, estropié, grabataire, handicapé, impotent, invalide, malade, manchot, mutilé, paralytique, valétudinaire 2 → **faible** 3 → **incurable**

infirmer abolir, abroger, affaiblir, amoindrir, annuler, battre en brèche, briser, casser, contredire, défaire, démentir, détruire, ôter sa force / valeur, pulvériser, réfuter, rejeter, ruiner

infirmerie n.f. → **hôpital**

infirmier n.m. par ext. : aide-soignant, ambulancier, brancardier

infirmière n.f. 1 au pr. : aide-médicale, assistante, garde-malade, nurse, soignante 2 par ext. a fille / sœur de charité b fille de salle

infirmité n.f. atrophie, boiterie, cécité, débilité, défaut, difformité, diminution physique, faiblesse, handicap, imperfection, impotence, impuissance, incapacité, incommodité, invalidité, mutilation, surdité

inflammable 1 au pr. : combustible, volatil 2 fig. → **impétueux**

inflammation n.f. 1 par anal. : aï, angine, blennorragie, catarrhe, coryza, couperose, éruption, feu, intertrigo, iritis, ophtalmie, oreillons, parulie, prurigo, rhumatisme, rhume, synovie *et par dérivation à partir d'un nom d'organe et du suffixe , par exemple* : angéite, angiocholite, artérite, arthrite, balanite, blépharite, bronchite, cystite, dermite, entérite, gingivite, iléite, laryngite, lymphangite, méningite, métrite, néphrite, orchite, otite, pharyngite, phlébite, pyodermite, rhinite, salpingite, urétrite, vaginite par ext. et iron. : réunionite 2 par ext. a → **irritation** b → **abcès**

inflation n.f. fig. → **exagération**

infléchi, e → **courbe**

infléchir → **fléchir**

infléchissement n.m. → **modification**

inflexibilité n.f. → **rigidité**

inflexible constant, draconien, dur, entêté, ferme, impitoyable, implacable, indomptable, inébranlable, inexorable, insensible, intraitable, intransigeant, invincible, irréductible, persévérant, raide, rigide, rigoureux, sévère, sourd ♦ vx : sans merci

inflexion n.f. → **son**

infliger → **prescrire**

inflorescence n.f. capitule, chaton, corymbe, glomérule, grappe, ombelle, panicule, spadice

influençable 1 → **faible** 2 → **flexible**

influence n.f. action, aide, appui, ascendant, attirance, attraction, aura, autorité, conditionnement, crédit, domination, effet, efficacité, empire, empreinte, emprise, fascination, force, importance, incitation, influx, inspiration, intercession, mainmise, manipulation, mouvance, poids, pouvoir, prépondérance, pression, prestige, puissance, rôle, suggestion, tyrannie (péj.) → **charme**

influencer → **influer**

influent, e actif, agissant, autorisé, efficace, fort, important, le bras long (avoir), prépondérant, puissant

influenza n.f. → **grippe**

influer (sur) agir / avoir de l'effet sur, cuisiner (fig. et fam.), désinformer, déteindre / embrayer sur, entraîner, exercer, faire changer, influencer, intoxiquer, matraquer, modifier, peser / se répercuter sur, prévenir, retourner, suggestionner, tourner

influx n.m. → **influence**

in-folio n.m. et adj. → **format**

informateur, trice agent, correspondant → **espion**

informaticien, ne analyste, claviste, programmeur, pupitreur

information n.f. 1 → **recherche** 2 → **nouvelle** 3 → **renseignement**

informatique n.f. 1 quelques applications : bureautique, conception / dessin assisté par ordinateur (CAO / DAO), connectique, dictionnairique, documentation automatique, domotique, électronique (par ext.), infographie, médiatique, mercatique, monétique, productique, robotique, technétronique, télécommande, télégestion, téléinformatique, télématique, télésurveillance, télétraitement, traitement automatique, traitement de texte 2 → **automation** 3 → **programme**

informe → **difforme**

informer 1 annoncer, apprendre, avertir, aviser, déclarer, documenter, donner avis, donner part (dipl.), éclaircir, éclairer, écrire, enseigner, faire connaître / part de / savoir, informatiser, instruire, mander, mettre au courant / au fait, notifier, porter à la connaissance, prévenir, publier, raconter, rapporter, rendre compte, renseigner, tenir au courant 2 fam. : brancher sur, mettre au parfum 3 v. pron. → **enquérir (s')**

infortune n.f. → **malheur**

infortuné, e → **misérable**

infraction n.f. → **violation**

infranchissable impraticable, inaccessible, incommode, incontournable, infaisable, insurmontable, invincible, inviolable, irréalisable, rebelle → **impossible**

infrangible dur, ferme, incassable, résistant, solide

infrastructure n.f. 1 → **armature** 2 → **fondement**

infréquentable → **difficile**

infroissable → **solide**

infructueux, euse → **stérile**

infule n.f. → **bandeau**

infundibulum n.m. → **entonnoir**

infus, e → **inné**

infuser 1 → **verser** 2 → **tremper** 3 → **transmettre**

infusion n.f. → **tisane**

ingagnable → **impossible**

ingambe 1 → **dispos** 2 → **valide**

ingénier (s') → **essayer**

ingénieux, euse 1 adroit, astucieux (fam.), capable, chercheur, créatif, délié, fin, génial, habile, imaginatif, inventif, malin, sagace, spirituel, subtil 2 apollinien, prométhéen

ingéniosité n.f. → **habileté**

ingénu, e → **simple**

ingénuité n.f. → **simplicité**

ingérence n.f. → **intervention**

ingérer 1 → **avaler** 2 v. pron. a → **intervenir** b → **introduire (s')**

ingestion n.f. → **absorption**

ingrat, e 1 quelqu'un a au pr. : égoïste, oublieux b par ext. : amer, désagréable, difficile, disgracieux, laid, mal fichu (fam.) / formé / foutu (vulg.) / tourné 2 quelque chose : aride, caillouteux, désertique, difficile, infructueux, peu productif, sec, stérile

ingratitude n.f. égoïsme, méconnaissance, oubli

ingrédient n.m. agrément, apport, assaisonnement, épice

inguérissable → **incurable**

ingurgitation n.f. → **absorption**
ingurgiter → **avaler**
inhabile → **maladroit**
inhabileté n.f. → **maladresse**
inhabilité n.f. → **incapacité**
inhabitable → **malsain**
inhabité, e abandonné, délaissé, dépeuplé, désert, désertique, désolé, inoccupé, mort, sauvage, solitaire, vacant, vide, vierge
inhabituel, le → **rare**
inhalation n.f. 1 aspiration, inspiration, respiration 2 fumigation
inhaler absorber, aspirer, avaler, inspirer, respirer
inharmonieux, euse → **discordant**
inhérence n.f. → **adhérence**
inhérent, e adhérent, aggloméré, agrégé, annexé, appartenant, associé, attaché, consécutif, indissoluble / inséparable de, inné, intérieur, joint, lié
inhibé, e → **timide**
inhiber défendre, empêcher, interdire, prohiber, proscrire
inhibition n.f. 1 → **obstacle** 2 → **défense**
inhospitalier, ère 1 un lieu : inabordable, inaccessible, inconfortable, ingrat, inhabitable, invivable, peu engageant, rude, sauvage, stérile 2 quelqu'un : acrimonieux, désagréable, disgracieux, dur, inhumain, misanthrope, rébarbatif
inhumain, e abominable, affreux, a-humain, atroce, barbare, bestial, cauchemardesque, contrefait, cruel, dénaturé, diabolique, difforme, dur, épouvantable, féroce, immonde, infernal, luciférien, mauvais, méchant, impitoyable, insensible, monstrueux, odieux, sanguinaire, sans cœur / pitié, terrifiant
inhumanité n.f. atrocité, barbarie, bestialité, cruauté, dureté, férocité, insensibilité, monstruosité, sadisme, satanisme
inhumation n.f. → **enterrement**
inhumer enfouir, ensevelir, enterrer, mettre / porter en terre, rendre les derniers devoirs / honneurs
inimaginable → **invraisemblable**
inimitable achevé, impayable (fam.), incomparable, nonpareil, original, parfait, sans pareil, unique
inimitié n.f. → **haine**
ininflammable → **incombustible**
inintelligence n.f. → **stupidité**
inintelligent, e abruti, arriéré, borné, bouché, étroit, fermé, idiot, innocent, lourd, obtus, opaque, pesant, rétréci, stupide → **bête**
inintelligible abscons, abstrus, ambigu, amphigourique, confus, contradictoire, difficile, énigmatique, inarticulé, incompréhensible, inconcevable, mystérieux, nébuleux → **obscur**
inintéressant, e → **ennuyeux**
ininterrompu, e → **continu**
inique → **injuste**
iniquité n.f. 1 → **injustice** 2 → **dérèglement** 3 → **turpitude**
initial, e commençant, débutant, élémentaire, fondamental, liminaire, originaire, originel, premier, primitif, primordial, rudimentaire
initiale n.f. 1 capitale, haut de casse, lettre d'antiphonaire / d'imprimerie, lettrine, majuscule, miniature 2 au pl. : chiffre, sigle
initialement au commencement, au début,
initiateur, trice nom et adj. 1 au pr. : → **innovateur** 2 par ext. → **maître**
initiation n.f. 1 mystagogie → **réception** 2 → **instruction**
initiatique → **secret**
initiative n.f. 1 → **proposition** 2 → **décision** 3 **syndicat d'initiative** : bureau / centre / office d'accueil / d'information / de renseignements / de tourisme
initié, e → **savant**
initier 1 → **recevoir** 2 → **instruire**
injecter administrer, infiltrer, infuser, inoculer, introduire
injection n.f. 1 méd. → **piqûre** 2 administration → **introduction**
injonction n.f. assignation, commandement, consigne, décret, diktat, édit, impératif, intimation, mandement, mise en demeure, ordre, prescription, sommation, ukase, ultimatum
injouable → **impossible**
injure n.f. 1 un acte : affront, attaque, avanie, blessure, bras d'honneur, calomnie, dommage, manquement, offense, outrage, tort 2 un propos : engueulade (fam.), fulmination, gros mots, grossièreté, imprécation, infamie, insulte, invective, mots, offense, paroles, pouilles, sottise, vilenie
injurier 1 agonir, blesser, dire des injures, fulminer, insulter, invectiver, maudire, offenser, outrager, traiter de 2 fam. : crosser, engueuler, enguirlander, glavioter sur
injurieux, euse 1 → **offensant** 2 → **injuste**
injuste abusif, arbitraire, attentatoire, déloyal, faux, illégal, illégitime, immérité, inacceptable, inadmissible, indu, inéquitable, inique, injurieux (vx), injustifiable, injustifié, irrégulier, léonin, malfaisant, mal fondé, mauvais, partial, sans fondement, scélérat, usurpé
injustice n.f. abus, arbitraire, déloyauté, déni de justice, erreur, exploitation, favoritisme, illégalité, illégitimité, improbité, inégalité, iniquité, injure (vx), irrégularité, malveillance, noirceur, partialité, passe-droit, préjudice, prévention, privilège, scélératesse, vice de forme
injustifiable et **injustifié, e** arbitraire, fautif, gratuit, immotivé, impardonnable, indu, inexcusable, inexpiable, infâme, inqualifiable, unilatéral → **injuste**
inlandsis n.m. calotte glaciaire, Grand Nord, Terres australes
inlassable 1 → **infatigable** 2 → **patient**
inlay n.m. chir. off. : incrustation
inné, e atavique, congénital, foncier, héréditaire, inconscient, infus, instinctif, natif (vx), naturel, originel, personnel, profond, viscéral → **inhérent**
innéisme n.m. → **philosophie**
innocemment sans malice / songer à mal,
innocence n.f. 1 → **pureté** 2 → **simplicité**
innocent, e 1 adj. a → **inoffensif** b → **simple** c irresponsable, non coupable 2 nom → **enfant**
innocenter → **excuser**
innocuité n.f. neutralité, sans contre-indication, sans danger
innombrable → **nombreux**
innommable → **dégoûtant**
innovateur, trice adj. et n. créateur, découvreur, fondateur, initiateur, inspirateur, introducteur, inventeur, novateur, pionnier, précurseur, progressiste, promoteur, réformateur, rénovateur, restaurateur
innovation n.f. → **changement**
innover 1 → **changer** 2 → **inventer** 3 → **créer**
inobservance et **inobservation** n.f. → **violation**
inoccupé, e 1 → **inactif** 2 → **vacant**
in-octavo n.m. et adj. → **format**
inoculation n.f. 1 immunisation, piqûre, sérothérapie, vaccination 2 contagion, contamination, infestation, transmission
inoculer 1 immuniser, piquer, vacciner 2 par ext. → **transmettre**
inodore 1 au pr. : fade, imperceptible, neutre, sans odeur 2 fig. → **insignifiant**
inoffensif, ive anodin, bénin, bon, calme, désarmé, doux, fruste, impuissant, innocent, inodore, insignifiant, miton-mitaine (vx), négligeable, neutralisé, pacifique, paisible, tranquille
inondation n.f. 1 au pr. : débordement, montée des eaux, submersion 2 fig. a → **incursion** b → **multitude**
inonder arroser, déborder, envahir, immerger, mouiller, noyer, occuper, pénétrer, recouvrir, se répandre, submerger, tremper
inopérable → **impossible**
inopérant, e → **inefficace**
inopiné, e 1 → **inespéré** 2 → **subit**
inopinément → **soudain**
inopportun, e défavorable, déplacé, fâcheux, hors de propos / saison, intempestif, mal, malséant, malvenu, mauvais, prématuré, râlant (fam.), regrettable
inopportunément à contretemps, hors de propos / saison, mal à propos
inopportunité n.f. → **futilité**
inorganisation n.f. → **confusion**
inoubliable célèbre, fameux, frappant, glorieux, grandiose, gravé, historique, illustre, immortalisé, imprimé, ineffaçable, insigne, marqué, mémorable, perpétué, retentissant, saillant
inouï, e 1 → **extraordinaire** 2 → **nouveau**
in-pace n.m. → **cachot**
in petto → **intérieur**
in-plano n.m. et adj. → **format**
input n.m. inform. off. : entrée
inqualifiable abject, abominable, bas, honteux, ignoble, inavouable, inconcevable, inconvenant, indigne, innommable, odieux, trivial
in-quarto n.m. et adj. → **format**
inquiet, ète 1 au pr. → **remuant** 2 par ext. : affolé, agité, alarmé, angoissé, anxieux, apeuré, atterré, chagrin, contracté, craintif, crispé, effaré, effarouché, effrayé, embarrassé, ennuyé, épeuré, épouvanté, impatient, insatisfait, interrogateur, mal à l'aise, perplexe, peureux, préoccupé, sombre, soucieux, sur le qui-vive, tendu, terrifié, terrorisé, tourmenté, tracassé, transi, traqué, troublé
inquiétant, e affolant, agitant, alarmant, angoissant, atterrant, effarant, effarouchant, effrayant, embarrassant, ennuyeux, épouvantable, grave, inconnu, intimidant, intimidateur (vx), kafkaïen, menaçant, patibulaire, peu rassurant, préoccupant, sinistre, sombre, stressant, terrifiant, troublant
inquiéter 1 affoler, agiter, alarmer, alerter, angoisser, apeurer, chagriner, donner le trac (fam.), effaroucher, effrayer, embarrasser, émotionner, ennuyer, épouvanter, faire peur, menacer, mettre mal à l'aise / en difficulté / en peine / sur le qui-vive, rendre craintif, réveiller, secouer, terrifier, terroriser, tourmenter, tracasser, traquer, travailler, troubler 2 v. pron. : appréhender, avoir → **peur**, se biler / faire de la bile / du mauvais sang / du souci
inquiétude n.f. 1 angoisse, anxiété, appréhension, crainte, émotion, ennui, malaise, peine, préoccupation, scrupule, souci, stress, supplice, suspense, tension, trac, transe, trouble 2 alarme, alerte, émoi 3 affolement, agitation, désarroi, détresse, effarement, effroi, épouvante, panique, peur, terreur 4 vx : débattement, ombrage
inquisiteur, trice → **indiscret**
inquisition n.f. → **recherche**
inquisitorial, e → **indiscret**
inracontable → **ineffable**
insaisissable atomique, caché, faible, illisible, impalpable, imperceptible, impondérable, inaudible, indiscernable, infime, inodore, insensible, insignifiant, invisible, léger, microscopique, minime, minuscule, petit, subtil
insalubre → **malsain**
insane → **insensé**
insanité n.f. → **sottise**
insatiabilité n.f. → **voracité**
insatiable 1 → **glouton** 2 → **intéressé** 3 → **envieux**
insatisfaction n.f. 1 → **inassouvissement** 2 → **ennui**
insatisfait, e inapaisé, inassouvi → **mécontent**
inscription n.f. 1 affiche, déclaration, devise, enregistrement, épigramme, épigraphe, épitaphe, exergue, graffiti, immatriculation, légende, mention, plaque, transcription 2 adhésion → **accord**
inscrire 1 afficher, breveter, consigner, copier, coucher par écrit, écrire, enregistrer, enrôler, graver, immatriculer, imprimer, indiquer, insérer, marquer, mentionner, noter, porter, référencer, répertorier, reporter, transcrire 2 v. pron. → **adhérer** 3 **s'inscrire en faux** → **contredire**
insécabilité n.f. → **indivisibilité**
insécable indivisible, irréductible → **un**
insectarium n.m. → **zoo**
insecte n.m. archiptère, coléoptère, diptère, hyménoptère, lépidoptère, névroptère, orthoptère
insectivore entomophage
insécurité n.f. 1 → **danger** 2 → **crainte**
in-seize n.m. et adj. → **format**
inselberg n.m. → **hauteur**
insémination n.f. → **fécondation**
inséminer → **engendrer**
insensé, e 1 aberrant, abracadabrant, absurde, démentiel, déraisonnable, excessif, extravagant, farfelu, immodéré, impossible, inepte, insane, irrationnel, irréfléchi, ridicule, saugrenu, sot, stupide → **bête** 2 affolé, aliéné, dément, déphasé, désaxé, déséquilibré, détra-

qué, écervelé, fêlé, idiot, inconscient, irresponsable → fou

insensibilisation n.f. analgésie, anesthésie

insensibiliser anesthésier, calmer, chloroformer, endormir, lénifier, soulager

insensibilité n.f. 1 → apathie 2 → dureté 3 → indifférence 4 des sens : agueusie, anosmie, cécité, surdité → anesthésie

insensible 1 quelqu'un. a phys. : anesthésié, apathique, endormi, engourdi, inanimé, inconscient, indolent (méd.), indolore, léthargique, mort, neutre, paralysé b moral : aride, calme, cruel, de marbre, détaché, dur, égoïste, endurci, froid, impassible, imperméable, imperturbable, impitoyable, implacable, indifférent, indolent, inexorable, inflexible, inhumain, marmoréen, rigide, rigoureux, sec, sévère 2 quelque chose : faible, imperceptible, insignifiant, léger, négligeable, progressif

insensiblement doucement, lentement, pas à pas, petit à petit

inséparable 1 au pr. : accouplé, agrégé, apparié, attaché, concomitant, conjoint, consubstantiel, dépendant, fixé, indissociable, indivis, indivisible, inhérent, insécable, joint, lié, marié, non isolable, noué, rivé, simultané, synchrone, soudé, uni 2 par ext. a éternel, indéfectible, inévitable b → ami

insérer emboîter, embroncher (vx), encadrer, encarter, encastrer, enchâsser, enchatonner, enter, entrelarder (fam.), greffer, imbriquer, implanter, incruster, inscrire, intercaler, interfolier, mettre, sertir → introduire

insert n.m. off. : insertion → annonce

insertion n.f. 1 → introduction 2 → adoption

insidieux, euse → trompeur

insigne 1 adj. → remarquable 2 nom masc : badge, cordon, couronne, cravate, croix, décoration, écharpe, écusson, emblème, fourragère, livrée, macaron, marque, médaille, palme, plaque, rosette, ruban, sceptre, signe distinctif, symbole, verge ◆ fam. et péj. : crachat, gri-gri, hochet

insignifiance 1 → futilité 2 → faiblesse

insignifiant, e 1 quelqu'un : chétif, effacé, faible, falot, frivole, futile, inconséquent, inconsistant, médiocre, ordinaire, petit, piètre, puéril, quelconque, terne, vain 2 une chose : anecdotique, anodin, banal, dérisoire, excusable, exigu, fade, incolore, indifférent, infime, inodore, insipide, léger, malheureux, menu, mesquin, mince, misérable, miton-mitaine (vx), modique, négligeable, nul, oiseux, ordinaire, quelconque, sans conséquence/importance / intérêt / portée / saveur / valeur, véniel ◆ fam. : clopinettes, gnognote

insincère → trompeur

insincérité n.f. → hypocrisie

insinuant, e 1 → adroit 2 → hypocrite 3 → persuasif

insinuation n.f. 1 fav. ou neutre : allégation, avance, conciliation, introduction, persuasion, suggestion 2 non fav. : accusation, allusion, attaque, calomnie, demi-mot, perfidie, propos, sous-entendu

insinuer 1 → introduire 2 → inspirer 3 → médire 4 v. pron. → introduire (s')

insipide → fade

insipidité n.f. 1 → fadeur 2 → sottise

insistance n.f. → instance

insistant, e → indiscret

insister → appuyer

insociable → sauvage

insolation n.f. 1 brûlure, coup de bambou (fam.), coup de chaleur/de soleil 2 bain de soleil, bronzette (fam.), exposition au soleil, héliothérapie 3 ensoleillement

insolence n.f. 1 → irrévérence 2 → arrogance

insolent, e 1 → arrogant 2 → impoli

insoler → éclairer

insolite 1 → étrange 2 → inusité

insoluble → impossible

insolvabilité n.f. → faillite

insolvable décavé (fam.), défaillant, démuni, endetté, en état de cessation de paiement, failli, impécunieux, indigent, obéré, ruiné, sans ressources

insomnie n.f. → veille

insondable 1 → profond 2 → secret

insonorisation n.f. → isolation

insonoriser → protéger

insouciance n.f. 1 apathie, ataraxie, détachement, flegme, optimisme 2 bohème, décontraction, étourderie, frivolité, gaminerie, imprévoyance, imprévision, incurie, incuriosité, indifférence, indolence, irresponsabilité, je-m'en-fichisme/-foutisme, légèreté, négligence, nonchalance, optimisme, oubli

insouciant, e 1 fav. ou neutre : bon vivant, insoucieux, optimiste, sans souci, va-comme-ça-peut, va-comme-je-te-pousse, vive-la-joie 2 → tranquille 3 non fav. : apathique, étourdi, flegmatique, frivole, imprévoyant, incurieux, indifférent, indolent, insoucieux, irresponsable, je-m'en-fichiste, je-m'en-foutiste, léger, négligent, nonchalant, oublieux

insoumis n.m. 1 déserteur, mutin, objecteur de conscience, séditieux 2 dissident, guérillero, maquisard, partisan, rebelle, réfractaire, résistant, scissionniste

insoumis, e 1 quelqu'un : désobéissant, factieux, frondeur, indépendant, indiscipliné, indompté, insurgé, mutin, rebelle, récalcitrant, réfractaire, rétif, révolté, sauvage, séditieux → indocile 2 un pays : dissident, indépendant, révolté

insoumission n.f. désobéissance, désertion, fronde, indiscipline, insubordination, mutinerie, rébellion, révolte, ruade, sédition

insoupçonnable 1 → honnête 2 → surprenant

insoupçonné, e inattendu → nouveau

insoutenable 1 → invraisemblable 2 → intolérable

inspecter → examiner

inspecteur, trice contrôleur, enquêteur, réviseur, vérificateur, visiteur

inspection n.f. → visite

inspirant, e → suggestif

inspirateur, trice 1 → conseiller 2 → instigateur

inspiration n.f. 1 au pr. : absorption, aspiration, inhalation, prise, respiration 2 fig. a délire, divination, enthousiasme, envolée, fureur poétique, grâce, idéation, illumination, intuition, invention, muse, révélation, souffle, talent, trouvaille, veine, verve b relig. : esprit (saint), prophétie c conseil, exhortation, fomentation, incitation, influence, insinuation, instigation, motivation, persuasion, suggestion

inspiré, e enthousiaste, exalté, fanatique, illuminé, mystique, poète, prophète, visionnaire → habile

inspirer 1 au pr. : aspirer, avaler, inhaler, insuffler, introduire, priser, respirer 2 fig. a allumer, animer, aviver, commander, conduire, conseiller, déterminer, dicter, diriger, donner, émoustiller, encourager, enfiévrer, enflammer, imposer, imprimer, impulser, insinuer, instiguer, instiller, insuffler, persuader, provoquer, souffler b faire allusion à, suggérer

instabilité n.f. amovibilité, balancement, ballottement, changement, déséquilibre, fluctuation, fragilité, inadaptation, incertitude, inconstance, mobilité, motilité, mouvance, mutabilité, nomadisme, oscillation, précarité, roulis, tangage, turbulence, variabilité, variation, versatilité, vicissitude

instable 1 → changeant 2 → précaire 3 → remuant

installation n.f. 1 de quelque chose : aménagement, arrangement, dressage, équipement, établissement, mise en place, montage 2 de quelqu'un : intronisation, investiture, mise en place, nomination, passation des pouvoirs

installer 1 au pr. : accommoder, aménager, arranger, camper, caser, disposer, équiper, établir, loger, mettre, placer, poser 2 par ext. : nommer, introniser, investir 3 v. pron. : s'asseoir, camper, emménager, s'enraciner, s'établir, se fixer, s'impatroniser, s'incruster, se loger, pendre la crémaillère, prendre pied

instance n.f. 1 effort, insistance, prière, requête, sollicitation 2 jurid. a action, procédure, procès, recours b juridiction 3 par ext. : attente, imminence, souffrance

instant n.m. n → moment

instant, e 1 → imminent 2 → pressant

instantané, e → immédiat

instantanéité n.f. → rapidité

instantanément → aussitôt

instar (à l') à l'exemple/à l'imitation/à la manière de, comme

instaurateur, trice → instigateur

instauration n.f. constitution, établissement, fondation, mise en place, organisation

instaurer → établir

instigateur, trice agitateur, cause, cheville ouvrière, conseiller, déviateur (péj.) dirigeant, excitateur, fauteur, fomentateur, incitateur, inspirateur, instaurateur, meneur, moteur, promoteur, protagoniste, responsable

instigation n.f. → inspiration

instiguer → inspirer

instiller 1 → verser 2 → inspirer

instinct n.m. 1 → disposition 2 → inclination 3 → tendance

instinctif, ive → involontaire

instinctivement → inconsciemment

instituer → établir

institut n.m. 1 → académie 2 assemblée, association, centre, centre de recherche, collège, congrégation, corps savant, école, faculté, fondation, institution, laboratoire, organisme, société, université

instituteur, trice éducateur, enseignant, initiateur, instructeur, maître d'école, moniteur, pédagogue, précepteur, professeur

institution n.f. 1 → établissement 2 → institut 3 → règlement 4 → école

institutionnalisation n.f. alignement, normalisation, régularisation

institutionnaliser → établir

institutionnel, le → traditionnel

instructeur n.m. conseiller technique, entraîneur, manager, moniteur → instituteur, maître

instructif, ive bon, culturel, édifiant, éducatif, enrichissant, formateur, informatif, pédagogique, profitable

instruction n.f. 1 au pr. a acculturation, acquisition, alphabétisation, apprentissage, didactique, édification, éducation, enrichissement, enseignement, études, formation, inculcation, information, initiation, institution (vx), noviciat, pédagogie, recyclage, scolarisation, scolarité b dégrossissage, dressage, endoctrinement c bagages, connaissances, culture, lettres, savoir, science 2 par ext. a avertissement, avis, consigne, didascalie, directive, leçon, mandat, mandement (relig.), mot d'ordre, ordre, recommandation b → savoir c jurid. : enquête → recherche

instruire 1 mettre quelqu'un au courant : apprendre, avertir, aviser, donner connaissance, éclaircir de (vx), éclairer, édifier, expliquer, faire connaître/savoir, faire part de, fixer, informer, initier, renseigner, révéler 2 apporter une connaissance : alphabétiser, apprendre, catéchiser, dresser, éduquer, élever, endoctriner, enseigner, éveiller, exercer, former, habituer, inculquer, initier, mettre au courant/au fait de, nourrir, plier, préparer, rompre, styler 3 vx : gouverner, instituer 4 jurid. : donner suite, enquêter, examiner 5 v. pron. → étudier

instruit, e alphabétisé, cultivé, docte, éclairé, érudit, expérimenté, fort, informé, initié → savant 1 fam. : a calé, ferré, fortiche, grosse tête, tête d'œuf b au parfum, branché, dans le coup/la course

instrument n.m. 1 au pr. : accessoire, appareil, engin, machine, matériel, outil 2 fam. : bazar, bidule, chose, machin, truc, zinzin → ustensile 3 fig. → moyen 4 → musique

instrumentalisme n.m. → philosophie

instrumentation n.f. → orchestration

instrumenter → vérifier

instrumentiste n.m. et f. → musicien

insu (à l') à la dérobée, dans le dos, en cachette, en dessous, par-derrière, par surprise

insubordination n.f. → indiscipline

insubordonné, e → indocile

insuccès n.m. aléa, avortement, chute, contre-performance, déconvenue, défaite, échec, faillite, fiasco, four, impopularité, infortune, loupage, mauvaise fortune, perte, ratage, revers, ruine, tape, traverse → refus ◆ fam. : baccara, bide, bouillon, couac, couille, gamelle, pâtée, pelle, pile, pipe, plouf, tasse, veste

insuffisamment → imparfaitement

insuffisance n.f. 1 → manque 2 → incapacité

insuffisant, e 1 quelque chose : congru (par ext. et iron.), court, défectueux, déficient, déficitaire, exigu, faible, imparfait, incomplet

2 quelqu'un : déficient, faible, ignorant, inapte, incapable, inférieur, médiocre, pauvre

insuffler → **inspirer**

insulaire îlien

insultant, e → **offensant**

insulte n.f. 1 → **injure** 2 → **offense**

insulter 1 v. tr. : abuser (québ.), agonir, attaquer, blesser, cracher, humilier, injurier, offenser, offusquer, outrager, porter atteinte à 2 v. intr. : blasphémer, braver

insulteur n.m. → **impoli**

insupportable 1 quelque chose → **intolérable** 2 quelqu'un → **difficile**

insupporter → **ennuyer**

insurgé, e nom et adj. agitateur, émeutier, insoumis, meneur, mutin, rebelle, révolté, révolutionnaire

insurger (s') → **révolter (se)**

insurmontable impossible, inéluctable, infranchissable, insurpassable, invincible, irrésistible

insurpassable 1 → **parfait** 2 → **insurmontable**

insurrection n.f. agitation, chouannerie, émeute, fronde, insoumission, jacquerie, levée de boucliers, mouvement insurrectionnel, mutinerie, rébellion, résistance à l'oppresseur, révolte, révolution, sédition, soulèvement, troubles

insurrectionnel, le 1 neutre : rebelle, révolutionnaire 2 non fav. : → **séditieux**

intact, e 1 → **entier** 2 → **pur** 3 → **probe** 4 → **sauf**

intaille n.f. → **image**

intangibilité n.f. → **fixité**

intangible 1 au pr. → **intouchable** 2 par ext. → **sacré**

intarissable → **inépuisable**

intégral, e → **entier**

intégralement → **totalement**

intégralité n.f. → **totalité**

intégration n.f. radicalisation, unification → **absorption**

intègre → **probe**

intégrer 1 assimiler, associer, comprendre, incorporer, réunir, subsumer, unir 2 entrer, être admis

intégrisme n.m. 1 absoluité, fondamentalisme → **conservatisme** 2 → **intolérance**

intégriste nom et adj. 1 barbu (fam.) fondamentaliste, réactionnaire, traditionaliste 2 → **intolérant**

intégrité n.f. 1 → **pureté** 2 → **probité**

intellect n.m. → **entendement**

intellection n.f. → **intelligence**

intellectualisation n.f. → **entendement**

intellectualiser → **comprendre**

intellectualisme n.m. → **philosophie**

intellectuel, le 1 adj. → **psychique** 2 nom. a au sing. : cérébral, clerc, grosse tête, mandarin, tête d'œuf b plur. : intelligentsia, intellos

intelligence n.f. 1 au pr. abstraction, âme, capacité, cerveau, clairvoyance, compréhension, conception, discernement, entendement, esprit (→ **intelligent**), faculté d'adaptation/de compréhension/de jugement/de mémorisation/de perception, facultés, finesse, génie (par ext.), idée (fam.), ingéniosité, intellect, intellection, jugement, lucidité, lumière, ouverture d'esprit, pénétration, pensée, perception, perspicacité, profondeur, raison, réflexion, sagacité, subtilité, tête, vivacité 2 par ext. a → **complicité** b → **union** 3 a **être d'intelligence avec** → **entendre (s')** b fam. : cerveau, idée, jugeote, méninges c → **esprit**

intelligent, e adroit, astucieux, capable, clairvoyant, compréhensif, délié, éclairé, entendu, éveillé, fin, fort, habile, ingénieux, intuitif, inventif, judicieux, logique, lucide, malin, ouvert, pénétrant, pensant, perspicace, profond, raisonnable, sagace, sensé, subtil, surdoué, vif

intelligentsia ou **intelligentzia** n.f. plus ou moins péj. : caste, esprits forts, happy few, intello(s), lumières, petit nombre, phares (vx), philosophes, savants, snobs

intelligibilité n.f. accessibilité, clarté, compréhension, évidence, facilité, limpidité, luminosité

intelligible accessible, clair, compréhensible, concevable, concis, déchiffrable, distinct, éclairant, évident, explicable, facile, imaginable, interprétable, limpide, lumineux, net, pénétrable, précis, visible

intempérance n.f. abus, débauche, débord, débordement, dérèglement, excès, gloutonnerie, goinfrerie, gourmandise, incontinence, ivrognerie, laisser-aller, libertinage, vice, violence

intempérant, e → **excessif**

intempérie n.f. dérèglement (vx), froid, mauvais temps, orage, pluie, tempête, vent

intempestif, ive 1 → **inopportun** 2 → **importun**

intemporalité n.f. → **immatérialité**

intemporel, le → **immatériel**

intenable → **intolérable**

intendance n.f. 1 → **administration** 2 → **direction**

intendant, e administrateur, commissaire (de l'air/de la marine), économe, factotum, questeur, régisseur → **gérant**

intense et **intensif, ive** → **extrême**

intensification n.f. → **augmentation**

intensifier → **augmenter**

intensité n.f. accentuation, acmé (méd.), activité, acuité, aggravation, amplitude, augmentation, brillance, carat (vx), efficacité, exaspération, force, grandeur, magnitude, paroxysme, puissance, renforcement, véhémence, violence, virulence

intenter actionner, attaquer, commencer, enter, entreprendre

intention n.f. 1 → **volonté** 2 → **but**

intentionnalité n.f. → **désir**

intentionné, e → **bienveillant**

intentionnel, elle arrêté, calculé, conscient, décidé, délibéré, étudié, prémédité, préparé, projeté, réfléchi, volontaire, voulu

intentionnellement → **volontairement**

interaction n.f. 1 → **échange** 2 → **réaction**

interagir → **changer**

intercalaire → **mitoyen**

intercalation → **introduction**

intercaler ajouter, annexer, encarter, enchâsser, glisser, insérer, interligner, interpoler, interposer, introduire, joindre

intercéder → **intervenir**

intercepter 1 → **interrompre** 2 → **prendre**

intercepteur n.m. → **avion**

interception n.f. → **interruption**

intercesseur n.m. → **intermédiaire**

intercession n.f. → **entremise**

interchangeabilité n.f. → **changement**

interchangeable → **amovible**

interclasse n.m. → **pause**

intercurrent, e → **importun**

interdépendance n.f. assistance mutuelle, dépendance réciproque, solidarité

interdiction n.f. 1 → **défense** 2 → **déchéance** 3 → **interdit** 4 **interdiction de séjour** ◆ arg. : trique

interdire 1 → **défendre** 2 → **empêcher** 3 → **fermer**

interdisciplinaire multi/pluridisciplinaire

interdit n.m. 1 anathème, censure, condamnation, défense, exclusive, inhibition, interdiction, opposition, prohibition, proscription, tabou, veto → **excommunication** 2 **interdit de séjour** ◆ arg. : tricard

interdit, e adj. 1 quelque chose → **défendu** 2 quelqu'un : ahuri, capot (fam.), confondu, confus, court, déconcerté, déconfit, décontenancé, ébahi, ébaubi, éberlué, embarrassé, épaté, étonné, foudroyé, interloqué, médusé, muet, pantois, penaud, pétrifié, renversé, sans voix, sidéré, stupéfait, stupide, surpris, tout chose, troublé

intéressant, e alléchant, attachant, attirant, attrayant, avantageux, beau, bon, brillant, captivant, charmant, comique, curieux, désirable, dramatique, étonnant, fascinant, important, intrigant, palpitant, passionnant, piquant, plaisant, ravissant, remarquable

intéressé, e 1 non fav. : avide, insatiable, mercenaire, vénal → **avare** 2 neutre ou fav. : attaché, attiré, captivé, concerné, ému, fasciné, intrigué, passionné, piqué, retenu, séduit, touché

intéressement n.m. → **participation**

intéresser 1 au pr. : animer, s'appliquer, attacher, captiver, concerner, émouvoir, faire à, importer, intriguer, passionner, piquer, regarder, sensibiliser, toucher 2 par ext. → **associer** 3 v. pron. : aimer, avoir de la curiosité, cultiver, pratiquer, prendre à cœur, se préoccuper de, se soucier de, suivre

intérêt n.m. 1 au pr. (matériel) : agio, annuité, arrérages, commission, denier (vx), dividende, dommage, escompte, gain, loyer, prix, profit, rapport, rente, revenu, taux, usure 2 par ext. (moral) a → **curiosité** b → **importance** c → **sympathie**

interférer 1 → **intervenir** 2 → **troubler**

interfluve n.m. → **hauteur**

intergroupe n.m. → **fédération**

intérieur n.m. 1 **à l'intérieur** : dedans, intra-muros 2 → **maison** 3 fig. a fond de l'âme/du cœur, in petto, intime (vx), intimité, mystère, profondeur, secret, sein, tréfonds b centre, corps, fond, tuf

intérieur, e adj. 1 central, domestique, familial, inclus, interne, intestin (vx), intime, intrinsèque, profond 2 → **secret** 3 → **profond**

intérim n.m. intervalle, provisoire, régence, remplacement, suppléance

intérimaire 1 adj. → **passager** 2 nom → **remplaçant**

intériorisation n.f. 1 autisme, repli sur soi 2 → **introspection**

intérioriser → **renfermer**

interjeter → **prétexter**

interlocuteur, trice → **personnage**

interlope → **suspect**

interloqué, e → **interdit**

interloquer → **déconcerter**

interlude, intermède n.m. 1 au pr. a → **divertissement** b → **saynète** 2 par ext. → **intervalle**

intermédiaire 1 nom. a → **entremise** b alter ego, arrangeur, avocat, entremetteur, fondé de pouvoir, homme de paille (péj.), intercesseur, interprète, médiateur, modérateur, négociateur, ombudsman, prête-nom, protecteur (québ.), réconciliateur, régulateur, représentant c vx : accordeur, facteur, procureur, truchement d agent, ambassadeur, antenne, chargé d'affaires/de mission, consul, correspondant, plénipotentiaire, représentant e chevillard, commissionnaire, commis-voyageur, consignataire, courtier, expéditeur, exportateur, fourgue (arg.) grossiste, mandataire, receleur (péj.), représentant, revendeur, transitaire, voyageur de commerce péj. : maquignon, trafiquant f médium g boîtier (parlement) h → **transition** 2 adj. → **mitoyen**

interminable → **long**

intermission n.f. → **interruption**

intermittence n.f. 1 → **interruption** 2 → **alternance**

intermittent, e arythmique, clignotant, discontinu, divisé, entrecoupé, épisodique, inégal, interrompu, irrégulier, larvé, rémittent, résurgent, saccadé, sporadique, variable

internat n.m. → **pension**

international, e 1 cosmopolite, général, mondial, œcuménique, universel 2 → **libertaire**

interne 1 adj. → **intérieur** 2 nom a pensionnaire, potache b carabin (fam.), médecin

interné, e adj. et n. 1 → **fou** 2 → **bagnard**

internement n.m. placement → **emprisonnement**

interner → **enfermer**

internonce n.m. → **ambassadeur**

intéroceptif, ive → **intérieur**

interpellateur, trice → **contradicteur**

interpellation n.f. → **sommation**

interpeller apostropher, appeler, demander, s'enquérir, évoquer, héler, interroger, mettre en demeure, questionner, réclamer, requérir, sommer

interpénétration n.f. → **échange**

interpénétrer (s') → **échanger**

interplanétaire intersidéral

interpoler et **interposer** 1 → **intercaler** 2 v. pron. → **intervenir**

interposition n.f. entremise, ingérence, intercalation, interpolation, intervention, médiation

interprétable → **intelligible**

interprétation n.f. 1 au pr. : anagogie, commentaire, exégèse, explication, glose, herméneutique, paraphrase, traduction, version 2 par ext. : distribution, expression, jeu

interprète n.m. et f. 1 → **traducteur** 2 → **comédien** 3 → **porte-parole**

interpréter 1 → **expliquer** 2 → **traduire** 3 → **jouer**

interrègne n.m. vacance du pouvoir → **intervalle**

interrogateur, trice 1 → **inquiet** 2 → **investigateur**

interrogation et **interrogatoire** n.m. et n.f. appel, colle (fam.), demande, épreuve, examen, information, interpellation, interview, question, questionnaire

interroger 1 → **demander** 2 → **examiner** 3 → **questionner**

interrompre 1 abandonner, arrêter, barrer, briser, cesser, décrocher, déranger, dételer, discontinuer, entrecouper, finir, hacher, intercepter, mettre fin/un terme, proroger, rompre, séparer, supprimer, surseoir, suspendre, trancher, troubler 2 couper, débrancher, débrayer, disjoncter

interrupteur, trice 1 quelqu'un → **contradicteur** 2 électrique : conjoncteur-disjoncteur, disjoncteur, rupteur, sectionneur, trembleur, va-et-vient → **commutateur**

interruption n.f. arrêt, cessation, coupure, discontinuation, discontinuité, halte, hiatus, interception, intermède, intermittence, interstice, intervalle, lacune, panne, pause, relâche, rémission, répit, rupture, saut, solution de continuité, suspension, vacance, vacances, vacations (jurid.) ◆ vx : intermission, surséance

intersection n.f. arête, bifurcation, carrefour, coupure, croisée, croisement, embranchement, fourche, ligne

intersexuel, le → **hermaphrodite**

intersidéral, e interplanétaire

intersigne n.m. → **relation**

interstice n.m. 1 → **espace** 2 → **fente**

intersubjectivité n.f. → **échange**

intertrigo n.m. → **inflammation**

intervalle n.m. 1 au pr. → **espace** 2 par ext. : arrêt, entracte, intermède, interrègne, moment, période, périodicité, récréation, suspension → **interruption**

intervenant, e 1 → **associé** 2 → **contradicteur**

intervenir 1 au pr. : agir, donner, s'entremêler, s'entremettre, entrer en action/en danse (fam.)/en jeu/en scène, fourrer/mettre son nez (fam.), s'immiscer, s'ingérer, intercéder, interférer, s'interposer, jouer, se mêler de, mettre la main à, négocier, opérer, parler pour, secourir 2 vx : s'instruire, moyenner 3 par ext. → **produire (se)**

intervention n.f. 1 au pr. : aide, appui, concours, entremise, immixtion, impatronisation, incursion, ingérence, intercession, interposition, interventionnisme, intrusion, médiation, ministère, office 2 par ext. → **opération**

interversion n.f. 1 au pr. : changement, extrapolation, métathèse, mutation, permutation, transposition 2 par ext. : contrepèterie

intervertir → **transposer**

interview n.f. 1 → **conversation** 2 → **article**

interviewer enquêter, entretenir, interroger, questionner, tester

interviewer ou **intervieweur** n.m. → **journaliste**

intestin n.m. boyau, duodénum, hypogastre, transit, tube digestif, viscère ◆ fam. : boyauderie, tripaille, triperie, tripes, tubulure

intestin, e adj. lutte/querelle intestine : civil, intérieur, intime

intestinal, e cœliaque, entérique

intimation n.f. appel, assignation, avertissement, convocation, déclaration, injonction, mise en demeure, sommation, ultimatum

intime 1 adj. a → **intérieur** b → **secret** c → **profond** 2 nom → **ami**

intimé, e → **défendeur**

intimer → **notifier**

intimidant, e et **intimidateur, trice** → **inquiétant**

intimidation n.f. → **menace**

intimider apeurer, bluffer, désemparer, effaroucher, effrayer, émouvoir, faire peur/pression, gêner, glacer, en imposer à, impressionner, inhiber, inquiéter, menacer, paralyser, terroriser, troubler

intimiste nom et adj. → **peintre**

intimité n.f. abandon, amitié, arrière-fond, attachement, camaraderie, commerce, confiance, contact, familiarité, fréquentation, liaison, liberté, naturel, secret, simplicité, union

intitulé n.m. appellation, désignation, en-tête, frontispice, manchette, rubrique, titre

intituler (s') → **qualifier (se)**

intolérable accablant, aigu, atroce, désagréable, douloureux, ennuyeux, excédant, excessif, fatigant, gênant, horrible, imbuvable, importun, impossible, inacceptable, inadmissible, inconcevable, infernal, insoutenable, insupportable, intenable, odieux, scandaleux

intolérance n.f. 1 au pr. : absoluité, cabale, dogmatisme, esprit de parti, étroitesse d'esprit/d'opinion/de pensée/de vue, exclusivisme, fanatisme, fureur, haine, idéologie, intransigeance, obscurantisme, parti pris, rigidité, sectarisme, violence 2 méd. : allergie, anaphylaxie, idiosyncrasie, sensibilisation

intolérant, e autoritaire, borné, captatif, doctrinaire, dogmatique, enragé, étroit, exalté, ex cathedra, exclusif, fanatique, farouche, frénétique, furieux, intégriste, intraitable, intransigeant, irréductible, obscurantiste, possessif, rigide, rigoriste, sectaire, sévère, systématique, violent → **tranchant** ◆ vx : dogmatiseur

intonation n.f. → **son**

intouchable 1 adj. a au pr. : immatériel, impalpable, intactile (philos.), intangible b par ext. : immuable, sacro-saint, traditionnel 2 nom : paria

intoxication n.f. 1 empoisonnement 2 → **propagande**

intoxiquer 1 → **infecter** 2 → **influer (sur)**

intraduisible → **impossible**

intraitable acariâtre, désagréable, désobéissant, difficile, dur, entêté, entier, exigeant, farouche, fermé, fier, impitoyable, impossible, indomptable, inébranlable, inflexible, inhumain, intransigeant, irréductible, obstiné, opiniâtre, raide, revêche, sans merci, tenace

intra-muros à l'intérieur, dedans ◆ par ext. : urbain

intransigeance n.f. → **intolérance**

intransigeant, e 1 → **intolérant** 2 → **intraitable**

intransmissibilité n.f. → **impossibilité**

intransmissible → **impossible**

intransportable → **impossible**

in-trente-deux n.m. et adj. → **format**

intrépide audacieux, brave, courageux, crâne, déterminé, ferme, fier, généreux, hardi, impavide, imperturbable, inébranlable, osé, résolu, téméraire, vaillant, valeureux

intrépidité n.f. → **courage**

intrication n.f. complexité → **difficulté**

intrigant, e adj. et n. arriviste, aventurier, canard (arg.), condottiere, diplomate, faiseur, fin, habile, souple, subtil

intrigue n.f. 1 au pr. : a affaire, agissements, complication, complot, conspiration, dessein, embarras, expédient, fomentation, machiavélisme, machination, manège, manigance, manœuvre, menée, micmac (fam.), rouerie, stratagème, stratégie → **tripotage** b arrivisme, brigue, cabale, carte (vx), ligue, parti 2 par ext. : a → **relation** b litt. : action, affabulation, anecdote, découpage, fable, fabulation, histoire, imbroglio, intérêt, nœud, péripétie, scénario, sujet, synopsis, thème, trame

intriguer 1 v. tr. → **embarrasser** 2 v. intr. : briguer, comploter, conspirer, machiner, manœuvrer, ourdir, ruser, tramer, tresser, tripoter → **manigancer** 3 vx : cabaler, embarrasser

intrinsèque → **intérieur**

intrinsèquement dans son essence, en soi

intriquer → **mélanger**

introducteur, trice → **novateur**

introduction n.f. 1 au pr. a quelque chose : acclimatation, apparition, importation, infiltration, injection, insertion, intercalation, intromission, intrusion, irruption b quelqu'un : admission, arrivée, avènement, entrée, installation, intervention, présentation, recommandation 2 par ext. a avant-propos, début, entrée en matière, exorde, exposition, ouverture, préface, préliminaire, prélude, présentation, protase b apprentissage, initiation, préparation c méd. : cathétérisme, inclusion, intussusception → **piqûre**

introduire 1 au pr. : conduire, couler, enficher, enfiler, enfoncer, enfouir, enfourner, engager, entrer, faire entrer/passer, ficher, fourrer, glisser, greffer, imbriquer, implanter, importer, inclure, incorporer, infiltrer, insérer, insinuer, insuffler, intercaler, mettre dans, passer, plonger, rentrer 2 par ext. a acclimater, adopter, cautionner, donner/fournir sa caution/sa garantie, garantir, incorporer, inculquer, induire (vx), lancer, ouvrir les portes, parrainer, patronner, pistonner (fam.), se porter garant, pousser, présenter, produire b → **établir** c techn. : cuveler, infuser, injecter, inoculer, sonder 3 v. pron. : s'acclimater, se caser, se couler, entrer, s'établir, se faufiler, se fourrer (fam.), se glisser, s'immiscer, s'impatroniser, s'imposer, s'incruster, s'infiltrer, s'ingérer, s'insinuer, s'installer, s'introniser, se mêler/passer dans, resquiller

intromission n.f. → **introduction**

intronisation n.f. → **installation**

introniser → **établir**

introspection n.f. analyse, autocritique, bilan, examen de conscience, intériorisation, observation, psychanalyse, réflexion, regard intérieur, retour sur soi

introuvable caché, disparu, énigmatique, envolé, évanoui, inaccessible, insoluble, invisible, perdu, précieux, rare, sans égal/pareil, secret, unique

introversion n.f. → **égoïsme**

introverti, e → **égoïste**

intrus, e → **importun**

intrusion n.f. 1 → **introduction** 2 → **intervention**

intuitif, ive → **sensible**

intuition n.f. 1 au pr. : âme, aperception, cœur, connaissance, flair, instinct, sens, sentiment, tact 2 par ext. → **pressentiment**

intuitionnisme n.m. → **philosophie**

intuitivement de soi, instinctivement, naturellement

intumescence n.f. → **gonflement**

intumescent, e → **gonflé**

inusable → **résistant**

inusité, e anormal, bizarre, curieux, déconcertant, désuet, étonnant, exceptionnel, extraordinaire, hardi, inaccoutumé, inemployé, inhabituel, inouï, insolite, inusuel, inutilisé, neuf, nouveau, original, osé, rare, singulier

inutile absurde, adventice, creux, en l'air, frivole, futile, improductif, inefficace, inemployable, infécond, infructueux, insignifiant, négligeable, nul, oiseux, perdu (vx), sans but/fonction/objet, stérile, superfétatoire, superflu, vain, vide

inutilement en vain, pour rien, vainement ◆ fam. : pour des nèfles/des prunes/le roi de Prusse

inutilisable → **impossible**

inutilisé, e → **inusité**

inutilité n.f. 1 → **futilité** 2 → **vanité**

invaginer (s') → **replier (se)**

invalidant, e incapacitant

invalidation n.f. → **abrogation**

invalide nom et adj. 1 → **infirme** 2 → **malade**

invalider → **abolir**

invalidité n.f. 1 nullité → **prescription** 2 → **infirmité**

invariabilité n.f. constance, continuité, durabilité, éternité, fermeté, fiabilité, immortalité, immutabilité, indélébilité, invariance, longévité, pérennité, permanence, persistance, résistance, solidité, stabilité, ténacité, viabilité

invariable assuré, chronique, constant, continu, durable, endémique, enraciné, éternel, ferme, fiable, immortel, immuable, impérissable, inaltérable, inamissible, incorruptible, indélébile, indestructible, infrangible, pérenne (vx), permanent, perpétuel, persistant, profond, résistant, solide, stable, tenace, valable, viable, vivace, vivant

invariablement → **toujours**

invariance n.f. → **invariabilité**

invariant, e → **stable**

invasion n.f. → **incursion**

invective n.f. → **injure**

invectiver attaquer, crier, déblatérer (fam.), déclamer, fulminer, pester, tempêter, tonner → **injurier**

invendable et **invendu, e** bouillon (fam.), rossignol → **impossible**

inventaire n.m. 1 → **liste** 2 → **dénombrement**

inventer 1 neutre ou fav. : s'aviser de, bâtir, chercher, composer, concevoir, créer, découvrir, échafauder, engendrer, fabriquer, forger, imaginer, improviser, innover, supposer, trouver [2] non fav. : affabuler, arranger, broder, conter, fabriquer, fabuler, feindre, forger, insinuer, mentir → **hâbler**

inventeur, trice [1] découvreur, trouveur → **chercheur** [2] → **hâbleur**

inventif, ive → **ingénieux**

invention n.f. [1] au pr. → **découverte** [2] par ext. péj. : a affabulation, artifice, bourde, calomnie, chimère, combinaison, comédie, craque (fam.), duperie, expédient, fabrication, fabulation, fantaisie, feinte, fiction, forge (vx), fumisterie, galéjade, histoire, idée, irréalité, légende, mensonge, ressource, rêve, roman, saga, songe, tromperie b → **imagination**

inventivité n.f. → **imagination**

inventorier [1] → **dénombrer** [2] → **examiner**

invérifiable incontrôlable, indémontrable

inverse → **contraire**

inversé, e → **opposé**

inversement réciproquement, vice versa

inverser → **transposer**

inversion n.f. [1] au pr. : changement, déplacement, dérangement, hyperbate, interversion, renversement, retournement, transposition [2] anomalie, anormalité, dépravation, désordre [3] → **homosexualité**

invertir → **renverser**

investigateur, trice nom et adj. chercheur, curieux, enquêteur, examinateur, inquisiteur, interrogateur, questionneur (vx), scrutateur

investigation n.f. → **recherche**

investir [1] au pr. (milit.) : assiéger, bloquer, boucler, cerner, contrôler, disposer autour, emprisonner, encercler, enfermer, envelopper, environner, fermer, occuper, prendre au piège, quadriller [2] par ext. a → **installer** b → **pourvoir** c → **placer**

investissement n.m. [1] aide, apport, engagement, financement, impense, mise, participation, placement [2] blocus, contrôle, quadrillage, siège

investiture n.f. → **installation**

invétéré, e → **incorrigible**

invincibilité n.f. [1] → **fermeté** [2] → **solidité**

invincible → **irrésistible**

inviolabilité n.f. → **immunité**

inviolable [1] → **sacré** [2] → **infranchissable** [3] → **sûr**

inviolé, e → **vierge**

invisible → **imperceptible**

invitant, e [1] → **attirant** [2] → **aimable**

invitation et **invite** n.f. [1] appel, convocation, demande, signe [2] → **excitation**

invité, e → **convive**

inviter [1] fav. ou neutre : appeler, attirer, conseiller, convier, convoquer, demander, engager, faire asseoir, faire appel/signe, prier à/de, retenir à, solliciter, stimuler [2] non fav. : appeler à, défier, engager, entraîner, exciter, exhorter, inciter, induire, mettre au défi, porter/pousser à, presser, provoquer, solliciter

invivable → **difficile**

invocation n.f. adjuration, appel, dédicace, demande, litanie, prière, protection, sollicitation, supplication

involontaire accidentel, automatique, conditionné, convulsif, forcé, inconscient, instinctif, instinctuel, irréfléchi, machinal, mécanique, naturel, passif, pulsionnel, réflexe, spontané

involontairement → **inconsciemment**

invoquer [1] → **évoquer** [2] → **prier** [3] → **prétexter**

invraisemblable aporétique, bizarre, ébouriffant, étonnant, étrange, exceptionnel, exorbitant, extraordinaire, extravagant, fantastique, formidable, impensable, impossible, improbable, inconcevable, incroyable, inimaginable, inintelligible, inouï, insoutenable, paradoxal, renversant (fam.), rocambolesque

invraisemblance n.f. bizarrerie, contradiction, énormité, étrangeté, extravagance, impossibilité, improbabilité, incrédibilité, paradoxe

invulnérabilité n.f. → **résistance**

invulnérable par ext. a d'un être : costaud, dur, fort, imbattable, immortel, increvable, invincible, puissant, redoutable, résistant b d'une chose → **imprenable**

irascibilité n.f. → **colère**

irascible → **colère**

ire n.f. → **colère**

iridescent, e [1] → **irisé** [2] → **phosphorescent**

irisation n.f. → **reflet**

irisé, e agatisé, iridescent, nacré, opalin

iriser → **étinceler**

ironie n.f. [1] → **esprit** [2] → **raillerie**

ironique blagueur (fam.), caustique, goguenard, gouailleur, humoristique, moqueur, narquois, persifleur, railleur, sarcastique, voltairien

ironiser → **railler**

ironiste n.m. et f. → **humoriste**

irradiation n.f. diffusion, divergence, émission, phosphorescence, propagation, radiation, rayonnement

irradier → **rayonner**

irraisonné, e et **irrationnel, le** → **illogique**

irrationalisme et **irrationalité** n.m., n.f. → **désordre**

irrattrapable → **impossible**

irréalisable → **impossible**

irréalisme n.m. [1] → **rêve** [2] → **utopie**

irréalité n.f. → **invention**

irrecevable erroné, faux, impossible, inacceptable, inaccordable, inadmissible, injuste

irréconciliable brouillé, divisé, ennemi, opposé

irrécupérable [1] → **déchu** [2] → **perdu**

irrécusable clair, éclatant, évident, indiscutable, irréfragable, irréfutable

irréductibilité n.f. → **impossibilité**

irréductible [1] → **incompressible** [2] → **inflexible** [3] → **intraitable** [4] → **dur**

irréel, le [1] → **imaginaire** [2] → **surnaturel**

irréfléchi, e audacieux, capricant, capricieux, déraisonnable, écervelé, emballé, emporté, étourdi, imprévoyant, impulsif, inconsidéré, insensé, léger, machinal, mécanique → **involontaire**

irréflexion n.f. distraction, étourderie, imprévoyance, impulsion, inattention, inconséquence, légèreté, précipitation

irréformable → **irréversible**

irréfragable et **irréfutable** avéré, catégorique, certain, corroboré, démontré, établi, évident, exact, fixe, formel, incontestable, indiscutable, invincible, irrécusable, logique, notoire, péremptoire, positif, probant, prouvé, sûr, véridique, véritable, vrai

irrégularité n.f. [1] aspérité, bosse, creux, grain, saillie [2] a absentéisme b → **désinvolture** [3] accident, altération, anomalie, anomie, anormalité, asymétrie, bizarrerie, caprice, défaut, défectuosité, désordre, déviance, déviation, difformité, discontinuité, disproportion, dissymétrie, dysfonctionnement (méd. et écon.), écart, erreur, étrangeté, excentricité, exception, faute, illégalité, illégitimité, inconstitutionnalité, inégalité, inexactitude, intermittence, loufoquerie, manquement, monstruosité, négligence, particularité, passe-droit, perturbation, perversion, singularité, variabilité

irrégulier franc-tireur → **insoumis**

irrégulier, ère aberrant, accidentel, anomal, anomique, anorganique, anormal, anticonstitutionnel, arbitraire, arythmique, asymétrique, baroque, biscornu, bizarre, convulsif, décousu, déréglé, désordonné, déviant, difforme, discontinu, dissymétrique, erratique, étonnant, extraordinaire, fautif, fortuit, hétéroclite, illégal, illégitime, imparfait, impropre, inaccoutumé, inconstitutionnel, incorrect, inégal, inexact, inhabituel, injuste, insolite, intermittent, interrompu, inusité, irrationnel, monstrueux, particulier, peccant, phénoménal, saccadé, singulier, syncopé, variable

irréligieux, euse → **incroyant**

irréligion n.f. → **impiété**

irrémédiable définitif, fatal, incurable, irréparable, nécessaire, perdu

irrémissible impardonnable, inexcusable → **irrémédiable**

irremplaçable unique → **précieux**

irréparable définitif, funeste, malheureux, néfaste → **irrémédiable**

irrépréhensible → **irréprochable**

irrépressible → **irrésistible**

irréprochable accompli, droit, honnête, impeccable, inattaquable, irrécusable, irrépréhensible, juste, louable, moral, parfait, sans défaut/reproche/tare

irrésistible capable, fort, envoûtant, évident, excessif, imbattable, incoercible, indomptable, influent, invincible, irrépressible, irrévocable, percutant, persuasif, séduisant, tenace, violent

irrésolu, e embarrassé, en suspens, flottant, fluctuant, hésitant, incertain, indécis, indéterminé, mobile, perplexe, suspendu, vacillant, vague

irrésolution n.f. → **indétermination**

irrespect n.m. → **irrévérence**

irrespectueux, euse → **irrévérencieux**

irrespirable → **mauvais**

irresponsabilité n.f. → **immunité**

irresponsable [1] innocent, non-coupable [2] → **insensé**

irrévérence n.f. arrogance, audace, grossièreté, impertinence, impolitesse, incongruité, inconvenance, insolence, irrespect, maladresse, manque d'égards/de respect

irrévérencieux, euse arrogant, audacieux, grossier, impertinent, impoli, incongru, inconvenant, injurieux, insolent, insultant, irrespectueux, maladroit, malappris, mal embouché, vulgaire

irréversibilité n.f. fermeté, fixité, immuabilité, immutabilité, inamovibilité, indestructibilité, indissolubilité, intangibilité, irrévocabilité

irréversible et **irrévocable** absolu, absolutoire, arrêté, décidé, définitif, ferme, fixe, formel, immarcescible, immuable, imprescriptible, inabrogeable, inamissible, inamovible, indissoluble, intangible, irrécusable, irréformable, ne varietur, péremptoire, résolu, sans appel

irrigation n.f. → **arrosage**

irriguer → **arroser**

irritabilité n.f. → **susceptibilité**

irritable [1] → **colère** (adj.) [2] → **susceptible**

irritant, e [1] au pr. : agaçant, déplaisant, désagréable, énervant, enrageant, provocant, vexant [2] par ext. a âcre, échauffant, suffocant b excitant, stimulant

irritation n.f. [1] → **colère** [2] actinite, brûlure, coup de soleil, démangeaison, échauffement, érubescence, exacerbation, exaspération, inflammation, prurit, rougeur, rubéfaction, tourment [3] exaltation, exaspération, excitation, surexcitation

irrité, e à cran, agacé, aigri, blessé, contrarié, courroucé, crispé, énervé, enflammé, enragé, exaspéré, excédé, fâché, furibond, furieux, hérissé, horrifié, hors de soi, impatienté, indigné, nerveux, piqué, tanné, vexé

irriter [1] au pr. : brûler, démanger, enflammer, envenimer, exacerber, exaspérer [2] fig. a → **exciter** b agacer, aigrir, blesser, contrarier, courroucer, crisper, donner/taper sur les nerfs, énerver, exaspérer, excéder, fâcher, hérisser, horripiler, impatienter, indigner, jeter hors de soi/de ses gonds, mettre en colère, mettre hors de soi, piquer, tourmenter [3] v. pron. : bouillir, se cabrer, s'émouvoir, s'emporter, se fâcher, s'impatienter, se mettre en colère, se monter, piquer une colère/rage/rogne (fam.), sortir de ses gonds

irruption n.f. → **incursion**

isabelle n.m. et adj. → **robe (du cheval)**

isard n.m. chamois des Pyrénées → **chamois**

isatis n.m. renard bleu → **renard**

isba n.f. → **habitation**

islamique coranique, mahométan, musulman

isochrone → **égal**

isolation n.f. insonorisation → **isolement**

isolé, e [1] → **écarté** [2] → **seul**

isolement n.m. [1] de quelqu'un : abandon, claustration, cloître, délaissement, déréliction, éloignement, exil, isolation, quarantaine, retranchement, séparation, solitude [2] par ext. a autarcie, autonomie, séparatisme b non-conformisme c autisme d insularité

isoler [1] détacher, disjoindre, écarter, extraire, ôter, séparer [2] assiéger, bloquer, investir [3] chambrer, cloîtrer, confiner [4] abandonner, délaisser, éloigner, exiler, mettre en quarantaine, retrancher [5] abstraire, dégager, discerner, distinguer, individualiser [6] calorifuger, ignifuger, insonoriser → **protéger** [7] v. pron. : s'abstraire, se barricader/cantonner/claustrer/cloîtrer/confiner/concentrer, s'enfermer/ensevelir/enterrer, faire le vide, se réfugier/retirer/terrer

isomorphe → **égal**

israélite nom et adj. ashkénaze, enfants/fils d'Abraham, hébraïque, hébreu, israélien, judaïque, juif, marrane, peuple élu, phari-

sien, publicain, séfarade, sémite, sémitique, sioniste
issu, e → né
issue n.f. 1 → sortie 2 → résultat
italien, ne 1 cisalpin, latin, ultramontain 2 bergamasque, bolognais, calabrais, florentin, génois, lombard, milanais, napolitain, ombrien, parmesan, piémontais, romain, sarde, sicilien, toscan, vénitien 3 arg. et péj. : macaroni, rital 4 italianisant, italianisme, romaniste
itératif, ive fréquent, fréquentatif, rabâché, recommencé, renouvelé, répété
itération n.f. → répétition
itinéraire n.m. → trajet
itinérant, e → voyageur
ivoire n.m. 1 défense, rohart 2 par ext. : dentine, corozo
ivraie 1 au pr. : chiendent, herbe, ray-grass, zizanie (vx) 2 fig. : chicane, dispute, méchanceté, mésentente
ivre 1 au pr. a neutre : aviné, bu, gai, gris, grisé, pris de boisson b fam. : anesthésié, à point, bien, brindezingue, cuit, cuité, éméché, émoustillé, en goguette, gelé, parti, pinté, pompette c arg. : beurré (comme un petit-Lu), blindé, bourré / plein (comme une barrique / un coing / une huître / un œuf), cané, cassé, défoncé, fadé, givré, hourdé, mâchuré, mort, mûr, muraille, noir, paf, pas net, pété (à mort), plein, poivré, raide, rétamé, rond, schlass, soûl (comme une vache) 2 par ext. : exalté, transporté, troublé
ivresse 1 au pr. a neutre : boisson, crapule, débauche, dipsomanie, ébriété, enivrement, éthylisme, fumées de l'alcool / du vin, griserie, hébétude, ilotisme, intempérance, ivrognerie, œnolisme b → alcoolisme c fam. et arg. : anesthésie, barbe, beurrée, biture, bout de bois, caisse, cocarde, cuite, culotte, défonce, fièvre de Bercy, palu breton, pétée, le plein, pistache, poivrade, potomanie, ribote, ronflée, torchée 2 fig. a → vertige b enchantement, enthousiasme, exaltation, excitation, extase, joie, volupté
ivrogne, ivrognesse 1 alcoolique, buveur, débauché, dipsomane, éthylique, intempérant 2 fam. : alcoolo, arsouille, artilleur, bacchante, biberon, boit-sans-soif, éponge, galope-chopine, gouape, ilote (antiq.), lécheur, outre, pilier de bistrot / cabaret / café / estaminet, picoleur, pochard, poivrier, poivrot, sac-à-vin, siffleur, soiffard, soûlard, suppôt de Bacchus, tonneau, valseur, vide-bouteilles
ivrognerie → ivresse
ixode n.m. tique

J

jabot n.m. 1 par ext. : cravate, dentelle 2 → estomac
jacasser → bavarder
jacasseur et **jacasse** n.m., n.f. babillard, baratineur, bavard, bonimenteur, bruyant, cancanier, commère, concierge, discoureur, jaboteur, jaseur, loquace, parleur, phraseur, pipelet, prolixe, verbeux, volubile
jacassement et **jacasserie** n.m., n.f. → bavardage
jachère n.f. brande, brousse, friche, garrigue, gâtine, lande, maquis
jacinthe n.f. hyacinthe
jacobin, e nom et adj. 1 → révolutionnaire 2 par ext. → ultra
jacquerie n.f. → révolte
jactance n.f. 1 → orgueil 2 → hâblerie
jacter → bavarder
jadis → autrefois
jaillir apparaître, bondir, couler, se dégager, se dresser, s'élancer, s'élever, fuser, gicler, partir, pointer, rejaillir, saillir, sortir, sourdre, surgir
jaillissement n.m. → éruption
jais n.m. → pierre
jalon n.m. → repère
jalonnement n.m. → bornage
jalonner → tracer
jalouser → envier
jalousie n.f. 1 → envie 2 → émulation 3 → volet
jaloux, ouse 1 → envieux 2 → désireux
jamais 1 sens positif. a à un moment donné, un jour b déjà 2 sens négatif : en aucun temps 3 **à / pour jamais** : définitivement, éternellement, irrévocablement, pour toujours, sans retour ◆ fam. : aux calendes grecques, à la saint-glinglin, à la semaine des quatre jeudis
jambe n.f. 1 d'un homme. a membre inférieur b fam. : bâtons, bouts, brancards, cannes, échasses, flûtes, fourchettes, fumerons, gambettes, gambilles, gigots, gigues, guibolles, guiches, jambettes, pattes, piliers, pilons, pinceaux, pincettes, poteaux, quilles 2 d'un animal → patte
jambière n.f. → guêtre
jambon n.m. 1 d'après le nom d'origine géographique, par ex. : Ardennes, Auvergne, Bayonne, Parme, York 2 d'après la préparation, par ex. : au foin, à l'os, au torchon
jansénisme n.m. → rigidité
janséniste nom et adj. augustinien, austère, étroit, moraliste, puritain, rigoureux
japonais, e nom et adj. nippon
jappement n.m. → aboi
japper → aboyer
jaquette n.f. → veste
jardin n.m. 1 au pr. : clos, closerie, enclos, espace vert, hortillonnage, jardinet, parc, péribole (antiq.), potager, square, verger ◆ vx : ouche 2 par ext. a éden, eldorado, paradis b → nursery
jardinage n.m. arboriculture, culture maraîchère, horticulture, hortillonnage, maraîchage
jardiner → cultiver
jardinier, ière arboriculteur, fleuriste, horticulteur, maraîcher, pépiniériste, primeuriste, rosiériste, serriste
jargon n.m. argot, baragouin, bichlamar, bigorne (vx), cajun, charabia, dialecte, franglais, galimatias, gazouillis, jar, javanais, jobelin, joual, langue verte, patois, pidgin, sabir, terminologie, verlan
jarre n.f. 1 → pot 2 → vase
jarretelle n.f. techn.→ relais
jars n.m. → oie
jaser 1 → bavarder 2 → médire
jaseur, euse → bavard
jaspé, e → marqueté
jaspure n.f. → marbrure
jatte n.f. bol, coupe, récipient, tasse
jauge n.f. → capacité
jauger 1 au pr. a → mesurer b → évaluer 2 fig. → juger
jaune beurre frais, blond, blondasse, chamois, citron, doré, fauve, flavescent, isabelle, jonquille, kaki, ocre, safran, saure, topaze ◆ péj. : pisseux
jaunir blondir, dorer, javeler
jaunisse n.f. cholémie, hépatite, ictère
java n.f. → fête
javeline et **javelot** n.f., n.m. → trait
jérémiade n.f. → gémissement
jésuitisme n.m. → hypocrisie
jésus n.m. → saucisson
jet n.m. 1 au pr. a coup, émission, éruption, jaillissement, lancement, lancer, projection, propulsion b → pousse c → avion d spat. off. propulseur 2 fig. → ébauche
jetée n.f. → digue
jeter 1 abandonner, balancer, se débarrasser / défaire de, détruire, dispenser, éjecter, émettre, éparpiller, envoyer, joncher, mettre, parsemer, pousser, précipiter, projeter, propulser, rejeter, répandre, semer → lancer fam. : balancer, envoyer dinguer, ficher, flanquer, foutre 2 a **jeter bas / à terre** → abattre b **jeter son dévolu sur** → choisir 3 v. pron. : a → élancer (s') b aboutir, déboucher, se déverser, finir à / dans
jeton n.m. 1 marque, plaque, plaquette, tessère 2 **faux jeton** → hypocrite
jet-set ou **jet society** off. : société / style cosmopolite
jet-stream aviat. off. : courant-jet
jeu n.m. 1 a → divertissement b → plaisir c ludisme 2 → jouet 3 → politique 4 → interprétation 5 → assortiment 6 → carte 7 → loterie 8 manche, match, partie, poule, rencontre, rob, set 9 a **jeu d'esprit** → supposition b **jeu de mots** : anagramme, à-peu-près, calembour, contrepèterie, coq-à-l'âne, équivoque, janotisme, mot d'esprit, mots croisés, plaisanterie, rébus c **mettre en jeu** → user (de)
jeun (à) ventre creux / vide → affamé
jeune 1 adj. : adolescent, junior, juvénile, neuf, nouveau, nubile, pubère, vert 2 nom. a jeunes gens, jeunesse, moins-de-vingt-ans, teenagers, yéyés b jeune fille → fille c jeune homme : benjamin, blondin, brunet, cadet, éphèbe, garçon, gars, jeunet, jeunot, jouvenceau, playboy → élégant d vx : adonis, damoiseau, menin, muguet, muscadin, plumet, e fam. et / ou péj. : béjaune, blanc-bec, colombin, freluquet, gigolo, godelureau, greluchon, loulou, loubard, mec ou mecton, minet, minot, miston, môme, niasse
jeûne n.m. 1 neutre : abstinence, carême, diète, grève de la faim, pénitence, privation, quatre-temps, ramadan, renoncement, restriction, vigile 2 fav. : frugalité, modération, sobriété, tempérance 3 non fav. → manque
jeûner être / se mettre à la diète, faire carême / la grève de la faim / maigre / ramadan / un régime
jeunesse n.f. adolescence, enfance, jouvence, juvénilité, printemps de la vie, verdeur, vingt ans
jiu-jitsu n.m. → judo
joaillier, ière bijoutier, diamantaire, lapidaire, orfèvre
jobard, e → naïf
jobarderie n.f. → bêtise
jocrisse nom et adj. → bête
joie n.f. 1 → gaieté 2 → plaisir
joindre 1 quelque chose ou quelqu'un (au pr.) : aboucher, abouter, accoler, accoupler, affourcher, ajointer, ajuster, allier, anastomoser (méd.), annexer, appointer, approcher, articuler, assembler, associer, attacher, bêcheveter, brancher, braser, chaîner, coller, combiner, conglutiner, conjuguer, connecter, corréler, coudre, embrancher, enchaîner, entrelacer, épisser, greffer, incorporer, jumeler, juxtaposer, lier, marier, moiser, rabouter, raccorder, rallier, rapporter, rapprocher, rassembler, rattacher, relier, réunir, souder, unir 2 par ext. a → accoster b → rejoindre
joint et **jointure** n.m., n.f. 1 aboutement, anastomose (méd.), ars (équit.), articulation, assemblage, commissure, conjonction, conjugaison, contact, fente, jonction, raccord, rencontre, réunion, soudure, suture, tampon, union → abouchement 2 → moyen 3 → drogue
joint, e 1 a additionnel, ajouté, conjugué, inclus b adhérent, attaché, inhérent 2 clos, fermé, hermétique
jointoyer liaisonner, ruiler
joli, e 1 → agréable 2 → aimable 3 → beau 4 → bien 5 → élégant
joliesse n.f. → délicatesse
jonc n.m. 1 butome 2 → baguette 3 → bague
jonchaie n.f. touffe de joncs
joncher → recouvrir
jonction n.f. bifurcation, carrefour, fourche → joint
jongler 1 bateler 2 → trafiquer
jonglerie n.f. → habileté
jongleur, euse → troubadour
joue n.f. 1 abajoue, bajoue, méplat, pommette 2 fam. : babines, badigoinces 3 **mettre en joue** → viser
jouée n.f. → dimension
jouer 1 v. intr. a → amuser (s') b → mouvoir (se) 2 v. tr. a créer, faire du théâtre, interpréter, mettre en scène → représenter b → tromper c → spéculer d → hasarder e → railler f → feindre g → imiter h d'un instrument de musique : pianoter, pincer, sonner, souffler, toucher ◆ péj. : gratter, racler i un morceau de musique : attaquer, enlever, exécuter, interpréter, massacrer (péj.) ◆ vx : concerter 3 un match → lutter 4 v. pron. : a → mépriser b → railler c → tromper
jouet n.m. 1 au pr. → bagatelle 2 fig. → victime
joueur, euse 1 adj. → gai 2 nom : parieur, partenaire, ponte, turfiste ◆ arg. : cartonnier, flambeur → tricheur
joufflu, e bouffi, gonflé, mafflu, poupard, poupin, rebondi
joug n.m. fig. → subordination

jouir 1 → **avoir, profiter de, régaler (se)** 2 connaître la volupté
jouir de 1 → **posséder** 2 → **profiter de** 3 déguster, goûter, se repaître, savourer → **régaler (se)**
jouissance n.f. 1 possession, propriété, usage, usufruit 2 → **plaisir**
jouisseur, euse → **épicurien**
jouissif, ive → **plaisant**
jour n.m. 1 journée, quantième → **aube** 2 par ext. a → **lumière** b → **ouverture** c → **moyen** 3 au pl. a → **vie** b → **époque** 4 a **point / pointe du jour** → **aube** b **voir le jour** → **naître** c **jours de planches** → **délai**
journal n.m. 1 bulletin, dazibao, fanzine, feuille, gazette, hebdomadaire, illustré, magasin (vx), magazine, organe, périodique, presse, quotidien, tabloïd → **revue** ♦ péj. : baveux, canard, feuille de chou 2 → **récit** 3 → **mémoire** (n. m.)
journalier, ère 1 nom → **travailleur** 2 adj. a au pr. : circadien, de chaque jour, diurnal, diurne, journal, quotidien b → **changeant**
journaliste n.m. ou f. agencier, anecdotier, annoncier, chroniqueur, commentateur, correspondant, courriériste, critique, échotier, éditorialiste, envoyé spécial, feuilletoniste, gazetier (vx), informateur, interviewer, nouvelliste, pamphlétaire, pigiste, polémiste, publiciste, rédacteur, reporter, salonnier, speaker ♦ péj. : folliculaire, pisse-copie
journée n.f. 1 → **jour** 2 → **étape** 3 → **rétribution**
joute n.f. 1 → **tournoi** 2 → **lutte**
jouter → **lutter**
jouteur n.m. → **lutteur**
jouvence n.f. → **jeunesse**
jouvenceau n.m. → **jeune**
jouxter → **toucher**
jovial, e → **gai**
jovialité n.f. → **gaieté**
joyau n.m. 1 bijou, parure 2 → **beauté**
joyeuseté n.f. → **plaisanterie**
joyeux, euse jubilant → **gai**
jubé n.m. ambon
jubilation n.f. → **gaieté**
jubiler → **réjouir (se)**
juchée n.f. → **perchoir**
jucher → **percher**
juchoir n.m. → **perchoir**
judas n.m. 1 → **infidèle** 2 → **ouverture**
judiciaire juridique, procédurier (péj.)
judicieux, euse 1 → **intelligent** 2 → **bon**
judo n.m. aïkido, jiu-jitsu, karaté
juge n.m. 1 alcade (esp.), arbitre, cadi (arabe), gens de robe, héliaste, inquisiteur, justicier, magistrat, prévôt, procureur (par ext.), robin (péj.), viguier ♦ vx : préteur, rapporteur, vergobret ♦ arg. : curieux, figé, fromage, gerbe, guignol 2 vengeur 3 → **censeur**
jugement n.m. 1 arrêt, décision, décret, verdict ♦ arg. : flag 2 → **opinion** 3 → **censure** 4 → **raison** 5 partic. 6 **jugement de Dieu** : duel judiciaire, ordalie
jugeote n.f. → **raison**
juger 1 apprécier, arbitrer, choisir, conclure, considérer, coter, croire, décider, départager, déterminer, dire, discerner, distinguer, envisager, estimer, évaluer, examiner, expertiser, imaginer, jauger, mesurer, noter, penser, peser, porter une appréciation / un jugement, prononcer un arrêt / une sentence, soupeser, statuer, trancher, trouver, voir 2 → **blâmer**
jugulaire n.f. bride, mentonnière
juguler → **arrêter**
juif, juive nom et adj. → **israélite**
jumeau, elle nom et adj. besson, double, freemartin (vétér.), gémeau, pareil, sosie, univitellin
jumelage n.m. → **assemblage**
jumeler → **joindre**
jumelle n.f. → **lunette**
jument n.f. cavale, haquenée, mulassière, pouliche, poulinière
junior n.m. et adj. → **cadet**
jupe n.f. basquine, cotillon, cotte, jupon, kilt, paréo, tutu
juré n.m. → **arbitre**
jurer 1 → **affirmer** 2 → **décider** 3 → **promettre** 4 → **contraster** 5 blasphémer, outrager, proférer des jurons, sacrer, tempêter
juridiction n.f. autorité, circonscription, compétence, finage (rég.), judicature, ressort, territoire ♦ vx : for, mouvance, sénéchaussée, temporalité
juridique → **judiciaire**
juridisme n.m. → **légalisme**
jurisconsulte n.m. → **légiste**
jurisprudence n.f. → **loi**
juriste n.m. → **légiste**
juron n.m. 1 blasphème, cri, exécration, gros mot, imprécation, insulte, jurement, outrage ♦ québ. : sacres 2 quelques jurons vx ou rég. : bagasse, diable, diantre, fichtre, fouchtra, foutre, jarnicoton, morbleu, palsambleu, pâques-Dieu, parbleu, pardi, putain-con, putain-merde, sacristi, sapristi, tudieu, ventrebleu, ventre-saint-gris, vertubleu ♦ québ. : crisse, étole, maudit
jury n.m. → **tribunal**
jus n.m. sauce, suc → **liquide**
jusant n.m. → **marée**
jusqu'au-boutisme n.m. → **extrémisme**
jusque au point de, même
juste 1 au pr. : adéquat, advenant (jurid.), approprié, bon, conforme, congru, convenable, correct, droit, équitable, exact, fondé, honnête, impartial, intègre, justifiable, justifié, légitime, loyal, motivé, objectif, pertinent, précis, propre, raisonnable 2 par ext. → **vrai** 3 → **étroit** 4 → **saint** 5 adv. : à la minute / l'instant, exactement, précisément, tout à fait
justesse n.f. authenticité, congruence, convenance, correction, exactitude, précision, propriété, raison, rectitude, vérité
justice n.f. 1 droiture, équité, impartialité, intégrité, légalité, objectivité, probité, raison 2 → **droit** 3 **faire justice** → **punir**
justicier, ère redresseur de torts, vengeur → **juge**
justifiable → **excusable**
justificatif n.m. → **preuve**
justification n.f. 1 apologétique, apologie → **éloge** 2 affirmation, argument, confirmation, constatation, démonstration, établissement, gage, illustration (vx), motif, pierre de touche → **preuve** 3 dédouanement, réhabilitation
justifier 1 absoudre, acquitter, admettre, alléguer, blanchir, couvrir, décharger, disculper, effacer, excuser, exempter, innocenter, laver, légitimer 2 fonder, motiver 3 → **prouver**
juter → **couler**
juteux, euse 1 → **fluide** 2 → **fructueux**
juvénile actif, ardent, bien allant, gai, jeune, pimpant, plein d'ardeur / d'entrain / de vie, vert, vif
juvénilité n.f. activité, allant, ardeur, entrain, gaieté, jeunesse, jouvence (vx), verdeur, vivacité
juxtaposer adjoindre, ajouter, annexer, assembler, associer, combiner, jumeler, marier, rapprocher, rassembler, rattacher, relier, réunir, unir → **joindre**
juxtaposition n.f. → **adjonction**

K

kabyle nom et adj. par ext. : berbère, chleuh
kaki, e brun, chamois, fauve, flavescent, grège, jaune, marron, ocre, saure
kangourou n.m. wallaby → **marsupiaux**
kandjar n.m. → **poignard**
kayak n.m. canoë, canot, périssoire
képi n.m. casquette, chapska, coiffure, shako
kermesse n.f. ducasse, festival, festivité, frairie, réjouissance → **fête**
kérosène n.m. carburant, pétrole
ketch n.m. → **bateau**
khan n.m. → **caravansérail**
kibboutz n.m. exploitation / ferme collective
kidnapper 1 au pr. : enlever, faire disparaître, séquestrer 2 par ext. → **voler**
kidnapping n.m. 1 au pr. : enlèvement / rapt d'enfant 2 par ext. : enlèvement, rapt, ravissement (vx), séquestration, violence, voie de fait
kif n.m. haschisch → **drogue**
kilomètre n.m. fam. : borne
kinésithérapeute n.m. ou f. masseur, physiothérapeute, soigneur
kiosque n.m. 1 belvédère, gloriette 2 → **édicule** 3 → **pavillon**
kipper n.m. → **hareng**
kit n.m. off. : prêt-à-monter
kitchenette n.f. coin cuisine, cuisine, cuisinette (off.), office, petite cuisine
kitsch à / de papa, baroque, hétéroclite, pompier, rétro
kiwi n.m. aptéryx, oiseau coureur
klaxon n.m. avertisseur, signal sonore, trompe
kleptomane n.m. ou f. → **voleur**
knock-out n.m. assommé, étendu pour le compte, évanoui, groggy (par ext.), hors de combat, inconscient, K.-O
knout n.m. bastonnade, fouet, verges
koala n.m. → **marsupiaux**
kobold et **korrigan** n.m. → **génie**
krach n.m. 1 au pr. : déconfiture, dépôt de bilan, faillite 2 par ext. : banqueroute, chute, crise, culbute, débâcle, échec, fiasco, liquidation, marasme, ruine
krak n.m. bastide, château, citadelle, crac, ensemble fortifié, fort, forteresse, fortification, ouvrage fortifié, place forte
kyrielle n.f. → **suite**
kyste n.m. corps étranger, grosseur, induration, ulcération → **abcès**

L

là à cet endroit, à cette place, en ce lieu, ici
label n.m. → **marque**
labeur n.m. activité, besogne, corvée, occupation, ouvrage, peine, tâche, travail
labile changeant, débile, déconcertant, faible, fragile, frêle, glissant, insaisissable, instable, périssable, piètre, précaire
laboratoire n.m. arrière-boutique, atelier, cabinet, officine
laborieux, euse 1 → **difficile** 2 → **pénible** 3 → **travailleur**
labour n.m. 1 au pr. : billonnage, défonçage, façon, labourage, retroussage, scarifiage, versement (vx) 2 par ext. a → **champ** b → **terre**
labourer 1 au pr. : décavaillonner, défoncer, façonner, fouiller, ouvrir, quartager, remuer, retercer, retourner, scarifier, travailler, verser (vx) 2 fig. → **déchirer**
laboureur n.m. → **agriculteur, paysan**
labyrinthe n.m. 1 au pr. : dédale, lacis, méandre, réseau 2 fig. : complication, confusion, détour, écheveau, enchevêtrement, maquis, multiplicité, sinuosité
lac n.m. bassin, chott, étang, gour, lagune, loch, marais, mare, pièce d'eau, réservoir
lacer attacher, ficeler, fixer, nouer, serrer
lacération n.f. déchiquetage, déchirement, destruction, dilacération, division, mise en lambeaux / morceaux / pièces
lacérer → **déchirer**
lacet n.m. 1 → **corde** 2 → **filet**
lâchage n.m. → **abandon**
lâche 1 capon, couard, défaitiste, embusqué, froussard, lâcheur, pied-plat, pleutre, poltron, poule mouillée, pusillanime, rampant, timide, tremblant, trouillard, veule → **peureux, vil** 2 fam. : capitulard, cerf, chevreuil, chiffe, couille-molle, dégonflé, demi-sel, enfoiré, fausse-couche, foireux, jean-fesse / foutre, gonzesse, lavette, lopette, paillasson, salope 3 une chose : débandé, desserré, détendu, flottant, relâché → **souple**
lâcher 1 au pr. a assouplir, débander, décompresser, décomprimer, déraidir, desserrer, détacher, détendre, filer, laisser aller, relâcher b droper, larguer, parachuter 2 par ext. a → **dire** b → **accorder** c → **abandonner** d → **quitter** e → **distancer** 3 **lâcher pied** → **reculer**
lâcheté n.f. 1 couardise, faiblesse, foire, frousse, mollesse, moutonnerie, poltronnerie, pusillanimité, trouille, veulerie → **peur** 2 → **bassesse**
lacis n.m. 1 → **labyrinthe** 2 → **réseau**
laconique 1 → **court** 2 → **bref**

laconisme n.m. → **concision**
lacs n.m. pl. → **filet**
lacunaire → **imparfait**
lacune n.f. [1] déficience, desiderata, ignorance, insuffisance, manque, omission, oubli, suppression [2] espace, fente, fissure, hiatus, interruption, méat, solution de continuité, trou
ladre [1] → **avare** [2] → **lépreux**
ladrerie n.f. [1] au pr. : lazaret, léproserie, maladrerie [2] → **avarice**
lagune n.f. liman, moere → **étang**
lai n.m. → **poème**
lai, e convers, servant
laïc, que [1] agnostique, indépendant, neutre, séculier → **laïque** [2] → **civil**
laîche n.f. carex
laïcité n.f. agnosticisme, neutralité, pluralisme, tolérance
laid, e [1] quelque chose. [a] abominable, affreux, atroce, dégoûtant, déplaisant, désagréable, disgracieux, effrayant, effroyable, hideux, horrible, ignoble, immettable, importable, inesthétique, informe, moche (fam.), monstrueux, repoussant, vilain [b] bas, déshonnête, immoral, indigne, malhonnête, malséant, mauvais, obscène, répugnant, sale, vil [2] quelqu'un : défiguré, déformé, difforme, disgracié, disgracieux, enlaidi, hideux, inélégant, ingrat, mal bâti/fait/fichu/foutu [3] fam. : blèche, dégueu, dégueulasse, merdique, mouchard, moche, ringard, tard d'époque, tarte, toc, tocard
laideron n.m. guenon, maritorne, mocheté, monstre, remède à l'amour → **virago**
laideur n.f. [1] aspect/corps/visage ingrat, difformité, disgrâce, hideur, mocheté [2] horreur, monstruosité, obscénité, saleté, vilenie → **bassesse**
laie n.f. [1] → **sanglier** [2] → **allée**
lainage n.m. [1] beige, blanchet, cachemire, casimir, cheviotte, crêpe, drap, étamine, flanelle, fil-à-fil, gabardine, granité, jersey, lasting, loden, mérinos, mousseline, napolitaine, ras, ratine, reps, tweed, velours ♦ vx : bort, bure, bureau, cadis, droguet, escot, frise, picote, prunelle [2] → **chandail** [3] feutre, molleton, tartan
laine n.f. agneline, alpaga, carmeline, cheviotte, mérinos, mohair, riflard, vigogne → **poil**
laineux, euse [1] doux, duveteux, épais, isolant [2] lanice (vx), lanugineux [3] par ext. : poilu, velouté
laïque ou **laïc** n.m. agnostique, convers, indépendant, lai, neutre, profane, séculier
laisse n.f. [1] → **attache** [2] → **alluvion**
laisser [1] → **abandonner** [2] → **quitter** [3] → **confier** [4] → **transmettre** [5] → **aliéner** [6] → **souffrir** [7] **ne pas laisser de** → **continuer**
laisser-aller n.m. négligence → **abandon**
laissez-passer n.m. coupe-file, navicert (mar.), passavant, passe-debout, passeport, permis, sauf-conduit, visa
laiteux, euse → **blanc**
laitier, ère crémier
laiton n.m. archal
laïus n.m. → **discours**
lallation n.f. → **babillage**
lama n.m. [1] → **religieux** [2] alpaga, guanaco, vigogne
lamarckisme n.m. → **évolutionnisme**
lambeau n.m. → **morceau**
lambin, e → **lent**
lambiner → **traîner**
lame n.f. [1] éclisse, feuille, feuillet, lamelle, morceau, plaque [2] baleine de corset, busc [3] → **épée** [4] → **vague** [5] **fine lame** → **ferrailleur**
lamé n.m. → **tissu**
lamelle n.f. → **lame**
lamellé, e lamelliforme, laminaire → **strié**
lamellibranche n.m. [1] vx : [2] anodonte ou moule d'étang, anomie ou estafette, aspergille, isocarde, lime ou limette, mulette, palourde, pecten ou peigne ou coquille Saint-Jacques, pétoncle ou amande de mer, pholade, pinne, praire, solen ou couteau, spondyle, taret, tridacne ou bénitier, vénéricarde, vénus ou clovisse [3] → **huître** [4] → **moule**
lamentable → **pitoyable**
lamentation n.f. → **gémissement**
lamenter (se) → **gémir**
lamento n.m. [1] → **air** [2] → **plainte**
lamie n.f. [1] → **monstre** [2] → **poisson**
laminage n.m. aplatissage, aplatissement, compression, écrasement, écrouissage, étirage
laminaire [1] n.f. → **algue** [2] adj. → **lamellé**
laminer aplatir, étirer, réduire → **user**
laminoir n.m. étireuse, presse
lampadaire n.m. bec de gaz, réverbère → **lampe**
lamparo n.m. → **lampe**
lampas n.m. [1] luette → **gosier** [2] → **soie**
lampe n.f. [1] carcel, fumeron, lampadaire, lamparo, luminaire, (lampe) pigeon, photophore, projecteur, spot, veilleuse, verrine (mar.) → **lanterne** [2] arg. : camoufle, loupiote, pétoche
lampée n.f. → **gorgée**
lamper → **boire**
lampion n.m. → **lanterne**
lampiste n.m. → **subordonné**
lamproie n.f. → **poisson**
lampyre n.m. ver luisant
lance n.f. angon, dard, épieu, framée, guisarme, hallebarde, javeline, javelot, pertuisane, pique, sagaie, sarisse, vouge
lancée n.f. → **élan**
lancement n.m. [1] envoi, tir → **jet** [2] → **publication**
lancer [1] au pr. : catapulter, darder, lâcher, larguer, poquer, projeter → **jeter** ♦ vx : forjeter [2] par ext. [a] bombarder, déclencher, décocher, émettre, envoyer, exhaler, faire partir, répandre [b] → **introduire** [c] → **éditer** [3] v. pron. → **élancer (s')**
lancer n.m. → **jet**
lancinant, e [1] → **piquant** [2] → **ennuyeux**
lanciner → **tourmenter**
lançon n.m. → **poisson**
landau n.m. → **voiture**
lande n.f. brande, brousse, friche, garrigue, gâtine, jachère, maquis
langage n.m. [1] → **langue** [2] algol, cobol, fortran
lange n.m. → **couche**
langoureux, euse alangui, alanguissant, amoureux, doucereux, languide, languissant, mourant, sentimental ♦ vx : traînant
langue n.f. [1] adstrat, argot, dialecte, expression, idiolecte, idiome, langage, parler, patois, sabir, substrat, superstrat, vocabulaire → **jargon** ♦ sourds-muets : dactylologie [2] arg. : menteuse, platine (vx) [3] langue internationale : espéranto, volapük [4] **avoir la langue bien pendue :** bien affilée
langueur n.f. abattement, accablement, adynamie, affaiblissement, alanguissement, anéantissement, anémie, apathie, assoupissement, atonie, consomption, découragement, dépérissement, dépression, ennui, épuisement, étiolement, étisie, exhaustion, faiblesse, hypotonie, inactivité, inanition, indolence, léthargie, marasme, mollesse, morbidesse, nonchalance, paresse, prostration, somnolence, stagnation, torpeur
languide → **langoureux**
languir [1] au pr. : s'en aller, décliner, dépérir, dessécher, s'étioler [2] par ext. [a] → **attendre** [b] → **souffrir** [c] stagner, traîner, végéter
languissant, e [1] → **langoureux** [2] → **fade**
lanière n.f. → **courroie**
lanterne n.f. [1] au pr. [a] falot, fanal, feu, lamparo, lumière, phare, pharillon, réverbère → **lampe** [b] lampion, loupiote, lumignon, veilleuse [2] par ext. → **refrain**
lanterner [1] v. tr. → **tromper** [2] v. intr. [a] → **retarder** [b] → **traîner**
lapalissade n.f. → **vérité**
laper → **boire**
lapidaire → **court**
lapider [1] → **tuer** [2] → **vilipender**
lapin, e [1] cul-blanc [2] poser un lapin : faire faux bond
lapon, ne esquimau
laps [1] n.m. : → **espace** [2] adj. (vx) → **infidèle**
lapsus n.m. contrepèterie, coq-à-l'âne, cuir, erreur, faute, impropriété, janotisme, liaison-mal-t-à-propos, mastic, pataquès, perle, périssologie, valise, velours → **distraction**
laquais n.m. → **serviteur**
laque n.f. → **résine**
laquer → **peindre**
larbin n.m. [1] → **servile** [2] → **serviteur**
larcin n.m. → **vol**
lard n.m. couenne, crépine, graillon (péj.), lardon, panne
larder [1] → **percer** [2] → **emplir** [3] → **railler**
lardoire n.f. → **broche**
lardon n.m. [1] → **lard** [2] → **enfant**
lare n.m. → **pénates**
largage n.m. droppage, lâcher, parachutage → **abandon**
large [1] adj. [a] → **grand** [b] → **ample** [c] → **général** [d] → **indulgent** [e] → **généreux** [2] n.m. [a] → **mer** [b] → **largeur** [3] **gagner/prendre le large** → **partir**
largement → **beaucoup**
largesse n.f. [1] → **générosité** [2] → **don**
largeur n.f. [1] au pr. : ampleur, calibre, carrure, diamètre, dimension, empan, envergure, étendue, évasure, grandeur, grosseur, laize, large, lé, module, portée, voie [2] par ext. : indulgence, largesse, libéralisme, libéralité, ouverture d'esprit
larguer [1] → **lâcher** [2] → **renvoyer**
larme n.f. [1] eau (vx), gémissement, goutte, larmoiement, perle, pleur, pleurnichement, pleurnicherie, sanglot [2] chagrin, émotion, mal, souffrance
larmoyant, e → **émouvant**
larmoyer → **pleurer**
larron n.m. → **voleur**
larve n.f. [1] fig. → **fantoche** [2] → **ruine**
larvé, e → **manqué**
las, se → **fatigué**
lascar n.m. → **gaillard**
lascif, ive [1] amoureux, caressant, charnel, chaud, concupiscent, doux, érotique, folâtre, gamin, jouissif, léger, leste, libertin, polisson, sensuel, suave, voluptueux ♦ arg. : baiseur, bourrin, sabreur [2] par ext. et péj. : concupiscent, débauché, immodeste, impudique, impur, indécent, libidineux, licencieux, lubrique, luxurieux, paillard, porno, pornographique, salace, vicelard → **obscène**
lasciveté ou **lascivité** n.f. [1] chaleur, commerce charnel, concupiscence, dolce vita, érotisme, libertinage, polissonnerie, sensualité, suavité, volupté [2] par ext. et péj. : débauche, fornication, gâterie, immodestie, impudicité, impureté, indécence, licence, lubricité, luxure, paillardise, pornographie, salacité
lasser [1] → **fatiguer** [2] → **ennuyer** [3] v. pron. → **décourager (se)**
lassitude n.f. [1] → **abattement** [2] → **fatigue** [3] → **ennui** [4] → **découragement**
latence n.f. → **arrêt**
latent, e → **secret**
latitude n.f. → **liberté**
latitudinaire n. et adj. [1] → **indulgent** [2] → **faible**
latomies n.f. pl. → **prison**
latrie n.f. → **culte**
latrines → **water-closet**
latte n.f. [1] claquet → **planche** [2] → **sabre**
lattis n.m. garniture → **clôture**
laudateur, trice → **louangeur**
laudatif, ive → **élogieux**
laudes n.f. pl. → **prière**
laure n.f. → **cloître**
lauréat, e → **vainqueur**
lauriers n.m. pl. → **gloire**
lavabo n.m. [1] aiguière, aquamanile, fontaine, lave-mains [2] → **water-closet**
lavage n.m. ablution, bain, blanchiment, blanchissage, décantage, décantation, dégorgement, douche, lavement, lavure, lessive, lixiviation, nettoyage, purification, purgation
lavande n.f. aspic, lavandin, spic
lavandière n.f. → **laveuse**
lavement n.m. [1] irrigation, remède [2] vx : bouillon pointu, médecine [3] par ext. : bock, clystère, poire (à lavement) [4] → **lavage**
laver [1] au pr. : baigner, blanchir, débarbouiller, décrasser, décrotter, dégraisser, détacher, déterger, doucher, essanger, étuver, frotter, guéer, lessiver, lotionner, nettoyer, purifier, récurer, rincer ♦ vx : fringuer [2] par ext. [a] → **effacer** [b] → **excuser**
lavette n.f. → **incapable**
laveuse n.f. blanchisseuse, buandière, lavandière
lavoir n.m. → **buanderie**
laxatif, ive n. et adj. → **purge**

laxisme n.m. 1 → **indulgence** 2 → **faiblesse**
laxiste 1 → **indulgent** 2 → **faible**
layette n.f. bonneterie, linge, trousseau
layon n.m. → **sentier**
lazaret n.m. → **ladrerie**
lazzi n.m. → **plaisanterie**
lé n.m. → **largeur**
leader n.m. 1 → **chef** 2 → **article**
leadership décision, direction, hégémonie, initiative, tête
leasing n.m. écon. off. : crédit-bail, location-vente
lèche n.f. → **flatterie**
lèche-cul et **lécheur, euse** → **flatteur**
lécher 1 licher, pourlécher, sucer 2 par ext. a → **caresser** b → **flatter** c → **parfaire**
leçon n.f. 1 au pr. : classe, conférence, cours, enseignement, instruction 2 par ext. a → **avertissement** b → **texte**
lecteur, trice 1 liseur 2 pick-up
lecture n.f. déchiffrage, déchiffrement, décryptage, dépouillement, reconnaissance
légal, e → **permis**
légalement dans les formes/l'ordre/les règles, légitimement, licitement, réglementairement, régulièrement, selon les lois/les mœurs/les normes
légaliser → **confirmer**
légalisme n.m. à cheval (sur la loi/le règlement), formalisme, juridisme, rigorisme
légaliste n. et adj. → **formaliste**
légalité n.f. → **régularité**
légat n.m. nonce, prélat, vicaire apostolique → **ambassadeur**
légataire n.m. et f. → **héritier**
légation n.f. → **mission**
légendaire → **illustre**
légende n.f. 1 conte, cosmogonie, fable, folklore, histoire, mythe, mythologie, saga, théogonie, tradition 2 → **inscription**
léger, ère 1 aérien, allégé, arachnéen, délesté, dépouillé, éthéré, gracile, grêle, impalpable, impondérable, menu, mince, petit, subtil, superficiel, vaporeux, vif, volatil 2 → **dispos** 3 → **délicat** 4 → **insignifiant** 5 → **changeant** 6 → **libre** 7 → **frivole** 8 → **galant** 9 → **digeste** 10 → **vide**
légèrement 1 à la légère, inconsidérément, sommairement, superficiellement ◆ vx : à la venvole 2 frugalement, sobrement 3 délicatement, doucement, en douceur, imperceptiblement
légèreté n.f. 1 → **souplesse** 2 → **grâce** 3 → **insouciance** 4 → **faiblesse** 5 → **vivacité**
légiférer administrer, arrêter, codifier, décréter, édicter, faire des lois, mettre en place, ordonner, prescrire, régler, réglementer
légion n.f. 1 → **troupe** 2 → **multitude**
légionnaire n.m. → **soldat**
législateur n.m. → **légiste**
législation n.f. droit, loi, parlement, textes
législature n.f. mandat, mission
légiste n.m. conseiller, député, homme de loi, jurisconsulte, juriste, législateur, nomographe
légitime 1 adj. → **permis** 2 → **juste** 3 n. a → **époux** b → **épouse**
légitimement → **légalement**
légitimer 1 → **permettre** 2 → **excuser**
légitimiste n. et adj. → **royaliste**
légitimité n.f. → **bien-fondé**
legs n.m. → **don**
léguer → **transmettre**
légume n.m. racinage (vx), verdure
leitmotiv n.m. 1 → **thème** 2 → **refrain**
lémure n.m. → **spectre**
lendemain n.m. → **avenir**
lénifiant, e et **lénitif, ive** → **calmant**
lénifier → **adoucir**
lent, e 1 alangui, apathique, appesanti, arriéré, balourd, calme, difficile, endormi, engourdi, épais, flâneur, flegmatique, flemmard, gnangnan (fam.), indécis, indolent, inerte, irrésolu, lambin, long, lourd, lourdaud, mollasse, mou, musard, nonchalant, paresseux, pataud, pénible, pesant, posé, retardataire, retardé, somnolent, stagnant, tardif, tardigrade, temporisateur, traînant, traînard, tranquille 2 → **progressif**
lente n.f. → **œuf**
lentement doucement, insensiblement, mollo (fam.), piano, tranquillement
lenteur n.f. 1 → **retard** 2 → **prudence** 3 → **paresse** 4 → **stupidité**
lentille n.f. 1 → **loupe** 2 par ext. : ers, gesse, jarosse, orobe, pois de senteur, vesce
léonin, e → **abusif**
lèpre n.f. → **maladie**
lépreux, euse 1 ladre, malade 2 dartreux, galeux, scrofuleux 3 décrépit, ruiné
léproserie n.f. → **ladrerie**
lérot n.m. → **rongeur**
lesbienne n.f. 1 homosexuelle, invertie 2 litt. : tribade (péj.) 3 arg. et grossier : gouine
léser 1 → **blesser** 2 → **nuire**
lésine n.f. → **avarice**
lésiner → **économiser**
lésion n.f. 1 → **dommage** 2 → **blessure**
lessive n.f. 1 → **purification** 2 → **lavage**
lessiver → **laver**
lessiveuse n.f. souillarde (rég.) → **baquet**
lest n.m. → **charge**
leste 1 → **dispos** 2 → **impoli** 3 → **libre**
lestement → **vite**
lester → **pourvoir**
létal, e → **mortel**
léthargie n.f. 1 → **sommeil** 2 → **torpeur**
lettre n.f. 1 aérogramme, billet, carte, carte-lettre/postale, correspondance, courrier, dépêche, deux/quelques lignes, épître, message, missive, mot, pli, pneu 2 relig. : bref, bulle, dimissoire, encyclique, mandement, monitoire, rescrit 3 partic. → **forme** 4 fam. : babillarde, bafouille, billet doux, poulet, tartine 5 → **caractère** 6 a **à la lettre** : au mot, littéralement, mot à mot b **homme de lettres** → **écrivain** 7 au pl. a → **correspondance** b → **littérature** c → **savoir**
lettré, e adj. et n. → **savant**
lettrine n.f. → **majuscule**
leurre n.m. amorce, appât, appeau, dandinette, nichet, tromperie → **aiche**
leurrer → **tromper**
levain n.m. → **ferment**
levant n.m. → **orient**
levée n.f. → **digue**
lever 1 au pr. : dresser, élever, enlever, haler, hausser, hisser, monter, redresser, relever, rotrousser ◆ mar. : apiquer, guinder, trévirer 2 par ext. a → **tirer** b → **retrancher** c → **percevoir** d → **abolir** 3 v. intr. → **fermenter** 4 v. pron. : s'éveiller, faire surface (fam.), sauter du lit 5 a **lever des troupes** → **enrôler** b **lever le pied** → **enfuir (s')**
levier n.m. barre à mine, commande, davier, louve, manette, pédale, pied-de-biche, pince-monseigneur
lèvre n.f. 1 au pr. : babines, badigoinces (fam.), ballots (arg.), labre, lippe 2 par ext. → **bord** 3 **petites lèvres** : → **nymphe**
lévrier n.m. levrette, levron
levure n.f. → **ferment**
lexique n.m. → **dictionnaire**
lézard n.m. → **saurien**
lézarde n.f. → **fente**
lézarder 1 crevasser, disjoindre, fendre 2 → **paresser**
liaison n.f. 1 au pr. : accointance, acoquinement (péj.), affinité, alliance, association, attache, cohérence, cohésion, communication, connexion, connexité, contact, convenance, filiation, lien, rapport, union 2 par ext. a → **relation** b → **transition** c mus. : coulé
liant, e → **sociable**
liasse n.f. → **tas**
libation n.f. → **beuverie**
libelle n.m. brochure, diatribe, épigramme, factum, invective, pamphlet, placard, satire ◆ vx : bluette, calotte, pasquin, pasquinade
libellé → **texte**
libeller → **écrire**
libellule n.f. æschne, agrion, demoiselle
libéral, e 1 libre-échangiste, non directif 2 → **démocrate** 3 → **généreux**
libéralement abondamment, beaucoup, largement
libéralité n.f. 1 → **générosité** 2 → **don**
libérateur, trice n. et adj. défenseur, émancipateur, protecteur, rédempteur, sauveur
libération n.f. 1 affranchissement, délivrance, désaliénation, émancipation 2 rachat, rédemption 3 débridement, défoulement 4 dégagement, désobstruction, évacuation, ouverture 5 élargissement, levée d'écrou, relaxation → **amnistie** 6 milit. : démobilisation, quille (fam.), renvoi dans les foyers
libérer 1 affranchir, débloquer, décharger, défaire de, défouler, dégager, délier, délivrer, dépêtrer, déprendre, désenchaîner, déshypothéquer, détacher, dételer, élargir, émanciper, évacuer, racheter, rédimer, relâcher, relaxer, relever, soustraire à, tenir quitte ◆ vx : quitter de 2 débarrasser, décomplexer, décontracter, défouler, désinhiber, désopiler 3 → **abandonner** 4 v. pron. : dénoncer, prendre la tangente (fam.), rompre, secouer le joug, tirer son épingle du jeu
libertaire n. et adj. anarchiste, citoyen du monde, libertin (vx)
liberté n.f. 1 autonomie, disponibilité, franchise, indépendance 2 choix, droit, faculté, latitude, libre arbitre, licence, impunité (par ext.), permission, pouvoir → **possibilité** 3 → **abandon** 4 → **libération** 5 → **intimité** 6 → **désinvolture**
libertin, e n. et adj. 1 → **incroyant** 2 → **libre** 3 par ext. a neutre : épicurien, esthète, sybarite, voluptueux b non fav. → **débauché**
libertinage n.m. → **débauche**
libidineux, euse → **lascif**
libido n.f. → **sexualité**
libraire n.m. ou f. bouquiniste (par ext.), éditeur (vx)
librairie n.f. → **bibliothèque**
libre 1 au pr. : a affranchi, aisé, autonome, déboutonné (fam.), décontracté, dégagé, délié, disponible, émancipé, exempt, franc, incontrôlable, indépendant, laïque, sans-parti, souverain b marginal, non conformiste, non conventionnel, underground 2 par ext. a cavalier, coquin, corsé, cru, décolleté, dégourdi, dessalé, égrillard, épicé, familier, folichon, gai, gaillard, gaulois, graveleux, grivois, grossier, guilleret, hardi, inconvenant, léger, leste, libertin, licencieux, obscène, osé, polisson, poivré, rabelaisien, raide, scabreux, vert b → **dégagé** c → **vacant** d → **familier** e → **facultatif** 3 a **libre penseur** → **humaniste, incroyant** b **libre-échange** : libéralisme
librement → **volontairement**
libre-service n.m. drugstore, grande surface, hypermarché, self-service, supérette, supermarché
librettiste n.m. ou f. parolier
lice n.f. 1 arène, carrière, champ clos/de bataille, cirque, stade 2 → **chien**
licence n.f. 1 → **liberté** 2 → **permission** 3 → **faiblesse**
licenciement n.m. congédiement, dégraissage (fam. et péj.), départ, destitution, lock-out, mise au chômage/à la porte, renvoi, révocation
licencier → **congédier**
licencieux, euse → **libre**
licher v. tr. et intr. 1 → **lécher** 2 → **boire**
licite → **permis**
licitement → **légalement**
lie n.f. 1 → **sédiment** 2 → **rebut**
lien n.m. 1 → **attache** 2 → **liaison** 3 au pl. → **prison**
lier 1 → **attacher** 2 → **joindre** 3 → **obliger**
liesse n.f. → **gaieté**
lieu n.m. 1 au pr. a canton, coin, emplacement, endroit, localité, parage, part, place, point, position, poste, séjour, site, situation, terrain, théâtre b matière, objet, occasion, sujet c → **gade** 2 par ext. → **pays** 3 a **avoir lieu** → **produire (se)** b **donner lieu** → **occasionner** c **il y a lieu** → **falloir** d **tenir lieu** → **remplacer** e **lieu commun** : bateau, topique → **poncif** f **lieux d'aisances** → **water-closet**
lieutenant n.m. → **adjoint**
lièvre n.m. hase, levraut
lifting n.m. méd. off. : déridage, lissage, remodelage fam. : ravalement de façade
ligament n.m. attache, byssus, tendon
ligature n.f. → **attache**
ligaturer → **attacher**
lignage n.m. 1 → **race** 2 → **parenté**
ligne n.f. 1 au pr. : barre, droite, hachure, raie, rayure, segment, strie, trait 2 par ext. a contour, délinéament, galbe, linéament, livet (mar.), modénature, port, profil, silhouette, tracé, trait b techn. : cordeau, simbleau c

→ **forme** d → **chemin** e au pl. front, théâtre d'opérations f chemin de fer, voie ferrée g pêche : palangre, vermille h → **lignée** i → **direction** j → **orthodoxie**

lignée n.f. descendance, dynastie, famille, généalogie, lignage, ligne, maison, race, sang, souche, suite, tronc

ligoter → **attacher**

ligue n.f. 1 → **parti** 2 → **intrigue** 3 → **alliance**

liguer → **unir**

ligueur, euse → **conspirateur**

lilliputien, ne n. et adj. → **nain**

limace n.f. 1 → **limaçon** 2 arg. → **chemise**

limaçon n.m. 1 colimaçon, limace, loche → **gastéropode** 2 escargot ◆ rég. : cagouille

limbe n.m. 1 au sing. → **bord** 2 au pl. → **enfer**

lime n.f. 1 aiguisoir, demi-ronde, fusil, queue-de-rat, râpe, riflard, tiers-point 2 → **citron**

limer 1 → **parfaire** 2 → **revoir**

limier n.m. → **policier**

liminaire n. et adj. → **initial**

limitatif, ive → **imparfait**

limitation n.f. 1 numerus clausus → **réduction** 2 finitude

limite n.f. 1 borne, bout, confins, démarcation, extrémité, fin, finage (rég.), finitude (philos.), ligne, marche, orée, point de non-retour, terme → **frontière** 2 **à la limite** → **finalement**

limité, e borné, discontinu, épuisable, étroit, fini, localisé, modeste, réduit, temporaire, temporel

limiter 1 arrêter, borner, cadastrer, cantonner, circonscrire, contingenter, délimiter, démarquer, localiser, plafonner, réduire, restreindre 2 → **économiser** 3 v. pron. : se contenter de, s'en tenir à

limitrophe → **prochain**

limogeage défaveur, déplacement, destitution, disgrâce, éloignement, mise à la retraite/au rancart/sur la touche, mutation

limoger → **destituer**

limon n.m. 1 alluvion, boue, bourbe, fange, glèbe, lœss, schorre, terre, tourbe, vase 2 → **citron**

limonade n.f. citronnade, diabolo, soda

limonadier, ière → **cabaretier**

limpide 1 → **transparent** 2 → **clair** 3 → **intelligible** 4 → **pur**

limpidité n.f. 1 → **clarté** 2 → **pureté**

linceul n.m. drap, linge, suaire, voile

linéament n.m. 1 → **ligne** 2 → **ébauche**

linge et **lingerie** n.m., n.f. dessous, trousseau → **culotte**

linguistique n.f. principales spécialités : anthroponymie, dialectologie, didactique des langues, étymologie, grammaire comparative/descriptive/distributionnelle/fonctionnelle/générale/générative/historique/logique/normative, lexicographie, lexicologie, morphologie, onomasiologie, onomastique, philologie, phonétique, phonologie, science du langage, sémantique, sémasiologie, sémiotique, stylistique, syntactique, syntagmatique, syntaxe, tonétique, toponymie

liniment n.m. → **pommade**

linon n.m. batiste, fil, lin, toile

linotte n.f. → **étourdi**

linteau n.m. architrave, poitrail, sommier

lippe n.f. 1 → **lèvre** 2 → **grimace**

liquéfaction n.f. → **fusion**

liquéfier → **fondre**

liqueur n.f. 1 alcool, boisson, digestif, ratafia, spiritueux 2 anisette, arak, bénédictine, cassis, chartreuse, curaçao, kummel, marasquin, menthe, mirabelle, ouzo, prunelle, raki, rossolis, verveine *et les appellations par les noms de fruits ou plantes et de marques déposées*.

liquidation n.f. 1 → **vente** 2 → **faillite** 3 → **suppression**

liquide 1 adj. → **fluide** 2 n.m. a boisson b humeur, liqueur 3 → **jus**

liquider 1 → **vendre** 2 → **détruire**

liquidités n.f. pl. → **argent**

liquoreux, euse → **doux**

lire 1 déchiffrer, épeler 2 bouquiner, dévorer, dépouiller, feuilleter, ligoter (arg.), parcourir 3 deviner, expliquer → **découvrir**

liséré n.m. → **lisière**

liseron n.m. belle-de-jour, convolvulus, ipomée, renouée, salsepareille, soldanelle, traînasse, volubilis, vrillée

liseur, euse → **lecteur**

lisible clair, compréhensible, déchiffrable, intelligible

lisière n.f. 1 bande, bord, bordure, extrémité, liséré 2 → **limite**

lisse 1 adj. : doux, égal, glabre, glacé, laqué, lustré, plat, poli, satiné, uni, verni 2 n.f. → **barrière**

lisser → **polir**

liste n.f. bordereau, cadre, canon, catalogue, cédule, dénombrement, énumération, état, index, inventaire, kyrielle, martyrologe, mémoire, nomenclature, paradigme, pense-bête (fam.), relevé, répertoire, rôle, série, suite, tableau

lister → **imprimer**

lit n.m. 1 au pr. : couche, couchette, couette, divan, grabat (péj.), hamac 2 fam. : bâche, banc, dodo, carrée, châlit, foutoir, goberge, paddock, page, pageot, pagne, pieu, plumard, plume, portefeuille, pucier, toiles 3 par ext. a → **canal** b → **couche** c → **mariage**

litanie n.f. 1 → **prière** 2 → **dénombrement**

liteau n.m. listel, moulure, tasseau

litho ou **lithographie** n.f. → **image**

litière n.f. brancard, chaise à porteurs, civière, filanzane, palanquin

litige n.m. → **contestation**

litigieux, euse → **incertain**

litote n.f. antiphrase, atténuation, diminution, euphémisme

litre n.m. → **bouteille**

littéraire par ext. → **artificiel**

littéral, e → **exact**

littéralement à la lettre, au pied de la lettre, exactement, fidèlement, mot à mot, précisément

littérateur n.m. → **écrivain**

littérature n.f. art d'écrire, belles-lettres, édition, expression/production littéraire, poésie, prose, roman, théâtre

littoral n.m. → **bord**

liturgie n.f. 1 célébration, cérémonial, culte, rit, rite, rituel, service divin/religieux 2 par ext. : psychodrame, sociodrame

livide → **pâle**

living-room n.m. off. : salle de séjour

livraison n.f. 1 arrivage, factage, port → **transport** 2 → **livre**

livre n.m. 1 album, atlas, bouquin, brochure, écrit, elzévir, fascicule, grimoire (péj.), imprimé, incunable, livraison, livret, manuel, opuscule, ouvrage, plaquette, publication, recueil, registre, tome, usuel → **volume** 2 best-seller, must → **succès** 3 → **paroissien** 4 → **libelle**

livrée n.f. 1 → **vêtement** 2 → **marque**

livrer 1 abandonner, céder, confier, délivrer, engager, extrader, lâcher, porter, remettre, rendre, trahir → **donner** 2 pron. : s'adonner

livret n.m. 1 → **cahier** 2 → **livre**

livreur, euse → **porteur**

loader tr. pub. off. : chargeuse

lobby n.m. off. : groupe de pression

local 1 n.m. → **bâtiment** 2 adj. : folklorique, particulier, provincial, régional, spécifique, typique

localisation n.f. 1 → **situation** 2 → **reconnaissance**

localiser → **limiter**

localité n.f. → **agglomération**

locataire n.m. ou f. fermier, preneur

location n.f. 1 → **fermage** 2 → **leasing** 3 → **réservation** 4 spat.(angl.) off. : localisation

loch n.m. 1 compteur d'allure/de vitesse 2 → **lac**

lock-out n.m. → **licenciement**

locomotion n.f. déplacement, transport

locomotive ou **loco** n.f. 1 automotrice, coucou, locomobile, locotracteur, machine, motrice 2 → **artiste**

locution n.f. → **expression**

loge n.f. 1 box, cage, logette, stalle 2 → **cabane** 3 → **établissement** 4 → **cellule** 5 → **pièce** 6 **loge maçonnique :** atelier, carré long, temple 7 conciergerie

logeable 1 → **commode** 2 → **vaste**

logement n.m. 1 au pr. a appartement, demeure, domicile, garçonnière, gîte, habitacle (vx), habitation, loft, logis, maison, pénates, pied-à-terre, résidence, séjour, studio → **chambre** b cantonnement, casernement, hébergement 2 par ext. a habitat, urbanisme b → **cabane**

loger 1 v. intr. → **demeurer** 2 v. tr. → **placer**

logeur, euse → **hôte**

logiciel n.m. 1 → **programme** 2 → **informatique**

logique 1 n.f. a bon sens, dialectique, logistique, raison, raisonnement, sens commun b → **nécessité** 2 adj. : cartésien, cohérent, conséquent, déductif, démonstratif, discursif, exact, géométrique, inductif, judicieux, juste, méthodique, naturel, nécessaire, raisonnable, rationnel, scientifique, serré, suivi, systématique, vrai

logis n.m. 1 → **maison** 2 → **hôtel**

logogriphe n.m. 1 → **énigme** 2 → **galimatias**

logomachie n.f. verbalisme → **discussion**

logopédie n.f. orthophonie

loi n.f. 1 au pr. a code, droit, justice, législation b acte, arrêt, arrêté, bill, constitution, dahir, décision, décret, décret-loi, édit, firman, jurisprudence, ordonnance, sénatus-consulte c digeste 2 par ext. a obligation, ordre, prescription, principe, règle, règlement b → **autorité** c bible, catéchisme, coran, évangile, les prophètes, les saintes écritures

loin 1 fam. : au diable, à perpète 2 **au loin :** à distance

lointain n.m. → **éloignement**

lointain, e → **éloigné**

loir n.m. → **rongeur**

loisible → **permis**

loisir n.m. 1 → **inaction** 2 → **permission** 3 au pl. : secteur tertiaire

long, longue 1 au pr. : allongé, barlong, étendu, longiligne, oblong 2 éternel, infini, interminable, longuet (fam.) 3 par ext. a → **lent** b → **ennuyeux**

longanimité n.f. → **patience**

longe n.f. → **attache**

longer 1 quelqu'un : aller le long, côtoyer, raser 2 quelque chose : border, être/s'étendre le long

longeron n.m. → **poutre**

longévité n.f. durée

longrine n.f. traverse → **poutre**

longtemps et **longuement** 1 beaucoup, en détail, lentement, minutieusement, tout au long 2 **il y a longtemps :** il y a belle lurette

longueur n.f. 1 distance, envergure, étendue, grandeur → **dimension** 2 durée, lenteur 3 unités. a mètre *(et dérivés)* b angstrœm, micron c année-lumière, parsec d mar. : brasse, encablure, lieue, mille, nœud, touée e vx : aune, brasse, coudée, doigt, empan, lieue, ligne, palme, pas, pied, pouce, stade, toise f angl. : mile, yard g chin. : li h russe : verste

looch n.m. → **sirop**

looping n.m. aviat. off. : boucle

lopin n.m. 1 → **champ** 2 → **morceau**

loquace → **bavard**

loquacité n.f. 1 → **bavardage** 2 → **faconde**

loque n.f. chiffon, défroque, épave, fragment, guenille, haillon, lambeau, oripeau

loquet et **loqueteau** n.m. ardillon, bobinette, serrure, taquet, targette, verrou

loqueteux, euse 1 → **déguenillé** 2 → **pauvre**

lorgner 1 → **regarder** 2 → **vouloir**

lorgnette n.f. → **lunette**

lorgnon n.m. binocle, face-à-main, lunette, monocle, pince-nez

lori n.m. → **grimpeur**

loricaire n.m. → **poisson**

loriot n.m. → **passereau**

loris n.m. → **singe**

lorry n.m. → **wagonnet**

lors → **alors**

lorsque → **quand**

losange n.m. rhombe, rhomboïde

lot n.m. 1 → **part** 2 → **destinée**

loterie n.f. arlequin, bingo, hasard, jeu, loto, sweepstake, tirage, tombola vx : quaterne, quine, terne

lotionner → **laver**

lotir 1 → **fournir** 2 → **partager**

lotissement n.m. → **morceau**

lotte n.f. baudroie, crapaud de mer

louable → **méritant**
louage n.m. amodiation, bail, cession, ferme, location
louange n.f. → **éloge**
louanger → **louer**
louangeur, euse admirateur, adulateur, apologiste, approbateur, caudataire, complimenteur, courtisan, encenseur, flagorneur, flatteur, glorificateur, laudateur, laudatif, loueur, préconisateur, thuriféraire → **élogieux**
loubard n.m. → **vaurien**
louche [1] adj. a → **ambigu** b → **suspect** [2] n.f. : cuiller à pot, pochon
loucher [1] bigler [2] guigner, lorgner [3] fig. → **vouloir**
loucheur, euse bigle, bigleux, louchon
louer [1] on loue quelque chose : affermer, amodier, arrenter, arrêter, céder/donner/prendre à louage/en location [2] on loue quelque chose ou quelqu'un :acclamer, admirer, applaudir, auréoler, bénir, canoniser, caresser, célébrer, chanter les louanges, complimenter, couvrir de fleurs, déifier, diviniser, élever, encenser, enguirlander de fleurs, exalter, flagorner (péj.), flatter, glorifier, louanger, magnifier, passer la pommade (fam.), porter aux nues/au pinacle, préconiser, prôner, rehausser, relever, tresser des couronnes, vanter
loufoque [1] → **fou** [2] → **bizarre**
loufoquerie n.f. [1] → **originalité** [2] → **manie** [3] → **bizarrerie**
loulou n.m. → **vaurien**
loup, louve n.m. et f. leu (vx), lycaon
loup n.m. bar → **poisson**
loupage → **insuccès**
loupe n.f. [1] compte-fils, lentille [2] → **tumeur** [3] → **gemme**
louper → **manquer**
lourd, e [1] quelque chose. a phys. → **pesant** b moral : accablant, douloureux, dur, écrasant, grave, pénible [2] quelqu'un. a → **gros** b → **bête** c → **lent** d → **maladroit** [3] par ext. → **indigeste**
lourdaud, e adj. et n. balourd, butor, campagnard, cruche, cuistre, doubleau (rég.), fruste, ganache, gauche, grossier, gougnafier, lent, maladroit, péquenaud, plouc, sot, stupide → **bête**
lourdement [1] → **beaucoup** [2] → **très** [3] → **bêtement**
lourdeur n.f. [1] → **maladresse** [2] → **impolitesse** [3] → **stupidité**
loustic n.m. [1] → **gaillard** [2] → **plaisant**
louve n.f. levier, moufle, palan
louvoiement n.m. → **hésitation**
louvoyer → **biaiser**
lover (se) → **rouler (se)**
loyal, e [1] → **fidèle** [2] → **sincère** [3] → **vrai**
loyalisme n.m. → **attachement**
loyauté n.f. [1] → **honnêteté** [2] → **franchise** [3] → **vérité**
loyer n.m. [1] fermage, intérêt, prix, montant, taux, terme, valeur [2] → **récompense**
lubie n.f. → **caprice**
lubricité n.f. → **lascivité**
lubrifiant n.m. cire, graisse, graphite, huile, mica, talc, vaseline
lubrification n.f. entretien, graissage
lubrifier → **graisser**
lubrique → **lascif**
lucarne n.f. faîtière, imposte, œil-de-bœuf, ouverture, tabatière → **fenêtre** • mérid. : fenestron
lucide [1] → **pénétrant** [2] → **intelligent**
lucidité n.f. [1] → **intelligence** [2] → **pénétration**
lucratif, ive → **fructueux**
lucre n.m. cupidité → **profit**
luette n.f. lampas (vx), uvule
lueur n.f. aube, aurore, clarté, éclair, éclat, étincelle, feu, flamme, fulgurance, illumination, luisance, lumière, nitescence, phosphorescence, rayon, scintillement, trace → **reflet**
luge n.f. par ext. : bobsleigh, traîneau
lugubre → **triste**
luire brasiller, briller, chatoyer, éblouir, éclairer, éclater, étinceler, flamboyer, fulgurer, jeter des feux, miroiter, papilloter, poudroyer, rayonner, reluire, resplendir, rutiler, scintiller
luisant, e [1] → **lumineux** [2] → **lustré**
lumière n.f. [1] au pr. → **lueur** [2] par ext. a jour, soleil, vie b éclairage → **lanterne** [3] unités de mesure : bougie, carcel, dioptrie, lumen, lux, phot [4] fig. a beauté, génie, illumination, illustration, splendeur, vérité → **gloire** b → **intelligence**
luminaire n.m. → **lampe**
luminescence n.f. [1] → **clarté** [2] → **phosphorescence**
luminescent, e → **phosphorescent**
lumineux, euse [1] au pr. : ardent, brillant, chatoyant, clair, éblouissant, éclairant, éclatant, étincelant, flamboyant, fulgurant, luisant, phosphorescent, resplendissant, rutilant [2] par ext. a ensoleillé, gai, limpide, radieux b frappant, génial → **intelligible**
luminosité n.f. → **clarté**
lunaire sélénite
lunatique → **capricieux**
lunch n.m. → **collation**
lune n.f. astre des nuits, Diane
lunette n.f. [1] armilles (vx), jumelles, longue-vue, longuette, microscope, télescope [2] au pl. : face-à-main, pince-nez, verres → **lorgnon** • vx : besicles, conserves • fam. : bernicles, carreaux, roues de vélo, vélo
lupanar n.m. a baisodrome, bazar, bob, bocard, boîte, bordel, bouge, bousin, boxon, broc, cabane, casbah, chose, clandé, claque, foutoir, grand numéro, hôtel borgne/de passe/louche, lanterne rouge, maison chaude/close/de débauche/d'illusion/de passe/de plaisir/de tolérance, mauvais lieu, mirodrome, pince-cul, pouf, quartier chaud/réservé, salon de plaisir/mondain, taule d'abattage, volière b vx : boucan, cagnard c iron. : harem, hôtel/maison garni(e) /meublé(e), gynécée
lupuline n.f. → **luzerne**
lupus n.m. → **ulcération**
luron, ne → **gaillard**
lustre n.m. [1] au pr. : brillant, clinquant (péj.), eau, éclat, feu, fleur, fraîcheur, luisant, orient, poli, relief, resplendissement [2] par ext. : gloire, illustration, magnificence, panache, prestige, rayonnement, splendeur [3] plafonnier, suspension [4] → **apparat**
lustré, e brillant, cati, chatoyant, ciré, glacé, laqué, lissé, luisant, moiré, poli, satiné, vernissé
lustrer apprêter, calandrer, cirer, cylindrer, frotter, glacer, laquer, lisser, moirer, peaufiner (fam.), polir, satiner, vernir
lut n.m. → **enduit**
luter [1] → **boucher** [2] → **enduire**
luth n.m. cistre, guitare, mandoline, mandore, pandore, théorbe • par ext. → **lyre**
luthérien, ne → **protestant**
lutin n.m. [1] → **génie** [2] → **espiègle**
lutiner → **taquiner**
lutte n.f. [1] boxe, catch, close-combat, combat, jiu-jitsu, judo, karaté, pancrace, pugilat [2] antagonisme, compétition, concurrence, duel, escrime, joute, opposition, querelle, rivalité, tournoi [3] → **bataille** [4] → **conflit**
lutter [1] s'acharner, affronter, attaquer, bagarrer, batailler, se battre, se colleter, combattre, se débattre, en découdre, se défendre, se démener, disputer de, s'efforcer, s'escrimer, être aux prises, s'évertuer, ferrailler, guerroyer, se heurter, jouter, livrer bataille, se mesurer à/avec, résister, rivaliser, rompre des lances [2] → **militer**
lutteur, euse [1] antagoniste [2] athlète, bateleur, hercule, jouteur
luxation n.f. → **entorse**
luxe n.m. [1] au pr. : apparat, éclat, faste, magnificence, opulence, pompe, splendeur, somptuosité • fam. : dolce vita, tralala [2] par ext. : abondance, confort, débauche, excès, gaspillage, luxuriance, ostentation, richesse, superflu, superfluité, surabondance → **profusion**
luxer → **disloquer**
luxueux, euse abondant, confortable, éclatant, fastueux, magnifique, opulent, pompeux, princier, riche, royal, somptuaire, somptueux, splendide
luxure n.f. → **lascivité**
luxuriance n.f. [1] → **fertilité** [2] → **affluence**
luxuriant, e → **abondant**
luxurieux, euse → **lascif**
luzerne et **luzernière** n.f. [1] foin, fourrage, pâture → **pâturage** [2] par ext. : lupuline, minette, papilionacée
lycée n.m. athénée (belg.), bahut, bazar, boîte, collège, cours, école, gymnase, institut, institution, pension, prytanée
lycéen, ne → **élève**
lymphatique → **faible**
lymphe n.f. humeur, liqueur, sève
lyncher battre, écharper, frapper, prendre à partie, rosser, rouer de coups, supplicier, tuer
lynx n.m. caracal, loup-cervier
lyophiliser déshydrater
lyre n.f. [1] par ext. : cithare, harpe, heptacorde, manicorde, psaltérion, sambuque, tétracorde [2] fig. → **poésie** [3] → **luth**
lyrique [1] → **poétique** [2] → **enthousiaste**
lyrisme n.m. [1] → **poésie** [2] → **luth** [3] par ext. → **enthousiasme**

M

maboul, e → **fou**
mac n.m. → **proxénète**
macabre → **funèbre**
macache → **rien**
macadam n.m. → **asphalte**
macadamisage n.m. empierrement, réfection, revêtement → **bitumage**
macadamiser → **bitumer**
macaque n.m. → **magot**
macareux n.m. guillemot, pingouin → **palmipède**
macaron n.m. [1] → **insigne** [2] → **pâtisserie** [3] → **tresse**
macaroni n.m. → **pâte**
macaronique → **héroï-comique**
macchabée n.m. → **mort**
macédoine n.f. → **mélange**
macération n.f. [1] → **mortification** [2] → **tisane**
macérer [1] au pr. → **tremper** [2] fig. : crucifier, humilier, mater, mortifier
macfarlane n.m. → **manteau**
machaon n.m. → **papillon**
mâche n.f. clairette, doucette, valérianelle
mâcher [1] au pr. : broyer, chiquer, mâchonner, mâchouiller, manger, mastiquer, ruminer [2] fig. → **préparer**
machette n.f. → **serpe**
machiavélique [1] → **compliqué** [2] → **rusé**
machiavélisme n.m. [1] → **politique** [2] → **ruse**
mâchicoulis n.m. → **défense**
machin n.m. → **truc**
machinal, e → **involontaire**
machinalement → **inconsciemment**
machination n.f. → **menée**
machine n.f. [1] a → **appareil** b → **ustensile** c → **locomotive** [2] a → **moyen** b n.f. → **ruse**
machiner [1] → **comploter** [2] → **ourdir**
machinisme n.m. → **philosophie**
machiniste n.m. ou f. [1] → **mécanicien** [2] → **chauffeur** [3] accessoiriste
machisme n.m. phallocratie
macho n.m. phallocrate
mâchoire n.f. [1] au pr. : barres (de cheval), bouche, carnassières (de carnivore), dentition, dents, denture, maxillaires, sous-barbe • fam. : clavier, dominos, ganache, mandibules, margoulette, râtelier [2] fig. → **bête**
mâchonner et **machouiller** → **mâcher**
mâchure n.f. → **contusion**
mâchurer [1] → **salir** [2] → **noircir** [3] → **écraser**
macle ou **macre** n.f. châtaigne/noix d'eau
maçon n.m. limousin (vx) → **bâtisseur**
maçonner [1] au pr. : bâtir, cimenter, construire, édifier, élever, hourder, limousiner, réparer, revêtir [2] par ext. : boucher, condamner, fermer, murer, obstruer, sceller
macrobiotique n.f. et adj. → **végétalien**
macrocosme n.m. → **univers**
macroure n.m. [1] → **crustacé** [2] dasyure → **marsupiaux**
macule n.f. → **tache**
maculer → **salir**

madapolam n.m. → coton

madeleine n.f. 1 → pâtisserie 2 → poire 3 → raisin

madone n.f. → vierge

madrague n.f. → filet

madras n.m. → fichu

madré, e 1 au pr. → marqueté 2 par ext. → malin

madrier n.m. → poutre

madrigal n.m. → galanterie

maelström n.m. 1 tourbillon 2 par ext. → typhon

maestoso → rythme

maestria n.f. → habileté

maestro n.m. → musicien

mafia ou **maffia** n.f. 1 deuxième pouvoir, honorable société 2 → coterie

mafioso ou **maffioso** n.m. → bandit

magasin n.m. 1 lieu de vente : bazar, boutique, bric-à-brac, chantier, commerce, comptoir, débit, dépôt, drugstore, échoppe, entrepôt, établissement, étal, fonds de commerce, grande surface, halle, officine, pavillon, stand, succursale, supérette, supermarché 2 lieu de stockage : arsenal, chai, dépôt, dock, entrepôt, factorerie, hangar, manutention, réserve, resserre, silo 3 vx → journal

magasiner québ. : faire des achats/du shopping/les magasins

magazine n.m. → revue

mage n.m. → magicien

maghrébin, e 1 vx : maure, mauresque, more, moresque 2 algérien, kabyle 3 berbère, chérifien, marocain 4 kroumir, tunisien ◆ arg. et/ou péj. : arbi, basané, beur, bic, bicot, bougnoul, bronzé, crouille, melon, rat, raton, sidi, tronc (de figue)

magicien n.m. 1 alchimiste, astrologue, cabaliste, charmeur (vx), enchanteur, ensorceleur, envoûteur, mage, nécromancien, nécromant, occultiste, psychopompe, rhabdomancien, sorcier, thaumaturge → devin 2 vx : charmeur, physicien

magicienne n.f. 1 fée, sibylle, sirène 2 → devineresse

magie n.f. alchimie, apparition, astrologie, cabale, charme, conjuration, diablerie, divination, enchantement, ensorcellement, envoûtement, évocation, fantasmagorie, fascination, géomancie, goétie, grand art, hermétisme, horoscope, incantation, maléfice, nécromancie, occultisme, philtre, pratique occulte/secrète, rhabdomancie, rite, sorcellerie, sort, sortilège, spiritisme, thaumaturgie, théurgie ◆ vx ou litt. : prestige

magique → surnaturel

magistère n.m. → autorité

magistral, e → parfait

magistralement génialement

magistrat n.m. 1 → édile 2 → juge

magistrature n.f. charge, consulat, édilité, fonction, judicature, ministère, prévôté, tribunat, triumvirat, viguerie

magma n.m. → mélange

magnanime → généreux

magnanimité n.f. → générosité

magnat n.m. → personnalité

magner (se) → manier

magnétisation n.f. → hypnose

magnétiser 1 → fasciner 2 → endormir

magnétiseur, euse → hypnotiseur

magnétisme n.m. 1 mesmérisme → hypnose 2 → fascination

magnificence n.f. 1 → lustre 2 → luxe 3 → générosité

magnifier 1 → louer 2 → honorer

magnifique 1 → beau 2 → généreux 3 → emphatique

magnifiquement très bien

magnolia n.m. laurier tulipier

magnum n.m. → bouteille

magot n.m. 1 macaque, nain, poussah, sapajou, singe 2 bas de laine, crapaud, éconocroques (fam.), économies, épargne → trésor

magouille n.f. → tripotage

mahométan, e → musulman

mai n.m. perche → arbre

maïa n.m. araignée de mer → crustacé

maie n.f. huche, pétrin

maïeutique n.f. → méthode

maigre 1 amaigri, amenuisé, aminci, cachectique, cave, creusé, creux, débile, décavé, décharné, décollé, défait, désossé, desséché, diaphane, efflanqué, émacié, étique, étroit, famélique, fantôme, fluet, grêle, gringalet, hâve, maigrelet, maigrichon, maigriot, rachitique, sec, spectre, squelette, squelettique, tiré 2 fam. : carcan, carcasse, échalas, grande bringue, haridelle, long comme un jour sans pain, manche à balai, momie, planche à pain, sac d'os 3 → pauvre 4 → stérile

maigre n.m. sciène → poisson

maigreur n.f. 1 amaigrissement, atrophie, cachexie, consomption, dépérissement, dessèchement, émaciation, étisie, marasme, rachitisme 2 fragilité, gracilité, minceur

maigrir s'allonger, amaigrir, s'amaigrir, s'amoindrir, s'atrophier, avoir la ligne, se creuser, décoller, se défaire, dépérir, dessécher, s'émacier, fondre, mincir, se momifier, se ratatiner (fam.)

mail n.m. 1 → promenade 2 batte, maillet, mailloche, maillotin, marteau, masse, minahouet (mar.)

mailing n.m. off. : publipostage, vente par correspondance

maille n.f. 1 anneau, chaînon, maillon 2 boucle, point

mailler mar. → lacer

maillet n.m. → mail

maillon n.m. anneau, chaînon, maille

maillot n.m. 1 chandail, collant, débardeur, gilet, pull-over, sweater, tee-shirt, tricot 2 → couche

main n.f. 1 fam. : battoir, cuiller, dextre, empan, louche, menotte, paluche, patoche, patte, pince, pogne, poing 2 fig. a action, effet, œuvre b aide, appui, autorité, main-forte 3 → écriture 4 a en sous-main → secrètement b avoir la main heureuse → réussir c donner la main → aider d donner les mains → consentir e forcer la main → obliger f mettre la main → intervenir g se faire la main → exercer (s') h main-d'œuvre → travailleur i main-forte → appui

mainate n.m. → passereau

mainmise n.f. 1 → influence 2 → confiscation

mainmorte n.f. → droit

maint, e adj. et adv. 1 → beaucoup 2 → plusieurs 3 → nombreux

maintenance n.f. 1 entretien, gestion des effectifs/des stocks, mise en œuvre/opération/service → réparation 2 → conservation

maintenant 1 actuellement, à présent, aujourd'hui, de nos jours, d'ores et déjà, en ce moment, ores (vx), présentement 2 → dorénavant

maintenir 1 → soutenir 2 → conserver 3 → retenir 4 v. pron. a → subsister b → continuer

maintien n.m. 1 air, allure, attitude, comportement, conduite, contenance, dégaine (fam.), démarche, extérieur, façon, figure, ligne, manière, mine, port, posture, présentation, prestance, tenue, tournure 2 → conservation

maire, mairesse n.m. bailli, bourgmestre, lord-maire (G.B.), → édile

mairie n.f. édilité, hôtel de ville, maison commune/de ville, municipalité

mais cependant, en compensation, en revanche, néanmoins, par contre

maison n.f. 1 appartement, chez-soi, couvert, demeure, domicile, foyer, gîte, home, intérieur, logement, logis, nid, résidence, séjour, toit → habitation ◆ vx et/ou poét. : habitacle, héberge, lares, pénates 2 → immeuble 3 ménage, standing, train de maison/de vie ◆ vx : domestique 4 → famille 5 → race 6 a maison centrale/d'arrêt/de correction/de force/de justice → prison b maison de commerce → établissement c maison de rapport → immeuble d maison de santé → hôpital e maison close/de tolérance → lupanar f maison commune → mairie

maisonnée n.f. → famille

maisonnette n.f. cabane, cabanon, case, chaume, chaumière, chaumine, folie, gloriette, hutte, maison

maître n.m. 1 → propriétaire 2 → patron 3 a censeur, conseiller d'éducation, éducateur, enseignant, instituteur, instructeur, magister, maître d'école, moniteur, pédagogue, précepteur, préfet des études, professeur, répétiteur, surveillant, universitaire b péj. : écolâtre, fouette-cul → pédant c vx ou rég. : gouverneur, régent d partic. : directeur de conscience, gourou, initiateur, mystagogue, starets 4 → artiste 5 → virtuose 6 → gouvernant 7 → arbitre 8 adj. → principal 9 a maître de maison → hôte b maître d'étude → surveillant c maître queux → cuisinier d maître d'hôtel : majordome, sénéchal → échanson, serviteur e maître de chai → sommelier f maître-chanteur → fripon g maître à danser → compas

maîtresse n.f. 1 → amante 2 concubine, fil à la patte (fam.), liaison

maîtrise n.f. 1 → habileté 2 → manécanterie

maîtriser → vaincre

majesté n.f. beauté, dignité, éclat, excellence, gloire, grandeur, gravité, hiératisme, magnificence, pompe, prestige, souveraineté, splendeur, superbe

majestueux, euse → imposant

majeur, e 1 → adulte 2 → important

majolique ou **maïolique** n.f. → faïence

majoration n.f. → hausse

majordome n.m. intendant, maître d'hôtel ◆ vx : sénéchal

majorer → hausser

majorité n.f. 1 âge adulte, adultisme, émancipation, maturité 2 gouvernement, pouvoir 3 le commun, foule, généralité, la plupart, la pluralité, le plus grand nombre, masse, multitude

majuscule n.f. capitale, chiffre, haut de casse, initiale, lettre d'antiphonaire/d'imprimerie, lettrine, miniature, sigle

makémono n.m. → peinture

maki n.m. → singe

mal 1 → mauvais 2 → imparfaitement

mal n.m. 1 affliction, amertume, calamité, calice, croix, damnation, désolation, difficulté, douleur, ennui, épreuve, fiel, inconvénient, mortification, plaie, souffrance, tribulation, tristesse 2 crime, défaut, faute, imperfection, insuffisance, malfaçon, méchanceté, péché, perversion, perversité, tare, vice 3 → dommage 4 → maladie 5 → malheur 6 → peine 7 a mal de mer : naupathie → nausée b mal du pays : ennui, nostalgie, regret, spleen, vague à l'âme c se donner du mal → peiner

malabar nom et adj. 1 → grand 2 → fort 3 → gros

malade 1 nom. a client, consultant, égrotant, grabataire, infirme, patient, valétudinaire b → fou 2 adj. a au pr. : abattu, alité, atteint, cacochyme, chétif, déprimé, dolent, égrotant, incommodé, indisponible, indisposé, invalide, fatigué, fiévreux, languissant, maladif, mal en point, mal fichu/foutu (fam.), malingre, morbide, moribond, pâle, patraque, rachitique, scrofuleux, souffrant, souffreteux b rég. : pignochant c par ext. : altéré, anormal, avarié, démoli, détraqué, en mauvais état, gâté, pourri, vicié

maladie n.f. 1 affection, anémie, attaque, atteinte, crise, dérangement, épreuve, incommodité, indisposition, infirmité, langueur, mal, malaise, mal-être (vx), morbidité, rechute, récidive, traumatisme, trouble 2 parmi les très nombreuses dénominations spécifiques : aboulie, absinthisme, achromatopsie, acné, acromégalie, actinomycose, adénite, adénome, adipose, adynamie, agraphie, aï, albinisme, alcoolisme, aliénation mentale, alopécie, amaurose, amblyopie, aménorrhée, amétropie, amnésie, amygdalite, anasarque, anévrisme, angine, ankylose, ankylostomiase, anthrax, anurie, aortite, aphasie, aphte, apoplexie, appendicite, artériosclérose, artérite, arthrite, arthritisme, ascite, aspermatisme, aspermie, asthénie, asthme, astigmatisme, asystolie, ataxie, athérome, athrepsie, atonie intestinale/musculaire, atrophie, avitaminose, balanite, béribéri, blennorragie, blépharite, botulisme, boulimie, bronchite, broncho-pneumonie, brûlure, cachexie, caféisme, cancer, cardite, carie dentaire/des os, carnification, cataracte, catarrhe, cécité, charbon, chlorose, choléra, chorée, cirrhose, colibacillose, colite, coma, condylome, congestion cérébrale/pulmonaire, conjonctivite, consomption, coqueluche, coryza, coxalgie, coxarthrose, croup, cyanose, cystite, dartre, delirium tremens, démence, dengue, dermatose, diabète, diphtérie, duodénite, dysenterie, dysménorrhée, dyspepsie, éclampsie, écrouelles, ecthyma, eczéma, éléphantiasis, embarras gastrique, embolie, emphysème, encéphalite, endocardite, engorgement, engouement, entérite, énurésie, épilepsie, ergotisme, érysipèle, érythème, étisie, exanthème, exophtalmie, fibrome, fièvre, fièvre jaune/de Malte/puerpérale, filariose, fluxion de poitrine, folie, folliculite, furonculose, gale, gangrène, gastrite, gelure, gingivite, glaucome, gomme, gourme, goutte, gravelle, grippe, helminthiase, hémolyse, hépatisme, hépatite, hernie, herpès, herpétisme, hirsutisme, hydrargyrisme, hydrocèle, hydropisie, hygroma, hyperchlorhydrie, hypocondrie, hystérie, ichtyose, ictère, iléus, impétigo, infarctus, influenza, insolation, intertrigo, iritis, jaunisse, kératite, laryngite, lèpre, lichen, lithiase, lupus, lymphangite, lymphatisme, maladie bleue/de Parkinson/pédiculaire/du sommeil, malaria, manie, mastoïdite, mélancolie, mélanisme, mélanose, méningite, métrite, millet, M.S.T. (maladies sexuellement transmissibles), muguet, mycose, myélite, myocardite, myopie, néphrite, névrite, nyctalopie, obstruction/occlusion intestinale, œdème, œsophagite, ophtalmie, orchite, oreillons, ostéite, ostéomalacie, ostéomyélite, otite, ovarite, ozène, paludisme, pancréatite, paramnésie, paratyphoïde, parotidite, pelade, pellagre, péricardite, périostite, périsplénite, péritonite, pérityphlite, peste, pharyngite, pharyngolaryngite, phlébite, phosphorisme, phtiriase, pierre, pilosisme, pityriasis, pleurésie, pleurite, pleuropneumonie, plique, pneumonie, poliomyélite, pollakiurie, polyurie, posthite, pourpre, presbytie, proctite, psittacose, psoriasis, psychasthénie, purpura, pyélite, rachitisme, rage, ramollissement cérébral, rash, rectite, rétinite, rhinite, rhumatisme, rhume, roséole, rougeole, rubéole, salpingite, saturnisme, scarlatine, schizophrénie, scorbut, scrofule, sida (syndrome d'immunodéficience acquis), sidérose, silicose, sinusite, splénite, sporotrichose, steatose, stomatite, synovite, syphilis, tabès, teigne, tétanos, toxoplasmose, thrombose, trachéite, trachome, trichinose, trichophytie, trombidiose, trophonévrose, trypanosomiase, tuberculose, typhlite, typhoïde, typhus, urétérite, urétrite, vaginite, varicelle, variole, vérole (vulg.), vitiligo, vulvite, xérodermie, zona → **névrose, psychose**

maladif, ive → **malade**

maladrerie n.f. → **ladrerie**

maladresse n.f. 1 défaut, gaucherie, impéritie, inélégance, inexpérience, inhabileté, lourdeur 2 ânerie, balourdise, bêtise, bévue, boulette, bourde, brioche, erreur, étourderie, fausse manœuvre, faute, faux pas, gaffe, gaucherie, grossièreté, impair, imprudence, inadvertance, ineptie, manque de tact, mégarde, naïveté, niaiserie, pas de clerc, pavé de l'ours, sottise, stupidité

maladroit, e 1 quelqu'un : a → **gauche** b fam. : andouille, ballot, balourd, brise-fer/tout, briseur, butor, couenne, emmanché, empaillé, emplumé, empoté, emprunté, enfoiré (grossier), gaffeur, godiche, gourde, inexercé, inexpérimenté, inhabile, jocrisse, lourd, lourdaud, malavisé, malhabile, manche, manchot, massacreur, mazette, novice, pataud, propre à rien, sabot, saboteur, sabreur, sans-soin, savate, savetier 2 quelque chose : faux, gauche, grossier, imparfait, inconsidéré, lourd

maladroitement 1 → **imparfaitement** 2 → **bêtement**

malaise n.m. 1 dérangement, embarras, empêchement, ennui, gêne, honte, incommodité, inconfort, inquiétude, timidité, tourment, tristesse, trouble 2 indisposition, lipothymie, mal, maladie, nausée, pesanteur, souffrance, vapeur, vertige 3 vx : mal-être

malaisé, e → **difficile**

malandrin n.m. bandit, brigand, canaille, détrousseur, forban, malfaiteur, pendard, pillard, rôdeur, scélérat, truand, vagabond, vaurien → **voleur** ♦ vx : chauffeur, routier

malappris n. et adj. → **impoli**

malard n.m. → **canard**

malaria n.f. fièvre, paludisme

malavisé, e bavard, borné, casse-pieds (fam.), étourdi, fâcheux, illogique, importun, imprudent, inconséquent, inconsidéré, inconsistant, indiscret, intrus, maladroit, sot → **bête**

malaxer → **pétrir**

malaxeur n.m. bétonneuse, bétonnière

malchance n.f. 1 mauvais sort → **malheur** 2 fam. : cerise, débine, déveine, frite, guigne, guignon, mélasse, merde, mouscaille, pêche, pépin, poisse, scoumoune, tasse, tuile, vape

malchanceux, euse → **malheureux**

malcommode 1 → **embarrassant** 2 → **difficile**

maldonne n.f. → **erreur**

mâle n.m. et adj. 1 au pr. : garçonnier, géniteur, hommasse (péj.), homme, masculin, reproducteur, viril 2 par ext. : courageux, énergique, ferme, fort, hardi, noble, vigoureux 3 animaux : bélier, bouc, bouquin, brocard, cerf, coq, étalon, jars, lièvre, malard, matou, sanglier, singe, taureau, verrat

malédiction n.f. 1 au pr. : anathème, blâme, blasphème, condamnation, damnation, déprécation, excommunication, exécration, imprécation, jurement, réprobation, vœu 2 par ext. a → **sortilège** b → **malchance**

maléfice n.m. charme, diablerie, enchantement, ensorcellement, envoûtement, fascination, influence, malheur, mauvais œil, nouement (d'aiguillette), philtre, possession, sorcellerie, sort, sortilège → **magie**

maléfique → **mauvais**

malencontreusement mal à propos

malencontreux, euse contrariant, déplorable, désagréable, désastreux, dommageable, ennuyeux, fâcheux, malheureux, malvenu, nuisible, pernicieux, regrettable, ruineux

malentendu n.m. confusion, désaccord, dispute, équivoque, erreur, imbroglio, mécompte, méprise, quiproquo

malfaçon n.f. → **imperfection**

malfaisant, e → **mauvais**

malfaiteur n.m. apache, assassin, bandit, brigand, criminel, gangster, gredin, incendiaire, larron (vx), malfrat, rôdeur, scélérat, terroriste → **voleur**

malformation n.f. anomalie, défaut, déformation, difformité, dystrophie, gibbosité, infirmité, monstruosité, vice

malfrat n.m. → **malfaiteur**

malgracieux, euse disgracieux, grossier, incivil, mal embouché, revêche, rogue, rude

malgré 1 au mépris de : contre, en dépit de, n'en déplaise à, nonobstant 2 malgré tout : absolument, quand même, tout de même

malgré que bien/en dépit que, quoique

malhabile → **maladroit**

malheur n.m. accident, adversité, affliction, calamité, cataclysme, catastrophe, chagrin, coup/cruauté du destin/sort, désastre, détresse, deuil, disgrâce, douleur, drame, échec, épreuve, fatalité, fléau, inconvénient, infélicité, infortune, mal, malédiction, mauvaise fortune/passe, mélasse, mésaventure, misère, orage, peine, perte, rafale, revers, ruine, traverse, tribulation → **malchance** ♦ vx : dam, infélicité

malheureux, euse 1 quelqu'un : accablé, défavorisé, deshérité, éprouvé, frappé, guignard, indigent, infortuné, malchanceux, misérable, miséreux, pauvre, piteux, pitoyable, triste 2 quelque chose. a affligeant, calamiteux, cruel, déplorable, désagréable, désastreux, désolant, difficile, douloureux, dur, fâcheux, fatal, funeste, lamentable, maléfique, malencontreux, maudit, néfaste, noir, pénible, préjudiciable, regrettable, rude, satané, triste b insignifiant, négligeable, pauvre, petit, vil

malhonnête 1 adj. a abusif, déloyal, déshonnête, dolosif, douteux, frauduleux, illégal, indélicat, infidèle, inique, injuste, léonin, louche, marron, pourri, tricheur, usurpatoire, véreux b grossier, immoral, impoli, impudent, impudique, incivil, inconvenant, incorrect, indécent, indigne, inélégant, laid, malappris, malpropre, méchant → **bas** 2 nom : affairiste, canaille, chevalier d'industrie, crapule, escroc, faisan, fraudeur, fripon, fripouille, imposteur, mafioso, simoniaque, simulateur, suborneur, trafiquant → **voleur**

malhonnêteté n.f. 1 a canaillerie, concussion, déloyauté, déshonnêteté, escroquerie, falsification, forfaiture, fraude, friponnerie, fripouillerie, improbité, gredinerie, indélicatesse, indignité, malversation, mauvaise foi, tricherie, tripotage → **vol** b → **malversation** 2 grossièreté, immoralité, impolitesse, impudeur, impudicité, incivilité, inconvenance, incorrection, indécence, laideur, malpropreté, méchanceté, saloperie → **bassesse**

malice n.f. 1 → **méchanceté** 2 → **plaisanterie**

malicieux, euse 1 → **mauvais** 2 → **malin**

malignité n.f. → **méchanceté**

malin, igne 1 sens affaibli : adroit, astucieux, attentiste, calculateur, combinard, débrouillard, dégourdi, déluré, expectant (vx), farceur, ficelle, fin, finaud, fine mouche, futé, habile, madré, malicieux, matois, narquois, navigateur, opportuniste, renard, roublard, roué, sac à malices, spirituel, trompeur, vieux routier → **rusé** ♦ fam. : fortiche, mariole, resquilleur 2 non fav. → **mauvais** 3 faire le malin. fam. : bêcher, crâner, frimer, la ramener → **hâbler**

malingre 1 → **faible** 2 → **malade**

malinois n.m. → **chien**

malintentionné, e → **malveillant**

malle n.f. 1 bagage, caisse, cantine, chapelière, coffre, colis, mallette, marmotte, valise 2 → **coche**

malléabilité n.f. 1 → **obéissance** 2 → **souplesse**

malléable 1 au pr. : doux, ductile, élastique, extensible, flexible, liant, mou, plastique, pliable, souple 2 fig. : docile, doux, facile, gouvernable, maniable, obéissant

mallette n.f. attaché-case, baise-en-ville (fam.), fourre-tout, valise

malmener → **maltraiter**

malnutrition n.f. 1 → **carence** 2 → **pléthore**

malodorant, e → **puant**

malotru n.m. béotien, gougnafier, goujat, grossier, huron, impoli, iroquois, mal élévé, mufle, peigne-cul, plouc, rustre, sagouin, truand

malpoli, e → **impoli**

malpropre 1 adj. ou nom. a cochon, crasseux, crotté, dégoûtant, encrassé, excrémenteux, excrémentiel, gluant, immonde, infect, maculé, morveux, négligé, pisseux, pouilleux, répugnant, sale, sali, sordide, souillé, taché, terreux, visqueux b grossier, immoral, impur, inconvenant, indécent, infâme, malhonnête, ordurier → **obscène** c insalubre, pollué, souillé d arg. : cracra, cradingue, crado, craspec, dégueu, dégueulasse, merdeux, merdique e → **impropre** 2 nom : cochon, pourceau, sagouin, salaud, saligaud, salope, souillon

malpropreté n.f. 1 au pr. : crasse, immondice, impureté, ordure, patine, saleté 2 par ext. : cochonnerie, dégoûtation, grossièreté, immoralité, impureté, inconvenance, indécence, indélicatesse, infamie, malhonnêteté, obscénité, saleté, saloperie

malsain, e 1 au pr. a quelqu'un → **malade** b quelque chose : contagieux, impur, inhabitable, insalubre, nuisible, pestilentiel, pollué 2 par ext. : dangereux, déplacé, faisandé, funeste, immoral, licencieux, morbide, pornographique, pourri

malséant, e et **malsonnant, e** choquant, déplacé, déshonnête, discordant, grossier, immodeste, impoli, importun, incongru, inconvenant, indécent, leste, libre, licencieux, mal à propos, mal élevé, saugrenu → **obscène**

malthusianisme n.m. → **réduction**

maltraiter abîmer, accabler, accommoder, arranger, bafouer, battre, bourrer, brimer, brutaliser, brusquer, critiquer, crosser, éreinter, étriller, exposer, faire un mauvais parti, fatiguer, frapper, houspiller, lapider, malmener, molester, ravauder, rudoyer, secouer, tarabuster, traiter mal/sévèrement, tyranniser, vilipender, violenter ♦ vx : mâtiner

malus n.m. → **punition**

malveillance n.f. agressivité, animosité, antipathie, calomnie, désobligeance, diffamation, haine, hostilité, indisposition, inimitié, malignité, mauvais esprit/vouloir, mauvaise volonté, méchanceté, rancune, ressentiment → **médisance**

malveillant, e agressif, aigre, aigrelet, antipathique, désobligeant, fielleux, haineux, hostile, malin, malintentionné, mauvais, méchant, rancunier, venimeux, vipérin

malvenu, e → **déplacé**

malversation n.f. 1 brigandage, cavalerie, compromission, concussion, corruption, déprédation, détournement, dilapidation, escroquerie, exaction, extorsion, forfaiture, fraude, infidélité, magouillage, magouille, micmac, péculat, pillage, prévarication, rapine, recel, simonie, subornation, subtilisation, tour de passe-passe, trafic d'influence, tripatouillage, tripotage → **vol** 2 → **malhonnêteté**

mambo n.m. → **danse**

mamelle n.f. → **sein**

mamelon n.m. 1 → **sein** 2 → **hauteur** 3 → **sommet**

mamelonné, e → **accidenté**

mammifère adj. : mammalien

manade n.f. → **troupeau**

management n.m. → **administration**

manager 1 nom masc : administrateur, directeur, entraîneur 2 v. tr. → **administrer**

manant n.m. 1 → **paysan** 2 → **rustique**

manche n.f. 1 bras, emmanchure, entournure, manchette, manicle 2 belle, partie, revanche 3 arg. → **mendicité**

manchette n.f. 1 crispin, poignet 2 titre, vedette

manchon n.m. méc. → **douille**

manchot n.m. → **pingouin**

manchot, e → **maladroit**

mandant n.m. commettant, délégant

mandarin n.m. 1 → **bonze** 2 langue mandarine

mandarinat n.m. 1 élitisme, malthusianisme 2 par ext. : favoritisme, népotisme

mandarine n.f. → **agrume**

mandat n.m. 1 → **procuration** 2 → **instruction**

mandataire n.m. ou f. 1 → **intermédiaire** 2 → **envoyé**

mandater → **choisir**

mandement n.m. avis, bref, bulle, écrit, édit, formule exécutoire, injonction, instruction, mandat, ordonnance, ordre, rescrit

mander 1 appeler, assigner, citer, convoquer, ordonner 2 → **informer**

mandibule n.f. bouche, mâchoire, maxillaire

mandoline n.f. → **corde(s)**

mandoliniste n.m. ou f. → **musicien**

mandorle n.f. → **ovale**

mandrill n.m. → **singe**

manducation n.f. 1 au pr. : absorption, déglutition, ingestion, insalivation, mastication, sustentation (vx) 2 relig. : communion, eucharistie

manécanterie n.f. chœur, chorale, école, groupe, maîtrise, psallette

manège n.m. 1 équit. : carrière, centre d'équitation, dressage, reprise 2 chevaux de bois 3 agissements, artifice, astuce, combinaison, complot, comportement, contour (vx), détours, hypocrisie, intrigue, machination, manigance, manœuvre, menées, micmac, moyens détournés, plan, ruse, tractation, trame, tripatouillage (fam.)

mânes n.m. pl. → **esprit**

manette n.f. clef, levier, maneton, poignée

mangeable 1 au pr. : biologique, comestible, consommable, digeste, frais, naturel, possible, sain, sans danger → **bon** 2 par ext. : délectable, ragoûtant, sapide, savoureux, succulent

mangeaille n.f. → **nourriture**

mangeoire n.f. 1 au pr. : auge, crèche, râtelier 2 par ext. : musette

manger 1 au pr. : absorber, s'alimenter, avaler, consommer, ingérer, se nourrir, prendre, se restaurer / sustenter 2 animaux : brouter, broyer, croquer, déglutir, dévorer, gober, grignoter, paître, pâturer, picorer, ronger ◆ vén. : vermiller, vermillonner, viander 3 par ext. a prendre une collation, déguster, déjeuner, dîner, entamer, faire bonne chère, festoyer, goûter, gruger (vx), mâcher, mastiquer, se mettre à table, se rassasier, se repaître, savourer, souper b manger mal ou peu : chipoter, grappiller, grignoter, pignocher 4 fam. : attaquer, bâfrer, becqueter, bouffer, boulotter, se bourrer, se caler les joues, casser la croûte / la graine, s'en coller / s'en mettre jusqu'aux yeux / plein la gueule / plein la lampe / plein la panse / une ventrée, croustiller, croûter, débrider, s'empiffrer, s'emplir / se garnir / se remplir l'estomac / le jabot / la panse / le sac / le ventre, s'enfiler, s'enfoncer, engloutir, faire bombance / miam-miam / ripaille, se gaver, se goberger, godailler, se goinfrer, se gorger, grailler, gueuletonner, ingurgiter, s'en jeter derrière la cravate, jouer / travailler de la mâchoire / des mandibules, se lester, phagocyter, se piffrer, ripailler, se taper la cloche, tordre, tortiller, tortorer 5 fig. a → **consumer** b → **dépenser** c → **ronger** d → **ruiner**

manger n.m. → **nourriture**

maniable 1 au pr. : ductile, flexible, malléable, mou, souple 2 par ext. a quelque chose : commode, pratique b quelqu'un : docile, doux, facile, malléable, obéissant, souple, traitable

maniaque nom et adj. 1 au pr. : aliéné, dément, détraqué, fou, frénétique, furieux, lunatique, toqué 2 par ext. a bizarre, capricieux, fantaisiste, fantasque, obsédé, original, ridicule, singulier b exigeant, méticuleux, pointilleux, vétilleux

manichéisme n.m. dualisme

manicle ou **manique** n.f. 1 → **mitaine** 2 → **manche**

manie n.f. 1 aliénation, délire, démence, égarement, folie, frénésie, furie, hantise, idée fixe, monomanie, obsession 2 par ext. : bizarrerie, caprice, dada, démangeaison, épidémie, fantaisie, fantasme, fièvre, frénésie, fureur, goût, habitude, loufoquerie, maladie, manière, marotte, monomanie, obsession, passion, péché mignon, rage, tic, toquade, turlutaine

maniement n.m. 1 au pr. : emploi, manipulation, manœuvre, usage, utilisation 2 par ext. : administration, direction, fonctionnement, gestion, gouvernement

manier 1 au pr. a neutre : avoir en main / entre les mains, façonner, malaxer, manipuler, manœuvrer, modeler, palper, pétrir, tâter, toucher, triturer b fam. ou péj. : patiner (vx), patouiller, patrouiller, peloter, trifouiller, tripatouiller → **tripoter** 2 par ext. a on manie quelqu'un : conduire, diriger, gouverner, manœuvrer, mener b des biens : administrer, gérer, manipuler, mettre en œuvre c des idées : agiter, traiter, user de, utiliser 3 v. pron. fam. : s'activer, s'agiter, courir, se dégrouiller, se dépêcher, s'empresser, faire diligence / fissa, se grouiller / hâter / magner / précipiter / presser / remuer

manière n.f. 1 → **façon** 2 → **sorte** 3 → **style** 4 a **manière d'être** → **qualité** b **bonnes manières** → **civilité**

maniéré, e → **précieux**

maniérisme n.m. → **préciosité**

manifestant, e contestataire, mécontent, opposant, porteur de banderoles / pancartes, protestataire

manifestation n.f. 1 → **déclaration** 2 → **rassemblement**

manifeste 1 adj. : avéré, certain, clair, criant, décidé, éclatant, évident, flagrant, formel, indéniable, indiscutable, indubitable, notoire, palpable, patent, positif, public, reconnu → **réel** 2 n.m. : adresse, avis, déclaration, proclamation, profession de foi

manifestement → **évidemment**

manifester 1 → **exprimer** 2 → **déclarer** 3 → **montrer (se)** 4 → **protester**

manigance n.f. agissements, brigue, combinaison, combine, complot, cuisine, détour, diablerie, intrigue, machination, manège, manœuvre, menée, micmac, sac d'embrouilles / de nœuds, trame

manigancer aménager, arranger, brasser, briguer, combiner, comploter, conspirer, cuisiner, fricoter, goupiller, machiner, manœuvrer, mener, mijoter, monter, nouer, ourdir, préparer, tisser, tramer, tresser → **intriguer**

manipulateur, trice 1 aide, assistant, opérateur, préparateur 2 → **illusionniste**

manipulation n.f. 1 opération, traitement 2 → **influence**

manipuler → **manier**

manne n.f. 1 → **affluence** 2 banne, corbeille, panier, panière, vannerie

mannequin n.m. 1 → **modèle** 2 cover-girl 3 → **épouvantail** 4 → **pantin**

manœuvre n.f. 1 n.f. a → **mouvement** b → **cordage** c → **agissements** d → **manège** 2 n.m. → **travailleur**

manœuvrer 1 → **manier** 2 → **conduire** 3 → **gouverner**

manœuvrier, ère → **négociateur**

manoir n.m. 1 → **maison** 2 → **château**

manomètre n.m. cadran, indicateur

manouche n.m. ou f. → **bohémien**

manque n.m. 1 au pr. a absence, besoin, carence, crise, dèche, défaillance, défaut, déficience, dénuement, disette, embarras, frustration, imperfection, incomplétude, indigence, inexistence, insuffisance, jeûne, lacune, omission, paupérisme, pauvreté, pénurie, privation b déficit, trou 2 fig. → **manquement**

manqué, e avorté, fichu, foutu, larvé, loupé, perdu, raté

manquement n.m. carence, défaillance, défaut, délit, désobéissance, écart, erreur, faute, faux bond, infraction, insubordination, irrégularité, manque, oubli, péché, violation ◆ fam. : connerie, lapin, paillon

manquer 1 v. intr. a quelqu'un : se dérober, disparaître, s'éclipser, être absent / disparu / manquant, faillir (vx), faire défaut / faute / faux bond, se soustraire → **échouer** b on manque à une obligation : déchoir, se dédire, déroger, s'écarter, enfreindre, faillir, fauter, forfaire, pécher contre, tomber, trahir c on manque à la politesse → **offenser** d on manque d'être / de faire : être sur le point / tout près de, faillir, penser, risquer e on ne manque pas d'être : laisser f on ne manque pas d'aller / d'être / de faire : négliger, omettre, oublier g on manque la classe : s'absenter, faire l'école buissonnière, sécher (fam.) h quelque chose manque ou on manque de : avoir besoin, chômer de (vx), être dans le besoin / la nécessité de, être privé de, s'en falloir, faire défaut i le sol : se dérober j le pied : glisser 2 v. tr. : abîmer, esquinter, gâcher, laisser échapper, louper, mal exécuter / faire, perdre, se planter (fam.), rater

mansarde n.f. chambre de bonne, combles, galetas, grenier

mansion n.f. 1 → **décor** 2 → **habitation**

mansuétude n.f. → **douceur**

manteau n.m. 1 au pr. : a burnous, caban, cache-misère (péj.), cache-poussière, cafetan, cape, capote, carrick, chape, chlamyde, cuir, djellaba, douillette, duffel-coat, gandoura, gabardine, haïk, himation, houppelande, imperméable, limousine, macfarlane, mackintosh, paletot, pallium, pardessus, parka, pèlerine, pelisse, plaid, poncho, raglan, redingote, trois-quarts, vareuse b fam. : alpague, pelure c vx : brandebourg, casaque, hoqueton, mante, mantelet, rase-pet, roquelaure, roquet, rotonde, roupille, trousse d antiq. : himation, pallium, sagum, saie, tabard, toge 2 → **fourrure** 3 fig. : abri, couvert, couverture, enveloppe, gaze, masque, prétexte, semblant, voile 4 **sous le manteau :** clandestinement, discrètement, en sous-main, frauduleusement, secrètement

mantille n.f. carré, coiffure, dentelle, écharpe, fichu, voile

manuel n.m. abrégé, aide-mémoire, calepin, cours, guide-âne, livre, mémento, ouvrage, pense-bête, polycopié, précis, recueil, traité

manuel, le → **travailleur**

manuellement à la main, artisanalement, fait main, traditionnellement

manufacture n.f. → **usine**

manufacturer → **produire**

manufacturier, ière → **industriel**

manuscrit n.m. → **texte**

manutention n.f. → **magasin**

manutentionnaire cariste → **porteur**

mappemonde n.f. → **carte**

maquer (se) → **marier**

maquereau n.m. 1 → **poisson** 2 → **proxénète**

maquette n.f. 1 → **ébauche** 2 → **modèle**

maquignon n.m. 1 → **trafiquant** 2 → **intermédiaire**

maquignonner → **trafiquer**

maquiller 1 → **altérer** 2 → **déguiser** 3 → **farder** 4 v. pron. → **farder (se)**

maquignonnage et **maquillage** n.m. artifice, dissimulation, escroquerie, fraude, manœuvre, marchandage, rouerie, trafic → **tromperie**

maquis n.m. 1 → **lande** 2 → **labyrinthe** 3 insurrection, organisation, réseau de partisans, résistance

maquisard n.m. franc-tireur, guérillero, partisan

marabout n.m. 1 cigogne à sac 2 aigrette, garniture, plume 3 koubba, mausolée, sanctuaire, tombeau 4 prêtre, sage, saint, thaumaturge, vénérable 5 par ext. : sorcier

maraîcher, ère adj. et n. 1 agriculteur, horticulteur, jardinier 2 **culture maraîchère** → **jardinage**

marais n.m. 1 au pr. a claire, étang, fagne, grenouillère, mare, marécage, mouillère, moulière, palud, palus, tourbière b bayou, marigot 2 fig. : bas-fond, boue, bourbier, fange, marécage 3 culture maraîchère, hortillonnage, moere, noue, polder → **jardinage**

marasme n.m. 1 a → **crise** b → **stagnation** 2 → **langueur** 3 → **maigreur**

marâtre n.f. 1 au pr. : belle-mère, petite mère 2 par ext. (péj.) → **virago**

maraud, e bélître, bonhomme, canaille, chenapan, coquin, drôle, drôlesse, faquin, fripouille, garnement, goujat, grossier, maroufle, racaille, rastaquouère, rebut, sacripant, salopard → **voleur**

maraudage ou **maraude** n.m., n.f. → **vol**

marauder → **voler**

maraudeur, euse chapardeur, fricoteur, griveton, pillard → **voleur**

marbre n.m. albâtre, brocatelle, carrare, cipolin, dolomie, griotte, lumachelle, ophite, paros, portor, serpentine, turquin

marbré, e bigarré, jaspé, marqueté, veiné

marbrure n.f. jaspure, panachure, racinage, veinure

marc n.m. alcool, eau-de-vie

marcassin n.m. bête noire, cochon, pourceau, sanglier

marcescence n.f. → **décadence**

marcescent, e → **destructible**

marchand, e boutiquier, cambusier, camelot, cantinier, charlatan (péj.), chineur, colporteur, commerçant, forain, fourmi (fam.), fournisseur, négociant, porte-balle, revendeur, vendeur ◆ vx : étalagiste

marchandage n.m. → **discussion**

marchander → **discuter**

marchandise n.f. 1 article, bricole, denrée, fourniture, produit, provenances, stock 2 péj. : camelote, pacotille 3 arg. : came

marche n.f. 1 → **limite** 2 allure, cheminement, course, déambulation, démarche, enjambées, errance, erre (vx), flânerie, footing, foulées, locomotion, pas, reptation, train, vagabondage 3 avancement, conduite, déplacement, développement, évolution, façon, fonctionnement, forme, progrès, progression, tour, tournure 4 degré 5 → **procédé**

marché n.m. 1 bazar, bourse, braderie, foirail, foire, halle, louée (vx), salon, souk 2 → **convention** 3 → **monopole** 4 clientèle, créneau, débouché 5 **à bon marché** : au juste prix, au rabais, avantageux, compétitif, en réclame / solde

marcher 1 au pr. a aller, arpenter, avancer, cheminer, déambuler, errer, enjamber, évoluer, flâner, fouler, progresser, se promener, vagabonder, venir b fam. : arquer, crapahuter c vx : piéter, trimer d fonctionner, tourner e → **passer** 2 par ext. a → **croire** b → **prospérer**

marcheur, euse chemineau, excursionniste, flâneur, passant, piéton, promeneur ◆ péj. : déambulateur → **vagabond**

marcotte n.f. → **bouture**

mare n.f. boire, étang, flache, flaque, pièce d'eau

marécage n.m. → **marais**

marécageux, euse → **boueux**

maréchal-ferrant n.m. forgeron

maréchaussée n.f. → **gendarmerie**

marée n.f. 1 au pr. : flot, flux, jusant, perdant, reflux 2 → **poisson**

marge n.f. 1 → **bord** 2 → **délai**

margelle n.f. → **bord**

marginal, e 1 asocial, beatnik, clochard, contestataire, dropé, hippie, houligan, nonconformiste, underground → **mécontent** 2 → **secondaire**

marginalité n.f. → **originalité**

margoulette n.f. → **gosier**

margoulin, e → **trafiquant**

margrave n.m. 1 → **édile** 2 → **noble**

marguillier n.m. → **bedeau**

mari n.m. → **époux**

mariage n.m. 1 alliance, hymen, hyménée, lit, ménage, union 2 bénédiction nuptiale, célébration, cérémonie, consentement mutuel, cortège, épousailles, noce, sacrement 3 vx : nœud, sacré / saint nœud 4 arg. : conjungo 5 fig. : assemblage, association, assortiment, jumelage, mélange, mixité, réunion, union

mariée n.f. conjointe, jeune femme

marier 1 → **joindre** 2 v. pron. a colloquer (vx), contracter mariage / une union, convoler, épouser, s'établir, faire une fin (fam.), fonder une famille / un foyer, prendre femme / mari, s'unir à b arg. : maquer

marie-salope n.f. → **bateau**

marigot n.m. → **marais**

marijuana ou **marihuana** n.f. → **drogue**

marin 1 nom masc. : col bleu, laptot, loup de mer, marsouin, mataf, matelot, moco, navigateur 2 éléphant, moussaillon, mousse, novice, pilotin 3 homme de quart, tribordais, vigie

marin, e adj. : abyssal, benthique, maritime, nautique, naval, océanique, pélagien, pélagique

marine n.f. flotte, forces navales, la royale (arg. milit.)

mariner 1 → **attendre** 2 → **tremper**

maringouin n.m. → **moustique**

marinier, ère → **batelier**

mariole ou **mariolle** → **malin**

marionnette n.f. → **pantin**

mariste n.m. → **religieux**

maritalement conjugalement

maritime → **marin**

maritorne n.f. → **mégère**

marivaudage n.m. → **préciosité**

marivauder baratiner (fam.), batifoler, conter fleurette, coqueter, flirter, minauder, papillonner, roucouler

marjolaine n.f. origan → **aromate**

marketing n.m. étude des marchés, marchandisage, marchéage, mercatique, merchandising ◆ off. : commercialisation

marli n.m. → **bord**

marlou n.m. → **proxénète**

marmaille n.f. → **enfant**

marmelade n.f. → **confiture**

marmite n.f. 1 et braisière, cocotte, daubière, faitout, huguenote 2 fam. : bombe, obus

marmiton n.m. → **cuisinier**

marmonnement et **marmottement** n.m. → **bredouillage**

marmonner et **marmotter** → **murmurer**

marmoréen, ne 1 → **blanc** 2 → **froid**

marmot n.m. → **enfant**

marmotte n.f. → **rongeur**

marmouset n.m. 1 → **enfant** 2 → **magot**

marner 1 → **améliorer** 2 → **travailler**

marnière n.f. → **carrière**

marocain, e → **maghrébin**

maronner → **rager**

maroquin n.m. 1 → **peau** 2 → **ministère**

marotte n.f. → **manie**

marquant, e → **remarquable**

marque n.f. 1 attribut, cachet, caractère, chiffre, coin, distinction, entaille, estampille, étiquette, façon, frappe, gage, griffe, indication, jeton, label, livrée, monogramme, note, onglet, pliure, sceau, sigle, signe, signet, timbre 2 amer (mar.), empreinte, indice, repère, reste, tache, témoignage, trace, trait 3 → **blason**

marqué, e 1 grêlé, picoté 2 → **prononcé** 3 → **remarquable** 4 → **pénétré**

marquer 1 → **imprimer** 2 → **indiquer** 3 → **écrire** 4 → **montrer** 5 → **paraître** 6 → **ponctuer** 7 → **fixer**

marqueté, e bariolé, bigarré, diapré, jaspé, mâchuré, madré, marbré, moucheté, ocellé, piqueté, pommelé, taché, tacheté, tavelé, tigré, truité, veiné, vergeté

marqueterie n.f. 1 au pr. : ébénisterie, mosaïque 2 fig. → **mélange**

marraine n.f. commère

marrant, e 1 → **amusant** 2 bizarre

marre → **assez**

marrer (se) → **rire**

marri, e → **fâché**

marron 1 n.m. → **châtaigne** 2 adj. a → **sauvage** b → **suspect** c → **malhonnête** d invar. → **brun**

marrube n.m. ballote, lycope, pied-de-loup

marseillais, e massaliote, phocéen

marsupiaux n.m. pl. dasyure ou macroure, kangourou, koala, opossum, phalanger, sarigue

marteau n.m. 1 asseau, assette, batte, besaiguë, bigorne, boucharde (vx), ferratier, frappe-devant, laie, maillet, mailloche, masse, massette, matoir, merlin, pétard, picot, rustique, smille ◆ vx : mail, martel 2 marteau-pilon : martinet 3 heurtoir 4 fig. → **fou**

martèlement n.m. battement

marteler 1 au pr. → **frapper** 2 fig. a → **tourmenter** b → **prononcer**

martial, e → **militaire**

martinet n.m. 1 → **fouet** 2 → **hirondelle** 3 → **marteau**

martingale n.f. → **truc**

martyr, e → **victime**

martyre n.m. → **supplice**

martyriser → **tourmenter**

marxisme n.m. → **socialisme**

mascarade n.f. 1 carnaval, chienlit, défilé, déguisement, masque, momerie 2 → **hypocrisie**

mascaret n.m. 1 au pr. : barre 2 fig. → **multitude**

mascotte n.f. → **fétiche**

masculin, e → **mâle**

masculiniser viriliser

masculinité n.f. virilité

masochisme n.m. auto-flagellation, dolorisme → **perversion**

masque n.m. 1 cagoule, déguisement, domino, loup, travesti 2 → **visage** 3 fig. → **manteau**

masquer 1 → **déguiser** 2 → **cacher**

massacre n.m. → **carnage**

massacrer 1 → **tuer** 2 → **gâcher**

massacreur, euse 1 → **maladroit** 2 → **tueur**

massage n.m. claquement, effleurage, friction, hachure, percussion, pétrissage, pincement, pression, tapotement, vibration

masse n.f. 1 → **amas** 2 → **totalité** 3 → **poids** 4 → **fonds** 5 → **multitude** 6 → **peuple** 7 → **marteau** 8 → **massue** 9 → **bâton**

masser 1 → **frictionner** 2 → **assembler**

masseur, euse kinésithérapeute, physiothérapeute, soigneur

massif n.m. → **bois**

massif, ive 1 → **pesant** 2 → **gros**

mass media ou **mass-medias** n.m. pl. informations / journaux / publicité par le cinéma / les moyens audio-visuels / la radio / la télé(vision) ◆ péj. : massage / matraquage de l'opinion

massue n.f. bâton, casse-tête, gourdin, maque, masse, masse d'armes, matraque, mil, plombée, plommée

mastic n.m. 1 → **enduit** 2 → **lapsus**

mastication n.f. mâchement, rumination

mastiquer → **mâcher**

mastoc → **pesant**

mastroquet n.m. 1 → **cabaret** 2 → **cabaretier**

masturbation n.f. auto-érotisation / -érotisme (par ext.), onanisme, plaisir / pollution solitaire, touche-pipi → **caresse** ◆ arg. : branlette

m'as-tu-vu, e nom et adj. sans pl. 1 → **orgueilleux** 2 → **présomptueux** 3 → **hâbleur**

masure n.f. → **taudis**

mat, e 1 → **terne** 2 → **sourd**

mât n.m. antenne, beaupré, espar, fougue, mai, mâtereau, mestre ou meistre, perche, support, trinquet, tripode, vergue

matamore n.m. → **hâbleur**

match n.m. 1 → **compétition** 2 → **rencontre**

matelas n.m. 1 par ext. : coite, couette, coussin 2 péj. : galette, grabat, paillasse

matelasser → **rembourrer**

matelot n.m. → **marin**

matelote n.f. → **bouillabaisse**

mater 1 → **vaincre** 2 → **humilier**

matérialisation n.f. → **réalisation**

matérialiser accomplir, concrétiser, cristalliser, dessiner, fixer, réaliser, rendre sensible / visible, représenter, schématiser

matérialisme n.m. agnosticisme, atomisme, hylozoïsme, marxisme, mécanisme, positivisme, radicalisme, réalisme, relativisme

matérialiste nom et adj. agnostique, atomiste, marxiste, mécaniste, naturaliste, positiviste, radical, réaliste, relativiste, théorétique

matérialité n.f. → **réalité**

matériau n.m. → **matière**

matériel n.m. 1 → **outillage** 2 → **ustensile**

matériel, le 1 → **réel** 2 → **manifeste** 3 → **sensuel** 4 terraqué → **physique**

maternité n.f. → **hôpital**

mathématique 1 adj. → **précis** 2 nom sing. ou pl. : algèbre, analyse, arithmétique, arithmologie, géométrie → **calcul**

mathématiquement à coup sûr, certainement, fatalement, logiquement, nécessairement, sûrement, obligatoirement

matière n.f. 1 corps, élément, étoffe, matériau, solide, substance → **réalité** 2 article, base, chapitre, chef, contenu, fable, fond, fondement, motif, objet, point, propos, sujet, texte, thème 3 cause, prétexte, sujet 4 → **lieu** 5 **matières fécales** → **excrément**

matin n.m. 1 aube, aurore, lever du jour, matinée, petit jour, point du jour 2 **de bon matin :** au chant du coq, de bonne heure, dès potronminet, tôt

mâtin, e vx : 1 → **coquin** 2 → **gaillard**

matinal, e lève-tôt, matineux, matutinal

mâtiné, e → **mêlé**

matinée n.f. → **matin**

matois, e 1 → **malin** 2 → **hypocrite**

maton, ne → **gardien**

matraquage n.m. → **propagande**

matraque n.f. → **casse-tête**

matraquer 1 → **battre** 2 → **influer**

matrice n.f. 1 → **utérus** 2 → **registre**

matricule n.m. 1 → **liste** 2 → **registre**

matrimonial, e → **nuptial**

matrone n.f. 1 → **femme** 2 → **sage-femme**

matte n.f. → **métal**

maturation n.f. mûrissage, mûrissement, nouaison, nouure, véraison

mâture n.f. gréement

maturité n.f. → **plénitude**

maudire anathématiser, blâmer, condamner, détester, s'emporter contre, excommunier, exécrer, rejeter, réprouver, vouer aux gémonies

maudit, e 1 au pr. : bouc émissaire, damné, déchu, excommunié, frappé d'interdit/d'ostracisme, galeux, hors-la-loi, interdit, outlaw, paria, pestiféré, rejeté, repoussé, réprouvé 2 par ext. → **détestable**

maugréer → **murmurer**

maure nom et adj. 1 → **maghrébin** 2 → **musulman**

mausolée n.m. → **tombe**

maussade 1 → **renfrogné** 2 → **triste**

mauvais, e 1 phys. a avarié, corrompu, dangereux, délétère, détérioré, douteux, empoisonné, immangeable, inconsommable, insalubre, irrespirable, maléfique, malfaisant, malsain, méphitique, morbide, nauséabond, nocif, nuisible, pernicieux, toxique, vénéneux, venimeux b déconseillé, dommageable, interdit, préjudiciable, proscrit c contagieux → **pestilentiel** d vx : peccant 2 par ext. : abusif, affreux, agressif, blâmable, caustique, chétif, corrompu, corrupteur, criminel, cruel, démoniaque, déplorable, désagréable, déshonorant, détestable, diabolique, erroné, exécrable, fatal, fautif, fielleux, funeste, haïssable, horrible, hostile, immoral, impur, infect, insuffisant, malicieux, malin, malpropre, manqué, méchant, médiocre, misérable, monstrueux, néfaste, noir, pervers, pitoyable, raté, ringard (arg.), roublard, sadique, sale, satanique, scélérat, sévère, sinistre, sournois, tocard (fam.), torve, venimeux, vicieux, vilain → **laid** 3 → **querelleur**

mauviette n.f. 1 → **alouette** 2 → **gringalet**

maximaliste nom et adj. → **extrémiste**

maxime n.f. adage, aphorisme, apophtegme, axiome, dicton, dit, dogme, formule, moralité, on-dit, pensée, précepte, principe, proverbe, règle, sentence, soutra

maximum n.m. 1 acmé, comble, limite, mieux, plafond, plus, point culminant, sommet, summum, terme, totalité 2 **au maximum :** à bloc, au plus haut degré/point, le plus possible

maye n.f. → **auge**

mazout n.m. fuel, gasoil, gazole, huile lourde

méandre n.m. 1 → **sinuosité** 2 → **ruse**

méat n.m. → **ouverture**

mécanicien, ne chauffeur, conducteur, garagiste, machiniste, mécano, motoriste, ouvrier, spécialiste

mécanique 1 adj. → **involontaire** 2 n.f. → **appareil**

mécaniquement → **inconsciemment**

mécaniser 1 au pr. : automatiser, équiper, industrialiser, motoriser 2 par ext. : rendre habituel/machinal/routinier, robotiser 3 fam. et fig. → **taquiner**

mécanisme n.m. 1 agencement, combinaison, fonctionnement, organisation, processus 2 appareillage, mécanique, organes 3 philos. → **réalisme**

mécénat n.m. → **parrainage**

mécène n.m. → **protecteur**

méchanceté n.f. 1 le défaut : agressivité, causticité, cruauté, dépravation, dureté, envie, fiel, hargne, jalousie, malice, malignité, malveillance, nocivité, noirceur, perniciosité, perversité, rosserie, sadisme, sauvagerie, scélératesse, venin, vice 2 l'acte : a calomnie, canaillerie, coup d'épingle, crapulerie, crasse, malfaisance, médisance, noirceur, perfidie, saleté, tour, tourment, vilenie b → **injustice** c → **facétie** d fam. : couleuvre, crosse, ganacherie, gentillesse, mistoufle, saloperie, vacherie

méchant, e 1 adj. a au pr. : acariâtre, acerbe, acrimonieux, affreux, agressif, atroce, bourru, brutal, corrosif, criminel, cruel, dangereux, démoniaque, désagréable, désobligeant, diabolique, dur, félon, féroce, fielleux, haineux, hargneux, indigne, infernal, ingrat, inhumain, injuste, insolent, insupportable, intraitable, jaloux, malfaisant, malicieux, malin, malintentionné, malveillant, maussade, médisant, mordant, noir, nuisible, odieux, perfide, pervers, pernicieux, rossard, rude, sadique, sans-cœur, satanique, scélérat, sinistre, turbulent, venimeux, vicieux, vilain, vipérin b par ext. : malheureux, mauvais, médiocre, misérable, nul, pauvre, petit, pitoyable, rien 2 fam. nom : bouc, canaille, carcan, carne, chameau, charogne, chipie, choléra, coquin, crapule, démon, fumier, furie, gale, ganache, harpie, masque, mégère, ogre, peste, poison, rosse, salaud, sale bête, salopard, salope, salopiaud *ou* serpent, sorcière, suppôt de Satan, teigne, tison, vachard, (peau de) vache, vipère

mèche n.f. 1 → **vrille** 2 de cheveux : couette 3 fig. a → **complicité** b → **secret**

mécompte n.m. 1 → **déception** 2 → **erreur**

méconnaissable → **différent**

méconnaissance n.f. → **ignorance**

méconnaître déprécier, ignorer, méjuger, se méprendre, mépriser, mésestimer, négliger, sous-estimer

méconnu, e → **inconnu**

mécontent, e 1 adj. : choqué, consterné, contrarié, déçu, dépité, ennuyé, fâché, grognon, inapaisé, inassouvi, insatisfait ♦ fam. : fumasse, furax, osseux, râleur, ronchonneur 2 nom : beatnik, contestant, contestataire, déviationniste, gauchiste, gréviste, hippie, houligan, kitsch, opposant, pétitionnaire, porteur de banderoles/de calicots/de pancartes, protestataire, réformiste, révisionniste, situationniste → **récalcitrant**

mécontentement n.m. → **ennui**

mécontenter fâcher → **agacer**

mécréant, e → **incroyant**

médaille n.f. 1 monnaie, pièce, plaque, insigne, médaillon 2 par ext. : a agnus dei, scapulaire → **fétiche** b → **récompense**

médaillon n.m. 1 → **médaille** 2 → **tableau** 3 → **image**

médecin n.m. 1 au pr. : accoucheur, acupuncteur, allopathe, anesthésiste, cardiologue, chirurgien, clinicien, dermatologiste, généraliste, gérontologue, gynécologue, homéopathe, neurologue, obstétricien, oculiste, omnipraticien, ophtalmologue, oto-rhino-laryngologiste, pédiatre, phlébologue, phoniatre, praticien, proctologue, psychiatre, radiologue, stomatologiste, urologue 2 par ext. : docteur, doctoresse, externe, interne, major, spécialiste 3 fam. : carabin, la Faculté, toubib 4 vx : mire, opérateur, physicien, thérapeute 5 péj. : charlatan, docteur Knock, médicastre

médecine n.f. 1 → **purge** 2 la Faculté

médiane n.f. → **proportion**

médiat, e → **indirect**

médiateur, trice → **intermédiaire**

médiation n.f. amodiation, arbitrage, bons offices, conciliation, entremise, intervention

médiator n.m. plectre

médical, e médicinal, thérapeutique

médicament n.m. → **remède**

médication n.f. → **soins**

médicinal, e médical, thérapeutique

médiocre assez bien, banal, bas, chétif, commun, étriqué, exigu, faible, humble, imparfait, inférieur, insignifiant, insuffisant, maigre, méchant, mesquin, mince, minime, modéré, modeste, modique, moyen, négligeable, ordinaire, pâle, passable, pauvre, petit, piètre, piteux, pitoyable, plat, quelconque, riquiqui, satisfaisant, suffisant, supportable, terne ♦ fam. : miteux, moche, tocard

médiocrité n.f. 1 → **faiblesse** 2 → **bassesse**

médire arranger, attaquer, babiller, baver sur, bêcher, cancaner, casser du sucre, clabauder, commérer, critiquer, croasser, dauber, débiner, déblatérer, décauser (rég.), déchirer, décrier, dégoiser, dénigrer, déprécier, déshabiller, détracter, diffamer, dire des méchancetés/pis que pendre, éreinter, esquinter, gloser, habiller, insinuer, jaser, mettre en capilotade/en pièces, nuire, potiner, répandre, satiriser, taper, vilipender

médisance n.f. anecdote, atrocité, attaque, bavardage, bêchage, bruit, calomnie, cancan, caquetage, chronique, clabaudage, clabauderie, commentaire, commérage, coup de dent/de langue/de patte, délation, dénigrement, détraction, diffamation, écho, éreintement, horreurs, méchanceté, on-dit, perfidie, persiflage, potin, propos, rabaissement, racontar, ragot, rumeur, venin

médisant, e 1 adj. → **faux** 2 nom : contempteur, délateur, dénigreur, dépréciateur, détracteur, diffamateur, langue d'aspic/de serpent/venimeuse/de vipère/vipérine, mauvaise/méchante langue

méditatif, ive 1 → **pensif** 2 → **penseur**

méditation n.f. 1 → **attention** 2 → **pensée**

méditer 1 v. intr. → **penser** 2 v. tr. → **projeter**

médium n.m. télépathe

méduser → **étonner**

meeting n.m. → **réunion**

méfait n.m. → **faute**

méfiance n.f. arrière-pensée, crainte, défiance, doute, incrédulité, prévention, prudence, qui-vive, réserve, réticence, scepticisme, soupçon, suspicion, vigilance

méfiant, e 1 non fav. : chafouin, craintif, défiant, dissimulé, ombrageux, soupçonneux, timoré 2 neutre → **prudent**

méfier (se) se défier, être/se tenir sur ses gardes, se garder ♦ fam. : faire gaffe

mégalomane ou **mégalomaniaque** → **orgueilleux**

mégalomanie n.f. → **orgueil**

mégaphone n.m. amplificateur de son/de voix, ampli, haut-parleur, porte-voix ♦ par ext. : hydrophone, micro, microphone

mégarde n.f. → **inattention**

mégère n.f. bacchante, bagasse, carne, catin, chabraque, chameau, charogne, chienne, chipie, choléra, commère, cotillon, dame de la halle, diablesse, dondon, dragon, drôlesse, fourneau, furie, garce, gaupe, gendarme, gourgandine, grenadier, grognasse, harengère, harpie, hérisson, maquerelle, maritorne, matrone, ménade, pétasse, pie-grièche, pisse-vinaigre, poison, poissarde, pouffiasse, rombière, sibylle, sorcière, souillon, teigne, toupie, tricoteuse, trumeau, vieille bique/vache, virago ♦ vx : guimbarde, martingale, masque, vadrouille

mégot n.m. → **cigarette**

mégoter → **économiser**

meilleur, e choix, crème, élite, excellence, fleur, gratin, quintessence → **supérieur**

méjuger → **mépriser**

mélancolie n.f. 1 au pr. : abattement, accablement, aliénation, amertume, angoisse, atrabile, cafard, chagrin, dépression, déréliction, désolation, humeur noire, hypocondrie, langueur, mal du pays, neurasthénie, noir, nostalgie, papillons noirs, peine, regret, sinistrose (fam.), spleen, trouble, vague à l'âme → **tristesse** 2 par ext. : brume, grisaille, nuage, ombre

mélancolique 1 → **triste** 2 → **bilieux**

mélange n.m. 1 neutre : accouplement, alliage, alliance, aloi (vx), amalgamation, amalgame, amas, assemblage, association, assortiment, bariolage, bigarrure, brassage, combinaison, complexe, complexité, composé, composition, coupage, couplage, croisement, damier, délayage, dosage, fusion, gâchage, hétérogénéité, hybridation, imprégnation, incorporation, macédoine, magma, malaxage, mariage, marqueterie, métissage, mixtion, mixture, mosaïque, panachage, panmixie, patchwork, rapprochement, réunion, syncrétisme, tissu, union 2 non fav. : bric-à-brac, brouillamini, cacophonie, chaos, cocktail, confusion, désassortiment (vx), désordre, disparité, embrouillamini, emmêlement, enchevêtrement, entortillement, entrelacement, entremêlement, fatras, fouillis, fricassée, imbrication, imbroglio, margouillis, mêlé-cassis, mêlée, méli-mélo, micmac, pastis, pêle-mêle, promiscuité, salade, salmigondis 3 litt. a centon, compilation, habit d'arlequin, placage, pot-pourri, recueil, rhapsodie b au pl. : miscellanées, morceaux choisis, variétés → **anthologie**

mélanger abâtardir, accoupler, agglutiner, agiter, allier, amalgamer, assembler, associer, assortir, barioler, battre, bigarrer, brasser, brouiller, combiner, composer, confondre, couper, coupler, croiser, doser, embrouiller, emmêler, enchevêtrer, entrelacer, entrelarder, entremêler, fatiguer, fondre, fouetter, fusionner, incorporer, intriquer, introduire, joindre, malaxer, manipuler, marier, mâtiner, mêler, mettre, mixer, mixtionner, panacher, rapprocher, réunir, saupoudrer, touiller → **unir**

mélasse n.f. 1 par ext. → **sucre** 2 fig. → **ennui**

mêlé, e 1 bâtard, bigarré, composite, impur, mâtiné, mixte 2 embarrassé 3 embroussaillé

mêlée n.f. → **bataille**

mêler → **mélanger**

méli-mélo n.m. → **mélange**

melliflue → **doucereux**

mélodie n.f. accents, air, aria, ariette, cantabile, cantilène, chanson, chant, harmonie, incantation, lied, mélopée, pièce, poème, récitatif

mélodieux, euse → **harmonieux**

mélodrame n.m. → **drame**

melon n.m. cantaloup, cavaillon, péponide → **pastèque**

mélopée n.f. → **mélodie**

membrane n.f. → **tissu**

membre n.m. 1 → **partie** 2 actionnaire, adhérent, affilié, associé, correspondant, cotisant, fédéré, inscrit, recrue, sociétaire, soutien, sympathisant 3 → **sexe**

même 1 adv. : aussi, de plus, également, encore, en outre, pareillement, précisément, semblablement, voire 2 pron. le même → **semblable** 3 **de même que** → **comme** 4 adj. analogue, égal, équivalent, ex aequo, identique, pareil, semblable, similaire, tel

mémento n.m. agenda, aide-mémoire, almanach, bloc-notes, calepin, carnet, éphéméride, guide, guide-âne, pense-bête/précis, vademecum → **note**

mémoire n.f. 1 au pr. : anamnèse, conservation, empreinte, recognition, réminiscence, ressouvenir, savoir, souvenance, souvenir, trace 2 par ext. → **rappel** 3 a → **commémoration** b → **réputation**

mémoire n.m. 1 au sing. a → **liste** b → **compte** c → **traité** d → **récit** 2 au pl. : annales, autobiographie, chronique, commentaire, confession, essai, journal, mémorial, récit, révélations, souvenirs, voyages

mémorable → **remarquable**

mémorandum n.m. → **note**

mémorial n.m. 1 → **récit** 2 → **mémoire** (n. m.)

mémorialiste n.m. ou f. → **historien**

menaçant, e agressif, comminatoire, dangereux, fulminant, grondant, imminent, inquiétant, sinistre

menace n.f. 1 avertissement, bravade, chantage, défi, dissuasion, fulmination, grondement, intimidation, provocation, réprimande, rodomontade, sommation, ultimatum 2 danger, escalade, péril, point noir, spectre

menacer 1 → **braver** 2 **menacer de** → **présager**

ménage n.m. 1 → **économie** 2 → **famille** 3 → **maison**

ménagement n.m. 1 → **circonspection** 2 au pl. → **égard(s)**

ménager 1 au pr. a → **économiser** b → **user (de)** c → **préparer** d → **procurer** 2 par ext. **ménager quelqu'un** : épargner, être indulgent, mettre des gants, pardonner à, prendre des précautions, respecter, sauver, traiter avec ménagement

ménager, ère 1 → **domestique** 2 → **économe**

ménagerie n.f. animalerie, bestiaire (vx), fauverie, jardin zoologique, oisellerie, singerie, vivarium → **zoo**

mendiant, e chanteur des rues, chemineau, clochard, cloche, clodo, indigent, mendigot, miséreux, nécessiteux, parasite, pauvre, pilon (arg.), quémandeur, truand, vagabond → **gueux**

mendicité n.f. charité publique ♦ arg. : manche

mendier → **solliciter**

menée(s) n.f. 1 agissements, complot, diablerie, fomentation, intrigue, machination, manœuvre → **ruse** 2 pratique, trame

mener 1 amener, emmener, promener, ramener, remmener → **conduire** 2 → **gouverner** 3 → **traiter**

ménestrel n.m. → **troubadour**

ménétrier n.m. → **violoniste**

meneur, euse 1 → **chef** 2 → **protagoniste**

menhir n.m. cromlech (par ext.), monolithe, peulven, pierre levée

menin, e → **jeune**

méninges n.f. pl. → **intelligence**

méningite n.f. → **maladie**

mennonite nom et adj. → **protestant**

ménopause n.f. aménorrhée, climatère, retour d'âge ♦ par ext. pour les hommes : andropause, démon de midi (fam.)

menotte n.f. 1 au sing. → **main** 2 au pl. : arg. : bracelets, cabriolet, cadenas, cannelles, lacets, pinces, poucettes ♦ vx : grillons, grésillons, manicles

mensonge 1 antiphrase, bourrage de crâne, contrevérité, craque, fausseté, menterie → **hâblerie** ♦ arg. : bourre, cravate 2 → **vanité** 3 → **invention** 4 → **feinte**

mensonger, ère → **faux**

menstruation, menstrues n.f. 1 flux menstruel/périodique, règles 2 fam. : affaires, époques, indisposition, mois, trucs 3 arg. : mensualités, ours

mensuration n.f. → **mesure**

mental, e → **psychique**

mentalité n.f. affect (psych.), caractère, esprit, état d'esprit, moral, opinion publique, pensée

menterie n.f. → **mensonge**

menteur, euse 1 adj. a → **trompeur** b → **faux** 2 nom → **hâbleur**

menthe n.f. → **aromate**

mention n.f. → **rappel**

mentionner 1 → **citer** 2 → **inscrire**

mentir abuser, altérer/dissimuler/déguiser/fausser la vérité, cravater (fam.), dire/faire un mensonge, feindre, induire en erreur → **hâbler**

mentor n.m. → **conseiller**

menu n.m. 1 carte 2 festin, mets, ordinaire, régal, repas

menu, e adj. délicat, délié, élancé, fin, fluet, gracile, grêle, mièvre, mince, subtil, ténu → **petit**

menuiserie n.f. 1 par ext. : ébénisterie, parqueterie, tabletterie 2 huisserie

menuisier n.m. par ext. : charpentier, ébéniste, ouvrier du bois, marqueteur, parqueteur, tabletier

méphitique 1 → **puant** 2 → **mauvais**

méprendre (se) → **tromper (se)**

mépris n.m. 1 → **dédain** 2 → **honte**

méprisable → **vil**

méprisant, e arrogant, bêcheur, contempteur, dédaigneux, fat, fier, hautain, orgueilleux

méprise n.f. 1 → **malentendu** 2 → **inattention**

mépriser 1 quelqu'un → **dédaigner** 2 quelque chose : braver, décrier, déprécier, dévaluer, faire/fi/litière, se ficher de, fouler aux pieds, honnir, jongler avec, se jouer de, laisser passer, méconnaître, méjuger, mésestimer, se moquer/rire de, narguer, rabaisser, ravaler, se rire de, tourner le dos ♦ fam. : se balancer/contreficher/contrefoutre/foutre/tamponner/taper de, laisser pisser le mérinos

mer n.f. 1 au pr. : eaux, flots, hydrosphère, large, océan, onde 2 fam. : baille, grande tasse 3 fig. → **abondance**

mercanti n.m. → **trafiquant**

mercantile cupide → **profiteur**

mercenaire n.m. 1 au pr. : aventurier, condottiere, reître, soldat, stipendié 2 par ext.(adj.) : avide, cupide, intéressé, vénal

merchandising par ext. → **marketing**

merci n.f. 1 → **miséricorde** 2 **être à la merci de** → **dépendre**

mercure n.m. cinabre, hydrargyre, serpent de Mars, vif-argent

mercuriale n.f. → **reproche**

merde n.f. → **excrément**

merdeux, euse 1 → **malpropre** 2 → **enfant**

mère n.f. 1 au pr. : maman, marâtre (péj.), mère poule 2 arg. : mater, maternelle 3 par ext. : cause, génitrice, matrice, origine, source

méridienne n.f. 1 → **siège** 2 → **sieste**

méridional, e → **austral**

méritant, e bon, digne, estimable, honnête, louable, méritoire, valeureux, vertueux

mérite n.m. → **qualité**

mériter 1 fav. : être digne de, gagner à 2 non fav. : commander, demander, encourir, imposer, réclamer, valoir

méritoire → **méritant**

merlan, merlu n.m. → **gade**

merveille n.f. → **prodige**

merveilleux 1 → **surnaturel** 2 → **élégant**

merveilleux, euse 1 → **beau** 2 → **extraordinaire**

mésalliance n.f. → **déchéance**

mésallier (se) → **déchoir**

mésaventure n.f. accident, avarie, avatar (par ext.), déconvenue, incident, malheur, vicissitude → **malchance** ♦ fam. : pépin, tuile

mésentente n.f. → **mésintelligence**

mésestime n.f. → **dédain**

mésestimer → **mépriser**

mésintelligence n.f. antagonisme, brouille, brouillerie, chicane, contradiction, désaccord, désunion, différend, discordance, discorde, dispute, dissension, dissentiment, dissidence, divergence, division, divorce, friction, froid, frottement, incompatibilité, incompréhension, mésentente, nuage, opposition, orage, pique, querelle, rupture, tension, trouble, zizanie

mesquin, e 1 a → **avare** b → **pauvre** 2 → **étroit**

mesquinerie n.f. → **bassesse**

mess n.m. → **réfectoire**

message n.m. 1 → **lettre** 2 → **communication** 3 pneu, sans-fil, télégramme, télex → **dépêche**

messager, ère 1 au pr. a agent, commissionnaire, courrier, coursier, envoyé, estafette, exprès, facteur, héraut, mercure, porteur, saute-ruisseau, transporteur b vx : ambassadeur, avant-courrier, coureur, postier 2 par ext. → **précurseur**

messagerie n.f. courrier, poste, transport

messe n.f. 1 assemblée des fidèles, célébration, cérémonie, culte, obit, office, saint sacrifice, service divin 2 par anal. a chant, liturgie, musique, rite, rituel b absoute, complies, laudes, matines, none, prime, salut, sexte, ténèbres, tierce, vêpres

messianique → **prophétique**

messie n.m. → **prophète**

mesurable commensurable, comparable, identifiable, testable

mesure n.f. 1 au pr. a appréciation, calcul, degré, détermination, estimation, évaluation, jaugeage, mensuration, mesurage, métrage, métré, pesée, relevé, test b → **dimension** c → **capacité** d → **temps** e → **longueur** f → **son** g → **poids** h → **surface** i → **chaleur** j → **angle** k → **pression** l → **lumière** m → **électricité** n → **puissance** 2 par ext. a → **rythme** b → **règle** c → **retenue** d → **préparatif** 3 **à mesure** → **proportion (à)**

mesuré, e → **prudent**

mesurer 1 au pr. : arpenter, cadastrer, calibrer, chaîner, compter, corder, cuber, doser, jauger, métrer, régler, sonder, stérer, tester ♦ vx : auner, compasser, toiser 2 par ext. a → **évaluer** b → **proportionner** c → **régler** 3 v. intr. : avoir, développer, faire 4 v. pron. → **lutter**

mésuser exagérer, méconnaître → **abuser**

métairie n.f. → **ferme**

métal n.m. 1 acier, aluminium, argent, chrome, cobalt, cuivre, étain, fer, manganèse, mercure, nickel, platine, plomb, plutonium, radium, tungstène, uranium, vanadium, etc 2 fonte, matte

métallique → **brillant**

métallurgiste n.m. 1 métallo 2 aciériste, ajusteur, chaudronnier, fondeur, forgeron, fraiseur, maître de forges, soudeur

métamorphose n.f. → **transformation**

métamorphoser → **transformer**

métaphore n.f. [1] → image [2] → symbole
métaphorique → symbolique
métaphysique [1] n.f. par ext. : ontologie, théodicée [2] adj. : abstrait, transcendant
métapsychique parapsychologie
métathèse n.f. → transposition
métayer, ère par ext. → fermier
métempsycose n.f. → renaissance
météore n.m. aérolithe, astéroïde, astre, bolide, comète, étoile filante, météorite
métèque n.m. → étranger
méthode n.f. [1] approche, analyse, art, code, combinaison, déduction, démarche, discipline, dispositif, façon, formule, induction, ligne de conduite, maïeutique, manière, marche à suivre, mode, moyen, ordre, organisation, pratique, procédé, procédure, recette, règle, rubrique (vx), secret, stratégie, système, tactique, technique, théorie, voie [2] dialectique, didactique, logique, maïeutique, praxis
méthodique [1] → réglé [2] → logique
méticuleux, euse → minutieux
métier n.m. [1] → profession [2] → habileté [3] → appareil
métis, se [1] animaux ou plantes : bâtard, corniaud, croisé, hybride, mâtiné, métissé, mulard, mule, mulet [2] hommes : eurasien, mulâtre, quarteron, sang-mêlé ◆ péj. : moricaud, noiraud
métissage n.m. coupage, croisement, hybridation, mélange
métrage et **métré** n.m. → mesure
mètre n.m. → rythme
métré n.m. → mesure
métrer → mesurer
métropole n.f. → capitale
mets n.m. bonne chère, brouet (péj.), chère, cuisine, fricot (fam.), menu, nourriture, plat, repas, soupe (fam.)
mettable [1] → honnête [2] → passable
mettre [1] au pr. a ajouter, appliquer, apposer, appuyer, camper, caser, coller, déposer, disposer, donner, empiler, enfoncer, engager, établir, exposer, fixer, glisser, imposer, insérer, installer, introduire, loger, opposer, placer, planter, plonger, poser, poster, ranger, remettre, serrer b vx : bouter, chausser c fam. : carrer, cloquer, ficher, flanquer, fourrer, foutre [2] par ext. → vêtir [3] a se mettre à → commencer b se mettre à genoux → agenouiller (s') c mettre à la porte/dehors → congédier d mettre en joue → viser e mettre devant/en avant → présenter f mettre en cause → inculper g mettre bas → accoucher [4] V. pron. a → vêtir (se) b se mettre en rapport → aboucher (s') c se mettre en quatre → empresser (s') d se mettre dans → occuper (s')
meuble n.m. → mobilier
meublé n.m. → hôtel
meubler [1] → fournir [2] → orner
meugler → mugir
meule n.f. [1] barge, gerbier, meulon, pailler [2] broyeur, concasseur [3] affiloir, aiguisoir
meuler → affiler
meunerie n.f. minoterie, moulin
meunier, ère minotier
meurt-de-faim n.m. → pauvre
meurtre n.m. → homicide
meurtrier, ère → homicide
meurtrière n.f. → ouverture
meurtrir [1] au pr. a battre, blesser, cabosser, cogner, contusionner, courbaturer, endolorir, frapper, froisser, malmener, mettre en compote/en marmelade/un œil au beurre noir, pocher, rosser, taper b écraser, fouler, mâcher, mâchurer, taler [2] fig. : faire de la peine, peiner, torturer, tourmenter
meurtrissure n.f. → contusion
meute n.f. vautrait (par ext.) → troupe
mévente n.f. → crise
mezzanine n.f. entresol → balcon
mi → moitié
miasme n.m. → émanation
micelle n.f. → particule
micmac n.m. → manigance
microbe n.m. [1] au pr. : amibe, actinomycète, aspergille, bacille, bactérie, discomycète, ferment, flagellé, germe, microcoque, microorganisme, monère, rhizopode, spirille, spirochète, sporotriche, sporozoaire, trichophyton, vibrion, virgule, virus [2] fig. → nain
microphone n.m. par ext. : hydrophone, mégaphone, micro
microscope n.m. → lunette
microscopique → petit
midi n.m. [1] mi-journée [2] austral, méridional, sud
midinette n.f. apprentie, cousette, couturière, modiste, ouvrière, petite-main, trottin
mielleux, euse [1] → doucereux [2] → hypocrite
miette n.f. → morceau
mieux → plus
mièvre [1] → joli [2] → affecté [3] → menu
mièvrerie n.f. → affectation
mignard, e → minaudier
mignardise n.f. → minauderie
mignon, ne [1] → aimable [2] → élégant
migraine n.f. [1] céphalée, mal de tête [2] → souci
migration n.f. montaison, passée (vén.), remue (vx), transhumance → émigration
mijaurée n.f. → pimbêche
mijoter [1] v. intr. → cuire [2] v. tr. → préparer
milice n.f. → troupe
milieu n.m. [1] au pr. a → centre b biotope, élément, espace, gisement, habitat, patrie, terrain c ambiance, atmosphère, aura, cadre, climat, condition, décor, écologie, écosystème écoumène *ou* œkoumène, entourage, environnement, lieu, société, sphère [2] par ext. → monde [3] arg. : mitan [4] au milieu de → parmi
militaire [1] adj. : belliqueux, guerrier, martial, prétorien, soldatesque (péj.), stratégique, tactique [2] n.m. a → chef b → soldat c arg. : [3] art militaire : polémologie
militant, e [1] → partisan [2] → combattant
militarisme n.m. bellicisme, caporalisme
militer agir, participer, prendre part → lutter
mille → quantité
millénaire n.m. → ancien
milliard, millier, million n.m. → quantité ◆ arg. : brique, tuile, unité
millionnaire n.m. et adj. → riche
mime [1] n.f. a au pr. : gesticulation, jeu muet, mimique, orchestique, pantomime b par ext. : attitudes, contorsions, expression, gestes, gesticulation, manières, signes, singeries [2] n.m. : acteur/artiste/comédien muet, clown
mimer → imiter
mimétisme n.m. → imitation
mimique n.f. → geste
minable [1] → incapable [2] → misérable
minauder [1] → affrioler [2] → marivauder
minauderie n.f. affectation, agacerie, chichi, coquetterie, façons, grâces, grimace, manières, mignardise, mine, provocation, simagrée, singerie
minaudier, ère affecté, enjôleur, gnangnan (fam.), grimacier, maniéré, mignard, poseur
mince [1] neutre : allongé, délicat, délié, effilé, élancé, étroit, fastigié, filiforme, fin, fluet, fragile, fuselé, gracile, grêle, maigre, menu, petit, pincé, svelte, ténu [2] non fav. : insignifiant, médiocre, négligeable
minceur n.f. → finesse
mine n.f. [1] air, apparence, complexion, contenance, expression, extérieur, face, façon, figure, maintien, minois, physionomie, physique, teint, tête, visage ◆ fam. : bouille, fiole, poire, tronche → couleur [2] faire bonne/mauvaise mine → accueil [3] carrière, fosse, galerie, puits, souterrain [4] charbonnage, houillère [5] filon, fonds, gisement [6] cartouche, engin, explosif, piège
miner [1] au pr. : affouiller, caver, creuser, éroder, fouiller, fouir, gratter, ronger, saper [2] fig. : abattre, affaiblir, attaquer, brûler, consumer, corroder, défaire, désintégrer, détruire, diminuer, ruiner, user
minet n.m. [1] → chat [2] → jeune (homme)
minette n.f. [1] → luzerne [2] → fille
mineur n.m. galibot, haveur, porion, raucheur, sapeur
mineur, e impubère → petit
miniature n.f. [1] au pr. : dessin, enluminure, peinture, portrait [2] en miniature : en abrégé, en raccourci, en réduction
miniaturiser → réduire
miniaturiste n.m. et f. enlumineur
minime → petit
minimiser [1] → calmer [2] → réduire
minimum n.m. étiage, le moins possible
ministère n.m. [1] au pr. a charge, emploi, fonction b cabinet, conseil/corps ministériel/des ministres, département, gouvernement, maroquin, portefeuille [2] par ext. → entremise
ministériel, le [1] exécutif, gouvernemental, officiel [2] officier ministériel : avoué, commissaire de police, commissaire-priseur, consul, huissier, notaire
ministre n.m. [1] au pr.(vx) : exécutant, instrument, serviteur [2] ecclésiastique, pasteur, prédicant → prêtre
minois n.m. → visage
minoratif, ive dépréciatif, diminutif, hypocoristique
minoritaire → infime
minorité n.f. [1] adolescence, enfance, impuberté [2] → choix [3] → opposition
minoterie n.f. meunerie, moulin
minuscule [1] adj. a → infime b → petit [2] n.f. imprimerie : bas de casse
minute n.f. [1] → moment [2] → original
minuter → écrire
minutie n.f. → soin
minutieux, euse appliqué, attentif, consciencieux, difficile, exact, exigeant, formaliste, maniaque, méticuleux, pointilleux, pointu, scrupuleux, soigneux, tatillon, vétilleux
mioche n.m. et f. [1] → enfant [2] → bébé
miracle n.m. → prodige
miraculeux, euse → surnaturel
mirage n.m. [1] au pr. : image, phénomène, reflet [2] par ext. : apparence, chimère, illusion, mensonge, rêve, rêverie, trompe-l'œil, tromperie, vision [3] fig. : attrait, séduction
mire [1] n.m. : apothicaire → médecin [2] n.f. point de mire → but
mirer [1] → viser [2] → regarder
mirifique → extraordinaire
mirliton n.m. → flûte
mirobolant, e → extraordinaire
miroir n.m. [1] au pr. : courtoisie, glace, psyché, réflecteur, rétroviseur, trumeau [2] fig. → représentation
miroitant, e → brillant
miroitement n.m. → reflet
miroiter → luire
miroitier, ère vx : glacier
mis, e → vêtu
misanthrope atrabilaire, bourru, chagrin, farouche, insociable, ours, sauvage, solitaire
misanthropie n.f. asociabilité, insociabilité, taciturnité, aversion, haine
miscellanées n.f. pl. → mélanges
mise n.f. [1] carre (arg.), cave, enjeu, masse, poule → investissement [2] → vêtement [3] a de mise → valable b mise bas (vét.) : accouchement, agnelage, délivrance, part, parturition, vêlage c mise en demeure → injonction d mise à jour : refonte → recyclage
miser allonger, caver, coucher, investir, jouer, mettre, parier, placer, ponter, risquer
misérable [1] adj. a quelque chose : calamiteux, déplorable, fâcheux, honteux, insignifiant, lamentable, malheureux, mauvais, méchant, méprisable, mesquin, piètre, pitoyable, regrettable, triste, vil b quelqu'un : besogneux, chétif, désespéré, indigent, infortuné, minable, miteux ◆ vermineux vx : → pauvre [2] nom : bandit, clochard, cloche, coquin, croquant, gueux, hère, miséreux, paria, pauvre diable/drille/type, pouilleux, purotin, réprouvé, tocard, traîne-misère, va-nu-pieds → mendiant
misère n.f. [1] → malheur [2] → pauvreté [3] → rien
miséreux, euse → misérable
miséricorde n.f. [1] absolution, clémence, grâce, indulgence, merci, pardon, pitié, quartier [2] selle, siège, tabouret
miséricordieux, euse → bon
missel n.m. antiphonaire → paroissien
missile n.m. engin, fusée
mission n.f. [1] ambassade, besogne, charge, commission, délégation, députation, légation, mandat, représentation [2] action, but, destination, fonction, rôle, vocation [3] → occupation [4] apostolat, évangélisation [5] chargé de mission : délégué, député, émissaire, envoyé, exprès, mandataire, représentant

missionnaire nom et adj. 1 → **propagateur** 2 → **apôtre**

missive n.f. → **lettre**

mitaine n.f. gant, manicle, moufle

mitan n.m. → **moitié**

mite n.f. 1 ciron (vx) 2 → **excrément**

mi-temps n.f. → **pause**

miteux, euse → **misérable**

mitigation n.f. → **adoucissement**

mitiger → **modérer**

mitonner 1 v. intr. → **cuire** 2 v. tr. → **préparer**

mitoyen, ne d'héberge, intercalaire, intermédiaire, médian, moyen, voisin

mitoyenneté n.f. → **proximité**

mitrailler → **tirer**

mitraillette n.f. 1 arg. : clarinette, seringue, sulfateuse 2 par ext. → **fusil**

mixte → **mêlé**

mixtion n.f. → **mélange**

mixture n.f. → **mélange**

mobile 1 adj. a → **mouvant** b → **changeant** 2 n.m. a → **cause** b → **moteur** c → **soldat**

mobile-home n.m. off. : auto-caravane

mobilier n.m. ameublement, équipement ménager, ménage, meubles

mobilisateur, trice → **motivant**

mobilisation n.f. appel, conscription, levée en masse, période, rappel, recensement, recrutement

mobiliser 1 appeler, enrégimenter, enrôler, lever, rappeler, recruter, requérir, réquisitionner 2 → **immobiliser**

mobilité n.f. 1 → **changement** 2 → **instabilité**

mobylette n.f. → **cyclomoteur**

moche → **laid**

modalité, n.f. 1 circonstance, façon, manière, mode, moyen, particularité → **qualité** 2 au pl. → **disposition**

mode 1 n.m. → **qualité** 2 n.f. a avant gardisme, coutume, engouement, épidémie, fureur, goût, habitude, mœurs, pratique, snobisme, style, ton, usage, vague, vent, vogue b convenance, façon, fantaisie, manière, volonté c (haute) couture → **vêtement** d **à la mode :** au goût du jour → **élégant** • fam. : branché, dans le vent, in

modèle n.m. 1 n.m. a archétype, canon, critère, échantillon, étalon, exemple, formule, gabarit, idéal, idée, image, miroir, original, paradigme, parangon, précédent, prototype, référence, standard, type, unité b carton, cerce, croquis, esquisse, étude, grille, maquette, moule, patron, pattern, pige, plan, schéma, spécimen, topo c académie, mannequin, pose 2 adj. → **parfait**

modelé n.m. → **forme**

modeler 1 → **sculpter** 2 → **former** 3 v. pron. → **régler (se)**

modéliste n.m. et f. → **styliste**

modérateur, trice 1 → **intermédiaire** 2 ralentisseur, régulateur

modération n.f. 1 bonne conduite, circonspection, convenance, discrétion, douceur, frugalité, juste milieu, ménagement, mesure, modérantisme, modestie, réserve, retenue, sagesse, sobriété, tempérance, vertu 2 adoucissement, assouplissement, mitigation, progressivité, réduction

modéré, e 1 neutre : abstinent, continent, discret, doux, économe, équilibré, frugal, mesuré, modeste, moyen, pondéré, prudent, raisonnable, sage, sobre, tempérant, tempéré 2 non fav. : bas, faible, médiocre

modérer 1 adoucir, affaiblir, amoindrir, amortir, apaiser, arrêter, assouplir, atténuer, attiédir, borner, calmer, contenir, corriger, diminuer, édulcorer, estomper, éteindre, freiner, mesurer, minimiser, mitiger, pallier, ralentir, régler, réprimer, tamiser, tempérer 2 v. pron. : déchanter, en rabattre, mettre de l'eau dans son vin, se retenir

moderne 1 → **nouveau** 2 → **actuel**

modernisation n.f. → **rénovation**

moderniser → **renouveler**

modernité n.f. → **actualité**

modeste 1 quelqu'un : chaste, décent, discret, effacé, humble, prude, pudique, ravalé (vx), réservé → **simple** 2 quelque chose : banal, chétif, limité, médiocre, modéré, modique, moyen, pauvre, petit, plat, simple, terne, uni

modestie n.f. 1 → **retenue** 2 → **décence** 3 → **humilité**

modicité n.f. exiguïté, modestie, petitesse

modifiable 1 → **perfectible** 2 → **transposable**

modification n.f. adaptation, addition, adultération, aggravation, agrandissement, altération, artefact, changement, correction, dérogation, différence, extension, falsification, infléchissement, métamorphose, nuance, progression, ralentissement, rectificatif, rectification, réfection, refonte, remaniement, révision, somation (biol.), transformation, variation

modifier → **changer**

modillon n.m. → **appui**

modique 1 → **médiocre** 2 → **petit**

modulation n.f. → **son**

moduler 1 → **adapter** 2 → **proportionner** 3 → **régler**

modus vivendi n.m. 1 → **accord** 2 → **transaction**

moelle n.f. 1 → **substance** 2 boucherie : amourette

moelleux, euse 1 confortable, douillet, doux, duveteux, élastique, mollet, mou, pulpeux, rembourré 2 agréable, gracieux, souple 3 gras, liquoreux, mollet, onctueux, savoureux, velouté

moellon n.m. → **pierre**

mœurs n.f. pl. 1 au pr. a → **habitude** b → **moralité** c → **nature** 2 par ext. → **caractère**

mofette ou **moufette** n.f. émanation, exhalaison, fumée, fumerolle, gaz, grisou

moi arg. : bibi, mézigue, ma pomme → **personnalité**

moignon n.m. → **morceau**

moindre → **petit**

moine n.m. 1 → **religieux** 2 → **toupie** 3 → **chaufferette**

moineau n.m. 1 au pr. : friquet, gros-bec, piaf, pierrot → **passereau** 2 fig. → **type**

moire n.f. → **reflet**

moirer → **lustrer**

mois n.m. du calendrier républicain : vendémiaire, brumaire, frimaire, nivôse, pluviôse, ventôse, germinal, floréal, prairial, messidor, thermidor, fructidor

moïse n.m. → **berceau**

moisir 1 au pr. → **pourrir** 2 fig. → **attendre**

moisissure n.f. → **pourriture**

moisson n.f. fruit, récolte • vx : annone, août

moissonner → **recueillir**

moite → **humide**

moiteur n.f. → **tiédeur**

moitié n.f. 1 demi, mi, milieu, mitan 2 fam. → **épouse**

molasse ou **mollasse** n.f. → **pierre**

môle n.m. brise-lames, digue, embarcadère, jetée, musoir, quai

molécule n.f. → **particule**

molester 1 → **tourmenter** 2 → **maltraiter**

molette n.f. 1 → **pilon** 2 → **roulette**

mollasse et **mollasson** → **mou**

mollesse n.f. 1 au pr. a non fav. : abattement, affaiblissement, apathie, atonie, avachissement, efféminement, indolence, langueur, mollasserie, nonchalance, paresse, relâchement, somnolence b neutre ou fav. : abandon, faiblesse, grâce, laisser-aller, morbidesse c flaccidité, laxité 2 part ext. → **volupté**

mollet, te 1 → **mou** 2 → **moelleux**

molletière n.f. → **guêtre**

mollir 1 v. intr. → **faiblir** 2 v. tr. → **fléchir**

mollusque n.m. 1 amphineure, chiton, invertébré, oscabrion a → **céphalopode** b → **gastéropode** c → **lamellibranche** 2 → **coquillage** 3 → **moule** 4 → **huître** 5 → **limaçon**

môme n.m. et f. → **enfant**

moment n.m. 1 date, entrefaite (vx), époque, heure, instant, intervalle, jour, minute, saison, seconde, tournant 2 → **occasion**

momentané, e → **passager**

momentanément → **provisoirement**

momerie n.f. 1 → **mascarade** 2 → **comédie** 3 → **hypocrisie**

momification n.f. → **dessèchement**

momifier 1 dessécher, embaumer 2 → **abêtir**

monacal, e → **monastique**

monarchie n.f. → **royauté**

monarchiste nom et adj. → **royaliste**

monarque n.m. autocrate, bey, césar, chef, despote, dey, empereur, kaiser, khan, majesté, potentat, prince, ras, roi, seigneur, shah, souverain, sultan, tyran • péj. : roitelet, tyranneau

monastère n.m. abbaye, béguinage, bonzerie, chartreuse, commanderie, communauté, couvent, moutier, prieuré, retraite, solitude, trappe → **cloître**

monastique claustral, conventuel, monacal, monial, régulier

monceau n.m. → **amas**

mondain, aine 1 n.m. boulevardier (vx), homme du monde, salonnard, snob 2 adj. : a → **terrestre** b frivole, futile, léger

mondanité n.f. 1 vx → **frivolité** 2 au pl. a → **convenance** b → **réception**

monde n.m. 1 au pr. → **univers** 2 fig. a → **société** b → **multitude** c → **époque** 3 par ext. : aristocratie, beau linge (fam.), beau/grand monde, faubourg Saint-Germain (vx), gentry, gotha, gratin, haute société, milieu, société, tout-Paris, vieille France

monder → **éplucher**

mondial, e → **universel**

mondialiser → **répandre**

mongol, e mongolique, ouralo-altaïque, tatar

moniteur, trice 1 → **maître** 2 → **instructeur**

monitoire n.m. → **rescrit**

monitoring off. 1 monitorage 2 signal sonore

monnaie n.f. 1 espèces, liquide, métal, numéraire, papier 2 → **argent**

monnayer → **vendre**

monocorde → **monotone**

monogramme n.m. 1 → **marque** 2 → **signature**

monographie n.f. → **traité**

monologue n.m. 1 au pr. : aparté, discours, monodie, tirade 2 par ext. : radotage, soliloque

monologuer soliloquer

monomanie n.f. → **manie**

monopole n.m. 1 duopole, oligopole, régie → **privilège** 2 → **trust**

monopoliser → **accaparer**

monotone assoupissant, endormant, ennuyeux, monocorde, plat, traînant, triste → **uniforme**

monotonie n.f. uniformité → **tristesse**

monovalent, e univalent

monseigneur n.m. → **prince**

monsieur n.m. 1 → **homme** 2 → **personnalité**

monstre 1 n.m. a amphisbène, basilic, centaure, cerbère, chimère, coquecigrue, dragon, griffon, harpie, hippocampe, hippogriffe, hydre, lamie, licorne, loup-garou, minotaure, pégase, rock, sphinx, tarasque → **phénomène** b → **scélérat** 2 adj. → **monstrueux**

monstrueux, euse 1 neutre. a → **gigantesque** b → **grand** 2 non fav. a → **irrégulier** b → **démesuré** c → **mauvais**

monstruosité n.f. 1 → **malformation** 2 → **grandeur**

mont n.m. aiguille, antécime, ballon, belvédère, butte, chaîne, cime, colline, cordillère, crêt, crête, croupe, dent, djebel, élévation, éminence, gour (rég.), hauteur, mamelon, massif, montagnette, montagne, morne, pic, piton, pointe, puy, rocher, serra, sierra, sommet

montage n.m. → **assemblage**

montagne n.f. 1 → **mont** 2 → **quantité**

montagneux, euse accidenté, bossu, élevé, escarpé, montagnard, montueux, orographique

montant 1 nom masc. → **somme** 2 adj. : ascendant, dressé, escarpé, vertical → **abrupt**

mont-de-piété n.m. 1 crédit municipal 2 fam. : clou, ma tante

monte n.f. → **accouplement**

montée n.f. 1 ascension, escalade, grimpée 2 accroissement, augmentation, convection, crue, envahissement, invasion 3 côte, grimpette, pente, raidillon, rampe 4 → **escalier** 5 **montée des prix** → **hausse**

monter 1 v. intr. a quelqu'un monte : aller, s'élever, s'embarquer, entrer, se guinder, se hisser, voler b quelque chose monte → **augmenter** 2 v. tr. a au pr. : ascensionner, escalader, gravir, grimper b par ext. : dresser, élever, exhausser, hausser, lever, rehausser, relever, remonter, surélever, surhausser c fig. : combiner, constituer, établir, organiser, ourdir → **préparer** 3 v. pron. : → **valoir**

monticule n.m. → **hauteur**

montre n.f. 1 → **étalage** 2 chiqué, démonstration, dépense, effet, étalage, exhibition, mise en scène, ostentation, parade, spectacle 3 bassinoire, bracelet-montre, chronographe, chronomètre, montre-bracelet, oignon, savonnette 4 fam. : coucou, patraque, tocante

montrer 1 au pr. a arborer, déballer, déployer, désigner, développer, étaler, exhiber, exposer, indiquer, présenter, représenter b découvrir, dégager, dénuder, dessiner, donner, faire/laisser deviner, manifester, porter, soumettre 2 fig. a décrire, démasquer, dépeindre, dévoiler, évoquer, mettre dans, offrir, peindre, raconter b démontrer, dire, écrire, établir, prouver, signaler, souligner c annoncer, attester, déceler, dénoncer, dénoter, enseigner, exhaler, instruire, produire, témoigner d accuser, affecter, afficher, affirmer, déclarer, faire briller/entendre/voir, faire montre de, marquer, respirer 3 v. pron. : apparaître, croiser, être, parader, paraître, surgir

montueux, euse → **montagneux**

monture n.f. 1 → **cheval** 2 assemblage, montage

monument n.m. 1 → **bâtiment** 2 → **tombeau** 3 → **souvenir**

monumental, e → **gigantesque**

moquer (se) 1 → **railler** 2 → **mépriser**

moquerie n.f. → **raillerie**

moqueur, euse 1 → **hâbleur** 2 → **taquin**

moral n.m. 1 affect (psych.), caractère, détermination, esprit, état d'esprit, mentalité, opinion, pensée, volonté 2 → **insouciance** 3 → **inquiétude**

moral, e 1 comme il faut, décent, digne, droit, édifiant, exemplaire, fidèle, honnête, incorruptible, intact, intègre, juste, loyal, modèle, probe, propre, pur, respectable, rigide, rigoureux, sain, vertueux 2 → **psychique**

morale n.f. 1 déontologie, devoir, éthique, éthologie (vx), honnêteté, probité, vertu 2 admonestation, capucinade (péj.), leçon 3 réprimande 4 apologue, maxime, moralité

moraliser 1 assainir 2 → **sermonner**

moralité n.f. 1 → **morale** 2 bonnes mœurs, conscience, mœurs, sens moral → **décence** 3 affabulation, conclusion, enseignement, maxime, morale, sentence 4 honorabilité, réputation → **probité**

moratoire n.m. → **suspension**

morbide 1 → **malade** 2 → **malsain**

morceau n.m. 1 battiture, bloc, bouchée, bout, bribe, brisure, capilotade, chanteau, chicot, chiffon, copeau, croûte, croûton, darne, débris, découpure, détail, division, échantillon, éclat, écornure, élément entame, épave, flipot, fraction, fragment, lambeau, lichette, lingot, masse, membre, mie, miette, moignon, motte, paillette, parcelle, part, particule, partie, pièce, portion, quartier, quignon, relief, retaille, rogaton, rognure, rondelle, segment, tesson, tranche, tronçon 2 coin, enclave, lopin, lot, lotissement, parcelle, sole 3 → **passage** 4 → **pièce** 5 → **déchet** 6 **morceaux choisis :** anthologie, chrestomathie, compilation

morceler → **partager**

morcellement n.m. → **segmentation**

mordacité n.f. causticité, aigreur

mordant 1 nom masc : a → **aigreur** b → **vivacité** 2 adj. : acéré, acide, acrimonieux, affilé, aigre, aigu, amer, caustique, corrodant, corrosif, effilé, incisif, mauvais, méchant, moqueur, piquant, poivré, rongeur, satirique, vif

mordicus → **opiniâtrement**

mordre 1 au pr. : broyer, croquer, déchiqueter, déchirer, dilacérer, lacérer, mâchonner, mordiller, serrer 2 par ext. : attaquer, détruire, entamer, ronger, user 3 fig. → **comprendre**

mordu, e → **fanatique**

morfondre (se) → **attendre**

morfondu, e 1 → **transi** 2 → **fâché**

morgue n.f. 1 → **orgueil** 2 amphithéâtre, funérarium, institut médico-légal, salle de dissection

moribond, e agonisant, crevard (fam. et péj.), mourant

morigéner → **réprimander**

morne 1 adj. → **triste** 2 n.m. → **hauteur**

morose 1 → **renfrogné** 2 → **triste**

morosité n.f. → **tristesse**

mors n.m. filet, frein

morsure n.f. → **blessure**

mort 1 n.f. a au pr. : anéantissement, crevaison (fam. et péj.), décès, dernier sommeil/soupir, disparition, extinction, fin, grand voyage, perte, nuit/repos/sommeil éternel (le), tombe, tombeau, trépas ♦ vx : expiration dernière b la Blême/Camarde/Faucheuse/Parque c par ext. → **ruine** 2 nom masc. : cadavre, corps, de cujus, dépouille, esprit, mânes, ombre, restes, restes mortels, trépassé, victime ♦ fam. : macchabée 3 adj. a inorganique, non-vivant b décédé, défunt, disparu, feu, inanimé, passé, trépassé, tué c fam. : canné, naze

mortalité n.f. létalité, mortinatalité

mortel 1 n.m. → **homme** 2 adj. : a destructeur, fatal, létal, meurtrier, mortifère b → **fatal** c → **extrême** d → **ennuyeux**

mortier n.m. bâtard, enduit, gâchis, rusticage

mortellement 1 à mort, à la mort 2 à fond, extrêmement

mortification n.f. 1 au pr. : abstinence, ascèse, ascétisme, austérité, continence, jeûne, macération, pénitence 2 par ext. : affront, camouflet, couleuvre, crève-cœur, déboire, dégoût, déplaisir, dragée, froissement, humiliation, pilule, soufflet, vexation

mortifier 1 → **humilier** 2 → **affliger** 3 → **macérer**

mortuaire → **funèbre**

morue n.f. 1 cabillaud, églefin, gade, gadidé, merluche, merlu 2 haddock 3 → **prostituée**

morve n.f. roupie → **saleté**

morveux, euse 1 → **malpropre** 2 → **enfant**

mosaïque n.f. 1 → **céramique** 2 par ext. : costume/habit d'Arlequin, damier, marqueterie, patchwork → **mélange**

mot n.m. 1 appellation, dénomination, expression, particule, terme, verbe, vocable 2 → **parole** 3 → **lettre** 4 → **pensée** 5 partic. → **juron** 6 a **mot à mot :** à la lettre, littéralement, mot pour mot, textuellement b **bon mot, jeu de mots, mot d'esprit, mot pour rire :** anecdote, bluette, boutade, calembour, concetti, contrepèterie, coq-à-l'âne, dit, épigramme, gentillesse, plaisanterie, pointe, quolibet, saillie, trait c **mot-valise :** néologisme

motet n.m. → **cantique**

moteur n.m. 1 appareil, engin, force motrice, machine, mécanique, moulin (fam.), principe actif 2 fig. : agent, âme, animateur, cause, directeur, incitateur, inspirateur, instigateur, meneur, mobile, motif, origine, principe, promoteur, ressort

motif n.m. 1 agent, attendu, cause, comment, considérant, excuse, explication, fin, finalité, impulsion, intention, mobile, motivation, occasion, origine, pourquoi, prétexte, principe, raison, réquisit, sujet 2 leitmotiv, matière, propos, thème

motion n.f. → **proposition**

motivant, e excitant, incitant, mobilisateur, stimulant

motivation n.f. 1 → **inclination** 2 → **sympathie**

motiver → **occasionner**

moto n.m. gros cube → **cyclomoteur**

motor-home off. : auto-caravane

motoriser automatiser, équiper, mécaniser

motrice n.f. 1 → **moteur** 2 → **locomotive**

motricité n.f. → **mouvement**

motus chut, paix, pas un mot, silence, taisez-vous

mou n.m. → **poumon**

mou, molle 1 quelque chose. a neutre : amolli, cotonneux, détendu, doux, ductile, élastique, fangeux, flasque, flexible, lâche, malléable, maniable, moelleux, mollet, pâteux, plastique, ramolli, relâché, rénitent (méd.), souple, spongieux, subéreux, tendre b non fav. : avachi, flasque, mollasse → **visqueux** 2 quelqu'un : a abattu, aboulique, amorphe, apathique, atone, avachi, aveuli, bonasse, cagnard, chancelant, chiffe, dysboulique, efféminé, emplâtre, endormi, faible, femmelette, flemmard, hésitant, inconsistant, indolent, inerte, lâche, languissant, loche, lymphatique, mollasse, mollasson, nonchalant, somnolent, velléitaire, veule, voluptueux → **paresseux** b fam. : flagada, gnangnan, limace, mollusque, moule, nouille, panade, soliveau, toton, toupie

mouchard, e 1 quelqu'un. a délateur, dénonciateur, espion, faux-frère, indicateur, rapporteur, sycophante, traître → **espion** b arg. : balance, cafard, cafetière, cafteur, canari, capon, casserole, cuistre, indic, mouche, mouton, treize-à-table 2 un appareil : contrôleur, manomètre → **enregistreur**

mouchardage n.m. → **accusation**

moucharder → **dénoncer**

mouche n.f. 1 fig. a → **espion** b → **mouchard** 2 **mouche à miel** → **abeille**

moucher 1 → **nettoyer** 2 → **humilier**

moucheté → **marqueté**

mouchoir n.m. 1 pochette ♦ arg. : tire-jus, tire-gomme 2 → **fichu**

moudre → **broyer**

moue n.f. → **grimace**

mouette n.f. → **palmipède**

moufle n.m. 1 gant, mitaine, miton 2 → **treuil**

mouillage n.m. 1 coupage 2 → **amarrage**

mouillé, e → **humide**

mouiller 1 au pr. : abreuver, arroser, asperger, baigner, délaver, détremper, doucher, éclabousser, embuer, humecter, humidifier, imbiber, inonder, laver, oindre, rincer, saucer, saturer, transpercer, tremper 2 du vin : baptiser, couper, diluer, mêler 3 mar. : affourcher, amarrer, ancrer, desservir, donner fond, embosser, jeter l'ancre, stopper 4 v. pron. : se compromettre, prendre des risques, tremper dans une affaire

moule 1 n.f. a fig. → **mou** b (de) bouchot, de Hollande, d'Espagne, mulette → **coquillage** 2 n.m. a caseret, faisselle, gaufrier, tourtière b techn. : banche, carcasse, chape, empreinte (partic.) forme, gueuse, lingotière, matrice, mère, modèle, surmoule, virole

mouler 1 → **former** 2 → **serrer**

moulin n.m. 1 meunerie, minoterie, presse, pressoir 2 par ext. : mixer, moulinette → **broyeur**

moulinet n.m. 1 dévidoir, tambour, taquet, tour, tourniquet, treuil 2 crécelle, moulin à prières

moulu, e → **fatigué**

moulure n.f. 1 modénature, profil 2 anglet, antibois, archivolte, armilles, astragale, bague, baguette, bandeau, bandelette, billette, boudin, cannelure, cavet, cimaise, congé, cordon, dentelure, denticule, doucine, échine, entrelacs, feuille d'acanthe, filet, grecque, gorge, listel, nervure, orle, ove, palmette, perle, piédouche, plate-bande, plinthe, quart-de-rond, rais-de-cœur, réglet, rinceau, rudenture, sacome, scotie, talon, tore, tringle, vermiculure, volute → **ornement** 3 → **corniche**

mourant, e 1 → **moribond** 2 → **langoureux**

mourir 1 au pr. a s'en aller, cesser de vivre, décéder, se détruire, disparaître, s'endormir, s'éteindre, être emporté/enlevé/rappelé/ravi/tué, exhaler son âme, expirer, finir, partir, passer, passer le pas/dans l'autre monde/de vie à trépas, perdre la vie, périr, rendre l'âme/le dernier soupir/l'esprit/son dernier souffle, succomber, se tarir, tomber, tomber au champ d'honneur, trépasser, trouver la mort, y rester b anim. ou péj. : crever c poét. : avoir vécu, descendre aux enfers/au tombeau/dans la tombe, s'endormir dans les bras de Dieu/du Seigneur/de la mort, fermer les paupières/les yeux, finir/terminer ses jours/sa vie, paraître devant Dieu, payer le tribut à la nature, quitter ce monde/cette vallée de larmes, retourner à la maison du Père d fam. : aller ad patres/chez les taupes/sous les fleurs, s'en aller/partir/sortir entre quatre planches/les pieds devant, avaler sa chique/son bulletin/son extrait de naissance, boire le bouillon d'onze heures, calancher, canner, casser sa pipe, clamecer, claquer, crever, dégeler, déposer le bilan, dessouder, dévisser, éteindre sa lampe/son gaz, faire couic/le grand voyage/sa malle/son paquet/sa valise, fermer son pébroc, lâcher la rampe/les pédales, laisser ses guêtres, manger les mauves/les pissenlits par la racine, passer l'arme à gauche, perdre le goût du pain, ramasser ses outils, rendre les clefs, tourner le coin 2 par ext. a → **finir** b → **souffrir**

mouron n.m. 1 morgeline, stellaire 2 → **souci** 3 **mouron d'eau :** samole

mousquet, mousqueton n.m. → **fusil**

moussaillon, mousse n.m. → **marin**

mousse 1 n.f. a bulles, crème, écume, flocon, floculation, neige, spumosité b hépatique, hypne, lichen, sphaigne, usnée 2 n.m. → **marin**

mousse adj. → **émoussé**

mousseline linon, singalette, tarlatane

mousseux 1 adj. → **écumeux** 2 n.m. : asti spumante, blanquette, roteuse (péj.), vin champagnisé / méthode champenoise

mousson n.f. → **vent**

moustache n.f. 1 fam. et/ou vx : bacchantes, charmeuses, glorieuses 2 zool. : vibrisses

moustique n.m. aède, anophèle, cousin, maringouin, stégomyie

moût n.m. → **jus**

moutard n.m. → **enfant**

moutarde n.f. 1 sanve, sénevé 2 → **assaisonnement**

mouton n.m. 1 au pr. agneau, agnelle, antenais, bélier, broutard, ouaille, oviné, ovin, robin (fam.) → **brebis** 2 fig. a → **mouchard** b → **saleté** c techn. → **hie** 3 **peau de mouton** a basane, peau de chamois b canadienne, moumoute (fam.), paletot

moutonner → **friser**

moutonnier, ère → **grégaire**

mouvance n.f. vx : tenure → **dépendance**

mouvant, e 1 agité, ambulant, animé, changeant, erratique, flottant, fluctuant, fluide, fugitif, instable, mobile, ondoyant ondulant, onduleux, remuant, volant 2 coulissant, glissant, roulant 3 vx : vagabond

mouvement n.m. 1 d'une chose. a action, agitation, animation, balancement, ballant, ballottement, battement, bouillonnement, branle, branlement, cadence, cahotement, changement, chavirement, circulation, cours, course, déplacement, élan, évolution, flottement, fluctuation, flux, frémissement, frétillement, frisson, glissement, houle, impulsion, lancée, libration, marche, mobilité, motilité, motricité, navette, onde, ondoiement, ondulation, oscillation, pulsation, reflux, remous, rotation, roulis, tangage, tourbillon, tournoiement, trajectoire, transport, tremblement, trépidation, turbulence, vacillation, va-et-vient, vague, valse, vibration, vol b → **fermentation** c → **trouble** d → **variation** e → **rythme** f → **évolution** 2 de quelqu'un. a au pr. : activité, agitation, course, ébats, évolutions, exercice, geste, marche, remuement b par ext. mouvement de l'âme/du cœur : affection, amour, compassion, comportement, conation, conduite, effusion, élan, émoi, émotion, enthousiasme, envolée, impulsion, passion, pulsion, raptus (méd.), réaction, réflexe, sentiment, tendance, transport

mouvementé, e 1 → **accidenté** 2 → **animé**

mouvoir 1 quelque chose : actionner, agiter, animer, bouger, déclencher, déplacer, ébranler, faire agir / aller / marcher, manœuvrer, mettre en activité / action / branle / mouvement / œuvre, pousser, propulser, secouer 2 quelqu'un : émouvoir, exciter, inciter, porter, pousser 3 v. pron. : aller, aller et venir, avancer, bouger, circuler, couler, courir, déambuler, se déplacer, fonctionner, glisser, jouer, marcher, se promener, se remuer, rouler, se traîner

moyen n.m. 1 au pr. : biais, chemin, combinaison, demi-mesure, détour, expédient, façon, filon, fin, formule, instrument, intermédiaire, issue, joint, manière, marche à suivre, mesure, méthode, opération, ouverture, palliatif, plan, procédé, procédure, système, tactique, truc, voie ◆ vx : adminicule, machine 2 fig. : béquille, marche-pied, matériau, organe, outil, porte, ressort, tremplin, viatique 3 au pl. a capacité, disposition, don, expédient, facilité, faculté, force, intelligence, mémoire, occasion, possibilité, pouvoir, prétexte, recette, ruse, stratagème, vivacité d'esprit b milit. : logistique 4 a **au moyen de :** à l'aide de / au prix, avec, grâce à, moyennant, par b **par le moyen de :** canal, entremise, intermédiaire, instrument, truchement

moyen, ne adj. 1 au pr. → **mitoyen** 2 par ext. a banal, commun, courant, faible, intermédiaire, juste, médiocre, modéré, modeste, modique, ordinaire, passable, quelconque, terne b acceptable, correct, honnête, honorable, passable, tolérable

moyennant → **moyen**

moyenne n.f. → **proportion**

mucosité n.f. glaire, humeur, morve, mucus, pituite, sécrétion, suc, suint

muer → **transformer**

muet, te 1 → **silencieux** 2 → **interdit**

mufle n.m. 1 → **museau** 2 → **impoli**

muflerie n.f. → **impolitesse**

mugir 1 au pr. : beugler, meugler 2 fig. → **crier**

mugissement n.m. → **beuglement**

muid n.m. → **tonneau**

mulâtre, mulâtresse → **métis**

mule n.f. 1 → **chausson** 2 → **métis**

mulet n.m. 1 muge → **poisson** 2 brêle → **métis**

multicolore polychrome, versicolore

multidisciplinaire inter / pluridisciplinaire

multiforme → **varié**

multinational, e plurinational

multiple 1 → **varié** 2 → **nombreux**

multiplication n.f. → **reproduction**

multiplicité n.f. → **multitude**

multiplier 1 accroître, agrandir, amplifier, augmenter, centupler, cuber, décupler, doubler, entasser, exagérer, grossir, hausser, majorer, octupler, peupler, propager, quadrupler, quintupler, répéter, reproduire, semer, septupler, sextupler, tripler 2 v. pron. : croître, engendrer, essaimer, foisonner, fourmiller, peupler, procréer, proliférer, se propager, provigner, pulluler, se reproduire

multitude n.f. abondance, affluence, afflux, amas, armée, avalanche, averse, chiée (grossier), cohue, concours de peuple, débordement, déluge, diversité, encombrement, essaim, fleuve, flopée, flot, foison, forêt, foule, fourmilière, fourmillement, grouillement, infinité, inondation, kyrielle, légion, mascaret, masse, mer, monde, multiplicité, nombre, nuée, peuple, pluralité, populace, presse, pullulement, quantité, rassemblement, régiment, ribambelle, surpeuplement, surpopulation, tas, torrent, tourbe, tourbillon, troupe, troupeau, vulgaire ◆ fam. : foultitude, potée, tapée, tripotée

municipal, e communal, édilitaire, public, urbain

municipalité n.f. → **mairie**

munificence n.f. → **générosité**

munificent, e → **généreux**

munir 1 → **fournir** 2 v. pron. : s'armer, s'équiper, se pourvoir, se précautionner, se prémunir, prendre

mur n.m. 1 allège, brise-vent, cloison, clos, clôture, façade, garde-fou, muret, muretin, murette, parapet, paroi, porteur, refend 2 courtine, enceinte, fortification, muraille, rempart 3 → **obstacle** 4 → **appui**

mûr, e 1 à point 2 décidé, disposé, paré, prêt, propre à, susceptible de

mûre n.f. baie, framboise sauvage, mûron

muraille n.f. 1 → **mur** 2 → **rempart**

murer → **fermer**

mûrir 1 v. intr. a au pr. : dorer, s'épanouir, grandir, grener (vx), venir à maturité b fig. : cuire, se faire 2 v. tr. : approfondir, combiner, concerter, digérer, étudier, méditer, mijoter, peser, préméditer, préparer, réfléchir, repenser, supputer

mûrissage n.m. maturation, mûrissement, nouaison, nouure, véraison

murmure n.m. 1 → **bruit** 2 → **rumeur** 3 → **gémissement**

murmurer 1 v. intr. : bougonner, bourdonner, broncher, fredonner, geindre, gémir, grognasser, grogner, grognonner, grommeler, gronder, marmonner, marmotter, maronner, maugréer, se plaindre, protester, rogner, ronchonner ◆ fam. ou rég. : moufeter, râler 2 v. tr. : chuchoter, dire, marmonner, marmotter, susurrer

musarder → **flâner**

muscadin n.m. → **élégant**

muscat n.m. dattier, frontignan, lacryma-christi, malaga, picardan

muscle n.m. → **force**

musclé, e 1 au pr. : athlétique, musculeux 2 par ext. : baraqué, bien bâti / charpenté / constitué / découplé / fait, costaud, fort, mâle, puissant, râblé, robuste, solide, trapu, vigoureux, viril

muse n.f. 1 → **poésie** 2 au pl. neuf sœurs

museau n.m. 1 au pr. : bouche, boutoir, groin, mufle, tête, truffe 2 fig. → **visage**

musée n.m. cabinet, collection, conservatoire, galerie, glyptothèque, muséum, pinacothèque, salon

museler → **taire (faire)**

muser → **flâner**

musette n.f. 1 → **cornemuse** 2 → **bal** 3 → **gibecière**

muséum n.m. → **musée**

musical, e → **harmonieux**

musicien, ne 1 accompagnateur, arrangeur, artiste, chanteur, chef d'orchestre, choriste, compositeur, contrapuntiste, coryphée, croque-note (vx et péj.), exécutant, harmoniste, instrumentiste, joueur, maestro, maître de chapelle, mélodiste, mélomane, orchestrateur, orphéoniste, soliste, virtuose 2 a accordéoniste, altiste, bassiste ou contrebassiste, bassoniste, batteur, clarinettiste, claveciniste, cornettiste, flûtiste, gambiste, guitariste, harpiste, hautboïste, mandoliniste, organiste, percussionniste, pianiste, saxophoniste, timbalier, trompettiste, violoncelliste, violoniste ◆ vx ou rég. : cornemuseur, jongleur, ménétrier, sonneur, ménestrel, tambourinaire, violoneux b par le nom de l'instrument : clairon, fifre, tambour, trombone, trompette 3 au pl. : clique, ensemble, fanfare, formation, groupe, harmonie, lyre, maîtrise, octuor, orchestre, orchestre philharmonique, quatuor, quintette, septuor, sextuor, trio

musique n.f. 1 → **harmonie** 2 → **orchestre** 3 → **rythme** 4 → **air** 5 → **concert** 6 instruments. a *à vent :* → **anche, bois, bombarde, cornemuse, cuivre(s), flûte** b → **clavecin, piano** c → **corde(s), lyre** d → **batterie, percussion, tambour** e harmonium, orgue, orgue de Barbarie f → **accordéon** g harmonica, ocarina 7 castagnettes, crécelle, harpe éolienne, rhombe, scie musicale

musoir n.m. → **môle**

musqué, e → **précieux**

musulman, e 1 n.m. a arabe, croyant, fidèle b chiite, druze, ismaélien, mahdiste, sunnite c vx : infidèle, mahométan, maure, sarrasin 2 adj. coranique, islamique

mutation n.f. → **changement**

mutationnisme n.m. → **évolutionnisme**

muter → **déplacer**

mutilation n.f. 1 → **amputation** 2 → **diminution**

mutiler 1 altérer, amoindrir, amputer, briser, casser, castrer, châtrer, circoncire, couper, déformer, dégrader, éborgner, écharper, émasculer, essoriller, estropier, exciser, léser, massacrer, raccourcir, rendre infirme, tronquer → **blesser** 2 → **frustrer**

mutin 1 n.m. a → **révolté** b → **insurgé** 2 adj. → **espiègle**

mutiner (se) → **révolter (se)**

mutinerie n.f. 1 → **émeute** 2 → **révolte**

mutisme n.m. → **silence**

mutité n.f. amusie, aphasie, surdi-mutité, mutisme

mutuel, le bijectif, bilatéral, identique, partagé, réciproque, synallagmatique

mutuelle n.f. → **syndicat**

mutuellement n.f. → **réciproquement**

mygale n.f. → **araignée**

myope nom et adj. fam. : binoclard, bigle, bigleux, miro

myriade n.f. → **quantité**

myrmidon n.m. → **nain**

myrrhe n.f. → **aromate**

myrtille n.f. airelle, brimbelle, raisin des bois, teint-vin

mystère n.m. 1 au pr. : arcane, énigme, magie, obscurité, inconnu, voile → **secret** 2 par ext. → **vérité** 3 → **prudence**

mystérieux, euse 1 → **secret** 2 → **obscur**

mysticisme n.m. communication, contemplation, dévotion, extase, illuminisme, oraison, sainteté, spiritualité, union à Dieu, vision → **idéalisme**

mystificateur, trice 1 → **illusionniste** 2 → **trompeur** 3 → **fripon**

mystification n.f. blague, canular → **tromperie**

mystifier → **tromper**

mystique 1 adj. a → **secret** b → **symbolique** c → **religieux** 2 n.f. : délire / folie sacré(e) → **foi**

mythe, mythologie n.m., n.f. → **légende**

mythique → **fabuleux**

mythomane nom et adj. 1 caractériel, fabulateur 2 par ext. a → **menteur** b → **hâbleur**

N

nabab n.m. aisé, capitaliste, florissant, fortuné, heureux, milliardaire, millionnaire, multimillionnaire, nanti, opulent, parvenu, ploutocrate (péj.), possédant, pourvu, prince, prospère, renté, rentier, riche, richissime ◆ fam. : boyard, calé (vx), cossu, cousu d'or, galetteux, gros, huppé, milord, richard, rupin, satrape

nabot n.m. → **nain**

nacelle n.f. 1 barque, canot, embarcation, esquif, nef (vx) → **bateau** 2 cabine, cockpit, habitacle

nacré, e irisé, moiré, opalin → **blanchâtre**

nævus n.m. envie, grain de beauté

nage n.f. 1 baignade, natation 2 brasse (coulée), coupe, crawl, indienne, marinière, over arm stroke, papillon, sur le dos

nager 1 baigner, flotter, naviguer, surnager, voguer 2 → **ramer** 3 **nager dans l'opulence** : avoir du foin dans ses bottes, en avoir plein les poches, être riche, ne pas se moucher du coude, remuer l'argent à la pelle

naguère 1 → **autrefois** 2 il y a peu (de temps) → **récemment**

naïade n.f. déesse, dryade, hamadryade, napée, nixe (german.), néréide, nymphe, océanide, oréade

naïf, ve 1 fav. ou neutre. a → **naturel** b → **simple** c → **spontané** 2 non fav. : benêt, bonhomme, couillon (mérid.), crédule, dupe, gille, gobe-mouches, gobeur, godiche, gogo, innocent, jeune (fam.), jobard, nature, niais, nigaud, niquedouille, nunuche, oiselle, oison, pigeon, poire, pomme, simplet, zozo ◆ vx : badin, gobelet 3 arg. : bobine, carafe, cave, micheton, mimi, pante, têtard → **bête**

nain, e adj. et n. 1 au pr. : lilliputien, myrmidon, pygmée 2 non fav. : avorton, bout d'homme, freluquet, gnome, homoncule, magot, microbe, nabot, pot à tabac, ragot, rasemottes, tom-pouce 3 → **petit**

naissance n.f. 1 au pr. : nativité, venue au monde 2 par ext. : accouchement, apparition, ascendance, avènement, commencement, début, éclosion, état, extraction, filiation, génération, genèse, germination, jour, maison, nom, origine, source → **enfantement** 3 vx : estoc, parage

naître 1 au pr. : venir au monde, voir le jour 2 par ext. a → **venir (de)** b → **commencer** c apparaître, éclore, s'élever, se former, germer, se lever, paraître, percer, poindre, pousser, sourdre, surgir, survenir 3 **faire naître** : allumer, amener, apporter, attirer, causer, créer, déterminer, donner lieu, engendrer, entraîner, éveiller, exciter, faire, fomenter, inspirer, motiver, occasionner, produire, provoquer, susciter

naïveté n.f. 1 fav. ou neutre : abandon, bonhomie, candeur, droiture, franchise, ingénuité, innocence, naturel, simplicité 2 non fav. : angélisme, bonasserie, crédulité, jobarderie, moutonnerie, niaiserie → **bêtise**

nanisme n.m. achondroplasie

nanti, e 1 → **fourni** 2 aisé, à l'aise, cossu (fam.), florissant, fortuné, heureux, muni, opulent, parvenu, possédant, pourvu, prospère, renté → **riche**

nantir (de) armer, assortir, fournir, garnir, meubler, munir, pourvoir, procurer

nantissement n.m. antichrèse, aval, caution, cautionnement, couverture, dépôt, gage, garantie, hypothèque, privilège, sûreté

nappe n.f. → **couche**

napper → **recouvrir**

napperon n.m. dessous (d'assiettes), set (de table), tavaïolle (liturg.)

narcissisme n.m. → **égoïsme**

narcose n.f. par ext. : anesthésie, assoupissement, coma, engourdissement, hypnose, léthargie, sommeil, somnolence, torpeur

narcotique n.m. et adj. 1 assommant, assoupissant, dormitif, hypnotique, neuroleptique, psycholeptique, psychotrope, sédatif, somnifère, soporifique, sécurisant, tranquillisant 2 adoucissant, analgésique, anesthésique, antalgique, antipyrétique, antispasmodique, apaisant, balsamique, calmant, consolant, lénifiant, lénitif, parégorique, rafraîchissant, relaxant, reposant, vulnéraire → **drogue**

narguer affronter, aller au-devant de, attaquer, braver, défier, faire face à, se heurter à, jeter le gant, lutter contre, menacer, se mesurer à, se moquer de, offenser, s'opposer à, pisser au bénitier (grossier), provoquer, relever le défi, rencontrer

narine n.f. museau, naseau, orifice nasal, trou de nez (fam.) → **nez**

narquois, e 1 au pr. → **goguenard, taquin** 2 par ext. a → **hâbleur** b farceur, ficelle, fin, finaud, fine mouche, futé, malicieux, matois, renard, roublard, roué, rusé, sac à malices (fam.) → **malin**

narrateur, trice auteur, conteur, diseur → **écrivain**

narration n.f. 1 composition française, dissertation, rédaction 2 anecdote, compte rendu, exposé, exposition, factum (jurid. ou péj.), histoire, historiette, historique, journal, mémorial, nouvelle, rapport, récit, relation, tableau

narrer conter, décrire, dire, exposer, faire un récit, raconter, rapporter, relater, retracer

naseau n.m. → **narine**

nasillement n.m. nasonnement

nasiller → **parler**

nasse n.f. → **piège**

natation n.f. baignade → **nage**

natif, ve 1 issu de, né, originaire de, venu de → **naturel** 2 vx : congénital, infus, inné, naturel, personnel → **inhérent**

nation n.f. cité, collectivité, communauté, entité, État, ethnie, gent, patrie, pays, peuple, population, puissance, race, république, royaume, territoire

national, e 1 → **indigène** 2 → **patriote**

nationalisation n.f. → **collectivisation**

nationaliser collectiviser, étatiser, exproprier, réquisitionner, socialiser

nationalisme n.m. chauvinisme (péj.), civisme, ethnocentrisme, patriotisme

nationaliste n. et adj. patriote, patriotique ◆ péj. : chauvin, cocardier, patriotard

nativité n.f. noël → **naissance**

natte n.f. 1 → **tresse** 2 mar. : paillet

natter → **tresser**

naturalisation n.f. 1 acclimatation, acclimatement, adoption 2 empaillage, taxidermie

naturaliser conserver, empailler

naturalisme n.m. → **réalisme**

naturaliste n.m. ou f. 1 botaniste, entomologiste, erpétologiste, minéralogiste, zoologiste 2 empailleur, taxidermiste 3 matérialiste, mécaniste, réaliste

nature n.f. 1 → **univers** 2 → **essence** 3 → **genre** 4 → **vérité** 5 par ext. : caractère, carcasse (fam.), cœur, complexion, constitution, diathèse, disposition, esprit, état, génie, humeur, idiosyncrasie, inclination, innéité, mœurs, naturel, pâte (fam.), penchant, personnalité, santé, tempérament, trempe, vitalité

naturel, le 1 nom. a → **nature** b aborigène, habitant, indigène → **natif** c → **aisance** 2 adj. a → **aisé** b → **inné** c biologique, écologique → **brut** d authentique, commun, cru, direct, familier, improvisé, naïf, natif, nature, normal, propre, simple, spontané → **sincère**

naturellement → **simplement**

naturiste n.m. ou f. culturiste, nudiste

naufrage n.m. 1 → **perte** 2 → **ruine**

naufrageur n.m. → **saboteur**

nauséabond, e 1 abject, dégoûtant, écœurant, grossier, horrible, ignoble, immangeable, immonde, infect, innommable, insupportable, malpropre, nauséeux, peu ragoûtant, rebutant, repoussant, sale, sordide ◆ fam. : cochon, dégueulasse, merdique 2 empesté, empuanti, fétide, méphitique, pestilentiel, puant

nausée n.f. 1 au pr. : écœurement, envie de rendre/vomir, haut-le-cœur, mal de cœur/de mer, naupathie, soulèvement d'estomac, vomissement 2 par ext. → **dégoût** 3 fig. → **éloignement**

nauséeux, euse → **nauséabond**

nautique → **marin**

naval, e → **marin**

navet n.m. 1 par ext. bryone, chou-rave, rutabaga, turnep 2 péj. → **peinture**

navette n.f. 1 bac, ferry-boat, va-et-vient 2 allée et venue, balancement, branle, course, navigation, voyage 3 → **aérodyne**

navigateur n.m. 1 → **marin** 2 → **pilote**

navigation n.f. 1 bornage, cabotage, long cours, manœuvre, tramping 2 batellerie, flotte, marine 3 → **pilotage**

naviguer bourlinguer, caboter, cingler, croiser, évoluer, faire route, fendre les flots, filer, nager, piloter, sillonner, voguer, voyager

naviplane n.m. aéroglisseur, hovercraft

navire n.m. 1 → **bateau** 2 → **sous-marin**

navrant, e → **pitoyable**

navrer 1 affecter, affliger, agacer, angoisser, assombrir, attrister, chagriner, consterner, contrarier, contrister, décevoir, déchirer, dépiter, désappointer, désenchanter, désespérer, désoler, endeuiller, endolorir, ennuyer, fâcher, faire de la peine, faire souffrir, fendre le cœur, gêner (vx), inquiéter, mécontenter, mortifier, oppresser, peiner, percer le cœur, rembrunir, torturer, tourmenter, tracasser, tuer (fig.) 2 vx → **blesser**

nazi, e chemise brune, hitlérien, national-socialiste

nazisme n.m. hitlérisme, national-socialisme → **absolutisme**

né, e apparu, avenu, créé, descendu de, éclos, enfanté, engendré, formé, incarné, issu de, natif de, originaire de, sorti de, venu de

néanmoins avec tout cela, cependant, en regard de, en tout cas, mais, malgré cela, malgré tout, n'empêche que, nonobstant (vx), pourtant, toujours est-il, toutefois

néant 1 n.m. a au pr. : espace infini, vacuité, vide b fig. : bouffissure, boursouflure, chimère, enflure, erreur, fatuité, fragilité, frivolité, fumée, futilité, infatuation, illusion, inanité, inconsistance, insignifiance, inutilité, mensonge, prétention, vanité, vapeur, vent, vide 2 adv. → **rien**

nébuleux, euse 1 au pr. : assombri, brumeux, chargé, couvert, embrumé, épais, nuageux, voilé 2 fig. : abscons, abstrus, amphigourique, cabalistique, caché, complexe, compliqué, confus, difficile, diffus, douteux, énigmatique, entortillé, enveloppé, équivoque, ésotérique, filandreux, flou, fumeux, hermétique, impénétrable, incompréhensible, inexplicable, inextricable, inintelligible, insaisissable, louche, mystérieux, nuageux, obscur, secret, sibyllin, touffu, trouble, vague, vaseux, voilé

nébulosité n.f. 1 → **nuage** 2 → **obscurité**

nécessaire n.m. → **trousse**

nécessaire adj. 1 apodictique, essentiel, impératif, important, indispensable, logique, précieux, primordial, utile 2 → **inévitable** 3 → **obligatoire**

nécessité n.f. 1 destin, déterminisme, fatalité, logique 2 → **besoin** 3 → **pauvreté** 4 → **gêne** 5 → **devoir** 6 → **obligation**

nécessiter 1 appeler, mériter, requérir → **réclamer** 2 → **occasionner** 3 → **obliger**

nécessiteux, euse 1 appauvri, besogneux, clochard, démuni, disetteux (vx), économiquement faible, famélique, fauché, gêné, humble, impécunieux, indigent, loqueteux, malheureux, mendiant, meurt-de-faim, misérable, miséreux, nu, pauvre, prolétaire, va-nu-pieds ◆ péj. : gueux, pouilleux 2 fam. : crève-la-faim, mendigot, paumé

nécromancien, ne 1 → **devin** 2 → **magicien**

nécropole n.f. catacombe, champ des morts/du repos, charnier, cimetière, columbarium, crypte, ossuaire

nectar n.m. 1 au pr. : miellée 2 par ext. a ambroisie b → **boisson**

nectarine n.f. brugnon

nef n.f. → **nacelle**

néfaste déplorable, dommageable, fâcheux, fatal, funeste, malheureux, mauvais, mortel → **défavorable**

négatif, ive 1 → **nul** 2 → **défavorable**

négation n.f. 1 négative 2 par ext. : annulation, condamnation, contradiction, contraire, nihilisme, refus

négligé, e 1 adj. a → **abandonné** b débraillé, dépenaillé, dépoitraillé, lâché, peu soigné/soigneux, relâché → **malpropre** 2 nom : déshabillé, petite tenue, salopette, tenue d'intérieur

négligeable [1] → **médiocre** [2] → **accessoire**

négligence n.f. [1] → **abandon** [2] → **inattention** [3] → **paresse** [4] → **inexactitude**

négligent, e [1] désordonné, insouciant, oublieux, sans-soin [2] → **paresseux** [3] → **distrait**

négliger [1] → **abandonner** [2] → **omettre**

négoce n.m. → **commerce**

négociable [1] → **cessible** [2] → **valable**

négociant, e → **commerçant**

négociateur, trice agent, ambassadeur, arbitre, chargé d'affaires/de mission, conciliateur, délégué, député, diplomate, entremetteur, intermédiaire, manœuvrier, ministre plénipotentiaire, monsieur bons offices (fam.), ombudsman, parlementaire, truchement

négociation n.f. [1] neutre : conversation, échange de vues, pourparlers, tractation, transaction [2] non fav. : marchandage

négocier [1] → **parlementer** [2] → **traiter** [3] → **transmettre** [4] → **vendre**

nègre, négresse [1] au pr. : africain, homme de couleur, mélanoderme, noir [2] arg. et/ou péj. : bamboula, black, bougnoul, boule de neige, mal blanchi, moricaud, noiraud [3] → **associé**

negro-spiritual n.m. gospel

neiger floconner

nénuphar n.m. → **nymphéa**

néologisme n.m. mot-valise

néophyte n.m. ou f. → **novice**

népotisme n.m. → **favoritisme**

nerf n.m. [1] au pr. → **tendon** [2] par ext. → **force**

nerveux, euse [1] filandreux, tendineux [2] agité, brusque, émotif, énervé, excité, fébrile, hypertendu, hystérique, impatient, inquiet, irritable, névrosé, névrotique → **troublé** [3] → **concis** [4] → **vif**

nervi n.m. → **vaurien**

nervosité n.f. [1] → **agitation** [2] agacement, énervement, éréthisme, exaspération, fébrilité, surexcitation [3] par ext. : athétose, hystérie, névrose

nervure n.f. filet, ligne, moulure, pli

net, nette [1] → **pur** [2] → **clair** [3] → **visible** [4] → **vide**

netteté n.f. [1] → **propreté** [2] → **vérité** [3] → **clarté**

nettoiement et **nettoyage** n.m. abrasion, assainissement, astiquage, balayage, blanchiment, blanchissage, brossage, coup de balai, curage, curetage, débarbouillage, déblaiement, décantation, décapage, décrassage, décrottage, dégagement, dégraissage, dépollution, dérochage, désinfection, désinsectisation, détersion (méd.), époussetage, épuration, épurement, essuyage, filtrage, fourbissage, lavage, lessivage, ménage, purification, rangement, ravalement, récurage, sablage, savonnage, toilette, vidange

nettoyer [1] abraser, approprier, assainir, astiquer, balayer, battre, bichonner (fam.), blanchir, bouchonner, briquer (fam.), brosser, cirer, curer, dépolluer, débarbouiller, débourber, décaper, décrasser, décrotter, dégraisser, démaquiller, dépoussiérer, dérocher, dérouiller, désincruster, désinfecter, désinsectiser, dessuinter, détacher, détartrer, déterger, draguer, ébarber, ébavurer, éclaircir, écouvillonner, écurer, enlever la saleté, éplucher, épousseter, essanger, essuyer, étriller, faire la toilette, filtrer, fourbir, frotter, gratter, housser, laver, lessiver, monder, moucher, polir, poncer, purger, purifier, racler, ragréer, ramoner, rapproprier, ravaler, récurer, rincer, sabler, savonner, toiletter, torcher, torchonner, vanner, vidanger [2] épouiller, épucer → **débarrasser** [3] v. pron. : s'ajuster, se coiffer, faire sa toilette, procéder à ses ablutions

nettoyeur, euse assainisseur

neuf, ve [1] → **nouveau** [2] → **novice** [3] → **original**

neurasthénie n.f. → **mélancolie**

neuroleptique n.m. → **narcotique**

neutraliser → **étouffer**

neutralité n.f. abstention, amoralité, apolitisme, impartialité, impersonnalité, indifférence, indifférentisme, laïcité, non-alignement, non-belligérance, non-engagement, non-intervention, objectivité

neutre [1] épicène [2] → **indifférent**

neuvaine n.f. ennéade

neveu n.m. au pl. → **postérité**

névralgie n.f. migraine → **douleur**

névrose n.f., n.m. [1] angoisse, anxiété, dépression, mélancolie (pathologique), mythomanie, neurasthénie, névropathie [2] acrophobie, agoraphobie, claustrophobie, éreuthophobie, hantise, hydrophobie, hystérie, photophobie, zoophobie [3] démonomanie, érotomanie, monomanie, obsession [4] par ext. → **nervosité**

névrosé, e → **nerveux**

new-look n.m. off. → **mode**

nez n.m. [1] au pr. [a] arg. : appendice, baigneur, blair, blaireau, blase, caillou, croquant, fanal, mufle, naseau, naze, organe, patate, pif, priseur, reniflant, tarin, tomate, trompe, trompette, truffe, tubard, tube [b] du chien : museau, truffe [2] par ext. [a] → **visage** [b] → **odorat** [c] → **pénétration** [3] [a] **montrer le nez** → **montrer (se)** [b] **mettre le nez dehors** → **sortir** [c] **fourrer/mettre son nez** → **intervenir** [d] **mener par le bout du nez** → **gouverner**

niais, e [1] → **bête** [2] → **naïf**

niaiserie n.f. [1] de quelqu'un. [a] → **bêtise** [b] → **simplicité** [2] une chose → **bagatelle**

niche n.f. [1] → **cavité** [2] attrape, blague, espièglerie, facétie, farce, malice, tour → **plaisanterie**

nichée n.f. [1] → **portée** [2] → **famille**

nicher [1] airer, nidifier [2] → **demeurer**

nichon n.m. → **sein**

nid n.m. [1] au pr. : aire, boulin, chaudron (vén.), couvoir, nichoir [2] fig. → **maison**

nielle n.f. [1] nigelle [2] gerzeau, lychnis

nier [1] au pr. : contester, contredire, démentir, démonter, dénier, se défendre de, désavouer, disconvenir, s'inscrire en faux, mettre en doute, protester [2] par ext. → **refuser**

nigaud, e [1] → **naïf** [2] → **bête**

nigauderie n.f. → **bêtise**

night-club n.m. → **cabaret**

nihilisme n.m. → **scepticisme**

nihiliste n. et adj. → **révolutionnaire**

nimbe n.m. aréole, aura, auréole, cercle, cerne, couronne, diadème, gloire, halo

nimber → **couronner**

nippe n.f. → **vêtement**

nipper → **vêtir**

nippon, ne citoyen/habitant du pays du Soleil-Levant, japonais

nique (faire la) n.f. → **railler**

nirvâna n.m. → **paradis**

nivéal, e → **hibernal**

niveau n.m. [1] au pr. : cote, degré, etage, hauteur, palier, plan [2] nivelette, nivelle [3] fig. : échelle, standing, train de vie

niveler aplanir, araser, combler, écrêter, égaliser, raboter, régaler, unifier, uniformiser

nivellement n.m. [1] aplanissement, arasement, écrêtement, égalisation, laminage, régalage, terrassement [2] → **unification**

nobiliaire [1] n.m. : armorial, généalogie [2] adj. : aristocratique, généalogique

noble n. et adj. [1] aristocrate, boyard, burgrave, cavalier, chevalier, écuyer, effendi (turc), gentilhomme, grand, hidalgo (esp.), homme bien né/de condition/d'épée/de qualité/titré, jonkheer (Hollande), junker (Prusse), kami (Japon), lord ou milord (Angl.) margrave, né, patricien, seigneur, staroste (Pologne), thane (Écosse) [2] péj. : ci-devant, hobereau, noblaillon, nobliau [3] par ext. [a] → **élevé** [b] → **généreux** [c] → **beau** [d] → **distingué**

noblesse n.f. [1] au pr. : aristocratie, élite, gentry, lignage, lignée, maison, naissance, qualité, sang bleu [2] par ext. [a] → **élévation** [b] → **générosité** [c] → **choix**

noce n.f. [1] → **mariage** [2] → **festin** [3] → **débauche**

noceur, euse → **débauché**

nocif, ve → **mauvais**

nocivité n.f. malignité, nocuité, nuisance, toxicité

noctambule n. et adj. → **fêtard**

nocuité n.f. → **nocivité**

nodosité n.f. excroissance, loupe, nodule, nœud, nouure, renflement, tubercule

noël n.m. nativité, solstice d'hiver

nœud n.m. [1] au pr. → **attache** [2] par ext. [a] → **péripétie** [b] → **centre** [c] → **articulation**

noir, e [1] nom → **nègre** [2] adj. [a] → **obscur** [b] → **basané** [c] → **triste** [d] → **méchant** [e] blas. : sable

noirâtre [1] enfumé, hâlé, noiraud [2] → **basané**

noirceur n.f. [1] au pr. → **obscurité** [2] fig. → **méchanceté**

noircir [1] v. tr. [a] charbonner, mâchurer [b] → **dénigrer** [c] → **salir** [2] v. intr. → **élancer (s')**

noise n.f. → **discussion**

noisetier n.m. avelinier, coudre, coudrier

noisette n.f. [1] aveline, coquerelle (blas.) [2] → **brun**

noix n.f. [1] cerneau [2] noix de cajou [3] arg. → **fessier**

noli-me-tangere n.m. ou f. balsamine, impatiente

nolisement n.m. → **affrètement**

noliser → **fréter**

nom n.m. [1] appellation, blase (arg.), dénomination, désignation, état civil, label, marque, mot, patronyme, prénom, pseudonyme, sobriquet, surnom, terme, titre, vocable [2] gram. : substantif [3] par ext. → **réputation**

nomade n. et adj. ambulant, changeant, errant, forain, instable, mobile, vagabond → **tzigane**

nombre n.m. [1] au pr. : chiffre, numéro, quantième [2] par ext. [a] → **quantité** [b] → **harmonie**

nombrer [1] → **évaluer** [2] → **dénombrer**

nombreux, se [1] fort, innombrable, maint, multiple → **abondant** [2] → **harmonieux**

nombril n.m. ombilic → **centre**

nomenclature n.f. → **liste**

nominal, e → **individuel**

nomination n.f. affectation, choix, désignation, élévation, installation, mouvement, promotion, régularisation, titularisation

nommer [1] → **appeler** [2] → **affecter** [3] → **indiquer** [4] → **choisir**

non négatif, nenni (vx) → **rien**

non-activité n.f. chômage, congé, disponibilité, inactivité, oisiveté, réserve, retraite

nonce n.m. légat, prélat, vicaire apostolique → **ambassadeur**

nonchalance n.f., n.m. [1] → **mollesse** [2] → **paresse** [3] → **indifférence**

nonchalant, e → **paresseux**

non-conformiste → **original**

nonne béguine, carmélite, congréganiste, dame, fille, mère, moniale, nonnette, novice, religieuse, sœur

nonobstant (vx) au mépris de, contre, en dépit de, malgré, n'en déplaise à → **cependant**

non-sens n.m. absurdité, contradiction, contresens, erreur, faute, galimatias, tautologie → **bêtise**

non(-) stop off. → **continu**

non-valeur n.f. bon à rien, fruit sec, incapable, inconsistant, inexistant, lamentable, minable (fam.), nul, nullard, nullité, pauvre type, sans mérite, sans valeur, zéro → **paresseux**

non-violence n.f. résistance passive

nord n.m. [1] arctique, septentrion [2] **perdre le nord** [a] → **affoler (s')** [b] → **tromper (se)**

nord-africain, e → **maghrébin**

nord-américain, e [1] canadien, québécois [2] → **yankee**

nordique arctique, boréal, hyperboréen, nordiste, septentrional

noria n.f. sakièh

normal, e [1] aisé, arrêté, banal, calculé, classique, décidé, déterminé, exact, fixé, habituel, inné, mesuré, méthodique, moyen, naturel, ordonné, organisé, ponctuel, raisonnable, rationnel, rangé, régulier, systématique [2] → **simple** [3] → **raisonnable**

normalisation n.f. [1] alignement, institutionnalisation, régularisation [2] automatisation, codification, division du travail, formulation, rationalisation, spécialisation, stakhanovisme, standardisation, taylorisation, taylorisme

normaliser aligner, automatiser, codifier, conformer à, mesurer, mettre aux normes, modeler, rationaliser, réglementer, tracer → **fixer**

normatif, ve directif

norme n.f. arrêté, canon, charte, code, convention, cote, coutume, formule, ligne, loi, mesure, modèle, ordre, précepte, prescription, protocole, règle, règlement → **principe**

norois ou **noroît** n.m. → **vent**

norrois n.m. germanique septentrional, nordique, tudesque

nostalgie n.f. ennui, mal du pays, spleen → **regret**

nostalgique → **triste**

notabilité n.f. [1] au pr. : figure, grand, monsieur, notable, personnage, personnalité, puissant, quelqu'un, sommité, vedette ② fam. : baron, bonze, gros, gros bonnet, grosse légume, huile, huile lourde, important, légume, lumière, mandarin, manitou, pontife, V.I.P. ◆ péj. : magnat, satrape

notable ① adj. : brillant, considérable, distingué, éclatant, émérite, épatant (fam.), étonnant, extraordinaire, formidable, frappant, glorieux, important, insigne, marquant, marqué, mémorable, parfait, particulier, rare, remarquable, saillant, saisissant, sensible, signalé, supérieur ② nom → **notabilité**

notaire n.m. attorney (angl.), officier ministériel, tabellion (vx ou péj.)

notamment d'abord, entre autres, par exemple, particulièrement, pour ne citer que, principalement, singulièrement, spécialement

notation n.f. → **pensée**

note n.f. ① à titre privé. ⓐ → **addition** ⓑ analyse, annotation, aperçu, apostille, appréciation, avertissement, commentaire, compte rendu, critique, esquisse, explication, exposé, glanure, glose, introduction, mémento, mémorandum, nota bene, notule, observation, pièces, post-scriptum, préface, rapport, récit, réflexion, relation, remarque, renvoi, scolie, topo ② à titre public ou officiel : annonce, avertissement, avis, communication, communiqué, déclaration, dénonciation (vx), indication, information, lettre, message, notification, nouvelle, ordre, proclamation, publication, renseignement ◆ musique : neume

noter ① au pr. : annoter, apostiller, consigner, copier, écrire, enregistrer, inscrire, inventorier, marginer, marquer, référencer, relever ② par ext. ⓐ apprécier, classer, coter, distribuer/donner une note, jauger, juger, voir ⓑ → **observer**

notice n.f. ① → **abrégé** ② → **préface**

notification n.f. annonce, assignation, avertissement, avis, communication, déclaration, dénonciation (vx), exploit, information, instruction, intimation, lettre, mandement, message, signification

notifier annoncer, aviser, communiquer, déclarer, dénoncer, faire connaître/part de/savoir, informer, intimer, mander, ordonner, rendre compte, signifier, transmettre

notion n.f. ① au sing. ⓐ → **idée** ⓑ → **abstraction** ② au pl. ⓐ clartés, compétences, connaissances, éléments, rudiments, teinture, vernis ⓑ → **traité**

notoire → **manifeste**

notoriété n.f. → **réputation**

nouba n.f. ① → **fête** ② → **orchestre**

nouer ① → **attacher** ② → **préparer**

noueux, se → **tordu**

nougat n.m. ① → **friandise** ② arg. → **pied**

nougatine n.f. → **friandise**

nouille n.f. ① → **pâte** ② → **bête**

noumène n.m. chose en soi → **essence**

nounou n.f. → **nourrice**

nourrain n.m. ① → **fretin** ② cochon de lait

nourri, e fig. → **riche**

nourrice n.f. par ext. : berceuse, bonne d'enfant, nounou, nurse

nourricier, ère → **nourrissant**

nourrir ① au pr. ⓐ quelqu'un : alimenter, allaiter, donner à manger, élever, entretenir, faire manger, rassasier, ravitailler, restaurer, soutenir, sustenter ◆ fam. : gaver, gorger, régaler ⓑ un animal : affourager, alimenter, élever, engraisser, entretenir, faire paître, paître, repaître, soigner ② fig. ⓐ alimenter, couver, entretenir, exciter, fomenter ⓑ → **instruire** ③ v. pron. → **manger**

nourrissant, e bourratif (péj.), généreux, nourricier, nutritif, riche, roboratif, solide, substantiel

nourrisson n.m. → **bébé**

nourriture n.f. ① des hommes. ⓐ aliment, allaitement, becquée (fam.), chère, cuisine, manne, mets, nutriment (vx), pain, pitance, ration, repas, subsistance, substance, vie, vivre ◆ rég. : manger, soupe ⓑ myth. : ambroisie, potion magique ⓒ fam. : artillerie, bectance, bifteck, bouffe, boustifaille, briffe, croque, croustille, croûte, étouffe-chrétien, fricot, fripe, gaufre, graille, graine, mangeaille, picotin, provende, ragougnasse, rata, ratatouille, tambouille, tortore ② des animaux : affouragement, aliment, becquée, embouche, engrais, foin, fourrage, pâtée, pâture, pouture, ration ◆ vén. : curée

nouveau, elle ① au pr. : actuel, à la page/mode, dans le vent, d'aujourd'hui, dernier, dernier cri, différent, frais, in (fam.), inaccoutumé, inconnu, inédit, inéprouvé, inhabituel, inouï, insolite, insoupçonné, inusité, jeune, moderne, neuf, original, récent, révolutionnaire, ultra moderne, vert ② par ext. ⓐ → **second** ⓑ → **novice** ③ ⓐ **de nouveau** : derechef, encore ⓑ **homme nouveau, nouveau riche** → **parvenu** ⓒ **nouveau-né** → **bébé**

nouveauté n.f. actualité, changement, curiosité, fraîcheur, innovation, jeunesse, mode, modernité, originalité, primeur → **bizarrerie**

nouvelle n.f. ① anecdote, bruit, écho, fable, rubrique, rumeur, vent ② fam. : bobard, canard, canular, craque, tuyau (crevé) ③ annonce, flash, information, insert, scoop ④ → **roman**

nouvellement depuis peu, récemment

nouvelliste n.m. ou f. → **journaliste**

novateur, trice ① → **innovateur** ② → **progressiste**

novice ① adj. : candide (par ext.), commençant, débutant, inexpérimenté, jeune, neuf, nouveau ② nom : apprenti, conscrit, débutant, écolier, néophyte ◆ fam. : bizut, bleu, bleusaille → **jeune**

noviciat n.m. → **instruction**

noyade n.f. hydrocution, submersion

noyau n.m. ① → **centre** ② → **origine** ③ → **groupe**

noyautage n.m. entrisme, infiltration, pénétration

noyauter → **pénétrer**

noyer ① quelqu'un → **tuer** ② quelque chose → **inonder** ③ v. pron. ⓐ au pr. : s'asphyxier par immersion, couler, disparaître, s'enfoncer, s'étouffer, périr ⓑ fig. → **perdre (se)**

nu n.m. académie, beauté, modèle, nudité, plastique, peinture, sculpture, sujet, tableau

nu, e ① au pr. : découvert, dénudé, dépouillé, déshabillé, dévêtu, dévoilé, impudique (péj.), le cul/le derrière à l'air/au vent, tout nu, sans voiles ◆ fam. : adamique, à poil, déplumé, en costume d'Adam/d'Ève ② par ext. ⓐ abandonné, dégarni, désert, vide ⓑ blanc, net, pur ⓒ → **pauvre** ③ **à nu** : à découvert, tel quel, tel qu'il/elle est

nuage n.m. ① au pr. : ⓐ brume, brouillard, nébulosité, nue, nuée, vapeurs, voile ⓑ cirrocumulus, cirrus, cumulonimbus, cumulostratus, cumulus, nimbus, stratocumulus, stratus ② par ext. ⓐ → **obscurité** ⓑ → **mésintelligence** ⓒ → **ennui**

nuageux, se → **obscur**

nuance n.f. ① au pr. → **couleur** ② fig. → **différence**

nuancé, e → **varié**

nuancer ① au pr. : assortir, bigarrer, dégrader des couleurs, graduer, moduler ② par ext. : atténuer, mesurer, modérer, pondérer

nubile adolescent, fait, formé, fruit vert, mariable, pubère

nubilité n.f. → **puberté**

nudisme n.m. naturisme

nudiste n.m. et f. naturiste

nudité n.f. ① → **nu** ② → **austérité**

nue et **nuée** n.f. → **nuage**

nuer → **nuancer**

nuire ① à quelqu'un : attenter à, blesser, calomnier, compromettre, contrarier, déconsidérer, défavoriser, désavantager, désobliger, desservir, discréditer, faire du mal/tort, gêner, léser, médire, mouiller (fam.), parler à tort et à travers/contre, porter atteinte/préjudice/tort, préjudicier, violer les droits ② à quelque chose : déparer, endommager, enlaidir, faire mauvais effet, jurer, ruiner

nuisance n.f. → **nocivité**

nuisible contraire, corrupteur, dangereux, défavorable, délétère, déprédateur, désavantageux, dommageable, ennemi, fâcheux, funeste, hostile, insalubre, maléfique, malfaisant, malsain, mauvais, néfaste, nocif, pernicieux, préjudiciable, toxique → **mauvais**

nuit n.f. → **obscurité**

nul, nulle ① adj. indéfini : aucun, néant, négatif, personne, rien, zéro ② adj. qual. ⓐ quelque chose : aboli, annulé, caduc, infirmé, inexistant, invalidé, lettre morte, non avenu, périmé, prescrit, sans effet/valeur, suranné, tombé en désuétude ⓑ mauvais → **banal** ⓒ quelqu'un : fruit sec, incapable, inconsistant, inexistant, lamentable, minable, non-valeur, nullard, nullité, pauvre type, raté, sans mérite/valeur, tocard, zéro → **ignorant** ③ **coup nul** : rampeau

nullement ① → **pas** ② → **rien**

nullité n.f. → **nul**

nûment → **crûment**

numéraire n.m. → **argent**

numéro n.m. ① chiffre, cote, folio, gribiche, matricule, rang ② → **spectacle** ③ → **type**

numéroter chiffrer, coter, folioter, paginer, tatouer (vét.)

nuptial, e conjugal, matrimonial

nurse n.f. ① → **gouvernante** ② → **nourrice**

nursery n.f. ① crèche, nourricerie (vx), pouponnière ② garderie, halte, jardin d'enfants, maternelle, stop-enfants

nutritif, ve → **nourrissant**

nutrition n.f. alimentation, assimilation, digestion, ingestion, métabolisme, nutriment (vx)

nutritionniste n.m. ou f. diététicien, diététiste

nymphe n.f. ① au pr. : apsara, déesse, dryade, hamadryade, naïade, napée, nixe (german.), néréide, océanide, oréade ② par ext. → **fille** ③ chrysalide ④ anat. au pl. petites lèvres

nymphéa n.m. lis d'eau/des étangs, lotus (par ext.), nénuphar

O

oasis n.f. parfois m. fig. : abri, refuge → **solitude**

obédience n.f. ① → **obéissance** ② → **tendance**

obéir ① accepter, admettre, céder, se conformer à, courber la tête/le dos/l'échine (péj.), écouter, être obéissant, fléchir, s'incliner, s'inféoder, observer, obtempérer, plier, se ranger à, rompre, se soumettre, suivre ② non fav. → **subir**

obéissance n.f. ① allégeance, assujettissement, dépendance, discipline, joug, observance (relig.), subordination, sujétion → **soumission** ② docilité, esprit de subordination, fidélité, malléabilité, obédience (vx), plasticité, servilité

obéissant, e assujetti, attaché, discipliné, docile, doux, facile, fidèle, flexible, gouvernable, humble, malléable, maniable, sage, soumis, souple

obel ou **obèle** n.m. → **trait**

obérer affairer (vx), charger, endetter, grever

obèse → **bedonnant**

obésité adipose, adiposité → **grosseur**

obi n.f. → **ceinture**

obier n.m. boule-de-neige → **viorne**

obit n.m. → **messe**

obituaire → **funéraire**

objecter v. tr. et intr. ① → **répondre** ② → **prétexter**

objecteur n.m. → **contradicteur**

objectif n.m. ① nom → **but** ② adj. ⓐ → **réel** ⓑ → **vrai**

objection n.f. antithèse, contestation, contradiction, contredit, contrepartie, contre-pied, critique, difficulté, discussion, obstacle, opposition, protestation, réfutation, remarque, réplique, réponse, représentation, reproche

objectiver → **exprimer**

objectivité n.f. ① impersonnalité ② → **justice** ③ → **neutralité**

objet n.m. ① au pr. (matériel) : chose, corps, outil, ustensile → **bibelot, instrument** ② cause, concept, corpus, sujet, thème ③ → **but**

objurgation n.f. → **reproche**

oblat, e → **religieux**

oblatif, ive → **généreux**

oblation n.f. → **offrande**

obligation n.f. ① neutre : charge, dette, engagement, lien, nécessité → **devoir** ② fav. → **gratitude** ③ non fav. : acquit (vx), assujettissement, astreinte, condamnation, contrainte, enchaînement, entrave, exigence, force, servitude, urgence, violence

obligatoire contraignant, contraint, de commande, fixe, fixé, forcé, imposé, indispensable, inévitable, nécessaire, obligé, ordonné, réglementé, requis

obligatoirement absolument, forcément, inévitablement, nécessairement, réglementairement

obligé, e 1 neutre : dû, engagé, immanquable, lié, nécessaire, obligatoire, tenu 2 fav. (de quelqu'un) a débiteur, redevable b reconnaissant 3 non fav. : assujetti, astreint, condamné, contraint, enchaîné, forcé, requis, violenté

obligeance n.f. → **amabilité**

obligeant, e → **serviable**

obliger 1 neutre : engager, lier 2 fav. → **aider** 3 non fav. : acculer, assujettir, astreindre, atteler, brusquer, condamner, contraindre, enchaîner, exiger, forcer, forcer la main, imposer, pousser / réduire à, violenter

oblique 1 → **incliné** 2 → **indirect**

obliquement de biais, en crabe, en diagonale / écharpe / travers

obliquité n.f. déclinaison, dévoiement, inclinaison, infléchissement, pente

oblitération n.f. 1 obstruction, obturation, occultation 2 méd. : constipation, iléus, imperforation, occlusion

oblitérer 1 → **effacer** 2 → **obstruer**

oblong, ue → **long**

obnubilation n.f. → **obscurcissement**

obnubiler → **obscurcir**

obole n.f. → **secours**

obscène blessant, corsé, croustillant, cru, cynique, dégoûtant, déshonnête, égrillard, épicé, frelaté, gaulois, gras, graveleux, grivois, grossier, hasardé (vx), immonde, immoral, impudique, impur, inconvenant, indécent, lascif, leste, libre, licencieux, lubrique, malpropre, offensant, ordurier, osé, pimenté, poivré, polisson, pornographique, provocant, risqué, salace, sale, salé, scabreux, scandaleux, scatologique, stercoraire, trivial ◆ fam. : cochon, dégueulasse, vicelard

obscénité n.f. attentat / outrage à la pudeur / aux mœurs, bras d'honneur, coprolalie, cynisme, exhibitionnisme, gauloiserie, geste déplacé, gravelure, grivoiserie, grossièreté, immodestie, immoralité, impudicité, impureté, incongruité, inconvenance, indécence, licence, malpropreté, polissonnerie, pornographie, saleté, trivialité, vulgarité ◆ fam. : cochonceté, cochonnerie

obscur, e 1 au pr. : assombri, crépusculaire, épais, foncé, fuligineux, nocturne, noir, obscurci, occulté, ombreux, opaque, profond, sombre, ténébreux, terni 2 fig. a abscons, abstrus, amphigourique, apocalyptique, brumeux, cabalistique, caché, complexe, compliqué, confus, difficile, diffus, douteux, embrouillé, enchevêtré, énigmatique, entortillé, enveloppé, équivoque, ésotérique, filandreux, flou, fumeux, hermétique, impénétrable, incompréhensible, inconnaissable, indéchiffrable, inexplicable, inextricable, inintelligible, insaisissable, louche, mystérieux, nébuleux, nuageux, secret, sibyllin, touffu, trouble, vague, vaseux, voilé ◆ fam. : cafouilleux, emberlificoté b → **inconnu** c le temps : assombri, brumeux, chargé, couvert, embrumé, épais, nébuleux, nuageux, voilé

obscurantisme n.m. → **intolérance**

obscurcir 1 au pr. : abaisser / baisser / diminuer la lumière, assombrir, cacher, couvrir, éclipser, embrumer, ennuager, enténébrer, foncer, mâchurer, noircir, obombrer, occulter, opacifier, ternir, voiler ◆ vx : obnubiler, offusquer 2 fig. : attrister, éclipser, effacer, enterrer, faire disparaître / pâlir, scotomiser (psych.), troubler

obscurcissement n.m. assombrissement, aveuglement, épaississement, noircissement, obnubilation, occultation, scotomisation (psych.), ternissement

obscurité n.f. 1 au pr. : contre-jour, nébulosité, noirceur, nuit, ombre, opacité, ténèbres, turbidité 2 fig. a confusion, herméticité → **mystère** b → **anonymat** c → **bassesse**

obsécration n.f. → **prière**

obsédant, e → **ennuyeux**

obsédé, e assiégé, braqué, charmé (vx), envoûté, hanté, harcelé, maniaque, obnubilé, persécuté, polarisé, tourmenté

obséder 1 → **assiéger** 2 → **tourmenter**

obsèques n.f. pl. → **enterrement**

obséquieux, euse → **servile**

obséquiosité n.f. → **servilité**

observance n.f. → **règle**

observateur, trice 1 → **attentif** 2 → **témoin**

observation n.f. 1 analyse, approche, constatation, étude, examen, introspection, scrutation → **expérimentation** 2 observance (relig.) → **obéissance** 3 → **remarque** 4 → **reproche** 5 au pl. → **pensée(s)**

observer 1 accomplir, s'acquitter de, se conformer à, être fidèle à, exécuter, faire, garder, obéir à, se plier à, pratiquer, remplir, rendre, respecter, satisfaire à, se soumettre à, suivre, tenir 2 avoir à l'œil, dévisager, épier, étudier, examiner, fixer, noter, remarquer, suivre du regard, surveiller → **regarder**

obsession n.f. assujettissement, cauchemar, complexe, crainte, hallucination, hantise, idée fixe, manie, monomanie, peur, phobie, préoccupation, psychose, scrupule, souci, tentation, vision

obsolescence n.f. → **vieillesse**

obsolète et **obsolescent, e** → **désuet**

obstacle n.m. 1 au pr. : barrage, barricade, barrière, cloison, défense, digue, écluse, écran, mur, rideau, séparation ◆ équit. : barre, brook, bull-finch, fossé, haie, mur, rivière, talus 2 fig. : a accroc, achoppement, adversité, anicroche, aria, bec, blocage, contrariété, contretemps, défense, difficulté, écueil, embarras, empêchement, encombre, ennui, entrave, frein, gêne, hic, impasse, impedimenta, inconvénient, inhibition, inopportunité, interdiction, obstruction, opposition, os (fam.), pierre d'achoppement, résistance, restriction, traverse, tribulations b vx : hourvari, rémora c → **objection**

obstination n.f. 1 acharnement, assiduité, constance, esprit de suite, exclusive, fermeté, fixité, insistance, persévérance, persistance, résolution, suite dans les idées, ténacité 2 cramponnement, entêtement, folie, indocilité, opiniâtreté, parti pris, préjugé → **manie**

obstiné, e → **têtu**

obstiner (s') 1 → **buter (se)** 2 → **continuer**

obstruction n.f. 1 → **oblitération** 2 → **résistance**

obstruer barrer, bloquer, embarrasser, embouteiller, encombrer, encrasser, engorger, fermer → **boucher** ◆ méd. : oblitérer

obtempérer → **obéir**

obtenir 1 au pr. : acheter, acquérir, arracher, attraper, avoir, capter, conquérir, s'emparer de, empocher, emporter, enlever, faire, gagner, impétrer (jurid.), forcer, prendre, se procurer, recevoir, recueillir, récupérer, regagner, retrouver, remporter ◆ fam. : accrocher, décrocher, dégotter, écornifler, extorquer, soutirer 2 par ext. → **produire**

obturateur n.m. → **clapet**

obturation n.f. → **oblitération**

obturer → **boucher**

obtus, e 1 au pr. → **émoussé** 2 par ext. → **inintelligent**

obus n.m. → **projectile**

obvier → **parer**

ocarina n.m. → **musique**

occasion n.f. 1 cas, chance, circonstance, coïncidence, conjoncture, événement, éventualité, facilité, fois, hasard, heure, incidence, instant, moment, occurrence, opportunité, possibilité, rencontre, temps, terrain 2 → **lieu** 3 affaire, article usagé / sacrifié, aubaine, rossignol (péj.), seconde main, solde

occasionnel, le → **temporaire**

occasionnellement → **provisoirement**

occasionner amener, appeler, apporter, attirer, causer, créer, déchaîner, déclencher, déterminer, donner lieu / occasion, engendrer, entraîner, être la cause de, faire, fournir l'occasion, motiver, nécessiter, porter, prêter à, procurer, produire, provoquer, susciter, traîner

occident n.m. couchant, ouest, ponant (vx)

occire → **tuer**

occlusion n.f. 1 → **fermeture** 2 méd. → **oblitération**

occulte → **secret**

occulter → **cacher**

occultisme n.m. 1 ésotérisme, gnose, grand art, hermétisme, illumination, illuminisme, kabbale, magie, mystère, radiesthésie, sciences occultes, spiritisme, télépathie, théosophie, théurgie 2 par ext. : alchimie, cartomancie, chiromancie, divination, mantique, messe noire, nécromancie, sabbat, sorcellerie

occupant, e 1 colon, envahisseur 2 → **habitant**

occupation n.f. 1 activité, affaire, affairement, assujettissement, besogne, carrière, charge, emploi, engagement, exercice, fonction, loisirs, métier, mission, négoce (vx), ouvrage, passe-temps, profession, service, travail 2 → **colonisation**

occupé, e 1 absorbé, accablé, accaparé, actif, affairé, assujetti, chargé, écrasé, employé, engagé, indisponible, pris, retenu, tenu 2 → **rempli**

occuper 1 au pr. a → **prendre** b → **tenir** c → **demeurer** 2 fig. a absorber, captiver, polariser b atteler à, employer, prendre c accaparer, défrayer d accabler, importuner e condamner (un lieu) f coloniser, envahir, squatter 3 v. pron. : s'absorber, s'acharner, s'adonner, agir, s'appliquer, s'attacher, s'atteler, besogner (fam.), se consacrer, s'employer, s'entremettre, s'escrimer, étudier, faire, se mêler de, se mettre à / dans, travailler, vaquer, veiller

occurrence n.f. → **cas**

océan n.m. → **mer**

océanaute n.m. ou f. aquanaute

océanographe n.m. ou f. hydrographe

ocellé, e → **marqueté**

ocelot n.m. chat-tigre → **fourrure**

octet n.m. byte (angl.)

octroi n.m. 1 attribution → **distribution** 2 péage, perception

octroyer → **accorder**

oculiste n.m. et f. ophtalmologiste, ophtalmologue, spécialiste de la vue / des yeux

oculus n.m. → **ouverture**

ode et **odelette** n.f. → **poème**

odeur n.f. 1 neutre ou fav. : arôme, bouquet, effluence, effluve, émanation, exhalaison, fragrance, fumet, haleine, parfum, senteur ◆ vén. : sentiment, trace, vent 2 non fav. : empyreume, fraîchin, relent, remugle → **puanteur**

odieux, se → **haïssable**

odomètre n.m. compte-pas, podomètre

odorant, e aromatique, capiteux, effluent, embaumé, fleurant, fragrant, odoriférant, parfumé, suave, suffocant (péj.)

odorat n.m. flair, olfaction → **nez**

odoriférant, e → **odorant**

odyssée n.f. → **voyage**

œcuménique → **universel**

œdème → **boursouflure**

œil 1 au pr. : globe oculaire ◆ arg. : calot, carreau, chasse, clignotant, coquillard, globule, mirette, quinquet, robert, vitreux 2 par ext. a cornée, cristallin, prunelle, pupille, vision, vue → **regard** b → **ouverture** c bourgeon, bouton, excroissance, marcotte, nœud, pousse 3 a **à l'œil** : gratis, gratuitement, pour rien b **avoir l'œil** → **surveiller**

œil-de-bœuf n.m. → **ouverture**

œil-de-perdrix n.m. → **cal**

œillade n.f. → **regard**

œillère n.f. fig. → **préjugé**

œillet n.m. 1 → **ouverture** 2 grenadin, nonpareille, tagète

œstrus n.m. → **rut**

œuf n.m. 1 au pr. a couvain, germe, lente, oosphère, ovocyte, ovotide, ovule b coque, coquille 2 nichet 3 fig. → **origine**

œuvre n.f. 1 → **action** 2 → **ouvrage** 3 → **travail**

œuvrer → **travailler**

offensant, e amer, blessant, cinglant, désagréable, dur, grossier, impertinent, infamant, injurieux, insultant, outrageant, sanglant, vexant

offense n.f. affront, atteinte, avanie, blessure, bras d'honneur, camouflet, couleuvre, coup, démenti, impertinence, indignité, infamie, injure, insolence, insulte, nasarde, outrage

offenser 1 atteindre dans sa dignité / son honneur, blesser, choquer, être inconvenant / incorrect envers, faire affront / offense, froisser, humilier, injurier, insulter, manquer à, offusquer, outrager, piquer au vif, vexer ◆ vx : 2 v. pron. : se blesser, se choquer, se draper dans sa dignité, se fâcher, se formaliser, se froisser, se gendarmer, se hérisser, s'offusquer, se piquer, se scandaliser, se vexer

offenseur n.m. → **agresseur**

offensif, ive agressif, brutal, violent

offensive n.f. → **attaque**
offertoire n.m. → **offrande**
office n.m. 1 → **emploi** 2 → **devoir** 3 → **organisme** 4 → **service** 5 nom → **cuisine** 6 **bons offices** → **service**
officiant n.m. célébrant, desservant
officiel, elle administratif, admis, authentique, autorisé, connu, consacré, de notoriété publique, force de loi, notarié, notoire, protocolaire, public, réel, solennel
officiellement → **publiquement**
officier n.m. 1 → **chef** 2 → **militaire**
officier v. intr. 1 → **agir** 2 → **célébrer**
officieusement → **secrètement**
officieux, euse 1 → **serviable** 2 → **secret**
officinal, e pharmaceutique
officine n.f. pharmacie → **magasin**
offrande n.f. aumône, cadeau, charité, denier, don, donation, holocauste, hommage, oblation, offertoire, participation, présent, quote-part, sacrifice
offre n.f. avance, démarche, enchère, ouverture, pollicitation (jurid.), promesse, proposition, soumission, surenchère
offrir 1 avancer, dédier, donner, faire une offre / ouverture / proposition, présenter, proposer, soumettre, soumissionner → **montrer** 2 v. pron. a se donner satisfaction, se payer b s'exhiber → **paraître** c se dévouer, s'exposer, s'immoler, se proposer, se sacrifier, se soumettre, se vouer
offshore pétr. off. : en mer, marin
offusquer 1 → **obscurcir** 2 → **cacher** 3 → **éblouir** 4 → **choquer** 5 v. pron. → **offenser (s')**
ogive n.f. → **cintre**
ogre, ogresse 1 au pr. : anthropophage, épouvantail, géant, goule, lamie, loup-garou, minotaure, stryge, vampire 2 par ext. a croque-mitaine, père fouettard b → **bâfreur**
oie n.f. 1 bernache, eider, jars, oie-pie, oie de Sibérie, oison → **palmipède** 2 → **bête**
oignon n.m. 1 bulbe, échalote 2 cor au pied, durillon, induration, œil-de-perdrix 3 → **montre**
oindre 1 → **graisser** 2 → **frictionner** 3 → **sacrer**
oiseau 1 au pr. a gibier à plumes, oiselet, oiselle, oisillon, volaille, volatile b → **colombin, coureur, échassier, gallinacé, grimpeur, palmipède, passereau, rapace** 2 par ext. a → **bête** b → **type**
oiseau-lyre n.m. ménure → **passereau**
oiseau-mouche n.m. colibri → **passereau**
oiselier, ère → **éleveur**
oiselle n.f. 1 → **oiseau** 2 → **fille**
oiseux, euse 1 → **inutile** 2 → **insignifiant** 3 vx → **inactif**
oisif, ive → **inactif**
oisillon n.m. → **oiseau**
oisiveté n.f. farniente, dolce vita, paresse → **inaction**
o.k. → **oui**
okapi n.m. girafe-antilope
oléagineux, euse huileux, oléifère
olfaction n.f. → **odorat**
olibrius n.m. 1 → **hâbleur** 2 → **original** 3 → **type**
olifant ou **oliphant** n.m. → **cor**
oligarchie n.f. aristocratie, ploutocratie, synarchie
oligophrénie n.f. → **débilité**
oligopole n.m. → **monopole**
olivaie n.f. oliveraie, olivette
olive n.f. picholine
olympe n.m. → **ciel, paradis**
olympien, ne 1 → **imposant** 2 → **tranquille**
ombilic n.m. nombril
ombrage n.m. 1 → **ombre** 2 → **jalousie**
ombrager 1 couvrir, obombrer, ombrer, protéger 2 → **cacher**
ombrageux, euse 1 → **méfiant** 2 a → **susceptible** b → **quinteux**
ombre n.f. 1 au pr. a abri, couvert, ombrage, pénombre b → **obscurité** 2 par ext. a apparence b → **fantôme**
ombrelle n.f. en-cas, parasol
ombrer → **ombrager**
ombrette n.f. → **échassier**
ombreux, euse → **sombre**
ombrine n.f. → **poisson**
ombudsman n.m. → **intermédiaire**
omettre abandonner, laisser, manquer de, négliger, oublier, passer (à l'as), sauter → **taire**
omission n.f. abandon, absence, bourdon (typo.), faute, inattention, lacune, manque, négligence, oubli, prétérition, réticence
omnibus n.m. → **voiture**
omnipotence n.f. → **autorité**
omnipotent, e → **puissant**
omnipraticien, ne généraliste → **médecin**
omniprésence n.f. → **ubiquité**
omniscience n.f. → **savoir**
omniscient, e → **savant**
onagre n.m. → **âne**
onanisme n.m. → **masturbation**
onction n.f. → **douceur**
onctueux, euse 1 au pr. → **gras** 2 par ext. a → **doux** b → **hypocrite**
onctuosité n.f. fig.→ **hypocrisie**
ondatra n.m. 1 loutre d'Hudson, rat musqué → **rongeur** 2 → **fourrure**
onde n.f. 1 eau, flots, vague 2 → **fluide**
ondé, e bariolé, bigarré, diapré, jaspé, mâchuré, madré, marbré, moucheté, ocellé, piqueté, pommelé, taché, tacheté, tavelé, tigré, truité, veiné, vergeté
ondée n.f. → **pluie**
on-dit n.m. 1 → **médisance** 2 → **rumeur**
ondoiement n.m. 1 → **frisson** 2 → **baptême**
ondoyant, e 1 → **ondulé** 2 → **changeant** 3 → **varié**
ondoyer 1 → **flotter** 2 → **baptiser**
ondulation n.f. → **sinuosité**
ondulé, e annelé, courbe, flexueux, ondé, ondoyant, ondulant, ondulatoire, onduleux, serpentant, sinueux
onduler → **friser** → **flotter**
onduleux, euse → **ondulé**
onéreux, euse → **cher**
ongle n.m. 1 ergot, griffe, onglon, sabot, serre 2 vén. : harpe, herpe, main
onglée n.f. 1 → **engourdissement** 2 → **engelure**
onglet n.m. 1 → **entaille** 2 → **marque**
onglette n.f. onglet, petit burin → **outil**
onguent n.m. 1 → **pommade** 2 → **parfum**
onirique rêvé → **imaginaire**
onomatopée n.f. → **bruit**
opacifier → **obscurcir**
opacité n.f. turbidité → **obscurité**
opalescent, e et **opalin, e** → **blanchâtre**
opaque → **obscur**
ope n.f. ou m. → **ouverture**
opéra n.m. 1 drame lyrique 2 par ext. : a bel canto, opéra-bouffe, opéra-comique, opérette, oratorio b comédie musicale, vaudeville
opérant, e → **efficace**
opérateur, trice 1 cadreur, caméraman, manipulateur 2 par ext. → **guérisseur**
opération n.f. 1 → **action** 2 → **entreprise** 3 → **calcul** 4 ablation, amputation, intervention 5 → **expédition**
opérationnel, le → **valable**
opercule n.m. → **fermeture**
opérer → **agir**
opérette n.f. → **opéra**
ophicléide n.m. → **cuivre**
ophtalmologiste n.m. et f. → **oculiste**
ophite n.m. 1 gnostique → **hérétique** 2 → **marbre**
opimes adj. et n.f. pl. → **butin**
opiner 1 délibérer, donner son avis / opinion, voter 2 **opiner du bonnet / du chef** → **consentir**
opiniâtre → **têtu**
opiniâtrement avec entêtement, farouchement, fermement, mordicus, obstinément
opiniâtrer (s') → **buter (se)**
opiniâtreté n.f. 1 → **obstination** 2 → **fermeté** 3 → **persévérance**
opinion n.f. 1 au pr. : appréciation, avis, critique, estime, façon / manière de penser / voir, idée, impression, jugement, oracle, pensée, point de vue, position, principe, sens, sentiment, thèse, vue 2 → **foi** 3 par ext. : couleur, doctrine, idées, idéologie
opium n.m. paramorphine, thébaïne → **drogue**
opossum n.m. 1 → **marsupiaux** 2 → **fourrure**
oppidum n.m. → **forteresse**
opportun, e → **convenable**
opportunisme n.m. → **habileté**
opportuniste nom et adj. → **malin**
opportunité n.f. 1 nécessité, obligation, utilité 2 → **occasion**
opposable → **valable**
opposant, e nom et adj. 1 → **adversaire** 2 → **ennemi**
opposé n.m. 1 a antipode, antithèse, antonyme, contraire, encontre, inverse, opposite, rebours, symétrique b contre-courant, contre-exemple, contre-fil, contre-indication, contremarche, contre-mesure, contre-ordre *ou* contrordre, contrepartie, contre-performance, contre-pied, contre-projet, contre-propagande, contre-proposition, contre-publicité, contre-réforme, contre-révolution, contre-transfert (psych.), contre-vérité c contre-pente, contre-voie d audiov. : contre-champ, contre-plongée e → **opposition** 2 **à l'opposé** : à contre-jour, à contre-poil, au contraire, contrairement, à l'encontre, en face, en revanche, par contre
opposé, e adverse, affronté, antagonique, antagoniste, antithétique, contradictoire, contraire, controlatéral (méd.), décussé (bot.), dirimant (jurid.), divergent, en face, ennemi, incompatible, inconciliable, inverse, symétrique
opposer 1 → **dire** 2 → **mettre** 3 → **comparer** 4 → **prétexter** 5 → **différencier** 6 v. pron. a s'affronter, braver, concurrencer, contrarier, contrecarrer, contre-manifester, contrer, désobéir, diverger, se dresser / s'élever contre, empêcher, lutter, mettre son veto, refuser → **résister** b être en opposition, s'exclure, se heurter, répugner
opposite n.m. 1 → **opposé** 2 **à l'opposite** : en face / vis-à-vis de
opposition 1 antagonisme, antinomie, antipathie, antithèse, antonymie, combat, conflit, contradiction, contraste, contre-courant, contre-manifestation, contre-réforme, contre-révolution, défiance, désaccord, différence, discordance, disparate, dispute, dissemblance, dissension, dissidence, dissimilitude, dissonance, divergence, duel, heurt, hostilité, incompatibilité, interdiction, lutte, protestation, réaction, refus, réfutation, réplique, riposte, rivalité, veto → **interdit** 2 → **obstacle** 3 → **résistance** 4 → **différence** 5 → **mésintelligence** 6 minorité
oppressant, e → **accablant**
oppresser 1 → **étouffer** 2 → **presser** 3 → **surcharger**
oppresseur n.m. despote, dictateur, dominateur, envahisseur, occupant, persécuteur, potentat, tortionnaire, tout-puissant, tyran, usurpateur
oppressif, ive abusif, opprimant, possessif, tyrannique
oppression n.f. 1 → **absolutisme** 2 → **tyrannie** 3 → **essoufflement**
opprimer → **brimer**
opprobre n.m. → **honte**
opter → **choisir**
optimal, e → **supérieur**
optimisation n.f. → **perfectionnement**
optimiser → **améliorer**
optimisme n.m. → **insouciance**
optimiste nom et adj. → **insouciant**
optimum n.m. → **supériorité**
option n.f. 1 alternative, dilemme → **choix** 2 → **préférence**
optionnel, le → **facultatif**
optique n.f. → **vue**
opulence n.f. 1 → **affluence** 2 → **richesse**
opulent, e → **riche**
opuscule n.m. → **livre**
or n.m. 1 a paillette, pépite b métal jaune, valeur refuge c arg. : jonc d par ext. : jaunet, louis, napoléon e imitation : chrysocale, plaqué, similor 2 → **richesse**
oracle n.m. 1 → **prédiction** 2 → **vérité** 3 → **opinion**
orage n.m. 1 au pr. → **bourrasque** 2 par ext. a → **malheur** b → **mésintelligence** c → **trouble**
orageux, euse fig. → **troublé**
oraison n.f. 1 → **prière** 2 → **discours** 3 **oraison funèbre**→ **éloge**
oral, e → **verbal**
orange et **orangette** n.f. → **agrume**
orangé, e abricot, tango → **rouge**
orang-outan ou **orang-outang** n.m. → **singe**
orant, e → **suppliant**

orateur, trice 1 avocat, causeur, conférencier, débatteur (off.), foudre d'éloquence, logographe 2 vx et péj. : parleur, prédicant, prédicateur, tribun 3 péj. : baratineur, déclamateur, discoureur, harangueur, laïusseur, rhéteur

oratoire n.m. → **église**

oratorien n.m. → **religieux**

oratorio n.m. → **opéra**

orbe 1 n.m. → **rond** 2 adj. bât. : aveugle

orbite n.f. 1 → **rond** 2 → **cercle**

orbitèle n.m. → **araignée**

orchestrateur, trice → **musicien**

orchestration n.f. arrangement, harmonisation, instrumentation

orchestre n.m. clique, ensemble, fanfare, formation, groupe, harmonie, jazz, lyre, musique, nouba, octuor, orphéon, philharmonie, quatuor, quintette, septuor, sextuor, trio

orchestrer 1 au pr. : arranger, harmoniser, instrumenter 2 fig. : amplifier, clamer, divulguer, faire savoir, répandre

ordinaire 1 adj. a accoutumé, banal, coutumier, familier, général, habituel, invétéré, traditionnel b → **commun** c → **moyen** 2 n.m. : alimentation, chère, cuisine, menu, pitance, ration, repas, table

ordinairement à l'accoutumée / l'ordinaire, banalement, communément, de coutume, généralement, d'habitude, habituellement, le plus souvent, usuellement, volontiers

ordinateur n.m. 1 calculateur, machine / mémoire électronique 2 par ext. : informatique, robot 3 relig. : ordinant

ordo n.m. comput → **calendrier**

ordonnance n.f. 1 → **ordre** 2 → **jugement** 3 → **règlement** 4 milit. fam. : porte-coton, porte-pipe, tampon

ordonnancement n.m. 1 méthode, organisation, processus, programme, suite 2 → **paiement**

ordonné, e → **réglé**

ordonner 1 → **agencer** 2 → **commander**

ordre n.m. 1 agencement, alignement, arrangement, assemblage, classement, classification, disposition, distribution, économie, ordonnance, ordonnancement, plan, structure, succession, suite, symétrie, système 2 → **règle** 3 cohérence, cohésion, discipline, harmonie, hiérarchie, méthode, morale, organisation, paix, police, subordination, tranquillité 4 → **classe** 5 → **genre** 6 → **rang** 7 → **congrégation** 8 → **corporation** 9 → **instruction** 10 → **commandement** 11 arch. : a corinthien, dorique, ionique b composite, toscan 12 a **donner ordre** → **pourvoir** b **ordre du jour** → **programme**

ordure n.f. balayures, bourre, caca, chiure, crasse, crotte, crottin, débris, déchets, détritus, fange, fient, fiente, fumier, gadoue, immondices, impureté, malpropreté, margouillis, merde, pourriture, poussière, rebut, résidu, saleté, salissure, saloperie, sanie, scorie, vidure → **excrément**

ordurier, ère → **obscène**

orée n.f. → **bord**

oreille n.f. 1 ouïe 2 arg. : aileron, baffle, cliquette, écoutille, escalope, esgourde, étiquette, feuille, loche, manette, pavillon, plat à barbe, portugaise 3 → **poignée** 4 vén. : écoutes

oreiller n.m. chevet, coussin, polochon, traversin

oreillon n.m. → **armure**

ores → **maintenant**

orfèvre n.m. bijoutier, joaillier

orfèvrerie n.f. bijouterie, joaillerie

orfraie n.f. huard, pygargue → **rapace**

orfroi n.m. → **ornement**

organe n.m. 1 → **sens** 2 → **journal**, **revue** 3 → **sexe**

organeau n.m. → **boucle**

organicisme n.m. → **animisme**

organigramme n.m. schéma, tableau schématique / synoptique → **structure**

organique → **profond**

organisateur, trice → **promoteur**

organisation n.f. 1 → **agencement** 2 → **organisme**

organiser 1 → **régler** 2 → **préparer**

organisme n.m. administration, bureau, constitution, corps, ensemble, établissement, formation, office, organisation, service

organiste n.m. ou f. → **musicien**

orgasme n.m. a mâle : éjaculation b génér. : jouissance, spasme, volupté c fam. : épectase (iron.), extase, feu d'artifice, grand frisson, paradis, petite mort, septième ciel

orgelet n.m. chalaze, chalazion, compère-loriot

orgiaque dépravé → **débauché**

orgie n.f. 1 → **débauche** 2 → **profusion**

orgueil n.m. amour-propre, arrogance, dédain, enflure, estime de soi, fatuité, fierté, gloriole, hauteur, immodestie, importance, infatuation, jactance, mégalomanie, morgue, ostentation, outrecuidance, pose, présomption, prétention, raideur, suffisance, superbe, supériorité, vanité

orgueilleux, euse altier, arrogant, avantageux, bouffi, content / pénétré / plein / satisfait de soi, crâneur, dédaigneux, faraud, fat, fier, flambard, glorieux, gobeur, hautain, important, infatué, m'as-tu-vu, mégalo (fam.), mégalomane, méprisant, ostentatoire, outrecuidant, paon, poseur, prétentieux, puant, sourcilleux, suffisant, superbe, vain, vaniteux → **présomptueux**

oriel n.m. bay-window, bow-window

orient n.m. 1 est, levant 2 → **lustre**

orientation n.f. 1 → **direction** 2 → **position**

orienter 1 → **diriger** 2 v. pron. → **retrouver (se)**

orienteur, euse → **conseiller**

orifice → **ouverture**

oriflamme → **gonfanon**

origan n.m. marjolaine

originaire aborigène, autochtone, indigène, issu de, natif, naturel, né à / de, d'origine, originel, sorti / venu de

original, e 1 adj. a au pr. : différent, distinct, distinctif, inaccoutumé, inclassable, incomparable, inédit, initial, insolite, jamais vu, neuf, nouveau, originel, premier, primitif, princeps, sans précédent, singulier, spécifique, unique, vierge, virginal b par ext. : amusant, braque, chinois (fam.), cocasse, curieux, déconcertant, drolatique, drôle, étonnant, étrange, excentrique, exceptionnel, extraordinaire, extravagant, fantasque, farfelu, hardi, indépendant, individualiste, non-conformiste, maniaque, paradoxal, particulier, personnel, peu ordinaire, piquant, pittoresque, plaisant, rare, recherché, remarquable, spécial, surprenant → **bizarre** 2 n.m. a acte authentique, minute b → **texte** c prototype → **modèle** d bohème, chinois, excentrique, fantaisiste, maniaque, numéro, olibrius, personnage, phénomène → **type**

originalité n.f. 1 fav. ou neutre : cachet, chic, drôlerie, fantaisie, fraîcheur, hardiesse, indépendance, non-conformisme, nouveauté, personnalité, piquant, pittoresque, spécificité, unicité 2 non fav. : bizarrerie, cocasserie, étrangeté, excentricité, extravagance, loufoquerie, manie, marginalité, paradoxe, singularité

origine n.f. 1 base, berceau, cause, cuvée (fam.), début, départ, embryon, enfance, fondement, genèse, germe, motif, nid, noyau, œuf, point de départ, prédéterminant, principe, racine, raison, semence, source → **commencement** 2 → **naissance** 3 gram. : dérivation, étymologie

originel, le adamique, → **originaire**

originellement à l'origine, primitivement

orignal, aux n.m. → **cervidé**

orin n.m. → **cordage**

ormeau n.m. 1 → **arbre** 2 haliotide → **coquillage**

oripeau n.m. → **loque**

ornemaniste n.m. et f. → **sculpteur**

ornement n.m. 1 adminicule, accessoire, affiquet, affûtiaux (fam.), agrément, ajustement, apprêt, atour, bijou, bossette, broderie, chamarrure, décoration, détail, enjolivement, enjolivure, enrichissement, falbala, fanfreluche, figure, fioriture, fleur, fleuron, garniture, motif, orfroi, ornementation, parement, parure, tapisserie 2 arch. : acrotère, agrafe, ajour, amortissement, anneau de colonne, antéfixe, arabesque, arcature, arceau, archivolte, astragale, atlante, bague, baguette, balustre, bande, bandeau, bâton, besace, besant, billette, bordure, bossage, bosse, boucle, bouton, bracelet, bucrane, câble, canal, cannelure, cariatide, cartouche, chapelet, chardon, chevron, clocheton, coquille, corbeau, corbeille, cordelière, cordon, corne d'abondance, couronne, couronnement, crochet, cul-de-lampe, culot, dame-ronde, damier, dard, décoration, dent de loup / de scie, dentelure, denticule, dessin, écaille, échine, encadrement, enroulement, entrelacs, épi de faîtage, étoile, feston, feuillage, feuille d'acanthe / de trèfle, filet, fleuron, flot, frette, frise, fronton, fuseau, gargouille, gloire, godron, gousse, goutte, grecque, grotesque, guirlande, imbrication, losange, mandorle, mascaron, mauresques, méandre, médaille, métope, motif, moulure, natte, nervure, nielle, nuée, olive, onde, orle, ove, palme, palmette, pampre, panache, patère, perle, piécette, pilastre, plinthe, pointe de diamant, postes, quadrilobe, quintefeuille, rai de cœur, rayure, redent, retombée, revêtement, rinceau, rive, rocaille, rosace, rostre, ruban, rudenture, sculpture, semis, stalactite, stalagmite, statue, strie, tête-de-clou, tête plate, tore, torsade, triglyphe, trompe, trophée, vermiculure, volute

ornemental, e → **beau**

ornementer et **orner** agrémenter, ajouter, assaisonner, barder, broder, chamarrer, colorer, décorer, disposer, égayer, émailler, embellir, enguirlander, enjoliver, enluminer, enrichir, farder, fignoler, fleurir, garnir, gemmer, habiller, historier, houpper, imager, jarreter, meubler, ourler, parer, parementer, passementer, pavoiser, pomponner, rehausser, revêtir, tapisser → **peindre** ♦ vx : cantonner, emperler, panacher, pavaner, trousser

ornière n.f. 1 au pr. : flache, fondrière, nid de poule, trou → **trace** 2 fig. → **routine**

oronge n.f. amanite → **champignon**

orphelin, e 1 nom : pupille 2 adj. (fig.) abandonné, frustré / privé de

orphéon n.m. 1 → **orchestre** 2 → **chœur**

orphéoniste n.m. et f. → **musicien**

orphie n.f. aiguille → **poisson**

orque n.m. épaulard → **baleine**

orthodoxe → **vrai**

orthodromie n.f. ligne droite, raccourci

orthodoxie 1 au pr. → **vérité** 2 par ext. : conformisme, doctrine, dogme, ligne, norme, règle, régularité

orthogénie n.f. contrôle / régulation des naissances, planning familial → **contraception**

orthographier → **écrire**

orthophonie logopédie

orthopnée n.f. → **essoufflement**

ortolan n.m. bruant → **passereau**

orvet n.m. serpent de verre → **saurien**

oryctérope n.m. cochon de terre → **porc**

os 1 par ext. : ossements → **carcasse** 2 → **ennui**

oscabrion n.m. → **mollusque**

oscillation 1 au pr. : nutation, vibration → **balancement** 2 fig. → **variation**

osciller 1 au pr. → **balancer** 2 fig. → **hésiter**

osé, e 1 → **hardi** 2 → **hasardé**

oseille n.f. surelle

oser s'aventurer, s'aviser de, entreprendre, se hasarder, se lancer, se permettre, prendre son courage à deux mains, se résigner, y aller (fam.) → **hasarder**

osmose n.f. → **échange**

ossature n.f. → **carcasse**

ossements n.m. pl. 1 → **os** 2 → **restes**

ossification n.f. ostéogenèse, ostéogénie

ossuaire n.m. → **cimetière**

ostensible → **visible**

ostentation n.f. 1 → **montre** 2 → **orgueil**

ostiole n.f. → **ouverture**

ostraciser 1 → **bannir** 2 → **éliminer**

ostracisme n.m. 1 → **bannissement** 2 → **refus**

otage n.m. 1 → **garant** 2 → **prisonnier**

ôter 1 → **tirer** 2 → **prendre** 3 → **quitter** 4 → **retrancher**

ouaille n.f. 1 au pr. → **brebis** 2 par ext. → **fidèle**

ouananiche n.f. saumon d'eau douce / de rivière → **poisson**

ouaouaron n.m. grenouille mugissante / taureau → **batracien**

oubli n.m. 1 au pr. a amnésie, mentisme b → **omission** 2 par ext. a → **pardon** b → **ingratitude**

oublier 1 désapprendre, manquer, négliger, omettre 2 → **abandonner** 3 → **pardonner**

oubliette(s) n.f. → **cachot**

oublieux, euse 1 → **indulgent** 2 → **ingrat**

oued n.m. → **rivière**
ouest n.m. → **occident**
oui assurément, bien, bien sûr, bon, certainement, certes, dame, évidemment, à merveille, parfait, parfaitement 1 fam. : affirmatif, cinq sur cinq, O.K., ouais, positif 2 vx : oc, oïl, oui-da, voire
oui-dire n.m. invar. → **rumeur**
ouïe n.f. → **oreille**
ouïes n.f. pl. branchies
ouiller → **remplir**
ouïr → **entendre**
ouistiti n.m. 1 → **singe** 2 → **type**
ouragan n.m. 1 au pr. → **bourrasque** 2 fig. → **trouble**
ourdir 1 au pr. : tisser, tramer, tresser 2 fig. : aménager, arranger, brasser, combiner, comploter, conspirer, machiner, manigancer, minuter, monter, nouer, préparer, tisser, tramer, tresser
ourler → **border**
ourlet n.m. → **bord**
ours, ourse 1 grizzli, ours du père David, ourson, panda, plantigrade, ursidé 2 par ext. a → **sauvage** b → **menstruation**
outarde n.f. et n.m. bernache du Canada, canepetière → **échassier**
outil n.m. 1 aiguille, aiguisoir, alésoir, amorçoir, barre à mine, bec, biseau, boësse, boucharde, bouterolle, boutoir, brunissoir, burin, butoir, casse-pierre, chandelle, chemin de fer, cisaille, ciseau, ciselet, coin, compas, coupe-ret, coupoir, couteau, crochet, curette, davier, débouchoir, doloire, drille, ébarboir, ébauchoir, écang, échoppe, emporte-pièce, enclume, équerre, estampe, évidoir, fendoir, fil à plomb, filière, fraise, galope, gouge, gratte, grésoir, griffe, guipoir, hache, hachette, herminette, jablière, jabloir, langue (de chat), levier, lime, louve, main, mandrin, marguerite, marteau, masque, matoir, mirette, niveau, onglette, patarasse, peigne, pelle, pic, pied à coulisse, pied de biche, pince, pinceau, pioche, plane, poinçon, pointe, polissoir, queue-de-cochon, queue-de-morue, queue-de-rat, queue-de-renard, rabot, racle, raclette, racloir, râpe, râteau, règle, riflard, ripe, rodoir, rouanne, rouloir, scie, serre-joint, tamponnoir, tarabiscot, taraud, tarière, tenailles, tiers-point, tondeuse, tournevis, traceret, traçoir, tranchet, trépan, triballe, truelle, trusquin, varlope, vilebrequin 2 → **instrument** 3 → **type**
outillage n.m. accastillage (mar.), cheptel, équipement, inertie (écon.), instruments, machine, matériel, outils → **ustensile**
outiller → **pourvoir**
outrage n.m. 1 → **offense** 2 → **dommage**
outrageant, e et **outrageux, euse** → **offensant**
outrager → **offenser**
outrageusement → **excessivement**
outrance n.f. 1 → **excès** 2 **à outrance** : outre mesure
outrancier, ère → **excessif**
outre n.f. asque, utricule
outre, en outre, outre cela de/en plus, indépendamment, joint (vx), par-dessus le marché
outré, e 1 → **excessif** 2 horrifié, indigné, offensé, révolté, scandalisé, suffoqué
outrecuidance n.f. 1 → **arrogance** 2 → **orgueil**
outrecuidant, e n. et adj. 1 → **arrogant** 2 → **orgueilleux**
outremer n.m. et adj. → **bleu**
outre-mer loc. adv. par ext. → **colonie**
outrepasser → **dépasser**
outrer v. tr. et intr. → **exagérer**
outrigger n.m. → **bateau**
outsider n.m. → **concurrent**
ouvert, e 1 au pr. a béant, épanoui, libre b dégarni, exposé, sans défense 2 fig. a → **franc** b → **intelligent**
ouvertement au vu et au su de tous/de tout le monde, à découvert, au grand jour, de façon déclarée, hautement, manifestement, publiquement
ouverture n.f. 1 au pr. a abée, ajour, aperture, baie, béance, bouche, boulin, brèche, chantepleure, châssis, chatière, costière, cratère, croisée, dégagement, ébrasement, échappée, embrasure, entrée, évasement, évasure, évent, évidement, excavation, fenestration, fenestron, fenêtre, fente, gorge, goulot, gueulard, gueule, guichet, imposte, issue, jour, judas, lucarne, lumière, lunette, oculus, œil, ope, oriel, orifice, ouvreau (techn.), passage, percée, pertuis, porte, regard, sortie, soupirail, trappe, trou, trouée, varaigne (marais), vasistas, vue b méd. : émonctoire, méat c archère, barbacane, meurtrière, rayère d œillet, œilleton e mar. : écubier, hublot, sabord f botan. : déhiscence, ostiole, stomate g d'une pompe à air : h → **libération** i les déverbatifs de → **ouvrir** 2 par ext. a → **commencement** b → **prélude** c → **offre** d → **moyen** 3 **ouverture d'esprit** : éclectisme, largeur d'esprit
ouvrage n.m. 1 → **travail** 2 → **livre** 3 chef-d'œuvre, composition, création, essai, étude, œuvre, production, produit 4 milit. : bastille, bastion, blockhaus, citadelle, défense, dehors, fort, fortification, fortin, redoute, rempart
ouvrer → **travailler**
ouvrier, ère 1 → **artisan** 2 → **travailleur**
ouvrir 1 crocheter, débarrer (vx ou rég.), déboucher, déboutonner, débrider, décacheter, décapsuler, défoncer, dégager, désencombrer, désengorger, désobstruer, désoperculer (botan.), désopiler (méd.), déverrouiller, ébraser, écarquiller, écarter, éclore, élargir, enfoncer, entrebâiller, entrouvrir, épanouir, évaser, évider, fendre, forcer, frayer, inciser, percer, scarifier, tirervx : déclore 2 → **étendre** 3 → **commencer** 4 aérer 5 creuser, crevasser, éventrer, trouer 6 v. pron. → **confier (se)**
ouvroir n.m. → **atelier**
ovale 1 adj. : courbe, ellipsoïde, oblong, ové, ovoïde 2 n.m. : ellipse, mandorle, ove
ovation n.f. → **acclamation**
ovationner faire une ovation → **acclamer**
overdose n.f. off. : surdose
ovin, e → **mouton**
ovule n.f. embryon, germe, œuf
oxyder brûler, détériorer, détruire, ronger, rouiller

P

pacage n.m. → **pâturage**
pacager → **paître**
pacemaker n.m. méd. off. : stimulateur
pacificateur, trice n. et adj. → **conciliateur**
pacifier adoucir, apaiser, arranger, calmer, retenir, tranquilliser
pacifique → **paisible**
pacifisme n.m. contre-violence, non-violence, objection de conscience
pacifiste n.m. et f. colombe (fam.), non-violent, objecteur de conscience
pacotille n.f. → **marchandise**
pacte n.m. 1 → **convention** 2 → **traité**
pactiser 1 → **entendre (s')** 2 → **composer**
pactole n.m. → **richesse**
pagaie n.f. par ext.→ **rame**
pagaille n.f. → **désordre**
paganisme n.m. gentilité
page n.f. 1 → **feuille** 2 → **passage**
paginer 1 → **numéroter** 2 → **coter**
pagne n.m. paréo
pagode n.f. → **temple**
pagure n.m. bernard-l'hermite → **crustacé**
paie n.f. 1 → **rétribution** 2 → **paiement**
paiement ou **payement** n.m. 1 au pr. : appointements, attribution, cachet, commission, déboursement, émoluments, honoraires, indemnité, jeton, paie, salaire, solde, solution (jurid.), traitement 2 liquidation, ordonnancement, transfert, versement, virement 3 fig. → **récompense**
païen, ne nom et adj. agnostique, athée, gentil, hérétique, idolâtre, impie, incirconcis, incrédule, incroyant, infidèle, irréligieux, mécréant, renégat
paillard, e → **lascif**
paillardise n.f. → **lascivité**
paillasse n.f. 1 n.f. → **matelas** 2 n.m. → **clown**
paillasson n.m. 1 carpette, tapis-brosse 2 → **claie** 3 → **complaisant** 4 → **lâche**
paille n.f. 1 → **chaume** 2 **homme de paille** → **intermédiaire**
paillé n.m. → **fumier**
pailler n.m. → **meule**
paillette n.f. 1 → **morceau** 2 → **or**
paillote n.f. → **cabane**
pain n.m. 1 au pr. : baguette, bâtard, boule, chapelure, couronne, croûton, flûte, gressin, longuet, miche, muffin, navette, parisien, pistolet, saucisson 2 par ext. a aliment, nourriture, pitance b brique, lingot c → **coup**
pair n.m. → **égal**
paire → **couple**
paisible 1 aimable, béat, calme, débonnaire, doux, modéré, non-violent, pacifique, pacifiste, placide, quiet, serein → **tranquille** 2 fam. : pantouflard, pénard 3 vx : coi
paître 1 v. tr. → **nourrir** 2 v. intr. : brouter, gagner (vx), manger, pacager, pâturer, viander (vén.)
paix n.f. 1 nom. a au pr. : apaisement, béatitude, bonheur, calme, concorde, entente, fraternité, harmonie, ordre, quiétude, repos, sécurité, sérénité, silence, tranquillité, union b par ext. : accord, armistice, conciliation, entente, pacification, pacte, réconciliation, traité → **pardon** 2 interj. : bouche close/cousue, chut, motus (fam.), silence
pal n.m. → **pieu**
palabre n.f. ou m. 1 → **discussion** 2 → **discours**
palabrer 1 → **discuter** 2 → **discourir**
palace n.m. → **hôtel**
paladin n.m. → **chevalier**
palais n.m. casino, castel, château, demeure, palace → **immeuble**
palan n.m. → **treuil**
pâle 1 au pr. : achromique, blafard, blanchâtre, blême, bleu, cadavérique, décoloré, étiolé, exsangue, hâve, incolore, livide, opalin, pâlot, plombé, saturnin, terne, terreux, vert 2 par ext. → **malade**
palefrenier n.m. garçon d'écurie, lad, valet
palefroi n.m. coursier, destrier, monture → **cheval**
paletot n.m. → **manteau**
pâleur n.f. → **blancheur**
palier n.m. 1 au pr. : carré, étage, repos 2 par ext. → **phase**
palinodie n.f. → **rétractation**
pâlir 1 → **blêmir** 2 → **flétrir** 3 → **disparaître**
palis n.m. 1 → **pieu** 2 → **clôture**
palissade n.f. → **clôture**
palladium n.m. → **garantie**
palliatif n.m. → **remède**
pallier 1 → **cacher** 2 → **modérer** 3 → **pourvoir**
palmarès n.m. hit-parade, tableau d'honneur → **récompense**
palme n.f. 1 → **feuillage** 2 → **insigne**
palmipède n.m. et adj. 1 anas, fuligule 2 albatros, bernache, canard, cane, caneton, canette, cormoran, cul-blanc, cygne, eider, fou, frégate, garrot, goéland, gorfou, grèbe, harle ou bécard ou bièvre, hirondelle de mer, macareux ou guillemot, macreuse, manchot, milouin, morillon, mouette, nigaud, oie, paille-en-queue, pélican, pétrel, phaéton, pilet, pingouin, plongeon ou huard, puffin, rouge, sarcelle, souchet, sphénisque, stercoraire, sterne, tadorne, tourmentin
palombe n.f. → **colombin**
palonnier n.m. armon
palot n.m. → **bêche**
palpable 1 → **sensible** 2 → **manifeste**
palper → **toucher**
palpitant, e → **intéressant**
palpitation n.f. → **battement**
palpiter → **trembler**
paltoquet n.m. 1 → **rustaud** 2 → **impoli**
paludier, ère salinier, saunier
pamer (se) 1 au pr. → **évanouir (s')** 2 fig. → **enthousiasmer (s')**
pâmoison n.f. → **évanouissement**
pamphlet n.m. 1 → **satire** 2 → **libelle**
pamphlétaire n.m. et f. → **journaliste**
pamplemousse n.m. → **agrume**
pampre n.m. → **vigne**
pan n.m. 1 → **partie** 2 → **flanc**
panacée n.f. → **remède**
panachage n.m. → **mélange**

panache n.m. 1 → **plumet** 2 → **lustre** 3 a **faire panache** → **culbuter** b **avoir du panache** → **allure**
panaché, e 1 → **bariolé** 2 → **mêlé**
panacher → **mélanger**
panade n.f. 1 → **potage** 2 → **pauvreté**
panarabisme n.m. panislamisme
pancarte n.f. 1 → **affiche** 2 → **écriteau**
panégyrique n.m. → **éloge**
panel n.m. off. 1 → **échantillon** 2 → **réunion**
panetière n.f. → **gibecière**
panier n.m. 1 le contenant : banne, banneton, bannette, baste, bourriche, cabas, cloyère, corbeille, corbillon, couffin, flein, gabion, hotte, jonchée, manne, mannequin, paneton, panière 2 le contenu : panerée 3 crinoline, faux-cul, tournure, vertugadin 4 a **dessus du panier** → **choix** b **panier à salade :** voiture cellulaire
panique n.f. → **épouvante**
paniquer → **trembler**
panislamisme n.m. panarabisme
panne n.f. 1 barde, couenne, lard 2 accident, accroc, arrêt, incident, interruption 3 → **poutre** 4 a **mettre en panne** → **stopper** b **être en panne** : être encalminé (mar.), être en carafe (fam.)
panneau n.m. 1 → **écriteau** 2 → **filet** 3 → **fermeture**
panonceau n.m. 1 → **enseigne** 2 → **emblème**
panoplie n.f. → **collection**
panorama n.m. → **vue**
panse n.f. 1 → **abdomen** 2 → **bedaine** 3 → **estomac**
pansement n.m. compresse
panser → **soigner**
pantagruélique 1 → **abondant** 2 → **gigantesque**
pantalon n.m. 1 → **culotte** 2 → **pantin**
pantalonnade n.f. 1 → **fuite** 2 → **feinte** 3 → **subterfuge**
pantelant, e → **ému**
pantin n.m. 1 au pr. : arlequin, bamboche, clown, fantoche, gille, guignol, jouet, joujou, mannequin, marionnette, marmouset, pantalon, polichinelle, poupée, pupazzo 2 par ext. : fantôme, girouette, rigolo, saltimbanque, sauteur, toton, toupie, zéro
pantois adj. inv. → **interdit**
pantomime n.f. 1 → **mime** 2 → **geste**
pantouflard, e 1 → **sédentaire** 2 → **paisible**
pantoufle n.f. → **chausson**
panure n.f. chapelure
paon, paonne 1 au pr. : oiseau de Junon 2 fig. → **orgueilleux**
papa n.m. 1 → **père** 2 a **à la papa** → **tranquille** b **à/de papa** → **kitsch**
papal, e par ext. : intégriste, ultramontain ◆ péj. : papiste
papauté n.f. → **vatican**
pape n.m. chef de l'Église, évêque de Rome/universel, pasteur suprême, Saint-Père, Sa Sainteté, serviteur des serviteurs du Christ, souverain pontife, successeur de saint Pierre, Très Saint-Père, vicaire de Jésus-Christ
papelard, e → **patelin**
papelardise n.f. → **hypocrisie**
paperassier, ère → **tracassier**
papier n.m. 1 a (papier) d'Arménie, bible, bristol, bulle, buvard, à cigarettes, couché, cristal, à dessin, filtre, gaufré, Hollande, hygiénique, Japon, kraft, à musique, moiré, peint, pelure, de soie, sulfurisé, vélin, vergé, de verre b non fav. : papelard, paperasse 2 par ext. → **article** 3 **papier-monnaie :** billet, espèces, numéraire, ticket (arg.) → **argent**
papillon n.m. 1 vx ou rég. : parpaillot 2 de jour : adonis, alucite, amaryllis, apollon, argus, belle-dame ou vanesse, bombyx, machaon, mite, piéride, pyrale, teigne, uranie 3 de nuit : acidalie, agrotis, ailante, amathie, leucanie, noctuelle, saturnie, phalène, sphinx, vulcain, xanthie, zeuzère, zygène
papillonner s'agiter, se débattre, se démener, flirter, folâtrer, marivauder, voler, voltiger
papillote n.f. bigoudi
papilloter 1 → **luire** 2 → **vaciller** 3 → **ciller**
papotage n.m. bavardage, cancan, caquetage, commérage, ragot, verbiage
papoter babiller, bavarder, cancaner, caqueter, commérer, faire des commérages/ragots

paquebot n.m. → **bateau**
paquet n.m. 1 au pr. : balle, ballot, balluchon, barda, bouchon de linge, colis, pacson (arg.), paquetage, tapon, toupillon → **bagage** 2 fig. a masse, pile, quantité, tas b → **bêtise** 3 a **mettre/risquer le paquet :** aller à fond, attaquer, faire le nécessaire, hasarder, risquer b **faire son paquet** (fam.) → **mourir** c **donner son paquet** → **humilier**
paquetage n.m. → **bagage**
parabole n.f. allégorie, apologue, fable, histoire, image, morale, récit, symbole
parachever 1 → **finir** 2 → **parfaire**
parachuter droper, lâcher, larguer
parade n.f. 1 → **revue** 2 → **montre** 3 argument, en-cas, esquive, feinte, garniture, moyen, précaution, prévention, protection, sécurité 4 **faire parade** → **parer (se)**
parader → **montrer (se)**
paradigme n.m. axe des substitutions/des choix, liste
paradis n.m. 1 au pr. : céleste séjour, champs Élysées, ciel, éden, élysée, empyrée, Jérusalem céleste, monde meilleur, nirvana, oasis, olympe, sein de Dieu, Walhalla 2 par ext. : balcon, dernières galeries, pigeonnier, poulailler
paradisiaque bénit, bienheureux, céleste, délectable, divin, édénique, élyséen, heureux, parfait
paradoxal, e → **invraisemblable**
paradoxe n.m. antiphrase, antithèse, aporie, bizarrerie, boutade, contradiction, contraire, contrevérité, énormité
parage n.m. 1 au sing. a → **naissance** b → **préparation** 2 au pl. → **lieu**
paragraphe n.m. → **partie**
paraître 1 au pr. : apparaître, s'avérer, avoir l'air/l'aspect, se manifester, marquer, se montrer, s'offrir, sembler, sentir, simuler, passer pour, percer, poindre, pointer, se présenter, surgir 2 par ext. → **distinguer (se)** 3 **faire paraître** : éditer, publier
parallèle 1 adj. → **semblable** 2 n.m. → **rapprochement**
parallélisme n.m. → **similitude**
paralogisme n.m. → **sophisme**
paralysant, e milit. : incapacitant
paralysé, e 1 → **engourdi** 2 → **paralytique**
paralyser 1 → **engourdir** 2 → **arrêter** 3 → **empêcher** 4 → **pétrifier**
paralysie n.f. 1 au pr. : abasie, akinésie, ankylose, astasie, catalepsie, hémiplégie, induration, insensibilisation, paraplégie, parésie 2 par ext. : arrêt, blocage, engourdissement, entrave, immobilisme, neutralisation, obstruction, ralentissement, sclérose, stagnation
paralytique nom et adj. estropié, grabataire, hémiplégique, impotent, infirme, paralysé, paraplégique, perclus
parangon n.m. 1 → **exemple** 2 → **modèle**
parapet n.m. abri, balustrade, banquette, garde-corps/fou, mur, muraille, muret, murette
paraphe n.m. apostille, griffe, seing (vx), signature, visa
paraphrase n.f. 1 → **développement** 2 → **explication**
paraphraser amplifier, commenter, développer, éclaircir, expliquer, gloser, imiter
parapluie n.m. 1 boy, en-cas, en-tout-cas, tompouce 2 fam. : pébroc, pépin, riflard
parapsychologie n.f., adj. métapsychologie et métapsychique
parasite 1 adj. → **superflu** 2 n.m. a ecto/endoparasite → **pou, vermine, ver** b fig. : banqueteur, budgétivore, écornifleur, pillard, piqueassiette, resquilleur 3 techn. : artefact
parasol n.m. abri, en-cas, en-tout-cas, ombrelle
paratonnerre n.m. 1 parafoudre 2 → **protection**
paravent n.m. fig. : abri, bouclier, prétexte
parc n.m. 1 → **jardin** 2 → **pâturage** 3 a **parc zoologique :** jardin d'acclimatation, ménagerie → **zoo** b **à huîtres :** claire c **à moules :** bouchot (par ext.), moulière
parcellaire n.m. et adj. cadastre, plan
parcelle n.f. 1 → **morceau** 2 → **partie**
parcelliser → **sectionner**
parce que attendu que, car, d'autant que, en effet, puisque, vu que
parchemin n.m. 1 → **diplôme** 2 → **titre**

parcheminé, e → **ridé**
parcimonie n.f. 1 → **économie** 2 → **avarice**
parcimonieux, euse 1 fav. → **économe** 2 non fav. → **avare**
parcmètre n.m. → **enregistreur**
parcourir 1 au pr. : battre, brosser (vx), couvrir, sillonner 2 par ext. a → **lire** b → **regarder**
parcours n.m. 1 → **trajet** 2 → **pâturage**
pardessus n.m. → **manteau**
pardon n.m. 1 abolition (vx), absolution, acquittement, aman (islam), amnistie, grâce, indulgence, jubilé (relig.), miséricorde, oubli, remise, rémission → **paix** 2 a → **fête** b → **pèlerinage** 3 par ext. → **excuse**
pardonnable → **excusable**
pardonner 1 → **excuser** 2 → **souffrir** 3 → **ménager**
pare-étincelles n.m. garde-feu
pareil, le adéquat, affin, comparable, égal, équipollent, équipotent, équiprobable, équivalent, identique, jumeau, kif-kif (fam.), même, parallèle, synonyme, tel → **semblable**
pareillement → **même**
parement n.m. 1 → **ornement** 2 → **revers** 3 → **surface**
parent, e affins (vx), allié, ancêtre, apparenté, collatéral, consanguin, cousin, frère, géniteur, génitrice, germain, mère, oncle, père, proche, procréateur, siens (les), tante, utérin ◆ jurid. : agnat, cognat
parenté n.f. 1 au pr. : affinité, alliance, apparentement, consanguinité, famille, lignage ◆ vx : parentèle 2 par ext. a phratrie b jurid. : agnation, cognation c cousinage → **rapport**
parenthèse n.f. → **digression**
parer 1 on pare quelqu'un ou quelque chose : apprêter, arranger, attifer, bichonner, embellir, endimancher, garnir, orner, pomponner vx ou rég. : emperler, panacher 2 on pare un coup : conjurer, détourner, esquiver, éviter, faire face à, obvier à, prévenir 3 v. pron. faire étalage/montre/parade de
parésie n.f. → **paralysie**
paresse n.f. 1 fainéantise, indolence, inertie, laisser-aller, lenteur, lourdeur, mollesse, négligence, nonchalance, oisiveté 2 fam. : cosse, flemme, mollasserie, rame 3 a → **apathie** b → **inaction**
paresser 1 → **sommeiller** 2 → **traîner** 3 fam. : a buller, coincer la bulle, glander, godailler, louper, ne pas s'en faire, se la couler douce, zoner b avoir les bras retournés/les côtes en long/un poil dans la main
paresseux, euse nom et adj. 1 aboulique, indolent, mou, négligent, nonchalant → **lent** 2 fam. : batteur, branleur, cagnard, cancre, cossard, fainéant, feignant, flemmard, gluau, lézard, mollasse, mollasson, momie, musard, ramier, rossard, tire-au-cul/-au-flanc, vachard
parfaire arranger, châtier, ciseler, compléter, enjoliver, fignoler, finir, lécher, limer, parachever, peaufiner, perler, polir, quintessencier, raboter, raffiner, rajuster, revoir, soigner → **améliorer**
parfait, e 1 adj. : absolu, accompli, achevé, bien, complet, consommé, déterminé, excellent, extra, fameux, fieffé, fini, franc, hors concours/ligne, idéal, impeccable, incomparable, indépassable, inimitable, insurpassable, irréprochable, magistral, merveilleux, modèle, non pareil (vx), pommé, renforcé, réussi, royal, sacré, superfin, supérieur, surfin, très bien → **bon** ◆ fam. : fadé, super 2 adv. → **oui**
parfaitement 1 → **bien** 2 → **complètement**
parfois → **quelquefois**
parfum n.m. 1 substance : aromate, baume, eau, essence, extrait, huile, nard, onguent 2 arôme, bouquet, fumet, fragrance → **odeur**
parfumé, e → **odorant**
parfumer 1 on parfume quelqu'un : oindre → **frictionner** 2 quelqu'un ou quelque chose parfume l'air : aromatiser, dégager, embaumer, exhaler, fleurer, imprégner, répandre
pari n.m. gageure, risque → **mise**
paria n.m. 1 → **misérable** 2 → **maudit**
parier → **gager**
pariétal, e rupestre
parieur, euse n.m. joueur, turfiste
paritaire égalitaire

parité n.f. [1] → **égalité** [2] → **rapprochement**

parjure nom et adj. → **infidèle**

parking n.m. garage, parc, parcage, stationnement

parlant, e bavard, éloquent, expressif, exubérant, loquace, vivant

parlement n.m. assemblée, chambre, congrès, convention, représentation nationale

parlementaire [1] adj. : constitutionnel, démocratique, représentatif [2] nom. a → **envoyé** b → **député**

parlementer agiter, argumenter, débattre, discuter, négocier, traiter

parler [1] v. tr. on parle une langue. a neutre : employer, s'exprimer, pratiquer b non fav. : bafouiller, baragouiner, écorcher, jargonner [2] v. intr. a au pr. ♦ fam. ou péj. : accoucher, articuler, bâiller, baratiner, baver, bêler, chevroter, débagouler, débiter, déblatérer, dégoiser, dire, graillonner, gueuler, jacter, jaser, jaspiner, murmurer, nasiller, phraser, politiquer (vx), proférer / prononcer des mots / paroles, rabâcher, radoter, soliloquer b par ext. en conversation ou en public : bavarder, causer, conférer, consulter, converser, déclamer, deviser, dialoguer, discourir, discuter, s'entretenir, s'expliquer, haranguer, improviser, pérorer, porter / prendre la parole [3] a **parler de :** faire allusion à, toucher à, traiter de b **parler pour** → **intervenir** [4] n.m. a → **langue** b → **parole**

parlote n.f. → **conversation**

parmi au milieu de, dans, de, entre

parodie n.f. caricature, charge, glose, imitation, pastiche, travestissement

parodier caricaturer, charger, contrefaire, imiter, pasticher, travestir

parodiste n.m. et f. → **imitateur**

paroi n.f. bajoyer, claustra, cloison, éponte, face, galandage, mur, muraille, séparation

paroisse n.f. circonscription, commune, église, feux, hameau, village

paroissien, ne [1] quelqu'un. a neutre : fidèle, ouaille b non fav. → **type** [2] par ext. : diurnal, eucologe, livre d'heures / de messe / de prières, missel, psautier, rational, rituel, sermonnaire

parole n.f. [1] a apophtegme, assurance, circonlocution, compliment, discours, élocution, éloquence, engagement, expression, jactance, langage, mot, outrage, parabole, parler, promesse, propos, sentence, verbe, voix b → **foi** c péj. : grossièreté, injure, insulte, outrage [2] a **donner sa parole** → **promettre** b **porter / prendre la parole** → **parler** c **tenir parole** → **réaliser**

parolier, ière auteur, chansonnier, librettiste, poète

paronyme n.m. doublet, homonyme

paroxysme n.m. accès, au plus fort, comble, crise, exacerbation, exaspération, maximum, orgasme, recrudescence, redoublement, sommet, summum

parpaillot, e [1] au pr. (péj.) : calviniste, protestant [2] par ext. : agnostique, anticlérical, athée, impie, incrédule, incroyant, indifférent, infidèle, irréligieux, mécréant, non pratiquant

parpaing n.m. aggloméré, bloc, brique, hourdis, moellon, pierre

parque n.f. → **déesse**

parquer → **enfermer**

parquet n.m. [1] → **tribunal** [2] → **plancher**

parrain n.m. [1] au pr. : compère, témoin, tuteur [2] par ext. : caution, garant, introducteur, sponsor → **commanditaire**

parrainage n.m. auspices, caution, garantie, mécénat, patronage, protection, sponsoring, tutelle

parrainer → **appuyer**

parsemer [1] → **semer** [2] → **recouvrir**

parsi, e guèbre, sectateur de Zoroastre, zoroastrien

part n.f. [1] au pr. a contingent, lot, lotissement, partage, prorata, quotité ♦ arg. : fade, pied b → **partie** c → **portion** d → **lieu** [2] a **à part** → **excepté** b **d'autre part** → **plus (de)** c **faire part** → **informer** d **avoir / prendre part** → **participer**

partage n.m. [1] → **distribution** [2] → **part**

partagé, e [1] par ext. : commun, mutuel, réciproque [2] fig. : brisé, déchiré, divisé, écartelé

partageable sécable

partager [1] au pr. : attribuer, couper, débiter, découper, dédoubler, démembrer, départager, départir, dépecer, dispenser, distribuer, diviser, donner, fractionner, fragmenter, lotir, morceler, partir (vx), scinder, sectionner, séparer, subdiviser [2] fig. : aider, associer, communiquer, compatir, entrer dans les peines / les soucis, épouser, éprouver, mettre en commun, participer, prendre part

partance n.f. appareillage, départ, embarquement, haut-le-pied, sous pression

partant ainsi, donc, en conséquence, par conséquent

partenaire n.m. et f. acolyte, adjoint, affidé, aide, allié, alter ego, ami, associé, coéquipier, collègue, compagnon, complice (péj.), copain (fam.), correspondant, équipier, joueur, second

parterre n.m. [1] corbeille, massif, pelouse, planche, plate-bande [2] → **public**

parti n.m. [1] brigue, cabale, camp, clan, coalition, faction, faisceau, groupe, ligue, phalange, rassemblement, secte [2] → **intrigue** [3] → **troupe** [4] → **résolution** [5] → **profit** [6] → **profession** [7] → **fiancé**

partial, e abusif, arbitraire, déloyal, faux, illégal, illégitime, influencé, injuste, irrégulier, partisan, passionné, préconçu, prévenu, scélérat, subjectif, tendancieux

partialité n.f. abus, arbitraire, déloyauté, injustice, irrégularité, parti pris, préférence, préjugé, prévention, scélératesse

participant, e [1] → **adhérent** [2] → **concurrent**

participation n.f. [1] l'acte : adhésion, aide, appui, collaboration, concours, contribution, coopération, engagement, part, partage, soutien ♦ péj. : complicité, connivence [2] l'objet : action, apport, commandite, contribution, mise de fonds, obligation, part, souscription, titre [3] par ext. : actionnariat, association, cogestion, intéressement [4] → **quota**

participer [1] on participe à : adhérer, aider, apporter, appuyer, assister, s'associer, avoir intérêt / part, collaborer, concourir, contribuer, coopérer, cotiser, encourager, s'engager, entrer dans la danse (fam.) / le jeu, être de, être complice / de connivence (péj.), être intéressé, figurer, fournir, s'immiscer, se joindre, se mêler, se mettre de la partie, partager, prendre part, soutenir, tremper dans (péj.) [2] on participe de → **tenir**

particulariser → **fixer**

particularisme n.m. attitude, coutume, originalité, propriété → **particularité**

particularité n.f. [1] anecdote, trait [2] anomalie, attribut, caractéristique, circonstance, détail, différence, exception, individualité, modalité, particularisme, précision, propre, propriété, singularité, spécialité ♦ partic. : idiosyncrasie, spécificité

particule n.f. [1] atome, corpuscule, micelle, molécule, monade (philos.), poudre, poussière [2] principales particules : boson, électron, fermion, méson, négaton, neutrino, neutron, photon, proton [3] gram. : affixe, mot, préfixe, suffixe

particulier, ère [1] adj. a caractéristique, distinct, distinctif, exceptionnel, extraordinaire, indigète (antiq.), inhabituel, local, original, propre à, rare, remarquable, respectif, singulier, spécial, spécifique b → **individuel** c → **régional** [2] nom : individu, unité → **homme** [3] a **en particulier** → **particulièrement** b **cas particulier** → **circonstance** c **point particulier** → **précis**

particulièrement éminemment, en particulier, notamment, principalement, singulièrement, spécialement, surtout

partie n.f. [1] au pr. : bout, branche, bribe, compartiment, composant, côté, division, élément, embranchement, fraction, lot, membre, morceau, pan, parcelle, part, particule, pièce, portion, rameau, ramification, secteur, subdivision, tranche, tronçon [2] d'une œuvre : acte, alinéa, article, chant, chapitre, division, époque, morceau, mouvement (mus.), paragraphe, passage, point, scène, section, titre [3] → **divertissement** [4] → **rencontre** [5] → **profession** [6] → **qualité** [7] → **plaideur** [8] → **jeu** [9] au pl. → **sexe**

partiel, le divisé, fractionnaire, fragmentaire, incomplet, relatif, sectoriel

partiellement → **imparfaitement**

parti pris n.m. → **préjugé**

partir [1] au pr. : abandonner, s'en aller, battre en retraite, brûler la politesse (péj.), changer de place, décamper, se défiler, déguerpir, déloger, démarrer, se dérober, détaler, disparaître, s'ébranler, s'échapper, s'éclipser, s'éloigner, émigrer, s'expatrier, ficher / foutre (grossier) le camp, filer, fuir, gagner / prendre le large / la porte / la sortie, prendre congé / ses jambes à son cou / le large / la porte, se réfugier, se retirer, s'en retourner, se sauver, se séparer ♦ fam. : se barrer / calter / carapater / casser / cavaler / débiner, débarrasser le plancher, décaniller, déhaler, déménager, dérober, dévisser, s'esbigner, se faire la malle / la paire / la valise, filer à l'anglaise, filocher, galérer, jouer les filles de l'air, mettre les adjas / les bouts / les voiles, prendre la poudre d'escampette / ses cliques et ses claques, riper, se tailler / tirer / trisser / trotter, tirer sa révérence, se trotter [2] → **sortir** [3] → **commencer** [4] vx → **partager**

partisan, e [1] adj. → **partial** [2] nom. a adepte, adhérent, affidé, affilié, allié, ami, approbateur, disciple, féal, fidèle, homme lige, militant, propagandiste, prosélyte, recrue, satellite, sectateur, siens (les), supporter ♦ péj. : fanatique, séide, séquelle (vx), suppôt, tenant b → **résistant**

partition n.f. [1] → **division** [2] → **séparation**

partout aux quatre coins, en tous lieux, mondialement, universellement, urbi et orbi

parturition n.f. → **gésine**

parure n.f. [1] → **ajustement** [2] → **ornement**

parution n.f. [1] → **apparition** [2] → **publication**

parvenir [1] → **arriver** [2] → **venir** [3] fig. → **réussir**

parvenu, e agioteur, arriviste, figaro, homme arrivé / nouveau, nouveau riche, rasta, rastaquouère

parvis n.m. façade → **place**

pas n.m. [1] par ext. : a enjambée, foulée, marche b du cheval : appui c → **trace** d → **passage** e → **défilé** f → **détroit** g → **seuil** h fig. : avance, essai, étape, jalon, progrès [2] a **avoir / prendre le pas sur :** avantage, droit, préséance b **faux pas :** chute, écart, erreur, faiblesse, faute, glissade c **pas de clerc** → **bêtise**

pas adv. [1] aucunement, d'aucune façon / manière, en aucun cas, mot, nullement, point → **rien** [2] vx : goutte, grain, mie

passable acceptable, admissible, assez bien / bon, correct, médiocre, mettable, moyen, possible, potable, suffisant, supportable

passade n.f. amourette, aventure, béguin, caprice, fantaisie, flirt, galanterie, liaison

passage n.m. [1] au pr. a allée, artère, avenue, chemin, rue, traboule, venelle, voie b boucau, chenal, détroit, embouquement, goulot, gué, isthme, passe c col, gorge, pas, port, seuil, trouée d corridor, couloir, coursive (mar.), dégagement, galerie, lieu, ouverture e vén. : passée f boyau, communication, diverticule, sas [2] fig. : circonstance, conjoncture, moment, passe [3] alinéa, endroit, extrait, fragment, morceau, page, paragraphe, strophe [4] → **transition**

passager, ère [1] adj. : anecdotique, changeant, de courte durée, éphémère, fragile, fugitif, fuyard, incertain, intérimaire, momentané, précaire, provisoire, temporaire, transitoire, volage (vx) → **court** [2] nom → **voyageur**

passagèrement → **provisoirement**

passant, e [1] nom : flâneur, promeneur [2] adj. : fréquenté, passager

passation n.f. → **transmission**

passavant et **passe** n.m., n.f. acquit-à-caution, passe-debout, laissez-passer, octroi, permis

passe [1] n.m. : → **passe-partout** [2] n.f. a → **passage** b → **défilé** c → **canal** d → **prostitution** [3] **être en passe de :** état, position, situation, sur le point

passé [1] n.m. : histoire, temps anciens / révolus, tradition → **autrefois** [2] prép. : après, au-delà de [3] adj. a accompli, ancien, antécédent, antérieur, défunt, mort, révolu b abîmé, altéré, amorti, avachi, décoloré, déformé, défraîchi, délabré, délavé, démodé, désuet, esquinté, fané, fatigué, flétri, gâté, pâli, pisseux, ridé, séché, terni, usagé, usé, vieilli, vieux

passe-droit n.m. [1] → **privilège** [2] → **injustice**

passée n.f. vén. [1] → **passage** [2] → **trace**

passéiste nom et adj. → **réactionnaire**

passement et **passementerie** n.m., n.f. agrément, aiguillette, bordé, bouffette, brandebourg, broderie, chamarrure, chenille, cordelière, cordon, cordonnet, crépine, crête, croquet, dentelle, dragonne, embrasse, épaulette, feston, filet, frange, galon, ganse, garniture, gland, gros-grain, guipure, houppe, lambrequin, lézarde, lisière, macramé, orfroi, pampille, passepoil, picot, résille, ruban, Ruflette, soutache, torsade, tresse

passe-partout n.m. 1 arg. : oiseau, rossignol → **clef** 2 scie

passe-passe n.m. invar. 1 au pr. : attrape, escamotage, ficelle, fourberie, illusion, magie, tour, tromperie, truc 2 par ext. → **combine**

passeport n.m. autorisation, laissez-passer, sauf-conduit, visa

passer 1 v. intr. a au pr. : aller, changer, circuler, courir, défiler, dépasser, disparaître, se dissiper, s'écouler, s'effacer, s'enfuir, s'envoler, s'évanouir, s'évaporer, évoluer, fuir, marcher, se rendre à b fig. : accepter, cacher, concéder, couler / glisser sur, écarter, excuser, négliger, omettre, pardonner, permettre, taire, tolérer c par ext. → **mourir** 2 v. tr. a au pr. : enjamber, escalader, franchir, sauter, traverser b fig. : cribler, filtrer, tamiser 3 a **passer le temps / la vie :** consumer, couler, employer, occuper . : gaspiller, perdre, traîner b **passer un examen :** subir c **passer un mot :** laisser, omettre, oublier, sauter d **passer les limites :** combler, exagérer, excéder, outrepasser, outrer e **passer l'entendement** → **surprendre** f **faire passer :** acheminer, convoyer, donner, faire parvenir, remettre, transiter, transmettre, transporter g **passer un vêtement :** enfiler, mettre h **passer une maladie :** amener, communiquer i **passer par les armes** → **fusiller** 4 v. pron. a advenir, arriver, avoir lieu, se dérouler, s'écouler, se produire b on se passe de quelque chose : s'abstenir, se brosser (fam.) / dispenser de / garder de, s'interdire de, se priver de / refuser à / retenir de, éviter, faire tintin (fam.), négliger de, renoncer à c on se passe de quelqu'un : court-circuiter (fam.) → **abandonner**

passereau n.m. accenteur, alouette, becfigue, bec-fin, bengali, bergeronnette ou hochequeue ou lavandière, bouvreuil, bruant, calao, chardonneret, colibri ou oiseau-mouche, coq de roche, corbeau, corneille, cotinga, cul-blanc, échelette, effarvatte, engoulevent, étourneau, pipit, fauvette ou rousserole ou phragmite, fourmilier, fournier, geai, geai bleu ou rollier, gobe-mouche, goglu, grimpereau, griset, grive ou jocasse ou litorne ou mauvis, gros-bec, hirondelle, jaseur, linotte, loriot, lulu, mainate, martin-chasseur/-pêcheur, martinet, ménure ou oiseau-lyre, merle, mésange ou meunière ou nonnette, moineau, motteux, ortolan, paradisier, passériforme, passerine, passerinette, pie, pie-grièche, pinson, pipit, proyer, quiscale, rómiz, roitelet, rossignol, rouge-gorge, rouge-queue, rubiette, rupicole, salangane, sansonnet, sifilet, sirli, sittelle, sizerin, soui-manga, tarin, tète-chèvre, tisserin, traîne-buisson, traquet, troglodyte, troupiale, tyran, verdier, veuve

passerelle n.f. → **pont**

passe-rose n.f. primerose, rose trémière → **rose**

passe-temps n.m. 1 agrément, amusement, délassement, distraction, divertissement, hobby, jeu, occupation, plaisir, récréation, violon d'Ingres → **bagatelle** 2 péj. → **manie**

passeur n.m. → **batelier**

passible → **susceptible**

passif 1 n.m. : perte 2 adj. → **inerte**

passim çà et là, en différents endroits, par-ci par-là

passion n.f. 1 neutre ou fav. : admiration, adoration, adulation, affection, amour, appétit, ardeur, attachement, béguin, chaleur, culte, élan, élancement (vx), emballement, enthousiasme, feu, fièvre, flamme, goût, idolâtrie, inclination, ivresse, libido, passade, penchant, sentiment, trouble, vénération 2 non fav. : a ambition, avarice, avidité, caprice, concupiscence, convoitise, délire, désir, éréthisme, exaltation, excitation, emportement, ensorcellement, envoûtement, faible, fanatisme, fièvre, folie, frénésie, fureur, furie, habitude, haine, maladie, manie, rage, tarentule, ver rongeur, vice b alcool, débauche, drogue, jeu, tabac c → **manie** 3 litt. : animation, chaleur, émotion, feu, flamme, lyrisme, pathétique, sensibilité, vie

passionnant, e affolant, attachant, beau, brûlant, captivant, délirant, dramatique, électrisant, émouvant, empoignant, enivrant, enthousiasmant, excitant, intéressant

passionné, e → **enthousiaste**

passionnément beaucoup, follement, à la folie / fureur, furieusement, par-dessus tout

passionner 1 animer, attacher, captiver, électriser, empoigner, enfiévrer, enflammer, enivrer, enthousiasmer, exalter, exciter, intéresser 2 v. pron. : aimer, s'emballer, s'embraser, s'enflammer, s'engouer, s'enivrer, s'enticher, s'éprendre, prendre feu, raffoler

passivement → **inconsciemment**

passivité n.f. → **inaction**

passoire n.f. chinois, crible, filtre, passe-thé, passette, tamis

pastèque n.f. melon d'eau / d'Espagne, pépo-nide

pasteur n.m. 1 → **berger** 2 → **prêtre**

pasteurisation n.f. aseptisation, stérilisation, upérisation

pasteuriser aseptiser, stériliser

pastiche n.m. 1 → **imitation** 2 → **parodie**

pasticher → **imiter**

pastille n.f. bonbon, boule, cachet, comprimé, gélule, tablette

pastis n.m. 1 a anis b marques déposées 2 → **désordre**

pastoral, e bucolique, champêtre, paysan, rural, rustique

pastorale n.f. bergerie, bucolique, églogue, idylle, moutonnerie (péj.), pastourelle

pastoureau, elle → **berger**

patapouf n.m. et interj. 1 → **gros** 2 pan, patatras, vlan

pataquès n.m. → **lapsus**

patate n.f. 1 pomme de terre 2 **en avoir gros sur la patate** (fam.) : sur le cœur / l'estomac

patatras pan, patapouf, vlan

pataud, e → **gauche**

patauger 1 au pr. : barboter, s'enliser, patouiller, patrouiller, piétiner 2 fig. s'embarrasser, s'embrouiller, s'empêtrer, nager, se perdre

patchwork n.m. → **mélange**

pâte n.f. 1 par ext. a abaisse b barbotine, bouillie, colle, mortier 2 au pl. : cannelloni, cheveux d'ange, coquillettes, gnocchi, langues d'oiseau, lasagne, macaroni, nouilles, ravioli, spaghetti, tagliatelle, vermicelle

pâté n.m. 1 → **tache** 2 amas, assemblage, ensemble, groupe, îlot 3 cuis. : aspic, bouchée à la reine, croustade, friand, godiveau, hachis, mousse de foie, rissole, terrine, tourte, vol-au-vent

pâtée n.f. → **nourriture**

patelin, e benoît, bonhomme, chafouin, chattemite, doucereux, faux, flatteur, insinuant, melliflue, mielleux, onctueux, papelard, peloteur, rusé, tartufe, trompeur → **hypocrite**

patelin n.m. 1 → **village** 2 → **pays**

patenôtre chapelet, oraison dominicale, pater, pater noster, prière

patent, e → **manifeste**

patente n.f. 1 autorisation, brevet, commission, diplôme, lettres patentes, licence 2 contribution, impôt

patenté, e → **attitré**

patère n.f. crochet, portemanteau

paternaliste 1 condescendant → **dédaigneux** 2 → **tutélaire**

paterne → **doucereux**

paternel, le → **tutélaire**

pâteux, euse 1 → **épais** 2 → **embarrassé**

pathétique 1 adj. → **émouvant** 2 n.m. : éloquence, émotion, pathos

pathogène → **pestilentiel**

pathologique maladif, morbide

pathos n.m. 1 → **éloquence** 2 → **galimatias**

patibulaire → **inquiétant**

patiemment pas à pas, petit à petit

patience n.f. 1 calme, constance, courage, douceur, endurance, flegme, indulgence, lenteur, longanimité, longueur de temps, persévérance, persistance, résignation, sang-froid, tranquillité 2 réussite, tour de cartes

patient, e 1 adj. : calme, constant, débonnaire, doux, endurant, flegmatique, indulgent, inlassable, persévérant, résigné 2 nom : client, cobaye (fam. ou péj.), malade, sujet

patienter 1 → **attendre** 2 → **souffrir**

patin n.m. raquette, semelle, socque

patine n.f. 1 au pr. : concrétion, crasse, croûte, dépôt, oxydation, vert-de-gris 2 par ext. : ancienneté, antiquité, marque

patiner 1 → **glisser** 2 foncer, ternir, vieillir

patinette n.f. trottinette

pâtir → **souffrir**

pâtis n.m. friche, herbage, lande, pacage, parc, parcours → **pâturage**

pâtisserie n.f. 1 biscuiterie, confiserie, salon de thé 2 allumette, amandine, baba, bavaroise, beignet, biscuit, bouchée, bretzel, brioche, cake, casse-museau, chanoinesse, chausson, chou à la crème, clafoutis ou millas, coque, cornet, couque, cramique, craquelin, crêpe, croissant, croquembouche, croquignole, dariole, dessert, éclair, far, feuilletage, feuilleté, flan, frangipane, galette, gâteau, gaufre, gosette, macaron, madeleine, marquise, matefaim, meringue, merveille, mille-feuille, moka, oublie, pain d'épices, paris-brest, petit four, pièce montée, plaisir, profiterole, quatre-quarts, raton, religieuse, saint-honoré, savarin, talmouse, tarte, tartelette, tôt-fait

pâtissier, ère confiseur, mitron, traiteur

pâtisson n.m. artichaut de Jérusalem, bonnet de prêtre, courge

patois n.m. → **langue**

patouiller 1 → **patauger** 2 → **manier**

patraque → **malade**

pâtre n.m. → **berger**

patriarcal, e ancestral, ancien, antique, familial, paternaliste (péj.), paternel, simple, traditionnel, vertueux

patriarche n.m. → **vieillard**

patricien, ne → **noble**

patrie n.f. cité, communauté, État, nation, pays

patrimoine n.m. apanage, bien, domaine, fortune, héritage, legs, propriété, succession ♦ vx : douaire

patriote et **patriotique** nom et adj. 1 civique, militariste, nationaliste, patriotique 2 péj. : chauvin, cocardier, patriotard

patriotisme n.m. 1 civisme, militarisme, national, nationalisme 2 péj. : chauvinisme, cocorico, esprit de clocher

patristique n.f. patrologie

patron, ne 1 boss, bourgeois, directeur, employeur, maître ♦ péj. : caïd, négrier, pompe-la-sueur, singe 2 par ext. a → **protecteur** b → **chef**

patron n.m. → **modèle**

patronage n.m. 1 appui, auspices, égide, invocation, parrainage, protection, recommandation, secours, support, vocable 2 club, garderie, gymnase

patronner 1 → **introduire** 2 → **protéger**

patronyme n.m. → **nom**

patrouille n.f. 1 → **surveillance** 2 → **troupe**

patrouiller 1 → **patauger** 2 exercer une surveillance, parcourir, surveiller

patte n.f. 1 au pr. : jambe, pied, pince, serre 2 par ext. a → **main** b → **habileté** 3 **patte-d'oie** a → **carrefour** b → **ride**

pâturage n.m. alpage, alpe, champ, corral, embouche, enclos, friche, gagnage, herbage, kraal, lande, luzernière, ouche (rég.), pacage, paddock, parc, parcours, passage, pâtis, pâture, prairie, pré

pâture n.f. 1 → **nourriture** 2 → **pâturage**

pâturer v. intr. et tr. → **paître**

paumé, e → **inadapté**

paumer → **perdre**

paupérisme n.m. appauvrissement, dénuement, manque, misère → **pauvreté**

pause n.f. 1 au pr. : abattement, arrêt, entracte, halte, interclasse, interruption, intervalle, mi-temps, récréation, suspension 2 par ext. a → **repos** b → **silence**

pauser 1 → **appuyer** 2 → **attendre**

pauvre nom et adj. 1 au pr. quelqu'un : appauvri, assisté, besogneux, cas social, clochard, cloche, crève-la-faim, démuni, déshérité, disetteux (vx), économiquement faible, famélique, fauché, gêné, gueux, humble, impécunieux, indigent, loqueteux, malheureux, mendigot, meurt-de-faim, misérable, miséreux, nécessiteux, nu, pauvresse, pauvret, pouilleux, prolétaire, purée, purotin, sans-abri, sans-le-sou, sans-logis, sans-un, traîne-misère / -savates, va-nu-pieds → **mendiant** 2 par ext. a un événement : déplorable, malheureux, pitoyable b un sol : aride, chétif, ingrat, maigre, modeste, sec, stérile c un aspect : anémié, carencé, congru, décharné, dénué, dépourvu, maigre, mesquin, minable, miteux, nu, privé, râpé, sec, squelettique 3 a **pauvre d'esprit** → **simple** b **pauvre diable / drille / hère / type** → **misérable**

pauvrement → **imparfaitement**

pauvreté n.f. 1 au pr. de quelqu'un : besoin, carence, dèche, défaut, dénuement, détresse, disette, embarras, gêne, impécuniosité, indigence, malheur, manque, misère, nécessité, panne, paupérisme, pénurie, pouillerie, privation, ruine ♦ vx : gueuserie fam. : crotte, débine, dèche, limonade, mélasse, merde, mistoufle, mouise, mouscaille, panade, pétrin, purée, trime 2 par ext. a anémie, aridité, défaut, disette, faiblesse, maigreur, manque, médiocrité, pénurie, stérilité b banalité, platitude, sécheresse

pavage et **pavement** n.m. → **pavé**

pavaner (se) faire le beau / de l'épate (fam.) / la roue, se montrer, parader, piaffer, poser, se rengorger

pavé n.m. 1 au pr. : carreau, dalle, galet, pierre 2 par ext. a assemblage de pierres, cailloutage, cailloutis, carrelage, dallage, empierrement, pavage, pavement, pisé, revêtement, rudération (partic.) b → **rue** c → **route**

paver carreler, couvrir, daller, recouvrir, revêtir

pavillon n.m. 1 → **drapeau** 2 → **tente** 3 abri, aile, belvédère, bungalow, chalet, chartreuse, cottage, fermette, folie, gloriette, habitation, kiosque, maison, muette, rotonde, villa

pavoiser 1 → **orner** 2 → **réjouir (se)**

pavot n.m. coquelicot, œillette, olivette

payant, e 1 coûteux, onéreux, pécuniaire 2 avantageux, fructueux, juteux (fam.), profitable, valable

paye ou **paie** n.f. 1 → **paiement** 2 → **rétribution**

payer 1 on donne à quelqu'un une valeur en espèces ou en nature. a fav. ou neutre : appointer, arroser (fam.), contenter, défrayer, désintéresser, indemniser, récompenser, rembourser, rémunérer, rétribuer, satisfaire b non fav. : acheter, arroser, corrompre, soudoyer, stipendier 2 on paie une somme : acquitter, avancer, compter, débourser, décaisser, dépenser, donner, financer, se libérer, liquider, mandater, ordonnancer, régler, remettre, solder, souscrire, verser ♦ arg. ou fam. : aligner, allonger, banquer, casquer, cracher, douiller, éclairer, se fendre, les lâcher, moyenner (vx), passer au refile, raquer 3 par ext. : faire un cadeau, offrir, régaler 4 fig. a → **récompenser** b → **punir** 5 v. pron. : a → **offrir (s')** b → **contenter (se)**

payeur n.m. 1 trésorier → **comptable** 2 accepteur, débirentier, débiteur, souscripteur, tiré

pays n.m. 1 au pr. : bord, bourg, bourgade, campagne, ciel, cité, climat, coin, commune, contrée, cru, empire, endroit, État, foyer, lieu, nation, origine, parage, paroisse, patrie, peuple, plage, province, région, république, rivage, royaume, sol, territoire, terroir, zone → **terre** ♦ fam. : bled, clocher, patelin, trou (péj.) 2 par ext. : compatriote, concitoyen

paysage n.m. 1 au pr. : campagne, décor, site, vue 2 bergerie, bucolique, peinture / scène champêtre / pastorale / rustique, verdure

paysan, ne 1 nom. a neutre : agriculteur, campagnard, cultivateur, éleveur, fellah, fermier, homme de la campagne / des champs, koulak, laboureur, moujik, rural, terrien, villageois b vx : jacques, manant, pastoureau, vilain c non fav. ou arg. : blédard, bouseux, croquant, cul-terreux, glaiseux, lourd, pante, patate, pécore, pedzouille, peigne-cul, péquenot, pignouf, plouc, rustaud, rustre 2 adj. : agreste, campagnard, frugal, fruste, grossier, rural, rustique, simple, terrien

péage n.m. 1 droit, passage 2 par ext. : entrée, guichet, sortie

peau n.f. 1 au pr. a derme, épiderme, tégument b couenne, croupon, cuir c cuticule, écorce, épicarpe, pellicule, pelure, tan, zeste 2 par ext. : agnelin, basane, chagrin, chamois, chevreau, chevrotin, cosse, crocodile, galuchat, lézard, maroquin, parchemin, pécari, porc, serpent, vélin, velot → **fourrure** 3 **peau d'âne** → **diplôme**

peccadille n.f. → **faute**

pechblende n.f. uraninite

pêche n.f. 1 halieutique, secteur primaire → **poisson** 2 côtière, hauturière 3 à la balance, au carrelet, au chalut, au coup, à la cuiller, au lancer léger ou lourd, au filet, à la ligne, à la main, à la mouche noyée ou sèche, à la nasse, à la pelote, à la traîne, au tramail, au trimmer, au vif, à la volante 4 → **poisson**

pêche n.f. par ext : brugnon, nectarine, paire, pavie

péché n.m. 1 au pr. : avarice, colère, envie, gourmandise, luxure, orgueil, paresse 2 par ext. : attentat, chute, coulpe (vx), crime, errements, faute, impénitence, imperfection, impiété, impureté, mal, manquement, offense, peccadille, sacrilège, scandale, souillure, stupre, tache, transgression, vice

pécher broncher (fam.), chuter, clocher (fam.), commettre une faute / un péché, faillir, manquer, offenser, tomber

pêcher fig. → **trouver**

pécheur, eresse 1 → **coupable** 2 → **faible**

pêcheur, euse 1 marin, morutier, sardinier, terre-neuvas 2 fam. ou péj. :

pécore n.f. 1 au pr. : animal, bête, cheptel vif 2 fig.(péj.) : chipie, oie, outarde, péronnelle, pie-grièche, pimbêche, pintade → **bête**

pécule n.m. → **économie**

pécuniaire → **financier**

pédagogie n.f. → **instruction**

pédagogique didactique, éducateur, formateur, scolaire

pédagogue n.m. et f. 1 au pr. → **maître** 2 péj. → **pédant**

pédale n.f. 1 au pr. : levier, manivelle, palonnier, pédalier, tirasse 2 **perdre les pédales** : esprit, fil, moyens, raison, sang-froid 3 cyclisme

pédant, e 1 nom : baderne, bas-bleu, bel esprit, bonze, censeur, cuistre, fat, faux savant, grammatiste, grimaud, magister, mandarin, pédagogue, pet-de-loup, pion, pontife, poseur, régent, sorbonnard 2 adj. : affecté, doctoral, dogmatique, fat, magistral, pédantesque, pontifiant, poseur, professoral, solennel, sot, suffisant → **ridicule**

pédantisme n.m. affectation, cuistrerie, dogmatisme, fatuité, pédanterie, pose, sottise, suffisance → **prétention**

pédérastie n.f. → **homosexualité**

pédicule n.m. pédoncule, pied, queue, stipe, tige

pedigree n.m. → **généalogie**

peeling off. : exfoliation

pègre n.f. → **populace**

peigne n.m. 1 démêloir ♦ fam. : crasseux, râteau 2 techn. : drège

peigne-cul n.m. → **impoli**

peigner 1 arranger, brosser, coiffer, démêler 2 carder, houpper, sérancer 3 fig. → **soigner**

peignoir n.m. → **robe**

peille n.f. → **chiffon**

peinard, e → **paisible**

peindre 1 un tableau. a neutre : brosser, camper, croquer, exécuter une peinture, figurer, peinturer, pignocher, pocher, portraiturer, représenter, trousser b armorier, blasonner, colorer, colorier, enluminer, historier, ornementer, orner c non fav. : barbouiller, barioler, peinturlurer, torcher 2 une surface quelconque : badigeonner, bronzer, graniter, laquer, repeindre, ripoliner, vernir 3 fig. a non fav. : farder, maquiller, travestir b neutre : conter, décrire, dépeindre, dessiner, exprimer, faire apparaître / voir, montrer, raconter, représenter, traduire 4 v. pron. → **montrer (se)**

peine n.f. 1 châtiment, condamnation, correction, expiation, pénalité, sanction, sapement (arg.), supplice → **punition** 2 chagrin, collier de misère, crève-cœur, croix, déplaisir, difficulté, douleur, embarras, épreuve, mal, malheur, souci, souffrance, tourment, tracas 3 abattement affliction, amertume, angoisse, anxiété, désolation, détresse, douleur, gêne, inquiétude, malheur, misère, tristesse ♦ vx : agonie, brisement, ennui, soin 4 ahan (vx), effort, labeur, tâche, travail, tribulation 5 relig. : dam, damnation, enfer, géhenne, pénitence, purgatoire 6 **à / sous peine de :** astreinte, contrainte, menace, obligation

peiner 1 v. tr. : affecter, affliger, attrister, chagriner, déplaire, désobliger, fâcher, meurtrir 2 v. intr. : s'appliquer, besogner, se donner du mal, s'efforcer, s'évertuer, se fatiguer, gémir, souquer, trimer ♦ fam. : en baver, en chier, galérer, marner, ramer, suer ♦ vx : ahaner

peintre n.m. et f. 1 en bâtiment : badigeonneur 2 animalier, aquarelliste, artiste, enlumineur, imagier, luministe, fresquiste, miniaturiste, orientaliste, pastelliste, paysagiste, portraitiste, rapin (fam.) 3 péj. : barbouilleur, pompier 4 classique, cubiste, expressionniste, impressionniste, intimiste, nabi, naïf, naturaliste, non-figuratif, pointilliste, préraphaélite, réaliste, romantique, surréaliste, symboliste, tachiste

peinture n.f. 1 au pr. : badigeon, barbouille (péj.), ravalement, recouvrement, revêtement 2 aquarelle, camaïeu, crayon, décor, détrempe, diptyque, ébauche, enluminure, esquisse, estampe, étude, fresque, fusain, gouache, lavis, maquette, mine de plomb, pastel, plafond, pochade, polyptyque, retable, sanguine, sépia, sgraffite, tableau, toile, triptyque, trumeau 3 péj. : barbouillage, croûte, gribouillage, navet 4 académie, allégorie, bataille, bergerie, caricature, fresque, genre, intérieur, marine, maternité, nature morte, nu, panorama, paysage, portrait, sous-bois, trompe-l'œil, verdure, vignette, vue 5 Japon. kakémono, makémono 6 classicisme, cubisme, dadaïsme, divisionnisme, expressionnisme, fauvisme, futurisme, impressionnisme, modern style, naturalisme, pointillisme, préraphaélisme, romantisme, réalisme, surréalisme, tachisme

peinturer et **peinturlurer** barbouiller, colorer, colorier → **peindre**

péjoratif, ive → **défavorable**

pelade n.f. alopécie, calvitie (par ext.), dermatose, teigne

pelage n.m. fourrure, livrée, manteau, mantelure, peau, poil, robe, toison, villosité

pélagique pélagien → **marin**

pélargonium n.m. géranium

pelé, e 1 → **stérile** 2 à zéro, chauve, dégarni, démuni, dépouillé, épilé, épluché, nu, râpé, ras, rasibus, teigneux, tondu, usé

pêle-mêle n.m. invar. et adv. 1 → **désordre** 2 → **mélange** 3 → **vrac (en)**

peler v. tr. et intr. dépouiller, écorcer, éplucher, gratter, ôter, râper, raser, tondre

pèlerin, e 1 au pr. : dévot, fidèle 2 vx : coquillard, jacobite, jacquot 3 par ext. : excursionniste, touriste, visiteur, voyageur 4 fig. et péj. → **type**

pèlerinage n.m. 1 au pr. : culte, dévotion, jubilé, pardon, sanctuaire 2 par ext. → **voyage**

pèlerine et **pelisse** n.f. 1 berthe, cape, capuchon, fourrure, houppelande, limousine, veste 2 relig. : camail, mosette 3 → **manteau**

pelle n.f. 1 → **bêche** 2 → **chute**

pellet n.m. implant, pruine (bot.)

pelleterie n.f. → **peau**

pellicule n.f. 1 enveloppe, lamelle → **peau** 2 bande, cliché, film

pellucide translucide, transparent

pelotage n.m. batifolage, flirt, galanterie → **caresse**

pelote n.f. 1 boule, manoque, maton, peloton, sphère 2 balle, rebot 3 a **faire sa pelote** → **économiser** b **faire la pelote** (arg. milit.) : être brimé / puni, tourner en rond

peloter 1 au pr. : bobiner, enrouler, rouler 2 batifoler, chatouiller, chiffonner, lutiner, patiner (vx), tripoter → **caresser** ♦ fam. : avoir la main baladeuse 3 fig. → **flatter**

peloteur, euse fig. 1 enjôleur, flagorneur, flatteur, minaudier 2 frôleur, main baladeuse / touristique, tripoteur, trousseur (de jupons) 3 → **hypocrite**

peloton n.m. 1 → **pelote** 2 → **groupe** 3 → **troupe**

pelotonner (se) → **replier (se)**

pelouse n.f. 1 boulingrin, gazon, tapis vert, vertugadin 2 → **prairie**

peluché, e et **pelucheux, euse** molletonneux → **poilu**

pelure n.f. → **peau**

pénalisation et **pénalité** n.f. → **punition**

pénates n.m. pl. 1 au pr. : dieux de la cité / domestiques / du foyer / lares / protecteurs / tutélaires 2 par ext. : abri, demeure, foyer, habitation, logis, maison, refuge, résidence

penaud, e confus, contrit, déconcerté, déconfit, embarrassé, gêné, honteux, humilié, interdit, l'oreille basse, pantois, piteux ◆ vx : camus, quinaud

penchant n.m. 1 au pr. : colline, côte, coteau, déclin, déclivité, inclinaison, obliquité, pente, thalweg, versant 2 fig. a affection, amour, aptitude, attrait, désir, disposition, facilité, faible, faiblesse, génie, goût, habitude, impulsion, inclination, instinct, nature, passion, sympathie, tendre, tendresse, vocation b non fav. : défaut, prédisposition, propension, vice

pencher 1 v. tr. → **abaisser** 2 v. intr. : avoir du dévers, chanceler, se coucher, décliner, descendre, déverser, être en oblique/surplomb, obliquer, perdre l'équilibre 3 v. pron. → **incliner (s')**

pendable abominable, condamnable, coupable, damnable, détestable, grave, impardonnable, inexcusable, inqualifiable, laid, mauvais, méchant, répréhensible, sérieux

pendant, e 1 jurid. : en cours, en instance 2 affaissé, affalé, avachi, avalé, ballant, fatigué, flasque, tombant

pendant n.m. 1 boucle, dormeuse, girandole, pendeloque, pendillon, pendentif, sautoir 2 accord, contrepartie, égal, semblable, symétrie, symétrique

pendant prép. : au cours de, au milieu de, cependant, dans, de, durant, en

pendant que au moment où, cependant que, lorsque, quand, tandis que

pendard, e → **vaurien**

pendeloque et **pendentif** n.f., n.m. → **pendant**

penderie n.f. armoire, cabinet, garde-robe, meuble, placard

pendiller, pendouiller et **pendre** 1 v. intr. : appendre, être avachi/suspendu, flotter, retomber, tomber, traîner 2 v. tr. a au pr. : brancher, lanterner, mettre à la lanterne, stranguler b accrocher, attacher, fixer, suspendre

pendule 1 nom masc : balancier, régulateur 2 nom fém : cartel, comtoise, horloge, pendulette, régulateur

pêne n.m. ardillon, cheville, gâche, gâchette, serrure, verrou

pénétrable abordable, accessible, clair, compréhensible, devinable, facile, intelligible, passable, perméable, saisissable

pénétrant, e 1 acéré, aigu, aiguisé, coupant, tranchant 2 fig. : aigu, astucieux (fam.), clairvoyant, délicat, délié, divinateur, éclairé, fin, fort, habile, intelligent, juste, lucide, mordant, ouvert, perçant, perspicace, profond, sagace, spirituel, subtil, vif

pénétration n.f. 1 acuité, astuce, clairvoyance, délicatesse, discernement, divination, finesse, flair, habileté, intelligence, justesse, lucidité, mordant, nez, ouverture d'esprit, perspicacité, profondeur, psychologie, sagacité, subtilité, vivacité 2 entrisme, infiltration, noyautage

pénétré, e 1 quelqu'un est pénétré de quelque chose : confit (péj.), convaincu, imbu, imprégné, marqué, plein, rempli, trempé 2 un secret est pénétré : compris, découvert, deviné

pénétrer 1 v. intr. : accéder, aller, s'aventurer, avoir accès, se couler, s'embarquer, s'enfoncer, s'engager, entrer, envahir, se faufiler, fendre, forcer, se glisser, s'infiltrer, s'insinuer, s'introduire, se loger, mordre sur, noyauter, passer, plonger 2 v. tr. a au pr. pénétrer quelque chose : atteindre, baigner, filtrer, imbiber, imprégner, infiltrer, inonder, passer, percer, transir, transpercer, traverser, tremper, visiter b fig. pénétrer quelqu'un : émouvoir, toucher, transir c fig. on pénètre une idée : apercevoir, approfondir, comprendre, connaître, découvrir, démêler, deviner, entendre, mettre au jour, percevoir, pressentir, réfléchir, saisir, scruter, sentir, sonder 3 v. pron. a absorber, boire b se combiner, se comprendre, se mêler c → **comprendre**

pénible 1 phys. : afflictif, ardu, assujettissant, astreignant, cassant (fam.), contraignant, difficile, difficultueux, dur, éprouvant, éreintant, fatigant, ingrat, laborieux, tenaillant, tuant 2 par ext. moral : affligeant, amer, angoissant, âpre, atroce, attristant, cruel, déplaisant, déplorable, désagréable, désolant, douloureux, dur, embarrassant, ennuyeux, épineux, funeste, gênant, grave, infamant, lamentable, lourd, mauvais, mortel, navrant, pesant, poignant, rude, tendu, torturant, tourmenté, triste

péniche n.f. chaland, embarcation → **bateau**

péninsule n.f. avancée, langue, presqu'île

pénis n.m. → **sexe**

pénitence n.f. 1 abstinence, ascèse, ascétisme, austérité, cendres, contrition, discipline, expiation, jeûne, macération, mortification, regret, repentir, résipiscence, satisfaction 2 → **confession** 3 → **punition**

pénitencier n.m. 1 → **bagne** 2 → **prison**

pénitent, e 1 nom : ascète, flagellant, jeûneur, pèlerin 2 adj. : contrit, marri, repentant

pénitentiaire carcéral, disciplinaire

penne n.f. aile, aileron, empennage, plume, rectrice, rémige

pénombre n.f. clair-obscur, demi-jour, ombre

pensant, e → **pensif**

pense-bête n.m. → **mémento**

pensée n.f. 1 au pr. a phil. : âme, cœur, compréhension, entendement, esprit, facultés mentales, imagination, intellect, intelligence, penser, raison, sentiment b idéation, noèse c avis, cogitation, concept, conception, contemplation, dessein, élucubration (péj.), gamberge (fam.), idée, intention, méditation, opinion, point de vue, préoccupation, projet, raisonnement, réflexion, rêverie, souvenir, spéculation 2 par ext. a au sing. : adage, aphorisme, apophtegme, axiome, devise, dicton, dit, ébauche, esquisse, jugement, maxime, mot, noème, parole, plan, propos, proverbe, représentation, sentence, vérité b au pl. : considérations, méditations, notations, notes, observations, propos, remarques, souvenirs

penser 1 v. intr. a cogiter, comprendre, se concentrer, contempler, délibérer, envisager, examiner, se faire un jugement/une opinion, juger, méditer, peser, raisonner, se recueillir, réfléchir, se représenter, rêver, songer, spéculer, voir ◆ fam. : concocter, gamberger, rouler dans sa tête, ruminer b évoquer, imaginer, rappeler, se souvenir c s'aviser de, considérer, faire attention à, prendre garde à, se préoccuper de, prévoir 2 v. tr. : admettre, concevoir, croire, estimer, imaginer, juger, présumer, projeter, supposer, soupçonner 3 **penser** suivi de l'inf. a croire, espérer, se flatter de b faillir, manquer c avoir l'intention, avoir en projet/en vue, projeter

penser n.m. → **pensée**

penseur n.m. contemplateur, contemplatif, méditatif, moraliste, philosophe, spéculateur, théoricien

pensif, ive absent, absorbé, abstrait, contemplatif, distrait, méditatif, occupé, préoccupé, rêveur, songeur, soucieux

pension n.f. 1 → **pensionnat** 2 allocation, bourse, dotation, retraite, revenu, subside 3 **pension de famille** → **hôtel**

pensionnaire n.m. et f. 1 acteur, actionnaire, comédien, sociétaire 2 élève, hôte, interne, pupille

pensionnat n.m. collège, cours, école, institution, internat, lycée, maison d'éducation, pension

pensionner arrenter (par ext.), entretenir, octroyer, pourvoir, renter, retraiter, subventionner

pensum n.m. → **punition**

pente n.f. 1 au pr. : abrupt, brisis, côte, déclive (en), déclivité, descente, dévers, dévoiement, escarpement, glacis, grimpette, inclinaison, montée, obliquité, penchant, raidillon, rampe, talus, thalweg, versant 2 fig. : entraînement, inclination, propension, tendance → **penchant**

penture n.f. ferrure, paumelle

pénultième avant-dernier

pénurie n.f. 1 → **manque** 2 → **pauvreté**

pépie n.f. → **soif**

pépiement n.m. chant, cri, gazouillement, gazouillis, ramage

pépier chanter, crier, gazouiller, jacasser, piauler

pépin n.m. 1 → **graine** 2 → **difficulté**

pépinière n.f. 1 au pr. : a arboretum b arboriculture, horticulture, pomiculture, sylviculture 2 **mettre en pépinière** : en jauge 3 fig. : couvent, école, mine, origine, séminaire, source

pépiniériste n.m. et f. arboriculteur, horticulteur, jardinier, sylviculteur

péquenaud, e et **péquenot** n.m. → **paysan**

perçant, e 1 au pr. : aigu, aiguisé, pénétrant, piquant, pointu 2 fig. a lancinant, taraudant, térébrant b yeux perçants : brillants, mobiles, vifs c son perçant : aigu, bruyant, clairet, criard, déchirant, éclatant, fort, strident, violent d froid perçant : aigre, aigu, mortel, pénétrant, vif e esprit perçant : éveillé, intelligent, lucide, pénétrant, perspicace, vif

percée n.f. 1 au pr. : brèche, chemin, clairière, déchirure, éclaircie, orne, ouverture, passage, sentier, trouée 2 milit. : avance, bousculade, enfoncement, irruption, raid

percepteur n.m. 1 agent du fisc, collecteur, comptable du Trésor, comptable public, receveur 2 vx : exacteur, fermier général, partisan, publicain (antiq.), taxateur, traitant 3 péj. : gabelou, rat de cave, traiteur

perceptible audible, clair, évident → **visible**

perception n.f. 1 collecte, levée, recouvrement, rentrée 2 encaissement, recette 3 octroi, péage 4 philos. affection, conception, discernement, entendement, idée, impression, intelligence, sens, sensation

percer 1 v. tr. a au pr. : blesser, creuser, crever, cribler, darder (vx), déchirer, embrocher, empaler, encorner, enferrer, enfiler, enfoncer, enfourcher, entamer, excaver, éventrer, forer, larder, ouvrir, pénétrer, perforer, piquer, poinçonner, pointer, sonder, tarauder, transpercer, traverser, tremper, trouer, vriller b fig. quelqu'un : comprendre, déceler, découvrir, développer, pénétrer, prévoir, saisir 2 v. intr. a quelque chose perce : s'ébruiter, se déceler, s'éventer, filtrer, se manifester, se montrer, se répandre, sourdre, transpirer → **paraître** b quelqu'un perce → **réussir** 3 **percer le cœur** → **affliger**

perceuse n.f. chignole, foreuse, fraiseuse, perçoir, perforatrice, perforeuse, taraud, taraudeuse, tarière, vilebrequin → **vrille**

percevable 1 recouvrable 2 → **visible**

percevoir 1 → **voir** 2 → **entendre** 3 apercevoir, appréhender, concevoir, découvrir, deviner, discerner, distinguer, éprouver, flairer, prendre connaissance, remarquer, saisir, sentir 4 empocher, encaisser, lever, prélever, prendre, ramasser, recouvrir, recueillir, retirer, soutirer/tirer de l'argent, toucher

perche n.f. 1 au pr. : balise, bâton, bouille, croc, échalas, écoperche, gaffe, gaule, latte, porchis, rame, rouable 2 par ext. a girafe, micro b juchoir, perchoir c → **arbre** 3 fig. → **géant**

percher 1 v. intr. : brancher, demeurer, jucher, loger, nicher, se poser ◆ rég. : chômer 2 v. tr. : accrocher, placer, poser, suspendre

perchoir n.m. abri, juchée, juchoir, poulailler, volière

perclus, e ankylosé, engourdi, gourd, impotent, inactif, inerte, infirme, lourd, paralysé, paralytique, raide, souffrant, souffreteux

percolateur n.m. cafetière, filtre

percussion n.f. 1 choc, coup, heurt, impulsion 2 balafon, (grosse) caisse, carillon, célesta ou xylophone, cymbale, glockenspiel, gong, grelot, sistre, tambour, tambourin, timbale, triangle, vibraphone → **batterie**

percussionniste n.m. et f. batteur, cymbalier, cymbaliste, timbalier

percutant, e → **irrésistible**

percuter → **heurter**

perdant, e nom et adj. battu, vaincu

perdition n.f. → **perte**

perdre 1 sens passif : s'affaiblir, aliéner, s'amortir, s'appauvrir, s'atrophier, dégénérer, démériter, se démunir, se dépouiller, déposer, être en deuil/privé de, maigrir, manquer de, quitter, renoncer → **échouer** 2 sens actif. a neutre : égarer, laisser traîner, oublier, paumer (fam.) b non fav. : causer un dommage, dérouter, désorienter, détruire, dissiper, égarer, fausser, gâcher, galvauder, gaspiller, gâter, ruiner 3 par ext. : être percé, fuir 4 fig. perdre quelqu'un : corrompre, damner, débaucher, déconsidérer, décrier, démolir, déshonorer, désorienter, détourner, dévoyer, disqualifier, égarer, fourvoyer 5 a **perdre du terrain** : battre en retraite, céder, fuir, reculer b **perdre son temps** : s'amuser, baguenauder, batifoler, lézarder, musarder, traîner → **flâner, paresser** ◆ fam. : glander, ravauder (vx) 6 a **perdre la tête** : s'affoler, perdre les pédales (fam.) b **perdre l'esprit** → **déraisonner** c **perdre l'estime** : démériter, être en disgrâce, s'user d **perdre de vue** : laisser tomber, oublier, rompre 7 v. pron. a → **disparaître** b s'altérer, décroître, diminuer, faiblir, se relâcher c se cacher, se couler, se dérober, forlonger (vén.) d un bruit : s'amortir, s'étouffer, mourir e un bateau : s'abîmer, couler, s'enfoncer, s'engloutir, sombrer f un fleuve : se jeter g fig. quelqu'un ◆ neutre : s'abîmer, s'absorber, s'anéantir, se fondre, se sacrifier ◆ non fav. : se corrompre, se débaucher, se dévoyer, s'embarrasser, s'embrouiller, se fourvoyer, se noyer

perdreau et **perdrix** n.m., n.f. 1 bartavelle, coq/poule de bruyère/des bois/des montagnes, ganga, gélinotte, grouse, lagopède, pouillard, tétras 2 → **policier**

perdu, e 1 un lieu : désert, détourné, écarté, éloigné, isolé, lointain 2 quelque chose : abîmé, disparu, égaré, endommagé, gâché, gâté, inutile 3 un animal : égaré, errant, haret (chat) 4 une somme : irrécouvrable, irrécupérable, passé par profits et pertes 5 quelqu'un. a neutre : absent, dépaysé, distrait, égaré, plongé dans ses pensées b non fav. : condamné, désespéré, fini, frappé à mort, irrécupérable, mort c fam. : cuit, dans les choux, fichu, flambé, foutu, frit, paumé, rétamé 6 **perdu de débauche, fille perdue :** corrompu, débauché

père n.m. 1 au pr. : auteur, géniteur, papa ◆ fam. : paternel 2 arg. : dab, vieux 3 par ext. a aïeul, ancêtre, ascendant, chef, origine, patriarche, souche, tige b → **protecteur** c créateur, Dieu, fondateur, inventeur 4 a **père conscrit :** édile, sénateur b **saint-Père** → **pape** c **père de l'Église** → **théologien** d **beau-père :** parâtre

pérégrination n.f. → **voyage**

péremption n.f. → **prescription**

péremptoire → **tranchant**

pérenne → **éternel**

pérennité n.f. 1 → **éternité** 2 → **perpétuité**

péréquation n.f. → **répartition**

perfectible améliorable, amendable, corrigible, curable, éducable, guérissable, modifiable, rectifiable, récupérable, remédiable, réparable

perfection n.f. 1 achèvement, consommation, couronnement, entéléchie (philos.), épanouissement, excellence, exquisité, fin, fini, fleur, maturité, parachèvement, précellence, prééxcellence 2 absolu, beau, bien, bonté, idéal, nec plus ultra, qualité, richesse, sainteté, succulence, summum, top niveau, vertu 3 perfectionnisme 4 quelqu'un → **phénix**

perfectionnement n.m. achèvement, affinement, amélioration, avancement, correction, couronnement, optimisation, polissage, progrès, retouche

perfectionner → **améliorer**

perfide 1 → **infidèle** 2 → **rusé**

perfidie n.f. 1 → **infidélité** 2 → **ruse** 3 → **médisance**

perforer → **percer**

performance n.f. exploit, record, succès

performant, e compétitif, satisfaisant

perfusion n.f. goutte-à-goutte, transfusion

péricliter → **décliner**

péril n.m. → **danger**

périlleux, euse 1 au pr. : alarmant, critique, dangereux, difficile, glissant, hasardeux, menaçant, risqué 2 fig. : acrobatique, audacieux, aventureux, brûlant, délicat, osé, scabreux

périmé, e → **désuet**

périmètre n.m. bord, circonférence, contour, distance, enceinte, extérieur, limite, périphérie, pourtour, tour

période 1 n.m. : apogée, comble, degré, maximum, paroxysme, point culminant, summum, zénith 2 n.f. : a âge, consécution, cycle, durée, époque, ère, étape, intervalle, phase b balancement, couplet, éloquence, morceau, phrase

périodicité n.f. → **intervalle**

périodique 1 n.m. → **revue** 2 adj. → **réglé**

péripatéticien n.m. et adj. aristotélicien, philosophe

péripatéticienne n.f. → **prostituée**

péripétie n.f. avatar, catastrophe, coup de théâtre, crise, dénouement, épisode, événement, incident, nœud, trouble → **changement**

périphérie n.f. 1 → **périmètre** 2 alentour, banlieue, environs, faubourg, zone → **extrémité**

périphrase n.f. ambages, circonlocution, circuit de paroles, détour, discours, euphémisme, précautions oratoires, tour

périple n.m. circumnavigation, expédition, exploration, tour, tournée, voyage

périr → **mourir**

périssable caduc, corruptible, court, éphémère, fragile, fugace, gélif, incertain, instable, mortel, passager, précaire → **destructible**

périssoire n.f. canoë, canot, embarcation → **bateau**

péristyle n.m. colonnade, galerie, façade, portique, vestibule

perle n.f. 1 par ext. : boule, goutte, grain, lacé, union 2 fig. a → **phénix** b → **lapsus**

perler 1 v. tr. : exécuter/faire à la perfection, parfaire, soigner 2 v. intr. : apparaître, dégouliner (fam.), dégoutter, s'écouler, emperler, goutter, suinter

permafrost géol. off. : pergélisol

permanence n.f. 1 constance, continuité, durabilité, éternité, fixité, identité, invariabilité, invariance, pérennité, stabilité 2 bureau, local, salle, service, siège

permanent, e → **durable**

perméable spongieux → **pénétrable**

permettre 1 on permet quelque chose : accepter, accorder, acquiescer, admettre, agréer, approuver, autoriser, concéder, consentir, dispenser, donner, endurer, habiliter, laisser, passer, souffrir, supporter, tolérer 2 quelque chose permet quelque chose : aider à, autoriser, comporter, laisser place à, légitimer, rendre possible 3 v. pron. : s'accorder, s'aviser de, dire, s'enhardir à, faire, oser, prendre la liberté de

permis n.m. → **permission**

permis, e accordé, admis, admissible, agréé, autorisé, consenti, dans les formes/les mœurs/les normes/l'ordre/les règles, légal, légitime, libre, licite, loisible, possible, protocolaire, réglementaire, régulier, statutaire, toléré

permissif, ve → **indulgent**

permission n.f. 1 acceptation, accord, acquiescement, adhésion, agrément, approbation, autorisation, aveu (litt.), concession, consentement, crédit (vx), dispense, droit, exception, habilitation, latitude, liberté, licence, loisir, permis, possibilité, tolérance → **laissez-passer** 2 relig. : imprimatur, indult 3 campos, condé (arg.), congé

permutable commutable, vicariant

permutation n.f. → **change**

permuter → **changer**

pernicieux, euse → **mauvais**

péronnelle n.f. → **pécore**

péroraison n.f. → **conclusion**

pérorer → **discourir**

perpendiculaire 1 adj. : ascensionnel, normal, orthogonal, sagittal, vertical 2 n.f. : apothème, hauteur, médiatrice

perpétrer → **entreprendre**

perpétuel, le 1 → **éternel** 2 constant, continuel, fréquent, habituel, incessant, permanent

perpétuellement sans arrêt/cesse/trêve, souvent, toujours

perpétuer 1 continuer, éterniser, faire durer, immortaliser, maintenir, reproduire, transmettre 2 v. pron. : durer, se reproduire, rester, survivre

perpétuité n.f. 1 durée indéfinie, éternité, pérennité, perpétuation 2 **à perpétuité :** à perpète (arg.), définitivement, indissolublement, irrévocablement, éternellement, pour toujours

perplexe → **indéterminé**

perplexité n.f. → **indétermination**

perquisition n.f. descente de police, enquête, fouille, investigation, recherche, reconnaissance, visite domiciliaire

perquisitionner descendre, enquêter, fouiller, rechercher, visiter

perroquet et **perruche** n.m., n.f. cacatoès, jacquot (fam.) ◆ vx : cacatois, papegai → **grimpeur**

perron n.m. degré, entrée, escalier, montoir, seuil

perruque n.f. cheveux, coiffure, moumoute (fam.), postiche, tignasse (par ext. et péj.)

perruquier n.m. coiffeur, figaro, merlan (péj.)

pers, e glauque, olivâtre, verdâtre → **vert**

persécuter → **tourmenter**

persécuteur, trice 1 adj. : cruel, importun, incommode, intolérant 2 nom : despote, oppresseur, tyran → **agresseur**

persécution 1 → **brimade** 2 → **tyrannie**

persévérance n.f. acharnement, attachement, constance, continue (vx), continuité, courage, endurance, énergie, entêtement, esprit de suite, fermeté, fidélité, fixité, insistance, maintenance, obstination, opiniâtreté, patience, persistance, suite, ténacité, volonté

persévérant, e acharné, attaché, buté (péj.), constant, courageux, endurant, énergique, entêté, ferme, fidèle, fixe, obstiné, opiniâtre, patient, persistant, tenace, têtu, volontaire

persévérer → **continuer**

persienne n.f. → **volet**

persiflage n.m. → **raillerie**

persifler → **railler**

persifleur, euse moqueur

persistance n.f. durée → **constance**

persistant, e 1 quelqu'un → **persévérant,** 2 une chose : constant, continu, durable, fixe, indélébile, permanent, perpétuel, soutenu

persister 1 → **continuer** 2 → **subsister**

personnage n.m. 1 → **homme** 2 → **personnalité** 3 non fav. : citoyen, coco, individu, olibrius, paroissien, zèbre, zigoto → **type** 4 de théâtre : arlequin, barbon, bouffon, capitan, comédien, comparse, coquette, héroïne, héros, ingénue, interlocuteur, jeune premier, paillasse, pasquin, protagoniste, rôle

personnaliser → **caractériser**

personnalité n.f. 1 phil. a ego, eccéité, être, individualité, moi, nature, soi b caractère, constitution, originalité, personnage, personne, tempérament 2 au pr. a figure, grand, monsieur, notabilité, notable, personnage, puissant, quelqu'un, sommité, vedette b fam. : baron, bonze, gros bonnet, grosse légume, huile, important, légume, lumière, magnat (péj.), mandarin, manitou, pontife, satrape, V.I.P. 3 par ext. : égocentrisme, égoïsme, entêtement, narcissisme, volonté

personne n.f. 1 a → **nul** b corps, créature, être, homme, individu, mortel, particulier, quidam 2 au pl. → **gens**

personnel n.m. aide, domesticité, domestique, journalier, main-d'œuvre, maison, monde, ouvrier, service, suite, train, valetaille (péj.) → **servante, serviteur**

personnel, le 1 → **individuel** 2 → **original** 3 → **égoïste**

personnellement en personne,

personnification n.f. 1 → **allégorie** 2 → **ressemblance**

personnifier → **symboliser**

perspective n.f. 1 au pr. → **vue** 2 fig. → **probabilité**

perspicace clair, clairvoyant, débrouillard, éveillé, fin, intelligent, lucide, pénétrant, perçant, sagace, subtil

perspicacité n.f. acuité, clairvoyance, discernement, finesse, flair, habileté, intelligence, jugement, lucidité, pénétration, sagacité, subtilité

persuader amadouer, catéchiser, conduire à, convaincre, décider, déterminer, dire à, entraîner, exciter, exhorter, faire croire/entendre à, gagner, inculquer, insinuer, inspirer, prêcher, savoir prendre, séduire, toucher, vaincre

persuasif, ive convaincant, éloquent, habile, insinuant, percutant, séduisant → **irrésistible**

persuasion n.f. 1 → **croyance** 2 → **inspiration** 3 → **habileté** 4 → **douceur**

perte n.f. 1 on perd quelqu'un : deuil, éloignement, mort, privation, séparation 2 on perd quelque chose. a déchéance, déficit, dégât, dommage, préjudice, privation, sinistre b au jeu ◆ fam. : culotte, frottée, lessivage, lessive, pâtée, raclée c d'une qualité : altération, déchéance, discrédit d de connaissance : évanouissement, syncope 3 le fait de perdre. a coulage, déchet, déperdition, discale, freinte, fuite, gâchage, gâchis, gaspillage b défaite, insuccès c passif 4 par ext. : anéantissement, bris (vx), damnation, décadence, dégénérescence, dégradation, dépérissement, extinction, naufrage, perdition, ruine 5 au pl. : écoulement, lochies, pollution (nocturne), suintement, suppuration → **menstruation**

pertinence n.f. 1 → **à-propos** 2 → **convenance**

pertinent, e approprié, à propos, bienséant, congru, convaincant, convenable, correct, dans l'ordre, judicieux, juste, séant

pertuis n.m. 1 → **ouverture** 2 → **détroit**

pertuisane n.f. hallebarde, lance
perturbateur, trice agitateur, contestataire, émeutier, révolutionnaire, séditieux, trublion
perturbation n.f. 1 → **dérangement** 2 → **trouble**
perturber → **troubler**
pervers, e 1 → **méchant** 2 → **vicieux**
perversion n.f. 1 abjection, altération, anomalie, avilissement, corruption, débauche, dégradation, dépravation, dérangement, dérèglement, détraquement, égarement, folie, méchanceté, perversité, pervertissement, stupre, vice 2 bestialité, exhibitionnisme, fétichisme, masochisme, nécrophilie, pédophilie, sadisme, satanisme, taphophilie, zoophilie 3 arg. : horreurs, passions, trucs
perversité n.f. malice, malignité, perfidie → **perversion**
pervertir altérer, changer, corrompre, débaucher, dégénérer, dénaturer, dépraver, déranger, détériorer, détraquer, dévoyer, empoisonner, encanailler, fausser, gâter, séduire, troubler, vicier
pesamment → **lourdement**
pesant, e 1 au pr. : lourd, massif, mastoc, monolithique, pondéreux 2 fig. a phys. : alourdi, appesanti, indigeste, lourd b d'esprit → **stupide** 3 par ext. a encombrant, épais, gros, grossier, important, surchargé b désagréable, douloureux, ennuyeux, importun, onéreux (vx)
pesanteur n.f. 1 au pr. : attraction, gravitation, gravité, poids 2 par ext. a phys. : engourdissement, lourdeur, malaise b d'esprit : lenteur → **stupidité**
pèse-alcool n.m. aréomètre
pesée n.f. 1 au pr. a pesage b → **effort** 2 fig. : approfondissement, examen
peser 1 v. tr. a au pr. : soupeser, tarer, trébucher (vx) b par ext. : apprécier, approfondir, balancer, calculer, comparer, considérer, déterminer, estimer, étudier, évaluer, examiner, juger 2 v. intr. a peser ou faire peser contre/sur : accabler, alourdir, aggraver, appesantir, appuyer, assombrir, charger, grever, incomber, opprimer, pousser, retomber b on pèse sur les intentions de quelqu'un : exercer une influence, influencer, intimider c quelque chose pèse à quelqu'un : coûter, dégoûter, ennuyer, étouffer, fatiguer, importuner, peiner
pessaire n.m. → **préservatif**
pessimisme n.m. défaitisme → **inquiétude**
pessimiste nom et adj. alarmiste, atrabilaire, bilieux, cassandre, chouette (fam.), craintif, défaitiste, démoralisateur, désespéré, hypocondre, inquiet, maussade, mélancolique, neurasthénique, paniquard (fam.), sombre
peste n.f. 1 au pr. : choléra, pétéchie, trousse-galant (vx) 2 fig. → **méchant**
pester fulminer, fumer (fam.), grogner, invectiver, jurer, maudire, maugréer
pesticide n.m. débroussaillant, fongicide, herbicide, insecticide, raticide
pestiféré, e nom et adj. 1 pesteux 2 par ext. : brebis galeuse, galeux 3 fig. → **maudit**
pestilence n.f. → **infection**
pestilentiel, le par ext. : contagieux, corrupteur, dégoûtant, délétère, épidémique, fétide, infect, malsain, méphitique, pathogène, pernicieux, puant, putride, septique, vicié
pet n.m. → **vent**
pétale n.m. labelle → **feuille**
pétarade n.f. 1 au pr. → **vent** 2 par ext. : bruit, canonnade, déflagration, détonation, explosion
pétard n.m. 1 fig. : bruit, scandale, sensation 2 arg. a → **pistolet** b → **fessier**
péter 1 au pr. : faire un vent, se soulager, venter 2 par ext. a casser, crever, se détraquer, éclater, exploser, pétiller, se rompre, sauter b échouer, faire long feu, louper, rater
péteux, euse 1 → **peureux** 2 → **présomptueux**
pétillant, e fig. : agile, brillant, chatoyant, enflammé, éveillé, intelligent, léger, leste
pétillement n.m. → **bruit**
pétiller 1 au pr. : craqueter, crépiter, péter 2 fig. : briller, chatoyer, étinceler, flamboyer, jaillir, scintiller
petit, e 1 adj. a au pr. : bref, bréviligne, chétif, court, courtaud, délicat, écrasé, exigu, menu, microscopique, minuscule, ténu b par ext. : dérisoire, étriqué, étroit, faible, humble, imperceptible, infime, infinitésimal, léger, maigre, malheureux, méchant, médiocre, mineur, minime, modique, moindre, rikiki (fam.), sommaire, succinct → **modeste** c non fav. : bas, borné, étroit, mesquin, piètre, vil d fav. : coquet, douillet, gentil, joli 2 nom. a fav. ou neutre → **enfant** b non fav. : avorton, aztèque, bout d'homme, charançon (arg. scol.), criquet, demi-portion, extrait, gnome, gringalet, microbe, miniature, minus, myrmidon, nabot, nain, puce, pygmée c vén. : faon d au pl. : couvée, portée, progéniture, ventrée 3 a **petit à petit** → **peu à peu** b **petite main** → **midinette** c **petit nom :** diminutif, nom de baptême, prénom d **petits soins** → **égard(s)**
petitement bassement, chichement, mesquinement, odieusement, parcimonieusement, vilement
petitesse n.f. 1 au pr. : étroitesse, exiguïté, modicité 2 par ext. : bassesse, défaut, faiblesse, ladrerie, lésinerie, médiocrité, mesquinerie, saleté, vilenie
petit-gris n.m. menu-vair, vair → **écureuil**
pétition n.f. demande, instance, placet, prière, réclamation, requête, sollicitation, supplique
pétitionnaire n.m. et f. → **mécontent**
petit-lait n.m. 1 babeurre, lactosérum 2 **boire du petit-lait** → **réjouir (se)**
petit-maître n.m. → **élégant**
pétoche n.f. → **peur**
pétri, e 1 broyé, façonné, foulé, malaxé, mélangé, modelé 2 **pétri d'orgueil :** bouffi, gonflé, puant, rempli
pétrifiant, e 1 durcissant, incrustant 2 → **effrayant**
pétrifier 1 au pr. : changer en pierre, durcir, fossiliser, lapidifier 2 fig. : bloquer, clouer, ébahir, effrayer, épouvanter, étonner, figer, fixer, geler, glacer, méduser, paralyser, river, saisir, stupéfier, terrifier, transir
pétrir 1 au pr. : brasser, fraiser, malaxer 2 par ext. : broyer, gâcher, mélanger 3 fig. : assouplir, éduquer, façonner, former, manier, manipuler, modeler
pétrole n.m. bitume liquide, huile, huile de pierre, hydrocarbure, kérosène, naphte, or noir
pétrolier n.m. navire citerne, supertanker, tanker
pétulance n.f. ardeur, brio, chaleur, exubérance, fougue, furia, impétuosité, promptitude, turbulence, vitalité, vivacité
pétulant, e 1 → **impétueux** 2 → **turbulent**
peu 1 brin, chouïa (arg.), doigt, filet, goutte, grain, guère, larme, lueur, mie, miette, nuage, pointe, soupçon, tantinet 2 a **de peu :** de justesse, de près b **peu à peu :** à mesure, au fur et à mesure, cahin-caha, doucement, graduellement, insensiblement, de jour en jour, lentement, par degrés, pas à pas, petit à petit, pierre à pierre, progressivement c **peu de chose :** bagatelle, misère, rien d **dans peu :** bientôt, dans un proche avenir, incessamment e **à peu près** → **environ**
peuplade n.f. ethnie, groupe, horde, race, tribu → **peuple**
peuple n.m. 1 fav. ou neutre : a foule, gent, masse, monde ouvrier, multitude, paysannat, population, prolétariat b citoyens, contribuables, électeurs, sujets 2 non fav. : canaille, commun, plèbe, populace, populaire, populo, racaille, roture, tourbe, troupeau, vulgaire, vulgum pecus 3 par ext. a → **nation** b relig. : élus, fidèles, troupeau, ouailles
peuplé, e fourni, fréquenté, habité, populaire, populeux, surpeuplé, vivant
peuplement n.m. 1 densité, natalité, population, pyramide des âges 2 biocénose, biote, faune, flore, habitat, occupation
peupler 1 → **remplir** 2 → **multiplier**
peupleraie n.f. tremblaie
peuplier n.m. arbre d'Hercule, grisard, liard, tremble, ypréau
peur n.f. 1 affolement, affres, alarme, alerte, angoisse, appréhension, aversion, couardise, crainte, effroi, épouvante, frayeur, frisson, frousse, hantise, inquiétude, lâcheté, panique, phobie, pusillanimité, répulsion, saisissement, trac, trouble → **terreur** 2 arg. ou fam. : chiasse, chocottes, cliche, copeaux, foies, foirade, foire, grelots, grelotte, jetons, moules, pétasse, pétoche, tremblote, trouille, venette, vesse 3 a **avoir peur** → **craindre** b → **trembler** c **faire peur :** apeurer, effaroucher, effrayer, épeurer, épouvanter, intimider, menacer
peureux, euse adj. et n. 1 alarmiste, capon, couard, craintif, dégonflé, froussard, mazette, ombrageux (équit.), paniquard, pleutre, poltron, poule mouillée, pusillanime, timoré, trembleur → **lâche** 2 arg. ou fam. : cerf, chevreuil, couille-molle, foireux, lièvre, péteux, pétochard, trouillard
peut-être 1 apparemment, à tout hasard, d'aventure, éventuellement, fortuitement, possible, probablement, virtuellement, vraisemblablement 2 → **incidemment**
phaéton n.m. 1 paille-en-queue → **palmipède** 2 → **cocher**
phalange n.f. 1 → **parti** 2 → **troupe**
phalanstère n.m. → **groupe**
phalanstérien, ne fouriériste
phallus n.m. → **sexe**
phare n.m. balise, fanal, feu, lanterne, sémaphore
pharisaïque → **hypocrite**
pharisaïsme n.m. → **hypocrisie**
pharisien, ne nom et adj. faux dévot, faux jeton (fam.) → **hypocrite**
pharmacie n.f. drugstore, officine
pharmacien, ne 1 apothicaire, (médecin) pro-pharmacien 2 fam. : coupe-chiasse, potard
phase n.f. apparence, aspect, avatar, changement, degré, échelon, étape, forme, palier, partie, période, stade, succession, transition
phébus n.m. 1 → **soleil** 2 → **enthousiasme** 3 → **galimatias**
phénix n.m. aigle, as, fleur, génie, idéal, modèle, nec plus ultra, parangon, perfection, perle, prodige, reine, roi, trésor
phénoménal, e → **extraordinaire**
phénomène n.m. 1 une chose. a au pr. : apparence, épiphénomène, fait, manifestation b merveille, miracle, prodige 2 quelqu'un. a fav. → **phénix** b non fav. : excentrique, original c méd. : monstre 3 **phénomène sismique :** catastrophe, séisme, tremblement de terre
philanthrope nom et adj. bienfaisant, bienfaiteur de l'humanité, bon, charitable, donnant, généreux, humanitaire, humanitariste, large, libéral, ouvert → **sociable**
philanthropie n.f. amour, bienfaisance, charité, générosité, humanité, largesse, libéralité, ouverture → **sociabilité**
philharmonie n.f. → **orchestre**
philharmonique symphonique
philippique n.f. → **satire**
philistin, e nom et adj. 1 → **profane** 2 → **bête**
philologie n.f. critique, érudition, grammaire comparée, linguistique
philosophe 1 nom. a → **sage** b → **penseur** 2 adj. a au pr. : philosophique b par ext. : calme, ferme, impavide, indulgent, optimiste, réfléchi, résigné, retiré, sage, satisfait, sérieux, stoïque, tranquille
philosopher discuter, étudier, méditer, raisonner, spéculer
philosophie n.f. 1 au pr. : dialectique, épistémologie, esthétique, éthique, logique, métaphysique, méthodologie, morale, ontologie, téléologie, théologie 2 les théories. a doctrine, école, idée, pensée, principe, système, théorie b Académie, agnosticisme, amoralisme, animisme, anthropocentrisme, aristotélisme, associationnisme, atomisme, behaviorisme, bouddhisme, brahmanisme, cartésianisme, christianisme, conceptualisme, confucianisme, conventionnalisme, criticisme, cynisme, déterminisme, dogmatisme, dualisme, dynamisme, éclectisme, empirisme, épicurisme, essentialisme, eudémonisme, évolutionnisme, existentialisme, fatalisme, fidéisme, finalisme, fixisme, formalisme, globalisme, gnosticisme, hédonisme, hégélianisme, historisme ou historicisme, humanisme, humanitarisme, hylozoïsme, idéalisme, idéologie, immanentisme, immatérialisme, immoralisme, indéterminisme, individualisme, innéisme, instrumentalisme, intellectualisme, intuitionnisme, kantisme, machinisme, marxisme, matérialisme, mécanisme, monadisme, monisme, mysticisme, naturalisme, néocriticisme, néo-platonisme, néothomisme, nihilisme, nominalisme, optimisme, organicisme, palingénésie, pancalisme, pancosmisme, panlogisme, panpsychisme, panthéisme, perceptionnisme, personnalisme, perspectivisme, pessimisme, phénoménisme, phénoménologie, platonisme,

pluralisme, positivisme, pragmatisme, probabilisme, providentialisme, pyrrhonisme, pythagorisme, rationalisme, réalisme, relativisme, scepticisme, scolastique, scotisme, sensualisme, socratique, solipsisme, sophistique, spiritualisme, spinozisme, stoïcisme, structuralisme, subjectivisme, substantialisme, symbolisme, syncrétisme, taoïsme, téléologie, théisme, thomisme, transcendantalisme, transformisme, utilitarisme, vitalisme, volontarisme, voltairianisme, yogi, zen, zététique ◆ péj. : philosophisme, sophisme 3 par ext. : calme, égalité d'humeur, équanimité, force d'âme, indulgence, modération, raison, résignation, sagesse, tolérance

philosophique → **philosophe**

philtre n.m. aphrodisiaque, boisson magique, breuvage, charme, décoction, infusion, magie, sorcellerie

phlegmon n.m. → **abcès**

phobie n.f. → **peur**

phocéen, ne marseillais, massaliote

pholade n.f. → **lamellibranche**

phonique acoustique, audible, sonore, vocal

phono et **phonographe** n.m. par ext. : chaîne acoustique / hi-fi / stéréo, électrophone, machine parlante, pick-up, tourne-disque

phoque n.m. chien / éléphant / lion / loup de mer, moine, otarie, veau marin

phosphorescence n.f. fluorescence, incandescence, irradiation, luminescence, photoluminescence, radiation

phosphorescent, e brasillant, brillant, étincelant, fluorescent, luisant, luminescent, lumineux, noctiluque (zool.), phosphorique, photogène

photocopie n.f. duplication, reprographie

photocopier → **reproduire**

photographie n.f. cliché, daguerréotype, diapositive, épreuve, image, instantané, photocopie, photogramme, Photomaton, portrait, pose, souriante (arg.), tirage

phrase n.f. 1 au pr. : discours, énoncé, formule, lexie, locution, période, proposition, sentence, syntagme, tirade 2 par ext. : bavardage, circonlocution, circonvolution, cliché, enflure, phraséologie

phraséologie n.f. 1 au pr. : style, terminologie, vocabulaire 2 par ext. (péj.) : bavardage, belles / bonnes paroles, boniment, chimère, creux, emphase, enflure, logorrhée, pathos, pompe, utopie, vide

phraseur, euse babillard, baratineur, bavard, bonimenteur, déclamateur, pie, rhéteur

phtisie n.f. étisie, tuberculose ◆ vx : consomption, mal de poitrine

phtisique nom et adj. consomptif, poitrinaire, tuberculeux

physionomie n.f. air, apparence, aspect, attitude, caractère, contenance, expression, face, faciès, figure, manière, masque, mimique, mine, physique, traits, visage → **tête**

physique 1 adj. : charnel, corporel, matériel, naturel, organique, physiologique, réel, sexuel (par ext.), somatique 2 n.m. a → **physionomie** b → **mine** 3 n.f. : acoustique, aérodynamique, aérologie, astrophysique, biophysique, calorimétrie, cinématique, cryoscopie, dioptrique, dynamique, électricité, électrodynamique, électromagnétisme, électronique, hydraulique, hydrodynamique, hydrostatique, magnétisme, mécanique, mécanique ondulatoire, optique, optométrie, statique, thermodynamique

piaffer → **piétiner**

piaillard, e → **braillard**

piaillement et **piaulement** n.m. → **cri**

piailler → **crier**

piano n.m. à queue, crapaud, demi-queue, droit, quart de queue

pianoter 1 → **jouer** 2 → **frapper**

piaule n.f. → **chambre**

piauler → **crier**

pic n.m. 1 → **mont** 2 → **sommet** 3 avocat du meunier, charpentier, oiseau de la pluie, picot, pivert 4 → **pioche** 5 **à pic** a → **escarpé** b → **propos (bien à)**

picaillon(s) n.f., n.m. → **argent**

pichenette n.f. → **chiquenaude**

pichet n.m. → **pot**

pickpocket n.m. → **voleur**

pick-up n.m. 1 → **phonographe** 2 nucl. off. : rapt

picorer 1 au pr. a → **manger** b → **voler** 2 fig. → **imiter**

picotement n.m. chatouillement, démangeaison, formication, fourmillement, fourmis, hyperesthésie, impatiences, paresthésie, pinçure, piqûre, prurigo, prurit, urtication

picoter 1 au pr. → **piquer** 2 fig. → **taquiner**

pie n.f. 1 agace 2 fig. : avocat, avocat sans cause, babillard, bavard, jacasseur, phraseur

pie adj. → **pieux**

pièce n.f. 1 d'un appartement : alcôve, antichambre, billard, boudoir, cabinet, chambre, cuisine, débarras, dépense, entrée, êtres, fumoir, galerie, galetas, hall, jardin d'hiver, lingerie, living-room, loge, mansarde, office, réduit, resserre, salle, salle à manger, salle de bains, salle de séjour, salon, souillarde, toilettes, vestibule, water-closet, W.-C. ◆ fam. : carrée, piaule, taule, turne 2 de tissu : coupe, coupon 3 de monnaie : écu, jaunet, liard, livre, louis, napoléon, pistole, thune (arg.) 4 de vin → **tonneau** 5 d'eau : bassin, canal, étang, lac, miroir, vivier 6 d'artillerie : bombarde, bouche à feu, canon, caronade, couleuvrine, crapouillot, émerillon, faucon, mortier, obusier, pierrier 7 spectacle : atellanes, ballet, comédie, dit, drame, farce, féerie, fête, film, impromptu, intermède, mystère, opéra, opéra-bouffe, opérette, pantomime, pastorale, saynète, show, sotie, tragédie, tragi-comédie ◆ Japon : kabuki, nô 8 de musique : cantate, caprice, composition, concerto, exercice, fugue, lied, morceau, ouverture, sérénade, sonate, suite, symphonie 9 de vers → **poème** 10 du blason : bande, barre, bordure, campagne, chausse, chef, chevron, cœur, croix, émanche, embrasse, équerre, fasce, flanc, giron, gousset, losange, orle, pairle, pal, pile, sautoir, vergettes, vêtement 11 par ext. a → **partie** b → **morceau** c → **gratification** d document, note, preuve, titre

pied 1 de l'animal a → **patte** b → **ongle** 2 de l'homme arg. ou fam. : arpion, badigeon, fumeron, griffe, haricot, latte, nougat, panard, patte, paturon, peton, pince, pinceau, pingouin, reposoir, ripaton 3 par ext. a assise, bas, chevet, fondement → **base** b anapeste, dactyle, iambe, mètre, spondée, syllabe, trochée c byssus → **pédicule**

pied-à-terre n.m. appartement, garçonnière, halte, logement, relais, résidence secondaire

pied-bot n.m. et adj. invar. équinisme, varus

pied-d'alouette n.m. consoude, dauphinelle, delphinium, herbe aux poux, staphisaigre

pied-de-biche n.m. 1 → **poignée** 2 → **levier**

piédestal n.m. base, piédouche, plinthe, socle, support

pied-plat n.m. 1 → **lâche** 2 → **vaurien**

piège n.m. 1 au pr. : amorce, appât, appeau, arbalète, attrape, bordigue, chatière, chausse-trape, collet, gluau, glu, gord, hameçon, hausse-pied, lacet, lacs, miroir à alouettes, mésangette, moquette, nasse, panneau, pas-de-loup, piège à loup, pipeaux, quatre-de-chiffre, raquette, ratière, souricière, taupière, tendelle, trappe, traquenard, traquet, trébuchet, turlutte → **filet** 2 fig. : artifice, attrape-nigaud, chausse-trape, coupe-gorge, croc-en-jambe, croche-pied, écueil, embûche, embuscade, feinte, fourberie, guêpier, guet-apens, leurre, machine, panneau, peau de banane, ruse, souricière, surprise, traquenard → **tromperie** ◆ vx : piperie, traverse

piéger 1 → **chasser** 2 → **prendre**

pierre n.f. 1 au pr. : boulder, caillasse, cailloux, dalle, galet, gemme, gravier, minéral, moellon, mollasse, palet, parpaing, pavé, pierraille, roc, roche, rocher 2 a arch. : arase, boutisse, claveau, clef (de voûte), contreclef, vousseau, voussoir b à bâtir : ardoise, coquillart, granit, grès, lambourde, liais, marbre, meulière, porphyre, travertin, tuf c précieuse : agate, aigue-marine, améthyste, béryl, brillant, calcédoine, chrysolithe, chrysoprase, corindon, cornaline, crapaudine, diamant, émeraude, escarboucle, girasol, grenat, hépatite hyacinthe, jacinthe, jade, jais, jargon, jaspe, lapis-lazuli, lazulite, malachite, onyx, œil de chat / de tigre, outremer, péridot, quartz, rubis, rubis balais, sanguine, saphir, spinelle, topaze, tourmaline, turquoise, zircon d reconstituée : aventurine, doublet, strass e industr. : bauxite, gypse, minerai, pechblende, périgueux, silex f gravée : intaille g aérolithe, bolide, météorite h coprolithe, fossile i méd. ou vétér. : ægagropile, bézoard, calcul, concrétion, gravier

pierreux, euse caillouteux, graveleux, rocailleux, rocheux

pierrot n.m. 1 au pr. : masque, pantin 2 par ext. a moineau, oiseau b drôle, homme, individu, niais, zig, zigoto → **type**

pietà n.f. mater dolorosa, Vierge aux douleurs / aux sept douleurs / douloureuse

piétaille n.f. 1 biffe (arg.), fantassin, infanterie 2 foule, multitude, peuple, piétons

piété n.f. 1 → **religion** 2 → **respect**

piéter 1 vx → **marcher** 2 vén. → **courir**

piétiner 1 v. intr. : s'agiter, frapper / taper du pied, patauger, piaffer, trépigner 2 v. tr. : fouler, marcher sur

piéton, ne biffin (arg.), fantassin, piétaille

piètre chétif, dérisoire, faible, insignifiant, médiocre, mesquin, minable, misérable, miteux, pauvre, petit, ridicule, sans valeur, singulier, triste

pieu n.m. 1 au pr. : bâton, échalas, épieu, pal, palanque, palis, pilot, pilotis, piquet, poteau, rame 2 mar. : duc-d'albe 3 arg. → **lit**

pieuvre n.f. poulpe → **polype**

pieux, euse 1 fav. : croyant, dévot, édifiant, fervent, mystique, pie, religieux, respectueux, zélé 2 non fav. : bigot, cafard, cagot, hypocrite, tartufe 3 **vœu pieux :** hypocrite, inutile, utopique, vain

pif n.m. fam. → **nez**

pigeon n.m. 1 au pr. → **colombin** 2 fig. → **naïf**

pigeonner → **tromper**

pigeonnier n.m. 1 au pr. : colombier, fuie, volet (vx ou rég.), volière 2 par ext. a grenier, mansarde b théâtre : paradis, poulailler

pigment n.m. couleur, grain, pigmentation, tache

pigmentation n.f. → **couleur**

pignocher 1 faire le / la difficile, grappiller, manger sans appétit, mordiller, picorer 2 bricoler, lécher 3 → **peindre**

pignon n.m. → **comble**

pignouf n.m. 1 → **avare** 2 grossier, malappris, mal élevé, rustre → **impoli** 3 péj. → **paysan**

pilastre n.m. antre, colonne, dosseret, montant, pile, pilier, soutènement, soutien, support

pilchard n.m. sardine

pile n.f. 1 au pr. → **amas** 2 fig. a → **insuccès** b → **volée** c → **revers**

piler broyer, concasser, corroyer, écraser, pulvériser, triturer **piler du poivre** → **piétiner**

pilier n.m. 1 au pr. → **colonne** 2 fig. : défenseur, soutien

pillage n.m. brigandage, concussion, curée, déprédation, détournement, exaction, malversation, maraudage, maraude, plagiat, prédation, rapine, razzia, sac, saccage, saccagement, volerie

pillard, e brigand, corsaire, détrousseur, écumeur, maraudeur, pilleur, pirate, plagiaire, ravageur, ravisseur, routier (vx), saccageur, sangsue, usurpateur, voleur

piller 1 au pr. : assaillir, dépouiller, dérober, détrousser, dévaliser, écrémer, écumer, marauder, pirater, prendre, ravager, ravir, razzier, saccager, usurper → **voler** ◆ vx : butiner 2 fig. → **imiter**

pilon n.m. 1 broyeur, molette (vx) 2 dame, demoiselle, hie 3 jambe de bois

pilonner bombarder, cogner, écraser, frapper, marteler

pilori n.m. 1 au pr. : a carcan, poteau b antiq. : croix 2 par ext. : mépris, vindicte 3 **clouer / mettre au pilori :** flétrir, signaler à l'indignation / au mépris / à la vindicte

pilosité n.f. barbe, chevelure, cheveux, poils, pubescence, villosité → **moustache**

pilotage n.m. conduite, direction, guidage, lamanage, navigation, téléguidage

pilote 1 au pr. : barreur, capitaine au long cours, homme de barre, lamaneur, nautonier, nocher, skipper, timonier 2 par ext. : conducteur, directeur, guide, mentor, responsable

piloter 1 → **conduire** 2 → **diriger**

pilotis n.m. → **pieu**

pilule n.f. 1 au pr. : bol, boule, boulette, dragée, globule, grain, granule, granulé, ovule 2 cachet, comprimé, gélule, implant, linguette, pellet 3 désagrément, échec, mortification

pimbêche n.f. bêcheuse, caillette, chichiteuse, coquette, chipie, mijaurée, pécore, perruche

piment n.m. 1 au pr. : aromate, assaisonnement, chile, paprika, poivron 2 par ext. a intérêt, saveur, sel b charme, chien, sex-appeal

pimenté, e → **obscène**

pimenter 1 au pr. : assaisonner, épicer, relever 2 fig. : agrémenter, ajouter, charger

pimpant, e 1 → **alerte** 2 → **juvénile** 3 → **élégant**

pinacle n.m. 1 apogée, comble, faîte, haut, sommet 2 **porter au pinacle** → **louer**

pinacothèque n.f. collection, galerie, musée

pinaillage n.m. → **argutie**

pinailler chercher la petite bête, ergoter, pignocher, ratiociner

pinard n.m. → **vin**

pince n.f. 1 a barre à mine, levier, pied-de-biche, rossignol b → **tenailles** c chir. : clamp, davier, forceps d brucelles e arg. : dingue, plume 2 fronce, pli 3 → **patte**

pincé, e par ext. 1 → **étudié** 2 → **mince**

pinceau n.m. 1 au pr. : blaireau, brosse, pied-de-biche, queue-de-morue, veinette 2 par ext. a → **touffe** b → **style**

pincée n.f. → **quantité**

pince-fesses n.m. → **bal**

pince-nez n.m. besicles, binocle, lorgnon

pincer 1 au pr. → **presser** 2 par ext. → **piquer** 3 fig. → **prendre**

pince-sans-rire n. invar. → **plaisant**

pincette n.f. 1 au sing. : pince, tenaille 2 au pl. → **pique-feu**

pinçon n.m. marque, pinçure (vx)

pindarique ampoulé, emphatique

pinède n.f. bois/forêt/plantation de pins, pignade, pineraie, pinière

pingouin n.m. gorfou, guillemot, macareux, manchot, mergule, sphénisque

ping-pong n.m. tennis de table

pingre nom et adj. → **avare**

pingrerie n.f. → **avarice**

pinte n.f. chope, chopine, demi, fillette, setier

pinter v. tr. et intr. boire, s'imbiber, ingurgiter, picoler, pomper, téter → **boire, enivrer (s')**

pin-up n.f. → **cover-girl**

piochage n.m. → **travail**

pioche n.f. bigorne, houe, pic, piémontaise, piolet, rivelaine

piocher 1 au pr. : creuser, fouiller, fouir 2 fig. a besogner, bûcher, chiader (fam.), étudier, peiner, travailler b → **prendre**

pion, ne → **surveillant**

pioncer → **dormir**

pionnier n.m. bâtisseur, colon, créateur, découvreur, défricheur, inventeur, promoteur, protagoniste, squatter

pipe n.f. bouffarde, brûle-gueule, calumet, chibouque, cigarette (par ext. arg.), houka, narguilé

pipeau n.m. 1 → **flûte** 2 → **piège**

pipelet, te → **portier**

pipe-line n.m. canal, canalisation, conduite, oléoduc, tube, tuyau

piper 1 v. intr. a au pr. : crier, frouer, glousser, pépier, piauler b **ne pas piper** → **taire (se)** 2 v. tr. : attraper, leurrer, prendre, séduire, tromper, truquer

piperie n.f. duperie, fourberie, leurre, perfidie, tromperie, truquage → **piège**

pipette n.f. compte-gouttes, tâte-vin

pipi n.m. → **urine**

pipi ou **pipit** ou **pitpit** n.m. farlouse → **passereau**

piquant n.m. 1 au pr. : aiguille, aiguillon, ardillon, épine, pointe → **pique** 2 par ext. a de quelqu'un : agrément, beauté, charme, enjouement, finesse, sex-appeal b de quelque chose : assaisonnement, condiment, intérêt, mordant, pittoresque, sel → **saveur**

piquant, e 1 au pr. : acéré, perforant, pointu 2 fig. a un froid → **vif** b un propos : acerbe, acide, aigre, amer, caustique, malicieux, moqueur, mordant, satirique, vexant c une douleur : aigu, cuisant, douloureux, lancinant, poignant, térébrant, urticant d fav. : agréable, amusant, beau, bon, charmant, curieux, enjoué, excitant, fin, inattendu, intéressant, joli, mutin, plaisant, pittoresque, spirituel, vif

pique n.f. 1 au pr. : angon, dard, foëne, hallebarde, lance, pertuisane 2 par ext. : aigreur, allusion, blessure, brouille, brouillerie, dépit, épine, invective, méchanceté, mésintelligence, mot, parole, piquant

piqué, e 1 entamé, mangé aux vers, percé, picoté, piqueté, rongé, troué, vermoulu 2 vexé 3 acide, aigre, corrompu, gâté, tourné 4 cinglé, dérangé, fou, timbré, toqué

pique-assiette n. invar. cherche-midi (vx), écornifleur, écumeur de tables, parasite, pilon

pique-feu n.m. invar. badines, crochet, fourgon, pincettes, râble, ringard, rouable, tisonnier

pique-nique n.m. déjeuner/repas en plein air/sur l'herbe, partie de campagne, surprise-partie

pique-niquer fam. : saucissonner

piquer 1 au pr. : aiguillonner, darder, enfoncer, éperonner, larder, percer 2 par ext. a attaquer, mordre, poindre, ronger, trouer b méd. : immuniser, vacciner c moucheter, parsemer, piqueter, tacheter d attacher, capitonner, coudre, épingler, faufiler, fixer e brûler, cuire, démanger, gratter, picoter, pincer, poindre (vx), saisir 3 fig. a non fav. : agacer, aigrir, atteindre, blesser, critiquer, égratigner, ennuyer, fâcher, froisser, irriter, offenser, taquiner, vexer b fav. : chatouiller, éveiller, exciter, impressionner, intéresser, intriguer 4 fam. a → **voler** b piquer un coupable : coincer, cueillir, pincer, prendre, saisir → **arrêter** 5 **piquer des deux :** aller, s'élancer, foncer 6 v. pron. a → **pourrir** b se fâcher, se formaliser, se froisser, s'offenser, s'offusquer, prendre la mouche, se vexer c s'opiniâtrer, prendre à cœur/au sérieux d affecter, se glorifier de, prétendre, se vanter

piquet n.m. 1 → **pieu** 2 garde

piqueter 1 borner, jalonner, marquer, tracer 2 → **piquer**

piquette n.f. 1 au pr. : boisson, boite, criquet, halbi, poiré 2 non fav. : bibine, gnognote, petite bière, vinasse 3 fig. fam. : déculottée, dérouillée, frottée, leçon, pile, rossée, rouste, volée

piqûre n.f. 1 → **picotement** 2 méd. : infiltration, injection, inoculation

pirate n.m. 1 au pr. : boucanier, corsaire, écumeur, flibustier, forban 2 fig. : bandit, escroc, filou, requin → **voleur**

pirater 1 au pr. → **piller** 2 → **imiter**

piraterie n.f. 1 détournement d'avion, flibuste 2 → **vol**

pire n.m. et adj. pis, plus mal/mauvais

pirogue n.f. canoë, canot, embarcation, pinasse, yole → **bateau**

pirouette n.f. 1 au pr. : moulinet, toton, toupie 2 par ext. : acrobatie, cabriole, galipette, saut, saut périlleux 3 fig. : faux-semblant, retournement, revirement, tour de passe-passe, volte-face → **changement**

pirouetter → **tourner**

pis adv. → **pire**

pis n.m. mamelle, tétine

pisciculture n.f. alevinage, aquiculture, mytiliculture, ostréiculture

piscine n.f. baignoire, bain, bassin, pièce d'eau, réservoir, thermes

pisse n.f. eau, urine, pipi, pissat

pissenlit n.m. dent-de-lion, fausse chicorée

pisser 1 v. intr. a au pr. : → **uriner** b par ext. : couler, fuir, suinter 2 v. tr. a au pr. : évacuer, faire, perdre b fig. : compiler, produire, rédiger

pissotière n.f. → **urinoir**

piste n.f. 1 → **trace** 2 → **sentier** 3 → **chemin** 4 aviat. : chemin de roulement, taxiway

pister dépister, épier, filer, guetter, prendre en chasse/filature, rechercher, suivre, surveiller

pistolet n.m. 1 arme, bidet (vx), browning, colt, parabellum, revolver 2 arg. : arquebuse, artillerie, bouledogue, calibre, clarinette, feu, flingue, pétard, pétoire, poinçonneuse, rigolo, seringue, soufflant, sulfateuse 3 → **type**

piston n.m. fig. : appui, coup de pouce, intervention, parrainage, patronage, protection, recommandation, soutien

pistonner appuyer, intervenir, parrainer, patronner, pousser, protéger, recommander, soutenir

pitance n.f. casse-croûte, nourriture, pâtée, rata, ration, subsistance

piteux, euse → **pitoyable**

pitié n.f. 1 fav. ou neutre : apitoiement, attendrissement, bonté, charité, cœur, commisération, compassion, compréhension, humanité, indulgence, mansuétude, miséricorde, sensibilité, sympathie 2 par ext. : grâce, merci 3 non fav. : dédain, mépris

piton n.m. 1 au pr. : aiguille, éminence, pic, sommet 2 fam. → **nez**

pitoyable 1 fav. : compatissant, généreux, humain, indulgent, miséricordieux → **bon** 2 non fav. : catastrophique, décourageant, déplorable, douloureux, funeste, lamentable, mal, malheureux, mauvais, médiocre, méprisable, minable, misérable, moche, navrant, pauvre, pénible, piteux, triste 3 par ext. : attendrissant, émouvant, larmoyant

pitre n.m. acrobate, baladin, bateleur, bouffon, clown, comédien, comique, escamoteur, jocrisse, paillasse, pasquin, plaisant, rigolo, saltimbanque, singe, zig, zigoto, zouave

pitrerie n.f. acrobatie, bouffonnerie, clownerie, comédie, facétie, grimace, joyeuseté, pasquinade, plaisanterie, singerie, sottise, tour

pittoresque 1 adj. par ext. : accidenté, beau, captivant, charmant, coloré, enchanteur, folklorique, intéressant, original, piquant, touristique, typique 2 n.m. : caractère, coloris, couleur locale, folklore, originalité

pituitaire → **cacochyme**

pivert n.m. → **pic**

pivot n.m. 1 au pr. : axe, tourillon 2 par ext. : appui, base, centre, origine, racine, soutien, support 3 fig. : cheville ouvrière, instigateur, organisateur, responsable

pivoter → **tourner**

placage n.m. 1 l'action de plaquer : application, garnissage, revêtement 2 le matériau : garniture, revêtement 3 fig. → **abandon**

placard n.m. 1 armoire, bouche-trou, buffet, penderie 2 affiche, avis, dazibao, écriteau, feuille, libelle, pancarte

placarder → **afficher**

place n.f. 1 agora, esplanade, forum, parvis, placette, rond-point, square 2 milit. : citadelle, forteresse 3 emplacement, endroit, espace, lieu, terrain 4 charge, condition, dignité, emploi, fonction, métier, position, poste, rang, situation 5 agencement, arrangement, installation 6 étiquette, protocole 7 fauteuil, siège

placement n.m. 1 investissement, mise de fonds 2 internement

placenta n.m. arrière-faix, cotylédon, délivrance, délivre

placer 1 au pr. : abouter, adosser, agencer, ajuster, appliquer, arranger, asseoir, bouter, camper, caser, charger, classer, cloquer (arg.), colloquer (vx), coucher, déposer, disposer, dresser, échelonner, élever, ériger, établir, exposer, ficher, fixer, flanquer, fourrer, installer, interposer, localiser, loger, mettre, nicher, ordonner, planter, poser, punaiser, ranger, remiser, serrer, situer, zoner 2 par ext. a quelqu'un dans un emploi, à un rang : attacher à, caser, constituer, instituer, mettre → **préposer** b quelque chose à une fonction : assigner, fonder c de l'argent : investir, mettre, prêter, risquer d → **vendre**

placet n.m. → **requête**

placeur, euse → **placier**

placide calme, décontracté, doux, flegmatique, froid, imperturbable, indifférent, modéré, pacifique, paisible, quiet, serein, tranquille

placidité n.f. calme, douceur, flegme, froideur, indifférence, modération, quiétude, sang-froid, sérénité

placier, ère commis voyageur, courtier, démarcheur, démonstrateur, placeur, représentant, vendeur, voyageur

plafond n.m. 1 au pr. et vx : plancher 2 par ext. : caisson, lambris, soffite, solive, voûte

plafonnement n.m. → **réduction**

plafonner 1 v. tr. : garnir 2 v. intr. : atteindre la limite, culminer, marquer le pas → **réduire**

plage n.f. bord de mer, côte, grève ◆ vx : marine

plagiaire n.m. et f. compilateur, contre-facteur, copiste, écumeur, imitateur, larron, pillard, pilleur, usurpateur

plagiat n.m. calque, compilation, contrefaçon, copie, démarquage, emprunt, imitation, larcin, pastiche, pillage, usurpation

plagier → **imiter**

plaid n.m. couverture, poncho, tartan

plaider 1 v. intr. : défendre/introduire une cause/une instance/une procédure/un procès, intenter un procès 2 v. tr. : défendre, soutenir

plaideur, euse accusateur, chicaneur (péj.), colitigant, contestant, défenseur, demandeur, partie, plaignant

plaidoirie n.f. action, défense, plaid (vx), plaidoyer

plaidoyer n.m. apologie, défense, éloge, justification → **plaidoirie**

plaie n.f. 1 ulcération → **blessure** 2 → **calamité**

plaignant, e → **plaideur**

plain, e → **égal**

plaindre 1 au pr. : s'apitoyer, s'attendrir, compatir, prendre en pitié 2 par ext. → **regretter** 3 v. pron. a → **gémir** b → **inculper**

plaine n.f. bassin, campagne, champ, champagne, étendue, nappe, pampa, pénéplaine, rase campagne, steppe, surface, toundra, vallée

plainte n.f. 1 → **gémissement** 2 → **reproche** 3 **porter plainte** → **inculper**

plaintif, ive dolent, geignant, geignard, gémissant, lamentable (vx), larmoyant, pleurard, pleurnichant, pleurnichard, pleurnicheur

plaire 1 aller, agréer, attirer, botter, captiver, chanter, charmer, chatouiller, complaire, contenter, convenir, dire, enchanter, exciter, faire plaisir, fasciner, flatter, gagner, intéresser, parler, ravir, réjouir, revenir, satisfaire, séduire, seoir, sourire ◆ fam. : avoir un ticket/une touche, taper dans l'œil 2 v. pron. : aimer, s'amuser, s'appliquer, s'assortir, se complaire, se délecter, se divertir, se donner, être à l'aise, goûter, s'intéresser, se trouver bien

plaisamment bizarrement, comiquement, drôlement

plaisance n.f. agrément, amusement, divertissement, loisir, luxe, plaisir

plaisant, e 1 adj. : a agréable, aimable, amusant, attirant, attrayant, badin, beau, bon, captivant, charmant, comique, curieux, divertissant, drôle, engageant, excitant, facétieux, folâtre, enchanteur, gai, gentil, goguenard, gracieux, humoristique, intéressant, joli, joyeux, léger, piquant, récréatif, séduisant, spirituel, sympathique → **risible** b fam. : folichon, jouasse, jouissif, rigolo c vx : falot 2 nom : baladin, blagueur, bon vivant, bouffon, boute-en-train, clown, comique, facétieux, farceur, fumiste, gaillard, histrion, humoriste, impertinent, loustic, moqueur, pasquin, pince-sans-rire, pitre, plaisantin, polichinelle, railleur, ridicule, rigolard, rigolo, saltimbanque, zigoto

plaisanter 1 v. intr. : s'amuser, badiner, batifoler, blaguer, bouffonner, folâtrer, se gausser, mentir, rire ◆ fam. : charrier, rigoler, vanner 2 v. tr. : asticoter (fam.), blaguer, charrier, chiner, se moquer, railler, taquiner, tourner en ridicule, turlupiner

plaisanterie n.f. 1 astuce, attrape, badinage, badinerie, bagatelle, bateau, bêtise, blague, bon mot, bouffonnerie, bourde, boutade, calembour, calembredaine, canular, charge, clownerie, comédie, couillonnade (mérid.), espièglerie, facétie, farce, fumisterie, gaillardise, galéjade, gaminerie, gaudriole (fam.), gauloiserie, gausse, gentillesse, goguenardise, gouaillerie, hâblerie, histoire drôle, humour, jeu, joyeuseté, lazzi, malice, moquerie, mot d'esprit/pour rire, mystification, niche, pasquinade, pièce, pirouette, pitrerie, pointe, poisson d'avril, quolibet, raillerie, risée, saillie, satire, taquinerie, tour, trait, vanne (arg.) 2 vx : chiquenaude, drôlerie, lardon, truffe

plaisantin n.m. → **plaisant**

plaisir n.m. 1 au pr. a agrément, aise, amusement, béatitude, bien-être, blandices (litt.), bonheur, charme, complaisance, contentement, délectation, délices, distraction, divertissement, ébats, épicurisme, euphorie, félicité, gaieté, hédonisme, jeu, joie, jouissance, oaristys (litt.), passe-temps, récréation, régal, réjouissance, satisfaction → **volupté** b assouvissement, concupiscence, lascivité, libido, luxure, orgasme, sensualité c vx : plaisance d arg. : fade, panard, pied e par ext. → **bienfait** 2 a **faire le plaisir de :** amitié, faveur, grâce, service b **prendre plaisir à** → **aimer** c **faire plaisir à** → **satisfaire**

plan n.m. 1 hauteur, niveau, perspective 2 algorithme, canevas, carte, carton, coupe, crayon, croquis, dessin, diagramme, ébauche, élévation, épure, esquisse, iconographie, levé, maquette, modèle, organigramme, schéma (directeur), schème, topo 3 batterie, calcul, combinaison, dessein, disposition, entreprise, idée, martingale, organisation, planning, programme, stratégie, tactique → **projet** 4 cadre, carcasse, charpente, économie, ordre, squelette 5 d'un avion : aile, empennage, voilure

plan, e aplani, égal, nivelé, plat, uni

planche n.f. 1 au pr. : ais, bardeau, chanlatte, dosse, douelle, douve, douvelle, latte, madrier, palplanche, parquet, planchette, sapine, sole, volige ◆ mar. : traversine, vaigre 2 par ext. a → **image** b au pl. : balle, scène, spectacle, théâtre, tréteaux c corbeille, massif, parterre, plate-bande

plancher n.m. 1 au pr. : parquet, plafond (vx) 2 par ext. : échafaud, échafaudage, estrade, plate-forme

planchette n.f. 1 → **tablette** 2 à repasser : jeannette

planer 1 au pr. → **voler** 2 fig. : superviser, survoler, voir

planète n.f. astéroïde, astre, étoile, planétoïde, satellite

planeur n.m. → **aérodyne**

planification n.f. → **programme**

planifier calculer, diriger, établir, faire des calculs/projets, orchestrer, organiser, prévoir, projeter, tirer des plans

planisphère n.m. mappemonde, projection plane → **carte**

planning n.m. 1 off. : planification → **programme** 2 **planning familial :** contrôle/régulation des naissances

planque n.f. 1 → **cachette** 2 → **combine**

planquer → **cacher**

plant n.m. 1 → **tige** 2 → **plantation**

plantation n.f. 1 l'action : boisement, peuplement, plantage (vx), reboisement, repiquage 2 le lieu : amandaie, bananeraie, boulaie, caféière, cannaie, cerisaie, charmille, châtaigneraie, chênaie, cotonnerie, coudraie, figuerie, fraisière, frênaie, hêtraie, noiseraie, olivaie, oliveraie, olivette, orangerie, ormaie, oseraie, palmeraie, peupleraie, pignade, pinède, poivrière, pommeraie, potager, prunelaie, roseraie, sapinière, saulaie, tremblaie, verger, vigne, vignoble

plante n.f. 1 arbre, arbuste, céréale, graminée, herbe, légumineuse, liane, simple, végétal 2 du pied : dessous, semelle (sports), sole

planter 1 au pr. : boiser, cultiver, ensemencer, peupler, reboiser, repeupler, repiquer, semer 2 par ext. a enfoncer, faire entrer, ficher, fixer, implanter, introduire, mettre b arborer, camper, dresser, élever, poser 3 **planter là :** abandonner, laisser, plaquer, quitter 4 v. pron. : s'arrêter, se dresser, se poster

plantoir n.m. taravelle (rég.)

planton n.m. ordonnance, sentinelle, soldat

plantureux, euse abondant, copieux, corsé, dodu, fécond, fertile, gras, luxuriant, opulent, prospère, riche

plaquage n.m. → **abandon**

plaque n.f. 1 crapaudine, contrecœur, contrefeu 2 → **lame** 3 → **inscription**

plaquer 1 au pr. : aplatir, appliquer, coller, contre-plaquer 2 fam. : abandonner, balancer, lâcher, laisser choir/tomber, planter là, quitter

plaquette n.f. brochure, livraison, livret, revue

plasma n.m. sérum → **sang**

plastic n.m. → **explosif**

plasticité n.f. 1 de quelque chose : malléabilité, mollesse, souplesse 2 de quelqu'un → **obéissance**

plastique 1 nom masc : forme, modelage, modelé, sculpture, statuaire 2 adj. : flexible, malléable, mou, sculptural

plastronner → **poser**

plat n.m. 1 mets, morceau, pièce, spécialité, tian (mérid.) 2 compotier, légumier, ravier, vaisselle

plat, e 1 au pr. a égal, monotone, plain, ras, uni b aplati, camard, camus, dégonflé, écaché, mince 2 fig. a décoloré, fade, froid, médiocre, mesquin, pauvre, uniforme → **banal** b bas, servile, vil

plateau n.m. 1 par ext. : planches, scène, théâtre, tréteaux 2 géogr. : causse, fjeld, gour, hamada

plate-bande n.f. ados, corbeille, massif, parterre, planche

plate-forme n.f. 1 au pr. : balcon, belvédère, échafaud, estrade, étage, galerie, hune (mar.), palier, plancher, terrasse 2 milit. : aire, banquette 3 par ext. : plateau, wagon plat 4 fig. → **programme**

platitude n.f. 1 de quelqu'un : aplatissement, avilissement, bassesse, courbette, grossièreté, humilité, insipidité, obséquiosité, petitesse, sottise, vilenie 2 de quelque chose : fadaise, fadeur, lieu commun, médiocrité, prosaïsme, truisme → **banalité**

platonicien, ne essentialiste, idéaliste

platonique 1 au pr. → **platonicien** 2 par ext. : chaste, éthéré, formel, idéal, pur, théorique

platonisme n.m. essentialisme, idéalisme

plâtras n.m. débris, décharge, décombres, gravats

plâtrer 1 au pr. : couvrir, enduire, garnir, sceller 2 agr. : amender 3 fig. → **déguiser** 4 v. pron. → **farder (se)**

plausibilité n.f. acceptabilité, admissibilité, apparence, possibilité, probabilité, recevabilité, vraisemblance

plausible acceptable, admissible, apparent, concevable, crédible, croyable, pensable, possible, probable, recevable, vraisemblable

play-back n.m. off. audiov. : présonorisation

play-boy n.m. → **amant**

plèbe n.f. 1 au pr. : foule, peuple, population, prolétariat 2 non fav. : populace, populo, racaille

plébéien, ne 1 nom → **prolétaire** 2 adj. : ordinaire, populaire

plébiscite n.m. appel au peuple/à l'opinion publique, consultation populaire, référendum, vote

plébisciter 1 → **choisir** 2 → **confirmer**

plectre n.m. médiator

pléiade n.f. 1 constellation 2 par ext. : foule, grand nombre, groupe, multitude, phalange

plein, e 1 au pr. a bondé, bourré, chargé, comble, complet, couvert, débordant, farci, occupé, ras, rempli, saturé b peuplé, surpeuplé 2 par ext. a abondant, ample, arrondi, dense, dodu, étoffé, gras, gros, massif, plantureux, potelé, rebondi, replet, rond b empreint de, respirant c au fém. : gravide d le poisson : œuvé, rogué 3 non fav. a → **ivre** b plein de soi : bouffi, égoïste, enflé, enivré, infatué, ivre de, orgueilleux c bourré, gavé, regorgeant, repu 4 entier, total, tout

pleinement 1 absolument, beaucoup, tout à fait, très 2 → **complètement**

plénier, ère complet, entier, total

plénipotentiaire nom et adj. → **ambassadeur**

plénitude n.f. 1 abondance, ampleur, contentement, intégrité, satiété, satisfaction, saturation, vastitude → **totalité** 2 âge mûr, épanouissement, force de l'âge, maturité

pléonasme n.m. cheville, périssologie, redondance, répétition, tautologie

pléthore n.f. abondance, engorgement, excès, réplétion, saturation, surabondance, suralimentation, surplus

pléthorique 1 → **abondant** 2 → **repu**

pleur n.m. 1 → **larme** 2 → **pleurs**

pleurant, e et **pleurard, e** → **pleureur**

pleurer 1 v. intr. a gémir, répandre/verser des larmes, sangloter b fam. ou rég. : brailler, braire, chialer, chigner, crier, hurler, larmoyer, miter, pleurnicher, vagir c fig. : s'apitoyer, se lamenter 2 v. tr. : déplorer, plaindre, regretter

pleureur, euse braillard (péj.), chagrin, geignant, geignard, gémissant, larmoyant, pleurant, pleurard, pleurnichant, pleurnichard, pleurnicheur, vagissant

pleurs n.m. pl. cris, gémissements, hurlements, lamentations, plaintes, sanglotement, sanglots, vagissements → **larme**

pleutre → **lâche**

pleuvoir 1 au pr. : bruiner, couler, pleuvasser, pleuviner, pleuvoter, pluviner, tomber ◆ fam : crachiner, crachoter, crachouiller, dégringoler, flotter, pisser 2 fig. : abonder, pulluler

pli n.m. 1 au pr. : bouillon, couture, froissure, fronce, froncis, godet, godron, ourlet, pince, rabat, relevé, rempli, repli, retroussis 2 par ext. a de terrain : accident, anticlinal, arête, cuvette, dépression, dôme, éminence, plissement, sinuosité, synclinal, thalweg b du corps : bourrelet, commissure, fanon, froncement, pliure, poche, repli, ride, saignée, vergeture, vibice 3 fig. a → **lettre** b → **habitude**

pliable 1 au pr. : flexible, pliant, souple 2 fig. → **pliant**

pliant, e accommodant, complaisant, docile, facile, faible (péj.), flexible, malléable, maniable, mou, obéissant, souple

plie n.f. carrelet, hirondelle de mer → **poisson**

plier 1 v. tr. a au pr. quelque chose : abaisser, arquer, corner, couder, courber, doubler, enrouler, fausser, fermer, fléchir, infléchir, lover, plisser, ployer, recourber, rouler, tordre b mar. : carguer, ferler, gléner c fig. quelqu'un : accoutumer, assouplir, assujettir, discipliner, dompter, enchaîner, exercer, façonner, opprimer 2 v. intr. : abandonner, s'affaisser, céder, faiblir, fléchir, lâcher, mollir, reculer, renoncer 3 v. pron. : s'abaisser, abdiquer, s'accommoder, s'adapter, s'assujettir, céder, se conformer, se courber, se former, s'habituer, s'incliner, se prêter, se rendre, se résigner, se soumettre

plinthe n.f. → **moulure**

plissé, e 1 quelque chose. a neutre : connivent (anat. et bot.), doublé, fraisé, froncé, godronné, ondulé, plié, ruché b non fav. : chiffonné, fripé, froissé 2 la peau : froncé, grimaçant, grippé (méd.), parcheminé, raviné, ridé

plissement n.m. → **pli**

plisser 1 v. tr. : doubler, fraiser, froncer, plier, rucher 2 v. intr. : faire/prendre des plis, godailler, goder, gondoler, grigner, onduler

plomb n.m. 1 au pr. : saturne 2 par ext. a balle, charge, chevrotine, cendre, cendrée, dragée, grenaille, menuise, pruneau (fam.) b sceau c coupe-circuit, fusible d au pl. → **prison**

plombage n.m. obturation

plombagine n.f. graphite

plombé, e → **pâle**

plombée n.f. → **massue**

plongée et **plongeon** n.f., n.m. 1 au pr. : chute, immersion, saut 2 fig. a révérence, salut b chute, disgrâce, disparition, échec, faillite, mort

plonger 1 v. tr. : baigner, enfoncer, enfouir, immerger, introduire, jeter, mettre, noyer, précipiter, tremper 2 v. intr. : descendre, disparaître, piquer, sauter 3 v. pron. : s'abîmer, s'absorber, s'abstraire, apprendre, s'enfouir, entrer, se livrer, se perdre

plot aviat. off. : tracé

ploutocrate n.m. → **riche**

ploutocratie n.f. oligarchie, synarchie

ployer 1 v. tr. : accoutumer, assujettir, courber, fléchir → **plier** 2 v. intr. : céder, faiblir, fléchir, s'incliner

pluie n.f. 1 au pr. a abat, abord (québ.), avalanche, averse, brouillasse, bruine, cataracte, crachin, déluge, drache, eau, giboulée, goutte, grain, mouille, nielle, ondée, orage, poudrin (mar.) b fam. : abattée, baille, crachotement, flotte, lance, rincée, sauce, saucée 2 fig. : abondance, arrosement, avalanche, débordement, déluge, multitude, nuée, pléiade, quantité

plumage n.m. livrée, manteau, pennage, plumes

plume n.f. 1 au pr. : duvet, pennage, penne, plumage, rectrice, rémige, tectrice 2 par ext. a aigrette, casoar, panache, plumet, touffe b → **écriture** c → **écrivain** d → **style** e → **chevelure**

plumeau n.m. balai, balayette, époussette, houssoir, plumard

plumer déplumer, dépouiller, enlever, ôter

plumet n.m. aigrette, casoar, garniture, houppe, houppette, ornement, panache, touffe, toupet

plumitif n.m. 1 → **employé** 2 → **écrivain**

plupart (la) → **majorité**

pluralité n.f. 1 diversité, multiplicité 2 → **majorité**

pluridisciplinaire inter/multidisciplinaire

pluriel, le n.m. et adj. 1 → **différent** 2 → **varié**

plurivalent, e polyvalent

plus 1 davantage, encore, mieux, principalement, surtout, sur toute chose 2 a **en plus** : en prime, par-dessus le marché b **de plus** : au demeurant, au reste, aussi, au surplus, d'ailleurs, d'autre part, du reste, encore, et puis, outre cela, par-dessus le marché c **au plus** : au maximum d **plus mal** → **pire** e **plus-être** → **progrès**

plusieurs aucuns, d'aucuns, beaucoup, certains, différents, divers, maint, quelques

plus-value n.f. accroissement, amélioration, augmentation, excédent, gain, valorisation

plutôt 1 assez, passablement 2 de préférence, préférablement

pluvieux, euse bruineux → **humide**

pneu et **pneumatique** n.m. 1 bandage, boudin (arg.), boyau 2 bleu, dépêche, exprès, petit bleu, télégramme

pochade n.f. → **tableau**

pochard, e → **ivrogne**

poche n.f. 1 au pr. : bourse, gousset, pochette 2 arg. : fouille, profonde, vague 3 par ext. a emballage, sac, sachet, sacoche b anat. : bourse, cavité, diverticule, jabot, saillie c bouffissure, enflure, gonflement, renflement, repli

pocher 1 → **meurtrir** 2 → **peindre** 3 faire cuire, plonger/saisir dans l'eau bouillante

pochon n.m. → **louche**

podagre nom et adj. 1 au pr. : goutteux, rhumatisant 2 par ext. : boiteux, impotent, infirme

podomètre n.m. compte-pas, odomètre

poêle n.m. 1 dais, drap, pallium, voile 2 appareil de chauffage, fourneau, salamandre 3 vx : chambre

poêle n.f. creuset, patelle, plaque, poêlon

poêlée n.f. → **quantité**

poêler → **cuire**

poêlon n.m. → **casserole**

poème n.m. acrostiche, à-propos, ballade, bergerie, blason, bouquet, bouts-rimés, bucolique, cantate, cantilène, cantique, canzone, centon, chanson, chanson de geste/de toile, chant, chantefable, comédie, complainte, dialogue, distique, dithyrambe, dizain, douzain, églogue, élégie, épigramme, épithalame, épître, épopée, fable, fabliau, fatrasie, geste, huitain, hymne, iambe, idylle, impromptu, lai, lied, madrigal, monodie, nome, ode, odelette, œuvre, onzain, opéra, ouvrage, palinodie, pantoum, pastourelle, pièce, poésie, priapée, psaume, quatrain, rhapsodie, romance, rondeau, satire, satyre, septain, sirvente, sizain, sonnet, stance, stichomythie, strophe, tenson, tercet, tragédie, trilogie, triolet, verset, virelai

poésie n.f. 1 lyrisme 2 inspiration, lyre, muse, parnasse 3 art, beauté, charme, envoûtement 4 cadence, mesure, métrique, musique, prosodie, rythme, versification 5 → **poème**

poète, poétesse 1 au pr. : aède, auteur, barde, chanteur, chantre, écrivain, félibre, jongleur, ménestrel, minnesinger, rhapsode, scalde, troubadour, trouvère 2 par ext. a fav. : amant/favori/nourrisson des Muses/du Parnasse, fils/enfant/favori d'Apollon, héros/maître/nourrisson du Pinde, prophète, voyant b fam. ou non fav. : cigale, mâchelaurier, poétereau, rêveur, rimailleur, rimeur, versificateur

poétique beau, idéal, imagé, imaginatif, lyrique, noble, sensible, sentimental, sublime, touchant

poétiser → **embellir**

pogrom n.m. carnage, destruction, émeute, extermination, génocide, liquidation, massacre, meurtre, razzia

poids n.m. 1 au pr. a compacité, densité, épaisseur, force, lourdeur, masse, pesanteur, poussée, pression b carat, centigramme, décagramme, décigramme, hectogramme, kilogramme, milligramme, étalon, gramme, tonne c as, denier (soie), drachme, grain, gros, livre, marc, mine, once, quintal, scrupule, sicle, statère, talent d jauge, tare, titre 2 par ext. : bloc, charge, chargement, faix, fardeau, masse, surcharge 3 fig. a → **importance** b → **souci**

poignant, e douloureux, dramatique, émouvant, empoignant, impressionnant, navrant, passionnant, piquant, prenant

poignard n.m. 1 acier (litt.), baïonnette (partic.), couteau, dague, fer (litt.), kandjar, lame, stylet 2 vx : miséricorde, scramasaxe 3 arg. : cure-dent, eustache, lame, lingue, pointe, rapière, ratiche, scion, surin, vingt-deux, yatagan

poignarder 1 assassiner, blesser, égorger, frapper, larder, saigner, tuer 2 vx : darder, meurtrir 3 arg. : percer, suriner

poigne n.f. 1 au pr. : main, pogne (fam.), poing, prise 2 par ext. : autorité, brutalité, énergie, fermeté

poignée n.f. 1 au pr. : bec-de-canne, béquille, bouton de porte, crémone, espagnolette, manette, pied-de-biche 2 par ext. → **groupe** 3 **poignée de main** : salut

poignet n.m. → **main**

poil n.m. 1 barbe, chevelure, cheveu, cil, moustache, sourcil • arg. : cresson, scaferlati 2 bourre, crin, duvet, fourrure, jarre, laine, pelage, pilosité, soie, toison, vibrisse, villosité → **robe** 3 a **à poil** → **nu** b **au poil** → **bien**

poiler (se) → **rire**

poilu 1 adj. : a barbu, chevelu, hispide, moustachu, peluché, pelucheux, pileux, pubescent, tomenteux, velu, villeux b cotonné, cotonneux, duveté, duveteux, velouté, velouteux 2 n.m. : briscard, combattant, pioupiou, soldat, vétéran

poinçon n.m. 1 au pr. : alène, ciseau, coin, épissoir, mandrin, matrice, pointeau, style, stylet, tamponnoir 2 par ext. : estampille, garantie, griffe, marque

poinçonner → **percer**

poindre 1 v. intr. : paraître, pointer, sortir, surgir → **pousser** 2 v. tr. → **piquer**

poing n.m. → **main**

point n.m. 1 au pr. a abscisse, centre, convergence, coordonnée, cote, emplacement, endroit, foyer, hauteur, lieu, ordonnée, origine, position, repère, situation, sommet, source b astron. : aphélie, apogée, apside, nadir, nœud, périgée, périhélie, zénith 2 fig. a aspect, côté, face, manière, opinion, optique, perspective, sens b commencement, début, départ, instant, moment c état, situation d apogée, comble, degré, faîte, intensité, période, sommet, summum e broderie, couture, dentelle, tapisserie, tricot f marque, note, signe g d'un discours : article, chef, cœur, disposition, essentiel, matière, nœud, question, sujet h brûlure, coup, douleur, piqûre 3 a **de point en point** : entièrement, exactement, textuellement, totalement b **point par point** : méthodiquement, minutieusement c **le point du jour** : aube, crépuscule d **à point** : à propos, juste, opportunément

point adv. → **pas**

pointage n.m. contrôle, enregistrement, vérification

pointe n.f. 1 objet. a broquette, clou, poinçon, rappointis, rivet, semence b ardillon, barbelé, chardon, cuspide, épine, mucron, picot, piquant 2 accore (mar.), aiguillo, bec, bout, cap, cime, extrémité, flèche, pic, point culminant, sommet, sommité 3 cache-cœur, carré, châle, couche, fichu, foulard 4 fig. a avant-garde b allusion, épigramme, gaillardise, ironie, jeu d'esprit/de mots, moquerie, pique, quolibet, raillerie, trait d'esprit c soupçon, trace

pointeau n.m. poinçon, régulateur, soupape

pointer 1 contrôler, enregistrer, marquer, noter, vérifier 2 braquer, contre-pointer, diriger, orienter, régler, viser 3 apparaître, arriver, paraître, venir 4 → **percer** 5 → **voler**

pointeuse n.f. → **enregistreur**

pointiller v. tr. et intr. 1 dessiner/graver/marquer/peindre avec des points 2 vx → **chicaner**

pointilleux, euse chatouilleux, chinois (fam.), difficile, exigeant, formaliste, irascible, maniaque, minutieux, susceptible, vétilleux

pointu, e 1 au pr. : acéré, acuminé, affiné, affûté, aigu, appointé, conique, conoïde, coracoïde, cornu (vx), effilé, fastigié, fin, infundibuliforme, piquant, subulé, taillé 2 fig. : a acide, aigre, vif b → **pointilleux** 3 par ext. : ésotérique, étroit, fin, spécial, spécialisé, spécifique

pointure n.f. dimension, forme, grandeur, modèle, taille

poire n.f. 1 au pr. : bergamote, bigarade, blanquette, bon-chrétien, crassane, cuisse-madame, doyenné, duchesse, hâtiveau, liard, louise-bonne, madeleine, marquise, mignonne, mouille-bouche, passe-crassane, rousselet, saint-germain, toute-bonne 2 fig. : dupe, imbécile, naïf, pigeon, sot → **bête**

poireau n.m. 1 fam. a asperge du pauvre b mérite agricole c → **verrue** 2 **faire le poireau** → **attendre**

poireauter ou **poiroter** → **attendre**

poison n.m. 1 au pr. : aconitine, appât, apprêt, arsenic, bouillon d'onze heures (fam.), ciguë, croton, curare, mort-aux-rats, narcotique, strychnine, toxine, toxique, venin, virus 2 fig. : mégère, peste, saleté, saloperie (vulg.), venin → **virago**

poissard, e 1 adj. : bas, commun, grossier, populacier, vulgaire 2 n.f. → **virago** 3 n.m. → **truand**

poisse n.f. → **malchance**

poisser 1 coller, couvrir, encrasser, enduire, engluer, salir 2 arg. → **prendre**

poisseux, euse agglutinant, collant, gluant, gras, salé, visqueux

poisson n.m. 1 alevin, blanchaille, fretin, friture, marée, menuise, pêche 2 fam. : poiscaille 3 ablette, achigan, aigle de mer, aiguillat, germon ou thon blanc, alêne, alose, amie, anguille de sable ou équille ou lançon, poisson-scie, anchois, ange-de-mer, anguille, crapaud de mer, balai, bar, barbeau, barbillon, barbote ou loche, bar ou loup, barbue, baudroie ou lotte, bécard, black-bass, blennie ou baveuse, bogue, bondelle, bonite ou pélamyde ou thon, bouffi, brème, brochet, cabillaud, cabot, capelant, capitaine, carassin, cardinal, carpe, carrelet, chabot, chevesne, chimère, coffre, colin, congre, cotte, cyprin ou bouvière, pastenague ou raie à longue queue, diable, dorade, églefin, émissole, éperlan, épinoche, épinochette, équille, espadon, esturgeon ou sterlet, exocet, féra, flet, flétan, fugu, gambusie, gardon, girelle, gobie, gonnelle, goujon, grémille, grenadier, griset, grondin, guai, gymnote, haddock, hareng, harenguet, hippocampe, ide, labre, lamie ou taupe de mer, lamproie ou chatouille, lançon, lavaret, lieu, limande, lingue, loricaire, lune, macroure, maigre, maillet, mante, maquereau, marteau, mendole, merlan, merluche, merlus, mérou, meunier, milan, môle, morue, muge, mulet, murène, omble ou omble-chevalier ou saumon de fontaine, ombrine, orphie, ouananiche ou saumon de rivière, pagre, pastenague ou raie à longue queue, pégase, pèlerin, perche, perroquet de mer, picarel, pilote, piranha, plie ou hirondelle de mer, poisson-chat, polyptère, prêtre, raie, rascasse, rémora, requin, ronce, rouget, roussette, saint-pierre, sandre, sardine, saumon, scalaire, scare, scie, sciène ou maigre, scorpène, sébaste, serran, silure, sole, spatule, sprat, squatine, surmulet, syngnathe, tacaud, tanche, tarpon, tétrodon, thon ou bonite ou pélamyde, torpille, touille, tourd, trigle, truite, turbot, turbotin, uranoscope, vairon, vandoise ou dard, vieille, vive, zancle ou tranchoir, zée

poissonnier, ère mareyeur

poitrail n.m. 1 → **poitrine** 2 arch. : architrave, linteau, sommier

poitrinaire cachectique, phtisique, tuberculeux

poitrine n.f. 1 buste, carrure, cœur, corsage, décolleté, estomac (vx), gorge, mamelle, pectoraux, poitrail, poumon, thorax, torse 2 fam. : bréchet, caisse, coffre 3 → **sein**

poivre n.m. cayenne, mignonnette

poivré, e 1 assaisonné, corsé, épicé, relevé 2 fig. a corsé, fort, gaulois, grivois, piquant, salé → **obscène** b → **ivre**

poivrière n.f. 1 → **guérite** 2 → **tourelle**

poivron n.m. piment doux

poivrot, e → **ivrogne**

poix n.f. calfat, colle, galipot, goudron, ligneul

poker n.m. dés, zanzi

polaire antarctique, arctique, austral, boréal → **froid**

polariser attirer → **concentrer**

pôle n.m. axe, bout, sommet

polémique n.f. apologétique, controverse, débat, dispute, guerre → **discussion**

polémiquer → **discuter**

polémiste n.m. et f. → **journaliste**

poli, e 1 affable, aimable, amène, attentionné, beau, bien élevé, bienséant, cérémonieux (vx ou péj.), châtié, civil, civilisé, complaisant, convenable, correct, courtois, décent, délicat, diplomate, éduqué, galant, gracieux, honnête, obséquieux (péj.), policé, prévenant, raffiné, respectueux, révérencieux, sociable 2 agatisé, astiqué, brillant, briqué, calamistré, clair, étincelant, frotté, lisse, luisant, lustré, uni, verni 3 méd. : éburné

police n.f. 1 commissariat, P. J., poste → **gendarmerie** 2 arg. : arnaque, bigorne, flicaille, grive, hiboux, maison poulaga, moucharde, quart, raille, renifle, reniflette, rousse, sonne, volaille

policé, e 1 quelqu'un : civilisé, dégrossi, éduqué, évolué, formé, poli, raffiné 2 quelque chose : organisé, réglementé

policer adoucir, civiliser, corriger, éduquer, former, humaniser, organiser, polir, raffiner, réglementer

polichinelle n.m. → **pantin**

policier n.m. 1 neutre : ange gardien, agent de police, commissaire, C.R.S. (compagnie républicaine de sécurité), constable (angl.), contractuel, détective, enquêteur, garde, garde du corps, gardien de la paix, gendarme, îlotier, inspecteur, limier, motard, policeman, sergent de ville, shérif (États-Unis), vigile 2 vx : archer, exempt, quartenier 3 arg. ou fam. : archer, argousin, barbouze, bourgeois, bourre, bourrique, chien, cierge, condé, flic, flicard, guignol, guignolet, habillé, hirondelle, keuf, lampion, mannequin, méhariste, pèlerine, perdreau, pervenche, piaf, poulet, ripou, roussin, sbire, semelle, vache, volaille

policlinique n.f. → **hôpital**

polir 1 au pr. : abraser, adoucir, aléser, aplanir, astiquer, brunir, doucir, dresser, égaliser, égriser, fourbir, frotter, glacer, gréser, limer, lisser, lustrer, planer, poncer, raboter, ragréer, roder 2 par ext. : aiguiser, aviver, châtier, ciseler, corriger, fignoler, finir, former, lécher, limer, parachever, parfaire, perfectionner, soigner 3 fig. : adoucir, affiner, apprivoiser, assouplir, civiliser, cultiver, débarbouiller, dégrossir, dérouiller (fam.), éduquer, épurer, former, orner

polissage n.m. abrasion, adoucissage, brunissage, éclaircissage, égrisage, finissage, finition, grésage, ponçage, rectification

polisson, ne 1 nom : fripon, galapiat, galopin, gamin, vaurien 2 adj. a canaille, coquin, débauché, dissipé, égrillard, espiègle, gaillard, galant, gaulois, libertin, libre, licencieux, paillard b → **turbulent**

polissonner 1 badiner, plaisanter 2 marauder, vagabonder

polissonnerie n.f. badinage, bouffonnerie, dévergondage (péj.), espièglerie, gaillardise, galanterie, galipette, gauloiserie, libertinage, liberté, licence, paillardise, plaisanterie, puérilité, sottise

poliste n.f. ou m. guêpe

politesse n.f. affabilité, amabilité, aménité, bonnes manières, bon ton, cérémonial, civilité, complaisance, convenance, correction, courtoisie, décence, déférence, distinction, éducation, égards, galanterie, gracieuseté, honnêteté, protocole, savoir-vivre, tact, urbanité, usage

politicien, ne nom et adj. gouvernant, homme d'État / public, politique ◆ péj. : combinard, démagogue, machiavel, magouilleur, politicard, tripatouilleur, tripoteur, vendu

politique 1 n.m. → **politicien** 2 n.f. a au pr. : affaires publiques, choses de l'État, État, gouvernement, pouvoir b par ext. : adresse, calcul, diplomatie, finesse, habileté, jeu, jointure (vx), négociation, patience, prudence, sagesse, savoir-faire, souplesse, stratégie, tactique, temporisation, tractation c péj. :combine(s), concussion, corruption, démagogie, double-jeu, duplicité, machiavélisme, magouille(s), manège, politicaillerie, république bananière, ruse, tripotage(s) d formes : anarchie, aristocratie, autocratie, bi / monocamérisme, bonapartisme, césarisme, cléricalisme, colonialisme, démocratie, dictature, fascisme, fédéralisme, féodalisme, féodalité, gérontocratie, hitlérisme, impérialisme, militarisme, monarchie constitutionnelle / de droit divin, nazisme, oligarchie, ploutocratie, république, système parlementaire, technocratie e doctrines : absolutisme, anarchisme, bolchevisme, capitalisme, collectivisme, communisme, dirigisme, égalitarisme, étatisme, individualisme, internationalisme, libéralisme, malthusianisme, marxisme, monarchisme, nationalisme, national-socialisme, pangermanisme, panislamisme, paupérisme, régionalisme, royalisme, séparatisme, socialisme, totalitarisme, unionisme, unitarisme 3 adj. par ext. : adroit, avisé, calculateur, diplomate, fin, habile, machiavélique (péj.), manœuvrier, négociateur, patient, prudent, renard (péj.), rusé, sage, souple

polluer corrompre, dénaturer, gâter, profaner, salir, souiller, tarer, violer

pollution n.f. 1 corruption, dénaturation, profanation, souillure 2 → **masturbation**

polochon n.m. oreiller → **traversin**

poltron, ne n. et adj. claquedent, couard, foireux, froussard, lâche, paniquard, péteux, peureux, pleutre, poule mouillée, pusillanime, timide → **capon**

polyamide n.m. Nylon ®, Perlon ®

polycopie n.f. → **reproduction**

polycopier → **reproduire**

polygame 1 bigame, polyandre 2 botan. : monoïque

polype n.m. 1 céphalopode, cœlentéré, hydre, méduse, pieuvre, poulpe 2 → **tumeur**

polytechnique n.f. et adj. arg. : pipo, X

polyvalent, e plurivalent

pommade n.f. 1 au pr. : baume, cérat, cold-cream, crème, embrocation, lanoline, liniment, onguent, pâte, vaseline 2 par ext. : brillantine, cosmétique, gomina 3 fig. : compliment, flagornerie, flatterie

pommader brillantiner, cosmétiquer, enduire, farder, gominer, graisser, lisser

pomme n.f. 1 au pr. : api, canada, châtaigne ou châtaigner, golden, granny smith, rambour, reine-des-reinettes, reinette, teint-frais-normand 2 par ext. : boule, pommeau, pommette 3 fig. : figure, frimousse, tête

pomme de terre n.f. 1 hollande, marjolaine, princesse, quarantaine, saucisse, topinambour, truffe blanche / rouge 2 fam. : patate

pommeler (se) se marqueter, moutonner, se tacheter

pompe n.f. 1 → **luxe** 2 poste d'essence / de ravitaillement, station-service 3 techn. : exhaure, exhausteur, rouet

pomper 1 → **tirer** 2 → **absorber** 3 → **boire** 4 fig. → **épuiser**

pompette → **ivre**

pompeux, euse → **emphatique**

pompier 1 nom masc : soldat du feu 2 adj. (péj.) → **emphatique**

pompon n.m. → **houppe**

pomponner astiquer, attifer, bichonner, bouchonner, farder, orner, parer, soigner, toiletter

ponant n.m. couchant, occident, ouest

ponceau n.m. 1 arche, passerelle, pontil (vx) 2 → **pavot**

poncer astiquer, décaper, frotter, laquer, polir

poncif n.m. banalité, cliché, idée reçue, lieu commun, topique (philos.), truisme, vieillerie ◆ fam. : bateau, cheval de bataille, vieille lune

ponction n.f. → **prélèvement**

ponctionner → **prélever**

ponctualité n.f. assiduité, exactitude, fidélité, minutie, régularité, sérieux

ponctuation n.f. accent, crochet, deux points, guillemet, parenthèse, point, point virgule, point d'exclamation / d'interrogation / de suspension, tiret, virgule

ponctuel, le assidu, exact, fidèle, minutieux, réglé, régulier, religieux, scrupuleux, sérieux

ponctuer accentuer, diviser, indiquer, insister, marquer, scander, séparer, souligner

pondération n.f. → **équilibre**

pondéré, e 1 → **modéré** 2 → **prudent**

pondérer 1 → **équilibrer** 2 → **calmer**

pondéreux, euse dense, lourd, pesant

pondre fig. → **composer**

poney n.m. shetland → **cheval**

pont n.m. 1 appontement, aqueduc, passerelle, ponceau, pontil (vx), viaduc, wharf 2 d'un bateau : bau, bordage, bordé, dunette, gaillard, passavant, spardeck, superstructure, tillac

ponte 1 n.f. : ovulation (par ext.), pondaison 2 n.m. → **pontife**

pontée n.f. → **charge**

ponter gager, jouer, mettre au jeu, miser, parier, placer, risquer

pontife n.m. 1 relig. : bonze, évêque, grand prêtre, hiérophante, pape, pasteur, prélat, vicaire 2 par ext. (péj.) : caïd, mandarin, manitou, m'as-tu-vu, pédant, ponte, poseur → **baderne**

pontifiant, e doctoral, empesé, emphatique, emprunté, majestueux, pédant, prétentieux, solennel

pontifier discourir, dogmatiser, parader, se pavaner, poser, présider, prôner, se rengorger, trôner

pool n.m. communauté, consortium, entente, groupement, Marché commun

popote 1 n.f. a cuisine, mangeaille, menu, repas, soupe b par ext. : ménage c bouillon, cantine, carré, foyer, mess, restaurant 2 adj. : casanier, mesquin, pot-au-feu, terre à terre

popotin n.m. arg. → **fessier**

populace n.f. basse pègre, bétail, canaille, crasse, écume, foule, lie, masse, multitude, pègre, peuple, plèbe, populaire, populo, prolétariat, racaille, tourbe, vulgaire

populacier, ère bas, commun, faubourien, ordinaire, plébéien, populaire, vil, vulgaire

populaire 1 fav. ou neutre. a aimé, apprécié, commun, connu, considéré, estimé, prisé, public, recherché, répandu b démocrate, démocratique, prolétarien, public c → **démotique** 2 non fav. → **populacier** 3 litt. : populiste

populariser faire connaître, propager, répandre, vulgariser

popularité n.f. audience, célébrité, considération, éclat, estime, faveur, gloire, illustration, notoriété, renom, renommée, réputation, sympathie, vogue

population n.f. 1 → **peuplement** 2 → **peuple**

populeux, euse dense, fourmillant, grouillant, nombreux, peuplé

populiste → **populaire**

porc n.m. 1 au pr. a coche, cochon, cochonnet, goret, porcelet, porcin, pourceau, truie, verrat b babiroussa, marcassin, oryctérope ou cochon de terre, pécari, phacochère, sanglier, solitaire 2 par ext. → **charcuterie** 3 fig. : débauché, dégoûtant, glouton, gras, gros, grossier, obscène, ordurier, sale

porcelaine n.f. par ext. 1 bibelot, vaisselle 2 biscuit, chine, hollande, japon, limoges, parian, saxe, sèvres

porcelet n.m. → **porc**

porc-épic n.m. fig. → **revêche**

porche n.m. abri, auvent, avant-corps, entrée, hall, portail, portique, vestibule

porcherie n.f. abri, étable, soue, toit

porcin, e → **porc**

pore n.m. fissure, interstice, intervalle, orifice, ouverture, stomate, trou

poreux, euse fissuré, ouvert, percé, perméable, spongieux

pornographie n.f. grossièreté, immoralité, impudicité, indécence, licence, littérature obscène/vulgaire, obscénité ◆ fam. : ciné(ma) cochon, érotisme des autres/du pauvre

pornographique → **obscène**

porosité n.f. perméabilité

port n.m. 1 géogr. : cluse, col, pas, passage, passe 2 air, allure, aspect, contenance, dégaine (fam.), démarche, ligne, maintien, manière, prestance, représentation, touche, tournure 3 abri, anse, bassin, cale sèche/de radoub, darse, dock, débarcadère, échelle (vx et partic.), embarcadère, escale, havre, hivernage, quai, rade, relâche, wharf 4 affranchissement, taxe, transport

portail n.m. → **porte**

portatif, ive commode, léger, mobile, petit, portable, transportable

porte n.f. 1 au pr. : accès, barrière, dégagement, entrée, guichet, herse, huis, introduction, issue, lourde (fam.), ouverture, porche, portail, portière, portillon, poterne, propylée, seuil, sortie, tambour, tour, tourniquet, trappe 2 fig. : accès, échappatoire, introduction, issue, moyen 3 a **jeter/mettre à la porte :** chasser, congédier, déboulonner, éconduire, expulser, jeter/mettre dehors, renvoyer b **prendre la porte** → **partir**

porté, e attiré, conduit, déterminé, disposé, enclin, encouragé, engagé, entraîné, excité, incité, induit, invité, poussé, provoqué, sujet à

porte-avions n.m. porte-aéronefs, porte-hélicoptères

porte-bagages n.m. filet, galerie, sacoche

porte-bonheur n.m. → **fétiche**

porte-bouteilles n.m. égouttoir, hérisson

porte-documents n.m. cartable

portée n.f. 1 cochonnée, couvée (par ext.), famille, fruit, litée, nichée, petits, produits, progéniture 2 aptitude, étendue, force, niveau 3 action, conséquence, effet, importance, suite 4 charge, entretoise, largeur, résistance

portefaix n.m. crocheteur, faquin (vx), fort des halles, porteur

portefeuille n.m. 1 au pr. : cartable, carton, classeur, enveloppe, étui, porte-documents/lettres, serviette ◆ arg. ou fam. : filoche, porte-lasagne 2 par ext. : charge, département, fonction, maroquin, ministère

portemanteau n.m. clou, crochet, patère, perroquet

porte-monnaie n.m. aumônière, bourse, gousset, portefeuille, réticule ◆ arg. ou fam. : artichaut, crabe, crapaud, porte-lasagne

porte-parole n.m. alter ego, entremetteur, fondé de pouvoir, interprète, organe, mandataire, représentant, truchement

porte-plume n.m. 1 plume, stylo, stylographe (vx) ◆ antiq. : calame, stylet 2 par ext. : Bic®, stylo-bille → **crayon**

porter 1 v. tr. a un fardeau : coltiner, promener, soutenir, supporter, tenir, transporter, véhiculer b une décoration : arborer, avoir, exhiber c d'un lieu à un autre : apporter, emporter, exporter, importer, rapporter d un fruit : engendrer, produire e un sentiment : attacher à, exprimer, manifester, présenter f quelque chose à son terme : achever, finir, parachever, parfaire, pousser g → **soutenir** h → **occasionner** i → **montrer** j → **promouvoir** k → **inviter** l → **inscrire** 2 v. intr. a appuyer, peser, poser, reposer sur b par ext. : accrocher, frapper, heurter, toucher c atteindre son but, faire de l'effet, toucher 3 a **porter sur les nerfs** → **agacer** b **porter à la tête :** enivrer, entêter, étourdir, griser, soûler c **porter à la connaissance** → **informer** d **porter plainte** → **inculper** 4 v. pron. a aller, courir, se diriger, s'élancer, se lancer, se précipiter, se transporter b à une candidature : se présenter, répondre c les regards, les soupçons : chercher, graviter, s'orienter d à des excès : se livrer

porteur, euse 1 d'un message : commissionnaire, courrier, coursier, estafette, exprès, facteur, livreur, messager, préposé, saute-ruisseau (fam.), télégraphiste 2 de colis : bagagiste, commissionnaire, coolie, crocheteur, débardeur, déménageur, fort des halles, laptot, manutentionnaire, portefaix, sherpa ◆ mar. : aconier, docker ◆ vx : faquin, nervi 3 n.f. : canéphore

porte-voix n.m. mégaphone

portier, ère 1 au pr. : chasseur, concierge, gardien, huissier, suisse, tourier, tourière, veilleur 2 péj. : bignole, cerbère, chasse-chien, cloporte, dragon, pipelet, pipelette

portière n.f. 1 rideau, tapisserie, tenture, vitrage 2 → **porte**

portillon n.m. → **porte**

portion n.f. bout, division, dose, fraction, fragment, lopin, lot, morceau, parcelle, part, partie, pièce, quartier, ration, section, tranche, tronçon

portique n.m. colonnade, galerie, narthex, parvis, péristyle, pœcile, porche, porte, pronaos

portrait n.m. 1 au pr. : autoportrait, buste, crayon, croquis, effigie, image, peinture, photo, photographie, portraiture (vx), silhouette, tableau 2 par ext. a figure, visage b description, représentation, ressemblance

portraiturer → **peindre**

portugais, e ibère, ibérien, ibérique, lusitanien

pose n.f. 1 au pr. de quelque chose : application, coffrage, mise en place 2 par ext. de quelqu'un a attitude, position b non fav. : affectation, façons, manières, prétentions, recherche, snobisme

posé, e calme, froid, grave, lent, modéré, mûr, mûri, pondéré, prudent, rassis, réfléchi, sage, sérieux

posément 1 → **légèrement** 2 → **doucement**

poser 1 v. tr. a au pr. : apposer, appuyer, asseoir, bâtir, camper, déposer, disposer, dresser, établir, étaler, étendre, fixer, fonder, installer, jeter, laisser tomber, mettre, placer, planter, poster b fig. : affirmer, avancer, énoncer, établir, évoquer, faire admettre, formuler, soulever, soutenir, supposer 2 v. intr. a neutre : être appuyé, reposer → **porter** b non fav. : se contorsionner, coqueter, crâner, se croire, se draper, faire le beau/le malin/le mariole (fam.)/la roue/le zouave, se pavaner, plastronner, se rengorger, snober 3 v. pron. a au pr. : amerrir, atterrir, se jucher, se nicher, se percher b fig. : s'affirmer, se donner pour, s'ériger en, s'imposer comme

poseur, euse affecté, fat, maniéré, m'as-tu-vu, minaudier, pédant, prétentieux, snob → **orgueilleux**

positif, ive 1 → **évident** 2 → **réel** 3 → **réaliste**

position n.f. 1 au pr. : assiette, coordonnées, disposition, emplacement, exposition, gisement, inclinaison, lieu, orientation, orientement (mar.), place, point, positionnement, site, situation 2 de quelqu'un. a aplomb, assiette, attitude, équilibre, mouvement, pose, posture, station b emploi, établissement, état, fonction, métier, occupation, situation c attitude, engagement, idée, opinion, parti, profession de foi → **résolution**

positionner → **situer**

positivement matériellement, précisément, réellement, véritablement, vraiment

positivisme n.m. agnosticisme, relativisme

possédant, e 1 → **riche** 2 → **propriétaire**

possédé, e n. et adj. 1 → **énergumène** 2 → **furieux**

posséder 1 → **avoir** 2 → **jouir** 3 → **connaître** 4 → **tromper** 5 v. pron. → **vaincre (se)**

possesseur n.m. → **propriétaire**

possessif, ive 1 captatif, exclusif → **intolérant** 2 → **égoïste**

possession n.f. 1 le fait de posséder : acquisition, appartenance, appropriation, détention, disposition, installation, jouissance, maîtrise, occupation, propriété, recel (péj.), richesse, usage 2 l'objet : avoir, bien, colonie, conquête, domaine, établissement, fief, immeuble, propriété, territoire ◆ vx : apanage, douaire, tenure

possibilité n.f. 1 de quelque chose : alternative, applicabilité (jurid.), cas, chance, crédibilité, éventualité, faisabilité, viabilité, vraisemblance 2 pour quelqu'un : crédit, créneau, droit, facilité, faculté, liberté, licence, loisir, moyen, occasion, potentialité, pouvoir, virtualité

possible acceptable, accessible, admissible, buvable (fam.), commode, compatible, concevable, conciliable, contingent, convenable, crédible, décidable, envisageable, éventuel, facile, faisable, futur, gagnable, mariable, permis, potentiel, prévisible, probable, réalisable, résoluble, sortable, supportable, virtuel, vivable, vraisemblable → **praticable**

poste n.f. 1 auberge, étape, relais 2 courrier

poste n.m. 1 affût, antenne, avant-poste, observatoire, préside, titre (vén.), vigie 2 charge, emploi, fonction, responsabilité 3 a **poste de pilotage :** gouvernes, habitacle b **poste d'essence :** distributeur, pompe, station-service c **poste de secours :** ambulance, antenne chirurgicale d **poste de radio, de télévision :** appareil, récepteur

poster embusquer, établir, installer, loger, mettre à l'affût/en place/en poste, placer, planter

postérieur n.m. → **fessier**

postérieur, e consécutif, futur, posthume, ultérieur → **suivant**

postérité n.f. 1 collatéraux, agnats/cognats, descendance, descendants, enfants, épigones, famille, fils, génération future, héritiers, lignée, neveux, race, rejetons, souche, successeurs, surgeon 2 avenir, futur, immortalité, mémoire

posthume outre-tombe

postiche 1 adj. : ajouté, artificiel, factice, faux, rapporté 2 n.m. : chichi, mouche, moumoute (fam.), perruque 3 n.f. : baliverne, boniment, mensonge, plaisanterie

postillon n.m. 1 cocher, conducteur 2 salive

post-scriptum n.m. → **note**

postulant, e aspirant, assiégeant, candidat, demandeur, impétrant, poursuivant, prétendant, solliciteur ◆ péj. : quémandeur, tapeur

postulat n.m. convention, hypothèse, principe

postuler → **solliciter**

posture n.f. → **position**

pot n.m. alcarazas, cruche, jaquelin, jarre, marmite, pichet, poterie, potiche, récipient, terrine, têt (vx), tisanière, toupine, ustensile, vase → **bouille**

potable 1 au pr. : bon, buvable, pur, sain 2 fam. : acceptable, passable, possible, recevable, valable

potache n.m. → **élève**

potage n.m. 1 au pr. : bisque, bortsch, bouillon, brouet, chaudeau, concentré, consommé, court-bouillon, garbure, gaspacho, julienne, minestrone, panade, soupe, velouté 2 péj. : eau de vaisselle, lavasse, lavure 3 vx : pot

potager n.m. jardin

pot-au-feu n.m. 1 bœuf à la ficelle (par ext.), bœuf bouilli / gros sel, bouillon gras, olla-podrida, pot, soupe ◆ vx : pot-bouille 2 → **popote**

pot-de-vin n.m. → **gratification**

poteau n.m. → **pieu**

potelé, e charnu, dodu, gras, grassouillet, gros, plein, poupard, poupin, rebondi, rembourré, rempli, replet, rond, rondelet

potence n.f. → **gibet**

potentat n.m. → **monarque**

potentialité n.f. → **possibilité**

potentiel n.m. → **force**

potentiel, le adj. → **possible**

potentille n.f. ansérine, argentine, faux fraisier, quintefeuille, tormentille, traînasse

poterie n.f. → **pot**

poterne n.f. → **porte**

potiche n.f. cache-pot, poterie, vase

potier n.m. céramiste, faïencier, porcelainier

potin n.m. 1 → **médisance** 2 → **tapage**

potiner → **médire**

potion n.f. → **remède**

potiron n.m. → **courge**

pot-pourri n.m. → **mélange**

pou n.m. argas, mélophage, psoque, tique, vermine ◆ arg. : go, grenadier, morpion, toto

poubelle n.f. boîte / caisse / corbeille / panier / sac à ordure(s)

pouce n.m. 1 au pr. : doigt, gros orteil 2 a **donner un coup de pouce → aider, exagérer** b **mettre les pouces → céder** c **sur le pouce :** à la hâte, en vitesse, rapidement

poudre n.f. 1 → **poussière** 2 → **explosif** 3 a **jeter de la poudre aux yeux → impressionner** b **mettre en poudre → détruire**

poudrer couvrir, enfariner, farder, garnir, recouvrir, saupoudrer

poudreuse n.f. 1 coiffeuse, table à toilette 2 pulvérisateur, soufreuse

poudreux, euse cendreux, poussiéreux, sablonneux

poudroyer → **luire**

pouffer → **rire**

pouilleux, euse 1 vermineux 2 → **misérable**

poulailler n.m. 1 basse-cour, cabane / cage / toit à poules, couvoir, volière 2 → **paradis**

poulain n.m. → **cheval**

poule n.f. 1 au pr. a cocotte (fam.), gallinacé, poularde, poulet, poulette b poule sauvage : faisane, gélinotte, perdrix, pintade c **poule d'eau** foulque, sultane d **poule mouillée → poltron** 2 fig. : cocotte, fille → **prostituée** 3 compétition, enjeu, jeu, mise

poulet n.m. 1 au pr. : chapon, coq, poulette, poussin → **poule** 2 fig. → **lettre**

pouliche n.f. → **jument**

poulie n.f. → **treuil**

poulpe n.m. pieuvre → **polype**

pouls n.m. 1 au pr. : battements du cœur 2 **tâter le pouls → sonder**

poumon n.m. 1 par ext. : bronches, poitrine 2 arg. : éponges 3 boucherie : foie blanc, mou

poupard, e 1 nom → **bébé** 2 adj. : charnu, coloré, dodu, frais, gras, grassouillet, gros, joufflu, plein, potelé, poupin, rebondi, rembourré, rempli, replet, rond, rondelet

poupe n.f. arrière, château, étambot

poupée n.f. 1 au pr. : baigneur, bébé, poupard, poupon 2 par ext. : figurine, mannequin 3 fig. a pansement b étoupe, filasse c techn. : mâchoire, mandrin

poupin, e → **poupard**

poupon n.m. → **bébé**

pouponner 1 → **soigner** 2 cajoler, dorloter, materner

pouponnière n.f. → **nursery**

pour 1 à la place de, au prix de, contre, en échange de, moyennant 2 comme, en fait / en guise de, en manière de, en tant que 3 en ce qui est de, quant à 4 à, à destination / en direction de, vers 5 pendant 6 à, à l'égard de, en faveur de, envers 7 a **remède pour :** contre b **être pour :** en faveur / du côté / du parti de 8 suivi de l'inf. : afin de, à l'effet de, de manière à, en vue de

pourboire n.m. → **gratification**

pourceau n.m. → **porc**

pourcentage n.m. intérêt, marge, rapport, tantième, taux

pourchasser → **poursuivre**

pourfendeur n.m. 1 → **bravache** 2 → **adversaire**

pourfendre 1 → **attaquer** 2 → **blâmer**

pourlécher 1 → **lécher** 2 v. pron. : → **régaler (se)**

pourparler conférence, conversation, échange de vues, négociation, tractation

pourpoint n.m. casaque, justaucorps

pourpre 1 adj. → **rouge** 2 nom. a masc. → **rougeur** b fém. cardinalat, dignité cardinalice / impériale / souveraine / suprême, royauté

pourquoi 1 adv. interrog. : à quel propos / sujet, pour quelle cause / raison, pour quel motif, dans quelle intention 2 loc. conj. : aussi, c'est pour cela / ce motif / cette raison, conséquemment, en conséquence, subséquemment (vx)

pourri, e 1 au pr. : abîmé, altéré, avancé, avarié, blet, corrompu, croupi, décomposé, détérioré, faisandé, gâté, ichoreux, moisi, piqué, putréfié, putride, rance, sanieux 2 fig. : compromis, contaminé, corrompu, dégradé, dévalorisé, dévalué, gangrené, malsain, perdu, taré, vil → **malhonnête**

pourrir 1 v. intr. : s'abîmer, s'altérer, s'avarier, blettir, chancir, se corrompre, croupir, se décomposer, se détériorer, se faisander, se gâter, moisir, se piquer, se putréfier, rancir, tomber en pourriture, tourner 2 v. tr. : abîmer, avarier, contaminer, désagréger, gâter, infecter, ronger

pourriture n.f. 1 au pr. a altération, blettissement, blettissure, contamination, corruption, croupissement, décomposition, désagrégation, destruction, détérioration, malandre, moisissure, pourrissement, purulence, putréfaction, putridité, rancissement b → **ordure** 2 par ext. a au pr. et fig. : carie, gangrène b fig. : concussion, corruption

poursuite n.f. 1 au pr. : chasse, course, harcèlement, quête, recherche, talonnement, traque 2 jurid. : accusation, action, assignation, démarche, intimation, procédure, procès 3 par ext. : continuation, reprise

poursuivre 1 au pr. : a chasser, courir, donner la chasse, foncer sur, forcer, harceler, importuner, pourchasser, presser, relancer, serrer, suivre, talonner, traquer b fam. : courser, être aux trousses c vén. : forlancer, rembucher 2 fig. a non fav. : aboyer / s'acharner contre, accuser, actionner contre, hanter, obséder, persécuter, taler, tanner, tourmenter b fav. ou neutre : aspirer à, briguer, prétendre à, rechercher, solliciter 3 par ext. : aller, conduire / mener à son terme, continuer, passer outre / son chemin, persévérer, pousser, soutenir l'effort 4 v. pron. : continuer, durer

pourtant cependant, mais, néanmoins, pour autant, toutefois

pourtour n.m. ambitus, bord, ceinture, cercle, circonférence, circuit, contour, extérieur, périmètre, périphérie, tour

pourvoi n.m. action, appel, pétition, recours, requête, révision, supplique

pourvoir 1 v. intr. : assurer, aviser à, défrayer, entretenir, faire face / parer / subvenir / suffire à, pallier (trans.) 2 v. tr. : alimenter, approvisionner, armer, assortir, avitailler, donner, doter, douer, équiper, établir, fournir, garnir, gratifier, investir, lester, mettre en possession, munir, nantir, orner, outiller, procurer, recharger, revêtir, subvenir, suppléer ◆ mar. : accastiller, amariner, charbonner (vx), gréer 3 v. pron. : a s'approvisionner, se monter, se munir b avoir recours, se porter, recourir

pourvoyeur, euse commanditaire, fournisseur, servant

pourvu, e → **fourni**

pourvu que à condition de / que, à supposer / espérons / il suffit que, si

poussah n.m. 1 → **magot** 2 → **gros**

pousse n.f. accru, bouture, branche, brin, brout, drageon, germe, gourmand, jet, marcotte, provin, recrû, rejet, rejeton, revenue, scion, surgeon, talle, tendron, turion → **bourgeon**

pousse-café n.m. alcool, armagnac, cognac, digestif, eau-de-vie, liqueur, marc, rhum, tafia

poussée n.f. 1 au pr. : bourrade, coup, élan, épaulée, impulsion, pression, propulsion 2 par ext. a de la foule : bousculade, cohue, presse b méd. : accès, aggravation, augmentation, crise, éruption, montée c arch. : charge, masse, pesée, poids, résistance

pousser 1 v. tr. a au pr. : abaisser, baisser, balayer, bourrer, bousculer, bouter (vx), chasser, culbuter, déséquilibrer, drosser (mar.), éloigner, enfoncer, heurter, jeter hors, lancer, projeter, propulser, refouler, rejeter, renvoyer, repousser, souffler b fig. : aider, aiguillonner, animer, attirer, conduire, conseiller, contraindre, décider, déterminer, diriger, disposer, embarquer, emporter, encourager, engager, entraîner, exciter, faire agir, favoriser, inciter, incliner, induire, instiguer, inviter, porter, solliciter, stimuler, tenter c une action : accentuer, accroître, approfondir, augmenter, développer, faire durer, forcer, prolonger d le feu : attiser, augmenter, forcer e un cri : crier, émettre, faire, jeter, proférer f un soupir : exhaler, lâcher 2 v. intr. a aller, avancer, se porter b croître, se développer, grandir, poindre, pointer, pulluler, sortir, venir 3 v. pron. : avancer, conquérir, se lancer, se mettre en avant / en vedette

poussière n.f. balayures, cendre, débris, détritus, escarbille, ordures, pollen (bot.), restes ◆ vx : poudre

poussiéreux, euse 1 au pr. : gris, poudreux, sale 2 par ext. : ancien, archaïque, démodé, vétuste, vieilli, vieillot, vieux, vieux jeu

poussif, ive asthmatique, dyspnéique, époumoné, essoufflé, haletant, lent, lourd, palpitant, pantelant

poussin n.m. → **poulet**

poussivement difficilement, lentement, lourdement, péniblement

poutre n.f. 1 vx : jument, pouliche 2 ais, arbalétrier, blinde, boulin, chevêtre, chevron, colombage, contrefiche, corbeau, corniche, coyau, croisillon, décharge, écoinçon, entrait, entretoise, étançon, faîtage, ferme, flèche, jambage, jambe, jambette, lambourde, lierne, linteau, longeron, longrine, madrier, noue, noulet, palplanche, panne, poinçon, poitrail, poteau, sablière, solive, tasseau, tournisse ◆ mar. : barrot, bau, bauquière, bout-dehors, carlingue, courbe, espar, quille, vaigre, varangue → **mât**

pouvoir être apte / à même de / à portée de / capable / en mesure / en situation / susceptible de, avoir la capacité / le droit / la latitude / la licence / la permission / la possibilité de, savoir

pouvoir n.m. 1 qualité de quelqu'un a aptitude, art, ascendant, autorité, capacité, charme, crédit, don, empire, faculté, habileté, influence, maîtrise, possession, possibilité, puissance, valeur b aura, mana 2 de faire quelque chose : droit, latitude, liberté, licence, permission, possibilité 3 jurid. : attribution, capacité, commission, délégation, droit, juridiction, mandat, mission, procuration 4 sous le pouvoir de : coupe, dépendance, disposition, emprise, férule, influence, main, patte 5 polit. : administration, autorité, commandement, État, gouvernement, puissance, régime

pragmatique → **pratique**

prairie n.f. alpage, champ, herbage, lande, noue, pacage, pampa, pâtis, pâture, pré, savane, steppe, toundra → **pâturage**

praticable 1 adj. a → **possible** b accessible, carrossable, franchissable 2 n.m. a → **décor** b → **échafaud**

praticien, ne clinicien, chirurgien, exécutant, médecin traitant

pratiquant, e 1 → **religieux** 2 → **fidèle**

pratique 1 adj. : a adapté, applicable, astucieux (fam.), commode, efficace, exécutable, facile, faisable, fonctionnel, ingénieux, logeable, maniable, possible, praticable, profitable, réalisable, utile, utilisable, utilitaire b positif, pragmatique, réaliste 2 n.f. a achalandage, acheteur, acquéreur, client, clientèle, fidèle, fréquentation, habitué b relig. les personnes :

assistance, fidèle, ouaille, paroissien, pratiquant **c** accomplissement, acte, action, activité(s), agissement(s), application, conduite, connaissance, coutume, exécution, exercice, expérimentation, expérience, façon d'agir, familiarisation, familiarité, habitude, mode, procédé, procédure, routine, savoir, savoir-faire, usage, vogue **d** relig. le fait de pratiquer : culte, dévotion, dulie, exercice, latrie, observance **e** philos. : praxis **f** → **méthode**

pratiquer **1** accomplir, adopter, connaître, cultiver, employer, s'entraîner à, éprouver, exécuter, exercer, expérimenter, faire, jouer, se livrer à, procéder à, utiliser **2** par ext. **a** ménager, ouvrir **b** s'appliquer à, garder, mettre en application/en œuvre/en pratique, observer, professer, suivre **c** fréquenter, hanter, visiter, voir

pré n.m. → **prairie**

préalable **1** adj. : antérieur, exploratoire, premier, préparatoire, primitif **2** n.m. : antécédent, condition, préalable, préavis, précaution, préliminaire → **préambule** **3** **au préalable :** d'abord, auparavant, avant, préalablement

préalablement → **préalable (au)**

préambule n.m. avant-propos, avertissement, avis, commencement, début, entrée en matière, exorde, exposition, introduction, liminaire, préalable, préface, préliminaire, prélude, prolégomènes, prologue

préau n.m. abri, cour, couvert, gymnase

préavis n.m. avertissement, congé, délai, signification

prébende n.f. bénéfice, part/portion congrue, profit, revenu, royalties → **sinécure**

prébendier n.m. par ext. → **profiteur**

précaire aléatoire, amovible, annulable, attaquable, chancelant, court, éphémère, fragile, fugace, incertain, instable, menacé, passager, peu → **solide**, provisoire, résiliable, résoluble, révocable, transitoire

précarité n.f. amovibilité, brièveté, fragilité, fugacité, incertitude, instabilité, révocabilité

précaution n.f. **1** au pr. : action préventive, disposition, filtrage, garantie, mesure, prévention, prophylaxie, vérification **2** la manière d'agir : attention, circonspection, détour, diplomatie, discrétion, économie, ménagement, prévoyance, prudence, réserve

précautionner (se) s'armer, s'assurer, se garder, se mettre en garde, se prémunir ◆ fam. : se garder à carreau, veiller au grain

précautionneux, euse **1** → **prudent** **2** attentif, minutieux, prévenant, soigneux

précédemment antérieurement, auparavant, ci-devant (vx)

précédent, e **1** adj. : antécédent, antéposé, antérieur, devancier, précurseur, prédécesseur **2** n.m. : analogie, exemple, fait analogue/antérieur, référence

précéder annoncer, antéposer, dépasser, devancer, diriger, distancer, marcher devant, passer, placer devant, prendre les devants/le pas, prévenir

précepte n.m. aphorisme, apophtegme, commandement, conseil, dogme, enseignement, formule, instruction, leçon, loi, maxime, morale, opinion, prescription, principe, proposition, recette, recommandation, règle

précepteur, trice éducateur, gouvernante, instituteur, instructeur, maître, pédagogue, préfet des études, professeur, répétiteur ◆ vx : gouverneur, régent

prêche n.m. discours, homélie, instruction, prône → **sermon**

prêcher annoncer, catéchiser, conseiller, enseigner, évangéliser, exhorter, instruire, moraliser, préconiser, prôner, prononcer un sermon, recommander, remontrer, sermonner

prêcheur n.m. → **orateur**

précieux, euse **1** quelque chose : avantageux, beau, bon, cher, inappréciable, inestimable, introuvable, irremplaçable, parfait, rare, riche, utile **2** quelqu'un. **a** fav. : compétent, efficace, important, utile **b** affecté, difficile, efféminé, emprunté, maniéré **3** litt. : affecté, affété, choisi, emphatique, galant, gandin, maniéré, mignard, muscadin, musqué, puriste, quintessencié, recherché

préciosité n.f. affectation, afféterie, byzantinisme, concetti, cultisme, euphuisme, galanterie, gongorisme, manière, maniérisme, marinisme, marivaudage, mignardise, purisme, raffinement, recherche, sophistication, subtilité

précipice n.m. **1** au pr. : abîme, anfractuosité, aven, cavité, crevasse, gouffre **2** fig. : catastrophe, danger, désastre, malheur, ruine

précipitamment à la va-vite, brusquement, dare-dare, en courant, en vitesse, à fond de train, rapidement → **vite**

précipitation n.f. **1** affolement, brusquerie, empressement, engouffrement, fougue, frénésie, impatience, impétuosité, irréflexion, légèreté, pagaïe, panique, presse, promptitude, rapidité, soudaineté, violence, vitesse, vivacité **2** brouillard, chute d'eau/de grêle/de neige/de pluie **3** chimie : agglutination, arborisation, concrétion, cristallisation, floculation

précipité, e **1** adj. **a** → **hâtif** **b** → **haletant** **2** n.m. → **dépôt**

précipiter **1** au pr. : anéantir, faire tomber, jeter, pousser, ruiner **2** par ext. : accélérer, avancer, bâcler, bousculer, brusquer, dépêcher, expédier, forcer, hâter, pousser, presser, trousser **3** v. pron. : s'abattre, accourir, s'agiter, assaillir, courir, se dépêcher, dévaler, s'élancer, embrasser, s'empresser, s'engouffrer, entrer, foncer, fondre, se hâter, se lancer, piquer une tête, piquer/tomber sur

précis n.m. abrégé, aide-mémoire, analyse, code, codex, compendium, épitomé, résumé, sommaire, vade-mecum

précis, e abrégé, absolu, bref, catégorique, certain, clair, concis, congru, court, défini, détaillé, déterminé, développé, distinct, exact, explicite, exprès, fixe, formel, fort, franc, géométrique, juste, mathématique, net, particulier, pile, pointu, ponctuel, raccourci, ramassé, réduit, résumé, rigoureux, serré, sommaire, sonnant, tapant

précisément à proprement parler, exactement, justement, oui certes

préciser **1** abréger, clarifier, définir, détailler, déterminer, distinguer, donner corps, énoncer, établir, expliciter, expliquer, fixer, particulariser, raccourcir, ramasser, réduire, résumer, serrer, souligner, spécifier **2** v. pron. : se caractériser, se dessiner

précision n.f. **1** au sing. **a** caractérisation, certitude, clarté, concision, définition, détermination, exactitude, justesse, mesure, méticulosité, netteté, rigueur, sûreté **b** compas (dans l'œil) → **habileté** **2** au pl. : constat, compte rendu, détails, développement, explication, faits, information, procès-verbal, rapport

précoce **1** avancé, averti, dégourdi, déluré, dessalé (fam.), éveillé, informé, initié **2** surdoué, vif → **intelligent** **3** → **hâtif**

précocité n.f. avance, hâte, rapidité

précompte n.m. → **retenue**

précompter → **retenir**

préconçu, e anticipé, préétabli, préjugé

préconiser **1** → **louer** **2** → **recommander**

précurseur n.m. et adj. masc. **1** ancêtre, devancier, fourrier, initiateur, inventeur, messager, prédécesseur, prophète **2** annonciateur, avant-coureur, prémonitoire, prodromique (méd.)

prédateur n.m. et adj. masc. destructeur, nuisible, pillard

prédation n.f. **1** → **pillage** **2** → **destruction**

prédécesseur n.m. **1** au sing. → **précurseur** **2** au pl. → **ancêtres**

prédestination n.f. → **prédisposition**

prédestiner appeler, décider, destiner, distinguer, élire, fixer d'avance, marquer, protéger, réserver, vouer

prédicant n.m. **1** → **ministre** **2** → **prédicateur** **3** → **orateur**

prédicat n.m. **1** attribut, proposition, qualité **2** scholastique : accident, différence, espèce, genre, propre

prédicateur n.m. apôtre, doctrinaire, imam, missionnaire, orateur sacré, prêcheur, prédicant, sermonnaire (péj.)

prédicatif, ive apodictique, attributif, catégorique, qualificatif

prédication n.f. → **sermon**

prédiction n.f. annonce, annonciation, augure, avenir, bonne aventure, conjecture, divination, horoscope, oracle, présage, prévision, promesse, pronostic, prophétie, vaticination

prédilection n.f. affection, faiblesse, faveur, goût, préférence

prédire annoncer, augurer, conjecturer, deviner, dévoiler, dire l'avenir/la bonne aventure, présager, prévoir, promettre, pronostiquer, prophétiser, vaticiner

prédisposer amadouer, amener, incliner, mettre en condition/en disposition, préparer

prédisposition n.f. aptitude, atavisme, condition, déterminisme, disposition, hérédité, inclination, penchant, prédestination, prédétermination, tendance, terrain favorable

prédominance n.f. avantage, dessus, précellence, prééminence, préexcellence, préférence, prépondérance, primauté, supériorité, suprématie

prédominant, e → **principal**

prédominer avoir l'avantage/la prédominance, être le plus important, l'emporter sur, exceller, prévaloir, régner

prééminence n.f. → **prédominance**

prééminent, e → **supérieur**

préemption n.f. préférence, priorité, privilège

préexistant, e → **antérieur**

préexistence n.f. antériorité → **ancienneté**

préface n.f. argument, avant-propos, avertissement, avis/discours préliminaire, exorde, introduction, liminaire, notice, préambule, préliminaire, présentation, prolégomènes, prologue ◆ vx : prodrome

préfacer → **présenter**

préfecture n.f. chef-lieu, département

préférable meilleur, mieux, supérieur

préférablement de/par préférence, plutôt, préférentiellement

préféré, e attitré, choisi, chou-chou (fam.), favori, privilégié

préférence n.f. **1** pour quelqu'un : acception (vx), acceptation, affection, attirance, choix, élection, faible, faiblesse, favoritisme, partialité, prédilection **2** pour quelque chose : avantage, choix, option, privilège

préférentiel, le choisi, de faveur, privilégié, spécial, spécifique

préférentiellement → **préférablement**

préférer adopter, affectionner, aimer mieux, avoir une préférence, chérir, choisir, considérer comme meilleur, distinguer, estimer le plus, incliner/pencher en faveur de/pour

préfet n.m. commissaire de la République

préfigurer → **présager**

préhistoire n.f. **1** archéologie, paléontologie, protohistoire **2** mésolithique, néolithique, paléolithique

préhistorique **1** → **préhistoire** **2** par ext. (fam.) : ancien, antédiluvien, démodé, suranné

préjudice n.m. atteinte, dam, désagrément, désavantage, détriment, dommage, inconvénient, injustice, lésion, mal, méfait, nocuité, perte, tort

préjudiciable attentatoire, dommageable, funeste, malfaisant, malheureux, nocif, nuisible

préjugé n.m. a priori, erreur, idée/opinion préconçue/toute faite, jugement préconçu/téméraire, œillère, parti pris, passion, préconception, préoccupation (vx), prévention, supposition

préjuger → **présager**

prélart n.m. bâche, toile

prélasser (se) s'abandonner, se camper, se carrer, se détendre, se goberger (fam.), se laisser aller, pontifier, se relaxer, se reposer, trôner, se vautrer (péj.)

prélat archevêque, cardinal, dignitaire, évêque, monseigneur, nonce, patriarche, pontife, primat, prince de l'Église, vicaire général

prélèvement n.m. **1** au pr. : coupe, paracentèse, ponction, prise **2** par ext : confiscation, contribution, dîme, impôt, précompte, réquisition, retenue, retrait, saignée, saisie, soustraction

prélever couper, détacher, enlever, extraire, imposer, lever, ôter, percevoir, ponctionner, précompter, rafler, réquisitionner, retenir, retrancher, rogner, saisir, soustraire → **prendre**

préliminaire n.m. et adj. avant-propos, avertissement, avis, commencement, contacts, essai, exorde, introduction, jalon, liminaire, préambule, préface, prélude, présentation, prodrome (vx), prologue

prélude n.m. 1 au pr. : ouverture, prologue, protase 2 par ext. → **préliminaire** 3 fig. : annonce, avant-coureur, avant-goût, commencement, lever

préluder annoncer, commencer, essayer, s'exercer, improviser, se préparer

prématuré, e 1 anticipé, avancé, avant terme 2 hâtif, précoce, rapide

prématurément avant terme, en avance

préméditation n.f. arrière-pensée, calcul → **projet**

préméditer calculer, étudier, méditer, préparer, projeter, réfléchir

prémices n.f. pl. avant-goût, commencement, début, genèse, origine, primeur, principe

premier, ère 1 adj. a au pr. : antérieur, initial, liminaire, originaire, original, originel, prime, primitif, principe, prochain b par ext. : capital, dominant, en tête, indispensable, meilleur, nécessaire, prépondérant, primordial, principal, supérieur 2 nom. a aîné, ancêtre, auteur, initiateur, introducteur, inventeur, pionnier, premier-né, promoteur b arg. scol. : cacique, major

premièrement d'abord, avant tout, avant toute chose, en premier, en premier lieu, primo

prémisse n.f. affirmation, axiome, commencement, hypothèse, proposition

prémonition n.f. → **pressentiment**

prémonitoire → **précurseur**

prémunir 1 armer, avertir, garantir, munir, préserver, protéger, vacciner 2 pron. : se garder, se garer, se précautionner

prenant, e fig. : attachant, captivant, charmant, émouvant, intéressant, passionnant, pathétique

prendre 1 au pr. a neutre : atteindre, attraper, étreindre, saisir, tenir b par ext. ◆ non fav. : accaparer, agripper, s'approprier, arracher, s'attribuer, confisquer, écumer, s'emparer de, empoigner, emporter, enlever, garder, intercepter, mettre l'embargo sur, ôter, rafler, ramasser, ravir, récolter, retirer, soustraire, soutirer → **voler** c vx : chausser, gripper d arg. ou fam. : choper, écornifler, goinfrer, griffer, morfler, paumer, rabioter, ratiboiser, ratisser, souffler, sucrer 2 prendre quelque chose de : extraire, ôter, piocher, puiser, sortir, tirer 3 milit. : amariner, capturer, coloniser, conquérir, enlever, envahir, forcer, occuper, réduire 4 on prend quelqu'un. a au pr. : appréhender, arrêter, s'assurer de, attraper, avoir, capturer, ceinturer, colleter, crocher, cueillir, s'emparer de, mettre la main au collet/dessus, piéger, se saisir de, surprendre b arg. ou fam. : accrocher, agrafer, alpaguer, cannibaliser, choper, coincer, cravater, crocheter, cueillir, embarquer, embusquer, envelopper, épingler, faire, gripper, harponner, piger, pincer, piper, piquer, poisser, ratiboiser, serrer, souffler c par ext. : amadouer, apprivoiser, entortiller, persuader, séduire 5 on prend une nourriture, un remède : absorber, avaler, boire, consommer 6 → **choisir** 7 → **vêtir** 8 → **contracter** 9 → **percevoir** 10 → **geler** 11 → **regarder** 12 → **occuper** 13 → **engager** 14 a **prendre bien :** s'accommoder b **prendre mal :** se fâcher, interpréter de travers c **prendre à tâche** → **entreprendre** d **prendre langue :** s'aboucher → **parler** e **prendre part** → **participer** f **prendre sur soi :** se dominer → **assumer** g **prendre pour un autre :** confondre, croire, se méprendre, regarder comme, se tromper h **prendre pour aide :** s'adjoindre, s'associer, s'attacher, embaucher, employer, engager, retenir i **prendre une direction :** s'embarquer, emprunter, s'engager j **prendre un air :** adopter, affecter, se donner, se mettre à avoir/être, pratiquer k **prendre un emploi :** embrasser, entrer dans l **prendre femme/mari** → **marier (se)** m **prendre son parti** → **résigner (se)** n **prendre le relais** → **remplacer**

preneur, euse acheteur, acquéreur, fermier, locataire

prénom n.m. nom de baptême, petit nom

préoccupation n.f. agitation, angoisse, difficulté, ennui, inquiétude, obsession, occupation, peine, soin, sollicitude, souci, tourment, tracas

préoccupé, e absorbé, abstrait, anxieux, attentif, distrait, inquiet, méditatif, occupé, pensif, songeur, soucieux

préoccuper 1 absorber, agiter, attacher, chiffonner, donner du souci, ennuyer, hanter, inquiéter, obséder, tourmenter, tracasser, travailler, trotter dans la tête 2 pron. : considérer, s'inquiéter de, s'intéresser à, s'occuper de, penser à, se soucier de

préparateur, trice assistant, prosecteur → **adjoint**

préparatif n.m. appareil (vx), apprêt, arrangement, branle-bas, dispositif, disposition, mesure, précaution, préparation

préparation n.f. 1 de quelque chose : appareillage, apprêt, assaisonnement, composition, concoction, confection, façon, habillage, incubation, parage ◆ vx : appareil 2 par ext. : acheminement, arrangement, art, calcul, ébauche, esquisse, étude, introduction, organisation, plan, préméditation, projet, recette 3 → **transition** 4 de quelqu'un : apprentissage, éducation, formation, instruction, stage

préparatoire → **préalable**

préparer 1 préparer quelque chose. a au pr. : accommoder, appareiller, apprêter, arranger, conditionner, disposer, dresser, mettre, organiser, traiter b cuisine : assaisonner, barder, blanchir, brider, chemiser, ciseler, confire, cuisiner, dégorger, dépouiller, désosser, dresser, ébarber, émincer, émonder, farcir, foncer, fricoter, garnir, glacer, habiller, larder, macérer, mariner, mijoter, mitonner, mortifier, moyenner (vx), paner, parer, plumer, trousser, truffer, vider → **cuire** c la terre : amender, ameublir, bêcher, cultiver, déchaumer, défricher, façonner, fumer, herser, labourer, rouler d typo : caler 2 fig. a fav. ou neutre : aplanir, calculer, combiner, concerter, concevoir, déblayer, ébaucher, échafauder, élaborer, étudier, faciliter, former, frayer, méditer, ménager, munir, nourrir, organiser, prédisposer, projeter b fam. : concocter, goupiller, mâcher c non fav. : conspirer, couver, machiner, monter, nouer, ourdir, préméditer, ruminer, tramer d un examen : bachoter (péj.), chiader, piocher, potasser, travailler e quelque chose prépare quelque chose : annoncer, faciliter, présager, produire, provoquer, rendre possible f on prépare quelque chose pour quelqu'un : destiner, emballer, réserver g on prépare un effet : amener, ménager, mettre en scène h préparer quelqu'un : aguerrir, conditionner, débourrer, éduquer, entraîner, former, instruire, rendre capable de/prêt à 3 v. pron. a quelqu'un : s'apprêter, se cuirasser, se disposer, se mettre en demeure/en état/en mesure de b faire sa plume/sa toilette, s'habiller, se parer, se toiletter c quelque chose : être imminent, menacer

prépondérance n.f. autorité, domination, hégémonie, maîtrise, pouvoir, prédominance, prééminence, prépotence, préséance, primauté, puissance, supériorité, suprématie

prépondérant, e dirigeant, dominant, influent, maître, prédominant, prééminent, premier, supérieur

préposé, e → **employé**

préposer charger, commettre, confier, constituer, déléguer, employer, installer, mettre à la tête de/en fonctions

prérogative n.f. attribut, attribution, avantage, compétence, don, droit, faculté, fonction, honneur, juridiction, pouvoir, préséance, privilège, rôle

près 1 adv. : à côté, adjacent, à deux pas, à petite distance, à proximité, attenant, aux abords, avoisinant, contigu, contre, en contact, limitrophe, mitoyen, proche, rasibus (fam.), touchant, voisin 2 adv. **de près :** à bout portant, à brûle-pourpoint, à ras, avec soin, bord à bord 3 **près de** (prép.) a aux abords de, au bord de, à côté de, à deux doigts/pas de, auprès de, autour de, avec, contre, joignant, jouxte, proche de, voisin de b sur le point de 4 a **à peu près :** assez, bien → **environ** b **à peu de chose(s) près :** à un cheveu, presque c **à cela près :** → **excepté**

présage n.m. augure, auspices, avant-coureur, avant-goût, avertissement, avis, indice, marque, menace, message, porte-bonheur/malheur, préfiguration, prélude, prémonition, prodrome, promesse, pronostic, signe, symptôme → **prophétie**

présager 1 quelque chose ou quelqu'un présage : annoncer, augurer, avertir, marquer, menacer, porter bonheur/malheur, préfigurer, préluder, promettre 2 quelqu'un présage : conjecturer, flairer, prédire, préjuger, pressentir, présumer, prévoir, pronostiquer → **prophétiser**

presbytère n.m. cure, maison curiale

prescience n.f. → **prévision**

prescription n.f. 1 jurid. : inexigibilité, invalidation, invalidité, nullité, péremption, usucapion 2 arrêté, commandement, décision, décret, disposition, édit, indication, indiction, instruction, ordonnance, ordre, précepte, promulgation, recommandation, règle

prescrire arrêter, commander, décider, décréter, dicter, disposer, donner ordre, édicter, enjoindre, fixer, imposer, indiquer, infliger, ordonnancer, ordonner, réclamer, recommander, requérir, vouloir

préséance n.f. pas → **prérogative**

présence n.f. 1 au pr. a essence, existence b assiduité, régularité c assistance 2 a **en présence de :** à la/en face de, devant, pardevant (vx), vis-à-vis de b **présence d'esprit** → **réflexe, décision**

présent n.m. 1 → **don** 2 actualité, réalité

présent, e contemporain, courant, existant, immédiat, moderne → **actuel**

présentable acceptable, convenable, digne, fréquentable, proposable, sortable

présentateur, trice → **animateur**

présentation n.f. 1 → **exposition** 2 → **préface**

présentement actuellement, à présent, aujourd'hui, de nos jours, de notre temps, d'ores et déjà, en ce moment, maintenant ◆ vx : céans

présenter 1 v. intr. **présenter bien/mal :** avoir l'air, marquer 2 v. tr. a on présente quelqu'un : faire admettre/agréer/connaître, introduire b on présente quelque chose : aligner, amener, arranger, avancer, dessiner, diriger, disposer, exhiber, exposer, faire voir, fournir, mettre en avant/en devanture/en évidence/en valeur, montrer, offrir, préfacer, produire, proposer, servir, soumettre, tendre, tourner vers 3 v. pron. a au pr. : arriver, comparaître, se faire connaître, paraître b se présenter à un examen : passer, subir c à une canditature : se porter d une chose se présente : apparaître, s'offrir, survenir, tomber, traverser

présentoir n.m. → **étalage**

préservatif n.m. 1 capote (anglaise), condom, contraceptif, diaphragme, spermaticide, pessaire, pilule, stérilet 2 → **remède**

préservation n.f. abri, conservation, défense, épargne, garantie, garde, maintien, protection, sauvegarde

préserver abriter, assurer, conserver, défendre, épargner, éviter, exempter, garantir, garder, garer, maintenir, parer, prémunir, protéger, sauvegarder, sauver, soustraire

présidence n.f. autorité, conduite, conseil, direction, gestion, magistrature suprême, tutelle

président, e chef, conseiller, directeur, magistrat, tuteur

présider conduire, diriger, gérer, occuper la place d'honneur/le premier rang, régler, siéger, veiller à

présomption n.f. 1 → **orgueil** 2 attente, conjecture, hypothèse, jugement, opinion, préjugé, pressentiment, prévision, supposition 3 charge, indice

présomptueux, euse ambitieux, arrogant, audacieux, avantageux, content de soi, fat, fier, hardi, imprudent, impudent, infatué, irréfléchi, mégalomane, optimiste, orgueilleux, outrecuidant, prétentiard, prétentieux, suffisant, superbe, téméraire, vain, vaniteux, vantard ◆ fam. : mariolle, m'as-tu-vu, mégalo, péteux, prétentiard, ramenard

presque à demi, à peu près, approximativement, comme, environ, pas loin de, peu s'en faut, quasi, quasiment

presqu'île n.f. péninsule

pressant, e 1 contraignant, étranglant (vx), excitant, impératif, impérieux, important, nécessaire, prégnant, pressé, prioritaire, puissant, rapide, tourmentant, urgent 2 ardent, chaleureux, chaud, insistant, instant 3 → **suppliant**

presse n.f. 1 affluence, concours, coup de feu, foule, multitude 2 calandre, étau, fouloir, laminoir, mâchoires/tenaille à vis, pressoir, vis 3 → **journal** 4 empressement, hâte

pressé, e 1 → **pressant** 2 → **court** 3 alerte, diligent, empressé, impatient, prompt, rapide, vif

pressentiment n.m. 1 non fav. : appréhension, crainte, prémonition, signe avant-coureur/prémonitoire 2 fav. ou neutre : avant-goût, avertissement, divination, espérance, espoir, idée, impression, intuition, présage, présomption, sentiment

pressentir 1 non fav. : appréhender, s'attendre à, craindre, se douter de, flairer, soupçonner, subodorer 2 fav. ou neutre. a au pr. : augurer, deviner, entrevoir, espérer, pénétrer, prévoir, repérer, sentir b **laisser pressentir :** annoncer, présager c par ext. **pressentir quelqu'un :** contacter, interroger, sonder, tâter, toucher

presser 1 au pr. a appliquer, appuyer, broyer, compresser, comprimer, damer, écraser, embrasser, entasser, étreindre, exprimer, fouler, froisser, oppresser, pacquer, peser, plomber, pressurer, resserrer, serrer, taller, tasser b vx : chevaler, épreindre c la main, le bras : caresser, masser, pétrir, pincer, serrer, toucher 2 fig. a presser quelqu'un : accabler, aiguillonner, assaillir, assiéger, attaquer, bousculer, brusquer, conseiller, contraindre, engager, exciter, faire pression/violence, harceler, hâter, inciter, insister auprès, inviter, obliger, persécuter, poursuivre, pousser, talonner, tourmenter b presser une affaire : accélérer, activer, chauffer, dépêcher, diligenter, forcer, précipiter 3 v. intr. : urger 4 v. pron. a se blottir, s'embrasser b aller vite, courir, se dépêcher

pressing n.m. 1 → **teinturerie** 2 nucl. off. : chargement (par introduction d'un bloc préformé)

pression n.f. 1 au pr. : compression, constriction, effort, force, impression (vx), impulsion, poussée 2 unités de mesure : atmosphère, bar, barye, pièze 3 par ext. a attouchement, caresse, étreinte, serrement b action, chantage, contrainte, empire, influence, intimidation, menace

pressoir n.m. 1 au pr. : fouloir, maillotin, moulin à huile 2 par ext. : cave, cellier, hangar, toit 3 fig. : exploitation, oppression, pressurage

pressurer 1 au pr. → **presser** 2 fig. : écraser, épuiser, exploiter, faire cracher/suer, imposer, maltraiter, opprimer, saigner, torturer

pressurisation n.f. aviat. et spat. off. : mise en pression

prestance n.f. accent (québ.), air, allure, aspect, contenance, démarche, genre, maintien, manières, mine, physique, port, taille, tournure

prestataire n.m. 1 → **contribuable** 2 → **fournisseur**

prestation n.f. 1 aide, allocation, apport, charge, fourniture, imposition, impôt, indemnité, obligation, prêt, redevance 2 cérémonie, formalité 3 exhibition, numéro, tour de chant/de force

preste adroit, agile, aisé, alerte, diligent, dispos, éveillé, habile, léger, leste, prompt, rapide, vif

prestesse n.f. adresse, agilité, aisance, alacrité, diligence, habileté, légèreté, promptitude, rapidité, vitesse, vivacité

prestidigitateur, trice acrobate, artiste, escamoteur, illusionniste, jongleur, magicien, manipulateur, truqueur

prestidigitation n.f. artifice, escamotage, illusion, illusionnisme, jonglerie, magie, passe-passe, tour, truc, truquage

prestige n.m. 1 → **magie** 2 → **illusion** 3 → **influence** 4 → **lustre**

prestigieux, euse admirable, éblouissant, étonnant, extraordinaire, fascinant, formidable, glorieux, honoré, magique, merveilleux, miraculeux, prodigieux, renommé, renversant

presto à toute allure/ vitesse, à fond de train (fam.), illico, prestement, rapidement, vite → **rythme**

présumer augurer, attendre, s'attendre à, conjecturer, préjuger, présager, pressentir, présupposer, prétendre, prévoir, soupçonner, supposer

présupposer → **supposer**

prêt n.m. 1 au pr. : aide, avance, bourse, commodat (vx), crédit, découvert, dépannage, emprunt, prime, subvention 2 milit. : paie, solde, traitement

prêt, e → **mûr**

prétendant, e n. et adj. 1 aspirant, candidat, impétrant, postulant, solliciteur 2 amant, amateur, amoureux, courtisan, épouseur, fiancé, futur (rég.), poursuivant, prétendu (vx), promis, soupirant

prétendre 1 affirmer, alléguer, avancer, déclarer, dire, garantir, présumer, soutenir 2 demander, entendre, exiger, réclamer, revendiquer, vouloir 3 ambitionner, aspirer/viser à, se flatter de, lorgner, tendre à/vers

prétendu, e 1 apparent, faux, soi-disant, supposé 2 vx → **fiancé**

prétendument soi-disant

prête-nom n.m. intermédiaire, mandataire, représentant ◆ péj. : homme de paille, taxi

prétentaine n.f. → **galanterie**

prétentieux, euse 1 → **orgueilleux** 2 → **présomptueux**

prétention n.f. 1 fav. ou neutre. a condition, exigence, revendication b ambition, désir, dessein, espérance, visée 2 non fav. : affectation, apprêt, arrogance, bouffissure, crânerie, embarras, emphase, fatuité, forfanterie, orgueil, pédantisme, pose, présomption, vanité, vantardise

prêter 1 au pr. : allouer, avancer, fournir, mettre à la disposition, octroyer, procurer 2 par ext. : attribuer, donner, imputer, proposer, supposer

prêter (se) 1 on se prête à → **consentir** 2 quelque chose se prête à → **correspondre**

prétérit n.m. 1 au pr. : passé 2 par ext. : aoriste, imparfait, parfait

prétérition n.f. omission, oubli

prêteur, euse n. et adj. actionnaire, bailleur, banquier, capitaliste, commanditaire → **usurier**

prétexte n.m. allégation, apparence, argument, cause, couleur, couvert, couverture, échappatoire, excuse, faux-fuyant, faux-semblant, lieu, manteau, matière, mot, ombre, raison, semblant, subterfuge, supposition, voile

prétexter alléguer, arguer de, s'autoriser de, exciper de, avancer, élever une objection, faire croire, interjeter (appel), invoquer, mettre en avant, objecter, opposer, prendre pour prétexte, simuler, supposer

pretium doloris n.m. → **réparation**

prétoire n.m. aréopage, cour, parquet, salle d'audience, tribunal

prêtre n.m. 1 au pr. : clerc, desservant, ecclésiastique, homme d'Église, membre du clergé, ministre du culte, missionnaire, pontife 2 christianisme : abbé, archiprêtre, aumônier, chanoine, chapelain, coadjuteur, confesseur, curé, directeur de conscience, doyen, ecclésiastique, exorciste, ministre, papas, pasteur, pénitencier, père, pope, prédicateur, révérend, vicaire 3 judaïsme : lévite, ministre, rabbin 4 islam. par ext. : agha, ayatollah, imam, mahdi, mollah, muezzin, mufti 5 religions d'Asie : bonze, brahmane, chaman, gourou, lama, mahatma, pandit 6 religions de l'Antiquité : aruspice, augure, barde, corybante, dactyle, druide, épulon, eubage, fécial, flamine, galle, hiérogrammate, hiérophante, mage, mystagogue, ovate, pontife, quindécemvir, sacrificateur, salien, septemvir, victimaire 7 → **chef**

prêtresse n.f. bacchante, druidesse, pythie, pythonisse, vestale

prêtrise n.f. état/ministère ecclésiastique/religieux, ordre, sacerdoce

preuve n.f. 1 affirmation, argument, confirmation, constatation, conviction, critère, critérium, démonstration, établissement, gage, illustration (vx), justification, motif, pierre de touche 2 charge, corps du délit, document, empreinte, fait, indice, justificatif, marque, signe, témoignage, trace 3 épreuve judiciaire, jugement de Dieu, ordalie, probation

preux adj. et n.m. brave, courageux, vaillant, valeureux → **chevalier**

prévaloir 1 avoir l'avantage, dominer, l'emporter, prédominer, primer, supplanter, surpasser, triompher 2 pron. a neutre ou fav. : alléguer, faire valoir, tirer avantage/parti b non fav. : se draper dans, s'enorgueillir, faire grand bruit/grand cas de, se flatter, se glorifier, se targuer, tirer vanité, triompher

prévaricateur, trice → **profiteur**

prévarication n.f. 1 → **trahison** 2 → **malversation**

prévariquer → **voler**

prévenance(s) n.f. → **égard(s)**

prévenant, e affable, agréable, aimable, attentionné, avenant, complaisant, courtois, déférent, empressé, gentil, obligeant, poli, serviable

prévenir 1 au pr. a neutre : détourner, devancer, empêcher, éviter, obvier à, parer, précéder, préserver b non fav. : indisposer, influencer 2 par ext. : alerter, annoncer, avertir, aviser, crier casse-cou, dire, donner avis, faire savoir, informer, instruire, mettre au courant/au parfum (fam.)/en garde

préventif, ive 1 → **prophylactique** 2 → **préservatif**

prévention n.f. 1 antipathie, défiance, grippe, parti pris → **préjugé** 2 arrestation, détention, emprisonnement, garde à vue 3 → **prophylaxie**

préventorium n.m. → **hôpital**

prévenu, e accusé, cité, inculpé, intimé (vx)

prévisible → **probable**

prévision n.f. 1 l'action de prévoir : anticipation, clairvoyance, connaissance, divination, prescience, pressentiment, prévoyance 2 ce qu'on prévoit. a au pr. : calcul, conjecture, croyance, hypothèse, probabilité, pronostic, supposition b budget, devis, étude, plan, programme, projet c par ext. : attente, espérance, prédiction, présage, prophétie, vaticination (péj.)

prévoir anticiper, s'attendre à, augurer, calculer, conjecturer, décider, deviner, entrevoir, envisager, étudier, flairer, organiser, penser à tout, percer l'avenir, prédire, préparer, présager, pressentir, pronostiquer, prophétiser, vaticiner (péj.) → **imaginer**

prévoyance n.f. attention, clairvoyance, diligence, perspicacité, précaution, prévention, prudence, sagesse

prévoyant, e attentionné, avisé, clairvoyant, diligent, inspiré, perspicace, précautionneux, prudent, sage

prie-dieu n.m. agenouilloir

prier 1 au pr. : adorer, s'adresser à, s'agenouiller, crier vers, invoquer 2 par ext. a adjurer, appeler, conjurer, demander, implorer, insister, presser, réclamer, requérir, solliciter, supplier b convier, inviter

prière n.f. 1 au pr. : acte, cri, demande, déprécation, dévotion, éjaculation (vx), élévation, intercession, invocation, litanie, méditation, mouvement de l'âme, neuvaine, obsécration, oraison, orémus, patenôtre, pèlerinage, retraite 2 formes chrétiennes : absoute, adoration, angélus, bénédicité, bréviaire, canon, cantique, chapelet, chemin de croix, complies, confiteor, credo, de profundis, doxologie, grâces, heures, laudes, matines, mémento, messe, none, offertoire, oraison dominicale/jaculatoire, pater, préface, psaume, rosaire, salut, salutation angélique, salve regina, sanctus, secrète, sexte, te deum, ténèbres, tierce, vêpres 3 par ext. a adjuration, appel, conjuration, imploration, instance, requête, supplication, supplique b invitation, sollicitation

prieur n.m. abbé, bénéficier, doyen, supérieur

prieure n.f. mère abbesse/supérieure

prieuré n.m. abbaye, bénéfice, chapellenie, cloître, couvent, doyenné, église, monastère, moutier

prima donna n.f. diva → **chanteuse**

primaire élémentaire, premier, primitif → **simple**

primate n.m. 1 lémurien, simien → **hominidé** 2 fig. → **rustaud**

primauté n.f. → **supériorité**

prime n.f. 1 → **gratification** 2 → **récompense**

prime adj. → **premier**

primer 1 v. intr. : dominer, l'emporter, gagner sur, prévaloir 2 v. tr. → **surpasser**

primerose n.f. → **rose**

primesautier, ère → **spontané**

primeur n.f. 1 au sing. : commencement, étrenne, fraîcheur, nouveauté 2 au pl. a → **prémices** b vx : hâtiveau

primitif, ive 1 ancien, archaïque, archéen 2 brut, initial, originaire, original, originel, premier, primaire 3 élémentaire, fruste, grossier, inculte, naïf, naturel, rudimentaire, rustique, rustre, simple 4 → **sauvage**

primitivement à l'origine

primordial, e 1 premier, primitif 2 capital, essentiel, important, indispensable, initial, liminaire, nécessaire, obligatoire, premier → **principal**

prince n.m. 1 au pr. a chef d'État, empereur, majesté, monarque, roi, souverain b altesse, archiduc, cardinal, dauphin, diadoque, dom, don, excellence, évêque, grâce, grand d'Espagne, grand-duc, grandeur, hospodar, infant, kronprinz, landgrave, maharadjah, margrave, monseigneur, monsieur, rajah, rhingrave, sultan 2 par ext. : maître, seigneur

princeps original, premier

princesse n.f. altesse, archiduchesse, dauphine, grande-duchesse, infante, Madame, Mademoiselle, rani, sultane

princier, ère fastueux, luxueux, somptueux

principal, e 1 adj. : capital, cardinal, central, décisif, dominant, élémentaire, essentiel, fondamental, grand, important, indispensable, maître, maîtresse, prédominant, prééminent, primordial, sérieux, vital, vrai 2 nom. a base, but, centre, chef, cheville, clé, clou, corps, fait, fonds, gros, point, quintessence, substance, tout, vif b directeur, proviseur, régent (vx), supérieur

principalement avant tout, essentiellement, fondamentalement, grandement, par-dessus tout, particulièrement, primordialement, singulièrement, substantiellement, surtout, tout d'abord, vraiment

principe n.m. 1 au pr. a agent, âme, archée (vx), archétype, auteur, axe, cause, centre, commencement, créateur, début, départ, esprit, essence, facteur, ferment, fondement, idée, origine, pierre angulaire, raison, source b abc, axiome, base, convention, définition, doctrine, donnée, élément, hypothèse, postulat, prémisse, rudiment, unité 2 par ext. a dogme, loi, maxime, norme, opinion, précepte, règle, système, théorie b catéchisme, morale, philosophie, religion 3 **en principe :** théoriquement

printanier, ère clair, frais, gai, jeune, neuf, nouveau, vernal, vif

printemps n.m. 1 au pr. : renouveau, reverdie (vx) 2 fig. → **jeunesse**

prioritaire → **pressant**

priorité n.f. 1 antécédence, antériorité, avantage, précellence, préemption, primauté, primeur, privilège 2 impératif, nécessité, obligation → **devoir**

pris, e → **occupé**

prise n.f. 1 au pr. : butin, capture, conquête, opines, proie 2 coup de filet, enlèvement, occupation, rafle 3 caillage, coagulation, durcissement, gel, solidification 4 → **étreinte** 5 a **prise de bec :** dispute, querelle b **prise de tabac :** pincée c **avoir prise :** action, barre, emprise, moyen d **être aux prises** → **lutter** e **prise en compte :** assomption → **revendication**

priser 1 apprécier, donner du prix, estimer, faire cas 2 du tabac : aspirer, humer, pétuner, prendre

prisme n.m. 1 parallélépipède, polyèdre 2 dispersion, réfraction, spectre

prison n.f. 1 au pr. : cellule, centrale, centre / établissement pénitentiaire, chambre de sûreté, dépôt, fers, forteresse, geôle, maison d'arrêt / centrale / de correction / de force / de justice / pénitentiaire / de redressement, salle de police, pénitencier → **bagne, cachot** 2 arg. : bal, ballon, bloc, boîte, cabane, cage, caisse, carlingue, case, clou, gnouf, mitard, mite, ombre, placard, plan, planque, ratière, taule, trou, violon 3 ergastule, latomies, plombs 4 détention, emprisonnement, liens (litt.), prévention, réclusion

prisonnier, ère 1 au pr. : détenu, interné, réclusionnaire → **captif** 2 par ext. : bagnard, déporté, esclave, otage, reclus, relégué, séquestré, transporté (vx) 3 arg. : taulard

privation n.f. 1 absence, confiscation, défaut, manque, perte, restriction, suppression, vide 2 par ext. a abstinence, ascétisme, continence, dépouillement, jeûne, macération, renoncement, sacrifice b non fav. :aliénation, besoin, frustration, gêne, indigence, insuffisance, misère, pauvreté → **souffrance** c fam. : ballon, brosse, ceinture, tintin, tringle

privatisation n.f. dénationalisation, désétatisation

privatiser dénationaliser, désétatiser

privauté n.f. 1 familiarité, liberté, sans-gêne 2 → **caresse**

privé, e 1 individuel, intime, libre, particulier, personnel 2 **à titre privé :** incognito, officieux 3 vx : apprivoisé, domestique 4 appauvri, carencé, déchu, démuni, dénué, dépossédé, dépouillé, dépourvu, déshérité, frustré, sevré

priver 1 quelqu'un de sa liberté : asservir, assujettir, ôter 2 quelqu'un de quelque chose : appauvrir, carencer, démunir, déposséder, dépouiller, déshériter, enlever, frustrer, ravir, sevrer, spolier, voler 3 par ext. : empêcher, interdire 4 v. pron. : s'abstenir, se faire faute de, renoncer à

privilège n.m. apanage, attribution, avantage, bénéfice, concession, droit, exclusivité, exemption, faveur, franchise, honneur, immunité, indult (relig.), monopole, passe-droit, pouvoir, prébende, préférence, prérogative → **sinécure**

privilégié, e 1 avantagé, choisi, élu, favori, favorisé, fortuné, heureux, gâté, nanti, pourvu, préféré, préférentiel, riche 2 au pl. : aristocratie, establishment, nomenklatura

privilégier → **favoriser**

prix n.m. 1 au pr. a cherté, cotation, cote, cours, coût, estimation, évaluation, montant, taux, valeur b coupe, couronne, diplôme, médaille, oscar, récompense 2 par ext. a addition, bordereau, devis, étiquette, facture, mercuriale, tarif b contrepartie, rançon → **compensation** 3 **prix coûtant :** sans → **bénéfice**

probabilité n.f. apparence, chance, conjecture, perspective, plausibilité, possibilité, prévisibilité, prospective, viabilité, vraisemblance

probable apparent, calculable, plausible, possible, prévisible, vraisemblable

probablement → **peut-être**

probant, e certain, concluant, convaincant, décisif, démonstratif, éloquent, entraînant, évident, indéniable, indiscutable, logique, péremptoire, sans réplique

probation n.f. 1 → **délai** 2 → **preuve**

probe 1 comme il faut, délicat, digne, droit, fidèle, honnête, incorruptible, intact, intègre, juste, loyal, moral, pur, respectable, vertueux 2 mot angl. ◆ nucl. off. : fusée-sonde

probité n.f. conscience, délicatesse, droiture, fidélité, honnêteté, incorruptibilité, intégrité, justice, loyauté, morale, moralité, prud'homie (vx), rectitude, vertu

problématique aléatoire, ambigu, chanceux (fam.), conjectural, difficile, douteux, équivoque, hypothétique, incertain, suspect

problème n.m. question → **difficulté**

procédé n.m. 1 neutre : allure, attitude, comportement, conduite, déportement (vx), dispositif, façon, formule, manière, marche, martingale, méthode, moyen, pratique, procédure, recette, secret, style, truc 2 non fav. a sing. ou pl. : artifice, bric-à-brac, cliché, convention, ficelle b pl. : agissements, errements

procéder 1 au pr. a agir, se conduire b avancer, débuter, marcher, opérer 2 procéder de : découler, dépendre, dériver, émaner, s'ensuivre, partir, provenir, tirer son origine, venir 3 procéder à : célébrer, faire, réaliser

procédure n.f. 1 au pr. : action, instance, instruction, poursuite, procès, référé 2 par ext. a chicane, complication, querelle, quérulence b paperasserie

procédurier, ère → **processif**

procès n.m. 1 affaire, audience, cas, cause, débats, litige, litispendance → **procédure** 2 **on fait le procès de :** accuser, attaquer, condamner, critiquer, mettre en cause, vitupérer

processif, ive chicaneur, chicanier, litigieux (vx), procédurier, quérulent

procession n.f. cérémonie, cortège, défilé, file, marche, pardon, queue, suite, théorie, va-et-vient

processus n.m. développement, évolution, fonction, marche, mécanisme, procès, progrès, prolongement, suite

procès-verbal n.m. 1 au pr. : acte, compte rendu, constat, rapport, recès, relation 2 par ext. : amende, contravention

prochain n.m. alter ego, autrui, les autres, semblable

prochain, e 1 dans l'espace : aboutant (québ.), adhérent (vx), adjacent, à touche-touche, attenant, avoisinant, circonvoisin, contigu, environnant, joignant, jouxtant, limitrophe, proche, rapproché, touchant, voisin 2 dans le temps : futur, immédiat, imminent, proche, rapproché

prochainement → **bientôt**

proche 1 adj. → **prochain** 2 n.m. → **parent** 3 adv. → **près**

proclamation n.f. 1 avis, ban (vx), déclaration, décret, dénonciation, divulgation, édit, promulgation, publication, rescrit 2 appel, manifeste, profession de foi, programme

proclamer affirmer, annoncer, bannir (vx), chanter (péj.), clamer, confesser, crier, déclarer, dénoncer, dévoiler, divulguer, ébruiter, énoncer, professer, prononcer, publier, reconnaître, révéler

procrastination n.f. → **indétermination**

procréateur, trice → **parent**

procréation n.f. accouchement, enfantement, formation, génération, mise au jour / au monde, parturition, production, reproduction

procréer accoucher, créer, donner le jour, enfanter, engendrer, former, mettre au jour / au monde, produire

procuration n.f. mandat, pouvoir

procurer 1 quelqu'un procure : assurer, donner, envoyer, faire obtenir, fournir, livrer, ménager, moyenner (vx), munir, nantir, pourvoir, prêter, trouver 2 quelque chose procure : attirer, causer, faire arriver, mériter, occasionner, offrir, produire, provoquer, valoir 3 v. pron. : acquérir, se concilier, conquérir, se ménager, obtenir, quérir, racoler, recruter

procureur n.m. avocat général, magistrat, ministère public, substitut ◆ relig. → **trésorier**

prodigalité n.f. 1 au pr. : bonté, désintéressement, générosité, largesse, libéralité 2 par ext. : abondance, dépense, dissipation, exagération, excès, gâchis, gaspillage, luxe, orgie, profusion, somptuosité, surabondance

prodige n.m. 1 quelque chose. a merveille, miracle, phénomène, signe b chef-d'œuvre 2 quelqu'un : génie, phénomène, virtuose → **phénix**

prodigieux, euse admirable, colossal, confondant, considérable, épatant, époustouflant, étonnant, extraordinaire, fabuleux, faramineux (fam.), génial, gigantesque, magique, merveilleux, miraculeux, mirobolant, monstre, monstrueux, phénoménal, prestigieux, pyramidal, renversant, surnaturel, surprenant

prodigue 1 nom ◆ non fav. : dilapidateur, dissipateur, gaspilleur, mange-tout (vx) ◆ fam. : bourreau d'argent, croqueur, panier percé 2 adj. a fav. ou neutre : bon, charitable, désintéressé, fastueux, généreux, large, libéral, somptueux b non fav. : dépensier, désordonné 3 **prodigue en :** abondant, fécond, fertile, prolixe

prodiguer 1 non fav. : consumer, dilapider, dissiper, gâcher, gaspiller, jeter à pleines mains 2 fav. ou neutre. a quelqu'un prodigue : accorder, dépenser, déployer, distribuer, donner, épancher, exposer, montrer, répandre, sacrifier, verser b quelque chose prodigue : abonder en, donner à profusion, regorger de 3 v. pron. : se consacrer, se dépenser, se dévouer

prodrome n.m. 1 avant-coureur, message, messager, signe, symptôme → **préliminaire** 2 → **préface**

producteur, trice 1 au pr. : auteur, créateur, initiateur, inventeur 2 par ext. : agriculteur, cultivateur, éleveur, fournisseur, industriel

productif, ive créateur, fécond, fertile, fructueux → **profitable**

production n.f. 1 l'action de produire : apparition, création, éclosion, enfantement, fabrication, génération, genèse, mise en chantier / en œuvre, venue 2 ce qui est produit. a écrit, film, œuvre, ouvrage, pièce b croît, fruit, produit, rendement, résultat c activité, besogne, ouvrage, travail d exhibition, performance, spectacle e dégagement, émission, formation

productivité n.f. → **rendement**

produire 1 au pr. a un document : déposer, exhiber, exhumer, fournir, montrer, présenter b un argument : administrer, alléguer, apporter, invoquer, mettre en avant c un témoin : citer, faire venir, introduire 2 par ext. a quelqu'un ou quelque chose produit : amener, apporter, causer, composer, concevoir, confectionner, créer, cultiver, déterminer, donner le jour / naissance / la vie, élaborer, enfanter, engendrer, fabriquer, faire, faire fructifier / naître / venir, forger, manufacturer, obtenir, occasionner, préparer, provoquer, sortir, tirer de b quelque chose produit : abonder en, donner, fournir, fructifier, porter, rapporter, rendre c vx : grener, jeter d quelque chose produit sur quelqu'un : agir, exercer, frapper, marquer, provoquer 4 techn. : dégager, émettre, exhaler, former 3 v. pron. a on se produit : apparaître, se donner en spectacle, s'exhiber, se mettre en avant/en vedette, se montrer, venir b quelque chose se produit : s'accomplir, advenir, arriver, avoir lieu, se dérouler, échoir, intervenir, s'offrir, s'opérer, se passer, se présenter, surgir, survenir, se tenir, tomber

produit n.m. 1 au pr. : bénéfice, croît, cuvée, fruit, gain, production, profit, rapport, recette, récolte, rendement, rente, résultat, revenu, usufruit 2 par ext. a aliment, denrée, marchandise b clone, enfant, progéniture, race, rejeton 3 fig. : conséquence, effet, résultante, résultat, suite

proéminence n.f. mamelon, saillie → **protubérance**

proéminent, e apparent, arrondi, ballonné, bossu, en avant, en relief, gonflé, gros, haut, protubérant, renflé, saillant, turgescent, turgide, vultueux

profanateur, trice → **vandale**

profanation n.f. abus, avilissement, blasphème, dégradation, irrespect, irrévérence, outrage, pollution, sacrilège, vandalisme, viol, violation

profane nom et adj. 1 au pr. : laïc, mondain, séculier, temporel 2 par ext. a neutre : étranger, ignorant, novice b non fav. : béotien, bourgeois, philistin

profaner avilir, déflorer, dégrader, dépraver, désacraliser, dévirginiser, polluer, salir, souiller, violer

proférer 1 articuler, déclarer, dire, émettre, exprimer, jeter, pousser, prononcer 2 péj. : blasphémer, cracher, débagouler, éructer, exhaler, vomir

professer 1 → **déclarer** 2 → **pratiquer** 3 → **enseigner**

professeur n.m. → **maître**

profession n.f. 1 a art, carrière, charge, emploi, état, fonction, gagne-pain, métier, occupation, partie, qualité, situation, spécialité ♦ vx : parti, vacation b au pl. : secteur tertiaire 2 affirmation, confession, credo, déclaration, manifeste → **proclamation**

professionnel, le → **spécialiste**

professoral, e → **pédant**

professorat n.m. → **enseignement**

profil n.m. 1 au pr. : contour, ligne, linéament, modénature (arch.) 2 par ext. a aspect, silhouette b figure, portrait, visage

profiler 1 caréner, découper, dessiner, projeter, représenter, tracer 2 v. pron. : apparaître, se découper, se dessiner, paraître, se projeter, se silhouetter

profit n.m. 1 accroissement, acquêt, aubaine, avantage, bénéfice, bien, butin, casuel, conquête, émolument, enrichissement, excédent, faveur, fruit, gain, intérêt, lucre (péj.), parti, prébende, progrès, récolte, revenant-bon, surplus, traitement, utilité 2 fam. : chape-chute (vx), gâteau, gratte, pelote, resquille, tour de bâton 3 **au profit de :** au bénéfice/en faveur/à l'intention/dans l'intérêt/dans l'utilité de

profitable assimilable, avantageux, bénéfique, bon, économique, efficace, enrichissant, expédient (vx), fructueux, gratifiant, juteux (fam.), lucratif, payant, productif, rémunérateur, rentable, sain, salutaire, salvateur, utile

profiter 1 on profite de quelque chose : bénéficier de, exploiter, jouir de, se servir de, spéculer sur, tirer parti de, utiliser 2 on profite en : s'accroître, apprendre, avancer, croître, grandir, grossir, progresser, prospérer 3 par ext. → **rapporter**

profiteur, euse accapareur, affameur, agioteur, exploiteur, fricoteur, mercantile, prébendier, prévaricateur, sangsue, spéculateur, spoliateur, trafiquant, usurier ♦ vx : traitant

profond, e 1 au pr. : bas, creux, encaissé, enfoncé, grand, insondable, lointain 2 par ext. : abyssal, caverneux, épais, grave, gros, obscur, sépulcral 3 fig. : abstrait, abstrus, aigu, ardent, beau, calé (fam.), complet, difficile, élevé, ésotérique, essentiel, éthéré, extatique, extrême, foncier, fort, grand, haut, immense, impénétrable, intelligent, intense, intérieur, intime, métaphysique, mystérieux, organique, pénétrant, perspicace, puissant, savant, secret

profondément 1 à fond, bien, loin, tout à fait, tout au fond 2 → **complètement**

profondeur n.f. 1 au pr. : dimension, distance, étendue, importance, mesure 2 par ext. : abysse, creux, enfoncement, épaisseur, fond, hauteur, largeur, lointain, longueur, perspective 3 fig. : abstraction, acuité, ardeur, beauté, difficulté, élévation, ésotérisme, extase, extrémité, force, grandeur, hauteur, immensité, impénétrabilité, intelligence, intensité, intériorité, intimité, mystère, pénétration, perspicacité, plénitude, puissance, science, secret

profus, e → **abondant**

profusion n.f. 1 abondance, ampleur, débauche, débordement, démesure, encombrement, étalage, excès, festival, flot, foison, foisonnement, foule, largesse, libéralité, luxe, luxuriance, masse, multiplicité, orgie, prodigalité, pullulement, superflu, superfluité, surabondance 2 **à profusion :** à foison, à gogo, en pagaille

progéniture n.f. descendance, enfants, famille, fils, génération, héritier, petit, produit, race, rejeton

programme n.m. 1 au pr. : affiche, annonce, ordre du jour, prospectus 2 algorithme, didacticiel, donnée, encodage, instruction, listage, listing, logiciel, multiprogrammation, processeur, progiciel, programmation, règles → **informatique** 3 par ext. : calendrier, cursus, dessein, emploi du temps, éphéméride, horaire, indicateur, ordre du jour, plan, planification, planning, plate-forme, prévision, projet, protocole, schéma, schème

programmer 1 établir, lister → **adapter** 2 coder, encoder

programmeur, euse par ext. : analyste, claviste

progrès n.m. 1 au pr. : accroissement, aggravation (péj.), amélioration, amendement (vx), approfondissement, ascension, augmentation, avancement, cheminement, croissance, développement, épanouissement, essor, évolution, gain, marche, maturation, montée, mouvement, perfectionnement, procès, processus, progression, propagation 2 acculturation, alphabétisation, avance, civilisation, expansion, marche en avant, modernisme, plus-être, technique, technologie

progresser 1 au pr. : aller, avancer, cheminer → **marcher** 2 par ext. : s'accroître, s'améliorer, s'amender, croître, se développer, s'étendre, être en/faire des progrès, évoluer, gagner, monter, mûrir, se perfectionner 3 péj. : s'aggraver, empirer

progressif, ive adapté, ascendant, calculé, croissant, graduel, modéré, modulé, normalisé, prévu, régulier, rythmé, tempéré

progression n.f. 1 accroissement, acheminement, ascendance, ascension, augmentation, avance, avancée, courant, cours, croissance, développement, évolution, gradation, marche, mouvement, raison (math.), succession, suite 2 → **marche** 3 → **progrès**

progressisme n.m. avant-gardisme, réformisme → **socialisme**

progressiste nom et adj. à gauche, avant-gardiste, gauchiste, novateur, réformiste → **socialiste**

progressivement graduellement

progressivité n.f. → **régulation**

prohibé, e censuré, défendu, en contrebande, illégal, illicite, interdit, tabou

prohiber censurer, condamner, défendre, empêcher, exclure, inhiber, interdire, proscrire

prohibitif, ive 1 au pr. : dirimant 2 par ext. : abusif, arbitraire, exagéré, excessif

prohibition n.f. censure, condamnation, défense, inhibition, interdiction, interdit, proscription

proie n.f. 1 au pr. : butin, capture, dépouille, opimes, prise 2 par ext. : esclave, jouet, pâture, victime

projecteur n.m. phare, réflecteur, scialytique, spot, sunlight

projectile n.m. 1 au pr. : balle, bombe, boulet, cartouche, fusée, mitraille, obus, roquette, torpille 2 arg. : bastos, berlingot, dragée, mouche, olive, pastille, praline, prune, pruneau, volante

projection n.f. 1 → **jet** 2 → **représentation**

projet n.m. 1 au pr. : canevas, carton, dessin, devis, ébauche, esquisse, étude, maquette, métré, planning, programme, schéma, topo → **plan** 2 par ext. a neutre : but, calcul, conseil (vx), dessein, entreprise, idée, intention, pensée, résolution, spéculation, vue b non fav. : combinaison, combine, complot, conspiration, machination, préméditation, utopie

projeter 1 au pr. : éjecter, envoyer, expulser, jeter, lancer 2 fig. : cracher, vomir 3 comploter, conspirer, ébaucher, esquisser, étudier, faire/former des projets, gamberger (arg.), méditer, penser, préméditer, préparer, se proposer de, rouler dans sa tête, songer à, tirer des plans

prolapsus n.m. abaissement, chute, descente, distension, ptose, relâchement → **hernie**

prolégomènes n.m. pl. introduction, préface, prémisses, principes, propositions

prolepse n.f. anticipation, objection, prénotion, réfutation

prolétaire nom et adj. indigent, ouvrier, pauvre, paysan, plébéien, salarié, travailleur ♦ fam. : lampiste, smicard

prolétariat n.m. → **peuple**

prolétarien, ne → **populaire**

prolifération n.f. → **reproduction**

proliférer apparaître, engendrer, envahir, foisonner, se multiplier, procréer, produire, pulluler, se reproduire

prolifique envahissant, fécond, fertile, foisonnant, générateur, productif, prolifère, reproducteur

prolixe bavard, diffus, expansif, exubérant, long, loquace, oiseux, profus (vx), rasoir (fam.), verbeux

prolixité n.f. bavardage, diffusion, exubérance, faconde, longueur, loquacité

prologue n.m. 1 → **préface** 2 → **préliminaire** 3 → **prélude**

prolongation n.f. allongement, augmentation, continuation, délai, prorogation, suite, sursis

prolongement n.m. accroissement, allongement, appendice, conséquence, continuation, développement, extension, rebondissement, suite

prolonger accroître, allonger, augmenter, continuer, développer, étendre, éterniser, faire durer/traîner, poursuivre, pousser, proroger

promenade n.f. 1 l'acte. a au pr. : circuit, course, croisière, échappée, errance, excursion, flâne, flânerie, musardise, randonnée, tour, voyage b fam. : baguenaude, balade, déambulation, vadrouille, virée 2 le lieu : allée, avenue, boulevard, cours, galerie, jardin, mail, parc, promenoir

promener 1 → **mener** 2 → **porter** 3 → **retarder** 4 → **tromper** 5 **envoyer promener** → **repousser** 6 v. pron. : se balader (fam.), cheminer, circuler, déambuler, errer, flâner, marcher, musarder, prendre l'air, sortir, vadrouiller, voyager

promeneur, euse flâneur, marcheur, passant

promenoir n.m. arcades, cloître, clos, déambulatoire, galerie, préau → **promenade**

promesse n.f. 1 au pr. a neutre : assurance, déclaration, engagement, foi, protestation, serment, vœu b non fav. : serment d'ivrogne, surenchère 2 jurid. : billet, contrat, convention, engagement, pollicitation, sous-seing privé 3 par ext. a fiançailles b annonce, espérance, signe, vent

prometteur, euse aguichant, aguicheur, encourageant, engageant

promettre 1 au pr. : assurer, certifier, donner sa parole, s'engager, gager (vx), jurer, s'obliger 2 par ext. a affirmer, assurer, faire briller/espérer/miroiter b annoncer, laisser prévoir, prédire, présager, vouer

promis, e fiancé

promiscuité n.f. assemblage, confusion, coudoiement, familiarité, mélange, mitoyenneté, pêle-mêle, voisinage

promontoire n.m. avancée, belvédère, cap, éminence, falaise, hauteur, pointe, saillie

promoteur, trice 1 animateur, auteur, cause, centre, créateur, excitateur, initiateur, innovateur, inspirateur, instigateur, organisateur, pionnier, point de départ, précurseur, protagoniste, réalisateur 2 partic. : activeur, excitateur

promotion n.f. 1 au pr. : accession, avancement, élévation, émancipation, mouvement, nomination, reclassement 2 par ext. : année, classe, cuvée (fam.)

promotionnel, le publicitaire

promouvoir 1 bombarder (fam.), élever, ériger, faire avancer, mettre en avant, nommer, porter, pousser, reclasser 2 animer, encourager, favoriser, provoquer, soutenir

prompt, e 1 fav. ou neutre : actif, adroit, agile, allègre, avisé, bref, chaud, court, diligent, empressé, fougueux, immédiat, impétueux, leste, pétulant, preste, rapide, soudain, vif 2 non fav. : brusque, coléreux, emporté, expéditif, hâtif, impérieux, irascible, ombrageux, soupe au lait (fam.), susceptible

promptement 1 → **vite** 2 fam. : à fond de train, presto

promptitude n.f. activité, agilité, célérité, dextérité, diligence, empressement, fougue, hâte, impétuosité, pétulance, prestesse, rapidité, vitesse, vivacité

promulgation n.f. → **publication**

promulguer décréter, divulguer, édicter, émettre, faire connaître/savoir, publier

prône n.m. discours, enseignement, homélie, prêche → **sermon**

prôner affirmer, assurer, célébrer, faire connaître, louer, prêcher, préconiser, proclamer, publier, vanter

pronom n.m. démonstratif, indéfini, interrogatif, personnel, possessif, relatif, substitut

prononcé, e 1 accentué, accusé, marqué, souligné, visible 2 arrêté, ferme, formel, irréversible, irrévocable, résolu

prononcer 1 au pr. : articuler, dire, émettre, énoncer, exprimer, formuler, proférer 2 affirmer, arrêter, déclarer, décréter, formuler, infliger, juger, ordonner, rendre 3 de façon particulière. a fav. ou neutre : accentuer, appuyer, chuchoter, débiter, déclamer, détacher, détailler, faire sentir/sonner, marquer, marteler, psalmodier, réciter, scander b non fav. : avaler ses mots, bafouiller, balbutier, bégayer, bléser, bredouiller, chuinter, escamoter ses mots, grasseyer, mâchonner, manger ses mots, nasiller, zézayer, zozoter 4 v. pron. : choisir, conclure à, se décider, se déterminer, se résoudre

prononciation n.f. 1 fav. ou neutre : accent, accentuation, articulation, débit, élocution, façon/manière de prononcer, iotacisme, lambdacisme, phrasé, prononcé, rhotacisme 2 non fav. : balbutiement, bégaiement, blèsement, blésité, bredouillement, chuintement, grasseyement, lallation, nasillement, nasonnement, zézaiement

pronostic n.m. annonce, apparence, conjecture, jugement, prédiction, présage, prévision, prophétie, signe ◆ vx : almanach

pronostiquer annoncer, conjecturer, juger, prédire, présager, prévoir, prophétiser

pronunciamiento n.m. coup d'État, manifeste, proclamation, putsch, rébellion, sédition

propagande n.f. campagne, croisade, endoctrinement, intoxication, matraquage, persuasion, propagation, prosélytisme, publicité, racolage, retape ◆ péj. : attrape-nigaud, battage, blablabla, bourrage de crâne, tam-tam

propagandiste nom et adj. → **propagateur**

propagateur, trice apôtre, diffuseur, divulgateur, doctrinaire, évangélisateur, missionnaire, propagandiste, prosélyte, rabatteur, révélateur

propagation n.f. 1 neutre : augmentation, communication, circulation, développement, diffusion, dispersion, dissémination, éparpillement, expansion, extension, généralisation, marche, mise en mouvement, multiplication, progrès, progression, rayonnement, reproduction, vulgarisation 2 non fav. : aggravation, contagion, contamination, épidémie, invasion, irradiation, métastase (méd.), nuisance, transmission 3 apostolat, propagande, prosélytisme

propager 1 colporter, communiquer, diffuser, disséminer, divulguer, enseigner, faire accepter/connaître/courir/savoir, multiplier, populariser, prêcher, prôner, publier, répandre, reproduire 2 pron. : s'accréditer, augmenter, circuler, courir, déferler, s'étendre, gagner, irradier

propension n.f. disposition, inclination, naturel, penchant, pente, tempérament, tendance

prophète, prophétesse augure, devin, gourou, mahdi, messie, nabi, pythonisse, starets, vaticinateur, voyant

prophétie n.f. annonce, conjecture, inspiration, oracle, prédiction, prévision, songe, vaticination → **divination**

prophétique annonciateur, avant-coureur, conjectural, divinateur, inspiré, messianique, préliminaire

prophétiser annoncer, conjecturer, deviner, faire des oracles, prédire, prévoir, vaticiner

prophylactique antiseptique, assainissant, hygiénique, préservatif, préventif, protecteur

prophylaxie n.f. antisepsie, asepsie, assainissement, hygiène, précaution, préservation, prévention, protection

propice amical, à-propos, beau, bénin, bien, bien disposé, bienfaisant, bienséant, bon, convenable, favorable, opportun, propitiatoire, propre, salutaire, utile

propitiation n.f. → **sacrifice**

propitiatoire → **propice**

proportion n.f. 1 accord, analogie, beauté, comparaison, convenance, correspondance, dimension, dose, équilibre, eurythmie, harmonie, justesse, médiane, mesure, modénature (arch.), moyenne, pourcentage, rapport, régularité, symétrie 2 a **à proportion de :** à l'avenant/mesure/raison, proportionnellement, suivant b **en proportion de :** au prorata, en comparaison, en raison, eu égard, relativement, selon, suivant

proportionné, e 1 quelqu'un : assorti, beau, bien balancé/baraqué (fam.)/bâti/fait/fichu (fam.)/foutu (fam.)/moulé/pris/roulé (fam.)/taillé, convenable, en harmonie, équilibré, harmonieux, mesuré, pondéré, régulier 2 quelque chose : au prorata, corrélatif, en rapport, logique, symétrique

proportionnel, le ad valorem, au prorata, en rapport, relatif

proportionnellement au prorata, comparativement, convenablement, harmonieusement, régulièrement, relativement

proportionner accommoder, approprier, assortir, calculer, dimensionner, doser, équilibrer, établir, mélanger, mesurer, mettre en état, moduler, préparer, rapporter, répartir

propos n.m. 1 au pr. : but, dessein, intention, pensée, résolution 2 par ext. a matière, objet, sujet, thème b badinage, badinerie, bagatelle, baliverne, balourdise, banalité, baratin (fam.), bavardage, bêtise, blablabla, blague, boniment, boutade, bruit, cajolerie, calembredaine, calomnie, chanson, cochonnerie, commentaire, commérage, conversation, dire, discours, dit, douceurs, entretien, fadaise, faribole, gaillardise, galanterie, gaudriole, gauloiserie, grivoiserie, histoire, insanité, insinuation, médisance, obscénité, papotage, parole, phrase, polissonnerie, qu'en-dira-t-on, saleté, sottise, trait, turlutaine, vantardise, vilenie 3 a **à propos de :** à l'occasion de, concernant, relatif à b **à tout propos :** à chaque instant, à tous les coups, à tout bout de champ c **mal à propos :** à contretemps, de façon/manière inopportune/intempestive, hors de saison, sans raison/sujet d **bien à propos :** à pic, à point, à point nommé, à temps, au poil (fam.), opportunément, pile e **être à propos de/que :** bon, convenable, expédient, juste, opportun

proposer 1 avancer, conseiller, faire une proposition, mettre en avant, offrir, présenter, soumettre 2 pron. → **projeter**

proposition n.f. 1 au pr. : marché, offre, ouverture, ultimatum (péj.) 2 jurid. : loi, motion, projet, résolution 3 par ext. a dessein, intention b conseil, initiative 4 logique : affirmation, allégation, aphorisme, assertion, axiome, conclusion, conversion, corollaire, démonstration, énoncé, expression, hypothèse, jugement, lemme, maxime, négation, paradoxe, postulat, précepte, prémisse, principe, théorème, thèse

propre n.m. apanage, distinction, individualité, particularité, propriété, qualité, signe, spécificité

propre 1 adéquat, ad hoc, approprié, apte, bon, capable, congru, convenable, de nature à, étudié/fait pour, habile à, idoine, juste, prévu 2 distinctif, exclusif, individuel, intrinsèque, particulier, personnel, spécial, spécifique 3 à la lettre, littéral, même, textuel 4 astiqué, blanc, blanchi, clair, correct, débarbouillé, décent, décrassé, décrotté, élégant, entretenu, essuyé, frais, frotté, gratté, hygiénique, immaculé, lavé, lessivé, net, présentable, propret, pur, récuré, rincé, savonné, soigné, tenu 5 fam. : briqué, calamistré, nickel

proprement à propos, bien, convenablement, correctement, en fait, exactement, pratiquement, précisément, soigneusement, stricto sensu, véritablement

propreté n.f. 1 au pr. : clarté, décence, élégance, fraîcheur, netteté, pureté 2 par ext. a hygiène, soin, toilette b ménage, nettoyage, récurage

propriétaire n.m. et f. 1 actionnaire, bailleur, capitaliste, détenteur, hôte, locateur (vx), logeur, maître, possédant, possesseur, titulaire, vautour (péj.) ◆ fam. : proprio, taulier 2 vx : alleutier, locateur

propriété n.f. 1 l'acte : jouissance, possession, usage 2 au pr. : avoir, bien, bien-fonds, capital, domaine, exploitation, fazenda, ferme, habitation, hacienda, héritage, immeuble, latifundium, maison, manse (vx), monopole, patrimoine, ranch, terre, titre 3 attribut, caractère, essence, faculté, nature, particularité, pouvoir, puissance, qualité, vertu 4 adéquation, convenance, efficacité, exactitude, justesse, véridicité, vérité

propulser 1 → **jeter** 2 → **mouvoir**

propulseur n.m. booster, réacteur, statoréacteur, turbopropulseur, turboréacteur

propulsion n.f. effort, élan, force, poussée

prorata n.m. proportion, quote-part, quotité

prorogation n.f. ajournement, continuation, délai, moratoire, prolongation, renouvellement, renvoi, sursis, suspension

proroger accorder un délai/une prorogation, ajourner, atermoyer, faire durer/traîner, prolonger, remettre, renvoyer, repousser, retarder, suspendre

prosaïque banal, bas, commun, grossier, matériel, ordinaire, simple, terre à terre, trivial, vulgaire

prosaïsme n.m. → **platitude**

prosateur n.m. → **écrivain**

proscription n.f. bannissement, élimination, éviction, exil, expulsion, interdiction, interdit, ostracisme, répression

proscrire 1 au pr. : bannir, chasser, éliminer, éloigner, exiler, expulser, faire disparaître, frapper de proscription, refouler, rejeter 2 par ext. : abolir, censurer, condamner, défendre, frapper d'interdit, interdire, mettre à l'index, prohiber, rejeter

proscrit, e → **banni**

prose n.f. → **texte**

prosélyte n.m. et f. 1 au pr. : adepte, catéchumène, converti, initié, néophyte, nouveau venu 2 par ext. : apôtre, disciple, fidèle, missionnaire, partisan, sectateur, zélateur

prosélytisme n.m. → **zèle**

prosodie n.f. déclamation, mélodie, métrique, règles, versification

prosopopée n.f. → **discours**

prospect n.m. off. : client (potentiel)

prospecter chercher, enquêter, étudier, examiner, parcourir, rechercher

prospecteur, trice → **explorateur**

prospection n.f. → **recherche**

prospective n.f. futurologie

prospectus n.m. affiche, annonce, avertissement, avis, brochure, dépliant, feuille, imprimé, papillon, programme, publicité, réclame, tract

prospère arrivé, beau, heureux, florissant, fortuné, nanti, pourvu, riche

prospérer avancer, croître, se développer, s'enrichir, s'étendre, faire ses affaires/son beurre (fam.), fleurir, marcher, se multiplier, progresser, réussir

prospérité n.f. 1 abondance, aisance, béatitude, bénédiction, bien-être, bonheur, chance, félicité, fortune, réussite, richesse, santé, succès, veine (fam.) 2 accroissement/augmentation des richesses, activité, développement, épanouissement, essor, pléthore, progrès

prosternation n.f. → **révérence**

prosterné, e 1 au pr. : agenouillé, baissé, courbé, incliné 2 fig. contrit, modeste, pieux, repentant, soumis, suppliant → **servile**

prosterner (se) [1] s'agenouiller, s'allonger, se coucher, se courber, s'étendre, fléchir le genou, s'incliner, se jeter à terre [2] s'abaisser, adorer, s'aplatir, faire amende honorable, flagorner, s'humilier

protestation n.f. [1] au pr. : assurance, déclaration, démonstration, promesse, témoignage [2] par ext. : appel, bougonnement, clameur, contre-pied, cri, criaillerie, critique, dénégation, désapprobation, grogne, grognement, grommellement, marmonnement, marmottement, murmure, objection, plainte, réclamation, refus, regimbement, réprobation, rogne, vitupération ♦ fam. : coup de gueule, gueulement, rouscaille, rouspétance, ruade

prostituée n.f. [1] vx et/ou litt. : belle-de-jour/-de-nuit, call-girl, cocotte, courtisane, créature, croqueuse, demi-mondaine, femme/fille de joie/légère/de mauvaise vie/de mauvaises mœurs/publique/de rien, geisha (partic.), gourgandine, gueuse, hétaïre, marchande d'amour/d'illusion, moukère (partic.), péripatéticienne, petit métier, professionnelle, raccrocheuse, racoleuse, ravageuse, ribaude, sirène [2] arg. et/ou péj. : allumeuse, arpenteuse, catin, coucheuse, coureuse, entôleuse, frangine, gagneuse, garce, gonzesse, gouge, grue, maquerelle, morue, poule, putain, pute, radasse, régulière, sœur, souris, tapin, tapineuse, traînée

prostituer [1] abaisser, avilir, corrompre, débaucher, dégrader, déshonorer, dévoyer, galvauder, livrer, mettre à l'encan, vendre [2] arg. : atteler, driver, maquer, maquereauter [3] v. pron. : arpenter, marcher, michetonner, tapiner, truquer, turbiner

prostitution n.f. [1] commerce/métier/trafic de ses charmes/de son corps, le plus vieux métier du monde, proxénétisme, traite (des blanches), trottoir [2] arg. ou fam. : abattage, asphalte, bitume, macadam, moulin, passe(s), racolage, rade, retape, tapin, trottoir, truc, turbin, turf

prostration n.f. abattement, accablement, anéantissement, dépression, effondrement, épuisement, faiblesse, hébétude, inactivité, langueur, léthargie

prostré, e abattu, accablé, anéanti, effondré, torpide

protagoniste n.m. et f. acteur, animateur, boute-en-train, initiateur, instigateur, interlocuteur, interprète, meneur, pionnier, promoteur

protecteur, trice [1] nom. [a] aide, ange gardien, appui, asile, bienfaiteur, champion, chevalier servant, conservateur, défenseur, gardien, libérateur, mécène, patron, père, providence, soutien, sponsor, support, tuteur [b] → **proxénète** [2] adj. [a] fav. → **tutélaire** [b] non fav. : condescendant, dédaigneux

protection n.f. [1] l'action. [a] au pr. : aide, appui, assistance, conservation, couverture, défense, esquive, garantie, garde, ombre, préservation, sauvegarde, secours, soutien, support, tutelle [b] relig. : auspices, baraka, bénédiction, égide, invocation, patronage [c] méd. : immunisation, immunité, prophylaxie [d] → **encouragement** [2] ce qui protège. [a] → **abri** [b] armure, bouclier, carapace, cuirasse, cuirassement, cuissard, gant, (gilet) pare-balles, masque, plastron, tablier [c] capuchon, cloche, couvercle, couverture, écran, enveloppe, fourreau, gaine, housse [d] antibois, bardage, blindage, clôture, étanchement, gabion, garde-fou, grillage, grille [e] paravent, portière, rideau, voilage [f] calorifugeage, insonorisation, isolation [g] garde-feu, pare-étincelles [h] bavolet (vx), garde-boue, pare-boue, pare-brise, pare-chocs, pare-clous, pare-soleil [i] → **parapluie** [j] bastion, boulevard, fortifications, glacis, pare-éclats, rempart [k] enduction → **revêtement** [l] paratonnerre [m] coupe-feu, pare-feu [n] équit. : émouchette

protégé, e client, créature (péj.), favori, pistonné

protéger [1] au pr. [a] abriter, accompagner, aider, armer, assister, assurer, barder, blinder, convoyer, couvrir, cuirasser, défendre, escorter, flanquer, fortifier, garantir, munir, ombrager, parer, préserver, sauvegarder, tauder (mar.), veiller à [b] enduire, peindre, vernir [c] calorifuger, insonoriser, isoler [d] épiner → **fermer** [2] par ext. : [a] appuyer, encourager, favoriser, patronner, pistonner (fam.), recommander, soutenir, sponsoriser [b] materner [c] breveter → **conserver** [3] v. pron. [a] être en garde contre, se garer, se mettre à couvert, parer à, prendre garde à [b] vén. : se motter, repairer

protéiforme → **changeant**

protestant, e nom et adj [1] anabaptiste, anglican, arminien, baptiste, calviniste, conformiste, évangélique, évangéliste, fondamentaliste, luthérien, mennonite, méthodiste, mormon, piétiste, presbytérien, puritain, quaker, réformé, salutiste, témoins du Christ/de Jéhovah [2] vx : barbet, camisard, ceux du dedans, huguenot, parpaillot, réfugié, religionnaire, remontrant

protestantisme n.m. armée du Salut, Église anglicane/baptiste/des saints du Dernier Jour/évangélique/presbytérienne/réformée, luthéranisme, Réforme

protestataire → **mécontent**

protester [1] v. tr. : affirmer, assurer, promettre [2] v. intr. : arguer, attaquer, clabauder, contester, criailler, crier après/contre, désapprouver, dire, s'élever contre, s'exclamer, se gendarmer, grogner, s'indigner, manifester, marmonner, marmotter, murmurer, objecter, s'opposer, pétitionner, se plaindre de, se rebeller, se rebiffer, réclamer, se récrier, récriminer, récuser, regimber, résister, ronchonner, tenir tête, vitupérer ♦ fam. : clabauder, criailler, gueuler, râler, renauder, rouscailler, rouspéter, ruer dans les brancards

protocolaire bienséant, convenable, correct, permis, réglementaire, régulier, traditionnel

protocole n.m. [1] accord, armistice, cessez-le-feu, concordat, convention, entente, résolution, traité [2] acte, avenant, formulaire, procès-verbal [3] bienséance, cérémonial, cérémonies, convenances, décorum, étiquette, formes, ordonnance, préséance, règlement, règles, rite, savoir-vivre, usage

protohistoire n.f. → **préhistoire**

prototype n.m. archétype, étalon, modèle, original, premier exemplaire, princeps, type

protubérance n.f. [1] au pr. : apophyse, bosse, excroissance, gibbosité, saillie, tubérosité [2] par ext. : élévation, éminence, mamelon, monticule, piton, tertre

protubérant, e → **proéminent**

prou [1] vx : amplement, beaucoup, suffisamment [2] **peu ou prou :** plus ou moins

proue n.f. avant, étrave

prouesse [1] bravoure, vaillance [2] → **exploit**

prouver [1] au pr. on prouve quelque chose : démontrer, établir, faire apparaître/comprendre/croire/reconnaître/voir comme vrai, illustrer, justifier, montrer [2] par ext. quelque chose ou quelqu'un prouve quelque chose : affirmer, annoncer, attester, confirmer, corroborer, déceler, faire foi, faire/laisser voir, indiquer, manifester, marquer, révéler, témoigner

provenance n.f. commencement, fondement, origine, principe, racine, source

provenir découler, dériver, descendre, émaner, être issu, naître, partir, procéder, remonter, résulter, sortir, tenir, tirer, venir

proverbe n.m. [1] adage, aphorisme, dicton, maxime, pensée, sentence [2] saynète, scène, pièce

proverbial, e connu, gnomique, sentencieux, traditionnel, typique, universel

providence n.f. [1] bonté, Ciel, Créateur, destin, Dieu, divinité, protecteur, secours [2] aide, appui, protection, secours, support

providentiel, le bon, divin, heureux, inespéré, opportun, protecteur, salutaire

providentiellement par bonheur, par chance

province n.f. circonscription/division administrative/territoriale, État, généralité, gouvernement, marche, pays, région ♦ vx : dème, éparchie, ethnarchie, exarchat, tétrarchie

proviseur n.m. directeur, principal, régent, supérieur

provision n.f. [1] au pr. [a] amas, approvisionnement, avance, dépôt, en-cas, fourniture, munition (vx), réserve, réunion, stock [b] vx : munition [c] au pl. : aliments, denrée, provende, ravitaillement, viatique, victuailles, vivres [2] par ext. [a] jurid. : acompte, allocation, avance, caution, dépôt, garantie [b] au pl. : commissions, courses

provisoire → **passager**

provisoirement [1] en attendant, momentanément, occasionnellement, passagèrement, précairement, temporairement, transitoirement [2] → **brièvement**

provocant, e [1] au pr. : agressif, batailleur, belliqueux, irritant → **querelleur** [2] par ext. : [a] agaçant, aguichant, coquet, effronté, excitant, hardi [b] → **obscène**

provocateur, trice agitateur, agresseur, excitateur, fauteur, meneur

provocation n.f. [1] agression, appel, attaque, cartel, défi, excitation, incitation, menace [2] → **minauderie** [3] → **querelle**

provoquer [1] au pr. on provoque quelqu'un à : amener, disposer, encourager, entraîner, exciter, inciter, instiguer, porter, pousser, préparer, solliciter [2] par ext. [a] non fav. : agacer, aiguillonner, appeler, attaquer, braver, défier, harceler, irriter, narguer → **quereller** [b] un désir : aguicher, allumer [3] quelque chose ou quelqu'un provoque quelque chose : amener, animer, appeler, apporter, attirer, causer, créer, déchaîner, déclencher, donner lieu, enflammer, éveiller, exciter, faire naître/passer, favoriser, inspirer, occasionner, produire, promouvoir, soulever, susciter

proxénète [1] nom masc. [a] protecteur, souteneur [b] arg. : barbillon, entremetteur, hareng, homme, jules, mac, maquereau, marlou, mec, mecton, merlan [2] nom fém. et vx : abbesse, dame Claude, entremetteuse, madame, maquerelle, matrone, mère Michèle, pourvoyeuse, tôlière, vieille

proxénétisme n.m. traite des blanches, vagabondage spécial

proximité n.f. [1] dans l'espace : alentours, confins, contact, contiguïté, environs, mitoyenneté, voisinage [2] dans le temps : approche, imminence, rapprochement [3] par ext. : degré, parenté [4] adv. **à proximité :** auprès, aux alentours/environs, près de, proche

prude [1] neutre : chaste, honnête, modeste, pudique [2] non fav. : bégueule, chaisière, collet monté, cul-bénit, oie blanche, pudibond, puritain, sainte nitouche → **hypocrite**

prudence n.f. [1] au pr. : attention, calme, circonspection, discernement, doigté, lenteur, ménagement, politique, précaution, prévoyance, réflexion, sagesse, vertu ♦ vx : prud'homie [2] par ext. [a] → **mystère** [b] cautèle, dissimulation, faux-semblant, machiavélisme → **hypocrisie**

prudent, e [1] au pr. : attentif, averti, avisé, calme, circonspect, défiant, discret, expérimenté, habile, inspiré, mesuré, modéré, organisé, pondéré, posé, précautionneux, prévoyant, réfléchi, réservé, sage, sérieux ♦ vx : concerté, prud'homme [2] par ext. Non fav. : inconsistant, neutre, pusillanime, timoré [3] **il serait prudent :** bon, de circonstance, sage

pruderie n.f. → **hypocrisie**

prud'homie n.f. → **prudence**

prud'homme → **prudent**

prune n.f. agrume, diaprée, rouge, ente, impériale, madeleine, mignonne, mirabelle, moyeu (vx), pruneau, quetsche, reine-claude

prunelle n.f. œil, pupille, regard

prurigo et **prurit** n.m. [1] au pr. : chatouillement, démangeaison → **picotement** [2] fig. → **désir**

prytanée n.m. → **lycée**

psallette n.f. → **manécanterie**

psalmodie n.f. chant, plain-chant, psaume

psalmodier [1] → **prononcer** [2] → **chanter**

psaume n.m. antienne, cantique, chant sacré, complies, heures, laudes, matines, office, poème, vêpres, verset

psautier n.m. antiphonaire → **paroissien**

pseudo → **faux**

pseudonyme n.m. hétéronyme, nom de guerre/de plume/de théâtre, sobriquet, surnom

psychanalyse n.f. psychothérapie → **psychiatrie**

psyché n.f. glace, miroir

psychédélique → **surnaturel**

psychiatre nom et adj. vx : aliéniste, neuropsychologue

psychiatrie n.f. [1] vx : neuropsychologie [2] par ext. : ethnopsychiatrie, neurologie, neuropsychiatrie, pédopsychiatrie, psychothérapie

psychique intellectuel, mental, moral, psychologique, spirituel

psychodrame n.m. sociodrame, thérapie de groupe

psychologie n.f. [1] → **pénétration** [2] → **caractère**

psychologique → **psychique**
psychopathe → **fou**
psychose n.f. acrophobie, autisme, confusion mentale, délire, démence, dérangement cérébral/mental, folie, hallucination, hébéphrénie, manie, mélancolie, obsession, paranoïa, psychopathie, ramollissement cérébral, schizophrénie → **névrose**
puant, e 1 au pr. : dégoûtant, empesté, empuanti, fétide, hircin, infect, malodorant, méphitique, nauséabond, pestilentiel 2 fig. a impudent, honteux b → **orgueilleux**
puanteur n.f. empyreume, fétidité, infection, mauvaise odeur, odeur fétide/infecte/repoussante, pestilence, relent, remugle
pubère adolescent, formé, nubile, pubescent, réglée
puberté n.f. adolescence, âge bête/ingrat, formation, nubilité, pubescence
pubescent, e 1 duveté, duveteux, poilu, velu 2 → **pubère**
pubis n.m. mont de Vénus, pénil
public n.m. 1 assemblée, assistance, audience, auditeurs, auditoire, chambrée, foule, galerie, parterre, salle, spectateurs 2 **en public** → **publiquement**
public, ique 1 un lieu : banal, banalisé, collectif, communal, communautaire, fréquenté, ouvert, populaire, vicinal 2 quelque chose : affiché, annoncé, célèbre, colporté, commun, communiqué, déclaré, dévoilé, divulgué, ébruité, évident, exotérique, exposé, général, manifeste, national, notoire, officiel, ostensible, propagé, publié, reconnu, renommé, répandu, révélé, social, universel, vulgarisé 3 jurid. : authentique 4 **fille publique** → **prostituée**
publication n.f. 1 annonce, ban, dénonciation, divulgation, proclamation, promulgation, révélation, tambourinage (fam.) 2 apparition, édition, lancement, parution, reproduction, sortie 3 collection, écrit, livraison, ouvrage
publiciste n.m. et f. → **journaliste**
publicitaire promotionnel
publicité n.f. affichage, annonce, battage, bourrage de crâne (péj.), bruit, intoxication, lancement, réclame, renommée, retentissement, slogan ◆ fam. : boom, tam-tam → **propagande**
publier 1 au pr. : afficher, annoncer, célébrer, chanter, clamer, communiquer, corner, déclarer, dénoncer, dire, divulguer, ébruiter, édicter, émettre, étaler, exprimer, faire connaître, lancer, louer, manifester, mettre en pleine lumière, prêcher, préconiser, proclamer, promulguer, prôner, propager, rendre public, répandre, vanter → **découvrir, révéler** ◆ fam. : battre le tambour, carillonner, claironner, crier sur les toits, emboucher la trompette, tambouriner, trompeter 2 par ext. : écrire, éditer, faire, faire paraître, imprimer, sortir
publipostage n.m. → **mailing**
publiquement au grand jour, devant tout le monde, en grande pompe, en public, manifestement, notoirement, officiellement, ostensiblement, solennellement, tout haut, universellement
puce au pl. → **brocante**
puceau, pucelle → **vierge**
pucelage n.m. → **virginité**
pucier n.m. → **lit**
pudeur n.f. 1 au pr. : bienséance, chasteté, délicatesse, discrétion, honnêteté, modestie, pudicité, réserve, respect, retenue, sagesse → **décence** 2 par ext. : confusion, embarras, honte
pudibond, e 1 prude, timide → **pudique** 2 → **hypocrite**
pudibonderie n.f. → **hypocrisie**
pudicité n.f. → **décence**
pudique 1 fav. : chaste, délicat, discret, honnête, modeste, réservé, retenu, sage → **décent** 2 non fav. : prude, pudibond → **hypocrite**
puer empester, empuantir, exhaler/répandre une odeur désagréable/fétide/nauséabonde/répugnante, infecter, sentir mauvais/le fraîchin/le renfermé → **sentir**
puéril, e enfantin, infantile, frivole, futile, mièvre, niais, vain
puérilisme n.m. → **infantilisme**
puérilité n.f. badinerie, baliverne, enfantillage, frivolité, futilité, mièvrerie, niaiserie, vanité
pugilat n.m. 1 au pr. : boxe, catch, judo, lutte, pancrace 2 par ext. : attrapade, bagarre, peignée, rixe
pugiliste n.m. athlète, boxeur, catcheur, judoka, lutteur
pugnace accrocheur, agressif, bagarreur, combatif, lutteur, querelleur, vindicatif
pugnacité n.f. → **agressivité**
puîné, e cadet, junior
puis 1 alors, après, ensuite, postérieurement 2 **et puis :** au/du reste, d'ailleurs, de plus, en outre
puisard n.m. bétoire, égout, fosse, puits perdu
puiser 1 au pr. : pomper, tirer 2 fig. : emprunter, glaner → **prendre**
puisque attendu que, car, comme, dès l'instant où, dès lors que, du moment que, étant donné que, parce que, pour la raison que, vu que
puissance n.f. 1 de quelque chose : capacité, efficacité, énergie, faculté, force, intensité, possibilité, pouvoir 2 de quelqu'un, physique : masculinité, vigueur, virilité 3 par ext. a autorité, bras séculier, dépendance, domination, droit, empire, grandeur, influence, loi, omnipotence, prépondérance, prépotence, souveraineté, toute-puissance b couronne, empire, État, nation, pays c aura, mana d → **pouvoir** e → **qualité** 4 unités de puissance : cheval (-vapeur), dyne, erg, horse-power, joule, kilogrammètre, sthène, watt
puissant, e 1 au pr. capable, considérable, efficace, énergique, fort, grand, haut, influent, omnipotent, prépondérant, redoutable, riche, souverain, tout-puissant 2 par ext. a éloquent, profond, violent b vigoureux, viril c → **gros** 3 nom → **personnalité**
puits n.m. 1 au pr. : aven, bure, buse, cavité, citerne, excavation, fontaine, gouffre, oubliette, source, trou 2 **puits de science :** abîme, mine
pull-over n.m. chandail, débardeur, maillot, sweater, sweat-shirt, tricot
pullulement n.m. → **multitude**
pulluler 1 → **abonder** 2 → **multiplier (se)**
pulmonaire adj. et n. phtisique → **tuberculeux**
pulpe n.f. bouillie, chair, tourteau
pulpeux, euse → **moelleux**
pulsation n.f. → **battement**
pulsion n.f. → **tendance**
pulsionnel, le → **involontaire**
pulvérisateur n.m. 1 atomiseur, brumisateur, nébuliseur, poudreuse, spray, vaporisateur 2 pistolet, poudreuse, sulfateuse
pulvérisation n.f. 1 au pr. : atomisation, évaporation, sublimation, volatilisation 2 fig. : anéantissement, désagrégation, destruction, éclatement, émiettement, éparpillement
pulvériser 1 au pr. : brésiller, broyer, désagréger, écraser, effriter, égruger, émietter, léviger, moudre, piler, réduire, triturer 2 par ext. : atomiser, projeter, volatiliser 3 fig. : anéantir, battre, briser, détruire, mettre/réduire en bouillie/cendres/charpie/miettes/morceaux ◆ fam. : bousiller, écrabouiller
puma n.m. cougouar
punaise n.f. nèpe, pentatome
punch n.m. efficacité, énergie, pep (fam.), riposte, vigueur, vitalité → **force**
punir 1 battre, châtier, condamner, corriger, crosser (fam.), faire justice/payer, flétrir, frapper, infliger une peine/sanction, redresser, réprimer, sanctionner, sévir 2 a arg. : racler, saler, souquer b arg. scol. : coller, consigner, mettre en colle c → **battre**
punition n.f. 1 au pr. : amende, blâme, châtiment, condamnation, confiscation, contravention, correction, dam (vx), damnation, expiation, leçon, malus, peine, pénalisation, pénalité, pénitence, répression, sanction → **volée** ◆ vx : dam 2 par ext. : calamité, fléau 3 genres de punitions. a cangue, carcan, coup, échafaud, exposition, fers, fouet, fustigation, garcette, gibet, knout, pilori, question (vx), schlague, torture → **supplice** b arrêt, emprisonnement, internement, prison c arrêts, bonnet d'âne, cachot, coin, colle, consigne, devoir supplémentaire, fessée, gifle, lignes, martinet, pain sec, pensum, piquet, privation de dessert/de sortie, retenue d coup-franc, gage, penalty
pupille n.m. et f. 1 enfant, fils adoptif, fille adoptive, orphelin 2 → **prunelle**
pupitre n.m. lutrin → **bureau**
pur, e 1 au pr. a absolu, affiné, blanc, complet, frais, inaltéré, mère (vx), naturel, net, nickel (fam.), originel, parfait, propre, purifié, sain, simple b assaini, filtré, raffiné, rectifié, tamisé, transparent 2 par ext. a moral : angélique, archangélique, authentique, beau, candide, chaste, continent, délicat, désintéressé, droit, franc, honnête, immaculé, impeccable, innocent, intact, intègre, lilial, pudique, sage, saint, vertueux, vierge, virginal b un sentiment : aérien, ailé, clair, éthéré, idéal, immatériel, limpide, platonique, séraphique c un son : argentin, clair, cristallin d un langage : châtié, correct, élégant
purée n.f. 1 au pr. : bouillie, coulis, estouffade, garbure 2 fig. : débine, dèche, misère, mistoufle, mouise, mouscaille, panade, pauvreté
purement 1 exclusivement, seulement, simplement, uniquement 2 **purement et simplement** → **complètement**
pureté n.f. 1 au pr. : authenticité, blancheur, clarté, correction, fraîcheur, intégrité, limpidité, netteté, propreté 2 par ext. : candeur, chasteté, continence, délicatesse, droiture, honnêteté, ingénuité, innocence, perfection, pudeur, vertu, virginité 3 fig. : calme, sérénité 4 du style. a adéquation, correction, élégance, propriété, purisme b acceptabilité, grammaticalité, signifiance
purgatif n.m. → **purge**
purgatif, ive vx : apéritif, cathartique, dépuratif, drastique, évacuant, laxatif, minoratif, rafraîchissant
purgation n.f. → **purge**
purgatoire n.m. expiation, purification
purge n.f. 1 au pr. : aloès, armoise, calomel, casse, citrate de magnésie, coloquinte, croton, ellébore, épurge, euphorbe, globulaire, gratiole, huile de ricin, jalap, laxatif, médecine, médicinier, nerprun, purgatif, purgation, rhubarbe, ricin, séné, sulfate de soude, sureau 2 par ext. → **purification**
purger → **purifier**
purification n.f. 1 au pr. : ablution, affinage, assainissement, blanchissage, clarification, décantation, défécation, dépollution, dépuration, désinfection, élimination, épuration, épurement, expurgation, lessive, lustration, nettoyage, purge, raffinage 2 philos. : abréaction, catharsis, libération 3 relig. : baptême, chandeleur, circoncision, présentation, probation
purifier 1 → **améliorer** 2 affiner, assainir, balayer, blanchir, clarifier, débarrasser, décanter, déféquer, dégager, dégorger, dépurer, désinfecter, déterger, épurer, expurger, filtrer, fumiger, laver, lessiver, nettoyer, purger, raffiner, rectifier, soutirer
purin n.m. 1 jet, lisier 2 a → **engrais** b → **fumier**
purisme n.m. 1 → **pureté** 2 affectation, afféterie, pointillisme, rigorisme → **préciosité**
puritain, ne n. et adj. 1 → **protestant** 2 austère, chaste, étroit, intransigeant, janséniste, prude, pudibond, pur, rigoriste, sectaire
purpurin, e garance, pourpre → **rouge**
pur-sang n.m. → **cheval**
purulence n.f. 1 → **infection** 2 → **pourriture**
purulent, e chassieux, coulant, ichoreux, infecté, sanieux
pus n.m. boue, bourbillon, chassie, collection, ichor, sanie, suppuration
push-pull off. 1 aviat. : à moteurs en tandem 2 électron. : symétrique
pusillanime capon, couard, craintif, faible, froussard, lâche, peureux, pleutre, poltron, prudent, sans-cœur, timide, timoré, trembleur, trouillard (fam.)
pusillanimité n.f. → **peur**
pustule n.f. abcès, adénite, bouton, bubon, chancre, clou, confluence, dépôt, éruption, exanthème, furoncle, grosseur, kyste, phlegmon, tourniole, tumeur → **boursouflure** ◆ vx : rubis, scrofule
putain, pute n.f. → **prostituée**
putatif, ive estimé, présumé, supposé
putréfaction n.f. → **pourriture**
putréfiable → **putrescible**
putréfier (se) → **pourrir**
putrescible corruptible, putréfiable
putride putrescent → **pourri**
putsch n.m. coup d'État, coup de main, pronunciamiento, soulèvement

puy n.m. → **mont**

puzzle n.m. → **difficulté**

pygmée n.m. par ext. → **nain**

pylône n.m. 1 → **colonne** 2 tr. pub. : sapine

pyramidal, e 1 → **gigantesque** 2 → **extraordinaire**

pyramide n.f. mastaba, téocalli, tête-de-clou (arch.)

pyrrhonisme n.m. doute, scepticisme

pythagorisme n.m. ascétisme, hermétisme, métempsycose, végétalisme

pythie et **pythonisse** n.f. → **devin**

python n.m. par ext. : anaconda, boa, eunecte → **serpent**

quadragénaire nom et adj. homme dans la force de l'âge / en pleine force / fait / mûr, quarantaine (fam.)

quadragésime n.f. carême

quadrangle et **quadrangulaire** n. et adj. → **quadrilatère**

quadrant n.m. quart de la circonférence, quatre-vingt-dix degrés

quadrige n.m. → **char**

quadrilatère n.m. carré, losange, parallélogramme, quadrangle, quadrangulaire, rectangle, trapèze

quadrillage n.m. carroyage → **investissement**

quadrille 1 n.f. : carrousel, équipe, peloton, reprise, troupe 2 n.m. : branle, cancan, contredanse, cotillon, figure

quadriller 1 carreler 2 → **investir**

quadrupler par ext. : accroître, augmenter, développer, donner de l'expansion / extension / importance, multiplier, mutiplier par quatre, valoriser

quai n.m. 1 au pr. : appontement, débarcadère, dock, embarcadère, levée, môle, wharf 2 par ext. : plate-forme, trottoir

quaker, esse par ext. : protestant, puritain, rigoriste, trembleur

qualificatif, ive adjectif, attribut, caractéristique, désignation, déterminant, épithète, qualité

qualification n.f. 1 au pr. : appellation, dénomination, désignation, détermination, épithète, nom, qualité, titre 2 par ext. : aptitude, compétence, confirmation, expérience, garantie, habileté, savoir-faire, tour de main

qualifié, e apte, autorisé, capable, certifié, compétent, confirmé, déterminé, diplômé, expérimenté, garanti, habile

qualifier 1 appeler, dénommer, désigner, déterminer, intituler, nommer, traiter de 2 autoriser, confirmer, garantir, homologuer 3 v. pron. : se classer, se distinguer

qualité n.f. 1 de quelque chose : acabit (fam.), aloi, attribut, calibre, caractère, catégorie, choix, contingence, espèce, essence, marque, modalité, mode, propriété, richesse, spécificité, valence (psych.) 2 de quelqu'un. a aptitude, autorité, avantage, capacité, caractère, compétence, disposition, don, faculté, mérite, mon / ton / son fort, nature, particularité, perfection, représentativité, talent, valeur, vertu ◆ fam. : bourre, calibre b condition, fonction, grandeur, noblesse, nom, puissance, qualification, titre, vertu c métier, partie, spécialité 3 → **perfection**

quand alors que, au moment où / que, comme, encore que, lorsque

quant à à propos de, de son côté, pour ce qui est de, pour sa part, relativement à

quant-à-soi n.m. → **réserve**

quantification n.f. inform. : échantillonnage

quantième n.m. date, jour

quantifier appliquer / attribuer / donner une quantité / valeur, chiffrer, mesurer

quantité n.f. 1 au pr. : capacité, charge, contenance, débit, dépense, dose, durée, effectif, extension, grandeur, longueur, masse, mesure, nombre, poids, quotité, somme, surface, unité, valeur, volume 2 par ext. a petite quantité : assiettée, bolée, bout, bribe, brin, cuillerée, doigt, goutte, grain, mie, miette, nuage, parcelle, pincée, poignée, point, pouce, prise, rien, soupçon b grande quantité : abondance, accumulation, affluence, armée, arsenal, avalanche, averse, batelée, bénédiction, bloc, brouettée, cargaison, chargement, collection, concours, contingent, débauche, déboulée, déluge, encombrement, ensemble, entassement, essaim, fleuve, flot, foison, forêt, foule, fourmillement, grêle, immensité, infinité, jonchée, kyrielle, légion, luxe, masse, mer, mille, milliard, million, moisson, monceau, monde, montagne, multiplicité, multitude, myriade, nombre, nuée, pléthore, pluie, potée, pullulement, régiment, renfort, ribambelle, série, tas, traînée, tripotée c partic. : airée, brassée, cordée, fourchée, jonchée, pelletée, pressée d fam. : à tire-larigot, chiée, flopée, foultitude, marmitée, paquet, plâtrée, pochée (vx), poêlée, tapée, tirée, troupeau, vachement de

quarantaine n.f. 1 confinement, isolation, isolement 2 boycottage, interdit, mise à l'écart / l'index, ostracisme, proscription 3 → **quadragénaire**

quart n.m. 1 gobelet, récipient, timbale 2 garde, service, veille

quarteron groupuscule → **groupe**

quartette n.m. → **quatuor**

quartier n.m. 1 au pr. : fraction, morceau, partie, pièce, portion, tranche 2 de lune : croissant, phase 3 échéance, terme, trimestre 4 camp, campement, cantonnement, caserne, casernement 5 arrondissement, district, faubourg, ghetto, médina, région, secteur 6 vén. : gîte, tanière 7 **pas de quartier** : grâce, ménagement, merci, miséricorde, pitié, vie sauve

quartz n.m. par ext. : améthyste, aventurine, cristal de roche, gneiss, granit, grès, jaspe, mica-schiste, œil de chat / de tigre, quartzite, sable, silice

quasi 1 nom masc : cuisse / tranche de veau 2 adv. : à peu près, comme, pour ainsi dire, presque, quasiment

quatrain n.m. couplet, épigramme, impromptu, pièce, poème, strophe

quatuor n.m. ensemble, formation, orchestre, quartette

quelconque banal, commun, courant, inférieur, insignifiant, médiocre, négligeable, n'importe lequel, ordinaire, oubliable, plat, vague

quelque 1 adj. a au sing. ◆ devant un nom (quelque aventure) : certain b au pl. : divers, un certain nombre, un groupe, plusieurs, une poignée, une quantité 2 adv. a devant un adj. (quelque grands que soient) : pour, si b devant un nombre : dans les, environ

quelquefois accidentellement, exceptionnellement, guère, parfois, rarement, de temps à autre, de temps en temps, par hasard

quémander demander, emprunter, importuner, mendier, pilonner (arg.), quêter, rechercher, solliciter, taper

quémandeur, euse assiégeant, demandeur, importun, mendiant, mendigot, pétitionnaire, quêteur, solliciteur, tapeur

qu'en-dira-t-on n.m. invar. anecdote, bavardage, bruit, calomnie, cancan, chronique, clabaudage, commérage, médisance, potin, ragot, rumeur

quenelle n.f. godiveau

querelle n.f. 1 affaire, algarade, altercation, attaque, bagarre, bataille, bisbille, brouille, chamaillerie, chambard, charivari, chicane, combat, conflit, contestation, crosses, débat, démêlé, désaccord, différend, discorde, dispute, dissension, division, échauffourée, émeute, empoignade, esclandre, grabuge, guerre, noise, prise de bec, provocation, rixe, tempête, tracasserie 2 → **violence** 3 vx : batterie, plaid 4 arg. : baston, batterie, bigorne, biscuit, bûche, casse, castagne, châtaigne, corrida, coup de torchon / de Trafalgar, embrouille, marron, rif, rififi, torchée

quereller 1 attaquer, attraper, batailler, chamailler, chercher des crosses / des poux, chicaner, chipoter, crosser, disputer, gourmander, gronder, houspiller, provoquer, réprimander 2 vx : tancer 3 pron. : se battre, se bouffer le nez (fam.), discuter, s'empoigner, se prendre aux cheveux

querelleur, euse agressif, batailleur, boute-feu, casseur, chamailleur, chicaneur, chicanier, criard, difficile, discuteur, ferrailleur, hargneux, mauvais coucheur / piège → **type**, mauvaise tête, pie-grièche, provocateur, tracassier, vétillard ◆ vx : traîne-rapière

quérir chercher, se procurer, rechercher, solliciter

quérulence n.f. → **chicane**

quérulent, e → **chicaneur**

questeur n.m. administrateur, censeur, intendant, trésorier → **économe**

question n.f. 1 vx : épreuve, géhenne, gêne, supplice, torture 2 charade, colle (fam.), demande, devinette, énigme, épreuve, examen, information, interrogation 3 affaire, article, chapitre, controverse, délibération, difficulté, discussion, interpellation, matière, point, problème, sujet

questionnaire n.m. consultation, déclaration, enquête, formulaire, sondage, test

questionner auditionner, consulter, demander, s'enquérir, enquêter, éprouver, examiner, interroger, interviewer, poser des questions, scruter, sonder, tâter, tester ◆ fam. : cuisiner, mettre sur la sellette

questure n.f. administration, économat, intendance

quête n.f. 1 collecte, manche (arg.), obole, ramassage 2 enquête, recherche

quêter 1 demander, mendier, quémander, rechercher, réclamer, solliciter 2 vén. a chasser, chercher, suivre b vx : briller, brosser

quêteur, euse 1 vx : aumônier, (frère) mendiant 2 → **quémandeur**

queue n.f. 1 au pr. a d'un animal : appendice caudal, balai, couette, fouet b bot. : pédicule, pédoncule, pétiole, tige 2 par ext. (d'un vêtement) : pan, traîne 3 fig. : arrière, bout, coda, conclusion, dénouement, fin, sortie 4 attente, file, foule 5 d'une casserole : manche

quiconque 1 n'importe qui, qui que ce soit 2 **mieux que quiconque :** personne

quidam n.m. homme, individu, personne

quiet, ète apaisé, béat, benoît, calme, coi, paisible, rasséréné, rassuré, reposé, serein, tranquille

quiétisme n.m. molinisme

quiétude n.f. accalmie, apaisement, assurance (vx), ataraxie, béatitude, bien-être, bonace, calme, douceur, paix, repos, sérénité, tranquillité

quignon n.m. → **morceau**

quinconce n.m. 1 assemblage, dispositif, échiquier, quatre-coins 2 allée, place, square

quinquagénaire n.m. et f., adj. 1 femme mûre, sur la cinquantaine / la ménopause / ménopausée 2 homme mûr, sur l'andropause / la cinquantaine / le démon de midi

quincaillerie n.f. 1 billon, petite monnaie 2 décolletage, ferblanterie, taillanderie 3 bricolage 4 péj. : clinquant, pacotille 5 inform. : hardware, matériel

quinquet n.m. 1 godet, lampe, lumignon, veilleuse 2 → **œil**

quintessence n.f. 1 au pr. : alcool, essence, extrait 2 par ext. : meilleur, moelle, nec plus ultra, principal, quiddité, raffinement, substantifique moelle, suc

quintette n.m. ensemble, formation, orchestre

quinteux, euse acariâtre, atrabilaire, bizarre, braque, cacochyme, capricant, capricieux, changeant, difficile, fantasque, inégal, instable, lunatique, ombrageux, rétif ◆ équit. : ramingue

quiproquo n.m. 1 bêtise, bévue, brouillamini, chassé-croisé, coq-à-l'âne, erreur, gaffe, imbroglio, intrigue, malentendu, méprise 2 vx : amphigouri

quittance n.f. acquit, apurement, décharge, libération, quitus, récépissé, reçu

quitte débarrassé, dégagé, délivré, dispensé, exempté, libéré, libre

quitter 1 vx : abandonner, céder, laisser 2 on quitte une activité. a neutre : abandonner, abdiquer, cesser, changer, délaisser, se démettre de, déposer, dételer, lâcher, laisser, partir, résigner, se séparer de b non fav. : abjurer, apostasier, renier, rompre, sacrifier 3 on quitte un lieu : s'absenter, s'en aller, changer, déguerpir, déloger, démarrer, déménager, déserter, s'éloigner, émigrer, s'enfuir, évacuer, s'évader, s'expatrier, fuir, lever le siège, partir, passer, sortir, vider les lieux 4 on quitte un vêtement : se débarrasser / défaire / dépouiller de, se dénuder, se déshabiller, se dévêtir, enlever, ôter, poser ◆ fam. : se mettre à poil, tomber 5 on quitte quelqu'un → **abandonner** 6 a quitter la terre/le monde/la vie : disparaître, partir → mourir b quitter le port → appareiller

quitus n.m. acquit, décharge, quittance, récépissé, reçu

qui-vive interj. halte, qui va là

qui-vive n.m. invar. affût, aguets, alarme, alerte, éveil, guet, signal, veille

quoi 1 laquelle, lequel, lesquelles, lesquels, quel, quelle, quels 2 a de quoi : dont b faute de quoi, sans quoi : autrement, sinon c il y a de quoi : lieu, matière, motif, raison, sujet d il a de quoi : avoir, biens, capital, fortune, ressources, revenus → richesse e comme quoi → définitive (en) 3 interj. : comment, pardon, tiens, vous dites

quoique bien/encore/malgré que, pour, tout

quolibet n.m. apostrophe, brocard, huée, lardon (vx), nasarde, pique, plaisanterie, pointe, raillerie

quorum n.m. majorité, nombre

quota et **quote-part** n.m., n.f. allocation, attribution, capitation, cens, contingent, contribution, cotation, cote, cotisation, écot, fraction, imposition, impôt, lot, montant, part, portion, pourcentage, quantité, quotité, répartition

quotidien n.m. → journal

quotidien, enne adj. 1 au pr. : de chaque jour, journalier 2 par ext. : accoutumé, banal, continuel, fréquent, habituel, normal, ordinaire, réitéré

quotité n.f. → quota

R

rabâchage n.m. → radotage

rabâcher v. tr. et intr. → répéter

rabâcheur, euse n.m. ou f. → radoteur

rabais n.m. baisse, bonification, diminution, discount, escompte, remise, ristourne, soldes, tant pour cent

rabaisser 1 → abaisser 2 → baisser

rabat-joie n.m. trouble-fête → triste

rabattable abaissable, escamotable, rétractable

rabatteur, euse n.m. ou f. → propagateur

rabattre 1 → abaisser 2 → baisser 3 → diminuer 4 → repousser 5 en rabattre → modérer (se)

rabelaisien, enne → libre

rabibochage n.m. 1 → réparation 2 → réconciliation

rabibocher 1 → réparer 2 → réconcilier

rabiot n.m. → supplément

rabioter → prendre

râble n.m. → dos

râblé, e → ramassé

rabot n.m. bouvet, colombe, doucine, feuilleret, gorget, guillaume, guimbarde, jablière, jabloir, mouchette, riflard, tarabiscot, varlope

raboter 1 au pr. : aplanir, corroyer, dégauchir, polir, varloper 2 fig. : châtier, corriger, parachever, polir, revoir

raboteux, euse → rude

rabougri, e → ratatiné

rabouter → joindre

rabrouer → repousser

racaille n.f. → populace

raccommodage n.m. rafistolage, rapiéçage, ravaudage, réparation, reprise, rhabillage, stoppage

raccommodement n.m. accommodement, accord, fraternisation, réconciliation, rapprochement, replâtrage

raccommoder 1 au pr. : rafistoler (fam.), rapetasser, rapiécer, ravauder, rebouter, remmailler, rentraire, réparer, repriser, restaurer, retaper, stopper ◆ vx : ramender 2 fig. → réconcilier

raccompagner → reconduire

raccord et **raccordement** n.m. 1 → joint 2 → transition

raccorder → joindre, unir

raccourci n.m. 1 orthodromie, traverse 2 vx : accourcie, adresse 3 → abrégé

raccourcir → diminuer

raccourcissement n.m. → diminution

raccroc (par) n.m. → hasard

raccrochage n.m. → racolage

raccrocher 1 → rattraper 2 → racoler

race n.f. ancêtres, ascendance, branche, classe, couche, couvée (fam.), descendance, dynastie, engeance, espèce, ethnie, extraction, famille, filiation, fils, génération, graine, hérédité, héritiers, ligne, lignée, maison, origine, postérité, rejetons, sang, sorte, souche, tige ◆ vx agnats, cognats, estoc, gent, hoirs, lignage, parage

racé, e → distingué

rachat n.m. 1 au pr. : recouvrement, réméré 2 par ext. : délivrance, expiation, rédemption, salut

racheter 1 → libérer 2 → réparer 3 v. pron. : se libérer, se rattraper, se rédimer, se réhabiliter → réparer

rachis n.m. → épine (dorsale)

rachitique → maigre

rachitisme n.m. → maigreur

racine n.f. 1 au pr. : bulbe, caïeu, chevelu, estoc, étoc, griffe, oignon, pivot, radicelle, radicule, rhizome, souche, stolon, tubercule 2 fig. → origine

racisme n.m. 1 → xénophobie 2 → refus

racket n.m. → chantage

racketteur, euse n.m. ou f. → voleur

raclée n.f. → torgnole

racler 1 au pr. : curer, drayer, écharner, enlever, frayer (vétér.), frotter, gratter, nettoyer, râper, ratisser, riper, sarcler 2 fig. → jouer

racloir n.m. 1 curette, racle, raclette 2 étrille, strigile

racolage n.m. embrigadement, enrôlement, raccrochage, recrutement, retape → prostitution

racoler embrigader, engager, enrégimenter, enrôler, incorporer, lever des troupes, mobiliser, raccrocher, recruter

racoleur, euse 1 enrôleur, prospecteur, recruteur 2 → flatteur 3 au fém. → prostituée

racontar n.m. 1 → médisance 2 → roman

raconter 1 conter, débiter, décrire, détailler, développer, dévider, dire, expliquer, exposer, narrer, peindre, rapporter, réciter, relater, rendre compte, retracer, tracer ◆ vx : bailler 2 → médire

racornissement n.m. → endurcissement

radar n.m. détecteur, mouchard (fam.)

rade n.f. 1 → port 2 laisser en rade → abandonner

radeau n.m. drome, jangada, ras, train de bois → bateau

radiant, e → radieux

radiation n.f. → suppression

radical, e complet, drastique, foncier, fondamental → absolu

radicalement → complètement

radicelle n.f. → racine

radier n.m. → fondement

radier 1 → éliminer 2 barrer, biffer, caviarder, démarquer, détruire, effacer, faire disparaître, faire une croix, gommer, gratter, laver, raturer, rayer, sabrer, supprimer

radiesthésiste n.m. ou f. rhabdomancien, sourcier

radieux, euse 1 beau, brillant, éclatant, ensoleillé, épanoui, étincelant, heureux, joyeux, lumineux, radiant, rayonnant 2 content, ravi, satisfait

radin, e n. et adj. → avare

radiner 1 → arriver 2 → venir

radio n.f. 1 radiodiffusion, radiophonie, téléphonie sans fil 2 par ext. a ondes b poste, transistor c diffusion, émission, informations, journal parlé, médias

radioactif, ive vx :

radiocompas n.m. radiogoniomètre

radotage n.m. gâtisme, rabâchage, répétition, verbiage, verbigération ◆ vx : ravaudage

radoter → déraisonner

radoteur, euse n.m. ou f. divagateur (vx), rabâcheur, ressasseur

radouber réparer → calfater

radoucir → adoucir

radoucissement n.m. 1 → adoucissement 2 → amélioration

rafale n.f. 1 mar. : bourrasque, coup de chien/de tabac/de vent, grain, maelström, risée, tempête, tornade, tourbillon, trombe 2 → décharge

raffermir → affermir

raffermissement n.m. → affermissement

raffinage n.m. → purification

raffiné, e affiné, aristocratique, connaisseur, cultivé, délicat, distingué, élégant, fin, gracieux, parfait, précieux, pur, quintessencié, recherché, subtil, subtilisé (vx) ◆ péj. : affecté, alambiqué

raffinement n.m. 1 → finesse 2 → affectation

raffiner 1 → épurer 2 → améliorer 3 → parfaire

raffoler 1 → aimer 2 → goûter

raffut n.m. → tapage

rafiot n.m. → embarcation

rafistolage n.m. → réparation

rafistoler → réparer

rafle n.f. 1 coup de filet, descente de police 2 → prise 3 péj. : pogrom, ratonnade

rafler 1 → enlever 2 → voler

rafraîchir 1 → refroidir 2 ravaler, raviver 3 → réparer 4 → tailler 5 v. pron. → boire

rafraîchissement n.m. 1 → boisson 2 du temps. a refroidissement b adoucissement

ragaillardir → réconforter

rage n.f. 1 au pr. : hydrophobie (vx) 2 par ext. a → fureur b → manie 3 faire rage → sévir

rager bisquer, écumer, endêver, enrager, être en colère/en fureur/en rogne, fumer (fam.), grincer (des dents), grogner, maronner, maugréer, râler, rogner, rognonner, ronchonner, se ronger les poings, rouspéter

rageur, euse → colère

raglan n.m. → manteau

ragot n.m. 1 → médisance 2 → nain

ragoût n.m. blanquette, bourguignon, capilotade, cassoulet, chipolata, civet, compote, daube, estouffade, fricassée, fricot, galimafrée, gibelotte, haricot de mouton, matelote, miroton, navarin, olla-podrida, ratatouille, salmigondis, salmis, salpicon ◆ péj. : ragougnasse, rata, tambouille

ragoûtant, e affriolant, agréable, alléchant, appétissant, engageant, friand, savoureux, séduisant, succulent, tentant

ragréer 1 → réparer 2 → nettoyer 3 → polir

rai n.m. → rayon

raid n.m. attaque, commando, coup de main, descente, escarmouche, expédition (punitive), incursion, opération, représailles

raide 1 au pr. : droit, empesé, ferme, inflexible, rigide, roide, sec, tendu 2 par ext. a affecté, ankylosé, contracté, engourdi, guindé, solennel b → escarpé c → rude d → excessif e → libre

raideur n.f. 1 au pr. : ankylose, engourdissement, rigidité, tension 2 fig. → affectation

raidillon n.m. → montée

raidir 1 bander, contracter, darder, durcir, tendre, tirer 2 mar. : embraquer, étarquer, guinder, souquer 3 → ankyloser

raidissement n.m. → affermissement

raie n.f. 1 bande, ligne, rayure, strie, striure, trait, vergeture, zébrure 2 capucin, guitare, manta, pastenague, torpille → poisson

raifort n.m. radis noir

rail n.m. → train

railler s'amuser de, bafouer, berner, blaguer, brocarder, charrier, chiner, cribler/fusiller/larder de brocards/d'épigrammes, dauber, s'égayer de, entreprendre, faire des gorges chaudes, faire marcher, se ficher/foutre de, fronder, se gausser de, se goberger de, gouailler, ironiser, jouer, mettre en boîte, montrer du doigt, moquer, se payer la tête, persifler, plaisanter, ridiculiser, rire, satiriser, vanner, vilipender ◆ vx : draper, gloser, larder, tympaniser

raillerie n.f. 1 au pr. : dérision, goguenardise, gouaillerie, humour, ironie, malice, mise en boîte, moquerie, persiflage, pointe, ricanement, risée, sarcasme, satire, trait ◆ vx : lardon, nasarde, pasquinade, truffe 2 par ext. → brocard

railleur, euse nom et adj. → taquin

rainette n.f. → grenouille

rainure n.f. adent, coche, coupure, cran, crevasse, échancrure, encoche, entaille, faille, fente, feuillure, hoche, jable, mortaise, raie, rayure, sillon

raisin n.m. 1 cépage, grappe 2 principaux cépages en France : aligoté, altesse, aramon, arbois, baroque, blanc-fumé, bouille, brun argenté, cabernet, cep rouge, césar, chardonnay, chasselas, clairette, corbeau, dattier, duras, fendant, fer, folle blanche, gamay, gascon, gewürztraminer, graisse, grand noir, grappeverte, grenache, gros blanc, gros manseng, gros meslier, gros plant, jurançon, madeleine, malaga, melon, merlot, meunier, molette, mollard, morillon, muscadet, muscat, persan, petit manseng, picard, picardan, pied-de-perdrix, pineau d'Aunis/de la Loire, pinot blanc/gris/noir, riesling, roussette, saint-émilion, sauvignon, sémillon, sylvaner, syrah, tokay

raison n.f. 1 → **entendement** 2 bon goût, bon sens, discernement, jugement, jugeote, juste milieu, modération, philosophie, pondération, sagesse 3 → **raisonnement** 4 → **cause** 5 dédommagement, réparation, satisfaction

raisonnable 1 adulte, intelligent, judicieux, pensant, rationnel, sage 2 acceptable, bon, convenable, fondé, honnête, juste, légitime, logique, modéré, naturel, normal, pondéré, sensé

raisonnement n.m. 1 → **raison** 2 analyse, argument, déduction, démonstration, dialectique, dilemme, échafaudage, induction, inférence, ratiocination (péj.), sorite, syllogisme, synthèse → **théorie**

raisonner 1 v. intr. : argumenter, calculer, discuter, disputer, penser, philosopher, ratiociner (péj.), sophistiquer 2 v. tr. a quelque chose : calculer, éprouver, examiner b quelqu'un → **admonester**

raisonneur, euse nom et adj. → **chicaneur**

rajeunir → **renouveler**

rajeunissement n.m. jouvence → **renouvellement**

rajouter 1 → **ajouter** 2 → **exagérer**

rajuster → **réparer**

râlant, e contrariant, décevant, ennuyeux, fâcheux → **inopportun**

ralentir 1 → **freiner** 2 → **modérer**

ralentissement n.m. → **diminution**

râler 1 → **protester** 2 → **rager**

râleur, euse nom et adj. → **mécontent**

ralliement n.m. 1 → **conversion** 2 → **rassemblement**

rallier 1 → **assembler** 2 → **rejoindre**

rallonge n.f. → **supplément**

rallonger accroître, allonger, ajouter, augmenter, déployer, détirer, développer, étendre, étirer, prolonger, proroger, tendre, tirer

rallumer → **ranimer**

rallye n.m. 1 circuit, concours-promenade, excursion, rassemblement 2 compétition, course, épreuve

ramage n.m. chant, gazouillement, gazouillis, pépiement, trilles

ramassage n.m. → **cueillette**

ramassé, e 1 blotti, lové, pelotonné, recroquevillé, replié, tapi 2 courtaud, massif, mastoc, râblé, trapu

ramasser 1 amasser, assembler, capter, capturer, collectionner, prendre, rafler, rassembler, râteler, ratisser, récolter, recueillir, relever, réunir 2 → **resserrer** 3 v. pron. → **replier (se)**

ramassis n.m. → **amas**

rambarde n.f. 1 → **rampe** 2 → **balustrade**

rame n.f. 1 aviron, godille, pagaie 2 → **perche** 3 convoi, train

rameau n.m. 1 → **branche** 2 → **cor** 3 → **ramification**

ramée n.f. → **branche**

ramener 1 → **mener** 2 → **réduire** 3 → **rétablir**

ramer canoter, godiller, nager, pagayer

rameuter → **ameuter**

ramier n.m. 1 au pr. : biset, colombe, palombe, pigeon, pigeonneau, tourtereau, tourterelle → **colombin** 2 fig. → **paresseux**

ramification n.f. bout, branche, bribe, compartiment, côté, division, élément, embranchement, fraction, membre, morceau, pan, parcelle, part, partie, pièce, portion, rameau, secteur, subdivision, tranche, tronçon

ramifier (se) → **séparer (se)**

ramille n.f. → **branche**

ramolli, e 1 → **mou** 2 → **gâteux**

ramollir → **amollir**

ramollissement n.m. 1 avachissement, flaccidité 2 → **radotage**

ramoner écouvillonner → **nettoyer**

rampant, e → **servile**

rampe n.f. balustrade, garde-fou, lisse, rambarde → **montée**

ramper 1 se couler, glisser, s'introduire 2 → **flatter**

rampon(n)eau n.m. → **coup**

ramure n.f. 1 → **branche** 2 → **cor**

rancard n.m. → **rendez-vous**

rancart n.m. → **rebut**

rance → **aigre**

rancir → **aigrir**

rancœur n.f. → **ressentiment**

rançon n.f. → **prix**

rançonnement n.m. brigandage, exaction, racket → **vol**

rançonner → **voler**

rancune n.f. → **ressentiment**

rancunier, ère nom et adj. haineux, malveillant, vindicatif

randonnée n.f. 1 → **tour** 2 → **promenade**

rang n.m. 1 caste, catégorie, classe, condition, degré, échelon, étage, état, lieu, liste, situation, standing, volée 2 andain, file, haie, ligne, ordre, ouillère, place, queue, rangée

rangé, e → **réglé**

rangée n.f. → **rang**

rangement n.m. 1 → **classement** 2 → **nettoiement**

ranger 1 ajuster, aligner, arranger, caser, classer, disposer, distribuer, échelonner, entreposer, étager, étiqueter, garer, grouper, liter, mettre en ordre/place/rang, ordonner, organiser, placer, séparer, sérier, serrer, superposer 2 v. pron. → **soumettre (se)**

ranimer animer, augmenter, encourager, exalter, exciter, raffermir, rallumer, ravigoter, raviver, réactiver, réanimer, réchauffer, régénérer, rehausser, relever, remonter, rénover, ressusciter, rétablir, retaper, retremper, réveiller, revigorer, revivifier, vivifier

rapace n.m. 1 au pr. oiseau de proie 2 partic. a diurne : aigle, autour, balbuzard, bondrée, busard, buse, circaète, condor, crécerelle, émerillon, émouchet, épervier, faucon, gerfaut, griffon, gypaète, harpie, hobereau, jean-le-blanc, laneret, lanier, milan, orfraie ou pygargue ou huard, percnoptère, secrétaire, serpentaire, uraète, urubu, vautour b nocturne : chat-huant, chevêche, chouette, dame-blanche, duc, effraie, harfang, hibou, hulotte

rapace adj. → **avare**

rapacité n.f. ambition, avidité, banditisme, convoitise, cruauté, cupidité, désir insatiable, goinfrerie, vampirisme → **avarice**

rapatriement n.m. retour (au bercail/au pays/chez soi/dans sa patrie/dans ses foyers/dans son pays)

râpe n.f. → **lime**

râpé, e → **usagé**

râper égruger, pulvériser

rapetasser → **raccommoder**

rapetisser → **diminuer**

râpeux, euse → **rude**

rapiat, e n. et adj. → **avare**

rapide n.m. → **cascade**

rapide adj. 1 actif, agile, alerte, diligent, empressé, leste, pressé, preste, prompt, véloce, vif 2 accéléré, cursif, enlevé, expéditif, fulgurant, immédiat 3 → **vite** 4 → **hâtif**

rapidement → **vite**

rapidité n.f. agilité, célérité, diligence, fugacité, hâte, instantanéité, précipitation, presse, prestesse, promptitude, soudaineté, vélocité, vitesse, vivacité → **brièveté**

rapiécer → **raccommoder**

rapière n.f. → **épée**

rapine n.f. brigandage, déprédation, exaction, gain illicite, pillage → **vol**

rappel n.m. 1 au pr. : anamnèse (psych.), appel, évocation, commémoration, mémento, mémoire, mention, souvenance, souvenir 2 → **acclamation** 3 mobilisation 4 **battre le rappel.** a au pr. : amasser, appeler, assembler, concentrer, grouper, lever, masser, mobiliser, racoler, rallier, ramasser, rassembler, réunir b par ext. : chercher, se rappeler, se souvenir

rappeler 1 commémorer, évoquer, mentionner, retracer 2 → **appeler** 3 → **destituer** 4 → **acclamer** 5 → **recouvrer** 6 → **ressembler** 7 v. pron. : penser/songer à, se remémorer, remettre, retenir, revivre, revoir, se ressouvenir/souvenir

rappliquer → **arriver**

rapport n.m. 1 accord, affinité, analogie, concomitance, concordance, connexion, connexité, convenance, corrélation, correspondance, dépendance, harmonie, liaison, lien, parenté, pertinence, proportion, rapprochement, ratio, relation, ressemblance, similitude, trait 2 → **bénéfice** 3 alliance, commerce, communication, contact, fréquentation, intelligence, union 4 analyse, bulletin, compte rendu, description, exposé, procès-verbal, récit, relation, témoignage, topo 5 au pl. → **accouplement**

rapporter 1 au pr. : apporter, ramener, remettre à sa place, rendre → **porter** 2 par ext. a → **joindre** b → **raconter** c → **dénoncer** d → **répéter** e → **citer** f → **diriger** g → **produire** h → **abolir** 3 v. pron. a en croire, se fier à, se référer, s'en remettre, se reposer sur b → **ressembler**

rapporteur, euse n. et adj. → **mouchard**

rapprochement n.m. 1 au pr. : amalgame, assemblage, assimilation, comparaison, parallèle, parangon, parité, proximité, rapport, recoupement, réunion 2 par ext. a → **réconciliation** b → **similitude**

rapprocher accoler, amalgamer, approcher, assimiler, attirer, avancer, comparer, grouper, joindre, lier, presser, rapporter, réunir, serrer, unir

rapt n.m. → **enlèvement**

raquette n.f. → **piège**

rare accidentel, anormal, clair, clairsemé, curieux, difficile, distingué, étrange, exceptionnel, extraordinaire, inaccoutumé, inconnu, inhabituel, insolite, introuvable, inusité, inusuel, occasionnel, précieux, remarquable, sublime, unique

raréfaction n.f. amoindrissement, appauvrissement, déperdition, diminution, disparition, dispersion, dissémination, éclaircissement, épuisement, rareté, tarissement

raréfier → **réduire**

rarement 1 → **guère** 2 → **quelquefois**

rareté n.f. 1 curiosité, phénomène 2 défaut, dénuement, disette, insuffisance, manque, pénurie

ras, e 1 → **égal** 2 → **pelé**

rasade n.f. → **gorgée**

rascasse n.f. diable, scorpène → **poisson**

raser 1 → **peler** 2 → **démolir** 3 → **effleurer** 4 → **ennuyer**

raseur, euse n.m. ou **f.** et **rasoir** adj. agaçant, assommant, bassinant, collant, crampon, de trop, embarrassant, embêtant, encombrant, énervant, ennuyeux, envahissant, étourdissant, excédant, fâcheux, fatigant, gênant, gêneur, gluant, hurluberlu, importun, indiscret, inopportun, insupportable, intrus, mouche du coche, obsédant, officieux, pesant, plaie, pot de colle, tannant, tuant ◆ grossier : chiant, emmerdant

rasibus → **près**

rasoir n.m. 1 fam. : coupe-chou(x), grattoir 2 par ext. : cutter, scalpel

rassasier apaiser, assouvir, bourrer, calmer, contenter, donner son aise/son content, gaver, gorger, saturer, soûler

rassemblement n.m. 1 a affluence, agglomération, assemblée, attroupement, bande, concentration, concours, foule, groupement, manifestation, masse, meeting, multitude, ralliement, rencontre, réunion → **troupe** b association, confédération, fédération, fusion, groupe, intergroupe, mouvement, parti, pool, union, syndicat, troupe 2 allotissement, groupage, regroupement

rassembler → **assembler**

rassembleur n.m. → **fédérateur**

rasséréné, e → **satisfait**

rasséréner → **tranquilliser**

rassis, e → **posé**

rassurant, e → **réconfortant**

rassurer → **tranquilliser**

rat n.m. campagnol, mulot, muridé, rate, raton, surmulot → **rongeur**

ratage n.m. → **insuccès**

ratatiné, e desséché, flétri, noué, pelotonné, rabougri, racorni, ramassé, recroquevillé, replié, ridé, tassé

ratatouille n.f. → **ragoût**
raté, e bon à rien, fruit sec, traîne-savate
râteau n.m. arc, fauchet, fauchon, rouable
râteler ratisser → **ramasser**
rater 1 → **manquer** 2 → **échouer**
ratiboiser 1 → **ravager** 2 → **voler**
ratière n.f. → **piège**
ratification n.f. → **approbation**
ratifier → **confirmer**
ratiocination n.f. → **argutie**
ratiociner → **ergoter**
ratiocineur n.m. → **chicaneur**
ration n.f. bout, division, dose, fraction, fragment, lot, morceau, part, partie, pièce, portion, prise, quartier, tranche
rationalisation n.f. automatisation, division du travail, planification, normalisation, spécialisation, stakhanovisme, standardisation, taylorisation, taylorisme
rationaliser 1 → **normaliser** 2 → **régler**
rationalisme n.m. → **réalisme**
rationnel, le cartésien, cohérent, conséquent, exact, fonctionnel, géométrique, judicieux, juste, logique, méthodique, naturel, nécessaire, raisonnable, serré, suivi, vrai
rationnement n.m. 1 → **réduction** 2 → **régime**
rationner → **réduire**
ratisser 1 râteler → **râcler** 2 → **ravager**
rattachement n.m. → **réunion**
rattacher → **réunir**
rattrapage n.m. rajustement, réparation, retouche → **correction**
rattraper 1 → **rejoindre** 2 → **réparer** 3 v. pron. a se racheter, se réhabiliter, réparer, se reprendre, se ressaisir, se retourner b se dédommager, gagner, prendre sa revanche, se raccrocher, s'y retrouver, se sauver, s'en sortir, s'en tirer
rature n.f. biffure, gommage, grattage, raturage, repentir, retouche
raturer → **effacer**
rauque enroué, éraillé, guttural ♦ fam. : de mêlé-cass, de rogomme
ravage n.m. atteinte, avarie, casse, catastrophe, dégât, dégradation, déprédation, détérioration, dommage, grief (vx), mal, perte, préjudice, sinistre, tort
ravager anéantir, bouleverser, désoler, détruire, dévaster, dévorer, endommager, fourrager, gâter, infester, raser, ratiboiser (fam.), ratisser, razzier, piller, ruiner, saccager
ravageur, euse nom et adj. 1 → **destructeur** 2 → **séducteur**
ravalement n.m. 1 → **bassesse** 2 → **réparation** 3 → **nettoiement**
ravaler 1 → **abaisser** 2 → **réparer** 3 → **nettoyer**
ravaudage n.m. → **raccommodage**
ravauder → **raccommoder**
ravi, e → **content**
ravigoter → **réconforter**
ravin n.m. lit de rivière/torrent, ravine, val, vallée, vallon
ravinement n.m. affouillement, érosion
raviner → **creuser**
ravir 1 → **enlever** 2 → **prendre**, 3 → **charmer** 4 → **transporter**
raviser (se) se dédire, changer d'avis, revenir sur sa décision/parole/promesse
ravissant, e agréable, aimable, amène, attirant, beau, captivant, charmant, enchanteur, enivrant, ensorcelant, fascinant, gracieux, grisant, intéressant, joli, merveilleux, piquant, séduisant
ravissement n.m. 1 → **enlèvement** 2 → **transport** 3 → **bonheur**
ravitaillement n.m. 1 → **approvisionnement** 2 → **provision**
ravitailler → **pourvoir**
raviver 1 → **rafraîchir** 2 → **ranimer**
ravoir → **recouvrer**
rayer 1 → **effacer** 2 → **abîmer** 3 → **strier**
rayère n.f. → **ouverture**
rayon n.m. 1 jet, rai, trait 2 apparence, lueur, lumière 3 degré, étagère, planche, rayonnage, tablette 4 étalage, éventaire, stand
rayonnant, e 1 → **radieux** 2 en étoile, radié, rayonné
rayonnement n.m. 1 → **lustre** 2 → **propagation**
rayonner 1 se développer, éclater, irradier, se propager 2 → **luire**
rayure n.f. balafre, entaille, strie
raz-de-marée n.m. 1 tsunami 2 fig. → **agitation**
razzia n.f. 1 → **incursion** 2 → **pillage**
razzier 1 → **piller** 2 → **ravager**
réacteur n.m. propulseur, pulso/turboréacteur, turbine
réaction n.f. 1 → **réflexe** 2 → **conservatisme**
réactionnaire n. et adj. 1 conservateur, contre-révolutionnaire, de droite, fasciste, immobiliste, intégriste, obscurantiste, rétrograde, rigoriste, tory, traditionaliste 2 fam. : droitier, droitiste, facho, réac, tardigrade
réagir 1 → **répondre** 2 → **résister**
réalisable accessible, exécutable, facile, faisable, permis, possible, praticable, prévisible, probable, virtuel
réalisation n.f. 1 accomplissement, concrétisation, exaucement, satisfaction 2 accouchement, création, effet, exécution, expédition (vx), formulation, matérialisation, œuvre, production 3 → **vente**
réaliser 1 au pr. : accomplir, achever, actualiser, atteindre, combler, commettre, concrétiser, consommer, effectuer, exécuter, faire, opérer, pratiquer, procéder à, remplir, tenir parole/ses promesses 2 par ext. a brader, liquider, solder, vendre b → **entendre**
réalisme n.m. 1 crudité, sincérité, tranche de vie, vérisme 2 philos. : atomisme, matérialisme, mécanisme, naturalisme, positivisme 3 opportunisme, pragmatisme, utilitarisme
réaliste nom et adj. 1 philos. → **matérialiste** 2 concret, cru, matérialiste, naturaliste, opportuniste, positif, pragmatique, terre à terre, théorétique, utilitaire
réalité n.f. 1 certitude, exactitude, réalisme, vérité 2 chose, être, évidence, existence, fait, fond, immanence, matière, monde, nature, objet, réel 3 **en réalité :** au fond, en fait, en effet, réellement
rébarbatif, ive → **revêche**
rebattu, e banal, commun, connu, éculé, fatigué, réchauffé, ressassé, trivial, usé, vulgaire
rebelle nom et adj. 1 → **indocile** 2 → **insoumis** 3 → **révolté**
rebeller (se) → **révolter (se)**
rébellion n.f. → **révolte**
rebiffer (se) → **résister**
rebiquer → **retrousser**
reboisement n.m. → **repiquage**
reboiser → **replanter**
rebondi, e 1 → **gras** 2 → **gros**
rebondir 1 → **sauter** 2 → **recommencer** 3 → **retomber**
rebondissement n.m. → **retour**
rebord n.m. → **bord**
rebours n.m. 1 → **opposé** 2 **à/au rebours :** à contre-pied, à contre-poil, à contresens, à l'encontre de, à l'inverse de, à l'opposé de, à rebrousse-poil, au contraire de
rebouter 1 → **remettre** 2 → **raccommoder**
rebouteur ou **rebouteux, euse** n.m. ou f. → **guérisseur**
rebrousse-poil (à) → **rebours**
rebrousser 1 → **retourner** 2 → **relever**
rebuffade n.f. → **refus**
rébus n.m. 1 au pr. : charade, devinette, énigme, logogriphe, mots croisés/fléchés (par ext.) 2 fig. : mystère, secret
rebut n.m. 1 au pr. → **refus** 2 par ext. a balayures, déchet, écume, excrément, fond du panier, laissé-pour-compte, lie, ordure, quantité négligeable, rancart, reste, rogaton, rognure b bas-fond, menu fretin, racaille → **populace**
rebutant, e 1 → **ennuyeux** 2 → **repoussant**
rebuter 1 → **repousser** 2 → **décourager**
récalcitrant, e nom et adj. contestataire, désobéissant, entêté, fermé, frondeur, indiscipliné, indocile, indomptable, insoumis, insubordonné, intraitable, mécontent, opiniâtre, rebelle, réfractaire, regimbant, regimbeur, révolté, rétif, rude, têtu, vicieux, volontaire
recaler 1 → **ajourner** 2 → **refuser**
récapitulation n.f. → **sommaire**
récapituler → **résumer**
recel n.m. détention, détournement, malversation
receler 1 → **cacher** 2 → **contenir**
receleur, euse n.m. ou f. arg. : fourgue
récemment depuis peu, dernièrement, fraîchement, il n'y a guère, il y a peu (de temps), naguère
recensement n.m. 1 → **compte** 2 → **dénombrement**
recenser → **dénombrer**
recension n.f. → **comparaison**
récent, e → **nouveau**
récépissé n.m. → **reçu**
réceptacle n.m. → **contenant**
récepteur n.m. 1 combiné, écouteur 2 écran, mouchard, radar 3 → **radio** 4 → **télévision** 5 → **destinataire**
réception n.f. 1 au pr. : admission, adoubement, élévation, initiation, intronisation, investiture, promotion 2 accueil, hospitalité → **abord** 3 a boum, bridge, cérémonie, cinq-à-sept, cocktail, déjeuner, diffa, dîner, gala, garden-party, mondanités, raout, soirée, surprise-partie, thé, veillée b → **bal** c → **fête** 4 audiov. : écoute
récession n.f. 1 → **crise** 2 → **recul**
recette n.f. 1 fruit, gain, produit, profit → **bénéfice** ♦ arg. : comptée, taille 2 → **méthode** 3 → **procédé**
recevabilité n.f. → **bien-fondé**
recevable → **acceptable**
receveur, euse n.m. ou f. 1 → **caissier** 2 → **percepteur**
recevoir 1 au pr. a fav. ou neutre : acquérir, encaisser, gagner, hériter, obtenir, palper (fam.), percevoir, prendre, tirer → **toucher** b non fav. : attraper, avaler, boire, écoper, empocher, encaisser, éprouver, essuyer, prendre, récolter, souffrir, subir, trinquer 2 par ext. a abriter, accueillir, admettre, donner l'hospitalité/une réception, héberger, traiter b donner audience c accepter, adouber, agréer, élever, initier, promouvoir, reconnaître
rechampir → **rehausser**
rechange n.m. → **secours**
réchappé, e → **rescapé**
réchapper → **tirer (s'en)**
recharger → **pourvoir**
réchaud n.m. athanor, bec Bunsen, brasero, calorifère, cuisinière, fourneau, gazinière, hypocauste, poêle, potager, radiateur, réchauffeur, têt ou test, thermosiphon
réchauffer 1 → **chauffer** 2 → **ranimer**
rêche → **rude**
recherche n.f. 1 au pr. a battue, chasse, exploration, fouille, investigation, poursuite, quête b jurid. : chasse aux sorcières (péj.), enquête, information, inquisition (vx), instruction c étude, examen, expérience, expérimentation, gallup, observation, recension, sondage, spéculation, tâtonnement d auscultation, percussion e technologie 2 par ext. a → **affectation** b → **préciosité**
recherché, e 1 → **compliqué** 2 → **étudié**
rechercher 1 → **chercher** 2 → **souhaiter**
rechigner → **renâcler**
rechute et **récidive** n.f. → **reprise**
récidiver → **recommencer**
récidiviste nom et adj. cheval de retour (fam.), endurci, relaps
récif n.m. écueil, haut-fond
récipiendaire n.m. bénéficiaire, impétrant
récipient n.m. berlingot, berthe, boîte, bouille, bouteille, brassin, container ou conteneur, contenant, emballage, estagnon (mérid.), moque, vase → **ustensile**
réciprocité n.f. → **compensation**
réciproque → **mutuel**
réciproquement en échange, l'un pour l'autre, mutuellement, œil pour œil dent pour dent
récit n.m. 1 anecdote, compte rendu, détail, dit (vx), exposé, exposition, factum (jurid. ou péj.), histoire, historiette, historique, journal, mémoires, mémorial, narration, nouvelle, périple, rapport, relation, tableau 2 annales, chronique, conte, légende, mythe, odyssée, roman 3 → **fable**
récital n.m. aubade, audition, sérénade → **concert**
récitatif n.m. → **mélodie**
réciter 1 → **dire** 2 → **prononcer**
réclamation n.f. appel, clameur, cri, demande, doléance, exigence, pétition, plainte, prétention, protestation, récrimination, requête, revendication

réclame n.f. affichage, annonce, battage, bourrage de crâne (péj.), bruit, lancement, propagande, publicité, renommée, retentissement, slogan ◆ fam. : boom, tam-tam

réclamer ① v. tr. ⓐ appeler, avoir besoin, commander, demander, exiger, mériter, nécessiter, rendre nécessaire, requérir, supposer, vouloir ⓑ contester, prétendre, revendiquer ◆ jurid. : répéter ⓒ → **solliciter** ② v. intr. : aboyer, gémir, se plaindre, protester, râler, se récrier, récriminer ③ v. pron. : en appeler, invoquer, se recommander

reclassement n.m. ① déplacement, promotion, rétrogradation ② → **ajustement**

reclasser → **déplacer**

reclus, e nom et adj. → **prisonnier**

réclusion n.f. → **emprisonnement**

recoin n.m. ① au pr. → **coin** ② fig. : pli, repli, secret

récollection n.f. → **recueillement**

récolte n.f. ① arrachage, fenaison, moisson, ramassage, vendange, vinée ② vx : amasse, annone, août ③ → **cueillette** ④ → **profit**

récolter → **recueillir**

recommandable → **estimable**

recommandation n.f. ① → **appui** ② → **instruction** ③ avis, avertissement, conseil

recommander ① → **appuyer** ② → **demander** ③ avertir, conseiller, dire, exhorter, prêcher, préconiser, prôner

recommencement n.m. → **retour**

recommencer ① v. tr. → **refaire** ② v. intr. : se ranimer, se raviver, rebiffer, rebondir, se réchauffer, récidiver, redoubler, refaire, refleurir, réitérer, remettre, renaître, renouveler, repartir, répéter, repiquer, reprendre, se reproduire, se réveiller, revenir

récompense n.f. ① au pr. : bénéfice, compensation, dédommagement, gratification, loyer, paiement, pourboire, prime, prix, rémunération, rétribution, salaire, tribut ② par ext. : accessit, citation, couronne, décoration, diplôme, médaille, mention, oscar, palmarès, prix, satisfecit, tableau d'honneur → **insigne**

récompenser ① → **dédommager** ② citer, couronner, décorer, distinguer, payer, reconnaître ③ → **encourager**

réconciliateur, trice n.m. ou f. → **intermédiaire**

réconciliation n.f. accommodement, accord, fraternisation, rabibochage (fam.), raccommodement, rapprochement, replâtrage

réconcilier ① accorder, concilier, raccommoder, rapprocher, réunir ◆ fam. : rabibocher ② vx : appointer, rapatrier ③ v. pron. : se pardonner, se rajuster, se remettre bien ensemble, renouer, reprendre ses relations, revenir

reconductible renouvelable

reconduction n.f. → **renouvellement**

reconduire ① neutre : accompagner, conduire, escorter, raccompagner, ramener ② non fav. : chasser, éconduire, expulser, mettre à la porte ③ par ext. → **renouveler**

réconfort n.m. ① → **aide** ② → **soulagement**

réconfortant, e ① adoucissant, apaisant, calmant, consolant, consolateur, encourageant, lénitif, rassurant ② analeptique, cordial, corroborant, excitant, fortifiant, reconstituant, remontant, roboratif, stimulant, tonique

réconforter aider, conforter, consoler, ragaillardir, ranimer, ravigoter, raviver, refaire, relever le courage/les forces/le moral, remettre, remonter, réparer, requinquer, restaurer, rétablir, retaper, revigorer, soutenir, stimuler, sustenter

reconnaissable discernable, discret (math.), distinguable, identifiable, remarquable

reconnaissance n.f. ① au pr. : découverte, examen, exploration, inspection, investigation, observation, recherche ② par ext. ⓐ → **gratitude** ⓑ → **reçu**

reconnaissant, e → **obligé**

reconnaître ① au pr. : arraisonner (mar.), connaître, constater, discerner, distinguer, identifier, remettre, retrouver, trouver, vérifier → **connaître** ② par ext. ⓐ → **examiner** ⓑ → **convenir** ⓒ → **soumettre (se)** ⓓ → **récompenser** ③ v. pron. → **retrouver (se)**

reconnu, e ① → **réel** ② → **certain**

reconquérir → **recouvrer**

reconsidérer → **revoir**

reconstituant, e nom et adj. → **réconfortant**

reconstituer → **rétablir**

reconstitution n.f. ① → **représentation** ② → **réparation**

reconstruction n.f. → **restauration**

reconstruire → **rétablir**

reconversion n.f. conversion, mutation, recyclage, transformation

reconvertir mettre à jour, recycler, réinsérer, réorienter → **transformer**

record n.m. → **performance**

recors n.m. assistant → **témoin**

recoupement n.m. comparaison, liaison, parallèle, parangon, rapport, rapprochement

recouper (se) s'accorder, aller, concorder, se conformer, convenir, correspondre, être conforme à/en conformité/en harmonie/en rapport/en symétrie, faire pendant, s'harmoniser, se rapporter, se référer, répondre, représenter, ressembler, rimer (fam.), satisfaire, synchroniser

recourbé, e → **courbe**

recourir → **user**

recours n.m. ① → **ressource** ② appel, demande, pourvoi, requête ③ **avoir recours** → **user**

recouvrable percevable

recouvrement n.m. → **perception**

recouvrer ① rapatrier, rattraper, ravoir, reconquérir, récupérer, regagner, reprendre, ressaisir, retrouver ② encaisser, percevoir, recevoir, toucher

recouvrir ① cacher, coiffer, couvrir, dissimuler, ensevelir, envelopper, masquer, napper, voiler ② appliquer, consteller, enduire, enrober, étendre, habiller, joncher, parsemer, paver, revêtir, tapisser ③ alluvionner ④ v. pron. : chevaucher, s'embroncher, s'imbriquer, se superposer

récréatif, ive → **amusant**

récréation n.f. ① → **divertissement** ② → **repos** ③ → **pause**

récréer → **distraire**

récrier (se) ① → **crier** ② → **protester** ③ → **enthousiasmer (s')**

récrimination n.f. → **reproche**

récriminer → **répondre**

recroqueviller (se) ① → **resserrer (se)** ② → **replier (se)**

recru, e accablé, assommé, avachi, brisé, courbatu, courbaturé, épuisé, excédé, exténué, fatigué, fourbu, harassé, las, moulu, rendu, rompu, roué de fatigue, surentraîné, surmené ◆ fam. : cané, claqué, crevé, échiné, éreinté, esquinté, flapi, flingué, mort, pompé, sur les dents/les genoux/les rotules, vanné, vaseux, vermoulu, vidé

recrudescence n.f. accroissement, aggravation, augmentation, exacerbation, hausse, progrès, progression, redoublement, regain, renforcement, renouvellement, reprise, retour, revif

recrue n.f. ① → **soldat** ② → **membre**

recrutement n.m. ① → **conscription** ② → **engagement**

recruter embrigader, engager, enrégimenter, enrôler, incorporer, lever des troupes, mobiliser, racoler

recruteur n.m. → **racoleur**

recteur n.m. ① → **directeur** ② → **prêtre**

rectifiable → **perfectible**

rectificatif et **rectification** n.m., n.f. → **correction**

rectifier amender, changer, corriger, modifier, redresser, réformer, rétablir, revoir

rectiligne → **droit**

rectitude n.f. droiture, exactitude, fermeté, honnêteté, justesse, justice, logique, rigueur

recto n.m. avers, endroit, face

rectum n.m. par ext. ① → **anus** ② → **fessier**

reçu n.m. acquit, bulletin, connaissement (mar.), état, décharge, quittance, quitus, récépissé, reconnaissance

reçu, e → **acceptable**

recueil n.m. ① → **collection** ② album, almanach, anthologie, atlas, bouquin, brochure, bullaire, catalogue, chrestomathie, code, écrit, fablier, fascicule, florilège, formulaire, herbier, livraison, livre, livret, manuel, opuscule, ouvrage, plaquette, publication, registre, répertoire, sottisier, tome, volume ◆ vx : ana, compilation, légendaire, portulan (mar.), spicilège

recueillement n.m. ① adoration, contemplation, ferveur, méditation, piété, récollection, retraite ② application, componction, concentration, réflexion

recueillir ① acquérir, amasser, assembler, avoir, butiner, capter, colliger, cueillir, engranger, gagner, glaner, grappiller, hériter, lever, moissonner, obtenir, percevoir, prendre, quêter, ramasser, rassembler, recevoir, récolter, retirer, réunir, tirer, toucher ② pron. ⓐ → **penser** ⓑ → **renfermer (se)** ⓒ → **absorber (s')**

recul et **reculade** n.m., n.f. ① récession, retrait, rétrogradation, rétrogression ② décrochage, désengagement, repli, retraite ③ acculée (mar.), reflux ④ éloignement, régression, retard ⑤ → **distance**

reculé, e → **éloigné**

reculer ① v. tr. ⓐ décaler, déplacer, repousser ⓑ accroître, agrandir, étendre ⓒ ajourner, différer, retarder ② v. intr. : abandonner, battre en retraite, caler, céder, culer, décrocher, déhaler (mar.), faire machine/marche arrière, flancher, fléchir, lâcher pied, perdre du terrain, refluer, refouler, régresser, se rejeter, se replier, rétrograder, rompre ◆ fam. : caner, foirer

récupérable ① réutilisable ② → **perfectible**

récupération n.f. ① → **sauvetage** ② → **annexion**

récupérer ① → **recouvrer** ② → **remettre (se)**

récurage n.m. → **nettoiement**

récurer approprier, assainir, astiquer, balayer, battre, blanchir, bouchonner, brosser, cirer, curer, débarbouiller, débarrasser, décaper, décrasser, décrotter, dégraisser, dérocher, dérouiller, déterger, écurer, enlever la crasse/la saleté, étriller, faire le ménage, fourbir, frotter, housser, laver, lessiver, monder, purifier, rapproprier, racler, ravaler, savonner, toiletter, vanner ◆ fam. : bichonner, briquer, torcher, torchonner

récurrence n.f. → **répétition**

récurrent, e et **récursif, ive** itératif, redondant, réduplicatif, réitératif, répétitif

récusable reprochable (jurid.) → **incertain**

récuser ① → **refuser** ② → **repousser**

recyclage n.m. aggiornamento, mise à jour, réinsertion, réorientation

recycler mettre à jour, reconvertir, réinsérer, réorienter → **transformer**

rédacteur, trice n.m. ou f. ① → **journaliste** ② → **secrétaire**

rédaction n.f. ① composition, écriture, établissement, formule, libellé → **texte** ② composition française, dissertation, narration → **récit**

redan n.m. → **saillie**

reddition n.f. → **capitulation**

rédempteur, trice nom et adj. → **sauveur**

rédemption n.f. délivrance, expiation, rachat, salut

redevable assujetti, débiteur, imposable, obligé, tributaire

redevance n.f. → **charge**

rédhibition n.f. → **abrogation**

rédhibitoire ① → **absolu** ② → **catégorique**

rédiger → **écrire**

rédimer → **libérer**

redingote n.f. ① lévite → **manteau** ② → **habit**

redire ① → **répéter** ② **trouver à redire** → **critiquer**

redistribuer → **répartir**

redistribution n.f. → **répartition**

redite et **redondance** n.f. ① → **répétition** ② → **pléonasme** ③ → **superfluité**

redondant, e ① → **diffus** ② → **superflu** ③ → **récurrent**

redonner dégorger, rembourser, remettre, rendre, rendre gorge, repasser (fam.), restituer, rétrocéder

redoublement n.m. accroissement, agrandissement, aggravation, augmentation, amplification, crise, croissance, développement, exacerbation, grossissement, intensification → **paroxysme**

redoubler → **augmenter**

redoutable → **terrible**

redoute n.f. ① → **blockhaus** ② vx. → **bal**

redouter s'alarmer, appréhender, avoir peur, être effrayé, être épouvanté, trembler

redoux n.m. → **adoucissement**

redressement n.m. ① → **rétablissement** ② → **correction**

redresser 1 défausser → **rectifier** 2 → **réprimander** 3 → **lever** 4 → **rétablir** 5 équit. les oreilles (pour le cheval) : chauvir

réducteur, trice abstracteur, abstractif, théoricien

réductible assimilable, coercible, compressible, comprimable, condensable, élastique, souple, simplifiable

réduction n.f. 1 au pr. : a allégement, amenuisement, amoindrissement, atténuation, compression, diminution, graticulation, limitation, malthusianisme, plafonnement, raccourcissement, rationnement, rapetissement, resserrement, restriction, rétrécissement, schématisation, simplification b → **remise** c abrégé, diminutif, miniature 2 par ext. a pacification, soumission b → **abaissement**

réduire 1 au pr. a abaisser, abréger, accourcir, affaiblir, alléger, amoindrir, amortir, atténuer, baisser, changer, comprimer, condenser, contingenter, contracter, décompresser, décomprimer, dégonfler, dépouiller, détendre, diminuer, écorner, écourter, élégir, fondre, graticuler, inférioriser, limiter, miniaturiser, minimiser, minorer, modérer, plafonner, rabaisser, raccourcir, ramener, rapetisser, raréfier, rationner, renfermer, resserrer, restreindre, rétrécir, simplifier b dédramatiser, dépassionner → **calmer** 2 par ext. a → **économiser** b → **vaincre**

réduit n.m. bouge, cabane, cabine, cabinet, cagibi, cahute, cellule, chambrette, galetas, loge, logette, mansarde, niche, retraite, souillarde, soupente

réel n.m. → **réalité**

réel, le nom et adj. actuel, admis, assuré, authentique, certain, concret, démontré, effectif, établi, exact, existentiel (philos.), factuel, fondé, historique, incontestable, incontesté, indiscutable, indubitable, juste, matériel, objectif, palpable, patent, positif, réalisé, reconnu, reçu, sérieux, sincère, solide, tangible, véridique, véritable, visible, vrai → **sûr**

réellement bel et bien, bonnement, certainement, concrètement, dans le fait, de fait, effectivement, efficacement, en effet, en fait, en réalité, historiquement, objectivement, pratiquement, véritablement, vraiment

réexpédier → **retourner**

réfaction n.f. → **diminution**

refaire 1 au pr. a bisser, recommencer, réitérer, répéter, reprendre b rajuster, reconstruire, recréer, récrire, réédifier, rééditer, refondre, reformer, renouveler, réparer, reproduire, restaurer, rétablir, rhabiller 2 fig. a → **réconforter** b → **tromper** c → **voler**

réfection n.f. 1 → **réparation** 2 → **modification**

réfectoire n.m. cambuse, cantine, mess, popote, salle à manger

référé n.m. → **procédure**

référence n.f. 1 → **renvoi** 2 → **attestation**

référencer → **inscrire**

référendum n.m. consultation, élection, plébiscite, scrutin, suffrage, votation, vote, voix

référer 1 → **attribuer** 2 v. pron. → **rapporter (se)**

refiler bazarder, fourguer → **donner**

réfléchi, e 1 → **posé** 2 → **prudent** 3 → **raisonnable**

réfléchir 1 → **renvoyer** 2 → **penser**

réflecteur n.m. catadioptre, cataphote

reflet n.m. 1 au pr. : brillance, chatoiement, étincellement, irisation, lueur, miroitement, moire, réflexion, ruissellement, rutilance, scintillement 2 par ext. → **représentation**

refléter 1 → **renvoyer** 2 → **représenter**

réflexe n.m. 1 automatisme, interaction, mouvement, réaction 2 coup d'œil, présence d'esprit, sang-froid

réflexion n.f. 1 diffusion, rayonnement, reflet, réverbération 2 → **attention** 3 → **idée** 4 → **pensée** 5 → **remarque**

refluer 1 → **répandre (se)** 2 → **reculer**

reflux n.m. → **marée**

refondre → **refaire**

refonte n.f. réécriture, réédition, remaniement → **reprise**

réformateur, trice nom et adj. rénovateur, transformateur

réforme n.f. → **changement**

réformer 1 → **corriger** 2 → **retrancher** 3 → **refaire**

réformisme n.m. → **socialisme**

réformiste nom et adj. déviationniste, révisionniste, situationniste → **révolutionnaire**

refoulement n.m. 1 autocensure, inhibition, interdit 2 → **expulsion**

refouler 1 → **repousser** 2 → **chasser** 3 → **renfermer**

réfractaire n.m. → **insoumis**

réfractaire adj. 1 → **insoumis** 2 → **indocile** 3 → **incombustible**

refrain n.m. antienne, chanson, chant, lanterne, leitmotiv, rengaine, répétition, ritournelle, scie, turlutaine

refréner → **réprimer**

réfrigérant, e → **froid**

réfrigérateur n.m. chambre froide, congélateur, conservateur, freezer, Frigidaire (marque), frigorifique, glacière

réfrigération n.f. → **congélation**

réfrigérer → **frigorifier**

refroidir 1 au pr. : attiédir, congeler, frapper, frigorifier, glacer, rafraîchir, réfrigérer, tiédir 2 fig. → **calmer**

refroidissement n.m. 1 → **congélation** 2 → **grippe**

refuge n.m. 1 → **abri** 2 → **cabane** 3 → **halte** 4 → **ressource**

réfugié, e nom et adj. → **émigré**

réfugier (se) 1 → **blottir (se)** 2 → **partir**

refus n.m. 1 blackboulage, déni, fin de non-recevoir, impopularité, négation, opposition, rabrouement, rebuffade, rebut, recalage, regimbement, rejet, renvoi, veto → **insuccès** 2 ostracisme, racisme → **xénophobie**

refuser 1 → **ajourner** 2 débouter, décliner, dédaigner, défendre, dénier, écarter, éconduire, éloigner, exclure, évincer, licencier, nier, récuser, rejeter, remercier, renvoyer, repousser 3 → **congédier** 4 → **résister**

réfutable → **faible**

réfutation n.f. → **objection**

réfuter aller à l'encontre, confondre, contester, contredire, démentir, désavouer, s'inscrire en faux, opposer, répondre

regagner rattraper, récupérer, recouvrer

regain n.m. → **recrudescence**

régal n.m. 1 → **divertissement** 2 → **festin** 3 → **plaisir**

régale n.f. → **impôt**

régaler 1 → **réjouir** 2 → **festoyer** 3 fam. → **maltraiter** 4 v. pron. : se délecter, déguster, faire bombance, festoyer, fricoter, se gargariser, se goberger, goûter, jouir, se pourlécher/repaître, savourer, se taper la cloche

régalien, ne → **royal**

regard n.m. 1 coup d'œil, œillade, yeux → **œil** 2 a **attirer le regard :** attention b **au regard de :** en comparaison de c **en regard** → **vis-à-vis**

regardant, e → **avare**

regarder 1 admirer, attacher son regard, aviser, considérer, contempler, couver des yeux/du regard, dévisager, dévorer des yeux, envisager, examiner, fixer, guigner, inspecter, jeter les yeux, lorgner, observer, parcourir, promener les yeux/le regard, remarquer, scruter, toiser, voir ♦ fam. et/ou arg. : bigler, fliquer, mater, mirer, mordre, ouvrir ses quinquets, piger, rechasser, redresser, reluquer, tapisser, viser, zieuter 2 → **concerner** 3 a **regarder comme :** compter, considérer, estimer, juger, prendre, présumer, réputer b **regarder de travers :**

régate n.f. 1 → **compétition** 2 → **cravate**

régence n.f. 1 → **autorité** 2 → **intérim**

régénération n.f. → **renaissance**

régénérer 1 → **améliorer** 2 → **corriger**

régent n.m. 1 → **maître** 2 → **pédant** 3 → **supérieur**

régenter administrer, commander, conduire, diriger, dominer, gérer, gouverner, manier, manœuvrer, mener, piloter, régir, régner, tyranniser (péj.)

régie n.f. 1 → **administration** 2 → **direction**

regimber 1 → **ruer** 2 → **résister**

régime n.m. 1 → **administration** 2 → **direction** 3 → **gouvernement** 4 conduite, cure, diète, jeûne, rationnement, règle

régiment n.m. 1 → **troupe** 2 → **multitude**

région n.f. campagne, coin, contrée, endroit, lieu, nation, origine, parage, pays, province, rivage, royaume, sol, terre, territoire, terroir, zone ♦ fam. : bled, patelin

régional, e nom et adj. folklorique, local, particulier, provincial, typique

régir diriger, gérer → **gouverner**

régisseur n.m. → **gérant**

registre n.m. 1 brouillard, écritures, grand livre, journal, livre, main-courante, manifold, matrice, matricule, minutier, répertoire, sommier 2 relig. : obituaire, pouillé 3 ambitus, ampleur, échelle, tessiture 4 caractère, ton, tonalité

réglage n.m. → **ajustement**

règle n.f. 1 canon, commandement, convention, coutume, formule, gouverne, ligne, loi, mesure, norme, observance, ordre, précepte, prescription, théorie → **principe** 2 → **protocole** 3 → **règlement** 4 → **exemple** 5 alidade, battant, carrelet, comparateur, compas, équerre, réglet, sauterelle, té, vernier 6 au pl. → **menstruation**

réglé, e 1 quelque chose : arrêté, calculé, coordonné, décidé, déterminé, fixé, normal, périodique, systématique, uniforme 2 quelqu'un : exact, mesuré, méthodique, ordonné, organisé, ponctuel, rangé, régulier, sage

règlement n.m. 1 arrêté, canon, charte, code, consigne, constitution, décret, discipline, édit, institution, loi, mandement, ordonnance, prescription, règle, réglementation, statut 2 accord, arbitrage, arrangement, convention, protocole 3 arrêté, liquidation, paiement, solde 4 relig. : observance

réglementaire 1 disciplinaire 2 → **permis**

réglementation n.f. 1 → **règlement** 2 → **agencement**

réglementer → **légiférer**

régler 1 accorder, ajuster, aligner, conformer à, diriger, mesurer, modeler, modérer, moduler, tirer, tracer 2 → **décider** 3 → **finir** 4 → **payer** 5 codifier, normaliser, organiser, rationaliser, réglementer, théoriser → **fixer** 6 v. pron. : se conformer, se soumettre

réglet n.m. → **règle**

règne n.m. 1 dynastie, empire, époque, gouvernement, monarchie, pouvoir, souveraineté → **autorité** 2 monde, royaume, univers

régner 1 → **gouverner** 2 → **être**

regorger 1 → **abonder** 2 → **déborder** 3 → **répandre (se)**

régresser → **reculer**

régression n.f. → **recul**

regret n.m. 1 doléance, lamentation, mal du pays, nostalgie, plainte, soupir 2 attrition, componction, contrition, désespoir, peine, pénitence, remords, repentance, repentir, résipiscence, ver rongeur 3 arrière-goût, déception

regrettable 1 → **affligeant** 2 → **inopportun**

regretter 1 avoir du déplaisir/du regret, geindre, se lamenter, s'en mordre les doigts/les poings/les pouces, pleurer, se repentir 2 déplorer, désapprouver, plaindre

regroupement n.m. → **rassemblement**

regrouper → **assembler**

régularisation n.f. → **normalisation**

régulariser → **fixer**

régularité n.f. 1 de quelque chose : authenticité, concordance, congruence, convenance, correction, fidélité, justesse, légalité, précision, régime de croisière, rigueur, véracité, véridicité, vérité 2 aisance, facilité, fluidité 3 de quelqu'un : application, assiduité, attention, conscience professionnelle, correction, exactitude, minutie, ponctualité, scrupule, sincérité, soin → **habitude**

régulateur, trice modérateur → **intermédiaire**

régulation n.f. contrôle, dispatching, équilibrage, normalisation, progressivité → **répartition**

régulier n.m. → **religieux**

régulier, ère 1 → **réglé** 2 → **exact** 3 → **fidèle** 4 → **continu** 5 → **constant**

régulière n.f. 1 → **épouse** 2 → **femme**

régulièrement dans les formes/l'ordre/les règles, légalement, légitimement, licitement, réglementairement, selon les lois/les mœurs/les normes

régurgitation n.f. → **vomissement**

régurgiter → **vomir**

réhabilitation n.f. → **justification**

réhabiliter → **rétablir**
rehaussement n.m. → **hausse**
rehausser [1] au pr. → **hausser** [2] fig. [a] augmenter, ranimer, relever [b] → **assaisonner** [c] embellir, ennoblir, faire ressortir/valoir, mettre en valeur, réchampir, relever [d] → **louer**
réifier → **chosifier**
rein n.m. [1] au sing. : lombes, râble, rognon [2] au pl. : bas du dos, croupe, dos [3] par ext. → **derrière**
réincarnation n.f. → **renaissance**
reinette n.f. → **pomme**
reine n.f. dame, souveraine
réinsérer → **rétablir**
réinsertion et **réintégration** n.f. → **rétablissement**
réintégrer [1] → **rétablir** [2] → **revenir**
réitérer [1] → **refaire** [2] → **répéter**
reître n.m. [1] → **mercenaire** [2] → **soudard**
rejaillir [1] → **jaillir** [2] → **retomber**
rejaillissement n.m. → **ricochet**
rejet n.m. [1] → **pousse** [2] → **refus** [3] contre-rejet, enjambement
rejeter [1] → **jeter** [2] → **repousser** [3] → **reporter** [4] → **vomir** [5] → **exsuder** [6] v. pron. → **reculer**
rejeton n.m. [1] → **pousse** [2] → **fils** [3] → **postérité**
rejoindre atteindre, attraper, gagner, joindre, rallier, rattraper, regagner, retrouver, tomber dans
réjoui, e bon vivant, boute-en-train, content, épanoui, gai, guilleret, heureux, hilare, joyeux, riant, rieur, vive-la-joie
réjouir [1] amuser, charmer, contenter, dérider, dilater/épanouir le cœur, divertir, égayer, enchanter, ensoleiller, faire plaisir, illuminer, mettre en joie, plaire, ravir, régaler, rendre joyeux [2] v. pron. [a] s'applaudir, avoir la fierté, se délecter, être heureux, exulter, se féliciter, se frotter les mains, jubiler, pavoiser, rire, triompher [b] fam. : bicher, boire du petit-lait [c] vx : s'ébaudir
réjouissance n.f. agape, amusement, distraction, divertissement, festivité, fête, jubilation, liesse, noce, partie, plaisir
réjouissant, e → **gai**
relâche n.f. [1] → **repos** [2] **sans relâche** → **toujours**
relâché, e [1] neutre : affaibli, commode, facile, libéré, libre, mitigé [2] non fav. : amoral, débauché, dissolu, élastique, immoral, inappliqué, inattentif, libertin, négligent
relâchement n.m. [1] → **repos** [2] → **négligence**
relâcher [1] au pr. [a] on relâche une chose : décontracter, desserrer, détendre, lâcher → **diminuer** [b] quelqu'un : élargir, libérer, relaxer [2] par ext. : adoucir, ramollir, tempérer [3] mar. : accoster, faire escale → **toucher** [4] v. pron. : s'amollir, diminuer, faiblir, se laisser aller, se négliger, se perdre
relais n.m. [1] halte, mansion (vx), poste, titre (vén.) [2] → **hôtel** [3] techn. : jarretière [4] **prendre le relais** → **remplacer**
relance n.f. → **reprise**
relancer → **poursuivre**
relaps, e nom et adj. [1] → **récidiviste** [2] → **hérétique**
relater → **raconter**
relatif, ive → **proportionnel**
relation n.f. [1] quelque chose. [a] → **histoire** [b] compte rendu, procès-verbal, rapport, témoignage, version → **récit** [c] analogie, appartenance, connexion, copule, corrélation, dépendance, liaison, lien, rapport [d] interaction, intercommunication, interconnexion, intercourse, interdépendance, intersigne [2] entre personnes. [a] → **ami** [b] accointance, attache, bonne/mauvaise intelligence, bons/mauvais termes, commerce, communication, contact, correspondance, engagement, fréquentation, habitude, liaison, lien, rapport, société [c] amour, commerce, flirt, intrigue, liaison, marivaudage, rapport, union
relativement à peu près, au prorata, comparativement, convenablement, en comparaison, harmonieusement, proportionnellement, régulièrement
relaxant, e → **reposant**
relaxation n.f. [1] → **repos** [2] → **libération**
relaxe n.f. → **amnistie**
relaxer → **relâcher**
relayer → **remplacer**
relégation n.f. bannissement, déportation, exil, interdiction de séjour, internement, transportation → **bagne**
reléguer [1] quelque chose : abandonner, écarter, jeter, mettre au rebut/au rancart [2] quelqu'un : assigner à résidence, bannir, confiner, déporter, exiler, interdire de séjour, interner, transporter
relent n.m. empyreume, fétidité, infection, mauvaise odeur, odeur fétide/infecte/repoussante, pestilence, puanteur, remugle → **odeur**
relève n.f. → **remplacement**
relevé n.m. [1] bordereau, compte, dépouillement, extrait, facture, sommaire [2] → **mesure**
relevé, e [1] au pr. : accru, augmenté, élevé, haussé [2] aromatisé, assaisonné, épicé, pimenté, poivré, salé [3] par ext. : héroïque, magnifique, noble, soutenu, sublime, transcendant ◆ péj. : emphatique, pompeux
relèvement n.m. [1] → **hausse** [2] redressement, rétablissement [3] retroussis [4] math. → **rotation**
relever v. tr. et intr. [1] écarter, rebrousser, remonter, retrousser, soulever, trousser → **lever** [2] → **ramasser** [3] → **hausser** [4] → **rétablir** [5] → **assaisonner** [6] → **corriger** [7] → **rehausser** [8] → **noter** [9] → **louer** [10] → **réprimander** [11] → **souligner** [12] → **libérer** [13] → **remplacer** [14] → **rétablir (se)** [15] → **dépendre** [16] → **réparer**
relief n.m. [1] au sing. [a] → **forme** [b] → **bosse** [c] → **lustre** [2] au pl. → **reste**
relier [1] → **joindre** [2] → **unir**
religieuse n.f. [1] abbesse, béguine, bonne sœur, congréganiste, converse, couventine, frangine (arg.), mère, moniale, nonne, nonnette, novice, postulante, prieure, professe, supérieure, tourière [2] augustine, béate, bernardine, capucine, carmélite, clarisse, dominicaine, feuillantine, franciscaine, petite sœur des pauvres, trappistine, trinitaire, ursuline, visitandine
religieux n.m. [1] [a] anachorète, cénobite, clerc, congréganiste, ermite, hospitalier, oblat, prêcheur, profès, régulier → **convers** [b] abbé, aumônier, chanoine régulier, hebdomadier, obédiencier, portier, postulant, préfet, prieur, procureur, provincial, révérend, supérieur [c] frère, moine, moinillon, monial, novice, père → **prêtre** [d] augustin, barnabite, bénédictin, bernardin, caloyer, capucin, carme, chartreux, cistercien, cordelier, dominicain, eudiste, feuillant, franciscain, hiéronymite, hospitalier, ignorantin, jésuite, lazariste, mariste, minime, oblat, olivétain, oratorien, pauliste, prémontré, récollet, sulpicien, templier, théatin, trappiste, trinitaire [e] bonze, chaman, derviche, lama [2] péj. → **bigot**
religieux, euse [1] au pr. : croyant, dévot, juste, mystique, pratiquant, spirituel → **pieux** [2] par ext. [a] → **ponctuel** [b] cénobitique, claustral, communautaire, conventuel, cultuel, érémitique, monastique, rituel, sacré [3] par ext. : animiste, déiste, fétichiste, iconolâtre, idolâtre, ophite, orphique, panthéiste, sabéen, théiste
religion n.f. [1] au pr. [a] adoration, attachement, croyance, culte, dévotion, doctrine, dogme, dulie, ferveur, foi, hyperdulie, latrie, mysticisme, piété, pratique, spiritualité, zèle [b] péj. : bigoterie, bondieuserie, cagoterie, momerie, religiosité, sensiblerie → **tartuferie** [c] animisme, déisme, évhémérisme, fétichisme, iconolâtrie, idolâtrie, jaïnisme, ophiolâtrie, orphisme, panthéisme, sabéisme, théisme, totémisme [d] principales religions actuelles : bouddhisme, hindouisme, judaïsme, shintoïsme, taoïsme → **chrétien, israélite, musulman** [2] **en religion** : au couvent, dans les ordres, en communauté, sous les vœux [3] par ext. → **opinion**
religionnaire n.m. ou f. → **protestant**
religiosité n.f. → **religion**
reliquaire n.m. châsse, coffret
reliquat n.m. → **reste**
relique n.f. [1] → **reste** [2] → **fétiche**
reluire brasiller, briller, chatoyer, éblouir, éclairer, éclater, étinceler, flamboyer, fulgurer, jeter des feux, miroiter, poudroyer, rayonner, resplendir, rutiler, scintiller
reluisant, e → **brillant**
reluquer → **regarder**
remâcher → **répéter**
remake n.m. off. → **reprise**
rémanence n.f. → **survivance**
remaniement n.m. → **modification**
remanier [1] → **changer** [2] → **revoir**
remarquable [1] admirable, brillant, choisi, considérable, curieux, éclatant, émérite, épatant, étonnant, extraordinaire, formidable, frappant, génial, glorieux, important, insigne, marquant, marqué, mémorable, notable, nouveau, original, parfait, particulier, rare, recherché, saillant, saisissant, signalé, supérieur, talentueux → **distingué** [2] fam. : extra, génial, maison, pépère, super [3] → **reconnaissable**
remarque n.f. allusion, annotation, aperçu, commentaire, considération, critique, note, objection, observation, pensée, réflexion, remontrance, réprimande, reproche
remarquer [1] → **regarder** [2] → **voir**
rembarrer → **repousser**
remblai n.m. → **talus**
remblayage n.m. → **remplissage**
remblayer boucher, combler, hausser
rembourrer bourrer, capitonner, garnir, matelasser
remboursement n.m. amortissement, contre-passation, couverture, drawback, paiement, restitution, rétrocession, reversement
rembourser amortir, couvrir, défrayer, dépenser, indemniser, payer, redonner, rendre, restituer, rétrocéder, reverser
remède n.m. [1] au pr. : acupuncture, analeptique, analgésique, anaphrodisiaque, antidépresseur, antidote, aphrodisiaque, bain, bouillon, cachet, calmant, cataplasme, collyre, compresse, comprimé, confection, conglutinant, cordial, cure, décoction, diète, douche, drogue, eau(x), eau de mélisse, eau oxygénée, électuaire, élixir, émétique, émollient, emplâtre, émulsion, énergisant, enveloppement, eupeptique, extrait, friction, fumigation, gargarisme, gélule, grog, implant, implantation, infusion, inhalation, injection, instillation, insufflation, lavage, liqueur, massage, médecine, médicament, médication, mellite, myrobolan, onguent, orviétan, ovule, oxymel, palliatif, panacée, pansement, pansement gastrique, perfusion, piqûre, placebo, ponction, potion, poudre de perlimpinpin (péj.), préparatif, préparation, psychotonique, psychotrope, purgation, rayons, rééducation, régime, relaxation, respiration artificielle, saignée, scarification, sérum, sinapisme, spécialité, spécifique, suppositoire, suralimentation, teinture, thériaque, topique, transfusion, vaccin, ventouse, vésicatoire, vulnéraire → **baume, contrepoison, lavement, pommade, préservatif, purge, révulsif, sirop, tisane** [2] fig. : expédient, moyen, ressource, solution, soulagement
remédiable réparable → **perfectible**
remédier arranger, corriger, guérir, obvier, pallier, parer, pourvoir, préserver, réparer, sauver
remembrement n.m. regroupement, tènement
remembrer [1] → **assembler** [2] → **réunir**
remémorer évoquer, rappeler, redire, repasser, ressasser
remerciement n.m. action de grâces, ex-voto, merci, témoignage de reconnaissance
remercier [1] au pr. : bénir, dédommager (par ext.), dire merci, gratifier, louer, rendre grâce, savoir gré, témoigner de la reconnaissance [2] fig. : chasser, congédier, destituer, donner sa bénédiction/campos/ses huit jours/son compte/son congé, écarter, éconduire, éloigner, expédier, expulser, jeter/mettre à la porte, licencier, liquider, remercier, renvoyer, révoquer, sacquer, se séparer de ◆ fam. : balancer, débarquer, emballer, envoyer paître/valser/dinguer/péter, ficher/flanquer/foutre à la porte, vider
remettre [1] au pr. : ramener, rapporter, réintégrer, replacer → **rétablir** [2] par ext. [a] commettre, confier, consigner, délivrer, déposer, donner, faire tenir, laisser, livrer, passer, poster, recommander [b] rendre, restituer, retourner → **redonner** [c] abandonner, se dessaisir de [d] se rappeler, reconnaître, se ressouvenir, se souvenir [e] mettre, redresser, relever, rétablir [f] raccommoder, rebouter, réduire, remboîter, replacer [g] accorder, concilier, raccommoder, rapprocher, réconcilier, réunir [3] vx ou fam. : rabibocher, rapatrier [a] absoudre, pardonner [b] ajourner, atermoyer, attendre, délayer (vx), différer,

donner un délai, renvoyer, reporter, retarder, surseoir, suspendre c allonger, exagérer, rajouter 4 v. pron. a aller mieux, entrer/être en convalescence, guérir, se ranimer, recouvrer/retrouver la santé, récupérer, se relever, se rétablir b se calmer, retrouver ses esprits/son calme/son sang-froid, se tranquilliser c **s'en remettre à quelqu'un** : s'abandonner, se confier, déférer à, donner mandat/procuration, en appeler, faire confiance à, se fier à, s'en rapporter à, se reposer sur

réminiscence n.f. mémoire, ressouvenir, résurgence, souvenance, souvenir, trace

remise n.f. 1 au pr. : attribution, délivrance, dépôt, don, livraison 2 par ext. a bonification, cadeau, commission, déduction, diminution, discount, escompte, guelte, prime, rabais, réduction b absolution, amnistie, grâce, merci, pardon, rémission c ajournement, atermoiement, délai, renvoi, retardement, sursis, suspension 3 abri, cabane, débarras, garage, grange, hangar, local, resserre

remiser 1 au pr. : caser, garer, ranger, serrer 2 par ext. : remettre, repousser

remisier n.m. → **intermédiaire**

rémissible → **excusable**

rémission n.f. 1 abolition (vx), absolution, acquittement, amnistie, apaisement, indulgence, jubilé (relig.), latence, miséricorde, oubli, pardon → **remise** 2 accalmie, rémittence → **repos**

remmener emmener, enlever, ramener, rapporter, retirer, tirer

remontant n.m. analeptique, cordial, corroborant, digestif, excitant, fortifiant, réconfortant, reconstituant, roboratif, stimulant, tonique

remonte n.f. → **accouplement**

remonte-pente n.m. tire-fesses

remonter 1 aider, conforter, consoler, électriser, galvaniser, guérir, raffermir, ragaillardir, ranimer, ravigoter, raviver, réconforter, refaire, relever le courage/les forces/le moral, remettre, réparer, requinquer (fam.), restaurer, rétablir, retaper, revigorer, soutenir, stimuler, sustenter 2 élever, exhausser, hausser, relever 3 ajuster, ferler (mar.), mettre en état, monter, réparer

remontrance n.f. 1 → **reproche** 2 **faire une remontrance** → **réprimander**

remontrer → **reprocher**

remords n.m. arrière-goût, attrition, componction, conscience, contrition, désespoir, peine, pénitence, repentance, repentir, reproche, résipiscence, tenaillement, ver rongeur

remorquage n.m. 1 dépannage 2 halage, poussage, touage, traction

remorquer → **traîner**

remorqueur n.m. pousseur, toueur

rémouleur n.m. affûteur, aiguiseur, repasseur

remous n.m. 1 agitation, balancement, ballottement, battement, branle, branlement, cadence, cahotement, fluctuation, frémissement, frisson, houle, impulsion, maelström, mouvement, onde, ondoiement, ondulation, oscillation, pulsation, roulis, tangage, tourbillon, tourbillonnement, tournoiement, va-et-vient, vague, valse, vibration, vortex 2 → **fermentation** 3 → **trouble** 4 → **rythme** 5 → **variation** 6 → **évolution**

rempailler canner, empailler, garnir, pailler, réparer

rempart n.m. 1 au pr. : avant-mur, banquette, bastion, berme, boulevard, courtine, enceinte, escarpe, escarpement, forteresse, fortification, glacis, mur, muraille, parapet 2 fig. : bouclier, cuirasse → **protection**

rempiler rengager

remplaçant, e n.m. ou f. adjoint, agent, aide, alter ego, doublure, intérimaire, lieutenant, relève, représentant, substitut, successeur, suppléant, supplétif

remplacement n.m. 1 de quelqu'un ou quelque chose : changement, commutation, échange, intérim, rechange, relève, roulement, subrogation, substitution, succession, suppléance 2 une chose : ersatz, succédané

remplacer 1 changer, commuter, détrôner (fam.), doubler, échanger, enlever, prendre le relais, relayer, relever, renouveler, représenter, servir de, subroger, substituer, succéder, supplanter, suppléer, tenir lieu de/place de 2 pron. : alterner

rempli n.m. → **bord**

rempli, e 1 au pr. : bondé, bourré, comble, complet, débordant, empli, employé, farci, garni, gavé, gorgé, hérissé, muni, occupé, plein, ras, rassasié, repu, saturé 2 fig. : bouffi, enflé, enivré, gonflé, imbu, infatué, pénétré, pétri

remplir 1 au pr. : a bourrer, charger, combler, couvrir, embarquer, emplir, encombrer, envahir, farcir, garnir, gonfler, insérer, meubler, occuper, peupler, se répandre dans, saturer, truffer b un tonneau : ouiller 2 par ext. a abreuver, gorger, inonder b animer, enflammer, enfler, enivrer, gonfler c baigner, envahir, parfumer d acquitter, exécuter, exercer, faire, fonctionner, observer, réaliser, répondre à, satisfaire à, tenir

remplissage n.m. 1 bât. :comblement, fermeture, obturation, remblayage, remplage 2 fig. : boursouflure, creux, cheville, délayage, fioriture, inutilité, pléonasme, redondance, superfluité, vide

remplumer (se) 1 se ragaillardir, se ravigoter, se relever, se remettre, se remonter, réparer ses forces, se rétablir, se revigorer 2 fam. : se requinquer, se retaper 3 engraisser, forcir, grossir, reprendre du poil de la bête (fam.)

remporter acquérir, arracher, attraper, avoir, capter, conquérir, emporter, enlever, faire, gagner, obtenir, prendre, recueillir, soutirer (péj.) ◆ fam. : accrocher, décrocher

remuant, e actif, agile, agité, animé, déchaîné, déluré, éveillé, excité, fougueux, frétillant, fringant, guilleret, ingambe, inquiet, instable, leste, mobile, nerveux, pétulant, prompt, rapide, sautillant, tempétueux, trépignant, turbulent, vif, vivant

remue-ménage n.m. activité, affairement, affolement, agitation, alarme, animation, bouillonnement, branle-bas, bruit, chambardement (fam.), changement, dérangement, désordre, effervescence, excitation, flux et reflux, grand arroi, grouillement, hâte, incohérence, mouvement, orage, précipitation, remous, remuement, secousse, tempête, tohu-bohu, tourbillon, tourmente, trouble, tumulte, turbulence, va-et-vient

remuement n.m. → **remue-ménage**

remuer 1 v. tr. a au pr. : agiter, balancer, ballotter, brandir, brasser, bercer, déplacer, déranger, ébranler, secouer b une partie du corps : battre, branler, ciller, cligner, dodeliner, hocher, mouvoir, rouler, tortiller, tricoter c **remuer la queue** : crouler ou fouetter (vén.) d brouiller, fatiguer, malaxer, pétrir, touiller, tourner, travailler, vanner e bouleverser, effondrer, fouiller, mouvoir, retourner f fig. : atteindre, attendrir, bouleverser, ébranler, émouvoir, exciter, pénétrer, toucher, troubler 2 v. intr. : s'agiter, se balancer, bouger, broncher, chanceler, ciller, se dandiner, se décarcasser, se démancher (fam.), se démener, se dépenser, s'évertuer, fourmiller, frétiller, frissonner, flotter, gambiller, gesticuler, gigoter, grouiller, locher (vx), se manier, ondoyer, onduler, osciller, se répandre, sauter, sursauter, tanguer, se tortiller, trembler, trépider, vaciller, vibrionner

remugle n.m. relent → **odeur**

rémunérateur, trice avantageux, bon, fructueux, juteux (fam.), lucratif, payant, productif, profitable, rentable

rémunération n.f. appointements, avantage, casuel, commission, dédommagement, émolument, estaries (mar.), gages, gain, gratification, honoraires, indemnité, intéressement, intérêt, loyer, paie, pige, prêt, prime, récompense, rétribution, salaire, solde, traitement → **bénéfice**

rémunérer dédommager, récompenser, rétribuer → **payer**

renâcler 1 au pr. : aspirer, renifler 2 fig. : rechigner, renauder, répugner à → **résister**

renaissance n.f. anabiose, métempsycose, palingénésie, printemps, progrès, réapparition, régénération, réincarnation, renouveau, renouvellement, résurrection, retour, réveil, reverdie (vx), transmigration

Renaissance n.f. humanisme, quattrocento

renaître → **revivre**

renard, e 1 au pr. : fennec, goupil (fam.), isatis ou renard bleu 2 fig. a → **malin** b → **hypocrite**

renauder → **renâcler**

renchérir 1 au pr. : ajouter, aller sur, augmenter, dépasser, enchérir, hausser, majorer, monter, rajouter, rehausser, relever, remonter, revaloriser, surenchérir 2 par ext. : amplifier, bluffer, broder, charger, dramatiser, enfler, en remettre, exagérer, faire valoir, forcer, galéjer, grandir, grossir, outrer, pousser, rajouter, surfaire, se vanter → **hâbler** ◆ fam. : donner le coup de pouce, ne pas y aller de main morte

renchérissement n.m. → **hausse**

rencogner coincer, pousser/repousser dans un coin, serrer

rencontre n.f. 1 au pr. a de quelque chose : coïncidence, concours, conjonction, conjoncture, croisement, hasard, occasion, occurrence b de personnes : confrontation, entrevue, face à face, rendez-vous, retrouvailles, tête à tête → **réunion** 2 par ext. a attaque, bataille, choc, combat, échauffourée, engagement, heurt b affaire d'honneur, duel c choc, collision, tamponnement, télescopage d compétition, épreuve, match, partie e aventure, cas, circonstance, événement, éventualité, fait, hypothèse, matière, possibilité, situation f **à la rencontre** : au-devant

rencontrer 1 au pr. : apercevoir, coudoyer, croiser, être mis en présence de, tomber sur 2 par ext. a s'aboucher, contacter, faire la connaissance de, joindre, prendre rendez-vous, toucher, voir b atteindre, parvenir à, toucher c achopper, buter, chopper, cogner, donner contre, heurter, porter, taper

rendement n.m. bénéfice, effet, efficace (vx), efficacité, efficience, gain, production, productivité, produit, profit, rapport, rentabilité, revenu

rendez-vous n.m. 1 au pr. : assignation, audience, convocation, entrevue, indiction, jour ◆ fam. : rambour, rancard ou rencard 2 par ext. péj. : dépotoir, réceptacle

rendre 1 au pr. a → **rembourser** b → **redonner** c → **remettre** d → **livrer** 2 par ext. a → **produire** b → **exprimer** c → **renvoyer** d → **vomir** 3 a **rendre compte** → **raconter** b **rendre l'âme** → **mourir** c **rendre la pareille** → **répondre**

rendu, e accablé, assommé, avachi, brisé, courbatu, courbaturé, épuisé, excédé, exténué, fatigué, fourbu, harassé, las, moulu, rompu, roué de fatigue, surentraîné, surmené → **recru**

rêne n.f. bride, bridon, guide

renégat, e apostat, déloyal, félon, hérétique, infidèle, judas, parjure, perfide, relaps, schismatique, traître, transfuge → **païen**

renfermé, e → **secret**

renfermer 1 au pr. a on renferme quelque chose ou quelqu'un : boucler, calfeutrer, chambrer, claquemurer, claustrer, cloîtrer, coffrer (fam.), confiner, consigner, détenir, emballer, emmurer, emprisonner, encercler, enfermer, enserrer, entourer, faire entrer, interner, murer, parquer, séquestrer, serrer, verrouiller b quelque chose renferme quelque chose : comporter, comprendre, contenir, emporter, impliquer, receler 2 par ext. a intérioriser, ravaler, refouler, renfoncer, réprimer b → **réduire** 3 v. pron. : se concentrer/recueillir, se replier sur soi

renflé, e 1 au pr. : ballonné, bombé, bouffant, bouffi, boursouflé, bulbeux, cloqué, congestionné, dilaté, distendu, empâté, enflé, épais, fusiforme, gibbeux, gondolé, gonflé, gros, hypertrophié, mafflu, mamelu, météorisé, obèse, rebondi, rond, soufflé, tuméfié, tumescent, turgescent, turgide, urcéolé, ventru, vultueux 2 fig. → **emphatique**

renflement n.m. → **bosse**

renflouage n.m. → **sauvetage**

renflouer 1 mar. : afflouer 2 fam. → **aider** 3 v. pron. → **résister**

renfoncement n.m. alcôve, anfractuosité, antre, cave, caveau, caverne, cavité, coin, cratère, creux, crevasse, crypte, dépression, doline, embrasure, encoignure, enfonçure, excavation, fosse, gouffre, grotte, loge, niche, poche, trou

renfoncer 1 → **enfoncer** 2 → **renfermer**

renforcement n.m. 1 accroissement, affermissement, amélioration, ancrage, armement, blindage, cimentation, consolidation, cuirassement, cuvelage, défense, durcissement, équipement, étançonnement, étayage ou étaiement, ferrage, ferrement, fixation, fortification, garnissage, haubanage, marouflage, préservation, protection, raffermissement, renforçage, sauvegarde, scellement, stabilisation 2 armature, contre-fer, contre-fiche, couverture, ferrure, garniture, lattis, renformis 3 → **soutien**

renforcer et **renformir** 1 au pr. : armer, blinder, couvrir, cuirasser, défendre, équiper, flanquer, fortifier, garantir, maroufler (partic.), munir, parer, préserver, protéger, sauvegarder → **soutenir** 2 par ext. a aider, appuyer, assurer, conforter, réconforter, tremper b affermir, ajouter, congréer (mar.), consolider, cuveler, étançonner, étayer, latter c accentuer, accroître, agrandir, durcir, enfler, exalter, grossir, resserrer

renfort n.m. → **aide**

renfrogné, e acariâtre, boudeur, bourru, chagrin, grincheux, maussade, morose, rabat-joie, rechigné, revêche

rengager rempiler

rengaine n.f. antienne, aria, banalité, chanson, dada, leitmotiv, rabâchage, redite, refrain, répétition, scie, tube (fam.)

rengainer → **rentrer**

rengorger (se) faire le beau/l'important/la roue → **poser**

reniement n.m. → **abandon**

renier abandonner, abjurer, apostasier, se convertir, désavouer, méconnaître, nier, se parjurer (péj.), renoncer, retourner sa veste, se rétracter

reniflard n.m. purgeur, robinet, soupape (fam.)

renifler 1 au pr. a v. intr. : aspirer, s'ébrouer, renâcler b v. tr. : flairer, priser, sentir 2 fig. → **répugner à**

renne n.m. → **cervidé**

renom n.m. → **renommée**

renommé, e célèbre, connu, estimé, illustre, réputé, vanté

renommée n.f. célébrité, considération, gloire, honneur, mémoire, nom, notoriété, popularité, postérité, publicité, renom, réputation, rumeur/voix publique, vogue

renoncement n.m. 1 abandon, abstinence, concession, désistement, renonciation, résignation (jurid.) 2 abnégation, altruisme, délaissement (vx), dépouillement, désintéressement, détachement, sacrifice

renoncer 1 v. tr. ind. : abandonner, abdiquer, abjurer, s'abstenir, céder, cesser, changer, se défaire de, se délier, se démettre, démissionner, en démordre, se départir, déposer, se dépouiller de, se désaccoutumer/dessaisir/désister/détacher, dételer, se détourner, dire adieu, divorcer (fig.), s'écarter, jeter le manche après la cognée, laisser, se passer de, perdre, se priver de, quitter, remettre, renier, répudier, résigner, se retirer, sacrifier ◆ fam. : se dégonfler, écraser 2 v. tr. (vx ou litt.) → **renier**

renonciation n.f. abandon, abdication, abjuration, abstention, apostasie, démission, sacrifice

renoncule n.f. bassinet, bouton-d'argent/d'or, douve, ficaire, grenouillette

renouée n.f. → **liseron**

renouer rattacher, refaire, rejoindre, reprendre → **réconcilier (se)**

renouveau n.m. → **renaissance**

renouvelable reconductible

renouveler 1 bouleverser, changer, convertir, corriger, innover, métamorphoser, modifier, muer, rectifier, refondre, réformer, remanier, rénover, révolutionner, toucher à, transfigurer, transformer, transmuer, transposer 2 fam. : chambarder, chambouler 3 dépoussiérer, donner une impulsion/une vigueur nouvelle, moderniser, rajeunir, ranimer, raviver, recommencer, redoubler, régénérer, réveiller 4 continuer, proroger, reconduire 5 faire de nouveau, refaire, réitérer, répéter 6 renouer, ressusciter (fig.), rétablir 7 → **remplacer** 8 v. pron. → **recommencer**

renouvellement n.m. accroissement, changement, dépoussiérage, modernisation, prorogation, rajeunissement, recommencement, reconduction, régénération, remplacement, renouveau, rénovation, rétablissement, transformation → **renaissance**

rénovateur, trice nom et adj. réformateur, transformateur

rénovation n.f. amélioration, changement, modernisation, réforme, régénération, réhabilitation, renouvellement, réparation, restauration, résurrection (fig.), transformation → **renouvellement**

rénover → **renouveler**

renseignement n.m. 1 au pr. a avis, communication, confidence, donnée, éclaircissement, indication, indice, information, lumière, nouvelle, précision, révélation b arg. : condé, cri, tubard, tube, tuyau 2 par ext. : document, documentation, dossier, fiche, sommier

renseigner 1 avertir, dire, documenter, édifier, fixer, informer, instruire, moucharder (fam. et péj.) 2 arg. : affranchir, brancher, mettre au parfum, parfumer, rembourrer, rencarder, tuber, tuyauter

rentabilité n.f. → **rendement**

rentable → **rémunérateur**

rentamer → **recommencer**

rente n.f. arrérages, intérêt, produit, revenu, viager

rentier, ière bénéficier (vx) → **riche**

rentrant, e → **creux**

rentrée n.f. 1 → **retour** 2 encaissement, perception, recette, recouvrement

rentrer 1 → **revenir** 2 cacher, enfoncer, escamoter, rengainer, renquiller (fam.) 3 **rentrer sa colère/sa haine/ses larmes/sa rage :** avaler dissimuler, refouler

renversant, e → **surprenant**

renversé, e → **surpris**

renversement n.m. 1 au pr. : exstrophie (méd.), interversion, retournement, révolution, transposition 2 par ext. : anéantissement, bouleversement, chute, culbutage, écroulement, ruine 3 fam. : chambardement, chamboulement

renverser 1 au pr. a intervertir, inverser, invertir, révolutionner, saccager, subvertir, transposer, troubler b fam. : chambarder, chambouler c bousculer, démonter, désarçonner, envoyer au tapis (fam.), étendre, mettre sens dessus dessous, terrasser 2 par ext. : abattre, basculer, briser, broyer, culbuter, défaire, démolir, destituer, détrôner, détruire, enfoncer, foudroyer, jeter bas, ruiner, saper, vaincre 3 fam. : déboulonner, dégommer a → **répandre** b coucher, incliner, pencher

renvoi n.m. 1 jurid. : ajournement, annulation, cassation, destitution, dissolution, infirmation, invalidation, péremption d'instance, réhabilitation, relaxe, remise, report, rescision, résiliation, résolution, révocation, sursis 2 congé, congédiement, destitution, disgrâce, exclusion, exil, expulsion, licenciement, mise au chômage/à la porte/à pied, révocation 3 → **bannissement** 4 annotation, appel de note, apostille, astérisque, avertissement, gribiche, lettrine, marque, modification, référence 5 éructation, rapport (vx), régurgitation, rot (fam.)

renvoyer 1 au pr. : chasser, congédier, se défaire de, destituer, disgracier, donner congé/ses huit jours/son compte/son congé, écarter, éconduire, éloigner, envoyer promener, exclure, expédier, ficher/flanquer/foutre (grossier)/jeter/mettre au chômage/à pied/à la porte/dehors, licencier, liquider, remercier, révoquer → **repousser** ◆ fam. : balancer, balayer, débarquer, donner sa bénédiction/son paquet, emballer, envoyer dinguer/faire fiche/faire foutre/paître/péter/valser, larguer, lourder, sacquer, vider 2 refuser, rendre, retourner 3 échanger, faire écho, réciproquer (vx ou rég.), réfléchir, refléter, rendre, répercuter, reproduire, transmettre 4 relancer 5 ajourner, annuler, différer, remettre, retarder

repaire n.m. 1 aire, antre, bauge, caverne, fort, garenne, gîte, liteau, nid, rabouillère, refuge, renardière, reposée, ressui, retraite, soue, tanière, terrier, trou 2 abri, asile, cache, cachette, lieu sûr, refuge, retraite

repaître 1 → **manger** 2 → **nourrir** 3 v. pron. : a → **manger** b → **régaler (se)** c → **jouir de**

répandre 1 au pr. a arroser, couvrir, déverser, disperser, disséminer, ensemencer, épandre, éparpiller, essaimer, étaler, étendre, jeter, joncher, parsemer, passer, paver, renverser, semer, verser b vx : débonder c dégager, développer, diffuser, éclairer, embaumer, émettre, exhaler, fleurer, parfumer 2 par ext. a accorder, dispenser, distribuer, donner, épancher b distiller, faire régner, jeter, provoquer c banaliser, colporter, diffuser, dire, divulguer, ébruiter, étendre, éventer, généraliser, globaliser, lancer, mondialiser, populariser, propager, publier, tambouriner, universaliser, vulgariser → **médire** 3 v. pron. au pr. a un liquide : couler, courir, déborder, découler, dégorger, dégouliner (fam.), se déverser, s'échapper, s'écouler, émaner, s'épancher, s'épandre, s'extravaser, filer, filtrer, fluer, fuir, gagner, gicler, jaillir, refluer, regorger (vx), rouler, ruisseler, sourdre, suinter b un gaz : se dégager, emplir c des personnes, des choses : abonder, envahir, pulluler, se reproduire 4 fig. a s'accréditer, circuler, courir, s'étendre, faire tache d'huile, gagner, se propager, voler b déborder, éclater c fréquenter, hanter, se montrer, sortir

répandu, e 1 diffus, épars, étendu, profus 2 commun, connu, dominant, public

réparable arrangeable → **perfectible**

réparation n.f. 1 au pr. a amélioration, arrangement, consolidation, dépannage, entretien, maintenance, raccommodage, radoub, rajeunissement, rajustement ou réajustement, rapiéçage ou rapiècement, ravalement, rechapage, reconstruction, recrépissage, redressement, réfection, relèvement, remaniement, remise à neuf, remodelage, remontage, renformis, rénovation, rentraiture, replâtrage, reprise, ressemelage, restauration, rhabillage, service après vente, soins, stoppage b fam. : bricolage, rabibochage, rafistolage, rapetassage, ravaudage 2 par ext. a amende honorable, excuse, expiation, rachat, raison, redressement, rétractation, satisfaction b compensation, dédommagement, désintéressement, dommages et intérêts, indemnisation, indemnité, pretium doloris, reconstitution, restitution

réparer 1 au pr. a améliorer, arranger, braser, chemiser, consolider, dépanner, moderniser, obturer, raccommoder, radouber, rafistoler, rafraîchir, ragréer, rajeunir, rajuster, rapetasser, rapiécer, ravaler, ravauder, réaléser, rebouter, recarreler, rechaper, recoller, recoudre, recrépir, redresser, refaire, relever, remanier, remettre à neuf, remodeler, remonter, rempiéter, renformir, rénover, rentraire, replâtrer, souder, stopper b fam. : bricoler, rabibocher, rhabiller, stopper 2 par ext. a compenser, corriger, couvrir, dédommager, effacer, expier, replâtrer, reprendre, repriser, ressemeler, restaurer, rétablir, retaper, réviser, indemniser, payer, racheter, rattraper, remédier/satisfaire/suppléer à b redresser les torts, venger

repartie n.f. boutade, drôlerie, mot, pique, réplique, réponse, riposte, saillie, trait

repartir 1 → **répondre** 2 → **retourner** 3 → **recommencer**

répartir 1 assigner, attribuer, classer, contingenter, départir, dispenser, disposer, distribuer, diviser, donner, impartir, lotir, octroyer, ordonner, partager, prodiguer, proportionner à, ranger, rationner, redistribuer, répandre, semer 2 disperser, disséminer, échelonner, étaler

répartiteur n.m. dispatcher (angl.), dispensateur, distributeur, ordonnateur

répartition n.f. 1 allotissement, assiette, attribution, coéquation, contingent, contingentement, diffusion, distribution, don, partage, péréquation, quote-part, ration, répartement 2 agencement, aménagement, classement, classification, disposition, distribution, échelonnement, étalement, fractionnement, ordonnance, ordre, rang, rangement, redistribution → **régulation**

repas n.m. 1 a agape, banquet, bonne chère, bribe, casse-croûte, Cène (relig.), collation, déjeuner, dîner, dînette, en-cas, festin, gala, goûter, lunch, médianoche, menu, nourriture, ordinaire, panier, pique-nique, pitance, plat, réfection, régal, réjouissance, réveillon, ripaille, sandwich, soupe, souper → **nourriture, fête** b péj. : graillon, mangeaille 2 arg. ou fam. : bamboche, bamboula, bectance, bombance, bombe, bouffe, boustifaille, bringue, casse-graine, croque, croustille, croûte, dîne, frichti, gaufre, godaille, graille, gueuleton, lippée, mâchon, manger, picotin, rata, tambouille, tortore, ventrée

repasser 1 retourner, revenir 2 affiler, affûter, aiguiser, donner du fil/du tranchant, émorfiler 3 déchiffonner, défriper, défroisser, lisser, mettre en forme 4 refiler, remettre 5 évoquer, remémorer, se remettre en mémoire, retracer 6 apprendre, étudier, potasser (fam.), relire, répéter, réviser, revoir

repêcher aider, dépanner, donner un coup de main/de piston (fam.)/de pouce, donner la main à, sauver, secourir, sortir/tirer d'affaire/d'un mauvais pas, soutenir, tendre la main à, venir à l'aide/à la rescousse/au secours

repenser considérer, penser, remâcher, repasser, ressasser, revenir

repentant, e et **repenti, e** contrit, converti, marri, pénitent, reconverti, réinséré

repentir n.m. attrition, componction, confession, confiteor, contrition, douleur, mea-culpa, regret, réinsertion (sociale), remords, repentance, résipiscence

repentir (se) → **regretter**

répercussion n.f. choc, contrecoup, incidence, réflexion, renvoi, retentissement → **suite**

répercuter faire écho, réfléchir, refléter, rendre, renvoyer, reproduire, transmettre

repère n.m. amer (mar.), coordonnée, empreinte, indice, jalon, marque, piquet, taquet, trace

repérer 1 au pr. : borner, jalonner, marquer, piqueter 2 par ext. : apercevoir, comprendre, déceler, déchiffrer, découvrir, dégoter (fam.), dénicher, dépister, détecter, déterrer, deviner, discerner, éventer, lire, pénétrer, percer, remarquer, saisir, trouver, voir

répertoire n.m. bordereau, catalogue, dénombrement, énumération, état, index, inventaire, liste, mémoire, nomenclature, relevé, rôle, série, suite, table, tableau

répertorier 1 → **classer** 2 → **inscrire**

répéter 1 au pr. : bourdonner (fam.), dire à nouveau, exprimer, faire écho/chorus, inculquer, insister, prêcher, rabâcher, raconter, radoter, rapporter, rebattre, redire, réitérer, remâcher, rendre, ressasser, revenir sur, ruminer, seriner ◆ vx : itérer, recorder, remanier 2 par ext. a apprendre, bachoter (péj.), étudier, potasser (fam.), repasser, réviser, revoir b copier, emprunter, imiter, rajuster ou réajuster, recommencer, refaire, renouveler, reprendre, reproduire, restaurer, rétablir c multiplier, réfléchir, reproduire → **répercuter** 3 v. pron. → **recommencer**

répétiteur, trice n.m. ou f. → **maître**

répétitif, ive → **récurrent**

répétition n.f. 1 au pr. a écho, écholalie (méd.), rabâchage, radotage, récurrence, récursivité, redite, redondance, refrain, rengaine, reprise, scie b fréquence, rechute, récidive, recommencement, réitération, resucée (fam.), retour c leçon, cours, révision d → **reproduction** 2 litt. : accumulation, allitération, anaphore, assonance, cadence, doublon, itération, métabole, paronomase, périssologie, pléonasme, redoublement, réduplication, tautologie

repeupler 1 reboiser, regarnir, réensemencer, replanter 2 aleviner, empoissonner 3 alimenter, approvisionner, assortir, fournir, garnir, munir, nantir, pourvoir, procurer, réapprovisionner, réassortir, suppléer

repiquage n.m. boisement, plantage (vx), plantation, peuplement, reboisement, transplantation

repiquer 1 → **replanter** 2 → **recommencer**

répit n.m. 1 latence, rémission 2 → **délai** 3 → **repos** 4 → **tranquillité**

replacer → **rétablir**

replanter mettre en terre, planter, repiquer, transplanter

replet, ète abondant, adipeux, bien en chair, bouffi, charnu, corpulent, courtaud, dodu, épais, empâté, fort, gras, grasset (vx), grassouillet, gros, obèse, onctueux, pansu, plantureux, plein, potelé, rebondi, rond, rondelet, rondouillard, ventru

réplétion n.f. abondance, asphyxie, embouteillage, excès, plénitude, pléthore, satiété, saturation, surabondance, surcharge

repli n.m. 1 de terrain : accident, anticlinal, arête, cuvette, dépression, dôme, éminence, plissement, sinuosité, synclinal, thalweg, vallon 2 du corps : bourrelet, commissure, fanon, fronce, pliure, poche, ride, saignée 3 cachette, coin, recoin, trou 4 décrochage, recul, reculade, reflux, repliement, retraite

repliement n.m. 1 autisme, introversion, reploiement 2 → **repli**

replier (se) 1 se blottir, se courber, s'invaginer, s'inverser, se pelotonner, se ramasser, se recroqueviller, se tordre, se tortiller 2 se recueillir, réfléchir, se renfermer 3 battre en retraite, capituler, lâcher, reculer, se retirer, rétrograder → **abandonner**

réplique n.f. 1 boutade, critique, objection, repartie, réponse, riposte 2 discussion, observation, protestation 3 copie, double, doublure, duplicata, fac-similé, faux, image, imitation, jumeau, modèle, pareil, répétition, représentation, reproduction

répliquer → **répondre**

reploiement n.m. → **repliement**

répondant, e n.m. ou f. caution, endosseur, garant, otage, parrain, responsable

répondre 1 v. tr. : contre-attaquer, dire, donner la réplique, objecter, payer de retour, prendre sa revanche, raisonner, récriminer, réfuter, rembarrer, rendre la monnaie de sa pièce, rendre la pareille, repartir, répliquer, rétorquer, riposter, river son clou (fam.) 2 v. intr. a s'accorder, concorder, correspondre, satisfaire b affirmer, assurer, attester, certifier, déclarer, garantir, promettre, protester, soutenir 3 a répondre à : obéir, produire, réagir b répondre de : couvrir, s'engager, garantir 4 v. pron. a correspondre, être en rapport de symétrie, être à l'unisson b échanger

réponse n.f. 1 au pr. : duplique (jurid.), écho, objection, repartie, réplique, riposte 2 par ext. : apologie, apport, contre-proposition, explication, justification, oracle, récrimination, rescrit, rétorsion, solution, verdict

report n.m. → **renvoi**

reportage n.m. → **article**

reporter n.m. off. : reporteur → **journaliste**

reporter 1 attribuer, rapporter, rejeter, retourner, reverser 2 décalquer, transposer 3 attendre, remettre, renvoyer → **ajourner** 4 → **porter** 5 → **transporter** 6 v. pron. se référer, revenir, se transporter

repos n.m. 1 arrêt, campos, cessation, cesse, congé, délassement, détente, entracte, étape, halte, immobilité, inaction, inactivité, inertie, jour chômé/férié, loisir, méridienne, non-travail, pause, récréation, relâche, relâchement, relaxation, rémission, répit, reposée (vx), retraite, semaine anglaise, sieste, trêve, vacances 2 → **sommeil** 3 accalmie, bonace, calme, dégel, paix, quiétude, silence, tranquillité 4 coupe, interruption, latence → **palier**

reposant, e adoucissant, apaisant, calmant, consolant, délassant, distrayant, lénifiant, lénitif, quiescent, relaxant, sédatif → **bon**

reposé, e 1 détendu, en forme, frais 2 → **dispos**

reposée n.f. → **repaire**

repose-bras n.m. → **accoudoir**

reposer 1 au pr. : s'appuyer sur, avoir pour base/fondement, dépendre de, être basé/établi/fondé sur → **poser** 2 par ext. a → **dormir** b → **trouver (se)** 3 v. pron. a s'abandonner, s'arrêter, se défatiguer, se délasser, se détendre, se laisser aller, se relaxer, se remettre, repairer (vén.), reprendre haleine, souffler b fam. : dételer, se mettre au vert, récupérer c **se reposer sur** : se fier à, se rapporter à, se référer à, s'en remettre à

repoussant, e abject, affreux, antipathique, dégoûtant, désagréable, difforme, effrayant, effroyable, exécrable, fétide, hideux, horrible, infect, laid, monstrueux, odieux, puant, rébarbatif, rebutant, répulsif → **répugnant**

repousser 1 au pr. : bannir, blackbouler, bouter (vx), chasser, culbuter, écarter, éconduire, éloigner, évincer, rabattre, rabrouer, rebuter, rechasser, récuser, refouler, refuser, rejeter, renvoyer, répudier → **pousser** 2 fam. : emballer, envoyer au diable/bouler/chier / dinguer / paître / péter / promener/sur les roses/valdinguer, rembarrer 3 par ext. a abandonner, décliner, dire non, éliminer, exclure, mettre son veto, objecter, récuser, réfuter, rejeter, scotomiser (psych.) b dégoûter, déplaire, écœurer, exécrer, mépriser, rebuter, répugner c → **haïr** d fam. → **sentir**

répréhensible blâmable, condamnable, coupable, critiquable, déplorable, punissable, reprochable

reprendre 1 au pr. a → **retirer** b → **recouvrer** c renouer → **réparer** d → **continuer** 2 par ext. a → **résumer** b → **revoir** c → **réprimander** d → **recommencer** e → **rétablir (se)** 3 v. pron. a se corriger, se défaire de, se guérir de, réagir, se rétracter b → **recommencer**

représailles n.f. pl. 1 au pr. : châtiment, œil pour œil dent pour dent, punition, réparation, rétorsion, riposte, talion 2 par ext. : colère, ressentiment, revanche, vendetta, vengeance

représentant n.m. 1 agent, correspondant, délégué, émissaire, envoyé, mandataire, missionnaire (vx), porte-parole, prête-nom, subrécargue (mar.), truchement 2 avocat, avoué, conseil, curateur, défenseur 3 → **député** 4 → **envoyé** 5 ambassadeur, chargé d'affaires, consul, député, diplomate, haut-commissaire, légat, ministre, nonce, persona grata, résident 6 commis voyageur, courtier, démarcheur, intermédiaire, placier, visiteur, voyageur de commerce 7 échantillon, individu, modèle, type

représentatif, ive → **typique**

représentation n.f. 1 au pr. a copie, description, dessin, diagramme, effigie, figure, graphique, image, imitation, plan, portrait, reconstitution, reproduction, schéma, traduction b allégorie, emblème, symbole c → **spectacle** 2 fig. a écho, imago (psych.), miroir, projection, reflet b admonestation, avertissement, blâme, doléance, objection, objurgation, observation, remontrance, reproche, semonce, sermon c délégation, mandat

représentativité n.f. → **qualité**

représenter 1 au pr. a → **montrer** b désigner, dessiner, évoquer, exhiber, exprimer, figurer, indiquer, symboliser c copier, imiter, refléter, rendre, reproduire, simuler d peindre, photographier, portraiturer e décrire, dépeindre, tracer 2 par ext. a donner, incarner, interpréter, jouer, mettre en scène, mimer, personnifier b → **reprocher** c → **remplacer**

répressif, ive absolu, arbitraire, autoritaire, correctif, dictatorial, directif, ferme, intransigeant, péremptoire, punitif, tyrannique

répression n.f. → **punition**

réprimande n.f. 1 → **reproche** 2 → **admonestation**

réprimander 1 au pr. : admonester, avertir, blâmer, catéchiser, censurer, chapitrer, condamner, corriger, critiquer, désapprouver, désavouer, dire son fait, donner un avertissement/un blâme/un coup de semonce, faire une réprimande/un reproche, flageller, flétrir, fustiger, gourmander, gronder, houspiller, incriminer, infliger une réprimande/un reproche *et les syn. de* reproche, moraliser, morigéner, quereller, redresser, relever, reprendre, réprouver, semoncer, sermonner, stigmatiser, tancer, trouver à redire, vitupérer 2 arg. ou fam. : arranger, attraper, barrer, crier, disputer, donner sur les doigts/sur les ongles, emballer, engueuler, enguirlander, enlever, faire la fête/la guerre à, laver la tête, mettre au pas/le nez dans son caca/le nez dedans, moucher, passer un savon, remettre à sa place, remonter les bretelles, sabouler, sabrer, saucer, savonner, secouer, secouer le paletot/les plumes/les poux/les puces, sonner les cloches, tirer les oreilles

réprimer arrêter, brider, calmer, châtier, commander, comprimer, contenir, contraindre, empêcher, étouffer, mettre le holà, modérer, refouler, refréner, retenir, sévir → **punir**

repris de justice n.m. cheval de retour, condamné, interdit de séjour, récidiviste

reprise n.f. 1 → **répétition** 2 continuation, poursuite, recommencement, relance, remake 3 raccommodage → **réparation** 4 amélioration, amendement, correctif, correction, modification, mouture, rectification, refonte, remaniement, resucée (fam.), retouche, révision 5 round

repriser raccommoder, rafistoler (fam.), rapetasser, rapiécer, ravauder, remmailler, rentraire, réparer, repriser, restaurer, retaper, stopper

réprobateur, trice désapprobateur, improbateur

réprobation n.f. accusation, anathème, animadversion, attaque, avertissement, blâme, censure, condamnation, critique, désapprobation, détestation (vx), fulmination (relig.), grief, improbation, interdit, malédiction, mise à l'écart/à l'index/en quarantaine, objurgation, punition, remontrance, répréhension, réprimande, semonce, tollé, vitupération → **reproche**

reproche n.m. 1 accusation, admonestation, avertissement, blâme, censure, critique, désapprobation, diatribe, grief, mercuriale, objurgation, observation, plainte, récrimination, remarque, remontrance, répréhension (vx), réprimande, réquisitoire, semonce → **réprobation** 2 fam. : abattage (québ.), avoine, chicorée, engueulade, postiche, sauce, savon, sermon, suif, tabac

reprocher accuser de, blâmer, censurer, condamner, critiquer, désapprouver, désavouer, faire grief, faire honte, faire reproche de, imputer à faute, incriminer, jeter au nez (fam.), jeter la pierre, remontrer, reprendre, représenter, réprouver, stigmatiser, taxer de, trouver à redire → **réprimander**

reproducteur, trice nom et adj. étalon, géniteur, souche

reproduction n.f. 1 au pr. a agamie, fécondation, génération, multiplication, peuplement, ponte, prolifération, repeuplement b bruitage, calque, copie, double, doublure, duplicata, duplication, imitation, itération, photocopie, polycopie, répétition, réplique, reprographie 2 par ext. a → **image** b → **représentation** c → **publication**

reproduire 1 au pr. a engendrer, féconder, multiplier, produire, renouveler, repeupler b bruiter, calquer, copier, décalquer, démarquer, emprunter, imiter, jouer, mimer, pasticher, plagier → **imiter** c photocopier, polycopier, reprographier, ronéotyper 2 par ext. a → **renvoyer** b → **refaire** c → **représenter** 3 v. pron. a engendrer, multiplier, se perpétuer, procréer, proliférer, se propager, repeupler, sporuler b → **recommencer**

réprouvé, e n.m. ou f. 1 → **misérable** 2 bouc émissaire, damné, déchu, excommunié, frappé d'interdit/d'ostracisme, galeux, hors-la-loi, interdit, maudit, mis en quarantaine, outlaw, rejeté, repoussé

réprouver 1 → **blâmer** 2 → **maudire** 3 → **reprocher**

reptation n.f. 1 crapahute (fam.), rampement 2 fig. → **servilité**

reptile n.m. 1 chélonien, crocodilien, ophidien, saurien 2 → **alligator, couleuvre, saurien, serpent, tortue, vipère**

repu, e assouvi, bourré, dégoûté, euphorique, le ventre plein, pléthorique, rassasié, saturé, soûl, sursaturé

républicain, aine → **démocrate**

république n.f. démocratie, État, gouvernement, nation

répudiation n.f. → **divorce**

répudier 1 → **divorcer** 2 → **repousser**

répugnance n.f. antipathie, aversion, détestation, écœurement, éloignement, exécration, haine, haut-le-cœur, horreur, nausée, peur, prévention, répulsion → **dégoût**

répugnant abject, affreux, crasseux, décourageant, dégoûtant, déplaisant, désagréable, écœurant, exécrable, fétide, gras, grivois, grossier, honteux, horrible, ignoble, immangeable, immonde, immoral, incongru, inconvenant, indécent, infâme, infect, innommable, inqualifiable, insupportable, laid, licencieux, maculé, malhonnête, malpropre, nauséabond, nauséeux, obscène, odieux, ordurier, peu ragoûtant, pornographique, puant, rebutant, repoussant, répulsif, révoltant, sale, sordide ♦ fam. : cochon, dégueu, dégueulasse, merdique

répugner 1 dégoûter, déplaire, faire horreur, inspirer de la répugnance, rebuter 2 **répugner à :** s'élever contre, être en opposition, s'opposer, rechigner, refuser, renâcler, renifler (fam.) 3 → **repousser**

répulsion n.f. → **répugnance**

réputation n.f. autorité, célébrité, considération, crédit, estime, gloire, honneur, lustre, mémoire, nom, notoriété, popularité, prestige, renom, renommée, résonance, vogue ♦ vx : odeur

réputé, e → **célèbre**

requérant, e → **demandeur**

requérir 1 appeler, avoir besoin, commander, demander, exiger, mériter, nécessiter, prescrire, réclamer, rendre nécessaire, supposer, vouloir 2 adresser/faire/formuler/présenter une requête, commander, dire, enjoindre, exiger, exprimer un désir/une requête/un souhait/un vœu, implorer, mander, ordonner, postuler, prier, réclamer, solliciter, souhaiter, vouloir

requête n.f. appel, demande, démarche, imploration, instance, invitation, invocation, pétition, pourvoi, prière, réquisition, réquisitoire, sollicitation, supplication, supplique ♦ vx : placet, quête

requin n.m. 1 au pr. → **squale** 2 fig. a → **bandit** b → **fripon**

requinquer → **réconforter**

requis, e demandé, nécessaire, obligatoire, prescrit, sollicité

réquisition n.f. 1 blocage, embargo, préhension (vx), mainmise 2 → **requête**

réquisitionner → **prélever**

réquisitoire n.m. par ext. : admonestation, blâme, censure, critique, désapprobation, engueulade (fam.), mercuriale, objurgation, observation, plainte, récrimination, remarque, remontrance, réprimande, reproche, semonce

rescapé, e indemne, miraculé, réchappé, sain et sauf, sauf, sauvé, survivant, tiré d'affaires

rescinder annuler, casser, déclarer de nul effet/nul et non avenu

rescousse n.f. aide, appoint, appui, assistance, collaboration, concours, coup d'épaule, égide, intervention, main-forte, secours, soutien, support

rescrit n.m. bref, bulle, canon, constitution, décrétale, encyclique, mandement, monitoire, réponse

réseau n.m. 1 au pr. : entrelacement, entrelacs, filet, lacs, résille, réticule, tissu 2 fig. : complication, confusion, enchevêtrement, labyrinthe, lacis

résection n.f. ablation, amputation, décapsulation, excision, exérèse, suppression

réséquer amputer, couper, enlever, sectionner, supprimer, trancher

réservation n.f. location

réserve n.f. 1 → **restriction** 2 accumulation, amas, approvisionnement, avance, banque, dépôt, disponibilités, économies, en-cas, épargne, fourniture, matelas (fam.), munition (vx), provision, ravitaillement, stock, viatique, victuailles, vivres, volant 3 boutique, dépôt, entrepôt, établissement, magasin, resserre, silo 4 → **réservoir** 5 bienséance, calme, chasteté, circonspection, componction, convenance, correction, décence, défensive, délicatesse, dignité, discrétion, froideur, gravité, honnêteté (vx), honte (par ext.), maîtrise de soi, ménagement, mesure, modération, modestie, politesse, prudence, pudeur, pudicité, quant-à-soi, respect, retenue, révérence, sagesse, sobriété, tact, tempérance, tenue, vergogne (vx), vertu 6 → **méfiance** 7 péj. : pruderie, pudibonderie → **hypocrisie** 8 a **à la réserve de :** abstraction faite de, à l'exception de, à l'exclusion de, à part, à telle chose près, excepté, exclusivement, fors (vx), hormis, hors, non compris, sauf, sinon b **sous réserve de :** à la condition, conditionnellement

réservé, e calme, chaste, circonspect, contenu, convenable, correct, décent, délicat, digne, discret, distant, froid, grave, honnête (vx), maître de soi, mesuré, modéré, modeste, poli, pondéré, prudent, pudique, retenu, sage, secret, silencieux, simple, sobre, tempérant → **hésitant** ♦ péj. : prude, pudibond → **hypocrite**

réserver 1 destiner, garder, prédestiner, vouer 2 conserver, économiser, entretenir, garantir, garder, maintenir, ménager, préserver, protéger, retenir, sauvegarder, sauver, soigner, tenir en état 3 → **arrêter**

réservé (être) être destiné, dévolu/donné en partage, incomber/revenir à

réservoir n.m. 1 barrage, étang, lac artificiel, plan d'eau, réserve, retenue 2 château d'eau, citerne, cuve, timbre 3 gazomètre, silo 4 aquarium, vivier 5 ballast, container ou conteneur, coqueron (mar.)

résidence n.f. adresse, demeure, domicile, logement, maison, séjour, siège → **habitation**

résident, e n.m. ou f. → **habitant**

résider 1 au pr. a → **demeurer** b → **habiter** 2 par ext. a → **consister** b occuper, siéger, tenir

résidu n.m. 1 boue, copeau, fond, lie, limaille, saburre (méd.), sédiment, tartre 2 → **débris** 3 → **déchet** 4 → **excrément** 5 → **ordure** 6 brai, cadmie, calamine, cendre, mâchefer, scorie 7 bagasse, bran, grignons, marc, pulpes, tourteau 8 → **reste**

résignation n.f. 1 fav. ou neutre : abandon, abnégation, altruisme, constance, délaissement (vx), dépouillement, désintéressement, détachement, patience, philosophie, renonciation, sacrifice, silence, soumission 2 non fav. : apathie, démission, désespérance, fatalisme

résigné, e → **soumis**

résigner 1 abandonner, abdiquer, se démettre, démissionner, se désister, quitter, renoncer 2 v. pron. : s'abandonner, accepter, s'accommoder, céder, consentir, s'incliner, passer par, se plier, se résoudre, se soumettre, se taire

résiliable → **précaire**

résiliation n.f. → **abrogation**

résilier abandonner, abolir, abroger, anéantir, annuler, casser, détruire, effacer, éteindre, faire cesser/disparaître, faire table rase, infirmer, invalider, prescrire, rapporter, rescinder, résoudre, révoquer, supprimer

résille n.f. → **réseau**

résine n.f. arcanson, baume, cire végétale, colophane, copahu, copal, galipot, gemme, gomme, jalap, laque, sandaraque, térébenthine, vernis

résineux n.m. → **conifère**

résipiscence n.f. attrition, componction, contrition, désespoir, pénitence, regret, remords, repentance, repentir, ver rongeur

résistance n.f. 1 fav. ou neutre. a dureté, endurance, fermeté, force, invulnérabilité, rénitence (méd.), solidité, ténacité b accroc, difficulté, obstacle, opposition, réaction, refus c défense, insurrection, lutte 2 non fav. : a désobéissance, entêtement, force d'inertie, inertie, intransigeance, obstination, obstruction, opiniâtreté, opposition, regimbement, réluctance, sabotage, sédition b mutinerie, rébellion, révolte

résistant, e n.m. ou f. dissident, fedayin, F.F.I., franc-tireur, insoumis, maquisard, partisan, patriote → **séparatiste**

résistant, e adj 1 fav. ou neutre a au pr. : endurant, increvable (fam.), fort, invulnérable, nerveux, robuste, rustique, solide, tenace, vivace b imprenable, indéracinable, inexpugnable, inextirpable c par ext. : dur, inusable, rénitent (méd.) 2 non fav. : a désobéissant, dur, opiniâtre, rebelle, têtu b coriace, couenneux, ferme, membraneux, tendineux

résister 1 au pr. : s'arc-bouter, se cabrer, contester, contrarier, contrecarrer, se débattre, se défendre, se dresser, s'entêter, faire face, s'insurger, lutter, maintenir, se mutiner, s'obstiner, s'opposer, protester, se raidir, réagir, se rebeller, se rebiffer, rechigner, refuser, se refuser à, regimber, se relever, renâcler, se renflouer, répondre, repousser, se révolter, rouspéter, ruer dans les brancards, tenir, tenir bon/ferme, tenir tête 2 par ext. : souffrir, soutenir, supporter, survivre, tenir le coup

résolu, e 1 vx : résous 2 a quelqu'un : assuré, audacieux, brave, carré, constant, convaincu, courageux, crâne, décidé, déterminé, énergique, ferme, fixé, franc, hardi, net, opiniâtre, tranchant b quelque chose : arrêté, certain, choisi, conclu, convenu, décidé, décisif, décrété, délibéré, entendu, fixé, irrévocable, jugé, ordonné, précis, prononcé, réglé, tranché, vu

résoluble décidable, soluble → **précaire**

résolument courageusement, décidément, délibérément, de pied ferme, énergiquement, fermement, franchement, hardiment

résolution n.f. 1 au pr. a décomposition, division, réduction, séparation, transformation b abolition, diminution, disparition, relâchement, résorption c annulation, destruction, dissolution, rédhibition, rescision, résiliation, révocation d analyse, opération, résultat, solution e achèvement, bout, clef, coda, conclusion, épilogue, extrémité, fin, queue, terme 2 par ext. a but, certitude, choix, conseil (vx), désir, dessein, détermination, disposition, exigence, intention, pacte, parti, position, projet, propos, proposition, souhait, vœu, volition, volonté b assurance, audace, caractère, constance, courage, cran, décision, détermination, énergie, fermeté, force d'âme, hardiesse, initiative, obstination, ressort, ténacité, volonté, vouloir c péj. : entêtement, opiniâtreté

résonance n.f. 1 au pr. : écho, retentissement, réverbération, son, sonorité 2 fig. → **réputation**

résonnant, e ample, assourdissant, bruyant, carillonnant, éclatant, fort, gros, haut, plein, retentissant, sonore, vibrant

résonner bruire, faire du bruit, faire écho, rebondir, renvoyer, retentir, tinter, triller, vibrer

résorber et **résoudre** 1 au pr. a → **dissoudre** b → **abolir** c analyser, calculer, dénouer, deviner, en finir, faire disparaître, solutionner, trancher, trouver, vider 2 par ext. → **décider** 3 v. pron. adopter un parti/une solution, conclure, décider, s'exécuter, faire le pas/le saut, finir par, franchir le Rubicon, se hasarder à, pourvoir à, prendre parti, prendre son parti, en venir à

respect n.m. 1 au sing. a considération, courtoisie, déférence, égard, estime, gloire, honneur, révérence, vénération b admiration, affection, culte, dévotion, piété c amour-propre, pudeur, réserve 2 au plur. : civilités, devoirs, hommages, salutations

respectabilité n.f. → **honnêteté**

respectable auguste, considéré, correct, digne, estimable, grave, honnête, honorable, majestueux, méritant, noble, parfait, prestigieux, sacré, vénérable, vertueux

respecter 1 au pr. : adorer, avoir/célébrer/rendre un culte, avoir des égards envers/pour, estimer, glorifier, honorer, magnifier, révérer, saluer la mémoire, tenir en estime, vénérer 2 par ext. : conserver, épargner, garder, obéir à, observer

respectif, ive → **particulier**

respectueux, euse 1 affectueux, attaché, attentif, attentionné, déférent, pieux, poli 2 craintif, humble, soumis

respiration n.f. anhélation, aspiration, expiration, haleine, inhalation, souffle

respirer 1 au pr. : anhéler, s'ébrouer, exhaler, expirer, haleter, inhaler, inspirer, panteler, pousser (vét.), souffler, soupirer → **aspirer** 2 fig. a → **vivre** b → **montrer**

resplendir brasiller, briller, chatoyer, éblouir, éclairer, éclater, étinceler, flamboyer, fulgurer, jeter des feux, luire, miroiter, poudroyer, rayonner, reluire, rutiler, scintiller

resplendissant, e → **beau**

responsabilité n.f. 1 → **garantie** 2 culpabilité, implication, imputabilité 3 → **charge** 4 **prendre la responsabilité** → **endosser**

responsable 1 adj. a comptable → **garant** b condamnable, coupable, fautif, justiciable, pendable, punissable, répréhensible c → **conscient** 2 nom a décideur b → **envoyé** c → **cause**

resquille n.f. → **tromperie**

resquilleur, euse n.m. ou f. → **tricheur**

resquiller écornifler, se faufiler, frauder, tricher → **tromper**

ressaisir (se) 1 → **retrouver (se)** 2 → **rattraper (se)**

ressasser → **répéter**

ressaut n.m. → **saillie**

ressemblance n.f. 1 accord, affinité, analogie, association, communauté, comparaison, conformité, connexion, contiguïté, convenance, correspondance, harmonie, homologie, lien, parenté, relation, similitude, voisinage 2 apparence, image, imitation, incarnation, personnification, réplique

ressemblant, e → **semblable**

ressembler s'apparenter, approcher de, avoir des traits communs/un rapport à/avec, confiner à, correspondre, être la copie/l'image/le portrait/la réplique de, participer de, procéder de, rappeler, se rapporter à, se rapprocher de, tenir de, tirer sur

ressentiment n.m. aigreur, amertume, animosité, colère, dégoût, dent, dépit, haine, hostilité, rancœur, rancune, vindicte

ressentir → **sentir**

resserre n.f. → **réserve**

resserré, e encaissé, étranglé, étroit

resserrement n.m. astringence, constriction, contraction, crispation, étranglement, rétrécissement, striction

resserrer 1 au pr. → **serrer** 2 par ext. a abréger, amoindrir, comprimer, condenser, contracter, convulser, crisper, diminuer, étrangler, étrécir, étriquer, rétrécir b presser, rapprocher, refermer, tasser c → **résumer** 3 v. pron. : se ratatiner, se recroqueviller, se retirer, se rétracter

ressort n.m. 1 techn. : paillet 2 par ext. a → **moteur** b → **moyen** c ardeur, audace, bravoure, cœur, courage, cran, crânerie, décision, dynamisme, endurance, énergie, fermeté, force, hardiesse, héroïsme, impétuosité, intrépidité, résolution, tonus, vaillance, valeur, volonté, zèle 3 **être du ressort de.** a attribution, autorité, compétence, domaine, pouvoir b → **sphère**

ressortir 1 avancer, déborder, dépasser, mordre sur, passer, saillir 2 par ext. a dépendre de → **résulter** b apparaître, s'avérer, être avéré, se révéler

ressortir à → **dépendre**

ressortissant, e nom et adj. 1 assujetti, justiciable 2 aborigène, autochtone, citoyen, habitant, indigène, natif, naturel

ressource n.f. 1 au sing. a arme, atout, connaissance, excuse, expédient, moyen, planche de salut, recours, refuge, remède, ressort, secours b façon, méthode, procédé, système, truc 2 au pl. a → **faculté** b argent, avantage, bourse, casuel, dotation, économies, finances, fonds, fortune, fruit, gain, indemnité, intérêt, pension, prébende (par ext.), rapport, recette, rente, rentrée, retraite, richesse, salaire, usufruit c vx et relig. : commende, fabrique, mainmorte, portion congrue

ressouvenir (se) → **rappeler (se)**

ressusciter 1 v. tr. → **rétablir (se)** 2 v. intr. → **revivre**

restant n.m. → **reste**

restaurant n.m. 1 auberge, buffet, cabaret, cafétéria, cantine, crêperie, fast-food ou restauration rapide (off.), feu de bois, friterie, gargote (péj.), grill, grillade, grill-room, hostellerie, hôtellerie, mess, pizzeria, popote, rastel (mérid.), relais, restauration, restoroute, rôtisserie, self-service, taverne, trattoria → **brasserie** 2 vx : bouillon 3 fam : boui-boui, crémerie, restau

restaurateur, trice nom et adj. 1 aubergiste, buffetier, hôte, hôtelier, rôtisseur, traiteur ♦ péj. : gargotier, marchand de soupe 2 réparateur, rhabilleur

restauration n.f. 1 → **renaissance** 2 amélioration, embellissement, reconstruction, réfection, réparation, rhabillage 3 hôtellerie

restaurer 1 alimenter, donner à manger, entretenir, faire manger, nourrir, rassasier, soutenir, sustenter 2 → **réparer** 3 → **rétablir** 4 → **réconforter**

reste n.m. 1 au sing. : complément, crédit, débit, demeurant, différence, excédent, excès, reliquat, résidu, solde, soulte, surplus, talon ♦ vx : débet 2 au pl. a déblai, débris, décharge, déchet, décombres, démolitions, éboulis, épave, gravats, gravois, miettes, plâtras, restant, vestiges b cadavre, cendres, mort, ossements, poussière, reliques c arlequin (vx), desserte, épluchures, pelures, regrat (vx), reliefs, reliquats, rogatons, trognons 3 a **au/du reste :** d'ailleurs, de plus, et puis b **tout le reste :** bataclan, et caetera, saint-frusquin, toutim, tremblement → **bazar**

rester 1 → **demeurer** 2 → **subsister**

restituer 1 → **redonner** 2 → **rétablir**

restitution n.f. → **réparation**

restreindre borner, cantonner, circonscrire, contingenter, délimiter, limiter, localiser, réduire

restreint, e → **étroit**

restrictif, ive diminutif, limitatif, prohibitif, répressif

restriction n.f. 1 → **réduction** 2 économie, empêchement, épargne, parcimonie, rationnement, réticence 3 → **réserve**

résultante n.f. → **produit**

résultat n.m. aboutissement, achèvement, bilan, but, conclusion, conséquence, contrecoup, décision, dénouement, effet, événement, fin, fruit, issue, portée, produit, quotient, résultante, réussite, score, solution, somme, succès, suite, terminaison

résulter 1 découler, dépendre, s'ensuivre, entraîner, être issu, naître, procéder, provenir, ressortir, sortir/venir de 2 **il résulte de :** apparaître, se déduire, se dégager, impliquer, ressortir, tenir

résumé 1 adj. : abrégé, amoindri, bref, concis, court, cursif, diminué, écourté, laconique, lapidaire, limité, raccourci, rapetissé, réduit, resserré, restreint, schématique, simplifié, sommaire, succinct 2 n.m. : abrégé, abréviation, aide-mémoire, analyse, aperçu, argument, bréviaire, compendium, digest, diminutif, éléments, épitomé, esquisse, extrait, manuel, notice, plan, précis, raccourci, récapitulation, réduction, rudiment, schéma, sommaire, somme, synopsis, topo (fam.)

résumer abréger, analyser, condenser, diminuer, écourter, préciser, ramasser, récapituler, réduire, reprendre, resserrer, synthétiser

résurgence n.f. → **retour**

résurgent, e → **intermittent**

résurrection n.f. par ext. : âge d'or, jugement dernier, millénium, parousie → **renaissance**

rétablir 1 au pr. : ramener, rebouter, reconstituer, reconstruire, redresser, refaire, relever, remettre, réparer, replacer, restaurer, restituer 2 par ext. a réadapter, réhabiliter, réinsérer, réinstaller, réintégrer b améliorer, arranger, guérir, ranimer, réconforter, rendre la santé, sauver 3 v. pron. : guérir, recouvrer la santé, se relever, se remettre, reprendre des forces, ressusciter, en revenir, s'en tirer

rétablissement n.m. 1 amélioration, convalescence, guérison, recouvrement, redressement, relèvement, remise → **restauration** 2 réadaptation, réhabilitation, réinsertion, réintégration

retape n.f. 1 → **propagande** 2 → **prostitution**

retaper 1 → **réparer** 2 → **réconforter**

retard n.m. 1 au pr. : ajournement, atermoiement, manœuvre dilatoire, retardement, temporisation 2 par ext. a lenteur, piétinement, ralentissement b décalage, délai, remise c immaturité 3 **en retard.** a arriéré, sous-développé b archaïque, démodé, périmé c à la bourre (fam.), à la queue, à la traîne, en arrière

retardataire nom et adj. 1 → **retard** 2 → **retardé**

retardé, e ajourné, arriéré, attardé, débile, débile mental, demeuré, diminué, handicapé, idiot, immature, inadapté, inintelligent, reculé, retardataire, retenu, tardif, taré

retardement n.m. → **retard**

retarder ajourner, arrêter, arriérer (vx), atermoyer, attendre, décaler, différer, éloigner, faire lanterner/traîner, prolonger, promener, proroger, ralentir, reculer, remettre, renvoyer, reporter, repousser, surseoir/tarder à, temporiser, tergiverser, traîner

retenir 1 au pr. a conserver, détenir, garder, maintenir, réserver b confisquer, déduire, précompter, prélever, rabattre, saisir → **retrancher** c accrocher, amarrer, arrêter, attacher, brider, clouer, coincer, comprimer, consigner, contenir, contraindre, emprisonner, enchaîner, endiguer, fixer, freiner, immobiliser, modérer, ralentir, serrer la vis (fam.), tenir, tenir de court/en tutelle 2 par ext. → **rappeler (se)** 3 **retenir ses larmes :** dévorer, étouffer, ravaler, réprimer 4 v. pron. → **modérer (se)**

rétention n.f. → **confiscation**

retentir faire écho, rebondir, renvoyer, résonner, tinter, triller, vibrer

retentissant, e 1 au pr. : ample, assourdissant, bruyant, carillonnant, éclatant, fort, gros, haut, plein, résonnant, sonore, vibrant 2 par ext. : célèbre, connu, éclatant, éminent, fameux, fracassant, illustre, légendaire, notoire, renommé, réputé, sensationnel, terrible (fam.), tonitruant, triomphant → **extraordinaire**

retentissement n.m. bruit, publicité → **succès**

retenu, e 1 au pr. : calme, chaste, circonspect, contenu, convenable, correct, décent, délicat, digne, discret, distant, froid, grave, honnête (vx), maître de soi, mesuré, modéré, modeste, poli, pondéré, prudent, pudique, réservé, sage, secret, silencieux, simple, sobre, tempérant ♦ péj. : prude, pudibond → **hypocrite** 2 par ext. : collé (fam.), consigné, puni

retenue n.f. 1 bienséance, bon genre, bonne éducation, bonnes manières, bon ton, calme, chasteté, circonspection, componction, convenance, correction, décence, délicatesse, dignité, discrétion, distinction, effacement, froideur, gravité, honte (par ext.), maîtrise de soi, ménagement, mesure, modération, modestie, politesse, prudence, pudeur, pudicité, quant-à-soi, réserve, respect, révérence, sagesse, sérieux, sobriété, tact, tempérance, tenue, vertu a vx : honnêteté, prud'homie, vergogne b péj. : pruderie, pudibonderie → **hypocrisie** 2 barrage, étang, lac artificiel, plan d'eau, réserve, réservoir 3 colle (fam.), consigne, punition 4 précompte → **confiscation**

réticence n.f. 1 aposiopèse (rhétor.) 2 → **silence** 3 → **sous-entendu** 4 → **restriction** 5 → **réserve**

réticent, e → **hésitant**

réticule n.m. 1 aumônière, porte-monnaie, sac 2 → **réseau**

rétif, ive désobéissant, difficile, entêté, frondeur, hargneux, indiscipliné, indocile, indomptable, insoumis, insubordonné, passif, quinteux, ramingue (équit.), rebelle, récalcitrant, rêche, réfractaire, regimbant, regimbeur, révolté, rude, têtu, vicieux, volontaire

retiré, e à l'écart, désert, détourné, écarté, éloigné, isolé, perdu, secret, solitaire

retirer 1 au pr. → **tirer** 2 par ext. a percevoir, reprendre, soustraire, soutirer, toucher → **prendre** b enlever, extraire, ôter, quitter 3 v. pron. a s'enterrer, faire retraite → **partir** b → **renoncer** c → **resserrer (se)** d → **abandonner**

retombée n.f. → **suite**

retomber 1 au pr. → **tomber** 2 par ext. a rechuter, récidiver, recommencer b se rabattre, redescendre → **pendre** c rebondir, rejaillir, ricocher

rétorquer → **répondre**

retors, e nom et adj. 1 artificieux, astucieux, cauteleux, chafouin, combinard, ficelle, fin, finaud, fine mouche, futé, madré, malin, matois, renard, roublard, roué, sac à malices, trompeur, vieux routier 2 → **hypocrite** 3 → **rusé**

rétorsion n.f. 1 → **reponse** 2 → **vengeance**

retouche n.f. → **correction**

retoucher 1 → **corriger** 2 → **revoir**

retour n.m. 1 au pr. a → **tour** b changement, réapparition, rebondissement, recommencement, récurrence, regain, renaissance, renouveau, renouvellement, rentrée, répétition, ressourcement, résurgence, réveil, rythme 2 par ext. a alternance, évolution, fluctuation, nutation, oscillation, retournement, variation b → **ruse** c échange, réciprocité, rétroaction, ricochet d → **rapatriement** 3 **payer de retour** → **répondre**

retournement n.m. 1 au pr. : conversion 2 par ext. a cabriole, changement, reniement, renversement b → **variation**

retourner 1 v. intr. : aller, s'éloigner, rebrousser chemin, rentrer, repartir, revenir → **partir** 2 v. tr. a bêcher, fouiller, labourer, remuer, verser (vx) b bouleverser, émouvoir, troubler c faire retour, réexpédier, refuser, renvoyer d regagner, réintégrer, rejoindre e → **transformer** 3 v. pron. → **rattraper (se)**

retracer 1 conter, débiter, décrire, détailler, développer, dire, expliquer, exposer, narrer, peindre, raconter, rapporter, réciter, relater, rendre compte, tracer 2 commémorer, évoquer, faire revivre, mentionner, rappeler

rétractation n.f. abandon, abjuration, annulation, changement d'opinion, désaveu, palinodie, reniement, réparation d'honneur, retournement, retournement de veste (fam.)

rétracter (se) 1 au pr. : se ratatiner / recroqueviller / resserrer / retirer 2 par ext. : annuler, se contredire, déclarer forfait, se dédire / délier / démentir / désavouer / désister, manquer à sa parole, se raviser, reprendre sa parole, revenir sur, révoquer → **abjurer**

rétraction et **retrait** n.f., n.m. 1 décrochage, décrochement, éloignement, évacuation, recul, reculade, reflux, régression, repli, retraite, rétrogradation, rétrogression 2 → **prélèvement** 3 → **abolition**

retraite n.f. 1 → **recul** 2 → **abri** 3 → **solitude** 4 → **revenu** 5 **battre en retraite** → **reculer**

retranchement n.m. 1 au pr. a coupe, déduction, défalcation, diminution, réfaction, soustraction, suppression b épuration, exclusion, excommunication c élagage, taille d ablation, amputation, résection, sectionnement e abréviation, aphérèse, élimination 2 par ext. : abri, barricade, bastion, circonvallation, contrevallation, défense, fortification, ligne, tranchée → **forteresse**

retrancher 1 au pr. a couper, démembrer, distraire, élaguer, émonder, enlever, exclure, expurger, imputer, lever, ôter, prélever, prendre, retirer, rogner, séparer, supprimer, tirer b amputer, cureter, mutiler, réséquer c décompter, déduire, défalquer, rabattre, retenir, ristourner, soustraire 2 par ext. a abréger, accourcir, biffer, châtier, corriger, déléaturer (typo), purger, tronquer b balayer, censurer, désaffecter, épurer, exclure, excommunier, ostraciser, réformer 3 v. pron. se défendre, se fortifier, se mettre à l'abri, se protéger, se rabattre, se retirer

rétréci, e 1 au pr. : contracté, diminué, étranglé, étréci, étroit, exigu, resserré 2 fig. → **borné**

rétrécir 1 v. tr. :borner, contracter, diminuer, étrangler, étrécir, reprendre, resserrer, restreindre → **réduire** 2 v. intr. : dessécher, grésiller, raccourcir, racornir, se ratatiner (fam.), se resserrer, se retirer

rétrécissement n.m. contraction, contracture, diminution, étranglement, raccourcissement, racornissement, resserrement, restriction, sténose (méd.)

retremper encourager, exalter, exciter, fortifier, raffermir, ranimer, ravigoter, raviver, réchauffer, relever, remonter, ressusciter, rétablir, retaper, réveiller, revigorer, revivifier, vivifier

rétribuer → **payer**

rétribution n.f. 1 au pr. : a appointements, cachet, commission, courtage, dividendes, droits d'auteur, émoluments, fixe, gages, gain, gratification, honoraires, indemnité, jeton de présence, jour, journée, liste civile, marge, mensualité, minerval (vx ou rég.), mois, paie ou paye, paiement, pige, pourboire, pourcentage, prêt, salaire, semaine, solde, tantième, traitement, vacation b → **bénéfice** c → **rémunération** 2 par ext. → **récompense**

rétroactif, ive antérieur, passé, récapitulatif, rétrospectif

rétroaction n.f. autorégulation, feed back, réaction

rétrocéder redonner, rembourser, remettre, rendre, restituer

rétrocession n.f. → **remboursement**

rétrogradation n.f. → **recul**

rétrograde arriéré, conservateur, immobiliste, intégriste, obscurantiste → **réactionnaire**

rétrograder 1 au pr. → **reculer** 2 par ext. a → **baisser** b → **détrôner**

rétrospective n.f. flash-back, retour en arrière

retrousser écarter, rebiquer (fam.), relever, remonter, soulever, trousser → **lever**

retrouvailles n.f. pl. → **rencontre**

retrouver 1 au pr. a reconquérir, recouvrer, récupérer, regagner, reprendre, ressaisir b atteindre, attraper, gagner, joindre, rallier, rattraper, regagner, rejoindre, tomber sur 2 par ext. : distinguer, identifier, reconnaître, remettre, trouver 3 v. pron. a s'orienter, se reconnaître b se redresser, se remettre, se reprendre, se ressaisir

rets n.m. pl. → **filet**

réunion n.f. 1 de choses. a accumulation, adjonction, agglomération, agrégation, amalgame, anastomose (méd.), annexion, assemblage, combinaison, concentration, confusion, conjonction, convergence, entassement, groupement, incorporation, jonction, mélange, rapprochement, rassemblement, rattachement, synthèse, union b accord, adhérence, alliance, enchaînement, fusion, liaison, mariage, rencontre c amas, bloc, bouquet, chapelet, choix, collection, couple, ensemble, faisceau, gerbe, groupe, masse, salade (fam.), tas 2 de personnes. a assemblée, assise, assistance, auditoire, briefing, carrefour, cénacle, comice, comité, commission, compagnie, concours, conférence, confrérie, congrégation, congrès, conseil, consistoire, contact, débat, débriefing, forum, groupe, groupement, journée, meeting, panel (angl.), plenum, rassemblement, rencontre, rendez-vous, séance de travail, séminaire, symposium, table ronde b colonie, communauté, confédération, fédération, population, société, syndicat c aréopage, chambre, chapitre, concile, conclave, consistoire, convent, convention, états généraux, sénat, soviet, synode, tenue d bal, bridge, cinq-à-sept, cocktail, fête, garden-party ou jardin-partie (off.), raout, réception, sauterie, soirée, surprise-partie, thé e → **marché** f non fav. : chœur, clan, clique, coalition, complot, conciliabule, coterie, junte, quarteron, ramas, ramassis

réunir 1 des choses. a accumuler, additionner, agencer, amasser, entasser, mélanger, mêler, raccorder, rassembler, recomposer, rejoindre, relier, remembrer, unir b agglomérer, agglutiner, agréger, amalgamer, annexer, assembler, bloquer, combiner, concentrer, conglomérer, conglutiner, épingler, fondre, globaliser, grouper, intégrer, joindre, rapprocher, rattacher, rejoindre c accoupler, adjoindre, appareiller, apparier, faire adhérer, mettre ensemble, synthétiser d canaliser, capter, centraliser, classer, codifier, collectionner, colliger, cumuler, recueillir e concilier, confondre, englober 2 des personnes : aboucher, assembler, associer, convoquer, grouper, inviter, rassembler, regrouper 3 v. pron. a s'associer, concourir, confluer, se fondre, fusionner b s'attabler, se rencontrer, se retrouver

réussi, e accompli, bien venu, fadé (fam.), heureux → **parfait**

réussir 1 quelque chose : s'acclimater, s'accomplir, avancer, bien tourner, fleurir, fructifier, marcher, plaire, prendre, prospérer 2 quelqu'un : aboutir, achever, arriver, atteindre le but, avoir la main heureuse / du succès, bien jouer / marcher, briller, faire carrière, faire du / son chemin, faire florès / fortune, finir par, gagner, mener à bien, parvenir, percer, s'en tirer, toucher au but, triompher, venir à bout

réussite n.f. 1 bonheur, gain, triomphe, veine, victoire → **chance, succès** 2 patience (jeu)

revalorisation n.f. accroissement, actualisation, augmentation, bond, élévation, enchérissement, hausse, haussement, majoration, montée des prix, progression, relèvement, valorisation

revaloriser accroître, actualiser, augmenter, élever, faire monter, enchérir, hausser, majorer, monter, réévaluer, rehausser, relever, remonter, renchérir, surenchérir

revanche n.f. 1 compensation, consolation, dédommagement, rampeau, réparation, retour 2 châtiment, œil pour œil, dent pour dent, punition, représailles, ressentiment, rétorsion, riposte, talion, vendetta, vengeance 3 belle, match-retour 4 **en revanche :** à côté, au contraire, en contrepartie, en outre, en récompense, en retour, inversement, mais, par contre

rêvasser → **rêver**

rêve n.m. 1 au pr. : onirisme, songe, vision 2 par ext. a rêvasserie, rêverie, songerie b cauchemar, fantasme c ambition, espérance → **désir** d conception, idée, imagination, spéculation e château en Espagne, chimère, fiction, illusion, irréalisme, mirage, utopie

rêvé, e → **idéal**

revêche 1 quelque chose : rêche, rude 2 quelqu'un : abrupt, acariâtre, âcre, aigre, âpre, bourru, difficile, dur, grincheux, grognon, hargneux, intraitable, massacrant, mauvais coucheur, porc-épic, rébarbatif, rêche, renfrogné, rogue, rude ◆ vx : quinteux, rebours

réveil n.m. 1 → **horloge** 2 → **renaissance**

réveille-matin n.m. → **horloge**

réveiller 1 éveiller, sonner le branle-bas (fig. et fam.), tirer du sommeil 2 → **ranimer** 3 v. pron. fam. : faire surface, ouvrir l'œil

réveillon n.m. → **repas**

révélateur, trice nom et adj. accusateur, caractéristique, déterminant, distinctif, essentiel, particulier, personnel, propre, saillant, significatif, spécifique, symptomatique, typique

révélation n.f. aveu, confidence, décèlement, déclaration, dévoilement, divulgation, ébruitement, indiscrétion, initiation, instruction, mise au courant / au parfum (fam.) → **publication**

révéler 1 au pr. a arborer, déballer, déployer, désigner, développer, étaler, exhiber, exposer, indiquer, manifester, présenter, représenter b découvrir, dégager, dénuder, dessiner, donner, faire/laisser deviner, manifester [c] apprendre, avouer, confesser, confier, déceler, déclarer, découvrir, dénoncer, dévoiler, dire, divulguer, exposer, laisser percer/voir, lever le voile, mettre au jour, montrer, s'ouvrir, percer à jour, publier, trahir (péj.), vendre la mèche (fam.) [d] apercevoir, comprendre, discerner, reconnaître, remarquer, repérer, saisir, voir [2] fig. [a] décrire, démasquer, dépeindre, dévoiler, évoquer, exprimer, mettre dans, offrir, peindre, raconter [b] démontrer, dire, écrire, établir, prouver, signaler, souligner [c] annoncer, attester, déceler, dénoncer, dénoter, enseigner, exhaler, instruire, produire, témoigner [d] accuser, affecter, afficher, affirmer, déclarer, faire briller/entendre/montre de/voir, marquer, respirer [3] v. pron. : apparaître, éclater, être, paraître, ressortir, surgir

revenant n.m. apparition, double, ectoplasme, esprit, fantôme, lémure, ombre, spectre, vision

revendeur, euse → **marchand**

revendication n.f. adjuration, appel, assomption, conjuration, demande, démarche, desiderata, désir, doléance, exigence, imploration, instance, interpellation, interrogation, pétition, placet, plainte, prétention, prière, protestation, question, quête (vx), réclamation, recours, récrimination, requête, sollicitation, sommation, souhait, supplique, vœu, volonté

revendiquer adresser/faire/former/formuler/présenter une revendication, briguer, demander, désirer, dire, enjoindre, exiger, exprimer un désir/une revendication/un souhait, implorer, imposer, insister, interpeller, interroger, mander, mendier (péj.), ordonner, pétitionner, se plaindre, postuler, prescrire, présenter un cahier de doléances/un placet/une requête/une revendication/une supplique, prétendre à, prier, protester, quémander, questionner, quêter (vx), rechercher, réclamer, récriminer, requérir, solliciter, sommer, souhaiter, supplier, vouloir

revenir [1] au pr. : faire demi-tour, se rabattre, rallier, rebrousser chemin, reculer, refluer, regagner, réintégrer, rejoindre, rentrer, reparaître, repasser, retourner, retourner en arrière/sur ses pas ◆ fam. : se ramener, rappliquer [2] par ext. [a] s'occuper de, se remettre à, reprendre, retourner à → **recommencer** [b] → **revoir** [c] échoir, incomber, retomber sur [3] [a] **revenir sur sa parole** : annuler, se contredire, déclarer forfait, se dédire, se délier, se démentir, se désavouer, se désister, manquer à sa parole, se rétracter [b] **revenir sur quelque chose** → **répéter** [c] **revenir de loin** → **rétablir (se)** [d] **revenir à quelqu'un** → **plaire** [e] **revenir à tel prix** → **valoir** [f] **revenir à de meilleurs sentiments** : s'amender, se convertir → **réconcilier (se)**

revente n.f. rétrocession

revenu n.m. allocation, arrérages, avantage, casuel, commende (relig. et vx), dividende, dotation, fermage, fruit, gain, intérêt, loyer, mense (vx), métayage, pension, prébende, produit, profit, rapport, recette, redevance, rente, rentrée, retraite, royalties, salaire, tontine, usufruit, viager → **bénéfice**

rêver [1] faire des rêves [2] par ext. : bayer, béer, être distrait, rêvasser, songer ◆ fam. : bayer aux corneilles, être dans les nuages, gamberger, planer, visionner [3] fig. [a] ambitionner, aspirer à, convoiter, désirer, rechercher, souhaiter → **vouloir** [b] fantasmer, forger, imaginer, méditer, projeter, réfléchir, spéculer → **penser** [c] non fav. : divaguer → **déraisonner**

réverbération n.f. diffusion, rayonnement, reflet, réflexion

réverbère n.m. vx : bec de gaz, lanterne

réverbérer diffuser, faire écho, réfléchir, refléter, rendre, renvoyer, répercuter, reproduire, transmettre

révérence n.f. [1] au pr. [a] considération, courtoisie, déférence, égard, estime, honneur, respect, vénération [b] affection, culte, piété [c] amour-propre, pudeur, réserve [2] par ext. : courbette, hommage, inclination de tête, plongeon (fam.), prosternation, prosternement, salamalec (péj.), salut

révérenciel, le → **craintif**

révérencieux, euse cérémonieux, déférent, humble, obséquieux (péj.), poli, respectueux, révérenciel (vx)

révérer adorer, avoir/célébrer/rendre un culte, déifier, encenser, estimer, glorifier, gratifier d'estime/de faveur/d'honneur, honorer, magnifier, respecter, saluer la mémoire, tenir en estime

rêverie n.f. [1] → **rêve** [2] → **illusion**

revers n.m. [1] derrière, dos, doublure, envers, parement, pile, rebras, repli, retroussis, verso [2] accident, aventure fâcheuse, déboire, déception, désillusion, échec, épreuve, infortune, insuccès, malchance, malheur, orage, traverse, vicissitude → **défaite**

reverser → **rembourser**

revêtement n.m. [1] asphaltage, boisage, carrelage, chape, chemise, couche, crépi, cuirasse, dallage, enduction, enduit, enveloppe, habillage, parement, pavage, peinture, protection, vernis [2] [a] asphalte, enrobé, goudron, macadam [b] quick, terre-battue [c] téflon [d] jonchée

revêtir [1] → **vêtir** [2] → **recouvrir** [3] → **orner** [4] → **pourvoir**

revêtu, e [1] → **vêtu** [2] armé, blindé, couvert, cuirassé, défendu, flanqué, fortifié, garanti, muni, paré, préservé, protégé

rêveur, euse [1] absent, absorbé, abstrait, contemplatif, dans les nuages, distrait, méditatif, occupé, pensif, préoccupé, rêvasseur, songeur, soucieux [2] imaginatif, utopiste

revigorer aider, conforter, consoler, ragaillardir, ranimer, ravigoter, raviver, réconforter, refaire, relever le courage/les forces/le moral, remettre, remonter, réparer, requinquer (fam.), restaurer, rétablir, retaper, soutenir, stimuler, sustenter

revirement n.m. cabriole, palinodie, pirouette, retournement (de veste), volte-face → **changement**

réviser [1] → **revoir** [2] → **réparer** [3] → **répéter**

réviseur n.m. censeur, correcteur, lecteur

révision n.f. [1] → **vérification** [2] → **amélioration**

révisionniste n. et adj. déviationniste, réformiste, réviso (fam.) → **révolutionnaire**

revivifier animer, augmenter, encourager, exalter, exciter, raffermir, ranimer, ravigoter, raviver, réchauffer, rehausser, relever, remonter, ressusciter, rétablir, retaper, retremper, réveiller, revigorer, vivifier

revivre [1] au pr. : renaître, se renouveler, respirer, ressusciter [2] fig. : évoquer → **rappeler (se)**

révocable → **précaire**

révocation n.f. [1] abolition, abrogation, annulation, contrordre, dédit [2] de quelqu'un : congédiement, destitution, licenciement, renvoi, suspension

revoir [1] au pr. : examiner, reconsidérer, revenir sur, réviser [2] par ext. [a] châtier, corriger, fatiguer, limer, polir, raboter, raccommoder, rapetasser, rapiécer, ravauder, rectifier, réformer, remanier, reprendre, retoucher [b] → **rappeler (se)** [c] → **répéter** [3] [a] **au revoir** : à bientôt, à demain, adieu [b] fam. : à la prochaine, à la revoyure, au plaisir, salut

révoltant, e bouleversant, choquant, criant, dégoûtant, indigne

révolte n.f. action, agitation, chouannerie, contestation, contumace (vx), désobéissance, dissidence, ébullition, effervescence, faction, fermentation, feu, fronde, guerre civile, insoumission, insubordination, insurrection, jacquerie, lutte, mouvement, mutinerie, opposition, protestation, putsch, rébellion, regimbement, résistance, révolution, rouspétance (fam.), sécession, sédition, soulèvement, subversion, trouble, violence → **émeute**

révolté, e nom et adj. [1] activiste, agitateur, antisocial, asocial, contestataire, dissident, émeutier, factieux, insoumis, insurgé, meneur, mutin, rebelle, réfractaire, révolutionnaire, séditieux [2] → **outré**

révolter [1] choquer, dégoûter, écœurer, fâcher, indigner, soulever [2] pron. [a] au pr. : entrer en lutte, s'insurger, se mutiner, se rebeller, résister, se soulever [b] par ext. : se cabrer, contester, crier au scandale, désobéir, se dresser/s'élever contre, être rempli d'indignation, se fâcher, s'indigner, refuser, regimber, renâcler

révolu, e accompli, achevé, déroulé, écoulé, fini, passé, sonné (fam.), terminé

révolution n.f. [1] au pr. : circuit, courbe, cycle, rotation [2] par ext. [a] bouleversement, cataclysme, chambardement, changement, convulsion, incendie, raz de marée, renversement, tourmente [b] → **révolte**

révolutionnaire nom et adj. [1] agitateur, contestataire, desperado, insurgé, militant, novateur, rebelle, séditieux, subversif, terroriste → **révolté** [2] activiste, anarchiste, gauchiste, déviationniste, maoïste, nihiliste, progressiste, quarante/soixante-huitard, réformiste, révisionniste, situationniste ◆ vx : communard, jacobin, libéral, partageux, radical, républicain, sans-culotte, socialiste [3] → **nouveau**

révolutionner [1] agiter, bouleverser, chambarder, changer, remplacer → **renverser** [2] → **émouvoir**

revolver n.m. → **pistolet**

révoquer [1] casser, débouter, déchoir, démettre de, démissionner, dénuer de, déplacer, déposer, dépouiller, destituer, détrôner, limoger, mettre en disponibilité, priver, rappeler, relever de ses fonctions, suspendre ◆ fam. : débarquer, dégommer, dégoter, faire sauter, ficher/foutre/mettre à la porte, virer [2] → **abolir** [3] **révoquer en doute** : contester, douter de, mettre en doute, nier, rejeter, suspecter

revue n.f. [1] catalogue, cens, compte, dénombrement, détail, énumération, état, évaluation, inventaire, liste, litanie, recensement, rôle, statistique [2] défilé, parade, prise d'armes [3] → **spectacle** [4] annales, bihebdomadaire, bimensuel, bimestriel, bulletin, cahier, digest, gazette, hebdomadaire, illustré, journal, livraison, magazine, mensuel, organe, périodique, publication, tabloïd(e), trimestriel

révulser → **chavirer**

révulsif, ive [1] adj. : vésicant [2] nom masc. : cataplasme, rubéfiant, sinapisme, vésicatoire

rewriter n.m. off. : adaptateur, rédacteur-réviseur

rewriting n.m. off. : adaptation, réécriture

rez-de-chaussée n.m. rez-de-jardin

rhabiller → **réparer**

rhapsode n.m. → **poète**

rhapsodie n.f. → **mélange**

rhéteur n.m. → **orateur**

rhétorique n.f. [1] → **éloquence** [2] figures de rhétorique [a] de mots : abus ou catachrèse, allégorie, allitération, allusion, anacoluthe, anaphore, aphérèse, apocope, attraction, crase, diérèse, ellipse, épenthèse, euphémisme, extension, hypallage, hyperbate, hyperbole, imitation, ironie, métaphore, métathèse, métonymie, onomatopée, parenthèse, paronomase, pléonasme, prosthèse, réduplication, sarcasme, syllepse ou synthèse, syncope, synecdoque, synérèse, synonymie, tmèse, zeugma [b] de construction ou de pensée : accumulation, allégorie, anticipation ou prolepse, antithèse, antonomase, chiasme, communication, comparaison ou similitude, concession, correction, déprécation, description, distribution, dubitation, énumération, épiphonème, exagération ou hyperbole, exclamation, gradation, hypotypose, imprécation, interrogation, litote ou exténuation, métaphore, métastase, métonymie, obsécration, paroxysme, périphrase, prosopopée, récapitulation, réfutation ou récrimination, réticence, suspension, synecdoque

rhizome n.m. → **racine**

rhombe n.m. [1] losange [2] → **toupie**

rhum n.m. alcool/eau-de-vie de canne à sucre, ratafia, tafia

rhumatisant, e nom et adj. ◆ vx : goutteux, impotent, podagre

rhumatisme n.m. arthrite, arthrose, douleurs, goutte, lumbago, polyarthrite, sciatique

rhume n.m. catarrhe, coryza, coup de froid, enchifrènement (fam.), grippe, refroidissement, rhinite, toux

riant, e nom et adj. [1] → **réjoui** [2] → **gracieux**

ribambelle n.f. → **suite**

ribaud, e [1] → **vaurien** [2] → **prostituée**

ribote et **ribouldingue** n.f. godaille (vx), noce, orgie → **débauche**

ricanement n.m. → **raillerie**

ricaner → **rire**

ricaneur, euse nom et adj. contempteur, méprisant, moqueur

riche [1] quelqu'un : aisé, calé (vx), capitaliste, crésus, florissant, fortuné, heureux, huppé, milliardaire, millionnaire, multimillionnaire, nanti, opulent, parvenu, ploutocrate, possédant, pourvu, prospère, renté, rentier, richard, richissime, satrape (péj.) ◆ fam. : à l'aise, argenté, armé, aux as, boyard, cossu, cousu d'or, friqué, galetteux, gros, milord, nabab, rupin 2 quelque chose. a → **fertile** b abondant, copieux, éclatant, fastueux, luxueux, luxuriant, magnifique, nourri, plantureux, somptueux → **beau** c raffiné, nourrissant, roboratif, succulent

richesse n.f. 1 au pr. a moyens, or, pactole, ressources, trésor → **argent** b aisance, avoir, bien-être, biens, ce qu'il faut, de quoi, fortune, opulence, prospérité 2 par ext. a abondance, apparat, beauté, confort, débauche (par ext.), éclat, excès, faste, luxe, majesté, magnificence, opulence, pompe, profusion, somptuosité, splendeur, surabondance b → **qualité** c → **fertilité**

ricocher → **sauter**

ricochet n.m. 1 au pr. → **saut** 2 fig. : choc en retour, conséquence, éclaboussure, effet, rebondissement, rejaillissement, retour → **suite**

rictus n.m. → **grimace**

ride n.f. 1 au pr. : creux, ligne, patte-d'oie, pli, raie, ridule, sillon 2 par ext. a fente, gerçure, inégalité, onde, plissement, rainure, rayure, strie b méd. : vergetures, vibices

ridé, e 1 quelque chose. a neutre : doublé, fraisé, froncé, ondulé, plié, plissé, ruché b non fav. : chiffonné, fripé, froissé, grimaçant, grippé 2 la peau : froncé, parcheminé, raviné

rideau n.m. 1 banne, brise-bise, brise-soleil, brise-vent, cantonnière, ciel de lit, conopée (liturg.), courtine, draperie, étoffe, moustiquaire, portière, store, tenture, toile, voilage, voile 2 écran, ligne, obstacle, tablier

rider 1 au pr. : froncer, marquer, plisser, raviner, sillonner 2 fig. a convulser, crisper b flétrir, ravager c rabougrir, ratatiner

ridicule 1 adj. : absurde, amusant, bête, bizarre, bouffon, burlesque, caricatural, cocasse, comique, croquignole, croquignolet, dérisoire, drôle, farfelu, funambulesque, grotesque, impossible, incroyable, insensé, loufoque, pédant, prudhommesque, saugrenu, sot, ubuesque → **risible** 2 n.m. a quelqu'un : bouffon, gandin, jocrisse, m'as-tu-vu, mijaurée, plaisantin, précieux, rigolo (fam.), tocard → **plaisant** b un comportement : défaut, imperfection, travers

ridiculiser affubler, bafouer, brocarder, caricaturer, chansonner, dégrader, draper, habiller, moquer, railler, rire de, tourner en dérision/en ridicule

rien 1 adv. : aucunement, nullement, pas, point ◆ vx : goutte 2 interj. a néant, négatif, nenni (vx), non b arg. ou fam. : bernique, ceinture, des clopinettes/clous/dattes/haricots/nèfles, du beurre en broche, du flan, la peau, macache, mégot, nib, pas la queue d'un, pas un clou, peau de balle/de zébi, pour du beurre/des prunes, que dalle, râpé, rognon, tintin, tripette 3 n.m. a absence, inanité, misère, néant, peu de chose, vide, zéro b → **bagatelle**

rieur, rieuse nom et adj. bon vivant, boute-en-train, content, enjoué, épanoui, gai, guilleret, heureux, hilare, joyeux, réjoui, riant, rigolard, rigolo, vive-la-joie

rigide 1 au pr. : empesé, engoncé, inflexible, guindé, raide → **tendu** 2 → **dur** 3 fig. : ascétique, austère, étroit, grave, implacable, inhumain, insensible, janséniste, puritain, rigoriste, rigoureux, sec, sévère, spartiate, strict

rigidité n.f. 1 au pr. : consistance, raideur, résistance, solidité, turgescence → **dureté** 2 fig. : ascétisme, austérité, gravité, implacabilité, inclémence, inflexibilité, insensibilité, jansénisme, puritanisme, rigorisme, rigueur, rudesse, sécheresse, sévérité

rigolade n.f. → **divertissement**

rigole n.f. caniveau, cassis, coupure, fossé, goulotte, lapiaz, ruisseau, ruisselet, saignée, sangsue → **canal**

rigoler 1 → **badiner** 2 → **plaisanter** 3 → **rire**

rigolo, ote n. et adj. 1 amusant, comique, drôle, plaisant → **risible** ◆ fam. : marrant, poilant, rigolard, tordant 2 → **plaisant** 3 → **pistolet** 4 → **incapable**

rigorisme n.m. → **rigidité**

rigoriste nom et adj. → **réactionnaire**

rigoureusement absolument, âprement, étroitement, exactement, formellement, logiquement, mathématiquement, précisément, scrupuleusement, strictement, totalement

rigoureux, euse 1 quelqu'un. → **rigide** 2 quelque chose. a neutre : certain, exact, géométrique, implacable, juste, logique, mathématique, méticuleux, nécessaire, ponctuel, précis, serré, strict b non fav. : âpre, cruel, draconien, excessif, froid, glacial, inclément, rude, sévère

rigueur n.f. 1 non fav. a âpreté, cruauté, dureté, implacabilité, inclémence, inflexibilité b frimas, froid, intempérie c → **rigidité** 2 fav. ou neutre : fermeté, rectitude → **précision**

rime n.f. 1 → **consonance** 2 → **vers**

rimer 1 → **versifier** 2 → **correspondre**

rimeur, euse n.m. ou f. → **poète**

rincée n.f. → **pluie**

rincer 1 → **mouiller** 2 → **laver**

ring n.m. estrade, planches, podium

ringard n.m. → **pique-feu**

ringard, e 1 → **mauvais** 2 → **suranné**

ripaille n.f. bâfre, bâfrée, bamboche, bombance, bombe, ribote → **repas**

ripailler 1 → **festoyer** 2 → **manger**

riper → **glisser**

riposte n.f. 1 → **réponse** 2 → **vengeance** 3 contre-attaque, contre-offensive

riposter → **répondre**

ripper n.m. tr. pub. off. : défonceuse (portée)

riquiqui n.m. a alcool, eau-de-vie, esprit-de-vin, mêlé, mêlé-cassis, tord-boyaux (fam.) b auriculaire, petit doigt

riquiqui adj. : étriqué, mesquin, minable, parcimonieux, pauvre → **petit**

rire 1 au pr. a se dérider, se désopiler, éclater de rire, s'esclaffer, glousser, pleurer de rire, pouffer, sourire b fam. : se bidonner/boyauter, se dilater la rate, se fendre la gueule/la margoulette/la pêche/la pipe/la poire/la tronche, se marrer/poiler/tordre, s'en payer une tranche, rigoler 2 par ext. a s'amuser, se divertir, s'égayer, s'en payer (fam.), prendre du bon temps, se réjouir, rigoler b badiner, baratiner (fam.), jouer, plaisanter 3 loc. **rire de quelqu'un :** brocarder, dédaigner, mépriser, se moquer, narguer, railler, ricaner, ridiculiser, tourner en ridicule

rire n.m. 1 au pr. : éclat, enjouement, fou rire, hilarité → **gaieté** ◆ fam. : rigolade 2 par ext. : raillerie, ricanement, rictus, ris, risée, risette, sourire, souris

ris n.m. 1 thymus 2 → **rire**

risée n.f. 1 → **rire** 2 → **raillerie** 3 → **rafale**

risette (faire) → **flatter**

risible 1 amusant, bouffon, cocasse, comique, désopilant, drolatique, drôle, drôlet, farce, farfelu, fou, hilarant, humoristique, impayable, ineffable, inénarrable, plaisant, ridicule 2 fam. : bidonnant, boyautant, canularesque, crevant, gondolant, gonflant, marrant, poilant, rigolo, roulant, ubuesque → **tordant**

risque n.m. 1 → **danger** 2 → **hasard**

risqué, e 1 aléatoire, audacieux, aventureux, chanceux, dangereux, exposé, fou, gratuit, hardi, hasardé, hasardeux, imprudent, incertain, misé, osé, périlleux, téméraire, tenté 2 scabreux → **obscène**

risquer 1 au pr. : affronter, aventurer, braver, commettre, compromettre (péj.), courir le risque, se décider, défier, émettre, engager, entreprendre, éprouver, essayer, exposer, friser, frôler, hasarder, jouer, jouer gros jeu/son va-tout, se lancer, mettre en danger/en jeu/le prix, tenter 2 par ext. → **expérimenter**

risque-tout n.m. → **casse-cou**

rissoler cuire, dorer, gratiner, mijoter, rôtir

ristourne n.f. abattement, bonification, déduction, diminution, discount, escompte, guelte, prime, quelque chose (fam.), rabais, réduction, remboursement, remise, sou du franc, tant pour cent

ristourner → **retrancher**

rite n.m. 1 au pr. a sacramental → **cérémonie** b → **protocole** 2 par ext. → **habitude**

ritournelle n.f. antienne, chanson, chant, leitmotiv, rabâchage (péj.), refrain, rengaine, répétition, scie

rituel n.m. 1 au pr. : pénitentiel, pontifical, sacramentaire 2 par ext. a → **rite** b livre, recueil → **collection**

rituel, le 1 → **traditionnel** 2 → **religieux**

rivage n.m. 1 → **bord** 2 → **pays**

rival, e nom et adj. 1 au pr. : adversaire, antagoniste, combattant, compétiteur, concurrent, égal, émulateur, émule, ennemi, opposant 2 par ext. → **amant**

rivaliser 1 → **égaler** 2 → **lutter**

rivalité n.f. antagonisme, combat, compétition, concours, concurrence, conflit, défi, émulation, jalousie, joute, lutte, opposition, tournoi

rive n.f. → **bord**

river 1 → **fixer** 2 → **attacher**

riverain, e adjacent, attenant, avoisinant, circonvoisin, contigu, environnant, immédiat, joignant, limitrophe, prochain, proche, rapproché, voisin

rivet n.m. 1 → **pointe** 2 → **attache**

rivière n.f. 1 au pr. : affluent, canal, collecteur, cours d'eau, émissaire, fleuve, gave, oued, ravine, ru, ruisseau, torrent, tributaire, voie fluviale 2 **rivière de diamants** → **collier**

rixe n.f. affrontement, altercation, bagarre, bataille, batterie (vx), bigorne, castagne, combat, coups et blessures, crêpage de chignons, crosses, dispute, échauffourée, lutte, mêlée, noise, pétard, pugilat, rififi → **querelle**

rob n.m. 1 → **sucre** 2 → **jeu**

robe n.f. 1 au pr. : aube, cafetan, chiton, djellaba, épitoge, fourreau, froc, gandoura, haïk, kimono, péplum, rochet, sari, soutane, surplis, toilette, tunique → **vêtement** loc. **robe de chambre :** déshabillé, peignoir, saut-de-lit, sortie de bain 2 par ext. a → **poil** b → **enveloppe** c du cheval : alezan, alezan brun/doré, aubère, bai, bai brun/clair, blanc, blanc argenté, brun, châtain, clair, fauve, gris, gris moucheté, isabelle, louvet, marron, miroité, moreau, moucheté, noir, noir jais, pie, pinchard, pommelé, rouan, rubican, saure, souris, tigré, tisonné, tourdille, truité, zain

robinet n.m. anche, by-pass, cannelle, chantepleure, fausset, prise, purgeur, reniflard, vanne

robinetterie n.f. par ext. : sanitaire, tuyauterie

roboratif, ive → **remontant**

robot n.m. androïde, automate, engin cybernétique/à commande automatique, machine de Vaucanson

robotique n.f. → **automation**

robuste costaud, dru, ferme, fort, fort comme un chêne/comme un Turc (fam.), grand, gros, herculéen, inébranlable, infatigable, malabar, musclé, puissant, râblé, résistant, solide, vigoureux, vivace

robustesse n.f. → **solidité**

roc n.m. → **roche**

rocade n.f. → **voie**

rocaille 1 n.f. → **caillasse** 2 adj. : rococo

rocailleux, euse 1 au pr. : caillouteux, graveleux, pierreux, rocheux 2 par ext. → **rude**

rocambolesque abracadabrant, bizarre, drôle, ébouriffant, étonnant, étrange, exceptionnel, exorbitant, extraordinaire, extravagant, fantastique, formidable, impensable, impossible, improbable, inconcevable, incroyable, inimaginable, insoutenable, invraisemblable, paradoxal, renversant

roche et **rocher** n.f., n.m. bloc, boulder, caillasse, caillou, étoc (mar.), galet, minéral, moellon, parpaing, pavé, roc, sédiment → **pierre**

rochet n.m. aube, froc, mantelet, surplis

rocheux, euse → **rocailleux**

rococo 1 au pr. : rocaille 2 par ext. : ancien, antique, baroque, caduc, chargé, de mauvais goût, démodé, désuet, lourd, passé, périmé, sans valeur, suranné, surchargé, toc (fam.), vieilli, vieillot, vieux

roder → **polir**

rôder aller à l'aventure/à l'aveuglette/au hasard/çà et là, se balader (fam.), battre l'estrade/le pavé, courir les champs/les rues, courir, déambuler, dévier de sa route/de son chemin, divaguer, s'égarer, errer, flâner, marcher, se perdre, se promener, rôdailler, rouler sa bosse, tournoyer, traînasser, traîner, vadrouiller, vagabonder, vaguer

rôdeur, euse chemineau, vagabond → **malfaiteur**

rodomontade n.f. blague, bluff, bravade, broderie, charlatanerie, conte, crânerie, craque, exagération, fanfaronnade, farce, forfanterie, galéjade, gasconnade, hâblerie, histoire marseillaise, jactance, mensonge, vantardise ♦ vx : menterie

rogaton n.m. [1] → **reste** [2] → **rognure**

rogne n.f. → **grogne**

rogner [1] au pr. → **retrancher** [2] fam. → **murmurer**

rognon n.m. → **rein**

rognure n.f. balayures, bris, chute, copeau, débris, déchet, décombres, détritus, fragment, limaille, miette, morceau, rebut, recoupe, résidu, reste, rogaton, sciure, tesson

rogue [1] abrupt, acariâtre, âcre, aigre, âpre, bourru, difficile, dur, hargneux, intraitable, massacrant, porc-épic, quinteux, rébarbatif, rebours (vx), rêche, renfrogné, revêche, rude [2] → **arrogant**

roi n.m. [1] → **monarque** [2] fig. → **phénix**

rôle n.m. [1] bordereau, catalogue, énumération, tableau → **liste** [2] emploi, figuration, figure, fonction, personnage, utilité → **comédien** [3] attribution, charge, devoir, métier, mission, vocation

roman n.m. [1] au pr. : chronique, conte, fable, feuilleton, histoire, narration, nouvelle, récit [2] par ext. : affabulation, bateau, bobard, bourde, cancan, chanson, colle, craque, farce, hâblerie, invention, invraisemblance, mensonge, racontar, ragot

romance n.f. → **chant**

romancer affabuler, amplifier, arranger, blaguer, broder, composer, conter, dire/faire/raconter des blagues/contes/craques/galéjades/histoires, échafauder, exagérer, faire le malin, fanfaronner, forger, galéjer (fam.), inventer, mentir, se vanter

romancier, ère n.m. ou f. feuilletoniste → **écrivain**

romand, e francophone → **suisse**

romanesque [1] quelque chose. → **extraordinaire** [2] quelqu'un : chevaleresque, émotif, hypersensible, imaginatif, impressionnable, romantique, rêveur, sensible, sensitif, sentimental

romanichel, le n.m. ou f. bohémien, camp-volant, gitan, manouche, nomade, romano, zingaro → **tzigane**

romantique → **romanesque**

rombière n.f. → **virago**

rompre [1] v. tr. [a] briser, broyer, casser, couper, déchirer, désunir, détruire, disloquer, disperser, faire éclater, fendre, forcer, fracasser, fractionner, fracturer, interrompre, morceler [b] abolir, annuler, arrêter, barrer, défaire, dissoudre, empêcher, interrompre, suspendre, troubler [c] se dégager de, dénoncer, dénouer, déroger à, manquer à → **libérer (se)** [d] → **habituer** [e] → **désobéir** [2] v. intr. [a] abandonner, battre en retraite, caler, céder, culer, décrocher, faire machine/marche arrière, flancher, fléchir, lâcher pied, reculer, refluer, refouler, se rejeter, se replier, rétrograder [b] fam. : caner, foirer [c] casser, céder, claquer, craquer, crever, éclater, s'étoiler, se fendre, péter (fam.), se rompre [3] **rompre des lances** → **lutter**

rompu, e [1] quelqu'un. [a] phys. : accablé, assommé, avachi, brisé, claqué, courbatu, courbaturé, crevé, échiné, écrasé, épuisé, éreinté, esquinté, excédé, exténué, fatigué, flapi, fourbu, harassé, las, mort, moulu, pompé, recru, rendu, roué de fatigue, scié, surentraîné, sur les dents, surmené, vanné, vaseux, vermoulu, vidé [b] par ext. : abattu, abruti, accablé, anéanti, assommé, blasé, brisé, cassé, dégoûté, démoralisé, déprimé, écœuré, ennuyé, excédé, importuné, lassé, saturé [2] quelque chose. [a] aplati, brisé, broyé, cassé, défoncé, déglingué, démoli, descellé, détruit, disloqué, écaché, éclaté, écrasé, en miettes, fracassé, morcelé [b] brusque, convulsif, discontinu, haché, heurté, irrégulier, saccadé, sautillant, syncopé, trépidant

ronce n.f. [1] barbelé [2] épine, mûrier, roncier [3] **plein de ronces :** ronceux

ronceraie n.f. → **fourré**

ronchon n.m. et adj. invar. bougon → **grognon**

ronchonnement n.m. grogne, grognement, mécontentement, murmure, plainte, protestation, rouspétance

ronchonner [1] bougonner, bourdonner, broncher, gémir, geindre, grognasser, grogner, grognonner, grommeler, gronder, marmonner, marmotter, maronner, maugréer, murmurer, se plaindre, protester [2] bisquer, écumer, endêver, enrager, être en colère/en fureur/en rogne, fumer, râler, rager, rogner, rognonner, se ronger les poings, rouspéter

ronchonneur, euse nom et adj. → **grognon**

rond n.m. [1] au pr. : cercle, cerne, circonférence, orbe, orbite [2] par ext. : boule, cerceau, courbe, cylindre, disque, globe, rondelle, sphère, sphéroïde

rond, e [1] au pr. : aréolaire, circulaire, cricoïde (anat.), cylindrique, globulaire, globuleux, orbiculaire, sphérique [2] par ext. [a] → **gras** [b] → **gros** [c] → **courbe** [d] → **rondelet** [3] fig. [a] → **franc** [b] → **ivre**

ronde n.f. → **visite**

ronde (à la) alentour, autour, aux alentours, aux quatre coins, dans l'entourage/le voisinage

rond-de-cuir n.m. → **employé**

rondeau n.m. → **chant**

rondelet, te [1] au pr. [a] quelqu'un : boulot, charnu, dodu, gras, rebondi → **gros** [b] fam. : rondouillard [2] fig. quelque chose : appréciable, coquet → **important**

rondelle n.f. → **tranche**

rondement [1] franchement, loyalement [2] lestement, promptement → **vite**

rondeur n.f. [1] au pr. : convexité, rotondité, sphéricité [2] fig. [a] embonpoint → **grosseur** [b] bonhomie, bonne foi, cordialité, franchise, jovialité, loyauté, netteté, simplicité, sincérité

rondo n.m. → **rythme**

rondouillard, e → **rondelet**

rond-point n.m. carrefour, croisée des chemins, étoile, patte-d'oie, place, rotonde, square

ronflant, e [1] → **sonore** [2] → **emphatique**

ronflement n.m. → **bourdonnement**

ronfler [1] bourdonner, bruire, fredonner, froufrouter, murmurer, ronronner, vrombir [2] → **dormir**

ronger [1] au pr. : dévorer, grignoter, manger, piquer [2] par ext. : affouiller, altérer, attaquer, brûler, consumer, corroder, dégrader, désagréger, détruire, diminuer, dissoudre, entamer, éroder, gangrener, miner, mordre, pourrir, ruiner [3] fig. → **tourmenter**

rongeur n.m. agouti, cabiai, campagnol, castor, chinchilla, cobaye ou cochon d'Inde, écureuil, gerbille, gerboise, hamster, lapin, lemming, lièvre, marmotte, mulot, muscardin, myopotame, ondatra ou loutre d'Hudson ou rat musqué, polatouche, porc-épic, ragondin, rat, raton, souris, spalax, spermophile, surmulot, viscache, xérus

rongeur, euse n. et adj. corrosif, insidieux, lancinant → **mordant**

ronron et **ronronnement** n.m. → **bourdonnement**

ronronner → **ronfler**

roquet n.m. [1] → **chien** [2] → **manteau**

rosace n.f. → **vitrail**

rosaire n.m. Ave Maria, chapelet

rose [1] nom fém : [a] arch. : rosace [b] rose trémière : althæa, fleur de sainte Gudule, guimauve/mauve sauvage, passe-rose, primerose [c] par ext. : églantine [2] adj. [a] lilas, saumon [b] **en rose :** agréable, drôle, facile, gai

roseau n.m. [1] au pr. : canne, massette, phragmite ♦ mérid. : canisse [2] par ext. : calame, chalumeau, mirliton, pipeau

rosée n.f. aiguail (rég.)

rosière n.f. → **vierge**

rossard, e [1] bon à rien, cagnard, cancre, cossard, feignant, lézard, momie, ramier, tire-au-cul, tire-au-flanc → **paresseux** [2] → **méchant**

rosse [1] n.f. → **cheval** [2] adj. → **méchant**

rossée n.f. → **volée**

rosser → **battre**

rosserie n.f. [1] le défaut : cruauté, dureté, hargne, jalousie, malice, malignité, malveillance, méchanceté, noirceur, perversité, scélératesse, vacherie (fam.) [2] l'acte : calomnie, couleuvre, coup d'épingle, crasse, crosse, espièglerie, farce, gentillesse, médisance, mistoufle, noirceur, perfidie, saleté, saloperie, taquinerie, tour, tourment, vacherie [3] épigramme, mot, pique, plaisanterie, pointe, saillie, trait

rossignol n.m. [1] pouillot, rouge-queue [2] crochet, pince → **clef, passe-partout** [3] → **occasion**

rossinante n.f. haridelle, rosse, sardine (arg.), tréteau → **cheval**

rot n.m. → **renvoi**

rôt n.m. → **rôti**

rotatif, ive et **rotatoire** circulaire, giratoire, tournant

rotation n.f. [1] → **tour** [2] → **changement** [3] méd. : pronation, supination [4] math. : rabattement, relèvement

roter éructer, faire un rot, se soulager

rôti n.m. pièce de bœuf/porc/veau, rosbif, rôt

rôti, e adj. grillé, rissolé, saisi, torréfié

rôtie n.f. canapé, frottée (rég.), toast

rôtir [1] cuire, cuisiner, frire, griller, rissoler, roustir, torréfier [2] par ext. : bronzer, brûler, chauffer

rôtisserie n.f. → **restaurant**

rôtissoire n.f. tournebroche

rotonde n.f. [1] → **pavillon** [2] → **manteau**

rotondité n.f. [1] → **rondeur** [2] → **grosseur**

roture n.f. → **peuple**

roturier, ère [1] nom [a] → **bourgeois** [b] → **paysan** [2] adj. [a] ordinaire, plébéien, populaire, prolétaire, simple [b] → **vulgaire**

roubignole n.f. → **bourse**

roublard, e [1] sens affaibli : adroit, astucieux, combinard, débrouillard, dégourdi, déluré, farceur, ficelle, fin, finaud, fine mouche, futé, habile, madré, malicieux, malin, matois, narquois, renard, roué, rusé, sac à malices, spirituel, trompeur, vieux routier [2] non fav. → **mauvais**

roublardise n.f. → **cautèle**

roucouler [1] au pr. : → **chanter** [2] fig. : aimer, batifoler, caqueter, conter fleurette, faire sa cour, flirter, marivauder, papillonner ♦ fam. : baratiner, faire du gringue, jeter du grain

roue n.f. barbotin, engrenage, moulinet, poulie, réa, rouet, volant

roué, e [1] → **fatigué** [2] → **malin** [3] → **rusé** [4] → **débauché**

rouelle n.f. → **tranche**

rouer → **battre**

rouerie n.f. → **ruse**

rouge [1] au pr. : amarante, balais, bordeaux, brique, capucine, carmin, carotte, cerise, cinabre, coquelicot, corail, cramoisi, cuivré, écarlate, écrevisse, érubescent, feu, fraise, garance, géranium, grenat, groseille, gueules (blas.), incarnadin, incarnat, lie-de-vin, nacarat, orangé, ponceau, pourpre, purpurin, rosé, roux, rubis, safrané, sang, sanglant, tomate, vermeil, vermillon, vineux, zinzolin [2] par ext. : brésillé (vx), coloré, congestionné, couperosé, empourpré, en feu, enfiévré, enflammé, enluminé, érubescent, érugineux, flamboyant, incandescent, pourpré, rougeaud, rougeoyant, rouget, rubescent, rubicond, rubigineux, rutilant, sanguin, vultueux [3] n.m. [a] → **rougeur** [b] → **honte**

rouget n.m. [1] barbet, cardinal, grondin, hirondelle de mer, trigle → **poisson** [2] aoûtat

rougeur n.f. [1] → **rouge** [2] couperose, énanthème, érubescence, érythème, exanthème, feu, inflammation, rubéfaction [3] fam. : fard, soleil

rougir [1] v. intr. : devenir rouge ♦ fam. : piquer un fard/un soleil [2] v. tr. : colorer, dorer, ensanglanter, rendre rouge

rougissant, e par ext. → **timide**

rouille [1] n.f. [a] : hydroxyde de fer [b] de la vigne : anthracnose, carie, charbon, mildiou, rouille noire [2] adj. invar. [a] → **sauce** [b] → **roux**

rouiller (se) fig. : s'ankyloser, s'étioler → **endormir (s')**

roulade n.f. → **vocalise**

roulage n.m. → **trafic**

roulant, e [1] adj. [a] → **mouvant** [b] fam. → **comique** [2] nom : convoyeur, transporteur

rouleau n.m. [1] bande, bobine, davier (mar.), torque [2] brise-mottes, croskill, cylindre

roulement n.m. [1] → **alternance** [2] → **batterie**

rouler [1] v. tr. [a] déplacer, pousser → **tourner** [b] charrier, emporter, entraîner, transporter [c] enrober, enrouler, envelopper, torsader [d] → **tromper** [e] → **vaincre** [f] **rouler dans sa tête :** faire des projets, penser → **projeter** [g] **rouler des yeux :** ribouler [2] v. intr. [a] → **mouvoir (se)** [b] → **tomber** [c] → **errer** [d] → **balancer** [e] avoir pour objet/sujet, pivoter/porter/tourner sur, se rapporter à, toucher à, traiter de [3] v. pron. [a]

se secouer, se tourner, se vautrer b s'enrouler, se lover

roulette n.f. galet, molette

rouleur, euse n.m. ou f. → **vagabond**

roulier n.m. → **voiturier**

roulis n.m. balancement, mouvement transversal, oscillation, secousse

roulotte n.f. caravane, maison ambulante, remorque

roulure n.f. 1 → **prostituée** 2 → **virago**

round n.m. off. : reprise

roupette n.f. → **bourse**

roupie n.f. → **morve**

roupiller → **dormir**

roupillon n.m. → **sommeil**

rouquin, e → **roux**

rouscailler → **protester**

rouspétance n.f. → **protestation**

rouspéter 1 → **protester** 2 → **rager**

rouspéteur, euse n.m. ou f. → **grognon**

roussâtre, rousseau (vx) → **roux**

roussin n.m. 1 → **âne** 2 → **policier**

roussir brûler, cramer, devenir roux, griller, rougir

rouste n.f. → **volée**

rouston n.m. → **bourse**

routard n.m. → **vagabond**

route n.f. 1 au pr. : autoroute, chaussée, chemin, pavé, trimard (arg.) → **voie** 2 par ext. : distance, itinéraire, parcours → **trajet**

routier n.m. 1 camionneur, chauffeur/conducteur de poids lourds → **voiturier** 2 → **brigand** 3 **vieux routier** → **malin**

routine n.f. 1 empirisme, pragmatisme, pratique, usage → **expérience** 2 chemin battu (fam.), ornière, poncif, traditionalisme, train-train → **habitude**

routinier, ère accoutumé, arriéré, coutumier, encroûté, habituel, rebattu

roux, rousse 1 quelqu'un : auburn, blond vénitien ◆ fam. et/ou péj. : poil de carotte, queue-de-vache, rouge, rouquin, roussâtre, rousseau (vx) 2 un cheval : alezan, rouille

royal, e 1 au pr. : monarchique, régalien 2 par ext. a → **parfait** b → **imposant**

royalement généreusement, magnifiquement, richement, splendidement, superbement

royaliste nom et adj. chouan, légitimiste, monarchiste, orléaniste, traditionaliste, ultra

royalty n.f. off. : redevance, royauté (québ.) → **gratification**

royaume n.m. → **nation**

royauté n.f. 1 au pr. : Ancien Régime, couronne, dignité royale, monarchie, monocratie, sceptre, trône 2 par ext. : influence, souveraineté → **supériorité**

ru n.m. → **cours (d'eau)**

ruade n.f. 1 au pr. : coup de pied, dégagement, saut 2 fig. : attaque, contestation, protestation, réaction

ruban n.m. 1 au pr. : bande, cordon, cordonnet, extra-fort, faveur, frange, liséré, galon, ganse, ruflette → **passement** ◆ vx : comète 2 par ext. a bouffette, catogan, chou, coque, suivez-moi-jeune-homme b bavolet, brassard, cocarde, crêpe, engageant(e) s c décoration, insigne, rosette d aiguillette (vx), lacet, tirant e signet

rubicond, e → **rouge**

rubrique n.f. 1 → **article** 2 → **titre**

rude 1 au pr. a abrupt, acariâtre, agreste, arriéré, barbare, brut, fruste, grossier, heurté, impoli, inculte, rustaud, rustique, sauvage b aigre, âpre, brutal, cruel, féroce, froid, lourd, pénible, rigoureux, sec c difficile, malheureux, pénible, redoutable, scabreux, triste d cru, fort, raide, râpeux, rêche, vert e caillouteux, inégal, raboteux, rocailleux f croûteux, grumeleux, rugueux, squameux 2 par ext. a anguleux, austère, bourru, brusque, cahoteux, désagréable, dur, farouche, hérissé, malgracieux, rébarbatif, revêche, rigide, sec, sévère, terrible b heurté, rauque c drôle, fier, grand, lourd, sacré d → **rigoureux** e → **difficile** f → **terrible**

rudement beaucoup, diablement, énormément, fameusement, furieusement, très, vachement (fam.)

rudesse n.f. âpreté, aspérité, austérité, barbarie, brusquerie, brutalité, cruauté, dureté, férocité, froideur, grossièreté, implacabilité, impolitesse, inclémence, raideur, rigidité, rigueur, rugosité, rusticité, sécheresse, sévérité

rudiment n.m. 1 commencement, embryon, germe, linéament → **principe** 2 abc, b.a.-ba, élément, essentiel → **abrégé**

rudimentaire → **simple**

rudoyer abîmer, accommoder, arranger, bafouer, battre, bourrer, brimer, brusquer, brutaliser, critiquer, crosser, éreinter, étriller, faire un mauvais parti, frapper, houspiller, lapider, malmener, maltraiter, mâtiner (fam.), molester, ravauder, secouer, tarabuster, traiter mal/sévèrement, tyranniser, violenter, vilipender

rue n.f. 1 au pr. : allée, artère, avenue, boulevard, chaussée, cours, passage, promenade, quai, ruelle, tortille, venelle ◆ arg. : macadam, rade, ruban, strasse 2 par ext. a asphalte, pavé, ruisseau, trottoir b → **voie** 3 **à la rue :** dehors, sans abri/domicile/ressources

ruée n.f. attaque, course, curée, débandade, descente, désordre, invasion, panique

ruelle n.f. 1 → **rue** 2 → **alcôve**

ruer 1 au pr. : broncher, décocher/envoyer/lâcher/lancer une ruade, dégager, lever le cul/le derrière, regimber 2 **ruer dans les brancards** → **protester** 3 v. pron. : assaillir, bondir, charger, débouler, s'élancer, foncer, fondre, se jeter, piquer, se précipiter, sauter, tomber sur

rufian n.m. → **vaurien**

rugby n.m. ballon ovale, football (vx), jeu à quinze/treize

rugir → **crier**

rugissement n.m. → **cri**

rugosité n.f. âpreté, aspérité, cal, callosité, dureté, inégalité, irrégularité → **rudesse**

rugueux, euse → **rude**

ruine n.f. 1 au sing. a au pr. : anéantissement, chute, décadence, dégradation, délabrement, déliquescence, démolition, désagrégation, destruction, détérioration, disparition, écrasement, écroulement, effondrement, renversement b par ext. : affaiblissement, banqueroute, culbute, débâcle, déchéance, déconfiture, dégringolade, dépérissement, déroute, désolation, ébranlement, étiolement, faillite, fin, liquidation, malheur, mort, naufrage, néant, pauvreté, perte c dégât, désastre, ravage d fig. quelqu'un : déchet, épave, larve, loque ◆ fam. : chef-d'œuvre en péril 2 au pl. : cendres, débris, décombres, démolition, éboulement, reste, témoin, trace, vestige

ruiner 1 au pr. a on ruine quelque chose : abattre, affaiblir, altérer, anéantir, balayer, battre en brèche, amener/causer/provoquer la ruine, consumer, couler, dégrader, délabrer, démanteler, démantibuler (fam.), démolir, désoler, détériorer, détruire, dévaster, dévorer, dissoudre, engloutir, épuiser, esquinter, étioler, exténuer, foudroyer, gâcher, gâter, miner, perdre, ravager, renverser, ronger, saper, user b on ruine quelqu'un : décaver, dépouiller, écraser, égorger, étrangler, expédier (vx), faire perdre, gruger, manger, mettre sur la paille, nettoyer, perdre, presser, pressurer, ronger c fam. : dégraisser, plumer, presser comme un citron, raidir, ratiboiser, sucer, tondre, vider 2 par ext. → **infirmer** 3 v. pron. : s'écrouler, s'effriter, s'enfoncer

ruineux, euse → **cher**

ruisseau n.m. 1 → **rivière** 2 → **rigole**

ruisselant, e dégoulinant, dégouttant, inondé, mouillé, trempé

ruisseler → **couler**

ruissellement n.m. → **écoulement**

rumeur n.f. 1 au pr. : bourdonnement, brouhaha, murmure, susurrement 2 par ext. a confusion, éclat, tumulte → **bruit** b avis, jugement, on-dit, ouï-dire, opinion, potin, ragot → **médisance**

ruminant n.m. bovidé, cervidé

ruminer 1 au pr. : mâcher, régurgiter, remâcher 2 fig. : repasser, repenser, ressasser, revenir sur → **penser**

rupestre pariétal

rupin, e → **riche**

rupture n.f. 1 au pr. : bris, brisement, cassage, cassure, concassage, décalage, destruction, écart, fracture 2 fig. a annulation, arrêt, cessation, dénonciation, interruption, point mort, suspension b brouille, brouillerie, désaccord, désagrégation, désunion, détérioration, discorde, dispute, dissension, dissentiment, dissidence, divergence, division, divorce, froid, mésentente, mésintelligence, nuage, orage, séparation, tension, zizanie

rural, e nom et adj. agreste, bucolique, campagnard, champêtre, pastoral, rustique → **paysan**

ruse n.f. 1 adresse, art, artifice, astuce, attrape-nigaud, cautèle, chausse-trappe, détour, diplomatie, dissimulation, échappatoire, embûche, faux-fuyant, feinte, ficelle, finasserie, finesse, fourberie, fraude, habileté, intrigue, invention, machiavélisme, machination, machine, malice, manœuvre, matoiserie, méandre, perfidie, piège, politique, retour (vén.), rets, roublardise, rouerie, stratagème, stratégie, subterfuge, subtilité, tactique, trame, tromperie ◆ vx : dextérités, rubrique 2 fam. : carotte, combine, débrouille, défense, entourloupe, truc, vice 3 vén. : hourvari, retour

rusé, e 1 adroit, artificieux, astucieux, cauteleux, chafouin, diplomate, ficelle, fin, finaud, fourbe, futé, habile, inventif, loup, machiavélique, madré, malicieux (vx), matois, narquois, normand, perfide, politique, renard, retors, roublard, roué, subtil, tortueux, trompeur → **malin** ◆ vx : malicieux 2 fam. : carotteur, combinard, débrouillard, mariole, marle, marlou, truqueur, truquiste, vicelard, vicieux

ruser finasser → **tromper**

rush n.m. 1 → **afflux** 2 off. : ruée

rush(es) audio. off. : épreuves

rustaud, e balourd, béotien, grossier, huron, iroquois, lourd, malotru, paysan, peigne-cul, plouc, primate, rustique, rustre, sauvage, vulgaire, zoulou, zozo → **impoli** ◆ vx : maroufle, paltoquet

rusticité n.f. 1 non fav. : balourdise, béotisme, brutalité, goujaterie, grossièreté, impolitesse, lourdeur 2 fav. : dépouillement, frugalité, modération, pondération, sobriété, tempérance → **simplicité**

rustique 1 au pr. a neutre : agreste, bucolique, campagnard, champêtre, pastoral, rural → **simple** b non fav. : abrupt, arriéré, balourd, barbare, bestial, brut, fruste, grossier, impoli, inculte, lourd, rustaud, rustre, sauvage 2 par ext. : endurant, increvable (fam.), fort, nerveux, résistant, robuste, solide, tenace, vivace

rustre n.m. 1 → **paysan** 2 → **rustique** 3 → **impoli** 4 → **lourdaud**

rut n.m. amour, chaleur, chasse, désir, œstrus, retour à l'espèce

rutilance n.f. 1 → **brillant** 2 → **éclat**

rutilant, e ardent, brasillant, brillant, éclatant, étincelant, flamboyant → **rouge**

rutiler → **briller**

rythme n.m. 1 accord, allure, assonance, balancement, bercement, cadence, eurythmie, harmonie, mesure, mètre, mouvement, nombre, retour, son, tempo, temps, va-et-vient 2 mus. a lent ou modéré : adagio, amoroso, andante, a poco, dolce, larghetto, largo, lento, maestoso, moderato, piano, pianissimo b vif ou soutenu : accelerando, allegretto, allegro con motto, appassionato, arioso, forte, fortissimo, presto, rondo, scherzo, sostenuto c crescendo, legato, staccato, tenuto

rythmé, e assonancé, balancé, cadencé, équilibré, harmonieux, mesuré, nombreux (vx), rythmique, scandé

rythmer 1 accorder, cadencer, donner du rythme, harmoniser, mesurer 2 marquer/souligner le rythme, régler, scander, soumettre à un rythme

rythmique 1 n.f. a métrique, prosodie, scansion, versification b chorégraphie, danse c gymnique 2 adj. : alternatif → **rythmé**

S

sabbat n.m. → **tapage**

sabir n.m. → **langue**

sable n.m. arène, calcul, castine, granulat, graves, gravier, gravillon, jar, lise, pierre, sablon, sandre, syrte (vx), tangue

sabler → **boire**

sableux, euse → **sablonneux**

sablière n.f. carrière, sablonnière, tanguière

sablonneux, euse sableux, siliceux

sabord n.m. → **ouverture**

sabordage n.m. → **destruction**

saborder → **couler**

sabot n.m. 1 chaussure, clique(s) (rég.), galoche, patin, socque 2 → **toupie** 3 → **saleté**

sabotage n.m. 1 → **désordre** 2 → **résistance**

saboter 1 → **détériorer** 2 → **gâcher**

saboteur, euse bousilleur, démolisseur, destructeur, fossoyeur, naufrageur, ravageur → **vandale**

sabre n.m. 1 cimeterre, damas, latte, yatagan 2 par ext. → **épée** 3 arg. milit. : coupe-chou, fauchant, flambard

sabrer 1 → **effacer** 2 → **gâcher**

sac n.m. 1 → **pillage** 2 bagage, baise-en-ville (fam.), besace, bissac, carnassière, carnier, étui (mar.), fourre-tout, gibecière, group, havresac, hotte, musette, panetière, poche, porte-documents, portemanteau, sachet, sacoche → **cabas** 3 aumônière, bourse, escarcelle, réticule, vanity-case 4 **gens de sac et de corde** → **vaurien**

saccade n.f. → **secousse**

saccadé, e bondissant, brusque, capricant, convulsif, discontinu, haché, heurté, hoquetant, inégal, intermittent, irrégulier, rompu, sautillant, spasmodique, sursautant, trépidant

saccage n.m. 1 bouleversement, désastre, destruction, dévastation, ravage, ruine, saccagement (vx) 2 → **pillage**

saccager 1 → **ravager** 2 → **renverser**

sacerdoce n.m. 1 cléricature, ministère, ordre, prêtrise 2 par ext. : apostolat, charge, dignité, fonction, mission, poste

sachet n.m. → **sac**

sacoche n.f. 1 → **gibecière** 2 → **sac**

sacquer → **congédier**

sacraliser diviniser, tabouiser

sacre n.m. 1 consécration, couronnement, intronisation 2 → **faucon**

sacré, e 1 auguste, béni, consacré, divin, hiératique, intangible, inviolable, liturgique, sacramentel, sacro-saint, saint, sanctifié, tabou, vénérable 2 → **parfait** 3 → **détestable**

sacrement n.m. baptême, confirmation, eucharistie, extrême-onction, mariage, ordre, pénitence

sacrément bigrement, bougrement, carrément, diablement, drôlement, extrêmement, foutrement, vachement → **beaucoup**

sacrer 1 au pr. : bénir, consacrer, dévouer, oindre, sacraliser, vouer 2 par ext. → **couronner** 3 → **jurer**

sacrificateur, trice n.m. ou f. immolateur, prêtre, victimaire

sacrificatoire sacrificiel

sacrifice n.m. 1 au pr. : hécatombe, holocauste, hostie, immolation, libation, lustration, messe, oblation, offrande, propitiation, taurobole 2 par ext. : abandon, abnégation, désintéressement, dessaisissement, dévouement, don de soi, offre, renoncement, résignation

sacrificiel, le sacrificatoire

sacrifier 1 dévouer, donner, égorger, immoler, mettre à mort, offrir 2 pron. : se dévouer, se donner, se faire hacher pour, s'oublier, payer de sa personne

sacrilège n.m. 1 → **profanation** 2 → **vandale**

sacripant n.m. → **vaurien**

sacristain n.m. 1 → **bedeau** 2 au fém. : sacristaine, sacristine

sadique → **vicieux**

sadisme n.m. 1 aberration mentale / sexuelle, délectation, manie, perversion, sadomasochisme ◆ arg. : passions, vices 2 acharnement, bestialité, cruauté, lubricité, méchanceté, perversité, vice

safari n.m. → **chasse**

safran n.f. 1 crocus 2 → **jaune**

saga n.f. → **légende**

sagace 1 → **pénétrant** 2 → **intelligent**

sagacité n.f. 1 → **pénétration** 2 → **intelligence**

sagaie n.f. → **trait**

sage n.m. gourou, juste, mage, philosophe, savant

sage adj. 1 → **prudent** 2 → **tranquille** 3 → **décent** 4 → **raisonnable**

sage-femme n.f. accoucheuse, gynécologue, matrone, obstétricienne (vx)

sagesse n.f. 1 au pr. : bon sens, connaissance, discernement, équilibre, jugement, philosophie, raison, sapience, sens commun, vérité 2 par ext. a circonspection, modération → **prudence** b chasteté, continence, honnêteté, pudeur, retenue, vertu c calme, docilité, équanimité, obéissance, sérénité, tranquillité

sagette n.f. → **trait**

sagouin n.m. 1 → **singe** 2 → **malpropre** 3 → **impoli**

saie n.f. → **manteau**

saignée n.f. 1 → **canal** 2 → **prélèvement**

saignement n.m. 1 → **hémorragie** 2 → **menstruation**

saigner 1 → **tuer** 2 → **dépouiller** 3 → **dépenser**

saillant, e 1 → **proéminent** 2 → **remarquable**

saillie n.f. 1 au pr. : acrotère, angle, arête, arrêtoir, aspérité, avance, avancée, avancement, balèvre, bec, bosse, bourrelet, console, corne, corniche, côte, coude, crête, dent, éminence, encorbellement, éperon, ergot, gibbosité, hourd, moulure, nervure, orillon, pointe, proéminence, projecture, protubérance, redan, relief, ressaut, surplomb, tubercule 2 par ext. a → **saut** b → **caprice** c → **mot** d → **accouplement**

saillir 1 v. intr. a avancer, déborder, se découper, dessiner / détacher, surplomber → **dépasser** b → **jaillir** 2 v. tr. : couvrir, monter, sauter, servir → **accoupler (s')**

sain, e 1 au pr. : biologique, comestible, diététique, écologique, hygiénique, naturel, pur, salubre, salutaire, tonique 2 par ext. a → **valide** b → **décent** c → **profitable** 3 **sain et sauf** → **sauf**

sainbois n.m. daphné, garou

saindoux n.m. → **graisse**

sainfoin n.m. crête de coq

saint, e nom et adj. 1 apôtre, béat, bienheureux, élu, glorieux, juste, martyr, sauvé, vertueux 2 auguste, vénérable → **sacré** 3 a **sainte nitouche** → **patelin** b **à la saint-glinglin** : aux calendes grecques, jamais c **saint-Père** → **pape** d **saint des saints** → **sanctuaire, secret**

sainteté n.f. 1 béatitude, gloire, salut, vertu 2 → **perfection**

saisi, e 1 → **surpris** 2 → **ému** 3 → **rôti**

saisie et **saisine** n.f. → **confiscation**

saisir 1 → **prendre** 2 → **percevoir** 3 → **entendre** 4 → **émouvoir** 5 v. pron. → **prendre**

saisissant, e → **étonnant**

saisissement n.m. → **émotion**

saison n.f. → **époque**

saisonnier, ère → **temporaire**

sakièh n.f. noria

salace → **lascif**

salacité n.f. → **lasciveté**

salade n.f. → **mélange**

salaire n.m. 1 → **rétribution** 2 → **récompense** 3 → **punition**

salamalec n.m. 1 → **salut** 2 → **façon**

salarié, e nom et adj. → **travailleur**

salaud n.m. 1 → **malpropre** 2 → **méchant**

sale 1 → **malpropre** 2 → **obscène**

salé, e 1 au pr. : corsé, fort, relevé, saumâtre 2 fig. a → **obscène** b cher, exagéré, sévère

salement → **mal**

saler → **assaisonner**

saleté n.f. 1 au pr. : a boue, crasse, crotte, dégoûtation, gâchis, immondices, impureté, macule, malpropreté, mouton, ordure, poussière, rebut, salissure, saloperie, souillure, tache b vx : saburre c fam. ou grossier : chiure, merde, merdier d chandelle, chassie, grelot (arg.), mite, morve → **pus** 2 par ext. : cochonnerie, pacotille, patraque, rossignol, sabot, saloperie (grossier), toc 3 fig. a → **méchanceté** b → **obscénité**

saligaud n.m. → **malpropre**

salinier, ère nom et adj. paludier, saunier

salinité n.f. salure

salir 1 au pr. : abîmer, barbouiller, charbonner, contaminer, crotter, culotter, éclabousser, encrasser, gâter, graisser, jaunir, mâchurer, maculer, noircir, poisser, polluer, tacher → **souiller** ◆ grossier : dégueulasser, emmerder 2 fig. : baver sur, calomnier, déparer, déshonorer, diffamer, entacher, flétrir, profaner, prostituer, ternir

salissure n.f. → **souillure**

salivation n.f. ptyalisme

salive n.f. bave, crachat, eau à la bouche, écume, postillon

saliver 1 → **baver** 2 → **vouloir**

salle n.f. 1 au pr. : antichambre, chambre, foyer, enceinte, galerie, hall → **pièce** 2 fig. → **public**

salmigondis n.m. 1 → **mélange** 2 → **ragoût**

salon n.m. 1 au pr. a sing. → **pièce** b au pl. : enfilade 2 par ext. → **exposition**

salop, e n.m. ou f. 1 → **malpropre** 2 → **méchant**

saloper → **gâcher**

saloperie n.f. 1 → **saleté** 2 → **méchanceté**

salopette n.f. 1 → **surtout** 2 → **cotte**

saltimbanque n.m. 1 au pr. : acrobate, artiste, auguste, baladin, banquiste, bateleur, bonimenteur, bouffon, charlatan, clown, danseur de corde, dompteur, dresseur, écuyer, équilibriste, forain, funambule, hercule, jongleur, lutteur, monstre, nomade, paillasse, parodiste, pitre, trapéziste ◆ vx : farceur, opérateur 2 par ext. a → **plaisant** b → **pantin**

salubre → **sain**

salubrité n.f. → **hygiène**

saluer 1 accueillir, honorer, proclamer, reconnaître 2 → **salut**

salut n.m. 1 a adieu, au revoir, bonjour, bonne nuit, bonsoir, bye-bye b baise-main, compliment, coup de chapeau, courbette, hommage, inclination de tête, plongeon, poignée de main, révérence, salamalec, salutation 2 bonheur, rachat, récompense, rédemption, sauvegarde, sauvetage

salutaire 1 → **sain** 2 → **profitable**

salutation n.f. 1 → **salut** 2 loc. **salutation angélique** : annonciation

salvateur, trice 1 → **profitable** 2 → **utile**

salve n.f. → **décharge**

sanatorium n.m. → **hôpital**

sanctifier 1 → **améliorer** 2 → **fêter**

sanction n.f. 1 → **confirmation** 2 → **punition**

sanctionner 1 → **punir** 2 → **confirmer**

sanctuaire n.m. 1 iconostase, naos, saint des saints 2 → **église** 3 → **pèlerinage** 4 → **temple** 5 → **base**

sandale n.f. → **soulier**

sandre n.m. 1 → **poisson** 2 → **sable**

sandwich n.m. → **casse-croûte**

sang n.m. 1 hémoglobine, sérum 2 myth. : ichor 3 arg. : marasquin, raisiné, rouquin, sirop 4 par ext. → **race**

sang-froid n.m. 1 aplomb, assurance, audace, calme, détermination, fermeté, flegme, froideur, impassibilité, lucidité, maîtrise, patience, tranquillité 2 **de sang-froid** : avec préméditation, délibérément, en toute connaissance de cause, la tête froide, volontairement

sanglant, e → **offensant**

sangle n.f. 1 → **courroie** 2 → **bande** 3 mar. : suspensoir

sangler 1 → **serrer** 2 → **cingler**

sanglier n.m. babiroussa, laie, marcassin ou bête rousse, pécari, phacochère, porc, quartanier, ragot, solitaire, tiers-an ◆ vén. : bête noire, cochon

sanglot n.m. hoquet, larme, pleur, sanglotement, soupir, spasme

sangloter → **pleurer**

sang-mêlé n. invar. → **métis**

sangsue n.f. fig. et fam. → **importun**

sanguin, e 1 → **rouge** 2 → **coléreux** 3 → **fort**

sanguinaire 1 → **violent** 2 → **barbare**

sanie n.f. 1 → **pus** 2 → **ordure**

sanitaire n.m. plomberie → **water-closet**

sans dépourvu / manquant / privé de

sans-abri n. invar. 1 réfugié, sans-logis, sinistré 2 → **pauvre**

sans-cœur n. invar. → **dur**

sans-emploi n. invar. → **demandeur**

sans-gêne n. invar. et adj. 1 → **impoli** 2 → **impolitesse** 3 → **privauté**

sans-le-sou n. invar. → **pauvre**

sansonnet n.m. étourneau → **passereau**

sans-parti n. invar. → **libre**

sans-patrie n. invar. apatride, heimatlos, métèque (péj.), personne déplacée

sans-soin n. invar. désordonné, insouciant, négligent

sans-souci nom et adj. invar. → **insouciant**

santé n.f. 1 → **nature** 2 → **force** 3 → **discours**

santon n.m. 1 ascète, derviche, marabout 2 fakir, gourou, yogi 3 anachorète, cénobite, ermite, stylite 4 figurine/personnage de la crèche/de Noël → **statuette**

saoul, saoule → **soûl**

sapajou n.m. 1 capucin, sajou → **singe** 2 → **magot**

sape n.f. 1 → **tranchée** 2 → **destruction** 3 → **vêtement**

saper 1 → **miner** 2 → **habiller**

sapeur n.m. mineur, pionnier

saphisme n.m. → **homosexualité**

sapide → **succulent**

sapidité n.f. → **saveur**

sapience n.f. → **sagesse**

sapin n.m. sapinette → **conifère**

sarabande n.f. 1 → **danse** 2 → **tohu-bohu**

sarcasme n.m. → **raillerie**

sarcastique → **sardonique**

sarcler 1 → **racler** 2 → **cultiver**

sarcophage n.m. 1 → **tombe** 2 → **cercueil**

sardine n.f. pilchard

sardonique caustique, démoniaque, goguenard, ironique, moqueur, persifleur, railleur, ricaneur, sarcastique, satanique

sarigue n.f. → **marsupiaux**

sarrasin n.m. blé noir

sarrasine n.f. → **grille**

sarrau n.m. → **surtout**

sas n.m. 1 → **passage** 2 → **tamis**

sasser → **tamiser**

satanique → **diabolique**

satelliser → **soumettre**

satellite n.m. 1 → **partisan** 2 → **allié** 3 vx → **tueur**

satiété n.f. anorexie (méd.), dégoût, nausée, rassasiement, réplétion, satisfaction, saturation

satin n.m. → **soie**

satiné, e 1 → **soyeux** 2 → **lustré** 3 → **lisse**

satiner → **lustrer**

satire n.f. caricature, catilinaire, charge, critique, dérision, diatribe, épigramme, factum, libelle, moquerie, pamphlet, pasquin, pasquinade, philippique, plaisanterie, raillerie

satirique → **mordant**

satiriser 1 → **railler** 2 → **médire**

satisfaction n.f. 1 compensation, pénitence, raison, réparation 2 → **plaisir** 3 → **réalisation**

satisfaire 1 v. tr. : apaiser, calmer, combler, complaire, contenter, écouter, entendre, exaucer, observer, rassasier, régaler, soulager 2 v. intr. : accomplir, s'acquitter de, exécuter, faire plaisir, fournir, obéir, observer, pourvoir, remplir, répondre à, suffire à 3 v. pron. a être → **satisfait** b se faire/se donner du plaisir

satisfaisant, e acceptable, convenable, correct, enviable, honnête, honorable, passable, performant, suffisant

satisfait, e 1 apaisé, béat, calme, comblé, content, heureux, rassasié, rasséréné, rassuré, soulagé 2 non fav. : avantageux, fat, fier, suffisant, vain, vainqueur

satisfecit n.m. 1 → **félicitation** 2 → **récompense**

satrape n.m. 1 → **tyran** 2 → **débauché**

saturation n.f. → **réplétion**

saturer → **combler**

saturnale n.f. → **débauche**

saturnien, ne → **triste**

satyre n.m. 1 chèvre-pied, faune, sylvain 2 → **lascif**

sauce n.f. 1 accompagnement, accommodement, civet, coulis, déglaçage, dodine, garniture → **assaisonnement** 2 aillade, allemande ou parisienne, américaine, anchoyade ou anchoïade, (à l') anglaise, aurore, bâtarde, béarnaise, béchamel, blanche, bordelaise, bourguignonne, brandy, brune, café de Paris, cardinal, chantilly ou mousseline, charcutière, chasseur, chaud-froid, crème, crevette, demi-glace, diable, espagnole, framboise, grand-veneur, gratin, gribiche, hollandaise, homard, hongroise, indienne, italienne, ivoire, madère, maltaise, marinière, matelote, mayonnaise, meurette, milanaise, miroton, Montmorency, mousseline ou chantilly, moutarde, normande, parisienne ou allemande, Périgueux, piquante, poivrade, porto, portugaise, poulette, provençale, raifort, ravigote, rémoulade, riche, Robert, romaine, rouille, sabayon, suprême, tartare, tomate, tortue, velouté, venaison, vénitienne, verte

saucée n.f. → **pluie**

saucer 1 → **mouiller** 2 rég. : torcher

saucisse n.f. 1 francfort, strasbourg, toulouse 2 → **saucisson** 3 → **ballon**

saucisson n.m. par ext. : chorizo, gendarme, jésus, rosette, salami, sauciflard (fam.) → **charcuterie**

saucissonné, e → **boudiné**

saucissonner pique-niquer

sauf, sauve indemne, intact, préservé, rescapé, sauvé, survivant, tiré d'affaire

sauf → **excepté**

sauf-conduit n.m. → **laissez-passer**

saugrenu, e 1 → **insensé** 2 → **faux** 3 → **étrange**

saulaie n.f. saussaie

saumâtre 1 → **salé** 2 → **désagréable**

saumon n.m. bécard, salmonidé

saupoudrer → **mélanger**

saurien n.m. amphisbène, basilic, caméléon, dragon, gecko, iguane, lézard, moloch, orvet, scinque, seps, tupinambis, varan, zonure → **reptile**

saut n.m. 1 au pr. : bond, bondissement, cabriole, culbute, gambade, saltation, sautillement, voltige 2 par ext. a cahot, ricochet, soubresaut, sursaut b cascade, chute, rapide c → **interruption** 3 **faire le saut** → **résoudre (se)**

saute n.f. → **changement**

sauter 1 v. tr. a → **franchir** b → **passer** c → **omettre** 2 v. intr. a bondir, cabrioler, s'élancer, s'élever, fringuer, gambader, moucheronner (poissons), rebondir, ricocher, sautiller, trépigner b → **éclater** 3 loc. a **faire sauter.** → **cuire, tuer, destituer** b **se faire sauter (la cervelle/le caisson)** → **suicider (se)**

sauterelle n.f. criquet, locuste

sauterie n.f. → **bal**

sauteur, euse nom et adj. → **pantin**

sautillant, e → **saccadé**

sautillement n.m. → **trémoussement**

sautiller → **sauter**

sauvage n.m. anthropophage, barbare, cannibale, homme des bois, primitif

sauvage adj. 1 une plante : alpestre, champêtre, des bois/champs/étangs/marais/prés/rivières, naturel, rudéral 2 quelqu'un. a au pr. : barbare, bestial, cruel, dur, féroce, inhumain, intraitable, méchant, ombrageux, redoutable, rude, violent b par ext. : abrupt, âpre, brut, craintif, farouche, fier, fruste, gothique (vx), grossier, hagard, inapprivoisable, inculte, indomptable, indompté, inéducable, insociable, mal dégrossi/embouché (fam.)/élevé, misanthrope, ostrogoth, ours, solitaire, tudesque, vandale, wisigoth c → **timide** 3 animaux : fauve, haret (chat), marron, sauvagin 4 un lieu : abandonné, agreste, à l'écart, champêtre, désert, inculte, inhabité, retiré, romantique

sauvageon, ne n.m. ou f. → **sauvage**

sauvagerie n.f. 1 au pr. : barbarie, bestialité, brutalité, cruauté, férocité 2 par ext. : insociabilité, misanthropie, timidité

sauvegarde n.f. 1 → **garantie** 2 auspices, bannière, bouclier, égide, palladium, patronage, protection, sauveté (vx), soutien, tutelle, vigilance 3 abri, appui, asile, refuge, rempart 4 → **défense**

sauvegarder 1 → **conserver** 2 → **défendre** 3 → **préserver**

sauve-qui-peut n.m. débandade, déroute, désarroi, panique → **fuite**

sauver 1 au pr. a → **garantir** b → **éviter** 2 par ext. → **excuser** 3 v. pron. a → **enfuir (s')** b → **partir** c fig. → **rattraper (se)** d → **conserver** e → **préserver** f → **soigner**

sauvetage n.m. rachat, récupération, rédemption, renflouage, renflouement, salut

sauveur n.m. 1 au pr. : défenseur, libérateur, protecteur, sauveteur 2 relig. : messie, prophète, rédempteur 3 par ext. : a bienfaiteur, rempart b deus ex machina

savant, e 1 adj. a au pr. : averti, avisé, cultivé, docte, éclairé, érudit, informé, initié, instruit, lettré b par ext. : calé, compétent, expert, fort, habile, incollable (fam.), maître dans, omniscient, versé c péj. → **pédant** d fig. quelque chose : ardu, compliqué, difficile, recherché 2 nom. a fav. : chercheur, connaisseur, découvreur, érudit, expert, homme de science, lettré, philosophe, sage, scientifique, spécialiste b vx : clerc, homme de cabinet c fam. : abîme/puits d'érudition/de science, cosinus, fort en thème, grosse tête, nimbus, tête d'œuf, tournesol d péj. : scientiste → **pédant**

savate n.f. 1 → **soulier** 2 → **chausson**

savetier n.m. → **cordonnier**

saveur n.f. 1 au pr. : bouquet, fumet, goût, sapidité 2 du vin a → **agréable** b → **désagréable** 3 par ext. : agrément, charme, exquisité, piment, piquant, sel

savoir n.m. acquis, aptitude, bagage, capacité, compétence, connaissance, cuistrerie (péj.), culture, culture générale, doctrine, épistémè, érudition, expérience, gnose (relig.), humanisme, initiation, instruction, intelligence, lecture, lettres, lumières, notions, omniscience, sagesse, science → **habileté**

savoir 1 → **connaître** 2 → **pouvoir** 3 loc. **faire savoir** → **informer**

savoir-faire n.m. → **habileté**

savoir-vivre n.m. acquis, bienséance, bien-vivre, civilité, convenance, courtoisie, délicatesse, doigté, éducation, égards, élégance, entregent, habileté, politesse, sociabilité, tact, urbanité, usage

savonner 1 au pr. → **nettoyer** 2 fig. : gourmander, tancer → **réprimander**

savourer 1 au pr. : boire, déguster, se délecter, goûter, se régaler, tâter 2 par ext. : apprécier, se gargariser de → **jouir**

savoureux, euse sapide → **succulent**

saxatile saxicole

saynète n.f. charade, comédie, divertissement, entracte, interlude, intermède, parade, pièce en un acte, proverbe, sketch

sbire n.m. → **policier**

scabreux, euse 1 → **libre** 2 → **grossier** 3 → **difficile**

scandale n.m. 1 au pr. : bruit, désordre, éclat, esclandre, tapage 2 arg. ou fam. : barouf, bastringue, bousin, chambard, foin, pet, pétard, ramdam, salades, schproum, tapis 3 choc, émotion, étonnement, honte, indignation

scandaleux, euse → **honteux**

scandaliser 1 → **choquer** 2 pron. → **offenser (s')**

scander accentuer, battre/marquer la mesure, cadencer, marteler (péj.), ponctuer, rythmer, souligner, versifier

scapulaire n.m. → **fétiche**

scarification n.f. → **entaille**

scarifier → **couper**

scatologie n.f. coprolalie

scatologique grossier, stercoraire, stercoral → **obscène**

scatophile stercoraire, stercoral

sceau n.m. → **marque**

scélérat, e 1 au pr. : bandit, coquin, criminel, filou, fripon, homicide, infâme, larron, méchant, misérable, monstre, perfide → **vaurien** 2 par ext. → **infidèle**

scélératesse n.f. → **méchanceté**

scellé n.m. → **cachet**

scellement n.m. → **fixation**

sceller 1 → **fixer** 2 → **fermer** 3 → **cacheter** 4 → **affermir**

scénario n.m. → **intrigue**

scène n.f. 1 → **théâtre** 2 séquence, tableau 3 → **spectacle** 4 → **estrade** 5 algarade, altercation, avanie, carillon (fam. et vx), discussion, dispute, esclandre, réprimande, séance

scénique → **dramatique**

scénopégies n.f. pl. tabernacles

scepticisme n.m. 1 au pr. : pyrrhonisme 2 par ext. a philos. : criticisme, nihilisme, positivisme, pragmatisme b défiance, désintéressement, dilettantisme, doute, méfiance, tiédeur c agnosticisme, athéisme, humanisme, incrédulité, incroyance, indifférence, irréligion, libre pensée

sceptique 1 → **incrédule** 2 → **incroyant**

sceptre n.m. → **supériorité**

schéma et **schème** n.m. 1 → **plan** 2 → **ébauche** 3 → **structure**

schématique → **sommaire**

schématiquement brièvement, de façon expéditive, en bref/résumé, sans formalités, simplement, sobrement, sommairement
schématiser → **simplifier**
schismatique → **hérétique**
schisme n.m. → **dissidence**
schlague n.f. bâton, correction, fouet, knout, martinet, nerf de bœuf, verge
scie n.f. 1 au pr. : crocodile, égoïne, passe-partout, sciotte 2 refrain, rengaine
sciemment à bon escient, délibérément, de propos délibéré, en toute connaissance de cause, exprès, intentionnellement, volontairement
science n.f. 1 → **savoir** 2 → **art** 3 loc. **science-fiction** → **fiction**
scientifique n.m. → **savant**
scientifique adj. critique, méthodique, objectif, positif, rationnel, savant
scier couper, débiter, découper, fendre, tronçonner
scieur n.m. sagard (rég.)
scinder au pr. → **sectionner**
scintillant, e → **brillant**
scintillement n.m. → **reflet**
scintiller 1 au pr. : brasiller, briller, chatoyer, étinceler, flamboyer, luire, miroiter, rutiler 2 fig. : clignoter, frissonner, palpiter
scion n.m. → **pousse**
scission n.f. bipartition, dissidence, dissociation, division, fractionnement, morcellement, partage, partition, schisme, sécession, séparation
sclérose n.f. → **paralysie**
sclérosé, e → **figé**
scolarité n.f. cursus → **instruction**
scoliaste n.m. annotateur, commentateur
scolie n.f. → **commentaire**
scoop n.m. off. : exclusivité
score n.m. → **résultat**
scorie n.f. déchet, laitier, mâchefer, porc → **résidu**
scorpène n.m. diable, rascasse
scotomisation n.f. → **expulsion**
scotomiser psych. → **repousser**
scout n.m. boy-scout, éclaireur, guide, louveteau, ranger, routier
scriban n.m. → **secrétaire**
scribe n.m. 1 au pr. : clerc, copiste, écrivain, greffier, hiérogrammate ou logographe 2 par ext. (péj.) : bureaucrate, gratteur, scribouillard, tabellion → **employé**
scripturaire et **scriptural, e** écrit, graphique
scrofule n.f. bubon, écrouelles (vx), ganglion, strume, tumeur → **abcès**
scrofuleux, euse → **malade**
scrub n.m. → **brousse**
scrupule n.m. 1 → **hésitation** 2 → **soin** 3 → **exactitude** 4 → **délicatesse**
scrupuleux, euse 1 au pr. : correct, délicat, exact, fidèle, honnête, juste, strict → **consciencieux** 2 par ext. : attentif, maniaque (péj.), méticuleux, minutieux, pointilleux, ponctuel, précis, soigneux, soucieux
scrutateur, trice nom et adj. examinateur, inquisiteur, inspecteur, vérificateur
scruter → **examiner**
scrutin n.m. → **vote**
sculpter buriner, ciseler, façonner, figurer, former, fouiller, graver, modeler, tailler
sculpteur n.m. animalier, bustier, ciseleur, imagier (vx), modeleur, ornemaniste, statuaire
sculptural, e 1 architectural, plastique 2 → **beau**
sculpture n.f. 1 bas-relief, bucrane, corniche, décoration, frise, glyptique, gravure, guirlande, haut-relief, moulure, ornement, pot à feu, ronde-bosse, trophée, vase → **moulure** 2 animal, buste, figurine, grimace, monument, statuette, tête, torse → **statue**
séance n.f. 1 au pr. : assise, audience, débat, délibération, réunion, session, vacation 2 par ext. : projection, représentation, scène → **spectacle** 3 fig. : algarade, altercation, avanie, carillon (fam. et vx), discussion, dispute, esclandre, réprimande, scène
séant, e → **convenable**
séant n.m. → **derrière**
seau n.m. camion, récipient, seille, seillon, vache
sec, sèche 1 au pr. → **aride** 2 par ext. → **maigre** 3 fig. a → **dur** b → **rude** c → **pauvre**
sécable → **divisible**
sécession n.f. autonomie, dissidence, division, indépendance, partition, révolte, scission, séparation, séparatisme
sécessionniste nom et adj. sudiste → **séparatiste**
sécher 1 v. tr. a au pr. : assécher, déshydrater, dessécher, drainer, écoper, éponger, essorer, essuyer, étancher, lyophiliser, mettre à sec, ressuyer, tarir, vider b par ext. : étuver → **stériliser** c fig. : faner, flétrir, racornir 2 v. intr. a au pr. : dépérir, devenir sec, languir b arg. scol. : coller, échouer, être collé c faire l'impasse
sécheresse n.f. 1 au pr. : aridité, improductivité, siccité 2 fig. : a austérité, dénuement, dépouillement, jansénisme, sobriété b brusquerie, dureté, froideur, insensibilité, pauvreté, stérilité → **rudesse**
séchoir n.m. 1 a buanderie, étendoir, sécherie b casque, sèche-cheveux 2 par ext. a hérisson, if, porte-bouteilles b → **égouttoir** c → **étuve**
second n.m. 1 cadet 2 adjoint, aide, allié, alter ego, appui, assesseur, assistant, auxiliaire, bras droit, collaborateur, fondé de pouvoir, lieutenant
second, e 1 au pr. : autre, deuxième 2 par ext. : nouveau
secondaire accessoire, adventice, anecdotique, épisodique, incident, inférieur, insignifiant, marginal, mineur, négligeable, subalterne, subsidiaire
secondairement → **incidemment**
seconder → **aider**
secouer 1 au pr. : agiter, ballotter, branler (vx), brimbaler, cahoter, convulser, ébranler, gauler, hocher, locher (rég.), vanner → **remuer** 2 fig. a bousculer, harceler, houspiller, malmener, maltraiter, sabouler (fam. et vx), tourmenter → **réprimander** b → **émouvoir**
secourable charitable, compatissant, consolateur, fraternel, généreux, hospitalier, humain, miséricordieux, obligeant → **bon**
secourir → **appuyer**
secours n.m. 1 au pr. : aide, assistance, concours, confort (vx), coup de main (fam.), entraide, facilité, grâce, moyen, protection, providence, rechange 2 fig. : réconfort, renfort, rescousse, ressource, service, soutien 3 par ext. a allocation, attribution, aumône, bienfaisance, charité, denier, don, entraide, hospitalité, obole, palliatif, répartition, sportule, subside, subvention b → **défense**
secousse n.f. à-coup, agitation, cahot, choc, commotion, convulsion, coup, ébranlement, heurt, mouvement, saccade, soubresaut, spasme, tremblement, trépidation
secret n.m. 1 au pr. : arcane, arrière-pensée, cabale, cachotterie, coulisse, dédale, dessous, dessous des cartes, détour, énigme, fond, mystère, obscurité, pot-aux-roses (péj.), saint des saints, ténèbres, tréfonds 2 par ext. a chiffre, cryptogramme, martingale, méthode, moyen, recette, truc (fam.) b black-out, confidentialité, discrétion, retenue → **silence** 3 loc. a **en secret** → **secrètement** b **dans le secret** : dans la confidence, de connivence
secret, ète 1 quelque chose : abscons, anonyme, arcane (vx), cabalistique, caché, clandestin, confidentiel, cryptique, discret, dissimulé, enveloppé, ésotérique, furtif, hermétique, ignoré, illicite, inconnaissable, inconnu, inexplicable, initiatique, insondable, intérieur, intime, invisible, latent, masqué, mystérieux, mystique, obscur, occulte, officieux, profond, retiré, sibyllin, sourd, souterrain, subreptice, ténébreux, voilé 2 quelqu'un. a neutre : caché, concentré, discret, énigmatique, impénétrable, incognito, indéchiffrable, insaisissable, mystérieux, réservé, taciturne b non fav. : cachottier, chafouin, dissimulé, en dessous, fuyant, insinuant, renfermé, sournois → **hypocrite**
secrétaire n.m. et f. 1 au pr. : copiste, dactylo, dactylographe, employé, greffier, rédacteur 2 péj. : rond-de-cuir, scribe, scribouillard 3 par ext. : adjoint, alter ego (fam.), bras droit (fam.), collaborateur
secrétaire n.m. bahut, bonheur-du-jour, écritoire, scriban ♦ vx : serre-papiers → **bureau**
secrétariat n.m. administration, bureau, chancellerie, secrétairerie, services
secrètement à la dérobée, à la sourdine, dans la coulisse, en cachette, en catimini, en dessous, en secret, en sourdine, en sous-main, en tapinois, furtivement, incognito, sans tambour ni trompette (fam.), sourdement, sous la table/le manteau, subrepticement
sécréter dégoutter, distiller, élaborer, épancher, filtrer
sécrétion n.f. bile, excrétion, humeur, récrément (vx), salive
sectaire autoritaire, doctrinaire, dogmatique, enragé, étroit, exalté, exclusif, fanatique, farouche, frénétique, furieux, intégriste, intolérant, intraitable, intransigeant, irréductible, partial, partisan, rigide, rigoriste, sévère, violent
sectarisme n.m. → **intolérance**
secte n.f. association, bande, brigue, cabale, camp, clan, coalition, église, faction, groupe, parti, phalange, rassemblement, religion, société secrète
secteur n.m. 1 → **zone** 2 partic. a secteur primaire : agriculture, carrières, extraction minière, pêche b secteur secondaire : industrie → **usine** c secteur tertiaire : administration, artisanat, assurances, banques, commerce, loisirs, professions artistiques/libérales, services privés/publics, transports
section n.f. 1 cellule, groupe 2 coupure, division, fraction, paragraphe, parcelle, partie, portion, rupture, scission, segment, séparation, subdivision
sectionnement n.m. → **segmentation**
sectionner couper, désassembler, désunir, disjoindre, diviser, fendre, fractionner, morceler, parcelliser, partager, scinder, segmenter, séparer, subdiviser → **couper**
séculaire → **ancien**
séculier, ère 1 → **terrestre** 2 laïc, profane, temporel
sécuriser → **tranquilliser**
sécurité n.f. 1 au pr. : abandon, abri, assurance, calme, confiance, repos, sauveté (vx), sérénité, sûreté, tranquillité 2 par ext. a ordre, police b assurage, fiabilité, fidélité
sédatif, ive nom et adj. adoucissant, analgésique, anesthésique, anodin, antalgique, antipyrétique, antispasmodique, apaisant, balsamique, calmant, consolant, hypnotique, lénifiant, lénitif, narcotique, parégorique, rafraîchissant, relaxant, reposant, vulnéraire
sédation n.f. → **apaisement**
sédentaire 1 au pr. : assis, attaché, établi, fixe, immobile, inactif, permanent, stable, stationnaire 2 par ext. (fam.) : casanier, cul-de-plomb, notaire, pantouflard, popote, pot-au-feu
sédiment et **sédimentation** n.m., n.f. accroissement, accrue, alluvion, apport, atterrissement, boue, calcaire, concrétion, dépôt, formation, lais, laisse, lie, limon, lœss, précipité, relais, résidu, roche, tartre
séditieux, euse 1 au pr. : activiste, agitateur, anarchiste, comploteur, contestataire, émeutier, factieux, frondeur, insoumis, insubordonné, insurgé, militant, mutin, provocateur, rebelle, révolté, subversif, terroriste 2 par ext. → **tumultueux**
sédition n.f. 1 → **émeute** 2 → **révolte** 3 → **soulèvement**
séducteur, trice nom et adj. 1 n.m. a bourreau des cœurs, casse-cœur, charmeur, don juan, dragueur, enjôleur, ensorceleur, fascinateur, gueule d'amour, homme à femmes, magicien, tentateur, tombeau des cœurs, tombeur de femmes → **galant** b péj. : cavaleur, coureur/trousseur de jupons, lovelace, suborneur 2 n.f. → **beauté** 3 adj. → **séduisant**
séduction n.f. 1 → **charme** 2 → **subornation**
séduire 1 non fav. a au pr. : acheter, affriander, allécher, amorcer, appâter, attirer dans ses filets, cajoler, capter, corrompre, débaucher, déshonorer, dévergonder, mettre à mal, perdre, soudoyer, suborner b arg. ou fam. : chiper, damer, emballer, embarquer, embusquer, faire du gringue, fusiller, lever, soulever, taper dans l'œil, tomber, vamper c par ext. : abuser, amuser, attraper, berner, bluffer, circonvenir, décevoir, donner le change, éblouir, égarer, en conter, en donner, endormir, en faire accroire/croire, engluer, en imposer, enjôler, faire briller/chatoyer/miroiter, flatter, jobarder, mener en bateau, minauder, monter le coup, prendre au piège → **tromper** d fam. : avoir, blou-

ser, couillonner, dorer la pilule, embobeliner, embobiner, entortiller, posséder 2 fav. ou neutre. a affrioler, aguicher, attacher, attirer, captiver, charmer, coiffer, conquérir, donner/taper dans l'œil (fam.), ensorceler, entraîner, envoûter, fasciner, hypnotiser, magnétiser, plaire, tenter, vamper b convaincre, entraîner, gagner, persuader

séduisant, e affriolant, agréable, aguichant, alléchant, amène, attachant, attirant, attrayant, beau, brillant, captivant, charismatique, charmant, charmeur, chatoyant, désirable, enchanteur, engageant, ensorcelant, enveloppant, envoûtant, fascinant, flatteur, gracieux, insinuant, joli, piquant, prenant, ravageur, ravissant, séducteur, tentateur ◆ fam. : gironde, sexy

segment n.m. 1 → **section** 2 → **ligne**

segmentation n.f. 1 échelonnement, éparpillement, fractionnement, fragmentation, îlotage, morcellement, parcellisation, partage, sectionnement → **division** 2 biol. : scissiparité

segmenter → **sectionner**

ségrégation n.f. → **séparation**

seiche n.f. → **encornet**

séide n.m. 1 zélateur 2 → **partisan** 3 → **agent**

seigneur n.m. 1 au pr. : châtelain, écuyer, gentilhomme, hobereau, maître, sire, suzerain 2 par ext. a → **noble** b → **monarque** c → **dieu** 3 **jour du Seigneur :** dimanche, repos dominical, sabbat

sein n.m. 1 au pr. : buste, giron, mamelle, poitrine 2 arg. ou fam. : a avantages, doudoune, flotteur, lolo, néné, œufs sur le plat, orange, robert, rondeur, téton b péj. : avant-scène, balcon, nichon, pare-chocs 3 par ext. a entrailles, flanc, utérus, ventre b centre, cœur, fort, foyer, lieu géométrique, milieu, mitan, nœud, nombril, noyau, point 4 **au sein de :** au milieu de, dans, parmi

seing n.m. → **signature**

séisme n.m. 1 au pr. : phénomène sismique, secousse, tremblement de terre 2 par ext. : bouleversement, cataclysme, catastrophe, commotion, ébranlement, raz de marée, tornade, typhon

séjour n.m. 1 au pr. : arrêt, pause, stage, villégiature 2 par ext. : demeure, domicile, endroit, maison, résidence, subsistance → **habitation** 3 **céleste séjour :** champs Élysées, ciel, Élysée, enfers (myth.), olympe, paradis

séjourner 1 au pr. a quelqu'un : s'arrêter, s'attarder, attendre, demeurer, s'éterniser, rester, stationner, tarder b fam. : moisir, prendre racine c estiver, villégiaturer d quelque chose : croupir, stagner 2 par ext. : camper, descendre, être domicilié, habiter, loger, occuper, résider, se tenir, vivre ◆ fam. : crécher, giter, jucher, nicher

sel n.m. 1 → **piquant** 2 → **esprit**

sélect, e agréable, beau, bien, chic, de bon goût, délicat, distingué, élégant, smart (fam.), snob (péj.)

sélecter → **sélectionner**

sélection n.f. 1 de choses : a assortiment, collection, dessus du panier (fam.), éventail, réunion b choix, écrémage, tri, triage 2 de gens : aristocratie, crème, élite, fine fleur, gratin, happy few (angl.) 3 littér. : anthologie, digest, morceaux choisis, recueil

sélectionner adopter, aimer mieux, choisir, coopter, se décider pour, désigner, distinguer, écrémer, élire, embrasser, s'engager, faire choix, fixer son choix, jeter son dévolu, nommer, opter, préférer, prendre, sélecter, trancher, trier sur le volet

sélectionneur, euse n.m. ou f. fam. : chasseur de têtes

self-service n.m. off. : libre-service

selle n.f. 1 bât, cacolet, harnachement 2 → **excrément**

seller → **harnacher**

sellerie n.f. → **harnachement**

sellier n.m. bourrelier

selon conformément à, dans, d'après, suivant

semailles n.f. pl. emblavage, ensemencement, épandage, semis

sémantique n.f. par ext. : lexicologie, onomasiologie, sémasiologie, sémiologie, sémiotique, signalétique, symptomatologie

semblable 1 adj. : affin (scient.), analogue, approximatif, assimilé, assorti, bilatéral, commun, comparable, conforme, énantiomorphe, équivalent, homologue, identique, indifférencié, indiscernable, jumeau, kif-kif (fam.), la/le même, parallèle, pareil, réciproque, ressemblant, similaire, symétrique, synallagmatique, tel, tout comme 2 nom. a quelqu'un : compatriote, congénère, coreligionnaire, égal, frère, pair, parent, prochain b quelque chose : pendant

semblablement → **même**

semblant n.m. 1 → **apparence** 2 **faire semblant** → **simuler**

sembler apparaître, s'avérer, avoir l'air/l'aspect, se montrer, s'offrir, paraître, passer pour, se présenter comme

semé, e 1 au pr. : cultivé, emblavé, ensemencé 2 par ext. : agrémenté, constellé, émaillé, orné, parsemé

semence n.f. graine, pollen, sperme, spore → **germe**

semer 1 au pr. : cultiver, emblaver, ensemencer, épandre, jeter, répandre 2 par ext. a couvrir, étendre, joncher, orner, parsemer, revêtir, tapisser b disperser, disséminer, propager 3 fig. a abandonner, délaisser, lâcher, laisser, partir, quitter, se séparer de b fam. : décamper, détaler, laisser tomber, planter (là)

semi demi, mi, moitié

sémillant, e actif, agile, alerte, allègre, animé, ardent, brillant, chaleureux, dégagé, délivré, dispos, éveillé, fougueux, frétillant, fringant, gaillard, galant, guilleret, ingambe, léger, leste, pétillant, pétulant, primesautier, prompt, rapide, vif, vivant

séminaire n.m. 1 au pr. : communauté, école, institut, juvénat, noviciat, scolasticat 2 par ext. a pépinière b colloque, congrès, cours, groupe de recherche, réunion, symposium, table ronde

séminariste n.m. novice, scolastique

semis n.m. 1 emblavure 2 ensemencement, semailles

sémite n. et adj. Arabe → **israélite**

semonce n.f. admonestation, blâme, censure, critique, engueulade (fam.), improbation, mercuriale, objurgation, observation, plainte, remarque, remontrance, réprimande, reproche, réquisitoire, vitupération

sempiternel, le 1 fav. ou neutre : constant, continuel, durable, éternel, immémorial, immortel, immuable, impérissable, imprescriptible, inaltérable, incessant, indéfectible, indéfini, indestructible, infini, interminable, perdurable, pérenne, perpétuel 2 non fav. : assommant, casse-pieds (fam.), contrariant, crampponnant, désagréable, embêtant (fam.), ennuyeux, fastidieux, fatigant, insupportable, mortel, pénible, pesant, rasant (fam.), rebutant, redondant, triste

sempiternellement à perpétuité, assidûment, à toute heure, constamment, continuellement, continûment, de tout temps, en permanence, éternellement, généralement, habituellement, incessamment, indéfiniment, infiniment, invariablement, ordinairement, perpétuellement, sans arrêt/cesse, sans fin/interruption/relâche, sans désemparer, toujours, tous les jours ◆ fam. : ad vitam æternam, à perpète

sénat n.m. assemblée, chambre, conseil, curie

sénateur n.m. pair

sénescence n.f. 1 neutre : abaissement, affaiblissement, sénilité, troisième âge, vieillesse, vieillissement 2 non fav. : caducité, décadence, déchéance, déclin, décrépitude, gâtisme, gérontisme, radotage, retour à l'enfance, ruine, sénilisme

senestre ou **sénestre** → **gauche**

sénile affaibli, âgé, bas, caduc, déchu, décrépit, en enfance, fatigué, gaga (fam.), gâteux, impotent, sénescent, usé, vieux

sénilité n.f. → **sénescence**

sens n.m. 1 phys. a au pr. : audition, faculté, goût, odorat, ouïe, tact, toucher, vue b par ext. : amour, ardeur, chaleur, chair, concupiscence, instinct, jouissance, lasciveté, lascivité, libido, plaisir, sensualité, sybaritisme, volupté 2 acception, caractère, clef, connotation, côté, esprit, face, lettre, portée, signification, signifié, valeur 3 avis, gré, jugement, manière de penser/de voir, opinion, point de vue, sentiment 4 aptitude, compréhension, discernement, entendement, faculté, jugement, jugeote (fam.), mesure, raison, sagesse 5 but, chemin, côté, destination, direction, ligne, orientation, route 6 loc. **bon sens :** bon goût, entendement, juste milieu, philosophie, raison, sagesse, sens commun

sensation n.f. 1 au pr. : avant-goût, émoi, émotion, excitation, impression, intuition, perception, sens, sentiment 2 par ext. : admiration, effet, étonnement, merveille, surprise 3 **à sensation :** thriller (angl.)

sensationnel, le 1 fav. ou neutre : admirable, beau, confondant, curieux, drôle, ébahissant, éblouissant, écrasant, effarant, énorme, épatant, époustouflant, étourdissant, exceptionnel, excitant, extraordinaire, fantastique, faramineux, formidable, fracassant, frappant, génial, gigantesque, grand, impressionnant, imprévu, inattendu, incomparable, inconcevable, incroyable, inédit, inhabituel, inopiné, inouï, insolite, inusité, magique, magnifique, merveilleux, miraculeux, mirifique, mirobolant, original, parfait, particulier, passionnant, phénoménal, prodigieux, pyramidal, rare, renversant, saisissant, singulier, spécial, splendide, stupéfiant, sublime, superbe, surprenant, troublant ◆ fam. : ébouriffant, fumant, super, vachement suivi d'un adj. valorisant. 2 non fav. : abracadabrant, ahurissant, anormal, bizarre, déconcertant, épouvantable, explosif, invraisemblable, monstrueux

sensé, e 1 → **intelligent** 2 → **raisonnable**

sensibilisation n.f. → **allergie**

sensibiliser → **intéresser**

sensibilité n.f. 1 au pr. a excitabilité, hyperesthésie (méd.), impressionnabilité, réceptivité, sensation b affectivité, amour, attendrissement, cœur, compassion, émotion, émotivité, humanité, pitié, sensiblerie (péj.), sentiment, sentimentalité, sympathie, tendresse 2 par ext. : amabilité, attention, bon goût, courtoisie, délicatesse, discrétion, élégance, finesse, gentillesse, obligeance, soin, tact, tendresse, tripe (fam.)

sensible 1 quelque chose. a au pr. : sensitif, sensoriel b par ext. : apparent, appréciable, charnel, clair, contingent, distinct, évident, important, matériel, notable, palpable, perceptible, phénoménal, tangible, visible 2 quelqu'un. a au pr. : affectif (vx), ardent, émotif, enflammé, fin, hypersensible, impressionnable, intuitif, passionné, romanesque, romantique, sensitif, sensitive, sentimental, tendre b délicat, douillet, fragile, vulnérable c accessible, aimable, aimant, altruiste, bon, charitable, compatissant, généreux, humain, réceptif, tendre d braque, chatouilleux, nerveux, susceptible, vif

sensiblement à demi, à peu près, approximativement, comme, environ, pas loin de, peu s'en faut, quasi, quasiment

sensiblerie n.f. → **sensibilité**

sensualité n.f. bien-être, chair, concupiscence, contentement, délectation, délices, désir, ébats, épicurisme, érotisme, félicité, hédonisme, jouissance, lasciveté, lascivité, libertinage, libido, plaisir, satisfaction, sybaritisme, tempérament → **volupté** ◆ péj. : lubricité, luxure

sensuel, le 1 fav. ou neutre : amoureux, charnel, concupiscent, épicurien, érotique, hédoniste, lascif, léger, leste, libertin, paillard, polisson, sybarite, voluptueux 2 non fav. : animal, bestial, débauché, immodeste, impudique, impur, indécent, libidineux, licencieux, lubrique, luxurieux, matériel, obscène, salace

sente n.f. → **sentier**

sentence n.f. 1 adage, aphorisme, apophtegme, axiome, devise, dicton, dit, esquisse, maxime, mot, parole, pensée, propos, proverbe, remarque, vérité 2 arrêt, condamnation, décision, décret, jugement, ordalie (vx), ordonnance, verdict 3 péj. → **platitude**

sentencieux, euse 1 au pr. : gnomique 2 par ext. : affecté, cérémonieux, dogmatique, emphatique, grave, maniéré, pompeux, pompier (fam.), prudhommesque, révérencieux, solennel

senteur n.f. 1 fav. ou neutre : arôme, bouquet, effluve, émanation, exhalaison, fragrance, fumet, odeur, parfum, trace, vent (vén.) 2 non fav. : empyreume, fétidité, infection, mauvaise odeur, odeur fétide/infecte/repoussante, pestilence, puanteur, relent, remugle

senti, e → **sincère**

sentier n.m. cavée, chemin, baie, draille, layon, lé, passage, piste, raccourci, raidillon, sente, tortille

sentiment n.m. 1 au pr. : avant-goût, connaissance, émoi, émotion, impression, intuition, perception, sens, sensation 2 par ext. a avis, gré, idée, jugement, opinion, pensée, point de vue b affection, affectivité, amour, attachement, cœur, disposition, inclination, passion, tendance → **sensibilité**

sentimental, e nom et adj. → **sensible**

sentimentalisme et **sentimentalité** n.m. ou f. → **sensibilité**

sentine n.f. 1 au pr. : bourbier, charnier, cloaque, décharge, égout, fagne (rég.), margouillis, voirie → **water-closet** 2 par ext. a → **abjection** b → **bas-fond**

sentinelle n.f. épieur, factionnaire, garde, gardien, guetteur, veilleur, vigie

sentir 1 au pr. a on sent quelque chose : éventer, flairer, humer, percevoir, renifler, respirer, subodorer b vx ou vén. : halener c quelque chose sent : embaumer, exhaler, fleurer, musser (fam.) d non fav. : empester, empoisonner, empuantir, exhaler / répandre une odeur désagréable / fétide / nauséabonde / répugnante, prendre à la gorge, puer e arg. : chlinguer, cogner, coincer, dégager, fouetter, taper, tuer les mouches 2 par ext. a comprendre, connaître, découvrir, deviner, discerner, pénétrer, pressentir, prévoir b éprouver, recevoir, ressentir ◆ arg. : blairer 3 v. pron. se trouver

seoir 1 → **situer** 2 → **plaire**

séparable divisible, sécable

séparation n.f. 1 au pr. a de quelque chose : décollement, démarcation, démembrement, départ, désagrégation, désunion, détachement, dichotomie, différence, disjonction, dislocation, dispersion, distinction, distraction, division, fragmentation, morcellement, perte, rupture, sectionnement b de quelqu'un ou d'un groupe : abandon, coupure, discorde, dissidence, dissociation, dissolution, divorce, éloignement, exil, indépendance, isolement, ostracisme (péj.), schisme, scission, sécession, séparatisme 2 par ext. a abîme, barrière, borne, cloison, coupure, entre-deux, fossé, limite, mur, palis, palissade → **fosse** b apartheid, clivage, cloisonnement, différenciation, discrimination, isolation, isolement, partition, ségrégation c claustra, galandage, hourdage, hourdis d relig. : iconostase, rideau, voile 3 loc. **séparation de corps** → **divorce**

séparatisme n.m. apartheid, autonomie, dissidence, indépendance, particularisme, sécession

séparatiste n. et adj. autonomiste, dissident, indépendantiste, opposant, résistant, sécessionniste, sudiste (partic.)

séparé, e 1 autre, contraire, différent, dissemblable, distinct, divergent, divers, étranger à, hérétique, hétérogène, opposé, schismatique 2 cloisonné, clôturé, compartimenté, disjoint, divisé, partagé, sectionné, ségrégé

séparément à part, de côté, individuellement, isolément, l'un après l'autre, un à un, un par un

séparer 1 au pr. : abstraire, analyser, arracher, casser, classer, cliver, cloisonner, compartimenter, couper, cribler, débrouiller, décoller, décomposer, dégager, déliter (techn.), démarier, démêler, démembrer, dénouer, déparier, départager, départir, déprendre, désaccoupler, désagréger, désassembler (vx), desceller, désunir, détacher, différencier, discerner, discriminer, disjoindre, disloquer, disperser, dissocier, dissoudre, distinguer, écarter, éloigner, enlever, éparpiller, espacer, faire le départ, fendre, fragmenter, isoler, monder, morceler, ôter, partager, ramifier, ranger, répartir, rompre, scier, scinder, sectionner, trancher, trier 2 par ext. : brouiller, creuser un abîme, déshabituer, désunir, diviser, éloigner, faire obstacle, opposer 3 v. pron. : abandonner, casser, se désolidariser, divorcer, partir, quitter, reprendre sa liberté

septentrional, e arctique, boréal, du nord, hyperboréen, nordique, polaire

septique bactérien, contagieux, contaminé, infectieux → **pestilentiel**

sépulcral, e 1 par ext. : ennuyeux, funèbre, lugubre, maussade, mélancolique, morne, morose, obscur, sinistre, sombre → **triste** 2 fig. : amorti, assourdi, caverneux, étouffé, mat, sourd, voilé

sépulcre n.m. caveau, cénotaphe, cinéraire, cippe, columbarium, concession, dernier asile, dernière demeure, enfeu (par ext.), fosse, funérailles, hypogée, koubba, mastaba, mausolée, monument, monument funéraire / obituaire, pierre, pierre tombale, sarcophage, sépulture, stèle, stûpa, syringe, tertre, tholos, tombe, tombelle, tumulus

sépulture n.f. 1 → **enterrement** 2 → **tombe** 3 par ext. : crémation, incinération

séquelle n.f. → **suite**

séquence n.f. 1 → **suite** 2 → **scène**

séquentiel, le → **successif**

séquestration n.f. → **emprisonnement**

séquestre n.m. → **dépôt**

séquestrer → **enfermer**

sérail n.m. → **gynécée**

séraphin n.m. → **ange**

séraphique → **angélique**

serein, e → **tranquille**

sérénade n.f. 1 → **concert** 2 → **tapage**

sérénité n.f. → **tranquillité**

serf n.m. → **esclave**

série n.f. → **suite**

sériel, le dodécaphonique

sérier → **ranger**

sérieusement beaucoup, dangereusement, dur, gravement, grièvement, tout de bon

sérieux, euse 1 quelqu'un : appliqué, austère, bon, calme, digne, froid, grave, important, pondéré, posé, raisonnable, rangé, rassis, réfléchi, réservé, respectable, sage, sévère, soigneux, solennel, solide, sûr, valable 2 quelque chose. a convenable, positif, réel b conflictuel, critique, dangereux, désespéré, dramatique, grave, grief (vx), important, inquiétant c → **vrai**

sérieux n.m. application, conviction, gravité, poids, pondération, retenue, rigueur, tenue

serin n.m. 1 au pr. : canari, passereau 2 fig. : niais, nigaud, sot → **bête**

seriner bourdonner, chanter, itérer (vx), rabâcher, radoter, rebattre les oreilles, redire, réitérer, répéter, ressasser

seringue n.f. clystère (vx)

serment n.m. 1 caution, engagement, jurement, obligation, parole donnée, promesse, protestation, truste (vx), vœu 2 vx : imprécation, juron

sermon n.m. 1 au pr. : capucinade (péj.), homélie, instruction, prêche, prédication, prône 2 par ext. a catéchisme, discours, enseignement, exhortation, harangue, leçon, morale, propos b chapitre, mercuriale, remontrance, réprimande, reproche, semonce

sermonnaire n.m. apôtre, doctrinaire, missionnaire, orateur sacré, prêcheur, prédicant, prédicateur, prosélyte

sermonner 1 au pr. : admonester, avertir, blâmer, catéchiser, chapitrer, condamner, corriger, critiquer, dire son fait, faire / infliger une réprimande, fustiger, gourmander, gronder, haranguer, houspiller moraliser, morigéner, quereller, redresser, relever, reprendre, réprimander, semoncer, tancer 2 arg. ou fam. : arranger, attraper, crier, disputer, donner sur les doigts / sur les ongles, emballer, engueuler, enguirlander, faire la fête / la guerre à, laver la tête, moucher, passer un savon, remettre à sa place / au pas, sabouler, savonner, secouer, secouer les puces, sonner les cloches, tirer les oreilles

sermonneur, euse harangueur, grondeur, moralisateur

serpe n.f. coupe-coupe, ébranchoir, fauchard, fauchette, faucille, gouet, guignette, hachette, machette, serpette, vouge

serpent n.m. 1 ophidien, serpenteau → **boa, couleuvre, vipère** 2 cobra, crotale, naja, nasique, trigonocéphale 3 par ext. : guivre (blas.), tarasque, uræus → **reptile**

serpenter se dérouler, glisser, s'insinuer, onduler, rubaner, sinuer, tourner, virer, zigzaguer

serpentin, e courbe, flexueux, ondoyant, ondulé, onduleux, sinueux, tortueux

serpillière n.f. chiffon, nénette, toile, torchon, wassingue

serpolet n.m. farigoule, pouliot, thym bâtard / sauvage

serre n.f. 1 forcerie, jardin d'hiver, orangerie 2 ergot, griffe, main (vén.), ongle, patte 3 → **sommet**

serré, e 1 a → **boudiné** b → **court** 2 → **logique** 3 → **avare**

serrement n.m. 1 → **étreinte** 2 vx → **fermeture**

serrer 1 accoler, appuyer, comprimer, embrasser, empoigner, enlacer, entrelacer, épreindre (vx), étouffer, étrangler, étreindre, froisser, oppresser → **presser** 2 ajuster, attacher, bander, bloquer, boucler, boudiner, brider, caler, coincer, contracter, contraindre, corseter, crisper, emmailloter, entourer, épouser, gainer, galber, gêner, gripper, lacer, mouler, pincer, resserrer, sangler → **rapprocher** 3 mar. : carguer, étrangler, souquer 4 embrasser → **caresser** 5 → **enfermer** 6 → **économiser** 7 → **ranger** 8 loc. **serrer de près** → **poursuivre** 9 v. pron. : se blottir, se coller, s'entasser, se masser, se pelotonner, se tasser

serrure n.f. bénarde, cadenas, fermeture, sûreté, verrou → **loquet**

sertir assembler, chatonner, emboîter, encadrer, encastrer, enchâsser, enchatonner, fixer, insérer, intercaler, monter

sérum n.m. plasma, vaccin ◆ de vérité : penthotal

servage n.m. → **servitude**

servant, e convers, lai

servante n.f. 1 bonne, bonne à tout faire, camériste, cendrillon (fam.), demoiselle, domestique, employée de maison, femme, femme de chambre / de charge / de ménage / de peine, femme / fille de cuisine / de ferme / de journée / de salle / de service, gouvernante, laveuse, lingère, nourrice, nurse, serveuse, soubrette 2 a iron. : odalisque, officieuse b relig. et vx : c vx : chambrière, ménagère, suivante 3 péj. : boniche, gouge (vx), maritorne, souillon, torchon

serveur, euse n.m. ou f. 1 barmaid, barman, garçon, groom (par ext.), loufiat (arg.), steward 2 → **serviteur** 3 → **servante**

serviabilité n.f. → **amabilité**

serviable aimable, attentionné, bienveillant, bon, brave, charitable, civil (vx), complaisant, déférent, empressé, galant, obligeant, officieux, poli, prévenant

service n.m. 1 cérémonie, culte, funérailles, liturgie, office → **messe** 2 → **servante** 3 → **serviteur** 4 aide, amabilité, amitié, appui, assistance, avance, bénéfice, bien, bienfait, bon office, charité, complaisance, concours, conseil, contribution, coopération, coup de main / d'épaule / de pouce, dépannage, encouragement, entraide, faveur, grâce, intervention, main-forte, obligeance, office, participation, patronage, piston (fam.), plaisir, prêt, prêt d'honneur, protection, renfort, rescousse, secours, soin, soulagement, soutien, subside, subvention, utilité 5 pièce, pourboire 6 administration, bureau, département, direction, office, organe, organisation, organisme, permanence, secteur tertiaire, secrétariat 7 loc. a **faire son service** : être appelé sous les drapeaux / incorporé, obligation militaire, période, régiment b **être de service** : être de corvée / de faction / en fonctions / de garde / de quart / de surveillance

serviette n.f. 1 débarbouillette (rég.), essuie-mains, sortie de bain 2 attaché-case, cartable, porte-documents, portefeuille (vx)

servile bas, béni-oui-oui, caudataire, complaisant, courtisan, flagorneur, flatteur, godillot, humble, larbin, obséquieux, patelin, pied-plat, plat, rampant, suiviste, thuriféraire ◆ fam. : lèche-bottes, lèche-cul

servilité n.f. bassesse, cabriole, complaisance, courbette, courtisanerie, flagornerie, flatterie, génuflexion, humilité, lèche (fam.), obséquiosité, patelinerie, platitude, prosternation, reptation, suivisme

servir 1 on sert quelqu'un ou à quelque chose. a agir, aider, appuyer, assister, avantager, collaborer, concourir à, conforter, contribuer à, dépanner, donner, donner un coup de main / de piston (fam.) / de pouce, donner la main à, s'entraider, épauler, faciliter, faire pour, favoriser, jouer le jeu de, lancer, mettre dans la voie / le pied à l'étrier, obliger, offrir, partager, participer, patronner, permettre, pousser, prêter la main / main-forte, protéger, réconforter, rendre service, seconder, secourir, soulager, soutenir, subventionner, tendre la main à, venir à l'aide/à la rescousse/au secours b se dévouer à, s'inféoder à, obéir, se soumettre à, suivre 2 quelque chose ou quelqu'un sert de : équivaloir, relayer, remplacer, remplir la fonction/le rôle, représenter, se substituer à, tenir la place 3 vétér. : couvrir, monter, saillir 4 vén. : mettre à mort, tirer, tuer ◆ v. pron. → **user (de)**

serviteur n.m. 1 au pr. : a boy, chasseur, chauffeur, cocher, cuisinier, domesticité, domestique, employé/gens de maison, esclave (fam. ou péj.), extra, factotum, fidèle (fam.), gagiste, groom, homme de peine, intendant, jardinier, journalier, lad, laquais, larbin (péj.), liftier, loufiat (arg.), maison, maître d'hôtel, majordome, monde, personnel, plongeur, portier, serveur, service, sommelier, valet, valet de chambre/de pied b aide de camp, maréchal des logis, officier d'ordonnance, ordonnance, planton 2 vx a échanson, maître des cérémonies, officier de bouche, (premier) valet de chambre, sénéchal, serdeau, (grand) veneur b estafier, faquin, gens, goujat, grison, heiduque, nécessaire 3 fig. a avocat, éminence grise, ministre, prêtre, religieux b satellite, séide, suppôt c péj. : âme damnée, complice

servitude n.f. 1 abaissement, allégeance, asservissement, assujettissement, colonisation, contrainte, dépendance, esclavage, ilotisme, inféodation, infériorité, obédience, obéissance, obligation, occupation, servage, soumission, subordination, sujétion, tyrannie 2 bagne, cage, carcan, chaîne, collier, entrave, fers, joug, lien

session n.f. assise, audience, congrès, débat, délibération, réunion, séance, séminaire, symposium, vacation

set n.m. 1 tennis : manche 2 dessous (d'assiettes), napperon

seuil n.m. 1 au pr. : bord, entrée, pas, passage 2 fig. : adolescence, alpha, amorce, apparition, arrivée, aube, aurore, avènement, balbutiement, berceau, commencement, début, déclenchement, départ, ébauche, embryon, enfance, esquisse, exorde, fleur, fondement, liminaire, matin, naissance, orée, origine, point initial, préambule, préface, préliminaires, premier pas, prémices, primeur, principe, prologue, racine, rudiment, source, tête

seul, e 1 au pr. : distinct, esseulé, indépendant, isolé, seulet (fam.), singulier, solitaire, un, unique 2 par ext. a abandonné, délaissé, dépareillé, dernier b sec, simple c célibataire, orphelin, veuf, veuve, vieille fille, vieux garçon d désert, érémitique, retiré, sauvage

seulement 1 exclusivement, simplement, uniquement 2 cependant, mais, malheureusement, néanmoins, toutefois

sève n.f. 1 au pr. : pleur (rég.) 2 fig. : activité, dynamisme, énergie, fermeté, force, puissance, robustesse, sang, verdeur, vie, vigueur

sévère 1 au pr. a autoritaire, difficile, draconien, dur, étroit, exigeant, ferme, impitoyable, implacable, inexorable, inflexible, insensible, intransigeant, rigide, rigoureux, strict b aigre, amer, âpre, austère, bourru, brutal, cinglant, cruel, froid, rabat-joie, raide, sourcilleux, triste, vache ◆ fam. : vachard, vache 2 par ext. (quelque chose). a neutre : aride, classique, dépouillé, fruste, simple, sobre b non fav. : chaud, grave, salé (fam.)

sévérité n.f. 1 au pr. : âpreté, austérité, autorité, dureté, étroitesse, exigence, inflexibilité, intransigeance, rigidité, rigueur 2 par ext. a âpreté, austérité, brutalité, cruauté, froideur, gravité, insensibilité, raideur, rudesse, tristesse, vacherie (fam.) b aridité, classicisme, dépouillement, simplicité, sobriété

sévices n.m. pl. blessure, brutalité, coup, coups et blessures, dol (vx), dommage, viol, violence

sévir 1 battre, châtier, condamner, corriger, faire payer, flétrir, frapper, infliger une peine/une sanction, punir, réprimer, sanctionner 2 arg. a scol. : coller, consigner, mettre en colle b milit. : ficher/foutre/mettre dedans 3 faire rage → **agir**

sevrer 1 au pr. : enlever, ôter, séparer 2 par ext. a mettre à la diète, priver b appauvrir, démunir, déposséder, dépouiller, déshériter, empêcher, frustrer, interdire, ravir, spolier, voler

sex-appeal n.m. → **charme**

sexe n.m. 1 entrecuisse, organes de la reproduction/génitaux/sexuels, parties honteuses (vx)/intimes/nobles/secrètes (vx) 2 mâle. a membre viril, pénis, verge, virilité b partic. : lingam, phallus c enf. : bébête, petit oiseau, pipi, pissette, quéquette, zizi d vx : foutoir, quenouille e arg. et grossier : bazar, bijou-de-famille, bistouquette, bite, boutique, braquemart, dard, engin, gaule, gland, (petit) jésus, lézard, nœud, organe, outil, pine, précieuse, queue, trique, zob 3 femelle a parties externes : caroncules myrtiformes, hymen, grandes/petites lèvres, mont-de-Vénus, pénil, pubis b parties internes : ovaires, trompes, utérus ou matrice, vagin

sexisme n.m. machisme, phallocentrisme, phallocratie

sexiste nom et adj. macho, phallocrate

sexualité n.f. appétit/instinct sexuel, érotisme, génitalité, libido, reproduction, vie sexuelle → **volupté**

sexuel, le charnel, érotique, génital, physique, vénérien (méd.)

sexy → **séduisant**

seyant, e adapté, ad hoc, approprié, à propos, assorti, avantageux, beau, bien, bienséant, comme il faut, compatible, conforme, congru, convenable, convenant, correct, décent, de saison, digne, expédient, fait exprès, honnête, idoine, juste, opportun, pertinent, présentable, propice, proportionné, propre, raisonnable, satisfaisant, séant, sortable, topique, utile

shah n.m. → **monarque**

shopping n.m. off. : chalandage, lèche-vitrines

short n.m. → **culotte**

show n.m. → **spectacle**

show-business n.m. commerce/industrie du spectacle, showbiz (fam.)

shunt n.m. off. : 1 conduit/collecteur de fumée 2 audiov. : fondu

si admettons que, à supposer que, en admettant/supposant que, imaginons/posons/rêvons/supposons que

sibérien, enne boréal, froid, glacial, rigoureux

sibilant, e → **sifflant**

sibylle n.f. devineresse, prophétesse, pythie → **magicienne**

sibyllin, e 1 au pr. : abscons, cabalistique, caché, énigmatique, ésotérique, hermétique, impénétrable, inspiré, mystérieux, obscur, prophétique, secret, visionnaire, voilé 2 par ext. : abstrus, amphigourique, apocalyptique, brumeux, complexe, compliqué, confus, difficile, diffus, douteux, embrouillé, enchevêtré, enveloppé, équivoque, filandreux, flou, fumeux, incompréhensible, inexplicable, inextricable, inintelligible, insaisissable, nébuleux, nuageux, touffu, trouble, vague ◆ fam. : emberlificoté, entortillé, vaseux

siccité n.f. aridité, maigreur, pauvreté, sécheresse, stérilité

sidéral, e astral, astronomique, cosmographique, galactique

sidérant, e → **surprenant**

sidérer → **surprendre**

sidérurgie n.f. aciérie, forge, haut fourneau, métallurgie

siècle n.m. âge, ans, cycle, durée, époque, ère, étape, jours, moment, période, saison, temps

siège n.m. 1 au pr. a banc, banquette, berceuse, bergère, boudeuse, cathèdre, causeuse, chaire, chaise, chaise curule, coin-de-feu, divan, escabeau, escabelle, fauteuil, méridienne, miséricorde, pliant, pouf, prie-Dieu, rocking-chair, selle, sellette, sofa, stalle, strapontin, tabouret, trépied, trône, vis-à-vis → **canapé** b liturg. : exèdre, faldistoire, minbar 2 par ext. a blocus, encerclement, investissement b administration centrale, direction, domicile, maison mère, quartier général, résidence, secrétariat général c → **derrière**

siéger 1 demeurer, gîter, habiter, résider 2 occuper la place d'honneur, présider

siens (les) 1 → **famille** 2 → **partisan**

sieste n.f. 1 assoupissement, méridienne, repos, somme, sommeil 2 fam : bulle, dodo, roupillon

sieur n.m. 1 messire (vx), monsieur 2 → **type**

sifflant, e aigre, aigu, bruissant, chuintant, éclatant, perçant, sibilant, strident, stridulant, striduleux

sifflement n.m. bruissement, chuintement, cornement, sifflet, stridulation

siffler par ext. 1 chanter, pépier 2 conspuer, honnir, houspiller, huer 3 seriner, siffloter 4 appeler, héler, hucher 5 corner, striduler 6 rég. : piper

sifflet n.m. appeau, huchet, pipeau, signal

sigisbée n.m. → **cavalier**

sigle n.m. → **abrégé**

signal, aux n.m. 1 → **signe** 2 **signal d'alarme** a avertisseur, crocodile, corne de brume (mar.), sirène b avertissement, clignotant, feux de position/de signalisation

signalé, e 1 brillant, considérable, distingué, éclatant, émérite, épatant (fam.), étonnant, extraordinaire, formidable, frappant, glorieux, important, insigne, marquant, marqué, mémorable, notable, parfait, particulier, rare, remarquable, saillant, saisissant, supérieur 2 → **célèbre**

signalement n.m. 1 fiche anthropométrique/signalétique, portrait-robot 2 balisage, éclairage, sémaphore, signal, signalisation

signaler 1 au pr. : alerter, annoncer, avertir, citer, déceler, décrire, faire connaître/savoir, fixer, indiquer, marquer, mentionner, montrer, référencer, signaliser, tracer le détail/le portrait 2 par ext. : affirmer, apprendre, assurer, certifier, communiquer, confier, déclarer, découvrir, dénoncer, déposer, désigner, dévoiler, dire, énoncer, énumérer, enseigner, exposer, exprimer, faire état de, informer, manifester, nommer, notifier, porter à la connaissance, proclamer, publier, révéler, souligner, témoigner 3 v. pron. : différer, se distinguer, émerger, faire figure, se faire remarquer/voir, s'illustrer, se montrer, paraître, se particulariser, percer, se singulariser

signalétique anthropométrique

signalisation n.f. fléchage, indications → **signal**

signaliser → **signaler**

signature n.f. contreseing, émargement, endos, endossement, griffe, monogramme, paraphe, seing (vx), souscription, visa

signe n.m. 1 annonce, augure, auspices, avant-coureur, avertissement, intersigne, miracle, présage, prodige, promesse, pronostic 2 alerte, appel, clignement/clin d'œil, geste, message, signal 3 expression, manifestation, symptôme 4 attribut, caractère, caractéristique, idiosyncrasie, trait 5 chiffre, emblème, figure, image, insigne, notation, représentation, symbole 6 adminicule (vx), critère, critérium, empreinte, indication, indice, marque, pas, piste, preuve, reste, stigmate, tache, témoignage, vestige 7 abréviation, cryptogramme, idéogramme, pictogramme, sigle, tablature 8 deleatur, marque, obel ou obèle 9 signes du zodiaque → **zodiaque**

signer accepter, apposer sa griffe/sa signature, approuver, certifier, conclure, contresigner, émarger, marquer, parapher, souscrire, viser

signet n.m. marque, ruban

significatif, ive caractéristique, certain, clair, éloquent, expressif, formel, incontestable, manifeste, marquant, net, notoire, parlant, révélateur, signifiant, typique

signification n.f. 1 → **notification** 2 → **sens**

signifier 1 dénoter, désigner, dire, énoncer, enseigner, expliquer, exposer, exprimer, extérioriser, faire connaître/entendre/savoir, figurer, manifester, marquer, montrer, peindre, préciser, rendre, rendre compte, représenter, signaler, spécifier, témoigner, tracer, traduire, vouloir dire 2 annoncer, aviser, citer, communiquer, déclarer, dénoncer, informer, intimer, mander, notifier, ordonner, rendre compte, transmettre

silence n.m. 1 arrêt, calme, interruption, paix, pause, temps, tranquillité 2 black-out, mutisme, mystère, réticence, secret 3 → **résignation** 4 fam. : chut, la ferme, motus, paix, ta bouche, ta gueule (grossier), vingt-deux

silencieusement 1 → **sourdine (en)** 2 → **secrètement**

silencieux n.m. pot d'échappement

silencieux, euse adj. 1 quelqu'un. a au pr. : aphone, coi, court, muet b par ext. : calme, discret, morne, placide, posé, pythagorique, réservé, réticent, sage, secret, taciturne, taiseux (rég.), tranquille c → **sourd** 2 un lieu : calme, endormi, feutré, mort, ouaté, reposant

silex n.m. → **pierre**

silhouette n.f. allure, aspect, contour, forme, galbe, ligne, ombre, port, profil, tracé

silice n.f. oxyde de silicium

silicose n.f. anthracose

sillage n.m. houache (mar.), passage, sillon, vestige → **trace**

sillon n.m. 1 au pr. : orne, perchée, raie, rayon, rigole, sayon 2 par ext. a méd. : vergeture(s), vibice(s) b fente, fissure, pli, rainure, ride, scissure, strie c → **sillage**

sillonner 1 battre, circuler, courir, couvrir, naviguer, parcourir, traverser 2 labourer, rayer, rider

silo n.m. dock, élévateur, fosse, grenier, magasin, réservoir

simagrée n.f. affectation, agacerie, caprice, chichi, coquetterie, enfantillage, façon, grâces, grimace, hypocrisie, manière, mignardise, minauderie, mine, momerie, singerie

similaire analogue, approchant, approximatif, assimilable, comparable, conforme, équivalent, homogène, pareil, ressemblant, semblable, synonyme

simili 1 n.f. → **image** 2 n.m. → **imitation**

similigravure n.f. → **image**

similitude n.f. accord, affinité, analogie, association, communauté, concordance, conformité, contiguïté, convenance, corrélation, correspondance, dédifférenciation (biol.), équivalence, harmonie, homologie, homothétie, identité, lien, parallélisme, parenté, parité, relation, ressemblance, symétrie, synonymie, voisinage → **rapprochement**

similor n.m. chrysocale → **or**

simoniaque nom et adj. → **malhonnête**

simonie n.f. → **malversation**

simoun n.m. chergui, khamsin, sirocco, tempête, vent chaud, vent de sable

simple n.m. aromate, herbe médicinale, plante

simple adj. 1 quelqu'un. a fav. ou neutre : aisé, à l'aise, bon (enfant), bonhomme, brave, candide, confiant, décontracté, discret, droit, enfantin, facile, familier, franc, humble, ingénu, innocent, libre, modeste, naïf, naturel, pas compliqué, pur, relax (fam.), réservé, sans façon b non fav. : bonasse, brut, crédule, fada (fam.), faible, gille, grossier, idiot, inculte, jobard, niais, nicodème, pauvre d'esprit, primaire, primitif, rudimentaire, rustique, simple d'esprit, simplet, simpliste, sommaire, stupide, superstitieux → **bête** 2 quelque chose. a neutre : abrégé, ascétique, austère, bref, carré, court, dépouillé, élémentaire, indécomposable, indivisible, irréductible, ordinaire, schématique, seul, sévère, un, uni, unique, unitaire b fav. : agreste, beau, clair, classique, commode, compréhensible, dépouillé, facile, frugal, harmonieux, limpide, patriarcal, sobre, tempéré c non fav. : embryonnaire, insuffisant, nu, pauvre, sec, sommaire

simplement à la bonne franquette, bonnement, naturellement, nûment, sans affectation / cérémonies / complications / façons / manières, tout de go, uniment

simplet, te → **naïf**

simplicité n.f. 1 fav. ou neutre : abandon, affabilité, bonhomie, bonne franquette, candeur, confiance, droiture, élégance, facilité, familiarité, franchise, ingénuité, innocence, modestie, naïveté, naturel, pureté, rondeur 2 non fav. : bonasserie, crédulité, jobarderie, niaiserie, superstition → **bêtise** 3 par ext. a neutre : austérité, dépouillement, économie, humilité, rusticité, sévérité, sobriété b fav. : beauté, classicisme, discrétion, harmonie → **concision**

simplification n.f. → **réduction**

simplifier abréger, axiomatiser, dépouiller, schématiser → **réduire**

simpliste → **simple**

simulacre n.m. 1 air, apparence, aspect, feinte, frime, imitation, mensonge, semblant → **hypocrisie** 2 fantôme, idole, image, ombre, représentation, spectre, vision 3 → **simulation**

simulateur, trice → **hypocrite**

simulation n.f. affectation, artifice, cabotinage, cachotterie, comédie, déguisement, dissimulation, duplicité, escobarderie, fausseté, faux-semblant, feinte, feintise, fiction, fourberie, grimace, hypocrisie, imposture, invention, leurre, mensonge, momerie, pantalonnade, papelardise, parade, pharisaïsme, rouerie, ruse, singerie, sournoiserie, tartuferie, tromperie

simuler affecter, afficher, avoir l'air, bluffer, cabotiner, calquer, caricaturer, copier, crâner, démarquer, emprunter, faire semblant, feindre, grimacer, imiter, jouer, mimer, parodier, pasticher, poser, prétendre, rechercher, reproduire, singer (péj.) ◆ fam. : chiquer, frimer

simultané, e coexistant, commun, concomitant, extemporané (méd.), synchrone

simultanéité n.f. coexistence, coïncidence, concomitance, concours de circonstances, contemporanéité, isochronisme, rencontre, synchronie, synchronisme

simultanément à la fois, à l'unisson, conjointement, collectivement, coude à coude, d'accord, de concert, de conserve, de front, du même pas, en accord / bloc / chœur / commun / concordance / harmonie / même temps, ensemble

sinapisme n.m. cataplasme, révulsif, rubéfiant, topique, vésicatoire

sincère 1 a catégorique, clair, cordial, direct, entier, franc, loyal, net, ouvert, sans façon, simple b fam. : carré, rond c vx : candide, féal 2 assuré, authentique, avéré, certain, conforme, droit, effectif, exact, existant, évident, fidèle, fondé, incontestable, juste, naturel, pensé, positif, pur, réel, senti, sérieux, sûr, vécu, véridique, véritable, vrai

sincérité n.f. 1 authenticité, bonne foi, candeur (vx), conformité, cordialité, droiture, exactitude, fidélité, franchise, justesse, loyauté, naturel, netteté, ouverture, pureté, rondeur, sérieux, simplicité, spontanéité, sûreté, véracité, vérité 2 → **réalité**

sinécure n.f. charge / emploi / fonction / situation de tout repos, prébende ◆ fam. : filon, fromage, pantoufle, placard, planque

singe n.m. 1 au pr. a anthropoïde, guenon, primate, simien b aï ou bradype ou paresseux, alouate, atèle, aye-aye, babouin, capucin, cercopithèque, chimpanzé, cynocéphale, drill, gibbon, gorille, hurleur, indri, kinkajou, lagotriche, lémur, loris, macaque, magot, maki, mandrill, nasique, orang-outang, ouistiti, pan, papion, potto, rhésus, sagouin, saï, saki, sapajou, semnopithèque, tamarin, tarsier, unau 2 par ext. a laideron, macaque, magot, monstre b bouffon, clown, comédien, comique, fagotin, gugusse, jocrisse, paillasse, rigolo, zig, zigoto 3 fig. (arg.) : bourgeois, directeur, employeur, maître, négrier (péj.), patron

singer affecter, calquer, caricaturer, compiler, contrefaire, copier, décalquer, démarquer, emprunter, imiter, jouer, mimer, parodier, pasticher, picorer, piller, pirater, plagier, reproduire, simuler

singerie n.f. air, affectation, agacerie, apparence, artifice, aspect, cabotinage, caricature, clownerie, comédie, contorsion, déguisement, feinte, feintise, grimace, manière, mignardise, minauderie, mine, momerie, pantalonnade, papelardise, pitrerie, rouerie, ruse, simulacre, simulation, tartuferie, tromperie → **hypocrisie**

singulariser 1 caractériser, distinguer, faire remarquer, individualiser, particulariser 2 pron. : différer, se distinguer, émerger, se faire remarquer / voir, faire figure, s'illustrer, se montrer, ne pas passer inaperçu, paraître, se particulariser, percer, se signaler

singularité n.f. → **originalité**

singulier, ère 1 → **particulier** 2 → **extraordinaire**

sinistre adj. 1 → **triste** 2 → **inquiétant** 3 → **mauvais**

sinistre n.m. 1 → **dommage** 2 → **incendie**

sinistré, e → **victime**

sinon à défaut, autrement, excepté que, faute de quoi, sans quoi, sauf que

sinuer → **serpenter**

sinueux, euse courbe, flexueux, ondoyant, ondulant, ondulatoire, ondulé, onduleux, serpentin, tortueux, vivré (vx)

sinuosité n.f. anfractuosité, bayou, cingle, contour, coude, courbe, détour, méandre, onde, ondulation, pli, recoin, repli, retour

sinus n.m. cavité, concavité, courbure, pli → **sinuosité**

siphonner 1 → **aspirer** 2 → **boire**

sire n.m. 1 → **seigneur** 2 → **vaurien**

sirocco n.m. → **simoun**

sirop n.m. capillaire, dépuratif, diacode, fortifiant, julep, looch, mélasse, pectoral

sirupeux, euse collant, doucereux, doux, fade, gluant, melliflue, pâteux, poisseux, visqueux

sis, e → **situé**

site n.m. 1 canton, coin, emplacement, endroit, lieu, localité, parage, place, position, situation, théâtre 2 coup d'œil, étendue, panorama, paysage, perspective, point de vue, spectacle, tableau, vue (cavalière)

sit-in n.m. → **rassemblement**

situation n.f. 1 au pr. a assiette, coordonnées, disposition, emplacement, endroit, exposition, gisement, inclinaison, lieu, localisation, orientation, place, point, position, site b affaires, circonstances, conjoncture, fortune, rang 2 de quelqu'un. a condition, constitution (vx), emploi, établissement, état, fonction, métier, occupation, poste b attitude, engagement, idée, opinion, parti, posture, profession de foi, résolution

situationniste nom et adj. déviationniste, réformiste → **révolutionnaire**

situé, e campé, établi, exposé, localisé, placé, posté, sis

situer appliquer, asseoir, camper, caser, classer, coucher, disposer, établir, exposer, ficher, fixer, fourrer (fam.), installer, localiser, loger, mettre, nicher, placer, planter, poser, positionner, poster, ranger, seoir (vx), zoner

sketch n.m. comédie, pantomime, saynète, scène

skipper n.m. → **pilote**

slalom n.m. descente

slip n.m. → **culotte**

slogan n.m. devise, formule

smicard, e n.m. ou f. économiquement faible, gagne-petit → **prolétaire**

smoking n.m. → **habit**

snob nom et adj. affecté, anglomane, apprêté, avant-gardiste, distant, emprunté, faiseur, faux mondain, salonnard, snobinard

snober → **dédaigner**

snobisme n.m. 1 anglomanie → **affectation** 2 → **pose**

sobre 1 abstème, abstinent, continent, frugal, modéré, pondéré, tempérant 2 austère, classique, court, dépouillé, élémentaire, frugal, nu, ordinaire, simple, sommaire

sobriété n.f. 1 abstinence, continence, discrétion, économie, frugalité, mesure, modération, pondération, sagesse, tempérance 2 → **retenue**

sobriquet n.m. → **surnom**

sociabilité n.f. affabilité, agrément, amabilité, civilité, douceur de caractère, égalité d'humeur, facilité, politesse, urbanité

sociable accommodant, accort, accostable, accostant, affable, agréable, aimable, de bon caractère, civil, civilisé, facile, familier, liant, poli, traitable ◆ vx : praticable, social

social, e 1 → **public** 2 → **bienfaisant** 3 → **sociable**

socialement essentiellement, originellement

socialisation n.f. → **collectivisation**

socialiser → **nationaliser**

socialisme n.m. autogestion, babouvisme, collectivisme, collégialité, communisme, coopératisme, dirigisme, égalitarisme, étatisation, étatisme, fouriérisme, gauchisme, maoïsme, marxisme, mutualisme, progressisme, réformisme, saint-simonisme, social-démocratie, travaillisme, trotskisme péj. : ouvriérisme

socialiste nom et adj. autogestionnaire, collectiviste, collégial, communiste, dirigiste, fouriériste, maoïste, marxiste, mutualiste, progressiste, saint-simonien, social-démocrate, soviet, soviétique, travailliste, trotskiste → **révolutionnaire** ◆ vx et / ou péj. : ouvriériste, partageux

sociétaire n.m. associé, collègue, compagnon, confrère, membre, pensionnaire

société n.f. 1 au pr. a civilisation, collectivité, communauté, communion humaine, ensemble des hommes, humanité, monde b académie, assemblée, association, cartel, cercle, club, compagnie, confrérie, congrégation, corps, Église, franc-maçonnerie, groupe, groupement, institut, mafia (péj.), parti, religion, syndicat c affaire, commandite, compagnie, consortium, coopération, entreprise, établissement, groupe, hanse (vx), holding, ligue, omnium, pool, raison sociale, trust 2 par ext. a constitution, corps social, culture, État, masse, nation, ordre public, peuple, structure sociale b commerce, fréquentation, relations humaines, réunion c aristocratie, caste, classe, entourage, gentry, gratin d clan, tribu

sociodrame n.m. psychodrame, thérapie de groupe

socle n.m. acrotère, base, embase, piédestal, piédouche, plinthe, support

socque n.m. → sabot

sodomie n.f. 1 coït anal/contre-nature 2 arg. et/ou grossier : enculage, façon de Jupiter, spécial

sodomiser arg. et/ou grossier : enculer, entuber

sœur n.f. arg. ou fam. : frangine

sœur n.f. béguine, carmélite, congréganiste, dame, fille, mère, moniale, nonne, nonnette, novice → religieuse

sofa ou **sopha** n.m. canapé, causeuse, chaise longue, cosy-corner, divan, fauteuil, lit, méridienne, ottomane, siège

software n.m. analyse, langage-machine, logiciel (off.), programmation

soi-disant apparent, faux, prétendu, prétendument, supposé

soie n.f. 1 au pr. : organsin, grège 2 par ext. a → poil b brocart, crêpe, dauphine, faille, filoselle, foulard, gros-grain, lampas, levantine, pékin, pongé, reps, satin, soierie, surah, taffetas, tussor

soif n.f. 1 au pr. : altération, dipsomanie, pépie 2 fig. : ambition, appel, appétence, appétit, aspiration, attente, attirance, attrait, avidité, besoin, caprice, convoitise, cupidité, curiosité, demande, démangeaison, desiderata, désir, envie, espérance, espoir, exigence, faim, fantaisie, force, goût, impatience, intérêt, penchant, prétention, prurit, quête, recherche, rêve, souhait, tentation, vanité, velléité, visée, vœu, volonté, vouloir

soiffard, e n.m. ou f. → ivrogne

soigné, e 1 académique, étudié, léché, littéraire (péj.), poli, recherché 2 consciencieux, coquet, délicat, élégant, entretenu, fini, minutieux, net, réussi, tenu

soigner 1 au pr. a bichonner, câliner, chouchouter, choyer, couver, dorloter, gâter, panser (vx), pouponner b droguer, panser, traiter c châtier, ciseler, entretenir, fignoler, fouiller, lécher, limer, mitonner, peigner, perler, polir, raboter, raffiner, travailler 2 par ext. a complaire, cultiver, être aux petits soins, ménager, veiller au grain (fam. et péj.) b allaiter, cultiver, éduquer, élever, entretenir, former, instruire, nourrir

soigneur n.m. → masseur

soigneusement avec soin

soigneux, euse appliqué, attentif, consciencieux, curieux (vx), diligent, exact, ménager, méthodique, méticuleux, minutieux, ordonné, ponctuel, rangé, scrupuleux, sérieux, sévère ◆ péj. : perfectionniste, tatillon

soin n.m. 1 au sing. a inquiétude, préoccupation, souci b vx : cure, étude, veilles c attention, circonspection, diplomatie, économie, ménagement, précaution, prévoyance, prudence, réserve d cœur, conscience, diligence, exactitude, honnêteté, méticulosité, minutie, rigueur, scrupule, sérieux, sévérité, sollicitude, zèle 2 péj. : pinaillage → superstition 3 au pl. a assiduité, cajolerie, douceur, égard, empressement, gâterie, hommage, ménagement, prévenance, service b hygiène, toilette c charge, devoir, mission, occupation, responsabilité, travail d cure, médication, thérapeutique, traitement e entretien, réparation

soir n.m. après-dîner, après-souper, brune, coucher, crépuscule, déclin, soirée, veillée ◆ vx : serein

soirée n.f. 1 → soir 2 fête, raout, réception, réunion → bal 3 → spectacle

soit 1 à savoir, c'est-à-dire 2 admettons, bien, bon, d'accord, entendu, si vous voulez, va pour *et un compl.* → oui ◆ fam. : O.K. 3 ou, ou bien, tantôt

sol n.m. → terre

solarium n.m. 1 → terrasse 2 → hôpital

soldat n.m. 1 au pr. a appelé, combattant, conquérant, conscrit, engagé, guerrier, homme, homme de troupe, légionnaire, mercenaire, milicien, militaire, recrue, supplétif, territorial, troupier, vétéran b péj. : reître, soudard, spadassin c artilleur, aviateur, cavalier, fantassin, marin, parachutiste d brancardier, cuirassier, démineur, dragon, estafette, factionnaire, garde, garde-voie, grenadier, guetteur, guide, hussard, jalonneur, ordonnance, patrouilleur, pionnier, planton, pourvoyeur, sapeur, sentinelle, télégraphiste, tireur, vedette, voltigeur e vx : arbalétrier, archer, arquebusier, carabinier, cravate, estradiot, grivois, grognard, mobile, morte-paye, pertuisanier, piquier, taupin f étranger : bachi-bouzouk, bersaglier, cipaye, evzone, harki, heiduque, highlander, janissaire, mamelouk ou mameluk, tommy g colonial : bledard, goumier, joyeux, marsouin, méhariste, spahi, tirailleur, zouave h fam. : bidasse, biffin, bleu, bleu-bite, bleusaille, briscard, drille, griveton, gus, pierrot, pioupiou, poilu, pousse-cailloux, tringlot, traîneur de sabre, troufion i antiq : hastaire, hoplite, légionnaire, triaire, vélite, vexillaire 2 par ext. a franc-tireur, guérillero, maquisard, partisan, résistant b champion, défenseur, serviteur c → chef

soldatesque n.f. troupes → soldat

solde n.f. indemnité, paie, prêt, rétribution, salaire

solde n.m. 1 → reste 2 au pl. : action (Suisse), démarque → rabais

solder 1 acquitter, apurer, éteindre, liquider, payer, régler 2 brader, céder, se défaire de, écouler, laisser, réaliser, sacrifier

sole n.f. 1 dessous/plante du pied (équit.) 2 → champ 3 fond (mar. et techn.)

sole n.f. → poisson

solécisme n.m. → faute

soleil n.m. 1 astre du jour ◆ arg. : bourguignon, cagnard, le beau blond, luisant 2 hélianthe, héliotrope, topinambour, tournesol

solennel, le 1 → imposant 2 → officiel

solenniser → fêter

solennité n.f. 1 → gravité 2 → cérémonie

solex n.m. déposé → cyclomoteur

solidaire associé, dépendant, engagé, joint, lié, responsable, uni

solidairement → ensemble

solidariser 1 → associer 2 → unir

solidarité n.f. association, camaraderie, coopération, dépendance, entraide, esprit de corps, franc-maçonnerie, fraternité, interdépendance, mutualité, réciprocité → soutien

solide 1 n.m. : corps, matière, objet 2 adj. a au pr. : compact, concret (vx), consistant, dense, dur, durable, éternel, ferme, fort, incassable, indéchirable, indécollable, indéformable, indélébile, indémaillable, indéracinable, indestructible, infroissable, inusable, renforcé, résistant, robuste b par ext. : affermi, assuré, certain, enraciné, ferme, fixe, indéfectible, inébranlable, infrangible, invariable, positif, réel, sérieux, stable, substantiel, sûr c bon, exact, fidèle, franc, honnête, loyal, probe, régulier, sincère, sûr, vrai d irréfragable, irréfutable, logique, mathématique e quelqu'un : énergique, fort, increvable, râblé, résistant, robuste, tenace, vigoureux

solidifier coaguler, condenser, congeler, consolider, cristalliser, durcir, figer, geler, indurer, raffermir, renforcer

solidité n.f. 1 au pr. a aplomb, assiette, équilibre, stabilité b cohésion, compacité, consistance, dureté, fermeté, fixité, homogénéité, immuabilité, immutabilité, indélébilité, indestructibilité, résistance, robustesse, sûreté c → durée 2 fig. : assurance, autorité, caractère, cœur, constance, courage, cran, endurance, énergie, force, inflexibilité, intransigeance, intrépidité, invincibilité, netteté, obstination, opiniâtreté, rectitude, résolution, ressort, rigueur, sang-froid, sévérité, ténacité, vigueur, virilité, volonté ◆ fam. : estomac, poigne

soliloque n.m. aparté, discours, monologue, radotage

soliloquer monologuer

solitaire n.m. 1 anachorète, ascète, ermite 2 vén. : bête noire, cochon, mâle, porc, quartanier, ragot, sanglier, tiers-an 3 brillant, diamant, joyau, marquise, pierre, rose

solitaire adj. 1 → seul 2 abandonné, désert, désertique, désolé, retiré, sauvage, vacant, vide

solitairement comme un anachorète/un ascète/un ermite,

solitude n.f. 1 au pr. : a abandon, claustration, cloître, délaissement, déréliction, éloignement, exil, isolation, isolement, quarantaine, retranchement, secret, séparation b célibat, veuvage, viduité 2 par ext. a bled (fam.), désert, oasis, retraite, thébaïde b méditation, recueillement, retraite, tour d'ivoire c fam. : cachette, cocon, coin, coque, ombre, tanière

solive n.f. → poutre

soliveau n.m. fig. → faible

sollicitation n.f. 1 appel, insistance, invitation, tentation 2 demande, démarche, instance, invocation, pétition, placet, pourvoi, prière, requête, réquisition, supplication, supplique

solliciter 1 appeler, attirer, convier, déterminer, engager, exciter, faire signe, forcer, inviter, porter, pousser, provoquer, tenter 2 adresser une requête, assiéger, briguer, demander, désirer, dire, exprimer un désir/un souhait, implorer, importuner, interpeller, interroger, pétitionner, postuler, présenter un placet/une requête/une supplique *et les syn. de* supplique, prier, quêter, rechercher, réclamer, se recommander de, requérir, revendiquer, sommer, souhaiter, supplier, vouloir 3 péj. et/ou arg. : mendier, mendigoter, pilonner, quémander

solliciteur, euse n.m. ou f. → quémandeur

sollicitude n.f. 1 → soin 2 → souci

soluble 1 dissoluble, fondant, liquéfiable 2 décidable, résoluble

solution n.f. 1 → résultat 2 **solution de continuité :** arrêt, cessation, coupure, discontinuation, discontinuité, halte, hiatus, intermède, intermission, intermittence, interruption, interstice, intervalle, lacune, pause, rémission, répit, rupture, saut, suspension 3 par ext. : aboutissement, achèvement, bout, clef, coda, conclusion, dénouement, épilogue, fin, résolution, terme

solutionner 1 → résorber 2 → résoudre

solvabilité n.f. → honnêteté

solvable → honnête

somation n.f. → modification

sombre 1 au pr. : assombri, crépusculaire, foncé, noir, obscur, ombreux, opaque, ténébreux 2 par ext. a le temps : bas, brumeux, couvert, maussade, nuageux, orageux, voilé ◆ vx : brun b → triste c → terne 3 fig. a quelque chose : funèbre, funeste, inquiétant, sépulcral, sinistre, tragique b quelqu'un : amer, assombri, atrabilaire, bilieux, mélancolique, morne, morose, pessimiste, sinistre, taciturne, ténébreux

sombrer 1 au pr. : s'abîmer, chavirer, couler, disparaître, s'enfoncer, s'engloutir, faire naufrage, s'immerger, se perdre, périr corps et biens, se saborder 2 fig. : s'abandonner, s'absorber, se laisser aller/glisser, se jeter/se plonger dans, se livrer à, succomber à, se vautrer dans

sommaire n.m. abrégé, abréviation, aide-mémoire, analyse, aperçu, argument, compendium, digest, éléments, épitomé, esquisse, extrait, manuel, notice, plan, précis, préface, raccourci, récapitulation, réduction, résumé, rudiment, schéma, somme, topo (fam.)

sommaire adj. 1 accourci, amoindri, bref, compendieux (vx), concis, condensé, contracté, court, cursif, diminué, écourté, grossier, laconique, lapidaire, limité, raccourci, réduit, restreint, résumé, schématique, succinct 2 → simple 3 → rapide

sommairement brièvement, de façon expéditive, en bref/résumé, sans formalités, schématiquement, simplement, sobrement

sommation n.f. assignation, avertissement, commandement, citation, injonction, interpellation, intimation, mise en demeure, ordre, ultimatum

somme n.f. 1 addition, chiffre, ensemble, fonds, masse, montant, quantité, total, volume 2 → sommaire 3 bât, charge

somme n.m. 1 → sieste 2 → sommeil

sommeil n.m. assoupissement, demi-sommeil, dormition (relig. et méd.), léthargie, repos, somme, somnolence, torpeur → sieste ◆ fam. : dodo, dorme, pionce, roupillon

sommeiller s'assoupir, se câliner (vx), dormir, s'endormir, être dans les bras de Morphée, faire la grasse matinée/la sieste/un somme, fermer l'œil, paresser, reposer, somnoler ◆ arg. ou fam. : coincer la bulle, écraser, faire dodo, pager, pioncer, piquer un roupillon, ronfler, roupiller, rouscailler

sommelier, ière n.m. ou f. 1 caviste, maître de chai 2 vx : bouteiller, échanson, serdeau 3 par ext. : œnologue

sommer 1 assigner, avertir, citer, commander, contraindre, décréter, demander, enjoindre, exiger, forcer, imposer, interpeller, intimer, menacer, mettre en demeure, obliger, ordonner, prescrire, recommander, requérir, signifier 2 additionner, intégrer, totaliser 3 → **couronner**

sommet n.m. 1 aiguille, arête, ballon, calotte, cime, couronnement, crête, croupe, dent, dôme, extrémité, faîte, front, haut, hauteur, mamelon, pic, piton, point culminant, pointe, serre, table, tête 2 apex, apogée, comble, pinacle, summum, zénith 3 nec plus ultra, perfection, sommité (vx), suprématie, top niveau (fam.) 4 du crâne : vertex

sommier n.m. 1 arch. : architrave, linteau, poitrail 2 archives, minutier

sommité n.f. 1 → **sommet** 2 fig. a figure, grand, monsieur, notabilité, notable, personnage, personnalité, puissant, quelqu'un, vedette b fam. : baron, bonze, gros bonnet, grosse légume, huile, important, légume, lumière, magnat, manitou ◆ péj. : mandarin, pontife, satrape

somnifère adj. et n.m. 1 au pr. : anesthésique, assoupissant, calmant, dormitif, hypnotique, narcotique, soporifique 2 par ext. : assommant, embêtant, empoisonnant, endormant, ennuyant, ennuyeux, fastidieux, fatigant, insupportable, mortel, pénible, rasant, rebutant 3 fam. ou grossier : casse-pieds, chiant, chiatique, emmerdant, rasoir, suant

somnolent, e 1 assoupi, sommeilleux, torpide 2 → **paresseux**

somnolence n.f. → **sommeil**

somnoler s'assoupir, dormir, s'endormir, être dans les bras de Morphée, faire la grasse matinée / la sieste / un somme, fermer l'œil, reposer, ronfler, roupiller → **sommeiller**

somptuaire par ext. 1 excessif, prodigue, voluptuaire 2 → **luxueux**

somptueux, euse beau, éclatant, fastueux, luxueux, majestueux, magnifique, opulent, plantureux, pompeux, princier, riche, solennel, somptuaire, splendide, superbe

somptuosité n.f. 1 au pr. : apparat, beauté, éclat, faste, luxe, majesté, magnificence, opulence, pompe, richesse, solennité, splendeur 2 par ext. : abondance, confort, débauche, excès, profusion, surabondance

son n.m. 1 accent, accord, bruit, écho, inflexion, intonation, modulation, musique, note, timbre, ton, tonalité 2 péj. : canard, couac 3 unités de mesure : bel, décibel

son n.m. balle, bran, fleurage, issues

sonar n.m. asdic

sondage n.m. forage → **recherche** enquête, gallup

sonde n.f. 1 tarière, trépan 2 bougie, cathéter, drain, tube

sonder 1 au pr. : creuser, descendre, explorer, mesurer, reconnaître, scruter, tâter 2 par ext. a analyser, apprécier, approfondir, ausculter, compulser, considérer, consulter, s'enquérir, éplucher, estimer, étudier, évaluer, examiner, inspecter, inventorier, palper, pénétrer, peser, prospecter, rechercher, reconnaître, scruter b confesser, demander, interroger, poser des questions, pressentir, questionner, tâter, toucher

songe n.m. 1 → **rêve** 2 → **illusion**

songe-creux n.m. chimérique, déraisonnable, extravagant, halluciné, illuminé, imaginatif, obsédé, rêveur, utopiste, visionnaire

songer 1 → **rêver** 2 → **penser** 3 → **projeter**

songerie n.f. → **rêve**

songeur, euse absent, absorbé, abstrait, contemplatif, méditatif, occupé, pensif, préoccupé, rêveur, soucieux

sonnaille(s) n.f. bélière, campane, clarine, cloche, clochette, grelot

sonnant, e → **sonore**

sonné, e 1 assommé, en avoir pour le / son compte, étourdi, groggy, K.O. 2 cinglé → **fou**

sonner 1 au pr. : bourdonner, carillonner, résonner, tinter, tintinnabuler 2 loc. a **sonner aux oreilles :** corner, sonnailler b **sonner du cor :** appeler, corner, donner, grailler, jouer 3 fig. : proclamer, vanter

sonnerie n.f. 1 milit. : appel au drapeau / aux champs, boute-selle, breloque, chamade, charge, couvre-feu, diane, extinction des feux, générale, ralliement, rassemblement, retraite, réveil 2 vén. : a air, fanfare, ton b appel, bien-allé, débuché, débusqué, dépisté, hallali, honneurs, lancé, quête, relancé, rembuché, vau-l'eau, vif 3 du téléphone, etc. : appel, timbre, tintement, trille

sonnet n.m. → **poème**

sonnette n.f. 1 campane, clarine, cloche, clochette, sonnaille 2 appel, avertisseur, drelin (fam.), grelot, timbre 3 tr. publ. → **hie**

sonneur n.m. 1 carillonneur 2 vén. par ext. : corniste

sonore 1 au pr. a carillonnant, résonnant, retentissant, sonnant b ample, bruyant, éclatant, fort, haut, plein, ronflant, tonitruant, tonnant, vibrant 2 fig. → **ampoulé**

sonorité n.f. ampleur, creux, harmonie, résonance

sophisme n.m. aberration, argument → **faux,** confusion, défaut, erreur, mauvaise foi, paralogisme, vice de raisonnement

sophiste n.m. casuiste, rhéteur

sophistication n.f. → **préciosité**

sophistiqué 1 captieux, faux, frelaté, spécieux, trompeur 2 affecté, affété, alambiqué, amphigourique, choisi, emphatique, galant, maniéré, mignard, précieux, recherché

sophistiqué, e techn. et fig. recherché, complexe, évolué

sophistiquer → **altérer**

soporifique nom et adj. → **somnifère**

sorbet n.m. crème / dessert / fruits glacés, glace, rafraîchissement, soyer (vx)

sorbier n.m. alisier, cormier, pain des oiseaux

sorcellerie n.f. alchimie, cabale, charme, conjuration, diablerie, divination, enchantement, ensorcellement, envoûtement, évocation, fascination, hermétisme, horoscope, incantation, magie, maléfice, nécromancie, occultisme, philtre, pratiques magiques / occultes / secrètes, prestige, rite, sort, sortilège, thaumaturgie, théurgie, vaudou

sorcier n.m. au pr. a alchimiste, astrologue, devin, enchanteur, ensorceleur, envoûteur, griot, jeteur de sorts, mage, magicien, nécromancien, nécromant, psychopompe, thaumaturge b vx : charmeur, souffleur

sorcière n.f. 1 devineresse, diseuse de bonne aventure, ensorceleuse, envoûteuse, fée, jeteuse de sorts, magicienne, nécromancienne, sirène, tireuse de cartes 2 → **mégère**

sordide 1 cochon, crasseux, grossier, immonde, immoral, impur, inconvenant, indécent, infâme, maculé, malhonnête, malpropre, obscène, ordurier, répugnant, sale → **dégoûtant** 2 → **avare**

sordidité n.f. 1 → **bassesse** 2 → **avarice**

sorite n.m. → **raisonnement**

sornette(s) n.f. → **chanson(s)**

sort n.m. 1 avenir, destin, destinée, fatalité, fatum 2 → **hasard** 3 → **état** 4 → **vie** 5 → **magie**

sortable par ext. : approprié, assorti, beau, bien, bienséant, bon, comme il faut, congru, convenable, convenant, correct, décent, de saison, digne, fait exprès, honnête, honorable, juste, opportun, mettable, pertinent, poli, présentable, propre, raisonnable, satisfaisant, séant, seyant

sorte n.f. 1 caste, catégorie, clan, classe, division, embranchement, espèce, état, famille, genre, groupe, ordre, race, rang, série 2 condition, farine, qualité, trempe 3 façon, griffe, guise (vx), manière, style

sortie n.f. 1 au pr. a débouché, débouquement (mar.), dégagement, issue, porte b balade, départ, échappée, escapade, évasion, promenade, tour c échappement, écoulement, émergence, émersion, évacuation 2 par ext. a → **dépense** b → **publication** c admonestation, algarade, attaque, dispute, engueulade (fam.), invective, mercuriale, observation, récrimination, remarque, réprimande, reproche, scène, séance, semonce d vx : catilinaire, incartade

sortilège n.m. charme, diablerie, enchantement, ensorcellement, envoûtement, évocation, incantation, jettatura, malédiction, maléfice, mauvais sort, sort, sorcellerie → **magie**

sortir 1 au pr. a abandonner, déboucher, débouquer (mar.), débucher (vén.), débusquer, s'échapper, s'enfuir, s'évader, quitter → **partir** b apparaître, éclore, émerger, faire irruption, jaillir, mettre le nez dehors, percer, poindre, saillir, sourdre, surgir, venir c déborder, se dégager, s'écouler, s'exhaler, se répandre d s'absenter, débarrasser le plancher (fam.), décamper, déguerpir, déloger, s'éclipser, s'esquiver, évacuer, se retirer 2 par ext. a arracher, dégainer, ôter, vidanger, vider b éditer, lancer, publier, tirer → **paraître** c débiter, proférer → **dire** d émaner, être issu, naître, provenir, résulter

sosie n.m. double, jumeau, pendant, réplique

sot, sotte nom et adj. 1 au pr. a quelqu'un : âne, benêt, borné, buse, crétin, dadais, imbécile, idiot, inintelligent, malavisé, niais, poire, stupide → **fou** b vx : béjaune, cheval, jobelin c un comportement : absurde, déraisonnable, extravagant, fou, illogique, incohérent, incongru, inconséquent, inepte, insane, insensé, irrationnel, loufoque, saugrenu → **bête** 2 par ext. a → **irrévérencieux** b arrogant, avantageux, content de soi, dédaigneux, fanfaron, fat, fiérot, impertinent, infatué, orgueilleux, pécore, péronnelle, plastron, plat, plein de soi, poseur, prétentieux, rodomont, satisfait, suffisant, vain, vaniteux c confondu, confus, déconcerté, déconfit, décontenancé, défait, déferré, démonté, dépaysé, dérouté, désarçonné, désemparé, désorienté, étonné, étourdi, inquiet, interdit, mis en boîte, pantois, penaud, quinaud, surpris, troublé

sottise n.f. 1 au pr. : absurdité, ânerie, balourdise, crétinerie, crétinisme, idiotie, illogisme, imbécillité, insanité, insipidité, nigauderie, stupidité → **bêtise** 2 par ext. a → **bagatelle** b arrogance, autosatisfaction, dédain, fatuité, impertinence, infatuation, orgueil, pose, prétention, rodomontade, suffisance, vanité → **stupidité** c → **injure** d → **maladresse**

sottisier n.m. → **bêtisier**

sou n.m. 1 fam. : pet (de lapin), radis → **argent** 2 vx : liard, maille, sol

soubassement n.m. appui, assiette, assise, base, embasement, fondement, piédestal, podium, stylobate → **socle**

soubresaut n.m. 1 au pr. : convulsion, saccade, secousse, spasme, sursaut, trépidation 2 par ext. a bond, bondissement, cabriole, cahot, culbute, gambade, ricochet, saut, sautillement, sursaut, tressaillement b contraction, convulsion, frisson, haut-le-corps, spasme, tressaillement 3 fig. : agitation, bouleversement, crise, remous, révolution, trouble

soubrette n.f. 1 au pr. → **servante** 2 par ext. : confidente, demoiselle de compagnie, lisette, suivante

souche n.f. 1 → **racine** 2 → **tige** 3 → **race** 4 → **bête** 5 talon

souci n.m. 1 attitude ou état. a agitation, alarme, angoisse, anxiété, chagrin, contrariété, crainte, émoi, ennui, incertitude, inquiétude, obsession, peine, perplexité, poids, préoccupation, scrupule, sollicitude, tourment, tracas b vx : martel, soin c fam. : bile, cheveux (blancs), migraine, mouron, mousse, tintouin 2 circonstance : a affaire, désagrément, difficulté, embarras, embêtement, empoisonnement, tribulation b fam. ou grossier : aria, couille, emmerdement

soucier (se) → **préoccuper (se)**

soucieux, euse 1 neutre ou fav. : affairé, attentif, curieux de, jaloux de, occupé, pensif, préoccupé, scrupuleux, songeur 2 non fav. : agité, alarmé, angoissé, anxieux, chagrin, contrarié, craintif, embarrassé, embêté, empoisonné, ennuyé, inquiet, obsédé, peiné, perplexe, préoccupé, tourmenté, tracassé 3 fam. : bileux, cafardeux, emmerdé (grossier), emmiellé

soudain adv. à brûle-pourpoint / la minute / la seconde / l'improviste / l'instant, au débotté, aussitôt, brusquement, dans l'instant, de but en blanc, d'emblée, d'un saut, d'un trait, d'un seul coup / mouvement, en un clin d'œil, en sursaut, immédiatement, incessamment, incontinent, inopinément, instantanément, par surprise, rapidement, sans avertissement / crier gare / débrider / retard / transition, séance tenante, soudainement, subitement, sur-le-champ, sur l'heure, tout à coup / à trac / de go / de suite / d'un coup ◆ fam. : illico, subito

soudain, e adj. brusque, brusqué, foudroyant, fulgurant, immédiat, imprévu, inattendu, instantané, prompt, rapide, saisissant, subit

soudainement → **soudain**

soudaineté n.f. → **rapidité**

soudard n.m. goujat, reître, sabreur, spadassin, traîneur de sabre ◆ vx : drille, plumet

souder → **joindre**

soudoyer acheter, arroser, corrompre, graisser la patte, payer, stipendier → **séduire**

soudure n.f. 1 au pr. :assemblage, brasage, brasure, coalescence, concrescence, raccord, soudage 2 par ext. → **joint**

soufflant n.m. arg. : pistolet, revolver

soufflant, e → **étonnant**

souffle n.m. 1 au pr. a → **haleine** b → **vent** 2 fig. → **inspiration**

soufflé, e 1 au pr. : ballonné, bombé, bouclé (maçonnerie), bouffant, bouffi, boursouflé, cloqué, congestionné, dilaté, distendu, empâté, enflé, gondolé, gonflé, gros, hypertrophié, mafflu, météorisé, renflé, tuméfié, tumescent, turgescent, turgide, ventru, vultueux 2 par ext. : académique, affecté, ampoulé, apprêté, cérémonieux, compliqué, creux, déclamatoire, démesuré, emphatique, grandiloquent, guindé, hyperbolique, pédantesque, pompeux, pompier (fam.), prétentieux, ronflant, sentencieux, solennel, sonore, vide

souffler 1 au pr. : exhaler, expirer, haleter, respirer 2 par ext. a aspirer, balayer, escamoter, éteindre b activer, animer, exciter, inspirer, insuffler c mus. : jouer, sonner d s'approprier, dérober, enlever, ôter, ravir → **prendre** e chuchoter, dire, glisser, insinuer, murmurer, parler à l'oreille, suggérer f aider, apprendre, remémorer, tricher g enfler, gonfler, grossir h venter

soufflet n.m. 1 → **avanie** 2 aller-retour, baffe, beigne, beignet, calotte, claque, couleur, coup, emplâtre, gifle, giroflée, mandale, mornifle, pain, pêche, rallonge, talmouse, taloche, tape, taquet, tarte, tartine, torgnole, va-te-laver

souffleter battre, calotter, claquer, corriger, donner un soufflet, gifler, taper ◆ fam. : confirmer, encadrer, moucher, talocher, tartiner, torcher

souffrance n.f. 1 au pr. : douleur, élancement, indisposition, mal, maladie, malaise, rage, supplice, torture, tourment → **blessure** 2 par ext. : affliction, amertume, croix, déchirement, désespoir, désolation, épreuve, larme, passion → **privation** 3 **en souffrance :** en carafe (fam.), en panne, en retard

souffrant, e abattu, alité, atteint, cacochyme, déprimé, dolent, égrotant, fatigué, fiévreux, incommodé, indisposé, malade, maladif, mal en point, mal fichu, malingre, pâle, pâlot, patraque, souffreteux ◆ rég. : pignochant

souffre-douleur n.m. → **victime**

souffreteux, euse → **souffrant**

souffrir 1 v. intr. : languir, mourir (fig.), pâtir, peiner 2 fam. : déguster, en baver/chier, écraser, passer un mauvais quart d'heure, sécher, trinquer 3 v. tr. admettre, autoriser, endurer, éprouver, essuyer, laisser faire, patienter, permettre, ressentir, soutenir, subir, supporter, tolérer 4 fam. : avaler, boire, digérer, écoper, se farcir → **pardonner** 5 **faire souffrir :** affliger, lanciner, martyriser, tourmenter, torturer

souhait n.m. 1 fav. : aspiration, attente, demande, désir, envie, vœu, volonté 2 non fav. : ambition, appétit, caprice, convoitise

souhaitable appétissant, désirable, enviable

souhaiter 1 fav. : appeler, aspirer à, attendre, avoir dans l'idée/en tête/envie/l'intention de, brûler de, demander, désirer, rechercher, réclamer, rêver, soupirer après, tenir à, viser, vouloir 2 non fav. : ambitionner, arrêter, convoiter, exiger, guigner, prétendre à ◆ fam. : lorgner, loucher sur

souiller 1 au pr. : abîmer, barbouiller, charbonner, cochonner (fam.), contaminer, crotter, éclabousser, encrasser, gâter, graisser, infecter, mâchurer, maculer, noircir, poisser, polluer, salir, tacher ◆ vx : conchier 2 fig. : baver sur, calomnier, corrompre, déparer, déshonorer, diffamer, entacher, flétrir, profaner, prostituer, ternir

souillon adj. : cochon (fam.), crasseux, dégoûtant, désordonné, grossier, malpropre, peu soigné/soigneux, sale

souillure n.f. 1 au pr. : barbouillage, bavure, crasse, crotte, éclaboussure, encrassement, immondice, macule (vx), malpropreté, nuisance, ordure, pâté, pollution, saleté, salissure, tache, vomi, vomissure 2 fig. : corruption, crime, déshonneur, faute, flétrissure, impureté, tare → **péché**

souk n.m. 1 → **marché** 2 → **désordre**

soûl, soûle 1 au pr. : assouvi, bourré, dégoûté, gavé, gorgé, le ventre plein, rassasié, repu, saturé, sursaturé 2 par ext. → **ivre**

soulagement n.m. 1 adoucissement, allégement, amélioration, apaisement, assouplissement, atténuation, bien, calme, consolation, détente, euphorie, rémission 2 aide, appui, assistance, coup de main/de pouce, encouragement, entraide, main-forte, réconfort, rescousse, secours, soutien 3 → **remède**

soulager 1 au pr. : alléger, débarrasser, décharger, dégrever, délester, diminuer, exempter, exonérer, ôter 2 fig. : adoucir, aider, amoindrir, apaiser, atténuer, calmer, déverser son cœur, décharger, délivrer, endormir, étourdir, mitiger, secourir, tempérer → **consoler**

soûlard, arde et **soûlaud, aude** n.m. ou f. → **ivrogne**

soûler (se) 1 au pr. : arg. ou fam. : s'alcooliser, se beurrer / biturer / blinder / bourrer / cuiter/défoncer, s'envivrer, se griser/noircir, prendre une biture/la bourrique/une cuite/une muflée/son pompon/une ronflée, faire le plein, picoler, pinter, prendre son lit en marche, sacrifier à Bacchus/à la dive bouteille, sculpter une gueule de bois → **boire** 2 par ext. : s'exalter, s'exciter

soûlerie n.f. → **beuverie**

soulèvement n.m. 1 au pr. : boursouflure, exhaussement, mouvement, surrection 2 par ext. a bondissement, saut, sursaut b → **nausée** c action, agitation, chouannerie, désobéissance, dissidence, effervescence, émeute, faction, guerre civile, insoumission, insubordination, insurrection, jacquerie, lutte, mouvement, mutinerie, opposition, putsch, rébellion, résistance, révolte, révolution, sécession, sédition, violence

soulever 1 au pr. a dresser, élever, enlever, hausser, hisser, lever, monter, palanquer (mar.), redresser b écarter, relever, remonter, retrousser, trousser 2 fig. a agiter, ameuter, déchaîner, ébranler, entraîner, exalter, exciter, provoquer, remuer, transporter b amener, appeler, apporter, attirer, causer, créer, déclencher, déterminer, donner/fournir lieu/occasion, engendrer, être la cause de, faire, motiver, occasionner, prêter à, procurer, produire, provoquer, susciter 3 v. pron. → **révolter (se)**

soulier n.m. 1 au pr. : bottillon, bottine, brodequin, chaussure, escarpin, galoche, mocassin, richelieu, snow-boot 2 par ext. : babouche, botte, chausson, espadrille, mule, nu-pieds, pantoufle, patin, sabot, sandale, savate, socque, spartiate ◆ antiq. : cothurne 3 arg. ou fam. : bateau, bottine, croquenot, écrase-merde, godasse, godillot, grolle, latte, péniche, pompe, targette, tartine, tatane

souligner 1 au pr. : accentuer, affirmer, appuyer, border d'un trait, marquer, ponctuer, surligner, tirer un trait 2 par ext. : désigner, faire ressortir, insister sur, mettre en évidence, montrer, noter, préciser, relever, signaler

soûlographie n.f. → **beuverie**

soulte n.f. 1 au pr. : compensation, complément, dédommagement, dessous-de-table (péj.) 2 par ext. → **garantie**

soumettre 1 non fav. : accabler, asservir, assujettir, astreindre, brusquer, conquérir, contraindre, courber, dominer, dompter, enchaîner, imposer son autorité/son pouvoir, inféoder, maintenir/mettre sous l'autorité/la dépendance/le pouvoir/la puissance/la tutelle, maîtriser, mettre en esclavage, mettre la corde au cou (fam.), opprimer, plier, ramener à l'obéissance, ranger sous ses lois, réduire, réglementer, réprimer, satelliser, subjuguer, subordonner, tenir en respect, tenir sous son autorité/sa dépendance/son pouvoir/sa puissance/sa tutelle, tenir en esclavage 2 neutre ou fav. a apprivoiser, assouplir, attacher, captiver, charmer, conquérir, discipliner, pacifier, subjuguer b avancer, donner, exposer, faire une offre/ouverture/proposition, offrir, présenter, proposer, soumissionner c → **montrer** 3 v. pron. a neutre ou fav. : accepter, acquiescer, s'aligner, consentir, se plier à b non fav. : s'abaisser, abandonner le combat, s'accommoder, s'adapter, s'agenouiller, s'assujettir, caler, capituler, céder, se conformer, courber la tête, déférer, faire sa soumission, fléchir, s'humilier, s'incliner, s'inféoder, se livrer, obéir, obtempérer, passer sous les fourches caudines, reconnaître l'autorité, se régler, se rendre, se résigner, suivre, venir à quia/à résipiscence ◆ fam. : avaler/bouffer son chapeau/la couleuvre/son képi, baisser son froc, se déculotter, écraser, filer doux, mettre les pouces

soumis, e 1 neutre ou fav. a un peuple : pacifié b quelqu'un : attaché, complaisant, déférent, discipliné, docile, doux, fidèle, flexible, gouvernable, humble, lige (vx), malléable, maniable, obéissant, sage, souple, traitable 2 non fav. : asservi, assujetti, conformiste, conquis, humilié, inféodé, opprimé, réduit, résigné, subordonné → **captif**

soumission n.f. 1 neutre ou fav. a acquiescement, allégeance, dépendance, discipline, docilité, fidélité, humilité, obédience, obéissance, pacification, résignation b adjudication, entreprise, marché, offre, proposition 2 non fav. : abaissement, asservissement, assujettissement, conformisme, conquête, dépendance, esclavage, inféodation, joug, merci, réduction, satellisation, servilité, servitude, subordination, sujétion, vassalité

soupape n.f. → **clapet**

soupçon n.m. 1 au pr. : apparence, conjecture, crainte, croyance, défiance, doute, méfiance, ombrage, suspicion 2 par ext. : idée, nuage, pointe, très peu, un peu

soupçonner avoir idée de, conjecturer, croire, se défier de, deviner, se douter de, entrevoir, flairer, se méfier, penser, pressentir, redouter, supposer, suspecter

soupçonneux, euse craintif, défiant, inquiet, jaloux, méfiant, ombrageux, suspicieux

soupe n.f. → **potage**

soupente n.f. cagibi, combles, galetas, grenier, mansarde, réduit, souillarde

souper n.m. dîner → **repas**

souper v. intr. dîner → **manger**

soupeser → **peser**

soupir n.m. → **gémissement**

soupirant, e 1 → **amant** 2 → **prétendant**

soupirer 1 → **respirer** 2 → **aspirer**

souple 1 quelque chose : contractile, ductile, élastique, expansible, extensible, flexible, lâche, malléable, maniable, mou, pliable, rénitent (méd.), rétractile, subéreux 2 quelqu'un. a phys. : agile, allé, aise, décontracté, dégagé, félin, léger, leste → **dispos** b par ext. : accommodant, adroit, compréhensif, diplomate, docile, fin, indulgent, liant, ondoyant, politique, subtil ◆ c péj. : félin, laxiste, machiavélique, retors, sournois

souplesse n.f. 1 de quelque chose : compressibilité, contractilité, ductilité, élasticité, extensibilité, flexibilité, fluidité, malléabilité, maniabilité, plasticité, rénitence (méd.), rétractibilité, rétractilité 2 de quelqu'un. a phys. : agilité, aisance, décontraction, légèreté, sveltesse b par ext. : adresse, compréhension, diplomatie, docilité, finesse, intrigue, subtilité → **politique** ◆ c péj. : félinité, laxisme, machiavélisme, sournoiserie

souquenille n.f. bleu, caban, cache-poussière, casaque, cotte, sarrau, surtout

souquer 1 v. tr. : bloquer, serrer, visser ◆ mar. : carguer, étrangler 2 v. intr. a au pr. : ramer b fig. → **peiner**

source n.f. 1 au pr. : fontaine, geyser, griffon, point d'eau, puits ◆ vx : font, sourgeon 2 fig. a → **origine** b → **cause**

sourcier, ère n.m. ou f. radiesthésiste, rhabdomancien

sourciller 1 ciller, froncer les sourcils, tiquer 2 **sans sourciller :** sans barguigner/discuter/être troublé/faire ouf (fam.)/hésiter

sourcilleux, euse 1 braque, chatouilleux, délicat, hérissé, hypersensible, irritable, ombrageux, pointilleux, pointu, prompt, sensible, sensitif 2 → **triste**

sourd, e nom et adj. 1 au pr. : dur d'oreille, sourdingue (fam.) 2 par ext. : amorti, assourdi, bas, caverneux, cotonneux, creux, doux, enroué, étouffé, grave, indistinct, mat, mou, sépulcral, voilé [3] fig. [a] quelqu'un : impitoyable, inexorable, insensible → **indifférent** [b] quelque chose : caché, clandestin, hypocrite, souterrain, ténébreux, vague → **secret**

sourdement → **secrètement**

sourdine (en) [1] discrètement, doucement, mollo (fam.), silencieusement [2] → **secrètement**

sourdre → **sortir**

souriant, e [1] → **aimable** [2] → **beau**

souricière n.f. → **piège**

sourire n.m. → **rire**

sourire v. intr. [1] → **rire** [2] → **plaire**

souris [1] n.f. [a] muridé, souriceau [b] fam. → **fille** [c] **souris de mer :** taupe de mer [2] n.m. vx → **rire**

sournois, e affecté, artificieux, caché, cachottier, chafouin, déloyal, dissimulateur, dissimulé, double jeu, doucereux, en dessous, faux, faux jeton, fourbe, insidieux, mensonger, mielleux, perfide, rusé, simulé, tartufe *ou* tartuffe, trompeur → **hypocrite**

sournoiserie n.f. [1] affectation, artifice, cabotinage, cachotterie, comédie, déguisement, dissimulation, duplicité, faux-semblant, feintise, fiction, grimace, invention, leurre, mensonge, momerie, pantalonnade, parade, ruse, simulation, singerie, tromperie [2] → **fausseté** [3] → **hypocrisie**

sous-alimentation n.f. malnutrition → **carence**

souscrire [1] → **consentir** [2] → **payer**

sous-entendu n.m. allégorie, allusion, arrière-pensée, évocation, insinuation, quiproquo, réserve, restriction, réticence

sous-entendu adj. à double sens, allant de soi, implicite, tacite

sous-estimer abaisser, avilir, baisser, critiquer, débiner (péj.), déconsidérer, décréditer, décrier, dénigrer, déprécier, détracter (vx), dévaloriser, dévaluer, diminuer, discréditer, méconnaître, méjuger, mépriser, mésestimer, rabaisser, rabattre, ravaler, sous-évaluer

sous-fifre n.m. → **subordonné**

sous-jacent, e [1] inférieur, subordonné [2] supposé → **secret**

sous-main (en) → **secrètement**

sous-marin [1] n.m. : bathyscaphe, bathysphère, submersible [2] adj. : subaquatique [3] fig. → **espion**

sous-œuvre n.m. base, fondation, fondement, infrastructure, pied, soubassement, soutènement, soutien

sous-ordre n.m. [1] adjoint, bras droit, collaborateur, subordonné [2] → **inférieur**

sous-préfecture n.f. arrondissement, circonscription, district

sous-sol n.m. → **cave**

soustraction n.f. → **diminution**

soustraire [1] → **dérober** [2] → **retrancher** [3] pron. : esquiver → **éviter**

sous-vêtement n.m. bas, collant, combinaison, dessous, gilet de corps, jupon, maillot, parure, soutien-gorge → **culotte**

soutane n.f. simarre → **robe**

soutenable acceptable, défendable, plausible, possible, supportable → **tolérable**

soutènement n.m. [1] → **appui** [2] → **soutien**

souteneur n.m. → **proxénète**

soutenir [1] au pr. : accoter, appuyer, arc-bouter, armer, chevaler, consolider, corseter, échalasser, épontiller (mar.), étançonner, étayer, maintenir, porter, supporter, tenir → **renforcer** [2] par ext. [a] conforter, fortifier, nourrir, réconforter, remonter, réparer, stimuler, sustenter [b] aider, approuver, appuyer, assister, cautionner, défendre, donner / prêter la main, encourager, épauler, épouser la cause, favoriser, financer, garantir, mettre le pied à l'étrier, prendre fait et cause, promouvoir, protéger, remonter le moral, seconder, secourir, subventionner [c] affirmer, argumenter, assurer, attester, certifier, discuter, disputer, écrire, enseigner, faire valoir, maintenir, prétendre, professer, répondre [d] continuer, persévérer, persister, poursuivre [3] loc. [a] **soutenir le choc :** endurer, recevoir, résister, souffrir, subir, supporter, tenir [b] **soutenir la comparaison :** défier, rivaliser [4] v. pron. [a] se continuer, durer, se maintenir, subsister, surnager [b] s'entraider

soutenu, e [1] aidé, appuyé, épaulé, pistonné (fam.) [2] secondé [3] assidu, constant, persévérant, persistant [4] accentué, continu, continuel, sostenuto (mus.) [5] loc. **style soutenu.** [a] neutre ou fav. : académique, cérémonieux, élevé, éloquent, héroïque, magnifique, noble, pindarique, relevé, sublime [b] non fav. : affecté, ampoulé, apprêté, bouffi, boursouflé, compliqué, déclamatoire, démesuré, emphatique, enflé, grandiloquent, guindé, hyperbolique, pédantesque, pompeux, pompier (péj. et fam.), prétentieux, ronflant, sentencieux, solennel, sonore, soufflé

souterrain n.m. abri, antre, basse-fosse, catacombe, cave, caveau, caverne, crypte, cul de basse-fosse, diverticule, excavation, galerie, grotte, oubliette, passage, sous-sol, terrier, tunnel

souterrain, e caché, sombre, ténébreux → **secret**

soutien n.m. [1] au pr. : adossement, arc-boutant, base, chandelier, chandelle, charpente, chevalement, colonne, contre-fiche, épaulement, éperon, étai, étançon, levier, pilier, pivot, soutènement, support, tabouret, tuteur, vau ou vaux ou veau → **appui** [2] mar. : accore, épontille, étambrai, tin [3] par ext. : aide, appoint, appui, assistance, collaboration, concours, coopération, égide, encouragement, influence, intervention, main-forte, patronage, piston (fam.), planche de salut, protection, recommandation, réconfort, rescousse, sauvegarde, secours, service, solidarité, support [4] **être le soutien de :** adepte, aide, appui, auxiliaire, bouclier, bras, champion, défenseur, étai, garant, partisan, patron, pilier, pivot, protecteur, second, souteneur (péj.), supporter, tenant

soutien-gorge n.m. balconnet, bustier

soutirer [1] au pr. → **transvaser** [2] fig. [a] → **obtenir** [b] → **prendre**

souvenance n.f. → **souvenir**

souvenir n.m. [1] au sing. [a] au pr. anamnèse, mémoire, pensée, réminiscence [b] vx : souvenance [c] par ext. : arrière-goût, impression, ombre, trace [d] → **remords** [e] commémoration, ex-voto, monument, plaque, statue, tombeau, trophée [f] relique, reste, témoin [g] → **cadeau** [2] au pl. : annales, autobiographie, chronique, commentaire, confession, essai, journal, mémoires, mémorial, récit, révélations, voyages

souvenir (se) évoquer, mémoriser, se rappeler, se remémorer, remettre, retenir, revoir

souvent d'ordinaire, fréquemment, généralement, habituellement, journellement, la plupart du temps, mainte(s) fois, plusieurs fois

souverain, e [1] adj. → **suprême** [2] nom [a] → **monarque** [b] → **pape**

souveraineté n.f. autorité, domination, empire, pouvoir, puissance, suprématie, suzeraineté

soviet n.m. [1] → **comité** [2] → **communiste**

soyeux, euse doux, duveteux, fin, lisse, moelleux, satiné, sétacé, velouté, velouteux

spacieusement amplement, au large, grandement, immensément, largement, magnifiquement, noblement, profondément, vastement

spacieux, euse ample, étendu, vaste → **grand**

spadassin n.m. [1] → **ferrailleur** [2] → **tueur**

spartiate laconique, sobre → **austère**

spasme n.m. → **convulsion**

spationaute n.m. et f. astronaute, cosmonaute

spationef n.m. → **aérodyne**

speaker n.m. annonceur, disc-jockey, présentateur

speakerine n.f. annonceuse, présentatrice (off.)

spécial, e caractéristique, distinct, distinctif, exceptionnel, extraordinaire, individuel, original, particulier, propre à, remarquable, singulier

spécialiser → **spécifier**

spécialiste n.m. et f. [1] homme de l'art, professionnel, savant, technicien, technocrate (péj.) [2] → **médecin**

spécialité n.f. [1] au pr. : branche, champ, département, division, domaine, fief, oignons (fam.), partie, sphère [2] → **remède**

spécieux, euse [1] → **incertain** [2] → **trompeur**

spécification n.f. → **explication**

spécificité n.f. idiosyncrasie → **particularité**

spécifier caractériser, déterminer, préciser, spécialiser → **fixer**

spécifique adj. caractéristique, distinct, net, précis, spécial, sui generis, typique → **particulier**

spécimen n.m. échantillon, exemplaire, exemple, individu, modèle, prototype, unité

spéciosité n.f. → **fausseté**

spectacle n.m. [1] au pr. [a] aspect, féerie, panorama, scène, tableau, vue [b] attraction, ballet, cinéma, comédie, danse, divertissement, exhibition, happening, music-hall, numéro, projection, représentation, revue, séance, séance récréative, show, soirée → **pièce, théâtre** [2] par ext. [a] fantaisie, fantasmagorie, grand-guignol [b] → **montre**

spectaculaire → **extraordinaire**

spectateur, trice n.m. ou f. assistant, auditeur, auditoire, galerie, observateur, parterre, public, téléspectateur, témoin

spectre n.m. [1] au pr. : apparition, double, ectoplasme, esprit, fantôme, lémure, ombre, revenant, vision, zombi [2] fig. : cauchemar, crainte, fantasme, hallucination, hantise, idée fixe, manie, monomanie, obsession, peur, phobie, psychose, souci

spéculateur, trice n.m. ou f. accapareur, agioteur, baissier, boursicoteur, bricoleur, cumulard, haussier, joueur, monopolisateur, thésauriseur, trafiquant, tripoteur

spéculatif, ive abstrait, conceptuel, conjectural, contemplatif, discursif, hypothétique, métaphysique, philosophique, théorique

spéculation n.f. [1] calcul, étude, projet, recherche → **pensée** [2] → **théorie** [3] non fav. [a] accaparement, agiotage, jeu, raréfaction, trafic, traficotage (fam.), tripotage (fam.) [b] imagination, rêverie → **rêve** [4] neutre : affaires, Bourse, boursicotage (fam.), commerce, entreprise, transaction

spéculer [1] → **hasarder** [2] → **trafiquer**

speech n.m. allocution, baratin (fam.), causerie, compliment, conférence, éloge, laïus (fam.), toast → **discours**

spermatozoïde n.m. → **gamète**

sperme n.m. [1] graine, semence [2] arg. et grossier : [a] vx. foutre [b] fromage, jus, paquet, purée, sauce, semoule, yaourt

sphère n.f. [1] armillaire, boule, globe, mappemonde, navisphère [2] champ, cercle, domaine, étendue, limite, milieu, monde (abusiv.), région, zone

sphérique → **rond**

spirale → **volute**

spiritualisme n.m. → **idéalisme**

spiritualiste nom et adj. par ext. : animiste, (judéo-) chrétien, déiste, dualiste, essentialiste, fidéiste, finaliste, gnostique, idéaliste, immatérialiste, mystique, ontologique, panthéiste, personnaliste, (néo-)platonicien, pythagoricien ou pythagorique, subjectiviste, téléologique, théiste, vitaliste, zen

spiritualité n.f. [1] immatérialité, incorporalité, incorporéité [2] → **religion** [3] → **mysticisme**

spirituel, le [1] abstrait, allégorique, figuré, immatériel, incorporel, intellectuel, mental, moral, mystique, religieux, symbolique [2] amusant, attique, brillant, comique, drôle, facétieux, fin, humoristique, ingénieux, intelligent, léger, malicieux, piquant, plaisant, satirique, vif

spiritueux n.m. → **liqueur**

spleen n.m. cafard (fam.), chagrin, ennui, hypocondrie, idées noires, mal du siècle, mélancolie, neurasthénie, nostalgie, vague à l'âme → **tristesse**

splendeur n.f. [1] → **lumière** [2] → **lustre** [3] → **luxe**

splendide brillant, coruscant, éblouissant, éclatant, étincelant, fastueux, joyeux, glorieux, magnifique, merveilleux, retentissant, somptueux, superbe, triomphal → **beau**

spoliation n.f. captation, dépossession, dol, éviction, expropriation, extorsion, fraude, frustration, soustraction → **vol**

spolier déposséder, dépouiller, désapproprier, déshériter, dessaisir, enlever, évincer, exproprier, extorquer, frustrer, ôter, priver, soustraire → **voler**

spongieux, euse perméable → **mou**

sponsor n.m. off. : commanditaire

spontané, e [1] quelqu'un : cordial, direct, franc, libre, naïf, naturel, ouvert, primesautier, rapide, sincère, volontaire [2] quelque chose : automatique, impulsif, inconscient, involontaire

spontanément de sa propre initiative, de soi, tout seul

spontanéité n.f. → **sincérité**

sporadique [1] dans l'espace : clairsemé, constellé, dispersé, disséminé, dissocié, divisé, écarté, écartelé, éparpillé, épars, séparé [2] dans le temps : discontinu, intermittent, irrégulier, larvé, rémittent, saccadé, variable

spore n.f. → **germe**

sport n.m. [1] amusement, culture physique, entraînement, exercice, gymnastique, jeu [2] principales activités sportives [a] → **athlétisme** [b] natation, plongeon, water-polo → **nage** [c] boxe anglaise/française, escrime, judo, karaté, lutte, tir [d] alpinisme, aviron, badminton, canoë, cyclisme, cyclo-cross, golf, kayak, paume, pelote (basque), ping-pong, planche à voile, plongée sous-marine, ski nautique, squash, surf, tennis, yachting [e] automobilisme ou sport automobile, moto-cross, motocyclisme, motonautisme [f] acrobatie aérienne ou voltige, aviation, deltaplane, parachutisme, parapente, U.L.M., vol à voile [g] base-ball, basket-ball, cricket, football, hand-ball, hockey sur gazon, rugby, volley-ball [h] bobsleigh, hockey sur glace, luge, patinage, ski [i] concours hippique, courses, dressage, équitation ou cheval, haute école, polo [j] chasse, pêche (au gros/au lancer/sous-marine) [k] billard, boules, bowling, pétanque

spot n.m. off. [1] → **projecteur** [2] audiov. annonce, communication, message publicitaire [3] milit. : point de poser ou émissole (mar.), repère, trace

sprint n.m. emballage, enlevage, finish, pointe, rush

sprinter → **accélérer**

spumeux, euse baveux, bouillonnant, écumeux, mousseux, spumescent

squale n.m. aiguillat, chien de mer, griset, lamie, maillet, marteau ou zygène, orque, requin, rochier, roussette, touille

squame n.f. écaille, squamule

square n.m. [1] → **jardin** [2] → **place**

squelette n.m. [1] au pr. : carcasse, charpente, momie, os, ossature, ossements [2] par ext. : architecture, canevas → **plan**

squelettique décharné, défait, désossé, émacié, étique, fluet, grêle, sec → **maigre**

stabilisation n.f. → **affermissement**

stabiliser → **fixer**

stabilité n.f. [1] au pr. : aplomb, assiette, assise, équilibre [2] par ext. [a] certitude, consistance, constance, continuité, durabilité, fermeté, fixité, permanence, solidité [b] inamovibilité, sécurité [c] → **calme**

stable [1] au pr. : affermi, ancré, assis, d'aplomb, ferme, fixe, équilibré, immobile, immuable, inaltérable, inamovible, indécomposable, permanent, persistant, régulier, sédentaire, solide, stationnaire, statique [2] par ext. : arrêté, assuré, certain, constant, continu, défini, déterminé, durable, fini, inamissible, invariable, invariant, irrévocable, sûr, torpide (méd.)

stade n.m. [1] carrière, cirque, hippodrome, lice (vx), piste, terrain, vélodrome → **gymnase** [2] degré, échelon, niveau, palier, partie, période, phase, terme

staff n.m. aggloméré, faux marbre, imitation, stuc

staff n.m. cadres, personnel → **hiérarchie**

stage n.m. [1] arrêt, moment, passage, période, station → **séjour** [2] apprentissage, formation, juvénat, noviciat, préparation

stagnant, e [1] croupissant, dormant, marécageux [2] immobile, inactif, lent, mort, stationnaire

stagnation n.f. [1] au pr. : arrêt, immobilisation, stase [2] par ext. [a] ankylose, atrophie, langueur, marasme [b] crise, croupissement, immobilisme, improductivité, inaction, inactivité, inertie, morte-saison, paralysie, piétinement

stagner croupir, macérer → **séjourner**

stalactite et **stalagmite** n.m. concrétion, pétrification

stalle n.f. [1] banquette, gradin, miséricorde, place, siège [2] box, loge

stance n.f. strophe → **poème**

stand n.m. [1] pas de tir [2] → **magasin**

standard [1] n.m. [a] accueil, central [b] → **modèle** [2] adj. : commun, conforme, courant, normalisé

standardisation n.f. → **rationalisation**

standardiser → **normaliser**

stand-by milit. off. : attente

standing n.m. off. classe, haut de gamme, niveau de vie, prestige → **rang**

staphisaigre n.f. → **dauphinelle**

star n.f. → **artiste**

starlette n.f. → **cover-girl**

starter n.m. [1] méc. off. : démarreur [2] méd. off. : inducteur

stase n.f. [1] → **congestion** [2] → **stagnation**

station n.f. [1] arrêt, gare, halte, poste [2] pause, stage [3] attitude, position, posture [4] **station thermale** : bains, eaux, thermes, ville d'eaux

stationnaire [1] casanier, sédentaire [2] étale, fixe, immobile, invariable, stagnant → **stable**

stationnement n.m. → **parking**

stationner s'arrêter, s'attarder, camper, cesser, demeurer, faire halte/relâche, se fixer, rester, séjourner, stopper

statique → **stable**

statistique n.f. → **dénombrement**

statuaire n.m. et f. bustier, imagier (vx), modeleur, ornemaniste → **sculpteur**

statue n.f. [1] bronze, buste, figure, figurine, gisant, idole, image, marbre, monument, orant, pleurant, ronde-bosse, simulacre [2] amour, cariatide, cupidon, déesse, dieu, faune, génie, héros, télamon, terme → **sculpture**

statuer arrêter, établir, fixer, juger, ordonner → **décider**

statuette n.f. [1] bilboquet, figurine, magot, marionnette, marmot (vx), pagode, poupée, poussah, santon [2] biscuit, chine, saxe, sèvres, tanagra

statu quo n.m. → **immobilité**

stature carrure, charpente, grandeur, hauteur, mesure, port, taille

statut [1] arrêté, canon, charte, code, concordat, consigne, constitution, décret, discipline, édit, institution, loi, mandement, ordonnance, prescription, règle, règlement, réglementation [2] accord, arbitrage, arrangement, convention, protocole [3] relig. : canon, observance, règle

statutaire réglementaire → **permis**

stèle n.f. cippe → **tombe**

steppe n.f. lande, pampa, plaine, prairie, veld

stercoraire scatophile, stercoral

stéréotype n.m. → **cliché**

stéréotypé, e → **figé**

stérile [1] quelque chose. [a] aride, désert, désolé, desséché, improductif, inculte, incultivable, infécond, infertile, infructueux (vx), ingrat, inutile, maigre, nul, pauvre, pouilleux, sec [b] aseptique, axénique, infermentescible, pasteurisé, stérilisé [2] vétér. : bréhaigne, mule [3] par ext. : inefficace, infructueux, inutile, oiseux, vain

stérilisation n.f. [1] appertisation, aseptisation, assainissement, axénisation, ozonisation, pasteurisation, upérisation [2] → **congélation** [3] → **castration**

stériliser [1] au pr. [a] appertiser, aseptiser, désinfecter, étuver, javelliser, ozoniser, pasteuriser, purifier, upériser [b] → **congeler** [c] bistourner, castrer, châtrer, couper, émasculer, hongrer, mutiler [2] par ext. : appauvrir, assécher, dessécher, neutraliser → **sécher**

stérilité n.f. [1] au pr. : agénésie, anovulation, aspermatisme, aspermie, azoospermie, infécondité → **impuissance** [2] par ext. [a] → **pauvreté** [b] → **sécheresse**

steward n.m. → **serveur**

stick n.m. [1] → **baguette** [2] milit. off. : groupe de saut

stigmate n.m. [1] → **cicatrice** [2] → **trace**

stigmatisation n.f. → **blâme**

stigmatiser [1] → **blâmer** [2] → **flétrir**

stimulant n.m. → **fortifiant**

stimulant, e nom et adj. [1] incitant, mobilisateur, motivant, stimulateur [2] → **affriolant**

stimulation et **stimulus** n.f., n.m. → **excitation**

stimuler → **exciter**

stipe n.m. → **tige**

stipendier → **soudoyer**

stipulation n.f. accord, clause, condition, convention, engagement, pacte, traité

stipuler → **énoncer**

stock n.m. → **réserve**

stocker déposer, entreposer → **conserver**

stoïcien, ne nom et adj. [1] stoïque [2] constant, dur, ferme, impassible, inébranlable, insensible

stoïcisme n.m. [1] au pr. : [2] par ext. [a] → **constance** [b] → **austérité**

stoïque nom et adj. [1] → **stoïcien** [2] → **courageux** [3] → **austère**

stolon n.m. → **tige**

stomacal, e et **stomachique** gastrique

stop n.m. [1] → **arrêt** [2] → **assez**

stopper [1] arrêter, bloquer, freiner, immobiliser ◆ mar. : être encalminé, mettre en panne, mouiller [2] raccommoder, rentraire, réparer

store n.m. → **rideau**

strabisme n.m. vx ou fam. : loucherie

stranguler → **étrangler**

stratagème n.m. → **ruse**

strate n.f. → **couche**

stratège n.m. généralissime → **chef**

stratégie n.f. par ext. : diplomatie, manœuvre, polémologie, tactique → **ruse**

stratégique → **militaire**

stratifier → **accumuler**

stress n.m. tension → **inquiétude**

strict, e [1] → **zélé** [2] → **sévère**

strident, e → **aigu**

strie n.f. [1] → **sillon** [2] au pl. méd. : vergetures, vibices

strié, e divisé, lamellé, lamelliforme, laminaire, ligné, rayé, vermiculé

strier ligner, rayer

string n.m. pétr. off. : rame

stripper n.m. méd. off. : tire-veine

stripping n.m. off. nucl. : stripage

strip-tease n.m. déballage, déshabillage, effeuillage (off.)

strip-teaseuse n.f. off. : effeuilleuse

strophe n.f. → **poème**

structure n.f. [1] algorithme, architecture, arrangement, charpente, construction, contexture, disposition, forme, groupement, ordonnance, ordre, organisation, ossature, plan, schème, système, texture [2] organigramme, tableau schématique/synoptique → **composition**

stuc n.m. aggloméré, faux marbre, imitation, staff

studieux, euse accrocheur, appliqué, chercheur, fouilleur, laborieux, travailleur, zélé

studio n.m. appartement, chambre, garçonnière, logement, meublé, pied-à-terre, studette

stupéfaction n.f. [1] au pr. : ankylose, engourdissement, immobilisation, immobilité, insensibilité [2] par ext. [a] abasourdissement, consternation, ébahissement, effarement, étonnement, saisissement, stupeur, surprise [b] effroi, épouvante, horreur → **peur**

stupéfait, e abasourdi, ahuri, confondu, consterné, déconcerté, décontenancé, désorienté, ébahi, ébaubi, embarrassé, étourdi, frappé, frappé de stupeur, interdit, médusé, renversé, saisi, stupéfié, stupide, surpris → **étonné** ◆ fam. : baba, comme deux ronds de flan, ébouriffé, épaté, soufflé

stupéfiant n.m. → **drogue**

stupéfiant, e → **surprenant**

stupéfié, e → **surpris**

stupéfier → **surprendre**

stupeur n.f. → **stupéfaction**

stupide [1] neutre. [a] engourdi, mou, vaseux, vasouillard [b] aveugle, ébahi, étonné, hébété → **stupéfait** [2] non fav. : balourd, butor, demeuré, fondu (fam.), ganache, idiot, imbécile, insensé, jacques (vx), lourd, lourdaud, lourdingue, minus, niais, pesant → **bête, sot** ◆ arg. : bas de plafond, cave, cloche, con, connard, conneau, croûte, cul, pied, tarte, tronche

stupidité n.f. [1] quelque chose : ânerie, balourdise, crétinerie → **sottise** [2] de quelqu'un : absurdité, aveuglement, béotisme, crétinisme, ganacherie, idiotie, ineptie, inintelligence, lourdeur, pesanteur, philistinisme → **bêtise** ◆ vx : béjaune

stupre n.m. [1] au pr. : avilissement, basse débauche, crapule, viol, violence [2] par ext. : concupiscence, corruption, immodestie, impudicité, impureté, indécence, lasciveté, lascivité, libertinage, licence, lubricité, luxure, obscénité, salacité → **débauche**

style n.m. [1] au pr. : écriture, élocution, expression, langage, langue [2] par ext. [a] design, façon, facture, forme, genre, goût, griffe, ligne, main, manière, originalité, patte, pinceau, plume, signature, talent, ton, touche, tour [b] → **expression** [c] → **procédé** [d] → **ordre**

styler [1] acclimater, accoutumer, adapter, apprivoiser, endurcir, entraîner, façonner, faire à, familiariser, former, habituer, initier, mettre au courant/au fait de, plier à, rompre [2] apprendre, catéchiser, dresser, éduquer, élever, endoctriner, enseigner, exercer, former, instruire, préparer ♦ vx : gouverner, instituer

stylet n.m. → **poignard**

styliser idéaliser, interpréter, schématiser, simplifier, transposer

styliste n.m. et f. affichiste, designer, dessinateur, modéliste, stylicien(ne)

stylo n.m. vx : porte-plume réservoir, stylographe → **porte-plume**

suaire n.m. drap, linceul, voile

suave → **doux**

suavité n.f. → **douceur**

subalterne → **subordonné**

subconscient [1] adj. : infraliminal, subliminal [2] n.m. : inconscient, intériorité, intimité, profondeurs

subdiviser désunir, diviser, fractionner, morceler, partager, répartir, sectionner, séparer

subdivision n.f. → **partie**

subir accepter, écraser (fam.), endurer, éprouver, essuyer, expérimenter, recevoir, ressentir, sentir, souffrir, soutenir, supporter, tolérer

subit, e brusque, brutal, foudroyant, fulgurant, immédiat, imprévu, inopiné, instantané, prompt, rapide, soudain

subitement et **subito** → **soudain**

subjectif, ive [1] au pr. : personnel [2] par ext. : arbitraire, excessif, injuste, partial, particulier

subjectivité n.f. par ext. : abus, arbitraire, déloyauté, injustice, irrégularité, parti pris, partialité, préférence, préjugé, prévention, scélératesse

subjuguer [1] → **soumettre** [2] → **gagner**

sublimation n.f. [1] distillation, vaporisation, volatilisation [2] exaltation, purification

sublime [1] → **élevé** [2] → **beau**

sublimement admirablement, divinement, extraordinairement, formidablement, noblement, parfaitement, surhumainement

sublimer [1] → **embellir** [2] → **transposer**

sublimité n.f. élévation, grandeur, noblesse, perfection, supériorité → **beauté**

submerger [1] au pr. : arroser, couvrir, engloutir, ensevelir, envahir, inonder, mouiller, noyer, occuper, recouvrir, se répandre [2] par ext. → **déborder**

submersible [1] n.m. : bathyscaphe, bathysphère, sous-marin [2] adj. : subaquatique

subodorer [1] au pr. → **sentir** [2] par ext. : deviner, se douter de, flairer, soupçonner → **pressentir**

subordination n.f. [1] au pr. : asservissement, assujettissement, dépendance, esclavage, infériorité, joug, obédience, obéissance, servitude, soumission, sujétion, tutelle, vassalité [2] par ext. → **hiérarchie**

subordonné, e nom et adj. domestique, esclave, humble, inférieur, second, sous-ordre, subalterne ♦ fam. : lampiste, porte-pipe, sous-fifre

subordonner → **soumettre**

subornation n.f. [1] corruption, détournement, donjuanisme, intimidation, séduction, tromperie, vénalité [2] → **malversation** [3] fam. : arrosage, éclairage

suborner → **séduire**

suborneur, euse nom et adj. [1] → **malhonnête** [2] bourreau des cœurs, casse-cœur, charmeur, enjôleur, ensorceleur, fascinateur, galant, homme à femmes, lovelace, séducteur, tombeau des cœurs, tombeur de femmes

subreptice → **secret**

subrepticement → **secrètement**

subrogation n.f. → **remplacement**

subroger relever, remplacer, représenter, substituer

subséquemment après, en conséquence (de quoi), ensuite, plus tard

subséquent, e → **suivant**

subside n.m. [1] → **impôt** [2] → **secours**

subsidiaire accessoire, annexe, auxiliaire, mineur, suffragant

subsidiairement → **accessoirement**

subsistance n.f. [1] au sing. : alimentation, approvisionnement, denrée, entretien, intendance, nourriture, pain, pitance, ration, ravitaillement, vie [2] → **séjour** [3] au pl. : comestibles, victuailles, vivres

subsister se conserver, consister (vx), continuer, durer, s'entretenir, être, exister, se maintenir, persister, rester, surnager, survivre, tenir, vivoter, vivre

substance n.f. [1] au pr. : essence, être, nature, quintessence, réalité, soi, substrat [2] par ext. : cause, contenu, corps, élément, essentiel, fond, fondement, matière, moelle, objet, origine, principe, suc, sujet [3] **en substance :** en gros, en résumé, en somme, finalement, sommairement, substantiellement

substantiel, le [1] au pr. [a] vx : essentiel [b] important, principal [2] par ext. : consistant, mangeable, matériel, nourrissant, nutritif, riche, solide

substantiellement → **principalement**

substantif n.m. → **nom**

substituer → **remplacer**

substitut n.m. → **remplaçant**

substitution n.f. [1] → **remplacement** [2] ling. : hypostase

substrat n.m. [1] → **substance** [2] → **langue**

subsumer → **intégrer**

subterfuge n.m. dérobade, détour, échappatoire, escobarderie, faux-fuyant, fuite, pantalonnade, pirouette, volte-face → **ruse**

subtil, e [1] → **menu** [2] → **habile** [3] → **raffiné** [4] → **délicat** [5] → **vif**

subtilisation n.f. → **malversation**

subtiliser → **voler**

subtilité n.f. [1] fav. ou neutre : adresse, délicatesse, finesse, raffinement [2] non fav. : abstraction, argutie, artifice, byzantinisme, casuistique, chicane, chinoiserie (fam.), équivoque, escamotage

subulé, e → **aigu**

subvenir → **pourvoir**

subvention n.f. [1] → **impôt** [2] → **secours**

subventionner → **aider**

subversif, ive → **révolutionnaire**

subversion n.f. agit-prop, bouleversement, contestation, désinformation, déstabilisation, indiscipline, mutinerie, renversement, révolution, sédition

subvertir → **renverser**

suc n.m. → **substance**

succédané n.m. ersatz, produit de remplacement/de substitution, simili

succéder [1] continuer, hériter, relayer, relever, remplacer, se substituer, suivre, supplanter, suppléer [2] v. pron. : alterner, se dérouler, s'enchaîner

succès n.m. [1] au pr. : réussite, triomphe, victoire [2] par ext. [a] avantage, bonheur, bonne fortune, événement heureux, exploit, gain, gloire, honneur, issue heureuse, lauriers, performance, prospérité, prouesse, tour de force, trophée, vedette [b] mode, retentissement, vogue [c] best-seller, gros tirage [3] fam. : bœuf, malheur, saucisson, tabac, ticket, tube

successeur n.m. continuateur, dauphin, descendant, enfant, épigone, fils, héritier, queue (péj.), remplaçant

successif, ive consécutif, constant, continu, ininterrompu, progressif, récurrent, régulier, séquentiel

succession n.f. [1] au pr. : héritage, legs ♦ vx : aubaine, douaire, hoirie, survivance [2] par ext. [a] bien, domaine, héritage, patrimoine, propriété [b] circuit, consécution, continuation, courant, cours, course, enchaînement, fil, filiation, ordre, série, suite [c] alternance, alternative, cadence [d] cascade, chapelet, cortège, défilé, déroulement, enchaînement, énumération, kyrielle, procession, théorie

successivement alternativement, à tour de rôle, coup sur coup, l'un après l'autre, périodiquement, rythmiquement, tour à tour

succin n.m. ambre jaune

succinct, e [1] au pr. : abrégé, accourci, bref, compendieux (vx), concis, condensé, contracté, coupé, court, dense, diminué, écourté, elliptique, haché, laconique, lapidaire, raccourci, ramassé, réduit, resserré, restreint, résumé, serré, simple, sommaire [2] par ext. : éphémère, fragile, fugace, fugitif, intérimaire, momentané, passager, périssable, précaire, pressé, prompt, provisoire, rapide, temporaire, transitoire

succomber [1] au pr. → **mourir** [2] par ext. [a] abandonner, battre la chamade, capituler, céder, demander grâce/merci, déposer/jeter bas/mettre bas/poser/rendre les armes, flancher, hisser le drapeau blanc, lâcher pied/prise, livrer les clefs, mettre les pouces, ouvrir les portes, parlementer, se rendre [b] → **fléchir**

succube n.m. et f. diablesse → **diable**

succulence n.f. → **délicatesse**

succulent, e [1] au pr. : appétissant, bon, délectable, délicat, excellent, exquis, fin, parfait, sapide, savoureux [2] par ext. → **substantiel**

succursale n.f. agence, annexe, bureau, comptoir, dépendance, dépôt, filiale

sucer [1] au pr. : aspirer, boire, lécher, suçoter, super, téter, tirer [2] par ext. absorber, attirer, exprimer, extraire, pomper [3] fig. → **ruiner**

sucrage n.m. chaptalisation

sucre n.m. [1] au pr. [a] cassonade, mélasse, rob, vergeoise, vesou [b] fructose, glucose, lactose, saccharose [2] par ext. : canard (fam.), édulcorant, saccharine, sucrerie [3] loc. **casser du sucre** → **médire**

sucré, e [1] au pr. : adouci, doux, édulcoré, sacchareux, sacchariné, sirupeux [2] fig. [a] benoît, chafouin, douceâtre, doucereux, doux, emmiellé, fade, melliflue, mielleux, mièvre, papelard, patelin, paterne, sournois → **hypocrite** [b] fém. : affectée, bêcheuse, chichiteuse, chipie, coquette, enjôleuse, gnangnan (fam.), grimacière, maniérée, mignarde, mijaurée, minaudière, nunuche, pécore, perruche, pie-grièche, pimbêche

sucrer [1] adoucir, chaptaliser, édulcorer [2] pron. → **toucher**

sucrerie n.f. bonbon, chatterie, confiserie, douceur, friandise, gourmandise, nanan (fam.)

sucrier n.m. saupoudreuse

sud n.m. antarctique, austral, méridional, midi

sudation n.f. diaphorèse, exhalation, exsudation (vx), perspiration, transpiration → **sueur**

sudiste nom et adj. sécessionniste → **séparatiste**

suée n.f. → **sueur**

suer [1] v. intr. [a] au pr. : être en eau/en nage, moitir, se mouiller, transpirer [b] par ext. : dégouliner, dégoutter, exsuder, ruisseler, suinter [c] fig. : se claquer, se crever, s'échiner, s'épuiser, s'éreinter, s'esquinter, s'exténuer, se fatiguer, trimer → **travailler** [d] fam. : en baver/chier [2] v. tr. (fig) → **exhaler**

sueur n.f. [1] au pr. : buée, eau, écume, excrétion, humeur (vx), moiteur, nage, sudation, suée (fam.), transpiration, vapeur [2] fig. : corvée, fatigue, peine, souci, veille → **travail**

suffire apaiser, contenter, être assez/suffisant, fournir, pourvoir, satisfaire

suffisamment assez, à satiété, congrûment, convenablement, correctement, honnêtement, honorablement, raisonnablement

suffisance n.f. [1] → **affectation** [2] → **orgueil**

suffisant, e [1] assez bien, bastant (vx), congru, convenable, correct, honnête, honorable, passable, raisonnable, satisfaisant [2] → **orgueilleux**

suffixe n.m. désinence, terminaison

suffocant, e [1] au pr. : accablant, asphyxiant, chaud, étouffant, torride [2] fig. neutre → **étonnant** [3] non fav. : agaçant, crispant, énervant, exaspérant, horripilant, irritant

suffocation n.f. apnée, asthme, asphyxie, dyspnée, étouffement, étranglement, oppression

suffoquer → **étouffer**

suffrage n.m. [1] au pr. → **vote** [2] par ext. → **approbation**

suffusion n.f. → **épanchement**

suggérer → **inspirer**

suggestif, ive allusif, charmeur, ensorcelant, envoûtant, évocateur, inspirant, prenant, saisissant, séduisant, troublant

suggestion n.f. [1] → **avertissement** [2] → **inspiration** [3] → **analogie**

suggestionner → **influer**
suicidaire → **téméraire**
suicide n.m. autodestruction, hara-kiri
suicider (se) se détruire, se donner la mort, se défaire, faire hara-kiri, se faire sauter (la cervelle/le caisson), se flinguer, s'immoler, mettre fin à ses jours, se saborder (fig.), se supprimer
suif n.m. → **graisse**
sui generis distinct, original, particulier, personnel, spécial
suintement n.m. → **écoulement**
suinter couler, dégouliner (fam.), s'échapper, s'écouler, s'égoutter, émaner, exsuder, fuir, goutter, jeter (vx), perler, pleurer (fig.), ressuer, ruisseler, sécréter, sourdre, suer, transsuder
suisse nom et adj. [1] helvète, helvétique [2] alémanique, bernois, genevois, romanche, romand, valaisan, vaudois [3] helvétisme [4] [a] → **bedeau** [b] → **portier**
suite n.f. [1] au pr. [a] appareil, cortège, cour, entourage, équipage, escorte, garde, gens, maison, pompe, théorie, train [b] fam. : trimballée [c] continuation, continuité, cours, déroulement, développement, enchaînement, fil, filiation, liaison, postériorité, prolongation, prolongement, reprise [d] typo. : retourne, tourne [2] par ext. [a] alternance, alternative, cascade, chaîne, chapelet, concaténation, consécution, découpage, défilé, enfilade, engrenage, énumération, file, gamme, kyrielle, liste, ordre, ribambelle, séquence, série, succession, tissu, trame [b] aboutissement, conséquence, contrecoup, cortège, éclaboussure, effet, imbrication, implication, incidence, lendemain, rançon, reliquat, répercussion, résultat, retombée, ricochet, séquelle, séquence [c] cohérence, cohésion [d] → **persévérance** [3] loc. [a] **tout de suite :** à l'instant, aussitôt, illico (fam.), immédiatement, incessamment, incontinent, sans délai, sans plus attendre, sur-le-champ [b] **dans/par la suite :** à/dans l'avenir, après cela, demain, depuis, désormais, dorénavant, ensuite, plus tard [c] **par suite de :** à cause de, en raison de, grâce à
suivant, e n.m. ou f. acolyte, aide, confident, continuateur, disciple, inférieur, remplaçant, suiveur
suivant, e adj. autre, consécutif, futur, postérieur, subséquent, successeur, ultérieur
suivant prép. conformément à, dans, d'après, selon
suivante n.f. confidente, dame/demoiselle de compagnie/d'honneur, fille, fille d'honneur → **servante**
suivi, e [1] assidu, constant, continu, continuel, d'affilée, durable, éternel, immuable, incessant, indéfectible, infini, ininterrompu, interminable, invariable, opiniâtre, permanent, perpétuel, persistant, prolongé, régulier, sans arrêt/cesse/fin/répit/trêve, sempiternel, soutenu, successif [2] → **logique**
suivre [1] au pr. [a] accompagner, emboîter le pas, escorter, marcher derrière, poursuivre, serrer, talonner [b] côtoyer, descendre, emprunter, longer, parcourir, prendre, remonter [2] par ext. [a] espionner, filer, filocher (arg.), observer, pister, prendre en filature, surveiller → **écouter** [b] continuer, remplacer → **succéder** [c] courtiser, fréquenter, hanter, sortir avec [d] → **comprendre** [e] assister à, écouter, être présent, s'intéresser à, regarder, voir [f] → **abandonner (s')** [g] → **soumettre (se)** [h] → **résulter** [i] → **obéir** [j] adhérer, adopter, se décider pour, se déclarer pour, embrasser, épouser, prendre parti, se prononcer, se ranger, tenir pour
sujet n.m. [1] cause, lieu, matière, motif, objet, point, problème, propos, question, raison [2] affabulation, article, canevas, champ, étoffe, fable, histoire, idée, intrigue, thème [3] cobaye (fig.), malade, patient → **homme** [4] loc. [a] **bon sujet :** élève, enfant, petit [b] **mauvais sujet** → **vaurien** [c] loc. **au sujet de** → **touchant**
sujet, te [1] astreint, dépendant, enclin, exposé, habitué, porté à, susceptible [2] gouverné, inférieur, soumis, subordonné, tributaire
sujétion n.f. → **subordination**
summum n.m. apogée, comble, excès, faîte, fort, limite, maximum, nec plus ultra, période, pinacle, sommet, top niveau (fam.), triomphe, zénith
super → **sucer**
superbe n.f. amour-propre, arrogance, dédain, estime de soi, fatuité, fierté, gloriole, hauteur, importance, infatuation, jactance, mégalomanie, morgue, orgueil, ostentation, outrecuidance, pose, présomption, prétention, suffisance, supériorité, vanité
superbe adj. [1] altier, arrogant, avantageux, content de soi, crâneur, dédaigneux, faraud, fat, fier, flambard, glorieux, gobeur, hautain, important, infatué, m'as-tu-vu, orgueilleux, outrecuidant, paon, pénétré de soi, poseur, présomptueux, prétentieux, puant, satisfait de soi, sourcilleux, suffisant, supérieur, vain, vaniteux [2] → **beau** [3] → **somptueux**
supercherie n.f. → **tromperie**
superfétation n.f. → **superfluité**
superfétatoire → **superflu**
superficie n.f. [1] → **surface** [2] → **aspect**
superficiel, le → **léger**
superficiellement [1] à la légère, légèrement, inconsidérément, sommairement [2] frugalement, sobrement [3] délicatement, doucement, en douceur, imperceptiblement
superfin, e → **parfait**
superflu, e adventice, de trop, exagéré, excessif, explétif, oiseux, parasite, redondant, superfétatoire, surabondant → **inutile**
superfluité n.f. bavardage, cheville, délayage, double emploi, excès, longueur, luxe, pléonasme, redite, redondance, rembourrage, remplissage, superfétation, surabondance, surcharge
supérieur, e n.m. ou f. [1] chef, directeur, doyen, grand maître, général, maître, patron, prieur [2] principal, proviseur, régent
supérieur, e adj. [1] quelqu'un. [a] fav. ou neutre : beau, bon, distingué, émérite, éminent, excellent, extraordinaire, génial, hors-concours, transcendant [b] non fav. : arrogant, condescendant, dédaigneux, fier → **superbe** [2] quelque chose. [a] au pr. : dominant, élevé, haut [b] par ext. : délectable, excellent, extra, fameux, fin, formidable, optimal, première qualité, royal, sans pareil, sensationnel, superfin, suprême, surfin, unique ♦ fam. : ronflant, sensass, super [3] une classe sociale : dirigeant, dominant, possédant, prééminent, prépondérant
supériorité n.f. [1] atout, avantage, dessus, optimum, prééminence, préexcellence, prépondérance, prépotence, primauté, privilège, suprématie [2] empire, hégémonie, maîtrise, précellence, royauté, sceptre [3] de quelqu'un. [a] fav. : distinction, excellence, génie, mérite, transcendance [b] non fav. : arrogance, condescendance, dédain, fierté → **superbe** [4] de quelque chose : excellence, finesse, qualité
superlatif, ive au plus haut degré, extraordinaire, parfait, top niveau (fam.) → **excessif**
supermarché n.m. → **magasin**
superposer → **accumuler**
superposition n.f. → **accumulation**
superstitieux, euse crédule, fétichiste, naïf, scrupuleux
superstition n.f. [1] au pr. : crédulité, fétichisme, naïveté [2] fig. : scrupule → **soin**
superstrat n.m. → **langue**
superstructure n.f. → **extérieur**
supertanker n.f. → **pétrolier**
superviser → **diriger**
supplanter → **remplacer**
suppléance n.f. → **remplacement**
suppléant, e nom et adj. → **remplaçant**
suppléer [1] → **compléter** [2] → **remplacer** [3] → **pourvoir**
supplément n.m. accessoire, à-côté, addenda (fam.), additif, addition, ajout, appendice, appoint, augmentation, complément, excédent, extra, préciput (jurid.), rabiot (fam.), rallonge, surcroît, surplus
supplémentaire accessoire, additionnel, adventice, ajouté, ampliatif, annexé, complémentaire, de surcroît, en appoint/complément/excédent/rabiot/surplus, en plus, subsidiaire, supplétif, surérogatoire
supplétif, ive nom et adj. → **remplaçant**
suppliant, e demandant, implorant, larmoyant, mendiant, orant, pressant, priant
supplication n.f. [1] appel, demande, démarche, déprécation, imploration, instance, invitation, invocation, obsécration, pétition, pourvoi, requête, réquisition, réquisitoire, sollicitation, supplique vx : placet, postulation, quête [2] → **prière**
supplice n.m. [1] [a] autodafé, billot, bûcher, calvaire, cangue, carcan, chaise électrique, chambre à gaz, châtiment, croix, crucifiement, crucifixion, décapitation, décollation, échafaud, écorchement, énervation, enfer, essorillement, estrapade, exécution, exposition, garrot, gibet, lapidation, lynchage, martyre, mort, pal, peine, pendaison, persécution, pilori, potence, punition, tenaillement, torture, tourment → **guillotine** [b] vx : garrotte, géhenne, question [c] → **humiliation** [2] → **inquiétude** [3] → **souffrance** [4] loc. **mettre au supplice** → **tourmenter**
supplicier [1] exécuter, mettre à mort [2] → **tuer** [3] → **tourmenter**
supplier [1] adjurer, appeler, conjurer, demander, implorer, insister, presser, prier, réclamer, recommander, requérir, solliciter [2] convier, inviter
supplique n.f. → **supplication**
support n.m. [1] → **appui** [2] sous-face, subjectile, trame
supportable [1] buvable (fam.), endurable, facile, faible, léger, passable, sortable, soutenable, suffisant, tenable, tolérable, vivable [2] → **excusable**
supporter [1] → **soutenir** [2] → **souffrir** [3] → **comporter** [4] → **tolérer**
supposé, e admis, apocryphe (péj.), attribué, avancé, censé, conjectural, cru, douteux, faux, hypothétique, imaginaire, incertain, posé, présumé, présupposé, prétendu, putatif
supposer admettre, avancer, conjecturer, dénoter, extrapoler, inventer, penser, poser, présumer, présupposer, prétendre → **imaginer**
supposition n.f. cas de figure, condition, conjecture, diagnostic, doute, extrapolation, hypothèse, induction, jeu de l'esprit, préjugé, présomption, pronostic, supputation, vraisemblance → **imagination**
suppôt n.m. agent, partisan, satellite → **complice**
suppression n.f. abandon, abolition, abrogation, amputation, annulation, aphérèse, apocope, cessation, coupure, curetage, deleatur (typo.), dérogation, destruction, discontinuation, effacement, élimination, empêchement, exclusion, expurgation, extinction, liquidation, mutilation, privation, radiation, retranchement, scotomisation (psych.)
supprimer [1] → **détruire** [2] → **retrancher** [3] → **taire** [4] → **étouffer** [5] → **tuer** [6] v. pron. → **suicider (se)**
suppuration n.f. [1] → **infection** [2] → **pus**
suppurer s'infecter → **couler**
supputation n.f. [1] → **évaluation** [2] → **supposition**
supputer [1] → **évaluer** [2] → **compter**
suprasensible abstrait, immatériel, insensible
suprématie n.f. → **supériorité**
suprême [1] au pr. : dernier, final, ultime [2] par ext. : divin, grand, parfait, puissant, souverain, superlatif → **supérieur**
sur, e → **aigre**
sûr, e [1] au pr. : assuré, authentique, avéré, certain, clair, constant, couru (fam.), établi, évident, exact, fatal, garanti, incontestable, indubitable, infaillible, positif, réel [2] par ext. [a] abrité, caché, gardé, imprenable, inviolable, protégé, tranquille [b] confiant, convaincu, ferme [c] crédible, de tout repos, efficace, éprouvé, fiable, fidèle, indéréglable, infalsifiable, vrai [d] sain et sauf [e] → **discret**
surabondamment démesurément, excessivement → **très**
surabondance n.f. [1] → **affluence** [2] → **superfluité**
surabondant, e [1] → **abondant** [2] → **superflu**
surabonder → **déborder**
suralimentation n.f. malnutrition → **pléthore**
suranné, e ancien, antédiluvien, antique, archaïque, arriéré, attardé, caduc, démodé, dépassé, désuet, éculé, fini, fossile, kitsch, gothique, moyenâgeux, obsolescent, obsolète, passé, périmé, rebattu, ringard, rococo, sans valeur, usé, vieilli, vieillot, vieux
surbaisser → **baisser**
surbooking n.m. tour. off. : surréservation
surcharge n.f. [1] → **surcroît** [2] → **superfluité**
surcharger accabler, alourdir, augmenter, charger, combler, écraser, encombrer, excéder, grever, imposer, obérer, oppresser

surchoix n.m. → **supérieur**
surclasser → **surpasser**
surcroît n.m. [1] augmentation, excédent, handicap, supplément, surcharge, surplus [2] **de / par surcroît :** de plus, en outre, pour comble
surdoué, e → **précoce**
surélévation n.f. → **haussement**
surélever → **hausser**
sûrement absolument, à coup sûr, assurément, certainement, certes, évidemment, fatalement, forcément, inévitablement, nécessairement, obligatoirement
surenchère n.f. → **enchère**
surestarie n.f. → **délai**
surestimer → **surfaire**
suret, te → **aigre**
sûreté n.f. [1] assurance, caution, certitude, gage, garantie [2] → **sécurité** [3] **en sûreté :** à l'abri, à couvert, en sécurité
surévaluation n.f. → **exagération**
surévaluer → **surfaire**
surexcitation n.f. bouleversement, énervement, irritation → **agitation**
surexciter → **exciter**
surf n.m. monoski ◆ par ext. : planche à voile
surface n.f. [1] au pr. : aire, assiette, contenance, étendue, plan, superficie [2] unités de mesure [a] are, mètre carré *et dérivés* [b] vx ou partic. : acre, arpent, journal, perche, verge [3] par ext. [a] apparence, contenance, dehors, extérieur, face, parement, mine [b] crédit, solvabilité [4] **grande surface** → **magasin**
surfaire amplifier, bluffer, charger, encenser, enfler, exagérer, exalter, faire mousser / valoir, forcer, grandir, grossir, ne pas y aller de main morte, outrer, pousser, surestimer, surévaluer, vanter
surfait, e abusif, démesuré, exagéré, exorbitant, outré → **excessif**
surfaix n.m. → **harnachement**
surfil n.m. → **surjet**
surfin, e [1] → **parfait** [2] → **supérieur**
surgeon n.m. → **pousse**
surgir [1] → **sortir** [2] → **paraître** [3] → **naître**
surgissement n.m. → **apparition**
surhausser augmenter, élever, exhausser, soulever, surélever
surhumain, e → **surnaturel**
suri, e → **aigre**
surjet n.m. assemblage, couture, faufilage (fam.), point, surfil
sur-le-champ à l'instant, aussitôt, d'abord, d'emblée, illico (fam.), immédiatement, incessamment, incontinent, instantanément, séance tenante, tout de suite
surmenage n.m. → **fatigue**
surmené, e → **fatigué**
surmener → **fatiguer**
surmontable → **possible**
surmonter [1] → **vaincre** [2] → **surpasser** [3] v. pron. : se dominer, être maître de soi, se maîtriser, se mater, se posséder, se vaincre
surnager [1] → **flotter** [2] → **subsister**
surnaturel n.m. [1] au-delà, grâce, religion, sacré [2] fantasmagorie, fantastique, féerie, magie, merveilleux, mystère, prodige, sorcellerie
surnaturel, le adj. [1] religieux, sacré, spirituel [2] extraordinaire, fabuleux, fantasmagorique, fantastique, féerique, immatériel, magique, merveilleux, métaphysique, miraculeux, onirique, parapsychique, prodigieux, psychédélique, sorcier, surhumain
surnom n.m. nom de guerre / de plume / de théâtre, pseudonyme, qualificatif, sobriquet
surnombre n.m. → **excès**
surnommer affubler, appeler, baptiser, qualifier
surpasser [1] battre, dépasser, devancer, distancer, dominer, éclipser, effacer, l'emporter sur, être supérieur à, excéder, outrepasser, passer, prévaloir, primer, surclasser, surmonter [2] fam. : damer le pion, enfoncer [3] vx : dégoter, sommer [4] pron. : briller, dégoter, être fort / habile à / le meilleur, s'exalter, surclasser, triompher
surpeuplement n.m. surpopulation ◆ par ext. → **multitude**
surplis n.m. rochet
surplomber → **saillir**
surplus n.m. [1] → **excès** [2] → **supplément**
surplus (au) après tout, au / de plus, au reste, aussi, d'ailleurs, en outre, mais
surpopulation n.f. surpeuplement ◆ par ext. → **multitude**
surprenant, e abasourdissant, abracadabrant, anormal, bizarre, brusque, curieux, déconcertant, drôle, épatant, étonnant, étourdissant, étrange, extraordinaire, formidable, grand, imprévu, inattendu, inconcevable, incroyable, inopiné, insoupçonnable, invraisemblable, magique, merveilleux, mirifique, nouveau, phénoménal, prodigieux, rapide, renversant, saisissant, sidérant, stupéfiant
surprendre [1] intercepter, obtenir, saisir → **prendre** [2] apercevoir, déceler, découvrir → **voir** ◆ fam. : choper, pincer [3] → **attaquer** [4] consterner, ébahir, passer l'entendement, pétrifier, renverser, saisir, sidérer, stupéfier → **étonner** [5] abuser, attraper, circonvenir, confondre, décevoir, déconcerter, duper, embarrasser, induire en erreur, tromper
surpris, e confondu, consterné, déconcerté, désorienté, ébahi, ébaubi, embarrassé, étonné, étourdi, frappé, frappé de stupeur, honteux, interdit, renversé, saisi, sidéré, stupéfait, stupéfié, stupide ◆ fam. : baba, cisaillé, comme deux ronds de flan, ébouriffé, épaté, scié, soufflé
surprise n.f. [1] fav. ou neutre. [a] ahurissement, ébahissement, éblouissement, effarement, épatement (fam.), étonnement, saisissement → **stupéfaction** [b] coup de théâtre [c] → **don** [2] non fav. [a] commotion, confusion, consternation, embarras [b] embûche, embuscade, guet-apens → **piège**
surprise-partie n.f. [1] → **bal** [2] → **pique-nique**
sursaut n.m. [1] → **saut** [2] → **tressaillement**
sursauter → **tressaillir**
surseoir → **retarder**
sursis n.m. → **délai**
surtout n.m. [1] bleu, caban, cache-poussière, casaque, cotte, sarrau, souquenille, tablier [2] milieu / ornement(s) de table
surtout adv. éminemment, en particulier, notamment, par-dessus tout, particulièrement, plus que tout, principalement, singulièrement, spécialement
surveillance n.f. [1] aguets, attention, conduite, contrôle, espionnage, filature, filtrage, garde, guet, inspection, patrouille, ronde, veille, vigilance ◆ arg. : canne, flicage, gaffe, pet, planque, serre, trique [2] curatelle
surveillant, e n.m. ou f. [1] commissaire, contrôleur, curateur, séquestre, syndic [2] argus, épieur, espion, garde, gardien, guetteur, inspecteur, patrouilleur, veilleur, vigie ◆ arg. et péj. : argousin (vx), brigand, chat, crabe, gaffe, gaffeur, garde-chiourme, maton, sbire, serre, trique [3] maître, maître d'étude, maître d'internat, pion (fam.), répétiteur, sous-maître (vx)
surveiller [1] → **observer** [2] → **veiller** [3] arg. : fliquer, gaffer, occuper la loge, planquer, saborder, serrer
survenance n.f. [1] → **apparition** [2] → **arrivée**
survenir [1] → **venir** [2] → **arriver**
survie n.f. → **immortalité**
survivance n.f. conservation, continuation, permanence, persistance, rémanence, reste, réveil, souvenir, suite, survie, tradition
survivant, e nom et adj. indemne, miraculé, rescapé, sain et sauf, tiré d'affaires
survivre → **subsister**
survoler [1] → **planer** [2] → **effleurer**
susceptibilité n.f. excitabilité, hypersensibilité, irritabilité
susceptible [1] au pr. : apte, bon, capable, idoine, passible, qualifié, sujet à [2] par ext. : braque, chatouilleux, délicat, excitable, hérissé, hypersensible, irritable, ombrageux, pointilleux, pointu, prompt, sensible, sensitif
susciter amener, appeler, apporter, attirer, causer, créer, déchaîner, déclencher, déterminer, donner / fournir lieu / occasion, engendrer, entraîner, être la cause de, faire, motiver, nécessiter, occasionner, porter, prêter à, procurer, produire → **provoquer**
suscription n.f. adresse, libellé
susdit, e [1] susmentionné, susnommé [2] dito, idem
suspect, e nom et adj. [1] au pr. : apocryphe, critiquable, douteux, équivoque, problématique [2] par ext. [a] borgne, interlope, louche, mal famé [b] inculpable, marron, soupçonné, sujet à caution, trouble, véreux ◆ vx : sentant l'échelle / le fagot / le roussi
suspecter → **soupçonner**
suspendre [1] → **pendre** [2] → **interrompre** [3] → **destituer**
suspendu, e (fig.). [1] quelque chose : arrêté, censuré, en suspens, fermé, interdit, interrompu, saisi, stoppé [2] quelqu'un. [a] neutre : en suspens, hésitant, incertain, irrésolu [b] non fav. : chassé, crossé (fam.), destitué, révoqué, sanctionné
suspens (en) en carafe (fam.), en panne, en souffrance → **suspendu**
suspense n.m. [1] → **inquiétude** [2] → **curiosité**
suspense n.f. censure / interdiction / privation ecclésiastique
suspension n.f. [1] abandon, arrêt, cessation, discontinuation, fermeture, interruption, moratoire, pause, repos, surséance (vx), temps d'arrêt, vacances → **délai** [2] cardan, ressorts [3] lampe, lustre [4] **suspension d'armes :** armistice, cessez-le-feu, trêve
suspicieux, euse → **soupçonneux**
suspicion n.f. → **soupçon**
sustenter → **nourrir**
susurrer → **murmurer**
suture n.f. [1] → **joint** [2] → **transition**
suturer coudre, fermer, recoudre, refermer
suzerain, aine n.m. ou f. → **seigneur**
svelte [1] allongé, délicat, délié, effilé, élancé, étroit, filiforme, fin, fluet, fragile, fuselé, gracile, grêle, maigre, menu, mince, petit, souple, ténu [2] → **élégant**
sveltesse n.f. [1] → **élégance** [2] → **finesse** [3] → **souplesse**
sweater et **sweat-shirt** n.m. → **chandail**
sybarite nom et adj. [1] fav. ou neutre : bon convive / vivant, délicat, épicurien, hédoniste, raffiné, sensuel, voluptueux [2] non fav. : débauché, efféminé, jouisseur, mou, noceur, viveur
sybaritisme n.m. → **sensualité**
sycophante n.m. accusateur, délateur, dénonciateur, espion, fourbe, mouchard, mouton (arg.), trompeur → **hypocrite**
syllabaire n.m. → **abécédaire**
syllabe n.f. par ext. : mètre, pied
syllogisme n.m. → **raisonnement**
sylphe, sylphide elfe → **génie**
sylvain n.m. dryade, faune → **génie**
sylve n.f. → **bois**
sylvestre forestier
sylviculteur n.m. arboriculteur, forestier, pépiniériste
symbole n.m. [1] apparence, attribut, chiffre, devise, drapeau, emblème, enveloppe, figure, insigne, marque, pictogramme, signe, type → **image** [2] allégorie, allusion, anagogie, apologue, comparaison, métaphore, notation, représentation, trope
symbolique allégorique, anagogique, emblématique, expressif, figuré, métaphorique, mystique, spirituel, typique
symboliser envelopper, expliquer, exprimer, figurer, incarner, matérialiser, personnifier, représenter
symbolisme n.m. → **symbole**
symétrie n.f. [1] → **équilibre** [2] → **similitude**
symétrique → **semblable**
sympathie n.f. accord, admiration, affection, affinité, amitié, attachement, attirance, attraction, bienveillance, compassion, condoléances (partic.), conformité / convenance des goûts, cordialité, écho, empathie (psych.), estime, faible, fraternité, harmonie, inclination, intérêt, motivation, penchant, pitié, popularité, sensibilité, tendance, tendresse, unisson → **amour**
sympathique → **aimable**
sympathisant, e nom et adj. → **adepte**
sympathiser → **entendre (s')**
symphonie n.f. [1] au pr. : concert, musique, symphonie concertante [2] par ext. : chœur, entente, harmonie → **union**
symphonique philharmonique
symposium n.m. → **réunion**
symptomatique → **caractéristique**
symptôme n.m. diagnostic, indice, manifestation, marque, présage, prodrome, signe,

signe avant-coureur, signe prognostique, syndrome

synallagmatique bilatéral, mutuel, réciproque

synarchie n.f. énarchie, oligarchie, ploutocratie, technocratie

synchrone concordant, correspondant, simultané, synchronique

synchronisation n.f. concordance, sonorisation ◆ fam. : sono, synchro

synchronisme n.m. coïncidence, concordance, correspondance, simultanéité, synchronie

syncope n.f. ① → **évanouissement** ② → **ellipse**

syncopé, e → **haché**

syncrétisme n.m. → **union**

syndic n.m. agent, arbitre, fondé de pouvoir, liquidateur, mandataire, représentant

syndicat n.m. association, compagnonnage, coopération, corporation, fédération, groupement, mutualité, mutuelle, société, trade-union, union

syndiquer → **associer**

syndrome n.m. → **symptôme**

synode n.m. → **consistoire**

synonyme ① nom masc. : à peu près, approchant, équivalent, hyperonyme, hyponyme, para/quasi-synonyme, remplaçant, similitude, substitut ② adj. → **pareil**

synoptique(s) n.m. et adj. saint Luc, saint Marc, saint Matthieu → **évangile**

syntaxe n.f. arrangement, combinatoire, construction, grammaire, règle, structure, syntagmatique, système ◆ par ext. : taxinomie, taxonomie

synthèse n.f. ① association, combinaison, composition, déduction, ensemble, formation, généralisation, jonction, reconstitution, réunion ② abrégé, conclusion, enseignement, morale, raccourci, reprise, résumé

synthétique → **artificiel**

synthétiser ① → **réunir** ② → **résumer**

syphilis n.f. ① mal français/napolitain, vérole ② arg. : chtouille, plomb, poivre, sifflote, syndicat (être du), zinc

systématique ① au pr. ⓐ déductif, logique ⓑ méthodique, ordonné, organisé, réglé, systématisé ② par ext. : doctrinaire, entêté, intolérant

système n.m. ① au pr. : corps de doctrine, cosmogonie, doctrine, dogmatisme, dogme, explication, idéologie, opinion, pensée, philosophie, structure, théogonie, théorie, thèse ② par ext. ⓐ manière, méthode, moyen, plan, procédé, tendance ⓑ arcane, combinaison, combine, jeu ⓒ constitution, gouvernement, politique, régime ⓓ inform. : configuration

T

tabac n.m. ① ⓐ brésil, caporal, gris, havane, maryland, scaferlati, virginie ⓑ vx : pétun ⓒ chique, prise ⓓ → **cigare** ⓔ arg. : foin, fume, gros-cul, herbe, percale, perle, perlot, poussier (de motte), trèfle ② loc. ⓐ **passer à tabac** → **tabasser** ⓑ **pot à tabac** → **nain**

tabagie n.f. → **cabaret**

tabagisme n.m. nicotinisme, tabacomanie

tabard n.m. → **manteau**

tabassée n.f. → **torgnole**

tabasser passer à tabac, rosser, rouer de coups → **battre**

tabatière n.f. ① queue-de-rat ② imposte, lucarne, oculus ③ par ext. ⓐ → **ouverture** ⓑ → **fenêtre**

tabellion n.m. clerc, garde-notes (vx), greffier, notaire, officier ministériel/public, scribe, secrétaire ◆ péj. : plumitif, scribouillard

tabernacles n.m. pl. scénopégies

tabès n.m. → **maladie**

tablature n.f. → **signe**

table n.f. ① bureau, comptoir, console, entre-deux, établi, étal, guéridon, pupitre, tablette ② menu → **ordinaire** ③ → **surface** ④ abaque, index, répertoire → **tableau** ⑤ → **sommet** ⑥ **se mettre à table** ⓐ au pr. : s'attabler, s'installer, se placer ⓑ arg. → **dénoncer** ⑦ **table ronde** : carrefour, commission, conférence, débat, rencontre, réunion, séance de travail, symposium

tableau n.m. ① cadre, poster, tableautin, toile ◆ péj. : croûte, navet ② ⓐ aquarelle, aquatinte, bois gravé, bosse, buste, chromo (péj.), croquis, décalcomanie, dessin, détrempe, eau-forte, effigie, enseigne, estampe, figure, forme, fresque, gouache, graphique, gravure, héliogravure, illustration, lithographie, médaillon, mine de plomb, miniature, pastel, peinture, plan, planche, photo, pochade, réplique, reproduction, sanguine, schéma, sépia, tête, tracé, trompe-l'œil, vignette, vue ⓑ diptyque, polyptyque, triptyque ③ académie, allégorie, bataille, bergerie, caricature, genre, intérieur, marine, maternité, nature morte, nu, panorama, paysage, portrait, sous-bois, verdure ④ aspect, féerie, panorama, scène, spectacle, vue ⑤ bordereau, cadre, canon, catalogue, cédule, dénombrement, énumération, état, index, inventaire, kyrielle, liste, martyrologe, mémoire, nomenclature, relevé, répertoire, rôle, série, sommaire, suite, table

tablée n.f. → **convive**

tabler → **espérer**

tablette n.f. ① étagère, planchette, rayon, rayonnage → **table** ② plaque, tirette

tablier n.m. ① → **surtout** ② → **blouse** ③ écran, obstacle, protection, rampe, rideau ④ vx → **damier**

tabou → **sacré**

tabouret n.m. escabeau, escabelle, placet (vx), pliant, sellette, siège

tacaud n.m. → **poisson**

tache n.f. ① au pr. : bavure, coulure, crasse, éclaboussure, immondice, maculage, malpropreté, ordure, pâté, saleté, salissure, souillure ◆ vx : maculature, macule ② fig. : crime, déshonneur, faute, flétrissure, honte, impureté, tare → **péché** ③ par ext. : maille, maillure, marque, moucheture, panachure, tacheture, tiqueture ④ dartre, envie, grain de beauté, plaque, taie ⑤ loc. ⓐ **taches de rousseur/de son** : éphélides ⓑ **faire tache d'huile** → **répandre (se)**

tâche n.f. ① → **travail** ② **prendre à tâche** → **entreprendre**

tacher abîmer, barbouiller, charbonner, contaminer, crotter, culotter, éclabousser, encrasser, gâter, graisser, jaunir, mâchurer, maculer, noircir, poisser, polluer, salir, souiller, tacheter, ternir

tâcher chercher à, s'efforcer à/de, s'escrimer, essayer, s'évertuer à, faire l'impossible, s'ingénier à, tâtonner, tenter de

tâcheron n.m. → **travailleur**

tacheter moucheter, piquer, piqueter → **tacher**

tacite → **implicite**

taciturne ① → **silencieux** ② amer, assombri, atrabilaire, bilieux, mélancolique, morne, morose, pessimiste, renfermé, sinistre, sombre, taiseux (rég.), ténébreux → **secret**

tacot n.m. → **voiture**

tact n.m. ① au pr. : attouchement, contact, toucher ② par ext. ⓐ bon goût, bon sens, juste milieu, philosophie, raison, sagesse ⓑ acquis, bienséance, civilité, convenance, délicatesse, doigté, éducation, égards, élégance, entregent, habileté, politesse, savoir-vivre, usage

tactique n.f. par ext. : conduite, diplomatie, façon, ligne de conduite, manière, manœuvre, marche à suivre, menée, plan, politique, pomologie, procédé, stratégie → **ruse**

tadorne n.m. → **palmipède**

taffetas n.m. → **tissu**

taie n.f. ① → **tache** ② → **enveloppe**

taillade n.f. balafre, cicatrice, coupure, entaille, entame, estafilade, incision, plaie → **blessure**

taillader → **couper**

taille n.f. ① calibre, carrure, charpente, dimension, envergure, format, grandeur, grosseur, hauteur, importance, longueur, mesure, port, stature, tournure ② coupe, élagage, étêtage, pincement, ravalement, scarification, taillage ③ découpe ④ cambrure, ceinture, corsage (vx)

taillé, e (bien) ① bâti, charpenté, costaud, découplé, fait, fort, proportionné ② arg. ou fam. : balancé, balèze, ballotté, baraqué, fortiche, roulé

tailler ① appointer, carrer, chanfreiner, chantourner, charpenter, ciseler, cliver, découper, dégrossir, ébaucher, ébiseler, échancrer, épanneler, équarrir, évider, rafraîchir, refouiller, trancher → **couper** ② un arbre : conduire, dégager, dégarnir, dresser, ébarber, ébourgeonner, ébrancher, écimer, éclaircir, élaguer, émonder, ergoter, étêter, étronçonner, ravaler, recéper ③ → **affiler** ④ **tailler en pièces** → **vaincre**

tailleur n.m. coupeur, couturier, culottier, essayeur, faiseur (bon), giletier, habilleur ◆ fam. ou arg. : harnacheur, pompier

taillis n.m. brout, buisson, cépée, essart, gaulis, maquis, remise (vén.), taille → **bois**

tailloir n.m. ① arch. : abaque ② vx : tranchoir

tain n.m. → **enduit**

taire ① celer, déguiser, dissimuler, effacer, faire disparaître, garder le secret, omettre, passer sous silence, receler, supprimer → **cacher** ② v. pron. ⓐ être discret, ne dire/ne souffler mot, tenir sa langue ⓑ → **résigner (se)** ⓒ arg. ou fam. : avaler sa salive, la boucler/fermer, calter, écraser, fermer sa malle/son clapet/sa gueule/son moulin, ne pas moufter/piper, poser sa chique, tenir son nez propre ③ **faire taire** : calmer, empêcher de crier/parler/pleurer, fermer la bouche, forcer/réduire au silence, imposer silence ◆ fam. : clouer le bec, colmater, mettre un bouchon, museler, rabattre le caquet, river son clou

take(-) off n.m. écon. off. : décollage, démarrage, départ, essor, taux de démarrage/de mise en route

talent n.m. aisance, aptitude, art, bosse, brio, capacités, chic, disposition, dons, esprit, étoffe, facilités, faculté, fibre, génie, goût, habileté, inclination, industrie, instinct, mérite, moyens, penchant, prédisposition, propension, qualités, sentiment, tendance, vertu, virtuosité, vocation

talentueux, euse ① → **capable** ② → **remarquable**

taler ① → **meurtrir** ② → **harceler**

talisman n.m. amulette, fétiche, gri-gri, mascotte, porte-bonheur, porte-chance, totem (par ext.) ◆ vx : brevet, phylactère

taloche n.f. calotte, claque, coup, gifle, soufflet, tape ◆ arg. ou fam. : aller-et-retour, baffe, beigne, beignet, bourre-pif, couleur, emplâtre, giroflée, jeton, mandale, mornifle, pain, pêche, rallonge, rouste, taquet, tarte, tartine, va-et-vient, va-te-laver → **torgnole**

talocher battre, calotter, claquer, confirmer (fam.), corriger, donner un soufflet, gifler, moucher (fam.), souffleter, taper

talon n.m. ① techn. : bout, pied, soie ② par ext. ⓐ → **reste** ⓑ souche ⓒ → **moulure**

talonner ① → **suivre** ② → **poursuivre** ③ → **tourmenter**

talus n.m. ados, berge, berme, billon, cavalier, chaussée, levée, parapet, remblai, terre-plein ◆ milit. et vx : contrescarpe, escarpe, glacis

tambouille n.f. ① → **cuisine** ② → **ragoût**

tambour n.m. ① batterie, bedon (vx), caisse, caisse claire, darbouka, tambourin, tam-tam, timbale → **batterie** ② barillet, cylindre, tour, tourniquet

tambouriner ① au pr. : battre, battre du tambour ② par ext. ⓐ → **battre** ⓑ → **frapper** ⓒ → **répandre**

tamis n.m. blutoir, chinois, crible, passoire, sas, van

tamisé, e → **voilé**

tamiser ① au pr. : bluter, cribler, épurer, filtrer, passer, passer au chinois/crible, purifier, sasser, séparer, trier, vanner ② par ext. : clarifier, contrôler → **vérifier**

tampon n.m. ① → **cachet** ② → **cheville** ③ → **bouchon** ④ → **casquette** ⑤ milit. fam. : ordonnance, porte-pipe

tamponnement n.m. → **choc**

tamponner ① choquer, cogner, emboutir, frapper, friser/froisser la tôle (fam.), heurter, percuter, télescoper ② calfater, étendre, frotter, oindre ③ marquer, oblitérer, timbrer

tam-tam n.m. ① → **tambour** ② → **tapage** ③ → **publicité**

tancer ① au pr. : admonester, avertir, blâmer, catéchiser, censurer, chapitrer, condamner, corriger, critiquer, désapprouver, désavouer, dire son fait, donner un avertissement/un blâme/un coup de semonce, faire une réprimande/un reproche, flageller, flétrir, fustiger, gourmander, gronder, houspiller, incriminer, moraliser, morigéner, quereller, redresser, relever, reprendre, réprimander, réprouver, semoncer, sermonner, stigmatiser, trouver à redire, vitupérer 2 arg. ou fam. : arranger, attraper, crier, disputer, donner un savon, donner sur les doigts/sur les ongles, emballer, engueuler, enguirlander, enlever, faire la fête/la guerre à, laver la tête, mettre au pas, moucher, remettre à sa place, sabouler, savonner, secouer, secouer les poux/les puces, sonner les cloches, tirer les oreilles, torcher

tandem n.m. 1 → **couple** 2 → **vélo**

tandis que 1 au moment où, cependant que, comme, lorsque, pendant que, quand 2 alors que, au lieu que

tangage n.m. → **balancement**

tangent, e à peine, à peu près, approchant, approximatif, juste, passable, voisin

tangible actuel, admis, assuré, authentique, certain, concret, démontré, effectif, établi, exact, fondé, historique, incontestable, incontesté, indiscutable, indubitable, juste, objectif, palpable, patent, positif, réalisé, reçu, sérieux, solide, véridique, véritable, visible, vrai → **sensible**

tanguer → **balancer**

tanière n.f. 1 aire, antre, bauge, caverne, fort, gîte, liteau, nid, rabouillère, refuge, renardière, repaire, reposée (vén.), ressui, retraite, soue, terrier, trou 2 abri, asile, cache, cachette, lieu sûr, refuge, retraite

tank n.m. off. 1 citerne, réservoir 2 automitrailleuse, blindé, char, char d'assaut/de combat, chenillette

tanker n.m. off. : bateau/navire citerne, butanier, minéralier, méthanier, pétrolier

tannant, e → **ennuyeux**

tannée n.f. → **torgnole**

tanner 1 → **battre** 2 → **ennuyer** 3 brunir, hâler

tannerie n.f. mégisserie, peausserie

tantième n.m. dividende, intérêt, jeton de présence, marge, pourcentage, rapport, taux → **rétribution**

tantinet (un) → **peu**

tantôt 1 bientôt (vx) 2 parfois 3 après-midi

tapage n.m. 1 → **bruit** 2 fam. : bacchanale, barouf, bastringue, bordel, boucan, bousin, brouhaha, chahut, chambard, charivari, éclat, esclandre, foin, hourvari, pet, pétard, potin, raffut, ramadan, ramdam, sabbat, scandale, schproum, sérénade, tam-tam, tintamarre, tohu-bohu, train, vacarme 3 → **désordre**

tapageur, euse 1 au pr. : agité, assourdissant, braillard, bruyant, criard, éclatant, fatigant, gueulard (fam.), hurleur, indiscret, piaillard, ronflant, remuant, rugissant, sonore, tonitruant, tumultueux, turbulent, vif, violent, vociférant 2 fig. → **voyant**

tapant, e exact, juste, pétant, pile, sonnant

tape n.f. 1 → **coup** 2 → **gifle**

tapée n.f. → **quantité**

taper 1 au pr. a → **battre** b → **frapper** c mar. boucher 2 par ext. → **écrire** 3 fig. → **quémander**

tapette n.f. → **chiquenaude**

tapeur, euse → **quémandeur**

tapin n.m. → **prostituée, prostitution**

tapinois (en) à la dérobée, en cachette, en catimini, en dessous, en secret, en sourdine, en sous-main, furtivement, incognito, in petto, sans tambour ni trompette (fam.), secrètement, sournoisement, sous cape, sous le manteau, sous la table, subrepticement

tapir (se) s'abriter, s'accroupir, se blottir, se cacher, se dérober, disparaître, se dissimuler, s'éclipser, s'embusquer, éviter, fuir, se mettre à l'abri, se nicher, se pelotonner, se retirer, se soustraire, se tenir à l'écart, se terrer ◆ fam. : se défiler, se planquer

tapis n.m. carpette, chemin, descente de lit, moquette, natte, paillasson, revêtement, tapis-brosse, tapisserie, tatami (judo), tenture

tapisser appliquer, cacher, coiffer, couvrir, enduire, enrober, ensevelir, envelopper, étendre, joncher, masquer, parsemer, paver, recouvrir, revêtir, tendre

tapisserie n.f. broderie (par ext.), tapis, tenture, verdure

tapon n.m. → **bouchon**

tapoter → **frapper**

taquet n.m. 1 → **cheville** 2 → **loquet** 3 → **moulinet**

taquin, e blagueur, boute-en-train, chineur, enjoué, espiègle, facétieux, farceur, goguenard, joueur, loustic, malicieux, moqueur, narquois, pince-sans-rire, plaisantin, railleur

taquiner agacer, asticoter, blaguer, chatouiller, chiner, exciter, faire enrager, inquiéter, jouer, lutiner, picoter, plaisanter, tourmenter ◆ vx : mécaniser

taquinerie n.f. agacerie, chinage, espièglerie, facétie, farce, gaminerie, goguenardise, jeu, malice, moquerie, pique, raillerie → **plaisanterie**

tarabiscoté, e 1 affecté, affété, choisi, emphatique, emprunté, galant, maniéré, mignard, précieux, recherché 2 amphigourique, ampoulé, baroque, chargé, de mauvais goût, lourd, rococo, surchargé

tarabuster 1 → **tourmenter** 2 → **maltraiter**

tarauder 1 → **percer** 2 → **tourmenter** 3 → **battre**

tard québ. : à belle heure

tarder → **traîner**

tardif, ive → **lent**

tare n.f. 1 → **imperfection** 2 → **poids**

taré, e 1 → **dégénéré** 2 → **vicieux**

tarer 1 → **gâter** 2 → **équilibrer**

targuer (se) 1 aimer à croire, s'applaudir, s'attribuer, s'enorgueillir, se faire fort, se féliciter, se flatter, se glorifier, s'illusionner, se persuader, se prévaloir, tirer vanité, triompher 2 compter, espérer, penser, prétendre 3 → **vanter (se)**

tarière n.f. par ext. → **vrille**

tarif n.m. barème, carte, menu, montant, prix, tableau, taxe

tarifer chiffrer, établir/fixer le montant/le prix/le tarif, évoluer, priser, taxer

tarin n.m. arg. → **nez**

tarir 1 → **épuiser** 2 → **sécher**

tartan n.m. couverture, plaid, poncho

tarte n.f. 1 au pr. : clafoutis, flan, gâteau, tartelette → **pâtisserie** 2 fig. a → **gifle** b → **bête**

tartine n.f. 1 au pr. : beurrée, biscotte, rôtie, toast 2 fig. a → **discours** b → **galimatias** c → **harangue** d → **tirade**

tartiner 1 → **étendre** 2 → **baratiner**

tartufe ou **tartuffe** 1 nom masc. : a : cafard, cagot, calotin, caméléon, comédien, cureton, escobar, faux derche/dévot/jeton, félon, flatteur, fourbe, grimacier, imposteur, jésuite, judas, menteur, papelard, patelin, pharisien, rat d'église → **bigot** b partic. au fém. : chaisière, grenouille de bénitier, punaise (de sacristie) 2 adj. : affecté, artificieux, baveux, bondieusard, captieux, cauteleux, déloyal, dévot, dissimulé, double-jeu, fallacieux, faux, insidieux, mielleux, pharisaïque, sournois, spécieux, tortueux, trompeur, visqueux → **hypocrite**

tartuferie ou **tartufferie** n.f. 1 le défaut : affectation, bigoterie, bigotisme, bondieuserie, déloyauté, dissimulation, escobarderie, fausseté, félonie, flatterie, fourberie, jésuitisme, papelardise, pharisaïsme → **hypocrisie** 2 l'acte : cabotinage, comédie, double jeu, faux-semblant, feinte, fraude, grimace, jonglerie, mascarade, mensonge, momerie, pantalonnade, simagrée, singerie, tromperie

tas n.m. 1 de choses : abattis, accumulation, agglomération, agrégat, alluvion, amas, amoncellement, assemblage, attirail, bloc, camelle (de sel), cargaison, collection, concentration, décombres, dépôt, empilement, encombrement, entassement, fatras, liasse, masse, meule, monceau, montagne, pile, rassemblement ◆ fam. : bataclan, bazar 2 de personnes : affluence, attroupement, concours, flopée, foule, multitude, presse, rassemblement, réunion, tripotée (fam.) ◆ péj. : ramas, ramassis

tassage n.m. compactage, damage, roulage

tasse n.f. par ext. 1 déjeuner, gobelet, mazagran, taste-vin, tête-à-tête, trembleuse → **bol** 2 arg. → **urinoir**

tasseau n.m. appui, crémaillère, réglette, support

tassement n.m. → **diminution**

tasser → **presser**

tâter 1 au pr. a → **toucher** b → **sonder** 2 fig. a → **savourer** b → **expérimenter** 3 v. pron. a atermoyer, attendre, balancer, barguigner, délibérer, être embarrassé/incertain/indécis/indéterminé/irrésolu/perplexe/réticent, flotter, hésiter, marchander, osciller, reculer, résister, tâtonner, tergiverser b fam. : chiquer, se gratter, tortiller (du cul) c vx : consulter, douter

tatillon, ne appliqué, attentif, consciencieux, difficile, exact, exigeant, formaliste, maniaque, méticuleux, minutieux, perfectionniste, pointilleux, pointu, procédurier, scrupuleux, soigneux, vétilleux ◆ péj. et grossier : emmerdeur, enculeur de mouches, pinailleur

tâtonnement n.m. atermoiement, balancement, désarroi, doute, embarras, flottement, fluctuation, hésitation, incertitude, indécision, indétermination, irrésolution, perplexité, résistance, réticence, scrupule, tergiversation, vacillation

tâtonner 1 → **toucher** 2 → **essayer** 3 → **tâter (se)**

tâtons (à) aveuglément, à l'aveuglette

tatouage n.m. 1 marquage 2 arg. : bousillage, fleur de bagne

tatouer 1 vét. : marquer, numéroter 2 arg. : bousiller, piquer

taud ou **taude** n.m., n.f. → **tente**

taudis n.m. bidonville, bauge, bouge, cambuse, galetas, masure, réduit, turne ◆ arg. : bagnole, poussier

taule n.f. 1 → **chambre** 2 → **prison**

tautologie n.f. cheville, non-sens, périssologie, pléonasme, redondance, répétition

taux n.m. cours, intérêt, montant, pair, pourcentage, proportion, tant pour cent, taxe

taverne n.f. 1 → **cabaret** 2 → **restaurant**

tavernier, ière n.m. ou f. → **cabaretier**

taxable imposable

taxation n.f. → **impôt**

taxe n.f. 1 barème, cote, prix, tarif, taxation → **taux** 2 centimes additionnels, charge, contribution, corvée, cote, dîme, droit, fiscalité, gabelle, imposition, levée, péage, prestation, surtaxe, taille, tribut → **impôt**

taxer 1 → **tarifer** 2 → **estimer** 3 taxer de → **reprocher**

taxidermie n.f. empaillage, naturalisation

taxi-girl n.f. aguicheuse, entraîneuse

té n.m. → **règle**

technicien, ne n.m. ou f. homme de l'art, ingénieur, professionnel, spécialiste, technocrate

technique n.f. 1 → **méthode** 2 → **art**

technocrate n.m. énarque, eurocrate, technicien

tégument n.m. → **peau**

teigne n.f. 1 → **calvitie** 2 → **mégère**

teigneux, euse nom et adj. → **acariâtre**

teindre 1 barbouiller (péj.), barioler, colorer, colorier, embellir, farder, imprégner, orner, peindre, peinturlurer, rajeunir, rehausser, relever, rénover, teinter 2 brésiller, garancer, raciner, rocouer, safraner

teint n.m. 1 → **teinte** 2 → **mine**

teinte n.f. 1 au pr. : carnation, coloration, coloris, couleur, demi-teinte, nuance, teint, teinture, ton, tonalité 2 fig. : apparence, teinture, tour, tournure → **aspect**

teinter → **colorer**

teinture n.f. 1 colorant, coloration → **couleur** 2 fig. → **vernis**

teinturerie n.f. par ext. : dégraissage, nettoyage, pressage, pressing

teinturier, ère n.m. ou f. détacheur, presseur, repasseur

tel, telle → **semblable**

télécommande n.f. automation, automatisation (off.), robotique, télégestion, téléguidage, téléinformatique, télémaintenance, télémesure, télésurveillance, télétraitement

télécommunication n.f. fax, radio-communication, télécopie, téléphone, téléphotographie, télex, télévision → **télégraphe**

téléférique n.m. → **téléphérique**

télégramme n.m. bélinogramme, bleu, câble, câblogramme, dépêche, message, petit bleu, pli, pneu, pneumatique, radio, sans-fil, télex

télégraphe n.m. fax, télécommunication, téléimprimeur, téléscripteur, télétype, télex

télégraphier câbler, envoyer un télégramme

télégraphique par ext. → **court**

téléguidage n.m. → **télécommande**

télépathe n.m. médium

télépathie n.f. télesthésie, transmission de pensée → **ubiquité**

téléphérique et **télésiège** n.m. remontée mécanique, remonte-pente, téléski, tire-fesses (fam.)

téléphone n.m. taxiphone ◆ arg. ou fam. : bigophone, bigorneau, biniou, cornichon, filin, grelot, ronflant, ronfleur, treuil, tube

téléphoner appeler, donner un coup de fil ◆ arg. ou fam. : bigophoner, tuber

téléprompteur n.m. audiov. off. : télésouffleur

télescopage n.m. → **choc**

télescope n.m. → **lunette**

télescoper → **tamponner**

téléscripteur n.m. imprimante, téléimprimeur, télétype, télex

télévision n.f. poste récepteur, télé, T.V. ◆ fam. : étranges lucarnes, fenestron, huitième art

tell n.m. [1] → **hauteur** [2] → **tumulus**

téméraire audacieux, aventureux, casse-cou, dangereux, écervelé, entreprenant, étourdi, fautif, hasardé, hasardeux, imprévoyant, imprudent, inconsidéré, insensé, irréfléchi, irresponsable, léger, maladroit, malavisé, négligent, osé, présomptueux, risqué, risque-tout, suicidaire

témérité n.f. [1] fav. ou neutre. a quelqu'un : assurance, audace, bravoure, cœur, courage, décision, détermination, énergie, esprit d'entreprise, fermeté, fougue, hardiesse, impétuosité, intrépidité, résolution, vaillance b quelque chose : innovation, nouveauté, originalité [2] non fav. a quelqu'un : aplomb, arrogance, audace, culot (fam.), effronterie, folie, front, imprudence, impudence, insolence, irresponsabilité, légèreté, présomption, toupet b relatif aux mœurs : immodestie, impudicité, inconvenance, indécence, indiscrétion, liberté, licence

témoignage n.m. [1] au pr. : affirmation, attestation, certificat, déposition → **relation** [2] par ext. a hommage, manifestation, marque → **démonstration** b argument, confirmation, constatation, conviction, critère, critérium, démonstration, établissement, gage, illustration (vx), justification, motif, pierre de touche c charge, corps du délit, document, empreinte, fait, indice, marque, preuve, signe, témoin, trace d épreuve judiciaire, jugement de Dieu, ordalie

témoigner [1] affirmer, alléguer, assurer, attester, certifier, confirmer, déclarer, démontrer, déposer, dire, exprimer, garantir, indiquer, jurer, maintenir, montrer, proclamer, produire, proférer, prononcer, protester, prouver, rapporter, rendre compte, rendre témoignage, renseigner, répondre de, soutenir, tester, transmettre [2] → **révéler**

témoin n.m. [1] au pr. a assistant, auditeur, caution, déposant, garant, observateur ◆ vx : recors b → **spectateur** c parrain, second [2] par ext. a → **souvenir** b → **témoignage**

tempérament n.m. [1] vx : équilibre, mesure, milieu, modération, moyenne [2] diathèse, disposition, caractère, cœur, complexion, composition, constitution, esprit, état, humeur, inclination, nature, naturel, penchant, personnalité, santé, trempe, vitalité ◆ fam. : carcasse, pâte [3] adoucissement, atténuation, modification [4] → **sensualité** [5] **à tempérament :** à crédit, à terme, par mensualité

tempérance n.f. abstinence, chasteté, continence, discrétion, économie, frugalité, mesure, modération, pondération, sagesse, sobriété → **retenue**

tempérant, e → **sobre**

température n.f. [1] → **climat** [2] → **temps**

tempéré, e [1] → **modéré** [2] → **simple**

tempérer adoucir, affaiblir, amortir, apaiser, arrêter, assagir, assouplir, atténuer, attiédir, borner, calmer, contenir, corriger, diminuer, estomper, éteindre, freiner, lénifier, mesurer, mitiger, modérer, normaliser, pallier, ralentir, réchauffer, régler, réprimer, tamiser

tempête n.f. bourrasque, coup de chien/de tabac (fam.)/de vent, cyclone, maelström, orage, ouragan, rafale, raz de marée, tornade, tourbillon, tourmente, trombe, typhon, vent

tempêter attaquer, crier, déblatérer, déclamer, fulminer, invectiver, pester, tonner → **injurier**

temple n.m. spéos, tholos, ziggourat ◆ par ext. : loge maçonnique, mosquée, pagode, synagogue → **église**

tempo n.m. → **rythme**

temporaire court, de courte durée, éphémère, factuel, fragile, fugitif, incertain, intérimaire, momentané, occasionnel, passager, précaire, provisoire, saisonnier, transitoire

temporairement → **provisoirement**

temporel, le [1] → **terrestre** [2] → **temporaire** [3] → **séculier**

temporisation n.f. → **atermoiement**

temporiser ajourner, arrêter, arriérer (vx), atermoyer, attendre, décaler, différer, éloigner, faire traîner, prolonger, promener, proroger, ralentir, reculer, remettre, renvoyer, reporter, repousser, retarder, surseoir à, traîner

temps n.m. [1] date, durée, espace, étendue, moment, période, rythme, saison [2] a âge, cycle, date, époque, ère, étape, génération, siècle b aujourd'hui, demain, futur, hier, jadis, passé, présent [3] → **délai** [4] cas, chance, circonstance, conjoncture, événement, facilité, hasard, moment, occasion, opportunité, possibilité [5] ambiance, atmosphère, ciel, circonstances/conditions atmosphériques/climatiques/météorologiques, climat, météo, phénomènes atmosphériques, régime [6] unités de temps : an, année, heure, jour, lustre, millénaire, minute, mois, seconde, semaine, semestre, siècle, tierce, trimestre [7] loc. a **avec le temps :** à la fin, à la longue, finalement, le temps aidant, tôt ou tard b **de notre temps :** actuellement, à présent, aujourd'hui, de nos jours, en ce moment, maintenant, présentement c **de temps en temps :** parfois, quelquefois, rarement, de temps à autre d **de tout temps** → **toujours** e **en même temps :** à la fois, à l'unisson, collectivement, conjointement, coude à coude, d'accord, de concert, de conserve, de front, du même pas, en accord, en bloc, en chœur, en commun, en concordance, en harmonie, ensemble, simultanément f **la plupart du temps :** d'ordinaire, fréquemment, généralement, habituellement, journellement, maintes fois, plusieurs fois, souvent

tenable → **supportable**

tenace [1] → **résistant** [2] → **têtu**

ténacité n.f. acharnement, assiduité, cramponnement (péj.), entêtement, esprit de suite, fermeté, obstination, opiniâtreté, persévérance, suite dans les idées

tenaille ou **tenailles** n.f. croches, écrevisse, griffe, happe, moraille, mors, pinces, pincettes, tord-nez (vétér.), tricoises

tenailler étreindre, faire souffrir, torturer, tourmenter

tenancier, ère n.m. ou f. [1] → **fermier** [2] → **patron**

tenant, e nom et adj. adepte, appui, champion, chevalier, défenseur, détenteur, disciple, partisan

tendance n.f. [1] au pr. : affinité, appétence, appétit, aptitude, attirance, attraction, complexion, direction, disposition, effort, élan, facilité, force, impulsion, inclination, instinct, mouvement, orientation, penchant, prédisposition, propension, pulsion, sens, tournure [2] par ext. : chapelle, école, famille, groupe, mouvance, mouvement, nuance, obédience, observance, opinion, parti, pensée, philosophie, théorie

tendancieux, euse → **partial**

tendon n.m. aponévrose, ligament, nerf

tendre adj. [1] quelqu'un a → **sensible** b → **amoureux** c → **caressant** [2] quelque chose : délicat, doux, fondant, fragile, frais, moelleux, mou, succulent

tendre [1] → **raidir** [2] → **tirer** [3] → **présenter** [4] → **aller** [5] → **viser**

tendrement affectueusement, amoureusement, avec affection/amour/piété/sollicitude/tendresse, chèrement, pieusement

tendresse n.f. [1] au sing. a adoration, affection, amitié, amour, attachement, bonté, cœur, dévotion, dévouement, dilection (relig.), douceur, feu, flamme, idolâtrie, inclination, passion, prédilection, sentiment, zèle ◆ vx complaisance, tendreté b → **sensibilité** c attendrissement, effusion, épanchement, manifestation [2] au pl. : amabilité, cajoleries, câlineries, chatteries, égards, gentillesse, souvenir → **caresse**

tendron n.m. [1] au pr. → **pousse** [2] adolescente, bambine, demoiselle, donzelle (péj.), fillette, gosse (fam.), gamine, jeune fille, jeunesse, jouvencelle, mignonne, minette, nymphe, nymphette, poulette, pucelle (vx), rosière, trottin, vierge → **fille**

tendu, e [1] au pr. : bandé, dur, érigé, levé, inflexible, pointé, raide, rigide, turgescent, turgide [2] fig. a phys. : ardu, assujettissant, astreignant, contraignant, difficile, difficultueux, dur, éreintant, fatigant, ingrat, laborieux, tuant b moral → **inquiet** c une situation : affligeant, amer, angoissant, âpre, atroce, attristant, cruel, déplorable, désolant, douloureux, dur, embarrassant, ennuyeux, épineux, gênant, grave, irritant, lamentable, lourd, mauvais, mortel, navrant, pénible, pesant, poignant, rude, torturant, tourmenté, triste

ténèbres n.f. pl. [1] au pr. : noirceur, nuit, obscurité, ombre, opacité [2] fig. a barbarie, obscurantisme b énigme, mystère → **secret**

ténébreux, euse [1] au pr. : assombri, bas, brumeux, couvert, embrumé, épais, maussade, nébuleux, noir, nuageux, obscur, ombreux, opaque, sombre, voilé [2] par ext. : abscons, abstrus, amphigourique, apocalyptique, cabalistique, caché, complexe, compliqué, confus, difficile, diffus, douteux, emberlificoté (fam.), embrouillé, enchevêtré, énigmatique, entortillé, enveloppé, équivoque, ésotérique, filandreux, flou, fumeux, hermétique, impénétrable, incompréhensible, inexplicable, inextricable, inintelligible, insaisissable, louche, mystérieux, secret, sibyllin, touffu, trouble, vague, vaseux, voilé

ténesme n.m. → **colique**

teneur n.f. [1] agencement, alliage, arrangement, assemblage, association, charpente, combinaison, composante, composition, constitution, construction, contexture, coupe, dessin, disposition, ensemble, formation, organisation, structure, synthèse, texture [2] contenu, contexte, objet, sujet → **texte**

ténia n.m. → **ver**

tenir [1] au pr. : avoir, conserver, détenir, embrasser, étreindre, garder, occuper, posséder, retenir [2] par ext. a accrocher, amarrer, agripper, arrêter, assujettir, attacher, brider, clouer, coincer, comprimer, consigner, contenir, contraindre, empêcher, empoigner, emprisonner, enchaîner, endiguer, fixer, freiner, immobiliser, maîtriser, modérer, ralentir, retenir, serrer la vis (fam.) b comporter, s'étaler, s'étendre, s'étirer, occuper, recouvrir, remplir c → **résister** d → **contenir** e → **subsister** f accomplir, s'acquitter de, se conformer à, être fidèle à, exécuter, exercer, faire, garder, observer, pratiquer, remplir, rendre, respecter, satisfaire à, suivre [3] loc. a **tenir à :** adhérer à, aimer, coller à, découler de, dépendre de, être attaché à, résulter de, venir de, vouloir b **tenir de :** s'apparenter à, approcher de, avoir des traits communs/un rapport à/avec, confiner à, correspondre, être la copie/l'image/le portrait/la réplique de, participer de, procéder de, rappeler, se rapporter à, se rapprocher de, ressembler à, tirer sur c **tenir pour :** compter pour, considérer, croire, estimer, juger, prendre, présumer, professer, regarder comme, réputer d **tenir lieu** → **remplacer**

tenon n.m. arrêtoir → **cheville**

tension n.f. [1] au pr. : allongement, ballonnement, distension, érection, éréthisme [2] fig. : brouille, brouillerie, désaccord, désunion, discordance, discorde, dispute, dissension, dissentiment, dissidence, divergence, division, froid, mésentente, mésintelligence, nuage, orage, pique, rupture, trouble, zizanie [3] **tension d'esprit :** application, attention, concentration, contemplation, contention, diligence, étude, méditation, réflexion, soin → **inquiétude**

tenson n.f. → **poème**

tentaculaire → **gigantesque**

tentant, e → **alléchant**

tentateur, trice n.m. ou f. → **séducteur**

tentation n.f. aiguillon, appel, attrait, blandice, envie, sollicitation → **désir**

tentative n.f. avance, ballon d'essai, démarche, effort, essai, recherche

tente n.f. [1] abri, campement, chapiteau, guitoune, pavillon, tabernacle, wigwam [2] banne, toile, velarium, velum [3] mar. : marsouin, taud ou taude

tenter [1] → **tâcher** [2] affrioler, aguicher, allécher, attacher, attirer, captiver, charmer, coiffer, donner/taper dans l'œil (fam.), ensorceler, entraîner, envoûter, fasciner, hypnotiser, magnétiser, plaire, séduire

tenture n.f. draperie, portière, tapis, tapisserie → **rideau**

ténu, e délicat, délié, filiforme, fin, fluet, fragile, gracile, grêle, impalpable, léger, menu, mièvre, mince, subtil → **petit**

tenue n.f. 1 air, allure, attitude, comportement, contenance, démarche, extérieur, façon, figure, maintien, manière, mine, port, posture, présentation, prestance, tour, tournure 2 → **vêtement** 3 bienséance, chasteté, convenance, correction, décence, dignité, discrétion, gravité, honnêteté, honneur, modestie, politesse, propreté, pudeur, pudicité, réserve, retenue, sagesse, tact, vertu 4 → **réunion**

ténuité n.f. → **finesse**

tenure n.f. allégeance, apanage, fief, mouvance, tènement

térébrant, e → **perçant**

tergiversation n.f. → **hésitation**

tergiverser 1 atermoyer, biaiser, composer, feinter, louvoyer, temporiser, user de procédés dilatoires 2 → **hésiter** 3 → **tâter (se)**

terme n.m. 1 accomplissement, achèvement, borne, bout, but, conclusion, dénouement, fin, final, limite, mesure 2 crédit, délai, échéance 3 dénomination, expression, mot, particule, signe, tournure, unité, vocable 4 loyer, mensualité, trimestre 5 au pl. : rapport, relation 6 **vente à terme** → **tempérament**

terminaison n.f. 1 accomplissement, achèvement, apothéose, compromis, conclusion, consommation, couronnement, règlement, solution 2 bout, extrémité, fin, queue, tête 3 assonance, clausule, coda, consonance, désinence, flexion, rime, suffixe 4 → **résultat**

terminal, e → **final**

terminer 1 accomplir, achever, arranger, arrêter, cesser, clore, clôturer, compléter, conclure, consommer, couper, couronner, dénouer, épuiser, expédier, fermer, fignoler, finir, interrompre, lécher, lever, liquider, mettre fin à, parachever, parfaire, polir, régler, trancher, user, vider 2 v. pron. a aboutir, aller, s'arrêter, cesser, finir, mener, tomber dans b se dénouer, se résoudre, se solutionner, trouver un terme

terminologie n.f. par ext. : glossaire, jargon (péj.), nomenclature, vocabulaire

terne 1 au pr. : amorti, assombri, blafard, blême, décoloré, délavé, embu, enfumé, éteint, fade, flétri, gris, incolore, mat, passé, sale, sombre, terni, vitreux 2 fig. : anodin, effacé, falot, inexpressif, insignifiant, maussade, morne, morose, obscur, plat, quelconque

ternir 1 au pr. : altérer, amatir, décolorer, défraîchir, dépolir, éclipser, effacer, éteindre, faner, flétrir, obscurcir, ôter l'éclat, passer, patiner 2 par ext. → **tacher** 3 fig. : avilir, déprécier, diffamer, entacher, flétrir → **abaisser**

terrain n.m. 1 → **terre** 2 → **lieu** 3 → **occasion**

terrasse n.f. 1 toiture plate 2 belvédère, esplanade, plate-forme, promenade, solarium, toit

terrassement n.m. 1 → **nivellement** 2 accumulation, alluvion

terrasser 1 → **abattre** 2 → **vaincre**

terre n.f. 1 au pr. a glèbe, humus, limon, ouche, sol, terrain, terreau, terroir b boule, globe, monde, notre planète c → **champ** 2 par ext. a → **univers** b bien, capital, domaine, exploitation, fonds, héritage, propriété c lieu, territoire → **pays** 3 loc. a **terre à terre :** bon vivant, cru, matérialiste, opportuniste, positif, pragmatique, réaliste, utilitaire b **par terre :** sur le carreau

terre-plein n.m. → **talus**

terrer (se) → **tapir (se)**

terrestre 1 au pr. : continental, tellurique, terraqué, terricole 2 fig. a mondain, séculier, temporel b charnel, corporel, grossier (péj.), humain, matériel, mortel, physique

terreur n.f. 1 affolement, affres, alarme, angoisse, appréhension, consternation, crainte, effroi, épouvante, frayeur, horreur, inquiétude, lâcheté, panique, peur ◆ vx : épouvantement 2 apache, assassin, bandit, bon à rien, brigand, chenapan, criminel, escarpe, forban, fripouille, gangster, hors-la-loi, malandrin, malfaiteur, pirate (fam.), sacripant, vaurien, voleur, voyou

terreux, euse 1 → **malpropre** 2 → **pâle** 3 **cul-terreux** → **paysan**

terrible 1 au pr. : abominable, affreux, apocalyptique, dantesque, dur, effrayant, effroyable, énorme, épouvantable, excessif, formidable, grand-guignolesque, horrible, horrifiant, implacable, mauvais, monstrueux, pétrifiant, redoutable, rude, terrifiant, tragique ◆ fam : du tonnerre, sensass ◆ vx : horrifique 2 par ext. a → **violent** b → **turbulent** c → **extraordinaire**

terriblement beaucoup, diablement, étrangement, extrêmement, très

terrien, ne nom et adj. → **paysan**

terrier n.m. 1 cartulaire, chartrier 2 → **tanière**

terrifiant, e → **terrible**

terrifier → **terroriser**

terril n.m. crassier

terrine n.f. 1 → **pâté** 2 → **pot**

territoire n.m. 1 → **pays** 2 → **juridiction**

terroir n.m. 1 → **terre** 2 → **pays**

terroriser affoler, alarmer, angoisser, apeurer, atterrer, consterner, effarer, effaroucher, effrayer, épouvanter, faire fuir, faire peur, frapper de stupeur, halluciner, horrifier, inquiéter, pétrifier, remplir de terreur, stupéfier, terrifier

terrorisme n.m. excès, intimidation, subversion, terreur

terroriste nom et adj. → **révolutionnaire**

tertre n.m. → **hauteur**

tessiture n.f. ampleur, échelle, registre

tesson n.m. 1 → **débris** 2 → **morceau**

test n.m. → **expérimentation**

testament n.m. dernières dispositions / volontés, legs

testateur, trice n.m. ou f. de cujus

tester 1 → **témoigner** 2 → **expérimenter** 3 → **transmettre**

tester ou **testeur** n.m. off. : contrôleur, essayeur

testicule n.m. 1 → **bourse** 2 triperie : amourettes (rég.), morceau du boucher, rognons blancs

têt ou **test** n.m. 1 → **pot** 2 → **réchaud**

tête n.f. 1 au pr. : chef (vx), crâne, encéphale, face, faciès, figure, front, gueule, hure, mufle, museau, nez → **visage** 2 fam. ou arg. : ardoise, baigneuse, balle, bille, binette, bobèche, bobine, bobinette, bocal, bonnet, bouchon, bougie, bouille, bouillotte, boule, bourriche, boussole, burette, caboche, cabochon, cafetière, caillou, caisson, calebasse, carafe, carafon, cassis, cerise, chignon, chou, ciboule, ciboulot, cigare, citron, citrouille, cloche, cocagne, coco, coloquinte, crécelle, fiole, fraise, frite, gadin, gargamelle, gaufre, genou, gueule, hure, kilo, lampe, margoulette, melon, mufle, museau, nénette, patate, pêche, pépin, pipe, plafond, plaque, poire, pomme, portrait, prune, siphon, tabatière, tabernacle, terrine, théière, tinette, tirelire, toiture, tournante, tranche, trogne, trognon, trombine, tromblon, trompette, tronc, tronche, truffe 3 par ext. a autorité, cerveau, chef, état-major, leader → **direction** b bon sens, esprit, intelligence, lucidité, mémoire, présence d'esprit, raison, sang-froid c individu, unité, pièce → **homme** d → **sommet** e → **commencement** f → **extrémité** g bulbe, gousse, ogive 4 loc. a **tête-à-tête :** conciliabule, conversation, dialogue, entretien entre quatre-z-yeux (fam.), nez à nez, seul à seul → **rencontre** b **dans la tête** → **idée** c **tête de linotte** → **étourdi** d **tête de lit :** chevet, devant, haut e **tête-à-queue :** dérapage, virevolte, volte-face f **tête-bêche :** bêcheveté, inverse, opposé g **perdre la tête** → **affoler (s')** h **tête de mort :** crâne ◆ partic. : mignonnette ou fromage de Hollande

tétée n.f. → **allaitement**

téter → **sucer**

tétine n.f. mamelle, téterelle, tétin, tette, trayon → **pis**

téton n.m. → **sein**

têtu, e absolu, accrocheur, acharné, buté, cabochard, entêté, entier, insoumis, intraitable, obstiné, opiniâtre, récalcitrant, rétif, tenace, volontaire

texte n.m. acte, citation, contenu, contexte, copie, écrit, énoncé, formule, fragment, leçon, libellé, livret, manuscrit, morceau, original, paroles, passage, recension, rédaction, rédigé, sujet, teneur, variante ◆ péj. : factum, grimoire, prose, torche-cul

textile n.m. 1 filature, tissage 2 étoffe → **tissu**

textuel, le authentique, littéral, mot à mot → **exact**

texture n.f. → **structure**

thalweg n.m. fond, ligne de plus grande pente

thaumaturge n.m. → **magicien**

théâtral, e 1 non fav. : affecté, ampoulé, apprêté, arrangé, cabot, cabotin, compassé, composé, concerté, emphatique, étudié, faux, forcé, maniéré, pompeux, précieux, recherché, sophistiqué 2 fav. ou neutre : dramatique, émouvant, fastueux, grandiose, imposant, majestueux, poignant, scénique, spectaculaire, terrible, tragique

théâtre n.m. 1 au pr. a planches, plateau, rampe (feux de la), salle, scène, tréteaux b atelier, café-théâtre, music-hall c vx : comédie 2 par ext. a comédie musicale, opéra, opéra-comique b → **show-business** 3 a → **pièce** b → **spectacle** 4 fig. : emplacement, endroit, scène → **lieu**

thébaïde n.f. → **solitude**

théisme n.m. 1 au pr. : déisme 2 par ext. : théogonie, théologie, théosophie

thème n.m. 1 fond, idée, leitmotiv, matière, motif, objet, refrain, sujet, trame 2 traduction

théogonie n.f. croyance, culte, foi, mythologie, religion, théologie

théologie n.f. apologétique, doctrine, études religieuses, théodicée, théogonie

théologien n.m. 1 casuiste, consulteur, docteur, gnostique, Père de l'Église 2 ayatollah, imam, mollah, uléma 3 rabbin, scribe

théologique casuistique, divin, métaphysique, religieux, théologal

théorème n.m. → **proposition**

théoricien, enne chercheur, doctrinaire, généraliste, idéologue, penseur, philosophe, savant, spéculateur, utopiste (péj.)

théorie n.f. 1 abc, axiome, base, convention, définition, doctrine, dogme, donnée, élément, hypothèse, loi, maxime, morale, norme, opinion, philosophie, position, postulat, précepte, prémisse, principe, règle, religion, rudiment, système, utopie (péj.) 2 calcul, étude, projet, recherche, spéculation → **raisonnement** 3 → **méthode** 4 cortège, défilé, file, marche, procession, queue, suite, va-et-vient

théorique 1 neutre : abstrait, conceptuel, doctrinal, hypothétique, idéal, imaginaire, rationnel, scientifique, spéculatif, systématique 2 non fav. : chimérique, fumeux, onirique, vaseux → **imaginaire**

théosophie n.f. cabale, gnose, occultisme, religion, spiritisme

thérapeute n.m. → **médecin**

thérapeutique et **thérapie** n.f. 1 cure, intervention, médecine (vx), médication, régime, soins, traitement 2 allopathie, homéopathie 3 loc. **thérapie de groupe :** psychodrame, psychothérapie, sociodrame, sociothérapie

thermal, e, aux station thermale : bains (vx), eaux, station balnéaire, ville d'eaux

thermes n.m. pl. → **bain**

thermographe et **thermomètre** n.m. → **enregistreur**

thésaurisation n.f. 1 → **économie** 2 → **avarice**

thésauriser amasser, boursicoter, capitaliser, économiser, empiler, entasser, épargner, faire sa pelote, se faire un matelas, mettre de côté, placer, planquer (fam.)

thésauriseur, euse n.m. ou f. → **avare**

thésaurus n.m. inv. → **dictionnaire**

thèse n.f. 1 → **affirmation** 2 → **traité** 3 → **opinion**

thon n.m. bonite, germon, pélamyde, thonine → **poisson**

thorax n.m. → **poitrine**

thuriféraire n.m. → **louangeur**

thym n.m. → **serpolet**

tiare n.f. → **couronne**

tic n.m. 1 grimace, rictus 2 fig. : bizarrerie, caprice, dada, démangeaison, épidémie, fantaisie, fièvre, frénésie, fureur, goût, habitude, hobby, maladie, manie, manière, marotte, monomanie, péché mignon, prurit, rage, toquade, turlutaine

ticket n.m. → **billet**

tiède 1 au pr. : attiédi, doux, modéré, moite, tiédasse (péj.) 2 fig. : apathique, calme, indifférent, mou, négligent, neutre, nonchalant, veule

tiédeur n.f. 1 au pr. : attiédissement, douceur, modération, moiteur 2 fig. : apathie, calme, dégagement (vx), désintéressement, détachement, flegme, froideur, impassibilité, indifférence, indolence, laisser-aller, mollesse, négligence, neutralité, nonchalance, sérénité

tiédir 1 au pr. : attiédir, climatiser, dégourdir, modérer, réchauffer, refroidir 2 fig. → **tempérer**

tiers, tierce nom et adj. 1 arbitre, intermédiaire, médiateur, négociateur, témoin 2 inconnu, étranger, intrus (péj.), tierce personne 3 troisième 4 **tiers monde :** pays en voie de développement / sous-développés

tige n.f. 1 bot. : branche, brin, chalumeau, chaume, écot, fane, gemmule, gourmand, hampe, moissine, paille, pédicelle, pédicule, pédoncule, pétiole, plant, queue, rhizome, sarment, stipe, stolon, tigelle, tronc, tuyau → **fût** 2 par ext. a baguette, bâton, rouette, verge b arbre, aiguille, axe, barre, bielle, bras, broche, cheville, cylindre, tringle

tigré, e bigarré, fauve, jaune, moucheté, rayé, zébré

timbale n.f. 1 → **tambour** 2 → **gobelet** 3 bouchée à la reine, vol-au-vent

timbalier n.m. → **percussionniste**

timbre n.m. 1 → **cloche** 2 → **son** 3 → **marque** 4 vignette 5 → **réservoir**

timbré, e fam. et par ext. : barjo, bizarre, branque, braque, cinglé, défoncé, dingo, dingue, fatigué, fêlé, flingué, folingue, follet, fondu, fou, frappé, gelé, givré, hurluberlu, job, jobard, jojo, loufoque, maboul, maniaque, marteau, piqué, sinoque, siphonné, sonné, tapé, toc-toc, toqué, zinzin

timbrer 1 estampiller, marquer, tamponner 2 → **affranchir**

timide 1 au pr. : complexé, effarouché, embarrassé, farouche, gauche, gêné, hésitant, honteux, humble, indécis, inhibé, intimidé, mal à son aise, peureux, pusillanime, réservé, timoré → **craintif** 2 fig. : approximatif, confus, douteux, ébauché, imparfait, imprécis, incertain, indécis, indéfini, indéterminé, indistinct, flottant, flou, fumeux, nébuleux, nuageux, obscur, trouble, vague

timidité n.f. appréhension, confusion, crainte, effacement, effarouchement, embarras, émoi, éreuthophobie, gaucherie, fausse / mauvaise honte / pudeur, gêne, hésitation, honte, humilité, indécision, inhibition, modestie, peur, pusillanimité, réserve, sauvagerie, trac, vergogne

timing n.m. spat. et milit. off. : calendrier, minutage

timon n.m. → **gouvernail**

timonier n.m. → **pilote**

timoré, e → **timide**

tin n.m. → **soutien**

tinette n.f. → **water-closet**

tintamarre n.m. bacchanale, barouf, bastringue, bordel, boucan, bousin, brouhaha, bruit, cacophonie, carillon, chahut, charivari, cri, désordre, dissonance, éclat, esclandre, foin, hourvari, pet, pétard, potin, raffut, ramadan, ramdam, sabbat, scandale, schproum, sérénade, tam-tam, tapage, tintouin, tohu-bohu, train, vacarme

tintement n.m. → **sonnerie**

tinter et **tintinnabuler** bourdonner, carillonner, résonner, sonner

tintouin n.m. 1 agitation, peine, préoccupation, remue-ménage, souci, surmenage, travail 2 → **tintamarre** 3 → **tracas**

tique n.f. ixode

tiquer 1 → **tressaillir** 2 → **sourciller**

tir n.m. 1 feu, salve 2 envoi, lancement 3 coup (de pied), shoot

tirade n.f. couplet, développement, discours, explication, monologue, morceau de bravoure, paraphrase, réplique, suite, tartine (fam.)

tirage n.m. 1 collection, composition, édition, impression, photocomposition, publication, réimpression, reproduction, republication 2 accroc, anicroche, aria, bec, cahot, chardon, cheveu, chiendent, contrariété, danger, difficulté, embarras, empêchement, enclouure, ennui, épine, hic, histoire, incident, labeur, objection, obstacle, opposition, os, peine, pépin, problème, résistance, ronce, souci, tiraillement, tiraillerie, tracas, traverse

tiraillement n.m. → **tirage**

tirailler 1 → **tirer** 2 → **tourmenter**

tirant n.m. 1 entrait 2 mar. tirant d'eau : calaison

tire n.f. 1 → **vol** 2 → **voiture**

tiré, e 1 → **maigre** 2 → **fatigué**

tire-au-cul et **tire-au-flanc** n.m. → **rossard**

tirebouchonner → **tordre**

tire-fesses n.m. a → **téléphérique** b → **télésiège**

tirelire n.f. 1 boîte à sous (fam.), cagnotte, caisse, crapaud, grenouille, tontine, tronc → **aumônière** 2 fam. a → **tête** b bedaine, bedon, brioche, estomac, gésier, panse, tripes, ventre

tirer 1 au pr. a attirer, faire aller, remorquer, tracter, traîner ◆ mar. : affaler, haler, paumoyer, touer b allonger, bander, détirer, distendre, élonger (vx, mar. et méd.), étendre, étirer, raidir, tendre c écarteler, tirailler d dégager, délivrer, dépêtrer, enlever, éveiller, extraire, lever, ôter, produire, ramener, sauver, sortir → **retirer** e pomper, puiser, sucer, traire 2 par ext. a conclure, déduire, dégager, devoir à, emprunter, extraire, inférer, interpréter, prendre, puiser b → **quitter** c drainer, extorquer, gagner, hériter, percevoir, recevoir, recueillir, retirer, soutirer d → **tracer** e → **imprimer** f décharger, faire feu, faire partir, lâcher, mitrailler, tirailler g arg. ou fam. :allumer, balancer la fumée, canarder, cartonner, débrider, défourailler, faire un carton, gicler, révolvériser, rifler, sulfater 3 v. pron. s'échapper, s'enfuir, s'évader, se sauver, sortir → **partir** 4 a **tirer sur** → **ressembler** b **s'en tirer :** se débourber, se débrouiller, se démêler, se dépêtrer, en réchapper, s'en sortir → **réussir**

tiret n.m. → **trait**

tireur, euse n.m. ou f. 1 haleur, remorqueur, tracteur 2 mitrailleur, servant 3 **tireuse de cartes :** cartomancienne, diseuse de bonne aventure, extralucide → **voyant**

tisane n.f. 1 bouillon, décoction, infusion, macération, macéré, remède, solution 2 les plus utilisées : anis, bourrache, fleur d'oranger, menthe, tilleul, verveine

tison n.m. braise, brandon

tisonner activer, animer, fourgonner

tisonnier n.m. badines, fourgon, pincettes, pique-feu, râble, ringard, rouable

tisser 1 au pr. : brocher, broder, fabriquer, tramer, tresser 2 fig. : aménager, arranger, brasser, combiner, comploter, conspirer, machiner, manigancer, monter, nouer, ourdir, préparer, tramer, tresser

tisseur, euse n.m. ou f. licier, tisserand

tissu n.m. 1 au pr. : a cotonnade, étoffe, lainage, soierie, tapisserie, textile b → **coton** c → **lainage** d → **soie** e principaux tissus : alépine, alpaga, armoise, basin, batik, batiste, beige, biset, blanchet, bort, bourras, brocart, brocatelle, broché, broderie, brunette, bure, bureau, cachemire, cadis, calicot, cambrai, camelot, cannelé, casimir, catalogne, cellular, cheviotte, chintz, cloqué, côtelé, coutil, crêpe, cretonne, crinoline, croisé, damas, dentelle, double face, drap, droguet, écossais, embourrure, escot, étamine, faille, fibranne, fileté, filoche, filoselle, finette, flanelle, foulard, frise, futaine, gabardine, gaze, granité, grenadine, grisette, gros (de Naples / de Tours), gros-grain, guinée, guipure, hollande, homespun, imprimé, indémaillable, indienne, jaconas, jersey, lamé, lampas, lassis, lasting, levantine, linon, lirette, loden, lustrine, madapolam, madras, marengo, matelassé, mérinos, métis, mignonnette, mille-raies, mohair, moire, moleskine, molleton, moquette, mousseline, nankin, nansouk, napolitaine, organdi, ottoman, ouatine, oxford, panne, passement, patchwork, pékin, peluche, percale, percaline, perse, pied-de-poule, pilou, piqué, plumetis, poil de chameau, popeline, pou ou poult de soie, pourpre, prince-de-galles, prunelle, ras, ratine, reps, ruban, samit, satin, satinette, serge, shetland, sicilienne, singalette, surah, taffetas, tamise, tarlatane, tartan, tennis, thibaude, tissu-éponge, toile, treillis, tresse, tricot, triplure, tulle, tussor, tweed, velours, veloutine, velvet, vichy, vigogne, voile, whipcord, zéphyr vx : biffe, camelot, écarlate, picote, siamoise f acrylique, dacron, lycra, nylon, orlon, perlon, rayonne, rhovyl, tergal 2 par ext. a byssus, cellule, membrane, réseau b contexture, texture 3 fig. : enchaînement, enchevêtrement, mélange → **suite**

titan n.m. 1 au pr. : colosse, cyclope, force de la nature, géant, goliath, hercule, malabar (fam.), mastodonte, monstre, surhomme 2 → **champion**

titanesque colossal, considérable, cyclopéen, démesuré, éléphantesque, énorme, étonnant, excessif, fantastique, formidable, géant, gigantesque, grand, immense, incommensurable, insondable, monstre, monstrueux, monumental, pélagique, prodigieux, pyramidal

titi n.m. → **gamin**

titillation n.f. → **chatouillement**

titiller 1 → **caresser** 2 → **exciter** 3 → **agacer**

titre n.m. 1 appellation, désignation, en-tête, frontispice, intitulé, manchette, rubrique → **partie** 2 caractère, fonction, nom, particularité, qualification, spécification 3 acte, brevet, celebret (relig.), certificat, charte, commission, diplôme, document, instrument, lettres patentes, papier, parchemin, patente, pièce 4 au pl. : action, billet, bon, effet, obligation, reconnaissance, warrant

titubant, e branlant, chancelant, faible, flageolant, hésitant, incertain, oscillant, trébuchant, vacillant

tituber balancer, basculer, branler, broncher, buter, chanceler, chavirer, chopper, faiblir, flageoler, fléchir, flotter, glisser, hésiter, lâcher pied, osciller, trébucher, trembler, vaciller ◆ fam. ou arg. : avoir du vent dans les voiles, festonner, valdinguer

titulaire nom et adj. → **propriétaire**

titularisation n.f. affectation, confirmation, homologation, installation, intégration, nomination, officialisation, prise en charge, validation

titulariser affecter, confirmer, désigner, homologuer, installer, intégrer, nommer, officialiser, prendre en charge, valider

toast n.m. 1 → **tartine** 2 → **discours**

toasteur n.m. off. : grille-pain

toc n.m. camelote → **saleté**

tocard, e 1 → **nul** 2 → **mauvais**

tocsin n.m. → **alarme**

toge n.f. 1 trabée 2 par ext. : costume, mante, manteau, robe

tohu-bohu n.m. 1 par ext. : activité, affairement, affolement, agitation, alarme, animation, bouillonnement, branle-bas, bruit, chambardement (fam.), changement, désordre, effervescence, excitation, flux et reflux, grouillement, hâte, incohérence, maelström, mouvement, orage, pandémonium, précipitation, remous, remue-ménage, secousse, tempête, tourbillon, tourmente, trouble, tumulte, turbulence, va-et-vient 2 fam. : bacchanale, barouf, bastringue, bordel, boucan, bousin, brouhaha, carillon, chahut, charivari, corrida, cri, éclat, esclandre, foin, hourvari, pet, pétard, pétaudière, potin, raffut, ramadan, ramdam, sabbat, sarabande, scandale, schproum, sérénade, tam-tam, tintamarre, tour de Babel, train, vacarme

toile n.f. 1 au sing. a → **tissu** b → **tableau** 2 au pl. → **filet**

toilette n.f. 1 au sing. a → **nettoiement** b → **vêtement** 2 au pl. → **water-closet**

toit et **toiture** n.m., n.f. 1 au pr. : chaume, comble, couverture, faîte, gouttières, terrasse, toiture 2 par ext. a → **hangar** b → **habitation**

toise n.f. → **dimension**

toiser 1 → **regarder** 2 → **mesurer**

toison n.f. 1 → **poil** 2 → **chevelure**

tôle n.f. 1 feuille / plaque de métal 2 → **prison**

tolérable buvable (fam.), endurable, excusable, passable, sortable, soutenable, suffisant, supportable, tenable, vivable

tolérance n.f. 1 acquiescement, bonté, bénignité, compréhension, douceur, humanisme, indulgence, irénisme, largeur / ouverture d'esprit, laxisme (péj.), libéralisme, non-violence, patience, respect, tolérantisme 2 → **accoutumance**

tolérant, e bénin, bon, commode, compréhensif, doux, éclectique, endurant (vx), humain, humaniste, indulgent, irénique, large / ouvert d'esprit, laxiste (péj.), libéral, non-violent, patient, résigné, respectueux

tolérer 1 accepter, accorder, acquiescer, admettre, agréer, approuver, autoriser, avaler, concéder, consentir, dispenser, donner, habiliter, laisser, laisser faire, passer, permettre ◆ vx : avaler, boire, digérer 2 endurer, souffrir, supporter

tollé n.m. blâme, bruit, chahut, charivari, clameur, cri, haro, huée, sifflet

tomate n.f. olivette, pomme d'amour

tombal, e → **funéraire**

tombant, e → **pendant**

tombe et **tombeau** n.f., n.m. caveau, cénotaphe, cinéraire, cippe, columbarium, concession, dernier asile, dernière demeure, enfeu (par ext.), fosse, funérailles, hypogée, koubba, mastaba, mausolée, monument, monument funéraire/obituaire, pierre, pierre tombale, sarcophage, sépulcre, sépulture, stèle, stûpa, syringe, tertre, tholos, tombelle, tumulus

tombée n.f. 1 chute, crépuscule, déclin 2 → **déchet**

tomber 1 au pr. a s'abattre, s'affaler, s'allonger, basculer, choir, chuter, culbuter, débouler, dégringoler, descendre, se détacher, dévisser, s'écrouler, s'effondrer, faire une chute, se renverser, trébucher b fam. : s'aplatir, se casser la figure/la gueule, dinguer, s'épater, s'étaler, se ficher/flanquer/foutre/mettre les quatre fers en l'air/par terre, se gaufrer, glisser, mordre la poussière, prendre/ramasser un billet de parterre/une bûche/un gadin/une gamelle/une pelle, se répandre/rétamer, ribouler, valdinguer 2 par ext. a s'avaler, pendre, retomber, traîner b arriver, pleuvoir c s'abaisser, s'abâtardir, s'affaiblir, s'amoindrir, s'avilir, baisser, déchoir, se déclasser, décliner, décroître, dégénérer, se dégrader, dégringoler, déroger, descendre, dévier, diminuer, s'encanailler, s'enfoncer, se laisser aller, rétrograder, rouler dans, vieillir → **manquer** d → **échouer** e → **mourir** f → **terminer (se)** g s'accomplir, advenir, arriver, avoir lieu, se dérouler, échoir, intervenir, s'offrir, s'opérer, se passer, se présenter, se produire, surgir, survenir, se tenir, se trouver h le vent : calmir 3 loc. a **tomber sur :** attaquer, charger, s'élancer, foncer, se jeter, se précipiter/se ruer sur, rencontrer, trouver b **tomber d'accord :** accéder, accepter, accorder, acquiescer, adhérer, admettre, adopter, applaudir, approuver, autoriser, avoir pour agréable, céder, condescendre, consentir, dire amen, se laisser faire, octroyer, opiner, permettre, se prêter, se soumettre, souscrire, toper (là), vouloir bien → **convenir**

tombereau n.m. → **voiture**

tombola n.f. arlequin, hasard, loterie, loto, sweepstake, tirage

tome n.m. → **livre**

tomme n.f. → **fromage**

tom-pouce n.m. 1 → **nain** 2 → **parapluie**

ton n.m. 1 au pr. : accent, accord, bruit, écho, inflexion, intonation, modulation, musique, note, son, timbre, tonalité 2 par ext. a façon, facture, forme, genre, goût, griffe, main, manière, patte, pinceau, plume, signature, style, touche, tour b → **expression** c → **procédé** d → **couleur** 3 **bon ton** → **convenance**

tonalité n.f. → **ton**

tondre 1 au pr. : couper, dépouiller, écorcer, éplucher, gratter, ôter, peler, râper, raser, tailler 2 fig. a → **dépouiller** b → **voler**

tonicité n.f. → **force**

tonifier → **fortifier**

tonique nom et adj. analeptique, cordial, corroborant, excitant, fortifiant, réconfortant, reconstituant, remontant, roboratif, stimulant, tonifiant

tonitruant, e 1 carillonnant, résonnant, retentissant, sonnant, sonore 2 ample, bruyant, éclatant, énorme, fort, haut, hurlant, plein, ronflant, tonnant, vibrant

tonitruer → **crier**

tonnage n.m. → **contenance**

tonnant, e → **tonitruant**

tonneau n.m. 1 baril, barrique, demi-muid, feuillette, fût, futaille, foudre, muid, pièce, tonne, tonnelet 2 vx ou rég. : botte, bouge, caque, charge, pipe, poinçon, queue, tinette, velte

tonnelle n.f. abri, berceau, brandebourg, charmille, gloriette, kiosque, pavillon/salon de verdure, pergola, vigneau

tonner 1 fig. → **crier** 2 → **tempêter**

tonnerre n.m. 1 par ext. : éclair, épart, feu du ciel/de Dieu/de Jupiter/de Zeus, foudre, fulguration, orage, tempête 2 loc. **du tonnerre** a → **extraordinaire** b → **terrible**

tonus n.m. → **force**

toper → **tomber (d'accord)**

topique 1 n.m. a → **remède** b banalité, bateau, cliché, idée reçue, lieu commun, poncif, truisme, vieille lune, vieillerie 2 adj. → **convenable**

topo n.m. 1 → **ébauche** 2 → **rapport**

topographie n.f. arpentage, cadastre, cartographie, géodésie, géographie, nivellement, planimétrie, triangulation

topographique cadastral, géodésique, géographique, planimétrique

toquade n.f. 1 au pr. : accès, bizarrerie, bon plaisir, boutade, caprice, changement, chimère, coup de tête, engouement, entichement, envie, extravagance, fantaisie, folie, foucade, gré, humeur, impatience, incartade, inconséquence, inconstance, instabilité, légèreté, lubie, lune, marotte, mobilité, mouvement, quinte, saillie, saute d'humeur, singularité, turlutaine, variation, versatilité, volonté 2 par ext. a amour, amourette, béguin, coqueluche, escapade, frasque, fredaine, flirt, idylle, passade, pépin b aliénation, délire, démence, égarement, folie, frénésie, furie, hantise, idée fixe, manie, monomanie, obsession

toque n.f. 1 → **bonnet** 2 → **coiffure**

toqué, e 1 au pr. : aliéné, bizarre, dément, déséquilibré, détraqué, malade, maniaque, névrosé, paranoïaque, schizophrène → **fou** 2 fam. → **timbré**

toquer (se) s'acoquiner, s'amouracher, avoir le béguin/une toquade pour, se coiffer, s'emballer, s'engouer, s'entêter, s'enthousiasmer, s'enticher, s'éprendre, s'infatuer, se passionner, prendre feu et flamme pour, se préoccuper, se rassoter (vx)

torche n.f. 1 brandon, flambeau, lampe électrique, luminaire, torchère 2 → **torsade**

torchée n.f. → **torgnole**

torcher 1 au pr. → **nettoyer** 2 fig. a → **tancer** b abîmer, bâcler, barbouiller, bousiller, cochonner, déparer, dissiper, enlaidir, gâcher, galvauder, gaspiller, gâter, liquider, manquer, massacrer, perdre, rater, saboter, saloper, torchonner, tordre, trousser

torchère n.f. applique, bougeoir, bras, candélabre, chandelier, flambeau, girandole, luminaire, martinet, torche

torchis n.m. bauge, bousillage, pisé → **mortier**

torchon n.m. essuie-mains/verres ◆ péj. → **servante**

torchonner → **torcher**

tordant, e 1 amusant, bouffon, cocasse, comique, désopilant, drolatique, drôle, farce, fou, hilarant, impayable, inénarrable, plaisant, ridicule, risible 2 arg. ou fam. : bidonnant, boyautant, crevant, décapant, décoiffant, gondolant, gonflant, jouasse, marrant, poilant, rigolo, roulant

tord-boyaux n.m. → **alcool**

tordre 1 au pr. a bistourner, boudiner, cordeler, corder, cordonner, entortiller, filer, guiper, torsader, tortiller, tourner, tresser, vriller b cintrer, courber, déformer, distordre, fausser, forcer, gauchir, organsiner (techn.) c mar. : commettre, rider 2 fig. a → **torcher** b → **manger** 3 v. pron. a s'amuser, se dérider, se désopiler, se divertir, éclater de rire, s'égayer, se payer, s'esclaffer, glousser, pleurer de rire, pouffer, prendre du bon temps, se réjouir, rire, sourire b arg. ou fam. : se bidonner, bosser, se boyauter/dilater la rate, se fendre la gueule/la pêche/la pipe, se marrer/poiler, s'en payer une tranche, rigoler

tordu, e 1 au pr. : bancal, bancroche, cagneux, circonflexe, contourné, contracté, courbé, déjeté, de travers/traviole (fam.), difforme, entortillé, gauche, recroquevillé, retors, serré, tors, tortillé, tortu, tortueux, torve, tourmenté, tourné, volubile, vrillé 2 fig. et fam. : bizarre, braque, capricant, capricieux, changeant, difficile, excentrique, extravagant, fantaisiste, fantasque, fou, hypocrite, inconséquent, inconstant, instable, irréfléchi, labile, lunatique, mal tourné, maniaque, mauvais caractère/coucheur, méchant, mobile, ondoyant, original, quinteux, sautillant, variable, versatile, vicieux

tore n.m. → **moulure**

torgnole n.f. 1 au pr. : bastonnade, botte, bourrade, calotte, charge, châtiment, chiquenaude, claque, correction, décharge, distribution, fessée, gifle, horion, pichenette, soufflet, tape 2 fam. a abattage, avoine, baffe, bâfre, beigne, beignet, bigorne, bourre-pipe, branlée, brossée, brûlée, castagne, châtaigne, contredanse, coq, coquard, danse, déculottée, dégelée, dérouillée, flanche, fricassée, fricotée, frottée, giboulée, giroflée, gnon, jeton, marron, mornifle, pain, pâtée, peignée, pile, plumée, pochade, purge, raclée, ramponneau, ratatouille, rincée, rossée, roulée, rouste, secouée, tabac, tabassage, tabassée, tampon, tannée, taquet, tarte, tisane, toise, torchée, tournée, trempe, trempée, tripotée, valse → **gifle, volée** b blessure, bleu, bosse, contusion, mauvais traitements, meurtrissure, violences, voies de fait

tornade n.f. bourrasque, coup de chien/de tabac/de vent, cyclone, orage, ouragan, rafale, raz de marée, tempête, tourbillon, tourmente, trombe, typhon, vent

torpeur n.f. abattement, abrutissement, accablement, adynamie, affaiblissement, alanguissement, alourdissement, anéantissement, apathie, appesantissement, assoupissement, atonie, consomption, découragement, dépérissement, écrasement, engourdissement, ennui, épuisement, étisie, faiblesse, hébétude, hypnose, inaction, inactivité, indolence, langueur, lenteur, léthargie, marasme, mollesse, morbidesse, nonchalance, paralysie, paresse, prostration, somnolence, stagnation, stupeur

torpiller 1 au pr. → **couler** 2 fig. : arrêter, briser, enterrer, escamoter, étouffer, faire avorter/échouer, mettre en sommeil, neutraliser, saborder, supprimer, tuer dans l'œuf

torréfier → **rôtir**

torrent n.m. → **rivière**

torrentiel, le 1 au pr. : déchaîné, démonté, diluvien, torrentueux, violent 2 par ext. → **abondant**

torride bouillant, brûlant, chaud, cuisant, desséchant, étouffant, excessif, incandescent, saharien, tropical

tors, e → **tordu**

torsade n.f. 1 chignon, coiffure, macaron, natte, rouleau, tresse 2 hélice, rouleau, torche, torque

torsader → **tordre**

torse n.m. buste, poitrine, taille, thorax, tronc

torsion n.f. contorsion, contraction, courbure, distorsion, tortillement, vrillage

tort n.m. 1 affront, atteinte, avanie, blessure, casse, coup, culpabilité, dam, dégât, dégradation, dépréciation, déprédation, désavantage, détérioration, détriment, dommage, endommagement, faute, injure, injustice, lésion, mal, manquement, offense, outrage, perte, préjudice, ravage, sinistre ◆ vx : grief, nuisance 2 loc. a **avoir tort** → **tromper (se)** b **redresseur de torts** → **justicier**

tortillement n.m. 1 → **trémoussement** 2 → **torsion**

tortiller 1 au pr. → **tordre** 2 fig. a → **remuer** b → **hésiter** c → **tourner** d → **manger**

tortionnaire nom et adj. bourreau, bras séculier (vx), exécuteur, homme de main, meurtrier, sadique, sanguinaire, tueur

tortu, e → **tordu**

tortue n.f. 1 chélonien 2 caret, céraste, cistude, courte-queue, luth, trionyx

tortueux, euse 1 au pr. : courbe, flexueux, ondoyant, ondulant, ondulatoire, ondulé, onduleux, serpentin, sinueux 2 par ext. a artificieux, astucieux, cauteleux, diplomate, ficelle, finaud, fourbe, futé, habile, loup, machiavélique, madré, malicieux (vx), malin, matois, normand, renard, retors, roublard, roué, rusé, subtil b → **hypocrite**

torturant, e affligeant, amer, angoissant, attristant, crucifiant, cruel, cuisant, déchirant, difficile, douloureux, dur, éprouvant, funeste, intolérable, lamentable, lancinant, navrant, obsédant, pénible, pitoyable, térébrant, triste

torture n.f. 1 affliction, calvaire, châtiment, exécution, martyre, mort, peine, persécution, pilori, punition, souffrance, tourment ◆ vx : géhenne, question 2 → **supplice** 3 → **inquiétude** 4 → **douleur** 5 **mettre à la torture** → **tourmenter**

torturer 1 au pr. : soumettre à la question (vx)/au supplice/à la torture, supplicier ◆ vx : gêner, questionner 2 par ext. a → **tourmenter** b défigurer, dénaturer, détourner, forcer, interpréter, violenter

torve 1 → **tordu** 2 → **mauvais**

tory n.m. → **réactionnaire**

tôt 1 au chant du coq, au lever du jour/du soleil, aux aurores (fam.), de bon matin, de bonne heure, dès l'aube, dès l'aurore, dès potron-minet 2 → **vite**

total n.m. 1 addition, chiffre, ensemble, fonds, masse, montant, quantité, somme, volume 2 → **totalité**

total, e adj. absolu, complet, entier, exhaustif, franc, global, intact, intégral, parfait, plein, plénier, radical, sans réserve/restriction

totalement absolument, à fond, au complet, bien, carrément, complètement, de fond en comble, de pied en cap, des pieds à la tête, du haut en bas, en bloc, en entier/totalité, entièrement, exactement, fondamentalement, globalement, in extenso, intégralement, jusqu'au bout/aux oreilles, par-dessus les oreilles/la tête, parfaitement, pleinement, profondément, purement et simplement, radicalement, tout à fait, tout au long ♦ fam. : jusqu'à l'os/au trognon, rasibus, ras-le-bol

totaliser additionner, assembler, faire un tout, grouper, rassembler, réunir

totalitaire absolu, autocratique, autoritaire, dictatorial, fasciste, hitlérien, oppressif, raciste, stalinien

totalité n.f. 1 absoluité, complétude, continuum, ensemble, entièreté, généralité, globalité, intégrité, masse, œcuménicité, plénitude, réunion, total, tout, toutim(e) (fam.), universalité 2 **en totalité** → **totalement**

totem n.m. 1 au pr. : ancêtre, emblème, figure, protecteur, représentant, représentation, signe, symbole 2 par ext. : amulette, fétiche, gri-gri

toton n.m. → **toupie**

touage n.m. → **remorquage**

touchant prép. à propos de, au sujet de, concernant, relatif à, sur

touchant, e adj. apitoyant, attendrissant, bouleversant, captivant, déchirant, désarmant, dramatique, éloquent, émouvant, empoignant, excitant, frappant, impressionnant, larmoyant (péj.), navrant, pathétique, poétique, poignant, saisissant, tendre, tragique, troublant

touche n.f. 1 → **port** 2 → **expression**

touche-à-tout n.m. → **amateur**

toucher v. tr. 1 au pr. a affleurer, chatouiller, coudoyer, effleurer, heurter, manier, palper, tâter, tâtonner b atteindre, attraper, faire balle/mouche, frapper, porter c aborder, accoster, arriver, atterrer, atterrir, faire escale, gagner, prendre terre, relâcher d avoisiner, confiner, joindre, jouxter, tenir à, voisiner 2 par ext. a émarger, encaisser, gagner, percevoir, recevoir, recouvrer, recueillir, retirer, se sucrer (péj.) ♦ fam. : empocher, palper b s'adresser, aller à, concerner, regarder c affecter, attendrir, avoir prise, blesser, désarmer, émouvoir, impressionner, intéresser, persuader, porter d rouler sur → **traiter** e → **jouer** 3 loc. **toucher à.** a → **entailler** b → **entreprendre**

toucher n.m. → **tact**

touée n.f. chaîne, filin → **cordage**

touer charrier, haler, remorquer, traîner → **tirer**

touffe n.f. 1 aigrette, bouquet, chignon, crêpe, crête, crinière, démêlure, épi, flocon, houppe, huppe, mèche, pinceau, pompon, tas, toupet, toupillon 2 bouquet, broussaille, buisson → **bois**

touffeur n.f. chaleur, étouffement, moiteur, tiédeur

touffu, e 1 au pr. : abondant, buissonnant, cespiteux, compact, comprimé, condensé, dense, dru, encombré, épais, exubérant, feuillu, fort, fourni, fourré, impénétrable, luxuriant, massif, pilé, plein, pressé, serré, tassé 2 fig. → **ténébreux**

touiller agiter, brasser, fatiguer, mélanger, mêler, remuer, tourner, vanner

toujours 1 temporel : ad vitam æternam (fam.), à jamais, à perpétuité, assidûment, à toute heure, constamment, continuellement, continûment, définitivement, de tout temps, en permanence, éternellement, généralement, habituellement, incessamment, indéfiniment, infiniment, invariablement, ordinairement, perpétuellement, sans arrêt/cesse, sans fin/interruption/relâche, sans désemparer, sempiternellement, tous les jours ♦ fam. : ad vitam æternam, à perpète 2 non temporel : au moins, cependant, de toute façon, du moins, en tout cas, néanmoins, quelles que soient les circonstances, reste que

toupet n.m. 1 au pr. → **touffe** 2 par ext. a → **confiance** b → **hardiesse**

toupie n.f. 1 moine, pirouette (vx), rhombe, sabot, toton 2 → **mégère**

tour n.f. beffroi, campanile, clocher, donjon, flèche, minaret, tourelle

tour n.m. 1 au pr. a cabriole, caracole (vx), course, giration, parcours, pirouette, révolution, rotation, roue, saut, tourbillonnement, tournoiement, vire-volte, volte b coude, circonvolution, détour, méandre, retour, sinuosité c bordure, chaintre, circonférence, circuit, contour, délinéament, limbe, périmètre, périphérie, pourtour, tracé 2 par ext. a balade, circuit, course, croisière, déambulation, échappée, errance, excursion, flânerie, marche, promenade, randonnée, sortie, voyage ♦ fam. : vadrouille, virée b circumnavigation, croisière, navigation, périple c → **voyage** 3 fig. a acrobatie, attrape, clownerie, escamotage, jonglerie, prestidigitation b coup de maître, exploit, succès c artifice, combine, coup, crasse, malice, méchanceté, méfait, ruse, stratagème, truc, vacherie d allure, aspect, expression, façon, forme, marche, style, tournure 4 loc. a **tour à tour :** alternativement, à tour de rôle, coup sur coup, l'un après l'autre, par roulement, périodiquement, rythmiquement, successivement b **tour de main** → **habileté**

tourbe n.f. canaille, écume, foule, gueuserie (vx), lie, masse, multitude, pègre, peuple, plèbe, populace, populaire, populo, prolétariat, racaille, vulgaire → **multitude**

tourbeux, euse → **boueux**

tourbillon n.m. 1 → **remous** 2 → **rafale** 3 → **mouvement**

tourbillonnant, e 1 au pr. : tournant, tournoyant, virevoltant 2 par ext. : agité, déchaîné, impétueux, remuant, secoué, torrentueux, troublé

tourbillonnement n.m. → **remous**

tourbillonner → **tourner**

tourelle n.f. 1 par ext. : bretèche, échauguette, lanterne, poivrière → **tour** 2 milit. : chambre de tir, coupole → **casemate**

tourisme n.m. → **voyage**

touriste n.m. et f. 1 → **voyageur** 2 → **estivant**

touristique → **pittoresque**

tourment n.m. 1 a affliction, affres, agitation, alarme, amertume, angoisse, anxiété, bourrèlement, cauchemar, chagrin, contrariété, crainte, déchirement, désolation, émoi, enfer, ennui, fardeau, incertitude, inquiétude, malaise, martyre, obsession, peine, perplexité, poids, préoccupation, scrupule, sollicitude, souci b vx : agonie, ahan, brisement, martel, soin c fam. : bile, bourdon, mouron, mousse, tintouin, tracassin, tracas, tracasserie 2 → **supplice** 3 → **douleur** 4 → **agitation**

tourmente n.f. 1 au pr. → **tempête** 2 → **trouble**

tourmenté, e 1 quelqu'un : angoissé, anxieux, bourrelé, inquiet, perplexe, ravagé, soucieux 2 quelque chose. a un site : accidenté, bosselé, chaotique, dantesque, découpé, déformé, dentelé, désordonné, disproportionné, irrégulier, lunaire, montagneux, mouvementé, pittoresque, vallonné b le style → **pénible**

tourmenter 1 au pr. : crucifier, écarteler, martyriser, mettre au supplice/à la torture, tenailler, torturer, travailler 2 vx a bourreler b détirer, gêner, questionner, soumettre à la question 3 par ext. a quelqu'un tourmente quelqu'un : agacer, assiéger, asticoter, brimer, chercher, chicaner, faire chanter/damner/danser, harceler, importuner, molester, persécuter, poursuivre, taler, talonner, tanner, taquiner, tarabuster, tirailler, vexer → **ennuyer** b quelque chose tourmente quelqu'un : affliger, agiter, chagriner, chiffonner, crucifier, dévorer, fâcher, hanter, inquiéter, lanciner, marteler, obséder, préoccuper, presser, ronger, talonner, tarauder, tracasser, travailler, trotter, troubler, turlupiner 4 v. pron. : se biler, se désespérer, se donner du mal/de la peine/du tintouin, s'en faire, se faire de la bile/des cheveux/des cheveux blancs/du mauvais sang/du mouron/des soucis, éprouver de l'inquiétude

tournage n.m. filmage, prise de vues, réalisation

tournailler 1 → **tourner** 2 → **errer**

tournant n.m. 1 angle, coude, courbe, courbure, méandre, retour, saillie, sinuosité, tour, virage 2 par ext. → **détour**

tournant, e giratoire, rotatif, rotatoire

tourne n.f. → **altération**

tourné, e → **aigre**

tournebouler → **bouleverser**

tournebroche n.m. rôtissoire

tourne-disque n.m. chaîne, électrophone, hi-fi, mange-disque, platine ♦ vx : phono, phonographe

tournée n.f. 1 → **tour** 2 → **promenade** 3 → **voyage** 4 → **torgnole**

tourner 1 au pr. a braquer ♦ mar. : dévirer, virer b contourner, détourner, dévier, obliquer c bistourner, tordre, tortiller, tournailler d retourner → **rouler** e bouler, graviter, pirouetter, pivoter, ribouler, toupiller, toupiner, tourbillonner, tournailler, tournicoter, tourniquer, tournoyer, virer, virevolter, volter (équit.), vriller 2 par ext. a → **diriger** b changer, convertir, influencer, influer, modifier, transformer c adonner à, appliquer à, penser à d → **aigrir** e → **finir** f → **cinématographier** g → **transformer (se)**

tournesol n.m. (grand) soleil, hélianthe, héliotrope

tourniquet n.m. 1 → **tambour** 2 → **moulinet** 3 arg. : conseil de guerre

tournis n.m. → **vertige**

tournoi n.m. 1 carrousel, fantasia, joute 2 → **lutte**

tournoiement n.m. → **remous**

tournoyer 1 → **tourner** 2 → **rôder** 3 → **biaiser**

tournure n.f. 1 a air, allure, apparence, aspect, caractère, côté, couleur, dehors, endroit, extérieur, face, faciès, figure, forme, jour, masque, physionomie, profil, tour, train, visage b angle, cachet, configuration, perspective, point de vue 2 → **port** 3 → **expression** 4 → **marche** 5 → **panier** 6 → **débris**

tour-opérateur n.m. off. : voyagiste

tourteau n.m. → **résidu**

tourtereau et **tourterelle** n.m., n.f. 1 → **colombin** 2 → **amant**

tousser 1 au pr. : toussailler, toussoter 2 par ext. : cracher, expectorer, graillonner

tout n.m. 1 → **totalité** 2 **le tout** → **principal**

tout, e adj. 1 complet, entier, intégral, plein 2 chacun, chaque, quiconque 3 ensemble, tous, tutti quanti

toutefois cependant, mais, néanmoins, nonobstant (vx), pourtant, seulement

toute-puissance n.f. 1 → **autorité** 2 → **pouvoir**

tout-puissant, toute-puissante 1 → **puissant** 2 → **dieu**

toux n.f. expectoration, rhume, toussotement

toxicité n.f. malignité, nocivité

toxicomane n. et adj. → **drogué**

toxine et **toxique** n.f., n.m. → **poison**

trac n.m. 1 → **peur** 2 → **timidité**

tracas n.m. 1 brimade, chicane, persécution, tracasserie, vexation → **tourment** 2 alarme, aria, contrariété, difficulté, embarras, ennui, fatigue, inquiétude, peine, préoccupation, tirage, trouble → **tourment** 3 agitation → **remue-ménage**

tracasser → **tourmenter**

tracasserie n.f. 1 → **tracas** 2 → **chicane**

tracassier, ère brouillon, chicaneur, chicanier, mauvais coucheur, mesquin, paperassier, procédurier, processif, querelleur, tatillon, vétilleux

trace n.f. 1 au pr. : empreinte, foulées, pas, piste, vestige 2 vén. : connaissance, erres, foulures, fumées, fumet, passée, pied, voie 3 par ext. a cicatrice, indice, marque, ornière, ride, sceau, signature, sillage, sillon, stigmate, témoignage b coulure, tache, traînée c impression → **souvenir**

tracé n.m. 1 → **dessin** 2 → **ligne** 3 → **trajet**

tracer 1 décrire, délinéamenter, délinéer, dessiner, ébaucher, ligner, retracer → **représenter** 2 → **esquisser** 3 baliser, bornoyer, flécher, jalonner, piquer, piqueter, pointiller, tirer → **indiquer**

tract n.m. affiche, affichette, feuille, libelle, pamphlet, papier, papillon, placard, prospectus, vignette

tractation n.f. [1] pourparlers → **négociation** [2] marchandage → **manège**
tracter → **traîner**
traction n.f. → **remorquage**
tradition n.f. [1] → **légende** [2] → **habitude**
traditionaliste nom et adj. conformiste, conservateur, fidéiste, intégriste, nationaliste, réactionnaire, traditionnaire
traditionnel, le accoutumé, classique, consacré, conventionnel, coutumier, de convention, fondé, habituel, héréditaire, hiératique, institutionnel, invétéré, légal, légendaire, orthodoxe, proverbial, rituel, sacramental, sacro-saint, usuel
traducteur, trice n.m. ou f. [1] au pr. : drogman, interprète, truchement [2] par ext. : exégète, paraphraseur, scoliaste
traduction n.f. adaptation, interprétation, thème, translation, transposition, version
traduire [1] au pr. : déchiffrer, gloser, interpréter, rendre, transcoder, transposer [2] par ext. [a] appeler, assigner, convoquer, mener, traîner [b] laisser paraître, montrer → **exprimer** [c] → **expliquer**
trafic n.m. [1] non fav. : agiotage, bricolage, carambouillage, carambouille, fricotage, magouillage, magouille, malversation, manigance, maquignonnage, marchandage, micmac, simonie (relig.), traite, tripotage [2] neutre. [a] → **commerce** [b] circulation, débit, écoulement, mouvement, roulage
trafiquant, e n.m. ou f. agioteur, boursicoteur, bricoleur, carambouilleur, combinard, commerçant/négociant marron, fricoteur, intermédiaire, maquignon, margoulin, mercanti, proxénète, spéculateur, traitant (vx), tripoteur
trafiquer [1] agioter, boursicoter, brader, brocanter, colporter, combiner, débiter, échanger, fourguer, fricoter, jongler, magouiller, manigancer, maquignonner, négocier, prostituer, spéculer/tripoter sur, traficoter, vendre [2] bricoler
tragédie et **tragi-comédie** n.f. → **drame**
tragique [1] → **dramatique** [2] → **émouvant**
tragiquement → **cruellement**
trahir [1] → **tromper** [2] → **découvrir**
trahison n.f. [1] au pr. : défection, délation, dénonciation, désertion, forfaiture, haute trahison, prévarication [2] par ext. [a] adultère, cocuage, infidélité, inconstance, manquement [b] bassesse, déloyauté, duperie, félonie, fourberie, lâcheté, perfidie, traîtrise, tromperie → **hypocrisie**
traille n.f. → **bac**
train n.m. [1] → **marche** [2] arroi, équipage → **suite** [3] autorail, chemin de fer, convoi, métro(politain), micheline, rail, rame, R.E.R., S.N.C.F., T.G.V., tortillard, turbotrain, voie ferrée ◆ arg. brutal, dur [4] → **tapage**
traînant, e → **monotone**
traînard, e [1] nom : feu rouge, lambin, lanterne, traîneur, traîne-savate [2] adj. → **lent**
traîne (à la) à la queue, attardé → **arriéré**
traîneau n.m. [1] par ext. : bob, bobsleigh, chariot/voiture à patins, luge, schlitte, toboggan, troïka [2] → **filet**
traînée n.f. [1] → **prostituée** [2] → **trace**
traîner [1] au pr. : amener, attirer, charrier, conduire, emmener, entraîner, mener, remorquer, tirer, touer, tracter, transporter [2] fig. [a] continuer, demeurer, durer, n'en plus finir, s'étendre, s'éterniser, se maintenir, se perpétuer, persévérer, se prolonger, résister, se soutenir, subsister, survivre, tenir, tirer en longueur, vivre [b] s'amuser, s'attarder, flâner, folâtrer, galvauder, lambiner, musarder, muser, paresser, se promener, traînailler, traînasser, vadrouiller [c] fam. : baguenauder, fainéanter, flemmarder, glander, glandouiller, gober les mouches, godailler, lanterner, lécher les vitrines, lézarder [3] par ext. → **tomber** [4] loc. [a] **faire traîner :** ajourner, allonger, arrêter, arriérer (vx), atermoyer, attendre, décaler, différer, éloigner, éterniser, faire languir, négliger, prolonger, promener, proroger, ralentir, reculer, remettre, renvoyer, reporter, repousser, retarder, surseoir à, tarder, temporiser [b] **laisser traîner :** négliger → **abandonner** [5] v. pron. [a] aller, avancer, circuler, déambuler, errer, évoluer, marcher, prendre l'air, se promener, sortir → **traîner** [b] se couler, glisser, introduire, ramper
training n.m. off. : entraînement, formation, instruction

traintrain n.m. → **routine**
train-train n.m. → **routine**
traire → **tirer**
trait n.m. [1] angon, carreau, dard, flèche, framée, hast, javeline, javelot, lance, matras, pilum, sagaie, sagette [2] attelle, câble, harnais, lanière, longe [3] barre, glyphe, hachure, ligne, obel ou obèle, rature, rayure, tiret [4] → **marque** [5] au pl. : air, apparence, aspect, attitude, caractère, contenance, expression, face, faciès, figure, manière, masque, mimique, mine, physionomie, physique, visage [6] apostrophe, boutade, calembour, caricature, épigramme, insulte, interpellation, invective, lazzi, moquerie, mot d'esprit, pamphlet, persiflage, plaisanterie, saillie → **mot, raillerie** [7] acte, action, conduite, entreprise, fait, prouesse, vaillance → **exploit** [8] → **gorgée** [9] **avoir trait :** affinité, analogie, concordance, connexion, connexité, convenance, corrélation, correspondance, dépendance, harmonie, liaison, lien, parenté, pertinence, proportion, rapport, rapprochement, relation, ressemblance, similitude → **tenir (de)**
traitable abordable, accommodant, aimable, apaisant, arrangeant, bon caractère, civil, conciliable, conciliateur, coulant, diplomate, doux, facile, familier, liant, praticable (vx), sociable
traite n.f. [1] → **trajet** [2] → **trafic** [3] mulsion
traité n.m. [1] argument, argumentation, cours, développement, discours, dissertation, essai, étude, manuel, mémoire, monographie, notions, thèse [2] accommodement, accord, alliance, arrangement, capitulation, cartel, charte, collaboration, compromis, concordat, connivence, contrat, convention, covenant, engagement, entente, forfait, marché, pacte, promesse, protocole, transaction, union [3] acte, article, clause, condition, disposition, règle, résolution, stipulation
traitement n.m. [1] appointements, cachet, commission, dotation, droits d'auteur, émoluments, gages, gain, honoraires, indemnité, jeton de présence, jour, journée, mensualité, mois, paie ou paye, paiement, prêt, rétribution, salaire, semaine, solde, vacation → **rémunération** [2] cure, hygiène, médication, régime, remède, soins, thérapeutique [3] → **accueil** [4] conditionnement, manipulation, opération, procédé, transformation
traiter [1] on traite quelqu'un. [a] appeler, dénommer, désigner, nommer, qualifier, tenir pour [b] accueillir, admettre, convier, donner l'hospitalité, fêter, héberger, honorer, inviter, recevoir, régaler [c] agir/se comporter/se conduire envers, mener, user de [d] → **soigner** [2] on traite quelque chose. [a] aborder, agiter, développer, discuter, disserter de, effleurer, épuiser, étudier, examiner, exposer, glisser sur, manier, raisonner, toucher à [b] arranger, arrêter, conclure, convenir de, s'entendre, fixer, mener à bonne fin, moyenner (vx), négocier, passer/signer un arrangement/une convention/un marché/un traité, régler, résoudre, terminer [c] brasser → **entreprendre** [3] quelque chose traite de : avoir pour objet/sujet, pivoter/porter/rouler/tourner sur, se rapporter à, toucher à [4] v. intr. : capituler, composer, négocier, parlementer
traiteur n.m. → **restaurateur**
traître, traîtresse nom et adj. [1] → **infidèle** [2] → **trompeur**
traîtrise n.f. [1] → **trahison** [2] → **tromperie**
trajectoire n.f. courbe, évolution, orbite, parabole → **trajet**
trajet n.m. carrière, chemin, cheminement, circuit, course, direction, distance, espace, itinéraire, marche, parcours, route, tour, tracé, traite, traversée, trotte → **voyage**
tralala n.m. [1] → **équipage** [2] → **façon**
trame n.f. [1] → **suite** [2] → **intrigue** [3] → **menée**
tramer aménager, arranger, brasser, combiner, comploter, conspirer, machiner, manigancer, monter, nouer, ourdir, préparer, tisser, tresser
tramp n.m. → **bateau**
tranchant n.m. coupant, estramaçon, fil, morfil, taillant (vx), taille
tranchant, e adj. [1] au pr. : acéré, affilé, affûté, aigu, aiguisé, coupant, émorfilé, émoulu (vx), repassé, taillant [2] fig. [a] absolu, aigre, âpre, autoritaire, bourru, brusque, cassant, coupant, dur, impérieux, incisif, intransigeant, sans réplique [b] affirmatif, inflexible, insolent, invincible, péremptoire, prompt, rude, sec, sévère [c] dictatorial, doctoral, dogmatique, ex cathedra, pontifiant, sentencieux [d] audacieux, décidé, décisif
tranche n.f. [1] coupe, darne, lèche, morceau, quartier, rond, rondelle, rouelle [2] part, partie, portion [3] ados, chant, côté
tranché, e [1] → **clair** [2] → **différent** [3] → **franc**
tranchée n.f. [1] au pr. : cavité, excavation, fosse, fossé, fouille, rigole, sillon, trou [2] vx → **colique** [3] milit. : abri, approche, boyau, cheminement, douve, fortification, parallèle, sape
trancher [1] au pr. [a] → **couper** [b] loc. **trancher la tête/le col** (vx)/**le cou :** décapiter, décoller, exécuter, expédier (vx), guillotiner [2] fig. [a] arbitrer, arrêter, choisir, conclure, convenir de, décider, décréter, définir, délibérer de, déterminer, se déterminer à, dire, disposer, finir, fixer, juger, ordonner, prononcer, régler, résoudre, solutionner, statuer, tirer au sort, vider [b] contraster, détonner, discorder, dissoner, hurler, jurer, s'opposer, ressortir [c] → **terminer**
tranchoir n.m. [1] tailloir (vx) [2] zancle → **poisson**
tranquille [1] au pr. : apaisé, béat, calme, coi, confiant, détendu, discipliné, dormant, doux, égal, gentil, immobile, indifférent, insouciant, mort, olympien, pacifique, paisible, placide, posé, quiescent, quiet, rasséréné, rassis, rassuré, remis, sage, serein, silencieux → **impassible** ◆ fam. : à la papa, cool, peinard ou pénard, pépère, plan-plan [2] par ext. : assuré, certain, cousu (fam.), de tout repos, établi, évident, exact, gagné d'avance, garanti, indubitable, sûr
tranquillisant n.m. → **narcotique**
tranquilliser adoucir, apaiser, apprivoiser, assurer, calmer, mettre en confiance, rasseoir, rasséréner, rassurer, remettre, sécuriser
tranquillité n.f. [1] apaisement, ataraxie, calme, concorde, confiance, égalité, entente, équanimité, harmonie, ordre, paix, patience, placidité, quiétude, repos, sagesse, sang-froid, sécurité, sérénité, trêve, union → **impassibilité** [2] accalmie, bonace, calme plat, éclaircie, embellie, rémission, répit, silence
transaction n.f. [1] au sing. [a] accommodement, accord, amiable composition, amodiation, arbitrage, arrangement, composition, compromis, concession, conciliation, convention, cote mal taillée, entente, juste milieu, milieu, modus vivendi, moyen terme [b] → **traité** [2] au pl. : affaires, Bourse, commerce, courtage, demande, échange, négoce, offre, trafic
transatlantique n.m. bâtiment, long-courrier, navire, paquebot, steamer, vapeur → **bateau**
transbahuter → **transporter**
transborder → **transporter**
transcendance n.f. [1] au pr. : abstraction, métaphysique [2] par ext. → **supériorité**
transcendant, e [1] au pr. : abstrait, métaphysique [2] par ext. [a] → **supérieur** [b] → **distingué**
transcendantal, e [1] → **transcendant** [2] → **difficile**
transcender → **transposer**
transcoder → **traduire**
transcription n.f. copie, double, duplicata, enregistrement, fac-similé, relevé, report, reproduction, translitération
transcrire [1] au pr. [a] jurid. : enregistrer, expédier, grossoyer, inscrire [b] calquer, copier, coucher par écrit, écrire, mentionner, noter, porter, prendre en note, recopier, relever, reporter, reproduire [2] par ext. → **imiter**
transe n.f. [1] au sing. : crise, délire, émotion, exaltation, excitation, extase, ravissement, surexcitation, transport [2] au pl. : affres, alarme, angoisse, anxiété, appréhension, crainte, effroi, émotion, épouvante, frayeur, inquiétude, mauvais sang, peur, souci, tintouin, tourment
transférable → **cessible**
transfèrement n.m. → **transport**
transférer → **transporter**
transfert n.m. [1] cession, redistribution, répartition, transmission, translation → **vente** [2] → **transport** [3] extradition, livraison
transfiguration n.f. → **transformation**
transfigurer → **transformer**
transformable → **transposable**

transformateur n.m. 1 n.m. : abaisseur/élévateur de tension, convertisseur, onduleur 2 adj. : réformateur, novateur

transformation n.f. 1 adaptation, altération, amélioration, avatar, conversion, convertissage, convertissement, déguisement, développement, différenciation, élaboration, évolution, incarnation, métamorphisme, métamorphose, métempsycose, modification, mutabilité, mutation, nymphose, réincarnation, renouvellement, rénovation, révolution, transfiguration, transformisme, transition, transmutation, transsubstantiation, variabilité, variation 2 assimilation, digestion 3 → **changement**

transformer 1 neutre ou fav. : agrandir, augmenter, bouleverser, chambarder, chambouler, changer, commuer, convertir, corriger, innover, métamorphiser (géol.), métamorphoser, modifier, muer, rectifier, recycler, refondre, réformer, réincarner, remanier, remodeler, renouveler, rénover, renverser, réorienter, restructurer, retourner, révolutionner, toucher à, tourner, transfigurer, transmuer, transposer 2 non fav. : aggraver, altérer, contrefaire, défigurer, déformer, déguiser, dénaturer, diminuer, fausser, réduire, travestir, truquer 3 v. pron. a phys. : augmenter, diminuer, empirer, évoluer, grandir, passer, rapetisser, tourner, vieillir b moral : s'améliorer, s'amender, se corriger, se modifier, se pervertir

transformisme n.m. → **évolutionnisme**

transfuge n.m. apostat, déserteur, faux, fourbe, insoumis, judas, perfide, renégat, traître, trompeur

transfuser → **transvaser**

transfusion n.f. goutte à goutte, perfusion, transvasement (vx)

transgresser aller au-delà, contrevenir, déroger, désobéir, enfreindre, outrepasser, passer les bornes, passer outre, se rebeller, refuser, rompre, violer

transgression n.f. → **violation**

transhumance n.f. → **migration**

transi, e 1 au pr. : engourdi, figé, frissonnant, gelé, glacé, grelottant, morfondu, mort, pénétré 2 par ext. a effrayé, épouvanté, halluciné, paralysé, pétrifié, rivé, saisi, stupéfié, terrifié b alangui, amoureux, coiffé, ensorcelé, envoûté, langoureux, languide, languissant, mourant, sentimental

transiger 1 fav. ou neutre : s'accommoder, s'accorder, s'arranger, composer, couper la poire en deux (fam.), s'entendre, faire des concessions 2 non fav. : capituler, céder, faiblir, négocier, pactiser, traiter

transir 1 au pr. : engourdir, figer, geler, glacer, pénétrer, saisir, transpercer, traverser 2 par ext. : clouer, ébahir, effrayer, épouvanter, étonner, méduser, paralyser, river, stupéfier, terrifier

transistor n.m. → **radio**

transit n.m. → **transport**

transitaire n. et adj. → **intermédiaire**

transiter 1 → **passer** 2 → **transporter**

transition n.f. 1 au pr. : acheminement, accoutumance, degré, intermédiaire, liaison, palier, passage, préparation, raccord, raccordement 2 par ext. : évolution, intermède → **changement**

transitoire bref, court, de courte durée, éphémère, fragile, fugitif, fuyard, incertain, intérimaire, momentané, passager, précaire, provisoire, temporaire

transitoirement → **provisoirement**

translation n.f. 1 → **transport** 2 → **traduction**

translucide clair, cristallin, diaphane, hyalin, limpide, luminescent, opalescent, pellucide, transparent

transmettre 1 au pr. : céder, concéder, déléguer, donner, faire parvenir/tenir, fournir, laisser, léguer, négocier, renvoyer, rétrocéder, tester, transférer 2 par ext. a apprendre, faire connaître/savoir, imprimer, infuser b communiquer, conduire, inoculer, passer, propager, transporter

transmigration n.f. 1 → **émigration** 2 → **renaissance**

transmissibilité n.f. caractère contagieux/épidémique/héréditaire/transmissible, communicabilité, contagion, propagation → **hérédité**

transmissible 1 → **héréditaire** 2 → **communicatif**

transmission n.f. 1 neutre : augmentation, communication, circulation, développement, diffusion, dissémination, expansion, extension, marche, mise en mouvement, multiplication, passation, progrès, progression, propagation, rayonnement, reproduction 2 non fav. : aggravation, contagion, contamination, épidémie, invasion, irradiation → **hérédité**

transmuer → **transformer**

transmutation n.f. 1 altération, conversion, convertissement, métamorphose, modification, mutation, virement → **changement** 2 → **transformation**

transparaître → **apparaître**

transparence n.f. → **clarté**

transparent, e 1 au pr. : cristallin, diaphane, hyalin, limpide, lumineux, net, opalescent, pellucide, perméable, translucide, vitreux → **clair** 2 par ext. a accessible, compréhensible, concevable, concis, déchiffrable, distinct, évident, facile, intelligible, pénétrable, précis, simple, visible → **clair** b → **pur**

transpercer blesser, creuser, crever, cribler, déchirer, embrocher, empaler, encorner, enferrer, enfiler, enfoncer, enfourcher, entamer, éventrer, excaver, forer, larder, ouvrir, pénétrer, percer, perforer, piquer, poinçonner, pointer, sonder, tarauder, traverser, tremper, trouer, vriller ♦ vx : darder

transpiration n.f. → **sudation**

transpirer 1 au pr. : être en eau/en nage, exsuder, moitir, se mouiller, ruisseler de sueur, suer 2 par ext. : couler, dégouliner, émaner, s'exhaler, goutter, perler, sécréter, sourdre, suinter, transsuder 3 fig. : s'ébruiter, s'échapper, se déceler, s'éventer, filtrer, se manifester, se montrer, paraître, se répandre

transplanter 1 → **déraciner** 2 → **changer** 3 → **transporter**

transport n.m. 1 l'acte. a déplacement, locomotion b camionnage, circulation, commerce, échange, expédition, exportation, factage, importation, livraison, manutention, messagerie, passage, port, trafic, traite, transbordement, transfèrement, transfert, transit, translation → **voyage** c péj. : trimbal(l)age, trimbal(l)ement 2 le mode. a air, aviation, avion, jet b → **bateau** c → **train** d ferroutage, route → **voiture** e au pl. : secteur tertiaire 3 anagogie, crise, délire, démonstration, émotion, enthousiasme, exaltation, excitation, extase, fièvre, flamme, fougue, manifestation, ravissement, surexcitation, transe

transporter 1 au pr. : brouetter, camionner, charrier, charroyer, colporter, conduire, déménager, déplacer, déranger, descendre, emporter, enlever, exporter, ferrouter, importer, livrer, manipuler, manutentionner, mener, négocier, passer, promener, remettre, renvoyer, reporter, traîner, transbahuter (fam.), transborder, transférer, transiter, transmettre, transplanter, trimballer (fam.), véhiculer, voiturer ♦ vx : carrosser 2 par ext. a déporter, envoyer, expédier → **reléguer** b agiter, animer, bouleverser, chambouler (fam.), chavirer, échauffer, électriser, emballer, émerveiller, enfiévrer, enflammer, engouer, enivrer, enlever, enthousiasmer, entraîner, exalter, exciter, faire s'extasier/se pâmer/se récrier d'admiration/d'aise, passionner, ravir, saisir, soulever 3 v. pron. aller, se déplacer, se rendre → **voyager**

transporteur n.m. 1 → **voiturier** 2 → **messager**

transposable convertible, modifiable, transformable, transmuable, transmutable

transposer 1 alterner, changer, convertir, déplacer, extrapoler, intervertir, inverser, modifier, permuter, renverser l'ordre, sublimer, transcender, transmuer, transmuter, transporter 2 → **traduire**

transposition n.f. 1 alternance, changement, interversion, inversion, permutation, renversement, transmutation 2 anagramme, métathèse 3 adaptation → **traduction**

transsexuel, le n.m. ou f. → **hermaphrodite**

transsubstantiation n.f. → **eucharistie**

transsuder → **suinter**

transvasement n.m. décantation, décuvage, décuvaison

transvaser décanter, décuver, dépoter, faire couler, soutirer, transférer, transfuser, transvider, verser

transversal, e de biais, détourné, en large/travers, fléchi, horizontal, longitudinal, médian, oblique, penché

trapèze n.m. → **acrobatie**

trapéziste n.m. et f. → **acrobate**

trappe n.f. → **piège**

trappeur n.m. → **chasseur**

trapu, e 1 au pr. : bréviligne, court, courtaud, massif, mastoc, râblé, ragot (vx), ramassé 2 par ext. : costaud, dru, ferme, fort, grand, gros, herculéen, inébranlable, malabar, musclé, puissant, résistant, robuste, solide, vigoureux ♦ fam. : armoire à glace/normande, balèze, baraqué, maous 3 fig. → **difficile**

traque n.f. 1 → **poursuite** 2 → **chasse**

traquenard n.m. → **piège**

traquer → **poursuivre**

traquet n.m. 1 → **piège** 2 battant

trauma n.m. 1 → **blessure** 2 → **émotion**

traumatiser → **choquer**

traumatisme n.m. 1 → **blessure** 2 → **émotion**

travail n.m. 1 au pr. a l'acte : action, activité, besogne, corvée (péj.), emploi, entraînement, état, fonction, gagne-pain, labeur, industrie, métier, occupation, peine, profession, service, sueur, tâche, veilles b arg. ou fam. : boulot, bricolage, bricole, business, chagrin, charbon, condé, piochage, trime, turbin c le résultat : chef-d'œuvre, enfant (fam.), exécution, œuvre, opération, ouvrage 2 par ext. a cheminement, opération, sape b casse-tête, effort, fatigue → **difficulté** c façon, facture, forme, griffe, main, patte d canevas, plan, programme e devoir, étude, exercice, pensum f accouchement, enfantement, gésine, mal d'enfant

travaillé, e 1 académique, étudié, léché, littéraire (péj.), poli, recherché 2 consciencieux, coquet, délicat, élégant, entretenu, fini, minutieux, net, réussi, soigné, tenu

travailler 1 au pr. a travail manuel : abattre du/aller au travail, besogner, chiner, s'occuper, œuvrer, rendre, tracer son sillon ♦ péj. : bricoler, en baver, en chier, suer b arg. ou fam. : bosser, boulonner, buriner, chiader, se coltiner, se défoncer, écosser, gratter, marner, masser, pilonner, travailloter, trimer, turbiner c travail intellectuel : apprendre, composer, écrire, étudier, s'instruire, préparer, produire d fam. : bachoter, bûcher, chiader, phosphorer, piler, piocher, plancher, potasser 2 par ext. a se déformer, gondoler, onduler, rétrécir b aigrir, bouillir, fermenter c fabriquer, façonner, ouvrer d → **soigner** e → **tourmenter** f fatiguer, peiner → **user**

travailleur, euse 1 nom. a alternat, appareilleur, bras, cheminot, col blanc, compagnon, employé, journalier, main-d'œuvre, manœuvre, ouvrier, prolétaire, salarié, tâcheron → **balayeur** ♦ péj. : mercenaire, nègre, pue-la-sueur, trimardeur b de nuit : nuitard, nuiteux c vx ou rég. : alloué d aide, apprenti, arpète, commis, galibot, gindre, mitron, sauteruisseau 2 adj. : acharné, actif, appliqué, assidu, bosseur (fam.), bourreau de travail, bûcheur, consciencieux, courageux, diligent, laborieux, studieux, zélé ♦ fam. : abatteur/bourreau de travail, bûcheur, fonceur, piocheur

travers n.m. 1 biais, côté, flanc 2 défaut, défectuosité, démérite, difformité, faible, faiblesse, grossièreté, imperfection, infirmité, lacune, loup, malfaçon, tache, tare, vice 3 bizarrerie, caprice, dada, démangeaison, épidémie, fantaisie, fièvre, frénésie, fureur, goût, grimace, habitude, maladie, manie, manière, marotte, monomanie, péché mignon/véniel, petit côté, petitesse, prurit, rage, rictus, ridicule, tic, toquade, turlutaine 4 de guingois/traviole → **tordu** 5 **à tort et à travers :** n'importe comment/quoi ♦ fam. : comme une casserole/un tambour

traverse n.f. 1 raccourci 2 achoppement, accroc, adversité, aléa, anicroche, aria, blocage, contrariété, contretemps, défense, difficulté, écueil, embarras, empêchement, encombre, ennui, entrave, frein, gêne, hic, impasse, impedimenta, insuccès, interdiction, obstacle, obstruction, opposition, os, pépin, pierre d'achoppement, résistance, restriction, tribulation ♦ vx : hourvari, rémora 3 techn. : barlotière, épart, entretoise

traversée n.f. 1 franchissement, navigation, passage 2 → **trajet**

traverser ① au pr. : franchir, parcourir, passer par ② par ext. ⓐ filtrer, pénétrer, percer, transpercer → **couler** ⓑ couper, croiser ③ vx : contrarier, gêner → **empêcher**

traversin n.m. chevet (vx), coussin, oreiller, polochon

travesti n.m. ① déguisement, domino, mascarade, masque, momerie ② bal masqué → **carnaval** ③ carême prenant (vx) ④ arg. : travelo, truqueur

travestir ① au pr. : déguiser, masquer, voiler ② par ext. : altérer, cacher, celer, changer, défigurer, déformer, falsifier, fausser, métamorphoser, modifier, pallier, transformer

travestissement n.m. ① → **travesti** ② → **parodie**

traviole (de) → **tordu**

trayon n.m. → **tétine**

trébucher achopper, broncher, buter, chanceler, chavirer, chopper, s'entraver, faire un faux pas, manquer pied, osciller, perdre l'équilibre, tituber, vaciller

trébuchet n.m. ① → **piège** ② → **balance**

trèfle n.m. ① fourrage, incarnat, lotier (par ext.), triolet (rég.) trèfle d'eau : ményanthe ② arg. ⓐ → **argent** ⓑ → **tabac**

tréfonds n.m. → **secret**

treillage et **treillis** n.m. → **clôture**

treille n.f. → **vigne**

tremblaie n.f. peupleraie

tremblant, e ① alarmé, apeuré, effrayé, ému, transi ② chancelant, flageolant, frémissant, frissonnant, tremblotant, trémulent (vx), vacillant ③ bredouillant, chevrotant

tremble n.m. → **peuplier**

tremblement n.m. ① agitation, chevrotement, claquement de dents, convulsion, frémissement, frisson, frissonnement, saccade, soubresaut, spasme, tremblote, tremblotement, trémolo, trémulation, trépidation, vibration ② → **crainte**

trembler ① au pr. ⓐ s'agiter, claquer des dents, frémir, frissonner, grelotter, palpiter, remuer, trembloter, trépider, vibrer ⓑ chanceler, flageoler, tituber, trémuler, vaciller ⓒ chevroter, faire des trémolos ② par ext. ⓐ appréhender, avoir peur, paniquer → **craindre** ⓑ arg. : avoir les boules/les chocottes/les foies/les grelots/les jetons/les mouillettes, avoir les miches à zéro/qui font glagla, avoir la pétasse/la pétoche/le tracsin/les traquettes/la trouille, avoir le trouillomètre à zéro/bloqué, baliser, faire dans ses chausses/dans son froc, flipper, foirer, fouetter, les avoir à zéro, mouiller

trembleur, euse → **craintif**

trembloter ① → **trembler** ② → **vaciller**

trémie n.f. ① entonnoir ② → **crible**

trémolo n.m. → **tremblement**

trémoussement n.m. agitation, balancement, contorsion, dandinement, entrechat, excitation, frétillement, remuement, sautillement, tortillement, tressautement, va-et-vient

trémousser (se) ① au pr. : s'agiter, se dandiner, frétiller, gambiller, gigoter, remuer, sautiller, se tortiller ② fig. : se dépenser → **démener (se)**

trempe n.f. ① au pr. → **tempérament** ② fig. → **torgnole**

trempé, e ① dégouttant, imbibé, inondé, ruisselant ② aguerri, durci, énergique, fort, résistant

tremper ① v. tr. ⓐ au pr. → **mouiller** ⓑ fig. → **fortifier** ② v. intr. : baigner, infuser, macérer, mariner ③ loc. **tremper dans :** fricoter, se mouiller → **participer à**

tremplin n.m. batoude

trémulation n.f. → **tremblement**

trench-coat n.m. → **imperméable**

trépan n.m. drille, foret, mèche

trépas n.m. → **mort**

trépasser → **mourir**

trépidant, e ① → **saccadé** ② → **troublé**

trépidation n.f. ① → **agitation** ② → **tremblement**

trépider → **trembler**

trépigner frapper du pied, s'impatienter, piaffer, piétiner, sauter

très absolument, assez (par ext.), beaucoup, bien, bigrement (fam.), diablement, drôlement, effroyablement, en diable, énormément, excessivement, extra-, extrêmement, follement, fort, fortement, furieusement, génialement, hautement, hyper-, infiniment, joliment, lourdement, merveilleusement, parfaitement, prodigieusement, richement, rien (fam.), rudement, sérieusement, super-, surabondamment, terriblement, tout, tout plein, trop, ultra-, vachement (fam.)

trésor n.m. ① au pr. : argent, eldorado, fortune, magot, pactole → **richesse** ② fig. ⓐ aigle, as, fleur, génie, idéal, modèle, nec plus ultra, parangon, perfection, perle, phénix, prodige, reine, roi ⓑ appas, attraits, charmes

trésorerie n.f. ① disponibilités, finances, liquide, liquidités, trésor → **argent** ② relig. : procure

trésorier, ère n.m. ou f. argentier, caissier, comptable, économe, financier, payeur, procureur (relig.)

tressaillement n.m. agitation, frémissement, frisson, haut-le-corps, mouvement, secousse, soubresaut, sursaut, tremblement, tressautement

tressaillir s'agiter, avoir un haut-le-corps/un sursaut/un tressaillement, bondir, broncher, frémir, frissonner, sauter, sursauter, tiquer, tressauter

tressautement n.m. → **tressaillement**

tressauter → **tressaillir**

tresse n.f. ① au pr. : cadenette, catogan, couette, macaron, natte ② par ext. ⓐ cordon, passementerie, scoubidou, soutache ⓑ mar. : baderne, garcette

tresser ① au pr. : arranger, assembler, cordonner, entortiller, entrelacer, guiper, natter, nouer, tordre, tortiller ② fig. aménager, arranger, brasser, combiner, comploter, conspirer, machiner, manigancer, monter, nouer, ourdir, préparer, tisser, tramer ③ loc. **tresser des couronnes** → **louer**

tréteau n.m. ① → **chevalet** ② au pl. → **théâtre**

treuil n.m. bourriquet, cabestan, caliorne, chèvre, guindeau, louve, moufle, moulinet, palan, poulie, pouliot, réa, rouet (mar.), tourniquet, vindas

trêve n.f. ① armistice, cessation des hostilités, cessez-le-feu, interruption, suspension d'armes ② arrêt, discontinuation, moratoire, temps d'arrêt → **délai** ③ congé, délassement, détente → **repos**

trévirer mar. ① → **lever** ② → **descendre**

tri n.m. ① criblage, triage ② → **choix**

triangle n.m. ① delta, trigone ② acutangle, équiangle ou équilatéral, isocèle, obtusangle, quelconque, rectangle, scalène

tribade n.f. → **lesbienne**

tribu n.f. ① au pr. : clan, ethnie, groupe, horde, peuplade, peuple, phratrie, race ② par ext. → **famille**

tribulation n.f. accident, adversité, affliction, avanie, calamité, cataclysme, catastrophe, chagrin, coup/cruauté du sort, désastre, détresse, deuil, disgrâce, douleur, échec, épreuve, fatalité, fléau, inconvénient, infortune, mal, malchance, malédiction, malheur, mauvaise fortune/passe, mélasse, mésaventure, misère, orage, peine, pépin (fam.), perte, revers, ruine → **traverse**

tribun n.m. ① débatteur, entraîneur de foules, foudre d'éloquence, orateur, parleur ② péj. : baratineur, déclamateur, démagogue, discoureur, harangueur, rhéteur → **hâbleur**

tribunal n.m. ① aréopage, assises, chambre, comité, commission, conseil (de guerre), cour d'appel/d'assises/de cassation/martiale, directoire, haute cour, instance, juridiction, jury, justice de paix, palais de justice, parquet, prétoire, siège ② arg. : assiettes, carré, falot, flags, gerbe, glace, guignol, moulin à café, tourniquet ③ relig. : Inquisition, pénitencerie, rote, saint-office, sanhédrin ④ vx : jurande, présidial

tribune n.f. → **estrade**

tribut n.m. ① → **impôt** ② → **récompense**

tributaire ① adj. : assujetti, débiteur, dépendant, imposable, obligé, redevable, soumis, sujet, vassal ② nom masc. : affluent → **rivière**

tricher ① contrefaire, copier, dénaturer, duper, échanger, falsifier, farder, filouter, frauder, frelater, maquignonner, maquiller, piper, resquiller, truquer ◆ fam. : bidouiller, magouiller ② → **tromper**

tricherie n.f. ① contrefaçon, copie, dénaturation, duperie, falsification, fardage, filouterie, fraude, frelatage, maquignonnage, maquillage, piperie, resquille, truquage ou trucage ◆ fam. : bidouillage, magouillage, magouille ② → **tromperie** ③ arg. : embrouille, suif

tricheur, euse n.m. ou f. copieur, filou, fraudeur, fripon, maquignon, maquilleur, mauvais joueur, resquilleur, trompeur, truqueur ◆ arg. : cartonnier, fileur, grec, papier, travailleur → **voleur**

tricot n.m. bonneterie, cardigan, gilet, maillot → **chandail**

trier → **choisir**

trifouiller → **tripoter**

triller → **chanter**

trimarder ① → **transporter** ② → **errer**

trimardeur n.m. ① → **travailleur** ② → **vagabond**

trimbaler ou **trimballer** ① → **porter** ② → **traîner**

trimer ① → **travailler** ② → **marcher**

tringle n.f. barre, broche, tige, triballe

trinquer ① lever son verre à, porter une santé/un toast → **boire** ② écoper, recevoir

triomphal, e → **splendide**

triomphant, e et **triomphateur, trice** n.m. ou f. ① → **vainqueur** ② → **content**

triomphe n.m. → **succès**

triompher ① au pr. on triomphe de quelque chose ou de quelqu'un : abattre, accabler, anéantir, avoir, avoir l'avantage, battre, battre à plate couture, conquérir, culbuter, défaire, disperser, dominer, dompter, écharper, éclipser, écraser, l'emporter sur, enfoncer, entamer, gagner, maîtriser, mater, mettre dans sa poche/en déroute/en fuite, prédominer, prévaloir, primer, réduire, rosser, rouler, supplanter, surclasser, surmonter, surpasser, tailler en pièces, terrasser, trôner, vaincre ② par ext. ⓐ → **targuer (se)** ⓑ → **réjouir (se)**

tripatouiller → **tripoter**

tripe(s) n.f. ① au pr. : boyaux, entrailles, fressure, gras-double, intestins ② par ext. → **bedaine** ③ → **sensibilité**

tripot n.m. bouge, brelan, clandé, flambe, flanche, maison de jeu → **cabaret**

tripotage n.m. ① agissements, brigue, combinaison, combine, complot, cuisine, détour, diablerie, intrigue, machination, manège, manigance, manœuvre, menée, micmac, trame ② canaillerie, concussion, déloyauté, déshonnêteté, escroquerie, forfaiture, friponnerie, grenouillage, immoralité, improbité, indélicatesse, indignité, laideur, magouillage, magouille, malpropreté, malversation, mauvaise foi, méchanceté, tricherie, tripatouillage, vol

tripotée n.f. ① → **quantité** ② → **torgnole**

tripoter ① au pr. ⓐ neutre : avoir en main/entre les mains, façonner, malaxer, manier, manipuler, manœuvrer, modeler, palper, pétrir, tâter, toucher, triturer ⓑ fam. ou péj. : patouiller, patrouiller, peloter, trifouiller, tripatouiller ② fig. → **trafiquer**

tripoteur, euse n.m. ou f. ① → **trafiquant** ② → **peloteur**

tripous ou **tripoux** n.m. pl. → **tripe(s)**

trique n.f. gourdin, matraque → **bâton**

triste ① quelqu'un : abattu, accablé, affecté, affligé, aigri, altéré, amer, angoissé, assombri, atrabilaire, attristé, austère, bileux, bilieux, chagrin, chagriné, consterné, découragé, défait, désabusé, désenchanté, désespéré, désolé, endolori, éploré, funèbre, inconsolable, lugubre, malheureux, maussade, mélancolique, morne, morose, navré, neurasthénique, noir, nostalgique, peiné, préoccupé, rembruni, saturnien, sépulcral, sévère, sinistre, sombre, soucieux, sourcilleux, taciturne, ténébreux ◆ vx ou rég. : contristé, dolent, marri ◆ fam : bonnet de nuit, cafardeux, éteignoir, figure de carême, rabat-joie, tête d'enterrement, tristounet, trouble-fête ② un lieu : obscur, sauvage, sinistre ③ quelque chose ou quelqu'un. ⓐ péj. : accablant, affligeant, affreux, attristant, calamiteux, catastrophique, cruel, décevant, déchirant, décourageant, déplorable, désolant, douloureux, dur, ennuyeux, funeste, grave, honteux, lamentable, mal, malheureux, mauvais, médiocre, méprisable, minable, misérable, moche, monotone, navrant, pauvre, pénible, piètre, piteux, pitoyable, regrettable, rude, scandaleux, sérieux, terne, tragique, uniforme ⓑ fav. ou neutre : attendrissant, bouleversant, dramatique, élégiaque, émouvant, larmoyant, romantique ④ **c'est triste :** dommage, fâcheux, regrettable

tristesse n.f. ① de quelqu'un : ⓐ abandon, abattement, accablement, affliction, aigreur, amertume, angoisse, atrabile, austérité, chagrin, consternation, découragement, dégoût, dépression, désabusement, désenchantement, désespoir, désolation, deuil, douleur, ennui, épreuve, idées noires/sombres, inquiétude, lassitude, mal (dans sa peau/du siècle), malheur, maussaderie, mélancolie, morosité, neurasthénie, nostalgie, nuage, peine, serrement de cœur, sévérité, souci, souffrance, spleen, taciturnité, vague à l'âme → **mélancolie** b fam. : bile, bourdon, cafard, papillons noirs, sinistrose c vx : navrement 2 de quelque chose : abandon, désolation, grisaille, laideur, mocheté (fam.), monotonie, pauvreté, platitude, uniformité

triticale n.m. → **céréale**

triturer 1 au pr. : aplatir, briser, broyer, concasser, croquer, déchiqueter, déchirer, écacher, écanguer, écorcher, écrabouiller, écraser, mâcher, mastiquer, mettre/réduire en morceaux, mordre, pulvériser 2 par ext. a non fav. : maltraiter → **détruire** b fav. ou neutre → **chercher**

trivial, e banal, bas, béotien, bourgeois, brut, canaille, choquant, commun, connu, courant, éculé, effronté, épais, faubourien, gouailleur, gros, grossier, insignifiant, matériel, obscène, ordinaire, peuple, philistin, poissard, populacier, prosaïque, rebattu, réchauffé, ressassé, roturier, simple, usé, vil, vulgaire

trivialité n.f. 1 → **banalité** 2 → **obscénité**

troc n.m. → **change**

trogne n.f. → **tête**

trognon n.m. 1 a → **débris** b → **morceau** c → **reste** 2 → **enfant** 3 adj. a → **aimable** b → **élégant** 4 loc. **jusqu'au trognon** → **totalement**

trombe n.f. bourrasque, cataracte, coup de chien/de tabac/de vent, déluge, maelström, rafale, tempête, tornade, tourbillon, turbulence, typhon

trombine n.f. → **tête**

tromblon n.m. → **fusil**

trombone n.m. 1 → **cuivre** 2 agrafe, attache

trompe n.f. 1 → **cor** 2 antiq. : conque

tromper 1 au pr. a abuser, amuser, attraper, aveugler, berner, bluffer, circonvenir, décevoir, déguiser, dépiter, désappointer, dissimuler, donner le change, dorer la pilule, duper, éblouir, échauder, écornifler, égarer, en conter, en donner, endormir, engluer, en imposer, enjôler, entôler, escroquer, estamper, étriller, exploiter, faire aller/courir/galoper/marcher/prendre des vessies pour des lanternes, faire briller/chatoyer/miroiter, faire prendre le change, faire une farce/une niche, feindre, finasser, flatter, flouer, frauder, frustrer, illusionner, induire en erreur, jouer, se jouer de, jouer la comédie, leurrer, mener en bateau, mentir, mettre en défaut, monter un bateau/le coup, se moquer, mystifier, piper, prendre au piège, promener, resquiller, retarder, rouler (dans la farine), ruser, séduire, surprendre, tendre un piège, trahir, tricher, truquer b vx ou rég. : affiner, bricoler, faire accroire, fausser sa foi/parole/promesse, repasser c arg. ou fam. : arnaquer, arranger, avoir, baiser, balader, balancer, ballotter, bidonner, biter, blouser, bourrer le crâne/le mou, brider, canarder, carotter, caver, charrier, chauffer, couillonner, cravater, doubler, écosser, emberlificoter, embobeliner, embobiner, emmener, empaumer, empiler, enculer, enfiler, enfler, enfoncer, entortiller, entuber, envelopper, faire grimper à l'arbre, faire un enfant dans le dos, feinter, ficher/fourrer/foutre dedans, harnacher, jobarder, lanterner, mener en double, niquer, pigeonner, posséder, ramoner, refaire, roustir, truander 2 par ext. a cocufier, coiffer (fam.), donner un coup de canif au contrat, en faire porter, faire cocu, faire porter les cornes à, trahir ◆ vx : en donner d'une, faire des traits à b → **voler** 3 v. pron. : s'abuser, avoir la berlue/tort, broncher, cafouiller, chopper, confondre, s'échauder, errer, être échaudé/en défaut, faillir, faire fausse route, se fourvoyer, s'illusionner, se laisser prendre, méjuger, se méprendre, perdre le Nord, prendre le change, prendre pour ◆ fam. : se foutre/mettre dedans, se gourancer, se gourer, mettre à côté de la plaque, se mettre le doigt dans l'œil, prendre des vessies pour des lanternes

tromperie n.f. 1 au pr. a altération, artifice, attrape, attrape-couillon (mérid.)/lourdaud/niais/nigaud, bateau, bluff, canular, carottage, carotte, chiqué, combine, fable, farce, fausse apparence, faux-semblant, feinte, fumisterie, illusion, invention, semblant, tour de passe-passe ◆ vx : amusement, bricole b non fav. : dol, duperie, escamotage, escroquerie, falsification, fardage, fausseté, faux, fourberie, fraude, frelatage, imposture, infidélité, insincérité, leurre, maquignonnage, maquillage, mauvaise foi, mauvais tour, mensonge, miroir aux alouettes, mystification, perfidie, subreption (relig.), supercherie, trahison, traîtrise, triche, tricherie, trompe-l'œil, truquage, vol c arg. : arnaque, bite, blouse, cravate, doublage, charriage, embrouille, entourloupette, feinte, frime, gandin, vape, ventre d vx : baie, bâte, berne, biffe, escobarderie, falourde, feintise, fourbe, gabegie, matoiserie, paquet, pipe, piperie e → **hypocrisie** 2 par ext. → **adultère**

trompeter claironner, colporter, corner, crier sur les toits → **publier**

trompette n.f. par ext. : buccin, buccine, bugle, clairon, cornet, trompe (vx)

trompette n.m. buccinateur, trompettiste

trompeur, euse 1 le comportement ou le discours de quelqu'un : artificieux, captieux, décevant, déloyal, dissimulé, double, enjôleur, fallacieux, farceur, faux, faux derche (arg.)/jeton (fam.), fourbe, fraudeur, fumiste (fam.), illusoire, imposteur, insidieux, insincère, mensonger, menteur, mystificateur, patelin, perfide, simulateur, sournois, spécieux, traître, tricheur, truqueur, vendu → **hypocrite** ◆ vx : faussaire, gobelet 2 quelque chose : brillant, clinquant, toc

tronc n.m. 1 → **tige** 2 → **torse** 3 → **lignée** 4 → **tirelire**

tronçon n.m. → **partie**

tronçonner → **couper**

trône n.m. 1 siège 2 par ext. : autorité, dynastie, maison, monarchie, puissance, règne, royauté, souveraineté

trôner se camper, se carrer, pontifier, se prélasser → **triompher**

tronquer altérer, amoindrir, amputer, censurer, couper, déformer, dénaturer, écourter, estropier, fausser, massacrer, mutiler, raccourcir, réduire, rogner, supprimer

trop → **très**

trophée n.m. 1 butin, dépouilles 2 coupe, médaille, oscar, prix, récompense 3 → **succès**

tropical, e → **torride**

troquer échanger → **changer**

troquet n.m. → **cabaretier**

trotter 1 au pr. → **marcher** 2 fig. → **préoccuper**

trottin n.m. apprentie, cousette, couturière, midinette, modiste, ouvrière, petite main

trottinette n.f. patinette

trottoir n.m. 1 par ext. pavé, plate-forme, quai 2 loc. **faire le trottoir** a se livrer à la prostitution b arg. : aller aux asperges, battre/faire l'asphalte/le bitume/le ruban/le tapin, être sur le sable, faire le truc → **prostituer (se)**

trou n.m. 1 au pr. a boulin, brèche, coupure, creux, entonnoir, évidement, excavation, fente, flache, fondrière, jouette, ornière, pertuis, poquet, vide b antre, caverne, fosse, grotte, hypogée, puits, souterrain, tranchée, trouée → **cavité** c usure d chas, œil-de-pie (mar.), œillet → **ouverture** e techn. : étampure, évidure, forure, grumelure, jaumière (mar.), sténopé 2 fig. a → **village** b → **manque** c → **lacune**

troubadour n.m. barde, félibre, jongleur, ménestrel, minnesinger, musicien, poète, trouvère

troublant, e 1 agitant (vx), bouleversant, déconcertant, inquiétant, intimidant → **touchant** 2 charmeur, enivrant, enjôleur, ensorceleur, galant, séducteur → **séduisant**

trouble adj. 1 au pr. : boueux, bourbeux, fangeux, opaque, sombre, terne, vaseux 2 fig. a louche → **suspect** b complexe, compliqué, confus, embrouillé, fumeux, indébrouillable, inextricable, nébuleux, nuageux, obscur, ténébreux, vague

trouble n.m. 1 au pr. : anarchie, bouleversement, bruit, chaos, conflit, confusion, crise, désordre, désorganisation, orage, ouragan, méli-mélo (fam.), pêle-mêle, perturbation, remuement, remue-ménage, tempête, tourmente, tumulte → **tohu-bohu** 2 par ext. a aberration, aliénation, altération, atteinte, aveuglement, confusion, délire, dérangement, dérèglement, déséquilibre, égarement, folie, incommodité (vx), maladie, névrose, perturbation b commotion, étourdissement, évanouissement, malaise, syncope, vapeur (vx), vertige c ahurissement, effarement, enivrement, excitation d attendrissement, bouleversement, ébranlement, embarras, émoi, émotion, indécision, perplexité e affolement, agitation, désarroi, détresse, effervescence, effroi, fièvre, inquiétude, remous f brouille, brouillerie, dispute → **mésintelligence** g complexe, gêne, inhibition, paralysie, timidité h au pl. : convulsion, déchirement, émeute, guerre civile/intestine, insurrection, mouvement → **révolte**

troublé, e adj. 1 quelqu'un a fav. : attendri, charmé, chaviré, ému, éperdu, intimidé, rougissant, séduit, touché b neutre ou non fav. : affolé, agité, ahuri, à l'envers, aveuglé, bouleversé, chamboulé (fam.), confus, détraqué, effarouché, égaré, énervé, fiévreux, hagard, hébété, inquiet, nerveux, perturbé, retourné, sens dessus dessous 2 quelque chose a au pr. : altéré, grouillé b par ext. : brouillon, confus, houleux, incertain, inquiétant, mouvementé, orageux, tourmenté, trépidant, tumultueux, turbide, turbulent

trouble-fête n.m. → **importun**

troubler 1 quelque chose : brouiller, corrompre, décomposer, déranger, dérégler, désorganiser, détraquer, détruire, embrouiller, empoisonner, gâter, gêner, interrompre, obscurcir, perturber, renverser, rompre, subvertir, touiller → **mélanger** 2 quelqu'un. a fav. ou neutre : éblouir, émouvoir, enivrer, enfiévrer, ensorceler, étonner, exciter, fasciner, impressionner, remuer, saisir, séduire b non fav. : abasourdir, affliger, affoler, agiter, ahurir, alarmer, aliéner, aveugler, bousculer, chagriner, complexer, confondre, contrarier, déconcerter, démonter, désarçonner, désorienter, effarer, effaroucher, égarer, embarrasser, embrouiller, gêner, incommoder, inhiber, inquiéter, interdire, interférer, intimider, mettre sens dessus dessous, paralyser, semer/soulever/susciter l'émotion/l'inquiétude/le trouble ◆ vx : enfumer, étonner 3 v. pron. : barboter (fam.), s'emberbouiller, perdre contenance/les pédales (fam.)/la tête

trouée n.f. brèche, clairière, déchirure, échappée, excavation, faille, percée, ouverture → **trou**

trouer → **transpercer**

troufignon n.m. → **anus**

troufion n.m. → **soldat**

trouillard, e → **capon**

trouille n.f. → **peur**

troupe n.f. 1 d'animaux : essaim, harde, harpail, litée, meute, troupeau, volée 2 d'hommes. a milit. :archerie, armée, bataillon, brigade, centurie, cohorte, colonne, commando, compagnie, contingent, corps, corps franc, détachement, division, échelon, élément, équipe, escadron, escouade, flanc-garde, forces, formation, garnison, goum, groupe, guérilla, légion, manipule, milice, parti, patrouille, peloton, phalange, piquet, régiment, section, soldatesque (péj.), unité b attroupement, caravane, cavalcade, cortège, ensemble, foule, groupe, multitude, rassemblement, tribu c péj. : bande, gang, horde

troupeau n.m. 1 au pr. : cheptel, manade 2 par ext. a → **troupe** b → **multitude**

troupier n.m. → **soldat**

trousse n.f. 1 vx : assemblage, botte, faisceau, gerbe, trousseau 2 aiguiller, étui, nécessaire, plumier, poche, portefeuille, sac, sacoche 3 **aux/sur les trousses de :** aux chausses, au derrière, au train (fam.), dans le dos, sur le paletot (fam.), aux talons → **poursuivre**

trousseau n.m. affaires, dot, effets, garde-robe, habits, layette, linge, lingerie, nécessaire, toilette, vêtements

trousser 1 accélérer, brusquer, dépêcher, expédier, hâter, liquider, précipiter → **torcher** 2 écarter, redresser, relever, remonter, replier, retrousser, soulever → **lever** 3 → **caresser**

trouvaille n.f. astuce (fam.), création, découverte, idée, illumination, invention, nouveauté, rencontre, trait de génie/de lumière

trouver 1 au pr. : apercevoir, atteindre, avoir, déceler, découvrir, détecter, déterrer, joindre, mettre la main sur, obtenir, rejoindre, rencontrer, surprendre, tomber sur, toucher ♦ fam. : cueillir, dégauchir, dégoter, dénicher, dévisser, pêcher [2] par ext. [a] s'aviser de, déchiffrer, deviner, élucider, percer, résoudre, réussir, surmonter la difficulté [b] concevoir, créer, forger, imaginer, innover, inventer [c] considérer, croire, éprouver, estimer, penser, regarder comme, saisir, sentir, tenir pour → **juger** [3] loc. [a] **trouver bon** → **approuver** [b] **trouver à dire** : avoir à → **blâmer**

trouver (se) [1] quelque chose ou quelqu'un : s'avérer, demeurer, être, exister, figurer, s'offrir, se rencontrer, reposer, se révéler, tomber, traîner [2] quelqu'un. [a] au pr. : assister, être présent, siéger [b] fig. fav. : baigner, flotter, nager, se prélasser, se vautrer [c] fig. neutre : se considérer, se croire, s'estimer, se juger [3] quelque chose : advenir, arriver, se produire, survenir

trouvère n.m. → **troubadour**

truand, e n.m. ou f. [1] neutre : chemineau, clochard, cloche, coureur, galvaudeux, gueux, mendiant, mendigot, rôdeur, trimardeur, vagabond [2] non fav. : [a] affranchi, apache, arsouille, aventurier, bandit, brigand, canaille, chenapan, coquin, crapule, débauché, dévoyé, drôle, fainéant, frappe, fripon, fripouille, galapiat, galopin, garnement, gens de sac et de corde, gibier de potence, gouape, gredin, libertin, loubard, malhonnête, maquereau, nervi, plat personnage, poisse, rossard, sacripant, saleté, sale / triste individu / personnage / type / coco, scélérat, vaurien, voyou [b] vx : ribaud, roué [c] arg. : loulou, marlou, peau-rouge, poisseux, zonard, zoulou [d] → **voleur**

truander [1] → **tromper** [2] → **voler**

trublion n.m. [1] → **brouillon** [2] → **factieux**

truc n.m. [1] fav. ou neutre [a] art, combinaison, démarche, dispositif, formule, manière, marche à suivre, martingale, méthode, mode, moyen, pratique, procédé, procédure, recette, rubrique (vx), secret, stratégie, système, tactique, technique, théorie, voie [b] affaire, bazar, bidule, bordel, bricole, business, chose, gadget, machin, objet, outil, saint-frusquin, trucmuche, zizi, zinzin [2] non fav. : artifice, astuce, attrape-nigaud, carotte (fam.), cautèle, chausse-trape, détour, diplomatie, échappatoire, embrouille, embûche, faux-fuyant, feinte, ficelle, finasserie, finesse, fourberie, fraude, habileté, intrigue, invention, machiavélisme, machination, machine, malice, manœuvre, matoiserie, méandre, os, perfidie, piège, politique, retour (vén.), rets, roublardise, rouerie, rubrique (vx), ruse, sac de nœuds, stratagème, stratégie, subterfuge, subtilité, tactique, tour, trame → **tromperie**

truchement n.m. [1] → **traducteur** [2] → **intermédiaire**

trucider → **tuer**

truculence n.f. → **bouffonnerie**

truculent, e [1] vx. [a] → **barbare** [b] → **violent** [2] amusant, bizarre, cocasse, comique, curieux, déconcertant, drolatique, drôle, étonnant, étrange, excentrique, extraordinaire, fantasque, hardi, haut en couleur, hors du commun, impayable, inédit, neuf, non-conformiste, nouveau, original, particulier, personnel, picaresque, pittoresque, singulier, spécial

truelle n.f. langue-de-chat, spatule

truffe n.f. [1] [a] tuber magnatum ou truffe blanche du Piémont, tuber melanosporum ou truffe noire du Périgord [b] diamant noir, fille de l'éclair [2] → **nez**

truffer bourrer, charger, combler, emplir, encombrer, entrelarder, envahir, farcir, garnir, gonfler, insérer, larder, occuper, remplir, saturer, se répandre dans

truie n.f. coche, portière → **porc**

truisme n.m. → **vérité**

truquage n.m. [1] → **astuce** [2] → **tromperie**

truquer [1] → **altérer** [2] → **tromper**

truqueur, euse n.m. ou f. [1] → **tricheur** [2] → **trompeur**

trust n.m. association, cartel (all.), coalition, comptoir, conglomérat, consortium, corner (angl.), entente, holding, monopole, omnium, pool, syndicat

truster → **accumuler**

tsar, tsarine → **monarque**

t.s.f. n.f. → **radio**

tsigane nom et adj. → **tzigane**

tuant, e abrutissant, accablant, assommant, débilitant, déprimant, échinant, écrasant, énervant, ennuyeux, épuisant, éreintant, esquintant, exténuant, fatigant, harassant, importun, lassant, pénible, suant, vannant ♦ fam. : cassant, claquant, crevant, pompant

tubage n.m. intubation

tube n.m. [1] boyau, canal, canalisation, conduit, cylindre, gazoduc, oléoduc, pipe-line, tuyau [2] ajutage, canule, drain, éprouvette, fêle, fuseau, pipette, siphon [3] chapeau-claque, claque, gibus, haut-de-forme, huit-reflets [4] fam. → **succès**

tubercule n.m. [1] → **racine** [2] crosne, igname, topinambour → **pomme de terre** [3] → **tumescence**

tuberculeux, euse nom et adj. bacillaire, malade de la poitrine, phtisique, poitrinaire, pulmonaire ♦ arg. : mité, nase, tubard, tutu

tuberculose n.f. bacillose, caverne, maladie de poitrine / du poumon, phtisie

tubéreux, euse bulbeux, charnu, gonflé, renflé

tubérosité n.f. → **protubérance**

tubulaire cylindrique, tubule

tubulure n.f. → **conduit**

tué, e au pr. : assassiné, décédé, disparu, exécuté, mort, tombé, tombé au champ d'honneur, trépassé

tuer [1] au pr. [a] abattre, achever, anéantir, assassiner, assommer, brûler (au pr. et arg. au fig.), brûler la cervelle, casser la tête, causer la mort, couper la gorge, décapiter, décimer, décoller, se défaire de, démolir, descendre, détruire, donner le coup de grâce / la mort, écarteler, écraser, égorger, électrocuter, empaler, empoisonner, emporter, envoyer ad patres / dans l'autre monde / pour le compte, étendre mort / raide / raide mort / sur le carreau, étouffer, étrangler, étriper, éventrer, exécuter, exterminer, faire couler le sang, faire mourir, faire périr, faire sauter la cervelle, faucher, foudroyer, fusiller, garrotter, guillotiner, immoler, lapider, liquider, lyncher, massacrer, mettre à mort, moissonner, noyer, occire, ôter la vie, pendre, percer, poignarder, pourfendre, rompre le cou, sacrifier, saigner, servir (vén.), supplicier, supprimer, trancher le cou / la gorge, verser le sang [b] vx : échiner, égosiller, estoquer, juguler, meurtrir [c] arg. ou fam. :aligner, allonger, assaisonner, avoir / faire / trouer la peau, bigorner, bousiller, brûler, bûcher, buter, canner, casser, composter, crever, crever la gueule / la paillasse / la panse / la peau, débarbouiller, décoller, dégeler, déglinguer, dégommer, dégringoler, dépêcher, descendre, dessouder, dévisser, écraser, effacer, empaqueter, endormir, envoyer ad patres, envoyer / foutre / mettre en l'air, estourbir, étendre (sur le carreau), étourdir, expédier, faire la peau, faire passer le goût du pain, faire sauter le caisson, faire son affaire, finir, flinguer, mettre à l'ombre / à zéro, moucher, nettoyer, opérer, passer à la casserole / à la moulinette, percer, planter, plomber, poinçonner, poivrer, poquer, raccourcir, ratatiner, ratiboiser, recorder, rectifier, refroidir, régler (son compte), répandre, repasser, rétamer, révolvériser, rincer, sabrer, scier, sécher, suriner, tordre le cou, trucider, truffer, zigouiller [2] fig. [a] → **abattre** [b] → **détruire** [c] → **fatiguer** [3] **tuer le temps :** occuper, passer [4] v. pron. [a] au pr. : se détruire, se donner la mort, se défaire, faire hara-kiri, mettre fin à ses jours, se saborder, se suicider, se supprimer [b] fam. : se faire sauter (la caisse / la cervelle / le caisson), se flinguer [c] se casser le cou / la figure, être victime d'un accident, se rompre le cou, trouver la mort, se viander (fam.) [d] fig. : se crever (fam.), s'évertuer, se fatiguer

tuerie n.f. [1] → **abattoir** [2] → **carnage**

tueur n.m. assassin, brave, bravo, chasseur (péj.), coupe-jarret, estafier, homme de main, massacreur, meurtrier, nervi, saigneur, satellite, sicaire, spadassin ♦ arg. : buteur, flingueur, virtuose

tuf n.m. [1] au pr. : tufeau [2] fig. → **intérieur**

tuile n.f. [1] arêtière, creuse, émaillée, faîtière, mécanique, plate, romaine, tuileau [2] fig. [a] → **accident** [b] → **malchance**

tulle n.m. → **gaze**

tumbling n.m. spat. off. : culbutage

tuméfaction n.f. → **tumeur**

tumescence et **tumeur** n.f. [1] au pr. : adénite, adénome, athérome, bubon, cancer, carcinome, condylome, crête-de-coq, épithélioma, épulide, exostose, fibrome, fongosité, fongus, gliome, goitre, granulome, grenouillette, hématome, intumescence, kyste, lipome, loupe, molluscum, myome, néoplasme, œdème, papillome, parulie, polype, sarcome, tanne, tubercule, tubérosité, tuméfaction, tumescence [2] par ext. : abcès, ampoule, angiome, anthrax, bosse, bouton, caroncule, chalaze, chalazion, clou, empyème, enflure, escarre, excroissance, fluxion, fraise, furoncle, ganglion, glande, granulation, grosseur, induration, kératome, mélanome, orgelet, panaris, perlèche, phlegmon, pustule, tourniole, verrucosité, xanthome ♦ vx : écrouelles, humeurs froides, scrofule [3] vétér. : éparvin, éponge, forme, osselet, suros

tumescent, e ballonné, bombé, bouffant, bouffi, boursouflé, cloqué, congestionné, dilaté, distendu, empâté, en chou-fleur (fam.), enflé, gondolé, gonflé, gros, hypertrophié, mafflu, météorisé, renflé, soufflé, turgescent, turgide, ventru, vultueux

tumulaire → **funéraire**

tumulte n.m. [1] → **tohu-bohu** [2] → **trouble**

tumultueux, euse agité, animé, brouillon, bruyant, confus, désordonné, houleux, incertain, inquiétant, mouvementé, orageux, séditieux, tapageur, tourbillonnaire, tourmenté, trépidant, troublé, turbulent

tumulus n.m. [1] au pr. : cairn, galgal, mound, tell, tertre [2] → **tombe**

tuner n.m. audiov. off. : syntoniseur

tungstène n.m. wolfram

tunique n.f. [1] chiton, dalmatique, éphod [2] boubou, kimono, robe [3] dolman, redingote, veste

tunisien, ne nom et adj. → **maghrébin**

tunnel n.m. corridor, passage, passage souterrain, percée, souterrain, trouée

turban n.m. → **coiffure**

turbidité n.f. opacité → **obscurité**

turbulence n.f. [1] activité, agitation, animation, bruit, dissipation, espièglerie, excitation, impétuosité, mobilité, mouvement, nervosité, pétulance, remue-ménage, tapage, trouble, tumulte, vivacité [2] → **trombe**

turbulent, e [1] quelqu'un : actif, agile, agité, animé, bruyant, déluré, démoniaque, dissipé, dur, espiègle, éveillé, excité, fougueux, frétillant, fringant, guilleret, impétueux, ingambe, instable, leste, mobile, nerveux, pétulant, primesautier, prompt, rapide, remuant, sautillant, tapageur, terrible, vif, vivant → **polisson** [2] quelque chose. [a] → **troublé** [b] → **tumultueux**

turc, turque nom et adj. byzantin, ottoman

turf n.m. [1] champ de courses, courtines (arg.), hippodrome, pelouse [2] courses, sport hippique

turfiste n.m. ou f. joueur, parieur

turgescence n.f. → **tumescence**

turgescent, e et **turgide** → **bouffi**

turlupiner fam. : agacer, asticoter, casser les pieds, chercher des crosses / noise / querelle, contrarier, courroucer, crisper, donner sur les nerfs, échauffer, échauffer la bile / les oreilles, embêter, emmerder (grossier), énerver, ennuyer, enquiquiner, exacerber, exaspérer, excéder, exciter, faire enrager / sortir de ses gonds, harceler, hérisser, horripiler, impatienter, importuner, indisposer, irriter, lanciner, lasser, marteler, mécontenter, mettre en colère / rogne, obséder, piquer, provoquer, taquiner, tarauder, tourmenter, tracasser, travailler, trotter, troubler

turlutte n.f. → **piège**

turne n.f. → **chambre**

turpide → **honteux**

turpitude n.f. abaissement, abjection, bassesse, boue, corruption, crapulerie, crime, débauche, dégradation, démérite, déportement, dépravation, dérèglement, déshonneur, désordre, dévergondage, dissolution, excès, fange, flétrissure, honte, ignominie, immoralité, impudicité, inconduite, indécence, indignité, infamie, iniquité, intempérance, libertinage, licence, luxure, malhonnêteté, méchanceté, opprobre, ordure, relâchement, scandale, stupre, vice, vilenie

tutélaire auxiliaire, bienfaisant, bienfaiteur, bon, conjuratoire, défenseur, gardien, favorable, paternaliste (péj.), paternel, protecteur, providentiel, sauveur, secourable, serviable, utile

tutelle n.f. ① fav. ou neutre : administration, aide, appui, assistance, auspices, autorité, bénédiction, conservation, couverture, défense, égide, garantie, garde, immunité, invocation, patronage, protection, sauvegarde, secours, soutien, support ② non fav. : assujettissement, contrainte, dépendance, direction, gêne, lisière, surveillance, vigilance

tuteur, tutrice n.m. ou f. ① ascendant, caution, comptable, garantie, gérant, parrain, représentant, responsable, soutien, surveillant ② appui, défenseur, gardien, patron, protecteur ③ appui, armature, échalas, étai, perche, piquet, rame, soutien, tige → **bâton**

tuyau n.m. ① → **tube** ② → **canal** ③ → **renseignement**

tuyautage et **tuyauterie** n.m., n.f. → **conduit**

tuyère n.f. buse

tympan n.m. fronton, gable, pignon

type n.m. ① quelque chose. ⓐ typogr. : caractère, fonte, frappe, police ⓑ archétype, canon, conception, échantillon, étalon, exemple, figure, formule, gabarit, idéal, idée, image, modèle, original, paradigme, parangon, personnification, prototype, représentant, symbole ⓒ catégorie, classe, embranchement, espèce, famille, genre, ordre, race, sorte, variété ⓓ acabit, farine, nature, sorte ⓔ façon, griffe, manière, marque, mode, style ⓕ apparence, aspect, attitude, caractère, comportement, conduite, extérieur, façon, format, genre, ligne, morphologie, silhouette, tenue, tournure ✦ fam. : dégaine, touche ② quelqu'un. ⓐ citoyen, habitant, homme, individu, monsieur, personnage, personne, quelqu'un, tête ⓑ péj. ou arg. : asticot, bonhomme, bougre, cave, charlot, chrétien, coco, croquant, diable, drôle, fias, figure, frangin, fromage, gaillard, gazier, gonze, guignol, gus, hère, indien, jeton, jules, lard, lascar, luron, mec, mecton, micheton, mironton, miston, moineau, numéro, oiseau, olibrius, orgue, ostrogot, outil, pante, paroissien, pékin, pèlerin, phénomène, piaf, pierrot, pilon, pingouin, pistolet, pomme, quidam, rigolo, rom, sieur, sire, tartempion, tranche, trucmuche, viande, zèbre, zigoto, zigue, zouave, zoulou, zozo

typer marquer → **imprimer**

typhon n.m. bourrasque, coup de chien/de tabac (fam.)/de vent, cyclone, maelström, orage, ouragan, rafale, raz de marée, tempête, tornade, tourbillon, tourmente, trombe, vent

typique caractéristique, déterminant, distinctif, dominant, emblématique, essentiel, exemplaire, expressif, original, particulier, personnel, propre, représentatif, saillant, significatif, spécifique, symbolique, symptomatique

typographe n.m. ou f. compositeur, imposeur, imprimeur, metteur en pages, ouvrier du livre, prote

typographie n.f. ① imprimerie ② par ext. ⓐ chalcographie, linotypie, lithographie, offset, photocomposition, photocopie, phototypie, polycopie, sérigraphie, typolithographie, xylographie ⓑ clichage, composition, impression, reproduction, tirage

tyran n.m. asservisseur (vx), autocrate, despote, dominateur, maître, oppresseur, persécuteur, roi, roitelet, satrape, souverain absolu, tyranneau → **dictateur**

tyrannie n.f. ① au pr. : absolutisme, autocratie, autoritarisme, caporalisme, césarisme, despotisme, dictature, fascisme, nazisme, stalinisme, totalitarisme ② par ext. ⓐ arbitraire, assujettissement, barbarie, chasse aux sorcières, cruauté, domination, fanatisme, férocité, inhumanité, intolérance, oppression, persécution, satrapie, sauvagerie, vandalisme ⓑ ascendant, autorité, dépendance, dogmatisme, empiètement, empire, emprise, esclavage, influence, mainmise

tyrannique → **absolu**

tyranniser ① au pr. : abuser, accabler, assujettir, avoir/jeter/mettre le grappin/la main sur, contraindre, courber, dominer, forcer, fouler aux pieds, opprimer, persécuter, réduire en esclavage, violenter ② par ext. ⓐ → **tourmenter** ⓑ → **conduire**

tzigane ou **tsigane** nom et adj. bohémien, campvolant, gitan, manouche, nomade, romanichel, romano, zingaro

U

ubiquité n.f. dédoublement, omniprésence, télépathie

ubuesque → **absurde**

ukase ou **oukase** n.m. → **injonction**

ulcération, ulcère n.f., n.m. aphte, chancre, exulcération, exutoire, lésion, lupus, plaie → **abcès**

ulcérer ① → **affliger** ② → **choquer**

uléma n.m. ayatollah, imam, mollah

ulmaire n.f. reine-des-prés, spirée

ultérieur, e → **suivant**

ultimatum n.m. → **injonction**

ultime → **dernier**

ultra nom et adj. extrémiste, fanatique, intolérant, jacobin, jusqu'au-boutiste, maximaliste

ultramontain, e ① cisalpin → **italien** ② conservateur, papiste (péj.), romain

un, une distinct, exclusif, indivis, isolé, rare, seul, simple, unique

unanime absolu, collectif, commun, complet, entier, général, sans exception, total, universel

unanimement absolument, à l'unanimité, collectivement, complètement, entièrement, généralement, sans exception, totalement, tous à la fois/ensemble, universellement

unanimité n.f. → **accord**

unau n.m. paresseux → **singe**

uni, e ① → **égal** ② → **lisse** ③ → **simple** ④ → **uniforme**

unicité n.f. ① → **originalité** ② → **uniformité** ③ relig. : consubstantialité

unification n.f. intégration, radicalisation, simplification

unifier et **uniformiser** standardiser → **unir**

uniforme n.m. → **vêtement**

uniforme adj. continu, droit, égal, monochrome, uni, unisexe, pareil, plat, régulier, semblable, simple, symétrique → **monotone**

uniformité n.f. égalité, monotonie, unicité → **tristesse**

unilatéral, e ① → **absolu** ② → **injustifié**

uniment également, franchement, régulièrement, sans ambages/détour, simplement, uniformément

union n.f. ① au pr. ⓐ fusion, groupement, jumelage, mixité, symbiose, symphonie, syncrétisme ⓑ → **liaison** ⓒ → **jonction** ⓓ → **alliance** ⓔ → **fédération** ⓕ → **syndicat** ⓖ → **mariage** ② fig. : accord, amitié, bons termes, camaraderie, communion, concert, concorde, conformité, ensemble, entente, fraternité, harmonie, identité, intelligence, sympathie, unanimité, unisson

unique ① exclusif, inclassable, inégalable, inégalé, isolé, original, seul, spécial ② → **un** ③ → **extraordinaire** ④ singleton ⑤ inform. : simplex

uniquement purement et simplement, rien que, strictement

unir ① au pr. ⓐ accoupler, agencer, agglutiner, agréger, allier, amalgamer, annexer, apparier, assembler, associer, assortir, attacher, chaîner, confondre, conjuguer, corréler, coupler, enchaîner, enter, fondre, fusionner, joindre, lier, marier, mélanger, mêler, raccorder, rapprocher, rassembler, relier, réunir, saisir, souder ⓑ polit. : allier, coaliser, confédérer, fédérer, liguer, solidariser ② par ext. ⓐ allier, fiancer ⓑ aplanir, égaliser, polir, rendre uni

unisson n.m. ① → **union** ② loc. **à l'unisson** : d'accord, ensemble, d'un même ton, d'une même voix

unité n.f. ① → **conformité** ② → **harmonie** ③ → **troupe** ④ → **modèle** ⑤ → **principe** ⑥ → **mesure** ⑦ branche, classe, ensemble, espèce, famille, genre, groupe

unitif, ive par ext. : fédérateur, rassembleur

univalent, e monovalent

univers n.m. ciel, cosmos, création, espace, globe, macrocosme, monde, nature, sphère, Terre, tout

universalisation n.f. diffusion, généralisation, mondialisation, planétarisation → **cosmique**

universaliser → **répandre**

universalisme n.m. cosmopolitisme, internationalisme, mondialisme, œcuménisme

universaliste catholique (au pr.), cosmopolite, internationaliste, mondialiste, œcuménique

universalité n.f. → **totalité**

universaux n.m. pl. ① catégories, concepts ② Les universaux : accident, différence, espèce, genre, propre

universel, le ① → **commun** ② catholique (au pr.), international, œcuménique, mondial, planétaire ③ bon à tout, polyvalent, à toutes mains

universitaire nom et adj. assistant, chargé de cours/d'enseignement/de mission, chef de clinique, chercheur, maître assistant, maître de conférences/de recherches, professeur → **maître** ✦ péj. : mandarin, sorbonnard

université n.f. académie, alma mater → **faculté**

univitellin, e → **jumeau**

univoque → **clair**

upérisation n.f. pasteurisation, stérilisation

uraète n.m. → **aigle**

uraninite n.f. pechblende

urbain, e ① citadin ② intra-muros ③ par ext. : → **municipal** ④ → **aimable**

urbanisme n.m. ① domisme ② → **logement**

urbaniste nom et adj. → **architecte**

urbanité n.f. ① → **amabilité** ② → **civilité**

urbi et orbi partout, universellement

urgence n.f. ① → **obligation** ② **d'urgence** : sans → **délai**

urgent, e → **pressant**

urger presser

urinal n.m. ① pistolet (fam.) ② par ext. : pissoir, pot de chambre, vase de nuit ③ arg. : jules, tasse, théière

urine n.f. eau, pipi (enf.), pissat, pisse

uriner ① fam. : arroser, faire pipi, lâcher/tomber de l'eau, se mouiller, pisser ② uriner contre : compisser

urinoir n.m. édicule, latrines, pissoir, pissotière, toilettes, vespasienne ✦ arg. : ardoise, blindé, isoloir, tasse, théière → **water-closet**

urne n.f. amphore, canope, pot, pot à feu, potiche, vase ✦ au pl. → **vote**

urticaire n.f. allergie (par ext.)

urticant, e → **piquant**

urtication n.f. démangeaison → **picotement**

urubu n.m. → **vautour**

usage n.m. ① → **habitude** ② activité, application, consommation, destination, disposition, emploi, exercice, fonction, fonctionnement, jouissance, mobilisation, utilisation, utilité, service

usagé, e et **usé, e** ① au pr. : abîmé, amorti, avachi, culotté, déchiré, décrépit, déformé, défraîchi, délavé, démodé, éculé, élimé, épuisé, éraillé, esquinté, fané, fatigué, fini, fripé, limé, lustré, miteux, mûr, passé, râpé, vieux ② par ext. → **banal**

usager n.m. client, utilisateur

user ① v. tr. ⓐ au pr. et fig. : abraser, amoindrir, araser, corroder, ébrécher, effriter, élimer, émousser, entamer, épointer, gâter, laminer, limer, miner, mordre, raguer (mar.), râper, roder, rogner, ruiner, travailler → **abîmer** ⓑ → **consommer** ② v. intr. user de : appliquer, avoir recours, disposer de, employer, emprunter, exercer, faire usage de, jouer de, jouir de, manier, ménager, mettre, mettre en jeu/en œuvre, mobiliser, porter, pratiquer, prendre, recourir à, se servir de, utiliser ③ loc. **en user** : se comporter, se conduire, traiter

usinage n.m. → **fabrication**

usine n.f. ① atelier, chaîne, établissement, fabrique, industrie, manufacture ② quelques types : aciérie, arsenal, bonneterie, briqueterie, centrale atomique/hydraulique/marémotrice/nucléaire/thermique, chaudronnerie, cimenterie, conserverie, distillerie, filature, fonderie, forge, haut fourneau, miroiterie, papeterie, raffinerie, tannerie, tréfilerie, tuilerie

usiner → **fabriquer**

usité, e accoutumé, commun, consacré, constant, courant, coutumier, employé, familier, fréquent, ordinaire, traditionnel, usuel, utilisé

ustensile n.m. 1 accessoire, batterie de cuisine, dinanderie, engin, instrument, matériel, mobilier (vx), nécessaire, objet, outil, outillage, panoplie, pincelier, réceptacle, trousse, vaisselle → **truc** 2 récipients. a alambic, athanor, capsule, cendrée, chaudron, cornue, coupelle, creuset, cubilot, cucurbite, matras, pélican, têt b → **bouteille, casserole, coupe, gobelet, gourde, marmite, plat, poêle, pot, vase** c → **auge, bac, baignoire, baquet, baril, bassin, bidon, bouille, réservoir, seau** d → **boîte, caisse, coffre, contenant, malle, panier, poche, sac, urne** 3 → **crible** 4 de cuisine : broche, chinois, coquetière, couperet, couteau, cuiller, écumoire, égrugeoir, entonnoir, étamine, fourchette, fourneau, hachoir, hâtelet, lèchefrite, louche, mixeur, mortier, moulin à légumes, presse-citron/purée, râpe, réchaud, rôtissoire 5 de toilette : barbier, bidet, broc, cuvette, douche, glace, lavabo, pot-à-eau, psyché, tub 6 de jardinage : arrosoir, brouette, cisaille, ciseaux, cognée, croissant, cueilloir, faux, fourche, houe, motoculteur, plantoir, râteau, sécateur, serfouette, serpe, sulfateuse, tondeuse → **bêche, binette** 7 agricole : aplatisseur, araire (vx), arracheuse, bâche, baratte, batteuse, botteleuse, brabant, brise-mottes, broyeur, charrette, charrue, concasseur, coupe-racines, crible, croskill, cultivateur, déchaumeuse, décolleteuse, défonceuse, égreneuse, épandeur, extirpateur, faneuse, faucard, faucheuse, fléau (vx), hache-paille, herse, hotte, lieuse, malaxeur, moissonneuse, moulin, pompe, poudreuse, pressoir, pulvérisateur, pulvériseur, râteau-faneur, remorque, rouleau, scarificateur, semoir, tarare, tombereau, tonne, tonneau, tracteur, trieuse

usucapion n.f. → **prescription**

usuel n.m. → **livre**

usuel, le → **usité**

usuellement → **habituellement**

usufruit n.m. fruit, jouissance, possession, produit, récolte, revenu

usufruitier, ère nom et adj. usufructuaire

usuraire → **excessif**

usure n.f. 1 agio, agiotage, gain, intérêt, placement, prêt, profit, trafic → **avarice** 2 abrasion, amoindrissement, corrosion, dégradation, diminution, éraillement, érosion, frai, grignotement 3 loc. **à l'usure** : à la/par fatigue, à l'arraché

usurier, ière n.m. ou f. 1 agioteur, prêteur 2 par ext. → **avare**

usurpation n.f. appropriation, captation, dol, enlèvement, escroquerie, occupation, prise, rapt, soustraction → **vol**

usurpatoire abusif, illégal, inique, léonin → **malhonnête**

usurper 1 v. intr. : anticiper sur, empiéter sur, enjamber (fam.), entreprendre sur, envahir 2 v. tr. : annexer, s'appliquer, s'approprier, s'arroger, s'attribuer, dérober, s'emparer, prendre, ravir, voler

utérin, e consanguin, demi-frère/sœur

utérus n.m. flancs, matrice, sein (vx)

utile nom et adj. bénéfique, bon, efficace, expédient, important, indispensable, fructueux, nécessaire, profitable, salutaire, salvateur

utilisable bon, employable, en bon état, possible, praticable

utilisateur, trice n.m. ou f. client, usager

utilisation n.f. application, destination, emploi, maniement

utiliser 1 → **profiter** 2 → **user (de)**

utilitaire 1 → **réaliste** 2 → **commun**

utilité n.f. → **profit**

utopie n.f. 1 billevesées, chimère, illusion, irréalisme, irréalité, mirage, mythe, rêvasserie (péj.), rêve, rêverie, roman 2 → **idéal**

utopique → **imaginaire**

utopiste nom et adj. imaginatif → **rêveur**

uvule ou **uvula** n.f. luette

vacance n.f. carence, disponibilité, interruption, relâche, suspension, vacuité, vide

vacances n.f. pl. campos, congé, détente, permission, pont, relâche, repos, semaine anglaise, vacation, week-end

vacancier n.m. 1 → **estivant** 2 sports d'hiver : hivernant

vacant, e abandonné, disponible, inoccupé, libre, vague (terrain), vide

vacarme n.m. 1 → **bruit** 2 → **chahut**

vacataire nom et adj. auxiliaire, contractuel, supplétif, surnuméraire

vacation n.f. 1 → **rétribution** 2 → **vacances** 3 → **séance**

vaccin et **vaccination** n.m., n.f. anavenin, immunisation, inoculation, piqûre, prémunition, sérum

vacciner immuniser, inoculer, piquer, prémunir, préserver

vachard, e → **méchant**

vache n.f. 1 au pr. a génisse, taure, vachette b quelques races : abondance, blonde d'Aquitaine, bretonne, brune des Alpes, charolaise, durham, flamande, frisonne, gasconne, hollandaise, jersiaise, limousine, normande, pie noire/rouge, rouge de L'Est 2 fig. a → **bête** b → **méchant** c → **policier**

vachement → **très**

vacher, vachère bouvier, cow-boy (vx et partic.), gardian, gardien, gaucho, toucheur de bœufs

vacherie n.f. 1 → **étable** 2 → **méchanceté**

vacherin n.m. 1 comté, gruyère → **fromage** 2 meringue glacée

vacillant, e 1 → **chancelant** 2 → **tremblant**

vacillation n.f. → **balancement**

vaciller 1 → **chanceler** 2 lumière, yeux : cligner, clignoter, papilloter 3 luire, scintiller, trembler, trembloter

vacuité n.f. → **vide**

vacuole n.f. → **cavité**

vade-mecum n.m. → **mémento**

vadrouille n.f. 1 → **promenade** 2 → **balai** 3 → **mégère**

vadrouiller → **traîner**

vadrouilleur, euse nom et adj. → **vagabond**

va-et-vient n.m. 1 bac, navette 2 allée et venue, course, navette, navigation, voyage 3 balancement, branle, remous, rythme → **oscillation**

vagabond, e 1 adj. → **errant** 2 nom : bohémien, camp-volant, chemineau, claque-dents, clochard, cloche, clodo, coureur, flâneur, galvaudeux, malandrin, mendiant, nomade, rôdeur, rouleur, routard, traîne-lattes/savates, trimard, trimardeur, truand, vadrouilleur, va-nu-pieds ◆ arg. : galopin, philosophe, pilon, traîne-lattes, trimardeur

vagabondage n.m. → **errance**

vagabonder → **errer**

vagin n.m. 1 → **sexe** 2 par ext. → **vulve**

vagir → **crier**

vagissement n.m. → **cri, pleurs**

vague n.f. agitation, barre, flot, houle, lame, mascaret, moutons, onde, raz, ressac, rouleau, tsunami, vaguelette

vague adj. 1 → **vacant** 2 abstrait, ambigu, amphibologique, approchant, approximatif, bâtard, changeant, confus, diffus, douteux, flottant, flou, fumeux, hésitant, illimité, imparfait, imprécis, incertain, indécis, indéfini, indéfinissable, indéterminable, indéterminé, indiscernable, indistinct, irrésolu, nébuleux, nuageux, obscur, timide, trouble, vaporeux 3 → **incertitude** 4 loc. a **terrain vague** → **stérile** b **vague à l'âme** → **mélancolie**

vaguement à peine

vaguemestre n.m. → **facteur**

vaguer aller au hasard/et venir, divaguer, vagabonder

vaillance n.f. → **courage**

vaillant, e → **courageux**

vain, e 1 absurde, chimérique, creux, fantaisiste, faux, fugace, hypothétique, illusoire, imaginaire, insaisissable, sans consistance / effet / fondement / importance / motif/réalité, vide 2 → **inutile** 3 → **stérile** 4 → **orgueilleux** 5 **en vain** → **inutilement**

vaincre 1 au pr. : abattre, accabler, anéantir, avoir le dessus, battre, battre à plate couture, bousculer, bouter (vx), conquérir, culbuter, damer le pion, défaire, disperser, dominer, dompter, écharper, éclipser, écraser, l'emporter sur, enfoncer, entamer, estourbir, gagner, maîtriser, mater, mettre dans sa poche/en déroute/en fuite, piler, prévaloir, réduire (à quia), rosser, rouler, surclasser, surmonter, surpasser, tailler en pièces, terrasser, torcher (fam.), triompher de 2 fig. a un obstacle : franchir, négocier (fam.), passer, renverser, surmonter b des scrupules : endormir, étouffer 3 v. pron. : se dominer, être maître de soi, se maîtriser, se mater, se posséder, se surmonter

vaincu, e perdant

vainement → **inutilement**

vainqueur n.m. et adj. 1 champion, conquérant, couronné, dominateur, dompteur, gagnant, lauréat, triomphateur, victorieux 2 **un air vainqueur** : avantageux, conquérant, prétentieux, suffisant, triomphant

vair n.m. menu-gris, petit-gris

vairon ou **véron** n.m. 1 gendarme, grisette, verdelet → **poisson** 2 adj. → **bigarré**

vaisseau n.m. 1 → **récipient** 2 → **bateau**

vaisselle n.f. 1 assiette, déjeuner, légumier, plat, plateau, saladier, saucière, soucoupe, soupière, sucrier, tasse, tête-à-tête, verseuse → **ustensile** 2 loc. **eau de vaisselle** : lavure, rinçure

val n.m. → **vallée**

valable 1 jurid : légal, opposable, réglementaire, valide 2 par ext. : acceptable, admissible, avantageux, bon, convenable, de mise, efficace, négociable, normal, opérationnel, passable, précieux, recevable, régulier, salutaire, sérieux, suffisant

valdinguer → **repousser**

valet n.m. 1 → **serviteur** 2 porte-habit

valétudinaire nom et adj. cacochyme, égrotant, maladif, mal en point

valeur n.f. 1 → **prix** 2 → **qualité** 3 → **courage** 4 → **sens** 5 **mettre en valeur** : faire valoir → **rehausser**

valeureux, euse → **courageux**

validation n.f. → **homologation**

valide 1 quelqu'un : bien constitué/portant, dispos, dru, fort, gaillard, ingambe, robuste, sain, vert, vigoureux 2 quelque chose : admis, approuvé, autorisé, bon, efficace, en cours, légal, réglementaire, régulier, valable

valider → **homologuer**

validité n.f. → **bien-fondé**

valise n.f. attaché-case → **bagage** ◆ arg. ou fam. : baise-en-ville, valdingue, valoche

vallée n.f. bassin, cavée, cluse, combe, cuvette, dépression, reculée, val, valleuse, vallon

vallonné, e → **accidenté**

vallonnement n.m. accident/mouvement de terrain → **hauteur**

valoir 1 v. intr. un prix : coûter, se monter/revenir à, se vendre 2 v. tr. a → **égaler** b → **procurer** 3 loc. **faire valoir** a mettre en valeur → **exploiter** b → **rehausser** c → **vanter**

valorisation n.f. → **hausse**

valoriser 1 → **vanter** 2 → **hausser**

valse n.f. 1 → **mouvement** 2 → **volée**

valser → **danser**

vamp n.f. → **beauté**

vamper → **séduire**

vampire n.m. 1 goule, stryge 2 → **ogre**

vampirisme n.m. → **avidité**

van n.m. 1 bétaillère, fourgon, voiture 2 → **tamis**

vandale nom et adj. barbare, destructeur, dévastateur, iconoclaste, profanateur, saboteur, saccageur, violateur

vandalisme n.m. 1 luddisme 2 → **destruction** 3 → **barbarie**

vanesse n.f. belle-dame, paon de jour → **papillon**

vanité n.f. 1 de quelque chose : chimère, erreur, fragilité, frivolité, fumée, futilité, hochet, illusion, inanité, inconsistance, inefficacité, insignifiance, inutilité, mensonge, néant, pompe, vapeur, vent, vide 2 de quelqu'un : bouffissure, boursouflure, complaisance, crânerie, enflure, fatuité, fierté, gloriole, importance, infatuation, jactance, ostentation, présomption, prétention, suffisance → **orgueil** vx : piaffe

vaniteux, euse → **orgueilleux**

vanne n.f. 1 barrage, bonde, déversoir, pale 2 arg. → **blague**

vanner 1 → **tamiser** 2 → **nettoyer** 3 → **fatiguer** 4 → **remuer**

vannerie n.f. [1] lacerie [2] par ext. : meubles/objets en bambou/feuillard/jonc/osier/paille/raphia/roseau/rotin/sorgho

vantail n.m. battant, panneau, volet

vantard, e → **hâbleur**

vantardise n.f. → **hâblerie**

vanter [1] admirer, acclamer, applaudir, approuver, célébrer, complimenter, donner de la publicité à, encenser, exalter, faire mousser/valoir, féliciter, glorifier, louer, prôner, publier, recommander, rehausser, valoriser [2] v. pron. : s'applaudir de, s'attribuer, bluffer, bourrer le mou (fam.), se croire, faire profession de, se faire mousser/reluire/valoir, se flatter, se mettre en valeur, pavoiser, piaffer (vx), se piquer/se targuer de, prétendre → **hâbler**

va-nu-pieds n.m. [1] → **coquin** [2] → **misérable**

vapeur n.f. [1] n.m. → **bateau** [2] n.f. : brume, buée, émanation, exhalaison, fumée, fumerolle, gaz, mofette, nuage, nuée, serein [3] → **vanité** [4] n.f. pl. → **vertige**

vaporeux, euse [1] → **flou** [2] → **vague** [3] → **gazeux**

vaporisateur n.m. → **pulvérisateur**

vaporisation n.f. atomisation, évaporation, pulvérisation, sublimation, volatilisation

vaporiser [1] atomiser, gazéifier, pulvériser [2] pron. : s'atomiser, s'évaporer, se sublimer, se volatiliser

vaquer → **occuper (s')**

varan n.m. → **saurien**

varech n.m. → **algue**

vareuse n.f. → **veste**

variabilité n.f. mutabilité → **transformation**

variable flottant, incertain, inconsistant, inconstant, indécis, irrésolu, stochastique → **changeant**

variante n.f. → **différence**

variation n.f. [1] au pr. : alternance, alternative, bifurcation, changement, déviation, différence, écart, évolution, fluctuation, fourchette, innovation, modification, mouvement, mutation, nutation, oscillation, remous, retour, retournement, rythme, transformation, vicissitude → **augmentation** [2] par ext. → **variété** [3] fig. → **caprice**

varié, e [1] complexe, de bric et de broc, différent, disparate, divers, diversifié, hétéroclite, hétérogène, modifié, multiforme, multiple, nombreux, pluriel, transformé [2] bariolé, bigarré, changeant, contrasté, maillé, marbré, marqueté, mâtiné, mélangé, mêlé, moiré, multicolore, nuancé, ondoyant, panaché, rayé, taché, tigré, vairon

varier v. tr. et intr. → **changer**

variété n.f. [1] → **différence** [2] → **variation** [3] bigarrure, classification, collection, diversité, forme, manière, modulation, mosaïque, variante

variole n.f. [1] méd. : alastrim, petite vérole [2] vétér. : clavelée, picote, vaccine

vase n.f. → **limon**

vase n.m. [1] vx : albâtre, alcarazas, amphore, buire, canope, cérame, coupe, cratère, figuline, jarre, lécythe, murrhin → **récipient** [2] relig. : calice, ciboire, patelle, patène, patère [3] porte-bouquet, soliflore

vaseline n.f. graisse, onguent, paraffine, pommade

vaseux, euse [1] au pr. : boueux, bourbeux, fangeux, limoneux, marécageux, tourbeux, trouble, vasard [2] fig. [a] → **fatigué** [b] → **stupide**

vasistas n.m. imposte → **ouverture**

vasouiller → **hésiter**

vasque n.f. → **bassin**

vassal n. et adj. [1] au pr. : antrustion, feudataire, homme lige, leude, sujet, vavasseur [2] par ext. : assujetti, inféodé, lié, soumis

vassalité n.f. → **subordination**

vaste abondant, ample, béant, considérable, copieux, développé, élevé, épanoui, étendu, fort, généreux, grand, gras, gros, immense, incommensurable, large, logeable, long, plein, spacieux, volumineux

vastitude n.f. [1] → **immensité** [2] → **plénitude**

vatican n.m. curie, évêché de Rome/universel, papauté, Saint-Siège, siège apostolique/de l'Église catholique/de saint Pierre/pontifical, trirègne

vaticinateur, trice → **devin**

vaticination n.f. → **prophétie**

vaticiner → **prédire**

vaudeville n.m. → **comédie**

vaurien n.m. arsouille, aventurier, bandit, bon à rien, brigand, canaille, chenapan, coquin, crâne, crapule, débauché, dévoyé, drôle, escarpe, fainéant, frappe, fripon, fripouille, galapiat, galopin, garnement, gibier de potence, gouape, gredin, homme de sac et de corde, jean-foutre, libertin, loubard, loulou, malfrat, malhonnête, maquereau, mauvais sujet, minot, morveux, nervi, plat personnage, poisse, rossard, sacripant, salaud (grossier), saleté, sale/triste coco/individu/personnage/sire/type, saligaud, saloperie, scélérat, vermine, vicieux, voyou, zonard

vautour n.m. charognard, condor, griffon, gypaète, percnoptère, urubu → **rapace**

vautrait n.m. → **vénerie**

vautrer (se) [1] → **coucher (se)** [2] → **abandonner (s')**

veau n.m. bouvillon, broutard, nourrain, taurillon

vecteur n.m. porteur, véhicule

vedette n.f. [1] → **veilleur** [2] → **artiste** [3] → **bateau** [4] → **succès**

végétal nom et adj. → **plante**

végétalien, ne frugivore, herbivore ◆ par ext. : macrobiotique, végétarien

végétatif, ive pâle, lymphatique, mou

végétation n.f. flore, pousse, verdure

végéter → **vivoter**

véhémence n.f. [1] → **impétuosité** [2] → **éloquence**

véhément, e [1] → **impétueux** [2] → **violent**

véhicule n.m. [1] → **voiture** [2] porteur, vecteur

véhiculer → **transporter**

veille n.f. [1] au pr. : éveil, insomnie [2] par ext. [a] garde, quart, veillée [b] → **attention** [c] vigile [3] n.f. pl. [a] → **soin** [b] → **travail**

veillée n.f. → **soirée**

veiller sur appliquer son attention à, chaperonner, donner ses soins, garder, s'occuper de, présider à, protéger, surveiller

veilleur n.m. écoute (vx), épieur, factionnaire, garde, gardien, guet, guetteur, sentinelle, surveillant, vedette, vigie, vigile

veilleuse n.f. → **lampe**

veinard, e → **chanceux**

veine n.f. [1] → **filon** [2] → **chance** [3] → **inspiration**

veiné, e veineux → **marqueté**

velléitaire nom et adj. → **mou**

velléité n.f. → **volonté**

vélo et **vélocipède** n.m. bécane, bicycle, bicyclette, petite reine, tandem, V.T.T. (vélo tout terrain) → **cycle, cyclomoteur** ◆ péj. : clou

véloce → **rapide**

vélocité n.f. → **vitesse**

vélomoteur n.m. → **cyclomoteur**

velours n.m. [1] panne, peluche, velvet [2] → **lapsus** [3] **sur le velours** → **facile**

velouté, e et **velouteux, euse** [1] → **moelleux** [2] → **soyeux**

velu, e → **poilu**

venaison n.f. → **gibier**

vénal, e corrompu, corruptible, mercenaire, vendable, vendu

vénalité n.f. → **subornation**

vendable [1] → **cessible** [2] → **convenable**

vendange n.f. vinée → **récolte**

vendangeur, euse n.m. ou f. → **vigneron**

vendéen, ne chouan, légitimiste, ventre-à-choux (fam.)

vendetta n.f. → **vengeance**

vendeur, euse n.m. ou f. [1] agent/attaché commercial, calicot (péj.), camelot, cédant (jurid.), commerçant, commis voyageur, commis/commise/demoiselle/fille/garçon de boutique/magasin/rayon, détaillant, exportateur, grossiste, marchand, placier, représentant, visiteur, voyageur [2] → **approvisionneur**

vendre [1] neutre : adjuger, aliéner, céder, débiter, se défaire de, détailler, donner, échanger, écouler, exporter, laisser, liciter, monnayer, négocier, placer, réaliser, sacrifier, se séparer de, solder [2] non fav. et fam : bazarder, brader, brocanter, coller, fourguer, laver, lessiver, liquider, refiler, trafiquer [3] fig. → **dénoncer**

vendu, e [1] → **vénal** [2] → **trompeur**

venelle n.f. → **rue**

vénéneux, euse dangereux, délétère, empoisonné, nocif, non comestible, mauvais, toxique, vireux

vénérable nom et adj. [1] aimé, ancien, apprécié, bon, considéré, digne, doyen, éminent, estimable, honoré, réputé, respectable, respecté, révéré, sacré, saint [2] ancien, doyen, patriarcal, vieux

vénération n.f. admiration, affection, amour, considération, dévotion, estime, respect, révérence

vénérer admirer, aimer, apprécier, considérer, estimer, être à la dévotion de, être dévoué à, honorer, respecter, révérer

vénerie n.f. chasse à courre, équipage, meute, vautrait

vengeance n.f. châtiment, colère, œil pour œil dent pour dent, punition, réparation, représailles, ressentiment, rétorsion, revanche, riposte, talion, vendetta, vindicte

venger châtier, corriger, frapper, laver, punir, redresser, réparer, réprimer, riposter, sévir, vider une querelle

vengeur, vengeresse nom et adj. → **juge**

véniel, le → **insignifiant**

venimeux, euse [1] au pr. → **vénéneux** [2] fig. → **malveillant**

venin n.m. → **poison**

venir [1] au pr. : aborder, aboutir, aller, approcher, arriver, avancer, se déplacer, s'encadrer, entrer, parvenir à, sortir de, survenir, se transporter, tomber sur ◆ fam. : s'abouler, s'amener, débouler, se pointer, radiner, ramener sa fraise, rappliquer [2] → **sortir** [3] → **produire (se)** [4] → **pousser** [5] venir de : dater, descendre, partir, procéder, provenir de, remonter à, sortir, tenir, tirer son origine de [6] loc. [a] **venir à bout de** → **réussir** [b] **venir au monde** → **naître**

vent n.m. [1] au pr. : agitation, alizé, aquilon, autan, bise, blizzard, bora, borée, bourrasque, brise, chergui, contre-alizé, courant d'air, cyclone, foehn, galerne, harmattan, khamsin, mistral, mousson, noroît, ouragan, rafale, simoun, sirocco, souffle, suroît, tempête, tourbillon, tramontane, typhon, zéphyr [2] par ext. [a] → **odeur** [b] bruit, flatulence, flatuosité, gaz, incongruité, pet [c] vulg. : cran, débourrée, fuite, marie-louise, pastille, perle, perlouse, pétarade, poltron, prout, soupir, vanne, vesse [3] → **nouvelle**

vente n.f. adjudication, aliénation, braderie, brocante, chine, criée, débit, démarchage, écoulement, exportation, lavage (arg.), liquidation, mailing, placement, porte à porte, publipostage, réalisation, regrat (vx), solde, transfert

venté, e aéré, exposé (aux vents), venteux

venter → **souffler**

ventilateur n.m. panca, soufflerie

ventilation n.f. [1] aérage (vx), aération, circulation/renouvellement de l'air, oxygénation [2] → **répartition**

ventiler → **aérer**

ventral, e → **abdominal**

ventre n.m. [1] → **abdomen** [2] arg. ou fam. : avant-scène, ballon, baquet, barrique, bauge, bedon, bide, bidon, bonbonne, brioche, buffet, bureau, burlingue, cage à pain, caisse, cantine, cloche, crédence, devant, embonpoint, gras-double, hotte, mou, œuf d'autruche/de Pâques, paillasse, panse, placard, tripes [3] → **utérus**

ventrée n.f. → **repas**

ventripotent, e bedonnant, bouffi, dodu, gros, obèse, pansu, patapouf, poussah, replet, rond, rondouillard, ventru

ventru, e [1] → **ventripotent** [2] → **gros** [3] → **renflé**

venue n.f. approche, arrivée, avènement, croissance, irruption

ver n.m. [1] au pr. [a] annélides, arénicole, asticot, helminthe, lombric [b] vermine, vermisseau [c] ascaride ou ascaris, bilharzie, bothriocéphale, cénure, cercaire, douve, filaire, oxyure, strongyle, ténia, trichine, ver-coquin, ver solitaire [d] **ver luisant :** lampyre [2] par ext. [a] bombyx ou ver à soie [b] chenille, larve, man, ténébrion

véracité n.f. → **vérité**
véraison n.f. → **maturation**
véranda n.f. auvent, balcon, bungalow, jardin d'hiver, varangue, verrière
verbal, e de bouche à oreille, non écrit, oral, parlé ♦ fam. : téléphone arabe
verbalisme n.m. → **bavardage**
verbe n.m. → **parole**
verbeux, euse → **diffus**
verbiage n.m. 1 → **bavardage** 2 → **faconde**
verbosité n.f. → **faconde**
verdâtre et **verdelet, te** → **vert**
verdeur n.f. 1 → **jeunesse** 2 → **rudesse**
verdict n.m. → **jugement**
verdir 1 verdoyer 2 v. tr. : colorer/peindre en vert
verdoyant, e gazonné → **vert**
verdunisation n.f. désinfection, épuration, javellisation, traitement des eaux
verdure n.f. 1 au pr. : boulingrin, feuillage, feuille, frondaison, gazon, herbage, herbe, parterre, pâturage, pâture, plate-bande, prairie, pré 2 par ext. : tapisserie
véreux, euse → **malhonnête**
verge n.f. 1 → **baguette** 2 → **sexe**
vergé n.m. → **papier**
verger n.m. jardin, ouche, plantation
vergeté, e → **marqueté**
vergetures n.f. pl. stries, vibices
vergogne n.f. → **honte**
vergue n.f. → **mât**
véridicité n.f. → **vérité**
véridique → **vrai**
véridiquement → **vraiment**
vérificateur, trice n.m. ou f. → **inspecteur**
vérifiable → **contrôlable**
vérification n.f. 1 analyse, apurement, audit, censure, collation, collationnement, confirmation, confrontation, contre-appel, contre-enquête, contre-épreuve, contrôle, contre-expertise, contre-visite, dénombrement, épreuve, examen, expertise, filtrage, inspection, pointage, recensement, recension, récolement, reconnaissance, recoupement, révision, revue, surveillance 2 calibrage, contre-essai, essai, étalonnage ou étalonnement, expérimentation, test
vérifier 1 a analyser, apurer, censurer, collationner, comparer, confronter, constater, contre-tirer (techn.), contrôler, dénombrer, éprouver, examiner, expertiser, faire le bilan/le point, filtrer, inspecter, instrumenter (jurid.), juger, justifier, prouver, récoler, référencer, repasser, revoir, s'assurer/se rendre compte de, superviser, tamiser, tester, visionner, voir ♦ vx : avérer b calibrer, essayer, étalonner, expérimenter, tester 2 v. pron. : s'avérer, se confirmer
véritable → **vrai**
véritablement → **vraiment**
vérité n.f. 1 de quelque chose ou de quelqu'un : authenticité, certitude, droiture, évidence, exactitude, fidélité, franchise, justesse, lucidité, lumière, loyauté, nature, naturel, netteté, objectivité, réalité, sincérité, valeur, véracité, véridicité, vraisemblance 2 scient. : axiome, postulat, principe, science, théorème 3 relig. : conviction, croyance, dogme, doxologie, Évangile, foi, mystère, oracle, orthodoxie, parole, prophétie, révélation, sagesse 4 non fav. : lapalissade, sophisme, truisme
vermeil, le → **rouge**
vermet n.m. → **gastéropode**
vermiculaire vermiforme
vermiculé, e → **strié**
vermifuge n.m. anthelminthique
vermiller et **vermillonner** vén. → **manger**
vermillon nom et adj. → **rouge**
vermine n.f. 1 au pr. : parasites, pouillerie, poux, puces, pucier, punaises, saleté, sanie 2 par ext. a canaille, gueuserie, populace, racaille, vérole b → **vaurien**
vermineux, euse 1 pouilleux 2 → **misérable**
vermoulu, e 1 mangé/piqué/rongé des/par les vers 2 fig. a cassant, fragile, friable, pourri, vétuste b → **fatigué**
vernaculaire → **indigène**
vernir cirer, enduire de vernis, faire briller/luire/reluire, glacer, laquer, lisser, lustrer, peindre, protéger, retaper (péj.), vernisser
vernis n.m. 1 au pr. : enduit, laque, peinture laquée 2 fig. a non fav. : apparence, brillant, croûte, dehors, écorce, teinture b fav. : éclat, éducation, manières, lustre, splendeur
vernissage n.m. inauguration, ouverture, présentation
vernissé, e → **lustré**
vernisser → **vernir**
vérole n.f. 1 mal français/napolitain, syphilis 2 arg. : chtouille, plomb, poivre, sifflote, syndicat (être du), zinc 3 petite vérole → **variole** 4 par ext. → **vermine**
verrat n.m. cochon, goret, porc mâle, pourceau, reproducteur
verre n.m. 1 carreau, cristal, crown-glass, fougère (vx et poét.) 2 → **gobelet** 3 fam. a ballon, bock, cheminée, demi, galopin, gode, godet, guinde, vase b bocal, canon, drink, glass, godet, misérable (vx), pot, tasse, tournée
verroterie n.f. clinquant, pacotille
verrière n.f. → **vitrail**
verrou n.m. → **loquet**
verrouiller 1 → **fermer** 2 → **enfermer**
verrue n.f. papillome, poireau (fam.)
vers n.m. 1 mètre, poésie, rimes, rythme, strophe, verset 2 alcaïque, alexandrin, asclépiade, décasyllabe, heptamètre, hexamètre, iambique, octosyllabe, pentamètre, pindarique, tétramètre, trimètre → **pied**
vers prép. dans la/en direction de, sur
versant n.m. côte, déclin, déclivité, penchant → **pente**
versatile capricant, capricieux, changeant, divers, fantaisiste, incertain, inconsistant, indécis, inégal, instable, irrégulier, irrésolu, labile, lunatique, vacillant, volage → **quinteux**
versatilité n.f. → **instabilité**
versement n.m. → **paiement**
verser 1 au pr. : déverser, entonner, épancher, épandre, instiller, mettre, transvaser, transvider, vider 2 par ext. a arroser, couler b donner, servir c infuser, transfuser d renverser, répandre 3 fig. a → **payer** b → **culbuter**
verset n.m. antienne, couplet, paragraphe, refrain, répons, sourate, strophe → **poème**
versicolore → **bigarré**
versificateur n.m. → **poète**
versification n.f. métrique, prosodie, technique poétique → **pied**
versifier rimailler (péj.), rimer
version n.f. 1 → **traduction** 2 → **relation**
verso n.m. → **revers**
vert, e 1 au pr. : amande, bouteille, bronze, céladon, émeraude, érugineux, gazon, glauque, jade, olive, pers, pomme, prairie, sinople, smaragdin, tilleul, verdâtre, verdelet, verdoyant 2 par ext. a → **valide** b → **aigre** c → **pâle** d → **rude**
vertèbre n.f. atlas, axis, cervicale, coccyx, dorsale, lombaire, sacrée, sacrum, thoracique
vertical, e → **perpendiculaire**
verticalement d'aplomb, debout, droit
vertige n.m. 1 au pr. a déséquilibre, éblouissement, étourdissement, fumées, vapes (fam.) b vét. : tournis, vertigo c vx : entêtement, vapeurs 2 fig. : caprice, égarement, emballement, enivrement, folie, frisson, fumée, griserie, ivresse, trouble
vertigineux, euse → **démesuré**
vertigo n.m. 1 → **vertige** 2 → **caprice**
vertu n.f. 1 → **sainteté** 2 → **probité** 3 → **décence** 4 → **prudence** 5 → **qualité** 6 loc. **en vertu de** en conséquence de
vertueux, euse 1 → **saint** 2 → **probe** 3 → **prudent** 4 → **chaste**
vertugadin n.m. 1 → **gazon** 2 → **panier**
verve n.f. 1 → **éloquence** 2 → **inspiration**
vésanie n.f. → **folie**
vesce n.f. → **lentille**
vésicatoire n. et adj. → **révulsif**
vésicule n.f. 1 → **bouton** 2 → **pustule** 3 sac, saccule
vésiculeux, euse sacculiforme, vésiculaire
vespa n.f. → **cyclomoteur**
vespasienne n.f. → **urinoir**
vesse n.f. → **vent**
veste n.f. 1 au pr. : anorak, blazer, blouson, boléro, caban, canadienne, cardigan, jaquette, saharienne, touloupe, vareuse, veston ♦ milit. : battle-dress, dolman, tunique 2 vx : a civil : carmagnole, casaque, casaquin, justaucorps, pet-en-l'air, pourpoint, rase/trousse-pet, sayon, souquenille b milit. : bourgeron, hoqueton, soubreveste c fam. ou arg. : alpague, moumoute 3 fig. → **insuccès**
vestibule n.m. antichambre, entrée, galerie, hall, narthex, porche, propylée
vestige n.m. apparence, débris, décombres, marque, reste, ruine, trace
vêtement n.m. 1 neutre : affaires, ajustement, atours, complet, costume, dessous, effets, ensemble, équipage, équipement, garde-robe, habillement, habit, livrée, mise, parure, robe, sous-vêtement, survêtement, tailleur, tenue, toilette, trousseau, uniforme, vêture → **blouse, chaussure, coiffure, culotte, gant, manteau, robe, sous-vêtement, veste** 2 non fav. : accoutrement, affublement, alpague, cache-misère, costard, décrochez-moi-ça, défroque, déguisement, fringues, friperie, frusques, guenille, haillon, hardes, harnachement, harnais, nippes, pelure, saint-frusquin, sape(s), souquenille 3 par ext. → **enveloppe**
vétéran nom et adj. 1 → **ancien** 2 → **soldat**
vétérinaire n.m. ou f. hippiatre (équit.)
vétille n.f. → **bagatelle**
vétilleux, euse agaçant, chicaneur, discordant, formaliste, maniaque, mesquin, méticuleux, minutieux, pointilleux, puéril, regardant, tatillon, vétillard
vêtir 1 neutre : costumer, couvrir, endosser, enfiler, mettre, prendre, revêtir → **habiller** 2 non fav. : accoutrer, affubler, caparaçonner, déguiser, fagoter, ficeler, fringuer, harnacher, nipper
véto n.m. → **opposition**
vêtu, e fam. : engoncé, enharnaché
vétuste → **vieux**
vétusté n.f. → **vieillesse**
veule 1 → **lâche** 2 → **mou**
veulerie n.f. 1 → **lâcheté** 2 → **mollesse**
veuvage n.m. solitude, viduité
veuve n.f. 1 au pr. : douairière (péj.) 2 fig. → **guillotine**
vexation n.f. → **avanie**
vexatoire → **honteux**
vexer 1 → **tourmenter** 2 → **aigrir** 3 → **contrarier** 4 v. pron. → **offenser (s')**
viabilité n.f. 1 accès, praticabilité 2 → **probabilité**
viable → **vivant**
viaduc n.m. → **pont**
viande n.f. → **chair**
viatique n.m. 1 → **provision** 2 par ext. a extrême-onction, sacrement des malades/mourants, derniers sacrements b secours, soutien
vibrant, e 1 → **ardent** 2 → **sonore**
vibration n.f. 1 → **oscillation** 2 → **tremblement**
vibrer 1 → **trembler** 2 → **enflammer (s')**
vicaire n.m. → **prêtre**
vice n.m. 1 a → **imperfection** b → **mal** c → **sadisme** 2 au pl. arg. : cochonceté, friandise, gâterie, horreurs, passion, trucs
vice versa inversement, réciproquement
viciation n.f. → **altération**
vicier → **altérer**
vicieux, euse 1 au pr. a corrompu, débauché, débordé (vx), dénaturé, dépravé, dissolu, immoral, mauvais, obscène, pervers, perverti, sadique, taré b arg. ou fam. : tordu, vachard, vicelard 2 par ext. a → **indocile** b → **imparfait**
vicissitude n.f. 1 → **variation** 2 → **difficulté**
victime n.f. 1 bouc émissaire, hostie, jouet, martyr, plastron, proie, souffre-douleur, tête de Turc 2 accidenté, blessé, sinistré, tué
victoire n.f. → **succès**
victorieux, euse → **vainqueur**
victuailles n.f. pl. 1 → **provision** 2 → **subsistance**
vidange n.f. 1 eaux-vannes 2 → **écoulement** 3 → **nettoiement**
vidanger → **vider**
vidangeur n.m. fam. : maître des basses œuvres
vide n.m. 1 cosmos, espace, vacuum 2 néant, vacuité 3 → **excavation** 4 → **trou** 5 blanc, espace, interruption, lacune, manque 6 fig. → **vanité**
vide 1 adj. a d'un contenant privé de son contenu : abandonné, débarrassé, dégarni, démuni, désempli, lège (mar.), à sec b d'un lieu sans occupants, sans vie : abiotique, aride, dénudé,

dépeuplé, dépouillé, dépourvu, désert, déserté, désertique, improductif, inculte, inexploité, inhabité, inoccupé, libre, net, nu, sec, stérile, vacant, vague (terrain) c → **creux** d fig. : bête, bouffi, boursouflé, creux, enflé, futile, insignifiant, insipide, inutile, léger, morne, nul, pauvre, plat, prétentieux, vague, vain

videoclip n.m. audiov. off. : bande vidéo promotionnelle

vider 1 au pr. : assécher, dégorger, désemplir, désopiler (méd.), dessécher, enlever, évacuer, excréter, nettoyer, tarir, transvaser, transvider, vidanger 2 par ext. : abandonner, débarrasser, décharger, déménager, dépeupler, évacuer, laisser la place, partir 3 fig. a → **congédier** b → **fatiguer** c → **finir**

viduité n.f. abandon, solitude, veuvage

vie n.f. 1 au pr. : destin, destinée, être, existence, jours, peau (fam.), sort, temps 2 par ext. a → **activité** b → **vivacité** c → **histoire** 3 fig. → **discussion** 4 loc. **en vie** → **vivant**

vieillard n.m. 1 neutre : ancien, grand-père, homme âgé, patriarche, vieil homme, vieilles gens, vieux, vieux monsieur 2 non fav. : baderne, barbon, birbe, cacochyme, croulant, débris, fossile, ganache, géronte, grime, grison, has been, monument historique, peinard, pépé, vieille barbe, vioque

vieille n.f. 1 neutre : ancienne, femme âgée / d'âge canonique, grand-mère, veuve, vieille dame / femme 2 non fav. : bonne femme, douairière, rombière → **vieillard**

vieillerie n.f. 1 au pl. : bric-à-brac → **brocante** 2 → **poncif** 3 → **vieillesse**

vieillesse n.f. 1 de quelqu'un. a neutre : abaissement, affaiblissement, troisième âge, vieillissement b non fav. : caducité, décadence, décrépitude, gérontisme, sclérose, sénescence, sénilisme, sénilité, vieillerie 2 de quelque chose : abandon, ancienneté, antiquité, décrépitude, désuétude, inadéquation, obsolescence, vétusté

vieillir 1 v. intr. : dater, être démodé, n'être plus dans la course (fam.), passer de mode ◆ fam. : clignoter, crouler, dégommer, s'en retourner, n'être plus coté à l'argus / dans la course, prendre du bouchon / du carat / du flacon, sucrer les fraises 2 v. tr. a désavantager b patiner

vieillissement n.m. 1 culottage, mûrissage, mûrissement, patine, repos, rodage 2 → **vieillesse**

vieillot, te 1 → **vieux** 2 → **âgé**

vierge nom et adj. 1 n.f. a au pr. : jeune fille, pucelle, rosière, vestale b bonne dame / mère, immaculée conception, madone, marie, mère de Dieu, Notre-Dame, pietà c iron. : enfant de Marie, oie blanche 2 adj. a puceau, pucelle b par ext. : brut, innocent, intact, inviolé, neuf, nouveau, sans tache → **pur**

vieux n.m. pl. 1 → **vieillard** 2 → **vieille**

vieux, vieille adj. 1 neutre → **âgé, ancien** 2 par ext. non fav. : amorti, antédiluvien, antique, archaïque, arriéré, caduc, décrépit, démodé, dépassé, désuet, fatigué, gothique, hors service, moyenâgeux, obsolescent, obsolète, révolu, rococo, sénescent, sénile, suranné, usagé, usé, vétuste, vieillot 3 arg. ou fam. : croulant, has been, plus coté (à l'argus), vermoulu

vif, vive 1 au pr. quelqu'un. a fav. : actif, agile, alerte, allègre, animé, ardent, brillant, chaleureux, dégagé, déluré, dispos, éveillé, fin, fougueux, frétillant, fringant, gaillard, guilleret, ingambe, intelligent, léger, leste, mobile, ouvert, pétillant, pétulant, primesautier, prompt, rapide, sémillant, spirituel, subtil, verveux, vivant ◆ vx : accort b non fav. : aigre, amer, brusque, emporté, excessif, impulsif, injurieux, irritant, mordant, nerveux, violent c mus. : allegretto, allegro, forte, fortissimo, presto, rondo, scherzo, vivace 2 par ext. a quelque chose : acide, aigre, aigu, âpre, criard, cru, cuisant, douloureux, exaspéré, excessif, expéditif, frais, froid, intense, pénétrant, perçant, piquant, vivace b le style : animé, brillant, coloré, délié, éclatant, nerveux, pressé, sensible

vif-argent n.m. → **mercure**

vigilance n.f. → **attention**

vigilant, e → **attentif**

vigile n.m. → **veilleur**

vigile n.f. relig. veille

vigne n.f. 1 cep, lambrusque, pampre, treille, vigneau → **raisin** 2 château (bordelais), clos, hautin, terroir, vignoble

vigneau n.m. 1 → **vigne** 2 bigorneau, littorine

vigneron, ne n.m. ou f. vendangeur, viticulteur

vignette n.f. → **image**

vignoble n.m. → **vigne**

vigoureux, euse → **fort**

vigueur n.f. → **force**

vil, vile abject, affreux, avili, banal, bas, commun, corrompu, crasseux, dépravé, déprécié, dernier, grossier, ignoble, immoral, impur, inculte, indigne, infâme, innommable, insignifiant, lâche, laid, méchant, méprisable, méprisé, mesquin, misérable, monstrueux, ordinaire, plat, rampant, ravalé, repoussant, rustre, sale, servile, vilain, vulgaire

vilain n.m. → **paysan**

vilain, e 1 → **méchant** 2 → **laid** 3 → **avare**

vilebrequin n.m. → **perceuse**

vilenie n.f. 1 → **bassesse** 2 → **méchanceté** 3 → **injure**

vilipender abaisser, attaquer, avilir, bafouer, berner, conspuer, crier haro sur, critiquer, déconsidérer, décrier, dénigrer, déprécier, déshonorer, détracter, diffamer, dire pis que pendre, discréditer, disqualifier, flétrir, honnir, huer, injurier, insulter, mépriser, mettre plus bas que terre, rabaisser, ravaler, salir, siffler, souiller, traîner dans la boue / dans la fange, vitupérer, vouer / traîner aux gémonies ◆ vx : tympaniser

villa n.f. bungalow, cabanon, chalet, chartreuse, cottage, datcha, folie, pavillon

village n.m. 1 agglomération, bourg, bourgade, cité, commune, écart, endroit, hameau, localité, mechta, paroisse, pâté de maisons, patelin (fam.), petite ville 2 vx : feux 3 péj. : bled, trou

villageois, villageoise n.m. ou f. → **paysan**

ville n.f. 1 → **agglomération** 2 → **village**

villégiature n.f. → **séjour**

villeux, euse → **poilu**

villosité n.f. → **pilosité**

vin n.m. 1 au pr. : cru, production, produit 2 fam. et péj. : abondance, aramon, bibine, bromure, brouille-ménage, brutal, campêche, carburant, coaltar, coquin, criquet, décapant, gros-cul, gros-qui-tache, macadam, mazout, piccolo, picrate, pif, pinard, piquette, pive, pousse-au-crime, reginglard, roteuse, rouquin, tisane, tortu, tutu, vinasse 3 par ext. : bilboquet, chopine, kil, litre, litron, quille 4 a qualités du vin → **agréable** b défauts du vin → **désagréable**

vindicatif, ive → **rancunier**

vindicte n.f. → **vengeance**

vinicole œnologique, viticole

viol n.m. → **violence**

violateur, trice contrevenant, profanateur, violeur (vx)

violation n.f. atteinte, contravention, dérogation, désobéissance, entorse, infraction, inexécution, inobservance, inobservation, manquement, outrage, profanation, transgression

viole n.f. → **violon**

violence n.f. 1 au pr. : agressivité, animosité, ardeur, brusquerie, chaleur, colère, cruauté, démence, démesure, dureté, effort, emportement, énergie, exacerbation, fougue, frénésie, fureur, furie, impétuosité, impulsivité, intensité, irascibilité, puissance, rage, rudesse, véhémence, virulence, vivacité 2 par ext., des actes de violence a agitation, débridement, déchaînement, émeute, explosion, implosion, pogrom, révolte, révolution b agression, attentat, brutalité, contrainte, coups et blessures, excès, mal, querelle, sévices c défloraison, défloration, forcement (vx), profanation, stupre, viol

violent, e 1 au pr. : agité, agressif, âpre, ardent, brusque, brutal, bruyant, cassant, coléreux, concentré, cruel, déchaîné, dément, démesuré, dur, emporté, énergique, enragé, exacerbé, excessif, extrême, farouche, fort, fougueux, frénétique, furieux, impétueux, impulsif, injurieux, irascible, puissant, rude, sanguinaire, tempétueux, terrible, tranchant, véhément, vif, vigoureux, virulent ◆ vx : truculent, vert 2 par ext. a convulsif, délirant, fébrile b fulgurant, épouvantable, terrible c aigu, carabiné, cruel, cuisant, douloureux, intense, poignant, vivace

violenter → **obliger**

violer 1 une règle : braver, contrevenir / déroger à, désobéir, enfreindre, fausser, manquer à, mépriser, passer par-dessus, tourner, trahir, transgresser, vicier 2 quelqu'un, une réputation : blesser, compromettre, déflorer, forcer, outrager, polluer, porter atteinte à, profaner, prostituer, souiller, violenter 3 loc. a **violer sa foi / sa parole** : se parjurer b **violer un secret** : trahir, vendre

violet, te 1 améthyste, aubergine, balais, lie-de-vin, lilas, mauve, parme, pensée, pourpre, prune, violacé, violine, zinzolin 2 **bois de violette** : palissandre

violeur n.m. arg. : pointeur, quéquette

violon n.m. 1 au pr. : amati, stradivarius ◆ vx : basse de viole, pochette, rebab, rebec, viole ◆ fam. et péj. : crincrin, zinzin 2 par anal. : alto, basse, contrebasse, violoncelle 3 → **violoniste** 4 → **prison**

violoneux n.m. ménétrier

violoniste n.m. ou f. musicien, premier / second violon, soliste, virtuose ◆ vx : ménestrel, ménétrier, violoneux ◆ fam. et péj. : gratteur

viorne n.f. clématite, boule-de-neige, laurier-tin, obier

vipère n.f. 1 au pr. : aspic, céraste, guivre, ophidien, péliade, serpent, vipereau, vouivre → **reptile** 2 fig. → **méchant**

vipérin, e 1 → **malveillant** 2 → **méchant**

virage n.m. coude, courbe, épingle à cheveux, lacet, tournant, tourne

virago n.f. carne, charogne, dame de la halle, dragon, forte-en-gueule, gendarme, grenadier, grognasse, harpie, largue, maritorne, poison, poissarde, pouffiasse, rombière, roulure, tricoteuse (vx) → **mégère**

virée n.f. 1 → **promenade** 2 → **voyage**

virement n.m. transfert → **paiement**

virer → **tourner**

virevolte n.f. → **changement**

virevolter → **tourner**

virginal, e → **pur**

virginité n.f. 1 au pr. : hymen, pucelage 2 arg. : capsule, cuti, fleur (de mari / de Marie), petit capital, ruban 3 par ext. : blancheur, candeur, chasteté, innocence, intégrité, pureté, vertu

viril, e 1 → **mâle** 2 → **sexe**

viriliser masculiniser → **exercer**

virilité n.f. masculinité → **force**

virtualité n.f. → **possibilité**

virtuel, le → **possible**

virtuose n.m. ou f. aigle, as (fam.), maestro, maître, musicien, soliste

virtuosité n.f. → **habileté**

virulence n.f. 1 contagiosité 2 → **violence**

virulent, e → **violent**

virus n.m. 1 germe pathogène, microbe intracellulaire → **microbe** 2 → **poison**

visa n.m. approbation, attestation, autorisation, licence, passeport, sceau, validation

visage n.m. 1 au pr. a face, faciès, figure, frimousse, masque, minois, tête, traits, vis (vx) b fam. : balle, bille, binette, blase, bobine, bobinette, bougie, bouille, burette, cadre, caillou, cerise, cliché, fiole, fraise, frime, frite, gargamelle, gaufre, gueule, hure, margoulette, mufle, museau, musette, nase, nez, patate, pipe, poire, pomme, portrait, prime, tirelire, tournant, tourniquet, tranche, trogne, trognon, trombine, trompette, tronche, vasistas, vitrine → **tête** c effigie, mascaron, masque 2 par ext. a air, apparence, aspect, attitude, contenance, expression, maintien, mine, physionomie b caractère, personnage, personnalité, type 3 fig. : configuration, conformation, couleur, dehors, disposition, extérieur, forme, tournure

visagiste n.m. ou f. esthéticien(ne)

vis-à-vis 1 adv. et loc. prép. : à l'opposite, en face, en regard, face à face, nez à nez 2 n.m. a quelqu'un : voisin d'en face b face-à-face, tête-à-tête

viscéral, e → **inné**

viscéralement à fond, complètement, fanatiquement, foncièrement, fondamentalement, inconsciemment, intimement, naturellement, profondément

viscère n.m. 1 de l'homme : boyaux, entrailles, intestin, tripes (fam.) 2 des animaux : fraise, fressure, gras-double, tripes

viscosité n.f. → **épaisseur**

visée n.f. → **but**

viser 1 au pr. : ajuster, bornoyer, braquer (arg.), coucher/mettre en joue, mirer, pointer, regarder 2 par ext. a aviser, lorgner, regarder b concerner 3 fig. : ambitionner, butter (vx), chercher, désirer, poursuivre, prétendre à, rechercher, tâcher à, tendre à, vouloir 4 → **examiner** 5 apostiller, authentifier, valider

visibilité n.f. → **clarté**

visible 1 au pr. : apparent, distinct, manifeste, net, observable, ostensible, perceptible, percevable, voyant 2 fig. : clair, évident, facile, flagrant, manifeste, ostensible, ouvert

visière n.f. garde-vue

vision n.f. 1 au pr. → **vue** 2 → **apparition** 3 berlue, chimère, fantasme, hallucination, hantise, idée, illusion, image, intuition, mirage, obsession, pressentiment, représentation, rêve, rêverie → **imagination**

visionnaire nom et adj. 1 → **voyant** 2 fav. : génie, phare, prophète 3 non fav. : allumé, chimérique, déraisonnable, extravagant, halluciné, illuminé, imaginatif, obsédé, rêveur, songe-creux, utopiste

visite n.f. 1 au pr. a on visite quelqu'un : audience, démarche, entrevue, réception, rencontre, tête-à-tête, visitation (vx) b on visite quelque chose : contrôle, examen, expertise, fouille, inspection, ronde, tournée c un pays : excursion, tour, tournée, voyage d de police : descente, perquisition, transport e un bateau : arraisonnement 2 par ext. a → **consultation** b → **visiteur**

visiter 1 → **examiner** 2 → **fréquenter** 3 → **voir** 4 → **voyager**

visiteur, euse n.m. ou f. 1 contrôleur, enquêteur, examinateur, explorateur, inspecteur, réceptionnaire → **vendeur** 2 hôte, visite 3 amateur, curiste, estivant, excursionniste, promeneur, spectateur, touriste, vacancier, voyageur

vison n.m. → **fourrure**

visqueux, euse 1 au pr. : adhérent, collant, compact, épais, gluant, glutineux, gommeux, graisseux, gras, huileux, oléiforme, poisseux, sirupeux, tenace 2 par ext. : chassieux, glaireux 3 fig. → **abject**

visser 1 au pr. : assujettir, attacher, fixer, immobiliser, joindre, river, sceller, serrer 2 fig. : serrer la vis, tenir/traiter sévèrement

vital, e → **principal**

vitalisme n.m. → **animisme**

vitalité n.f. → **vivacité**

vite 1 adj. a → **rapide** b → **dispos** 2 adv. : à la galope, à tire d'aile, à toute vitesse, à la volée, au galop, au pied levé, au trot, bientôt, brusquement, comme l'éclair, dare-dare, en hâte, en un clin d'œil/un tour de main/un tournemain, hâtivement, lestement, précipitamment, prestement, presto, prestissimo, promptement, raide, rapidement, rondement, subito, tôt, vivement → **soudain** ◆ mus. : allegretto, allegro, forte, fortissimo, presto, rondo, scherzo, vivace ◆ arg. ou fam. : à fond la caisse/la gamelle/les manettes, à fond de train, à la hussarde, à tombeau ouvert, à tout berzingue, à toute blinde/toute pompe, en cinq sec, en moins de deux, et que ça saute, ficelle, fissa, illico, le tonnerre, plein pot, rapidos, vinaigre 3 loc. a **à la va-vite :** à la six-quatre-deux/va-comme-je-te-pousse, bâclé, expédié, liquidé, gâché, saboté, sabré, torché b **au plus vite :** à l'instant, immédiatement, tout de suite

vitesse n.f. agilité, célérité, diligence, hâte, précipitation, presse, prestesse, promptitude, rapidité, vélocité, vivacité

viticole œnologique, vinicole

viticulteur n.m. vigneron

vitrail n.m. châssis, gemmail (par ext.), panneau, rosace, rose, verrière

vitre n.f. 1 au pr. : carreau, glace, verre 2 par ext. a → **fenêtre** b pare-brise c devanture, étalage, montre, vitrine

vitreux, euse blafard, blême, cadavérique, décoloré, éteint, livide, pâle, terne, terreux, voilé

vitrine n.f. → **étalage**

vitupération n.f. → **réprobation**

vitupérer 1 v. tr. → **blâmer** 2 v. intr. : déblatérer, s'indigner

vivable → **supportable**

vivace 1 → **rustique** 2 → **vivant**

vivacité n.f. 1 → **vitesse** 2 accent (québ.), activité, agilité, alacrité, allant, allégresse, animation, ardeur, brio, chaleur, éclat, entrain, force, gaieté, joie de vivre, légèreté, mordant, pétulance, rudesse, verdeur, vie, vigueur, violence, vitalité → **intelligence**

vivant, e nom et adj. 1 au pr. : animé, en vie, viable, vivace 2 par ext. : actif, animé, bien allant, debout, énergique, existant, force de la nature, fort, ranimé, remuant, résistant, ressuscité, sain et sauf, sauvé, survivant, tenace, trempé, valide, vif, vigoureux 3 **bon vivant :** bonne descente/fourchette, boute-en-train, farceur, joyeux luron, joyeux compagnon/drille

vivarium n.m. → **zoo**

vivat n.m. → **acclamation**

vivement ardemment, beaucoup, fortement, intensément, profondément → **vite**

viveur n.m. → **débauché**

vivier n.m. 1 alevinier ou alevinière, anguillère, aquarium, réserve → **bassin** 2 par ext. : claire, clayère, parc à huîtres

vivifiant, e 1 au pr. : aiguillonnant, cordial, excitant, fortifiant, généreux, nourrissant, ranimant, ravigotant (fam.), réconfortant, reconstituant, remontant, revigorant, roboratif, stimulant, tonique, vivificateur 2 par ext. : doux, frais, léger 3 fig. : encourageant, exaltant

vivifier activer, agir sur, aiguillonner, animer, créer, donner le souffle, donner/insuffler l'âme/la vie, encourager, exciter, faire aller, fortifier, imprégner, inspirer, nourrir, ranimer, réconforter, tonifier

vivoter aller doucement/son petit bonhomme de chemin/son petit train, subsister, végéter

vivre 1 v. intr. a neutre : être animé/au monde, exister, durer, respirer b péj. : croupir, s'endormir, se laisser aller, pourrir, végéter c → **habiter** d se conduire → **agir** e se consacrer à, se dévouer, se donner à f consommer, se nourrir de 2 v. tr. a éprouver, expérimenter, faire l'épreuve/l'expérience de b loc. **vivre des jours heureux :** couler/passer du bon temps, se la couler douce (fam.)

vivres n.m. pl. 1 → **provisions** 2 → **subsistance**

vocable n.m. → **mot**

vocabulaire n.m. 1 → **dictionnaire** 2 par ext. : correction, expression, langage, langue

vocalise n.f. entraînement, exercice, roulade, trilles, virtuosité

vocaliser → **chanter**

vocation n.f. → **disposition**

vocifération n.f. → **cri**

vociférer v. tr. et intr. → **crier**

vœu n.m. 1 → **serment** 2 → **souhait** 3 → **demande**

vogue n.f. 1 → **cours** 2 → **mode**

voguer 1 → **flotter** 2 → **naviguer**

voie n.f. 1 au pr. : allée, artère, autoberge, autoroute, avenue, axe, boulevard, canal, chaussée, chemin, chenal, cours, draille, impasse, laie, layon, levée, passage, pénétrante, piste, promenade, réseau, rocade, route, rue, ruelle, sente, sentier, (voie) tangentielle 2 fig. : brisées, canal, carrière, chemin, conduite, dessein, exemple, ligne, marche, sillage, sillon, trace 3 → **moyen** 4 → **largeur** 5 a voie ferrée : ballast, ligne, rails, talus b par ext. : chemin de fer, S.N.C.F. → **train**

voile n.m. 1 → **rideau** 2 haïk, litham, tchador, tcharchaf → **mantille** 3 → **manteau**

voile n.f. mar. : bonnette, brigantine, cacatois, clinfoc, coq-souris, foc, fortune, grand-voile, hunier, misaine, perroquet, perruche, spi, spinnaker, tourmentin, trinquette

voilé, e 1 caché, déguisé, dissimulé, invisible, masqué, mystérieux, secret, travesti 2 affaibli, assourdi, atténué, filtré, tamisé, terne → **sourd** 3 obscur → **vitreux**

voiler → **cacher**

voilier n.m. → **bateau**

voir 1 au pr. : apercevoir, aviser, considérer, contempler, découvrir, discerner, distinguer, dominer, embrasser, entrevoir, examiner, observer, percevoir, remarquer, repérer, saisir du regard, surplomber, viser, visionner, → **regarder** ◆ fam : loucher sur, mater, zieuter 2 fig. a se représenter par la pensée : apercevoir, apprécier, comprendre, concevoir, connaître, considérer, constater, découvrir, discerner, distinguer, envisager, se figurer, imaginer, juger, observer, regarder, se représenter, trouver b assister à, visiter c avoir la vue sur, donner sur, être exposé à, planer sur d contrôler, inspecter, inventorier, noter, remarquer, prendre garde à, surprendre, vérifier e imaginer, prévoir, représenter f écouter, examiner, jauger, réfléchir 3 loc. a **faire voir :** apprendre, faire apparaître, découvrir, démonter, démontrer, dévoiler, étaler, exhiber, exposer, faire entrevoir/paraître, montrer, présenter, prouver, révéler b **voir le jour** → **naître**

voire 1 vrai, vraiment 2 aussi, même

voirie n.f. 1 voies publiques 2 entretien, ponts et chaussées 3 champ d'épandage, décharge, dépotoir, immondices, ordures

voisin, e nom et adj. → **prochain**

voisinage n.m. → **proximité**

voisiner → **fréquenter**

voiture n.f. 1 génér. : attelage, équipage, moyen de transport, véhicule 2 à cheval. a de promenade ou de voyage : berline, berlingot, boghei, break, buggy, cab, cabriolet, calèche, carrosse, chaise, char, coche, coucou, coupé, demi-fortune, derby, désobligeante, diligence, dog-cart, dormeuse, duc, fiacre, landau, litière, mail-coach, malle, milord, omnibus, patache, phaéton, poulailler (vx et péj.), sapin (fam.), sulky, tandem, tapecul, tapissière, téléga, tilbury, tonneau, traîneau, troïka, victoria, vinaigrette, vis-à-vis b de travail : banne, bétaillère, camion, carriole, char, chariot, charrette, chasse-marée, corbillard, fardier, guimbarde, haquet, limonière, surtout, tombereau c milit. : ambulance, caisson, fourgon, fourragère, prolonge 3 à moteur. a au pr. : auto, automobile, autoneige, berline, conduite intérieure, coupé, familiale, limousine, roadster, torpédo b utilitaire : ambulance, autopompe, camionnette, commerciale, fourgon, fourgonnette, taxi c de gros tonnage : autobus, autocar, benne, bétaillère, camion, car, tracteur d fam. : bagnole, bahut, caisse, charrette, chignole, chiotte, clou, ferraille, fumante, guimbarde, guinde, hotte, mannequin, mulet, poubelle, roulante, tacot, tas (de boue/de ferraille/de tôle), taxi, tinette, tire, traînecons, traîneau, trottinette, veau 4 à bras. a de travail : baladeuse, brouette, charrette à bras, jardinière, pousse-pousse b d'enfant : landau, poussette 5 chemin de fer : benne, citerne, fourgon, plateau, wagon 6 de police : car, panier à salade, voiture cellulaire

voiturer → **transporter**

voiturier n.m. 1 camionneur, ferroutier, routier, transporteur 2 charretier, cocher, roulier 3 fam. : automédon

voix n.f. 1 articulation, parole, phonation, son 2 → **bruit** 3 par ext. a accord, approbation, assentiment, suffrage, vote b d'animaux : aboiement, chant, cri, grondement, hurlement, plainte c chant humain : alto, baryton, basse, basse chantante ou basse-taille, castrat, contralto, dessus, haute-contre, mezzo-soprano, sopraniste, soprano, taille (vx), ténor, ténorino 4 fig. a appel, avertissement, impulsion, inspiration, manifestation divine/surnaturelle b avis, jugement, opinion

vol n.m. décollage, envol, essor, lévitation, trajet aérien, volée, volettement

vol n.m. 1 abus de confiance, appropriation, brigandage, cambriolage, carambouille, détournement, duperie, effraction, enlèvement, entôlage, escamotage, escroquerie, extorsion de fonds, filouterie, flibuste, fric-frac, friponnerie, grappillage, grivèlerie, hold-up, indélicatesse, kleptomanie, larcin, malversation, maraudage, maraude, pillage, piraterie, racket, rançonnement, rapine, resquille, soustraction, spoliation, stellionat, subtilisation, vol à l'abordage/à l'américaine/à l'arraché/à l'étalage/à la roulotte/à la tire 2 vx : picorée, truanderie, volerie 3 arg. : arnaque, beau, braquage, cambriole, carottage, carotte, casse, cassement, castagne, chouravе, dépouille, détourne, emprunt forcé, fauchage, fauche, jetée, tire (à la chicane), turbin

volage → **changeant**

volaille n.f. 1 canard, cane, canette, caneton, chapon, coq, dinde, dindon, dindonneau, jars, oie, oison, pintade, pintadeau, poule, poulet, poussin, volatile 2 basse-cour

volailler n.m. coquetier

volailleur, euse aviculteur

volant n.m. 1 navigant 2 marge, stock

volant, e → **changeant**

volatil, e 1 → **léger** 2 → **inflammable**

volatile n.m. → **oiseau**

volatilisation n.f. → **vaporisation**

volatiliser (se) 1 au pr. → **vaporiser (se)** 2 fig. → **disparaître**

vol-au-vent n.m. bouchée à la reine, timbale

volcanique → **impétueux**

volée n.f. 1 envol, essor 2 → **troupe** 3 → **rang** 4 → **décharge** 5 arg. ou fam. : avoine, bastonnade, branlée, brossée, chicorée, correction, danse, déculottée, dégelée, dérouillée, distribution, fessée, fricassée, frottée, java, pâtée, peignée, perlot, pile, plumée, potache, purge, raclée, ramona, ratatouille, rincée, rossée, roulée, rouste, secouée, tabac, tabassage, tannée, tisane, toise, torchée, tournée, trempe, trépignée, tripotée, trique, troussée, valse → **torgnole** 6 loc. **à la volée** → **vite**

voler 1 aller en l'air. a au pr. : s'élever, s'envoler, flotter, monter, planer, pointer, prendre son envol/essor, tournoyer, voleter, voltiger b par ext. → **courir** c fig. : s'émanciper 2 prendre à autrui. a sens courant : s'approprier, attraper, cambrioler, démunir, déposséder, dépouiller, dérober, détourner, détrousser, dévaliser, dilapider, distraire, s'emparer de, enlever, escamoter, escroquer, estamper, exploiter, extorquer, faire disparaître, filouter, flouer, frustrer, grappiller, griveler, gruger, marauder, piller, piper, prendre, prévariquer, rançonner, rapiner, ravir, rouler, soustraire, soutirer, spolier, subtiliser, tromper b vx : agripper, écornifler, estoquer, friper, gripper, picorer, vendre c partic. : faire danser/sauter l'anse du panier d fam. ou arg. : acheter à la foire d'empoigne, alléger, arranger, asphyxier, barboter, braquer, butiner, camoufler, canarder, carotter, carrer, casser, chaparder, charrier, chauffer, chiper, choper, chouraver, chourer, claquer, cogner, cravater, croquer, décrasser, décrocher, dégringoler, délester, dépiauter, descendre, écorcher, écraser, effacer, effaroucher, embusquer, empaqueter, empaumer, empiler, engourdir, entôler, entuber, envelopper, étouffer, étourdir, étriller, évaporer, fabriquer, faire un casse/main basse, faucher, fricoter, fusiller, grappiller, gratter, griffer, grouper, kidnapper, lever, lourder, marner, peler, pincer, piquer, pirater, rabioter, rafler, ratiboiser, ratisser, rectifier, refaire, repasser, retrousser, rifler, rincer, roustir, saigner, secouer, serrer, soulager, soulever, taxer, tirer, tondre, toucher, travailler, truander, vaguer, voler à l'abordage/à l'américaine/à l'arraché/à l'étalage/à la roulotte/à la tire

volet n.m. 1 contrevent, jalousie, persienne 2 déflecteur, extrados, intrados

voleter → **voltiger**

voleur, voleuse nom et adj. 1 aigrefin, bandit, banqueroutier, barboteur, brigand, briseur, cambrioleur, canaille, carambouilleur, casseur, chapardeur, chenapan, chevalier d'industrie, concussionnaire, coquin, corsaire, coupe-jarret, crapule, détrousseur, escamoteur, escroc, estampeur, falsificateur, filou, flibustier, forban, fraudeur, fripon, fripouille, grappilleur, kleptomane, maître chanteur, malandrin, malfaiteur, maraudeur, monte-en-l'air, pègre, pickpocket, pillard, piqueur, pirate, politicard ou politicien véreux, racketteur, rat/souris d'hôtel, spoliateur, stellionataire, tricheur, tripoteur, truand, vaurien, vide-gousset, voleur à l'étalage/à la roulotte/à la tire → **malhonnête** 2 vx : avale-tout-cru, bonneteur, changeur, coquillard, coupeur de bourse, écorcheur, écornifleur, escogriffe, exacteur, faucheur, larron, ouvrier, pègre, ravageur, ravisseur, tapageur, tire-laine, travailleur, truqueur 3 arg. : affranchi, assureur, batteur, braqueur, carotteur, fourche, marcheur, poisse, roulottier, tireur

volière n.f. basse-cour, oisellerie → **cage**

volige n.f. → **planche**

volontaire 1 fav. a → **bénévole** b → **conscient** c → **voulu** 2 non fav. a → **têtu** b → **indocile**

volontairement à bon escient, à dessein, de propos délibéré, délibérément, librement, exprès, intentionnellement, souverainement, volontiers

volontariat n.m. apostolat, bénévolat, dévouement, prosélytisme

volonté n.f. 1 au pr. a caractère, courage, cran, décision, détermination, énergie, fermeté, force d'âme, initiative, obstination, opiniâtreté, résolution, ressort, ténacité, vouloir b ce qu'on veut : désir, dessein, détermination, exigence, intention, résolution, souhait, vœu, volition c philos. : libre-arbitre, liberté d non fav. : parti pris, velléité 2 loc. a **à volonté :** ad libitum, à discrétion, à gogo (fam.), à loisir, à satiété, en-veux-tu-en-voilà b **bonne volonté** → **bienveillance** c **mauvaise volonté** → **malveillance** d **selon votre volonté :** caprice, choix, décret, désir, gré, guise, mode, plaisir, tête

volontiers aisément, bénévolement, de bon cœur/gré, de bonne grâce, facilement, gracieusement, habituellement, naturellement, ordinairement, par nature/habitude/tendance

voltairien, ne par ext. : anticlérical, athée, caustique, esprit fort, jacobin, libéral, libre penseur, non-conformiste, républicain, sceptique

volte n.f. → **tour**

volte-face n.m. → **changement**

volter → **tourner**

voltige n.f. saut → **acrobatie**

voltiger aller et venir, flotter, papillonner, voler, voleter

voltigeur n.m. → **acrobate**

volubile 1 → **tordu** 2 → **bavard**

volubilis n.m. → **liseron**

volubilité n.f. → **faconde**

volume n.m. 1 in-folio/-quarto/-octavo/-douze/-seize/-dix-huit/-vingt-quatre/-trente-deux → **livre** 2 ampleur, calibre, contenance, cubage, cubature, densité, grosseur, mesure → **capacité**

volumineux, euse → **gros**

volupté n.f. 1 au pr. : délectation, délices, épectase (iron.) jouissance, lasciveté, lascivité, pied (fam.), sybaritisme → **orgasme, plaisir, sensualité** ◆ vx : 2 par ext. : caresse, débauche, érotisme, mollesse

voluptueux, euse 1 → **sensuel** 2 → **libertin**

volute n.f. arabesque, circonvolution, enroulement, serpentin, spirale, vrille ◆ par ext. : colimaçon, columelle

vomi n.m. vomissure → **souillure** arg. : dégueulis, fusée, gerbe

vomir 1 au pr. a voc. courant : chasser, cracher, dégorger, dégurgiter, évacuer, expulser, régurgiter, rejeter, rendre, restituer b vx : regorger, rendre gorge c arg. : débagouler, déballer, débecter, dégobiller (tripes et boyaux), dégueuler, gerber 2 par ext. : dire, exécrer, honnir, jeter, lancer, proférer, souffler

vomissement n.m. expulsion, mérycisme, régurgitation ◆ de sang : hématémèse, hémoptysie

vomitif, ive émétique, vomique, vomitoire

vorace affamé, avide, dévorant, glouton, goinfre, goulu, gourmand, inassouvi, insatiable

voracité n.f. appétit, avidité, gloutonnerie, goinfrerie, gourmandise, insatiabilité, tachyphagie (méd.)

vote n.m. consultation, élection, plébiscite, référendum, scrutin, suffrage, urnes, votation, voix

voter v. intr. et tr. → **opiner**

vouer 1 au pr. ◆ fav. : appliquer, attacher, consacrer, dédier, destiner, dévouer, donner, offrir, prédestiner, promettre, sacrifier 2 fig. ◆ non fav. : appeler sur, condamner, flétrir, honnir 3 v. pron. → **adonner (s')**

vouloir n.m. → **volonté**

vouloir 1 ambitionner, arrêter, aspirer à, avoir dans l'idée/en tête/envie/l'intention de, brûler de, chercher, commander, convoiter, décider, demander, désirer, entendre, s'entêter, envier, espérer, exiger, guigner, incliner vers, prétendre à, s'obstiner, s'opiniâtrer, rechercher, réclamer, rêver, souhaiter, soupirer après, tenir à, viser 2 fam. : goder, lorgner/loucher sur, saliver 3 vx : bayer/béer après, pétiller

voulu, e arrangé, commandé, délibéré, intentionnel, médité, mûri, ordonné, prémédité, prescrit, réfléchi, requis, volontaire

voûte n.f. arc, arcade, arceau, arche, berceau, cerceau, cintre, coupole, cul-de-four, dais, dôme, voussure

voûté, e bossu, cintré, convexe, courbe, rond

voyage n.m. 1 balade, chevauchée, circuit, croisière, déplacement, excursion, itinéraire, méharée, navigation, odyssée, passage, pérégrination, périple, promenade, randonnée, raid, rallye, route, tour, tourisme, tournée, trajet, transhumance, transport, traversée, va-et-vient, virée (fam.) 2 campagne, exode, expédition, exploration, incursion, pèlerinage

voyager aller et venir, se balader, bourlinguer, se déplacer, excursionner, faire un voyage, naviguer, se promener, se transporter, visiter

voyageur, euse n. et adj. 1 au pr. : excursionniste, explorateur, globe-trotter, nomade, passager, pèlerin, routard, touriste → **promeneur** 2 par ext. → **étranger** 3 loc. **voyageur de commerce :** ambulant, commis voyageur, courtier, démarcheur, démonstrateur, itinérant, placier, représentant, visiteur, V.R.P

voyance n.f. → **divination**

voyant, e 1 nom a cartomancienne, devin, diseur de bonne aventure, divinateur, extralucide, fakir, magicien b halluciné, illuminé, inspiré, prophète, pythonisse, sibylle, vaticinateur, visionnaire 2 adj. : bariolé, coloré, criant, criard, éclatant, évident, indiscret, manifeste, tapageur, tape-à-l'œil

voyeur n.m. arg. : mateur, regardeur (vx), serrurier

voyou n.m. 1 → **gamin** 2 → **vaurien** 3 → **truand**

vrac (en) pêle-mêle, tout-venant

vrai, e 1 au pr. quelqu'un ou quelque chose : assuré, authentique, avéré, certain, confirmé, conforme, correct, crédible, démontré, droit, effectif, exact, existant, évident, fiable, fondé, franc, historique, incontestable, juste, logique, loyal, mathématique, net, objectif, orthodoxe, positif, propre, prouvé, pur, réel, sérieux, sincère, strict, sûr, véridique, véritable, vraisemblable 2 par ext. a quelque chose → **principal** b quelqu'un → **fidèle**

vraiment assurément, authentiquement, certainement, effectivement, en effet, évidemment, exactement, franchement, incontestablement, justement, logiquement, loyalement, mathématiquement, nettement, objectivement, positivement, proprement, réellement, sérieusement, sincèrement, strictement, sûrement, véridiquement, véritablement, en vérité, à vrai dire, vrai ◆ vx : bonnement, droitement, voire

vraisemblable apparent, crédible, croyable, plausible → **vrai**

vraisemblablement → **peut-être**

vraisemblance n.f. apparence, crédibilité, présomption, probabilité → **hypothèse**

vrille n.f. 1 attache, cirre, filament 2 par ext. : drille, foret, mèche, percerette, perçoir, queue de cochon, taraud, tarière → **perceuse**

vrillé, e → **tordu**

vriller 1 → **tordre** 2 → **percer**

vrombir bourdonner, ronfler, rugir

vue n.f. 1 au pr. a action de voir : œil, optique, regard, vision b façon de voir : aspect, optique, ouverture, perspective, présentation, vision c ce qu'on voit : apparence, apparition, coup d'œil, dessin, étendue, image, ouverture, panorama, paysage, perspective, point de vue, site, spectacle, tableau, vision 2 fig. a → **opinion** b → **but**

vulgaire n.m. → **peuple**

vulgaire adj. 1 banal, bas, béotien, bourgeois, brut, canaille, commun, courant, effronté, épais, faubourien, gouailleur, gros, grossier, insignifiant, matériel, ordinaire, peuple, philistin, poissard, populacier, prosaïque, rebattu, roturier, simple, trivial, vil 2 démotique, populaire

vulgarisateur, trice n.m. ou f. diffuseur, propagateur, prosélyte

vulgarisation n.f. banalisation, diffusion, émission, propagation

vulgariser → **répandre**

vulgarité n.f. 1 → **impolitesse** 2 → **obscénité** 3 → **bassesse**

vulgum pecus n.m. → **peuple**
vulnérabilité n.f. → **faiblesse**
vulnérable → **faible**
vulnéraire n.m. → **baume**
vulve n.f. [1] [a] féminité, intimité, nature, organes de la reproduction / génitaux / sexuels → **sexe** [b] méd. et vx : parties honteuses / intimes / secrètes [c] partic. : [2] enf. : languette, pipi, pissette, zizi

W

wagon n.m. benne, citerne, fourgon, plateau, plate-forme, tender, tombereau, voiture wagon-citerne / -foudre / -poste / -réservoir / -restaurant / -tombereau / -trémie → **wagon-lit**
wagon-lit n.m. pullmann, sleeping-car, voiture-lit, voiture-couchette, wagon-couchette
wagonnet n.m. benne, decauville, lorry, tender
walhalla n.m. → **ciel**
walkman n.m. off. : baladeur
warrant n.m. avance, caution, ducroire, gage, garantie, prêt → **dépôt**
warranter → **garantir**
wassingue n.f. serpillière, toile à laver
water-closet n.m. [1] cabinet, chalet de nécessité, commodités, édicule, latrines, lavabo, lieux d'aisance, petit coin / endroit, où le roi va tout seul, quelque part, salle de repos (québ.), sanisettes, sanitaires, sentine (péj.), toilettes, trône, vécés, vespasienne, W.-C. [2] mar. : bouteilles, poulaines [3] vx : chaise, chaise / fauteuil percé(e) [4] arg. : chiches, chiottes, goguenots, gogues, gras, tartisses → **urinoir**
wattman n.m. conducteur, machiniste, mécanicien
week-end n.m. fin de semaine, semaine anglaise → **vacances**
wellingtonia n.m. séquoia
wharf n.m. appontement, avant-port, débarcadère, embarcadère, jetée, ponton, quai
whisky n.m. baby, bourbon, drink, scotch
wigwam n.m. [1] → **cabane** [2] → **case**
wisigoth n.m. → **sauvage**
wolfram n.m. tungstène

X

xénophobe nom et adj. chauvin, nationaliste, raciste
xénophobie n.f. chauvinisme, discrimination / haine / ségrégation raciale, nationalisme, racisme
xérès n.m. jerez, manzanilla, sherry
xérus n.m. → **écureuil**
xyste n.m. galerie / piste couverte, gymnase

yacht n.m. → **bateau**
yachting n.m. navigation de plaisance
yankee nom et adj. américain, étasunien, oncle Sam ♦ arg. : amerlo, amerloc, cow-boy, gringo, ricain, sammy
yaourt n.m. yoghourt ♦ par ext. : caillebotte, lait caillé
yatagan n.m. → **épée**
yeuse n.m. chêne vert
yéyé n.m. → **jeune**
yogi n.m. ascète, contemplatif, fakir, sage
yole n.f. → **bateau**
yourte n.f. → **cabane, case**
youyou n.m. → **bateau**

Z

zèbre n.m. [1] au pr. : âne sauvage, hémione, onagre [2] fig. : bougre, coco, type → **homme**
zébrure n.f. → **raie**
zélateur, trice [1] nom : adepte, apôtre, disciple, émule, glorificateur, godillot (fam.), laudateur, panégyriste, propagandiste, partisan, propagateur, prosélyte, séide [2] adj. : élogieux, enthousiaste, fervent
zèle n.m. abnégation, activité, apostolat, application, ardeur, assiduité, attachement, attention, bonne volonté, chaleur, civisme, cœur, courage, dévotion, dévouement, diligence, empressement, émulation, enthousiasme, fanatisme, fayotage (fam.), ferveur, feu sacré, fidélité, flamme, foi, intrépidité, militantisme, passion, persévérance, promptitude, prosélytisme, soin, travail, vigilance, vivacité ♦ vx : étude
zélé, e actif, appliqué, ardent, assidu, attaché, attentif, chaleureux, civique, coopératif, courageux, dévoué, diligent, empressé, enflammé, enthousiaste, fanatique, fervent, fidèle, intrépide, passionné, persévérant, prompt, soigneux, strict, travailleur, vigilant, vif fam. : fayot, godillot
zénith n.m. fig. → **comble**
zéphyr, zéphire n.m. → **vent**
zeppelin n.m. → **ballon**
zéro n.m. aucun, néant, nullité, rien, vide → **nul**
zeste n.m. écorce → **peau**
zeugme jonction, réunion, union
zézaiement n.m. par ext. : blèsement, blésité, chuintement
zézayer bléser, zozoter
zieuter → **bigler**
zig, zigoto n.m. → **type**
zigouiller liquider, faire son affaire à, trucider → **tuer**
zigzag n.m. crochet, dents de scie, détour, entrechat, lacet
zigzaguer chanceler, faire des zigzags, louvoyer, tituber, tourner, vaciller
zinc n.m. [1] → **cabaret** [2] → **avion**
zinzin n.m. → **truc**
zip n.m. fermeture à coulisse, fermeture Éclair
zizanie n.f. [1] au pr. → **ivraie** [2] fig. → **mésintelligence**
zizi n.m. enf. → **sexe**
zodiacal, e astral, céleste
zodiaque (signes du) bélier 21 (mars), taureau 21 (avril), gémeaux 22 (mai), cancer 22 (juin), lion 23 (juillet), vierge 23 (août), balance 23 (septembre), scorpion 23 (octobre), sagittaire 22 (novembre), capricorne 21 (décembre), verseau 21 (janvier), poissons 21 (février)
zombi n.m. → **fantôme**
zone n.f. aire, arrondissement, bande, ceinture, coin, district, division, endroit, espace, faubourg, lieu, pays, quartier, région, secteur, sphère, subdivision, territoire
zoo n.m. animalerie, fauverie, jardin zoologique, insectarium, ménagerie, oisellerie, singerie, terrarium, vivarium
zoologie n.f. conchyliologie, entomologie, helminthologie, herpétologie, ichtyologie, malacologie, mammalogie, ornithologie
zouave n.m. [1] au pr. : chacal, fantassin / soldat colonial / de ligne [2] fig. → **homme** [3] loc. [a] **faire le zouave** : faire le bête [b] **faire le zouave** : faire le malin
zozo n.m. [1] → **rustaud** [2] → **type**
zozoter bléser, zézayer

GRAMMAIRE ACTIVE
LANGUAGE IN USE

Sommaire / Contents

LA GRAMMAIRE ACTIVE ROBERT & COLLINS est divisée en 27 chapitres qui présentent plusieurs milliers de structures syntaxiques couvrant l'essentiel des besoins de communication entre francophones et anglophones.

Elle permet de s'exprimer directement dans la langue étrangère au lieu de procéder à la traduction à partir du mot ou de la locution, tels qu'ils figurent dans la partie dictionnaire. L'usager part ici d'un thème de réflexion ou du message qu'il cherche à communiquer et trouve dans le chapitre concerné un vaste éventail de possibilités d'expression dans la langue étrangère. De brèves indications dans sa langue maternelle, dont la fonction n'est pas de traduire mais de servir de points de repère, l'informeront sur le registre (familier ou soutenu) ou la nature (hésitante ou assurée, directe ou indirecte) du message.

Les exemples de la **Grammaire active** ont été tirés d'une base de données informatisée en langue française et en langue anglaise contenant environ 250 millions de mots. Ces exemples ont été sélectionnés dans un grand nombre de sources différentes, allant de la littérature à la correspondance personnelle, en passant par les magazines, les journaux, ainsi que la langue parlée telle qu'on l'entend à la télévision et à la radio. Ils garantissent ainsi l'authenticité absolue des structures grammaticales et des expressions idiomatiques qui sont proposées.

Plusieurs centaines de mots-clés du dictionnaire sont suivis d'un renvoi vers la **Grammaire active.** Ces renvois mentionnent les numéros de chapitres concernés et avertissent l'usager qu'il trouvera dans le recueil d'expressions grammaticales des possibilités d'expression supplémentaires qui complètent l'information contenue dans les articles bilingues.

THIS "LANGUAGE IN USE" supplement is divided into 27 topics, providing thousands of structures to facilitate self-expression and communication in French.

Using a key word in the message you wish to convey as a starting point, "Language in Use" shows you other possible ways of expressing the same message and provides you with a repertoire from which to choose the most appropriate formulation for the situation you are dealing with. The core translation which follows each phrase acts as a point of reference rather than as a direct equivalent and we have also provided guidance as to whether a phrase should be used in a familiar or formal context, whether it expresses the message directly or indirectly, or in a tentative or assertive manner.

In compiling "Language in Use" we have used real-language databases containing over 250 million words of French and English. The examples have been selected from a wide variety of different sources: fiction and non-fiction, magazines and newspapers, business and personal correspondence, and spoken material gathered from real-life conversations and radio and television programmes. This means you can always be sure that the phrases and grammatical structures you choose are idiomatic and up-to-date.

Several hundred dictionary entries are linked to "Language in Use" by means of cross-references which show the topic number and section in "Language in Use" where that dictionary entry occurs. This linking of the main text with "Language in Use" allows you to navigate directly from a single-concept word in the dictionary to further, more diverse means of expression in context.

1 LA SUGGESTION

1.1 Pour faire des suggestions

- **You might like to*** think it over before giving me your decision
  - peut-être souhaitez-vous
- **If you were to*** give me the negative, **I could*** get copies made
  - si vous ... je pourrais
- **You could*** help me clear out my office, **if you don't mind***
  - vous pourriez ... si cela ne vous ennuie pas
- **We could*** stop off in Venice for a day or two, **if you like***
  - nous pourrions ... si vous voulez
- I've got an idea – **let's organize*** a surprise birthday party for Megan!
  - organisons
- **If you've no objection(s), I'll*** ask them round for dinner on Sunday
  - si vous n'avez pas d'objections, je
- **If I were you, I'd*** be very careful
  - si j'étais vous, je
- **If you ask me, you'd better*** take some extra cash
  - à mon avis, vous feriez bien de
- **If you want my advice, I'd*** steer well clear of them
  - à votre place, je
- **I'd be very careful not to*** commit myself at this stage
  - je ferais très attention à ne pas
- **I would recommend (that) you*** discuss it with him before making a decision
  - je vous recommande de
- **It could be in your interest to*** have a word with the owner first
  - il serait peut-être dans votre intérêt de
- **There's a lot to be said for*** living alone
  - ... a beaucoup d'avantages

Directement

- **I suggest that*** ou **I'd like to suggest that*** you take a long holiday
  - je suggère que
- **We propose that*** half the fee be paid in advance, and half on completion
  - nous proposons que
- **It is quite important that*** you develop her sense of fun and adventure
  - il est très important que
- I cannot put it too strongly: **you really must*** see a doctor
  - il faut absolument que vous

Moins directement

- **Say you were to*** approach the problem from a different angle
  - et si vous
- In these circumstances, **it might be better to*** wait
  - il vaudrait peut-être mieux
- **It might be a good thing*** ou **a good idea to*** warn her about this
  - ce serait peut-être une bonne idée de
- **Perhaps it might be as well to*** look now at the issues
  - il serait peut-être bon de
- **Perhaps you should*** take up birdwatching
  - vous devriez peut-être
- **If I may make a suggestion***, a longer hemline might suit you better
  - si je peux me permettre une suggestion
- **Might I be allowed to offer a little advice?*** – talk it over with a solicitor before you go any further
  - puis-je me permettre de vous donner un conseil?
- **If I may be permitted to remind you of*** one of the golden rules of journalism: try not to ever split infinitives
  - puis-je me permettre de vous rappeler
- **If I might be permitted to suggest something***, installing bigger windows would make the office much brighter
  - si je puis me permettre une suggestion

En posant une question

- **How do you fancy*** a holiday in Australia? (familier)
  - ça vous tente ...
- I was thinking of inviting her to dinner. **How about it?*** (familier)
  - qu'est-ce que vous en dites?
- **What would you say to*** a trip up to town next week?
  - que diriez-vous de
- **Would you like to*** go away on a second honeymoon?
  - aimeriez-vous
- **What if*** you try ignoring her and see if that stops her complaining?
  - et si
- What you need is a change of scene. **Why not*** go on a cruise or to a resort?
  - pourquoi ne pas
- **Suppose*** ou **Supposing*** you left the kids with Joe and came out with me?
  - et si
- **What do you think about*** taking calcium supplements?
  - que pensez-vous de
- **Have you ever thought of*** starting up a magazine of your own?
  - avez-vous déjà songé à
- **Would you care to*** have lunch with me? (soutenu)
  - voudriez-vous

1.2 Pour demander des idées

- **What would you do if you were me?***
  - que feriez-vous à ma place?
- **Have you any idea how I should*** go about it to get the best results?
  - avez-vous une idée sur la façon dont je devrais
- I've no idea what to call our pet snake: **have you any suggestions?***
  - avez-vous des suggestions?
- I can only afford to buy one of them: **which do you suggest?***
  - que feriez-vous à ma place?
- **I wonder if you could suggest*** where we might go for a few days?
  - je me demande si vous pourriez me donner une idée:

2 LE CONSEIL

2.1 Pour demander un conseil

- What would you do **if you were me?***
  - à ma place
- Would a pear tree grow in this situation? If not, **what would you recommend?***
  - que conseillez-vous
- **Do you think I ought to*** tell the truth if he asks me where I've been?
  - pensez-vous que je devrais
- **What would you advise me to do*** in the circumstances?
  - que me conseilleriez vous de faire
- **Would you advise me to*** seek promotion within this firm or apply for another job?
  - à votre avis, dois-je
- I'd like ou **I'd appreciate your advice on*** personal pensions
  - j'aimerais avoir votre avis sur
- **I'd be grateful if you could advise me on*** how to treat this problem
  - je vous serais reconnaissant si vous pouviez me donner votre avis sur

2.2 Pour donner un conseil

De manière impersonnelle

- **It might be wise*** ou **sensible*** ou **a good idea to*** consult a specialist
  - il serait peut-être prudent de
- **It might be better to*** think the whole thing over before making any decisions
  - il vaudrait peut-être mieux
- **You'd be as well to*** state your position at the outset, so there is no mistake
  - vous feriez bien de
- **You would be well-advised to*** invest in a pair of sunglasses if you're going to Morocco
  - vous feriez bien de
- **You'd be ill-advised to*** have any dealings with this firm
  - vous auriez tort de
- **It would certainly be advisable to*** book a table
  - il serait prudent de
- **It is in your interest*** ou **your best interests to*** keep your dog under control if you don't want it to be reported
  - il est dans votre intérêt de
- **Do be sure to*** read the small print before you sign anything
  - prenez soin de
- **Try to avoid*** getting her back up; she'll only make your life a misery
  - essayez d'éviter de
- **Whatever you do, don't*** drink the local schnapps
  - quoi qu'il arrive, ne ... pas

De manière plus personnelle

- **If you ask me, you'd better*** take some extra cash
  - à mon avis, vous feriez mieux de
- **If you want my advice, I'd*** steer well clear of them
  - à votre place, je
- **If you want my opinion, I'd*** go by air to save time
  - à votre place, je
- **In your shoes*** ou **If I were you, I'd*** be thinking about moving on
  - à votre place, je
- **Take my advice*** and don't rush into anything
  - suivez mon conseil
- **I'd be very careful not to*** commit myself at this stage
  - je ferais très attention à ne pas
- **I think you ought to*** ou **should*** seek professional advice
  - je crois que vous devriez
- **My advice would be to*** have nothing to do with them
  - je vous conseillerais de
- **I would advise you to*** pay up promptly before they take you to court
  - je vous conseille de
- **I would advise against*** calling in the police unless they threaten you
  - je déconseillerais de
- **I would strongly advise you to*** reconsider this decision
  - je vous conseille vivement de
- **I would urge you to*** reconsider selling the property
  - je ne saurais trop vous conseiller de
- **Might I be allowed to offer a little advice?*** – talk it over with a solicitor before you go any further (soutenu)
  - puis-je me permettre de vous donner un conseil?

2.3 Pour lancer un avertissement

- It's really none of my business but **I don't think you should*** get involved
  - je ne crois pas que vous devriez
- **A word of caution:*** watch what you say to him if you want it to remain a secret
  - un petit conseil:
- **I should warn you that*** he's not an easy customer to deal with
  - je vous préviens que
- **Take care not to*** burn your fingers
  - faites attention à ne pas
- **Make sure that*** ou **Mind that*** ou **See that you don't*** say anything they might find offensive
  - surtout, évitez de
- **I'd think twice about*** sharing a flat with the likes of him
  - je réfléchirais à deux fois avant de
- **It would be sheer madness to*** attempt to drive without your glasses
  - ce serait de la folie que de
- **You risk*** a long delay in Amsterdam **if*** you come back by that route
  - vous risquez ... si
- **I am afraid I must refuse***
  - je crains de devoir refuser
- **I cannot possibly comply with*** this request
  - je ne peux pas accéder à
- **It is unfortunately impracticable for us*** to commit ourselves at this stage
  - il nous est malheureusement impossible de
- In view of the proposed timescale, **I must reluctantly decline to*** take part
  - je me vois malheureusement obligé de refuser de

3 PROPOSITIONS

De façon directe

- **I would be delighted to*** help out, **if I may***
  - je serais très heureux de ... si vous le souhaitez
- **It would give me great pleasure to*** invite your mother to dinner on Saturday
  - cela me ferait très plaisir de
- **We would like to offer you*** the post of Sales Director
  - nous voudrions vous offrir
- **I hope you will not be offended if I offer*** a contribution towards your expenses
  - j'espère que vous ne m'en voudrez pas si j'offre
- **Do let me know if I can*** help in any way
  - prévenez-moi si
- **If we can*** be of any further assistance, **please do not hesitate to*** contact us (soutenu)
  - si nous pouvons ... n'hésitez pas à ...

En posant une question

- **Say we were to*** offer you a 10% increase plus a company car, **how would that sound?***
  - mettons que ... qu'en dites-vous?
- **What if I were to*** call for you in the car?
  - et si je
- **Could I*** give you a hand with your luggage?
  - est-ce que je peux
- **Shall I*** pick you up from work on Friday afternoon?
  - voulez-vous que je
- **Is there anything I can do to*** help you find suitable accommodation?
  - puis-je
- **May*** ou **Can I offer you*** a drink?
  - puis-je vous offrir
- **Would you like me to*** find out more about it for you?
  - voulez-vous que je
- **Would you allow me to*** pay for dinner, at least?
  - me permettez-vous de

4 DEMANDES

- **Would you please*** drop by on your way home and pick up the papers you left here?
  - pourriez-vous
- **Could you please*** try to keep the noise down while I'm studying?
  - pourriez-vous
- **Would you mind*** looking after Hannah for a couple of hours tomorrow?
  - cela vous ennuierait-il de
- **Could I ask you to*** watch out for anything suspicious in my absence?
  - puis-je vous demander de

À l'écrit

- **I should be grateful if you could*** confirm whether it would be possible to increase my credit limit to £5000
  - je vous serais reconnaissant de bien vouloir
- **We should be glad to*** receive your reply by return of post
  - nous souhaiterions
- **We would ask you not to*** use the telephone for long-distance calls
  - nous vous prions de ne pas
- **You are requested to*** park at the rear of the building
  - vous êtes prié de
- **We look forward to*** receiv**ing** confirmation of your order within 14 days
  - dans l'attente de
- **Kindly inform us if*** you require alternative arrangements to be made
  - veuillez nous faire savoir si

De façon plus indirecte

- **I would rather you didn't*** breathe a word to anyone about this
  - je préférerais que vous ne ... pas
- **I would appreciate it if you could*** let me have copies of the best photographs
  - je vous serais reconnaissant si vous pouviez
- **I was hoping that you might*** find time to visit your grandmother
  - j'espérais que vous pourriez
- **I wonder whether you could*** spare a few pounds till I get to the bank?
  - est-ce qu'il vous serait possible de
- **I hope you don't mind if I*** borrow your exercise bike for half an hour
  - j'espère que cela ne vous ennuie pas que
- **It would be very helpful*** ou **useful if you could*** have everything ready a week in advance
  - cela me etc rendrait service si vous pouviez
- **If it's not too much trouble, would you*** pop my suit into the dry cleaners on your way past?
  - si cela ne vous dérange pas trop, pourriez-vous
- **You won't forget*** to lock up before you leave, **will you?***
  - vous n'oublierez pas de

5 LA COMPARAISON

5.1 Objectivement

- The streets, although wide for a Chinese city, are narrow **compared with*** English streets
  - comparé à
- The bomb used to blow the car up was small **in*** ou **by comparison with*** those often used nowadays
  - par rapport à
- **In contrast to*** the opulence of the Kirov, the Northern Ballet Theatre is a modest company
  - par contraste avec
- The loss of power because of the lower octane rating of paraffin **as opposed to*** petrol is about fifteen per cent
  - par opposition à
- **Unlike*** other loan repayments, those to the IMF cannot simply be rescheduled
  - à la différence de
- **If we set*** the actual cost **against*** our estimate, we can see how inaccurate the estimate was
  - si nous comparons ... à
- **Whereas*** house thieves often used to make off only with video recorders, they now also tend to empty the fridge
  - alors que
- Property rights are conferred on both tenants and home owners; **the former*** are common, **the latter*** are private
  - les premiers ..., les seconds ...
- Anglophone Canadians have a distinctive structure to their society, which **differentiates*** it **from*** other anglophone societies
  - différencie ... de

5.2 Comparaisons favorables

- Silverlight was, indeed, **far superior to*** him intellectually
  - bien supérieur à
- The Australians are far bigger and stronger than us – **we can't compete with*** their robot-like style of play
  - nous ne pouvons pas rivaliser avec
- St Petersburg **has the edge over*** Moscow and other central cities in availability of some foods
  - est légèrement supérieur à
- Michaela was astute beyond her years and altogether **in a class of her own***
  - unique en son genre

5.3 Comparaisons défavorables

- Joseph's amazing technicolour dreamcoat **is not a patch on*** some of the jerseys now being worn by the country's leading goalkeepers
  - n'est rien à côté de
- The chair he sat in **was nowhere near as*** comfortable **as*** his own
  - était loin d'être aussi ... que
- The parliamentary opposition **is no match for*** the government
  - ne peut pas rivaliser avec
- Commercially-made ice-cream **is far inferior to*** the home-made variety
  - est très inférieur à
- The sad truth is that, as a poet, **he was never in the same class as*** his friend
  - il n'a jamais pu rivaliser avec
- Ella doesn't rate anything that **doesn't measure up to*** Shakespeare
  - n'est pas du niveau de
- Her brash charms **don't bear comparison with*** Marlene's sultry sex appeal
  - n'est pas comparable à

5.4 Pour comparer deux choses semblables

- The new system costs **much the same as*** the old one
  - pratiquement la même chose que
- When it comes to quality, **there's not much to choose between*** them
  - il n'y a pas grande différence entre
- **There is essentially no difference between them***
  - il n'y a pas de différence fondamentale entre eux
- The impact was **equivalent to*** 250 hydrogen bombs exploding
  - équivalent à

- In 1975, Spanish workers had longer hours than most Europeans but now they are **on a par with*** the French
  - sur un pied d'égalité avec
- In Kleinian analysis, the psychoanalyst's role **corresponds to*** that of mother
  - correspond à
- The immune system **can be likened to*** a complicated electronic network
  - peut être comparé à
- **There was a close resemblance between*** her **and*** her son
  - ... et ... se ressemblaient beaucoup
- **It's swings and roundabouts*** – what you win in one round, you lose in another
  - c'est du pareil au même

5.5 Pour opposer deux choses non comparables

- **You can't compare*** bacteria levels in cooked food **with*** those in raw vegetables
  - vous ne pouvez pas comparer ... à
- All the muffins in England **cannot compare with*** her scones
  - ne sauraient être comparés à
- **There's no comparison between*** Waddle now **and*** Waddle three years ago
  - on ne peut comparer ... à
- His book **has little in common with*** those approved by the Party
  - n'a pas grand-chose en commun avec
- Here we are, practically twins, except **we have nothing in common***
  - nous n'avons rien en commun
- The modern army **bears little resemblance to*** the army of 1940
  - ne ressemble guère à

6 L'OPINION

6.1 Pour demander l'opinion de quelqu'un

- **What do you think of*** the new Managing Director?
  - que pensez-vous de
- **What is your opinion on*** women's rights?
  - quelle est votre opinion sur
- **What are your thoughts on*** the way forward?
  - quel est votre avis sur
- **What is your attitude to*** people who say there is no such thing as sexual inequality?
  - quelle est votre attitude à l'égard de
- **What are your own feelings about*** the way the case was handled?
  - quel est votre sentiment sur
- **How do you see*** the next stage develop**ing**?
  - à votre avis, comment ...
- **How do you view*** an event like the Birmingham show in terms of the cultural life of the city?
  - comment percevez-vous
- **I would value your opinion on*** how best to set this all up
  - je voudrais avoir votre avis sur
- **I'd be interested to know what your reaction is to*** the latest report on food additives
  - j'aimerais connaître votre réaction face à

6.2 Pour exprimer son opinion

- **In my opinion***, eight years as President is enough and sometimes too much for any man to serve in that capacity
  - à mon avis
- **As I see it***, everything depended on Karlov being permitted to go to Finland
  - selon moi
- **I feel that*** there is an epidemic of fear about cancer which is not helped by the regular flow of publicity about the large numbers of people who die of it
  - je trouve que
- **Personally, I believe*** the best way to change a government is through the electoral process
  - personnellement, je crois que
- **It seems to me that*** the successful designer leads the public
  - il me semble que
- **I am under the impression that*** he is essentially a man of peace
  - j'ai l'impression que
- **I have an idea that*** you are going to be very successful
  - j'ai idée que
- **I am of the opinion that*** the rules should be looked at and refined
  - je suis d'avis que
- **I'm convinced that*** we all need a new vision of the future
  - je suis convaincu que
- **I daresay*** there are so many names that you get them mixed up once in a while
  - j'imagine que
- We're prepared to prosecute the company, which **to my mind*** has committed a criminal offence
  - à mon avis
- Most parts of the black market activity, **from my point of view***, is not, strictly speaking, illegal
  - d'après moi
- **As far as I'm concerned***, Barnes had it coming to him
  - en ce qui me concerne
- It's a matter of mutual accommodation, nothing more. **That's my view of the matter***
  - telle est mon opinion sur la question
- **It is our belief that*** to be proactive is more positive than being reactive
  - nous croyons que
- **If you ask me***, there's something odd going on
  - si vous voulez mon avis
- **If you want my opinion***, if you don't do it soon, you'll lose the opportunity altogether and you'll be sorry
  - si vous voulez mon opinion

6.3 Pour répondre sans exprimer d'opinion

- Would I say she had been a help? **It depends what you mean by*** help
  - cela dépend de ce que vous entendez par
- It could be seen as a triumph for capitalism but **it depends on your point of view***
  - c'est une question de point de vue
- **It's hard*** ou **difficult to say whether*** I identify with the hippy culture or not
  - il est difficile de dire si
- **I'm not in a position to comment on whether*** the director's accusations are well-founded
  - je ne suis pas à même de dire si
- **I'd prefer not to comment on*** operational decisions taken by the service in the past
  - je préférerais ne pas me prononcer sur
- **I'd rather not commit myself*** at this stage
  - je préférerais ne pas m'engager
- **I don't have any strong feelings about which of the two companies*** we decide to use for the job
  - je n'ai pas d'opinion bien arrêtée sur le choix de l'entreprise
- **This isn't something I've given much thought to***
  - je n'y ai pas vraiment réfléchi
- **I know nothing about*** the workings of the female mind
  - j'ignore tout de

7 LES GOÛTS ET PRÉFÉRENCES

7.1 Pour demander ce que quelqu'un aime

- **Would you like to*** visit the castle, while you are here?
  - aimerais-tu

- **How would you feel about*** asking Simon to join us?
  - et si on
- **What do you like*** doing **best** when you're on holiday?
  - que préfères-tu
- **What's your favourite*** film?
  - quel est ton ... préféré?
- **Which of the two*** proposed options **do you prefer?***
  - entre les deux ..., lequel préfères-tu?
- We could either go to Rome or stay in Florence – **which would you rather*** do?
  - que préférerais-tu

7.2 Pour dire ce que l'on aime

- **I'm very keen on*** gardening
  - j'aime beaucoup le
- **I'm very fond of*** white geraniums and blue petunias
  - j'adore
- **I really enjoy*** a good game of squash after work
  - j'apprécie vraiment
- **There's nothing I like more than*** a quiet night in with a good book
  - rien de tel que
- **I have a weakness for*** rich chocolate gateaux
  - j'ai un faible pour
- **I have a soft spot for*** the rich peaty flavours of Islay malt
  - j'ai un faible pour

7.3 Pour dire ce que l'on n'aime pas

- Acting **isn't really my thing*** – I'm better at singing
  - n'est pas mon truc
- Watching football on television **isn't my favourite*** pastime
  - n'est pas mon ... favori
- Some people might find it funny but **it's not my kind of*** humour
  - ce n'est pas mon genre de
- I enjoy playing golf but tennis is **not my cup of tea***
  - ce n'est pas ma tasse de thé
- Sitting for hours on motorways **is not my idea of fun***
  - ça ne m'amuse pas de ...
- The idea of walking home at 11 o'clock at night **doesn't appeal to me***
  - ne me dit rien
- **I've gone off the idea of*** cycling round Holland
  - j'ai renoncé à l'idée de
- **I can't stand*** ou **can't bear*** the thought of seeing him
  - je ne supporte pas
- **I am not enthusiastic about*** growing plants directly in greenhouse soil because of the risk of soil diseases
  - je ne suis guère enthousiasmé par l'idée de
- **I'm not keen on*** seafood
  - je n'aime pas beaucoup
- **I don't like the fact that*** he always gets away with not helping out
  - je n'apprécie pas trop le fait que
- **What I hate most is*** waiting in queues for buses
  - ce que je déteste le plus, c'est de
- **I dislike*** laziness since I'm such an energetic person myself
  - ... me déplaît
- **There's nothing I dislike more than*** having to go to work in the dark
  - il n'y a rien qui me déplaise plus que de
- **I have a particular aversion to*** the religious indoctrination of schoolchildren
  - j'ai une aversion particulière pour
- **I find it intolerable that*** people like him should have so much power
  - je trouve intolérable que

7.4 Pour dire ce que l'on préfère

- **I'd prefer to*** ou **I'd rather*** wait until I have enough money to go by air
  - je préférerais *ou* j'aimerais mieux
- **I'd prefer not to*** ou **I'd rather not*** talk about it just now
  - je préférerais ne pas *ou* j'aimerais mieux ne pas
- **I'd prefer you to*** ou **I'd rather you*** put your comments in writing
  - je préférerais *ou* j'aimerais mieux que tu
- **I'd prefer you not to*** ou **I'd rather you didn't*** invite him
  - je préférerais *ou* j'aimerais mieux que tu ne ... pas
- **I like*** the blue curtains **better than*** ou **I prefer*** the blue curtains **to*** the red ones
  - j'aime mieux ... que ... *ou* je préfère ... à ...

7.5 Pour exprimer l'indifférence

- **It makes no odds whether you have*** a million pounds or nothing, we won't judge you on your wealth
  - que vous ayez ..., ça n'a aucune importance
- **I really don't care what*** you tell her as long as you tell her something
  - ce que ... m'est complètement égal
- **It's all the same to me whether*** he comes or not
  - peu m'importe que
- **I don't mind at all*** – let's do whatever is easiest
  - cela m'est complètement égal
- **It doesn't matter which*** method you choose to use
  - peu importe le
- **I don't feel strongly about*** the issue of privatization
  - ... m'est indifférent
- **I have no particular preference***
  - je n'ai pas de préférence

8 L'INTENTION ET LA VOLONTÉ

8.1 Pour demander ce que quelqu'un compte faire

- **Do you intend to*** ou **Will you*** take the job?
  - as-tu l'intention de
- What flight **do you intend to*** take?
  - as-tu l'intention de
- **Did you mean to*** ou **intend to*** tell him about it, or did it just slip out?
  - avais-tu l'intention de
- **What do you intend to do*** ou **What are your intentions?***
  - qu'as-tu l'intention de faire?
- **What do you propose to do*** with the money?
  - qu'est-ce que tu penses faire
- **What did you have in mind for*** the rest of the programme?
  - qu'est-ce que tu avais prévu pour
- **Have you anyone in mind for*** the job?
  - as-tu quelqu'un en vue pour

8.2 Pour exprimer ses intentions

- **We're toying with the idea of*** releas**ing** a compilation album
  - nous songeons à
- **I'm thinking of*** retir**ing** next year
  - je pense
- **I'm hoping to*** go and see her when I'm in Paris
  - j'espère
- **What I have in mind is to*** start a small software business
  - ce que je pense faire c'est de
- I studied history, **with a view to*** becom**ing** a politician
  - en vue de
- We bought the land **in order to*** farm ou **for the purpose of*** farm**ing** it
  - afin de
- **We plan to*** move ou **We are planning on*** mov**ing** next year
  - nous projetons de

- **Our aim in*** ou **Our object in*** buying the company **is to*** provide work for the villagers
  - le but que nous nous sommes fixé en ... est de
- **I aim to*** reach Africa in three months
  - je compte

Avec plus de conviction

- **I am going to*** ou **I intend to*** sell the car as soon as possible
  - je vais *ou* j'ai l'intention de
- **I have made up my mind to*** ou **I have decided to*** go to Japan
  - j'ai décidé de
- **I intended him to*** be a poet but he chose to be an accountant
  - je voulais qu'il
- I went to London, **intending to*** visit her ou **with the intention of*** visiting her, but she was away on business
  - dans l'intention de
- **We have every intention of*** winning a sixth successive championship
  - nous sommes décidés à
- **I have set my sights on*** recapturing the title
  - je suis déterminé à
- **My overriding ambition is to*** overthrow the President
  - j'ai pour principale ambition de
- **I resolve to*** do everything in my power to bring the affair to an end
  - je suis résolu à

8.3 Pour exprimer ce qu'on n'a pas l'intention de faire

- **I don't mean to*** offend you, but I think you're wrong
  - je ne veux pas
- **I don't intend to*** pay unless he completes the job
  - je n'ai pas l'intention de
- **I have no intention of*** accepting the post
  - je n'ai pas du tout l'intention de
- **We are not thinking of*** advertising this post at the moment
  - nous n'envisageons pas de

8.4 Pour exprimer ce que l'on désire faire

- **I'd like to*** see the Sistine Chapel some day
  - j'aimerais
- **I want to*** work abroad when I leave college
  - je veux
- **We want her to*** be an architect when she grows up
  - nous voulons qu'elle
- **I'm keen to*** see more students take up zoology
  - j'aimerais vraiment

Avec davantage d'enthousiasme

- **I'm dying to*** leave and make my fortune in Paris (familier)
  - je meurs d'envie de
- **My ambition is to*** go straight from being an enfant terrible to a grande dame
  - j'ai pour ambition de
- **I long to*** go to Australia but I can't afford it
  - j'ai très envie de
- **I insist on*** speaking to the manager
  - j'exige de

8.5 Pour exprimer ce que l'on ne veut pas faire

- **I would prefer not to*** ou **I would rather not*** have to speak to her about this
  - j'aimerais mieux ne pas *ou* je préférerais ne pas
- **I wouldn't want to*** have to change my plans just because of her
  - je n'aimerais pas
- **I don't want to*** ou **I have no wish to*** ou **I have no desire to*** take the credit for something I didn't do
  - Je ne veux pas *ou* je n'ai pas du tout l'intention de
- **I refuse to*** be patronized by the likes of her
  - je refuse de

9 LA PERMISSION

9.1 Pour demander la permission de faire quelque chose

- **Can I*** ou **Could I*** borrow your car this afternoon?
  - puis-je *ou* pourrais-je
- **Can I have the go-ahead to*** order the supplies?
  - est-ce que j'ai le feu vert pour
- **Are we allowed to*** say what we're up to or is it top secret at the moment?
  - avons-nous le droit de
- **Would it be all right if*** I arrived on Monday instead of Tuesday?
  - est-ce que cela vous dérangerait si
- **Would it be possible for us to*** leave the car in your garage for a week?
  - est-ce qu'il nous serait possible de
- We leave tomorrow. **Is that all right by you***?
  - est-ce que cela vous convient?
- **Do you mind if*** I come to the meeting next week?
  - cela ne vous ennuie pas que
- **Would it bother you if*** I invited him?
  - cela vous ennuierait-il si
- **Would you let me*** come into partnership with you?
  - me permettriez-vous de
- **Would you have any objection to*** sailing at once?
  - verriez-vous un inconvénient à ce que
- **With your permission, I'd like to*** ask some questions
  - si vous le permettez, j'aimerais

Avec moins d'assurance

- **Is there any chance of*** borrowing your boat while we're at the lake?
  - est-ce qu'il serait possible de
- **I wonder if I could possibly*** use your telephone?
  - je me demande s'il serait possible de
- **Might I be permitted to*** suggest the following ideas? (soutenu)
  - puis-je me permettre de
- **May I be allowed to*** set the record straight? (soutenu)
  - est-ce qu'il m'est permis de

9.2 Pour donner la permission

- **You can*** have anything you want
  - vous pouvez
- **You are allowed to*** visit the museum, as long as you apply in writing to the Curator first
  - vous avez le droit de
- **It's all right by me if*** you want to skip the Cathedral visit
  - je n'ai pas d'objection à ce que
- **You have my permission to*** be absent for that week
  - je vous autorise à
- **There's nothing against her*** going there with us
  - rien ne l'empêche de
- The Crown **was agreeable to*** having the case called on March 23
  - consentit à ce que
- **I do not mind if*** my letter is forwarded to the lady concerned
  - je ne vois pas d'inconvénient à ce que
- **You have been authorised to*** use force to protect relief supply routes
  - on vous autorise à

- **We should be happy to allow you to*** inspect the papers here (soutenu)
  - nous vous autorisons volontiers à

Avec plus d'insistance

- If you need to keep your secret, **of course you must*** keep it
  - bien sûr, il faut
- **By all means*** charge a reasonable consultation fee
  - n'hésitez pas à
- **I have no objection at all to your*** quoting me in your article
  - je n'ai pas d'objection à ce que vous
- **We would be delighted to*** have you
  - c'est avec plaisir que nous

9.3 Pour refuser la permission

- **You can't*** ou **you mustn't*** go anywhere near the research lab
  - vous ne devez pas
- **I don't want you to*** see that Milner again
  - je ne veux pas que tu
- **I'd rather you didn't*** give them my name
  - j'aimerais autant que tu ne ... pas
- **I wouldn't want you to*** be asking around about them too much
  - je n'aimerais pas que tu
- **You're not allowed to*** leave the ship until relieved
  - vous n'avez pas le droit de
- **I've been forbidden to*** swim for the moment
  - on m'a interdit de
- **I've been forbidden*** alcohol **by*** my doctor
  - ... m'a interdit ...
- **I couldn't possibly allow you to*** pay for all this
  - je ne peux pas vous laisser
- **You must not*** enter the premises without the owners' authority
  - vous ne devez pas
- **We cannot allow*** the marriage **to*** take place
  - nous ne pouvons pas permettre que

De façon plus énergique

- **I absolutely forbid you to*** take part in any further search
  - je vous interdis formellement de
- **You are forbidden to*** contact my children
  - je vous interdis de
- Smoking **is strictly forbidden*** at all times
  - il est strictement interdit de ...
- **It is strictly forbidden to*** carry weapons in this country
  - il est strictement interdit de
- **We regret that it is not possible for you to*** visit the castle at the moment, owing to the building works (à l'écrit)
  - nous sommes au regret de vous informer que vous ne pouvez pas

10 L'OBLIGATION

10.1 Pour exprimer ce que l'on est obligé de faire

- Go and see Pompeii – **it's a must !*** (familier)
  - c'est à ne pas manquer
- You need to be very good, **no two ways about it*** (familier)
  - tu n'as pas le choix
- **You've got to*** ou **You have to*** be back before midnight
  - vous devez
- **You need to*** ou **You must*** have an address in Prague before you can apply for the job
  - il faut que vous
- I have no choice: this is how **I must*** live and I cannot do otherwise
  - je dois
- **He was forced to*** ask his family for a loan
  - il a été obligé de
- Jews **are obliged to*** accept the divine origin of the Law
  - sont tenus de
- A degree **is indispensable*** for future entrants to the profession
  - est indispensable
- Party membership **is an essential prerequisite of*** a successful career
  - est la condition sine qua non pour
- **It is essential to*** know what the career options are before choosing a course of study
  - il est essentiel de
- A dog collar **is a requirement of*** law
  - est exigé par
- Wearing the kilt **is compulsory*** for all those taking part
  - est obligatoire
- One cannot admit defeat, **one is driven to*** keep on trying
  - on est contraint à
- **We have no alternative but to*** fight
  - nous n'avons pas le choix, nous devons
- Three passport photos **are required*** (soutenu)
  - il faut fournir ...
- Soldiers **must not fail to*** take to arms against the enemy (soutenu)
  - se doivent de
- **You will*** go directly to the headmaster's office and wait for me there (soutenu)
  - allez

10.2 Pour savoir si l'on est obligé de faire quelque chose

- **Do I have to*** ou **Have I got to*** be home by midnight?
  - est-ce que je dois
- **Does one have*** ou **need to*** book in advance?
  - faut-il
- **Is it necessary to*** look at the problem across the continent?
  - est-il nécessaire de
- **Ought I to*** tell my colleagues?
  - devrais-je
- **Should I*** tell my boyfriend about my fantasy to paint his face and dress him in my petticoat?
  - devrais-je
- **Am I meant to*** ou **Am I expected to*** ou **Am I supposed to*** fill in this bit of the form?
  - est-ce que je suis censé

10.3 Pour exprimer ce que l'on n'est pas obligé de faire

- **I don't have to*** ou **I haven't got to*** be home so early now the nights are lighter
  - je ne suis pas obligé de
- **You don't have to*** ou **You needn't*** go there if you don't want to
  - vous n'êtes pas obligé de
- **You are not obliged to*** ou **You are under no obligation to*** invite him
  - rien ne vous oblige à
- **It is not necessary*** ou **compulsory*** ou **obligatory to*** have a letter of acceptance but it does help
  - il n'est pas nécessaire de
- The Revenue **does not expect you to*** pay the assessed amount
  - n'exige pas que vous

10.4 Pour exprimer ce que l'on ne doit pas faire

- **On no account must you*** be persuaded to give up the cause
  - vous ne devez en aucun cas
- **You are not allowed to*** sit the exam more than three times
  - on n'a pas le droit de

- Smoking **is not allowed*** in the dining room
  - il n'est pas permis de ...
- **You mustn't*** show this document to any unauthorised person
  - vous ne devez pas
- These are tasks **you cannot*** ignore, delegate or bungle
  - que l'on ne peut pas se permettre de
- **You're not supposed to*** ou **You're not meant to*** use this room unless you are a club member
  - vous n'êtes pas censé

De façon plus énergique

- **It is forbidden to*** bring cameras into the gallery
  - il est interdit de
- **I forbid you to*** return there
  - je vous interdis de
- **You are forbidden to*** talk to anyone while the case is being heard
  - il vous est interdit de
- **Smoking is forbidden*** ou **is prohibited*** ou **is not permitted*** in the dining room
  - il est interdit de ...

11 L'ACCORD

11.1 Pour exprimer l'accord avec ce qui est dit

- **I fully agree with you*** ou **I totally agree with you*** on this point
  - je suis entièrement d'accord avec vous
- **We are in complete agreement*** on this
  - nous sommes entièrement d'accord
- **I entirely take your point about*** the extra vehicles needed
  - je suis entièrement de votre avis à propos de
- **I think we see completely eye to eye*** on this issue
  - je pense que nous avons exactement le même point de vue
- **You're quite right in*** pointing at the distribution system as the main problem
  - vous avez raison de
- **We share your views*** on the proposed expansion of the site
  - nous partageons votre point de vue
- **As you have quite rightly pointed out***, we still have a long way to go
  - comme vous l'avez fait remarquer
- **I have to concede that*** the results are quite eye-catching
  - je dois reconnaître que
- **I have no objection to this*** being done
  - je n'ai pas d'objection à ce que
- **I agree up to a point***
  - je suis d'accord dans une certaine mesure

De façon familière

- Go for a drink instead of working late? **Sounds good to me!***
  - je suis partant!
- **That's a lovely thought***
  - comme ça serait bien!
- **I'm all for*** encouraging a youth section in video clubs such as ours
  - je suis tout à fait pour
- **I couldn't agree with you more***
  - je suis tout à fait d'accord avec vous

De façon plus soutenue

- **I am delighted to wholeheartedly endorse*** your campaign
  - je suis heureux d'apporter mon soutien sans réserve à
- **Our conclusions are entirely consistent with*** your findings
  - nos conclusions viennent confirmer
- Independent statistics **corroborate*** those of your researcher
  - corroborent
- **We applaud*** the group's decision to stand firm on this point
  - nous approuvons

11.2 Pour exprimer l'accord avec ce qui est proposé

- This certainly **seems the right way to go about it***
  - semble être la bonne façon de procéder
- **I will certainly give my backing to*** such a scheme
  - je ne manquerai pas d'apporter mon soutien à
- **It makes sense to*** enlist helping hands for the final stages
  - il semble logique de
- **We certainly welcome*** this development in Stirling
  - nous nous réjouissons de

De façon plus familière

- **It's a great idea***
  - c'est une idée formidable
- Cruise control? **I like the sound of that***
  - ça me paraît une bonne idée
- **I'll go along with*** Ted's proposal that we open the club up to women
  - je suis d'accord avec

De façon plus soutenue

- This solution **is most acceptable*** to us
  - paraît tout à fait acceptable
- The proposed scheme **meets with our approval***
  - nous approuvons ...
- This is a proposal which **deserves our wholehearted support***
  - mérite pleinement notre soutien
- **We assent to*** ou **We give our assent to*** your plan to develop the site
  - nous donnons notre accord à

11.3 Pour exprimer l'accord avec ce qui est demandé

- Of course **I'll be happy to*** organise it for you
  - je serai heureux de
- **I'll do as you suggest*** and send him the documents
  - je suivrai votre conseil
- **There's no problem about*** getting tickets for him
  - nous n'aurons aucun mal à

De façon plus soutenue

- Reputable builders **will not object to*** this reasonable request
  - ne feront pas objection à
- **We should be delighted to*** cooperate with you in this enterprise
  - nous serions enchantés de
- An army statement said it **would comply with*** the ceasefire
  - respecterait
- **I consent to*** the performance of such procedures as are considered necessary
  - je donne mon assentiment à

12 LE DÉSACCORD

12.1 Pour exprimer le désaccord avec ce qui est dit

- I'm afraid **he's quite wrong*** if he's told you that vasectomies can't be reversed
  - se trompe
- **You're wrong in thinking that*** I haven't understood
  - vous avez tort de penser que
- **I cannot agree with you*** on this point
  - je ne suis pas du tout d'accord avec vous

- **We cannot accept the view that*** R and D spending or rather the lack of it explains the decline of Britain
  - nous ne pouvons accepter l'opinion selon laquelle
- To say we should forget about it, no **I cannot go along with that***
  - je ne suis pas du tout d'accord là-dessus
- **We must agree to differ on this one***
  - nous devons reconnaître que nos opinions divergent
- I think **it might be better if you thought it over again***
  - il vaudrait mieux que vous reconsidériez la question

Avec plus d'insistance

- **This is most emphatically not the case***
  - cela n'est absolument pas le cas
- **I entirely reject*** his contentions
  - je rejette absolument
- **We explicitly reject*** the implication in your letter
  - nous rejetons catégoriquement
- **I totally disagree with*** the previous two callers
  - je ne suis pas du tout d'accord avec

12.2 Pour exprimer le désaccord avec ce qui est proposé

Avec force

- **I'm dead against*** this idea (familier)
  - je suis tout à fait contre
- **Right idea, wrong approach*** (familier)
  - c'était une bonne idée, mais ils *etc* s'y sont mal pris
- **I will not hear of*** such a thing
  - je ne veux pas entendre parler de
- **It is not feasible to*** change the schedule at this late stage
  - il est impensable de
- This **is not a viable alternative***
  - ce n'est pas faisable
- Running down the street shouting "Eureka" has emotional appeal but **is the wrong approach***
  - n'est pas la bonne manière de s'y prendre

Avec moins d'insistance

- **I'm not too keen on*** this idea
  - ... ne me plaît pas beaucoup
- **I don't think much of*** this idea
  - je n'aime pas beaucoup
- **This doesn't seem to be the right way of*** dealing with the problem
  - cela ne semble pas être la bonne manière de
- While we are grateful for the suggestion, **we are unfortunately unable to*** implement this change (soutenu)
  - nous ne sommes malheureusement pas à même de
- **I regret that I am not in a position to*** accept your kind offer (soutenu)
  - je suis désolé de ne pas être en mesure de

12.3 Pour exprimer le désaccord avec ce qui est demandé

- **I wouldn't dream of*** doing a thing like that
  - jamais je ne
- I'm sorry but **I can't*** do it
  - il m'est impossible de
- **I cannot in all conscience*** leave those kids in that atmosphere
  - je ne peux pas, en conscience

Avec plus de force

- **This is quite out of the question*** for the time being
  - cela est hors de question
- **I won't agree to*** ou **I can't agree to*** any plan that involves your brother
  - je m'oppose à
- **I refuse point blank to*** have anything to do with this affair
  - je refuse net de

... et de façon plus soutenue

- **I am afraid I must refuse***
  - je crains de devoir refuser
- **I cannot possibly comply with*** this request
  - je ne peux pas accéder à
- **It is impracticable for us to*** commit ourselves at this stage
  - il nous est difficile de
- In view of the proposed timescale, **I must reluctantly decline to*** take part
  - je me vois malheureusement obligé de refuser de

13 L'APPROBATION

13.1 Pour approuver ce qui a été dit

- **I couldn't agree*** (with you) **more***
  - je suis entièrement de votre avis
- **I couldn't have put it better myself,*** even if I'd tried
  - c'est exactement ce que j'aurais dit moi-même
- We must oppose terrorism, whatever its source. – **Hear, hear!***
  - bravo !
- **I endorse*** his feelings regarding the situation (soutenu)
  - je partage

13.2 Pour approuver une proposition

- **It's just the job!*** (familier)
  - c'est exactement ce qu'il nous faut !
- **This is just the sort of thing I wanted***
  - c'est exactement ce que je voulais
- **This is exactly what I had in mind*** when I asked for the plan to be drawn up
  - c'est précisément ce que j'avais à l'esprit
- Thank you for sending the draft agenda: **I like the look of it very much***
  - il a l'air très bien
- **We are all very enthusiastic about*** ou **very keen on*** his latest set of proposals
  - nous accueillons avec enthousiasme
- **I shall certainly give it my backing***
  - je soutiendrai certainement cela
- Any game which is as clearly enjoyable as this **meets with my approval***
  - a mon approbation
- Skinner's plan **deserves our total support*** ou **our wholehearted approval***
  - mérite tout notre soutien
- **There are considerable advantages in*** the alternative method you propose
  - ... comporte de nombreux avantages
- **We recognize*** the merits of this scheme
  - nous reconnaissons
- **We view*** your proposal to extend the site **favourably***
  - nous voyons d'un œil favorable
- This project **is worthy of our attention***
  - mérite notre attention

13.3 Pour approuver une idée

- **You're quite right to*** wait before making such an important decision
  - vous avez raison de
- **I entirely approve of*** the idea
  - j'approuve entièrement

- **I'd certainly go along with that!***
  - je suis tout à fait pour!
- **I'm very much in favour of*** that sort of thing
  - je suis vraiment pour

13.4 Pour approuver une action

- **I applaud*** Noble's perceptive analysis of the problems
  - j'approuve
- **I have a very high opinion of*** their new teaching methods
  - j'ai une très haute opinion de
- **I have a very high regard for*** the work of the Crown Prosecution Service
  - je tiens en haute estime
- **I think very highly of*** the people who have been leading thus far
  - j'ai une grande estime pour
- **I certainly admire*** his courage in telling her exactly what he thought of her
  - j'admire beaucoup
- **I must congratulate you on*** the professional way you handled the situation
  - je dois vous féliciter de

14 LA DÉSAPPROBATION

- **This doesn't seem to be the right way of*** going about it
  - je ne pense pas que ce soit la bonne façon de
- **I don't think much of*** what this government has done so far
  - ... ne me dit rien qui vaille
- **I can't say I'm pleased about*** what has happened
  - je ne peux pas dire que je sois vraiment satisfait de
- As always, Britain **takes a dim view of*** sex
  - voit d'un mauvais œil
- **We have a low opinion of*** ou **poor opinion of*** opportunists like him
  - nous n'avons pas une bien haute opinion de

Plus directement

- **I'm fed up with*** having to wait so long for payments to be made
  - j'en ai assez de
- **I've had (just) about enough of*** this whole supermodel thing
  - j'en ai vraiment assez de
- **I can't bear*** ou **stand*** people who smoke in restaurants
  - je ne supporte pas
- **He was quite wrong to*** repeat what I said about her
  - il a eu tort de
- **I cannot approve of*** ou **support*** any sort of testing on live animals
  - je réprouve
- **We are opposed to*** all forms of professional malpractice
  - nous nous opposons à
- **We condemn*** any intervention which could damage race relations
  - nous condamnons
- **I must object to*** the tag "soft porn actress"
  - je dois protester contre
- **I'm very unhappy about*** your (idea of) going off to Turkey on your own
  - ... ne me plaît pas du tout
- **I strongly disapprove of*** such behaviour
  - je désapprouve complètement

15 LA CERTITUDE, LA PROBABILITÉ, LA POSSIBILITÉ ET LA CAPACITÉ

15.1 La certitude

- **She was bound to*** discover that you and I had talked
  - il était à prévoir qu'elle allait
- **It is inevitable that they will*** get to know of our meeting
  - ils vont inévitablement
- **I'm sure*** ou **certain (that)*** he'll keep his word
  - je suis sûr que
- **I'm positive*** ou **convinced (that)*** it was your mother I saw
  - je suis sûr et certain que
- **We now know for certain*** ou **for sure that*** the exam papers were seen by several students before the day of the exam
  - nous savons maintenant avec certitude que
- **I made sure*** ou **certain that*** no one was listening to our conversation
  - je me suis assuré que
- From all the evidence **it is clear that*** they were planning to take over
  - il est clair que
- **It is indisputable that*** there are budgerigars in the UK that are harbouring illness
  - il est incontestable que
- **It is undeniable that*** racial tensions in Britain have been increasing in recent years
  - il est incontestable que
- **There is no doubt that*** the talks will be a landmark in the new political agenda
  - il ne fait aucun doute que
- **There can be no doubt about*** the objective of the animal liberationists
  - ... ne fait aucun doute
- This crisis has demonstrated **beyond all (possible) doubt*** that effective political control must be in place before the creation of such structures
  - sans le moindre doute
- Her pedigree **is beyond dispute*** ou **question***
  - ne fait aucun doute
- **You have my absolute assurance that*** this is the case
  - je peux vous garantir que
- **I can assure you that*** I have had nothing to do with any dishonest trading
  - je peux vous assurer que
- **Make no mistake about it*** – I will return when I have proof of your involvement
  - soyez certain que

15.2 La probabilité

- **There is a good*** ou **strong chance that*** they will agree to the deal
  - il y a de fortes chances pour que
- **It seems highly likely that*** it was Bert who spilled the beans
  - il y a de fortes chances pour que
- **The chances*** ou **the odds are that*** he will play safe in the short term
  - il y a fort à parier que
- **The probability is that*** your investment will be worth more in two years' time
  - il est fort probable que
- If parents tell a child that she is bright, then she will, **in all probability***, see herself as bright and behave as such
  - selon toute probabilité
- You will **very probably*** be met at the airport by one of our men
  - très probablement
- **It is highly probable that*** American companies will face retaliation abroad
  - il est très probable que

- **It is quite likely that*** you will get withdrawal symptoms at first
  - il est probable que
- **The likelihood is that*** the mood of mistrust and recrimination will intensify
  - il est très probable que
- The person indicted is, **in all likelihood***, going to be guilty as charged
  - selon toute probabilité
- **There is reason to believe that*** the books were stolen from the library
  - il y a lieu de croire que
- **He must*** know of the paintings' existence
  - il doit
- The talks **could very well*** spill over into tomorrow
  - pourraient très bien
- The cheque **should*** reach you by Saturday
  - devrait

15.3 La possibilité

- The situation **could*** change from day to day
  - pourrait
- Britain **could perhaps*** play a more positive role in developing policy
  - pourrait peut-être
- **I venture to suggest (that)*** a lot of it is to do with him
  - je me permets de suggérer que
- **It is possible that*** a premonition is triggered when a random image happens to coincide with the later event
  - il est possible que
- **It is conceivable that*** the British economy is already in recession
  - il est possible que
- **It is well within the bounds of possibility that*** England could be beaten
  - il est très possible que
- **It may be that*** the whole battle will have to be fought over again
  - il se peut que
- **It may be (the case) that*** they got your name from the voters' roll
  - il se peut que
- **There is an outside chance that*** the locomotive may appear in the Gala
  - il existe une très faible chance pour que
- **There is a small chance that*** your body could reject the implants
  - il y a un risque que

15.4 Pour exprimer ce que l'on est capable de faire

- Our Design and Print Service **can*** supply envelopes and package your existing literature
  - peut
- Applicants must **be able to*** use a word processor
  - être capables de
- When it came to raising the spirits of the sleep-deprived ravers at Glastonbury, Ultramarine **were more than up to the job***
  - ont vraiment été à la hauteur de la tâche
- **He is qualified to*** teach physics
  - il a les qualifications requises pour

16 L'INCERTITUDE, L'IMPROBABILITÉ, L'IMPOSSIBILITÉ ET L'INCAPACITÉ

16.1 L'incertitude

- **I doubt if*** ou **It is doubtful whether*** he knows where it came from
  - je doute que
- **There is still some doubt surrounding*** his exact whereabouts
  - le doute subsiste quant à
- **I have my doubts about*** replacing private donations with taxpayers' cash
  - j'ai des doutes quant à
- **It isn't known for sure*** ou **It isn't certain*** where she is
  - on ne sait pas exactement
- Sometimes you stay in your room for three, four, five days at a time, **you couldn't say for sure***
  - on ne sait pas exactement
- It's all still up in the air – **we won't know for certain*** until the end of next week
  - nous serons dans l'incertitude
- You're asking why I should do such an extraordinary thing and **I'm not sure*** ou **certain that*** I really know the answer
  - je ne suis pas sûr *ou* certain que
- **I'm not convinced that*** you can teach people to think sideways on problems
  - je ne suis pas convaincu que
- **We are still in the dark about*** where the letter came from
  - nous ignorons toujours
- **It is touch and go whether*** base rates have to go up*
  - il n'est pas certain que
- **I'm wondering if*** I should offer to help them out?
  - je me demande si

16.2 L'improbabilité

- You have **probably not*** yet seen the document I am referring to
  - vous n'avez probablement pas
- **It is highly improbable that***, in the past 30 years, meteor fireballs have changed the noise they have been making for billennia
  - il est très peu probable que
- **It is very doubtful whether*** the expedition will reach the summit
  - il est peu probable que
- **In the unlikely event that*** the room was bugged, the music would scramble their conversation
  - si jamais
- **It was hardly to be expected that*** the course of democratization would always run smoothly
  - on ne pouvait guère s'attendre à ce que

16.3 L'impossibilité

- **There can be no*** return to earlier standards
  - il est impossible de
- Nowadays Carnival **cannot*** happen **without*** the police telling us where to walk and what direction to walk in
  - ne peut ... sans que
- This is not to say that academic judgement is sacrosanct: since academic judgement is not uniform, **this cannot be the case***
  - ce n'est pas possible
- **I couldn't possibly*** invite George and not his wife
  - je ne pourrais pas
- **The new law rules out any possibility of*** exceptions
  - exclut toute possibilité de
- He said **there was no question of*** him representing one half of the Arab world against the other
  - il n'était pas question que
- A West German spokesman said **it was out of the question that*** these weapons would be based in Germany
  - il était hors de question que
- **There is not (even) the remotest chance that*** ou **There is absolutely no chance that*** he will succeed
  - il n'y a pas la moindre chance que
- The idea of trying to govern twelve nations from one centre **is unthinkable***
  - est inconcevable

- Since we had over 500 applicants, **it would be quite impossible to*** interview them all
  - il serait tout à fait impossible de

16.4 Pour exprimer ce que l'on est incapable de faire

- **I can't*** drive, I'm afraid
  - je ne sais pas
- **I don't know how to*** use a word processor
  - je ne sais pas
- The army **has been unable to*** suppress the political violence in the area
  - n'a pas pu
- The congress had shown itself **incapable of*** real reform
  - incapable de
- His fellow-directors **were not up*** to runn**ing** the business without him
  - n'étaient pas capables de
- He called all the gods to help lift the giant's leg and free Thor, but even together they **were not equal*** to the task
  - n'étaient pas à la hauteur
- I'm afraid the task proved (to be) **beyond his capabilities*** ou **abilities***
  - trop difficile pour lui
- I would like to leave him but sometimes I feel the effort **is beyond me***
  - est au-dessus de mes forces
- **He simply couldn't cope with*** the stresses of family life
  - il ne pouvait pas faire face à
- Far too many women accept that they're **hopeless at*** ou **no good at*** manag**ing** money
  - totalement incapables de
- **I'm not in a position to*** say now how much substance there is in the reports
  - je ne suis pas en mesure de
- **It is quite impossible for me to*** describe the confusion and horror of the scene
  - je suis dans l'impossibilité de

17 L'EXPLICATION

17.1 Donner les raisons de quelque chose

- He was sacked. **For the simple reason that*** he just wasn't up to it any more
  - pour la simple raison que
- **The reason that*** we are still so obsessed by him is simply that he was the one person we had who knew what was what
  - la raison pour laquelle
- He said he could not be more specific **for*** security **reasons***
  - pour des raisons de
- Students have been arrested recently **because of*** suspected dissident activities
  - en raison de
- Parliament has prevaricated, **largely because of*** the unwillingness of the main opposition party to support the changes
  - essentiellement en raison de
- Teachers in the eastern part of Germany are assailed by fears of mass unemployment **on account of*** their communist past
  - du fait de
- Morocco has announced details of the austerity package it is adopting **as a result of*** pressure from the International Monetary Fund
  - par suite de
- They are facing higher costs **owing to*** rising inflation
  - par suite de
- The full effects will be delayed **due to*** factors beyond our control
  - en raison de
- **Thanks to*** their generosity, the charity can afford to buy new equipment
  - grâce à
- What also had to go was the notion that some people were born superior to others **by virtue of*** their skin colour
  - en raison de
- Tax collection was often carried out **by means of*** illegal measures
  - au moyen de
- He shot to fame **on the strength of*** a letter he had written to the Queen
  - grâce à
- The King and Queen's defence of old-fashioned family values has acquired a poignancy **in view of*** their inability to have children
  - vu
- The police have put considerable pressure on the Government to toughen its stance **in the light of*** recent events
  - étant donné
- **In the face of*** this continued disagreement, the parties have asked for the polling to be postponed
  - face à
- His soldiers had so far been restraining themselves **for fear of*** harm**ing** civilians
  - de crainte de
- Babies have died **for want of*** ou **for lack of*** proper medical attention
  - faute de
- I refused her a divorce, **out of*** spite I suppose
  - par
- The warder was freed unharmed **in exchange for*** the release of a colleague
  - en échange de
- The court had ordered his release, **on the grounds that*** he had already been acquitted of most charges against him
  - sous prétexte que
- I am absolutely for civil disobedience **on*** moral **grounds***
  - pour des raisons ...
- It is unclear why they initiated this week's attack, **given that*** negotiations were underway
  - étant donné que
- **Seeing that*** he had a police escort, the only time he could have switched containers was en route to the airport
  - étant donné que
- **As*** these bottles are easy to come by, you can have one for each purpose
  - comme
- International intervention was appropriate **since*** tensions had reached the point where there was talk of war
  - puisque
- Yet she was not deaf, **for*** she started at the sound of a bell (littér)
  - puisque
- I'm naturally disappointed this is not quite enough to win on the first ballot. **So*** I confirm it is my intention to let my name go forward to the second ballot
  - donc
- What the Party said was taken to be right, **therefore*** anyone who disagreed must be wrong
  - par conséquent
- **Following*** last weekend's rioting in central London, Conservatives say some left-wing Labour MPs were partly to blame
  - à la suite de
- **The thing is*** that once you've retired there's no going back
  - c'est que

17.2 Pour expliquer la cause ou l'origine de quelque chose

- The serious dangers to your health **caused by*** ou **brought about by*** cigarettes are now better understood
  - provoqué par
- When the picture was published recently, **it gave rise to*** ou **led to*** speculation that the three were still alive and being held captive
  - cela a donné lieu à

- The army argues that security concerns **necessitated**• the demolitions
  - rendaient ... nécessaires
- This lack of recognition **was at the root of**• the dispute which led to their march
  - était à l'origine de
- **I attribute**• all this mismanagement **to**• the fact that the General Staff in London is practically non-existent
  - j'attribue ... à
- This unrest **dates from**• colonial times
  - remonte à
- The custom **goes back to**• pre-Christian days
  - remonte à

18 L'EXCUSE

18.1 Pour s'excuser

- **I'm really sorry**•, Steve, **but**• we won't be able to come on Saturday
  - je suis vraiment désolé ... mais
- **I'm sorry that**• your time has been wasted
  - je suis désolé que
- **I am sorry to have to**• say this to you but you're no good
  - je suis désolé de
- **Apologies if**• I seemed obsessed with private woes last night
  - toutes mes excuses si
- **I must apologize for**• what happened. Quite unforgivable
  - je vous prie de m'excuser pour
- **I owe you an apology**•. I didn't think you knew what you were talking about
  - je vous dois des excuses
- The general back-pedalled, saying that **he had had no intention of**• offend**ing** the German government
  - il n'avait aucunement l'intention de
- **Please forgive me for**• feel**ing** sorry for myself
  - veuillez me pardonner de
- **Please accept our apologies**• if this has caused you any inconvenience (soutenu)
  - nous vous prions d'accepter nos excuses
- **Do forgive me for**• **being** a little abrupt (soutenu)
  - veuillez m'excuser de

18.2 Pour accepter la responsabilité de quelque chose

- **I admit**• I submitted the second gun for inspection, in the knowledge that you had used my own for the killing
  - je reconnais
- **I have no excuse for**• what happened
  - je n'ai aucune excuse pour
- **It is my fault that**• our marriage is on the rocks
  - c'est ma faute si
- The Government **is not entirely to blame but neither is it innocent**•
  - tout cela n'est pas entièrement la faute de ... mais il n'est pas non plus innocent
- **I should never have**• let him rush out of the house in anger
  - je n'aurais jamais dû
- Oh, but **if only I hadn't**• made Freddy try to get my bag back!
  - si seulement je n'avais pas
- I hate to admit that the old man was right, but **I made a stupid mistake**•
  - je me suis grossièrement trompé
- **My mistake was in**• fail**ing** to push my concerns and convictions
  - j'ai fait l'erreur de
- **My mistake was to**• arrive wearing a jacket and polo-neck jumper
  - j'ai fait l'erreur de
- In December the markets raced ahead, and I missed out. **That was my mistake**•
  - ça a été une erreur de ma part

18.3 Pour exprimer des regrets

- **I'm very upset about**• her decision but when only one partner wants to make an effort you're fighting a losing battle
  - je suis très contrarié de
- **It's just a bit of a shame that**•, on close inspection, the main vocalists look like Whitney Houston and Lionel Richie
  - c'est bien dommage que
- **I feel awful**• but I couldn't stand by and watch him make a fool of himself, someone had to tell him to shut up
  - je suis vraiment désolé
- **I'm afraid I can't**• help you very much
  - j'ai bien peur de ne pouvoir
- **It is a pity that**• my profession can make money out of the misfortunes of others
  - il est dommage que
- **It is unfortunate that**• the matter should have come to a head when the Western allies may be on the brink of military engagement
  - il est regrettable que
- **I very much regret that**• we have been unable to reach agreement
  - suis navré que
- The accused **bitterly regrets**• this incident and it won't happen again
  - regrette amèrement
- **We regret to inform you that**• the post of Editor has now been filled (style écrit)
  - nous sommes au regret de vous informer que

18.4 Pour rejeter toute responsabilité

- **I didn't do it on purpose**•, it just happened
  - je ne l'ai pas fait exprès
- Sorry, Nanna. **I didn't mean to**• upset you
  - je n'avais pas l'intention de
- Excuse me, but **I was under the impression that**• these books were being written for women
  - j'avais l'impression que
- **We are simply trying to**• protect the interests of our horses and owners
  - nous essayons tout simplement de
- I know how this hurt you but **I had no choice**•. I had to put David's life above all else
  - je n'avais pas le choix
- **We were obliged to**• accept their conditions
  - nous avons été obligés de
- We are unhappy with 1.5%, but under the circumstances **we have no alternative but to**• accept
  - nous ne pouvons faire autrement que de
- **I had nothing to do with**• the placing of any advertisement
  - je n'avais rien à voir avec
- A Charlton spokesman assured Sheffield supporters that **it was a genuine error**• and there was no intention to mislead them
  - c'était vraiment une erreur

89 Short Street
Glossop
Derbys SK13 4AP

The Personnel Director
Norton Manufacturing Ltd
Sandy Lodge Industrial Estate
Northants NN10 8QT

3 February 1995

Dear Sir or Madam[1],

With reference to your advertisement in the Guardian of 2 February 1995, I wish to apply for the post of Export Manager in your company.

I am currently employed as Export Sales Executive for United Engineering Ltd. My main role is to develop our European business by establishing contact with potential new distributors and conducting market research both at home and abroad.

I believe I could successfully apply my sales and marketing skills to this post and therefore enclose my curriculum vitae for your consideration. Please do not hesitate to contact me if you require further details. I am available for interview at any time.

I look forward to hearing from you,

Yours faithfully,

Janet Lilly

Janet Lilly

[1] *Quand on ne sait pas si la personne à qui on s'adresse est un homme ou une femme, il convient d'utiliser la présentation ci-contre.*

Toutefois, si l'on connaît le nom de la personne, la présentation suivante est préférable :

Mr Leonard Easdon
ou
Mrs Emma Gault
Personnel Director
Norton Manufacturing Ltd etc.

Pour commencer votre lettre, la formule à employer est la suivante :
"Dear Sir..." ou *"Dear Madam..."*

Toute lettre commençant ainsi doit se terminer par la formule "Yours faithfully" suivie de la signature.
Pour plus de détails, voir pages 1232-1233.

19 LES DEMANDES D'EMPLOI

19.1 Pour commencer la lettre

- **In reply to your advertisement*** for a Trainee Manager in today's Guardian, I would be grateful if you would send me further details of the post
  - me référant à votre annonce
- **I wish to apply for the post of*** bilingual correspondent, as advertised in this week's Euronews
  - je me permets de poser ma candidature au poste de
- **I am writing to ask if there is any possibility of work in your company***
  - je vous serais reconnaissant de me faire savoir s'il me serait possible d'obtenir un emploi dans votre entreprise
- **I am writing to enquire about the possibility of joining your company on work placement*** for a period of 3 months
  - je vous serais reconnaissant de me faire savoir s'il me serait possible d'effectuer un stage rémunéré dans votre entreprise

19.2 Pour parler de son expérience professionnelle et exposer ses motivations

- **I have*** three **years' experience of*** office work
  - j'ai ... années d'expérience en
- **I am familiar with word processors***
  - je connais divers logiciels de traitement de texte
- **As well as speaking fluent*** English, **I have a working knowledge of*** German **and a reading knowledge of*** Swedish
  - je parle couramment ..., possède de bonnes connaissances en ... et lis le ...
- **I am currently working in*** this field
  - je travaille actuellement dans
- **As you will see from my CV,*** I have worked in Belgium before
  - comme l'indique mon CV
- **Although I have no experience of*** this type of work, **I have*** had other holiday jobs and can supply references from my employers, if you wish
  - bien que je n'aie pas d'expérience dans ... j'ai
- **My current salary is*** ... per annum and I have four weeks' paid leave
  - mon salaire actuel est de

CURRICULUM VITAE

Name: Kate Maxwell
Address: 12 Poplar Avenue, Leeds LS12 9DT, England
Telephone: 0113 246 6648
Date of Birth: 2.2.70
Marital Status: Single
Nationatity: British

Qualifications[1]: Diploma in Business Management, Liverpool College of Business Studies (1994)
B.A. Honours in French with Hispanic Studies (Upper 2nd class), University of York (1993)
A-Levels: English (B), French (A), Spanish (A), Geography (C) (1988)
O-Levels: in 8 subjects (1986)

Employment History: Sales Assistant, Langs Bookshop, York (summer 1994)
English Assistant, Lycée Victor Hugo, Nîmes, France (1991-92)
Au Pair, Nantes, France (summer 1989)
Campsite courier, Peniscola, Spain (summer 1988)

Other Information: I enjoy reading, the cinema, skiing and amateur dramatics. I hold a clean driving licence, and am a non-smoker.

References:

Mr John Jeffries	Ms Teresa González
General Reference	Department of Spanish
Langs Bookshop	University of York
York	York
YT5 2PS	YT4 3DE

[1] ***Si l'on pose sa candidature à un poste à l'étranger, l'emploi de formules telles que "French equivalent of A-levels (Baccalauréat Langues)" est conseillé.***

- **I would like to change jobs*** to broaden my experience
  - j'aimerais changer de situation
- **I would like to make better use of*** my languages
  - j'aimerais pratiquer davantage

19.3 Pour terminer la lettre

- **I will be available from*** the end of April
  - je serai disponible à partir de
- **I am available for interview*** at any time
  - je me tiens à votre disposition pour un entretien
- **I would be glad to supply further details***
  - je me tiens à votre disposition pour tout complément d'information
- **Please do not hesitate to contact me*** for further information
  - n'hésitez pas à me contacter
- **Please do not contact my current employer***
  - je vous serais reconnaissant de ne pas contacter mon employeur actuel
- **I enclose*** a stamped addressed envelope for your reply
  - veuillez trouver ci-joint

19.4 Comment demander et rédiger des références

- In my application for the position of German lecturer, I have been asked to provide the names of two referees and **I wondered whether you would mind if I gave your name*** as one of them
  - je vous serais reconnaissant de me permettre de donner votre nom
- Ms Lane has applied for the post of Marketing Executive with our company and has given us your name as a reference. **We would be grateful if you would let us know whether you would recommend her for this position***
  - nous vous serions reconnaissants de bien vouloir nous dire si vous la recommandez pour ce poste
- **Your reply will be treated in the strictest confidence***
  - votre réponse sera considérée comme strictement confidentielle
- I have known Mr Chambers for four years in his capacity as Sales Manager and **can warmly recommend him for the position***
  - c'est avec plaisir que je vous le recommande pour ce poste

Flowers To Go
117 Rollesby Road
Beccles NR6 9DL
☎ 61 654 31 71

Ms Sharon McNeillie
41 Courthill Street
Beccles NR14 8TR

18 January 1996

Dear Ms McNeillie,

Special offer! 5% discount on orders received in January!

Thank you for your recent enquiry. We can deliver fresh flowers anywhere in the country at very reasonable prices. Our bouquets come beautifully wrapped, with satin ribbons, attractive foil backing, a sachet of plant food and, of course, your own personalized message. For that special occasion, we can even deliver arrangements with a musical greeting, the ideal surprise gift for birthdays, weddings or Christmas!

Whatever the occasion, you will find just what you need to make it special in our latest brochure, which I have pleasure in enclosing, along with our current price list. All prices include delivery within the UK.

During the promotion, a discount of 5% will apply on all orders received before the end of January, so hurry!

We look forward to hearing from you.

Yours sincerely,

Daisy Duckworth

Daisy Duckworth
Promotions Assistant

19.5 Pour accepter ou refuser une offre d'emploi

- Thank you for your letter of 20 March. **I will be pleased to attend for interview*** at your Manchester offices on Thursday 7 April at 10am
  - je serai très heureux de me rendre à l'entretien
- **I would like to confirm my acceptance of*** the post of Marketing Executive
  - je désire confirmer que j'accepte
- **I would be delighted to accept this post. However,*** would it be possible to postpone my starting date until 8 May?
  - c'est avec plaisir que j'accepterais ce poste. Toutefois,
- **I would be glad to accept your offer; however,*** the salary stated is somewhat lower than what I had hoped for
  - c'est avec plaisir que j'accepterais votre offre ; toutefois,
- Having given your offer careful thought, **I regret that I am unable to accept***
  - j'ai le regret de devoir la refuser

20 LA CORRESPONDANCE COMMERCIALE

20.1 Demandes de renseignements

- **We*** see ou note from your advertisement in the latest edition of the Healthy Holiday Guide that you are offering cut-price salmon fishing holidays in Scotland, and **would be grateful if you would send us*** full details of prices and dates available between 14 July and 30 August
  - nous ... vous serions reconnaissants de bien vouloir nous envoyer
- I read about the Association for Improvements in the Maternity Services in the NCT newsletter and would be very interested to learn more about your activities. **Please send me details of*** membership
  - je vous serais reconnaissant de bien vouloir m'envoyer de plus amples renseignements sur
- **In response to your enquiry of*** 8 March, **we have pleasure in enclosing*** full details on our activity holidays in Cumbria, **together with*** our price list
  - suite à votre lettre du ..., nous vous prions de trouver ci-joint ... ainsi que ...

Carrick Foods Ltd
Springwood Industrial estate
Alexandra Road
Sheffield S11 5GF

Ms J Birkett
Department of English
Holyrood High School
Mirlees Road
Sheffield S19 7KL

14 April 1996

Dear Ms Birkett,

Thank you for your letter of 7 April enquiring if it would be possible to arrange a group visit to our factory. We would of course be delighted to invite you and your pupils to take part in a guided factory tour. You will be able to observe the process from preparation through to canning, labelling and packaging of the final product ready for dispatch. Our factory manager will be available to answer pupils' questions at the end of the tour.

I would be grateful if you could confirm the date of your proposed visit, as well as the number of pupils and teachers in the party, at your earliest convenience.

Thank you once again for your interest in our company. I look forward to meeting you.

Yours sincerely,

George Whyte

George Whyte

- **Thank you for your enquiry about*** the Association for the Conservation of Energy. **I have enclosed*** a leaflet explaining our background, as well as a list of the issues we regularly campaign on. **Should you wish*** to join ACE, a membership application form is also enclosed
  - nous vous remercions de votre demande de renseignements concernant ... Veuillez trouver ci-joint ... ainsi que ... Si vous désirez

20.2 Commandes

- **We would like to place an order for*** the following items, in the sizes and quantities specified below
  - nous aimerions passer commande de
- **Please find enclosed our order no.*** 3011 for ...
  - veuillez trouver notre commande n°
- **The enclosed order*** is based on your current price list, assuming our usual discount of 5% on bulk orders
  - la commande ci-jointe
- **I wish to order*** a can of "Buzz off!" wasp repellent, as advertised in the July issue of Gardeners' Monthly **and enclose a cheque for*** £2.50
  - je désire commander ... et vous envoie un chèque de ...
- **Thank you for your order of*** 16 June, which will be dispatched within 30 days
  - nous vous remercions de votre commande en date du
- **We acknowledge receipt of your order no.*** 3570 and advise that the goods will be dispatched within 7 working days
  - nous accusons réception de votre commande n°
- **We regret that the goods you ordered are temporarily out of stock***
  - nous regrettons de vous dire que les articles que vous avez commandés sont temporairement épuisés
- **Please allow 28 days for delivery***
  - veuillez compter un délai de 28 jours pour la livraison

20.3 Livraisons

- **Our delivery time is*** 60 days from receipt of order
  - nos délais de livraison sont de
- **We await confirmation of your order***
  - nous attendons confirmation de votre commande

- **We confirm that the goods were dispatched on*** 4 September
  - nous confirmons que les marchandises ont été expédiées le
- **We cannot accept responsibility for*** goods damaged in transit
  - nous ne pouvons accepter aucune responsabilité pour

20.4 Pour porter plainte

- **We have not yet received*** the items ordered on 22 January (our order no. 2263 refers)
  - nous n'avons pas encore reçu livraison de
- **We wish to draw your attention to*** an error in the consignment received on 18 November
  - nous désirons vous signaler
- **Unfortunately***, the goods were damaged in transit
  - malheureusement
- **The goods received differ significantly from the description in your catalogue***
  - les articles livrés ne correspondent pas à la description qui en est donnée dans votre catalogue
- If the goods are not received by 20 October, **we shall have to cancel our order***
  - nous nous verrons contraints d'annuler notre commande

20.5 Règlement

- **The total amount outstanding is ...***
  - la somme qui reste à régler s'élève à
- **We would be grateful if you would attend to this account immediately***
  - nous vous serions reconnaissants de bien vouloir régler cette somme dans les plus brefs délais
- **Please remit payment by return***
  - veuillez nous faire parvenir ce règlement par retour du courrier
- Full payment **is due within*** 14 working days from receipt of goods
  - est dû sous
- **We enclose*** a cheque for ... **in settlement of your invoice no.*** 2003L/58
  - veuillez trouver ci-joint ... en règlement de votre facture n°
- We must point out an error in your account and **would be grateful if you would adjust your invoice*** accordingly
  - nous vous serions reconnaissants de rectifier votre facture
- This mistake was due to an accounting error, and **we enclose a credit note for*** the sum involved
  - nous vous prions de trouver ci-joint un avoir pour
- **Thank you for your cheque*** for ... in settlement of our invoice.
  - nous vous remercions de votre chèque ...
- **We look forward to doing further business with you in the near future***
  - Nous espérons vous compter à nouveau parmi nos clients

21 LA CORRESPONDANCE GÉNÉRALE

[voir pages 1232-1233]
[see pages 1232-1233]

21.1 Pour commencer une lettre

Pour écrire à quelqu'un que l'on connaît

- **Thank you*** ou **Thanks for your letter***, which arrived yesterday
  - merci pour votre lettre
- **It was good*** ou **nice*** ou **lovely to hear from you***
  - cela m'a fait plaisir d'avoir de vos nouvelles
- **I felt I must write a few lines*** just to say hello
  - je vous envoie ce petit mot
- **I'm sorry I haven't written for so long***, and hope you'll forgive me; I've had a lot of work recently and ...
  - je suis désolé de ne pas vous avoir écrit depuis si longtemps
- **This is a difficult letter for me to write***, and I hope you will understand how I feel
  - je ne sais par où commencer cette lettre

Pour écrire à un organisme

- **I am writing to ask whether*** you (have in) stock a book entitled ...
  - je vous écris pour demander si
- **Please send me*** ... I enclose a cheque for ...
  - je vous prie de m'envoyer
- When I left your hotel last week, I think I may have left a beige raincoat in my room. **Would you kindly*** let me know whether it has been found
  - je vous serais très reconnaissant de bien vouloir
- I* have seen the details of your summer courses, and **wish to know whether*** you still have any vacancies on the Beginners' Swedish course
  - je désirerais savoir si

21.2 Pour terminer une lettre (avant la formule de politesse)

À une connaissance

- **Gerald joins me in sending*** very best wishes to you all
  - Gerald se joint à moi pour vous adresser
- **Irene sends her kindest regards***
  - Irene me charge de vous transmettre ses amitiés
- **Please remember me to*** your wife – I hope she is well
  - mon meilleur souvenir à
- If there is anything else I can do, **please don't hesitate to get in touch*** again
  - n'hésitez pas à me contacter
- **I look forward to hearing from you***
  - j'attends votre réponse avec impatience

À un(e) ami(e)

- **Say hello to Martin for me***
  - dis bonjour à Martin pour moi
- **Give my warmest regards to Vincent***
  - transmets toutes mes amitiés à Vincent
- **Doreen asks me to give you her best wishes***
  - Doreen me charge de te transmettre ses amitiés
- **Do write*** when you have a minute
  - écris-moi
- **Do let us have your news*** from time to time
  - donne-nous de tes nouvelles

226 Wilton Street
Leicester LE8 7SP

20th November 1996

Dear Hannah,

Sorry I haven't been in touch for a while. It's been hectic since we moved house and we're still unpacking! Anyway, it's Leah's first birthday on the 30th and I wondered if you and the kids would like to come to her party that afternoon. We were planning to start around 4 o'clock and finish around 5.30 or so. I've invited a clown and a children's conjurer, mainly for the entertainment of the older ones. With a bit of luck, you and I might get a chance to catch up on all our news!

Drop me a line or give me a ring if you think you'll be able to make it over on the 30th. It would be lovely if you could all come!

Hoping to hear from you soon. Say hello to Danny, Paul and Jonathan for me.

Love,

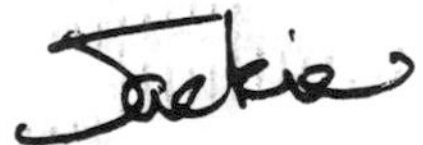

Les tableaux ci-dessous présentent quelques exemples-types de formules épistolaires.

À quelqu'un que l'on connaît personnellement

DÉBUT DE LETTRE	FIN DE LETTRE
Dear Mr Brown, Dear Mrs Drake, Dear Mr & Mrs Charlton, Dear Miss Baker, Dear Ms Black, Dear Dr Armstrong, Dear Professor Lyons, Dear Sir Gerald, Dear Lady Mcleod, Dear Andrew, Dear Margaret,	**Formule habituelle** Yours sincerely **Plus amical** With all good wishes, Yours sincerely With kindest regards, Yours sincerely

À une connaissance, ou à un(e) ami(e)

DÉBUT DE LETTRE	FIN DE LETTRE
Dear Alison, Dear Annie and George, Dear Uncle Eric, Dear Mrs Newman, Dear Mr and Mrs Jones, My dear Miss Armitage,	**Formule habituelle** Yours sincerely **Plus amical** With best wishes, Yours sincerely With kindest regards, Yours sincerely All good wishes, Yours sincerely **Plus familier** With best wishes, Yours ever Kindest regards, Best wishes, With best wishes, As always

14 Apsley Grove
Aberdeen AB4 7LP
Scotland

14th April 1996

Dear Hélène and Michel,

I arrived back in Britain last night, just before midnight. My flight from Paris was delayed by over four hours and I was quite exhausted by the time we finally landed. Still, I have the weekend ahead to recover before going back to work on Monday!

I just wanted to thank you for all your warmth and hospitality, which made my stay with you truly unforgettable. I took hundreds of photographs, as you know, and I plan to get them developed as soon as possible and put the best ones in an album. I'll send you some, too, of course.

Remember that you're more than welcome to come and stay with me here any time. I'd be really glad to have you both and it would give me a chance to repay you for all your kindness.

Keep in touch and take care!

With love from

Les tableaux ci-dessous présentent quelques exemples-types de formules épistolaires.

Lettres commerciales

DÉBUT DE LETTRE	FIN DE LETTRE
à une entreprise	**Formule habituelle**
Dear Sirs,	Yours faithfully
à un homme	
Dear Sir,	
à une femme	
Dear Madam,	
à une personne que l'on ne connaît pas	
Dear Sir or Madam,	

À un(e) ami(e) proche, à un(e) parent(e)

DÉBUT DE LETTRE	FIN DE LETTRE
Dear Victoria, My dear Albert, Dear Aunt Eleanor, Dear Granny and Grandad, Dear Mum and Dad, My dear Elizabeth, Dearest Norman, My dearest Mother, My dearest Dorinda, My darling Augustus,	**Formule habituelle** With love from Love from **Plus familier** Love to all Love from us all Yours All the best **Plus affectueusement** With much love from Lots of love from Much love, as always All my love

- **Hoping to hear from you before too long***
  - j'espère avoir bientôt de tes nouvelles
- Rhona **sends her love***/Raimond **sends his love***
  - t'embrasse
- **Give my love to*** Daniel and Leah, and tell them how much I miss them
  - embrasse de ma part
- Jodie and Carla **send you a big hug***
  - t'embrassent très fort

21.3 L'organisation des voyages

- **Please send me details of*** your prices
  - veuillez m'adresser le détail de
- **Please advise*** availability of dates between 1 August and 30 September
  - veuillez me faire savoir
- **Please let me know by return of post if*** you have one single room with bath, half board, for the week commencing 3 October
  - veuillez me faire savoir par retour du courrier si
- **I would like to book*** bed-and-breakfast accommodation with you
  - je souhaite réserver
- **Please consider this a firm booking*** and hold the room until I arrive
  - je confirme ma réservation
- **Please confirm the following by fax***: one single room with shower for the nights of 20-23 October 1995
  - veuillez confirmer par fax la réservation suivante:
- **I am afraid I must ask you to alter my booking from*** 25 August **to*** 3 September. I hope this will not cause too much inconvenience
  - je me vois obligé de vous demander de reporter ma réservation du ... au
- **I am afraid I must cancel the booking*** made with you for 5 September
  - je me vois contraint d'annuler

22 LES REMERCIEMENTS

- **Please accept our sincere thanks for*** all your help and support
  - recevez nos plus sincères remerciements
- **I am writing to thank you*** ou **to say thank you for*** allowing me to quote your experience in my article on multiple births following fertility treatment
  - je vous écris pour vous remercier de
- **We greatly appreciated*** your support during our period of captivity
  - nous avons été très sensibles à
- Your advice and understanding **were much appreciated***
  - je vous suis très reconnaissant de

De façon plus familière

- Just a line to say **thanks for*** the lovely book which arrived today
  - merci pour
- **It was really nice of you to*** remember my birthday
  - c'était très gentil de ta part de
- **(Would you) please thank him from me***
  - remerciez-le pour moi
- **I can't thank you enough for*** finding my watch
  - je ne sais pas comment vous remercier d'avoir

De la part d'un groupe

- **Thank you on behalf of*** the Wigtown Business Association for ...
  - au nom de ..., merci pour
- **We send our heartfelt thanks to*** him and Olive and we hope that we shall continue to see them at future meetings of the group
  - nous adressons nos plus vifs remerciements à
- **I am instructed by*** our committee **to tender our sincere thanks for*** your assistance at our recent Valentine Social (soutenu)
  - je suis chargé de vous adresser nos plus sincères remerciements pour

À l'attention d'un groupe

- **A big thank you to*** everyone involved in the show this year (familier)
  - un grand merci à
- **Please convey to everybody my warmest thanks and deepest appreciation***, and ask them to forgive me for not writing letters to each individual
  - transmettez à tous mes remerciements les plus vifs et l'expression de ma reconnaissance
- **We must express our appreciation to*** the University of Durham Research Committee for providing a grant
  - nous sommes extrêmement reconnaissants à
- **I should like to extend my grateful thanks to*** all the volunteers who helped make it such an enjoyable event
  - je souhaite adresser mes remerciements à

23 LES VŒUX

- NB: Dans la section suivante, [...] pourrait être "a Merry Christmas and a Happy New Year", "a happy birthday", "a speedy recovery", etc.

23.1 Expressions passe-partout

- **I hope you have*** a lovely holiday/a safe and pleasant journey/a successful trip
  - je vous souhaite
- **With love and best wishes for*** [...]
  - meilleurs vœux de
- **With all good wishes for*** [...], **from*** (+ signature)
  - (avec) tous mes vœux de
- **(Do) give my best wishes to*** your mother **for*** a happy and healthy retirement
  - transmettez mes meilleurs vœux de ... à
- Len **joins me in sending you all our very best wishes for*** a successful new career
  - ... se joint à moi pour vous adresser nos meilleurs vœux de

23.2 À l'occasion de Noël et du Nouvel An

- NB: en G.B. et aux U.S.A. il est traditionnel d'envoyer des cartes de vœux pour Noël et le Nouvel An avant le 25 décembre
- **Merry Christmas and a Happy New Year***
  - Joyeux Noël et Bonne Année
- **With season's greetings and very best wishes from*** (+ signature)
  - bonnes fêtes de fin d'année et meilleurs vœux
- **A Merry Christmas to you all, and best wishes for health, happiness and prosperity in the New Year***
  - Joyeux Noël à tous et meilleurs vœux de santé et de prospérité pour la Nouvelle Année

- **May I send you all our very best wishes for 1995***
  - nous vous présentons nos meilleurs vœux pour 1995

23.3 À l'occasion d'un anniversaire

- **All our love and best wishes on your*** 21st **birthday***, from Mum, Dad, Kerry and the cats
  - nous te souhaitons un très heureux anniversaire avec toute notre affection
- **This is to send you our fondest love and very best wishes on your eighteenth birthday, from*** Aunt Alison and Uncle Paul
  - nous t'adressons tous nos vœux de bonheur pour tes 18 ans. Bien affectueusement
- **Wishing you a happy birthday for next Wednesday***. See you at the party, love Hannah
  - je te souhaite un très bon anniversaire pour mercredi
- I am writing to wish you **many happy returns (of the day)***. Hope your birthday brings you everything you wished for. Love from Grandma and Grandpa
  - un très joyeux anniversaire

23.4 Pour envoyer des vœux de rétablissement

- Sorry (to hear) you're ill – **get well soon!** (familier)
  - j'espère que tu seras bientôt rétabli
- I was very sorry to learn that you were ill, and **send you my best wishes for a speedy recovery*** (soutenu)
  - je vous adresse tous mes vœux de prompt rétablissement

23.5 Pour souhaiter bonne chance à quelqu'un

- NB : Dans la section suivante, [...] pourrait être "interview", "driving test", "exam", etc.
- I thought I'd drop you a line to send you **best wishes for your*** [...]
  - bonne chance pour ton
- **Good luck for your*** [...]. I hope things go well for you on Friday
  - bonne chance pour ton
- Sorry to hear you didn't get the job – **better luck next time!***
  - je suis sûr que tu réussiras la prochaine fois
- Sorry you're leaving us. **Good luck in*** your future career
  - bonne chance pour
- We all wish you **the best of luck in*** your new job
  - bonne chance pour

23.6 Pour féliciter quelqu'un

Oralement

- You're doing a great job! **Good for you!*** Keep it up!
  - bravo !
- You're pregnant? **Congratulations!*** When's the baby due?
  - félicitations !
- You've finished the job already? **Well done!***
  - bravo !
- All I can say is **well done for*** complaining and **congratulations on*** getting the back-dated money
  - c'est bien d'avoir ... je vous félicite d'avoir

Par écrit

- **We all send you our love and congratulations on*** such an excellent result
  - nous vous adressons toutes nos félicitations pour
- This is to send you **our warmest congratulations and best wishes on*** [...]
  - toutes nos félicitations pour
- **Allow me to offer you my heartiest congratulations on*** a well-deserved promotion
  - permettez-moi de vous féliciter de tout cœur pour

24 LES FAIRE-PART

24.1 Comment annoncer une naissance

De façon familière

- Julia Archer **gave birth to*** a healthy 6lb 5oz baby son, Andrew, last Monday
  - a le plaisir de vous annoncer la naissance de
- Lisa had a baby boy, 7lb 5oz, last Saturday. **Mother and baby are both doing well***
  - La mère et l'enfant se portent bien

Officiellement

- Graham and Susan Anderson (née McDonald) **are delighted to announce the birth of*** a daughter, Laura Anne, on 11th October, 1994, at the Royal Maternity Hospital, Glasgow (dans une lettre ou un journal)
  - ont la joie de vous faire part de la naissance de
- At the Southern General Hospital, on 1st December, 1994, **to Paul and Diane Kelly a son, John*** (dans un journal)
  - Paul et Diane Kelly ont la joie d'annoncer la naissance de John

... et comment répondre

- **Congratulations (to you both) on the birth of*** your son, and best wishes to Alexander for good health and happiness throughout his life
  - toutes nos félicitations à l'occasion de la naissance de
- **We were delighted to hear about the birth of*** Stephanie, and send our very best wishes to all of you
  - nous avons été très heureux d'apprendre la naissance de

24.2 Comment annoncer des fiançailles

De façon familière

- **I'm sure you'll be delighted to learn that*** Sally and I **got engaged*** last Saturday
  - je suis sûr que tu seras heureux d'apprendre que ... nous nous sommes fiancés
- **I'm happy to be able to tell you that*** James and Valerie **have*** at last **become engaged***
  - je suis heureux de t'apprendre que ... se sont fiancés

Officiellement

- **It is with much pleasure that the engagement is announced between*** Michael, younger son of Professor and Mrs Perkins, York, **and*** Jennifer, only daughter of Dr and Mrs Campbell, Aberdeen (dans un journal)
  - nous avons le plaisir de vous annoncer les fiançailles de ... et de ...
- **Both families are happy to announce the engagement of*** Lorna Thompson, eldest daughter of Mark and Elaine Thompson **to*** Brian Gordon, only son of James and Mary Gordon (dans un journal)
  - les familles ... et ... sont heureuses de vous annoncer les fiançailles de ... et ...

- Mr and Mrs Levison **have much pleasure in announcing the engagement of*** their daughter Marie **to*** Mr David [illegible], Canada (dans un journal)
  - ont le plaisir de vous annoncer les fiançailles de ... et ...

... et comment répondre

- **Congratulations to you both on your engagement***, and very best wishes for a long and happy life together
  - félicitations à tous deux pour vos fiançailles
- **I was delighted to hear of your engagement***, and wish you both all the best for your future together
  - j'ai été très heureux d'apprendre vos fiançailles

24.3 Comment annoncer un mariage

De façon familière

- Louise and Peter **have decided to get married*** on the 4th June
  - ont décidé de se marier
- **I'm getting married*** in June, to a wonderful man named Lester Thompson
  - je me marie
- **We've finally set the date for*** the 19th May, 1994
  - nous avons finalement fixé la date au

Officiellement

- Mr and Mrs William Morris **are delighted to announce the marriage of*** their daughter Sarah to Mr Jack Bond, in St. Francis Church, Whitley Bay, on 5th January 1995 (dans une lettre ou un journal)
  - sont heureux de vous annoncer le mariage de
- **At Netherlee Parish Church, on 1st October, 1994, by Rev. I Doherty, Alison, daughter of Ian and Mary Johnstone, Netherlee, to Derek, son of Ray and Lorraine Gilmore, Bishopbriggs*** (dans un journal)
  - on nous prie d'annoncer le mariage de Mademoiselle Alison Johnstone, fille de Monsieur et Madame Ian Johnstone avec Monsieur Derek Gilmore, fils de Monsieur et Madame Ray Gilmore, en l'église de Netherlee, le 1er octobre 1994. La cérémonie a été célébrée par le Révérend I. Doherty

... et comment répondre

- **Congratulations on your marriage***, and best wishes to you both for your future happiness
  - (toutes mes) félicitations à l'occasion de votre mariage
- **We were delighted to hear about your daughter's marriage to*** Iain, and wish them both all the best for their future life together
  - nous avons été très heureux d'apprendre le mariage de votre fille et de ...

24.4 Comment annoncer un décès

Dans une lettre personnelle

- My husband **died suddenly*** last year
  - ... est mort subitement
- **It is with great sadness that I have to tell you that*** Joe's father **passed away*** three weeks ago
  - c'est avec la plus grande tristesse que je dois t'annoncer que ... est décédé

Officiellement (dans un journal)

- **Suddenly***, at home, in Newcastle-upon-Tyne, on Saturday 2nd July, 1994, Alan, aged 77 years, **the beloved husband of*** Helen and **loving father of*** Matthew
  - ... son épouse et ... son fils ont la douleur de vous faire part du décès brutal
- Mavis Ann, wife of the late Gavin Birch, **passed away peacefully*** in the Western Infirmary on 4th October 1994, aged 64 years. **No flowers, please***
  - ... s'est éteinte paisiblement ... Ni fleurs ni couronnes
- **It is with deep sadness that*** the Fife Club **announces the death of*** Mr Tom Levi, who died in hospital on May 19 after a stroke
  - c'est avec la plus profonde tristesse que ... vous annonce le décès de

... et comment répondre

- I was terribly upset to hear of Jim's death, and am writing to send you **all warmest love and deepest sympathy***
  - toute mon amitié et ma plus profonde sympathie
- **Deepest sympathy on the loss of*** a good friend to you and all of us
  - toutes mes condoléances à l'occasion de la perte de
- My husband and I **were greatly saddened to learn of the passing of*** Dr Smith, and send you and your family our most sincere condolences
  - c'est avec la plus grande tristesse que ... avons appris le décès de ...
- **We wish to extend our deepest sympathy on your sad loss to you and your wife***
  - nous vous adressons à votre épouse et à vous-même nos plus sincères condoléances

24.5 Pour annoncer un changement d'adresse

- We are moving house next week. **Our new address*** as of 4 December 1994 **will be*** 41 Acacia Avenue, BN7 2BT Barnton
  - notre nouvelle adresse ... sera

25 LES INVITATIONS

25.1 Les invitations officielles

- Mr and Mrs James Waller **request the pleasure of your company at the marriage of*** their daughter Mary Elizabeth to Mr Richard Hanbury at St Mary's Church, Frampton on Saturday, 21st August, 1993 at 2 o'clock and afterwards at Moor House, Frampton
  - ont le plaisir de vous inviter à l'occasion du mariage de
- The Warden and Fellows of Hertford College, Oxford **request the pleasure of the company of*** Miss Charlotte Young and partner **at a dinner*** to mark the anniversary of the founding of the College
  - ont le plaisir de convier ... à un dîner
- Margaret and Gary Small **request the pleasure of your company at a reception*** (ou **dinner***) to celebrate their Silver Wedding, on Saturday 12th November, 1994, at 8pm at Norton House Hotel, Edinburgh
  - ont le plaisir de vous inviter à une réception (*ou* un dîner)

... et comment répondre

- **We thank you for your kind invitation to*** the marriage of your daughter Annabel on 20th November, **and have much pleasure in accepting***
  - nous vous remercions de votre aimable invitation au ... et nous faisons une joie d'accepter
- **We regret that we are unable to accept your invitation to*** the marriage of your daughter on 6th May
  - nous regrettons de ne pouvoir accepter votre invitation au

25.2 Les invitations plus intimes

- **We are celebrating*** Rosemary's engagement to David by holding a dinner dance at the Central Hotel on Friday 11th February, 1994, **and very much hope that you will be able to join us***
  - nous fêtons ... et espérons de tout cœur que vous pourrez vous joindre à nous
- **We*** are giving a dinner party next Saturday, and **would be delighted if you and your wife could come***
  - nous serions heureux si votre femme et vous pouviez être des nôtres
- **I'm planning a*** 25th **birthday party*** for my nephew – **hope you'll be able to make it***
  - j'organise une soirée d'anniversaire ... j'espère que vous pourrez venir
- **I'm having a party*** next week for my 18th – **come along, and bring a friend***
  - j'organise une soirée ... joins-toi à nous et amène un de tes amis

25.3 Invitations à se joindre à quelqu'un

- **Why don't you come down*** for a weekend and let us show you Sussex?
  - pourquoi ne viendriez-vous pas
- **Would you be interested in*** coming with us to the theatre next Friday?
  - est-ce que cela vous dirait de
- **Would you and Gordon like to come*** to dinner next Saturday?
  - voulez-vous venir ... Gordon et toi?
- **Would you be free for*** lunch next Tuesday?
  - seriez-vous libre pour
- **Perhaps we could*** meet for coffee some time next week?
  - peut-être pourrions-nous

25.4 Pour accepter une invitation

- **I'd love to*** meet up with you tomorrow
  - je serais heureux de
- **It was good of you to invite me***, I've been longing to do something like this for ages
  - c'était très gentil à vous de m'inviter
- **Thank you for your invitation to*** dinner – **I look forward to it very much***
  - merci pour votre invitation ... je me fais une joie de venir

25.5 Pour refuser une invitation

- **I'd love to come, but I'm afraid*** I'm already going out that night
  - j'aimerais beaucoup venir mais malheureusement
- **I'm terribly sorry, but I won't be able to come to*** your party
  - je suis désolé mais je ne pourrai pas venir à
- **I wish I could come, but unfortunately*** I have something else on
  - j'aimerais pouvoir venir, mais malheureusement
- **Unfortunately, it's out of the question*** for the moment
  - malheureusement, c'est impossible
- It was very kind of you to invite me to your dinner party next Saturday. **Unfortunately I will not be able to accept***
  - je ne peux malheureusement pas accepter
- **Much to our regret, we are unable to accept*** (soutenu)
  - nous sommes au regret de devoir refuser

25.6 Sans donner de réponse précise

- **I'm not sure*** what I'm doing that night, but I'll let you know either way before the end of the week
  - je ne suis pas sûr
- **It all depends on whether*** I can get a sitter for Rosie at short notice
  - cela dépend : oui, si
- **I'm afraid I can't really make any definite plans*** until I know when Alex will be able to take her holidays
  - je ne peux malheureusement pas m'engager
- It looks as if we might be going abroad with Jack's company in August so **I'd rather not commit myself*** to a holiday yet
  - je préférerais ne pas m'engager

26 LA DISSERTATION

26.1 Les grandes lignes de l'argument

Pour introduire un sujet

De façon impersonnelle

- **It is often said** ou **asserted*** ou **claimed that*** the informing "grass" is named after the song Whispering Grass, but the tag long predates the ditty
  - on dit bien souvent que
- **It is a truth universally acknowledged that*** the use and abuse of the Queen's English is stirring up a hornet's nest
  - tout le monde s'accorde à dire que
- **It is a truism*** ou **a commonplace (to say) that*** American accents are infinitely more glamourous than their British counterparts
  - l'opinion selon laquelle ... est un lieu commun
- **It is undeniably true*** that Gormley helped to turn his members into far more sophisticated workers
  - il est indéniable que
- **It is a well-known fact that*** in this age of technology, it is computer screens which are responsible for many illnesses
  - tout le monde sait que
- **It is sometimes forgotten that*** much Christian doctrine comes from Judaism
  - on oublie parfois que
- **It would be naïve to suppose that*** in a radically changing world these 50-year-old arrangements can survive
  - il serait naïf de croire que
- **It would hardly be an exaggeration to say that*** the friendship of both of them with Britten was among the most creative in the composer's life
  - on peut dire presque sans exagérer que
- **It is hard to open a newspaper nowadays without reading that*** TV is going to destroy reading and that electronic technology has made the written word obsolete
  - de nos jours, il est presque impossible d'ouvrir un journal sans lire que
- **First of all, it is important to try to understand*** some of the systems and processes involved in order to create a healthier body
  - tout d'abord, il est important de comprendre
- **It is in the nature of*** classics in sociological theory **to*** make broad generalizations about such things as societal evolution
  - c'est un trait caractéristique des ... que de
- **It is often the case that*** early interests lead on to a career
  - il est souvent vrai que

De façon personnelle

- **By way of introduction, let me*** summarize the background to this question
  - en guise d'introduction j'aimerais
- **I would like to start with*** a very sweeping statement
  - je commencerai par

- **Before going into the issue of*** criminal law, **I wish first to summarize*** how Gewirth derives his principles of morality and justice
  - avant d'étudier en détail le problème de ... je voudrais résumer
- **Let us look at*** what self-respect in your job actually means
  - examinons
- **We commonly think of*** people **as*** isolated individuals but, in fact, few of us ever spend more than an hour or two of our waking hours alone
  - nous considérons généralement ... en tant que
- **What we are mainly concerned with here is*** the conflict between what the hero says and what he actually does
  - ce qui nous préoccupe ici, c'est
- **We live in a world in which*** the word "equality" is liberally bandied about
  - nous vivons dans un monde où

Pour évoquer des concepts ou des problèmes

- **The concept of*** controlling disease-transmitting insects by genetic means isn't new
  - l'idée de
- **The idea of*** getting rich without too much effort has universal appeal
  - l'idée de
- **The question of whether*** Hamlet was insane has long occupied critics
  - la question de savoir si
- Why they were successful where their predecessors had failed **is a question that has been much debated***
  - est un problème souvent débattu
- **One of the most striking features*** ou **aspects of this issue*** ou **topic*** ou **question is*** the way (in which) it arouses strong emotions
  - l'un des aspects les plus frappants de ce problème, c'est
- **There are a number of issues*** on which China and Britain openly disagree
  - il existe un certain nombre de questions

Pour faire des généralisations

- **People*** who work outside the home **tend to believe that*** parenting is an easy option
  - les gens ont tendance à penser que
- **There's*** always **a tendency for people to*** exaggerate your place in the world
  - les gens ont tendance à
- Many gardeners **have a tendency to*** anthropomorphize plants
  - ont tendance à
- Fate **has a propensity to*** behave in the same way to people of similar nature
  - a une propension à
- **For the (vast) majority of people***, literature is a subject which is studied at school but which has no relevance to life as they know it
  - pour la plupart des gens
- **For most of us***, the thought of the alternative to surviving into extreme old age is worse than surviving
  - pour la plupart d'entre nous
- History provides **numerous examples*** ou **instances of*** misguided national heroes who did more harm than good in the long run
  - de nombreux exemples de

Pour être plus précis

- The Meters' work with Lee Dorsey **in particular*** merits closer inspection
  - en particulier
- **One particular issue*** raised by Narayan was, suppose Grant at the time of his conviction was old enough to be hanged, what would have happened?
  - un problème particulier
- **A more specific point*** relates to using the instrument in figure 6.6 as a way of challenging our hidden assumptions about reality
  - un aspect plus spécifique
- **More specifically***, he accuses Western governments of continuing to supply weapons and training to the rebels
  - plus précisément

26.2 Pour présenter une thèse

Remarques d'ouverture

- **First of all, let us consider*** the advantages of urban life
  - tout d'abord examinons
- **Let us begin with an examination of*** the social aspects of this question
  - commençons par examiner
- **The first thing that needs to be said is that*** the author is presenting a one-sided view
  - tout d'abord, il faut dire que
- **What should be established at the very outset is that*** we are dealing with a practical rather than philosophical issue
  - la première constatation qui s'impose est que

Pour délimiter le débat

- In the next section, **I will pursue the question of*** whether the expansion of the Dutch prison system can be explained by Box's theory
  - je développerai le problème de
- **I will then deal with the question of*** whether or not the requirements for practical discourse are compatible with criminal procedure
  - je traiterai ensuite du problème de
- We must distinguish between the psychic and the spiritual, and **we shall see how*** the subtle level of consciousness is the basis for the spiritual level
  - nous verrons comment
- **I will confine myself to*** giving an account of certain decisive facts in my militant career with Sartre
  - je me contenterai de
- In this chapter, **I shall largely confine myself to*** a consideration of those therapeutic methods that use visualization as a part of their procedures
  - j'étudierai essentiellement
- **We will not concern ourselves here with*** the Christian legend of St James
  - nous ne nous préoccuperons pas ici de
- **Let us now consider*** to what extent the present municipal tribunals differ from the former popular tribunals in the above-mentioned points
  - examinons maintenant
- **Let us now look at*** the types of corporatism that theorists developed to clarify the concept
  - abordons maintenant

Pour exposer les problèmes

- **The main issue under discussion is*** how the party should re-define itself if it is to play any future role in Hungarian politics
  - le problème principal est
- **A second, related problem is that*** business ethics has mostly concerned itself with grand theorising
  - problème annexe :
- **The issue at stake here is*** one of misrepresentation or cheating
  - ce dont il s'agit ici est
- **An important aspect of*** Milton's imagery **is*** the play of light and shade
  - un des aspects importants de ... est
- **It is worth mentioning here that*** when this was first translated, the opening reference to Heidegger was entirely deleted
  - il faut mentionner ici que

- **Finally, there is the argument that*** castrating a dog will give it a nasty streak
  - enfin, on peut dire que

Pour mettre un argument en doute

- In their joint statement, the two presidents use tough language to condemn violence but **is there any real substance in what's been agreed?***
  - leur accord a-t-il un contenu réel?
- This is a question which **merits close(r) examination***
  - mérite un examen plus attentif
- The unity of the two separate German states **raises fundamental questions for*** Germany's neighbours
  - soulève des problèmes fondamentaux pour
- The failure to protect our fellow Europeans **raises fundamental questions on*** the role of the armed forces
  - soulève des questions essentielles quant à
- **This raises once again the question of*** whether a government's right to secrecy should override the public's right to know
  - ceci soulève à nouveau la question de savoir
- **This poses the question of*** whether it is possible for equity capital to be cheap and portfolio capital to be expensive simultaneously
  - ceci pose la question de savoir

Pour analyser les problèmes

- **It is interesting to consider why*** this scheme has opened so successfully
  - il est intéressant d'examiner pourquoi
- **On the question of*** whether civil disobedience is likely to help end the war, Chomsky is deliberately diffident
  - sur la question de
- **We are often faced with the choice between*** our sense of duty **and*** our own personal inclinations
  - nous sommes souvent contraints de faire un choix entre ... et
- **When we speak of*** realism in music, **we do not at all have in mind*** the illustrative bases of music
  - quand nous parlons de ..., nous ne pensons pas à
- **It is reasonable to assume that*** most people living in industrialized societies are to some extent contaminated by environmental poisons
  - on peut raisonnablement penser que

Pour étayer un argument

- **An argument in support of*** this approach **is that*** it produces results
  - le fait que ... est un argument en faveur de
- **In support of his theory***, Dr Gold notes that most oil contains higher-than-atmospheric concentrations of helium-3
  - pour appuyer sa théorie
- **This is the most telling argument in favour of*** an extension of the right to vote
  - c'est l'argument le plus éloquent en faveur de
- **The second reason for advocating*** this course of action **is that*** it benefits the community at large
  - une autre raison de soutenir ... est que
- **The third, more fundamental, reason for*** looking to the future **is that*** even the angriest names realise they need a successful market
  - la troisième raison, plus essentielle, de ... est que
- Confidence in capitalism seems to be at a post-war low. **The fundamental reason for*** this contradiction seems to me quite simple
  - la raison essentielle de

26.3 Pour présenter une antithèse

Pour critiquer quelque chose ou pour s'y opposer

- **In actual fact, the idea of*** there being a rupture between a so-called old criminology and an emergent new criminology **is somewhat misleading***
  - en réalité, l'idée selon laquelle ... est quelque peu trompeuse
- In order to argue this, I will show that Wyeth**'s position is untenable***
  - le point de vue de ... est indéfendable
- **It is claimed, however,*** that the strict Leboyer method is not essential for a less traumatic birth experience
  - on affirme cependant
- **This need not mean that*** we are destined to suffer for ever. **Indeed, the opposite may be true***
  - ceci ne veut pas dire que ... il se peut même que le contraire soit vrai
- Many observers, though, **find it difficult to share his opinion that*** it could mean the end of the Tamil Tigers
  - ne partagent guère son opinion selon laquelle
- **On the other hand***, there is a competing principle in psychotherapy that should be taken into consideration
  - d'un autre côté
- The judgement made **may well be true but*** the evidence given to sustain it is unlikely to convince the sceptical
  - est peut-être juste mais
- Reform **is all very well, but*** it is pointless if the rules are not enforced
  - c'est bien joli, mais
- The case against the use of drugs in sport rests primarily on the argument that ... **This argument is weak, for two reasons***
  - cet argument manque de solidité, pour deux raisons
- According to one theory, the ancestors of vampire bats were fruit-eating bats. But **this idea*** ou **argument does not hold water***
  - cette idée *ou* cet argument ne tient pas
- The idea **does not stand up to*** historical scrutiny
  - ne résiste pas à
- **This view does not stand up*** if we examine the known facts about John
  - ce point de vue ne tient pas
- **The trouble with the idea that*** social relations are the outcome of past actions **is not that*** it is wrong, **but rather that*** it is uninformative
  - le problème que pose l'idée selon laquelle ... n'est pas que ... mais plutôt que
- **The difficulty with this view is that*** he bases the principle on a false premise
  - là où son point de vue pèche, c'est que
- **The snag with*** such speculations **is that*** too much turns on one man or event
  - l'inconvénient que présente ... est que
- Removing healthy ovaries **is entirely unjustified in my opinion***
  - est totalement injustifié selon moi

Pour proposer une alternative

- **Another approach may be to*** develop substances capable of blocking the effects of the insect's immune system
  - une manière différente d'aborder le problème serait de
- **Another way of looking at that claim is to*** note that Olson's explanations require little knowledge of the society in question
  - on peut envisager le problème sous un autre angle en
- **However, the other side of the coin is*** the fact that an improved self-image can lead to prosperity
  - cependant, il y a le revers de la médaille, à savoir que

- **It is more accurate to speak of*** new criminologies rather than of a single new criminology
  - il est plus juste de parler de
- **Paradoxical though it may seem***, computer models of mind can be positively humanising
  - aussi paradoxal que cela puisse paraître

26.4 Pour présenter une synthèse

Pour évaluer les arguments exposés

- **How can we reconcile*** these two apparently contradictory viewpoints?
  - comment réconcilier
- **On balance***, making money honestly is more profitable than making it dishonestly
  - à tout prendre
- Since vitamins are expensive, **one has to weigh up the pros and cons***
  - il faut peser le pour et le contre
- **The benefits of*** partnership in a giant trading market will almost certainly **outweigh the disadvantages***
  - les avantages de ... l'emportent sur les inconvénients
- **The two perspectives are not mutually exclusive***
  - ces deux points de vue ne sont pas totalement incompatibles

Pour sélectionner un argument particulier

- Dr Meaden's theory **is the most convincing explanation***
  - est l'explication la plus convaincante
- **The truth*** ou **fact of the matter is that*** in a free society you can't turn every home into a fortress
  - la vérité est que
- But **the truth is that*** Father Christmas has a rather mixed origin
  - la vérité est que
- This is an exercise that on paper might not seem to be quite in harmony, but **in actual fact*** this is not the position
  - en réalité
- **When all is said and done, it must be acknowledged that*** a purely theoretical approach to social issues is sterile
  - en fin de compte, il faut reconnaître que

Pour résumer les arguments

- In this chapter, **I have demonstrated*** ou **shown that*** the Cuban alternative has been undergoing considerable transformations
  - j'ai montré que
- **This shows how***, in the final analysis, adhering to a particular theory on crime is at best a matter of reasoned choice
  - ceci démontre comment
- **The overall picture shows that*** prison sentences were relatively frequent
  - cette vue d'ensemble montre que
- **To recap*** ou **To sum up, then, (we may conclude that)*** there are in effect two possible solutions to this problem
  - en résumé, on peut conclure que
- **To sum up this chapter*** I will offer two examples
  - pour résumer ce chapitre
- **To summarize***, we have seen that the old industries in Britain had been hit after the First World War by a deteriorating international position
  - en résumé
- Habermas's argument, **in a nutshell***, is as follows
  - en bref
- But **the key to the whole argument is*** a single extraordinary paragraph
  - la clé du problème ... se trouve dans
- **To round off this section*** on slugs, gardeners may be interested to hear that there are three species of predatory slugs in the British Isles
  - pour clore cette section

Pour tirer des conclusions

- **From all this, it follows that*** it is impossible to extend those kinds of security measures to all potential targets of terrorism
  - il découle de tout ceci que
- This, of course, **leads to the logical conclusion that*** those who actually produce do have a claim to the results of their efforts
  - nous amène logiquement à conclure que
- **There is only one logical conclusion we can reach***, which is that we ask our customers what they think of our marketing programme
  - on ne peut aboutir qu'à une seule conclusion logique
- **The inescapable conclusion is that*** the criminal justice system has a hand in creating the reality we see
  - la conclusion inéluctable à laquelle on aboutit est que
- **We must conclude that*** there is no solution to the problem of defining crime
  - nous devons conclure que
- **In conclusion***, the punishment model of deterrence is highly unsatisfactory
  - pour conclure
- **The upshot of all this is that*** GIFT is more likely to be readily available than IVF
  - le résultat de tout ceci est que
- **So it would appear that*** ESP is not necessarily limited to the right hemisphere of the brain
  - il semblerait donc que
- **This only goes to show that*** a good man is hard to find, be he black or white
  - ceci prouve bien que
- **The lesson to be learned is that*** the past, especially a past lived in impotence, can be enslaving
  - la leçon que l'on peut en tirer est que
- **At the end of the day***, the only way the drug problem will be beaten is when people are encouraged not to take it
  - en fin de compte
- **Ultimately, then***, these critics are significant
  - en définitive

26.5 Pour rédiger un paragraphe

Pour ajouter quelque chose

- **In addition***, the author does not really empathize with his hero
  - de plus
- This award-winning writer, **in addition to being*** a critic, biographer and poet, has written 26 crime novels
  - outre qu'il est
- But this is only part of the picture. **Added to this*** are fears that a major price increase would cause riots
  - s'ajoute à cela ...
- **An added*** complication **is*** that the characters are not aware of their relationship to one another
  - un autre ... est
- **Also***, there is the question of language.
  - par ailleurs
- **The question also arises as to*** how this idea can be put into practice
  - se pose aussi la question de savoir
- Politicians, **as well as*** academics and educationalists, tend to feel strongly about the way in which history is taught
  - ainsi que
- But, **over and above that***, each list contains fictitious names or addresses
  - en plus de cela
- **Furthermore***, ozone is, like carbon dioxide, a greenhouse gas
  - en outre

Pour comparer

- **Compared with*** the heroine, Alison is an insipid character
  - comparé à
- **In comparison with*** the Czech Republic, the culture of Bulgaria is less westernized
  - en comparaison de
- This is a high percentage for the English Midlands but low **by comparison with*** some other parts of Britain
  - par comparaison avec
- **On the one hand***, there is no longer a Warsaw Pact threat. **On the other (hand)***, the positive changes could have negative side-effects
  - d'un côté ... de l'autre
- **Similarly***, a good historian is not obsessed by dates
  - de même
- There can only be one total at the bottom of a column of figures and **likewise*** only one solution to any problem
  - pareillement
- What others say of us will translate into reality. **Equally***, what we affirm as true of ourselves will likewise come true
  - de même
- There will now be a change in the way we are regarded by our partners, and, **by the same token***, the way we regard them
  - du même coup
- **There is a fundamental difference between*** adequate nutrient intake **and*** optimum nutrient intake
  - il existe une différence fondamentale entre ... et ...

Pour relier deux éléments

- **First of all*** ou **Firstly***, I would like to outline the benefits of the system
  - tout d'abord
- In music we are concerned **first and foremost*** with the practical application of controlled sounds relating to the human psyche
  - en tout premier lieu
- **In order to understand*** the conflict between the two nations, **it is first of all necessary to*** know something of the history of the area
  - pour comprendre ... il faut tout d'abord
- **Secondly***, it might be simpler to develop chemical or even nuclear warheads for a large shell than for a missile
  - deuxièmement
- **In the first/second/third place***, the objectives of privatization were contradictory
  - premièrement, deuxièmement, troisièmement
- **Finally,*** there is the argument that castrating a dog will give it a nasty streak
  - enfin

Pour exprimer une opinion personnelle

- **In my opinion***, the government is underestimating the scale of the epidemic
  - à mon avis
- **My personal opinion is that*** the argument lacks depth
  - personnellement, je pense que
- This is a popular viewpoint, but **speaking personally***, I cannot understand it
  - personnellement
- **Personally***, I think that no one can appreciate ethnicity more than black or African people themselves
  - personnellement
- **For my part***, I cannot agree with the leadership on this question
  - pour ma part
- **My own view is that*** what largely determines the use of non-national workers are economic factors rather than political ones
  - je trouve que
- **In my view***, it only perpetuates the very problem that it sets out to address
  - à mon idée
- Although the author argues the case for patriotism, **I feel that*** he does not do it with any great personal conviction
  - je crois que
- **I believe that*** people do understand that there can be no quick fix for Britain's economic problems
  - je crois que
- **It seems to me that*** what we have is a political problem that needs to be solved at a political level
  - il me semble que
- **I would maintain that*** we have made a significant effort to ensure that the results are made public
  - je soutiens que

Pour présenter l'opinion de quelqu'un d'autre

- **He claims*** ou **maintains that*** intelligence is conditioned by upbringing
  - il soutient que
- Bukharin **asserts that*** all great revolutions are accompanied by destructive internal conflict
  - affirme que
- The communique **states that*** some form of nuclear deterrent will continue to be needed for the foreseeable future
  - affirme que
- **What he is saying is that*** the time of the highly structured political party is over
  - il dit que
- His admirers **would have us believe that*** watching this film is more like attending a church service than having a night at the pictures
  - voudraient nous faire croire que
- **According to*** the report, poverty creates a climate favourable to violence
  - selon

Pour donner un exemple

- **To take another example***: many thousands of people have been condemned to a life of sickness and pain because ...
  - pour prendre un autre exemple
- Let us consider, **for example*** ou **for instance***, the problems faced by immigrants arriving in a strange country
  - par exemple
- His meteoric rise **is the most striking example yet of*** voters' disillusionment with the record of the previous government
  - est l'exemple le plus frappant de
- The case of Henry Howey Robson **serves to illustrate*** the courage exhibited by young men in the face of battle
  - illustre bien
- Just consider, **by way of illustration***, the difference in amounts accumulated if interest is paid gross, rather than having tax deducted
  - pour illustrer
- **A case in point is*** the decision to lift the ban on contacts with the republic
  - ... est un bon exemple
- **Take the case of*** the soldier returning from war
  - prenons le cas de
- **As*** the Prime Minister **remarked,*** the Channel Tunnel will greatly benefit us all
  - comme l'a fait remarquer ...

26.6 Les mécanismes de la discussion

Pour présenter une supposition

- They telephoned the president to put pressure on him. And **that could be interpreted as*** trying to gain an unconstitutional political advantage
  - on pourrait interpréter cela comme
- Retail sales in Britain rose sharply last month. This was higher than expected and **could be taken to mean that*** inflationary pressures remain strong
  - laisse supposer que
- **It might well be prudent to*** find some shelter for the night rather than sleep in the van
  - il serait sans doute prudent de

- These substances do not remain effective for very long. This is **possibly*** because they work against the insects' natural instinct to feed
  - peut-être
- She had become a definite security risk and **it is not beyond the bounds of possibility that*** murder may have been considered
  - il n'est pas impossible que
- I am somewhat reassured by Mr Fraser's assertion, which **leads one to suppose that*** on that subject he is in full agreement with Catholic teaching
  - nous amène à supposer que
- It is **probably*** the case that all long heavy ships are vulnerable
  - probablement
- After hearing nothing from the taxman for so long, most people **might reasonably assume that*** their tax affairs were in order
  - seraient en droit de supposer que
- **One could be forgiven for thinking that*** because the substances are chemicals, they'd be easy to study
  - il serait excusable de penser que
- Thus, **I venture to suggest that*** very often when visions are mentioned in the literature of occultism, self-created visualizations are meant
  - j'oserais même dire que

Pour exprimer la certitude | Voir aussi 15 : La certitude

- **It is clear that*** any risk to the human foetus is very low
  - il est clair que
- Whatever may be said about individual works, the early poetry as a whole is **indisputably*** a poetry of longing
  - indiscutablement
- Yet, **undeniably***, this act of making it a comprehensible story does remove it one degree further from reality
  - indéniablement
- **There can be no doubt that*** the Earth underwent a dramatic cooling which destroyed the environment and life style of these creatures
  - il ne fait aucun doute que
- **It is undoubtedly true that*** over the years there has been a much greater emphasis on safer sex
  - il est indéniable que
- **As we all know***, adultery is far from uncommon, particularly in springtime
  - comme nous le savons tous
- **One thing is certain***: no one can claim that ESP has never helped make money
  - une chose est sûre
- **It is (quite) certain that*** unless peace can be brought to this troubled land, no amount of aid will solve the long-term problems of the people
  - il est certain que

Pour exprimer le doute | Voir aussi 16 : L'incertitude

- **It is doubtful whether***, in the present repressive climate, anyone would be brave or foolish enough to demonstrate publicly
  - il n'est pas sûr que
- **It remains to be seen whether*** the security forces will try to intervene
  - (il) reste à savoir si
- Once in a while I think about all that textbook Nietzsche and **I wonder whether*** anyone ever truly understood a word of it
  - je me demande si
- **I have (a few) reservations about*** the book
  - j'émettrais quelques réserves sur
- Since it spans a spectrum of ideologies, **it is by no means certain that*** it will stay together
  - il n'est pas du tout certain que
- **It is questionable whether*** media coverage of terrorist organizations actually affects terrorism
  - il n'est pas sûr que
- **This raises the whole question of*** exactly when men and women should retire
  - ceci soulève la question de savoir
- The crisis **sets a question mark against*** the Prime Minister's stated commitment to intervention
  - remet en question
- Both these claims are **true up to a point*** and they need to be made
  - vrai dans une certaine mesure

Pour marquer l'accord | Voir aussi 11 : L'accord

- **I agree wholeheartedly with*** the opinion that smacking should be outlawed
  - je suis entièrement d'accord avec
- **One must acknowledge that*** China's history will make change more painful
  - il faut reconnaître que
- **It cannot be denied that*** there are similarities between these two approaches
  - il est indéniable que
- Courtney - **rightly in my view*** - is strongly critical of the snobbery and elitism that is all too evident in these circles
  - à juste titre, selon moi
- Preaching was considered an important activity, **and rightly so*** in a country with a high illiteracy rate
  - (et) à juste titre

Pour marquer le désaccord | Voir aussi 12 : Le désaccord

- **I must disagree with*** Gordon's article on criminality: it is dangerous to suggest that to be a criminal one must look like a criminal
  - je ne suis pas d'accord avec
- He was not a lovable failure but rather, a difficult man who succeeded. **It is hard to agree***
  - on peut difficilement être d'accord
- As a former teacher **I find it hard to believe that*** there is no link at all between screen violence and violence on the streets
  - il m'est difficile de croire que
- The strength of their feelings **is scarcely credible***
  - est peu crédible
- Her claim to have been the first to discover the phenomenon **defies credibility***
  - n'est pas crédible
- Nevertheless, **I remain unconvinced by*** Milton
  - je ne suis toujours pas convaincu par
- Many do not believe that water contains anything remotely dangerous. Sadly, **this is far from the truth***
  - c'est loin d'être vrai
- To say that everyone requires the same amount of a vitamin is as stupid as saying we all have blonde hair and blue eyes. **It simply isn't true***
  - c'est complètement faux
- His remarks were not only highly offensive to black and other ethnic minorities but **totally inaccurate***
  - tout à fait inexactes
- Stomach ulcers are often associated with good living and a fast-moving lifestyle. **(But) in reality*** there is no evidence to support this belief
  - (mais) en réalité
- This version of a political economy **does not stand up to close scrutiny***
  - ne tient pas lorsqu'on l'examine attentivement

Pour souligner un argument

- Nowadays, there is **clearly*** less stigma attached to unmarried mothers
  - de toute évidence
- Evidence shows that ..., so once again **the facts speak for themselves***
  - les faits parlent d'eux-mêmes

- **Few will argue with the principle that*** such a fund should be set up
  - on ne saurait remettre en question l'idée que
- Hyams **supports this claim*** by looking at sentences produced by young children learning German
  - appuie cette affirmation
- This issue **underlines*** the dangers of continuing to finance science in this way
  - souligne
- **The most important thing is to*** reach agreement from all sides
  - le plus important est de
- Perhaps **the most important aspect of*** cognition is the ability to manipulate symbols
  - l'aspect le plus important de

Pour mettre un détail en valeur

- **It would be impossible to exaggerate the importance of*** these two volumes for anyone with a serious interest in the development of black gospel music
  - on ne saurait exagérer l'importance de
- The symbolic importance of Jerusalem for both Palestinians and Jews is almost **impossible to overemphasize***
  - on ne saurait sous-estimer ...
- **It is important to be clear that*** Jesus does not identify himself with Yahweh
  - il faut bien savoir que
- **It is significant that*** Mandalay seems to have become the central focus in this debate
  - le fait que ... est révélateur
- **It should not be forgotten that*** many of those now in exile were close to the centre of power until only one year ago
  - il ne faut pas oublier que
- **It should be stressed that*** the only way pet owners could possibly contract such a condition from their pets is by eating them
  - il faut souligner que
- **There is a very important point here and that is that*** the accused claims that he was with Ms Martins all evening on the night of the crime
  - on trouve ici une remarque très importante, à savoir que
- At the beginning of his book Mr Cviic **makes a telling point***
  - fait une remarque importante
- Suspicion is **the chief feature of*** Britain's attitude to European theatre
  - la caractéristique principale de
- **In order to focus attention on*** Hobson's distinctive contributions to macroeconomics, these wider issues are neglected here
  - afin d'attirer l'attention sur
- These statements **are interesting in that*** they illustrate different views
  - sont intéressants du fait que

27 LE TÉLÉPHONE

27.1 Pour obtenir un numéro

- **Could you get me Newhaven 465786, please?*** (four-six-five-seven-eight-six)
  - Je voudrais le 46 09 37 12, s'il vous plaît, (quarante-six zéro-neuf trente-sept douze)
- **Could you give me directory enquiries*** (Brit) ou **directory assistance*** (US), **please?***
  - Pourriez-vous me passer les renseignements, s'il vous plaît?
- **Can you give me the number of Europost, of 54 Broad Street, Newham?***
  - Je voudrais le numéro de la société Europost, 20 rue de la Marelle, à Pierrefitte
- **What is the code for Exeter?***
  - Quel est l'indicatif pour la Martinique?
- **Can I dial direct to Peru?***
  - Est-ce que je peux appeler le Pérou par l'automatique?
- **How do I make an outside call*** ou **How do I get an outside line?***
  - Comment est-ce que je peux téléphoner à l'extérieur?
- **What do I dial to get the speaking clock?***
  - Quel numéro dois-je faire pour l'horloge parlante?
- **You'll have to look up the number in the directory***
  - Vous devez consulter l'annuaire
- **You should get the number from international directory enquiries***
  - Vous pourrez obtenir le numéro par les renseignements internationaux
- **It's not in the book***
  - Je n'ai pas trouvé le numéro dans l'annuaire
- **They're ex-directory*** (Brit) ou **unlisted** (US)
  - Désolé, leur numéro est sur la liste rouge
- **You omit the "0" when dialling England from France***
  - Si vous téléphonez de France en Angleterre, ne faites pas le zéro

27.2 Les différents types de communication

- **It's a local call***
  - C'est une communication locale
- **This is a long-distance call from Worthing***
  - C'est une communication interurbaine en provenance de Lille
- **I want to make an international call***
  - Je voudrais une communication pour l'étranger
- **I want to make a reverse charge call to a London number*** (Brit) ou **I want to call a London number collect*** (US)
  - Je voudrais appeler Londres en PCV *(NB: system no longer exists in France)*
- **I'd like to make a personal call*** (Brit) ou **a person-to-person call*** (US) **to Gérard David on Glasgow 226 3415***
  - Je voudrais une communication avec préavis à l'intention de M. Gérard David au 26 85 77 08
- **I'd like a credit card call to Berlin***
  - Je voudrais une communication payable avec carte de crédit pour Berlin
- **I'd like an alarm call for 7.30 tomorrow morning***
  - Je voudrais être réveillé à 7 h 30 demain

27.3 L'opérateur vous répond

- **Number, please***
  - Quel numéro voulez-vous?
- **What number do you want*** ou **What number are you calling?***
  - Quel numéro demandez-vous?
- **Where are you calling from?***
  - D'où appelez-vous?
- **Would you repeat the number, please?***
  - Pourriez-vous répéter le numéro, s'il vous plaît?
- **You can dial the number direct***
  - Vous pouvez obtenir ce numéro par l'automatique
- **Replace the receiver and dial again***
  - Raccrochez et renouvelez votre appel *ou* Raccrochez et recomposez le numéro

• **There's a Mr Campbell calling you from Amsterdam and wishes you to pay for the call. Will you accept it?***
• M. Campbell vous appelle en PCV d'Amsterdam. Est-ce que vous acceptez la communication?

• **Can Mr Williams take a personal*** (Brit) ou **person-to-person call*** (US)?
• Il y a un appel avec préavis pour M. Williams – est-ce qu'il est là?

• **Go ahead, caller***
• Demandeur, parlez *ou* Vous êtes en ligne

• (aux Renseignements) **There's no listing under that name***
• (Directory Enquiries) Il n'y a pas d'abonné à ce nom

• **There's no reply from 45 77 57 84***
• Le 45 77 57 84 ne répond pas

• **I'll try to reconnect you***
• J'essaie de rétablir la communication *ou* Je vais essayer de rappeler

• **Hold the line, caller***
• Ne quittez pas

• **All lines to Bristol are engaged – please try later***
• Par suite de l'encombrement des lignes, votre appel ne peut aboutir. Veuillez rappeler ultérieurement

• **I'm trying it for you now***
• J'essaie d'obtenir votre correspondant

• **It's ringing*** ou **Ringing for you now***
• Ça sonne

• **The line is engaged*** (Brit) ou **busy*** (US)
• La ligne est occupée

• **The number you have dialled has not been recognised*** (message enregistré)
• Il n'y a pas d'abonné au numéro que vous avez demandé (recorded message)

27.4 Quand l'abonné répond

• **Could I have*** ou **Can you give me extension 516?***
• Pourriez-vous me passer le poste 516, s'il vous plaît?

• **Is that Mr Lambert's phone?***
• Je suis bien chez M. Lambert?

• **Could I speak to Mr Wolff, please?*** ou **I'd like to speak to Mr. Wolff, please*** ou **Is Mr. Wolff there?***
• Je voudrais parler à M. Wolff, s'il vous plaît *ou* Pourrais-je parler à M. Wolff, s'il vous plaît?

• **Could you put me through to Dr Henderson, please?***
• Pourriez-vous me passer le docteur Henderson, s'il vous plaît?

• **Who's speaking?***
• Qui est à l'appareil?

• **I'll call back in half an hour***
• Je rappellerai dans une demi-heure

• **Could I leave my number for her to call me back?***
• Pourrais-je laisser mon numéro pour qu'elle me rappelle?

• **I'm ringing from a callbox*** (Brit) ou **I'm calling from a pay station*** (US)
• Je vous appelle d'une cabine téléphonique *ou* Je téléphone d'une cabine

• **I'm phoning from England***
• J'appelle *ou* Je téléphone d'Angleterre

• **Would you ask him to ring me when he gets back?***
• Pourriez-vous lui demander de me rappeler quand il rentrera?

27.5 Le standard vous répond

• **Queen's Hotel, can I help you?***
• Allô – Hôtel des Glycines, j'écoute ou Allô – Hôtel des Glycines, à votre service

• **Who's calling, please?***
• Qui est à l'appareil?

• **Who shall I say is calling?***
• C'est de la part de qui?

• **Do you know his extension number?***
• Est-ce que vous connaissez son numéro de poste?

• **I am connecting you*** ou **putting you through now***
• Je vous le passe

• **I have a call from Tokyo for Mrs Thomas***
• J'ai quelqu'un en ligne de Tokyo qui demande Mme Thomas

• **I've got Miss Martin on the line for you***
• J'ai Mlle Martin à l'appareil

• **Dr Roberts is talking on the other line***
• Le docteur Roberts est sur l'autre ligne

• **Sorry to keep you waiting***
• Ne quittez pas

• **There's no reply***
• Ça ne répond pas

• **You're through to our Sales Department***
• Vous êtes en ligne avec le service des ventes

27.6 Pour répondre au téléphone

• **Hullo, this is Anne speaking***
• Allô, c'est Anne à l'appareil

• (Is that Anne?) **Speaking***
• (C'est Anne à l'appareil?) Elle-même

• **Would you like to leave a message?***
• Voulez-vous laisser un message?

• **Can I take a message for him?***
• Puis-je lui transmettre un message?

• **Don't hang up yet***
• Ne quittez pas ou Ne raccrochez pas

• **Put the phone down and I'll call you back***
• Raccrochez et je vous rappelle

• **This is a recorded message***
• Vous êtes en communication avec un répondeur automatique

• **Please speak after the tone***
• Veuillez laisser votre message après le bip sonore

27.7 En cas de difficulté

• **I can't get through (at all)***
• Je n'arrive pas à avoir le numéro

• **I'm getting "number unobtainable"*** ou **the "number unobtainable" signal***
• Tout ce que j'obtiens, c'est "le numéro que vous avez demandé n'est plus en service actuellement"

• **Their phone is out of order***
• Leur téléphone est en dérangement

• **We were cut off***
• On nous a coupés ou La communication a été coupée

• **I must have dialled the wrong number***
• J'ai dû faire un faux numéro

• **We've got a crossed line***
• Il y a quelqu'un d'autre sur la ligne

• **I've called them several times with no reply***
• J'ai appelé plusieurs fois, mais ça ne répond pas

• **You gave me a wrong number***
• Vous m'avez donné un faux numéro

• **I got the wrong extension***
• On ne m'a pas donné le bon poste ou On s'est trompé de poste

• **This is a very bad line***
• La ligne est très mauvaise

ANNEXES
APPENDICES

SOMMAIRE	CONTENTS
LE VERBE FRANÇAIS	THE FRENCH VERB
NOMBRES, HEURES ET DATES	NUMBERS, TIME AND DATES
POIDS, MESURES ET TEMPÉRATURES	WEIGHTS, MEASURES AND TEMPERATURES

FORMATION OF COMPOUND TENSES OF FRENCH VERBS

Most verbs form their compound tenses using the verb *avoir*, except in the reflexive form. Simple tenses of the auxiliary are followed by the past participle to form the compound tenses shown below (the verb *avoir* is given as an example)

AVOIR			COMPOUND TENSES OF VERBS
PRESENT	j' **ai** tu **as** il **a** nous **avons** vous **avez** ils **ont**	+ PAST PARTICIPLE (chanté) (bu) (eu) (été)	= PERFECT (*chanter* = il **a chanté**) (*boire* = il **a bu**) (*avoir* = il **a eu**) (*être* = il **a été**)
IMPERFECT	j' **avais** tu **avais** il **avait** nous **avions** vous **aviez** ils **avaient**		= PLUPERFECT (il **avait chanté**, il **avait bu**, il **avait eu**, il **avait été**)
FUTURE	j' **aurai** tu **auras** il **aura** nous **aurons** vous **aurez** ils **auront**		= FUTURE PERFECT (il **aura chanté**, il **aura bu**, il **aura eu**, il **aura été**)
CONDITIONAL (PRESENT)	j' **aurais** tu **aurais** il **aurait** nous **aurions** vous **auriez** ils **auraient**		= PAST CONDITIONAL (this tense is rarely studied but the forms are not rare) (il **aurait chanté**, il **aurait bu**, il **aurait eu**, il **aurait été**)
PAST HISTORIC	j' **eus** tu **eus** il **eut** nous **eûmes** vous **eûtes** ils **eurent**		= PAST ANTERIOR (rare as a spoken form) (il **eut chanté**, il **eut bu**, il **eut eu**, il **eut été**)
IMPERATIVE	**aie** **ayons** **ayez**		= PAST IMPERATIVE (rare) (**aie chanté, aie bu, aie eu, aie été**)
PRESENT PARTICIPLE	**ayant**		= SECOND FORM OF PAST PARTICIPLE (**ayant chanté, ayant bu, ayant eu, ayant été**)
SUBJUNCTIVE (PRESENT)	que j' **aie** que tu **aies** qu'il **ait** que nous **ayons** que vous **ayez** qu'ils **aient**		= PAST SUBJUNCTIVE (rare as spoken form) (qu'il **ait chanté**, qu'il **ait bu**, qu'il **ait eu**, qu'il **ait été**)
SUBJUNCTIVE (IMPERFECT) (rare)	que j' **eusse** que tu **eusses** qu'il **eût** que nous **eussions** que vous **eussiez** qu'ils **eussent**		= PLUPERFECT SUBJUNCTIVE (very rare, even in the written form) (qu'il **eût chanté**, qu'il **eût bu**, qu'il **eût eu**, qu'il **eût été**)

conjugation 1 — **ARRIVER:** regular verbs ending in **-er**

INDICATIVE

PRESENT	PERFECT
j'arrive	je suis arrivé
tu arrives	tu es arrivé
il arrive	il est arrivé
nous arrivons	nous sommes arrivés
vous arrivez	vous êtes arrivés
ils arrivent	ils sont arrivés
IMPERFECT	**PLUPERFECT**
j'arrivais	j'étais arrivé
tu arrivais	tu étais arrivé
il arrivait	il était arrivé
nous arrivions	nous étions arrivés
vous arriviez	vous étiez arrivés
ils arrivaient	ils étaient arrivés
PAST HISTORIC	**PAST ANTERIOR**
j'arrivai	je fus arrivé
tu arrivas	tu fus arrivé
il arriva	il fut arrivé
nous arrivâmes	nous fûmes arrivés
vous arrivâtes	vous fûtes arrivés
ils arrivèrent	ils furent arrivés
FUTURE	**FUTURE PERFECT**
j'arriverai [aʀiv(ə)ʀɛ]	je serai arrivé
tu arriveras	tu seras arrivé
il arrivera	il sera arrivé
nous arriverons [aʀiv(ə)ʀɔ̃]	nous serons arrivés
vous arriverez	vous serez arrivés
ils arriveront	ils seront arrivés

SUBJUNCTIVE

PRESENT

que j'arrive
que tu arrives
qu'il arrive
que nous arrivions
que vous arriviez
qu'ils arrivent

IMPERFECT

que j'arrivasse
que tu arrivasses
qu'il arrivât
que nous arrivassions
que vous arrivassiez
qu'ils arrivassent

PAST

que je sois arrivé
que tu sois arrivé
qu'il soit arrivé
que nous soyons arrivés
que vous soyez arrivés
qu'ils soient arrivés

PLUPERFECT

que je fusse arrivé
que tu fusses arrivé
qu'il fût arrivé
que nous fussions arrivés
que vous fussiez arrivés
qu'ils fussent arrivés

CONDITIONAL

PRESENT

j'arriverais [aʀivʀɛ]
tu arriverais
il arriverait
nous arriverions [aʀivəʀjɔ̃]
vous arriveriez
ils arriveraient

PAST I

je serais arrivé
tu serais arrivé
il serait arrivé
nous serions arrivés
vous seriez arrivés
ils seraient arrivés

PAST II

je fusse arrivé
tu fusses arrivé
il fût arrivé
nous fussions arrivés
vous fussiez arrivés
ils fussent arrivés

	PRESENT	PAST
IMPERATIVE	arrive arrivons arrivez	sois arrivé soyons arrivés soyez arrivés
PARTICIPLE	arrivant	arrivé, ée étant arrivé
INFINITIVE	arriver	être arrivé

NB The verbs *jouer, tuer* etc. are regular: e.g. *je joue, je jouerai; je tue, je tuerai.*

conjugation 1 (reflexive form) — **SE REPOSER:** regular verbs ending in **-er**

INDICATIVE

PRESENT	PERFECT
je me repose	je me suis reposé
tu te reposes	tu t'es reposé
il se repose	il s'est reposé
nous nous reposons	nous nous sommes reposés
vous vous reposez	vous vous êtes reposés
ils se reposent	ils se sont reposés
IMPERFECT	**PLUPERFECT**
je me reposais	je m'étais reposé
tu te reposais	tu t'étais reposé
il se reposait	il s'était reposé
nous nous reposions	nous nous étions reposés
vous vous reposiez	vous vous étiez reposés
ils se reposaient	ils s'étaient reposés
PAST HISTORIC	**PAST ANTERIOR**
je me reposai	je me fus reposé
tu te reposas	tu te fus reposé
il se reposa	il se fut reposé
nous nous reposâmes	nous nous fûmes reposés
vous vous reposâtes	vous vous fûtes reposés
ils se reposèrent	ils se furent reposés
FUTURE	**FUTURE PERFECT**
je me reposerai	je me serai reposé
tu te reposeras	tu te seras reposé
il se reposera	il se sera reposé
nous nous reposerons	nous nous serons reposés
vous vous reposerez	vous vous serez reposés
ils se reposeront	ils se seront reposés

SUBJUNCTIVE

PRESENT

que je me repose
que tu te reposes
qu'il se repose
que nous nous reposions
que vous vous reposiez
qu'ils se reposent

IMPERFECT

que je me reposasse
que tu te reposasses
qu'il se reposât
que nous nous reposassions
que vous vous reposassiez
qu'ils se reposassent

PAST

que je me sois reposé
que tu te sois reposé
qu'il se soit reposé
que nous nous soyons reposés
que vous vous soyez reposés
qu'ils se soient reposés

PLUPERFECT

que je me fusse reposé
que tu te fusses reposé
qu'il se fût reposé
que nous nous fussions reposés
que vous vous fussiez reposés
qu'ils se fussent reposés

CONDITIONAL

PRESENT

je me reposerais
tu te reposerais
il se reposerait
nous nous reposerions
vous vous reposeriez
ils se reposeraient

PAST I

je me serais reposé
tu te serais reposé
il se serait reposé
nous nous serions reposés
vous vous seriez reposés
ils se seraient reposés

PAST II

je me fusse reposé
tu te fusses reposé
il se fût reposé
nous nous fussions reposés
vous vous fussiez reposés
ils se fussent reposés

	PRESENT	PAST
IMPERATIVE	repose-toi reposons-nous reposez-vous	unused
PARTICIPLE	se reposant	s'étant reposé
INFINITIVE	se reposer	s'être reposé

conjugation 2 — **FINIR:** regular verbs ending in **-ir**

INDICATIVE

PRESENT	PERFECT
je finis	j'ai fini
tu finis	tu as fini
il finit	il a fini
nous finissons	nous avons fini
vous finissez	vous avez fini
ils finissent	ils ont fini

IMPERFECT	PLUPERFECT
je finissais	j'avais fini
tu finissais	tu avais fini
il finissait	il avait fini
nous finissions	nous avions fini
vous finissiez	vous aviez fini
ils finissaient	ils avaient fini

PAST HISTORIC	PAST ANTERIOR
je finis	j'eus fini
tu finis	tu eus fini
il finit	il eut fini
nous finîmes	nous eûmes fini
vous finîtes	vous eûtes fini
ils finirent	ils eurent fini

FUTURE	FUTURE PERFECT
je finirai	j'aurai fini
tu finiras	tu auras fini
il finira	il aura fini
nous finirons	nous aurons fini
vous finirez	vous aurez fini
ils finiront	ils auront fini

SUBJUNCTIVE

PRESENT
que je finisse
que tu finisses
qu'il finisse
que nous finissions
que vous finissiez
qu'ils finissent

IMPERFECT
que je finisse
que tu finisses
qu'il finît
que nous finissions
que vous finissiez
qu'ils finissent

PAST
que j'aie fini
que tu aies fini
qu'il ait fini
que nous ayons fini
que vous ayez fini
qu'ils aient fini

PLUPERFECT
que j'eusse fini
que tu eusses fini
qu'il eût fini
que nous eussions fini
que vous eussiez fini
qu'ils eussent fini

CONDITIONAL

PRESENT
je finirais
tu finirais
il finirait
nous finirions
vous finiriez
ils finiraient

PAST I
j'aurais fini
tu aurais fini
il aurait fini
nous aurions fini
vous auriez fini
ils auraient fini

PAST II
j'eusse fini
tu eusses fini
il eût fini
nous eussions fini
vous eussiez fini
ils eussent fini

	PRESENT	PAST
IMPERATIVE	finis finissons finissez	aie fini ayons fini ayez fini
PARTICIPLE	finissant	fini, ie ayant fini
INFINITIVE	finir	avoir fini

conjugations 3 to 8

		INDICATIVE present 1st person	present 3rd person	imperfect	past historic
3	**placer**	je place [plas] nous plaçons [plasɔ̃]	il place ils placent	je plaçais	je plaçai

NB Verbs in ***-ecer*** (e.g. *dépecer*) are conjugated like ***placer*** and ***geler.*** Verbs in ***-écer*** (e.g. *rapiécer*) are conjugated like ***céder*** and ***placer.***

		present 1st person	present 3rd person	imperfect	past historic
	bouger	je bouge [buʒ] nous bougeons [buʒɔ̃]	il bouge ils bougent	je bougeais nous bougions	je bougeai

NB Verbs in ***-éger*** (e.g. *protéger*) are conjugated like ***bouger*** and ***céder.***

		present 1st person	present 3rd person	imperfect	past historic
4	**appeler**	j'appelle [apɛl] nous appelons [ap(ə)lɔ̃]	il appelle ils appellent	j'appelais	j'appelai
	jeter	je jette [ʒɛt] nous jetons [ʒ(ə)tɔ̃]	il jette ils jettent	je jetais	je jetai
5	**geler**	je gèle [ʒɛl] nous gelons [ʒ(ə)lɔ̃]	il gèle ils gèlent	je gelais nous gelions [ʒəljɔ̃]	je gelai
	acheter	j'achète [aʃɛt] nous achetons [aʃ(ə)tɔ̃]	il achète ils achètent	j'achetais [aʃtɛ] nous achetions	j'achetai

Also verbs in ***-emer*** (e.g. *semer*), ***-ener*** (e.g. *mener*), ***-eser*** (e.g. *peser*), ***-ever*** (e.g. *lever*) etc.
NB Verbs in ***-ecer*** (e.g. *dépecer*) are conjugated like ***geler*** and ***placer.***

		present 1st person	present 3rd person	imperfect	past historic
6	**céder**	je cède [sɛd] nous cédons [sedɔ̃]	il cède ils cèdent	je cédais nous cédions	je cédai

Also verbs in ***-é*** + consonant(s) + ***-er*** (e.g. *célébrer, lécher, déléguer, préférer* etc).
NB Verbs in ***-éger*** (e.g. *protéger*) are conjugated like ***céder*** and ***bouger.*** Verbs in ***-écer*** (e.g. *rapiécer*) are conjugated like ***céder*** and ***placer.***

		present 1st person	present 3rd person	imperfect	past historic
7	**épier**	j'épie [epi] nous épions [epjɔ̃]	il épie ils épient	j'épiais nous épiions [epijɔ̃]	j'épiai
	prier	je prie [pʀi] nous prions [pʀijɔ̃]	il prie ils prient	je priais nous priions [pʀijjɔ̃]	je priai
8	**noyer**	je noie [nwa] nous noyons [nwajɔ̃]	il noie ils noient	je noyais nous noyions [nwajjɔ̃]	je noyai

Also verbs in ***-uyer*** (e.g. *appuyer*).
N.B. ***Envoyer*** has in the future tense : *j'enverrai,* and in the conditional : *j'enverrais.*

		present 1st person	present 3rd person	imperfect	past historic
	payer	je paie [pɛ] or je paye [pɛj] nous payons [pɛjɔ̃]	il paie or il paye ils paient or ils payent	je payais nous payions [pɛjjɔ̃]	je payai

Also all verbs in ***-ayer.***

irregular verbs ending in **-er**

future	CONDITIONAL present	SUBJUNCTIVE present	IMPERATIVE present	PARTICIPLES present past
je placerai [plasʀɛ]	je placerais	que je place que nous placions	place plaçons	plaçant placé, ée
je bougerai [buʒʀɛ]	je bougerais	que je bouge que nous bougions	bouge bougeons	bougeant bougé, ée
j'appellerai [apɛlʀɛ]	j'appellerais	que j'appelle que nous appelions	appelle appelons	appelant appelé, ée
je jetterai [ʒɛtʀɛ]	je jetterais	que je jette que nous jetions	jette jetons	jetant jeté, ée
je gèlerai [ʒɛlʀɛ]	je gèlerais	que je gèle que nous gelions	gèle gelons	gelant gelé, ée
j'achèterai [aʃɛtʀɛ]	j'achèterais	que j'achète que nous achetions	achète achetons	achetant acheté, ée
je céderai [sɛdʀɛ ; sedʀɛ] [1]	je céderais [1]	que je cède que nous cédions	cède cédons	cédant cédé, ée
j'épierai [epiʀɛ]	j'épierais	que j'épie	épie épions	épiant épié, iée
je prierai [pʀiʀɛ]	je prierais	que je prie	prie prions	priant prié, priée
je noierai [nwaʀɛ]	je noierais	que je noie	noie noyons	noyant noyé, noyée
je paierai [pɛʀɛ] or je payerai [pɛjʀɛ] nous paierons or nous payerons	je paierais or je payerais	que je paie or que je paye	paie or paye payons	payant payé, payée

1. Actually pronounced as though there were a grave accent on the future and the conditional *(je cèderai, je cèderais)*, rather than an acute.

conjugation 9

INDICATIVE

PRESENT	PERFECT
je vais [vɛ]	je suis allé
tu vas	tu es allé
il va	il est allé
nous allons [alɔ̃]	nous sommes allés
vous allez	vous êtes allés
ils vont [vɔ̃]	ils sont allés
IMPERFECT	**PLUPERFECT**
j'allais [alɛ]	j'étais allé
tu allais	tu étais allé
il allait	il était allé
nous allions [aljɔ̃]	nous étions allés
vous alliez	vous étiez allés
ils allaient	ils étaient allés
PAST HISTORIC	**PAST ANTERIOR**
j'allai	je fus allé
tu allas	tu fus allé
il alla	il fut allé
nous allâmes	nous fûmes allés
vous allâtes	vous fûtes allés
ils allèrent	ils furent allés
FUTURE	**FUTURE PERFECT**
j'irai [iʀɛ]	je serai allé
tu iras	tu seras allé
il ira	il sera allé
nous irons	nous serons allés
vous irez	vous serez allés
ils iront	ils seront allés

SUBJUNCTIVE

PRESENT
que j'aille [aj]
que tu ailles
qu'il aille
que nous allions
que vous alliez
qu'ils aillent
IMPERFECT
que j'allasse [alas]
que tu allasses
qu'il allât
que nous allassions
que vous allassiez
qu'ils allassent
PAST
que je sois allé
que tu sois allé
qu'il soit allé
que nous soyons allés
que vous soyez allés
qu'ils soient allés
PLUPERFECT
que je fusse allé
que tu fusses allé
qu'il fût allé
que nous fussions allés
que vous fussiez allés
qu'ils fussent allés

ALLER

CONDITIONAL

PRESENT
j'irais
tu irais
il irait
nous irions
vous iriez
ils iraient

PAST I
je serais allé
tu serais allé
il serait allé
nous serions allés
vous seriez allés
ils seraient allés

PAST II
je fusse allé
tu fusses allé
il fût allé
nous fussions allés
vous fussiez allés
ils fussent allés

	PRESENT	PAST
IMPERATIVE	va allons allez	sois allé soyons allés soyez allés

	PRESENT	PAST
PARTICIPLE	allant	allé, ée étant allé

	PRESENT	PAST
INFINITIVE	aller	être allé

conjugations 10 to 22

		INDICATIVE			
		present 1st person	3rd person	imperfect	past historic
10	**haïr**	je hais ['ɛ] nous haïssons [aisɔ̃]	il hait [ɛ] ils haïssent [ais]	je haïssais nous haïssions	je haïs ['ai] nous haïmes
11	**courir**	je cours [kuʀ] nous courons [kuʀɔ̃]	il court ils courent	je courais [kuʀɛ] nous courions	je courus
12	**cueillir**	je cueille [kœj] nous cueillons [kœjɔ̃]	il cueille ils cueillent	je cueillais nous cueillions [kœjjɔ̃]	je cueillis
13	**assaillir**	j'assaille nous assaillons [asajɔ̃]	il assaille ils assaillent	j'assaillais nous assaillions [asajjɔ̃]	j'assaillis
14	**servir**	je sers [sɛʀ] nous servons [sɛʀvɔ̃]	il sert ils servent [sɛʀv]	je servais nous servions	je servis
15	**bouillir**	je bous [bu] nous bouillons [bujɔ̃]	il bout ils bouillent [buj]	je bouillais nous bouillions [bujjɔ̃]	je bouillis
16	**partir**	je pars [paʀ] nous partons [paʀtɔ̃]	il part ils partent [paʀt]	je partais nous partions	je partis
	sentir	je sens [sɑ̃] nous sentons [sɑ̃tɔ̃]	il sent ils sentent [sɑ̃t]	je sentais nous sentions	je sentis
17	**fuir**	je fuis [fɥi] nous fuyons [fɥijɔ̃]	il fuit ils fuient	je fuyais nous fuyions [fɥijjɔ̃]	je fuis nous fuîmes
18	**couvrir**	je couvre nous couvrons	il couvre ils couvrent	je couvrais nous couvrions	je couvris
19	**mourir**	je meurs [mœʀ] nous mourons [muʀɔ̃]	il meurt ils meurent	je mourais [muʀɛ] nous mourions	je mourus
20	**vêtir**	je vêts [vɛ] nous vêtons [vɛtɔ̃]	il vêt ils vêtent [vɛt]	je vêtais nous vêtions	je vêtis [veti] nous vêtîmes
21	**acquérir**	j'acquiers [akjɛʀ] nous acquérons [akeʀɔ̃]	il acquiert ils acquièrent	j'acquérais [akeʀɛ] nous acquérions	j'acquis
22	**venir**	je viens [vjɛ̃] nous venons [v(ə)nɔ̃]	il vient ils viennent [vjɛn]	je venais nous venions	je vins [vɛ̃] nous vînmes [vɛ̃m]

irregular verbs ending in **-ir**

future	**CONDITIONAL** present	**SUBJUNCTIVE** present	**IMPERATIVE** present	**PARTICIPLES** present past
je haïrai ['aiʀe]	je haïrais	que je haïsse	hais haïssons	haïssant haï, haïe ['ai]
je courrai [kuʀʀe]	je courrais	que je coure	cours courons	courant couru, ue
je cueillerai	je cueillerais	que je cueille	cueille cueillons	cueillant cueilli, ie
j'assaillirai	j'assaillirais	que j'assaille	assaille assaillons	assaillant assailli, ie
je servirai	je servirais	que je serve	sers servons	servant servi, ie
je bouillirai	je bouillirais	que je bouille	bous bouillons	bouillant bouilli, ie
je partirai je sentirai	je partirais je sentirais	que je parte que je sente	pars partons sens sentons	partant parti, ie sentant senti, ie
je fuirai	je fuirais	que je fuie	fuis fuyons	fuyant fui, fuie
je couvrirai	je couvrirais	que je couvre	couvre couvrons	couvrant couvert, erte [kuvɛʀ, ɛʀt]
je mourrai [muʀʀe]	je mourrais	que je meure	meurs mourons	mourant mort, morte [mɔʀ, mɔʀt]
je vêtirai	je vêtirais	que je vête	vêts vêtons	vêtant vêtu, ue [vety]
j'acquerrai [akɛʀʀe]	j'acquerrais	que j'acquière	acquiers acquérons	acquérant acquis, ise [aki, iz]
je viendrai [vjɛ̃dʀe]	je viendrais	que je vienne	viens venons	venant venu, ue

conjugations 23 to 33

		INDICATIVE present 1st person	INDICATIVE present 3rd person	imperfect	past historic
23	**pleuvoir**	(impersonal)	il pleut [plø]	il pleuvait	il plut
24	**prévoir**	je prévois [pʀevwa] nous prévoyons [pʀevwajɔ̃]	il prévoit ils prévoient	je prévoyais nous prévoyions [pʀevwajjɔ̃]	je prévis
25	**pourvoir**	je pourvois nous pourvoyons	il pourvoit ils pourvoient	je pourvoyais nous pourvoyions	je pourvus
26	**asseoir**	j'assieds [asjɛ] nous asseyons [asɛjɔ̃] or j'assois nous assoyons	il assied ils asseyent [asɛj] or il assoit ils assoient	j'asseyais nous asseyions or j'assoyais nous assoyions	j'assis
27	**mouvoir**	je meus [mø] nous mouvons [muvɔ̃]	il meut ils meuvent [mœv]	je mouvais nous mouvions	je mus [my] nous mûmes

NB ***Émouvoir*** and ***promouvoir*** have the past participles *ému, e* and *promu, e* respectively.

		INDICATIVE present 1st person	INDICATIVE present 3rd person	imperfect	past historic
28	**recevoir**	je reçois [ʀ(ə)swa] nous recevons [ʀ(ə)səvɔ̃]	il reçoit ils reçoivent [ʀəswav]	je recevais nous recevions	je reçus [ʀ(ə)sy]
	devoir				
29	**valoir**	je vaux [vo] nous valons [valɔ̃]	il vaut ils valent [val]	je valais nous valions	je valus
	équivaloir				
	prévaloir				
	falloir	(impersonal)	il faut [fo]	il fallait [falɛ]	il fallut
30	**voir**	je vois [vwa] nous voyons [vwajɔ̃]	il voit ils voient	je voyais nous voyions [vwajjɔ̃]	je vis
31	**vouloir**	je veux [vø] nous voulons [vulɔ̃]	il veut ils veulent [vœl]	je voulais nous voulions	je voulus
32	**savoir**	je sais [sɛ] nous savons [savɔ̃]	il sait ils savent [sav]	je savais nous savions	je sus
33	**pouvoir**	je peux [pø] or je puis nous pouvons [puvɔ̃]	il peut ils peuvent [pœv]	je pouvais nous pouvions	je pus

irregular verbs ending in -oir

future	CONDITIONAL present	SUBJONCTIVE present	IMPERATIVE present	PARTICIPLE present past
il pleuvra	il pleuvrait	qu'il pleuve [plœv]	does not exist	pleuvant plu (no feminine)
je prévoirai	je prévoirais	que je prévoie [pRevwa]	prévois prévoyons	prévoyant prévu, ue
je pourvoirai	je pourvoirais	que je pourvoie	pourvois pourvoyons	pourvoyant pourvu, ue
j'assiérai [asjeRɛ] or j'asseyerai [asɛjRɛ] or j'assoirai NB *j'asseyerai* is old-fashioned.	j'assiérais or j'assoirais	que j'asseye [asɛj] or que j'assoie [aswa]	assieds asseyons or assois assoyons	asseyant assis, ise or assoyant assis, ise
je mouvrai [muvRɛ]	je mouvrais	que je meuve que nous mouvions	meus mouvons	mouvant mû, mue [my]
je recevrai	je recevrais	que je reçoive que nous recevions	reçois recevons	recevant reçu, ue
				dû, due
je vaudrai [vodRɛ]	je vaudrais	que je vaille [vaj] que nous valions [valjɔ̃]	vaux valons	valant valu, ue
				équivalu (no feminine)
		que je prévale	does not exist	prévalu (no feminine)
il faudra [fodRa]	il faudrait	qu'il faille [faj]		does not exist fallu (no feminine)
je verrai [veRɛ]	je verrais	que je voie [vwa] que nous voyions [vwajjɔ̃]	vois voyons	voyant vu, vue
je voudrai [vudRɛ]	je voudrais	que je veuille [vœj] que nous voulions [vuljɔ̃]	veux or veuille voulons	voulant voulu, ue
je saurai [soRɛ]	je saurais	que je sache [saʃ] que nous sachions	sache sachons	sachant su, sue
je pourrai [puRɛ]	je pourrais	que je puisse [pɥis] que nous puissions	not used	pouvant pu

conjugation 34

INDICATIVE

PRESENT	PERFECT
j'ai [e; ɛ]	j'ai eu
tu as [a]	tu as eu
il a [a]	il a eu
nous avons [avɔ̃]	nous avons eu
vous avez [ave]	vous avez eu
ils ont [ɔ̃]	ils ont eu
IMPERFECT	**PLUPERFECT**
j'avais	j'avais eu
tu avais	tu avais eu
il avait	il avait eu
nous avions	nous avions eu
vous aviez	vous aviez eu
ils avaient	ils avaient eu
PAST HISTORIC	**PAST ANTERIOR**
j'eus [y]	j'eus eu
tu eus	tu eus eu
il eut	il eut eu
nous eûmes [ym]	nous eûmes eu
vous eûtes [yt]	vous eûtes eu
ils eurent [yʀ]	ils eurent eu
FUTURE	**FUTURE PERFECT**
j'aurai [ɔʀɛ]	j'aurai eu
tu auras	tu auras eu
il aura	il aura eu
nous aurons	nous aurons eu
vous aurez	vous aurez eu
ils auront	ils auront eu

SUBJUNCTIVE

PRESENT
que j'aie [ɛ]
que tu aies
qu'il ait
que nous ayons [ɛjɔ̃]
que vous ayez
qu'ils aient
IMPERFECT
que j'eusse [ys]
que tu eusses
qu'il eût [y]
que nous eussions [ysjɔ̃]
que vous eussiez
qu'ils eussent
PAST
que j'aie eu
que tu aies eu
qu'il ait eu
que nous ayons eu
que vous ayez eu
qu'ils aient eu
PLUPERFECT
que j'eusse eu
que tu eusses eu
qu'il eût eu
que nous eussions eu
que vous eussiez eu
qu'ils eussent eu

conjugations 35 to 37

		INDICATIVE			
		present: 1st person	present: 2nd and 3rd persons	imperfect	past historic
35	**conclure**	je conclus [kɔ̃kly] nous concluons [kɔ̃klyɔ̃]	il conclut ils concluent	je concluais nous concluions	je conclus
36	**rire**	je ris [ʀi] nous rions [ʀijɔ̃]	il rit ils rient	je riais nous riions [ʀijɔ̃] or [ʀijjɔ̃]	je ris
37	**dire**	je dis [di] nous disons [dizɔ̃]	il dit vous dites [dit] ils disent [diz]	je disais nous disions	je dis
	suffire	je suffis [syfi] nous suffisons [syfizɔ̃]	il suffit ils suffisent [syfiz]	je suffisais nous suffisions	je suffis

NB ***Exclure*** is conjugated like ***conclure***: past participle *exclu, ue*; ***inclure*** is conjugated like ***conclure*** except for the past participle *inclus, use*.

NB ***Médire, contredire, dédire, interdire, prédire*** are conjugated like ***dire*** except for the 2nd person plural of the present tense: *médisez, contredisez, dédisez, interdisez, prédisez.*

NB ***Confire*** is conjugated like ***suffire*** except for the past participle *confit, ite.*

AVOIR

CONDITIONAL	
PRESENT	j'aurais tu aurais il aurait nous aurions vous auriez ils auraient
PAST I	j'aurais eu tu aurais eu il aurait eu nous aurions eu vous auriez eu ils auraient eu
PAST II	j'eusse eu tu eusses eu il eût eu nous eussions eu vous eussiez eu ils eussent eu

	PRESENT	PAST
IMPERATIVE	aie [ɛ] ayons [ɛjɔ̃] ayez [eje]	aie eu ayons eu ayez eu
PARTICIPLE	ayant	eu, eue [y] ayant eu
INFINITIVE	avoir	avoir eu

irregular verbs ending in **-re**

future	**CONDITIONAL** present	**SUBJUNCTIVE** present	**IMPERATIVE** present	**PARTICIPLES** present past
je conclurai	je conclurais	que je conclue	conclus concluons	concluant conclu, ue
je rirai	je rirais	que je rie	ris rions	riant ri (no feminine)
je dirai	je dirais	que je dise	dis disons dites	disant dit, dite
je suffirai	je suffirais	que je suffise	suffis suffisons	suffisant suffi (no feminine)

conjugations 38 to 48

		INDICATIVE			
		present 1st person	present 3rd person	imperfect	past historic
38	**nuire**	je nuis [nɥi] nous nuisons [nɥizɔ̃]	il nuit ils nuisent [nɥiz]	je nuisais nous nuisions	je nuisis

Also the verbs *luire, reluire.*

	conduire	je conduis nous conduisons	il conduit ils conduisent	je conduisais nous conduisions	je conduisis

Also the verbs *construire, cuire, déduire, détruire, enduire, induire, instruire, introduire, produire, réduire, séduire, traduire.*

39	**écrire**	j'écris [ekʀi] nous écrivons [ekʀivɔ̃]	il écrit ils écrivent [ekʀiv]	j'écrivais nous écrivions	j'écrivis
40	**suivre**	je suis [sɥi] nous suivons [sɥivɔ̃]	il suit ils suivent [sɥiv]	je suivais nous suivions	je suivis
41	**rendre**	je rends [ʀɑ̃] nous rendons [ʀɑ̃dɔ̃]	il rend ils rendent [ʀɑ̃d]	je rendais nous rendions	je rendis

Also the verbs ending in *-andre* (e.g. *répandre*), *-erdre* (e.g. *perdre*), *-ondre* (e.g. *répondre*), *-ordre* (e.g. *mordre*).

	rompre	je romps [ʀɔ̃] nous rompons [ʀɔ̃pɔ̃]	il rompt ils rompent [ʀɔ̃p]	je rompais nous rompions	je rompis

Also the verbs *corrompre* and *interrompre.*

	battre	je bats [ba] nous battons [batɔ̃]	il bat ils battent [bat]	je battais nous battions	je battis
42	**vaincre**	je vaincs [vɛ̃] nous vainquons [vɛ̃kɔ̃]	il vainc ils vainquent [vɛ̃k]	je vainquais nous vainquions	je vainquis
43	**lire**	je lis [li] nous lisons [lizɔ̃]	il lit ils lisent [liz]	je lisais nous lisions	je lus
44	**croire**	je crois [kʀwa] nous croyons [kʀwajɔ̃]	il croit ils croient	je croyais nous croyions [kʀwajjɔ̃]	je crus nous crûmes
45	**clore**	je clos [klo]	il clôt ils closent [kloz] (rare)	je closais (rare)	not applicable
46	**vivre**	je vis [vi] nous vivons [vivɔ̃]	il vit ils vivent [viv]	je vivais nous vivions	je vécus [veky]
47	**moudre**	je mouds [mu] nous moulons [mulɔ̃]	il moud ils moulent [mul]	je moulais nous moulions	je moulus

NB Most forms of this verb are rare except *moudre, moudrai (s), moulu, e.*

48	**coudre**	je couds [ku] nous cousons [kuzɔ̃]	il coud ils cousent [kuz]	je cousais nous cousions	je cousis [kuzi]

irregular verbs ending in **-re**

future	**CONDITIONAL** present	**SUBJUNCTIVE** present	**IMPERATIVE** present	**PARTICIPLES** present past
je nuirai	je nuirais	que je nuise	nuis nuisons	nuisant nui (no feminine)
je conduirai	je conduirais	que je conduise	conduis conduisons	conduisant conduit, ite
j'écrirai	j'écrirais	que j'écrive	écris écrivons	écrivant écrit, ite
je suivrai	je suivrais	que je suive	suis suivons	suivant suivi, ie
je rendrai	je rendrais	que je rende	rends rendons	rendant rendu, ue
je romprai	je romprais	que je rompe	romps rompons	rompant rompu, ue
je battrai	je battrais	que je batte	bats battons	battant battu, ue
je vaincrai	je vaincrais	que je vainque	vaincs vainquons	vainquant vaincu, ue
je lirai	je lirais	que je lise	lis lisons	lisant lu, ue
je croirai	je croirais	que je croie	crois croyons	croyant cru, crue
je clorai (rare)	je clorais (rare)	que je close	clos	closant (rare) clos, close
je vivrai	je vivrais	que je vive	vis vivons	vivant vécu, ue
je moudrai	je moudrais	que je moule	mouds moulons	moulant moulu, ue
je coudrai	je coudrais	que je couse	couds cousons	cousant cousu, ue

conjugations 49 to 59

No.	Verb	INDICATIVE present 1st person	present 3rd person	imperfect	past historic
49	**joindre**	je joins [ʒwɛ̃] nous joignons [ʒwaɲɔ̃]	il joint ils joignent [ʒwaɲ]	je joignais nous joignions [ʒwaɲjɔ̃]	je joignis
50	**traire**	je trais [tʀɛ] nous trayons [tʀɛjɔ̃]	il trait ils traient	je trayais nous trayions [tʀɛjjɔ̃]	not applicable
51	**absoudre**	j'absous [apsu] nous absolvons [apsɔlvɔ̃]	il absout ils absolvent [apsɔlv]	j'absolvais nous absolvions	j'absolus [apsɔly] (rare)

NB ***Dissoudre*** is conjugated like ***absoudre***; ***résoudre*** is conjugated like ***absoudre,*** but the past historic *je résolus* is current. ***Résoudre*** has two past participles: *résolu, ue (problème résolu),* and *résous, oute* (*brouillard résous en pluie* [rare]).

No.	Verb	INDICATIVE present 1st person	present 3rd person	imperfect	past historic
52	**craindre**	je crains [kʀɛ̃] nous craignons [kʀɛɲɔ̃]	il craint ils craignent [kʀɛɲ]	je craignais nous craignions [kʀɛɲjɔ̃]	je craignis
	peindre	je peins [pɛ̃] nous peignons [pɛɲɔ̃]	il peint ils peignent [pɛɲ]	je peignais nous peignions [pɛɲjɔ̃]	je peignis
53	**boire**	je bois [bwa] nous buvons [byvɔ̃]	il boit ils boivent [bwav]	je buvais nous buvions	je bus
54	**plaire**	je plais [plɛ] nous plaisons [plɛzɔ̃]	il plaît ils plaisent [plɛz]	je plaisais nous plaisions	je plus

NB The past participle of ***plaire, complaire, déplaire*** is generally invariable.

No.	Verb	INDICATIVE present 1st person	present 3rd person	imperfect	past historic
	taire	je tais nous taisons	il tait ils taisent	je taisais nous taisions	je tus
55	**croître**	je croîs [kʀwa] nous croissons [kʀwasɔ̃]	il croît ils croissent [kʀwas]	je croissais nous croissions	je crûs nous crûmes

NB Like ***accroître***, the past participle of ***décroître*** is *décru, e.*

No.	Verb	INDICATIVE present 1st person	present 3rd person	imperfect	past historic
	accroître	j'accrois nous accroissons	il accroît ils accroissent	j'accroissais	j'accrus nous accrûmes
56	**mettre**	je mets [mɛ] nous mettons [metɔ̃]	il met ils mettent [mɛt]	je mettais nous mettions	je mis
57	**connaître**	je connais [kɔnɛ] nous connaissons [kɔnɛsɔ̃]	il connaît ils connaissent [kɔnɛs]	je connaissais nous connaissions	je connus
58	**prendre**	je prends [pʀɑ̃] nous prenons [pʀənɔ̃]	il prend ils prennent [pʀɛn]	je prenais nous prenions	je pris
59	**naître**	je nais [nɛ] nous naissons [nɛsɔ̃]	il naît ils naissent [nɛs]	je naissais nous naissions	je naquis [naki]

NB ***Renaître*** has no past participle.

irregular verbs ending in **-re**

future	CONDITIONAL present	SUBJUNCTIVE present	IMPERATIVE present	PARTICIPLES present past
je joindrai	je joindrais	que je joigne	joins joignons	joignant joint, jointe
je trairai	je trairais	que je traie	trais trayons	trayant trait, traite
j'absoudrai	j'absoudrais	que j'absolve	absous absolvons	absolvant absous[1], oute [apsu, ut]

1. The past participle forms *absout, dissout,* with a final *t,* are often preferred.

future	CONDITIONAL present	SUBJUNCTIVE present	IMPERATIVE present	PARTICIPLES present past
je craindrai	je craindrais	que je craigne	crains craignons	craignant craint, crainte
je peindrai	je peindrais	que je peigne	peins peignons	peignant peint, peinte
je boirai	je boirais	que je boive que nous buvions	bois buvons	buvant bu, bue
je plairai	je plairais	que je plaise	plais plaisons	plaisant plu (no feminine)
je tairai	je tairais	que je taise	tais taisons	taisant tu, tue
je croîtrai	je croîtrais	que je croisse	croîs croissons	croissant crû, crue
j'accroîtrai	j'accroîtrais	que j'accroisse	accrois accroissons	accroissant accru, ue
je mettrai	je mettrais	que je mette	mets mettons	mettant mis, mise
je connaîtrai	je connaîtrais	que je connaisse	connais connaissons	connaissant connu, ue
je prendrai	je prendrais	que je prenne que nous prenions	prends prenons	prenant pris, prise
je naîtrai	je naîtrais	que je naisse	nais naissons	naissant né, née

conjugation 60 — **FAIRE**

INDICATIVE

PRESENT	PERFECT
je fais [fɛ]	j'ai fait
tu fais	tu as fait
il fait	il a fait
nous faisons [f(ə)zɔ̃]	nous avons fait
vous faites [fɛt]	vous avez fait
ils font [fɔ̃]	ils ont fait
IMPERFECT	**PLUPERFECT**
je faisais [f(ə)zɛ]	j'avais fait
tu faisais	tu avais fait
il faisait	il avait fait
nous faisions [fəzjɔ̃]	nous avions fait
vous faisiez [fəsje]	vous aviez fait
ils faisaient	ils avaient fait
PAST HISTORIC	**PAST ANTERIOR**
je fis	j'eus fait
tu fis	tu eus fait
il fit	il eut fait
nous fîmes	nous eûmes fait
vous fîtes	vous eûtes fait
ils firent	ils eurent fait
FUTURE	**FUTURE PERFECT**
je ferai [f(ə)ʀɛ]	j'aurai fait
tu feras	tu auras fait
il fera	il aura fait
nous ferons [f(ə)ʀɔ̃]	nous aurons fait
vous ferez	vous aurez fait
ils feront	ils auront fait

SUBJUNCTIVE

PRESENT
que je fasse [fas]
que tu fasses
qu'il fasse
que nous fassions
que vous fassiez
qu'ils fassent

IMPERFECT
que je fisse [fis]
que tu fisses
qu'il fît
que nous fissions
que vous fissiez
qu'ils fissent

PAST
que j'aie fait
que tu aies fait
qu'il ait fait
que nous ayons fait
que vous ayez fait
qu'ils aient fait

PLUPERFECT
que j'eusse fait
que tu eusses fait
qu'il eût fait
que nous eussions fait
que vous eussiez fait
qu'ils eussent fait

CONDITIONAL

PRESENT
je ferais [f(ə)ʀɛ]
tu ferais
il ferait
nous ferions [fəʀjɔ̃]
vous feriez
ils feraient

PAST I
j'aurais fait
tu aurais fait
il aurait fait
nous aurions fait
vous auriez fait
ils auraient fait

PAST II
j'eusse fait
tu eusses fait
il eût fait
nous eussions fait
vous eussiez fait
ils eussent fait

	PRESENT	PAST
IMPERATIVE	fais faisons faites	aie fait ayons fait ayez fait
PARTICIPLE	faisant [f(ə)zɑ̃]	fait ayant fait
INFINITIVE	faire	avoir fait

conjugation 61 — **ÊTRE**

INDICATIVE

PRESENT	PERFECT
je suis [sɥi]	j'ai été
tu es [ɛ]	tu as été
il est [ɛ]	il a été
nous sommes [sɔm]	nous avons été
vous êtes [ɛt]	vous avez été
ils sont [sɔ̃]	ils ont été

IMPERFECT	PLUPERFECT
j'étais [etɛ]	j'avais été
tu étais	tu avais été
il était	il avait été
nous étions [etjɔ̃]	nous avions été
vous étiez	vous aviez été
ils étaient	ils avaient été

PAST HISTORIC	PAST ANTERIOR
je fus [fy]	j'eus été
tu fus	tu eus été
il fut	il eut été
nous fûmes	nous eûmes été
vous fûtes	vous eûtes été
ils furent	ils eurent été

FUTURE	FUTURE PERFECT
je serai [s(ə)ʀɛ]	j'aurai été
tu seras	tu auras été
il sera	il aura été
nous serons [s(ə)ʀɔ̃]	nous aurons été
vous serez	vous aurez été
ils seront	ils auront été

SUBJUNCTIVE

PRESENT
que je sois [swa]
que tu sois
qu'il soit
que nous soyons [swajɔ̃]
que vous soyez
qu'ils soient

IMPERFECT
que je fusse
que tu fusses
qu'il fût
que nous fussions
que vous fussiez
qu'ils fussent

PAST
que j'aie été
que tu aies été
qu'il ait été
que nous ayons été
que vous ayez été
qu'ils aient été

PLUPERFECT
que j'eusse été
que tu eusses été
qu'il eût été
que nous eussions été
que vous eussiez été
qu'ils eussent été

CONDITIONAL

PRESENT
je serais [s(ə)ʀɛ]
tu serais
il serait
nous serions [səʀjɔ̃]
vous seriez
ils seraient

PAST I
j'aurais été
tu aurais été
il aurait été
nous aurions été
vous auriez été
ils auraient été

PAST II
j'eusse été
tu eusses été
il eût été
nous eussions été
vous eussiez été
ils eussent été

	PRESENT	PAST
IMPERATIVE	sois [swa] soyons [swajɔ̃] soyez [swaje]	aie été ayons été ayez été
PARTICIPLE	étant	été [ete] ayant été
INFINITIVE	être	avoir été

RULES OF AGREEMENT FOR PAST PARTICIPLE

The past participle is a form of the verb which does not vary according to tense or person, but which is more like an adjective, in that it may agree in gender and number with the word to which it refers.

PAST PARTICIPLE AGREEMENT DEPENDING ON USAGE

without auxiliary (adjectival use)	• **agreement** with the word it refers to *une affaire bien partie* (agrees with *affaire*, feminine singular)

with *être*	• **agreement** with the subject of **être** *les hirondelles sont revenues* (agrees with *hirondelles*, feminine plural)
with *avoir*	• **agreement** with the direct object, provided the direct object precedes the past participle *je les ai crus* (agrees with *les*, masculine plural) *la lettre qu'il a écrite* (agrees with *que*, referring back to *lettre*, feminine singular) • **no agreement,** then, in the following cases: *nous avons couru* (no direct object) *elles ont pris la clé* (direct object follows past participle)

with *s'être*	**as with *être***	• if the verb is reflexive, the past participle agrees with the subject *ils se sont enrhumés* (agrees with *ils*, masculine plural)
	as with *avoir*	• if the reflexive pronoun is the indirect object, any agreement is with the preceding direct object *la bosse qu'il s'est faite* (agrees with *que*, referring back to *bosse*, feminine singular) **no agreement,** then, if the direct object follows the past participle *ils se sont lavé les mains* (the object being *les mains*)

NOMBRES, HEURES ET DATES

NUMBERS, TIME AND DATES

1 CARDINAL AND ORDINAL NUMBERS NOMBRES CARDINAUX ET ORDINAUX

Cardinal numbers		Les nombres cardinaux	Ordinal numbers	Les nombres ordinaux
nought	0	zéro		
one	1	(m) un, (f) une	first	(m) premier, (f) -ière
two	2	deux	second	deuxième
three	3	trois	third	troisième
four	4	quatre	fourth	quatrième
five	5	cinq	fifth	cinquième
six	6	six	sixth	sixième
seven	7	sept	seventh	septième
eight	8	huit	eighth	huitième
nine	9	neuf	ninth	neuvième
ten	10	dix	tenth	dixième
eleven	11	onze	eleventh	onzième
twelve	12	douze	twelfth	douzième
thirteen	13	treize	thirteenth	treizième
fourteen	14	quatorze	fourteenth	quatorzième
fifteen	15	quinze	fifteenth	quinzième
sixteen	16	seize	sixteenth	seizième
seventeen	17	dix-sept	seventeenth	dix-septième
eighteen	18	dix-huit	eighteenth	dix-huitième
nineteen	19	dix-neuf	nineteenth	dix-neuvième
twenty	20	vingt	twentieth	vingtième
twenty-one	21	vingt et un	twenty-first	vingt et unième
twenty-two	22	vingt-deux	twenty-second	vingt-deuxième
twenty-three	23	vingt-trois		
thirty	30	trente	thirtieth	trentième
thirty-one	31	trente et un	thirty-first	trente et unième
thirty-two	32	trente-deux		
forty	40	quarante	fortieth	quarantième
fifty	50	cinquante	fiftieth	cinquantième
sixty	60	soixante	sixtieth	soixantième
seventy	70	soixante-dix	seventieth	soixante-dixième
eighty	80	quatre-vingt(s)	eightieth	quatre-vingtième
ninety	90	quatre-vingt-dix	ninetieth	quatre-vingt-dixième
ninety-nine	99	quatre-vingt-dix-neuf		
a (or one) hundred	100	cent	hundredth	centième
a hundred and one	101	cent un	hundred and first	cent unième
a hundred and two	102	cent deux		
a hundred and ten	110	cent dix	hundred and tenth	cent dixième
a hundred and eighty-two	182	cent quatre-vingt-deux		

Cardinal numbers		Les nombres cardinaux	Ordinal numbers	Les nombres ordinaux
two hundred	200	deux cents	two hundredth	deux centième
two hundred and one	201	deux cent un		
two hundred and two	202	deux cent deux		
three hundred	300	trois cents	three hundredth	trois centième
four hundred	400	quatre cents	four hundredth	quatre centième
five hundred	500	cinq cents	five hundredth	cinq centième
six hundred	600	six cents	six hundredth	six centième
seven hundred	700	sept cents	seven hundredth	sept centième
eight hundred	800	huit cents	eight hundredth	huit centième
nine hundred	900	neuf cents	nine hundredth	neuf centième
a (or one) thousand	1,000 French 1 000	mille	thousandth	millième
a thousand and one	1,001 French 1 001	mille un		
a thousand and two	1,002 French 1 002	mille deux		
two thousand	2,000 French 2 000	deux mille	two thousandth	deux millième
ten thousand	10,000 French 10 000	dix mille		
a (or one) hundred thousand	100,000 French 100 000	cent mille		
a (or one) million (see note **b**)	1,000,000 French 1 000 000	un million (voir note **b**)	millionth	millionième
two million	2,000,000 French 2 000 000	deux millions	two millionth	deux millionième

NOTES ON USAGE OF THE CARDINAL NUMBERS

a To divide the larger numbers clearly, a space or a point is used in French where English places a comma:

English 1,000 French 1 000 or 1.000
English 2,304,770 French 2 304 770 or 2.304.770

(This does not apply to dates: see below.)

b **1 000 000:** In French, the word *million* is a noun, so the numeral takes *de* when there is a following noun:

un million de fiches
trois millions de maisons détruites

c **One,** and the other numbers ending in *one,* agree in French with the noun (stated or implied):

une maison, un employé, il y a cent une personnes.

REMARQUES SUR LES NOMBRES CARDINAUX

a Alors qu'un espace ou un point est utilisé en français pour séparer les centaines des milliers, l'anglais utilise la virgule à cet effet ;

français 1 000 (ou 1.000) anglais 1,000
français 2 304 770 (ou 2.304.770) anglais 2,304,770

(Cette règle ne s'applique pas aux dates. Voir ci-dessous.)

b En anglais, le mot *million* (ainsi que *mille* et *cent*) n'est pas suivi de *of* lorsqu'il accompagne un nom:

a million people,
a hundred houses,
a thousand people.

NOTES ON USAGE OF THE ORDINAL NUMBERS
REMARQUES SUR LES NOMBRES ORDINAUX

a **Abbreviations:** English 1st, 2nd, 3rd, 4th, 5th, etc. French (m) 1er, (f) 1re, 2e, 3e, 4e, 5e and so on.

b **First,** and the other numbers ending in *first,* agree in French with the noun (stated or implied):
La première maison, le premier employé, la cent unième personne.

c See also the notes on dates, below.
Voir aussi ci-dessous le paragraphe concernant les dates.

2 FRACTIONS — LES FRACTIONS

FRACTIONS		LES FRACTIONS
one half, a half	$\frac{1}{2}$	(m) un demi, (f) une demie
one and a half helpings	$1\frac{1}{2}$	une portion et demie
two and a half kilos	$2\frac{1}{2}$	deux kilos et demi
one third, a third	$\frac{1}{3}$	un tiers
two thirds	$\frac{2}{3}$	deux tiers
one quarter, a quarter	$\frac{1}{4}$	un quart
three quarters	$\frac{3}{4}$	trois quarts
one sixth, a sixth	$\frac{1}{6}$	un sixième
five and five sixths	$5\frac{5}{6}$	cinq et cinq sixièmes
one twelfth, a twelfth	$\frac{1}{12}$	un douzième
seven twelfths	$\frac{7}{12}$	sept douzièmes
one hundredth, a hundredth	$\frac{1}{100}$	un centième
one thousandth, a thousandth	$\frac{1}{1000}$	un millième

3 DECIMALS — LES DÉCIMALES

In French, a comma is written where English uses a point:

Alors que le français utilise la virgule pour séparer les entiers des décimales, le point est utilisé en anglais à cet effet :

English/anglais		French/français
3.56 (three point five six)	=	3,56 (trois virgule cinquante-six)
.07 (point nought seven)	=	0,07 (zéro virgule zéro sept)

4 NOMENCLATURE — NUMÉRATION

NOMENCLATURE	NUMÉRATION
3,684 is a four-digit number	3.684 est un nombre à quatre chiffres
It contains 4 units, 8 tens, 6 hundreds and 3 thousands	4 est le chiffre des unités, 8 celui des dizaines, 6 celui des centaines et 3 celui des milliers
The decimal .234 contains 2 tenths, 3 hundredths and 4 thousandths	la fraction décimale 0,234 contient 2 dixièmes, 3 centièmes et 4 millièmes

5 PERCENTAGES — LES POURCENTAGES

$2\frac{1}{2}$% two and a half per cent	Deux et demi pour cent
18% of the people here are over 65	Ici dix-huit pour cent des gens ont plus de soixante-cinq ans
Production has risen by 8%	La production s'est accrue de huit pour cent
(See also the main text of the dictionary.)	*(Voir aussi dans le corps du dictionnaire.)*

6 SIGNS — LES SIGNES

addition sign	+	signe plus, signe de l'addition
plus sign (e.g. + 7 = plus seven)	+	signe plus (ex. : + 7 = plus 7)
subtraction sign	−	signe moins, signe de la soustraction
minus sign (e.g. − 3 = minus three)	−	signe moins (ex. : − 3 = moins 3)
multiplication sign	×	signe de la multiplication
division sign	÷	signe de la division
square root sign	$\sqrt{}$ (or French $\sqrt[2]{}$)	signe de la racine carrée
infinity	∞	symbole de l'infini
sign of identity, is equal to	≡	signe d'identité
sign of equality, equals	=	signe d'égalité
is approximately equal to	≈	signe d'équivalence
sign of inequality, is not equal to	≠	signe de non-égalité
is greater than	>	est plus grand que
is less than	<	est plus petit que

7 CALCULATION — LE CALCUL

$8 + 6 = 14$ eight and (or plus) six are (or make) fourteen	huit et (ou plus) six font (ou égalent) quatorze
$15 - 3 = 12$ fifteen take away (or fifteen minus) three equals twelve, three from fifteen leaves twelve	trois ôté de quinze égalent douze, quinze moins trois égalent douze
$3 \times 3 = 9$ three threes are nine, three times three is nine	trois fois trois égalent neuf, trois multiplié par trois égalent neuf
$32 \div 8 = 4$ thirty-two divided by eight is (or equals) four	trente-deux divisé par huit égalent quatre
$3^2 = 9$ three squared is nine	trois au carré égale neuf
$2^5 = 32$ two to the power of five (or to the fifth) is (or equals) thirty-two	deux à la puissance cinq égale trente-deux
$\sqrt{16} = 4$ the square root of sixteen is four	la racine carrée de seize ($\sqrt[2]{16}$) est quatre

8 TIME — L'HEURE

TIME	L'HEURE
2 hours 33 minutes and 14 seconds	deux heures trente-trois minutes et quatorze secondes
half an hour	une demi-heure
a quarter of an hour	un quart d'heure
three quarters of an hour	trois quarts d'heure
what's the time?	quelle heure est-il?
what time do you make it?	quelle heure avez-vous?
have you the right time?	avez-vous l'heure exacte?
I make it 2.20	d'après ma montre il est 2 h 20
my watch says 3.37	il est 3 h 37 à ma montre
it's 1 o'clock	il est une heure
it's 2 o'clock	il est deux heures
it's 5 past 4	il est quatre heures cinq
it's 10 to 6	il est six heures moins dix
it's half past 8	il est huit heures et demie
it's a quarter past 9	il est neuf heures et quart
it's a quarter to 2	il est deux heures moins le quart
at 10 a.m.	à dix heures du matin
at 4 p.m.	à quatre heures de l'après-midi
at 11 p.m.	à onze heures du soir
at exactly 3 o'clock, at 3 sharp, at 3 on the dot	à trois heures exactement, à trois heures précises
the train leaves at 19.32	le train part à dix-neuf heures trente-deux
(at) what time does it start?	à quelle heure est-ce que cela commence?
it is just after 3	il est trois heures passées
it is nearly 9	il est presque neuf heures
about 8 o'clock	aux environs de huit heures
at (or by) 6 o'clock at the latest	à six heures au plus tard
have it ready for 5 o'clock	tiens-le prêt pour 5 heures
it is full each night from 7 to 9	c'est plein chaque soir de 7 à 9
"closed from 1.30 to 4.30"	« fermé de 13 h 30 à 16 h 30 »
until 8 o'clock	jusqu'à huit heures
it would be about 11	il était environ 11 heures, il devait être environ 11 heures
it would have been about 10	il devait être environ dix heures
at midnight	à minuit
before midday, before noon	avant midi

9 DATES — LES DATES

DATES	LES DATES
NB The days of the week and the months start with a small letter in French: lundi, mardi, février, mars.	N.B. Contrairement au français, les jours de la semaine et les mois prennent une majuscule en anglais : Monday, Tuesday, February, March.
the 1st of July, July 1st	le 1er juillet
the 2nd of May, May 2nd	le 2 mai
on June 21st, on the 21st (of) June	le 21 juin
on Monday	lundi
he comes on Mondays	il vient le lundi
"closed on Fridays"	« fermé le vendredi »
he lends it to me from Monday to Friday	il me le prête du lundi au vendredi
from the 14th to the 18th	du 14 au 18
what's the date?, what date is it today?	quelle est la date d'aujourd'hui ?
today's the 12th	aujourd'hui nous sommes le 12
one Thursday in October	un jeudi en octobre
about the 4th of July	aux environs du 4 juillet
1978 nineteen (hundred and) seventy-eight	mille neuf cent soixante-dix-huit, dix-neuf cent soixante-dix-huit
4 B.C., B.C. 4	4 av. J.-C.
70 A.D., A.D. 70	70 apr. J.-C.
in the 13th century	au XIIIe siècle
in (or during) the 1930s	dans (ou pendant) les années 30
in 1940 something	en 1940 et quelques
HEADING OF LETTERS:	EN-TÊTE DE LETTRES :
19th May 1993	le 19 mai 1993
(See also the main text of the dictionary.)	*(Voir aussi dans le corps du dictionnaire.)*

POIDS, MESURES ET TEMPÉRATURES

WEIGHTS, MEASURES AND TEMPERATURES

NOTES

1. Metric system

Measures formed with the following prefixes are mostly omitted:

REMARQUES

1. Le système métrique

La plupart des mesures formées à partir des préfixes suivants ont été omises :

deca-	10 times	10 fois	*déca-*
hecto-	100 times	100 fois	*hecto-*
kilo-	1000 times	1 000 fois	*kilo-*
déci-	one tenth	un dixième	*déci-*
centi-	one hundredth	un centième	*centi-*
mil(l)i-	one thousandth	un millième	*mil(l)i-*

2. US measures

In the US, the same system as that which applies in Great Britain is used for the most part; the main differences are mentioned below.

2. Mesures US

Les mesures britanniques sont valables pour les USA dans la majeure partie des cas. Les principales différences sont énumérées ci-dessous.

3. The numerical notations of measures:

Numerical equivalents are shown in standard English notation when they are translations of French measures and in standard French notation when they are translations of English measures;
e.g. 1 millimetre (millimètre) = 0.03937 inch
should be read in French as 0,03937 pouce.
e.g. 1 inch (pouce) = 2,54 centimètres
should be read in English as 2.54 centimetres.

3. Notation graphique des équivalences de mesures :

Les équivalences sont notées en anglais lorsqu'elles traduisent des mesures françaises et en français lorsqu'elles se rapportent à des mesures anglaises :
ex. 1 millimetre (millimètre) = 0.03937 inch
doit se lire en français 0,03937 pouce.
ex. 1 inch (pouce) = 2,54 centimètres
doit se lire en anglais 2.54 centimetres.

1 LINEAR MEASURES — MESURES DE LONGUEUR

metric system / **système métrique**	1 millimetre US millimeter	(millimètre)		**mm**	0.03937 inch
	1 centimetre US centimeter	(centimètre)		**cm**	0.3937 inch
	1 metre US meter	(mètre)		**m**	39.37 inches = 1.094 yards
	1 kilometre US kilometer	(kilomètre)		**km**	0.6214 mile (5/8 mile)
French non-metric measures / **mesures françaises non métriques**	1 nautical mile	1 mille marin			= 1 852 mètres
	1 knot	1 nœud			= 1 mille/heure
British system / **système britannique**	1 inch	(pouce)		**in**	2,54 centimètres
	1 foot	(pied)	= 12 inches	**ft**	30,48 centimètres
	1 yard	(yard)	= 3 feet	**yd**	91,44 centimètres
	1 furlong		= 220 yards		201,17 mètres
	1 mile	(mile)	= 1,760 yards	**m** ou **ml**	1,609 kilomètre
surveyors' measures / **mesures d'arpentage**	1 link		= 7.92 inches	=	20,12 centimètres
	1 rod (or pole, perch)		= 25 links	=	5,029 mètres
	1 chain		= 22 yards = 4 rods	=	20,12 mètres

2 SQUARE MEASURES — MESURES DE SUPERFICIE

metric system / **système métrique**	1 square centimetre US square centimeter	(centimètre carré)		**cm^2**	0.155 square inch
	1 square metre US square meter	(mètre carré)		**m^2**	10.764 square feet = 1.196 square yards
	1 square kilometre US square kilometer	(kilomètre carré)		**km^2**	0.3861 square mile = 247.1 acres
	1 are	(are)	= 100 square metres	**a**	119.6 square yards
	1 hectare	(hectare)	= 100 ares	**ha**	2.471 acres
British system / **système britannique**	1 square inch	(pouce carré)		**in^2**	6,45 cm^2
	1 square foot	(pied carré)	= 144 square inches	**ft^2**	929,03 cm^2
	1 square yard	(yard carré)	= 9 square feet	**yd^2**	0,836 m^2
	1 square rod		= 30.25 square yards		25,29 m^2
	1 acre		= 4,840 square yards	**a**	40,47 ares
	1 square mile	(mile carré)	= 640 acres	**m^2** ou **ml^2**	2,59 km^2

3 CUBIC MEASURES — MESURES DE VOLUME

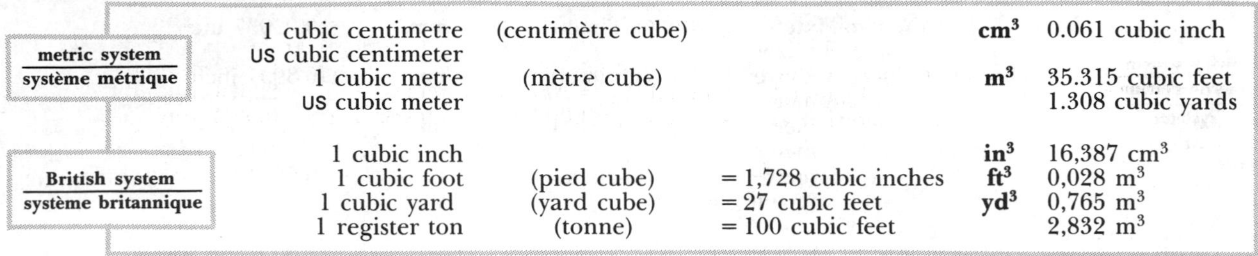

metric system / système métrique	1 cubic centimetre US cubic centimeter	(centimètre cube)		**cm³**	0.061 cubic inch
	1 cubic metre US cubic meter	(mètre cube)		**m³**	35.315 cubic feet 1.308 cubic yards
British system / système britannique	1 cubic inch			**in³**	16,387 cm³
	1 cubic foot	(pied cube)	= 1,728 cubic inches	**ft³**	0,028 m³
	1 cubic yard	(yard cube)	= 27 cubic feet	**yd³**	0,765 m³
	1 register ton	(tonne)	= 100 cubic feet		2,832 m³

4 MEASURES OF CAPACITY — MESURES DE CAPACITÉ

					Brit	US
metric system / système métrique	1 litre	(litre)	= 1,000 cubic centimetres	**l**	1.76 pints	2,12 pints
	1 stere	(stère)	= 1 cubic metre	**st**	1.308 cubic yards	
				=	0.22 gallon	0,26 gallon

	British system / système britannique				US measures / mesures US		
(a) liquid / pour liquides	1 gill		=	0,142 litre	1 US liquid gill		= 0,118 litre
	1 pint (pinte)	= 4 gills	**pt**	0,57 litre	1 US liquid pint	= 4 gills	= 0,473 litre
	1 quart	= 2 pints	**qt**	1,136 litres	1 US liquid quart	= 2 pints	= 0,946 litre
	1 gallon (gallon)	= 4 quarts	**g** ou **gal** ou **gall**	4,546 litres	1 US gallon	= 4 quarts	= 3,785 litres
(b) dry / pour matières sèches	1 peck	= 2 gallons	=	9,087 litres	1 US dry pint		= 0,550 litre
	1 bushel	= 4 pecks	=	36,36 litres	1 US dry quart	= 2 dry pints	= 1,1 litre
	1 quarter	= 8 bushels	=	290,94 litres	1 US peck	= 8 dry quarts	= 8,81 litres
					1 US bushel	= 4 pecks	= 35,24 litres

5 WEIGHTS — POIDS

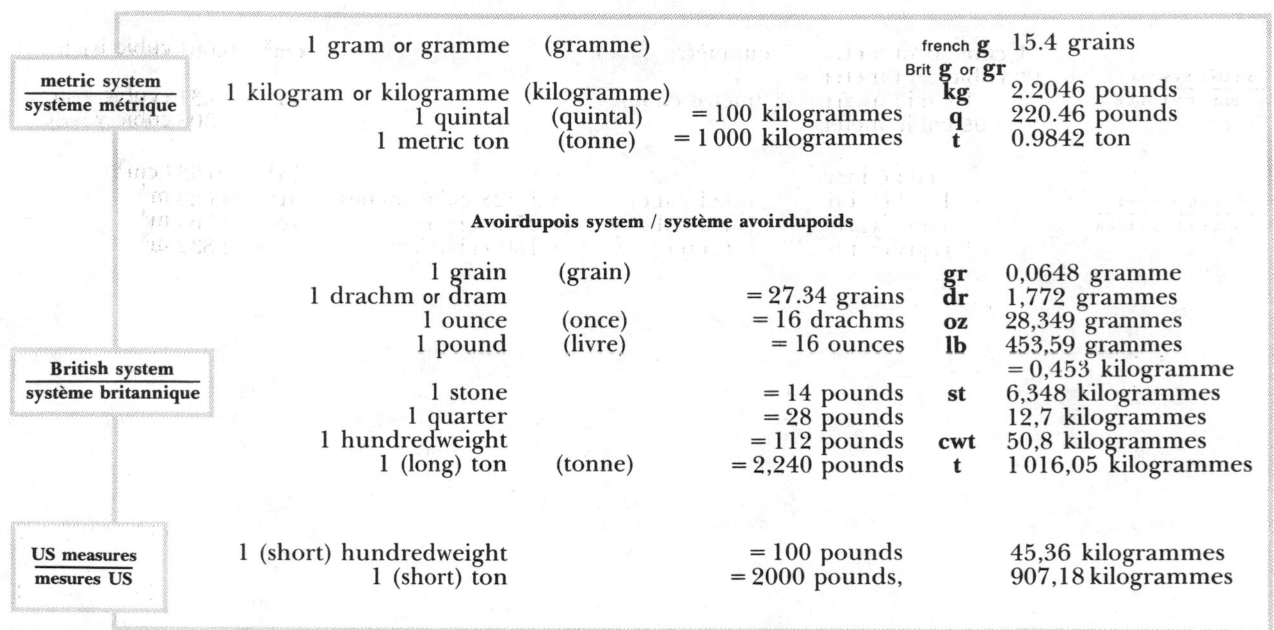

metric system / système métrique	1 gram or gramme	(gramme)		french **g** Brit **g** or **gr**	15.4 grains
	1 kilogram or kilogramme	(kilogramme)		**kg**	2.2046 pounds
	1 quintal	(quintal)	= 100 kilogrammes	**q**	220.46 pounds
	1 metric ton	(tonne)	= 1 000 kilogrammes	**t**	0.9842 ton
	Avoirdupois system / système avoirdupoids				
British system / système britannique	1 grain	(grain)		**gr**	0,0648 gramme
	1 drachm or dram		= 27.34 grains	**dr**	1,772 grammes
	1 ounce	(once)	= 16 drachms	**oz**	28,349 grammes
	1 pound	(livre)	= 16 ounces	**lb**	453,59 grammes = 0,453 kilogramme
	1 stone		= 14 pounds	**st**	6,348 kilogrammes
	1 quarter		= 28 pounds		12,7 kilogrammes
	1 hundredweight		= 112 pounds	**cwt**	50,8 kilogrammes
	1 (long) ton	(tonne)	= 2,240 pounds	**t**	1 016,05 kilogrammes
US measures / mesures US	1 (short) hundredweight		= 100 pounds		45,36 kilogrammes
	1 (short) ton		= 2000 pounds,		907,18 kilogrammes

6 TEMPERATURES — TEMPÉRATURES

$$59\,°F = (59 - 32) \times \frac{5}{9} = 15\,°C$$

A rough-and-ready way of converting centigrade to Fahrenheit and vice versa: start from the fact that

10 °C = 50 °F

thereafter for every 5 °C add 9 °F.

Thus :

15 °C = (10 + 5) = (50 + 9) = 59 °F
68 °F = (50 + 9 + 9)
= (10 + 5 + 5) = 20 °C

$$20\,°C = (20 \times \frac{9}{5}) + 32 = 68\,°F$$

Une manière rapide de convertir les centigrades en Fahrenheit et vice versa : en prenant pour base

10 °C = 50 °F

5 °C équivalent à 9 °F.

Ainsi :

15 °C = (10 + 5) = (50 + 9) = 59 °F
68 °F = (50 + 9 + 9)
= (10 + 5 + 5) = 20 °C

TABLE DES MATIÈRES / CONTENTS

N° de projet 10048910 (4) 36,5 (valo 55)
Septembre 1998
Imprimé en France – N° d'impression : 81317

LE MONDE ANGLOPHONE

Pays anglophones (où l'anglais est seule langue officielle)
English-speaking countries (where English is the only official language)

Pays multilingues où l'anglais est une des langues officielles
Multilingual countries where English is one of the official languages